Bubach/Gallner/Heinkel/Horcher/Klose/
Kreft/Kreutzberg-Kowalczyk/Krumbiegel/
Lau/Plum/Rachor/Rennpferdt/Rinck/
Schlünder/Schult/Spelge/Spilger/
Waskow/Weigand

Gemeinschaftskommentar zum Kündigungsschutzgesetz und zu sonstigen kündigungsschutzrechtlichen Vorschriften

Bubach/Gallner/Heinkel/Horcher/Klose/Kreft/
Kreutzberg-Kowalczyk/Krumbiegel/Lau/Plum/Rachor/
Rennpferdt/Rinck/Schlünder/Schult/Spelge/
Spilger/Waskow/Weigand

KR

Gemeinschaftskommentar zum Kündigungsschutzgesetz und zu sonstigen kündigungsschutzrechtlichen
Vorschriften

13. Auflage

Gesamtredaktion:
Stephanie Rachor, Richterin am Bundesarbeitsgericht

Luchterhand Verlag 2022

Zitiervorschläge:
KR-*Rachor* 13. Aufl., § 1 KSchG Rdn 7; KR-*Kreutzberg-Kowalczyk* 13. Aufl., ArbNähnl. Pers. Rdn 12; KR-*Weigand* 13. Aufl., §§ 21–23 BBiG Rdn 5; KR-*Bader/Kreutzberg-Kowalczyk* 13. Aufl., § 17 TzBfG Rdn 6; KR-*Treber/Waskow* 13. Aufl., ÄArbVtrG Rdn 6; KR-*Link/Lau* 13. Aufl., SozR Rdn 10

Bibliografische Information der Deutschen Nationalbibliothek

Die Deutsche Nationalbibliothek verzeichnet diese Publikation in der Deutschen Nationalbibliografie; detaillierte bibliografische Daten sind im Internet über http://dnb.d-nb.de abrufbar.

ISBN 978-3-472-09703-7

www.wolterskluwer.de

Alle Rechte vorbehalten.
© 2022 Wolters Kluwer Deutschland GmbH, Wolters-Kluwer-Straße 1, 50354 Hürth.

Das Werk einschließlich aller seiner Teile ist urheberrechtlich geschützt. Jede Verwertung außerhalb der engen Grenzen des Urheberrechtsgesetzes ist ohne Zustimmung des Verlages unzulässig und strafbar. Das gilt insbesondere für Vervielfältigungen, Übersetzungen, Mikroverfilmungen und die Einspeicherung und Verarbeitung in elektronischen Systemen.

Verlag und Autor übernehmen keine Haftung für inhaltliche oder drucktechnische Fehler.

Umschlagkonzeption: Martina Busch, Grafikdesign, Homburg Kirrberg
Satz: Newgen KnowledgeWorks (P) Ltd., Chennai
Druck und Weiterverarbeitung: CPI, Deutschland

Gedruckt auf säurefreiem, alterungsbeständigem und chlorfreiem Papier.

Die Autorinnen und Autoren

Dr. Bettina Bubach, Richterin am Bundesarbeitsgericht

Dr. Peter Bader, Präsident des Hessischen Landesarbeitsgerichts a. D.

Dr. Ernst Fischermeier, Vorsitzender Richter am Bundesarbeitsgericht a. D.

Inken Gallner, Vorsitzende Richterin am Bundesarbeitsgericht, Ministerialdirektorin a. D.

Dr. Ronny Heinkel, Richter am Bundesarbeitsgericht

Dr. Michael Horcher, Vorsitzender Richter am Hessischen Landesarbeitsgericht

Oliver Klose, Richter am Bundesarbeitsgericht

Burghard Kreft, Vorsitzender Richter am Bundesarbeitsgericht a. D.

Matthias Kreutzberg-Kowalczyk, Vorsitzender Richter am Hessischen Landesarbeitsgericht

Markus Krumbiegel, Richter am Bundesarbeitsgericht

Dr. Franka Lau, Vizepräsidentin des Verwaltungsgerichts Leipzig

Dr. Christian Link, Vizepräsident des Sozialgerichts Stuttgart

Prof. Gert-Albert Lipke, Präsident des Landesarbeitsgerichts Niedersachsen a. D., Mitglied des Niedersächsischen Staatsgerichtshofes (2007 bis 2014), Honorarprofessor an der Technischen Universität Braunschweig, vormals Richter am Bundesarbeitsgericht

Dr. Martin Plum, Mitglied des Deutschen Bundestages, Richter am Arbeitsgericht Düsseldorf a. D.

Stephanie Rachor, Richterin am Bundesarbeitsgericht

Dr. Maren Rennpferdt, Richterin am Bundesarbeitsgericht

Dr. Ursula Rinck, Richterin am Bundesarbeitsgericht

Dr. Guido Schlünder, Richter am Bundesarbeitsgericht

Carsten Schult, Rechtsanwalt und Fachanwalt für Steuerrecht

Karin Spelge, Vorsitzende Richterin am Bundesarbeitsgericht

Dr. Andreas Michael Spilger, Vizepräsident des Sächsischen Landesarbeitsgerichts, Lehrbeauftragter an der Universität Konstanz, vormals Stellvertretendes Mitglied des Verfassungsgerichtshofes des Freistaates Sachsen

Prof. Jürgen Treber, Vorsitzender Richter am Bundesarbeitsgericht, Honorarprofessor an der Universität Trier

Norbert Vogt, Rechtsanwalt, Vorsitzender Richter am Thüringer Finanzgericht a. D.

Matthias Waskow, Richter am Bundesarbeitsgericht

Horst Weigand, Landesschlichter Berlin a. D.

Vorwort

Im schon gewohnten Drei-Jahres-Rhythmus erscheint »der KR« nun in 13. Auflage. Die bis Juli 2021 ergangene europäische und nationale Rechtsprechung ist umfassend eingeflossen. Ausgewertet sind auch bereits die ersten Entscheidungen zu Kündigungssachverhalten im Zusammenhang mit der Covid-19-Pandemie.

Der Stand der Gesetzgebung ist ebenfalls bis Juli 2021 berücksichtigt. Neuerungen hat hier insbesondere das Gesetz zur Novellierung des Bundespersonalvertretungsgesetzes vom 9. Juni 2021 gebracht. Dagegen sind die noch im Vorwort zur Vorauflage für die 19. Legislaturperiode erwarteten Änderungen zur Begrenzung von »Kettenbefristungen« nicht Gesetz geworden.

In die Kommentierungen zu § 1 KSchG und § 626 BGB eingearbeitet wurden die Erläuterungen zur Kündigung kirchlicher Arbeitnehmer, die sich bislang in einem separaten Kapitel befanden. Das gestattet die Darstellung im jeweilgen Zusammenhang, eine gute Auffindbarkeit ist weiterhin durch das Stichwortverzeichnis sichergestellt.

Der Kreis der Autorinnen und Autoren freut sich, als neue Kolleginnen und Kollegen Frau Richterin am Bundesarbeitsgericht Dr. Bettina Bubach, Herrn Richter am Bundesarbeitsgericht Dr. Ronny Heinkel, Herrn Vorsitzenden Richter am Hessischen Landesarbeitsgericht Dr. Michael Horcher, Frau Vizepräsidentin des Verwaltungsgerichts Leipzig Dr. Franka Lau, Herrn Richter am Arbeitsgericht Düsseldorf a.D., Mitglied des Deutschen Bundestages Dr. Martin Plum, Frau Richterin am Bundesarbeitsgericht Dr. Maren Rennpferdt, Herrn Richter am Bundesarbeitsgericht Dr. Guido Schlünder, Herrn Rechtsanwalt und Fachanwalt für Steuerrecht Carsten Schult und Herrn Richter am Bundesarbeitsgericht Matthias Waskow begrüßen zu können. Ausgeschieden sind Herr Präsident des Hessischen Landesarbeitsgerichts a. D. Dr. Peter Bader, Herr Vorsitzender Richter am Bundesarbeitsgericht a. D. Dr. Ernst Fischermeier, Herr Präsident des Landesarbeitsgerichts Niedersachsen a. D. Prof. Dr. Gert-Albert Lipke, Herr Vorsitzender Richter am Bundesarbeitsgericht Prof. Dr. Jürgen Treber sowie Herr Rechtsanwalt und Vorsitzender Richter am Thüringer Finanzgericht a. D. Norbert Vogt. Allen sei herzlich für ihr jahrelanges Engagement gedankt, das das Werk wesentlich geprägt hat.

Besonderer Dank gilt auch den Mitarbeiterinnen und Mitarbeitern des Verlags Wolters Kluwer, die wieder mit großem Einsatz dazu beigetragen haben, dass die Neuauflage pünktlich erscheinen kann.

Wir freuen uns weiter ebenso wie der Verlag über Anregungen und Kritik von Seiten der Leserinnen und Leser.

Köln, im Oktober 2021 Die Autorinnen und Autoren

Verzeichnis der Bearbeiterinnen und Bearbeiter 13. Auflage

Bubach	BEEG § 21
	TzBfG §§ 14–16, 21
Gallner	SGB IX §§ 168–175
	MuSchG § 17
Heinkel	KSchG §§ 17–22
Horcher	Int. ArbeitsvertragsR §§ 3, 8, 9, 21
Klose	KSchG §§ 3, 4, 6, 7
Kreft	KSchG §§ 2, 5, 8, 15, 16
Kreutzberg-Kowalczyk	KSchG §§ 14, 23–26
	BEEG §§ 1–20, 27
	TVöD §§ 30 -34
	TzBfG §§ 1- 13, 17–20, 22, 23
	ArbNähnl. Pers.
	HAG §§ 29, 29a
	NATO-ZusatzAbk. Art. 56
Krumbiegel	BGB §§ 624, 625, 626
	BBiG § 24
Lau	Allgemeine Grundsätze des Sozialrecht-SozR, SGB III §§ 38 Abs. 1, 157, 158, 159
Plum	AGG §§ 1–33
Rachor	KSchG § 1
Rennpferdt	KSchG § 13
Rinck	BertrVG §§ 78a, 102–105
	BPersVG §§ 55, 81–83,
	85, 86, 127, 128
Schlünder	BGB §§ 119, 123, 314, 242, 612a, 613a, 620
Schult	EStG §§ 24 Nr. 1, 34 Abs. 1, 2
Spelge	InsO §§ 113, 125–128
Spilger	KSchG § 1a, 9–12
	AufhebungsV
	BGB §§ 615, 622, 623
	UmwG §§ 322–324
Waskow	ÄArbVtrG §§ 1–3
	FPfZG §§ 1–2a, 3–16
	PflegeZG
	WissZeitVG
Weigand	BGB § 628
	BBiG §§ 21–23
	ParlKSch (GG Art 48 II, AbgG § 2)
	SeeArbG
	ArbPlSchG § 2

Inhaltsübersicht

Vorwort	V
Die Autorinnen und Autoren	VII
Verzeichnis der Bearbeiterinnen und Bearbeiter 13. Auflage	IX
Inhaltsverzeichnis	XIII
Abkürzungsverzeichnis	XIX
Literaturverzeichnis	XXXIX
KSchG – Kündigungsschutzgesetz	1
ÄArbVtrG – Gesetz über befristete Arbeitsverträge mit Ärzten in der Weiterbildung	975
AGG – Allgemeines Gleichbehandlungsgesetz	985
ArbNähnl. Pers. – Arbeitnehmerähnliche Personen	1069
ArbPlSchG – Gesetz über den Schutz des Arbeitsplatzes bei Einberufung zum Wehrdienst	1117
AufhebungsV – Aufhebungsvertrag	1131
BBiG – Berufsbildungsgesetz	1153
BEEG – Gesetz zum Elterngeld und zur Elternzeit	1207
BetrVG – Betriebsverfassungsgesetz	1285
BGB – Bürgerliches Gesetzbuch	1471
BPersVG – Bundespersonalvertretungsgesetz	1919
EStG – Einkommensteuergesetz	1951
FPfZG – Gesetz über die Familienpflegezeit	1971
HAG – Heimarbeitsgesetz	1981
InsO – Insolvenzordnung	2005
Int. ArbvertragsR – Internationales Arbeitsvertragsrecht	2063
MuSchG – Mutterschutzgesetz	2121
NATO-ZusAbk – Zusatzabkommen zum NATO-Truppenstatut	2197
ParlKSch – Kündigungsschutz für Parlamentarier	2213
PflegeZG – Gesetz über die Pflegezeit – Pflegezeitgesetz	2249
SeeArbG – Seearbeitsgesetz	2273
SozR – Allgemeine Grundsätze des Sozialrechts	2313
SGB III – Sozialgesetzbuch III Arbeitsförderung	2399
SGB IX – Sozialgesetzbuch IX Rehabilitation und Teilhabe behinderter Menschen	2485
TVöD – Tarifvertrag für den öffentlichen Dienst	2567
TzBfG – Teilzeit- und Befristungsgesetz	2591
UmwG – Umwandlungsgesetz	3013
WissZeitVG – Gesetz über befristete Arbeitsverträge in der Wissenschaft – Wissenschaftszeitvertragsgesetz	3027
Stichwortverzeichnis	3101

Inhaltsverzeichnis

Vorwort	V
Die Autoren	VII
Verzeichnis der Bearbeiterinnen und Bearbeiter 13. Auflage	IX
Inhaltsübersicht	XI
Abkürzungsverzeichnis	XIX
Literaturverzeichnis	XXXIX

KSchG – Kündigungsschutzgesetz ... 1

Erster Abschnitt: Allgemeiner Kündigungsschutz ... 1

§ 1	Sozial ungerechtfertigte Kündigungen	1
§ 1a	Abfindungsanspruch bei betriebsbedingter Kündigung	257
§ 2	Änderungskündigung	299
§ 3	Kündigungseinspruch	408
§ 4	Abfindungsanspruch bei betriebsbedingter Kündigung	417
§ 5	Zulassung verspäteter Klagen	528
§ 6	Verlängerte Anrufungsfrist	564
§ 7	Wirksamwerden der Kündigung	576
§ 8	Abfindungsanspruch bei betriebsbedingter Kündigung	587
§ 9	Auflösung des Arbeitsverhältnisses durch Urteil des Gerichts; Abfindung des Arbeitnehmers	592
§ 10	Höhe der Abfindung	636
§ 11	Anrechnung auf entgangenen Zwischenverdienst	667
§ 12	Neues Arbeitsverhältnis des Arbeitnehmers; Auflösung des alten Arbeitsverhältnisses	699
§ 13	Außerordentliche, sittenwidrige und sonstige Kündigungen	711
§ 14	Angestellte in leitender Stellung	745

Zweiter Abschnitt: Kündigungsschutz im Rahmen der Betriebsverfassung und Personalvertretung ... 769

§ 15	Unzulässigkeit der Kündigung	769
§ 16	Neues Arbeitsverhältnis; Auflösung des alten Arbeitsverhältnisses	818

Dritter Abschnitt Anzeigepflichtige Entlassungen ... 820

§ 17	Anzeigepflicht	820
§ 18	Entlassungssperre	880
§ 19	Zulässigkeit von Kurzarbeit	889
§ 20	Entscheidungen der Agentur für Arbeit	901
§ 21	Entscheidungen der Zentrale der Bundesagentur für Arbeit	914
§ 22	Ausnahmebetriebe	915

Vierter Abschnitt Schlussbestimmungen ... 920

§ 23	Geltungsbereich	920
§ 24	Anwendung des Gesetzes auf Betriebe der Schifffahrt und des Luftverkehrs	951
§ 25	Kündigung in Arbeitskämpfen	961
§ 25a	Berlin-Klausel	968
§ 26	Inkrafttreten	968

ÄArbVtrG – Gesetz über befristete Arbeitsverträge mit Ärzten in der Weiterbildung ... 975

§ 1	Befristung von Arbeitsverträgen	975
§ 2	Berlin-Klausel	976
§ 3	Inkrafttreten	976

Inhaltsverzeichnis

AGG – Allgemeines Gleichbehandlungsgesetz ... 985

Abschnitt 1 Allgemeiner Teil ... 985
§ 1 Ziel des Gesetzes ... 985
§ 2 Anwendungsbereich ... 996
§ 3 Begriffsbestimmungen ... 1004
§ 4 Unterschiedliche Behandlung wegen mehrerer Gründe ... 1019
§ 5 Positive Maßnahmen ... 1020

Abschnitt 2 Schutz der Beschäftigten vor Benachteiligung ... 1021

Unterabschnitt 1 Verbot der Benachteiligung ... 1021
§ 6 Persönlicher Anwendungsbereich ... 1021
§ 7 Benachteiligungsverbot ... 1024
§ 8 Zulässige unterschiedliche Behandlung wegen beruflicher Anforderungen ... 1026
§ 9 Zulässige unterschiedliche Behandlung wegen der Religion oder Weltanschauung ... 1032
§ 10 Zulässige unterschiedliche Behandlung wegen des Alters ... 1037

Unterabschnitt 2 Organisationspflichten des Arbeitgebers ... 1046
§§ 11 und 12 ... 1046

Unterabschnitt 3 Rechte der Beschäftigten ... 1046
§ 13 ... 1046
§ 14 Leistungsverweigerungsrecht ... 1046
§ 15 Entschädigung und Schadensersatz ... 1048
§§ 16–21 ... 1063
§ 22 Beweislast ... 1063
§ 23–33 ... 1068

ArbNähnl. Pers. – Arbeitnehmerähnliche Personen ... 1069

ArbPlSchG – Gesetz über den Schutz des Arbeitsplatzes bei Einberufung zum Wehrdienst ... 1117
§ 2 Kündigungsschutz für Arbeitnehmer, Weiterbeschäftigung nach der Berufsausbildung ... 1117

AufhebungsV – Aufhebungsvertrag ... 1131

BBiG – Berufsbildungsgesetz ... 1153
§ 21 Beendigung ... 1153
§ 22 Kündigung ... 1153
§ 23 Schadenersatz bei vorzeitiger Beendigung ... 1153
§ 24 Weiterarbeit ... 1202

BEEG – Gesetz zum Elterngeld und zur Elternzeit ... 1207
§ 1 Berechtigte ... 1207
§ 4 Bezugsdauer, Anspruchsumfang ... 1210

Abschnitt 4 Elternzeit für Arbeitnehmerinnen und Arbeitnehmer ... 1214
§ 15 Anspruch auf Elternzeit ... 1214
§ 16 Inanspruchnahme der Elternzeit ... 1217
§ 18 Kündigungsschutz ... 1219
§ 19 Kündigung zum Ende der Elternzeit ... 1248
§ 20 Zur Berufsausbildung Beschäftigte, in Heimarbeit Beschäftigte ... 1255
§ 21 Befristete Arbeitsverträge ... 1256

Abschnitt 5	Statistik und Schlussvorschriften	1283
§ 28	Übergangsvorschrift	1283

BetrVG – Betriebsverfassungsgesetz ... 1285

§ 78a	Schutz Auszubildender in besonderen Fällen	1285
§ 102	Mitbestimmung bei Kündigungen	1305
§ 103	Außerordentliche Kündigung in besonderen Fällen	1403
§ 104	Entfernung betriebsstörender Arbeitnehmer	1451
§ 105	Leitende Angestellte	1464

BGB – Bürgerliches Gesetzbuch ... 1471

§ 119	Anfechtbarkeit wegen Irrtums	1471
§ 123	Anfechtbarkeit wegen Täuschung oder Drohung	1471
§ 242	Leistung nach Treu und Glauben	1471
§ 314	Kündigung von Dauerschuldverhältnissen aus wichtigem Grund	1487
§ 612a	Maßregelungsverbot	1487
§ 613a	Rechte und Pflichten bei Betriebsübergang	1498
§ 615	Vergütung bei Annahmeverzug und bei Betriebsrisiko	1544
§ 620	Beendigung des Dienstverhältnisses	1545
§ 622	Kündigungsfristen bei Arbeitsverhältnissen	1579
§ 623	Schriftform der Kündigung	1675
§ 624	Kündigungsfrist bei Verträgen über mehr als fünf Jahre	1737
§ 625	Stillschweigende Verlängerung	1744
§ 626	Fristlose Kündigung aus wichtigem Grund	1753
§ 628	Vergütung, Schadenersatz bei fristloser Kündigung	1897

BPersVG – Bundespersonalvertretungsgesetz ... 1919

Erster Teil	Personalvertretungen im Bundesdienst	1919
§ 55	Schutz vor Kündigung, Versetzung, Abordnung und Zuweisung	1919
§ 81	Verfahren zwischen Dienststelle und Personalrat	1919
§ 82	Stufenverfahren	1920
§ 83	Vorläufige Maßnahmen	1920
§ 85	Ordentliche Kündigung	1920
§ 86	Außerordentliche Kündigung und fristlose Entlassung	1921
Teil 2	Für die Länder geltende Vorschriften	1921
§ 127	Besonderer Schutz von Funktionsträgern	1921
§ 128	Beteiligung bei Kündigungen	1925

EStG – Einkommensteuergesetz ... 1951

§ 24	Entschädigungen	1951
§ 34	Außerordentliche Einkünfte	1951

FPfZG – Gesetz über die Familienpflegezeit ... 1971

§ 1	Ziel des Gesetzes	1971
§ 2	Familienpflegezeit	1971
§ 2a	Inanspruchnahme der Familienpflegezeit	1971
§ 2b	Erneute Familienpflegezeit nach Inanspruchnahme einer Freistellung auf Grundlage der Sonderregelungen aus Anlass der COVID-19-Pandemie	1972
§ 3	Förderung der pflegebedingten Freistellung von der Arbeitsleistung	1972
§ 5	Ende der Förderfähigkeit	1973
§ 6	Rückzahlung des Darlehens	1974

Inhaltsverzeichnis

§§ 7–14		1974
§ 15	Übergangsvorschrift	1974
§ 16	Sonderregelungen aus Anlass der COVID-19-Pandemie	1974

HAG – Heimarbeitsgesetz ... 1981

§ 29	Allgemeiner Kündigungsschutz	1981
§ 29a	Kündigungsschutz im Rahmen der Betriebsverfassung	1982

InsO – Insolvenzordnung ... 2005

§ 113	Kündigung eines Dienstverhältnisses	2005
§ 125	Interessenausgleich und Kündigungsschutz	2043
§ 126	Beschlußverfahren zum Kündigungsschutz	2056
§ 127	Klage des Arbeitnehmers	2060
§ 128	Betriebsveräußerung	2061

Int. ArbvertragsR – Internationales Arbeitsvertragsrecht ... 2063

Artikel 3	Freie Rechtswahl	2063
Artikel 8	Individualarbeitsverträge	2063
Artikel 9	Eingriffsnormen	2064
Artikel 21	Öffentliche Ordnung im Staat des angerufenen Gerichts	2064
Artikel 28	Zeitliche Anwendbarkeit	2064

MuSchG – Mutterschutzgesetz ... 2121

§ 17	Kündigungsverbot	2121

NATO-ZusAbk – Zusatzabkommen zum NATO-Truppenstatut ... 2197

Art. 56	Kündigungsrecht für die bei den Stationierungsstreitkräften beschäftigten deutschen Arbeitnehmer	2197

ParlKSch – Kündigungsschutz für Parlamentarier ... 2213

PflegeZG – Gesetz über die Pflegezeit – Pflegezeitgesetz ... 2249

§ 1	Ziel des Gesetzes	2249
§ 2	Kurzzeitige Arbeitsverhinderung	2249
§ 3	Pflegezeit	2249
§ 4	Dauer der Pflegezeit	2250
§ 4a	Erneute Pflegezeit nach Inanspruchnahme einer Freistellung auf Grundlage der Sonderregelungen aus Anlass der COVID-19-Pandemie	2251
§ 5	Kündigungsschutz	2251
§ 6	Befristete Verträge	2251
§ 7	Begriffsbestimmungen	2252
§ 8		2252
§ 9	Sonderregelungen aus Anlass der COVID-19-Pandemie	2252

SeeArbG – Seearbeitsgesetz ... 2273

SozR – Allgemeine Grundsätze des Sozialrechts ... 2313

SGB III – Sozialgesetzbuch III Arbeitsförderung ... 2399

§ 38 Abs. 1	Rechte und Pflichten der Ausbildung- und Arbeitsuchenden	2399
§ 157	Ruhen des Anspruchs bei Arbeitsentgelt und Urlaubsabgeltung	2400

| § 158 | Ruhen des Anspruchs bei Entlassungsentschädigung | 2415 |
| § 159 | Ruhen des Anspruchs bei Sperrzeit | 2438 |

SGB IX – Sozialgesetzbuch IX Rehabilitation und Teilhabe behinderter Menschen 2485
Vorbemerkungen zu 168–175 2485

Kapitel 4 Kündigungsschutz 2500
§ 168	Erfordernis der Zustimmung	2500
§ 169	Kündigungsfrist	2500
§ 170	Antragsverfahren	2500
§ 171	Entscheidung des Integrationsamtes	2501
§ 172	Einschränkungen der Ermessensentscheidung	2501
§ 173	Ausnahmen	2501
§ 174	Außerordentliche Kündigung	2544
§ 175	Erweiterter Beendigungsschutz	2562

TVöD – Tarifvertrag für den öffentlichen Dienst 2567
§ 30	Befristete Arbeitsverträge	2567
§ 31	Führung auf Probe	2574
§ 32	Führung auf Zeit	2577
§ 33	Beendigung des Arbeitsverhältnisses ohne Kündigung	2579
§ 34	Kündigung des Arbeitsverhältnisses	2587

TzBfG – Teilzeit- und Befristungsgesetz 2591
§ 1	Zielsetzung	2591
§ 2	Begriff des teilzeitbeschäftigten Arbeitnehmers	2593
§ 3	Begriff des befristet beschäftigten Arbeitnehmers	2593
§ 4	Verbot der Diskriminierung	2611
§ 5	Benachteiligungsverbot	2622
§§ 6 bis 13	Vorschriften zur Teilzeitarbeit	2623
§ 14	Zulässigkeit der Befristung	2623
§ 15	Ende des befristeten Arbeitsvertrages	2900
§ 16	Folgen unwirksamer Befristung	2921
§ 17	Anrufung des Arbeitsgerichts	2929
§ 18	Information über unbefristete Arbeitsplätze	2963
§ 19	Aus- und Weiterbildung	2965
§ 20	Information der Arbeitnehmervertretung	2969
§ 21	Auflösend bedingte Arbeitsverträge	2971
§ 22	Abweichende Vereinbarungen	2994
§ 23	Besondere gesetzliche Regelungen	3000

UmwG – Umwandlungsgesetz 3013
§ 322	Gemeinsamer Betrieb	3013
§ 323	Kündigungsrechtliche Stellung	3013
§ 324	Rechte und Pflichten bei Betriebsübergang	3013

WissZeitVG – Gesetz über befristete Arbeitsverträge in der Wissenschaft – Wissenschaftszeitvertragsgesetz 3027
| § 1 | Befristung von Arbeitsverträgen | 3027 |
| § 2 | Befristungsdauer; Befristung wegen Drittmittelfinanzierung | 3051 |

Inhaltsverzeichnis

§ 3	Privatdienstvertrag	3084
§ 4	Wissenschaftliches Personal an staatlich anerkannten Hochschulen	3088
§ 5	Wissenschaftliches Personal an Forschungseinrichtungen	3088
§ 6	Wissenschaftliche und künstlerische Hilfstätigkeiten	3092
§ 7	Rechtsgrundlage für bereits abgeschlossene Verträge; Übergangsregelung	3094
§ 8	Evaluation	3100

Stichwortverzeichnis 3101

Abkürzungsverzeichnis

aA	anderer Ansicht
aaO	am angegebenen Ort
AAG	Gesetz über den Ausgleich der Arbeitgeberaufwendungen für Entgeltfortzahlung
ABA	Arbeit, Beruf und Arbeitslosenhilfe (Zeitschrift)
AbgG	Abgeordnetengesetz
AbK	Abkommen
ABlEG	Amtsblatt der Europäischen Gemeinschaften
abl.	ablehnend
ABl.	Amtsblatt
ABM	Arbeitsbeschaffungsmaßnahme
Abs.	Absatz
abw.	abweichend
AcP	Archiv für civilistische Praxis (Zeitschrift)
ÄArbVtrG	Gesetz über befristete Arbeitsverträge mit Ärzten in der Weiterbildung
ABFG	Arbeitsrechtliches Beschäftigungsförderungsgesetz
aE	am Ende
AEVO	Ausbilder-EignungsVO gewerbliche Wirtschaft
aF	alte Fassung
AfA	Agentur für Arbeit
AFG	Arbeitsförderungsgesetz
AFG-ÄndG	Arbeitsförderungsgesetz-Änderungsgesetz
AFKG	Arbeitsförderungs-Konsolidierungsgesetz
AfNS	Amt für Nationale Sicherheit
AfP	Archiv für Presserecht (Zeitschrift)
AFRG	Arbeitsförderungs-Reformgesetz
AG	Die Aktiengesellschaft (Zeitschrift)
AG	Amtsgericht
AGB	Allgemeines Bürgerliches Gesetzbuch
AGB-DDR	Arbeitsgesetzbuch der Deutschen Demokratischen Republik
AGG	Allgemeines Gleichbehandlungsgesetz
AiB	Arbeitsrecht im Betrieb (Zeitschrift)
AiB NL	Arbeitsrecht im Betrieb Newsletter (Zeitschrift)
AKGG	*Denninger/Hoffmann-Riem/Schneider* Kommentar zum Grundgesetz
AktG	Aktiengesetz
Alhi	Arbeitslosenhilfe
allg.	allgemein(e)
AllgBergG	Allgemeines Preußisches Berggesetz
Alt.	Alternative
AltPflG	Altenpflegegesetz
aM	anderer Meinung
AMBl.	Amtsblatt des Bayerischen Staatsministeriums für Arbeit und Sozialordnung
amtl.	amtlich
Amtl. Begr.	Amtliche Begründung
AN	Amtliche Nachrichten des Reichsversicherungsamtes
ANBA	Amtliche Nachrichten der Bundesanstalt für Arbeit
Ändabk.	Änderungsabkommen
ÄnderungsVO	Änderungsverordnung
Änderungs-TV	Änderungstarifvertrag
ÄndG	Änderungsgesetz
ÄndVO	Änderungsverordnung
AngKSchG	Gesetz über die Fristen für die Kündigung von Angestellten
Anh.	Anhang

Abkürzungsverzeichnis

Anl.	Anlage
Anm.	Anmerkung
ANS	Amt für Nationale Sicherheit
AnTV	Tarifvertrag für die Angestellten der deutschen Bundesbahn
AnwaltKomm	*Dauner-Lieb/Heidel/Ring* BGB, Band 2.2, Anwaltkommentar
AnwBl	Anwaltsblatt (Zeitschrift)
AnwK-ArbR	*Hümmerich/Boecken/Düwell* (Hrsg.), AnwaltKommentar Arbeitsrecht
AO	Abgabenordnung
AOG	Gesetz zur Ordnung der nationalen Arbeit
AöR/AOR	Archiv des öffentlichen Rechts
AP	Arbeitsrechtliche Praxis (Entscheidungssammlung)
APS	*Ascheid/Preis/Schmidt* Kündigungsrecht, Großkommentar
AR	*Dornbusch/Fischermeier/Löwisch* (Hrsg.), AR – Kommentar zum gesamten Arbeitsrecht
AR-Blattei	Arbeitsrecht-Blattei (Loseblattausgabe)
Arbeitgeber	Der Arbeitgeber (Zeitschrift)
ArbeitsplatzwechselVO	Arbeitsplatzwechsel-Verordnung
ArbG	Arbeitsgericht
ArbGeb	Der Arbeitgeber (Zeitschrift)
ArbGG	Arbeitsgerichtsgesetz
ArbKrankhG	Gesetz zur Verbesserung der wirtschaftlichen Sicherung im Krankheitsfalle
ArbN	Arbeitnehmer (Zeitschrift der Arbeitskammer des Saarlands)
ArbNähnl.Pers.	Arbeitnehmerähnliche Personen
ArbNErfG	Gesetz über Arbeitnehmererfindungen
ArbPlSchG	Arbeitsplatzschutzgesetz
ArbR	Arbeitsrecht Aktuell (Zeitschrift)
ArbRB	Arbeitsrechts-Berater (Zeitschrift)
ArbRBGB	*Schliemann* (Hrsg.), Das Arbeitsrecht im BGB, Kommentierung der §§ 611–630 BGB
ArbRBereinigG	Arbeitsrechtsbereinigungsgesetz
ArbRdGgw	Das Arbeitsrecht der Gegenwart (Jahrbuch des BAG bis 1998)
ArbSichG	Arbeitssicherstellungsgesetz
ArbuR, AuR	Arbeit und Recht (Zeitschrift)
ArbuSozPol	Arbeit und Sozialpolitik (Zeitschrift)
ArbuSozR	Arbeits- und Sozialrecht (Zeitschrift)
ArbZG	Arbeitszeitgesetz
ArchöffR	Archiv für öffentliches Recht (Zeitschrift)
ArchPF	Archiv für das Post- und Fernmeldewesen (Zeitschrift)
ArGV	Arbeitsgenehmigungsverordnung
arg.	argumentum
ARS	Arbeitsrechtssammlung, Entscheidungen des Reichsarbeitsgerichts, der Landesarbeitsgerichte und Arbeitsgerichte (früher Bensheimer Sammlung)
ARsp	Arbeitsrechtsprechung
ARSt	Arbeitsrecht in Stichworten (Arbeitsrechtliche Entscheidungssammlung)
Art.	Artikel
ASiG	Arbeitssicherheitsgesetz
ASistG	Arbeitssicherstellungsgesetz
AT	Allgemeiner Teil
AT-Angestellte	außertarifliche Angestellte
ATG	Altersteilzeitgesetz
ATO	Allgemeine Tarifordnung für Arbeitnehmer des öffentlichen Dienstes
AuA	Arbeit und Arbeitsrecht (Zeitschrift)
AuB	Arbeit und Beruf (Zeitschrift)
Aufl.	Auflage
AÜG	Arbeitnehmerüberlassungsgesetz

Abkürzungsverzeichnis

AuR, ArbuR	Arbeit und Recht (Zeitschrift)
AuslG	Ausländergesetz
AVAVG	Gesetz über Arbeitsvermittlung und Arbeitslosenversicherung
AVG	Angestelltenversicherungsgesetz
AVO	Ausführungsverordnung
AVV	Allgemeine Verwaltungsvorschriften
AWD	Außenwirtschaftsdienst des Betriebsberaters (Zeitschrift)
ArbZG, AZG	Arbeitszeitgesetz
AZO	Arbeitszeitordnung
BA	Bundesagentur für Arbeit
BABl.	Bundesarbeitsblatt (Zeitschrift)
Bad.-Württ.LV	Landesverfassung Baden-Württemberg
BaFin	Bundesanstalt für Finanzdienstleistungsaufsicht
BAG	Bundesarbeitsgericht
BAGE	Amtliche Sammlung der Entscheidungen des Bundesarbeitsgerichts
BAnz	Bundesanzeiger
BArbBl.	Bundesarbeitsblatt
BAT	Bundes-Angestelltentarifvertrag
Bay.	Bayern
BayAmbl.	Bayerische Amtsblätter
BayBS	Bereinigte Sammlung des bayerischen Landesrechts
BayerArbMin	Bayerisches Staatsministerium für Arbeit und Sozialordnung, früher: Bayerisches Ministerium für Arbeit und soziale Fürsorge
Bayer. Verf.	Bayerische Verfassung
BayGBl.	Bayerisches Gesetzblatt
BayPersVG	Bayrisches Personalvertretungsgesetz
BayVerwBl.	Bayerische Verwaltungsblätter
BayVGH	Bayerischer Verwaltungsgerichtshof
BB	Der Betriebsberater (Zeitschrift)
BBG	Bundesbeamtengesetz
BBiG	Berufsbildungsgesetz
BCF	*Bader/Creutzfeldt/Friedrich* Arbeitsgerichtsgesetz, Kommentar
Bd.	Band
BDA	Bundesverband Deutscher Arbeitgeberverbände
BDI	Bundesverband der Deutschen Industrie
Bdn.	Brandenburg
BDO	Bundesdisziplinarordnung
BDSG	Bundesdatenschutzgesetz
bea.	beachte
bearb.	bearbeitet
Bearb.	Bearbeiter(in)
BeckOK	Beck'scher Online-Kommentar
BEEG	Bundeselterngeld- und -elternteilzeitgesetz
Begr.	Begründung
BehindR	Behindertenrecht (Zeitschrift)
Beil.	Beilage
Bek.	Bekanntmachung
Bem.	Bemerkung
Ber.	Bericht
ber.	berichtigt
Bergmann-VersorgScheinG	Bergmannversorgungsscheingesetz
Berl.Wirt.	Berliner Wirtschaft
BerlinFördG	Berlin-Förderungsgesetz
BErzGG	Bundeserziehungsgeldgesetz

Abkürzungsverzeichnis

bes.	besonders
BeschäftigtenschutzG	Beschäftigtenschutzgesetz
BeschFG 1985	Beschäftigungsförderungsgesetz 1985
BeschFG 1996	Beschäftigungsförderungsgesetz 1996
Beschl.	Beschluss
betr.	betrifft
BetrAVG	Gesetz zur Verbesserung der betrieblichen Altersversorgung
BetrR	Der Betriebsrat (Zeitschrift)
BetrVerf	Die Betriebsverfassung (Zeitschrift)
BetrVG	Betriebsverfassungsgesetz
BezAbgWG	Gesetz über die Wahl der hamburgischen Bezirksabgeordneten zu den Bezirksversammlungen
BezirksG	Bezirksgericht
BFinMm, BMinFin	Bundesfinanzminister(ium)
BFH	Bundesfinanzhof
BFHE	Amtliche Sammlung der Entscheidungen des Bundesfinanzhofs
BfV	Bundesamt für Verfassungsschutz
BGB	Bürgerliches Gesetzbuch
BGB-RGRK	Bürgerliches Gesetzbuch – Reichsgerichtsrätekommentar
BGBl.	Bundesgesetzblatt
BGH	Bundesgerichtshof
BGHZ	Amtliche Sammlung der Entscheidungen des Bundesgerichtshofs in Zivilsachen
BGL	Betriebliche Gewerkschaftsleitung
BGremBG	Bundesgremienbesetzungsgesetz
BgSchWG	Gesetz über die Wahl zur hamburgischen Bürgerschaft
BGSG	Bundesgrenzschutzgesetz
BImSchG	Bundesimmissionsschutzgesetz
BK	Berliner Kommandantur
BKK	Die Betriebskrankenkasse (Zeitschrift)
Bl.	Blatt
Bln.	Berlin
BlStSozArbR	Blätter für Steuerrecht, Sozialversicherung und Arbeitsrecht (Zeitschrift)
BMA	Bundesminister(ium) für Arbeit und Soziales
BMI	Bundesminister(ium) des Innern
BMF	Bundesminister(ium) der Finanzen
BMMS	*Braun/Mühlhausen/Munk/Stück* Berufsbildungsgesetz, Kommentar
BMT	Bundes-Manteltarif
BMT-G	Bundesmanteltarifvertrag für Arbeiter der Gemeinden
BMTV	Bundesmanteltarifvertrag
BMVg	Bundesminister(ium) für Verteidigung
Bonner Kommentar	*Dolzer/Vogel/Graßhof* (Hrsg.), Bonner Kommentar zum Grundgesetz
BPersVG	Bundespersonalvertretungsgesetz
BPräsWG	Gesetz über die Wahl des Bundespräsidenten durch die Bundesversammlung
br	Behindertenrecht (Zeitschrift)
BR	Der Betriebsrat (Zeitschrift)
BR	Bundesrepublik
BRA	Bundesrechtsausschuss
Bra.	Brandenburg
BRAGO	Bundesgebührenordnung für Rechtsanwälte
BRAK-Mitt.	»BRAK-Mitteilungen« (früher Mitteilungen der Bundesrechtsanwaltskammer)
BR-Drs.	Bundesrats-Drucksache
BReg.	Bundesregierung
Breith.	Breithaupt
Breithaupt	Breithaupt (Hrsg.), Sozialgerichtliche Urteilssammlung
Brem.	Bremen

Abkürzungsverzeichnis

BremPersVG	Bremisches Personalvertretungsgesetz
Brexit-StBG	Brexit-Steuerbegleitgesetz
BRG	Betriebsrätegesetz
BR-Info	Informationsdienst für Betriebsräte (Zeitschrift)
BR-Prot.	Bundesratsprotokolle
BRRG	Beamtenrechtsrahmengesetz
BRT	Bundesrahmentarif
BRTV	Bundesrahmentarifvertrag
BSeuchG	Bundesseuchengesetz
BSG	Bundessozialgericht
BSGE	Amtliche Sammlung der Entscheidungen des Bundessozialgerichts
BSHG	Bundessozialhilfegesetz
Bsp.	Beispiel
BStBl	Bundessteuerblatt
BSVG	Bergmannsversorgungsscheingesetz
BT	Bundestag
BT-AbgG	Bundestag-Abgeordnetengesetz
BT-Drucks.	Drucksache des Deutschen Bundestages
BT-Prot.	Bundestagsprotokolle
Buchst.	Buchstabe
BUKG	Bundesumzugskostengesetz
BundesbeamtenG	Bundesbeamtengesetz
BundesPersVG	Personalvertretungsgesetz des Bundes
BUrlG	Bundesurlaubsgesetz
BuW	Betrieb und Wirtschaft (Zeitschrift)
BVB	Besondere Vertragsbedingungen
BVerfG	Bundesverfassungsgericht
BVerfGE	Amtliche Sammlung der Entscheidungen des Bundesarbeitsgerichts
BVersG	Bundesversorgungsgesetz
BVerwG	Bundesverwaltungsgericht
BVwVfG	Verwaltungsverfahrensgesetz des Bundes
BW	Baden-Württemberg
BWG	Bundeswahlgesetz
bzgl.	bezüglich
BZRG	Bundeszentralregistergesetz
bzw.	beziehungsweise
CR	Computer und Recht (Zeitschrift)
CSSW	*Clemens/Scheuring/Steingen/Wiese* Kommentar zum Tarifvertrag für den Öffentlichen Dienst (TVöD)
DA	Durchführungsanweisungen der Bundesanstalt für Arbeit zum Kündigungsschutzgesetz
DAG	Deutsche Angestelltengewerkschaft
DAngVers	Die Angestelltenversicherung (Zeitschrift)
DArbR	Deutsches Arbeitsrecht
DArbRdGgw	Das Arbeitsrecht der Gegenwart
DAV	Deutscher Anwaltverein
DB	Der Betrieb (Zeitschrift)
DBl.BA-R	Dienstblatt der Bundesanstalt für Arbeit – Rechtsprechung
DBlR	Dienstblatt der Bundesanstalt für Arbeit, Ausgabe C – Rechtsprechung
dbr	Der Betriebsrat (Zeitschrift)
DDB	Das Deutsche Bundesrecht (Loseblattausgabe)
DDR	Deutsche Demokratische Republik

XXIII

Abkürzungsverzeichnis

DDZ	*Däubler/Deinert/Zwanziger* KSchR Kündigungsschutzrecht, Kommentar für die Praxis
ders.	derselbe
DemobilmachungsVO	Demobilmachungs-Verordnung
DEVO	Datenerfassungs-Verordnung
DFB	Deutscher Fußballbund
DGB	Deutscher Gewerkschaftsbund
dgl.	desgleichen
dh	das heißt
dies.	dieselben
Diss.	Dissertation
DJT	Deutscher Juristentag
DJZ	Deutsche Juristenzeitung (1896–1936)
DK	*Dörring/Kutzki* (Hrsg.), TVöD-Kommentar, Arbeitsrecht für den Öffentlichen Dienst
DKKW	*Däubler/Kittner/Klebe/Wedde* Kommentar zum Betriebsverfassungsgesetz
DL-ArbGG	*Düwell/Lipke* (Hrsg.), Arbeitsgerichtsgesetz, Kommentar
DLW	*Dörner/Luczak/Wildschütz/Baeck/Hoß* Handbuch des Arbeitsrechts
DM	Deutsche Mark
DÖD	Der öffentliche Dienst (Zeitschrift)
DOK	Die Ortskrankenkasse (Zeitschrift)
Dok.	Dokument
DÖV	Die Öffentliche Verwaltung (Zeitschrift)
DR	Deutsches Recht
DRdA	Das Recht der Arbeit (Österr. Zeitschrift)
DRiA	Das Recht im Amt (Zeitschrift)
DRiG	Deutsches Richtergesetz
Drs.	Drucksache
DStR	Deutsche Steuer-Rundschau (51–61) – Deutsches Steuerrecht (62 ff.)
DRiZ	Deutsche Richterzeitung (Zeitschrift)
Drucks.	Drucksache
DSB	Datenschutzbeauftragter (Zeitschrift)
DStZ	Deutsche Steuer-Zeitung
DtZ	Deutsch-Deutsche Rechtszeitschrift
DuD	Datenschutz und Datensicherung (Zeitschrift)
DuR	Demokratie und Recht (Zeitschrift)
DÜVO	Datenübermittlungs-Verordnung
DUZ	Deutsche Universitätszeitung
DVBl.	Deutsches Verwaltungsblatt (Zeitschrift)
DVO	Durchführungsverordnung
DW	*Dornbusch/Wolff* (Hrsg.), KSchG, Kommentar zum Kündigungsschutzgesetz und zu den wesentlichen Nebengesetzen
DZWiR, DZWIR	Deutsche Zeitschrift für Wirtschaftsrecht (bis 1999), Deutsche Zeitschrift für Wirtschafts- und Insolvenzrecht (ab 1999)
EArbGKomm.	Entwurf 1977 der Arbeitsgesetzbuch-Kommission
EBJ	*Ebenroth/Boujong/Joost* HGB, Großkommentar
EDGB	Entwurf 1977 des Deutschen Gewerkschaftsbundes für ein Arbeitsverhältnisgesetz
EEK	Entscheidungssammlung zur Entgeltfortzahlung im Krankheitsfalle
EFG	Entscheidung der Finanzgerichte
EFTA	European Free Trade Association
EFZG	Entgeltfortzahlungsgesetz
EG	Europäische Gemeinschaft
EGBGB	Einführungsgesetz zum Bürgerlichen Gesetzbuch

EGInsO	Einführungsgesetz zur Insolvenzordnung
EGKO	Einführungsgesetz zur Konkursordnung
eGmbH	eingetragene Gesellschaft mit beschränkter Haftung
EG-EStRG	Einführungsgesetz zur Einkommensteuerreform
EGMR	Europäischer Gerichtshof für Menschenrechte
EGV	Vertrag zur Gründung der Europäischen Gemeinschaft
EheG	Ehegesetz
EhfG	Entwicklungshelfer-Gesetz
EichK-MAVO/ *(Verfasser)*	*Oxenknecht-Witzsch/Eder/Stöcke-Muhlack/Schmitz/Richartz* Eichstätter Kommentar MAVO
Eignungs-ÜbG, EignungsübungsG	Eignungsübungsgesetz
Einf.	Einführung
EinfG	Einführungsgesetz
EinigungsV	Einigungsvertrag
Einl.	Einleitung
einschl.	einschließlich
EInsO	Entwurf zur Insolvenzordnung
EKD	Evangelische Kirche Deutschlands
ENeuOG	Eisenbahnneuordnungsgesetz
Entsch.	Entscheidung
Entw.	Entwurf
ErfK	*Müller-Glöge/Preis/Sch*midt (Hrsg.), Erfurter Kommentar zum Arbeitsrecht
Erg.	Ergänzung
Ergänzungsbd.	Ergänzungsband
Erl.	Erlass, Erläuterungen
Ersk.	Die Ersatzkasse (Zeitschrift)
ESC	Europäische Sozialcharta
ESt	Einigungsstelle, Einkommensteuer
EStDV	Einkommensteuer-Durchführungsverordnung
EStG	Einkommensteuergesetz
EsVGH	Entscheidungssammlung des Hessischen und des Württembergisch-Badischen Verwaltungsgerichtshofes
etc.	et cetera
EU	Europäische Union
EuAbgG	Europaabgeordnetengesetz
EU-DSGVO	Verordnung (EU) 2016/679 des Europäischen Parlaments und des Rates vom 27. April 2016 zum Schutz natürlicher Personen bei der Verarbeitung personenbezogener Daten, zum freien Datenverkehr und zur Aufhebung der Richtlinie 95/46/EG (Datenschutz-Grundverordnung)
EuG	Europäische Gemeinschaft
EuGH	Europäischer Gerichtshof
EuGRZ	Europäische Grundrechte-Zeitschrift
EuGVÜ	(Europ.) Übereinkommen v. 27.9.1968 über die Vollstreckung gerichtlicher Entscheidungen in Zivil- und Handelssachen
EuGVVO	Verordnung (EG) Nr. 44/2001 des Rates vom 22. Dezember 2000 über die gerichtliche Zuständigkeit und die Anerkennung und Vollstreckung von Entscheidungen in Zivil- und Handelssachen
EuR.	Europarecht
EuroAS	Informationsdienst zum Europäischen Arbeits- und Sozialrecht
EuZW	Europäische Zeitschrift für Wirtschaftsrecht
EV	Einigungsvertrag
e. V.	eingetragener Verein
evtl.	eventuell
EVÜ	Römisches EWG-Übereinkommen über das auf vertragliche Schuldverhältnisse anzuwendende Recht

Abkürzungsverzeichnis

EWG	Europäische Wirtschaftsgemeinschaft
EWGV	Vertrag zur Gründung der Europäischen Wirtschaftsgemeinschaft
EWG-VO	Europäische Wirtschaftsgemeinschaft-Verordnung
EWiR	Entscheidungen zum Wirtschaftsrecht (Zeitschrift)
EWS	Europäisches Währungssystem
EzA	Entscheidungssammlung zum Arbeitsrecht (Loseblattausgabe)
EzASD, EzA-SD	EzA Schnelldienst (Zeitschrift)
EzAÜG	*Leinemann/Düwell* Entscheidungssammlung zum Arbeitnehmerüberlassungsgesetz
EzBAT	Entscheidungssammlung zum Bundesangestelltentarifvertrag (Loseblattausgabe)
f.	folgende
FA	Fachanwalt Arbeitsrecht (Zeitschrift)
Fachreg.	Fachregister
FamRB	Familienrechtsberater (Zeitschrift)
FamRZ	Familienrechts-Zeitschrift
FAZ	Frankfurter Allgemeine Zeitung
FeiertagslohnzahlungsG	Gesetz zur Regelung der Lohnzahlung an Feiertagen
FEVS	Fürsorgerechtliche Entscheidungen der Verwaltungs- und Sozialgerichte
ff.	fortfolgende
FFG	Filmförderungsgesetz
FFVG	Gesetz über befristete Arbeitsverträge mit wissenschaftlichem Personal an Forschungseinrichtungen
FG	Finanzgericht
FGG	Gesetz über die freiwillige Gerichtsbarkeit
FIRG, FKPG	Gesetz zur Umsetzung Föderalen Konsolidierungsprogramm
FK-InsO	*Wimmer* (Hrsg.) Frankfurter Kommentar zur Insolvenzordnung
FN, Fn	Fußnote
FinMin	Finanzminister(ium)
FS	Festschrift
GA-(*Verfasser*)	*Boecken/Düwell/Diller/Hanau* Gesamtes Arbeitsrecht
GBl.	Gesetzblatt
GbR	Gesellschaft bürgerlichen Rechts
GdB	Grad der Behinderung
GedS, GS	Gedächtnisschrift
GefStoffV	Gefahrstoffverordnung
gem.	gemäß
GemeindeO	Gemeindeordnung
GenG	Gesetz betreffend die Erwerbs- und Wirtschaftsgenossenschaften
GesamtvollstreckungsO, GesO	Gesamtvollstreckungsordnung
GewArch	Gewerbearchiv (Zeitschrift)
GewJB	Gewerkschaftsjahrbuch
GewMH	Gewerkschaftliche Monatshefte
GewO	Gewerbeordnung
GG	Grundgesetz
ggf.	gegebenenfalls
GK-ArbGG	*Ahrendt/Bader/Dörner/Mikosch/Schleusener/Schütz/Vossen/Woitaschek* Gemeinschaftskommentar zum Arbeitsgerichtsgesetz
GK-BetrVG	*Wiese/Kreutz/Oetker/Raab/Weber/Franzen/Gutzeit/Jacobs* Gemeinschaftskommentar zum Betriebsverfassungsgesetz
GK-BUrlG	*Stahlhacke/Bachmann/Bleistein/Berscheid* Gemeinschaftskommentar zum Bundesurlaubsgesetz

GK-HGB	*Ensthaler* (Hrsg.), Gemeinschaftskommentar zum Handelsgesetzbuch mit UN-Kaufrecht
GKG	Gerichtskostengesetz
GK-SGB III	*Ambs/Feckler/Götze/Hess/Lampe/Marschner/Müller-Kohlenberg/Rademacher/Schweitzer/Wagner/Wurtmann* Gemeinschaftskommentar zum Arbeitsförderungsrecht
GK-SGB IX	*Großmann/Schimanski/Spiolek* (Hrsg.) Gemeinschaftskommentar zum Sozialgesetzbuch IX
GK-TzA	*Becker/Danne/Lang/Lipke/Mikosch/Steinwedel* Gemeinschaftskommentar zum Teilzeitarbeitsrecht
GleiBG	Gleichberechtigungsgesetz
GmbH	Gesellschaft mit beschränkter Haftung
GmbHG	Gesetz betreffend die Gesellschaft mit beschränkter Haftung
GmbHRdSch.	GmbH-Rundschau (Zeitschrift)
GmBl.	Gemeinsames Ministerialblatt
GMPM-G	*Germelmann/Matthes/Prütting/Müller-Glöge* Arbeitsgerichtsgesetz, Kommentar
GmS-OGB	Gemeinsamer Senat der obersten Gerichtshöfe des Bundes
GoA	Geschäftsführung ohne Auftrag
GPR	Zeitschrift für Gemeinschaftsprivatrecht
GRC	Europäische Grundrechtecharta
grds.	grundsätzlich
GrO	Grundordnung des kirchlichen Dienstes im Rahmen kirchlicher Arbeitsverhältnisse
Grunds.	Grundsatz, Grundsätze
GS, GrS	Großer Senat
GS	Gesetzessammlung
GSG	Gesundheitsstrukturgesetz
GTAW	*Gross/Thon/Ahmad/Woitaschek* Betriebsverfassungsgesetz, Kommentar
GuG	Gesamtvollstreckungsunterbrechungsgesetz
GVBl.	Gesetz- und Verordnungsblatt
GVG	Gerichtsverfassungsgesetz
GVNW	Gesetz- und Verordnungsblatt Nordrhein-Westfalen
GW	Der gute Wille. Eingliederung Schwerbehinderter in Arbeit, Beruf und Gesellschaft (Zeitschrift)
GwG	Geldwäschegesetz
HAÄndG	Heimarbeitsänderungsgesetz
HAG	Heimarbeitsgesetz
HaKo-AGG	*Däubler/Bertzbach* (Hrsg.), Allgemeines Gleichbehandlungsgesetz, Handkommentar
HaKo-ArbR	*Däubler/Hjort/Hummel/Wolmerath* (Hrsg.), Arbeitsrecht, Individualarbeitsrecht mit kollektivrechtlichen Bezügen, Handkommentar
HaKo-BetrVG	*Düwell* (Hrsg.) Betriebsverfassungsgesetz, Handkommentar
HaKo-KSchR	*Fiebig/Gallner/Nägele (Hrsg.)*, Kündigungsschutzrecht, Handkommentar
HaKo-MuSchG	*Rancke* Mutterschutz – Elterngeld – Elternzeit, Handkommentar
HaKo-TzBfG	*Boecken/Joussen* Teilzeit- und Befristungsgesetz, Handkommentar, 2007
HambPersVG	Hamburgisches Personalvertretungsgesetz
HandwO	Handwerksordnung
Hansa	Zentralorgan für Seeschifffahrt, Schiffbau und Hafen (Zeitschrift)
HAS	*Weiss/Gagel* (Hrsg.), Handbuch des Arbeits- und Sozialrecht
HB	Handelsblatt
HBG	Hessisches Beamtengesetz
HchB	Begründung des Herrenchiemseer Entwurfs zum Grundgesetz
HchE	Herrenchiemseer Entwurf zum Grundgesetz
HEAS-*(Verfasser)*	*Hanau/Steinmeyer/Wank*, Handbuch des europäischen Arbeits- und Sozialrechts
HessAbgG	Hessisches Abgeordnetengesetz

Abkürzungsverzeichnis

Hess. LAG	Hessisches Landesarbeitsgericht
HessLV	Landesverfassung Hessen
HessPersVG	Hessisches Personalvertretungsgesetz
Hess. StaZ	Hessische Zeitschrift für Standesamtswesen
HessVGH	Hessischer Verwaltungsgerichtshof
HFR	Höchstrichterliche Finanzrechtsprechung
HFVG	Gesetz über befristete Arbeitsverträge mit wissenschaftlichem Personal an Hochschulen und Forschungseinrichtungen
HGB	Handelsgesetzbuch
HGB-RGRK	Reichsgerichtsräte-Kommentar zum Handelsgesetzbuch
HGO	Hessische Gemeindeordnung
HHG	Häftlingshilfegesetz
HHR	*Herrmann/Heuer/Raupach* Einkommensteuer- und Körperschaftsteuergesetz mit Nebengesetzen, Kommentar,
HHStrukG	Haushaltsstrukturgesetz
HK	*Dorndorf/Weller/Hauck/Höland/Kriebel/Neef* Heidelberger Kommentar zum Kündigungsschutzgesetz
hL	herrschende Lehre
hM	herrschende Meinung
Hmb.	Hamburg
HO, HandwO	Handwerksordnung
Hochschulhdb	*Hartmer/Detmer* (Hrsg.) Hochschulrecht – ein Handbuch für die Praxis
HRG	Hochschulrahmengesetz
HRR	Höchstrichterliche Rechtsprechung
Hrsg.	Herausgeber
Hs.	Halbsatz
HS	*Hümmerich/Spirolke* Das arbeitsrechtliche Mandat
HVwVFG	Hessisches Verwaltungsverfahrensgesetz
HwBAR	*Bürger/Oehmann/Matthes/Göle-Sander/Kreizberg* (Hrsg.) Handwörterbuch des Arbeitsrechts für die tägliche Praxis
HWGNRH	*Hess/Worzalla/Glock/Nicolai/Rose/Huke* Kommentar zum Betriebsverfassungsgesetz
HWK	*Henssler/Willemsen/Kalb* Arbeitsrechtskommentar
HzA	Handbuch zum Arbeitsrecht (Loseblattausgabe)
HzA-aktuell	Aktuelle arbeitsrechtliche Informationen (Beilage zu HzA)
HzK	*Mues/Eisenbeis/Laber* Handbuch zum Kündigungsrecht
IAA	Internationales Arbeitsamt
IAO	Internationale Arbeitsorganisation
IAR	Internationales Arbeitsrecht
idF	in der Fassung
idR	in der Regel
iE	im Einzelnen
ieS	im engeren Sinne
ICOA-Abkommen	International Civil Aviation Organization
IG	Industriegewerkschaft
IHK	Industrie- und Handelskammer
ILO	International Labour Organization
InfAuslR	Informationsbrief Ausländerrecht (Zeitschrift)
info also	Information zum Arbeitslosengeld und zur Sozialhilfe (Zeitschrift)
Information StW	Information Steuer-Warte
insbes.	insbesondere
InsO	Insolvenzordnung
INSS	Instituto Nacional de Seguridad

InstitutsVergV	Institutsvergütungsverordnung
IRP	Internationales Privatrecht
IPrax, IPRax	Praxis des Internationalen Privat- und Verfahrensrechts (Zeitschrift)
IPR-Grunds.	Grundsätze des Internationalen Privatrechts
IPRspr.	Die deutsche Rechtsprechung auf dem Gebiete des internationalen Privatrechts
iS	im Sinne
iSd	im Sinne des/der
ISR	Internationales Seeschifffahrtregister
iSv	im Sinne von
i. Ü.	im Übrigen
iVm	in Verbindung mit
IZPR	Internationales Zivilprozessrecht
JA	Juristische Arbeitsblätter
JarbR	Jahrbuch des Arbeitsrechts (Jahrbuch des BAG seit 1999)
JarbSchG	Jugendarbeitsschutzgesetz
JAV	Jugend- und Auszubildendenvertretung
JbFfS	Jahrbuch der Fachanwälte für Steuerrecht
jPK	*Herberger/Martinek/Rüßmann* juris-Praxiskommentar BGB
JR	Juristische Rundschau (Zeitschrift)
Jura	Juristische Ausbildung (Zeitschrift)
JurA	Juristische Analysen
jurisPR-ArbR	jurisPraxisReport Arbeitsrecht
JuS, Jus	Juristische Schulung (Zeitschrift)
JW	Juristische Wochenschrift (Zeitschrift)
JWG	Gesetz für Jugendwohlfahrt
JZ	Juristenzeitung (Zeitschrift)
KA	Kollektives Arbeitsrecht
Kap.	Kapitel
KapErhG	Kapitalerhöhungsgesetz
Kapitäns-MTV	Kapitäns-Manteltarifvertrag
KassArbR	*Leinemann* (Hrsg.) Kasseler Handbuch zum Arbeitsrecht
KatSG	Katastrophenschutzgesetz
Kaug	Konkursausfallgeld
KBR	Konzernbetriebsrat
KfristG	Gesetz zur Vereinheitlichung der Kündigungsfristen
KG	Kammergericht, Kommanditgesellschaft
KG a. A.	Kommanditgesellschaft auf Aktien
KHG	Krankenhausgesetz
KirchE	Entscheidungen in Kirchensachen
KJ	Kritische Justiz (Zeitschrift)
KK-*(Verfasser)*	*Wedde* (Hrsg.), Arbeitsrecht
KO	Konkursordnung
KOM	Kommissionsdokumente
KommSeeArbR	*Bubenzer/Noltin/Peetz/Mallach* Seearbeitsgesetz, Kommentar
KPK	*Sowka* (Hrsg.) Kündigungsschutzrecht, Kölner Praxiskommentar zum KSchG und zu sonstigen kündigungsrechtlichen Vorschriften
KR	Gemeinschaftskommentar zum Kündigungsschutzgesetz und zu sonstigen kündigungsschutzrechtlichen Vorschriften (Kurzbezeichnung des vorliegenden Werkes)
KR-*(Verfasser)*	Zitierweise des vorliegenden Werkes
KreisG	Kreisgericht
KRG	Kontrollratsgesetz
krit.	kritisch

Abkürzungsverzeichnis

KritV	Kritische Vierteljahresschrift für Gesetzgebung und Rechtswissenschaft
KrV	Die Krankenversicherung (Zeitschrift)
KrWG	Gesetz zur Förderung der Kreislaufwirtschaft und Sicherung der umweltverträglichen Bewirtschaftung von Abfällen (Kreislaufwirtschaftsgesetz)
KSch	Kündigungsschutz
KSchG	Kündigungsschutzgesetz
KTS	Konkurs-, Treuhand- und Schiedsgerichtswesen (Zeitschrift)
KündFG, KündFristG, KündigungsfristenG	Kündigungsfristengesetz
KVLG	Gesetz über die Krankenversicherung der Landwirte
KWG	Kreditwesengesetz
kw-Vermerk	künftig wegfallender Vermerk
KZDH-*(Verfasser)*	*Kittner/Zwanziger/Deinert/Heuschmidt* (Hrsg.) Arbeitsrecht
LAA	Landesagentur für Arbeit
LadenschlußG	Ladenschlussgesetz
LAG	Landesarbeitsgericht
LAG BW	Landesarbeitsgericht Baden-Württemberg
LAG Bln.	Landesarbeitsgericht Berlin
LAG Bay.	Landesarbeitsgericht Bayern
LAG Bln.-Bra.	Landesarbeitsgericht Berlin-Brandenburg
LAG Bra.	Landesarbeitsgericht Brandenburg
LAG Brem.	Landesarbeitsgericht Bremen
LAG Düsseld.	Landesarbeitsgericht Düsseldorf
LAG Hmb.	Landesarbeitsgericht Hamburg
LAG MV	Landesarbeitsgericht Mecklenburg-Vorpommern
LAG Nbg	Landesarbeitsgericht Nürnberg
LAG Nds.	Landesarbeitsgericht Niedersachsen
LAG RhPf	Landesarbeitsgericht Rheinland-Pfalz
LAG Saarl.	Landesarbeitsgericht Saarland
LAG SA	Landesarbeitsgericht Sachsen-Anhalt
LAG SchlH	Landesarbeitsgericht Schleswig-Holstein
LAbgG	Landesabgeordnetengesetz
LAGE	Entscheidungssammlung (Landesarbeitsgerichte)
LAGReport	Zeitschrift
Landkreis	Landkreisordnung
LFG, LFZG, LohnFG	Gesetz über die Fortzahlung des Arbeitsentgelts im Krankheitsfalle (Lohnfortzahlungsgesetz)
LG	Landgericht
lit.	Litera, Buchstabe(n)
LKB-*(Bearbeiter)*	Linck/Krause/Bayreuther Kommentar zum Kündigungsschutzgesetz
LKV	Landes- und Kommunalverwaltung (Zeitschrift)
LM	*Lindenmaier/Möhring* Nachschlagewerk des Bundesgerichtshofs
LM-*(Verfasser)*	*Lakies/Malottke* BBiG
LöschG	Löschungsgesetz
Loseblattslg.	Loseblattsammlung
LPersVG, LPVG	Landespersonalvertretungsgesetz
LPVG NW	Landespersonalvertretungsgesetz Nordrhein-Westfalen
LS	Leitsatz
LS	Laux/Schlachter, Teilzeit- und Befristungsgesetz (TzBfG), Kommentar
LSG	Landessozialgericht
LStDV	Lohnsteuerdurchführungsverordnung
LSW	*Löwisch/Spinner/Wertheimer* Kommentar zum Kündigungsschutzgesetz
LTV	Lohntarifvertrag
LuftBO	Betriebsordnung für Luftfahrtgerät

LV	Landesverfassung
LVwVfG	Landesverwaltungsverfahrensgesetz
LwAnpG	Landwirtschaftsanpassungsgesetz
LzK	*Neumann/Freitag* Lexikon zum Kündigungsrecht
m.	mit
MAH-ArbR	*Moll* (Hrsg.) Münchener Anwaltshandbuch Arbeitsrecht
MASG	Hessisches Gesetz zur Sicherung der Mandatsausübung
MAVO	Mitarbeitervertretungsordnung
MAVO	*Thiel/Fuhrmann/Jüngst* MAVO – Kommentar zur Rahmenordnung für eine Mitarbeitervertretungsordnung
maW	mit anderen Worten
max.	maximal
MBG	Mitbestimmungsgesetz
MDR	Monatsschrift für Deutsches Recht (Zeitschrift)
MedR	Medizinrecht (Zeitschrift)
mE	meines Erachtens
MfS	Ministerium für Staatssicherheit
MHH-AGG	*Meinel/Heyn/Herms* Allgemeines Gleichbehandlungsgesetz, Kommentar
MHH-TzBfG	*Meinel/Heyn/Herms* Teilzeit- und Befristungsgesetz, Kommentar
MiLoG	Mindestlohngesetz
Min.Bl.	Ministerialblatt
Min.Bl.Fin.	Ministerialblatt des Bundesministers der Finanzen
mind.	mindestens
Mio.	Million(en)
Mitbest.	Die Mitbestimmung (Zeitschrift)
MitbestG	Mitbestimmungsgesetz
MittHV	Mitteilungen des Hochschulverbandes (Zeitschrift) (ab 1996 Forschung und Lehre)
mN	mit Nachweisen
MonMitbestG	Gesetz über die Mitbestimmung der Arbeitnehmer in den Aufsichtsräten und Vorständen der Unternehmen des Bergbaus und der Eisen und Stahl erzeugenden Industrie
Mot.	Motive
Mrd.	Milliarde(n)
MRK	Menschenrechtskonvention
MTA-BA	Manteltarifvertrag für Arbeiter des Bundes
MTL	Manteltarifvertrag für Arbeiter der Länder
MTV	Manteltarifvertrag
MTV-See	Manteltarifvertrag für die deutsche Seeschifffahrt
MüKo	Münchener Kommentar
MüKo-InsO	Münchener Kommentar, Insolvenzordnung: InsO
MüKo-IZPR	Münchener Kommentar, Internationales Zivilprozessrecht
MünchArbR	*Kiel/Lunk/Oetker* Münchener Handbuch zum Arbeitsrecht
MuSchG	Mutterschutzgesetz
MuSchV, MuSchVO	Mutterschutz-Verordnung
MV	Mecklenburg-Vorpommern
MVG-K	Mitarbeitervertretungsgesetz der Konföderation der Evangelischen Kirchen Deutschlands
mwN	mit weiteren Nachweisen
mzN	mit zahlreichen Nachweisen
NA	Neues Arbeitsrecht (Loseblattausgabe), herausgegeben von *Frey*
Nachw.	Nachweise
NATO-ZusAbk., NATO-ZA	NATO-Zusatzabkommen

Abkürzungsverzeichnis

Nds.	Niedersachsen
NdsPersVG	Niedersächsisches Personalvertretungsgesetz
NdsVBl	Niedersächsische Verwaltungsblätter (Monatszeitschrift)
NDV	Nachrichtendienst des Deutschen Vereins für öffentliche und private Fürsorge
nF	neue Fassung
NF	Neue Folge
NGO	Non-Governmental Organization(s)
Nieders.	Niedersachsen
NJ	Neue Justiz (Zeitschrift)
NJW	Neue Juristische Wochenschrift (Zeitschrift)
NJW-RR	NJW Rechtsprechungs-Report
Not.	Notar
Nr.	Nummer
NRW	Nordrhein-Westfalen
nv	nicht veröffentlicht
NWB	Neue Wirtschaftsbriefe (Zeitschrift)
NVwZ	Neue Zeitschrift für Verwaltungsrecht
NZA	Neue Zeitschrift für Arbeits- und Sozialrecht (Zeitschrift)
NZS	Neue Zeitschrift für Sozialrecht (Zeitschrift)
oÄ	oder Ähnliches
OdW	Ordnung der Wissenschaft (Zeitschrift)
o. g.	oben genannte(n)
OGH	Oberster Gerichtshof
oHG	offene Handelsgesellschaft
OLG	Oberlandesgericht
openJur	Freie juristische Datenbank, seit 2008
Orchester	Orchester (Zeitschrift)
ÖTV	Gewerkschaft Öffentliche Dienste, Transport und Verkehr
OVG	Oberverwaltungsgericht
OVGE MüLü	Entscheidungen der Oberverwaltungsgerichte für das Land Nordrhein-Westfalen in Münster sowie für die Länder Niedersachsen und Schleswig-Holstein in Lüneburg
OWiG	Gesetz über Ordnungswidrigkeiten
ParlKSch	Kündigungsschutz für Parlamentarier
Persf, PersF	Personalführung (Zeitschrift)
PersonalR	Der Personalrat (Zeitschrift)
PersV	Die Personalvertretung (Zeitschrift)
PersVG-DDR	Personalvertretungsgesetz-DDR
pFV	positive Forderungsverletzung
PostG	Gesetz über das Postwesen
PostO	Postordnung
PostVerfG	Postverfassungsgesetz
PrAR	Praktisches Arbeitsrecht (Entscheidungssammlung)
PreußVerwBl.	Preußisches Verwaltungsblatt
Prot.	Protokoll
PStG	Personenstandsgesetz
PStG-AusführungsVO	Personenstandsgesetz-Ausführungs-Verordnung
PSV	Pensionssicherungsverein
R	Rückseite
RabelsZ	Zeitschrift für ausländisches und internationales Privatrecht, begründet von E. Rabel
RABl.	Reichsarbeitsblatt

Abkürzungsverzeichnis

RAG	Reichsarbeitsgericht
RAGE	Amtliche Sammlung der Entscheidungen des Reichsarbeitsgerichts
RAM	Reichsarbeitsministerium
RAW	Rechtsarchiv der Wirtschaft
rd.	rund
RdA	Recht der Arbeit (Zeitschrift)
RdErl.	Runderlass
Rdn	Randnummer(n) (KR- interne Verweisung)
RDV	Recht der Datenverarbeitung (Zeitschrift)
rechtskr.	rechtskräftig
RegBl.	Regierungsblatt
RegE	Regierungsentwurf
RegelungG	Regelungsgesetz
RG	Reichsgericht
RGBl.	Reichsgesetzblatt
RGRK-*(Bearbeiter)*	Kommentar zum BGB, 12. Aufl. (1974 ff.)
RGZ	Amtliche Sammlung der Entscheidungen des Reichsgerichts in Zivilsachen
RhPf	Rheinland-Pfalz
RiA	Das Recht im Amt (Zeitschrift)
Richtl.	Richtlinien
RIW-AWD	Recht der Internationalen Wirtschaft/Außenwirtschaftsdienst des Betriebsberaters (Zeitschrift)
RL	Richtlinie
Rn	Randnummer(n)
Rpfleger	Rechtspfleger (Zeitschrift)
RRG	Rentenreformgesetz
Rspr.	Rechtsprechung
RsprDienst	Rechtsprechungs-Dienst
RTV	Rahmentarifvertrag
RVO	Reichsversicherungsordnung
RWS	Recht und Wirtschaft der Schule
RzK	Rechtsprechung zum Kündigungsrecht (Entscheidungssammlung)
s.	siehe
S.	Seite/Satz
SA	Sachsen-Anhalt
SAM	Strukturanpassungsmaßnahmen
s. a.	siehe auch
Saarl.	Saarland
SachbezugsVo	Sachbezugs-Verordnung
Sächs. LAG	Sächsisches Landesarbeitsgericht
SächsPersVG	Sächsisches Personalvertretungsgesetz
SAE	Sammlung arbeitsrechtlicher Entscheidungen (Zeitschrift)
Sb.	Sonderband
SchBV	Schiffsbesetzungs-Verordnung
SchlH	Schleswig-Holstein
SchlHA	Schleswig-Holsteinische Anzeigen
SchwBeschG	Schwerbeschädigtengesetz
SchwbG	Schwerbehindertengesetz
SchwbWV	Dritte Verordnung zur Durchführung des Schwerbehindertengesetzes (Werkstättenverordnung Schwerbehindertengesetz)
SED	Sozialistische Einheitspartei Deutschlands
SeeAE	Sammlung See-Arbeitsrechtlicher Entscheidungen
SeeArbG	Seearbeitsgesetz
SeemG	Seemannsgesetz

Abkürzungsverzeichnis

SF	Sozialer Fortschritt (Zeitschrift)
SfA	Schnellbrief für Personalwirtschaft und Arbeitsrecht
SG, SozG	Sozialgericht
SGb	Die Sozialgerichtsbarkeit (Zeitschrift)
SGB I	Sozialgesetzbuch, I. Buch: Allgemeiner Teil
SGB III	Sozialgesetzbuch, III. Buch: Arbeitsförderung
SGB IV	Sozialgesetzbuch, IV. Buch: Gemeinsame Vorschriften für die Sozialversicherung
SGB V	Sozialgesetzbuch, V. Buch: Gesetzliche Krankenversicherung
SGB VI	Sozialgesetzbuch, VI. Buch: Gesetzliche Rentenversicherung
SGB VII	Sozialgesetzbuch, VII. Buch: Gesetzliche Unfallversicherung
SGB VIII	Sozialgesetzbuch, VIII. Buch: Kinder- und Jugendhilfe
SGB IX	Sozialgesetzbuch, IX. Buch: Rehabilitation und Teilhabe behinderter Menschen
SGB X	Sozialgesetzbuch, X. Buch: Verwaltungsverfahren
SGB XI	Sozialgesetzbuch, XI. Buch: Soziale Pflegeversicherung
SGG	Sozialgerichtsgesetz
SH AbgG	Schleswig-Holsteinisches Abgeordnetengesetz
sj	steuer-journal.de
SKWPG	Spar-Konsolidierungsgesetz
SL	Saarland
Slg.	Sammlung der Rechtsprechung des Gerichtshofes der Europäischen Gemeinschaft
SM AusbV	Schiffsmechaniker-Ausbildungsverordnung
sog.	so genannt(-e, -er, -es)
SoldG	Gesetz über die Rechtsstellung der Soldaten – Soldatengesetz
SozFort	Sozialer Fortschritt (Zeitschrift)
SozPlKonkG	Gesetz über den Sozialplan im Konkurs- und Vergleichsverfahren
SozR	Sozialrecht (Entscheidungssammlung), bearbeitet von Richtern des Bundessozialgerichts
SozSich	Soziale Sicherheit (Zeitschrift)
SozVers	Die Sozialversicherung (Zeitschrift)
Sp.	Spalte
SPersVG	Saarländisches Personalvertretungsgesetz
SPK-ArbR	*Rolfs/Giesen/Kreikebohm/Udsching* (Hrsg.), Schwerpunktkommentar Arbeitsrecht
SprAuG, SprauG	Sprecherausschussgesetz
SpTrUG	Gesetz über die Spaltung der von der Treuhandanstalt verwalteten Unternehmen
SPV	*Stahlhacke/Preis/Vossen* Kündigung und Kündigungsschutz im Arbeitsverhältnis
SR	Sonderregelung
ständ.	ständige
StillegungsVO	Stillegungs-Verordnung
StGB	Strafgesetzbuch
StPO	Strafprozessordnung
str.	streitig
st.Rspr.	ständige Rechtsprechung
StudKBGB	*Kropholler* Studienkommentar BGB
StUG	Stasi-Unterlagen-Gesetz
Studk	Studienkommentar
StVollzG	Strafvollzugsgesetz
SÜG	Gesetz über die Voraussetzungen und das Verfahren von Sicherheitsüberprüfungen des Bundes
SVG	Soldatenversorgungsgesetz
TBC	Tuberkulose
teilw.	teilweise
ThürLAG	Thüringer Landesarbeitsgericht
ThürAbgG	Thüringer Abgeordnetengesetz

ThüringerPersVG	Thüringer Personalvertretungsgesetz
TLL	*Thüsing/Laux/Lembke* Kündigungsschutzgesetz, Kommentar
TO	Tarifordnung
TOA	Tarifordnung A für Angestellte im Öffentlichen Dienst
TOB	Tarifordnung B für Arbeiter im Öffentlichen Dienst
TranspR	Transport- und Speditionsrecht
TSchG	Tarifschiedsgericht
TV	Tarifvertrag
TV Al II	Tarifvertrag für die Arbeitnehmer bei den Stationierungsstreitkräften im Gebiet der Bundesrepublik Deutschland
TVG	Tarifvertragsgesetz
TVöD	Tarifvertrag für den öffentlichen Dienst
Tz	Textziffer
TZA	*Buschmann/Dieball/Stevens-Bartol* Das Recht der Teilzeitarbeit, Kommentar für die Praxis
TzBfG	Gesetz über Teilzeitarbeit und befristete Arbeitsverträge (Teilzeit- und Befristungsgesetz)
u.	und
u.a.	und andere, unter anderem
uÄ	und Ähnliches
UFiTA	Archiv für Urheber-, Film-, Funk- und Theaterrecht (Zeitschrift)
UFITA, ULA	Union der leitenden Angestellten
UmwBerG	Umwandlungsbereinigungsgesetz
UmwandlungsG, UmwG	Umwandlungsgesetz
UmwRBerG	Umwandlungsrecht-Bereinigungsgesetz
UN	Unternehmen
unstr.	unstreitig
Unterabs.	Unterabsatz
unveröff., uv.	unveröffentlicht
UP	Unterzeichnungsprotokoll
UrhG	Urhebergesetz
UrlG	Urlaubsgesetz (eines Landes)
Urt.	Urteil
USK	Urteilssammlung für die gesetzliche Krankenversicherung
usw.	und so weiter
uU	unter Umständen
UWG	Gesetz gegen den unlauteren Wettbewerb
v.	von, vom
VA	Verwaltungsakt
VAA	Veröffentlichungen der Arbeitsgemeinschaft Arbeitsrecht im Deutschen Anwaltsverein
VAG	Versicherungsaufsichtsgesetz
VBG	Unfallverhütungsvorschrift der Berufsgenossenschaft
VBL	Versorgungsanstalt des Bundes und der Länder
VEB	Volkseigener Betrieb
Verf.	Verfassung
VerglO	Vergleichsordnung
VerfNRW	Verfassung des Landes Nordrhein-Westfalen
VergGr	Vergütungsgruppe
VermBG	Gesetz zur Förderung der Vermögensbildung der Arbeitnehmer
VermG	Gesetz zur Regelung offener Vermögensfragen
Veröff.	Veröffentlichung
VersR	Versicherungsrecht (Zeitschrift)

Abkürzungsverzeichnis

VersRAl	Beilage Ausland zur Zeitschrift »Versicherungsrecht«
Verw	Die Verwaltung (Zeitschrift)
VG	Verwaltungsgericht
VGH	Verwaltungsgerichtshof
VGHBW RSP Dienst	Rechtsprechungsdienst des Verwaltungsgerichtshofs Baden-Württemberg
vgl.	vergleiche
VglO	Vergleichsordnung
vH	von Hundert
Vhdl.	Verhandlung
VO	Verordnung
VOBl.	Verordnungsblatt
Voraufl.	Vorauflage
Vorb., Vorbem.	Vorbemerkung
vorl. LandarbO	vorläufige Landarbeitsordnung
VR	Verkehrsrecht
VRG	Vorruhestandsgesetz
VS	Verschlusssachen
VSSR	Vierteljahresschrift für Sozialrecht
WVV	Versicherungsvertragsgesetz
VwGO	Verwaltungsgerichtsordnung
VwVfG	Verwaltungsverfahrensgesetz
VwZG	Verwaltungszustellungsgesetz
WA	Westdeutsche Arbeitsrechtsprechung
WahlO	Wahlordnung
WahlO BPersVG	Wahlordnung zum Bundespersonalvertretungsgesetz
Warn.Rspr.	Warneyers Rechtsprechung
WehrpflG	Wehrpflichtgesetz
WeimRV	Weimarer Reichsverfassung
WIB	Wirtschaftliche Beratung, Zeitschrift für Wirtschaftsanwälte und Unternehmensjuristen
WiRO	Wirtschaft und Recht in Osteuropa (Zeitschrift)
WissR	Wissenschaftsrecht (Zeitschrift)
WKRS	Wolters Kluwer Rechtsprechung
WM, WPM	Wertpapier-Mitteilungen (Zeitschrift)
wN	weitere Nachweise
WRV	Weimarer Reichsverfassung
WSI	Wirtschafts- und Sozialwissenschaftliches Institut des DGB
WSI-Mitteilung	Mitteilungen des WSI (Zeitschrift)
WzS	Wege zur Sozialversicherung (Zeitschrift)
WZG	Warenzeichengesetz
ZA, ZusAbk.	Zusatzabkommen
ZA-NATO	Zusatzabkommen zu dem Abkommen zwischen den Parteien des Nordatlantikvertrages über die Rechtstellung ihrer Truppen hinsichtlich der in der Bundesrepublik Deutschland stationierten ausländischen Truppen
ZAP	Zeitschrift für die Anwaltspraxis
ZAP ERW	Zeitschrift für die Anwaltspraxis, Entscheidungsreport Wirtschaftsrecht
ZAR	Zeitschrift für Ausländerrecht und Ausländerpolitik
ZAS	Zeitschrift für Arbeitsrecht und Sozialrecht (österr. Zeitschrift)
zB	zum Beispiel
ZBR	Zeitschrift für Beamtenrecht
ZBVR	Zeitschrift für Betriebsverfassungsrecht
ZDG	Zivildienstgesetz, Gesetz über den Zivildienst der Kriegsdienstverweigerer
ZESAR	Zeitschrift für europäisches Sozial- und Arbeitsrecht

ZfA	Zeitschrift für Arbeitsrecht
ZfS	Zentralblatt für Sozialversicherung, Sozialhilfe und Versorgung (Zeitschrift)
ZfSH	Zeitschrift für Sozialhilfe
ZfSH/SGB	Zeitschrift für Sozialhilfe/Sozialgesetzbuch
ZfSH/SGb	Zeitschrift für Sozialhilfe/Sozialgerichtsbarkeit
ZGR	Zeitschrift für Unternehmens- und Gesellschaftsrecht
ZHR	Zeitschrift für das gesamte Handels- und Wirtschaftsrecht
ZIAS	Zeitschrift für ausländisches und internationales Arbeits- und Sozialrecht
Ziff.	Ziffer
ZIP	Zeitschrift für Wirtschaftsrecht und Insolvenzpraxis
zit.	zitiert
ZivildienstG	Zivildienstgesetz
ZLH	*Zöllner/Loritz/Hergenröder* Arbeitsrecht
ZMR	Zeitschrift für Miet- und Raumrecht
ZMV	Die Mitarbeitervertretung – Zeitschrift für die Praxis der Mitarbeiter
ZPO	Zivilprozessordnung
ZRP	Zeitschrift für Rechtspolitik
ZSchG	Zivilschutzgesetz
ZSR	Zeitschrift für Sozialreform; Zeitschrift für Schweizerisches Recht
zT	zum Teil
ZTR	Zeitschrift für Tarifrecht
ZUM	Zeitschrift für Urheber- und Medienrecht
zust.	zustimmend
zutr.	zutreffend
ZVG	Zwangsversteigerungsgesetz
ZVglRW, ZVglRWiss	Zeitschrift für vergleichende Rechtswissenschaft
zZ	zurzeit, zur Zeit

Abkürzungsverzeichnis

ZfA	Zeitschrift für Arbeitsrecht
ZfS	Zentralblatt für Sozialversicherung, Sozialhilfe und Versorgung (Zeitschrift)
ZfSH	Zeitschrift für Sozialhilfe
ZfSH/SGB	Zeitschrift für Sozialhilfe/Sozialgesetzbuch
ZfP/ISOP	Zeitschrift für Politik/Institut für Sozialpolitik etc.
ZGR	Zeitschrift für Unternehmens- und Gesellschaftsrecht
ZHR	Zeitschrift für das gesamte Handels- und Wirtschaftsrecht
ZIAS	Zeitschrift für ausländisches und internationales Arbeits- und Sozialrecht
ZIP	Zeitschrift für Wirtschaftsrecht und Insolvenzpraxis
zit.	zitiert
zit.n./zitn.	Zitierungssatz
ZLR	Zeitung zum Lebensmittelrecht/Abgabenrecht
ZMR	Zeitschrift für Miet- und Raumrecht
ZMV	Die Mitarbeitervertretung – Zeitschrift der Erzdiözese München
ZPO	Zivilprozessordnung
ZRP	Zeitschrift für Rechtspolitik
ZSdlg.	Zivilbotengesetz
ZSR	Zeitschrift f. Sozialreform: Zeitschrift für Schweizerisches Recht
zT	zum Teil
ZTR	Zeitschrift für Tarifrecht
ZUM	Zeitschrift für Urheber- und Medienrecht
z.u.	zuletzt/zuständig
zust.	zustimmend
ZVG	Zwangsversteigerungsgesetz
ZVglRWiss./ZVglRWiss	Zeitschrift für vergleichende Rechtswissenschaft
z.Zt.	zur Zeit

Literaturverzeichnis

Aalderks	Virtuelle Unternehmen im arbeitsrechtlichen Kontext, 2006
Adomeit	Kündigung und Kündigungsschutz im Arbeitsverhältnis, 1962
Adomeit/Mohr	Kommentar zum Allgemeinen Gleichbehandlungsgesetz, 2. Aufl. 2011
A/G/R-*(Bearbeiter)*,	s. *Ahrens/Gehrlein/Ringstmeier*
Ahrendt/Bader/Dörner/Mikosch/ Schleusener/Schütz/Vossen/ Woitaschek	Gemeinschaftskommentar zum Arbeitsgerichtsgesetz, Loseblattausgabe (zit.: GK-ArbGG/*Bearbeiter*)
Ahrens/Gehrlein/Ringstmeier	Insolvenzrecht, 4. Aufl. 2020
AKGG-*(Bearbeiter)*	s. *Denninger/Hoffmann-Riem/Schneider*
Altvater/Baden/Berg/Kroll/Noll/ Seulen	BPersVG – Bundespersonalvertretungsgesetz. Kommentar für die Praxis mit Wahlordnung und ergänzenden Vorschriften, Kommentar, 9. Aufl. 2017
v. *Alvensleben*	Die Rechte der Arbeitnehmer bei Betriebsübergang im Europäischen Gemeinschaftsrecht, 1992
Ambs/Feckler/Götze/Hess/Lampe/ Marschner/Müller-Kohlenberg/ Rademacher/Schweitzer/Wagner/ Wurtmann	Gemeinschaftskommentar zum Arbeitsförderungsrecht, Loseblattausgabe (zit.: GK-SGB III-*Bearbeiter*)
Annuß/Thüsing	Teilzeit- und Befristungsgesetz, Kommentar, 3. Aufl. 2012 (zit.: *Annuß/Thüsing-Bearbeiter*)
Anschütz	Die Verfassung des Deutschen Reiches vom 11. Aug. 1919, 14. Aufl., Berlin 1933
AnwaltKomm-*(Bearbeiter)*	s. *Dauner-Lieb/Heidel/Ring*
AnwK-ArbR/*(Bearbeiter)*	s. *Hümmerich/Boecken/Düwell*
APS-*(Bearbeiter)*	s. *Ascheid/Preis/Schmidt*
AR-*(Bearbeiter)*	s. *Dornbusch/Krumbiegel/Löwisch*
Arnold/Gräfl (Hrsg.),	Teilzeit- und Befristungsgesetz, 4. Aufl. 2016 (zit.: *Arnold/Gräfl/Bearbeiter*)
ArbRBGB-*(Bearbeiter)*	s. *Schliemann*
Ascheid	Beweislastfragen im Kündigungsschutzprozess, 1989
ders.	Kündigungsschutzrecht, 1993
Ascheid/Preis/Schmidt	Kündigungsrecht, Großkommentar, 6. Aufl. 2021 (zit.: APS-*Bearbeiter*)
Auffarth/Müller	Kündigungsschutzgesetz, 1960
Bachner/Gerhardt	Betriebsübergang – Basiskommentar zu § 613a BGB mit den Folgen für die Mitbestimmung, 3. Aufl. 2017
Bachner/Gerhardt/Matthießen	Arbeitsrecht bei der Umstrukturierung von Unternehmen und Betrieben, 5. Aufl. 2018
Backmeister/Trittin/Mayer	Kündigungsschutzgesetz mit Nebengesetzen, Kommentar, 4. Aufl. 2009
Bader/Bram/Ahrendt/ Kreutzberg-Kowalcyk/Nungeßer/ Suckow	Kündigungs- und Bestandsschutz im Arbeitsverhältnis, Kommentar, Loseblattausgabe (zit.: Bader/Bram-*Bearbeiter*)
Bader/Creutzfeldt/Friedrich	Arbeitsgerichtsgesetz, Kommentar, 5. Aufl. 2008 (zit.: BCF-*Bearbeiter*)
Bamberger/Roth	Kommentar zum Bürgerlichen Gesetzbuch, Bd. 2, 3. Aufl. 2012
Barnhofer	Kurzarbeit zur Vermeidung betriebsbedingter Kündigung, Diss. 1995
Bauer/Krieger/Arnold	Arbeitsrechtliche Aufhebungsverträge, 9. Aufl. 2014
Bauer/Krieger/Günther	Allgemeines Gleichbehandlungsgesetz und Entgelttransparenzgesetz: AGG EntgTranspG, 5. Aufl. 2018
Bauer/Krieger	Kündigungsrecht – Reformen 2004, 2004
Bauer/Röder	Taschenbuch zur Kündigung, 2. Aufl. 1999

Literaturverzeichnis

Baumann-Czichon/Germer	MVG.EKD, 4. Aufl. 2014
Baumann-Czichon/Germer	Mitarbeitervertretungsgesetz der Konföderation evangelischer Kirchen in Niedersachsen, 2014
Baumbach/Hopt	Handelsgesetzbuch, Kommentar, 38. Aufl. 2018
Baumbach/Hueck	GmbH Gesetz, Kommentar, 21. Aufl. 2017
Baumbach/Lauterbach/Albers/ Hartmann	Zivilprozessordnung, Kommentar, 76. Aufl. 2018 (zit.: *Baumbach*)
Bauschke	AGG – Allgemeines Gleichbehandlungsgesetz im öffentlichen Dienst, 2007
Bayreuther	Tarifautonomie als kollektiv ausgeübte Privatautonomie, 2005
BCF-*(Bearbeiter)*	s. *Bader/Creutzfeldt/Friedrich*
Becker/Braasch	Recht der ausländischen Arbeitnehmer, 3. Aufl. 1986
Becker/Kreikebaum	Zeitarbeit – gewerbsmäßige Arbeitnehmerüberlassung, 2. Aufl. 1982
Becker/Tiedemann	Arbeitsförderungsrecht mit Europäischem Recht, Kommentar, Loseblattausgabe
Becker/Wulfgramm	Kommentar zum Arbeitnehmerüberlassungsgesetz, 3. Aufl. 1985/86
Beckerle	Die Abmahnung, 12. Aufl. 2015
Beckscher Online-Großkommentar	BGB, hrsg. v. Gsell/Krüger/Lorenz/Reymann, (zit.: BeckOGK BGB-*Bearbeiter*)
Beckscher Online-Kommentar	Arbeitsrecht, hrsg. von Rolfs/Giesen/Kreikebohm/Udsching, (zit.: BeckOK AR-*Bearbeiter*)
Bemm/Lindemann	Seemannsgesetz, Kommentar, 6. Aufl. 2007
Benecke/Hergenröder	Berufsbildungsgesetz: BBiG, 2009
Bengelsdorf	Aufhebungsvertrag und Abfindungsvereinbarung, 5. Aufl. 2011
Bergmann/Möhrle/Heß	Datenschutzrecht, Handkommentar, Loseblattausgabe
Berkowsky	Die Beteiligung des Betriebsrats bei Kündigungen, 1996 (zit.: *Berkowsky*)
ders.	Die betriebsbedingte Änderungskündigung, 2000 (zit.: *Berkowsky* Betriebsbedingte Änderungskündigung)
ders.	Die betriebsbedingte Kündigung, 6. Aufl. 2008 (zit.: *Berkowsky* Betriebsbedingte Kündigung)
ders.	Die personen- und verhaltensbedingte Kündigung, 4. Aufl. 2005 (zit.: *Berkowsky* Personen- und verhaltensbedingte Kündigung)
Berthold	Whistleblowing in der Rechtsprechung des Bundesarbeitsgerichts, 2010
Beseler/Düwell/Göttling	Arbeitsrechtliche Probleme bei Betriebsübergang, Betriebsänderung, Unternehmensumwandlung, 4. Aufl. 2011
Besgen/Prinz	Arbeiten 4.0 – Arbeitsrecht und Datenschutz in der digitalisierten Arbeitswelt, 4. Aufl. 2018
Bezani	Die krankheitsbedingte Kündigung, Diss. 1994
BGB-RGRK-*(Bearbeiter)*	Das Bürgerliche Gesetzbuch mit besonderer Berücksichtigung der Rechtsprechung des Reichsgerichts und des Bundesgerichtshofes, Kommentar, 12. Aufl., 1975–1999
Blanke	Europäische Betriebsräte-Gesetz. Europäische Mitbestimmung – SE, 2. Aufl. 2006
Blanke/Trümner	Die Bildung von Arbeitsgemeinschaften gemäß § 44b SGB II – Rechtsform, Personalüberleitung und Interessenvertretung, 2006
Bleistein	BetrVG Betriebsverfassung in der Praxis, 3. Aufl. 1977
Bleistein/Matthes	Einstellung, Urlaub, Krankheit, Kündigung, 1981
Blümich	EStG – KStG – GewStG, Einkommensteuergesetz, Körperschaftsteuergesetz, Gewerbesteuergesetz, Loseblattausgabe
BMMS-*(Bearbeiter)*	s. *Braun/Mühlhausen/Munk/Stück*

Literaturverzeichnis

Boecken	Unternehmensumwandlungen und Arbeitsrecht, 1996
Boecken/Düwell/Diller/Hanau	Gesamtes Arbeitsrecht, 2016 (zit.: GA-Bearbeiter)
Boecken/Joussen	Teilzeit- und Befristungsgesetz, Handkommentar, 5. Aufl. 2018 (zit.: HaKo-TzBfG/*Bearbeiter*)
Boecken/Spieß	Vom Erwerbsleben in den Ruhestand, 2000
Böttcher/Graue	Bundeselterngeld- und Elternzeitgesetz, Basiskommentar, 5. Aufl. 2016
Boewer	Teilzeit- und Befristungsgesetz, Kommentar für die Praxis, Neuausgabe 2008
Böhm/Spiertz/Sponer/Steinherr	Bundes-Angestelltentarifvertrag, BAT-Kommentar, Loseblattausgabe
Boemke/Danko	AGG im Arbeitsrecht, 2007
Boldt/Röhsler	Bundesurlaubsgesetz, 2. Aufl. 1968 mit Nachtrag 1971
Bonner Kommentar-*(Bearbeiter)*	s. *Dolzer/Vogel/Graßhof*
Bopp	Kündigung und Kündigungsprozess im Arbeitsrecht, 1980
Bordet	Familienfreundliche arbeits- und sozialrechtliche Regelungen und Instrumente, 2009
Brackmann	Handbuch der Sozialversicherung, Loseblattausgabe
Braun	Die Fortgeltung von Betriebsvereinbarungen beim Betriebsübergang, 2007
Braun/Mühlhausen/Munk/Stück	Berufsbildungsgesetz, Kommentar, 2004 (zit.: BMMS-*Bearbeiter*)
Brecht	Heimarbeitsgesetz, 1977
Brecht-Heitzmann/Kempen/ Schubert/Seifert (Hrsg.)	TVG. Tarifvertragsgesetz, 5. Aufl. 2014
Breier u.a.	TVöD, Tarifvertrag für den öffentlichen Dienst (Loseblattausgabe), bearbeitet von *Breier/Dassau/Kiefer/Lang/Langenbrück/Faber/Tivessen/Kulok*
Brenneis	Der Maßstab der sozialen Rechtfertigung einer Änderungskündigung im Lichte legislativen Wollens und Kündigungsschutzrechtlicher Prinzipien, 1998
Breuckmann	Entgeltreduzierung unter besonderer Berücksichtigung der Änderungskündigung, 2004
Bröhl	Die außerordentliche Kündigung mit notwendiger Auslauffrist, 2005 MuSchG und BEEG, 9. Aufl. 2020
Brose/Weth/Volk	
Brox/Walker	Allgemeiner Teil des BGB, 41. Aufl. 2017
Brox/Rüthers	Arbeitskampfrecht, 2. Aufl. 1982
Bruns/Hafke/Niederle/Singer	Arbeitsrecht, 11. Aufl. 2016
Bubenzer/Noltin/Peetz/Mallach	Seearbeitsgesetz, Kommentar, 2015 (zit.: KommSeeArbR-*Bearbeiter*)
Buchner/Becker	Mutterschutzgesetz und Bundeserziehungsgeldgesetz, Kommentar, 8. Aufl. 2008
Bürger/Oehmann/Matthes/Göle-Sander/Kreizberg (Hrsg.),	Handwörterbuch des Arbeitsrechts für die tägliche Praxis (HwB AR), Loseblattausgabe
Bullinger/Klebert	Outsourcing in Deutschland, Rahmenbedingungen, Konzepte und Best Practices, 2007
Bundesvereinigung der Deutschen Arbeitgeberverbände (BDA)	Stellungnahme der Bundesvereinbarung zum Referentenentwurf eines Gesetzes zur Reform am Arbeitsmarkt, vom 12.6.2003
Burg	Positive Maßnahmen zwischen Unternehmerfreiheit und Gleichbehandlung, 2009
Burgmer/Richter	Der Betriebsübergang im Arbeitsrecht – Überblick über die Rechtslage und die Rechtsentwicklung, 2008

Literaturverzeichnis

Burkardt	Der arbeitsrechtliche Aufhebungsvertrag, 2004
Buschmann/Fraunhoffer/Schierle/Vorbau (Hrsg.)	Unsichere Arbeits- und Lebensbedingungen in Deutschland und Europa, 2014
Buschmann/Ulber	Arbeitszeitgesetz, Basiskommentar, 8. Aufl. 2015
Buse	Die Unkündbarkeit im Arbeitsrecht, 2009
Catenhusen	Die Stasi-Überprüfung im öffentlichen Dienst der neuen Bundesländer, 1999
Clemenz/Kreft/Krause (Hrsg.)	AGB-Arbeitsrecht, 2013
Clemens/Scheuring/Steingen/Wiese	Kommentar zum Tarifvertrag für den Öffentlichen Dienst (TVöD), Loseblattausgabe (zit.: *CSSW*)
Collardin	Aktuelle Rechtsfragen der Telearbeit, 1995
Cramer/Fuchs/Hirsch/Ritz	SGB IX – Kommentar zum Recht schwerbehinderter Menschen, Kommentar, 6. Aufl. 2011
Cunow	Vertrauenskapital und Abmahnung, 2016
Czerny	Rechtskraft und andere Bindungswirkungen im Rahmen personeller Einzelmaßnahmen, 2014
Dassau	Die allgemeine Interessenabwägung im Rahmen des § 1 Abs. 2 S. 1 Kündigungsschutzgesetz unter besonderer Berücksichtigung der Rechtsprechung des Bundesarbeitsgerichts, Diss. 1988
Däubler	Arbeitsrecht, 12. Aufl. 2017
ders.	Das Arbeitsrecht 2, 12. Aufl. 2009 (zit.: Däubler Das Arbeitsrecht)
ders.	Das soziale Ideal des Bundesarbeitsgerichts, 1975
ders.	Gläserne Belegschaften – das Handbuch zum Arbeitnehmerdatenschutz, 7. Aufl. 2017
ders. (Hrsg.)	Arbeitskampfrecht, 4. Aufl. 2018
ders. (Hrsg.),	Tarifvertragsgesetz, mit Arbeitnehmer-Entsendegesetz, 4. Aufl. 2016
Däubler/Bertzbach (Hrsg.)	Allgemeines Gleichbehandlungsgesetz, Handkommentar, 3. Aufl. 2013 (zit.: HaKo-AGG/[*Bearbeiter*])
Däubler/Bonin/Deinert	AGB-Kontrolle im Arbeitsrecht. Kommentar zu den §§ 305 bis 310 BGB, 4. Aufl. 2014
Däubler/Deinert/Zwanziger (Hrsg.)	KSchR – Kündigungsschutzrecht, 11. Aufl. 2020 (zit.: DDZ-Bearbeiter)
Däubler/Hjort/Schubert/Wolmerath (Hrsg.)	Arbeitsrecht. Individualarbeitsrecht mit kollektivrechtlichen Bezügen, Handkommentar, 4. Aufl. 2017 (zit.: HaKo-ArbR/*Bearbeiter*)
Däubler/Kittner/Klebe/Wedde	BetrVG Betriebsverfassungsgesetz, Kommentar, 16. Aufl. 2018 (zit.: DKKW-*Bearbeiter*)
Däubler/Klebe/Wedde	Bundesdatenschutzgesetz. Kompaktkommentar, 4. Aufl. 2014
Dauner-Lieb/Heidel/Ring	Nomoskommentar BGB, 2. Aufl. 2016 (zit.: AnwaltKomm-*Bearbeiter*)
Deinert	Internationales Arbeitsrecht, Deutsches und europäisches Arbeitskollisionsrecht, 2013 (zit.: *Deinert* S.)
Denninger	Kommentar zum Grundgesetz, Kommentar, 3. Aufl., Loseblattausgabe (zit.: AKGG-*Bearbeiter*)
Dersch/Volkmar	Arbeitsgerichtsgesetz, 6. Aufl. 1955
Deutscher Gewerkschaftsbund (DGB) (Hrsg.)	Arbeitnehmer- und Gewerkschaftsrechte, Änderungen seit 1998 und geplante Neuregelungen, 2002
Dimassi	Haftung nach § 613a Abs. 1 S. 1 BGB bei Betriebsveräußerung im Insolvenzeröffnungsverfahren, 2006
DDZ-*(Bearbeiter)*	s. Däubler/Deinert/Zwanziger
DKKW-*(Bearbeiter)*	s. *Däubler/Kittner/Klebe/Wedde*

DL-ArbGG/*(Bearbeiter)*	s. *Düwell/Lipke*
DLW-*(Bearbeiter)*	s. *Dörner/Luczak/Wildschütz/Baeck/Hoß*
Dörring/Kutzki (Hrsg.)	TVöD-Kommentar, Arbeitsrecht für den Öffentlichen Dienst, 2007 (zit.: DK-*Bearbeiter*)
Dörner H.-J.	Der befristete Arbeitsvertrag, 2. Aufl. 2011 (zit.: *Dörner* Befr. Arbeitsvertrag)
Dörner/Luczak/Wildschütz/ Baeck/Hoß (Hrsg.)	Handbuch des Arbeitsrechts, Arbeitsrechtliche, anwaltliche und gerichtliche Praxis, 15. Aufl. 2020 (zit.: DLW-*Bearbeiter*)
Dolzer/Vogel (Hrsg.)	Bonner Kommentar zum Grundgesetz, Loseblattausgabe (zit.: Bonner Kommentar-*Bearbeiter*)
Dornbusch/Wolff	KSchG, Kommentar zum Kündigungsschutzgesetz und zu den wesentlichen Nebengesetzen, 2. Aufl. 2008 (zit.: DW-*Bearbeiter*)
Dornbusch/Krumbiegel/Löwisch (Hrsg.)	AR. Kommentar zum gesamten Arbeitsrecht, 10. Aufl. 2021 (zit.: AR-*Bearbeiter*)
Dorndorff/Weller/Hauck/Kriebel/ Höland/Neef	Heidelberger Kommentar zum Kündigungsschutzgesetz, 4. Aufl. 2001(zit.: HK-*Bearbeiter*)
Dreher	Das Arbeitsverhältnis zwischen Vertragsschluss und vereinbarter Arbeitsaufnahme, 1998
Dütz/Thüsing	Arbeitsrecht, Grundrisse des Rechts, 22. Aufl. 2017
Düwell (Hrsg.)	Betriebsverfassungsgesetz, Handkommentar, 5. Aufl. 2018 (zit.: HaKo-BetrVG/*Bearbeiter*)
Düwell/Lipke (Hrsg.)	Arbeitsgerichtsgesetz, 5. Aufl. 2019 (zit.: DL-ArbGG/*Bearbeiter*)
Düwell/Weyand	Agenda 2010: Das neue Kündigungs- und Abfindungsrecht, 2004
Duvigneau	Die gerichtliche Auflösung des Arbeitsverhältnisses gegen Abfindungszahlung gemäß §§ 9, 10 KSchG im System des allgemeinen Kündigungsschutzrechts, Diss. 1995
DW-*(Bearbeiter)*	s. *Dornbusch/Wolff*
Ebeling	Die Kündigung wegen Verdachts, 2006
Ebenroth/Boujong/Joost/Strohn	HGB, Großkommentar, 3. Aufl. 2014 (zit.: EBJ-*Bearbeiter*)
Ebert	Übertragung und Zuordnung von Versorgungsverpflichtungen gegenüber Arbeitnehmern im Rahmen einer umwandlungsrechtlichen Spaltung, 2008
ders.	Pönale Elemente im deutschen Privatrecht, 2004
Egli	Die Verdachtskündigung nach schweizerischem und deutschem Recht, 2000
EichK-MAVO/*Bearbeiter*	s. *Oxenknecht-Witzsch/Eder/Stöcke-Muhlack/Schmitz/Richartz*
Eisel	Kommentar zum Mutterschutzgesetz, Loseblattausgabe
Emmerich/Habersack/Sonnenschein	Konzernrecht, 10. Aufl. 2013
Ensthaler (Hrsg.)	Gemeinschaftskommentar zum Handelsgesetzbuch mit UN-Kaufrecht, 8. Aufl. 2015
Erdmann/Anthes	Betriebsstillegungsverordnung, 2. Aufl. 1932
ErfK-*(Bearbeiter)*	s. *Müller-Glöge/Preis/Schmidt*
Erichsen/Ehlers (Hrsg.)	Allgemeines Verwaltungsrecht, 14. Aufl. 2010
Erman/(Bearbeiter)	Bürgerliches Gesetzbuch, Handkommentar, 16. Aufl. 2020
Eyermann	Verwaltungsgerichtsordnung, Kommentar, 14. Aufl. 2014
Falke/Höland/Rhode/Zimmermann (Hrsg. BMA)	Kündigungspraxis und Kündigungsschutz in der Bundesrepublik Deutschland, 1981
Faulenbach	Das arbeitsrechtliche Maßregelungsverbot (§ 612a BGB), 2005

Literaturverzeichnis

Feldes/Fraunhofer/Rehwald/ Westermann/Witt/Rehwald	Schwerbehindertenrecht, Basiskommentar, 12. Aufl. 2015
Fenski	Beteiligungsrechte des Betriebsrats bei der Sozialauswahl, 1989
ders.	Außerbetriebliche Arbeitsverhältnisse – Heim- und Telearbeit, 2. Aufl. 2000
Ferrari/Kieninger/Mankowski/ Otte/Saenger/Schulze/Staudinger	Internationales Vertragsrecht, 3. Aufl. 2018 (zit.: *Ferrari-Bearbeiter* IntVertragsR)
Feuerborn	Sachliche Gründe im Arbeitsrecht, 2003
Fey/Rehren	MVG.EKD, Praxiskommentar, Loseblattausgabe
Fink-Jamann	Das Antidiskriminierungsrecht und seine Folgen für die kirchliche Dienstgemeinschaft, 2009
Fischer, T.	Strafgesetzbuch, Kommentar, 65. Aufl. 2018
Fischer, K.	Die Wiederholungskündigung, 2017 (zit.: Fischer Wiederholungskündigung)
Fischer/Goeres/Gronimus	Personalvertretungsrecht des Bundes und der Länder, Loseblattausgabe
Fitting	Kommentar zum BetrVG, 29. Aufl. 2018 (zit.: *Fitting*)
Fitting/Karpf	Heimarbeitsgesetz, Kommentar, 1953
FK-InsO/ *(Bearbeiter)*	s. *Wimmer*
Fohrbeck/Wiesand/Woltereck	Arbeitnehmer oder Unternehmer – Zur Rechtssituation der Kulturberufe, Berlin 1976
Francken/Hartmann/Bubeck	Die Abfindung, 1999
Frank	Das Schwerbehindertenrecht, 10. Aufl. 2010
Franz	Der Abschluss des Aufhebungsvertrags, 2006
Franzen/Gallner/Oetker (Hrsg.)	Kommentar zum europäischen Arbeitsrecht, 3. Aufl. 2020 (zit.: EUArbR/ Bearbeiter)
Freiberg	Europäisches Arbeitsrecht, 2007
Frerichs/Möller/Ulber	Leiharbeit und betriebliche Interessenvertretung, 1981
Freuding	Das Widerspruchsrecht des Arbeitnehmers beim Betriebsübergang, 1999
Frey/Pulte	Betriebsvereinbarungen in der Praxis, 3. Aufl. 2005
Friauf (Hrsg.)	Kommentar zur Gewerbeordnung, Loseblattausgabe
Fuchs/Marhold	Europäisches Arbeitsrecht, 5. Aufl. 2017
Gabrys	Die Klagefrist im Falle einer Kündigung wegen des Betriebsübergangs, 2014
Gäde/Kuck	Handbuch Kirchenvorstand, hrsg. v. d. Kirchenverwaltung der Ev. Kirche in Hessen und Nassau, 2003
Gagel (Hrsg.)	SGB II/SGB III. Grundsicherung und Arbeitsförderung, Kommentar, Loseblattausgabe
Gagel/Vogt	Beendigung von Arbeitsverhältnissen, 5. Aufl. 1996
Gallner/Mestwerdt/Nägele (Hrsg.)	Kündigungsschutzrecht, Handkommentar, 6. Aufl. 2018 (zit.: HaKo-KSchR/*Bearbeiter*)
Gamillscheg	Arbeitsrecht I, Arbeitsvertrags- und Arbeitsschutzrecht, 8. Aufl. 2000
ders.	Internationales Arbeitsrecht, 1959
ders.	Kollektives Arbeitsrecht. Ein Lehrbuch, Band I, 1997
ders.	Grundrechte im Arbeitsrecht, 1989
Gaul	Das Arbeitsrecht der Betriebs- und Unternehmensspaltung, 2. Aufl. 2014
ders.	Das Arbeitsrecht im Betrieb, 8. Aufl. 1986
Gebauer/Widmann	Zivilrecht unter europäischem Einfluss, 2. Aufl. 2010
Geffers/Schwarz	Arbeitsförderungsgesetz, Loseblattausgabe
Geffert	Beschäftigung wider Willen, Diss. 1994

Geller	Der vertragliche Ausschluss der ordentlichen Kündigung, 2001
Geller/Kleinrahm/Dickersbach/ Kühne	Die Verfassung des Landes Nordrhein-Westfalen, Kommentar, Loseblattausgabe
Gentges	Prognoseprobleme im Kündigungsschutzrecht, 1995
Germelmann/Matthes/Prütting	Arbeitsgerichtsgesetz, Kommentar, 9. Aufl. 2017 (zit. GMP/*Bearbeiter*)
Gessert	Schadensersatz nach Kündigung, 1987
Gistel	Gewillkürte Betriebsverfassungsstruktur und Umstrukturierung, 2006
GK-ArbGG/*(Bearbeiter)*	s. *Ahrendt/Bader/Dörner/Mikosch/Schleusener/Schütz/Vossen/Woitaschek*
GK-BetrVG/*(Bearbeiter)*	s. *Wiese/Kreutz/Oetker/Raab/Weber/Franzen/Gutzeit/Jacobs*
GK-BUrlG/*(Bearbeiter)*	s. *Stahlhacke/Bachmann/Bleistein/Berscheid*
GK-HGB/*(Bearbeiter)*	s. *Ensthaler*
GK-SGB III/*(Bearbeiter)*	s. *Ambs/Feckler/Götze/Hess/Holst/Knickrehm/Lampe/Marschner/Masuch/ Müller/Müller-Kohlenberg/Rademacher/Schweitzer/Wagner*
GK-SGB IX/*(Bearbeiter)*	s. *Großmann/Schimanski*
GK-TzA/*(Bearbeiter)*	s. *Becker/Danne/Lang/Lipke/Mikosch/Steinwedel*
Glantz	Das Verbot der Diskriminierung befristet beschäftigter Arbeitnehmer nach § 4 Abs. 2 des Teilzeit- und Befristungsgesetzes, 2016
GMP/*(Bearbeiter)*	s. *Germelmann/Matthes/Prütting*
Görg/Guth	Tarifvertrag für den öffentlichen Dienst, 7. Aufl., 2017
Gola/Wronka/Pötters	Handbuch für Arbeitnehmerdatenschutz, 7. Aufl. 2016
Gotthardt	Arbeitsrecht nach der Schuldrechtsreform, 2. Aufl. 2003
Gottwald (Hrsg.)	Insolvenzrechts-Handbuch, 5. Aufl. 2015
Grafe	Die Telearbeit, 1991
Graj	Unkündbarkeitsklauseln in der Sozialauswahl, 2009
Grobys/Panzer-Heemeier	Stichwortkommentar Arbeitsrecht, 3. Aufl. 2017 (zit.: *Grobys/Panzer/Bearbeiter*)
Groeger	Arbeitsrecht im öffentlichen Dienst, 2. Aufl. 2014
Groneberg	Whistleblowing, 2011
Gröninger/Roos	Schwerbehindertengesetz, Kommentar, Loseblattausgabe
Gröninger/Rost	Heimarbeitsrecht, Loseblattausgabe
Großmann/Schimanski/Spiolek (Hrsg.)	Gemeinschaftskommentar zum Sozialgesetzbuch IX, Loseblattausgabe (zit.: GK-SGB IX/*Bearbeiter*)
Gross/Thon/Ahmad/Woitaschek	Betriebsverfassungsgesetz, Kommentar, 2. Aufl. 2008 (zit.: GTAW-*Bearbeiter*)
Grüner/Dalichau	Bundeselterngeld- und Elternzeitgesetz, Kommentar, Loseblattausgabe
Grunsky/Waas/Benecke/Greiner	Arbeitsgerichtsgesetz, Kommentar, 8. Aufl. 2014
Grunsky/Moll	Arbeitsrecht in der Insolvenz, 1997
GTAW-*(Bearbeiter)*	s. *Gross/Thon/Ahmad/Woitaschek*
Gundert	Befristete Beschäftigung bei Berufsanfängern und älteren Arbeitnehmern, 2007
Gusek	Die Kündigung ordentlich unkündbarer Arbeitnehmer, 2005
Gussen/Dauck	Die Weitergeltung von Betriebsvereinbarungen und Tarifverträgen bei Betriebsübergang und Umwandlung, 2. Aufl. 1997
Hahn O.	Auswirkungen der europäischen Regelungen zur Altersdiskriminierung im deutschen Arbeitsrecht, 2006
Hahn M.	Die Verdachtskündigung unter Berücksichtigung einer gesetzlichen Regelung, 2004
Hailbronner/Geis (Hrsg.)	Kommentar zum Hochschulrahmengesetz, Loseblattausgabe

Literaturverzeichnis

HaKo-AGG/*(Bearbeiter)*	s. *Däubler/Bertzbach*
HaKo-ArbR/*(Bearbeiter)*	s. *Däubler/Hjort/Hummel/Wolmerath*
HaKo-BBiG/*(Bearbeiter)*	s. *Wohlgemuth*
HaKo-BetrVG/*(Bearbeiter)*	s. *Düwell*
HaKo-KSchR/*(Bearbeiter)*	s. Gallner/Mestwerdt/Nägele
HaKo-MuSchG/BEEG/*(Bearbeiter)*	s. *Rancke*
HaKo-NV Bühne/*(Bearbeiter)*	s. *Nix/Hegemann/Hemke*
HaKo-TzBfG/*(Bearbeiter)*	s. *Boecken/Joussen*
Hamacher	Antragslexikon Arbeitsrecht, 2. Aufl. 2015
Hamann/Lenz	Das Grundgesetz für die Bundesrepublik Deutschland vom 23. Mai 1949, 3. Aufl. 1970
Hanau (Hrsg.)	Das Arbeitsrecht der neuen Bundesländer, 1991
Hanau/Steinmeyer/Wank	Handbuch des europäischen Arbeits- und Sozialrechts, 2002 (zit.: HEAS-*Bearbeiter*)
Hansen/Kelber/Zeißig	Neues Arbeitsrecht, 2002
Hartmer/Dehmer (Hrsg.)	Hochschulrecht – ein Handbuch für die Praxis, 3. Aufl. 2016 (zit.: Hochschulhdb-*Bearbeiter*)
Hasler-Hagedorn	Die »Austauschkündigung« und die »Freikündigung« im Rahmen der betriebsbedingten Kündigung, 2012
HAS-*(Bearbeiter)*	s. *Weiss/Gagel*
Hassenpflug	Die Kündigung von Betriebsratsmitgliedern wegen Stilllegung eines Betriebes oder einer Betriebsabteilung, 1989
Hauck/Noftz	Sozialgesetzbuch (SGB) IX, Kommentar, Loseblattausgabe
HBS-*(Bearbeiter)*	s. *Hümmerich/Boecken/Spirolke*
Hegner	Das neue Arbeitsrecht, 2001
Heilmann	Mutterschutzgesetz, Kommentar, 2. Aufl. 1991
ders.	Verdachtskündigung und Wiedereinstellung nach Rehabilitierung, 1964
Heimbach	Das Verhältnis der außerordentlichen Kündigung des Arbeitgebers zur ordentlichen Kündigung nach dem KSchG, 2009
Heither/Heither/Heither/Heither	Arbeitsgerichtsgesetz, Kommentar, Loseblattausgabe (zit.: *Heither*)
Helmert	Aktienoptionen für Mitarbeiter aus der Sicht des Arbeitsrechts, 2006
Henckel/Gerhardt/Jaeger	Insolvenzordnung, Großkommentar, Band 3, 2014 (zit. Jaeger/Bearbeiter)
Hennig/Kühl/Heuer	Kommentar zum Arbeitsförderungsgesetz, Loseblattausgabe
Henssler/Braun	Arbeitsrecht in Europa, 3. Aufl. 2011
Henssler/Moll (Hrsg.)	Kölner Tage des Arbeitsrechts. Kündigung und Kündigungsschutz in der betrieblichen Praxis, 2000
Henssler/Willemsen/Kalb	Arbeitsrecht Kommentar, 9. Aufl. 2020 (zit.: HWK-*Bearbeiter*)
Herberger/Martinek/Rüßmann/Weth	juris Praxiskommentar BGB, 8. Aufl. 2017 (zit.: jPK-*Bearbeiter*)
Herkert/Töltl	Das neue Berufsbildungsgesetz, Kommentar, Loseblattausgabe
Herschel/Steinmann	Kündigungsschutzgesetz, 5. Aufl. 1961
Herrmann/Heuer/Raupach	Einkommensteuer- und Körperschaftsteuergesetz mit Nebengesetzen, Kommentar, Loseblattasugabe (zit.: HHR-*Bearbeiter*)
Hess	Insolvenzarbeitsrecht, Kommentar, 2. Aufl. 2000
ders.	Insolvenzrecht, Großkommentar, 2 Aufl. 2013
Hess/Löns	Berufsbildungsrecht, 2. Aufl. 1978

Hess/Worzalla/Glock/Nicolai/ Rose/Huke	Kommentar zum Betriebsverfassungsgesetz, 10. Aufl. 2018 (zit.: HWGNRH-*Bearbeiter*)
Hetzel	Das Arbeitsverhältnis im Kleinbetrieb, Diss. 1983
Heymann	Handelsgesetzbuch, Kommentar, 2. Aufl. 1995 ff.
HHR-*(Bearbeiter)*	s. *Herrmann/Heuer/Raupach*
Hinrichs Oda	Eine ohne Anhörung des Betriebsrats ausgesprochene Kündigung ist unwirksam, 9. Aufl. 2006
dies.	Kündigungsschutz und Arbeitnehmerbeteiligung bei Massenentlassungen, Baden-Baden 2001
Hinze	Das betriebliche Eingliederungsmanagement nach § 84 Abs. 2 SGB IX (BEM), Diss. 2018 (zit.: *Hinze*)
HK-*(Bearbeiter)*	s. *Dorndorf/Weller/Hauck/Höland/Kriebel/Neef*
HK-InsO/(Bearbeiter)	s. *Kayser/Thole*
HK-SGB IX/(Bearbeiter)	s. *Lachmann/Schellhorn/Welti*
Hochschulhdb-*(Bearbeiter)*	s. *Hartmer/Detmer*
Hoefs	Die Verdachtskündigung, 2001
Hoffmann/Lehmann/Weinmann	Mitbestimmungsgesetz, 1978
Holwe/Kossens/Pielenz/Räder	Teilzeit- und Befristungsgesetz, Basiskommentar, 5. Aufl. 2016
Honstetter	Die Prognoseentscheidung des Arbeitgebers im Kündigungsrecht, 1994
v. Hoyningen-Huene/Linck	Kündigungsschutzgesetz, Kommentar, 15. Aufl. 2013
Hromadka/Sieg	SprAuG. Kommentar zum Sprecherausschussgesetz, 4. Aufl. 2017
Hromadka/Maschmann	Arbeitsrecht, Band I, 7. Aufl. 2018
HWGNRH-*(Bearbeiter)*	s. *Hess/Worzalla/Glock/Nicolai/Rose/Huke*
Hueck/Nipperdey	Lehrbuch des Arbeitsrechts – Band I, 7. Aufl. 1963
dies.	Lehrbuch des Arbeitsrechts – Band II, Halbband 1 und 2, 7. Aufl. 1967/1970
Hueck/Nipperdey/Stahlhacke	Tarifvertragsgesetz, 4. Aufl. 1964
Hümmerich/Reufels (Hrsg)	Gestaltung von Arbeitsverträgen, 3. Aufl. 2015
Hümmerich/Boecken/Düwell	AnwaltKommentar Arbeitsrecht, 2. Aufl. 2010 (zit.: AnwK-ArbR/*Bearbeiter*)
Hümmerich/Boecken/Spirolke	Das arbeitsrechtliche Mandat, 6. Aufl. 2012 (zit.: HBS-*Bearbeiter*)
Hunold/Wetzling	Umgang mit leistungsschwachen Mitarbeitern, 2. Aufl. 2011
HwBAR-*(Bearbeiter)*	s. *Bürger/Oehmann/Matthes/Göle-Sander/Kreizberg*
HWK-*(Bearbeiter)*	s. *Henssler/Willemsen/Kalb*
HzK-*(Bearbeiter)*	s. *Mues/Eisenbeis/Legerlotz*
Ilbertz/Widmaier	Bundespersonalvertretungsgesetz, Kommentar, 14. Aufl. 2018
Jaeger/(Bearbeiter)	s. *Henckel/Gerhardt/Jaeger*
Jacobowsky	Zentrale Arbeitsvertragsgestaltung in der Kirche, 2012
Jongmanns	Evaluation des Wissenschaftszeitvertragsgesetzes (WissZeitVG) – Gesetzesevaluation im Auftrag des Bundesministeriums für Bildung und Forschung, HIS – Forum Hochschule 4/2001, 2011
Joost	Betrieb und Unternehmen als Grundbegriffe im Arbeitsrecht, 1988
jPK-*(Bearbeiter)*	s. *Herberger/Martinek/Rüßmann*
Junker	Internationales Arbeitsrecht im Konzern, 1992 (zit.: *Junker* Internationales Arbeitsrecht S.)
Kallmeyer	Umwandlungsgesetz, Kommentar, 7. Aufl. 2020 (zit: Kallmeyer/*Bearbeiter*)
Kammerer	Personalakte und Abmahnung, 3. Aufl. 2001
Kappus	Rechtsfragen der Telearbeit, 1986

Literaturverzeichnis

KassArbR-*(Bearbeiter)*	s. *Leinemann*
Kayser/Thole	Insolvenzordnung, 9. Aufl. 2018 (zit. HK-InsO/*Bearbeiter*)
Kehrmann/Pelikan	Lohnfortzahlungsgesetz, 2. Aufl. 1973
Kempen/Zachert (Hrsg.)	TVG Tarifvertragsgesetzt, 5. Aufl. 2014 (zit. Kempen/Zachert/Bearbeiter)
Kiel	Die anderweitige Beschäftigungsmöglichkeit im Kündigungsschutz, 1990
Kiel/Lunk/Oetker	Münchener Handbuch zum Arbeitsrecht, Band 1, 4. Aufl. 2018 (zit.: MünchArbR-*Bearbeiter*)
Kiel/Koch	Die betriebsbedingte Kündigung, 2000
Kilian	Das kirchliche Selbstbestimmungsrecht im Betriebsübergang, 2017
Kirchhof (Hrsg.)	EStG KompaktKommentar, 17. Aufl. 2018
Kirchhof/Söhn/Mellinghoff	Einkommensteuergesetz, Kommentar, Loseblattausgabe
Kirchhof/Stürner/Eidenmüller (Hrsg.)	Münchener Kommentar zur InsO, Großkommentar, 3. Aufl. (zit. MüKo-InsO/*Bearbeiter*)
Kissel	Arbeitskampfrecht, 2002
Kittel	SGB IX – Rehabilitation und Teilhabe behinderter Menschen, Kommentar, Loseblattausgabe
Kittner/Zwanziger/Deinert/Heuschmidt (Hrsg.)	Arbeitsrecht, Handbuch für die Praxis, 9. Aufl. 2017 (zit.: KZDH-*Bearbeiter*)
Kitzinger	Der GmbH-Geschäftsführer zwischen Arbeits- und Gesellschaftsrecht, 2001
KK-*(Bearbeiter)*	s. *Wedde*
Klagges	Bezugnahmeklauseln und Betriebsübergang, 2007
Klebe/Ratayczak/Heilmann/Spoo	Betriebsverfassungsgesetz, Basiskommentar, 20. Aufl. 2018
Klebe/Schumann	Das Recht auf Beschäftigung im Kündigungsschutzprozeß, 1981
Kleinebrink	Abmahnung, 3. Aufl. 2017
Kliemt	Formerfordernisse im Arbeitsverhältnis, 1995
Knopp/Kraegeloh	Berufsbildungsgesetz, Kommentar, 4. Aufl. 1998
Knorr/Bichlmeier/Kremhelmer	Handbuch des Kündigungsrechts, 4. Aufl. 1998 mit Nachtrag 1999
Koblitz	Betriebsübergang in der Insolvenz, 2008
Koffka	Arbeitsrechtliche Abmahnung als Rechtsinstitut, 1993
Kolitz	Kündigungsfreiheit versus »Unkündbarkeit«, 2007
KommSeeArbR-*Bearbeiter*	s. *Bubenzer/Noltin/Peetz/Mallach*, Seearbeitsgesetz, Kommentar, 2015
Kontusch	Der Wiedereinstellungsanspruch des Arbeitnehmers, 2004
Kopp/Ramsauer	VwVfG, Verwaltungsverfahrensgesetz, Kommentar, 18. Aufl. 2017
Kopp/Schenke	VwGO, Verwaltungsgerichtsordnung, Kommentar, 23. Aufl. 2017
v. Koppenfels	Die außerordentliche arbeitgeberseitige Kündigung bei einzel- und tarifvertraglich unkündbaren Arbeitnehmern, 1998
KPB-*(Bearbeiter)*	s. *Kübler/Prütting/Bork*
KPK-*(Bearbeiter)*	s. *Sowka*
Kramer E. (Hrsg.)	Juristische Methodenlehre, 5. Aufl. 2016
Kramer S.	Rechtsfragen des Sprecherausschusses, 1993
Krasshöfer	Die Beendigung des Arbeitsverhältnisses aufgrund Befristung oder Aufhebungsvertrag, 1997
Kraus	Abfindungen zur Ablösung des Kündigungsschutzes – § 1a KSchG n. F., Diss. 2005
Krebber	Internationales Privatrecht des Kündigungsschutzes bei Arbeitsverhältnissen, Diss. 1996/1997 (zit.: *Krebber* S.)
Krebs	Kommentar zum Arbeitsförderungsgesetz, Loseblattausgabe

Literaturverzeichnis

Kreft (Hrsg.)	Insolvenzordnung, 7. Aufl. 2014
Krieg	Privatisierung und Personalvertretung, 2006
Krings	Der Betriebsübergang gem. § 613a BGB im kirchlichen Arbeitsrecht, 2009
Kropholler	Studienkommentar BGB, bearbeitet von Jacoby/von Hinden, 16. Aufl. 2018 (zit.: StudKBGB-*Bearbeiter*)
Kübel	Personalrat und Personalmaßnahmen – Zur Beteiligung des Personalrats bei der Einstellung und Entlassung von Mitarbeitern, 1986
Kübler/Prütting/Bork	InsO – Kommentar zur Insolvenzordnung, Loseblattausgabe (zit. KPB-*Bearbeiter*)
Küttner (Hrsg.)	Personalbuch 2018, 25. Aufl. 2018
Lachwitz/Schellhorn/Welti	HK-SGB IX, Kommentar, 4. Aufl. 2014 (zit. HK-SGB IX/Bearbeiter)
Lademann/Söffing/Brockhoff	Kommentar zum Einkommensteuergesetz, Loseblattausgabe
Lakies	Befristete Arbeitsverträge, 3. Aufl. 2012
Lakies/Malottke	BBiG – Berufsbildungsgesetz, 5. Aufl. 2016 (zit. LM-*Bearbeiter*)
Lammeyer	Telearbeit, 2007
Landmann/Rohmer	Gewerbeordnung, Kommentar, Loseblattausgabe
Larenz	Lehrbuch des Schuldrechts – Band II, 13. Aufl. 1994
Larenz/Wolf	Allgemeiner Teil des deutschen Bürgerlichen Rechts, 9. Aufl. 2004
Laux/Schlachter	Teilzeit- und Befristungsgesetz, 2. Aufl. 2011 (zit.: LS-*Bearbeiterin*]
Leder	Das Diskriminierungsverbot wegen einer Behinderung, 2006
Leffler	Das Heuerverhältnis auf ausgeflaggten deutschen Schiffen, 1978
Lehmann-Wandschneider	Das Sonderbefristungsrecht an Hochschulen und Forschungseinrichtungen nach dem Wissenschaftszeitvertragsgesetz, 2009
Leinemann (Hrsg.)	Kasseler Handbuch zum Arbeitsrecht (Bde. 1 – 2), 2. Aufl. 2000 (zit.: KassArbR-*Bearbeiter*)
Leinemann/Düwell	Entscheidungssammlung zum Arbeitnehmerüberlassungsgesetz (EzAÜG), Loseblattausgabe
Leinemann/Linck	Urlaubsrecht, Kommentar, 2. Aufl. 2001
Leinemann/Taubert	Berufsbildungsgesetz, Kommentar, 2. Aufl. 2008
Lepke	Kündigung bei Krankheit, 16. Aufl. 2018
Lerch	Auswirkungen von Betriebsübergängen und unternehmensinternen Umstrukturierungen auf Betriebsvereinbarungen, 2006
Leymann	Mobbing, 2013
Linck	Die soziale Auswahl bei betriebsbedingter Kündigung, 1990
Linck/Krause/Bayreuther	Kommentar zum Kündigungsschutzgesetz, 16. Aufl. 2019
Lindemann	Die Beendigung des Arbeitsverhältnisses in der Seeschifffahrt, 1975
ders.	Seearbeitsgesetz und Manteltarifvertrag für die deutsche Seeschifffahrt, Kommentar, 2014 (zit.: *Lindemann* SeeArbG)
Linke, B./Linke, T.	Die Reform der Pflegeversicherung und die neue Pflegezeit, 2008
Littmann/Bitz/Pust	Das Einkommensteuerrecht, Kommentar, Loseblattausgabe
LM-*(Bearbeiter)*	s. *Lakies/Malottke*
Lochfeld	Der Kündigungsschutz des besonderen Vertreters eines Vereins, 2005 = Lochfeld 2005
Löwisch/Kaiser	Betriebsverfassungsgesetz, 7. Aufl. 2017
Lohmeyer	Die Abmahnung im Arbeitsverhältnis, Diss. 1988
Lorenzen/Etzel/Gerhold	Bundespersonalvertretungsgesetz, Kommentar, Loseblattausgabe (zit.: Lorenzen/*Bearbeiter*)
Löwisch	Arbeitskampf- und Schlichtungsrecht, 1997 (zit.: *Löwisch* Arbeitskampf)

Literaturverzeichnis

Löwisch/Rieble	Tarifvertragsgesetz, Kommentar, 4. Aufl. 2017
Löwisch/Spinner/Wertheimer	Kommentar zum Kündigungsschutzgesetz, 10. Aufl. 2013
Löwisch/Schlünder/Spinner/ Wertheimer	Kommentar zum Kündigungsschutzgesetz, 11. Aufl. 2018
Loth	Prognoseprinzip und Vertragskontrolle im befristeten Arbeitsverhältnis, 2015
LS-*(Bearbeiterin)*	s. *Laux/Schlachter*
LSW-*(Bearbeiter)*	s. *Löwisch/Spinner/Wertheimer*
LSSW-*(Bearbeiter)*	s. *Löwisch/Schlünder/Spinner/Wertheimer*
Lüttringhaus	Grenzüberschreitender Diskriminierungsschutz – Das internationale Privatrecht der Antidiskriminierung, 2010
Lützeler	Aktienoptionen bei einem Betriebsübergang gemäß § 613a BGB, 2007
Lutter/Hommelhoff	GmbH-Gesetz, Kommentar, 19. Aufl. 2016 (zit.: Lutter/Hommelhoff-*Bearbeiter*)
Lutter	Umwandlungsgesetz, Kommentar, 5. Aufl. 2014
Lux	Mitbestimmungsgesetz, Schriften zur Arbeitsrechts-Blattei, 1977
LzK-*(Bearbeiter)*	s. *Neumann/Freitag*
Maaß	Zulässigkeit von einzel- und tarifvertraglichen Befristungsabreden im Bühnenarbeitsrecht, 2004
MAH-ArbR/*Bearbeiter*	s. *Moll*
Malcher	Schwerbehindertengesetz mit Erläuterungen, 1986
v. *Mangoldt/Klein/Starck*	Kommentar zum Grundgesetz, 7. Aufl. 2018
Marburger	SGB III – Arbeitsförderung und Arbeitslosengeld I, 11. Aufl. 2016
Martens	Das Arbeitsrecht der leitenden Angestellten, 1982
Mauer	Personaleinsatz im Ausland, 3. Aufl. 2019 (zit.: *Mauer/Bearbeiter* Personaleinsatz)
Maunz/Dürig	Grundgesetz, Kommentar, Loseblattausgabe (zit.: Maunz/Dürig/*Bearbeiter*)
Maunz/Schmidt-Bleibtreu/Klein/ Bethge	Bundesverfassungsgerichtsgesetz, Loseblattausgabe
Maus	Kündigungsschutzgesetz, 1973
MAVO-*(Bearbeiter)*	s. *Thiel/Fuhrmann/Jüngst*
Mayer	Das außerdienstliche Verhalten von Arbeitnehmern, 2000
Mayer/Ralfs	Rationalisierung und Rationalisierungsschutz, 2. Aufl. 1984
Medicus	Allgemeiner Teil des BGB, 11. Aufl. 2016
Meinel/Heyn/Herms	Allgemeines Gleichbehandlungsgesetz, Kommentar, 2. Aufl. 2010 (zit.: MHH-AGG)
dies.	Teilzeit- und Befristungsgesetz, Kommentar, 5. Aufl. 2015 (zit.: MHH-TzBfG/*Bearbeiter*)
Meisel	Die Mitwirkung und Mitbestimmung des Betriebsrats in personellen Angelegenheiten, 5. Aufl. 1984
Meisel/Sowka	Mutterschutz und Erziehungsurlaub, Kommentar, 5. Aufl. 1999
Mengel	Umwandlungen im Arbeitsrecht, 1997
Meixner	Neue arbeitsrechtliche Regelung 2004, 2004
Meyer C.	Die Unterrichtung der Arbeitnehmer vor Betriebsübergang. Grundlagen, Gestaltung, Muster, 2007
Meyer/Hölscheidt/Bearbeiter	Charta der Grundrechte der Europäischen Union, 5. Aufl. 2019
Meyer U.	Die Kündigung des Arbeitsverhältnisses wegen Sicherheitsbedenken, 1997
MHH-AGG	s. *Meinel/Heyn/Herms*
MHH-TzBfG/*(Bearbeiter)*	s. *Meinel/Heyn/Herms*

Literaturverzeichnis

Mohr	Schutz vor Diskriminierungen im Europäischen Arbeitsrecht. Die Rahmenrichtlinie 2000/78/EG vom 27. November 2000 – Religion, Weltanschauung, Behinderung, Alter oder sexuelle Ausrichtung, 2004
Mohrbutter/Ringstmeier	Handbuch Insolvenzverwaltung, 9. Aufl. 2015
Moll (Hrsg.)	Münchener Anwaltshandbuch Arbeitsrecht, 4. Aufl. 2017 (zit.: MAH-ArbR/*Bearbeiter*)
Monen	Das Verbot der Diskriminierung, 2008
Monnerjahn	Das Arbeitsverhältnis in der deutschen Seeschiffahrt, 1964
Motive	Motive zu dem Entwurf eines Bürgerlichen Gesetzbuchs für das Deutsche Reich
Müller	Arbeitsrechtliche Aufhebungsverträge, 1991
Müller St.	Der Auflösungsantrag des Arbeitgebers § 9 Abs. 1 Satz 2 KSchG, Diss. 2004
ders.	Die verhaltensbedingte Kündigung, 2013 (zit.: *St. Müller* Verhaltensbedingte Kündigung)
Müller-Glöge	Arbeitsrecht in den neuen Bundesländern, 1998
Müller-Glöge/Preis/Schmidt (Hrsg.)	Erfurter Kommentar zum Arbeitsrecht, 21. Aufl. 2021 (zit. ErfK-*Bearbeiter*)
Müller/Stuhlmann	Pflegezeit – was nun –', 2008
Mues/Eisenbeis/Laber (Hrsg.)	Handbuch zum Kündigungsrecht, 2. Aufl. 2010 (zit.: HzK-*Bearbeiter*)
MünchArbR-*(Bearbeiter)*	s. *Kiel/Lunk/Oetker*
MüKo-*(Bearbeiter)*	s. *Säcker/Rixecker*
MüKo-InsO/(Bearbeiter)	s. *Kirchhof/Stürner/Eidenmüller*
v. Münch/Kunig	Grundgesetz-Kommentar: GG, 6. Aufl. 2012
Nacke	Die kündigungsrechtliche Stellung der Arbeitnehmer bei Umwandlungen nach dem Umwandlungsgesetz, 1999
Nägele/Braun/Einfeldt	EG-Arbeitsrecht in der deutschen Praxis: Betriebs-Berater Handbuch, 2007
Nägele-Berkner	Das Nachschieben von Kündigungsgründen, 2015
Natzel	Berufsbildungsrecht, 3. Aufl. 1982
ders.	Bundesurlaubsrecht, 4. Aufl. 1988
Naumann	Die arbeitnehmerähnliche Person in Fernsehunternehmen, 2007
Nehring	Die krankheitsbedingte Kündigung im Lichte neuerer Gesetzgebung, 2013
Neuhausen	Der im Voraus erklärte Verzicht eines Arbeitnehmers auf Kündigungsschutz, 1993
Neuhausen M.	Der betriebliche Geltungsbereich des KSchG, Diss. 1999
Neumann/Biebl	Arbeitszeitgesetz, Kommentar, 16. Aufl. 2012
Neumann/Fenski	Bundesurlaubsgesetz, Kommentar, 11. Aufl. 2016
Neumann/Freitag	Lexikon zum Kündigungsrecht, Loseblattausgabe (zit.: LzK-*Bearbeiter*)
Neumann/Pahlen/Greiner/Winkler/Jabben	Sozialgesetzbuch IX Rehabilitation und Teilhabe behinderter Menschen, Kommentar, 14. Aufl. 2020 (zit.: NPGWJ-*Bearbeiter*)
Neuvians	Die arbeitnehmerähnliche Person, Berlin 2002
Nikisch	Lehrbuch zum Arbeitsrecht Band I, 3. Aufl. 1961
Nicklaus	Das Prognoseprinzip im arbeitsrechtlichen Kündigungsschutzrecht, 2013
Nimmerjahn	Außerdienstliches Verhalten als verhaltensbedingter Kündigungsgrund, 2006
Nix/Hegemann/Hemke (Hrsg.)	Normalvertrag Bühne, Handkommentar, 2. Aufl. 2012 (zit. HaKo-NV Bühne/*(Bearbeiter)*
Nollert-Borasio/Perreng	Allgemeines Gleichbehandlungsgesetz, 4. Aufl. 2015

Literaturverzeichnis

Oetker	Das Dauerschuldverhältnis und seine Beendigung, 1994
Oetker/Preis	Europäisches Arbeits- und Sozialrecht [EAS] – Rechtsvorschriften, Systematische Darstellungen, Rechtsprechung – [Loseblattsammlung]
Oertmann	Das Recht der Schuldverhältnisse, 1899
Otten	Heim- und Telearbeit, 1995
Otto A.	Der Wegfall des Vertrauens in den Arbeitnehmer als wichtiger Grund zur Kündigung des Arbeitsverhältnisses, 2000 (zit.: *Otto* Der Wegfall des Vertrauens)
Otto B.	Die Änderungskündigung zur Entgeltreduzierung, 2001 (zit.: *Otto* Änderungskündigung)
Otto J. C.	Arbeitsvertragliche Bezugnahmeklauseln und Änderungen der Tarifgeltung, 2006
Oxenknecht-Witzsch/Eder/ Stöcke-Muhlack/Schmitz/ Richartz	Eichstätter Kommentar MAVO, 2. Aufl. 2018 (zit.: EichK-MAVO/*Bearbeiter*)
Palandt	Bürgerliches Gesetzbuch, Kommentar, 80. Aufl. 2021 (zit.: *Palandt/Bearbeiter*)
Pallasch	Der Beschäftigungsanspruch des Arbeitnehmers, Diss. 1993
Pape	Die tarifvertragliche Unkündbarkeit, 2002
Pfeifer	Die Mitbestimmung der Betriebsvertretungen der Zivilbeschäftigten im Spannungsfeld zwischen NATO und nationalem Recht, Diss. 1995
Pflaum	Die Abmahnung im Arbeitsrecht als Vorstufe zur Kündigung, 1992
Pfohl	Arbeitsrecht des öffentlichen Dienstes, 2002
PG-(Bearbeiter)	s. *Prütting/Gehrlein*
Plander	Der Betriebsrat als Hüter des zwingenden Rechts, 1982
Plüm	Die arbeitsrechtliche Stellung des Abgeordneten, Diss. 1976
Polloczek	Altersdiskriminierung im Licht des Europarechts, 2008
Pomberg	Die Kündigung unkündbarer Arbeitnehmer, 2001
Pottschmidt	Arbeitnehmerähnliche Personen in Europa, Die Behandlung wirtschaftlich abhängiger Erwerbstätiger im Europäischen Arbeitsrecht sowie im (Arbeits-)Recht der EU-Mitgliedstaaten, 2006
Precklein	Prüfungsmaßstab bei der Änderungskündigung, 1995
Preis	Grundfragen der Vertragsgestaltung im Arbeitsrecht, 1993
ders.	Prinzipien des Kündigungsschutzrechts bei Arbeitsverhältnissen, 1987 (zit.: *Preis* Prinzipien)
ders.	Der Arbeitsvertrag, 5. Aufl. 2015 (zit.: *Preis* Arbeitsvertrag)
Preis/Dieterich	Befristete Arbeitsverhältnisse in Wissenschaft und Forschung, 2001
Preis/Kliemt/Ulrich	Aushilfs- und Probearbeitsverhältnis, 2. Aufl. 2003
Preis/Ulber	WissZeitVG Kommentar zum Wissenschaftszeitvertragsgesetz, 2. Aufl. 2017
Prütting/Gehrlein (Hrsg.)	ZPO, Kommentar, 13. Aufl. 2021 (zit.: PG-*Bearbeiter*)
Prütting/Wegen/Weinreich	BGB, Kommentar, 16. Aufl. 2021 (zit.: PWW-*Bearbeiter*)
PWW-(Bearbeiter)	s. *Prütting/Wegen/Weinreich*
Quecke	Betriebsbedingte Kündigung und Sozialauswahl, 2014 (zit.: *Quecke* Betriebsbedingte Kündigung)
Raab	Der persönliche Anwendungsbereich des Gesetzes über befristete Arbeitsverträge in der Wissenschaft (WissZeitVG), 2015
Rahmstorf	Die Druckkündigung des Arbeitsverhältnisses, 1998

Literaturverzeichnis

Raiser/Veil	Mitbestimmungsgesetz und Drittelbeteiligungsgesetz, Kommentar, 5. Aufl. 2009
Ramm (Hrsg.)	Entwürfe zu einem deutschen Arbeitsvertragsgesetz, 1992
Randerath	Die Kampfkündigung des Arbeitgebers im kollektiven Arbeitskampfsystem, 1983
Rancke (Hrsg.)	Mutterschutz – Elterngeld – Elternzeit, Handkommentar, 4. Aufl. 2015 (zit.: HaKo-MuSchG/BEEG/*(Bearbeiter)*
Rasper	Die vereinbarte Unkündbarkeit im Arbeitsverhältnis, 2016
Rehbinder	Die Rechtsnatur der Arbeitsverhältnisse deutscher Arbeitnehmer bei den ausländischen Streitkräften unter Berücksichtigung der Verhältnisse in West-Berlin, 1969
Reich	Hochschulrahmengesetz mit Wissenschaftszeitvertragsgesetz, 11. Aufl. 2012
Reiche	Die prozessualen Folgen eines Betriebsübergangs nach § 613a BGB, 2009
Reichel/Schmandt	Betriebliche Altersversorgung bei Unternehmenskauf und Umstrukturierung, 2006
Reitzel	Arbeitsrechtliche Aspekte der Arbeitnehmerähnlichen im Rundfunk, 2007
Riesenhuber	Europäisches Arbeitsrecht, 2009
Richardi	Arbeitsrecht in der Kirche, 7. Aufl. 2015 (zit.: *Richardi*)
ders.	Betriebsverfassungsgesetz, Kommentar, 16. Aufl. 2018 (zit.: *Richardi/Bearbeiter*)
Richardi/Dörner/Weber	Bundespersonalvertretungsgesetz, 4. Aufl. 2012 (zit.: *Richardi/Bearbeiter* BPersVG)
Ring	Gesetz über Teilzeitarbeit und befristete Arbeitsverträge, Anwaltkommentar, 2001
v. Roetteken	Allgemeines Gleichbehandlungsgesetz, Loseblattausgabe
Robrecht	Die Gesamtbetriebsvereinbarung, 2008
Röwekamp/Worzalla	Teilzeit- und Befristungsgesetz, 2007
Rohlfing/Kiskalt/Wolff	Handkommentar zur Gewerbeordnung, 3. Aufl. 1961
Rohwer-Nahlmann	Schwerbehindertengesetz, Kommentar, Loseblattausgabe
Rolfs	Teilzeit- und Befristungsgesetz, Kommentar, 2002
Rolfs/Giesen/Kreikebohm/Udsching (Hrsg.)	Schwerpunktkommentar Arbeitsrecht, 2008 (zit.: SPK-ArbR/*Bearbeiter*)
Roos/Bieresborn (Hrsg.)	Mutterschutzgesetz Bundeselterngeld- und Elternzeitgesetz, Loseblattausgabe (zit.: Roos/Bieresborn-*Bearbeiter*)
dies. (Hrsg.)	MuSchG/BEEG, Mutterschutzgesetz, Bundeselterngeld- und Elternzeitgesetz, Kommentar, 2. Aufl. 2019
Rosenberg/Schwab/Gottwald	Zivilprozessrecht, 18. Aufl. 2018
Rosenfelder	Der arbeitsrechtliche Status der freien Mitarbeiter, 1982
Rüthers/Fischer/Birk (Hrsg.)	Rechtstheorie mit Juristischer Methodenlehre, 9. Aufl. 2016
Rumler	Der Kündigungsschutz leitender Angestellter, 1990
Runggaldier	Grundzüge des Europäischen Arbeitsrechts und des europäischen Sozialrechts, 2. Aufl. 2010
Rust/Falke	AGG Allgemeines Gleichbehandlungsgesetz, mit weiterführenden Vorschriften, Kommentar, 2007
Sadtler	Die Bedeutung des Art. 48 GG und des Art. 160 WV für das Arbeitsrecht, 1968
Säcker/Oetker	Einigungsvertrag, in: Erg.-Bd. zur 2. Aufl. des Münchener Kommentars zum Bürgerlichen Gesetzbuch, 1991

Literaturverzeichnis

Säcker/Rixecker	Münchener Kommentar zum Bürgerlichen Gesetzbuch, 8. Aufl. 2020 ff. (zit.: MüKo-*Bearbeiter*)
Sahmer/Busemann	Arbeitsplatzschutzgesetz, Kommentar mit Erläuterungen zu ergänzenden wehr- und zivildienstrechtlichen Vorschriften, Loseblattausgabe
Salamon	Das Schicksal von Gesamtbetriebsvereinbarungen bei Betriebs- und Betriebsteilveräußerungen, 2006
Sandmann/Marschall	Arbeitnehmerüberlassungsgesetz, Kommentar, Loseblattausgabe
Schacht	Der Übereilungsschutz beim arbeitsrechtlichen Aufhebungsvertrag, 2000
Schalle	Der Bestandsschutz des Arbeitnehmers 1999
Schaps/Abraham	Das deutsche Seerecht, Band 3, 3. Aufl. 1964
Schaub	Arbeitsrechts-Handbuch, 17. Aufl. 2017 (zit.: *Schaub/Bearbeiter*)
Schaub	Arbeitsrechtliches Formular- und Verfahrenshandbuch, 12. Aufl. 2017
Schaub/Schindele	Kurzarbeit, Massenentlassung, Sozialplan, 3. Aufl. 2011
Schiek	Europäisches Arbeitsrecht, 3. Aufl. 2007
Schiefer	Teilzeitarbeit, 2001
Schiefer/Worzalla	Das arbeitsrechtliche Beschäftigungsförderungsgesetz und seine Auswirkungen für die betriebliche Praxis, 1996
dies.	Agenda 2010, Gesetz zu Reformen am Arbeitsmarkt, 2004
Schielke	Das Mitarbeitervertretungsgesetz der evangelischen Kirche in Deutschland, 2007
Schipp	Die Stellung des leitenden Angestellten im Kündigungsschutzprozeß, 1992
Schipp/Schipp	Arbeitsrecht und Privatisierung, 1996
Schlachter	Das Verbot der Altersdiskriminierung und der Gestaltungsspielraum der Tarifvertragsparteien, HSI-Schriftenreihe Bd. 10
Schlegeit	Das BAG und die Verdachtskündigung, 2008
Schlegelberger/Geßler/Hefermehl/ Schröder	Handelsgesetzbuch, 5. Aufl. 1973 ff. (zit.: *Schlegelberger-Bearbeiter*)
Schleusener/Suckow/Plum	Allgemeines Gleichbehandlungsgesetz, 5. Aufl. 2019 (zit.: SSV-*Bearbeiter*)
Schliemann (Hrsg.)	Das Arbeitsrecht im BGB, Kommentierung der §§ 611–630 BGB, 2. Aufl. 2002 (zit.: ArbRBGB-*Bearbeiter*)
Schmid/Roßmann	Das Arbeitsverhältnis der Besatzungsmitglieder in Luftfahrtunternehmen, 1997
Schmidt (Hrsg.)	Insolvenzordnung, Kommentar, 19. Aufl. 2016
Schmidt	Einkommensteuergesetz, Kommentar, 37. Aufl. 2018
Schmidt/Koberski/Tiemann/ Wascher	Heimarbeitsgesetz, Kommentar, 4. Aufl. 1998
Schmidt-Bleibtreu/Hoffmann/ Henneke (Hrsg.)	GG. Kommentar zum Grundgesetz, 14. Aufl. 2017
Schmitt	Whistleblowing – »Verpfeifen« des Arbeitgebers, 2003
Schmitt/Hörtnagl	Umwandlungsgesetz Umwandlungssteuergesetz, Kommentar, Aufl. 2020
Scholz (Hrsg.)	GmbHG, 12. Aufl. 2018
Schoenauer	Die Kirchenklausel des § 9 AGG im Kontext des kirchlichen Dienst- und Arbeitsrechts, 2010
Schönefelder/Kranz/Wanka	Sozialgesetzbuch III – Arbeitsförderung, Kommentar, Loseblattausgabe
Schönke/Schröder	Strafgesetzbuch, Kommentar, 29. Aufl. 2014
Schrader/Straube	Insolvenzarbeitsrecht, 2008
Schröder	Das Verhältnis von Direktionsrecht und Änderungskündigung, 2012
Schüren/Hamann	Arbeitnehmerüberlassungsgesetz, Kommentar, 5. Aufl. 2018

Literaturverzeichnis

Schwab S.	Auslegung und Inhaltskontrolle arbeitsvertraglicher Bezugnahmen auf Tarifverträge, 2007
Schwab/Weth	ArbGG, Kommentar zum Arbeitsgerichtsgesetz, 5. Aufl. 2017
Schwarze/Eylert/Schrader	Kündigungsschutzgesetz: KSchG, Kommentar, 2011
Schwedes/Franz	Seemannsgesetz, Kommentar, 2. Aufl. 1984
Schwennicke/Auerbach	Kreditwesengesetz (KWG) mit Zahlungsdiensteaufsichtsgesetz (ZAG), 4. Auflage 2021 (zit. Schwennicke/Auerbach-*Bearb.*)
Schwerdtner	Arbeitsrecht 1, 1999
Seidemann	Befristete Arbeitsverträge und ihre Beendigung an den Bühnen im Vergleich zum Rundfunk, 2002
Semler/Stengel/Leonard	Umwandlungsgesetz, 5. Aufl. 2021
Senne	Auswirkungen des europäischen Verbots der Altersdiskriminierung auf das deutsche Arbeitsrecht, 2006
Sievers	TzBfG, Kommentar zum Teilzeit- und Befristungsgesetz, 7. Aufl. 2021 (zit.: *Sievers*)
Simitis (Hrsg.)	Bundesdatenschutzgesetz, Kommentar, 8. Aufl. 2014
Skuderis	Die Weitergeltung von Tarifverträgen bei Betriebsübergängen nach § 613a Abs. 1 Satz 2 bis 4 BGB, 1999
Söllner/Reinert	Personalvertretungsrecht, 2. Aufl. 1993
Soergel	Bürgerliches Gesetzbuch mit Einführungsgesetz und Nebengesetzen, 13. Aufl. 1999 ff.
Sowka (Hrsg.)	Kündigungsschutzrecht, Kölner Praxiskommentar zum KSchG und zu sonstigen kündigungsrechtlichen Vorschriften, 4. Aufl. 2012 (zit.: KPK-*Bearbeiter*)
Spellbrink/Eicher (Hrsg.)	Kasseler Handbuch des Arbeitsförderungsrechts, 2003
Spirolke/Regh	Die Änderungskündigung, 2004
SPK-ArbR/*(Bearbeiter)*	s. *Rolfs/Giesen/Kreikebohm/Udsching*
Sponer/Steinherr (Hrsg.)	Tarifvertrag für den öffentlichen Dienst, Gesamtausgabe, Kommentar, Loseblattausgabe (zit.: Sponer/Steinherr-*[Bearbeiter]*)
Spreng/Birn/Feuchte	Die Verfassung des Landes Baden-Württemberg, Kommentar, 1954
Sprenger	Das arbeitsrechtliche Verbot der Altersdiskriminierung nach der Richtlinie 2000/78/EG, 2006
SPV-*(Bearbeiter)*	s. *Stahlhacke/Preis/Vossen*
SSP-*(Bearbeiter)*	s. *Schleusener/Suckow/Plum*
Stahlhacke/Bachmann/Bleistein/Berscheid	Gemeinschaftskommentar zum Bundesurlaubsgesetz, 5. Aufl. 1992 (zit.: GK-BUrlG/*Bearbeiter*)
Stahlhacke/Preis/Vossen	Kündigung und Kündigungsschutz im Arbeitsverhältnis, 11. Aufl. 2015 (zit.: SPV-*Bearbeiter*)
Stahmer/Kerls/Confurius	Praxishandbuch Kündigung, Loseblattausgabe
Staub	Handelsgesetzbuch Großkommentar, 5. Aufl. 2008, Hrsg. Canaris/Habersack/Schäfer (zit. Staub-HGB/Bearbeiter)
Staudacher	Internationale Betriebsverfassung, Diss. 1974
Staudinger	BGB, Kommentar, Band §§ 90–124, 130–133, 2011; Band §§ 134–138 BGB, ProstG, 2017; Band §§ 241–243 BGB, 2019; Band Vorbem. zu §§ 611 ff., §§ 611–613, 2010; Band §§ 613a-619a, 2011; Band Vorbem. zu §§ 620 ff., §§ 620–630; Band §§ 823–825, 2009, Band Art. 1–10 Rom I-VO (zit: Staudinger/*Bearbeiter*)
Steck/Kossens	Einführung zur Hartz-Reform, 2003
Stege/Weinspach/Schiefer	Betriebsverfassungsgesetz, Handkommentar, 9. Aufl. 2002

Literaturverzeichnis

Stein/Jonas (Hrsg.)	Kommentar zur Zivilprozessordnung, 23. Aufl. 2014 ff.
Steinacker	Der Wiedereinstellungsanspruch des Arbeitnehmers, 2017
Steinherr	Befristete Arbeitsverhältnisse, 2002
Stern	Das Staatsrecht der Bundesrepublik Deutschland, Band I, 2. Aufl. 1984
Stern/Schmidt-Bleibtreu	Einigungsvertrag und Wahlvertrag, 1990
Stiegel	Aktienoptionen als Vergütungselement aus arbeitsrechtlicher Sicht – Eine Vergütungsreform an der Schnittstelle von Arbeits- und Gesellschaftsrecht, 2007
Stoye	Rechtsdogmatische und rechtspolitische Probleme des § 14 Abs. 2 Teilzeit- und Befristungsgesetz, 2007
StudKBGB-*(Bearbeiter)*	s. *Kropholler*
Tempelmann	Arbeitsrechtliche Probleme bei Spaltungen nach dem Umwandlungsgesetz, 2001
Temme	Die betriebsbedingte Kündigung nach dem Kündigungsschutzgesetz, 2015
Temming	Altersdiskriminierung im Arbeitsleben, 2008
Tenbrock	Die betriebliche Altersversorgung im Betriebsübergang bei konkurrierenden Versorgungszusagen, 2006
Theile	Die Gewährung von Arbeitslosengeld im Zeitraum der rechtlichen Ungewissheit über den Fortbestand des Arbeitsverhältnisses, 1997
Thiel/Fuhrmann/Jüngst	MAVO-Kommentar zur Rahmenordnung für eine Mitarbeitervertretungsordnung, 8. Aufl. 2019 (zit.: MAVO-*Bearbeiter*)
Thiele	SGB IX/Schwerbehindertenrecht, Handbuch zum Arbeitsrecht (HzA), Loseblattausgabe, Gruppe 7
Thienemann	Der Umgehungsbegriff im Arbeitsrecht unter besonderer Berücksichtigung einzelner Umgehungsmodelle im Zusammenhang mit § 613a BGB, 2017
Thomas/Putzo	Zivilprozessordnung, Kommentar, 39. Aufl. 2018
Thüsing	Arbeitsrechtlicher Diskriminierungsschutz, 2. Aufl. 2013
ders.	AÜG, 4. Aufl. 2018
ders.	Europäisches Arbeitsrecht, 3. Aufl. 2017
Thüsing/Laux/Lembke	Kündigungsschutzgesetz, 3. Aufl. 2014 (zit.: TLL-*Bearbeiter*)
TLL-*(Bearbeiter)*	s. *Thüsing/Laux/Lembke*
Tsatsos	Die parlamentarische Betätigung von öffentlichen Bediensteten, 1970
Tschöpe	Arbeitsrecht Handbuch, 10. Aufl. 2017 (zit.: *Tschöpe/Bearbeiter*)
ders.	Rechtsfolgen eines arbeitnehmerseitigen Widerspruchs beim Betriebsinhaberwechsel, 1984
Uhlenbruck (Hrsg.)	Insolvenzordnung: InsO, Kommentar, 14. Aufl. 2015 (zit. Uhlenbruck/Bearbeiter)
Ulber J.	AÜG – Arbeitnehmerüberlassungsgesetz, Kommentar, 5. Aufl. 2017
Ulmer/Habersack/Henssler	Mitbestimmungsrecht: MitbestR, 3. Aufl. 2013
Unfried	Betriebsübergang und Sanierung in der Insolvenz, 2007
Uppenbrink	Das Europäische Mandat – Status der Abgeordneten des Europäischen Parlaments, Diss. 2004
Urban	Mitarbeiterkapitalbeteiligungen bei Veränderungen im Arbeitsverhältnis, 2008
Uttlinger/Breier/Kiefer/Hoffmann/Dassau	Bundes-Angestelltentarifvertrag – BAT, Kommentar, Loseblattausgabe
Volk	Die Rechtsstellung der deutschen Zivilbeschäftigten bei den Stationierungskräften im Bundesgebiet und bei den alliierten Streitkräften in West-Berlin, Diss. 1972

Volz	Die Kündbarkeit tariflich unkündbarer Arbeitnehmer, Diss. 2002
Wachter	Wesensmerkmale der arbeitnehmerähnlichen Person, Berlin 1980
Walker	Der Vollzug der Arbeitgebererbfolge mit einem vermeintlichen Erben, 1985
Wallner	Die ordentliche Änderungskündigung des Arbeitgebers, 2001
Waltermann	Arbeitsrecht, 18. Aufl. 2016
Waniorek	Gestaltungsformen der Teleheimarbeit, 1989
Wank	Arbeitnehmer und Selbständige, 1988
ders.	Telearbeit, 1997
Weber/Ehrich/Burmester/Fröhlich	Handbuch der arbeitsrechtlichen Aufhebungsverträge, 5. Aufl. 2009 (zit.: WEBF-*Bearbeiter*)
WEBF-*(Bearbeiter)*	s. *Weber/Ehrich/Burmester/Fröhlich*
Wedde	Telearbeit, 3. Aufl. 2002
ders.	Arbeitsrecht, Kompaktkommentar, 5. Aufl. 2016 (zit.: KK-*Bearbeiter*)
Wedde/Kunz	Entgeltfortzahlungsgesetz, Basiskommentar, 4. Aufl. 2015
Wege	Religion im Arbeitsverhältnis, Freiheitsgarantien und Diskriminierungsschutz in Kooperation, 2007
Weinbrenner	Der Sonderkündigungsschutz im Pflegezeitgesetz, 2011
Weiß	Abfindungsanspruch bei betriebsbedingter Kündigung, Diss. 2005 (zit.: *Weiß* Diss.)
Weiss/Gagel	Handbuch des Arbeits- und Sozialrechts, Loseblattausgabe (zit.: HAS-*Bearbeiter*)
Welti	Die soziale Sicherung der Abgeordneten des Deutschen Bundestages, der Landtage und der deutschen Abgeordneten im Europäischen Parlament, Diss. 1998
Wendeling-Schröder/Stein	Allgemeines Gleichbehandlungsgesetz, 2008
Wertz	Die Verdachtskündigung unter Berücksichtigung des »Vertrauenskapitals«, 2016
Wester/Schlüpers-Oehmen	Arbeitsrecht: Betriebsverfassungs-, Personalvertretungs- und Mitbestimmungsrecht, 2. Aufl. 1984
Wickler	Die Arbeitgeberkündigung bei rechtsgeschäftlichem Betriebsinhaberwechsel, 1985
ders. (Hrsg.)	Handbuch Mobbing-Rechtsschutz, 2004
Wiedemann	Kommentar zum Tarifvertragsgesetz, 7. Aufl. 2007 (zit.: Wiedemann/*Bearbeiter*)
Wiegand	Kommentar zum Bundeserziehungsgeldgesetz, Loseblattausgabe
ders. (Hrsg.)	SGB IX, Rehabilitation und Teilhabe behinderter Menschen, Kommentar zum Schwerbehindertengesetz, Loseblattausgabe (zit.: Wiegand/Bearbeiter)
Wiese/Kreutz/Oetker/Raab/Weber/Franzen/Gutzeit/Jacobs	Gemeinschaftskommentar zum Betriebsverfassungsgesetz, Band 1 (§§ 1–73b) und Band 2 (§§ 74–132), 11. Aufl. 2018 (zit.: GK-BetrVG/*Bearbeiter*)
Wiesinger	Personal- und sozialpolitische Überführungsvereinbarungen in der betrieblichen Praxis, 2007
Wildhagen	Böswilliges Unterlassen anderweitigen Erwerbs des Arbeitnehmers im Annahmeverzug des Arbeitgebers gem. § 615 Satz 2 BGB, § 11 Satz 2 KSchG, 2013
Willemsen/Hohenstatt/Schweibert/Seibt	Umstrukturierung und Übertragung von Unternehmen – Arbeitsrechtliches Handbuch, 6. Aufl. 2021
Willikonsky	MuSchG, Kommentar, 2. Aufl. 2007

Literaturverzeichnis

Wimmer (Hrsg.)	Frankfurter Kommentar zur Insolvenzordnung, 9. Aufl. 2018 (zit.: FK-InsO/*Bearbeiter*)
Windbichler	Arbeitsrecht im Konzern, 1989
Winkler	Die Kündigung wegen Tätigkeit für das MfS in der Praxis, Diss. 2003
Winterfeld	Mutterschutz und Erziehungsurlaub, MuSchG und BErzGG mit Erläuterungen, 1986
Winterstein	Die Zulässigkeit des Nachschiebens von Kündigungsgründen im Kündigungsschutzprozeß, 1987
Wißmann/Kleinsorge/Schubert	Mitbestimmungsrecht, Kommentar, 5. Aufl. 2017
Wohlgemuth (Hrsg.)	Berufsbildungsgesetz, Handkommentar, 2011 (zit.: HaKo-BBiG/*Bearbeiter*)
Wolf	Druckkündigungen mit diskriminierendem Hintergrund, 2012 (zit.: *Wolf* Druckkündigungen)
Wolff/Bachof/Stober/Kluth	Verwaltungsrecht Band 1, 13. Aufl. 2017
Wolff/Bachof/Stober/Kluth	Verwaltungsrecht Band II, 7. Aufl. 2010
Wollschläger	Unzumutbarkeit als Rechtsgedanke im Rahmen der außerordentlichen Kündigung, 2009
Wosnik	Das Heuerverhältnis im seerechtlichen Arbeitsverhältnis und das Mitspracherecht der Schiffsbesatzung, Diss. 1972
Wörl	Die Beweislast nach dem Allgemeinen Gleichbehandlungsgesetz, 2009
Worzalla/Will/Mailänder/Worch/Heise	Teilzeitarbeit und befristete Arbeitsverträge, 2001 (zit.: *Worzalla*)
Wullenkord	Arbeitsrechtliche Kernfragen des Betrieblichen Eingliederungsmanagements in der betrieblichen Praxis, Diss. 2014 (zit. *Wullenkord*)
Wullkopf	Die Beschränkung der Meinungsfreiheit der Angestellten im öffentlichen Dienst, 1999
Zachert (Hrsg.)	Die Wirkung des Tarifvertrags in der Krise, 1991
Zielke	Politische Betätigung von Arbeitnehmern, 1999
Zimmerling	Freiwillig angebotene Weiterbeschäftigung, 2011
Zinn/Stein	Verfassung des Landes Hessen, Kommentar, Loseblattausgabe
Zippelius/Würtenberger	Deutsches Staatsrecht, 33. Aufl. 2018
Zmarzlik/Zipperer/Viethen/Vieß	Mutterschutzgesetz, Mutterschaftsleistungen, Bundeserziehungsgeldgesetz, Kommentar, 9. Aufl. 2006
Zöller	Zivilprozessordnung, Kommentar, 32. Aufl. 2018
Zöllner	Maßregelverbote und sonstige tarifliche Nebenfolgenklauseln nach Arbeitskämpfen, 1977
Zöllner/Loritz/Hergenröder	Arbeitsrecht, 7. Aufl. 2015 (zit.: ZLH-*Bearbeiter*)
Zwanziger	Das Arbeitsrecht der Insolvenzordnung, 5. Aufl. 2015
Zborowska	Die außerordentliche Verdachtskündigung, 2015

Kündigungsschutzgesetz (KSchG)

In der Fassung der Bekanntmachung vom 25. August 1969 (BGBl. I S. 1317).

Zuletzt geändert durch Art. 2 des Gesetzes zur Förderung der Betriebsratswahlen und der Betriebsratsarbeit in einer digitalen Arbeitswelt (Betriebsrätemodernisierungsgesetz) vom 14. Juni 2021 (BGBl. I S. 1762).

Erster Abschnitt: Allgemeiner Kündigungsschutz

§ 1 KSchG Sozial ungerechtfertigte Kündigungen

(1) Die Kündigung des Arbeitsverhältnisses gegenüber einem Arbeitnehmer, dessen Arbeitsverhältnis in demselben Betrieb oder Unternehmen ohne Unterbrechung länger als sechs Monate bestanden hat, ist rechtsunwirksam, wenn sie sozial ungerechtfertigt ist.

(2) ^{1}Sozial ungerechtfertigt ist die Kündigung, wenn sie nicht durch Gründe, die in der Person oder in dem Verhalten des Arbeitnehmers liegen, oder durch dringende betriebliche Erfordernisse, die einer Weiterbeschäftigung des Arbeitnehmers in diesem Betrieb entgegenstehen, bedingt ist. ^{2}Die Kündigung ist auch sozial ungerechtfertigt, wenn
1. in Betrieben des privaten Rechts
    a) die Kündigung gegen eine Richtlinie nach § 95 des Betriebsverfassungsgesetzes verstößt,
    b) der Arbeitnehmer an einem anderen Arbeitsplatz in demselben Betrieb oder in einem anderen Betrieb des Unternehmens weiterbeschäftigt werden kann

    und der Betriebsrat oder eine andere nach dem Betriebsverfassungsgesetz insoweit zuständige Vertretung der Arbeitnehmer aus einem dieser Gründe der Kündigung innerhalb der Frist des § 102 Abs. 2 Satz 1 des Betriebsverfassungsgesetzes schriftlich widersprochen hat,
2. in Betrieben und Verwaltungen des öffentlichen Rechts
    a) die Kündigung gegen eine Richtlinie über die personelle Auswahl bei Kündigungen verstößt,
    b) der Arbeitnehmer an einem anderen Arbeitsplatz in derselben Dienststelle oder in einer anderen Dienststelle desselben Verwaltungszweiges an demselben Dienstort einschließlich seines Einzugsgebietes weiterbeschäftigt werden kann

    und die zuständige Personalvertretung aus einem dieser Gründe fristgerecht gegen die Kündigung Einwendungen erhoben hat, es sei denn, daß die Stufenvertretung in der Verhandlung mit der übergeordneten Dienststelle die Einwendungen nicht aufrechterhalten hat.

^{3}Satz 2 gilt entsprechend, wenn die Weiterbeschäftigung des Arbeitnehmers nach zumutbaren Umschulungs- oder Fortbildungsmaßnahmen oder eine Weiterbeschäftigung des Arbeitnehmers unter geänderten Arbeitsbedingungen möglich ist und der Arbeitnehmer sein Einverständnis hiermit erklärt hat. ^{4}Der Arbeitgeber hat die Tatsachen zu beweisen, die die Kündigung bedingen.

(3) ^{1}Ist einem Arbeitnehmer aus dringenden betrieblichen Erfordernissen im Sinne des Absatzes 2 gekündigt worden, so ist die Kündigung trotzdem sozial ungerechtfertigt, wenn der Arbeitgeber bei der Auswahl des Arbeitnehmers die Dauer der Betriebszugehörigkeit, das Lebensalter, die Unterhaltspflichten und die Schwerbehinderung des Arbeitnehmers nicht oder nicht ausreichend berücksichtigt hat; auf Verlangen des Arbeitnehmers hat der Arbeitgeber dem Arbeitnehmer die Gründe anzugeben, die zu der getroffenen sozialen Auswahl geführt haben. ^{2}In die soziale Auswahl nach Satz 1 sind Arbeitnehmer nicht einzubeziehen, deren Weiterbeschäftigung, insbesondere wegen ihrer Kenntnisse, Fähigkeiten und Leistungen oder zur Sicherung einer ausgewogenen Personalstruktur des Betriebes, im berechtigten betrieblichen

Interesse liegt. ³Der Arbeitnehmer hat die Tatsachen zu beweisen, die die Kündigung als sozial ungerechtfertigt im Sinne des Satzes 1 erscheinen lassen.

(4) Ist in einem Tarifvertrag, in einer Betriebsvereinbarung nach § 95 des Betriebsverfassungsgesetzes oder in einer entsprechenden Richtlinie nach den Personalvertretungsgesetzen festgelegt, wie die sozialen Gesichtspunkte nach Absatz 3 Satz 1 im Verhältnis zueinander zu bewerten sind, so kann die Bewertung der Arbeitnehmer nur auf grobe Fehlerhaftigkeit überprüft werden.

(5) ¹Sind bei einer Kündigung aufgrund einer Betriebsänderung nach § 111 des Betriebsverfassungsgesetzes die Arbeitnehmer, denen gekündigt werden soll, in einem Interessenausgleich zwischen Arbeitgeber und Betriebsrat namentlich bezeichnet, so wird vermutet, dass die Kündigung durch dringende betriebliche Erfordernisse im Sinne des Absatzes 2 bedingt ist. ²Die soziale Auswahl der Arbeitnehmer kann nur auf grobe Fehlerhaftigkeit überprüft werden. ³Die Sätze 1 und 2 gelten nicht, soweit sich die Sachlage nach Zustandekommen des Interessenausgleichs wesentlich geändert hat. ⁴Der Interessenausgleich nach Satz 1 ersetzt die Stellungnahme des Betriebsrates nach § 17 Abs. 3 Satz 2.

Übersicht	Rdn			Rdn
A. Entstehungsgeschichte des Kündigungsschutzrechts	1	n)	Mittelbares Arbeitsverhältnis	71
		o)	Probearbeitsverhältnis	73
B. Verfassungsrechtliche Grundlagen	15	p)	Teilzeitarbeitsverhältnis	74
I. Kündigungsfreiheit	17	q)	Telearbeit	76
II. Kündigungsschutz	18	r)	Tendenzunternehmen	77
III. Verhältnis zum Antidiskriminierungsrecht	27	3.	Besondere verfassungsrechtliche Stellung des Arbeitgebers	78
C. Zweck des allgemeinen Kündigungsschutzes	31	a)	Kirchlicher Dienst	79
		b)	Tendenzbetriebe	80
D. Rechtsnatur des allgemeinen Kündigungsschutzes	36	4.	Ausgenommene Personengruppen	85
		a)	Arbeitnehmerähnliche Personen	85
I. Einseitig zwingende Wirkung	36	b)	Beamte	86
II. Zulässigkeit günstigerer Vereinbarungen	39	c)	Beschäftigte aus karitativen oder religiösen Gründen	87
III. Verzicht	41			
IV. Fehlender Schutzgesetzcharakter	44	d)	Beschäftigte aus medizinischen oder erzieherischen Gründen	88
E. Voraussetzungen des allgemeinen Kündigungsschutzes	45	e)	Entwicklungshelfer	89
I. Persönlicher Geltungsbereich	46	f)	Familienangehörige	90
1. Begriff des Arbeitnehmers	46	g)	Franchisenehmer	91
2. Besondere Arten des Arbeitsverhältnisses	47	h)	Gesellschafter sowie Mitglieder von juristischen Personen oder Personengesamtheiten	92
a) Alliierte Streitkräfte	48			
b) Aushilfsarbeitsverhältnis	49	i)	Organschaftliche Vertreter	93
c) Ausländische Arbeitnehmer	50	j)	Ruhendes Arbeitsverhältnis	94
d) Auszubildende, Anlernlinge, Volontäre und Praktikanten	52	k)	Zwangsarbeiter	95
		5.	Darlegungs- und Beweislast	96
e) Befristetes Arbeitsverhältnis	53	II.	Zeitlicher Geltungsbereich: Die Wartezeit	97
f) Betriebsführungsvertrag	54	1.	Begriff	97
g) Einheitliches Arbeitsverhältnis mit mehreren Arbeitgebern	55	2.	Entstehungsgeschichte	98
		3.	Zulässigkeit von abweichenden Vereinbarungen	101
h) Faktisches Arbeitsverhältnis	56			
i) Familienarbeitsverhältnis	57	4.	Berechnung der Wartezeit	106
j) Gruppenarbeitsverhältnis	58	5.	Ununterbrochener Bestand des Arbeitsverhältnisses	115
k) Hafenarbeiter	66			
l) Kirchlicher Dienst	67			
m) Leiharbeitsverhältnis	68	6.	Betriebsübergang	127

	Rdn
7. Gesetzliche Anrechnungsregeln	129
8. Kündigungen während der Wartezeit	131
9. Darlegungs- und Beweislast	137
III. Betrieblicher Geltungsbereich	140
1. Begriff des Betriebes	140
2. Begriff des Unternehmens	149
3. Begriff des Konzerns	154
4. Darlegungs- und Beweislast	156
IV. Räumlicher Geltungsbereich	157
V. Gegenständlicher Geltungsbereich	159
1. Begriff der Kündigung	159
a) Allgemeines	159
b) Ordentliche Kündigung	162
c) Außerordentliche Kündigung	164
2. Vereinbarungen über das ordentliche Kündigungsrecht	165
3. Unwirksamkeit der Kündigung aus anderen Gründen	166
4. Darlegungs- und Beweislast für die Kündigung	167
5. Abgrenzung gegenüber anderen Arten der Kündigung	168
a) Kündigung durch den Arbeitnehmer	169
b) Änderungskündigung durch den Arbeitgeber	172
c) Außerordentliche Kündigung durch den Arbeitgeber	173
d) Teilkündigung	176
e) Vorsorgliche Kündigung	177
f) Bedingte Kündigung	178
g) Kündigung im Insolvenzverfahren	179
6. Abgrenzung gegenüber anderen Beendigungstatbeständen	180
a) Anfechtung des Arbeitsvertrages	181
b) Berufung auf die Nichtigkeit des Arbeitsvertrages	182
c) Zeitablauf und Zweckerreichung	183
d) Auflösende Bedingung	184
e) Aufhebungsvertrag	185
f) Beendigung einer vorläufigen Einstellung	186
g) Beendigung fehlerhafter Leiharbeitsverhältnisse	190
h) Lösende Abwehraussperrung	191
i) Tod des Arbeitnehmers	192
j) Tod und Liquidation des Arbeitgebers	194
k) Entlassung von Dienstordnungsangestellten	195
l) Abberufung nach AGB-DDR	196

	Rdn
F. Allgemeine Merkmale und Bedeutung des Begriffs der Sozialwidrigkeit	197
I. Begriff der Sozialwidrigkeit	197
1. Entwicklungsgeschichte	197
2. Systematik des Gesetzes	201
a) Generalklausel	202
b) Widerspruchstatbestände	203
c) Verhältnis der Generalklausel zu den Widerspruchstatbeständen	204
d) Soziale Auswahl	208
3. Unbestimmtheit des Rechtsbegriffs	209
a) Gesetzliche Anhaltspunkte zur Konkretisierung	211
b) Typologische Gesichtspunkte	214
c) Prüfungsmaßstab	215
d) Interessenabwägung	219
e) Vereinbarung über die Sozialwidrigkeit	221
II. Der Grundsatz der Verhältnismäßigkeit	222
1. Prävention	224
2. Abmahnung	227
3. Möglichkeit einer anderweitigen Beschäftigung	228
a) Vergleichbarer Arbeitsplatz	228
b) Geänderte Arbeitsbedingungen	236
III. Der Gleichbehandlungsgrundsatz	246
IV. Beurteilungszeitpunkt	248
V. Kündigungsgründe	251
1. Bekanntgabe der Gründe	251
2. Schriftformerfordernis	253
3. Nachschieben von Kündigungsgründen	255
a) Nachträglich bekannt gewordene Kündigungsgründe	256
b) Bei der Kündigung bekannte Kündigungsgründe	258
c) Nach der Kündigung entstandene Kündigungsgründe	259
4. Verzichtete und verwirkte Kündigungsgründe	261
VI. Rechtsfolgen der Sozialwidrigkeit	265
1. Notwendigkeit der Klageerhebung	265
2. Verhältnis zu sonstigen Unwirksamkeitsgründen	266
3. Umdeutung einer unwirksamen ordentlichen Kündigung	267
G. Gründe für die soziale Rechtfertigung der Kündigung	269
I. Einteilung der Kündigungsgründe	269
II. Darlegungs- und Beweislast	274
III. Gründe in der Person des Arbeitnehmers	280
1. Begriff	280
2. Verschulden	283

	Rdn			Rdn
3. Abmahnung	284		(c) Dauer des ungestörten Verlaufs des Arbeitsverhältnisses	381
4. Prüfung der sozialen Rechtfertigung in drei Stufen	286			
a) Mangel der Fähigkeit oder Eignung des Arbeitnehmers	286		(d) Alter des Arbeitnehmers	383
b) Störungen des Arbeitsverhältnisses, Möglichkeit einer anderweitigen Beschäftigung	287		(e) Unterhaltspflichten	384
c) Interessenabwägung	288		(f) Schwerbehinderung	385
5. Darlegungs- und Beweislast	294		(g) Situation auf dem Arbeitsmarkt	386
6. Einzelne Gründe in der Person des Arbeitnehmers	295		(h) Zumutbarkeit weiterer Überbrückungsmaßnahmen	387
a) AIDS	296			
b) Alkohol- und Drogensucht	300			
c) Alter	305			
d) Arbeitsgenehmigung	306			
e) Berufsausübungserlaubnis	308		(i) Höhe der Entgeltfortzahlungskosten	389
f) Berufskrankheit	311			
g) Betriebsgeheimnis	312			
h) Betriebsunfall	313		(j) Darlegungs- und Beweislast	391
i) Druckkündigung	314			
j) Eheschließung, Ehescheidung	315		(4) Gerichtlicher Beurteilungsspielraum	392
k) Ehrenamt	319			
l) Eignung – fachliche und persönliche	320		cc) Kündigung wegen langandauernder Krankheit	393
m) Erwerbsminderung	329		(1) Negative Gesundheitsprognose	393
n) Familiäre Verpflichtungen	330			
o) Gewissensentscheidung und Glaubenskonflikt	331		(2) Beeinträchtigung betrieblicher Interessen	398
p) Haft	335		(3) Interessenabwägung	402
q) Krankheit	337		dd) Kündigung wegen krankheitsbedingter dauernder Leistungsunfähigkeit	403
aa) Betriebliches Eingliederungsmanagement	343			
bb) Kündigung wegen häufiger Kurzerkrankungen	349		ee) Kündigung wegen krankheitsbedingter Minderung der Leistungsfähigkeit	407
(1) Negative Gesundheitsprognose	349			
(2) Beeinträchtigung betrieblicher Interessen	361		r) Kuraufenthalt, medizinische Vorsorge- oder Rehabilitationsmaßnahme	411
(a) Betriebsablaufstörungen	362		s) Leistungsfähigkeit	412
			t) Straftaten	418
(b) Erhebliche wirtschaftliche Belastungen	365		u) Verdachtskündigung	422
			v) Wehrdienst	425
			IV. Gründe im Verhalten des Arbeitnehmers	426
(c) Umsetzungsmöglichkeit	372		1. Begriff	426
(3) Interessenabwägung	374		2. Verschulden	431
			3. Abmahnung	435
(a) Ursachen der Erkrankung	376		4. Prüfung der sozialen Rechtfertigung in drei Stufen	437
(b) Höhe der durchschnittlichen Ausfallquote	380		a) Vertragswidriges Verhalten des Arbeitnehmers	437

		Rdn			Rdn
b)	Störungen des Arbeitsverhältnisses, Möglichkeit einer anderweitigen Beschäftigung	438	f) Verschulden des Arbeitgebers		571
			g) Gerichtliche Nachprüfung		572
c)	Interessenabwägung	443	2. Unternehmensbezug		575
5. Darlegungs- und Beweislast		446	3. Konzernbezug		577
6. Einzelne Gründe im Verhalten des Arbeitnehmers		448	4. Möglichkeit einer anderweitigen Beschäftigung		583
a)	Abkehrmaßnahmen	449	5. Interessenabwägung		585
b)	Abwerbung	453	6. Beurteilungszeitpunkt		588
c)	Alkohol	456	7. Darlegungs- und Beweislast		591
d)	Anzeigen gegen Arbeitgeber	462	8. Einzelne betriebliche Erfordernisse		596
e)	Arbeitskampf	465	a) Abbau und Umwandlung von Arbeitsplätzen (Vollzeitarbeit, Teilzeitarbeit, Anforderungsprofil)		597
f)	Arbeitspapiere	467			
g)	Arbeitspflichtverletzungen	468			
	aa) Arbeitsverweigerung	469	b) Abkehrwille		600
	bb) Unerlaubte Arbeitsversäumnis	477	c) Arbeitsmangel		601
			d) Auftragsrückgang		604
	cc) Fehl-, Schlecht- und Minderleistungen	487	e) Betriebseinschränkungen		606
			f) Betriebsinhaberwechsel		609
h)	Außerdienstliches Verhalten	489	g) Betriebsstilllegung		615
	aa) Grundsatz	489	h) Drittfinanzierte Arbeitsverträge		623
	bb) Lebenswandel	492	i) Druckkündigung		625
	cc) Politische Betätigung	495	j) Entlassungsverlangen des Betriebsrats		627
	dd) Schulden, Lohnpfändungen	497			
			k) Gewinnverfall, Gewinnsteigerung		628
i)	Beleidigungen, Drohungen, Tätlichkeiten, Denunziationen, Kritik	500	l) Insolvenzverfahren		630
			m) Konzernarbeitsverhältnis		631
j)	Betriebsfrieden, betriebliche Ordnung	506	n) Öffentlicher Dienst		634
			o) Rationalisierungsmaßnahmen		640
k)	Druckkündigung	512	p) Vorgesetztenwechsel		645
l)	Pflichtwidrigkeiten bei Krankheit und Rehabilitationsmaßnahmen	514	9. Auswahl der Arbeitnehmer		646
			a) Allgemeines		646
m)	Mobbing und Benachteiligung	528	b) Verhältnis zur anderweitigen Beschäftigung		650
n)	Neben- und Konkurrenztätigkeiten	531	c) Betriebsbezogenheit und betriebsübergreifende Sozialauswahl		651
o)	Sonstige Nebenpflichtverletzungen	536	d) Vergleichbarkeit der Arbeitnehmer		660
p)	Sexuelle Belästigung	545	aa) Allgemeines		660
q)	Strafbare Handlungen	546	bb) Aufgabenbereich		665
r)	Vorstrafen	550	cc) Direktionsrecht zur Umsetzung		668
V. Betriebliche Gründe		552			
1. Dringende betriebliche Erfordernisse		552	dd) Horizontale und vertikale Vergleichbarkeit		671
a)	Bedeutung des Kündigungsgrundes	552	ee) Teilzeitbeschäftigte		673
b)	Außerbetriebliche Gründe	554	e) Verhältnis von Sozialauswahl zu berechtigten betrieblichen Interessen		675
c)	Innerbetriebliche Gründe	556			
d)	Grenzen der Unternehmerentscheidung	558	f) Berechtigte betriebliche Interessen		677
e)	Wegfall des Bedürfnisses zur Weiterbeschäftigung	564	aa) Allgemeines		677

			Rdn				Rdn
	bb)	Bestimmung durch den Arbeitgeber	679		ii)	Auskunftsanspruch des Arbeitnehmers	755
	cc)	Berufung des Arbeitnehmers auf betriebliche Interessen	680		jj)	Darlegungs- und Beweislast	760
	dd)	Kenntnisse, Fähigkeiten und Leistungen des Arbeitnehmers	682		kk)	Widerspruch des Betriebsrats	768
	ee)	Ausgewogene Personalstruktur	690		ll)	Gerichtliche Nachprüfung	769
	ff)	Sonstige Interessen	705		h)	Kollektivrechtliche Auswahlrichtlinien	772
	gg)	Darlegungs- und Beweislast	707	10.		Interessenausgleich mit Namensliste	781
g)		Sozialauswahl	708	11.		Widerspruchstatbestände	802
	aa)	Allgemeines	708		a)	Kündigungsschutzrechtliche Bedeutung	802
	bb)	Beabsichtigte Neueinstellungen	713		b)	Verstoß gegen eine Auswahlrichtlinie	807
	cc)	Arbeitnehmer ohne oder mit eingeschränktem Kündigungsschutz	715		c)	Weiterbeschäftigung des Arbeitnehmers an einem anderen Arbeitsplatz zu unveränderten Arbeitsbedingungen	810
	dd)	Arbeitnehmer mit besonderem Kündigungsschutz und bei Freistellung von der Arbeit	717		d)	Weiterbeschäftigung des Arbeitnehmers nach zumutbaren Umschulungs- oder Fortbildungsmaßnahmen	816
	ee)	Vorläufig weiterbeschäftigte Arbeitnehmer	726		e)	Weiterbeschäftigung des Arbeitnehmers unter geänderten Arbeitsbedingungen	820
	ff)	Betriebsstilllegung	727	H.		Der Wiedereinstellungsanspruch	823
	gg)	Soziale Kriterien	728	I.		Anspruchsgrundlagen	823
	(1)	Allgemeines	728	II.		Betriebsbedingte Kündigung	830
	(2)	Dauer des Arbeitsverhältnisses	730	III.		Personenbedingte Kündigung	833
	(3)	Lebensalter	732	IV.		Verhaltensbedingte Kündigung	834
	(4)	Unterhaltspflichten	735	V.		Verdachtskündigung	835
	(5)	Schwerbehinderung	742	VI.		Geltendmachung des Wiedereinstellungsanspruchs	836
	(6)	Benachteiligungsverbote	744	VII.		Beteiligung des Betriebsrats	842
	(7)	Ermittlung der Kriterien	746	I.		Ordentliche Kündigung nach dem Einigungsvertrag	843
	(8)	Gewichtung der Kriterien	748				
	hh)	Beurteilungsspielraum des Arbeitgebers	749				

A. Entstehungsgeschichte des Kündigungsschutzrechts

1 Im Dienstvertragsrecht wird durch die Kündigung das Ende der vertraglichen Beziehungen festgelegt. Bedeutung hat die Kündigung hier erst mit dem Aufkommen der **Vertragsfreiheit** im 19. Jahrhundert erlangt. Die Vertragsfreiheit umfasst die Freiheit, eine rechtliche Bindung (Verpflichtung) einzugehen, und die Freiheit, sich von dieser Bindung zu lösen.

2 Die formale Vertragsfreiheit wirkte sich faktisch dahingehend aus, dass der Arbeitgeber den Arbeitnehmer bei zurückgehender Produktion jederzeit entlassen, der Arbeitnehmer aber bei dem vorhandenen Überangebot an Arbeitskräften nur schwer einen neuen Arbeitsplatz finden konnte und, falls dies gelang, vom Arbeitgeber **diktierte Arbeitsbedingungen** hinnehmen musste, um den

Arbeitsplatz zu erlangen. Die Vertragsfreiheit nutzte damit dem Arbeitnehmer als dem wirtschaftlich schwächeren Vertragspartner nichts und wirkte sich in erster Linie zu seinem Nachteil aus. Soziale Missstände gegen Ende des 19. Jahrhunderts waren die Folge.

Nach Beendigung des Ersten Weltkrieges (1918) verstärkten sich die Bestrebungen zur Schaffung von Arbeitnehmerschutzgesetzen, die die Vertragsfreiheit begrenzten. Hierzu gehörten insbes. die Vorschriften über den Kündigungsschutz, die erstmals durch das **Betriebsrätegesetz** v. 4.2.1920 (BRG 1920) und die **DemobilmachungsVO** v. 12.2.1920 eingeführt wurden. Der Kündigungsschutz sollte nicht nur der Erhaltung des Arbeitsplatzes als Einnahmequelle des Arbeitnehmers dienen, sondern auch die Bindung des Arbeitnehmers an den Betrieb im Interesse stabiler Sozialverhältnisse stärken. 3

Nach dem BRG 1920, das nur in Betrieben mit Betriebsrat galt, konnte der Arbeitnehmer beim Betriebsrat Einspruch gegen die Kündigung einlegen und bei Billigung des Einspruchs durch diesen anschließend gegen den Arbeitgeber Klage erheben. Bei erfolgreicher Klage wurde der Arbeitgeber zur **Zahlung einer Entschädigung** verurteilt, deren Zahlung er bei Widerruf der Kündigung abwenden konnte. Der Arbeitnehmer selbst konnte eine Fortsetzung des Arbeitsverhältnisses nicht erzwingen. Nach der DemobilmachungsVO, die von 1920–1923 galt, bestand ein Entlassungsverbot, solange durch Arbeitszeitverkürzung bis zur Hälfte aller Arbeitnehmer beschäftigt werden konnte. 4

Das **Gesetz zur Ordnung der nationalen Arbeit** (AOG) v. 20.1.1934 sah einerseits einen Abbau der Beteiligung des Betriebsrats vor und erweiterte andererseits die Klagemöglichkeit auf Betriebe ohne Betriebsrat, wenn dort mindestens zehn Arbeitnehmer beschäftigt waren. Nach der **ArbeitsplatzwechselVO** v. 1.9.1939 war sowohl für die Kündigung durch den Arbeitgeber als auch für die Kündigung durch den Arbeitnehmer die Zustimmung des Arbeitsamtes erforderlich. 5

Nach 1945 bis zum Erlass des Kündigungsschutzgesetzes v. 10.8.1951 herrschte in den verschiedenen Besatzungszonen weitgehende **Rechtszersplitterung** unter teilweiser Fortgeltung alter Vorschriften, teilweise existierten neue Regelungen und Richterrecht. 6

Im Gegensatz zum KSchG war für das BRG 1920, das AOG und die meisten nach 1945 erlassenen Ländergesetze (vgl. hierzu RdA 1951, 61 ff.) kennzeichnend, dass sie den Arbeitnehmern Schutz gegen eine Kündigung nur dann gewährten, wenn diese eine »**unbillige Härte**« darstellte. Der Verlust des Arbeitsplatzes spielte für die Entscheidung, ob eine solche Härte vorlag, zwar eine wesentliche Rolle; es waren dabei jedoch auch alle sonstigen irgendwie in Betracht kommenden Umstände zu werten, wie die wirtschaftlichen Verhältnisse des Arbeitnehmers, die Möglichkeit alsbaldiger anderweitiger Beschäftigung usw. Selbst in den Fällen einer »unbilligen Härte« führte dies nicht zur Unwirksamkeit der Kündigung; der Arbeitgeber hatte vielmehr ein Wahlrecht zwischen dem **Widerruf der Kündigung** und der **Zahlung einer Abfindung**. 7

Bereits der **Hattenheimer Entwurf** (zu dessen Inhalt *A. Hueck* RdA 1950, 65 ff.) sah in § 1 im Grundsatz die heutige Konzeption vor, die sich durch einen Schutz des Arbeitnehmers vor sozial ungerechtfertigten ordentlichen Kündigungen auszeichnet. Im Unterschied zur jetzigen Rechtslage sah der Hattenheimer Entwurf nur eine dreimonatige Wartezeit für den Erwerb des allgemeinen Kündigungsschutzes vor. Eine Altersgrenze enthielt er nicht. 8

Der Regierungsentwurf (vgl. BT-Drucks. 1. Wahlperiode Nr. 2090, S. 2 und S. 11, 12) übernahm im Wesentlichen die bereits im Hattenheimer Entwurf vorgesehene inhaltliche Ausgestaltung des § 1. Dies gilt auch für die Beibehaltung der dreimonatigen Wartezeit. Zur Rechtslage vor Inkrafttreten des KSchG 1951 vgl. *G. Müller* DRZ 1948, 122. Die im **KSchG 1951** (BGBl. I S. 499) enthaltene Altersgrenze von zwanzig Jahren wurde erst in der 3. Lesung des Bundestages in das Gesetz eingefügt. Die im Regierungsentwurf vorgesehene dreimonatige Wartezeit wurde auf sechs Monate ausgedehnt. Im Übrigen entsprach die inhaltliche Ausgestaltung des § 1 KSchG 1951 im Wesentlichen dem Regierungsentwurf. 9

10 Durch das **Erste Arbeitsrechtsbereinigungsgesetz** v. 14.8.1969 (BGBl. I S. 1106) wurde die Bestimmung in mehrfacher Hinsicht geändert. So wurde die bislang geltende **Altersgrenze** von zwanzig auf achtzehn Jahre herabgesetzt. Im Saarland galt diese Altersgrenze allerdings schon seit dem 1.1.1959 (vgl. Gesetz Nr. 628 v. 18.6.1958 ABl. 1959, S. 1249 Art. 7 § 23). Das Erste Arbeitsrechtsbereinigungsgesetz brachte weiterhin insofern eine Änderung, als die sechsmonatige **Wartezeit** des § 1 Abs. 1 KSchG nicht mehr nach der Dauer der tatsächlichen Beschäftigung, sondern nach dem rechtlichen Bestand des Arbeitsverhältnisses zu bestimmen ist. Außerdem wurde § 1 Abs. 3 KSchG dahin ergänzt, dass der Arbeitgeber die Gründe anzugeben hat, die zu der getroffenen sozialen Auswahl geführt haben (vgl. zu den Änderungen iE *Fitting* DB 1969, 1459; *Monjau* BB 1969, 1043; *Wenzel* BB 1969, 1402).

11 Der Abs. 2 der Bestimmung wurde durch § 123 Nr. 1 des **BetrVG** v. 15.1.1972 (BGBl. I S. 17) sowie durch § 114 des Bundespersonalvertretungsgesetzes v. 15.3.1974 (BGBl. I S. 693) um die nunmehr im Gesetz aufgeführten vier **Widerspruchstatbestände** ergänzt.

12 Die Altersgrenze von achtzehn Jahren wurde durch das **Gesetz zur Änderung des KSchG** v. 5.7.1976 (BGBl. I S. 1769) mit Wirkung v. 9.7.1976 beseitigt (zum Fortfall der Altersgrenze vgl. iE *Becker* NJW 1976, 1486).

13 Durch das **Arbeitsrechtliche Beschäftigungsförderungsgesetz** v. 25.9.1996 (BGBl. I S. 1476) wurden die Vorschriften zur Sozialauswahl ab 1.10.1996 völlig neugestaltet. In Abs. 3 der Bestimmung wurde die vorgeschriebene Sozialauswahl bei betriebsbedingten Kündigungen auf die sozialen Grunddaten Dauer der Betriebszugehörigkeit, Lebensalter und Unterhaltspflichten des Arbeitnehmers beschränkt. Die berechtigten betrieblichen Interessen, die Vorrang vor einer Sozialauswahl haben, wurden näher umschrieben. In den neu geschaffenen Abs. 4 und 5 wurde geregelt, in welchem Umfang bestimmte kollektivrechtliche Regelungen zu betriebsbedingten Kündigungen gerichtlich überprüfbar sind (vgl. zu den Änderungen iE *Bader* NZA 1996, 1125; *Coulin* PersR 1996, 461; *Däubler* BetrR 1997, 1; *Fischermeier* NZA 1997, 1089; *Hinrichs* AiB 1996, 589; *Hold* AuA 1996, 365; *v. Hoyningen-Huene/Linck* DB 1997, 41; *Klebe* AiB 1996, 717; *Lakies* NJ 1997, 121; *Lorenz* DB 1996, 1973; *Preis* NJW 1996, 3369; *Preuß/Rosendahl* BetrR 1996, 137; *Sander* BuW 1997, 30; *Stahlhacke/Preis* WiB 1996, 1025; *Stückmann* AuA 1997, 5). Diese Änderungen wurden durch das Gesetz zu Korrekturen in der Sozialversicherung und zur Sicherung der Arbeitnehmerrechte v. 19.12.1998 (BGBl. I S. 3843) mit Wirkung v. 1.1.1999 weitgehend wieder zurückgenommen. Lediglich Abs. 4 S. 1 wurde in veränderter Form beibehalten (zu dieser Rechtslage vgl. *Bader* NZA 1999, 64; *Däubler* NJW 1999, 601; *Lakies* NJ 1999, 74; *Löwisch* BB 1999, 102; *Preis* RdA 1999, 311).

14 Das **Gesetz zu Reformen am Arbeitsmarkt** v. 24.12.2003 (BGBl. I S. 3002) hat die durch das Arbeitsrechtliche Beschäftigungsförderungsgesetz herbeigeführten Änderungen mit Wirkung v. 1.1.2004 im Wesentlichen wiederhergestellt. Deshalb sind die zum Arbeitsrechtlichen Beschäftigungsförderungsgesetz erschienenen Beiträge (s. Rdn 13) wieder aktuell. Gegenüber dem Arbeitsrechtlichen Beschäftigungsförderungsgesetz wurden lediglich als viertes zu beachtendes Kriterium bei der Sozialauswahl die Schwerbehinderung eingeführt und die Regelung für Richtlinien zur Sozialauswahl in Betrieben und Dienststellen (§ 1 Abs. 4 S. 2 und 3 aF KSchG) nicht wiederaufgenommen. Mit dem Regierungsentwurf zur Neuregelung befassen sich u.a. *Bauer/Preis/Schunder* (NZA 2003, 704), *Kleinebrink* (ArbRB 2003, 338) und *Löwisch* (NZA 2003, 689), mit den Gesetzesänderungen selbst *Bader* (NZA 2004, 65), *Buschmann* (AuR 2004, 1), *Däubler* (NZA 2004, 177), *Gaul/Bonanni* (ArbRB 2004, 48), *Grobys* (GmbHR 2004, R 73), *Kappenhagen* (FA 2004, 37), *Kossens* (AuA 2004, 10), *Löwisch* (BB 2004, 154), *Preis* (DB 2004, 70), *Quecke* (RdA 2004, 86), *Richardi* (DB 2004, 486), *Schiefer/Worzalla* (NZA 2004, 345), *Willemsen/Annuß* (NJW 2004, 177) und *Zerres/Rhotert* (FA 2004, 2; BuW 2004, 166).

B. Verfassungsrechtliche Grundlagen

Die Grundrechte haben im Arbeitsrecht eine zentrale Bedeutung. Sie richten sich als Abwehrrechte zwar in erster Linie gegen den Staat zum Schutz des Einzelnen gegen Freiheitsbeschränkungen, insbes. durch staatliche Gesetze. Größere praktische Bedeutung im Arbeitsrecht hat aber die vom Bundesverfassungsgericht angenommene Ausstrahlungswirkung der Grundrechte bei der Auslegung und Anwendung der privatrechtlichen Generalklauseln wie zB §§ 138, 242, 315, 826 BGB (*BVerfG* 7.2.1990 EzA § 90a HGB Nr. 1; 15.1.1958 BVerfGE 7, 198). Die Grundrechte sind insofern als »Richtlinien« zu beachten (*BVerfG* 19.10.1993 EzA Art. 2 GG Nr. 8).

Im Kündigungsrecht haben das Grundrecht der Berufsfreiheit für beide Arbeitsvertragsparteien (Art. 12 GG) und der Gleichheitssatz des Art. 3 GG besondere Bedeutung. Man kann zwischen der verfassungsrechtlichen Gewährleistung der Kündigungsfreiheit und den verfassungsrechtlichen Grundlagen des Kündigungsschutzes unterscheiden. Soweit der Kündigungsschutz des Arbeitnehmers verfassungsrechtlich gewährleistet ist, schränkt er die Kündigungsfreiheit des Arbeitgebers ein. Insoweit entfaltet Art. 12 Abs. 1 GG eine Drittwirkung im Verhältnis von Arbeitgebern und Arbeitnehmern (*Hanau* FS Dieterich, S. 201).

I. Kündigungsfreiheit

Die Kündigungsfreiheit als Freiheit zur Beendigung von Verträgen ist wie die Vertragsfreiheit Ausfluss der **allgemeinen Handlungsfreiheit**, die durch Art. 2 Abs. 1 GG geschützt ist. Rechnet man den Grundrechten auch die negative Freiheit zu, von ihren Gewährleistungen keinen Gebrauch zu machen (s. zur negativen Koalitionsfreiheit BVerfGE 10, 89, 102; 38, 281, 298), ist das Recht, einen bestimmten Beruf und eine bestimmte Arbeit nicht auszuüben, von Art. 12 Abs. 1 GG mitgeschützt. Für den Arbeitnehmer findet die Kündigungsfreiheit deshalb ihre Grundlage in **Art. 12 GG** (*Badura* FS Berber, 1973, S. 11, 21), der als Spezialgrundrecht Art. 2 Abs. 1 GG vorgeht (BVerfGE 9, 343; 60, 229; 116, 202, zu C II 2a aa). Für den Arbeitgeber beruht die Kündigungsfreiheit als Ausfluss der **unternehmerischen Entscheidungsfreiheit** auf Art. 12 Abs. 1, Art. 2 Abs. 1 GG sowie auf **Art. 14 GG**, soweit es darum geht, dass er mit der Kündigung zugleich über das Betreten seiner Betriebsstätte und die Verwendung seiner Betriebsmittel, sei es als Eigentümer oder als berechtigter Besitzer, entscheidet. Geschützt ist die Freiheit zur Disposition über den Umfang und die Zusammensetzung der Belegschaft für die Leistungsfähigkeit und die finanzielle Belastung eines Unternehmens (eingehend *BVerfG* 27.1.1998 EzA KSchG § 23 Nr. 17, zu B I 3b bb).

II. Kündigungsschutz

Das BVerfG erkennt die **Berufsfreiheit** des Arbeitnehmers (Art. 12 Abs. 1 GG) als Grundlage für Kündigungsschutzregelungen. Das Grundrecht auf freie Wahl des Arbeitsplatzes schließe die Freiheit ein, den einmal gewählten Arbeitsplatz nicht ohne Grund zu verlieren. Da der Arbeitsplatz als Existenzgrundlage nicht nur den Lebenszuschnitt und das Wohnumfeld eines Arbeitnehmers bestimmt, sondern auch dessen gesellschaftliche Stellung und Selbstwertgefühl, sprächen gewichtige durch Art. 12 Abs. 1 GG legitimierte Interessen für den Bestandsschutz (etwa *BVerfG* 24.4.1991 EzA Art. 13 EV Nr. 1, zu C III 1; 27.1.1998 EzA § 23 KSchG Nr. 17, zu B I 1, 3b bb). Dem folgen auch das BAG (etwa *BAG* 6.9.2007 EzA § 1 KSchG Interessenausgleich Nr. 14, zu B III 1) und ein großer Teil der Literatur (etwa *Oetker* RdA 1997, 9, 14 ff.; *Hergenröder* ZfA 2002, 355, 359 ff.; *Wolter* NZA 2003, 1068, 1070; *Adam* AuR 2009, 378; ErfK-*Schmidt* Art. 12 GG Rn 36; HaKo-ArbR/*Lakies* Art. 12 GG Rn 51 f.; DDZ-*Däubler* Art. 12 GG Rn 4 ff.). Der Ansatz wirft allerdings die Frage auf, warum nicht auch von einem Auftraggeber wirtschaftlich abhängige arbeitnehmerähnliche Personen in den Schutzbereich einzubeziehen sind; auch bei ihnen ist die Vertragsbeziehung zu ihrem Auftraggeber Existenzgrundlage (vgl. *Reuter* FS Dieterich S. 473, 483; *Franzen* FS Otto S. 71, 78). Nach einer anderen Ansicht ist das **allgemeine Persönlichkeitsrecht** die verfassungsrechtliche Grundlage des Kündigungsschutzes (*Franzen* FS Otto S. 71). Dafür wird angeführt, dass Kündigungsschutzregelungen ursprünglich keinen Schutz der Existenzgrundlage insgesamt bezweckten, sondern die willkürliche Sanktionierung der Ausübung von Arbeitnehmerrechten im Betrieb verhindern sollten (vgl. *Reuter* FS Dieterich S. 473, 483; *Franzen* FS Otto S. 71, 82 ff.). Auch die vom BVerfG angeführten Arbeitnehmerinteressen stehen in engem Zusammenhang mit deren allgemeinem Persönlichkeitsrecht. Andererseits kann jedoch auch der Bezug des Anspruchs auf Fortsetzung eines Arbeitsverhältnisses zu Berufswahl und -ausübung nicht verneint werden. Tatsächlich können als verfassungsrechtliche Grundlage des Kündigungsschutzes daher beide Grundrechte herangezogen werden, wobei der Bezug zu Art. 12 Abs. 1 GG näher ist. Auch die Geltendmachung von Rechten im Betrieb gehört bei Arbeitnehmern zur Berufsausübung. Dagegen spricht nicht, dass in einem Arbeitsverhältnis stehenden Arbeitnehmern dadurch Rechte zustehen, die Arbeitsuchende nicht haben (so aber *Franzen* FS Otto S. 71, 73), da das GG dem Einzelnen kein Recht auf Arbeit iSd Schaffung und Bereitstellung eines Arbeitsplatzes eigener Wahl gewährt (*BVerfG 21.2.1995* EzA Art. 20 Einigungsvertrag Nr. 44; 27.1.1998 EzA § 23 KSchG Nr. 17, zu B I 1). Der Unterschied beruht auf dem unterschiedlichen Status einer Person in einem Arbeitsverhältnis und ohne Arbeitsverhältnis. Auch ein Unternehmer kann aus Art. 12 Abs. 1 GG andere Rechte ableiten als eine Person, die kein Unternehmen gegründet hat.

19 Das GG gewährt **keine Bestandsgarantie** für einmal begründete Arbeitsverhältnisse. Dem stehen vor allem die Grundrechte des Arbeitgebers nach Art. 12, 14 GG entgegen. Das GG gebietet allerdings einen **Mindestbestandsschutz** für Arbeitsverhältnisse (*BVerfG 21.2.1995* EzA Art. 20 Einigungsvertrag Nr. 44; 27.1.1998 EzA § 23 KSchG Nr. 17, zu B I 1). Dieser umfasst einen **Schutz vor willkürlichen Kündigungen**. Ein Recht zu derartigen Kündigungen kann weder aus Grundrechten der Arbeitgeber abgeleitet werden, noch darf Arbeitnehmern das sozialstaatlich gebotene Minimum ihrer Berufsausübung entzogen werden. Art. 12 Abs. 1 GG ist damit nicht nur Grundlage des Kündigungsschutzes, sondern auch eines allgemeinen Bestandsschutzes. Art. 12 Abs. 1 GG gebietet, den einzelnen in seinem Entschluss zu schützen, eine konkrete Beschäftigungsmöglichkeit in dem gewählten Beruf beizubehalten (*BVerfG 24.4.1991* EzA Art. 13 Einigungsvertrag Nr. 1). Wird damit die Unzulässigkeit willkürlicher und grundloser Kündigungen als Minimum einer sozialstaatlich ausgestalteten Berufsfreiheit anerkannt, bleibt dem Gesetzgeber dennoch ein weiter Ermessensspielraum für die Abwägung zwischen dem Recht des Arbeitnehmers auf Kündigungsschutz und dem Recht des Arbeitgebers auf Kündigungsfreiheit (vgl. *Oetker* RdA 1997, 9; *Preis* NZA 1997, 1256). Der aus Art. 12 Abs. 1 GG folgenden Schutzpflicht des Staates tragen die geltenden Kündigungsvorschriften hinreichend Rechnung (*BVerfG 24.4.1991* EzA Art. 13 Einigungsvertrag Nr. 1; 21.2.1995 EzA Art. 20 Einigungsvertrag Nr. 44; 27.1.1998 EzA KSchG § 23 Nr. 17, zu B I 1). Allerdings kann im Einzelfall eine verfassungskonforme Auslegung geboten sein, wobei bei Kündigungs- und Beendigungsregelungen der Grundsatz der Verhältnismäßigkeit zu berücksichtigen ist (vgl. *BVerfG 24.4.1991* EzA Art. 13 Einigungsvertrag Nr. 1). Dies gebietet iS eines **Untermaßverbotes** einen verfassungsrechtlich gewährleisteten, über die Normen des Privatrechts wirkenden Mindestschutz des Bestands von Arbeitsverhältnissen (*BVerfG 27.1.1998* EzA KSchG § 23 Nr. 17, zu B I 1; ErfK-*Schmidt* Art. 12 GG Rn 37; HaKo-ArbR/*Lakies* Art. 12 GG Rn 59).

20 Auch bei einem an sich angemessenen Kündigungsschutz kann eine gesetzliche Differenzierung zwischen Arbeitnehmergruppen gegen den **Gleichheitssatz** des Art. 3 Abs. 1 GG verstoßen; in diesem Fall hat das *BVerfG* die benachteiligende Norm für nichtig oder die gleichheitswidrige Differenzierung für verfassungswidrig zu erklären (30.5.1990 EzA § 622 nF BGB Nr. 27). So hat das *BVerfG* vor allem den Kündigungsschutz für Angestellte und Arbeiter in Hinblick auf unterschiedliche Kündigungsfristen für verfassungswidrig erachtet (BVerfGE 62, 256). Dabei hat es betont, dass bei Regelungen, die die Freiheit der beruflichen Betätigung betreffen, der Gleichheitssatz der gesetzgeberischen Gestaltung engere Grenzen als sonst setze (BVerfGE 62, 256, 276). Der verfassungsrechtliche Gleichheitssatz kann insoweit als zusätzliche Grundlage für den Kündigungsschutz dienen. Er hat aber lediglich formalrechtlichen Inhalt. Eine Verwirklichung kann nur im Hinblick auf bestimmte Ziele festgestellt werden, die nicht im Gleichheitssatz selbst enthalten, sondern diesem vorgegeben sind. Dies gilt auch bezüglich des Kündigungsschutzes, der nicht in Art. 3 GG verankert ist. Indem Art. 3 Abs. 1 GG willkürliche Ungleichbehandlung verbietet, setzt er den Vergleich mit anderen in vergleichbarer Lage voraus. Nur in dem Maß, in dem anderen Kündigungsschutz zusteht, kann der Kündigungsschutz im Gleichheitssatz Berücksichtigung finden.

Zur Bedeutung des Gleichbehandlungsgrundsatzes im Kündigungsschutzrecht s. Rdn 246 f.; KR-*Fischermeier/Krumbiegel* § 626 BGB Rdn 324 f.

Soweit die Rechtsordnung in Kleinbetrieben und in den ersten sechs Monaten des Arbeitsverhältnisses Arbeitnehmern **keinen Kündigungsschutz** gewährt, ist zu prüfen, ob dadurch die Grundrechtspositionen des Arbeitnehmers den Interessen des Arbeitgebers in einer Weise untergeordnet werden, dass in Anbetracht der Bedeutung und Tragweite des betroffenen Grundrechts (Art. 12 Abs. 1 GG) nicht mehr von einem angemessenen Ausgleich gesprochen werden kann. Unter dieser Voraussetzung wäre der Ausschluss vom Kündigungsschutz verfassungswidrig. Liegt dagegen wegen einer sachlichen Differenzierung kein Verstoß gegen Art. 12 Abs. 1 GG vor, scheidet auch ein Verstoß gegen den Gleichheitssatz des Art. 3 Abs. 1 GG aus. Dieser Maßstab gilt für die Kleinbetriebsklausel von § 23 Abs. 1 KSchG (*BVerfG* 27.1.1998 EzA § 23 KSchG Nr. 17; s. näher KR-*Bader/Kreutzberg-Kowalczyk* § 23 KSchG Rdn 17 ff.) ebenso wie für die Wartezeit von § 1 Abs. 1 (*BVerfG* 21.6.2006 NZA 2006, 913, zu III 1a bb (1); HaKo-ArbR/*Lakies* Art. 12 GG Rn 62). 21

Bei der Auslegung von Normen, die einen nicht grundrechtswidrigen Ausschluss vom Kündigungsschutz festlegen, ist die **konkrete Interessenlage von Arbeitgeber und Arbeitnehmer** zu berücksichtigen und bei Überschreitung der Typisierungsbefugnis des Gesetzgebers eine am Gesetzeszweck ausgerichtete verfassungskonforme Auslegung der Gesetzesnormen vorzunehmen (*BVerfG* 27.1.1998 EzA § 23 KSchG Nr. 17, 18). So hat das BVerfG im Hinblick auf die Interessenlage der Arbeitsvertragsparteien den Betriebsbegriff in § 23 KSchG neu bestimmt und in verfassungskonformer Auslegung des § 23 KSchG in der bis zum 30.9.1996 geltenden Fassung für die Berücksichtigung von Teilzeitkräften bei der Berechnung der Arbeitnehmerzahl bestimmte Anrechnungsgrundsätze aufgestellt (*BVerfG* 27.1.1998 EzA § 23 KSchG Nr. 17 und 18; s. iE KR-*Bader/Kreutzberg-Kowalczyk* § 23 Rdn 27). Ein verfassungskonformes Verständnis des § 23 KSchG verlangt auch die Berücksichtigung von im Betrieb eingesetzten Leiharbeitnehmern bei der Bestimmung der Betriebsgröße, soweit mit ihnen ein regelmäßiger Beschäftigungsbedarf abgedeckt wird (*BAG* 24.1.2013 EzA § 23 KSchG Nr. 38; krit. *Fuhlrott* GWR 2013, 332; *Muser* BB 2013, 1919; s. iE KR-*Bader/Kreutzberg-Kowalczyk* § 23 Rdn 56 ff.). 22

Auf die sechsmonatige Wartezeit bis zum Beginn des Kündigungsschutzes nach § 1 Abs. 1 KSchG ist wegen der Interessenlage der Arbeitsvertragsparteien in verfassungskonformer Auslegung trotz rechtlicher Unterbrechung die Zeit eines vorangegangenen Arbeitsverhältnisses anzurechnen, wenn zwischen beiden Arbeitsverhältnissen ein enger sachlicher Zusammenhang besteht (s. Rdn 115–121). 23

Ein spezielles Kündigungsverbot wegen Maßnahmen zur Bildung von Gewerkschaften oder des Beitritts zu diesen sowie zu sonstigen Arbeitnehmervereinigungen ergibt sich aus **Art. 9 Abs. 3 S. 2 GG**. Art. 9 Abs. 3 S. 2 GG schützt auch die koalitionsmäßige Betätigung. Deshalb dürfen rechtmäßige Arbeitskampfmaßnahmen nicht als Kündigungsgrund anerkannt werden. 24

Kündigungsschutzrechtliche Relevanz hat weiter **Art. 6 Abs. 4 GG**. Da jede Mutter Anspruch auf den Schutz und die Fürsorge der Gemeinschaft hat, dürfen ihr aus der Mutterschaft keine arbeitsrechtlichen Nachteile erwachsen. Dies gebietet einen verstärkten Bestandsschutz werdender Mütter. Dem Schutzauftrag des Art. 6 Abs. 4 GG trägt das Mutterschutzrecht durch Kündigungsverbote Rechnung. Gesetzliche Durchbrechungen der Kündigungsvorschriften im Bereich des Mutterschutzrechts hat das BVerfG wegen Verstoßes gegen Art. 6 Abs. 4 GG für nichtig erklärt (*BVerfG* 24.4.1991 EzA Art. 13 Einigungsvertrag Nr. 1). 25

Bei **Arbeitnehmern ohne Kündigungsschutz** wird der durch Art. 12 Abs. 1 GG gebotene Mindestschutz durch die **zivilrechtlichen Generalklauseln** gewährleistet (*BVerfG* 27.1.1998 EzA § 23 KSchG Nr. 17). In Betracht kommen insbes. § 138 BGB (Sittenwidrigkeit), § 242 BGB (Treu und Glauben), § 315 BGB (billiges Ermessen) und § 612a BGB (Maßregelungsverbot). Im Rahmen dieser Generalklauseln ist der objektive Gehalt der Grundrechte, vor allem Art. 12 Abs. 1 GG, zu beachten. Arbeitnehmer sind vor willkürlichen oder auf sachfremden Motiven beruhenden 26

Kündigungen zu schützen, zB vor Kündigungen, die gegen ein Diskriminierungsverbot des Art. 3 Abs. 3 GG verstoßen. Soweit unter mehreren Arbeitnehmern eine Auswahl zu treffen ist, ist ein gewisses Maß an sozialer Rücksichtnahme geboten. Hierbei darf insbes. durch langjährige Mitarbeit verdientes Vertrauen in den Fortbestand eines Arbeitsverhältnisses nicht unberücksichtigt bleiben (*BVerfG* 27.1.1998 EzA § 23 KSchG Nr. 17, zu B I 3b cc). Eine Kündigung, die das gebotene Maß an sozialer Rücksichtnahme nicht wahrt, verstößt gegen Treu und Glauben (§ 242 BGB) und ist deshalb unwirksam (*BAG* 21.2.2001 EzA § 242 BGB Kündigung Nr. 1). Der über die Generalklauseln vermittelte Schutz darf andererseits nicht zu einer die gesetzliche Differenzierung missachtenden Angleichung des Bestandsschutzes außerhalb des Geltungsbereiches des KSchG an denjenigen innerhalb führen (*BVerfG* 27.1.1998 EzA § 23 KSchG Nr. 17, zu B I 3b cc). So bedingen bei der sozialen Auswahl nur evidente Auswahlfehler die Unwirksamkeit der Kündigung (*BAG* 21.2.2001 EzA § 242 BGB Kündigung Nr. 1, zu B I 4b, d; 6.2.2003 EzA § 242 BGB 2002 Nr. 1, zu II 3a). Zu Kündigungen während der Wartezeit näher Rdn 131–136, 139; zu Kündigungen in Kleinbetrieben näher KR-*Bader/Kreutzberg-Kowalczyk* § 23 KSchG Rdn 85 ff.; zum Bestandsschutz nach §§ 138, 242 BGB s. KR-*Treber/Rennpferdt* § 13 KSchG Rdn 40–65 und KR-*Treber/Schlünder* § 242 BGB Rdn 1–53.

III. Verhältnis zum Antidiskriminierungsrecht

27 Das am 18.8.2006 in Kraft getretene, der Umsetzung der EU-Richtlinien 2000/43/EG, 2000/78/EG, 2002/73/EG und 2004/113/EG dienende **Allgemeine Gleichbehandlungsgesetz (AGG)** v. 14.8.2006 (BGBl. I S. 1897) soll Benachteiligungen aus Gründen der Rasse oder wegen der ethnischen Herkunft, des Geschlechts, der Religion oder Weltanschauung, einer Behinderung, des Alters oder der sexuellen Identität u.a. beim Zugang zu einer Erwerbstätigkeit und bei den Beschäftigungs- und Arbeitsbedingungen einschließlich der Entlassungsbedingungen verhindern oder beseitigen (§§ 1, 2 Abs. 1 Nr. 1, 2, § 7 AGG). Das Verhältnis des AGG zum allgemeinen und besonderen Kündigungsschutz wird aus dem Gesetz nicht abschließend klar (hierzu eingehend KR-*Treber/Plum* § 2 AGG Rdn 4 ff.). Gemäß § 2 Abs. 4 AGG findet bei Kündigungen ausschließlich der allgemeine und besondere Kündigungsschutz Anwendung. Dies besagt zunächst, dass das KSchG ebenso wie die Bestimmungen des Sonderkündigungsschutzes auf Kündigungen wegen der in § 1 AGG genannten Merkmale anwendbar bleibt. Problematisch ist die Rechtslage, soweit das Kündigungsrecht den von den Richtlinien geforderten Schutz nicht gewährleistet. Dies dürfte im Anwendungsbereich des KSchG kaum der Fall sein, weil eine an ein geschütztes Merkmal anknüpfende und nach den Bestimmungen des AGG nicht gerechtfertigte Kündigung regelmäßig auch sozialwidrig sein dürfte. Das BAG nimmt zutreffend an, dass die Diskriminierungsverbote des AGG im Rahmen der Prüfung der Sozialwidrigkeit der Kündigung zu berücksichtigen sind (*BAG* 6.11.2008 EzA § 1 KSchG Soziale Auswahl Nr. 82, Rn 28). Der Begriff der sozialen Rechtfertigung einer Kündigung ist unter Berücksichtigung der Vorgaben der Richtlinien unionsrechtskonform auszulegen (*BAG* 6.11.2008 EzA § 1 KSchG Soziale Auswahl Nr. 82, zu B I 2b aa; ebenso *LAG Nds.* 13.7.2007 LAGE § 2 AGG Nr. 3, zu 1.1.1.3; DDZ-*Zwanziger/Voigt* AGG Rn 66; Bader/Bram-*Nungeßer* § 13 Rn 51; Bauer/Krieger/Günther § 2 AGG Rn 64 ff., § 10 AGG Rn 42 ff., 47 ff.; Rust/Falke-*Bertelsmann* § 2 Rn 260 ff.; *Annuß* BB 2006, 325, 326; aA wegen des seiner Ansicht nach nicht auslegungsfähigen Wortlauts von § 2 Abs. 4 AGG *Neufeld* BB 2007, 1963, 1964: Geltung der Norm bis zu einer Entscheidung des EuGH). Soweit dagegen eingewendet wird, dies werde dem unionsrechtlichen Transparenzgebot nicht gerecht (so etwa HaKo-AGG/*Däubler* § 2 Rn 295; *Kamanabrou* RdA 2007, 199, 205), ist dies jedenfalls im Anwendungsbereich von § 1 nicht überzeugend. Weder legitimiert § 2 Abs. 4 AGG diskriminierende Kündigungen, noch deutet er dies auch nur an. Er verlagert lediglich die Prüfung der Diskriminierungsverbote von §§ 1, 3, 7 AGG auf den Tatbestand des § 1 (*BAG* 6.11.2008 EzA § 1 KSchG Soziale Auswahl Nr. 82, zu B I 2b aa (2) (d); *v. Medem* S. 355; KR-*Treber/Plum* § 2 AGG Rdn 12). Ordentliche Kündigungen während der Wartezeit und in Kleinbetrieben – d. h. außerhalb des Anwendungsbereichs des allgemeinen Kündigungsschutzes nach § 1 – sind dagegen nach der Rechtsprechung des BAG unmittelbar am AGG zu messen und bei einem Verstoß gegen §§ 1, 3, 7 AGG gem. § 134 BGB nichtig. Es gilt die Beweislastverteilung nach § 22 AGG. § 2 Abs. 4 AGG steht dem nicht entgegen (*BAG*

19.12.2013 EzA § 1 AGG Nr. 2 mwN zum vorangegangenen Meinungsstreit; *Hiebert* DB 2014, 1555; *Joussen* ZMV 2014, 231; aA *Stenslik* Anm. zu AP § 2 AGG Nr. 3).

Im Anwendungsbereich von § 1 KSchG wirft vor allem das **Differenzierungskriterium Alter** Probleme auf. Die **Wartezeit** von § 1 Abs. 1 KSchG knüpft allerdings nicht an dieses Merkmal an, da sie altersunabhängig gilt. Angesichts ihrer relativen Kürze von sechs Monaten besteht auch kein hinreichender mittelbarer Bezug zu dem Merkmal Alter, wie es bei längeren Beschäftigungszeiten möglich ist. Zudem wird sie durch das Erprobungsinteresse des Arbeitgebers gerechtfertigt (vgl. *v. Medem* S. 640 ff.).

28

Dagegen wird in der **Sozialauswahl** mit § 1 Abs. 3 S. 1 unmittelbar nach dem Alter differenziert, indem Arbeitnehmer mit steigendem Alter eine stärkere Stellung in der Sozialauswahl erwerben. Zudem steht das weitere Kriterium der Betriebszugehörigkeit in mittelbarem Zusammenhang mit dem Alter, da längere Beschäftigungszeiten ein bestimmtes Mindestalter voraussetzen. Auch die nach § 1 Abs. 3 S. 2, Abs. 4, 5 mögliche Bildung von Altersgruppen zur Sozialauswahl bewirkt Vor- und Nachteile wegen der Zugehörigkeit zu bestimmten Altersgruppen (vgl. *BAG* 6.11.2008 EzA § 1 KSchG Soziale Auswahl Nr. 82 zu B I 2b bb (2) (a); *Bertelsmann* ZESAR 2005, 242, 249). Regelungen zur Behandlung des Kriteriums Alter in der Sozialauswahl waren in § 10 S. 3 Nr. 6, 7 AGG enthalten. Die Vorschriften waren trotz der Einfügung von § 2 Abs. 4 AGG nicht ohne praktische Bedeutung (so aber *Annuß* BB 2006, 1629, 1633). Sie waren als dem Ziel der Europarechtskonformität dienende Konkretisierung von § 1 Abs. 3 S. 1 zu verstehen und bei dessen Auslegung für bis zum Inkrafttreten der sie aufhebenden Regelung von Art. 8 Abs. 1 Nr. 1a des Zweiten Gesetzes zur Änderung des Betriebsrentengesetzes (BGBl. I S. 2742) am 12.12.2006 zugegangene Kündigungen zu berücksichtigen (s. Rdn 719). Gesetzessystematisch hätten sie allerdings im KSchG aufgenommen werden müssen (*Reichold/Hahn/Heinrich* NZA 2005, 1270, 1275).

29

Durch die Streichung von § 10 S. 3 Nr. 6, 7 AGG wurde die Aufsplitterung derselben Materie auf mehrere Gesetze beseitigt. Das Kriterium des Lebensalters in § 1 Abs. 3 ist deshalb unmittelbar in dem Sinne unionsrechtskonform auszulegen, dass das Alter nicht Selbstzweck, sondern als Indiz für die Chancen auf dem Arbeitsmarkt zu verstehen ist. Damit bleibt es im Ergebnis – trotz der Streichung dieser Norm – bei der Wertung von § 10 S. 3 Nr. 6 AGG aF (vgl. *Löwisch* BB 2006, 2582). Mit diesem Verständnis verstößt die gesetzliche Vorgabe in § 1 Abs. 3 Satz 1, das Lebensalter als eines von mehreren Kriterien bei der Sozialauswahl zu berücksichtigen, weder gegen das unionsrechtliche Verbot der Altersdiskriminierung (Art. 21 der Charta der Grundrechte der Europäischen Union) noch gegen dessen Ausgestaltung durch die Richtlinie 2000/78/EG (*BAG* 15.12.2011 EzA § 1 KSchG Soziale Auswahl Nr. 84; *Lingemann/Willemsen* Anm. zu AP § 1 KSchG 1969 Namensliste Nr. 21; *Wank* EWiR 2012, 535; jeweils ebenso zur unionsrechtskonformen Auswahl nach Altersgruppen gem. § 1 Abs. 3 Satz 2; dazu auch *BAG* 26.3.2015 EzA § 1 KSchG Soziale Auswahl Nr. 88). Weiter sind die Regelungen von § 1 Abs. 3–5, soweit sie hinsichtlich der **Beweislastverteilung** nicht den Richtlinienvorgaben entsprechen, richtlinienkonform auszulegen (*Annuß* BB 2006, 325, 326). Zu den Auswirkungen des Antidiskriminierungsrechts auf die Sozialauswahl s. Rdn 696 f., 719–723, 729, 732 f., 760, 776, 781.

30

C. Zweck des allgemeinen Kündigungsschutzes

Der die **Grundsatznorm** des allgemeinen Kündigungsschutzes bildende § 1 KSchG gewährt Arbeitnehmern unter bestimmten Voraussetzungen einen Schutz vor sozial ungerechtfertigten ordentlichen Kündigungen des Arbeitgebers. Zweck des Kündigungsschutzes ist in erster Linie die Erhaltung des Arbeitsplatzes im Fall der Sozialwidrigkeit einer Kündigung (*BAG* 23.6.2005 EzA § 9 KSchG nF Nr. 52, zu II 2a). Die rechtstechnische Ausgestaltung dieses Schutzes in Gestalt einer **nachträglichen Unwirksamkeitskontrolle** durch die Gerichte für Arbeitssachen (vgl. §§ 4 ff. KSchG) birgt allerdings die Gefahr in sich, dass der Arbeitnehmer in den Fällen einer längeren Prozessdauer nur wieder schwer in den Betrieb eingegliedert werden kann. Diese Gefahr wird dadurch gemildert, dass dem Arbeitnehmer unter den in § 102 Abs. 5 BetrVG und in den entsprechenden Bestimmungen des Personalvertretungsrechts geregelten Voraussetzungen für die Dauer des Kündigungsrechtsstreits

31

ein **kollektivrechtlicher Weiterbeschäftigungsanspruch** zusteht (vgl. KR-*Rinck* § 102 BetrVG Rdn 255 ff.; §§ 81-83, 85, 86, 128 BPersVG Rdn 71). Nach dem Beschluss des Großen Senats des BAG (27.2.1985 EzA § 611 BGB Beschäftigungspflicht Nr. 9) kann der Arbeitnehmer außerhalb der Regelungen der §§ 102 Abs. 5 BetrVG, 79 Abs. 2 BPersVG aF (jetzt § 85 Abs. 2 BPersVG) auch einen **arbeitsvertraglichen Weiterbeschäftigungsanspruch** unter den dort genannten Voraussetzungen während der Dauer des Kündigungsrechtsstreits geltend machen (vgl. KR-*Rinck* § 102 BetrVG Rdn 353 ff.). Gleichwohl bewirkt § 1 KSchG statistisch nur in den seltensten Fällen nach einer ausgesprochenen Kündigung Bestandsschutz (vgl. *Höland/Kahl/Zeibig* WSI-Mitteilungen 2005, 561).

32 Rechtspolitisch wird zunehmend eine Ersetzung des Bestandsschutzes durch reine Abfindungsregelungen gefordert, um Kündigungen kalkulierbarer zu machen und Kündigungsschutzprozesse zu vermeiden (etwa *Rühle* DB 1991, 1378; *Schiefer* NZA 2002, 770; *Bauer* NZA 2005, 1046). Derartigen Vorschlägen ist mit Skepsis zu begegnen. Einerseits dürfte eine solche Änderung weniger zu einer Reduzierung arbeitsgerichtlicher Verfahren als zu einer Konzentration auf andere Unwirksamkeitsgründe, etwa auf Diskriminierungsvorwürfe, führen. Andererseits wirkt das geltende Recht vor allem im Vorfeld von Kündigungen bestandssichernd, da es Arbeitgeber zu der Prüfung veranlasst, ob eine Kündigung sich als wirksam erweisen kann. Würde darauf verzichtet, bestünde jedenfalls für finanziell leistungsfähige Arbeitgeber keinerlei Anlass mehr, die Bestandsinteressen von Arbeitnehmern bei ihren Kündigungsentscheidungen mit zu berücksichtigen (vgl. *Bayreuther* NZA 2006, 417; *Huber* NZA 2005, 1340).

33 Eine **Verknüpfung** des **individuellen** mit dem **kollektiven Kündigungsschutz** des § 102 BetrVG bzw. § 85 BPersVG wird durch die Einbeziehung von Widerspruchstatbeständen in § 1 Abs. 2 KSchG erreicht (hierzu iE unter Rdn 204 ff.) Die **Widerspruchstatbestände** haben insofern eine **Doppelfunktion**, als sie einerseits Voraussetzung für einen vorläufigen Weiterbeschäftigungsanspruch sind und andererseits Kriterien der Sozialwidrigkeit aufstellen. Einen **mittelbaren Kündigungsschutz** bewirken die Vorschriften über Massenentlassungen (§§ 17 ff. KSchG), die neben arbeitsmarktpolitischen auch individualschützenden Zwecken dienen und deren Nichtbeachtung zur Unwirksamkeit von Entlassungen führen kann (s. iE KR-*Weigand/Heinkel* § 17 KSchG Rdn 17 ff., 153, 180 ff. und § 18 KSchG Rdn 41 f.).

34 Durch das Erfordernis der sozialen Rechtfertigung (§ 1 Abs. 2 und Abs. 3 KSchG) hat der Gesetzgeber das ordentliche Kündigungsrecht des Arbeitgebers im Interesse des **Bestandsschutzes** des **Arbeitsverhältnisses** eingeschränkt. In Abweichung zu dem früheren legislativen Grundmodell (s. Rdn 7) hat die gerichtliche Feststellung der Sozialwidrigkeit der Kündigung zur Folge, dass das Arbeitsverhältnis für die Zeit nach Ablauf der Kündigungsfrist fortbesteht. Eines Widerrufs der Kündigung durch den Arbeitgeber bedarf es nicht. Vergütungsrechtlich bedeutet dies, dass der Arbeitgeber im Fall eines Unterliegens im Kündigungsschutzprozess gem. § 615 BGB ggf. erhebliche Nachzahlungen an den Arbeitnehmer oder die Arbeitsverwaltung zu erbringen hat. Eine Annäherung an das seitherige legislative Grundmodell wird aber dadurch erreicht, dass beide Arbeitsvertragsparteien bei Vorliegen der in §§ 1a, 9 KSchG genannten Voraussetzungen die Auflösung des Arbeitsverhältnisses herbeiführen können. Abgesehen vom Sonderfall des § 14 Abs. 2 KSchG (vgl. KR-*Kreutzberg-Kowalczyk* § 14 KSchG Rdn 49 ff.) steht die Auflösung des Arbeitsverhältnisses indes nicht mehr im freien Belieben des Arbeitgebers.

35 Im Fall eines **Auflösungsurteils** (§ 9 KSchG) hat das Merkmal der **Sozialwidrigkeit** eine anspruchsbegründende Funktion. Der soziale Besitzstand des Arbeitnehmers ist damit nicht nur in seinem rechtlichen Bestand, sondern auch in vermögensrechtlicher Hinsicht geschützt (vgl. KR-*Spilger* § 9 KSchG Rdn 30 ff.).

D. Rechtsnatur des allgemeinen Kündigungsschutzes

I. Einseitig zwingende Wirkung

36 Der allgemeine Kündigungsschutz ist insofern zwingendes Recht, als vorherige **abweichende Vereinbarungen zum Nachteil des Arbeitnehmers unwirksam** sind (*BAG* 18.5.2006 EzA

§ 2 KSchG Nr. 9, zu B II 3a; *BGH* 10.5.2010 NJW 2010, 2343, zu II 3a; *LAG Bln.-Bra.* 19.12.2011 NZA-RR 2012, 131, zu I 2.2; LSSW-*Löwisch* vor § 1 Rn 116 f.; LKB-*Krause* Rn 4; MüKo-BGB/*Hergenröder* Einl. KSchG Rn 11; zur Sozialauswahl *BAG* 2.6.2005 EzA § 1 KSchG Soziale Auswahl Nr. 63, zu B I 4b aa). Unzulässig ist nicht nur der vorherige völlige Ausschluss des allgemeinen Kündigungsschutzes, sondern auch jegliche Beschränkung (zB die Vereinbarung einer längeren Wartezeit oder die Festlegung eines Mindestalters). Dies gilt sowohl für vorherige einzelvertragliche Vereinbarungen als auch für kollektivrechtliche Regelungen in Tarifverträgen oder Betriebsvereinbarungen. Eine unzulässige Beschränkung des allgemeinen Kündigungsschutzes stellen auch einzelvertragliche Vereinbarungen oder entsprechende kollektivrechtliche Regelungen dar, die bestimmte Tatbestände (zB Verstoß gegen ein Rauchverbot, Beleidigung von Vorgesetzten) zu absoluten Kündigungsgründen erklären (allg. Ansicht; vgl. statt aller LKB-*Krause* Rn 4). Derartige Absprachen oder Regelungen haben lediglich insofern Bedeutung, als das Gericht die in ihnen zum Ausdruck kommenden Wertvorstellungen der Parteien oder der Tarifvertragspartner bei der Interessenabwägung angemessen zu berücksichtigen hat. Der einseitig zwingende Charakter des allgemeinen Kündigungsschutzes gilt auch für **Richtlinien** über die **personelle Auswahl** bei Kündigungen (vgl. § 95 BetrVG). Solche Auswahlrichtlinien dürfen nicht gegen § 1 Abs. 3 S. 1 KSchG verstoßen und etwa allein auf die Dauer der Betriebszugehörigkeit abstellen, während die sonstigen notwendigen Sozialdaten außer Betracht bleiben, sind aber gem. § 1 Abs. 4, Abs. 5 S. 2 KSchG nur auf grobe Fehlerhaftigkeit überprüfbar (s. Rdn 775). Der zwingende Kündigungsschutz des KSchG kann dem Arbeitnehmer auch nicht im Rahmen einer **Rechtswahl** nach Art. 8 Abs. 1 Satz 1 Rom I-VO entzogen werden, sofern mangels einer Rechtswahl deutsches Recht anzuwenden wäre (Art. 8 Abs. 1 S. 2 Rom I-VO; s. hierzu KR-*Weigand/Horcher* Int. ArbvertragsR Rdn 28, 97 ff.). Etwas anderes gilt gem. Art. 8 Abs. 4 Rom I-VO nur dann, wenn das Arbeitsverhältnis nach der Gesamtheit der Umstände engere Verbindungen zu einem anderen Staat aufweist (zu Art. 30 Abs. 2 Halbs. 2 EGBGB aF vgl. *BAG* 10.4.2014 EzA Art. 30 EGBGB Nr. 11, Rn 41). Die Vorschriften der §§ 1 bis 14 stellen keine Eingriffsnormen iSv Art. 9 Rom I-VO dar (noch zu Art. 34 EGBGB aF vgl. *BAG* 10.4.2014 EzA Art. 30 EGBGB Nr. 11, Rn 38; 1.7.2010 EzA § 20 GVG Nr. 5, Rn 31).

Abgesehen von den Dienstordnungsangestellten iSd §§ 351 ff. RVO (s. Rdn 195) kann der Arbeitgeber wegen der zwingenden Ausgestaltung des Kündigungsschutzrechts keine einseitige Beendigung des Arbeitsverhältnisses in Gestalt einer Disziplinarmaßnahme oder **Betriebsbuße** vornehmen. Spricht der Arbeitgeber mit einer auf Entlassung gerichteten Disziplinarmaßnahme keine Kündigung aus, was im Einzelfall durch Auslegung zu ermitteln ist, führt diese Maßnahme nicht zur Beendigung des Arbeitsverhältnisses, sofern sie nicht in eine Kündigung umgedeutet werden kann (*BAG* 28.4.1982 DB 1983, 775). Erklärt der Arbeitgeber eine **Kündigung** in **Gestalt** einer **Disziplinarmaßnahme**, kann der Arbeitnehmer Kündigungsschutzklage erheben und darüber hinaus gegen die Disziplinarmaßnahme gerichtlich vorgehen. Das Betriebsverfassungs- und Personalvertretungsrecht enthält keine Ermächtigungsgrundlage zum Abschluss von Betriebs- oder Dienstvereinbarungen, aufgrund derer eine Entlassung im Disziplinarwege ausgesprochen werden kann (*BAG* 28.4.1982 DB 1983, 775). 37

Innerhalb der allgemeinen durch das Rechtsstaatsprinzip gebotenen Grenzen des Vertrauensschutzes und der Verhältnismäßigkeit (hierzu *BVerfG* 15.10.1996 NJW 1997, 722, zu C III 2a; 3.12.1997 NJW 1998, 1547, zu C I 1) kann der Kündigungsschutz nach § 1 durch **Gesetz** eingeschränkt werden, etwa durch die Einführung neuer und die Erweiterung der bisher nach § 1 KSchG zugelassenen Kündigungsgründe. Der verfassungsrechtlich gebotene Mindestschutz (s. Rdn 18 ff.) darf jedoch nicht unterschritten werden. 38

II. Zulässigkeit günstigerer Vereinbarungen

Wegen des nur **einseitig zwingenden Charakters** des allgemeinen Kündigungsschutzes ist es statthaft, mit dem Arbeitnehmer **günstigere Vereinbarungen** abzuschließen. So kann der Kündigungsschutz durch Parteivereinbarung oder kollektiv-rechtliche Regelung auch schon für Arbeitsverhältnisse, 39 die noch nicht sechs Monate bestanden haben, eingeführt (vgl. *BAG* 18.7.1967 AP § 1 KSchG Nr. 8; 8.6.1972 AP § 1 KSchG 1969 Nr. 1; s. iE Rdn 101 ff.) oder eine Anrechnung von Vorbeschäftigungszeiten bei demselben oder einem anderen Arbeitgeber – auch konkludent – einzelvertraglich vereinbart werden (*BAG* 20.2.2014 EzA § 1 KSchG Nr. 66, Rn 44; SES/*Schwarze* KSchG § 1 Rn 30). Ebenso ist es zulässig, durch einzelvertragliche oder kollektivrechtliche Regelungen Arbeitnehmer in Kleinbetrieben (§ 23 KSchG) in den allgemeinen Kündigungsschutz einzubeziehen (APS-*Vossen* Rn 6; SPV-*Preis* Rn 325; MüKo-BGB/*Hergenröder* Einl. KSchG Rn 12) sowie die Geltung des Kündigungsschutzes in anderen Dienstverhältnissen wie dem Anstellungsvertrag eines Geschäftsführers einer GmbH zu vereinbaren (*BGH* 10.5.2010 NJW 2010, 2343, zu II 2, 3). Die gesetzliche Ausgestaltung des allgemeinen Kündigungsschutzes schließt es weiterhin nicht aus, durch einzelvertragliche Vereinbarung oder auf kollektivrechtlicher Ebene (zB durch tarifliche **Rationalisierungsschutzabkommen**) dem einzelnen Arbeitnehmer eine über den allgemeinen Kündigungsschutz hinausgehende kündigungsschutzrechtliche Position einzuräumen, zB durch die Notwendigkeit der Angabe des Kündigungsgrundes, den Ausschluss des ordentlichen Kündigungsrechts bei Erreichen eines bestimmten Lebensalters, die Beschränkung des ordentlichen Kündigungsrechts auf personen- und verhaltensbedingte Gründe oder die Verpflichtung zur Zahlung von Abfindungen in den Fällen von sozial gerechtfertigten betriebsbedingten Kündigungen (APS-*Vossen* Rn 6; s.a. Rdn 165).

40 Der einseitig zwingende Charakter des allgemeinen Kündigungsschutzes steht auch nicht dem Abschluss von **Dienst-** oder **Betriebsvereinbarungen** entgegen, aufgrund derer für die gesamte Belegschaft oder Teile der Belegschaft für einen bestimmten Zeitraum arbeitgeberseitige Kündigungen aus betriebsbedingten Gründen ausgeschlossen werden (LSSW-*Löwisch* vor § 1 Rn 110). Soweit derartige **Entlassungssperren** durch Tarifvertrag oder üblicherweise tariflich geregelt werden, greift allerdings die Tarifüblichkeitssperre des § 77 Abs. 3 BetrVG ein mit der Folge, dass entsprechende Betriebsvereinbarungen unwirksam sind (APS-*Vossen* Rn 6; MüKo-BGB/*Hergenröder* Einl. KSchG Rn 12).

III. Verzicht

41 Trotz des zwingenden Charakters des allgemeinen Kündigungsschutzes kann ein Arbeitnehmer **nachträglich**, dh nach Zugang der Kündigung, durch Individualvereinbarung auf seine Ansprüche aus dem KSchG wirksam verzichten (*BAG* 19.4.2007 EzA § 611 BGB 2002 Aufhebungsvertrag Nr. 7, zu B I 2; 6.9.2007 EzA § 307 BGB 2002 Nr. 39, zu B II 1a; LKB-*Krause* Rn 10). Wegen der weitreichenden Bedeutung eines solchen Verzichts muss seine Ernsthaftigkeit **eindeutig erkennbar** sein. Ein Verzicht kann auch noch nach Rechtshängigkeit einer Kündigungsschutzklage im Rahmen einer **Ausgleichsquittung** erklärt werden, mit der die Erfüllung aller gegenseitigen Ansprüche bestätigt wird (*BAG* 29.6.1978 DB 1978, 1842; 3.5.1979 EzA § 4 KSchG nF Nr. 15; s.a. KR-*Klose* § 4 KSchG Rdn 381 ff.). An die Ernsthaftigkeit und Eindeutigkeit einer Verzichtserklärung sind aber besonders strenge Voraussetzungen zu stellen (vgl. APS-*Vossen* Rn 13; *Kramer/Marhold* AR-Blattei SD 290 Rn 108 ff.; *Plander* DB 1986, 1873). Eine einfache Ausgleichsquittung etwa mit dem Wortlaut »Ich erkläre, dass mir auch aus Anlass der Beendigung des Arbeitsverhältnisses keine Ansprüche mehr zustehen«, genügt nicht (*BAG* 3.5.1979 EzA § 4 KSchG nF Nr. 15; 7.11.2007 EzA § 397 BGB Nr. 2, zu II 3b cc). Vereinbarungen über einen Klageverzicht im unmittelbaren zeitlichen und sachlichen Zusammenhang mit einer Arbeitgeberkündigung können überdies Auflösungsverträge i. S. d. § 623 BGB sein und daher nach § 126 Abs. 2 S. 1 BGB der Unterzeichnung durch beide Parteien bedürfen (*BAG* 25.9.2014 EzA § 307 BGB 2002 Nr. 66, Rn 27; 19.4.2007 EzA § 611 BGB 2002 Aufhebungsvertrag Nr. 7, Rn 20 f. und 25; krit. APS/*Greiner* § 623 BGB Rn 9; *Bauer/Günther* NJW 2008, 1617, 1618; *Krets* FS Bauer 2010, S. 601, 609; LKB-*Linck* § 4 Rn 94; *Müller* BB 2011, 1653; *Preis/Rolfs* Der Arbeitsvertrag 4. Aufl., II V 50 Rn 35). Der erforderliche Zusammenhang muss jedoch die Annahme rechtfertigen, Kündigung und Klageverzicht seien gemeinsam nur ein anderes Mittel, um das Arbeitsverhältnis in Wirklichkeit im gegenseitigen Einvernehmen zu lösen; fehlt es daran, wird das Arbeitsverhältnis nicht durch Vertrag aufgelöst, sondern durch Kündigung (*BAG* 25.9.2014 EzA § 307 BGB 2002 Nr. 66, Rn 27).

Seit dem 1.1.2002 unterliegen vom Arbeitgeber iSv §§ 305, 310 Abs. 3 Nr. 2 BGB vorformulierte 42
Ausgleichsquittungen der **Inhaltskontrolle** gem. §§ 305 ff BGB. Dies begrenzt deren Zulässigkeit
unter drei Gesichtspunkten. Sie dürfen gem. § 305c Abs. 1 BGB nicht überraschend oder mehrdeutig gestaltet sein. Sie werden daher nicht Vertragsinhalt, wenn sie etwa unter einer falschen oder
missverständlichen Überschrift (»Rückgabe Ihrer Unterlagen«) oder ohne besonderen Hinweis oder
drucktechnische Hervorhebung verwendet werden (*BAG* 25.9.2014 EzA § 307 BGB 2002 Nr. 66,
Rn 27; 23.2.2005 AP § 1 TVG Tarifverträge: Druckindustrie Nr. 42, zu II 4b; HaKo-KSchR/*Mayer* Rn 19; SPV-*Preis* Rn 1286; APS-*Vossen* Rn 14). Weiter darf ihre Fassung nicht das Transparenzgebot des § 307 Abs. 1 S. 2 BGB verletzen. Drittens benachteiligen sie den Arbeitnehmer regelmäßig iSv § 307 Abs. 1 S. 1 BGB entgegen Treu und Glauben unangemessen, wenn dieser keine
kompensatorische Gegenleistung erhält (*BAG* 25.9.2014 EzA § 307 BGB 2002 Nr. 66, Rn 22;
6.9.2007 EzA § 307 BGB 2002 Nr. 39, zu B II 1e; *LAG SchlH* 24.9.2003 NZA-RR 2004, 74;
LAG Hmb. 29.4.2004 NZA-RR 2005, 151; *Lakies* AR-Blattei SD 35 Rn 274; SPV-*Preis* Rn 1286;
aA *Bauer* NJW 2008, 1617, 1620; *Schöne* SAE 2008, 155, 156). Eine **unangemessene Benachteiligung** i.S.d. § 307 Abs. 1 S. 1 BGB liegt dabei nicht nur dann vor, wenn der Arbeitnehmer in
einer vorformulierten Erklärung ohne jegliche Gegenleistung auf die Erhebung einer Kündigungsschutzklage verzichtet hat. Sie ist vielmehr auch dann mit einem solchen Verzicht verbunden, wenn
der Arbeitnehmer für seinen Verzicht keine angemessene Kompensation erhält (*BAG* 24.9.2015
EzA § 307 BGB 2002 Nr. 71 Rn 16). Eine – angemessene – Kompensation kann in Zugeständnissen des Arbeitgebers hinsichtlich des Beendigungszeitpunktes oder der Beendigungsform oder
in der Zahlung einer Abfindung oder im Verzicht auf Ersatzansprüche liegen (*BAG* 25.9.2014
§ 307 BGB 2002 Nr. 66, Rn 24; 6.9.2007 EzA § 307 BGB 2002 Nr. 39, zu B II 1e cc). Dagegen
stellt die in einer Abwicklungsvereinbarung vom Arbeitgeber übernommene Verpflichtung, dem
Arbeitnehmer ein Zeugnis mit einer näher bestimmten (überdurchschnittlichen) Leistungs- und
Führungsbeurteilung zu erteilen, i.d.R. keinen Vorteil dar, der geeignet wäre, die mit dem Verzicht
auf die Erhebung einer Kündigungsschutzklage verbundene unangemessene Benachteiligung des
Arbeitnehmers i.S.d. § 307 Abs. 1 S. 1 BGB auszugleichen (*BAG* 24.9.2015 EzA § 307 BGB 2002
Nr. 71 Rn 20 ff.).

Der Arbeitnehmer kann auch dadurch auf seinen Kündigungsschutz verzichten, dass er gegen eine 43
Kündigung nicht oder nicht rechtzeitig (§§ 4–6 KSchG) Klage erhebt, so dass die Kündigung unabhängig von ihrer sozialen Rechtfertigung nach § 7 KSchG als von Anfang an wirksam gilt (*BAG*
19.4.2007 EzA § 611 BGB 2002 Aufhebungsvertrag Nr. 7, zu B I 2a; 6.9.2007 EzA § 307 BGB
2002 Nr. 39, zu B II 1a). In einem bloßen **Schweigen** des Arbeitnehmers gegenüber dem Arbeitgeber liegt dagegen kein Verzicht. Der Arbeitnehmer ist nicht dazu verpflichtet, den Arbeitgeber während der Klagefrist des § 4 KSchG über etwaige Klageabsichten zu unterrichten (APS-*Vossen* Rn 16;
LKB-*Krause* Rn 12; allg. zum Verzicht auf kündigungsschutzrechtliche Positionen KR-*Fischermeier/
Krumbiegel* § 626 BGB Rdn 68 f.). Hat ein Arbeitnehmer selbst eine arbeitgeberseitige Kündigung
erbeten, um eine Beendigung des Arbeitsverhältnisses herbeizuführen, kann es gegen **Treu und
Glauben** verstoßen, wenn er sich gleichwohl auf den allgemeinen Kündigungsschutz beruft (*BAG*
25.9.2014 EzA § 307 BGB 2002 Nr. 66, Rn 30).

IV. Fehlender Schutzgesetzcharakter

Der in den §§ 1 ff. KSchG geregelte allgemeine Kündigungsschutz ist kein Schutzgesetz iSd § 823 44
Abs. 2 BGB, da dem Arbeitnehmer durch die Bestimmungen **keine deliktsrechtlich geschützte Position** eingeräumt wird (allg. Ansicht vgl. etwa APS-*Vossen* Rn 19; LSSW-*Löwisch* vor § 1
Rn 105; LKB-*Krause* Rn 37). Eine sozialwidrige Kündigung kann aber zugleich eine Verletzung der
Ehre oder des allgemeinen Persönlichkeitsrechts des Arbeitnehmers darstellen und den Arbeitgeber
nach den §§ 823 Abs. 1, 847 BGB zum Ersatz des immateriellen Schadens verpflichten (vgl. iE
KR-*Spilger* § 10 KSchG Rdn 83)

E. Voraussetzungen des allgemeinen Kündigungsschutzes

45 Die gesetzlichen Voraussetzungen des allgemeinen Kündigungsschutzes sind **in § 1 Abs. 1 KSchG nur unvollständig** geregelt. Weitere Bestimmungen über den persönlichen, betrieblichen und gegenständlichen Geltungsbereich enthalten die §§ 14, 23–25 KSchG (vgl. die Erl. zu diesen Bestimmungen).

I. Persönlicher Geltungsbereich
1. Begriff des Arbeitnehmers

46 Der allgemeine Kündigungsschutz des Ersten Abschnitts des Kündigungsschutzgesetzes gilt gemäß § 1 Abs. 1 KSchG nur für Arbeitnehmer. Maßgeblich ist der nationale Arbeitnehmerbegriff, wie er in § 611a Abs. 1 BGB legal definiert ist *(BAG 27.4.2021 – 2 AZR 540/20)*. Der allgemeine Kündigungsschutz stellt keine Umsetzung von Unionsrecht dar (anders der Schutz bei Massenentlassungen nach §§ 17 f. KSchG; dort gilt der Arbeitnehmerbegriff der Massenentlassungs-Richtlinie; vgl. dazu *EuGH* 9.7.2015 – C-229/14 [Balkaya], EzA Richtlinie 89/59 EG-Vertrag 1999 Nr. 7). Zu den Einzelheiten s. KR-*Kreutzberg-Kowalczyk* ArbNähnl. Pers. Rdn 17–36

2. Besondere Arten des Arbeitsverhältnisses

47
- a) Alliierte Streitkräfte (Rdn 48)
- b) Aushilfsarbeitsverhältnis (Rdn 49)
- c) Ausländische Arbeitnehmer (Rdn 50, 51)
- d) Auszubildende, Anlernlinge, Volontäre und Praktikanten (Rdn 52)
- e) Befristetes Arbeitsverhältnis (Rdn 54)
- f) Einheitliches Arbeitsverhältnis mit mehreren Arbeitgebern (Rdn 55)
- g) Faktisches Arbeitsverhältnis (Rdn 56)
- h) Familienarbeitsverhältnis (Rdn 57)
- i) Gruppenarbeitsverhältnis (Rdn 58–65)
- j) Hafenarbeiter (Rdn 66)
- k) Kirchlicher Dienst (Rdn 67)
- l) Leiharbeitsverhältnis (Rdn 68–70)
- m) Mittelbares Arbeitsverhältnis (Rdn 71, 72)
- n) Probearbeitsverhältnis (Rdn 73)
- o) Teilzeitarbeitsverhältnis (Rdn 74, 75)
- p) Telearbeit (Rdn 76)
- q) Tendenzunternehmen (Rdn 77).

a) Alliierte Streitkräfte

48 S. KR-*Kreutzberg-Kowalczyk* Erl. zu Art. 56 NATO-ZusAbk.

b) Aushilfsarbeitsverhältnis

49 Der allgemeine Kündigungsschutz gilt auch für **Aushilfsarbeitsverhältnisse** (LSSW-*Schlünder* Rn 8). Da Aushilfsarbeitsverhältnisse aber idR bereits vor Ablauf der sechsmonatigen Wartezeit meist durch Zeitablauf oder durch Zweckerreichung enden (§ 620 Abs. 1, Abs. 2 BGB, § 15 Abs. 1, 2 TzBfG), hat der allgemeine Kündigungsschutz insoweit kaum eine praktische Bedeutung. Allgemein zur Beendigung von Aushilfsarbeitsverhältnissen s. KR-*Spilger* § 622 BGB Rdn 182 ff.

c) Ausländische Arbeitnehmer

50 Ist auf ein **Arbeitsverhältnis** mit einem **ausländischen Arbeitnehmer** deutsches Arbeitsrecht anzuwenden (hierzu s. KR-*Weigand/Horcher* Int. ArbvertragsR Rdn 1 ff.), gilt auch der allgemeine

Kündigungsschutz. Eine Besonderheit ergibt sich daraus, dass ausländische Arbeitnehmer einer **Arbeitsgenehmigung** (Arbeitserlaubnis-EU nach § 284 SGB III oder Aufenthaltstitel zur Ausübung einer Beschäftigung gem. §§ 4 Abs. 2, 18 ff., 39 ff. AufenthG) bedürfen. Die Aufnahme einer Arbeit ohne Arbeitsgenehmigung ist für den ausländischen Arbeitnehmer wie für den Arbeitgeber ordnungswidrig (§ 404 Abs. 2 Nr. 3, 4 SGB III). Ein ohne die erforderliche Arbeitserlaubnis oder Arbeitsberechtigung abgeschlossener Arbeitsvertrag ist aber nur dann ausnahmsweise nach § 134 BGB iVm § 284 SGB III bzw. § 4 Abs. 2 AufenthG nichtig, wenn nach der Absicht der Arbeitsvertragsparteien das Arbeitsverhältnis trotz Kenntnis des Genehmigungserfordernisses ohne die erforderliche Genehmigung durchgeführt werden soll (*BAG* 19.1.1977 EzA § 19 AFG Nr. 3; LSSW-*Schlünder* Rn 267 f.; *Engels* RdA 1976, 168 ff.; *Hofherr* Die illegale Beschäftigung ausländischer Arbeitnehmer und ihre arbeitsrechtlichen Folgen S. 175: Nichtig nach § 138 BGB).

Das Auslaufen einer befristeten Arbeitserlaubnis oder die Ablehnung, eine Arbeitsgenehmigung zu erteilen oder zu verlängern, führt nicht zur Nichtigkeit des Arbeitsvertrages nach § 134 BGB iVm § 284 SGB III, sondern nur zu einem Beschäftigungsverbot (*BAG* 16.12.1976 EzA § 19 AFG Nr. 1; 13.1.1977 EzA § 19 AFG Nr. 2; 19.1.1977 EzA § 19 AFG Nr. 3; 7.2.1990 EzA § 1 KSchG Personenbedingte Kündigung Nr. 8, zu C I; LKB-*Krause* Rn 304 f.; MüKo-BGB/*Hergenröder* Rn 8). Will der Arbeitgeber in diesen Fällen das Arbeitsverhältnis mit dem ausländischen Arbeitnehmer einseitig beenden, muss er es kündigen (hierzu s. Rdn 306, 307). 51

d) Auszubildende, Anlernlinge, Volontäre und Praktikanten

S. KR-*Weigand* Erl. zu §§ 21–23 BBiG. 52

e) Befristetes Arbeitsverhältnis

S. Erl. zu § 620 BGB und zum TzBfG. 53

f) Betriebsführungsvertrag

Durch einen Betriebsführungsvertrag verpflichtet sich eine natürliche oder juristische Person, einen Betrieb zu leiten. Zu unterscheiden sind der echte und der unechte Betriebsführungsvertrag. Beim **echten Betriebsführungsvertrag** handelt der Betriebsführer in Vertretung des Besitzers des Betriebes. Dieser bleibt Inhaber des Betriebes und Vertragspartner der Arbeitnehmer. Die Kündigungsberechtigung bleibt bei ihm und wird ggf. vom Betriebsführer auf der Grundlage seiner Vollmacht ausgeübt. Beim **unechten Betriebsführungsvertrag** handelt der Betriebsführer im eigenen Namen. Er wird – ggf. gem. § 613a BGB (dies im konkreten Fall verneinend *BAG* 25.1.2018 – 8 AZR 309/16, EzA § 613a BGB 2002 Nr. 180) – Vertragspartner der Arbeitnehmer und übt das Kündigungsrecht für sich aus. Beide Typen können gemischt werden. Dann ist für die Ausübung des Kündigungsrechts maßgeblich, ob der Betriebsbesitzer oder der Betriebsführer Vertragspartner des von der Kündigung betroffenen Arbeitnehmers ist. Eingehend zur Betriebsführung *Rieble* NZA 2010, 1145. 54

g) Einheitliches Arbeitsverhältnis mit mehreren Arbeitgebern

Ebenso wie auf Arbeitnehmerseite können auch auf Arbeitgeberseite mehrere Rechtssubjekte an einem Arbeitsverhältnis beteiligt sein. Für die Annahme eines einheitlichen Arbeitsverhältnisses ist ein sich aus den Arbeitsvertragsbeziehungen oder aus sonstigen Rechtsgründen ergebender **rechtlicher Zusammenhang** zwischen den arbeitsvertraglichen Beziehungen des Arbeitnehmers zu den einzelnen Arbeitgebern erforderlich, der es verbietet, diese Beziehungen rechtlich getrennt zu behandeln (*BAG* 19.4.2012 EzA § 626 BGB 2002 Nr. 40, Rn 16; 15.12.2011 EzA § 613a BGB 2002 Nr. 132, Rn 30; aA *Wiedemann* Anm. AP BGB § 611 Arbeitgebergruppe Nr. 1: allenfalls mehrere voneinander abhängige Arbeitsverhältnisse; dies offen lassend *BAG* 5.12.2019 – 2 AZR 147/19, Rn 14). Die Frage, ob das Vertragsverhältnis mit einer einheitlichen Vertragsurkunde begründet wurde und ob der Arbeitnehmer in einem Gemeinschaftsbetrieb der beteiligten Arbeitgeber 55 beschäftigt wird, hat nur indizielle Bedeutung (*BAG* 27.3.1981 EzA § 611 BGB Nr. 25, zu I 1c, d). Der rechtliche Zusammenhang kann sich insbes. aus einer Auslegung des Vertragswerks der Parteien ergeben (*BAG* 19.4.2012 EzA § 626 BGB 2002 Nr. 40, Rn 16; 15.12.2011 EzA § 613a BGB 2002 Nr. 132, Rn 30). Es kommt darauf an, ob nach den Vorstellungen der Vertragsschließenden die einzelnen Vereinbarungen nur gemeinsam gelten und zusammen durchgeführt werden sollen. Dabei genügt es, wenn nur einer der Vertragspartner einen solchen Einheitlichkeitswillen hat, dieser aber dem anderen Partner erkennbar war und von ihm hingenommen wurde (*BAG* 27.3.1981 EzA § 611 BGB Nr. 25, zu I 2, 3; LKB-*Krause* Rn 77; krit. *Schwerdtner* ZIP 1982, 900). Der Arbeitnehmer erwirbt den allgemeinen Kündigungsschutz im einheitlichen Arbeitsverhältnis bereits dann, wenn im Verhältnis zu einem der Arbeitgeber die gesetzlichen Voraussetzungen (§§ 1, 23 KSchG) vorliegen. Ein einheitliches Arbeitsverhältnis kann regelmäßig nur von und gegenüber allen auf einer Vertragsseite Beteiligten gekündigt werden (sog. Gesamtkündigung). Die Kündigungsvoraussetzungen müssen grundsätzlich bei allen beteiligten Arbeitgebern erfüllt sein. Solange der Arbeitnehmer jedenfalls noch von einem Arbeitgeber weiterbeschäftigt werden kann, ist eine Kündigung nicht gerechtfertigt (*BAG* 27.3.1981 EzA § 611 BGB Nr. 25, zu II 3; HaKo-KSchR/ *Mayer* Rn 44). Ein Kündigungsgrund iSv § 1 Abs. 2 KSchG bei einem der Arbeitgeber kann sich aber auch im Verhältnis zu den anderen Arbeitgebern auswirken (*BAG* 27.3.1981 EzA § 611 BGB Nr. 25, zu II 3a; MüKo-BGB/*Hergenröder* Rn 15).

h) Faktisches Arbeitsverhältnis

56 Ist der Arbeitsvertrag nichtig oder wirksam angefochten (§ 142 BGB), liegt ein sog. faktisches (oder fehlerhaftes) Arbeitsverhältnis vor, das durch beide Parteien aufgrund eines nicht fristgebundenen »**Lossagungsrechts**« jederzeit beendet werden kann (vgl. *BAG* 25.4.1963 AP § 611 BGB Faktisches Arbeitsverhältnis Nr. 2; 6.9.1982 EzA § 123 BGB Nr. 22; *Herschel* AuR 1983, 225; *Käßer* Der fehlerhafte Arbeitsvertrag, 1979 S. 7 ff.). Dieses wirkt zum letzten Tag der faktischen Tätigkeit des Arbeitnehmers (*BAG* 3.12.1998 EzA § 123 BGB Nr. 51, zu II 3a). Da es sich bei der Lossagung nicht um eine Kündigung handelt, steht dem Arbeitnehmer kein Kündigungsschutz zu (allg. Ansicht, etwa *v. Hoyningen-Huene/Linck-Krause* Rn 90; HaKo-KSchR/*Mayer* Rn 36; SPV-*Preis* Rn 33).

i) Familienarbeitsverhältnis

57 Soweit Familienangehörige zur Erfüllung **familienrechtlicher Verpflichtungen** (§§ 1356, 1619 BGB) Arbeitsleistung erbringen, ist mangels Vorliegens eines Arbeitsverhältnisses das KSchG nicht anwendbar (LSSW-*Schlünder* Rn 24; HaKo-KSchR/*Mayer* Rn 37; LKB-*Krause* Rn 60 f.). Verwandtschaftliche Beziehungen stehen aber der Begründung eines Arbeitsverhältnisses nicht entgegen. Ob der Verwandte aufgrund eines Arbeitsvertrags Arbeit leistet, richtet sich in erster Linie nach dem erklärten Parteiwillen und den besonderen Umständen des Einzelfalls. Im Zweifel spricht für ein Arbeitsverhältnis insbes. die tatsächliche Zahlung einer regelmäßigen, unter Fremden üblichen Vergütung, die Einhaltung betriebsüblicher Arbeitszeiten und die Einordnung in die Direktions- und Weisungsverhältnisse des Betriebes (*BAG* 8.1.1970 AP § 528 ZPO Nr. 14; 19.7.1973 AP § 611 BGB Faktisches Arbeitsverhältnis Nr. 19, zu 1; 20.7.1993 EzA BGB § 613a Nr. 110, zu I 2b; *Fenn* FS F. W. Bosch zum 65. Geburtstag S. 186 ff.; *Schulz* NZA 2010, 75). Bei der Mitarbeit weitläufigerer Verwandter liegt idR ein Arbeitsverhältnis vor, ebenso wenn durch die Beschäftigung eines Familienmitglieds eine fremde Arbeitskraft eingespart wird (*LAG RhPf* 28.1.2002 DB 2002, 2050). Zur Kündigung wegen einer Ehescheidung s. Rdn 318.

j) Gruppenarbeitsverhältnis

58 Eine Arbeitsgruppe kann vom Arbeitgeber aufgrund seines Direktionsrechts aus Arbeitnehmern mit individuellen Arbeitsverträgen zusammengestellt werden. Es handelt sich dann um eine sog. **Betriebsgruppe** (HaKo-ArbR/*Ring* § 611a BGB Rn 242), für deren Mitglieder keine kündigungsrechtlichen Besonderheiten gelten (APS-*Preis* Grundlagen F Rn 40; HaKo-KSchR/*Mayer* Rn 41).

Gruppenarbeitsverhältnis ist ein Arbeitsverhältnis mit einer sog. **Eigengruppe**. Kennzeichnend 59
für diese ist, dass sie schon vor Abschluss eines Arbeitsvertrags selbständig gebildet wird und als
Gruppe gebündelte Arbeitsverträge mit dem Arbeitgeber abschließt (HaKo-ArbR/*Ring* § 611a
BGB Rn 236; AR-*Kamanabrou* § 611a BGB Rn 18). Als solche Eigengruppen kommen etwa
Musikkapellen, Artistengruppen oder Akkordlohnkolonnen in Betracht. Einen Sonderfall der
Eigengruppe bilden **Ehegattenverträge**, bei denen sich Ehegatten gemeinsam zur Arbeitsleistung
für einen gemeinsamen Zweck verpflichten, etwa als Hausmeisterehepaar, als Heimleiterehepaar
oder zum Versehen des Büfettdienstes in einem Restaurant. Auch für derartige echte Gruppenarbeitsverhältnisse gilt der allgemeine Kündigungsschutz (*BAG* 21.10.1971 EzA § 1 KSchG
Nr. 23).

In den Fällen der Eigengruppe und der Ehegattenverträge ist die Leistung des einzelnen für den 60
Arbeitgeber nur dann wirtschaftlich verwertbar und sinnvoll, wenn zugleich die Leistung des anderen Gruppenmitglieds angeboten wird. Kündigungsgründe bei einem Gruppenmitglied berechtigen daher zur Kündigung sämtlicher Gruppenmitglieder (s. Rdn 62). Während bei der Betriebsgruppe der Arbeitgeber für die Gruppenbildung zuständig ist und die Gruppenbildung in seine
Risikosphäre fällt, gehört bei der Eigengruppe die Gruppenbildung in deren Zuständigkeits- und
Risikobereich.

Sog. **Jobsharing-Verträge iSv § 13 TzBfG** sind zulässig als voneinander unabhängige selbständi- 61
ge Teilzeitverträge (s. Rdn 74 f.). Als Eigengruppe mit der Verlagerung des Personalauswahl- und
Besetzungsrisikos auf die teilzeitbeschäftigten Arbeitnehmer darf der Arbeitgeber den Jobsharing-
Vertrag dagegen regelmäßig nicht ausgestalten (s.a. *Ulber* BB 1982, 741; *Linnenkohl/Bauerochse* BB
1981, 1845; für eine modifizierte Betriebsgruppe *von Hoyningen-Huene* BB 1982, 1240). Unzulässig ist es, ein Jobsharing-Verhältnis durch ein anderes zu bedingen (zur Kündigung von Jobsharing-
Verträgen s. Rdn 75).

Die **Eigengruppe** tritt dem Arbeitgeber stets als Einheit gegenüber. Die Gruppe kann als solche, zB 62
als BGB-Gesellschaft, in ein Rechtsverhältnis zum Arbeitgeber treten. Dann liegt idR ein Dienst-
oder Werkvertrag vor, so dass das Arbeitsrecht keine Anwendung findet. Möglich ist auch ein mittelbares Arbeitsverhältnis (s. Rdn 71 f.). Es können aber die einzelnen Gruppenmitglieder auch
gebündelte **Arbeitsverträge mit dem Arbeitgeber** abschließen (APS-*Preis* Grundlagen F Rn 42,
43). Dann liegt ein Gruppenarbeitsverhältnis im engeren Sinn vor. Die einzelnen Arbeitsverträge
bilden in diesem Fall eine **Zweckgemeinschaft**, deren Auflösung nicht ohne Weiteres im Belieben
des Arbeitgebers steht. Deshalb kann der Arbeitgeber bei der Eigengruppe nicht einem einzelnen Arbeitnehmer, sondern **nur der ganzen Gruppe kündigen**, weil er sonst die Gruppe sprengen
würde (*BAG* 21.10.1971 EzA § 1 KSchG Nr. 23; 9.2.1960 AP Nr. 39 zu § 626 BGB; *Rüthers*
ZfA 1977, 1 ff.; APS-*Preis* Grundlagen F Rn 44; ErfK-*Oetker* Rn 30). Ebenso kann nicht ein einzelner Arbeitnehmer sein Arbeitsverhältnis kündigen, sondern nur alle Arbeitnehmer gemeinsam
(APS-*Preis* Grundlagen F Rn 44; HaKo-ArbR/*Ring* § 611a BGB Rn 239). Durch ausdrückliche
Vereinbarung oder durch Auslegung unter Berücksichtigung der Interessenlage kann sich jedoch
ergeben, dass einzelne Gruppenmitglieder kündigen können und ihnen gekündigt werden darf
(HaKo-KSchR/*Mayer* Rn 41). Aus dem Erfordernis der Gesamtkündigung aller Arbeitsverhältnisse
soll dem Arbeitgeber aber kein Nachteil entstehen. Er kann deshalb alle zur Eigengruppe gehörenden Arbeitsverhältnisse kündigen, sofern nur in der Person eines Arbeitnehmers ein Grund zur
ordentlichen oder außerordentlichen Kündigung besteht. Die einzelnen Arbeitnehmer müssen sich,
weil sie die Gruppenbildung in eigener Zuständigkeit beanspruchen, auch die Kündigungsgründe
der anderen Arbeitnehmer zurechnen lassen (*BAG* 21.10.1971 EzA § 1 KSchG Nr. 23; APS-*Preis*
Grundlagen F Rn 44 f.). Ist vor einer Kündigung eine Abmahnung erforderlich, ist mangels pflichtwidrigen Verhaltens der anderen Mitglieder nur das betroffene Gruppenmitglied abzumahnen (aA
LAG SA 8.3.2000 LAGE § 611 BGB Abmahnung Nr. 48). Die anderen Mitglieder sind jedoch
über den Inhalt der Abmahnung zu unterrichten, da eine Kündigung nach erfolgloser Abmahnung
auch ihnen gegenüber auszusprechen ist und sie so Einfluss auf das abgemahnte Gruppenmitglied
zur Änderung seines Verhaltens nehmen können.

63 Das Erfordernis der Gesamtkündigung gilt auch bei Arbeitsverträgen mit Ehegatten (sog. **Ehegattenverträge**), sofern diese Arbeitsverträge eine Zweckgemeinschaft bilden und die Aufrechterhaltung eines einzelnen Vertrags für den Arbeitgeber ohne Interesse ist (ErfK-*Oetker* Rn 30). Ob mit dem *BAG* (17.5.1962 EzA § 9 MuSchG aF Nr. 2) jedes Arbeitsverhältnis als durch den Bestand des anderen **auflösend bedingt** anzusehen sein soll, ist zweifelhaft (s.a. *BAG* 21.10.1971 EzA § 1 KSchG Nr. 23); die auflösende Bedingung setzt eine darauf gerichtete Willenserklärung voraus. Dies wird sich als Vorstellung der Parteien nicht immer nachweisen lassen. Die Annahme einer **Zweckgemeinschaft** der Arbeitsverhältnisse lässt sich dagegen aus den Umständen des Einzelfalls ohne Weiteres entnehmen. Für die Annahme einer Zweckgemeinschaft genügt, dass sich die Arbeitsverhältnisse gegenseitig ergänzen. Es ist nicht erforderlich, dass ein Arbeitsverhältnis als Hilfstätigkeit für das andere zu verstehen ist (*BAG* 21.10.1971 EzA § 1 KSchG Nr. 23 im Gegensatz zu *BAG* 17.5.1962 EzA § 9 MuSchG aF Nr. 2). Besteht eine solche Zweckgemeinschaft bei Ehegattenarbeitsverhältnissen, können nur beide Arbeitsverhältnisse durch Erklärung gegenüber beiden Ehegatten gemeinsam gekündigt werden (*BAG* 21.10.1971 EzA § 1 KSchG Nr. 23). Die Beendigung eines Arbeitsverhältnisses macht das andere Arbeitsverhältnis für den Arbeitgeber sinnlos, weil er die Arbeitsleistung des einzelnen auf Dauer nicht dem Vertragszweck entsprechend verwerten kann (s.a. Rdn 60). Dies ergibt einen betriebsbedingten Kündigungsgrund oder ausnahmsweise einen wichtigen Grund zur Kündigung auch des anderen Arbeitsverhältnisses.

64 Fraglich ist, ob, wenn die bei einem Arbeitnehmer gegebenen Kündigungsgründe gegen den anderen Arbeitnehmer wirken, nicht auch besondere für den einen Arbeitnehmer bestehende **Kündigungsverbote** oder **Kündigungsbeschränkungen** dem anderen Arbeitnehmer zugutekommen, etwa die von § 168 SGB IX oder § 17 MuSchG. Sicher ist, dass die Ehefrau den Kündigungsschutz des MuSchG genießt, solange in der Person des Mannes keine Kündigungsgründe vorliegen. Fraglich ist aber, ob der Frau trotz § 17 MuSchG gekündigt werden kann, wenn in der Person des Mannes ein wichtiger Grund vorliegt. Das *BAG* (17.5.1962 EzA § 9 MuSchG aF Nr. 2) hat dies bejaht, wenn die Ehefrau nur Hilfstätigkeiten zur Tätigkeit des Mannes ausübt und ihr Arbeitsverhältnis durch den Bestand des Arbeitsverhältnisses des Mannes deshalb auflösend bedingt sei. In einer späteren Entscheidung (*BAG* 21.10.1971 EzA § 1 KSchG Nr. 23) bejahte das BAG dagegen in einem obiter dictum die **Drittwirkung des Kündigungsschutzes** und meinte, der besondere Kündigungsschutz für die Frau komme auch dem Mann zugute (ebenso zB *LAG Düsseld.* 15.12.1964 BB 1965, 495). Man wird eine generelle Drittwirkung des Kündigungsschutzes nicht bejahen können, weil sonst der Arbeitgeber der Eigengruppe nicht kündigen könnte, solange nicht für jeden Arbeitnehmer ein Kündigungsgrund gegeben ist. Da sich der Arbeitnehmer bei der Eigengruppe von der Arbeit des anderen abhängig macht, muss er sich grundsätzlich auch die in dessen Person gegebenen Kündigungsgründe anrechnen lassen. Grundsätzlich ist deshalb auch beim Mutterschutz eine unmittelbare Drittwirkung des Kündigungsschutzes abzulehnen. Allerdings wird sich bei der ordentlichen Kündigung eine mittelbare Drittwirkung insofern ergeben, als die Schwangerschaft der Frau im Rahmen der sozialen Rechtfertigung bei der ordentlichen Kündigung des Mannes zu berücksichtigen ist und die soziale Rechtfertigung deshalb grds. entfallen wird. Auch bei der im Rahmen der außerordentlichen Kündigung vorzunehmenden Interessenabwägung sind Gesichtspunkte des Mutterschutzes mittelbar zu berücksichtigen.

65 Ist die Kündigung des Arbeitsverhältnisses auch unter Berücksichtigung dieser Gesichtspunkte dennoch gerechtfertigt, so muss der Arbeitgeber grds. **beiden Ehegatten kündigen** können, denn die Weiterbeschäftigung des Mannes ist ihm nicht zumutbar, und für die Beschäftigung der Frau allein hat er wegen der Zweckgemeinschaft regelmäßig keinen Bedarf.

k) Hafenarbeiter

66 Der allgemeine Kündigungsschutz findet sowohl auf das zwischen einem Hafenarbeiter und einer **Gesamthafenbetriebsgesellschaft** als auch auf das zwischen einem Hafenarbeiter und einem **Einzelhafenbetrieb** bestehende Arbeitsverhältnis Anwendung (*BAG* 23.7.1970 AP § 1 Gesamthafenbetriebsgesetz Nr. 3; 30.5.1985 EzA § 1 KSchG Betriebsbedingte Kündigung Nr. 36; v. LKB-*Krause*

Rn 47). Gesamthafenbetrieb und Einzelhafenbetrieb bilden jeweils für sich einen Betrieb (*BAG* 30.5.1985 EzA § 1 KSchG Betriebsbedingte Kündigung Nr. 36).

l) **Kirchlicher Dienst**

Zu den Besonderheiten s. KR-*Fischermeier/Krumbiegel* § 626 BGB Rdn 131, 258. 67

m) **Leiharbeitsverhältnis**

Ein Leiharbeitsverhältnis ist eine spezifische Form eines drittbezogenen Personaleinsatzes, die durch 68 eine dreiseitige Rechtsbeziehung gekennzeichnet ist. Zwischen Ver- und Entleiher besteht ein Arbeitnehmerüberlassungsvertrag iSv § 12 AÜG und zwischen dem Verleiher und dem Arbeitnehmer der Arbeitsvertrag. Zwischen dem Entleiher und dem Arbeitnehmer fehlt dagegen eine vertragliche Beziehung. Notwendiger Inhalt des Überlassungsvertrags ist die Verpflichtung des Verleihers, dem Entleiher Arbeitnehmer zur Förderung von dessen Betriebszwecken zur Verfügung zu stellen, die dieser durch Ausübung des ihm übertragenen Direktionsrechts nach seinen Vorstellungen wie eigene Arbeitnehmer einsetzen kann. Damit enden die Pflichten des Verleihers. Hat er dagegen bestimmte Arbeitserfolge zu gewährleisten, handelt es sich nicht um Arbeitnehmerüberlassung, sondern um einen Werkvertrag (*BAG* 6.8.2003 EzA § 1 AÜG Nr. 13, zu II 1; 25.1.2005 EzA § 99 BetrVG 2001 Nr. 7, zu B II 4b bb (1)). Bei der Arbeitnehmerüberlassung ist die Arbeitgeberstellung aufgespalten: Die Konkretisierung der Arbeitspflicht obliegt dem Entleiher, die Status- oder Stammrechte aus dem Arbeitsverhältnis verbleiben dagegen beim Verleiher (*BAG* 19.6.2001 EzA § 87 BetrVG 1972 Arbeitszeit Nr. 63, zu B II 3).

Danach ist bei der Arbeitnehmerüberlassung idR **allein der Verleiher** als Vertragsarbeitgeber 69 **kündigungsbefugt.** Für das Arbeitsverhältnis zwischen Verleiher und Leiharbeitnehmer gelten die allgemeinen kündigungsschutzrechtlichen Vorschriften (*v. Hoyningen-Huene/Linck-Krause* Rn 67; HaKo-KSchR/*Mayer* Rn 50). Eine **betriebsbedingte Kündigung** kommt etwa bei mangelnder Nachfrage nach der Arbeitskraft des Leiharbeitnehmers in Betracht. Für die Zeitarbeitsbranche typische kurzfristige Auftragslücken rechtfertigen eine Kündigung allerdings nicht. Es kommt darauf an, ob zum Kündigungszeitpunkt die Prognose gerechtfertigt war, dass der Arbeitnehmer spätestens mit Ablauf der Kündigungsfrist auf unabsehbare Zeit oder für einen erheblichen Zeitraum nicht mehr beschäftigt werden kann. Dazu genügt ein Hinweis des Arbeitgebers auf die Beendigung eines Auftrags und das Fehlen eines Anschlussauftrags nicht. Vielmehr muss der Verleiher unter Darlegung seiner Auftrags- und Personalplanung darlegen, warum es sich nicht nur um eine für die Leiharbeit typische Auftragsschwankung handelt (*BAG* 18.5.2006 EzA § 1 KSchG Betriebsbedingte Kündigung Nr. 146, zu B I 1; *Dahl* DB 2003, 1626; *Hiekel* FS ARGE Arbeitsrecht im DAV S. 334, 340 ff. s. auch *Bayreuther* RdA 2007, 176). Der Verleiher muss den Arbeitnehmer ggf. auch zu anderen Qualifikationsanforderungen einsetzen und dazu zumutbare Qualifizierungsmaßnahmen ergreifen, zumindest aber den Arbeitnehmer auf Qualifikationsdefizite hinweisen (vgl. *BAG* 18.5.2006 EzA § 1 KSchG Betriebsbedingte Kündigung Nr. 146, zu B I 2b). Bei der Leiharbeit gilt damit bei betriebsbedingten Kündigungen kein von den allgemeinen Grundsätzen (dazu Rdn 604 f.) wesentlich abweichender Maßstab (*Hamann* Anm. EzA § 1 KSchG Betriebsbedingte Kündigung Nr. 146, zu B I 1, 2; *Brose* DB 2008, 1378, 1379). In die **Sozialauswahl** einzubeziehen sind alle zum Betrieb des Verleihers, d. h. unter einer einheitlichen Leitung zusammengefassten, zu dem Zwecke ihrer Überlassung an Dritte beschäftigten Arbeitnehmer (*BAG* 20.6.2013 EzA § 1 KSchG Betriebsbedingte Kündigung Nr. 173, Rn 19).

Etwas anderes gilt, wenn der Verleiher den Arbeitnehmer gewerbsmäßig überlassen hat, er über 70 die nach § 1 Abs. 1 S. 1, § 2 AÜG erforderliche Erlaubnis der Agentur für Arbeit nicht verfügt und keiner der Ausnahmetatbestände von § 1 Abs. 1a, Abs. 3 AÜG vorliegt. Dann ist, sofern nicht der Ausnahmetatbestand des § 9 Abs. 1 Nr. 1 Hs. 2 AÜG vorliegt, der Arbeitsvertrag zwischen dem Verleiher und dem Arbeitnehmer gem. § 9 Abs. 1 Nr. 1 Hs. 1 AÜG unwirksam. An dessen Stelle tritt nach § 10 Abs. 1 AÜG ein Arbeitsverhältnis mit dem Entleiher, das einem vertraglich begründeten gleichsteht. Kündigungsbefugt ist in diesem Fall nur der Entleiher (*BAG* 30.1.1991 EzA § 10 AÜG Nr. 3, zu IV 4). Das KSchG gilt dann ihm gegenüber (*v. Hoyningen-Huene/Linck-Krause* Rn 67; HaKo-KSchR/*Mayer* Rn 50). Für eine Sozialauswahl ist allein seine Belegschaft maßgeblich. Zur Berechnung der Wartezeit Rdn 113. Ebenfalls ein Arbeitsverhältnis mit dem Entleiher gem. § 10 Abs. 1 AÜG kommt zustande, wenn der Arbeitsvertrag zwischen Verleiher und Arbeitnehmer nach § 9 Abs. 1 Nr. 1a oder Nr. 1b AÜG unwirksam ist.

n) **Mittelbares Arbeitsverhältnis**

71 Ein mittelbares Arbeitsverhältnis liegt vor, wenn ein Arbeitnehmer von einem Mittelsmann (Arbeitgeber erster Stufe) beschäftigt wird, der seinerseits selbst Arbeitnehmer eines Dritten (Arbeitgeber zweiter Stufe) ist und die Arbeit mit Wissen des Dritten unmittelbar für diesen geleistet wird. Ist der Mittelsmann nicht Arbeitnehmer, handelt es sich nicht um ein mittelbares Arbeitsverhältnis, sondern um Arbeitnehmerüberlassung (*BAG* 21.2.1990 EzA § 611 BGB Arbeitnehmerbegriff Nr. 32, zu II). Diese Gestaltungsform wird heute kaum mehr gewählt. In der Vergangenheit trat sie vor allem bei Orchestern auf, indem einzelne Musiker Arbeitsverhältnisse mit dem Orchesterchef und dieser ein Arbeitsverhältnis mit einer Rundfunkanstalt oder einer anderen kulturellen Institution schlossen (*BAG* 20.7.1982 EzA § 611 BGB Mittelbares Arbeitsverhältnis Nr. 1). Bei mittelbaren Arbeitsverhältnissen muss die **Kündigung zwischen den jeweiligen Vertragsparteien** erklärt werden. Der mittelbare Arbeitgeber zweiter Stufe kann nur den Arbeitsvertrag mit dem Arbeitgeber erster Stufe kündigen (*v. Hoyningen-Huene/Linck-Krause* Rn 97; MüKo-BGB/*Hergenröder* Rn 16). Auch die Kündigungsschutzklage ist gegen den jeweiligen Vertragspartner zu richten (*BAG* 21.2.1990 EzA § 611 BGB Arbeitnehmerbegriff Nr. 32, zu II 1). Dem Arbeitgeber zweiter Stufe kann jedoch aus dem Arbeitsvertrag mit dem Arbeitgeber erster Stufe ein Anspruch darauf zustehen, dass dieser den Arbeitsvertrag mit einem als untragbar empfundenen Arbeitnehmer kündigt (*BAG* 11.6.1959 AP § 130 BGB Nr. 1). Ein verhaltensbedingter Kündigungsgrund kann sich auch aus dem Verhalten des Arbeitnehmers gegenüber dem Arbeitgeber zweiter Stufe ergeben. Kündigt der Arbeitgeber erster Stufe nicht, bleibt dem Arbeitgeber zweiter Stufe nur die Kündigung des Arbeitsverhältnisses mit dem Arbeitgeber erster Stufe. Der Arbeitgeber erster Stufe kann dem Arbeitgeber zweiter Stufe auch nach § 185 BGB eine Kündigungsbefugnis gegenüber den Arbeitnehmern einräumen.

72 Die Gestaltung des mittelbaren Arbeitsverhältnisses kann uU **für den Arbeitnehmer** nicht unerhebliche **Risiken** bergen, da für die Prüfung der Sozialwidrigkeit einer Kündigung die Lage des Arbeitgebers erster Stufe maßgeblich ist. Kündigt der Arbeitgeber zweiter Stufe dem Arbeitgeber erster Stufe und hat dieser deshalb für die Arbeitnehmer keine Beschäftigungsmöglichkeit mehr, kann er die Arbeitnehmer aus betriebsbedingten Gründen entlassen. Besonders schwach ist der Kündigungsschutz ausgeprägt, wenn der Arbeitgeber erster Stufe nicht ständig mehr als zehn Arbeitnehmer beschäftigt und daher ohne sozial rechtfertigende Gründe fristgerecht kündigen kann (§ 23 Abs. 1 S. 2 KSchG). Nachteile können sich für die Arbeitnehmer auch ergeben, wenn der Mittelsmann wirtschaftlich schwächer als der Arbeitgeber zweiter Stufe ist. Das *BAG* (20.7.1982 EzA § 611 BGB Mittelbares Arbeitsverhältnis Nr. 1) verlangt deshalb für die rechtliche Anerkennung der Gestaltungsform des mittelbaren Arbeitsverhältnisses wegen der darin liegenden Gefahr der Umgehung arbeitsrechtlicher Schutzvorschriften in Anlehnung an die ursprüngliche Rspr. zum befristeten Arbeitsvertrag einen **sachlich rechtfertigenden Grund** (abl. *Koller* Anm. AP § 611 BGB Mittelbares Arbeitsverhältnis Nr. 5). Der Arbeitgeber darf bei mehreren sich anbietenden Gestaltungsformen mit unterschiedlichem arbeitsrechtlichem Schutz nicht willkürlich die ihm günstigere wählen. Der sachliche Grund kann fehlen, wenn der Zweck einer Rechtsnorm unabhängig von der Absicht oder der Kenntnis einer Gesetzesumgehung von den Vertragspartnern objektiv vereitelt wird; insbes. liegt ein **Missbrauch der Gestaltungsform** vor, wenn der Arbeitgeber erster Stufe unternehmerische Entscheidungen nicht trifft und keinen Gewinn erzielen kann (*BAG* 20.7.1982 EzA § 611 BGB Mittelbares Arbeitsverhältnis Nr. 1). Die Klage ist dann gegen den Arbeitgeber zweiter Stufe zu richten (*BAG* 21.2.1990 EzA § 611 BGB Arbeitnehmerbegriff Nr. 32, zu II 1).

o) Probearbeitsverhältnis

Bei arbeitgeberseitigen ordentlichen Kündigungen im Rahmen eines Probearbeitsverhältnisses gilt der allgemeine Kündigungsschutz, wenn und sobald dieses über die Wartezeit von § 1 Abs. 1 hinausgeht (*BAG* 15.8.1984 EzA § 1 KSchG Nr. 40, zu II 3). Allerdings hat das *BAG* angenommen, eine die Dauer von sechs Monaten überschreitende Probezeitvereinbarung sei bei der Würdigung der Kündigungsgründe zugunsten des Arbeitgebers zu berücksichtigen und führe zum Wegfall des Abmahnungserfordernisses bei Störungen im Leistungsbereich (15.8.1984 EzA § 1 KSchG Nr. 40, zu II 4, 5a). Dies trifft nicht zu, da der Kündigungsschutz zu Lasten des Arbeitnehmers nicht dispositiv ist (s. Rdn 36). Zudem würde eine solche Auslegung einer vorformulierten Erprobungsvereinbarung nunmehr der Überprüfung nach § 307 Abs. 1 S. 1, Abs. 2 Nr. 1 BGB nicht mehr standhalten und gegen das Transparenzgebot gem. § 307 Abs. 1 S. 2 BGB verstoßen. Allg. zur Beendigung von Probearbeitsverhältnissen s. KR-*Spilger* § 622 BGB Rdn 177; KR-*Lipke/Bubach* § 14 TzBfG Rdn 345 ff.

73

p) Teilzeitarbeitsverhältnis

Ein Teilzeitarbeitsverhältnis liegt vor, wenn der Arbeitnehmer regelmäßig weniger als die regelmäßige Arbeitszeit vergleichbarer vollbeschäftigter Arbeitnehmer des Betriebs arbeitet (§ 2 TzBfG). Das Teilzeitarbeitsverhältnis kann **befristet und unbefristet** vereinbart werden. Für die Befristung gelten die allgemeinen Grundsätze (s. Erl. zu §§ 14, 15 TzBfG). Teilzeitarbeitnehmer fallen unabhängig vom Umfang ihrer Arbeitszeit unter den persönlichen Geltungsbereich des KSchG (*BAG* 9.6.1983 EzA § 23 KSchG nF Nr. 4; 21.6.1983 – 7 AZR 11/83, nv; 13.3.1987 EzA § 1 KSchG Betriebsbedingte Kündigung Nr. 44; Bader/Bram-*Ahrendt* Rn 85; LKB-*Krause* Rn 53). Der Umstand, dass Teilzeitarbeit in Form einer **Nebenbeschäftigung** ausgeübt wird, führt nicht zur Unanwendbarkeit des allgemeinen Kündigungsschutzes (*BAG* 13.3.1987 EzA § 1 KSchG Betriebsbedingte Kündigung Nr. 44; DDZ-*Deinert* Rn 10; LSSW-*Schlünder* Rn 9). Leisten Arbeitnehmer **in mehreren Arbeitsverhältnissen** Teilzeitarbeit bei unterschiedlichen Arbeitgebern, erwerben sie in jedem Teilzeitarbeitsverhältnis den allgemeinen Kündigungsschutz (DDZ-*Deinert* Rn 10; LKB-*Krause* Rn 53; DW-*Wolff* Rn 19; aA *Adomeit* SAE 1988, 74; für eine Gesetzesänderung plädiert *Preis* Anm. EzA § 1 KSchG Betriebsbedingte Kündigung Nr. 44). Stehen Arbeitnehmer in mehreren Teilzeitarbeitsverhältnissen zu demselben Arbeitgeber, sind diese Teilzeitarbeitsverhältnisse als einheitliches Arbeitsverhältnis zu behandeln, weil andernfalls der Schutz gegen unzulässige Teilkündigungen und die zwingenden Vorschriften zur Änderungskündigung (§ 2 KSchG) umgangen werden könnten (MüKo-BGB/*Hergenröder* Rn 12).

74

Die in §§ 12, 13 TzBfG geregelten Erscheinungsformen der Teilzeitarbeit (**Bedarfsarbeitsverhältnisse** und **Jobsharing-Arbeitsverhältnisse**) unterfallen ebenfalls dem allgemeinen Kündigungsschutz (allgemein zum Jobsharing-Arbeitsverhältnis *Eich* DB 1982, Beil. Nr. 9, S. 9; *v. Hoyningen-Huene* BB 1982, 1241; *Linnenkohl/Bauerochse* BB 1981, 1847; *Reuter* RdA 1981, 206; *Schüren* Jobsharing 1983, S. 153 ff. u. 178 ff.; *Ulber* BB 1982, 741). Die Jobsharing-Arbeitnehmer müssen jeweils für sich die sechsmonatige Wartezeit des § 1 Abs. 1 KSchG zurücklegen. Die einzelnen Arbeitsverhältnisse sind in ihrem Bestand voneinander unabhängig, dh sie können vom Arbeitgeber aus verschiedenen Gründen und zu jeweils unterschiedlichen Zeitpunkten gekündigt werden. Die Schaffung einer Bestandsabhängigkeit mittels einer auflösenden Bedingung würde zu einer objektiv funktionswidrigen Arbeitsvertragsgestaltung und zur Umgehung des Kündigungsschutzes führen. Eine derartige Vertragsregelung ist daher unwirksam (*Eich* DB 1982, Beil. Nr. 9, S. 9; DDZ-*Wroblewski* § 13 TzBfG Rn 5; APS-*Greiner* § 13 TzBfG Rn 6). Eine partnerbedingte Kündigung wie bei der Eigengruppe (s. Rdn 62) iS einer wechselseitigen Zurechnung verhaltens- und personenbedingter Kündigungsgründe kommt beim Jobsharing-Arbeitsverhältnis ebenfalls nicht in Betracht. Nach § 13 Abs. 2 Satz 1 TzBfG ist die Kündigung gegenüber einem Jobsharing-Arbeitnehmer unwirksam, wenn sie allein wegen des Ausscheidens eines anderen Arbeitnehmers aus der Arbeitsplatzteilung erklärt wird. Dies gilt unabhängig von der Anwendbarkeit des KSchG, da § 13 TzBfG auf dessen Voraussetzungen nicht Bezug nimmt (ErfK-Preis § 13 TzBfG Rn 11.; DDZ-*Wroblewski*

75

§ 13 TzBfG Rn 4; AR-*Schüren/Moskalew* § 13 TzBfG Rn 12; HaKo-ArbR/*Ahrendt* § 13 TzBfG Rn 11). Das Recht zur Änderungskündigung wegen des Ausscheidens eines anderen Arbeitnehmers aus der Arbeitsplatzverteilung und zur Kündigung des Jobsharing-Arbeitsverhältnisses aus anderen Gründen bleibt nach § 13 Abs. 2 Satz 2 TzBfG unberührt.

q) Telearbeit

76 S. KR-*Kreutzberg-Kowalczyk* ArbNähnl. Pers. Rdn 5.

r) Tendenzunternehmen

77 S. Rdn 80 ff.

3. Besondere verfassungsrechtliche Stellung des Arbeitgebers

78 Bei bestimmten Arbeitnehmergruppen wird aufgrund der besonderen verfassungsrechtlichen Stellung des Arbeitgebers dessen Recht zur Lösung des Arbeitsverhältnisses gegenüber dem allgemeinen Kündigungsschutz des KSchG modifiziert oder erweitert und dementsprechend der **Kündigungsschutz** nach dem KSchG insoweit **eingeschränkt**.

a) Kirchlicher Dienst

79 Im kirchlichen Dienst beschäftigten Arbeitnehmern obliegen aufgrund der besonderen verfassungsrechtlichen Stellung der Religionsgemeinschaften **besondere Loyalitätspflichten**. Dies hat Auswirkungen auf die kündigungsrechtliche Stellung der Arbeitnehmer. Grundsätze und Einzelheiten sind dargestellt bei KR-*Fischermeier-Krumbiegel* § 626 BGB Rdn 131.

b) Tendenzbetriebe

80 Tendenzbetriebe sind Betriebe, die unmittelbar und überwiegend politischen, koalitionspolitischen, konfessionellen, karitativen, erzieherischen, wissenschaftlichen oder künstlerischen Bestimmungen dienen oder Zwecken der Berichterstattung oder Meinungsäußerung im Rahmen der Presse-, Rundfunk- und Filmfreiheit. Diese Tendenzbetriebe genießen nicht nur im Rahmen der Betriebsverfassung **Tendenzschutz** (§ 118 Abs. 1 BetrVG; hierzu KR-*Rinck* § 102 BetrVG Rdn 14, § 103 BetrVG Rdn 22). Die Privilegierung wirkt sich vielmehr auch auf die Rechte und Pflichten im Arbeitsverhältnis aus.

81 Die Sonderstellung der Tendenzbetriebe folgt aus dem **Grundrechtsschutz** für die Verfolgung der jeweiligen geistig-ideellen Zielsetzung. Tendenzbetriebe sind etwa Zeitungs- und Buchverlage (*BAG* 11.4.2006 EzA § 308 BGB 2002 Nr. 5, zu A II 1), Theater, Rundfunksender (auch private, *BAG* 27.7.1993 EzA § 118 BetrVG 1972 Nr. 61, zu B III 1), Gewerkschaften (*BAG* 6.12.1979 EzA § 1 KSchG Tendenzbetrieb Nr. 5) oder Privatschulen, sofern es sich nicht um Sprachschulen handelt, die ausschließlich Fremdsprachenunterricht nach einer bestimmten Methode erteilen und darüber hinaus keine erzieherischen Aufgaben verfolgen (*BAG* 7.4.1981 EzA § 118 BetrVG 1972 Nr. 25).

82 In Tendenzbetrieben haben sich insbes. die sog. **Tendenzträger**, dh die Arbeitnehmer, die durch ihre Arbeit an der Verwirklichung der geistig-ideellen Zielsetzung des Unternehmers mitwirken sollen, bei ihrer Tätigkeit nach dieser Tendenz zu richten und dürfen ihr nicht zuwiderhandeln. Nachhaltige Verstöße können eine personen-, verhaltens- oder betriebsbedingte Kündigung, insbes. wegen mangelnder persönlicher Eignung, rechtfertigen (*BAG* 6.12.1979 EzA § 1 KSchG Tendenzbetrieb Nr. 5, s. Rdn 323). Verstöße gegen arbeitstechnische und formale Vorgaben berühren dagegen die Tendenz nicht (*LAG Düsseld.* 23.11.1995 DB 1996, 943).

83 **Tendenzträger** sind zB Angestellte in einer Caritas-Geschäftsstelle, die unmittelbar karitative Aufgaben wahrnehmen (*BAG* 14.10.1980 EzA § 1 KSchG Tendenzbetrieb Nr. 10), Lehrer einer Privatschule, Redakteure (auch Redaktionsvolontäre) einer Tageszeitung (*BAG* 19.5.1981 EzA § 118

BetrVG 192 Nr. 30), Rechtssekretäre einer Gewerkschaft (*BAG* 6.12.1979 EzA § 1 KSchG Tendenzbetrieb Nr. 5) und Stimmführer sowie Solisten in einem Sinfonieorchester (*BAG* 3.11.1982 EzA § 15 KSchG nF Nr. 28).

Keine Tendenzträger sind etwa Schreibkräfte im internen Schreibdienst, Betriebshandwerker, Heizer und Putzkräfte in einem kirchlichen Altenheim (*LAG Mainz* 28.3.1980 NJW 1980, 2213). 84

4. Ausgenommene Personengruppen

a) Arbeitnehmerähnliche Personen

S. KR-*Kreutzberg-Kowalczyk* ArbNähnl. Pers. Rdn 1 ff. 85

b) Beamte

Wegen der fehlenden Arbeitnehmereigenschaft gilt der allgemeine Kündigungsschutz nicht für auf 86
öffentlichrechtlicher Grundlage Beschäftigte wie Beamte im staatsrechtlichen Sinn, Soldaten oder Referendare (LSSW-*Schlünder* Rn 25; LKB-*Krause* Rn 59). Früher sog. Privatbeamte (zB bei Banken oder Versicherungen) sind dagegen Arbeitnehmer. Dies gilt ebenso für die nichtbeamteten **Arbeiter und Angestellten juristischer Personen des öffentlichen Rechts** (zB Bund, Länder, Gemeinden, Körperschaften, Anstalten und Stiftungen des öffentlichen Rechts). Auf diesen Personenkreis ist der allgemeine Kündigungsschutz uneingeschränkt anwendbar. Endet das Arbeitsverhältnis eines Arbeiters oder Angestellten des öffentlichen Dienstes durch Ernennung zum Beamten, lebt es nach Rücknahme der Beamtenernennung nicht wieder auf (*BAG* 24.4.1997 AP Nr. 2 zu § 611 BGB Ruhen des Arbeitsverhältnisses). Unter den persönlichen Geltungsbereich des allgemeinen Kündigungsschutzes fallen auch Beamte, die nebenberuflich oder während des Ruhens des Beamtenverhältnisses Arbeitsleistungen auf privatrechtlicher Grundlage erbringen (*BAG* 13.3.1987 EzA § 1 KSchG Betriebsbedingte Kündigung Nr. 44; 27.6.2001 BAGE 98, 157, zu II 2, 3). Die Abordnung eines Beamten zu einem privatrechtlichen Unternehmen begründet ohne Weiteres kein Arbeitsverhältnis zu diesem (*LAG Nds.* 16.2.1999 ZTR 2000, 34). Für sog. **Dienstordnungs-Angestellte** der Sozialversicherungsträger gelten im Fall einer Dienstentlassung beamtenrechtliche Grundsätze (*BAG* 5.9.1986 AP § 15 KSchG Nr. 27). Zur Prüfung der Rechtmäßigkeit solcher Entlassungen sind die Arbeitsgerichte zuständig (zum Prüfungsmaßstab *BAG* 11.11.1971 AP § 611 BGB Dienstordnungs-Angestellte Nr. 31). Dies gilt auch bei einer Versetzung in den Ruhestand wegen Dienstunfähigkeit (*BAG* 20.10.1977 DB 1978, 990; s. Rdn 195).

c) Beschäftigte aus karitativen oder religiösen Gründen

Personen, deren Beschäftigung nicht in erster Linie ihrem Erwerb dient, sondern vorwiegend durch 87
Beweggründe karitativer oder religiöser Art bestimmt ist (zB Geistliche, Diakonissen, Ordensschwestern, Mönche, Missionare), steht wegen der fehlenden Arbeitnehmereigenschaft kein allgemeiner Kündigungsschutz zu (allg. Ansicht, etwa ErfK-*Oetker* Rn 28; LSSW-*Schlünder* Rn 11; LKB-*Krause* Rn 74 mwN). Dagegen hat das *BAG* hauptamtlich tätige Scientology-Mitglieder als Arbeitnehmer eingeordnet (22.3.1995 EzA Art 140 GG Nr. 26). Nicht ordensgebundene **Krankenschwestern oder Krankenpfleger** sind Arbeitnehmer und fallen unter den allgemeinen Kündigungsschutz. Für Rote-Kreuz-Schwestern hat das *BAG* (3.6.1975, 20.2.1986 AP § 5 BetrVG 1972 Rotes Kreuz Nr. 1, 2; 6.7.1995 EzA § 5 ArbGG 1979 Nr. 11; 17.3.2015 EzA AÜG § 1 Nr. 19) die Arbeitnehmereigenschaft unter Hinweis auf die Verbandszugehörigkeit dieses Personenkreises verneint (aA *Fitting* § 5 Rn 333; DKW-*Trümner* § 5 Rn 182 ff.; HK-*Dorndorf* Rn 32; allerdings handelt es sich um Arbeitnehmerüberlassung i.S.v. § 1 Abs. 1 S. 1 AÜG, wenn Rot-Kreuz-Schwestern an ein entleihendes Krankenhaus überlassen werden, damit sie bei diesem hauptberuflich eine weisungsabhängige Tätigkeit gegen Entgelt verrichten: BAG 21.2.2017 EzA AÜG § 1 Nr. 22). Die Vereinbarungen der sog. Gastschwestern mit einer DRK-Schwesternschaft e. V., durch die sich die Schwestern verpflichten, in einem von der Schwesternschaft besetzten Krankenhaus gegen Entgelt zu arbeiten, sind dagegen Arbeitsverträge (*BAG* 4.7.1979 EzAÜG Nr. 58). Durch diese entstehen

auch iVm den für die DRK-Schwesternschaft typischen Gestellungsverträgen keine Arbeitsverhältnisse zum jeweiligen Krankenhausträger.

d) Beschäftigte aus medizinischen oder erzieherischen Gründen

88 Vom allgemeinen Kündigungsschutz ausgenommen sind Personen, deren Beschäftigung nicht in erster Linie ihrem Erwerb dient und die vorwiegend zu ihrer Heilung, Wiedereingewöhnung, sittlichen Besserung oder Erziehung beschäftigt werden (vgl. zur Begriffsbestimmung § 5 Abs. 2 Nr. 4 BetrVG), da sie nicht Arbeitnehmer sind (LSSW-*Schlünder* Rn 12; LKB-*Krause* Rn 73 f.). Es handelt sich dabei etwa um körperlich oder geistig Behinderte, Alkohol- oder Rauschgiftsüchtige, Fürsorgezöglinge, soweit sie in Anstalten oder sonstigen arbeitstherapeutischen Einrichtungen beschäftigt werden, und **Strafgefangene** (*BAG* 24.4.1969 AP § 5 ArbGG Nr. 18; *LAG SchlH* 14.6.1976 BB 1976, 1127). Erwerbsfähige Hilfsbedürftige, deren Beschäftigung durch eine Mehraufwandsentschädigung gefördert wird (sog. »**Ein-Euro-Jobs**«), sind gem. § 16d Abs. 7 S. 2 SGB II nicht Arbeitnehmer. Sie werden vielmehr aufgrund eines öffentlichrechtlichen Rechtsverhältnisses beschäftigt. Zwischen ihnen und einem arbeitgeberartig auftretenden leistungserbringenden Dritten besteht auch dann kein privatrechtliches Verhältnis, wenn die sozialrechtlichen Zulässigkeitsvoraussetzungen für die Beschäftigung verletzt werden (vgl. zur Vorgängerregelung *BAG* 8.11.2006 EzA § 2 ArbGG 1979 Nr. 65, zu III 2; 26.9.2007 EzA § 611 BGB 2002 Arbeitnehmerbegriff Nr. 12, zu I 1, 2). Sie besitzen dementsprechend keinen Kündigungsschutz (vgl. *BAG* 17.5.2001 EzA § 1 KSchG Nr. 54, zu II 3, 4).

e) Entwicklungshelfer

89 Da das Rechtsverhältnis zwischen dem Träger des Entwicklungsdienstes und Entwicklungshelfern kein Arbeitsverhältnis ist (*BAG* 27.4.1977 EzA § 611 BGB Arbeitnehmerbegriff Nr. 10), ist der allgemeine Kündigungsschutz nicht anwendbar. Das Rechtsverhältnis **zwischen dem Entwicklungshelfer und dem ausländischen Projektträger** kann dagegen ein Arbeitsverhältnis sein (*BAG* 27.4.1977 EzA § 611 BGB Arbeitnehmerbegriff Nr. 10). Sofern für dieses deutsches Recht gilt (hierzu *Echterhölter* AR-Blattei SD 660 Entwicklungshelfer), kann sich der Entwicklungshelfer auf den allgemeinen Kündigungsschutz berufen.

f) Familienangehörige

90 S. Rdn 57.

g) Franchisenehmer

91 Franchisenehmer ist, wer sich im Rahmen eines Dauerschuldverhältnisses gegenüber dem Franchisegeber verpflichtet, den **Vertrieb bestimmter Waren und/oder Dienstleistungen** unter Verwendung von Namen, Warenzeichen, Ausstattung oder sonstigen Schutzrechten sowie der technischen Erfahrung des Franchisegebers und unter Beachtung des von diesem entwickelten Organisations- und Werbesystems zu vertreiben, wobei ihm vom Franchisegeber Beistand, Rat und Schulung gewährt wird und diesem auch gewisse Kontrollrechte zustehen (*Küstner* Anm. AP § 84 HGB Nr. 1). Ein Franchisenehmer, der eigenverantwortlich tätig ist, eigene Arbeitnehmer auswählen und beschäftigen darf und der die Tätigkeit sowie Beginn und Ende der Arbeitszeit im Wesentlichen selbst bestimmt, ist nicht Arbeitnehmer (*BAG* 24.4.1980 AP § 84 HGB Nr. 1; *BGH* 27.1.2000 EzA § 2 ArbGG 1979 Nr. 50, zu II 2, 3b). Wird der Franchisenehmer dagegen in seiner Berufsausübung so stark eingeschränkt, dass er vollständig in die Organisation des Franchisegebers einbezogen wird und dadurch die Möglichkeit verliert, seine Tätigkeit im Wesentlichen frei zu gestalten, ist er Arbeitnehmer (*BAG* 16.7.1997 EzA 1979 ArbGG § 5 Nr. 24, zu II 5a; LKB-*Krause* Rn 46).

h) Gesellschafter sowie Mitglieder von juristischen Personen oder Personengesamtheiten

Diese Personen unterstehen nicht dem allgemeinen Kündigungsschutz, wenn die von ihnen erbrachte Tätigkeit **in Erfüllung gesellschaftsrechtlicher bzw. körperschaftsrechtlicher Verpflichtungen** erbracht wird (*BAG* 8.1.1970 AP § 528 ZPO Nr. 14; *BSG* 27.7.1972 AP § 539 RVO Nr. 4). Daneben kann ein Arbeitsverhältnis mit den jeweiligen juristischen Personen oder Personengesamtheiten begründet werden, sofern der Gesellschafter weisungsunterworfen Arbeit leistet (*BAG* 28.11.1990 EzA § 611 BGB Arbeitnehmerbegriff Nr. 37, zu II 2; 25.1.2000 AP § 1 BetrAVG Nr. 38, zu I 1a, b; LKB-*Krause* Rn 62 ff.). So kann der Gesellschafter einer GmbH oder der Aktionär einer AG in einem Arbeitsverhältnis zu diesen juristischen Personen stehen. Voraussetzung ist allerdings, dass er nicht tatsächlich oder rechtlich unternehmerische Leitungsmacht ausüben kann. Ein Mehrheitsgesellschafter kann daher nicht Arbeitnehmer der Gesellschaft sein. Auch ein über eine Sperrminorität verfügender Gesellschafter ist im Regelfall nicht Arbeitnehmer (*BAG* 6.5.1998 EzA § 611 BGB Arbeitnehmerbegriff Nr. 68, zu I 2a). Umgekehrt berühren gesellschaftsrechtliche Konstruktionen, die nur zur Umgehung arbeits- und sozialrechtlicher Pflichten dienen, den Arbeitnehmerstatus und damit den allgemeinen Kündigungsschutz nicht (*Hess. LAG* 20.3.2000 LAGE § 611 BGB Arbeitnehmerbegriff Nr. 41: Aufnahme 54 polnischer Bauhandwerker in eine deutsche GbR für jeweils maximal drei Monate).

92

i) Organschaftliche Vertreter

Die zur gesetzlichen Vertretung einer juristischen Person berufenen Organe wie der Geschäftsführer einer GmbH oder die Vorstandsmitglieder einer AG bzw. GmbH sowie die organschaftlichen Vertreter von Personengesamtheiten (zB die geschäftsführenden Gesellschafter einer oHG oder KG) fallen nicht unter den allgemeinen Kündigungsschutz (vgl. hierzu KR-*Kreutzberg-Kowalczyk* § 14 KSchG Rdn 6–29). Auf **leitende Angestellte** findet der allgemeine Kündigungsschutz nach Maßgabe des § 14 Abs. 2 KSchG Anwendung (vgl. KR-*Kreutzberg-Kowalczyk* § 14 KSchG Rdn 30 ff.).

93

j) Ruhendes Arbeitsverhältnis

Auch ein ruhendes Arbeitsverhältnis kann unter den allgemeinen Voraussetzungen von § 1 gekündigt werden (*BAG* 9.9.2010 EzA § 1 KSchG Betriebsbedingte Kündigung Nr. 164, zu III).

94

k) Zwangsarbeiter

Eine auf Zwang und der Androhung von Gewalt beruhende Leistung fremdnütziger Arbeit begründet nicht den Arbeitnehmerstatus (*BAG* 16.2.2000 EzA § 2 ArbGG 1979 Nr. 49).

95

5. Darlegungs- und Beweislast

Die Darlegungs- und Beweislast für die persönlichen Voraussetzungen des allgemeinen Kündigungsschutzes trifft den Arbeitnehmer (*BAG* 9.2.1995 EzA KSchG § 1 Personenbedingte Kündigung Nr. 12, zu II 4; *Ascheid* Beweislastfragen S. 52; LSSW-*Schlünder* Rn 536). Er hat deshalb im Streitfall die Umstände darzulegen und zu beweisen, aus denen seine Arbeitnehmereigenschaft iSd KSchG (hierzu KR-*Kreutzberg-Kowalczyk* ArbNähnl. Pers. Rdn 17–36) folgt. Dies entspricht dem allgemeinen Grundsatz, dass derjenige die Darlegungs- und Beweislast für den Arbeitnehmerstatus trägt, der sich auf diesen beruft. Geführt werden kann der Beweis durch Vorlage eines von den Parteien abgeschlossenen Arbeitsvertrages. Beruft sich der Vertragspartner demgegenüber auf ein Scheingeschäft oder eine nicht vereinbarungsgemäße Durchführung des Vertrages, muss er die dafür maßgeblichen Tatsachen darlegen und beweisen (*BAG* 9.2.1995 EzA § 1 KSchG Personenbedingte Kündigung Nr. 12, zu II 4; 13.2.2003 AP § 613a BGB Nr. 249, zu II 3a).

96

II. Zeitlicher Geltungsbereich: Die Wartezeit

1. Begriff

97 Wartezeit ist der Zeitraum, der vergehen muss, bis der allgemeine Kündigungsschutz des § 1 KSchG eingreift. Zum Verhältnis der Wartefrist zum Antidiskriminierungsrecht s. Rdn 28.

2. Entstehungsgeschichte

98 Bis zur Änderung des § 1 Abs. 1 KSchG durch das **Erste Arbeitsrechtsbereinigungsgesetz** vom 14.8.1969 (BGBl. I S. 1106) war der Erwerb des Kündigungsschutzes von einer **sechsmonatigen ununterbrochenen Beschäftigung** im Betrieb oder Unternehmen abhängig. Für die Zurücklegung der Wartezeit war somit nicht der rechtliche Bestand des Arbeitsverhältnisses, sondern die tatsächliche Beschäftigung maßgebend. Verhältnismäßig kurzfristige Unterbrechungen der tatsächlichen Beschäftigung waren unschädlich (*BAG* 3.12.1964 AP § 1 KSchG Nr. 79; 21.12.1967 AP § 1 KSchG Nr. 2 Wartezeit). Entscheidend war eine wirtschaftliche und soziologische Betrachtung. Eine Unterbrechung der tatsächlichen Beschäftigung von fast zwei Monaten hatte das *BAG* (3.12.1964 AP § 1 KSchG Nr. 79) nicht mehr als unerheblich angesehen.

99 Diese Rechtslage hat sich durch die seit dem 1.9.1969 geltende Neufassung des § 1 Abs. 1 KSchG insoweit geändert, als nicht mehr auf die ununterbrochene Beschäftigung, sondern auf den **ununterbrochenen rechtlichen Bestand** des Arbeitsverhältnisses abzustellen ist. Die Änderung ist vorgenommen worden, weil die tatsächliche Beschäftigung häufig durch Krankheit, Urlaub, Kuraufenthalte und andere Anlässe unterbrochen wird und es deshalb unsicher war zu beurteilen, wann der Arbeitnehmer im konkreten Fall seine Arbeitsleistung nur für eine verhältnismäßig unerhebliche Zeit nicht erbracht hatte (vgl. BT-Drucks. V/3913 in Anlagen-Band 128 zu Art. 1 Nr. 1).

100 Durch die Neufassung ist der ursprüngliche Gesetzeszweck abgeschwächt worden. Die sechsmonatige Wartezeit hatte ursprünglich den Sinn, dem Arbeitgeber die Möglichkeit einzuräumen, den Arbeitnehmer näher kennen zu lernen und zu erproben (vgl. die Begr. der Bundesregierung zu § 1 des Gesetzentwurfes, RdA 1951, 63 sowie die Stellungnahme des Bundesrates zum RegE, RdA 1951, 178). Durch das Abstellen auf den rechtlichen Bestand des Arbeitsverhältnisses wird bereits die **rechtliche Bindung** eines Arbeitnehmers **zu einem Betrieb oder Unternehmen** zum maßgeblichen Anknüpfungskriterium für den Erwerb des allgemeinen Kündigungsschutzes (vgl. zum veränderten Sinngehalt *BAG* 23.9.1976 EzA § 1 KSchG Nr. 35; 20.8.1998 EzA § 1 KSchG Nr. 50, zu II 1). Dadurch wird die Bedeutung des Erprobungszweckes zwar relativiert (*BAG* 15.8.1984 EzA § 1 KSchG Nr. 40). Sinn und Zweck der Wartezeit ist es aber weiterhin, den Parteien des Arbeitsverhältnisses für eine gewisse Zeit die Prüfung zu ermöglichen, ob sie sich auf Dauer binden wollen (*BAG* 20.2.2014 EzA § 1 KSchG Nr. 66, Rn 18).

3. Zulässigkeit von abweichenden Vereinbarungen

101 Die Regelung der Wartezeit in § 1 Abs. 1 ist **einseitig zwingendes Recht**. Vereinbarungen zum Nachteil des Arbeitnehmers sind unzulässig (allg. Ansicht, etwa LSSW-*Schlünder* Rn 50; LKB-*Krause* Rn 119; APS-*Vossen* Rn 23). Deshalb sind Vereinbarungen unzulässig, die den Erwerb des allgemeinen Kündigungsschutzes von einer tatsächlichen sechsmonatigen Beschäftigung abhängig machen oder die eine Verlängerung der Wartezeit enthalten. Unzulässig sind auch Vereinbarungen, die die aus gesetzlichen Vorschriften folgende Anrechnung anderweitiger Zeiten auf die Wartezeit (s. Rdn 129 f.) ausschließen. Dagegen sind ausdrückliche oder konkludente Vereinbarungen über den Ausschluss oder die Verkürzung der Wartezeit ebenso möglich (*BAG* 8.6.1972 AP § 1 KSchG 1969 Nr. 1; 12.12.1957 AP § 276 BGB Verschulden bei Vertragsabschluss Nr. 2) wie über die Anrechnung von Vorbeschäftigungszeiten bei demselben oder einem anderen Arbeitgeber (*BAG* 2.6.2005 EzA § 1 KSchG Soziale Auswahl Nr. 63, zu B I 4b aa; 24.11.2005 EzA § 1 KSchG Nr. 59, zu B 3a; 20.2.2014 EzA § 1 KSchG Nr. 66, Rn 44). Selbst wenn Anrechnungsvereinbarungen in der Sozialauswahl ausnahmsweise unbeachtlich sind (s. Rdn 731), muss der Arbeitgeber sich für die Wartefrist an ihnen festhalten lassen.

Eine stillschweigende Vereinbarung über die Vorverlagerung des Kündigungsschutzes kann ange- 102
nommen werden, wenn ein Arbeitnehmer vor der Aufgabe seiner bisherigen Stelle aufgrund des
Angebots eines neuen Arbeitgebers diesem gegenüber erklärt, er lege Wert auf eine **Dauerstellung**,
und der neue Arbeitgeber nicht widerspricht (*BAG* 18.2.1967 AP § 1 KSchG Nr. 81; 8.6.1972 AP
§ 1 KSchG 1969 Nr. 1). Ebenso kann in der Zusage einer Dauer- oder Lebensstellung durch den
Arbeitgeber uU eine stillschweigende Vereinbarung über die **Beschränkung** oder den **Ausschluss**
von dessen **ordentlichen Kündigungsrecht** liegen (*BAG* 26.1.1967 AP § 611 BGB Vertragsabschluss Nr. 2; 7.11.1968 AP § 66 HGB Nr. 3; 21.10.1971 AP § 611 BGB Gruppenarbeitsverhältnis Nr. 1). Ergibt die Auslegung, dass keine Beschränkung des ordentlichen Kündigungsrechts
gewollt war, ist die dem Arbeitnehmer gegebene Zusage einer Dauerstellung bei der Interessenabwägung angemessen zu berücksichtigen (*BAG* 17.4.1956 AP § 626 BGB Nr. 8; 21.10.1971 AP
§ 611 BGB Gruppenarbeitsverhältnis Nr. 1).

Je nach den Umständen kann eine Anrechnungsvereinbarung in der **Aufnahme eines beendeten** 103
Arbeitsverhältnisses zu den alten Bedingungen liegen (HaKo-KSchR/*Mayer* Rn 57; LKB-*Krause*
Rn 121), etwa wenn dies auf Wunsch eines Kunden unter Verzicht auf eine Probezeit geschieht
(*LAG Köln* 15.12.2006 NZA-RR 2007, 293, zu II 1b aa). Wird ein **abberufenes Mitglied des**
gesetzlichen **Organs einer juristischen Person**, etwa ein GmbH-Geschäftsführer, nach der Abberufung im Rahmen eines Arbeitsverhältnisses mit gegenüber seinen früheren vergleichbaren Aufgaben
weiterbeschäftigt, liegt darin idR eine schlüssige Vereinbarung der Anrechnung der Beschäftigungszeit als Organmitglied. Ein davon abweichender Wille des Arbeitgebers ist nur beachtlich, wenn er
im Arbeitsvertrag deutlich zum Ausdruck gebracht wird (*BAG* 24.11.2005 EzA § 1 KSchG Nr. 59,
zu B 3).

Wegen des einseitig zwingenden Charakters der gesetzlichen Wartezeit sind auch **kollektivrechtliche** 104
Regelungen (zB in Tarifverträgen oder Betriebsvereinbarungen) zum Nachteil des Arbeitnehmers
unzulässig (*BAG* 15.8.1984 EzA § 1 KSchG Nr. 40; APS-*Vossen* Rn 26; LKB-*Krause* Rn 119; HK-
Dorndorf Rn 62). Die Tarifvertragsparteien können aber von § 1 Abs. 1 zugunsten des Arbeitnehmers abweichen (*BAG* 14.5.1987 EzA § 1 KSchG Nr. 44; *Preis* NZA 1997, 1259; zu Unrecht unter
Heranziehung des Grundsatzes der Verhältnismäßigkeit einschränkend LSSW-*Schlünder* Rn 52;
Löwisch DB 1998, 882). Kann ein Arbeitgeber einzelvertraglich auf die Wartezeit verzichten, sind
aufgrund der Tarifautonomie auch entsprechende tarifvertragliche Regelungen zulässig. Im Einzel-
fall ist durch Auslegung zu ermitteln, ob eine **Tarifvorschrift**, die unter bestimmten Voraussetzungen eine Anrechnung von früheren Beschäftigungszeiten auf die Dauer der Betriebszugehörigkeit
vorsieht, auch auf die gesetzliche Wartezeit des § 1 Abs. 1 anwendbar ist (*BAG* 28.2.1990 EzA § 1
KSchG Nr. 47). Auf § 19 BAT/BAT-O trifft dies nicht zu (*BAG* 16.3.2000 EzA § 108 BPersVG
Nr. 2, zu II 1d). § 12 Nr. 1.2 Satz 3 BRTV-Bau ordnet die Zusammenrechnung unterbrochener
Beschäftigungszeiten lediglich für die Berechnung der Kündigungsfristen an (*BAG* 20.6.2013 EzA
§ 1 KSchG Nr. 64, Rn 17). Dennoch ist die von den Tarifvertragsparteien mit der Bestimmung getroffene Wertung auch bei der Berechnung der Wartezeit nach § 1 Abs. 1 zu berücksichtigen; eine
Unterbrechung von bis zu sechs Monaten kann demnach im Geltungsbereich des BRTV-Bau unbeachtlich sein (*BAG* 20.6.2013 EzA § 1 KSchG Nr. 64, Rn 18). Sieht ein **Sozialplan** unter bestimmten Voraussetzungen einen Wiedereinstellungsanspruch vor, kann darin ein Ausschluss der gesetzlichen Wartezeit für den Fall der Wiedereinstellung liegen (*BAG* 5.7.1984 – 2 AZR 246/83, nv).

Die Vereinbarung einer sechs Monate unterschreitenden Probezeit hat ohne Weiteres nicht zur 105
Folge, dass nach deren Ablauf der Kündigungsschutz vorzeitig eintritt (*ArbG Frankf./M.* 21.3.2001
RzK I 4d Nr. 26). Dasselbe gilt für einen vollständigen Verzicht auf eine Probezeit, da dessen Er-
klärungswert nur auf die Nichtanwendbarkeit der Probezeitkündigungsfrist beschränkt ist (aA
LAG Köln 15.2.2002 RzK I 4d Nr. 28; APS-*Vossen* Rn 24). Durch eine tarifvertraglich vorgesehene
Probezeit von mehr als sechs Monaten wird die Anwendbarkeit des allgemeinen Kündigungsschut-
zes nach Ablauf der Wartezeit von § 1 Abs. 1 KSchG nicht ausgeschlossen (*BAG* 15.8.1984 EzA § 1
KSchG Nr. 40). Dies gilt ebenso für eine einzelvertraglich festgelegte Probezeit von mehr als sechs
Monaten (*LAG Frankf./M.* 13.3.1986 NZA 1987, 384).

4. Berechnung der Wartezeit

106 Bei der Berechnung der sechsmonatigen Wartezeit ist allein auf den **rechtlichen Bestand des Arbeitsverhältnisses** abzustellen. Unterbrechungen der Vollziehung des Arbeitsverhältnisses hemmen unabhängig von deren Anlass den Lauf der Frist nicht. Dies gilt gleichermaßen für vom Arbeitnehmer verschuldete Gründe, etwa schuldhafte Arbeitsversäumnis, wie für von ihm nicht zu vertretende, etwa Krankheit, Kur, Schwangerschaft, Elternzeit, Urlaub oder Arbeitskampf (LSSW-*Schlünder* Rn 55; DDZ-*Deinert* Rn 23; TRL-*Gabrys* Rn 230) sowie für Pflegezeit gem. § 5 PflegeZG (rechtspolitisch, nicht aber dogmatisch nachvollziehbar aA *Preis/Nehring* NZA 2008, 729, 736). Auch wenn der Arbeitnehmer während der gesamten Dauer der Wartezeit **keine Arbeit** geleistet hat, ist die Berufung auf den Kündigungsschutz ohne Weiteres nicht rechtsmissbräuchlich (aA *Etzel* KR 7. Aufl., Rn 115). Die Interessen des Arbeitgebers werden in diesem Fall dadurch ausreichend gewahrt, dass er sein Kündigungsrecht vor Ablauf der Wartefrist ausüben kann. Zur lösenden Aussperrung s. Rdn 123, zur Gesamtrechtsnachfolge s. Rdn 127, 128 und zu gesetzlichen Anrechnungsbestimmungen s. Rdn 129, 130.

107 Für den **Beginn** der Wartezeit kommt es nicht auf den Zeitpunkt der tatsächlichen Arbeitsaufnahme, sondern auf den rechtlichen Beginn des Arbeitsverhältnisses an (*BAG* 20.8.1998 EzA § 1 KSchG Nr. 50, zu II 1; s. Rdn 99). Dies ist der Zeitpunkt, von dem ab die Arbeitsvertragsparteien ihre wechselseitigen Rechte und Pflichten begründen wollen (*BAG* 24.10.2013 EzA § 1 KSchG Nr. 65, Rn 30; 27.6.2002 EzA § 188 BGB Nr. 1, zu B I 2b bb [3]). Abzustellen ist insoweit auf den Beginn des Austauschs der wechselseitigen Hauptleistungspflichten. Im Regelfall wird dies der Zeitpunkt sein, zu dem der Arbeitnehmer nach den arbeitsvertraglichen Vereinbarungen der Parteien mit der Arbeit beginnen soll (*BAG* 24.10.2013 EzA § 1 KSchG Nr. 65, Rn 31). Zwar entsteht ein Arbeitsverhältnis als zumindest Nebenpflichten begründendes Rechtsverhältnis bereits mit dem Abschluss des Arbeitsvertrags (vgl. zu § 17 Abs. 1 MuSchG *BAG* 27.2.2020 2 AZR 498/19 – EzA § 17 MuSchG 2018 Nr. 1, Rn 12). Auch wenn die Wartezeit gem. § 1 Abs. 1 auf den rechtlichen Bestand des Arbeitsverhältnisses abstellt, setzt sie nach ihrem Sinn und Zweck aber zumindest die Möglichkeit der Erprobung des Arbeitnehmers im Rahmen der geschuldeten Tätigkeit voraus (anders für das Kündigungsverbot gem. § 17 Abs. 1 MuSchG *BAG* 27.2.2020 2 AZR 498/19 – EzA § 17 MuSchG 2018 Nr. 1, Rn 10). Allein der Zeitpunkt der Unterzeichnung des Arbeitsvertrages ist deshalb für den Beginn der Wartezeit nach § 1 Abs. 1 nicht maßgeblich (*BAG* 27.6.2002 EzA §§ 187, 188 BGB Nr. 1, zu B I 2b bb; APS-*Vossen* Rn 30). Ist der Arbeitnehmer aus nicht von ihm zu vertretenden Gründen (zB Krankheit, Unfall, Kuraufenthalt) an der Arbeitsaufnahme verhindert, ist dies für den Beginn der Wartezeit ohne Einfluss. Dies gilt ebenso im Fall des Annahmeverzugs des Arbeitgebers (*Berger-Delhey* BB 1989, 980 f.; LSSW-*Schlünder* Rn 65; SPV-*Preis* Rn 871). Der Beginn der Wartezeit verschiebt sich grds. auch nicht allein dadurch, dass der Arbeitnehmer aus Gründen, die von ihm zu vertreten sind (Urlaubsreise, Arbeitsunlust usw.), nicht zur vereinbarten Arbeitsaufnahme erscheint (ebenso *Boemke* BB 2014, 2999, 3000; LKB-*Krause* Rn 85; mit dieser Tendenz auch MüKo-BGB/*Hergenröder* Rn 31; aA APS-*Vossen* Rn 30; HaKo-KSchR/*Mayer* Rn 69; ErfK-*Oetker* Rn 35; offen gelassen *BAG* 24.10.2013 EzA § 1 KSchG Nr. 65, Rn 40). Das Gesetz stellt nicht mehr auf die Möglichkeit zur tatsächlichen Erprobung ab, sondern auf den Zeitraum vertraglicher Bindung, innerhalb dessen jede Partei des Arbeitsverhältnisses soll prüfen können, ob sie sich auf Dauer binden will (vgl. *BAG* 20.2.2014 EzA § 1 KSchG Nr. 66, Rn 18). Akzeptiert der Arbeitgeber jedoch die spätere Arbeitsaufnahme, kann das beiderseitige Verhalten eine konkludente Abänderung des Vertragsbeginns bedeuten.

108 Das **Ende der Wartezeit** ist idR nach § 188 Abs. 2 Alt. 2 BGB zu berechnen. Die Wartezeit endet daher mit dem Ablauf desjenigen Tages des sechsten Monats, der dem Tag vorhergeht, der durch seine Zahl dem Anfangstag der Frist entspricht. Im Fall einer für den 1. April vereinbarten Arbeitsaufnahme endet die Wartezeit am 30. September. Sofern die übrigen Voraussetzungen vorliegen, genießt der Arbeitnehmer dann ab dem 1. Oktober allgemeinen Kündigungsschutz. Für die Beurteilung der Frage, ob der Tag der Arbeitsaufnahme bereits zur Wartezeit zu zählen ist, wenn die Parteien den Arbeitsvertrag erst im Verlauf dieses Tages geschlossen haben, ist der Wille

der Vertragsparteien maßgebend. Dieser ist gem. §§ 133, 157 BGB durch Auslegung zu ermitteln. § 187 BGB kann insoweit gem. § 186 BGB als Auslegungsregel herangezogen werden (*BAG* 24.10.2013 EzA § 1 KSchG Nr. 65, Rn 42; 27.6.2002 EzA § 188 BGB Nr. 1, zu B I 2a dd). § 193 BGB findet bei der Berechnung des Endes der Wartezeit keine Anwendung (*BAG* 24.10.2013 EzA § 1 KSchG Nr. 65, Rn 46 ff.). Die Wartezeit nach § 1 Abs. 1 regelt keine Frist zur Abgabe einer Willenserklärung, sondern bestimmt einen Zeitraum, nach dessen Ablauf der allgemeine Kündigungsschutz gilt. Sie endet daher bereits mit Ablauf eines Sonnabends, Sonn- oder Feiertags, wenn ihr letzter Tag auf einen solchen Tag fällt, und nicht erst mit dem nächsten Werktag.

Maßgeblich für den Erwerb des allgemeinen Kündigungsschutzes ist nicht der Ablauf der Kündigungsfrist, sondern der **Zeitpunkt des Zugangs der Kündigung** (allg. Ansicht, etwa *BAG* 20.7.1977 BAGE 29, 247; 16.3.2000 EzA § 108 BPersVG Nr. 2, zu II 1a; LSSW-*Schlünder* Rn 66; LKB-*Krause* Rn 118). Zur Bestimmung dieses Zeitpunkts vgl. KR-*Spilger* § 622 BGB Rdn 142 ff. Verzögerungen des Kündigungsausspruchs durch die Einholung vorher erforderlicher Zustimmungen von Behörden etwa nach §§ 17 MuSchG, 18 BEEG oder durch personalvertretungsrechtliche Zustimmungs- und Zustimmungsersetzungsverfahren hemmen den Fristablauf nicht (für Letztere aA *Etzel* KR 7. Aufl., Rn 102; *Klabunde* ZTR 1992, 453). Derartige Regelungen dienen nicht der Hemmung des allgemeinen Kündigungsschutzes, sondern sollen einen zusätzlichen Schutz für die betroffenen Arbeitnehmer bewirken. Dagegen muss sich der Arbeitnehmer im Fall einer treuwidrigen **Zugangsvereitelung** so behandeln lassen, als ob ihm die Kündigung innerhalb der Wartefrist zugegangen ist. Dies setzt voraus, dass er einerseits mit dem Zugang rechtserheblicher Erklärungen rechnen musste und gleichwohl nicht zur Ermöglichung des Zugangs geeignete Vorkehrungen traf, und andererseits der Arbeitgeber alles ihm Mögliche und Zumutbare unternahm, um den Zugang der Kündigung innerhalb der Wartefrist zu bewirken (*BAG* 26.3.2015 – 2 AZR 483/14, EzA § 130 BGB 2002 Nr. 7, Rn 21; 22.9.2005 EzA § 130 BGB 2002 Nr. 5, zu II 2, 3; zum Kündigungszugang s. näher KR-*Klose* § 4 Rdn 140–189).

Von dem Grundsatz der Maßgeblichkeit des Kündigungszugangs ist entgegen der früher hM (etwa *BAG* 28.9.1978 EzA § 102 BetrVG 1972 Nr. 39; 18.8.1982 EzA § 102 BetrVG 1972 Nr. 48; 5.3.1987 RzK I 4d Nr. 7) keine Ausnahme zu machen, wenn der Arbeitgeber die Kündigung **wenige Tage vor Ablauf der Wartezeit** erklärt, um den Erwerb des allgemeinen Kündigungsschutzes zu verhindern. Dem Arbeitgeber steht es frei, die gesamte Wartefrist bis zum letzten Tag auszuschöpfen. Das Ziel, einen Rechtsstreit über die soziale Rechtfertigung der Kündigung zu vermeiden, macht die Kündigung kurz vor Fristablauf nicht entgegen § 162 BGB treuwidrig, sondern entspricht dem Zweck von § 1 Abs. 1. Treuwidrig kann eine solche Kündigung nur sein, wenn weitere Umstände hinzutreten (*BAG* 16.3.2000 EzA § 108 BPersVG Nr. 2, zu II 1e; 16.9.2004 EzA § 242 BGB 2002 Nr. 5, zu B I 4c; *LAG SchlH* 14.4.1998 LAGE § 242 BGB Nr. 4, zu 2a; ErfK-*Oetker* Rn 50; DW-*Wolff* Rn 54). Dazu genügt es nicht, dass der Arbeitgeber mit dem Kündigungsausspruch nicht bis zum letzten Tag abwartet, an dem die Wahrung der Kündigungsfrist noch möglich wäre (*BAG* 16.3.2000 EzA § 108 BPersVG Nr. 2, zu II 1e). Entgegen § 162 BGB treuwidrig kann eine Kündigung erst sein, wenn überhaupt kein sachlicher Zusammenhang zwischen dem Anlass und dem Zeitpunkt des Ausspruchs der Kündigung besteht, etwa wenn der Arbeitgeber ohne sachlichen Grund erst zu einem wesentlich späteren als dem nächstmöglichen Termin kündigt (vgl. LSSW-*Schlünder* Rn 66). Nicht treuwidrig handelt ein Arbeitgeber, der dem Arbeitnehmer in Zusammenhang mit einer Verlängerung der Kündigungsfrist eine angemessene Frist gewähren will, sich doch noch zu bewähren (*BAG* 7.3.2002 EzA § 611 BGB Aufhebungsvertrag Nr. 40, zu II 3b).

Die dargestellten Grundsätze gelten unabhängig von Umfang und Lage der Arbeitszeit auch für **teilzeitbeschäftigte Arbeitnehmer**. Eine regelmäßig nur an zwei oder drei Tagen in der Woche beschäftigte Teilzeitkraft erwirbt daher ebenfalls nach einem sechsmonatigen ununterbrochenen Bestand des Arbeitsverhältnisses den allgemeinen Kündigungsschutz. Da das Teilzeitarbeitsverhältnis auch in Zeiten der Nichtbeschäftigung als Rechtsverhältnis fortbesteht, gelten hinsichtlich des Ablaufs der Wartezeit keine Besonderheiten (ErfK-*Oetker* Rn 37; LKB-*Krause* Rn 102; *Wank* ZIP 1986, 213). Nichts anderes gilt für Jobsharing- und für Bedarfsarbeitsverhältnisse (APS-*Vossen* Rn 35).

§ 1 KSchG   Sozial ungerechtfertigte Kündigungen

112 Veränderungen des Umfangs der Arbeitszeit, etwa die **Umwandlung** eines Vollzeit- **in ein Teilzeitarbeitsverhältnis**, und sonstige Arbeitsvertragsänderungen beeinträchtigen bei ununterbrochenem Fortbestehen eines Arbeitsverhältnisses zwischen den Parteien den Lauf der Wartezeit nicht (*BAG* 31.10.1975 EzA § 611 BGB Gratifikation, Prämie Nr. 48; APS-*Vossen* Rn 35), selbst wenn sie auf einer Änderungskündigung beruhten (LKB-*Krause* Rn 102; MüKo-BGB/*Hergenröder* Rn 32; DW-*Wolff* Rn 41, 42).

113 Für die Dauer der Wartezeit **ohne Bedeutung ist die Art der** vom Arbeitnehmer **geschuldeten Tätigkeit**. Die generelle Gesetzesfassung lässt keinen Raum für eine einzelfallbezogene Überprüfung der Angemessenheit ihrer Dauer (*BAG* 24.1.2008 EzA § 622 BGB 2002 Nr. 4, zu II 2d aa). Ohne Einfluss auf die Berechnung der Wartezeit ist weiter, ob der Arbeitnehmer in dem maßgeblichen Zeitraum als **Arbeiter** oder als **Angestellter** beschäftigt war oder ob ein Wechsel eingetreten ist (*BAG* 23.9.1976 EzA § 1 KSchG Nr. 35; LKB-*Krause* Rn 101). Dagegen zählen sonstige Zeiten, in denen der Betreffende nicht als Arbeitnehmer, sondern auf der Grundlage eines anderen Vertragsverhältnisses etwa als Geschäftsführer einer GmbH (*LAG Brem.* 24.10.1997 BB 1998, 223), als freier Mitarbeiter (*BAG* 11.12.1996 EzA § 242 BGB Rechtsmissbrauch Nr. 2, zu II 1), als Familienangehöriger in Erfüllung familienrechtlicher Verpflichtungen oder als Beamter tätig geworden ist, bei der Berechnung der Wartezeit nicht mit (*BAG* 17.5.2001 EzA § 1 KSchG Nr. 54, zu II 2). Das gilt auch für der Einstellung vorangehende Zeiten, in denen der Arbeitnehmer von einem Vorarbeitgeber in den Betrieb abgeordnet war (*LAG Köln* 10.3.2000 NZA-RR 2001, 32). Da ein **Leiharbeitnehmer** bei erlaubter gewerbsmäßiger Arbeitnehmerüberlassung sich lediglich im Verhältnis zum Verleiher in einem Arbeitsverhältnis befindet, sind Zeiten, während derer er in den Betrieb des Entleihers eingegliedert war, in einem späteren Arbeitsverhältnis zwischen ihm und dem Entleiher regelmäßig ebenfalls nicht auf die Wartezeit anzurechnen (*BAG* 20.2.2014 EzA § 1 KSchG Nr. 66, Rn 23; LKB-*Krause* Rn 100; HaKo-KSchR/*Mayer* Rn 83; HWK-*Quecke* Rn 10; LSSW-*Schlünder* Rn 63). Soweit allerdings wegen unerlaubter Arbeitnehmerüberlassung zwischen Entleiher und Leiharbeitnehmer ein Arbeitsverhältnis fingiert wird (§ 10 Abs. 1 S. 1 AÜG), ist die Zeit seit dem Eintritt der Unwirksamkeit bereits Teil der Wartezeit (HaKo-KSchR/*Mayer* Rn 83). War der Arbeitnehmer in einem **befristeten Arbeitsverhältnis** beschäftigt, ist diese Vertragszeit auf die Wartezeit anzurechnen, sofern er unmittelbar nach Fristablauf im Rahmen eines unbefristeten Arbeitsverhältnisses weiterbeschäftigt wird (*BAG* 12.2.1981 EzA § 611 BGB Probearbeitsverhältnis Nr. 5; HK-*Dorndorf* Rn 91; DDZ-*Deinert* Rn 26). Das Gleiche gilt, wenn der Arbeitnehmer im Anschluss an ein unbefristetes Arbeitsverhältnis in einem befristeten Arbeitsverhältnis weiterbeschäftigt wird (*LAG Bln.* 8.7.1991 LAGE § 1 KSchG Nr. 9).

114 Bei der Berechnung der Wartezeit zu berücksichtigen sind Zeiten der **beruflichen Ausbildung** (*BAG* 23.9.1976 EzA § 1 KSchG Nr. 35; 2.12.1999 EzA § 622 BGB nF Nr. 60; Bader/Bram-*Ahrendt* Rn 94; LKB-*Krause* Rn 101; *Natzel* S. 295; aA *Friedemann* BB 1985, 1541). Für eine Einbeziehung der **Ausbildungszeit** in die **Wartezeit** spricht der in § 10 Abs. 2 BBiG festgelegte Grundsatz, dass auf den Berufsausbildungsvertrag die für den Arbeitsvertrag geltenden Vorschriften und Rechtsgrundsätze entsprechend anzuwenden sind. Ein weiterer Hinweis auf die Einbeziehung der Ausbildungszeiten ergibt sich aus der Übergangsvorschrift des Art. 6 Abs. 3 des Ersten Arbeitsrechtsbereinigungsgesetzes v. 14.8.1969 (BGBl. I S. 1111). Danach galt § 1 Abs. 1 KSchG bis zum 31.12.1972 mit der Maßgabe, dass die Ausbildungszeit auf die sechsmonatige Wartefrist nur dann angerechnet werden durfte, wenn der Arbeitnehmer im Zeitpunkt der Kündigung das 20. Lebensjahr vollendet hatte. Mit dem Fortfall der Altersgrenze (vgl. Gesetz v. 8.7.1976 BGBl. I S. 1769) sind Ausbildungszeiten ohne Rücksicht auf das Lebensalter in die Wartezeit einzubeziehen. Dasselbe gilt für ein anderes Vertragsverhältnis iSv § 26 BBiG. Dagegen ist ein betriebliches **Praktikum**, das der beruflichen Fortbildung (§§ 53 ff. BBiG) gedient hat, nur dann auf die Wartezeit anzurechnen, wenn es im Rahmen eines Arbeitsverhältnisses abgeleistet worden ist (*BAG* 18.11.1999 EzA § 1 KSchG Nr. 52 = AR-Blattei ES 1020 Nr. 353 m. zust. Anm. *Kufer*; LAG Hamm 8.7.2003 BB 2003, 2237; vgl. auch *BAG* 22.1.2004 EzA § 23 KSchG Nr. 26, zu II 2). Sozialrechtlich geförderte Beschäftigungsverhältnisse, denen wie den sog. »1-Euro-Jobs« (§ 16d Abs. 7 S. 2 SGB II) kein Arbeitsverhältnis zugrunde liegt (vgl. *BAG* 8.11.2006 EzA § 2 ArbGG 1979 Nr. 89, zu III 2), sind

auf die Wartefrist nicht anzurechnen. Sie dienen erst der Hinführung zu einem Arbeitsverhältnis (vgl. zu §§ 229 ff. SGB III aF *BAG* 17.5.2001 EzA § 1 KSchG Nr. 54, zu II 2–4). Anzurechnen waren dagegen **Arbeitsbeschaffungsmaßnahmen** (§§ 260 ff. SGB III aF), die auf der Grundlage eines Arbeitsverhältnisses durchgeführt wurden (*BAG* 12.2.1981 EzA § 611 BGB Probearbeitsverhältnis Nr. 5).

5. Ununterbrochener Bestand des Arbeitsverhältnisses

Die Wartezeit ist an einen **ununterbrochenen rechtlichen Bestand** des Arbeitsverhältnisses geknüpft. Dieser wird bei ununterbrochenem Fortbestehen des Arbeitsverhältnisses durch Änderungen des Arbeitsvertrages nicht berührt (s. Rdn 112, 122). Nach Ansicht des *BAG* (grundlegend 23.9.1976 EzA § 1 KSchG Nr. 35; 6.12.1976 EzA § 1 KSchG Nr. 36; zuletzt etwa 22.5.2003 EzA § 242 BGB 2002 Kündigung Nr. 2, zu B I 2a; 19.6.2007 EzA § 90 SGB IX Nr. 2, zu II 1b, c; 7.7.2011 EzA § 1 KSchG Nr. 63, zu B II 1a aa) ist der in § 1 Abs. 1 KSchG verwendete Begriff des ununterbrochenen (rechtlichen) Bestandes des Arbeitsverhältnisses ebenso zu verstehen wie der Begriff der Betriebszugehörigkeit (richtiger Unternehmenszugehörigkeit, s. Rdn 124). Rechtliche Unterbrechungen des Arbeitsverhältnisses wirken sich auf den Ablauf der Wartezeit des § 1 KSchG daher nicht anders aus als auf die Wartezeiten von §§ 622 Abs. 2 BGB, 4 BUrlG, dh es kommt auf einen engen sachlichen Zusammenhang mit dem früheren Arbeitsverhältnis an. Darüber herrscht im Schrifttum weitgehend Einigkeit (etwa Bader/Bram-*Ahrendt* Rn 90 ff.; LKB-*Krause* Rn 106; APS-*Vossen* Rn 37a; LSSW-*Schlünder* Rn 58; HaKo-KSchR/*Mayer* Rn 87; MüKo-BGB/*Hergenröder* Rn 34; ErfK-*Oeker* Rn 40; HaKo-ArbR/*Schmitt* Rn 33 f.; AR-*Kaiser* Rn 9; wegen der sich daraus ergebenden Rechtsunsicherheit krit. SPV-*Preis* Rn 877; KPK-*Meisel* Rn 25). 115

Nach der **rechtlichen Beendigung** des **seitherigen Arbeitsverhältnisses** hängt eine Zusammenrechnung der einzelnen Beschäftigungszeiten davon ab, ob das neue Arbeitsverhältnis mit dem früheren Arbeitgeber oder – etwa bei einem Betriebsübergang – mit dessen Rechtsnachfolger in einem **engen sachlichen** Zusammenhang mit dem bisherigen Arbeitsverhältnis steht (*BAG* 20.2.2014 EzA § 1 KSchG Nr. 66, Rn 19; 20.6.2013 EzA § 1 KSchG Nr. 64, Rn 13). Dabei kommt es insbes. auf Anlass und Dauer der Unterbrechung sowie auf die Art der Weiterbeschäftigung an. Je länger die Unterbrechung dauert, desto gewichtiger müssen die für den Zusammenhang sprechenden Gründe sein (*BAG* 10.5.1989 EzA § 1 KSchG Nr. 46; 20.8.1998 EzA § 1 KSchG Nr. 50, zu II 1; 22.5.2003 EzA § 242 BGB 2002 Kündigung Nr. 2, zu B I 2a; 19.6.2007 EzA § 90 SGB IX Nr. 2, zu II 1c). Sind die Arbeitsbedingungen in beiden Arbeitsverhältnissen nicht gleichartig, fehlt idR ein enger Sachzusammenhang (*BAG* 16.3.2000 EzA § 108 BPersVG Nr. 2, zu II 1c). Dies gilt etwa für eine unterschiedliche Eingruppierung des Arbeitnehmers (*BAG* 22.5.2003 EzA § 242 BGB 2002 Kündigung Nr. 2, zu B I 2b bb). 116

Im Regelfall sind nur **kurzfristige rechtliche Unterbrechungen** von einigen Tagen oder wenigen Wochen unschädlich (*BAG* 27.6.2002 EzA § 1 KSchG Nr. 55, zu B I 2b; 22.9.2005 EzA § 1 KSchG Nr. 58, zu II 1c; 7.7.2011 EzA § 1 KSchG Nr. 63, zu B II 1a bb). Bei langfristigen rechtlichen Unterbrechungen kommt eine Anrechnung nicht in Betracht. Das *BAG* sieht für den Regelfall einen Unterbrechungszeitraum von mehr als drei Wochen als anrechnungsschädlich an (9.8.2000 RzK I 4d Nr. 24; 22.9.2005 EzA § 1 KSchG Nr. 58, zu II 1c). Es hat bei Unterbrechungen von fünf Wochen (*BAG* 4.4.1990 RzK I 4d Nr. 15), knapp sieben Wochen (*BAG* 22.5.2003 EzA § 242 BGB 2002 Kündigung Nr. 2), zwei Monaten (*BAG* 10.5.1989 EzA § 1 KSchG Nr. 46), 2 2/3 Monaten (*BAG* 11.11.1982 EzA § 620 BGB Nr. 61) sowie vier und fünf Monaten (*BAG* 18.1.1979 EzA § 1 KSchG Nr. 39; 22.9.2005 EzA § 1 KSchG Nr. 58, zu II 1) einen engen sachlichen Zusammenhang zwischen den beiden Arbeitsverhältnissen verneint. Im Geltungsbereich des BRTV-Bau kann wegen der § 12 Nr. 1.2 Satz 3 BauRTV zu entnehmenden Wertung der Tarifvertragsparteien von nicht vom Arbeitnehmer veranlassten Unterbrechungszeiten dagegen auch eine Unterbrechung von bis zu sechs Monaten unschädlich sein (*BAG* 20.6.2013 EzA § 1 KSchG Nr. 64, Rn 18). Eine feste zeitliche Grenze für das Bestehen eines engen sachlichen Zusammenhangs mit einem früheren Arbeitsverhältnis lässt sich nicht ziehen, 117

Insbesondere kann mangels Sachzusammenhangs nicht auf die Dauer der gesetzlichen Kündigungsfrist abgestellt werden (ErfK-*Oetker* Rn 42). Vielmehr kommt es auf die Umstände des Einzelfalls an. So kann für unterbrochene Arbeitsverhältnisse eines Lehrers bei einer Unterbrechung von sechs Wochen nur wegen der Sommerferien und einer vergleichbaren Fächerkombination ein enger sachlicher Zusammenhang bestehen (*BAG* 20.8.1998 EzA § 1 KSchG Nr. 49; 19.6.2007 EzA § 90 SGB IX Nr. 2, zu II 2a, b), selbst wenn die Arbeitsverträge durch unterschiedliche Schulämter geschlossen werden (*BAG* 19.6.2007 EzA § 90 SGB IX Nr. 2, zu II 2c). Dagegen kann eine neue Fächerkombination des Lehrers gegen einen Zusammenhang sprechen (*BAG* 16.3.2000 EzA § 108 BPersVG Nr. 2, zu II 1c).

118 Die **Unterbrechungszeit** selbst ist auf die Wartezeit nicht anzurechnen, sofern die Parteien nichts anderes vereinbaren (*LAG BW* 17.2.1988 LAGE § 1 KSchG Nr. 7; *LAG Hamm* 20.12.1996 LAGE § 1 KSchG Nr. 10, zu 1.4.4; LKB-*Krause* Rn 114; DDZ-*Deinert* Rn 28; HaKo-KSchR/*Mayer* Rn 89; ErfK-*Oetker* Rn 39; entsprechend für tarifliche Beschäftigungszeiten *BAG* 17.6.2003 EzA § 622 BGB 2002 Nr. 1, zu B I 2; für die Berechnung der Kündigungsfrist s. hier KR-Spilger § 622 BGB Rdn 60). Die Anrechnung ändert nichts daran, dass das Arbeitsverhältnis während der Unterbrechung nicht bestanden hat.

119 Diese Grundsätze gelten auch für die Beschäftigungszeiten in einem **befristeten Arbeitsverhältnis**, wenn sich dem befristeten Arbeitsverhältnis ein unbefristetes oder befristetes Arbeitsverhältnis anschließt und zwischen beiden Arbeitsverhältnissen ein enger sachlicher Zusammenhang besteht (*BAG* 12.2.1981 EzA § 611 BGB Probearbeitsverhältnis Nr. 5; 9.2.2000 EzA § 1 BeschFG 1985 Klagefrist Nr. 2, zu b). Auch ist unschädlich, wenn ein früheres Arbeitsverhältnis einem **ausländischen Vertragsstatut** unterlag (*BAG* 7.7.2011 EzA § 1 KSchG Nr. 63, zu B II 1b).

120 Bei langfristigen rechtlichen Unterbrechungen ist eine Anrechnung der Dauer des früheren Arbeitsverhältnisses auf eine Wartezeit möglich, wenn sich die **Anrechnung aus gesetzlichen Vorschriften** ergibt (s. Rdn 129, 130) oder wenn die Parteien eine Anrechnungsvereinbarung treffen (s. Rdn 101–103).

121 Bei einer **rechtlichen Unterbrechung des Arbeitsverhältnisses nach zurückgelegter Wartezeit** gelten die unter Rdn 117 ff. dargestellten Grundsätze entsprechend. Bei kurzfristigen Unterbrechungen des Arbeitsverhältnisses bedarf es daher keiner erneuten Wartezeit, sofern zwischen den beiden Arbeitsverhältnissen ein enger sachlicher Zusammenhang besteht. Erfolgt die Wiedereinstellung durch denselben Arbeitgeber dagegen erst nach einem längeren Zeitraum, bedarf es einer entsprechenden Anrechnungsvereinbarung.

122 Unschädlich für den Lauf der Wartezeit ist eine **rechtliche Beendigung** des seitherigen Arbeitsverhältnisses stets dann, wenn sich **ohne zeitliche Unterbrechung** ein weiteres Arbeitsverhältnis mit demselben Arbeitgeber anschließt (*BAG* 20.2.2014 EzA § 1 KSchG Nr. 66, Rn 19; 23.9.1976 EzA § 1 KSchG Nr. 35). Dann ist im Unterschied zu kurzfristigen rechtlichen Unterbrechungen kein enger sachlicher Zusammenhang zwischen den einzelnen Arbeitsverhältnissen erforderlich. Es kommt weder auf den Anlass der Beendigung des vorherigen Arbeitsverhältnisses noch auf die Art der Weiterbeschäftigung an. Auch bei einem völlig anderen Aufgabengebiet und ohne Anrechnungsvereinbarung ist daher in derartigen Fällen die Dauer des ersten Arbeitsverhältnisses auf die Wartezeit anzurechnen (LKB-*Krause* Rn 106; SPV-*Preis* Rn 870; HaKo-KSchR/*Mayer* Rn 85; MüKo-BGB/*Hergenröder* Rn 33; **aA** bei erheblichen Tätigkeitsänderungen LSSW-*Schlünder* Rn 57).

123 **Tatsächliche Unterbrechungen** der Arbeit sind ohne Einfluss auf den Ablauf der Wartezeit, sofern dadurch der rechtliche Bestand des Arbeitsverhältnisses nicht berührt wird (s. Rdn 106). Im Fall einer nach der Rspr. des *BAG* unter bestimmten Voraussetzungen zulässigen lösenden **Abwehraussperrung** (vgl. iE KR-*Bader/Kreutzberg-Kowalczyk* § 25 KSchG Rdn 14 ff.) kommt es zu einer rechtlichen Unterbrechung der Wartezeit. Soweit keine tarifvertraglichen Anrechnungsregelungen eingreifen, richtet sich hier die Frage der Anrechnung nach den oben dargestellten Grundsätzen (vgl. Rdn 117 f.).

Für den Ablauf der Wartezeit genügt es, dass das Arbeitsverhältnis in demselben Unternehmen 124
länger als sechs Monate bestanden hat. Dazu reicht es aus, wenn der Arbeitnehmer während dieses
Zeitraums ohne zeitliche Unterbrechung in einem anderen Betrieb des gleichen Unternehmens
weiterbeschäftigt wird (*Berger-Delhey* BB 1989, 981; LKB-*Krause* Rn 89; DDZ-*Deinert* Rn 24, 30;
zu den Begriffen »Betrieb« und »Unternehmen« s. Rdn 140 ff., 149 ff.). Für die Zurücklegung der
Wartezeit ist es ohne Belang, auf welcher Rechtsgrundlage (Direktionsrecht, Änderungskündigung,
Änderungsvertrag usw.) der Arbeitnehmer versetzt wird (*Berger-Delhey* BB 1989, 981; APS-*Vossen*
Rn 43). Diese Grundsätze gelten auch für Zeiten eines **Auslandseinsatzes** (*A. Gravenhorst* RdA
2007, 283, 287).

Wird ein Arbeitnehmer erst nach einer **zeitlichen Unterbrechung** in einem **anderen Betrieb des** 125
Unternehmens weiterbeschäftigt, ist dies für die Wartezeit ohne Bedeutung, wenn es sich nur um
eine **tatsächliche Unterbrechung** wie Krankheit oder Urlaub im Rahmen eines rechtlich fortbestehenden Arbeitsverhältnisses handelt (so für Sonderurlaub *BAG* 11.9.1979 – 6 AZR 702/77). Wird
ein Arbeitnehmer dagegen nach der rechtlichen Beendigung des früheren Arbeitsverhältnisses nach
einiger Zeit für einen anderen Betrieb des gleichen Unternehmens erneut eingestellt, liegt eine **rechtliche Unterbrechung** der Unternehmenszugehörigkeit vor. Dann gelten die oben (Rdn 115–118)
dargestellten Anrechnungsgrundsätze. Die Beschäftigungszeiten aus beiden Arbeitsverhältnissen
werden zusammengerechnet, wenn die Unterbrechungsdauer nur kurzfristig ist und ein enger
sachlicher Zusammenhang mit der früheren Beschäftigung des Arbeitnehmers besteht (APS-*Vossen*
Rn 43). Nach einer längeren rechtlichen Unterbrechung der Unternehmenszugehörigkeit bedarf
es dagegen einer **Anrechnungsvereinbarung**. Ohne Einfluss auf die Wartezeit sind bei fortbestehender Arbeitgeberidentität **Umwandlungen der Unternehmensstruktur**, etwa Verschmelzungen
oder Spaltungen von Unternehmen. Verbleibt ein Arbeitnehmer im Zusammenhang mit derartigen
Organisationsänderungen in seinem Einstellungsbetrieb, wird der Lauf der Wartefrist nicht berührt. Wird er in eine andere Betriebsstätte versetzt, ist entsprechend dem Grundgedanken von
§ 323 Abs. 1 UmwG (s. Rdn 128) die Dauer des Arbeitsverhältnisses vor der Umstrukturierung
bei der Wartezeit ebenfalls zu berücksichtigen (DDZ-*Deinert* Rn 30; LKB-*Krause* Rn 91). Wegen
der in diesen Fällen fortbestehenden Arbeitgeberidentität bedarf es keines engen sachlichen Zusammenhangs zwischen den einzelnen Beschäftigungen (APS-*Vossen* Rn 44). Betreibt ein Unternehmer
dagegen innerhalb eines Konzerns mehrere Unternehmen, muss die Wartezeit in demselben Unternehmen erfüllt werden (LSSW-Schlünder Rn 61; HaKo-KSchR/*Mayer* Rn 63).

Da die Wartezeit von § 1 Abs. 1 KSchG **nicht konzernbezogen** ausgestaltet ist, kann die bei einem 126
anderen rechtlich selbständigen Konzernunternehmen zurückgelegte Beschäftigungszeit nicht ohne
Weiteres angerechnet werden (allg. Ansicht, etwa APS-*Vossen* Rn 45; MüKo-BGB/*Hergenröder*
Rn 25; DDZ-*Deinert* Rn 31; LKB-*Krause* Rn 93). Im Unterschied zur Rechtslage im Betriebsverfassungsrecht nach § 8 Abs. 1 S. 2 BetrVG ist es dabei gleichgültig, ob es sich iSd Aktienrechts
um einen Unterordnungs- oder Gleichordnungskonzern (§ 18 Abs. 1, Abs. 2 AktG) handelt. Die
Anrechnung der bei einem anderen Konzernunternehmen zurückgelegten Betriebszugehörigkeit
auf die Wartezeit ist nur möglich, wenn die Parteien eine Anrechnungsvereinbarung treffen. Diese
kann auch stillschweigend geschlossen werden, was im Einzelfall durch Auslegung der Versetzungsvereinbarung zu ermitteln ist. Ein entsprechender Parteiwille wird häufig anzunehmen sein, da die
Rechtsposition des Arbeitnehmers durch den Wechsel im Konzern meist nicht verschlechtert werden soll (LSSW-*Schlünder* Rn 62; LKB-*Krause* Rn 122; DDZ-*Deinert* Rn 22; aA HaKo-KSchR/
Mayer Rn 63). Besondere Anhaltspunkte für eine konkludente Anrechnungsvereinbarung können
insbes. sein, dass der Wechsel ausschließlich auf die Initiative des Arbeitgebers zurückgeht und
der Arbeitnehmer bei dem verbundenen Unternehmen zu annähernd gleichen Arbeitsbedingungen
ohne Vereinbarung einer Probezeit weiterbeschäftigt wird (*BAG* 20.4.2014 EzA § 1 KSchG Nr. 66,
Rn 46). Auch die bei einem der Konzernmutter zu 100 % gehörenden Tochterunternehmen zurückgelegte Betriebszugehörigkeit ist dagegen ohne entsprechende Vereinbarung mangels Rechtsgrundlage auf die Wartezeit nicht anzurechnen (LSSW-*Schlünder* Rn 62; APS-*Vossen* Rn 45; ebenso
HaKo-KSchR/*Mayer* Rn 63, der zu Recht die Möglichkeit einer Analogie verneint und Rechtsmissbräuchen mit dem Gedanken von Treu und Glauben begegnen will; aA *Etzel* KR 7. Aufl., Rn 118;

DDZ-*Deinert* Rn 31: stets konkludente Vereinbarung anzunehmen). Etwas anderes gilt bei konzernbezogenen Arbeitsverträgen, bei denen ein unternehmensübergreifender Einsatz vorgesehen ist. So lange ein solcher Vertrag nicht aufgehoben wird, wird durch die Tätigkeit in anderen Konzernunternehmen die Wartezeit nicht unterbrochen, auch wenn mit diesen zusätzliche Arbeitsverträge geschlossen werden (APS-*Vossen* Rn 45; ähnlich HaKo-KSchR/*Mayer* Rn 64; DW-*Wolff* Rn 50, die diesen Grundsatz allerdings zu Unrecht auf das herrschende Konzernunternehmen beschränken).

6. Betriebsübergang

127 Bei einem rechtsgeschäftlichen Übergang eines Betriebs oder Betriebsteiles tritt der Erwerber kraft Gesetzes in die bestehenden Arbeitsverhältnisse ein (§ 613a Abs. 1 S. 1 BGB). Die bei dem früheren Arbeitgeber zurückgelegte Dauer des Arbeitsverhältnisses wird daher auf die Wartezeit angerechnet (*BAG* 20.4.2014 EzA § 1 KSchG Nr. 66, Rn 20). Selbst dann, wenn das Arbeitsverhältnis mit dem Veräußerer im Zuge des Betriebs(teil)übergangs durch Kündigung oder Aufhebungsvertrag aufgelöst und anschließend ein neues Arbeitsverhältnis mit dem Erwerber begründet wird, schließt dies die Anrechnung der beim früheren Betriebsinhaber erbrachten Beschäftigungszeiten nicht von vornherein aus (*BAG* 20.4.2014 EzA § 1 KSchG Nr. 66, Rn 20). Der Übernehmer muss sich aufgrund des Betriebs(teil)übergangs so behandeln lassen, als bestünden die arbeitsrechtlichen Beziehungen zum Veräußerer weiter. Ist im Verhältnis zu diesem die rechtliche Unterbrechung des Arbeitsverhältnisses unschädlich, gilt dies nach dem Schutzzweck von § 613a BGB und Art. 3 Abs. 1 der Richtlinie 2001/23/EG auch gegenüber dem Betriebserwerber (*BAG* 20.4.2014 EzA § 1 KSchG Nr. 66, Rn 20; 27.6.2002 EzA § 1 KSchG Nr. 55, zu B I 1–3; APS-*Vossen* Rn 46; MüKo-BGB/*Hergenröder* Rn 26). Allgemein zum Betriebsübergang s. Erl. zu § 613a BGB.

128 Die bisherige Dauer des Arbeitsverhältnisses ist im Fall einer **Gesamtrechtsnachfolge** etwa durch erbrechtliche Nachfolge gem. § 1922 BGB auf die Wartezeit anzurechnen, sofern der Gesamtrechtsnachfolger den Betrieb weiterführt. Auch die Gesamtrechtsnachfolge nach dem UmwG unterbricht nicht den rechtlichen Bestand des Arbeitsverhältnisses (LKB-*Krause* Rn 96; HK-*Dorndorf* Rn 80; vgl. *BAG* 10.11.2004 EzA § 14 TzBfG Nr. 15, zu II 2a). Dies wird durch § 323 Abs. 1 UmwG bestätigt, nach dem sich die kündigungsrechtliche Stellung eines Arbeitnehmers für die Dauer von zwei Jahren nach dem Wirksamwerden einer Umwandlung nicht verschlechtert (APS-*Vossen* Rn 44; HaKo-KSchR/*Mayer* Rn 67).

7. Gesetzliche Anrechnungsregeln

129 Eine **gesetzliche Anrechnung** ergab sich aus § 10 Abs. 2 MuSchG in der bis zum 31.12.2017 geltenden Fassung, wonach das Arbeitsverhältnis nicht als unterbrochen galt, sofern die Arbeitnehmerin nach Ausübung des ihr gem. § 10 Abs. 1 MuSchG aF zustehenden Sonderkündigungsrechts innerhalb eines Jahres nach der Entbindung in ihrem bisherigen Betrieb wiedereingestellt wurde (vgl. iE *Gallner* KR 11. Aufl., § 10 MuSchG Rdn 45–70). Die Regelung wurde mit der Neufassung des MuSchG zum 1.1.2018 (BGBl. I 2017, 1228) aufgehoben. Nach Einführung der Elternzeit erschien ein besonderes Eigenkündigungsrecht der Frau verzichtbar (so die Begr. zum Gesetzentwurf der BReg., BT-Drucks. 18/8963 S. 40).

130 Nach § 6 Abs. 1 ArbPlSchG ist die Zeit des **Grundwehrdienstes, ab dem 1. Juli 2011 des freiwilligen Wehrdienstes** (§ 6 Abs. 1 S. 1 ArbPlSchG i.V.m. § 16 Abs. 7 ArbPlSchG i.d.F. von Art. 6 WehrRÄndG 2011 vom 28.4.2011, **BGBl. I** S. 678), oder einer **Wehrübung** auf die Betriebszugehörigkeit anzurechnen. Gemäß § 16a Abs. 1 ArbPlSchG gilt dies auch, wenn der Wehrdienst als Soldat auf Zeit für bis zu zwei Jahre geleistet wird. Das gleiche gilt für Angehörige eines Mitgliedsstaates der Europäischen Union, die in ihrem Heimatland den Wehrdienst abgeleistet haben (Art. 7 Abs. 1 EWG-VO Nr. 1612/68). Da das Arbeitsverhältnis nach § 1 Abs. 1 ArbPlSchG während des Grundwehrdienstes oder einer Wehrübung rechtlich als ruhendes Arbeitsverhältnis fortbesteht, wird der Lauf der gesetzlichen Wartezeit nach § 1 Abs. 1 KSchG nicht unterbrochen. Für anerkannte **Kriegsdienstverweigerer** gilt § 6 Abs. 1 ArbPlSchG entsprechend (§ 78 Abs. 1 Nr. 1 ZDG). Teilnehmer am **Bundesfreiwilligendienst** genießen dagegen nicht den Schutz des

ArbPlSchG. Im BFDG vom 28. April 2011 (BGBl. I S. 687) fehlt eine § 78 Abs. 1 Nr. 1 ZDG entsprechende Bestimmung. Ohne Einfluss auf den rechtlichen Bestand des Arbeitsverhältnisses und damit auf den Ablauf der gesetzlichen Wartezeit sind freiwillige Wehrübungen von bis zu sechs Wochen (§ 10 ArbPlSchG) und **Eignungsübungen** bis zur Dauer von vier Monaten pro Kalenderjahr (§ 1 Abs. 1 EignungsÜbG). Nach § 8 der VO zum EignungsÜbG ist die Zeit der Teilnahme an einer Eignungsübung auf die Dauer der Betriebszugehörigkeit anzurechnen. Anzurechnen auf die Wartezeit nach § 1 Abs. 1 KSchG sind weiter die Zeiten der Heranziehung zum Brand- und Katastrophenschutzdienst (§ 21 Abs. 1 ZSG iVm den einschlägigen landesrechtlichen Bestimmungen, etwa §§ 11, 39 Abs. 2 Hess.BKG). Für **Soldaten auf Zeit** richtet sich die Anrechnung der Wehrdienstzeit auf die Betriebszugehörigkeit nach § 8 Abs. 3 SVG (*BAG* 30.1.1985 AP § 8 Soldatenversorgungsgesetz Nr. 5; 23.5.1984 AP § 16a ArbPlSchG Nr. 1). Soweit **ausländische Arbeitnehmer**, die nicht einem Mitgliedsstaat der Europäischen Union angehören, in ihrem Heimatstaat einen verkürzten Grundwehrdienst von zwei Monaten ableisten müssen, führt dies nicht zu einer rechtlichen Unterbrechung des Arbeitsverhältnisses (*BAG* 7.9.1983 EzA § 626 BGB nF Nr. 87; 22.12.1982 EzA § 123 BGB Nr. 20; *Becker/Braasch* S. 80). Zeiten des verkürzten Grundwehrdienstes sind daher auf die Wartezeit anzurechnen, nicht aber längere Wehrdienstzeiten (HaKo-KSchR/ *Mayer* Rn 72). Allgemein zum Kündigungsschutz von Wehrdienstleistenden s. KR-*Weigand* § 2 ArbPlSchG Rdn 1–38.

8. Kündigungen während der Wartezeit

Für arbeitgeberseitige ordentliche **Kündigungen während der Wartezeit** gilt der **Grundsatz der** 131 **Kündigungsfreiheit** (*BAG* 12.12.1957 AP § 276 BGB Verschulden bei Vertragsabschluss Nr. 2). Zur Wirksamkeit einer derartigen Kündigung bedarf es keiner personen-, verhaltens- oder betriebsbedingten Rechtfertigung der Kündigung iSd § 1 Abs. 2 KSchG, sondern lediglich eines irgendwie einleuchtenden, nicht willkürlichen Grundes für die Rechtsausübung (*BAG* 25.4.2001 EzA § 242 BGB Kündigung Nr. 4, zu II 4b). Dagegen hat der Arbeitgeber geltende Formvorschriften wie § 623 BGB oder tarifvertragliche Begründungsgebote, Sonderkündigungsschutz wie §§ 17 MuSchG, 18 BEEG und die im Einzelfall geltende Kündigungsfrist zu beachten. Außerdem hat er Arbeitnehmervertretungen, etwa gem. § 102 BetrVG den Betriebsrat, zu beteiligen. Es gelten im Grundsatz keine anderen Anforderungen an die Mitteilungspflicht des Arbeitgebers nach § 102 Abs. 1 BetrVG als bei Arbeitnehmern mit Kündigungsschutz (näher *BAG* 18.5.1994 EzA § 102 BetrVG 1972 Nr. 85, zu II; 22.9.2005 EzA § 1 KSchG Nr. 58, zu II 4b aa; s.a. KR-*Rinck* § 102 BetrVG Rdn 89). Allerdings ist bei einer Kündigung in der Wartezeit die Substantiierungspflicht nicht an den objektiven Merkmalen der Kündigungsgründe des noch nicht anwendbaren § 1 KSchG, sondern allein an den Umständen zu messen, aus denen der Arbeitgeber subjektiv seinen Kündigungsentschluss herleitet. Es kann daher auch die Mitteilung des bloß subjektiven personenbezogenen Werturteils des Arbeitgebers genügen, aufgrund dessen dieser das Arbeitsverhältnis nicht fortsetzen möchte, wenn diesem keine substantiierbaren Tatsachenelemente zugrunde liegen (*BAG* 12.9.2013 EzA § 102 BetrVG 2001 Nr. 30).

Der Grundsatz der **Kündigungsfreiheit** gilt **nicht uneingeschränkt.** Eine während der Wartezeit 132 erklärte fristgemäße Kündigung kann wegen einer unzulässigen Diskriminierung und wegen Verstoßes gegen ein Verbotsgesetz iSv § 134 BGB oder die Generalklauseln des BGB, insbes. § 138 BGB und § 242 BGB, rechtsunwirksam sein. Dazu KR-*Lipke/Schlünder* § 242 BGB Rdn 1–53.

Zu den **gesetzlichen Verboten**, deren Verletzung gem. § 134 BGB zur Unwirksamkeit einer wäh- 133 rend der Wartezeit erklärten Kündigung führt, zählt das **Maßregelungsverbot** gem. § 612a BGB. Dazu iE KR-*Treber/Schlünder* § 612a BGB. Eine ordentliche Kündigung, die einen Arbeitnehmer, auf den das Kündigungsschutzgesetz keine Anwendung findet, aus einem der in § 1 **AGG** genannten Gründe diskriminiert, ist nach § 134 BGB iVm § 7 Abs. 1, §§ 1, 3 AGG unwirksam (*BAG* 19.12.2013 EzA § 1 AGG Nr. 2, Rn 14). Dagegen ist das Grundrecht auf freie Wahl des Arbeitsplatzes (Art. 12 GG) kein die Unwirksamkeit einer während der Wartezeit erklärten Kündigung begründendes Verbotsgesetz (*BAG* 20.7.1977 EzA Art. 33 GG Nr. 7; 23.9.1976 EzA § 1

KSchG Nr. 35; vgl. Rdn 18). Allgemein zur verbotswidrigen Kündigung KR-*Treber/Rennpferdt* § 13 KSchG Rdn 66 ff.

134 Eine während der Wartezeit des § 1 Abs. 1 erklärte Kündigung kann nach § 138 Abs. 1 BGB **sittenwidrig sein**. Verstößt ein Rechtsgeschäft – wie eine an sich neutrale Kündigung (*BAG* 21.3.1980 – 7 AZR 314/78 – zu II 3 der Gründe) – allerdings nicht bereits seinem Inhalt nach gegen die grundlegenden Wertungen der Rechts- oder Sittenordnung, muss ein persönliches Verhalten des Handelnden hinzukommen, welches diesem zum Vorwurf gemacht werden kann. Hierfür genügt es im Allgemeinen nicht, dass vertragliche Pflichten verletzt werden. Vielmehr muss eine besondere Verwerflichkeit des Verhaltens hinzutreten, die sich aus dem verfolgten Ziel, den eingesetzten Mitteln oder der zutage tretenden Gesinnung ergeben kann (*BAG* 11.6.2020 – 2 AZR 374/19 – EzA § 611 BGB 2002 Arbeitnehmerbegriff Nr. 35, Rn 32; 5.12.2019 – 2 AZR 107/19 – EzA § 242 BGB 2002 Kündigung Nr. 9, Rn 11). Ein Verstoß gegen die guten Sitten ist regelmäßig zu verneinen, wenn der Kündigung sachliche Überlegungen zugrunde liegen, und kann erst Recht nicht angenommen werden, wenn die Kündigung auf Tatsachen gestützt wird, die an sich geeignet sind, eine ordentliche Kündigung nach § 1 Abs. 2 und 3 KSchG zu rechtfertigen (*BAG* 23.9.1976 EzA § 1 KSchG Nr. 35; 24.4.1997 EzA § 611 BGB Kirchliche Arbeitnehmer Nr. 43, zu II 1a). Eingehend zur sittenwidrigen Kündigung KR-*Treber/Rennpferdt* § 13 KSchG Rdn 40–65.

135 Der Grundsatz von **Treu und Glauben** in § 242 BGB bildet eine allen Rechten, Rechtslagen und Rechtsnormen immanente Inhaltsbegrenzung. Eine gegen diesen Grundsatz verstoßende Rechtsausübung oder Ausnutzung einer Rechtslage ist wegen der darin liegenden Rechtsüberschreitung als unzulässig anzusehen. Eine Kündigung verstößt in der Regel nur dann gegen § 242 BGB, wenn sie auf willkürlichen, sachfremden oder diskriminierenden Motiven beruht (vgl. *BAG* 28. August 2003 – 2 AZR 333/02 – zu B III 1 und B III 1 b der Gründe). Dieser Vorwurf scheidet aus, wenn ein irgendwie einleuchtender Grund für die Kündigung vorliegt (*BAG* 11.6.2020 – 2 AZR 374/19 – EzA § 611 BGB 2002 Arbeitnehmerbegriff Nr. 35, Rn 33). Ein solcher kann bei einem auf konkreten Umständen beruhenden Vertrauensverlust grundsätzlich auch dann gegeben sein, wenn die Tatsachen objektiv nicht verifizierbar sind (*BAG* 5.12.2019 – 2 AZR 107/19 – EzA § 242 BGB 2002 Kündigung Nr. 9, Rn 17). § 242 BGB bewirkt damit nur in beschränktem Umfang Kündigungsschutz während der Wartezeit und in Kleinbetrieben (sog. »**Kündigungsschutz zweiter Klasse**«, *Hanau* FS Dieterich S. 201, 207). Zudem werden die Voraussetzungen und Wirkungen des Grundsatzes von Treu und Glauben gegenüber ordentlichen Kündigungen durch das KSchG konkretisiert und begrenzt. Eine Kündigung verstößt deshalb nur dann gegen § 242 BGB, wenn sie Treu und Glauben aus Gründen verletzt, die von § 1 KSchG nicht erfasst sind (*BAG* 5.12.2019 – 2 AZR 107/19 – EzA § 242 BGB 2002 Kündigung Nr. 9, Rn 12). Ausnahmen vom Grundsatz der Kündigungsfreiheit außerhalb des KSchG erfordern besondere Umstände, aufgrund derer die Kündigung nach dem Grundsatz von Treu und Glauben als anstößig erscheint. Ohne Weiteres bedarf die Kündigung nicht etwa einer Begründung des Arbeitgebers, sondern lediglich **eines irgendwie einleuchtenden, nicht willkürlichen Grundes**. Diese vom *BAG* zur Rechtslage in Kleinbetrieben geprägte Formulierung (25.4.2001 EzA § 242 BGB Kündigung Nr. 4, zu II 4b) ist auf Kündigungen in der Wartezeit zu übertragen, da auch hier Kündigungen ohne jeden sachlichen Anlass willkürlich sind (*BVerfG* 21.6.2006 NZA 2006, 913, zu III 1a bb (1); *BAG* 28.6.2007 EzA § 310 BGB 2002 Nr. 5, zu III 1b; DDZ-*Däubler* § 242 BGB Rn 23, 25). Bei Arbeitnehmern in der Wartezeit ist das Schutzniveau allerdings idR deshalb noch niedriger als bei länger beschäftigten Arbeitnehmern in Kleinbetrieben, weil sie wegen des Erprobungszwecks der Wartezeit und des kurzen Bestandes des Arbeitsverhältnisses nur in geringem Maß auf dessen Fortbestehen vertrauen können (vgl. *BVerfG* 21.6.2006 NZA 2006, 913, zu III 1a bb (1)). Auch hier ist jedoch irgendein nicht willkürlicher verwertbarer Grund erforderlich. Ein Grund, auf den der Arbeitgeber etwa durch den Ausspruch einer Abmahnung verzichtet hat, genügt nicht (*BAG* 13.12.2007 EzA § 623 BGB 2002 Nr. 9, zu I 2b). Der kündigungsschutzrechtliche Verhältnismäßigkeitsgrundsatz ist hingegen außerhalb des KSchG nicht anwendbar (*BAG* 28.6.2007 EzA § 310 BGB 2002 Nr. 5, zu III 2d bb).

Mögliche Fälle einer treuwidrigen Kündigung sind nach der Rechtsprechung des *BAG* insbesondere **widersprüchliches Verhalten** des kündigenden Arbeitgebers (*BAG* 21.3.1980 EzA § 17 SchwbG Nr. 2), die **Missachtung des Rechts** des Arbeitnehmers auf Menschenwürde und freie Entfaltung seiner Persönlichkeit (vgl. zur Kündigung wegen Homosexualität des Arbeitnehmers *BAG* 23.6.1994 EzA § 242 BGB Nr. 39: seit In-Kraft-Treten des AGG ist eine solche Kündigung nach § 134 BGB iVm §§ 1, 3, 7 Abs. 1 AGG rechtsunwirksam: vgl. zur Kündigung wegen einer Behinderung des Arbeitnehmers *BAG* 19.12.2013 EzA § 1 AGG Nr. 2), die **willkürliche Kündigung** (*BAG* 23.9.1976 EzA § 1 KSchG Nr. 35), die Zufügung über die reine Beendigung des Arbeitsverhältnisses hinausgehender weiterer, das gesamte berufliche Fortkommen des Arbeitnehmers in Frage stellender Nachteile (*BAG* 24.10.1996 RzK I 8l Nr. 22, zu II 3) sowie die **Kündigung zur Unzeit** oder **in verletzender Form** (*BAG* 12.7.1990 EzA § 613 BGB Nr. 90; 5.4.2001 EzA § 242 BGB Kündigung Nr. 3, zu II 2, 3). Es erscheint allerdings fragwürdig, weshalb Ehrverletzungen im Zusammenhang mit einer an sich zulässigen Kündigung nicht nur zu Schadensersatzansprüchen des Arbeitnehmers nach den allgemeinen Grundsätzen des Persönlichkeitsschutzes, sondern zur Unwirksamkeit der Kündigung führen sollen (ähnlich LKB-*Bayreuther* § 13 Rn 55). Bei einer Kündigung innerhalb der ersten sechs Monate eines Arbeitsverhältnisses bedarf es dem Zweck von § 1 Abs. 1 KSchG nach weder einer Prüfung anderweitiger Beschäftigungsmöglichkeiten (*BAG* 28.6.2007 EzA § 310 BGB 2002 Nr. 5, zu III 1b) noch einer Sozialauswahl (*LAG Nürnberg* 24.4.2001 AR-Blattei ES 1020.1.2 Nr. 19). Im **öffentlichen Dienst** kann sich die Treuwidrigkeit einer vor Ablauf der Wartezeit erklärten arbeitgeberseitigen Kündigung auch aus Art. 33 Abs. 2 GG ergeben, wenn der Arbeitnehmer zum Zeitpunkt der Kündigung aufgrund von Art. 33 Abs. 2 GG einen Einstellungsanspruch gehabt hätte und der Arbeitgeber ihn deshalb zugleich mit dem Ablauf der Kündigungsfrist wieder hätte einstellen müssen (*BVerfG* 21.6.2006 NZA 2006, 913, zu III 1a bb (2); *BAG* 12.3.1986 EzA Art. 33 GG Nr. 13). Allgemein zur treuwidrigen Kündigung KR-*Treber/Schlünder* § 242 BGB Rdn 1–53. 136

9. Darlegungs- und Beweislast

Die Darlegungs- und Beweislast für die persönlichen Voraussetzungen des allgemeinen Kündigungsschutzes, insbes. die Arbeitnehmereigenschaft und den Ablauf der Wartezeit, trifft den **Arbeitnehmer** (*BAG* 20.2.2014 EzA § 1 KSchG Nr. 66; 20.6.2013 EzA § 1 KSchG Nr. 64; *Ascheid* Beweislastfragen S. 52; *Mayer* in *Backmeister/Trittin/Mayer* Rn 52; HaKo-KSchR/*Mayer* Rn 164 f.). Dazu gehört die Darlegung der Umstände, aus denen sich ergibt, dass das Arbeitsverhältnis zum Zeitpunkt des Zugangs der Kündigung **mindestens sechs Monate ununterbrochen bestanden** hat. Der Arbeitnehmer genügt seiner Darlegungslast, wenn er vorträgt, dass und wie das Arbeitsverhältnis sechs Monate vor Zugang der Kündigung begründet worden ist (LKB-*Krause* Rn 118; HaKo-KSchR/*Mayer* Rn 165; APS-*Vossen* Rn 49; DW-*Wolff* Rn 55). Für das Vorliegen einer rechtlichen Unterbrechung oder Beendigung des Arbeitsverhältnisses ist dagegen der Arbeitgeber darlegungs- und beweispflichtig, da es sich um eine Einwendung handelt. Das gilt auch, wenn das Arbeitsverhältnis unstreitig tatsächlich unterbrochen war (*BAG* 16.3.1989 EzA § 1 KSchG Nr. 45, m. insoweit zust. Anm. *Marhold* = AP Nr. 6 zu § 1 KSchG 1969 Wartezeit, m. zust. Anm. *Baumgärtl*; ErfK-*Oetker* Rn 60). 137

In den Fällen einer rechtlichen Unterbrechung des Arbeitsverhältnisses ist der Arbeitnehmer darlegungs- und beweispflichtig dafür, dass ggf. eine ausdrückliche oder stillschweigende **Anrechnungsvereinbarung** zustande gekommen ist (LKB-*Krause* Rn 118; DDZ-*Deinert* Rn 40) oder die Neueinstellung in einem engen sachlichen Zusammenhang mit dem zunächst beendeten Arbeitsverhältnis gestanden hat (*Ascheid* Beweislastfragen S. 58; DW-*Wolff* Rn 55). Für die Vereinbarung eines Ausschlusses oder einer Verkürzung der Wartezeit ist ebenfalls der Arbeitnehmer darlegungs- und beweispflichtig (APS-*Vossen* Rn 51; HaKo-KSchR/*Mayer* Rn 166). 138

Hinsichtlich der Wirksamkeit von **Kündigungen während der Wartezeit** ist die Darlegungs- und Beweislast abgestuft. Da der Arbeitnehmer Einwendungen gegen die Kündigung geltend macht, hat zunächst er die Umstände darzulegen und ggf. zu beweisen, aus denen die Unwirksamkeit der 139

Kündigung gem. der §§ 134, 138, 242, 612a BGB folgen soll. Ergibt sich aus dem Vortrag des Arbeitnehmers ein Unwirksamkeitsgrund, muss der Arbeitgeber nach § 138 Abs. 2 ZPO qualifiziert erwidern. Erfüllt er diese ihn treffende sekundäre Behauptungslast nicht, gilt der Unwirksamkeitsgrund nach § 138 Abs. 3 ZPO als zugestanden. Erwidert der Arbeitgeber dagegen erheblich, muss der Arbeitnehmer Beweis für die Richtigkeit seiner Behauptungen führen (*BAG* 21.2.2001 EzA § 242 BGB Kündigung Nr. 1, zu B II 4d cc; 22.5.2003 EzA § 242 BGB 2002 Kündigung Nr. 2, zu B II 2; 28.6.2007 EzA § 310 BGB 2002 Nr. 5, zu III 1c). Vgl. auch KR-*Treber/Schlünder* § 242 BGB Rdn 51.

III. Betrieblicher Geltungsbereich

1. Begriff des Betriebes

140 Das KSchG enthält keine eigenständige Definition des Betriebsbegriffs. Wie sich aus den Regelungen der §§ 1 Abs. 2 S. 2, 23 KSchG ergibt, gilt der allgemeine Kündigungsschutz **für Betriebe und Verwaltungen des privaten und des öffentlichen Rechts** (hierzu iE KR-*Bader/Kreutzberg-Kowalczyk* § 23 KSchG Rdn 30 ff.). Ausnahmeregelungen bestehen für Seeschifffahrts- und Luftverkehrsbetriebe (vgl. KR-*Bader/Kreutzberg-Kowalczyk* § 24 KSchG Rdn 18–23) sowie für **Kleinbetriebe** iSv § 23 Abs. 1 S. 2–4 (vgl. KR-*Bader/Kreutzberg-Kowalczyk* § 23 KSchG Rdn 40 ff., 79 ff.).

141 Zur Auslegung des dem KSchG zugrundeliegenden Betriebsbegriffs können die allgemeinen Grundsätze herangezogen werden, wie sie im Betriebsverfassungsrecht entwickelt worden sind (dazu *BAG* 25.11.1980 EzA § 1 BetrVG 1972 Nr. 2; 23.9.1982 EzA § 1 BetrVG 1972 Nr. 23). Die Sonderregelungen der §§ 3, 4 BetrVG tragen dagegen Besonderheiten des Betriebsverfassungsrechts Rechnung und können daher im Kündigungsschutzrecht nicht übernommen werden (s. Rdn 147). Unter dem Begriff des Betriebs ist nach allgemeiner Auffassung die **organisatorische Einheit** zu verstehen, innerhalb derer ein Arbeitgeber allein oder mit seinen Arbeitnehmern mit Hilfe von technischen und immateriellen Mitteln bestimmte arbeitstechnische Zwecke fortgesetzt verfolgt, die sich nicht in der Befriedigung von Eigenbedarf erschöpfen (etwa *BAG* 26.8.1971 EzA § 23 KSchG Nr. 1; 3.6.2004 EzA § 23 KSchG Nr. 27, zu B I 1; 31.5.2007 EzA § 1 KSchG Soziale Auswahl Nr. 77, zu B II 1c; 27.6.2019 – 2 AZR 38/19 – EzA § 15nF KSchG Nr. 75, Rn 21). Für den Betrieb kennzeichnend ist, dass seine Leitung insbes. die in personellen und sozialen Angelegenheiten wesentlichen Entscheidungen selbständig treffen kann. Voraussetzung ist ein **einheitlicher Leitungsapparat**, mit dem über Arbeitsbedingungen, Organisationsfragen und personelle Angelegenheiten wie Einstellungen, Versetzungen und Entlassungen entschieden wird (*BAG* 2.3.2017 EzA § 23 KSchG Nr. 42; 28.6.1995 EzA § 4 BetrVG 1972 Nr. 7, zu I 2; 14.5.1997 EzA § 8 BetrVG 1972 Nr. 8, zu B I 2; 31.5.2007 EzA § 1 KSchG Soziale Auswahl Nr. 77, zu B II 1c). Unter Beachtung des Schutzzwecks des KSchG ist der Betriebsbegriff weit auszulegen (*BAG* 9.9.1982 EzA § 611 BGB Arbeitnehmerbegriff Nr. 1; vgl. auch *BVerfG* 27.1.1998 EzA § 23 KSchG Nr. 17, zu B II 4a bb). Die Aufspaltung in Kleinbetriebe soll den Kündigungsschutz weder in seinem Geltungsbereich noch in der Sozialauswahl beeinträchtigen (SPV-*Preis* Rn 852). Das Ergebnis eines betriebsverfassungsrechtlichen Bestimmungsverfahrens nach § 18 Abs. 2 BetrVG entfaltet im Kündigungsschutzprozess keine Rechtsbindung (*BAG* 18.10.2006 EzA § 1 KSchG Betriebsbedingte Kündigung Nr. 151, zu B IV 2a bb).

142 Welcher arbeitstechnische Zweck mit dem Betrieb verfolgt wird, ist für die Anwendbarkeit des § 1 KSchG ohne Belang. Mangels einer gesetzlichen Ausnahmeregelung fallen auch **Einrichtungen** mit **karitativer, erzieherischer, künstlerischer** oder **religiöser Zielsetzung** (Krankenhäuser, Erziehungsheime, Kindergärten, Theater, kirchliche Einrichtungen usw.) unter den betrieblichen Geltungsbereich des § 1 KSchG (allgemeine Ansicht, vgl. KR-*Bader/Kreutzberg-Kowalczyk* § 23 KSchG Rdn 37). Zur kündigungsschutzrechtlichen Bedeutung des kirchlichen Selbstbestimmungsrechts s. KR-*Fischermeier/Krumbiegel* § 626 BGB Rdn 131. Unter den betrieblichen Geltungsbereich des § 1 KSchG fallen auch die von den **Stationierungsstreitkräften** unterhaltenen betrieblichen Einrichtungen und Verwaltungen (zu den kündigungsschutzrechtlichen Besonderheiten s. KR-*Kreutzberg-Kowalczyk* NATO-ZusAbK Rdn 15 ff.).

Eine **Bauarbeitsgemeinschaft** ist ebenfalls ein Betrieb im kündigungsschutzrechtlichen Sinne 143 (HaKo-KSchR/*Pfeiffer* § 23 Rn 16). Der zur Bauarbeitsgemeinschaft gem. § 9 BRTV-Bau abgestellte Arbeitnehmer kann bei Vorliegen der gesetzlichen Voraussetzungen (§ 1 Abs. 1, § 23 KSchG) den allgemeinen Kündigungsschutz sowohl im Verhältnis zur Bauarbeitsgemeinschaft als auch im Rahmen des ruhenden Arbeitsverhältnisses zum Stammbetrieb in Anspruch nehmen (zur Kündigung derartiger Arbeitsverhältnisse iE *Knigge* DB 1982, Beil. Nr. 4, S. 12 ff.). Wegen der Betriebseigenschaft einer Bauarbeitsgemeinschaft sind die zu einer Bauarbeitsgemeinschaft abgeordneten Arbeitnehmer in die soziale Auswahl bei betriebsbedingten Kündigungen des Stammbetriebes nicht mit einzubeziehen (*LAG Bln.* 28.2.1983 EzA § 1 KSchG Betriebsbedingte Kündigung Nr. 20; s.a. Rdn 654).

Ein **Gemeinschaftsbetrieb** (hierzu KR-*Bader/Kreutzberg-Kowalczyk* § 23 Rdn 65–74) ist kündi- 144 gungsschutzrechtlich auch dann ein Betrieb iSd § 1 KSchG, wenn die durch die Führungsvereinbarung verbundenen Arbeitgeber verschiedene arbeitstechnische Zwecke verfolgen (*BAG* 23.3.1984 EzA § 23 KSchG Nr. 7; 13.6.1985 EzA § 1 KSchG Nr. 41). Dort sind wegen der einheitlichen Betriebsleitung bei der Prüfung bestehender Beschäftigungsmöglichkeiten und der Sozialauswahl auch Arbeitsplätze der Unternehmen zu berücksichtigen, die nicht Vertragsarbeitgeber des zu kündigenden Arbeitnehmers sind (*BAG* 18.10.2000 EzA § 14 KSchG Nr. 5, zu II 1c cc (2)). Dies gilt so lange, bis der Gemeinschaftsbetrieb aufgelöst wurde (*BAG* 21.2.2002 EzA § 1 KSchG Wiedereinstellungsanspruch Nr. 7, zu B I 3; 14.8.2007 EzA § 613a BGB 2002 Nr. 74, zu B IV 2b, c), oder bis ein Beschluss über dessen Auflösung greifbare Formen angenommen hat und die Prognose gerechtfertigt ist, dass dieser bis zum Ablauf der Kündigungsfrist vollzogen sein wird (*BAG* 24.2.2005 EzA § 1 KSchG Soziale Auswahl Nr. 59, zu B I 2, II 2a–c; 14.8.2007 EzA § 613a BGB 2002 Nr. 74, zu B IV 2c). Vgl. weiter Rdn 228, 653.

Im **öffentlichen Dienst** passt der für die Privatwirtschaft entwickelte Betriebsbegriff nur für die sog. 145 öffentlichen Betriebe (hierzu KR-*Bader/Kreutzberg-Kowalczyk* § 23 KSchG Rdn 37). In der öffentlichen Verwaltung entspricht dem Betriebsbegriff die jeweilige organisatorische Verwaltungseinheit. Diese kann dienststellenübergreifend mehrere Hierarchieebenen umfassen (*BAG* 23.4.1998 EzA § 23 KSchG Nr. 19, zu II 3). Näher zum öffentlichen Dienst KR-*Bader/Kreutzberg-Kowalczyk* § 23 KSchG Rdn 35–37.

Ein **Privathaushalt** unterfällt nicht dem allgemeinen Betriebsbegriff, wenn sich seine Führung in 146 der Befriedigung von Eigenbedarf erschöpft (*BAG* 11.6.2020 – 2 AZR 660/19 – EzA § 622 BGB 2002 Nr. 20, Rn 12; 19.1.1962 – 1 ABR 14/60 – AP § 2 TVG Nr. 13, zu II 2 der Gründe). Hausangestellte haben daher in der Regel keinen allgemeinen Kündigungsschutz (allg. Ansicht, etwa KPK-*Meisel* § 1 Rn 38; s.a. KR-*Bader/Kreutzberg-Kowalczyk* § 23 KSchG Rdn 37 mwN). Arbeitnehmer in einem Anstaltshaushalt, etwa einem Erziehungsheim, sind dagegen in den allgemeinen Kündigungsschutz einbezogen.

Betriebsteile sind kündigungsschutzrechtlich nicht selbständig zu behandeln, auch wenn sie räum- 147 lich weit vom Hauptbetrieb entfernt oder durch Aufgabenbereich und Organisation eigenständig sind und daher betriebsverfassungsrechtlich nach § 4 BetrVG als selbständiger Betrieb gelten. Das KSchG enthält keine § 4 BetrVG entsprechende Fiktion, sondern stellt allein auf die Reichweite der einheitlichen Betriebsleitung, dh auf die organisatorische Betriebseinheit ab (*BAG* 20.8.1998 EzA § 2 KSchG Nr. 31, zu II 2a; 13.4.2000 EzA § 17 KSchG Nr. 9, zu B III1d; 3.6.2004 EzA § 1 KSchG Soziale Auswahl Nr. 55, zu C 1; APS-*Moll* § 23 Rn 13–17; HaKo-KSchR/*Pfeiffer* § 23 Rn 13; SPV-*Preis* Rn 1047, 1048; aA *Kania/Gilberg* NZA 2000, 680; für die Selbständigkeit iSv § 4 Abs. 1 S. 1 Nr. 2 BetrVG organisatorisch eigenständiger Betriebsteile *Etzel* KR 7. Aufl., Rn 139; nach LKB-*Bayreuther* § 23 Rn 12 stellen selbständige Betriebsteile iSv § 4 Abs. 1 S. 1 Nr. 2 BetrVG in aller Regel auch kündigungsschutzrechtlich eine selbständige Einheit dar). Die räumliche Einheit ist kein entscheidendes Kriterium, so dass auch **zentral gelenkte Verkaufsstellen** (Filialen) und einer einheitlichen Betriebsleitung unterstellte Betriebsstätten trotz räumlich weiter Entfernung vom Hauptbetrieb mit dem jeweiligen Hauptbetrieb zusammen einen Betrieb bilden (*BAG* 26.8.1971 EzA § 23 KSchG Nr. 1; 21.6.1995 EzA § 23 KSchG Nr. 14, zu II 3b aa). Die vom allgemeinen

Betriebsbegriff abweichende Bildung von Arbeitnehmervertretungen etwa aufgrund einer Regelung wie § 3 BetrVG oder wegen der Verkennung des Betriebsbegriffs bei deren Wahl ist für den allgemeinen Kündigungsschutz ebenfalls ohne Bedeutung, da dieser nicht der Disposition der Betriebspartner oder der Tarifvertragsparteien unterliegt (*BAG* 27.6.2019 – 2 AZR 38/19 – EzA § 15nF KSchG Nr. 75; SPV-*Preis* Rn 854; s. Rdn 36).

148 Als Betrieb iSd KSchG sind auch die **Gesamt-** und **Einzelhafenbetriebe** anzusehen (*BAG* 23.7.1970 AP § 1 Gesamthafenbetriebsgesetz Nr. 3; 30.5.1985 EzA § 1 KSchG Betriebsbedingte Kündigung Nr. 36). Zur Anwendung des § 1 KSchG auf Hafenarbeiter s. Rdn 66.

2. Begriff des Unternehmens

149 Die gesetzliche Ausgestaltung des allgemeinen Kündigungsschutzes ist – abgesehen von der in § 1 Abs. 1 KSchG vorgeschriebenen Anrechnung der Unternehmenszugehörigkeit auf die Wartezeit und der Weiterbeschäftigungspflicht gem. § 1 Abs. 2 S. 2 KSchG – nach dem tradierten, auf der Entstehung aus dem BRG (s. Rdn 3, 4) beruhenden Verständnis grds. **betriebs-** und **nicht unternehmensbezogen** (*BAG* 22.5.1986 EzA § 1 KSchG Soziale Auswahl Nr. 22; 14.10.1982 EzA § 15 KSchG nF Nr. 29; 18.10.1976 EzA § 1 KSchG Betriebsbedingte Kündigung Nr. 1). Nicht zu verkennen ist jedoch, dass der die betriebsverfassungsrechtliche Repräsentation eines Arbeitnehmerkollektivs regelnde Betriebsbegriff in vielerlei Hinsicht dem Individualrechtsverhältnis zwischen den Arbeitsvertragsparteien nicht gerecht wird und deshalb de lege ferenda zum Teil durch die Begriffe Unternehmen oder Arbeitgeber ersetzt werden sollte (*Preis* RdA 2000, 257; SPV-*Preis* Rn 853).

150 Da die **Widerspruchstatbestände** des § 1 Abs. 2 S. 2 Nr. 1b und Nr. 2b KSchG bei der Prüfung von Weiterbeschäftigungsmöglichkeiten auf die **Verhältnisse im Unternehmen** bzw. eines gesamten Verwaltungszweiges abstellen, ist insoweit für den Kündigungsschutz das Unternehmen und nicht der Betrieb maßgebend (vgl. *Wiedemann/Strohn* Anm. zu *BAG* AP § 1 KSchG Betriebsbedingte Kündigung Nr. 3). Entsprechend ist für die Wartefrist von § 1 Abs. 1 KSchG die Unternehmens- und nicht die Betriebszugehörigkeit ausschlaggebend, sofern es nicht zu einem Wechsel in der Identität des Arbeitgebers kommt (s. Rdn 106, 115, 124–128). Nach Ansicht des BAG ist die Pflicht zur sozialen Auswahl (§ 1 Abs. 3 KSchG) dagegen betriebsbezogen (s. Rdn 651 ff.).

151 Das KSchG enthält keinen eigenständigen Unternehmensbegriff. Nach dem auch im Betriebsverfassungsrecht gebrauchten Begriff des Unternehmens ist darunter eine **organisatorische Einheit** zu verstehen, mit der ein Unternehmer allein oder in Gemeinschaft mit seinen Mitarbeitern mit Hilfe von sachlichen und immateriellen Mitteln bestimmte, hinter dem arbeitstechnischen Zweck des Betriebes liegende wirtschaftliche oder ideelle Zwecke verfolgt (BAG 11.6.2020 – 2 AZR 660/19 – EzA § 622 BGB 2002 Nr. 20, Rn 11). Diese Einheit geht über ihren Rechtsträger hinaus. Rechtsfähig ist nicht sie selbst, sondern nur ihr Träger, der als Arbeitgeber Vertragspartner der Arbeitnehmer ist (HK-*Dorndorf* Rn 69; MüKo-BGB/*Hergenröder* Rn 23).

152 Ein Unternehmen kann nur einen Betrieb, genauso aber auch zahlreiche Betriebe allein oder gemeinsam mit anderen Unternehmen betreiben (APS-*Preis* Grundlagen C Rn 87; HK-*Dorndorf* Rn 68). Ob die **Hauptverwaltung** eines Unternehmens einen eigenständigen Betrieb iSd KSchG bildet, richtet sich nach den jeweiligen organisatorischen und räumlichen Umständen des Einzelfalls. Besteht eine enge organisatorische und räumliche Verbindung zu einer bestimmten Betriebsstätte durch eine einheitliche Gesamtleitung, handelt es sich um einen Betrieb iSd KSchG.

153 Im **öffentlichen Dienst** entspricht dem Unternehmensbegriff der Begriff des **Verwaltungszweiges** (vgl. § 1 Abs. 2 S. 2 Nr. 2 KSchG, § 85 Abs. 1 Nr. 3 BPersVG). Verwaltungszweige sind zB die Finanz-, die Justiz-, die Arbeits- und die Wehrbereichsverwaltung. Ebenso wie in der Privatwirtschaft allgemein das Merkmal der Arbeitgeberidentität vorausgesetzt wird, muss es sich auch im öffentlichen Dienst um denselben öffentlichrechtlichen Arbeitgeber handeln. Bei der Bestimmung der Weiterbeschäftigungsmöglichkeit in einer anderen Dienststelle desselben Verwaltungszweiges enthält das Gesetz mit § 1 Abs. 2 S. 2 Nr. 2 KSchG, § 85 Abs. 1 Nr. 3 BPersVG insofern eine **räumliche Beschränkung**, als sich die Weiterbeschäftigungspflicht nur auf denselben Dienstort

einschließlich seines Einzugsgebietes erstreckt. Für den Begriff des Einzugsgebietes gelten nach § 78 Abs. 1 Nr. 6 BPersVG die im Umzugskostenrecht maßgeblichen Grundsätze. Einzugsgebiet ist danach gem. § 3 Abs. 1c BUKG das Gebiet, das auf einer üblicherweise befahrenen Strecke weniger als 30 km vom Dienstort entfernt ist (*BAG* 6.8.2002 EzA § 75 BPersVG Nr. 2; 22.9.2005 EzA § 1 KSchG Betriebsbedingte Kündigung Nr. 141, zu B III 1a; Lorenzen-*Rehak* § 75 Rn 166).

3. Begriff des Konzerns

Da der Begriff des Konzerns im Gesellschaftsrecht (vgl. die Legaldefinition in § 18 AktG), im Steuerrecht und im Betriebsverfassungsrecht (*BAG* 21.10.1980 EzA § 54 BetrVG 1972 Nr. 1) als die **Zusammenfassung von rechtlich selbständigen Unternehmen** definiert wird, kann der Konzern auch im Kündigungsschutzrecht nicht als einheitliches Unternehmen behandelt werden (*Wiedemann/Strohn* Anm. zu *BAG* 18.10.1976 AP § 1 KSchG 1969 Betriebsbedingte Kündigung Nr. 3). Das schließt es aber nicht aus, dass aufgrund besonderer Vertragsgestaltung die Tätigkeit in anderen Konzernunternehmen auf die Wartezeit des § 1 KSchG anzurechnen sein kann (s. Rdn 126) und dass ausnahmsweise die Verhältnisse im Konzern für die soziale Rechtfertigung einer Kündigung von Bedeutung sein können (s. Rdn 577–582, 631–633). Zum **Begriff des herrschenden Unternehmens** im Konzern s. KR-*Weigand/Heinkel* § 17 KSchG Rdn 173.

154

Eine Ausnahme von dem Grundsatz der kündigungsschutzrechtlichen Selbständigkeit der einzelnen Konzernunternehmen ist auch dann nicht anzuerkennen, wenn das herrschende Konzernunternehmen das gesamte Stamm- oder Grundkapital eines abhängigen Konzernunternehmens besitzt (APS-*Kiel* Rn 550; *Helle* S. 182; aA *Etzel* KR 7. Aufl., Rn 147). Dann kann allerdings uU eine – ggf. konkludente – Konzernbezugsvereinbarung vorliegen (s. Rdn 579). Allgemein zum Arbeitsverhältnis im Konzern *Henssler* Der Arbeitsvertrag im Konzern 1983; *Martens* FS 25 Jahre BAG, 1979, S. 367; ders. FS Hilger/Stumpf S. 437; *Konzen* ZfA 1982, 305; *Schäfer* NZA 1988, Beil. 1, S. 31; *Windbichler* Arbeitsrecht im Konzern, 1989.

155

4. Darlegungs- und Beweislast

Die Darlegungs- und Beweislast für die Tatsachen, aus denen sich ergeben soll, dass die Anwendbarkeit des Ersten Abschnitts des KSchG hinsichtlich der Betriebsgröße gegeben ist (zu den hiervon ausgenommenen Kleinbetrieben s. § 23 Abs. 1 S. 2 und S. 3 KSchG), **trägt grundsätzlich der Arbeitnehmer** (*BAG* 2.3.2017 EzA § 23 KSchG Nr. 66; 24.1.2013 EzA § 23 KSchG Nr. 38, Rn 27; 23.10.2008 EzA § 23 KSchG Nr. 33, Rn 29; 26.6.2008 EzA § 23 KSchG Nr. 32, Rn 20 ff.). Etwaigen Schwierigkeiten, die sich mangels eigener Kenntnismöglichkeiten ergeben, ist durch die Grundsätze der **abgestuften** Darlegungs- und Beweislast Rechnung zu tragen (*BAG* 2.3.2017 EzA § 23 KSchG Nr. 66; 24.1.2013 EzA § 23 KSchG Nr. 38, Rn 27; 23.10.2008 EzA § 23 KSchG Nr. 33, Rn 29; 26.6.2008 EzA § 23 KSchG Nr. 32, Rn 20 ff.). Zu der Gegenauffassung mit umfassenden Nachweisen zum Meinungsstand s. KR-*Bader/Kreutzberg-Kowalczyk* § 23 KSchG Rdn 79 ff.

156

IV. Räumlicher Geltungsbereich

Der in § 1 KSchG geregelte allgemeine Kündigungsschutz gilt nur für **im Geltungsbereich des Grundgesetzes** liegende Betriebe (*BAG* 7.7.2011 EzA § 1 KSchG Nr. 63, Rn 28; 8.10.2009 EzA § 23 KSchG Nr. 35, Rn 13; 17.1.2008 EzA § 23 KSchG Nr. 31, Rn 18; s.a. *BVerfG* 12.3.2009 – 1 BvR 1250/08, Rn 2), gleichgültig ob es sich um Betriebe deutscher oder ausländischer Unternehmen handelt. Er erfasst auch im Inland beschäftigte ausländische Arbeitnehmer mit deutschem Arbeitsvertragsstatut (*LAG Düsseld.* 21.5.1996 BB 1996, 2411; vgl. iE *Becker/Braasch* Rn 122 ff.), nicht aber ausländische Betriebe deutscher Unternehmen (*BAG* 9.10.1997 EzA § 23 KSchG Nr. 16, zu II 2).

157

Der allgemeine Kündigungsschutz des KSchG kann dem Arbeitnehmer im Rahmen einer **Rechtswahl** nach Art. 8 Abs. 1 S. 1 Rom I-VO nicht entzogen werden, sofern mangels einer solchen Rechtswahl deutsches Recht anzuwenden wäre (Art. 8 Abs. 1 S. 2 Rom I-VO; s. hierzu KR-*Weigand/*

158

Horcher Int. ArbvertragsR Rdn 28, 87, 97 ff.). Unterliegt ein Arbeitsverhältnis nach dem objektiven Vertragsstatut gem. Art. 8 Abs. 2 bis 4 Rom I-VO (Art. 30 Abs. 2 EGBGB aF) deutschem Arbeitsrecht, sind die Regelungen des KSchG nicht zu Lasten des Arbeitnehmers dispositiv, da es sich um **zwingende Bestimmungen** iSv Art. 8 Abs. 1 S. 2 Rom I-VO (Art. 27 Abs. 3, 30 Abs. 1 EGBGB aF) handelt (*BAG* 20.11.1997 EzA Art. 30 EGBGB Nr. 4, zu II 3; HaKo-KSchR/*Mayer* Rn 96; KR-*Weigand/Horcher* Int. ArbvertragsR Rdn 28 ff., 97 ff. mwN). Ist dagegen wirksam ein ausländisches Vertragsstatut vereinbart, findet der allgemeine Kündigungsschutz nach dem KSchG keine Anwendung. Er gehört nicht zu den generell zwingenden sog. Eingriffsnormen iSv. Art. 9 Abs. 1 Rom I-VO, die unabhängig vom anwendbaren Vertragsstatut Geltung beanspruchen (zu Art. 34 EGBGB aF vgl. *BAG* 7.5.2020 – 2 AZR 692/19 – EzA Art 30 EGBGB Nr. 13, Rn 21; 22.10.2015 – 2 AZR 720/14 – EzA Art 30 EGBGB Nr. 12, Rn 18). Die Vertragsparteien können jedoch umgekehrt gem. Art. 8 Abs. 1 S. 2 und Abs. 4 Rom I-VO (Art. 27, 30 EGBGB aF) die Geltung deutschen Kündigungsschutzrechts vereinbaren, sofern das ausländische Recht für den Arbeitnehmer nicht günstiger ist. Die Vereinbarung kann auf Teile des KSchG beschränkt werden (*BAG* 19.6.1986 EzA § 1 KSchG Betriebsbedingte Kündigung Nr. 39, zu B I).

V. Gegenständlicher Geltungsbereich

1. Begriff der Kündigung

a) Allgemeines

159 Unter einer (Beendigungs-)Kündigung ist eine **einseitige empfangsbedürftige rechtsgestaltende Willenserklärung** zu verstehen, durch die das Arbeitsverhältnis für die Zukunft aufgelöst werden soll (zum Kündigungsbegriff *Preis* S. 109 ff.). Auch die Bestätigung einer Kündigung kann eine selbständige Kündigungserklärung enthalten (*LAG Düsseld.* 7.12.1995 LAGE § 130 BGB Nr. 20). Für die Beurteilung, ob die rechtsgeschäftliche Erklärung einer Partei als Kündigung des Arbeitsverhältnisses zu verstehen ist, ist maßgeblich, wie der Erklärungsempfänger nach der allgemeinen Verkehrssitte und unter Berücksichtigung von Treu und Glauben die ihm zugegangene Erklärung auffassen musste. Der kündigende Arbeitgeber braucht nicht ausdrücklich die Worte »kündigen« oder »Kündigung« zu verwenden. Er muss aber eindeutig seinen Willen zum Ausdruck bringen, das Arbeitsverhältnis durch eine einseitige Gestaltungserklärung für die Zukunft lösen zu wollen (*BAG* 11.6.1959 AP § 130 BGB Nr. 1; 23.1.1958 AP § 1 KSchG Nr. 50; *LAG Frankf./M.* 13.8.1982 AuR 1983, 281). Die Mitteilung des Arbeitgebers an den Arbeitnehmer, dieser habe die Arbeit zu einem bestimmten Zeitpunkt eingestellt und deshalb betrachte er – der Arbeitgeber – das Arbeitsverhältnis zu diesem Zeitpunkt als beendet, ist daher keine Kündigungserklärung (*LAG Nbg.* 8.2.1994 NZA 1995, 174). Auch in der bloßen Suspendierung von der Arbeit kann keine Kündigung des Arbeitsverhältnisses gesehen werden (*LAG Hamm* 7.7.1994 AP Nr. 8 zu § 620 BGB Kündigungserklärung). Seit 1.5.2000 ist für die Kündigung **Schriftform** vorgeschrieben (§ 623 BGB; s. iE § 623 BGB). Die **Angabe eines Kündigungsgrundes** ist bei der Erklärung der Kündigung grds. nicht erforderlich, kann aber gesetzlich vorgeschrieben (§ 22 Abs. 3 BBiG; s. KR-*Weigand* §§ 21– 23 BBiG Rdn 91 ff.) oder vertraglich vereinbart werden (s. Rdn 39). Als einseitiges Rechtsgeschäft ist die Kündigung **grds. bedingungsfeindlich**. Die Verbindung mit einer unzulässigen Bedingung führt dazu, dass die Kündigung nicht ausreichend klar und bestimmt ist, und damit zu ihrer Unwirksamkeit (*BAG* 15.3.2001 EzA § 620 BGB Kündigung Nr. 2: Kündigung unter der auflösenden Bedingung, dass es zu einer Neubeauftragung des Arbeitgebers kommt). Zulässig ist aber die Erklärung unter einer Rechtsbedingung oder einer sog. Potestativbedingung (vgl. *BAG* 15.3.2001 EzA § 620 BGB Kündigung Nr. 2, zu 3). So liegt eine auflösende **bloße Rechtsbedingung** etwa bei einer **vorsorglichen Kündigung** vor, also einer Kündigung, die dahin zu verstehen ist, dass sie für den Fall nicht erklärt sein soll, dass das Arbeitsverhältnis bereits aus anderen Gründen – objektiv, wenn auch subjektiv ungewiss – rechtswirksam beendet ist (vgl. *BAG* 15.3.2001 EzA § 620 BGB Kündigung Nr. 2, zu 3). Eine – ebenfalls zulässige – **Potestativbedingung** ist gegeben, wenn der Eintritt der Bedingung allein vom Willen des Erklärungsempfängers abhängt (vgl. *BAG* 15.3.2001 EzA § 620 BGB Kündigung Nr. 2, zu 3). **Kündigungsberechtigt** sind die Parteien des Arbeitsvertrages, die

sich auch durch einen Bevollmächtigten vertreten lassen können (s. im Übrigen KR-*Treber/Rennpferdt* § 13 KSchG Rdn 119 ff.; ErfK-*Müller-Glöge* § 620 BGB Rn 23). Kündigt auf Seiten des Arbeitgebers ein **Bevollmächtigter**, ist die Kündigung nach den allgemeinen Grundsätzen unternehmensbezogener Willenserklärungen regelmäßig dem Arbeitgeber zuzurechnen, auch wenn bei Ausspruch der Kündigung auf das Vertretungsverhältnis nicht ausdrücklich hingewiesen wird (*BAG* 31.1.1996 EzA § 102 BetrVG 1972 Nr. 90, zu II 2a).

Die Anzeige des Arbeitgebers, ein befristet abgeschlossener Arbeitsvertrag werde nicht verlängert, ist **keine Kündigung** (*BAG* 15.3.1978 EzA § 620 BGB Nr. 34; 26.4.1979 EzA § 620 BGB Nr. 39). 160

Von der Beendigungskündigung ist die **Änderungskündigung** zu unterscheiden, die zwar auch eine Beendigung des gesamten Arbeitsverhältnisses bewirken kann, aber mit dem Angebot einer Fortsetzung des Arbeitsverhältnisses zu geänderten Bedingungen verbunden ist (hierzu KR-*Kreft* § 2 KSchG Rdn 10 ff.). 161

b) Ordentliche Kündigung

Der allgemeine Kündigungsschutz nach § 1 KSchG findet auf ordentliche Kündigungen des Arbeitgebers Anwendung. Zum Begriff der ordentlichen Kündigung s. KR-*Spilger* § 622 BGB Rdn 67 ff. 162

Der gegenständliche Geltungsbereich des § 1 KSchG erstreckt sich auf **ordentliche Kündigungen** des Arbeitgebers im Rahmen **befristeter Arbeitsverhältnisse**, sofern die sonstigen gesetzlichen Voraussetzungen (zB Ablauf der Wartezeit, Mindestbeschäftigtenzahl) vorliegen. Eine derartige ordentliche Kündigung ist gem. § 15 Abs. 3 TzBfG nur zulässig, wenn dies in einem anwendbaren Tarifvertrag vorgesehen ist oder die Arbeitsvertragsparteien dies ausdrücklich oder zumindest stillschweigend vereinbart haben. Bei einem wirksam befristeten Arbeitsverhältnis (hierzu iE KR-*Lipke/Bubach* § 14 TzBfG Rdn 1 ff. und § 15 TzBfG Rdn 35 ff.) ist ohne eine derartige Abrede nur eine außerordentliche Kündigung möglich. Sind dagegen die Befristungs- und Bedingungsabreden unwirksam, befindet sich der Arbeitnehmer in einem ordentlich kündbaren Arbeitsverhältnis von unbestimmter Dauer (zu den Kündigungsfristen vgl. § 16 TzBfG). 163

c) Außerordentliche Kündigung

Zum Begriff s. KR-*Fischermeier/Krumbiegel* § 626 BGB Rdn 23 ff. 164

2. Vereinbarungen über das ordentliche Kündigungsrecht

Das **Recht zur ordentlichen Kündigung** kann durch einzelvertragliche **Vereinbarungen** für beide Arbeitsvertragsparteien (zB stillschweigend durch den Abschluss eines wirksam befristeten Arbeitsvertrages) **ausgeschlossen werden** (*BAG* 19.6.1980 EzA § 620 BGB Nr. 47; 8.10.1959 AP § 620 BGB Schuldrechtliche Kündigungsbeschränkung Nr. 1). Der Ausschluss kann sich auch allein auf das ordentliche Kündigungsrecht des Arbeitgebers beziehen (vgl. *BAG* 28.11.1968 DB 1969, 710; s. Rdn 39). Auch durch kollektivrechtliche Regelungen (zB in Tarifverträgen zum Schutz älterer Arbeitnehmer oder in Rationalisierungsschutzabkommen) kann das ordentliche Kündigungsrecht des Arbeitgebers nicht nur für besonders schutzbedürftige Arbeitnehmergruppen ausgeschlossen oder Beschränkungen unterworfen werden, die über den allgemeinen Kündigungsschutz nach § 1 KSchG hinausgehen (vgl. etwa *BAG* 27.6.2002 EzA § 626 BGB Unkündbarkeit Nr. 8; *Preis* NZA 1997, 1259; *Etzel* ZTR 2003, 210). Dabei dürfen Teilzeitbeschäftigte gegenüber Vollzeitbeschäftigten nicht schlechter gestellt werden (*BAG* 13.3.1997 EzA § 2 BeschFG 1985 Nr. 52). Zur außerordentlichen Kündigung bei Ausschluss der ordentlichen s. KR-*Fischermeier/Krumbiegel* § 626 BGB Rdn 316–323. Rechtlich zulässig ist grds. auch eine Vereinbarung, die die ordentliche Kündigung von der **vorherigen Zustimmung** eines Dritten – etwa der Gesellschafterversammlung einer GmbH (*BAG* 28.4.1994 EzA § 37 GmbHG Nr. 1) abhängig macht (*v. Hoyningen-Huene* Anm. AR-Blattei ES 1020 Nr. 336; *Kramer* S. 63; offen gelassen *BAG* 10.11.1994 EzA § 9 KSchG nF Nr. 43, zu II 1), da es sich gegenüber dem zulässigen Ausschluss des ordentlichen Kündigungsrechts um ein Minus handelt (*Kramer* S. 63). Dies gilt allerdings nicht für eine einzelvertragliche 165

Vereinbarung, nach der für eine Kündigung die Zustimmung des Betriebsrats erforderlich ist (*BAG* 23.4.2009 EzA § 102 BetrVG 2001 Nr. 24, Rn 10). § 102 Abs. 6 BetrVG ermöglicht allein den Betriebsparteien eine solche Erweiterung der Beteiligungsrechte des Betriebsrats. Des Weiteren ist eine Vereinbarung unzulässig, die die vereinbarte Zustimmung eines Dritten zur ordentlichen Kündigung auch noch nachträglich zulässt. Fehlte eine Zustimmung beim Ausspruch der Kündigung, wäre anderenfalls völlig ungewiss, ob diese Bestand hat. Das wäre mit dem Grundsatz der Rechtsklarheit, der für Kündigungen gilt (vgl. *BAG* 27.6.1969 AP Nr. 1 zu § 626 BGB Bedingung; SPV-*Preis* Rn 248, 249), nicht vereinbar (*BAG* 10.11.1994 EzA § 9 KSchG nF Nr. 43, zu II 1). Soweit danach eine ordentliche Kündigung ausgeschlossen ist, kommt auch eine betriebsbedingte ordentliche Kündigung nicht in Betracht (zur Sozialauswahl bei Kündigungsbeschränkungen s. Rdn 717 ff.). Zur Rechtslage bei der außerordentlichen Kündigung vgl. KR-*Fischermeier/ Krumbiegel* § 626 BGB Rdn 64 ff.

3. Unwirksamkeit der Kündigung aus anderen Gründen

166 Ist die ordentliche Kündigung des Arbeitgebers bereits aus **anderen Gründen unwirksam**, steht dies der Anwendung von § 1 KSchG nicht entgegen. Unterschiedlich wird jedoch gesehen, ob sich der Arbeitnehmer mit Bindung für das gerichtliche Verfahren auf die Geltendmachung einzelner Unwirksamkeitsgründe beschränken kann (so *Etzel* KR 7. Aufl., Rn 158; *Monjau* RdA 1959, 366; aA *Griebeling* KR 10. Aufl., Rn 158). Das *BAG* sieht in der Regelung des § 6 einen Beleg dafür, dass der Arbeitnehmer über die Einführung von Unwirksamkeitsgründen in den Kündigungsrechtsstreit frei entscheiden und den Prozessstoff insoweit nicht nur von vornherein begrenzen, sondern auch entsprechend reduzieren kann, sofern er im Verlauf des Rechtsstreits zweifelsfrei zu erkennen gibt, sich auf bestimmte, rechtlich eigenständige Unwirksamkeitsgründe nicht mehr berufen zu wollen (*BAG* 24.5.2012 EzA § 626 BGB 2002 Verdacht strafbarer Handlung Nr. 11, Rn 50). Die in der 10. Auflage herangezogene Entscheidung des *BAG* vom 15.11.2001 (EzA § 140 BGB Nr. 24, zu B I 1b) betraf nicht die Geltendmachung von Unwirksamkeitsgründen durch den Arbeitnehmer, sondern die Zulässigkeit der Umdeutung einer unwirksamen außerordentlichen Kündigung in eine ordentliche auch ohne einen hierauf gerichteten Antrag des Arbeitgebers. Die **Revisionszulassung** kann dagegen nicht auf bestimmte Unwirksamkeitsgründe beschränkt werden, da diese keine abgrenzbaren Streitgegenstände definieren (*BAG* 15.1.2015 EzA § 72 ArbGG 1979 Nr. 48, Rn 5; 6.11.2008 – 2 AZR 924/07, Rn 21; 14.11.1984 AP § 626 BGB Nr. 89 unter Aufgabe von *BAG* 2.6.1982 EzA § 12 SchwbG Nr. 10). Zur Zulässigkeit eines Auflösungsurteils bei mehreren Unwirksamkeitsgründen s. KR-*Spilger* § 9 KSchG Rdn 31 ff.

4. Darlegungs- und Beweislast für die Kündigung

167 Die Darlegungs- und Beweislast für den Ausspruch einer schriftlichen ordentlichen arbeitgeberseitigen Kündigung hängt vom Streitgegenstand des jeweiligen Rechtsstreits ab. Bei einer Kündigungsschutzklage gem. § 4 KSchG hat der Arbeitnehmer deren Vorliegen darzulegen und zu beweisen, wenn der Arbeitgeber den Ausspruch einer ordentlichen Kündigung bestreitet. Beruft sich ein Arbeitgeber auf bestimmte Unwirksamkeits- oder Auflösungsgründe im Rahmen einer auf Feststellung des Fortbestehens eines Arbeitsverhältnisses gerichteten Feststellungsklage eines Arbeitnehmers nach § 256 Abs. 1 ZPO, liegt die Darlegungs- und Beweislast für die Tatsachen, aus denen er eine Beendigung des Arbeitsverhältnisses herleiten will, beim Arbeitgeber (*Ascheid* Beweislastfragen, S. 197; HK-*Dorndorf* Rn 157; HaKo-KSchR/*Mayer* Rn 168).

5. Abgrenzung gegenüber anderen Arten der Kündigung

168 Die **Abgrenzung** der **ordentlichen arbeitgeberseitigen Kündigung** gegenüber anderen Kündigungsformen ist insofern von Bedeutung, als davon die Anwendbarkeit des in § 1 KSchG geregelten allgemeinen *Kündigungsschutzes* abhängt. Der gegenständliche Anwendungsbereich von § 1 KSchG ist auf vom Arbeitgeber erklärte ordentliche Kündigungen beschränkt.

a) Kündigung durch den Arbeitnehmer

Der allgemeine Kündigungsschutz gilt nicht, wenn allein der Arbeitnehmer das Arbeitsverhältnis außerordentlich oder ordentlich kündigt. Der Arbeitnehmer kann **jederzeit** das Arbeitsverhältnis **ordentlich kündigen**, sofern dies nicht vertraglich ausgeschlossen ist (zur Zulässigkeit von Kündigungsbeschränkungen iE s. KR-*Spilger* § 622 BGB Rdn 129 ff. und KR-*Fischermeier/Krumbiegel* § 626 BGB Rdn 64 ff.). Bei **beiderseitigen Kündigungen** kann dagegen der allgemeine Kündigungsschutz eingreifen, etwa wenn eine vom Arbeitnehmer erklärte außerordentliche Kündigung mangels Vorliegens eines wichtigen Grundes iSd § 626 BGB unwirksam ist. Hat der Arbeitgeber in diesem Fall seinerseits das Arbeitsverhältnis ordentlich gekündigt, ist dessen Kündigung bei Vorliegen der übrigen gesetzlichen Voraussetzungen nach § 1 KSchG zu prüfen. Das Interesse des Arbeitnehmers an der Feststellung der Sozialwidrigkeit einer arbeitgeberseitigen Kündigung fehlt wegen einer vor oder gleichzeitig mit Ablauf der Kündigungsfrist erklärten außerordentlichen arbeitnehmerseitigen Kündigung nur, wenn die Wirksamkeit der außerordentlichen arbeitnehmerseitigen Kündigung unstreitig oder rechtskräftig festgestellt ist (*BAG* 11.2.1981 EzA § 4 KSchG nF Nr. 20). 169

Zur **außerordentlichen Kündigung** durch den Arbeitnehmer s. KR-*Fischermeier/Krumbiegel* § 626 BGB Rdn 483. 170

Der Arbeitnehmer kann eine Eigenkündigung nach allgemeinen Grundsätzen **anfechten**, u.a. wegen widerrechtlicher Drohung des Arbeitgebers mit einer ordentlichen oder außerordentlichen Kündigung. Hierzu s. KR-*Fischermeier/Krumbiegel* § 626 BGB Rdn 53. 171

b) Änderungskündigung durch den Arbeitgeber

Eine Beendigungskündigung unterscheidet sich von einer Änderungskündigung durch das **Fehlen eines Änderungsangebotes**. In den Fällen einer Ablehnung oder nicht fristgerechten Annahme des Änderungsangebotes durch den Arbeitnehmer wird die ordentliche Änderungskündigung funktional zu einer Beendigungskündigung (vgl. KR-*Kreft* § 2 KSchG Rdn 276). Zur außerordentlichen Änderungskündigung vgl. KR-*Fischermeier/Krumbiegel* § 626 BGB Rdn 212 ff. 172

c) Außerordentliche Kündigung durch den Arbeitgeber

Gegenüber der vom Arbeitgeber erklärten außerordentlichen Kündigung bestehen keine Abgrenzungsschwierigkeiten, wenn diese fristlos erklärt wird (zur **fristlosen Kündigung** iE s. KR-*Fischermeier/Krumbiegel* § 626 BGB Rdn 27 f.). 173

Ist der Arbeitgeber zur fristlosen Kündigung berechtigt, kann er auch **mit einer – sozialen – Auslauffrist** kündigen, weil dies eine mildere Maßnahme ist, und die Länge der Frist nach seinem Belieben bestimmen (vgl. etwa KR-*Fischermeier/Krumbiegel* § 626 BGB Rdn 29 ff., 321 ff.; SPV-*Preis* Rn 526; HaKo-ArbR/*Griebeling/Herget* § 626 BGB Rn 34). Wird die außerordentliche Kündigung mit einer Auslauffrist erklärt, kann dies allerdings zu Auslegungsschwierigkeiten führen, wenn die vom Arbeitgeber gewählte Auslauffrist der Dauer der Kündigungsfrist entspricht. Aber auch bei einer kürzeren Auslauffrist kann etwa die Möglichkeit eines Irrtums des Arbeitgebers über die Dauer der Kündigungsfrist nicht auszuschließen sein. Für die Auslegung, ob in derartigen Fällen eine außerordentliche oder eine ordentliche Kündigung vorliegt, ist es unerheblich, ob nach dem gegebenen Sachverhalt der Kündigende auch eine außerordentliche Kündigung hätte erklären müssen bzw. können (*BAG* 19.6.1980 EzA § 620 BGB Nr. 47; 12.9.1974 AP TVAL II Nr. 44; 8.6.1972 AP § 13 KSchG 1969 Nr. 1). Wegen des Ausnahmecharakters der außerordentlichen Kündigung muss der Kündigende vielmehr **eindeutig erkennbar zum Ausdruck bringen**, dass es sich um eine außerordentliche befristete Kündigung aus wichtigem Grund handeln soll (*BAG* 23.1.1958 AP § 1 KSchG Nr. 50; 13.1.1982 EzA § 626 nF Nr. 81; 15.12.2005 EzA § 4 KSchG nF Nr. 72, zu B I 2 f cc, dd; 13.5.2015 NZA 2015, 429: »außerordentlich mit sozialer Auslauffrist«). Nur dann ist die Kündigung als außerordentliche Kündigung zu verstehen, deren Wirksamkeit nach dem Maßstab von § 626 BGB zu beurteilen ist. Andernfalls kann das Arbeitsverhältnis nicht aus wichtigem Grund aufgelöst werden, selbst wenn ein wichtiger Grund iSd § 626 Abs. 1 BGB vorliegt 174

(*BAG* 19.6.1980 EzA § 620 BGB Nr. 47). In diesen Fällen ist die Wirksamkeit der Kündigung nach den Kriterien einer ordentlichen Kündigung zu prüfen. Zu den Voraussetzungen für die **Umdeutung** einer **unwirksamen außerordentlichen Kündigung** in eine **ordentliche Kündigung** *BAG* 15.11.2001 EzA § 140 BGB Nr. 24; 13.8.1987 EzA § 140 BGB Nr. 12; KR-*Treber/Rennpferdt* § 13 KSchG Rdn 25 ff.

175 Eine aufgrund von **Kündigungsbeschränkungen** (zB durch Tarifvertrag) **unzulässige ordentliche Kündigung** kann nicht gem. § 140 BGB in eine befristete außerordentliche Kündigung umgedeutet werden. Eine solche **Umdeutung** scheitert bereits daran, dass ein nichtiges Rechtsgeschäft lediglich in ein anderes Rechtsgeschäft umgedeutet werden kann, das gleiche oder weniger weitgehende Folgen hat (*BAG* 3.11.1982 EzA § 15 KSchG nF Nr. 28; 12.9.1974 AP TVAL II Nr. 44). Dagegen ist die Umdeutung in ein Auflösungsangebot möglich (vgl. Rdn 268).

d) Teilkündigung

176 Die nach hM (etwa *BAG* 4.2.1958 AP § 620 BGB Teilkündigung Nr. 1; 7.10.1982 EzA § 315 BGB Nr. 28; 19.6.2001 EzA § 118 BetrVG 1972 Nr. 73, zu II 2c; 6.11.2007 EzA § 77 BetrVG 2001 Nr. 19, zu II 4b aa (3) (b) (aa)) idR unzulässige **Teilkündigung** zielt auf die Änderung bestimmter Arbeitsvertragsbedingungen ab. Ihre Abgrenzung gegenüber der von § 1 KSchG allein erfassten ordentlichen arbeitgeberseitigen Beendigungskündigung ist daher unproblematisch (zur Teilkündigung iE s. KR-*Kreft* § 2 KSchG Rdn 85 ff.). Eine solche einseitige Änderung einzelner Vertragsbedingungen durch Kündigung ist, da sie das vereinbarte Ordnungs- und Äquivalenzgefüge eines Vertrages stört, grds. unzulässig. Sie kann aber zulässig sein, wenn dem Kündigenden hierzu – wirksam – das Recht eingeräumt wurde (*BAG* 18.5.2017 EzA § 308 BGB 2002 Nr. 16: Teilkündigung einer Pauschalierungsabrede). Ist sie ausnahmsweise zulässig, unterliegt sie keiner Überprüfung gem. § 1 KSchG (*BAG* 13.3.2007 EzA § 4f BDSG Nr. 1, zu A II 2b).

e) Vorsorgliche Kündigung

177 Der Arbeitgeber kann eine ordentliche Kündigung auch vorsorglich für den Fall aussprechen, dass das Arbeitsverhältnis nicht bereits durch eine früher wirkende weitere Kündigung oder einen anderen Beendigungstatbestand aufgelöst sein sollte. Eine derartige **vorsorgliche Kündigung** steht unter der – auflösenden – **Rechtsbedingung**, dass das Arbeitsverhältnis schon aus anderen Gründen beendet ist; ein solcher Vorbehalt ist zulässig (vgl. *BAG* 15.3.2001 EzA § 620 BGB Kündigung Nr. 2, zu 3; s.a. Rdn 159). Die nur vorsorglich erklärte Kündigung wird damit gegenstandslos, wenn feststeht, dass das Arbeitsverhältnis bereits zu einem früheren Zeitpunkt endete. Sie ist nach § 1 KSchG nur dann zu überprüfen, wenn die zeitlich vorhergehenden Beendigungstatbestände nicht zu einer Auflösung des Arbeitsverhältnisses geführt haben. Die Klagefrist von § 4 KSchG gilt auch für vorsorgliche Kündigungen (s. KR-*Klose* § 4 KSchG Rdn 22). Vorsorgliche Kündigungen empfehlen sich, wenn sich nach einem in seiner Wirksamkeit streitigen ersten Beendigungstatbestand neue kündigungsrelevante Umstände ergeben haben oder wenn aus formellen Gründen Zweifel an der Wirksamkeit einer früheren Kündigung bestehen. Zur vorsorglichen Kündigung im Übrigen vgl. KR-*Kreft* § 2 KSchG Rdn 84; KR-*Klose* § 4 KSchG Rdn 22, 340.

f) Bedingte Kündigung

178 Eine bedingte (außerordentliche oder ordentliche) Kündigung ist unwirksam, wenn der Eintritt der Bedingung von einem **ungewissen Ereignis** außerhalb des Einflussbereichs des Kündigungsempfängers, insbes. von der Beurteilung des Kündigenden oder eines Dritten abhängt (*BAG* 27.6.1968 EzA § 626 BGB Nr. 9; 19.12.1974 EzA § 305 BGB Nr. 6; 15.3.2001 EzA § 620 BGB Kündigung Nr. 2). Die Unzulässigkeit einer derartigen Kündigung folgt aus dem das Kündigungsrecht beherrschenden Grundsatz der Rechtsklarheit. Die Interessenlage ist hier ähnlich wie bei einem bedingten Auflösungsvertrag (vgl. KR-*Fischermeier/Krumbiegel* § 626 BGB Rdn 52). Zulässig ist eine bedingte Kündigung, wenn der Beendigungseintritt allein vom Willen des Kündigungsempfängers abhängt, sog. Potestativbedingung (*BAG* Anwendungseintritt 27.6.1968 EzA § 626 BGB

Nr. 9; 19.12.1974 EzA § 305 BGB Nr. 6; 15.3.2001 EzA § 620 BGB Kündigung Nr. 2; APS-*Preis* Grundl. D Rn 14-16; s.a. Rdn 159). Dies ist bei Änderungskündigungen der Fall, da bei diesen die Annahme des Änderungsangebotes allein vom Willen des Kündigungsempfängers abhängt (vgl. KR-*Kreft* § 2 KSchG Rdn 15-17).

g) Kündigung im Insolvenzverfahren

S. Erl. zur InsO. 179

6. Abgrenzung gegenüber anderen Beendigungstatbeständen

Der **gegenständliche Geltungsbereich** des § 1 KSchG ist auf ordentliche arbeitgeberseitige Kündigungen beschränkt (vgl. Rdn 159 ff.). Nicht unter den allgemeinen Kündigungsschutz fallen insbes. die folgenden **sonstigen Beendigungstatbestände**: 180

a) Anfechtung des Arbeitsvertrages

S. KR-*Fischermeier/Krumbiegel* § 626 BGB Rdn 45 ff. 181

b) Berufung auf die Nichtigkeit des Arbeitsvertrages

S. KR-*Fischermeier/Krumbiegel* § 626 BGB Rdn 49, 50. 182

c) Zeitablauf und Zweckerreichung

S. § 620 BGB. 183

d) Auflösende Bedingung

S. § 620 BGB. 184

e) Aufhebungsvertrag

S. KR-*Spilger* AufhebungsV; KR-*Fischermeier/Krumbiegel* § 626 BGB Rdn 51-57, 385. 185

f) Beendigung einer vorläufigen Einstellung

Wurde in einem Unternehmen mit idR mehr als 20 Arbeitnehmern ein Arbeitnehmer ohne Zustimmung des Betriebsrats gem. § 100 Abs. 1, 2 BetrVG oder den entsprechenden Vorschriften des Personalvertretungsrechts **vorläufig eingestellt** und ist der Arbeitgeber nach der rechtskräftigen Zurückweisung seiner Anträge nach § 99 Abs. 4 oder § 100 Abs. 2 S. 3 BetrVG durch § 100 Abs. 3 BetrVG zur Aufhebung der Maßnahme binnen zwei Wochen nach Eintritt der Rechtskraft verpflichtet, unterfällt dies nicht § 1 KSchG. Das Mitbestimmungsrecht bei Einstellungen betrifft die Eingliederung von Arbeitnehmern in den Betrieb, dh den Beginn der tatsächlichen Beschäftigung, und nicht den Abschluss des der Einstellung zugrundeliegenden Arbeitsvertrages. Dieser kommt ohne die Beteiligung des Betriebsrats zustande (*BAG* 2.7.1980 AP § 101 BetrVG 1972 Nr. 5; 5.4.2001 EzA § 626 BGB nF Nr. 186, zu II 2c cc (3)). Daher kann die Aufhebung der Einstellung den Bestand des Arbeitsvertrages nicht berühren. Dieser unterliegt nicht der Mitbestimmung. Dasselbe gilt, wenn ein Arbeitnehmer ohne Beteiligung des Betriebsrats eingestellt wird und der Betriebsrat die **Aufhebung der Einstellung** gem. § 101 BetrVG durchsetzt. Auch dies führt lediglich zu einem Beschäftigungsverbot, das den rechtlichen Bestand des Arbeitsverhältnisses nicht beeinträchtigt (*BAG* 5.4.2001 EzA § 626 BGB nF Nr. 186, zu II 2c cc (3)). Um das Arbeitsverhältnis zu beenden, bedarf es einer Kündigung, vor deren Ausspruch der Betriebsrat trotz der vorangegangenen Verfahren nach § 101 Satz 1 BetrVG gem. § 102 BetrVG anzuhören ist (ebenso APS-*Koch* § 102 BetrVG Rn 40; HaKo-KSchR/*Nägele* § 102 BetrVG Rn 49; KR-*Rinck* § 102 BetrVG Rdn 53; aA DKW-*Bachner* § 102 Rn 24; GK-BetrVG/*Raab* § 102 Rn 26; Richardi/*Thüsing* BetrVG § 102 Rn 24). Die Beendigung des Arbeitsverhältnisses muss nicht die zwangsläufige Folge 186 sein, wenn eine mitbestimmungswidrig vorgenommene Einstellung aufzuheben ist. In Betracht kommt auch ein – unter Beteiligung der zuständigen Interessenvertretung(en) – einvernehmlicher Einsatz des Arbeitnehmers in einem anderen als dem bisher in Aussicht genommenen Arbeitsbereich. Die Kündigung bedarf der sozialen Rechtfertigung nach § 1 KSchG, wenn die Wartezeit nach § 1 Abs. 1 KSchG erfüllt und der betriebliche Geltungsbereich gem. § 23 KSchG eröffnet ist. Dies gilt nur dann nicht, wenn das Arbeitsverhältnis unter der auflösenden Bedingung der betriebsverfassungsrechtlichen Zulässigkeit der Einstellung stand (vgl. *BAG* 17.2.1983 EzA § 620 BGB Nr. 2, zu B II 2b cc).

187 Streitig ist, ob die rechtskräftige Zurückweisung des Zustimmungsersetzungsantrags oder des Antrags auf Feststellung der dringenden Erforderlichkeit der vorläufigen Durchführung der Einstellung automatisch zur Auflösung des Arbeitsverhältnisses des vorläufig eingestellten Arbeitnehmers führt (so *Etzel* KR 7. Aufl., Rn 178; *Fitting* § 100 Rn 18). Nach einer einschränkenden Ansicht gilt dies nur, wenn der Arbeitgeber den Arbeitnehmer bei der Begründung des Arbeitsverhältnisses über die Vorläufigkeit der Einstellung aufgeklärt hat und es sich nicht um eine Versetzung aus einem anderen Betrieb des Arbeitgebers handelt (*Richardi/Thüsing* § 100 Rn 51, 52). Daneben wird angenommen, dass zur Beendigung des Arbeitsverhältnisses zwar eine Kündigung erforderlich sei, dass der Arbeitgeber aber ohne die Einhaltung von Kündigungsschutzbestimmungen und Kündigungsfristen frei kündigen könne, wenn er den Arbeitnehmer über die Sach- und Rechtslage vor Abschluss des Arbeitsvertrages aufgeklärt hat (HWGNRH-*Huke* § 100 Rn 45, 46; DKW-*Bachner* § 100 Rn 41). Tatsächlich gibt es keine Rechtsgrundlage für die Annahme, die Entscheidung nach § 100 Abs. 3 S. 1 BetrVG könne die arbeitsvertragliche Stellung des an dem Verfahren nicht beteiligten Arbeitnehmers beeinträchtigen. Die durch die Entscheidung beendete Maßnahme ist die vorläufige Einstellung und nicht der Bestand des Arbeitsverhältnisses. Der Arbeitgeber muss daher auch nach einer für ihn negativen Entscheidung gem. § 100 Abs. 3 S. 1 BetrVG das Arbeitsverhältnis nach den allgemeinen Regeln unter Beachtung bestehender Kündigungsschutzvorschriften kündigen (*Boemke* ZfA 1992, 473, 508; HK-*Dorndorf* Rn 138, 139; LSSW-*Schlünder* Rn 73; GK-BetrVG-*Kraft/Raab* § 100 Rn 44–47; GTAW-*Woitaschek* § 100 Rn 13; ErfK-*Oetker* Rn 55; SPV-*Preis* Rn 32; MüKo-BGB/*Hergenröder* Rn 53). Die sich aus § 100 Abs. 3 S. 2 BetrVG ergebende Unzulässigkeit der Beschäftigung des Arbeitnehmers ist allerdings zur Rechtfertigung einer ordentlichen Kündigung aus personenbedingten Gründen geeignet, sofern eine anderweitige Beschäftigung nicht möglich ist (DKW-*Bachner* § 100 Rn 41; für eine Einordnung als betriebsbedingter Kündigungsgrund ErfK-*Kania* § 99 BetrVG Rn 45). Eine außerordentliche Kündigung kommt allenfalls ausnahmsweise in Betracht (weitergehend DKW-*Bachner* § 100 Rn 41).

188 Will der Arbeitgeber das Arbeitsverhältnis vor dem sich aus § 100 Abs. 3 BetrVG ergebenden Zeitpunkt beenden, muss er ebenfalls ordentlich kündigen. Dann kann wegen der Möglichkeit der vorläufigen Beschäftigung ein Kündigungsgrund fehlen. Dies gilt entsprechend, wenn er das Arbeitsverhältnis bereits aufgrund der Einwendungen des Betriebsrats ohne Einleitung eines Beschlussverfahrens nach § 100 Abs. 2 BetrVG kündigt. Ob der Betriebsrat die Zustimmung zu Recht oder zu Unrecht verweigert hat, ist für die Prüfung der sozialen Rechtfertigung nicht relevant.

189 Erhebt der Betriebsrat keine Einwendungen gegen die vorläufige Einstellung, bedarf es keines Beschlussverfahrens gem. § 100 Abs. 2 BetrVG. Verweigert er seine Zustimmung nach § 99 Abs. 3 BetrVG, kann der Arbeitgeber ein **Zustimmungsersetzungsverfahren** gem. § 99 Abs. 4 BetrVG einleiten und die Berechtigung des Widerspruchs gerichtlich überprüfen lassen. Will er stattdessen das Arbeitsverhältnis mit dem vorläufig eingestellten Arbeitnehmer beenden, bedarf es wiederum einer Kündigung nach den vorstehenden Grundsätzen.

g) Beendigung fehlerhafter Leiharbeitsverhältnisse

190 S. Rdn 70.

h) Lösende Abwehraussperrung

S. KR-*Bader/Kreutzberg-Kowalczyk* § 25 KSchG Rdn 14 ff. 191

i) Tod des Arbeitnehmers

Verstirbt der Arbeitnehmer, ist § 1 KSchG anwendbar, wenn der Todesfall **nach dem Ablauf der** 192
Kündigungsfrist eintritt und er zuvor Kündigungsschutzklage erhoben hatte. Dann können die
Erben den Kündigungsschutzprozess nach den Regeln der §§ 239, 246, 250 ZPO fortführen und
den Fortbestand des Arbeitsverhältnisses zeitlich beschränkt bis zum Termin des Ablebens sowie mit
einem Leistungsantrag die ggf. bis zu diesem Zeitpunkt begründeten Vergütungsansprüche gem.
§ 615 BGB geltend machen, soweit sie nicht höchstpersönlicher Natur sind (vgl. *BAG* 6.11.1997
EzA § 1 KSchG Betriebsbedingte Kündigung Nr. 96; *Galperin* RdA 1966, 361, 363; ErfK-*Müller-
Glöge* § 620 BGB Rn 35). Verstirbt der Arbeitnehmer in der ggf. kurzen Zeit zwischen dem Ablauf der Kündigungsfrist und dem der Klagefrist von § 4 bzw. deren Verlängerung nach §§ 5, 6
KSchG, können seine Erben Kündigungsschutzklage erheben (HaKo-KSchR/*Gallner* § 4 Rn 97;
LKB-*Linck* § 4 Rn 68). Näher KR-*Klose* § 4 Rdn 113 f. Zur Möglichkeit eines Auflösungsurteils
s. KR-*Spilger* § 9 KSchG Rdn 43 f.

Verstirbt der Arbeitnehmer vor Ablauf der Kündigungsfrist, ist § 1 KSchG nicht anwendbar, da die 193
bereits erklärte Kündigung **keine Gestaltungswirkung** mehr entfalten kann. Die Beendigung des
Arbeitsverhältnisses ist vielmehr aufgrund des Todes des Arbeitnehmers eingetreten, da dieser die
gem. § 613 S. 1 BGB in Person zu leistende Arbeit auf Dauer nicht mehr erbringen kann. Einer
Kündigung bedarf es dann nicht mehr (LKB-*Linck* § 4 Rn 69; näher s. KR-*Klose* § 4 Rdn 115).
Hatte der Arbeitnehmer jedoch bereits ein rechtskräftiges Auflösungsurteil erwirkt, können die
Erben die vom Gericht festgelegte Abfindung verlangen (vgl. KR-*Spilger* § 9 KSchG Rdn 42).

j) Tod und Liquidation des Arbeitgebers

Der Tod des Arbeitgebers führt **nicht zur Beendigung des Arbeitsverhältnisses.** Die Erben treten 194
vielmehr nach dem Grundsatz der Gesamtrechtsnachfolge (§ 1922 BGB) in die Arbeitsverhältnisse ein. Hatte der verstorbene Arbeitgeber eine ordentliche Kündigung erklärt, kann der Arbeitnehmer gegen die Erben Kündigungsschutzklage erheben bzw. einen bereits anhängigen Kündigungsrechtsstreit nach §§ 239, 246, 250 ZPO gegen diese fortsetzen. Wird der Betrieb von den
Rechtsnachfolgern infolge des Todes des Arbeitgebers nicht weitergeführt, müssen sie kündigen,
um eine Beendigung der Arbeitsverhältnisse der im Betrieb beschäftigten Arbeitnehmer herbeizuführen (ErfK-*Müller-Glöge* § 620 BGB Rn 36). Die Kündigung ist dann nach den Grundsätzen der
Betriebsstilllegung zu prüfen (s. Rdn 615–621). Zur Erbengemeinschaft als Arbeitgeber s. KR-*Klose*
§ 4 KSchG Rdn 125. Die **Liquidation** und anschließende Löschung einer Handelsgesellschaft im
Handelsregister führt ebenfalls allein nicht zur Beendigung ihrer Arbeitsverhältnisse. Es bedarf vielmehr des Ausspruchs von Kündigungen durch die Liquidatoren. Eine außerordentliche Kündigung
ist in der Liquidation ebenso wie im Insolvenzverfahren regelmäßig nicht gerechtfertigt, sofern das
Recht zur ordentlichen Kündigung nicht ausgeschlossen ist (*BAG* 25.10.1968 EzA § 626 BGB
Nr. 10). Eine im Handelsregister gelöschte GmbH verliert im Kündigungsrechtsstreit nicht ihre
Parteifähigkeit, wenn sie noch über vermögensrechtliche Ansprüche verfügt, etwa über Ersatzan-
sprüche gegen ihren Liquidator. Eine entsprechende substanziierte Behauptung des Klägers genügt
(*BAG* 25.9.2003 EzA § 50 ZPO 2002 Nr. 2, zu II 1b; vgl. auch *BAG* 9.7.1981 EzA § 50 ZPO
Nr. 1 m. krit. Anm. *Stumpf*, *Theil* JZ 1982, 372).

k) Entlassung von Dienstordnungsangestellten

Der allgemeine Kündigungsschutz gilt nicht für **Dienstentlassungen** der bei den Sozialversiche- 195
rungsträgern beschäftigten **Dienstordnungsangestellten** (vgl. Rdn 86). Bei einer fristgerechten
Entlassung als Disziplinarmaßnahme und einer Kündigung handelt es sich um unterschiedlich zu
beurteilende Rechtsinstitute (*BAG* 25.2.1998 AP § 611 BGB Dienstordnungsangestellte Nr. 69;

28.4.1982 EzA § 87 BetrVG 1972 Betriebsbuße Nr. 5). Die Dienstentlassung ist eine Dienststrafe und bedeutet für den betroffenen Arbeitnehmer ein Unwerturteil, während eine ordentliche Kündigung keinen Sanktionscharakter hat. In ihrer Wirkung auf das Dienstverhältnis und in ihren äußeren Merkmalen entspricht die Dienstentlassung allerdings einer ordentlichen fristgemäßen Kündigung. Sie ist ebenso wie eine Kündigung eine einseitige rechtsgestaltende Willenserklärung, die darauf gerichtet ist, ein privatrechtliches Dienstverhältnis für die Zukunft zu beenden (BAG 5.9.1986 AP § 15 KSchG 1969 Nr. 27). Zur **fristlosen Dienstentlassung** als Dienststrafe s. KR-*Fischermeier/Krumbiegel* § 626 BGB Rdn 58 ff. Zur Kündigung in Gestalt einer Disziplinarmaßnahme s. Rdn 37.

l) Abberufung nach AGB-DDR

196 Der allgemeine Kündigungsschutz galt nicht für **Abberufungen** nach § 62 ff. AGB-DDR, die bis 31.12.1991 in den neuen Bundesländern noch fortgalten. Durch Abberufung seitens des Arbeitgebers endeten Arbeitsverhältnisse, die durch Berufung begründet wurden (§ 62 Abs. 1 AGB-DDR). Da die §§ 62 ff. AGB-DDR seit 1.1.1992 nicht mehr in Kraft sind, gilt seither das allgemeine Kündigungsrecht. Daher können die durch Berufung begründeten und am 1.1.1992 noch nicht beendeten Arbeitsverhältnisse vom Arbeitgeber einseitig nur durch eine Kündigung beendet werden, für die die Vorschriften des KSchG gelten. Zur außerordentlichen Kündigung s. KR-*Fischermeier/Krumbiegel* § 626 BGB Rdn 494.

F. Allgemeine Merkmale und Bedeutung des Begriffs der Sozialwidrigkeit

I. Begriff der Sozialwidrigkeit

1. Entwicklungsgeschichte

197 Der in § 1 Abs. 2 und 3 KSchG verwendete Begriff der »**sozial ungerechtfertigten Kündigung**« ist in der **Entwicklungsgeschichte** des individuellen Kündigungsschutzes insofern ein Novum, als sowohl dem BRG 1920 als auch dem AOG der Grundsatz der Wirksamkeit einer vom Arbeitgeber erklärten ordentlichen Kündigung zugrunde lag. Nach dem **BRG 1920** hatte der Betriebsrat (Arbeiter- oder Angestelltenrat) die Funktion einer Sperrinstanz. Der Arbeitnehmer musste sich zunächst unter Berufung auf die in § 86 BRG 1920 geregelten vier Einspruchsgründe an das für ihn zuständige betriebsverfassungsrechtliche Vertretungsorgan wenden und konnte erst nach einer vom Betriebsrat abgegebenen positiven Stellungnahme auf den Einspruch gegen die Kündigung klagen. Auch die Arbeitsgerichte waren nicht in der Lage, dem Arbeitnehmer einen effektiven Schutz des Bestandes seines Arbeitsverhältnisses zu gewähren. Nach einem vom Gericht für begründet erachteten Einspruch hatte der Arbeitgeber nach § 87 BRG 1920 die Möglichkeit, die Weiterbeschäftigung des Arbeitnehmers gegen Gewährung einer Entlassungsentschädigung abzulehnen.

198 Durch das **AOG** wurde die für das BRG 1920 charakteristische Verknüpfung insofern abgebaut, als die vom Arbeitnehmer zu erhebende Widerrufsklage nicht mehr von einer positiven Stellungnahme des Betriebsrats abhängig war. Dabei näherte sich das **AOG** insofern dem im KSchG 1951 verwirklichten legislativen Grundmodell an, als es in § 56 in Gestalt einer **Generalklausel** die Voraussetzungen für einen vom Arbeitnehmer zu erklärenden Widerspruch gegen die Kündigung festlegte. Da das BRG 1920 bereits in § 84 Abs. 1 Nr. 4 den allgemeinen Einspruchsgrund der »**unbilligen Härte**« kannte, bedeutete die ebenfalls auf dieses Merkmal abstellende Generalklausel des § 56 AOG allerdings keine wesentliche Verbesserung des individuellen Kündigungsschutzes.

199 Durch das erstmals im KSchG 1951 verwendete Institut der »sozial ungerechtfertigten« Kündigung wurde der individuelle Kündigungsschutz maßgeblich verbessert, da mit ihm erstmals das **Prinzip des Bestandsschutzes** in das individuelle Kündigungsschutzrecht eingeführt wurde. Dieser Grundsatz wurde allerdings nur eingeschränkt verwirklicht. Eine sozial ungerechtfertigte Kündigung gilt in den Fällen einer nicht rechtzeitigen Klage des Arbeitnehmers nach § 7 KSchG als von Anfang an wirksam. Eine weitere Durchbrechung des Bestandsschutzprinzips ist die Möglichkeit einer gerichtlichen Auflösung des Arbeitsverhältnisses auf Antrag des Arbeitgebers (vgl. §§ 9 Abs. 1 S. 2,

14 Abs. 2 S. 2 KSchG). Die heute noch im Gesetz enthaltene Generalklausel des § 1 Abs. 2 S. 1 KSchG führte dennoch zu einer wesentlichen Verstärkung des individuellen Kündigungsschutzes. Durch den Verzicht auf das mit subjektiven Momenten belastete Merkmal der »unbilligen Härte« und das Abstellen auf die einer größeren Objektivierung zugänglichen Kündigungsgründe ist der Arbeitsplatzschutz erheblich verbessert worden.

Die ursprünglich rein individualrechtlich konzipierte Grundsatznorm des § 1 KSchG ist durch die 200 Einfügung der Widerspruchstatbestände in § 1 Abs. 2 S. 2 und 3 KSchG mit kollektivrechtlichen Elementen des Kündigungsschutzes verknüpft worden. Diese auf das **BetrVG 1972** (BGBl. I S. 13) und die Neufassung des **BPersVG** vom 15.3.1974 (BGBl. I S. 693) zurückgehende Gesetzesänderung hat das Verständnis des § 1 KSchG nicht unerheblich erschwert. Dies gilt insbes. für das Verhältnis der Generalklausel des § 1 Abs. 2 S. 1 KSchG zu den in § 1 Abs. 2 S. 2 und 3 KSchG erwähnten Widerspruchstatbeständen (hierzu *BAG* 6.6.1984 AP § 1 KSchG 1969 Betriebsbedingte Kündigung Nr. 16; 17.5.1984 EzA § 1 KSchG Betriebsbedingte Kündigung Nr. 32). Als wesentlicher entwicklungsgeschichtlicher Aspekt ist festzuhalten, dass die Einfügung der in § 1 Abs. 2 S. 2 und 3 KSchG enthaltenen **Widerspruchstatbestände** gem. der Gesetzesbegründung auch dazu diente, den **individuellen Kündigungsschutz zu verbessern** (BT-Drucks. VI/2729 [unter IV 3 S. 7]; BT-Drucks. VI/1786, S. 32, 33).

2. Systematik des Gesetzes

Wesentlich für die Erschließung des Sinngehaltes des § 1 KSchG ist die **Systematik des Gesetzes**. 201 Zu beachten ist, dass die Bestimmung vom Gesetzgeber nicht einheitlich erlassen wurde (zur Entwicklungsgeschichte s. Rdn 197 ff.).

a) Generalklausel

Von zentraler Bedeutung für die inhaltliche Ausgestaltung des allgemeinen Kündigungsschutzes 202 ist der **Begriff der »sozial ungerechtfertigten« Kündigung** in § 1 Abs. 1 KSchG. Eine Konkretisierung dieses Begriffes enthält das Gesetz zunächst in Gestalt der **Generalklausel** des § 1 Abs. 2 S. 1 KSchG. Der Begriff der »sozial ungerechtfertigten« Kündigung wird darin jedoch nicht positiv umschrieben, sondern lediglich negativ begrenzt. Als Umstände, die eine Kündigung sozial rechtfertigen, enthält die Generalklausel **drei Fallgruppen**, nämlich Gründe in der Person oder im Verhalten des Arbeitnehmers sowie dringende betriebliche Erfordernisse. Bei diesen Tatbeständen handelt es sich um sog. **relative Gründe** der **Sozialwidrigkeit**, da es bei ihnen anders als bei den Tatbeständen von § 1 Abs. 2 S. 2, 3 zur Beurteilung der sozialen Rechtfertigung grundsätzlich einer an Umständen des Einzelfalles orientierten Interessenabwägung bzw. Sozialauswahl bedarf (*BAG* 13.9.1973 EzA § 102 BetrVG 1972 Nr. 7; DDZ-*Deinert* Rn 49 f.; HaKo-KSchR/*Pfeiffer* Rn 170 f.; TRL-*Gabrys* Rn 264; iE s. Rdn 219 f.).

b) Widerspruchstatbestände

Bei den in § 1 Abs. 2 S. 2, 3 KSchG geregelten **Widerspruchstatbeständen** handelt es sich dem- 203 gegenüber um **absolute Gründe der Sozialwidrigkeit**. Liegen sie vor, bedarf es keiner Interessenabwägung mehr (*BAG* 13.9.1973 EzA § 102 BetrVG 1972 Nr. 7; 6.6.1984 AP § 1 KSchG 1969 Betriebsbedingte Kündigung Nr. 16). Die Sozialwidrigkeit der Kündigung folgt dann unmittelbar aus einem begründeten Widerspruch des zuständigen betriebsverfassungs- bzw. personalvertretungsrechtlichen Vertretungsorgans. S. iE zu den Widerspruchstatbeständen Rdn 802-822.

c) Verhältnis der Generalklausel zu den Widerspruchstatbeständen

Das **Verhältnis** zwischen der **Generalklausel** des § 1 Abs. 2 S. 1 und den **Widerspruchstatbe-** 204 **ständen** des § 1 Abs. 2 S. 2 und 3 war umstritten (vgl. *Löwisch* DB 1975, 349; *Preis* S. 97 ff.). Nach einer Mindermeinung (*LAG Frankf.* 27.2.1973 DB 1973, 1607; *Gumpert* BB 1972, 50; *Meisel* DB 1972, 1679; *Wagener* BB 1972, 1973; *Berkowsky* NZA-Beil. 2/10 S. 50, 52) sollten die speziellen

Gründe der Sozialwidrigkeit nach § 1 Abs. 2 S. 2, 3 nur beachtlich sein, wenn der Betriebsrat aus einem dieser Gründe nach § 102 Abs. 2 S. 1 iVm Abs. 3 BetrVG form- und fristgerecht der Kündigung widersprochen hatte. Nach heute weitgehend übereinstimmender Meinung sind gem. der mit der Neufassung des § 1 Abs. 2 S. 2, 3 verfolgten gesetzgeberischen Zielvorstellung, den individuellen Kündigungsschutz der Arbeitnehmer zu verbessern (vgl. BT-Drucks. VI/2729, S. 7; BT-Drucks. VI/1786, S. 32, 33), die in den Widerspruchstatbeständen umschriebenen besonderen Merkmale der Sozialwidrigkeit auch bei der allgemeinen Prüfung der Sozialwidrigkeit nach § 1 Abs. 2 S. 1 zu berücksichtigen, da sie **gesetzliche Konkretisierungen** des § 1 Abs. 2 S. 1 zugrunde liegenden **Grundsatzes der Verhältnismäßigkeit** (ultima-ratio-Prinzip, s. Rdn 222 ff.) sind (*BAG* 13.9.1973 EzA § 102 BetrVG 1972 Nr. 7; 15.12.1994 EzA § 1 KSchG Betriebsbedingte Kündigung Nr. 76, zu B II 1; 24.6.2004 EzA § 1 KSchG Betriebsbedingte Kündigung Nr. 132, zu B II 2a; LKB-*Krause* Rn 1039 ff.; DDZ-*Deinert* Rn 51, 379; APS-*Kiel* Rn 543 f.; MüKo-BGB/*Hergenröder* Rn 71; AR-*Kaiser* Rn 151; aA *Rieble/Kolbe* SAE 2008, 241, 242). Sie folgen aus dem gesetzlichen Tatbestandsmerkmal »bedingt«, das ein Kausalitätserfordernis begründet (SPV-*Preis* Rn 887). Nach *Berkowsky* (NZA-Beil. 2/10 S. 50, 52) soll der Umstand gegen die hM sprechen, dass der Normtext vom Gesetzgeber zwischenzeitlich nicht geändert wurde. Diese Begründung ist schon deshalb nicht tragfähig, weil der Gesetzgeber in Kenntnis der Rspr. von einer Änderung der Regelung gerade abgesehen hat.

205 Daher kann sich der Arbeitnehmer auch **ohne Widerspruch des Betriebsrats** bzw. in **betriebsratslosen Betrieben auf Weiterbeschäftigungsmöglichkeiten** iSv § 1 Abs. 2 S. 2 Nr. 1b, 2b **berufen**. Da nach § 1 Abs. 2 S. 2 Nr. 1b, 2b bei einem entsprechenden Widerspruch der Arbeitnehmervertretung die Möglichkeit einer Weiterbeschäftigung auf Unternehmensebene zu prüfen und die soziale Rechtfertigung der Kündigung insoweit unternehmensbezogen ist, ist auch der Grundsatz der Verhältnismäßigkeit entsprechend auszulegen. Der Arbeitgeber ist daher zur Weiterbeschäftigung des Arbeitnehmers auf einem **freien Arbeitsplatz** in einem **anderen Betrieb** seines Unternehmens oder in einer **anderen Dienststelle** des dem Unternehmen nach § 1 Abs. 2 S. 2 Nr. 2b gleichgestellten Verwaltungszweiges unabhängig von einem Widerspruch des Betriebsrats oder Personalrats nach § 1 Abs. 2 S. 1 verpflichtet (*BAG* 17.5.1984 EzA § 1 KSchG Betriebsbedingte Kündigung Nr. 32; 22.5.1986 EzA § 1 KSchG Soziale Auswahl Nr. 32; 29.3.2007 EzA § 2 KSchG Nr. 66, zu B II 1; LKB-*Krause* Rn 191, 197; SPV-*Preis* Rn 886, 1003; *Müller* ZfA 1982, 489; *Weller* AuR 1986, 228). Der Kündigungsschutz ist hinsichtlich der Weiterbeschäftigungsmöglichkeiten **arbeitgeberbezogen** (*BAG* 17.5.1984 EzA § 1 KSchG Betriebsbedingte Kündigung Nr. 32; HAS-*Preis* § 19 F Rn 23).

206 Fraglich ist, ob der Widerspruchsgrund des § 1 Abs. 2 S. 2 Nr. 1a, 2a (**Verstoß gegen eine Auswahlrichtlinie**), der nur bei einer betriebsbedingten Kündigung in Betracht kommt (s. KR-*Rinck* § 102 BetrVG Rdn 203 ff.), auch ohne entsprechenden Widerspruch der Arbeitnehmervertretung bei der Prüfung von § 1 Abs. 3 zu berücksichtigen ist. Dies wurde zum Teil unter Hinweis auf den allgemeinen Gleichheitssatz gemäß Art. 3 Abs. 1 GG bejaht (so *Etzel* KR 7. Aufl., Rn 198; *Löwisch* DB 1975, 350). § 1 Abs. 2 S. 2 soll es dem Betriebs- bzw. Personalrat jedoch gerade ermöglichen, über die Entstehung der absoluten Unwirksamkeitsgründe unter Berücksichtigung kollektiver Interessen zu disponieren. Zwar handelt es sich bei Auswahlrichtlinien gem. § 95 BetrVG idR um Betriebsvereinbarungen (zu deren Rechtsnatur näher GK-BetrVG/*Raab* § 95 Rn 7, 8 mwN), die nach § 77 Abs. 4 S. 1 BetrVG grds. unmittelbar und zwingend gelten. Auch daraus folgt aber nicht, dass sie den Beurteilungsspielraum des Arbeitgebers bei der Sozialauswahl nach § 1 Abs. 3 einschränken oder gar eine Sozialauswahl in Überschreitung dieses Spielraums vorgeben könnten (aA *Griebeling* KR 10. Aufl.: Einschränkung des Ermessens des Arbeitgebers). § 1 Abs. 3 sieht eine Verengung oder Abweichung von der gesetzlich vorgegebenen Sozialauswahl durch Betriebsvereinbarung nicht vor. Die kündigungsschutzrechtlichen Wirkungen einer Auswahlrichtlinie dürften sich daher auf die Rechtsfolgen beschränken, die in § 1 Abs. 2 S. 2 Nr. 1a, 2a (absolute Sozialwidrigkeit der Kündigung bei wegen eines Verstoßes erfolgtem Widerspruch der Arbeitnehmervertretung) und § 1 Abs. 4 (Überprüfung der Sozialauswahl entsprechend einer Auswahlrichtlinie nur auf grobe Fehlerhaftigkeit) gesetzlich normiert sind.

Die **Einordnung der Widerspruchsgründe** des § 1 Abs. 2 S. 2, 3 als absolute Gründe der Sozialwidrigkeit hat damit im Falle des Bestehens einer anderweitigen Weiterbeschäftigungsmöglichkeit nur geringe Bedeutung. Die Kündigung ist in diesem Fall stets auch nach § 1 Abs. 2 S. 1 unwirksam. Ein Widerspruch des Betriebsrats kann allerdings die Darlegungslast des Arbeitnehmers erleichtern, weil dieser sich die Begründung des Betriebsrats zu eigen machen kann. Verstößt die Kündigung gegen eine Auswahlrichtlinie, führt dies hingegen nur dann zu ihrer Unwirksamkeit, wenn der Betriebsrat ihr deshalb widersprochen hat oder die Sozialauswahl auch gemessen an § 1 Abs. 3 unzureichend ist. Insofern kann der Widerspruch des Betriebsrats konstitutiv für die Sozialwidrigkeit der Kündigung sein. 207

d) Soziale Auswahl

In **systematischer Hinsicht** kommt der in § 1 Abs. 3 geregelten Verpflichtung des Arbeitgebers zur **sozialen Auswahl** insofern eine Sonderstellung zu, als sie nur bei betriebsbedingten Kündigungen vorzunehmen ist und es sich hierbei zwar um einen die vorläufige Weiterbeschäftigung auslösenden Widerspruchstatbestand (vgl. § 102 Abs. 3 Nr. 1 BetrVG) handelt, der aber mangels Erwähnung in § 1 Abs. 2 S. 2 und 3 **kein absoluter Grund der Sozialwidrigkeit** ist. Die Frage, ob eine durch dringende betriebliche Erfordernisse iSd § 1 Abs. 2 S. 1 bedingte Kündigung wegen eines Fehlers in der sozialen Auswahl gleichwohl sozialwidrig ist, richtet sich daher allein nach § 1 Abs. 3 KSchG. Einem etwaigen **Widerspruch des Betriebsrats** kommt auch **keine indizielle Bedeutung** zu (aA *Galperin/Löwisch* BetrVG 6. Aufl., § 102 Rn 88). Wegen Einzelheiten zur sozialen Auswahl s. Rdn 646 ff. 208

3. Unbestimmtheit des Rechtsbegriffs

Bei dem Begriff der »sozial ungerechtfertigten« Kündigung handelt es sich nicht im engeren Sinn um einen **unbestimmten Rechtsbegriff**, da er durch die Generalklausel des § 1 Abs. 2 S. 1 und die Regelungen von § 1 Abs. 2 S. 2, 3, Abs. 3–5 ergänzt und konkretisiert wird. Nur die in § 1 Abs. 2 S. 1 genannten Umstände (Gründe in der Person oder im Verhalten des Arbeitnehmers sowie dringende betriebliche Erfordernisse) können eine Kündigung sozial rechtfertigen. Er wird daher als **rechtstechnischer Begriff** betrachtet (SPV-*Preis* Rn 883, 884; ErfK-*Oetker* Rn 62; HaKo-KSchR/*Pfeiffer* Rn 170; APS-*Vossen* Rn 61). Auf andere Umstände, zB politische, allgemeine wirtschaftliche oder konzernbedingte Gründe, kann sich der Arbeitgeber zur sozialen Rechtfertigung der Kündigung nicht berufen (LSSW-*Schlünder* Rn 77; HaKo-KSchR/*Pfeiffer* Rn 181). Durch die Rechtsprechung des BAG werden die zur Kündigung geeigneten Gründe rechtsdogmatisch näher konkretisiert. 209

Wegen der Unbestimmtheit aber auch der erläuternden Begriffe (personen-, verhaltens-, betriebsbedingt) ist eine jeden Einzelfall präzise erfassende Konkretisierung unmöglich. Vielmehr müssen die Gerichte im vorbezeichneten Rahmen den Regelungsgehalt der Norm für jeden Einzelfall unter Berücksichtigung der jeweiligen Umstände neu bestimmen. Das bedeutet nicht, dass § 1 KSchG eine an Billigkeitsgesichtspunkten orientierte Rechtsprechung zulässt. Vielmehr sind die sich aus der Norm ergebenden gesetzlichen Wertungen zu konkretisieren (SPV-*Preis* Rn 883; HaKo-KSchR/*Pfeiffer* Rn 170 f.; APS-*Vossen* Rn 61). Es geht also um – revisionsrechtlich grds. voll überprüfbare – Rechtsanwendung. Soweit diese eine Abwägung der gegenseitigen Interessen erfordert, kommt den Tatsacheninstanzen allerdings ein **Beurteilungsspielraum** zu (st. Rspr. des *BAG*, etwa 11.7.2013 EzA § 1 KSchG Verhaltensbedingte Kündigung Nr. 83, Rn 44; 31.5.2007 EzA § 1 KSchG Verhaltensbedingte Kündigung Nr. 71, Rn 12). Die Würdigung wird in der Revisionsinstanz (nur) daraufhin überprüft, ob bei der Unterordnung des Sachverhalts unter die Rechtsnormen Denkgesetze oder allgemeine Erfahrungssätze verletzt und ob alle vernünftigerweise in Betracht zu ziehenden Umstände widerspruchsfrei berücksichtigt wurden (*BAG* 11.7.2013 EzA § 1 KSchG Verhaltensbedingte Kündigung Nr. 83, Rn 44; 31.5.2007 EzA § 1 KSchG Verhaltensbedingte Kündigung Nr. 71). Dies gilt entsprechend für die Prüfung der »ausreichenden« Berücksichtigung sozialer Gesichtspunkte bei der Sozialauswahl durch das Landesarbeitsgericht (*BAG* 29.1.2015 EzA § 1 KSchG Soziale Auswahl Nr. 87, Rn 13; 22.3.2012 EzA § 1 KSchG Soziale Auswahl Nr. 85, Rn 22). 210

§ 1 KSchG   Sozial ungerechtfertigte Kündigungen

a) Gesetzliche Anhaltspunkte zur Konkretisierung

211 Gesetzliche Anhaltspunkte für eine inhaltliche Bestimmung des **Begriffs** der **Sozialwidrigkeit** sind zunächst in der Generalklausel des § 1 Abs. 2 S. 1 enthalten. Danach kommen als Umstände, die eine Kündigung sozial rechtfertigen können, Gründe in der Person oder im Verhalten des Arbeitnehmers sowie dringende betriebliche Erfordernisse in Betracht. Diese Gründe müssen die Kündigung »bedingen«, dh nicht nur verursachen, sondern als letzte von möglichen anderweitigen personellen Maßnahmen (zB Abmahnung, Versetzung, Änderungskündigung) erforderlich machen. In dieser gesetzlichen Formulierung liegt eine Anerkennung des – das gesamte Kündigungsschutzrecht beherrschenden – **Grundsatzes der Verhältnismäßigkeit** (hierzu KR-*Fischermeier/Krumbiegel* § 626 BGB Rdn 265 ff.; KR-*Kreft* § 2 KSchG Rdn 168 ff.; *Pachtenfels* BB 1983, 1479; *Preis* S. 254 ff.; *Wagner* NZA 1986, 632; *Zitscher* BB 1983, 1285). Wegen der Einzelheiten s. Rdn 222 ff.

212 **Spezielle gesetzliche Merkmale** der Sozialwidrigkeit enthalten die in § 1 Abs. 2 S. 2, 3 geregelten Widerspruchstatbestände. Diese gesetzliche Konkretisierung (zur Entstehungsgeschichte Rdn 197 ff.) beruht teilweise auf Grundsätzen, die von der Rechtsprechung zur Auslegung der Generalklausel des § 1 Abs. 2 S. 1 bereits erarbeitet worden waren. Soweit danach eine Kündigung für sozialwidrig erklärt wird, wenn die Möglichkeit einer Weiterbeschäftigung an einem anderen Arbeitsplatz besteht, folgt dies bereits aus dem Grundsatz der Verhältnismäßigkeit (s. Rdn 205).

213 Eine auf die **betriebsbedingte Kündigung** beschränkte Konkretisierung der Sozialwidrigkeit ist § 1 Abs. 3, wonach auch Fehler in der **sozialen Auswahl** die Sozialwidrigkeit einer Kündigung begründen können (zur sozialen Auswahl Rdn 646 ff.). Durch § 1 Abs. 4, 5 wird die Möglichkeit eröffnet, mittels kollektivvertraglicher Regelungen die Prüfungsdichte der sozialen Rechtfertigung einer betriebsbedingten Kündigung erheblich zu reduzieren.

b) Typologische Gesichtspunkte

214 Anhand der sich aus dem Gesetz ergebenden Vorgaben hat die **Rechtsprechung** für jeden der drei gesetzlichen Fallgruppen für die soziale Rechtfertigung einer Kündigung besondere Prüfungsmaßstäbe entwickelt und innerhalb dieser drei Obergruppen **typische Fallgruppen** gebildet, für die wiederum besondere Rechtsgrundsätze zur sozialen Rechtfertigung gelten. Die typischen Fallgruppen sind allerdings nicht erschöpfend. Sie erfassen also nicht alle Kündigungssachverhalte der jeweiligen Obergruppe. Der Vorteil der **typologischen Methode** besteht darin, dass für bestimmte Fallgruppen jeweils spezielle Beurteilungsmaßstäbe erarbeitet werden können. Auf diese Weise wird sowohl dem Bedürfnis nach Rechtssicherheit als auch dem Erfordernis der Einzelfallgerechtigkeit eher Rechnung getragen als durch bloße Generalklauseln oder eine die Tatbestände der Sozialwidrigkeit abschließend regelnde gesetzliche Kasuistik.

c) Prüfungsmaßstab

215 Maßstab für die soziale Rechtfertigung einer Kündigung ist die Frage, ob die Umstände in der Person oder im Verhalten des Arbeitnehmers oder die betrieblichen Erfordernisse bei verständiger Würdigung der Interessen der Vertragsparteien und des Betriebes **die Kündigung als billigenswert und angemessen** erscheinen lassen (*BAG* 3.5.1978 EzA § 1 KSchG Betriebsbedingte Kündigung Nr. 8; 22.7.1982 EzA § 1 KSchG Verhaltensbedingte Kündigung Nr. 10; 11.12.2003 EzA § 1 KSchG Verhaltensbedingte Kündigung Nr. 62, zu B I 2a). Soweit diese Formel als »überkommene Billigkeitsklausel« kritisiert wird, mit der sich heute kein Kündigungsrechtsstreit entscheiden lasse (so SPV-*Preis* Rn 898), ist darauf hinzuweisen, dass es sich nur um eine erste Einordnung des Begriffs der sozialen Rechtfertigung handelt, die als Grundlage für eine weitere Konkretisierung dienen muss. Es muss eine erhebliche Beeinträchtigung der unternehmerischen Interessen vorliegen, die dem Arbeitgeber die Fortsetzung des Arbeitsverhältnisses über die Kündigungsfrist hinaus **unzumutbar** macht (LKB-*Krause* Rn 162 f., 168; HaKo-KSchR/*Pfeiffer* Rn 172). Dabei kommt es auf den **objektiven Anlass** für eine Kündigung und nicht auf die möglicherweise dahinterstehenden subjektiven Beweggründe des Arbeitgebers an (*BAG* 2.6.1960 AP § 626 BGB Nr. 42; 22.5.2003

EzA § 242 BGB 2002 Kündigung Nr. 2, zu B III 2b). Anders als bei der Kündigung aus wichtigem Grund ist nicht erforderlich, dass dem Arbeitgeber auch die befristete Fortsetzung des Arbeitsverhältnisses nicht mehr zuzumuten ist (BAG 12.8.1976 AP § 1 KSchG 1969 Nr. 3; APS-*Vossen* Rn 64; ErfK-*Oetker* Rn 67). Entscheidende Bedeutung kommt bei der Prüfung der Kündigungsgründe dem **Prognoseprinzip** zu (s. Rdn 286 f., 438, 564; ausf. hierzu *Preis* NZA 1997, 1076 f.; gegen dieses Prinzip *Rüthers* NJW 1998, 1437). Letztlich ist Gegenstand der Prüfung eine Abwägung der gegenseitigen Interessen der Arbeitsvertragsparteien (APS-*Preis* Grundl. H Rn 23–26).

Äußerst str. ist, ob wegen § 2 Abs. 4 AGG der Maßstab des **objektiven Vorliegens eines Kündigungsgrundes** zum Zeitpunkt des Kündigungszugangs bei der Prüfung von § 1 Abs. 2 S. 1 auch dann gilt, wenn der Arbeitgeber subjektiv (auch) aus iSv § 1 AGG **diskriminierenden Motiven** kündigt (sog. **Motivbündel**). Das kann der Fall sein, wenn der Arbeitgeber eine Kündigung wegen der ethnischen Herkunft oder des Geschlechts des Arbeitnehmers ausspricht und ihm der objektiv bestehende Kündigungsgrund noch gar nicht bekannt ist, etwa wenn eine Unterschlagung des Arbeitnehmers erst nach der Kündigung festgestellt wird, oder wenn ihm ein objektiver Kündigungsgrund gelegen kommt, um einen ihm wegen eines Merkmals nach § 1 AGG missliebigen Arbeitnehmer entlassen zu können. Zur Sozialwidrigkeit der Kündigung gelangt man in diesen Fällen bereits nach allgemeinen Grundsätzen dann, wenn der Arbeitgeber gleichzeitig das Verbot der **herausgreifenden Kündigung** (s. Rdn 247) verletzt und gegenüber anderen Arbeitnehmern keine Kündigung ausspricht, obwohl bei ihnen derselbe objektive Kündigungsgrund vorliegt (*Löwisch* BB 2006, 2189, 2190). 216

In den anderen Fällen wird relevant, welche Bedeutung § 2 Abs. 4 AGG zukommt. Geht man entgegen der hier vertretenen Auffassung von der Unanwendbarkeit der Bestimmung aus, kann sich die Nichtigkeit einer aus diskriminierenden Motiven ausgesprochenen, gleichwohl aber durch einen objektiven Grund gerechtfertigten Kündigung aus § 7 Abs. 1 AGG iVm § 134 BGB ergeben (so etwa *Hjort/Richter* AR-Blattei SD 800.1 Rn 227 ff.). Anderenfalls stellt sich die Frage, ob § 2 Abs. 4 AGG dazu führt, dass ein diskriminierendes Motiv bei der Auslegung von § 1 unbeachtlich ist, und ob dies mit den Vorgaben der Richtlinie 2000/78/EG vereinbar wäre. Dies wird zum Teil bejaht (so *Löwisch* BB 2006, 2189 f.). Verbleibe es bei der Wirksamkeit der Kündigung, sei die Diskriminierung jedoch unter unionsrechtskonform einschränkender Auslegung von § 2 Abs. 4 AGG durch die Anwendung der Regelungen des § 15 AGG zu sanktionieren. Der Arbeitnehmer könne dann vor allem für seine immaterielle Beeinträchtigung eine Entschädigung nach § 15 Abs. 2 AGG verlangen (so etwa *Griebeling* KR 9. Aufl.; *Bauer/Göpfert/Krieger* 2. Aufl. § 2 Rn 61 ff., 66 ff.; *Diller/Krieger/Arnold* NZA 2006, 887, 889 f.). Nach einer anderen Auffassung ist § 1 dahingehend unionsrechtskonform auszulegen, dass ungeachtet des objektiv vorliegenden Kündigungsgrundes bereits die diskriminierende Motivation der Kündigung zu deren Sozialwidrigkeit führt (*Griebeling* FS Etzel S. 185; *v. Medem* S. 588 ff.; Bader/Bram-*Kreutzberg-Kowalczyk* Rn 107l). Eine weitere Ansicht sieht die Lösung darin, in solchen Fällen **Kündigungsschutz über die Generalklauseln der §§ 242, 138, 612a BGB** zu gewähren (APS-*Preis* Grundlagen J Rn 71g; *Kamanabrou* RdA 2007, 199, 200 f.; *Hamacher/Ulrich* NZA 2007, 657, 658; vgl. zur Gewährung von Diskriminierungsschutz über § 242 BGB grundlegend BAG 23.6.1994 EzA § 242 BGB Nr. 39, zu II 2). Diese seien dahingehend auszulegen, dass eine iSv § 1 AGG benachteiligende Kündigung regelmäßig nach §§ 242, 138, 612a BGB unwirksam sei. 217

Richtigerweise ist zu differenzieren. In erster Linie sind die Diskriminierungsverbote des AGG – bzw. der durch sie umgesetzten unionsrechtlichen Vorgaben (APS-*Preis* Grundlagen J Rn 71g) – im Rahmen der Prüfung der Sozialwidrigkeit zu beachten mit der Folge, dass eine gegen sie verstoßende Kündigung sozialwidrig sein kann (*BAG* 6.11.2008 EzA § 1 KSchG Soziale Auswahl Nr. 82, Rn 28; s.a. Rdn 27; für vorzugswürdig hält dies auch DDZ-*Deinert* Rn 74). § 2 Abs. 4 AGG steht dem nicht entgegen (*BAG* 6.11.2008 EzA § 1 KSchG Soziale Auswahl Nr. 82, Rn 28). Dies setzt allerdings voraus, dass eine solche Berücksichtigung im Rahmen der gesetzlichen Vorgaben des KSchG möglich ist. So können etwa die Bestimmungen zur Sozialauswahl unionsrechtskonform dahin verstanden und angewendet werden, dass sie nicht das Verbot der Altersdiskriminierung verletzen 218 (s.a. Rdn 30; *BAG* 6.11.2008 EzA § 1 KSchG Soziale Auswahl Nr. 82, Rn 27 ff.; 15.12.2011 EzA § 1 KSchG Soziale Auswahl Nr. 84; 26.3.2015 EzA § 1 KSchG Soziale Auswahl Nr. 88). Diskriminierende Motive des Arbeitgebers können im Rahmen einer anzustellenden Interessenabwägung zu beachten sein. Soweit sich Fälle, in denen ein diskriminierendes Motiv zur Kündigung geführt hat, jedoch nicht auf diese Weise erfassen lassen, ist den Diskriminierungsverboten über die Generalklauseln der §§ 242, 138 und 612a BGB Geltung zu verschaffen, deren Anwendung insoweit nicht versperrt ist. Dies gewährleistet eine einheitliche, den gesamten Geltungsbereich der Richtlinie abdeckende Rechtsanwendung. Hält man § 22 AGG bei der Prüfung nach § 1 KSchG oder den Generalklauseln nicht für anwendbar (für die Anwendbarkeit APS-*Preis* Grundlagen J Rn 71k), ist § 138 Abs. 2 ZPO unionsrechtskonform auszulegen.

d) Interessenabwägung

219 Um den Besonderheiten des jeweiligen Einzelfalls gerecht zu werden, erfordert die Beurteilung der Sozialwidrigkeit bei einer personen- oder verhaltensbedingten Kündigung eine umfassende **Interessenabwägung** (st. Rspr. des *BAG*, etwa 7.3.1980 EzA § 1 KSchG Betriebsbedingte Kündigung Nr. 14; 26.6.1975 EzA § 1 KSchG 1969 Betriebsbedingte Kündigung Nr. 1; zur dogmatischen Begründung des Prinzips der Interessenabwägung *Preis* S. 184 ff.), während bei einer betriebsbedingten Kündigung für eine Interessenabwägung idR kein Raum ist (s. Rdn 585 ff.). Die Gegenansicht, die davon ausgeht, dass vorliegende Kündigungsgründe nicht durch eine Interessenabwägung beseitigt werden könnten (*LAG Düsseld.* 12.12.1983 DB 1984, 618; *Herschel* DB 1984, 1523; LSSW-*Schlünder* Rn 79 ff.; AR-*Kaiser* Rn 27), missversteht deren Zweck. Sie dient nicht der Relativierung von Kündigungsgründen, sondern der Bewertung, ob bestimmte Vertragsstörungen das Gewicht eines Kündigungsgrundes haben (DDZ-*Deinert* Rn 63). Der Begriff der sozialen Rechtfertigung setzt jedenfalls bei Gründen in der Person oder im Verhalten des Arbeitnehmers eine Bewertung der gegenläufigen Interessen voraus. Nur diese ermöglicht eine Beurteilung, ob die Kündigung durch die fraglichen Umstände »bedingt« und damit verhältnismäßig ist (ähnlich MüKo-BGB/*Hergenröder* Rn 128; ErfK-*Oetker* Rn 83; DDZ-*Deinert* Rn 63).

220 Die Interessenabwägung muss **alle wesentlichen Umstände des Einzelfalles berücksichtigen**, die für und gegen eine Weiterbeschäftigung des Arbeitnehmers auf seinem bisherigen Arbeitsplatz sprechen, und vollständig und widerspruchsfrei sein. Da es um die soziale Rechtfertigung der Kündigung geht, können insoweit auch die sozialen Verhältnisse des Arbeitnehmers, also seine soziale Schutzbedürftigkeit, berücksichtigt werden (aA *Preis* NZA 1997, 1078). Der Bezug der Interessen des Arbeitnehmers zur beruflichen oder zur Privatsphäre ist nur für deren Gewichtung von Bedeutung. Je geringer der Bezug zum Kündigungsgrund und je größer der zur Privatsphäre ist, desto geringeres Gewicht haben die Interessen in der Abwägung. Führt die Abwägung der vertragsbezogenen Interessen zu einem eindeutigen Ergebnis, haben sonstige Gesichtspunkte, etwa Unterhaltspflichten, keine Bedeutung. In Grenzfällen können sie dagegen entscheidend sein (*BAG* 27.2.1997 EzA § 1 KSchG Verhaltensbedingte Kündigung Nr. 51, zu II 3; 20.1.2000 EzA § 1 KSchG Krankheit Nr. 47, zu B III 5a). Welche Umstände jeweils gegeneinander abzuwägen sind, richtet sich u.a. nach der **Art des Kündigungsgrundes**. Es ist daher nicht möglich, einen Katalog von wesentlichen Umständen aufzustellen, der in jedem Einzelfall der Interessenabwägung zugrunde zu legen ist. Wegen Einzelheiten zur Interessenabwägung vgl. die Erl. zu den einzelnen Kündigungsgründen (s. Rdn 288 ff., 443 ff., 585 ff.).

e) Vereinbarung über die Sozialwidrigkeit

221 In einzelvertraglichen Vereinbarungen ebenso wie in kollektiven Regelungen finden sich bisweilen Bestimmungen, die bezwecken, den **Begriff der Sozialwidrigkeit zu konkretisieren**. Dabei werden idR beispielhaft typische Sachverhalte genannt, bei deren Vorliegen eine ordentliche arbeitgeberseitige Kündigung sozial gerechtfertigt sein soll (zB Verstöße gegen ein Rauchverbot, *häufiges unentschuldigtes Fehlen*, Beleidigungen des Arbeitgebers). Wegen der zwingenden Natur des Kündigungsschutzes (s. Rdn 36 ff.) können jedoch keine Regelungen getroffen werden, die

zum Nachteil des Arbeitnehmers das Recht der ordentlichen arbeitgeberseitigen Kündigung über den gesetzlichen Rahmen des § 1 KSchG erweitern (*BAG* 28.11.1968 EzA § 1 KSchG Nr. 12; 7.3.1980 EzA § 1 KSchG Betriebsbedingte Kündigung Nr. 14, zu 2). Deshalb ist es unzulässig, durch einzelvertragliche Vereinbarungen oder kollektivrechtliche Regelungen sog. **absolute Kündigungsgründe** zu schaffen (APS-*Vossen* Rn 68). Die Dringlichkeit des Kündigungsgrundes ist zwingend einzelfallbezogen zu prüfen und daher der einzel- bzw. kollektivvertraglichen Disposition entzogen. Dies schließt es nicht generell aus, einzel- oder kollektivvertragliche Vereinbarungen über die Sozialwidrigkeit ordentlicher arbeitgeberseitiger Kündigungen bei der Einordnung der Kündigungsrelevanz bestimmter Umstände zu berücksichtigen (vgl. *BAG* 7.3.1980 EzA § 1 KSchG Betriebsbedingte Kündigung Nr. 14, zu 2). Bei vom Arbeitgeber gestellten Arbeitsvertragsklauseln ist nach § 307 Abs. 1 S. 1, Abs. 2 Nr. 1 BGB allerdings eine Abweichung vom Gesetzesrecht zu Lasten des Arbeitnehmers regelmäßig nicht möglich. Dagegen können die Reaktion des Arbeitgebers auf bestimmte Vertragsstörungen beschreibende Regelungen, etwa in Dienstanweisungen, eine **Selbstbindung** begründen (*BAG* 25.4.1996 EzA § 1 KSchG Personenbedingte Kündigung Nr. 14, zu B II 3; 16.9.1999 EzA § 611 BGB Kirchliche Arbeitnehmer Nr. 45, zu II 2). Unzulässig sind kollektivrechtliche Regelungen, die bei betriebsbedingten Kündigungen von dem gesetzlichen Erfordernis der sozialen Auswahl (§ 1 Abs. 3 KSchG) entweder völlig absehen oder **nicht sozialbezogene Auswahlkriterien** festlegen (*BAG* 11.3.1976 EzA § 95 BetrVG Nr. 1 m. Anm. *Gamillscheg*; *LAG Bln.* 5.10.1965 AP § 1 KSchG Betriebsbedingte Kündigung Nr. 17).

II. Der Grundsatz der Verhältnismäßigkeit

Mit der Kündigung eines Arbeitsverhältnisses greift der Arbeitgeber regelmäßig in die Existenzgrundlage des Arbeitnehmers ein. Ein solcher für den Arbeitnehmer schwerwiegender Eingriff muss nach § 1 Abs. 2 S. 1 KSchG durch Gründe in der Person oder im Verhalten des Arbeitnehmers oder durch dringende betriebliche Erfordernisse bedingt sein. Dies begründet ein Kausalitätserfordernis; die Kündigung des Arbeitgebers muss wegen des Kündigungsgrundes notwendig und nicht durch für den Arbeitnehmer mildere Mittel zu vermeiden sein (SPV-*Preis* Rn 886; APS-*Vossen* Rn 65, 66; LKB-*Krause* Rn 185; ErfK-*Oetker* Rn 76; DDZ-*Deinert* Rn 60; HaKo-KSchR/*Pfeiffer* Rn 176 f.; MüKo-BGB/*Hergenröder* Rn 101 f.). Daraus leitet das BAG den **Grundsatz der Verhältnismäßigkeit** und des **Übermaßverbots** ab (**ultima-ratio-Prinzip**; grundlegend *BAG* 30.5.1978 EzA § 626 BGB nF Nr. 66; abl. *Rüthers* NJW 1998, 1437; 2002, 1603; *Bieder* Anm. *LAG Hamm* LAGE KSchG § 1 Betriebsbedingte Kündigung Nr. 78). Im Interesse des Inhalts- und Bestandsschutzes muss der Arbeitgeber daher ihm zumutbare alternative Möglichkeiten ergreifen, bevor er in Bestand oder Inhalt des Arbeitsverhältnisses eingreift. Falls er dies tut, darf er immer nur von dem für den Arbeitnehmer mildesten und ihm noch zumutbaren Mittel Gebrauch machen. Auch dies beruht auf dem in § 1 Abs. 2 S. 1 KSchG enthaltenen Kausalitätserfordernis und wird durch die Tatbestände von § 1 Abs. 2 S. 2, 3 KSchG konkretisiert (*BAG* 15.8.2002 EzA § 1 KSchG Nr. 56, zu B I 3b; 24.6.2004 EzA § 1 KSchG Betriebsbedingte Kündigung Nr. 132, zu B II 2a; SPV-*Preis* Rn 886; APS-*Preis* Grundl. H Rn 65, 67–72; MüKo-BGB/*Hergenröder* Rn 102, 104). Zudem folgt aus § 2 Abs. 2 S. 2 Nr. 2 SGB III eine diesen kündigungsschutzrechtlichen Maßstab zumindest bestätigende sozialrechtliche Aufgabe des Arbeitgebers.

222

Danach kommt eine Beendigungskündigung, gleichgültig ob sie auf Gründe in der Person oder im Verhalten des Arbeitnehmers oder auf dringende betriebliche Erfordernisse gestützt wird, **als äußerstes Mittel** (ultima ratio) erst in Betracht, wenn sie zur Beseitigung betrieblicher Beeinträchtigungen geeignet und erforderlich ist. Der Arbeitgeber muss von mehreren gleich geeigneten zumutbaren Mitteln das auswählen, das den Arbeitnehmer am wenigsten belastet. Eine Kündigung ist nur als letztes Mittel zulässig (*BAG* 12.7.2007 EzA § 84 SGB IX Nr. 3, zu B II 2a, b cc (2); 25.10.2007 EzA § 611 BGB Persönlichkeitsrecht Nr. 7, zu II 2b; LKB-*Krause* Rn 182, 185; APS-*Vossen* Rn 66; DDZ-*Deinert* Rn 62; TRL-*Gabrys* Rn 279 ff.). Die Prüfung, ob sie im Verhältnis zu dem verfolgten Zweck angemessen erscheint, ist dagegen eine Frage der Interessenabwägung. Als mildere Mittel gegenüber einer Kündigung kommen vor allem der Ausspruch von Er- oder Abmahnungen und eine Weiterbeschäftigung auf einem anderen Arbeitsplatz, ggf. zu geänderten

223

§ 1 KSchG   Sozial ungerechtfertigte Kündigungen

Arbeitsbedingungen, in Betracht, nicht aber Betriebsbußen wegen Verstößen gegen die betriebliche Ordnung (*BAG* 17.1.1991 EzA § 1 KSchG Verhaltensbedingte Kündigung Nr. 37; HaKo-KSchR/ *Zimmermann* Rn 322).

1. Prävention

224 Nach **§ 167 Abs. 1 SGB IX** hat der Arbeitgeber bei Eintreten personen-, verhaltens- oder betriebsbedingter Schwierigkeiten im Arbeitsverhältnis **schwerbehinderter Menschen** oder ihnen **Gleichgestellter** möglichst frühzeitig die Schwerbehindertenvertretung, den Betriebs- bzw. Personalrat und das Integrationsamt einzuschalten, um Möglichkeiten zur möglichst dauerhaften Sicherung des Arbeitsplatzes einschließlich der zur Verfügung stehenden Hilfen zur Beratung und finanziellen Förderung zu erörtern. Dies gilt nicht nur bei behinderungsbedingten Schwierigkeiten (zu § 84 Abs. 1 SGB IX aF *BVerwG* 20.12.2006 NVwZ-RR 2007, 328, zu II 2b; HK-SGB IX/ *Trenk-Hinterberger* § 84 Rn 10; aA *Powietzka* BB 2007, 2118, 2119). Gemäß **§ 167 Abs. 2 SGB IX** ist bei allen Arbeitnehmern, die innerhalb eines Jahres länger als sechs Wochen arbeitsunfähig sind, ein sog. **betriebliches Eingliederungsmanagement** (bEM) durchzuführen (iE s. Rdn 343 ff.). Die Beachtung dieser Präventionsverfahren ist zwar keine formelle Wirksamkeitsvoraussetzung für eine Kündigung, die auf Gründen beruht, die von § 167 Abs. 1, 2 SGB IX erfasst werden (dagegen für die Erforderlichkeit des Nachweises, ein bEM zumindest versucht zu haben, *v. Steinau-Steinrück/ Hagemeister* NJW-Spezial 2005, 129). Es handelt sich aber auch nicht um bloße Programmsätze, sondern um **Konkretisierungen des Verhältnismäßigkeitsgrundsatzes** im Rahmen der Prüfung des § 1 Abs. 2 KSchG (zu § 84 Abs. 1 und Abs. 2 SGB IX aF *BAG* in st. Rspr., etwa 22.10.2015 EzA Art. 30 EGBGB Nr. 12, Rn 76; 13.5.2015 BB 2015, 2483, Rn 28; 20.11.2014 EzA § 1 KSchG Krankheit Nr. 59, Rn 38 7.12.2006 EzA § 84 SGB IX Nr. 1, Rn 27). Die vorgesehenen Verfahren sind nicht selbst mildere Mittel gegenüber einer Kündigung (in diese Richtung aber *Brose* RdA 2006, 149, 154; *Klaesberg* PersR 2005, 427, 429). Mit ihnen können jedoch mildere Mittel zur Beseitigung einer Vertragsstörung als eine Kündigung erkannt und entwickelt werden (*BAG* 13.5.2015 BB 2015, 2483, Rn 28; 20.11.2014 EzA § 1 KSchG Krankheit Nr. 59, Rn 38; 7.12.2006 EzA § 84 SGB IX Nr. 1, Rn 27; HK-SGB IX/*Trenk-Hinterberger* § 84 Rn 17, 38; *Düwell* FS Küttner S. 139, 144, 150; *Kohte* DB 2008, 582, 584 ff.; *Joussen* DB 2009, 286; entsprechend für das Richterdienstrecht *BVerwG* 20.12.2006 NVwZ-RR 2007, 328, zu II 1). Dies bedeutet aber auch, dass das Unterbleiben eines Präventionsverfahrens oder bEM nur dann Folgen für die Wirksamkeit einer ordentlichen Kündigung haben kann, wenn das Kündigungsschutzgesetz anwendbar ist (*BAG* 22.10.2015 EzA Art. 30 EGBGB Nr. 12, Rn 76).

225 Eine Kündigung ist danach **sozial ungerechtfertigt**, wenn bei ordnungsgemäßer Durchführung der gesetzlich vorgesehenen Präventionsmaßnahme eine **Weiterbeschäftigung hätte ermöglicht werden** können. Hätte auch eine solche dagegen keinen Erfolg gehabt, ist ihr Unterbleiben unschädlich, die Kündigung nicht aus diesem Grund unverhältnismäßig (für das bEM nach § 84 Abs. 2 SGB IX aF: *BAG* 13.5.2015 BB 2015, 2483, Rn 28; 20.11.2014 EzA § 1 KSchG Krankheit Nr. 59, Rn 38; für das Präventionsverfahren nach § 84 Abs. 1 SGB IX aF: *BAG* 22.10.2015 EzA Art. 30 EGBGB Nr. 12; 7.12.2006 EzA § 84 SGB IX Nr. 1, Rn 27). Dabei obliegt es dem Arbeitgeber, die objektive Nutzlosigkeit eines bEM darzulegen (*BAG* 13.5.2015 BB 2015, 2483, Rn 28; 20.11.2014 EzA § 1 KSchG Krankheit Nr. 59, Rn 38). Hierzu hat er umfassend und detailliert vorzutragen, warum auch eine leidensgerechte Anpassung des Arbeitsplatzes oder eine entsprechende Änderung der Tätigkeit nicht möglich gewesen wären (*BAG* 13.5.2015 BB 2015, 2483, Rn 28; 20.11.2014 EzA § 1 KSchG Krankheit Nr. 59, Rn 38). Dem wird zu Unrecht entgegengehalten, dass der Arbeitgeber regelmäßig keine genauen Kenntnisse über den Gesundheitszustand des Arbeitnehmers habe und kein Fall der Beweisvereitelung vorliege, da der Arbeitnehmer nach wie vor Weiterbeschäftigungsmöglichkeiten darlegen könne (*Rolfs/de Groot* Anm. AP § 1 KSchG 1969 Personenbedingte Kündigung Nr. 28, zu III 2; *Tschöpe* NZA 2008, 398, 399 ff.). Die Präventionsverfahren dienen unter Einschaltung kompetenter Stellen der Ermittlung gerade auch von solchen Beschäftigungsmöglichkeiten, die die Arbeitsvertragsparteien für sich allein nicht erkennen können. Vereitelt der Arbeitgeber die Nutzung solcher Erkenntnisquellen,

muss dies zu seinen Lasten gehen. Für die Beurteilung relevante Einzelheiten seines Leidens hat der Arbeitnehmer gem. § 138 Abs. 1, 2 ZPO im Rahmen einer abgestuften Darlegungslast zu erläutern, soweit sie dem Arbeitgeber nicht bekannt sind.

Nach der Rspr. des BAG bedarf es allerdings besonderer Anhaltspunkte dafür, dass ein Präventionsverfahren nach § 167 Abs. 1 SGB IX die Kündigung hätte verhindern können, wenn das Integrationsamt seine Zustimmung zu einer ordentlichen Kündigung erteilt hat, da dieses dann bereits die Interessen des schwerbehinderten Arbeitnehmers gegen die des Arbeitgebers abgewogen habe (*BAG* 7.12.2006 EzA § 84 SGB IX Nr. 1, Rn 28; krit. dazu *Düwell* BB 2011, 2485, 2487; *Deinert* NZA 2010, 969, 974; *Lampe* Der Kündigungsschutz behinderter Arbeitnehmer, S. 164 f.). Ob daran festzuhalten ist und ob die Rspr. auf den Fall der Unterlassung eines gebotenen bEM übertragbar wäre, hat das *BAG* zuletzt offengelassen (20.11.2014 EzA § 1 KSchG Krankheit Nr. 60, Rn 41 mwN zum Meinungsstand). Der Zustimmungsbescheid des Integrationsamts entfalte jedenfalls dann keine entsprechende Indizwirkung, wenn sich aus seiner Begründung oder der des Widerspruchsbescheids Anhaltspunkte dafür ergeben, dass mögliche, kündigungsrechtlich beachtliche Beschäftigungsalternativen gar nicht in den Blick genommen wurden (*BAG* 20.11.2014 EzA § 1 KSchG Krankheit Nr. 60, Rn 41). Dies dürfte auch dann gelten, wenn das Integrationsamt gem. § 174 Abs. 4 SGB IX (§ 91 Abs. 4 SGB IX aF) einer außerordentlichen Kündigung zugestimmt hat. Eine Abwägung zwischen den Interessen des Arbeitgebers und denen des schwerbehinderten Menschen findet nach dieser Bestimmung regelmäßig nicht statt.

226

2. Abmahnung

Vor jeder verhaltensbedingten Kündigung ist zu prüfen, ob den Interessen des Arbeitgebers durch eine Abmahnung ausreichend Rechnung getragen werden kann. Eine Abmahnung kommt in Betracht, wenn der Arbeitnehmer die Störung des Arbeitsverhältnisses selbst beheben kann und die Abmahnung geeignet ist, in zumutbarer Frist eine **störungsfreie Fortsetzung des Arbeitsverhältnisses** zu den vereinbarten Bedingungen zu bewirken (*Rüthers/Henssler* ZfA 1988, 45). Das Angebot eines **Aufhebungsvertrages** ist kein die Abmahnungsobliegenheit beseitigendes milderes Mittel (*BAG* 6.9.2007 EzA § 2 KSchG Nr. 68, zu B II 2). Näher zur Abmahnung als Kündigungsvoraussetzung KR-*Fischermeier/Krumbiegel* § 626 BGB Rdn 267–298.

227

3. Möglichkeit einer anderweitigen Beschäftigung

a) Vergleichbarer Arbeitsplatz

Der Arbeitgeber muss nach dem Grundsatz der Verhältnismäßigkeit vor jeder ordentlichen Beendigungskündigung von sich aus dem Arbeitnehmer eine beiden Parteien **zumutbare Weiterbeschäftigung auf einem freien vergleichbaren (gleichwertigen) Arbeitsplatz** im Unternehmen zuweisen, falls eine solche Weiterbeschäftigungsmöglichkeit besteht (*BAG* 29.3.1990 EzA § 1 KSchG Soziale Auswahl Nr. 29; 21.4.2005 EzA § 2 KSchG Nr. 53, zu B II 2; 29.3.2007 EzA § 2 KSchG Nr. 66, zu B II 1; *v. Hoyningen/Huene-Linck* DB 1993, 1187 mwN). Bilden zwei oder mehrere Unternehmen einen **Gemeinschaftsbetrieb**, sind sämtliche Arbeitsplätze des Betriebs bei der Prüfung von Weiterbeschäftigungsmöglichkeiten einzubeziehen (*BAG* 18.10.2000 EzA § 14 KSchG Nr. 5, zu II 1c cc (1); 22.3.2001 RzK I 5c Nr. 135). Die Entlassung eines Arbeitnehmers eines der Trägerunternehmen aufgrund einer betriebsweiten Sozialauswahl bewirkt aufgrund der einheitlichen Betriebsleitung regelmäßig auch dann keinen Arbeitgeberwechsel, wenn auf dessen Arbeitsplatz ein Arbeitnehmer eines anderen Trägerunternehmens weiterbeschäftigt wird. Die Notwendigkeit einer unternehmensübergreifenden Sozialauswahl endet mit der Auflösung des gemeinsamen Betriebes (*BAG* 21.2.2002 EzA § 1 KSchG Wiedereinstellungsanspruch Nr. 7, zu B I 3), sofern nicht die einheitliche personelle Betriebsleitung faktisch fortgeführt wird (*BAG* 24.2.2005 EzA § 1 KSchG Soziale Auswahl Nr. 59, zu B I 3). Zur Zumutbarkeit einer Weiterbeschäftigung bei Kündigungsgründen in der Person des Arbeitnehmers s. Rdn 287, bei Kündigungsgründen in seinem Verhalten Rdn 440 und bei betriebsbedingten Kündigungen Rdn 583.

228

§ 1 KSchG Sozial ungerechtfertigte Kündigungen

229 Die **Weiterbeschäftigungspflicht** ist auch dann **unternehmensbezogen**, wenn der Betriebsrat der Kündigung nicht widersprochen hat. Dies gilt **entsprechend für betriebsratslose Betriebe** (näher s. Rdn 204, 205). Im **öffentlichen Dienst** ist nach der gesetzgeberischen Wertung von § 1 Abs. 2 S. 2 Nr. 1b, 2b KSchG nicht die einzelne Beschäftigungsdienststelle, sondern der gesamte **Verwaltungszweig** maßgeblich, dem sie angehört. Darüber hinaus kann eine dem öffentlichen Arbeitgeber zuzurechnende Weiterbeschäftigungsmöglichkeit auch dann bestehen, wenn dieser die bisherige Verwaltungsaufgabe und die Verwaltungsorganisation einer Dienststelle durch Gesetz oder Erlass auflöst, um zumindest teilweise vergleichbare Aufgaben im Rahmen einer neu gebildeten Strukturform und Verwaltungsorganisation in einem anderen Verwaltungszweig auszuführen (*BAG* 6.2.1997 – 2 AZR 50/96, insoweit nv, zu II 2b).

230 **Frei** sind Arbeitsplätze, die zum Zeitpunkt des Zugangs der Kündigung unbesetzt sind. **Arbeitsplätze, bei denen** im Zeitpunkt der Kündigung mit hinreichender Sicherheit **vorhergesehen werden kann, dass sie** bis zum Ablauf der Kündigungsfrist oder in absehbarer Zeit nach Ablauf der Kündigungsfrist – sofern die Überbrückung dieses Zeitraums dem Arbeitgeber zumutbar ist – **frei werden**, sind ebenfalls als frei zu behandeln (*BAG* 15.12.1994 EzA § 1 KSchG Betriebsbedingte Kündigung Nr. 75, zu B II 1a, b; 7.2.1991 EzA § 1 KSchG Personenbedingte Kündigung Nr. 9; zust. *v. Hoyningen-Huene* Anm. EzA § 1 KSchG Betriebsbedingte Kündigung Nr. 77; *Preis* NZA 1997, 1082; abl. *Tschöpe* EWiR 1995, 599; *Schiefer* NZA 1995, 666; krit. *Oetker* SAE 1996, 123). Zumutbar ist dem Arbeitgeber im Allgemeinen jedenfalls die Überbrückung des Zeitraums, der zur Einarbeitung des neu eingestellten Arbeitnehmers bzw. Stellenbewerbers benötigt wird. Die Dauer einer Probezeitvereinbarung kann dazu je nach den Umständen als Anhaltspunkt dienen (*BAG* 15.12.1994 EzA § 1 KSchG Betriebsbedingte Kündigung Nr. 75, zu B II 1b; *LAG Köln* 7.11.1997 LAGE § 1 KSchG Betriebsbedingte Kündigung Nr. 50; *LAG Nürnberg* 15.3.1994 LAGE § 102 BetrVG 1972 Nr. 40; *APS-Kiel* Rn 561). Eine Verpflichtung zur Freikündigung der Arbeitsplätze nicht vergleichbarer Arbeitnehmer besteht nicht (*Horcher* NZA-RR 2006, 393, 394). Nicht frei sind Arbeitsplätze, deren Inhaber **vorübergehend ihre Arbeitsleistung nicht erbringen**, zB wegen krankheitsbedingter Arbeitsunfähigkeit, Urlaub, Mutterschutz, Elternzeit oder Wehrdienst (MüKo-BGB/*Hergenröder* Rn 114; KPK-*Meisel* Rn 975). Auch auf die reguläre Personalfluktuation kann der Arbeitgeber nicht verwiesen werden (*BAG* 15.12.1994 EzA § 1 KSchG Betriebsbedingte Kündigung Nr. 75, zu B II 1b; APS-*Kiel* Rn 560).

231 Ob die **Beschäftigung von Leiharbeitnehmern** die Annahme rechtfertigt, im Betrieb oder Unternehmen des Arbeitgebers seien »freie« Arbeitsplätze vorhanden, hängt von den Umständen des Einzelfalls ab. Werden Leiharbeitnehmer lediglich zur Abdeckung von »Auftragsspitzen« eingesetzt, liegt keine alternative Beschäftigungsmöglichkeit iSv § 1 Abs. 2 S. 2 KSchG vor (*BAG* 15.12.2011 EzA § 1 KSchG Soziale Auswahl Nr. 84, Rn 26). Dies gilt idR ebenso, wenn der Arbeitgeber Leiharbeitnehmer als »Personalreserve« zur Abdeckung von Vertretungsbedarf beschäftigt (*BAG* 15.12.2011 EzA § 1 KSchG Soziale Auswahl Nr. 84, Rn 27). Beschäftigt er dagegen Leiharbeitnehmer, um mit ihnen ein nicht schwankendes, ständig vorhandenes (Sockel-)Arbeitsvolumen abzudecken, kann von einer alternativen Beschäftigungsmöglichkeit iSv § 1 Abs. 2 S. 2 KSchG auszugehen sein, die vorrangig für sonst zur Kündigung anstehende Stammarbeitnehmer genutzt werden muss (*BAG* 15.12.2011 EzA § 1 KSchG Soziale Auswahl Nr. 84, Rn 30).

232 **Vergleichbar** ist ein Arbeitsplatz, wenn er den Fähigkeiten des Arbeitnehmers entspricht und der Arbeitgeber den Arbeitnehmer **aufgrund seines Weisungsrechts** ohne Änderung seines Arbeitsvertrages weiterbeschäftigen kann. Die Vergleichbarkeit der Arbeitsplätze hängt damit von der jeweiligen inhaltlichen Ausgestaltung des Arbeitsvertrages, insbes. vom Inhalt einer etwaigen Versetzungsklausel, ab (*BAG* 29.3.1990 EzA § 1 KSchG Soziale Auswahl Nr. 29; 15.12.1994 EzA § 1 KSchG Betriebsbedingte Kündigung Nr. 75, zu B II 1c; HK-*Weller/Dorndorf* Rn 908 f.). Wenn etwa ein Arbeitnehmer für ein ganz bestimmtes Projekt eingestellt wird und dieses wegfällt, ist ein freier Arbeitsplatz in einem anderen Projekt kein vergleichbarer Arbeitsplatz (aA *LAG Köln* 8.6.1994 BB 1994, 1865); insoweit kommt aber ein Änderungsangebot in Betracht (s. Rdn 236 ff.). Auf eine sich ggf. aus §§ 305c Abs. 2, 307 Abs. 1, 2 BGB ergebende **AGB-rechtliche Unwirksamkeit** einer

arbeitsvertraglichen **Versetzungsklausel** kann sich der Arbeitgeber als Verwender der AGB nicht berufen (*BAG* 3.4.2008 EzA § 1 KSchG Interessenausgleich Nr. 15, zu B II 1d dd; allg. etwa *BAG* 27.10.2005 EzA § 4 TVG Ausschlussfristen Nr. 181, zu II 1a). Im Übrigen tritt nach § 306 Abs. 2 BGB an die Stelle einer unwirksamen Klausel das ohnehin relativ weite gesetzliche Versetzungsrecht von § 106 GewO (hierzu eingehend *Preis/Genenger* NZA 2008, 969). Ob der freie Arbeitsplatz den Fähigkeiten des Arbeitnehmers entspricht, hängt vom **Anforderungsprofil** für diesen Arbeitsplatz ab, dessen Festlegung grundsätzlich der freien unternehmerischen Entscheidung des Arbeitgebers unterliegt (*BAG* 7.11.1996 EzA § 1 KSchG Betriebsbedingte Kündigung Nr. 88). Dabei stellt der Wunsch, auf der Stelle einen Mitarbeiter zu beschäftigen, mit dem wirksam eine Zeitbefristung vereinbart werden kann, kein beachtliches, tätigkeitsbezogenes Anforderungsprofil dar (*BAG* 26.3.2015 NZA 2015, 1083, Rn 40). Ist ein vergleichbarer freier Arbeitsplatz vorhanden, ist eine gleichwohl ausgesprochene betriebsbedingte Kündigung unwirksam.

Der Arbeitgeber ist **nicht verpflichtet**, zur Ermöglichung der Weiterbeschäftigung **einen neuen Arbeitsplatz zu schaffen** (*BAG* 3.2.1977 EzA § 1 KSchG Betriebsbedingte Kündigung Nr. 7) oder einen nur befristet eingerichteten über das Ende der Frist hinaus vorzuhalten (*Gelhaar* DB 2008, 2831). Ob der Arbeitnehmer auf einem anderen besetzten Arbeitsplatz beschäftigt werden kann, ist nur bei einer betriebsbedingten Kündigung im Rahmen der sozialen Auswahl (§ 1 Abs. 3 KSchG) zu prüfen. Hat der Arbeitgeber jedoch zu einem Zeitpunkt, als der Wegfall des Arbeitsplatzes des gekündigten Arbeitnehmers absehbar war, einen freien geeigneten **Arbeitsplatz durch eine Neueinstellung oder eine Versetzung besetzt**, ist es dem Rechtsgedanken von § 162 BGB nach rechtsmissbräuchlich, wenn er sich gegenüber dem gekündigten Arbeitnehmer auf einen fehlenden freien Arbeitsplatz beruft (*BAG* 25.4.2002 EzA § 1 KSchG Betriebsbedingte Kündigung Nr. 121, zu B III 2b bb; 24.11.2005 NZA 2006, 665, zu B IV 2, V 2; *Busch* NZA 2000, 755 f.; *Gaul/Kühnreich* BB 2003, 255). Dabei haben unbefristet angestellte Arbeitnehmer, deren Arbeitsplatz entfällt, bei der Besetzung freier Stellen Vorrang nicht nur vor externen Neueinstellungen, sondern auch vor solchen Arbeitnehmern, deren Arbeitsverhältnis zeitgleich durch Befristung endet (*BAG* 26.3.2015 NZA 2015, 1083, Rn 31; *Gehlhaar* DB 2008, 2831, 2832; aA für Auszubildende und befristet zur Probe angestellte Arbeitnehmer LKB-*Krause* Rn 754). Entsprechendes gilt, wenn der Arbeitgeber nach einer unwirksamen Kündigung den Arbeitsplatz des betroffenen Arbeitnehmers neu besetzt und nach rechtskräftiger Feststellung der Unwirksamkeit der Kündigung unter Hinweis auf die Neubesetzung eine erneute Kündigung ausspricht, etwa weil der neu eingestellte Arbeitnehmer über Sonderkündigungsschutz verfügt. Dem Arbeitgeber ist die Berufung auf das Fehlen einer Weiterbeschäftigungsmöglichkeit verwehrt, wenn er diesen Zustand »im Gefühl des sicheren Sieges« durch eine rechtswidrige Kündigung selbst herbeigeführt hat (*BAG* 21.9.2000 EzA § 1 KSchG Betriebsbedingte Kündigung Nr. 106, zu II 2d ee; 1.2.2007 EzA § 1 KSchG Betriebsbedingte Kündigung Nr. 153, zu B I 2; 5.6.2008 EzA § 1 KSchG Betriebsbedingte Kündigung Nr. 161, zu B I 2c; APS-*Kiel* Rn 559).

Geht ein Arbeitsverhältnis infolge einer **Spaltung** oder Teilübertragung **nach dem Umwandlungsgesetz** auf ein anderes Unternehmen über, verschlechtert sich dadurch gem. § 323 Abs. 1 UmwG die kündigungsrechtliche Stellung des Arbeitnehmers für die Dauer von zwei Jahren nicht. Streitig ist, ob dies dazu führt, dass auch nach einer Spaltung Beschäftigungsmöglichkeiten in dem jeweils anderen Unternehmen bei der Prüfung des Vorliegens eines Kündigungsgrundes zu berücksichtigen sind. Dies wird zum Teil bejaht. Die Unternehmen seien gehalten, die Versetzungsmöglichkeit im Umwandlungsvertrag zu gewährleisten (so etwa *Etzel* KR 7. Aufl., Rn 222; s.a. KR-*Spilger* UmwG Rdn 58; DDZ-*Zwanziger/Yalcin* § 323 UmwG Rn 4; LSSW-*Schlünder* Rn 350 halten dies zumindest für »zweckmäßig«). Das BAG ist im Zusammenhang mit der Sozialauswahl der Auffassung gefolgt, dass § 323 Abs. 1 UmwG ausschließlich Nachteile durch die Spaltung erfasse, die unmittelbar die rechtliche Stellung des Arbeitnehmers betreffen, nicht aber indirekte oder reflexartige Nachteile wie die Verkleinerung des in die Sozialauswahl einzubeziehenden Personenkreises (*BAG* 22.9.2005 EzA § 113 InsO Nr. 18, zu II 1b, 3a). Dies ist auf anderweitige Weiterbeschäftigungsmöglichkeiten zu übertragen. Auch ohne Spaltung wäre der Arbeitnehmer nicht gegen einen Wegfall alternativer Beschäftigungsmöglichkeiten geschützt gewesen. Es handelt sich daher nicht um unmittelbar auf der Spaltung beruhende Rechtsnachteile. Zu berücksichtigen sind freie Arbeitsplätze bei abgespaltenen Unternehmen daher nur, wenn der Arbeitnehmer ausnahmsweise einen konzernbezogenen Kündigungsschutz besitzt oder die gespaltenen Unternehmen einen Gemeinschaftsbetrieb fortführen (APS-*Steffan* § 323 UmwG Rn 6; ErfK-*Oetker* Rn 246).

235 Unterlässt es der Arbeitgeber, vor dem Ausspruch von betriebsbedingten Kündigungen die Möglichkeit einer anderweitigen Beschäftigung auf einem vergleichbaren freien Arbeitsplatz zu prüfen, führt dies nicht unmittelbar zur Sozialwidrigkeit der Kündigung (*BAG* 3.2.1977 EzA § 1 KSchG Betriebsbedingte Kündigung Nr. 7). Es handelt sich insoweit lediglich um **eine im Interesse des Arbeitgebers liegende Obliegenheit**. Entscheidend ist, ob die Umsetzung des Arbeitnehmers auf einen anderen freien Arbeitsplatz tatsächlich möglich gewesen wäre (*BAG* 18.1.1990 EzA § 1 KSchG Soziale Auswahl Nr. 28, zu II 3b aa; APS-*Kiel* Rn 542; ErfK-*Oetker* Rn 254). An einer derartigen Möglichkeit fehlt es auch dann, wenn **der Betriebs- bzw. Personalrat einer Versetzung** nach § 99 BetrVG **nicht zugestimmt** hat. Ein Zustimmungsersetzungsverfahren braucht der Arbeitgeber nicht durchzuführen (*BAG* 29.1.1997 EzA § 1 KSchG Krankheit Nr. 42; LKB-*Krause* Rn 198; aA Bader/Bram-*Volk* Rn 302 bei offenkundiger Unbegründetheit des Widerspruchs). Nach Ansicht des *BAG* (13.9.1973 EzA § 102 BetrVG 1972 Nr. 7; so auch ErfK-*Oetker* Rn 257) soll dies auch gelten, wenn der Betriebsrat seine Zustimmung zu einer personellen Maßnahme zur Vermeidung der Kündigung zwar nicht verweigert hat, der Arbeitgeber aber im Kündigungsschutzverfahren vorträgt, dass ein nach § 99 Abs. 2 BetrVG beachtlicher Grund vorgelegen und der Betriebsrat daher seine Zustimmung zulässigerweise verweigert haben würde. Der Arbeitgeber muss aber zumindest ermitteln, ob der Betriebsrat diese Auffassung teilt und eine Anhörung gem. § 99 Abs. 1 BetrVG durchführen (DDZ-*Deinert* Rn 411; *Horcher* RdA 2009, 31, 36). Nur dann steht fest, ob der Versetzung tatsächlich ein Hindernis entgegensteht.

b) Geänderte Arbeitsbedingungen

236 Ist kein vergleichbarer Arbeitsplatz frei, kann auch die Möglichkeit **einer beiden Parteien zumutbaren Weiterbeschäftigung** auf einem freien Arbeitsplatz im Betrieb oder im Unternehmen zu geänderten Arbeitsbedingungen zur Unwirksamkeit der Kündigung führen. Die Weiterbeschäftigung auf einem freien Arbeitsplatz zu geänderten Arbeitsbedingungen ist regelmäßig geboten, wenn es sich um **gleichwertige oder geringwertigere Arbeitsbedingungen** handelt. Die Gestaltung des Stellenprofils und der erforderlichen Qualifikation der Arbeitnehmer unterliegt der unternehmerischen Disposition des Arbeitgebers, die von den Arbeitsgerichten zu respektieren ist, wenn sie einen nachvollziehbaren Bezug zu den auszuführenden Arbeiten hat (*BAG* 24.6.2004 EzA § 1 KSchG Betriebsbedingte Kündigung Nr. 132, zu B II 2a; 7.7.2005 EzA § 1 KSchG Betriebsbedingte Kündigung Nr. 138, zu II 4b). Innerhalb dieses Rahmens kann sich der Arbeitnehmer nicht auf eine aus seiner Sicht mögliche günstigere Arbeitsorganisation berufen (*BAG* 23.6.2005 EzA § 2 KSchG Nr. 54, zu B I 1b aa).

237 Nach der Rspr. des BAG und der hM ist der Arbeitgeber nicht gehalten, dem Arbeitnehmer zur Vermeidung einer Beendigungskündigung einen freien Arbeitsplatz mit höherwertigen (besseren) Arbeitsbedingungen (»**Beförderungsstelle**«) anzubieten. Durch den Grundsatz der Verhältnismäßigkeit soll das Arbeitsverhältnis nur in seinem bisherigen Bestand und Inhalt geschützt werden (*BAG* 29.3.1990 EzA § 1 KSchG Soziale Auswahl Nr. 29 m. zust. Anm. *Preis*; 23.11.2004 EzA § 1 KSchG Betriebsbedingte Kündigung Nr. 134, B II 2a; 9.11.2006 EzA § 311a BGB Nr. 1, zu B II 2; aus der Literatur etwa LKB-*Krause* Rn 192; APS-*Kiel* Rn 564; SPV-*Preis* Rn 993; TRL-*Reinhard* Rn 742; ErfK-*Oetker* Rn 252; AR-*Kaiser* Rn 157; HWK-*Quecke* Rn 276; aA *Houben* NZA 2008, 851; DDZ-*Deinert* Rn 405; HK-*Weller/Dorndorf* Rn 909). Eine lediglich höhere Arbeitszeit auf einer anderen Stelle macht diese jedoch nicht zu einer Beförderungsstelle in diesem Sinne (*BAG* 26.3.2015 NZA 2015, 1083, Rn 41).

238 Ändert der Arbeitgeber bei im Wesentlichen gleichbleibender Tätigkeit das Profil des Arbeitsplatzes eines bereits langjährig beschäftigten Arbeitnehmers so, dass er zu einer Beförderungsstelle wird, entfällt der bisherige Beschäftigungsbedarf nicht ohne Weiteres. Der Arbeitgeber muss darlegen

können, dass es sich bei der zusätzlich geforderten Qualifikation nicht nur um eine »wünschenswerte Voraussetzung«, sondern um ein nachvollziehbares, arbeitsplatzbezogenes Kriterium für eine **Stellenprofilierung** handelt (*BAG* 10.7.2008 EzA § 1 KSchG Betriebsbedingte Kündigung Nr. 163, Rn 26; 16.12.2004 EzA § 1 KSchG Betriebsbedingte Kündigung Nr. 136, zu B II 4a; APS-*Kiel* Rn 564; HWK-*Quecke* Rn 276; aA LKB-*Krause* Rn 721).

Verbreitet wurde angenommen, ein **geringerwertiger Arbeitsplatz** sei dem Arbeitnehmer nur zumutbar, wenn er seinem sozialen und wirtschaftlichen Status entspricht. Dies wurde verneint, wenn die neue Tätigkeit eine erheblich geringere Qualifikation erfordert (*Tschöpe* BB 2000, 2632 f.) oder erheblich niedriger vergütet wird (*Gaul/Kühnreich* BB 2003, 256), sofern der Arbeitnehmer nicht von sich aus zu erkennen gibt, dass er mit diesen Arbeitsbedingungen einverstanden ist (s. *Etzel* KR 7. Aufl., Rn 225). Nach der früheren Rspr. des Bundesarbeitsgerichts war der Arbeitgeber zum **Angebot eines freien Arbeitsplatzes** in der Weise verpflichtet, dass er gegenüber dem Arbeitnehmer unmissverständlich klarzustellen hatte, bei Ablehnung des Änderungsangebots sei eine Kündigung beabsichtigt; dem Arbeitnehmer war eine einwöchige Überlegungsfrist einzuräumen, sofern dieser das Angebot nicht vorbehaltlos und endgültig ablehnte (*BAG* 27.9.1984 EzA § 2 KSchG Nr. 5, zu B II 3; 25.2.1988 RzK I 5c Nr. 26; 29.11.1990 RzK I 5a Nr. 4, zu II 1, 3). Diese Rspr. wurde verbreitet kritisiert, insbes. weil sie sich zu weit von den gesetzlichen Vorgaben von § 2 KSchG entfernte (etwa *Etzel* KR 7. Aufl., Rn 228; *v. Hoyningen-Huene/Linck* 13. Aufl., Rn 146–150; SPV-*Preis* Rn 995; LAG Köln 26.8.2004 LAGE 2 KSchG Nr. 46a; LAG Hamm 31.9.2004 AuR 2005, 117 LS). 239

Das Bundesarbeitsgericht hat sie zu Recht aufgegeben (*BAG* 21.4.2005 EzA § 2 KSchG Nr. 52, 53; 13.2.2008 EzA § 1 KSchG Betriebsbedingte Kündigung Nr. 158, zu II 4a). Nach der neuen Rspr. gelten folgende Grundsätze (s. iE auch KR-*Kreft* § 2 KSchG Rdn 23 ff.): 240

– Der **Grundsatz der Verhältnismäßigkeit** gebietet es dem Arbeitgeber, dem Arbeitnehmer zur Vermeidung einer Beendigungskündigung auch geringerwertige verfügbare Stellen anzubieten. Ob diese für den Arbeitnehmer zumutbar sind, obliegt allein dessen privatautonomer Entscheidung und ist vom Arbeitgeber nicht zu prognostizieren. Ist eine Teilzeitbeschäftigung, die allein zum Bestreiten des Lebensunterhalts nicht ausreicht, die einzige Alternative, ist diese ebenfalls anzubieten. Allenfalls in Extremfällen, in denen das Angebot etwa beleidigenden Charakter hätte, kann es unterbleiben. Das BAG verweist insoweit beispielhaft auf das Angebot einer Pförtnerstelle an den bisherigen Personalchef.

– Mangels gesetzlicher Grundlage muss das Angebot nicht vor dem Ausspruch einer Kündigung unterbreitet werden. Es kann auch im Rahmen einer Änderungskündigung gemacht werden.

– Die neuen Arbeitsbedingungen können in Verhandlungen vor der Kündigung angeboten werden. Akzeptiert der Arbeitnehmer sie, bedarf es keiner Kündigung. Nimmt er sie unter Vorbehalt an, kündigt er damit eine Änderungsschutzklage an. Der Arbeitgeber kann dann unter erneuter Unterbreitung des Angebots eine **Änderungskündigung** aussprechen, deren soziale Rechtfertigung auf eine Änderungsschutzklage des Arbeitnehmers geprüft wird. Dasselbe gilt, wenn der Arbeitnehmer sich zu dem Angebot nicht äußert.

– Lehnt der Arbeitnehmer das Änderungsangebot ab, muss sich der Arbeitgeber ebenfalls regelmäßig auf eine Änderungskündigung beschränken, da nicht auszuschließen ist, dass der Arbeitnehmer zur Weiterarbeit unter geänderten Bedingungen bereit ist, wenn deren soziale Rechtfertigung gerichtlich festgestellt wird. Eine Beendigungskündigung ist nur dann gerechtfertigt, wenn der Arbeitnehmer unmissverständlich erklärt, auch in diesem Fall nicht zur Weiterarbeit zu den neuen Bedingungen bereit zu sein.

– Spricht der Arbeitgeber eine Beendigungskündigung aus, ohne dass diese Voraussetzungen erfüllt sind, ist sie sozial ungerechtfertigt. Die Darlegungs- und Beweislast für die endgültige und definitive Ablehnung des Angebots trägt der Arbeitgeber (§ 1 Abs. 2 S. 4 KSchG). Auf die Frage, ob der Arbeitnehmer das Änderungsangebot akzeptiert hätte, wenn der Arbeitgeber sich auf eine Änderungskündigung beschränkt hätte, kommt es nicht an. Maßgeblich ist nur, ob sich der Arbeitnehmer auf die bestehende Weiterbeschäftigungsmöglichkeit im Prozess widerspruchsfrei beruft.

241 Diese zur betriebsbedingten Kündigung entwickelte Rspr. gilt auch bei krankheitsbedingten Kündigungen (*BAG* 23.4.2008 EzA § 1 KSchG Krankheit Nr. 55, zu B II 3b cc; eingehend *Horcher* RdA 2009, 31). Darüber hinaus beansprucht sie Geltung generell bei Kündigungsgründen in der Person des Arbeitnehmers. Bei Gründen in seinem Verhalten ist sie zu beachten, wenn sie arbeitsplatzbezogen sind und deshalb eine Weiterbeschäftigung des Arbeitnehmers in Betracht kommt (s. Rdn 440 f.). Diese Rspr. korrigiert die bisherigen Friktionen im Verhältnis zu den gesetzlichen Vorgaben von § 2 KSchG und schafft dadurch Rechtsklarheit, dass Arbeitgeber regelmäßig zur **Beschränkung auf eine Änderungskündigung** gehalten sind, wenn anderweitige Beschäftigungsmöglichkeiten bestehen (zust. APS-*Vossen* Rn 88; HaKo-KSchR/*Zimmermann* Rn 708 ff.; *Merzhäuser* FS Leinemann S. 341, 345 f.; **aA** *v. Hoyningen-Huene/Linck* 14. Aufl. Rn 763, 765; *Kock* NJW 2006, 728; *Annuß/Bartz* NJW 2006, 2153; *Rieble/Kolbe* SAE 2008, 241; *Klosterkemper* ZfA 2010, 427, 433 ff.). Dadurch werden in der Praxis häufig wenig ergiebige Beweiserhebungen über den genauen Verlauf der Verhandlungen der Arbeitsvertragsparteien vor der Kündigung und wenig fundierte Spekulationen über die hypothetische Reaktion des Arbeitnehmers auf eine fiktive Änderungskündigung vermieden. Zur Kündigung entschlossene Arbeitgeber sollten zur Vermeidung von Beweisschwierigkeiten ihr Änderungsangebot und die Reaktion des Arbeitnehmers auf dieses schriftlich dokumentieren (zum praktischen Vorgehen s. Rdn 659; *Bauer/Winzer* BB 2006, 266; *Lelley/Sabin* DB 2006, 1110; *Hidalgo/Mauthner* NZA 2007, 1254).

242 Sind **mehrere freie Stellen** vorhanden, muss der Arbeitgeber nach den allgemeinen Grundsätzen der Verhältnismäßigkeit (s. KR-*Kreft* § 2 KSchG Rdn 168) die Stelle anbieten, die für den Arbeitnehmer gegenüber der bisherigen Stelle am wenigsten nachteilig ist (*BAG* 22.9.2005 EzA § 81 SGB IX Nr. 10, zu II 2d aa; *Bauer/Winzer* BB 2006, 266, 268 f.). Die angebotenen Änderungen dürfen sich vom Inhalt der bisherigen vertraglichen Regelung nicht weiter entfernen als erforderlich (*BAG* 20.10.2017 NZA 2018, 440; 10.4.2014 EzA § 2 KSchG Nr. 89, Rn 24; 20.6.2013 EzA § 2 KSchG Nr. 88, Rn 17). Ist schon im Kündigungszeitpunkt absehbar, dass der Beschäftigungsbedarf auf der freien Stelle nur für einen begrenzten Zeitraum besteht, kommt eine Änderungskündigung mit dem **Angebot einer nur befristeten Weiterbeschäftigung** des vom Wegfall seines bisherigen Arbeitsplatzes betroffenen Arbeitnehmers in Betracht. Die nachträgliche Befristung eines unbefristeten Arbeitsverhältnisses im Wege einer – ohnehin erforderlichen – Änderungskündigung ist durch § 2 KSchG nicht ausgeschlossen. Deren soziale Rechtfertigung setzt – unter diesem Aspekt – voraus, dass sich die Befristung gemessen am Maßstab des § 14 Abs. 1 TzBfG ihrerseits als wirksam erweist (*BAG* 26.3.2015 NZA 2015, 1083, Rn 39; 16.12.2010 EzA § 2 KSchG Nr. 81, Rn 36).

243 **Konkurrieren mehrere Arbeitnehmer** um freie Arbeitsplätze, gelten die Regeln der Sozialauswahl nach § 1 Abs. 3 KSchG (s. Rdn 584, 657–659, 728 ff.).

244 Nach dem Grundsatz der Verhältnismäßigkeit muss der Arbeitgeber vor Ausspruch einer Beendigungskündigung auch prüfen, ob eine Weiterbeschäftigung des Arbeitnehmers zu geänderten Arbeitsbedingungen nach zumutbaren **Umschulungs- und Fortbildungsmaßnahmen** möglich ist. Er ist verpflichtet, dem Arbeitnehmer ein entsprechendes Angebot zu unterbreiten und sein Einverständnis einzuholen (vgl. § 1 Abs. 2 S. 3 KSchG), wenn mit hinreichender Sicherheit voraussehbar ist, dass nach Abschluss der Maßnahme ein freier Arbeitsplatz aufgrund der durch die Fortbildung oder Umschulung erworbenen Qualifikation besteht. Eine neue Beschäftigungsmöglichkeit muss der Arbeitgeber nicht schaffen (*BAG* 7.2.1991 EzA § 1 KSchG Personenbedingte Kündigung Nr. 9 m. krit. Anm. *Kraft/Raab* zu B II 2a). Zu zumutbaren Umschulungs- und Fortbildungsmaßnahmen s. Rdn 816 ff. Bei **Schwerbehinderten** sind die Möglichkeiten gem. § 164 Abs. 4 SGB IX zu berücksichtigen. Ist eine Versetzung erforderlich, muss sich der Arbeitgeber um die Zustimmung des **Betriebsrats** gem. § 99 BetrVG bemühen. Die Durchführung eines Zustimmungsersetzungsverfahrens ist dem Arbeitgeber regelmäßig jedoch nicht zumutbar (*BAG* 29.1.1997 EzA § 1 KSchG Krankheit Nr. 42, zu II 1 d; für den Fall eines vorhergegangenen Verfahrens beim Integrationsamt vgl. *BAG* 22.9.2005 EzA § 81 SGB IX Nr. 10, zu II 2e).

245 Aus dem Verhältnismäßigkeitsgrundsatz ergibt sich ein **Vorrang der Änderungskündigung vor der Beendigungskündigung** (*BAG* 27.9.1984 EzA § 2 KSchG Nr. 5; 18.10.2000 EzA § 14 KSchG

Nr. 5, zu II 1c dd; SPV-*Preis* Rn 1007). Dem Arbeitgeber steht es aber frei, bei verringertem Arbeitskräftebedarf statt mehrerer Änderungskündigungen zur Arbeitszeitverkürzung eine Beendigungskündigung oder statt einer Beendigungskündigung mehrere Änderungskündigungen auszusprechen (*BAG* 19.5.1993 EzA § 1 KSchG Betriebsbedingte Kündigung Nr. 73 m. Anm. *Raab*; *Preis* NZA 1998, 457).

III. Der Gleichbehandlungsgrundsatz

Wegen der individuellen Ausgestaltung des allgemeinen Kündigungsschutzes ist der **Gleichbehandlungsgrundsatz** nach bisher hM bei der Beurteilung der Sozialwidrigkeit einer Kündigung **nicht zu berücksichtigen** (*BAG* 28.4.1982 EzA § 2 KSchG Nr. 4, zu I 2b; 22.2.1979 EzA § 103 BetrVG 1972 Nr. 23, zu 2a; 21.10.1968 AP Art. 9 GG Arbeitskampf Nr. 41; LKB-*Krause* Rn 222; *Böhm* DB 1977, 2448; **aA** *Thür. LAG* 23.11.1992 LAGE § 620 BGB Gleichbehandlung Nr. 1, zu 3a; SPV-*Preis* Rn 249–254; APS-*Preis* Grundlagen J Rn 58–62; DDZ-*Deinert* Rn 68; HaKo-ArbR/*Bufalica* Rn 59; insbes. für die Unzulässigkeit einer sog. herausgreifenden Kündigung bei einem wilden Streik auch *Buchner* RdA 1970, 230; *Kempf* DB 1977, 1413; *Kittner* BB 1974, 1488; *Rüthers* Anm. zu AP Art. 9 GG Arbeitskampf Nr. 41). Der **Einzelfallbezug** ist jedoch **kein durchgreifendes Argument** für die grundsätzliche Unanwendbarkeit des Gleichbehandlungsgrundsatzes. Er bewirkt nur, dass wegen der Unterschiede der verschiedenen Einzelfälle keine gleich zu behandelnden Sachverhalte vorliegen. Ungleiches ist auch dem Gleichbehandlungsgrundsatz nach ungleich zu behandeln (*BAG* 15.11.1995 AP §§ 22, 23 BAT Lehrer Nr. 44, zu II 3d). Ungleich können verschiedene Fälle schon durch eine unterschiedliche Beschäftigungsdauer sein. Da außerdem die Diskriminierungsverbote des AGG bei der Auslegung des Begriffs der sozialen Rechtfertigung einer Kündigung heranzuziehen sind (s. Rdn 27), ist inzwischen diese spezifische Ausprägung des Gleichbehandlungsgrundsatzes ohnehin Teil des Prüfungsgegenstandes von § 1 (näher *Griebeling* FS Etzel S. 185, 192).

Die Ungleichbehandlung gleich gelagerter Sachverhalte kann im Einzelfall den Schluss zulassen, dem Arbeitgeber sei die Fortsetzung des Arbeitsverhältnisses mit dem gekündigten Arbeitnehmer zumutbar (*BAG* 22.2.1979 EzA § 103 BetrVG 1972 Nr. 23), eine sog. **herausgreifende Kündigung** ist unzulässig (*BAG* 13.10.1955 AP § 13 KSchG Nr. 3, zu 3; 22.2.1979 EzA § 103 BetrVG 1972 Nr. 23, zu 2a). Ggf. hat der Arbeitgeber darzulegen, warum er nicht allen in vergleichbarer Lage befindlichen Arbeitnehmern gekündigt hat (ErfK-*Oetker* Rn 90; LKB-*Krause* Rn 224). Die individuelle Ausgestaltung des allgemeinen Kündigungsschutzes schließt es nicht gänzlich aus, eine etwaige **Selbstbindung** des **Arbeitgebers** bei der Interessenabwägung angemessen zu berücksichtigen (DDZ-*Deinert* Rn 68; *Röhsler* DB 1957, 992). Hat der Arbeitgeber in der Vergangenheit bei bestimmten Pflichtverletzungen stets und nicht nur wegen der Besonderheiten des Einzelfalls keine kündigungsrechtlichen Konsequenzen gezogen, sondern sich mit milderen Maßnahmen begnügt, kann dies zugunsten des Arbeitnehmers beachtlich sein. Der Arbeitgeber will sich zwar mit der Behandlung eines Einzelfalls regelmäßig nicht auch für die Zukunft binden (ErfK-*Oetker* Rn 90). Das Absehen von einer Kündigung in früheren Fällen kann aber einen **Vertrauenstatbestand** begründen. Bei verhaltensbedingten Kündigungen kann eine bestimmte Praxis des Arbeitgebers in der Vergangenheit das Vertrauen der Arbeitnehmer auslösen, dass ein bestimmtes Verhalten nicht ohne Weiteres zur Kündigung führt. Dann wird regelmäßig zunächst der Ausspruch einer Abmahnung erforderlich sein. Auf derselben Zeitebene gilt der Gleichbehandlungsgrundsatz hingegen uneingeschränkt. So kann der Arbeitgeber nicht durch willkürliches Herausgreifen eines von mehreren an bestimmten Pflichtverletzungen vergleichbar beteiligten Arbeitnehmern ein Exempel statuieren. Bei betriebsbedingten Kündigungen wird der Gleichbehandlungsgrundsatz durch § 1 Abs. 3 KSchG konkretisiert (SPV-*Preis* Rn 320). Vgl. zum Gleichbehandlungsgrundsatz im Übrigen KR-*Fischermeier/Krumbiegel* § 626 BGB Rdn 324 ff.

IV. Beurteilungszeitpunkt

Maßgeblicher Zeitpunkt für die Beurteilung der Sozialwidrigkeit sind die objektiven Verhältnisse **zum Zeitpunkt des Zugangs der Kündigungserklärung** (st. Rspr., etwa *BAG* 30.1.1963 AP § 626

BGB Nr. 50; 10.10.1996 EzA § 1 KSchG Betriebsbedingte Kündigung Nr. 87; 21.4.2005 EzA § 1 KSchG Soziale Auswahl Nr. 62, zu B I 1; 9.11.2006 EzA § 1 KSchG Soziale Auswahl Nr. 71, zu B I 2b cc; allg. Ansicht im Schrifttum, etwa APS-*Vossen* Rn 70; LKB-*Krause* Rn 225 f.; LSSW-*Schlünder* Rn 95; DDZ-*Deinert* Rn 77). Wegen des Charakters der Kündigung als empfangsbedürftige Willenserklärung ist nicht auf die Verhältnisse beim Absenden der Kündigungserklärung abzustellen. Vielmehr sind auch diejenigen Umstände, die zwischen der Absendung und dem Zugang des Kündigungsschreibens liegen, zu berücksichtigen (*BAG* 1.5.1977 – 2 AZR 221/76, nv; *LAG Düsseld.* 12.4.1976 BB 1976, 1226; *Frey* ArbuR 1969, 140; aA *Herschel* Anm. AP § 1 KSchG Nr. 39).

249 Auch **vor dem Beginn des Arbeitsverhältnisses** liegende Ereignisse oder Umstände können eine ordentliche arbeitgeberseitige Kündigung sozial rechtfertigen (APS-*Vossen* Rn 71; ErfK-*Oetker* Rn 93; für die außerordentliche Kündigung *BAG* 17.8.1972 EzA § 626 BGB nF Nr. 22; 5.4.2001 EzA § 626 BGB nF Nr. 187, zu B I 1). Voraussetzung ist, dass sie das Arbeitsverhältnis – weiterhin – beeinträchtigen und dem Arbeitgeber nicht schon bei Vertragsschluss bekannt waren (vgl. *BAG* 20.3.2014 – 2 AZR 1071/12 – EzA § 123 BGB 2002 Nr. 14, Rn 58; 6.9.2012 – 2 AZR 270/11 – EzA § 123 BGB 2002 Nr. 13, Rn 46). In diesen Fällen kann dem Arbeitgeber uU auch ein Recht zur Anfechtung gem. §§ 119, 123 BGB zustehen (*BAG* 20.3.2014 – 2 AZR 1071/12 – EzA § 123 BGB 2002 Nr. 14; 6.9.2012 – 2 AZR 270/11 – EzA § 123 BGB 2002 Nr. 13; LKB-*Krause* Rn 226).

250 Kündigungsgründe, die erst **nach Zugang der Kündigung** entstehen, können nur eine weitere Kündigung sozial rechtfertigen (*BAG* 27.2.1997 EzA § 1 KSchG Wiedereinstellungsanspruch Nr. 1, zu II 2c). Dies gilt auch für das Verhalten des Arbeitnehmers im Kündigungsschutzprozess (*BAG* 10.6.2010 EzA § 626 BGB 2002 Nr. 32, zu A III 3d cc (3) (c)). Das bedeutet nicht, dass die die Kündigung rechtfertigenden Umstände in jedem Fall zum Kündigungszeitpunkt feststehen müssen. Je nach Kündigungsgrund können auch zum Kündigungszeitpunkt anzustellende Prognosen maßgeblich sein (*BAG* 21.4.2005 EzA § 1 KSchG Soziale Auswahl Nr. 62, zu B I 1; 2.6.2005 EzA § 1 KSchG Soziale Auswahl Nr. 63, zu B I 2b). Nachträglich eingetretene Umstände haben nur insofern Bedeutung, als sie die ursprünglichen Kündigungsgründe aufhellen und ihnen uU ein anderes Gewicht geben können (*BAG* 10.6.2010 EzA § 626 BGB 2002 Nr. 32, zu A III 3d cc (3) (b). Besondere Relevanz können nachträgliche Umstände bei der Verdachtskündigung erhalten (vgl. KR-*Fischermeier/Krumbiegel* § 626 BGB Rdn 225 ff.). Fallen nach Zugang der Kündigung Kündigungsgründe weg, berührt dies die Wirksamkeit der Kündigung nicht (*BAG* 27.2.1997 EzA § 1 KSchG Wiedereinstellungsanspruch Nr. 1, zu II 4). Bei betriebs- oder personenbedingten Kündigungen und bei Verdachtskündigungen kann dies jedoch einen **Wiedereinstellungsanspruch des Arbeitnehmers** begründen (s. Rdn 823 ff).

V. Kündigungsgründe

1. Bekanntgabe der Gründe

251 Da eine § 626 Abs. 2 S. 3 BGB entsprechende Regelung fehlt, ist der Arbeitgeber nach § 1 nicht verpflichtet, eine ordentliche Kündigung bei deren Ausspruch zu begründen (allg. Ansicht, etwa DDZ-*Däubler* Einl. Rn 113; LKB-*Krause* Rn 244; APS-*Vossen* Rn 115). Die **Unterlassung der Angabe der Kündigungsgründe** im Kündigungsschreiben führt deshalb nicht zur Sozialwidrigkeit der Kündigung (*BAG* 21.3.1959 AP § 1 KSchG Nr. 55). Besteht für den Arbeitgeber keine anderweitige einzelvertragliche oder kollektivrechtliche Verpflichtung, kann er sich darauf beschränken, die Kündigungsgründe erst im Kündigungsschutzprozess darzulegen (zur Darlegungs- und Beweislast s. Rdn 274 ff.). Der Arbeitnehmer hat die Möglichkeit, die Kündigungsgründe bereits zu einem früheren Zeitpunkt zu erfahren, wenn ihn der Betriebsrat nach § 102 Abs. 2 S. 4 BetrVG vor Abgabe seiner Stellungnahme anhört (hierzu KR-*Rinck* § 102 BetrVG Rdn 136). Zum Begründungszwang der Kündigung von Berufsausbildungsverhältnissen KR-*Weigand* §§ 21–23 BBiG Rdn 93 f.

252 Verlangt der Arbeitnehmer nach Zugang der Kündigung eine Bekanntgabe der Kündigungsgründe, ist der Arbeitgeber aufgrund einer **arbeitsvertraglichen Nebenpflicht** dazu gehalten, sie unverzüglich mitzuteilen. Die Nichterfüllung oder nicht rechtzeitige Erfüllung dieser arbeitsvertraglichen

Nebenpflicht führt nicht zur Sozialwidrigkeit der Kündigung, kann aber Schadensersatzpflichten des Arbeitgebers begründen (APS-*Vossen* Rn 116; DDZ-*Däubler* Einl. Rn 115; TRL-*Gabrys* Rn 131). Zu den erstattungsfähigen Schäden des Arbeitnehmers gehören etwa die Kosten eines bei rechtzeitiger Bekanntgabe der Kündigungsgründe nicht durchgeführten Kündigungsrechtsstreits. Nicht erstattungsfähig sind allerdings nach § 12a Abs. 1 S. 1 ArbGG die Kosten eines Prozessbevollmächtigten sowie die durch Zeitversäumnis entgangenen Einnahmen in der ersten Instanz (APS-*Vossen* Rn 116; LKB-*Krause* Rn 248; TRL-*Gabrys* Rn 131; aA SPV-*Preis* Rn 92).

2. Schriftformerfordernis

Ist der Arbeitgeber aufgrund **einzelvertraglicher Vereinbarung** dazu verpflichtet, im Kündigungsschreiben die Kündigungsgründe anzugeben, ist jeweils durch Auslegung (§ 133, § 157 BGB) zu ermitteln, ob darin ein qualifiziertes Schriftformerfordernis **mit konstitutiver Wirkung** liegt (*BAG* 25.10.2012 EzA § 125 BGB 2002 Nr. 3, Rn 26). Ist dies der Fall oder verbleiben Zweifel, ist die Kündigung bei fehlender Angabe der Kündigungsgründe formnichtig (§ 125 S. 2 BGB). Ergibt die Auslegung dagegen, dass die Angabe der Kündigungsgründe lediglich der Klarstellung oder Beweissicherung dienen soll, tritt diese Rechtsfolge nicht ein (*BAG* 25.10.2012 EzA § 125 BGB 2002 Nr. 3, Rn 27). Ist im Arbeitsvertrag die Versendung der Kündigung mit Angabe der Kündigungsgründe durch **eingeschriebenen Brief** vereinbart, liegt hierin in aller Regel eine konstitutive Schriftformklausel (*BAG* 20.9.1979 EzA § 125 BGB Nr. 5). Die konstitutive Wirkung ist jedoch auf die Schriftform beschränkt und erfasst nicht die Versendungsart. Deshalb kann auch eine Übermittlung per Telefax genügen (*BGH* 21.1.2004 NJW 2004, 1320, zu II 1). 253

Soweit **qualifizierte Schriftformklauseln** in **Betriebsvereinbarungen** oder **Tarifverträgen** enthalten sind, führt deren Verletzung nach § 125 S. 1 BGB zur Nichtigkeit der Kündigung (*BAG* 25.8.1977 EzA § 125 BGB Nr. 3; 27.3.2003 EzA § 125 BGB 2002 Nr. 1, zu II 3a). In welchem Umfang die Gründe angegeben werden müssen, hängt vom Inhalt der jeweiligen Norm ab. Meist können für die Auslegung eines Begründungszwangs die zu §§ 15 Abs. 3 BBiG aF, 22 Abs. 3 BBiG nF entwickelten Grundsätze herangezogen werden (hierzu KR-*Weigand* §§ 21–23 BBiG Rdn 93 f.). Danach ist keine volle Substantiierung wie im Prozess zu verlangen. Der Arbeitgeber muss aber die für die Kündigung maßgebenden Tatsachen im Kündigungsschreiben so genau bezeichnen, dass der Arbeitnehmer sich darüber klarwerden kann, ob er die Kündigung anerkennen oder gegen sie vorgehen soll. Eine Beschränkung auf pauschale Schlagworte und Werturteile genügt nicht (*BAG* 27.3.2003 EzA § 125 BGB 2002 Nr. 1, II 3a aa; 25.3.2004 EzA § 626 BGB 2002 Unkündbarkeit Nr. 4, zu C III 1). In der Begründung nicht genannte Gründe können auch dann nicht nachgeschoben werden, wenn sie dem Arbeitgeber bei der Kündigung nicht bekannt waren (*BAG* 22.2.1972 EzA § 15 BBiG Nr. 1, zu 2). Wurden die Gründe im Kündigungsschreiben dagegen hinreichend angegeben, können sie verstärkende Umstände noch in den Kündigungsschutzprozess eingeführt werden (*BAG* 1.7.1999 EzA § 15 BBiG Nr. 13, zu II 1b). Zugunsten des Arbeitgebers kann eine solche Norm wegen des Günstigkeitsprinzips nicht abgeändert werden (zur Geltung von § 4 Abs. 3 TVG bei tariflichen Schriftformklauseln *BAG* 14.6.1994 EzA § 7 BUrlG Übertragung Nr. 21, zu I 1b). 254

3. Nachschieben von Kündigungsgründen

Bei der Frage, ob und ggf. in welchem Umfang der Arbeitgeber zum **Nachschieben** von **Kündigungsgründen** befugt ist, sind verschiedene Fallkonstellationen zu unterscheiden, die jeweils einer eigenständigen rechtlichen Beurteilung bedürfen (hierzu ausf. *Winterstein* S. 30 ff.). 255

a) Nachträglich bekannt gewordene Kündigungsgründe

Kündigungsgründe, die dem Arbeitgeber bei **Ausspruch der ordentlichen Kündigung** noch nicht **bekannt waren**, können kündigungsschutzrechtlich **uneingeschränkt nachgeschoben werden**, wenn sie bereits vor Zugang der Kündigung entstanden waren (*BAG* 11.4.1985 EzA § 102 BetrVG 1972 Nr. 62; 6.9.2007 EzA § 626 BGB 2002 Nr. 18, zu B I 1b). Maßgeblich für die Beurteilung der Sozialwidrigkeit einer Kündigung ist allein die objektive Rechtslage zum Zeitpunkt des Zugangs 256 der Kündigungserklärung und nicht der subjektive Wissensstand des Arbeitgebers (s. Rdn 248). Es kommt nicht darauf an, ob die nachträglich bekannt gewordenen Kündigungsgründe mit den ursprünglichen Kündigungsgründen in einem zeitlichen und sachlichen Zusammenhang stehen. Dies gilt auch, wenn der Kündigungsgrund ausgetauscht wird oder die nachgeschobenen Kündigungsgründe einen völlig anderen Charakter haben (*LAG Düsseld*. 15.7.1997 – 6 Sa 430/97; LSSW-*Schlünder* Rn 107; SPV-*Preis* Rn 95, 96; offen gelassen von *BAG* 18.1.1980 EzA § 626 BGB nF Nr. 71; 6.9.2007 EzA § 626 BGB 2002 Nr. 18, zu B I 1b; vgl. wie hier zur außerordentlichen Kündigung *BAG* 20.1.2021 – 2 AZN 724/20 – AP § 626 BGB Nr. 279).

257 Streitig ist, ob und ggf. unter welchen Voraussetzungen der Arbeitgeber aus **betriebsverfassungsrechtlichen Gründen** daran gehindert ist, bei Ausspruch der Kündigung bereits entstandene und nachträglich bekannt gewordene Kündigungsgründe im Kündigungsschutzprozess nachzuschieben (zum Meinungsstand s. KR-*Rinck* § 102 BetrVG Rdn 239 ff.).

b) Bei der Kündigung bekannte Kündigungsgründe

258 Für **Kündigungsgründe, die bereits vor Ausspruch der Kündigung entstanden** und dem **Arbeitgeber bekannt gewesen** sind, besteht nach § 1 KSchG ebenfalls kein Verwertungsverbot. Da es für die Beurteilung der Sozialwidrigkeit allein auf die objektive Rechtslage zum Zeitpunkt des Zugangs der Kündigungserklärung ankommt (s. Rdn 248) und der Arbeitgeber nach § 1 KSchG nicht zur Angabe der Kündigungsgründe verpflichtet ist (s. Rdn 251), ergeben sich aus dem KSchG keine Beschränkungen. Jedoch kann das Nachschieben von Kündigungsgründen ebenso wie der Kündigungsausspruch an sich wegen **Verwirkung** unzulässig sein (*BAG* 31.1.2019 – 2 AZR 426/18 – EzA § 1 KSchG Verdachtskündigung Nr. 7, Rn 81; 15.8.2002 – 2 AZR 514/01 – EzA § 1 KSchG Nr. 56, zu B I 2), insbes. wenn dadurch die rechtlichen Verteidigungsmöglichkeiten des Arbeitnehmers erheblich erschwert werden. Im gekündigten Arbeitsverhältnis kann der Arbeitnehmer allerdings auch nach längerer Zeit nicht ohne Weiteres darauf vertrauen, dass der Arbeitgeber sein materiellrechtlich bestehendes Recht zum Nachschieben nicht ausüben wird (*BAG* 20.8.1998 RzK I 5h Nr. 46, zu II 3; dagegen eine Verwirkung eines erst mehr als zwei Jahre nach Ausspruch der Kündigung in den Prozess eingeführten, mit den anderen Kündigungsgründen nicht in Zusammenhang stehenden Grundes annehmend *LAG SA* 15.11.1995 ZTR 1996, 521). Daher wird häufig das Umstandsmoment fehlen (zur Verwirkung weiter s. Rdn 264). Für den Arbeitgeber kann sich auch **aus betriebsverfassungsrechtlichen Gründen** ein **Verwertungsverbot** im Kündigungsschutzprozess ergeben. Zum Kündigungszeitpunkt bekannte, dem Betriebsrat gleichwohl nicht gem. § 102 BetrVG mitgeteilte Kündigungsgründe können generell nicht zur Begründung der ausgesprochenen Kündigung verwertet werden (eingehend s. KR-*Rinck* § 102 BetrVG Rdn 243 f.).

c) Nach der Kündigung entstandene Kündigungsgründe

259 Da für die Beurteilung die objektive Sachlage beim Zugang der Kündigung maßgeblich ist (s. Rdn 248 ff.), können Kündigungsgründe, die erst **nach dem Zugang der Kündigung** entstanden sind, eine bereits ausgesprochene Kündigung nicht sozial rechtfertigen. Ein Nachschieben solcher Kündigungsgründe ist daher ausgeschlossen. Die Einführung derartiger Umstände in einem anhängigen Kündigungsschutzprozess kann jedoch insofern von Bedeutung sein, als damit die ursprünglichen Kündigungsgründe uU ein anderes Gewicht bekommen können (s. Rdn 248, 250). Dies gilt insbesondere für nach dem Zugang der Kündigung eingetretene **Entlastungstatsachen** bei der Verdachtskündigung. Im Allgemeinen kommt hier aber nur ein Wiedereinstellungsanspruch in Betracht (s. Rdn 835).

260 Dem Arbeitgeber steht es frei, nachträglich entstandene Kündigungsgründe zum Anlass einer **erneuten – vorsorglichen – Kündigung** zu nehmen. Allein in der Berufung auf einen nachträglich entstandenen Kündigungsgrund liegt ohne Weiteres jedoch keine erneute ordentliche Kündigung (SPV-*Preis* Rn 95 Fn 104; aA *BAG* 3.5.1956 AP § 626 BGB Nr. 9; *BGH* 28.4.1960 AP § 626 BGB Nr. 41). Nach dem Grundsatz der Kündigungsklarheit bedarf es vielmehr einer eindeutigen Erklärung, aus der für den Arbeitnehmer zweifelsfrei erkennbar ist, dass auf den

nachträglich entstandenen Kündigungsgrund eine erneute Kündigung gestützt werden soll. Zur Rechtslage bei der außerordentlichen Kündigung s. KR-*Fischermeier/Krumbiegel* § 626 BGB Rdn 206 f.

4. Verzichtete und verwirkte Kündigungsgründe

Verzichtete oder **verwirkte Kündigungsgründe** sind für sich genommen nicht dazu geeignet, eine Kündigung sozial zu rechtfertigen. Sie können lediglich **unterstützend** bei der Abwägung der eigentlichen Kündigungsgründe herangezogen werden (*BAG* 21.2.1957 AP § 1 KSchG Nr. 22; LKB-*Krause* Rn 220; APS-*Preis* Grundl. D Rn 100). Der Arbeitgeber kann auf ein auf einen bestimmten Grund gestütztes, aktuell bestehendes Kündigungsrecht ausdrücklich oder durch schlüssiges Verhalten **verzichten**. Es handelt sich um eine einseitige empfangsbedürftige Willenserklärung, die gem. § 130 Abs. 1 S. 2 BGB nur bis zu ihrem Zugang widerrufen werden kann (*BAG* 6.3.2003 EzA § 626 BGB 2002 Nr. 3, zu B I 1; 13.12.2007 EzA § 623 BGB 2002 Nr. 9, zu I 2b aa). Der Verzicht kann vor wie nach dem Zeitpunkt zum Ausdruck gebracht werden, zu dem der Arbeitgeber Kenntnis über den Kündigungsgrund und den Arbeitnehmer erlangt, der diesen verursacht hat. So kann der Arbeitgeber **Kronzeugenregelungen** anbieten, um die Aufklärung vermuteter Straftaten oder sonstiger gewichtiger Pflichtverletzungen zu fördern (hierzu *Göpfert/Merten/Siegrist* NJW 2008, 1703, 1704). Verzichtet er dadurch gegenüber die Aufklärung fördernden Arbeitnehmern auf eine Kündigung, verstößt eine Kündigung gegenüber nicht geständigen Mittätern nicht gegen den Gleichbehandlungsgrundsatz (zu dessen Geltung Rdn 246 f.). Das legitime Aufklärungsinteresse des Arbeitgebers rechtfertigt die Differenzierung. 261

An einen **Verzicht durch schlüssiges Verhalten** sind im Interesse der Rechtssicherheit strenge Anforderungen zu stellen. Es müssen deutliche Anhaltspunkte vorliegen, die den Willen des Arbeitgebers, auf die Geltendmachung bestimmter Kündigungsgründe zu verzichten, erkennbar in Erscheinung treten lassen. So liegt im Ausspruch einer **Abmahnung** regelmäßig der konkludente Verzicht auf das Recht zur Kündigung aus den in ihr gerügten Gründen (*BAG* 19.11.2015 EzA § 1 KSchG Verhaltensbedingte Kündigung Nr. 85 Rn 28). Der Arbeitgeber gibt mit einer Abmahnung zu erkennen, dass er das Arbeitsverhältnis noch nicht als so gestört ansieht, als dass er es nicht mehr fortsetzen könnte (*BAG* 13.5.2015 EzA § 626 BGB 2002 Nr. 50 Rn 33; 26.11.2009 EzA § 611 BGB 2002 Abmahnung Nr. 5 Rn 11 f.). Dies gilt allerdings dann nicht, wenn gem. §§ 133, 157 BGB der Abmahnung selbst oder den Umständen zu entnehmen ist, dass der Arbeitgeber die Angelegenheit mit der Abmahnung nicht als »erledigt« ansieht (*BAG* 13.5.2015 EzA § 626 BGB 2002 Nr. 50 Rn 33; 13.12.2007 EzA § 623 BGB 2002 Nr. 9 Rn 24), er sich etwa mit der Abmahnung ausdrücklich eine Kündigung vorbehalten hat (*BAG* 6.3.2003 EzA § 626 BGB 2002 Nr. 3, zu B I 1, 2b). Ein mangelnder Verzichtswille kann sich auch aus den Umständen ergeben. So kann eine parallel zu einer ordentlichen Kündigung ausgesprochene Abmahnung als Androhung einer fristlosen Kündigung zu verstehen sein, falls der Arbeitnehmer während des Laufs der Kündigungsfrist eine weitere Pflichtverletzung begeht (vgl. *BAG* 13.12.2007 EzA § 623 BGB 2002 Nr. 9, zu I 2b). Eine vor einer Abmahnung erklärte Kündigung wird durch den Ausspruch ersterer nicht unwirksam. Auch eine **Ermahnung** kann je nach ihrem Erklärungsgehalt eine Verzichtswirkung haben (*BAG* 31.7.1986 RzK I 8c Nr. 10, zu II 2a; SPV-*Preis* Rn 8; APS-*Preis* Grundl. D Rn 99; DDZ-*Däubler* Einl. Rn 135; aA *BAG* 9.3.1995 NZA 1996, 875, zu 2, LKB-*Krause* Rn 506 und HaKo-KSchR/*Zimmermann* Rn 260 wegen der fehlenden Kündigungsandrohung; aber gerade dies kann für den Arbeitnehmer den Eindruck verstärken, dass das Arbeitsverhältnis nicht gefährdet ist). Entscheidend ist hier, ob der Vorfall aus der Perspektive des Arbeitnehmers durch die Ermahnung erledigt sein sollte oder ob er mit weiteren Konsequenzen rechnen musste. Kündigt der Arbeitgeber unter der **Bedingung**, dass der Arbeitnehmer nicht innerhalb einer bestimmten Frist sein Verhalten ändert oder sich entschuldigt, kann es sich um eine zulässige Potestativbedingung (s. Rdn 178) handeln, die mit dem Eintritt der Bedingung Verzichtswirkung auslöst. Meist indiziert eine solche Bedingung jedoch, dass der Arbeitgeber selbst davon ausgeht, dass die Vertragsstörung noch beseitigt werden kann. Dann fehlt ohnehin ein Kündigungsgrund. In der Rücknahme einer Kündigung 262 allein, die vielfältige Gründe haben kann, liegt kein Verzicht auf den Kündigungsgrund (LSSW-*Schlünder* Rn 112). Vgl. auch KR-*Fischermeier/Krumbiegel* § 626 BGB Rdn 68–70.

263 Verbreitet wird angenommen, es gebe neben dem Verzicht die Möglichkeit der **Verzeihung** von Kündigungsgründen. Diese sei nicht eine Willens-, sondern eine Gesinnungserklärung und könne die spätere erneute Geltendmachung des Grundes rechtsmissbräuchlich machen (APS-*Preis* Grundl. D Rn 103; HK-*Dorndorf* Rn 323; LKB-*Krause* Rn 217; DDZ-*Däubler* Einl. Rn 135; HaKo-KSchR/*Pfeiffer* Rn 186). Hier ist Vorsicht geboten. Liegt nach dem maßgeblichen Empfängerhorizont in der »Verzeihung« zugleich ein Verzicht, auf die fraglichen Umstände eine Kündigung zu stützen, hat sich der Arbeitgeber mit bindender Wirkung des etwaig bestehenden Kündigungsrechts begeben. Auf die Ausübungsschranke des Rechtsmissbrauchs kommt es dann nicht an. Kann der »Verzeihung« hingegen ein entsprechender Erklärungswert nicht beigemessen werden, dürften auch die Voraussetzungen für ein widersprüchliches Verhalten regelmäßig nicht gegeben sein (vgl. auch LSSW-*Schlünder* Rn 111).

264 Nach den allgemeinen Grundsätzen der **Verwirkung** kann das Recht zum Kündigungsausspruch entfallen, wenn der Kündigende in Kenntnis des Kündigungsgrundes längere Zeit die Kündigung nicht ausspricht, obwohl ihm dies möglich und zumutbar war (Zeitmoment), dadurch beim Kündigungsempfänger das berechtigte Vertrauen erweckt hat, die Kündigung werde unterbleiben und der Kündigungsempfänger sich auf den Fortbestand des Arbeitsverhältnisses eingerichtet hat, sog. Umstandsmoment (*BAG* 21.2.1957 AP § 1 KSchG Nr. 22; 15.8.2002 EzA § 1 KSchG Nr. 56, zu B I 2a; *Herschel* Anm. zu *BAG* AP Nr. 63 zu § 626 BGB). Ein Kündigungssachverhalt kann durch Zeitablauf so an Bedeutung verlieren, dass eine Kündigung nicht mehr gerechtfertigt ist. Es ist treuwidrig, wenn der Arbeitgeber einen Kündigungsgrund »auf Vorrat« bereithält, um ihn bei passender Gelegenheit einzusetzen und ein beanstandungsfrei fortgesetztes Arbeitsverhältnis zu einem beliebigen Zeitpunkt zu kündigen (*BAG* 20.8.1998 RzK I 5h Nr. 46, zu II 2; 15.8.2002 EzA § 1 KSchG Nr. 56, zu B I 2b). Im Unterschied zur Verwirkung nachgeschobener Kündigungsgründe (hierzu s. Rdn 258) begründet ein solches passives Verhalten eher ein berechtigtes Vertrauen des Arbeitnehmers auf das Fortbestehen des Arbeitsverhältnisses. Voraussetzung ist allerdings, dass der Arbeitgeber den Kündigungsgrund kennt und dem Arbeitnehmer dies bekannt ist (*BAG* 15.8.2002 EzA § 1 KSchG Nr. 56, zu B I 3c). Der Arbeitgeber kann auch den Ausgang von Ermittlungs- oder Strafverfahren abwarten und den Sachverhalt nach dem Bekanntwerden weiterer Umstände neu bewerten und dann erst kündigen (*BAG* 15.8.2002 EzA § 1 KSchG Nr. 56, zu B I 3d bb, cc).

VI. Rechtsfolgen der Sozialwidrigkeit

1. Notwendigkeit der Klageerhebung

265 Eine nach § 1 KSchG sozialwidrige Kündigung ist zunächst **schwebend unwirksam**. Nur wenn der Arbeitnehmer rechtzeitig gem. §§ 4–6 KSchG gegen die Kündigung klagt, kann vom Arbeitsgericht die Unwirksamkeit der Kündigung festgestellt werden. Andernfalls gilt die Kündigung nach § 7 KSchG als von Anfang an wirksam, sofern nicht ausnahmsweise von § 7 KSchG nicht erfasste Unwirksamkeitsgründe vorliegen (hierzu iE KR-*Klose* § 7 KSchG Rdn 5, 11).

2. Verhältnis zu sonstigen Unwirksamkeitsgründen

266 Ist eine ordentliche Kündigung nicht nur sozialwidrig, sondern darüber hinaus aus **anderen Gründen unwirksam**, kann der Arbeitnehmer im Kündigungsschutzprozess sämtliche oder lediglich einzelne Unwirksamkeitsgründe vortragen (s. Rdn 166). Macht er innerhalb der Klagefrist zunächst andere Unwirksamkeitsgründe geltend, gilt für die Berufung auf die Sozialwidrigkeit und weitere Unwirksamkeitsgründe nach § 6 KSchG eine verlängerte Anrufungsfrist (iE s. KR-*Klose* § 6 KSchG Rdn 6 ff.).

3. Umdeutung einer unwirksamen ordentlichen Kündigung

Eine sozialwidrige oder aus anderen Gründen unwirksame ordentliche Kündigung kann weder in eine **außerordentliche Kündigung** (mit oder ohne Auslauffrist) noch in eine **Anfechtung** (zB wegen §§ 119 Abs. 2, 123 BGB) umgedeutet werden, da diese Gestaltungsrechte weitergehende Folgen für den Arbeitnehmer und insbes. eine früher eintretende Beendigungswirkung haben (*BAG* 3.11.1982 AP Nr. 12 zu § 15 KSchG 1969; *LAG Köln* 4.7.1996 LAGE § 620 BGB Kündigungserklärung Nr. 6; APS-*Preis* Grundlagen D Rn 119, 121; s. Rdn 175). 267

Nicht ausgeschlossen ist dagegen die **Umdeutung** einer sozialwidrigen oder aus anderen Gründen unwirksamen ordentlichen Kündigung in ein Vertragsangebot zur einverständlichen Beendigung des Arbeitsverhältnisses zum Ablauf der Kündigungsfrist. Da ein **Auflösungsangebot** nicht dazu geeignet ist, das Arbeitsverhältnis aufgrund einseitiger Gestaltungswirkung zu beenden, handelt es sich gegenüber der ordentlichen arbeitgeberseitigen Kündigung um ein Rechtsgeschäft mit weniger weitreichenden Folgen, so dass § 140 BGB einer Umdeutung nicht entgegensteht. Eine derartige Umdeutung kann indes nur angenommen werden, wenn es dem mutmaßlichen Willen des Arbeitgebers entspricht, auch bei Unwirksamkeit der ordentlichen Kündigung das Arbeitsverhältnis zum Ablauf der Kündigungsfrist zu beenden. Nach § 623 BGB kommt ein Aufhebungsvertrag im Übrigen nur dann wirksam zustande, wenn Arbeitgeber und Arbeitnehmer die Aufhebung des Arbeitsvertrages auf einer Urkunde **schriftlich vereinbaren** (s. hierzu KR-*Spilger* § 623 BGB Rdn 110 f.). 268

G. Gründe für die soziale Rechtfertigung der Kündigung

I. Einteilung der Kündigungsgründe

Die in der **Generalklausel** des § 1 Abs. 2 S. 1 KSchG enthaltene **Einteilung der Kündigungsgründe** in Gründe in der Person oder im Verhalten des Arbeitnehmers sowie dringende betriebliche Erfordernisse typisiert die Umstände, die eine Kündigung sollen sozial rechtfertigen können, nach der Sphäre, aus der sie herrühren. Nicht jeder Kündigungssachverhalt lässt sich nur einem dieser Bereiche zuordnen. Im Schrifttum wird unterschieden zwischen Kündigungsgründen, die zwei oder gar alle drei dieser Gruppen berühren (sog. **echte Mischtatbestände**) und sog. **unechten Mischtatbeständen**, auch als Doppeltatbestände bezeichnet, bei denen die Kündigung auf mehrere unabhängige und verschiedenen Gruppen zuzuordnende Sachverhalte gestützt wird (zur Differenzierung MüKo-BGB/*Hergenröder* Rn 94; LSSW-*Schlünder* Rn 90, 92; LKB-*Krause* Rn 254, 263; APS-*Vossen* Rn 82, 84). Die Unterscheidung ist letztlich entbehrlich. Zu prüfen ist auch jeder echte Mischsachverhalt nach allen in Betracht kommenden Tatbeständen für eine soziale Rechtsfertigung dahingehend, ob er eine personen-, verhaltens- oder betriebsbedingte Kündigung zu rechtfertigen vermag (zutreffend SPV-*Preis* Rn 897 ff.; s.a. KR-*Fischermeier/Krumbiegel* § 626 BGB Rdn 162 f.; APS-*Vossen* Rn 83; LSSW-*Schlünder* Rn 92 f.; ErfK-*Oetker* Rn 96; MüKo-BGB/*Hergenröder* Rn 100). 269

Nach einer älteren Rspr. des Bundesarbeitsgerichts sollte sich dagegen bei **echten Mischtatbeständen** die Prüfung in erster Linie danach richten, aus welchem der Kündigungstatbestände die sich auf das Arbeitsverhältnis nachteilig auswirkende Störung vorwiegend herrührte (sog. **Sphärentheorie,** *BAG* 21.11.1985 EzA § 1 KSchG Nr. 42; ebenso *Etzel* KR 7. Aufl., Rn 256; Bader/Bram-*Kreutzberg-Kowalczyk* Rn 106b; *Schulin* SAE 1986, 279). Dafür gibt es in der gesetzlichen Regelung keinen Anhaltspunkt. § 1 Abs. 2 S. 1 formuliert alternative Möglichkeiten einer sozialen Rechtfertigung. Eine Rechtfertigung der Kündigung unter einem dieser Aspekte genügt für ihre Wirksamkeit. Eine vorherige Verengung der Prüfung auf den Kündigungstatbestand, welcher vorwiegend betroffen sei, ist damit nicht zu vereinbaren. Eingehend dazu auch KR-*Fischermeier/Krumbiegel* § 626 BGB Rdn 171–177. 270

Bei **Kündigungen, die auf mehrere Kündigungssachverhalte gestützt** werden, welche jeweils verschiedenen Kategorien von Kündigungsgründen angehören (zB stützt der Arbeitgeber eine Kündigung gleichzeitig auf Pflichtwidrigkeiten des Arbeitnehmers, häufigen krankheitsbedingten Arbeitsausfall und auf geringeren Arbeitsanfall wegen Absatzschwierigkeiten), soll nach der älteren Rspr. 271

des BAG jeder Sachverhalt zunächst für sich allein darauf überprüft werden, ob er zur sozialen Rechtfertigung der Kündigung geeignet ist, und, ist dies nicht der Fall, noch aufgrund einer einheitlichen Betrachtungsweise gewürdigt werden, ob die einzelnen Kündigungsgründe in ihrer Gesamtheit in Abwägung der Interessen der Vertragspartner und des Betriebes die Kündigung als billigenswert und angemessen erscheinen lassen (*BAG* 22.7.1982 EzA § 1 KSchG Verhaltensbedingte Kündigung Nr. 10; 21.11.1985 EzA § 1 KSchG Nr. 42; 20.11.1997 EzA § 1 KSchG Verhaltensbedingte Kündigung Nr. 52, zu II 2; ebenso KPK-*Heise* Rn 166).

272 Auch dies entspricht nicht den gesetzlichen Vorgaben. Im Schrifttum wird eine Gesamtabwägung von verschiedenen Kategorien angehörender Kündigungsgründe zum Teil generell abgelehnt (SPV-*Preis* Rn 898; AR-*Kaiser* Rn 18), zum Teil wird angenommen, dem Arbeitnehmer könnten jedenfalls unternehmerische Entscheidungen des Arbeitgebers nicht zugerechnet werden. Dagegen sei es sachgerecht, personen- und verhaltensbedingte Gründe, die für sich genommen eine Kündigung nicht sozial rechtfertigen können, einer ganzheitlichen Betrachtungsweise zu unterziehen. Durch diese dem Arbeitnehmer zuzurechnenden Gründe werde das Arbeitsverhältnis insgesamt belastet (*Etzel* KR 7. Aufl. Rn 259; s. hier KR-*Fischermeier/Krumbiegel* § 626 BGB Rdn 262; LKB-*Krause* Rn 257; APS-*Vossen* Rn 86). Nach einer dritten Auffassung sei eine Gesamtabwägung nur innerhalb der Kategorien der personen-, verhaltens- und betriebsbedingten Gründe durchzuführen (KassArbR-*Isenhardt* 6.3 Rn 442; DDZ-*Deinert* Rn 82; ErfK-*Oetker* Rn 95, 97; HaKo-KSchR/*Pfeiffer* Rn 182; HWK-*Quecke* Rn 69).

273 Zutreffenderweise ist auch insoweit der vollständige Lebenssachverhalt, auf den der Arbeitgeber die Kündigung stützt, daraufhin zu überprüfen, ob er die Kündigung nach mindestens einer der drei Kategorien von Kündigungsgründen sozial zu rechtfertigen vermag. Erlaubt einer der gesetzlichen Tatbestände die Berücksichtigung auch von Umständen, die für sich genommen die Kündigung nicht sozial rechtfertigen könnten, etwa im Rahmen einer anzustellenden **Interessenabwägung**, sind diese insoweit in die Abwägung einzubeziehen. Dies setzt jedoch voraus, dass es sich um Tatsachen handelt, die geeignet sind, die dem zu prüfenden Kündigungsgrund zugrundeliegende Vertragsstörung in ihrem Gewicht zu verstärken, was regelmäßig nur bei gleichartigen Störungen in Betracht kommen dürfte. Die bloße **Kumulation** von Vertragsstörungen rechtfertigt ihre wechselseitige Berücksichtigung bei der Prüfung, ob sie die Kündigung sozial rechtfertigen können, dagegen nicht.

II. Darlegungs- und Beweislast

274 Nach § 1 Abs. 2 S. 4 KSchG hat der **Arbeitgeber** die Tatsachen zu beweisen, die die Kündigung bedingen. Den **Arbeitnehmer** trifft dagegen die Darlegungs- und Beweislast für das Vorliegen der für die Anwendbarkeit des allgemeinen Kündigungsschutzes notwendigen Voraussetzungen (hierzu s. Rdn 96, 137 ff., 156). Nach § 1 Abs. 3 S. 3 KSchG hat der Arbeitnehmer weiterhin die Tatsachen darzulegen und ggf. zu beweisen, aus denen sich ein Fehler in der sozialen Auswahl ergibt (dazu s. Rdn 760 ff.).

275 Zu den die **Kündigung bedingenden Tatsachen** gehören alle Umstände, die eine Kündigung als personen-, verhaltens- oder betriebsbedingt erscheinen lassen. Der Arbeitgeber genügt der ihm obliegenden Darlegungslast nur, wenn er im Einzelnen die Umstände, die die Kündigung bedingen, **durch Anführung konkreter Tatsachen** schildert (*BAG* 2.11.1983 EzA § 1 KSchG Krankheit Nr. 13; 7.12.1978 EzA § 1 KSchG Betriebsbedingte Kündigung Nr. 10; ausf. *Ascheid* Beweislastfragen S. 61 ff.). Tatsachen sind konkrete, nach Raum und Zeit bestimmte, der Vergangenheit oder der Gegenwart angehörende Geschehnisse oder Zustände (*BAG* 18.10.2000 EzA § 14 KSchG Nr. 5, zu II 1c cc (4); 19.11.1997 EzA § 611 BGB Arbeitnehmerbegriff Nr. 63, zu II 2c). Nicht ausreichend sind schlagwortartige Angaben (zB Umsatzrückgang, Absatzschwierigkeiten, Änderung der Organisationsstruktur) oder pauschale Werturteile etwa hinsichtlich einer angeblichen Ungeeignetheit des Arbeitnehmers.

276 Der Arbeitgeber kann seiner Darlegungs- und Beweislast für die Kündigungsgründe nicht mit Erfolg nachkommen, wenn sein Vorbringen bzw. die angebotenen Beweismittel einem **Sachvortrags-** oder

Beweisverwertungsverbot unterliegen (vgl. etwa *BAG* 27.7.2017 EzA § 32 BDSG Nr. 6 – Keylogger; 29.6.2017 EzA § 32 BDSG Nr. 5 – Überwachung durch Detektiv; 20.10.2016 EzA § 32 BDSG Nr. 4 – Verdeckte Videoüberwachung). Zwar enthalten weder die Zivilprozessordnung noch das Arbeitsgerichtsgesetz Vorschriften zur prozessualen Verwertbarkeit rechtswidrig erlangter Erkenntnisse oder Beweise (*BAG* 20.10.2016 EzA § 32 BDSG Nr. 4, Rn 16). Vielmehr gebieten der Anspruch auf rechtliches Gehör gem. Art. 103 Abs. 1 GG und der Grundsatz der freien Beweiswürdigung (§ 286 ZPO) die Berücksichtigung des Sachvortrags der Parteien und der von ihnen angebotenen Beweismittel (*BVerfG* 9.10.2002 – 1 BvR 1611/96 u.a., zu C II 4a aa der Gründe, BVerfGE 106, 28 = NJW 2002, 3619). Ein Sachvortrags- oder Beweisverwertungsverbot kann sich aber – etwa wegen einer **Verletzung des allgemeinen Persönlichkeitsrechts** einer Partei – aus der Notwendigkeit einer verfassungskonformen Auslegung des Prozessrechts ergeben (*BAG* 20.10.2016 EzA § 32 BDSG Nr. 4 Rn 15 f.; 22.9.2016 EzA § 32 BDSG Nr. 3 Rn 21). Denn das Gericht ist nach Art. 1 Abs. 3 GG auch bei der Urteilsfindung an die Grundrechte gebunden und zu einer rechtsstaatlichen Verfahrensgestaltung verpflichtet (*BVerfG* 13.2.2007 – 1 BvR 421/05, BVerfGE 117, 202 = NJW 2007, 753, Rn 93; *BAG* 20.10.2016 EzA § 32 BDSG Nr. 4, Rn 18). So können sich auch aus materiellen Grundrechten wie Art. 2 Abs. 1 iVm Art. 1 Abs. 1 GG Anforderungen an das gerichtliche Verfahren ergeben, wenn es um die Offenbarung und Verwertung von persönlichen Daten geht, die grundrechtlich vor der Kenntnis durch Dritte geschützt sind. Das Gericht hat deshalb zu prüfen, ob die Verwertung von heimlich beschafften persönlichen Daten und Erkenntnissen, die sich aus diesen Daten ergeben, mit dem allgemeinen Persönlichkeitsrecht des Betroffenen vereinbar ist (*BAG* 20.10.2016 EzA § 32 BDSG Nr. 4, Rn 18; *BGH* 15.5.2013 – XII ZB 107/08, NJW 2013, 2668, Rn 21). Das ist nicht der Fall, wenn mit ihrer gerichtlichen Verwertung ein erneuter Eingriff in rechtlich geschützte, hochrangige Positionen der anderen Prozesspartei oder die Perpetuierung eines solchen Eingriffs verbunden ist, und dies auch durch schutzwürdige Interessen der Gegenseite nicht gerechtfertigt werden kann (*BAG* 16.12.2010 – 2 AZR 485/08 – EzA § 626 BGB 2002 Nr. 33, Rn 31; 13.12.2007 – 2 AZR 537/06, AP BGB § 626 Nr. 210, Rn 36). Erforderlich ist, dass die Schutzzwecke des verletzten Grundrechts auch der Verwertung entgegenstehen (Musielak/Voit-*Foerste* ZPO § 286 Rn 6). Das allgemeine Persönlichkeitsrecht schützt dabei nicht allein die Privat- und Intimsphäre, sondern in seiner speziellen Ausprägung als Recht am eigenen Bild auch die Befugnis eines Menschen, selbst darüber zu entscheiden, ob Filmaufnahmen von ihm gemacht und möglicherweise gegen ihn verwendet werden dürfen. Auch wenn keine spezielle Ausprägung des allgemeinen Persönlichkeitsrechts betroffen ist, greift die Verwertung von personenbezogenen Daten in das Grundrecht auf informationelle Selbstbestimmung ein, das die Befugnis garantiert, selbst über die Preisgabe und Verwendung persönlicher Daten zu befinden (*BVerfG* 11.3.2008 – 1 BvR 2074/05 u.a., BVerfGE 120, 378 = NJW 2008, 1505). Der Achtung dieses Rechts dient zudem Art. 8 Abs. 1 der Konvention zum Schutze der Menschenrechte und Grundfreiheiten (*BAG* 22.9.2016 EzA § 32 BDSG Nr. 3, Rn 23; *BGH* 15.5.2013 – XII ZB 107/08, NJW 2013, 2668, Rn 14).

Die Erforderlichkeit **substantiierter Darlegungen** erstreckt sich nicht nur auf die unmittelbaren Kündigungstatsachen, sondern auch auf solche Umstände, die **Rechtfertigungsgründe** für das Verhalten des Arbeitnehmers ausschließen (*BAG* 12.8.1976 EzA § 1 KSchG Nr. 33; 16.3.2000 EzA § 626 BGB nF Nr. 179, zu II 1b aa; 3.11.2011 DB 2012, 926, zu I 2d; *Sieg* RdA 1962, 139). Der Umfang der dem Arbeitgeber obliegenden Darlegungslast ist jedoch davon abhängig, wie sich der Arbeitnehmer auf seinen Vortrag einlässt (*BAG* 22.11.1973 EzA § 1 KSchG Nr. 28; 22.7.1982 EzA § 1 KSchG Verhaltensbedingte Kündigung Nr. 10; 3.11.2011 DB 2012, 926, zu I 2d), so dass die **Darlegungslast abgestuft** ist (hierzu *von Altrock* DB 1987, 433). Der Arbeitgeber braucht nicht alle denkbaren Rechtfertigungsgründe zu widerlegen, sondern nur die vom Arbeitnehmer geltend gemachten. Wird etwa eine Kündigung auf unberechtigtes Fernbleiben gestützt, ist es Sache des Arbeitnehmers, im Kündigungsschutzprozess den Vorwurf unter genauer Angabe der Gründe, die ihn daran gehindert haben, seine Arbeitsleistung zu erbringen, zu bestreiten. Macht er dabei geltend, er sei krank gewesen, braucht er nicht auf ein ärztliches Attest zu verweisen. Er muss aber substantiiert darlegen, woran er erkrankt war und weshalb er nicht zur Arbeit erscheinen konnte. Konkretisiert der Arbeitnehmer auf diese Weise einen Rechtfertigungsgrund, ist es Sache des

Arbeitgebers, die rechtfertigenden Umstände zu entkräften (*BAG* 18.10.1990 RzK I 10h Nr. 30; 3.11.2011 DB 2012, 926, zu I 2d).

278 Die gesetzliche Beweislastregel des § 1 Abs. 2 S. 4 KSchG bezieht sich auch auf die in den **Widerspruchstatbeständen** des § 1 Abs. 2 S. 2 und 3 KSchG genannten Umstände, und zwar unabhängig davon, ob der Betriebsrat der Kündigung form- und fristgerecht widersprochen hatte. Dies gilt insbes. für die Frage der **anderweitigen Beschäftigungsmöglichkeiten** (*BAG* 5.8.1976 EzA § 1 KSchG Krankheit Nr. 2). Auch hinsichtlich der Widerspruchstatbestände gilt jedoch eine abgestufte Darlegungs- und Beweislast. Danach hat zunächst der Arbeitnehmer konkret aufzuzeigen, wie er sich eine anderweitige Beschäftigung vorstellt (*BAG* 7.2.1991 EzA § 1 KSchG Personenbedingte Kündigung Nr. 9 m. zust. Anm. *Kraft/Raab*; 3.7.1977 AP Nr. 4 zu § 1 KSchG 1969 Betriebsbedingte Kündigung). Das gilt auch für Arbeitnehmer eines Großunternehmens (*BAG* 25.2.1988 RzK I 5c Nr. 26). Erst daraufhin hat der Arbeitgeber darzulegen und zu beweisen, weshalb diese Vorstellungen nicht zu realisieren sind.

279 Der Umfang der Darlegungs- und Beweislast richtet sich im Übrigen maßgeblich nach der **Art des jeweiligen Kündigungsgrundes**, so dass wegen der jeweils zu beachtenden Besonderheiten auf die Erläuterungen zu den einzelnen Kündigungsgründen zu verweisen ist.

III. Gründe in der Person des Arbeitnehmers
1. Begriff

280 Das Gesetz enthält in § 1 Abs. 2 S. 1 KSchG weder eine Definition von in der Person des Arbeitnehmers liegenden Kündigungsgründen noch nennt es Beispiele oder sieht einen abschließenden Katalog möglicher solcher Gründe vor. Nach der Gesetzessystematik müssen aber die Gründe in der Person des Arbeitnehmers von Gründen in seinem Verhalten und von dringenden betrieblichen Erfordernissen abgegrenzt werden. Während sich betriebliche Gründe auf den Arbeitsplatz des Arbeitnehmers beziehen (s. Rdn 552 ff.; *Rüthers/Henssler* ZfA 1988, 39 f.), geht es bei Gründen im Verhalten des Arbeitnehmers um Handlungen und Unterlassungen, durch die er seine Vertragspflichten verletzt, bei Gründen in seiner Person um seine **persönlichen Verhältnisse und Eigenschaften** (*BAG* 11.12.2003 EzA § 1 KSchG Verhaltensbedingte Kündigung Nr. 62, zu B III 2a; 24.2.2005 EzA § 1 KSchG Personenbedingte Kündigung Nr. 18, zu B II 1; 18.1.2007 EzA § 1 KSchG Personenbedingte Kündigung Nr. 20, zu B I 1; gegen ein Abstellen auf Eigenschaften des Arbeitnehmers *Waas* SAE 2008, 17, 18).

281 Ein Grund in der Person des Arbeitnehmers liegt vor, wenn dieser nicht nur vorübergehend die Fähigkeit und Eignung nicht (mehr) besitzt, die geschuldete Arbeitsleistung ganz oder teilweise zu erbringen (*BAG* 18.1.2007 EzA § 1 KSchG Personenbedingte Kündigung Nr. 20, zu B I 1; *Rüthers/Henssler* ZfA 1988, 44; LKB-*Krause* Rn 266; HaKo-KSchR/*Denecke* § 1 Rn 465). Ob er die Fähigkeit und Eignung in der Vergangenheit besessen hat, ist unerheblich. Maßgeblich ist die zukünftige Fähigkeit zur Vertragserfüllung. Die personenbedingte Kündigung ist damit ein Mittel zur **Reaktion auf von keiner Vertragspartei verschuldete Störungen des arbeitsvertraglichen Austauschverhältnisses** (*BAG* 8.11.2007 EzA § 1 KSchG Krankheit Nr. 54, zu B I 2b bb). Sie setzt typischerweise voraus, dass zum Kündigungszeitpunkt die Prognose gerechtfertigt ist, der Arbeitnehmer werde jedenfalls über einen längeren Zeitraum nicht mehr in der Lage sein, seine arbeitsvertraglichen Pflichten vertragsgemäß zu erfüllen (SPV-*Preis* Rn 1218; APS-*Vossen* Rn 120).

282 Ein Kriterium zur Abgrenzung von Gründen in der Person des Arbeitnehmers zu Gründen in seinem Verhalten ist der **Mangel an Steuerbarkeit** (APS-*Vossen* Rn 120, 265; HK-*Dorndorf* Rn 359; SPV-*Preis* Rn 1219; HaKo-KSchR/*Denecke* Rn 466; MüKo-BGB/*Hergenröder* Rn 147; ErfK-*Oetker* Rn 188; LKB-*Krause* Rn 282 ff.; Bader/Bram-Kreutzberg-Kowalczyk Rn 108; HaKo-ArbR/*Roos/Bufalica* Rn 64; *Rost* Betriebliche Praxis S. 38; *Leuchten/Zimmer* BB 1999, 1974). Steuerbar ist ein Verhalten, wenn es vom Willen des Arbeitnehmers beeinflusst werden kann (*BAG* 3.11.2011 DB 2012, 926, zu I 2c). Wurde die Störung des Arbeitsverhältnisses durch ein steuerbares Verhalten des

Arbeitnehmers ausgelöst, kommt eine verhaltensbedingte Kündigung in Betracht, sofern die Störung dem Arbeitnehmer als Vertragspflichtverletzung vorwerfbar ist (*BAG* 3.6.2004 EzA § 23 KSchG Nr. 27, zu B III 1; s. auch Rdn 426 ff.). Plastisch ausgedrückt liegt ein Grund in der Person vor, wenn der Arbeitnehmer will, aber nicht kann, ein Grund im Verhalten, wenn der Arbeitnehmer kann, aber nicht will (so zutr. LKB-*Krause* Rn 284). Demgegenüber hat das *BAG* die Nichtwahrnehmung der Möglichkeit, ein Leistungshindernis in der Person des Arbeitnehmers durch steuerbares Verhalten zu beseitigen, personenbedingten Gründen zugeordnet (4.6.1997 EzA § 626 BGB nF Nr. 168; ebenso *Etzel* KR 7. Aufl., Rn 266). Dies verwischt die Abgrenzung zwischen personen- und verhaltensbedingter Kündigung. Verhält sich etwa ein erkrankter Arbeitnehmer genesungswidrig oder unterlässt er es schuldhaft, eine für seine Tätigkeit erforderliche Lizenz zu erwerben, **verhält** er sich vertragswidrig, was gerade Kennzeichen der verhaltensbedingten Kündigung ist (s. Rdn 426). In solchen Fällen geht es um Lebenssachverhalte, die eine Prüfung der sozialen Rechtfertigung einer Kündigung sowohl als verhaltens- als auch als personenbedingte erforderlich machen (s. Rdn 269). So verstanden ist die personenbedingte Kündigung ein **Auffangtatbestand** für Sachverhalte, bei denen eine Vertragsstörung weder auf einem steuerbaren Verhalten des Arbeitnehmers noch auf unternehmerischen Gründen aus der Sphäre des Arbeitgebers beruht (SPV-*Preis* Rn 1218; aA *Rüthers/Henssler* ZfA 1988, 45, die die verhaltensbedingte Kündigung als Auffangtatbestand für die Fälle ansehen, in denen eine personenbedingte Kündigung nicht möglich ist). Nicht der Mangel an Steuerbarkeit, sondern das **Fehlen einer Vertragspflichtverletzung** ist das Abgrenzungskriterium bei außerdienstlichem Fehlverhalten des Arbeitnehmers, sofern darin zwar kein Verstoß gegen seine vertraglichen Pflichten liegt, es aber einen Eignungsmangel für die auszuübende Tätigkeit begründet (s. dazu iE Rdn 320 und Rdn 418 ff.). Zur dogmatischen Einordnung der personenbedingten Kündigung vgl. im Übrigen *Preis* S. 433 ff.

2. Verschulden

Ob der Arbeitnehmer den Mangel seiner Fähigkeit und Eignung zur Erbringung der Arbeitsleistung **verschuldet** hat, ist für die Wirksamkeit einer personenbedingten Kündigung unerheblich (SPV-*Preis* Rn 1218; HaKo-KSchR/*Denecke* Rn 466). Trifft ihn ein Verschulden (zB selbst verschuldete Arbeitsunfähigkeit), kann dies als möglicher Kündigungsgrund in seinem Verhalten zu würdigen sein (s. Rdn 282). Jedenfalls ist es im Rahmen der Interessenabwägung zu seinen Lasten zu berücksichtigen. Trifft den Arbeitgeber ein Verschulden, etwa wenn der Arbeitnehmer wegen fehlender Sicherheitsvorrichtungen einen Arbeitsunfall erleidet, ist dies in die Interessenabwägung zu dessen Gunsten einzustellen (*BAG* 20.11.2014 EzA § 1 KSchG Krankheit Nr. 60, Rn 53; 5.7.1990 EzA § 1 KSchG Krankheit Nr. 32; APS-*Vossen* Rn 122). 283

3. Abmahnung

Ob auch bei der personenbedingten Kündigung eine Abmahnung als milderes Mittel in Betracht kommt, hängt davon ab, ob ein Fall der fehlenden Steuerbarkeit der Unfähigkeit der Vertragsausführung vorliegt. Dann ist **kein Raum für eine Abmahnungsobliegenheit**, da nicht steuerbare Zustände vom Arbeitnehmer auch nach Abmahnung nicht geändert werden können (so auch SPV-*Preis* Rn 1219; LKB-*Krause* Rn 267; APS-*Vossen* Rn 131; Bader/Bram-*Kreutzberg-Kowalczyk* Rn 113; HaKo-KSchR/*Denecke* Rn 466; HK-*Dorndorf* Rn 371a; MüKo-BGB/*Hergenröder* Rn 150; *Quecke* ZTR 2003, 8). Die Abmahnungsobliegenheit setzt die Möglichkeit eines steuerbaren Verhaltens voraus (*BAG* 4.6.1997 EzA § 626 BGB nF Nr. 168, zu II 1d; s. KR-*Fischermeier/Krumbiegel* § 626 BGB Rdn 276). 284

Soweit man steuerbares Verhalten im Zusammenhang mit der Fähigkeit und Eignung des Arbeitnehmers zur ordnungsgemäßen Erbringung der Arbeitsleistung ebenfalls der Kündigung aus Gründen in seiner Person zuordnet, kann es konsequenterweise auch insofern nach dem Grundsatz der Verhältnismäßigkeit erforderlich sein, den Arbeitnehmer vor der Kündigung durch Abmahnung zur Beseitigung des Leistungshindernisses anzuhalten (vgl. *BAG* 15.8.1994 EzA § 1 KSchG Nr. 8; 4.6.1997 EzA § 626 BGB nF Nr. 168, zu II 1d; *Etzel* KR 7. Aufl., Rn 269). Zur Abmahnung ausführlich KR-*Fischermeier/Krumbiegel* § 626 BGB Rdn 267 ff. 285

4. Prüfung der sozialen Rechtfertigung in drei Stufen
a) Mangel der Fähigkeit oder Eignung des Arbeitnehmers

286 Die Prüfung der sozialen Rechtfertigung einer personenbedingten Kündigung ist **in drei Stufen** vorzunehmen (allg. Meinung, vgl. APS-*Vossen* Rn 123). Diese Drei-Stufen-Prüfung wurde zur krankheitsbedingten Kündigung entwickelt (grundlegend *BAG* 16.2.1989 EzA § 1 KSchG Krankheit Nr. 25). Die personenbedingte Kündigung betrifft die Fähigkeit und Eignung des Arbeitnehmers, die geschuldete Leistung zu erbringen. Fehlt diese Fähigkeit oder Eignung im Kündigungszeitpunkt oder ist sie erheblich beeinträchtigt, kann dies eine personenbedingte Kündigung rechtfertigen, wenn mit der alsbaldigen (Wieder-)Herstellung der Fähigkeit und Eignung zur ordnungsgemäßen Erbringung der Arbeitsleistung nicht gerechnet werden kann (sog. **Prognoseprinzip, erste Stufe**). Hier kommt es allein auf die bisher arbeitsvertraglich geschuldete Tätigkeit an. Mögliche Beschäftigungsalternativen sind erst in der zweiten Prüfungsstufe relevant (*BAG* 19.4.2007 EzA § 1 KSchG Krankheit Nr. 53, zu B I 2a). Die Beeinträchtigung der Leistungsfähigkeit des Arbeitnehmers muss nicht zwingend am Tag des Kündigungszugangs vorliegen. Maßgeblich ist die Prognose vom Zeitpunkt des Kündigungszugangs auf den Ablauf der Kündigungsfrist und darüber hinaus (vgl. ErfK-*Oetker* Rn 105). Die für das Arbeitsverhältnis geltenden **sozial- oder steuerrechtlichen Vorgaben** berühren die Fähigkeit des Arbeitnehmers zur Erfüllung seiner Arbeitspflicht nicht. Eine dem Arbeitgeber nachteilige Änderung dieser Vorgaben begründet daher keinen in der Person des Arbeitnehmers liegenden Kündigungsgrund. So ist eine personenbedingte Kündigung nicht gerechtfertigt, wenn ein Student wegen überlanger Studiendauer nicht mehr sozialversicherungsfrei beschäftigt werden kann, auch wenn dies Vertragsgrundlage war (*BAG* 18.1.2007 EzA § 1 KSchG Personenbedingte Kündigung Nr. 20, zu B I 2c; *Waas* SAE 2008, 17, 18 f.).

b) Störungen des Arbeitsverhältnisses, Möglichkeit einer anderweitigen Beschäftigung

287 Weitere Voraussetzung einer personenbedingten Kündigung ist, dass im Zeitpunkt der Kündigung zu erwarten ist, dass die fehlende oder beeinträchtigte Fähigkeit oder Eignung zur Erbringung der Arbeitsleistung über den Ablauf der Kündigungsfrist hinaus zu **konkreten Störungen des Arbeitsverhältnisses** führt, die **auch künftig über einen längeren Zeitraum andauern** werden und die durch eine Umsetzung des Arbeitnehmers nicht beseitigt werden können (**zweite Stufe**). Besteht die **Möglichkeit einer zumutbaren anderweitigen Beschäftigung** auf einem der Fähigkeit und Eignung des Arbeitnehmers entsprechenden freien Arbeitsplatz in demselben Betrieb oder in einem anderen Betrieb des Unternehmens, entfällt der Kündigungsgrund (*BAG* 5.8.1976 EzA § 1 KSchG Krankheit Nr. 2; 2.11.1989 RzK I 5g Nr. 33; 19.4.2007 EzA § 1 KSchG Krankheit Nr. 53, zu B I 2b bb (1); ErfK-*Oetker* Rn 106; iE s. Rdn 228 ff.). Das Gleiche gilt, wenn der Arbeitgeber bei körperlichen Beeinträchtigungen des Arbeitnehmers durch Ausübung seines Direktionsrechts einen leidensgerechten Arbeitsplatz freimachen kann (*BAG* 29.1.1997 EzA § 1 KSchG Krankheit Nr. 42, zu II 1d; 12.7.2007 EzA § 84 SGB IX Nr. 3, zu B II 2a; HaKo-KSchR/*Denecke* Rn 480; s. auch Rdn 313). Soweit eine Weiterbeschäftigung zu geänderten Arbeitsbedingungen in Betracht kommt, hat der Arbeitgeber ggf. eine Änderungskündigung auszusprechen (s. Rdn 236 ff.). Ferner ist zu prüfen, ob eine Weiterbeschäftigung des Arbeitnehmers nach zumutbaren Umschulungs- oder Fortbildungsmaßnahmen möglich ist (*BAG* 10.3.1977 EzA § 1 KSchG Krankheit Nr. 4). Eine derartige Weiterbeschäftigungsmöglichkeit kann sich beispielsweise dann ergeben, wenn ein Arbeitnehmer aus krankheitsbedingten Gründen nicht mehr dazu in der Lage ist, eine bislang von ihm verrichtete körperlich schwere Arbeit auszuüben und in demselben Betrieb oder in einem anderen Betrieb des Unternehmens ein geeigneter Arbeitsplatz mit geringeren körperlichen Anforderungen frei ist, auf dem er nach einer zumutbaren Umschulung weiterbeschäftigt werden könnte (iE s. Rdn 816 ff.).

c) Interessenabwägung

In der **dritten Stufe** ist eine Interessenabwägung vorzunehmen. Die Auffassung, dass bei der personenbedingten Kündigung an das Erfordernis der Interessenabwägung (s. Rdn 219 f.) besonders strenge Anforderungen zu stellen sind (*Dassau* S. 39), trifft in dieser Allgemeinheit nicht zu (ebenso *Rüthers/Henssler* ZfA 1988, 44; SPV-*Preis* Rn 1229). Richtig ist, dass im Gegensatz zur verhaltensbedingten Kündigung, die auf eine schuldhafte Vertragsverletzung gestützt wird (s. Rdn 431), dem Arbeitnehmer kein rechtswidriges Verhalten vorgeworfen wird, das sich bei der Interessenabwägung zu seinen Ungunsten auswirken kann. Ferner sind persönliche Umstände des Arbeitnehmers (s. Rdn 290) von besonderem Gewicht, wenn sich aus der Art des Kündigungsgrundes (zB Krankheit, Betriebsunfall, krankheits- oder altersbedingte Leistungsschwäche) ein **erhöhtes soziales Schutzbedürfnis des Arbeitnehmers** ergibt. In diesen Fällen ist eine besonders sorgfältige Abwägung der Arbeitnehmerinteressen gegenüber den betrieblichen, betriebstechnischen oder wirtschaftlichen Interessen des Arbeitgebers geboten (*BAG* 25.11.1982 EzA § 1 KSchG Krankheit Nr. 10; 10.12.1956 AP § 1 KSchG Nr. 21; 20.10.1954 AP § 1 KSchG Nr. 6). 288

Bei der Interessenabwägung ist iE zu prüfen, ob der Arbeitgeber die aufgrund des personenbedingten Kündigungsgrundes eingetretenen **Störungen des Arbeitsverhältnisses billigerweise noch hinnehmen muss** oder ob die Kündigung bei verständiger Würdigung in Abwägung der Interessen der Vertragsparteien und des Betriebs als billigenswert und angemessen erscheint (*BAG* 23.1.1958 AP § 1 KSchG Nr. 50; 12.7.2007 EzA § 84 SGB IX Nr. 3, zu B II 2a; 8.11.2007 EzA § 1 KSchG Krankheit Nr. 54, zu B I 1; LKB-*Krause* Rn 277). 289

Hierbei sind **auf Seiten des Arbeitnehmers zu seinen Gunsten** u.a. zu berücksichtigen die Dauer seiner Betriebszugehörigkeit, ein höheres Lebensalter, der ungestörte Ablauf des Arbeitsverhältnisses, seine Chancen auf dem Arbeitsmarkt, der Umfang seiner Unterhaltsverpflichtungen, zu denen auch Unterhaltspflichten aus einer eingetragenen Lebenspartnerschaft gehören (*BAG* 8.11.2007 EzA § 1 KSchG Krankheit Nr. 54, zu B I 1; *Kleinebrink* ArbRB 2003, 21), sowie besondere soziale Schutzbedürftigkeit, zB Krankheit oder Schwerbehinderung (*BAG* 20.1.2000 EzA § 1 KSchG Krankheit Nr. 47; 8.11.2007 EzA § 1 KSchG Krankheit Nr. 54, zu B I 1; *Lingemann* BB 2000, 1835). Von besonderer Bedeutung ist, ob der Kündigungsgrund in der Person des Arbeitnehmers ursächlich mit der Dauer der Beschäftigung (zB Nachlassen der Leistungsfähigkeit nach jahrelanger schwerer körperlicher Arbeit im Betrieb) oder der Art der zu erbringenden Arbeitsleistung (zB besonders gesundheitsschädigende Arbeit) zusammenhängt oder auf betriebliche Verhältnisse (zB Staubluft) zurückzuführen ist, was bejahendenfalls zugunsten des Arbeitnehmers zu bewerten ist (*BAG* 5.7.1990 EzA § 1 KSchG Krankheit Nr. 32). **Zu Ungunsten des Arbeitnehmers** ist zu berücksichtigen, wenn er den Grund in seiner Person schuldhaft herbeigeführt hat, zB wenn einem Berufskraftfahrer infolge einer privaten Trunkenheitsfahrt der Führerschein entzogen wurde. Auch kann ein ggf. zu erwartender langer Überbrückungszeitraum aufgrund eines verhältnismäßig jungen Alters gegen den Arbeitnehmer sprechen (*BAG* 17.6.1999 EzA § 1 KSchG Wiedereinstellungsanspruch Nr. 4, zu II 2b dd). 290

Auf Seiten des Arbeitgebers ist zu berücksichtigen, ob er der Beeinträchtigung seiner betrieblichen oder wirtschaftlichen Interessen mit anderen angemessenen Maßnahmen begegnen kann. Hierbei ist auch zu prüfen, ob der Arbeitnehmer **die erforderliche Eignung** und Fähigkeit **in absehbarer Zeit (wieder-) erlangen** kann (*BAG* 5.8.1976 AP Nr. 1 zu § 1 KSchG 1969 Krankheit). Bei einer **dauernden Unfähigkeit des Arbeitnehmers**, die geschuldete Arbeitsleistung zu erbringen (s. Rdn 403 ff.), ohne dass eine ggf. durch Änderungskündigung anzubietende Beschäftigungsalternative vorhanden ist, ist die Kündigung im Allgemeinen sozial gerechtfertigt, wenn nicht eine besondere Ausnahmesituation vorliegt (*BAG* 21.2.1985 RzK I 5g Nr. 10; 3.12.1998 EzA § 1 KSchG Krankheit Nr. 45, zu II 1; 19.4.2007 EzA § 1 KSchG Krankheit Nr. 53, zu B I 1, 2b aa, II 3), die den Arbeitgeber zur Schaffung eines leidensgerechten Arbeitsplatzes verpflichtet, zB wenn er den Kündigungsgrund zu vertreten hat. Bei einer **bloßen Minderung der Leistungsfähigkeit oder bei absehbarer Behebung des personenbedingten Mangels** (s. Rdn 407) ist insbes. zu prüfen, ob der Arbeitgeber die betrieblichen Störungen ggf. durch Umorganisation (*LAG Nds.* 18.10.1995 LAGE 291

§ 1 KSchG Personenbedingte Kündigung Nr. 13), Einstellung einer Aushilfskraft oder sonstige Überbrückungsmaßnahmen beheben kann. Schließlich ist der **Umfang der wirtschaftlichen Belastung** des Arbeitgebers durch die personenbedingte Störung des Arbeitsverhältnisses, etwa durch trotz einer Arbeitsunfähigkeit fortlaufende Vergütungsansprüche des Arbeitnehmers, ein wesentlicher Abwägungsfaktor (*BAG* 8.11.2007 EzA § 1 KSchG Krankheit Nr. 54, zu B I 2b bb; LKB-*Krause* Rn 381).

292 Dem Arbeitnehmer entgegenkommende Angebote des Arbeitgebers im Rahmen von **Vergleichsverhandlungen** können nicht ohne weiteres zu dessen Lasten berücksichtigt werden; sie haben nur begrenzte Aussagekraft über die Zumutbarkeit etwa einer befristeten Weiterbeschäftigung (zur außerordentlichen Kündigung vgl. *BAG* 17.3.2005 EzA § 15 KSchG Nr. 58, zu II 4b).

293 Bei der Interessenabwägung steht den Tatsacheninstanzen ein in der Revisionsinstanz nur beschränkt nachprüfbarer **Beurteilungsspielraum** zu (s. Rdn 210).

5. Darlegungs- und Beweislast

294 Der **Arbeitgeber** trägt die Darlegungs- und Beweislast für die Kündigungsgründe (§ 1 Abs. 2 S. 4 KSchG). Er hat im Einzelnen die Tatsachen darzulegen und ggf. zu beweisen, aus denen die fehlende Eignung bzw. Fähigkeit des Arbeitnehmers zur Erbringung einer ordnungsgemäßen Arbeitsleistung folgt. Die pauschale Begründung, ein Mitarbeiter sei fachlich ungeeignet, reicht nicht aus (*LAG RhPf.* 30.7.2001 EzA-SD 2001, Heft 16, S. 8). Allerdings ist es nicht immer möglich, aus den vom Arbeitgeber dargelegten oder bewiesenen Tatsachen auf eine auch künftig fehlende oder beeinträchtigte Eignung oder Fähigkeit des Arbeitnehmers zu schließen; insoweit kann die Einholung eines **Sachverständigengutachtens** erforderlich sein. Zur Darlegungs- und Beweislast für das Fehlen eines freien Arbeitsplatzes s. Rdn 278.

6. Einzelne Gründe in der Person des Arbeitnehmers

295 Auch wenn die soziale Rechtfertigung einer personenbedingten Kündigung stets nach den dargestellten Kriterien (s. Rdn 286 ff.) zu beurteilen ist, sind diese wegen der jeweiligen Besonderheiten bei den einzelnen Fallgruppen von unterschiedlichem Gewicht. Dies soll an folgenden Tatbeständen aufgezeigt werden:
  a) AIDS (Rdn 296–299)
  b) Alkohol- und Drogensucht (Rdn 300–304)
  c) Alter (Rdn 305)
  d) Arbeitsgenehmigung (Rdn 306, 307)
  e) Berufsausübungserlaubnis (Rdn 308–310)
  f) Berufskrankheit (Rdn 311)
  g) Betriebsgeheimnis (Rdn 312)
  h) Betriebsunfall (Rdn 313)
  i) Druckkündigung (Rdn 314)
  j) Eheschließung, Ehescheidung (Rdn 315–318)
  k) Ehrenamt (Rdn 319)
  l) Eignung – fachliche und persönliche – (Rdn 320–328)
  m) Erwerbsminderung (Rdn 329)
  n) Familiäre Verpflichtungen (Rdn 330)
  o) Gewissensentscheidung (Rdn 331–334)
  p) Haft (Rdn 335, 336)
  q) Krankheit (Rdn 337–410)
  r) Kuraufenthalt (Rdn 411)
  s) Leistungsfähigkeit (Rdn 412–417)
  t) Straftaten (Rdn 418–421)
  u) Verdachtskündigung (Rdn 422 ff.)
  v) Wehrdienst (Rdn 425).

a) AIDS

AIDS kann wie jede andere Krankheit eine personenbedingte Kündigung wegen lang andauernder 296
Erkrankung oder häufiger Kurzerkrankungen rechtfertigen (LKB-*Krause* Rn 288; *Heilmann* BB
1989, 1416; *Hinrichs* AiB 1988, 8; *Klak* BB 1987, 1346 f.; *Lepke* RdA 2000, 89; *Richardi* NZA
1988, 79; zur krankheitsbedingten Kündigung s. Rdn 337 ff.).

Von AIDS zu unterscheiden ist die **Infektion mit dem HIV-Virus**, die dem Ausbruch der AIDS- 297
Erkrankung vorausgeht und noch nicht zu gesundheitlichen Beschwerden führt. Die Infektion als
solche beeinträchtigt damit nicht die Eignung des Arbeitnehmers für die Erfüllung seiner arbeitsvertraglichen Pflichten und ist kein Kündigungsgrund (*Berkowsky* NZA-RR 2001, 403). Verur-
sacht die Tätigkeit des Arbeitnehmers jedoch die Gefahr, dass Arbeitskollegen oder Dritte mit dem
HIV-Virus – etwa in Krankenhäusern – infiziert werden, liegt wegen der Gefährdung Dritter ein
Kündigungsgrund in der Person des Arbeitnehmers vor, der nach den dargestellten Grundsätzen
(s. Rdn 287 ff.) eine Kündigung sozial rechtfertigen kann, wenn ein gefährdungsfreier Einsatz des
Arbeitnehmers nicht möglich ist (LKB-*Krause* Rn 288; APS-*Vossen* Rn 224; ErfK-*Oetker* Rn 152;
Bader/Bram-*Kreutzberg-Kowalczyk* Rn 143; *Lepke* RdA 2000, 90 f.).

Nimmt der Arbeitgeber hingegen allein eine ihm bekannt gewordene HIV-Infektion des Arbeitneh- 298
mers zum Anlass, das Arbeitsverhältnis zu kündigen, liegt kein Grund für eine personenbedingte
Kündigung vor. Überdies ist die Kündigung gem. § 242 BGB **treuwidrig**, weil sie den Arbeitneh-
mer bewusst wegen eines Umstandes benachteiligt, der jedenfalls vorläufig zu keiner Beeinträch-
tigung des Arbeitsverhältnisses führt (APS-*Vossen* Rn 225; HaKo-KSchR/*Denecke* Rn 496; *Wank*
Anm. EzA § 138 BGB Nr. 23; aA LKB-*Krause* Rn 289; *Haesen* RdA 1988, 163; *Kramer* Anm. AP
Nr. 46 zu § 138 BGB; *Lepke* DB 1987, 1301; offen gelassen von *BAG* 16.2.1989 EzA § 138 BGB
Nr. 23). Nicht sitten- oder treuwidrig ist eine Kündigung dagegen, wenn der Arbeitnehmer in
Zusammenhang mit seiner HIV-Infektion Handlungen begeht, die das Arbeitsverhältnis konkret
negativ berühren (*BAG* 16.2.1989 EzA § 138 BGB Nr. 23).

Darüber hinaus kommt die Kündigung eines HIV-infizierten Arbeitnehmers in Extremfällen nach 299
den Voraussetzungen einer sog. **Druckkündigung** (s. Rdn 625) in Betracht, wenn die Belegschaft
von der Infektion erfährt und unter Androhung von dem Arbeitgeber nicht zumutbaren Nachteilen
die Kündigung verlangt, obwohl der Arbeitgeber die Belegschaft darüber aufgeklärt hat, dass eine
akute Ansteckungsgefahr nicht besteht, und er alles Zumutbare unternommen hat, um die Belegschaft von ihrer Drohung abzubringen (vgl. *ArbG Bln.* 16.6.1987 NZA 1987, 637; HK-*Dorndorf*
Rn 450; LKB-*Krause* Rn 290; HaKo-KSchR/*Denecke* Rn 498; *Lepke* DB 1987, 1299).

b) Alkohol- und Drogensucht

Befindet sich eine Alkoholabhängigkeit in einem Stadium, in dem sie medizinischen Krankheitswert 300
hat (vgl. *BAG* 9.4.1987 EzA § 1 KSchG Krankheit Nr. 18; 7.12.1972 EzA § 1 LohnFG Nr. 30;
BSG 18.6.1968 BSGE 28, 114; *Feichtinger* AR-Blattei SD 1000.1 Rn 44 ff. mwN; *Hagen/de Vivie*
ZTR 1988, 33; *Lepke* DB 1982, 173), gelten die **allgemeinen Grundsätze der krankheitsbedingten
Kündigung** (*BAG* 9.4.1987 EzA § 1 KSchG Krankheit Nr. 18; 13.12.1990 RzK I 5g Nr. 40; hierzu
s. Rdn 337 ff.). Im fortgeschrittenen Stadium der Alkoholabhängigkeit kann bei längerer Arbeitsunfähigkeit von einer lang anhaltenden Krankheit (s. Rdn 393 ff.) ausgegangen werden (*Lepke* DB
2001, 269, 273). Eine bestehende Alkoholabhängigkeit begründet bei fehlender Therapiebereitschaft des Arbeitnehmers eine negative Gesundheitsprognose (*BAG* 20.3.2014 EzA § 1 KSchG
Krankheit Nr. 58, Rn 15; 9.4.1987 EzA § 1 KSchG Krankheit Nr. 18) und kann eine Kündigung
rechtfertigen, sofern sie betriebliche Interessen erheblich beeinträchtigt (*BAG* 20.3.2014 EzA § 1
KSchG Krankheit Nr. 58; *LAG Hamm* 8.2.2005 AuR 2005, 343). Dabei kann die Alkoholerkrankung eines Arbeitnehmers bereits dann zu einer erheblichen Beeinträchtigung betrieblicher
Interessen führen, wenn die vertraglich geschuldete Tätigkeit mit einer nicht unerheblichen Gefahr
für den Arbeitnehmer selbst oder auch für Dritte verbunden ist (*BAG* 20.3.2014 EzA § 1 KSchG
Krankheit Nr. 58, Rn 25) oder wenn sie aus anderen Gründen zwingend die Abstinenz während

der Arbeitszeit verlangt (vgl. *BAG* 20.12.1012 EzA § 1 KSchG Personenbedingte Kündigung Nr. 31, Rn 29 f.: Therapeut in einer Suchtklinik). Die Kündigung kann dann auch unabhängig davon gerechtfertigt sein, ob erhebliche krankheitsbedingte Fehlzeiten des Arbeitnehmers aufgrund der Alkoholabhängigkeit zu erwarten sind (vgl. *BAG* 20.3.2014 EzA § 1 KSchG Krankheit Nr. 58; 20.12.1012 EzA § 1 KSchG Personenbedingte Kündigung Nr. 31, Rn 33 ff.).

301 Die Umstände, die zur Alkoholabhängigkeit geführt haben, sind im Rahmen der **Interessenabwägung** angemessen zu berücksichtigen. Es gibt keinen Erfahrungssatz, demgemäß eine chronische Alkoholkrankheit regelmäßig selbstverschuldet ist (*BAG* 1.6.1983 EzA § 1 LohnFG Nr. 69). Dies gilt entgegen der früheren Auffassung des *BAG* (7.12.1989 RzK I 7c Nr. 7; ebenso *LAG München* 13.12.2005 NZA-RR 2006, 350) auch bei einem Rückfall nach einer zunächst erfolgreichen Entwöhnungskur und längerer Abstinenz (*BAG* 18.3.2015 EzA § 3 EFZG Nr. 19, Rn 28; APS-*Vossen* Rn 230; *Hinrichs* AiB 1991, 278; *Fleck/Körkel* BB 1995, 723). Maßgebend ist die Beurteilung im Einzelfall. Ist ein Verschulden feststellbar, ist dies zu Lasten des Arbeitnehmers zu berücksichtigen (*Bengelsdorf* NZA-RR 2002, 63). Bei einem Rückfall nach einer Entziehungskur kommt es für die Frage der Gesundheitsprognose auch auf die Ursachen der erneuten Erkrankung an. Zum Verschulden bei Suchterkrankungen *BAG* 10.6.1969 EzA § 1 KSchG Nr. 13; *BVerwG* 22.10.1980 ZBR 1981, 354. Zum Verschulden bei Rückfällen *Hoß* MDR 1999, 912.

302 Der Arbeitgeber ist nach dem Grundsatz der Verhältnismäßigkeit verpflichtet, dem Arbeitnehmer zunächst die **Durchführung einer Entziehungskur zu ermöglichen** (*BAG* 17.6.1999 EzA § 1 KSchG Wiedereinstellungsanspruch Nr. 4, zu II 2b bb; *LAG Hamm* 19.9.1986 NZA 1987, 669; *LAG Frankf.* 26.6.1986 AuR 1987, 275; HK-*Dorndorf* Rn 444; *Lipke* DB 1978, 1544; *Schwan/Zöller* ZTR 1996, 63; krit. *Lepke* DB 2001, 277). Das gilt auch bei einem unverschuldeten Rückfall nach zunächst erfolgreicher Entziehungskur (weitergehend *LAG Hamm* 4.9.2001 LAGE § 1 KSchG Krankheit Nr. 35). Auf diese Obliegenheit kann sich der Arbeitnehmer dem Grundsatz von Treu und Glauben (§ 242 BGB) nach nicht berufen, wenn der Arbeitgeber keine Kenntnis von der Alkoholkrankheit hatte, weil der Arbeitnehmer sie auch in Krankengesprächen gegenüber dem Arbeitgeber verheimlichte (*BAG* 17.6.1999 EzA § 1 KSchG Wiedereinstellungsanspruch Nr. 4, zu II 2b bb). Hat der Arbeitgeber pflichtwidrig kein bEM nach § 167 Abs. 2 SGB IX durchgeführt, hat jedoch er darzulegen, dass auch ein solches keinen Erfolg gehabt hätte (vgl. Bader/Bram-*Kreutzberg-Kowalczyk* Rn 144d, 144e; offen gelassen *BAG* 20.3.2014 EzA § 1 KSchG Krankheit Nr. 58, Rn 32). Weigert sich der Arbeitnehmer, eine Entziehungskur durchzuführen, rechtfertigt dies eine **negative Gesundheitsprognose** (*BAG* 20.3.2014 EzA § 1 KSchG Krankheit Nr. 58, Rn 15; *BAG* 9.4.1987 EzA § 1 KSchG Krankheit Nr. 18). Eine nach Ausspruch der Kündigung durchgeführte Entziehungskur kann nicht zur Korrektur der Gesundheitsprognose herangezogen werden (*LAG SchlH* 24.7.2001 RzK I 5g Nr. 80; KPK-*Heise* § 1 Rn 297). Wegen fehlender Therapiebereitschaft kann auch eine verhaltensbedingte Kündigung in Betracht kommen (s. Rdn 456).

303 Der Genuss von Alkohol während der Arbeitszeit kann bei Nichtvorliegen einer Abhängigkeit i. S. einer Alkoholerkrankung ein **Kündigungsgrund im Verhalten** des Arbeitnehmers sein (dazu s. Rdn 456 ff.; weitergehend *Lepke* DB 2001, 275, der eine verhaltensbedingte Kündigung für möglich hält, wenn bei einem Alkoholkranken Einsichtsfähigkeit in die Vertragswidrigkeit seines noch steuerbaren Verhaltens bestehe). Die **Nichtoffenbarung einer Alkoholabhängigkeit** bei der Einstellung begründet nur dann einen Anfechtungs- oder Kündigungsgrund im Verhalten des Arbeitnehmers, wenn dieser wegen der Trunksucht nicht in der Lage ist, die arbeitsvertraglich geschuldete Arbeitsleistung ordnungsgemäß zu erbringen (*ArbG Kiel* 21.1.1982 BB 1982, 804), etwa bei einem Berufskraftfahrer. Allgemein zum Alkoholmissbrauch und dessen Auswirkung auf das Arbeitsverhältnis *Lipke* DB 1978, 1543; *Günther* BB 1981, 499.

304 Die Grundsätze über die krankheitsbedingte Kündigung (s. Rdn 337 ff.) finden auch auf eine **Drogensucht** des Arbeitnehmers Anwendung. Das Gleiche gilt für eine krankhafte **Spielsucht** (*ArbG Brem.* 21.7.1998 AiB NL 1999, Nr. 3, S. 13; vgl. dazu auch Bader/Bram-*Kreutzberg-Kowalczyk*

Rn 156a ff.). In der Anfangsphase kann darüber hinaus eine verhaltensbedingte Kündigung in Betracht kommen (*Lepke* DB 1982, 176).

c) Alter

Das Lebensalter eines Arbeitnehmers ist für sich **kein personenbedingter Kündigungsgrund** (*BAG* 28.9.1961 AP Nr. 1 zu § 1 KSchG Personenbedingte Kündigung; 6.7.1977 – 4 AZR 116/76, nv; LKB-*Krause* Rn 301; *Stahlhacke* DB 1989, 2329). Dies gebietet die bei der Auslegung von § 1 KSchG zu berücksichtigende Richtlinie 2000/78/EG (LSSW-*Schlünder* Rn 259; LKB-*Krause* Rn 303; DDZ-*Deinert* Rn 167; s. Rdn 27). Dasselbe gilt gem. § 41 S. 1 SGB VI für den Erwerb eines Anspruchs auf gesetzliche Altersrente und gem. § 8 Abs. 1 S. 1 ATG für die Möglichkeit der Inanspruchnahme von Altersteilzeit. Wirkt sich das Alter auf die Durchführung des Arbeitsverhältnisses – insbes. leistungsbedingt – nachteilig aus, kommt nach den allgemeinen Grundsätzen eine personenbedingte Kündigung in Betracht (zur Leistungsfähigkeit s. Rdn 412 ff.). Bei einer betriebsbedingten Kündigung ist das Lebensalter eines der sozialen Auswahlkriterien (s. Rdn 732, 733). Zur Möglichkeit der Bewahrung einer bestimmten Altersstruktur s. Rdn 690 ff. und zur individual- und kollektivvertraglichen Zulässigkeit von Altersgrenzen KR-*Lipke/Bubach* § 14 TzBfG Rdn 412 ff., § 21 TzBfG Rdn 43 f.

305

d) Arbeitsgenehmigung

Das Fehlen einer für die Beschäftigung eines ausländischen Arbeitnehmers erforderlichen **Arbeitserlaubnis**, dh eines Aufenthaltstitels zur Ausübung einer Beschäftigung iSv § 18 Abs. 2 AufenthG, und der Widerruf einer solchen gem. § 41 AufenthG führen nicht zur Nichtigkeit des Arbeitsverhältnisses. Sie können aber eine personenbedingte Kündigung rechtfertigen, wenn der Arbeitnehmer wegen des sich daraus ergebenden Beschäftigungsverbots nach § 4a Abs. 5 AufenthG dauerhaft nicht mehr zur Leistung der geschuldeten Arbeit in der Lage ist. Dadurch ausgelöste Betriebsablaufstörungen sind nicht zusätzlich erforderlich (*BAG* 7.2.1990 EzA § 1 KSchG Personenbedingte Kündigung Nr. 8, zu C I, II; *Eichenhofer* NZA 1987, 732; *Hanau* FS 25 Jahre BAG, S. 188; LKB-*Krause* Rn 305; LSSW-*Schlünder* Rn 263 ff.; eingehend zum Verwaltungsverfahren *Bünte/Knödler* NZA 2008, 743). Die durch die Kündigung ausgelöste Benachteiligung des Arbeitnehmers wegen seiner Herkunft wird gem. Art. 4 der Richtlinie 2000/43/EU durch wesentliche und entscheidende berufliche Voraussetzungen gerechtfertigt, so dass Art. 1, 2 Abs. 1 der Richtlinie nicht verletzt sind (vgl. HaKo-AGG/*Däubler* § 7 Rn 257). Ist über die (Wieder-)Erteilung einer Arbeitserlaubnis noch nicht rechtskräftig entschieden, kommt es darauf an, ob im Zeitpunkt des Zugangs der Kündigung bei objektiver Betrachtung in absehbarer Zeit mit der Erteilung der Erlaubnis nicht zu rechnen war und der Arbeitsplatz für den Arbeitnehmer ohne erhebliche betriebliche Beeinträchtigungen nicht offen gehalten werden konnte (*BAG* 7.2.1990 EzA § 1 KSchG Personenbedingte Kündigung Nr. 8, zu C II 2b, IV; in Leitsatz 2 wird der objektive Maßstab der Prüfung nicht hinreichend klar; LKB-*Krause* Rn 305). Eine außerordentliche Kündigung wegen Fehlens der Arbeitsgenehmigung ist idR unzulässig (*Engels* RdA 1976, 174).

306

Eine verhaltensbedingte ordentliche Kündigung kann in Betracht kommen, wenn sich der ausländische Arbeitnehmer nicht oder nicht rechtzeitig um die Erteilung bzw. Verlängerung der Arbeitsgenehmigung bemüht. Im Fall der irrtümlichen Annahme des Arbeitgebers, eine notwendige Arbeitsgenehmigung sei erloschen, kommt mangels Vorliegens einer objektiven Vertragsstörung eine verhaltensbedingte Kündigung jedoch ebenso wenig in Betracht (*BAG* 20.2.1986 RzK I 5h Nr. 2) wie bei einer Einstellung durch den Arbeitgeber in Kenntnis des Fehlens der Erlaubnis (LSSW-*Schlünder* Rn 266). Dagegen kann bei einer Täuschung des Arbeitgebers über deren Vorliegen neben einer Anfechtung des Arbeitsvertrags sogar eine außerordentliche Kündigung in Betracht kommen, insbes. wenn der Arbeitgeber dadurch der Gefahr eines gegen ihn gerichteten Ordnungswidrigkeitenverfahrens ausgesetzt wird (*LAG* Nbg. 27.7.1994 LAGE § 626 BGB Nr. 81, zu 2a; s.a. KR-*Fischermeier/Krumbiegel* § 626 BGB Rdn 452; HaKo-KSchR/*Denecke* Rn 513). Allg. zu Arbeitsverhältnissen mit ausländischen Arbeitnehmern s. Rdn 50 f.

307

e) Berufsausübungserlaubnis

308 Werden einem Arbeitnehmer die zu seiner Berufsausübung notwendigen **öffentlichrechtlichen Befugnisse** wirksam **entzogen** oder fehlen sie von vornherein, führt dies nicht zur Nichtigkeit des gleichwohl geschlossenen Arbeitsvertrags (*BAG* 11.7.1980 EzA § 134 BGB Nr. 11). Es kann jedoch ein in der Person des Arbeitnehmers liegender Grund für eine Beendigungs- oder Änderungskündigung gegeben sein, wenn mit der (Wieder-)Erteilung der Lizenz in absehbarer Zeit nicht zu rechnen ist und keine Möglichkeit zu einer anderweitigen Beschäftigung, unter Umständen auch zu schlechteren Arbeitsbedingungen, besteht (*BAG* 18.3.1981 AP Nr. 2 zu § 611 BGB Arbeitsleistung; 25.4.1996 EzA § 1 KSchG Personenbedingte Kündigung Nr. 14, zu B II 1, 2; 7.12.2000 EzA § 1 KSchG Personenbedingte Kündigung Nr. 15, zu II 2, 5). Für den Arbeitgeber besteht in derartigen Fällen ein **gesetzliches Beschäftigungsverbot**; er kommt daher nicht in Annahmeverzug (*BAG* 6.3.1974 AP Nr. 29 zu § 615 BGB). Dies gilt etwa für eine nach landesgesetzlichen Bestimmungen erforderliche **schulaufsichtliche Genehmigung** zur Einstellung eines Lehrers (*BAG* 11.12.1987 RzK I 5h Nr. 4).

309 Wird einem **U-Bahn-Zugfahrer** wegen Volltrunkenheit als Kraftfahrer außerhalb des Dienstes der Führerschein entzogen, verliert er damit nicht seine Fahrerlaubnis als U-Bahn-Zugfahrer, jedoch können uU Rückschlüsse auf seine Zuverlässigkeit für diese Tätigkeit gezogen werden, die ggf. zu einer personenbedingten Kündigung berechtigen (*BAG* 4.6.1997 EzA § 626 BGB nF Nr. 168). Wird einem als **Kraftfahrer** beschäftigten Arbeitnehmer wegen Trunkenheit am Steuer auf einer Privatfahrt die **Fahrerlaubnis** entzogen, kann dies eine personenbedingte Kündigung rechtfertigen (*BAG* 16.8.1990 RzK I 5h Nr. 18; 25.4.1996 EzA § 1 KSchG Personenbedingte Kündigung Nr. 14, zu B II 1; 5.6.2008 EzA § 1 KSchG Personenbedingte Kündigung Nr. 22, zu B I 2b). Das Gleiche gilt für Lkw-Beifahrer, wenn der Arbeitgeber nur Mitarbeiter mit Fahrerlaubnis als Beifahrer einsetzt. Diese organisatorische Unternehmerentscheidung ist von den Gerichten nicht auf ihre Zweckmäßigkeit überprüfbar (*BAG* 16.8.1990 RzK I 5h Nr. 18). Wird die **Fluglizenz** eines Verkehrsflugzeugführers ungültig, kann dies eine personenbedingte Kündigung rechtfertigen, wenn keine Aussicht besteht, dass der Pilot die Erneuerung seiner Fluglizenz in absehbarer Zeit erreichen kann. Soweit die zuständige Behörde eine Erneuerung der Lizenz ablehnt, ist die Rechtmäßigkeit dieser Entscheidung nicht von den mit dem Kündigungsschutzprozess befassten Arbeitsgerichten, sondern allein von der zuständigen Erlaubnisbehörde (bei Piloten etwa das Luftfahrtbundesamt) und ggf. von den Verwaltungsgerichten zu prüfen (*BAG* 7.12.2000 EzA § 1 KSchG Personenbedingte Kündigung Nr. 15, zu II 3).

310 Führt der Arbeitgeber selbst **betriebliche Eignungsprüfungen** durch, ist ein Scheitern des Arbeitnehmers nicht dem Verlust einer gesetzlich vorgeschriebenen Lizenz gleichzustellen. Andernfalls könnte der Arbeitgeber selbst die Gründe für die soziale Rechtfertigung einer Kündigung definieren (*BAG* 25.4.1996 EzA § 1 KSchG Personenbedingte Kündigung Nr. 14, zu B II 1a, 2; 5.6.2008 EzA § 1 KSchG Personenbedingte Kündigung Nr. 22, zu B I 2c, d). Vielmehr ist gerichtlich zu überprüfen, ob der Arbeitnehmer tatsächlich nicht mehr für die geschuldete Tätigkeit geeignet ist. Auch hier gilt eine abgestufte Darlegungs- und Beweislast (*BAG* 25.4.1996 EzA § 1 KSchG Personenbedingte Kündigung Nr. 14, zu B II 2). Dies gilt bei Unternehmen des öffentlichen Personenverkehrs gleichermaßen, da diese – sofern sie nicht mit hoheitlichen Kompetenzen beliehen sind – nicht über weitergehende Befugnisse als private Transportunternehmen verfügen (offen gelassen bei *BAG* 5.6.2008 EzA § 1 KSchG Personenbedingte Kündigung Nr. 22, zu B I 2e, das zumindest eine klar formulierte innerbetriebliche Rechtsgrundlage verlangt).

f) Berufskrankheit

311 Beruht eine Erkrankung ursächlich auf der vom Arbeitnehmer ausgeübten Beschäftigung, sind bei der Interessenabwägung besonders **strenge Maßstäbe** an die Prüfung der sozialen Rechtfertigung anzulegen (*BAG* 20.10.1954 AP § 1 KSchG Nr. 6; *LAG Köln* 8.7.1982 AuR 1983, 27). Dies gilt insbes., wenn der Arbeitgeber die Berufskrankheit schuldhaft (zB durch Unterlassen notwendiger Schutz- und Sicherheitsmaßnahmen) herbeigeführt hat. Im Übrigen ist zu unterscheiden, ob die

Berufskrankheit zu einer lang anhaltenden **Arbeitsunfähigkeit** (s. Rdn 393 ff.), zu häufigen **Kurzerkrankungen** (s. Rdn 349 ff.), zu einer **Leistungsminderung** (s. Rdn 407 ff.) oder zum **Fortfall** der **Eignung** (s. Rdn 320 ff.) führt.

g) Betriebsgeheimnis

Besteht aufgrund verwandtschaftlicher oder freundschaftlicher Beziehungen zu einem in einem Konkurrenzunternehmen tätigen Mitarbeiter die durch tatsächliche Anhaltspunkte begründete Gefahr des Verrats von Betriebs- oder Geschäftsgeheimnissen, kann dies bei **Arbeitnehmern in Vertrauenspositionen** ein personenbedingter Kündigungsgrund sein (*LAG Stuttg.* 19.12.1952 BB 1953, 236; *LAG BW* 31.10.1967 DB 1968, 359; *LAG Hmb.* 27.3.1969 BB 1970, 1096). Die Fundiertheit der Annahme einer solchen Gefahr bedarf einer strengen Prüfung (vgl. DDZ-*Deinert* Rn 178). Der Verrat von Betriebs- oder Geschäftsgeheimnissen an ein Konkurrenzunternehmen ist dagegen ggf. ein Kündigungsgrund im Verhalten des Arbeitnehmers (s. Rdn 536). 312

h) Betriebsunfall

Ebenso wie bei einer Berufskrankheit (s. Rdn 311) sind auch bei einer ordentlichen Kündigung, die wegen der Folgen eines Betriebsunfalls (zB langanhaltende Arbeitsunfähigkeit, häufige Kurzerkrankungen oder geminderte Leistungsfähigkeit) erklärt wird, **strenge Maßstäbe** an die **Interessenabwägung** zu stellen. Dies gilt ferner für die Prüfung anderweitiger Beschäftigungsmöglichkeiten (*BAG* 9.7.1964 DB 1964, 1523; *LAG Düsseld.* 4.9.1978 DB 1979, 607; 17.10.1972 DB 1973, 2307). Um eine anderweitige Beschäftigung des durch den Betriebsunfall behinderten Arbeitnehmers zu ermöglichen, muss der Arbeitgeber ggf. einen anderen Arbeitnehmer durch Ausübung seines Direktionsrechts versetzen (*BAG* 29.1.1997 EzA § 1 KSchG Krankheit Nr. 42; s. ferner Rdn 404). Ist ein behinderter Arbeitnehmer nur noch in der Lage, zeitlich verkürzt zu arbeiten, ist eine personenbedingte Beendigungskündigung nur sozial gerechtfertigt, wenn keine geeigneten Teilzeitarbeitsplätze zur Verfügung stehen und es dem Arbeitgeber aufgrund der betrieblichen Gegebenheiten nicht zuzumuten ist, einen entsprechenden Arbeitsplatz durch Umorganisation zur Verfügung zu stellen. Bei der Interessenabwägung ist auch zu berücksichtigen, ob der Betriebsunfall vom Arbeitgeber oder Arbeitnehmer zu vertreten ist (*Lepke* Rn 212; *Weller* ArbRdGgw 1982, 89). Bei schwerbehinderten Arbeitnehmern kommt eine Kündigung erst in Betracht, wenn die Möglichkeiten gem. § 164 Abs. 4 und Abs. 5 SGB IX ausgeschöpft sind. 313

i) Druckkündigung

Eine Kündigung kann als personenbedingte Kündigung gerechtfertigt sein, wenn auf den Arbeitgeber **wegen Fehlens der fachlichen oder persönlichen Eignung** des Arbeitnehmers Druck ausgeübt wird (*BAG* 31.1.1996 EzA § 626 BGB Druckkündigung Nr. 3). Dies setzt voraus, dass die Eignung auch objektiv fehlt (sog. unechte Druckkündigung). Die Druckausübung von dritter Seite ist in diesem Fall ein Aspekt im Rahmen der Interessenabwägung. Im Übrigen – zur sog. echten Druckkündigung – s. Rdn 512 f., 625 f. Zu den kündigungsrechtlichen Folgen des **Widerspruchs des Betriebsrats** gegen eine Einstellung Rdn 186–189. 314

j) Eheschließung, Ehescheidung

Die Verheiratung oder die Eingehung einer eingetragenen Lebenspartnerschaft (*Kleinebrink* ArbRB 2003, 22) ist bereits wegen der Wertentscheidung von Art. 6 GG allein weder ein Kündigungsgrund in der Person noch im Verhalten des Arbeitnehmers. Erst recht sind **Zölibatsklauseln** als Umgehung des allgemeinen Kündigungsschutzes und wegen Verstoßes gegen Art. 6 Abs. 1, Art. 1, 2 GG nichtig (*BAG* 10.5.1957 AP Art. 6 Abs. 1 GG Ehe und Familie Nr. 1). 315

Verstoßen die Ehe, die eingetragene Lebenspartnerschaft oder eine Scheidung eines von einem **kirchlichen Arbeitgeber** beschäftigten Arbeitnehmers gegen fundamentale Grundsätze der kirchlichen Glaubens- und Sittenlehre oder gegen Bestimmungen des Kirchenrechts, kann dies unter 316

Umständen eine ordentliche Kündigung aus personenbedingten oder auch verhaltensbedingten (s. Rdn 493) Gründen rechtfertigen. Voraussetzung ist indes, dass sich die Anforderungen an die private Lebensführung bzw. die sich darauf erstreckenden Loyalitätspflichten keine unzulässige Diskriminierung wegen der Konfession des Arbeitnehmers darstellen. Unterscheiden die kirchenrechtlichen Maßgaben diesbezüglich nach der Religion des Arbeitnehmers, muss dies aufgrund seiner Tätigkeit gerechtfertigt sein (*BAG* 20.2.2019 – 2 AZR 746/14, EzA § 611 BGB 2002 Kirchliche Arbeitnehmer Nr 32d; *EuGH* 11.9.2018 – C-68/17, EzA § 611 BGB 2002 Kirchliche Arbeitnehmer Nr. 32c; näher KR-*Fischermeier/Krumbiegel* § 626 BGB Rdn 131). Das **Unionsrecht** geht insoweit dem nationalen Verfassungsrecht (dazu *BVerfG* 22.10.2014 – 2 BvR 661/12, EzA § 611 BGB 2002 Kirchliche Arbeitnehmer Nr. 32) vor.

317 Der Umstand, dass ein **Ehegatte ebenfalls erwerbstätig** ist, ist kein Grund für eine personenbedingte Kündigung, da er keine Vertragsstörung auslöst.

318 Die **Ehescheidung** eines Arbeitnehmers ist kein Kündigungsgrund. Bestand zwischen Ehepartnern ein Arbeitsverhältnis, löst die Zerrüttung oder Scheidung der Ehe weder eine automatische Auflösung des Arbeitsverhältnisses noch einen Kündigungsgrund aus. Die Auswirkungen einer Scheidung oder der Trennung einer andersartigen Partnerschaft können allerdings zu Kündigungsgründen in der Person- oder im Verhalten des Arbeitnehmers führen, wenn Spannungen aufgrund der Trennung erhebliche Störungen des Arbeitsverhältnisses zur Folge haben (*BAG* 9.2.1995 EzA § 1 KSchG Personenbedingte Kündigung Nr. 12, zu II 6a; *LAG Köln* 28.11.2002 LAGE § 1 KSchG Personenbedingte Kündigung Nr. 18; *Schulz* NZA 2010, 75, 76; nach *ArbG Passau* 14.9.1995 BB 1996, 115 genügt es bei einem Arbeitnehmer in leitender Funktion, dass das Vertrauensverhältnis aufgrund der Ehescheidung gestört ist).

k) Ehrenamt

319 Die Übernahme eines **politischen Mandats** ist weder ein Kündigungsgrund in der Person noch im Verhalten des Arbeitnehmers. Auch das Fernbleiben eines politischen Mandatsträgers von der Arbeit zwecks Teilnahme an Sitzungen von politischen Gremien kann, wenn keine erhebliche Schädigung des Betriebs damit verbunden ist, jedenfalls keine fristlose Kündigung rechtfertigen (*LAG Düsseld.* 7.1.1966 BB 1966, 288). Für bestimmte politische Mandatsträger gilt darüber hinaus ein besonderer Kündigungsschutz (s. hierzu KR-*Weigand* ParlKSch Rdn 11 ff.). Die Wahrnehmung ehrenamtlicher Funktionen **in Vereinigungen mit karitativer, künstlerischer, religiöser oder sportlicher Zielsetzung und in Gewerkschaften** ist ebenfalls für sich kein Grund zur Kündigung, sondern unterliegt dem besonderen Schutz durch Art. 9 Abs. 1, 3 GG. Eine Kündigung aus einem derartigen Anlass wird häufig bereits als nach § 612a BGB unzulässige Maßregelung nichtig sein (vgl. KR-*Treber/Schlünder* § 612a BGB Rdn 21; ErfK-*Oetker* Rn 161; HaKo-ArbR/*Roos/Bufalica* Rn 148). Nur wenn durch ein solches außerdienstliches Verhalten das Arbeitsverhältnis konkret und erheblich gestört wird, kann eine Kündigung sozial gerechtfertigt sein (APS-*Vossen* Rn 240; HaKo-KSchR/*Denecke* Rn 536). Dies kommt insbesondere bei Tendenzträgern in Betracht (s. Rdn 80 ff.).

l) Eignung – fachliche und persönliche

320 Fehlende körperliche und/oder geistige Eignung für die Ausübung der vertraglich geschuldeten Arbeitsleistung ist grds. ein Kündigungsgrund in der Person des Arbeitnehmers (LKB-*Krause* Rn 321; DDZ-*Deinert* Rn 186). Die fehlende Eignung kann auf einer mangelnden **fachlichen Qualifikation** beruhen, zB auf unzureichenden Kenntnissen und Fertigkeiten für die vertraglich geschuldete Tätigkeit (vgl. *BAG* 19.4.2012 AP § 1 KSchG 1969 Personenbedingte Kündigung Nr. 34, Rn 34), dem Nichtbestehen erforderlicher Prüfungen, dem Fehlen der erforderlichen beruflichen Qualifikationsnachweise (*BAG* 15.8.1984 EzA § 1 KSchG Nr. 40) oder gestiegenen Anforderungen infolge einer sachlich nachvollziehbaren Änderung des Anforderungsprofils des Arbeitsplatzes (*Hunold* NZA 2000, 802; *Wisskirchen/Bissels/Schmidt* NZA 2008, 1386). In Betracht kommt grundsätzlich auch, dass einem Arbeitnehmer, der notwendigerweise sehr eng mit

besonders vulnerablen Personen arbeiten muss, die Eignung für die geschuldete Tätigkeit fehlt, wenn er sich weigert, sich gegen eine Infektion mit dem **Corona**-Virus impfen zu lassen (vgl. *Stück* ArbR 2021, 70, 73). Solange es keine öffentlichrechtliche Pflicht zum Impfnachweis für bestimmte Beschäftigtengruppen gibt, wird man dies allerdings nur dann annehmen können, wenn die wissenschaftlichen Erkenntnisse die Prognose erlauben, dass durch eine **Impfung** das Risiko, das Virus weiterzuverbreiten, signifikant gesenkt wird. Auch eine **persönliche Ungeeignetheit** etwa aus gesundheitlichen oder charakterlichen Gründen kommt als Kündigungsgrund in der Person des Arbeitnehmers in Betracht (*BAG* 29.7.1976 EzA § 1 KSchG Nr. 34). So können etwa außerdienstlich begangene Straftaten einen Eignungsmangel für die auszuübende Tätigkeit begründen (*BAG* 10.4.2014 EzA § 1 KSchG Personenbedingte Kündigung Nr. 33, Rn 26; 20.6.2013 EzA § 1 KSchG Verhaltensbedingte Kündigung Nr. 82, Rn 14). Ob daraus ein in der Person liegender Kündigungsgrund folgt, hängt von der Art des Delikts, den konkreten Arbeitspflichten des Arbeitnehmers und seiner Stellung im Betrieb ab. So können außerdienstlich begangene Straftaten eines im öffentlichen Dienst mit hoheitlichen Aufgaben betrauten Arbeitnehmers auch dann zu einem Eignungsmangel führen, wenn es an einem unmittelbaren Bezug zum Arbeitsverhältnis fehlt (*BAG* 10.4.2014 EzA § 1 KSchG Personenbedingte Kündigung Nr. 33, Rn 26; 20.6.2013 EzA § 1 KSchG Verhaltensbedingte Kündigung Nr. 82, Rn 14). Die Rspr. hat für die einzelnen Fallgruppen spezifische Prüfungsmaßstäbe entwickelt. Zum Fehlen für die Berufsausübung erforderlicher Lizenzen s. Rdn 308 f., zur Kündigung wegen mangelnder Leistungsfähigkeit s. Rdn 412 ff., zur Kündigung wegen krankheitsbedingter Leistungsunfähigkeit Rdn 337 ff., zur Kündigung wegen Alkohol- und Drogenmissbrauchs Rdn 300 ff., 456 ff. und zur Kündigung wegen außerdienstlich begangener Straftaten Rdn 418 ff.

Nach der Rspr. des BAG kann ein in einer Vertrauensstellung beschäftigter Arbeitnehmer persönlich ungeeignet sein, weil er sich ohne Not hoch verschuldet hat, dies in relativ kurzer Zeit zu häufigen Lohnpfändungen führte und er nach Art und Höhe der **Schulden** voraussichtlich noch längere Zeit in ungeordneten wirtschaftlichen Verhältnissen leben wird (*BAG* 15.10.1992 EzA KSchG § 1 Verhaltensbedingte Kündigung Nr. 45, zu III 1a; ebenso APS-*Vossen* Rn 334). Diese Rspr. darf indes nicht zu unfundierten Vorverurteilungen führen. Erforderlich sind zumindest konkrete Anhaltspunkte für den Verdacht, der Arbeitnehmer werde sich deshalb künftig pflichtwidrig verhalten. Häufige Lohnpfändungen können uU auch eine verhaltensbedingte Kündigung rechtfertigen (s. Rdn 498 f.), ebenso einschlägige **Vorstrafen** (s. Rdn 418 f., 550 f.). Nicht einschlägige Vorstrafen und Verurteilungen, die nicht in das polizeiliche Führungszeugnis aufzunehmen sind, rechtfertigen dagegen eine Kündigung wegen mangelnder persönlicher Eignung grundsätzlich nicht (*LAG Bln.* 22.3.1996 DB 1997, 101). Besondere **sexuelle Neigungen** (zB Betreiben eines Swingerclubs, sadomasochistische Sexualpraktiken) allein beeinträchtigen die persönliche Eignung eines Arbeitnehmers ebenfalls nicht (*LAG Hamm* 19.1.2001 EzA-SD 2001, 16, S. 8; *ArbG Bln.* 7.7.1999 ZTR 2000, 185). Ebenso ist **Transsexualität** kein Kündigungsgrund (*EuGH* 30.4.1996 NJW 1996, 2421; *Berkowsky* NZA-RR 2001, 458). Die persönliche Ungeeignetheit eines Arbeitnehmers kann sich dagegen aus der Gefahr ergeben, dass er als Mitglied der **Scientology**-Organisation Personen, die er als Arbeitnehmer psychologisch zu betreuen hat, mit den Ideen von Scientology beeinflusst (*LAG Bln.* 11.6.1997 LAGE § 626 BGB Nr. 112).

Ist der Eignungsmangel nicht behebbar, bedarf es vor der Kündigung **keiner Abmahnung** (*BAG* 18.1.1980 EzA § 1 KSchG Verhaltensbedingte Kündigung Nr. 7; 31.10.1984 EzA § 1 KSchG Tendenzbetrieb Nr. 16; HK-*Dorndorf* Rn 371a; *Leuchten/Zimmer* BB 1999, 1975; s. Rdn 284, 285). Kann der Arbeitnehmer den Mangel dagegen beheben, wovon im Zweifel auszugehen ist, handelt es sich um eine Vertragsstörung, die ihre Ursache im Verhalten des Arbeitnehmers hat, mit der Konsequenz, dass nach den allgemeinen Grundsätzen (s. Rdn 435; KR-*Fischermeier/Krumbiegel* § 626 BGB Rdn 267–295) eine Abmahnungsobliegenheit des Arbeitgebers bestehen kann (HaKo-KSchR/*Denecke* Rn 538).

In **Tendenzbetrieben** können **tendenzbezogene Leistungsmängel**, dh wenn die von einem Tendenzträger erbrachte Arbeitsleistung dem Tendenzzweck zuwiderläuft, eine mangelnde Eignung des

Tendenzträgers begründen. Zur sozialen Rechtfertigung einer gegenüber einem dem Kommunistischen Bund Westdeutschlands angehörenden **DGB-Rechtsschutzsekretär** erklärten ordentlichen Kündigung *BAG* 6.12.1979 EzA § 1 KSchG Tendenzbetrieb Nr. 5.

324 Im **öffentlichen Dienst** kann sich ein – nicht behebbarer – Eignungsmangel aus begründeten Zweifeln an der Verfassungstreue des Arbeitnehmers ergeben. (*BAG* 6.9.2012 EzA § 1 Personenbedingte Kündigung Nr. 30, Rn 19; 12.5.2011 EzA § 123 BGB 2002 Nr. 10, Rn 23). **Begründete Zweifel an der Verfassungstreue** sind allerdings idR nicht schon dann anzunehmen, wenn ein Arbeitnehmer des öffentlichen Dienstes Anhänger einer verfassungsfeindlichen Partei oder einer sonstigen verfassungsfeindlichen Organisation ist (*BAG* 6.9.2012 EzA § 1 Personenbedingte Kündigung Nr. 30, Rn 20). Sie können sich aber dann ergeben, wenn der Arbeitnehmer eigene Aktivitäten entfaltet, die in ihren konkreten Auswirkungen darauf gerichtet sind, verfassungsfeindliche Ziele der Organisation zu fördern oder zu verwirklichen (*BAG* 12.5.2011 EzA § 123 BGB 2002 Nr. 10, Rn 62).

325 **Sonstige politische Aktivitäten** in Gegenwart und Vergangenheit beeinträchtigen die persönliche Eignung eines Arbeitnehmers, wenn sie Zweifel an der Einstellung des Arbeitnehmers zum demokratischen Rechtsstaat erwecken, die ihm übertragene Arbeitsaufgabe es aber erfordert, dass er dessen Werte glaubwürdig vertritt. Dies trifft etwa für **Lehrer** zu, da sie den Schülern die Grundlagen des demokratischen Rechtsstaates nahe zu bringen haben. Innere Vorbehalte dagegen schwächen ihre Überzeugungskraft als Vorbild und beeinträchtigen ihre Eignung für den Lehrerberuf (*BVerfG* 8.7.1997 EzA Art. 20 EinigungsV Nr. 58). Die wesentliche Erkenntnisquelle für die innere Einstellung eines Arbeitnehmers sind sein Verhalten und seine Einstellung in der Vergangenheit, wozu zB auch eine herausgehobene parteipolitische Betätigung für die SED in der DDR gehören kann. Entscheidend ist die **Prognose** im Zeitpunkt der Kündigung, die aufgrund einer konkreten und einzelfallbezogenen Würdigung der gesamten Persönlichkeit des Lehrers darauf abzustellen hat, ob sich etwa eine frühere innere Einstellung des Lehrers gegen die Grundwerte eines demokratischen Rechtsstaates gewandelt hat. Für diese Würdigung ist bei einem Lehrer in der DDR sein Verhalten nach der Wende von besonderer Bedeutung (*BVerfG* 8.7.1997 EzA Art. 20 EinigungsV Nr. 58; *Preis/Stoffels* RdA 1996, 221).

326 Frühere **Tätigkeiten** eines Arbeitnehmers des öffentlichen Dienstes **für das Ministerium für Staatssicherheit** der DDR, die nach Kap. XIX Sachgebiet A Abschn. III Nr. 1 Abs. 5 Nr. 2 der Anl. I zum EV eine außerordentliche Kündigung rechtfertigen, werden idR auch eine ordentliche Kündigung wegen persönlicher Ungeeignetheit sozial rechtfertigen. Im Rahmen von § 1 KSchG ist aber das **Prognoseprinzip** zu beachten, dh eine zukunftsbezogene Betrachtung erforderlich (*BAG* 27.3.2003 RzK I 5h Nr. 67). Deshalb ist es nicht ausgeschlossen, dass im Einzelfall eine nach Abs. 5 Nr. 2 EV berechtigte Kündigung iSv § 1 Abs. 2 KSchG nicht sozial gerechtfertigt ist, weil das Verhalten des Arbeitnehmers nach der Wende Zweifel an seiner persönlichen Eignung ausgeräumt hat (*BAG* 13.3.1997 RzK I 5h Nr. 39). Zur außerordentlichen Kündigung im öffentlichen Dienst der neuen Bundesländer s. KR-*Fischermeier/Krumbiegel* § 626 BGB Rdn 494 ff.

327 Die persönliche Eignung eines Arbeitnehmers des öffentlichen Dienstes ist nach der Rspr. des BAG auch beeinträchtigt, wenn er **zulässigerweise gestellte Fragen** zur Überprüfung seiner Eignungsvoraussetzungen **vorsätzlich falsch beantwortet**, da dies Zweifel erwecke, ob sich der Arbeitnehmer künftig loyal gegenüber seinem Arbeitgeber verhalten wird (*BAG* 13.9.1995 EzA Art. 20 EinigungsV Nr. 46). Bei Arbeitnehmern, die aus dem öffentlichen Dienst der DDR übernommen wurden, ist der Arbeitgeber berechtigt, nach einer früheren Tätigkeit für das Ministerium für Staatssicherheit (MfS) und nach früheren Parteifunktionen zu fragen, weil die Wahrnehmung solcher Funktionen Zweifel an der Eignung begründen und Anlass zur näheren Prüfung geben kann (*BVerfG* 8.7.1997 EzA Art. 20 EinigungsV Nr. 57; *VerfGH Bln.* 17.12.1997 JR 1999, 317; *BAG* 9.7.1998 RzK I 5h Nr. 43). Auch nach der Abgabe einer Verpflichtungserklärung zur Zusammenarbeit mit dem Ministerium für Staatssicherheit kann der Arbeitgeber fragen (*BAG* 13.6.1996 EzA § 1 KSchG Verhaltensbedingte Kündigung Nr. 48). Nach Betätigungen, die vor dem Jahre 1970 abgeschlossen waren, darf nach Auffassung des Bundesverfassungsgerichts jedoch nicht gefragt werden, weil sie keine oder nur äußerst geringe Bedeutung für den Fortbestand des Arbeitsverhältnisses

haben können (*BVerfG 8.7.1997* EzA Art. 20 EinigungsV Nr. 57; 4.8.1998 NZA 1998, 1329). Die vorsätzliche Falschbeantwortung einer zulässigerweise gestellten Frage rechtfertigt idR eine Kündigung wegen fehlender persönlicher Eignung (*BAG* 9.7.1998 RzK I 5h Nr. 43: Falschbeantwortung der Frage nach einer Spitzeltätigkeit für das MfS, die bis in das Jahr 1974 hineinreichte; 26.8.1993 EzA Art. 20 EinigungsV Nr. 24: wahrheitswidrige Versicherung, keine Verpflichtungserklärung gegenüber dem Ministerium für Staatssicherheit abgegeben zu haben), selbst wenn die MfS-Verstrickung als solche eine Kündigung nicht sozial rechtfertigen kann (*BAG* 18.10.2000 RzK I 5h Nr. 56). **Besondere Umstände des Einzelfalles** können aber eine andere Beurteilung rechtfertigen, zB ein entschuldbarer Verbotsirrtum (*BAG* 13.3.1997 – 2 AZR 506/96, nv), die untergeordnete Stellung des Arbeitnehmers oder wenn die Tätigkeit für die Stasi sehr lange zurückliegt oder nicht schwerwiegend war (*BAG* 4.12.1997 EzA § 1 KSchG Verhaltensbedingte Kündigung Nr. 53; 1.7.1999 RzK I 5h Nr. 50: Zurverfügungstellung einer konspirativen Wohnung im Jahre 1989; 16.9.1999 RzK I 5i Nr. 157: Jugendliches Alter – 18 Jahre – im Zeitpunkt der Stasi-Tätigkeit; vgl. auch *BVerfG 21.7.1999* NZA 1999, 1095). Die **Nichtbeantwortung** einer zulässigerweise gestellten Frage steht einer Falschbeantwortung nicht gleich (*BAG* 10.10.1996 – 2 AZR 552/95, nv). Falsch- oder Nichtbeantwortung zulässigerweise gestellter Fragen können uU auch eine verhaltensbedingte Kündigung rechtfertigen. Die **fehlende Zustimmung des Personalrats** zu einem Personalfragebogen gibt dem Arbeitnehmer nicht das Recht, eine individualrechtlich zulässigerweise gestellte Frage wahrheitswidrig zu beantworten (*BAG* 2.12.1999 EzA § 94 BetrVG 1972 Nr. 4).

Im militärischen und polizeilichen Bereich können auch **Sicherheitsbedenken** die persönliche Ungeeignetheit eines Arbeitnehmers begründen. Hierzu bedarf es seitens des öffentlichen Arbeitgebers der Darlegung entsprechender Umstände unter Anführung greifbarer Tatsachen, die den Sicherheitsbereich konkret beeinträchtigen (*BAG* 20.7.1989 EzA § 2 KSchG Nr. 11; 28.2.1963 und 27.9.1960 AP § 1 KSchG Sicherheitsbedenken Nr. 3 und 1), wozu auch die finanzielle Belastung durch auf längere Zeit zu tilgende Verbindlichkeiten, die teilweise auf Verurteilungen wegen eines Vermögensdeliktes zurückgehen, gehören kann (*LAG Köln* 9.5.1996 ZTR 1997, 188). Die bloße Erklärung einer Dienststelle, dass Sicherheitsbedenken bestünden, genügt nicht (*BAG* 21.3.1996 RzK I 5h Nr. 30). 328

m) Erwerbsminderung

Voll erwerbsgemindert ist, wer wegen Krankheit oder Behinderung auf nicht absehbare Zeit außerstande ist, unter den üblichen Bedingungen des allgemeinen Arbeitsmarktes mindestens drei Stunden täglich erwerbstätig zu sein oder wer als Behinderter wegen Art oder Schwere der Behinderung nicht auf dem allgemeinen Arbeitsmarkt tätig sein kann (§ 43 Abs. 2 S. 2 und 3 SGB VI). Aus dieser Regelung folgt, dass selbst volle Erwerbsminderung **nicht automatisch Arbeitsunfähigkeit** bedeutet (*BAG* 13.5.2015 NZA 2015, 1249, Rn 21). Volle oder teilweise Erwerbsminderung setzt insbes. nicht voraus, dass der Arbeitnehmer eine bisher vertraglich geschuldete Tätigkeit nicht mehr ausüben kann (*BAG* 14.5.1986 EzA § 7 BUrlG Nr. 45). Auf Erwerbsminderung des Arbeitnehmers allein kann eine personenbedingte Kündigung daher nicht gestützt werden. Vielmehr kommt bei voller oder teilweiser Erwerbsminderung nur eine Kündigung nach den Grundsätzen der krankheitsbedingten Kündigung (s. Rdn 337 ff.), wegen Leistungsminderung (s. Rdn 407 ff.) oder wegen der dauernden Unfähigkeit, die vertraglich geschuldete Arbeitsleistung zu erbringen (s. Rdn 403 ff.), in Betracht. 329

n) Familiäre Verpflichtungen

Ebenso wie der Familienstand (zu Eheschließung und Ehescheidung s. Rdn 315 ff.) nicht als Kündigungsgrund in der Person oder in dem Verhalten des Arbeitnehmers geeignet ist, bilden auch familiäre Verpflichtungen für sich allein keinen Kündigungsgrund. Nur wenn aufgrund der familiären Verpflichtungen das **Arbeitsverhältnis konkret beeinträchtigt wird**, etwa durch Schlechtleistungen oder ständige Verspätungen, kann darauf eine verhaltensbedingte Kündigung gestützt werden (s. Rdn 477 ff., 487 f.). Eine konkrete Beeinträchtigung liegt weiter dann vor, wenn der 330

Arbeitnehmer aufgrund der familiären Verpflichtungen nicht mehr dazu in der Lage ist, die für ihn geltende Arbeitszeit einzuhalten.

o) Gewissensentscheidung und Glaubenskonflikt

331 Weigert sich ein Arbeitnehmer aus Gewissensgründen oder einem ernsthaften Glaubenskonflikt, eine ihm zugewiesene und nach dem Arbeitsvertrag und den betrieblichen Verhältnissen nicht zu erwartende Arbeit auszuführen, muss der Arbeitgeber diesen **Glaubens-/Gewissenskonflikt berücksichtigen**; es kann dann billigem Ermessen (§ 106 S. 1 GewO) widersprechen, dem Arbeitnehmer solche Arbeiten zuzuweisen (*BAG* 24.2.2011 EzA § 1 KSchG Personenbedingte Kündigung Nr. 28, Rn 22). Kann der Arbeitnehmer aufgrund seiner Gewissensentscheidung oder des Glaubenskonflikts jedoch generell nicht mehr vertragsgemäß beschäftigt werden, kann dies eine personenbedingte Kündigung rechtfertigen, wenn eine andere Beschäftigungsmöglichkeit für den Arbeitnehmer nicht besteht (*BAG* 24.2.2011 EzA § 1 KSchG Personenbedingte Kündigung Nr. 28, Rn 41 f.; vgl. dazu auch *Greiner* Anm. zu AP § 4 GG Nr. 9; 24.5.1989 EzA § 611 BGB Direktionsrecht Nr. 3 = AP § 611 BGB Gewissensfreiheit Nr. 1 m. zust. Anm. *Kraft* = SAE 1991, 1 m. zust. Anm. *Bydlinski* = AuR 1990, 265 m. zust. Anm. *Mayer*; 22.5.2003 EzA § 242 BGB 2002 Kündigung Nr. 2, zu B II 5b dd, ee; ErfK-*Oetker* Rn 165; aA *Berger-Delhey* Anm. AP § 611 BGB Gewissensfreiheit Nr. 1). Gewissensentscheidungen sind regelmäßig Ausdruck einer religiösen oder weltanschaulichen Überzeugung und dürfen gem. Art. 1, 2 der Richtlinie 2000/78/EG nicht Anlass für eine Benachteiligung sein. Soweit der Arbeitnehmer aufgrund seiner Überzeugung aber wesentliche und entscheidende berufliche Anforderungen nicht erfüllen kann, begründen sie eine Vertragsstörung, die nach Art. 4 Abs. 1 der Richtlinie 2000/78/EG eine Schlechterstellung rechtfertigt. Fehlen anderweitige Beschäftigungsmöglichkeiten, legitimiert die Unmöglichkeit der Erfüllung des Arbeitsvertrages dessen personenbedingte Beendigung (DDZ-*Deinert* Rn 202; Bader/Bram-*Kreutzberg-Kowalczyk* Rn 154). Auch Art. 9 EMRK schützt einen Arbeitnehmer nicht vor Nachteilen, wenn er der Arbeit fernbleibt, weil er einen religiösen Feiertag begeht (*EGMR* 13.4.2006 NZA 2006, 1401, Tz 38).

332 Das **Leistungsverweigerungsrecht** des Arbeitnehmers setzt voraus, dass er dem Arbeitgeber seinen Gewissenskonflikt offenbart. Er hat konkrete Tatsachen darzulegen, aus denen sich ergibt, dass ihm wegen einer aus einer spezifischen Sachlage folgenden Gewissensnot heraus nicht zuzumuten ist, die an sich vertraglich geschuldete Leistung zu erbringen. Die für den Arbeitnehmer bestehende Gewissensnot und die Ernsthaftigkeit seiner Entscheidung muss erkennbar sein (sog. **subjektiver Gewissenskonflikt**). Die Relevanz und Gewichtigkeit der Gewissensbildung unterliegt dann keiner weiteren gerichtlichen Kontrolle (*BAG* 24.2.2011 EzA § 1 KSchG Personenbedingte Kündigung Nr. 28, Rn 22, 36; 20.12.1984 EzA § 1 KSchG Verhaltensbedingte Kündigung Nr. 16 = AP Nr. 27 zu § 611 BGB Direktionsrecht m. krit. Anm. *Brox*; 24.5.1989 EzA § 611 BGB Direktionsrecht Nr. 3; 22.5.2003 EzA § 242 BGB 2002 Kündigung Nr. 2, zu B II 5a; HaKo-KSchR/*Denecke* Rn 542). Art. 9 EMRK verbietet es nicht, von einem Arbeitnehmer einen Nachweis für seine Überzeugung zu verlangen, der diese zum Anlass nimmt, seiner Arbeitspflicht nicht nachzukommen (*EGMR* 13.4.2006 NZA 2006, 1401, Tz 39).

333 **Kein Leistungsverweigerungsrecht** hat der Arbeitnehmer regelmäßig, wenn er schon bei Abschluss des Arbeitsvertrages damit rechnen musste, mit derartigen Tätigkeiten beschäftigt zu werden (*BAG* 20.12.1984 EzA § 1 KSchG Verhaltensbedingte Kündigung Nr. 16; 22.5.2003 EzA § 242 BGB 2002 Kündigung Nr. 2, zu B II 5a). Wer zB einen Arbeitsvertrag mit dem Inhaber eines Rüstungsbetriebes abschließt, muss damit rechnen, dass ihm der Rüstung dienende Tätigkeiten zugewiesen werden. Glaubensüberzeugungen und der Grad ihrer Verbindlichkeit für die eigene Gewissensentscheidung können sich verglichen mit dem Zeitpunkt des Vertragsschlusses aber ändern. Dann sind sie rechtlich ebenso beachtlich (*BAG* 24.2.2011 EzA § 1 KSchG Personenbedingte Kündigung Nr. 28, Rn 27 ff.). Kein Leistungsverweigerungsrecht besteht dagegen ferner, wenn es sich um Übergangsarbeiten handelt, die aufgrund der konkreten Sachlage dringend geboten sind (*BAG* 24.5.1989 EzA § 611 BGB Direktionsrecht Nr. 3), oder wenn es dem Arbeitnehmer nicht gelingt,

seine Gewissensnot und die Ernsthaftigkeit seiner Gewissensentscheidung darzulegen. In diesen Fällen kommt eine verhaltensbedingte Kündigung wegen unberechtigter Arbeitsverweigerung in Betracht (vgl. LKB-*Krause* Rn 330; HaKo-ArbR/*Roos/Bufalica* Rn 161; zur verhaltensbedingten Kündigung s. Rdn 469 ff.).

Das durch eine religiöse Überzeugung motivierte sichtbare **Tragen religiöser Symbole** – etwa eines **islamischen Kopftuchs** durch eine Verkäuferin in einem Kaufhaus – kann eine personenbedingte Kündigung nur rechtfertigen, wenn es dadurch zu konkreten Störungen des Arbeitsverhältnisses kommt. Angesichts des Gewichts der Religionsfreiheit (Art. 4 GG, 9 EMRK) genügt es nicht, dass der Arbeitgeber negative Reaktionen von Kunden befürchtet und das öffentliche Tragen bestimmter Symbole in seinem Betrieb untersagen will (*BAG* 10.10.2002 EzA § 1 KSchG Verhaltensbedingte Kündigung Nr. 58, zu B II 2b, 3d, m. krit. Anm. *Rüthers* = AP Nr. 44 zu § 1 KSchG Verhaltensbedingte Kündigung m. krit. Anm. *Adam* = RdA 2003, 241 m. zust. Anm. *Preis/Greiner* = AR-Blattei ES 1020 Nr. 370 m. zust. Anm. *Dieterich*; zust. *Hoevels* NZA 2003, 702; *Bittner* Jura 2004, 39; **aA** als Vorinstanz *Hess. LAG* 21.6.2001 AP § 611 BGB Gewissensfreiheit Nr. 2). Dies ist verfassungsrechtlich nicht zu beanstanden (*BVerfG* 30.7.2003 EzA § 1 KSchG Verhaltensbedingte Kündigung Nr. 58a m. abl. Anm. *Rüthers*). Nach der Richtlinie 2000/78/EG kann es dem Arbeitgeber gestattet sein, das Tragen von Kopftüchern und anderen religiösen Zeichen am Arbeitsplatz gestützt auf ein Neutralitätsinteresse zu verbieten. Das Verbot muss aber auf einer allgemeinen Regel beruhen, die das Unternehmen diskriminierungsfrei durchsetzt, wohingegen Beschwerden einzelner Kunden nicht ausreichen (*EuGH* 14.3.2017 – C-157/15 [Achbita] EzA Richtlinie 2000/78 EG-Vertrag 1999 Nr. 42; 14.3.2017 – C-188/15 [Bougnaoui] Richtlinie 2000/78 EG-Vertrag 1999 Nr 43). Im öffentlichen Dienst bedarf es einer gesetzlichen Regelung, wenn das Tragen eines Kopftuchs verboten werden soll, zB bei Lehrern (*BVerfG* 24.9.2003 NJW 2003, 3111; krit. hierzu *Dübbers/Dlovani* AuR 2004, 10). Dabei genügt nicht schon ein pauschales Verbot etwa des Tragens eines islamischen Kopftuchs für Lehrkräfte an öffentlichen Schulen; ein zulässiges Verbot religiöser Bekundungen durch das äußere Erscheinungsbild setzt eine konkrete Gefahr für den Schulfrieden bzw. die staatliche Neutralität voraus und muss unterschiedslos für alle Glaubens- und Weltanschauungsrichtungen gelten (*BVerfG* 27.1.2015 EzA Art. 4 GG Nr. 3).

p) Haft

Strafhaft und Untersuchungshaft hindern den Arbeitnehmer, die vertraglich geschuldete Arbeitsleistung zu erbringen und können daher eine personenbedingte, je nach Art und Ausmaß der betrieblichen Auswirkungen auch eine außerordentliche Kündigung rechtfertigen (*BAG* 15.11.1984 EzA § 626 BGB nF Nr. 95; 22.9.1994 EzA § 1 KSchG Personenbedingte Kündigung Nr. 11). Welche voraussichtliche Dauer der Haft zu erheblichen betrieblichen Beeinträchtigungen führt, richtet sich nach den Umständen des Einzelfalls (*BAG* 24.3.2011 EzA § 1 KSchG Personenbedingte Kündigung Nr. 27, zu I 1, 2; *LAG Bln.* 19.8.1985 RzK I 6a Nr. 14; *LAG RhPf.* 12.4.1999 EzA SD 1999 Nr. 21, S. 7). Der Arbeitgeber hat diese im Einzelfall darzulegen (*BAG* 20.11.1997 RzK I 6a Nr. 154). Dem Arbeitgeber kann es zumutbar sein, an der Erlangung des Status als Freigänger mitzuwirken, sofern nicht Störungen von Betriebsablauf oder -frieden konkret zu befürchten sind (*BAG* 9.3.1995 EzA § 626 BGB nF Nr. 154, zu II 4, 5; 24.3.2011 EzA § 1 KSchG Personenbedingte Kündigung Nr. 27, zu I 3c cc (1)). Im Rahmen der Verhältnismäßigkeitsprüfung ist maßgeblich, ob der Arbeitgeber für die voraussichtliche Dauer der Haft betriebliche Beeinträchtigungen durch **zumutbare Überbrückungsmaßnahmen** vermeiden kann. Wegen der eigenen Verantwortlichkeit des Arbeitnehmers für die Arbeitsverhinderung im Falle der Strafhaft sind dem Arbeitgeber zur Überbrückung des Ausfalls aber geringere Anstrengungen und Belastungen zuzumuten als bei vom Arbeitnehmer nicht zu vertretenden Umständen, wie etwa einer krankheitsbedingten Arbeitsverhinderung (*BAG* 22.9.1994 EzA § 1 KSchG Personenbedingte Kündigung Nr. 11; vgl. auch *Berkowsky* Personenbedingte Kündigung S. 79). Die Möglichkeit einer Überbrückung durch die **befristete Einstellung von Ersatzkräften** kann der Wirksamkeit einer Kündigung entgegenstehen (*LAG RhPf.* 7.11.2007 AuA 2008, 369). Bei der **Interessenabwägung** ist generell zugunsten des Arbeitgebers zu berücksichtigen, dass der Arbeitnehmer im Fall der **Strafhaft** seine Arbeitsverhinderung idR zu vertreten hat (*BAG* 24.3.2011 EzA § 1 KSchG Personenbedingte Kündigung Nr. 27, zu I 2). Bei mehrjährigen Haftstrafen überwiegt daher regelmäßig das Lösungsinteresse des Arbeitgebers die Interessen des Arbeitnehmers (*BAG* 24.3.2011 EzA § 1 KSchG Personenbedingte Kündigung Nr. 27, zu I 3c bb). Die Erwartung, der Arbeitnehmer werde für längere Zeit an der Erbringung seiner Arbeitsleistung gehindert sein, kann auch im Fall der **Untersuchungshaft** berechtigt sein, wenn die der vorläufigen Inhaftierung zugrundeliegenden Umstände bei objektiver Betrachtung eine solche Prognose rechtfertigen (*BAG* 23.5.2013 EzA § 1 KSchG Personenbedingte Kündigung Nr. 32, Rn 25). Die Prognose setzt voraus, dass der Arbeitgeber vor Ausspruch der Kündigung alle zumutbaren Anstrengungen zur Aufklärung des Sachverhalts unternommen, insbes. dem Arbeitnehmer Gelegenheit zur Stellungnahme gegeben hat (*BAG* 23.5.2013 EzA § 1 KSchG Personenbedingte Kündigung Nr. 32, Rn 25).

336 Ob die der Haft des Arbeitnehmers zugrundeliegenden Straftaten eine personenbedingte Kündigung rechtfertigen können, ist eine Frage der Eignung (s. Rdn 320). Hat der Arbeitnehmer die Straftat im dienstlichen Bereich begangen, kommt auch eine verhaltensbedingte Kündigung in Betracht (s. Rdn 546 ff.).

q) **Krankheit**

337 Kündigungen wegen Krankheit sind der in der Praxis häufigste Fall der personenbedingten Kündigung. Krankheit im medizinischen Sinn ist ein regelwidriger körperlicher oder geistiger Zustand, der die Notwendigkeit der Heilbehandlung zur Folge hat (*BAG* 5.4.1976 EzA § 1 LohnFG Nr. 48). Der **arbeitsrechtliche Krankheitsbegriff** knüpft an diese Begriffsbestimmung an, so dass insbes. auch psychosomatische Erkrankungen sowie **Suchtkrankheiten** (zur Alkoholabhängigkeit s. Rdn 300 ff.) eine krankheitsbedingte Kündigung sozial rechtfertigen können. Ein medizinischer Krankheitsbefund ist arbeitsrechtlich allerdings nur relevant, soweit er die Fähigkeit des Arbeitnehmers zur Erbringung seiner vertraglich geschuldeten Tätigkeit beeinträchtigt (*BAG* 25.6.1981 AP § 616 BGB Nr. 52, zu II 4; 7.8.1991 EzA § 1 LFZG Nr. 120, zu I; ErfK-*Oetker* Rn 112).

338 Krankheiten sind ohne weiteres **keine Behinderungen** iSd Richtlinie 2000/78/EG. Diese erfasst nur Menschen, deren Teilhabe am Berufsleben für einen langen Zeitraum eingeschränkt ist. Eine rein krankheitsbedingte Kündigung unterliegt daher nicht dem Antidiskriminierungsrecht (*EuGH* 11.7.2006 EzA EG-Vertrag 1999 Richtlinie 2000/78 Nr. 1; HaKo-KSchR/*Denecke* Rn 546; Bader/Bram-*Kreutzberg-Kowalczyk* Rn 116a). Anders ist dies, wenn zugleich eine **Behinderung im unionsrechtlichen Sinne** vorliegt (zu diesem *BAG* 3.4.2007 EzA § 81 SGB IX Nr. 15, zu II 2; *v. Medem* S. 426 ff.; *Preis/Wolf* Anm. EzA EG-Vertrag 1999 Richtlinie 2000/78 Nr. 1; *Domröse* NZA 2006, 1320). Eine Kündigung ist in diesem Fall jedoch auch unionsrechtlich wirksam, wenn der Arbeitgeber im Falle einer langandauernden Arbeitsunfähigkeit nicht imstande ist, die bestehende Leistungsunfähigkeit des Arbeitnehmers durch angemessene Vorkehrungen, dh durch effektive und praktikable, ihn – den Arbeitgeber – nicht unzumutbar belastende Maßnahmen zu beseitigen (*BAG* 20.11.2014 EzA § 1 KSchG Krankheit Nr. 60, Rn 60; vgl. auch *BAG* 19.12.2013 EzA § 1 AGG Nr. 2, Rn 90; *EuGH* 11.4.2013 EzA Richtlinie 2000/78 EG-Vertrag 1999 Nr. 31, Rn 70; 11.7.2006 Richtlinie 2000/78 EG-Vertrag 1999 Nr. 1, Rn 52, 54). Das die Kündigung auslösende Merkmal ist dann eine wesentliche und entscheidende berufliche Anforderung, die die Benachteiligung gem. Art. 4 Abs. 1 der Richtlinie rechtfertigt. Art. 2 Abs. 2 Buchst. b Ziff. i der Richtlinie 2000/78/EG steht auch einer nationalen Regelung entgegen, nach der ein Arbeitgeber einen Arbeitnehmer aufgrund gerechtfertigter, aber wiederkehrender Abwesenheiten vom Arbeitsplatz auch dann entlassen darf, wenn die Fehlzeiten die Folge von Krankheiten sind, die auf eine Behinderung des Arbeitnehmers zurückzuführen sind, es sei denn, diese Regelung geht unter Verfolgung des legitimen Ziels der Bekämpfung von »Absentismus« nicht über das zu dessen Erreichung Erforderliche hinaus; dies zu prüfen, ist Sache des nationalen Gerichts (*EuGH* 18.1.2018 [Ruiz Conejero] NZA 2018, 159). Die vom Prognose- und Verhältnismäßigkeitsprinzip geprägte Auslegung von § 1 ist demnach unionsrechtskonform (so auch *Bayreuther* EuZW 2018, 212; *v. Medem* S. 431 f., 436 f.; HaKo-KSchR/*Denecke* Rn 546; DDZ-*Deinert* Rn 98; *SchraderMüller*

SAE 2007, 222, 225; teilw. **aA** *Domröse* NZA 2006, 1320, 1323 ff.). Bei einer Kündigung wegen häufiger Kurzerkrankungen wird im Übrigen häufig schon keine Behinderung iSd Richtlinie 2000/78/EG gegeben sein. Anderenfalls trägt den unionsrechtlichen Anforderungen an eine Rechtfertigung der Ungleichbehandlung Rechnung, dass die Kündigung nur dann sozial gerechtfertigt sein kann, wenn es dem Arbeitgeber nicht möglich oder unzumutbar ist, den Arbeitnehmer auf einem anderweitigen – leidensgerechten – Arbeitsplatz weiterzubeschäftigen, der Fehlzeiten für die Zukunft nicht mehr in erheblichem Ausmaß erwarten lässt (s. dazu Rdn 361 und iE Rdn 372 f.).

Krankheitsbedingte Fehlzeiten können allenfalls in besonderen Ausnahmefällen auch eine **außerordentliche Kündigung** aus wichtigem Grund rechtfertigen (*BAG* 18.10.2000 EzA § 626 BGB Krankheit Nr. 3, zu II 3). Eine außerordentliche Kündigung aus krankheitsbedingten Gründen kommt insbes. bei ordentlich unkündbaren Arbeitnehmern in Betracht (*BAG* 12.7.1995 EzA § 626 BGB nF Nr. 156 18.10.2000 EzA § 626 BGB Krankheit Nr. 3). Näher KR-*Fischermeier/Krumbiegel* § 626 BGB Rdn 442–446. 339

Eine krankheitsbedingte Kündigung kann **während der Erkrankung des Arbeitnehmers** ausgesprochen werden, es sei denn, sie ist durch eine Tarifnorm – zB § 21 Abs. 6 Bundesrahmentarifvertrag für Apothekenmitarbeiter (vgl. *BAG* 5.2.1998 EzA § 8 EFZG Nr. 1) – verboten (APS-*Vossen* Rn 137; *Becker-Schaffner* ZTR 1997, 49). Eine krankheitsbedingte Arbeitsunfähigkeit schließt es auch nicht aus, dass der Arbeitgeber bei Vorliegen von verhaltens- oder betriebsbedingten Gründen das Arbeitsverhältnis wegen dieser Umstände kündigt (*LAG Düsseld.* 7.11.1974 BB 1975, 1067). Dies gilt insbes. bei **Pflichtwidrigkeiten während der Krankheit** (dazu s. Rdn 514 ff.). Im Einzelfall kann es dem Arbeitgeber aber zumutbar sein, bei einem Auftragsmangel zunächst die Genesung des Arbeitnehmers abzuwarten (*LAG Bln.* 14.1.2000 NZA-RR 2001, 187). Eine personenbedingte Kündigung wegen Krankheit kommt mangels tatsächlich bestehender Arbeitsunfähigkeit nicht in Betracht, wenn der Arbeitnehmer die Krankheit lediglich vortäuscht. Dann kann eine verhaltensbedingte Kündigung gerechtfertigt sein (hierzu Rdn 524 f.). 340

Die Überprüfung einer krankheitsbedingten Kündigung ist – wie die jeder personenbedingten Kündigung (s. Rdn 286 ff.) – **dreistufig** (st. Rspr. des *BAG*, etwa 29.7.1993 EzA § 1 KSchG Krankheit Nr. 40; 29.4.1999 EzA § 1 KSchG Krankheit Nr. 46; 8.11.2007 EzA § 1 KSchG Krankheit Nr. 54, zu B I 1). Zunächst bedarf es einer **negativen Prognose** hinsichtlich des weiteren **Gesundheitszustands** des zu kündigenden Arbeitnehmers. Dann ist zu prüfen, ob die zu **prognostizierenden Fehlzeiten** zu einer **erheblichen Beeinträchtigung betrieblicher Interessen** führen. In der dritten Stufe wird mit einer **einzelfallbezogenen Interessenabwägung** geprüft, ob die erheblichen betrieblichen Beeinträchtigungen zu einer **billigerweise nicht mehr hinzunehmenden betrieblichen oder wirtschaftlichen Belastung** des Arbeitgebers führen. Ist dies zu bejahen, ist die Kündigung sozial gerechtfertigt. Es kommt nicht darauf an, ob die Krankheit eine Kündigung aus betrieblichen Gründen unumgänglich notwendig macht (*BAG* 23.9.1992 RzK I 5g Nr. 50) oder ob für die Kündigung im betrieblichen Interesse ein objektiver Sachzwang besteht (so aber *Boewer* NZA 1988, 678). 341

Bei der Überprüfung einer krankheitsbedingten Kündigung in drei Stufen (s. Rdn 341) ist zwischen Kündigungen wegen häufiger Kurzerkrankungen (s. Rdn 349 ff.), wegen langanhaltender Krankheiten (s. Rdn 393 ff.), wegen krankheitsbedingter dauernder Leistungsunfähigkeit (s. Rdn 403 ff.) und wegen krankheitsbedingter Minderung der Leistungsfähigkeit (s. Rdn 407 ff.) zu unterscheiden. In allen Fallgruppen stellt sich die Frage, ob vor der Kündigung ein betriebliches Eingliederungsmanagement durchzuführen ist (s. Rdn 343 ff.). 342

aa) Betriebliches Eingliederungsmanagement

Mit dem am 1.5.2004 in Kraft getretenen Gesetz zur Förderung der Ausbildung und Beschäftigung schwerbehinderter Menschen vom 23.4.2004 (BGBl. I S. 606) wurde durch die Neufassung von § 84 Abs. 2 SGB IX aF eine Verpflichtung für Arbeitgeber zur Durchführung eines betrieblichen Eingliederungsmanagements (bEM) begründet, wenn ein Arbeitnehmer innerhalb eines Jahres 343 länger als sechs Wochen ununterbrochen oder wiederholt arbeitsunfähig war. Aufgrund der Neufassung des SGB IX durch das Bundesteilhabegesetz vom 23.12.2016 (BGBl. I S. 3234) findet sich die Bestimmung seit dem 1.1.2018 in § 167 Abs. 2 SGB IX.

344 Das **Eingliederungsmanagement gilt** im Unterschied zu Präventionsmaßnahmen gem. § 167 Abs. 1 SGB IX (bis 31.12.2017: § 84 Abs. 1 SGB IX) nicht nur für schwerbehinderte Menschen und diesen Gleichgestellte, sondern – u.a. – **für alle Arbeitnehmer** (*BAG* 12.7.2007 EzA § 84 SGB IX Nr. 3, zu B II 2b aa (2); 23.4.2008 EzA § 1 KSchG Krankheit Nr. 55, zu B II 3b; LKB-*Krause* Rn 341; Bader/Bram-*Kreutzberg-Kowalczyk* Rn 106x; DDZ-*Deinert* § 167 SGB IX Rn 16; *Cramer* NZA 2004, 698, 703; *Braun* ZTR 2005, 630; *Schlewing* RdA 2006, 485, 490–493; *Düwell* FS Küttner S. 139, 146 f.; *Joussen* DB 2009, 286; aA HK-SGB IX/*Trenk-Hinterberger* 2. Aufl. § 84 Rn 19; SPV-*Preis* 9. Aufl. Rn 1230a Fn. 1221; *Brose* RdA 2006, 149, 151; *Balders/Lapping* NZA 2005, 854; *Namendorf/Natzel* FA 2005, 162; *Arnold/Fischinger* BB 2007, 894; *Rolfs/de Groot* Anm. AP § 1 KSchG 1969 Personenbedingte Kündigung Nr. 28, zu I). Wortlaut, Systematik und Zweck der Norm machen deutlich, dass die Beschränkung von § 151 Abs. 1 SGB IX für § 167 Abs. 2 SGB IX nicht gelten soll (vgl. die eingehende Begr. zu § 84 Abs. 2 SGB IX aF bei *Schlewing* RdA 2006, 485, 490–493). § 167 Abs. 1 SGB IX sieht vor, dass bei den dort vorgesehenen Maßnahmen die für Schwerbehinderte und Gleichgestellte zuständige Schwerbehindertenvertretung einzuschalten ist. In § 167 Abs. 2 S. 1 SGB IX ist demgegenüber geregelt, dass neben den regulären Vertretungen gem. § 176 SGB IX **bei schwerbehinderten Beschäftigten außerdem** die Schwerbehindertenvertretung zu beteiligen ist. Die Norm muss daher auch für andere Beschäftigte gelten. Zudem wird aus der Gesetzesbegründung zu § 84 Abs. 2 SGB IX aF (BR-Drucks. 746/03 S. 33 f.) deutlich, dass es dem Gesetzgeber um eine allgemeine, nicht auf Schwerbehinderte beschränkte Gesundheitsprävention am Arbeitsplatz ging. Das Verfahren ist auch dann durchzuführen, wenn keine Interessenvertretung iSv § 176 SGB IX (§ 93 SGB IX aF) gebildet ist (*BAG* 30.9.2010 EzA § 84 SGB IX Nr. 7, zu II 2b). Die neue Paragrafenfolge im SGB IX aufgrund der Änderungen durch das Bundesteilhabegesetz ändert daran nichts.

345 Die **Jahresfrist** von § 167 Abs. 2 S. 1 SGB IX ist nicht auf das Kalenderjahr beschränkt. Das Gesetz sieht dann Handlungsbedarf, wenn ein Beschäftigter innerhalb von 365 Tagen für mehr als sechs Wochen zusammenhängend oder in mehreren Zeitabschnitten arbeitsunfähig erkrankt. Dafür sind kalendarische Zufälle ohne Bedeutung (HK-SGB IX/*Trenk-Hinterberger* § 84 Rn 30; *Balders/Lapping* NZA 2005, 854, 855; *Klaesberg* PersR 2005, 427; *Moderegger* ArbRB 2005, 347, 348). Die Pflicht zur Durchführung eines bEM entsteht also, sobald innerhalb maximal eines Jahres mehr als sechs Wochen Arbeitsunfähigkeit aufgetreten sind (*Wullenkord* S. 31, 33; *Hinze* S. 118, 173). Der Arbeitgeber muss dann unverzüglich tätig werden (ebenso NPGWJ-*Greiner* § 167 Rn 15). Die Pflicht kann neuerlich entstehen, wenn der Arbeitnehmer nach einem ergebnislos durchgeführten bEM erneut innerhalb eines Jahres mehr als sechs Wochen arbeitsunfähig ist (*LAG Düsseld.* 9.12.2020 – 12 Sa 554/20, Revision eingelegt unter 2 AZR 138/21).

346 Voraussetzung für die Durchführung eines bEM ist die **Zustimmung des Arbeitnehmers**. Verweigert er diese, entfallen die Verpflichtungen des Arbeitgebers (*BAG* 12.7.2007 EzA § 84 SGB IX Nr. 3, zu B II 2d; 24.3.2011 EzA § 84 SGB IX Nr. 8, zu II 2b cc; HK-SGB IX/*Trenk-Hinterberger* § 84 Rn 53; *Feldes* SozSich 2004, 270, 275; *Gagel* NZA 2004, 1359, 1360 f.; *Balders/Lapping* NZA 2005, 854, 855; *Klaesberg* PersR 2005, 427; auf mit dem Zustimmungsvorbehalt von § 167 Abs. 2 S. 1 SGB IX unvereinbare Weise für eine Mitwirkungsobliegenheit des Arbeitnehmers *Wetzling/Habel* NZA 2007, 1129). Es ist jedoch Sache des Arbeitgebers, die **Initiative** zur Durchführung des bEM zu ergreifen (*BAG* 20.11.2014 EzA § 1 KSchG Krankheit Nr. 59, Rn 31; 24.3.2011 EzA § 84 SGB IX Nr. 8, Rn 23). Zu einem regelkonformen Ersuchen um Zustimmung des Arbeitnehmers gehört die Belehrung nach § 167 Abs. 2 S. 3 SGB IX über die Ziele des bEM sowie Art und Umfang der hierfür erhobenen und verwendeten Daten (*BAG* 13.5.2015 NZA 2015, 1249, Rn 25; 20.11.2014 EzA § 1 KSchG Krankheit Nr. 59, Rn 32). Hat der Arbeitgeber den Arbeitnehmer nicht um Zustimmung zur Durchführung eines bEM ersucht, kann er sich im Kündigungsschutzprozess nicht auf die spekulative Behauptung berufen, dass dieser ohnehin nicht zugestimmt hätte

(*BAG* 12.7.2007 EzA § 84 SGB IX Nr. 3, Rn 51). Stimmt der Arbeitnehmer dem Verfahren zu, obliegt es dem Arbeitgeber, im Dialog mit den anderen Beteiligten und ggf. den sozialrechtlichen Leistungsträgern die Möglichkeiten zur Erreichung der Ziele gem. § 167 Abs. 2 S. 1 SGB IX festzustellen und die zu ihrer Realisierung in Betracht kommenden Schritte einzuleiten. Eine **betriebsärztliche Begutachtung** steht für sich genommen der Durchführung eines bEM nicht gleich (*BAG* 20.11.2014 EzA § 1 KSchG Krankheit Nr. 59, Rn 35; *Schmidt* Gestaltung und Durchführung des bEM, Rn 31). Zum Verfahren iE s.a. HK-SGB IX/*Trenk-Hinterberger* § 84 Rn 37 ff.; *Feldes* SozSich 2004, 270; *Gagel* NZA 2004, 1359; *Balders/Lapping* NZA 2005, 854; *Klaesberg* PersR 2005, 427.

Ein Verstoß des Arbeitgebers gegen § 167 Abs. 2 SGB IX führt nicht unmittelbar zur Unwirksamkeit einer krankheitsbedingten Kündigung. Sie ist aber sozial ungerechtfertigt, wenn sie bei Durchführung des Eingliederungsmanagements hätte vermieden werden können (iE s. Rdn 224 ff.). Dabei kann denkbares Ergebnis eines bEM auch sein, den Arbeitnehmer auf eine **gesetzlich vorgesehene Hilfe oder Leistung der Rehabilitationsträger** zu verweisen (*BAG* 20.11.2014 EzA § 1 KSchG Krankheit Nr. 59, Rn 49 f.). Dem steht nicht entgegen, dass deren Durchführung von der Mitwirkung des Arbeitnehmers abhängt und nicht in der alleinigen Macht des Arbeitgebers steht. Ggf. muss der Arbeitgeber dem Arbeitnehmer eine angemessene Frist zur Inanspruchnahme der Leistung setzen. Eine Kündigung kann er dann wirksam erst erklären, wenn die Frist trotz Kündigungsandrohung ergebnislos verstrichen ist (*BAG* 20.11.2014 EzA § 1 KSchG Krankheit Nr. 59, Rn 49; vgl. auch *BAG* 10.12.2009 EzA § 1 KSchG Krankheit Nr. 56, Rn 29). 347

Die **Darlegungs- und Beweislast** dafür, dass ein bEM ordnungsgemäß durchgeführt worden bzw. ergebnislos angeboten worden ist oder dass die Kündigung auch bei seiner Durchführung nicht vermeidbar gewesen wäre, trägt der **Arbeitgeber**, sobald sich aus seinem eigenen Vorbringen zur Begründung einer krankheitsbedingten Kündigung ergibt, dass die Voraussetzungen nach § 167 Abs. 2 SGB IX (der Arbeitnehmer war innerhalb von 365 Tagen für mehr als sechs Wochen zusammenhängend oder in mehreren Zeitabschnitten arbeitsunfähig erkrankt) vorgelegen haben. Dies folgt daraus, dass der Arbeitgeber nach § 1 Abs. 2 S. 4 die Tatsachen zu beweisen hat, die die Kündigung bedingen. Dazu gehören alle Umstände, aus denen sich ergibt, dass die Kündigung den **Grundsatz der Verhältnismäßigkeit** wahrt. Das bEM dient aber gerade dazu herauszufinden, ob eine Kündigung des Arbeitnehmers durch andere Maßnahmen verhindert werden kann und konkretisiert damit den Verhältnismäßigkeitsgrundsatz im Rahmen der Prüfung des § 1 Abs. 2 KSchG (BAG 22.10.2015 EzA Art. 30 EGBGB Nr. 12 Rn 76). 348

bb) Kündigung wegen häufiger Kurzerkrankungen

(1) Negative Gesundheitsprognose

In der ersten Stufe ist eine negative Gesundheitsprognose erforderlich. Zum **Zeitpunkt des Zugangs der Kündigung** müssen objektive Tatsachen vorliegen, die die ernste Besorgnis weiterer Erkrankungen im bisherigen Umfang rechtfertigen (*BAG* 16.2.1989 EzA § 1 KSchG Krankheit Nr. 25; 6.9.1989 EzA § 1 KSchG Krankheit Nr. 26; 10.11.2005 EzA § 1 KSchG Krankheit Nr. 52, zu I 2a; 8.11.2007 EzA § 1 KSchG Krankheit Nr. 54, zu B I 1). Entscheidend sind die objektiven Verhältnisse im Zeitpunkt der Kündigung (*BAG* 15.8.1984 EzA § 1 KSchG Krankheit Nr. 16; *Lepke* Rn 142; *Preis* S. 340 f.; aA *LAG RhPf* 16.11.2001 DB 2002, 1113: Kenntnisstand des Arbeitgebers). Nicht berücksichtigt werden können erst **nach Zugang der Kündigung** eingetretene weitere **Umstände**, auch wenn sie für die Gesundheitsentwicklung von Bedeutung sind, etwa ein Arztwechsel, die Einleitung einer neuen Therapie, eine vom Arbeitnehmer vorher abgelehnte Operation oder eine Änderung der Lebensführung des Arbeitnehmers (*BAG* 6.9.1989 EzA § 1 KSchG Krankheit Nr. 27 m. krit. Anm. *Kittner*; 21.2.2001 EzA § 1 KSchG Krankheit Nr. 48, zu II 2a; APS-*Vossen* Rn 201; HaKo-KSchR/*Denecke* Rn 557; *Voigt* DB 1996, 526 plädiert für eine Berücksichtigung dieser Umstände bei der Interessenabwägung). Dagegen ist eine nachträgliche Korrektur der Prognose zu berücksichtigen, wenn die zugrundeliegenden Umstände bei Zugang der Kündigung schon vorlagen, aber zunächst nicht vollständig oder nach dem damaligen medizinischen Stand falsch 349

§ 1 KSchG Sozial ungerechtfertigte Kündigungen

ausgewertet wurden (*BAG* 21.2.2001 EzA § 1 KSchG Krankheit Nr. 48, zu II 2b; ErfK-*Oetker* Rn 116; DDZ-*Deinert* Rn 122). Stellt sich die der negativen Prognose zugrundeliegende ärztliche Diagnose nachträglich als falsch heraus, steht dies der Wirksamkeit der Kündigung nur entgegen, wenn zum Kündigungszeitpunkt ohne Hinzutreten eines neuen Kausalverlaufs tatsächlich von einer positiven Prognose auszugehen war (*BAG* 21.2.2001 EzA § 1 KSchG Krankheit Nr. 48, zu II 2a, b). Das ist nicht der Fall, wenn die Fehldiagnose erst nachträglich – etwa durch ein im Kündigungsschutzprozess eingeholtes Gutachten – festgestellt wird und nicht anzunehmen war, dass in zeitlicher Nähe zum Kündigungsausspruch eine Änderung der Diagnose und der Therapie durch die behandelnden oder neu hinzugezogene Ärzte zu erwarten war (*LAG Hamm* 24.6.1999 LAGE § 1 KSchG Krankheit Nr. 29, zu I 3f; ErfK-*Oetker* Rn 116).

350 Ob die nicht durch einen neuen Kausalverlauf ausgelöste **spätere tatsächliche Entwicklung der Krankheit** bis zum Ende der letzten mündlichen Verhandlung in den Tatsacheninstanzen noch zur Bestätigung oder Korrektur der Prognose herangezogen werden kann, wurde in der Rspr. des BAG unterschiedlich beurteilt. Nachdem es das zunächst bejahte (10.11.1983 EzA § 1 KSchG Krankheit Nr. 14), lehnte es diese Möglichkeit später im Interesse der Rechtssicherheit ab und verwies auf einen ggf. bestehenden Wiedereinstellungsanspruch (*BAG* 29.4.1999 EzA § 1 KSchG Nr. 46, zu II 3a; 13.4.2002 EzA § 1 KSchG Nr. 49, zu II 7a; ebenso SPV-*Preis* Rn 1258; ErfK-*Oetker* Rn 115; zum Wiedereinstellungsanspruch s. Rdn 833). Inzwischen geht das *BAG* davon aus, dass die weitere Entwicklung zur **Bestätigung der Prognose** geeignet ist (13.5.2004 EzA § 626 BGB 2002 Krankheit Nr. 2, zu III). Dieser Ansicht ist zu folgen. Insofern geht es nicht um die Berücksichtigung neuer Umstände, sondern um die Validierung der häufig komplizierten Gesundheitsprognose zum Kündigungszeitpunkt (ähnlich HaKo-KSchR/*Gallner* 4. Aufl. Rn 557).

351 Da es auf die objektiven Verhältnisse im Zeitpunkt des Kündigungszugangs ankommt, ist der subjektive **Kenntnisstand des Arbeitgebers unerheblich** (*BAG* 26.5.1977 EzA § 102 BetrVG 1972 Nr. 30; 25.11.1982 EzA § 1 KSchG Krankheit Nr. 10; 17.6.1999 EzA § 1 KSchG Wiedereinstellungsanspruch Nr. 4, zu II 2b aa). Daher ist es auch kündigungsschutzrechtlich ohne Bedeutung, ob sich der Arbeitgeber vor Ausspruch der Kündigung nach dem Gesundheitszustand des Arbeitnehmers erkundigt hat (*BAG* 26.5.1977 EzA § 102 BetrVG 1972 Nr. 30; 15.8.1984 EzA § 1 KSchG Krankheit Nr. 16; *Lepke* Rn 147; aA ArbG Bln. 25.3.1976 DB 1976, 2072), wobei strittig ist, ob der Arbeitnehmer auf Befragen des Arbeitgebers überhaupt zur Auskunft verpflichtet wäre (vgl. *Ascheid* Betriebliche Praxis, S. 71 und die Nachweise bei *Lepke* Rn 218; s.a. Rdn 394 f.).

352 Für eine negative Gesundheitsprognose sprechen **häufige Kurzerkrankungen in der Vergangenheit** (*BAG* 6.9.1989 EzA § 1 KSchG Krankheit Nr. 26 m. krit. Anm. *Kittner*). Die Fehlzeiten müssen allerdings objektiv zum Kündigungszeitpunkt die Prognose rechtfertigen, dass in Zukunft mit entsprechenden Erkrankungen zu rechnen ist (*BAG* 6.9.1989 EzA § 1 KSchG Krankheit Nr. 28, zu II 1; 10.11.2005 EzA § 1 KSchG Krankheit Nr. 52, zu B I 2b aa (1)). Dabei scheiden Erkrankungen aus, bei denen keine Wiederholungsgefahr besteht, zB ausgeheilte Leiden (*BAG* 12.12.1996 RzK I 5g Nr. 66; 8.11.2007 EzA § 1 KSchG Krankheit Nr. 54, zu B I 1), Unfälle, soweit es sich ihrer Entstehung nach um einmalige Ereignisse handelt (*BAG* 7.11.2002 EzA § 1 KSchG Krankheit Nr. 50: Arbeitsunfälle; 7.12.1989 EzA § 1 KSchG Krankheit Nr. 30: Halswirbelsäulenverrenkung aufgrund eines unverschuldeten Autounfalls) und sonstige einmalige Gesundheitsschäden (*BAG* 7.12.1989 EzA § 1 KSchG Krankheit Nr. 30: operative Entfernung eines eingewachsenen Zehennagels; *BAG* 17.6.1999 EzA § 1 KSchG Wiedereinstellungsanspruch Nr. 4, zu II 2b aa: Knochenbruch und Zahnextraktion). Andererseits kann aus sich häufenden Sportunfällen auf eine besondere Verletzungsanfälligkeit geschlossen werden, die eine entsprechende Prognose für die Zukunft zulässt (*BAG* 2.11.1989 RzK I 5g Nr. 32; *LAG BW* 15.12.1987 RzK I 5g Nr. 23). Dasselbe gilt für gehäuft auftretende organische Leiden, etwa Erkältungs-, Magen-, Darm- und Kreislauferkrankungen sowie Beschwerden des Bewegungsapparates (*BAG* 17.6.1999 EzA § 1 KSchG Wiedereinstellungsanspruch Nr. 4, zu II 2b aa; 10.11.2005 EzA § 1 KSchG Krankheit Nr. 52, zu B II 2b aa (3), bb).

353 Im Streitfall kann sich der Arbeitgeber zunächst darauf beschränken, die Fehlzeiten in der Vergangenheit und die ihm bekannten Krankheitsursachen darzulegen. Hierbei muss er die **Fehlzeiten nach**

Zahl, **Dauer und zeitlicher Abfolge** genau bezeichnen (*BAG* 16.8.1990 RzK I 5g Nr. 41). Pauschale Angaben, zB »20 Fehltage im Jahre 1990«, genügen nicht. Es reicht zunächst aus, dass er behauptet, künftig seien Fehlzeiten in entsprechendem Umfang zu erwarten; die Fehlzeiten in der Vergangenheit entfalten insoweit Indizwirkung (*BAG* 2.11.1989 RzK I 5g Nr. 32; 12.4.2002 EzA § 1 KSchG Krankheit Nr. 49, zu II 5d aa; 8.11.2007 EzA § 1 KSchG Krankheit Nr. 54, zu B I 1). Trägt der Arbeitgeber Krankheitsursachen zu den einzelnen Fehlzeiten vor, sind Fehlzeiten für eine negative Prognose ungeeignet, die auf Krankheiten beruhen, bei denen keine Wiederholungsgefahr besteht (s. Rdn 352).

Die für eine negative Prognose erforderliche zeitliche **Dauer des Prognosezeitraums** und die Art und Häufigkeit der in diesem auftretenden Fehlzeiten lassen sich nicht generell präzisieren. Notwendig ist ein, bezogen auf das jeweilige Leiden, aussagekräftiger Zeitraum in der Vergangenheit (*BAG* 10.11.2005 EzA § 1 KSchG Krankheit Nr. 52, zu B II 2b aa (3); ebenso Bader/Bram-*Kreutzberg-Kowalczyk* Rn 124a: regelmäßig 2 bis 3 Jahre). Streitig ist, ob der Prognosezeitraum zumindest zwei Jahre umfassen muss (so *LAG Hamm* 4.12.1996 LAGE § 1 KSchG Krankheit Nr. 26, zu 1; HaKo-KSchR/*Denecke* Rn 555; APS-*Vossen* Rn 206 f.) oder ob zumindest bei noch nicht länger bestehenden Arbeitsverhältnissen auch eine Zeitdauer von etwa fünfzehn Monaten ausreichen kann (so HK-*Dorndorf* Rn 391; DDZ-*Deinert* Rn 117; LKB-*Krause* Rn 360; ErfK-*Oetker* Rn 144). Richtigerweise ist eine Aussage über den Prognosezeitraum für häufige Kurzerkrankungen wegen der Vielzahl unterschiedlicher Krankheitsbilder nicht schematisch zu bestimmen (SPV-*Preis* Rn 1254; DDZ-*Deinert* Rn 117). Regelmäßig werden aber Zeiträume von weniger als zwei Jahren zu sehr von Zufällen geprägt sein, als dass eine fundierte Prognose möglich wäre (HaKo-KSchR/*Denecke* Rn 555). Es wird angenommen, dass es unschädlich sein kann, auch vor den letzten drei Jahren vor Ausspruch der Kündigung liegende Zeiträume einzubeziehen (*BAG* 20.11.2014 EzA § 1 KSchG Krankheit Nr. 59, Rn 19, 10.11.2005 EzA § 1 KSchG Krankheit Nr. 52, zu B I 2 b aa (2)). Allerdings darf dies nicht dazu führen, dass für die Zukunft typischerweise nicht mehr relevante Erkrankungen miterfasst werden (DDZ-*Deinert* Rn 117; *Herbst/Wohlfarth* DB 1990, 1820). Grundsätzlich erscheint daher ein **Prognosezeitraum von drei Jahren** angemessen, ist eine Arbeitnehmervertretung gebildet, ist auf die letzten drei Jahre vor Einleitung des Beteiligungsverfahrens abzustellen, für eine Abweichung bedarf es diese rechtfertigende besondere Umstände (*BAG* 25.4.2018 – 2 AZR 6/18 – EzA § 626 BGB 2002 Krankheit Nr. 5, Rn 23). Ist allein wegen der bisherigen Fehlzeiten eine negative Prognose nicht zu begründen, entfällt die Indizwirkung. Der Arbeitgeber kann den Beweis der negativen Gesundheitsprognose dann durch andere Umstände führen, etwa ein vorliegendes **ärztliches Gutachten** (*BAG* 23.6.1983 EzA § 1 KSchG Krankheit Nr. 12; APS-*Vossen* Rn 207).

354

Im Übrigen ist für die Prognose zu berücksichtigen, ob die Erkrankungen eine steigende, gleichbleibende oder fallende **Tendenz** aufweisen (bei fallender Tendenz ist besondere Vorsicht in Bezug auf die Prognosefähigkeit geboten) und ob sie mit einer gewissen **Häufigkeit** (Anzahl der Krankheitsperioden) und mit einer gewissen **Regelmäßigkeit** (zeitlicher Abstand zwischen den Krankheitsperioden) auftreten (*BAG* 6.9.1989 EzA § 1 KSchG Krankheit Nr. 26).

355

Es gibt **keinen festen Mindestumfang** von aufgrund der Prognose zukünftig zu erwartenden Fehlzeiten (*BAG* 16.2.1989 EzA § 1 KSchG Krankheit Nr. 25, zu B III 1c cc, 2a; 6.9.1989 EzA § 1 KSchG Krankheit Nr. 28, zu III 2a; vgl. auch LSSW-*Schlünder* Rn 246; aA *LAG Hamm* 4.12.1996 LAGE § 1 KSchG Krankheit Nr. 26, das eine Krankheitsquote von weniger als 12–14 % der Jahresarbeitszeit im Allgemeinen noch nicht als kündigungsrelevant ansieht). Dieser ist erst bei der Prüfung der sozialen Rechtfertigung der Kündigung in der zweiten Stufe (betriebliche Beeinträchtigung) und in der dritten Stufe (nicht mehr hinzunehmende Belastung) von Bedeutung (s. Rdn 362, 374). Insbes. muss die Sechs-Wochenfrist von § 3 Abs. 1 S. 1 EFZG nicht überschritten werden (APS-*Vossen* Rn 145; aA DW-*Günther* Rn 84).

356

Hat der Arbeitgeber die Fehlzeiten in der Vergangenheit ordnungsgemäß dargelegt (s. Rdn 353) und sich auf die Indizwirkung dieser Fehlzeiten für die Zukunft berufen, ist es **Sache des Arbeitnehmers, die Indizwirkung zu erschüttern**. Er muss gem. § 138 Abs. 2 ZPO dartun, weshalb zukünftig mit einer hinreichenden Reduzierung der Fehlzeiten zu rechnen sei. Ist er über seinen Gesundheitszustand nicht ausreichend unterrichtet, haben die Ärzte aber ihm gegenüber seine künftige

357

gesundheitliche Entwicklung positiv beurteilt, genügt es, wenn der Arbeitnehmer die vom Arbeitgeber behaupteten künftigen Fehlzeiten bestreitet und die ihn behandelnden Ärzte von der Schweigepflicht entbindet (*BAG* 6.9.1989 EzA § 1 KSchG Krankheit Nr. 26, zu B I 1b; 17.6.1999 EzA § 1 KSchG Wiedereinstellungsanspruch Nr. 4, zu II 2b aa), wobei es ausreicht, wenn sich aus den Auskünften der behandelnden Ärzte Zweifel an der Negativprognose ergeben (*BAG* 7.11.2002 EzA § 1 KSchG Krankheit Nr. 50). Die **Entbindung von der Schweigepflicht** kann formlos gegenüber dem Zeugen, der Gegenpartei oder dem Gericht erklärt werden (*BAG* 12.1.1995 RzK I 5g Nr. 58; zur ggf. gegebenen Aufklärungspflicht des Gerichts, ob eine solche der Partei selbst vorliegt, vgl. *BAG* 8.5.2014 EzA § 251a ZPO 2002 Nr. 1, Rn 33). Sie ist auch zulässig, wenn sich der Arbeitnehmer vorprozessual geweigert hatte, die ihn behandelnden Ärzte von der Schweigepflicht zu befreien (*BAG* 12.4.2002 EzA § 1 KSchG Krankheit Nr. 49, zu II 5d bb (2)). Hat der Arbeitnehmer seine Ärzte nicht konsultiert, ist seine Berufung auf die behandelnden Ärzte unzutreffend und als Ausforschungsbeweis unzulässig (vgl. *BAG* 6.9.1989 EzA § 1 KSchG Krankheit Nr. 26, zu B I 1b). Die Entbindung von der ärztlichen Schweigepflicht reicht nur aus, wenn damit zugleich zum Ausdruck gebracht wird, die Ärzte hätten die gesundheitliche Entwicklung positiv beurteilt (*BAG* 6.9.1989 EzA § 1 KSchG Krankheit Nr. 26, zu B I 1b; 13.6.1996 RzK I 5g Nr. 63; HK-*Dorndorf* Rn 395). Die Vorlage eines ärztlichen Attestes über den derzeitigen Gesundheitszustand des Arbeitnehmers genügt nicht, da damit nichts über seinen künftigen Gesundheitszustand gesagt ist (*BAG* 2.11.1989 RzK I 5g Nr. 31). Ebenso wenig reicht es aus, wenn ein Arbeitnehmer, der an verschiedenen schwerwiegenden Krankheiten leidet, geltend macht, nach Abschluss einer im Kündigungszeitpunkt vorgesehenen Kur sei er arbeitsfähig gewesen, ohne anzugeben, welche seiner Krankheiten nach Ansicht seiner Ärzte durch die Kur günstig beeinflusst werden konnte (*BAG* 12.12.1996 RzK I 5g Nr. 66).

358 Sind dem Arbeitnehmer die ärztlichen Diagnosen und Prognosen bekannt, hat er sie nach § 138 Abs. 2 ZPO im Prozess konkret vorzutragen, soweit ihm dies als medizinischem Laien zuzumuten ist (vgl. *LAG SchlH* 3.11.2005 LAGE § 1 KSchG Krankheit Nr. 38, zu 2a; 11.3.2008 NZA-RR 2008, 518). Ein »Zwischenbeweisverfahren« über den Umfang der Kenntnisse des Arbeitnehmers scheidet nach Ansicht des *BAG* regelmäßig aus (6.9.1989 EzA § 1 KSchG Krankheit Nr. 26, zu B I 1b). Dies hindert jedoch nicht daran, die Darstellung des Arbeitnehmers auf ihre Glaubhaftigkeit zu würdigen. Zumindest die Art der jeweiligen Erkrankung ist einem Arbeitnehmer regelmäßig bekannt und von ihm daher im Prozess darzulegen. Zudem ist die Einholung ärztlicher Auskünfte regelmäßig zumutbar, da die Diagnose und die prognostizierte Krankheitsentwicklung für einen Arbeitnehmer idR verständlich sind (LKB-*Krause* Rn 365). Die Darlegung konkreter Krankheitsursachen ist jedenfalls erforderlich, wenn der Arbeitnehmer sich auf eine betriebliche Verursachung berufen will (*BAG* 17.6.1999 EzA § 1 KSchG Wiedereinstellungsanspruch Nr. 4, zu II 2b). Trägt der Arbeitnehmer die **konkreten Umstände** seiner Beschwerden und deren Ausheilung bzw. Abklingen vor, ist dieser Vortrag nur beachtlich, wenn diese geeignet sind, die Indizwirkung der Fehlzeiten zu beseitigen (*BAG* 6.9.1989 EzA § 1 KSchG Krankheit Nr. 26, zu B I 1d; 16.8.1990 RzK I 5g Nr. 41), zB wenn er vorträgt, die bisherigen Fehlzeiten seien auf eine Bronchitis zurückzuführen, er habe deshalb eine Kur durchgeführt und die Bronchitis sei nunmehr ausgeheilt. Ferner kann die Indizwirkung erschüttert werden, wenn der Arbeitnehmer substantiiert darlegt, dass hinsichtlich der bisherigen Erkrankungen ihrer Natur nach oder aufgrund ihrer Entstehung keine Wiederholungsgefahr besteht, zB wenn er vorträgt, dass eine Fehlzeit auf einem Armbruch oder einer Blinddarmoperation beruhte.

359 Trägt der Arbeitnehmer zu den vom Arbeitgeber dargelegten Fehlzeiten nichts vor, gilt die **Behauptung des Arbeitgebers**, künftig sei mit entsprechend hohen Fehlzeiten zu rechnen, gem. § 138 Abs. 3 ZPO **als zugestanden** (*BAG* 6.9.1989 EzA § 1 KSchG Krankheit Nr. 26, zu B II 2b aa; 2.11.1989 RzK I 5g Nr. 32; APS-*Vossen* Rn 212). Das Gleiche gilt, wenn der Arbeitnehmer die Indizwirkung der Fehlzeiten unsubstantiiert bestreitet (*LAG Köln* 17.6.1994 LAGE § 1 KSchG Krankheit Nr. 18). Demgegenüber kann der Arbeitnehmer nicht einwenden, nach der für das Arbeitsverhältnis maßgebenden gesetzlichen, tariflichen oder vertraglichen Regelung müsse er im Krankheitsfall für bis zu drei Ausfalltage keine Arbeitsunfähigkeitsbescheinigung vorlegen. Die Nachweispflicht gilt nur für die Entgeltfortzahlung und hat nichts mit der Darlegungslast im Kündigungsschutzprozess zu tun (*BAG* 6.9.1989 EzA § 1 KSchG Krankheit Nr. 26, zu B II 2b aa).

Hat der Arbeitnehmer Umstände vorgetragen, die geeignet sind, die Indizwirkung der bisherigen 360
Fehlzeiten zu erschüttern, ist der **Arbeitgeber beweispflichtig** dafür, dass es bei der Indizwirkung
bleibt. Der Arbeitnehmer muss über die Erschütterung der Indizwirkung hinaus nicht den Gegenbeweis führen, dass nicht mit weiteren häufigen Erkrankungen zu rechnen sei (*BAG* 6.9.1989 EzA § 1
KSchG Krankheit Nr. 26; **aA** offensichtlich *Kasper* NJW 1994, 2987, der den Arbeitnehmer für verpflichtet hält, die Indizwirkung zu »entkräften«). Der Arbeitgeber kann den Beweis führen, dass die
vom Arbeitnehmer vorgetragenen Umstände entweder nicht zutreffen oder die Indizwirkung nicht
erschüttern. Hatte der Arbeitgeber bestimmte Krankheitsursachen behauptet, aus denen eine negative Gesundheitsprognose hergeleitet werden kann (zB chronische Bronchitis oder Gastritis), muss
er sie ebenfalls im Bestreitensfall beweisen. Gelingt der Beweis, der meist nur mit der Zeugenaussage
des behandelnden Arztes oder einem Sachverständigengutachten geführt werden kann, bleibt es bei
der Indizwirkung. Das Gleiche gilt, wenn der Arbeitnehmer eine Beweisführung unmöglich macht,
weil er den vom Arbeitgeber benannten behandelnden Arzt nicht von der Schweigepflicht entbindet (HaKo-KSchR/*Denecke* Rn 613; *Becker-Schaffner* BB 1992, 558) oder sich weigert, sich einer
Begutachtung zu unterziehen oder dafür notwendige Krankenunterlagen vorzulegen (ErfK-*Oetker*
Rn 126; LKB-*Krause* Rn 368). Konnte er dies aus gesundheitlichen Gründen nicht, kann ihm jedoch keine Beweisvereitelung vorgeworfen werden. Allerdings kann ein solcher Umstand für eine
negative Gesundheitsprognose sprechen (*BAG* 13.5.2004 EzA § 626 BGB 2002 Krankheit Nr. 2,
zu III). Fehlt dem Gericht medizinisches Fachwissen, muss es ein arbeitsmedizinisches Gutachten
einholen (*BAG* 6.9.1989 EzA § 1 KSchG Krankheit Nr. 26, zu B II 2b cc). Besteht nach der Beweisaufnahme ernsthaft die Möglichkeit eines von der bisherigen Entwicklung abweichenden Geschehensablaufs, dh einer geringeren Krankheitsanfälligkeit, ist die Indizwirkung erschüttert und eine
negative Gesundheitsprognose nicht möglich (*BAG* 6.9.1989 EzA § 1 KSchG Krankheit Nr. 26).

(2) Beeinträchtigung betrieblicher Interessen

Bei der Prüfung der sozialen Rechtfertigung einer personenbedingten Kündigung geht es in der 361
zweiten Stufe um die Folgen für die Durchführung des Arbeitsverhältnisses (s. Rdn 287). Die prognostizierten Fehlzeiten müssen zu einer **erheblichen Beeinträchtigung der betrieblichen Interessen**
führen. Es kommen zwei Arten von Beeinträchtigungen in Betracht, nämlich Betriebsablaufstörungen und erhebliche wirtschaftliche Belastungen des Arbeitgebers (st. Rspr. des *BAG*; zB 6.9.1989
EzA § 1 KSchG Krankheit Nr. 27). Diese vermögen eine Kündigung jedoch nicht zu rechtfertigen,
wenn eine leidensgerechte Weiterbeschäftigung des Arbeitnehmers möglich ist, die entsprechende
Beeinträchtigungen für die Zukunft nicht mehr erwarten lässt (*BAG* 2.11.1989 RzK I 5g Nr. 33;
24.11.2005 EzA § 1 KSchG Krankheit Nr. 52, zu B IV 1).

(a) Betriebsablaufstörungen

Betriebsablaufstörungen sind als Kündigungsgrund geeignet, wenn es sich um **schwerwiegende** 362
Störungen im Produktionsprozess handelt, die nicht durch mögliche Überbrückungsmaßnahmen
vermieden werden können (*BAG* 16.2.1989 EzA § 1 KSchG Krankheit Nr. 25 m. krit. Anm. *Schüren/Feuerborn*; abl. *Schwerdtner* DB 1990, 378). Derartige **Störungen** können etwa im Stillstand
von Maschinen, in einem Rückgang der Produktion wegen kurzfristig eingesetzten und erst einzuarbeitenden oder gar nicht beschaffbaren Ersatzpersonals, in der Überlastung des verbliebenen
Personals oder im Abzug von an sich benötigten Arbeitskräften aus anderen Arbeitsbereichen liegen (*BAG* 16.2.1989 EzA § 1 KSchG Krankheit Nr. 25). Von Bedeutung ist auch die Stellung
des Arbeitnehmers im Betrieb. Arbeitnehmer in Schlüsselpositionen sind schwerer ersetzbar als
Arbeitnehmer in untergeordneter Position. Bei herausgehobenen Positionen können uU auch nur
geringe Fehlzeiten eine Kündigung rechtfertigen (*BAG* 29.8.1984 RzK I 5g Nr. 9: 7,2 % = 20
Arbeitstage jährlich bei einem Kraftfahrer im ärztlichen Notfalldienst; **aA** *Bezani* S. 43 f., der eine
krankheitsbedingte Kündigung bei einer zu erwartenden Fehlzeit von weniger als 6 Wochen im
Regelfall für nicht gerechtfertigt hält). Nicht schwerwiegende Störungen, zB gelegentliche Überstunden von Mitarbeitern, muss der Arbeitgeber hinnehmen (*BAG* 15.2.1984 EzA § 1 KSchG
Krankheit Nr. 15).

363 Störungen im Produktionsprozess sind nicht schwerwiegend, wenn sie durch mögliche und zumutbare **Überbrückungsmaßnahmen** vermieden werden können. Dazu gehören der Einsatz eines Arbeitnehmers aus einer vorgehaltenen Personalreserve, eine Umorganisation der Arbeit oder die Neueinstellung einer Aushilfskraft, was bei Kurzerkrankungen allerdings nur selten in Betracht kommen dürfte (vgl. *BAG* 16.2.1989 EzA § 1 KSchG Krankheit Nr. 25 m. krit. Anm. *Schüren/Feuerborn*). Hat der Arbeitgeber bisher den Arbeitsausfall durch Einstellung einer Aushilfe, Umsetzung eines Arbeitnehmers oder Heranziehung eines Springers oder eines Leiharbeitnehmers überbrückt und ist er dazu auch künftig in der Lage, liegt keine hinreichende Betriebsablaufstörung vor (*BAG* 2.11.1989 RzK I 5g Nr. 31; 7.12.1989 RzK I 5g Nr. 34; 17.6.1999 EEK II, 244, zu II 3). Entsprechendes gilt beim Ausfall von Arbeitnehmern, die durch einen Springer ersetzt werden könnten, wenn der Arbeitgeber für sie keine Personalreserve im Rahmen einer durchschnittlichen Krankheitsquote vorhält, obwohl ihm dies zumutbar ist (vgl. *Herbst/Wohlfahrth* DB 1990, 1823). Ob der Arbeitgeber während der Ausfallzeit des Arbeitnehmers zur Entgeltfortzahlung verpflichtet ist, ist für die Frage der Betriebsablaufstörung unerheblich (*BAG* 7.12.1989 EzA § 1 KSchG Krankheit Nr. 25).

364 Der Arbeitgeber ist für das Vorliegen von Betriebsablaufstörungen **darlegungs- und beweispflichtig**. Dazu gehört auch die Schilderung, dass und aus welchen Gründen schwerwiegende Störungen im Betriebsablauf nicht durch mögliche Überbrückungsmaßnahmen vermieden werden können oder welcher Mehraufwand zu ihrer Vermeidung erforderlich ist (*BAG* 17.6.1999 EEK II, 244, zu II 2b). Macht der Arbeitgeber geltend, der Ausfall des erkrankten Arbeitnehmers habe bisher nicht durch seine Personalreserve überbrückt werden können, hat er iE darzulegen, welche Ausfallzeiten durch die Personalreserve und ggf. welche Ausfallzeiten durch Überstunden des Stammpersonals bisher ausgeglichen werden konnten (*BAG* 2.11.1989 RzK I 5g Nr. 31). Maßgebend ist, ob während der konkreten Ausfallzeiten tatsächlich Springer zur Verfügung standen, zB weil zu dieser Zeit die allgemeine Fehlzeitenquote unterdurchschnittlich war und Springer frei waren, und künftig mit einer ähnlichen Entwicklung zu rechnen ist (*BAG* 7.12.1989 RzK I 5g Nr. 34). Zweifel gehen zu Lasten des Arbeitgebers.

(b) Erhebliche wirtschaftliche Belastungen

365 Als erhebliche wirtschaftliche Belastung, die eine krankheitsbedingte Kündigung rechtfertigen kann, sind auch **Entgeltfortzahlungskosten** für den erkrankten Arbeitnehmer geeignet (st. Rspr. des *BAG* seit 23.6.1983 EzA § 1 KSchG Krankheit Nr. 12; nachfolgend etwa 29.7.1993 EzA § 1 KSchG Krankheit Nr. 40 m. zust. Anm. *Weslau/Haupt*; 20.1.2000 EzA § 1 KSchG Krankheit Nr. 47; 10.11.2005 EzA § 1 KSchG Krankheit Nr. 52, zu B I 2a; **aA** SPV-*Preis* Rn 1255; *Berkowsky* Personenbedingte Kündigung S. 57; *Ide* AuR 1980, 229; *Kittner* Anm. EzA § 1 KSchG Krankheit Nr. 26; *Popp* DB 1981, 2611; DB 1986, 1461; *Stein* BB 1985, 605; krit. zur Rspr. des BAG auch *Schwerdtner* DB 1990, 375 und DDZ-*Deinert* Rn 126; nach ErfK-*Ascheid* 6. Aufl. Rn 231 ist auf den durch die Krankheit des Arbeitnehmers eingetretenen Produktions- und den damit verbundenen Einnahmeverlust abzustellen; ausschlaggebend für den Kündigungsgrund ist aber die Störung des arbeitsvertraglichen Synallagmas). Der Schutzzweck der Entgeltfortzahlungsbestimmungen und der des allgemeinen Kündigungsschutzes ist nur partiell identisch (*Schukai* DB 1976, 2016; *Birkner-Kuschyk/Tschöpe* DB 1981, 270; *Weller* ArbRdGgw Bd. 20, 1982, S. 83; krit. *Weber/Hoß* DB 1993, 2432). Die Heranziehung der Entgeltfortzahlungskosten als Kündigungsgrund verstößt nicht gegen das **Maßregelungsverbot** von § 612a BGB, da eine personenbedingte Kündigung nicht an eine Rechtsausübung des Arbeitnehmers iS dieser Norm, sondern an eine Störung des arbeitsvertraglichen Austauschverhältnisses anknüpft (*BAG* 16.2.1989 EzA § 1 KSchG Krankheit Nr. 25; HK-*Dorndorf* Rn 406; *Lepke* Rn 226; aA *Preis* DB 1988, 1444; DDZ-*Deinert* Rn 126, 129). Diese Rspr. wird inzwischen weitgehend akzeptiert (etwa HaKo-KSchR/*Denecke* Rn 567; Bader/Bram-*Kreutzberg-Kowalczyk* Rn 130; MüKo-BGB/*Hergenröder* Rn 196, 199; zu deren Vereinbarkeit mit dem Diskriminierungsschutzrecht s. Rdn 338).

366 Erheblich ist die wirtschaftliche Belastung, wenn für den erkrankten Arbeitnehmer voraussichtlich jährlich Entgeltfortzahlungskosten **für einen Zeitraum von mehr als sechs Wochen** aufzuwenden

sind (*BAG* 5.7.1990 EzA § 1 KSchG Krankheit Nr. 32; 29.7.1993 EzA § 1 KSchG Krankheit Nr. 40; 20.1.2000 EzA § 1 KSchG Krankheit Nr. 47; 10.11.2005 EzA § 1 KSchG Krankheit Nr. 52, zu B I 2a; krit. hierzu *Preis* Anm. AP § 1 KSchG 1969 Krankheit Nr. 20). Dies gilt auch dann, wenn die Fehlzeiten des Arbeitnehmers nicht zu Betriebsablaufstörungen führen und der Arbeitgeber keine Personalreserve vorhält (*BAG* 29.7.1993 EzA § 1 KSchG Krankheit Nr. 40). Der Betrag der Entgeltfortzahlungskosten für sechs Wochen muss nicht noch um einen bestimmten Mindestbetrag überschritten werden (*BAG* 13.12.1990 RzK I 5g Nr. 42, zu B II 2c cc). Ebenso wenig ist erforderlich, dass Entgeltfortzahlungskosten bezogen auf die bisherige Gesamtdauer des Arbeitsverhältnisses für durchschnittlich mehr als sechs Wochen jährlich aufzuwenden waren (*BAG* 13.8.1992 EzA § 1 KSchG Krankheit Nr. 36). Entgeltfortzahlungskosten bis zu sechs Wochen jährlich hält das Gesetz hingegen im Rahmen der Regelungen über die Entgeltfortzahlung für zumutbar. Sie können deshalb auch eine Kündigung nicht sozial rechtfertigen (*BAG* 6.9.1989 EzA § 1 KSchG Krankheit Nr. 28 m. Anm. *Oetker*). Andererseits bedeuten Entgeltfortzahlungskosten von mehr als sechs Wochen jährlich nicht stets, dass damit die Kündigung sozial gerechtfertigt ist. Insoweit kommt es noch auf die Interessenabwägung an (*BAG* 13.6.1990 RzK I 5g Nr. 38; 10.11.2005 EzA § 1 KSchG Krankheit Nr. 52, zu B I 2a; s.a. Rdn 374 ff.).

Tarifliche Regelungen, die für einzelne Arbeitnehmer jährliche Entgeltfortzahlungsansprüche von mehr als sechs Wochen vorsehen, verändern den kündigungsrechtlichen Maßstab nicht. Solche Regelungen berühren nicht die für die soziale Rechtfertigung der Kündigung maßgebliche gesetzliche Wertung (ebenso Bader/Bram-*Kreutzberg-Kowalczyk* Rn 134). Nur wenn sich aus dem Tarifvertrag hinreichend deutlich ergibt, dass damit dem Arbeitnehmer auch ein verstärkter Kündigungsschutz gewährt werden soll, ist dies zu beachten (für einen Anspruch auf Zuschuss zum Krankengeld *BAG* 6.9.1989 EzA § 1 KSchG Krankheit Nr. 28, zu III 2). 367

Maßgeblich ist allein ein zu prognostizierendes **Missverhältnis** zwischen Leistung und Gegenleistung **im Verhältnis zwischen Arbeitnehmer und Arbeitgeber**. Auf die wirtschaftliche Gesamtlage des Arbeitgebers und damit auf dessen Belastbarkeit kommt es nicht an. Dementsprechend bleibt eine krankheitsbedingte Störung des Austauschverhältnisses auch dann beachtlich, wenn der Arbeitgeber die wirtschaftlichen Belastungen durch die Entgeltfortzahlung auf Dritte abwälzen kann oder wenn sie etwa im Rahmen eines Troncvergütungssystems letztlich nicht den Arbeitgeber, sondern andere Arbeitnehmer treffen (*BAG* 8.11.2007 EzA § 1 KSchG Krankheit Nr. 54, zu B I 2b bb). 368

Bei der Bestimmung der künftig zu erwartenden Entgeltfortzahlungskosten bleiben Fehlzeiten aus der Vergangenheit unberücksichtigt, bei denen **keine Wiederholungsgefahr** besteht (s. Rdn 352 ff.), ebenso Ausfallzeiten, für die keine Entgeltfortzahlungspflicht mehr besteht, weil die einzelne Krankheit den Zeitraum von sechs Wochen überschritten hat und stets wieder auftritt, bevor ein neuer Entgeltfortzahlungsanspruch entstanden ist (*BAG* 7.12.1989 RzK I 5g Nr. 34). Andererseits sind als weitere wirtschaftliche Belastung des Arbeitgebers die die Vergütung des Arbeitnehmers übersteigenden Mehrkosten für eine Ersatzkraft zu berücksichtigen, nicht jedoch die Kosten für eine Vorhaltereserve (*BAG* 12.4.1984 DB 1985, 873). Treten neben Betriebsablaufstörungen Entgeltfortzahlungskosten für weniger als sechs Wochen pro Jahr auf, sind erstere für die soziale Rechtfertigung ausschlaggebend. Letztere können in der Interessenabwägung berücksichtigt werden (für eine Kumulierung ErfK-*Oetker* Rn 144; LKB-*Krause* Rn 377). 369

Gegenüberzustellen sind die **Bruttovergütung**, die der Arbeitnehmer für sechs Wochen Arbeitsunfähigkeit erhalten würde, und die tatsächlich in dem betreffenden Jahr geleistete **Bruttoentgeltfortzahlung**. Neutral sind in dieser Gegenüberstellung etwaig tarifvertraglich zu leistende Zuschüsse zum Krankengeld. Mit ihrer Zusage übernehmen die Arbeitgeber ein nach dem Gesetz den Arbeitnehmern zugewiesenes Risiko. Verwirklicht es sich, soll dies – in finanzieller Hinsicht – allein zu ihren Lasten gehen und regelmäßig nicht den Bestandsschutz der Arbeitnehmer mindern (*BAG* 25.4.2018 – 2 AZR 6/18 – EzA § 626 BGB 2002 Krankheit Nr. 5, Rn 31). Entsprechendes gilt für Sonderzahlungen, selbst wenn sie (auch) Entgelt für geleistete Arbeit darstellen, aber auch für Zeiten der Arbeitsunfähigkeit gezahlt werden, weil in der ihnen zugrundeliegenden Vereinbarung kein Gebrauch von der Kürzungsmöglichkeit gem. § 4a EFZG gemacht wurde (ablehnend gegenüber 370 ihrer Einbeziehung auch DDZ-*Deinert* Rn 128; *LAG Hmb*. 13.11.2020 – 2 Sa 15/20, Revision zurückgewiesen durch *BAG* 22.7.2021 – 2 AZR 125/21; beschränkt auf echte Gratifikationen HaKo-KSchR/*Denecke* Rn 571; aA *LKB-Krause* Rn 379; APS-*Vossen* Rn 162). Soweit die Arbeitsunfähigkeitszeiten selbst entgeltfortzahlungspflichtig waren, änderte im Übrigen auch eine anteilige Einbeziehung der Sonderzahlungen nichts am Ergebnis, da diese Leistungen dann auf beiden Seiten des Vergleichs berücksichtigt werden müssten. Kosten für Leiharbeitnehmer sind nur für die Kündigung wegen Betriebsablaufstörungen relevant (vgl. *BAG* 17.6.1999 EEK II, 244, zu II 2b; aA Bader/Bram-*Kreutzberg-Kowalczyk* Rn 135a).

371 Der Arbeitgeber ist **darlegungs- und beweispflichtig** für die zu erwartenden Entgeltfortzahlungskosten. Er hat darzulegen, dass von ihm in der Vergangenheit (mindestens in den letzten zwei Jahren; BAG 25.4.2018 – 2 AZR 6/18: regelmäßig ist ein Referenzzeitraum von drei Jahren zugrunde zu legen s. Rdn 354) Entgeltfortzahlungskosten für einen Zeitraum von jährlich mehr als sechs Wochen für Ausfallzeiten aufzuwenden waren, die auch künftig zu besorgen sind. Ein spezifizierter Vortrag, auf welchen Betrag sich der den Zeitraum von sechs Wochen übersteigende Entgeltfortzahlungsanteil beläuft, ist aber nicht erforderlich (*BAG* 13.12.1990 RzK I 5g Nr. 42).

(c) **Umsetzungsmöglichkeit**

372 Führen die zu erwartenden Fehlzeiten auf dem bisherigen Arbeitsplatz zu einer **erheblichen Beeinträchtigung der betrieblichen Interessen**, ist nach dem Grundsatz der Verhältnismäßigkeit zu prüfen, ob der Arbeitnehmer nicht auf einem freien oder freizumachenden (s. Rdn 404) Arbeitsplatz untergebracht werden kann, auf dem keine betrieblichen Beeinträchtigungen mehr zu erwarten sind. Diese Verpflichtung besteht unabhängig davon, ob die Erkrankungen auf betriebliche Tätigkeiten zurückzuführen sind. Besteht eine Umsetzungsmöglichkeit, führt die Krankheit nicht zu einer erheblichen Beeinträchtigung der betrieblichen Interessen (*BAG* 2.11.1989 RzK I 5g Nr. 33; 24.11.2005 EzA § 1 KSchG Krankheit Nr. 52, zu B IV 1). Den Arbeitgeber trifft die Darlegungs- und Beweislast dafür, dass die Kündigung durch den in der Person des Arbeitnehmers liegenden Grund bedingt ist, ohne dass eine andere Beschäftigung möglich wäre. Bestreitet der Arbeitnehmer nicht die negative Gesundheitsprognose, genügt nach den Grundsätzen der abgestuften Darlegungs- und Beweislast aber zunächst der Vortrag des Arbeitgebers, die Weiterbeschäftigung zu gleichen Bedingungen führe zu einer erheblichen Beeinträchtigung der betrieblichen Interessen. Es obliegt dann dem Arbeitnehmer darzulegen, wie er sich eine anderweitige Beschäftigung vorstellt, bei der Beeinträchtigungen durch die Krankheit nicht eintreten. Erst dann muss der Arbeitgeber eingehend darlegen, aus welchen Gründen eine Umsetzung nicht möglich ist (*BAG* 2.11.1989 RzK I 5g Nr. 33). Äußert er sich nicht, geht dies zu seinen Lasten (*LAG Nbg*. 21.1.2003 LAGE § 1 KSchG Krankheit Nr. 34). Zur Schaffung eines neuen Arbeitsplatzes ist der Arbeitgeber nicht verpflichtet (*LAG Düsseld*. 4.5.1995 LAGE § 1 KSchG Krankheit Nr. 20).

373 Eine **erweiterte Darlegungs- und Beweislast** trifft den Arbeitgeber, der es versäumt hat, entgegen der gesetzlichen Verpflichtung gem. § 167 Abs. 2 SGB IX, ein **betriebliches Eingliederungsmanagement** (bEM) durchzuführen (s. dazu iE Rdn 224 ff. und Rdn 343 ff.). Ein bEM ist nicht nur bei lang andauernden Krankheiten geboten. Es ist auch bei häufigen Kurzerkrankungen des Arbeitnehmers nicht ausgeschlossen oder von vorneherein überflüssig. Auch aus Krankheiten, die auf unterschiedlichen Grundleiden beruhen, kann sich – zumal wenn sie auf eine generelle Krankheitsanfälligkeit des Arbeitnehmers hindeuten – eine Gefährdung des Arbeitsverhältnisses ergeben, der das bEM entgegenwirken soll (*BAG* 20.11.2014 EzA § 1 KSchG Krankheit Nr. 59, Rn 42; KHM/ *Kossens* SGB IX § 84 Rn 24; *Neumann* in Neumann/Pahlen/Majerski-Pahlen SGB IX § 84 Rn 10; *Deinert* NZA 2010, 969, 971; aA *Balders/Lepping* NZA 2005, 854, 855). Der Arbeitgeber, der ein gebotenes bEM unterlassen hat, hat im Einzelnen darzulegen, weshalb auch mit seiner Hilfe keine Möglichkeit erkannt worden wäre, die Kündigung durch angemessene mildere Maßnahmen zu vermeiden (vgl. *BAG* 20.11.2014 EzA § 1 KSchG Krankheit Nr. 59, Rn 27). Dazu muss er umfassend und detailliert vortragen, weshalb weder eine leidensgerechte Anpassung noch Veränderung des bisherigen Arbeitsplatzes möglich gewesen sei und der Arbeitnehmer auch nicht auf einem anderen

Arbeitsplatz bei geänderter Tätigkeit habe eingesetzt werden können, weshalb also ein bEM nicht hätte dazu beitragen können, neuerlichen Krankheitszeiten vorzubeugen und das Arbeitsverhältnis zu erhalten (*BAG* 20.11.2014 EzA § 1 KSchG Krankheit Nr. 59, Rn 39).

(3) Interessenabwägung

Bei der Prüfung der sozialen Rechtfertigung ist **in der dritten Stufe** eine **Interessenabwägung** vorzunehmen, dh es ist zu prüfen, ob die betrieblichen Beeinträchtigungen aufgrund der Besonderheiten des Einzelfalls vom Arbeitgeber **billigerweise noch hinzunehmen sind** oder ihn überfordern (st. Rspr. des *BAG*, etwa 29.7.1993 EzA § 1 KSchG Krankheit Nr. 40; 20.1.2000 EzA § 1 KSchG Krankheit Nr. 47; 10.11.2005 EzA § 1 KSchG Krankheit Nr. 52, zu B I 2a; 8.11.2007 EzA § 1 KSchG Krankheit Nr. 54, zu B I 1; aus dem Schrifttum *Berkowsky* BB 1981, 910; *Ide* AuR 1980, 228; *Popp* DB 1981, 2611; *Weller* ArbRdGgw Bd. 20, 1982, S. 86). Es gibt **keine generellen Maßstäbe** zur Ermittlung der **zeitlichen, betrieblichen und wirtschaftlichen** Umstände, die der Arbeitgeber noch hinnehmen muss (*BAG* 23.6.1983 EzA § 1 KSchG Krankheit Nr. 12; 10.3.1977 EzA § 1 KSchG Krankheit Nr. 4; *Eser* BB 1985, 1474; *Lepke* Rn 155 ff.; SPV-*Preis* Rn 1263 ff.; *Popp* AuR 1979, 46; *Weller* ArbRdGgw Bd. 20, 1982, 85; aA *Schukai* DB 1976, 2015; *Weisemann* BB 1977, 1767; *LAG Hamm* 17.2.1981 BB 1981, 733; *LAG SchlH* 6.4.1981 DB 1981, 1547). Auf eine bestimmte Fehlquote (zB von jährlich 15–25 vH) als Grenze für die zeitliche und wirtschaftliche Belastung des Arbeitgebers ist nicht abzustellen (*BAG* 2.11.1983 EzA § 1 KSchG Krankheit Nr. 13; APS-*Vossen* Rn 170; aA *LAG Hamm* 29.7.1982 BB 1983, 701; *Schwerdtner* DB 1990, 378). Ebenso wenig kann die allgemeine (abstrakte) Ungewissheit, wann der im Kündigungszeitpunkt erkrankte Arbeitnehmer an seinen Arbeitsplatz zurückkehrt und seine vertraglich geschuldete Arbeitsleistung wiederaufnimmt, die Kündigung sozial rechtfertigen (*BAG* 19.5.1993 RzK I 5g Nr. 54). Es kommt vielmehr auf die konkreten Umstände des Einzelfalls an. 374

Bei der Interessenabwägung sind danach insbes. folgende Umstände zu berücksichtigen: 375

(a) Ursachen der Erkrankung

Ist die Erkrankung auf **betriebliche Ursachen** zurückzuführen, ist dies zugunsten des Arbeitnehmers zu berücksichtigen (*Preis* Krankheit im Arbeitsverhältnis S. 111). Die Fehlquote der nach ihrer Beanspruchung vergleichbaren Arbeitnehmer kann hierfür ein Indiz geben (HaKo-KSchR/*Denecke* Rn 574). Der Arbeitgeber trägt die **Darlegungs- und Beweislast** dafür, dass ein solcher Kausalzusammenhang nicht besteht (*BAG* 6.9.1989 EzA § 1 KSchG Krankheit Nr. 27; 5.7.1990 EzA § 1 KSchG Krankheit Nr. 32; 7.11.2002 EzA § 1 KSchG Krankheit Nr. 50, zu B I 2c dd (a)). Der Arbeitnehmer hat jedoch gem. § 138 Abs. 2 ZPO zunächst Umstände darzulegen, die auf einen solchen Zusammenhang schließen lassen. Er hat die Krankheiten bestimmten Ursachen zuzuordnen, um dem Arbeitgeber eine Erwiderung zu ermöglichen. Allein die Entbindung des behandelnden Arztes von der Schweigepflicht genügt nicht (*BAG* 17.6.1999 EzA § 1 KSchG Wiedereinstellungsanspruch Nr. 4, zu II 2b). 376

Trägt der Arbeitnehmer derartige Umstände vor, genügt der Arbeitgeber seiner **Darlegungslast**, wenn er die betriebliche Tätigkeit des Arbeitnehmers schildert und einen ursächlichen Zusammenhang mit den Fehlzeiten bestreitet. Der Arbeitnehmer muss dann die behandelnden Ärzte von der Schweigepflicht entbinden. Hierauf ist es Sache des Arbeitgebers, für die fehlende Kausalität zwischen Arbeitsbedingungen und Erkrankungen Beweis anzutreten (*BAG* 6.9.1989 EzA § 1 KSchG Krankheit Nr. 27). Der Beweis wird idR nur durch den behandelnden Arzt oder einen medizinischen Sachverständigen geführt werden können (*BAG* 5.7.1990 EzA § 1 KSchG Krankheit Nr. 32; 7.11.2002 EzA § 1 KSchG Krankheit Nr. 50, zu B I 2c dd (a)). 377

Können betriebliche Verhältnisse (zB Staubluft) nur iVm einer **besonderen Anlage des Arbeitnehmers** (zB erhöhte Reizbarkeit des Bronchialsystems) zu häufigen Erkrankungen führen, braucht der möglichen Mitursächlichkeit der betrieblichen Umstände kein ausschlaggebendes Gewicht beigemessen zu werden (*BAG* 5.7.1990 EzA § 1 KSchG Krankheit Nr. 32; aA *Pflüger* DB 1995, 1764, 378 der dem Arbeitgeberinteresse nur bei Vorliegen von Unzumutbarkeitsgründen – etwa Existenzgefährdung – Vorrang einräumen will).

379 Beruhen Erkrankungen des Arbeitnehmers auf seinem **Verschulden** (zB Unfälle infolge unvorsichtigen Verhaltens) oder auf ungewöhnlicher außerdienstlicher Beanspruchung (zB Nebentätigkeit unter Überschreitung der Höchstarbeitszeit nach dem ArbZG, übermäßige sportliche Betätigung), ist dies zu seinen Lasten zu berücksichtigen (HK-*Dorndorf* Rn 417; HaKo-KSchR/*Denecke* Rn 574).

(b) **Höhe der durchschnittlichen Ausfallquote**

380 Je geringer die Fehlzeiten über der durchschnittlichen Ausfallquote im Betrieb bzw. in dem betreffenden Arbeitsbereich liegen, desto mehr ist dies zugunsten des Arbeitnehmers zu berücksichtigen (HaKo-KSchR/*Denecke* Rn 574; DDZ-*Deinert* Rn 139).

(c) **Dauer des ungestörten Verlaufs des Arbeitsverhältnisses**

381 Je länger das Arbeitsverhältnis ungestört, dh ohne krankheitsbedingte Fehlzeiten, in der Vergangenheit dauerte, desto mehr Rücksichtnahme schuldet der Arbeitgeber (*BAG* 8.11.2007 EzA § 1 KSchG Krankheit Nr. 54, zu B I 1; HK-*Dorndorf* Rn 418). Als »Störung« in diesem Sinne sind **auch kürzere Fehlzeiten** unter sechs Wochen jährlich anzusehen (*BAG* 6.9.1989 EzA § 1 KSchG Krankheit Nr. 28 m. krit. Anm. *Oetker*) sowie Fehlzeiten, bei denen keine Wiederholungsgefahr besteht (*BAG* 2.11.1989 RzK I 5g Nr. 32).

382 Hatte der Arbeitgeber bei der Einstellung des Arbeitnehmers Kenntnis von dessen Alter und einer **chronischen Erkrankung**, muss er längere Fehlzeiten hinnehmen als bei anderen Arbeitnehmern, die in diesem Alter nicht an chronischen Erkrankungen leiden (*BAG* 10.6.1969 EzA § 1 KSchG Nr. 13).

(d) **Alter des Arbeitnehmers**

383 Stand ein Arbeitnehmer lange oder gar sein gesamtes Berufsleben in dem Arbeitsverhältnis, ist dem Arbeitgeber im fortgeschrittenen Alter des Arbeitnehmers eine höhere Belastung durch Fehlzeiten und die dadurch entstehenden Kosten zuzumuten (*LAG Köln* 28.8.2001 NZA-RR 2002, 465, zu 2.3; *LAG Bln.* 28.8.2001 NZA-RR 2002, 465). Soweit es um Entgeltfortzahlungskosten geht, ist eine auf unbestimmte Zeit zu erwartende Belastung umso höher, je jünger der Arbeitnehmer ist (*BAG* 6.9.1989 EzA § 1 KSchG Krankheit Nr. 28; 20.1.2000 EzA § 1 KSchG Krankheit Nr. 47, zu B III 3; APS-*Vossen* Rn 179; HaKo-KSchR/*Denecke* Rn 574; aA *Preis* Krankheit im Arbeitsverhältnis S. 100; HK-*Dorndorf* Rn 420). Dies diskriminiert jüngere Arbeitnehmer nicht entgegen der Richtlinie 2000/78/EG, da die zu prognostizierende unterschiedliche Dauer der Belastung des Arbeitgebers durch überdurchschnittliche Fehlzeiten die Differenzierung nach Art. 6 Abs. 1 S. 1 der Richtlinie rechtfertigt (DDZ-*Deinert* Rn 139). Bei einem 40-jährigen Arbeitnehmer ist zB noch erhebliche Zeit mit Belastungen durch Entgeltfortzahlung zu rechnen (*BAG* 27.11.1991 RzK I 5g Nr. 45; 2.11.1989 RzK I 5g Nr. 31), während dies bei einem 59-jährigen überschaubar ist.

(e) **Unterhaltspflichten**

384 Zugunsten des Arbeitnehmers sind seine Unterhaltspflichten zu berücksichtigen (*BAG* 27.11.1991 RzK I 5g Nr. 45; 6.9.1989 EzA § 1 KSchG Krankheit Nr. 26; 8.11.2007 EzA § 1 KSchG Krankheit Nr. 54, zu B I 1; aA *Oetker* Anm. EzA § 1 KSchG Krankheit Nr. 28), zu denen auch Unterhaltspflichten aus einer eingetragenen Lebensgemeinschaft gehören (*Kleinebrink* ArbRB 2003, 21). Je mehr Unterhaltspflichten der Arbeitnehmer trägt, desto höheren sozialen Schutz verdient er (*BAG* 20.1.2000 EzA § 1 KSchG Krankheit Nr. 47 m. krit. Anm. *Rolfs*, zu B III 5a; APS-*Vossen* Rn 180; HaKo-KSchR/*Denecke* Rn 574; *Becker-Schaffner* ZTR 1997, 51; *Lingemann* BB 2000, 1836 f.; aA SPV-*Preis* Rn 1264; *Ascheid* Betriebliche Praxis S. 81; *Hoß* MDR 1999, 783; ArbRB 2002, 380; *Schwerdtner* Brennpunkte des Arbeitsrechts 1998, S. 236; nach *Preis* Krankheit im Arbeitsverhältnis S. 111 tritt dieser Umstand bei der Interessenabwägung »in den Hintergrund«). Sie können zwar

nicht bei einem ansonsten eindeutigen Abwägungsergebnis, wohl aber in Grenzfällen ausschlaggebend sein (*BAG* 20.1.2000 EzA § 1 KSchG Krankheit Nr. 47, zu B III 5a dd).

(f) **Schwerbehinderung**

Die besondere Schutzbedürftigkeit aufgrund einer Schwerbehinderung des Arbeitnehmers ist ebenfalls bei der Interessenabwägung zu berücksichtigen (*BAG* 20.1.2000 EzA § 1 KSchG Krankheit Nr. 47, zu B III 5b; 24.11.2005 EzA § 1 KSchG Krankheit Nr. 51, zu B VI; 8.11.2007 EzA § 1 KSchG Krankheit Nr. 54, zu B I 1). 385

(g) **Situation auf dem Arbeitsmarkt**

Die Situation auf dem Arbeitsmarkt kann zugunsten des Arbeitnehmers berücksichtigt werden, wenn er – ggf. auch nach Umschulungen – nur schwer einen neuen Arbeitsplatz finden kann (*BAG* 22.2.1980 EzA § 1 KSchG Krankheit Nr. 5; DDZ-*Deinert* Rn 139; *Becker-Schaffner* ZTR 1997, 51; aA *Schwerdtner* Brennpunkte des Arbeitsrechts 1998, S. 235; *Preis* Krankheit im Arbeitsverhältnis S. 111, will diesem Gesichtspunkt nur eine untergeordnete Bedeutung beimessen). 386

(h) **Zumutbarkeit weiterer Überbrückungsmaßnahmen**

Zur Zumutbarkeit weiterer Überbrückungsmaßnahmen *BAG* 6.9.1989 EzA § 1 KSchG Krankheit Nr. 26 und 27. Hält der Arbeitgeber **keine Personalreserve** vor, ist zu prüfen, ob ihm weitere Überbrückungsmaßnahmen (zB Überstunden der Belegschaft, Einstellung einer Ersatzkraft) zumutbar sind, was insbes. bei kleineren Unternehmen idR zu verneinen ist. Hält der Arbeitgeber eine Personalreserve vor, kann dies insbes. die Belastung mit Entgeltfortzahlungskosten unzumutbar machen (s. Rdn 389), ohne dass daneben noch weitere den Betrieb belastende Auswirkungen vorliegen müssten (*BAG* 6.9.1989 EzA § 1 KSchG Krankheit Nr. 26 und 27). Kommt es trotz Vorhaltens einer für den durchschnittlichen Personalausfall ausreichenden Personalreserve zu Betriebsablaufstörungen (s. Rdn 362 ff.), ist auch dies zugunsten des Arbeitgebers zu berücksichtigen. 387

Die Zumutbarkeit weiterer Überbrückungsmaßnahmen hängt auch von der **Stellung des Arbeitnehmers im Betrieb** ab (*BAG* 22.2.1980 EzA § 1 KSchG Krankheit Nr. 5). Je unentbehrlicher der Arbeitnehmer für den Betrieb ist, desto weniger sind dem Arbeitgeber weitere Überbrückungsmaßnahmen zumutbar. In diesen Fällen kann das Interesse des Betriebes an einer endgültigen Besetzung der Position mit einem anderen Bewerber höher zu bewerten sein als das Interesse des häufig arbeitsunfähigen Arbeitnehmers an der Erhaltung seines Arbeitsplatzes (zB wenn die einzige Fremdsprachenkorrespondentin eines exportorientierten Spezialbetriebs mit besonderen Fachausdrücken häufig ausfällt). Auch die wirtschaftliche Lage des Unternehmens ist bei der Zumutbarkeitsprüfung zu berücksichtigen (*BAG* 22.2.1980 EzA § 1 KSchG Krankheit Nr. 5; *Becker-Schaffner* ZTR 1997, 51). 388

(i) **Höhe der Entgeltfortzahlungskosten**

Hier ist zunächst zu prüfen, ob krankheitsbedingte Ausfälle auch bei anderen Arbeitnehmern, die eine vergleichbare Arbeit unter ähnlichen Bedingungen verrichten, besonders häufig zu verzeichnen sind. Ist die **Ausfallquote bei den Arbeitskollegen** ebenfalls besonders hoch, kann nur eine ganz erheblich höhere (überdurchschnittliche) Ausfallquote eine Kündigung rechtfertigen (*BAG* 18.9.1986 RzK I 5g Nr. 18; 16.2.1989 EzA § 1 KSchG Krankheit Nr. 25; 10.5.1990 RzK I 5g Nr. 37; aA *Schwerdtner* DB 1990, 375). Abgesehen davon kann aber allein die zu erwartende wirtschaftliche Belastung des Arbeitgebers mit außergewöhnlich hohen Entgeltfortzahlungskosten für ihn unzumutbar sein und die Kündigung rechtfertigen (*BAG* 16.2.1989 EzA § 1 KSchG Krankheit Nr. 25; 13.6.1990 RzK I 5g Nr. 38). Es ist hierbei auf die Kosten des konkreten Arbeitsverhältnisses abzustellen und nicht auf die Gesamtbelastung des Betriebes mit Entgeltfortzahlungskosten und dessen wirtschaftliche Belastung (*Tschöpe* BB 2001, 2112; nach *Berkowsky*, NZA-RR 2001, 399, sind auch die dem Arbeitgeber zur Überbrückung des Produktivitätsausfalls infolge der Fehlzeit des 389 erkrankten Arbeitnehmers entstehenden Kosten einzubeziehen). Unerheblich ist, ob der Arbeitgeber hohe Gewinne erzielt (*BAG* 22.5.1986 RzK I 5g Nr. 16).

390 Die Rechtfertigung der Kündigung durch hohe Entgeltfortzahlungskosten verstößt nicht gegen das **Maßregelungsverbot** des § 612a BGB (s. Rdn 365).

(j) **Darlegungs- und Beweislast**

391 Als darlegungs- und beweispflichtige Partei (§ 1 Abs. 2 S. 4 KSchG) hat der **Arbeitgeber** alle Umstände vorzutragen, die bei der Interessenabwägung zu berücksichtigen sind. Soweit es sich um für den Arbeitnehmer günstige Tatsachen handelt, die nur dem Arbeitnehmer bekannt sind, muss dieser sie so in den Prozess einführen, dass sich der Arbeitgeber hierauf sachlich einlassen kann. Der Arbeitgeber hat im Streitfall diese Umstände zu widerlegen (*BAG* 6.9.1989 EzA § 1 KSchG Krankheit Nr. 27; *Ascheid* Beweislastfragen, S. 109 f.).

(4) **Gerichtlicher Beurteilungsspielraum**

392 Dem LAG steht bei der Prüfung der Frage, ob die Voraussetzungen für eine sozial gerechtfertigte Kündigung vorliegen, in allen drei Stufen ein in der Revisionsinstanz **nur beschränkt nachprüfbarer Beurteilungsspielraum** zu. In der Revisionsinstanz kann nur nachgeprüft werden, ob das LAG die vom BAG aufgestellten Rechtsgrundsätze beachtet und bei der Subsumtion den gesamten Sachverhalt gewürdigt und hierbei nicht gegen Denkgesetze und allgemeine Erfahrungssätze verstoßen hat (*BAG* 26.5.1977 EzA § 102 BetrVG 1972 Nr. 30; 7.11.2002 EzA § 1 KSchG Krankheit Nr. 50, zu B I 2a; s. im Übrigen Rdn 210).

cc) **Kündigung wegen langandauernder Krankheit**

(1) **Negative Gesundheitsprognose**

393 Auch bei einer Kündigung wegen langanhaltender Erkrankung ist eine negative Gesundheitsprognose erforderlich. Die Arbeitsunfähigkeit muss **im Zeitpunkt des Zugangs der Kündigung** noch bestehen, da sonst idR keine negative Prognose bestehen kann (LKB-*Krause* Rn 390), und es müssen objektive Tatsachen vorliegen, die die Besorgnis rechtfertigen, dass **die Arbeitsunfähigkeit für voraussichtlich längere oder nicht absehbare Zeit andauern wird** (*BAG* 25.11.1982 EzA § 1 KSchG Krankheit Nr. 10, zu B I; 29.4.1999 EzA § 1 KSchG Krankheit Nr. 46; 12.7.2007 EzA § 84 SGB IX Nr. 3, zu B II 2a). Maßgebend sind die objektiven Verhältnisse im Zeitpunkt des Zugangs der Kündigung, auch wenn der behandelnde Arzt eine andere Prognose erstellt hat (*BAG* 21.2.2001 EzA § 1 KSchG Krankheit Nr. 48). Auf die bisherige Dauer der Arbeitsunfähigkeit kommt es nicht an; jedoch kann eine bisher langanhaltende Erkrankung eine Indizwirkung entfalten (*BAG* 12.4.2002 EzA § 1 KSchG Krankheit Nr. 49, zu II 3d aa; HaKo-KSchR/*Denecke* Rn 578; *LAG SchlH* 11.3.2008 AuA 2008, 495: 14 Monate) und ist zugunsten des Arbeitgebers bei der Interessenabwägung zu berücksichtigen (*LAG Nbg.* 19.12.1995 LAGE § 1 KSchG Krankheit Nr. 23, zu 1b bb; HK-*Dorndorf* Rn 426; *Lepke* Rn 142 f.; aA *LAG Köln* 25.8.1995 LAGE § 4 KSchG Nr. 30; 19.12.1995 LAGE § 1 KSchG Krankheit Nr. 22, das eine hinreichende Dauer in der Vergangenheit von mehreren Monaten für erforderlich hält; *Becker-Schaffner* ZTR 1997, 50; ErfK-*Oetker* Rn 131: Ablauf einer sechswöchigen Frist erforderlich, sofern die Prognose nicht sicher ist). In der Vergangenheit wurde diskutiert, ob bei einem zeitlich bestimmbaren krankheitsbedingten Ausfall von einer bestimmten Mindestdauer an, etwa von sechs Wochen oder der maßgeblichen Kündigungsfrist, ein Kündigungsgrund besteht (vgl. die Nachw. bei HK-*Dorndorf* Rn 430). Diese Ansicht verkannte, dass in ihrer Dauer feststehende Vakanzen regelmäßig durch befristete Vertretungen oder andere Maßnahmen kompensiert werden können und damit als Kündigungsgrund nicht in Betracht kommen (vgl. DDZ-*Deinert* Rn 145). Tatsächlich geht es bei der Fallgruppe der lang andauernden Erkrankung um längerfristige und in ihrer Dauer nicht kalkulierbare Ausfälle. Das BAG geht jedenfalls bei achtmonatigen Erkrankungen von langandauernden aus (*BAG* 29.4.1999 EzA § 1 KSchG Krankheit Nr. 46, zu II 1) und betont, dass Voraussetzung der

Kündigung gerade die Unvorhersehbarkeit des Zeitpunkts der Wiederherstellung der Arbeitsfähigkeit und der Umstand sei, dass diese Ungewissheit unzumutbare betriebliche Auswirkungen auslöst (*BAG* 25.11.1982 EzA § 1 KSchG Krankheit Nr. 10, zu B II 1).

Anders als bei häufigen Kurzerkrankungen können aus der bisherigen Dauer der Arbeitsunfähigkeit nur bedingt Schlüsse für die Zukunft gezogen werden. Der den Krankheitsbefund nicht kennende Arbeitgeber sollte den Arbeitnehmer vor einer Kündigung nach der voraussichtlichen Dauer seiner Arbeitsunfähigkeit fragen. Dauert die Arbeitsunfähigkeit mehr als sechs Wochen pro Jahr an, muss der Arbeitgeber ohnehin gem. § 167 Abs. 2 SGB IX ein **betriebliches Eingliederungsmanagement** anbieten (s. Rdn 343 ff.), das für den Arbeitnehmer freiwillig ist, dessen Ergebnis aber für die Prognose maßgeblich sein kann. Dies beendet die Kontroverse, ob Arbeitnehmer verpflichtet sind, auf Aufforderung des Arbeitgebers ein **ärztliches Attest vorzulegen** (so *Etzel* KR 7. Aufl., Rn 367; aA *Ascheid* Betriebliche Praxis S. 71; krit. auch *Preis/Greiner* SAE 2004, 12, 14). 394

Im Prozess hat ein schon längere Zeit erkrankter Arbeitnehmer näher darzulegen, ob und ggf. wann aufgrund welcher Diagnose und welcher zum Kündigungszeitpunkt bereits eingeleiteter Therapiemaßnahmen mit einer Wiederherstellung der Arbeitsfähigkeit zu rechnen ist. Die Entbindung des behandelnden Arztes von der Schweigepflicht reicht ohne derartigen Vortrag nicht aus (*LAG SchlH* 11.3.2008 AuA 2008, 495). Bestreitet der Arbeitgeber das Vorbringen, muss er die noch längere oder unvorhersehbare Dauer der Arbeitsunfähigkeit beweisen, was meist nur mit Hilfe eines medizinischen Sachverständigengutachtens möglich sein wird. Einen Erfahrungssatz, dass bei lang andauernden Erkrankungen auch in Zukunft mit einer ungewissen Fortdauer der Krankheit zu rechnen ist, gibt es nicht (*BAG* 25.11.1982 EzA § 1 KSchG Krankheit Nr. 19; 12.4.2002 EzA § 1 KSchG Krankheit Nr. 49, zu II 5d aa). Dem Arbeitnehmer ist es nicht verwehrt, sich im Kündigungsschutzprozess auf ein ärztliches Zeugnis zu berufen, auch wenn er sich vorprozessual geweigert hat, die ihn behandelnden Ärzte von der Schweigepflicht zu entbinden (*BAG* 12.4.2002 EzA § 1 KSchG Krankheit Nr. 49, zu II 5d bb (2)). Insgesamt gelten für die **Darlegungs- und Beweislast** entsprechende Grundsätze wie bei der Kündigung wegen Kurzerkrankungen (s. Rdn 357–360). 395

Da es auf die Prognose im Zeitpunkt des Zugangs der Kündigung ankommt, ist ein neuer Geschehensablauf nach Zugang der Kündigung, der eine andere Prognose rechtfertigt, unerheblich (*BAG* 6.9.1989 EzA § 1 KSchG Krankheit Nr. 27; 27.11.1991 RzK I 5g Nr. 45; 17.6.1999 EzA § 1 KSchG Wiedereinstellungsanspruch Nr. 4). Ebenso wie bei Kurzerkrankungen kann aber die **spätere Entwicklung der Krankheit als Bestätigung für die Prognose zum Kündigungszeitpunkt gewürdigt werden** (s. Rdn 350). Hätte nach dem wissenschaftlichen Erkenntnisstand im Zeitpunkt der Kündigung eine andere Prognose getroffen werden müssen als die von den behandelnden Ärzten tatsächlich zugrunde gelegte, kann dies ebenso wie bei Kurzerkrankungen relevant sein (s. Rdn 349). 396

Ist aufgrund eines ärztlichen Krankheitsbefundes eine negative Gesundheitsprognose gerechtfertigt, ist es Sache des Arbeitnehmers, diese **Prognose zu erschüttern** und substantiiert vorzutragen, inwiefern aufgrund der derzeitigen ärztlichen Behandlungsweise eine alsbaldige Wiederherstellung der Arbeitsfähigkeit für die vertragsgemäß geschuldete Arbeit zu erwarten ist. Der allgemeine Vortrag, bei der derzeitigen Behandlung bestehe eine konkrete Heilungschance, genügt insoweit nicht (*BAG* 19.5.1993 RzK I 5g Nr. 53). 397

(2) Beeinträchtigung betrieblicher Interessen

Ist im Zeitpunkt der Kündigung mit einer **günstigen Prognose** für die **Wiederherstellung der Arbeitsfähigkeit innerhalb der nächsten 24 Monate** nach Kündigungsausspruch nicht zu rechnen, steht dies nach der Rspr. des BAG einer dauernden Leistungsunfähigkeit gleich, so dass die Grundsätze zur Kündigung wegen krankheitsbedingter dauernder Leistungsunfähigkeit (s. Rdn 403 ff.) anzuwenden sind. Die entsprechende Ungewissheit führt – ebenso wie eine feststehende Unmöglichkeit, die geschuldete Arbeitsleistung zu erbringen – zu einer grds. nicht näher darzulegenden erheblichen Beeinträchtigung betrieblicher Interessen. Sie besteht darin, dass der Arbeitgeber auf 398 unabsehbare Zeit gehindert ist, sein Direktionsrecht auszuüben und die Arbeitsleistung des Arbeitnehmers abzurufen (*BAG* 20.11.2014 EzA § 1 KSchG Krankheit Nr. 60, Rn 14). Damit orientiert sich die Rspr. an dem durch eine sachgrundlos befristetet eingestellte Ersatzkraft gem. § 14 Abs. 2 S. 1 TzBfG längstens zu überbrückenden Zeitraum (noch zu § 1 Abs. 1 BeschFG vgl. *BAG* 29.4.1999 EzA § 1 KSchG Krankheit Nr. 46, zu II 3 a, m. krit. Anm. *Kraft* = SAE 2000, 14 m. zust. Anm. *Gitter*, zu II 3a; 12.4.2002 EzA § 1 KSchG Krankheit Nr. 49 m. zust. Anm. *Kamanabrou* = AP Nr. 65 zu § 1 KSchG 1969 m. krit. Anm. *Schiefer*, zu II 5c; 19.4.2007 EzA § 1 KSchG Krankheit Nr. 53, zu B I 1, 2b aa; 12.7.2007 EzA § 84 SGB IX Nr. 3, zu B II 2a; zust. HWK-*Thies* Rn 150). Vor der Kündigung liegende Krankheitszeiten sind nicht zu berücksichtigen (*BAG* 12.4.2002 EzA § 1 KSchG Krankheit Nr. 49, zu II 5c; aA *Hoß* ArbRB 2003, 379). Der Rspr. wird entgegengehalten, dass sie das Kündigungsrecht des Arbeitgebers zu weit einschränke und dass zwischen der zulässigen Dauer einer sachgrundlosen Befristung und der Prognose von betrieblichen Beeinträchtigungen ein Sachzusammenhang fehle (LKB-*Krause* Rn 394; LSW-*Löwisch* 10. Aufl., Rn 243; AR-*Kaiser* Rn 92). Die Kritik verkennt, dass es um eine lediglich typisierende Betrachtung der betrieblichen Beeinträchtigungen geht. Einen Zeitraum von bis zu 24 Monaten kann der Arbeitgeber – typischerweise – ohne Schwierigkeiten durch Einstellung einer Ersatzkraft mit einem zeitbefristeten Arbeitsverhältnis nach § 14 Abs. 2 S. 1 TzBfG überbrücken (*BAG* 13.5.2015 NZA 2015, 1249, Rn 18). Dem Arbeitgeber ist es jedoch unbenommen, konkrete Betriebsstörungen auch bei einer nicht mindestens für 24 Monate zu erwartenden Fortdauer der Erkrankung des Arbeitnehmers darzulegen (so auch LSSW-*Schlünder* Rn 243).

399 In der **zweiten Stufe** (erhebliche Beeinträchtigung betrieblicher Interessen) ist weiter zu prüfen, ob die Ausfallzeiten durch mildere Mittel als die Kündigung überbrückt werden können (*BAG* 12.7.2007 EzA § 84 SGB IX Nr. 3, zu B II 2b cc), und insbes., ob der Arbeitnehmer unter Ausübung des Direktionsrechts auf einem **leidensgerechten Arbeitsplatz** weiter beschäftigt werden kann. Dies schließt die Verpflichtung des Arbeitgebers ein, einen leidensgerechten Arbeitsplatz durch Ausübung seines Direktionsrechts »freizumachen« und sich ggf. um die erforderliche Zustimmung des Betriebsrats zu bemühen (*BAG* 20.11.2014 EzA § 1 KSchG Krankheit Nr. 60, Rn 15; grundlegend *BAG* 29.1.1997 EzA § 1 KSchG Krankheit Nr. 42, zu II 1d). Scheidet eine Umsetzungsmöglichkeit aus, kann sich im Rahmen der Verhältnismäßigkeitsprüfung auch eine **Änderungskündigung** – und sei es mit dem Ziel einer Weiterbeschäftigung zu schlechteren Arbeitsbedingungen – als vorrangig erweisen (*BAG* 20.11.2014 EzA § 1 KSchG Krankheit Nr. 60, Rn 15; vgl. auch *BAG* 23.4.2008 EzA § 1 KSchG Krankheit Nr. 50, Rn 28). Dabei ist ggf. die Pflicht des Arbeitgebers zu berücksichtigen, einem Schwerbehinderten gem. § 164 Abs. 4 S. 1 Nr. 1 SGB IX einen seinen Fähigkeiten und Kenntnissen entsprechenden Arbeitsplatz zuzuweisen (*BAG* 20.11.2014 EzA § 1 KSchG Krankheit Nr. 60, Rn 15; 22.9.2005 EzA § 81 SGB IX Nr. 10, Rn 31). Der Arbeitgeber ist jedoch nicht gehalten, zur Vermeidung einer Kündigung einen nicht benötigten Arbeitsplatz neu zu schaffen (*BAG* 20.11.2014 EzA § 1 KSchG Krankheit Nr. 60, Rn 25 mwN). Eine solche Pflicht besteht auch nicht nach § 164 Abs. 4 Satz 1 Nr. 1 SGB IX (vgl. Satz 3 der Vorschrift). Auch eine Pflicht zur »Freikündigung« eines leidensgerechten Arbeitsplatzes scheidet selbst zugunsten eines schwerbehinderten Arbeitnehmers jedenfalls dann aus, wenn der Inhaber der infrage kommenden Stelle den allgemeinen Kündigungsschutz genießt (*BAG* 20.11.2014 EzA § 1 KSchG Krankheit Nr. 60, Rn 35). Ob ohne diesen Schutz anderes gilt, wenn der Stelleninhaber nicht seinerseits behindert ist und die Kündigung für ihn keine besondere Härte darstellt, hat das BAG zuletzt offengelassen (*BAG* 20.11.2014 EzA § 1 KSchG Krankheit Nr. 60, Rn 15 und Rn 33 mwN zum Meinungsstand). Erfordert der Einsatz auf einem leidensgerechten Arbeitsplatz die Zustimmung des Betriebsrats nach § 99 BetrVG, muss der Arbeitgeber einen entsprechenden Antrag stellen. Zur Durchführung eines Zustimmungsersetzungsverfahrens ist er dagegen idR nicht verpflichtet (*BAG* 29.1.1997 EzA § 1 KSchG Krankheit Nr. 42, zu II 1d). Weiter ist zu prüfen, ob die voraussichtliche Ausfallzeit durch **Einstellung einer Aushilfskraft** überbrückt werden kann. Dies ist dem Arbeitgeber für die Dauer von 24 Monaten idR zumutbar (*BAG* 29.4.1999 EzA § 1 KSchG Krankheit Nr. 46, zu II 3a; 12.4.2002 EzA § 1 KSchG Krankheit Nr. 49, zu II 5c), sofern diese nach angemessener Einarbeitungszeit fachlich geeignet ist. Auch die unbefristete Einstellung von

Ersatzkräften kann zumutbar sein; darlegungspflichtig für Hinderungsgründe ist der Arbeitgeber (*BAG* 29.4.1999 EzA § 1 KSchG Krankheit Nr. 46, zu II 4a).

Eine **erweiterte Darlegungs- und Beweislast**, dass die Kündigung unvermeidlich war, trifft den Arbeitgeber, der es versäumt hat, entgegen der gesetzlichen Verpflichtung gem. § 167 Abs. 2 SGB IX ein **betriebliches Eingliederungsmanagement** (bEM) durchzuführen (*BAG* 13.5.2015 NZA 2015, 1249, Rn 28; 20.11.2014 EzA § 1 KSchG Krankheit Nr. 60, Rn 20 ff.; zum bEM iE s. Rdn 224 ff. und Rdn 343 ff.). Ist ein eigentlich erforderliches bEM unterblieben, trägt der Arbeitgeber die **primäre Darlegungslast** für dessen Nutzlosigkeit. Er hat von sich aus alle denkbaren oder vom Arbeitnehmer ggf. außergerichtlich genannten Alternativen zu würdigen und im Einzelnen darzulegen, aus welchen Gründen weder eine Anpassung des bisherigen Arbeitsplatzes an dem Arbeitnehmer zuträgliche Arbeitsbedingungen noch die Beschäftigung auf einem anderen – leidensgerechten – Arbeitsplatz in Betracht kommt (*BAG* 13.5.2015 NZA 2015, 1249, Rn 32; 20.11.2014 EzA § 1 KSchG Krankheit Nr. 60, Rn 21 f.). Die Nutzlosigkeit des bEM wird nicht etwa allein dadurch belegt, dass dem Arbeitnehmer eine Rente wegen voller Erwerbsminderung bewilligt wurde (*BAG* 13.5.2015 NZA 2015, 1249, Rn 28). 400

Eine erhebliche wirtschaftliche Belastung des Arbeitgebers mit **Entgeltfortzahlungskosten** kommt im Allgemeinen bei Langzeiterkrankten nicht in Betracht, weil der Entgeltfortzahlungszeitraum begrenzt ist (*BAG* 7.12.1989 RzK I 5g Nr. 34). Unter Umständen können aber weiterzuzahlende Sondervergütungen (Urlaubsgeld, Jahresvergütungen) und Mehrkosten für Ersatzkräfte, die die ersparte Vergütung des erkrankten Arbeitnehmers deutlich übersteigen, zu einer nicht hinzunehmenden Belastung des Arbeitgebers führen. Allerdings kann bei trotz der langandauernden Erkrankung weiterzuzahlenden Sondervergütungen der Umstand, dass von der Kürzungsmöglichkeit nach § 4a EFZG kein Gebrauch gemacht wurde, dafür sprechen, dass der Arbeitgeber insoweit das Risiko der zusätzlichen Belastung selbst übernommen hat (vgl. auch Rdn 361 ff., 372). Bei für nach dem Urteil des *EuGH* vom 20.1.2009 (NZA 2009, 135 – Schultz-Hoff) nicht mit dem Übertragungszeitraum verfallenden und sich daher kumulierenden Urlaubsansprüchen ist zu berücksichtigen, dass gesetzliche und regelmäßig auch tarifvertragliche Urlaubsansprüche bei fortdauernder Arbeitsunfähigkeit jeweils 15 Monate nach Ablauf des betreffenden Urlaubsjahres erlöschen und daher jedenfalls nach Ablauf von zwei Jahren und drei Monaten typischerweise nicht weiter anwachsen (*BAG* 13.5.2015 NZA 2015, 1249, Rn 18 unter Hinweis auf *BAG* 15.10.2013 – 9 AZR 302/12, Rn 11 und 7.8.2012 EzA § 7 BUrlG Nr. 129, Rn 32 ff.; s.a. *EuGH* 22.11.2011 – KHS – EzA Richtlinie 2003/88 EG-Vertrag 1999 Nr. 7, Rn 38; für eine Reduzierung des Prognosezeitraums auf 12 Monate dagegen *Bauer/Arnold* NJW 2009, 631, 635), so dass eine unzumutbare Belastung durch entsprechende Ansprüche regelmäßig ausscheidet. 401

(3) Interessenabwägung

In der **dritten Stufe** (Interessenabwägung) sind die gleichen Erwägungen anzustellen wie bei Kurzerkrankungen (s. Rdn 374 ff.). Mögliche **Überbrückungsmaßnahmen** können vom Arbeitgeber uU billigerweise nicht verlangt werden, wenn bei Ausspruch der Kündigung völlig ungewiss ist, wann und ob der Arbeitnehmer jemals wieder arbeiten kann und dem Arbeitgeber durch den längeren Ausfall ernsthafte betriebliche Schwierigkeiten entstehen. Das gilt jedenfalls dann, wenn der Arbeitgeber zunächst längere Zeit wartet, ehe er kündigt (*BAG* 15.8.1984 EzA § 1 KSchG Krankheit Nr. 16: 4 1/2 Jahre). Bei besonderer Schutzbedürftigkeit des Arbeitnehmers kann für den Arbeitgeber aber die Fortsetzung des Arbeitsverhältnisses zumutbar sein (*LAG Hmb.* 29.3.1995 AiB 1995, 604). 402

dd) Kündigung wegen krankheitsbedingter dauernder Leistungsunfähigkeit

Die dauernde Unmöglichkeit, die geschuldete Arbeitsleistung zu erbringen, führt **zu einer erheblichen Störung des Arbeitsverhältnisses**. Eine weitergehende Prüfung einer negativen Prognose hinsichtlich künftiger Krankheitszeiten ist dann nicht mehr erforderlich (*BAG* 21.2.1985 RzK I 5g Nr. 10). Die auf Dauer bestehende Leistungsunfähigkeit muss vom Gericht festgestellt werden. 403

Fehlt diesem hierzu die erforderliche Fachkunde, muss es ein Sachverständigengutachten einholen (*BAG* 28.2.1990 EzA § 1 KSchG Personenbedingte Kündigung Nr. 5). Die Ungewissheit der Wiederherstellung der Arbeitsfähigkeit steht einer krankheitsbedingten dauernden Leistungsunfähigkeit dann gleich, wenn in den nächsten 24 Monaten mit einer anderen Prognose nicht gerechnet werden kann (s. Rdn 398).

404 Mit der dauernden Unmöglichkeit, die geschuldete Arbeitsleistung zu erbringen, ist regelmäßig auch eine vom Arbeitgeber nicht hinzunehmende **erhebliche betriebliche Beeinträchtigung** (zweite Stufe) verbunden (*BAG* 12.4.2002 EzA § 1 KSchG Krankheit Nr. 49, zu II 5c; 22.9.2005 EzA § 81 SGB IX Nr. 10, zu II 1a; 19.4.2007 EzA § 1 KSchG Krankheit Nr. 53, zu B I 2b aa, II 3; 12.7.2007 EzA § 84 SGB IX Nr. 3, zu B II 2a; 30.9.2010 EzA § 84 SGB IX Nr. 7, zu I 1). *Basedau* (AuR 1991, 301) hält diese Prüfung für entbehrlich, da das dauernde tatsächliche Unvermögen, die vertraglich geschuldete Leistung zu erbringen, als Kündigungsgrund ausreiche (in diesem Sinne auch HK-*Dorndorf* Rn 432). Eine betriebliche Beeinträchtigung besteht zwar ausnahmsweise nicht, wenn die Arbeitsleistung des Arbeitnehmers für den Arbeitgeber überhaupt keinen Wert hätte, dh überflüssig ist (*BAG* 28.2.1990 EzA § 1 KSchG Personenbedingte Kündigung Nr. 5; 30.1.1986 NZA 1987, 55). Dann wird jedoch regelmäßig ein betriebsbedingter Kündigungsgrund vorliegen. Stets zu prüfen ist aber, ob der Arbeitnehmer auf einem anderen Arbeitsplatz weiterbeschäftigt werden kann, auf dem er voll einsatz- und leistungsfähig wäre (s. Rdn 372). Hierbei hat der Arbeitgeber für den Arbeitnehmer auch einen leidensgerechten Arbeitsplatz freizumachen, wenn er den dort beschäftigten Arbeitnehmer im Rahmen seines Direktionsrechts auf einen anderen freien Arbeitsplatz umsetzen bzw. versetzen kann. Handelt es sich dabei um eine mitbestimmungspflichtige Versetzung, braucht der Arbeitgeber aber bei einer Zustimmungsverweigerung des Betriebsrats ein gerichtliches Zustimmungsersetzungsverfahren nicht durchzuführen und den leidensgerechten Arbeitsplatz demgemäß nicht frei zu machen. Die zu Rdn 235 erläuterten Grundsätze gelten entsprechend. Die Schaffung eines zusätzlichen leidensgerechten Arbeitsplatzes oder die Umgestaltung vorhandener Arbeitsplätze kann der Arbeitnehmer nicht verlangen (*LAG Köln* 19.12.1995 LAGE § 1 KSchG Krankheit Nr. 22; zu Ausnahmen s. Rdn 405), sofern es sich nicht nur um geringfügige Änderungen der Betriebsorganisation oder die Ausstattung des Arbeitsplatzes mit einfachen technischen Hilfsmitteln handelt (vgl. *LAG Hamm* 14.1.1999 RzK I 5g Nr. 72). Eine **erweiterte Darlegungs- und Beweislast**, dass die Kündigung unvermeidlich war, trifft den Arbeitgeber, der es versäumt hat, entgegen der gesetzlichen Verpflichtung gem. § 167 Abs. 2 SGB IX ein **betriebliches Eingliederungsmanagement** (bEM) durchzuführen (*BAG* 13.5.2015 NZA 2015, 1249, Rn 28; 20.11.2014 EzA § 1 KSchG Krankheit Nr. 60, Rn 20 ff.; s. dazu näher Rn 372a; zum bEM iE s. Rdn 224 ff. und Rdn 343 ff.).

405 Ist die Kündigung danach »an sich« personenbedingt, kann eine **Interessenabwägung** nur in seltenen Ausnahmefällen zugunsten des Arbeitnehmers ausfallen. Dazu genügt nicht, dass die gesundheitlichen Beeinträchtigungen in Zusammenhang mit der geleisteten Arbeit stehen (*BAG* 19.4.2007 EzA § 1 KSchG Krankheit Nr. 53, zu B II 3; aA *LAG Köln* 21.6.1996 ZTR 1997, 89). Eine Ausnahme kommt in Betracht, wenn der Arbeitnehmer aufgrund schwerwiegender persönlicher Umstände besonders schutzbedürftig ist (*LAG Hmb*. 30.6.1999 LAGE § 1 KSchG Krankheit Nr. 30: dauernde Unfähigkeit zur Erbringung der vertraglich geschuldeten Leistung infolge eines vom Arbeitgeber verschuldeten Arbeitsunfalls) und dem Arbeitgeber die Weiterbeschäftigung unter diesen Umständen, ggf. auf einem neu zu schaffenden Arbeitsplatz, zuzumuten ist. Dies hat das *BAG* bei einem 50 Jahre alten Arbeitnehmer, der Invalide ist und einem studierenden Sohn Unterhalt zu leisten hat, verneint (21.2.1985 RzK I 5g Nr. 10). Der dauernden Leistungsunfähigkeit können nicht Gesundheitsschädigungen gleichgestellt werden, die bei einer Weiterbeschäftigung des Arbeitnehmers voraussichtlich eintreten, aber von ihm in Kauf genommen werden (s. Rdn 407).

406 Ist ein auf Dauer leistungsunfähiger Arbeitnehmer ordentlich unkündbar, kommt unter engen Voraussetzungen eine **außerordentliche Kündigung** in Betracht, wobei der Arbeitgeber eine der ordentlichen Kündigungsfrist entsprechende Auslauffrist einzuhalten hat (eingehend s. KR-*Fischermeier/Krumbiegel* § 626 BGB Rdn 139 ff., 442 ff.).

ee) Kündigung wegen krankheitsbedingter Minderung der Leistungsfähigkeit

Die krankheitsbedingte Minderung der Leistungsfähigkeit kann ein personenbedingter Kündigungsgrund sein (*BAG* 5.8.1976 EzA § 1 KSchG Krankheit Nr. 2; 26.9.1991 EzA § 1 KSchG Personenbedingte Kündigung Nr. 10 m. zust. Anm. *Raab* = SAE 1993, 225 m. Anm. *Schiefer/Köster*). Für die Prüfung gelten die allgemeinen Voraussetzungen einer Kündigung wegen dauerhafter Leistungsminderung (s. Rdn 412 ff.) und daneben die dreistufige Prüfung der krankheitsbedingten Kündigung. Auch bei einer krankheitsbedingten Minderung der Leistungsfähigkeit kann das Arbeitsverhältnis als **Austauschverhältnis gestört sein** (erste Stufe). Dies setzt voraus, dass die verbliebene Arbeitsleistung die berechtigte Gleichwertigkeitserwartung des Arbeitgebers in einem Maße unterschreitet, dass ihm ein Festhalten an dem (unveränderten) Arbeitsvertrag unzumutbar ist; eine lediglich geringfügige – qualitative oder quantitative – Minderleistung reicht dafür nicht aus (*BAG* 22.10.2015 EzA § 2 KSchG Nr. 95 Rn 24; 20.3.2014 EzA § 626 BGB 2002 Krankheit Nr. 4, Rn 20; vgl. auch *BAG* 11.12.2003 EzA § 1 KSchG Verhaltensbedingte Kündigung Nr. 62, zu B III 2 d; dazu näher Rdn 414). Ferner ist zu prüfen, ob die Minderung der Leistungsfähigkeit auf Dauer anhält. Insoweit gelten die Erwägungen zu Rdn 403 ff., wobei die eingetretene Minderung der Leistungsfähigkeit zunächst für eine Fortdauer dieses Zustandes spricht. Steht jedoch nach ärztlicher Feststellung das Ende der Leistungsminderung bevor, ist eine Kündigung sozial ungerechtfertigt (*ArbG Ulm* 27.3.1962 DB 1962, 912). Ist – auch aufgrund einer ärztlichen Stellungnahme – damit zu rechnen, dass sich bei einer Weiterarbeit auf dem vertragsgemäßen Arbeitsplatz der **Gesundheitszustand** des Arbeitnehmers **verschlechtern wird**, rechtfertigt dies keine personenbedingte Kündigung »aus Fürsorge« (*Hess. LAG* 11.2.1997 LAGE § 1 KSchG Personenbedingte Kündigung Nr. 14; *LAG Köln* 21.12.1995 LAGE § 1 KSchG Krankheit Nr. 24; DDZ-*Deinert* Rn 199, 210; aA *LAG Hamm* 27.2.1986 RzK I 5h Nr. 3), es sei denn, die zu erwartenden Gesundheitsschäden würden die Leistungsfähigkeit des Arbeitnehmers auf Dauer erheblich beeinträchtigen. Wenn allerdings aufgrund einer objektiven Prognose mit erheblichen künftigen Fehlzeiten gerechnet werden muss, kommt eine krankheitsbedingte Kündigung in Betracht (*LAG Köln* 21.12.1995 LAGE § 1 KSchG Krankheit Nr. 24).

407

Die Minderung der Leistungsfähigkeit muss zu einer **erheblichen Beeinträchtigung der betrieblichen Interessen** führen (zweite Stufe). Hier gelten die allgemeinen Voraussetzungen der Kündigung wegen Leistungsminderungen (s. Rdn 412 ff).

408

Auch bei einer krankheitsbedingten Leistungsminderung hat der Arbeitgeber zu prüfen, ob der Arbeitnehmer **auf einem** seinem Leistungsvermögen entsprechenden **anderen Arbeitsplatz** in demselben Betrieb oder in einem anderen Betrieb des Unternehmens **weiterbeschäftigt werden kann** (*BAG* 5.8.1976 EzA § 1 KSchG Krankheit Nr. 2), wobei auch die Möglichkeiten des Freimachens eines anderen Arbeitsplatzes (s. Rdn 404) und einer Weiterbeschäftigung im Rahmen eines Teilzeitarbeitsverhältnisses zu erwägen sind (*BAG* 2.2.1973 EzA § 626 BGB nF Nr. 23; *Klages* BB 1983, 1223). Im Kündigungsschutzprozess hat **der Arbeitgeber** zunächst **darzulegen**, dass eine anderweitige Beschäftigung nicht möglich oder zumutbar ist. Der Arbeitnehmer hat seinerseits darzutun, wie er sich seine weitere Beschäftigung vorstellt; es kann von ihm jedoch nicht verlangt werden, dass er bestimmte offene Arbeitsplätze im Beschäftigungsbetrieb oder in anderen Betrieben des Unternehmens benennt. Der Arbeitgeber hat vielmehr ggf. darzulegen und zu beweisen, dass ein entsprechender freier Arbeitsplatz nicht vorhanden ist (*BAG* 5.8.1976 EzA § 1 KSchG Krankheit Nr. 2). Eine **erweiterte Darlegungs- und Beweislast**, dass die Kündigung unvermeidlich war, trifft den Arbeitgeber, wenn er es versäumt hat, entgegen der gesetzlichen Verpflichtung gem. § 167 Abs. 2 SGB IX ein **betriebliches Eingliederungsmanagement** (bEM) durchzuführen (vgl. *BAG* 13.5.2015 NZA 2015, 1249, Rn 28; 20.11.2014 EzA § 1 KSchG Krankheit Nr. 60, Rn 20 ff.; s. dazu näher Rdn 400; zum bEM iE s. Rdn 224 ff. und Rdn 343 ff.). Eine Verpflichtung zur Durchführung eines bEM setzt nach § 167 Abs. 2 SGB IX jedoch voraus, dass der Arbeitnehmer innerhalb eines Jahres länger als sechs Wochen arbeitsunfähig erkrankt war. Dies muss bei lediglich geminderter Leistungsfähigkeit nicht der Fall sein.

409

410 Für die **Interessenabwägung** (dritte Stufe) gelten die allgemeinen Grundsätze für krankheitsbedingte Kündigungen (s. Rdn 374 ff.).

r) Kuraufenthalt, medizinische Vorsorge- oder Rehabilitationsmaßnahme

411 Unterzieht sich der Arbeitnehmer zur Erhaltung, Besserung oder Wiederherstellung seiner Erwerbstätigkeit einer Kur bzw. medizinischen Vorsorge- oder Rehabilitationsmaßnahme, rechtfertigt die dadurch ausgelöste Fehlzeit weder eine personen- noch eine verhaltensbedingte Kündigung (*LAG Düsseld.* 19.3.1963 BB 1963, 938; *LAG BW* 9.1.1964 DB 1964, 228; *ArbG Gelsenkirchen* 20.11.1975 BB 1976, 184). Schließt sich die Maßnahme an eine längere krankheitsbedingte Arbeitsunfähigkeit an, ist es dem Arbeitgeber zuzumuten, **die Durchführung der Maßnahme abzuwarten**, bevor er eine krankheitsbedingte Kündigung ausspricht (DDZ-*Deinert* Rn 205; HWK-*Thies* Rn 155; s. aber Rdn 357 aE). Dies gilt insbes., wenn nach ärztlicher Erkenntnis mit einem Erfolg der Maßnahme zu rechnen ist (*Lepke* Rn 159; HaKo-KSchR/*Denecke* Rn 625). Der Arbeitnehmer hat den Arbeitgeber rechtzeitig über die Bewilligung einer Vorsorge- oder Rehabilitationsmaßnahme zu unterrichten. Ein Verstoß gegen diese Pflicht kann uU nach Abmahnung ein verhaltensbedingter Kündigungsgrund sein (*LAG Düsseld.* 6.5.1955 DB 1955, 900; *LAG Frankf.* 29.1.1982 AuR 1983, 186). In Fällen einer **Alkohol**- oder **Drogensucht** ist der Arbeitgeber nach dem Verhältnismäßigkeitsgrundsatz ebenfalls dazu verpflichtet, dem Arbeitnehmer vor Ausspruch einer Kündigung zunächst die Durchführung einer Entziehungskur zu ermöglichen (s. Rdn 302). Eine Kündigung wegen Verschweigens einer Entziehungskur ist idR sozialwidrig (*LAG BW* 7.7.1981 DB 1982, 707).

s) Leistungsfähigkeit

412 Eine **unterdurchschnittliche Leistungsfähigkeit** des Arbeitnehmers (sog. »Low Performer«) kann auf unterschiedlichen Ursachen beruhen. Neben Krankheiten (zur krankheitsbedingten Leistungsminderung Rdn 407 ff.) kommen als Ursachen ein altersbedingtes Nachlassen der Leistungsfähigkeit, fehlende Motivation und mangelnde Bereitschaft oder Fähigkeit zum Erwerb des notwendigen Fachwissens in Betracht. Leistungsdefizite können eine Kündigung aus personenbedingten Gründen sozial rechtfertigen, wenn der Arbeitnehmer zwar sein subjektives Leistungspotential ausschöpft, dieses aber den Anforderungen des Arbeitsplatzes nicht gerecht wird und keine angemessene Gegenleistung für die arbeitsvertragliche Vergütung ist. Eine verhaltensbedingte Kündigung kommt dagegen in Betracht, wenn der Arbeitnehmer sein subjektives Leistungspotential nicht ausschöpft und damit pflichtwidrig handelt (*BAG* 11.12.2003 EzA § 1 Verhaltensbedingte Kündigung Nr. 62, zu B I 2b; 3.6.2004 EzA § 23 KSchG Nr. 27, zu B III 1). Bei **unbehebbaren Leistungsmängeln** ist eine vorherige **Abmahnung entbehrlich** (*BAG* 18.1.1980 EzA § 1 KSchG Verhaltensbedingte Kündigung Nr. 7); im Übrigen ist sie – auch bei leitenden Mitarbeitern – stets in Betracht zu ziehen, ggf. unter Angebot von Hilfestellungen wie etwa Fortbildungsmaßnahmen, zumal der Arbeitgeber regelmäßig die Ursachen für die Leistungsdefizite nicht kennt (vgl. *LAG Köln* 23.5.2002 DB 2003, 451; *LAG Nbg.* 12.6.2007 NZA-RR 2008, 178, zu II 2; Bader/Bram-*Kreutzberg-Kowalczyk* Rn 154o). Nach der Abmahnung ist dem Arbeitnehmer genügend Zeit zu geben, um seine Leistungen zu steigern und etwa fehlende Fach- oder Sprachkenntnisse zu erwerben (*Hess. LAG* 26.4.1999 LAGE § 1 KSchG Verhaltensbedingte Kündigung Nr. 71; 19.7.1999 LAGE § 1 KSchG Betriebsbedingte Kündigung Nr. 55). Insgesamt unterscheiden sich die Maßstäbe der personen- und verhaltensbedingten Kündigung wegen Minderleistung (zu letzterer Rdn 487 f.) nicht erheblich. Daher kann häufig dahinstehen, ob der Arbeitnehmer schuldhaft handelte oder nicht. Zur fehlenden fachlichen Eignung als personenbedingter Kündigungsgrund s. Rdn 320 ff.

413 Welche Leistung geschuldet ist, bestimmt sich primär nach den arbeitsvertraglichen Abreden. Diese werden durch die Ausübung des Direktionsrechts und das subjektive Leistungsvermögen des Arbeitnehmers konkretisiert. Das BAG geht von einem **subjektiven Leistungsbegriff** aus. Der Arbeitnehmer muss tun, was er soll, und zwar so gut, wie er kann. Die Arbeitspflicht orientiert

sich dynamisch an der jeweiligen Leistungsfähigkeit des Arbeitnehmers. Diese muss er ausschöpfen (*BAG* 11.12.2003 EzA § 1 KSchG Verhaltensbedingte Kündigung Nr. 62, zu B I 2b, c; 17.1.2008 EzA § 1 KSchG Verhaltensbedingte Kündigung Nr. 72, zu B I 2; im Wesentlichen zust. *Maschmann* NZA Beil. 1/06 S. 13, 15 f., der die Sorgfaltspflicht als Verpflichtung zur Einhaltung professioneller Standards einordnet). Die Gegenansicht geht von einer Verpflichtung zur Erbringung einer »**objektiven Normalleistung**« aus, dh der Leistung, die ein durchschnittlicher Arbeitnehmer nach seiner Einarbeitung bei menschengerechten Arbeitsbedingungen ohne Rücksicht auf Geschlecht, Alter und tägliche Schwankungen der Leistungsfähigkeit ohne gesteigerte Anstrengung erbringen kann (LKB-*Krause* Rn 407, 419; *Hunold* BB 2003, 2345, 2346; *Verstege* Anm. AP § 1 KSchG 1969 Nr. 85, zu III). Dies berücksichtigt indes nicht, dass ein Arbeitsvertrag zur Dienstleistung, nicht aber zur Erbringung bestimmter Erfolge verpflichtet.

Trotz Ausschöpfung der persönlichen Leistungsfähigkeit unterdurchschnittliche Leistungen eines Arbeitnehmers können eine personenbedingte Kündigung rechtfertigen, wenn sie den Arbeitnehmer für die geschuldete Tätigkeit ungeeignet machen oder der Arbeitgeber keine angemessene Gegenleistung erhält. Bei **quantitativ messbaren Leistungen** kann von einer **erheblichen Minderleistung** ausgegangen werden, wenn die Leistungen des Arbeitnehmers die **Durchschnittsleistung** vergleichbarer Arbeitnehmer um mindestens **ein Drittel unterschreiten**. Eine personenbedingte Beendigungs- oder Änderungskündigung kommt dann in Betracht, wenn in Zukunft nicht mit einer Wiederherstellung des Gleichgewichts von Leistung und Gegenleistung zu rechnen ist (*BAG* 11.12.2003 EzA § 1 KSchG Verhaltensbedingte Kündigung Nr. 62, zu B I 2d, III 2d; krit. *Maschmann* NZA Beil. 1/06 S. 13, 20 f.). Die Bestimmung der Durchschnittsleistung ist häufig kompliziert. In begrenztem Umfang können die etwa durch ein Leistungslohnsystem festgestellten Leistungen vergleichbarer Kollegen herangezogen werden, die ihrerseits allerdings über- oder unterdurchschnittlich leistungsfähig sein können (*BAG* 11.12.2003 EzA § 1 KSchG Verhaltensbedingte Kündigung Nr. 62, zu B I 2c, d). Punktuelle Stichproben sind zur Leistungsermittlung nicht geeignet, wenn sie mit einer Tätigkeit verbundene Leistungsschwankungen nicht erfassen (*LAG SchlH* 27.5.2008 NZA-RR 2008, 573, zu I 1b aa: Halbstündige Prüfung eines CNC-Fräsers). Es bedarf der Erhebung statistisch valider Feststellungen, die eine Quantifizierung der Leistungsfähigkeit des Arbeitnehmers im Verhältnis zu vergleichbaren ermöglichen (vgl. *LAG BW* 6.9.2006 LAGE § 1 KSchG Verhaltensbedingte Kündigung Nr. 93a, zu A III 3d bb; zu Möglichkeiten der Leistungsermittlung *Hunold* in *Hunold/Wetzling* Umgang mit leistungsschwachen Mitarbeitern S. 48 ff.). Bei **qualitativen Mängeln** kommt es nicht nur auf die Zahl der Fehler an, sondern auf **die Art, die Schwere und die Folgen der Leistungsmängel**. Dies ist Folge der Unterschiedlichkeit der qualitativen Anforderungen, die Arbeitsplätze an Arbeitnehmer stellen können. Bei bestimmten Tätigkeiten wird nicht selten eine gewisse Fehlerquote bei der Arbeitsplatzgestaltung einkalkuliert, etwa bei Fließbandarbeit. Hier kann nur eine besonders hohe Zahl von Fehlern oder ein besonderes Gewicht der Fehler kündigungserheblich sein. Bei anderen Tätigkeiten kann ein einzelner gravierender Fehler intolerabel und damit kündigungsrelevant sein, etwa bei Piloten. Die Prüfung muss daher von den konkreten Anforderungen der jeweiligen Stelle ausgehen (entsprechend zur verhaltensbedingten Kündigung *BAG* 17.1.2008 EzA § 1 KSchG Verhaltensbedingte Kündigung Nr. 72, zu B I 2e cc, dd; vgl. *Winzer* BB 2007, 1231, 1232).

Eine Kündigung wegen Minderleistungen setzt weiter voraus, dass **kein milderes Mittel** zur Wiederherstellung der Vertragsparität zur Verfügung steht. In Betracht kommt insoweit eine Umorganisation des Arbeitsablaufs (ähnlich unter in der Sache nicht erforderlicher Heranziehung des AGG *LAG Hamm* 17.7.2008 NZA-RR 2009, 13, zu I 2d, e); die Beschäftigung auf einem anderen Arbeitsplatz oder – bei quantitativen Minderleistungen und ggf. nach einer Änderungskündigung – unter Reduzierung der Vergütung (*BAG* 11.12.2003 EzA § 1 KSchG Verhaltensbedingte Kündigung Nr. 62, zu B III 2d). Bei qualitativen Mängeln ist Letzteres idR keine dem Arbeitgeber zumutbare Alternative (entsprechend zur verhaltensbedingten Kündigung *BAG* 17.1.2008 EzA § 1 Verhaltensbedingte Kündigung Nr. 72, zu B I 3b; aA *Verstege* Anm. AP § 1 KSchG 1969 Nr. 85, zu IV 2). Weiter sind dem Arbeitgeber zumutbare Hilfestellungen zu prüfen (*LAG Nbg.* 12.6.2007 NZA-RR 2008, 178, zu II 2), etwa Umschulungs- oder Weiterbildungsmaßnahmen (DW-*Zimmer*/

Hempel Rn 254; *Wisskirchen/Bissels/Schmidt* NZA 2008, 1386, 1388 ff.). Die Ursachen von Leistungsschwäche und Möglichkeiten von deren Beseitigung können regelmäßig nur im Dialog mit dem Arbeitnehmer festgestellt werden (hierzu eingehend *Wetzling* in *Hunold/Wetzling* Umgang mit leistungsschwachen Mitarbeitern S. 176 ff.).

416 Schließlich bedarf es einer **eingehenden Interessenabwägung**, in der insbes. der Schutzwürdigkeit älterer und langjährig beschäftigter Arbeitnehmer Rechnung getragen werden muss (*BAG* 11.12.2003 EzA § 1 KSchG Verhaltensbedingte Kündigung Nr. 62, zu B III 2d). Einen normalen altersbedingten Abfall der Leistungsfähigkeit hat der Arbeitgeber hinzunehmen (*BAG* 6.7.1977 – 4 AZR 116/75, nv; 16.3.1961 AP Nr. 2 zu § 1 KSchG Verhaltensbedingte Kündigung; *Lepke* Rn 190; *Opolony* AR-Blattei SD 1020.5 Rn 35; *Schiefer* NZA 1994, 536). Nur wenn der Leistungsabfall gegenüber vergleichbaren Arbeitnehmern erheblich stärker in Erscheinung tritt, kommt eine Kündigung in Betracht (*LAG Hamm* 1.2.2005 BB 2005, 2245 LS; LKB-*Krause* Rn 419). Erhebliches Gewicht hat ggf. auch der Umstand, dass eine Leistungsminderung auf einer unverschuldeten Erkrankung beruht, vor allem wenn diese betrieblich veranlasst wurde (*BAG* 11.12.2003 EzA § 1 KSchG Verhaltensbedingte Kündigung Nr. 62, zu B III 2d). Maßgeblich ist weiter, in welchem Maß die Leistungen unter dem Durchschnitt liegen. So ist es einem Arbeitgeber unzumutbar, einen über längere Zeit völlig erfolglosen Verkaufsmitarbeiter weiterzubeschäftigen (*BAG* 3.6.2004 EzA § 23 KSchG Nr. 27, zu B III 5).

417 Die **Darlegungs- und Beweislast** ist abgestuft. Bei **quantitativ messbaren Leistungsdefiziten** hat der Arbeitgeber zunächst die von ihm über längere Zeit festgestellten Leistungsmängel eingehend darzulegen und die von ihm beanstandeten Arbeitsergebnisse des Arbeitnehmers, ihm ggf. bekannte Ursachen sowie die Durchschnittsleistung vergleichbarer Arbeitnehmer zu schildern. Darauf hat der Arbeitnehmer sich qualifiziert einzulassen. Er kann die Richtigkeit oder die Aussagekraft der Feststellungen des Arbeitgebers konkret bestreiten und/oder entlastende Gesichtspunkte wie altersbedingten Leistungsabfall oder betriebliche Ursachen plausibel darlegen. Hierauf hat der Arbeitgeber substantiiert zu erwidern. Gelingt ihm dies, trägt er die Beweislast (*BAG* 11.12.2003 EzA § 1 KSchG Verhaltensbedingte Kündigung Nr. 62, zu B I 2d; 3.6.2004 EzA § 23 KSchG Nr. 27, zu B III 2; 17.1.2008 EzA § 1 KSchG Verhaltensbedingte Kündigung Nr. 72, zu B I 2e aa; zur Erwiderungsobliegenheit des Arbeitnehmers aA HaKo-ArbR/*Markowski* Rn 294). Bei **qualitativen Leistungsmängeln** hat der Arbeitgeber zunächst deren Anzahl, Inhalt, Schwere und Folgen konkret darzulegen. Hierauf kann sich der Arbeitnehmer nach dem auch für quantitativ messbare Fehler geltenden Maßstab entlasten, worauf der Arbeitgeber substantiiert zu erwidern und ggf. Beweis zu führen hat (*BAG* 17.1.2008 EzA § 1 KSchG Verhaltensbedingte Kündigung Nr. 72, zu B I 2e dd; zu den Anforderungen an die Darlegungslast bei einer Kündigung wegen ungewöhnlich hoher Kassendifferenzen bei Kassierern *LAG SchlH* 24.2.2010 NZA-RR 2010, 466, zu I 3).

t) Straftaten

418 Es ist zu unterscheiden zwischen Straftaten im **dienstlichen Bereich** (zB Diebstahl von Firmeneigentum) und im **außerdienstlichen Bereich**. Erstere verletzen den Arbeitsvertrag und können daher eine verhaltensbedingte ordentliche oder außerordentliche Kündigung rechtfertigen. **Außerdienstliche Straftaten** verletzen dagegen nicht notwendig arbeitsvertragliche (Neben-)Pflichten, **können aber die Eignung des Arbeitnehmers für die vertraglich geschuldete Tätigkeit beeinträchtigen** und damit Grund für eine personenbedingte Kündigung sein (*BAG* 10.4.2014 EzA § 1 KSchG Personenbedingte Kündigung Nr. 33, Rn 26; 20.6.2013 EzA § 1 KSchG Verhaltensbedingte Kündigung Nr. 82, Rn 14; LKB-*Krause* Rn 307; APS-*Vossen* Rn 257; HaKo-KSchR/*Denecke* Rn 627). Eine strafgerichtliche Verurteilung wegen einer vom Arbeitnehmer nach wie vor bestrittenen Straftat kann ebenfalls Anlass einer personenbedingten Kündigung sein, wenn bereits die Verurteilung als solche erhebliche betriebliche Interessen beeinträchtigt (*BAG* 8.6.2000 EzA § 15 KSchG nF Nr. 50, zu B II 2b – d: Verurteilung wegen sexueller Belästigung einer Kollegin).

419 **Einzelfälle**: Betäubungsmitteldelikte eines Sachbearbeiters der Agentur für Arbeit (*BAG* 10.4.2014 EzA § 1 KSchG Personenbedingte Kündigung Nr. 33) bzw. eines Wachpolizisten im Objektschutz

(*BAG* 20.6.2013 EzA § 1 KSchG Verhaltensbedingte Kündigung Nr. 82); Ladendiebstahl in der Freizeit zu Lasten einer Konzernschwester des Arbeitgebers (*BAG* 20.9.1984 EzA § 1 KSchG Verhaltensbedingte Kündigung Nr. 14); Ladendiebstahl und Vergehen gegen das Betäubungsmittelgesetz durch eine Lehrerin (*BAG* 23.9.1976 EzA § 1 KSchG Nr. 35); Ladendiebstahl einer bei der Staatsanwaltschaft beschäftigten Gerichtshelferin (*LAG Frankf.* 4.7.1985 LAGE § 626 BGB Nr. 22); Steuerhinterziehung eines Angestellten der Finanzverwaltung (*BAG* 21.6.2001 EzA § 626 BGB nF Nr. 189 [außerordentliche Kündigung]; *LAG Düsseld.* 20.5.1980 EzA § 626 BGB nF Nr. 72); Trunkenheit am Steuer auf einer Privatfahrt bei einem Berufskraftfahrer (*BAG* 22.8.1963 AP Nr. 51 zu § 626 BGB; *LAG MV* 4.7.2007 AuR 2007, 444 LS) oder einem U-Bahn-Zugfahrer (*BAG* 4.6.1997 EzA § 626 BGB nF Nr. 168); Trunkenheit am Steuer mit anschließender Fahrerflucht beim Leiter einer Kfz-Prüfstelle (*LAG Köln* 25.8.1988 LAGE § 626 BGB Nr. 34); Unfallflucht eines auf einer Privatfahrt verunglückten Berufskraftfahrers (*ArbG Kassel* 12.4.1973 AuR 1973, 315).

Auch der **dringende Verdacht** einer außerdienstlichen Straftat kann uU eine Kündigung rechtfertigen, zB der Verdacht eines Bankeinbruchs in einer fremden Bank bei einem Bankkassierer. Es gelten hier die Grundsätze für eine Verdachtskündigung (s. Rdn 422 ff.). 420

Von einer mangelnden Eignung wegen einer außerdienstlichen Straftat ist die personenbedingte Kündigung wegen Arbeitsverhinderung infolge einer **Straf- oder Untersuchungshaft** (s. Rdn 335 f.) zu unterscheiden. 421

u) Verdachtskündigung

Nach der Rechtsprechung des BAG kann der Arbeitgeber im Anwendungsbereich des Kündigungsschutzgesetzes das Arbeitsverhältnis wegen des bloßen Verdachts einer Pflichtverletzung des Arbeitnehmers selbst ordentlich nur wirksam kündigen, wenn Tatsachen vorliegen, die auch eine **außerordentliche, fristlose Kündigung** gerechtfertigt hätten. Das gilt sowohl für die Anforderungen an die Dringlichkeit des Verdachts als auch für die Bewertung des Verhaltens, dessen der Arbeitnehmer verdächtig ist. Dieses muss – wäre es erwiesen – geeignet sein, dem Arbeitgeber einen Grund zur sofortigen Beendigung des Arbeitsverhältnisses zu geben (*BAG* 18.6.2015 EzA § 102 BetrVG 2001 Nr. 33 Rn 22; 21.11.2013 EzA § 1 KSchG Verdachtskündigung Nr. 5; vorausgesetzt auch in *BAG* 29.11.2007 EzA § 626 BGB 2002 Verdacht strafbarer Handlung Nr 5; vgl. auch *BAG* 27.11.2008 EzA § 1 KSchG Verdachtskündigung Nr. 4; Bader/Bram-*Kreutzberg-Kowalczyk* Rn 251; *LKB-Krause* Rn 438; LSSW-*Schlünder* Rn 276; generell gegen die Zulässigkeit der Verdachtskündigung DDZ-*Däubler* § 626 BGB Rn 259; APS-*Dörner/Vossen* 4. Aufl. § 626 BGB Rn 374–377; *Dörner* NZA 1993, 875 ff.; *Schütte* NZA 1991, Beil. 2, S. 21 f.; *Naujok* AuR 1998, 398; *Deinert* AuR 2005, 285; hiergegen zutr. *Fischermeier* FS ARGE Arbeitsrecht im DAV S. 275, 276–279). Er kann dann, obwohl er sogar zur fristlosen Kündigung berechtigt wäre, auch nur ordentlich kündigen. 422

Der dringende Verdacht einer Pflichtverletzung kann eine ordentliche Kündigung **aus Gründen in der Person** des Arbeitnehmers sozial rechtfertigen (*BAG* 31.1.2019 – 2 AZR 426/18 – EzA § 1 KSchG Verdachtskündigung Nr. 7, Rn 20; aA statt vieler KR-*Fischermeier/Krumbiegel* § 626 BGB Rdn 226 mwN: je nach Sachlage personen- oder verhaltensbedingt; zu grds. Bedenken s. KR-*Rachor* 12. Aufl.). Er kann zum Verlust der vertragsnotwendigen Vertrauenswürdigkeit des Arbeitnehmers und damit zu einem **Eignungsmangel** führen, der einem verständig und gerecht abwägenden Arbeitgeber die Fortsetzung des Arbeitsverhältnisses unzumutbar macht (*BAG* 31.1.2019 – 2 AZR 426/18 – EzA § 1 KSchG Verdachtskündigung Nr. 7, Rn 21). Die reine Verdachtskündigung ist gerade nicht durch ein – nachweisbares – Verhalten des Arbeitnehmers bedingt. Dringende betriebliche Erfordernisse iSv § 1 Abs. 2 S. 1 KSchG setzten voraus, dass der Beschäftigungsbedarf für den Arbeitnehmer aufgrund von der Sphäre des Arbeitgebers zuzurechnenden Umständen entfallen ist (vgl. *BAG* 28.3.2017 EzA § 104 BetrVG 2001 Nr. 1). Im Falle einer – reinen – Verdachtskündigung gibt es, anders als beispielsweise bei einem Entlassungsverlangen des Betriebsrats nach § 104 BetrVG (dazu *BAG* 28.3.2017 EzA § 104 BetrVG 2001 Nr. 1; näher Rdn 627), solche der Sphäre des Arbeitgebers zuzurechnenden Umstände nicht. 423

424 Wegen der Voraussetzungen einer Verdachtskündigung iE wird auf die Kommentierung KR-*Fischermeier/Krumbiegel* § 626 BGB Rdn 34, 211 ff., 320 f. und Rdn 494 verwiesen.

v) Wehrdienst

425 Während der Zeit des Grundwehrdienstes, ab dem 1. Juli 2011 des freiwilligen Wehrdienstes, oder einer Wehr- oder Eignungsübung genießen deutsche Arbeitnehmer und Arbeitnehmer aus EU-Staaten einen besonderen Kündigungsschutz (s. iE die Erl. bei § 2 ArbPlSchG). Dies gilt gem. § 78 Abs. 1 Nr. 1 ZDG auch für anerkannte Kriegsdienstverweigerer, nicht dagegen für Teilnehmer am Bundesfreiwilligendienst. Im BFDG vom 28. April 2011 (BGBl. I S. 687) fehlt eine § 78 Abs. 1 Nr. 1 ZDG entsprechende Bestimmung. Auch die Ableistung des verkürzten Grundwehrdienstes von zwei Monaten durch **ausländische Arbeitnehmer aus Nicht-EU-Staaten** rechtfertigt weder eine ordentliche noch eine außerordentliche Kündigung (*BAG* 22.12.1982 EzA § 123 BGB Nr. 20; 7.9.1983 EzA § 626 BGB nF Nr. 87). Ein **längerer ausländischer Wehrdienst** (zB von 12 Monaten) eines Nicht-EU-Ausländers kann ein personenbedingter Grund iSv § 1 Abs. 2 S. 1 KSchG sein, der eine Kündigung dann sozial rechtfertigt, wenn der Ausfall des Arbeitnehmers zu einer erheblichen Beeinträchtigung betrieblicher Interessen führt (zweite Stufe) und nicht durch zumutbare Maßnahmen, zB Einstellung einer Aushilfskraft, zu überbrücken ist (Interessenabwägung – dritte Stufe; *BAG* 20.5.1988 EzA § 1 KSchG Personenbedingte Kündigung Nr. 3; HaKo-KSchR/*Denecke* Rn 658). Unter diesen Voraussetzungen wird die durch die Kündigung ausgelöste Benachteiligung des Arbeitnehmers wegen seiner Herkunft gem. Art. 4 der Richtlinie 2000/43/EU durch wesentliche und entscheidende berufliche Voraussetzungen gerechtfertigt, so dass Art. 1, 2 Abs. 1 der Richtlinie nicht verletzt werden (DDZ-*Deinert* Rn 234).

IV. Gründe im Verhalten des Arbeitnehmers

1. Begriff

426 Das Gesetz enthält in § 1 Abs. 2 S. 1 KSchG weder eine Definition des Begriffs von Gründen, die im Verhalten des Arbeitnehmers liegen, noch zählt es beispielhaft einzelne Umstände auf, die als solche in Betracht kommen. In Abgrenzung zur personenbedingten Kündigung, die die Eignung und Fähigkeit des Arbeitnehmers betrifft (s. Rdn 280 ff.), ist die verhaltensbedingte Kündigung dadurch gekennzeichnet, dass sie ein **vertragswidriges** Verhalten des Arbeitnehmers vor der Kündigung voraussetzt (*Preis* DB 1990, 632; *Tschöpe* BB 2002, 778; aA *Adam* NZA 1998, 286, der auch Kündigungsgründe aus der Privatsphäre des Arbeitgebers und des Arbeitnehmers anerkennt; s. im Übrigen KR-*Fischermeier/Krumbiegel* § 626 BGB Rdn 144 ff.). Weiter ist ein **steuer- und zurechenbares Verhalten** und die **Vorwerfbarkeit** des vertragswidrigen Verhaltens (Verschulden) erforderlich (s. eingehend Rdn 282 sowie KR-*Fischermeier/Krumbiegel* § 626 BGB Rdn 146; HaKo-KSchR/*Zimmermann* Rn 200, 229; HK-*Dorndorf* Rn 531; aA *BAG* 21.1.1999 EzA § 626 BGB nF Nr. 178, zu II 4; *Etzel* KR 7. Aufl., Rn 395; *Rüthers/Henssler* ZfA 1988, 44; *Berkowsky* Personenbedingte Kündigung S. 82 und RdA 2000, 114; dahingestellt bei *BAG* 3.11.2011 DB 2012, 926, zu I 2b). Damit wird eine systematisch klare und für die Praxis nachvollziehbare Trennungslinie zwischen Kündigungsgründen einerseits in der Person und andererseits im Verhalten des Arbeitnehmers gezogen: Hat der Arbeitnehmer vorwerfbar gegen Pflichten aus dem Arbeitsvertrag verstoßen, kommt eine verhaltensbedingte Kündigung in Betracht. Beruht eine Vertragsstörung nicht auf einer vorwerfbaren Verletzung von Haupt- und Nebenpflichten aus dem Arbeitsvertrag, kann eine personenbedingte Kündigung des Arbeitnehmers gerechtfertigt sein (*Preis* DB 1990, 632; *Hillebrecht* ZfA 1991, 119).

427 Die von der Gegenansicht angeführten Beispiele (vgl. *Rüthers/Henssler* ZfA 1988, 44; *Etzel* KR 7. Aufl., Rn 396) erfordern keine andere Abgrenzung: Wenn ein mit einfachen Arbeiten beschäftigter Arbeitnehmer wegen unverschuldeter partieller Unzurechnungsfähigkeit Firmeneigentum beschädigt oder Vorgesetzte tätlich angreift, ist er trotz genereller Eignung für die Tätigkeit aus krankheitsbedingten Gründen für die vertraglich geschuldete Tätigkeit ungeeignet, sofern Wiederholungsgefahr besteht. Dasselbe gilt bei einer Alkoholkrankheit, die zwar nicht zu hohen Fehlzeiten

führt, deren Folgen das Arbeitsverhältnis aber etwa durch Unpünktlichkeiten und Beschädigungen oder Gefährdungen Dritter stört. Hier passt nicht die für verhaltensbedingte Kündigungen typische Verschuldensprüfung, sondern der für personenbedingte Kündigungen geltende Maßstab, ob unzumutbare Betriebsstörungen ausgelöst werden und insoweit eine negative Zukunftsprognose besteht. Soweit bei einer erneuten Fehlleistung erhebliche Schäden, insbes. für Leib und Leben von Menschen, drohen, genügt für die Negativprognose bereits, wenn eine weitere Gefährdung durch den Arbeitnehmer nicht ausgeschlossen werden kann.

Kaiser leitet aus dem Wegfall des Verschuldenserfordernisses im Rücktrittsrecht durch die §§ 325, 326 BGB n.F. ab, dass auch bei einer verhaltensbedingten Kündigung generell kein Verschulden erforderlich sei (*Kaiser* FS Otto S. 173; AR-*Kaiser* Rn 31). Abgrenzungsmerkmal zwischen verhaltens- und personenbedingter Kündigung solle vielmehr sein, ob der Arbeitnehmer die Möglichkeit habe, bestimmte Vertragsstörungen künftig abzustellen bzw. nicht mehr zu wiederholen, oder ob er die Gründe der Vertragsstörung nicht beeinflussen könne (*Kaiser* FS Otto S. 173, 179, 190). Dieser Ansatz greift zu kurz. Er würde erhebliche Abgrenzungsprobleme schaffen. Es gibt zahlreiche von der Person des Arbeitnehmers ausgehende Vertragsstörungen, deren Fortbestehen in der Zukunft zwar nicht generell seinem Einfluss entzogen (Therapie von Krankheiten, Wiedererlangung von für die Berufsausübung erforderlichen Lizenzen usw.), deren Eintritt aber nicht im schuldrechtlichen Sinne von ihm zu vertreten sind. 428

Im Unterschied zur außerordentlichen Kündigung müssen die Gründe im Verhalten des Arbeitnehmers zur sozialen Rechtfertigung einer ordentlichen Kündigung nicht so schwerwiegend sein, dass dem Arbeitgeber eine Fortsetzung des Arbeitsverhältnisses auch nur bis zum Ende der Kündigungsfrist unzumutbar ist. Eine Kündigung ist durch Gründe im Verhalten des Arbeitnehmers iSv § 1 Abs. 2 S. 1 vielmehr bereits dann bedingt, wenn dieser seine vertraglichen Haupt- oder Nebenpflichten erheblich und idR schuldhaft verletzt hat und eine **dauerhaft störungsfreie Vertragserfüllung in Zukunft nicht mehr zu erwarten** steht (*BAG* 21.7.2014 EzA § 1 KSchG Verhaltensbedingte Kündigung Nr. 84, Rn 19). Erforderlich ist ein Verhalten des Arbeitnehmers, durch das **das Arbeitsverhältnis konkret beeinträchtigt** wird (*BAG* 5.11.1992 RzK I 5i Nr. 81; 20.9.1984 EzA § 1 KSchG Verhaltensbedingte Kündigung Nr. 14). Dabei ist nicht vom Standpunkt des jeweiligen Arbeitgebers auszugehen; es gilt vielmehr ein **objektiver Maßstab** (*BAG* 19.11.2015 EzA § 1 KSchG Verhaltensbedingte Kündigung Nr. 85, Rn 34). Maßgeblich ist nicht, ob ein bestimmter Arbeitgeber meint, ihm sei die Fortsetzung des Arbeitsverhältnisses nicht zuzumuten, und ob er weiterhin hinreichendes Vertrauen in einen Arbeitnehmer hat. Es kommt vielmehr darauf an, ob dem Kündigenden die Weiterbeschäftigung – bei der ordentlichen Kündigung auch über den Ablauf der Kündigungsfrist hinaus – aus der Sicht eines objektiven und verständigen Betrachters unter Berücksichtigung der Umstände des Einzelfalls zumutbar ist oder nicht (*BAG* 19.11.2015 EzA § 1 KSchG Verhaltensbedingte Kündigung Nr. 85, Rn 34). Es kommen daher nur solche **Umstände** in Betracht, **die geeignet sind, einen unvoreingenommenen Dritten zur Kündigung zu bestimmen** (*BAG* 2.11.1961 AP Nr. 3 zu § 1 KSchG Verhaltensbedingte Kündigung; 13.3.1987 EzA § 611 BGB Abmahnung Nr. 5; 17.6.2003 EzA § 1 KSchG Verhaltensbedingte Kündigung Nr. 59, zu II: »Ruhig und verständig urteilender Arbeitgeber«). Damit stellt zB die erstmalige Begehung einer Pflichtverletzung mit Bagatellcharakter keinen Kündigungsgrund dar. Umstände im Verhalten des Arbeitnehmers, die als wichtiger Grund iSv § 626 Abs. 1 BGB geeignet sind (hierzu s. KR-*Fischermeier/Krumbiegel* § 626 BGB Rdn 144 ff.), können nach § 1 Abs. 2 S. 1 KSchG auch eine verhaltensbedingte ordentliche Kündigung rechtfertigen. Ob im Einzelfall eine außerordentliche oder nur eine ordentliche Kündigung berechtigt ist, kann nur anhand einer umfassenden Interessenabwägung entschieden werden (hierzu s. Rdn 443 ff.). Zur Bedeutung des Gleichbehandlungsgrundsatzes s. Rdn 246 f. Eine soziale Auswahl kommt lediglich bei einer betriebsbedingten, nicht aber bei einer verhaltens- oder personenbedingten Kündigung in Betracht (*LAG BW* 30.9.1982 DB 1983, 125). 429

Nach der früher vertretenen **Bereichslehre** wurden Kündigungsgründe im Verhalten des Arbeitnehmers in vier **Fallgruppen** unterteilt (s. iE KR-*Fischermeier/Krumbiegel* § 626 BGB Rdn 178–182), nämlich in Pflichtwidrigkeiten im **Leistungsbereich** (zB Schlecht- oder Fehlleistungen), Verstöße 430 gegen **die betriebliche Ordnung** (zB gegen ein Rauch- oder Alkoholverbot), Störungen im personalen **Vertrauensbereich** (zB Vollmachtsmissbrauch, Annahme von Schmiergeldern) und in Verletzungen arbeitsvertraglicher **Nebenpflichten** (zB Verstöße gegen die Gehorsams-, Treue- und Geheimhaltungspflicht). Dies hat in dieser Form wenig praktische Bedeutung, da die Unterteilung kaum Erkenntnisgewinne bringt (vgl. KR-*Fischermeier/Krumbiegel* § 626 BGB Rdn 183). Zu fragen ist vielmehr, welche konkrete, sich aus dem Arbeitsverhältnis ergebende Pflicht der Arbeitnehmer verletzt hat. Neben einer Verletzung seiner Hauptleistungspflicht – der ordnungsgemäßen Erbringung der geschuldeten Arbeitsleistung – kommt insbes. ein Verstoß gegen vertragliche Nebenpflichten in Betracht. Diese müssen nicht ausdrücklich festgeschrieben sein. Wie sich aus § 241 Abs. 2 BGB ergibt, ist jeder Vertragspartner zur Rücksichtnahme auf die Rechte, Rechtsgüter und Interessen des anderen Teils verpflichtet. Der Arbeitnehmer hat demnach seine Arbeitspflichten so zu erfüllen und die im Zusammenhang mit dem Arbeitsverhältnis stehenden Interessen des Arbeitgebers so zu wahren, wie dies von ihm unter Berücksichtigung seiner eigenen Interessen und der Interessen der anderen Arbeitnehmer des Betriebs nach Treu und Glauben erwartet werden kann (*BAG* 18.12.2014 NZA 2015, 797, Rn 15; 31.7.2014 EzA § 15 KSchG nF Nr. 73, Rn 40).

2. Verschulden

431 Bei fehlendem Verschulden kommt eine verhaltensbedingte Kündigung regelmäßig nicht in Betracht (s. Rdn 282, 426 ff.). Nicht erforderlich ist ein vorsätzlicher Verstoß des Arbeitnehmers gegen Vertragspflichten. Es genügen **fahrlässige Pflichtwidrigkeiten**, dh das Außerachtlassen der im Verkehr erforderlichen Sorgfalt (§ 276 BGB). Der Grad des Verschuldens ist – neben dem Gewicht der Auswirkungen der Vertragspflichtverletzung auf die Interessen des Arbeitgebers – jedoch ein wesentliches Kriterium bei der Interessenabwägung (vgl. *BAG* 21.1.1999 EzA § 626 BGB nF Nr. 178, zu II 4). Hier kann – abhängig vom Grad des Verschuldens – auch ein **vermeidbarer Rechtsirrtum** zugunsten des Arbeitnehmers Bedeutung gewinnen (vgl. *BAG* 29.8.2013 EzA § 626 BGB 2002 Nr. 44, Rn 40).

432 Ein **unverschuldeter Rechtsirrtum** liegt nicht schon dann vor, wenn sich der Arbeitnehmer seine unzutreffende Rechtsauffassung nach sorgfältiger Prüfung und Beratung gebildet hat. An die zu beachtenden Sorgfaltspflichten sind vielmehr strenge Maßstäbe anzulegen. Danach ist ein Rechtsirrtum nur dann unverschuldet, wenn der Arbeitnehmer nicht nur ein Obsiegen im Rechtsstreit für möglich halten durfte, sondern wenn er – umgekehrt – mit seinem Unterliegen nicht zu rechnen brauchte (*BAG* EzA § 626 BGB 2002 Nr. 44, Rn 34; vgl. auch *BGH* 6.12.2006 zu II 1a aa). Vertraut er bei unsicherer Rechtslage auf eine bestimmte Auskunft, handelt er daher auf eigenes Risiko (*BAG* 12.4.1973 AP § 611 BGB Direktionsrecht Nr. 24, zu II 7; *Hess. LAG* 13.6.1995 LAGE § 1 KSchG Verhaltensbedingte Kündigung Nr. 49; zust. etwa HaKo-KSchR/*Zimmermann* Rn 234; TRL-*Liebscher* Rn 386; näher zum Verschulden in Zusammenhang mit Rechtsirrtümern *Kliemt/ Vollstädt* NZA 2003, 357; abl. DDZ-*Däubler* § 1 KSchG Rn 687).

433 Zudem kommt die **Zurechnung eines Beratungsverschuldens** nach § 278 S. 1 BGB in Betracht. Bedient sich ein Vertragspartner eines Rechtsberaters, etwa eines Rechtsanwalts oder eines Rechtssekretärs einer Gewerkschaft, um zu klären, wie er den Vertrag zu erfüllen hat, wird dieser **Erfüllungsgehilfe**, da er Dienstleistungen geistiger Art erbringt (*BAG* 16.12.1986 EzA BGB § 387 Nr. 2, zu B IV 2b; *BGH* 12.7.2006 NJW 2006, 3271, zu II 3c). Ein Verschulden des Rechtsberaters muss der Arbeitnehmer sich dann zurechnen lassen (*LAG RhPf* 12.4.2005 ArbRB 2005, 226 LS; s.a. KR-*Fischermeier/Krumbiegel* § 626 BGB Rdn 151; HaKo-KSchR/*Gieseler* § 626 BGB Rn 71), da die Einschaltung von Erfüllungsgehilfen gem. § 278 S. 1 BGB nicht zu Lasten des Vertragspartners geht. Entsprechend rechnet der BGH bei der Kündigung von Mietverträgen ein Beratungsverschulden etwa durch Mieterschutzvereine zu (*BGH* 25.10.2006 NJW 2007, 428, zu II 3a). Gegen die Zurechnung von Beratungsverschulden wird eingewendet, dass es bei der kündigungsrechtlichen Prüfung allein auf das eigene Verschulden des Arbeitnehmers ankommen (*LAG Düsseld*. 29.8.2001 AnwBl 2002, 607, zu I 2b; *Hess. LAG* 26.1.2007 – 3 Sa 1261/06, nv, zu I 2ee; gegen eine Zurechnung auch *LAG Köln* 29.6.2001 NZA-RR 2002, 356, zu I) und dass ein Arbeitnehmer sich in der

Regel auf die Auskunft eines Rechtsanwalts verlassen können müsse (DDZ-*Däubler* § 1 KSchG Rn 687). Aus § 278 S. 1 BGB folgt jedoch das Gegenteil. Die Gegenansicht würde – konsequent angewendet – zu untragbaren Ergebnissen führen, da selbst massive Vertragsverletzungen durch Auskünfte vom Arbeitnehmer herangezogener Rechtsberater entschuldigt werden könnten (zB wenn ein Arbeitnehmer auf Anraten seines Rechtsanwalts langfristig die Arbeitsleistung verweigert, ohne objektiv ein Zurückbehaltungsrecht zu haben). Dem Arbeitnehmer verbleibt ggf. wegen der Verletzung des Beratungsvertrages der Regress gegen den ihn vertretenden Rechtsanwalt oder Verband, wenn er von diesem auf die Unsicherheit der Rechtslage nicht hingewiesen wurde (eingehend zur Zurechnung von Beratungsverschulden *Griebeling* NZA 2002, 838, 841 f.).

Darlegungs- und beweispflichtig dafür, dass der Arbeitnehmer schuldhaft ihm obliegende Vertragspflichten verletzt hat, **ist der Arbeitgeber** (*BAG* 17.4.1956 AP § 626 BGB Nr. 8; **aA** *Sieg* RdA 1962, 139). Dies gilt ebenso für Umstände, die einen Entschuldigungs- oder Rechtfertigungsgrund für das Verhalten des Arbeitnehmers ausschließen (*BAG* 24.11.1983 EzA § 626 BGB nF Nr. 88; 6.8.1987 DB 1988, 451 unter Aufgabe von *BAG* 16.6.1976 EzA § 611 BGB Treuepflicht Nr. 1, wonach der Arbeitnehmer darlegungs- und beweispflichtig für den Umfang einer Nebentätigkeitsgenehmigung sei). Durch diese Darlegungs- und Beweislastverteilung wird der Arbeitgeber nicht überfordert. Nach den Grundsätzen der **abgestuften Darlegungs- und Beweislast** richtet sich der Umfang des von ihm zu verlangenden Vortrags danach, wie substantiiert der Arbeitnehmer sich auf sein Vorbringen einlässt. § 138 Abs. 2 ZPO verpflichtet den Arbeitnehmer, den näher dargelegten Vorwurf, mit dem der Arbeitgeber die Kündigung rechtfertigen will, substantiiert zu bestreiten und ggf. substantiiert einen Rechtfertigungsgrund darzulegen (*Ascheid* Beweislastfragen S. 133; *Reinecke* NZA 1989, 585). So hat zB der Arbeitnehmer gegenüber dem Vorwurf, unberechtigt gefehlt zu haben, die Gründe anzugeben, die ihn daran gehindert haben, seine Arbeitsleistung zu erbringen (*BAG* 18.10.1990 RzK I 10h Nr. 30). Geschieht das nicht oder nicht ausreichend, gelten die vom Arbeitgeber vorgetragenen Tatsachen nach § 138 Abs. 3 ZPO als zugestanden (allg. zur abgestuften Darlegungs- und Beweislast im Kündigungsschutzprozess von *Altrock* DB 1987, 433).

3. Abmahnung

Nach dem das Kündigungsschutzrecht beherrschenden **Grundsatz der Verhältnismäßigkeit** (s. Rdn 222 ff.; KR-*Fischermeier/Krumbiegel* § 626 BGB Rdn 265 ff.) ist der Arbeitnehmer nach einem pflichtwidrigen Verhalten grundsätzlich zunächst abzumahnen. Beruht die Vertragspflichtverletzung auf steuerbarem Verhalten des Arbeitnehmers, ist im Allgemeinen davon auszugehen, dass sein künftiges Verhalten schon durch die Androhung von Folgen für den Bestand des Arbeitsverhältnisses positiv beeinflusst werden kann. Einer Abmahnung bedarf es nach Maßgabe des auch in § 314 Abs. 2 iVm § 323 Abs. 2 BGB zum Ausdruck kommenden Verhältnismäßigkeitsgrundsatzes nur dann nicht, wenn bereits ex ante erkennbar ist, dass eine Verhaltensänderung in Zukunft auch nach Abmahnung nicht zu erwarten steht, oder es sich um eine so schwere Pflichtverletzung handelt, dass selbst deren erstmalige Hinnahme dem Arbeitgeber nach objektiven Maßstäben unzumutbar und damit offensichtlich – auch für den Arbeitnehmer erkennbar – ausgeschlossen ist (*BAG* 31.7.2014 EzA § 1 Verhaltensbedingte Kündigung Nr. 84, Rn 39; 11.7.2013 EzA § 1 Verhaltensbedingte Kündigung Nr. 83, Rn 21). Dies gilt sowohl für Störungen im **Leistungs-** als auch für Störungen im **Vertrauensbereich**. Rechtfertigt ein Vorfall mangels Abmahnung eine außerordentliche Kündigung nicht, kommt auch eine ordentliche verhaltensbedingte Kündigung nicht in Betracht (*BAG* 13.9.1995 EzA § 626 BGB Verdacht strafbarer Handlung Nr. 6, zu II 2). Wegen der Einzelheiten der Abmahnungsobliegenheit vgl. die Darstellung der entsprechenden Rechtslage bei der außerordentlichen verhaltensbedingten Kündigung KR-*Fischermeier/Krumbiegel* § 626 BGB Rdn 267–298.

Darlegungs- und **beweispflichtig** für das Vorliegen einer ordnungsgemäßen Abmahnung und für die Richtigkeit der abgemahnten Pflichtwidrigkeiten **ist der Arbeitgeber** (*LAG Frankf.* 23.12.1986 BB 1987, 1463; HK-*Dorndorf* Rn 698; LKB-*Krause* Rn 527). Er hat auch die Tatsachen darzulegen und im Bestreitensfalle zu beweisen, aus denen sich die Entbehrlichkeit einer Abmahnung ergibt

§ 1 KSchG Sozial ungerechtfertigte Kündigungen

(HK-*Dorndorf* Rn 701). Auch hier gilt eine **abgestufte Darlegungslast**. Der Arbeitgeber genügt daher zunächst seiner Darlegungslast, wenn er vorträgt, dass er den Arbeitnehmer wegen bestimmter Leistungs- oder Verhaltensmängel unter Hinweis auf die Bestands- oder Inhaltsgefährdung seines Arbeitsverhältnisses abgemahnt hat. Bestreitet der Arbeitnehmer dies, hat der Arbeitgeber im Einzelnen die Tatsachen vorzutragen, aus denen sich eine ordnungsgemäße Abmahnung oder die ausnahmsweise Entbehrlichkeit einer Abmahnung ergibt. Dabei sind auch die abgemahnten Pflichtwidrigkeiten in zeitlicher und gegenständlicher Hinsicht iE zu schildern (HWK-*Quecke* Rn 211). Schlagwortartige Angaben (wie »ständiges Zuspätkommen«, »wiederholte Trunkenheit am Arbeitsplatz«, »schlechte/zu geringe Arbeitsleistung«) reichen nicht aus (APS-*Vossen* Rn 440). Im Kündigungsschutzprozess kann sich der Arbeitgeber auf ordnungsgemäß abgemahnte Leistungs- oder Verhaltensmängel nicht berufen, wenn er es unterlassen hat, den **Betriebsrat** im Rahmen des Anhörungsverfahrens nach § 102 BetrVG hierüber zu unterrichten (*BAG* 18.12.1980 EzA § 102 BetrVG 1972 Nr. 44, zu B II).

4. Prüfung der sozialen Rechtfertigung in drei Stufen

a) Vertragswidriges Verhalten des Arbeitnehmers

437 Auch die Prüfung der sozialen Rechtfertigung einer verhaltensbedingten Kündigung ist dreistufig (HK-*Dorndorf* Rn 495–511; Bader/Bram-*Kreutzberg-Kowalczyk* Rn 161 ff.; APS-*Vossen* Rn 272 ff.; HaKo-ArbR/*Markowski* Rn 219; ähnlich *BAG* 17.6.2003 EzA § 1 KSchG Verhaltensbedingte Kündigung Nr. 59, zu B II; weiter diff. HaKo-KSchR/*Zimmermann* Rn 206, der die zweite Stufe in eine Prüfung der Negativprognose und eine der Vermeidbarkeit der Kündigung aufspaltet). Zunächst ist ein vertragswidriges Verhalten des Arbeitnehmers festzustellen (**erste Stufe**; s. Rdn 426 ff.).

b) Störungen des Arbeitsverhältnisses, Möglichkeit einer anderweitigen Beschäftigung

438 Das vertragswidrige Verhalten muss zu konkreten Störungen des Arbeitsverhältnisses führen. Dabei ist zu beachten, dass die Vertragsverletzung im Allgemeinen an sich schon eine Störung des Arbeitsverhältnisses bedeutet, es jedoch entscheidend darauf ankommt, ob sie auch für die zukünftige Vertragsdurchführung von Bedeutung ist (sog. Prognoseprinzip) und auch nicht durch eine Umsetzung beseitigt werden kann. Das gilt im Grundsatz auch für Störungen im Vertrauensbereich (*Enderlein* RdA 2000, 325). Nur dann handelt es sich um eine zur Rechtfertigung der Kündigung geeignete rechtserhebliche Störung des Arbeitsverhältnisses (**zweite Stufe**). Nach dem Prognoseprinzip ist zu prüfen, ob aus der begangenen Vertragspflichtverletzung und der sich daraus ergebenden Vertragsstörung geschlossen werden kann, der Arbeitnehmer werde auch in Zukunft gleichartige oder ähnliche Pflichtverletzungen begehen, oder ob das vergangene Ereignis wegen der Schwere der Vertragsverletzung – selbst ohne Wiederholung – sich auch künftig weiter belastend auswirkt (*BAG* 17.1.1991 EzA § 1 KSchG Verhaltensbedingte Kündigung Nr. 37; 21.11.1996 EzA § 1 KSchG Verhaltensbedingte Kündigung Nr. 50; 12.1.2006 EzA § 1 KSchG Verhaltensbedingte Kündigung Nr. 67, zu B II 2a; 13.12.2007 EzA § 4 KSchG nF Nr. 82, zu B II 2b; aA *Fromm* BB 1995, 2579: Es muss die Störung der »Ordnung der betrieblichen Sozialeinheit« zu befürchten sein). Aus der Beharrlichkeit vergangener Pflichtverletzungen und dem Grad des Verschuldens lässt sich ggf. eine negative Zukunftsprognose ableiten (*LAG Hamm* 30.5.1996 NZA 1997, 1056). Eine ungünstige Prognose ist idR nicht gerechtfertigt, solange eine erforderliche Abmahnung unterblieben ist (s. Rdn 435). Das Gleiche gilt, wenn sich ein Arbeitgeber etwa in einer Dienstordnung **selbst gebunden** hat, bei bestimmten Verhaltensverstößen vor Ausspruch einer Kündigung mit dem Arbeitnehmer ein klärendes Gespräch zu führen, und ein solches Gespräch unterlässt (*BAG* 16.9.1999 EzA § 611 BGB Kirchliche Arbeitnehmer Nr. 45).

439 Verlangt der Arbeitgeber vom Arbeitnehmer ein **Schuldeingeständnis** oder eine **Entschuldigung**, kann er damit zum Ausdruck bringen, dass er unter dieser Voraussetzung von seinem Kündigungsrecht keinen Gebrauch machen wird. Kommt der Arbeitnehmer dem Verlangen nach, ist der Arbeitgeber an seinen Verzicht gebunden. Verweigert der Arbeitnehmer entsprechende Erklärungen, ist dies zwar für sich genommen kein Kündigungsgrund (*Hess. LAG* 2.5.2003 LAGE § 626

BGB Nr. 152, zu II 2a; APS-*Vossen* Rn 323). Der Arbeitgeber hat keinen Anspruch gegen den Arbeitnehmer auf ein Schuldeingeständnis. Das ändert aber nichts daran, dass eine Kündigung in diesem Fall wegen der vorhergegangenen Pflichtverletzung sozial gerechtfertigt sein kann.

Besteht die **Möglichkeit einer zumutbaren anderweitigen Beschäftigung** auf einem freien Arbeitsplatz in demselben Betrieb oder in einem anderen Betrieb des Unternehmens, entfällt der Kündigungsgrund. Nach dem **Grundsatz der Verhältnismäßigkeit** hat der Arbeitgeber vor jeder Beendigungskündigung zu prüfen, ob eine Um- oder Versetzung des Arbeitnehmers auf einen anderen Arbeitsplatz möglich und zumutbar ist (*BAG* 31.3.1993 EzA § 626 BGB Ausschlussfrist Nr. 5; 6.10.2005 EzA § 1 KSchG Verhaltensbedingte Kündigung Nr. 66, zu B I 2e; im Übrigen s. Rdn 228 ff.). 440

Eine **anderweitige Beschäftigung** an einem anderen Arbeitsplatz ist dem Arbeitgeber grds. nur dann **zumutbar**, wenn ein freier Arbeitsplatz verfügbar ist, auf dem der Arbeitnehmer die verlangte Tätigkeit anforderungsgerecht ausführen kann und objektive Anhaltspunkte dafür bestehen, dass der Arbeitnehmer bei einem Einsatz auf diesem Arbeitsplatz **das beanstandete Verhalten nicht fortsetzen wird** (zB einen Streit mit einem bestimmten Arbeitskollegen), es sich also um arbeitsplatz- und nicht um arbeitgeberbezogene Pflichtverstöße handelt (*BAG* 16.1.1997 RzK I 5i Nr. 124; 8.6.2000 EzA § 626 BGB nF Nr. 182, zu B III 1; 6.10.2005 EzA § 1 KSchG Verhaltensbedingte Kündigung Nr. 66, zu B I 2e; TRL-*Liebscher* Rn 393; AR-*Kaiser* Rn 44). Steht die vom Arbeitnehmer begangene Pflichtwidrigkeit (zB Pflichtverletzungen im Krankheitsfall) in keinem ursächlichen Zusammenhang mit dem bisherigen Arbeitsplatz, würde durch eine Versetzung in aller Regel die Wiederholungsgefahr nicht beseitigt. Sie ist dann kein geeignetes milderes Mittel. Auch bei nicht arbeitgeberbezogenen Gründen ist eine Weiterbeschäftigung an einem anderen Arbeitsplatz nicht zumutbar, wenn der Arbeitnehmer Vertragspflichten erheblich verletzt hat (*BAG* 6.10.2005 EzA § 1 KSchG Verhaltensbedingte Kündigung Nr. 66, zu B I 2e: Tätlichkeit am Arbeitsplatz; DDZ-*Däubler* Rn 698; HWK-*Quecke* Rn 185). 441

Eine **unternehmensbezogene Weiterbeschäftigungspflicht** besteht auch dann, wenn der Betriebs- oder Personalrat einer ordentlichen Kündigung wegen einer solchen Möglichkeit nicht widersprochen hat (s. Rdn 204 f., 229). Eine verhaltensbedingte ordentliche Kündigung ist daher sozialwidrig, wenn der Arbeitnehmer auf einem anderen freien Arbeitsplatz des Betriebs oder eines anderen Betriebs des Unternehmens hätte weiterbeschäftigt werden können (s. Rdn 228 ff.). Zur **Weiterbeschäftigung zu geänderten Arbeitsbedingungen** s. Rdn 236 ff. Zu den Voraussetzungen und Grenzen der Weiterbeschäftigungspflicht bei verhaltensbedingten Kündigungen *Moritz* DB 1985, 229. 442

c) Interessenabwägung

In einer **dritten Stufe** ist eine Interessenabwägung vorzunehmen. Bei einer verhaltensbedingten Kündigung bedarf es ebenfalls einer sorgfältigen und umfassenden Interessenabwägung (allg. zur Interessenabwägung s. Rdn 219 f.). Dabei ist das Interesse des Arbeitnehmers am Erhalt seines Arbeitsplatzes bis zum regulären Ende des Arbeitsverhältnisses mit dem Interesse des Arbeitgebers an der Auflösung des Arbeitsverhältnisses zum Ablauf der Kündigungsfrist abzuwägen. Ist der Arbeitgeber eine juristische Person oder eine Personengesamtheit, ist nicht von den persönlichen Interessen einzelner Gesellschafter auszugehen. Maßgeblich ist vielmehr das objektive Arbeitgeberinteresse (*BAG* 2.11.1961 AP § 1 KSchG Verhaltensbedingte Kündigung Nr. 3). Sozial gerechtfertigt ist die Kündigung, wenn eine umfassende Interessenabwägung unter Berücksichtigung der relevanten Umstände des Einzelfalls ergibt, dass dem Arbeitgeber eine Fortsetzung des Arbeitsverhältnisses über den Ablauf der Kündigungsfrist hinaus unzumutbar ist (vgl. *BAG* 27.9.2012 EzA § 1 KSchG Verhaltensbedingte Kündigung Nr. 81, Rn 28). 443

Auch im Bereich der Gründe im Verhalten des Arbeitnehmers gibt es **keine absoluten Kündigungsgründe**. Es bedarf vielmehr stets einer umfassenden Würdigung, ob unter Berücksichtigung aller Besonderheiten des Einzelfalls die Kündigung sozial gerechtfertigt ist (*BAG* 27.9.2012 EzA § 1 KSchG Verhaltensbedingte Kündigung Nr. 81, Rn 28). Es ist zu fragen, ob die Pflichtverletzung 444 die Kündigung »bedingt« oder ob dem Arbeitgeber eine mildere Reaktion zumutbar ist. Ein solches milderes Mittel kann insbes. eine Abmahnung sein.

445 Bei der Interessenabwägung zu berücksichtigen sind regelmäßig das Gewicht und die Auswirkung einer Vertragspflichtverletzung – etwa im Hinblick auf das Maß eines durch sie bewirkten Vertrauensverlusts und ihre wirtschaftlichen Folgen –, der Grad des Verschuldens des Arbeitnehmers, eine mögliche Wiederholungsgefahr sowie die Dauer des Arbeitsverhältnisses und dessen störungsfreier Verlauf (vgl. *BAG* 26.3.2015 NZA 2015, 1180, Rn 21; 9.6.2011 EzA § 626 BGB 2002 Nr. 37, Rn 22; 10.6.2010 EzA § 626 BGB 2002 Nr. 32, Rn 34). Auch auf soziale Gesichtspunkte wie etwa Unterhaltsverpflichtungen des Arbeitnehmers kann Bedacht zu nehmen sein, wenn sie auch bei verschuldeten – insbes. vorsätzlichen – Vertragspflichtverletzungen regelmäßig weniger Gewicht haben dürften als bei vom Arbeitnehmer nicht zu vertretenden Vertragsstörungen (vgl. *BAG* 27.9.2012 EzA § 626 BGB 2002 Nr. 42, Rn 38; 9.6.2011 EzA § 626 BGB 2002 Nr. 35, Rn 21; 27.2.1997 EzA § 1 KSchG Verhaltensbedingte Kündigung Nr. 51, zu II 3; APS-*Vossen* Rn 434; HaKo-KSchR/*Zimmermann* Rn 324; DDZ-*Däubler* Rn 708; Bader/Bram-*Kreutzberg-Kowalczyk* Rn 196h; TRL-*Liebscher* Rn 428; *Lingemann* BB 2000, 1835; aA LKB-*Krause* Rn 471; ErfK-*Oetker* Rn 203; *Becker-Schaffner* ZTR 1997, 7; s. Rdn 220). Bei der Interessenabwägung hat das Tatsachengericht einen gewissen, in der Revisionsinstanz nur eingeschränkt überprüfbaren **Beurteilungsspielraum** (vgl. *BAG* 26.3.2015 NZA 2015, 1180, Rn 38; 8.5.2014 EzA § 626 BGB 2002 Nr. 45, Rn 35; s.a. Rdn 210).

5. Darlegungs- und Beweislast

446 Dem **Arbeitgeber** obliegt die Darlegungs- und Beweislast für die Kündigungsgründe (§ 1 Abs. 2 S. 4 KSchG). Er hat die der Kündigung zugrundeliegenden Umstände iE zu schildern und die behaupteten Pflichtverletzungen nach Ort, Zeit und genauem Inhalt oder Ablauf näher zu beschreiben. Nicht ausreichend sind pauschale Werturteile oder Schlagworte wie »häufiges Zuspätkommen«, »Arbeitsverweigerung«, »Beleidigungen« (*BAG* 19.11.1997 EzA § 611 BGB Arbeitnehmerbegriff Nr. 63, zu II 2c; 26.6.1997 RzK I 5i Nr. 126, zu B I 2a; *Ascheid* Beweislastfragen S. 117; *Hunold* BB 2003, 2346). Beruft sich der Arbeitnehmer auf Rechtfertigungsgründe oder ein schuldloses Verhalten, hat der Arbeitgeber dies zu widerlegen. Soweit es sich um abmahnungspflichtige Tatbestände handelt (vgl. KR-*Fischermeier/Krumbiegel* § 626 BGB Rdn 267 ff.), hat der Arbeitgeber insbes. darzulegen, zu welchem Zeitpunkt und wegen welchen vertragswidrigen Verhaltens er den Arbeitnehmer abgemahnt hat (s. Rdn 436). Für ein Verschulden des Arbeitnehmers ist der Arbeitgeber ebenfalls darlegungs- und beweisbelastet (s. Rdn 434). Zu den Umständen, die er darzulegen und im Bestreitensfall zu beweisen hat, gehört ggf. auch das Fehlen eines freien Arbeitsplatzes, auf dem der Arbeitnehmer hätte weiterbeschäftigt werden können (*BAG* 22.7.1982 EzA § 1 KSchG Verhaltensbedingte Kündigung Nr. 10).

447 Auch bei einer verhaltensbedingten Kündigung gilt eine **abgestufte Darlegungs- und Beweislast** (vgl. Rdn 277 f.; *v. Altrock* DB 1987, 433). So kann sich der Arbeitgeber zunächst auf die Behauptung beschränken, dass kein zumutbarer freier Arbeitsplatz vorhanden ist, auf dem der Arbeitnehmer weiterbeschäftigt werden könnte, wovon im Allgemeinen auch ohne ausdrücklichen Vortrag des Arbeitgebers ausgegangen werden kann. Erst wenn der Arbeitnehmer konkret aufzeigt, wie er sich eine anderweitige Beschäftigung vorstellt, muss der Arbeitgeber darlegen und ggf. beweisen, dass ein solcher freier Arbeitsplatz nicht vorhanden oder nicht zumutbar ist (vgl. *BAG* 20.1.1994 EzA § 1 KSchG Betriebsbedingte Kündigung Nr. 74).

6. Einzelne Gründe im Verhalten des Arbeitnehmers

448 Im Folgenden soll ein Überblick über die **wichtigsten Fallgruppen** der verhaltensbedingten Kündigung gegeben werden. Dabei kann lediglich aufgezeigt werden, ob und ggf. unter welchen Voraussetzungen eine Pflichtverletzung an sich dazu geeignet ist, einen verhaltensbedingten Grund iSd § 1 Abs. 2 S. 1 KSchG darzustellen. Da eine abschließende Entscheidung über die soziale Rechtfertigung einer verhaltensbedingten Kündigung nur unter Berücksichtigung der jeweiligen Umstände

des Einzelfalls möglich ist, kann der nachfolgende Katalog, der keinen Anspruch auf Vollständigkeit erhebt, in der Praxis nur eine erste Orientierung sein:
a) Abkehrmaßnahmen (Rdn 449–451)
b) Abwerbung (Rdn 453–455)
c) Alkohol (Rdn 456–461)
d) Anzeigen gegen Arbeitgeber (Rdn 462–464)
e) Arbeitskampf (Rdn 465, 466)
f) Arbeitspapiere (Rdn 467)
g) Arbeitspflichtverletzungen (Rdn 468–488)
　aa) Arbeitsverweigerung (Rdn 469–476)
　bb) Unerlaubte Arbeitsversäumnis (Rdn 477–486)
　cc) Fehl-, Schlecht- und Minderleistungen (Rdn 487, 488)
h) Außerdienstliches Verhalten (Rdn 489–499)
　aa) Grundsatz (Rdn 489–491)
　bb) Lebenswandel (Rdn 492–494)
　cc) Politische Betätigung (Rdn 495, 496)
　dd) Schulden, Lohnpfändungen (Rdn 497–499)
i) Beleidigungen, Tätlichkeiten, Denunziationen, Kritik (Rdn 500–505)
j) Betriebsfrieden, betriebliche Ordnung (Rdn 506–511)
k) Druckkündigung (Rdn 512, 513)
l) Pflichtwidrigkeiten bei Krankheit und Kuraufenthalten (Rdn 514–527)
m) Mobbing und Benachteiligung (Rdn 528, 529)
n) Neben- und Konkurrenztätigkeiten (Rdn 531)
o) Sonstige Nebenpflichtverletzungen (Rdn 536–544)
p) Sexuelle Belästigung (Rdn 545)
q) Strafbare Handlungen (Rdn 546–549)
r) Vorstrafen (Rdn 550, 551).

a) Abkehrmaßnahmen

Ein von einem Arbeitnehmer geäußerter **Abkehrwille** rechtfertigt für sich allein weder eine außerordentliche noch eine ordentliche verhaltensbedingte Kündigung (*BAG* 22.10.1964 AP § 1 KSchG Betriebsbedingte Kündigung Nr. 16; *LAG München* 29.11.1974 DB 1975, 1129; SPV-*Preis* Rn 621; HWK-*Quecke* Rn 214). Dies gilt umso mehr, wenn sich der Arbeitnehmer aus gesundheitlichen Gründen um einen Arbeitsplatz mit leichteren Arbeitsbedingungen bemüht (*LAG BW* 12.4.1966 DB 1967, 1139). Zur Kündigungsrechtfertigung nicht ausreichend sind Maßnahmen des Arbeitnehmers, die lediglich der Vorbereitung einer eigenen Existenzgründung oder der Begründung eines anderweitigen Arbeitsverhältnisses dienen. Ein Arbeitnehmer verstößt nicht gegen seine Vertragspflichten, wenn er während des Arbeitsverhältnisses den Übertritt zu einem Konkurrenzunternehmen oder die Gründung eines eigenen Konkurrenzunternehmens vorbereitet (*BAG* 30.1.1963, 7.9.1972 und 16.1.1975 AP § 60 HGB Nr. 3, 7, 8; HaKo-KSchR/*Zimmermann* Rn 348). Nur wenn zu den Vorbereitungshandlungen Arbeitsvertragsverletzungen hinzutreten (zB Abwerbung von Kunden oder Arbeitskollegen, Aufnahme einer nebenberuflichen Tätigkeit bei einem Konkurrenzunternehmen, Verrat von Betriebs- oder Geschäftsgeheimnissen), kann dies eine verhaltensbedingte Kündigung sozial rechtfertigen. Der abkehrwillige Arbeitnehmer hat bis zur Beendigung des Arbeitsverhältnisses alles zu unterlassen, was den Arbeitgeber schädigen könnte (*BAG* 26.1.1995 EzA § 626 BGB nF Nr. 155). Zur außerordentlichen Kündigung wegen Abkehrmaßnahmen s. KR-*Fischermeier/Krumbiegel* § 626 BGB Rdn 421. Zur ordentlichen Kündigung wegen Neben- und Konkurrenztätigkeiten s. Rdn 531 ff.

449

Die Entgegennahme von Anrufen von für Wettbewerber tätigen Personalberatern (»**Headhuntern**«) am Arbeitsplatz ist unter Berücksichtigung der allgemeinen Grundsätze der Führung von Privattelefonaten am Arbeitsplatz (hierzu Rdn 539) und der vom BGH entwickelten wettbewerbsrechtlichen

450

Maßstäbe zu beurteilen. Danach ist die Duldung eines kurzen ersten Kontaktaufnahmeversuchs, in dem der Personalberater die angebotene neue Stelle knapp beschreibt und bei Interesse des Arbeitnehmers eine Kontaktmöglichkeit außerhalb des Betriebes vereinbart, im Interesse eines funktionierenden Wettbewerbs nicht rechtswidrig. Dagegen ist die Führung eines längeren Abwerbungsgesprächs während der Arbeitszeit nicht nur wettbewerbswidrig (*BGH* 4.3.2004 NZA 2004, 794, zu II; 22.11.2007 EzA § 74 HGB Nr. 69, zu II 1, 2b, c), sondern steht auch der Erledigung der dem Arbeitnehmer obliegenden Arbeit entgegen und stört den Betriebsablauf (iE *BGH* 4.3.2004 NZA 2004, 794, zu II 3c). Dann kann nach einer erfolglosen Abmahnung eine verhaltensbedingte Kündigung gerechtfertigt sein. Ob das Gespräch über den betrieblichen Festnetzanschluss oder über ein dienstliches oder privates Mobiltelefon geführt wird, ist idR nicht ausschlaggebend (*BGH* 9.2.2006 NJW 2006, 1665, zu B II 4b).

451 Bei **Spezial- und Mangelberufen** wird zum Teil angenommen, eine ordentliche Kündigung könne gegenüber abkehrwilligen Arbeitnehmern aus **dringenden betrieblichen Erfordernissen** sozial gerechtfertigt sein, etwa wenn der Arbeitgeber die Möglichkeit habe, für den Arbeitnehmer eine sonst nur schwer zu findende Ersatzkraft einzustellen (*BAG* 22.10.1964 EzA § 1 KSchG Nr. 2; ebenso *Osthold* DB 1956, 112; *LSW-Löwisch* 10. Aufl., Rn 154; TRL-*Liebscher* Rn 463) und infolge der Einstellung der Ersatzkraft das Bedürfnis für die Weiterbeschäftigung des abkehrwilligen Arbeitnehmers entfalle. Vor Ausspruch der Kündigung habe sich der Arbeitgeber jedoch zunächst über die Ernsthaftigkeit des Abkehrwillens durch Befragung des Arbeitnehmers zu vergewissern. Sei dieser bereit, von einer Eigenkündigung abzusehen, komme eine Arbeitgeberkündigung regelmäßig nicht in Betracht (*LAG München* 26.11.1974 DB 1975, 1129). Dem wird zu Recht entgegengehalten, dass in solchen Fällen mangels einer Veränderung des Beschäftigungsbedarfs bis zum Ausscheiden des Arbeitnehmers kein betriebliches Erfordernis zur Kündigung besteht (so auch DDZ-*Deinert* Rn 317; HK-*Dorndorf* Rn 774; LKB-*Krause* Rn 537; SPV-*Preis* Rn 934; HaKo-KSchR/*Zimmermann* Rn 350; HaKo-ArbR/*Markowski* Rn 301; LSSW-Schlünder 11. Aufl., Rn 154). Dem Interesse des Arbeitgebers, ausreichend frühzeitig neu disponieren zu können, dient bereits die vom ausscheidenden Arbeitnehmer einzuhaltende ordentliche Kündigungsfrist.

452 Zur Mitwirkung an einer vom Arbeitgeber initiierten Beendigung des Arbeitsverhältnisses ist ein Arbeitnehmer regelmäßig nicht verpflichtet. Die Weigerung, einen **Aufhebungsvertrag** abzuschließen, rechtfertigt eine verhaltensbedingte Kündigung daher regelmäßig nicht (*BAG* 5.11.2009 DB 2010, 286, zu II 2).

b) Abwerbung

453 Aufgrund der ihnen aus dem Arbeitsverhältnis obliegenden **Pflicht zur Rücksichtnahme** gem. § 241 Abs. 2 BGB ist es Arbeitnehmern verwehrt, ihrem bisherigen Arbeitgeber für eine Konkurrenztätigkeit Arbeitnehmer in rechtswidriger Weise abzuwerben. Um eine Abwerbung handelt es sich, wenn ein Dritter versucht, einen durch einen Arbeitsvertrag gebundenen Arbeitnehmer zur Beendigung seines Arbeitsverhältnisses und zur Eingehung eines neuen zu bestimmen (*Gierke* RdA 1972, 17; *Klaas* NZA 1984, 313). Dabei ist mit Blick auf die Vertragsfreiheit ein Abwerbungsversuch erst dann unzulässig, wenn **besondere Umstände** die **Rechts- oder Sittenwidrigkeit** des Verhaltens des Abwerbenden begründen (*BAG* 22.11.1965 AP § 611 BGB Abwerbung Nr. 1; *Gierke* RdA 1972, 19; SPV-*Preis* Rn 680 sieht bereits in der bloßen Abwerbung einen Verstoß des Abwerbenden gegen seine vertragliche Schutz- und Treuepflicht; ähnlich *LAG BW* 21.2.2002 LAGE § 60 HGB Nr. 8; HaKo-KSchR/*Zimmermann* Rn 351; *Busch/Dendorfer* BB 2002, 304). Ein Verstoß gegen die vertragliche Pflicht zur Rücksichtnahme und damit ein zur Kündigungsrechtfertigung geeigneter Sachverhalt liegt demnach vor, wenn der Abwerbende den Abgeworbenen zu einem rechtswidrigen Vertragsbruch anhält, wenn er systematisch den Willen an sich nicht wechselbereiter Kollegen zu beeinflussen versucht oder wenn er den Arbeitgeber schädigen will. Unter Berücksichtigung der Wertungen von Art. 2 Abs. 1, 5 Abs. 1 und 12 GG ist es dagegen rechtmäßig, wenn ein Arbeitnehmer sich mit Kollegen über deren berufliche Aussichten unterhält, berufliche Änderungen plant und sich die Beteiligten über einen Arbeitsplatzwechsel verständigen (*LAG RhPf* 7.2.1992

LAGE § 626 BGB Nr. 64; Bader/Bram-*Kreutzberg-Kowalczyk* Rn 198; LKB-*Krause* Rn 539; DW-*Zimmer/Hempel* Rn 179; HaKo-ArbR/*Markowski* Rn 302; HWK-*Quecke* Rn 249; *Gierke* RdA 1972, 19; *Röder/Hahn* AR-Blattei SD 30 Rn 77). Dasselbe gilt, wenn ein Arbeitnehmer, der sich selbständig machen will, Arbeitskollegen wegen eines Arbeitsplatzwechsels zu ihm anspricht (*LAG RhPf* 17.2.1992 LAGE § 626 BGB Nr. 64).

Im Fall einer sittenwidrigen Abwerbung kann sich der Arbeitnehmer gem. § 826 BGB schadensersatzpflichtig machen. 454

Die in Rdn 449 dargestellten Grundsätze gelten für die **Abwerbung von Kunden** entsprechend (*BAG* 23.5.1985 – 2 AZR 268/84, nv; DDZ-*Däubler* Rn 720; HaKo-ArbR/*Markowski* Rn 303). Zu Konkurrenztätigkeiten s. Rdn 533. Zur außerordentlichen Kündigung wegen Abwerbung s. KR-*Fischermeier/Krumbiegel* § 626 BGB Rdn 422. 455

c) **Alkohol**

Alkoholmissbrauch im Betrieb kann eine verhaltensbedingte Kündigung rechtfertigen, wenn dieser die Hauptpflicht des Arbeitnehmers zur Arbeitsleistung beeinträchtigt oder zur Verletzung von Nebenpflichten führt, etwa wenn der Arbeitnehmer wegen des Alkoholgenusses sich oder andere gefährdet (*BAG* 26.1.1995 EzA § 1 KSchG Verhaltensbedingte Kündigung Nr. 46; *Bengelsdorf* NZA 2001, 995; *v. Hoyningen-Huene* DB 1995, 142 f.; *Schwan/Zöller* ZTR 1996, 65). Unerheblich ist, ob er alkoholisiert zur Arbeit erscheint oder erst im Betrieb Alkohol zu sich nimmt. Ist der Arbeitnehmer **alkoholkrank**, ist eine verhaltensbedingte Kündigung jedoch idR wegen fehlenden Verschuldens ungerechtfertigt (s. Rdn 431 f.; aA *Bengelsdorf* BuW 2003, 345; nach *Willemsen/Brune* DB 1988, 2309 scheidet eine verhaltensbedingte Kündigung dann aus, wenn der Arbeitgeber die Alkoholkrankheit kennt oder der Arbeitnehmer sich alsbald nach Zugang der Kündigung darauf beruft). Ob eine fehlende Therapiebereitschaft des alkoholkranken Arbeitnehmers als Verstoß gegen die vertragliche Nebenpflicht, sich um Gesundung zu bemühen (s. Rdn 520), eine verhaltensbedingte Kündigung rechtfertigen kann, ist streitig (dafür *Gottwald* AuA 1997, 237 und NZA 1997, 637; dagegen *Künzl* NZA 1988, 122). Richtigerweise dürften es die vertraglichen Rücksichtnahmepflichten nicht umfassen, bestimmte Therapiemaßnahmen zur Überwindung einer Erkrankung ergreifen zu müssen. Insofern ist der höchstpersönliche Lebensbereich des Arbeitnehmers betroffen, in dem dieser aufgrund des allgemeinen Persönlichkeitsrechts frei entscheiden kann, ob und welcher Behandlung – bei anderen Erkrankungen etwa einer Operation oÄ – er sich unterzieht. Die vertragliche Nebenpflicht zur Rücksichtnahme gebietet es zwar, während einer Erkrankung alles zu unterlassen, was die Genesung hinauszögern könnte (s. iE KR-*Fischermeier/Krumbiegel* § 626 BGB Rdn 446). Daraus lässt sich aber keine Verpflichtung ableiten, auch aktiv bestimmte Therapiemaßnahmen zu ergreifen. Lässt die **Alkoholsucht** eine ordnungsgemäße Vertragserfüllung auf Dauer nicht mehr erwarten, kann jedoch eine **personenbedingte Kündigung** gerechtfertigt sein (s. Rdn 280 ff.; auch nach *Künzl* AuR 1995, 207 und BB 1993, 1586 greift bei Suchterkrankungen ausschließlich die personenbedingte Kündigung). In diesem Fall ist die Weigerung des Arbeitnehmers, eine Therapiemaßnahme durchzuführen, zu seinen Lasten sowohl für die Zukunftsprognose als auch im Rahmen der Interessenabwägung von Bedeutung. 456

Alkoholbedingte **Schlecht- oder Minderleistungen** können wie jede sonstige Schlecht- oder Minderleistung eine verhaltensbedingte Kündigung rechtfertigen (s. Rdn 487 f.), unter Umständen auch eine außerordentliche Kündigung (hierzu KR-*Fischermeier/Krumbiegel* § 626 BGB Rdn 460). Bei einer Alkoholkrankheit des Arbeitnehmers gilt aber Rdn 456 entsprechend. 457

Ob vor einer verhaltensbedingten Kündigung wegen Alkoholmissbrauchs eine erfolglose **Abmahnung** erforderlich ist, richtet sich nach den allgemeinen Grundsätzen (*BAG* 26.1.1995 EzA § 1 KSchG Verhaltensbedingte Kündigung Nr. 46; *Hemming* BB 1998, 2000; *v. Hoyningen-Huene* DB 1995, 146; s.a. KR-*Fischermeier/Krumbiegel* § 626 BGB Rdn 271 ff.) und ist idR zu bejahen (*Künzl* AuR 1995, 212; *Schwan/Zöller* ZTR 1996, 64 f.). Zur Zulässigkeit einer außerordentlichen Kündigung s. KR-*Fischermeier/Krumbiegel* § 626 BGB Rdn 423. 458

459 Verstößt ein Arbeitnehmer gegen ein **betriebliches Alkoholverbot**, kann – ggf. nach erfolgloser vorheriger Abmahnung – eine verhaltensbedingte Kündigung sozial gerechtfertigt sein, auch wenn es nicht zu konkreten Störungen im betrieblichen Ablauf kommt (*BAG* 22.7.1982 EzA § 1 KSchG Verhaltensbedingte Kündigung Nr. 10; *LAG Hamm* 15.12.1989 LAGE § 1 KSchG Verhaltensbedingte Kündigung Nr. 26; *LAG Köln* 11.9.1987 LAGE § 1 KSchG Verhaltensbedingte Kündigung Nr. 14; *Lepke* DB 1982, 173, 175; *Tschöpe* BB 2002, 781). Besteht kein Alkoholverbot, ist ein moderater Alkoholkonsum vor Arbeitsbeginn oder in Pausen zulässig, sofern sich der Arbeitnehmer nicht in einen die Arbeitsleistung beeinträchtigenden Zustand versetzt, was schnell der Fall sein kann (*BAG* 26.1.1995 EzA § 1 KSchG Verhaltensbedingte Kündigung Nr. 46). Maßgeblich für das Gewicht eines Verstoßes gegen ein Alkoholverbot sind die betrieblichen Gepflogenheiten sowie die regionalen und branchenspezifischen Gebräuche (*BAG* 22.7.1982 EzA § 1 KSchG Verhaltensbedingte Kündigung Nr. 10; 26.1.1995 EzA § 1 KSchG Verhaltensbedingte Kündigung Nr. 46). Verstößt ein im Ausland eingesetzter Arbeitnehmer gegen ein dort bestehendes generelles gesetzliches Alkoholverbot, kann dies nach erfolgloser Abmahnung eine ordentliche Kündigung sozial rechtfertigen (*LAG Frankf.* 10.12.1986 LAGE § 1 KSchG Betriebsbedingte Kündigung Nr. 11, *Bengelsdorf* NZA 2001, 994).

460 Bei **Berufskraftfahrern** oder bei Arbeitnehmern, von denen im Fall der Alkoholisierung wegen der ihnen übertragenen Aufgaben (zB Kranführer, Chirurg) besondere Gefahren für die übrige Belegschaft oder Dritte ausgehen, besteht auch ohne ausdrückliche Anordnung ein generelles Alkoholverbot. Unter Umständen kann auch schon ein einmaliger Verstoß gegen das Alkoholverbot während der Arbeitszeit eine verhaltensbedingte Kündigung rechtfertigen (*LAG Hamm* 13.9.1974 DB 1974, 2164; 22.12.1977 DB 1978, 750; *LAG Sachsen* 26.5.2000 LAGE § 626 BGB Nr. 130a; *Becker-Schaffner* ZTR 1997, 11). Für Berufskraftfahrer gilt auch ohne ausdrückliches Alkoholverbot die arbeitsvertragliche Nebenpflicht, jeden die Fahrtüchtigkeit beeinträchtigenden Alkoholgenuss während des Dienstes und vor Dienstantritt zu unterlassen (*BAG* 23.9.1986 EzA § 87 BetrVG 1972 Betriebliche Ordnung Nr. 12). Alkoholmissbrauch im privaten Bereich – auch im Straßenverkehr – berechtigt dagegen nicht zu einer verhaltensbedingten Kündigung (aA *Adam* NZA 1998, 286), kann aber die charakterliche Eignung eines Berufskraftfahrers für seinen Beruf in Frage stellen, so dass eine personenbedingte Kündigung in Betracht kommt (*BAG* 4.6.1997 EzA § 626 BGB nF Nr. 168, zu II 1a, 2b). Berufskraftfahrer sind bei der Einstellung verpflichtet, auf eine bestehende Alkoholsucht hinzuweisen. Das Verschweigen dieses Eignungsmangels ist idR ein Grund für eine verhaltensbedingte Kündigung (*ArbG Kiel* 21.1.1982 BB 1982, 804). Führt die Trunkenheit auf einer Privatfahrt zum **Entzug der Fahrerlaubnis**, kann der Arbeitgeber das Arbeitsverhältnis eines Berufskraftfahrers uU aus personenbedingten Gründen ordentlich kündigen (s. Rdn 309; vgl. auch *BAG* 22.8.1963 AP Nr. 51 zu § 626 BGB, wonach sogar eine außerordentliche Kündigung gerechtfertigt sein soll; vgl. ferner *BAG* 30.5.1978 EzA § 626 BGB nF Nr. 66; *LAG SchlH* 16.6.1986 NZA 1987, 669).

461 Im Streitfall hat **der Arbeitgeber** die Alkoholisierung und die darauf beruhenden Beeinträchtigungen des Arbeitnehmers **darzulegen und zu beweisen** (*BAG* 26.1.1995 EzA § 1 KSchG Verhaltensbedingte Kündigung Nr. 46) sowie – nach dem Prognoseprinzip –, dass eine Wiederholungsgefahr besteht und sich der vergangene Alkoholmissbrauch auch zukünftig belastend auswirkt, was ggf. eine vorherige erfolglose Abmahnung erforderlich macht (*Bengelsdorf* NZA 2001, 997). Mit Einverständnis des Arbeitnehmers kann zur Feststellung des Alkoholisierungsgrades eine Messung mit einem **Alkomat** oder eine Blutprobe vorgenommen werden; gegen den Willen des Arbeitnehmers sind solche Maßnahmen unzulässig. Von sich aus muss der Arbeitgeber einen solchen Test nicht anbieten (*BAG* 26.1.1995 EzA § 1 KSchG Verhaltensbedingte Kündigung Nr. 46 = AP Nr. 34 zu § 1 KSchG 1969 Verhaltensbedingte Kündigung m. zust. Anm. *Fleck*, zu II 2b ee; *v. Hoyningen-Huene* DB 1995, 142). Anderseits hat der Arbeitgeber dem Arbeitnehmer, falls dieser es von sich aus wünscht, Gelegenheit zu geben, den Verdacht einer Alkoholisierung durch entsprechende Messungen auszuräumen, falls betriebliche Möglichkeiten (Alkomat, Betriebsarzt) hierzu vorhanden sind (*BAG* 16.9.1999 EzA § 626 BGB Krankheit Nr. 2 = AP Nr. 159 zu § 626 BGB m. zust. Anm. *Fleck*). Ist die Blutalkoholkonzentration nicht festgestellt, kann der Nachweis der Trunkenheit des Arbeitnehmers durch Indizien geführt werden. Hierzu gehören eine Alkoholfahne, gerötete Augen,

Ausfallerscheinungen (lallende Sprache, schwankender Gang, Ausbalancieren des Gewichts), Aggressivität, Lethargie (*BAG* 26.1.1995 EzA § 1 KSchG Verhaltensbedingte Kündigung Nr. 46; *Künzl* AuR 1995, 209; vgl. auch *Krasney* AuR 2000, 125). Auch die Weigerung eines Arbeitnehmers, den Verdacht einer Alkoholisierung durch Einleitung einer Blutalkoholuntersuchung zu widerlegen, kann vorhandene Indizien verstärken (*LAG Hamm* 11.11.1996 LAGE § 1 KSchG Verhaltensbedingte Kündigung Nr. 56).

d) Anzeigen gegen Arbeitgeber

Die arbeitsrechtliche Beurteilung von Anzeigen des Arbeitnehmers bei staatlichen Ermittlungsbehörden gegen einen gesetzwidrig handelnden Arbeitgeber oder einen seiner Repräsentanten (sog. externes **Whistleblowing**) muss zwei konträre Interessenlagen berücksichtigen. Einerseits übt der Arbeitnehmer mit einer Strafanzeige ein staatsbürgerliches Recht aus, so dass ein solches Verhalten für sich genommen nicht rechtswidrig und damit **kein Kündigungsgrund** sein kann (SPV-*Preis* Rn 632 f.; DDZ-*Däubler* Rn 727; *Ulber/Wolf* Anm. LAGE § 626 BGB 2002 Nr. 7b, zu II; *Gänßle* KJ 2007, 265, 269 ff.). Von Seiten der Ermittlungsbehörden und damit aus kriminalpolitischer Perspektive besteht ein hohes Interesse an durch Anzeigen von Insidern vermittelten Informationen, ohne die die Aufklärung von Wirtschaftskriminalität oft kaum möglich wäre (eingehend *Gänßle* KJ 2007, 265). Andererseits können derartige Handlungen die Pflicht zur Rücksichtnahme auf die Interessen des Arbeitgebers gem. § 241 Abs. 2 BGB verletzen. Dies setzt jedoch voraus, dass berechtigte Belange des Arbeitgebers betroffen sind. Abzustellen ist daher auf die **Umstände der Anzeigeerstattung**; diese können im Einzelfall einen Verstoß gegen die Pflicht zur Rücksichtnahme begründen (s. Rdn 463 f.). Das ist idR nicht der Fall, wenn es um außerdienstliche Vorgänge geht oder es sich bei den Straftaten um abgeschlossene Vorgänge handelt (*BVerfG* 2.7.2001 EzA § 626 nF BGB Nr. 188; *Sasse/Stelzer* ArbRB 2003, 18). Dasselbe gilt, wenn sich der Arbeitnehmer bei einer Nichtanzeige selbst einer Strafverfolgung aussetzen würde, wenn seine eigenen Rechtsgüter gefährdet sind oder bei schwerwiegenden Straftaten des Arbeitgebers (*BAG* 3.7.2003 EzA § 1 KSchG Verhaltensbedingte Kündigung Nr. 61, zu II 4b; 7.12.2006 EzA § 1 KSchG Verhaltensbedingte Kündigung Nr. 70, zu B I 1a; *Müller* NZA 2002, 436). Mit Blick auf die Rspr. des EGMR (vgl. *EGMR* 21.7.2011 EzA § 626 BGB 2002 Anzeige gegen Arbeitgeber Nr. 1; hierzu *Schlachter* RdA 2012, 108; *Becker* DB 2011, 2202) ist dies regelmäßig bei solchen Straftaten zu bejahen, die strafrechtlich geschützte Interessen einzelner Dritter oder gar der Allgemeinheit nicht nur unerheblich beeinträchtigen. Ob der Arbeitnehmer innerbetrieblich für die Angelegenheit zuständig ist oder nicht, ist im Grundsatz ebenso ohne Belang wie die Frage, ob sich die Anzeige später als begründet erweist (*BAG* 7.12.2006 EzA § 1 KSchG Verhaltensbedingte Kündigung Nr. 70, zu B I 1a, b). Macht ein Angestellter des öffentlichen Dienstes von seinem **Petitionsrecht** Gebrauch und weist er dabei auf Missstände in seinem Amt hin, rechtfertigt dies ebenfalls keine Kündigung (HaKo-KSchR/*Zimmermann* Rn 368).

462

Im Übrigen können Anzeigen eines Arbeitnehmers jedoch nach den bisher in Deutschland geltenden Rechtsprechungsgrundsätzen dann eine verhaltensbedingte Kündigung rechtfertigen, wenn **er nicht zuvor erfolglos eine innerbetriebliche Klärung versucht** hat, um ggf. den Arbeitgeber oder seine Mitarbeiter von ihrer Handlungsweise **durch entsprechende Hinweise und Vorhalte abzubringen**, es sei denn, dass eine Abhilfe nicht zu erwarten ist. Eine Strafanzeige kann dann die vertragliche Pflicht zur Rücksichtnahme (§ 241 Abs. 2 BGB) verletzen (*BAG* 3.7.2003 EzA § 1 KSchG Verhaltensbedingte Kündigung Nr. 61; zu den Voraussetzungen einer fristlosen Kündigung *LAG Frankf.* 12.2.1987 LAGE § 620 BGB Nr. 28; krit. *Preis* S. 366; die Rspr. als zu unbestimmt rügend *Gänßle* KJ 2007, 265, 272 f.). Eine Anzeige kann also unabhängig vom Nachweis der mitgeteilten Verfehlung und ihrer Strafbarkeit dann ein Grund zur Kündigung sein, wenn sie sich als **unverhältnismäßige Reaktion** auf das Verhalten des Arbeitgebers oder eines seiner Repräsentanten darstellt (*BAG* 27.9.2012 EzA § 626 BGB 2002 Nr. 43, Rn 37). Entsprechendes gilt für Arbeitnehmer, denen die Verantwortung für die Sicherheit und den rechtmäßigen Ablauf des Betriebes übertragen wurde. Ihnen obliegt primär die Aufgabe, Missstände und Rechtsverstöße innerbetrieblich zu unterbinden. Sie haben erst dann das Recht, sich extern an zuständige Behörden zu wenden,

463

wenn sie zuvor vergeblich bei den zuständigen innerbetrieblichen Stellen auf Abhilfe hingewirkt haben (*BAG* 14.12.1972 EzA § 1 KSchG Nr. 27; LKB-*Krause* Rn 555). So hat sich ein **Compliance Officer** zunächst an den Vorsitzenden der Geschäftsführung bzw. des Vorstands zu wenden, wenn die Einschaltung des für ihn zuständigen Mitglieds dieser Gremien erfolg- oder aussichtslos ist. Bleibt auch dies ohne Ergebnis oder ist von dem anzuzeigenden Vorgang die gesamte Geschäftsführung bzw. der gesamte Vorstand betroffen, hat er sich an den Aufsichtsrat bzw. direkt an die Gesellschafter zu wenden, bevor er staatliche Stellen einschaltet (*Krieger/Günther* NZA 2010, 367, 372; *Dann/Mengel* NJW 2010, 3265, 3267). Bei der Meldung von Verstößen gegen das Unionsrecht verlangt die europäische **Richtlinie zum Schutz von Hinweisgebern** vom 23.10.2019 (RL 2019/1937/EU, ABl. L 305/17 vom 26.11.2019) jedoch einen weiterreichenden Schutz der Hinweisgeber. Danach besteht **kein Vorrang der Nutzung interner Meldekanäle** vor einer externen Meldung bei den zuständigen Behörden (*Gerdemann* NZA-Beil. 2020, 43, 48). Die Mitgliedstaaten müssen nach Art. 19 der Richtlinie Maßnahmen ergreifen, um Repressalien wie eine Kündigung wegen der Meldung eines Verstoßes gegen das Unionsrecht zu untersagen. Auf die Meldung anderer Rechtsverstöße bezieht sich die Richtlinie nicht. Für ihre Umsetzung in deutsches Recht wird aber, u.a. mit Blick auf Art. 3 Abs. 1 GG (*Brockhaus/Gerdemann/Thönnes* NVwZ 2021, 204), gefordert, den nach der Richtlinie vorgesehenen Schutz der Hinweisgeber auch auf die Meldung anderer Rechtsverstöße zu erstrecken (ebenso der Referenten-Entwurf des BMJV, abrufbar unter https://www.whistleblower-net.de/wp-content/uploads/2021/02/Referentenentwurf-BMJV-WB-RL-Umsetzungsgesetz-8.pdf.). Die Frist zur Umsetzung endet gem. Art. 26 Abs. 1 der Richtlinie am 17.12.2021. Im Falle der Offenlegung eines Verstoßes gegen das Unionsrecht bei einer hierfür nicht zuständigen Behörde, wie etwa bei einer Information der **Presse**, besteht der Hinweisgeberschutz allerdings auch nach der Richtlinie nur, wenn entweder bereits erfolglos intern oder extern bei einer zuständigen Behörde eine Meldung erfolgt ist oder eine der in Art. 15 Abs. 1 Buchstabe b der Richtlinie aufgeführten Situationen vorliegt (*Gerdemann* NZA-Beil. 2020, 43, 48).

464 Hinweisgeber haben nach Art. 6 Abs. 1 der Richtlinie 2019/1937/EU zudem nur Anspruch auf Schutz, wenn sie hinreichenden Grund für die Annahme hatten, dass die gemeldeten Informationen der Wahrheit entsprachen. Die Rechtsprechung, dass gegenüber einem Arbeitnehmer, der in einer **Strafanzeige** gegen den Arbeitgeber oder einen seiner Repräsentanten **wissentlich oder leichtfertig falsche Angaben** macht, eine ordentliche Kündigung gerechtfertigt sein kann (*BAG* 3.7.2003 EzA § 1 KSchG Verhaltensbedingte Kündigung Nr. 61, zu II; *Berkowsky* NZA-RR 2001, 16), steht damit also im Einklang. Dasselbe gilt für eine vorsätzliche **Falschinformation der Presse** (*BAG* 23.10.1969 EzA § 13 KSchG Nr. 3; 30.3.1984 – 2 AZR 362/82, nv) und für bewusst falsche Zeugenaussagen vor staatlichen Behörden sowie für die Drohung mit derartigen Handlungen gegenüber dem Arbeitgeber (HaKo-KSchR/*Zimmermann* Rn 370). Eine Kündigung kommt nach der bisher in der Rechtsprechung des *BAG* vorgenommenen Interessenabwägung allerdings auch dann in Betracht, wenn trotz richtiger Darstellung des angezeigten objektiven Sachverhalts für das Vorliegen der nach dem Straftatbestand erforderlichen Absicht keine Anhaltspunkte bestehen und sich eine Strafanzeige deshalb als **leichtfertig und unangemessen** erweist (BAG 15.12.2016 EzA § 1 KSchG Verhaltensbedingte Kündigung Nr. 86). Dies gilt demnach grds. nicht anders, wenn der Arbeitnehmer einen Strafantrag stellt, weil er sich selbst als durch eine Straftat verletzt fühlt, wenn – trotz richtiger Darstellung des angezeigten objektiven Sachverhalts – der Vorwurf, es sei durch ein bestimmtes Verhalten ein Straftatbestand verwirklicht worden, völlig haltlos ist. Eine Verletzung der Pflicht zur Rücksichtnahme gem. § 241 Abs. 2 BGB durch einen derart »überschießenden« Strafantrag ist jedoch nur dann **schuldhaft** und damit dem Arbeitnehmer vorwerfbar, wenn diesem die Haltlosigkeit des Vorwurfs erkennbar ist. Ist das der Fall, ist ein bloß vermeidbarer und damit verschuldeter Irrtum über die Voraussetzungen der Strafbarkeit des angezeigten Verhaltens – abhängig vom Grad des Verschuldens – im Rahmen der Interessenabwägung bei der Prüfung zu berücksichtigen, ob dem Arbeitgeber eine Weiterbeschäftigung des Arbeitnehmers trotz der Pflichtverletzung zumutbar ist (*BAG* 15.12.2016 EzA § 1 KSchG Verhaltensbedingte Kündigung Nr. 86). Ist kein Verstoß gegen Unionsrecht betroffen, verlangt die Richtlinie 2019/1937/EG mangels Eröffnung ihres Anwendungsbereichs keine Überprüfung der Vereinbarkeit dieser Rechtsprechung mit den europarechtlichen Vorgaben. Abzuwarten bleibt indes,

inwiefern ggf. eine »überschießende« **Umsetzung der Richtline** erfolgt und damit weiterreichende gesetzliche Vorgaben für eine Zulässigkeit von Whistleblowing durch Arbeitnehmer geschaffen werden. Wird ein Arbeitnehmer in einem strafrechtlichen Ermittlungsverfahren von der Staatsanwaltschaft als Zeuge vernommen und belastet er dabei den Arbeitgeber, ohne leichtfertig falsch auszusagen, ist dies dagegen schon bisher kein Kündigungsgrund, auch wenn der Arbeitnehmer die Staatsanwaltschaft freiwillig aufgesucht hat (*BVerfG 2.7.*2001 EzA § 626 nF BGB Nr. 188, zu II 1b cc). Eine Kündigung wegen einer den Arbeitgeber belastenden **wahrheitsgemäßen Zeugenaussage** kann sogar eine unzulässige Maßregelung iSv § 612a BGB sein (*LAG SA* 14.2.2006 LAGE § 612a BGB 2002 Nr. 1). Für die die Annahme der Leichtfertigkeit rechtfertigenden Umstände ist nach dem allgemeinen Maßstab von § 1 Abs. 2 S. 4 der Arbeitgeber **darlegungs- und beweispflichtig** (*Ulber/Wolf* Anm. LAGE § 626 BGB 2002 Nr. 7a, zu II 1). Zur außerordentlichen Kündigung in diesen Fällen s. KR-*Fischermeier/Krumbiegel* § 626 BGB Rdn 424.

e) Arbeitskampf

Die Teilnahme eines Arbeitnehmers an rechtmäßigen Arbeitskampfmaßnahmen (Streik, Boykott) rechtfertigt weder eine außerordentliche noch eine ordentliche Kündigung (allg. Ansicht, etwa *BAG* 17.12.1976 EzA Art. 9 GG Arbeitskampf Nr. 19). Bei der **Beteiligung an rechtswidrigen Arbeitskampfmaßnahmen** (zur Abgrenzung zwischen rechtmäßigen oder rechtswidrigen Arbeitskämpfen s. KR-*Bader/Kreutzberg-Kowalczyk* § 25 KSchG Rdn 9 ff.) steht dem Arbeitgeber nach der Rechtsprechung des *BAG* (21.4.1971 EzA Art. 9 GG Arbeitskampf Nr. 6; 14.2.1978 EzA Art. 9 GG Arbeitskampf Nr. 24) ein Wahlrecht zwischen der lösenden Aussperrung und dem Ausspruch einer außerordentlichen Kündigung zu. Da es sich bei rechtswidrigen Arbeitsniederlegungen um steuerbares Verhalten handelt, bedarf eine Kündigung regelmäßig einer vorherigen Abmahnung (*BAG* 17.12.1976 EzA Art. 9 GG Arbeitskampf Nr. 19). Nach der Rechtsprechung des *BAG* (21.10.1969 EzA § 626 BGB nF Nr. 1; 17.12.1976 EzA Art. 9 GG Arbeitskampf Nr. 19) ist bei der Teilnahme an rechtswidrigen Arbeitskampfmaßnahmen auch eine sog. **herausgreifende Kündigung** einzelner Arbeitnehmer zulässig. Ist die Rechtswidrigkeit eines Streiks für den Arbeitnehmer nicht erkennbar (zB bei einem Streik einer tarifunzuständigen Gewerkschaft), berechtigt die Streikteilnahme den Arbeitgeber idR weder zu einer außerordentlichen noch zu einer ordentlichen Kündigung (*BAG* 29.11.1983 EzA § 626 BGB nF Nr. 89). Eine außerordentliche oder ordentliche Kündigung kommt auch dann nicht in Betracht, wenn mehrere Arbeitnehmer zu Recht von einem **Zurückbehaltungsrecht** Gebrauch machen (s. Rdn 473).

465

Protestarbeitsniederlegungen einzelner Arbeitnehmer sind ebenfalls kein Kündigungsgrund, sofern die Voraussetzungen für die Ausübung eines Zurückbehaltungs- oder Leistungsverweigerungsrechts vorliegen (s. Rdn 473). Zur **arbeitskampfbedingten außerordentlichen Kündigung** s. KR-*Fischermeier/Krumbiegel* § 626 BGB Rdn 426.

466

f) Arbeitspapiere

Die **rechtzeitige Vorlage** der Arbeitspapiere (Bekanntgabe der Steuer-Identifikationsnummer, Sozialversicherungsnachweis, ggf. Gesundheitszeugnis, Arbeitserlaubnis) gehört zu den arbeitsvertraglichen Nebenpflichten des Arbeitnehmers, da der Arbeitgeber ansonsten die ihm obliegenden öffentlich-rechtlichen Abführungs- und Kontrollpflichten nicht erfüllen kann. Verstößt der Arbeitnehmer trotz wiederholter Abmahnung gegen die Vorlagepflicht, kann dies ein verhaltensbedingter Kündigungsgrund sein (*LAG Düsseld.* 23.2.1961 BB 1961, 677, wonach sogar eine außerordentliche Kündigung in Betracht kommen kann). Zur außerordentlichen Kündigung in derartigen Fällen s. KR-*Fischermeier/Krumbiegel* § 626 BGB Rdn 427.

467

g) Arbeitspflichtverletzungen

Verstößt der Arbeitnehmer trotz Abmahnung gegen die ihm obliegende Arbeitspflicht, kommt eine verhaltensbedingte Kündigung in Betracht. Eine Kündigung ist aber nur dann sozial gerechtfertigt, wenn der Arbeitnehmer nicht nur objektiv, sondern auch **rechtswidrig und schuldhaft** gegen die

468

Arbeitspflicht verstößt (*BAG* 25.10.1984 EzA § 273 BGB Nr. 3, zu II 2, 3). Durfte der Arbeitnehmer aufgrund einer bestimmten Gesetzeslage oder einer vorausgegangenen höchstrichterlichen Rechtsprechung zu der Ansicht gelangen, eine Arbeit verweigern zu dürfen, kann ein **unverschuldeter Rechtsirrtum** vorliegen (*BAG* 12.4.1973 EzA § 611 BGB Nr. 12). Dies setzt jedoch voraus, dass er nicht nur ein Obsiegen in einem darüber geführten Rechtsstreit für möglich halten durfte, sondern – umgekehrt – mit einem Unterliegen nicht zu rechnen brauchte (*BAG* § 626 BGB 2002 Nr. 44, Rn 34; vgl. auch *BGH* 6.12.2006 zu II 1a aa). Beratungsverschulden seines Rechtsberaters (Rechtsanwalt, Gewerkschaftssekretär) muss sich der Arbeitnehmer zurechnen lassen (s. iE Rdn 433 f.). Im Folgenden werden die für die Praxis wichtigsten Formen der Arbeitspflichtverletzungen dargestellt.

aa) Arbeitsverweigerung

469 Die beharrliche Weigerung des Arbeitnehmers, seine vertraglich geschuldete Arbeitsleistung zu erbringen, ist »an sich« geeignet, eine selbst außerordentliche fristlose Kündigung zu rechtfertigen (*BAG* 14.12.2017 NZA 2018, 646 Rn 29; 19.1.2016 EzA § 626 BGB 2002 Nr. 54 Rn 29; KR-*Fischermeier/Krumbiegel* § 626 BGB Rdn 428). Ein Arbeitnehmer verweigert die ihm angewiesene Arbeit beharrlich, wenn er sie bewusst und nachdrücklich nicht leisten will. Ob er zur Arbeitsleistung verpflichtet ist, bestimmt sich nach der objektiven Rechtslage. Verweigert der Arbeitnehmer die Arbeitsleistung in der Annahme, er handele rechtmäßig, hat grds. er selbst das Risiko zu tragen, dass sich seine Rechtsauffassung als unzutreffend erweist (*BAG* 22.10.2015 EzA § 626 BGB 2002 Nr. 53 Rn 22). Die Zuweisung der vom Arbeitnehmer abgelehnten Arbeit muss **im Rahmen des Direktionsrechts** des Arbeitgebers billigem Ermessen (§ 106 S. 1 GewO) entsprechen, sonst fehlt es an der vertraglichen Verpflichtung zur Erbringung der vom Arbeitgeber geforderten Arbeitsleistung (vgl. *BAG* 24.2.2011 EzA § 1 KSchG Personenbedingte Kündigung Nr. 28, Rn 39; APS-*Vossen* Rn 282; das BAG hat mit Blick auf den für einen Anspruch aus Annahmeverzug erforderlichen Leistungswillen des Arbeitnehmers seine Rspr., der Arbeitnehmer sei auch an eine billigem Ermessen nicht entsprechende Weisung vorläufig gebunden – so *BAG* 23.2.2012 EzA § 615 BGB 2002 Nr. 36, Rn 24 – zwischenzeitlich aufgegeben: *BAG* 18.10.2017 EzA § 106 GewO Nr. 23). Auch in der Zeit der **Corona-Pandemie** kann eine Weisung des Arbeitgebers gegenüber einem sich als Risikopatienten bezeichnenden Arbeitnehmer, im Betrieb unter Einhaltung der Hygieneregeln die Einarbeitung von zwei neuen Mitarbeitern vorzunehmen, billigem Ermessen entsprechen (*ArbG Kiel* 11.3.2021 – 6 Ca 1912 c/20, BB 2021, 1401). Umgekehrt bleibt ein Arbeitnehmer, dem gegenüber behördlich eine häusliche Quarantäne angeordnet wurde, zu Recht der Arbeit fern (*ArbG Köln* 25.4.2021 – 8 Ca 7334/20, DB 2021, 1204, Berufung eingelegt unter 4 Sa 308/21). Allein der Umstand, dass der Arbeitnehmer die gerichtliche **Auflösung des Arbeitsverhältnisses** gem. § 9 Abs. 1 S. 1 KSchG erstrebt, lässt die Pflicht zur Arbeitsleistung nicht entfallen, wenn dem Antrag nicht – rechtskräftig – stattgegeben wird (BAG 14.12.2017 NZA 2018, 646 Rn 34; ebenso *LAG Köln* 12.11.2014 – 5 Sa 419/14 – zu II 2 b aa der Gründe; APS/*Vossen* Rn 282f; aA *LAG RhPf* 7.4.2005 – 4 Sa 955/04, zu II der Gründe). Eine beharrliche Arbeitsverweigerung setzt eine bewusste und nachhaltige Verweigerungshaltung voraus, wozu das Außerachtlassen einer Weisung nicht ohne Weiteres ausreicht. Befolgt der Arbeitnehmer dagegen auch nach einer Abmahnung eine Weisung nicht, kann schon eine Arbeitsverweigerung in einem Einzelfall beharrlich sein (*BAG* 31.1.1985 EzA § 8a MuSchG Nr. 5, zu B I 1; 21.11.1996 EzA § 1 KSchG Verhaltensbedingte Kündigung Nr. 50, zu II 4a; 5.4.2001 EzA § 626 BGB nF Nr. 186, zu II 2a, 3b). Maßgeblich für das Kündigungsrecht ist, ob eine Wiederholungsgefahr besteht oder ob sich die Verweigerungshaltung auch künftig belastend auswirken kann (*BAG* 21.11.1996 EzA § 1 KSchG Verhaltensbedingte Kündigung Nr. 50, zu II 4a). Schließlich ist regelmäßig ein Verschulden des Arbeitnehmers erforderlich. Er darf sich nicht in einem unverschuldeten **Rechtsirrtum** befunden haben (*BAG* 12.4.1973 AP § 611 BGB Direktionsrecht Nr. 24, zu II 7, 25.10.1984 EzA § 273 BGB Nr. 3, zu II 2; s. Rdn 468). Bei einem nicht entschuldigten Irrtum kann dem Arbeitgeber – je nach dem Grad des Verschuldens des Arbeitnehmers – die Beschränkung auf eine ordentliche Kündigung zumutbar sein (*LAG Hamm* 17.10.2007 NZA-RR 2008, 294, zu I 3, 4; vgl. zu diesem Gesichtspunkt der

Interessenabwägung auch *BAG* 29.8.2013 EzA § 626 BGB 2002 Nr. 44, Rn 40; 27.9.2012 2013 EzA § 626 BGB 2002 Nr. 43, Rn 44). Dasselbe gilt, wenn die Weigerungshaltung eines langjährig beanstandungsfrei beschäftigten Arbeitnehmers auf arbeitsbedingten Problemen in der Zusammenarbeit mit einem Kollegen beruht (*LAG Hamm* 25.9.1997 LAGE § 1 KSchG Verhaltensbedingte Kündigung Nr. 59).

Die **Nichtwahrnehmung** arbeitsvertraglich geschuldeter **Teilaufgaben** kann nach vorheriger Abmahnung eine verhaltensbedingte Änderungskündigung sozial rechtfertigen (*BAG* 21.11.1985 EzA § 1 KSchG Nr. 42). Dasselbe gilt für die Weigerung, ein vom Arbeitgeber vorgegebenes Konzept umzusetzen (*LAG Köln* 8.2.2006 LAGE § 1 KSchG Verhaltensbedingte Kündigung Nr. 90b). Weigert sich ein Arbeitnehmer trotz vorheriger Abmahnung, eine ihm zugewiesene zumutbare **andere Arbeit** zu übernehmen, kann dies auch eine außerordentliche Kündigung rechtfertigen (*BAG* 18.5.2006 EzA § 69 ArbGG 1979 Nr. 5, zu II 2). Bei einer **mitbestimmungspflichtigen Versetzung** (§ 99 BetrVG) ist ein Arbeitnehmer jedoch nicht verpflichtet, seine Arbeitsleistung an dem anderen Arbeitsplatz zu erbringen, solange keine Zustimmung des Betriebsrats oder deren rechtskräftige gerichtliche Ersetzung vorliegt oder eine vorläufige Durchführung nicht gem. § 100 BetrVG zulässig ist (*BAG* 30.9.1993 EzA § 99 BetrVG 1972 Nr. 118; APS-*Vossen* Rn 284; HaKo-KSchR/*Zimmermann* Rn 375; DDZ-*Däubler* Rn 741). Soweit *Krause* (LKB Rn 582 ff.) demgegenüber darauf verweist, dass die Verletzung von Mitbestimmungsrechten des Betriebsrats in personellen Angelegenheiten nicht die individualvertragliche Ebene berühre, bleibt unberücksichtigt, dass erst die gesetzmäßige Beteiligung des Betriebsrats die Tätigkeit in dem neuen Arbeitsbereich gestattet (*BAG* 5.4.2001 EzA § 626 BGB nF Nr. 186, zu II 2c cc). Das Mitbestimmungsrecht des – abgebenden – Betriebsrats bei Versetzungen dient auch dem Schutz der Individualinteressen des Arbeitnehmers, der versetzt werden soll. Seine Missachtung schlägt daher auf die individualrechtliche Ebene durch. Die **Weigerung** eines Arbeitnehmers, einen ihm zulässigerweise zugewiesenen **neuen Arbeitsplatz** trotz wiederholter Aufforderung zur Arbeitsaufnahme **anzunehmen**, zB wegen monotoner Tätigkeit (*LAG Hmb.* 3.11.1999 NZA-RR 2000, 304), und sein Nichterscheinen zur Arbeit kann einen wichtigen Grund für eine außerordentliche oder einen verhaltensbedingten Grund für eine ordentliche Kündigung darstellen (*BAG* 21.5.1981 EzA § 615 BGB Nr. 40). Das Gleiche gilt für die Ablehnung eines tarifvertraglich vorgesehenen zumutbaren anderweitigen Beschäftigungsangebotes nach dem Wegfall der bisherigen Tätigkeit (*BAG* 2.2.2006 AP § 1 KSchG 1969 Verhaltensbedingte Kündigung Nr. 52) und für die Weigerung, einer mit dem Betriebsrat vereinbarten neuen Arbeitszeitregelung nachzukommen (*ArbG Frankf./Main* 8.10.1997 LAGE § 1 KSchG Verhaltensbedingte Kündigung Nr. 68).

Unter Umständen kann bereits die **Ankündigung einer rechtswidrigen Arbeitsverweigerung** eine Kündigung rechtfertigen (*LAG Nbg.* 16.10.2007 LAGE § 626 BGB 2002 Nr. 12, zu A II 3a). Dies gilt insbesondere, wenn die Drohung nötigenden Charakter hat. Hier gilt ein ähnlicher Maßstab wie bei der Androhung, sich krankschreiben zu lassen (s. Rdn 524). Stets ist aber sorgfältig zu prüfen, welchen Erklärungswert eine solche Aussage hat und ob der Arbeitnehmer nicht etwa nur auf einen bestehenden Hinderungsgrund an der Erbringung seiner Arbeitsleistung hinweisen will. Entsprechendes gilt, wenn ein Arbeitnehmer Kollegen auffordert, ihre Vertragspflichten durch Arbeitsverweigerung nicht oder nicht ordnungsgemäß zu erfüllen (*BAG* 12.9.1985 RzK I 5i Nr. 13, zu C III 3; zu den Aspekten der Interessenabwägung in diesen Fällen DDZ-*Däubler* Rn 739).

Gegenstand des dem Arbeitgeber zukommenden Direktionsrechts ist im Übrigen nicht allein die Hauptleistungspflicht des Arbeitnehmers. Ihm unterliegen gleichfalls solche Verhaltenspflichten, die darauf zielen, den Austausch der Hauptleistungen sinnvoll zu ermöglichen (*BAG* 23.8.2012 EzA § 307 BGB 2002 Nr. 60 Rn 23; 23.6.2009 EzA § 106 GewO Nr. 3 Rn 17; Schaub/*Linck* § 45 Rn 14). Kommt der Arbeitnehmer einer ihm insoweit auferlegten **Vorbereitungshandlung** bewusst nicht nach, kann dies zum einen indizieren, dass ihm die Bereitschaft, Arbeit überhaupt zu leisten, fehlt (*BAG* 16.5.2012 EzA § 615 BGB 2002 Nr. 37 Rn 19). Zum anderen liegt in dem Verhalten eine **Verletzung arbeitsvertraglicher Nebenpflichten**, die ebenfalls bei intensiver Weigerung eine verhaltensbedingte, ggf. auch eine fristlose Kündigung rechtfertigen kann (*BAG* 19.1.2016 EzA § 626 BGB 2002 Nr. 54 Rn 42).

§ 1 KSchG Sozial ungerechtfertigte Kündigungen

473 Keine unzulässige Arbeitsverweigerung liegt vor, wenn der Arbeitnehmer ein **Zurückbehaltungsrecht an seiner Arbeitsleistung** geltend machen kann. Ein solches Recht steht ihm nach § 273 Abs. 1 BGB zu, wenn der Arbeitgeber Haupt- oder Nebenpflichten aus dem Arbeitsverhältnis nicht oder nicht rechtzeitig erfüllt. Dies gilt insbesondere bei **Vergütungsrückständen**, sofern es sich nicht nur um verhältnismäßig geringfügige Beträge handelt (*BAG* 25.10.1984 EzA § 273 BGB Nr. 3, zu II 3, 6; 9.5.1996 EzA § 626 nF BGB Nr. 161, zu II 1c; 13.3.2008 EzA § 1 KSchG Verhaltensbedingte Kündigung Nr. 73, zu B I 2c). Dasselbe gilt, wenn der Arbeitgeber oder dessen Repräsentanten das Persönlichkeitsrecht des Arbeitnehmers erheblich verletzen und dem Arbeitnehmer deshalb ein fälliger Gegenanspruch zusteht (*BAG* 13.3.2008 EzA § 1 KSchG Verhaltensbedingte Kündigung Nr. 73, zu B I 2c: Mobbinghandlungen). In Fällen der Unzumutbarkeit der Leistungserbringung kann auch ein Leistungsverweigerungsrecht nach § 275 Abs. 3 BGB in Betracht kommen. Ein solches besteht, wenn der Arbeitserbringung ein Hindernis entgegensteht, das es dem Arbeitnehmer unter Abwägung mit dem Leistungsinteresse des Arbeitgebers unzumutbar macht, die Arbeitsleistung zu erbringen. oder wenn der Arbeitnehmer in eine unverschuldete persönliche Zwangslage geraten ist (vgl. – noch nicht auf § 275 Abs. 3 BGB abstellend – etwa *BAG* 19.2.1997 EzA § 273 BGB Nr. 7: Gesundheitsgefährdende Arbeitsbedingungen; 21.5.1992 EzA § 1 KSchG Verhaltensbedingte Kündigung Nr. 43: Personensorge für eigenes Kind; 22.12.1982 EzA § 123 BGB Nr. 20: Einberufung zum abgekürzten türkischen Wehrdienst; *ArbG Stuttg.* 25.11.1986 AiB 1987, 166: Teilnahme am Begräbnis des Vaters in der Türkei). Die Ausübung eines Zurückbehaltungsrechts nach § 273 Abs. 1 BGB setzt die Fälligkeit des Gegenanspruchs voraus (*BAG* 13.3.2008 EzA § 1 KSchG Verhaltensbedingte Kündigung Nr. 73, zu B I 2c bb (2)). Weiter steht sie unter dem Vorbehalt von § 242 BGB. Deshalb muss der Arbeitnehmer die Ausübung des Rechts unter Angabe des Grundes ankündigen, um dem Arbeitgeber Gelegenheit zur Abhilfe zu geben. Dazu genügen etwa pauschale Mobbingvorwürfe nicht (*BAG* 13.3.2008 EzA § 1 KSchG Verhaltensbedingte Kündigung Nr. 73, zu B I 2c dd, ee). Wegen unverhältnismäßig geringer Gegenforderungen kann ein Zurückbehaltungsrecht nicht ausgeübt werden (so schon *RG* 20.6.1905 RGZ 61, 128, 133). Dabei ist allerdings zu berücksichtigen, dass Arbeitnehmer regelmäßig auflaufendes Arbeitseinkommen angewiesen sind. Deshalb kann etwa ein Rückstand von knapp 60 % eines Monatsgehalts ausreichen (*Thür. LAG* 19.1.1999 LAGE § 273 BGB Nr. 1). Die Ausübung des Zurückbehaltungsrechts kann bei einer nur kurzfristigen Zahlungsverzögerung rechtsmissbräuchlich sein (*LAG Nbg.* 19.1.1999 AuR 1999, 402 LS). Dasselbe kann für eine langfristige Zurückbehaltung der Arbeitsleistung wegen streitiger Gegenansprüche gelten, deren Klärung längere Zeit in Anspruch nimmt (*BAG* 13.3.2008 EzA § 1 KSchG Verhaltensbedingte Kündigung Nr. 73, zu B I 2c dd (2)).

474 Fehlt die **Zustimmung des Betriebsrats zur Einstellung**, vermag dies ein Leistungsverweigerungsrecht für den Arbeitnehmer nur dann zu begründen, wenn der Betriebsrat sich auch auf die Verletzung seines Mitbestimmungsrechts beruft und die Aufhebung der Einstellung verlangt (*BAG* 5.4.2001 EzA § 626 BGB nF Nr. 186, zu II 2c cc (3)). Anders als das Mitbestimmungsrecht des – abgebenden – Betriebsrats bei Versetzungen (s. Rdn 470) dient dasjenige bei Einstellungen ausschließlich kollektiven Interessen. Diese können es dem Arbeitnehmer nur dann unzumutbar machen, bei verweigerter Zustimmung zu seiner Einstellung die geschuldete Arbeitsleistung zu erbringen, wenn der Betriebsrat die Aufhebung der Einstellung nach § 101 BetrVG betreibt (vgl. *BAG* 5.4.2001 EzA § 626 BGB nF Nr. 186, zu II 2c cc (3)). Eine Arbeitsaufnahme ist auch einem **gekündigten Arbeitnehmer**, den der Arbeitgeber nach Ablauf der Kündigungsfrist während des Kündigungsschutzprozesses zur Arbeit auffordert, unzumutbar, solange dieser die Kündigung nicht mit Zustimmung des Arbeitnehmers zurücknimmt, ein der Klage stattgebendes Urteil nicht rechtskräftig ist oder der Arbeitgeber nicht unmissverständlich klarstellt, das Urteil gegen sich gelten zu lassen (*BAG* 9.5.1996 EzA § 626 BGB nF Nr. 161, zu II 1b; *LAG MV* 23.11.2000 LAGE § 611 BGB Beschäftigungspflicht Nr. 43). Ist der Arbeitnehmer ein neues Arbeitsverhältnis eingegangen, besteht im Übrigen innerhalb der Frist von § 12 S. 1 KSchG und ggf. bis zum Ablauf der für die Kündigung des neuen Arbeitsverhältnisses erforderlichen Frist keine Arbeitspflicht (s. KR-*Spilger* § 12 KSchG Rdn 14–21).

475 Bei verfassungskonformer Auslegung von § 106 S. 1 GewO iVm Art. 4 Abs. 1 GG darf der Arbeitgeber dem Arbeitnehmer keine Arbeit zuweisen, die diesen in einen vermeidbaren **Gewissens-** oder

Glaubenskonflikt bringt (*BAG* 20.12.1984 EzA § 1 KSchG Verhaltensbedingte Kündigung Nr. 16: Verweigerung des Drucks von Prospekten und Werbebriefen mit nationalsozialistischem Inhalt; 24.5.1989 EzA § 611 BGB Direktionsrecht Nr. 3: Verweigerung der Mitarbeit an der Entwicklung eines Medikaments für militärische Zwecke; 24.2.2011 EzA § 1 KSchG Personenbedingte Kündigung Nr. 28: Weigerung, an der gewerblichen Weiterverbreitung von Alkohol mitzuwirken). Eine aus Gewissensnot vorgenommene Arbeitsverweigerung rechtfertigt daher eine verhaltensbedingte Kündigung nicht (*BAG* 20.12.1984 EzA § 1 KSchG Verhaltensbedingte Kündigung Nr. 16), es sei denn, es kommt infolge der Arbeitsverweigerung zu konkreten, nicht behebbaren betrieblichen Störungen oder wirtschaftlichen Einbußen des Arbeitgebers (*BAG* 10.10.2002 EzA § 1 KSchG Verhaltensbedingte Kündigung Nr. 58). In Betracht kommt eine personen- oder betriebsbedingte Kündigung, wenn der Arbeitnehmer nicht anderweitig einsetzbar ist. Entsprechendes gilt, wenn er Arbeiten verweigert, weil sie mit seinem religiösen Glauben unvereinbar sind (*BAG* 24.2.2011 EzA § 1 KSchG Personenbedingte Kündigung Nr. 28: Weigerung, am Verkauf alkoholischer Getränke mitzuwirken; *LAG Hamm* 8.11.2007 LAGE Art. 4 GG Nr. 5, zu II 1: Verweigerung von Sonntagsarbeit) oder weil religiöse Pflichten wie Pflichtgebete während der Arbeitszeit oder Pflichten an einem Feiertag wahrgenommen werden sollen (*LAG Hamm* 18.1.2002 NZA 2002, 675; allg. *Hunold* DB 2011, 1580; *Adam* NZA 2003, 1375; *Grabau* BB 1991, 1257), oder wenn – ausnahmsweise zulässige (s. Rdn 334) – Arbeitsanweisungen, zB kein islamisches Kopftuch zu tragen, nicht befolgt werden (*BAG* 10.10.2002 EzA § 1 KSchG Verhaltensbedingte Kündigung Nr. 58; s.a. Rdn 320, 331–334). Ob die religiöse Überzeugung einem bestimmten Bekenntnis entspricht oder allein von dem betroffenen Arbeitnehmer als verbindlich empfunden wird, ist für die verfassungsrechtliche Gewährleistung (hierzu *BVerfG* 24.9.2003 NJW 2003, 3111, zu B II 2, 4a) ebenso unerheblich wie für die kündigungsrechtliche Würdigung (*BAG* 24.2.2011 EzA § 1 KSchG Personenbedingte Kündigung Nr. 28, Rn 34; *LAG Hamm* 8.11.2007 LAGE Art. 4 GG Nr. 5, zu II 1b aa). Allerdings obliegt dem Arbeitnehmer die Darlegungslast dafür, dass ein konkreter und ernsthafter Glaubenskonflikt ihn bei Erfüllung seiner Arbeitspflicht in Gewissensnot bringen würde (*BAG* 24.2.2011 EzA § 1 KSchG Personenbedingte Kündigung Nr. 28, Rn 36).

Eine Arbeitspflichtverletzung liegt ferner nicht vor, wenn sich der Arbeitnehmer weigert, gesetzlich **unzulässige Mehrarbeit** (zB an Sonn- und Feiertagen) zu verrichten (*LAG Düsseld.* 21.1.1964 DB 1964, 628; *LAG BW* 16.3.1967 BB 1967, 1294) oder während gesetzlich vorgeschriebener Ruhepausen (Lenkzeitüberschreitung) zu arbeiten (*ArbG Passau* 23.8.1996 BB 1997, 160). Die **Verweigerung gesetzlich zulässiger Über- oder Mehrarbeit** kann demgegenüber dann eine verhaltensbedingte Kündigung rechtfertigen, wenn der Arbeitnehmer durch Tarifvertrag, Betriebsvereinbarung oder Arbeitsvertrag zu deren Leistung verpflichtet ist (*LAG Köln* 27.4.1999 RzK I 5i Nr. 155; HK-*Dorndorf* Rn 742), sofern die Anordnung billigem Ermessen (§ 106 S. 1 GewO) entspricht, dh insbes. dem Arbeitnehmer zumutbar ist (*ArbG Göttingen* 12.8.1955 AP Nr. 11 zu § 1 KSchG). Weiter muss der Arbeitgeber unter Berücksichtigung der beiderseitigen Interessen eine angemessene Ankündigungsfrist wahren, die es dem Arbeitnehmer ermöglicht, sich auf zumutbare Weise auf die Inanspruchnahme seiner Arbeitskraft einzurichten. Dabei kann die viertägige Frist von § 12 Abs. 3 TzBfG ein Anhaltspunkt sein (*ArbG Frankf./M.* 26.11.1998 LAGE § 626 BGB Nr. 125). Insbesondere Teilzeitbeschäftigten kann die Leistung von Überstunden im Hinblick auf bestehende familiäre Verpflichtungen unzumutbar sein (*Berkowsky* NZA-RR 2001, 10). In betrieblichen Notsituationen sind dagegen Teilzeitarbeitnehmer ebenso wie Vollzeitarbeitnehmer zur Leistung von Überstunden verpflichtet (*LAG SchlH* 26.6.2001 EzA-SD 2001 Nr. 20, S. 6). Die **Verweigerung direkter Streikarbeit** ist kein Kündigungsgrund (*BAG* 25.7.1957 AP Nr. 3 zu § 615 BGB Betriebsrisiko).

bb) Unerlaubte Arbeitsversäumnis

Eine ordentliche Kündigung wegen Verletzung der Arbeitspflicht kann weiter in Betracht kommen, wenn der Arbeitnehmer wiederholt trotz entsprechender Abmahnung vorzeitig den Arbeitsplatz verlässt (**unbefugtes Verlassen des Arbeitsplatzes**). Geht es um geringere Zeiträume, wird regelmäßig eine einschlägige Abmahnung Kündigungsvoraussetzung sein. Verlässt ein Arbeitnehmer seinen Arbeitsplatz dagegen mehrfach längere Zeit vor dem Ende seiner Arbeitszeit, kann er nicht mit einer Hinnahme dieses Verhaltens durch den Arbeitgeber rechnen. Daher kann in diesem Fall auch ohne Abmahnung eine ggf. auch außerordentliche Kündigung gerechtfertigt sein, insbes. wenn das Verhalten zu beträchtlichen Störungen des Betriebsablaufs geführt hat (*BAG* 7.12.2006 EzA § 84 SGB IX Nr. 1, zu B III 2a, c; *LAG RhPf* 24.10.2007 AuA 2008, 305).

478 Dies gilt ebenso, wenn der Arbeitnehmer wiederholt aus Arbeitsunlust der Arbeit unentschuldigt fernbleibt (**Arbeitsbummelei**; zur außerordentlichen Kündigung in solchen Fällen s. KR-*Fischermeier/Krumbiegel* § 626 BGB Rdn 425). Ein derartiges Verhalten ist nach erfolgloser Abmahnung geeignet, eine ordentliche und uU auch eine außerordentliche Kündigung zu rechtfertigen. Die Darlegung dadurch verursachter Betriebsstörungen ist nicht erforderlich, da sie regelmäßig mit einem unentschuldigten Fehlen verbunden sind (*BAG* 17.1.1991 EzA § 1 KSchG Verhaltensbedingte Kündigung Nr. 37, zu II 2; 15.3.2001 EzA § 626 BGB nF Nr. 185, zu 3). Arbeitnehmer sind auch nicht befugt, sich für geleistete Mehrarbeit eigenmächtig Freizeit etwa durch die Verlängerung von Pausen zu gewähren (*LAG Düsseld.* 19.9.1961 BB 1961, 1325). Davon ist eine Ausnahme zu machen, wenn zwischen zwei Arbeitsschichten nicht die gesetzlich vorgeschriebene Ruhezeit liegt (*LAG Frankf.* 7.11.1956 AP § 1 KSchG Nr. 28; APS-*Vossen* Rn 291). **Geringfügige Arbeitsversäumnisse** rechtfertigen eine ordentliche Kündigung erst, wenn sie trotz entsprechender Abmahnung wiederholt und eigenmächtig vorkommen (*LAG RhPf* 10.7.2008 EzA-SD 18/08 Nr. 2, zu II 1; APS-*Vossen* Rn 291). Sind **Arztbesuche** nur während der Arbeitszeit durchführbar, hat der Arbeitgeber dem Arbeitnehmer die notwendige Freizeit zu gewähren. Dies gilt entsprechend für die Stellensuche (§ 629 BGB). Bei **Schäden am Kraftfahrzeug** ist der Arbeitnehmer nur dann dazu berechtigt, der Arbeit fernzubleiben, wenn die Benutzung von öffentlichen Verkehrsmitteln entweder nicht möglich oder nicht zumutbar ist (*LAG Düsseld.* 10.1.1958 BB 1958, 627).

479 Eine **eigenmächtige Selbstbeurlaubung** des Arbeitnehmers kann als Arbeitsverweigerung eine verhaltensbedingte, ggf. auch fristlose Kündigung rechtfertigen, ohne dass es idR einer einschlägigen Abmahnung bedarf. Das gilt ebenso bei einem eigenmächtigen Urlaubsantritt während einer Prozessbeschäftigung in Form einer auflösend bedingten Fortsetzung des Arbeitsvertrags (*BAG* 20.5.2021 – 2 AZR 457/20, DB 2021, 1957). Von einem Arbeitnehmer ist regelmäßig zu erwarten, dass er seinen Urlaubsanspruch erforderlichenfalls gerichtlich, auch durch Erwirkung einer einstweiligen Verfügung, durchsetzt anstatt seinem Arbeitsplatz eigenmächtig fernzubleiben (*BAG* 20.1.1994 EzA § 626 BGB nF Nr. 15, zu B II 2; 22.1.1998 EzA § 626 BGB Ausschlussfrist Nr. 11, zu B II 3; 16.3.2000 EzA § 626 BGB nF Nr. 179, zu II 1b bb). Dies gilt für einen eigenmächtigen Urlaubsantritt ebenso wie für eine eigenmächtige Urlaubsverlängerung. Auch derartige Sachverhalte sind jedoch nicht absolute, eine Kündigung in jedem Fall rechtfertigende Gründe. Vielmehr sind die Umstände des Einzelfalls ausschlaggebend. Bei der Prüfung der Erforderlichkeit der Kündigung und ggf. im Rahmen der Interessenabwägung ist insbes. zu berücksichtigen, ob der Arbeitgeber dem Urlaubswunsch hätte entsprechen müssen, ob er die Urlaubserteilung also rechtswidrig verweigert hat (*BAG* 20.1.1994 EzA § 626 BGB nF Nr. 15, zu B II 2c, d; 22.1.1998 EzA § 626 BGB Ausschlussfrist Nr. 11, zu B II 3). Zugunsten des Arbeitnehmers ist ferner zu berücksichtigen, wenn der Arbeitgeber ohne ausreichende betriebliche Notwendigkeit den Betriebsablauf nicht so organisiert hat, dass über Urlaubsanträge rechtzeitig, dh in angemessener Zeit vor dem Beginn des beantragten Urlaubs, entschieden wird (*BAG* 22.1.1998 EzA § 626 BGB Ausschlussfrist Nr. 11, zu B II 3), wenn er den Arbeitnehmer durch die Nichterteilung von Urlaub zum Abschluss eines Aufhebungsvertrages bewegen will (*LAG Nbg.* 17.1.2007 NZA-RR 2007, 404, zu II 1b) oder wenn der Arbeitnehmer aufgrund einer sich abzeichnenden Insolvenzeröffnung irrtümlich annimmt, sein Urlaubsanspruch werde demnächst verfallen (*LAG Hamm* 17.10.2007 NZA-RR 2008, 294, zu I 3). Da der Arbeitgeber zum **Widerruf** bereits erteilten Urlaubs nicht befugt ist (*BAG* 20.6.2000 EzA § 1 BUrlG Nr. 23, zu II 2b bb), kommt eine Kündigung nicht in Betracht, wenn der Arbeitnehmer einem Widerruf nicht Folge leistet (Bader/Bram-*Kreutzberg-Kowalczyk* Rn 248a). Hat ein Arbeitnehmer nach einer Ablehnung des Arbeitgebers eine den Urlaubsantritt gestattende **einstweilige Verfügung** erlangt, kann er den Urlaub antreten, auch wenn die Entscheidung noch nicht rechtskräftig ist oder später auf einen Widerspruch oder im Berufungsverfahren abgeändert wird (DW-*Zimmer/Hempel*

Rn 274). Erst vom Zeitpunkt der Aufhebung bzw. Abänderung der einstweiligen Verfügung an ist eine Fortsetzung des Urlaubs vertragswidrig und damit als Kündigungsgrund geeignet.

Diese Grundsätze gelten nicht nur für den Erholungsurlaub, sondern auch für **unbezahlten Sonderurlaub**, da der Arbeitnehmer auch hier weder zum eigenmächtigen Antritt noch zur eigenmächtigen Verlängerung befugt ist (*LAG Nbg.* 17.1.2007 NZA-RR 2007, 404, zu II 1a). Erschleicht sich der Arbeitnehmer die Gewährung der Freizeit durch Vorspiegelung unwahrer Tatsachen (zB angebliche schwere Erkrankung naher Familienangehöriger), berechtigt dies den Arbeitgeber idR zu einer außerordentlichen oder ordentlichen Kündigung (zum **Erschleichen einer Arbeitsbefreiung** zwecks Ausübung einer Nebentätigkeit *LAG Düsseld.* 27.10.1960 BB 1961, 678). Zur außerordentlichen Kündigung in derartigen Fällen s. KR-*Fischermeier/Krumbiegel* § 626 BGB Rdn 472 ff. **Ausländische Arbeitnehmer**, die einen verkürzten **Wehrdienst** in ihrem Heimatstaat ableisten müssen, sind verpflichtet, den Arbeitgeber unverzüglich über den Zeitpunkt der Einberufung zu unterrichten und auf Verlangen des Arbeitgebers die Richtigkeit der Angaben durch eine entsprechende behördliche Bescheinigung des Heimatstaates nachzuweisen. Verletzt ein ausländischer Arbeitnehmer schuldhaft diese arbeitsvertragliche Nebenpflicht und gerät der Arbeitgeber dadurch in eine mit zumutbaren Überbrückungsmaßnahmen nicht behebbare Zwangslage, kann dies je nach den Umständen eine ordentliche Kündigung rechtfertigen (*BAG* 7.9.1983 EzA § 626 BGB nF Nr. 87). Eine eigenmächtige Arbeitsbefreiung zur Wahrnehmung eines Wehrdienstes von zwölf Monaten kann ebenfalls eine ordentliche Kündigung rechtfertigen (*BAG* 20.5.1988 EzA § 1 KSchG Personenbedingte Kündigung Nr. 3). 480

Urlaubsüberschreitungen berechtigen nicht zur Kündigung, wenn **besondere Umstände** es gebieten, dem Interesse des Arbeitnehmers am Fortbestand des Arbeitsverhältnisses demjenigen des Arbeitgebers an einer Beendigung den Vorrang einzuräumen, zB Kenntnis des Arbeitgebers vom Grund der Urlaubsüberschreitung, Unaufschiebbarkeit der Reise aus der Sicht des Arbeitnehmers, langjährige völlig störungsfreie Dauer des Arbeitsverhältnisses, Fehlen von Betriebsstörungen (*LAG Hamm* 30.5.1990 LAGE § 1 KSchG Verhaltensbedingte Kündigung Nr. 29). 481

Krankheitsbedingte Urlaubsüberschreitungen rechtfertigen bei nachgewiesener Arbeitsunfähigkeit für sich genommen keine verhaltens- oder personenbedingte Kündigung. Soweit häufige Urlaubserkrankungen zu unzumutbaren betrieblichen Beeinträchtigungen führen, kann eine **personenbedingte Kündigung** in Betracht kommen (*LAG Köln* 8.8.1983 DB 1984, 619). Eine ggf. auch außerordentliche Kündigung wegen häufiger Urlaubserkrankungen kann aus **Gründen im Verhalten des Arbeitnehmers** gerechtfertigt sein, wenn vom Arbeitgeber bewiesen wird, dass die Krankheit vorgetäuscht und die Urlaubsverlängerung damit erschlichen worden ist (s. Rdn 524 f.). 482

Wiederholtes unentschuldigtes Fehlen und wiederholte schuldhafte Verspätungen des Arbeitnehmers können als Vertragspflichtverletzungen nach vorheriger Abmahnung geeignet sein, eine ordentliche verhaltensbedingte Kündigung sozial zu rechtfertigen (*BAG* 17.1.1991 EzA § 1 KSchG Verhaltensbedingte Kündigung Nr. 37; 27.2.1997 EzA § 1 KSchG Verhaltensbedingte Kündigung Nr. 51, zu II 2; 15.11.2001 EzA § 1 KSchG Verhaltensbedingte Kündigung Nr. 56, zu II 2, 4d). Entsprechendes gilt in Betrieben mit Gleitarbeitszeit bei wiederholten **Verstößen gegen die Kernarbeitszeitregelung** (*LAG München* 5.12.1988 DB 1989, 283; *Riedmaier* PersV 1993, 150). Beruht eine Verspätung allerdings auf unvorhersehbaren Vorfällen, etwa Naturereignissen, liegt keine Pflichtwidrigkeit vor. Sind Verspätungen dagegen vorwerfbar, sind im Rahmen der **Interessenabwägung** insbes. die Ursachen (zB familiäre Verpflichtungen), die Häufigkeit und Dauer der Verspätungen sowie die unbelastete Dauer des Arbeitsverhältnisses zu berücksichtigen (*LAG Köln* 7.12.1995 LAGE § 1 KSchG Verhaltensbedingte Kündigung Nr. 50). Von einem einschlägig abgemahnten Arbeitnehmer kann ein erhöhtes Maß an Vorsorge erwartet werden (*BAG* 27.2.1997 EzA § 1 KSchG Verhaltensbedingte Kündigung Nr. 51, zu II 4). Weiterhin sind die Auswirkungen auf den betrieblichen Ablauf zu beachten (APS-*Vossen* Rn 288). 483

Macht der **Gesundheitszustand** eines **Arbeitnehmers** eine pünktliche Arbeitsaufnahme unmöglich, gelten für eine deshalb erklärte ordentliche Kündigung die Grundsätze der krankheitsbedingten Kündigung (s. Rdn 337 ff.). **Täuscht ein Arbeitnehmer** den Arbeitgeber **über verspätete** 484

Arbeitsaufnahmen (zB durch unrichtige Eintragungen in Zeiterfassungskarten oder durch **Vorstempeln**), handelt es sich um **Arbeitszeitbetrug**. Bei derartigen Verfehlungen ist vor Ausspruch der Kündigung idR eine Abmahnung nicht erforderlich und ggf. auch eine außerordentliche Kündigung gerechtfertigt (*BAG* 12.8.1999 EzA § 123 BGB Nr. 53; 21.4.2005 EzA § 91 SGB IX Nr. 1, zu B II 1, 2; 24.11.2005 EzA § 626 BGB 2002 Nr. 12, zu II 3b; vgl. KR-*Fischermeier/Krumbiegel* § 626 BGB Rdn 282). Will der Arbeitnehmer demgegenüber fehlenden Arbeitsanfall einwenden, trägt er die Darlegungslast (*BAG* 7.7.2005 EzA § 626 BGB 2002 Nr. 10, zu B II 2b cc).

485 Der Arbeitnehmer verstößt auch dann gegen die ihm obliegende Arbeitspflicht, wenn er ohne Erlaubnis während der Arbeitszeit **Privatarbeiten** verrichtet und damit die Arbeit unterbricht. Ein derartiges Verhalten ist jedenfalls nach vorheriger Abmahnung geeignet, eine verhaltensbedingte Kündigung zu rechtfertigen (*ArbG Ulm* 17.5.1962 BB 1962, 843).

486 **Private Telefongespräche** während der Arbeitszeit verletzen die Arbeitspflicht, weil durch sie die Arbeit unterbrochen wird. Sie können unter bestimmten Voraussetzungen eine verhaltensbedingte Kündigung rechtfertigen (s. Rdn 539). Ähnliches gilt für das **Surfen im Internet** vom Arbeitsplatz aus (s. Rdn 540).

cc) Fehl-, Schlecht- und Minderleistungen

487 Der Arbeitnehmer schuldet eine Arbeitsleistung, die er bei **angemessener Anspannung seiner individuellen Kräfte und Fähigkeiten** erbringen kann (zum subjektiven Leistungsbegriff s. Rdn 412, 413). Eine unter Ausschöpfung des persönlichen Leistungsvermögens erbrachte, nur objektiv unterdurchschnittliche Leistung rechtfertigt eine verhaltensbedingte Kündigung nicht, sondern allenfalls eine personenbedingte (s. Rdn 407 ff., 412 ff.). Für eine verhaltensbedingte Kündigung erforderlich ist eine **pflichtwidrige Fehl-, Schlecht- oder Minderleistung** (*BAG* 11.12.2003 EzA § 1 Verhaltensbedingte Kündigung Nr. 62, zu B I 2b; 3.6.2004 EzA § 23 KSchG Nr. 27, zu B III 1; 17.1.2008 EzA § 1 KSchG Verhaltensbedingte Kündigung Nr. 72, zu B I 2; HaKo-KSchR/*Zimmermann* Rn 388). Besitzt der Arbeitnehmer die persönliche und fachliche Qualifikation, können wiederholte Leistungsmängel – idR nach vorheriger Abmahnung (s. Rdn 412) – eine verhaltensbedingte Kündigung rechtfertigen (zur **Schlechtleistung** *BAG* 26.6.1997 RzK I 5i Nr. 126: Brüskierung von Kunden; 15.8.1984 EzA § 1 KSchG Nr. 40; 22.7.1982 EzA § 1 KSchG Verhaltensbedingte Kündigung Nr. 10; 29.7.1976 EzA § 1 KSchG Nr. 34; zur **Fehlleistung** *LAG Hamm* 13.4.1983 DB 1983, 1930; *LAG Brem.* 13.10.1965 DB 1966, 80; zur **Minderleistung** *BAG* 11.12.2003 EzA § 1 Verhaltensbedingte Kündigung Nr. 62, zu B I 2d, e: Leistungsdefizit von einem Drittel; 3.6.2004 EzA § 23 KSchG Nr. 27, zu B III 2, 3: Völlige Erfolglosigkeit eines Verkäufers über mehr als ein Jahr; *LAG Hamm* 13.4.1983 DB 1983, 1930: Zurückbleiben um ca. 50 % hinter der Leistung vergleichbarer Arbeitnehmer; *Hunold* BB 2003, 2345). Für die kündigungsrechtliche Bewertung maßgeblich sind die Umstände des jeweiligen Arbeitsplatzes sowie die Zahl, die Art, die Schwere und die Folgen der Minderleistungen (*BAG* 17.1.2008 EzA § 1 KSchG Verhaltensbedingte Kündigung Nr. 72, zu B I 2e cc, dd). Bei besonders gravierenden Fehlleistungen ist eine vorherige Abmahnung im Allgemeinen entbehrlich, zB wenn ein Lehrer während des Schulunterrichts einen »Witz« mit menschenverachtendem Charakter erzählt (*BAG* 5.11.1992 RzK I 5i Nr. 81, zu II 3c) oder wenn ein Krankenpfleger unter Missachtung ärztlicher Weisungen erhebliche Gesundheitsbeeinträchtigungen verursacht (*BAG* 15.11.2001 EzA § 21 SchwbG 1986 Nr. 12, zu B I 3). Ist eine bestimmte Fehlerquote arbeitsplatzspezifisch, kann nur eine beträchtliche, das vertragliche Austauschverhältnis erheblich störende Überschreitung dieser Quote eine verhaltensbedingte Kündigung rechtfertigen (*BAG* 17.1.2008 EzA § 1 KSchG Verhaltensbedingte Kündigung Nr. 72, zu B I 2e cc, dd). Eine gegenüber dem Abteilungsschnitt dreifach höhere Fehlerquote ist ein geeignetes Indiz für schuldhafte Minderleistungen (*BAG* 17.1.2008 EzA § 1 KSchG Verhaltensbedingte Kündigung Nr. 72, zu B I 2f cc). Bei der **Verhältnismäßigkeitsprüfung** gilt ein entsprechender Maßstab wie der zur personenbedingten Kündigung dargestellte (s. Rdn 415). Zur außerordentlichen Kündigung wegen Schlechtleistung s. KR-*Fischermeier/Krumbiegel* § 626 BGB Rdn 460. Zu **tendenzbezogenen**

Leistungsmängeln s. Rdn 323. Zu Ursachen von und zur Reaktion auf Leistungsmängel eingehend *Hunold/Wetzling* Umgang mit leistungsschwachen Mitarbeitern.

Darlegungs- und beweisbelastet für das Vorliegen von Leistungsmängeln sowie für eine vorherige Abmahnung ist nach § 1 Abs. 2 S. 4 KSchG der **Arbeitgeber**. Die einzelnen Leistungsmängel hat er dabei so konkret wie möglich zu bezeichnen, und zwar unter Schilderung der konkreten Pflichtverletzungen sowie unter Darlegung der einzelnen Fehler. Durch pauschale Werturteile über die von einem Arbeitnehmer erbrachten Arbeitsleistungen genügt der Arbeitgeber seiner Darlegungslast nicht. Zu einem schlüssigen Vortrag gehört vielmehr die Darlegung, worin das Versagen eines Arbeitnehmers iE besteht, welche Fehl- oder Schlechtleistungen ihm zur Last zu legen sind und welche Mängel in der fachlichen oder persönlichen Qualifikation vorliegen (*BAG* 15.8.1984 EzA § 1 KSchG Nr. 40). Darzulegen sind die Zahl, die Art, die Schwere und die Folgen der Fehler (*BAG* 17.1.2008 EzA § 1 KSchG Verhaltensbedingte Kündigung Nr. 72, zu B I 2e dd). Auch der herangezogene Vergleichsmaßstab ist substantiiert vorzutragen (APS-*Vossen* Rn 281). Zur Darlegungs- und Beweislast bei Minderleistungen gelten die Regeln für die personenbedingte Kündigung entsprechend (dazu Rdn 417).

488

h) Außerdienstliches Verhalten

aa) Grundsatz

Ein außerdienstliches Verhalten (zB strafbare Handlungen, Verkehrsverstöße, politische Betätigung, rechtsextreme Aktivitäten) des Arbeitnehmers kann nach der st. Rspr. des *BAG* eine ordentliche Kündigung nur dann sozial rechtfertigen, wenn das Arbeitsverhältnis konkret betroffen ist (26.5.1977 EzA § 611 BGB Beschäftigungspflicht Nr. 2; 20.9.1984 EzA § 1 KSchG Verhaltensbedingte Kündigung Nr. 14; 24.9.1987 EzA § 1 KSchG Verhaltensbedingte Kündigung Nr. 18; 21.6.2001 EzA § 626 BGB nF Nr. 189, zu B I 2a). Zur außerordentlichen Kündigung in derartigen Fällen s. KR-*Fischermeier/Krumbiegel* § 626 BGB Rdn 430. Voraussetzung für eine Kündigung **aus Gründen im Verhalten** des Arbeitnehmers ist es, dass es sich um ein **vertragswidriges Verhalten** handelt (*BAG* 27.1.2011 EzA § 626 BGB 2002 Verdacht strafbarer Handlung Nr. 10, Rn 31; HK-*Dorndorf* Rn 808; DDZ-*Däubler* Rn 750; HaKo-KSchR/*Zimmermann* Rn 404). In Betracht kommt insbes. eine Verletzung der vertraglichen **Pflicht zur Rücksichtnahme** auf die Rechte, Rechtsgüter und Interessen des Arbeitgebers gem. § 241 Abs. 2 BGB. Der Arbeitnehmer ist auch außerhalb der Arbeitszeit verpflichtet, auf die berechtigten Interessen des Arbeitgebers Rücksicht zu nehmen (*BAG* 27.1.2011 EzA § 626 BGB 2002 Verdacht strafbarer Handlung Nr. 10, Rn 31; 28.10.2010 EzA § 1 KSchG Verhaltensbedingte Kündigung Nr. 78, Rn 19). Daran fehlt es, wenn das außerdienstliche Verhalten negative Auswirkungen auf den Betrieb oder sonst auf das Arbeitsverhältnis hat (*BAG* 27.1.2011 EzA § 626 BGB 2002 Verdacht strafbarer Handlung Nr. 10, Rn 31). Anderenfalls scheidet eine Verletzung vertraglicher Pflichten regelmäßig aus. So erstrecken sich die vertraglichen Pflichten im Regelfall auch nicht darauf, sich gegen Infektionskrankheiten impfen zu lassen. Das gilt selbst in einer pandemischen Lage, wie sie beispielsweise auch für Deutschland im Jahr 2020 infolge des **Corona**-Virus festgestellt wurde. Ist das außerdienstliche Verhalten nicht vertragswidrig, kann aus ihm aber ggf. dennoch zu schließen sein, dass dem Arbeitnehmer die **Eignung** für die vertraglich geschuldete Tätigkeit fehlt (zB Trunkenheit am Steuer auf einer Privatfahrt bei einem Berufskraftfahrer – *BAG* 22.8.1963 AP § 626 BGB Nr. 51), so dass eine personenbedingte Kündigung in Betracht kommt (APS-*Vossen* Rn 328a; HWK-*Quecke* Rn 225; *Backmeister/Trittin/Mayer* Rn 243; s.a. Rdn 418 f.). Ob dies für den Fall, dass der Arbeitnehmer notwendigerweise sehr eng mit besonders vulnerablen Personen arbeiten muss, auch dann anzunehmen ist, wenn er sich weigert, sich gegen eine Infektion mit dem Corona-Virus impfen zu lassen (dies bejahend *Stück* ArbR 2021, 70, 73), hängt, solange es keine öffentlichrechtliche Pflicht zum Impfnachweis für bestimmte Beschäftigtengruppen gibt, insbesondere auch davon ab, ob die wissenschaftlichen Erkenntnisse die Prognose erlauben, dass durch eine **Impfung** das Risiko, das Virus weiterzuverbreiten, signifikant gesenkt wird.

489

490 Ein vertragswidriges Verhalten eines Arbeitnehmers im außerdienstlichen Bereich kommt nur in Betracht, wenn darauf bezogene **Nebenpflichten** des Arbeitnehmers bestehen. Sie können durch Gesetz, einzelvertragliche Vereinbarung oder kollektivrechtliche Normen (Tarifvertrag, Betriebsvereinbarung) begründet werden. So bestimmte etwa § 8 Abs. 1 BAT für die Angestellten des öffentlichen Dienstes: »Der Angestellte hat sich so zu verhalten, wie es von den Angehörigen im öffentlichen Dienst erwartet wird. Er muss sich durch sein gesamtes Verhalten zur freiheitlich demokratischen Grundordnung iSd Grundgesetzes bekennen.« Für die nicht hoheitlich tätigen Arbeiter und Angestellten des Bundes und der Kommunen gilt dies nach § 41 TVöD nicht mehr uneingeschränkt. Sie müssen sich zwar gem. S. 1 der Bestimmung nach wie vor durch ihr gesamtes Verhalten zur freiheitlich-demokratischen Grundordnung bekennen (*BAG* 10.9.2009 EzA § 1 KSchG Verhaltensbedingte Kündigung Nr. 77, zu I 2b bb; 28.10.2010 EzA § 1 KSchG Verhaltensbedingte Kündigung Nr. 78, zu I 2a bb; vgl. auch *Scheuring* ZTR 1999, 337). Dies begründet eine gesteigerte politische Treuepflicht, deren Umfang sich nach Stellung und Funktion des Arbeitnehmers richtet (s.a. § 3 Abs. 1 S. 2 TV-L und Rdn 495). Hat dieser aber keine eine besondere Treuepflicht auslösende Stellung inne, hat er lediglich die aktive Verfolgung verfassungsfeindlicher Ziele zu unterlassen (*BAG* 12.5.2011 EzA § 123 BGB 2002 Nr. 10, zu B II 1–4, IV 2). Hiervon abgesehen bestehen für tarifliche Angestellte im öffentlichen Dienst gegenüber Arbeitnehmern in der Privatwirtschaft keine weitergehenden außerdienstlichen Verpflichtungen mehr. Rein private Neigungen ohne besondere Dienstbezogenheit sind daher in aller Regel kein Kündigungsgrund (*LAG Hamm* 19.1.2001 RzK I 5h Nr. 58). S. auch KR-*Fischermeier/Krumbiegel* § 626 BGB Rdn 126.

491 Damit wirken Nebenpflichten nur selten auf das außerdienstliche Verhalten des Arbeitnehmers ein, so dass aus dem außerdienstlichen Verhalten eines Arbeitnehmers im Normalfall **kein verhaltensbedingter Kündigungsgrund** hergeleitet werden kann. Aus außerdienstlichem Verhalten kann aber ggf. auf eine fehlende Eignung des Arbeitnehmers geschlossen werden, die eine personenbedingte Kündigung rechtfertigen kann. Ferner kann außerdienstliches Verhalten (zB ausländerfeindliche Äußerungen) zu Störungen des Betriebsfriedens führen, die uU eine Druckkündigung rechtfertigen können (hierzu s. Rdn 625).

bb) Lebenswandel

492 Ein **lockerer oder unsittlicher Lebenswandel** ist weder ein verhaltensbedingter noch ein personenbedingter Kündigungsgrund (*LAG Bln.* 3.11.1964 DB 1965, 1291; *LAG BW* 3.4.1967 BB 1967, 757; *ArbG Passau* 11.12.1997 BB 1998, 326; *ArbG Siegburg* 8.7.1986 EzA § 1 KSchG Verhaltensbedingte Kündigung Nr. 17). Das gilt auch für häufige Spielbankbesuche (*LAG Hamm* 14.1.1998 LAGE § 626 BGB Nr. 119). **Intime Beziehungen** zwischen volljährigen Mitarbeitern und Mitarbeiterinnen kommen nur ausnahmsweise als Kündigungsgrund in Betracht, wenn dadurch die Arbeitsleistung oder die betriebliche Zusammenarbeit beeinträchtigt werden (*LAG Düsseld.* 24.2.1969 DB 1969, 667). Dies gilt auch für ehewidrige Beziehungen zwischen Arbeitnehmern. Ein intimes Verhältnis zwischen Vorgesetzten und Auszubildenden oder jugendlichen Mitarbeitern kann dagegen eine ordentliche Kündigung gegenüber dem Vorgesetzten, und zwar aus dem Gesichtspunkt der **mangelnden persönlichen Eignung** rechtfertigen (LKB-*Krause* Rn 588; vgl. aber HWK-*Quecke* Rn 225: Verletzung von Vertragspflichten). Das Gleiche gilt für intime Beziehungen zwischen einem Krankenhausarzt und einem Patienten (*BAG* 18.10.1990 RzK I 5i Nr. 64).

493 Für **Mitarbeiter kirchlicher Einrichtungen** können als vertragliche Nebenpflicht auch außerdienstlich gesteigerte Verhaltensanforderungen bestehen. Soweit ein kirchlicher Arbeitgeber seinen Arbeitnehmern allein aufgrund von deren Religionszugehörigkeit vertraglich unterschiedliche Verhaltenspflichten auferlegt, ist die eine solche Ungleichbehandlung rechtfertigende Bestimmung des § 9 Abs. 2 AGG allerdings unionsrechtskonform dahin auszulegen, dass die **Ungleichbehandlung** voraussetzt, dass die **Religion** im Hinblick auf die Art der betreffenden beruflichen Tätigkeiten oder die Umstände ihrer Ausübung eine berufliche Anforderung ist, die angesichts des Ethos der in Rede stehenden Einrichtung wesentlich, rechtmäßig und gerechtfertigt ist und dem Grundsatz der Verhältnismäßigkeit entspricht (*BAG* 20.2.2019 – 2 AZR 746/14 – EzA § 611 BGB 2002 Kirchliche

Arbeitnehmer Nr. 32d). Dies kann für die einem katholischen Chefarzt anders als seinen nicht katholischen Kollegen arbeitsvertraglich auferlegte Verpflichtung, sich nicht wiederzuverheiraten, zu verneinen sein (*BAG* 20.2.2019 – 2 AZR 746/14 – EzA § 611 BGB 2002 Kirchliche Arbeitnehmer Nr. 32d, Rn 29 ff.; *EuGH* 11.9.2018 – C-68/17 – [IR] EzA § 611 BGB 2002 Kirchliche Arbeitnehmer Nr. 32c). Das Unionsrecht hat insoweit Vorrang gegenüber etwaig entgegenstehendem deutschen Verfassungsrecht (dazu *BVerfG* 28.10.2014 EzA § 611 BGB 2002 Kirchliche Arbeitnehmer Nr. 32). Näher zur Kündigung kirchlicher Arbeitsverhältnisse s. KR-*Fischermeier/Krumbiegel* § 626 BGB Rdn 131; APS-*Vossen* Rn 861–878; LKB-*Krause* Rn 622 ff.; DDZ-*Deinert* Einl. Rn 94–101.

Mitarbeiter in **Tendenzbetrieben**, die zu den Tendenzträgern (s. Rdn 80 ff.) gehören, dürfen auch außerdienstlich nicht gegen die Tendenz ihres Unternehmens agieren. Dies ist etwa der Fall, wenn ein zu den Tendenzträgern zählender Mitarbeiter der Tendenz entgegenstehende Äußerungen veröffentlicht oder wenn sich ein derartiger Arbeitnehmer außerdienstlich in einer Organisation betätigt, die den Tendenzen seines Arbeitgebers zuwiderläuft. Dann kann eine Kündigung gerechtfertigt sein (*BAG* 6.12.1979 EzA § 1 KSchG Tendenzbetrieb Nr. 5: Ordentliche Kündigung eines Gewerkschaftssekretärs wegen politischer Betätigung im Kommunistischen Bund Westdeutschland; *LAG Bln.* 6.12.1982 EzA § 1 KSchG Tendenzbetrieb Nr. 11, zu III 2; *LAG SA* 9.7.2002 NZA-RR 2003, 244, zu I 1). Ein einmaliger, nicht schwerwiegender Tendenzverstoß ist zur Kündigungsrechtfertigung dagegen nicht geeignet (*BAG* 13.6.2002 EzA § 1 KSchG Verhaltensbedingte Kündigung Nr. 57, zu B I 2e). Diese besonderen Loyalitätspflichten gelten nicht für die übrigen Mitarbeiter von Tendenzunternehmen. Zur Tendenzförderung als arbeitsrechtliche Pflicht *Buchner* ZfA 1979, 355; zur Kündigung von Tendenzträgern wegen außerdienstlichen Verhaltens *Dudenbostel/Klas* AuR 1979, 300. 494

cc) Politische Betätigung

Das Recht auch von Arbeitnehmern, sich politisch zu engagieren, ist durch Art. 5 Abs. 1 GG geschützt. Seine Ausübung kann daher nicht ohne Weiteres ein Kündigungsgrund sein (DDZ-*Däubler* Rn 808; SPV-*Preis* Rn 672; MüKo-BGB/*Hergenröder* Rn 324). Nach der Rspr. des *BAG* kann eine politische Betätigung ausnahmsweise als verhaltensbedingter Grund eine Kündigung rechtfertigen, wenn das **Arbeitsverhältnis** durch sie **konkret beeinträchtigt wird** (28.9.1989 EzA § 1 KSchG Verhaltensbedingte Kündigung Nr. 28; 6.6.1984 EzA § 1 KSchG Verhaltensbedingte Kündigung Nr. 12; 6.12.1979 EzA § 1 KSchG Tendenzbetrieb Nr. 5) und darin ein vertragswidriges Verhalten liegt (HaKo-ArbR/*Markowski* Rn 340; s. Rdn 489). Dies kann für Angestellte des öffentlichen Dienstes mit einer ihrer Funktion entsprechenden gesteigerten politischen Treuepflicht zutreffen, die sich in einer verfassungsfeindlichen Partei engagieren und damit gegen § 41 S. 1 TVöD bzw. § 3 Abs. 1 S. 2 TV-L verstoßen (*BAG* 12.5.2011 EzA § 123 BGB 2002 Nr. 10, Rn 22 und 29 ff.; noch zu 8 Abs. 1 S. 2 BAT vgl. *BAG* 6.6.1984 EzA § 1 KSchG Verhaltensbedingte Kündigung Nr. 12). Ansonsten kann die politische Betätigung eines Arbeitnehmers lediglich seine **persönliche Eignung** beeinträchtigen, so dass eine personenbedingte Kündigung in Betracht kommt (s. Rdn 324 ff.). 495

Von der bloßen politischen Betätigung zu unterscheiden sind **Arbeitspflichtverletzungen**, die mit der politischen Betätigung verbunden sind und ihrerseits eine Kündigung rechtfertigen können, etwa ein eigenmächtiges Fernbleiben von der Arbeit zur Teilnahme an einer politischen Veranstaltung oder die Verteilung von politischem Propagandamaterial während der Arbeitszeit. Art. 5 Abs. 1 GG legitimiert nicht die Verletzung arbeitsvertraglicher Pflichten. Ebenso können politische Angriffe gegen den Arbeitgeber, die diesen in der öffentlichen Meinung herabsetzen können, geeignet sein, das notwendige Vertrauensverhältnis zwischen den Arbeitsvertragsparteien auf kündigungsrelevante Weise zu belasten (*BAG* 28.9.1972 EzA § 1 KSchG Nr. 25; MüKo-BGB/*Hergenröder* Rn 324; s. aber für politische Meinungsäußerungen im Wahlkampf *BAG* 14.12.2014 NZA 2015, 797). Zur politischen Betätigung des Arbeitnehmers im Betrieb als verhaltensbedingten Kündigungsgrund s. Rdn 507 f. Zur außerordentlichen Kündigung wegen politischer Betätigung s. KR-*Fischermeier/Krumbiegel* § 626 BGB Rdn 123 ff. 496

dd) Schulden, Lohnpfändungen

497 **Schulden** des Arbeitnehmers gehören zur **privaten Lebensführung** und sind für sich genommen kein Kündigungsgrund (allg. Ansicht, etwa BAG 4.11.1981 EzA § 1 KSchG Verhaltensbedingte Kündigung Nr. 9; LKB-*Krause* Rn 640; SPV-*Preis* Rn 658, HaKo-KSchR/*Zimmermann* Rn 416). Dies gilt selbst für Arbeitnehmer, denen Vermögenswerte anvertraut sind. Die Überschuldung eines in einer **Vertrauensstellung** beschäftigten Arbeitnehmers kann uU aber dessen persönliche Ungeeignetheit begründen und damit eine personenbedingte Kündigung rechtfertigen (s. Rdn 321).

498 Führen die Schulden zu **Lohnpfändungen**, berechtigt dies den Arbeitgeber nicht ohne Weiteres zur außerordentlichen oder ordentlichen Kündigung (*BAG* 4.11.1981 EzA § 1 KSchG Verhaltensbedingte Kündigung Nr. 9; 15.10.1992 EzA § 1 KSchG Verhaltensbedingte Kündigung Nr. 45; HK-*Dorndorf* Rn 830; aA *LAG Hamm* 21.9.1977 DB 1977, 2237; *Brill* DB 1976, 1816). Nach einer älteren Rspr. des BAG kann in **Ausnahmefällen** eine ordentliche Kündigung in Betracht kommen, wenn über einen längeren Zeitraum hinweg zahlreiche Lohnpfändungen und dadurch erhebliche Verwaltungsarbeiten beim Arbeitgeber anfallen, die nach objektiver Beurteilung zu wesentlichen Störungen in der betrieblichen Organisation oder im Arbeitsablauf führen, etwa in der Lohnbuchhaltung oder in der Rechtsabteilung. Dann beeinträchtige der Arbeitnehmer durch die von ihm zu vertretenden Lohnpfändungen die Interessen des Arbeitgebers bei der Vertragsabwicklung (*BAG* 4.11.1981 EzA § 1 KSchG Verhaltensbedingte Kündigung Nr. 9; ebenso APS-*Vossen* Rn 335; Bader/Bram-*Kreutzberg-Kowalczyk* Rn 225; TRL-*Liebscher* Rn 487; im Ergebnis ähnlich LKB-*Krause* Rn 641, HaKo-KSchR/*Zimmermann* Rn 419; LSSW-*Schlünder* Rn 215, die annehmen, es sei eine kündigungsrelevante Vertragspflichtverletzung, sich um die Regulierung seiner Schulden nicht zu kümmern und den Arbeitgeber als Zahlstelle zu missbrauchen; *Wisskirchen* S. 141 geht von einem personenbedingten Kündigungsgrund aus). Dies überzeugt nicht. Die Bearbeitung von Vollstreckungsmaßnahmen durch den Arbeitgeber als Drittschuldner ist keine Leistung zugunsten des Arbeitnehmers, sondern die Erfüllung einer **staatsbürgerlichen Pflicht** gegenüber den Vollstreckungsgläubigern, die dem Interesse der Allgemeinheit an einer effektiven Forderungsvollstreckung dient (*BGH* 18.5.1999 NJW 1999, 2276, zu I 2a aa; 19.10.1999 NJW 2000, 651, zu II 2a; *BAG* 18.7.2006 EzA BetrVG 2001 § 75 Nr. 4, zu I 3). Der Arbeitgeber ist zur Realisierung seiner eigenen Forderungen gegen andere Schuldner auf die Erfüllung dieser Pflicht durch Drittschuldner gleichermaßen angewiesen. Dem Zweck der Forderungspfändung würde es diametral entgegenstehen, wenn diese ein Anlass für den Verlust des Arbeitsplatzes des Schuldners sein und damit die Gefahr von dessen Zahlungsunfähigkeit verschärfen könnte (ebenso DDZ-*Däubler* Rn 788; HaKo-ArbR/*Markowski* Rn 344).

499 Entgegen der Auffassung des *BAG* (4.11.1981 EzA § 1 KSchG Verhaltensbedingte Kündigung Nr. 9) ist bei einer Kündigung wegen zahlreicher Lohnpfändungen – wenn diese gleichwohl als Vertragspflichtverletzung einzuordnen sein sollten – jedenfalls der vorherige vergebliche Ausspruch **einer Abmahnung** erforderlich (*LAG Hamm* 21.9.1977 DB 1977, 2237; *LAG Bln.* 10.10.1978 DB 1979, 605; LKB-*Krause* Rn 642; HaKo-KSchR/*Zimmermann* Rn 419; *Berkowsky* NZA-RR 2001, 68; *Lepke* RdA 1980, 194). Weiter ist vorrangig mit dem Arbeitnehmer eine Regelung zur Kostenerstattung anzustreben (DDZ-*Däubler* Rn 788; SPV-*Preis* Rn 659; APS-*Vossen* Rn 336).

i) Beleidigungen, Drohungen, Tätlichkeiten, Denunziationen, Kritik

500 In der früheren kündigungsrechtlichen Gesetzgebung (§§ 123 Abs. 1 Nr. 5 und 133c Abs. 1 Nr. 5 GewO; § 72 Abs. 1 Nr. 4 HGB) war ausdrücklich anerkannt, dass Tätlichkeiten und grobe Beleidigungen gegenüber dem Arbeitgeber oder dessen Vertretern dazu geeignet sind, dem Arbeitgeber ein Recht zur außerordentlichen Kündigung zu geben. Da es sich bei den gesetzlich erwähnten Tatbeständen nur um besondere Erscheinungsformen des wichtigen Grundes handelte, hat sich an dieser Rechtslage durch das Inkrafttreten des Ersten Arbeitsrechtsbereinigungsgesetzes vom 14.8.1969 (BGBl. I S. 1106) nichts geändert. **Tätlichkeiten** gegenüber dem Arbeitgeber oder **grobe Beleidigungen** des **Arbeitgebers oder von dessen Vertretern**, die nach Form oder Inhalt eine erhebliche Ehrverletzung für den Betroffenen bedeuten, sind ein wichtiger Grund iSd **§ 626 Abs. 1 BGB** (*BAG*

21.1.1999 EzA § 626 BGB nF Nr. 178, zu II 2; 10.10.2002 EzA § 626 BGB 2002 Unkündbarkeit Nr. 1, zu B I 3a; s.a. KR-*Fischermeier/Krumbiegel* § 626 BGB Rdn 431). Umso mehr können sie eine ordentliche verhaltensbedingte Kündigung iSv § 1 Abs. 2 sozial rechtfertigen (*BAG* 11.7.1991 RzK I 5i Nr. 68; 24.6.2004 EzA § 1 KSchG Verhaltensbedingte Kündigung Nr. 65; 6.11.2003 EzA § 1 KSchG Verhaltensbedingte Kündigung Nr. 60, zu II: Vorwurf der Rechtsbeugung gegen Vorgesetzten; zu Ehrverletzungen als Kündigungsgrund *Schmitz-Scholemann* BB 2000, 926). Dies gilt ebenso für die **Bedrohung** von Vorgesetzten (*BAG* 13.5.2015 BB 2015, 2682, Rn 43; *LAG Frankf.* 31.10.1986 LAGE § 626 BGB Nr. 27). Für das Vorliegen eines Kündigungsgrundes ist es unerheblich, ob der Arbeitnehmer inner- oder außerhalb des Dienstes handelte. Durch das beleidigende oder drohende Verhalten wird das notwendige Vertrauen des Arbeitgebers bei der Abwicklung des Arbeitsverhältnisses beeinträchtigt. Die Unterscheidung zwischen dienstlichem und außerdienstlichem Verhalten kann allenfalls bei der Interessenabwägung eine Rolle spielen. Auch die ernstliche und im Zustand freier Willensbetätigung abgegebene **Drohung** mit Selbstmord kann einen wichtigen Grund zur Kündigung des Arbeitsverhältnisses bilden, wenn es dem Arbeitnehmer darum geht, mit der Drohung **Druck auf den Arbeitgeber** auszuüben, um bestimmte eigene Interessen oder Forderungen durchzusetzen (*BAG* 29.6.2017 AP BGB § 626 Nr. 265 Rn 24, 27, 40). Dies kann auch dann der Fall sein, wenn die Drohung in einem bEM-Gespräch erklärt wurde (*BAG* 29.6.2017 AP BGB § 626 Nr. 265 Rn 30 ff.). Beleidigungen oder Bedrohungen gegenüber **anderen Mitarbeitern** (Arbeitskollegen, Mitgliedern von betriebsverfassungsrechtlichen Organen usw.) rechtfertigen jedenfalls dann eine verhaltensbedingte Kündigung, wenn durch sie der Betriebsfrieden nachhaltig gestört wird (*BAG* 13.10.1977 EzA § 74 BetrVG 1972 Nr. 3; 15.12.1977 EzA § 626 BGB nF Nr. 61). Auch in anderen Fällen obliegt es dem Arbeitgeber, das Opfer vor derartigen Belästigungen zu schützen. Dies gilt etwa bei ausländerfeindlichen Äußerungen (*BAG* 1.7.1999 EzA § 15 BBiG Nr. 13, zu II 1a; *LAG RhPf* 10.6.1997 LAGE § 1 KSchG Verhaltensbedingte Kündigung Nr. 62, zu II 2). Ist dazu kein milderes Mittel verfügbar, steht es ihm frei, die Störung durch eine verhaltensbedingte Kündigung zu beseitigen.

In **minder schweren Fällen** kann ggf. eine außerordentliche Kündigung ungerechtfertigt sein und nur eine ordentliche Kündigung in Betracht kommen (*LAG München* 15.11.1977 BB 1978, 964). Eine ehrverletzende Äußerung ist insbes. dann weniger schwerwiegend, wenn der Arbeitgeber oder sein Vertreter selbst eine besondere Schärfe in die Auseinandersetzung gebracht und dadurch den Arbeitnehmer provoziert haben (*BAG* 22.12.1956 AP § 626 BGB Nr. 13; 19.12.1958 AP § 133c GewO Nr. 1). Im Rahmen der **Interessenabwägung** sind im Übrigen insbes. die folgenden Umstände zu berücksichtigen: Betrieblicher oder branchenüblicher Umgangston, Bildungsgrad und psychischer Zustand des Arbeitnehmers, Gesprächssituation (*LAG Köln* 7.2.2007 LAGE § 103 BetrVG 2001 Nr. 5, zu II 2: Spontanäußerung nach Personalgespräch), Ernsthaftigkeit der beleidigenden Äußerung, Provokation durch den Arbeitgeber (vgl. *LAG Köln* 7.12.1995 LAGE § 1 KSchG Verhaltensbedingte Kündigung Nr. 50), sowie Ort und Zeitpunkt des Geschehens. Reine Unhöflichkeiten sind nicht ohne Weiteres kündigungsrelevant (*LAG Köln* 29.11.2005 AE 2007, 135, zu II 1: Mehrfache Verweigerung, den Arbeitgeber zu grüßen). 501

Kritische öffentliche Äußerungen eines Arbeitnehmers über seinen Arbeitgeber, die weder nachteilige falsche Tatsachenbehauptungen, noch eine Schmähkritik oder eine Formalbeleidigung enthalten, stehen unter dem Schutz des **Grundrechts der Meinungsfreiheit** des Art. 5 Abs. 1 GG (*BVerfG* 16.10.1998 AuR 1999, 36) und können daher nicht ohne Weiteres eine Kündigung rechtfertigen (*BAG* 18.12.2014 NZA 2015, 797, Rn 17 ff.; 31.7.2014 EzA § 15 KSchG nF Nr. 73, Rn 42 ff.). Art. 5 Abs. 1 GG legitimiert Arbeitnehmer, unternehmensöffentlich Kritik am Arbeitgeber und den betrieblichen Verhältnissen zu äußern, und zwar – etwa in Betriebsversammlungen – auch zugespitzt und polemisch (*BAG* 17.2.2000 – 2 AZR 927/98, nv, zu II 1; 10.10.2002 EzA § 626 BGB 2002 Unkündbarkeit Nr. 1, zu B I 3a; 12.1.2006 EzA § 1 KSchG Verhaltensbedingte Kündigung Nr. 67, zu II 1c dd). Erst recht kommt eine Kündigung nicht in Betracht, wenn der Arbeitnehmer in sachlicher Form fachliche Kritik an Vorgesetzten äußert (*ArbG Frankf./M.* 16.8.2001 RzK I 5i Nr. 170). In grobem Maß unsachliche Angriffe, die zur Untergrabung der Position eines Vorgesetzten führen können, muss der Arbeitgeber dagegen nicht hinnehmen. 502

Kündigungsrechtlich ausschlaggebend ist nicht die strafrechtliche Würdigung. Eine einmalige Ehrverletzung ist kündigungsrechtlich umso schwerwiegender, je unverhältnismäßiger und überlegter sie ausgeführt wird (*BAG* 17.2.2000 – 2 AZR 927/98, nv, zu II 1; 10.10.2002 EzA § 626 BGB 2002 Unkündbarkeit Nr. 1, zu B I 3a; 24.11.2005 EzA § 626 BGB 2002 Nr. 13, zu B I: Vergleich der betrieblichen Verhältnisse mit dem Nazi-System). Dieser Maßstab gilt für mündliche Erklärungen gleichermaßen wie für Äußerungen in schriftlicher oder elektronischer Form (vgl. *Kursawe* ArbRB 2010, 21, 23). Bei der **Auslegung einer mehrdeutigen Äußerung** sind die Umstände, die zu der Äußerung geführt haben, umfassend zu berücksichtigen. Eine dem Arbeitnehmer ungünstigere Auslegungsmöglichkeit kann nur zugrunde gelegt werden, wenn eine andere Deutung mit überzeugenden Gründen ausgeschlossen werden kann (*BAG* 24.6.2004 EzA § 1 KSchG Verhaltensbedingte Kündigung Nr. 65, zu B III 2a cc; 12.1.2006 EzA § 1 KSchG Verhaltensbedingte Kündigung Nr. 67, zu II 1b cc; 31.7.2014 EzA § 15 KSchG nF Nr. 73, Rn 46; 18.12.2014 NZA 2015, 797, Rn 25). Auch die Frage, ob eine Äußerung ihrem Schwerpunkt nach als **Meinungsäußerung oder** als **Tatsachenbehauptung** anzusehen ist, beurteilt sich nach dem Gesamtkontext, in dem sie steht (*BVerfG 24.7.2013* – 1 BvR 444/13, 1 BvR 527/13, EuGRZ 2013, 637, Rn 18 mwN; *BAG* 18.12.2014 NZA 2015, 797, Rn 26). Für bewusst falsche Tatsachenbehauptungen kann sich ein Arbeitnehmer nicht auf sein Recht auf freie Meinungsäußerung aus Art. 5 Abs. 1 GG berufen (*BAG* 18.12.2014 NZA 2015, 797, Rn 17; 31.7.2014 EzA § 15 KSchG nF Nr. 73, Rn 42). Ist der Arbeitnehmer für die Sicherheit betrieblicher Einrichtungen verantwortlich, kann er sachliche Kritik bei allen zuständigen Stellen erheben (*BAG* 14.12.1977 AP § 1 KSchG Verhaltensbedingte Kündigung Nr. 8). Bei Arbeitnehmern des öffentlichen Dienstes ist die Ausübung des **Petitionsrechts** kein Kündigungsgrund, auch wenn sie dabei auf Missstände in ihrem Amt hinweisen (*BAG* 18.6.1970 AP § 1 KSchG Nr. 82).

503 **Äußerungen** über Vorgesetzte, selbst wenn sie unwahr oder ehrenrührig sind, sind nicht zu verwerten, wenn sie **im Kollegenkreis** in der sicheren und berechtigten Erwartung gemacht werden, sie würden nicht über den Kreis der Gesprächsteilnehmer hinaus dringen (*BAG* 21.10.1965 AP § 1 KSchG Verhaltensbedingte Kündigung Nr. 5; 30.11.1972 AP § 626 BGB Nr. 66). Dies gebietet der sich aus dem allgemeinen Persönlichkeitsrecht ergebende Schutz der Privatsphäre. Hebt der Arbeitnehmer die Vertraulichkeit jedoch selbst auf, kann er sich auf diese Gewährleistung nicht berufen (*BAG* 10.10.2002 EzA § 626 BGB 2002 Unkündbarkeit Nr. 1, zu B I 3c). Dies ist etwa der Fall, wenn er in einem vertraulichen Gespräch ehrenrührige Behauptungen über den Arbeitgeber in der Absicht aufstellt, dass der Gesprächspartner dieses Gerücht im Betrieb in Umlauf bringt (*BAG* 17.2.2000 – 2 AZR 927/98 – nv, zu II 3a; 10.10.2002 EzA § 626 BGB 2002 Unkündbarkeit Nr. 1, zu B I 3c). Entsprechendes gilt für schriftliche und elektronische Korrespondenz. Bei Äußerungen in öffentlich zugänglichen Internetnetzwerken kann ein Arbeitnehmer nicht von deren Vertraulichkeit ausgehen (zutr. *Kursawe* ArbRB 2010, 21, 23; vgl. auch *Oberwetter* NJW 2011, 417, 419).

504 Die **leichtfertig oder vorsätzlich falsche Denunziation** von Arbeitskollegen, insbes. von Vorgesetzten, kann eine ordentliche Kündigung rechtfertigen (*LAG Köln* 15.1.1996 RzK I 5i Nr. 114; SPV-*Preis* Rn 649; *LAG RhPf* 16.2.1996 LAGE § 1 KSchG Verhaltensbedingte Kündigung Nr. 54: Wahrheitswidrige Behauptung einer sexuellen Belästigung; *LAG SchlH* 20.9.2007 LAGE § 626 BGB 2002 Nr. 13: Unzutreffende Behauptung einer Affäre mit einem Vorgesetzten). Dies kann auch für die Weitergabe vertraulicher Äußerungen im privaten Bereich gelten (*BAG* 21.10.1965 AP § 1 KSchG Verhaltensbedingte Kündigung Nr. 5).

505 **Tätlichkeiten gegenüber Arbeitskollegen oder Kunden** sind als wichtiger Grund für eine außerordentliche Kündigung geeignet und kommen daher erst recht als verhaltensbedingter Grund für eine ordentliche Kündigung in Betracht (*BAG* 6.10.2005 EzA § 1 KSchG Verhaltensbedingte Kündigung Nr. 66, zu B I 2), wobei es vor Ausspruch der Kündigung regelmäßig keiner Abmahnung bedarf (*BAG* 12.3.1987 EzA § 102 BetrVG 1972 Nr. 71; 31.3.1993 EzA § 626 BGB Ausschlussfrist Nr. 5; 6.10.2005 EzA § 1 KSchG Verhaltensbedingte Kündigung Nr. 66, zu B I 2d). In minder schweren Fällen, etwa bei einer Handlung aufgrund einer Provokation, kann dagegen

die Beschränkung auf eine Abmahnung zumutbar sein (*LAG Nds.* 5.8.2002 LAGE § 626 BGB Nr. 142; *LAG Köln* 11.12.2002 NZA-RR 2003, 470, zu II 2).

j) Betriebsfrieden, betriebliche Ordnung

Zu den sich aus der **Pflicht zur Rücksichtnahme** gem. § 241 Abs. 2 BGB ergebenden arbeitsvertraglichen Nebenpflichten eines Arbeitnehmers gehört es, den Betriebsfrieden zu wahren, dh mit dem Arbeitgeber und den Arbeitskollegen vertrauensvoll zusammenzuarbeiten, deren Privatsphäre zu achten und private Konflikte nicht in den Betrieb zu tragen (*Berkowsky* NZA-RR 2001, 19). Wird der Betriebsfrieden durch Handlungen gestört, die das friedliche Zusammenarbeiten der Arbeitnehmer untereinander und mit dem Arbeitgeber erschüttern oder nachhaltig beeinträchtigen und nachteilige betriebliche Auswirkungen etwa durch eine Störung des Arbeitsablaufs haben, kann eine verhaltensbedingte ordentliche Kündigung gerechtfertigt sein (*BAG* 15.12.1977 EzA § 626 BGB nF Nr. 61). Voraussetzung ist allerdings, dass das Verhalten dem Arbeitnehmer als Vertragspflichtverletzung vorwerfbar ist. Auch dürfen die Grundrechte des Arbeitnehmers, insbesondere seine Meinungsfreiheit (Art. 5 GG), nicht unverhältnismäßig beschränkt werden (*BAG* 24.6.2004 EzA § 1 KSchG Verhaltensbedingte Kündigung Nr. 65, zu B III 2; APS-*Vossen* Rn 299). Allein der Umstand, dass eine Störung eingetreten ist, genügt nicht für die Annahme, ein Arbeitnehmer, der dazu beigetragen hat, habe auch seine Pflicht zur Rücksichtnahme auf die berechtigten Interessen des Arbeitgebers verletzt (*BAG* 30.7.2020 – 2 AZR 43/20 – NZA 2020, 1427, Rn 47). Eine Störung des Betriebsfriedens kann vielmehr auch Folge einer berechtigten Interessenwahrnehmung durch den Arbeitnehmer sein. Bei der Frage, was die Schutz- und Rücksichtnahmepflicht im Einzelfall gebietet, ist insbesondere auf die von den Grundrechten zum Ausdruck gebrachte Werteordnung Rücksicht zu nehmen (*BAG* 30.7.2020 – 2 AZR 43/20 – NZA 2020, 1427, Rn 46).

506

Als den Betriebsfrieden störendes Verhalten kommt auch eine **verfassungsfeindliche politische Betätigung** im Betrieb in Betracht (*BAG* 15.12.1977 EzA § 626 BGB nF Nr. 61). Das Tragen **politischer Plaketten** im Betrieb ist allerdings für sich genommen kein Kündigungsgrund. Das in § 74 Abs. 2 S. 3 BetrVG enthaltene Verbot der parteipolitischen Betätigung im Betrieb gilt nur für Arbeitgeber und Betriebsrat, nicht dagegen für die übrigen Arbeitnehmer (*BAG* 9.12.1982 EzA § 626 BGB nF Nr. 86; HK-*Dorndorf* Rn 769; LKB-*Krause* Rn 609; *v. Hoyningen-Huene/Hofmann* BB 1984, 1050; zum Begriff der parteipolitischen Betätigung *BVerfG* 28.4.1976 EzA § 74 BetrVG 1972 Nr. 1). Parteipolitische Meinungsäußerungen sind auch im Betrieb regelmäßig durch das Grundrecht der Meinungsfreiheit geschützt und daher kündigungsrechtlich irrelevant. Der Arbeitnehmer kann aber aufgrund seiner arbeitsvertraglichen Pflicht zur Rücksichtnahme auf die Interessen des Arbeitgebers gem. § 241 Abs. 2 BGB gehalten sein, politische (insbes. parteipolitische) Betätigungen im Betrieb zu unterlassen, die zu einer konkreten Störung des Betriebsfriedens oder des Arbeitsablaufs führen (*Berger-Delhey* PersV 1995, 392 für den öffentlichen Dienst). Maßgeblich ist eine Abwägung zwischen den jeweils konkurrierenden Rechtspositionen im Einzelfall (vgl. *BAG* 30.7.2020 – 2 AZR 43/20 – NZA 2020, 1427, Rn 46).

507

Eine **außerordentliche Kündigung** kommt wegen des Grundsatzes der Verhältnismäßigkeit erst bei schwerwiegenden Störungen des Betriebsfriedens oder des Arbeitsablaufs in Betracht (*ArbG Aachen* 27.8.1980 AuR 1981, 218; aA *BAG* 9.12.1982 EzA § 626 BGB nF Nr. 86; *LAG Düsseld.* 29.1.1981 DB 1981, 1986; *LAG Hamm* 14.8.1980 DB 1981, 106; *ArbG Iserlohn* 30.1.1980 BB 1980, 415, wonach das Tragen einer Politplakette [»**Anti-Strauß-Plakette**«] den Arbeitgeber bereits dann zu einer außerordentlichen Kündigung berechtigt, wenn das Verhalten des Arbeitnehmers durch dessen Meister, einen Mitarbeiter und ein Mitglied des Betriebsrats missbilligt wird). Angestellte Lehrer im öffentlichen Dienst waren unter der Geltung von § 8 Abs. 1 S. 1 BAT verpflichtet, während ihres Schuldienstes keine »**Anti-Atomkraft-Plaketten**« zu tragen (*BAG* 2.3.1982 EzA Art. 5 GG Nr. 10; für deren Zulässigkeit in der Privatwirtschaft *ArbG Hmb.* 18.4.1978 EzA Art. 5 GG Nr. 3; zu dieser Problematik auch *Lisken* NJW 1980, 1503; *Mummenhoff* DB 1981, 2539).

508

Eine ordentliche Kündigung wegen Störung des Betriebsfriedens kommt weiterhin beifolgenden Verhaltensweisen im Betrieb in Betracht:

509

– **Rechtsextreme Aktivitäten** (*Polzer/Powietzka* NZA 2000, 972);
– **Ausländerfeindliches Verhalten** (*BAG* 1.7.1999 § 15 BBiG Nr. 13, zu II 1a; *LAG RhPf.* 10.6.1997 BB 1998, 163; *ArbG München* 16.1.1995 RzK I 5i Nr. 102; *ArbG Siegburg* 4.11.1993 NZA 1994, 698; *Berkowsky* Personenbedingte Kündigung S. 101; *Tschöpe* BB 2002, 782; *Krummel/Küttner* NZA 1996, 76), zB Verbreitung einer »Witzesammlung« mit ausländerfeindlichem und sexistischem Inhalt (*LAG Köln* 10.8.1999 AuR 2000, 157 LS, zu II 1), wobei allerdings zu beachten ist, dass allgemeine Äußerungen (zB »Die Ausländer müssen hier raus«) vom Grundrecht der Meinungsfreiheit (Art. 5 Abs. 1 GG) gedeckt sein können (*Berkowsky* NZA-RR 2001, 17; vgl. *Schmitz-Scholemann* BB 2000, 926). Drastische ausländerfeindliche oder antisemitische Äußerungen können uU eine Kündigung ohne vorherige Abmahnung rechtfertigen (*Hoß* MDR 1998, 877), vor allem wenn dies nach § 12 AGG zum Schutz des Opfers geboten ist;
– Erzählen eines **antisemitischen Witzes** (*BAG* 5.11.1992 RzK I 5i Nr. 81);
– **Diskriminierung des Arbeitgebers** oder von **Mitgliedern des Betriebsrats**, zB durch bewusst wahrheitswidrige Behauptungen in betrieblichen Flugblättern (*BAG* 13.10.1977 EzA § 74 BetrVG 1972 Nr. 3; 26.5.1977 EzA § 611 BGB Beschäftigungspflicht Nr. 2) oder antisemitistische Äußerungen ihnen gegenüber (*ArbG Brem.* 29.6.1994 BB 1994, 1586);
– **Denunzierung** von Arbeitskollegen (vgl. Rdn 504);
– **Mobbing** (vgl. Rdn 528 ff.);
– **Beleidigungen des Arbeitgebers** oder dessen **Vertreters** (vgl. Rdn 500 ff.);
– **Sexuelle Belästigung** (vgl. Rdn 545);
– **Intime Beziehungen** von Vorgesetzten zu Auszubildenden;
– **Streitigkeiten oder tätliche Auseinandersetzungen** unter Arbeitskollegen (vgl. Rdn 500 ff.).

510 Bei einem Streit zwischen zwei Arbeitnehmern, der den geordneten Betriebsablauf gefährdet, trifft den Arbeitgeber eine **Vermittlungspflicht** (*BAG* 14.5.1964 AP § 242 BGB Kündigung Nr. 5; DDZ-*Däubler* Rn 755). Das gilt unabhängig davon, ob es sich um einen Streit zwischen gleichgestellten oder einander nachgeordneten Arbeitnehmern handelt und ob sie einfache Arbeiten oder Dienste höherer Art zu verrichten haben. Für die Pflicht, sich bei einem Streit vermittelnd einzuschalten, gelten die für die Abmahnung bestehenden Grundsätze entsprechend (zur Abmahnung s. KR-*Fischermeier/Krumbiegel* § 626 BGB Rdn 267 ff.). Eine Vermittlungspflicht des Arbeitgebers entfällt, wenn eine gütliche Beilegung des Streites von vornherein zwecklos erscheinen muss. Dies ist etwa der Fall, wenn einer der Arbeitnehmer eine gütliche Einigung abgelehnt und die Zusammenarbeit mit dem anderen Arbeitnehmer endgültig und vorbehaltlos verweigert hat. Eine Vermittlungspflicht des Arbeitgebers entfällt auch, wenn eine Wiederherstellung des durch den Streit beeinträchtigten Vertrauensverhältnisses zwischen einem der Arbeitnehmer und dem Arbeitgeber objektiv nicht mehr zu erwarten steht.

511 Fragen der **Ordnung des Betriebs** werden oft durch Betriebsvereinbarungen gem. § 87 Abs. 1 Nr. 1 BetrVG geregelt. Verstößt ein Arbeitnehmer gegen die ihm nach der Arbeitsordnung obliegenden Verhaltenspflichten, kann nach vorheriger Abmahnung eine ordentliche Kündigung gerechtfertigt sein. Dies gilt bspw. in den folgenden Fällen: Verstöße gegen ein betriebliches **Rauchverbot** (*BAG* 27.9.2012 EzA § 626 BGB 2002 Nr. 42, Rn 35; *LAG Düsseld.* 17.6.1997 LAGE § 1 KSchG Verhaltensbedingte Kündigung Nr. 58; *Künzl* ZTR 1999, 537); Verletzung eines betrieblichen **Alkoholverbots** (vgl. Rdn 459); Einnahme von Drogen während der Arbeitszeit (APS-*Vossen* Rn 304–309); Verweigerung von **Kontrolluntersuchungen** beim Verlassen des Betriebs (*ArbG Essen* 1.9.1959 DB 1960, 61); beharrliche Weigerung, sich bei gegebener Veranlassung einer tarifvertraglich vorgesehenen **ärztlichen Begutachtung** zu unterziehen (*BAG* 27.9.2012 EzA § 1 KSchG Verhaltensbedingte Kündigung Nr. 81, Rn 17; 7.11.2002 EzA § 130 BGB 2002 Nr. 1, zu B I 2, 4; *LAG RhPf* 13.8.2009 AuR 2010, 176 LS, zu II); **Verunreinigung von Toiletten** (*LAG SchlH* 28.7.1977 BB 1978, 44); wiederholte Verstöße gegen **Unfallverhütungsvorschriften** nach entsprechender Unterweisung (*LAG Hamm* 11.9.1997 RzK I 5i Nr. 133; *LAG SchlH* 14.8.2007 LAGE § 626 BGB 2002 Nr. 12, zu I 2); Vergabe von Krediten an Gäste einer Spielbank durch einen Spielleiter (*BAG* 26.3.2009 AP § 626 BGB Nr. 220, zu B II 1c). Zur außerordentlichen Kündigung in derartigen Fällen s. KR-*Fischermeier/Krumbiegel* § 626 BGB Rdn 432, 458.

k) Druckkündigung

Eine Druckkündigung liegt vor, wenn von der Belegschaft, vom Betriebsrat, von einer Gewerkschaft, vom Entleiher (bei einem Leiharbeitsverhältnis) oder von Kunden des Arbeitgebers **unter Androhung von Nachteilen** (zB Androhung von Kündigungen; Verweigerung der Zusammenarbeit; Abbruch der Geschäftsbeziehungen) **die Entlassung eines bestimmten Arbeitnehmers verlangt wird** (*BAG* 18.9.1975 EzA § 626 BGB Druckkündigung Nr. 1; *Blaese* DB 1988, 178). Die **erste Form der Druckkündigung** zeichnet sich dadurch aus, dass das Entlassungsbegehren objektiv vorliegen durch das Vorliegen eines Grundes in der Person oder im Verhalten des Arbeitnehmers iSv § 1 Abs. 2 S. 1 KSchG gerechtfertigt ist (vgl. *BAG* 31.1.1996 EzA § 626 BGB Druckkündigung Nr. 3, zu II 5a). Da hier die Kündigung schon aus anderen Gründen gerechtfertigt ist, wird sie als **unechte Druckkündigung** bezeichnet. 512

Fehlt es dagegen an einem Kündigungsgrund in der Person oder im Verhalten des Arbeitnehmers, kommt als **zweite Form** eine **betriebsbedingte Kündigung** in Betracht, da der Wegfall der Beschäftigungsmöglichkeit dann durch inner- oder außerbetriebliche Umstände bedingt ist und gerade nicht auf mit dem Verhalten oder mit der Persönlichkeit zusammenhängenden Umständen beruht (*BAG* 19.6.1986 EzA § 1 KSchG Betriebsbedingte Kündigung Nr. 39; 31.1.1996 EzA § 626 BGB Druckkündigung Nr. 3, zu II 5a; HaKo-KSchR/*Denecke* Rn 528; HaKo-KSchR/*Zimmermann* Rn 796; aA LKB-*Krause* Rn 317: Personenbedingte Kündigung). An die Zulässigkeit dieser sog. »echten Druckkündigung« sind strenge Anforderungen zu stellen: nur wenn die Drohung nicht dadurch abgewendet werden kann, dass sich der Arbeitgeber schützend vor den betroffenen Arbeitnehmer stellt, und wenn bei einer Verwirklichung der Drohung mit schweren wirtschaftlichen Schäden zu rechnen ist, kann eine Kündigung sozial gerechtfertigt sein (*BAG* 18.7.2013 EzA § 1 KSchG Betriebsbedingte Kündigung Nr. 175, Rn 39). Eine außerordentliche fristlose »echte« Druckkündigung wird nur ausnahmsweise verhältnismäßig sein, da im Regelfall auch eine ordentliche Kündigung mit oder ohne Suspendierung ausreichend sein wird, um den Druck abzubauen (*BAG* 10.3.1977 EzA § 322 ZPO Nr. 3; ErfK-*Niemann* BGB § 626 Rn 185; aA *Insam* DB 2005, 2298, 2300 und *Breucker* NZA 2008, 1046, 1047 f.: nur als außerordentliche Kündigung; generell abl. *Berkowsky* NZA-RR 2001, 452 f.). Ist die ordentliche Kündigung ausgeschlossen, kommt eine außerordentliche Kündigung mit Auslauffrist in Betracht. Zur echten Druckkündigung iE s. Rdn 625 f. 513

l) Pflichtwidrigkeiten bei Krankheit und Rehabilitationsmaßnahmen

Bei krankheitsbedingter Arbeitsunfähigkeit obliegen dem Arbeitnehmer eine Reihe von **vertraglichen Nebenpflichten**, bei deren schuldhafter Verletzung je nach den Umständen des Einzelfalls eine außerordentliche oder ordentliche Kündigung in Betracht kommt (*BAG* 15.1.1986 EzA § 626 BGB nF Nr. 100; *LAG Hamm* 16.12.1982 BB 1983, 1601; *Lepke* Rn 511 ff.). In aller Regel ist dabei jedoch eine vorherige **Abmahnung** erforderlich (HK-*Dorndorf* Rn 753; *Lepke* NZA 1995, 1090; zur Abmahnung s. KR-*Fischermeier/Krumbiegel* § 626 BGB Rdn 267 ff.). Im Einzelnen geht es im Wesentlichen um die **Anzeigepflicht**, die **Nachweispflicht**, die **Verpflichtung zu gesundheits- und heilungsförderndem Verhalten** sowie die **Rückmeldepflicht**. Bei der Festlegung des Zeitpunkts für eine Rehabilitationsmaßnahme hat der Arbeitnehmer auf betriebliche Interessen Rücksicht zu nehmen. 514

Der Arbeitnehmer ist verpflichtet, dem Arbeitgeber **die Arbeitsunfähigkeit** und deren voraussichtliche Dauer, ggf. auch die Fortdauer der Arbeitsunfähigkeit, **unverzüglich**, dh ohne schuldhaftes Zögern (§ 121 Abs. 1 BGB) **anzuzeigen** (§ 5 Abs. 1 S. 1 EFZG). Die Anzeigepflicht besteht auch im Fall der Fortdauer einer für einen bestimmten Zeitraum bereits angezeigten Erkrankung (*BAG* 7.5.2020 – 2 AZR 619/19 – EzA § 1 KSchG Verhaltensbedingte Kündigung Nr. 88, Rn 17; 3.11.2011 EzA § 1 KSchG Verhaltensbedingte Kündigung Nr. 79, Rn 30). Eine entsprechende Mitteilungspflicht besteht bei Maßnahmen der medizinischen Vorsorge und Rehabilitation (§ 9 Abs. 2 EFZG). Soweit keine kollektivrechtlichen oder arbeitsvertraglichen Formvorschriften bestehen, ist die Mitteilung in jeder geeigneten Form möglich. Da es sich bei der Anzeigepflicht nicht 515 um eine höchstpersönlich zu erfüllende Pflicht handelt, kann der Arbeitnehmer auch Boten (zB Arbeitskollegen oder Ehegatten) zur Mitteilung einschalten. Für eine unterbliebene oder verspätete Übermittlung durch diese Personen hat er nach § 278 BGB einzustehen. Ein einmaliger schuldhafter Verstoß gegen die Anzeigepflicht rechtfertigt weder eine ordentliche noch eine außerordentliche Kündigung. Verstößt der Arbeitnehmer dagegen trotz einer vorherigen **Abmahnung** erneut schuldhaft gegen die Anzeigepflicht, kann dies eine verhaltensbedingte Kündigung rechtfertigen, auch wenn keine Störung des Betriebsablaufs eintritt (*BAG* 16.8.1991 EzA § 1 KSchG Verhaltensbedingte Kündigung Nr. 41, zu III 2, 3d, m. Anm. *Rüthers/Müller*; 23.9.1992 RzK I 5i Nr. 79; *LAG Köln* 7.1.2008 AuR 2008, 276 LS, zu II 1b). Das Auftreten oder das Ausbleiben von Betriebsablaufstörungen ist jedoch bei der Interessenabwägung zu berücksichtigen (*BAG* 16.8.1991 EzA § 1 KSchG Verhaltensbedingte Kündigung Nr. 41, zu III 3e aa; 23.9.1992 RzK I 5i Nr. 79). Auch ein Verstoß gegen die Pflicht zur unverzüglichen Anzeige der Fortdauer der Arbeitsunfähigkeit kann nach erfolgloser Abmahnung eine verhaltensbedingte Kündigung rechtfertigen (*BAG* 7.5.2020 – 2 AZR 619/19 – EzA § 1 KSchG Verhaltensbedingte Kündigung Nr. 88; 7.12.1988 RzK I 5i Nr. 44; *LAG Köln* 1.6.1995 ZTR 1996, 131). Dasselbe gilt für einen Verstoß gegen die Verpflichtung gem. § 2 Abs. 2 S. 1 PflegeZG, eine Verhinderung aufgrund einer **akuten Pflegesituation** unverzüglich anzuzeigen (*Preis* NZA 2008, 729, 731). Will ein Arbeitnehmer geltend machen, er sei krankheitsbedingt nicht in der Lage gewesen, seiner Pflicht zur Anzeige einer Arbeitsunfähigkeit ordnungsgemäß nachzukommen, muss er dies im Kündigungsschutzprozess im Einzelnen darlegen und ggf. die ihn behandelnden Ärzte von der Schweigepflicht entbinden (*BAG* 3.11.2011 EzA § 1 KSchG Verhaltensbedingte Kündigung Nr. 79, Rn 23). Der Arbeitgeber trägt dann die Beweislast, dass entsprechende Tatsachen nicht vorgelegen haben (*BAG* 3.11.2011 EzA § 1 KSchG Verhaltensbedingte Kündigung Nr. 79, Rn 23).

516 Eine **außerordentliche Kündigung** kommt etwa dann in Betracht, wenn dem Arbeitgeber infolge der Verletzung der Anzeigepflicht ein Schaden oder ein sonstiger schwerwiegender Nachteil entstanden ist (*LAG Nds.* 13.3.1967 AuR 1967, 318). Dies gilt ebenso für den Fall, dass sich der Arbeitnehmer weigert, der Anzeigepflicht nachzukommen und sich entsprechend verhält (*LAG Bln.* 12.1.1965 BB 1965, 749).

517 **Angestellte in verantwortlicher Stellung** sind bei einer plötzlichen Erkrankung verpflichtet, soweit es die Erkrankung erlaubt, den Arbeitgeber darüber zu unterrichten, was in ihrem Aufgabenbereich zu geschehen hat, sofern ihre Anwesenheit aus dringenden Gründen (zB Probelauf einer Maschine) erforderlich ist (*BAG* 30.1.1976 EzA § 626 BGB nF Nr. 45).

518 Dauert die Arbeitsunfähigkeit mehr als drei Kalendertage an, hat der Arbeitnehmer eine **ärztliche Bescheinigung** über die Arbeitsunfähigkeit sowie deren voraussichtliche Dauer spätestens am darauffolgenden Arbeitstag **vorzulegen** (§ 5 Abs. 1 S. 2 EFZG). Der Arbeitgeber ist gem. § 5 Abs. 1 S. 3 EFZG berechtigt, die ärztliche Bescheinigung früher zu verlangen. Die Ausübung dieses Rechts steht im nicht gebundenen Ermessen des Arbeitgebers (*BAG* 14.11.2012 EzA § 5 EntgeltfortzG Nr. 8, Rn 14). Ihre Grenze findet sie jedoch in den allgemeinen Schranken jeder Rechtsausübung, insbes. darf das Verlangen nicht schikanös oder willkürlich sein und weder gegen den allgemeinen Gleichbehandlungsgrundsatz noch gegen Diskriminierungsverbote verstoßen (*BAG* 14.11.2012 EzA § 5 EntgeltfortzG Nr. 8, Rn 15). Dauert die Arbeitsunfähigkeit länger als in der Bescheinigung angegeben, hat der Arbeitnehmer eine neue ärztliche Bescheinigung vorzulegen (§ 5 Abs. 1 S. 4 EFZG). Bei unbefristet bescheinigter Arbeitsunfähigkeit bedarf es keiner weiteren Bescheinigung (*LAG Köln* 9.6.1995 LAGE § 1 KSchG Verhaltensbedingte Kündigung Nr. 48). Verstößt der Arbeitnehmer trotz vorheriger **Abmahnung** erneut schuldhaft gegen die Nachweispflicht, kann darin ein verhaltensbedingter Kündigungsgrund iSd § 1 Abs. 2 S. 1 KSchG liegen (weitergehend *LAG Hamm* 16.12.1982 BB 1983, 1601, wonach bei einem betrieblichen Aushang, in dem die Verpflichtung zur rechtzeitigen Vorlage einer Anschlussarbeitsunfähigkeitsbescheinigung enthalten ist, eine Abmahnung entbehrlich sei). Eine **außerordentliche Kündigung** kommt dagegen **nur bei Vorliegen erschwerender Umstände** in Betracht (*BAG* 15.1.1986 EzA § 626 BGB nF Nr. 100; s. im Übrigen KR-*Fischermeier/Krumbiegel* § 626 BGB Rdn 443 f.).

Nach der Wiederherstellung der Arbeitsfähigkeit hat sich der Arbeitnehmer beim Arbeitgeber zur Arbeitsaufnahme zurückzumelden. Eine derartige **Rückmeldepflicht** besteht selbst dann, wenn sich der Arbeitnehmer subjektiv noch für arbeitsunfähig hält. Vergütungsrechtlich ist die Rückmeldung Voraussetzung für den Eintritt des Annahmeverzuges (§ 615 BGB). Bleibt der Arbeitnehmer nach Wiederherstellung der Arbeitsfähigkeit weiterhin der Arbeit fern, verstößt er gegen seine Arbeitspflicht. Der Arbeitgeber ist nicht seinerseits dazu verpflichtet, dem Arbeitnehmer nach Ablauf des in der ärztlichen Arbeitsunfähigkeitsbescheinigung angegebenen Zeitpunkts zur Arbeitsaufnahme aufzufordern (*Lepke* Rn 614). Ein einmaliger Verstoß gegen die Rückmeldepflicht berechtigt den Arbeitgeber idR nicht zu einer Kündigung. Dies gilt insbes. für geringfügige Verzögerungen der Arbeitsaufnahme (etwa ein oder zwei Tage). Verstößt der Arbeitnehmer dagegen trotz vorheriger **Abmahnung** wiederholt gegen die Rückmeldepflicht, kann dies eine ordentliche Kündigung rechtfertigen (*LAG Düsseld.* 15.9.1955 DB 1956, 164). Bei langfristigen Verzögerungen der Arbeitsaufnahme kommt uU sogar eine außerordentliche Kündigung in Betracht (*BAG* 16.3.2000 EzA § 626 BGB nF Nr. 179, zu II 1b). 519

Nach hM in Literatur und Rspr. (*BAG* 13.11.1979 EzA § 1 KSchG Verhaltensbedingte Kündigung Nr. 6, zu III 2b; 26.8.1993 EzA § 626 BGB nF Nr. 148, zu B I 3a; HaKo-KSchR/*Zimmermann* Rn 395; APS-*Vossen* Rn 321; TRL-*Liebscher* Rn 482; *Gottwald* NZA 1999, 180; *Houben* NZA 2000, 128) ist ein arbeitsunfähig erkrankter Arbeitnehmer verpflichtet, alles zu unterlassen, was geeignet ist, seine Krankheit zu verlängern oder den Heilungsprozess zu verzögern. Während die hM in der **Verpflichtung des Arbeitnehmers, gesundheits- und heilungswidriges Verhalten zu unterlassen**, eine vertragliche Nebenpflicht sieht, nimmt eine Mindermeinung (*ArbG Bln.* 9.10.1974 DB 1974, 2212; *Künzl* NZA 1998, 122 und NZA 1999, 744; *Lepke* DB 1974, 432 ff.; *ders.* Rn 612) nur eine Obliegenheit des Arbeitnehmers zur Schadensfernhaltung an. Da das außerdienstliche Verhalten des Arbeitnehmers während einer krankheitsbedingten Arbeitsunfähigkeit Auswirkungen auf die Wiederherstellung seiner Leistungsfähigkeit und damit auf die Durchführung des Arbeitsverhältnisses hat, ist jedoch nicht nur die eigene Rechtssphäre des Arbeitnehmers betroffen. Mit der hM besteht vielmehr eine aus der Pflicht zur Rücksichtnahme auf die berechtigten Interessen des Arbeitgebers nach § 241 Abs. 2 BGB resultierende arbeitsvertragliche Nebenpflicht, gesundheits- und heilungswidriges Verhalten zu unterlassen. Geringfügige Verstöße gegen diese Pflicht (zB Überschreitung der vom Arzt festgesetzten Ausgehzeit) rechtfertigen jedoch eine Kündigung nicht ohne Weiteres, vor allem dann nicht, wenn sie tatsächlich nicht zu einer Verzögerung des Genesungsprozesses geführt haben. Aufgrund ihres Persönlichkeitsrechts kann Arbeitnehmern auch nicht das Recht zu eigenverantwortlichen Entscheidungen über geeignete Therapien abgesprochen werden. So müssen sie bei der Risikoabwägung zwischen verschiedenen Behandlungsformen weder im Interesse des Arbeitgebers diejenige auswählen, die die schnellste Wiederherstellung der Arbeitsfähigkeit verspricht, noch sind sie in ihrer freien Entscheidung eingeschränkt, überhaupt Therapiemaßnahmen zu ergreifen, zumal wenn diese mit Gefahren oder Nebenwirkungen oder besonderen Beeinträchtigungen ihrer privaten Lebensführung verbunden sind. Daher ist auch ein alkoholkranker Arbeitnehmer nicht arbeitsvertraglich verpflichtet, sich einer Entzugstherapie zu unterziehen (s.a. Rdn 456; aA *Gottwald* NZA 1999, 180). Seine Weigerung kann allerdings bei der Würdigung, ob wegen der Alkoholerkrankung eine personenbedingte Kündigung sozial gerechtfertigt ist, zu seinen Lasten zu berücksichtigen sein. 520

Dagegen ist idR eine verhaltensbedingte ordentliche oder sogar außerordentliche Kündigung gerechtfertigt, wenn der Arbeitnehmer **durch gesundheitswidriges Verhalten den Heilungsprozess zusätzlich und ernsthaft gefährdet**, weil er dadurch die Erfüllung seiner Arbeitspflicht aktiv verhindert. Ob eine vorherige Abmahnung erforderlich ist, hängt vom Gewicht des Fehlverhaltens ab (*BAG* 13.11.1979 EzA § 1 KSchG Verhaltensbedingte Kündigung Nr. 6, zu III 2b; 26.8.1993 EzA § 626 BGB nF Nr. 148, zu B I 3a; *LAG Köln* 9.10.1998 LAGE § 1 KSchG Verhaltensbedingte Kündigung Nr. 73). Das zum Teil herangezogene Argument, in solchen Fällen werde das Vertrauen des Arbeitgebers in die Redlichkeit des Arbeitnehmers zerstört (*BAG* 26.8.1993 EzA § 626 BGB nF Nr. 148, zu B I 3a; *LAG Hamm* 28.8.1991 LAGE § 1 KSchG Verhaltensbedingte Kündigung Nr. 3; APS-*Vossen* Rn 321), trifft nicht in jedem Fall zu. Vielmehr ist zu fragen, ob das 521 vom Arbeitgeber beanstandete Verhalten objektiv geeignet ist, die Genesung zu gefährden. Dafür ist das jeweilige Krankheitsbild ausschlaggebend. So beeinträchtigen körperliche Aktivitäten nicht in jedem Fall die Wiedergenesung (*LAG Köln* 9.10.1998 LAGE § 1 KSchG Verhaltensbedingte Kündigung Nr. 73; *LAG Hamm* 16.9.2005 EEK 3205, zu 3), sondern können diese sogar fördern. Ob es zu einer tatsächlichen Verzögerung des Heilungsprozesses kommt, wird zum Teil als nicht entscheidend angesehen (*LAG Hamm* 28.5.1998 LAGE § 1 KSchG Verhaltensbedingte Kündigung Nr. 69; APS-*Vossen* Rn 321; aA *Lepke* Rn 612). Richtigerweise müssen Umstände vorliegen, die üblicherweise eine Verzögerung vermuten lassen (*Künzl/Weinmann* AuR 1996, 261). Maßgeblich für die Schwere des Fehlverhaltens des Arbeitnehmers ist insbes. der Grad seines Verschuldens. Bei einer groben Verletzung der Pflicht zu gesundheitsförderndem Verhalten (zB Aufnahme einer anderweitigen Erwerbstätigkeit) kann eine Abmahnung entbehrlich sein (*LAG Hamm* 28.5.1998 LAGE § 1 KSchG Verhaltensbedingte Kündigung Nr. 69) und uU auch eine außerordentliche Kündigung in Betracht kommen (*BAG* 26.8.1993 EzA § 626 BGB nF Nr. 148, zu B I 3a).

522 Bestehen begründete Zweifel, ob der Arbeitnehmer nur vorübergehend durch Krankheit an der Arbeitsleistung verhindert oder auf Dauer berufs- oder erwerbsgemindert und für seinen Arbeitsplatz nicht mehr geeignet ist, hat er sich auf Verlangen des Arbeitgebers **einer ärztlichen Untersuchung zu unterziehen**. Eine Weigerung des Arbeitnehmers kann nach erfolgloser Abmahnung eine verhaltensbedingte und ggf. auch eine außerordentliche Kündigung rechtfertigen (*BAG* 6.11.1997 EzA § 626 BGB nF Nr. 171; 12.8.1999 § 1 KSchG Verhaltensbedingte Kündigung Nr. 55, zu B I 2c). Sonstigen ärztlichen Untersuchungen hat sich der Arbeitnehmer nur dann zu unterziehen, wenn dies gesetzlich, tariflich oder einzelvertraglich festgelegt ist (zu § 3 Abs. 4 TV-N *BAG* 27.9.2012 EzA § 1 KSchG Verhaltensbedingte Kündigung Nr. 81; zu § 5 Abs. 2 BAT/AOK-neu *BAG* 25.1.2018 – 2 AZR 382/17 – EzA § 626 BGB 2002 Unkündbarkeit Nr. 29). Ansonsten kann er in Ausübung seines Persönlichkeitsrechts die Untersuchung verweigern (*BAG* 12.8.1999 § 1 KSchG Verhaltensbedingte Kündigung Nr. 55, zu B I 3a), zB eine arbeitsmedizinische Vorsorgeuntersuchung aufgrund von Unfallverhütungsvorschriften (*ArbG Kiel* 17.9.1980 DB 1981, 588). Das gilt auch für **private Krankenkontrollen** durch den Arbeitgeber (*ArbG Köln* 30.4.1970 DB 1970, 1598). Entscheidet sich ein Arbeitnehmer, nach einer erfolgreichen Entziehungskur die zunächst aufgenommenen **Besuche in einer Selbsthilfegruppe** von anonymen Alkoholikern **abzubrechen**, weil er sich überfordert fühlt, verletzt er keine arbeitsvertraglichen Pflichten, selbst wenn er dem Arbeitgeber den Besuch einer solchen Gruppe vortäuscht (*LAG Düsseld.* 25.2.1997 LAGE § 1 KSchG Verhaltensbedingte Kündigung Nr. 57).

523 **Nebenbeschäftigungen** während einer tatsächlich bestehenden Arbeitsunfähigkeit können eine Kündigung nur dann rechtfertigen, wenn sie den Heilungsprozess verzögern oder wenn es sich um Wettbewerbstätigkeit handelt (*BAG* 26.8.1993 EzA § 626 BGB nF Nr. 148, zu B I 3b; *LAG Köln* 9.10.1998 ZTR 1999, 139; *LAG Hamm* 8.3.2000 RzK I 5i Nr. 161; krit. *Pauly* DB 1982, 1282).

524 Täuscht der Arbeitnehmer das Vorliegen einer **krankheitsbedingten Arbeitsunfähigkeit vor**, begeht er einen Betrug, soweit er Entgeltfortzahlung in Anspruch nimmt. Gleichzeitig verstößt er gegen seine Arbeitspflicht. In derartigen Fällen ist idR eine außerordentliche Kündigung gerechtfertigt (*BAG* 26.8.1993 EzA § 626 BGB nF Nr. 148, zu B I 1a; *LAG Frankf.* 27.6.1991 LAGE § 626 BGB Nr. 63; *Künzl/Weinmann* AuR 1996, 257; *Lepke* Rn 664 ff. mwN). Erst recht ist eine ordentliche verhaltensbedingte Kündigung möglich, der idR keine Abmahnung vorausgehen muss (*BAG* 23.6.2009 EzA § 1 KSchG Verhaltensbedingte Kündigung Nr 76, zu II 1, 3). Die **Ankündigung des** »**Krankfeierns**« oder einer zukünftigen Erkrankung für den Fall, dass der Arbeitgeber dem Arbeitnehmer bestimmte Vergünstigungen nicht gewährt (Urlaub, Freistellung usw.), kann je nach den Umständen eine außerordentliche oder verhaltensbedingte ordentliche Kündigung rechtfertigen (*BAG* 17.6.2003 EzA § 626 BGB 2002 Nr. 4; 5.11.1992 EzA § 626 nF BGB Nr. 143). Das gilt auch, wenn der Arbeitnehmer später tatsächlich erkrankt (*BAG* 17.6.2003 EzA § 626 BGB 2002 Nr. 4; 5.11.1992 EzA § 626 nF BGB Nr. 143; *Berkowsky* NZA-RR 2001, 59 f.; LKB-*Krause* Rn 573; *Lepke* NZA 1995, 1091; *Schiefer* NZA 1994, 540 f.). Ein solches Verhalten hat nötigenden Charakter. Im Einzelfall ist aber der genaue Erklärungswert der Aussage des Arbeitnehmers zu

würdigen und insbes. zu untersuchen, ob dieser nur auf eine bestehende oder sich schon abzeichnende Erkrankung hinweisen wollte (vgl. *LAG Köln* 26.2.1999 RzK I 6a Nr. 173).

Auch der bloße **Verdacht** der **Simulation** einer **krankheitsbedingten Arbeitsunfähigkeit** kann nach hM eine ordentliche oder außerordentliche Kündigung rechtfertigen, und zwar unter dem Gesichtspunkt des Verdachts einer strafbaren Handlung (Betrug oder versuchter Betrug) oder einer schweren Pflichtverfehlung (zur Verdachtskündigung im Krankheitsfall *Kalb* ArbRdGgw, Bd. 3, 1966, S. 82 ff.; *Lepke* NZA 1995, 1091; *LAG BW* 27.11.1967 BB 1968, 426; *LAG Frankf.* 13.10.1972 DB 1972 2359). Als Verdachtsmomente können dabei insbes. **gesundheitswidrige Verhaltensweisen, häufige Urlaubserkrankungen** (*LAG Düsseld.* 15.1.1986 DB 1986, 1180) sowie nachhaltige anderweitige Tätigkeiten während bescheinigter Arbeitsunfähigkeit (*Künzl/Weinmann* AuR 1996, 259) in Betracht kommen. Ähnlich wie im Strafrecht ist in solchen Fällen eine Wahlfeststellung (Verdacht der Simulation einer Krankheit oder eines Verstoßes gegen die Pflicht zu gesundheitsförderndem Verhalten) möglich (*Lepke* Rn 667; *LAG Hamm* 8.10.1970 DB 1970, 2380). Eine verhaltensbedingte Kündigung kann auch dann sozial gerechtfertigt sein, wenn ein begründeter dringender Verdacht besteht, dass der Arbeitnehmer eine **Arbeitsunfähigkeitsbescheinigung mit unredlichen Mitteln erlangt** hat (*LAG Düsseld.* 3.6.1981 EzA § 626 BGB nF Nr. 78; *LAG SchlH* 28.11.1983 DB 1984, 1355). 525

Ändert ein Arbeitnehmer **die Krankheitsdaten** seiner Arbeitsunfähigkeitsbescheinigung zu seinem Vorteil, berechtigt dies den Arbeitgeber idR zu einer außerordentlichen Kündigung, da es sich auch in diesem Fall um einen gegen den Arbeitgeber gerichteten Betrug handelt (*LAG Brem.* 15.2.1985 BB 1985, 1129). Dasselbe gilt, wenn ein Arbeitnehmer eine krankheitsbedingte Arbeitsunfähigkeit vortäuscht, um eine Urlaubsverlängerung zu erreichen (*BAG* 10.8.1983 – 7 AZR 369/81, zu I 2c). 526

Die **Darlegungs-** und **Beweislast** dafür, dass der Arbeitnehmer die ihm bei Erkrankung obliegenden **Nebenpflichten** verletzt hat, trägt im Kündigungsschutzprozess der **Arbeitgeber** (§ 1 Abs. 2 S. 4 KSchG). Dies gilt auch, wenn der Arbeitgeber eine Kündigung damit begründet, dass der Arbeitnehmer vertragswidrig nicht zur Arbeit erschienen sei und der Arbeitnehmer sich auf eine krankheitsbedingte Arbeitsunfähigkeit beruft (*BAG* 12.8.1976 EzA § 1 KSchG Nr. 33). Der Umfang der dem Arbeitgeber obliegenden Darlegungslast richtet sich dabei nach der **Einlassung des Arbeitnehmers**. Der Arbeitgeber braucht daher bei einer Arbeitsversäumnis, die er zum Anlass einer Kündigung genommen hat, im Kündigungsschutzprozess nicht von vornherein alle nur denkbaren Rechtfertigungsgründe zu widerlegen. Der Arbeitnehmer muss vielmehr den Vorwurf, unberechtigt gefehlt zu haben, unter genauer Angabe der Hinderungsgründe bestreiten. Stattdessen kann er eine ärztliche Arbeitsunfähigkeitsbescheinigung vorlegen. Ist sie ordnungsgemäß ausgefüllt, hat sie hohen Beweiswert und begründet die Vermutung ihrer Richtigkeit (*BAG* 21.3.1996 EzA § 123 BGB Nr. 42, zu B I 2e). Der Arbeitgeber hat daraufhin Umstände darzulegen und zu beweisen, die zu ernsthaften Zweifeln an der behaupteten und ggf. attestierten Erkrankung Anlass geben (*BAG* 26.8.1993 EzA § 626 BGB Nr. 148; 21.3.1996 EzA § 123 BGB Nr. 42; zur Widerlegung von ärztlichen Arbeitsunfähigkeitsattesten *Becker* DB 1983, 1253). Dabei ist zu prüfen, ob die vom Arbeitgeber angeführten Umstände mit der vom Arbeitnehmer behaupteten Erkrankung vereinbar sind. So schließt eine Auslandsreise während einer Krankschreibung das Vorliegen einer Krankheit nicht in jedem Fall aus (*BAG* 21.3.1996 EzA § 123 BGB Nr. 42, zu B I 2e). Kann der Arbeitnehmer die von ihm behauptete Arbeitsunfähigkeit nicht durch ein ärztliches Attest belegen, muss er im Einzelnen darlegen, woran er erkrankt war und weshalb er deswegen nicht zur Arbeit erscheinen konnte. Gelingt ihm dies nicht, gilt die Behauptung des Arbeitgebers, der Arbeitnehmer habe unberechtigt gefehlt, nach § 138 Abs. 3 ZPO als zugestanden (*BAG* 23.9.1992 RzK I 5i Nr. 79). Andernfalls hat der Arbeitgeber die Darstellung des Arbeitnehmers zu widerlegen. 527

m) Mobbing und Benachteiligung

Gemäß §§ 1, 9 Abs. 1, 2 AGG hat der Arbeitgeber darauf hinzuwirken, dass **nicht gerechtfertigte Benachteiligungen** aus Gründen der Rasse oder wegen der ethnischen Herkunft, des Geschlechts, der Religion oder Weltanschauung, einer Behinderung, des Alters oder der sexuellen Identität 528 unterbleiben. Nach § 7 Abs. 1 AGG dürfen Beschäftigte nicht aus einem dieser Gründe benachteiligt werden. Verstößt ein Arbeitnehmer gegen das Verbot, hat der Arbeitgeber die im Einzelfall geeigneten, erforderlichen und angemessenen Maßnahmen zur Unterbindung der Benachteiligung wie Abmahnung, Umsetzung, Versetzung oder Kündigung zu ergreifen (§ 12 Abs. 3 AGG). Diese Regelung konkretisiert – wie früher § 4 Abs. 1 BeschSchG – den kündigungsrechtlichen Grundsatz der Verhältnismäßigkeit (vgl. *BAG* 25.3.2004 EzA § 626 BGB 2002 Nr. 6, zu B II 2). Stehen geeignete mildere Mittel nicht zur Verfügung, kann der Arbeitgeber danach verpflichtet sein, den benachteiligenden Arbeitnehmer zu entlassen, um die Benachteiligung zu unterbinden. Dies kommt jedoch nur dann in Betracht, wenn Um- oder Versetzungsmöglichkeiten, die eine dem Opfer zumutbare Weiterbeschäftigung des Täters gewährleisten, fehlen (*BAG* 25.10.2007 EzA § 611 BGB 2002 Persönlichkeitsrecht Nr. 7, zu B II 2; HaKo-ArbR/*Markowski* Rn 349; generell gegen eine Kündigungsverpflichtung *LAG Hamm* 6.3.2006 FA 2006, 281 LS, zu I) und auch eine Abmahnung keine Änderung des Verhaltens des Arbeitnehmers verspricht. Benachteiligungen in diesem Sinne sind insbes. Belästigungen nach § 3 Abs. 3 AGG (zur sexuellen Belästigung s. Rdn 545), dh unerwünschte Verhaltensweisen, die bezwecken oder bewirken, dass die Würde des Betroffenen verletzt und ein von Einschüchterungen, Anfeindungen, Erniedrigungen, Entwürdigungen oder Beleidigungen gekennzeichnetes Umfeld geschaffen wird. § 12 Abs. 3 AGG beeinflusst die sich aus § 1 Abs. 2 S. 4 ergebende Verteilung der Darlegungs- und Beweislast für das Vorliegen von Kündigungsgründen nicht (hierzu Rdn 446, 447). Eine Kündigung kommt daher nur in Betracht, wenn die Belästigungshandlung dargelegt und im Bestreitensfall bewiesen werden kann oder wenn die Voraussetzungen einer Verdachtskündigung erfüllt sind (vgl. zu § 4 BeschSchG *BAG* 8.6.2000 EzA § 15 KSchG nF Nr. 50, zu B II 3c; HaKo-AGG/*Buschmann* § 12 Rn 25; HaKo-ArbR/*Braun* § 12 AGG Rn 11).

529 **Mobbing** ist eine besonders schwerwiegende Form der Belästigung iSv § 3 Abs. 3 AGG, die allerdings auch aus anderen Gründen als den in § 1 AGG genannten begangen werden kann. Es handelt sich um ein **systematisches Anfeinden, Schikanieren** oder **Diskriminieren** von Arbeitnehmern untereinander oder durch Vorgesetzte (*BAG* 15.1.1997 EzA § 37 BetrVG 1972 Nr. 133; 25.10.2007 EzA § 611 BGB Persönlichkeitsrecht Nr. 7, zu B II 1a; *BSG* 14.2.2001 AP § 611 BGB Mobbing Nr. 1; *Berkowsky* NZA-RR 2001, 61; *Wickler* DB 2002, 481; DLW-*Dörner* Kapitel 3 B Rn 2993 ff.). Dies setzt ein fortlaufendes Verhalten über einen längeren Zeitraum voraus. Die Rechtmäßigkeit einzelner Handlungen innerhalb des Gesamtprozesses ist oft ohne Bedeutung. So können auch einer rechtswidrigen Ausübung des Direktionsrechts durch Vorgesetzte nichtdiskriminierende, sachliche Erwägungen zugrunde liegen. Andererseits können auch für sich genommen harmlos erscheinende Verhaltensweisen zu einem für das Opfer feindlichen Umfeld führen, etwa wenn bestimmte »flapsige« Bemerkungen regelmäßig nur gegenüber bestimmten Personen gemacht werden und diese dadurch in eine Außenseiter- und damit Opferrolle gedrängt werden. Für Mobbing charakteristisch ist ein systematisches und zielgerichtetes Vorgehen eines oder mehrerer zusammenwirkender Täter gegen ein bestimmtes Opfer, das geeignet ist, dessen Persönlichkeitsrecht und/oder Gesundheit zu beeinträchtigen (vgl. *BAG* 16.5.2007 EzA BGB 2002 § 611 Persönlichkeitsrecht Nr. 6, zu B II 2b cc, dd, 3a aa (3) (d); 25.10.2007 EzA § 611 BGB Persönlichkeitsrecht Nr. 7, zu B II 1a). Dazu gehören nicht vom Direktions- und Rügerecht des Arbeitgebers umfasste Arbeitsanweisungen und kritische Äußerungen über die Arbeitsweise eines Arbeitnehmers, auch wenn derartige Äußerungen vom Arbeitnehmer als belastend empfunden werden, solange kein systematisches zielgerichtetes Vorgehen im vorstehenden Sinn vorliegt. Dasselbe gilt für Reaktionen auf Provokationen eines vermeintlich Gemobbten. Im Arbeitsleben übliche Konfliktsituationen rechtfertigen keinen Mobbingvorwurf. Dessen Feststellung bedarf einer umfassenden Prüfung der Umstände des Einzelfalls (*BAG* 16.5.2007 EzA § 611 BGB 2002 Persönlichkeitsrecht Nr. 6, zu B II 2b ff, 3a aa (2) (a), (3) (a) – (c), b cc; 13.3.2008 EzA § 1 KSchG Verhaltensbedingte Kündigung Nr. 73, zu B I 2c ee (2); ErfK-*Preis* § 611a BGB Rn 623).

530 Welche **kündigungsrechtlichen Konsequenzen** der Arbeitgeber gegenüber einem Mobbingtäter ziehen kann, hängt von den Tatumständen ab. Umfasst der Mobbingvorgang schwere Einzeltaten, können diese eine Kündigung alleine rechtfertigen. Dies kommt etwa bei gravierenden

Beleidigungen oder anderen Straftaten wie Nötigungen in Betracht. Dann gelten die für derartige Handlungen einschlägigen Regeln (hierzu Rdn 500–505, 546–549). Darüber hinaus kann ein Mobbingprozess in seiner Gesamtheit eine Kündigung rechtfertigen. Hier gilt der Maßstab von § 12 Abs. 3 AGG auch über den Anwendungsbereich des AGG hinaus, da es sich bei dieser Norm um eine Konkretisierung der dem Arbeitgeber allgemein aus seiner Fürsorgepflicht erwachsenden Schutzpflichten handelt (*BAG* 25.10.2007 EzA § 611 BGB Persönlichkeitsrecht Nr. 7, zu B II 2a; zu diesem Maßstab s. Rdn 528). Der Arbeitgeber hat auch ein eigenes berechtigtes Interesse daran, Auswirkungen auf den Betriebsfrieden und die Produktivität durch Mobbinghandlungen zu unterbinden (zur Kündigung in solchen Fällen *Thür. LAG* 15.2.2001 LAGE BGB § 626 Nr. 133; 10.4.2001 LAGE Art. 2 GG Persönlichkeitsrecht Nr. 2; *Benecke* NZA-RR 2003, 231; HaKo-KSchR/*Zimmermann* Rn 440; HaKo-ArbR/*Markowski* Rn 346–349; APS-*Vossen* § 626 BGB Rn 238c–238g). In der Praxis bereitet vor allem das Erkennen und der **Beweis** von Mobbingsachverhalten Schwierigkeiten (vgl. *BAG* 15.1.1997 EzA § 37 BetrVG 1972 Nr. 133). Das *Thür. LAG* (15.2.2001 LAGE § 626 BGB Nr. 133, zu 2d; 10.4.2001 LAGE Art. 2 GG Persönlichkeitsrecht Nr. 2, zu III 3b cc (2) (a); **aA** APS-*Vossen* § 626 BGB Rn 238e, 238f) hat deshalb angenommen, das Vorliegen mobbingtypischer medizinischer Befunde und Verhaltensweisen spreche regelmäßig für die Berechtigung des Mobbingvorwurfs. Derartige Umstände können angesichts der Unbestimmtheit dieser Begriffe jedoch nur Indizwirkung im Rahmen der Beweiswürdigung nach § 286 BGB haben (vgl. *BAG* 16.5.2007 EzA § 611 BGB 2002 Persönlichkeitsrecht Nr. 6, zu B II 3a aa (3) (e), (f)). Dabei ist zu berücksichtigen, dass die Behauptung, gemobbt worden zu sein, in der Praxis auch als Schutzbehauptung gebraucht wird. Ein Arbeitnehmer, der sich zur **Entschuldigung** eigener Vertragsverletzungen **auf Mobbing berufen** will, hat dies durch konkrete Tatsachen zu substantiieren (HaKo-KSchR/*Zimmermann* Rn 441), die der Arbeitgeber dann widerlegen muss.

n) Neben- und Konkurrenztätigkeiten

Arbeitnehmer sind grundsätzlich berechtigt, **unselbständige Nebenbeschäftigungen** oder **selbständige Nebentätigkeiten** aufzunehmen. Dabei haben sie die gesetzlichen Höchstarbeitszeiten des ArbZG zu beachten. Eine Einschränkung dieser Betätigungsfreiheit kann sich aus kollektivrechtlichen oder einzelvertraglichen Regelungen (zB in Gestalt von Zustimmungserfordernissen oder Nebentätigkeitsverboten) ergeben. Eine jegliche Nebentätigkeit oder Nebenbeschäftigung erfassende Vertragsklausel bzw. Tarifnorm ist nach der bisherigen Rspr. verfassungskonform, dh unter Beachtung der in Art. 12 GG zum Ausdruck gekommenen Wertvorstellungen auszulegen (*BAG* 26.8.1976 EzA § 626 BGB nF Nr. 49; 30.5.1978 EzA § 60 HGB Nr. 11), und zwar in der Weise, dass nur solche Nebentätigkeiten bzw. Nebenbeschäftigungen von einer vorherigen Zustimmung des Arbeitgebers abhängig gemacht werden dürfen oder verboten werden können, **an deren Unterlassung der Arbeitgeber ein berechtigtes Interesse hat** (*BAG* 15.3.1990 RzK I 5i Nr. 60; 11.12.2001 EzA § 611 BGB Nebentätigkeit Nr. 6, zu II 2a bb). Dies ist etwa der Fall, wenn durch die Ausübung der Nebentätigkeit bzw. Nebenbeschäftigung die vertraglich geschuldeten Leistungen beeinträchtigt werden, etwa bei einem nebenberuflichen Tätigwerden während der Arbeitszeit oder während der Arbeitsunfähigkeit (*BAG* 13.11.1979 EzA § 1 KSchG Verhaltensbedingte Kündigung Nr. 6; krit. hierzu *Pauly* DB 1981, 1282; *LAG Düsseld.* 17.5.1978 BB 1978, 1264). Bei vom Arbeitgeber vorformulierten Vertragsbedingungen ist überdies § 307 BGB zu beachten. Danach können zu weitgehende und intransparente Klauseln gem. § 307 Abs. 1 S. 1, 2, Abs. 2 Nr. 1 BGB unwirksam sein. An ihre Stelle tritt die sich aus §§ 241 Abs. 2, 242 BGB ergebende allgemeine Verpflichtung (vgl. *BAG* 18.1.1996 EzA § 242 BGB Auskunftspflicht Nr. 5, zu I 2b aa), keine die Durchführung des Arbeitsverhältnisses beeinträchtigenden oder in Konkurrenz zum Arbeitgeber stehenden Tätigkeiten aufzunehmen (*Lakies* AR-Blattei SD 35 Rn 353–355). Eine Kündigung wegen **Nebenbeschäftigungen** während der **Arbeitsunfähigkeit** kommt idR nur in Betracht, wenn es sich um eine unerlaubte Konkurrenztätigkeit handelt oder der Heilungsprozess gefährdet wird (*BAG* 26.8.1993 EzA § 626 BGB nF Nr. 148; *LAG Hamm* 8.3.2000 BB 2000, 1787; s.a. Rdn 521). Dass die Aufnahme eines weiteren Arbeitsverhältnisses während eines **Kündigungsschutzprozesses** für sich genommen nicht pflichtwidrig ist, folgt bereits aus der gesetzlichen Wertung von § 12 Abs. 1

KSchG (*BAG* 5.11.2009 EzA § 626 BGB 2002 Nr 28, zu II 3a). Die Übernahme der formalen Stellung eines organschaftlichen Vertreters einer Kapital- oder Personengesellschaft fällt nicht unter ein vertragliches Nebentätigkeitsverbot, sofern das betreffende Unternehmen nicht im Wettbewerb mit dem Arbeitgeber steht (*BAG* 26.8.1976 EzA § 626 BGB nF Nr. 49).

532 Handelt es sich dagegen um eine **genehmigungspflichtige oder verbotene Nebentätigkeit** bzw. Nebenbeschäftigung, wozu auch eine Tätigkeit unter Überschreitung der Höchstarbeitszeitgrenzen des ArbZG gehört (*Hunold* NZA 1995, 559), rechtfertigt ein Verstoß gegen diese Verhaltenspflichten nach vorheriger Abmahnung idR eine verhaltensbedingte Kündigung (*BAG* 15.3.1990 RzK I 5i Nr. 60; *LAG Frankf.* 31.7.1980 AuR 1981, 219). In schwerwiegenden Fällen kann auch eine außerordentliche Kündigung in Betracht kommen, etwa bei einem Angestellten des öffentlichen Dienstes (*BAG* 19.4.2007 AP BGB § 174 Nr. 20, zu B IV 2) oder bei einer Tätigkeit während einer krankheitsbedingten Arbeitsunfähigkeit oder während des Erholungsurlaubs (*BAG* 26.8.1993 EzA § 626 BGB Nr. 148; *LAG Düsseld.* 17.5.1978 BB 1978, 1264).

533 Arbeitnehmern ist während des Bestehens ihres Arbeitsverhältnisses, auch nach einer unwirksamen Kündigung (vgl. *BAG* 23.10.2014 EzA § 626 BGB 2002 Nr. 48, Rn 29; 28.1.2010 EzA § 626 BGB 2002 Nr. 30, Rn 23; s.a. KR-*Fischermeier/Krumbiegel* § 626 BGB Rdn 482), jede Form von **Konkurrenztätigkeit** verboten (*BAG* 3.5.1983 und 16.6.1976 AP § 60 HGB Nr. 8, 10; 17.10.1969 EzA § 60 HGB Nr. 2). Dazu zählt auch die Gründung eines **Wettbewerbsunternehmens** oder die Beteiligung an einem solchen (*BAG* 25.4.1991 EzA § 626 BGB nF Nr. 140, zu B III 3b bb; LKB-*Krause* Rn 647, 673). Das für kaufmännische Angestellte ausdrücklich normierte Wettbewerbsverbot des § 60 HGB enthält einen für alle Arbeitnehmer zutreffenden allgemeinen Rechtsgedanken (*BAG* 26.9.2007 EzA § 61 HGB Nr. 4, zu II 4a, b). Dies gilt auch für Leiharbeitnehmer (*LAG Bln.* 9.2.1981 DB 1981, 1095) und Teilzeitbeschäftigte (ErfK-*Oetker* § 60 HGB Rn 2; aA HaKo-ArbR/ *Schütte/Schlegel* § 60 HGB Rn 3). Für den § 60 HGB zugrundeliegenden Rechtsgedanken ist der Umfang der vertraglichen Arbeitszeit ohne Bedeutung. Eine unerlaubte Konkurrenztätigkeit liegt nach § 60 HGB vor, wenn der Arbeitnehmer im eigenen Namen und Interesse seine Dienste und Leistungen Dritten im Marktbereich des Arbeitgebers ohne dessen Zustimmung anbietet. Dies setzt kein unmittelbares Konkurrenzverhältnis zum Arbeitgeber voraus. Das Verbot wird jedoch durch das Kriterium der Identität des Geschäftszwecks beschränkt (*BAG* 26.8.1976 EzA § 626 BGB nF Nr. 49, zu I 3c). Zudem wird auch in räumlicher Hinsicht ein zumindest potentielles Wettbewerbsverhältnis erforderlich sein. Für die Feststellung eines solchen maßgeblich ist die tatsächliche Geschäftstätigkeit der Unternehmen (*BAG* 3.5.1983 EzA § 60 HGB Nr. 12, zu B II 2b). Die Konkurrenztätigkeit muss nicht zwingend vergütet werden. Lediglich unentgeltlich erbrachte geringfügige Freundschaftsdienste im Marktbereich des Arbeitgebers berühren dessen Wettbewerbsinteressen indes idR nicht auf kündigungsrelevante Weise (*LAG SchlH* 3.12.2002 LAGE § 60 HGB Nr. 9, zu I 2a; 19.12.2006 NZA-RR 2007, 240, zu II 1a; LKB-*Krause* Rn 673). Bleibt streitig, ob und in welchem Umfang der Arbeitgeber dem Arbeitnehmer eine Konkurrenztätigkeit gestattet hat, trägt der Arbeitgeber die **Darlegungs- und Beweislast** dafür, dass die vom Arbeitnehmer behauptete Gestattung nicht vorliegt (*BAG* 6.8.1987 EzA § 626 BGB nF Nr. 109).

534 Verletzt der Arbeitnehmer durch unerlaubte Konkurrenz seine Vertragspflichten, rechtfertigt dies je nach den Umständen des Einzelfalls eine außerordentliche oder ordentliche Kündigung (*BAG* 6.8.1987 EzA § 626 BGB nF Nr. 109), wobei eine vorherige erfolglose Abmahnung im Allgemeinen nicht erforderlich ist (*LAG Frankf.* 6.11.1986 LAGE § 1 KSchG Verhaltensbedingte Kündigung Nr. 10). Auch unerlaubte Konkurrenztätigkeit schafft aber keinen absoluten Kündigungsgrund. So ist etwa bei der Interessenabwägung zugunsten des Arbeitnehmers zu berücksichtigen, wenn die Wettbewerbstätigkeit erst durch eine frühere – unwirksame – Kündigung des Arbeitgebers ausgelöst worden ist (*BAG* 23.10.2014 EzA § 626 BGB 2002 Nr. 48, Rn 32). Von Bedeutung ist ferner, ob der Wettbewerb auf eine dauerhafte Konkurrenz zum (bisherigen) Arbeitgeber angelegt ist oder ggf. nur eine Übergangslösung – bspw. für die Dauer eines Rechtsstreits über eine vorhergegangene Kündigung – darstellt, und ob sie dem Arbeitgeber bereits einen konkreten Schaden zugefügt hat oder nicht (*BAG* 23.10.2014 EzA § 626 BGB 2002 Nr. 48, Rn 32). Bloße **Vorbereitungshandlungen**,

die noch nicht in den Geschäftsbereich des Arbeitgebers eindringen wie die Anmietung von Betriebsräumen, der Einkauf von Einrichtungsgegenständen oder die Beschaffung von Materialien, sind überdies schon keine vertragswidrigen Konkurrenztätigkeiten (*BAG* 30.5.1978 EzA § 60 HGB Nr. 11; 22.2.1980 – 7 AZR 236/78, zu I 2c). Unzulässig ist dagegen ein »Vorfühlen« bei potentiellen Kunden, auch wenn es noch nicht zu Geschäftsabschlüssen kommt (*BAG* 28.9.1989 RzK I 6a Nr. 58; 26.1.1995 RzK I 6a Nr. 113). Die **Beteiligung des Ehegatten** des Arbeitnehmers an einem Konkurrenzunternehmen als Gesellschafter oder Geschäftsführer rechtfertigt ohne Weiteres nicht die Annahme unzulässiger Konkurrenz (*LAG Köln* 11.10.2005 BB 2006, 1455 LS, zu II 2b), kann aber uU die Eignung des Arbeitnehmers in Frage stellen (s. Rdn 312). Zur außerordentlichen Kündigung s. KR-*Fischermeier/Krumbiegel* § 626 BGB Rdn 480 ff.

Ein zur Kündigungsrechtfertigung geeigneter Verstoß gegen das Konkurrenzverbot kommt nicht in Betracht, wenn der Arbeitgeber auf dessen Einhaltung verzichtet hat. Das BAG hat angenommen, ein **Verzicht auf das Konkurrenzverbot** liege idR vor, wenn der Arbeitgeber den Arbeitnehmer für den Lauf einer Kündigungsfrist freistelle und sich die Anrechnung anderweitigen Verdienstes des Arbeitnehmers vorbehalte, weil der Arbeitgeber davon ausgehen müsse, dass ein solcher oft nur durch Wettbewerb erzielt werden könne. Einen davon abweichenden Willen müsse der Arbeitgeber in der Freistellungserklärung zum Ausdruck bringen (*BAG* 6.9.2006 EzA § 615 BGB 2002 Nr. 16, zu III 1b bb). Diese Annahme erscheint als zu weitgehend (krit. auch *Schwarze* RdA 2007, 300, 304; *Bauer* NZA 2007, 409, 410; *Nägele* NZA 2008, 1039). Im Einzelfall kann eine Freistellungserklärung mit Anrechnungsvorbehalt zwar einen derartigen Erklärungswert haben. Im Regelfall kann ihr angesichts der Bedeutung des Wettbewerbsverbotes ohne weitere Anhaltspunkte jedoch keine so weitgehende Bedeutung beigemessen werden. Ohne Anrechnungsvorbehalt liegt in einer Freistellung von der Arbeitsleistung jedenfalls kein Verzicht auf das Konkurrenzverbot (*BAG* 6.9.2006 EzA § 615 BGB 2002 Nr. 16, zu III 1b cc).

535

o) Sonstige Nebenpflichtverletzungen

Werden Nebenpflichten des Arbeitnehmers durch Gesetz, einzelvertragliche Vereinbarung, Tarifvertrag oder Betriebsvereinbarung begründet, können Verstöße gegen diese, ggf. nach einer erfolglosen Abmahnung, eine verhaltensbedingte Kündigung rechtfertigen, zB wenn ein Arbeitnehmer sich beharrlich weigert, an einer von der Berufsgenossenschaft durch Unfallverhütungsvorschriften vorgeschriebenen **Vorsorgeuntersuchung** teilzunehmen (*LAG Düsseld.* 31.5.1996 BB 1996, 2099) oder Sicherheitsbestimmungen einzuhalten (*LAG RhPf* 14.4.2005 NZA-RR 2006, 194, zu II 2b) oder wenn er wiederholt gegen ein im Betrieb zwingend vorgeschriebenes **Rauchverbot** verstößt (vgl. *BAG* 27.9.2012 EzA § 626 BGB 2002 Nr. 42, Rn 35; *LAG Düsseld.* 17.6.1997 LAGE § 1 KSchG Verhaltensbedingte Kündigung Nr. 58; s. Rdn 511). Zu den zahlreichen sonstigen Nebenpflichten gehört insbes. die **Verschwiegenheitspflicht**. Danach ist es dem Arbeitnehmer untersagt, Geschäfts- oder Betriebsgeheimnisse unbefugt an Dritte, insbes. an Konkurrenten des Arbeitgebers weiterzugeben oder sonst zu verwerten. Für betriebsverfassungsrechtliche Funktionsträger ist die Verschwiegenheitspflicht ausdrücklich gesetzlich normiert (vgl. § 79 BetrVG). Verstößt der Arbeitnehmer **schuldhaft** gegen diese Pflicht, kann dies sogar eine außerordentliche Kündigung rechtfertigen. Bei einer nur objektiven Pflichtverletzung kommen dagegen keine kündigungsrechtlichen Sanktionen in Betracht (*BAG* 4.4.1974 EzA § 15 KSchG nF Nr. 1). Besteht der durch objektive Umstände begründete Verdacht des **Verrats** von **Geschäfts-** oder **Betriebsgeheimnissen**, kann eine Verdachtskündigung gerechtfertigt sein (*LAG BW* 31.10.1967 DB 1968, 359), etwa wenn ein Arbeitnehmer vor seinem bevorstehenden Ausscheiden Betriebsgeheimnisse umfassende betriebliche Daten privat speichert (*LAG Köln* 17.8.2001 RzK I 8c Nr. 65). Zur außerordentlichen Kündigung wegen Verletzung von Verschwiegenheitspflichten s. KR-*Fischermeier/Krumbiegel* § 626 BGB Rdn 515. Aus der Pflicht zur Rücksichtnahme auf die Interessen des Vertragspartners nach § 241 Abs. 2 BGB leitet sich auch die allgemeine Pflicht des Arbeitnehmers ab, den Arbeitgeber im Rahmen des Zumutbaren unaufgefordert und rechtzeitig über Umstände zu informieren, die einer Erfüllung der Arbeitspflicht entgegenstehen (*BAG* 26.3.2015 NZA 2015, 1180, Rn 24; ErfK-*Preis* § 611a BGB Rn 736). Diese sich aus dem Arbeitsvertrag iVm § 241 Abs. 2 BGB ergebende **Informationspflicht** ist für den Fall der

536

Arbeitsunfähigkeit in § 5 Abs. 1 S. 1 EFZG lediglich gesetzlich konkretisiert (s. dazu iE Rdn 515 f.). Ob der Verstoß gegen entsprechende Auskunftspflichten eine Kündigung rechtfertigen kann, hängt von den Umständen des Einzelfalls und einer umfassenden Interessenabwägung ab. Regelmäßig wird dies nur nach einer erfolglos gebliebenen Abmahnung in Betracht kommen.

537 Ein Arbeitnehmer, der sich bei der Ausführung seiner Aufgaben Vorteile versprechen lässt oder entgegennimmt, die dazu bestimmt oder geeignet sind, ihn in seinem geschäftlichen Verhalten zu beeinflussen, verstößt gegen das **Schmiergeldverbot** und handelt damit idR so massiv vertragswidrig, dass auch ohne vorherige Abmahnung eine außerordentliche Kündigung gerechtfertigt ist. Auf eine Schädigung des Arbeitgebers kommt es dabei nicht an. Ausreichend ist bereits die Gefahr, dass der Arbeitnehmer nicht mehr allein die Interessen des Arbeitgebers wahrnehmen könnte (*BAG* 15.11.1995 EzA § 102 BetrVG 1972 Nr. 89, zu II 3b; 21.6.2001 EzA § 626 BGB Unkündbarkeit Nr. 7, zu B III 2a, c; 17.3.2005 EzA § 626 BGB 2002 Nr. 9, zu B III). Die Annahme geringfügiger Aufmerksamkeiten wie Taschen- oder Wandkalender oder Kugelschreiber oder des Angebots einer Tasse Kaffee ist dagegen nicht pflichtwidrig. **Geldgeschenke** sind generell keine bloßen Aufmerksamkeiten in diesem Sinne, auch wenn sie für eine Kaffeekasse bestimmt sind (*BAG* 15.11.2001 EzA § 626 BGB nF Nr. 192, zu II 3, 4). Selbst wenn es sich nicht um Schmiergelder handelt, kann der Arbeitgeber mit einem Arbeitnehmer wirksam vereinbaren, dass dieser Belohnungen oder Geschenke in Zusammenhang mit seiner dienstlichen Tätigkeit nur mit Zustimmung des Arbeitgebers annimmt. Verstöße hiergegen können nach erfolgloser Abmahnung eine Kündigung sozial rechtfertigen (*BAG* 17.6.2003 RzK I 5i Nr. 181). Die Pflicht zur Rücksichtnahme auf die Interessen des Arbeitgebers gem. § 241 Abs. 2 BGB kann auch verletzt sein, wenn der Arbeitnehmer Kundenmitarbeitern zur Pflege der Geschäftsbeziehungen unerlaubt Vorteile zuwendet (*BAG* 21.6.2012 EzA § 9 KSchG nF Nr. 63, Rn 24). Dagegen hat das BAG angenommen, die Forderung und Entgegennahme einer »Vermittlungsprovision« von einem Arbeitskollegen dafür, dass der Arbeitgeber ihn eingestellt hat, genüge zur Kündigungsrechtfertigung nicht, wenn es weder zu einer konkreten Beeinträchtigung des Arbeitsverhältnisses noch zu einer konkreten Gefährdung im Vertrauensbereich gekommen ist (*BAG* 24.9.1987 EzA § 1 KSchG Verhaltensbedingte Kündigung Nr. 18 m. krit. Anm. *Löwisch*).

538 Ein **Vertrauensmissbrauch** kann den Arbeitgeber zu einer verhaltensbedingten, ggf. auch zu einer außerordentlichen Kündigung berechtigen, wenn darin eine Verletzung der Pflicht zur Rücksichtnahme auf die Rechte, Rechtsgüter und Interessen des Arbeitgebers gem. § 241 Abs. 2 BGB liegt. Dies kommt insbes. dann in Betracht, wenn sich der Arbeitnehmer dadurch unberechtigt einen persönlichen Nutzen verschafft (*BAG* 3.7.2003 EzA § 1 KSchG Verdachtskündigung Nr. 2: Unberechtigte Buchung von Meilengutscheinen für ihren Ehemann durch eine Angestellte einer Fluggesellschaft; *Hess. LAG* 14.5.2007 AuA 2007, 686: Gebrauch einer betrieblichen Frankiermaschine für Privatpost; *BAG* 28.8.2008 NZA 2009, 193: Entgegennahme laufender Entgeltüberzahlungen, sofern der Arbeitnehmer annehmen musste, sie seien irrtümlich oder rechtsgrundlos geleistet worden; *LAG Köln* 10.1.2007 AuR 2007, 364 LS, zu I 4, 5: Gewährung unberechtigter Rabatte an Kunden aufgrund wahrheitswidriger Angaben; *LAG SchlH* 28.1.1999 ARST 1999, 105 und *LAG Hamm* 26.1.1995 LAGE § 1 KSchG Verhaltensbedingte Kündigung Nr. 47: Verstoß gegen betriebliche Personalrabattsregelung durch Weitergabe von Waren an Dritte; *ArbG Düsseld.* 10.2.1961 BB 1961, 863: Vorlage unrichtiger Besuchsberichte; *Hess. LAG* 20.8.2004 NZA-RR 2005, 301: Manipulation von Urlaubsdaten; *ArbG Neumünster* 2.4.1981 BB 1981, 974: Mitnahme von Arbeitsgeräten zur Privatnutzung am Wochenende; *ArbG Marburg* 27.5.1994 RzK I 5i Nr. 94: Unerlaubte Einsichtnahme in die Personalakten von Arbeitskollegen). Je nach den Umständen kann eine vorherige Abmahnung erforderlich sein (s. KR-*Fischermeier/Krumbiegel* § 626 BGB Rdn 270 ff.). Zur außerordentlichen Kündigung in derartigen Fällen s. KR-*Fischermeier/Krumbiegel* § 626 BGB Rdn 463 ff. Die Gewährung eines Scheinkredits durch einen Bankangestellten kann eine verhaltensbedingte Kündigung rechtfertigen (*BAG* 21.1.1988 EzA § 394 ZPO Nr. 1). Das unbefugte Abfragen einer Geheimliste vom Computer oder ein sonstiger **unerlaubter Zugriff auf das EDV-System** des Arbeitgebers kann – in schwerwiegenden Fällen auch ohne Abmahnung – eine verhaltensbedingte Kündigung rechtfertigen (*BAG* 25.11.1981 AuA 2006, 745, zu 2; *LAG SchlH* 15.11.1989 RzK I 5i Nr. 54). Zur Feststellung einer kündigungsrechtlich erheblichen Pflichtwidrigkeit bedarf

es einer klaren Kompetenzabgrenzung hinsichtlich des Datenzugriffs (*LAG Köln* 29.9.1982 DB 1983, 124). Ohne einschlägige Abmahnung eine Kündigung rechtfertigen kann der Missbrauch technischer Möglichkeiten durch das Einsehen und Nutzen fremder Datenbestände etwa durch einen Systemadministrator außerhalb seines Aufgabenbereichs (*LAG Köln* 14.5.2010 NZA-RR 2010, 578, zu B 2a) sowie die unerlaubte Installation eigener Software im betrieblichen EDV-System, wenn dadurch die Interessen des Arbeitgebers erheblich beeinträchtigt werden, etwa bei einem Anonymisierungsprogramm (*BAG* 12.1.2006 EzA § 1 KSchG Verhaltensbedingte Kündigung Nr. 68, zu B III 2). Das **Löschen gespeicherter Kundendaten** kommt auch ohne Abmahnung als Kündigungsgrund ebenso in Betracht (*LAG Köln* 24.7.2002 LAGE § 1 KSchG Verhaltensbedingte Kündigung Nr. 80, zu II 1, 2) wie das Löschen eines vom Arbeitnehmer installierten Programms, wenn dadurch dem Arbeitgeber die Möglichkeit des Zugriffs auf wichtige Geschäftsdaten genommen wird (*Sächs. LAG* 17.1.2007 LAGE § 1 KSchG Verhaltensbedingte Kündigung Nr. 96, zu A II). Der **Missbrauch von Kontrolleinrichtungen**, zB Manipulationen bei der Gleitzeitarbeit (falsche Ausfüllung des Arbeitszeitnachweises) oder der Stempelkarte (unbefugtes Stempeln durch Dritte), berechtigen im Allgemeinen zur außerordentlichen, jedenfalls aber zu einer verhaltensbedingten Kündigung (s. Rdn 484). Zu den Nebenpflichten des Arbeitnehmers gehört es weiter, den Arbeitgeber **nicht in Misskredit** zu bringen. Diese Nebenpflicht verletzt ein Bankangestellter, der privat seinem Gläubiger vorspiegelt, sein Arbeitgeber verzögere die Erledigung eines Überweisungsauftrags (*BAG* 15.10.1992 RzK I 5i Nr. 80).

Privattelefonate werden angesichts des Umstands, dass bestimmte private Angelegenheiten (Vereinbarung von Arzt- und Behördenterminen usw.) häufig nur schwer außerhalb der Arbeitszeit erledigt werden können, verbreitet von Arbeitgebern akzeptiert, wenn sie sich in einem maßvollen Rahmen bewegen, keine besonderen Kosten etwa durch Auslandsgespräche oder besonders teure Rufnummern auslösen und die Arbeitsleistung nicht nennenswert beeinträchtigen. Sie können unter diesen Voraussetzungen deshalb nur nach einer sie verbietenden betrieblichen Regelung und einer einschlägigen Abmahnung Kündigungsgrund sein (*LAG Nds.* 13.1.1998 LAGE § 1 KSchG Verhaltensbedingte Kündigung Nr. 63; *LAG Köln* 2.7.1998 LAGE § 1 KSchG Verhaltensbedingte Kündigung Nr. 66; *LAG Hamm* 30.5.2005 NZA-RR 2006, 353, zu A III 1). Unerlaubt und heimlich geführte umfangreiche Privattelefonate auf Kosten des Arbeitgebers kommen dagegen auch ohne Abmahnung sogar als Grund für eine außerordentliche Kündigung in Betracht (*BAG* 5.12.2002 EzA § 123 BGB 2002 Nr. 1, zu B I 3a; 4.3.2004 EzA § 103 BetrVG 2001 Nr. 3, zu B III 1), ebenso die Nutzung von Sex-Hotlines während der Arbeitszeit nach Vornahme technischer Manipulationen (*LAG Köln* 13.3.2002 LAGE § 626 BGB Verdacht strafbarer Handlung Nr. 15). 539

Ähnliche Maßstäbe gelten für die private **Nutzung betrieblicher Computeranlagen** und des betrieblichen **Intranets**. Der Arbeitnehmer kann nicht davon ausgehen, dass der Arbeitgeber die Einrichtung von Dateien mit pornografischem oder strafbarem Inhalt billigen wird (*BAG* 7.7.2005 EzA § 626 BGB 2002 Nr. 10, zu B III 2; 27.4.2006 EzA § 626 BGB 2002 Unkündbarkeit Nr. 11, zu B II 2e; *LAG München* 14.4.2005 LAGE § 626 BGB 2002 Nr. 5b; *ArbG Frankf./M.* 2.1.2002 NZA 2002, 1093). Dann kommt auch ohne vorherige Abmahnung eine ordentliche, bei Straftaten wie der Speicherung von Kinderpornografie auch eine fristlose Kündigung in Betracht. Hinsichtlich der Nutzung des **Internet** geht das BAG davon aus, dass sie ohne eine im Prozess vom Arbeitnehmer darzulegende Genehmigung des Arbeitgebers regelmäßig nicht zulässig ist und damit als Kündigungsgrund geeignet ist. Allenfalls eine kurzfristige private Nutzung während der Arbeitszeit sei gerade noch hinnehmbar (*BAG* 7.7.2005 EzA § 626 BGB 2002 Nr. 10, zu B II 2, 3; vgl. auch 27.4.2006 EzA § 626 BGB 2002 Unkündbarkeit Nr. 11, zu B II 2). Dies weicht von der früheren, etwas großzügigeren Instanzrspr. ab (vgl. *Hess. LAG* 13.12.2001 LAGE § 626 BGB Nr. 136; *LAG Köln* 17.2.2004 NZA-RR 2005, 136, zu 2; *ArbG Wesel* 21.3.2001 NJW 2001, 2490; *ArbG Düsseld.* 1.8.2001 NZA 2001, 1386; *ArbG Frankf./M.* 2.1.2002 NZA 2002, 1093). Mit Urteil vom 31.5.2007 (EzA § 1 KSchG Verhaltensbedingte Kündigung Nr. 71, zu C I 1) hat das *BAG* klargestellt, dass insbesondere bei fehlenden betrieblichen Regelungen über die Privatnutzung eine verhaltensbedingte **Kündigung ohne vorherige Abmahnung** nur bei **exzessiver Privatnutzung** in Betracht kommt, nicht aber bei einer unerlaubten Nutzung für wenige Minuten. Dem ist 540 zuzustimmen. Außerhalb von Exzessfällen wird eine Abmahnung idR erfolgversprechend und zumutbar sein. Bei ausschweifender Privatnutzung kann ein Arbeitnehmer dagegen regelmäßig nicht davon ausgehen, dass der Arbeitgeber ein solches Verhalten hinnehmen wird. Zwar veranlasst dies angesichts der inzwischen üblichen Flatrates idR für den Arbeitgeber keine zusätzlichen Kosten. Auch die Gefahr der Vireninfizierung dürfte angesichts der üblichen betrieblichen Sicherungsmaßnahmen zu vernachlässigen sein (vgl. *Holzner* ZRP 2011, 12, 13). Jedoch kann die Privatnutzung betriebsnotwendige Speicherkapazität blockieren und zu Arbeitszeitbetrug führen (*BAG* 7.7.2005 EzA § 626 BGB 2002 Nr. 10, zu B II 2; 31.5.2007 EzA § 1 KSchG Verhaltensbedingte Kündigung Nr. 71, zu B II 4a). Will der Arbeitnehmer demgegenüber fehlenden Arbeitsanfall einwenden, trägt er die Darlegungslast (*BAG* 7.7.2005 EzA § 626 BGB 2002 Nr. 10, zu B II 2b cc). Auch in schweren Fällen entfällt jedoch nicht die Notwendigkeit einer abschließenden Interessenabwägung (*BAG* 31.5.2007 EzA § 1 KSchG Verhaltensbedingte Kündigung Nr. 71, zu C III). Bei kurzfristiger verbotswidriger Privatnutzung kommt eine verhaltensbedingte Kündigung allenfalls nach einer einschlägigen Abmahnung in Betracht, sofern betriebliche Interessen nicht erheblich beeinträchtigt werden. Für die Dauer der Privatnutzung trägt der Arbeitgeber die Darlegungslast (*LAG RhPf* 26.2.2010 AuA 2010, 682, zu II).

541 Es ist umstritten, ob der Arbeitgeber, der die Privatnutzung betrieblicher Kommunikationseinrichtungen gestattet, Diensteanbieter iSv § 3 Nr. 6 TKG ist (zum Meinungsstand *Dzida/Grau* DB 2018, 189, 194; *Mengel* NZA 2017, 1494, 1495 f.; *Stück* CCZ 2018, 88, 91 unter Fn. 27). Bejaht man dies, ist er gem. §§ 97, 100 TKG nur zur Erhebung der Bestands- und Verbindungsdaten zur Entgeltabrechnung und zur Erkennung und Beseitigung von Störungen befugt. Der Inhalt der privaten Kommunikation unterläge nach § 88 TKG dem **Fernmeldegeheimnis** (*Kamanabrou* FS Otto S. 209, 221; *Kömpf/Kunz* NZA 2007, 1341, 1345; *Wolf/Mulert* DB 2008, 442, 445 f.; *Koch* NZA 2008, 911, 912 f.). Unter dessen Verletzung erlangte Informationen könnten nach dem Zweck der Norm grds. nicht zu Lasten des Arbeitnehmers verwertet werden. Unabhängig davon, ebenso wie wenn die Privatnutzung nicht gestattet ist, ist aber der Schutzbereich von Art. 10 Abs. 1 GG eröffnet, da dieser auch den unbefugten Gebrauch von Kommuniktionseinrichtungen umfasst (*BVerfG* 25.3.1993 EuGRZ 1992, 208, zu B I 1 b), so dass sich daraus bei einer Verletzung ein Verwertungsverbot bzgl. der erlangten Informationen ergeben kann. Allerdings schützt Art. 10 Abs. 1 GG lediglich vor den Gefahren einer räumlich distanzierten Kommunikation, nicht auch die außerhalb eines laufenden Kommunikationsvorgangs im Herrschaftsbereich des Teilnehmers gespeicherten Inhalte und Umstände der Kommunikation (*BVerfG* 16.6.2009 EuGRZ 2009, 404, Rn 45). Zur Fragestellung, inwiefern eine private E-Mail als in diesem Sinne in den Herrschaftsbereich eines dienstliche Kommunikationseinrichtungen nutzenden Arbeitnehmers gelangt anzusehen ist s. *Brink/Wirtz* AuR 2016, 255, 256. Ob der Arbeitgeber zur Einsicht in **geschäftlich versandte E-Mails** befugt ist, ist str. Aus dienstlichem Anlass geführte Telefongespräche unterliegen dem durch Art. 1 Abs. 1, Art. 2 Abs. 1 GG gewährleisteten grundrechtlichen Schutz des gesprochenen Wortes, der eine Verwertung nur bei überwiegenden Interessen des Arbeitgebers zulässt (*BVerfG* 19.12.1991 EzA § 611 BGB Persönlichkeitsrecht Nr. 10, zu II 2a). Da E-Mails jedoch eher mit schriftlicher Geschäftskorrespondenz als mit dienstlichen Telefongesprächen zu vergleichen sind, wird man idR ein Einsichtsrecht des Arbeitgebers bejahen müssen (AR-*Scholz* 8. Aufl. § 32 BDSG Rn 10; *Kömpf/Kunz* NZA 2007, 1341, 1344; *Wolf/Mulert* DB 2008, 442). Dies gilt umso mehr, als sie dem Geschäftspartner, an den sie gerichtet wurden, ohnehin vorliegen und die Kenntnis über vergangene Geschäftsvorgänge nicht allein von einem einzelnen Arbeitnehmer abhängen kann. Einsicht in Beiträge des Arbeitnehmers in **Internetforen** oder **sozialen Netzwerken** wird der Arbeitgeber nur nehmen dürfen, soweit es sich um Korrespondenz in Ausführung vertraglich geschuldeter Arbeitsleistung handelt (so zutr. *Oberwetter* NJW 2011, 417, 419) und es sich nicht um eine rein spontane, nicht formalisierte Kommunikation handelt. Zur Internetnutzung vgl. auch *Beckschulze* DB 2003, 2777, DB 2007, 1526; *Hunold* NZA-RR 2003, 62; *Kramer* NZA 2004, 457, NZA 2006, 194; *Fischer* AuR 2005, 91; *Mengel* NZA 2005, 752; *dies.* BB 2004, 1445, 2014).

542 Der Arbeitnehmer ist auch nach seiner Einstellung verpflichtet, Fragen des Arbeitgebers, die für das Arbeitsverhältnis von Bedeutung sind, ggf. in einem **Personalfragebogen**, zutreffend zu

beantworten, etwa nach seiner Vor- und Ausbildung (*BAG* 7.9.1995 EzA § 242 BGB Auskunftspflicht Nr. 4). Im öffentlichen Dienst darf der Arbeitgeber den Arbeitnehmer nach der Abgabe einer Verpflichtungserklärung zur Zusammenarbeit mit dem Ministerium für Staatssicherheit (MfS) der DDR befragen (*BAG* 13.6.1996 EzA § 1 KSchG Verhaltensbedingte Kündigung Nr. 48), ferner nach einer Tätigkeit für das MfS und nach Funktionen in politischen Parteien und Massenorganisationen der DDR (*BAG* 7.9.1995 EzA § 242 BGB Auskunftspflicht Nr. 4). Die **vorsätzliche Falschbeantwortung** solcher Fragen auch vor der Einstellung (vgl. *Ehrich* DB 2000, 427) kann, ggf. auch ohne Abmahnung, wegen der damit verbundenen Störung des Vertrauensverhältnisses eine verhaltensbedingte Kündigung rechtfertigen (*BAG* 27.3.2003 RzK I 5h Nr. 67; 20.8.1997 RzK I 5i Nr. 129). Auch außerhalb des öffentlichen Dienstes kann es Arbeitsstellen geben, deren Besetzung der Arbeitgeber von der wahrheitsgemäßen Beantwortung der Fragen nach etwaiger MfS-Verstrickung abhängig machen kann, zB bei einem Zeitungsredakteur (*BAG* 13.6.2002 EzA § 1 KSchG Verhaltensbedingte Kündigung Nr. 57; 25.10.2001 EzA § 626 BGB nF Nr. 191). Die fehlende Zustimmung des Personalrats zu einem Personalfragebogen berechtigt den Arbeitnehmer nicht, eine in dem Fragebogen individualrechtlich zulässigerweise gestellte Frage wahrheitswidrig zu beantworten (*BAG* 2.12.1999 EzA § 94 BetrVG 1972 Nr. 4 = SAE 2000, 341 m. zust. Anm. *Gitter*). Im Rahmen der Interessenabwägung ist jedoch zu prüfen, ob eine einmalige Unehrlichkeit des Arbeitnehmers Auswirkungen auf die konkret auszuübende Tätigkeit oder auf ein schützenswertes Vertrauen des Arbeitgebers in den Arbeitnehmer hat oder ob die Unehrlichkeit ansonsten ohne Auswirkungen im Arbeitsverhältnis ist (*BAG* 13.6.1996 EzA § 1 KSchG Verhaltensbedingte Kündigung Nr. 48). Die **Nichtbeantwortung** zulässigerweise gestellter Fragen steht einer Falschbeantwortung nicht gleich (*BAG* 10.10.1996 ZTR 1997, 88). Die Falschbeantwortung von zulässigen Fragen vor der Einstellung berechtigt den Arbeitgeber auch zur Anfechtung des Arbeitsvertrags wegen arglistiger Täuschung (s. hierzu KR-*Fischermeier*/*Krumbiegel* § 626 BGB Rdn 47; aA DDZ-*Däubler* Rn 762: nur Anfechtung, keine Kündigung zulässig).

Die Weigerung des Arbeitnehmers, zu einer vom Arbeitgeber angeordneten **Rücksprache** zu erscheinen, kommt als verhaltensbedingter Kündigungsgrund in Betracht, wenn es sich um eine wichtige Unterredung (zB Vertragsverhandlungen mit Kunden) handelt und dem Arbeitnehmer das Erscheinen zumutbar und möglich ist. Eine außerordentliche Kündigung kommt dagegen nur in schwerwiegenden Fällen (zB bei einer hartnäckigen Weigerung, an einem wichtigen Gespräch teilzunehmen) in Betracht (*LAG Düsseld.* 22.3.1966 DB 1966, 947). Auch das **heimliche Mitschneiden eines Personalgesprächs** oder des sonst im Betrieb nicht öffentlich gesprochenen Wortes kann je nach den Umständen des Einzelfalls – ggf. auch ohne Abmahnung – eine Kündigung rechtfertigen (*BAG* 19.7.2012 EzA § 15 KSchG nF Nr. 72, Rn 40; *LAG RhPf* 18.9.1996 NZA 1997, 826). In minder schweren Fällen kann eine Abmahnung ausreichen (*LAG SchlH* 26.7.2001 RzK I 5i Nr. 169). 543

Es besteht keine vertragliche Pflicht für einen Arbeitnehmer, der eine Beschwerde erhoben hat, zur Erörterung derselben im Büro seines Vorgesetzten zu erscheinen, so dass auf eine Weigerung des Arbeitnehmers auch keine Kündigung gestützt werden kann (*LAG Düsseld.* 6.12.1977 DB 1978, 751). Die Ausübung des dem Arbeitnehmer nach § 84 BetrVG zustehenden **Beschwerderechts** kann für sich genommen schon wegen des in § 84 Abs. 3 BetrVG enthaltenen Benachteiligungsverbots eine Kündigung nicht rechtfertigen. Das Benachteiligungsverbot des § 84 Abs. 3 BetrVG gilt auch für die Erhebung einer Beschwerde beim Betriebsrat nach § 85 Abs. 1 BetrVG. Wird die Kündigung ausschließlich auf die Ausübung dieses Rechts gestützt, ist sie wegen Verstoßes gegen ein gesetzliches Verbot nach § 134 BGB nichtig (*BAG* 11.3.1982 – 2 AZR 798/79, zu II 2a cc; DKW-*Buschmann* § 84 Rn 34; GK-BetrVG/*Franzen* § 84 Rn 35). Auch eine Beschwerde nach §§ 84, 85 BetrVG kann allerdings wegen ihres Inhalts oder ihrer Begleitumstände eine verhaltensbedingte Kündigung rechtfertigen, wenn etwa bewusst unrichtige schwere Anschuldigungen gegen den Arbeitgeber oder den Betriebsrat erhoben werden (*BAG* 11.3.1982 – 2 AZR 798/79, zu II 2b; *LAG Köln* 30.1.1999 LAGE § 626 BGB Nr. 128, zu I 2; DKW-*Buschmann* § 84 Rn 34; GK-BetrVG/*Franzen* § 84 Rn 34). 544

p) **Sexuelle Belästigung**

545 Sexuelle Belästigungen am Arbeitsplatz verletzen arbeitsvertragliche Pflichten (§§ 1, 3 Abs. 4, 4, 12 AGG). Sexuelle Belästigung ist nach der Legaldefinition von § 3 Abs. 4 AGG ein unerwünschtes sexuell bestimmtes Verhalten, das bezweckt oder bewirkt, dass die Würde der betroffenen Person verletzt wird, insbes. wenn ein von Einschüchterungen, Anfeindungen, Erniedrigungen, Entwürdigungen oder Beleidigungen gekennzeichnetes Umfeld geschaffen wird. Als derartige Handlungen in Betracht kommen körperliche Berührungen, Bemerkungen sexuellen Inhalts sowie Zeigen und sichtbares Anbringen pornographischer Darstellungen. Dazu gehören insbes. unerwünschte anzügliche Bemerkungen, intime Fragen, Aufforderungen zu sexuellen Handlungen und körperliche Kontakte wie das Umlegen des Armes um die Schultern oder gar das Berühren von Geschlechtsorganen (*BVerwG* 15.11.1996 NJW 1997, 958; 12.11.1997 AuR 1998, 459 LS; *LAG Hamm* 13.2.1997 BB 1997, 1485). Die absichtliche Berührung primärer oder sekundärer Geschlechtsmerkmale eines anderen ist sexuell bestimmt iSd § 3 Abs. 4 AGG, ohne dass es auf eine sexuelle Motivation der Berührung ankäme (*BAG* 29.6.2017 EzA § 626 BGB 2002 Nr. 60). Ebenso eine sexuelle Belästigung kann das gezielte Entblößen des Intimbereichs eines Kollegen am Arbeitsplatz darstellen (*BAG* 20.5.2021 – 2 AZR 596/20, DB 2021, 2225). Bei anderen Handlungen, die nicht unmittelbar das Geschlechtliche im Menschen zum Gegenstand haben, wie bspw. Umarmungen, kann sich eine Sexualbezogenheit aufgrund einer mit ihnen verfolgten sexuellen Absicht ergeben (*BAG* 2.3.2017 EzA § 626 BGB 2002 Verdacht strafbarer Handlung Nr. 16). Im Unterschied zu § 3 Abs. 3 AGG können auch einmalige sexuell bestimmte Verhaltensweisen den Tatbestand einer sexuellen Belästigung erfüllen (*BAG* 20.11.2014 EzA § 626 BGB 2002 Nr. 47, Rn 17; 9.6.2011 EzA § 626 BGB 2002 Nr. 47, Rn 18 mwN). Gem. § 12 Abs. 3 AGG hat der Arbeitgeber sexuellen Belästigungen durch Abmahnung, Umsetzung, Versetzung oder Kündigung entgegenzuwirken. Die Bestimmung konkretisiert den Verhältnismäßigkeitsgrundsatz (*BAG* 20.11.2014 EzA § 626 BGB 2002 Nr. 47, Rn 23; 9.6.2011 EzA § 626 BGB 2002 Nr. 47, Rn 28 mwN). Eine Kündigung ist erforderlich, wenn keine andere der genannten Maßnahmen ausreicht, um die Benachteiligung zu unterbinden (*BAG* 25.3.2004 EzA § 626 BGB 2002 Nr. 6, zu B II 2; *Merzodko/Rinne* ZTR 2000, 308). Dabei ist eine sexuelle Belästigung »an sich« geeignet, auch eine **außerordentliche Kündigung** zu rechtfertigen (*BAG* 9.6.2011 EzA § 626 BGB 2002 Nr. 47, Rn 28 mwN; 25.3.2004 EzA § 626 BGB 2002 Nr. 6, zu B I 2a, II 3; *LAG Hamm* 22.10.1996 NZA 1997, 769; *Hess. LAG* 27.1.2004 AuR 2005, 342 LS; *Berkowsky* NZA-RR 2001, 63; Beispiele bei *Mästle* BB 2002, 251 f.). Ob sie zur Kündigung berechtigt, ist abhängig von den Umständen des Einzelfalls, u.a. von ihrem Umfang und ihrer Intensität (*BAG* 9.6.2011 EzA § 626 BGB 2002 Nr. 47, Rn 28 mwN; 25.3.2004 EzA § 626 BGB 2002 Nr. 6, zu B I 2a mwN). Dabei kann es zugunsten des Arbeitnehmers zu würdigen sein, wenn er sich über die Unerwünschtheit seines Verhaltens geirrt hat (vgl. *BAG* 20.11.2014 EzA § 626 BGB 2002 Nr. 47, Rn 33; 9.6.2011 EzA § 626 BGB 2002 Nr. 47, Rn 38). Zu seinen Lasten ist es zu berücksichtigen, wenn das belästigende Verhalten fortgesetzt und hartnäckig erfolgte (vgl. *BAG* 20.11.2014 EzA § 626 BGB 2002 Nr. 47, Rn 33; 9.6.2011 EzA § 626 BGB 2002 Nr. 47, Rn 37). Der nicht erwiesene Verdacht einer sexuellen Belästigung rechtfertigt eine Kündigung des beschuldigten Arbeitnehmers nur unter den Voraussetzungen einer Verdachtskündigung (*BAG* 8.6.2000 EzA § 15 KSchG nF Nr. 50, zu B II 3c). Ähnliche Maßstäbe gelten für sonstige Formen der Belästigung von Kollegen etwa durch die beharrliche Missachtung der Privatsphäre und des Wunsches von Kollegen, eine private Kontaktaufnahme zu unterlassen (sog. **Stalking**). Ob hier ggf. ohne vorherige Abmahnung eine ordentliche oder in schweren Fällen auch außerordentliche verhaltensbedingte Kündigung in Betracht kommt, hängt von den jeweiligen Umständen des Einzelfalls ab (vgl. *BAG* 19.4.2012 EzA § 626 BGB 2002 Nr. 29, Rn 33). **Im Prozess** müssen die Umstände der Belästigung konkret vorgetragen werden. Die pauschale Behauptung, dass es zu einem sexuellen Übergriff gekommen sei oder dass sich Kolleginnen belästigt fühlten, genügt nicht (*BAG* 26.6.1997 RzK I 5i Nr. 124, zu B I 2a; *ArbG Kaiserslautern* 27.3.2008 AuR 2008, 276 LS). Umgekehrt kann die **wahrheitswidrige Behauptung** einer sexuellen Belästigung durch einen Vorgesetzten eine verhaltensbedingte Kündigung rechtfertigen (*LAG RhPf* 16.2.1996 LAGE § 1 KSchG Verhaltensbedingte Kündigung Nr. 54; *Hess. LAG* 3.5.2005 – 15 Sa 1454/04, nv).

q) Strafbare Handlungen

Strafbare Handlungen kommen nur dann als Gründe im Verhalten des Arbeitnehmers für eine ordentliche Kündigung in Betracht, wenn sie zugleich einen Verstoß gegen arbeitsvertragliche Pflichten darstellen (*BAG* 6.11.2003 EzA § 626 BGB 2002 Verdacht strafbarer Handlung Nr. 2, zu I 1a bb; s. Rdn 489). Eine in der Praxis ebenfalls bedeutsame Fallgruppe zeichnet sich dadurch aus, dass sich außerdienstlich begangene Straftaten unmittelbar auf die **Eignung** des betreffenden Arbeitnehmers auswirken und in diesem Fall eine personenbedingte Kündigung rechtfertigen können (s. Rdn 418 f.; ebenso wohl ErfK-*Oetker* Rn 194; zur kündigungsrechtlichen Bedeutung von **Vorstrafen** s. Rdn 550 f.). Bei **Arbeitnehmern in besonderer Vertrauensstellung**, insbes. bei solchen, die mit der Wahrnehmung von Aufsichtsfunktionen betraut sind, kann auch die **unterlassene Meldung** strafbarer Handlungen von Kollegen ein Kündigungsgrund im Verhalten des Arbeitnehmers sein (*ArbG Stuttg.* 9.12.1981 DB 1982, 1626). Das Gleiche gilt, wenn ein Arbeitnehmer gegen den Arbeitgeber gerichtete Straftaten von Arbeitskollegen in seinem Arbeitsbereich (zB Diebstahl von Arbeitsmaterial) dem Arbeitgeber nicht meldet, obwohl Wiederholungsgefahr besteht (*LAG Hamm* 29.7.1994 BB 1994, 2352) oder wenn ein Bewährungshelfer einen flüchtigen Häftling in seiner Wohnung aufnimmt (*Sächs. LAG* 17.12.1997 LAGE § 1 KSchG Verhaltensbedingte Kündigung Nr. 61).

546

Begeht der Arbeitnehmer in **Ausübung** (zB Verkehrsdelikte eines Berufskraftfahrers bei Dienstfahrten) oder bei **Gelegenheit der Arbeitsleistung** (zB Diebstähle oder Tätlichkeiten gegenüber Arbeitskollegen oder Kunden des Arbeitgebers) oder in den Geschäftsräumen des Arbeitgebers **Straftaten**, wird das Arbeitsverhältnis regelmäßig erheblich beeinträchtigt (*BAG* 30.5.1978 EzA § 626 BGB nF Nr. 66; 6.11.2003 EzA § 626 BGB 2002 Verdacht strafbarer Handlung Nr. 2, zu B II 2b; *LAG Köln* 12.3.2002 LAGE BGB § 626 Nr. 140, zu 1a aa; *LAG RhPf* 25.1.2008 AuA 2008, 433). Begeht er bei oder im Zusammenhang mit seiner Arbeit rechtswidrige und vorsätzliche – ggf. strafbare – Handlungen unmittelbar gegen das Vermögen des Arbeitgebers, verletzt er in schwerwiegender Weise seine schuldrechtliche Pflicht zur Rücksichtnahme (§ 241 Abs. 2 BGB) und missbraucht das in ihn gesetzte Vertrauen. Dies kann eine Kündigung, ggf. auch eine außerordentliche aus wichtigem Grund iSd § 626 Abs. 1 BGB, rechtfertigen (*BAG* 31.7.2014 NZA 2015, 621, Rn 27). Das gilt im Grundsatz ebenso, wenn die rechtswidrige Handlung Gegenstände von nur geringem Wert betrifft (*BAG* 31.7.2014 NZA 2015, 621, Rn 27; 16.12.2010 EzA § 626 BGB 2002 Nr. 33, Rn 18). Maßgebend ist der mit der Pflichtverletzung verbundene Vertrauensbruch (*BAG* 31.7.2014 NZA 2015, 621, Rn 27; 21.6.2012 EzA § 611 BGB 2002 Persönlichkeitsrecht Nr. 13, Rn 17). Dabei hängt es maßgeblich von den Umständen des Einzelfalles ab, ob darin ein wichtiger Grund für eine außerordentliche Kündigung oder ein verhaltensbedingter Grund für eine ordentliche Kündigung liegt. Eine Abmahnung dürfte im Allgemeinen entbehrlich sein (zu Ausnahmen s. Rdn 549), da der Arbeitnehmer regelmäßig nicht mit einer Billigung durch den Arbeitgeber rechnen kann (aA *ArbG Hmb.* 21.9.1998 AiB 1999, 177). Erschwerend wirkt es, wenn der Arbeitnehmer die Tat innerhalb seines arbeitsvertraglichen Aufgabenbereichs verübt und eine ihm obliegende Obhutspflicht verletzt (*BAG* 27.3.2003 EzA § 611 BGB 2002 Persönlichkeitsrecht Nr. 1, zu B I 1; 10.2.2005 EzA § 1 KSchG Verdachtskündigung Nr. 3, zu B I 3). Von Bedeutung ist ferner der **Grad des Verschuldens**. So lässt die Geltendmachung einer objektiv unberechtigten Forderung nicht ohne weitere Indizien auf ein Handeln in Betrugsabsicht schließen. Dann kann – wenn überhaupt eine Pflichtwidrigkeit vorliegt – jedenfalls eine Abmahnung ausreichen (*BAG* 7.12.2006 EzA § 1 KSchG Verhaltensbedingte Kündigung Nr. 70, zu B II 2a). Auch die Vorlage objektiv unrichtiger Abrechnungen rechtfertigt insbesondere bei einer offenen, jederzeit überprüfbaren Abrechnungspraxis nicht ohne Weiteres die Annahme eines vorsätzlichen Handelns (*BGH* 9.11.1992 LM § 626 BGB Nr. 34, zu II 2b; 28.10.2002 NJW 2003, 431, zu I 2c). Ein **Verbotsirrtum** ist in der Interessenabwägung zugunsten des Arbeitnehmers zu berücksichtigen (*BAG* 14.2.1996 EzA § 626 BGB nF Nr. 160, zu II 4). Bei einer gegen Geschäftspartner oder Kunden des Arbeitgebers gerichteten Straftat kommt es für das kündigungsrechtliche Gewicht der Pflichtverletzung wesentlich darauf an, ob und ggf. wie schwer die Geschäftsbeziehung des Arbeitgebers durch die Tat belastet wird (*Schall* RdA 2010, 225, 228).

547

548 Eine **außerordentliche Kündigung** kann insbes. dann in Betracht kommen, wenn durch die strafbare Handlung Rechte oder Rechtsgüter des Arbeitgebers oder anderer Arbeitnehmer verletzt oder konkret beeinträchtigt werden. Dies ist etwa der Fall beim **Missbrauch von Kontrolleinrichtungen** (*LAG Düsseld.* 18.4.1967 DB 1967, 1096; 21.9.1976 DB 1977, 501); bei **unrichtigen Stundenbescheinigungen** (*BAG* 13.8.1987 RzK I 5i Nr. 31) und falschem Gebrauch einer Arbeitszeiterfassungsanlage, etwa einer Stempelkarte für einen Kollegen (*BAG* 21.4.2005 EzA § 91 SGB IX Nr. 1, zu B II 1; 24.11.2005 EzA § 626 BGB 2002 Nr. 12, zu II 3b); bei **Änderungen auf der Stempelkarte** (*LAG Bln.* 6.6.1988 RzK I 5i Nr. 38; *LAG Hamm* 20.2.1986 DB 1986, 1338); bei **Arbeitszeit- oder Spesenbetrug**, selbst wenn es sich um einen einmaligen Fall mit geringem Schaden handelt (*BAG* 2.6.1960 und 22.11.1962 AP § 626 BGB Nr. 42 und 49; 6.9.2007 EzA § 626 BGB 2002 Nr. 18, zu B I 1c aa); bei fortgesetztem Nichtausstempeln während **Raucherpausen** trotz mehrerer Abmahnungen (*ArbG Duisburg* 14.9.2009 AuA 2009, 723); bei der Manipulation eines **Urlaubsguthabens** (*Hess. LAG* 20.8.2004 NZA-RR 2005, 301, zu 1); bei der **Abgabe falscher Besuchsberichte** (*ArbG Düsseld.* 10.2.1961 BB 1961, 863); bei **Verkehrsdelikten** eines Berufskraftfahrers auf Dienstfahrten (*ArbG Essen* 8.5.1963 DB 1964, 76); bei **Diebstahl oder Unterschlagung** (*BAG* 20.9.1984 EzA § 626 BGB nF Nr. 91; 20.9.1984 EzA § 1 KSchG Verhaltensbedingte Kündigung Nr. 14), auch gegenüber Kollegen (*LAG Köln* 12.3.2002 LAGE § 626 BGB Nr. 140, zu 1a cc; *LAG RhPf* 25.1.2008 AuA 2008, 423: Diebstahl aus der Kaffeekasse); bei **Tätlichkeiten** gegenüber Arbeitskollegen (*BAG* 30.9.1993 RzK I 5i Nr. 85); bei Tätlichkeiten und **groben Beleidigungen** gegenüber dem Arbeitgeber oder dessen Stellvertreter (s. Rdn 500 ff.).

549 In minder schweren Fällen kann eine **ordentliche Kündigung** gerechtfertigt sein, in Einzelfällen noch nicht einmal diese, etwa bei einer einmaligen Entgleisung eines langjährig beschäftigten Angestellten (*BAG* 30.9.1993 RzK I 5i Nr. 85). Auch Vermögensdelikte, die **Gegenstände von nur geringem Wert** betreffen, sind »an sich« zur Kündigungsrechtfertigung geeignet (*BAG* 31.7.2014 NZA 2015, 621, Rn 27; 10.6.2010 EzA § 626 BGB 2002 Nr. 32, zu A III 2). Handelt es sich um Arbeitnehmer in einer besonderen Vertrauensstellung, kann auch bei der rechtswidrigen und schuldhaften Entwendung einer im Eigentum des Arbeitgebers stehenden Sache von geringem Wert sogar eine außerordentliche Kündigung gerechtfertigt sein (*BAG* 12.8.1999 EzA § 626 BGB Verdacht strafbarer Handlung Nr. 8; 10.6.2010 EzA § 626 BGB 2002 Nr. 32, zu A III 2f; s. KR-*Fischermeier/Krumbiegel* § 626 BGB Rdn 463).

r) **Vorstrafen**

550 Eine verhaltensbedingte ordentliche Kündigung kann auch in Betracht kommen, wenn der Arbeitnehmer bei der Einstellung auf ausdrückliches Befragen **einschlägige Vorstrafen** verschweigt, um seine Einstellungschancen nicht zu beeinträchtigen (*BAG* 15.1.1970 AP § 1 KSchG Verhaltensbedingte Kündigung Nr. 7; 15.12.1957 EzA § 123 BGB Nr. 1). Für die Frage, welche Vorstrafen einschlägig sind, kommt es nicht auf die subjektive Einstellung des Arbeitgebers an; entscheidend ist die Art des zu besetzenden Arbeitsplatzes (*BAG* 7.2.1964 AP § 276 BGB Verschulden bei Vertragsabschluss Nr. 6; 15.1.1970 AP § 1 KSchG Verhaltensbedingte Kündigung Nr. 7; 20.5.1999 EzA § 123 BGB Nr. 52, zu B I 1b bb). Je nachdem darf etwa nach **Vorstrafen auf vermögensrechtlichem Gebiet** (zB bei einem Bankkassierer oder Finanzbuchhalter), nach **verkehrsrechtlichen Vorstrafen** (zB bei einem Berufskraftfahrer) oder nach Vorstrafen **aus dem Bereich der Sexualdelikte** (zB bei einem Lehrer oder Erzieher) gefragt werden. Je nach den Umständen darf der Arbeitgeber den Bewerber auch nach **laufenden Ermittlungsverfahren** fragen und von ihm verlangen, während eines längeren Bewerbungsverfahrens anhängig werdende einschlägige Ermittlungsverfahren nachträglich mitzuteilen, etwa bei der Einstellung in den Polizeivollzugsdienst (*BAG* 20.5.1999 EzA § 123 BGB Nr. 52, zu B I 1b cc – ee). Regelmäßig keine Auskunftspflicht und damit auch kein Fragerecht besteht hinsichtlich bereits **getilgter oder tilgungsreifer Vorstrafen** (*BAG* 20.3.2014 EzA § 123 BGB 2002 Nr. 14, Rn 32 ff.; und 41 ff.).

551 Bei inhaltlich oder zeitlich **unpräzisen Fragen** trägt der Arbeitgeber das Risiko einer unzutreffenden Beantwortung. Hier gilt nichts anderes als bei einer unzulässigen Fragestellung. Die

wahrheitswidrige Beantwortung einer unzulässigen Frage ist keine arglistige Täuschung iSd § 123 BGB (*BAG* 15.1.1970 AP Nr. 7 zu § 1 KSchG Verhaltensbedingte Kündigung; 5.10.1995 EzA § 123 BGB Nr. 41, zu II 1; 6.2.2003 EzA § 611a BGB 2002 Nr. 1, zu B I 2). Eine ordentliche Kündigung kommt in diesen Fällen ebenso wenig in Betracht wie eine Anfechtung des Arbeitsvertrages wegen arglistiger Täuschung (vgl. KR-*Fischermeier/Krumbiegel* § 626 BGB Rdn 47).

V. Betriebliche Gründe

1. Dringende betriebliche Erfordernisse

a) Bedeutung des Kündigungsgrundes

Eine arbeitgeberseitige ordentliche Kündigung ist nach § 1 Abs. 2 S. 1 KSchG sozial gerechtfertigt, wenn sie durch **dringende betriebliche Erfordernisse, die einer Weiterbeschäftigung des Arbeitnehmers in diesem Betrieb entgegenstehen, bedingt ist**. Es muss im Zeitpunkt des Ablaufs der Kündigungsfrist ein **Arbeitskräfteüberhang** bestehen (*BAG* 30.5.1985 EzA § 1 KSchG Betriebsbedingte Kündigung Nr. 36). Während die Gründe in der Person oder im Verhalten des Arbeitnehmers in dessen Sphäre liegen, handelt es sich bei »dringenden betrieblichen Erfordernissen« um Umstände, die dem Einflussbereich des Arbeitgebers in dessen Eigenschaft als Unternehmer unterliegen. Durch diese legislative Grundentscheidung ist anerkannt, dass das Bestandsschutzinteresse des einzelnen Arbeitnehmers zurückzutreten hat, wenn die betrieblichen Verhältnisse einen Personalabbau erforderlich machen. Angesichts dessen kann de lege lata nicht angenommen werden, dass dem einzelnen Arbeitnehmer ein absolut geschütztes **Recht am Arbeitsplatz** iSd § 823 Abs. 1 BGB zusteht (zu dieser Problematik *BAG* 30.9.1970 AP Nr. 2 zu § 70 BAT; 4.6.1998 EzA § 823 BGB Nr. 9, zu B III 1b; *Bauer* RdA 1983, 137; *Hedemann* RdA 1953, 121; *Herschel* RdA 1960, 121; *ders.* DB 1973, 80; *ders.* BB 1977, 708; *Schwerdtner* ZfA 1977, 47). Es besteht vielmehr nur ein durch die Bestimmungen des individuellen und kollektiven Kündigungsschutzes konkretisierter relativer Bestandsschutz. Der fehlende absolute Charakter dieses Schutzes zeigt sich besonders deutlich bei der betriebsbedingten Kündigung, die zu einem entschädigungslosen Verlust des Arbeitsplatzes führen kann, obwohl der Arbeitnehmer weder durch seine Person noch durch sein Verhalten Anlass zur Kündigung gegeben hat.

552

Wegen der Abhängigkeit von zahlreichen Marktdaten ist der Personalbedarf eines Betriebs keine konstante Größe, sondern unterliegt insbes. konjunkturellen, saisonalen und branchenspezifischen Einflüssen. Die **Notwendigkeit quantitativer, struktureller und qualitativer Anpassungsprozesse innerhalb der Belegschaft** wird durch den Gesetzgeber dadurch anerkannt, dass er dem Arbeitgeber die Möglichkeit einräumt, beim Vorliegen dringender betrieblicher Erfordernisse sich von den nicht mehr benötigten Arbeitskräften zu trennen bzw. sie – ggf. nach erforderlichen Umschulungs- oder Fortbildungsmaßnahmen – auf anderen Arbeitsplätzen weiterzubeschäftigen. Ebenso wie bei den Kündigungsgründen in der Person oder im Verhalten des Arbeitnehmers hat der Gesetzgeber darauf verzichtet, durch eine Legaldefinition oder durch die Anführung von Beispielen den in § 1 Abs. 2 S. 1 KSchG verwandten Begriff der »**dringenden betrieblichen Erfordernisse**« zu konkretisieren. So lässt sich dem Gesetz nur entnehmen, dass die betrieblichen Erfordernisse eine gewisse Belastungsgrenze erreicht haben müssen, um die Kündigung zu rechtfertigen (HAS-*Preis* § 19 F Rn 46). Durch die Verwendung dieses **unbestimmten Rechtsbegriffs** soll offenbar auch dem Umstand Rechnung getragen werden, dass im Betriebsablauf eine Fülle **außerbetrieblicher**, dh vom Betrieb nicht beeinflussbarer **Faktoren** (gesamtwirtschaftliche Rezessionserscheinungen, branchenspezifische Strukturveränderungen, technologische Entwicklung, Drittmittelkürzung usw.) für einen Abbau von Personal ursächlich sein können. Aber auch **innerbetriebliche Faktoren**, dh vom Unternehmer veranlasste Maßnahmen (technisch oder organisatorisch bedingte Änderungen des Arbeitsablaufs, Rationalisierungsmaßnahmen usw.), können ein »dringendes betriebliches Erfordernis« für eine Kündigung sein, wenn sie zum Wegfall von Arbeitsplätzen führen. Dementsprechend unterscheidet das BAG zwischen außerbetrieblichen und innerbetrieblichen Gründen für die Kündigung (*BAG* 7.12.1978 EzA § 1 KSchG Betriebsbedingte Kündigung Nr. 10; 30.5.1985 EzA § 1 KSchG Betriebsbedingte Kündigung Nr. 36; 18.10.2006 EzA § 1 KSchG Soziale Auswahl Nr. 73, zu B

553

I 2). Dies dient der Präzisierung der Kündigungsvoraussetzungen und der Darlegungslast (DDZ-*Deinert* Rn 250; HWK-*Quecke* Rn 260; krit. Bader/Bram-*Volk* Rn 256 f.).

b) Außerbetriebliche Gründe

554 Außerbetriebliche Gründe sind von der Betriebsgestaltung und -führung unabhängige Umstände, **die einen konkreten Bezug zum Betrieb des Arbeitgebers haben** und sich auf bestimmte Arbeitsplätze auswirken, zB Auftragsmangel, Rohstoffmangel, Umsatzrückgang (*Hillebrecht* ZfA 1991, 93). Dagegen sind **arbeitsmarkt-, beschäftigungs- oder sozialpolitische Aspekte keine kündigungsschutzrechtlich relevanten externen Faktoren** (*BAG* 13.3.1987 EzA § 1 KSchG Betriebsbedingte Kündigung Nr. 44; *Preis* DB 1988, 1391 f.; krit. *Hahn* DB 1988, 1015). Bei ihnen fehlt es an einem konkreten Bezug zum Betrieb. Will im Arbeitgeber aus derartigen Gründen einen Personalaustausch vornehmen, um anstelle der entlassenen Arbeitnehmer Arbeitslose einzustellen (sog. **Austauschkündigung**), fehlt es an einem dringenden betrieblichen Erfordernis (HK-*Weller/ Dorndorf* Rn 964). Das gilt auch dann, wenn der Arbeitgeber durch die Einstellung eines Schwerbehinderten die Pflichtplatzquote nach § 154 SGB IX erfüllen will (HAS-*Preis* § 19 F Rn 57; *Preis* FS Bauer S. 828, 832).

555 Außerbetriebliche Faktoren sind nur dann geeignet, eine betriebsbedingte Kündigung zu rechtfertigen, wenn sie einen **Überhang an Arbeitskräften auslösen**, durch den mittelbar oder unmittelbar das Bedürfnis zur Weiterbeschäftigung eines oder mehrerer Arbeitnehmer entfällt (*BAG* 30.5.1985 EzA § 1 KSchG Betriebsbedingte Kündigung Nr. 36; 13.3.1987 EzA § 1 KSchG Betriebsbedingte Kündigung Nr. 44; *Hillebrecht* ZfA 1991, 93). Der Wegfall der Beschäftigungsmöglichkeit für einen Arbeitnehmer ist allerdings auch in solchen Fällen ohne einen Willensakt des Arbeitgebers, dh ohne eine **Unternehmerentscheidung**, nicht denkbar (*Ascheid* Rn 238; LKB-*Krause* Rn 687; HaKo-KSchR/*Zimmermann* Rn 663; ErfK-*Oetker* Rn 219). Dem Arbeitgeber bleibt es etwa bei einem Auftragsverlust unbenommen, nicht anteilig Arbeitnehmer zu entlassen, sondern auf Vorrat zu produzieren oder aufgelaufene Überstunden abzubauen. Er kann sich aber auch entschließen, die Anzahl der zur Verfügung gestellten Beschäftigungsmöglichkeiten entsprechend den erteilten Aufträgen den objektiv tatsächlich vorhandenen Beschäftigungsmöglichkeiten anzupassen. Eine derartige **Anpassungsentscheidung** ist zwar ebenfalls eine unternehmerische Entscheidung, gehört aber nicht zu den kündigungsrechtlich weitgehend bindenden **gestaltenden Unternehmerentscheidungen**, die eine innerbetriebliche Umgestaltung der Betriebsorganisation oder der Arbeitsabläufe voraussetzen (s. Rdn 556 ff.). Mit einer Anpassungsentscheidung beruft sich der Arbeitgeber anders als bei einer organisatorischen Umstrukturierungsentscheidung auf eine unmittelbare Kausalkette zwischen dem außerbetrieblichen Grund und dem Wegfall des Bedürfnisses zur Beschäftigung einer bestimmten Anzahl von Arbeitnehmern. Deshalb muss er sich daran messen lassen (sog. **Selbstbindung des Arbeitgebers**; *BAG* 30.5.1985 EzA § 1 KSchG Betriebsbedingte Kündigung Nr. 36; 11.9.1986 RzK I 5c Nr. 13; 15.6.1989 EzA § 1 KSchG Betriebsbedingte Kündigung Nr. 63; DDZ-*Deinert* Rn 251, 254). Die Anpassungsentscheidung wird daher als »**gebundene**« (so HaKo-KSchR/*Zimmermann* Rn 663), »**selbstbindende**« (so HaKo-ArbR/*Schubert* Rn 383) oder »**reagierende Unternehmerentscheidung**« (so AR-*Kaiser* Rn 122) bezeichnet. In den meisten Fällen sind jedoch außerbetriebliche Faktoren nur der Anlass für eine gestaltende Unternehmerentscheidung, dh für innerbetriebliche Maßnahmen, die nach den zu Rdn 556 f. dargestellten Grundsätzen zu beurteilen sind, ohne dass es auf die zugrundeliegenden außerbetrieblichen Faktoren ankommt (sog. »**ungebundene Unternehmerentscheidung**«, *BAG* 26.1.1984 RzK I 5c Nr. 7; 18.10.2006 EzA § 1 KSchG Soziale Auswahl Nr. 73, zu B I 2; *Stahlhacke* DB 1994, 1363).

c) Innerbetriebliche Gründe

556 Innerbetriebliche Gründe sind **alle betrieblichen Maßnahmen** auf technischem, organisatorischem oder wirtschaftlichem Gebiet, durch die der Arbeitgeber seine Entscheidung über die der Geschäftsführung zugrundeliegende Unternehmenspolitik im Hinblick auf den Markt oder hinsichtlich der unternehmensinternen Organisation des Betriebs und der Produktion verwirklicht und **die sich auf**

die **Beschäftigungsmöglichkeiten im Betrieb auswirken** (*Hillebrecht* ZfA 1991, 94). Der Arbeitgeber trifft hier eine **Unternehmerentscheidung**, die zur Folge hat, dass ein Überhang an Arbeitskräften herbeigeführt wird und damit das Bedürfnis für die Weiterbeschäftigung eines oder mehrerer Arbeitnehmer entfällt (*BAG* 30.5.1985 EzA § 1 KSchG Betriebsbedingte Kündigung Nr. 36; 26.9.1996 EzA § 1 KSchG Betriebsbedingte Kündigung Nr. 86; 18.10.2006 EzA § 1 KSchG Soziale Auswahl Nr. 73, zu B I 2). Er kann durch eine entsprechende unternehmerische Gestaltung seines Betriebs oder seines Unternehmens den Personalbedarf und damit auch die Notwendigkeit eines etwaigen Personalabbaus weitgehend selbst bestimmen, etwa durch die Durchführung von Rationalisierungsmaßnahmen, die Einführung neuer Arbeitsmethoden und Fertigungsverfahren, die Einschränkung und Stilllegung des Betriebs oder von Betriebsteilen, die Verlegung von Betriebsteilen oder die Verlagerung von Produktionen, den Zusammenschluss mit anderen Betrieben oder durch Änderungen der Betriebsorganisation, des Betriebszwecks oder der Betriebsanlagen. Die unternehmerische Entscheidung kann sich selbst bei guter wirtschaftlicher Lage des Arbeitgebers auch darauf beschränken, Arbeitsplätze abzubauen, um Kosten zu sparen (*BAG* 29.3.2007 EzA § 2 KSchG Nr. 66, zu B I 3b bb; *LAG Köln* 31.8.1994 LAGE § 1 KSchG Betriebsbedingte Kündigung Nr. 26; s. Rdn 597), oder einen bestimmten Arbeitnehmer aus dem Betrieb zu entfernen, um Schaden vom Betrieb abzuwenden (sog. echte Druckkündigung, s. Rdn 625 f.). Das Kündigungsrecht verpflichtet den Arbeitgeber nicht, bestimmte betriebliche Organisationsstrukturen, Betriebsabläufe oder Standorte beizubehalten und geplante Organisationsänderungen nicht durchzuführen. Ob und ggf. welche innerbetrieblichen Maßnahmen der Arbeitgeber ergreift, um den sich ständig ändernden Marktdaten wie der Auftragslage, der betrieblichen Wettbewerbssituation, währungspolitischen Aspekten oder branchenspezifischen Strukturveränderungen Rechnung zu tragen, liegt bis zur Grenze der Willkür in seinem **unternehmerischen Ermessen** (*BAG* 21.2.2002 EzA § 2 KSchG Nr. 45, zu II 2; 2.6.2005 EzA § 1 KSchG Soziale Auswahl Nr. 63, zu B I 2a; 8.11.2007 EzA § 4 KSchG nF Nr. 81, zu B II 1c aa).

Der Arbeitgeber kann beispielsweise trotz Auftragsrückgangs die Produktion uneingeschränkt fortsetzen und versuchen, durch Werbemaßnahmen oder eine entsprechende Preispolitik einen etwaigen Produktionsüberhang abzubauen. Auf eine Verschlechterung der Auftragslage kann er aber auch mit einem **Abbau von Arbeitsplätzen** (Betriebseinschränkung) reagieren mit der Folge, dass wegen der geringeren Zahl der Arbeitsplätze Arbeitskräfte ganz oder teilweise entbehrlich werden. Er kann sich etwa bei hochspezialisierten Fachkräften oder einer angespannten Arbeitsmarktlage auch zum Aufbau einer Personalreserve entschließen, sofern dies die Finanzlage des Unternehmens zulässt (*BAG* 22.10.1987 RzK I 5c Nr. 23). Als alternative Maßnahme kommen ferner zeitliche (Abbau von Überstunden, Verkürzung der betrieblichen Arbeitszeit, Einführung von Kurzarbeit) oder finanzielle (Abbau von Gratifikationen oder übertariflichen Zulagen) **Anpassungsentscheidungen** in Betracht. Hierbei kann der **Betriebsrat** dem Arbeitgeber **Vorschläge zur Sicherung und Förderung der Beschäftigung** machen. Diese können insbes. eine flexible Gestaltung der Arbeitszeit, die Förderung von Teilzeitarbeit und Altersteilzeit, neue Formen der Arbeitsorganisation, Änderungen der Arbeitsverfahren und Arbeitsabläufe, die Qualifizierung der Arbeitnehmer, Alternativen zur Ausgliederung von Arbeit oder ihrer Vergabe an andere Unternehmen sowie zum Produktions- und Investitionsprogramm zum Gegenstand haben (§ 92a Abs. 1 BetrVG). Der Arbeitgeber hat die Vorschläge mit dem Betriebsrat zu beraten und für den Fall, dass er die Vorschläge für ungeeignet hält, dies zu begründen (§ 92a Abs. 2 S. 1 und 2 BetrVG). Kommt der Arbeitgeber dieser Beratungs- und Begründungspflicht nicht nach, verletzt er damit zwar eine betriebsverfassungsrechtliche Pflicht. Die **Freiheit seiner Unternehmerentscheidung** wird aber durch § 92a Abs. 2 BetrVG **nicht eingeschränkt**, so dass ein Verstoß gegen § 92a Abs. 2 BetrVG keine Auswirkungen auf sein Kündigungsrecht hat (*BAG* 18.10.2006 EzA § 1 KSchG Betriebsbedingte Kündigung Nr. 151, zu B II 1; GK-BetrVG/*Raab* § 92a Rn 40; DKW-*Däubler* § 92a Rn 22; GTAW-*Woitaschek* § 92a Rn 1; *Schiefer* NZA 2002, 772). Durch das Verfahren können im Einzelfall allerdings **Alternativen zur Kündigung** ermittelt werden, die der Kündigung als milderes Mittel entgegenstehen, sofern sie nicht durch ein bindendes unternehmerisches Konzept des Arbeitgebers ausgeschlossen sind (*BAG* 18.10.2006 EzA § 1 KSchG Betriebsbedingte Kündigung Nr. 151, zu B II 2; GK-BetrVG/*Raab* § 92a Rn 41; DKW-*Däubler* § 92a Rn 23 f.).

d) Grenzen der Unternehmerentscheidung

558 Angesichts der Vielzahl der unternehmerischen Reaktionsmöglichkeiten stellt sich die Frage, ob und gegebenenfalls in welchen Grenzen die **unternehmerische Entscheidung**, die zum Wegfall von Arbeitsplätzen führt, einer **justiziellen Kontrolle** unterworfen ist. Das Gesetz selbst gibt darauf keine eindeutige Antwort. Im Schrifttum und in der Rechtsprechung entwickelten sich daher bereits bald nach Inkrafttreten des KSchG 1951 unterschiedliche Meinungen darüber, ob die Arbeitsgerichte befugt seien, unternehmerische Entscheidungen auf ihre Notwendigkeit und Zweckmäßigkeit hin zu überprüfen. Dabei standen sich zwei **entgegengesetzte Meinungspositionen** gegenüber, die teils für eine uneingeschränkte Überprüfung (etwa *Diekhoff* AuR 1957, 197; *Joachim* BB 1955, 1114; *Kaufmann* NJW 1953, 1047; *Molitor* BB 1953, 34; *Schmidt* RdA 1954, 170; *Schüler* AuR 1954, 54; *LAG Frankf.* 25.11.1953 BB 1954, 228; *LAG Stuttg.* 19.5.1954 BB 1954, 806), teils für eine völlige Freiheit der Unternehmerentscheidung eintraten (etwa *Auffarth/Müller* § 1 Rn 200; *Herschel/Steinmann* § 1 Rn 42a; *Eberl* BB 1954, 447; *Galperin* BB 1954, 1117; *Rappenecker* BB 1958, 47; *LAG Brem.* 29.10.1952 BB 1953, 356; *LAG Düsseld.* 6.3.1953 BB 1953, 356; *LAG Mannheim* 11.3.1955 BB 1955, 574).

559 Das BAG geht in st. Rspr. von dem **Grundsatz** der **freien Unternehmerentscheidung** aus. Danach sind die Arbeitsgerichte nicht befugt, unternehmerische Entscheidungen auf ihre Zweckmäßigkeit oder Notwendigkeit hin zu prüfen. Eine gerichtliche Überprüfung kann sich nur darauf erstrecken, ob die Unternehmerentscheidung tatsächlich getroffen wurde und ob sie **offenbar unsachlich, unvernünftig oder willkürlich** ist (sog. **Missbrauchskontrolle**; etwa *BAG* 7.12.1978 EzA § 1 KSchG Betriebsbedingte Kündigung Nr. 10; 10.11.1994 EzA § 1 KSchG Betriebsbedingte Kündigung Nr. 77; 26.9.1996 EzA § 1 KSchG Betriebsbedingte Kündigung Nr. 86; 26.9.2002 EzA § 1 KSchG Betriebsbedingte Kündigung Nr. 124, zu II 1b; 29.11.2007 EzA § 2 KSchG Nr. 69, zu B I 3). Dieser Ansicht ist zu folgen. Ihr wird in der Literatur und der Rspr. der Instanzgerichte weitgehend zugestimmt (etwa LSSW-*Schlünder* Rn 318; APS-*Kiel* Rn 455; Bader/Bram-*Volk* Rn 260; ErfK-*Oetker* Rn 239; HWK-*Quecke* Rn 267; AR-*Kaiser* Rn 128; LKB-*Krause* Rn 701 f.; *v. Hoyningen-Huene* NZA 1994, 1011; HAS-*Preis* § 19 F Rn 41; *G. Müller* ZfA 1982, 483; *Reuter* NZA 1989, 241; aufgrund des Tatbestandsmerkmals »dringend« für eine beschränkte Kontrolle der Unternehmerentscheidung SPV-*Preis* Rn 927; aA *ArbG Hmb.* 16.1.2008 AuR 2008, 160 LS: Plausible Darlegung wirtschaftlicher Gründe für die Entscheidung notwendig; *LAG SchlH* 13.10.1998 LAGE § 1 KSchG Betriebsbedingte Kündigung Nr. 52, zu I d: »Relativ breiter Spielraum für business judgement« des Arbeitgebers; DDZ-*Deinert* Rn 259: Begrenzung der Kontrollfreiheit auf ihren »wirklichen Inhalt« und Erforderlichkeit einer Interessenabwägung; *B. Preis* DB 2000, 1122: Überprüfung der Unternehmerentscheidung auf ihre wirtschaftliche Notwendigkeit, wenn sie auf die Veränderung der Arbeitsorganisation unterhalb der Qualität einer Betriebsänderung ausgerichtet ist; noch weitergehend HaKo-ArbR/*Schubert* Rn 421 ff., der das Kündigungsrecht auf Fälle beschränkt sieht, in denen die Kündigung für die Aufrechterhaltung und Weiterentwicklung des Betriebs notwendig ist; ebenfalls für eine weitergehende Kontrolle *ArbG Bocholt* 22.6.1982 DB 1982, 1938; *Pauly* ZTR 1997, 115; *Boeddinghaus* AuR 2001, 11; *Stein* BB 2000, 457, KJ 2001, 282, AuR 2003, 99; *Kühling* AuR 2003, 92; *Wolter* AuR 2008, 325; anders *Schwerdtner* ArbR I, S. 176, der sich gegen jegliche gerichtliche Kontrolle von Unternehmerentscheidungen ausspricht; ebenso *Möhn* ZTR 1995, 356; nach *Polzer* S. 42 ff. müssen Unternehmerentscheidungen betriebliche Erfordernisse iSv § 1 Abs. 2 KSchG begründen, was nur zu bejahen sei, wenn die Bedingungen, unter denen die arbeitstechnischen Zwecke verfolgt werden, geändert werden).

560 Der in den letzten Jahren dezidiert insbesondere von *Stein* und *Schubert* (s. die Nachw. unter Rdn 559) vertretenen Gegenansicht ist einzuräumen, dass das GG es *de lege ferenda* sicherlich gestattete, vom Arbeitgeber einen Verzicht auf betriebsbedingte Beendigungskündigungen in wirtschaftlich guten Phasen und im Kündigungsschutzprozess einen fundierten Nachweis der betriebswirtschaftlichen Zweckmäßigkeit seines einer Kündigung zugrunde gelegten unternehmerischen Konzepts zu verlangen. Die gegenläufigen Grundrechtspositionen der Arbeitnehmer (s. Rdn 18) sind grundsätzlich geeignet, weitergehende Einschränkungen der durch Art. 12 Abs. 1 GG

gewährleisteten Kündigungsfreiheit des Arbeitgebers (hierzu Rdn 17) abzuleiten. Der individualrechtlich ausgestaltete einfachrechtliche Kündigungsschutz ist jedoch **kein geeignetes Verfahren für die Überprüfung** von auf einen gesamten Betrieb, ein gesamtes Unternehmen oder gar einen Konzern bezogenen **betriebswirtschaftlichen Entscheidungen**. Diese müssen häufig zügig getroffen und umgesetzt werden, um eine positive wirtschaftliche Entwicklung zu gewährleisten. Hält man rechtspolitisch eine Beschränkung der unternehmerischen Entscheidungsfreiheit für geboten, wenn durch derartige Entscheidungen Arbeitsplätze wegfallen oder geändert werden und dadurch Beschäftigungsmöglichkeiten entfallen, wäre *de lege ferenda* daher vielmehr an eine gegenüber den §§ 106 ff., 111 ff. BetrVG erweiterte kollektive Beteiligung der betroffenen Belegschaft zu denken. Ein durch eine eingehendere Überprüfung von Unternehmerentscheidungen ggf. ausgelöster **Zwang zur Fortführung eines Unternehmens**, eines Betriebs oder eines Betriebsteils wäre im Übrigen mit der Berufsfreiheit des Arbeitgebers nicht zu vereinbaren. Diese umfasst auch das Recht, ein Unternehmen aufzugeben und selbst darüber zu entscheiden, welche Größenordnung es haben soll (*BAG* 5.2.1998 EzA § 626 BGB Unkündbarkeit Nr. 2; 21.2.2002 EzA § 2 KSchG Nr. 45, zu II 2).

Die drei Begriffe der offenbaren Unsachlichkeit, Unvernünftigkeit und Willkür als Gegenstand der gerichtlichen Überprüfung einer unternehmerischen Entscheidung haben keine eigenständige Bedeutung (vgl. aber den Versuch einer Systematisierung von APS-*Kiel* Rn 458 ff.). Sie umschreiben gleichermaßen das Ziel, eine **Rechtsmissbrauchskontrolle** zu gewährleisten (vgl. *BAG* 23.11.2004 EzA § 1 KSchG Betriebsbedingte Kündigung Nr. 134, zu B I 1d cc; 23.4.2008 EzA § 1 KSchG Betriebsbedingte Kündigung Nr. 160, zu B I 1b bb (1)). Vermieden werden soll eine rechtswidrige Überforderung des im Betrieb verbleibenden Personals und ein Herausdrängen von Arbeitnehmern aus dem Betrieb trotz fortbestehenden Beschäftigungsbedarfs (*BAG* 29.11.2007 EzA § 2 KSchG Nr. 59, zu B I 3; 18.9.2008 NZA 2009, 142, zu B II 2a). Dementsprechend wird in der Rspr. häufig nicht unter die drei Begriffe subsumiert; vielmehr werden verallgemeinernde Formulierungen wie »missbräuchlich« oder »rechtsmissbräuchlich« herangezogen (etwa *BAG* 26.9.2002 EzA § 1 KSchG Betriebsbedingte Kündigung Nr. 124, zu II 1d, e cc; 22.4.2004 EzA § 2 KSchG Nr. 50, zu B I 4). Rechtsmissbräuchlich sein kann eine Unternehmerentscheidung, wenn sie keinen erkennbaren wirtschaftlichen Sinn hat oder wenn ihr außer dem bloßen Wollen keinerlei sachliche Erwägung zugrunde liegt (*Ascheid* Rn 291), etwa eine Betriebsstilllegung, um eine bevorstehende Betriebsratswahl zu verhindern (APS-*Kiel* Rn 458). Rechtsmissbräuchlich kann auch der Aufbau paralleler, jeweils dem Weisungsrecht des Arbeitgebers unterliegender Betriebsstrukturen sein, die dazu dienen, eine Belegschaft durch eine andere zu ersetzen und Ersterer damit den Kündigungsschutz zu entziehen (*BAG* 26.9.2002 EzA § 1 KSchG Betriebsbedingte Kündigung Nr. 124, zu II 1d, e; 23.4.2008 EzA § 1 KSchG Betriebsbedingte Kündigung Nr. 160, zu B I 1b bb (1)). Die **generelle Unzulässigkeit der Austauschkündigung**, dh der Freikündigung eines Arbeitsplatzes allein zu dem Zweck, ihn mit anderen unselbständig Beschäftigten zu besetzen (hierzu *BAG* 26.9.1996 EzA § 1 KSchG Betriebsbedingte Kündigung Nr. 86, zu II 2d; 16.12.2004 EzA § 1 KSchG Betriebsbedingte Kündigung Nr. 136, zu B II 2b aa; 8.11.2007 EzA § 4 KSchG nF Nr. 81, zu B II 1c aa), kann aus diesem Gedanken abgeleitet werden. Entsprechendes gilt für eine Unternehmerentscheidung, die lediglich den Zweck hat, die Sozialauswahl zu umgehen (*BAG* 2.6.2005 EzA § 1 KSchG Soziale Auswahl Nr. 61, zu II 2b) oder Arbeitnehmer zu verdrängen, um andere Arbeitsvertragsinhalte im Betrieb durchzusetzen (*BAG* 4.5.2006 EzA § 613a BGB 2002 Nr. 51, zu II 1c). Als missbräuchlich wird weiter eine rechtswidrige Unternehmerentscheidung betrachtet, die unmittelbar zu Gesetzes-, Tarif- oder Vertragsverstößen führt oder einer Gesetzesumgehung dient (*BAG* 26.9.2002 EzA § 1 KSchG Betriebsbedingte Kündigung Nr. 124, zu II 1d; 22.4.2004 EzA § 2 KSchG Nr. 50, zu B I 4; 23.4.2008 EzA § 1 KSchG Betriebsbedingte Kündigung Nr. 160, zu B I 1b bb (1); SPV-*Preis* Rn 922). Hier kann auch von einer wegen ihrer Rechtswidrigkeit unbeachtlichen Entscheidung gesprochen werden. So ist die Unternehmerentscheidung, Stellen entgegen einer tariflichen Besetzungsregelung abzubauen, deshalb nicht zu berücksichtigen, weil der Arbeitgeber zur Besetzung der Stellen verpflichtet ist (vgl. *BAG* 17.6.1999 EzA § 1 KSchG Betriebsbedingte Kündigung Nr. 103).

562 Die **arbeitgeberseitige Kündigung selbst** ist zwar auch eine **Unternehmerentscheidung**, aber gerade nicht lediglich auf Rechtsmissbrauch überprüfbar, sondern aufgrund ausdrücklicher gesetzlicher Anordnung gem. § 1 Abs. 2 S. 1 KSchG daraufhin, ob »dringende betriebliche Erfordernisse« vorliegen (*BAG* 17.6.1999 EzA § 1 KSchG Betriebsbedingte Kündigung Nr. 102; 29.11.2007 EzA § 2 KSchG Nr. 136, zu B I 3). Abgesehen davon ist die Kündigung immer nur die Folge einer anderweitigen unternehmerischen Entscheidung (*BAG* 20.2.1986 EzA § 1 KSchG Betriebsbedingte Kündigung Nr. 37; *Mayer-Maly* ZfA 1988, 213; *Preis* DB 1988, 1388). Würde die Kündigung nicht als Folge weitergehender Überlegungen, sondern ohne Grund ausgesprochen, wäre sie willkürlich und schon aus diesem Grund nicht bindend. Daraus folgt andererseits, dass die vom Arbeitgeber geltend gemachte Unternehmerentscheidung ursächlich für die Kündigung gewesen sein muss, wenn sie erheblich sein soll (*LAG Köln* 27.7.1994 NZA 1995, 634).

563 Der Umstand, dass die durch eine Unternehmerentscheidung gerechtfertigte betriebsbedingte Kündigung gesetzlich nur dann von einem **Sozialplan** zum Ausgleich oder der Milderung der wirtschaftlichen Nachteile der Arbeitnehmer flankiert werden muss, wenn im Betrieb ein Betriebsrat besteht und die Voraussetzungen einer Betriebsänderung iSv § 111 BetrVG vorliegen, verstößt wegen der unterschiedlichen Zwecksetzung des individualrechtlichen Kündigungsschutzes und der Mitbestimmung in wirtschaftlichen Angelegenheiten nicht gegen Art. 3 Abs. 1 GG (*BAG* 22.5.1979 EzA § 111 BetrVG 1972 Nr. 7; *G. Müller* ZfA 1982, 502).

e) Wegfall des Bedürfnisses zur Weiterbeschäftigung

564 Eine wesentliche Aufgabe der Arbeitsgerichte im Kündigungsschutzprozess ist bei außer- wie bei innerbetrieblichen Kündigungsgründen die **Kausalitätsprüfung**. Durch die außerbetrieblichen Faktoren oder infolge der getroffenen Unternehmerentscheidung muss das Bedürfnis für die Weiterbeschäftigung des von der Kündigung betroffenen Arbeitnehmers direkt oder mittelbar aufgrund einer Sozialauswahl entfallen sein. Wird das Beschäftigungsvolumen im Betrieb nicht reduziert, fehlt ein dringendes betriebliches Erfordernis zur Beendigung des Arbeitsverhältnisses (*BAG* 7.3.1996 EzA § 1 KSchG Betriebsbedingte Kündigung Nr. 84; 2.6.2005 EzA § 1 KSchG Soziale Auswahl Nr. 63, zu I 2a). Eine Kündigung, die vor der Unternehmerentscheidung über den Wegfall von Arbeitsplätzen ausgesprochen wird, ist nicht durchdringende betriebliche Erfordernisse bedingt, sondern eine **unzulässige Vorratskündigung** (*BAG* 13.6.2002 EzA § 1 KSchG Betriebsbedingte Kündigung Nr. 120; 13.2.2008 AP § 1 KSchG 1969 Betriebsbedingte Kündigung Nr. 175, zu B II 2, 3). Nach dem Prognoseprinzip muss bei Ausspruch der Kündigung (s. Rdn 588) aufgrund einer vernünftigen betriebswirtschaftlichen Prognose davon auszugehen sein, dass spätestens zum Ablauf der Kündigungsfrist eine Beschäftigungsmöglichkeit nicht mehr besteht (*BAG* 12.4.2002 EzA § 1 KSchG Betriebsbedingte Kündigung Nr. 118 m. zust. Anm. *Hergenröder* = RdA 2003, 171 m. abl. Anm. *Bauer/Baeck*; *Matz* FA 2003, 70). Hat sich der Arbeitgeber an einer Ausschreibung von Aufträgen beteiligt, über die noch nicht entschieden ist, kann nicht ohne Weiteres von der Erfolglosigkeit dieser Bewerbung ausgegangen werden (*BAG* 12.4.2002 EzA § 1 KSchG Betriebsbedingte Kündigung Nr. 118). Ebenso fehlt es an einem Kündigungsgrund, solange der Arbeitgeber noch ernsthafte Verhandlungen mit einem an der Übernahme des Betriebs interessierten Unternehmen führt (*BAG* 29.9.2005 EzA § 1 Betriebsbedingte Kündigung Nr. 140, zu II 2b; 13.2.2008 AP § 1 KSchG 1969 Betriebsbedingte Kündigung Nr. 175, zu B II 2).

565 Das Merkmal der **Dringlichkeit** ist Ausdruck des das gesamte Kündigungsschutzrecht beherrschenden **Grundsatzes der Verhältnismäßigkeit** (ultima-ratio-Prinzip, vgl. Rdn 222 ff.). Nach der st. Rspr. des *BAG* (etwa 17.10.1980 EzA § 1 KSchG Betriebsbedingte Kündigung Nr. 15; 20.2.1986 EzA § 1 KSchG Betriebsbedingte Kündigung Nr. 37; 21.4.2005 EzA § 2 KSchG Nr. 53, zu B II 2), der das Schrifttum weitgehend folgt (etwa LKB-*Krause* Rn 725 ff.; SPV-*Preis* Rn 924 f.; HaKo-KSchR/*Zimmermann* Rn 687; DDZ-*Deinert* Rn 291; *Buchner* DB 1984, 504; *Schaub* NZA 1987, 217; aA KPK-*Schiefer* Rn 1036 f.; *Schwerdtner* ArbR I S. 176; *Bieder* Anm. *LAG Hamm* LAGE KSchG § 1 Betriebsbedingte Kündigung Nr. 78: Prüfung einer Unternehmerentscheidung nur auf Willkürfreiheit, nicht aber auf Verhältnismäßigkeit), darf der Arbeitgeber erst dann betriebsbedingte Kündigungen

aussprechen, wenn es ihm nicht möglich ist, der betrieblichen Lage durch **andere Maßnahmen** auf technischem, organisatorischem oder wirtschaftlichem Gebiet (zB durch Abbau von Überstunden, Vorverlegung der Werksferien, Kündigung von Arbeitnehmerüberlassungsverträgen bei Leiharbeitnehmern) als durch die Kündigung zu entsprechen. Eine Unternehmerentscheidung ist also daraufhin überprüfbar, ob sie eine Beendigungskündigung unvermeidbar macht oder ob das geänderte unternehmerische Konzept nicht auch durch andere Maßnahmen verwirklicht werden kann (*BAG* 18.1.1990 EzA § 1 KSchG Betriebsbedingte Kündigung Nr. 65). Die ordentliche Kündigung muss **wegen der betrieblichen Lage unvermeidbar** sein (APS-*Kiel* Rn 528), weil der Arbeitnehmer auf der Grundlage der getroffenen Unternehmerentscheidung nicht mehr vertragsgerecht beschäftigt werden kann (*Schaub* BB 1993, 1091). Dies ist idR zu verneinen, wenn der Arbeitgeber die Arbeitsplätze zwar beibehalten, sie künftig aber mit Leiharbeitnehmern besetzen will (s. Rdn 641).

Die nach dem Gesetz vorgeschriebene **Dringlichkeitsprüfung** bedeutet nicht, dass die Unternehmerentscheidung selbst auf etwaige Sozialwidrigkeit zu prüfen ist. Es bedarf insbes. **keiner Prüfung**, ob die vom **Arbeitgeber** erwarteten **Vorteile** in einem »vernünftigen Verhältnis« zu den **Nachteilen** stehen, die der **Arbeitnehmer** durch die Kündigung erleidet (*BAG* 30.4.1987 EzA § 1 KSchG Betriebsbedingte Kündigung Nr. 47). Das ultima-ratio-Prinzip erfordert lediglich die Einhaltung einer bestimmten Rangfolge bei der Durchführung personeller Maßnahmen. Es gilt insbes. der **Vorrang von Änderungskündigungen** gegenüber **betriebsbedingten Beendigungskündigungen** (s. Rdn 245). Danach hat der Arbeitgeber einem wegen voraussichtlichen Wegfalls seines Arbeitsplatzes kündigungsbedrohten Arbeitnehmer auch einen erheblich geringer vergüteten freien Arbeitsplatz anzubieten, wenn der Arbeitnehmer für diesen Arbeitsplatz geeignet ist; andernfalls ist eine nach Wegfall des bisherigen Arbeitsplatzes ausgesprochene Kündigung sozialwidrig, selbst wenn inzwischen der andere Arbeitsplatz besetzt ist (s. Rdn 240).

566

Die Dringlichkeit betrieblicher Erfordernisse für eine Beendigungskündigung ist demgemäß nur zu bejahen, wenn die Kündigung im Interesse des Betriebs notwendig ist, dh wenn unter Berücksichtigung der geltend gemachten außerbetrieblichen Umstände (s. Rdn 554 f.) und unter Beachtung einer getroffenen Unternehmerentscheidung (s. Rdn 556 f.) keine alternativen Maßnahmen auf technischem, organisatorischem oder wirtschaftlichem Gebiet zumutbar und durchführbar sind (*BAG* 17.10.1980 EzA § 1 KSchG Betriebsbedingte Kündigung Nr. 15; 29.11.1990 RzK I 5a Nr. 4; 21.4.2005 EzA § 2 KSchG Nr. 53, zu B II 2). Dies wird auch durch § 2 Abs. 1 S. 2 Nr. 2 SGB III bestätigt, wonach Arbeitgeber **vorrangig durch betriebliche Maßnahmen die Inanspruchnahme von Leistungen der Arbeitsförderung sowie Entlassungen von Arbeitnehmern vermeiden** sollen (hierzu *Preis* NZA 1998, 449; *Gagel* BB 2001, 358, der von einer Klarstellung und Verstärkung der bisherigen Auslegung des § 1 KSchG spricht). Eine weitergehende Bedeutung, insbes. eine über die Rechtsprechung des BAG hinausgehende Überprüfbarkeit der Unternehmerentscheidung – etwa auf Zweckmäßigkeit – kann dieser Vorschrift aber nicht entnommen werden, zumal es sich nur um eine Sollvorschrift handelt, die eher einem Appell des Gesetzgebers gleichkommt (APS-*Kiel* Rn 529; Bader/Bram-*Volk* Rn 262b; *Bauer/Haußmann* NZA 1997, 1101; *Beckschulze* BB 1998, 793; *Ettwig* NZA 1997, 1152 f.; *Niesel* NZA 1997, 584; *Rolfs* NZA 1998, 18 f.; *Rüthers* NJW 1998, 283 f.; Stellungnahme der BReg. DB 1998, 1134; aA *Bepler* AuR 1999, 219; *Kittner* NZA 1997, 975; *Schaub* NZA 1997, 810). Eine **vorherige Anhörung des Arbeitnehmers** vor Ausspruch einer betriebsbedingten Kündigung mag im Hinblick auf anderweitige Beschäftigungsmöglichkeiten im Einzelfall zweckmäßig sein, ist mangels gesetzlicher Grundlage aber **nicht erforderlich** (aA *ArbG Gelsenkirchen* 26.9.1998 EzA § 242 BGB Nr. 41). Zur Darlegungs- und Beweislast s. Rdn 591.

567

Der Grundsatz der Verhältnismäßigkeit zwingt **den Arbeitgeber nicht**, vor Ausspruch einer betriebsbedingten Kündigung die **Arbeitszeit aller Arbeitnehmer auf Dauer zu verkürzen** (*BAG* 22.9.2005 EzA § 1 KSchG Betriebsbedingte Kündigung Nr. 142, zu B I 2a; 18.10.2006 EzA § 1 KSchG Betriebsbedingte Kündigung Nr. 151, zu B II 1; LSSW-*Schlünder* Rn 369; aA *ArbG Bocholt* 22.5.1982 DB 1982, 1938). Abgesehen davon, dass dem Arbeitgeber durch tarifrechtliche Arbeitszeitvorschriften eine derartige Arbeitszeitgestaltung häufig verwehrt ist (*Vollmer* DB 1982, 1933), würde er dadurch zu einer unternehmerischen Entscheidung gezwungen, die ihrerseits wiederum

568

einen Eingriff in kündigungsschutzrechtlich (§ 2 KSchG) geschützte Rechtspositionen der anderen Arbeitnehmer darstellen würde. Umgekehrt kann der Arbeitgeber im Hinblick auf eine von ihm getroffene Organisationsentscheidung nicht gezwungen werden, anstelle mehrerer Änderungskündigungen eine geringere Anzahl von Beendigungskündigungen auszusprechen (*BAG* 19.5.1993 EzA § 1 KSchG Betriebsbedingte Kündigung Nr. 73 m. zust. Anm. *Raab* = AP Nr. 31 zu § 2 KSchG 1969 m. zust. Anm. *Waas* = SAE 1994, 150 m. zust. Anm. *Steinmeyer*, 18.10.2006 EzA § 1 KSchG Betriebsbedingte Kündigung Nr. 151, zu B II 1).

569 Die Einführung von Kurzarbeit ist nicht generell ein milderes Mittel gegenüber betriebsbedingten Kündigungen. Voraussetzung für die Einführung von Kurzarbeit ist, dass ein nur vorübergehender Arbeitsmangel besteht (vgl. § 96 Abs. 1 SGB III). Ein nur vorübergehender Arbeitsmangel kann aber für sich genommen eine Kündigung ohnehin nicht rechtfertigen (*BAG* 23.2.1012 EzA § 1 KSchG Betriebsbedingte Kündigung Nr. 166, Rn 21). Vielmehr erfordert die soziale Rechtfertigung betriebsbedingter Kündigungen die Prognose, dass Beschäftigungsmöglichkeiten dauerhaft wegfallen, die Auftragslage sich also auf absehbare Zeit nicht wieder bessern wird. Ist dagegen bereits Kurzarbeit eingeführt, muss der Arbeitgeber erst sämtliche dadurch zur Verfügung stehenden Möglichkeiten zur Arbeitsreduzierung ausschöpfen. Nur wenn selbst dann noch ein Beschäftigungsüberhang besteht, können auch betriebsbedingte Kündigungen gerechtfertigt sein (*BAG* 23.2.2012 EzA § 1 KSchG Betriebsbedingte Kündigung Nr. 166, Rn 22; 8.11.2007 EzA § 1 KSchG Betriebsbedingte Kündigung Nr. 57, Rn 16). Im Übrigen ist zu berücksichtigen, dass es sich bei der Einführung von Kurzarbeit um einen gem. § 87 Abs. 1 Nr. 3 BetrVG der betrieblichen Mitbestimmung unterliegenden Tatbestand handelt, es hierfür also einer Einigung mit dem Betriebsrat bedarf. Umgekehrt kann demnach aber auch der **Betriebsrat** die Initiative ergreifen und vom Arbeitgeber die Einführung von Kurzarbeit verlangen und ggf. über einen Spruch der Einigungsstelle erzwingen (*BAG* 4.3.1986 EzA § 87 BetrVG 1972 Nr. 17).

570 Hat der Arbeitgeber Kurzarbeit eingeführt, kann die Beschäftigungsmöglichkeit selbst für von der Kurzarbeit betroffene Arbeitnehmer aufgrund später eingetretener weiterer Umstände oder veränderter wirtschaftlicher und/oder organisatorischer Rahmenbedingungen noch auf Dauer entfallen. Auch dann kann trotz der Kurzarbeit ein dringendes betriebliches Erfordernis für eine Kündigung gegeben sein (*BAG* 23.2.2012 EzA § 1 KSchG Betriebsbedingte Kündigung Nr. 166, Rn 21; 26.6.1997 EzA § 1 KSchG Betriebsbedingte Kündigung Nr. 93; LKB-*Krause* Rn 740).

f) Verschulden des Arbeitgebers

571 Die Annahme der Betriebsbedingtheit einer Kündigung scheitert nicht daran, dass der Arbeitgeber die zur Entlassung führenden betrieblichen Verhältnisse durch eigene Fehldispositionen (falsche Preiskalkulation, technische oder organisatorische Mängel, riskante Finanzierungen, Spekulationsgeschäfte usw.) verursacht hat (*LAG Köln* 25.8.1994 LAGE § 1 KSchG Betriebsbedingte Kündigung Nr. 27). Da es sich bei derartigen unternehmerischen Fehldispositionen nicht um vertragliche oder deliktrechtliche Pflichtwidrigkeiten handelt, wäre es ohnehin verfehlt, in diesem Zusammenhang von Verschulden zu sprechen. Dies kann aber dahinstehen. Kündigungsschutzrechtlich **relevant sind** grundsätzlich **nur die innerbetrieblichen Auswirkungen** der möglicherweise fehlerhaften unternehmerischen Entscheidungen auf den betrieblichen Personalbedarf. Zur Missbrauchskontrolle s. Rdn 559 ff.

g) Gerichtliche Nachprüfung

572 In vollem Umfang gerichtlich nachprüfbar ist die Frage, **ob die** vom Arbeitgeber getroffene Unternehmerentscheidung, dh die geltend gemachten **außerbetrieblichen oder innerbetrieblichen Faktoren tatsächlich vorliegen und sich dahin auswirken, dass für die Weiterbeschäftigung** des gekündigten Arbeitnehmers **kein Bedürfnis** mehr besteht (*BAG* 7.12.1978 EzA § 1 KSchG Betriebsbedingte Kündigung Nr. 10; 7.7.2005 EzA § 1 KSchG Betriebsbedingte Kündigung Nr. 138, zu II 4a; LSSW-*Schlünder* Rn 330; *Ascheid* DB 1987, 1144; *Schaub* NZA 1987, 218; *ders.* BB 1993, 1092). Voll nachprüfbar ist daher etwa die Frage, ob und ggf. in welchem Umfang durch eine

technologische Rationalisierungsmaßnahme Arbeitsplätze ganz oder teilweise fortgefallen sind. Nur wenn aufgrund entsprechender Tatsachen feststeht, dass für die Beschäftigung eines oder mehrerer Arbeitnehmer infolge von außer- oder innerbetrieblichen Gründen kein Bedürfnis mehr besteht, kann die Betriebsbedingtheit einer Kündigung bejaht werden (*BAG* 30.5.1985 EzA § 1 KSchG Betriebsbedingte Kündigung Nr. 36). **Nicht erforderlich** ist, dass die veränderten betrieblichen Verhältnisse zum **Wegfall** eines **bestimmten Arbeitsplatzes** oder gar des konkreten Arbeitsplatzes des gekündigten Arbeitnehmers führen. Es genügt ein ggf. mittelbarer **Kausalzusammenhang** zwischen den **außer- oder innerbetrieblichen Gründen** und dem **betrieblichen Überhang an Arbeitskräften**. Welchem Arbeitnehmer unter vergleichbaren Arbeitskräften gekündigt werden kann, entscheidet sich dann nach den Grundsätzen der Sozialauswahl (*BAG* 13.3.1987 EzA § 1 KSchG Betriebsbedingte Kündigung Nr. 44; 16.12.2004 EzA § 1 KSchG Betriebsbedingte Kündigung Nr. 136, zu B II 1; 18.10.2006 EzA § 1 KSchG Soziale Auswahl Nr. 163, zu B I 2a bb).

Es ist Sache des Arbeitgebers, ob er **außerbetriebliche Umstände** (zB Auftragsrückgang) **zum Anlass nimmt, eine innerbetriebliche Maßnahme** (zB Verringerung der Zahl der Arbeitsplätze) **durchzuführen**. Trifft er eine solche Unternehmerentscheidung, ist diese nur auf offenbare Unsachlichkeit, Unvernünftigkeit und Willkür zu überprüfen (s. Rdn 559). Unterlässt er sie und beruft er sich nur auf den außerbetrieblichen Umstand als Kündigungsgrund, tritt insoweit eine **Selbstbindung des Arbeitgebers** ein. Es ist dann zu prüfen, ob der außerbetriebliche Grund vorliegt und tatsächlich zum Wegfall des Beschäftigungsbedürfnisses für eine bestimmte Anzahl von Arbeitnehmern führt (s. Rdn 555). Führt zB ein Auftragsrückgang unmittelbar zur Verringerung einer bestimmten Arbeitsmenge, ist zu prüfen, ob er in dem behaupteten Umfang vorliegt und in welchem Ausmaß er sich auf die Arbeitsmenge bestimmter Arbeitnehmer auswirkt (*BAG* 15.6.1989 EzA § 1 KSchG Betriebsbedingte Kündigung Nr. 63). Bei **innerbetrieblichen Maßnahmen** müssen tatsächliche Feststellungen hinsichtlich der Frage getroffen werden, ob sich durch organisatorische oder technische Änderungen der Arbeitsanfall für bestimmte Arbeitnehmer oder einzelne Arbeitnehmergruppen quantitativ oder qualitativ verändert hat. Nimmt der Arbeitgeber außerbetriebliche Gründe (zB Umsatzrückgang) zum Anlass für eine innerbetriebliche Maßnahme, die zum Wegfall von Arbeitsplätzen führt (zB Betriebseinschränkung), ist nicht zu prüfen, inwiefern der außerbetriebliche Grund zum Wegfall des Beschäftigungsbedürfnisses für eine bestimmte Anzahl von Arbeitnehmern geführt hat. Vielmehr ist in diesem Fall allein entscheidend, ob und für wie viele Arbeitnehmer durch die innerbetriebliche Maßnahme ein Beschäftigungsbedürfnis entfallen ist (*BAG* 24.10.1979 EzA § 1 KSchG Betriebsbedingte Kündigung Nr. 13; 26.1.1984 RzK I 5c Nr. 7).

573

Hängt der Wegfall des Arbeitsbedarfs von unternehmerisch-organisatorischen Maßnahmen des Arbeitgebers ab, die **bei Zugang der Kündigung** faktisch noch nicht umgesetzt waren, ist von den Arbeitsgerichten voll nachzuprüfen, ob sich die beabsichtigten Maßnahmen bereits zu diesem Zeitpunkt **konkret und greifbar** abgezeichnet haben (*BAG* 20.11.2014 EzA § 1 KSchG Betriebsbedingte Kündigung Nr. 182, Rn 16; 21.7.2014 EzA § 1 KSchG Betriebsbedingte Kündigung Nr. 181, Rn 34). Dafür müssen zumindest die Absicht und der Wille des Arbeitgebers, die Maßnahmen vorzunehmen, zu diesem Zeitpunkt schon vorhanden und abschließend gebildet worden sein (*BAG* 20.11.2014 EzA § 1 KSchG Betriebsbedingte Kündigung Nr. 182, Rn 16; 21.7.2014 EzA § 1 KSchG Betriebsbedingte Kündigung Nr. 181, Rn 34). Ebenfalls voll nachprüfbar ist die Frage, ob für den Arbeitnehmer die Möglichkeit der Weiterbeschäftigung auf einem anderen Arbeitsplatz besteht. Wegen der Darlegungs- und Beweislast s. Rdn 591 ff.; zur Nachprüfung in der Revisionsinstanz s. Rdn 210.

574

2. Unternehmensbezug

Das Gesetz knüpft bei der betriebsbedingten Kündigung an die Verhältnisse im Betrieb und nicht im Unternehmen an. Es kommt daher *de lege lata* nicht auf die teilweise für erforderlich gehaltene Abwägung der wirtschaftlichen Vorteile, die der Arbeitgeber durch seine Maßnahme erlangt, gegen die Nachteile an, die der Arbeitnehmer durch den Arbeitsplatzverlust erleidet (so aber *Däubler* Die Unternehmerfreiheit im Arbeitsrecht, S. 32, 44; *Stein* AuR 2013, 243, 248). Nicht die unternehmerisch-wirtschaftlichen Erfordernisse müssen iSv § 1 Abs. 2 S. 1 KSchG dringend sein,

575

sondern die betrieblichen (*BAG* 20.6.2013 EzA § 626 BGB 2002 Unkündbarkeit Nr. 19, Rn 20; LKB-*Krause* Rn 725). Das KSchG ist grundsätzlich **betriebsbezogen** (*BAG* 14.10.1982 EzA § 15 KSchG nF Nr. 29; 22.5.1986 EzA § 1 KSchG Soziale Auswahl Nr. 22; *Wiedemann* Anm. zu *BAG* AP Nr. 2 zu § 1 KSchG 1969 Konzern). Dies gilt insbes. für die **dringenden betrieblichen Erfordernisse** und die **Sozialauswahl** (*BAG* 22.5.1986 EzA § 1 KSchG Soziale Auswahl Nr. 22). Im Bereich des **öffentlichen Dienstes** entspricht dem Betrieb die Dienststelle (*BAG* 17.5.1984 EzA § 1 KSchG Betriebsbedingte Kündigung Nr. 32). Zum **Betriebsbegriff** s. Rdn 140 ff.

576 Eine Durchbrechung der **Betriebsbezogenheit** sieht § 1 Abs. 1 KSchG insofern vor, als er bei der Frage der Zurücklegung der **Wartezeit** nicht auf die Betriebs-, sondern auf die **Unternehmenszugehörigkeit** abstellt (hierzu iE s. Rdn 98 ff. sowie zum Begriff des Unternehmens s. Rdn 149 ff.). Auch in den **Widerspruchstatbeständen** des § 1 Abs. 2 S. 2 Nr. 1b, 2b, S. 3 KSchG wird bei der Frage der **anderweitigen Weiterbeschäftigung** auf die **Unternehmensebene** bzw. auf den Verwaltungszweig (an demselben Dienstort einschließlich seines Einzugsgebiets) abgestellt. Daher gilt auch für die betriebsbedingte Kündigung, dass der Kündigungsschutz hinsichtlich der **Weiterbeschäftigungspflicht** des **Arbeitgebers unternehmensbezogen** ist (*BAG* 17.5.1984 EzA § 1 KSchG Betriebsbedingte Kündigung Nr. 32; LSSW-*Schlünder* Rn 298; LKB-*Krause* Rn 742; SPV-*Preis* Rn 909). Die Möglichkeit, den Arbeitnehmer in einem anderen Betrieb des Unternehmens oder in einer anderen Dienststelle desselben Verwaltungszweigs an demselben Dienstort einschließlich seines Einzugsgebietes weiterzubeschäftigen, ist nach der Generalklausel des § 1 Abs. 2 S. 1 KSchG auch dann zu berücksichtigen, wenn ein Betriebs- oder Personalrat nicht besteht oder einer Kündigung nicht widersprochen hat (s. Rdn 204 ff., 228 ff.).

3. Konzernbezug

577 Der allgemeine Kündigungsschutz ist auch bei der betriebsbedingten Kündigung **nicht konzernbezogen**. Der Schutz des Bestands eines Arbeitsverhältnisses umfasst nicht ohne Weiteres die Verpflichtung, einen Arbeitgeberwechsel zu ermöglichen. Daher ist eine Kündigung nicht deshalb unwirksam, weil die Möglichkeit der Weiterbeschäftigung in einem anderen Konzernunternehmen besteht (*BAG* 14.10.1982 EzA § 15 KSchG nF Nr. 29; 27.11.1991 EzA § 1 KSchG Betriebsbedingte Kündigung Nr. 72 m. zust. Anm. *Rüthers/Franke* = AP Nr. 6 zu § 1 KSchG 1969 Konzern m. zust. Anm. *Windbichler*; 18.9.2003 EzA § 1 KSchG Soziale Auswahl Nr. 53; 23.11.2004 EzA § 1 KSchG Betriebsbedingte Kündigung Nr. 135, zu B III 2b aa; 23.3.2006 EzA § 1 KSchG Betriebsbedingte Kündigung Nr. 147, zu B III 2a; *Windbichler* SAE 1987, 133). Eine solche Pflicht besteht allenfalls dann, wenn sich ein Konzernunternehmen zur Übernahme des Arbeitnehmers bereit erklärt hat oder sie sich unmittelbar aus dem Arbeitsvertrag, einer sonstigen vertraglichen Absprache oder der in der Vergangenheit geübten Praxis ergibt (*BAG* 24.5.2012 EzA § 1 KSchG Betriebsbedingte Kündigung Nr. 168, Rn 27; 18.10.2012 EzA § 1 KSchG Betriebsbedingte Kündigung Nr. 170, Rn 57). Voraussetzung ist idR ferner, dass der Vertragsarbeitgeber auf die in Rede stehende »Versetzung« einen bestimmenden Einfluss hat. Die Entscheidung über eine Weiterbeschäftigung darf grds. nicht dem zur Übernahme bereiten Unternehmen vorbehalten sein (*BAG* 24.5.2012 EzA § 1 KSchG Betriebsbedingte Kündigung Nr. 168, Rn 27; 18.10.2012 EzA § 1 KSchG Betriebsbedingte Kündigung Nr. 170, Rn 57; *Rost* FS Schwerdtner S. 169, 173; *Gallner* FS Düwell, S. 208, 214 ff.; *Gaul/Kühnreich* BB 2003, 256; weitergehend *Lingemann* FS Bauer, S. 661, 666; krit. zum sog. Durchsetzungskriterium etwa *Bayreuther* NZA 2006, 819, 820 ff.; aA auch *Feudner* DB 2002, 1109 f.). Typischerweise reicht es aus, dass die Möglichkeit zur Einflussnahme jedenfalls faktisch besteht (*BAG* 24.5.2012 EzA § 1 KSchG Betriebsbedingte Kündigung Nr. 168, Rn 27). Nach anderer Ansicht trifft den Gesamtkonzern bei einem konzernweiten Einsatz eines Arbeitnehmers bereits aus diesem Grund eine erhöhte Verantwortung mit der Konsequenz, dass eine konzernbezogene Beschäftigungspflicht entsteht, der sich einzelne Konzernunternehmen nicht entziehen können (SPV-*Preis* Rn 998 ff.; *Martens* FS 25 Jahre BAG S. 375). Das BAG hat weiter erwogen, ob der bisherige Arbeitgeber verpflichtet sein kann, bei einer Verlagerung von Tätigkeiten im Konzern für eine Beschäftigung der betroffenen Arbeitnehmer zu sorgen (*BAG* 23.3.2006 EzA § 1 KSchG Betriebsbedingte Kündigung Nr. 147, zu B III 2e aa; für eine derartige Verpflichtung

DDZ-*Deinert* Rn 429; aA *Geyer* FA 2008, 226). Bei einem konzernbezogenen Arbeitsverhältnis trägt der Arbeitgeber wegen der geringeren Erkenntnismöglichkeiten des Arbeitnehmers eine **gesteigerte Darlegungspflicht** hinsichtlich fehlender Übernahmemöglichkeiten in anderen konzernangehörigen Unternehmen. Gleichwohl hat der Arbeitnehmer zunächst zu erläutern, wie und auf welchem freien Arbeitsplatz er sich eine Beschäftigung in einem anderen Konzernunternehmen vorstellt (*BAG* 10.5.2007 EzA § 626 BGB 2002 Unkündbarkeit Nr. 15, zu B II 2b bb).

Maßgeblich für die betriebsbedingte Kündigung eines konzernbezogenen Arbeitsverhältnisses ist es, ob es dem die Arbeitgeberstellung innehabenden Unternehmen möglich und zumutbar ist, den Arbeitnehmer weiterzubeschäftigen. Dies bestimmt sich nach dem arbeitsvertraglichen Rahmen, dem gesellschaftsrechtlichen Einfluss und den im Unternehmen und Konzern getroffenen bindenden unternehmerischen Entscheidungen, die auch hier nur einer Missbrauchskontrolle unterliegen (*BAG* 26.9.2002 EzA § 1 KSchG Betriebsbedingte Kündigung Nr. 124, zu II 1). Eine Verpflichtung des Arbeitgebers zu einer konzernweiten Unterbringung kann sich auch aus Regelungen in einem Tarifvertrag oder einer Betriebsvereinbarung ergeben (*LAG Köln* 7.6.2006 AuR 2007, 144 LS, zu II; 17.12.2007 AuR 2008, 229 LS). 578

Bilden zwei Konzernunternehmen einen **gemeinsamen Betrieb**, sind nach allgemeinen Grundsätzen (s. Rdn 228) sämtliche Arbeitsplätze dieses Betriebs in die Prüfung von Weiterbeschäftigungsmöglichkeiten und in die soziale Auswahl einzubeziehen (*Helle* S. 71). Besteht das **Arbeitsverhältnis auf Arbeitgeberseite mit mehreren Konzerngesellschaften**, sind die bei allen dieser Unternehmen bestehenden Beschäftigungsmöglichkeiten maßgeblich (*Rost* FS Schwerdtner S. 169, 171; APS-*Kiel* Rn 552; vgl. *BAG* 21.1.1999 EzA § 1 KSchG Nr. 51, zu II 3b). Außerhalb gemeinsamer Betriebe oder Arbeitsverhältnisse ist dagegen grundsätzlich auch bei enger wirtschaftlicher Verflechtung die rechtliche Selbständigkeit der einzelnen Unternehmen zu beachten (*BAG* 26.9.2002 EzA § 1 KSchG Betriebsbedingte Kündigung Nr. 124, zu II 1c aa). 579

Ist der Arbeitgeber wegen der Zustimmung eines anderen Konzernunternehmens oder wegen seiner gesellschaftsrechtlichen Stellung in der Lage, den Arbeitnehmer aufgrund einer **Abordnung** auf einem freien Arbeitsplatz in einem anderen Konzernunternehmen weiterzubeschäftigen, hat er diese Möglichkeit als milderes Mittel gegenüber der Kündigung auch nicht konzernbezogen beschäftigten Arbeitnehmern anzubieten. Weiter hat er zugunsten nach dem Arbeitsvertrag oder dessen tatsächlicher Durchführung auch **in anderen Konzerngesellschaften eingesetzter Arbeitnehmer** ihm ggf. zustehende Rechte als (auch mittelbarer) Gesellschafter der anderen Unternehmen auszuschöpfen (APS-*Kiel* Rn 551; HaKo-KSchR/*Zimmermann* Rn 699). Zu berücksichtigen ist aber, dass auch der konzernrechtliche Einfluss von Mehrheitsgesellschaftern Grenzen hat (*Bayreuther* NZA 2006, 819, 821). So können Minderheitsgesellschafter mit Sperrminorität Abordnungen verhindern. Der Vorstand einer Aktiengesellschaft handelt eigenverantwortlich (§ 76 Abs. 1 AktG). Kann der Arbeitgeber die Abordnung nicht durchsetzen, verbleibt die Obliegenheit, sich nach Weiterbeschäftigungsmöglichkeiten für Arbeitnehmer mit konzernbezogenen Arbeitsverhältnissen bei anderen Konzerngesellschaften zu erkundigen und diese ggf. um Zustimmung zu einer Abordnung zu ersuchen. Unterlässt er dies und hätte der Arbeitnehmer andernfalls weiter beschäftigt werden können, ist die Kündigung sozial nicht gerechtfertigt (APS-*Kiel* Rn 552; *Fiebig* DB 1983, 584; *Helle* S. 169; *Rost* FS Schwerdtner S. 174; *Welslau* Anm. LAGE § 1 KSchG Betriebsbedingte Kündigung Nr. 22). Dagegen führt allein das Unterlassen der Prüfung derartiger Möglichkeiten nicht zur Unwirksamkeit der Kündigung. 580

Eine **Übernahme des Arbeitsverhältnisses durch ein anderes Konzernunternehmen** auf einen dort vorhandenen freien Arbeitsplatz bedarf der Zustimmung dieses Unternehmens. Liegt eine Zustimmung vor oder kann der Vertragsarbeitgeber eine solche durch seinen gesellschaftsrechtlichen Einfluss herbeiführen, hat er diese Möglichkeit zu nutzen und einer Vertragsübernahme zuzustimmen, anstatt das Arbeitsverhältnis zu kündigen. Es gilt dasselbe wie bei Abordnungsmöglichkeiten (s. Rdn 580). Verweigert die andere Gesellschaft dagegen die Vertragsübernahme, kann sie dazu nicht allein durch Abreden zwischen den Arbeitsvertragsparteien verpflichtet werden. Auch eine abhängige Konzerngesellschaft genießt außerhalb des Anwendungsbereichs der §§ 613a BGB, 581

323 UmwG Vertragsfreiheit und kann nicht durch einen Vertrag zu ihren Lasten durch Dritte zur Begründung von Rechtsverhältnissen gezwungen werden (*Bayreuther* NZA 2006, 819, 821). Erforderlich ist dazu vielmehr eine **rechtsverbindliche Einstellungszusage**, die allerdings auch konkludent erteilt werden kann. Allein eine – auch langfristige – Beschäftigung des Arbeitnehmers im Rahmen einer Abordnung hat keinen derartigen Erklärungswert. Besteht eine Übernahmezusage, ist diese im Zweifel auf ein Arbeitsverhältnis zu den Konditionen des bisherigen Arbeitsverhältnisses mit dem alten Arbeitgeber unter Anrechnung der Beschäftigungszeit bei diesem gerichtet. Gerichtlich geltend zu machen ist sie gegenüber dem Unternehmen, das die Zusage gegeben hat. Kündigt der alte Arbeitgeber wegen der Verweigerung der Übernahme durch die andere Gesellschaft und beruft sich der Arbeitnehmer auf die Unwirksamkeit dieser Kündigung aus anderen Gründen, muss er gegen beide Unternehmen – zur Vermeidung widersprüchlicher Ergebnisse zweckmäßigerweise in einem Verfahren – Klage erheben (*Bayreuther* NZA 2006, 819, 824). Zum **Kündigungsschutz im Konzernarbeitsverhältnis** s. Rdn 631 ff.

582 Sozial ungerechtfertigt ist eine mit dringenden betrieblichen Erfordernissen begründete Kündigung des Vertragsarbeitgebers, wenn die zugrundeliegende **Unternehmerentscheidung missbräuchlich** ist. Dies kommt insbes. bei der Verlagerung von unverändert – ggf. reduziert – fortbestehenden Arbeitsaufgaben an abhängige Konzerngesellschaften in Betracht, die letztlich den Charakter einer konzerninternen Austauschkündigung haben, weil die Arbeitnehmer der abhängigen Gesellschaft nach wie vor den Weisungen des alten Arbeitgebers unterliegen (BAG 26.9.2002 EzA § 1 KSchG Betriebsbedingte Kündigung Nr. 124, zu II 1). Sofern nicht ohnehin ein Betriebsübergang vorliegt, können konzerninterne Tätigkeitsverlagerungen ähnlich zu würdigen sein, deren Zweck sich darauf beschränkt, den Arbeitnehmern des bisher die Tätigkeiten erbringenden Unternehmens den Kündigungsschutz zu entziehen.

4. Möglichkeit einer anderweitigen Beschäftigung

583 Nach dem **Grundsatz der Verhältnismäßigkeit** ist stets zu prüfen, ob die Kündigung durch eine anderweitige Beschäftigung des Arbeitnehmers hätte vermieden werden können. Ist die Weiterarbeit an einem anderen freien Arbeitsplatz, über den der Arbeitgeber verfügen kann, möglich und zumutbar, ist die Kündigung weder dringend noch durch ein betriebliches Erfordernis bedingt. Die Verpflichtung des Arbeitgebers, dem Arbeitnehmer zur Vermeidung einer Beendigungskündigung eine Weiterbeschäftigung zu geänderten, möglicherweise auch zu schlechteren Arbeitsbedingungen anzubieten, bezieht sich jedoch grds. nicht auf freie Arbeitsplätze in einem im **Ausland** gelegenen Betrieb des Unternehmens (BAG 24.9.2015 EzA § 1 KSchG Betriebsbedingte Kündigung Nr. 184 Rn 18; 29.8.2013 EzA § 1 KSchG Betriebsbedingte Kündigung Nr. 177, Rn 28; zu möglichen Ausnahmen BAG 29.8.2013 EzA § 1 KSchG Betriebsbedingte Kündigung Nr. 177, Rn 37–39). Eine über die Vorgaben des KSchG hinausgehende »Selbstbindung« des Arbeitgebers zur Weiterbeschäftigung des Arbeitnehmers in einem im Ausland gelegenen Betrieb des Unternehmens mag sich allerdings im Einzelfall aus § 241 BGB, aus § 242 BGB oder aus einem Verzicht auf den Ausspruch einer Beendigungskündigung ergeben können (BAG 24.9.2015 EzA § 1 KSchG Betriebsbedingte Kündigung Nr. 184 Rn 19). Näher zur Prüfung der einer Beendigungskündigung entgegenstehenden Möglichkeit der anderweitigen Beschäftigung Rdn 228–245.

584 Sind in einem anderen Betrieb des Unternehmens **Arbeitsplätze frei**, **ist ihre Zahl aber geringer als die Zahl der zu entlassenden Arbeitnehmer**, die dort weiterbeschäftigt werden könnten, hat der Arbeitgeber nach den Grundsätzen der Sozialauswahl (s. Rdn 728 ff.) den Arbeitnehmern die Weiterbeschäftigung in dem anderen Betrieb anzubieten, die sozial am schutzbedürftigsten sind (BAG 25.4.2002 EzA § 1 KSchG Betriebsbedingte Kündigung Nr. 121, zu B III 2b cc (1); *LAG Düsseld.* 9.7.1993 LAGE § 1 KSchG Soziale Auswahl Nr. 12, zu 2; *LAG Hamm* 30.6.1989 RzK I 5d Nr. 27; HK-*Weller/Dorndorf* Rn 915; APS-*Kiel* Rn 583). Zur Erforderlichkeit der Sozialauswahl, wenn in verschiedenen Betrieben des Unternehmens Arbeitsplätze wegfallen und nur eine geringere Zahl von Arbeitsplätzen zur Verfügung steht, s. Rdn 658. Zur Möglichkeit einer anderweitigen Beschäftigung zu geänderten Bedingungen s. Rdn 236 ff.

5. Interessenabwägung

Die Rechtsprechung des BAG zur Erforderlichkeit einer einzelfallbezogenen Interessenabwägung 585
auch bei betriebsbedingten Kündigungen entwickelte sich wechselhaft. Nach der älteren Rspr.
(etwa *BAG* 4.2.1960 AP § 1 KSchG Betriebsbedingte Kündigung Nr. 5; 3.5.1978 EzA § 1 KSchG
Betriebsbedingte Kündigung Nr. 8) war eine betriebsbedingte Kündigung nur dann sozial gerechtfertigt, wenn die betrieblichen Gründe die Kündigung bei verständiger Würdigung in Abwägung
der Interessen der Vertragsparteien und des Betriebs als billigenswert und angemessen erscheinen
ließen. Abzuwägen war nach dieser Auffassung das Bestandsschutzinteresse des Arbeitnehmers
gegenüber den betrieblichen Bedürfnissen, wobei ein objektiver Maßstab zugrunde zu legen war.
Die Interessenabwägung war nach dieser Rspr. dann fehlerhaft, **wenn die mit einer betriebsbedingten Kündigung zu erwartenden wirtschaftlichen Vorteile zu den sozialen Nachteilen**, die sich für
die betroffenen Arbeitnehmer ergaben, **in keinem vernünftigen Verhältnis standen**. Gegen diese
Ansicht ist im Schrifttum eingewandt worden, dass die ökonomischen Interessen des Arbeitgebers
an einem Personalabbau und die sozialen Schutzinteressen des Arbeitnehmers an dem Fortbestand
des Arbeitsverhältnisses inkommensurable Größen seien (*Schwerdtner* ArbR I S. 177; *Herschel* Anm.
zu *BAG* EzA § 1 KSchG Betriebsbedingte Kündigung Nr. 14).

Später hat das BAG diese Grundsätze erheblich eingeschränkt. Danach kann sich bei betriebsbe- 586
dingten Kündigungen die Abwägung der beiderseitigen Interessen **nur in seltenen Ausnahmefällen**
zugunsten des Arbeitnehmers auswirken. Dem Arbeitgeber kann eine zumeist nur vorübergehende Weiterbeschäftigung etwa zuzumuten sein, wenn der Arbeitnehmer aufgrund schwerwiegender
persönlicher Umstände besonders schutzbedürftig ist (*BAG* 24.10.1979 EzA § 1 KSchG Betriebsbedingte Kündigung Nr. 13; 7.2.1985 EzA § 1 KSchG Soziale Auswahl Nr. 20; 30.4.1987 EzA § 1
KSchG Betriebsbedingte Kündigung Nr. 47; 19.12.1991 RzK I 5c Nr. 41). Danach kann die Interessenabwägung bei einer an sich betriebsbedingten Kündigung nur noch in sozialen Härtefällen
zur Sozialwidrigkeit der Kündigung führen (*BAG* 20.1.2005 EzA § 18 BErzGG Nr. 7, zu II 3d aa).

Auch die Reduzierung der Interessenabwägung auf soziale Härtefälle wird verbreitet als inkonse- 587
quent abgelehnt. Während bei personen- und verhaltensbedingten Kündigungen die Interessenabwägung zum Kündigungsgrund gehöre, weil nur so beurteilt werden könne, ob das Gewicht einer
Vertragsbeeinträchtigung die Kündigung rechtfertigt, sei mit der Feststellung der dringenden betrieblichen Erfordernisse unter Einbezug des Fehlens einer zumutbaren Weiterbeschäftigungsmöglichkeit der gesetzliche Kündigungsgrund gegeben, sofern die Sozialauswahl (§ 1 Abs. 3 KSchG)
fehlerfrei sei, so dass **für eine zusätzliche Interessenabwägung kein Raum mehr bestehe** (*LAG
Brem.* 9.1.1998 LAGE § 1 KSchG Betriebsbedingte Kündigung Nr. 48, zu II A 1b dd; *Etzel* KR
7. Aufl., Rn 549; HK-*Weller/Dorndorf* Rn 942; LKB-*Krause* Rn 215; APS-*Kiel* Rn 591; KPK-*Heise*
Rn 153; LSSW-*Schlünder* Rn 333; SPV-*Preis* Rn 1076; HaKo-KSchR/*Zimmermann* Rn 721; *Bitter/Kiel* RdA 1994, 346; *Ehmann/Sutschet* JURA 2001, 153; krit. auch *Hillebrecht* ZfA 1991, 95; aA
DDZ-*Deinert* Rn 304; HaKo-ArbR/*Schubert* Rn 410 f.; *Stein* KJ 2001, 282; *Kühling* AuR 2003,
92; *Wolter* AuR 2008, 325, 331: Umfassende Interessenabwägung). Dafür spricht, dass der Gesetzgeber bei der betriebsbedingten Kündigung mit dem Erfordernis der Sozialauswahl eine abschließende Regelung getroffen haben dürfte, inwiefern einer Kündigung entgegenstehende Interessen
des Arbeitnehmers angesichts eines Beschäftigungsüberhangs im Betrieb zu berücksichtigen sind.
Auch das *BAG* hat zuletzt offengelassen, ob an der Rechtsprechung, eine darüberhinausgehende
Interessenabwägung könne sich in seltenen Ausnahmefällen zugunsten des Arbeitnehmers auswirken, festzuhalten sei (16.6.2005 EzA § 1 KSchG Betriebsbedingte Kündigung Nr. 137, zu II 2c).

6. Beurteilungszeitpunkt

Maßgeblicher Zeitpunkt für die Prüfung der Sozialwidrigkeit ist auch bei der betriebsbedingten 588
Kündigung der **Zugang der Kündigungserklärung** (*BAG* 6.6.1984 AP § 1 KSchG 1969 Betriebsbedingte Kündigung Nr. 16; 30.5.1985 EzA § 1 KSchG Betriebsbedingte Kündigung Nr. 36; allg.
zum Beurteilungszeitpunkt s. Rdn 248 ff.). Dabei gelten folgende Besonderheiten: Abzustellen
ist auf die zum Zeitpunkt des Zugangs der Kündigung bestehenden betrieblichen Verhältnisse im

§ 1 KSchG   Sozial ungerechtfertigte Kündigungen

Beschäftigungsbetrieb, wozu auch eine Prognose für die Zeit nach dem Entlassungstermin gehört. Bei der Prüfung **anderweitiger Beschäftigungsmöglichkeiten** sind auch die Verhältnisse in den anderen Betrieben des Unternehmens maßgeblich (*BAG* 17.5.1984 EzA § 1 KSchG Betriebsbedingte Kündigung Nr. 32; 21.4.2005 EzA § 2 KSchG Nr. 53, zu B II 2). Arbeitsplätze, die zum Zeitpunkt des Kündigungszugangs noch besetzt sind, aber absehbar **während der Kündigungsfrist** oder ggf. später (s. Rdn 230) **frei werden**, sind ebenfalls zu berücksichtigen (*BAG* 6.6.1984 AP § 1 KSchG 1969 Betriebsbedingte Kündigung Nr. 16; 15.12.1994 EzA § 1 KSchG Betriebsbedingte Kündigung Nr. 75, zu B II 1a, b). Innerbetriebliche Maßnahmen wie Rationalisierungsmaßnahmen oder die Stilllegung des Betriebs oder von Betriebsteilen rechtfertigen eine betriebsbedingte Kündigung erst, wenn sie sich **konkret und greifbar** abzeichnen (*BAG* 20.11.2014 EzA § 1 KSchG Betriebsbedingte Kündigung Nr. 182, Rn 16; 21.7.2014 EzA § 1 KSchG Betriebsbedingte Kündigung Nr. 181, Rn 34). Dafür müssen zumindest die Absicht und der Wille des Arbeitgebers, die Maßnahmen vorzunehmen, im Zeitpunkt des Zugangs der Kündigung schon vorhanden und abschließend gebildet worden sein (*BAG* 20.11.2014 EzA § 1 KSchG Betriebsbedingte Kündigung Nr. 182, Rn 16; 21.7.2014 EzA § 1 KSchG Betriebsbedingte Kündigung Nr. 181, Rn 34). Ist dies der Fall, kann die Kündigung unter den Voraussetzungen des § 1 Abs. 2 und 3 ausgesprochen werden, wenn nach betriebswirtschaftlichen Erkenntnismethoden absehbar ist, dass spätestens mit dem Ablauf der Kündigungsfrist kein Bedürfnis mehr für die Weiterbeschäftigung des Arbeitnehmers besteht (*BAG* 27.9.1984 EzA § 613a BGB Nr. 40; 19.6.1991 EzA § 1 KSchG Betriebsbedingte Kündigung Nr. 70; 24.2.2005 EzA § 1 KSchG Soziale Auswahl Nr. 59, zu B I 1; 13.2.2008 AP § 1 KSchG 1969 Betriebsbedingte Kündigung Nr. 175, zu B II 2). Der tatsächliche Eintritt der prognostizierten Entwicklung nach Ausspruch der Kündigung kann Rückschlüsse auf die Ernsthaftigkeit und Plausibilität der Prognose zulassen (*BAG* 27.11.2003 EzA § 1 KSchG Betriebsbedingte Kündigung Nr. 128). Auch bei durch außerbetriebliche Gründe veranlassten Kündigungen kommt es nicht entscheidend darauf an, ob im Zeitpunkt der Kündigungserklärung, sondern ob mit dem Ablauf der Kündigungsfrist mit dem Wegfall des Bedürfnisses zur Weiterbeschäftigung zu rechnen ist (*LAG Nds.* 16.3.2001 EzA-SD 2001, Heft 12, S. 13).

589 Zum Lauf der Ausschlussfrist bei auf betriebliche Gründe gestützten **außerordentlichen Kündigungen** eingehend KR-*Fischermeier/Krumbiegel* § 626 BGB Rdn 347; SPV-*Preis* Rn 797–805.

590 Fallen die dringenden betrieblichen Erfordernisse nachträglich weg, kommt ein **Wiedereinstellungsanspruch** in Betracht (s. Rdn 823 ff.).

7. Darlegungs- und Beweislast

591 Die in § 1 Abs. 2 S. 4 KSchG enthaltene Beweislastregelung, der zufolge der Arbeitgeber die Kündigungstatsachen zu beweisen hat, gilt auch für betriebsbedingte Kündigungen. Danach ist der **Arbeitgeber darlegungs- und beweispflichtig** dafür, dass dringende betriebliche Erfordernisse die Kündigung bedingen. Er hat im Kündigungsschutzprozess sowohl von ihm geltend gemachte **innerbetriebliche Gründe** (zB Art, Zeitpunkt und Umfang einer organisatorischen oder technischen Rationalisierungsmaßnahme) unter Aufzeigung der Auswirkungen auf die konkret betroffenen Arbeitsplätze als auch ggf. maßgebliche **externe Faktoren** (zB Rohstoffverknappung, währungspolitische Auswirkungen bei exportorientierten Unternehmen) im Einzelnen so **konkret darzulegen**, dass sie vom Arbeitnehmer mit Gegentatsachen bestritten und vom Gericht überprüft werden können. Durch schlagwortartige Formulierungen (etwa Auftragsmangel, Umsatzrückgang, betriebliche Umorganisation) genügt der Arbeitgeber seiner Darlegungspflicht nicht (*BAG* 7.12.1978 EzA § 1 KSchG Betriebsbedingte Kündigung Nr. 10; 24.10.1979 EzA § 1 KSchG Betriebsbedingte Kündigung Nr. 13; 20.2.1986 EzA § 1 KSchG Betriebsbedingte Kündigung Nr. 37; 17.6.1999 EzA § 1 KSchG Betriebsbedingte Kündigung Nr. 102, zu II 2a; eingehend zur Darlegungslast bei betriebsbedingten Kündigungen *Löwisch/Buschbaum* BB 2010, 1789). Besteht die Entscheidung des Arbeitgebers nur darin, den Personalbestand zu reduzieren, hat er substantiiert darzulegen und ggf. zu beweisen, wie sich der Personalabbau auf den betrieblichen Ablauf auswirken soll, etwa durch Leistungsverdichtung oder Arbeitsstreckung (*LAG Köln* 24.8.1999 AiB 2000, 694), und dass es sich dabei nicht um eine nur vorübergehende Maßnahme handelt (s. Rdn 597).

Für das Gericht muss aufgrund eines entsprechenden Tatsachenvortrags insbes. erkennbar sein, 592
ob und weshalb durch innerbetriebliche Maßnahmen oder durch außerbetriebliche Ursachen **das
Bedürfnis für die Weiterbeschäftigung eines oder mehrerer Arbeitnehmer entfallen ist** (*BAG*
1.7.1976 EzA § 1 KSchG Betriebsbedingte Kündigung Nr. 4; 30.5.1985 EzA § 1 KSchG Betriebsbedingte Kündigung Nr. 36). So hat zB ein Bauunternehmer, der drei von zehn Maurern wegen Auftragsrückgangs kündigt und die Kündigung ausschließlich auf den Auftragsrückgang stützt, substantiiert und nachvollziehbar darzulegen, welche Aufträge er bisher für die Beschäftigung von zehn Maurern hatte, in welchem Umfang die Aufträge zurückgegangen sind und dass dadurch das Beschäftigungsbedürfnis für drei Maurer entfallen ist (*BAG* 30.5.1985 EzA § 1 KSchG Betriebsbedingte Kündigung Nr. 36). Besteht die unternehmerische Organisationsentscheidung darin, eine Hierarchieebene abzubauen und die den bisher dort beschäftigten Arbeitnehmern zugewiesenen Aufgaben neu zu verteilen, hat der Arbeitgeber diese Entscheidung so zu konkretisieren, dass nachgeprüft werden kann, ob der Arbeitsplatz des betroffenen Arbeitnehmers tatsächlich weggefallen ist und die Entscheidung nicht offensichtlich unsachlich oder willkürlich ist. Der Arbeitgeber muss konkret erläutern, in welchem Umfang die bisher von den Arbeitnehmern ausgeübten Tätigkeiten zukünftig noch anfallen und wie sie vom verbliebenen Personal ohne überobligatorische Leistungen erledigt werden können (*BAG* 17.6.1999 EzA § 1 KSchG Betriebsbedingte Kündigung Nr. 102, zu II 2e; 27.9.2001 EzA § 14 KSchG Nr. 6, zu B I 2b; 13.2.2008 EzA § 1 KSchG Betriebsbedingte Kündigung Nr. 158, zu II 1; 16.12.2010 EzA § 1 KSchG Betriebsbedingte Kündigung Nr. 165, zu II 1b). Insbesondere ist darzulegen, wie die ggf. verbleibenden Aufgaben des Arbeitnehmers neu verteilt werden (*BAG* 16.12.2010 EzA § 1 KSchG Betriebsbedingte Kündigung Nr. 165, zu II 3). Allerdings ist die Vortragslast **kein Selbstzweck**. In welcher Weise ein Arbeitgeber darlegt, dass die Umverteilung von Arbeitsaufgaben nicht zu einer überobligatorischen Beanspruchung im Betrieb verbliebener Arbeitnehmer führt, bleibt daher ihm überlassen. Handelt es sich um nicht taktgebundene Arbeiten, muss nicht in jedem Fall und minutiös dargelegt werden, welche einzelnen Tätigkeiten die fraglichen Mitarbeiter künftig mit welchen Zeitanteilen täglich zu verrichten haben; es kann vielmehr ausreichend sein, wenn der Arbeitgeber die getroffenen Vereinbarungen zu Umfang und Verteilung der Arbeitszeit darstellt und Anhaltspunkte dafür darlegt, dass Freiräume für die Übernahme zusätzlicher Aufgaben vorhanden sind (*BAG* 24.5.2012 EzA § 1 KSchG Betriebsbedingte Kündigung Nr. 167, Rn 31). Eine eingehende Schilderung der einzelnen Arbeitsvorgänge und der dafür erforderlichen Arbeitszeiten kann auch dann entbehrlich sein, wenn sich ein Rückgang des Beschäftigungsbedarfs aus anderen Umständen folgern lässt, etwa wenn das verbleibende Arbeitskraftvolumen tarifvertraglichen Besetzungsnormen entspricht (*BAG* 18.10.2006 EzA § 1 KSchG Betriebsbedingte Kündigung Nr. 151, zu B III 2c). Fehlt ein hinreichender Sachvortrag des Arbeitgebers, ist dem Gericht eine Subsumtion der Kündigungstatsachen nicht möglich mit der Folge, dass der Kündigungsschutzklage stattzugeben ist. Substantiierten Sachvortrag des Arbeitgebers kann der Arbeitnehmer häufig gem. § 138 Abs. 4 ZPO **mit Nichtwissen** bestreiten, da die Auftragsentwicklung sowie das Zustandekommen und der Inhalt unternehmerischer Entscheidungen regelmäßig seiner Wahrnehmung entzogen sind (*BAG* 29.6.2000 EzA § 126 InsO Nr. 2, zu B IV 2c bb). Soweit er aufgrund seiner bisherigen Tätigkeit über Kenntnisse von Einsatzmöglichkeiten verfügt, hat er substantiiert zu erwidern (*BAG* 17.6.1999 EzA § 1 KSchG Betriebsbedingte Kündigung Nr. 102, zu II 2e). In diesem Fall ist vom Arbeitsgericht über die streitigen Tatsachen **Beweis zu erheben**. Zur gerichtlichen Nachprüfung betrieblicher Maßnahmen und außerbetrieblicher Faktoren s. Rdn 572 ff.

Zu den die Kündigung bedingenden Tatsachen iSd § 1 Abs. 2 S. 4 KSchG gehören auch die **Um- 593
stände, die die Dringlichkeit von betriebsbedingten Entlassungen begründen**. Der Arbeitgeber hat daher im Einzelnen darzutun und ggf. zu beweisen, dass die Kündigung nicht durch andere betriebliche Maßnahmen wie den Abbau von Überstunden oder eine Einstellungssperre hätte vermieden werden können. Die **Darlegungslast** ist **abgestuft**. Was anderweitige Weiterbeschäftigungsmöglichkeiten betrifft, kann sich der Arbeitgeber zunächst auf die allgemeine Behauptung beschränken, eine Weiterbeschäftigung des Arbeitnehmers sei nicht möglich. Es ist dann Sache des Arbeitnehmers, konkret aufzuzeigen, wie er sich eine Weiterbeschäftigung vorstellt. Die Bezeichnung eines bestimmten Arbeitsplatzes ist allerdings idR nicht erforderlich, sondern nur die der

Art der Beschäftigung. Der Arbeitnehmer kann auch erläutern, zu welchen geänderten Vertragsbedingungen eine Fortsetzung des Arbeitsverhältnisses aus seiner Sicht möglich ist. Darauf obliegt es dem Arbeitgeber, eingehend darzulegen, aus welchen wirtschaftlichen, organisatorischen oder technischen Gründen die vom Arbeitnehmer aufgezeigte Beschäftigung nicht möglich oder nicht zumutbar ist. Genügt der Vortrag des Arbeitgebers diesen Anforderungen, hat der Arbeitnehmer substantiiert zu erwidern und etwa zu erläutern, durch welche Schulungsmaßnahmen mit welcher Dauer auf zumutbare Weise eine Weiterbeschäftigung möglich wäre. Dann trägt der Arbeitgeber die Beweislast (*BAG* 24.3.1983 EzA § 1 KSchG Betriebsbedingte Kündigung Nr. 21; 15.12.1994 EzA § 1 KSchG Betriebsbedingte Kündigung Nr. 75, zu B II 2c aa; 15.8.2002 EzA § 1 KSchG Betriebsbedingte Kündigung Nr. 123, zu II 1c aa; 29.3.2007 EzA § 2 KSchG Nr. 66, zu B II 2). Dazu genügt etwa der Beweis, dass ein vom Arbeitnehmer bezeichneter Arbeitsplatz anderweitig besetzt oder dass der Arbeitnehmer für diesen nicht geeignet ist (ausf. *Ascheid* Beweislastfragen S. 151 ff.).

594 Wegen der beschränkten Überprüfbarkeit einer **Unternehmerentscheidung** (s. Rdn 558 ff.) ist der Arbeitgeber nicht verpflichtet, die für diese maßgeblichen betriebswirtschaftlichen Erwägungen offen zu legen. Er hat jedoch das Zustandekommen und den Inhalt der Entscheidung darzulegen und ggf. zu beweisen, wozu auch die Erläuterung gehört, wann und – bei Gesellschaften – von wem sie getroffen wurde (*BAG* 17.6.1999 EzA § 1 KSchG Betriebsbedingte Kündigung Nr. 102, zu II 1b, 2a). Dazu gehört der schon bei Kündigungszugang getroffene endgültige Entschluss zur Vornahme einer Maßnahme, die zu einem Wegfall des Beschäftigungsbedarfs spätestens zum Ablauf der Kündigungsfrist führen werde (*BAG* 20.11.2014 EzA § 1 KSchG Betriebsbedingte Kündigung Nr. 182, Rn 17; 21.7.2014 EzA § 1 KSchG Betriebsbedingte Kündigung Nr. 181, Rn 36). Dies wird erleichtert, wenn die Entscheidung schriftlich niedergelegt und von ihrem Träger unterzeichnet wird (eingehend *Kleinebrink* DB 2008, 1858). Legt der Arbeitgeber eine solche Urkunde im Kündigungsschutzprozess vor, entfaltet sie die Beweiswirkung von § 416 ZPO. Der fragliche Entschluss unterliegt aber nicht etwa einem Formzwang (*BAG* 21.7.2014 EzA § 1 KSchG Betriebsbedingte Kündigung Nr. 181, Rn 35). Auch bei einem mehrköpfigen Entscheidungsgremium, das letztlich nur gemeinsam entscheiden kann, bedarf es dazu idR keines förmlichen Beschlusses. Es genügt, dass ein einzelnes Gremiumsmitglied den betreffenden Entschluss vorbehaltlos gefasst hat und – etwa aufgrund von Erfahrungswerten – fest damit zu rechnen war, die übrigen Mitglieder würden sich dem anschließen (*BAG* 21.7.2014 EzA § 1 KSchG Betriebsbedingte Kündigung Nr. 181, Rn 35; 7.7.2005 EzA § 1 KSchG Betriebsbedingte Kündigung Nr. 138, zu II 4 d dd). Nähere Darlegungen zum Zustandekommen der Entscheidung sind entbehrlich, wenn aus feststehenden **Indiztatsachen** auf das Vorliegen der Unternehmerentscheidung im Zeitpunkt der Kündigung geschlossen werden kann, etwa aus der bereits erfolgten Einleitung von Verhandlungen über einen Interessenausgleich, der Erstattung einer Massenentlassungsanzeige, der Kündigung von Miet- und Pachtverträgen für den Betrieb oder der Beendigung der Geschäftsbeziehungen mit Lieferanten und Kunden (*BAG* 10.10.1996 EzA § 1 KSchG Betriebsbedingte Kündigung Nr. 87, zu B II 1b (1) (b); 21.6.2001 EzA § 15 KSchG Nr. 53, zu II 1b aa). Nach dem Kündigungszugang durchgeführte Maßnahmen können wichtige Indizien für die Ernsthaftigkeit der Stilllegungsabsicht sein (*BAG* 12.7.2007 EzA ZPO 2002 § 551 Nr. 6, zu B I 1a). Für eine beschlossene und tatsächlich durchgeführte Unternehmerentscheidung spricht im Allgemeinen die Vermutung, dass sie auf sachlichen Gründen beruht (*BAG* 30.4.1987 EzA § 1 KSchG Betriebsbedingte Kündigung Nr. 47), Rechtsmissbrauch also die Ausnahme ist. Der Arbeitnehmer hat daher im Kündigungsschutzprozess die Umstände darzulegen und im Streitfall zu beweisen, aus denen sich ergeben soll, **dass eine innerbetriebliche Maßnahme offenbar unsachlich, unvernünftig oder willkürlich ist** (allg. Ansicht, etwa *BAG* 17.10.1980 EzA § 1 KSchG Betriebsbedingte Kündigung Nr. 15; 21.2.2002 EzA § 2 KSchG Nr. 45, zu II 3c; 29.11.2007 EzA § 2 KSchG Nr. 69, zu B I 3; Bader/Bram-*Volk* Rn 263; *Denck* ZfA 1985, 260), ggf. mit der Erleichterung des Anscheinsbeweises (*BAG* 24.10.1979 EzA § 1 KSchG Betriebsbedingte Kündigung Nr. 13).

595 Rückt die eigentliche **Organisationsentscheidung in unmittelbare Nähe zum Kündigungsentschluss**, etwa die nicht mit Organisationsänderungen verbundene Entscheidung zu einem dauernden Personalabbau, lässt sich die Vermutung, dass sie regelmäßig auf sachlichen Gründen beruht, nicht aufrechterhalten (*Schrader* NZA 2000, 404; *Bitter* DB 1999, 1216; aA *Hümmerich/Spirolke*

NZA 1998, 799). Andernfalls könnte jeder Arbeitgeber, der ein Arbeitsverhältnis ohne sachlichen Anlass beenden will, die Kündigung mit Personalabbau begründen. Unternehmerentscheidung und Kündigung wären praktisch deckungsgleich (*Schrader* NZA 2000, 404). Der **Arbeitgeber** muss daher in diesem Fall zur Begründung des dringenden betrieblichen Erfordernisses die Unternehmerentscheidung **hinsichtlich ihrer organisatorischen Durchführbarkeit und hinsichtlich des Begriffs »Dauer« näher darlegen** und ggf. beweisen, um so dem Gericht die Überprüfung zu ermöglichen, ob die Unternehmerentscheidung nicht offenbar unsachlich, unvernünftig oder willkürlich ist (*BAG* 17.6.1999 EzA § 1 KSchG Betriebsbedingte Kündigung Nr. 102 m. abl. Anm. *Rieble* = AP Nr. 101 zu § 1 KSchG 1969 Betriebsbedingte Kündigung m. zust. Anm. *Ehmann/Krebber* = SAE 2000, 279 m. zust. Anm. *Singer/v. Finkenstein* = AiB 2000, 361 m. abl. Anm. *Hinrichs* = NJ 1999, 665 m. krit. Anm. *Lakies* = EWiR 1999, 1179 m. zust. Anm. *Junker*; 22.5.2003 EzA § 1 KSchG Betriebsbedingte Kündigung Nr. 126, zu B I 1d cc; 29.11.2007 EzA § 2 KSchG Nr. 69, zu B I 3; krit. *Franzen* NZA 2001, 805; aA *Feudner* NZA 2000, 1141, der eine bloße Personalreduzierung mit einer Teilstilllegung vergleicht, die allenfalls einer begrenzten Willkürkontrolle unterliege). Im Übrigen gelten auch insoweit die Grundsätze der abgestuften Darlegungs- und Beweislast. Baut der Arbeitgeber zB ohne Organisationsänderung und ohne Auftragsrückgang zur Kostenersparnis Personal ab, kann er dies damit begründen, dass die Arbeitnehmer in der Vergangenheit nicht ausgelastet gewesen seien und deshalb die anfallende Arbeit vom verbliebenen Personal miterledigt werden könne, wobei ggf. anzugeben ist, welche Arbeiten auf die einzelnen Mitarbeiter verteilt werden. Wendet der gekündigte Arbeitnehmer nunmehr substantiiert ein, die verbliebenen Arbeitnehmer seien damit überfordert und die Personalreduzierung deshalb offenbar unsachlich (s. Rdn 597), hat der Arbeitgeber darzulegen und ggf. zu beweisen, dass und weshalb keine Überforderung vorliegt. Liegt eine **Organisationsänderung** vor, muss der Arbeitgeber die darauf beruhende zukünftige Entwicklung der Arbeitsmenge anhand einer näher konkretisierten Prognose darstellen und angeben, wie die anfallenden Arbeiten vom verbliebenen Personal ohne überobligatorische Leistungen erledigt werden können (*BAG* 10.10.2002 RzK I 5c Nr. 148).

8. Einzelne betriebliche Erfordernisse

Zur Konkretisierung des unbestimmten Rechtsbegriffs der dringenden betrieblichen Erfordernisse sind von der Rechtsprechung und dem Schrifttum eine Reihe von Fallgruppen herausgearbeitet worden, deren rechtliche Besonderheiten im Folgenden dargestellt werden sollen. Angesichts der Vielgestaltigkeit der betrieblichen Vorgänge und außerbetrieblichen Faktoren beansprucht der nachfolgende Katalog keinen Anspruch auf Vollständigkeit. 596

a) Abbau und Umwandlung von Arbeitsplätzen (Vollzeitarbeit, Teilzeitarbeit, Anforderungsprofil) (Rdn 597–599)
b) Abkehrwille (Rdn 600)
c) Arbeitsmangel (Rdn 601–603)
d) Auftragsrückgang (Rdn 604, 605)
e) Betriebseinschränkungen (Rdn 606–608)
f) Betriebsinhaberwechsel (Rdn 609–614)
g) Betriebsstilllegung (Rdn 615–622)
h) Drittfinanzierte Arbeitsverträge (Rdn 623, 624)
i) Druckkündigung (Rdn 625; 626)
j) Entlassungsverlangen des Betriebsrats (Rdn 627)
k) Gewinnverfall, Gewinnsteigerung (Rdn 628, 629)
l) Insolvenzverfahren (Rdn 630)
m) Konzernarbeitsverhältnis (Rdn 631–633)
n) Öffentlicher Dienst (Rdn 634–639)
o) Rationalisierungsmaßnahmen (Rdn 640–644)
p) Vorgesetztenwechsel (Rdn 645).

a) **Abbau und Umwandlung von Arbeitsplätzen (Vollzeitarbeit, Teilzeitarbeit, Anforderungsprofil)**

597 Zur **unternehmerischen Entscheidungsfreiheit** gehört die Gestaltungsfreiheit über Standort, Größe und Organisation des Betriebs. Der Arbeitgeber hat sein unternehmerisches Ziel, die Produktionsmethoden und die Zahl der Arbeitsplätze festzulegen und zu bestimmen, mit welchen Produktionsmitteln die Unternehmenszwecke verfolgt werden. Das Kündigungsschutzrecht steuert nicht unternehmerische Entscheidungen. Im Kündigungsschutzprozess ist daher kein Raum für die Überprüfung derartiger Entscheidungen auf ihre betriebswirtschaftliche Zweckmäßigkeit, sondern nur für eine Missbrauchskontrolle (vgl. etwa *BAG* 9.5.1996 EzA § 1 KSchG Betriebsbedingte Kündigung Nr. 85, zu B I 2c; 27.9.2001 EzA § 2 KSchG Nr. 41, zu I 1c; 21.2.2002 EzA § 2 KSchG Nr. 45, zu II 2; 24.6.2004 EzA § 1 KSchG Betriebsbedingte Kündigung Nr. 132, zu B II 2a; 29.11.2007 EzA § 2 KSchG Nr. 69, zu B I 3; *Bitter* DB 2000, 1762; *Henssler* Betriebliche Praxis, S. 99; *v. Hoyningen-Huene* NZA 1994, 1911; *Stahlhacke* FS Schwerdtner S. 205; *Tenczer/Stahlhacke* Anm. LAGE § 1 KSchG Soziale Auswahl Nr. 16; aA *LAG Düsseld.* 18.11.1997 LAGE § 1 KSchG Betriebsbedingte Kündigung Nr. 46; *Thür. LAG* 20.4.1998 DB 1998, 2474; HaKo-ArbR/*Schubert* Rn 421 ff.; *Preis* NZA 1997, 1080; *Quecke* DB 2000, 2429 und NZA 1999, 1247, der nur einen Personalüberhang als Kündigungsgrund anerkennt; zur Missbrauchskontrolle s. Rdn 558–563). Auch die Entscheidung des Arbeitgebers, den Personalbestand auf Dauer zu reduzieren, gehört zu den unternehmerischen Maßnahmen, die zum Wegfall von Arbeitsplätzen führen und damit den entsprechenden Beschäftigungsbedarf entfallen lassen können (*BAG* 17.6.1999 EzA § 1 KSchG Betriebsbedingte Kündigung Nr. 101; 18.10.2006 EzA § 1 KSchG Betriebsbedingte Kündigung Nr. 151, zu B II 1). Der Arbeitgeber kann sowohl das Arbeitsvolumen als auch das diesem zugeordnete Arbeitskraftvolumen und damit deren Verhältnis zueinander festlegen (*BAG* 22.5.2003 EzA § 1 KSchG Betriebsbedingte Kündigung Nr. 126, zu B I 2a; 23.11.2004 EzA § 1 KSchG Betriebsbedingte Kündigung Nr. 134, zu B I 1a). Eine mit einem Personalabbau verbundene **Leistungsverdichtung** für die verbleibenden Arbeitnehmer ist hinzunehmen, wenn sie Teil des unternehmerischen Konzepts ist (*BAG* 24.4.1997 EzA § 2 KSchG Nr. 26, zu II 2a; 2.6.2005 EzA § 1 KSchG Soziale Auswahl Nr. 63, zu B I 2a; APS-*Kiel* Rn 520; HaKo-KSchR/*Zimmermann* Rn 675; LSSW-*Schlünder* Rn 312; *v. Hoyningen-Huene* NZA 1994, 1911; *Fischermeier* NZA 1997, 1090; *Tenczer/Stahlhacke* Anm. LAGE § 1 KSchG Soziale Auswahl Nr. 16; aA HK-*Dorndorf* Rn 879; HaKo-ArbR/*Schubert* Rn 446; *Preis* NZA 1995, 247), solange dadurch von den übrigen Arbeitnehmern **keine überobligatorischen Leistungen** verlangt werden (*BAG* 17.6.1999 EzA § 1 KSchG Betriebsbedingte Kündigung Nr. 101, zu III 2d bb; 23.11.2000 AP § 2 KSchG Nr. 63, zu II 2c; *Fischermeier* NZA 1997, 1090). Ein Arbeitgeber, der eine größere als die geschuldete Arbeitsleistung verlangt, handelt vertragswidrig und überschreitet damit die Grenzen einer zulässigen Unternehmerentscheidung (s. Rdn 561). Dies gilt für das Volumen der Arbeitszeit wie für die Intensität der Arbeitsleistung (zur geschuldeten Arbeitsleistung Rdn 413). Eine rechtswidrige Überforderung der verbleibenden Arbeitnehmer ist kein zulässiges Ziel einer unternehmerischen Organisationsentscheidung (*BAG* 29.11.2007 EzA § 2 KSchG Nr. 69, zu B I 3). Die bloße Absicht, **Personalkosten zu senken**, rechtfertigt keine Beendigungskündigung, sondern allenfalls eine Änderungskündigung, weil der Beschäftigungsbedarf nicht entfällt (hierzu KR-*Kreft* § 2 KSchG Rdn 178 ff.). Zur Rechtfertigung einer Beendigungskündigung bedarf es darüber hinaus zusätzlich einer auf den Wegfall oder die Änderung des Anforderungsprofils einer bestimmten Stelle gerichteten Entscheidung (*BAG* 22.5.2003 EzA § 1 KSchG Betriebsbedingte Kündigung Nr. 126, zu B I 2b; 23.11.2004 EzA § 1 KSchG Betriebsbedingte Kündigung Nr. 134, zu B I 1b).

598 Zur unternehmerischen Entscheidungsfreiheit kann auch die Entscheidung gehören, ob und inwieweit **Teilzeit- oder Vollzeitarbeitsplätze** eingerichtet werden. Dann liegt die Umwandlung von Teilzeit- in Vollzeitarbeitsplätze und umgekehrt im unternehmerischen Ermessen. Diese Entscheidung ist nicht auf sachliche Gründe, sondern ebenfalls nur auf Rechtsmissbrauch überprüfbar (aA *Reinfelder/Zwanziger* DB 1996, 678). Der Abschluss von Arbeitsverträgen mit unterschiedlichen Arbeitszeiten genügt dazu allerdings nicht. Die unterschiedlichen Arbeitszeiten müssen Ausdruck einer bestimmten unternehmerischen Konzeption sein, die die verschiedenen Volumina voraussetzt

(*BAG* 3.12.1998 EzA § 1 KSchG Soziale Auswahl Nr. 37, zu II 4; 22.4.2004 EzA § 2 KSchG Nr. 50, zu B I 2–4; 15.7.2004 EzA § 1 KSchG Soziale Auswahl Nr. 54, zu C III 2).

Zur unternehmerischen Entscheidungsfreiheit gehört es ferner, die **Anforderungsprofile** für eingerichtete Arbeitsplätze festzulegen (*BAG* 7.11.1996 EzA § 1 KSchG Betriebsbedingte Kündigung Nr. 88; 24.6.2004 EzA § 1 KSchG Betriebsbedingte Kündigung Nr. 132, zu B II 2a). Dies umfasst auch ihre Änderung (*BAG* 18.10.2000 EzA § 14 KSchG Nr. 5, zu II 1c bb; 10.7.2008 EzA § 1 KSchG Betriebsbedingte Kündigung Nr. 163, Rn 25; APS-*Kiel* Rn 479). Das Bestreben des Arbeitgebers, bestimmte Tätigkeiten – nach Möglichkeit – von Arbeitnehmern mit einer bestimmten Qualifikation ausführen zu lassen, ist grds. zu akzeptieren (*BAG* 22.10.2015 EzA § 1 KSchG Betriebsbedingte Kündigung Nr. 185 Rn 15). Die Vorgabe kann von den Arbeitsgerichten nur auf Willkür und offenbare Unrichtigkeit hin gerichtlich überprüft werden (*BAG* 2.3.2017 EzA § 2 KSchG Nr. 100 Rn 23; 18.3.2010 EzA § 626 BGB 2002 Unkündbarkeit Nr. 17 Rn 19). Diesem Maßstab hält die Festlegung jedenfalls dann stand, wenn die Qualifikationsmerkmale einen nachvollziehbaren Bezug zu den auszuführenden Arbeiten haben (*BAG* 24.5.2012 EzA § 2 KSchG Nr. 87 Rn 26; 10.7.2008 EzA § 1 KSchG Betriebsbedingte Kündigung Nr. 163 Rn 25). So liegt es zB regelmäßig bei dem Erfordernis einer staatlichen Lehrbefähigung für Lehrkräfte (*BAG* 22.10.2015 EzA § 1 KSchG Betriebsbedingte Kündigung Nr. 185 Rn 15). Erfüllt der bisherige Arbeitsplatzinhaber nicht das geänderte Anforderungsprofil, kann eine personenbedingte Kündigung in Betracht kommen (s. Rdn 320; vgl. auch *BAG* 29.1.1997 RzK I 5c Nr. 82). Erhöhte Anforderungen sind zu stellen, wenn der Arbeitgeber durch eine unternehmerische Entscheidung das Anforderungsprofil für Arbeitsplätze ändert, die bereits mit langjährig beschäftigten Arbeitnehmern besetzt sind: er hat in diesem Fall aufzuzeigen, dass es sich bei der zusätzlich geforderten Qualifikation für die Ausführung der Tätigkeit nicht nur um eine »wünschenswerte Voraussetzung«, sondern um ein nachvollziehbares, arbeitsplatzbezogenes Kriterium für eine Stellenprofilierung handelt (*BAG* 10.7.2008 EzA KSchG § 1 Betriebsbedingte Kündigung Nr. 163, Rn 26; 7.7.2005 EzA KSchG § 1 Betriebsbedingte Kündigung Nr. 138, zu II 4 c). Gestaltet der Arbeitgeber bei im Wesentlichen gleichbleibender Tätigkeit einen Arbeitsplatz lediglich so um, dass dieser zu einer **Beförderungsstelle** wird, liegen keine dringenden betrieblichen Gründe zur Kündigung vor, wenn der Arbeitnehmer seinen Fähigkeiten und seiner Vorbildung nach geeignet ist, die Arbeitsleistung auf dem umgestalteten Arbeitsplatz zu erbringen (näher s. Rdn 237). Ungeeignet ist auch die Festlegung rein persönlicher Merkmale ohne hinreichenden Bezug zur Arbeitsaufgabe oder solcher Merkmale, die an das Verhalten oder die Leistung des Arbeitnehmers anknüpfen (*BAG* 10.7.2008 EzA § 1 KSchG Betriebsbedingte Kündigung Nr. 163, Rn 27). Im Übrigen ist der Arbeitgeber bei einer Änderung des Anforderungsprofils verpflichtet, im zumutbaren Rahmen dem Arbeitnehmer eine Fortbildung oder Umschulung zu ermöglichen, damit er das geänderte Anforderungsprofil erfüllen kann (*Mauer/Holthausen* NZA 2003, 1373 f.).

b) Abkehrwille

Als Kündigungsgrund wegen dringender betrieblicher Erfordernisse soll auch die Notwendigkeit in Betracht kommen, für einen abkehrwilligen Arbeitnehmer eine sonst schwer zu findende **Ersatzkraft einstellen** zu müssen (näher und zur Kritik s. Rdn 451). Ein eindeutig und ernsthaft erklärter Abkehrwille soll auch einer sozialen Auswahl nach § 1 Abs. 3 S. 2 KSchG entgegenstehen können (*LAG Freiburg* 10.11.1955 AP § 1 KSchG Nr. 16). Zur kündigungsrechtlichen Behandlung von Abkehrmaßnahmen s. Rdn 449 ff.; KR-*Fischermeier/Krumbiegel* § 626 BGB Rdn 421.

c) Arbeitsmangel

Eine auf Arbeitsmangel gestützte Kündigung ist nur dann betriebsbedingt, wenn sich die ihn verursachenden außerbetrieblichen Faktoren oder die innerbetrieblichen Maßnahmen, mit denen auf einen Rückgang der Auslastung reagiert werden soll, bereits **konkret und greifbar** abzeichnen (*BAG* 24.10.1979 EzA § 1 KSchG Betriebsbedingte Kündigung Nr. 13; 4.12.1986 RzK I 5c Nr. 17) und die Prognose rechtfertigen, dass spätestens mit Ablauf der Kündigungsfrist das Bedürfnis für die Beschäftigung des betroffenen Arbeitnehmers auf Dauer entfallen wird. Maßgeblich ist nicht der konkrete Arbeitsplatz des betroffenen Arbeitnehmers, sondern der Beschäftigungsbedarf innerhalb der Gruppe der vergleichbaren Arbeitnehmer (*BAG* 30.5.1985 EzA § 1 KSchG Betriebsbedingte Kündigung Nr. 36, zu B II 1). Nach dem das Kündigungsrecht beherrschenden ultima-ratio-Prinzip hat der Arbeitgeber zu prüfen, ob an Stelle von betriebsbedingten Kündigungen eine Arbeitsstreckung etwa durch den Abbau von Überstunden möglich und zumutbar ist (s. Rdn 565). Es liegt im unternehmerischen Ermessen des Arbeitgebers, ob er bei einem Wegfall von Beschäftigungsmöglichkeiten nur einen Teil der überzähligen Arbeitnehmer entlässt und die übrigen zB als Personalreserve behält (*BAG* 7.5.1998 EzA § 1 KSchG Interessenausgleich Nr. 6).

602 Auch **Witterungsgründe**, die die Ausführung bestimmter Arbeiten für längere Zeit unmöglich machen, können eine betriebsbedingte Kündigung ausnahmsweise rechtfertigen (aA HaKo-ArbR/*Schubert* Rn 497). Dies gilt nicht, wenn im Zeitpunkt der Kündigung bereits absehbar ist, wann der betreffende Arbeitsplatz nach Ablauf der Kündigungsfrist erneut zur Verfügung steht, und dem Arbeitgeber die Überbrückung dieses Zeitraums zumutbar ist (*BAG* 7.3.1996 EzA § 1 KSchG Betriebsbedingte Kündigung Nr. 84; APS-*Kiel* Rn 526; TRL-*Reinhard* Rn 735 f.). Nach § 11.2 BRTV-Bau sind betriebsbedingte Kündigungen aus Witterungsgründen für die Schlechtwetterzeit vom 1.12. bis zum 31.3. ausdrücklich ausgeschlossen. Bei der Wiederaufnahme des Betriebs nach einer witterungsbedingten Kündigung hat der betroffene Arbeitnehmer einen **Wiedereinstellungsanspruch**, wobei der Arbeitgeber bei verringertem Beschäftigungsbedarf die Wiedereinstellungen nach den Grundsätzen der Sozialauswahl vorzunehmen hat (APS-*Kiel* Rn 526; s. Rdn 832).

603 Während einer **Kurzarbeitsperiode** sind betriebsbedingte Kündigungen nicht ausgeschlossen (*BAG* 17.10.1980 EzA § 1 KSchG Betriebsbedingte Kündigung Nr. 16). Hat ein Arbeitgeber wegen eines vorübergehenden Arbeitsmangels (§ 96 Abs. 1 SGB III) Kurzarbeit eingeführt, ist eine Kündigung allerdings nur dann durch dringende betriebliche Erfordernisse sozial gerechtfertigt, wenn – über die Gründe, die zur Einführung von Kurzarbeit geführt haben, hinaus – **weitergehende inner- oder außerbetriebliche Gründe** vorliegen, die das Bedürfnis zur Weiterbeschäftigung des gekündigten Arbeitnehmers nicht nur vorübergehend, sondern auf unbestimmte Dauer entfallen lassen (*BAG* 23.2.2012 EzA § 1 KSchG Betriebsbedingte Kündigung Nr. 166, Rn 21; 26.6.1997 EzA § 1 KSchG Betriebsbedingte Kündigung Nr. 93, zu II 2a; Bader/Bram-*Volk* Rn 289e; LKB-*Krause* Rn 740). Dazu bedarf es einer an objektive Umstände, insbes. die Auftragslage anknüpfenden Prognose (*LAG Düsseld.* 3.6.1982 DB 1982, 1935). Sind Arbeitsstreckungsmaßnahmen erfolglos geblieben, hat der Arbeitgeber gleichwohl darzulegen, dass für einen oder mehrere Arbeitnehmer das Bedürfnis für Weiterbeschäftigung entfällt (aA *LAG Düsseld.* 3.6.1982 DB 1982, 1935). Eine generelle auf Dauer angelegte Arbeitszeitverkürzung der übrigen Arbeitnehmer wird dagegen nicht durch den Grundsatz der Verhältnismäßigkeit geboten (*LAG Hamm* 15.12.1982 BB 1983, 253; aA *ArbG Bocholt* 22.6.1982 DB 1982, 1938; hierzu krit. *Vollmer* DB 1982, 1933).

d) Auftragsrückgang

604 Eine Verminderung des Umsatzes durch einen geringeren Auftragseingang ist erst dann ein betriebsbedingter Kündigungsgrund, wenn dies zu einem derartigen Rückgang des Arbeitsanfalls, etwa zu einer Produktionseinschränkung, führt, dass dadurch **für einen oder mehrere Arbeitnehmer das Bedürfnis zur Weiterbeschäftigung entfällt** (*BAG* 17.12.1978 EzA § 1 KSchG Betriebsbedingte Kündigung Nr. 10; 24.10.1979 EzA § 1 KSchG Betriebsbedingte Kündigung Nr. 13; 30.5.1985 EzA § 1 KSchG Betriebsbedingte Kündigung Nr. 36, zu B II; APS-*Kiel* Rn 473). Bei Kündigungsausspruch muss voraussehbar sein, dass spätestens zum Zeitpunkt des Kündigungstermins eine Beschäftigungsmöglichkeit für den gekündigten Arbeitnehmer nicht mehr vorhanden sein wird (*BAG* 11.3.1998 RzK I 5c Nr. 108). Dabei ist nicht erforderlich, dass sich der durch Auftragsmangel oder sonstige Absatzschwierigkeiten bewirkte Rückgang des Arbeitsanfalls konkret und unmittelbar auf den Arbeitsplatz des gekündigten Arbeitnehmers auswirkt. Es kommt vielmehr darauf an, ob ein Überhang an Arbeitskräften entstanden ist, durch den unmittelbar oder mittelbar das Bedürfnis zur

Weiterbeschäftigung eines oder mehrerer Arbeitnehmer entfällt (*BAG* 30.5.1985 EzA § 1 KSchG Betriebsbedingte Kündigung Nr. 36, zu B II 1; 18.5.2006 EzA § 1 KSchG Betriebsbedingte Kündigung Nr. 146, zu B II 1).

Beruft sich der Arbeitgeber auf einen durch Auftragsmangel ausgelösten Beschäftigungsrückgang, muss er substantiiert und nachvollziehbar darlegen, aus **welchen betriebswirtschaftlichen Gründen** von einem bestimmten Auftragsrückgang auf den behaupteten Rückgang der erforderlichen Arbeitskraft und damit **auf die Entstehung eines bestimmten Arbeitskräfteüberhangs** geschlossen werden kann (*BAG* 30.5.1985 EzA § 1 KSchG Betriebsbedingte Kündigung Nr. 36, zu B II 1; APS-*Kiel* Rn 473; HWK-*Quecke* Rn 294). Das finanzielle Auftragsvolumen ist dabei häufig wenig aussagekräftig, da das Verhältnis zwischen dem Auftragsvolumen und der zur Auftragserfüllung erforderlichen menschlichen Arbeitskraft oft nicht linear ist. Maßgeblich ist die **anfallende Arbeitszeit**. Es ist unter Darstellung der Geschäftsentwicklung eine Relation zwischen Auftragsmenge und der zur Verfügung stehenden Arbeitszeit herzustellen (*BAG* 18.5.2006 EzA § 1 KSchG Betriebsbedingte Kündigung Nr. 146, zu B II 1; *LAG Bln.* 20.5.1997 LAGE § 1 KSchG Betriebsbedingte Kündigung Nr. 45). Kurzfristige Auftragslücken rechtfertigen keine Kündigung (generalisierungsfähig zur Arbeitnehmerüberlassung *BAG* 18.5.2006 EzA § 1 KSchG Betriebsbedingte Kündigung Nr. 146, zu B II 1; *LAG Köln* 10.12.1998 RzK I 5c Nr. 115, zu I 2a), sondern ggf. die Einführung von Kurzarbeit (Bader/Bram-*Volk* Rn 265). Ist ein Auftragsrückgang Anlass einer den Betrieb umstrukturierenden oder einschränkenden Unternehmerentscheidung, die zum Abbau bestimmter Arbeitsplätze führt, unterliegt diese nach dem allgemeinen Maßstab nur einer Missbrauchskontrolle (s.a. Rdn 559–561; zur Arbeitnehmerüberlassung Rdn 69).

e) Betriebseinschränkungen

Eine Einschränkung des gesamten Betriebs oder wesentlicher Betriebsteile, die wesentliche Nachteile für die Belegschaft oder erhebliche Teile der Belegschaft zur Folge haben kann, ist eine mitwirkungsbedürftige Betriebsänderung iSv § 111 S. 3 Nr. 1 BetrVG, deren Umsetzung ggf. eine betriebsbedingte Kündigung rechtfertigen kann. Eine Betriebseinschränkung setzt nicht notwendig eine Verringerung der sächlichen Betriebsmittel voraus. Auch ein **bloßer Personalabbau** unter Beibehaltung der sächlichen Betriebsmittel kann eine mitwirkungsbedürftige Betriebseinschränkung sein (*BAG* 22.1.2004 EzA § 1 KSchG Interessenausgleich Nr. 11, zu C III 1a; 31.5.2007 EzA § 1 KSchG Interessenausgleich Nr. 12, zu B I 4). Erforderlich ist eine erhebliche Personalreduzierung, wobei die Zahlen- und Prozentangaben in § 17 Abs. 1 KSchG über die Anzeigepflicht bei Massenentlassungen, jedoch ohne den dort festgelegten Zeitraum, als Maßstab herangezogen werden. Für Großbetriebe wird die in § 17 Abs. 1 KSchG enthaltene Staffel in der Weise eingeschränkt, dass eine Betriebseinschränkung erst bei einer Entlassung von 5 % der Belegschaft angenommen werden kann (*BAG* 22.1.2004 EzA § 1 KSchG Interessenausgleich Nr. 11, zu C III 1a).

Unabhängig davon, ob durch einen Personalabbau die in §§ 17 Abs. 1 KSchG, § 112a Abs. 1 BetrVG enthaltenen Grenzwerte überschritten werden, ist die Wirksamkeit von einem Personalabbau dienenden Kündigungen nach dem allgemeinen Maßstab von § 1 zu beurteilen. Als zur Rechtfertigung einer betriebsbedingten Kündigung geeignete Betriebseinschränkungen kommen etwa in Betracht die **Schließung einer Niederlassung** (*BAG* 19.12.1991 RzK I 5c Nr. 41) oder einer **Betriebsabteilung** (*BAG* 10.11.1994 EzA § 1 KSchG Betriebsbedingte Kündigung Nr. 77, zu B I 1; 13.8.1992 RzK I 5c Nr. 42: Auflösung des Forschungsbereichs einer Hochschule), die **Stilllegung von Betriebsanlagen** (*LAG Düsseld.* 23.6.1961 DB 1961, 1264), der **Abbau einer Hierarchieebene** (*BAG* 13.2.2008 EzA § 1 KSchG Betriebsbedingte Kündigung Nr. 158, zu II 1), eine **Produktionsverlagerung ins Ausland** (*BAG* 18.9.1997 EzA § 1 KSchG Betriebsbedingte Kündigung Nr. 97) oder die Verlagerung bisher betriebseigener Aktivitäten auf Fremdfirmen oder freie Mitarbeiter (**Outsourcing**, etwa *BAG* 26.9.1996 EzA § 1 KSchG Betriebsbedingte Kündigung Nr. 86, zu II 2c; 16.12.2004 EzA § 1 KSchG Betriebsbedingte Kündigung Nr. 136, zu B II 2b aa). Die Möglichkeit einer **anderweitigen Beschäftigung** im Betrieb oder in einem anderen Betrieb des Unternehmens ist auch bei einer auf eine Betriebseinschränkung gestützten ordentlichen Kündigung zu prüfen (hierzu s. Rdn 228 ff.).

608 **Keine Betriebseinschränkung** liegt vor, wenn der Arbeitgeber auf bestimmten Arbeitsplätzen den Arbeitsablauf umgestaltet und die Arbeiten in **eine andere Abteilung verlagert.** Sind nach wie vor im Wesentlichen die gleichen Arbeiten zu verrichten und die bisherigen Arbeitsplatzinhaber zur Erledigung dieser Arbeiten persönlich und fachlich geeignet, besteht kein dringendes betriebliches Erfordernis zur Kündigung. Das gilt auch, wenn es sich bei den umgestalteten Arbeitsplätzen nunmehr um Beförderungsstellen handelt (näher s. Rdn 237 f.). Dasselbe gilt, wenn der Arbeitgeber Tätigkeiten nicht auf Selbständige, sondern lediglich unter formaler Aufgabe seiner Arbeitgeberstellung auf **Scheinselbständige** überträgt. Dann handelt es sich um eine unzulässige Austauschkündigung (*BAG* 26.9.1996 EzA § 1 KSchG Betriebsbedingte Kündigung Nr. 86, zu II 2d; 16.12.2004 EzA § 1 KSchG Betriebsbedingte Kündigung Nr. 136, zu B II 2b aa).

f) Betriebsinhaberwechsel

609 Gemäß § 613a Abs. 4 S. 1 BGB ist die Kündigung durch den bisherigen Arbeitgeber oder durch den neuen Betriebsinhaber wegen des Übergangs eines Betriebs oder eines Betriebsteils unwirksam. Dabei handelt es sich um ein eigenständiges Kündigungsverbot iSv § 13 Abs. 3 KSchG, § 134 BGB (näher KR-*Treber/Schlünder* § 613a BGB Rdn 87 f.). Dieses greift nur, wenn der Betriebsübergang der **alleinige Beweggrund** für die Kündigung war (s. KR-*Treber/Schlünder* § 613a BGB Rdn 93 ff.). § 613a Abs. 4 BGB und § 1 KSchG stehen **selbständig nebeneinander.** Arbeitnehmer, deren Arbeitsverhältnis im Zeitpunkt des Zugangs der Kündigung weniger als sechs Monate bestanden hat (§ 1 Abs. 1 KSchG), unterliegen damit zwar § 613a Abs. 4 S. 1 BGB, nicht aber dem allgemeinen Kündigungsschutz (§§ 1–14 KSchG). Dasselbe gilt für Arbeitnehmer in einem Kleinbetrieb iSv § 23 Abs. 1 KSchG.

610 Da nach § 613a Abs. 4 S. 2 BGB das Recht zur Kündigung aus anderen Gründen unberührt bleibt, greift das Kündigungsverbot des § 613a Abs. 4 S. 1 BGB nicht ein, wenn der Veräußerer aus Gründen kündigt, die die Voraussetzungen eines dringenden betrieblichen Erfordernisses iSv § 1 Abs. 2 KSchG erfüllen (zB Arbeitsmangel, Auftragsrückgang, Rationalisierungsmaßnahmen). Durch einen bevorstehenden Betriebsübergang wird der Veräußerer eines Betriebs oder eines Betriebsteils **nicht daran gehindert,** bei Vorliegen außer- oder innerbetrieblicher Gründe **unternehmerische Entscheidungen zu fällen,** die er auch ohne den Betriebsübergang hätte treffen können und die zur Folge haben, dass das Bedürfnis zur Weiterbeschäftigung für einen oder mehrere Arbeitnehmer entfällt. So kann er organisatorische oder technische Rationalisierungsmaßnahmen vornehmen, um die Rentabilität des Betriebs zu erhöhen (*BAG* 18.7.1996 EzA § 613a BGB Nr. 142).

611 Liegen die zur Begründung der Kündigung angeführten außer- oder innerbetrieblichen Gründe zum Zeitpunkt des Kündigungszugangs dagegen objektiv nicht vor, ist die Kündigung bereits nach § 1 Abs. 2 S. 1 KSchG sozial ungerechtfertigt (für den Fall einer angeblichen Betriebsstilllegung *BAG* 27.9.1984 EzA § 613a BGB Nr. 40). Auf die Frage, ob eine derartige Kündigung auch nach § 613a Abs. 4 S. 1 BGB oder wegen Umgehung dieser Vorschrift unwirksam ist, kommt es nur bei Arbeitnehmern an, die vom Geltungsbereich von § 1 KSchG gem. §§ 1 Abs. 1, 23 Abs. 1 KSchG nicht erfasst werden (zur Auslegung des § 613a Abs. 4 S. 2 BGB s. KR-*Treber/Schlünder* § 613a BGB Rdn 100 ff.).

612 Bei Vorliegen dringender betrieblicher Erfordernisse iSv § 1 Abs. 2 KSchG hat der Veräußerer gleichwohl zu prüfen, ob die Möglichkeit besteht, den **Arbeitnehmer in einem anderen Betrieb** des Unternehmens oder in einem von der Veräußerung nicht betroffenen Betriebsteil **weiterzubeschäftigen.** Im Fall eines bevorstehenden Teilbetriebsübergangs muss der Arbeitgeber einem davon betroffenen Arbeitnehmer die Weiterbeschäftigung auf einem freien Arbeitsplatz anbieten, wenn er damit rechnen muss, der Arbeitnehmer werde dem Übergang seines Arbeitsverhältnisses widersprechen (*BAG* 15.8.2002 EzA § 1 KSchG Betriebsbedingte Kündigung Nr. 123). Besteht keine

Möglichkeit zur Weiterbeschäftigung, hat der Veräußerer idR nach § 1 Abs. 3 KSchG eine **Sozialauswahl** durchzuführen.

Der Umstand, dass außer- oder innerbetriebliche Gründe in einem kausalen Zusammenhang zum 613 Betriebsübergang stehen, hindert den Veräußerer nicht daran, Gründe zum Anlass einer Unternehmerentscheidung zu machen, die zum Fortfall des Weiterbeschäftigungsbedürfnisses für einen oder mehrere Arbeitnehmer führt (*BAG* 26.5.1983 EzA § 613a BGB Nr. 34). Da der Betriebsübergang als solcher kein dringendes betriebliches Erfordernis iSd § 1 Abs. 2 KSchG darstellt, muss der Veräußerer andere inner- oder außerbetriebliche Gründe darlegen, die ihn dazu veranlasst haben, Entlassungen vorzunehmen. Der Veräußerer kann auch wirksam auf der Grundlage eines **Sanierungskonzepts des Erwerbers** kündigen, wenn dessen Durchführung zum Zeitpunkt des Kündigungszugangs schon greifbare Formen angenommen hat (*BAG* 20.3.2003 EzA § 613a BGB 2002 Nr. 9, zu II 1c; *Gaul* FS Schwerdtner S. 657; *Willemsen* ZIP 1983, 415; *Vossen* BB 1984, 1558; näher hier KR-*Treber/Schlünder* § 613a BGB Rdn 97). Dies setzt allerdings voraus, dass zu diesem Zeitpunkt bereits rechtsverbindliche Vereinbarungen zwischen dem Veräußerer und dem Erwerber über den Betriebsübergang sowie konkrete Pläne über die Durchführung der vom Erwerber beabsichtigten Betriebsänderungen vorliegen (*BAG* 20.3.2003 EzA § 613a BGB 2002 Nr. 9). Nach dem Betriebsübergang ist der bisherige Arbeitgeber nicht mehr zur Kündigung berechtigt (*BAG* 24.5.2005 EzA § 613a BGB 2002 Nr. 35, zu II 1b).

Der **Erwerber eines Betriebs** oder eines Betriebsteils kann nach der Übernahme bei Vorliegen der 614 gesetzlichen Voraussetzungen von § 1 Abs. 2, 3 KSchG **betriebsbedingte Kündigungen aussprechen**. Den Betriebsübergang als solchen kann er allerdings nicht zum Anlass einer Kündigung nehmen (§ 613a Abs. 4 S. 1 BGB). Zur Person des mit einer Kündigungsschutzklage in Anspruch zu nehmenden Beklagten s. KR-*Treber/Schlünder* § 613a BGB Rdn 117 ff.).

g) Betriebsstilllegung

Entschließt sich der Arbeitgeber etwa wegen seines Alters oder aus wirtschaftlichen Gründen, sei- 615 nen Betrieb stillzulegen, ist dies eine Unternehmerentscheidung, die nicht auf ihre Notwendigkeit oder Zweckmäßigkeit zu überprüfen ist (*BAG* 22.5.1986 EzA § 1 KSchG Soziale Auswahl Nr. 22; 7.7.2005 EzA § 1 KSchG Betriebsbedingte Kündigung Nr. 139, zu II 1; APS-*Kiel* Rn 480; zur eingeschränkten gerichtlichen Nachprüfbarkeit von Unternehmerentscheidungen s. Rdn 559). Eine Betriebsstilllegung setzt den **ernsten und endgültigen Entschluss** des Unternehmers voraus, **die Betriebs- und Produktionsgemeinschaft** zwischen Arbeitgeber und Arbeitnehmern **dauernd oder für einen längeren, wirtschaftlich nicht unerheblichen Zeitraum aufzuheben**. Steht dessen Dauer bei Kündigungsausspruch fest, kann eine Kündigung allerdings nur gerechtfertigt sein, wenn es sich um eine relativ lange Zeit handelt, deren Überbrückung dem Arbeitgeber nicht zumutbar ist (vgl. *BAG* 27.9.1984 EzA § 613a BGB Nr. 4; 21.6.2001 EzA § 15 nF KSchG Nr. 53, zu II 1a; 24.2.2005 EzA § 1 KSchG Soziale Auswahl Nr. 59, zu B I 1; 4.5.2006 EzA § 613a BGB 2002 Nr. 51, zu II 1a; zum Begriff der Betriebsstilllegung iE s. KR-*Kreft* § 15 KSchG Rdn 109 ff.). Bei einer juristischen Person oder Personengesellschaft ist dazu kein Beschluss des für die Auflösung einer Gesellschaft zuständigen Organs erforderlich. Es genügt, dass ein Organ der Gesellschaft, zB der Geschäftsführer, die Entscheidung zur Stilllegung des Betriebs getroffen hat, wenn ungeachtet der Wirksamkeit gem. den das Innenverhältnis der Gesellschaft regelnden Normen im Kündigungszeitpunkt davon auszugehen ist, dass die Betriebsstilllegung planmäßig erfolgen und nicht durch einzelne Gesellschafter oder andere Organe der Gesellschaft über den Kündigungstermin hinaus verzögert oder gar verhindert wird (*BAG* 11.3.1998 EzA § 1 KSchG Betriebsbedingte Kündigung Nr. 99, zu II 1c; 5.4.2001 EzA § 1 KSchG Betriebsbedingte Kündigung Nr. 110, zu II 3; 8.4.2003 EzA § 55 InsO Nr. 4, zu II 1b; **aA** *Plander* NZA 1999, 505). Ein Betriebsübergang ist keine Betriebsstilllegung (*BAG* 3.10.1985 RzK I 5f Nr. 3; 13.6.2006 EzA § 613a BGB 2002 Nr. 53, zu II 1a). Auch die Eröffnung eines Insolvenzverfahrens bedeutet noch keine Betriebsstilllegung (*BAG* 27.11.1986 RzK I 5f Nr. 6). Die Stilllegung des gesamten Betriebs ist regelmäßig ein **dringendes betriebliches Erfordernis** iSv § 1 Abs. 2 S. 1 KSchG (*BAG*

27.9.1984 EzA § 613a BGB Nr. 4; 7.6.1984 EzA § 22 KO Nr. 4; 27.2.1987 EzA § 1 KSchG Betriebsbedingte Kündigung Nr. 46; LKB-*Krause* Rn 805; LSSW-*Schlünder* Rn 397; **aA** *Kühling* AuR 2003, 92).

616 Ausnahmsweise ist die Betriebsstilllegung kein Kündigungsgrund, wenn mit dem Arbeitnehmer **Altersteilzeit** im Blockmodell vereinbart wurde und dieser sich bereits in der **Freistellungsphase** befindet (*BAG* 5.12.2002 EzA § 1 KSchG Betriebsbedingte Kündigung Nr. 125 m. abl. Anm. *Nicolai* = AP Nr. 125 zu § 1 KSchG 1969 Betriebsbedingte Kündigung m. zust. Anm. *Stück* = RdA 2003, 230 m. zust. Anm. *Hanau* = EWiR 2004, 119 m. zust. Anm. *Herbst* = DZWIR 2003, 285 m. zust. Anm. *Flitsch*; krit. *Schweig/Eisenreich* BB 2003, 1434). Kündigungen in der **Arbeitsphase** sind hingegen nicht ausgeschlossen (*BAG* 23.2.2005 EzA § 209 InsO Nr. 4, zu II 4b; 16.6.2005 EzA § 1 KSchG Betriebsbedingte Kündigung Nr. 137, zu II; LAG *Düsseld.* 27.5.2003 NZA-RR 2003, 635). Der Arbeitgeber hat dann die Differenz zwischen der tatsächlich erzielten Altersteilzeitvergütung und der fiktiven Vollzeitvergütung für die tatsächliche Dauer der Arbeitsphase zu erstatten (DDZ-*Söhngen* § 8 ATZG Rn 6). Liegt zwischen dem Ende der Kündigungsfrist und dem Beginn der Freistellungsphase nur ein kurzer Zeitraum, kann dem Arbeitgeber jedoch eine Überbrückung zumutbar sein, da sich der Arbeitnehmer die Freistellung bereits im Wesentlichen verdient hat. Dann steht der Grundsatz der Verhältnismäßigkeit einer betriebsbedingten Kündigung entgegen (*Hess. LAG* 22.4.2004 – 14 Sa 1244/03, nv; **aA** *BAG* 16.6.2005 EzA § 1 KSchG Betriebsbedingte Kündigung Nr. 137, zu II 3: Ein Monat verbleibender Arbeitsphase; HaKo-KSchR/*Zimmermann* Rn 781; HWK-*Quecke* Rn 303).

617 Eine wegen Betriebsstilllegung erklärte ordentliche Kündigung ist schon vor dem Zeitpunkt der Betriebsstilllegung sozial gerechtfertigt, wenn die auf eine Betriebsstilllegung gerichtete unternehmerische Entscheidung **zum Zeitpunkt des Zugangs der Kündigung bereits endgültig** getroffen ist und eine vernünftige betriebswirtschaftliche Betrachtung die Prognose rechtfertigt, dass der Arbeitnehmer nach dem Auslaufen der Kündigungsfrist entbehrt werden kann (*BAG* 14.3.2013 EzA § 1 KSchG Betriebsbedingte Kündigung Nr. 174, Rn 26 f.; 13.2.2008 AP § 1 KSchG 1969 Betriebsbedingte Kündigung Nr. 175, Rn 22). Es genügt, wenn sich der Arbeitgeber entschließt, ab sofort keine neuen Aufträge mehr anzunehmen, allen Arbeitnehmern zum nächstmöglichen Kündigungstermin zu kündigen und zur Abarbeitung der vorhandenen Aufträge eigene Arbeitnehmer nur noch während der jeweiligen Kündigungsfristen einzusetzen (*BAG* 18.1.2001 EzA § 1 KSchG Betriebsbedingte Kündigung Nr. 109, zu 2b; 7.3.2002 EzA § 1 KSchG Betriebsbedingte Kündigung Nr. 116, zu B II 2a; 7.7.2005 EzA § 1 KSchG Betriebsbedingte Kündigung Nr. 139, zu II 1; 14.3.2013 EzA § 1 KSchG Betriebsbedingte Kündigung Nr. 174, Rn 26). Hingegen fehlt es an einem endgültigen Stilllegungsentschluss, wenn der Arbeitgeber im Zeitpunkt der Kündigung noch Verhandlungen über eine Veräußerung des Betriebs oder die Erlangung neuer Aufträge führt (*BAG* 10.10.1996 EzA § 1 KSchG Betriebsbedingte Kündigung Nr. 87; 13.2.2008 AP § 1 KSchG 1969 Betriebsbedingte Kündigung Nr. 175, zu B II 2; 14.3.2013 EzA § 1 KSchG Betriebsbedingte Kündigung Nr. 174, Rn 26) oder wenn er nur vorsorglich mit der Begründung kündigt, der Betrieb solle zu einem bestimmten Zeitpunkt stillgelegt werden, falls eine Veräußerung scheitere (*BAG* 27.9.1984 EzA § 613a BGB Nr. 4; vgl. KR-*Treber/Schlünder* § 613a BGB Rdn 94). Dasselbe gilt, solange der Arbeitgeber an einer Neuausschreibung des bisher den Beschäftigungsbedarf begründenden Auftrags teilnimmt und nicht sicher feststeht, dass er den neuen Auftrag nicht erhalten wird (*BAG* 13.2.2008 AP § 1 KSchG 1969 Betriebsbedingte Kündigung Nr. 175, zu B II 3b). Gegen eine endgültige Stilllegungsabsicht spricht es auch, wenn dem Arbeitgeber vor Kündigungsausspruch ein Übernahmeangebot zugeht, das wenige Tage später zu konkreten Übernahmeverhandlungen führt (*BAG* 29.9.2005 EzA § 1 KSchG Betriebsbedingte Kündigung Nr. 140, zu II 2b). Ist andererseits im Zeitpunkt des Zugangs der Kündigung die Betriebsstilllegung endgültig geplant und bereits eingeleitet, **behält sich der Arbeitgeber** aber **eine Betriebsveräußerung vor**, falls sich eine Chance biete, und gelingt diese später, bleibt es bei der sozialen Rechtfertigung der Kündigung. Es liegt dann keine Umgehung von § 613a Abs. 1 BGB vor (*BAG* 28.4.1988 EzA § 613a BGB Nr. 80; 19.6.1991 EzA § 1 KSchG Betriebsbedingte Kündigung Nr. 70; 7.3.1996 RzK I 5f Nr. 22). In Betracht kommt jedoch ein

Wiedereinstellungsanspruch des Arbeitnehmers (s. Rdn 830 ff.). Diese Grundsätze gelten uneingeschränkt auch für gemeinnützige Unternehmen (*BAG* 13.2.2008 AP § 1 KSchG 1969 Betriebsbedingte Kündigung Nr. 175, zu B II 2).

Die unternehmerische Entscheidung zur Betriebsstilllegung kann auch ein **Pächter** treffen, wenn er seine Stilllegungsabsicht unmissverständlich äußert, allen Arbeitnehmern kündigt, den Pachtvertrag zum nächstmöglichen Zeitpunkt auflöst, seine Betriebsmittel veräußert und die Betriebstätigkeit vollständig einstellt (*BAG* 26.2.1987 EzA § 613a BGB Nr. 57, zu B II 4; 21.1.1988 EzA § 613a BGB Nr. 73; 27.4.1995 EzA § 613a BGB Nr. 126). Entsprechendes gilt für die Betriebsstilllegung durch einen **Mieter** (*BAG* 22.5.1997 RzK I 5f Nr. 25). Wird die Betriebsstilllegung etappenweise durchgeführt, hat der Arbeitgeber bei jeder Etappe die Grundsätze der **Sozialauswahl** zu beachten, selbst wenn nur noch wenige Arbeitnehmer mit Abwicklungsarbeiten beschäftigt werden (*BAG* 20.1.1994 EzA § 1 KSchG Betriebsbedingte Kündigung Nr. 74, zu B III 3a; APS-*Kiel* Rn 485). Die für die Betriebsstilllegung maßgeblichen Grundsätze gelten auch für die **Schließung einer Niederlassung**, sofern keine Weiterbeschäftigungsmöglichkeit besteht (*BAG* 19.12.1991 RzK I 5c Nr. 41). 618

Eine wegen einer Betriebsstilllegung erklärte Kündigung gehört zu den Kündigungen aus anderen Gründen iSd § 613a Abs. 4 S. 2 BGB (*BAG* 27.9.1984 EzA § 613a BGB Nr. 49). Dazu ist allerdings Voraussetzung, dass nach der objektiven Rechtslage eine Betriebsstilllegung und **nicht nur eine Betriebspause oder Betriebsunterbrechung** vorliegt (*BAG* 27.9.1984 EzA § 613a BGB Nr. 49; 27.2.1987 EzA § 1 KSchG Betriebsbedingte Kündigung Nr. 46). Qualifiziert der Arbeitgeber einen Sachverhalt als Betriebsübergang, bei dem es sich tatsächlich um eine Betriebsstilllegung handelt, ist die Wirksamkeit der Kündigung nach der objektiven Rechtslage zu beurteilen (*BAG* 9.2.1989 RzK I 5e Nr. 12). 619

Ist die ordentliche Kündigung tarif- oder einzelvertraglich ausgeschlossen, ist eine Betriebsstilllegung geeignet, eine **außerordentliche Kündigung** zu rechtfertigen, sofern keine Möglichkeit zur Weiterbeschäftigung in einem anderen Betrieb des Unternehmens besteht. Der Arbeitgeber muss dabei allerdings die gesetzliche oder tarifvertragliche Kündigungsfrist einhalten, die gelten würde, wenn die ordentliche Kündigung nicht ausgeschlossen wäre (näher s. KR-*Fischermeier/Krumbiegel* § 626 BGB Rdn 162, 165, 316 ff., 347, 433). 620

Die **Darlegungs- und Beweislast** für das Vorliegen einer Betriebsstilllegung **trägt der Arbeitgeber** (§ 1 Abs. 2 S. 4 KSchG). Er muss insbes. darlegen, dass der Stilllegungsentschluss bereits zum Zeitpunkt des Zugangs der Kündigung von ihm endgültig gefasst gewesen ist, und substantiiert vortragen, dass die zur Betriebsstilllegung erforderlichen Maßnahmen bereits zum Zeitpunkt des Kündigungszugangs soweit in die Wege geleitet waren, dass sie zu diesem Zeitpunkt die Prognose rechtfertigten, der Betrieb werde spätestens mit Ablauf der Kündigungsfrist stillgelegt sein (zur Darlegungs- und Beweislast näher Rdn 591–595). 621

Bei der Stilllegung von Betrieben in Unternehmen, in denen idR mehr als zwanzig wahlberechtigte Arbeitnehmer beschäftigt werden, handelt es sich um eine **sozialplanpflichtige Betriebsänderung** iSd §§ 111 ff. BetrVG. Dies gilt ebenso für eine Stilllegung wesentlicher Betriebsteile (§ 111 S. 3 Nr. 1, § 112 BetrVG). Auch in diesen Fällen ist der Arbeitnehmer nicht gehindert, den Kündigungsschutz nach § 1 geltend zu machen. Es ist unzulässig, Leistungen aus einem Sozialplan davon abhängig zu machen, dass der Arbeitnehmer keine Kündigungsschutzklage erhebt (*BAG* 20.12.1983 EzA § 112 BetrVG 1972 Nr. 29; 31.5.2005 EzA § 112 BetrVG 2001 Nr. 14, zu II 1). Die Sozialplanleistungen können jedoch aufschiebend bedingt von der rechtskräftigen Abweisung der Kündigungsschutzklage abhängig gemacht werden. Zudem können die Betriebspartner neben den Sozialplanleistungen zusätzliche Leistungen für ihre Kündigung akzeptierende Arbeitnehmer (sog. **Turboprämie**) vorsehen (*BAG* 31.5.2005 EzA § 112 BetrVG 2001 Nr. 14, zu II 2, 3). 622

h) Drittfinanzierte Arbeitsverträge

Bei drittfinanzierten Arbeitsverträgen ist die Entscheidung des (meist öffentlichen) Mittelgebers, die **Zuwendungen** etwa für ein bestimmtes Forschungsvorhaben **zu kürzen oder völlig zu** 623 streichen, für sich allein kein Kündigungsgrund (*BAG* 20.2.1986 EzA § 1 KSchG Betriebsbedingte Kündigung Nr. 37; *Lakies* NZA 1995, 299; *Pülander* DB 1982, 1218). Der Drittmittelempfänger muss vielmehr seinerseits entscheiden, ob er ggf. aus eigenen oder anderen Mitteln einen subventionierten Aufgabenbereich fortführen oder einschränken will. Führt die Entscheidung des Drittmittelempfängers zum Wegfall oder zur Einschränkung der geförderten Aufgabenbereiche, kann dies eine Kündigung der Arbeitsverhältnisse der dort beschäftigten Arbeitnehmer rechtfertigen (*BAG* 29.11.1985 RzK I 5c Nr. 11; 30.10.1987 RzK I 5c Nr. 25; HK-*Weller/Dorndorf* Rn 990). Entschließt sich der Drittmittelempfänger zur Fortführung der bislang drittfinanzierten Aufgabenbereiche und stellt er andere Tätigkeiten ein, können die hiervon betroffenen Arbeitnehmer betriebsbedingt entlassen werden (*Lakies* NZA 1995, 299). Die **Entscheidung des Drittmittelempfängers** unterliegt nur einer Missbrauchs- und Willkürkontrolle (*BAG* 24.8.1989 RzK I 5c Nr. 32; 30.10.1987 RzK I 5c Nr. 24; 7.12.1978 EzA § 1 KSchG Betriebsbedingte Kündigung Nr. 10; 24.10.1979 EzA § 1 KSchG Betriebsbedingte Kündigung Nr. 13). Bei der Kürzung oder Streichung von Drittmitteln hat der Arbeitgeber zu prüfen, ob eine Weiterbeschäftigung der betroffenen Arbeitnehmer auf anderen freien Arbeitsplätzen möglich ist (*BAG* 21.6.1990 RzK I 5c Nr. 37). Der Drittmittelempfänger hat bei notwendig werdenden Entlassungen die Auswahl der zu entlassenden Arbeitnehmer nach Maßgabe des § 1 Abs. 3 KSchG vorzunehmen (APS-*Kiel* Rn 503; *Lakies* NZA 1995, 300). Vergleichbare Arbeitnehmer, deren Arbeitsplätze nicht von der Drittmittelkürzung betroffen sind, sind in die Sozialauswahl einzubeziehen (*LAG Köln* 7.4.1995 LAGE § 1 KSchG Betriebsbedingte Kündigung Nr. 33).

624 Die bloße **Ungewissheit über den Wegfall oder die Bewilligung weiterer Drittmittel** ist kein Kündigungsgrund. Vielmehr muss im Zeitpunkt des Ausspruchs der Kündigung bei vernünftiger Betrachtung die Prognose gerechtfertigt sein, dass mit Ablauf der Kündigungsfrist keine weiteren Drittmittel für die Beschäftigung des Arbeitnehmers zur Verfügung stehen und das einschlägige Projekt aufgegeben wird (APS-*Kiel* Rn 503; HaKo-ArbR/*Schubert* Rn 471). Das gilt auch, wenn in dem Zeitpunkt, in dem eine solche Prognose möglich ist, der Arbeitnehmer aufgrund inzwischen erreichter Beschäftigungszeiten nicht mehr ordentlich kündbar sein wird (*BAG* 24.8.1989 RzK I 5c Nr. 32).

i) Druckkündigung

625 Ein Sonderfall einer aus betrieblichen Gründen (s. Rdn 512 f.; für einen Fall der betriebsbedingten Kündigung auch *Bergwitz/Vollstädt* DB 2015, 2635; abl. *Hamacher* NZA 2014, 134) erklärten Kündigung liegt bei der sog. »echten« **Druckkündigung** vor. Von der höchstrichterlichen Rechtsprechung ist anerkannt, dass das ernstliche Verlangen eines Dritten, der unter Androhung von Nachteilen vom Arbeitgeber die Entlassung eines bestimmten Arbeitnehmers fordert, auch dann einen Grund zur betriebsbedingten Kündigung iSd § 1 Abs. 2 S. 1 KSchG bilden kann, wenn es an einer objektiven Rechtfertigung der Drohung fehlt, eine Kündigung also nicht bereits aus verhaltens- oder personenbedingten Gründen gerechtfertigt wäre (*BAG* 15.12.2016 EzA § 1 KSchG Druckkündigung Nr. 2 Rn 11; 19.7.2016 EzA § 1 KSchG Druckkündigung Nr. 1 Rn 28; 18.7.2013 EzA § 1 KSchG Betriebsbedingte Kündigung Nr. 175 Rn 39; 31.1.1996 EzA § 626 BGB Druckkündigung Nr. 3, zu II 5a; 19.6.1986 EzA § 1 KSchG Betriebsbedingte Kündigung Nr. 39; dem BAG zust. etwa HaKo-KSchR/*Zimmermann* Rn 796; APS-*Kiel* Rn 506 f.; LKB-*Krause* Rn 313 ff.; Bader/Bram-*Volk* Rn 280; HWK-*Thies* Rn 126). Soweit die Gegenansicht (HK-*Weller/Dorndorf* Rn 997 f.; DDZ-*Deinert* Rn 350; SPV-*Preis* Rn 695, 970; HaKo-ArbR/*Schubert* Rn 472; *Blaese* DB 1988, 180; für bedenklich hält sie ErfK-*Oetker* Rn 183) die betriebsbedingte Druckkündigung ganz ablehnt, da das Recht nicht dem Unrecht weichen müsse, berücksichtigt sie zum einen nicht, dass der Druck auf den Arbeitgeber nicht notwendig rechtswidrig sein muss. Vertragspartner des Arbeitgebers sind regelmäßig in ihrer Entscheidung frei, unter welchen Bedingungen sie Vertragsbeziehungen aufrechterhalten und welches Personal des Arbeitgebers sie akzeptieren. Ähnliches gilt für Arbeitnehmer. Zum anderen kann es dem Arbeitgeber auch bei rechtswidrigen Drohungen unzumutbar sein, den Eintritt erheblicher Schäden zu riskieren, wenn ein milderes Mittel als die

Kündigung fehlt. Zudem kann er häufig nicht überprüfen, ob die zur Begründung des Drucks erhobenen Vorwürfe zutreffen.

Allerdings unterliegt eine solche »echte« Druckkündigung strengen **Anforderungen** (*BAG* 15.12.2016 EzA § 1 KSchG Druckkündigung Nr. 2 Rn 11; 19.7.2016 EzA § 1 KSchG Druckkündigung Nr. 1 Rn 28; 18.7.2013 EzA § 1 KSchG Betriebsbedingte Kündigung Nr. 175 Rn 39). Insbesondere darf der Arbeitgeber einem Kündigungsverlangen seitens der Belegschaft oder eines Teils seiner Mitarbeiter nicht ohne Weiteres nachgeben. Er hat sich vielmehr schützend vor den Betroffenen zu stellen und alles Zumutbare zu versuchen, um die Belegschaft von ihrer Drohung abzubringen. Diese Pflicht verlangt vom Arbeitgeber ein aktives Handeln, das darauf gerichtet ist, den Druck abzuwehren (*BAG* 15.12.2016 EzA § 1 KSchG Druckkündigung Nr. 2; 19.7.2016 EzA § 1 KSchG Druckkündigung Nr. 1 Rn 38). Nur wenn trotz solcher Bemühungen die Verwirklichung der Drohung in Aussicht gestellt wird und dem Arbeitgeber dadurch schwere wirtschaftliche Nachteile drohen, kann eine Kündigung gerechtfertigt sein. Voraussetzung dafür ist allerdings, dass die Kündigung das einzig praktisch in Betracht kommende Mittel ist, um die Schäden abzuwenden (*BAG* 15.12.2016 EzA § 1 KSchG Druckkündigung Nr. 2; 19.7.2016 EzA § 1 KSchG Druckkündigung Nr. 1; 18.7.2013 EzA § 1 KSchG Betriebsbedingte Kündigung Nr. 175 Rn 39). Außerdem kann sich der Arbeitgeber nicht auf eine Drucksituation berufen, die er selbst in zu vertretender Weise herbeigeführt hat (*BAG* 26.1.1962 AP BGB § 626 Druckkündigung Nr. 8; APS/*Vossen* BGB § 626 Rn 339). Beruht der ausgeübte Druck auf wegen der ethnischen Herkunft, des Geschlechts, der Religion oder Weltanschauung, einer Behinderung, des Alters oder der sexuellen Identität entgegen §§ 1, 3, 7 AGG **diskriminierenden Motiven**, ist der Arbeitgeber verpflichtet, die ihm gem. § 12 AGG gegenüber Arbeitnehmern zustehenden Abwehrmöglichkeiten auszuschöpfen (*Deinert* RdA 2007, 275, 282 f.). Eine vorherige Anhörung des Arbeitnehmers vor Ausspruch der Kündigung ist zu empfehlen, aber nicht Wirksamkeitsvoraussetzung für die Kündigung (*BAG* 19.4.1990 EzA § 626 BGB Druckkündigung Nr. 2). Bei **Leiharbeitsverhältnissen** setzt eine betriebsbedingte Druckkündigung voraus, dass keine anderweitigen Einsatzmöglichkeiten in anderen Entleiherbetrieben bestehen. Zur Druckkündigung im Sport *Breucker* NZA 2008, 1046; s. im Übrigen KR-*Fischermeier/Krumbiegel* § 626 BGB Rdn 219 ff.

j) Entlassungsverlangen des Betriebsrats

Wird einem Entlassungsverlangen des Betriebsrats im Verfahren nach § 104 S. 2 BetrVG rechtskräftig stattgegeben, begründet dies ein dringendes betriebliches Erfordernis iSd § 1 Abs. 2 S. 1 KSchG für eine ordentliche arbeitgeberseitige Kündigung (*BAG* 28.3.2017 EzA § 104 BetrVG 2001 Nr. 1 Rn 23). Nach § 104 S. 2 BetrVG kann das Gericht auf einen entsprechenden Antrag des Betriebsrats dem Arbeitgeber aufgeben, die Entlassung eines Arbeitnehmers durchzuführen, wenn dieser durch gesetzwidriges Verhalten oder durch grobe Verletzung der in § 75 Abs. 1 enthaltenen Grundsätze, insbes. durch rassistische oder fremdenfeindliche Betätigungen, den Betriebsfrieden wiederholt ernstlich gestört hat (§ 104 S. 1 BetrVG). Der Arbeitgeber ist in diesem Fall betriebsverfassungsrechtlich und zur Vermeidung eines Zwangsgeldes für jeden Tag der Zuwiderhandlung (§ 104 S. 2, 3 BetrVG) gezwungen, der Verpflichtung nachzukommen. Es handelt sich um einen Umstand, der ihm keine andere zumutbare Reaktionsmöglichkeit lässt. Obwohl die Organisationsentscheidung des Arbeitgebers insofern unmittelbar mit der Kündigung zusammenfällt, bedarf es keiner weiteren Darlegungen, um ein missbräuchliches Handeln auszuschließen. Aufgrund der gerichtlichen Entscheidung ist vielmehr das Beschäftigungsbedürfnis gerade für den konkreten Arbeitnehmer entfallen (*BAG* 28.3.2017 EzA § 104 BetrVG 2001 Nr. 1 Rn 25). Es liegt deshalb auch keine unzulässige Austauschkündigung vor. Das Verlangen nach »Entlassung« gem. § 104 S. 1 BetrVG bzw. eine Verpflichtung des Arbeitgebers im Verfahren nach § 104 S. 2 BetrVG, »die Entlassung« durchzuführen, ist auf eine Beendigung des Arbeitsverhältnisses des betroffenen Arbeitnehmers, nicht nur auf eine Beendigung seiner Beschäftigung in dem bisherigen Betrieb gerichtet (*BAG* 28.3.2017 EzA § 104 BetrVG 2001 Nr. 1 Rn 14; **aA** APS-*Linck* § 104 BetrVG Rn 18, 29; GK-BetrVG/*Raab* § 104 Rn 12, 20; Richardi/*Thüsing* BetrVG § 104 Rn 16, 25).

k) Gewinnverfall, Gewinnsteigerung

628 Gewinnverfall (Unrentabilität) kann für den Arbeitgeber Anlass sein, auf Betriebs- oder Unternehmensebene wirtschaftliche, technische oder organisatorische **Sanierungsmaßnahmen** durchzuführen (*Hillebrecht* ZfA 1991, 93). Es handelt sich dabei um unternehmerische Entscheidungen, die nur einer Missbrauchskontrolle unterliegen (s. Rdn 559). Der Entschluss, die Lohnkosten zu senken, ist allein keine die Gerichte bindende Unternehmerentscheidung, weil durch diesen Entschluss noch nicht das Bedürfnis für die Weiterbeschäftigung eines oder mehrerer Arbeitnehmer entfällt (*BAG* 20.3.1986 EzA § 2 KSchG Nr. 6). Trifft der Unternehmer aufgrund des Motivs, Lohnkosten einzusparen, konkrete Maßnahmen zur Umstrukturierung des Betriebs, die das Bedürfnis zur Weiterbeschäftigung einer bestimmten Anzahl von Arbeitnehmern entfallen lassen, kann dagegen ein Grund für eine betriebsbedingte Kündigung vorliegen. Eine solche Maßnahme kann auch in dem bloßen Entschluss bestehen, Arbeitsplätze abzubauen (s. Rdn 597; aA HAS-*Preis* § 19 F Rn 48).

629 Das Gleiche gilt, wenn der Arbeitgeber zur **Steigerung des Betriebsergebnisses** unternehmerische Entscheidungen trifft, die zum Wegfall von Arbeitsplätzen führen. Auch solche Entscheidungen unterliegen nur einer Missbrauchskontrolle, wobei Missbrauch nicht allein deshalb bejaht werden kann, weil der Arbeitgeber den Gewinn eines bereits rentablen Unternehmens steigern will (APS-*Kiel* Rn 523; LKB-*Krause* Rn 704; LSSW-*Schlünder* Rn 306, 312; AR-*Kaiser* Rn 144; *Hillebrecht* ZfA 1991, 110; *Henssler* Betriebliche Praxis, S. 105; in diese Richtung auch *BAG* 29.3.2007 EzA § 2 KSchG Nr. 66, zu B I 3b bb; aA *ArbG Gelsenkirchen* 28.10.1997 EzA § 1 KSchG Betriebsbedingte Kündigung Nr. 100 m. krit. Anm. *Hamacher*; *Wolter* AuR 2008, 325; SPV-*Preis* Rn 926; HaKo-ArbR/*Schubert* Rn 424; DDZ-*Deinert* Rn 362: bei anhaltend positiver Ertragssituation; vgl. auch *Fendner* NZA 2000, 1143: Überprüfung auf allgemeingesetzliche Beschränkungen). Gewinne können für die Existenz oder Entwicklung eines Unternehmens notwendig sein, um Investitionen zu tätigen, Rücklagen zu bilden und unerwünschte Übernahmen abzuwehren (LKB-*Krause* Rn 704; *Hillebrecht* ZfA 1991, 110). Zudem gehört es zur unternehmerischen Freiheit, über die Zahl der Arbeitsplätze zu disponieren (s. Rdn 556 f.).

l) Insolvenzverfahren

630 Mit der Eröffnung des Insolvenzverfahrens **bestehen die Arbeitsverhältnisse** der Belegschaftsmitglieder gem. § 108 Abs. 1 S. 1 InsO mit Wirkung für die Insolvenzmasse fort. Da der Betrieb vom Insolvenzverwalter weitergeführt werden kann, ist die Insolvenzeröffnung als solche keine zur Kündigung berechtigende Betriebsstilllegung (*BAG* 27.11.1986 RzK I 5f Nr. 6). § 113 InsO schafft keinen selbständigen Kündigungsgrund; er beeinträchtigt die Anwendbarkeit von § 1 nicht (*BAG* 29.9.2005 EzA § 1 KSchG Betriebsbedingte Kündigung Nr. 140, zu II 1). Der Insolvenzverwalter kann betriebsbedingt ordentlich kündigen, sofern dafür **dringende betriebliche Erfordernisse** iSv § 1 Abs. 2 S. 1 vorliegen (*BAG* 16.9.1982 EzA § 1 KSchG Betriebsbedingte Kündigung Nr. 18). Da der Insolvenzverwalter in die Arbeitgeberstellung des Insolvenzschuldners eintritt, hat er bei betriebsbedingten Kündigungen auch uneingeschränkt die **Pflicht zur sozialen Auswahl** zu beachten (*BAG* 16.9.1982 EzA § 1 KSchG Betriebsbedingte Kündigung Nr. 18; aA *LAG Hamm* 21.5.1985 ZIP 1986, 246); dies gilt selbst im Fall der Massearmut (*BAG* 23.2.2005 EzA § 209 InsO Nr. 4, zu II 4b). Für das Vorliegen dringender betrieblicher Erfordernisse ist der Insolvenzverwalter darlegungs- und beweispflichtig (*BAG* 23.3.1984 ZIP 1984, 1524). Näher zur Kündigung im Insolvenzverfahren s. §§ 113, 120 ff. InsO.

m) Konzernarbeitsverhältnis

631 Konzernarbeitsverhältnis ist ein Arbeitsverhältnis, bei dem zwischen einem Arbeitnehmer und mehreren Konzernunternehmern gleichzeitig arbeitsvertragliche Beziehungen bestehen. So werden in Konzernen häufig Arbeitnehmer **zu rechtlich selbständigen Tochtergesellschaften** in das In- und Ausland **abgeordnet**. Dabei sind verschiedene rechtliche Vertragsgestaltungen denkbar. Es ist insbes. möglich, dass mehrere Arbeitsverhältnisse nebeneinander begründet werden. Die Abordnung kann aber auch gem. § 1 Abs. 3 Nr. 2 AÜG im Rahmen eines **echten Leiharbeitsverhältnisses**

vollzogen werden (dazu *Becker/Wulfgramm* Art. 1 § 1 Rn 112 ff.; *Becker/Kreikebaum* S. 51; *Heinze* ZfA 1976, 183 ff.). Es ist weiter möglich, dass der entsandte Arbeitnehmer insofern eine Doppelstellung einnimmt, als er einerseits in arbeitsvertraglichen Beziehungen zur Muttergesellschaft verbleibt, andererseits in dienstvertragliche Beziehungen zum Tochterunternehmen tritt (zB bei Übernahme einer Vertreterstellung). Hat sich die Muttergesellschaft verpflichtet, einen zu einem Tochterunternehmen abgeordneten Arbeitnehmer nach Beendigung der Abordnung wieder in ihrem Betrieb zu beschäftigen, kann das die rechtliche Folge haben, dass sie ihm bei Beendigung der Abordnung nicht mit der Begründung kündigen darf, sein Arbeitsplatz sei besetzt und ein anderer gleichwertiger stehe nicht zur Verfügung (*BAG* 28.11.1968 EzA § 1 KSchG Nr. 12; zu den bei Abordnungen möglichen Vertragsgestaltungen *BAG* 17.8.1972 EzA § 626 BGB nF Nr. 16; 24.8.1972 AP § 611 BGB Gemischter Vertrag Nr. 2).

Ist der Arbeitnehmer gleichzeitig **aufgrund mehrerer Arbeitsverträge bei verschiedenen Konzernunternehmen** beschäftigt, kann ein **einheitliches Arbeitsverhältnis** anzunehmen sein (*BAG* 19.4.2012 EzA § 626 BGB 2002 Nr. 40, Rn 16; 27.3.1981 EzA § 611 BGB Nr. 25; krit. *Schwerdtner* ZIP 1982, 900). Ein derartiges Arbeitsverhältnis kann nur von allen Konzernunternehmen gleichzeitig gekündigt werden. Allerdings kann sich ein Kündigungsgrund in einem Unternehmen (zB Fortfall eines Teilarbeitsplatzes bei einem Konzernunternehmen) auch bei den übrigen Konzernunternehmen auswirken, etwa bei einer aufgabenmäßigen Verknüpfung, und bei Fehlen alternativer Beschäftigungsmöglichkeiten zumindest eine Änderungskündigung rechtfertigen. 632

Zum Konzernbezug beim **Kündigungsschutz für Arbeitnehmer von Konzernunternehmen** s. Rdn 577–582. 633

n) Öffentlicher Dienst

Die für **Rationalisierungsmaßnahmen** in der Privatwirtschaft geltenden kündigungsschutzrechtlichen Grundsätze (s. Rdn 640 ff.) gelten für Sparmaßnahmen im öffentlichen Dienst entsprechend (*Neumann* RdA 1979, 372; *Plander* DB 1982, 1216; *Berkowsky* Betriebsbedingte Kündigung § 5 Rn 88). Eine mit einer Unternehmerentscheidung vergleichbare Entscheidung eines öffentlichen Arbeitgebers liegt vor, wenn in einem **Haushaltsplan** einer Körperschaft des öffentlichen Rechts eine konkret bezeichnete Stelle gestrichen, ein **kw-Vermerk** angebracht oder eine Stelle aus einem **Personalbedarfsplan** gestrichen wird. Dann kann eine Kündigung aus innerbetrieblichen Gründen iSv § 1 Abs. 2 KSchG gerechtfertigt sein (*BAG* 3.5.1978 EzA § 1 KSchG Betriebsbedingte Kündigung Nr. 8; 22.5.2003 EzA § 1 KSchG Betriebsbedingte Kündigung Nr. 126, zu B I 2a; 23.11.2004 EzA § 1 KSchG Betriebsbedingte Kündigung Nr. 134, zu B I 1a). Das Gleiche gilt auch, wenn ein Landesgesetzgeber durch Erlass eine bestimmte Tätigkeit entfallen lässt (*BAG* 29.11.2007 EzA § 2 KSchG Nr. 69, zu B I 4a), für einen bestimmten Personalbereich den Mindestpersonalschlüssel senkt und die zuständige Dienststelle den Personalbestand entsprechend reduziert (*LAG SA* 16.5.2000 LAGE § 1 KSchG Betriebsbedingte Kündigung Nr. 56a), wenn die Aufsichtsbehörde einer Hochschule im Wege der Ersatzvornahme einen Personalbedarfsplan auferlegt (*BAG* 18.11.1999 EzA § 1 KSchG Betriebsbedingte Kündigung Nr. 104, zu II 2a) oder wenn der Stadtrat einer Stadtgemeinde die Verwaltung beauftragt, in einem bestimmten Bereich den Personalbestand um eine bestimmte Zahl zu reduzieren (*BAG* 22.5.2003 EzA § 1 KSchG Betriebsbedingte Kündigung Nr. 126). Derartige Entscheidungen unterliegen im Kündigungsschutzprozess lediglich einer Missbrauchskontrolle (*BAG* 3.5.1978 EzA § 1 KSchG Betriebsbedingte Kündigung Nr. 8). Insbesondere muss der öffentliche Arbeitgeber nicht die organisatorische Durchführbarkeit der Vorgaben des Haushaltsgesetzgebers darlegen. Diese allein definieren den vom Haushaltsgesetzgeber politisch zu verantwortenden Beschäftigungsbedarf (*BAG* 23.11.2004 EzA § 1 KSchG Betriebsbedingte Kündigung Nr. 134, zu B I 1d cc). Wird hingegen vom Haushaltsgesetzgeber nur allgemein eine bestimmte Zahl von Stelleneinsparungen vorgeschrieben, bedarf es der Umsetzung durch die Dienststellenleitung, die konkret zu entscheiden hat, in welchen Bereichen wie viele Stellen abgebaut werden sollen (*BAG* 19.3.1998 EzA Art. 20 EinigungsV Nr. 62, zu II 2b bb; 634

18.9.2008 NZA 2009, 142, zu B I 2; APS-*Kiel* Rn 518; *Lingemann/Grothe* NZA 1999, 1073; *Teske* FS Stahlhacke S. 35 ff.).

635 Die **konkrete Durchführung** getroffener Entscheidungen und deren **Ursächlichkeit** für die Reduzierung des Beschäftigungsbedarfs für den gekündigten Arbeitnehmer unterliegt dagegen in **vollem Umfang der gerichtlichen Nachprüfung** (*BAG* 7.10.2004 EzA § 1 KSchG Betriebsbedingte Kündigung Nr. 133, zu B I 2; 23.11.2004 EzA § 1 KSchG Betriebsbedingte Kündigung Nr. 134, zu B I 1b; APS-*Kiel* Rn 518). Es gelten die unter Rdn 572 dargestellten Grundsätze entsprechend. Daher kann zu prüfen sein, ob die Verwaltung lediglich aufgrund eines Messziffernsystems schematisch vorgegangen ist, ohne festzustellen, ob in einzelnen Dienststellen Arbeitsmangel oder ein entsprechender Stellenüberhang besteht (*BAG* 26.6.1975 EzA § 1 KSchG Betriebsbedingte Kündigung Nr. 1).

636 Das Anbringen eines **kw-Vermerks** an einer Personalstelle in einem Haushaltsplan ist dann ein dringendes betriebliches Erfordernis iSv § 1 Abs. 2 KSchG, wenn eine bestimmte oder bestimmbare Frist für den Wegfall der Stelle angegeben wird (*BAG* 6.8.1978 EzA § 1 KSchG Betriebsbedingte Kündigung Nr. 9; *Berkowsky* Betriebsbedingte Kündigung § 5 Rn 90; *Lakies* NZA 1997, 748 f.). Dagegen reicht es nicht aus, wenn mit dem Anbringen des kw-Vermerks die innerbetriebliche Entscheidung über den Wegfall der konkreten Stelle noch nicht abschließend getroffen wurde, die Verwaltung vielmehr zwischen verschiedenen Möglichkeiten einer Umsetzung der kw-Vermerke wählen kann (*BAG* 19.3.1998 EzA Art. 20 Einigungsvertrag Nr. 62, zu II 2b bb; SPV-*Preis* Rn 974; *Lingemann/Grothe* NZA 1999, 1973). In diesem Fall bedarf es noch eines auf den Stellenbedarf der jeweiligen Dienststelle zugeschnittenen Konzepts der zuständigen Verwaltung (*BAG* 18.11.1999 EzA § 1 KSchG Betriebsbedingte Kündigung Nr. 104; HAS-*Preis* § 19 F Rn 87). Ein ministerieller Erlass ist als solcher ebenfalls noch kein dringendes betriebliches Erfordernis (*BAG* 29.5.1985 RzK I 7b Nr. 2, zu II 2d aa).

637 Es liegt im nur auf Missbrauch überprüfbaren Ermessen des öffentlichen Dienstherrn, ob bestimmte Aufgabenbereiche von Angestellten, Beamten oder Soldaten wahrgenommen werden sollen. Es ist daher ein dringendes betriebliches Erfordernis, wenn im öffentlichen Dienst eine **mit einem Angestellten besetzte Dienststelle**, die nach dem Stellenplan als Beamtendienstposten ausgewiesen ist, **mit einem Beamten besetzt** und deshalb dem Angestellten gekündigt werden soll (*BAG* 26.2.1957 AP § 1 KSchG Nr. 23; 21.9.1999 EzA § 1 KSchG Betriebsbedingte Kündigung Nr. 106, zu III 2c; aA HK-*Weller/Dorndorf* § 1 Rn 1001). Erfüllt jedoch der bisherige Stelleninhaber das Anforderungsprofil der Beamtenstelle und die Voraussetzungen für eine Berufung in ein Beamtenverhältnis, besteht kein dringendes betriebliches Erfordernis zu seiner Kündigung (*BAG* 21.9.1999 EzA § 1 KSchG Betriebsbedingte Kündigung Nr. 106, zu III 2c, d). Dagegen hat ein öffentlicher Arbeitgeber regelmäßig ein dringendes betriebliches Interesse daran, eine Lehrkraft, die keine Lehrbefähigung besitzt, durch einen voll ausgebildeten beamteten Lehrer zu ersetzen (*BAG* 17.5.1984 EzA § 1 KSchG Betriebsbedingte Kündigung Nr. 32; 23.8.1984 – 2 AZR 390/83 – nv). Für eine Prüfung der Zweckmäßigkeit der Besetzung der Stelle mit einem Beamten ist kein Raum. Sollen Aufgabenbereiche zukünftig von **Soldaten** wahrgenommen werden, kann darin ebenfalls ein dringendes betriebliches Erfordernis zur Kündigung liegen (*BAG* 29.1.1986 EzA § 102 BetrVG 1972 Nr. 64). Auch in solchen Fällen muss der öffentliche Arbeitgeber prüfen, ob der Arbeitnehmer anderweitig beschäftigt werden kann (s. Rdn 228 ff.).

638 Die **Weiterbeschäftigungspflicht** beschränkt sich nicht auf die **Beschäftigungsdienststelle**. Der öffentliche Arbeitgeber hat vielmehr zu prüfen, ob der Arbeitnehmer in einer anderen Dienststelle desselben Verwaltungszweigs an demselben Dienstort einschließlich seines Einzugsgebiets weiterbeschäftigt werden kann. Eine derartige Weiterbeschäftigungspflicht besteht selbst dann, wenn die zuständige Personalvertretung keine entsprechenden Einwendungen vorgebracht hat (*BAG* 17.5.1984 EzA § 1 KSchG Betriebsbedingte Kündigung Nr. 32).

639 Auch im öffentlichen Dienst rechtfertigt die **Fremdvergabe** bestimmter Tätigkeiten, etwa die **von Reinigungsarbeiten, auf private Unternehmen** eine betriebsbedingte Kündigung der dadurch

nicht mehr benötigten Arbeitnehmer, sofern kein Betriebsteilübergang iSv § 613a Abs. 1 S. 1 BGB vorliegt (*BAG* 7.3.1980 EzA § 1 KSchG Betriebsbedingte Kündigung Nr. 14; 3.5.1978 EzA § 1 KSchG Betriebsbedingte Kündigung Nr. 8; zur Anwendbarkeit von § 613a BGB auf Betriebe der öffentlichen Hand s. KR-*Treber/Schlünder* § 613a BGB Rdn 43 f.). Entsprechendes gilt für die Übertragung bestimmter Aufgaben auf ehrenamtliche Kräfte (*BAG* 18.9.2008 EzA KSchG § 1 Betriebsbedingte Kündigung Nr. 162, bezüglich des Amtes eines Gleichstellungsbeauftragten).

o) **Rationalisierungsmaßnahmen**

Rationalisierungsmaßnahmen sind **innerbetriebliche technische oder organisatorische Veränderungen**, die mit dem Ziel durchgeführt werden, die Ertragslage des Unternehmens zu verbessern. Eine solche Maßnahme kann auch darin liegen, dass der Arbeitgeber seine **Arbeitgeberstellung aufgibt** und durch Änderung der Betriebsorganisation die Arbeiten nur noch durch freie Mitarbeiter ausführen lässt (*BAG* 9.5.1996 EzA § 1 KSchG Betriebsbedingte Kündigung Nr. 85 m. krit. Anm. *Franzen*, zu B I 2c; 26.9.1996 EzA § 1 KSchG Betriebsbedingte Kündigung Nr. 86, zu II 2c; 18.9.2008 NZA 2009, 142, zu B II 2b bb; ErfK-*Oetker* Rn 278 nimmt insoweit eine Betriebsstilllegung an; aA *Preis* NZA 1997, 1079: unzulässige Austauschkündigung) oder bisher von ihm durch eigene Arbeitnehmer wahrgenommene Aufgaben an Fremdfirmen outsourct (*BAG* 26.9.1996 EzA § 1 KSchG Betriebsbedingte Kündigung Nr. 86, zu II 2c; 12.4.2002 RzK I 5c Nr. 139; 16.12.2004 EzA § 1 KSchG Betriebsbedingte Kündigung Nr. 136, zu B II 2b aa; 23.4.2008 EzA § 1 KSchG Betriebsbedingte Kündigung Nr. 160, zu B I 1b bb (2)), soweit darin nicht ein gem. § 613a Abs. 4 BGB eine Kündigung nicht rechtfertigender Betriebsteilübergang liegt (ErfK-*Oetker* Rn 282). Will er hingegen die Aufgaben einem anderen Unternehmen übertragen, gegenüber den Beschäftigten dieses Unternehmens aber die für die Durchführung der Arbeit erforderlichen Weisungen weiter im Wesentlichen selbst erteilen und damit die **wesentlichen Arbeitgeberfunktionen behalten**, entfällt nicht die Beschäftigungsmöglichkeit im Betrieb. Daher fehlt in diesem Fall ein dringendes betriebliches Erfordernis für eine Kündigung (*BAG* 26.9.1996 EzA § 1 KSchG Betriebsbedingte Kündigung Nr. 86, zu II 2d; 16.12.2004 EzA § 1 KSchG Betriebsbedingte Kündigung Nr. 136, zu B II 2b aa). Das Gleiche gilt, wenn der Arbeitgeber eine in sein Unternehmen voll eingegliederte Organgesellschaft gründet, der er Teilbereiche seines Betriebs überträgt, weil die Unternehmerentscheidung insoweit offenbar willkürlich ist (s. Rdn 561). Als zur Kündigungsrechtfertigung geeignete Rationalisierungsmaßnahmen in Betracht kommen dagegen der **Abbau einer Hierarchieebene** im Betrieb unter Neuverteilung der Arbeitsaufgaben (*BAG* 10.10.2002 EzA § 1 KSchG Betriebsbedingte Kündigung Nr. 122, zu C I; 13.2.2008 EzA § 1 KSchG Betriebsbedingte Kündigung Nr. 158, zu II 1) und die Übernahme der Aufgaben eines Arbeitnehmers durch den Arbeitgeber selbst (*BAG* 22.3.1990 RzK I 5c Nr. 36), sofern durch diese Maßnahmen der bisherige Beschäftigungsbedarf für den Arbeitnehmer tatsächlich entfällt.

Die Kündigung von Arbeitsverhältnissen mit dem Ziel, die Arbeitsplätze kostengünstiger mit **Leiharbeitnehmern** zu besetzen, stellt eine unzulässige Austauschkündigung dar, da dadurch materiell die Arbeitgeberstellung nicht aufgegeben wird (*BAG* 12.3.2009 EzA § 1 KSchG Interessenausgleich Nr. 17, Rn 24; *LAG Hamm* 24.7.2007 NZA-RR 2008, 239, zu I; 21.12.2007 LAGE § 1 KSchG Betriebsbedingte Kündigung Nr. 81, zu 1; HaKo-KSchR/*Zimmermann* Rn 771; DDZ-*Deinert* Rn 356; Bader/Bram-*Volk* Rn 284b; ErfK-*Oetker* Rn 275; AR-*Kaiser* Rn 132; HWK-*Quecke* Rn 269; *Preis* FS Bauer S. 827, 833; LKB-*Krause* Rn 832 f.), und zwar auch in der Insolvenz (*LAG Brem.* 30.1.1998 LAGE § 1 KSchG Betriebsbedingte Kündigung Nr. 47, zu I 2). Der Beschäftigungsbedarf bleibt vielmehr in der Sache unverändert, der Arbeitgeber lässt die Arbeiten weiterhin von abhängig Beschäftigten innerhalb der eigenen betrieblichen Organisation durchführen.

Der Entschluss zur Durchführung von technischen oder organisatorischen Rationalisierungsmaßnahmen unterliegt lediglich einer gerichtlichen **Missbrauchs- und Willkürkontrolle** (s. Rdn 559). Eine Maßnahme wie die Fremdvergabe von Arbeiten ist nicht bereits deshalb willkürlich, weil sie zu keiner Kostenersparnis führt (*BAG* 20.11.2014 EzA § 1 KSchG Betriebsbedingte Kündigung Nr. 182, Rn 28; 31.5.2007 EzA § 1 KSchG Soziale Auswahl Nr. 76, Rn 23; HaKo-KSchR/

Zimmermann Rn 809; MüKo-BGB/*Hergenröder* Rn 348; aA *LAG Düsseld.* 11.10.2001 RzK I 5c Nr. 132; SPV-*Preis* Rn 981; DDZ-*Deinert* Rn 356; HaKo-ArbR/*Schubert* Rn 492; aus dem von der Gegenansicht herangezogenen Urteil des *BAG* v. 30.4.1987 – EzA § 1 KSchG Betriebsbedingte Kündigung Nr. 47 – lässt sich ein solches Erfordernis nicht ableiten), da die betriebswirtschaftliche Zweckmäßigkeit einer Umstrukturierungsmaßnahme im Kündigungsschutzprozess nicht zu prüfen ist (*BAG* 22.4.2004 EzA § 2 KSchG Nr. 50, zu B I 6; 29.3.2007 EzA § 2 KSchG Nr. 66, zu B I 3b bb). **Gerichtlich voll überprüfbar** sind dagegen **die personellen Folgewirkungen** von Rationalisierungsmaßnahmen. Dazu gehört vor allem die Prüfung, ob und ggf. in welchem Umfang durch eine Rationalisierungsmaßnahme das Bedürfnis zur Weiterbeschäftigung von Arbeitnehmern weggefallen ist (zur gerichtlichen Nachprüfbarkeit s. Rdn 572 ff.). Bei einem nur teilweisen Fortfall der Arbeitsaufgaben, die der Arbeitgeber nunmehr in einer Halbtagstätigkeit ausführen lassen will, ist er verpflichtet, dem betroffenen Arbeitnehmer die **Weiterbeschäftigung in Form eines Teilzeitarbeitsverhältnisses** anzubieten (*LAG Köln* 1.2.1995 LAGE § 1 KSchG Betriebsbedingte Kündigung Nr. 29; *LAG Düsseld.* 6.5.1977 DB 1977, 1370; APS-*Kiel* Rn 571). Führt eine Organisationsänderung dazu, dass ein in seiner Gesundheit beeinträchtigter Arbeitnehmer nur noch in einer Weise beschäftigt werden könnte, die sein Leiden verschlimmert, ist eine ordentliche Kündigung gerechtfertigt, wenn der Arbeitnehmer **die gesundheitsbeeinträchtigende Beschäftigung ablehnt** (*BAG* 6.11.1997 EzA § 1 KSchG Betriebsbedingte Kündigung Nr. 96).

643 Rationalisierungsmaßnahmen rechtfertigen nur dann eine betriebsbedingte Kündigung, wenn sie sich zum Zeitpunkt der Kündigung **bereits konkret und greifbar** abzeichnen und deshalb die Prognose rechtfertigen, bis spätestens zum Ablauf der Kündigungsfrist werde der Beschäftigungsbedarf entfallen sein (s. Rdn 588). Es ist nicht erforderlich, dass der Arbeitgeber vor Zugang der Kündigung mit der Verwirklichung seiner Entscheidung bereits begonnen hat (*BAG* 20.11.2014 EzA § 1 KSchG Betriebsbedingte Kündigung Nr. 182, Rn 24; 10.10.1996 NZA 1997, 92, zu II 1). Auch vorbereitende Maßnahmen – etwa den Vertragsschluss mit dem Drittunternehmen – muss er noch nicht ergriffen haben. Es genügt, wenn er berechtigterweise annehmen darf, die laufende Kündigungsfrist biete ihm hierfür ausreichend Zeit (vgl. *BAG* 20.11.2014 EzA § 1 KSchG Betriebsbedingte Kündigung Nr. 182, Rn 24). Auch ohne Widerspruch des Betriebsrats hat der Arbeitgeber bei Rationalisierungsmaßnahmen zu prüfen, ob eine anderweitige Beschäftigung mit oder ohne Umschulung im Betrieb oder in einem anderen Betrieb des Unternehmens in Betracht kommt (hierzu iE Rdn 228 ff.).

644 Soweit Arbeitnehmern in **Tarifverträgen** über den gesetzlichen Kündigungsschutz nach § 1 Abs. 2, 3 KSchG hinausgehende Rechtspositionen eingeräumt wurden (zB **Unkündbarkeit** bei Erreichen bestimmter Altersgrenzen und/oder einer bestimmten Dauer der Betriebszugehörigkeit, Abfindungen oder Wiedereingliederungshilfen), bestehen gegen die Wirksamkeit derartiger Regelungen wegen des Günstigkeitsprinzips keine Bedenken (*BAG* 20.2.1986 AP § 4 TVG Rationalisierungsschutz Nr. 1; *Becker* AuR 1981, 333; 367; *Mayer/Ralfs* S. 147 ff.; *Schaub* RdA 1981, 373). Ist eine ordentliche Kündigung tarifvertraglich ausgeschlossen, kann der Arbeitgeber allerdings ausnahmsweise zu einer außerordentlichen betriebsbedingten Kündigung mit Auslauffrist berechtigt sein (dazu s. KR-*Fischermeier/Krumbiegel* § 626 BGB Rdn 162 ff., 321 ff., 347). Kündigt der Arbeitgeber unter Verstoß gegen derartige Regelungen betriebsbedingt, kann der Arbeitnehmer die Wirksamkeit der Kündigung gerichtlich überprüfen lassen und sich auf die Rechte aus dem Tarifvertrag berufen (*BAG* 3.5.1978 EzA § 1 KSchG Betriebsbedingte Kündigung Nr. 8). Ist die ordentliche Kündigung ausgeschlossen, sind unter Verstoß gegen die tarifvertragliche Unkündbarkeitsvorschrift ausgesprochene ordentliche Kündigungen nach § 134 BGB nichtig. Es handelt sich um einen sonstigen Unwirksamkeitsgrund iSv § 13 Abs. 3 KSchG (s. KR-*Treber/Rennpferdt* § 13 KSchG Rdn 106 ff. mwN). Wird das Kündigungsrecht des Arbeitgebers bei Rationalisierungsmaßnahmen von besonderen Voraussetzungen abhängig gemacht, liegt darin eine tarifrechtlich zulässige Konkretisierung des allgemeinen Kündigungsschutzes (*BAG* 7.3.1980 EzA § 1 KSchG Betriebsbedingte Kündigung Nr. 14).

p) **Vorgesetztenwechsel**

Der Wechsel von Führungskräften ist kein dringendes betriebliches Erfordernis für die Kündigung von Mitarbeitern, die der Führungskraft unterstellt waren. Auch bei Vertrauenspositionen (Chefsekretärin, Fahrer des Vorstands usw.) kommt nach einem Vorgesetztenwechsel eine betriebsbedingte Kündigung nur unter den allgemeinen gesetzlichen Voraussetzungen von § 1 Abs. 2, 3 in Betracht (*LAG BW* 29.8.1973 DB 1973, 2454; DDZ-*Deinert* Rn 373; DW-*Dornbusch/Volk* Rn 493).

9. Auswahl der Arbeitnehmer

a) **Allgemeines**

Die in § 1 Abs. 3 KSchG geregelte soziale Auswahl gehört seit Inkrafttreten des KSchG zu den **zentralen Streitpunkten** der betriebsbedingten Kündigung (vgl. zu der bis 31.12.2003 geltenden Gesetzesfassung die Nachw. bei *Etzel* KR 7. Aufl., Rn 603).

Problematisch war nach der bis 31.12.2003 geltenden Rechtslage vor allem die **mangelnde Vorhersehbarkeit der gerichtlichen Entscheidung** (hierzu *Meisel* BB 1963, 1059; *Preis* S. 415; *Weng* DB 1978, 887). Dies lag insbes. an Unsicherheiten bei der Abgrenzung des für die Auswahl in Betracht kommenden Arbeitnehmerkreises, am fehlenden gesetzlichen Katalog der zu berücksichtigenden Sozialdaten, an Meinungsverschiedenheiten über die Wertigkeit der Auswahlkriterien, an der Unsicherheit, ob und mit welchem Stellenwert Leistungsgesichtspunkte berücksichtigt werden konnten, und an der Verteilung der Darlegungs- und Beweislast. Zur Sozialauswahl nach der bis 31.12.2003 geltenden Rechtslage s. *Etzel* KR 6. Aufl., Rn 603–705.

Durch das am 1.1.2004 in Kraft getretene Gesetz zu Reformen am Arbeitsmarkt sind diese Unsicherheiten in zwei Punkten beseitigt worden: Der Gesetzgeber hat die zwingend zu berücksichtigenden **Sozialdaten enumerativ und abschließend** festgelegt (Dauer der Betriebszugehörigkeit, Lebensalter, Unterhaltspflichten, Schwerbehinderung). Weiter ist geregelt, dass Arbeitnehmer nicht in die Sozialauswahl einzubeziehen sind, wenn **ihre Weiterbeschäftigung im berechtigten betrieblichen Interesse liegt,** insbes. wegen ihrer Kenntnisse, Fähigkeiten und Leistungen oder zur Sicherung einer ausgewogenen Personalstruktur des Betriebes. Die genannten weiteren Unsicherheiten bestehen aber unverändert. Hinzu kommen Probleme bei der Auslegung der gesetzlichen Neuregelung (s. zur Neuregelung die Nachw. in Rdn 14). Die erstrebte bessere Berechenbarkeit der vorzunehmenden Sozialauswahl (vgl. BT-Drucks. 13/4612, S. 9, zu der in der Zeit vom 1.10.1996 bis 31.12.1998 geltenden Regelung, die mit der jetzigen Regelung fast identisch ist) ist wohl nur bedingt erreicht worden (*Beduhn* AuR 1996, 488; *Buschmann* AuR 2004, 1; *Leinemann* BB 1996, 1381; *Willemsen/Annuß* NJW 2004, 177; *Zerres/Rhotert* FA 2004, 2).

Eine Verpflichtung zur sozialen Auswahl der betriebsbedingt zu kündigenden Arbeitnehmer besteht nach dem Gesetzeswortlaut **nur bei einer ordentlichen Kündigung.** Wenn ausnahmsweise eine außerordentliche Kündigung aus betrieblichen Gründen zulässig ist, weil der betreffende Arbeitnehmer ordentlich unkündbar ist, steht diese außerordentliche Kündigung einer ordentlichen Kündigung gleich, so dass die Maßstäbe der Sozialauswahl nach § 1 Abs. 3 entsprechend anzuwenden sind (*BAG* 5.2.1998 EzA § 626 BGB Unkündbarkeit Nr. 2, zu II 3e; *Bitter/Kiel* FS Schwerdtner S. 21; *Etzel* ZTR 2003, 213; HK-*Dorndorf* Rn 1019). Es wäre ein Wertungswiderspruch, den kündigungsrechtlich besser gestellten Arbeitnehmer bei der Sozialauswahl schlechter zu stellen. Soweit in **Tarifverträgen** ordentliche Kündigungen aus betriebsbedingten Gründen mit verkürzter Frist (vgl. § 622 Abs. 4 BGB) vorgesehen sind, ist ebenfalls eine soziale Auswahl erforderlich (*BAG* 4.6.1987 EzA § 1 KSchG Soziale Auswahl Nr. 25).

b) **Verhältnis zur anderweitigen Beschäftigung**

Zum Verhältnis der in § 1 Abs. 3 geregelten Verpflichtung zur sozialen Auswahl zu der nach § 1 Abs. 2 S. 1–3 zu prüfenden Möglichkeit einer anderweitigen Beschäftigung des Arbeitnehmers ist Folgendes zu beachten: Die Verpflichtung des Arbeitgebers zur sozialen Auswahl dient dem

Ziel, bei unvermeidbaren Kündigungen aus dem Kreis der vergleichbaren Arbeitnehmer (dazu s. Rdn 660 ff.) den **sozial stärksten Arbeitnehmer** ausfindig zu machen. Dies ist stets der Arbeitnehmer, der aufgrund seiner Sozialdaten am wenigsten auf seinen Arbeitsplatz angewiesen ist (*BAG* 19.4.1979 EzA § 1 KSchG Betriebsbedingte Kündigung Nr. 11; 24.3.1983 EzA § 1 KSchG Betriebsbedingte Kündigung Nr. 21). Das Kriterium der **anderweitigen Beschäftigung** im Betrieb oder in einem anderen Betrieb des Unternehmens (s. Rdn 228 ff.) betrifft dagegen die Frage, ob und ggf. in welchem Umfang **betriebsbedingte Kündigungen** durch innerbetriebliche Umsetzungen oder überbetriebliche Versetzungen auf freie Arbeitsplätze **vermieden werden können**. Durch dem Arbeitgeber zumutbare und mögliche Umsetzungen vermindert sich daher die Anzahl der zu entlassenden Arbeitnehmer. Reicht die Anzahl der für Versetzungen in Betracht kommenden freien Arbeitsplätze nicht aus, um den erforderlichen Personalabbau ausgleichen zu können, sind die betroffenen Arbeitnehmer nach dem Maßstab von § 1 Abs. 3 zu bestimmen (*BAG* 30.5.1985 EzA § 1 KSchG Betriebsbedingte Kündigung Nr. 24, zu B II 1). Besteht dagegen die Möglichkeit einer anderweitigen Beschäftigung, führt dies zur Unwirksamkeit einer gleichwohl erklärten Kündigung.

c) Betriebsbezogenheit und betriebsübergreifende Sozialauswahl

651 Im Unterschied zur Berücksichtigung anderweitiger Beschäftigungsmöglichkeiten, die nach § 1 Abs. 2 unternehmensbezogen ausgestaltet ist, fehlt es an einer entsprechenden Regelung für die soziale Auswahl. Deshalb ist diese betriebsbezogen zu verstehen. **Arbeitnehmer anderer Betriebe** eines Unternehmens oder eines Konzerns sind daher in die Sozialauswahl nach § 1 Abs. 3 **nicht einzubeziehen** (*BAG* 25.4.1985 EzA § 1 KSchG Betriebsbedingte Kündigung Nr. 35; 13.9.1995 EzA § 1 KSchG Nr. 48, zu II 1c; 2.6.2005 EzA § 1 KSchG Soziale Auswahl Nr. 61, zu II 2a; 31.5.2007 EzA § 1 KSchG Soziale Auswahl Nr. 77, zu B II 1a; LKB-*Krause* Rn 863, 868 f.; APS-*Kiel* Rn 601 ff.; Bader/Bram-*Volk* Rn 320; HaKo-KSchR/*Zimmermann* Rn 820; DDZ-*Deinert* Rn 471; ErfK-*Oetker* Rn 318; *Weller* AuR 1986, 230; für einen teilweise betriebsübergreifenden »tätigkeitsbezogenen Betriebsbegriff« SPV-*Preis* Rn 852 f., 1046; *Preis* RdA 2000, 257, 276; HaKo-ArbR/*Schubert* Rn 517; für eine räumlich allein durch die Reichweite des arbeitsvertraglichen Direktionsrechts des Arbeitgebers begrenzte Sozialauswahl *Berkowsky* NZA 1996, 294). Anderenfalls könnte dies zur Entlassung von Arbeitnehmern führen, ohne dass die Kündigungen »durchdringende betriebliche Erfordernisse, die einer Weiterbeschäftigung des Arbeitnehmers in diesem Betrieb entgegenstehen«, bedingt wären. Das gilt auch dann, wenn die gekündigten Arbeitnehmer aufgrund ihres Arbeitsvertrags nach dem Direktionsrecht des Arbeitgebers in einen anderen Betrieb auf einen freizukündigenden Arbeitsplatz versetzt werden könnten (*BAG* 2.6.2005 EzA § 1 KSchG Soziale Auswahl Nr. 61, zu II 2b; 15.12.2005 EzA § 1 KSchG Soziale Auswahl Nr. 66, zu II 3; 18.10.2006 EzA § 1 KSchG Soziale Auswahl Nr. 73, zu B II 1). Ein Austausch zwischen den Belegschaften mehrerer Betriebe ist mit § 1 Abs. 3 KSchG nicht bezweckt (APS-*Kiel* Rn 601).

652 Zum **auswahlrelevanten Personenkreis** gehören alle von einem betrieblichen Personalabbau betroffenen vergleichbaren Arbeitnehmer des Beschäftigungsbetriebs ohne Rücksicht auf dessen Größe und ohne Rücksicht darauf, ob ihre Arbeitsplätze räumlich nahe beieinanderliegen. Eine Beschränkung der Auswahl auf eine Betriebsabteilung ist fehlerhaft (*BAG* 5.6.2008 EzA § 1 KSchG Soziale Auswahl Nr. 81, zu B I 2d aa). Auch bei räumlich weit entfernten **Betriebsabteilungen und -teilen**, die iSd Betriebsverfassungsgesetzes als selbständige Betriebe gelten (§ 4 Abs. 1 Nr. 1 BetrVG), erstreckt sich die Sozialauswahl auf den gesamten Betrieb (*BAG* 21.6.1995 EzA § 23 KSchG Nr. 14, zu II 3b aa; 3.6.2004 EzA § 1 KSchG Soziale Auswahl Nr. 55, zu C I; 31.5.2007 EzA § 1 KSchG Soziale Auswahl Nr. 77, zu B II 1a; APS-*Kiel* Rn 599; *Müller* MDR 2002, 492; *Schiefer* NZA-RR 2002, 170; **aA** *LAG Frankf.* 15.10.1957 und 13.11.1957 AP § 1 KSchG Nr. 45, 46; *Kania/Gilberg* NZA 2000, 680).

653 Betreiben mehrere Unternehmen einen **Gemeinschaftsbetrieb**, bezieht sich die soziale Auswahl wegen der einheitlichen Betriebsleitung auf den gesamten Betrieb; sie ist insoweit **unternehmensübergreifend** (*BAG* 5.5.1994 EzA § 1 KSchG Soziale Auswahl Nr. 31 = AP Nr. 23 zu § 1 KSchG

1969 m. zust. Anm. *Mummenhoff,* 24.2.2005 EzA § 1 KSchG Soziale Auswahl Nr. 59, zu B II 2a; 22.9.2005 EzA § 113 InsO Nr. 18, zu II 3b; APS-*Kiel* Rn 602; LKB-*Krause* Rn 867). Nach der **Auflösung** eines Gemeinschaftsbetriebs erstreckt sich die Sozialauswahl nur auf den Betrieb bzw. Betriebsteil, der dem einzelnen Unternehmen verbleibt (*BAG* 13.9.1995 EzA § 1 KSchG Nr. 48; 24.2.2005 EzA § 1 KSchG Soziale Auswahl Nr. 59, zu B II 2a; 22.9.2005 EzA § 113 InsO Nr. 18, zu II 3b). Dies gilt auch, wenn der Gemeinschaftsbetrieb im Kündigungszeitpunkt noch besteht, aber bereits feststeht, dass er spätestens mit dem Ablauf der Kündigungsfrist aufgelöst sein wird. Für den Kündigungsgrund maßgeblich sind nämlich die Beschäftigungsmöglichkeiten zu diesem Zeitpunkt (*BAG* 27.11.2003 EzA § 1 KSchG Betriebsbedingte Kündigung Nr. 128, zu B I 3b; 24.2.2005 EzA § 1 KSchG Soziale Auswahl Nr. 59, zu B II 2b; 14.8.2007 EzA § 613a BGB 2002 Nr. 74, zu B IV 2c; LKB-*Krause* Rn 867; DDZ-*Deinert* Rn 474; Bader/Bram-*Volk* Rn 321b; aA HaKo-ArbR/*Schubert* Rn 519).

In einem Betrieb des **Baugewerbes** erstreckt sich die soziale Auswahl grds. nicht auf Arbeitnehmer, die für eine Arbeitsgemeinschaft freigestellt worden sind (*BAG* 26.2.1987 EzA § 1 KSchG Soziale Auswahl Nr. 24, zu B III 2). Im **öffentlichen Dienst** tritt an die Stelle des Betriebs die Dienststelle, innerhalb derer die Sozialauswahl vorzunehmen ist (*BAG* 20.1.2000 ZTR 2001, 89, zu B II 5b; APS-*Kiel* Rn 604; *Schröder* ZTR 1995, 396), wobei ebenso wie bei Betrieben auch räumlich weit entfernte Teile einer Dienststelle einzubeziehen sind (aA *Lingemann/Grothe* NZA 1999, 1075). Dagegen kommt eine dienststellenübergreifende Sozialauswahl nicht in Betracht. Die Auswahl kann nicht auf den gesamten Zuständigkeitsbereich einer obersten Dienstbehörde bezogen werden (*BAG* 20.1.2000 ZTR 2001, 89, zu B II 5d). **Konzernweit** finden die Grundsätze der sozialen Auswahl keine Anwendung (*BAG* 22.5.1986 EzA § 1 KSchG Soziale Auswahl Nr. 22, zu B I 5b; *Windbichler* SAE 1987, 133). 654

Führen an einer **Spaltung** oder **Teilübertragung** nach dem UmwG beteiligte Rechtsträger einen Betrieb gemeinsam weiter, gilt dieser als Betrieb iSd Kündigungsschutzrechts (§ 322 UmwG). Insoweit regelt das UmwG nur, was nach allgemeinen Grundsätzen für den Gemeinschaftsbetrieb gilt, nämlich dass alle dort beschäftigten vergleichbaren Arbeitnehmer in die Sozialauswahl einzubeziehen sind. Steht ein Arbeitnehmer vor dem Wirksamwerden einer Spaltung oder Teilübertragung zu dem übertragenden Rechtsträger in einem Arbeitsverhältnis, verschlechtert sich nach § 323 Abs. 1 UmwG seine kündigungsrechtliche Stellung auf Grund der Spaltung oder Teilübertragung für die Dauer von zwei Jahren ab dem Zeitpunkt ihres Wirksamwerdens nicht. Das bedeutet nicht, dass für diesen Zeitraum bei einer betriebsbedingten Kündigung auch die vergleichbaren Arbeitnehmer der abgespaltenen oder übertragenen Betriebsteile unternehmensübergreifend in die Sozialauswahl einzubeziehen wären. Dies ist mangels Austauschbarkeit faktisch nicht möglich und nicht Zweck der Regelung von § 323 Abs. 1 UmwG, der lediglich die Rechtsstellung, dh die für die Beurteilung der Wirksamkeit einer Kündigung heranzuziehenden Rechtsnormen absichern soll (*BAG* 22.9.2005 EzA § 113 InsO Nr. 18, zu II 3a; vgl. KR-*Spilger* §§ 322–324 UmwG Rdn 50; LSSW-*Schlünder* Rn 425; HaKo-KSchR/*Zimmermann* Rn 822; ErfK-*Oetker* Rn 321; Bauer/Lingemann NZA 1994, 1060; aA Bader/Bram-*Volk* Rn 320c f.; *Bachner* NJW 1995, 2884; AuA 1996, 220; *Düwell* NZA 1996, 397; *Kallmeyer* ZIP 1994, 1757; *Linck* AR-Blattei SD 1020.1.2 Rn 16; s.a. Rdn 234). 655

Bei Kündigungen in Zusammenhang mit einem **Betriebsübergang** sind bei einer betriebsbedingten Kündigung durch den Betriebsveräußerer vor dem Betriebsübergang nur die vergleichbaren Arbeitnehmer des übergehenden Betriebes in die Sozialauswahl einzubeziehen (*Linck* AR-Blattei SD 1020.1.2 Rn 18), sofern der Veräußerer nicht ein auf den zukünftigen Betrieb bezogenes unternehmerisches Konzept des Erwerbers realisiert (hierzu s. KR-*Treber/Schlünder* § 613a BGB Rdn 98). Dann sind konsequenterweise alle Arbeitnehmer des künftig vereinten Betriebes zu berücksichtigen (APS-*Kiel* Rn 605; HaKo-KSchR/*Zimmermann* Rn 823). Wird nur ein **Betriebsteil** übertragen, sind bei einer Kündigung vor dem Betriebsteilübergang alle Arbeitnehmer des Betriebs in die Sozialauswahl einzubeziehen (*BAG* 28.10.2004 EzA § 1 KSchG Soziale Auswahl Nr. 56, zu II 3c). Bei einer Kündigung nach der Übertragung kann dagegen nur noch die Belegschaft des verbliebenen Betriebsteils berücksichtigt werden (vgl. *LAG Köln* 18.2.2004 NZA-RR 2005, 189, zu II 1, 4a). 656

Wird der Betrieb nach dem Betriebsübergang in einen Betrieb des Erwerbers eingegliedert, sind bei einer betriebsbedingten Kündigung durch den Betriebserwerber alle vergleichbaren Arbeitnehmer des Übernehmerbetriebes, dh sowohl die übernommenen als auch die bisherigen Arbeitnehmer, in die Sozialauswahl einzubeziehen (LKB-*Krause* Rn 875; HaKo-KSchR/*Zimmermann* Rn 823; aA *Henckel* ZTR 1984, 235). Zur Sozialauswahl nach einem Widerspruch des Arbeitnehmers gegen den Übergang des Arbeitsverhältnisses auf den Betriebserwerber s. KR-*Treber/Schlünder* § 613a BGB Rdn 80 ff.

657 **Verlagert der Arbeitgeber Tätigkeiten und Arbeitsplätze** einer bestimmten Abteilung **in einen anderen Betrieb des Unternehmens** und will er bei dieser Gelegenheit die Zahl der betroffenen Arbeitsplätze verringern, hat er unter den betroffenen vergleichbaren Arbeitnehmern im gesamten bisherigen Betrieb eine Sozialauswahl vorzunehmen, da die betriebliche Einheit bezogen auf diese Arbeitsplätze noch besteht (*BAG* 10.11.1994 EzA § 1 KSchG Betriebsbedingte Kündigung Nr. 77, zu I 4, 5; APS-*Kiel* Rn 585; *Schiefer* NZA 1995, 668). Das gilt auch, wenn die Arbeit in dem anderen Betrieb höher vergütet wird, sofern sie dieselbe oder zumindest ganz überwiegend gleichgeblieben ist (*BAG* 5.10.1995 EzA § 1 KSchG Betriebsbedingte Kündigung Nr. 82 = SAE 1996, 389 m. abl. Anm. *Meisel*, zu II 3a, b). Besetzt der Arbeitgeber zunächst die in dem neuen Betrieb verbleibenden Arbeitsplätze ohne Beachtung sozialer Gesichtspunkte und kündigt er erst danach den nicht übernommenen Arbeitnehmern, liegt darin eine **unzulässige Umgehung der Sozialauswahl** (*BAG* 10.11.1994 EzA § 1 KSchG Betriebsbedingte Kündigung Nr. 77, zu B I 6).

658 Fallen in einem Betrieb **mehrere Arbeitsplätze** weg und ist in einem anderen Betrieb des Unternehmens eine **geringere Zahl vergleichbarer Arbeitsplätze frei**, hat der Arbeitgeber ebenfalls eine Sozialauswahl vorzunehmen (s. Rdn 584). Entsprechendes gilt, wenn **in mehreren Betrieben** eines Unternehmens Arbeitsplätze entfallen und in anderen Teilen des Unternehmens freie Arbeitsplätze für die bisherigen Arbeitsplatzinhaber vorhanden sind, die Zahl der freien Arbeitsplätze aber geringer ist als die Zahl der wegfallenden Arbeitsplätze (*BAG* 12.8.2010 EzA § 2 KSchG Nr. 79, Rn 40; HK-*Dorndorf* Rn 1032; APS-*Vossen* Rn 101; APS-*Kiel* Rn 583, 584; *Schmitt* S. 97; LKB-*Krause* Rn 771; LSSW-*Schlünder* Rn 349; DDZ-*Deinert* Rn 681; ErfK-*Oetker* Rn 253; *Berkowsky* NJW 1996, 295; *Däubler* AiB 1995, 464; aA *Schiefer* NZA 1995, 664; für eine auf den Rahmen des Direktionsrechts beschränkte analoge Anwendung von § 1 Abs. 3 und für eine Beschränkung auf § 315 BGB im Übrigen *Maas/Salamon* NZA 2006, 1192; für eine Abwägung nach §§ 315, 242 BGB unter Einbeziehung betrieblicher Belange *Bauer/Winzer* BB 2006, 266, 269; für eine tätigkeitsbereichsbezogen unternehmensweite Sozialauswahl *Preis* RdA 2000, 257, 276; SPV-*Preis* Rn 852 f., 1046). Die Sozialauswahl ist zwar nach § 1 Abs. 3 KSchG betriebsbezogen. Es ist aber eine entsprechende Anwendung dieser Vorschrift geboten, da eine planwidrige Regelungslücke und eine der innerbetrieblichen Sozialauswahl vergleichbare Konkurrenzsituation vorliegt. Für eine auf die Generalklauseln von §§ 315, 242 BGB beschränkte Abwägung fehlen geeignete Maßstäbe; die Wertungen von § 1 Abs. 3 KSchG konkretisieren die Generalklauseln und sind damit als speziellere Regelungen vorrangig. Unternehmerischen Interessen ist dadurch Rechnung zu tragen, dass § 1 Abs. 3 S. 2 KSchG betriebsübergreifend auf das Unternehmen zu beziehen ist (HK-*Dorndorf* Rn 1032).

659 Bei größeren personellen Maßnahmen kann die Notwendigkeit einer betriebsübergreifenden Sozialauswahl erhebliche Schwierigkeiten verursachen, insbes. bei hierarchisch und ihren Anforderungen nach unterschiedlichen Tätigkeiten in mehreren Betrieben an unterschiedlichen Orten. Hier sollten zunächst die unternehmensweit betroffenen Arbeitnehmer und ihre individuelle Schutzbedürftigkeit ermittelt werden. Sodann sollten die unternehmensweit freien oder in absehbarer Zeit freiwerdenden (s. Rdn 230) Stellen geprüft und festgestellt werden, welche Arbeitnehmer für welche Stellen nach ihren Fähigkeiten und ihrer hierarchischen Einordnung geeignet sind. Darauf ist nach den Kriterien der Sozialauswahl festzustellen, gegenüber welchen Arbeitnehmern Beendigungskündigungen und gegenüber welchen Versetzungen bzw. Änderungskündigungen ausgesprochen werden. Größere Rechtssicherheit kann dadurch erzielt werden, dass den schutzbedürftigsten Arbeitnehmern die für sie in Betracht kommenden Stellen zunächst unter Fristsetzung und Hinweis

auf die ansonsten drohende Beendigung des Arbeitsverhältnisses und auf den Änderungsschutz nach § 2 KSchG angeboten werden. Lehnen sie das Angebot auch für den Fall seiner sozialen Rechtfertigung ab (s. Rdn 240), kann eine Beendigungskündigung ausgesprochen werden und der Arbeitsplatz dem seiner Schutzbedürftigkeit nach nächstfolgenden Arbeitnehmer angeboten werden (instruktiv *Bauer/Winzer* BB 2006, 266, 269–272; vgl. auch APS-*Kiel* Rn 585; *Schmitt* S. 111 ff.).

d) Vergleichbarkeit der Arbeitnehmer

aa) Allgemeines

Die soziale Auswahl nach § 1 Abs. 3 S. 1 KSchG erstreckt sich innerhalb des Betriebs nur auf Arbeitnehmer, die **miteinander vergleichbar sind**. Die Vergleichbarkeit der in die soziale Auswahl einzubeziehenden Arbeitnehmer richtet sich in erster Linie nach objektiven, dh **arbeitsplatzbezogenen Merkmalen** und damit nach der bisher ausgeübten Tätigkeit (*BAG* 7.2.1985 EzA § 1 KSchG Soziale Auswahl Nr. 20 = SAE 1988, 149 m. zust. Anm. *Färber/Dudenbostel*; 29.3.1990 EzA § 1 KSchG Soziale Auswahl Nr. 29 m. zust. Anm. *Preis*; 28.10.2004 EzA § 1 KSchG Soziale Auswahl Nr. 56, zu II 3b dd; 31.5.2007 EzA § 1 KSchG Soziale Auswahl Nr. 76, zu B III 2; 5.6.2008 EzA § 1 KSchG Soziale Auswahl Nr. 81, zu B I 2a; LSSW-*Schlünder* Rn 426; nach *v. Hoyningen-Huene* NZA 1994, 1013 sind die entscheidenden Kriterien für die Vergleichbarkeit die Berufsausbildung sowie die im Laufe der Beschäftigung gewonnenen beruflichen Erfahrungen; auf die Qualifikation stellt auch *LAG Hamm* 13.11.1987 RzK I 5c Nr. 25 ab), aber auch nach der Qualifikation (s. Rdn 665). Dabei ist zunächst festzustellen, ob und ggf. **welche Arbeitsplätze** durch innerbetriebliche Maßnahmen oder außerbetriebliche Ursachen ganz oder teilweise **wegfallen**. Auszugehen ist bei der Prüfung von dem Arbeitsplatz, der entfällt (*BAG* 7.4.1993 EzA § 1 KSchG Soziale Auswahl Nr. 30, zu II 5a; 24.5.2005 EzA § 613a BGB 2002 Nr. 35 zu III 2c; APS-*Kiel* Rn 608; LSSW-*Schlünder* Rn 426; DDZ-*Deinert* Rn 495; HaKo-KSchR/*Zimmermann* Rn 828; DW-*Dornbusch/Volk* Rn 531). 660

Bei einer Reihe von betrieblichen Gründen (zB bei einem allgemeinen Personalabbau oder bei einer produktionsbezogenen Einschränkung des Fertigungsbetriebs) lassen sich die unmittelbar betroffenen Arbeitnehmer nicht ohne Weiteres ermitteln. Feststellbar ist in diesen Fällen meist nur eine quantitative Gruppenbetroffenheit (*LAG Düsseld.* 3.6.1982 DB 1982, 1935). Bei **rein quantitativen Anpassungsprozessen** geht es zumeist darum, dass jeweils in bestimmten Arbeitnehmergruppen (zB Abteilungsleiter, Meister, Vorarbeiter, Facharbeiter, Hilfsarbeiter) ein personeller Überhang abzubauen ist. Bei derartigen Fallkonstellationen ist von einer **gruppenspezifischen Betrachtungsweise** auszugehen (*W. Müller* DB 1975, 2134; aA *Weng* DB 1978, 885). Die Angehörigen der jeweiligen betrieblichen Funktionsgruppe (zB die Gruppe der kaufmännischen oder technischen Abteilungsleiter) bilden jeweils einen auswahlrelevanten Personenkreis. Innerhalb solcher Funktionsgruppen können Arbeitsplätze entfallen, ohne dass sie sich bestimmten Arbeitnehmern zuordnen lassen. Damit sind die Arbeitsplätze sämtlicher Arbeitnehmer der Gruppe unmittelbar betroffen. 661

Nach Ermittlung der konkret betroffenen Arbeitsplätze ist zu untersuchen, ob im Betrieb Arbeitsplätze mit identischen oder vergleichbaren Aufgaben vorhanden sind. Vergleichbar sind (nur) alle Arbeitnehmer, die **austauschbar** sind, dh deren Funktion auch von den Arbeitnehmern wahrgenommen werden könnte, deren Arbeitsplatz weggefallen ist (*BAG* 9.10.1986 RzK I 5d Nr. 16; 28.10.2004 EzA § 1 KSchG Soziale Auswahl Nr. 56, zu II 3b dd; 31.5.2007 EzA § 1 KSchG Soziale Auswahl Nr. 76, zu B III 2). Im Fall einer betriebsbedingten **Änderungskündigung** kommt es für die Vergleichbarkeit der Arbeitnehmer darauf an, ob die Arbeitnehmer auch für die Tätigkeit, die Gegenstand des Änderungsangebots ist, wenigstens annähernd gleich geeignet sind, ob eine Austauschbarkeit also auch bezogen auf den mit der Änderungskündigung angebotenen Arbeitsplatz gegeben ist (*BAG* 18.5.2017 EzA § 2 KSchG Nr. 101 Rn 17; 9.9.2010 EzTöD 100 § 34 Abs. 1 TVöD-AT Betriebsbedingte Änderungskündigung Nr. 9 Rn 44; 18.1.2007 EzA § 2 KSchG Nr. 64 Rn 26). 662

663 Die Vergleichbarkeit der Arbeitnehmer setzt im Einzelnen voraus, dass die betroffenen Arbeitnehmer auf einem vorhandenen Arbeitsplatz tatsächlich und rechtlich einsetzbar sind. In die Sozialauswahl können nur solche Arbeitnehmer einbezogen werden, deren **Aufgabenbereich** miteinander vergleichbar ist (**tatsächliche Einsetzbarkeit**, s. Rdn 665–667). Weiter muss der Arbeitgeber in der Lage sein, den Arbeitnehmer, dessen Arbeitsplatz wegfällt, nach den arbeitsvertraglichen Vorgaben kraft seines **Direktionsrechts** auf den in Betracht kommenden anderen Arbeitsplatz umzusetzen bzw. zu versetzen (**rechtliche Einsetzbarkeit**, s. Rdn 668 ff.). Schließlich können nur Arbeitnehmer auf derselben Ebene der Betriebshierarchie in die Sozialauswahl einbezogen werden (**horizontale Vergleichbarkeit**; s. Rdn 671 f.).

664 Diese Grundsätze bedürfen einer Anpassung, wenn der Arbeitgeber wegen des Wegfalls des Arbeitsplatzes eines **betriebsverfassungsrechtlichen Funktionsträgers** einen **anderen Arbeitsplatz freikündigt**, um seine Pflichten nach § 15 Abs. 4, 5 KSchG zu erfüllen (hierzu s. KR-*Kreft* § 15 KSchG Rdn 162 ff.), und dafür mehrere vergleichbare Arbeitnehmer vorhanden sind. In diesem Fall geht die die Kündigung veranlassende Störung nicht von einem der Arbeitsplätze der in die Sozialauswahl einzubeziehenden Arbeitnehmer aus, sondern von einem anderen, der nicht notwendig vergleichbar ist und sich bisher sogar auf einer höheren Ebene der Betriebshierarchie befunden haben kann. Hier fehlt ein Anlass zur Anwendung des Kriteriums der Austauschbarkeit der in die Sozialauswahl einzubeziehenden Arbeitnehmer, da diese nicht untereinander ausgetauscht werden müssen. Geeignet und damit austauschbar sein muss lediglich der den Sonderkündigungsschutz genießende Mandatsträger. Die Auswahl erstreckt sich dann auf alle Arbeitnehmer, die auf nach den Kriterien von § 15 Abs. 5 KSchG in Betracht kommenden Arbeitsplätzen beschäftigt werden, die dem Mandatsträger zumutbar sind und auf der seiner bisherigen Position am nächsten liegenden Ebene der Betriebshierarchie angesiedelt sind.

bb) **Aufgabenbereich**

665 Der Aufgabenbereich eines Arbeitnehmers ist gekennzeichnet durch die **ausgeübte Tätigkeit** und die für den Arbeitsplatz erforderliche **Qualifikation**. Bei völliger Identität der Aufgabenbereiche spielen wegen der uneingeschränkten Austauschbarkeit qualifikationsbezogene Merkmale bei der Bestimmung des auswahlrelevanten Personenkreises keine Rolle (*W. Müller* DB 1975, 2134; *Weng* DB 1978, 885). Bei einer nur **partiellen Identität der Aufgabenbereiche**, die durch eine funktionsbezogene Betrachtung festzustellen ist, ist weiter zu prüfen, ob der unmittelbar vom Wegfall seines Arbeitsplatzes betroffene Arbeitnehmer mit Arbeitnehmern, die im Betrieb eine vergleichbare Aufgabenstellung innehaben, ausgetauscht werden kann (sog. subjektive Ebene). Erforderlich ist nicht, dass die Arbeitnehmer bereits bisher identische Aufgaben ausgeführt haben, sondern dass der Arbeitnehmer, dessen Arbeitsplatz entfällt, nach seiner beruflichen Erfahrung und Qualifikation die Tätigkeit der in die Auswahl einzubeziehenden Arbeitnehmer ggf. nach einer kurzen Einarbeitungszeit übernehmen könnte (*BAG* 29.3.1990 EzA § 1 KSchG Soziale Auswahl Nr. 29; 3.12.1998 EzA § 1 KSchG Soziale Auswahl Nr. 37, zu II 3b; 23.11.2004 EzA § 1 KSchG Betriebsbedingte Kündigung Nr. 134, zu B II 3a aa; 18.10.2006 EzA § 1 KSchG Soziale Auswahl Nr. 73, zu B II 2a; 5.6.2008 EzA § 1 KSchG Soziale Auswahl Nr. 81, zu B I 2a, d bb). Die Festlegung des Anforderungsprofils der anderen Arbeitsplätze obliegt der grundsätzlich freien unternehmerischen Entscheidung des Arbeitgebers (*BAG* 7.11.1996 EzA § 1 KSchG Betriebsbedingte Kündigung Nr. 88 m. krit. Anm. *Söllner*). Die **Eingruppierung** kann für die Feststellung der Vergleichbarkeit der Arbeitnehmer in engen Grenzen herangezogen werden (*BAG* 25.4.1985 EzA § 1 KSchG Betriebsbedingte Kündigung Nr. 35; 10.11.1994 EzA § 1 KSchG Betriebsbedingte Kündigung Nr. 82, zu II 3c; *Preis* DB 1984, 2247). Bei Hilfstätigkeiten kommt der identischen Eingruppierung ein ausreichender Indizwert zu (*BAG* 5.12.2002 EzA § 1 KSchG Soziale Auswahl Nr. 50). Umgekehrt steht bei identischem Aufgabenbereich eine unterschiedliche Vergütung der Vergleichbarkeit nicht entgegen (*LAG Nds.* 27.9.2000 – 8 Sa 1409/97, nv; *LAG Bln.-Bra.* 26.7.2007 AE 2008, 38, zu B II 1.2.2a).

Beseitigen **gesundheitsbedingte Leistungsmängel** des betroffenen Arbeitnehmers seine Qualifikation für einen anderen Arbeitsplatz nicht, stehen sie seiner Vergleichbarkeit mit einem auf dem anderen Arbeitsplatz beschäftigten Arbeitnehmer nicht entgegen (DDZ-*Deinert* Rn 508; LKB-*Krause* Rn 902; HaKo-KSchR/*Zimmermann* Rn 843; HK-*Dorndorf* Rn 1050). Sind die Gesundheitsmängel erheblich, können sie lediglich eine personenbedingte Kündigung wegen dauernder Minderung der Leistungsfähigkeit rechtfertigen (s. Rdn 407 ff.). Reichen sie dafür nicht aus, würde ihre Berücksichtigung bei der Prüfung der Vergleichbarkeit von Arbeitsplätzen den Kündigungsschutz gegen personenbedingte Kündigungen leerlaufen lassen. Allerdings können gesundheitliche Leistungsmängel, die für eine personenbedingte Kündigung nicht ausreichen, bei der Prüfung der betrieblichen Interessen iSv § 1 Abs. 3 S. 2 KSchG berücksichtigt werden (LKB-*Krause* Rn 902; s. Rdn 688, 700). Ist der Arbeitnehmer dagegen durch gesundheitliche Beeinträchtigungen für einen anderen Arbeitsplatz nicht geeignet, scheidet eine Sozialauswahl aus (*BAG* 6.11.1997 § 1 KSchG Betriebsbedingte Kündigung Nr. 96, zu II 4; APS-*Kiel* Rn 609). 666

Arbeitnehmer sind nur dann austauschbar, wenn der unmittelbar vom Arbeitsplatzwegfall betroffene Arbeitnehmer aufgrund seiner fachlichen Qualifikation und der Art des Arbeitsplatzes des in die Auswahl einbezogenen Arbeitnehmers auf diesem ggf. nach einer **Einarbeitungszeit wirtschaftlich sinnvoll einsetzbar** ist (*BAG* 18.10.2006 EzA § 1 KSchG Soziale Auswahl Nr. 73, zu B II 2a; 31.5.2007 EzA § 1 KSchG Soziale Auswahl Nr. 77, zu B II 2b; 5.6.2008 EzA § 1 KSchG Soziale Auswahl Nr. 81, zu B I 2d bb). Der aktuelle Stand der Kenntnisse und Fähigkeiten hat erhebliche Bedeutung (*BAG* 5.5.1994 EzA § 1 KSchG Soziale Auswahl Nr. 31; zu eng *LAG Köln* 11.4.1997 RzK I 5d Nr. 59, das zur Ermittlung der Dauer der Einarbeitungszeit nur auf allgemeine Erfahrungswerte ohne Berücksichtigung individueller Besonderheiten abstellt). Ein arbeitsplatzbezogener Routinevorsprung hat bei der Vergleichbarkeit außer Betracht zu bleiben (*BAG* 25.4.1985 EzA § 1 KSchG Betriebsbedingte Kündigung Nr. 35; APS-*Kiel* Rn 609; DDZ-*Deinert* Rn 506). Welcher Einarbeitungszeitraum dem Arbeitgeber zugemutet werden kann, hängt von den **Umständen des Einzelfalls** ab (*LAG Brem.* 3.5.1996 LAGE § 1 KSchG Soziale Auswahl Nr. 16; DDZ-*Deinert* Rn 506), insbes. der im Betrieb bei vergleichbaren Umsetzungen üblichen Einarbeitungszeit (ErfK-*Oetker* Rn 325). Das *BAG* spricht in st. Rspr. von einer »kurzen Einarbeitungszeit« (etwa *BAG* 25.4.1985 EzA § 1 KSchG Betriebsbedingte Kündigung Nr. 35; 18.10.2006 EzA § 1 KSchG Soziale Auswahl Nr. 73, zu B II 2a; 31.5.2007 EzA § 1 KSchG Soziale Auswahl Nr. 77, zu B II 2b). Eine Einarbeitungszeit von drei Monaten hat das *BAG* als zu lang angesehen (5.5.1994 EzA § 1 KSchG Soziale Auswahl Nr. 31; ebenso LKB-*Krause* Rn 897; AR-*Kaiser* Rn 175; vgl. auch SPV-*Preis* Rn 1044: Höchsteinarbeitungszeit idR von drei bis sechs Wochen; aA *ArbG Wetzlar* 26.7.1983 DB 1983, 2785: bis zu sechs Monate Einarbeitung). In der Literatur wird als Grenze zT auf die im Betrieb übliche Probezeit abgestellt (APS-*Kiel* Rn 609; *Färber* NZA 1985, 176; aA SPV-*Preis* Rn 1044; HaKo-KSchR/*Zimmermann* Rn 844). Der Arbeitgeber ist jedenfalls **nicht verpflichtet, einen Arbeitnehmer umzuschulen**, damit dieser aufgrund der zusätzlichen Qualifikation auf einem anderen Arbeitsplatz eingesetzt werden kann, der mit einem Arbeitnehmer besetzt ist, der sozial bessergestellt ist (HaKo-KSchR/*Zimmermann* Rn 844; LSSW-*Schlünder* § 1 Rn 427; LKB-*Krause* Rn 901; *Dudenbostel* DB 1984, 828; *Färber* NZA 1985, 176). 667

cc) Direktionsrecht zur Umsetzung

Arbeitnehmer sind nur dann austauschbar und damit vergleichbar, wenn der Arbeitgeber sie kraft seines Direktionsrechts **einseitig auf den anderen Arbeitsplatz versetzen** kann (*BAG* 15.6.1989 EzA § 1 KSchG Soziale Auswahl Nr. 27; 29.3.1990 EzA § 1 KSchG Soziale Auswahl Nr. 29 m. zust. Anm. *Preis*; 24.5.2005 EzA § 613a BGB 2002 Nr. 37, zu II 3a; 31.5.2007 EzA § 1 KSchG Soziale Auswahl Nr. 77, zu B II 2b; 5.6.2008 EzA § 1 KSchG Soziale Auswahl Nr. 81, zu B I 2a; *Oetker* FS Wiese S. 346 f.; *Schiefer* NZA-RR 2002, 172; SPV-*Preis* Rn 1035 ff.; aA HK-*Dorndorf* Rn 1043 ff.; LSSW-*Schlünder* Rn 430; krit. auch *Preis* NZA 1997, 1083). Beschränkungen der Ausübung des Direktionsrechts durch den **Vorbehalt billigen Ermessens** nach § 106 S. 1 GewO ergeben sich typischerweise nicht, da die Versetzung gegenüber einer Kündigung generell ein milderes Mittel und bei Wegfall des bisherigen Arbeitsplatzes regelmäßig nicht unbillig ist (vgl. *BAG* 668

3.6.2004 EzA § 1 KSchG Soziale Auswahl Nr. 55, zu C II 2b). Eine Vergleichbarkeit von Arbeitsplätzen scheidet aus, wenn eine anderweitige Beschäftigung nur aufgrund einer Vertragsänderung oder einer Änderungskündigung in Betracht kommt (*BAG* 29.3.1990 EzA § 1 KSchG Soziale Auswahl Nr. 29; 18.10.2006 EzA § 1 KSchG Soziale Auswahl Nr. 73, zu B II 2a). Das gilt selbst dann, wenn es sich um vom Tätigkeitsfeld her vergleichbare Arbeitnehmer anderer Arbeitsbereiche handelt (*BAG* 17.2.2000 EzA § 1 KSchG Soziale Auswahl Nr. 43 m. krit. Anm. *Kittner* = AP Nr. 46 zu § 1 KSchG 1969 Soziale Auswahl m. krit. Anm. *Kassen*), wenn der Arbeitnehmer vor einer Vertragsänderung in dem anderen Arbeitsbereich tätig war (*BAG* 17.9.1998 EzA § 1 KSchG Soziale Auswahl Nr. 36 m. zust. Anm. *Gutzeit* = AP Nr. 36 zu § 1 KSchG Soziale Auswahl m. zust. Anm. *Oetker* = SAE 1999, 167 m. zust. Anm. *Langenbucher*) oder wenn die Begrenzung des Direktionsrechts darauf beruht, dass sich die Arbeitsbedingungen im Laufe der Zeit unter Abänderung der arbeitsvertraglichen Tätigkeitsvereinbarung **auf einen bestimmten Arbeitsplatz konkretisiert** haben. Eine derartige Modifizierung des Arbeitsvertrags ist jedoch nur ausnahmsweise anzunehmen. Eine auch langjährige Beschäftigung auf einem bestimmten Arbeitsplatz genügt nicht (*BAG* 3.6.2004 EzA § 1 KSchG Soziale Auswahl Nr. 55, zu C II 2b; HaKo-KSchR/*Zimmermann* Rn 831; DDZ-*Deinert* Rn 496; generell für die Berücksichtigung einer Konkretisierung *LAG Hamm* 7.12.2000 LAGE § 1 KSchG Soziale Auswahl Nr. 35, zu I 2b; gegen eine Berücksichtigung dagegen LKB-*Krause* Rn 891; SPV-*Preis* Rn 1037; APS-*Kiel* Rn 613; HaKo-ArbR/*Schubert* Rn 535; AR-*Kaiser* Rn 180; die Interessenlage ist jedoch unabhängig davon vergleichbar, ob eine wirksame Vertragsänderung ausdrücklich oder konkludent zustandegekommen ist).

669 Ist eine arbeitsvertragliche Versetzungsklausel wegen eines Verstoßes gegen die §§ 305 Abs. 1, 307 BGB nach dem **AGB-Recht unwirksam**, ergibt sich das der Sozialauswahl zugrunde zulegende Direktionsrecht des Arbeitgebers gem. § 306 Abs. 2 BGB aus dem **gesetzlichen Leitbild** von § 106 GewO (*Preis/Genenger* NZA 2008, 969, 976). Dies dürfte auch gelten, wenn das Direktionsrecht mit der unwirksamen Klausel über den Rahmen von § 106 GewO hinaus erweitert werden sollte, da bei der Sozialauswahl anders als bei der Prüfung freier Arbeitsplätze (hierzu Rdn 232) nicht nur das Verhältnis zwischen Arbeitgeber und Arbeitnehmer betroffen ist, in dem sich der Arbeitgeber nach AGB-rechtlichen Grundsätzen nicht zu seinem Vorteil auf die Unwirksamkeit von ihm gestellter Formularklauseln berufen kann (vgl. Rdn 232). Betroffen ist vielmehr die Auswahl zwischen verschiedenen Arbeitnehmern. Die Unwirksamkeit der Klausel wirkt letztendlich nicht zum Vorteil des Arbeitgebers als Klauselverwender, sondern zugunsten eines in die Auswahl einbezogenen Arbeitnehmers. In dieser Konstellation besteht kein Raum für eine Einschränkung von § 306 Abs. 2 BGB (ebenso HWK-*Quecke* Rn 361; *Dzida/Schramm* BB 2007, 1221, 1224; *Gelhaar* NJW 2010, 2550; wohl **aA** HaKo-ArbR/*Schubert* Rn 535).

670 Der Arbeitgeber ist **weder berechtigt noch gar verpflichtet, eine Vergleichbarkeit** von Arbeitnehmern dadurch **herzustellen,** dass er einem sozial schutzwürdigeren Arbeitnehmer eine Weiterbeschäftigung zu geänderten (gleich günstigen, günstigeren oder ungünstigeren) Arbeitsbedingungen anbietet, um ihm dadurch einen Arbeitsplatz zu verschaffen, der zu dieser Zeit mit einem sozial bessergestellten Arbeitnehmer besetzt ist, dem dann nach sozialen Gesichtspunkten gekündigt werden müsste (*BAG* 29.3.1990 EzA § 1 KSchG Soziale Auswahl Nr. 29; 28.10.2004 EzA § 1 KSchG Soziale Auswahl Nr. 56, zu II 3b dd; 24.5.2005 EzA § 613a BGB 2002 Nr. 37, zu II 3a). Eine Vergleichbarkeit kann nicht dadurch herbeigeführt werden, dass der Arbeitsvertrag eines von einer unternehmerischen Maßnahme betroffenen Arbeitnehmers erst anlässlich der Maßnahme abgeändert wird (*BAG* 18.10.2006 EzA § 1 KSchG Soziale Auswahl Nr. 73, zu B II 2a; 31.5.2007 EzA § 1 KSchG Soziale Auswahl Nr. 77, zu B II 2b). Eine solche Arbeitsvertragsänderung wäre eine unzulässige Vertragsgestaltung zu Lasten eines Dritten, nämlich des dann zu kündigenden Arbeitnehmers (APS-*Kiel* Rn 612; *Gaul* NZA 1992, 675; enger HWK-*Quecke* Rn 360: Unbeachtlichkeit nur, wenn besondere Anhaltspunkte für eine Umgehung der Sozialauswahl sprechen; dies ergibt sich jedoch bereits aus dem zeitlichen Zusammenhang). Zudem soll dem Arbeitgeber nicht zugemutet werden, uU neben einer Kündigungsschutzklage auch noch einer Änderungsschutzklage des sozial schutzwürdigeren Arbeitnehmers ausgesetzt zu sein. Weiter ist der Arbeitgeber nicht berechtigt, in

zeitlichem Zusammenhang mit der Kündigung eine Auswahl durch die Verlängerung eines wirksam befristeten Arbeitsvertrags herbeizuführen (*Gelhaar* DB 2008, 2831, 2832 f.).

dd) Horizontale und vertikale Vergleichbarkeit

In die Sozialauswahl sind generell nur Arbeitnehmer derselben Ebene der Betriebshierarchie einzubeziehen (»**horizontale Vergleichbarkeit**«). Arbeitnehmer auf **anderen Ebenen der Betriebshierarchie** (»**vertikale Vergleichbarkeit**«) bleiben außer Betracht (BAG 29.3.1990 EzA § 1 KSchG Soziale Auswahl Nr. 29 m. zust. Anm. *Preis*; 3.6.2004 EzA § 1 KSchG Soziale Auswahl Nr. 55, zu C II 1; LKB-*Krause* Rn 884 f. mwN). Ein vertikaler Vergleich wird von einem Teil des Schrifttums allerdings dann für zulässig gehalten, wenn der zu kündigende Arbeitnehmer bereit ist, zu geänderten Bedingungen weiterzuarbeiten (*Rost* ZIP 1982, 402; *Dudenbostel* DB 1984, 826; *Hillebrecht* VVA 1984, 177; *Schaub* NZA 1987, 221; **aA** etwa LSSW-*Schlünder* Rn 436; LKB-*Krause* Rn 884 f.; APS-*Kiel* Rn 612; *Färber* NZA 1985, 175; *Jobs* DB 1986, 539; *Schulin* Anm. EzA § 1 KSchG Soziale Auswahl Nr. 20). 671

Das BAG lehnt einen vertikalen Vergleich zu Recht ab. Die Anerkennung der vertikalen Vergleichbarkeit würde eine dem Gesetz widersprechende Übertragung der Grundsätze der Erforderlichkeit und Verhältnismäßigkeit auf das Verhältnis der Arbeitnehmer untereinander bedeuten. Auf diese Grundsätze kann sich nach der Systematik der betriebsbedingten Kündigung der Arbeitnehmer nur gegenüber dem Arbeitgeber, nicht aber gegenüber anderen Arbeitnehmern berufen. Gegen die Anerkennung einer vertikalen Vergleichbarkeit spricht darüber hinaus und vor allem, dass sie zur Bestandsschutzgefährdung von Arbeitsverhältnissen führt, die nicht unmittelbar von den kündigungsrelevanten außer- oder innerbetrieblichen Gründen betroffen sind. Das Abstellen auf das Einverständnis des Arbeitnehmers vor oder unmittelbar nach der Kündigung bewirkte, dass der auswahlrelevante Personenkreis von der Reaktion der zu kündigenden oder der gekündigten Arbeitnehmer abhängig wäre. Da es für die soziale Rechtfertigung einer betriebsbedingten Kündigung auf die Verhältnisse zum Zeitpunkt des Kündigungszugangs ankommt (s. Rdn 588 ff.), hätte die Berücksichtigung einer späteren Einverständniserklärung des Arbeitnehmers zudem eine nachträgliche Erweiterung des auswahlrelevanten Personenkreises zur Folge. Bei einem Abstellen auf ein vorheriges Einverständnis des Arbeitnehmers (so *Hillebrecht* VVA 1984, 177) bestehen diese Bedenken zwar nicht. Die Anerkennung einer vertikalen Vergleichbarkeit führt aber auch dann zu einer **zweckwidrigen Interpretation der sozialen Auswahl** iS eines dringenden betrieblichen Erfordernisses gegenüber nicht unmittelbar betroffenen Arbeitnehmern (*Färber* NZA 1985, 178; *Jobs* DB 1986, 539; *Schulin* Anm. EzA § 1 KSchG Soziale Auswahl Nr. 20). 672

ee) Teilzeitbeschäftigte

Teilzeit- und vollzeitbeschäftigte Arbeitnehmer sind nach der Rspr. des BAG in der Sozialauswahl vergleichbar, wenn es dem Arbeitgeber mit der beabsichtigten betriebsbedingten Kündigung allein um die **Reduzierung des** zur Verfügung stehenden **Arbeitsvolumens** geht. Dann kann er nach den Grundsätzen der Sozialauswahl Arbeitsverhältnisse beenden, bis das von ihm angestrebte Gesamtvolumen der Reduzierung erreicht ist, ohne dass es auf den konkreten Umfang der Arbeitszeit der betroffenen Arbeitnehmer ankommt. Verbleibt danach ein nennenswertes Restvolumen, muss sich der Arbeitgeber nach dem Grundsatz der Verhältnismäßigkeit gegenüber dem sozial schutzwürdigsten der zu entlassenden Arbeitnehmer auf eine Änderungskündigung beschränken und ihm die Fortsetzung seines Arbeitsverhältnisses im Umfang der verbleibenden Arbeitszeit anbieten (BAG 3.12.1998 EzA § 1 KSchG Soziale Auswahl Nr. 37, zu II 4; 12.8.1999 EzA § 1 KSchG Soziale Auswahl Nr. 41, zu II 2a; 22.4.2004 EzA § 1 KSchG Soziale Auswahl Nr. 53, zu B II 3a; 7.12.2006 EzA § 1 KSchG Soziale Auswahl Nr. 74, zu I 2b aa (1)). Dies gilt auch bei Arbeitnehmern in Altersteilzeit mit einer Halbierung ihrer Arbeitszeit über die gesamte Laufzeit des Altersteilzeitarbeitsverhältnisses (*Bredehorn* Personalwirtschaft 7/2003, S. 61). Anders ist die Rechtslage, wenn der unterschiedliche Umfang der Arbeitszeitvolumina der betroffenen Arbeitnehmer auf einem **spezifischen unternehmerischen Konzept** des Arbeitgebers beruht. Dann sind die Arbeitnehmer nicht austauschbar, da Arbeitnehmer mit abweichender Arbeitszeit den vom 673

Stellenabbau unmittelbar betroffenen Arbeitnehmer nicht ersetzen können. In solchen Fällen sind Arbeitnehmer nur vergleichbar, wenn die Unternehmerentscheidung einer Missbrauchskontrolle (s. Rdn 558 ff.) nicht standhält (*BAG* 3.12.1998 EzA § 1 KSchG Soziale Auswahl Nr. 37, zu II 4; 12.8.1999 EzA § 1 KSchG Soziale Auswahl Nr. 41, zu II 2a; 15.7.2004 EzA § 1 KSchG Soziale Auswahl Nr. 54, zu C III 2b; 7.12.2006 EzA § 1 KSchG Soziale Auswahl Nr. 74, zu B I 2b aa (1)). Das Konzept muss **plausible unternehmerische Erwägungen** erkennen lassen. Die Behauptung, künftig nur noch Arbeitnehmer mit einer bestimmten Arbeitszeit beschäftigen zu wollen, genügt nicht (*BAG* 12.8.1999 EzA § 1 KSchG Soziale Auswahl Nr. 41, zu II 2b; 22.4.2004 EzA § 1 KSchG Soziale Auswahl Nr. 53, zu B II 3b; SPV-*Preis* Rn 1071; LKB-*Krause* Rn 904; APS-*Kiel* Rn 617). Weiter sind Arbeitnehmer nicht austauschbar, wenn zu ihrer Weiterbeschäftigung eine Änderung des vertraglichen Arbeitszeitvolumens erforderlich wäre (*BAG* 10.11.1983 – 2 AZR 317/82, zu B II 3; 24.5.2005 EzA § 613a BGB 2002 Nr. 37, zu II 3b; *Schröder* ZTR 1995, 397 f.; aA *LAG Köln* 20.8.1993 DB 1994, 147). Diese Grundsätze gelten wegen der analogen Interessenlage nicht nur im Verhältnis zwischen Teilzeit- und Vollzeitbeschäftigten, sondern auch zwischen Teilzeitbeschäftigten mit unterschiedlicher Arbeitszeit (*BAG* 15.7.2004 EzA § 1 KSchG Soziale Auswahl Nr. 54, zu C III 2d). Auch die Verhältnisse im **öffentlichen Dienst** rechtfertigen keine Abweichung (*BAG* 12.8.1999 EzA § 1 KSchG Soziale Auswahl Nr. 41, zu II 2b). Im Prozess muss der Arbeitgeber sein unternehmerisches Konzept nachvollziehbar darlegen (*BAG* 12.8.1999 EzA § 1 KSchG Soziale Auswahl Nr. 41, zu II 2b; 22.4.2004 EzA § 1 KSchG Soziale Auswahl Nr. 53, zu B II 2b, d).

674 Diese Rspr. ist **mit Unionsrecht vereinbar** (*EuGH* 26.9.2000 EzA § 1 KSchG Soziale Auswahl Nr. 45) und im Grundsatz zu billigen (zust. LKB-*Krause* Rn 904 ff.; APS-*Kiel* Rn 615; HaKo-KSchR/*Zimmermann* Rn 838; ErfK-*Oetker* Rn 327; *Oetker* RdA 1999, 264; *Kort* SAE 1999, 274; für eine Überprüfung des Konzepts nach dem Maßstab von § 8 Abs. 4 TzBfG HaKo-ArbR/*Schubert* Rn 542). Sie entspricht den in § 4 Abs. 1 und § 8 Abs. 4 TzBfG zum Ausdruck kommenden gegenläufigen Wertungen der gesetzlichen Regelungen, die einerseits der Förderung von Teilzeitarbeit durch Verhinderung von Benachteiligungen Teilzeitbeschäftigter dienen, andererseits aber sachliche unternehmerische Dispositionen unberührt lassen wollen (*BAG* 15.7.2004 EzA § 1 KSchG Soziale Auswahl Nr. 54, zu C III 2c). Die Rspr. bedarf aber unter zwei Gesichtspunkten einer Einschränkung. Einerseits können geringfügige, im betrieblichen Alltag unproblematisch zu überbrückende Unterschiede zwischen den Arbeitszeiten der in Betracht kommenden Arbeitnehmer einen Ausschluss der Vergleichbarkeit nicht rechtfertigen (LSSW-*Schlünder* Rn 434; aA HaKo-KSchR/*Zimmermann* Rn 836: unbeachtlich nur bei offenkundigem Missbrauch). Andererseits muss den §§ 4 Abs. 1, 8, 9 TzBfG zugrunde liegenden Zwecken dadurch Rechnung getragen werden, dass die Sozialauswahl generell nicht ausgeschlossen ist, wenn ein Arbeitnehmer mit unterschiedlicher Arbeitszeit zu einer einvernehmlichen Anpassung seiner Arbeitszeit bereit ist. Er muss dies allerdings vor der Kündigung zum Ausdruck gebracht haben, um die Gefahr taktischer Erklärungen zu vermeiden (ähnlich *Hess. LAG* 14.7.1997 LAGE § 1 KSchG Soziale Auswahl Nr. 23; HWK-*Quecke* Rn 363; HK-*Dorndorf* Rn 1046; *Rühle* DB 1994, 834; aA LKB-*Krause* Rn 906; HaKo-KSchR/*Zimmermann* Rn 836; AR-*Kaiser* Rn 183).

e) **Verhältnis von Sozialauswahl zu berechtigten betrieblichen Interessen**

675 Nach § 1 Abs. 3 S. 2 sind in die Sozialauswahl Arbeitnehmer nicht einzubeziehen, deren Weiterbeschäftigung insbesondere wegen ihrer Kenntnisse, Fähigkeiten und Leistungen oder zur Sicherung einer ausgewogenen Personalstruktur des Betriebs im berechtigten betrieblichen Interesse liegt. Aus dem Wortlaut dieser Norm wird zum Teil geschlossen, dass die Prüfung der betrieblichen Interessen als erste Stufe vorrangig und die Sozialauswahl als zweite Stufe nur unter den verbleibenden Arbeitnehmern durchzuführen sei (etwa *Etzel* KR 7. Aufl., Rn 627; LKB-*Krause* Rn 953 f., 965; *Berkowsky* Betriebsbedingte Kündigungen S. 137; AR-*Kaiser* Rn 193; *Bader* NZA 2004, 73; *Schiefer/Worzalla* NZA 2004, 349 f.; *Thüsing/Stelljes* BB 2003, 1675; *Klosterkemper* ZfA 2010, 427, 431 f.). Dieser Schlussfolgerung steht jedoch die zutreffende Rspr. des BAG entgegen, der zufolge aus dem Tatbestandsmerkmal der »**berechtigten** betrieblichen Interessen« abzuleiten ist, dass

die vom Arbeitgeber angeführten **betrieblichen Interessen mit den Bestandsschutzinteressen** des sozial schwächeren Arbeitnehmers **abgewogen** werden müssen (*BAG* 31.5.2007 EzA § 1 KSchG Soziale Auswahl Nr. 76, zu B II 2a; 5.6.2008 EzA § 1 KSchG Soziale Auswahl Nr. 81, zu B I 2b; 19.7.2012 EzA § 1 KSchG Soziale Auswahl Nr. 86, Rn 36; vgl. auch *BAG* 12.4.2002 EzA § 1 KSchG Soziale Auswahl Nr. 48, zu II 4b bb; 5.12.2002 EzA § 1 KSchG Soziale Auswahl Nr. 52, zu B I 3c bb (2)). Dies setzt eine Einbeziehung aller vergleichbaren Arbeitnehmer in die Sozialauswahl voraus. Steht deren Ergebnis und damit die sich aus ihr ergebende neue Personalstruktur nicht fest, lässt sich noch nicht abschließend feststellen, welche betrieblichen Interessen an der Herausnahme bestimmter Arbeitnehmer bestehen. Dann kann unter das Tatbestandsmerkmal »berechtigtes betriebliches Interesse« nicht subsumiert werden. Dementsprechend ist bei der Prüfung zunächst eine Sozialauswahl zwischen allen in Betracht kommenden Arbeitnehmern durchzuführen und dann zu untersuchen, ob das Ergebnis der Auswahl aufgrund betrieblicher Interessen des Arbeitgebers zu korrigieren ist (ebenso *Sächs. LAG* 24.3.2005 AuR 2005, 384; APS-*Kiel* Rn 678; HK-*Dorndorf* Rn 1097 ff.; DDZ-*Deinert* Rn 581; ErfK-*Oetker* Rn 344; *Löwisch* BB 2004, 155; *Buschmann* AuR 2004, 2; *Däubler* NZA 2004, 181; *Richardi* DB 2004, 487; *Willemsen/Annuß* NJW 2004, 178; *Zwanziger* AiB 2004, 11 f.; *Brors* AuR 2005, 41, 42).

In der Interessenabwägung ist das betriebliche Interesse an der Herausnahme des sozial stärkeren Arbeitnehmers mit den Interessen des sozial schwächeren abzuwägen. Je schutzwürdiger diese sind, desto gewichtiger müssen die betrieblichen Interessen sein, um eine Herausnahme des sozial Stärkeren zu rechtfertigen. Bei der Abwägung ist zu berücksichtigen, dass die Ausklammerung nach § 1 Abs. 3 S. 2 nur eine **Ausnahme** von der allgemeinen Regel des § 1 Abs. 3 S. 1 sein soll (*BAG* 31.5.2007 EzA § 1 KSchG Soziale Auswahl Nr. 76, zu B II 2a; 5.6.2008 EzA § 1 KSchG Soziale Auswahl Nr. 81, zu B I 2b; 19.7.2012 EzA § 1 KSchG Soziale Auswahl Nr. 86, Rn 36; HaKo-ArbR/*Schubert* Rn 589). Diese Rechtslage dürfte auch dem Willen des Gesetzgebers des Arbeitsmarktreformgesetzes entsprechen (vgl. die Schilderung der Entstehungsgeschichte der Regelung durch *Lunk* NZA Beil. 1/05 S. 41, 46). Nach der Gegenauffassung bedarf es nur einer Abwägung, ob die Interessen des Arbeitgebers gewichtig genug sind, eine Durchbrechung der Grundsätze der Sozialauswahl zu rechtfertigen (SPV-*Preis* Rn 1105; LKB-*Krause* Rn 963; *Bader* NZA 2004, 65, 73 f.). Eine Abwägung mit einem abstrakten Prinzip kann jedoch den Umständen des Einzelfalls nicht gerecht werden, denen mit dem Tatbestandsmerkmal des berechtigten betrieblichen Interesses Rechnung getragen werden sollte. 676

f) Berechtigte betriebliche Interessen

aa) Allgemeines

Betriebliche Interessen können den Arbeitgeber gem. § 1 Abs. 3 S. 2 berechtigen, bestimmte Arbeitnehmer nicht in die Sozialauswahl einzubeziehen (sog. **Leistungsträger**; s. Gesetzentwurf BT-Drucks. 15/1204 S. 11). Während nach der bis 31.12.2003 geltenden Gesetzesfassung berechtigte betriebliche Bedürfnisse die Weiterbeschäftigung bestimmter Arbeitnehmer »bedingen« mussten, muss nunmehr die Weiterbeschäftigung im betrieblichen Interesse liegen. Aus den Worten »betriebliche Bedürfnisse« und »bedingen« wurde gefolgert, dass die Weiterbeschäftigung der betreffenden Arbeitnehmer wenn auch nicht zur Vermeidung einer Zwangslage, so aber doch zur Aufrechterhaltung eines ordnungsgemäßen Betriebsablaufs oder der Leistungsfähigkeit des Betriebs notwendig sein musste (*BAG* 7.12.2006 EzA § 1 KSchG Soziale Auswahl Nr. 74, zu B I 3a). Da nach dem Willen des Gesetzgebers den betrieblichen Interessen nunmehr ein größeres Gewicht beigemessen werden soll (BT-Drucks. 15/1204, S. 11), gilt dieser Maßstab nicht mehr uneingeschränkt (HaKo-KSchR/*Zimmermann* Rn 880; HWK-*Quecke* Rn 392; *Bader* NZA 2004, 65, 73; *Löwisch* BB 2004, 154, 155; *Willemsen/Annuß* NJW 2004, 177, 178 f.; *Thüsing/Wege* RdA 2005, 12, 13; aA SPV-*Preis* Rn 1104). 677

Da die Neufassung durch das Arbeitsmarktreformgesetz aber nicht den Ausnahmecharakter von § 1 Abs. 3 S. 2 beseitigen sollte (s. Rdn 676), beschränkt sich die Prüfung nicht auf eine Plausibilitäts- oder Missbrauchskontrolle (so aber HK-*Dorndorf* § 1 Rn 1100; *Schiefer* DArbRdGgw Bd. 34, 678

S. 100; *Heise/Lessenich/Merten* Arbeitgeber 1997, 5). »Berechtigt« sind vom Arbeitgeber geltend gemachte betriebliche Interessen nur dann, wenn sie dem Betrieb gemessen an dem vom Arbeitgeber frei bestimmten Unternehmenszweck einen **nicht unerheblichen Vorteil** bringen, der bei der reinen Sozialauswahl nach § 1 Abs. 3 S. 1 nicht zu erreichen wäre (HaKo-KSchR/*Zimmermann* Rn 882; DDZ-*Deinert* Rn 580; *Bader* NZA 2004, 65, 73; 1996, 1129; *Zwanziger* AiB 2004, 11; *v. Hoyningen-Huene/Linck* DB 1997, 43 stellen darauf ab, ob die Weiterbeschäftigung aus betrieblichen Interessen geboten erscheint; nach *Löwisch* BB 2004, 154, 155 kommt es darauf an, ob die Weiterbeschäftigung aus der Sicht eines verständigen Arbeitgebers erforderlich ist; nach TRL-*Thüsing* Rn 875 und *Willemsen/Annuß* NJW 2004, 177, 179 genügen »nachvollziehbare Nützlichkeitserwägungen«; insoweit aA SPV-*Preis* Rn 1104; HaKo-ArbR/*Schubert* Rn 589). Interessen, die nicht geeignet sind, dem vom Arbeitgeber bestimmten Unternehmenszweck zu dienen oder dem Betrieb keinen erheblichen Vorteil bringen, können nicht als berechtigt anerkannt werden. Im Prozess muss der insoweit **darlegungs- und beweispflichtige Arbeitgeber** (s. Rdn 707) nicht unerhebliche Vorteile für den Betrieb so konkret darlegen, dass geprüft werden kann, ob die geltend gemachten betrieblichen Interessen an der Weiterbeschäftigung eines Arbeitnehmers als »berechtigt« anerkannt werden können (vgl. *BAG* 20.4.2005 EzA § 1 KSchG Sozialplan Nr. 60, zu B II 2a). Pauschale Angaben wie »erhebliche Erfahrung«, »große Handfertigkeit« und »umfangreiches theoretisches Wissen« genügen dazu nicht (*BAG* 12.4.2002 EzA § 1 KSchG Soziale Auswahl Nr. 48, zu II 4e). Die gesetzlichen Tatbestände der besonderen Kenntnisse, Fähigkeiten und Leistungen sowie der ausgewogenen Personalstruktur sind **Regelbeispiele** und – wie der Gebrauch des Wortes »insbesondere« belegt – nicht abschließend zu verstehen (SPV-*Preis* Rn 1110). Der Arbeitgeber kann jedoch nicht **außerbetriebliche Umstände**, etwa persönliche oder familiäre Interessen, als betriebliche Interessen geltend machen. So kann er nicht Arbeitnehmer nur deshalb von der Sozialauswahl ausnehmen, weil sie mit ihm verwandt sind (*BAG* 26.10.1995 AP § 1 TVG Tarifverträge: DDR, zu 1b bb; 7.12.2006 EzA § 1 KSchG Soziale Auswahl Nr. 74, zu B I 3b bb; aA *LAG RhPf* 18.11.2002 – 4 Sa 25/02; diff. APS-*Kiel* Rn 673).

bb) Bestimmung durch den Arbeitgeber

679 Ebenso wie zur freien Unternehmerentscheidung des Arbeitgebers die Festlegung gehört, welche Zwecke er mit seinem Unternehmen verfolgt, wie er es organisiert und mit wie vielen Mitarbeitern er es betreibt, steht es ihm auch frei, die betrieblichen Interessen festzulegen, mit denen er den Unternehmenszweck erreichen will. Ob diese Interessen als »berechtigt« anzuerkennen sind, unterliegt der gerichtlichen Nachprüfung (s. Rdn 678). Arbeitnehmer können nicht ihrerseits berechtigte betriebliche Interessen festlegen und unter Berufung auf diese ihre Herausnahme aus der Sozialauswahl verlangen (HaKo-KSchR/*Zimmermann* Rn 883; TRL-*Thüsing* Rn 874; Bader/Bram-*Volk* Rn 322a; HWK-*Quecke* Rn 393; *Bader* NZA 2004, 65, 74; aA *Buschmann* AuR 1996, 288; 2004, 1, 2; *Kittner* AuR 1997, 188). Andererseits können sie sich uU auf vom Arbeitgeber festgelegte betriebliche Interessen berufen und deshalb ihre Herausnahme aus der Sozialauswahl fordern (s. Rdn 680 f.). Im Sinne von § 1 AGG **diskriminierende Auswahlerwägungen** sind generell unbeachtlich, da es für sie keine berechtigten betrieblichen Interessen geben kann (so im Ergebnis auch DDZ-*Deinert* Rn 586; *Löwisch* BB 2006, 2189, 2190).

cc) Berufung des Arbeitnehmers auf betriebliche Interessen

680 Ein Arbeitnehmer kann sich gegenüber einer Kündigung grundsätzlich nicht darauf berufen, seine Weiterbeschäftigung liege im betrieblichen Interesse (s. Rdn 679). Anders ist es jedoch, wenn der Arbeitgeber ein betriebliches Interesse für andere Arbeitnehmer geltend macht, das einer Sozialauswahl entgegensteht. In diesem Fall kann der zur Kündigung vorgesehene Arbeitnehmer sich **auf das vom Arbeitgeber** frei **bestimmte betriebliche Interesse berufen** (HaKo-KSchR/*Zimmermann* Rn 883; HWK-*Quecke* Rn 393; *Bader* NZA 2004, 65, 74; *Thüsing/Wege* RdA 2005, 12, 13 f.). Dies folgt aus der Änderung des Wortlauts des § 1 Abs. 3 S. 2. Nach der Neufassung des Satzes 2 beschränkt sich das Gesetz nicht mehr darauf zu bestimmen, unter welchen Voraussetzungen eine Kündigung nicht wegen fehlerhafter Sozialauswahl angegriffen werden kann. Vielmehr regelt es

zwingend, dass Arbeitnehmer nicht in die Sozialauswahl einzubeziehen sind, wenn ihre Beschäftigung im berechtigten betrieblichen Interesse liegt.

Hat der Arbeitgeber etwa geltend gemacht, zur Erhaltung einer leistungsstarken Mitarbeiterschaft 681
könne er nicht Arbeitnehmer entlassen, die überdurchschnittliche Akkordergebnisse erzielten (zB
mehr als 120 %) und deshalb seien die Arbeitnehmer X und Y aus der Sozialauswahl herauszunehmen, kann sich ein zur Kündigung vorgesehener Arbeitnehmer darauf berufen, er erziele ein ebenso
überdurchschnittliches Akkordergebnis, so dass auch seine Weiterbeschäftigung im betrieblichen
Interesse liege. Der Arbeitgeber muss sich hier an seinen eigenen Vorgaben festhalten lassen (sog.
Selbstbindung des Arbeitgebers; hierzu s.a. Rdn 247, 555, 753).

dd) Kenntnisse, Fähigkeiten und Leistungen des Arbeitnehmers

Mit den Begriffen »Kenntnisse, Fähigkeiten und Leistungen« werden die sog. **Leistungsträger** 682
des Betriebs erfasst. Es geht nur um die Kenntnisse, Fähigkeiten und Leistungen von an sich vergleichbaren Arbeitnehmern. Erfordert ein Arbeitsplatz bestimmte Kenntnisse und Fähigkeiten des
Arbeitsplatzinhabers (sog. **Anforderungsprofil**), ist dieser mit auf Arbeitsplätzen, die diese Kenntnisse und Fähigkeiten nicht erfordern, beschäftigten Arbeitnehmern nicht vergleichbar, so dass
schon wegen fehlender Vergleichbarkeit eine Sozialauswahl unter den betreffenden Arbeitnehmern
nicht in Betracht kommt. Es ist Sache des Arbeitgebers, besondere Kenntnisse und Fähigkeiten von
Mitarbeitern auf vergleichbaren Arbeitsplätzen darzulegen, die er für die Erreichung des Unternehmensziels für erforderlich hält. Dies kann auch Arbeitnehmer betreffen, die noch nicht über
Kündigungsschutz verfügen (s. Rdn 715). Dann obliegt es dem Gericht zu prüfen, ob die vom
Arbeitgeber hervorgehobenen Kenntnisse und Fähigkeiten als »berechtigte« betriebliche Interessen
anzuerkennen sind (s. Rdn 678). Nach der Rechtslage seit dem 1.1.2004 kommt es auf die wirtschaftliche Situation des Unternehmens nicht mehr an. Auch bei Unternehmen mit guter Ertragslage kann die Weiterbeschäftigung von Leistungsträgern im berechtigten betrieblichen Interesse
liegen (LSSW-*Schlünder* Rn 485).

Wegen des Ausnahmecharakters von § 1 Abs. 3 S. 2 (s. Rdn 676) kann mit dieser Bestimmung 683
regelmäßig nicht ein Ausschluss **erheblicher Teile der Belegschaft** aus der Sozialauswahl gerechtfertigt werden (APS-*Kiel* Rn 676; TRL-*Thüsing* Rn 882; aA *Jacobs/Naumann* Anm. EzA § 1 KSchG
Soziale Auswahl Nr. 52, zu 2a). Nach Ansicht von *Thüsing/Wege* (RdA 2005, 12, 19) soll die Grenze
bei 15 % der Belegschaft liegen. Dies erscheint plausibel, sofern dieser Wert als widerlegliche Vermutung zugrunde gelegt wird. Jedenfalls steigen mit der Zahl der ausgenommenen Arbeitnehmer
die Anforderungen an die Darlegungslast des Arbeitgebers (APS-*Kiel* Rn 676). Ist davon der überwiegende Teil der Belegschaft, beispielsweise 70 %, betroffen, spricht eine Vermutung für ein missbräuchliches Vorgehen des Arbeitgebers (*BAG* 5.12.2002 EzA § 1 KSchG Soziale Auswahl Nr. 52,
zu B I 3c bb (3)).

Kenntnisse beziehen sich auf Fakten, die der Arbeitnehmer aufgrund seiner Ausbildung, seiner 684
bisherigen beruflichen Tätigkeit oder sonstigen Lebensführung erlangt hat (TRL-*Thüsing* Rn 877;
Ascheid RdA 1997, 338). Als besondere Kenntnisse in Betracht kommen zB erweiterte Kenntnisse durch die Teilnahme an Schulungen, Sprachkenntnisse, besondere Fachkenntnisse oder durch
langjährige Berufstätigkeit erworbene Erfahrung in Betracht (LKB-*Krause* Rn 955; KPK-*Meisel*
Rn 1230 ff.; *Thüsing/Wege* RdA 2005, 12, 14). Dementsprechend hat das BAG ein berechtigtes betriebliches Bedürfnis angenommen, wenn eine Gemeinde gesetzlich zum Brandschutz verpflichtet
ist und die Weiterbeschäftigung des herausgenommenen Arbeitnehmers wegen dessen Mitgliedschaft in einer freiwilligen Feuerwehr deren jederzeitigen Einsatz gewährleistet (*BAG* 7.12.2006
EzA § 1 KSchG Soziale Auswahl Nr. 74, zu B I 3b bb; zust. HaKo-KSchR/*Zimmermann* Rn 885;
abl. DDZ-*Deinert* Rn 590).

Fähigkeiten betreffen die Eignung des Arbeitnehmers, die vertraglich übernommenen Aufgaben 685
zu erfüllen, also seine Leistungsfähigkeit in qualitativer und quantitativer Hinsicht (HaKo-KSchR/
Zimmermann Rn 886; *Ascheid* RdA 1997, 338). Besondere Fähigkeiten können etwa fachliche

Qualifikationen für die Durchführung nur selten anfallender Spezialarbeiten sein (LSSW-*Schlünder* Rn 471), vielseitige Verwendbarkeit oder die Fähigkeit zur Wahrnehmung von Führungsaufgaben bzw. zur Schlichtung von Konflikten unter Arbeitskollegen (LSSW-*Schlünder* Rn 472; DDZ-*Deinert* Rn 589; *Thüsing/Wege* RdA 2005, 12, 14).

686 Zu den Fähigkeiten des Arbeitnehmers zählt auch seine **körperliche Eignung** zur Erfüllung der Anforderungen der übertragenen Tätigkeit (vgl. *BAG* 26.10.1995 AP § 1 TVG Tarifverträge: DDR Nr. 23, zu 1b bb). Fraglich ist, ob dies auch für die **Krankheitsanfälligkeit** eines Arbeitnehmers und den Umfang seiner krankheitsbedingten Fehlzeiten gilt. Dieser Ansatz könnte zu einer Umgehung der spezifischen Voraussetzungen einer krankheitsbedingten Kündigung führen. Eine geringere Fehlzeitenquote begründet daher für sich genommen keine betrieblichen Interessen iSv § 1 Abs. 3 S. 2 (*BAG* 31.5.2007 EzA § 1 KSchG Soziale Auswahl Nr. 76, zu B II 2b cc, dd; LSSW-*Schlünder* Rn 476; HK-*Dorndorf* Rn 1113 f.; APS-*Kiel* Rn 674; HaKo-ArbR/*Schubert* Rn 595; *Thüsing/Wege* RdA 2005, 12, 15; *Brors* AuR 2005, 41, 44). Etwas anderes kommt aber dann in Betracht, wenn nach der Entlassung des sozial stärkeren Arbeitnehmers im Wesentlichen nur vergleichbare Arbeitnehmer mit besonders hohen Fehlzeiten verblieben (*BAG* 31.5.2007 EzA § 1 KSchG Soziale Auswahl Nr. 76, zu B II 2b dd; LSSW-*Schlünder* Rn 482; **aA** *Bär* AuR 2004, 169, 171). Das *BAG* hat eine weitere Ausnahme bei Tätigkeiten mit besonderer Einarbeitungsintensität oder besonderer Bedeutung erwogen (31.5.2007 EzA § 1 KSchG Soziale Auswahl Nr. 76, zu B II 2b dd; ebenso SPV-*Preis* Rn 1113; Bader/Bram-*Volk* Rn 323b; für Schlüsselpositionen, bei denen eine kontinuierliche Anwesenheit erforderlich ist: LKB-*Krause* Rn 958; HaKo-KSchR/*Zimmermann* Rn 888).

687 Dem Arbeitgeber obliegt es ggf. auch, die jeweils **erforderliche Zahl der Mitarbeiter** mit bestimmten Fähigkeiten und Kenntnissen festzulegen und im Streitfall konkret darzulegen, welche Vorteile die Weiterbeschäftigung dieser Arbeitnehmer für den Betrieb bringt (s. Rdn 678). Sind mehr Arbeitnehmer mit speziellen Kenntnissen und Fähigkeiten vorhanden als benötigt, hat er die Auswahl unter ihnen nach sozialen Gesichtspunkten vorzunehmen (LSSW-*Schlünder* Rn 471; *Ascheid* RdA 1997, 339; *Bader* NZA 2004, 65, 74). § 1 Abs. 3 S. 1 ist insoweit entsprechend anwendbar. Eine **gezielte Schulung bestimmter Arbeitnehmer** zur Umgehung der Sozialauswahl ist rechtsmissbräuchlich und begründet daher keine berechtigten betrieblichen Interessen (DDZ-*Deinert* Rn 586). Ansonsten steht es dem Arbeitgeber frei, bestimmte, von ihm als besonders förderungswürdig eingeschätzte Arbeitnehmer durch Zusatzausbildungen gezielt zu fördern, etwa um sie auf Führungspositionen vorzubereiten (TRL-*Thüsing* Rn 879). Begrenzt wird dieses Recht allerdings durch die Diskriminierungsverbote der §§ 1, 7, 12 AGG (DDZ-*Deinert* Rn 586). In der Vergangenheit entstandene **Schulungskosten** sind generell ohne Bedeutung; relevant können nur die mit den Schulungen vermittelten Kenntnisse sein (SPV-*Preis* Rn 1122; aA LSSW-*Schlünder* Rn 474). Die Nichtberücksichtigung von Arbeitnehmern, die für die **Übernahme einer Führungsposition** vorgesehen sind, kann gerechtfertigt sein, wenn die Beförderung konkret absehbar ist und der Arbeitgeber seine Auswahl etwa mit besonderen Leistungen des Arbeitnehmers plausibel begründet (*LAG Hamm* 5.2.1987 LAGE § 1 KSchG Soziale Auswahl Nr. 2, zu 3; SPV-*Preis* Rn 1115; LKB-*Krause* Rn 955; aA AR-*Kaiser* Rn 194).

688 **Leistungen** beziehen sich auf den Umfang und die Güte der erledigten Arbeit (SPV-*Preis* Rn 1111; *Ascheid* RdA 1997, 338). Voraussetzung für die Herausnahme aus der Sozialauswahl ist ein **erheblicher und** für die Arbeitsleistung **relevanter Leistungsunterschied** (vgl. KPK-*Schiefer* Rn 1239; Bader/Bram-*Volk* Rn 323c). Ein derartiger Unterschied konnte auch nach der bis 30.9.1996 geltenden Gesetzeslage die Weiterbeschäftigung bestimmter Arbeitnehmer ohne Rücksicht auf ihre Sozialdaten bedingen. Das Bundesarbeitsgericht hatte zusätzlich die Notwendigkeit einer Weiterbeschäftigung im betrieblichen Interesse gefordert (*BAG* 24.3.1983 EzA § 1 KSchG Betriebsbedingte Kündigung Nr. 21). Dies ist jetzt nicht mehr erforderlich (s. Rdn 677 ff.; zur Leistungsermittlung Rdn 413 f.). Die besondere Leistungsfähigkeit muss aber betriebstechnisch oder wirtschaftlich erhebliche Vorteile haben (SPV-*Preis* Rn 1111). Der Arbeitgeber kann auf spezielle Leistungen einzelner Arbeitnehmer abstellen, etwa verwirklichte betriebliche Verbesserungsvorschläge oder besonders gute Beziehungen zu bestimmten Kunden und Lieferanten, die bei einem Ausscheiden verloren

gehen und damit zu einem Umsatzrückgang führen könnten (SPV-*Preis* Rn 1116; LSSW-*Schlünder* Rn 473; AR-*Kaiser* Rn 194). Das Kriterium »Leistung« bewirkt keine mit der Richtlinie 2000/78/ EG unvereinbare Diskriminierung Behinderter (in diese Richtung aber HaKo-AGG/*Däubler* § 7 Rn 301). Diese sind keineswegs generell leistungsschwächer (so zutr. DDZ-*Deinert* Rn 593). Zudem geht es um eine Bevorzugung einzelner Arbeitnehmer im betrieblichen Interesse (s. Rdn 683). Die übrigen Arbeitnehmer werden im Rahmen der Kriterien von § 1 Abs. 3 S. 1 gleichbehandelt.

Das Interesse des Arbeitgebers, sich bestimmter **Zahlungsverbindlichkeiten zu entledigen**, rechtfertigt für sich die Nichtanwendung von § 1 Abs. 3 S. 1 nicht, da § 1 Abs. 3 S. 2 an Eigenschaften der Person und der Leistung und deren Auswirkungen auf den Betriebsablauf anknüpft, nicht aber das Entstehen vertraglicher oder normativer Ansprüche ausschließen soll. Deshalb kann eine Herausnahme aus der Sozialauswahl weder mit höheren Lohnkosten durch die Weiterbeschäftigung sozial schwächerer Arbeitnehmer (SPV-*Preis* Rn 1121) noch mit durch die Entlassung sozial stärkerer Arbeitnehmer entstehende Ansprüche auf Abfindung oder Karenzentschädigung aufgrund eines nachvertraglichen Wettbewerbsverbots gestützt werden (hinsichtlich Letzterem aA SPV-*Preis* Rn 1131). Dagegen kann die konkrete Gefahr von **Konkurrenztätigkeit** entlassener Arbeitnehmer ein berechtigtes betriebliches Interesse an deren Weiterbeschäftigung auslösen (SPV-*Preis* Rn 1117; LSSW-*Schlünder* Rn 474). 689

ee) Ausgewogene Personalstruktur

Die Sicherung einer ausgewogenen Personalstruktur ist seit 1.1.2004 vom Gesetzgeber ausdrücklich als mögliches berechtigtes betriebliches Interesse anerkannt worden (dies war nach bisherigem Recht str., vgl. die Nachw. in der 10. Aufl.). § 1 Abs. 3 S. 2 erkennt nur die **Erhaltung einer ausgewogenen Personalstruktur** als berechtigtes betriebliches Interesse an, nicht aber deren Herstellung, dh eine Veränderung der bisherigen Personalstruktur (*BAG* 23.11.2000 EzA § 1 KSchG Soziale Auswahl Nr. 46 = AP Nr. 114 zu § 1 KSchG 1969 m. zust. Anm. *Bütefisch*, zu B III 4c; *LAG Düsseld.* 17.3.2000 DB 2000, 1572; APS-*Kiel* Rn 683; LKB-*Krause* Rn 969; HaKo-KSchR/*Zimmermann* Rn 891; SPV-*Preis* Rn 1128; *Bader* NZA 2004, 65, 74; *Fischermeier* NZA 1997, 1093; *Löwisch* NZA 1996, 1011; *Preis* NJW 1996, 3371; aA *Heise/Lessenich/Merten* Arbeitgeber 1997, 58; *Schiefer* ArbRdGgw 34, S. 99). Dies entspricht dem Willen des Gesetzgebers des Jahres 1996, der ausdrücklich von der »Erhaltung« einer ausgewogenen Personalstruktur spricht und sich hierbei auf die Kommentierung von *Etzel* in der 4. Aufl. dieses Kommentars (§ 1 Rn 598a) bezieht, in dem die Herstellung einer ausgewogenen Altersstruktur abgelehnt wurde. Zudem wird diese Auslegung durch die unterschiedliche Fassung der Regelung in § 125 Abs. 1 S. 1 Nr. 2 InsO belegt, nach der eine Sozialauswahl nicht zu beanstanden ist, wenn durch sie eine ausgewogene Personalstruktur erhalten oder geschaffen wird. 690

Unter Sicherung einer ausgewogenen Personalstruktur ist die Aufrechterhaltung der **bisherigen Personalstruktur** des Betriebs zu verstehen (LSSW-*Schlünder* Rn 477; APS-*Kiel* Rn 683; HaKo-KSchR/*Zimmermann* Rn 891; Bader/Bram-*Volk* Rn 323d; SPV-*Preis* Rn 1128; *Ascheid* RdA 1997, 338; *Fischermeier* NZA 1997, 1093; *Bader* NZA 2004, 65, 74; *Quecke* RdA 2004, 86, 88). Der Gegenauffassung, nach der für die Sicherung der Personalstruktur die Struktur bereits ausgewogen sein muss (DDZ-*Deinert* Rn 598; *Wlotzke* BB 1997, 418), ist nicht zu folgen. Der Gesetzeswortlaut ist zwar missverständlich, nach dem Sinn des Gesetzes soll aber die Verhinderung einer Verschlechterung der Personalstruktur als berechtigtes betriebliches Interesse anerkannt werden. Wenn danach jedenfalls eine ausgewogene Personalstruktur gesichert werden kann, ist es auch zulässig, eine weitere Verschlechterung zu verhindern (*Fischermeier* NZA 1997, 1093; *Heise/Lessenich/Merten* Arbeitgeber 1997, 58). Zudem gibt es häufig keinen objektiven Maßstab für die Bestimmung der Qualität einer Personalstruktur. 691

Der umfassende Begriff »Personalstruktur« geht über den Begriff »Altersstruktur« hinaus (*BAG* 28.8.2003 EzA § 125 InsO Nr. 1, zu B II 3b bb (3); zweifelnd *Lakies* NJ 1997, 124; *Preis* NZA 1997, 1084). Unter »Personalstruktur« ist die **Zusammensetzung der Belegschaft nach bestimmten Eigenschaften** zu verstehen. 692

693 Personalstrukturen betreffen stets eine **Mehrzahl von Personen** mit bestimmten Eigenschaften. Daher werden solche Strukturen durch die Entlassung weniger Arbeitnehmer im Allgemeinen nicht wesentlich berührt und demgemäß auch nicht wesentlich verschlechtert. Gleichwohl lässt sich dem Gesetz nicht entnehmen, dass das Merkmal der ausgewogenen Personalstruktur nur bei Massenentlassungen anwendbar ist (aA *Preis* NJW 1996, 3371 und NZA 1997, 1073, 1085; *Thüsing/Wege* RdA 2005, 12, 25), auch wenn dies in der Praxis der Hauptanwendungsfall sein dürfte (vgl. *BAG* 23.11.2000 EzA § 1 KSchG Soziale Auswahl Nr. 46; vgl. auch HWK-*Quecke* Rn 401: regelmäßig nur bei Massenentlassungen). Allerdings wird regelmäßig die Begründung eines berechtigten betrieblichen Interesses an der Nichtberücksichtigung bestimmter Arbeitnehmer in der Sozialauswahl umso weniger in Betracht kommen, je weniger Arbeitnehmer betroffen sind (*Fischermeier* NZA 1997, 1089, 1093).

694 Der Arbeitgeber kann zur Erhaltung einer bestimmten Personalstruktur innerhalb des in Betracht kommenden Personenkreises **abstrakte Gruppen mit unterschiedlichen Strukturmerkmalen** bilden und aus jeder Gruppe eine bestimmte Anzahl von Arbeitnehmern festlegen, die nicht in die Auswahl einbezogen werden sollen. Nach der Rspr. des BAG kann der Arbeitgeber auch Gruppen bilden, innerhalb derer die Sozialauswahl vorzunehmen ist. Bei der Gruppenbildung hat der Arbeitgeber einen gewissen **Beurteilungsspielraum** (*BAG* 20.4.2005 EzA § 1 KSchG Soziale Auswahl Nr. 60, zu II 1b; APS-*Kiel* Rn 686), der allerdings durch Diskriminierungsverbote begrenzt (s. Rdn 696, 701) und darauf überprüfbar ist, ob die Gruppen nach unsachlichen Gesichtspunkten oder gar zielgerichtet zur Kündigung einzelner Arbeitnehmer gebildet wurden (*Fischermeier* NZA 1997, 1093; *v. Hoyningen-Huene/Linck* DB 1997, 43).

695 Die Erhaltung einer ausgewogenen **Altersstruktur** bedeutet nach hM, dass das Verhältnis der älteren zu den jüngeren Mitarbeitern in etwa gleichbleibt (aA *Stückmann* AuA 1997, 8, nach dem zunächst alle jüngeren Arbeitnehmer, die eine Überalterung des Personalbestands verhindern würden, aus der Sozialauswahl auszunehmen sind). Der Arbeitgeber kann nach dem bisherigen Verständnis der Norm Altersgruppen innerhalb des zur Sozialauswahl anstehenden Personenkreises bilden, etwa Gruppen der bis 30-jährigen, 31–40-jährigen, 41–50-jährigen, 51–60-jährigen und älter als 60-jährigen Arbeitnehmern, und aus diesen Gruppen anteilmäßig gleich viele Arbeitnehmer (zB 10 %) entlassen; die Sozialauswahl ist dann innerhalb der einzelnen Gruppen vorzunehmen (*BAG* 23.11.2000 EzA § 1 KSchG Soziale Auswahl Nr. 46, zu B III 4; 20.4.2005 EzA § 1 KSchG Soziale Auswahl Nr. 60, zu II 1a; 6.9.2007 EzA § 1 KSchG Soziale Auswahl Nr. 78, zu II 2c). Das *BAG* hat auch die Bildung von Altersstufen in Fünfjahresschritten als zulässig angesehen (20.4.2005 EzA § 1 KSchG Soziale Auswahl Nr. 60, zu II 1b). Zu beachten ist, dass die Anzahl der in der jeweiligen Altersgruppe zu kündigenden Arbeitsverhältnisse der Verteilung der bislang Beschäftigten auf die gebildeten Altersgruppen prozentual entsprechen muss (*BAG* 26.3.2015 EzA § 1 KSchG Soziale Auswahl Nr. 88, Rn 15; 19.7.2012 EzA § 1 KSchG Soziale Auswahl Nr. 86, Rn 31). Es müssen also innerhalb des zur Sozialauswahl anstehenden Personenkreises – dh innerhalb der Vergleichsgruppe – nach sachlichen Kriterien Altersgruppen gebildet (Schritt 1), die prozentuale Verteilung der Belegschaft auf die Altersgruppen festgestellt (Schritt 2) und die Gesamtzahl der auszusprechenden Kündigungen diesem Proporz entsprechend auf die einzelnen Altersgruppen verteilt werden (Schritt 3; *BAG* 26.3.2015 EzA § 1 KSchG Soziale Auswahl Nr. 88, Rn 15; 24.10.2013 EzA § 125 InsO Nr. 11, Rn 49). Wird eine Altersgruppe stattdessen überproportional herangezogen, wird die bestehende Altersstruktur nicht »gesichert«, sondern verändert. Das hat zur Folge, dass nicht nur die Kündigungen unwirksam sind, die unter Beibehaltung des Altersgruppensystems über den eigentlich auf die Altersgruppe entfallenden Anteil hinausgehen (*BAG* 26.3.2015 EzA § 1 KSchG Soziale Auswahl Nr. 88, Rn 16; aA *Krieger/Reinecke* DB 2013, 1906, 1911). Vielmehr ist damit die gesamte Sozialauswahl nach Altersgruppen hinfällig und ist die fragliche Kündigung ohne dieses Privileg an § 1 Abs. 3 S. 1 zu messen (*BAG* 26.3.2015 EzA § 1 KSchG Soziale Auswahl Nr. 88, Rn 16). Die Beteiligung der einzelnen Altersgruppen am Personalabbau hat im Übrigen auch im Falle eines Interessenausgleichs mit Namensliste, also im Anwendungsbereich des § 1 Abs. 5 S. 2 KSchG streng proportional zu erfolgen (*BAG* 26.3.2015 EzA § 1 KSchG Soziale Auswahl Nr. 88, Rn 22).

Ob eine **Sozialauswahl nach Altersgruppen** nach dem Ablauf der Umsetzungsfrist der Richtlinie 2000/78/EG und dem Urteil des *EuGH* im Fall Mangold/Helm (25.11.2005 EzA § 14 TzBfG Nr. 21) aufrechterhalten werden konnte, ist str. gewesen (generell verneinend Rust/Falke-*Rust*/*Bertelsmann* § 7 Rn 161 ff.). Teilweise wurde die Altersgruppenbildung als **Diskriminierung älterer Arbeitnehmer** betrachtet, die nur unter engen Voraussetzungen durch vom Arbeitgeber konkret darzulegende berechtigte betriebliche Interessen nach Art. 6 Abs. 1 der Richtlinie gerechtfertigt sein könne. Da empirische Befunde über eine generell geringere Leistungsfähigkeit älterer Menschen fehlten, sollte dazu das Interesse an der Aufrechterhaltung der bisherigen Altersstruktur für sich genommen nicht genügen (*ArbG Osnabrück* 29.1.2007 LAGE § 2 AGG Nr. 1, zu 2d bb, cc; 3.7.2007 LAGE § 2 AGG Nr. 2b, zu 2c bb (2); DDZ-*Deinert* Rn 604). Im Ansatz ähnlich wurde davon ausgegangen, dass eine Altersgruppenbildung nur gerechtfertigt sei, wenn mit ihr die unterschiedlichen Aussichten der Altersgruppen auf dem Arbeitsmarkt sowie Leistungsunterschiede im Verhältnis zu den betrieblichen Interessen angemessen berücksichtigt würden (*Annuß* BB 2006, 1629, 1634; *Hamacher/Ulrich* NZA 2007, 657, 662). Die Gegenauffassung erkannte mit dem Hinweis, dass durch die Altersgruppenbildung lediglich die durch § 1 Abs. 3 S. 1 bewirkte Bevorzugung des aufsteigenden Alters begrenzt werde, in der Beschränkung der Sozialauswahl auf Altersgruppen schon tatbestandlich keine Benachteiligung wegen des Alters (etwa TLL-*Thüsing* 1. Aufl. AGG Rn 26; *Bauer/Krieger/Günther* § 10 AGG Rn 45m; *Bauer/Krieger* NZA 2007, 674; *Hanau* FS Otto S. 127, 131 f.; *Krause* Anm. LAGE § 2 AGG Nr. 1, zu II 2; *Nupnau* DB 2007, 1200, 1203 f.; *Mohr* ZfA 2007, 361, 381; *Rolfs* NZA Beil. 1/08 S. 8, 15). Das *BAG* hat – gestützt auf die weitere Rechtsprechung des EuGH zu Art. 6 Abs. 1 der Richtlinie 2000/78/EG – entschieden, dass weder die gesetzliche Vorgabe in § 1 Abs. 3 S. 1 KSchG, das Lebensalter als eines von mehreren Kriterien bei der Sozialauswahl zu berücksichtigen, noch die durch § 1 Abs. 3 S. 2 KSchG eröffnete Möglichkeit, die Auswahl zum Zweck der Sicherung einer ausgewogenen Personalstruktur innerhalb von Altersgruppen vorzunehmen, gegen das unionsrechtliche Verbot der Altersdiskriminierung (Art. 21 EuGRCharta) und dessen Ausgestaltung durch die Richtlinie 2000/78/EG vom 27.11.2000 verstoßen (15.12.2011 EzA § 1 KSchG Soziale Auswahl Nr. 84; st. Rspr., zuletzt 26.3.2015 EzA § 1 KSchG Soziale Auswahl Nr. 88, Rn 23). Der gesetzliche Regelungskomplex der Sozialauswahl führt zwar zu einer unterschiedlichen Behandlung wegen des Alters. Diese ist aber durch rechtmäßige Ziele aus den Bereichen Beschäftigungspolitik und Arbeitsmarkt iSv Art. 6 Abs. 1 S. 1, S. 2 Buchst. a) der Richtlinie 2000/78/EG gerechtfertigt. Einerseits tragen die Regelungen den mit steigendem Lebensalter regelmäßig sinkenden Chancen auf dem Arbeitsmarkt Rechnung. Andererseits wirken sie durch die Möglichkeit der Bildung von Altersgruppen der ausschließlich linearen Berücksichtigung des ansteigenden Lebensalters und einer mit ihr einhergehenden Benachteiligung jüngerer Arbeitnehmer entgegen. Das Ziel, ältere Arbeitnehmer zu schützen, und das Ziel, die berufliche Eingliederung jüngerer Arbeitnehmer sicherzustellen, werden zu einem angemessenen Ausgleich gebracht (*BAG* 15.12.2011 EzA § 1 KSchG Soziale Auswahl Nr. 84, Rn 48 ff. mwN). Dies dient zugleich der sozialpolitisch erwünschten Generationengerechtigkeit und der Vielfalt im Bereich der Beschäftigung. Die Bildung von Altersgruppen setzt allerdings ein berechtigtes betriebliches Interesse voraussetzt, das der Arbeitgeber im Prozess darzulegen hat (*BAG* 26.3.2015 EzA § 1 KSchG Soziale Auswahl Nr. 88, Rn 14; 19.12.2013 EzA § 125 InsO Nr. 12, Rn 33). Zumindest dann, wenn die Anzahl der Entlassungen innerhalb der Gruppe vergleichbarer Arbeitnehmer im Verhältnis zur Anzahl aller Arbeitnehmer des Betriebs die Schwellenwerte des § 17 KSchG erreicht, kommen ihm dabei Erleichterungen zugute; ein berechtigtes betriebliches Interesse an der Beibehaltung der Altersstruktur wird unter dieser Voraussetzung – widerlegbar – indiziert (*BAG* 26.3.2015 EzA § 1 KSchG Soziale Auswahl Nr. 88, Rn 14; 19.12.2013 EzA § 125 InsO Nr. 12, Rn 33). Missbräuchlich ist dagegen eine Altersgruppenbildung, die gezielt dazu dient, bestimmte Arbeitnehmer aus dem Betrieb zu drängen (*BAG* 22.9.2005 EzA § 1 KSchG Betriebsbedingte Kündigung Nr. 142, zu B II 3c (3)).

Eine Alternative zu der mit der herkömmlichen Sozialauswahl nach Altersgruppen teilweise verbundenen sehr starken Gewichtung des Kriteriums »Alter« in den Randbereichen der Altersgruppen könnte darin bestehen, dass der Arbeitgeber in einer »**offeneren**« **Regelungstechnik** jeweils eine bestimmte Anzahl von Arbeitnehmern verschiedener Altersstufen festlegt, deren Weiterbeschäftigung im – von ihm im Prozess darzulegenden – berechtigten betrieblichen Interesse liegt. Darauf wäre zunächst innerhalb der Altersgruppen nach den Kriterien von § 1 Abs. 3 S. 1 und ggf. unter Berücksichtigung weiterer Interessen iSv § 1 Abs. 3 S. 2 zu bestimmen, welche einzelnen der Arbeitnehmer der jeweiligen Altersgruppen aus betrieblichen Interessen weiterzubeschäftigen wären. Sodann schlösse sich eine reguläre Auswahl unter den verbliebenen Arbeitnehmern aller Altersgruppen an.

698 Eine Gruppenbildung nach **Ausbildung** und **Qualifikation** ist zulässig (*BAG* 28.8.2003 EzA § 125 InsO Nr. 1, zu B II 3b bb (3)). Zur Personalstruktur gehört auch die **Leistungsstärke** der Belegschaft (in diesem Sinne auch der Gesetzentwurf der Fraktionen CDU/CSU und FDP, BR-Drucks. 13/4612, S. 14; LSSW-*Schlünder* Rn 481; TRL-*Thüsing* Rn 897; *Löwisch* BB 2004, 155; *Thüsing/Wege* RdA 2005, 12, 23; aA HWK-*Quecke* Rn 400; Bader/Bram-*Volk* Rn 323j). Dies dürfte keine mit der Richtlinie unvereinbare Diskriminierung wegen der Behinderung oder wegen des aufsteigenden Alters darstellen. Behinderung und Alter bewirken nicht notwendig Leistungseinschränkungen; dies ist jeweils von der konkreten Tätigkeit abhängig. Soweit diese Kriterien mittelbar benachteiligend wirken, dürfte dies durch den Normzweck der Wahrung der Leistungsstärke eines Betriebes iSv Art. 4 Abs. 1, 6 Abs. 1 der Richtlinie gerechtfertigt sein. Eine unmittelbare Anknüpfung an den eigentlichen Normzweck statt an Hilfskriterien ist am ehrlichsten und am ehesten geeignet, unsachliche Differenzierungen zu vermeiden (vgl. *Brors* AuR 2005, 41, 45). **Erhaltung der Leistungsstärke** der Belegschaft bedeutet, dass das Verhältnis der leistungsstärkeren zu den leistungsschwächeren Arbeitnehmern in etwa gleichbleibt (*Schiefer/Worzalla* NZA 2004, 349). Der Arbeitgeber kann daher zB für die Mitarbeiter, die für eine Sozialauswahl in Betracht kommen, eine Leistungsbeurteilung anfertigen lassen, dann drei Gruppen bilden (Arbeitnehmer mit überdurchschnittlichen, durchschnittlichen und unterdurchschnittlichen Leistungen) und aus diesen Gruppen anteilig gleich viele Arbeitnehmer entlassen.

699 Die sich etwa aus der Anzahl gegenüber den Arbeitnehmern ausgesprochener Er- und Abmahnungen abzuleitende **Vertragstreue** der Mitglieder der Belegschaft ist kein zur Bestimmung der Personalstruktur eines Betriebes geeignetes Kriterium, da sie sich nicht generalisierend bestimmen lässt, sondern an einzelne individuelle Vorfälle anknüpft, die zudem in ihrer Bewertung höchst streitig sein können (APS-*Kiel* Rn 682; HWK-*Quecke* Rn 400; DDZ-*Deinert* Rn 605; HaKo-ArbR/*Schubert* Rn 600). Es wäre auch völlig unpraktikabel, im Rahmen von § 1 Abs. 3 S. 2 etwa die Berechtigung gegenüber einer Vielzahl von Arbeitnehmern in den letzten Jahren ausgesprochener Abmahnungen zu überprüfen.

700 Umstritten ist, ob zur Personalstruktur auch unterschiedlich hohe **krankheitsbedingte Fehlzeiten** der Arbeitnehmer gehören (so LSSW-*Schlünder* Rn 482; DW-*Dornbusch/Volk* Rn 560; aA APS-*Kiel* Rn 682; HWK-*Quecke* Rn 400; HaKo-ArbR/*Schubert* Rn 600; *Thüsing/Wege* RdA 2005, 12, 24). Dies ist zu verneinen. Die Fehlzeitenquote der Arbeitnehmer in der Vergangenheit ist nur von bedingter Aussagekraft für ihre zukünftig zu erwartende Leistungsfähigkeit. Nur darauf bezogen könnte aber eine Gruppenbildung im berechtigten betrieblichen Interesse iSd § 1 Abs. 3 S. 2 liegen. Eine Gruppenbildung aufgrund einer jeweils anzustellenden Zukunftsprognose (vgl. *Thüsing/Wege* RdA 2005, 12, 24) ähnlich wie bei der personenbedingten Kündigung (s. Rdn 349 ff.) dürfte dagegen kaum praktikabel sein (ebenso LKB-*Krause* Rn 968).

701 Zur Personalstruktur kann auch die Zusammensetzung der Belegschaft nach dem **Geschlecht**, dh die ungefähre Aufrechterhaltung des Verhältnisses der Zahl der Arbeitnehmer zur Zahl der Arbeitnehmerinnen, gehören, wenn diese im Einzelfall durch besondere Interessen des Arbeitgebers gerechtfertigt ist, zB bei einer Theaterbelegschaft oder im Personenschutz (*LAG Köln* 19.7.1996 AR-Blattei ES 800 Nr. 128; HaKo-AGG/*Däubler* § 7 Rn 302; aA *Preis* NZA 1997, 1084; *Fischermeier* NZA 1997, 1093; *Thüsing/Wege* RdA 2005, 12, 24). Da eine solche Differenzierung unmittelbar an die durch die Richtlinie 2002/73/EG und Art. 3 Abs. 2 GG geschützte Zugehörigkeit zu einem Geschlecht anknüpft, sind an die Rechtfertigungsgründe hohe Anforderungen zu stellen. Das Geschlecht muss iSv Art. 4 Abs. 1 der Richtlinie 2000/78/EG wesentliche und entscheidende

Anforderung für die Tätigkeit sein (DDZ-*Deinert* Rn 606; HaKo-KSchR/*Zimmermann* Rn 889; HaKo-ArbR/*Schubert* Rn 600). Weiter muss die Differenzierung verhältnismäßig, also notwendig und angemessen sein. Es dürfen daher nur so viele Angehörige eines Geschlechts von der Auswahl ausgenommen werden, wie betrieblich benötigt werden. Dient die Differenzierung der Aufrechterhaltung des Anteils des bisher unterrepräsentierten Geschlechts im Betrieb, ist sie diskriminierungsrechtlich dagegen unbedenklich, da es sich dann um eine nach Art. 2 Abs. 8 der Richtlinie zulässige **positive Maßnahme** handelt (DDZ-*Deinert* Rn 606).

Je nach den betrieblichen Gegebenheiten sind **weitere Personalstrukturen** denkbar, an deren Erhaltung der Arbeitgeber ein Interesse hat. Unzulässig ist jedoch eine Regelung von Personalstrukturen, die gegen ein **Diskriminierungsverbot** verstößt, etwa wegen der Gewerkschaftsmitgliedschaft, einer Schwerbehinderung oder der Staatsangehörigkeit (HaKo-KSchR/*Zimmermann* Rn 889; *Fischermeier* NZA 1997, 1093; *Lunk* NZA Beil. 1/2005, 41, 47). 702

Dem Arbeitgeber ist es bei Entlassungen unbenommen, **mehrere Personalstrukturen** geltend zu machen, deren Erhaltung im betrieblichen Interesse liegt. So kann er sich etwa gleichzeitig auf eine ausgewogene Altersstruktur und die Erhaltung der Leistungsstärke der Belegschaft berufen und zB bei einer Entlassungsquote von 10 % aus dem vergleichbaren Personenkreis 5 % nach Altersgruppen und 5 % nach Leistungsgruppen zur Entlassung auswählen. 703

Es ist Sache des Arbeitgebers, **die Art der Personalstruktur zu benennen**, die er aufrechterhalten will, und die Kriterien für die Bildung von Gruppen zur Sicherung der entsprechenden Personalstruktur aufzustellen. Diese Entscheidungen des Arbeitgebers sind daraufhin **überprüfbar, ob sie im berechtigten betrieblichen Interesse liegen**, dh ob die Sicherung der vom Arbeitgeber benannten Personalstruktur dem Betrieb einen nicht unerheblichen Vorteil bringt (s. Rdn 678) und die Gruppenbildung nach sachlichen Gesichtspunkten erfolgte (s. Rdn 694). Eine besonders strenge Prüfung der sachlichen Rechtfertigung der Gruppenbildung ist geboten, wenn diese an Diskriminierungstatbestände wie Alter und Geschlecht anknüpfen. Ist kein erheblicher Vorteil ersichtlich oder sind die Gruppen nach unsachlichen Gesichtspunkten gebildet worden, sind die Entscheidungen des Arbeitgebers unbeachtlich und die betroffenen Arbeitnehmer insoweit in die Sozialauswahl einzubeziehen. Zur Darlegungs- und Beweislast im Übrigen s. Rdn 707. 704

ff) Sonstige Interessen

Als sonstige vom Arbeitgeber bestimmte berechtigte betriebliche Interessen (s. Rdn 677 ff.) kommen insbes. solche Umstände in Betracht, die sich auf die Aufrechterhaltung eines **geordneten Betriebsablaufs** beziehen (vgl. die Beispiele bei *Vogt* DB 1984, 1476), zB die Einplanung eines Arbeitnehmers für künftige Führungsaufgaben, eine erhöhte Kooperationsbereitschaft bestimmter Arbeitnehmer (zB bei Teamaufgaben) und die Bereitschaft zu auswärtigen Einsätzen oder Notdiensten (vgl. *v. Hoyningen-Huene/Linck* NZA 1994, 1015). 705

Bei **Massenentlassungen** kann der Arbeitgeber zur Gewährleistung eines geordneten Betriebsablaufs für jeden Funktionsbereich, etwa für jede Betriebsabteilung, die Zahl der vergleichbaren Arbeitnehmer festlegen, die für den ungestörten Arbeitsprozess erforderlich sind (LSSW-*Schlünder* Rn 483; SPV-*Preis* Rn 1131). Diese sind für jeden Funktionsbereich nach sozialen Gesichtspunkten auszuwählen. Die Sozialauswahl ist dann unter den restlichen Arbeitnehmern aller Funktionsbereiche vorzunehmen (LSSW-*Schlünder* Rn 483; SPV-*Preis* Rn 1131). Die Zahl der ausgenommenen Arbeitnehmer darf nicht erhebliche Teile der Belegschaft umfassen (s. Rdn 683; vgl. SPV-*Preis* Rn 1131). 706

gg) Darlegungs- und Beweislast

Darlegungs- und beweispflichtig für das Vorliegen berechtigter betrieblicher Interessen an der Weiterbeschäftigung bestimmter Arbeitnehmer ist der **Arbeitgeber** (*BAG* 25.4.1985 EzA § 1 KSchG Betriebsbedingte Kündigung Nr. 35; 23.11.2000 EzA § 1 KSchG Soziale Auswahl Nr. 46, zu B III 4c; 20.4.2005 EzA § 1 KSchG Soziale Auswahl Nr. 60, zu B II 2a; 5.6.2008 EzA § 1 KSchG 707

Soziale Auswahl Nr. 81, zu B I 2c; LKB Rn 979). Es handelt sich dabei ebenfalls um Tatsachen, die die Kündigung iSv § 1 Abs. 1 S. 4 bedingen. Seiner Darlegungslast genügt der Arbeitgeber nur, wenn er im Einzelne die Kriterien der Gruppenbildung und die bisherige Personalstruktur schildert, den Unternehmenszweck und das betriebliche Interesse bezeichnet sowie die Vorteile des betrieblichen Interesses für den Unternehmenszweck substantiiert darlegt (*BAG* 20.4.2005 EzA § 1 KSchG Soziale Auswahl Nr. 60, zu B II 2a; Bader/Bram-*Volk* Rn 323e). Er hat ferner die aus der Sozialauswahl ausgenommenen Arbeitnehmer namentlich zu benennen und substantiiert darzulegen, dass diese die Voraussetzungen des von ihm geltend gemachten betrieblichen Interesses erfüllen (eingehend zu den einzelnen Fallgruppen *Buschbaum* BB 2011, 309). **Schlagwortartige Angaben** (zB die Bezeichnung einer vergleichbaren Arbeitnehmerin als »Spitzenkraft« oder der pauschale Hinweis auf unterschiedliche Krankheitsquoten) **reichen nicht aus** (*BAG* 20.4.2005 EzA § 1 KSchG Sozialplan Nr. 60, zu B II 2a; *Bader* NZA 2004, 65, 74). Im Streitfall muss der Arbeitgeber die von ihm vorgetragenen Tatsachen beweisen. Bei Massenkündigungen hat er darzulegen und ggf. zu beweisen, in welchem Umfang der Austausch vergleichbarer Arbeitnehmer zwischen den verschiedenen Betriebsteilen möglich ist, ohne dass der ordnungsgemäße Ablauf des Betriebes gestört wird (*BAG* 25.4.1985 EzA § 1 KSchG Betriebsbedingte Kündigung Nr. 35; 5.12.2002 EzA § 1 KSchG Soziale Auswahl Nr. 52). Zur Darlegungs- und Beweislast des Arbeitgebers bei der sozialen Auswahl allgemein Rdn 760 ff.

g) Sozialauswahl

aa) Allgemeines

708 Bevor es bei einer betriebsbedingten Kündigung zu einer Sozialauswahl kommen kann, müssen **folgende Voraussetzungen** erfüllt sein:
1. Zunächst ist zu prüfen, ob durchdringende betriebliche Erfordernisse das Bedürfnis zur Weiterbeschäftigung für einen einzelnen oder eine bestimmte Anzahl von Arbeitnehmern entfällt (Kausalitätsebene). Zum Prüfungsmaßstab s. Rdn 559, 572 ff.
2. Eine Weiterbeschäftigung auf einem anderen freien Arbeitsplatz im Unternehmen, ggf. zu anderen Arbeitsbedingungen, ist nicht möglich (s. Rdn 228 ff.).
3. Innerhalb des Betriebs (s. Rdn 651 ff.) ist der mit dem Arbeitnehmer vergleichbare Personenkreis zu ermitteln (s. Rdn 660 ff.).
4. Aus dem verbleibenden Personenkreis scheiden die Arbeitnehmer aus, denen aus gesetzlich vorgesehenen Gründen nicht ordentlich gekündigt werden kann (s. Rdn 717 ff.). Zur möglichen Einbeziehung tarifvertraglich eigentlich ordentlich unkündbarer Arbeitnehmer s. Rdn 723.

709 Sind diese Voraussetzungen erfüllt, hat der Arbeitgeber nach § 1 Abs. 3 S. 1 unter den verbleibenden Arbeitnehmern die Arbeitnehmer, denen gekündigt werden soll, unter ausreichender Berücksichtigung der **Dauer der Betriebszugehörigkeit**, des **Lebensalters**, der **Unterhaltspflichten** und einer eventuellen **Schwerbehinderung** auszuwählen (s. Rdn 728 ff.). Ggf. hat er dabei kollektivrechtliche Auswahlrichtlinien zu beachten (s. Rdn 772 ff.). Aus der Liste der danach für eine Kündigung in Betracht kommenden sozial stärkeren Arbeitnehmern kann er die Arbeitnehmer herausnehmen, deren Weiterbeschäftigung durch berechtigte betriebliche Bedürfnisse bedingt ist (s. Rdn 680 ff).

710 § 1 Abs. 3 verlangt **nicht in jeder Hinsicht fehlerfreie Auswahlüberlegungen** des Arbeitgebers. Auch wenn eine erforderliche Sozialauswahl ganz unterblieben ist, ist die Kündigung sozial gerechtfertigt, wenn sie nach dem Maßstab von § 1 Abs. 3 unter Berücksichtigung des Beurteilungsspielraums des Arbeitgebers (s. Rdn 749 ff.) »richtig« (*BAG* 24.2.2000 EzA § 102 BetrVG 1972 Nr. 104, zu III 2c cc; 24.2.2005 EzA § 1 KSchG Soziale Auswahl Nr. 59, zu B III 1a; 9.11.2006 EzA § 1 KSchG Soziale Auswahl Nr. 71, zu B I 2b ee), dh **im Ergebnis vertretbar** ist. Ein fehlerhaftes Vorgehen des Arbeitgebers begründet aber eine tatsächliche Vermutung für ein fehlerhaftes Ergebnis, die der Arbeitgeber zu widerlegen hat (s. Rdn 764). Zu den Konsequenzen iSd §§ 1, 7 AGG **diskriminierender Überlegungen** bei der Auswahl des zu kündigenden Arbeitnehmers s. Rdn 216 f.

Eine **fehlerhafte Auswahlentscheidung** bewirkt bei einer **Mehrzahl von Kündigungen** nicht zwingend die Unwirksamkeit aller Kündigungen gegenüber sozial schwächeren Arbeitnehmern. Vielmehr sind andere Kündigungen trotz des Auswahlfehlers sozial gerechtfertigt, wenn die von diesen Kündigungen betroffenen Arbeitnehmer bei Berücksichtigung des Beurteilungsspielraums des Arbeitgebers selbst bei einer zutreffenden Sozialauswahl als sozial stärkere Arbeitnehmer zu kündigen gewesen wären. Dies nimmt das *BAG* nunmehr unter Aufgabe seiner bisherigen Rspr. (18.10.1984 EzA § 1 KSchG Betriebsbedingte Kündigung Nr. 34; 18.1.1990 EzA § 1 KSchG Soziale Auswahl Nr. 28) jedenfalls im Fall des Vollzugs eines Punkteschemas an (*BAG* 9.11.2006 EzA § 1 KSchG Soziale Auswahl Nr. 71, zu B I 2b). Dieser Einschränkung bedarf es nicht. Wäre der Arbeitnehmer auch bei fehlerfreier Sozialauswahl entlassen worden, ist seine Berufung auf den Fehler zwar nicht rechtsmissbräuchlich (so *LAG Hamm* 31.8.1994 LAGE § 1 KSchG Soziale Auswahl Nr. 13, zu 2c; *LAG Nds.* 23.2.2001 LAGE § 1 KSchG Soziale Auswahl Nr. 36), aber unbegründet (ähnlich SPV-*Preis* Rn 1132; ErfK-*Oetker* Rn 308; APS-*Kiel* Rn 700; *Bitter/Kiel* RdA 1994, 358; *Bauer/Gotham* BB 2007, 1729; *Strybny* SAE 2008, 73). Seine sozialen Daten sind dann iSv § 1 Abs. 3 S. 1 ausreichend berücksichtigt worden, weil sein Arbeitsverhältnis in jedem Fall zu kündigen gewesen wäre. Entlässt der Arbeitgeber zB bei zwei betriebsbedingten Kündigungen einen 35-jährigen ledigen Arbeitnehmer mit zehnjähriger Betriebszugehörigkeit und einen 45-jährigen ledigen Arbeitnehmer mit 20-jähriger Betriebszugehörigkeit, kündigt er das Arbeitsverhältnis eines 25-jährigen ledigen Arbeitnehmers mit zweijähriger Betriebszugehörigkeit aber nicht, kann sich nur der 45-jährige Arbeitnehmer auf die fehlerhafte Sozialauswahl berufen. Der 35-jährige Arbeitnehmer wäre auch bei zutreffender Sozialauswahl zu entlassen gewesen. Dies ist auch dann hinzunehmen, wenn der 45-jährige Arbeitnehmer die Kündigung akzeptiert. Maßgebend für die Wirksamkeit der Kündigung sind die Verhältnisse im Zeitpunkt des Zugangs der Kündigung (*BAG* 9.11.2006 EzA § 1 KSchG Soziale Auswahl Nr. 71, zu B I 2b cc; s. Rdn 248 ff.). Die gegenteilige Auffassung könnte bei Massenentlassungen bewirken, dass sich uU eine Vielzahl gekündigter Arbeitnehmer darauf berufen kann, dass ein einziger ungekündigter Arbeitnehmer sozial weniger schutzwürdig ist als sie (sog. »**Dominoeffekt**«). Für ein solches Ergebnis fehlt angesichts des begrenzten Prüfungsmaßstabs von § 1 Abs. 3 S. 1 eine hinreichende Rechtsgrundlage. Hat allerdings der Arbeitgeber die Auswahl nach einem rechtlich fehlerhaften Auswahlsystem oder ganz ohne ein solches vorgenommen und lässt sich nicht ausschließen, dass bei einer ordnungsgemäßen Auswahl im Rahmen des dem Arbeitgeber zustehenden Beurteilungsspielraums (s. Rdn 749 ff.) der betroffene Arbeitnehmer nicht zur Kündigung angestanden hätte, kann sich jeder der betroffenen Arbeitnehmer auf die fehlerhafte Sozialauswahl in Hinblick auf einen ungekündigten Arbeitnehmer berufen (*LAG Hamm* 21.1.2009 NZA-RR 2009, 587; vgl. auch APS-*Kiel* Rn 701 f.; SPV-*Preis* Rn 1132; ähnlich HaKo-ArbR/*Schubert* Rn 515). Die Unsicherheit über den bei fehlerfreier Auswahl gekündigten Arbeitnehmer hat der Arbeitgeber als deren Auslöser zu vertreten. Er ist nicht berechtigt, sein Ermessen nach Kündigungsausspruch erneut ausüben (so aber *Bauer/Gotham* BB 2007, 1729, 1731; *Strybny* SAE 2008, 73, 75). Auch hier gilt, dass ein Kündigender nicht nachträglich über die Wirksamkeit seiner Kündigung disponieren kann (vgl. nur *BAG* 16.3.2000 EzA § 626 BGB nF Nr. 179, zu II 1b aa). Es bedarf dann einer erneuten Kündigung auf der Grundlage einer fehlerfreien Auswahl.

711

Die Regelung über die Sozialauswahl (§ 1 Abs. 3 KSchG) ist **zwingend** und nicht dispositiv (vgl. APS-*Kiel* Rn 653). Sie kann weder durch einzelvertragliche noch durch kollektivrechtliche Vereinbarung unmittelbar verändert werden, auch nicht zugunsten einzelner Arbeitnehmer, da sich eine solche Regelung zu Lasten anderer Arbeitnehmer auswirken würde (*BAG* 2.6.2005 EzA § 1 KSchG Soziale Auswahl Nr. 63, zu B I 4b aa). Fehlerhaft ist die Sozialauswahl daher auch dann, wenn der Arbeitgeber durch **Vereinbarung mit den beteiligten Arbeitnehmern** einen sozial schwächeren anstelle eines sozial stärkeren Arbeitnehmers entlässt und ein dritter entlassener Arbeitnehmer zwar sozial stärker als der ebenfalls entlassene, aber sozial schwächer als der im Betrieb verbliebene Arbeitnehmer ist (**Unzulässigkeit einer Austauschkündigung**). Eine solche Austauschkündigung ist dagegen zulässig, wenn im Ergebnis soziale Gesichtspunkte noch ausreichend berücksichtigt sind (*BAG* 7.12.1995 EzA § 1 KSchG Soziale Auswahl Nr. 35, m. abl. Anm. *Schwarze* = BB 1996, 1994 m. abl. Anm. *Keppeler*; s.a. Rdn 754).

712

bb) Beabsichtigte Neueinstellungen

713 Vom Arbeitgeber beabsichtigte Neueinstellungen sind bei der sozialen Auswahl nicht zu Lasten der betroffenen Arbeitnehmer zu berücksichtigen, und zwar selbst dann nicht, wenn der Bewerber etwa wegen seines Alters oder seines Gesundheitszustandes in besonderem Maß sozial schutzbedürftig ist. Das KSchG gewährt Bestandsschutz für bestehende Arbeitsverhältnisse, nicht aber einen Einstellungsanspruch für Betriebsfremde. Das gilt trotz Art. 33 GG auch für den öffentlichen Dienst (*LAG BW* 27.5.1993 RzK I 5c Nr. 48) und auch dann, wenn der Arbeitgeber einen schwerbehinderten Menschen einstellen will, um seine Pflichtplatzquote nach § 154 SGB IX zu erfüllen. Schwerbehinderte haben keinen individuellen Einstellungsanspruch zu Lasten bestehender Arbeitsverhältnisse. § 154 SGB IX enthält keine Grundlage dafür, den Bestandsschutz von Arbeitsplatzinhabern zugunsten schwerbehinderter Bewerber zu beschränken (zu § 71 SGB IX aF vgl. HAS-*Preis* § 19 F Rn 57; aA *Neumann/Pahlen/Majerski-Pahlen* § 71 Rn 7; *Gröninger/Thomas* § 44 Rn 4).

714 Der Arbeitgeber ist nicht dazu verpflichtet, bei **Neu- oder Wiedereinstellungen** unter den Bewerbern die Grundsätze der sozialen Auswahl zu beachten (*BAG* 15.3.1984 EzA § 611 BGB Einstellungsanspruch Nr. 2). Etwas anderes gilt, wenn er im Anschluss an betriebsbedingte Kündigungen Arbeitnehmer wiedereinstellt, weil der Kündigungsgrund weggefallen ist und die Arbeitnehmer deshalb einen Wiedereinstellungsanspruch haben (s. Rdn 830 ff.). Machen mehr Arbeitnehmer einen berechtigten Wiedereinstellungsanspruch geltend, als Arbeitsplätze zur Verfügung stehen, hat der Arbeitgeber unter den Bewerbern in entsprechender Anwendung von § 1 Abs. 3 KSchG eine Sozialauswahl vorzunehmen (s. Rdn 832).

cc) Arbeitnehmer ohne oder mit eingeschränktem Kündigungsschutz

715 Arbeitnehmer, die keinen individuellen Kündigungsschutz genießen, dh Arbeitnehmer, die die **Wartezeit** des § 1 Abs. 1 noch nicht erfüllt haben oder die in Kleinbetrieben mit regelmäßig nicht mehr als fünf (§ 23 Abs. 1 S. 2) oder nicht mehr als zehn Arbeitnehmern beschäftigt werden und nicht über Kündigungsschutz gem. § 23 Abs. 1 S. 3 verfügen, sind in den auswahlrelevanten Personenkreis nicht einzubeziehen. Diese Arbeitnehmer können bei einer Kündigung nicht das Fehlen eines dringenden betrieblichen Erfordernisses geltend machen, so dass auch für die Berufung auf eine fehlerhafte Sozialauswahl kein Raum ist (*BAG* 25.4.1985 EzA § 1 KSchG Betriebsbedingte Kündigung Nr. 35, zu B II 5; 18.10.2000 EzA § 15 KSchG nF Nr. 51, zu B I 1c; *Horcher* NZA-RR 2006, 393, 394 f.; aA *Müller* MDR 2002, 494; *Oetker* FS Wiese S. 337). Aus der gesetzgeberischen Wertung von § 1 Abs. 1 ergibt sich, dass diese Arbeitnehmer grundsätzlich vor den unter den allgemeinen Kündigungsschutz fallenden Arbeitnehmern zu entlassen sind, es sei denn, es liegen die Voraussetzungen des § 1 Abs. 3 S. 2 vor (*BAG* 25.4.1985 EzA § 1 KSchG Betriebsbedingte Kündigung Nr. 35; APS-*Kiel* Rn 619; LKB-*Krause* Rn 925; DDZ-*Deinert* Rn 484; HWK-*Quecke* Rn 339; ohne die § 1 Abs. 3 S. 2 betreffende Einschränkung HK-*Dorndorf* Rn 1057; SPV-*Preis* Rn 1068; HaKo-ArbR/*Schubert* Rn 523). Gegen die Geltung von § 1 Abs. 3 S. 2 für Arbeitnehmer in der Wartezeit wird eingewendet, dass diese dem auswahlrelevanten Personenkreis gar nicht angehörten und deshalb die Grundlage für die Anwendung dieser Norm fehle (*Oetker* FS Wiese S. 337; HaKo-KSchR/*Zimmermann* Rn 84). Dies verkennt jedoch, dass Arbeitnehmer in der Wartezeit iSv § 1 Abs. 3 S. 1 vergleichbar sein können und dass der Arbeitgeber auch bei ihnen gem. § 1 Abs. 3 S. 2 schützenswerte Interessen an ihrer Weiterbeschäftigung haben kann.

716 Hingegen ist unter **leitenden Angestellten** iSd § 14 Abs. 2 KSchG, die nach dieser Vorschrift nur einen eingeschränkten Kündigungsschutz genießen, eine Sozialauswahl vorzunehmen, da § 1 KSchG insoweit keine Einschränkung enthält.

dd) Arbeitnehmer mit besonderem Kündigungsschutz und bei Freistellung von der Arbeit

717 In die soziale Auswahl sind nur solche Arbeitnehmer einzubeziehen, die aus demselben dringenden betrieblichen Erfordernis entlassen werden können (*LAG Köln* 29.9.1993 LAGE § 1 KSchG Soziale Auswahl Nr. 7). Daher scheiden aus dem auswahlrelevanten Personenkreis trotz im Übrigen

bestehender Vergleichbarkeit Arbeitnehmer aus, bei denen eine ordentliche arbeitgeberseitige **Kündigung gesetzlich ausgeschlossen** ist (*BAG* 21.4.2005 EzA § 1 KSchG Soziale Auswahl Nr. 62, zu B I 4; LSSW-*Schlünder* Rn 440; LKB-*Krause* Rn 909; SPV-*Preis* Rn 1062). Dazu zählen **betriebsverfassungsrechtliche Funktionsträger** iSv § 15 KSchG (*BAG* 17.6.1999 EzA § 1 KSchG Betriebsbedingte Kündigung Nr. 103, zu III 3b; 23.11.2004 EzA § 1 KSchG Betriebsbedingte Kündigung Nr. 134, zu B II 3a cc (1); zu diesem Personenkreis s. KR-*Kreft* § 15 KSchG Rdn 15 ff.), **Wehr- und Zivildienstleistende** (§§ 2, 10 ArbPlSchG; § 2 EignungsübungsG; § 78 Abs. 1 Nr. 1 ZDG) und **befristet beschäftigte Arbeitnehmer**, deren Arbeitsverhältnis nach § 15 Abs. 3 TzBfG nicht kündbar ist, weil es durch Zeitablauf endet (*LKB-Krause* Rn 910; APS-*Kiel* Rn 631; HaKo-KSchR/*Zimmermann* Rn 847; DDZ-*Deinert* Rn 486; *Oetker* FS Wiese S. 338). Auszuklammern bei der sozialen Auswahl sind auch die unter den **mutterschutzrechtlichen Kündigungsschutz** (§ 17 MuSchG) fallenden Arbeitnehmerinnen, sofern nicht ausnahmsweise die Zustimmung der für den Arbeitsschutz zuständigen obersten Landesbehörde oder der von ihr bestimmten Stelle vorliegt (§ 17 Abs. 2 MuSchG). Dies gilt entsprechend für Arbeitnehmer, die unter den besonderen Kündigungsschutz des § 18 BEEG fallen. **Schwerbehinderte** Arbeitnehmer, die den besonderen Kündigungsschutz der §§ 168 ff. SGB IX genießen, scheiden ebenfalls aus dem auswahlrelevanten Personenkreis aus, sofern nicht die Zustimmung des Integrationsamts zur Kündigung vorliegt. Der Arbeitgeber ist nicht verpflichtet, die **Zustimmung** der jeweils zuständigen Behörden zu einer Kündigung **zu beantragen** oder sogar **einzuklagen** (APS-*Kiel* Rn 623; LKB-*Krause* Rn 911; SPV-*Preis* Rn 1064; HaKo-KSchR/*Zimmermann* Rn 848; LSSW-*Schlünder* Rn 440; AR-*Kaiser* Rn 188; *Quecke* RdA 2004, 86, 87; aA *Gragert* FS Schwerdtner S. 57, wenn der geschützte Arbeitnehmer offensichtlich sozial stärker ist als vergleichbare ungeschützte Arbeitnehmer; für eine Antrags-, nicht aber eine Klageobliegenheit; TRL-*Thüsing* Rn 815). Dies folgt daraus, dass eine Rechtsgrundlage dafür fehlt, einen Arbeitgeber bei einem aktuell vorliegenden Kündigungsgrund gegenüber nicht über Sonderkündigungsschutz verfügenden Arbeitnehmern auf die Durchführung ggf. langwieriger Verwaltungs- und Gerichtsverfahren zu verweisen.

Ein **bevorstehender Wegfall des Sonderkündigungsschutzes** führt nicht zur Einbeziehung des noch besonders geschützten Arbeitnehmers in die Sozialauswahl, selbst wenn dann aufgrund unterschiedlicher Kündigungsfristen derselbe Beendigungstermin herbeigeführt werden könnte. Andernfalls würde die an sich einheitliche Sozialauswahl aufgrund des zeitlichen Aufschubs verdoppelt oder im Extremfall sogar vervielfacht. Eine solche Notwendigkeit wäre unpraktikabel und lässt sich dem Gesetz nicht entnehmen (*BAG* 21.4.2005 EzA § 1 KSchG Soziale Auswahl Nr. 62, zu B I 6). 718

Nach der am 18.8.2006 in Kraft getretenen Bestimmung in § 10 S. 3 Nr. 7 AGG aF sollten individual- oder kollektivvertragliche **Regelungen der Unkündbarkeit** von Arbeitnehmern wegen des Erreichens eines bestimmten Alters oder einer bestimmten Betriebszugehörigkeit zulässig sein, soweit dadurch der Kündigungsschutz anderer Beschäftigter in der Sozialauswahl nicht grob fehlerhaft gemindert würde. Die Regelung wurde durch Art. 8 Abs. 1 Nr. 1a des zum 12.12.2006 in Kraft getretenen Zweiten Gesetzes zur Änderung des Betriebsrentengesetzes (BGBl. I S. 2742 ff.) wieder aufgehoben, da es sich bei ihr um ein Redaktionsversehen gehandelt habe. § 10 S. 3 Nr. 7 AGG aF galt damit unmittelbar nur für zwischen dem 18.8.2006 und dem Außerkrafttreten der Norm zugegangene Kündigungen (*Löwisch* BB 2006, 2582, 2583). 719

Die Auslegung der § 1 Abs. 3 S. 1 ergänzenden Bestimmung des § 10 S. 3 Nr. 7 AGG aF (vgl. Rdn 29) warf verschiedene Fragen auf. Ihr Zweck war darin zu sehen, die in Deutschland verbreiteten, wegen ihres Anknüpfens an Alter und Beschäftigungsdauer wegen der Richtlinie 2000/78/EG problematischen Unkündbarkeitsregelungen iSv Art. 6 Abs. 1 der Richtlinie zu rechtfertigen. Angesichts dieses Zwecks erfasste sie **alle** in Arbeitsverträgen, Tarifverträgen, Betriebs- und Dienstvereinbarungen vorgesehenen **Einschränkungen des Rechts zur betriebsbedingten Kündigung unabhängig von ihrer Reichweite**, dh sowohl den Ausschluss der ordentlichen als auch den der außerordentlichen betriebsbedingten Kündigung und unabhängig davon, ob die Regelung Ausnahmen enthält oder nicht. Diese Regelungen standen nach der bisher überwiegenden, wenn auch sehr umstrittenen Auffassung der Vergleichbarkeit der von ihnen geschützten mit nicht geschützten 720

Arbeitnehmern in der Sozialauswahl entgegen (s. aber Rdn 723 f.). Es handelte sich daher nicht um eine unzulässige Absenkung des Schutzniveaus iSv Art. 8 Abs. 2 der Richtlinie.

721 Nach § 10 S. 3 Nr. 7 AGG aF neu war der Vorbehalt der **grob fehlerhaften Minderung des Kündigungsschutzes** anderer Arbeitnehmer. Verhindert werden sollte eine nach dem Maßstab von § 1 Abs. 3 grob fehlerhafte Einschränkung der Rechtsposition nicht besonders geschützter Arbeitnehmer in der Sozialauswahl. Erforderlich war daher die Prüfung, ob bei einem Vergleich der Schutzbedürftigkeit ansonsten vergleichbarer Arbeitnehmer die Entlassung des nicht besonders geschützten Arbeitnehmers im Vergleich zu den besonders geschützten Arbeitnehmern nach den Wertungen von § 1 Abs. 3 grob fehlerhaft wäre. In diesem Fall galt eine **gesetzliche Einschränkung des Sonderkündigungsschutzes**, da dieser unter den genannten Voraussetzungen nicht mehr als iSv Art. 6 Abs. 1 der Richtlinie gerechtfertigt behandelt wurde. Als Maßstab für die grobe Fehlerhaftigkeit waren die zu § 1 Abs. 4, Abs. 5 S. 2 KSchG entwickelten Grundsätze (dazu Rdn 775) heranzuziehen (*Bauer/Krieger/Günther* § 10 AGG Rn 49). Damit waren Unkündbarkeitsregelungen nicht mehr anwendbar, die von einem bestimmten Lebensalter an Sonderkündigungsschutz bereits nach kurzer Beschäftigungsdauer gewähren, insbesondere gegenüber jüngeren Arbeitnehmern, die langjährig beschäftigt wurden und erhebliche Unterhaltspflichten zu tragen haben oder schwerbehindert sind (LKB-*Krause* Rn 919; HaKo-KSchR/*Zimmermann* Rn 851; *v. Medem* S. 618 ff.; *Rieble/Zedler* ZfA 2006, 273, 299; *Löwisch* BB 2006, 2189, 2191). Da die grobe Fehlerhaftigkeit nur im Einzelfall festgestellt werden kann, waren Sonderkündigungsschutz begründende Normen oder Vertragsklauseln nicht nichtig. Sie sollten nur aufgrund der erforderlichen Abwägung im Einzelfall unanwendbar sein (*Löwisch* BB 2006, 2189, 2191; *Wolff* AuA 2006, 512, 515; *Bauer/Krieger/Günther* § 10 AGG Rn 50b). Waren sie unanwendbar, sollte der Arbeitgeber das Arbeitsverhältnis des besonders geschützten Arbeitnehmers ordentlich betriebsbedingt kündigen können.

722 Ob die mit § 10 S. 3 Nr. 7 AGG aF verbundene Anerkennung der Zulässigkeit der Benachteiligung Jüngerer in der Sozialauswahl aufgrund der Geltung an das Alter anknüpfender Unkündbarkeitsklauseln einer Überprüfung ihrer **Vereinbarkeit mit der Richtlinie 2000/78/EG** standgehalten hätte, ist nicht abschließend zu prognostizieren. Angesichts des Vorbehalts der groben Fehlerhaftigkeit und angesichts der massiven Benachteiligung älterer Arbeitnehmer in weiten Teilen des Arbeitsmarkts dürfte dies allerdings zu bejahen sein (in diese Richtung auch *Waltermann* NZA 2005, 1265, 1269; *Bertelsmann* ZESAR 2005, 242, 247). Die Verhinderung der Arbeitslosigkeit Älterer ist gem. Art. 6 Abs. 1 S. 2a der Richtlinie ein legitimes Ziel. In vielen Branchen können Unkündbarkeitsregelungen für ältere Arbeitnehmer auch als eine durch Art. 7 Abs. 1 der Richtlinie gerechtfertigte positive Maßnahme betrachtet werden.

723 Die Aufhebung von § 10 S. 3 Nr. 7 AGG aF führt **nicht zur generellen Unwirksamkeit tarifvertraglicher Kündigungsbeschränkungen** nach §§ 2 Abs. 2 Nr. 1, 7 Abs. 1, 2 AGG (in diese Richtung aber *Löwisch* BB 2006, 2582; Rust/Falk-*Rust/Bertelsmann* § 7 Rn 190 ff.). Zwar steht § 2 Abs. 4 AGG einer Überprüfung von tarif- oder individualvertraglichen Vereinbarungen über Kündigungsfristen und Kündigungserschwernisse unmittelbar anhand von § 7 Abs. 2 AGG nicht entgegen (*BAG* 20.6.2013 EzA § 626 BGB 2002 Unkündbarkeit Nr. 20, Rn 36; ErfK-*Schlachter* § 2 AGG Rn 17; HaKo-KSchR/*Nägele* § 2 AGG Rn 2; LSSW-*Schlünder* vor § 1 KSchG Rn 34; *v. Medem* Kündigungsschutz und Allgemeines Gleichbehandlungsgesetz S. 628). An das Alter anknüpfende tarifvertragliche Unkündbarkeitsregelungen führen auch zu einer unmittelbaren Benachteiligung der von ihr nicht erfassten Arbeitnehmer iSv § 3 Abs. 1, § 1 AGG. Sie können aber nach § 10 S. 1 und S. 2 AGG gerechtfertigt sein (*BAG* 20.6.2013 EzA § 626 BGB 2002 Unkündbarkeit Nr. 20, Rn 41). Der besondere Schutz älterer Arbeitnehmer ist grundsätzlich ein legitimes Ziel gem. Art. 6 Abs. 1 der Richtlinie 2000/78/EG (*BAG* 20.6.2013 EzA § 626 BGB 2002 Unkündbarkeit Nr. 20, Rn 46; LKB-*Krause* Rn 917, 919; *Bauer/Krieger/Günther* § 10 AGG Rn 46 ff.; *Kamanabrou* NZA Beil. 3/06 S. 138, 144 f.; ähnlich DDZ/*Deinert* Rn 491; *Sprenger* BB 2014, 1781, 1782 favorisiert dagegen eine Prüfung anhand von Art. 7 Abs. 1 der Richtlinie 2000/78/EG). Da die Richtlinie derartige Vorgaben nicht enthält, bedarf es auch keiner Beschränkung auf Arbeitnehmer, die ihr 55. Lebensjahr vollendet haben (*v. Medem* S. 623 ff.; **aA** *Kamanabrou* NZA

Beil. 3/06 S. 138, 145). Die Auswirkungen der durch die Unkündbarkeitsbestimmungen bewirkten Einschränkung der Sozialauswahl müssen jedoch iSv Art. 6 Abs. 1 der Richtlinie verhältnismäßig sein. Die Unkündbarkeitsregelungen sind daher ggf. unionsrechts- und verfassungskonform dahingehend einschränkend auszulegen, dass der Ausschluss ordentlicher Kündigungen nicht gelten soll, falls er bei der Sozialauswahl zu einem grob fehlerhaften Auswahlergebnis führen würde (zu § 4.4 des Manteltarifvertrags für Beschäftigte zum ERA-Tarifvertrag der Metall- und Elektroindustrie Südwürttemberg-Hohenzollern vom 14.6.2005 vgl. *BAG* 20.6.2013 EzA § 626 BGB 2002 Unkündbarkeit Nr. 20, Rn 51; APS-*Kiel* Rn 627 ff.; *Bauer/Krieger/Günther* § 10 AGG Rn 49; im Grundsatz zust. sowie weiterführend auch *Sprenger* BB 2014, 1781, 1785; in diese Richtung bereits *BAG* 5.6.2008 EzA § 1 KSchG Soziale Auswahl Nr. 81, zu B I 2e). Dafür spricht nicht zuletzt, dass die der aufgehobenen Bestimmung des § 10 S. 3 Nr. 7 AGG aF zugrundeliegende gesetzgeberische Wertung in § 1 Abs. 4 KSchG weiterhin zum Ausdruck kommt (*BAG* 20.6.2013 EzA § 626 BGB 2002 Unkündbarkeit Nr. 20, Rn 50; vgl. auch LKB-*Krause* Rn 916).

Weitergehend hat dagegen *Rolfs* (NZA Beil. 1/08 S. 8, 15) vorgeschlagen, den Arbeitgeber gegenüber Arbeitnehmern, die einer tarifvertraglichen Unkündbarkeitsregel unterfallen, sich aber nach einer Sozialauswahl als weniger schutzbedürftig erweisen, auf eine außerordentliche Kündigung diesen gegenüber zu verweisen. Dadurch würde jedoch im Ergebnis der Sonderkündigungsschutz auch auf die jüngeren, vergleichsweise sozial schwächeren Arbeitnehmer erstreckt. Dies dürfte nicht mit dem Willen der Tarifvertragsparteien in Einklang zu bringen sein, den Sonderkündigungsschutz allein den älteren Arbeitnehmern zukommen zu lassen. 724

Weiter sind Arbeitnehmer, die im Zeitpunkt der Kündigung noch **für längere Zeit arbeitsunfähig oder von der Arbeit freigestellt** sind (zB unbezahlter Sonderurlaub für ein Jahr, Freistellungsphase in der Block-Altersteilzeit, s.a. Rdn 616), nicht in die soziale Auswahl einzubeziehen, da durch ihre Kündigung kein besetzter Arbeitsplatz im Betrieb frei würde (APS-*Kiel* Rn 620; DDZ-*Deinert* Rn 494; aA LKB-*Krause* Rn 923 und SPV-*Preis* Rn 1067, die bei langfristigen Abwesenheiten § 1 Abs. 3 S. 2 analog anwenden wollen; es handelt sich aber bereits um ein Problem der Austauschbarkeit und damit der Vergleichbarkeit der Arbeitnehmer). Das gilt auch für Arbeitnehmer, die für eine **Arbeitsgemeinschaft** (zB im Baugewerbe) freigestellt sind und in absehbarer Zeit nicht zurückgerufen werden können (*BAG* 26.2.1987 EzA § 1 KSchG Soziale Auswahl Nr. 24; HWK-*Quecke* Rn 350; aA LKB-*Krause* Rn 924; *Künzl* ZTR 1986, 389; *Pollmann* S. 65 f.; diff. HK-*Dorndorf* Rn 1051 f.). Kann der Arbeitgeber ein ruhendes Arbeitsverhältnis in zumutbarer Zeit, etwa innerhalb der Dauer der Kündigungsfrist, wieder aktivieren, ist der abwesende Arbeitnehmer dagegen in die Auswahl einzubeziehen (APS-*Kiel* Rn 620; TRL-*Thüsing* Rn 809; HWK-*Quecke* Rn 350; *Ascheid* RdA 1997, 335). 725

ee) Vorläufig weiterbeschäftigte Arbeitnehmer

Auch während einer vorläufigen Weiterbeschäftigung des Arbeitnehmers nach § 102 Abs. 5 BetrVG oder aufgrund des allgemeinen Weiterbeschäftigungsanspruchs bis zum rechtskräftigen Abschluss des Kündigungsschutzprozesses kann das Arbeitsverhältnis gekündigt werden (vgl. KR-*Rinck* § 102 BetrVG Rdn 292, 379). Deshalb sind diese Arbeitnehmer auch **in die Sozialauswahl einzubeziehen**. Es wäre sachlich nicht zu rechtfertigen, wenn Arbeitnehmer, die um den Fortbestand ihres Arbeitsverhältnisses kämpfen, bessergestellt würden als vergleichbare Arbeitnehmer, deren Arbeitsverhältnis noch ungekündigt ist (APS-*Kiel* Rn 621; SPV-*Preis* Rn 1069; LKB-*Krause* Rn 926; DDZ-*Deinert* Rn 485; TRL-*Thüsing* Rn 810; *Künzl* ZTR 1996, 387). 726

ff) Betriebsstilllegung

Bei Betriebsstilllegungen ist für eine Sozialauswahl kein Raum, wenn der Arbeitgeber die Arbeitsverhältnisse aller Arbeitnehmer **zu demselben Termin kündigt**, auch wenn er die Kündigungen wegen unterschiedlich langer Kündigungsfristen zeitlich gestaffelt ausspricht (*BAG* 10.10.1996 NZA 1997, 92, zu II 3a; 27.10.2005 EzA § 613a BGB 202 Nr. 42, zu II 2d), da der Wegfall des Beschäftigungsbedarfs zum Kündigungstermin maßgeblich ist. Dasselbe gilt, wenn der Arbeitgeber allen 727

Arbeitnehmern im gleichen Zeitpunkt zum **nächstmöglichen Kündigungstermin** kündigt, obwohl die Arbeitsverhältnisse dann zu unterschiedlichen Zeitpunkten enden. Zweck der Sozialauswahl ist es nicht, eine Verlängerung der Kündigungsfrist trotz des Wegfalls aller Beschäftigungsmöglichkeiten zu bewirken (*BAG* 18.1.2001 EzA § 1 KSchG Betriebsbedingte Kündigung Nr. 109, zu 3; 7.3.2002 EzA § 1 KSchG Betriebsbedingte Kündigung Nr. 116; 22.9.2005 EzA § 113 InsO Nr. 18, zu II 3e). Bei einer **etappenweisen Betriebsstilllegung** hat der Arbeitgeber dagegen bei jeder Etappe, mit Ausnahme der letzten, eine Sozialauswahl vorzunehmen (*BAG* 16.9.1982 EzA § 1 KSchG Betriebsbedingte Kündigung Nr. 18; 10.10.1996 NZA 1997, 92, zu II 3a).

gg) Soziale Kriterien

(1) Allgemeines

728 Schon nach dem bis 1.1.2004 geltenden Recht waren die **Dauer der Betriebszugehörigkeit, das Lebensalter, Unterhaltspflichten und eine Schwerbehinderung** unerlässliche soziale Gesichtspunkte, die bei der Sozialauswahl zu berücksichtigen waren (s. *Etzel* KR 6. Aufl., Rn 644). Diese Auswahlgesichtspunkte sind seit 1.1.2004 die **allein maßgebenden Kriterien** der Sozialauswahl. Der Arbeitgeber muss weitere Kriterien nicht berücksichtigen (*BAG* 9.11.2006 EzA § 1 KSchG Soziale Auswahl Nr. 71, zu B I 2d aa (2); 31.5.2007 EzA § 1 KSchG Soziale Auswahl Nr. 77, zu B II 2b bb (1); zur Möglichkeit der Berücksichtigung weiterer Kriterien Rdn 752 f.). Die Beschränkung der Sozialauswahl auf diese sozialen Kriterien ist **verfassungsgemäß** (zweifelnd *Beduhn* AuR 1996, 488 wegen der Benachteiligung weiblicher Teilzeitkräfte, die nach einer Familienpause in das Berufsleben zurückkehren). Insbesondere stehen das Grundrecht auf freie Wahl des Arbeitsplatzes (Art. 12 Abs. 1 GG) und das Sozialstaatsprinzip (Art. 20 GG) nicht entgegen. Der Gesetzgeber hat bei der Verwirklichung des Sozialstaatsprinzips einschließlich von Regelungen zur Wahl des Arbeitsplatzes einen weiten Ermessensspielraum (*BVerfG* 23.1.1990 BVerfGE 81, 156, 189; 21.2.1995 BVerfGE 92, 140, 150). Deshalb ist es nicht erforderlich, dass er bei der Sozialauswahl schutzwürdigen Personen einen besonderen Vorrang einräumt, wenn er deren Schutz auf andere Weise gewährleistet hat (zB für Schwangere und Eltern, denen der besondere Kündigungsschutz nach dem MuSchG und BEEG zusteht). Das Sozialstaatsprinzip gebietet es nicht, dass der Gesetzgeber einen weitergehenden Kündigungsschutz bei der Sozialauswahl gewährt (*Fischermeier* NZA 1997, 1089; *Preis* NJW 1996, 3370; aA *Däubler* BetrR 1997, 3; *Kittner* AuR 1997, 183 ff.; *Klebe* AiB 1996, 718; *Stückmann* AuA 1997, 7).

729 Die Beschränkung der Sozialauswahl auf die vier Kriterien wurde durch die zum 18.8.2006 in Kraft getretene, bei der Auslegung von § 1 Abs. 3 S. 1 zu berücksichtigende Regelung von § 10 S. 3 Nr. 6 AGG aF (s. Rdn 29) nicht in Frage gestellt. Danach durfte dem Kriterium Alter kein genereller Vorrang eingeräumt werden. Vielmehr sollten die **Besonderheiten des Einzelfalls** und die **individuellen Unterschiede** der zu vergleichenden Arbeitnehmer entscheiden, insbes. ihre Chancen auf dem Arbeitsmarkt. Dies war nicht so zu verstehen, dass bei der Sozialauswahl wiederum eine umfassende Abwägung aller in Betracht kommenden sozialen Gesichtspunkte geboten war; eine derartige Revision hätte eine Änderung von und nicht nur eine Bezugnahme auf § 1 Abs. 3 S. 1 erfordert. Vielmehr waren die individuellen Besonderheiten der Arbeitnehmer in Zusammenhang mit den vier gesetzlichen Kriterien angemessen abzuwägen. Neu war allerdings, dass die **Chancen auf dem Arbeitsmarkt** ausdrücklich als wesentlicher Abwägungsgesichtspunkt genannt wurden. Dabei handelte es sich jedoch nicht um ein selbständiges fünftes Abwägungskriterium. Vielmehr waren die vier gesetzlichen Kriterien in erster Linie unter dem Gesichtspunkt zu prüfen, ob sie sich auf die Chancen der betroffenen Arbeitnehmer auf dem Arbeitsmarkt positiv oder negativ auswirken. Dies schränkte den Beurteilungsspielraum des Arbeitgebers ein (s. Rdn 749). § 10 S. 3 Nr. 6 AGG aF ist durch Art. 8 Abs. 1a des zum 12.12.2006 in Kraft getretenen Zweiten Gesetzes zur Änderung des Betriebsrentengesetzes (BGBl. I S. 2742) aufgehoben worden. Die Norm gilt daher unmittelbar nur für zwischen dem 18.8.2006 und dem Inkrafttreten der Novellierung zugegangene Kündigungen (*Löwisch* BB 2006, 2582, 2583). Trotz der Aufhebung von § 10 S. 3 Nr. 6 AGG aF muss angesichts der nicht nur das aufsteigende Alter schützenden unionsrechtlichen Vorgaben

der Richtlinie 2000/78/EG das Auswahlkriterium »Alter« **nicht allein als höheres Lebensalter** verstanden werden. Ein geeigneter Rechtfertigungsgrund für Differenzierungen wegen des Alters sind allein die **altersbedingt geringeren Chancen auf dem Arbeitsmarkt** (*v. Medem* S. 522 f.; APS-*Kiel* Rn 636 ff.; DDZ-*Deinert* Rn 538; ErfK-*Oetker* Rn 332; HaKo-AGG/*Brors* § 10 Rn 52; *Kamanabrou* RdA 2007, 199, 202; *Wendeling-Schröder* NZA 2007, 1399, 1404). Diese korrespondieren nicht notwendig mit aufsteigendem Alter (Bader/Bram-*Volk* Rn 324baA *BAG* 6.11.2008 DB 2009, 626, zu B I 2b bb (1)). Eine typisierende **lineare Anknüpfung** an das Kriterium »Alter« ist aber nicht zu beanstanden (s. iE Rdn 732).

(2) Dauer des Arbeitsverhältnisses

Je länger ein Arbeitsverhältnis zu demselben Arbeitgeber bzw. dessen Rechtsvorgänger dauert, desto mehr richtet sich der Arbeitnehmer beruflich und privat darauf ein und vertraut auf dessen Fortbestand. Dieses Vertrauen verdient Schutz (*BAG* 6.2.2003 EzA § 1 KSchG Soziale Auswahl Nr. 51, zu II 1b bb (1); LKB-*Krause* Rn 930; TRL-*Thüsing* Rn 837). Das stimmt mit der gesetzgeberischen Wertung überein, in § 10 KSchG bei der Höhe einer Abfindung nach der Dauer des Arbeitsverhältnisses zu differenzieren und in § 1 Abs. 1 den Beginn des Kündigungsschutzes an die Dauer des Arbeitsverhältnisses in demselben Unternehmen zu knüpfen. Daher ist die mit dem Kriterium verbundene mittelbare Schlechterstellung jüngerer Arbeitnehmer mit dem **Verbot der Altersdiskriminierung** uneingeschränkt vereinbar, so lange auch die anderen Auswahlkriterien hinreichend berücksichtigt werden. Dasselbe gilt, soweit vergleichbare Arbeitnehmerinnen gegenüber männlichen Kollegen durchschnittlich kürzere Beschäftigungszeiten aufweisen (*v. Medem* S. 498 ff.; HaKo-AGG/*Däubler* § 7 Rn 292; DDZ-*Deinert* Rn 533; APS-*Kiel* Rn 635; SPV-*Preis* Rn 1081; HaKo-ArbR/*Schubert* Rn 565; *Kamanabrou* RdA 2007, 199, 202). Eine uU diskriminierende Einstellungspraxis des Arbeitgebers in der Vergangenheit beseitigt die Schutzbedürftigkeit länger beschäftigter Arbeitnehmer nicht (*v. Medem* S. 511 ff.). 730

Da danach sowohl in § 1 Abs. 1 als auch in § 1 Abs. 3 S. 1 die Dauer des Arbeitsverhältnisses Kriterium für den Kündigungsschutz ist (in Abs. 1 für den Beginn und in Abs. 3 S. 1 für die Verstärkung des Schutzes), ist sie nach den gleichen Maßstäben zu bestimmen. Daher sind bei der Sozialauswahl **frühere Beschäftigungszeiten** im Unternehmen und Zeiträume des Ruhens des Arbeitsverhältnisses wie bei der Berechnung der Wartezeit zu berücksichtigen (*BAG* 6.2.2003 EzA § 1 KSchG Soziale Auswahl Nr. 51, zu II 1b bb (1); 2.6.2005 EzA § 1 KSchG Soziale Auswahl Nr. 61, zu II 2b; LKB-*Krause* Rn 932; weitergehend LSSW-*Schlünder* Rn 450; zur Berechnung der Wartezeit s. Rdn 106 ff.). Durch Vereinbarung zwischen Arbeitgeber und Arbeitnehmer können darüber hinaus ebenso wie bei der Wartezeit an sich nicht anrechnungsfähige **frühere Beschäftigungszeiten** bei demselben Arbeitgeber und Zeiten der Beschäftigung bei einem anderen Unternehmen auf die Dauer der Betriebszugehörigkeit angerechnet werden, sofern dies nicht kollusiv zum Zweck der Umgehung der Sozialauswahl geschieht (*BAG* 2.6.2005 EzA § 1 KSchG Soziale Auswahl Nr. 63, zu B I 4b aa; LKB-*Krause* Rn 933; HaKo-KSchR/*Zimmermann* Rn 863; APS-*Kiel* Rn 634; *Künzl* ZTR 1996, 390; aA *Matz* FA 2003, 168, der dies als unzulässigen Vertrag zu Lasten Dritter ansieht). Ein zeitlicher Zusammenhang zwischen der Vereinbarung und der Kündigung kann für eine Missbrauchsabsicht sprechen. Das *BAG* verlangt darüber hinaus einen sachlichen Grund für die Anrechnungsvereinbarung, der etwa vorliegen kann, wenn sie in einem gerichtlichen Vergleich zur Beendigung eines Rechtsstreits über das Vorliegen eines Betriebsübergangs getroffen wird (2.6.2005 EzA § 1 KSchG Soziale Auswahl Nr. 63, zu B I 4b aa). Sind die Voraussetzungen eines **Betriebsübergangs** erfüllt, ergibt sich die Anrechnung der beim Betriebsveräußerer verbrachten Zeit aus § 613a Abs. 1 S. 1 BGB. 731

(3) Lebensalter

Mit dem Auswahlkriterium »Alter« wird den verbreitet zum Alter umgekehrt proportionalen Arbeitsmarktchancen von Arbeitnehmern Rechnung tragen. Hinzu kommt die im höheren Alter typischerweise abnehmende Mobilität. Da die Richtlinie 2000/78/EG nicht nur Diskriminierungen 732 wegen des höheren, sondern auch wegen des niedrigeren Alters untersagt (*Schmidt/Senne* RdA 2002, 80; *Annuß* BB 2006, 325), ist die Vereinbarkeit dieser Auslegung mit den unionsrechtlichen Vorgaben diskutiert worden, weil sie undifferenziert steigendes Alter privilegiere und zudem wegen des Kriteriums »Dauer der Betriebszugehörigkeit« ältere Arbeitnehmer häufig doppelt bevorzuge (*Richardi* NZA 2006, 881, 884; *Röder/Krieger* FA 2006, 199, 200; *Waas* ZESAR 2006, 289, 292). Dies wurde in der Literatur vor der Entscheidung des *EuGH* in der Rechtssache Mangold/ Helm (25.11.2005 EzA § 14 TzBfG Nr. 21) als unproblematisch erachtet (etwa SPV-*Preis* 8. Aufl. Rn 1102; *Schmidt/Senne* RdA 2002, 80, 84; *Linsenmaier* RdA Sonderbeilage Heft 5/2003, 22, 32; *Waltermann* NZA 2005, 1265, 1269; *Reichold/Hahn/Heinrich* NZA 2005, 1270, 1275; *Lunk* NZA Beilage 1/2005, 41, 43), insbes. weil es sich um eine nach Art. 6 Abs. 1 S. 1, 2a der Richtlinie zugelassene Maßnahme der Beschäftigungspolitik und eine nach Art. 7 Abs. 1 zulässige positive Maßnahme zum Ausgleich der Nachteile älterer Arbeitnehmer handele. Letztlich komme es auf die typisierend zu prognostizierende Lage auf dem jeweils einschlägigen Arbeitsmarkt an (*Annuß* BB 2006, 325, 326; 1629, 1633 f.; *Löwisch* BB 2006, 2582, 2583; *Kamanabrou* RdA 2007, 199, 202; *Hamacher/Ulrich* NZA 2007, 657, 662; *Brors* AuR 2008, 288, 290; für eine Unanwendbarkeit des Kriteriums »Alter« *Kopke* ZRP 2009, 41, 42; aA *BAG* 6.11.2008 EzA § 1 KSchG Soziale Auswahl Nr. 82, zu B I 2b bb (1); s.a. Rdn 729; 12.3.2009 EzA § 1 KSchG Interessenausgleich Nr. 17, zu B I 3d bb (2) (b); *Bauer/Krieger/Günther* § 10 AGG Rn 45–45l, die in dem Kriterium »ansteigendes Alter« einen hinreichenden Bezug zu den jeweiligen Chancen auf dem Arbeitsmarkt sehen). Eine solche Differenzierung nach den nur schwer zu ermittelnden, gerade aktuellen Verhältnissen auf dem jeweils spezifischen Arbeitsmarkt ist nach zutreffendem Verständnis jedoch nicht erforderlich (ebenso LKB-*Krause* Rn 938). Nach aller Erfahrung sinken mit steigendem Lebensalter die Vermittlungschancen auf dem Arbeitsmarkt. Hinzu kommt, dass die Chancen auf dem Arbeitsmarkt häufig mit der Flexibilität des Arbeitsuchenden zusammenhängen. Älteren Arbeitnehmern bereitet ein Arbeitsplatzwechsel mit den damit verbundenen Folgen aber erfahrungsgemäß mehr Schwierigkeiten als jüngeren. Es ist daher auch mit den unionsrechtlichen Vorgaben vereinbar, die Chancen auf dem Arbeitsmarkt durch eine **linear ansteigende Berücksichtigung** des Kriteriums »Alter« typisierend und nicht individuell in die Sozialauswahl einzubeziehen (*BAG* 15.12.2011 EzA § 1 KSchG Soziale Auswahl Nr. 84, Rn 56), allerdings begrenzt durch den Eintritt der Regelaltersrentenberechtigung (s. dazu nachfolgend Rdn 733).

733 Zulässig ist es aber auch, das »Alter« nicht rein linear in die Sozialauswahl einzustellen, sondern der **Ambivalenz des Auswahlkriteriums** Rechnung zu tragen (vgl. dazu *BAG* 24.3.1983 EzA § 1 KSchG Betriebsbedingte Kündigung Nr. 21; 21.1.1999 EzA § 1 KSchG Soziale Auswahl Nr. 39, zu II 2b bb). So nimmt die soziale Schutzbedürftigkeit wieder ab, wenn der Arbeitnehmer nur noch einen verhältnismäßig kurzen Zeitraum bis zur Regelaltersrente überbrücken muss, was eine **Kappung der Progressionswirkung** – also eine Begrenzung der Bevorzugung – des aufsteigenden Alters von einer bestimmten Altersgrenze an, etwa der Vollendung des 60. Lebensjahres, unbedenklich erscheinen lässt (*v. Medem* S. 539, 541; LKB-*Krause* Rn 940; DDZ-*Deinert* Rn 541; HK-*Dorndorf* Rn 1983; *Rost* ZIP 1982, 1398; aA *Bütefisch* S. 263). Ist ein Arbeitnehmer bereits regelaltersrentenberechtigt, ist er hinsichtlich des Kriteriums »Lebensalter« sogar deutlich weniger schutzbedürftig als ein Arbeitnehmer, der noch keine Altersrente beanspruchen kann (*BAG* 27.4.2017 EzA § 1 KSchG Soziale Auswahl Nr. 89; zust. *Polzer* EWiR 2017, 701). Ab dieser Grenze wirkt sich das höhere Lebensalter damit nicht mehr nur nicht zusätzlich begünstigend, sondern sogar nachteilig für den Betroffenen aus. Arbeitnehmern, die im Kündigungszeitpunkt bereits Anspruch auf eine **Regelaltersrente** haben, steht dauerhaft ein Ersatzeinkommen für das zukünftig entfallende Arbeitseinkommen zur Verfügung. Sie haben auch keinen Anspruch auf öffentlich-rechtliche Entgeltersatzleistungen. Auch § 41 S. 1 SGB VI verbietet es nicht, die Möglichkeit, eine Regelaltersrente zu beziehen, im Rahmen der Sozialauswahl nach § 1 Abs. 3 S. 1 zulasten des Rentenberechtigten zu berücksichtigen. Die Vorschrift stellt lediglich klar, dass eine Kündigung nicht allein dadurch iSv § 1 Abs. 2 S. 1 aus Gründen in der Person des Arbeitnehmers sozial gerechtfertigt (»bedingt«) sein kann, dass er Anspruch auf eine Rente wegen Alters hat. Es handelt sich um eine Parallelregelung zu § 8 Abs. 1 Hs. 1

ATG, wonach das Recht zur Inanspruchnahme von Altersteilzeit nicht als eine die Kündigung des Arbeitsverhältnisses durch den Arbeitgeber »begründende« Tatsache iSd § 1 Abs. 2 S. 1 gilt. Demgegenüber fehlt es in § 41 SGB VI an einer Regelung wie § 8 Abs. 1 Hs. 2 ATG, der ausdrücklich bestimmt, dass die Möglichkeit eines Arbeitnehmers, Altersteilzeit in Anspruch zu nehmen, bei der Sozialauswahl nicht zu seinem Nachteil berücksichtigt werden kann. Die vergleichbare Regelung in § 41 Abs. 4 S. 2 SGB VI wurde zum 1. Januar 1998 gestrichen und untersagte im Übrigen nur die Berücksichtigung einer vorgezogenen Altersrente bei der Sozialauswahl. Die Berücksichtigung der Regelaltersrentenberechtigung zulasten des Arbeitnehmers bei der Sozialauswahl verfolgt auch ein rechtmäßiges Ziel iSv Art. 6 Abs. 1 Unterabs. 1 Richtlinie 2000/78/EG (*BAG* 27.4.2017 EzA § 1 KSchG Soziale Auswahl Nr. 89). Es handelt sich um ein Instrument der nationalen Arbeitsmarktpolitik, mit dem über eine gerechtere Beschäftigungsverteilung zwischen den Generationen die wirtschaftliche Existenz von Arbeitnehmern durch den Verbleib in Beschäftigung gesichert werden soll (zu Altersgrenzen: *EuGH* 5.7.2012 – C-141/11, [Hörnfeldt] Rn 29). Dagegen ist es trotz Aufhebung von § 41 Abs. 4 S. 2 SGB VI aF nicht gerechtfertigt, die Möglichkeit der Inanspruchnahme von **vorgezogenem Altersruhegeld** zum Nachteil des Arbeitnehmers heranzuziehen (*LAG Köln* 13.7.2005 LAGE § 1 KSchG Soziale Auswahl Nr. 51, zu II 2c; 2.2.2006 LAGE § 1 KSchG Soziale Auswahl Nr. 51a; *v. Medem* S. 542; HaKo-ArbR/*Schubert* Rn 568; HaKo-AGG/*Brors* § 10 Rn 54; *Bütefisch* S. 261; aA *LAG Nds.* 23.5.2005 LAGE § 1 KSchG Soziale Auswahl Nr. 50, zu I 1a; ErfK-*Oetker* Rn 332a; LKB-*Krause* Rn 940; SPV-*Preis* Rn 1084 f.). Zur Vermeidung einer gegen §§ 1, 7 AGG verstoßenden Benachteiligung wegen des Alters und ggf. bei entsprechenden vorgezogenen Rentenansprüchen wegen des Geschlechts oder der Schwerbehinderung muss es dem Arbeitnehmer überlassen bleiben, ob er die mit dem vorgezogenen Altersruhegeld verbundenen Versorgungsnachteile hinnehmen will. Für die Möglichkeit, **Altersteilzeit** in Anspruch zu nehmen, ist dies in § 8 Abs. 1 ATG ausdrücklich entsprechend geregelt. Teilweise wird weiter vorgeschlagen, das Alter erst **von einer bestimmten Altersgrenze an** zu berücksichtigen, etwa von der Vollendung des 40. Lebensjahres an (LKB-*Krause* Rn 939). Auch dies kann angesichts des Umstands, dass ein Altersunterschied für die Chancen auf dem Arbeitsmarkt in jüngeren Jahren oft nicht relevant ist, im Einzelfall sachgerecht sein (vgl. *BAG* 21.1.1999 EzA § 1 KSchG Soziale Auswahl Nr. 39, zu II 2 b bb).

Da das Kriterium Alter auch eine von der Einstellung älterer Arbeitnehmer abschreckende Wirkung hat und es zumindest zweifelhaft ist, ob es insgesamt die Beschäftigung Älterer fördert, wird rechtspolitisch eine **Streichung dieses Kriteriums** zugunsten einer unmittelbar auf die Chancen auf dem Arbeitsmarkt abstellenden Regelung erwogen (so *Preis* Alternde Arbeitswelt B Rn 1 ff.; *Giesen* NZA 2008, 905, 908; aA *Brors* AuR 2008, 288, die von einer mit Art. 8 Abs. 2 der Richtlinie 2000/78/EG unvereinbaren Absenkung ausgeht; es geht dabei aber nicht um die Absenkung von Diskriminierungsschutz). Das hätte jedoch den Nachteil, den deutlich einfacher durchzuführenden Vergleich anhand des Alters für ein im Einzelfall nur schwer durch andere Parameter zu bestimmendes Kriterium aufzugeben. 734

(4) **Unterhaltspflichten**

Der Auswahlgesichtspunkt der Unterhaltspflichten ist ebenso wie das Lebensalter eine **ambivalente Größe**. Der soziale Aussagewert dieses Kriteriums hängt von zahlreichen Faktoren ab (zB Alter, Einkünfte, Gesundheitszustand, Unterbringung der unterhaltsberechtigten Personen, Unterhaltsleistungen von Dritten, Höhe des Familieneinkommens), ist aber in Zeiten hoher Arbeitslosigkeit von besonderem Gewicht (*Lingemann* BB 2000, 1835). Seine Berücksichtigung ist mit dem Verbot der Diskriminierung wegen des Alters vereinbar, da Unterhaltslasten nicht signifikant auf bestimmte Altersgruppen verteilt sind. Zudem wäre eine Ungleichbehandlung nach Art. 2 Abs. 2b iVm dem Erwägungsgrund 22 der Richtlinie durch den Versorgungszweck der Unterhaltsleistungen gerechtfertigt (*v. Medem* S. 544). 735

736 Unter **Unterhaltspflichten** sind aus Gründen der Rechtsklarheit alle gesetzlichen Unterhaltspflichten, nicht aber freiwillige Unterstützungsleistungen zu verstehen (*LAG Düsseld.* 4.11.2004 LAGE § 1 KSchG Soziale Auswahl Nr. 47, zu A II 3b bb (1); LSSW-*Schlünder* Rn 453; HaKo-KSchR/*Zimmermann* Rn 866; SPV-*Preis* Rn 1087; aA für Bedarfsgemeinschaften iSv § 9 SGB II HaKo-ArbR/*Schubert* Rn 569; für eine Berücksichtigung auch von vertraglich begründeten Leistungspflichten AR-*Kaiser* Rn 208), und zwar auch im Ausland zu erfüllende (*LAG Nds.* 12.12.2003 NZA-RR 2005, 524, zu II 1b) oder auch durch ausländische Gesetze begründete (Bader/Bram-*Volk* Rn 325). Dazu gehören auch Unterhaltspflichten gegenüber **Lebenspartnern** nach §§ 5, 16 LPartG (*Bader* FS Schwab S. 973, 975; APS-*Kiel* Rn 644; DDZ-*Deinert* Rn 544; HaKo-ArbR/*Schubert* Rn 569). Deren Gleichsetzung mit sonstigen gesetzlichen Unterhaltspflichten ergibt sich nicht nur aus einer Auslegung der gesetzlichen Regelung. Sie dürfte auch unionsrechtlich geboten sein, da angesichts des identischen Versorgungszwecks anderenfalls eine gegen Art. 1, 2 Abs. 2a Richtl. 2000/78/EG verstoßende Diskriminierung wegen der sexuellen Ausrichtung einträte (zu einer vergleichbaren Konstellation *EuGH* 1.4.2008 EzA EGV 1999 Richtl. 2000/78 Nr. 4, zu Rn 65 ff.; einen Verstoß gegen Art. 3 Abs. 1 GG erwägend TRL-*Thüsing* Rn 845). Unterstützungsleistungen in einer **nichtehelichen Lebensgemeinschaft** sind dagegen nicht zu berücksichtigen (APS-*Kiel* Rn 645; LKB-*Krause* Rn 942). Angesichts der in §§ 1603 Abs. 2, 1609 Nr. 1 BGB zum Ausdruck kommenden gesetzgeberischen Wertung darf Unterhaltspflichten gegenüber **Kindern** kein geringeres Gewicht beigemessen werden als gegenüber Ehegatten (*Kaiser* FS Birk S. 283, 289 ff.; *dies.* NZA 2008, 665, 668). Gleichermaßen sind gesetzliche Unterhaltspflichten gegenüber den **Eltern** und **geschiedenen Ehepartnern** des Arbeitnehmers zu berücksichtigen (SPV-*Preis* Rn 1087; HaKo-ArbR/*Schubert* Rn 569; aA *Kaiser* FS Birk S. 283, 301 f., 306; AR-*Kaiser* Rn 223, 225, da der Arbeitnehmer typischerweise daran kein gesteigertes Interesse habe; dies ist aber zumindest die Eltern betreffend in der Sache falsch und rechtlich irrelevant, weil § 1 Abs. 3 S. 1 allein auf das Bestehen der Unterhaltspflichten und nicht auf das persönliche Verhältnis zwischen Unterhaltsgläubiger und -schuldner abstellt). Ebenso sind Unterhaltspflichten gegenüber der Mutter eines nichtehelichen Kindes (§ 1615l BGB) zu berücksichtigen. Die in §§ 1603 Abs. 2, 1609 BGB geregelten **Rangverhältnisse konkurrierender Unterhaltsgläubiger** müssen bei der Sozialauswahl nicht beachtet werden (aA *Kaiser* FS Birk S. 283, 292 f.). Sie bestimmen, welche Unterhaltsgläubiger in Mangelfällen Vorrang genießen. Für die Sozialauswahl relevant ist dagegen allein der Umstand, dass der Arbeitnehmer zur Zahlung einer Form von Unterhalt verpflichtet ist. Dies schließt es nicht aus, dass der Arbeitgeber im Rahmen seines Ermessens die familienrechtlichen Wertungen übernimmt und etwa dem Unterhalt gegenüber einem minderjährigen Kind größeres Gewicht einräumt als gegenüber einem geschiedenen Ehepartner (*Kaiser* NZA 2008, 665, 668 ff.).

737 Maßgeblich ist der Umfang der gegen den Arbeitnehmer gerichteten unterhaltsrechtlichen Ansprüche. Ob er diese freiwillig erfüllt, ist kündigungsschutzrechtlich nicht relevant (HaKo-KSchR/*Zimmermann* Rn 867; ErfK-*Oetker* Rn 333a). Es kommt nicht nur auf die Anzahl der Unterhaltsberechtigten an, sondern auch auf die **Höhe der Unterhaltsleistungen**, zu denen der Arbeitnehmer verpflichtet ist (*LAG Hamm* 21.8.1997 LAGE § 102 BetrVG 1972 Nr. 62; *Preis* NZA 1997, 1084; *Ascheid* RdA 1997, 336; LKB-*Krause* Rn 944; TRL-*Thüsing* Rn 844; vgl. *BAG* 8.8.1985 EzA § 1 KSchG Soziale Auswahl Nr. 21, zu A III 2b cc; aA AR-*Kaiser* Rn 218; *dies.* FS Birk S. 283, 291; *Fischermeier* NZA 1997, 1094). Wollte man nur auf die Anzahl der Unterhaltsberechtigten abstellen, würden Bagatellunterhaltsleistungen mit Unterhaltszahlungen gleichgesetzt, die einen Großteil des Einkommens des Arbeitnehmers binden. Dann hätte die Berücksichtigung von Unterhaltspflichten nur statistischen Wert. Nach dem Sinn des Gesetzes sollen mit der Berücksichtigung von Unterhaltspflichten aber die damit verbundenen Belastungen des Arbeitnehmers in die Sozialauswahl einbezogen werden (ebenso HK-*Dorndorf* Rn 1075; *Fröhlich* LAG-Report 2005, 257, 259). Im Rahmen des Ermessens des Arbeitgebers ist allerdings schon deshalb eine Typisierung zulässig, weil eine Ermittlung der konkreten Höhe der ohnehin wechselnden Unterhaltspflichten kaum durchführbar wäre. Unerhebliche Unterschiede können daher berücksichtigt werden, müssen es jedoch nicht.

738 Folgerichtig mindert sich die Unterhaltspflicht des Arbeitnehmers, wenn andere Personen entsprechende Unterhaltsleistungen erbringen. Das gilt insbes., wenn der Ehegatte auch Arbeitseinkommen

erzielt (sog. **Doppelverdienst**). In diesem Fall verringert sich die Pflicht des Arbeitnehmers zu Unterhaltsleistungen sowohl gegenüber dem Ehegatten als auch ggf. gegenüber gemeinsamen Kindern (*LAG Düsseld.* 4.11.2004 LAGE § 1 KSchG Soziale Auswahl Nr. 47, zu A II 3b bb (2); ErfK-*Oetker* Rn 333a; KPK-*Schiefer* Rn 1200; LSSW-*Schlünder* Rn 456; DDZ-*Deinert* Rn 547; aA mit dem Hinweis auf familienrechtliche Wertungen, die dem Anliegen der Sozialauswahl jedoch nicht gerecht werden, *Kaiser* FS Birk S. 283, 296 ff.). Die damit ggf. verbundene mittelbare Benachteiligung von Frauen, deren Ehemänner Arbeitseinkommen beziehen, ist gerechtfertigt, da die gesetzlich gebotene Berücksichtigung von Unterhaltslasten ihrerseits sachlich gerechtfertigt ist (KR-*Treber/Plum* § 3 AGG Rdn 42; HK-*Dorndorf* Rn 1077). Dagegen kann ein Arbeitnehmer nicht darauf verwiesen werden, seinen Lebensunterhalt mit dem Einkommen des Ehegatten zu bestreiten. Doppelverdienst begrenzt also zwar die Bevorzugung eines Arbeitnehmers aufgrund von Unterhaltspflichten, darf ihn jedoch nicht zusätzlich gegenüber Arbeitnehmern ohne Unterhaltspflichten benachteiligen (*BAG* 29.1.2015 EzA § 1 KSchG Soziale Auswahl Nr. 87, Rn 23).

Als Unterhaltsleistung sind nicht nur Geldzahlungen, sondern ebenso die **Betreuung von Kindern** und die **Pflege pflegebedürftiger unterhaltsberechtigter Verwandter** des Arbeitnehmers zu dessen Gunsten zu bewerten (*Kaiser* FS Birk S. 283, 294; DDZ-*Deinert* Rn 549). Dies gilt auch, soweit die Pflege nicht unmittelbar Kosten auslöst (**aA** zum alten Recht *BAG* 18.1.1990 EzA § 1 KSchG Soziale Auswahl Nr. 28, zu II 5; ebenso APS-*Kiel* Rn 648). Die Pflegeleistungen selbst haben einen Vermögenswert und reduzieren gleichzeitig die Chancen des Arbeitnehmers auf dem Arbeitsmarkt, da sie seine räumliche Mobilität einschränken (*LAG Nds.* 16.8.2002 LAGE § 1 KSchG Soziale Auswahl Nr. 40, zu A I 2b). 739

Da mit dem Kriterium der Unterhaltspflichten die zukünftigen Auswirkungen der Kündigung auf die wirtschaftliche Lage des Arbeitnehmers in die Auswahl einbezogen werden sollen, können auch für den Arbeitgeber bei Ausspruch der Kündigung etwa wegen einer Schwangerschaft einer Arbeitnehmerin oder der Ehefrau eines Arbeitnehmers erkennbar **bevorstehende Unterhaltspflichten** zu berücksichtigen sein (*BAG* 24.3.1983 EzA § 1 KSchG Betriebsbedingte Kündigung Nr. 21; *ArbG Bln.* 16.2.2005 RzK I 5d Nr. 146; ErfK-*Oetker* Rn 333). Entsprechendes gilt für den absehbaren Wegfall bestehender Unterhaltspflichten (Bader/Bram-*Volk* Rn 325c/d). In diesem Fall kann die Belastung geringer gewichtet werden (jeweils aA APS-*Kiel* Rn 646; AR-*Kaiser* Rn 211 f.; *Kaiser* FS Birk S. 283, 307). 740

Die anderen Auswahlkriterien haben gegenüber dem der Unterhaltspflichten keinen generellen oder absoluten Vorrang. Es gibt weder einen gesetzlichen noch sonst allgemeinverbindlichen Bewertungsmaßstab dafür, wie die einzelnen Sozialdaten zueinander ins Verhältnis zu setzen sind (*BAG* 18.10.1984 EzA § 1 KSchG Betriebsbedingte Kündigung Nr. 34). Deshalb ist auch eine schematische Betrachtung abzulehnen. Es bedarf vielmehr einer **einzelfallbezogenen Abwägung** (*BAG* 9.10.1986 RzK I 5d Nr. 16; 8.8.1985 EzA § 1 KSchG Soziale Auswahl Nr. 21; APS-*Kiel* Rn 658; *Linck* S. 113 f.). Dabei sind die individuellen Unterschiede zwischen den vergleichbaren Arbeitnehmern und deren »Sozialdaten« zu berücksichtigen (*BAG* 29.1.2015 EzA § 1 KSchG Soziale Auswahl Nr. 87, Rn 11). Es bedarf einer Gesamtschau von einerseits absoluter Differenz und andererseits prozentualem Verhältnis der jeweiligen Unterschiede (*BAG* 29.1.2015 EzA § 1 KSchG Soziale Auswahl Nr. 87, Rn 11; *LAG Hamm* 21.10.2008 LAGE § 1 KSchG Soziale Auswahl Nr. 57a, zu II 1b bb (1)). Eine starke Gewichtung der Unterhaltspflichten gegenüber den anderen Kriterien kann im Rahmen des Ermessens des Arbeitgebers vertretbar sein, da die Auswahlkriterien Betriebszugehörigkeit und Lebensalter anderenfalls ältere Arbeitnehmer überproportional begünstigen könnten (*BAG* 29.1.2015 EzA § 1 KSchG Soziale Auswahl Nr. 87, Rn 17; 5.12.2002 EzA § 1 KSchG Soziale Auswahl Nr. 49, zu B III 5; für eine starke Gewichtung von Unterhaltspflichten *Kopke* NJW 2006, 1040). 741

(5) Schwerbehinderung

Die Schwerbehinderung war bereits nach der Rechtslage vor dem 1.1.2004 bei der Sozialauswahl zwingend zugunsten des betroffenen Arbeitnehmers zu berücksichtigen (*BAG* 18.1.1990 EzA § 1 742

KSchG Soziale Auswahl Nr. 28; *Bütefisch* S. 248). Relevant ist dieses Kriterium nur, wenn das Integrationsamt der Kündigung des schwerbehinderten Menschen zum Kündigungszeitpunkt bereits zugestimmt oder ein Negativattest erteilt hat (s. Rdn 717). Wer schwerbehindert ist, ergibt sich aus der gesetzlichen Definition von § 2 Abs. 2 SGB IX. Unter § 1 Abs. 3 S. 1 fallen dem Rechtsgedanken des § 151 Abs. 1 SGB IX nach auch Schwerbehinderten gleichgestellte behinderte Menschen (LKB-*Krause* Rn 947; APS-*Kiel* Rn 651; Bader/Bram-*Volk* Rn 325e; *Löwisch* BB 2004, 154; 347; *Quecke* RdA 2004, 86, 87 f.; *Bader* NZA 2004, 65, 74). Eine Anerkennung als Schwerbehinderter nach § 152 SGB IX ist formell nicht erforderlich (aA SPV-*Preis* Rn 1090), wohl aber wegen ihres konstitutiven Charakters die behördliche Gleichstellungsentscheidung (*Löwisch* BB 2004, 154 f.; *Bauer/Powietzka* NZA-RR 2004, 505, 508; für den Schutz nach § 85 SGB IX aF vgl. *BAG* 10.4.2014 EzA § 622 BGB 2002 Nr. 10, Rn 39; 24.11.2005 EzA § 1 KSchG Krankheit Nr. 51, zu B II 1 a). Auch die Anerkennung als Schwerbehinderter ist jedoch idR deshalb maßgeblich, weil der Arbeitgeber Schwerbehinderungen nur zu berücksichtigen braucht, wenn sie ihm bekannt sind (Bader/Bram-*Volk* Rn 325e; *Schiefer/Worzalla* NZA 2004, 345, 347; *Quecke* RdA 2004, 86, 88; *Bader* NZA 2004, 65, 74; *Spinner* RdA 2008, 153, 157; für eine Erkundigungspflicht bzw. -obliegenheit des Arbeitgebers APS-*Kiel* Rn 651; HWK-*Quecke* Rn 379). Ist die Schwerbehinderung nicht offensichtlich, muss der Arbeitgeber zum Kündigungszeitpunkt **laufende Anerkennungsverfahren** in die Auswahl nicht einbeziehen, insbesondere nicht, wenn das Versorgungsamt die Anerkennung zunächst abgelehnt hat. Ist das Bestehen der Schwerbehinderung unklar, kann sie nicht in dem maßgeblichen Zeitpunkt des Kündigungsausspruchs (s. Rdn 718) iSv § 1 Abs. 3 S. 1 berücksichtigt werden. Daher kann eine Sozialauswahl durch die spätere Anerkennung eines der einbezogenen Arbeitnehmer als Schwerbehinderter nicht rückwirkend unzutreffend werden (HWK-*Quecke* Rn 379; APS-*Kiel* Rn 652). Anderenfalls würde die für § 168 SGB IX geltende Rechtslage funktionswidrig auf die Sozialauswahl übertragen (für eine analoge Anwendung von § 173 Abs. 3 SGB IX TRL-*Thüsing* Rn 851). Die spätere Anerkennung kann nur zur Nichtigkeit einer gegenüber dem anerkannten Arbeitnehmer ausgesprochenen Kündigung nach §§ 168 SGB IX, 134 BGB führen.

743 Welches **Gewicht** der Schwerbehinderung bei der Sozialauswahl zukommt, hängt von den Umständen des Einzelfalls ab. Es bedarf einer einzelfallbezogenen Abwägung. Ggf. sind betriebliche Ursachen der Schwerbehinderung zu berücksichtigen (*Bütefisch* S. 248 f.). Da die Sozialauswahl idR nicht Gegenstand der Prüfung des Integrationsamts ist (vgl. *BVerwG* 11.11.1999 BVerwGE 110, 67, 73 f.; LPK-SGB IX/*Düwell* § 172 Rn 31), kann dem Kriterium der Schwerbehinderung nicht mit dem Hinweis auf den Sonderkündigungsschutz in der Sozialauswahl generell eine nur untergeordnete Bedeutung beigemessen werden (so aber *v. Hoyningen-Huene/Linck* 14. Aufl. Rn 947; zutr. aA LKB-*Krause* Rn 948; HWK-*Quecke* Rn 380; für eine besondere Gewichtung HaKo-ArbR/*Schubert* Rn 574). Im Rahmen des Auswahlkriteriums »Schwerbehinderung« sind diese Schwere nicht erreichende **Behinderungen** nicht berücksichtigungsfähig (APS-*Kiel* Rn 651; aA zu der vor dem 1.1.2004 geltenden Rechtslage *BAG* 17.3.2005 EzA § 1 KSchG Soziale Auswahl Nr. 58, zu B IV 3a). Dies ist wegen der größeren Beeinträchtigung Schwerbehinderter auch nicht aus anderen Gründen zwingend geboten (*Preis/Wolf* Anm. EzA EG-Vertrag 1999 Richtlinie 2000/78 Nr. 1, zu 3; *v. Medem* S. 547 f.; zweifelnd DDZ-*Deinert* Rn 554; aA HaKo-AGG/*Däubler* § 7 Rn 298). Die Möglichkeit der Gleichstellung gewährt leichter Behinderten einen hinreichenden Schutz.

(6) **Benachteiligungsverbote**

744 Durch eine Reihe sozialgesetzlicher Bestimmungen ist festgelegt, dass bestimmte Umstände nicht zuungunsten des Arbeitnehmers bei der sozialen Auswahl herangezogen werden dürfen. Zu diesen gehören die Inanspruchnahme von **Altersteilzeit** (§ 8 Abs. 1 ATG), die Einberufung des Arbeitnehmers zum **Wehrdienst** (§ 2 Abs. 2 ArbPlSchG), die Teilnahme an **Eignungsübungen** (§ 3 Abs. 10 ArbPlSchG) sowie die Teilnahme an Einsätzen und **Ausbildungsveranstaltungen des Zivilschutzes** (§§ 9 Abs. 2 und 13 Abs. 3 des Gesetzes über den Zivilschutz v. 9.8.1976 BGBl. I S. 2109). Für **Heimkehrer** bestand darüber hinaus ein besonderer Kündigungsschutz (§ 8 des Heimkehrergesetzes v. 19.6.1950 BGBl. I S. 931).

Für die nicht unter § 15 KSchG fallenden **betriebsverfassungsrechtlichen Funktionsträger** (zB   745
Mitglieder des Wirtschaftsausschusses, einer Einigungsstelle, einer tariflichen Schlichtungsstelle
oder einer betrieblichen Beschwerdestelle) ist im Rahmen der sozialen Auswahl das betriebsverfassungsrechtliche **Behinderungsverbot des § 78 BetrVG** zu beachten (zum zwingenden Charakter
dieser Bestimmung *Richardi/Thüsing* § 78 Rn 12 ff.; *Fitting* § 78 Rn 4). Dem Arbeitgeber ist es daher verwehrt, die Mitarbeit eines Arbeitnehmers in diesen betriebsverfassungsrechtlichen Einrichtungen bei der Auswahlentscheidung zu dessen Nachteil zu berücksichtigen. Da § 78 BetrVG auch
eine Bevorzugung dieses Personenkreises aufgrund ihrer Tätigkeit verbietet, ist es ebenfalls unzulässig, diesen Umstand zugunsten des Arbeitnehmers bei der sozialen Auswahl zu berücksichtigen.

(7) Ermittlung der Kriterien

Da der Vergleich der Kriterien Dauer des Arbeitsverhältnisses, Lebensalter, Unterhaltspflichten und   746
ggf. Schwerbehinderung Grundlage jeder Sozialauswahl ist, muss sich der Arbeitgeber von diesen
Kenntnis verschaffen. Zur Ermittlung der Daten kann er die betroffene Belegschaft nach deren
aktuellen Sozialdaten befragen. Die Befragung kann sich jedenfalls nach dem Ablauf der sechsmonatigen Wartefrist von § 173 Abs. 1 Nr. 1 SGB IX auch auf das Vorliegen einer Schwerbehinderung
oder einer Gleichstellung beziehen (zu § 90 Abs. 1 Nr. 1 SGB IX aF: *BAG* 16.2.2012 EzA § 3 AGG
Nr. 7 Rn 13). Im Normalfall kann sich der Arbeitgeber jedoch auf die von den Arbeitnehmern gemachten Angaben für die **Personalakten** und die **Lohnsteuerunterlagen** beschränken, auch wenn
die Angaben in den Lohnsteuerabzugsmerkmalen nur begrenzte Aussagekraft haben. Er muss vor
der Kündigung nur weitere Ermittlungen aufnehmen, wenn Anhaltspunkte zu Zweifeln an der
Vollständigkeit und Richtigkeit der vorliegenden Daten besteht (*BAG* 17.1.2008 EzA § 1 KSchG
Soziale Auswahl Nr. 80, zu B I 3). Führen falsche oder unzureichende Angaben des Arbeitnehmers
zu einer unzutreffenden Sozialauswahl und deshalb zur Kündigung des Arbeitnehmers, kann er
sich im Kündigungsschutzprozess nach Treu und Glauben (§ 242 BGB) nicht auf **nicht mitgeteilte
Auswahlgesichtspunkte** berufen (*LAG BW* 9.11.1990 LAGE § 102 BetrVG 1972 Nr. 25; *LAG
Hamm* 21.8.1997 LAGE § 1 KSchG Soziale Auswahl Nr. 21, zu 1.3.5; *LAG Köln* 12.11.1999 FA
2000, 201 LS, zu I 3; HaKo-KSchR/*Zimmermann* Rn 872; entsprechend für das Kriterium der
Schwerbehinderung *Quecke* RdA 2004, 86, 88; *Bader* NZA 2004, 65, 74; **aA** – für eine generelle
Erkundigungspflicht des Arbeitgebers insbesondere hinsichtlich Unterhaltspflichten – *LAG Hamm*
29.3.1985 LAGE § 1 KSchG Soziale Auswahl Nr. 1, zu I 2c; *LAG RhPf* 12.7.2006 NZA-RR 2007,
247; APS-*Kiel* Rn 655; SPV-*Preis* Rn 1089; LKB-*Krause* Rn 949 ff.; HaKo-ArbR/*Schubert* Rn 581;
HWK-*Quecke* Rn 377; AR-*Kaiser* Rn 213; *dies.* FS Birk S. 283, 308 ff.). Die Gegenansicht steht
im Widerspruch zu dem allgemeinen Grundsatz, dass mit Ausnahme der Verdachtskündigung der
Arbeitnehmer vor der Kündigung nicht zur Sachverhaltsaufklärung angehört werden muss (*BAG*
18.9.1997 EzA § 626 BGB nF Nr. 169, zu II 2a; 27.3.2002 AP EV Anl. I Art. XIX Nr. 28, zu
B II 2). Zudem ist der Arbeitnehmer für die Unterrichtung des Arbeitgebers über Änderungen
seiner Personalien verantwortlich (*BAG* 29.1.1997 EzA § 611 Aufhebungsvertrag Nr. 27, zu II 1b;
24.11.2005 EzA § 1 KSchG Krankheit Nr. 51, zu B I 2b). Der Arbeitgeber kann sich daher grundsätzlich auf die Richtigkeit der Angaben des Arbeitnehmers und die Daten in seinen Lohnsteuerabzugsmerkmalen verlassen. Andernfalls wären umfangreichere personelle Maßnahmen kaum auf
zumutbare Weise rechtssicher durchzuführen. Arbeitnehmer müssen damit rechnen, dass sich ihr
Arbeitgeber auf Angaben für den Lohnsteuerabzug verlässt, wenn sie keine anderweitigen Angaben
machen (*BAG* 24.11.2005 EzA § 1 KSchG Krankheit Nr. 51, zu B I 2b). Es bedarf deshalb nicht
einer arbeitsvertraglichen Verpflichtung des Arbeitnehmers zur Mitteilung von Änderungen seiner
Personaldaten (so aber *Spinner* RdA 2008, 153, 157).

Macht ein Arbeitnehmer gegenüber dem Arbeitgeber **unzutreffende Angaben** über seine Sozial-   747
daten, etwa über das Vorliegen einer Schwerbehinderung, kann es ihm nach den Grundsätzen der
unzulässigen Rechtsausübung verwehrt sein, sich im Kündigungsschutzprozess zu seinen Gunsten
auf die tatsächlich zutreffenden Daten zu berufen (vgl. *BAG* 16.2.2012 NZA 2012, 555, zu A IV).
Führen unzutreffende Angaben eines Arbeitnehmers zur Kündigung eines anderen Arbeitnehmers,
kann sich dieser im Kündigungsschutzprozess auf die richtigen Sozialdaten berufen, da er den zur

Unwirksamkeit der Kündigung führenden Irrtum des Arbeitgebers nicht veranlasst hat. Der Arbeitnehmer, der die unzutreffenden Angaben gemacht hat, kann gegenüber dem Arbeitgeber zum **Schadensersatz** verpflichtet sein, wozu die Kosten eines verlorenen Kündigungsschutzprozesses und Annahmeverzugslohnzahlungen an den gekündigten Arbeitnehmer gehören können (HaKo-KSchR/ *Zimmermann* Rn 873; APS-*Kiel* Rn 657; DW-*Dornbusch/Volk* Rn 550).

(8) **Gewichtung der Kriterien**

748 Der Gesetzgeber räumt **keinem der vier sozialen Grunddaten einen Vorrang** ein (*BAG* 5.12.2002 EzA § 1 KSchG Soziale Auswahl Nr. 49, zu III 4; 2.6.2005 EzA § 1 KSchG Soziale Auswahl Nr. 63, zu B I 4b bb (3); 9.11.2006 EzA § 1 KSchG Soziale Auswahl Nr. 71, zu B I 2d aa (1)). Damit hat jedes der vier Grunddaten an sich **gleiches Gewicht** (*ArbG Passau* 18.8.1997 RzK I 5d Nr. 60; *Bader* NZA 1996, 1128; *Klebe* AiB 1996, 718; *Zwanziger* AiB 2004, 11; *Ascheid* RdA 1997, 336; wegen § 10 KSchG für ein besonderes Gewicht der Beschäftigungsdauer LSSW-*Schlünder* Rn 459; diese Norm unterscheidet sich aber in Wortlaut und Zweck). Es fehlen verbindliche Bewertungsmaßstäbe dafür, wie die einzelnen Sozialdaten zueinander ins Verhältnis zu setzen sind (*BAG* 18.10.1984 EzA § 1 KSchG Betriebsbedingte Kündigung Nr. 34; 21.7.2005 EzA § 125 InsO Nr. 2, zu II 1c bb). Die Kriterien können je nach Branche, Arbeitsmarktlage und Persönlichkeit des Arbeitnehmers unterschiedliche Bedeutung haben. Damit ist eine objektive Gewichtung der Kriterien unmöglich; dem Arbeitgeber können daher keine abstrakten Vorgaben hinsichtlich der Gewichtung der Kriterien gemacht werden (*BAG* 5.12.2002 EzA § 1 KSchG Betriebsbedingte Kündigung Nr. 49, zu B III 1). Der Arbeitgeber hat bei der Gewichtung vielmehr einen **Beurteilungsspielraum** (s. Rdn 749 ff.).

hh) **Beurteilungsspielraum des Arbeitgebers**

749 Da der Gesetzgeber vom Arbeitgeber bei der Sozialauswahl nur eine »ausreichende« Berücksichtigung der sozialen Grunddaten Dauer der Betriebszugehörigkeit, Lebensalter, Unterhaltspflichten, Schwerbehinderung verlangt, hat er damit einerseits klargestellt, dass der Arbeitgeber weitere Sozialdaten nicht zu berücksichtigen braucht (*Löwisch* BB 2004, 154), andererseits wird dem Arbeitgeber damit bei der Gewichtung der sozialen Grunddaten ein Beurteilungsspielraum eingeräumt (*BAG* 15.6.1989 EzA § 1 KSchG Soziale Auswahl Nr. 27). Bei der Auslegung ist von der gesetzlichen Vorgabe der lediglich ausreichenden Berücksichtigung der Kriterien und der Unmöglichkeit der Bestimmung allgemein verbindlicher Kriterien auszugehen. Das BAG nimmt daher an, dass der Arbeitgeber alle vier Kriterien zwar berücksichtigen muss, deren Bedeutung aber selbst gewichten kann. Die Auswahl muss lediglich jedem der vier Kriterien noch ausreichend Rechnung tragen; nur insoweit ist sie gerichtlich überprüfbar. Diesen Anforderungen können im Einzelfall verschiedene Auswahlergebnisse entsprechen. Die aus Sicht des Gerichts optimale Wahl muss der Arbeitgeber nicht treffen. Damit können sich im Ergebnis nur deutlich schutzwürdigere Arbeitnehmer auf § 1 Abs. 3 S. 1 berufen (*BAG* 5.12.2002 EzA § 1 KSchG Soziale Auswahl Nr. 49, zu B III 3, 4a; 2.6.2005 EzA § 1 KSchG Soziale Auswahl Nr. 63, zu B I 4b bb (2)). Dagegen lässt sich eine Beschränkung der Überprüfung auf grobe Fehlerhaftigkeit bereits wegen der Gesetzessystematik nicht begründen (SPV-*Preis* Rn 1147; aA *Etzel* KR 7. Aufl., Rn 678h; *Zerres/Rhotert* FA 2004, 3; für eine Beschränkung des Wertungsspielraums auf Grenzfälle HK-*Schubert* Rn 584). Dann wären § 1 Abs. 4, Abs. 5 S. 2 überflüssig (DDZ-*Deinert* Rn 563).

750 Bei der Gewichtung der Kriterien sind auch sich **im Zeitpunkt der Kündigung abzeichnende Entwicklungen** zu berücksichtigen, die mit hoher Wahrscheinlichkeit in naher Zukunft zu sozialen Belastungen oder Entlastungen führen. Letzteres kommt etwa in Betracht, wenn ein unterhaltsberechtigtes Kind unmittelbar vor dem Beginn einer eigenen Berufstätigkeit steht, Ersteres etwa bei einer dem Arbeitgeber bekannten **Schwangerschaft** der Arbeitnehmerin oder der Ehefrau des Arbeitnehmers (*ArbG Bln.* 16.2.2005 BB 2006, 1455 LS; Bader/Bram-*Volk* Rn 325c/d).

751 Im Gegensatz zu der vor dem 1.1.2004 geltenden Rechtslage braucht der Arbeitgeber keine weiteren sozialen Gesichtspunkte zu berücksichtigen, so dass eine individuelle Abschlussprüfung der

Auswahl nicht erforderlich ist. **Auswahlrichtlinien** ermöglichen damit nicht nur eine Vorauswahl, sondern können vom Arbeitgeber zur **abschließenden Ermittlung** der sozial schutzwürdigsten Arbeitnehmer herangezogen werden (*BAG* 9.11.2006 EzA § 1 KSchG Soziale Auswahl Nr. 71, zu B I 2d aa (2)).

Streitig ist, ob die Auswahl nach der aktuellen Rechtslage zwingend auf die vier gesetzlichen Kriterien Betriebszugehörigkeit, Lebensalter, Unterhaltspflichten und Schwerbehinderung beschränkt ist oder ob der Arbeitgeber nach seinem Ermessen innerhalb seines Beurteilungsspielraums **weitere soziale Kriterien berücksichtigen** kann. Nach der Entwurfsbegründung zum Gesetz zu Reformen am Arbeitsmarkt sollen insoweit nur Umstände in Betracht kommen, die in einem unmittelbaren spezifischen Zusammenhang mit den Grunddaten stehen oder sich evident einsichtig aus betrieblichen Gegebenheiten herleiten, etwa Berufskrankheiten oder unverschuldete Arbeitsunfälle (BR-Drucks. 15/1204, S. 11). Da diese Intention im Gesetzeswortlaut, der allein eine ausreichende und nicht etwa eine ausschließliche Berücksichtigung der gesetzlichen Kriterien fordert, nicht zum Ausdruck gekommen ist, ist eine solche Auslegung nicht zwingend. Zudem wurde § 2 Abs. 2 S. 2 ArbPlSchG unverändert gelassen, wonach bei betriebsbedingten Kündigungen bei der Auswahl der zu Entlassenden der Wehrdienst eines Arbeitnehmers nicht zu dessen Ungunsten berücksichtigt werden darf. Weiter gilt nach wie vor § 8 Abs. 1 ATG, demgemäß bei der sozialen Auswahl die Möglichkeit zur Inanspruchnahme von Altersteilzeit nicht zum Nachteil des Arbeitnehmers berücksichtigt werden darf (s. Rdn 744). Diese Vorschriften wären überflüssig, wenn bei der Sozialauswahl ohnehin nur die vier Grunddaten berücksichtigt werden dürften. Daher sprechen bessere Gründe für die Ansicht, dass der Arbeitgeber nach wie vor weitere soziale Kriterien heranziehen kann, um eine größere Einzelfallgerechtigkeit zu erzielen, sofern er die gesetzlichen ausreichend berücksichtigt (HaKo-KSchR/*Zimmermann* Rn 861 f.; HWK-*Quecke* Rn 385; einen Zusammenhang mit den gesetzlichen Kriterien fordernd ErfK-*Oetker* Rn 335, SPV-*Preis* Rn 1091 und TRL-*Thüsing* Rn 852; noch enger APS-*Kiel* Rn 653 f.; differenzierend HaKo-ArbR/*Schubert* Rn 576 ff.). Soweit die Gegenansicht die Möglichkeit der Zugrundelegung weiterer Kriterien generell mit dem Hinweis auf andernfalls drohende Rechtsunsicherheit ablehnt (LKB-*Krause* Rn 928 f.), überzeugt dies nicht. Der Arbeitgeber kann sich ohnehin auf die gesetzlichen Kriterien beschränken. Der Arbeitnehmer ist in jedem Fall einer Ermessensentscheidung des Arbeitgebers ausgesetzt, die er nur bedingt prognostizieren kann.

Zwar könnten die Ausführungen des *BAG* unter B II 2b bb des Urteils vom 31.5.2007 (EzA § 1 KSchG Soziale Auswahl Nr. 77; vgl. für die Änderungskündigung auch *BAG* 29.1.2015 EzA § 1 KSchG Soziale Auswahl Nr. 87, Rn 12; 12.8.2010 EzA § 2 KSchG Nr. 79, Rn 46) ein gegenteiliges Verständnis andeuten (so *Spinner* RdA 2008, 153, 158), so dass sich angesichts der derzeitigen Rechtsunsicherheit Zurückhaltung bei der Heranziehung anderer Kriterien empfehlen mag (APS-*Kiel* Rn 653). Die Diskussion erscheint aber im Ergebnis entbehrlich. Eine Heranziehung anderer Kriterien kann jedenfalls nur insoweit in Betracht kommen, wie sich die Auswahl im Ergebnis noch im Rahmen des Beurteilungsspielraums des Arbeitgebers hält, dh die gesetzlichen Sozialauswahlkriterien ausreichend berücksichtigt wurden. Dann ist die Auswahl jedoch unabhängig von der Heranziehung weiterer Gesichtspunkte nicht zu beanstanden. Will der Arbeitgeber also zusätzliche soziale Kriterien berücksichtigen, muss gewährleistet sein, dass nach der danach vorgenommenen Auswahl bei einer Endkontrolle die gesetzlichen **Sozialdaten noch ausreichend berücksichtigt** sind.

Ein sozial schwächerer Arbeitnehmer kann zugunsten eines anderen auf seinen **Arbeitsplatz verzichten**. In diesem Fall fehlt bei wertender Betrachtung eine Kausalbeziehung zwischen der Weiterbeschäftigung des sozial stärkeren Arbeitnehmers und der Entlassung anderer (*LAG Hamm* 31.8.1994 LAGE § 1 KSchG Soziale Auswahl Nr. 13, zu 2c; SPV-*Preis* 9. Aufl., Rn 1146). Das BAG hat dies allerdings nur beschränkt auf Fälle angenommen, in denen zwischen dem verzichtenden und dem weiterbeschäftigten Arbeitnehmer familienrechtliche Beziehungen bestanden (so bei einem Verzicht eines Vaters zugunsten seines Sohns *BAG* 7.12.1995 EzA § 1 KSchG Soziale Auswahl Nr. 35 m. abl. Anm. *Schwarze* = BB 1996, 1992 m. abl. Anm. *Keppeler*; aA APS-*Kiel* Rn 648; LKB-*Krause* Rn 1006; HaKo-ArbR/*Schubert* Rn 571; nach HK-*Dorndorf* Rn 1077 und

LSSW-*Schlünder* Rn 455 beschränkt sich die Verzichtswirkung auf das Kriterium der Unterhaltspflichten, so dass rechtssicher nur der Abschluss eines Aufhebungsvertrages mit dem Vater und die Neueinstellung des Sohns sei).

ii) Auskunftsanspruch des Arbeitnehmers

755 Nach § 1 Abs. 3 S. 1, 2. Hs. hat der Arbeitgeber auf Verlangen des Arbeitnehmers diesem gegenüber die Gründe anzugeben, die zu der getroffenen sozialen Auswahl geführt haben. Diese gesetzliche Auskunftspflicht begründet für den Arbeitnehmer einen materiellrechtlichen Auskunftsanspruch. Die Regelung dient primär dem Zweck, dem Arbeitnehmer eine rechtzeitige Abwägung der mit einer Kündigungsschutzklage verbundenen Prozessrisiken zu ermöglichen (APS-*Kiel* Rn 664; LSSW-*Schlünder* Rn 492; HWK-*Quecke* Rn 438). Die Vorschrift bezweckt weiter, den Arbeitnehmer in die Lage zu versetzen, einen etwaigen Fehler in der sozialen Auswahl rügen zu können (§ 1 Abs. 3 S. 3; TRL-*Thüsing* Rn 901). Die dem Arbeitgeber obliegende Auskunftspflicht hat die prozessuale Auswirkung, dass im Kündigungsschutzprozess für die soziale Auswahl eine **abgestufte Verteilung der Darlegungslast** zwischen Arbeitgeber und Arbeitnehmer gilt (iE s. Rdn 760 ff.).

756 Im Unterschied zu § 626 Abs. 2 S. 3 BGB regelt das Gesetz nicht, in welchem Zeitraum der Arbeitgeber dem Auskunftsverlangen des Arbeitnehmers nachzukommen hat. Wegen der Vergleichbarkeit der Interessenlage ist es gerechtfertigt, die in § 626 Abs. 2 S. 3 BGB angeordnete **unverzügliche Mitteilung** (der Kündigungsgründe) auf die Regelung des § 1 Abs. 3 S. 1, 2. Hs. zu übertragen (APS-*Kiel* Rn 665; LKB-*Krause* Rn 976; SPV-*Preis* Rn 1133). Beide Mitteilungspflichten dienen dem Zweck, den Arbeitnehmer möglichst rasch nach Zugang der Kündigung in die Lage zu versetzen, die in einem Kündigungsrechtsstreit zu erwartenden Prozessrisiken abzuwägen. Auch bei einem bereits anhängigen Kündigungsrechtsstreit hat der Arbeitgeber dem Auskunftsverlangen des Arbeitnehmers unverzüglich nachzukommen, da für den Arbeitnehmer ansonsten die Gefahr besteht, dass er hinsichtlich der Rüge eines etwaigen Auswahlfehlers in Darlegungs- und Beweisschwierigkeiten gerät. Dabei kann in der Erhebung einer Kündigungsschutzklage unter pauschaler Berufung auf eine fehlerhafte Sozialauswahl idR die Geltendmachung des Auskunftsbegehrens gesehen werden (vgl. *W. Müller* DB 1975, 2135). An das Auskunftsverlangen des Arbeitnehmers sind generell **keine übertriebenen formalen Anforderungen** zu stellen. Es genügt jeder Vortrag des Arbeitnehmers, der seine Erwartung erkennen lässt, zunächst möge der Arbeitgeber die von ihm für maßgeblich gehaltenen Gründe für die soziale Auswahl nennen (*BAG* 8.8.1985 EzA § 1 KSchG Soziale Auswahl Nr. 21; 21.7.1988 EzA § 1 KSchG Soziale Auswahl Nr. 26). Der Arbeitnehmer muss daher nicht ausdrücklich erklären, er verlange Auskunft.

757 Die Mitteilungspflicht erstreckt sich nicht auf die Darlegung der **Kündigungsgründe** (hierzu s. Rdn 591). Der Auskunftsanspruch bezieht sich nach dem Gesetzeswortlaut allein auf die Gründe, die zu der getroffenen sozialen Auswahl geführt haben. Eine bestimmte Form für die Auskunft ist gesetzlich nicht vorgeschrieben. Daher kann eine **mündliche Unterrichtung** genügen (DW-*Dornbusch/Volk* Rn 561; aA *ArbG Hmb.* 29.3.1993 RzK I 5d Nr. 32). Bei komplexen Auswahlentscheidungen kann der Normzweck aber eine schriftliche Mitteilung gebieten, wenn der Arbeitnehmer andernfalls die mitzuteilenden Informationen nicht behalten und verwerten kann.

758 Der Arbeitgeber hat dem Arbeitnehmer die von ihm herangezogenen **Auswahlkriterien** als solche und den zu deren **Gewichtung herangezogenen Maßstab** (insoweit abl. *Schellenberg* PERSONAL 1989, 246) sowie die Namen der Arbeitnehmer mitzuteilen, die nach seiner Ansicht in die Sozialauswahl einzubeziehen sind (APS-*Kiel* Rn 664; SPV-*Preis* Rn 1133; TRL-*Thüsing* Rn 901; *Ascheid* RdA 1997, 339). Eine vollständige Auflistung der Sozialdaten aller vergleichbaren Arbeitnehmer des Betriebs ist nicht erforderlich. Andererseits reicht die abstrakte Mitteilung der Auswahlkriterien (zB Berufsgruppe, Alter, Dauer der Betriebszugehörigkeit, Familienstand) sowie deren Gewichtung allein nicht aus, weil daraus nicht ersichtlich wird, welche konkreten Arbeitnehmer nach Ansicht des Arbeitgebers zum auswahlrelevanten Personenkreis gehören (*BAG* 21.7.1988 EzA § 1 KSchG

Soziale Auswahl Nr. 26; krit. hierzu *Wolf* EWiR 1989, 613). Die Mitteilungspflicht erstreckt sich auch auf die Darlegung der **betrieblichen Interessen**, die einer Auswahl nach sozialen Gesichtspunkten entgegenstehen, und die Benennung der Arbeitnehmer, die deshalb von der Sozialauswahl ausgenommen wurden (*BAG* 17.11.2005 EzA § 125 InsO Nr. 4, zu 2c aa; APS-*Kiel* Rn 664; LSSW-*Schlünder* Rn 494; LKB-*Krause* Rn 976; *Ascheid* RdA 1997, 339). Dies ergibt sich zwar nicht aus dem Wortlaut, wohl aber aus dem Sinn und Zweck des Gesetzes. Bei Unkenntnis der für den Arbeitgeber maßgeblichen betrieblichen Gründe ist es dem Arbeitnehmer nicht möglich, die getroffene Auswahlentscheidung anzugreifen. Nur wenn der Arbeitnehmer Kenntnis davon erhält, aus welchen Gründen der Arbeitgeber die Weiterbeschäftigung eines oder mehrerer bestimmter Arbeitnehmer für notwendig erachtet, kann er sich darüber Klarheit verschaffen, ob für den Arbeitgeber überhaupt soziale Gesichtspunkte für die von ihm getroffene Auswahlentscheidung maßgeblich waren. Im Übrigen ist der Arbeitgeber im Kündigungsschutzprozess ohnehin darlegungs- und beweispflichtig für das Vorliegen berechtigter betrieblicher Interessen an der Weiterbeschäftigung bestimmter Arbeitnehmer.

Verstößt der Arbeitgeber gegen die ihm obliegende Mitteilungspflicht, indem er dem Auskunftsverlangen des Arbeitnehmers nicht, nicht rechtzeitig, nicht wahrheitsgemäß oder unvollständig nachkommt, führt dies nicht zur Sozialwidrigkeit der Kündigung (*LAG Hamm* 25.2.1977 DB 1977, 1055; LSSW-*Schlünder* Rn 495; LKB-*Krause* Rn 977; ErfK-*Oetker* Rn 341). Maßgeblich für die Frage, ob ein Fehler in der sozialen Auswahl vorliegt oder ob es ausnahmsweise keiner Auswahl nach sozialen Gesichtspunkten bedarf (§ 1 Abs. 3 S. 2), ist allein die objektive Rechtslage (s. aber Rdn 763 f.). Dem Arbeitnehmer steht es frei, sich durch andere Erkenntnisquellen (zB Befragung von Arbeitskollegen, Einschaltung des Betriebsrats) über die auswahlrelevanten Fakten zu unterrichten und diese Kenntnisse in den Kündigungsschutzprozess einzuführen. Gleichwohl ist die **schuldhafte Verletzung** der Mitteilungspflicht durch den Arbeitgeber nicht ohne jegliche Rechtsfolgen. Da es sich insoweit um eine gesetzlich angeordnete Nebenpflicht handelt, macht sich der Arbeitgeber wegen einer Pflichtverletzung (§ 280 BGB) **schadenersatzpflichtig**, sofern er dieser Pflicht schuldhaft nicht, nicht rechtzeitig oder nicht ordnungsgemäß nachkommt (*ArbG Kiel* 7.6.1978 BB 1978, 1167; APS-*Kiel* Rn 665; LSSW-*Schlünder* Rn 495). Zu den erstattungsfähigen Schäden gehören insbes. die **Prozesskosten**, soweit sie vom Ausschluss der Kostenerstattung nach § 12a Abs. 1 ArbGG nicht erfasst werden (LKB-*Krause* Rn 977; ErfK-*Oetker* Rn 341; vgl. *BAG* 17.8.1972 AP § 626 BGB Nr. 65 für den Fall der schuldhaften Verletzung der dem Arbeitgeber nach § 626 Abs. 2 S. 3 BGB obliegenden Mitteilungspflicht). Hätte der Arbeitnehmer bei ordnungsgemäßer Erfüllung der Auskunftspflicht durch den Arbeitgeber rechtzeitig Kündigungsschutzklage erhoben und wäre die Klage wegen einer unzureichenden Sozialauswahl erfolgreich gewesen, kann auch das entgangene Arbeitsentgelt ein ersatzfähiger Schaden sein (vgl. auch HWK-*Quecke* Rn 439: bei arglistiger Täuschung Schadensersatz für den Verlust des Arbeitsplatzes). 759

jj) **Darlegungs- und Beweislast**

Nach § 1 Abs. 3 S. 3 KSchG trägt der Arbeitnehmer die Beweislast für die eine nicht ausreichende Berücksichtigung der Kriterien der Sozialauswahl begründenden Tatsachen. Die **Mitteilungspflicht** nach § 1 Abs. 3 S. 1, 2. Hs. bewirkt aber prozessual eine **Abstufung der Darlegungslast** zwischen Arbeitgeber und Arbeitnehmer (str., s. Rdn 761). Sie konkretisiert prozessual das Prinzip der Sachnähe. Die Beweislast ist zu modifizieren, wenn der Arbeitnehmer Tatsachen glaubhaft macht, die eine **unmittelbare oder mittelbare Diskriminierung** wegen eines der in § 1 AGG aufgeführten Kriterien, insbes. wegen des Alters, vermuten lassen. Zwar ist die Beweislastregel von § 22 AGG wegen § 2 Abs. 4 AGG nicht unmittelbar anwendbar. Mit dem Ablauf der Umsetzungsfrist der Richtlinie 2000/78/EG gebietet deren Art. 10 Abs. 1 aber eine entsprechende Berücksichtigung. Daher ist in solchen Fällen § 1 Abs. 3 S. 3 unionsrechtskonform einzuschränken und § 22 AGG mit der Konsequenz entsprechend anzuwenden, dass der Arbeitgeber nach der Glaubhaftmachung eines Diskriminierungstatbestandes diesen zu widerlegen und dessen Nichtvorliegen zu beweisen hat (DDZ-*Deinert* Rn 662; Bader/Bram-*Volk* Rn 341; *Löwisch* BB 2006, 2189, 2190; *Windel* RdA 2007, 1, 8). Gelingt dem Arbeitgeber dies, gelten wiederum die in Rdn 761 ff. dargestellten allgemeinen Regeln 760 (vgl. *v. Medem* S. 573). Zur Darlegungs- und Beweislast bei Auswahlrichtlinien und Namenslisten s. Rdn 776, 781, 793 ff.

761 Nach der inzwischen kaum noch umstrittenen st. Rspr. des BAG ist – außerhalb von Diskriminierungstatbeständen – für die zwischen Arbeitgeber und Arbeitnehmer abgestufte Darlegungslast betreffend die soziale Auswahl zu unterscheiden zwischen verschiedenen Verfahrensabschnitten des Kündigungsschutzprozesses und zwischen einerseits Fällen der Unkenntnis und andererseits der Kenntnis des Arbeitnehmers von den für die Sozialauswahl rechtserheblichen Tatsachen. Grundsätzlich muss der Arbeitnehmer aufgrund der ihm nach § 1 Abs. 3 S. 3 KSchG obliegenden Beweislast die objektive Unrichtigkeit der Sozialauswahl darlegen (*BAG* 24.3.1983 EzA § 1 KSchG Betriebsbedingte Kündigung Nr. 21; 8.8.1985 EzA § 1 KSchG Soziale Auswahl Nr. 21; 5.5.1994 EzA § 1 KSchG Soziale Auswahl Nr. 31, zu II 3b aa; 24.5.2005 EzA § 613a BGB 2002 Nr. 35, zu III 2d; 31.5.2007 EzA § 1 KSchG Soziale Auswahl Nr. 77, zu B II 1d cc (1); zust. etwa APS-*Kiel* Rn 703 ff.; LKB-*Krause* Rn 978 ff.; LSSW-*Schlünder* Rn 552; früher aA *Berkowsky* NJW 1983, 1297; *Tschöpe* NJW 1983, 1890; *Westhoff* DB 1983, 2465; *Dudenbostel* AuR 1984, 298; *ders*. DB 1986, 1175; *v. Altrock* DB 1987, 439).

762 Der Arbeitnehmer genügt seiner Darlegungslast bei Unkenntnis der für die Sozialauswahl rechtserheblichen Tatsachen aber zunächst, wenn er **pauschal die soziale Auswahl beanstandet** und den Arbeitgeber auffordert, die Gründe mitzuteilen, die ihn zu der Auswahl veranlasst haben. Im Umfang seiner materiellrechtlichen Auskunftspflicht **geht damit die Darlegungslast auf den Arbeitgeber über**. Als auskunftspflichtige und darlegungsbelastete Partei hat der Arbeitgeber sodann die Gründe darzulegen, die ihn subjektiv zu der von ihm getroffenen Auswahl veranlasst haben (s. Rdn 758).

763 **Kommt der Arbeitgeber** der ihm im Rahmen **seiner Auskunftspflicht** obliegenden Darlegungslast **nicht oder nicht vollständig nach**, führt dies beim Arbeitnehmer zu einer beschränkten Befreiung von der ihm nach § 1 Abs. 3 S. 3 obliegenden Darlegungs- und Beweislast (*BAG* 21.12.1983 EzA § 1 KSchG Betriebsbedingte Kündigung Nr. 29). Es bedarf daher insoweit keiner weiteren Darlegungen seitens des Arbeitnehmers, da er die Rüge der fehlerhaften Sozialauswahl gerade und nur deswegen nicht weiter konkretisieren kann, weil der Arbeitgeber seiner Auskunftspflicht hinsichtlich der von ihm angestellten Auswahlüberlegungen nicht nachgekommen ist (*BAG* 21.12.1983 EzA § 1 KSchG Betriebsbedingte Kündigung Nr. 29; 8.8.1985 EzA § 1 KSchG Soziale Auswahl Nr. 21). Vielmehr genügt er dann seiner Darlegungslast allein dadurch, dass er pauschal die soziale Auswahl beanstandet (*BAG* 21.7.1988 EzA § 1 KSchG Soziale Auswahl Nr. 26). Trägt der Arbeitgeber darauf nichts weiter vor, ist die Kündigung als sozialwidrig zu behandeln. Ein Arbeitgeber, der die erforderlichen Auskünfte nicht erteilt, bestreitet die Behauptung des Arbeitnehmers, die Sozialauswahl sei verfehlt, nicht substantiiert. Dann gilt gem. § 138 Abs. 3 ZPO die Behauptung des Arbeitnehmers als zugestanden (*BAG* 3.4.2008 EzA § 1 KSchG Interessenausgleich Nr. 15, zu B II 1d cc (3); *Ascheid* Beweislastfragen, S. 176 f.).

764 Kommt der Arbeitgeber der ihm hinsichtlich seiner subjektiven Auswahlüberlegungen obliegenden **Darlegungslast vollständig** nach und war die Auswahl danach zutreffend, trägt der Arbeitnehmer wieder die volle Darlegungs- und Beweislast für eine objektiv fehlerhafte Auswahlentscheidung. Ergeben sich aus dem Vortrag des Arbeitgebers dagegen **Auswahlfehler**, braucht der Arbeitnehmer zunächst nichts weiter darzulegen. Dann spricht eine **vom Arbeitgeber auszuräumende tatsächliche Vermutung** dafür, dass auch das Auswahlergebnis objektiv fehlerhaft und die Kündigung daher sozialwidrig ist (*BAG* 18.10.1984 EzA § 1 KSchG Betriebsbedingte Kündigung Nr. 33; 15.6.1989 EzA § 1 KSchG Soziale Auswahl Nr. 27 m. Anm. *Hergenröder*; 24.2.2005 EzA § 1 KSchG Soziale Auswahl Nr. 59, zu B III 1a). Der Arbeitgeber muss dann näher darlegen, weshalb trotz eines fehlerhaften Auswahlverfahrens die Auswahl nach dem Maßstab von § 1 Abs. 3 KSchG im Ergebnis zutreffend ist (*BAG* 20.10.1983 EzA § 1 KSchG Betriebsbedingte Kündigung Nr. 28; 31.5.2007 EzA § 1 KSchG Soziale Auswahl Nr. 77, zu B II 1d cc (2); 3.4.2008 EzA § 1 KSchG Interessenausgleich Nr. 15, zu B II 1d aa).

Fehlt es an den Voraussetzungen für eine solche tatsächliche Vermutung, muss der **Arbeitnehmer** 765
die **objektive Fehlerhaftigkeit** der sozialen Auswahl im Einzelnen durch substantiierten Tatsachenvortrag **darlegen**. So kann er insbes. auf die Bestimmung des auswahlrelevanten Personenkreises bezogene Umstände vortragen, etwa dass der Arbeitgeber den Kreis der auswahlrelevanten Arbeitnehmer zu eng gezogen habe. Dabei muss er im Einzelnen begründen, warum er mit Arbeitnehmern einer bestimmten Gruppe vergleichbar ist (*BAG* 5.12.2002 EzA § 1 KSchG Soziale Auswahl Nr. 52). Er kann weiterhin etwaige Unrichtigkeiten bei den Sozialdaten der vergleichbaren Arbeitnehmer rügen. Kennt der Arbeitnehmer die Namen der vergleichbaren Arbeitnehmer und deren Sozialdaten, muss er die weniger schutzbedürftigen Arbeitnehmer unter Angabe von deren Sozialdaten namentlich benennen (*BAG* 24.3.1983 EzA § 1 KSchG Betriebsbedingte Kündigung Nr. 21; 18.10.1984 EzA § 1 KSchG Betriebsbedingte Kündigung Nr. 33; aA *Dudenbostel* AuR 1984, 298; *ders*. DB 1986, 1175; *Falkenberg* DB 1984, 1988).

Bei der Prüfung, welcher der vergleichbaren Arbeitnehmer sozial weniger schutzbedürftig ist, han- 766
delt es sich um die dem Gericht vorbehaltene Anwendung des materiellen Kündigungsschutzrechts (§ 1 Abs. 3). Das Arbeitsgericht ist weder bei der Feststellung des auswahlrelevanten Personenkreises noch bei der Würdigung der Frage, ob der Arbeitgeber bei seiner Auswahlentscheidung die maßgebenden sozialen Grunddaten ausreichend berücksichtigt hat, an die Meinung der jeweils darlegungsbelasteten Prozesspartei gebunden. Kennt der Arbeitnehmer selbst die Zahl und die Namen der vergleichbaren Arbeitnehmer sowie deren soziale Grunddaten, genügt er seiner Darlegungslast, wenn er die **auswahlrelevanten Tatsachen vorträgt**, aus denen sich ergibt, dass die vom Arbeitgeber getroffene Auswahlentscheidung unter Berücksichtigung seines Beurteilungsspielraums objektiv fehlerhaft ist. Das Gericht hat dann unter Zugrundelegung des Bewertungsmaßstabs von § 1 Abs. 3 zu prüfen, ob unter den vergleichbaren Arbeitnehmern weniger sozial schutzbedürftige Mitarbeiter sind.

Gegen die Offenlegung der Sozialdaten vergleichbarer Arbeitnehmer durch den Arbeitgeber gegen- 767
über dem zu kündigenden Arbeitnehmer oder gegenüber dem Gericht bestehen **keine datenschutzrechtlichen Bedenken** (*BAG* 24.3.1983 EzA § 1 KSchG Betriebsbedingte Kündigung Nr. 21; *LAG Bln.* 6.7.1982 DB 1983, 125; APS-*Kiel* Rn 663; *Achenbach* NZA 1984, 278; *Rost* ZIP 1982, 1405; aA *Rasch* DB 1982, 2296; *Wolf* EWiR 1989, 613). Bei den für die Auswahlentscheidung des Arbeitgebers maßgeblichen Sozialdaten handelt es sich zwar um personenbezogene Daten iSv. Art. 4 Nr. 1 DSGVO. Der Arbeitgeber kommt jedoch nur einer rechtlichen Verpflichtung iSv. Art. 6 Abs. 1 S. 1 Buchst. c DSGVO nach bzw. wahrt seine berechtigten Interessen iSv. Art. 6 Abs. 1 S. 1 Buchst. e DSGVO, wenn er in Erfüllung der ihm nach § 1 Abs. 3 S. 1, 2. Hs. auferlegten Mitteilungspflicht und der ihm obliegenden Darlegungslast die auswahlrelevanten Sozialdaten im Kündigungsrechtsstreit offenlegt (zur Rechtslage vor Inkrafttreten der DSGVO vgl. *BAG* 24.3.1983 EzA § 1 KSchG Betriebsbedingte Kündigung Nr. 21; *LAG Bln.* 6.7.1982 DB 1983, 125; *Rost* ZIP 1982, 1405).

kk) Widerspruch des Betriebsrats

Die in § 1 Abs. 3 S. 1 enthaltene Verpflichtung des Arbeitgebers, bei betriebsbedingten Kündigun- 768
gen eine Auswahl nach sozialen Gesichtspunkten vorzunehmen, entspricht dem in § 102 Abs. 3 Nr. 1 BetrVG geregelten Widerspruchstatbestand (hierzu iE KR-*Rinck* § 102 BetrVG Rdn 194 ff.). Der **Widerspruch** des Betriebsrats gegen die Kündigung wegen fehlerhafter Sozialauswahl ist **kein Unwirksamkeitsgrund** für die gleichwohl ausgesprochene Kündigung. Die rechtliche Wirkung eines auf Mängel in der sozialen Auswahl gestützten ordnungsgemäß eingelegten Widerspruchs des Betriebsrats (zur Ordnungsmäßigkeit des Widerspruchs s. KR-*Rinck* § 102 BetrVG Rdn 184 ff.) beschränkt sich auf die Begründung der sich aus § 102 Abs. 5 BetrVG ergebenden Weiterbeschäftigungspflicht. Da für die Reaktion des Betriebsrats die unterschiedlichsten Gründe maßgeblich sein können (zB Unkenntnis der notwendigen Tatsachen, unzutreffende rechtliche Beurteilung, organisationspolitische Erwägungen), kann umgekehrt eine Zustimmung des Betriebsrats nicht eine tatsächliche Vermutung für die soziale Rechtfertigung der Kündigung auslösen (*BAG* 30.11.1956 AP § 1 KSchG Nr. 26). Das Gericht hat vielmehr die soziale Auswahl unabhängig von der Reaktion des Betriebsrats anhand der objektiven Rechtslage zu prüfen.

ll) Gerichtliche Nachprüfung

769 Bei der Frage, ob der Arbeitgeber bei der Auswahlentscheidung die sozialen Daten nicht oder nicht ausreichend berücksichtigt hat, handelt es sich um die Anwendung eines unbestimmten Rechtsbegriffs (*BAG* 12.10.1979 EzA § 1 KSchG Betriebsbedingte Kündigung Nr. 12). Im Unterschied zu der nur beschränkt nachprüfbaren Unternehmerentscheidung unterliegt die vom Arbeitgeber getroffene Auswahlentscheidung **nicht nur einer Missbrauchs- und Willkürkontrolle**. Ob der Arbeitgeber im Einzelfall die sozialen Grunddaten Dauer der Betriebszugehörigkeit, Lebensalter, Unterhaltspflichten und Schwerbehinderung ausreichend berücksichtigt hat oder nicht, ist von den Arbeitsgerichten voll überprüfbar. Die Prüfung ist aber darauf beschränkt, ob der Arbeitgeber den sich aus dem Gesetz ergebenden Beurteilungsspielraum überschritten hat (s. Rdn 749 ff.). Die Gerichte sind nicht befugt, ihre eigene Bewertung und Gewichtung der sozialen Kriterien an die Stelle der Bewertung des Arbeitgebers zu setzen (*BAG* 24.3.1983 EzA § 1 KSchG Betriebsbedingte Kündigung Nr. 21; 5.12.2002 EzA § 1 KSchG Soziale Auswahl Nr. 49, zu B III 1), etwa durch Aufstellung eines Punkteschemas. Ergibt die gerichtliche Überprüfung, dass der Arbeitgeber seinen Beurteilungsspielraum überschritten hat, ist die Kündigung unwirksam.

770 Uneingeschränkt nachprüfbar ist weiter die Frage, ob die Weiterbeschäftigung eines oder mehrerer Arbeitnehmer **im berechtigten betrieblichen Interesse liegt** (§ 1 Abs. 3 S. 2). Hierbei handelt es sich ebenfalls um unbestimmte Rechtsbegriffe, die von den Arbeitsgerichten aufgrund eigener Wertung der relevanten Tatsachen auszufüllen und anzuwenden sind.

771 In der **Revisionsinstanz** unterliegt die Anwendung der in § 1 Abs. 3 KSchG enthaltenen unbestimmten Rechtsbegriffe **nur einer beschränkten Nachprüfung**. Die Nachprüfung erstreckt sich lediglich darauf, ob das LAG den Rechtsbegriff verkannt hat oder ob bei der Unterordnung des Sachverhalts unter die Rechtsnorm Denkgesetze oder allgemeine Erfahrungssätze verletzt sind, ob alle vernünftigerweise in Betracht zu ziehenden Einzelumstände berücksichtigt worden sind und ob das Urteil in sich widerspruchsfrei ist (*BAG* 12.10.1979 EzA § 1 KSchG Betriebsbedingte Kündigung Nr. 12; 2.6.2005 EzA § 1 KSchG Soziale Auswahl Nr. 63, zu B I 1; 5.6.2008 EzA § 1 KSchG Soziale Auswahl Nr. 81, zu B I 1; 29.1.2015 EzA § 1 KSchG Soziale Auswahl Nr. 87, Rn 13). Dem LAG steht auch bei der Entscheidung, ob der Arbeitgeber bei der Auswahl des gekündigten Arbeitnehmers die sozialen Grunddaten ausreichend berücksichtigt hat, ein in der Revisionsinstanz nur beschränkt nachprüfbarer Beurteilungsspielraum zu. Dabei obliegt es grds. dem LAG, im Einzelfall zu beurteilen, ob die vom Arbeitgeber vorgenommene Gewichtung der Sozialdaten noch ausreichend ist (*BAG* 12.10.1979 EzA § 1 KSchG Betriebsbedingte Kündigung Nr. 12). Dies gilt ebenso für die Überprüfung der Kriterien von § 1 Abs. 3 S. 2 (*BAG* 31.5.2007 EzA § 1 KSchG Soziale Auswahl Nr. 76, zu B II 1; 5.6.2008 EzA § 1 KSchG Soziale Auswahl Nr. 81, zu B I 1).

h) Kollektivrechtliche Auswahlrichtlinien

772 Eine kollektivrechtliche Verklammerung der sozialen Auswahl kann sich daraus ergeben, dass ein Tarifvertrag, eine Betriebsvereinbarung nach § 95 BetrVG oder eine personalvertretungsrechtliche Dienstvereinbarung Richtlinien über die personelle Auswahl bei betriebsbedingten Kündigungen regelt. Enthält ein Tarifvertrag derartige Bestimmungen, handelt es sich um **Betriebsnormen**, weil es um eine einheitliche Verfahrensweise im Betrieb bei betriebsbedingten Kündigungen und die künftige Zusammensetzung der Belegschaft geht. Deshalb gelten diese Regelungen gem. § 3 Abs. 2 TVG für alle Arbeitnehmer von Betrieben bzw. Dienststellen, deren Arbeitgeber tarifgebunden ist (SPV-*Preis* Rn 1143; APS-*Kiel* Rn 695; LKB-*Krause* Rn 998). Wegen des Tatbestandsmerkmals einer Betriebsvereinbarung »nach § 95 des Betriebsverfassungsgesetzes« erfasst § 1 Abs. 4 Auswahlrichtlinien in einem reinen **Interessenausgleich** nicht (LKB-*Krause* Rn 1032; aA APS-*Kiel* Rn 693; *Kittner* AuR 1997, 186), sofern es sich nicht um eine mit einem Interessenausgleich verbundene echte Betriebsvereinbarung handelt (vgl. LAG Bln. 20.8.2004 NZA-RR 2005, 370, zu 2.1.2.3.2). Davon wird regelmäßig auszugehen sein, wenn die Schriftform von § 77 Abs. 2 S. 1, 2 BetrVG gewahrt ist (vgl. *BAG* 24.10.2013 EzA § 125 InsO Nr. 11). Nicht ausreichend ist eine ohne Beteiligung des Betriebsrats vom Arbeitgeber einseitig aufgestellte Richtlinie. Erforderlich ist eine formell

Sozial ungerechtfertigte Kündigungen **§ 1 KSchG**

wirksam zustandegekommene Betriebsvereinbarung (APS-*Kiel* Rn 693; LKB-*Krause* Rn 998 f.). Zum zuständigen Gremium auf Betriebsratsseite gelten die Ausführungen zu Rdn 785 f. entsprechend. Auf dem Gebiet des Personalvertretungsrechts ist nur eine **schriftliche Dienstvereinbarung** eine § 95 BetrVG »entsprechende Richtlinie« iSv § 1 Abs. 4 S. 1 (APS-*Kiel* Rn 694; HaKo-ArbR/*Schubert* Rn 610; *Fischermeier* NZA 1997, 1095; aA *Coulin* PersR 1996, 461: auch Auswahlrichtlinien des obersten Dienstherrn gem. § 70 Abs. 2, § 69 Abs. 3 BPersVG aF).

Auswahlrichtlinien iSv § 95 BetrVG sind Grundsätze, mit denen geregelt wird, nach welchen Kriterien bei personellen Einzelmaßnahmen unter mehreren Arbeitnehmern auszuwählen ist. Ein Punkteschema für eine Sozialauswahl ist auch dann eine mitbestimmungspflichtige Richtlinie iSv § 95 BetrVG, wenn es nicht generell für die Zukunft, sondern nur auf konkret bevorstehende Kündigungen angewendet werden soll (*BAG* 26.7.2005 EzA BetrVG 2001 § 95 Nr. 1, zu B II 1a; 9.11.2006 EzA § 1 KSchG Soziale Auswahl Nr. 71, zu B I 2d bb; dies abl. *Bengelsdorf* ZfA 2007, 277). Davon zu unterscheiden sind einzelfallbezogene Auswahlerwägungen, mit denen sich der Arbeitgeber nicht vorab binden will (*Quecke* RdA 2007, 335, 337 f.; *Bauer* FS Richardi S. 177, 186). Die Verwendung einer vom Arbeitgeber mitbestimmungswidrig aufgestellten Auswahlrichtlinie begründet einen Unterlassungsanspruch des Betriebsrats (*BAG* 26.7.2005 EzA BetrVG 2001 § 95 Nr. 1, zu B II 2b bb), führt jedoch nicht zur Unwirksamkeit einer auf ihrer Grundlage ausgesprochenen Kündigung (*BAG* 9.11.2006 EzA § 1 KSchG Soziale Auswahl Nr. 71, zu B I 2d bb). 773

Auswahlrichtlinien dürfen nicht gegen **zwingendes Gesetzesrecht** verstoßen. Dazu gehören neben den Grundsätzen von Recht und Billigkeit nach § 75 Abs. 1 BetrVG auch die Wertungen von § 1 Abs. 3. Zu den zwingenden Regelungen von § 1 Abs. 3 zählt die Festlegung des Kreises der in die soziale Auswahl einzubeziehenden Arbeitnehmer (*BAG* 5.6.2008 EzA § 1 KSchG Soziale Auswahl Nr. 81, zu B I 2a; *LAG Hamm* 26.9.2001 AP § 95 BetrVG 1972 Nr. 40). Auswahlrichtlinien, die die Gruppe der vergleichbaren Arbeitnehmer enger ziehen als § 1 Abs. 3, sind daher unwirksam. Allerdings steht den Betriebspartnern bei der Festlegung der Gruppe der vergleichbaren Arbeitnehmer ein **Beurteilungsspielraum** zu. Sie sind jedoch nicht berechtigt, ohne sachliche Gründe die Arbeitnehmer bestimmter Abteilungen oder Arbeitsgruppen aus der Auswahl herauszunehmen (*BAG* 15.6.1989 EzA § 1 KSchG Soziale Auswahl Nr. 27; 5.6.2008 EzA § 1 KSchG Soziale Auswahl Nr. 81, zu B I 2a; LSSW-*Schlünder* Rn 490; ErfK-*Oetker* Rn 359; aA *Schiefer/Worzalla* NZA 2004, 351). Berechtigte betriebliche Interessen an der Weiterbeschäftigung bestimmter Arbeitnehmer dürfen ebenfalls als Auswahlgesichtspunkt in Auswahlrichtlinien festgelegt werden, aber nicht weitergehend, als es § 1 Abs. 3 S. 2 erlaubt. Ihre Festlegung ist als Rechtsfrage im Kündigungsschutzprozess voll überprüfbar (s. Rdn 677 ff.; HK-*Dorndorf* Rn 1145 ff.; ErfK-*Oetker* Rn 359; HWK-*Quecke* Rn 413; *Ascheid* RdA 1997, 341 hält insoweit nur eine freiwillige Betriebsvereinbarung für zulässig). Dagegen können Auswahlrichtlinien die **Geltendmachung** von an sich **berechtigten betrieblichen Interessen** durch den Arbeitgeber **ausschließen**. Es steht dem Arbeitgeber frei, ob er berechtigte betriebliche Interessen gegenüber einer Sozialauswahl geltend machen will. 774

Die eigentliche Bedeutung von Auswahlrichtlinien bei betriebsbedingten Kündigungen liegt in der **Festlegung der sozialen Kriterien** für die Sozialauswahl. Regeln die Richtlinien, wie die sozialen Gesichtspunkte Betriebszugehörigkeit, Lebensalter, Unterhaltspflichten und Schwerbehinderung des Arbeitnehmers im Verhältnis zueinander zu bewerten sind, etwa durch ein Punkteschema, können diese Festlegungen **nur auf grobe Fehlerhaftigkeit überprüft** werden (§ 1 Abs. 4 S. 1; *BAG* 5.6.2008 EzA § 1 KSchG Soziale Auswahl Nr. 81, zu B I 2a; *Preuß/Rosendahl* BetrR 1996, 137 halten dies für rechtsstaatlich inakzeptabel). Insoweit steht den Tarif- und Betriebspartnern der gleiche Beurteilungsspielraum zu wie dem Arbeitgeber (hierzu Rdn 749 ff.). **Grob fehlerhaft** ist die Gewichtung der Sozialdaten, wenn sie jede Ausgewogenheit vermissen lässt, dh wenn einzelne der vier Sozialdaten überhaupt nicht, eindeutig unzureichend oder mit eindeutig überhöhter Bedeutung berücksichtigt wurden (*BAG* 5.12.2002 EzA § 1 KSchG Soziale Auswahl Nr. 52; 5.6.2008 EzA § 1 KSchG Soziale Auswahl Nr. 81, zu B I 2a; zu § 125 InsO vgl. 21.7.2005 EzA § 125 InsO Nr. 2, zu II 1c bb; 17.11.2005 EzA § 125 InsO Nr. 4, zu 2c bb bbb). Dies ist etwa bei einer Richtlinie 775 der Fall, die ein Kriterium so gering bewertet, dass es in fast allen denkbaren Fällen für die Auswahl ohne Bedeutung ist (*BAG* 18.10.2006 EzA § 1 KSchG Soziale Auswahl Nr. 70, zu B II 2).

776 § 1 Abs. 4 ist **unionsrechtskonform eingeschränkt auszulegen**, wenn der Arbeitnehmer eine Benachteiligung wegen eines der in § 1 AGG aufgeführten Merkmale glaubhaft macht (HaKo-ArbR/ *Schubert* Rn 616). Dann trägt in entsprechender Anwendung von § 22 AGG der Arbeitgeber die Beweislast, dass keine Diskriminierung vorliegt. Da Art. 10 der Richtlinie 2000/78/EG keine Ausnahme für Auswahlrichtlinien vorsieht, bedarf es wie allgemein bei der Sozialauswahl (s. Rdn 760) trotz § 2 Abs. 4 AGG dieser Einschränkung.

777 Die Auswahlrichtlinien können sich darauf beschränken, Regeln für eine **Vorauswahl** zu treffen und dem Arbeitgeber die Endauswahl überlassen (*BAG* 31.3.2005 NZA 2006, 56, zu B III 3a; so auch APS-*Kiel* Rn 699 für Ausnahmefälle). Sie können aber auch – meist durch ein Punkteschema – **den Kreis der auszuwählenden Arbeitnehmer abschließend festlegen**. Dann bedarf es keiner abschließenden Einzelfallbetrachtung durch den Arbeitgeber (*BAG* 9.11.2006 EzA § 1 KSchG Soziale Auswahl Nr. 71, zu B I 2d aa (2); *LAG Düsseld.* 17.3.2000 DB 2000, 1572; APS-*Kiel* Rn 699; LKB-*Krause* Rn 1004; aA HK-*Dorndorf* Rn 1131; *Klebe* AiB 1996, 718; *Lakies* NJ 1997, 125 und *Nielebock* AiB 1997, 91 verlangen eine abschließende Auswahlentscheidung des Arbeitgebers). Ist hierbei die Gewichtung der vier Grunddaten nicht grob fehlerhaft, kann der Arbeitgeber danach verfahren, da die Bewertung gem. § 1 Abs. 4 vom Gesetz anerkannt wird und der Arbeitgeber selbst gem. § 1 Abs. 3 bei der Sozialauswahl keine weiteren sozialen Kriterien zu berücksichtigen braucht (*Fischermeier* NZA 1997, 1096).

778 Sind Auswahlrichtlinien aus irgendeinem Grund rechtsunwirksam, führt dies nicht ohne Weiteres zur Rechtsunwirksamkeit einer darauf gestützten Kündigung. Vielmehr ist in diesem Fall stets zu prüfen, ob die Kündigung **nach dem Maßstab des § 1 Abs. 3** wirksam ist (*BAG* 20.10.1983 EzA § 1 KSchG Betriebsbedingte Kündigung Nr. 28; 18.10.1984 EzA § 1 KSchG Betriebsbedingte Kündigung Nr. 33; APS-*Kiel* Rn 699; *Kleinebrink* ArbRB 2003, 183). Auch unrichtige Auswahlüberlegungen können zufällig zu einem zutreffenden Ergebnis führen (*Fischermeier* NZA 1997, 1096). Sind die Auswahlrichtlinien dagegen wirksam, sind Kündigungen, die der Arbeitgeber unter Verstoß gegen die Richtlinien erklärt, unabhängig von einem Widerspruch des Betriebsrats unwirksam (*Löwisch* BB 2004, 155; aA *Gift* ZfA 1974, 141; *Gumpert* BB 1972, 50). Stützt der Betriebsrat den Widerspruch gegen eine Kündigung auf den Verstoß gegen eine Auswahlrichtlinie, begründet dies einen Weiterbeschäftigungsanspruch des Arbeitnehmers nach § 102 BetrVG (s. § 102 BetrVG Rn 193 ff.) und einen selbständigen Unwirksamkeitsgrund für die Kündigung (s. Rdn 807).

779 Die Geltung einer Auswahlrichtlinie hindert den Arbeitgeber nicht daran, sich gegenüber dieser Richtlinie auf **berechtigte betriebliche Interessen** zu berufen, die die Weiterbeschäftigung bestimmter Arbeitnehmer erforderten, die nach der Richtlinie an sich zur Kündigung auszuwählen wären. Enthält die Auswahlrichtlinie jedoch selbst Regelungen zu den berechtigten betrieblichen Interessen, muss sich der Arbeitgeber aufgrund der Bindungswirkung der Betriebsvereinbarung an diese halten (s. Rdn 774).

780 Hinsichtlich des **Auskunftsanspruchs des Arbeitnehmers** und der **Darlegungs- und Beweislast** gelten die zur Sozialauswahl dargestellten Grundsätze entsprechend (s. Rdn 755 ff., 760 ff.).

10. Interessenausgleich mit Namensliste

781 Bei mitbestimmungspflichtigen **Betriebsänderungen** (§ 111 BetrVG), zB Personalabbau durch Massenentlassungen, können Arbeitgeber und Betriebsrat in einem Interessenausgleich namentlich die Arbeitnehmer bezeichnen, denen gekündigt werden soll. In diesem Fall wird **vermutet, dass die Kündigung durchdringende betriebliche Erfordernisse iSv Abs. 2 bedingt ist** (§ 1 Abs. 5 S. 1). Die Sozialauswahl kann dann nur auf **grobe Fehlerhaftigkeit** geprüft werden, § 1 Abs. 5 S. 2. § 1 Abs. 5 ist trotz der mit ihm bewirkten einschneidenden Verschlechterung der Position des Arbeitnehmers im Kündigungsschutzprozess und trotz des Umstands, dass dem Arbeitnehmer regelmäßig die Widerlegung der Vermutung von § 1 Abs. 5 S. 1 KSchG mangels

genauer Kenntnisse über den Kündigungsgrund nicht möglich sein wird, **verfassungsgemäß** und verstößt weder gegen Art. 12 Abs. 1 GG noch gegen das sich aus dem Rechtsstaatsprinzip ergebende Gebot des fairen Verfahrens (*BAG* 6.9.2007 EzA § 1 KSchG Interessenausgleich Nr. 14, zu B III; *LAG Nds.* 30.6.2006 LAGE § 1 KSchG Soziale Auswahl Nr. 52, zu II; *Thüsing/Stelljes* BB 2003, 1673, 1676). Die Gegenansicht (DKW-*Däubler* §§ 112, 112a Rn 42; *Buschmann* AuR 2004, 1, 2; *Peter* FA 2006, 105; DDZ-*Deinert* Rn 611) verkennt, dass Arbeitnehmer im Anwendungsbereich der Norm nicht rechtlos gestellt werden. Das GG gebietet auch nicht die Gewährung weitergehenden Bestandsschutzes anstelle der mitbestimmten Umsetzung einer Betriebsänderung auf der Grundlage von Interessenausgleich und Sozialplan. Die Norm bedarf jedoch wie Auswahlrichtlinien einer **unionsrechtskonformen Einschränkung**, wenn der Arbeitnehmer eine Benachteiligung wegen eines der Kriterien von § 1 AGG glaubhaft macht. Dann ist die Beweisregel von § 22 AGG entsprechend heranzuziehen mit der Konsequenz, dass der Arbeitgeber zu beweisen hat, dass keine Diskriminierung vorliegt (DDZ-*Deinert* Rn 642). Hier gelten die Ausführungen unter Rdn 760, 776 entsprechend.

Die ausdrückliche Beschränkung auf § 111 BetrVG bedeutet, dass § 1 Abs. 5 gem. § 130 BetrVG im **öffentlichen Dienst** und nach § 118 Abs. 2 BetrVG in Einrichtungen der **Religionsgemeinschaften unanwendbar** ist (APS-*Kiel* Rn 715; TRL-*Benkert* Rn 950; HaKo-ArbR/*Schubert* Rn 625; HWK-*Quecke* Rn 420). Dagegen gelten die die Funktion von Betriebsräten übernehmenden Vertretungen des **fliegenden Personals** von Luftfahrtunternehmen iSv § 117 Abs. 2 BetrVG als Betriebsrat, sofern sie über mit §§ 111 ff. BetrVG vergleichbare Beteiligungsrechte verfügen (entsprechend zu § 125 InsO *BAG* 26.4.2007 EzA InsO § 125 Nr. 6, zu B II 2c). Die Stellung derartiger Vertretungen ist im Hinblick auf den allgemeinen Gleichheitssatz von Art. 3 Abs. 1 GG ohnehin derjenigen gesetzlicher Betriebsräte anzunähern, soweit nicht Besonderheiten des Luftverkehrs entgegenstehen (*Hess. LAG* 19.9.2006 AuR 2007, 226 LS, zu III 2b). In **Tendenzbetrieben** iSd § 118 Abs. 1 BetrVG ist § 1 Abs. 5 ebenfalls anwendbar (DKW-*Wedde* § 118 Rn 70; HaKo-BetrVG/*Lakies* § 118 Rn 36; ErfK-*Kania* § 118 BetrVG Rn 18; *Thüsing/Wege* BB 2005, 213, 215). Die Gegenansicht (TRL-*Benkert* Rn 950; SPV-*Preis* Rn 1156; HaKo-ArbR/*Schubert* Rn 625; HWK-*Quecke* Rn 420) verneint dies wegen der fehlenden Verpflichtung des Arbeitgebers in Tendenzbetrieben zum Versuch eines Interessenausgleichs (vgl. *BAG* 27.10.1998 EzA § 113 BetrVG 1972 Nr. 27, zu III 2b bb; 18.11.2003 EzA § 118 BetrVG 2001 Nr. 4, zu I 2b). Dieser Umstand ist für die Anwendbarkeit von § 1 Abs. 5 jedoch nicht relevant. Auch außerhalb von Tendenzbetrieben kann ein Interessenausgleich nur freiwillig zustande kommen (§ 112 Abs. 3 BetrVG). **Leitende Angestellte** können in einen Interessenausgleich mit Namensliste gem. § 5 Abs. 1 S. 1 BetrVG auch dann nicht einbezogen werden, wenn der Sprecherausschuss beteiligt wird (APS-*Kiel* Rn 715; DDZ-*Deinert* Rn 613; SPV-*Preis* Rn 1156; HWK-*Quecke* Rn 420).

Änderungskündigungen werden von § 1 Abs. 5 erfasst, obwohl sie in § 1 Abs. 5 anders als in der Parallelvorschrift von § 125 Abs. 1 S. 1 Nr. 1 InsO nicht erwähnt sind, da der Begriff der sozialen Rechtfertigung in § 2 KSchG nicht eigenständig geregelt ist (*BAG* 19.6.2007 EzA KSchG § 1 Interessenausgleich Nr. 13, zu B I 2a; s. KR-*Kreft* § 2 KSchG Rn 159 mwN).

Anlass des Interessenausgleichs muss eine **mitbestimmungspflichtige Betriebsänderung** gem. § 111 BetrVG gewesen sein (*BAG* 31.5.2007 EzA § 1 KSchG Interessenausgleich Nr. 12, zu B I 2; 3.4.2008 EzA § 1 KSchG Interessenausgleich Nr. 15, zu B II 1a aa; aA *Schiefer* DB 1997, 1519). Betriebsänderungen, die die gesetzlichen Voraussetzungen nicht erfüllen, lösen die Rechtsfolgen von § 1 Abs. 5 nicht aus, ebenso wenig sonstige Vereinbarungen zwischen Arbeitgeber und Betriebsrat über betriebliche Veränderungen, in denen die zu entlassenden Arbeitnehmer benannt sind (APS-*Kiel* Rn 708; DKW-*Däubler* §§ 112, 112a Rn 31; SPV-*Preis* Rn 1157). Die Norm gilt weiter nur für die im Interessenausgleich geregelte Betriebsänderung, nicht aber für andere betriebliche Kündigungsgründe (*ArbG Ludwigshafen* 11.3.1997 DB 1997, 1339). Eine Betriebsänderung kann allerdings in Wellen über einen längeren Zeitraum hinweg durchgeführt werden. Dann liegt eine einheitliche Betriebsänderung vor, wenn eine einheitliche unternehmerische Planung des Arbeitgebers zugrunde liegt. Für eine solche spricht ein zeitlicher Zusammenhang mehrerer Entlassungswellen (*BAG* 22.1.2004 EzA § 1 KSchG Interessenausgleich Nr. 11, zu C III 1a; 28.3.2006

EzA § 111 BetrVG 2001 Nr. 4, zu B II 1a bb). Auch dann, wenn ein sukzessive durchgeführter Personalabbau auf einer einheitlichen unternehmerischen Planung beruht, sind die Abbaumaßnahmen grds. zusammen zu betrachten (*BAG* 17.3.2016 EzA § 1 KSchG Interessenausgleich Nr. 26 Rn 30). Die Wirkungen des § 1 Abs. 5 KSchG treten allerdings nur ein, wenn die der Kündigung zugrundeliegende Betriebsänderung vollumfänglich Gegenstand einer Verständigung der Betriebsparteien iSv § 111 S. 1, § 112 BetrVG ist (Rdn 792).

785 Der Interessenausgleich muss **wirksam** sein (SPV-*Preis* Rn 1158; LKB-*Krause* Rn 1016). Er muss den Grundsätzen von Recht und Billigkeit iSv § 75 Abs. 1 BetrVG entsprechen und mit dem für das Arbeitsverhältnis **zuständigen Betriebsrat** geschlossen werden (APS-*Kiel* Rn 709; LSSW-*Schlünder* Rn 505). Verstößt die Namensliste gegen § 75 Abs. 1 BetrVG, weil ihr etwa gegen ein Diskriminierungsverbot verstoßende Auswahlüberlegungen zugrunde liegen, führt dies nicht zur Unwirksamkeit des gesamten Interessenausgleichs und zum Wegfall der Vermutungswirkung nach § 1 Abs. 5 S. 1. Ein derartiger Verstoß kann nur einen groben Fehler in der Sozialauswahl gem. § 1 Abs. 5 S. 2 bewirken (*BAG* 6.11.2008 DB 2009, 626). Zuständig ist im Normalfall der gem. §§ 1, 4 BetrVG für den Betrieb bzw. Teilbetrieb, in dem die Betriebsänderung durchgeführt wird, gewählte Betriebsrat. Ggf. kann sich die Zuständigkeit aus einem Übergangs- oder Restmandat gem. §§ 21a, 21b BetrVG ergeben. Gelten abweichende Regelungen iSv § 3 BetrVG, ist der nach diesen zuständige Betriebsrat zu beteiligen. Fehler bei der Wahl des Betriebsrats beeinträchtigen die Zuständigkeit des gewählten Gremiums für den Bereich, in dem die Wahl durchgeführt wurde, bis zum rechtskräftigen Abschluss einer Anfechtung nach § 19 BetrVG nicht, sofern die Wahl nicht ausnahmsweise wegen besonders gravierender Fehler nichtig ist. Dazu genügt die Verkennung des Betriebsbegriffs nach der einschlägigen Rspr. nicht (etwa *BAG* 3.6.2004 EzA § 1 KSchG Soziale Auswahl Nr. 55, zu B).

786 Für den Interessenausgleich zuständig können auch **Gesamt- oder Konzernbetriebsrat** sein. Fehlt eine Delegation iSv §§ 50 Abs. 2, 58 Abs. 2 BetrVG, ist dazu eine originäre Zuständigkeit iSd §§ 50 Abs. 1, 58 Abs. 1 BetrVG erforderlich. Der Gesamtbetriebsrat ist originär zuständig, wenn sich die Betriebsänderung auf alle oder mehrere Betriebe eines Unternehmens auswirkt und deshalb eine einheitliche Regelung notwendig ist. Dies ist der Fall, wenn der Betriebsänderung ein unternehmenseinheitliches Konzept zugrunde liegt (*BAG* 24.1.1996 EzA § 113 BetrVG 1972 Nr. 24, zu I 1, 2; 11.12.2001 EzA § 50 BetrVG 1972 Nr. 18, zu II 1b; 3.5.2006 EzA § 112 BetrVG Nr. 17, zu B III 1). Das gilt auch dann, wenn der mit der betriebsübergreifenden Betriebsänderung verbundene Personalabbau auf einen der betroffenen Betriebe beschränkt ist (*Hess. LAG* 18.10.2005 AuR 2006, 174 LS). Für die originäre Zuständigkeit des Konzernbetriebsrats gelten sinngemäß auf die Konzernebene bezogen dieselben Kriterien (*BAG* 20.12.1995 EzA § 58 BetrVG 1972 Nr. 1, zu III 1a; 19.6.2007 EzA § 58 BetrVG 2001 Nr. 1, zu II 2a bb; GK-BetrVG/*Franzen* § 58 Rn 17 ff., 25).

787 Zum Teil wird angenommen, auch bei grundsätzlicher Zuständigkeit von Gesamt- oder Konzernbetriebsrat liege die **Zuständigkeit für die Namensliste** gem. § 1 Abs. 5 S. 1 KSchG immer bei den örtlichen Betriebsräten, da es sich dabei um eine Frage der innerbetrieblichen Sozialauswahl handele (DDZ-*Deinert* Rn 623; DKW-*Däubler* §§ 112, 112a Rn 41; *Däubler* NZA 2004, 177, 183 f.; *Fischer* BB 2004, 1001). Dies trifft nicht zu (*BAG* 19.7.2012 EzA § 1 KSchG Interessenausgleich Nr. 24, Rn 24; 7.7.2011 EzA § 26 BetrVG 2001 Nr 3, zu II 2e bb; *LAG Bln.-Bra.* 16.7.2010 LAGE § 1 KSchG Interessenausgleich Nr. 17, zu II 2c; APS-*Kiel* Rn 709; ErfK-*Oetker* Rn 360a; HWK-*Quecke* Rn 423; *Gaul* BB 2004, 2686, 2687; *Zimmer/Rupp* FA 2005, 259; *Ohlendorf/Salamon* NZA 2006, 131; ohne Problematisierung von der Zuständigkeit eines Gesamtbetriebsrats für Interessenausgleich und Namensliste ausgehend *BAG* 19.6.2007 EzA § 1 KSchG Interessenausgleich Nr. 13, zu B I 2c). Im Unterschied zu der Zuständigkeit für einen Sozialplan, die sich tatsächlich von der für den Interessenausgleich unterscheiden kann (*BAG* 11.12.2001 EzA § 50 BetrVG 1972 Nr. 18, zu II 1c), ist die Namensliste Teil des Interessenausgleichs. Für eine einheitliche beteiligungspflichtige Maßnahme ist nach dem betriebsverfassungsrechtlichen Grundsatz der Zuständigkeitstrennung eine Kompetenzaufspaltung nicht möglich, auch wenn die Maßnahme Detailfragen aufwirft, die für sich in den einzelnen Betrieben unterschiedlich geregelt werden könnten. Die §§ 50 Abs. 1, 58

Abs. 1 BetrVG betreffen die jeweilige Angelegenheit iSd Betriebsverfassungsrechts insgesamt (*BAG* 14.11.2006 EzA BetrVG 2001 § 50 Nr. 6, zu B I 1c cc (1) (b); GK-BetrVG/*Kreutz/Franzen* § 50 Rn 20, GK-BetrVG/*Franzen* § 58 Rn 20). Zudem ist die Festlegung der zu entlassenden Arbeitnehmer bei einem betriebsübergreifenden Interessenausgleich keineswegs rein betriebsbezogen, sondern integraler Bestandteil der unternehmens- oder konzernweiten Gesamtregelung. Nur auf dieser Ebene kann geklärt werden, welche Arbeitnehmer entlassen und welche – ggf. nach betriebsübergreifenden Versetzungen – in welchem Betrieb weiterbeschäftigt werden sollen (*BAG* 7.7.2011 EzA § 26 BetrVG 2001 Nr 3, zu II 2e bb). Die erforderlichen Kenntnisse über die betrieblichen Verhältnisse werden durch die Entsendung gem. §§ 47 Abs. 2, 55 Abs. 1 S. 2 BetrVG gewährleistet und müssen erforderlichenfalls durch Nutzung der Informationsrechte nach § 80 Abs. 2 BetrVG ergänzt werden.

Der Interessenausgleich muss **schriftlich niedergelegt** und von Arbeitgeber und Betriebsrat unterzeichnet werden (§ 112 Abs. 1 S. 1 BetrVG), nach Einschaltung einer Einigungsstelle auch von deren Vorsitzendem (§ 112 Abs. 3 S. 3 BetrVG). Da die Anwendung des § 1 Abs. 5 KSchG voraussetzt, dass die Namensliste der zu entlassenden Arbeitnehmer in den Interessenausgleich aufgenommen ist, erstreckt sich das **Schriftformerfordernis** auch auf die **Namensliste**. Wird die Namensliste getrennt vom Interessenausgleich erstellt, reicht es aus, wenn sie von den Betriebspartnern unterzeichnet ist und beide Schriftstücke einander wechselseitig in Bezug nehmen (*BAG* 12.5.2010 EzA § 1 KSchG Interessenausgleich Nr. 21, Rn 24; ebenso schon *Perreng* AiB 2004, 14). Unschädlich ist es ferner, wenn in dem Interessenausgleich auf eine nicht unterzeichnete Liste der zu entlassenden Arbeitnehmer verwiesen wird, die dem Interessenausgleich beigefügt und mit ihm körperlich fest verbunden ist, zB durch Heftklammern (*BAG* 7.5.1998 EzA § 1 KSchG Interessenausgleich Nr. 6; 6.12.2001 EzA § 1 KSchG Interessenausgleich Nr. 9). Die Verbindung muss jedoch vor der Unterzeichnung des Interessenausgleichs vorgenommen worden sein (*BAG* 6.7.2006 EzA § 1 KSchG Soziale Auswahl Nr. 68, zu B IV 1e aa, bb). Ebenso reicht es aus, wenn Interessenausgleich und Namensliste eine unterzeichnete **Urkundeneinheit** bilden, was etwa der Fall ist, wenn sich dies aus fortlaufender Paginierung, einheitlicher grafischer Gestaltung und inhaltlichem Zusammenhang des Textes zweifelsfrei ergibt (*BAG* 7.5.1998 EzA § 1 KSchG Interessenausgleich Nr. 6, zu II 1b; *BGH* 24.9.1997 BB 1998, 288, zu III 6c) und die nicht unterzeichnete Namensliste – auch als Anhang oder Anlage – dem Interessenausgleich in der numerischen Reihenfolge der Seiten vor der letzten unterzeichneten Seite beigefügt ist (*Schiefer/Worzalla* NZA 2004, 353). Die bloße Bezugnahme im Interessenausgleich auf eine nicht unterzeichnete Liste ohne feste körperliche Verbindung mit ihr und ohne Urkundeneinheit genügt hingegen nicht dem Schriftformerfordernis (*ArbG Ludwigshafen* 11.3.1997 DB 1997, 1339; *Kohte* BB 1998, 949; aA *ArbG Kiel* 5.9.1997 DB 1998, 926; *Schiefer* DB 1998, 927), zB wenn der Interessenausgleich und die nicht unterzeichnete Namensliste nur mit einer Büroklammer verbunden sind.

Der Interessenausgleich muss **vor der Kündigungserklärung** des Arbeitgebers abgeschlossen worden sein (*BAG* 22.1.2004 EzA § 1 KSchG Interessenausgleich Nr. 11, zu C II; 3.4.2008 EzA § 1 KSchG Interessenausgleich Nr. 15, zu B II 1a aa). Es genügt, wenn ein Interessenausgleich vor dem Ausspruch der Kündigung durch eine weitere Betriebsvereinbarung um eine **nachträgliche Namensliste** ergänzt wird. Eine Klausel im Interessenausgleich, der zufolge die Verhandlungen abgeschlossen sind, steht dem nicht entgegen (*BAG* 19.6.2007 EzA § 1 KSchG Interessenausgleich Nr. 13, zu B I 2c dd (2)). Ein unmittelbarer zeitlicher Zusammenhang ist trotz des Tatbestandsmerkmals »in einem Interessenausgleich« nicht erforderlich (*BAG* 19.6.2007 EzA § 1 KSchG Interessenausgleich Nr. 13, zu B I 2c dd (2); im Ergebnis ebenso *Wallner* Anm. AP § 1 KSchG 1969 Namensliste Nr. 16, der in einer später unterzeichneten Namensliste einen zweiten Interessenausgleich sieht; aA DDZ-*Deinert* Rn 621; DKW-*Däubler* §§ 112, 112a Rn 30). Dieses Tatbestandsmerkmal verlangt nur eine inhaltlich einheitliche Regelung und schreibt den Betriebsparteien nicht ein bestimmtes terminliches Vorgehen vor. Nicht ausreichend ist es, wenn der Interessenausgleich zwar vor Abgabe der Kündigungserklärung unterzeichnet wird, die Namensliste jedoch erst nach dem Ausspruch der Kündigung (*LAG RhPf* 17.10.1997 LAGE § 1 KSchG Interessenausgleich Nr. 2).

790 Namentliche Bezeichnung iSv § 1 Abs. 5 bedeutet, dass jeder der zu entlassenden Arbeitnehmer mit seinem **Namen**, ggf. auch Vor- oder Spitznamen, so bezeichnet wird, dass er identifiziert werden kann (TRL-*Benkert* Rn 916; KPK-*Schiefer/Meisel* Rn 1316; *Löwisch* BB 2004, 156). Es ist eine abschließende Festlegung der zu kündigenden Arbeitnehmer erforderlich (*BAG* 6.12.2001 EzA § 1 KSchG Interessenausgleich Nr. 9). Die Bezeichnung der Kostenstelle oder der Abteilung, in denen die zu entlassenden Arbeitnehmer beschäftigt sind, reicht nicht aus (TRL-*Benkert* Rn 968; KPK-*Schiefer* Rn 1316; HWK-*Quecke* Rn 426). Ebenso wenig genügt es, wenn in dem Interessenausgleich nur die Zahl der zu entlassenden Arbeitnehmer angegeben wird und ein Punkteschema, nach dem sie auszuwählen sind. Hingegen kann eine sog. »Negativ-Liste«, in der die Arbeitnehmer benannt sind, denen nicht gekündigt werden soll, dann ausreichend sein, wenn damit für Arbeitgeber und Betriebsrat zweifelsfrei feststeht, dass allen anderen (namentlich feststehenden) Arbeitnehmern des Betriebs oder der Abteilung gekündigt werden soll (*ArbG Essen* 6.5.1997 DB 1998, 925; *Schiefer* DB 1998, 927; *Schiefer/Worzalla* NZA 2004, 353; beschränkt für den Fall der Entlassung aller Arbeitnehmer GK-BetrVG/*Oetker* §§ 112, 112a Rn 28; **aA** SPV-*Preis* Rn 1161; DKW-*Däubler* §§ 112, 112a Rn 33; HaKo-ArbR/*Schubert* Rn 635; *Löwisch* BB 2004, 156). Ebenso reicht es aus, wenn die Kündigung im Interessenausgleich von einem Widerspruch des Arbeitnehmers gegen den Übergang seines Arbeitsverhältnisses gem. § 613a BGB abhängig gemacht wird (*BAG* 24.2.2000 EzA § 1 KSchG Interessenausgleich Nr. 7).

791 Die namentliche Bezeichnung von Arbeitnehmern in einem **Sozialplan** steht einer Benennung in einem Interessenausgleich dann gleich, wenn zwischen Arbeitgeber und Betriebsrat Einigkeit darüber besteht, dass die benannten Arbeitnehmer zu entlassen sind (ErfK-*Oetker* Rn 360a; HWK-*Quecke* Rn 425; *Ascheid* RdA 1997, 342; *Fischermeier* NZA 1997, 1097; *Schiefer/Worzalla* NZA 2004, 352; **aA** DDZ-*Deinert* Rn 616). In Wahrheit handelt es sich insoweit um keine Sozialplanregelung, sondern um einen mit dem Sozialplan verbundenen Interessenausgleich (*Schiefer* DB 2009, 2746, 2747). Da dieser nicht erzwingbar ist, reicht die namentliche Bezeichnung in einem durch Spruch einer Einigungsstelle zustande gekommenen Sozialplan nicht aus (APS-*Kiel* Rn 711; DDZ-*Deinert* Rn 616; *Ascheid* RdA 1997, 342 f.; *Fischermeier* NZA 1997, 1097).

792 Die Wirkungen des § 1 Abs. 5 KSchG treten nur ein, wenn die der Kündigung zugrundeliegende Betriebsänderung vollumfänglich Gegenstand einer Verständigung der Betriebsparteien iSv § 111 S. 1, § 112 BetrVG ist. Ein **Interessenausgleich nur über Teile der Betriebsänderung** reicht nicht aus (*BAG* 17.3.2016 EzA § 1 KSchG Interessenausgleich Nr. 26 Rn 34). Zwar ist für das Eingreifen der Vermutungswirkung iSv § 1 Abs. 5 KSchG nicht erforderlich, dass die Namen der zu kündigenden Arbeitnehmer in einer einheitlichen **Namensliste** zusammengefasst sind, wenn über die gesamte Betriebsänderung, die auf einer einheitlichen Planung beruht, ein wirksamer Interessenausgleich zustande gekommen ist. Die Betriebspartner können vielmehr zeitlich gestaffelt entsprechend den geplanten »Entlassungswellen« jeweils eine vollständige Namensliste aufstellen. Ist in einem solchen Fall der gekündigte Arbeitnehmer von der zweiten »Welle« betroffen und liegt hinsichtlich der beiden ersten Stufen jeweils eine abschließende Einigung der Betriebspartner über den durchzuführenden Personalabbau und insoweit vollständige Namenslisten vor, bildet dies eine ausreichende Vermutungsbasis iSv § 1 Abs. 5 KSchG (*BAG* 19.7.2012 EzA § 1 KSchG Interessenausgleich Nr. 24 Rn 33; 22.1.2004 EzA § 1 KSchG Interessenausgleich Nr. 11 zu C III 5 der Gründe). Lag dagegen im Kündigungszeitpunkt lediglich für einen nicht abgrenzbaren Teil der behaupteten Betriebsänderung überhaupt ein Interessenausgleich vor, der sich an vorausgehende, bereits durchgeführte Maßnahmen anschloss, für die die Betriebsparteien keinen Interessenausgleich abgeschlossen haben, genügt dies den Anforderungen des § 1 Abs. 5 KSchG nicht. Die durch § 1 Abs. 5 KSchG bewirkten nachteiligen Folgen der Namensliste für die kündigungsrechtliche Stellung der von ihr betroffenen Arbeitnehmer ist verfassungsrechtlich nur durch die Einflussnahmemöglichkeit des Betriebsrats auf die gesamte unternehmerische Maßnahme und ihre Folgen für die davon betroffenen Arbeitnehmer zu rechtfertigen (*BAG* 27.9.2012 EzA § 1 KSchG Interessenausgleich Nr. 25 Rn 27). An einer solchen Einflussnahmemöglichkeit fehlt es aber, wenn der Arbeitgeber nach dem Scheitern eines Interessausgleichs über Teile der betriebsändernden Maßnahmen diese ohne Mitwirkung des Betriebsrats durchführen kann (*BAG* 17.3.2016 EzA § 1 KSchG Interessenausgleich Nr. 26 Rn 36).

Da es sich um eine ihm günstige Regelung handelt, hat der **Arbeitgeber** deren Voraussetzun- 793
gen, dh die Vermutungsbasis des § 1 Abs. 5 **darzulegen und zu beweisen**. Der Arbeitgeber hat
im Prozess daher darzulegen und erforderlichenfalls zu beweisen, dass eine Betriebsänderung
iSv § 111 BetrVG vorliegt und dass ein rechtswirksamer Interessenausgleich mit Namensliste
zustande gekommen ist, in dem der Arbeitnehmer benannt wurde (BAG 17.11.2005 EzA § 1
KSchG Soziale Auswahl Nr. 64, zu I 1; 31.5.2007 EzA KSchG § 1 Interessenausgleich Nr. 12,
zu B I 2; 3.4.2008 EzA § 1 KSchG Interessenausgleich Nr. 15, zu B II 1a aa). Dazu gehört im
Fall einer Betriebseinschränkung durch Personalabbau der Umstand, dass die Betriebsänderung
zumindest erhebliche Teile der Belegschaft iSd Schwellenwerte von § 17 Abs. 1 betroffen hat.
Der Arbeitgeber hat hierzu im Bestreitensfall die betriebsverfassungsrechtlichen Strukturen iSd
§§ 1, 3, 4 BetrVG zu erläutern sowie die Personenzahl der betroffenen Arbeitnehmer und die
der Gesamtbelegschaft des Betriebes darzulegen (BAG 31.5.2007 EzA KSchG § 1 Interessenausgleich Nr. 12, zu B I 3).

Sind eine Betriebsänderung iSv § 111 BetrVG und ein wirksamer Interessenausgleich mit Na- 794
mensliste bewiesen oder festgestellt, gilt abgesehen von Diskriminierungstatbeständen (hierzu
Rdn 781) – gem. § 1 Abs. 5 S. 1 die gesetzliche Vermutung, dass die Kündigung durchdringende
betriebliche Erfordernisse bedingt ist. Die Vermutung der dringenden betrieblichen Erfordernisse
begründet eine gesetzliche Vermutung iSv § 292 ZPO, die im Kündigungsschutzprozess zu einer
Beweislastumkehr führt. Die Darlegungs- und Beweislast für das Fehlen dringender betrieblicher
Erfordernisse trägt damit der Arbeitnehmer (BAG 7.5.1998 EzA § 1 KSchG Interessenausgleich
Nr. 5; 29.9.2005 EzA § 1 KSchG Betriebsbedingte Kündigung Nr. 140, zu II 2c; aA LAG *Düsseld*.
4.3.1998 BB 1998, 1268; *Zwanziger* DB 1997, 2175, die die Darlegungslast für das Vorliegen
dringender betrieblicher Erfordernisse dem Arbeitgeber auferlegen). Durch die Bezugnahme auf die
dringenden betrieblichen Erfordernisse iSd Abs. 2 erstreckt sich die Vermutung des § 1 Abs. 5 S. 1
auch darauf, dass der Arbeitnehmer **an keinem anderen Arbeitsplatz in demselben Betrieb weiterbeschäftigt** werden kann (BAG 7.5.1998 EzA § 1 KSchG Interessenausgleich Nr. 5; 19.6.2007 EzA
§ 1 KSchG Interessenausgleich Nr. 13, zu B I 2b), und zwar auch nicht nach Umschulungs- und
Fortbildungsmaßnahmen oder unter geänderten Arbeitsbedingungen (APS-*Kiel* Rn 716; SPV-*Preis*
Rn 1167). Im Fall eines **Betriebsübergangs** erstreckt sich die Vermutung nicht darauf, dass die
Kündigung nicht wegen des Betriebsübergangs erfolgt ist. Dies ergibt sich aus einem Umkehr-
schluss zu § 128 Abs. 2 InsO (HaKo-KSchR/*Gallner* 3. Aufl. Rn 683; Bader/Bram-*Volk* Rn 288m;
Däubler NZA 2004, 183).

Str. ist, ob die Vermutung auch fehlende **Weiterbeschäftigungsmöglichkeiten in anderen Betrieben** 795
des Unternehmens erfasst. Plausibel ist eine betriebsübergreifende Wirkung eines Interessenausgleichs, wenn für ihn ein Gesamt- oder Konzernbetriebsrat zuständig war (hierzu Rn 786 f.). Dann
legitimieren schon das betriebsübergreifende Mandat und der entsprechende Unterrichtungsanspruch derart weitreichende Regelungen (BAG 19.6.2007 EzA § 1 KSchG Interessenausgleich
Nr. 13, zu B I 2b). Das BAG nimmt an, dass angesichts des die gesamte soziale Rechtfertigung der
Kündigung erfassenden Normzwecks auch ein mit einem Einzelbetriebsrat geschlossener Interessenausgleich die Vermutung fehlender Weiterbeschäftigungsmöglichkeiten in anderen Betrieben
begründe, wenn sich die Betriebsparteien in ihren Verhandlungen damit befasst haben. Davon sei
regelmäßig selbst dann auszugehen, wenn dies im Interessenausgleich nicht erwähnt werde. Auf ein
erhebliches Bestreiten des Arbeitnehmers und die Darlegung konkreter Anhaltspunkte für Beschäftigungsmöglichkeiten in anderen Betrieben habe der Arbeitgeber aber darzulegen und zu beweisen,
dass die Betriebsparteien sich damit befasst haben (BAG 6.9.2007 EzA § 1 KSchG Interessenausgleich Nr. 14, zu B II 3; für eine unternehmensweite Geltung APS-*Kiel* Rn 716; LSSW-*Schlünder*
Rn 517; SPV-*Preis* Rn 1167; HWK-*Quecke* Rn 428; HaKo-KSchR/*Zimmermann* Rn 736; dagegen
DDZ-*Deinert* Rn 628; DKW-*Däubler* §§ 112, 112a Rn 36; HaKo-ArbR/*Schubert* Rn 639; *Fischermeier* NZA 1997, 1097; *Kohte* BB 1998, 950).

Im Streitfall hat der Arbeitnehmer die gesetzliche Vermutung zu widerlegen und dazu darzule- 796
gen und erforderlichenfalls zu beweisen, dass keine dringenden betrieblichen Erfordernisse für die

Kündigung vorliegen, dh dass sein Arbeitsplatz nicht weggefallen ist oder eine anderweitige Beschäftigungsmöglichkeit in demselben oder einem anderen Betrieb besteht. Eine bloße Erschütterung der Vermutung reicht nicht aus. Der Arbeitnehmer muss vielmehr darlegen, weshalb der Arbeitsplatz trotz der Betriebsänderung noch vorhanden ist oder wo sonst im Betrieb oder Unternehmen er weiterbeschäftigt werden kann (*BAG* 27.9.2012 EzA § 1 KSchG Interessenausgleich Nr. 25, Rn 26). Bei der **Führung des Gegenbeweises** können ihm jedoch gewisse Erleichterungen nach den Regeln der abgestuften Darlegungs- und Beweislast zugutekommen (*BAG* 27.9.2012 EzA § 1 KSchG Interessenausgleich Nr. 25, Rn 26; 5.11.2009 EzA KSchG § 1 Interessenausgleich Nr. 20, Rn 17; für eine sekundäre Behauptungslast des Arbeitgebers auch APS-*Kiel* Rn 730). Welche Anforderungen an ein erstes, die sekundäre Behauptungslast des Arbeitgebers auslösendes Vorbringen des Arbeitnehmers zu stellen sind, lässt sich nicht für alle Fälle im Voraus abstrakt festlegen. Sie richten sich vielmehr nach der konkreten Kenntnis und Kenntnismöglichkeit des Arbeitnehmers (*BAG* 27.9.2012 EzA § 1 KSchG Interessenausgleich Nr. 25, Rn 29). Steht nach dem Ergebnis der mündlichen Verhandlung fest, dass die Kündigung etwa mangels einer endgültigen Absicht zur Betriebsstilllegung nicht sozial gerechtfertigt ist, besteht für die Vermutung der sozialen Rechtfertigung kein Raum mehr (*BAG* 29.9.2005 EzA § 1 KSchG Betriebsbedingte Kündigung Nr. 140, zu II 2c).

797 Die **soziale Auswahl** der im Interessenausgleich benannten Arbeitnehmer kann abgesehen von Diskriminierungstatbeständen (hierzu Rdn 781) nur auf **grobe Fehlerhaftigkeit** (s. Rdn 775) überprüft werden (§ 1 Abs. 5 S. 2). Weitergehend als in Abs. 4 ist damit nicht nur die Bewertung der vier maßgebenden Sozialdaten zueinander, sondern die Sozialauswahl insgesamt nur auf grobe Fehler überprüfbar. Das bedeutet, dass auch die **Bildung der auswahlrelevanten Gruppen** nur auf grobe Fehler überprüft werden kann (*BAG* 7.5.1998 EzA § 1 KSchG Interessenausgleich Nr. 5, zu II 2b; 21.9.2006 EzA § 1 KSchG Soziale Auswahl Nr. 72, zu B I 2a; 3.4.2008 EzA § 1 KSchG Interessenausgleich Nr. 15, zu B I 1; 19.7.2012 EzA § 1 KSchG Interessenausgleich Nr. 24, Rn 42; aA SPV-*Preis* Rn 1171). Dies gilt auch für die Bestimmung des Betriebs als Grenze der Gruppe der in die Sozialauswahl einzubeziehenden Arbeitnehmer (*BAG* 3.4.2008 EzA § 1 KSchG Interessenausgleich Nr. 15, zu B II 1a). Ob die Beschränkung des Prüfungsmaßstabs auf grobe Fehler auch für die Nichteinbeziehung anderer Arbeitnehmer wegen **berechtigter betrieblicher Interessen** nach § 1 Abs. 3 S. 2 gilt, ist str. Das *BAG* hatte dies nach der bis 31.12.1998 geltenden Rechtslage offengelassen (12.4.2002 EzA § 1 KSchG Soziale Auswahl Nr. 48, zu II 4a). Angesichts des auf die Sozialauswahl insgesamt bezogenen Wortlauts von § 1 Abs. 5 S. 2 und der sich aus der Gesetzesbegründung (BT-Dr. 15/1204 S. 12) ergebenden Intention des Gesetzgebers, der die Entscheidung nach § 1 Abs. 3 S. 2 ausdrücklich einbeziehen wollte, ist diese Frage nach der seit 1.1.2004 geltenden Rechtslage zu bejahen (*LAG Nds.* 23.5.2005 LAGE § 1 KSchG Soziale Auswahl Nr. 50, zu I 1a; APS-*Kiel* Rn 718; DDZ-*Deinert* Rn 632; Bader/Bram-*Volk* Rn 328a; TRL-*Benkert* Rn 979; aA SPV-*Preis* Rn 1172; HaKo-ArbR/*Schubert* Rn 642). Allerdings hat die Beteiligung der einzelnen Altersgruppen am Personalabbau auch im Anwendungsbereich des § 1 Abs. 5 S. 2 KSchG streng proportional zu erfolgen (*BAG* 26.3.2015 EzA § 1 KSchG Soziale Auswahl Nr. 88, Rn 22). Bei der **Sozialauswahl nach Altersgruppen** iSv § 1 Abs. 3 S. 2 besteht ein Gestaltungsspielraum lediglich hinsichtlich der Festlegung der Gruppen (*BAG* 26.3.2015 EzA § 1 KSchG Soziale Auswahl Nr. 88, Rn 22 mwN).

798 Die Sozialauswahl ist **grob fehlerhaft**, wenn eine evidente, massive Abweichung von den Grundsätzen des Abs. 3 vorliegt und der Interessenausgleich jede soziale Ausgewogenheit vermissen lässt (*BAG* 19.7.2012 EzA § 1 KSchG Interessenausgleich Nr. 24, Rn 42; 12.3.2009 EzA § 1 KSchG Interessenausgleich Nr. 17, Rn 32). Dabei muss sich die getroffene Auswahl gerade mit Blick auf den klagenden Arbeitnehmer im Ergebnis als grob fehlerhaft erweisen. Nicht entscheidend ist, ob das gewählte Auswahlverfahren als solches Anlass zu Beanstandungen gibt (*BAG* 19.7.2012 EzA § 1 KSchG Interessenausgleich Nr. 24, Rn 42; 10.6.2010 EzA § 1 KSchG Interessenausgleich Nr. 22, Rn 19). Dem entspricht es, dass der gekündigte Arbeitnehmer die soziale Auswahl konkret rügen, dh geltend machen muss, ein bestimmter mit ihm vergleichbarer Arbeitnehmer sei weniger schutzwürdig als er selbst (*BAG* 19.7.2012 EzA § 1 KSchG Interessenausgleich Nr. 24, Rn 42).

Damit muss der hinsichtlich der sozialen Kriterien ohnehin beweisbelastete Arbeitnehmer (§ 1 Abs. 3 S. 3) im Streitfall darlegen und beweisen, dass die Nichteinbeziehung anderer Arbeitnehmer offensichtlich sachlich ungerechtfertigt ist oder die Gewichtung der vier sozialen Grunddaten jede Ausgewogenheit vermissen lässt und er bei zutreffender Bewertung schutzwürdiger ist als ein nicht gekündigter Arbeitnehmer. Nach den Regeln der abgestuften **Darlegungs- und Beweislast** hat allerdings der Arbeitgeber entsprechend § 1 Abs. 3 S. 1 letzter Hs. auf Verlangen des Arbeitnehmers zunächst die Gründe für die getroffene Sozialauswahl anzugeben. Unterlässt er dies, gilt die Kündigung ohne Weiteres als sozial ungerechtfertigt. Erst nach Erfüllung der Auskunftspflicht trägt der Arbeitnehmer die volle Darlegungslast für die grobe Fehlerhaftigkeit der Sozialauswahl (*BAG* 21.2.2002 EzA § 1 KSchG Interessenausgleich Nr. 10, zu B I 5b; 22.1.2004 EzA § 1 KSchG Interessenausgleich Nr. 11, zu B IV; iE s. Rdn 755 ff.). Der Prüfungsmaßstab der groben Fehlerhaftigkeit ändert nichts an der Verteilung der Darlegungslast. Deshalb obliegt ebenso wie nach der bis 31.12.1998 geltenden Rechtslage (vgl. *BAG* 21.2.2002 EzA § 1 KSchG Interessenausgleich Nr. 10, zu B I 5b) auch im Anwendungsbereich des Abs. 5 dem Arbeitgeber die Darlegungs- und Beweislast dafür, warum bestimmte Arbeitnehmer nach Abs. 3 S. 2 nicht in die Sozialauswahl einbezogen worden sind (*LAG Nds.* 30.6.2006 LAGE § 1 KSchG Soziale Auswahl Nr. 52, zu B III 3a; HaKo-KSchR/*Zimmermann* Rn 913).

Die Vermutung der Betriebsbedingtheit der Kündigung und der Prüfungsmaßstab für die Sozialauswahl nach Abs. 5 S. 2 kommen nicht zum Zuge, soweit sich die **Sachlage** nach Zustandekommen des Interessenausgleichs **wesentlich geändert** hat (§ 1 Abs. 5 S. 3). Eine wesentliche Änderung der Sachlage entspricht einer Änderung der Geschäftsgrundlage (*BAG* 21.2.2001 EzA § 1 KSchG Interessenausgleich Nr. 8, zu II 3; 22.1.2004 EzA § 1 KSchG Interessenausgleich Nr. 11, zu B V; 23.10.2008 EzA § 1 KSchG Interessenausgleich Nr. 16, zu B III 3d bb (3) (a)) und liegt unstreitig vor, wenn die Betriebsänderung, auf die sich der Interessenausgleich bezieht, zB aufgrund einer später vereinbarten Betriebsveräußerung nicht mehr durchgeführt werden oder die Anzahl der im Interessenausgleich vorgesehenen Kündigungen erheblich verringert werden soll (HaKo-KSchR/*Zimmermann* Rn 743; SPV-*Preis* Rn 1163; ErfK-*Oetker* Rn 367). Eine geringfügige Erhöhung oder Verringerung der Anzahl der Kündigungen genügt nach hM nicht (*BAG* 22.1.2004 EzA § 1 KSchG Interessenausgleich Nr. 11, zu B V; 23.10.2008 EzA § 1 KSchG Interessenausgleich Nr. 16, zu B III 3d bb (3) (a); APS-*Kiel* Rn 726; *Löwisch* BB 2004, 156; aA *Zwanziger* DB 1997, 2179). Entsprechendes soll gelten, wenn eine bestimmte Anzahl von Arbeitnehmern freiwillig ausscheidet und sich deshalb die vorgesehene Anzahl der Kündigungen reduziert (*BAG* 12.3.2009 EzA § 1 KSchG Interessenausgleich Nr. 17, zu B I 2b; HWK-*Quecke* Rn 435: selbst das freiwillige Ausscheiden eines einzelnen nicht im Interessenausgleich bezeichneten, vergleichbaren Arbeitnehmers soll dazu führen können, dass für einen der namentlich bezeichneten Arbeitnehmer die aus der Betriebsänderung folgenden dringenden betrieblichen Erfordernisse entfallen). Dagegen wird eingewendet, dass etwa auch das Absehen von einzelnen Kündigungen oder die Neueinstellung einzelner Arbeitnehmer zumindest für vergleichbare Arbeitnehmer mit einer ähnlichen sozialen Schutzbedürftigkeit zu einer wesentlichen Änderung der Sachlage führt (LSW-*Löwisch* 10. Aufl., Rn 525; AR-*Kaiser* Rn 246). Änderungen der Sozialdaten der in die Auswahl einbezogenen Arbeitnehmer nach Abschluss des Interessenausgleichs scheiden als Grund für eine wesentliche Änderung der Sachlage aus (aA LSSW-*Schlünder* Rn 526; AR-*Kaiser* Rn 246). Sie wären ohnehin nur relevant, soweit sie sich zugunsten eines der zur Kündigung vorgesehenen Arbeitnehmer auswirken würden. Wäre dies beachtlich, könnten indes einzelne Arbeitnehmer etwa durch Eingehung einer Ehe, Schwangerschaft oder die Stellung eines Antrags auf Anerkennung als Schwerbehinderter oder Gleichstellung die kollektive Regelung zielgerichtet leerlaufen lassen. **Maßgeblicher Zeitpunkt** für die Beurteilung, ob sich die Sachlage wesentlich geändert hat, ist der Zeitpunkt des Zugangs der Kündigungen (*BAG* 21.2.2001 EzA § 1 KSchG Interessenausgleich Nr. 8, zu II 3; 22.1.2004 EzA § 1 KSchG Interessenausgleich Nr. 11, zu B V; 15.12.2011 EzA § 1 KSchG Soziale Auswahl Nr. 84, Rn 35; APS-*Kiel* Rn 726; SPV-*Preis* Rn 1163). Änderungen der Sachlage nach Ausspruch der Kündigung können lediglich einen Wiedereinstellungsanspruch begründen (*BAG* 15.12.2011 EzA § 1 KSchG Soziale Auswahl Nr. 84, Rn 35; 21.2.2001 EzA § 1 KSchG Interessenausgleich Nr. 8, zu II 3; s.a.

Rdn 823 ff.). Der Arbeitnehmer, der sich auf eine wesentliche Änderung der Sachlage beruft, trägt die Darlegungs- und Beweislast für diesen Ausnahmefall (*BAG* 22.1.2004 EzA § 1 KSchG Interessenausgleich Nr. 11, zu B V). Auf derartige Darlegungen obliegt es dem Arbeitgeber, ebenso substantiiert zu erwidern (APS-*Kiel* Rn 733; TRL-*Benkert* Rn 1003). Handelt es sich um Umstände aus der Sphäre des Arbeitgebers, mindert sich die Darlegungslast des Arbeitnehmers zu Lasten des Arbeitgebers. Diesen trifft dann eine sekundäre Behauptungslast (*BAG* 12.3.2009 EzA § 1 KSchG Interessenausgleich Nr. 17, zu B I 2c aa).

800 Der Interessenausgleich nach § 1 Abs. 5 S. 1 ersetzt die Stellungnahme des Betriebsrats, die der Arbeitgeber nach § 17 Abs. 3 S. 2 KSchG einer **Massenentlassungsanzeige** bei der Agentur für Arbeit beifügen muss (§ 1 Abs. 5 S. 4). Führt eine Betriebsänderung zu einer Massenentlassung iSv § 17 Abs. 1 KSchG, die der Arbeitgeber der Agentur für Arbeit anzeigen muss, genügt es daher, wenn er der Massenentlassungsanzeige ein Exemplar des Interessenausgleichs einschließlich der Namensliste beifügt (APS-*Kiel* Rn 734; DDZ-*Deinert* Rn 650).

801 Ebenso wenig wie die Zustimmung des Betriebsrats zu einer Kündigung entbindet die Benennung der zu kündigenden Arbeitnehmer im Interessenausgleich den Arbeitgeber von der **Anhörungspflicht nach § 102 BetrVG** (*BAG* 21.2.2002 EzA § 1 KSchG Interessenausgleich Nr. 10; 28.8.2003 EzA § 102 BetrVG 2001 Nr. 4; 22.1.2004 EzA § 1 KSchG Interessenausgleich Nr. 11, zu B VII; **aA** *Schiefer* Anm. AP § 1 KSchG Betriebsbedingte Kündigung Nr. 170, zu IV). Es besteht kein Raum für die Annahme einer ordnungsgemäßen Beteiligung nach § 102 BetrVG in analoger Anwendung von § 1 Abs. 5 (so aber *Gelhaar* DB 2008, 1496). Dagegen sprechen die Möglichkeit einer wesentlichen Änderung der Sachlage nach Abschluss des Interessenausgleichs (§ 1 Abs. 5 S. 3) und das Fehlen einer § 1 Abs. 5 S. 4 entsprechenden Regelung. Zu beachten ist aber, dass bei einer Kündigung auf der Grundlage eines Interessenausgleichs mit Namensliste die Kündigungsentscheidung und die Sozialauswahl nicht vom Arbeitgeber autonom getroffen werden, sondern das Ergebnis der Verhandlungen mit dem Betriebsrat sind. Soweit die Verhandlungen nicht von einem anderen Gremium (Gesamt- oder Konzernbetriebsrat) geführt wurden, muss der Betriebsrat daher nicht erneut nach § 102 BetrVG über die Gründe der in den Verhandlungen gefundenen Entscheidungen informiert werden. Der Arbeitgeber braucht die dem Betriebsrat aus den Interessenausgleichsverhandlungen bekannten Tatsachen nicht erneut vorzutragen (*BAG* 20.5.1999 EzA § 102 BetrVG Nr. 102; 28.8.2003 EzA § 102 BetrVG 2001 Nr. 4; 22.1.2004 EzA § 1 KSchG Interessenausgleich Nr. 11, zu B VII). Dies gilt zumindest dann, wenn zwischen den Verhandlungen über den Interessenausgleich und der Anhörung ein überschaubarer Zeitraum liegt (*BAG* 5.11.2009 EzA KSchG § 1 Interessenausgleich Nr. 20, Rn 37; 22.1.2004 EzA § 1 KSchG Interessenausgleich Nr. 11, zu C VII). Dem Arbeitgeber bleibt es auch unbenommen, das Anhörungsverfahren nach § 102 BetrVG im Zusammenhang mit dem Interessenausgleich durchzuführen (*BAG* 20.5.1999 EzA § 102 BetrVG Nr. 102). Die Anhörung des Betriebsrats ist aber nicht allein deshalb als ordnungsgemäß anzusehen, weil der Betriebsrat im Interessenausgleich erklärt, er sei zu allen Kündigungen ordnungsgemäß angehört worden und das Anhörungsverfahren sei abgeschlossen (*BAG* 28.8.2003 EzA § 102 BetrVG 2001 Nr. 4, zu B I 2).

11. Widerspruchstatbestände

a) Kündigungsschutzrechtliche Bedeutung

802 Durch das BetrVG 1972 (BGBl. I S. 13) und die Neufassung des BPersVG v. 15.3.1974 (BGBl. I S. 693) wurde § 1 Abs. 2 durch die in S. 2 und 3 enthaltenen Widerspruchstatbestände ergänzt (zur Entstehungsgeschichte s. Rdn 200). Die kündigungsschutzrechtliche Funktion der Widerspruchstatbestände besteht in einer **Verbesserung** der inhaltlichen Ausgestaltung **des individuellen Kündigungsschutzes** durch die Einbeziehung kollektivrechtlicher Elemente. Nach der inhaltlichen Konzeption des Gesetzes soll sich ein Arbeitnehmer, dessen Entlassung nach den Vorstellungen des zuständigen betriebsverfassungs- oder personalvertretungsrechtlichen Repräsentationsorgans gegen personelle Auswahlrichtlinien verstößt oder dessen Weiterbeschäftigung – sei es mit oder ohne Umschulung – möglich ist, auch individualrechtlich auf einen entsprechenden Widerspruch

berufen können (zur Systematik des Gesetzes s. Rdn 204 ff.). Ein auf die gesetzlichen Tatbestände gestützter frist- und ordnungsgemäßer Widerspruch (hierzu KR-*Rinck* § 102 BetrVG Rdn 178 ff., 184 ff.) hat damit eine Doppelfunktion (ErfK-*Oetker* Rn 375): Er ist einerseits auslösender Faktor für die Begründung einer einstweiligen Weiterbeschäftigungspflicht (vgl. KR-*Rinck* § 102 BetrVG Rdn 255 ff.), andererseits ist er ein **absoluter Grund der Sozialwidrigkeit**, sofern sich im Kündigungsschutzprozess seine Begründetheit ergibt (s. Rdn 203).

Die in § 1 Abs. 2 S. 2, 3 geregelten Widerspruchstatbestände entsprechen inhaltlich in vollem Umfang den Regelungen der §§ 102 Abs. 3 Nr. 2–5 BetrVG, 85 Abs. 1 Nr. 2–5 BPersVG. Die ebenfalls als Widerspruchstatbestand ausgestaltete Rügemöglichkeit hinsichtlich der sozialen Auswahl (vgl. § 102 Abs. 3 Nr. 1 BetrVG bzw. § 85 Abs. 1 Nr. 1 BPersVG) ist dagegen kein Unwirksamkeitsgrund (s. Rdn 768). Hat der Betriebs- bzw. Personalrat einer beabsichtigten Kündigung aus mehreren der in § 1 Abs. 2 S. 2, 3 geregelten Gründe widersprochen, kann sich der Arbeitnehmer im Kündigungsschutzprozess auf das Vorliegen sämtlicher gerügter Widerspruchstatbestände berufen. Nach dem eindeutigen Gesetzeswortlaut genügt es jedoch zur Begründung der absoluten Sozialwidrigkeit einer Kündigung, wenn der Betriebs- bzw. Personalrat zumindest aus einem der in § 1 Abs. 2 S. 2, 3 geregelten Tatbestände frist- und ordnungsgemäß einen begründeten Widerspruch eingelegt hat (ErfK-*Oetker* Rn 375; HWK-*Quecke* Rn 446). 803

Hat der Betriebs- bzw. Personalrat aus keinem der in § 1 Abs. 2 S. 2, 3 geregelten Gründe widersprochen, kann sich der Arbeitnehmer bei Vorliegen der in den Widerspruchstatbeständen geregelten Voraussetzungen gleichwohl auf diese im Rahmen der Prüfung der Sozialwidrigkeit der Kündigung nach § 1 Abs. 2 S. 1 berufen (s. Rdn 204 ff.). 804

Die Begründetheit eines auf einen Verstoß gegen einen der Tatbestände von § 1 Abs. 2 S. 2, 3 gestützten Widerspruchs kann nur im Rahmen einer nach §§ 4–6 zu erhebenden **Kündigungsschutzklage** überprüft werden. § 13 Abs. 3 findet keine Anwendung, da es sich nicht um einen sonstigen Unwirksamkeitsgrund der Kündigung, sondern um einen **speziellen Grund der Sozialwidrigkeit** handelt (ErfK-*Oetker* Rn 377). Im Streitfall hat der Arbeitnehmer **darzulegen und zu beweisen**, dass der Betriebs- bzw. Personalrat **frist- und ordnungsgemäß widersprochen** hat, da es sich dabei um eine für den Arbeitnehmer günstige Tatsache handelt (*Ascheid* Beweislastfragen S. 193; LKB-*Krause* Rn 1089; MüKo-BGB/*Hergenröder* Rn 142). 805

In **betriebsratslosen Betrieben** kann der Arbeitnehmer lediglich das objektive Vorliegen der sich auf eine anderweitige Beschäftigungsmöglichkeit beziehenden Widerspruchstatbestände im Rahmen der Prüfung der Sozialwidrigkeit nach § 1 Abs. 2 S. 1 geltend machen (s. Rdn 205). 806

b) Verstoß gegen eine Auswahlrichtlinie

Die Kündigung ist nach § 1 Abs. 2 S. 2 Nr. 1a sozial ungerechtfertigt, wenn sie gegen eine personelle Auswahlrichtlinie iSd § 95 BetrVG verstößt und der Betriebsrat oder eine andere nach dem BetrVG insoweit zuständige Vertretung der Arbeitnehmer aus diesem Grund der beabsichtigten Kündigung **frist- und ordnungsgemäß widersprochen** hat (hierzu s. KR-*Rinck* § 102 BetrVG Rdn 178 ff., 184 ff.). Eine Parallelbestimmung für den öffentlichen Dienst enthält § 1 Abs. 2 S. 2 Nr. 2a KSchG. Danach ist die Kündigung sozial ungerechtfertigt, wenn sie gegen eine personelle Auswahlrichtlinie (etwa iSv § 80 Abs. 1 Nr. 12 BPersVG) verstößt und die zuständige Personalvertretung aus diesem Grund fristgerecht Einwendungen gegen die beabsichtigte Kündigung erhoben hat, es sei denn, dass die Stufenvertretung in der Verhandlung mit der übergeordneten Dienststelle die Einwendungen nicht aufrechterhalten hat. Beide Regelungen entsprechen inhaltlich in vollem Umfang den Widerspruchstatbeständen der §§ 102 Abs. 3 Nr. 2 BetrVG, 85 Abs. 1 Nr. 2 BPersVG, so dass hinsichtlich des Begriffes und des möglichen Inhalts von Auswahlrichtlinien auf die Erläuterungen zu diesen Bestimmungen verwiesen werden kann (s. KR-*Rinck* § 102 BetrVG Rdn 201–207 und §§ 81–83, 85, 86, 128 BPersVG Rdn 58–62). 807

Durch die Einbeziehung der personellen Auswahlrichtlinien in den individuellen Kündigungsschutz wird eine Verknüpfung mit dem kollektiven Kündigungsschutz dergestalt hergestellt, dass 808 der **objektive Verstoß gegen eine personelle Auswahlrichtlinie** zwingend zur Sozialwidrigkeit der Kündigung führt. Dies gilt allerdings nur, wenn die Auswahlrichtlinien nach § 95 BetrVG der gesetzlichen Wertung des § 1 Abs. 3 entsprechen (*BAG* 11.3.1976 EzA § 95 BetrVG 1972 Nr. 1; 20.10.1983 EzA § 1 KSchG Betriebsbedingte Kündigung Nr. 28; *Jobs* DB 1986, 541; *Weller* RdA 1986, 225; aA *Gamillscheg* Anm. AP Nr. 1 zu § 95 BetrVG 1972; *Zöllner* FS für G. Müller, S. 683 f.) und die sozialen Grunddaten (Betriebszugehörigkeit, Lebensalter, Unterhaltspflichten, Schwerbehinderung) im Verhältnis zueinander nicht grob fehlerhaft bewertet sind (§ 1 Abs. 4 KSchG).

809 **Darlegungs- und beweispflichtig** dafür, dass eine Kündigung in Übereinstimmung mit bestehenden personellen Auswahlrichtlinien erklärt worden ist, ist im Kündigungsschutzprozess der **Arbeitgeber** (*Ascheid* Beweislastfragen S. 194; LKB-*Krause* Rn 1091). Dies ergibt sich aus einer erweiternden Auslegung von § 1 Abs. 2 S. 4. Bestehende Auswahlrichtlinien sind zwar keine Kündigungstatsachen iSd Norm, sie sind aber kollektivrechtliche Normen, die sich unmittelbar auf die personelle Konkretisierung der Auswahlentscheidung beziehen und damit die Kündigung bedingen. Der Arbeitgeber braucht nicht von sich aus die Übereinstimmung der Kündigung mit bestehenden Auswahlrichtlinien darzulegen, sondern erst dann, wenn der Arbeitnehmer sich auf deren angebliche Nichteinhaltung beruft. Der Arbeitnehmer ist erst dann wieder darlegungs- und beweisbelastet, wenn der Arbeitgeber die von ihm berücksichtigten Auswahlkriterien, die von ihm zugrunde gelegten auswahlrelevanten Sozialdaten sowie den von ihm für maßgeblich erachteten Kreis vergleichbarer Arbeitnehmer dargelegt hat (LKB Rn 1091; MüKo-BGB/*Hergenröder* Rn 143). Dann muss der Arbeitnehmer einen etwaigen **Auswahlfehler konkret rügen**, indem er zB die Nichtbeachtung einzelner Bestimmungen der Auswahlrichtlinie im Einzelnen darlegt.

c) **Weiterbeschäftigung des Arbeitnehmers an einem anderen Arbeitsplatz zu unveränderten Arbeitsbedingungen**

810 Die Kündigung ist nach § 1 Abs. 2 S. 2 Nr. 1b sozial ungerechtfertigt, wenn der Betriebsrat unter Hinweis auf eine im Betrieb oder in einem anderen Betrieb des Unternehmens objektiv bestehende Weiterbeschäftigungsmöglichkeit einer beabsichtigten Kündigung frist- und ordnungsgemäß widersprochen hat (hierzu s. KR-*Rinck* § 102 BetrVG Rdn 178 ff., 184 ff.). Um den Besonderheiten des öffentlichen Dienstes Rechnung zu tragen, enthält das Gesetz für diesen mit § 1 Abs. 2 S. 2 Nr. 2b eine Parallelbestimmung. Danach ist die Kündigung sozial ungerechtfertigt, wenn der Arbeitnehmer an einem anderen Arbeitsplatz in derselben Dienststelle oder in einer anderen Dienststelle desselben Verwaltungszweiges an demselben Dienstort einschließlich seines Einzugsgebietes weiterbeschäftigt werden kann und die zuständige Personalvertretung aus diesem Grund Einwendungen erhoben hat, es sei denn, dass die Stufenvertretung in der Verhandlung mit der übergeordneten Dienststelle die Einwendungen nicht aufrechterhalten hat. Diese Sanktion der absoluten Sozialwidrigkeit einer Kündigung greift nur ein, wenn sich der Arbeitgeber über die fristgemäß vorgebrachten und durch die objektive Rechtslage begründeten **Einwendungen des zuständigen Personalvertretungsorgans** hinsichtlich einer bestehenden Weiterbeschäftigungsmöglichkeit für den zu kündigenden Arbeitnehmer **hinwegsetzt** (*BAG* 6.6.1984 AP § 1 KSchG 1969 Betriebsbedingte Kündigung Nr. 16).

811 Der Regelungsgehalt des § 1 Abs. 2 S. 2 Nr. 1b und Nr. 2b deckt sich abgesehen von der kündigungsschutzrechtlichen Verknüpfung mit dem Inhalt der Widerspruchstatbestände der §§ 102 Abs. 3 Nr. 3 BetrVG, § 85 Abs. 1 Nr. 3 BPersVG, so dass insoweit auf die Erläuterungen zu diesen Bestimmungen verwiesen werden kann (s. KR-*Rinck* § 102 BetrVG Rdn 208–213 und §§ 81-83, 85, 86, 128 BPersVG Rdn 58–62).

812 Im **öffentlichen Dienst** ist die Weiterbeschäftigungspflicht über den Bereich der Dienststelle hinaus auf den jeweiligen Verwaltungszweig, allerdings beschränkt auf den Dienstort einschließlich seines Einzugsgebietes, ausgedehnt worden. Einzugsgebiet ist entsprechend § 3 Abs. 1 Nr. 1c BUKG das Gebiet, das auf einer üblicherweise befahrenen Strecke nicht mehr als 30 km vom Dienstort entfernt ist (*BAG* 22.9.2005 EzA § 1 KSchG Betriebsbedingte Kündigung Nr. 141, zu B III 1a;

LAG Köln 23.2.1996 LAGE § 1 KSchG Betriebsbedingte Kündigung Nr. 36; Lorenzen-*Rehak* § 75 Rn 166; *Hamer* PersR 1997, 358; s. Rdn 153).

Im Unterschied zu dem ebenfalls als Widerspruchstatbestand ausgestalteten Verstoß gegen personelle Auswahlrichtlinien (vgl. KR-*Rinck* § 102 BetrVG Rdn 201) kommt eine anderweitige Beschäftigungsmöglichkeit **nicht nur bei betriebs-, sondern auch bei personen- und verhaltensbedingten Kündigungen** als Widerspruchsgrund in Betracht (*BAG* 22.7.1982 EzA § 1 KSchG Verhaltensbedingte Kündigung Nr. 10; LKB-*Krause* Rn 1071; iE s. Rdn 228 ff., 287, 440 ff.). Bei Gründen in der Person oder im Verhalten des Arbeitnehmers hängt es dabei weitgehend von der Art des jeweiligen Kündigungsgrundes ab, ob dem Arbeitgeber eine Versetzung auf einen anderen freien Arbeitsplatz mit im Übrigen unveränderten Arbeitsbedingungen zuzumuten ist (DDZ-*Deinert* Rn 391). Da bei betriebsbedingten Kündigungen ausschließlich Gründe in der Sphäre des Arbeitgebers vorliegen, bedarf es bei diesen keiner Zumutbarkeitserwägungen (zur Weiterbeschäftigungsmöglichkeit bei betriebsbedingten Kündigungen iE s. Rdn 583 f.). 813

Eine Weiterbeschäftigungsmöglichkeit iSd Widerspruchstatbestände des § 1 Abs. 2 S. 2 Nr. 1b, 2b besteht nur, wenn der Arbeitnehmer zu im Übrigen unveränderten Arbeitsbedingungen an einem **anderen freien vergleichbaren**, dh gleichwertigen **Arbeitsplatz** im Betrieb oder in einem anderen Betrieb des Unternehmens weiterbeschäftigt werden kann (*BAG* 12.9.1985 EzA § 102 BetrVG 1972 Nr. 61; 29.3.2007 EzA § 2 KSchG Nr. 66, zu B II 1). Fallen in verschiedenen Betrieben eines Unternehmens mehrere Arbeitsplätze weg, ist aber nur ein Arbeitsplatz im Unternehmen frei, auf dem die betroffenen Arbeitnehmer weiterbeschäftigt werden könnten, hat der Arbeitgeber in entsprechender Anwendung von § 1 Abs. 3 eine Sozialauswahl vorzunehmen (s. Rdn 658). Der Arbeitgeber ist **nicht verpflichtet, einen anderen gleichwertigen Arbeitsplatz** (zB durch Umorganisation, Produktionsverlagerung) **zu schaffen**, wenn dafür kein betriebliches Bedürfnis besteht (APS-*Kiel* Rn 560). Ob der Arbeitnehmer auf einem anderen besetzten Arbeitsplatz mit im Übrigen unveränderten Arbeitsbedingungen weiterzubeschäftigen ist, ist eine Frage der sozialen Auswahl zwischen ihm und dem Arbeitsplatzinhaber (iE s. Rdn 646 ff.). Auf diesen Gesichtspunkt kann ein Widerspruch nach § 1 Abs. 2 S. 2 Nr. 1b und Nr. 2b nicht gestützt werden, da nur der für die vorläufige Weiterbeschäftigung relevante Widerspruchstatbestand der §§ 102 Abs. 3 Nr. 1 BetrVG, § 85 Abs. 1 Nr. 1 BPersVG in Betracht kommt. Die Möglichkeit der **Weiterbeschäftigung** eines Arbeitnehmers **auf dem bisherigen Arbeitsplatz** ist dagegen ein geeigneter Widerspruchsgrund (s. KR-*Rinck* § 102 BetrVG Rdn 208 ff.; aA *BAG* 12.9.1985 EzA § 102 BetrVG 1972 Nr. 61; *LAG Hmb.* 27.9.1982 DB 1983, 126; LKB-*Krause* Rn 1073). Allerdings kann der Betriebsrat mit seinem Widerspruch nicht die zum Fortfall des Arbeitsplatzes führende Unternehmerentscheidung angreifen (s. iE KR-*Rinck* § 102 BetrVG Rdn 210). 814

Darlegungs- und beweispflichtig dafür, dass die im Widerspruch enthaltenen Angaben hinsichtlich einer Weiterbeschäftigungsmöglichkeit zu unveränderten Arbeitsbedingungen auf Betriebs- oder Unternehmensebene nichtzutreffend sind, ist im Kündigungsschutzprozess der **Arbeitgeber** (*BAG* 22.7.1982 EzA § 1 KSchG Verhaltensbedingte Kündigung Nr. 10; LKB-*Krause* Rn 1090; MüKo-BGB/*Hergenröder* Rn 144). Der Arbeitgeber ist zur substantiierten Darlegung allerdings erst verpflichtet, wenn sich der Arbeitnehmer zuvor auf die **Begründetheit** eines darauf gestützten **Widerspruchs berufen hat.** 815

d) **Weiterbeschäftigung des Arbeitnehmers nach zumutbaren Umschulungs- oder Fortbildungsmaßnahmen**

Eine Kündigung ist nach § 1 Abs. 2 S. 3 sozial ungerechtfertigt, wenn der Betriebsrat unter Hinweis auf eine im Betrieb oder in einem anderen Betrieb des Unternehmens nach zumutbaren Umschulungs- oder Fortbildungsmaßnahmen bestehende Weiterbeschäftigungsmöglichkeit einer beabsichtigten Kündigung frist- und ordnungsgemäß widersprochen hat (s. hierzu KR-*Rinck* § 102 BetrVG Rn 178 ff., 184 ff.). Dieser Widerspruchstatbestand gilt im öffentlichen Dienst entsprechend. Eine von einem öffentlichen Arbeitgeber erklärte Kündigung ist daher sozialwidrig, wenn 816 der Arbeitnehmer nach zumutbaren Umschulungs- oder Fortbildungsmaßnahmen an einem anderen Arbeitsplatz in derselben Dienststelle oder in einer anderen Dienststelle desselben Verwaltungszweigs an demselben Dienstort einschließlich seines Einzugsgebiets (s. Rdn 812) weiterbeschäftigt werden kann und die zuständige Personalvertretung aus diesem Grund Einwendungen erhoben hat, sofern die Stufenvertretung in der Verhandlung mit der übergeordneten Dienststelle die Einwendungen nicht aufgegeben hat. Der Regelungsgehalt beider Vorschriften deckt sich – von der kündigungsschutzrechtlichen Verknüpfung abgesehen – mit dem Inhalt der Widerspruchstatbestände des § 102 Abs. 3 Nr. 4 BetrVG bzw. des § 85 Abs. 1 Nr. 4 BPersVG, so dass auf die Erläuterungen zu diesen Bestimmungen verwiesen werden kann (vgl. KR-*Rinck* § 102 BetrVG Rdn 215–219 und §§ 81-83, 85, 86, 128 BPersVG Rdn 58–62). Durch die in § 1 Abs. 2 S. 3 enthaltene Bezugnahme auf die in § 1 Abs. 2 S. 2 enthaltenen Widerspruchstatbestände ist klargestellt, dass sich die Weiterbeschäftigungspflicht in den Fällen zumutbarer Umschulungs- oder Fortbildungsmaßnahmen ebenfalls auf die **Unternehmensebene** erstreckt.

817 Das KSchG enthält keine Legaldefinition für die in § 1 Abs. 2 S. 3 verwandten Begriffe der Umschulungs- oder Fortbildungsmaßnahmen. Zur Begriffsbestimmung kann auf die in §§ 1, 53, 58 BBiG enthaltenen Legaldefinitionen zurückgegriffen werden (LKB-*Krause* Rn 1083 f.). Unter dem Begriff der Umschulung sind danach Maßnahmen zu verstehen, die der Vermittlung von Kenntnissen und Fertigkeiten für eine andere berufliche Tätigkeit als der bisherigen dienen. Charakteristisches Merkmal der **Umschulung** ist das Ziel, dem Arbeitnehmer die notwendige fachliche Qualifikation für die Ausübung eines anderen Berufes zu vermitteln (*LAG Frankf.* 12.12.1989 LAGE § 1 KSchG Personenbedingte Kündigung Nr. 7, zu C I 1a). **Fortbildungsmaßnahmen** dienen demgegenüber dem Zweck, den Arbeitnehmer in die Lage zu versetzen, den gestiegenen Anforderungen in seinem Beruf durch die Vermittlung der notwendigen Kenntnisse und Fähigkeiten gerecht werden zu können (APS-*Kiel* Rn 567).

818 Eine Pflicht zur Umschulung oder zur Durchführung von Fortbildungsmaßnahmen besteht für den Arbeitgeber nur, wenn bei Ausspruch der Kündigung feststeht oder mit hinreichender Sicherheit voraussehbar ist, dass nach Abschluss dieser Maßnahmen **ein geeigneter freier Arbeitsplatz** im Beschäftigungsbetrieb oder in einem anderen Betrieb vorhanden ist. Ein neuer Arbeitsplatz muss nicht eingerichtet werden (*BAG* 7.2.1991 EzA § 1 KSchG Personenbedingte Kündigung Nr. 9, zu B II 2a). Einen Anspruch auf Umschulung für einen Arbeitsplatz mit besseren Arbeitsbedingungen, dh auf eine Beförderung hat der Arbeitnehmer nach hM nicht (s. Rdn 237). Es kommt nicht darauf an, ob der Arbeitnehmer nach der Umschulung auf den neuen Arbeitsplatz kraft Direktionsrechts des Arbeitgebers versetzt werden könnte (aA *Gaul* BB 1995, 2422), denn die Umschulung ist ohnehin nur mit **Zustimmung des Arbeitnehmers** möglich (s. KR-*Rinck* § 102 BetrVG Rdn 218). Seine Zustimmung indiziert die Zumutbarkeit der Maßnahme für den Arbeitnehmer (LKB-*Krause* Rn 1084). Darüber hinaus muss die Durchführung von Umschulungs- oder Fortbildungsmaßnahmen auch dem Arbeitgeber zumutbar sein. Zur Prüfung der Zumutbarkeit bedarf es einer **Interessenabwägung** (*BAG* 29.7.1976 AP § 373 ZPO Nr. 1). Der Widerspruchsgrund besteht nicht, wenn seine Erfüllung dem Arbeitgeber auch bei ausreichender Berücksichtigung der Interessen des Arbeitnehmers nach Treu und Glauben nicht zuzumuten ist. Das kann zB der Fall sein, wenn der Aufwand der Umschulung unverhältnismäßig groß ist, sich über einen längeren Zeitraum hinzieht (offen gelassen von *BAG* 7.2.1991 EzA § 1 KSchG Personenbedingte Kündigung Nr. 9) oder der Erfolg der Maßnahme angesichts des Alters oder des Bildungsgrads des Arbeitnehmers ungewiss erscheint, wobei ggf. auch der Kündigungsgrund (zB mangelnde Eignung) und die Beschäftigungsdauer mit zu berücksichtigen sind (LKB-*Krause* Rn 1084; ErfK-*Oetker* Rn 390; *Gaul* BB 1995, 2426). Dabei ist die wirtschaftliche Leistungsfähigkeit des Arbeitgebers von wesentlicher Bedeutung (*LAG Frankf.* 12.12.1989 LAGE § 1 KSchG Personenbedingte Kündigung Nr. 7, zu C I 3a; DDZ-*Deinert* Rn 438; ErfK-*Oetker* Rn 390).

819 Hinsichtlich der **Darlegungs- und Beweislast** gelten die Ausführungen zur Weiterbeschäftigungsmöglichkeit unter unveränderten Arbeitsbedingungen entsprechend (s. Rdn 815). Der Arbeitgeber

hat darüber hinaus die Umstände darzulegen und ggf. zu beweisen, die gegen die Zumutbarkeit von Umschulungs- oder Fortbildungsmaßnahmen sprechen (MüKo-BGB/*Hergenröder* Rn 144).

e) Weiterbeschäftigung des Arbeitnehmers unter geänderten Arbeitsbedingungen

Eine Kündigung ist nach § 1 Abs. 2 S. 3 sozialwidrig, wenn der Betriebsrat unter Hinweis auf eine im Betrieb oder in einem anderen Betrieb des Unternehmens bestehende Weiterbeschäftigungsmöglichkeit unter geänderten Arbeitsbedingungen, mit der der betroffene Arbeitnehmer einverstanden ist, einer beabsichtigten Kündigung frist- und ordnungsgemäß widersprochen hat (hierzu s. KR-*Rinck* § 102 BetrVG Rdn 178 ff., 184 ff.). Dieser Widerspruchstatbestand gilt ebenfalls entsprechend für den öffentlichen Dienst. Eine von einem öffentlichen Arbeitgeber erklärte ordentliche Kündigung ist daher sozialwidrig, wenn der Arbeitnehmer mit seinem Einverständnis unter geänderten Arbeitsbedingungen an einem anderen Arbeitsplatz in derselben Dienststelle oder in einer anderen Dienststelle desselben Verwaltungszweiges an demselben Dienstort einschließlich seines Einzugsgebietes weiterbeschäftigt werden kann und die zuständige Personalvertretung aus diesem Grund Einwendungen erhoben hat, sofern nicht die Stufenvertretung in der Verhandlung mit der übergeordneten Dienststelle die Einwendungen aufgegeben hat. Der Regelungsgehalt beider Vorschriften deckt sich, von der kündigungsschutzrechtlichen Verknüpfung abgesehen, mit dem Inhalt der Widerspruchstatbestände der §§ 102 Abs. 3 Nr. 5 BetrVG, 85 Abs. 1 Nr. 5 BPersVG, so dass insoweit auf die Erläuterungen zu diesen Bestimmungen verwiesen werden kann (vgl. KR-*Rinck* § 102 BetrVG Rdn 221–225 und §§ 81-83, 85, 86, 128 BPersVG Rdn 58–62). 820

Eine Weiterbeschäftigung zu geänderten Arbeitsbedingungen setzt voraus, dass der Arbeitnehmer auf einem anderen **freien Arbeitsplatz** im Betrieb oder in einem anderen Betrieb des Unternehmens oder auf einem Arbeitsplatz zu für den Arbeitnehmer ungünstigeren Arbeitsbedingungen weiterbeschäftigt werden kann, etwa mit einem geänderten Aufgabenbereich oder mit einer kürzeren Arbeitszeit. Der Arbeitnehmer muss über die für den neuen Arbeitsplatz erforderlichen Kenntnisse und Fähigkeiten verfügen (*BAG* 21.9.2000 EzA § 1 KSchG Betriebsbedingte Kündigung Nr. 107, zu B IV 2a; 29.3.2007 EzA § 2 KSchG Nr. 66, zu B II 1). Eine Weiterbeschäftigung auf einer freien **Beförderungsstelle** braucht der Arbeitgeber nach hM nicht in Betracht zu ziehen, da dies über den mit dem Kündigungsschutzgesetz bezweckten Bestandsschutz hinausginge (*BAG* 29.3.1990 EzA § 1 KSchG Soziale Auswahl Nr. 29; 21.9.2000 EzA § 1 KSchG Betriebsbedingte Kündigung Nr. 107, zu B IV 2a; s. aber Rdn 237). Auf die Begründetheit eines Widerspruchs des Betriebsrats bzw. Personalrats kann sich der Arbeitnehmer im Kündigungsschutzprozess nur dann mit Erfolg berufen, wenn er vor Erhebung des Widerspruchs sein Einverständnis mit einer Weiterarbeit zu geänderten Arbeitsbedingungen erklärt hat (s. KR-*Rinck* § 102 BetrVG Rdn 223; LSSW-*Schlünder* Rn 574). Erweist sich der frist- und ordnungsgemäß eingelegte Widerspruch im Kündigungsschutzprozess als begründet, handelt es sich um einen absoluten Grund für die Sozialwidrigkeit der Kündigung (*BAG* 13.9.1973 EzA § 102 BetrVG 1972 Nr. 7). Vgl. im Übrigen zur Weiterbeschäftigung zu geänderten Arbeitsbedingungen Rdn 236 ff. 821

Hinsichtlich der **Darlegungs-** und **Beweislast** gelten die Ausführungen zur Weiterbeschäftigungsmöglichkeit unter unveränderten Arbeitsbedingungen entsprechend (s. Rdn 815). 822

H. Der Wiedereinstellungsanspruch

I. Anspruchsgrundlagen

Eine gesetzliche Regelung eines Wiedereinstellungsanspruchs nach rechtswirksamer Kündigung besteht nicht. Die Notwendigkeit eines Wiedereinstellungsanspruchs wird daraus hergeleitet, dass für die Beurteilung der Wirksamkeit einer Kündigung der Zeitpunkt ihres Zugangs maßgebend ist und eine danach wirksame Kündigung auch dann wirksam bleibt, wenn der Kündigungsgrund bis zur oder nach der Beendigung des Arbeitsverhältnisses entfällt. Die Verlagerung des Prüfungsmaßstabs vom Ende des Arbeitsverhältnisses auf den Zeitpunkt des Zugangs der Kündigung ist zwar aus Gründen der Rechtssicherheit und der Rechtsklarheit geboten, kann aber eine Korrektur 823 bei **nachträglicher Änderung der maßgeblichen Umstände** gebieten. Ein Wiedereinstellungsanspruch wird daher im Grundsatz überwiegend bejaht (*BAG* 27.2.1997 EzA § 1 KSchG Wiedereinstellungsanspruch Nr. 1, zu II 4; 4.12.1997 EzA § 1 KSchG Wiedereinstellungsanspruch Nr. 3, zu B II 3–5; 28.6.2000 EzA § 1 KSchG Wiedereinstellungsanspruch Nr. 5; 25.10.2007 EzA § 613a BGB 2002 Nr. 80, zu B II 1a; APS-*Kiel* Rn 741; APS-*Vossen* Rn 74; HK-*Weller/Dorndorf* Rn 946; LKB-*Krause* Rn 227 ff.; SPV-*Preis* Rn 1010 ff.; DDZ-*Zwanziger/Yalcin* Einl. Rn 356 ff.; Bader/Bram-*Ahrendt* Rn 71 ff.; TRL-*Gabrys* Rn 294 ff.; für eine Beschränkung auf Verdachtskündigungen *v. Stein* RdA 1991, 91; *Ricken* NZA 1998, 464; **aA** *Adam* ZTR 1999, 113; *Kaiser* ZfA 2000, 205). Bei genereller Ablehnung eines Wiedereinstellungsanspruchs würde das durch Art. 12 Abs. 1 GG geschützte Recht des Arbeitnehmers, seinen Arbeitsplatz nicht grundlos zu verlieren, in einem wichtigen Bereich ausgehöhlt (*BAG* 27.2.1997 EzA § 1 KSchG Wiedereinstellungsanspruch Nr. 1). Als Rechtsgrundlage für den Wiedereinstellungsanspruch werden die allgemeine Fürsorgepflicht des Arbeitgebers, die Verbote des rechtsmissbräuchlichen und widersprüchlichen Verhaltens (venire contra factum proprium), das Rechtsinstitut des Wegfalls der Geschäftsgrundlage, die Interessenwahrungspflicht des Arbeitgebers, der Vertrauensschutz und Grundrechtspositionen des Arbeitnehmers sowie für die Zeit nach Beendigung des Arbeitsverhältnisses die nachwirkende Pflicht zur Rücksichtnahme des Arbeitgebers herangezogen (vgl. die Nachw. bei *Kort* SAE 2001, 131, *Oetker* ZIP 2000, 643; *Raab* RdA 2000, 147; *Gotthardt* Anm. EzA § 1 KSchG Wiedereinstellungsanspruch Nr. 6). Da die Ursache für die Nichtberücksichtigung des nachträglichen Wegfalls des Kündigungsgrundes im Gesetz oder jedenfalls in der Gesetzesauslegung zu erblicken ist, liegt es näher, von einer **verdeckten Regelungslücke** zu sprechen (*Raab* RdA 2000, 152), die von den Gerichten unter Beachtung des Schutzzwecks von Art. 12 Abs. 1 GG zu schließen ist. Es geht um eine systemimmanente Rechtsfortbildung (*Raab* RdA 2000, 152; *Kort* SAE 2001, 131), dh um eine erweiternde Auslegung von § 1 (*Zwanziger* BB 1997, 43, der an § 1 Abs. 3 anknüpft).

824 Danach ist davon auszugehen, dass der Wiedereinstellungsanspruch an eine wirksam gewordene Kündigung anknüpft und der Arbeitgeber auf die Wirksamkeit der Kündigung vertrauen darf. Er verdient **Vertrauensschutz** (LKB-*Krause* Rn 229; SPV-*Preis* Rn 1013; TRL-*Gabrys* Rn 295). Der sich aus dem Wiedereinstellungsanspruch ergebende Kontrahierungszwang schränkt die Vertragsfreiheit des Arbeitgebers erheblich ein. Voraussetzung für einen Wiedereinstellungsanspruch ist daher, dass der Arbeitgeber vor dem Wegfall bzw. vor dem Bekanntwerden des Wegfalls des Kündigungsgrundes noch keine Dispositionen getroffen hat, die eine Wiedereinstellung des Arbeitnehmers unmöglich machen oder mit betrieblichen Schwierigkeiten verbunden sind, und ihm die unveränderte Fortsetzung des Arbeitsverhältnisses zumutbar ist (*BAG* 27.2.1997 EzA § 1 KSchG Wiedereinstellungsanspruch Nr. 1, zu II 4d dd; 25.10.2007 EzA § 613a BGB 2002 Nr. 80, zu B II 6; APS-*Kiel* Rn 750; LKB-*Krause* Rn 230; *Raab* RdA 1990, 153; *Bram/Rühl* NZA 1990, 754 f.; *Oetker* ZIP 2000, 647), was etwa zu verneinen sein kann, wenn er den in Betracht kommenden Arbeitsplatz wieder besetzt hat (*BAG* 28.6.2000 EzA § 1 KSchG Wiedereinstellungsanspruch Nr. 5, zu II B 3c). Nach dem Rechtsgedanken von § 162 BGB darf der Arbeitgeber jedoch den Wegfall der Beschäftigungsmöglichkeit nicht treuwidrig herbeiführen, indem er nach dem Entstehen des Wiedereinstellungsanspruchs den Arbeitsplatz in Kenntnis des Wegfalls des Kündigungsgrunds neu besetzt (*BAG* 28.6.2000 EzA § 1 KSchG Wiedereinstellungsanspruch Nr. 5, zu II B 3c; 25.10.2007 EzA § 613a BGB 2002 Nr. 80, zu B II 6). Vielmehr liegt es dann in seinem Interesse, dem Arbeitnehmer die Wiedereinstellung anzubieten. Andernfalls riskiert er, dass er den entlassenen Arbeitnehmer wiedereinstellen muss und den neu eingestellten Arbeitnehmer nicht sofort entlassen kann (s. Rdn 836).

825 Da der Wiedereinstellungsanspruch an den Wegfall eines für die Kündigung notwendigen Kündigungsgrundes anknüpft, kommt er nicht in Betracht, wenn die Kündigung zu ihrer Wirksamkeit keines Kündigungsgrundes bedarf. Deshalb gilt er nicht für **Arbeitnehmer ohne Kündigungsschutz** in den ersten sechs Monaten ihres Arbeitsverhältnisses (*Hess. LAG* 7.3.2000 NZA 2001, 553 LS; *LAG Hamm* 26.8.2003 NZA-RR 2004, 76; APS-*Kiel* Rn 744; Bader/Bram-*Ahrendt* Rn 72c; *Oetker* ZIP 2000, 647; *Raab* RdA 2000, 153). In **Kleinbetrieben** iSv. § 23 Abs. 1 S. 2 bis 4 KSchG kommt ein Wiedereinstellungsanspruch ebenfalls grundsätzlich nicht in Betracht (*BAG* 19.10.2017 – 8

AZR 845/15 – EzA § 1 KSchG Wiedereinstellungsanspruch Nr. 14), kann sich aber im Einzelfall einmal zugunsten langjährig Beschäftigter aus § 242 BGB ergeben, etwa wenn der Arbeitgeber die unternehmerische Entscheidung, die die Kündigung veranlasste, revidiert (APS-*Kiel* Rn 744). Nach **Ablauf eines wirksam befristeten Arbeitsvertrags** besteht kein Anspruch auf Wiedereinstellung, da ein Arbeitnehmer in einem befristeten Arbeitsverhältnis einen geringeren arbeitsvertraglichen Bestandsschutz genießt als ein Arbeitnehmer in einem unbefristeten Arbeitsverhältnis. Eine wirksame Befristung begrenzt die zeitliche Geltung des Bestandsschutzes von vornherein (*BAG* 20.2.2002 EzA § 620 BGB Nr. 189, zu B II; *Maschmann* BB 2002, 1648; aA *Auktor* ZTR 2003, 550; zur Fortsetzung eines befristeten Arbeitsverhältnisses nach dem Ablauf der Vertragslaufzeit s. KR-*Bader/Kreutzberg-Kowalczyk* § 17 TzBfG Rdn 66–91).

Durch den Wiedereinstellungsanspruch soll der Mangel ausgeglichen werden, dass die Wirksamkeit der Kündigung nach den gesetzlichen Vorgaben nicht nach den Verhältnissen im Zeitpunkt der Beendigung des Arbeitsverhältnisses beurteilt werden kann. Daraus folgt zweierlei: 826

1. Fällt der Kündigungsgrund erst **nach Ablauf der Kündigungsfrist** weg, dh erweist sich die bei Zugang der Kündigung aufgestellte Prognose erst nach Ablauf der Kündigungsfrist als unrichtig, ist für einen Wiedereinstellungsanspruch grundsätzlich kein Raum (*BAG* 28.6.2000 EzA § 1 KSchG Wiedereinstellungsanspruch Nr. 5, zu II B 3b; APS-*Kiel* Rn 746; Bader/Bram-*Ahrendt* Rn 72b; LSSW-*Schlünder* Rn 104; DDZ-*Zwanziger/Yalcin* Einl. Rn 361; TRL-*Gabrys* Rn 296; SPV-*Preis* Rn 1012; *Preis* Anm. LAGE § 611 BGB Einstellungsanspruch Nr. 1; *Beckschulze* DB 1998, 418; *Boewer* NZA 1999, 1177; *Meinel/Bauer* NZA 1999, 580; *Grünzel* DB 2000, 1227; *Oetker* ZIP 2000, 649; *Raab* RdA 2000, 155; *Schiefer* DB 2000, 673; *Strathmann* DB 2003, 2438; aA *Bram/Rühl* NZA 1990, 756 f.; *Manske* FA 1998, 146). Der gesetzliche Zweck, dass bei Beendigung des Arbeitsverhältnisses ein Grund vorliegt, der die Kündigung iSv § 1 KSchG sozial rechtfertigt, ist erfüllt (*Preis* Anm. LAGE § 611 BGB Einstellungsanspruch Nr. 1). Der Arbeitsplatzverlust ist rechtmäßig eingetreten (*Oetker* ZIP 2000, 649). Ausnahmen sind jedoch bei der betriebsbedingten Kündigung (s. Rdn 830 ff.) und bei der Verdachtskündigung (s. Rdn 835) geboten. Zu den Besonderheiten des Wiedereinstellungsanspruchs im Zusammenhang mit einem Betriebsübergang s. KR-*Treber/Schlünder* § 613a BGB Rdn 103 ff. 827

2. Ebenso wie der Kündigungsschutz nach § 1 bezieht sich der Wiedereinstellungsanspruch als dessen Erweiterung nicht nur auf den zunächst betroffenen Arbeitsplatz, sondern auch auf **andere vergleichbare geeignete Arbeitsplätze** im Unternehmen, die zwischen dem Kündigungszeitpunkt und dem Ablauf der Kündigungsfrist frei oder neu geschaffen werden oder deren Freiwerden in angemessener Zeit nach Ablauf der Kündigungsfrist absehbar ist (s. Rdn 228 ff.; *BAG* 28.6.2000 EzA § 1 KSchG Wiedereinstellungsanspruch Nr. 5, zu II B 3a; APS-*Kiel* Rn 745; *Preis* S. 355; DW-*Dornbusch/Volk* Rn 457; aA *Raab* RdA 2000, 154; ähnlich *Nicolai/Noack* ZfA 2000, 100). 828

Der Wiedereinstellungsanspruch besteht unabhängig davon, ob der Arbeitnehmer **Kündigungsschutzklage** erhoben hat. Er setzt gerade die Wirksamkeit der Kündigung voraus (*LAG Hmb.* 26.4.1990 RzK I 15 Nr. 6, zu 3a, b; APS-*Kiel* Rn 759; LSSW-*Schlünder* Rn 100). Auch ein vor dem Wegfall des Kündigungsgrundes geschlossener **Aufhebungsvertrag** schließt einen Wiedereinstellungsanspruch nicht zwingend aus. War das Vorliegen des Kündigungsgrundes Geschäftsgrundlage, ist der Vertrag dahingehend anzupassen, dass der Arbeitgeber den Arbeitnehmer ggf. Zug um Zug gegen die Rückzahlung einer vereinbarten Abfindung wieder einstellt (*BAG* 4.12.1997 EzA § 1 KSchG Wiedereinstellungsanspruch Nr. 3, zu B II 3, 5; 28.6.2000 EzA § 1 KSchG Wiedereinstellungsanspruch Nr. 5, zu II B 3c aa; generell gegen eine Anpassung LKB-*Krause* Rn 241). Dies kommt nicht in Betracht, wenn ein eine angemessene Abfindung vorsehender Aufhebungsvertrag – wie meist – gerade wegen der Unsicherheit über das Vorliegen eines Kündigungsgrundes geschlossen wurde. Dann war dieser nicht Geschäftsgrundlage mit der Konsequenz, dass der Arbeitnehmer an die Vereinbarung gebunden bleibt (*BAG* 28.6.2000 EzA § 1 KSchG Wiedereinstellungsanspruch Nr. 5, zu II B 3c aa; APS-*Kiel* Rn 754). Ggf. kommt nur eine **befristete Wiedereinstellung** in Betracht, zB wenn sich herausstellt, dass der Kündigungsgrund nicht schon bei Beendigung des 829

Arbeitsverhältnisses vorliegt, sondern erst zu einem späteren Zeitpunkt eintreten wird, oder wenn ein freier Arbeitsplatz nur für befristete Zeit zur Verfügung steht (*Beckschulze* DB 1998, 419).

II. Betriebsbedingte Kündigung

830 Vor allem bei betriebsbedingten Kündigungen kommen Wiedereinstellungsansprüche in Betracht, wenn sich die betrieblichen Verhältnisse nach Zugang der Kündigung verändern und ein dringendes betriebliches Erfordernis zur Kündigung (§ 1 Abs. 2 S. 1) nicht mehr vorliegt, zB bei Rückgängigmachung einer organisatorischen oder technischen Rationalisierungsmaßnahme, einer Verbesserung der Auftragslage, einer Fortführung des Betriebs oder einer Betriebsveräußerung nach zuvor beabsichtigter Stilllegung (*BAG* 27.2.1997 EzA § 1 KSchG Wiedereinstellungsanspruch Nr. 1, zu II 4; 9.11.2006 EzA § 311a BGB 2002 Nr. 1, zu B IV 3a). Zum Wiedereinstellungsanspruch in der Insolvenz s. KR-*Spelge* § 113 InsO Rdn 33, beim Betriebsübergang KR-*Treber/Schlünder* § 613a BGB Rdn 103 ff. Aufgrund der sich aus dem noch bestehenden Arbeitsverhältnis ergebenden Nebenpflichten obliegt es dem Arbeitgeber in solchen Fällen, die betroffenen Arbeitnehmer auf die Möglichkeit einer Wiedereinstellung hinzuweisen (LKB-*Krause* Rn 232; APS-*Kiel* Rn 755; HWK-*Quecke* Rn 85). Besetzt der Arbeitgeber einen Arbeitsplatz neu, ohne den gekündigten Arbeitnehmer zu unterrichten, handelt er entgegen § 162 BGB mit der Konsequenz treuwidrig, dass er sich gegenüber dem Wiedereinstellungsanspruch nicht auf die Neueinstellung berufen kann (APS-*Kiel* Rn 755).

831 Ein Wiedereinstellungsanspruch kommt allgemein nur in Betracht, wenn der Kündigungsgrund bis zum Ablauf der Kündigungsfrist entfallen ist (s. Rdn 827). Lag einer Mehrzahl von Kündigungen jedoch eine **einheitliche**, ggf. in Etappen durchgeführte **unternehmerische Konzeption** zugrunde, etwa wenn der Arbeitgeber wegen einer beabsichtigten Betriebsstilllegung Arbeitnehmer zeitlich gestaffelt entlässt, ist die Maßnahme erst durchgeführt, wenn die Kündigungsfrist des letzten betroffenen Arbeitnehmers abgelaufen ist. Fällt der Kündigungsgrund vor diesem Zeitpunkt weg, weil sich etwa der Arbeitgeber zur Fortführung des Betriebs entschließt, ist allen betroffenen Arbeitnehmern ein Wiedereinstellungsanspruch zuzubilligen. Es gibt keinen sachlichen Grund dafür, der es rechtfertigen würde, dass von der Rückgängigmachung einer Unternehmerentscheidung nur die Arbeitnehmer profitieren, deren Kündigungsfrist zufällig noch nicht abgelaufen ist, die übrigen aber ihren Arbeitsplatz endgültig verlieren (APS-*Kiel* Rn 747; *Raab* RdA 2000, 155).

832 Stehen nach der Änderung der betrieblichen Verhältnisse weniger Arbeitsplätze zur Verfügung als Arbeitnehmer mit Wiedereinstellungsansprüchen, hat der Arbeitgeber eine **Auswahl** unter den **zu einer Wiedereinstellung bereiten Arbeitnehmern** zu treffen. Streitig ist, ob dies unter einer Abwägung betrieblicher Belange gem. §§ 242, 315 BGB (so *BAG* 4.12.1997 EzA § 1 KSchG Wiedereinstellungsanspruch Nr. 3, zu B II 5; 28.6.2000 EzA § 1 KSchG Wiedereinstellungsanspruch Nr. 5, zu II B 3c aa; APS-*Kiel* Rn 753 f.) oder nach den Grundsätzen der Sozialauswahl (§ 1 Abs. 3) geschehen muss (so HK-*Weller/Dorndorf* Rn 947; *Beckschulze* DB 1998, 420; *Nicolai/Noack* ZfA 2000, 108; *Preis* Anm. LAGE § 611 BGB Einstellungsanspruch Nr. 1). Dass dies angesichts des auch in der Sozialauswahl weiten Beurteilungsspielraums des Arbeitgebers (s. Rdn 749 ff.) unterschiedliche Konsequenzen nach sich ziehen könnte, ist indes kaum vorstellbar.

III. Personenbedingte Kündigung

833 Auch bei personenbedingten Kündigungen entsteht durch einen nachträglichen Wegfall des Kündigungsgrundes ein Wiedereinstellungsanspruch (*Raab* RdA 2000, 153; *Strathmann* DB 2003, 2438; aA SPV-*Preis* Rn 1227; *Gotthardt* Anm. EzA § 1 KSchG Wiedereinstellungsanspruch Nr. 6). Die dogmatische Grundlage des Anspruchs differenziert nicht zwischen Kündigungsgründen aus der Sphäre des Arbeitgebers und der des Arbeitnehmers (*BAG* 27.6.2001 EzA § 1 KSchG Wiedereinstellungsanspruch Nr. 6, zu B II 1). So entsteht ein Anspruch auf Wiedereinstellung, wenn der Arbeitgeber das Arbeitsverhältnis mit einem ausländischen Arbeitnehmer kündigt, weil diesem die Arbeitserlaubnis entzogen wurde, die Arbeitserlaubnis aber wider Erwarten vor dem Ablauf der Kündigungsfrist wieder erteilt wird. Dies gilt entsprechend für **krankheitsbedingte Kündigungen**

(HaKo-KSchR/*Denecke* Rn 597; LSSW-*Schlünder* Rn 106; TRL-*Gabrys* Rn 299; HaKo-ArbR/*Roos/ Bufalica* Rn 670; Bader/Bram-*Ahrendt* Rn 74; Bram/Rühl NZA 1990, 754; *Mathern* NJW 1996, 820 f.; *Oberhofer* RdA 2006, 92, 93; aA SPV-*Preis* Rn 1197; *Zwanziger* BB 1997, 43). Es reicht jedoch nicht aus, dass die ursprüngliche Gesundheitsprognose lediglich erschüttert wird, etwa durch einen Rückgang krankheitsbedingter Fehlzeiten, die Durchführung einer Rehamaßnahme oder die Vorlage eines neuen ärztlichen Gutachtens. Vielmehr ist erforderlich, dass die Ausgangsprognose widerlegt wird und eine positive Prognose feststeht (LSSW-*Schlünder* Rn 106; Bader/Bram-*Ahrendt* Rn 74; *Raab* RdA 2000, 153; vgl. *BAG* 17.6.1999 EzA § 1 KSchG Wiedereinstellungsanspruch Nr. 4, zu II 3), was nur selten der Fall sein wird, etwa nach der Entdeckung eines neuen wirkungsvollen Heilmittels (*Preis* Anm. LAGE § 611 BGB Einstellungsanspruch Nr. 1). Diese Prognose muss vor dem Ablauf der Kündigungsfrist feststehen (*BAG* 27.6.2001 EzA § 1 KSchG Wiedereinstellungsanspruch Nr. 6, zu B II).

IV. Verhaltensbedingte Kündigung

Bei verhaltensbedingten Kündigungen ist ein Wiedereinstellungsanspruch nicht völlig ausgeschlossen (dies für den Fall der Verbesserung des Verhältnisses zu einem Vorgesetzten erwägend *BAG* 13.4.2000 EzA § 626 BGB n. F. Nr. 180, zu II 3d bb; aA *Raab* RdA 2000, 153). Hier beruht die negative Prognose allerdings auf einer schuldhaften Pflichtverletzung des Arbeitnehmers. Letztere wird zwar regelmäßig innerhalb der Kündigungsfrist entfallen (HWK-*Quecke* Rn 82), nicht aber die dadurch bewirkte Störung des Vertragsverhältnisses.

834

V. Verdachtskündigung

Bei Anwendung der allgemeinen Grundsätze (s. Rdn 823 ff.) käme bei der Verdachtskündigung ein Wiedereinstellungsanspruch kaum in Betracht, weil sich bei einer ordentlichen Kündigung ein zunächst begründeter Verdacht bis zum Ablauf der Kündigungsfrist nur in seltenen Fällen ausräumen lassen dürfte und bei einer fristlosen Kündigung ein Wiedereinstellungsanspruch wegen der sofortigen Beendigung des Arbeitsverhältnisses sofort ausschiede. Dies erscheint jedoch aufgrund der weiteren Besonderheiten der Verdachtskündigung nicht gerechtfertigt. Anlass der Verdachtskündigung ist ein vermutetes Verhalten des Arbeitnehmers, das nicht bewiesen ist, aber wegen des Verdachts zum Vertrauensverlust führt. Stellt sich nachträglich heraus, dass der Arbeitnehmer die ihm vorgeworfene Pflichtverletzung nicht begangen hat, steht damit fest, dass der die Kündigung tragende Verdacht von Anfang an unberechtigt war. Dann besteht einerseits kein berechtigtes Interesse des Arbeitgebers an der Aufrechterhaltung der Rechtsfolge des Verdachts und andererseits ein **berechtigtes Rehabilitationsinteresse des Arbeitnehmers** (*BAG* 14.12.1956 AP § 611 BGB Fürsorgepflicht Nr. 3; *Langer* NZA 1991 Beil. 3 S. 27). Dies rechtfertigt nach § 242 BGB einen zeitlich nicht begrenzten Wiedereinstellungsanspruch (s. KR-*Fischermeier/Krumbiegel* § 626 BGB Rdn 248; *Fischermeier* FS ARGE Arbeitsrecht im DAV S. 276, 287; TRL-*Gabrys* Rn 300; HWK-*Quecke* Rn 82; APS- *Vossen* § 626 BGB Rn 370; beschränkt auf die Dauer des Kündigungsschutzprozesses LKB-*Krause* Rn 237–239). Gerade wegen des Anknüpfens an einen bloßen, wenn auch dringenden Verdacht wäre es unangemessen, dem Arbeitnehmer den Wiedereinstellungsanspruch deshalb zu versagen, weil ihm der Nachweis seiner Unschuld erst nach dem Ausspruch der Kündigung gelingt. Wegen des berechtigten Rehabilitationsinteresses des Arbeitnehmers kann es dem Arbeitgeber auch zumutbar sein, für den zu Unrecht Verdächtigten einen Arbeitsplatz freizukündigen, zumindest wenn dieser mit einem Arbeitnehmer ohne Kündigungsschutz besetzt ist (*Langer* NZA 1991 Beil. 3 S. 27). Nur wenn der Arbeitnehmer inzwischen aus anderen Gründen hätte entlassen werden können (zB Wegfall des Arbeitsplatzes, Änderung des Anforderungsprofils des Arbeitsplatzes) oder wenn er wegen des Zeitablaufs die erforderliche Qualifikation für seinen Arbeitsplatz nicht mehr besitzt und in absehbarer Zeit nicht mehr erlangen kann, besteht kein Wiedereinstellungsanspruch. Die Einstellung eines Ermittlungsverfahrens durch die Staatsanwaltschaft ist für sich genommen allerdings nicht zur Begründung eines Wiedereinstellungsanspruchs geeignet (*BAG* 20.8.1997 EzA § 626 BGB Verdacht strafbarer Handlung Nr. 7, zu II 4).

835

VI. Geltendmachung des Wiedereinstellungsanspruchs

836 Für die Geltendmachung des Wiedereinstellungsanspruchs besteht **keine bestimmte Frist**; es gelten die allgemeinen Verwirkungsgrundsätze (*Oetker* ZIP 2000, 651; *Raab* RdA 2000, 154; *Zwanziger* BB 1997, 45; **aA** *ArbG Frankf./M.* 20.7.1999 NZA-RR 1999, 580; *Kukat* BB 2001, 576 und *Meinel/Bauer* NZA 1999, 580: spätestens drei Wochen nach Kenntnis der Wiedereinstellungsgründe; APS-*Kiel* Rn 759: unverzüglich nach Kenntniserlangung und analog § 4 KSchG innerhalb von drei Wochen nach Ablehnung durch den Arbeitgeber Klageerhebung; *Beckschulze* DB 1998, 418: nur bis zum Ablauf der Kündigungsfrist). Da Verwirkung ohne Kenntnis des Arbeitnehmers vom Wegfall des Kündigungsgrundes erst längere Zeit nach Beendigung des Arbeitsverhältnisses in Betracht kommen kann, liegt es im eigenen Interesse des Arbeitgebers, dem Arbeitnehmer bei Wegfall eines betriebsbedingten Kündigungsgrundes die Wiedereinstellung anzubieten, um Klarheit darüber zu gewinnen, mit wem er den Arbeitsplatz künftig besetzen soll (zur Hinweispflicht des Arbeitgebers Rdn 830).

837 Eine Besonderheit besteht, wenn es nach einer wirksamen betriebsbedingten Kündigung zu einem **Betriebsübergang** kommt. Hier richtet sich der Wiedereinstellungsanspruch gegen den Betriebserwerber. Die Interessenlage des Betriebserwerbers ist in diesem Fall vergleichbar mit der Interessenlage des Betriebsveräußerers, der mit einem Widerspruch des Arbeitnehmers gegen den Übergang seines Arbeitsverhältnisses rechnen muss (*Oetker* ZIP 2000, 651). Dies rechtfertigt gleiche Geltendmachungsfristen (*BAG* 12.11.1998 EzA § 613a BGB Nr. 171; weitergehend *LAG Hamm* 11.5.2000 BB 2000, 1630). Der Wiedereinstellungsanspruch ist daher analog § 613a Abs. 6 S. 1 BGB innerhalb eines Monats nach der Unterrichtung über den Betriebsübergang geltend zu machen (zu dieser Frist s. KR-*Treber/Schlünder* § 613a BGB Rdn 75 f.).

838 Der Wiedereinstellungsanspruch ist gerichtet auf die **Fortsetzung**, dh auf die Wiederbegründung des durch die Kündigung zunächst wirksam beendeten Arbeitsverhältnisses zu den **bisherigen Vertragsbedingungen** (*BAG* 27.2.1997 EzA KSchG § 1 Wiedereinstellung Nr. 1, zu II 4a, d dd). Dies bedarf einer entsprechenden Vereinbarung zwischen Arbeitnehmer und Arbeitgeber. Stimmt der Arbeitgeber nicht zu, ist der Anspruch mit einem **Leistungsantrag auf Abgabe einer** entsprechenden **Willenserklärung** gerichtlich geltend zu machen (*BAG* 25.4.2001 EzA § 620 BGB Nr. 177, zu I; 20.2.2002 EzA § 620 BGB Nr. 189, zu B I; 25.10.2007 EzA § 613a BGB 2002 Nr. 80, zu B I 1). Er kann etwa auf die Verurteilung des Arbeitgebers gerichtet werden, »das Angebot des Klägers zur Wiederbegründung des zum ... beendeten Arbeitsverhältnisses der Parteien zu unveränderten Bedingungen mit Wirkung zum ... anzunehmen«. Im Fall der Antragsstattgabe gilt die Zustimmung gem. § 894 Abs. 1 S. 1 ZPO mit dem Eintritt der Rechtskraft als erteilt. Ein auf eine Verurteilung zur Wiedereinstellung gerichteter Antrag kann ausreichen, da er entsprechend ausgelegt werden kann (*BAG* 28.6.2000 EzA § 1 KSchG Wiedereinstellung Nr. 5, zu I A 1; 19.10.2005 EzA § 77 BetrVG 2001 Nr. 13, zu I). Das *BAG* hat sogar einen auf Weiterbeschäftigung gerichteten Antrag ausreichen lassen (27.2.1997 EzA § 1 KSchG Wiedereinstellung Nr. 1, zu II 1a; zust. HaKo-KSchR/*Zimmermann* Rn 790). Auch dies kann im Einzelfall durch eine Auslegung des Antrags gerechtfertigt sein. Da ein Anspruch auf Weiterbeschäftigung jedoch einen anderen Streitgegenstand umfasst, ist dies idR wegen § 308 Abs. 1 S. 1 ZPO nicht möglich. Daher sollte von vornherein ein Wiedereinstellungsantrag klar formuliert und vom Arbeitsgericht gem. § 139 Abs. 1 ZPO auf eine sachdienliche Antragstellung hingewirkt werden (APS-*Kiel* Rn 757). Der Wiedereinstellungsanspruch kann als Hilfsantrag neben einem Kündigungsschutzantrag geltend gemacht werden (Bader/Bram-*Ahrendt* Rn 76h). Es handelt sich um unterschiedliche Streitgegenstände (*BAG* 28.6.2000 EzA § 1 KSchG Wiedereinstellung Nr. 5, zu I A 2; 25.10.2007 EzA § 613a BGB 2002 Nr. 80, zu B I 3), die ggf. separate Rechtsmittelbegründungen notwendig machen (*BAG* 8.5.2008 EzA § 520 ZPO 2002 Nr. 6, zu III 2). Auch können mit einer Klage auf Wiedereinstellung durch objektive Klagehäufung Ansprüche aus dem fortgesetzten Arbeitsverhältnis wie Weiterbeschäftigung und Vergütungszahlung eingeklagt werden (*BAG* 27.2.1997 EzA § 1 KSchG Wiedereinstellung Nr. 1, zu II 5; DDZ-*Zwanziger/Yalcin* Einl. Rn 395).

Der Wiedereinstellungsanspruch kann **rückwirkend** zu dem Zeitpunkt geltend gemacht werden, zu dem der Kündigungsgrund entfallen ist. In der Zeit vor dem Inkrafttreten des Schuldrechtsmodernisierungsgesetzes vom 26.11.2001 (BGBl I S. 3138) lehnte die Rspr. eine solche Möglichkeit ab, weil nach § 306 BGB aF ein auf eine unmögliche Leistung gerichteter Vertrag als nichtig galt und eine rückwirkende Verpflichtung zur Arbeitsleistung als unmöglich in diesem Sinne betrachtet wurde. Nach dieser Rspr. kamen bei nicht rechtzeitiger Wiedereinstellung nur Schadensersatzansprüche des Arbeitnehmers wegen Verzugs in Betracht (*BAG* 28.6.2000 EzA § 1 KSchG Wiedereinstellung Nr. 5, zu I B; 27.6.2001 EzA § 1 KSchG Wiedereinstellung Nr. 6, zu A). Da nach § 311a Abs. 1 BGB nunmehr ein Leistungshindernis einem wirksamen Vertragsschluss nicht entgegensteht, ist auch der rückwirkende Abschluss eines Vertrages und eine darauf gerichtete Verurteilung möglich. Der Vertrag kann hinsichtlich der Vergangenheit lediglich nicht tatsächlich durchgeführt werden (*BAG* 27.4.2004 EzA § 8 TzBfG Nr. 10, zu A II 1; 12.9.2006 EzA § 8 TzBfG Nr. 15, zu II 2; 8.5.2007 EzA § 8 TzBfG Nr. 18, zu B II 1; 19.8.2015 EzA § 615 BGB 2002 Nr. 45, Rn 20). Dies gilt auch für den Wiedereinstellungsanspruch (*BAG* 9.11.2006 EzA § 311a BGB 2002 Nr. 1, zu B IV 2; 25.10.2007 EzA § 613a BGB 2002 Nr. 80, zu B II 3; 9.2.2011 EzA § 311a BGB 2002 Nr. 2, zu A II 1; 19.8.2015 EzA § 615 BGB 2002 Nr. 45, Rn 20; *Gotthardt* Anm. EzA § 1 KSchG Wiedereinstellung Nr. 6, zu I 1; APS-*Kiel* Rn 758; DDZ-*Zwanziger/Yalcin* Einl. Rn 384; Bader/Bram-*Ahrendt* Rn 76f.). 839

Die **Rechtsfolgen der Neuregelung** unterscheiden sich von der bisherigen Rechtslage nicht wesentlich. Nach dieser hatte der Arbeitgeber aufgrund seiner Verzugshaftung den Arbeitnehmer so zu stellen, als wenn der Wiedereinstellungsvertrag zum Zeitpunkt des Wegfalls des Kündigungsgrundes geschlossen worden wäre. Nunmehr hat der Arbeitnehmer gegen den Arbeitgeber als Schuldner des Beschäftigungsanspruchs gem. § 311a Abs. 2 S. 1 BGB für die Vergangenheit ebenfalls Anspruch auf **Schadensersatz**, dh auf das Erfüllungsinteresse (der gem. § 311a Abs. 2 S. 1 BGB alternativ bestehende Aufwendungserstattungsanspruch dürfte nur von Interesse sein, wenn der Arbeitnehmer aufgrund anderweitiger Einkünfte keinen oder nur einen geringen Schaden erlitten hat). Der Arbeitnehmer ist dann unter Berücksichtigung seiner anderweitigen Einkünfte so zu stellen, als ob das Arbeitsverhältnis vom Zeitpunkt der Wiedereinstellung vollzogen worden wäre (DDZ-*Zwanziger/Yalcin* Einl. Rn 384). § 311a Abs. 2 S. 2 BGB steht diesem Anspruch regelmäßig nicht entgegen, da der Arbeitgeber bei Abschluss des Vertrags bzw. mit dem Eintritt der Rechtskraft seiner Verurteilung zur Wiedereinstellung gem. § 894 ZPO die Unmöglichkeit der rückwirkenden Erbringung der Arbeitsleistung kannte (*Gotthardt* Anm. EzA KSchG § 1 Wiedereinstellung Nr. 6, zu I 1). Das für die Haftung erforderliche **Verschulden des Arbeitgebers** kann nach dem allgemeinen Maßstab (hierzu etwa *BAG* 3.12.2002 EzA § 81 SGB IX Nr. 1, zu A III 3; *BGH* 25.10.2006 NJW 2007, 428, zu II 3a, b aa) entfallen, wenn er nach sorgfältiger Prüfung unter Berücksichtigung der höchstrichterlichen Rspr. aufgrund gewichtiger Anhaltspunkte davon ausgehen durfte, dass kein Wiedereinstellungsanspruch bestehen würde (vgl. *Gotthardt* Anm. EzA § 1 KSchG Wiedereinstellung Nr. 6, zu I 1; APS-*Kiel* Rn 758; zu einem solchen Fall vgl. *BAG* 19.8.2015 EzA § 615 BGB 2002 Nr. 45, Rn 30 ff.). Bei zweifelhafter Rechtslage geht das Risiko einer Falschbeurteilung zu Lasten des Arbeitgebers. Für eine unzutreffende Rechtsberatung hat er gem. § 278 S. 1 BGB einzustehen (vgl. *BGH* 12.7.2006 NJW 2006, 3271, zu II 3c; 25.10.2006 NJW 2007, 428, zu II 3a). Einem umgekehrten Anspruch des Arbeitgebers gegen den Arbeitnehmer nach § 311a Abs. 2 S. 1 BGB steht gem. § 254 Abs. 1 BGB regelmäßig dessen überwiegendes Mitverschulden entgegen (DDZ-*Zwanziger/Yalcin* Einl. Rn 384). 840

Der Arbeitnehmer trägt nach allgemeinen Regeln die **Darlegungs- und Beweislast** für die Umstände, die einen Wiedereinstellungsanspruch begründen. Er hat dazu den unvorhergesehenen nachträglichen Wegfall des Kündigungsgrundes und die dadurch entstandene Weiterbeschäftigungsmöglichkeit darzulegen und erforderlichenfalls zu beweisen (*BAG* 9.11.2006 EzA § 311a BGB 2002 Nr. 1, zu B IV 3b; *Oetker* ZIP 2000, 653; *Preis* S. 356). Der Arbeitgeber seinerseits ist darlegungs- und beweispflichtig für die Tatsachen, die einem Wiedereinstellungsanspruch in dem begehrten Umfang entgegenstehen (*Oetker* ZIP 2000, 653). 841

§ 1 KSchG Sozial ungerechtfertigte Kündigungen

VII. Beteiligung des Betriebsrats

842 Die Wiedereinstellung ist als Einstellung gem. § 99 BetrVG **mitbestimmungspflichtig**, soweit der Arbeitgeber sie nach dem Ablauf des bisherigen Arbeitsverhältnisses freiwillig vollzieht. Dies gilt auch für den Fall der Erfüllung einer Rechtspflicht zur Wiedereinstellung oder einer Wiedereinstellungszusage (*BAG* 5.4.2001 EzA § 626 BGB nF Nr. 186, zu II 2c aa (2), (3); AR-*Rieble/Kolbe* § 99 BetrVG Rn 9; **aA** *Oetker* ZIP 2000, 652; GK-BetrVG/*Raab* § 99 Rn 36; *Fitting* § 99 Rn 48). Eine privatrechtliche Bindung des Arbeitgebers beeinträchtigt das Mitbestimmungsrecht nicht. Solange der Betriebsrat nicht zugestimmt hat oder die Maßnahme nicht gem. § 100 BetrVG vorläufig durchgeführt wird, besteht im Gegenteil gerade auch bei einer individualrechtlich wirksamen Verpflichtung des Arbeitgebers ein betriebsverfassungsrechtliches Beschäftigungsverbot (*BAG* 5.4.2001 EzA § 626 BGB nF Nr. 186, zu II 2c aa (3)). Soweit die Gegenansicht darauf verweist, dass der Einstellungsanspruch vor dem Ablauf der Kündigungsfrist entsteht (DDZ-*Zwanziger/Yalcin* Einl. Rn 386), verkennt sie, dass nicht dies, sondern die tatsächliche Eingliederung Gegenstand der Mitbestimmung ist. War der Arbeitnehmer aufgrund einer wirksamen Kündigung aus dem Betrieb ausgeschieden, handelt es sich bei der Wiedereingliederung um eine erneute Einstellung. Kein Raum für eine Beteiligung des Betriebsrats besteht dagegen, wenn der Arbeitgeber rechtskräftigG zur Wiedereinstellung oder vorläufig vollstreckbar zur tatsächlichen Beschäftigung des Arbeitnehmers verurteilt wird und wenn er kein Ermessen über die Art der Beschäftigung oder den zuzuweisenden Arbeitsplatz besitzt. Dies beruht auf dem Grundsatz, dass die Mitbestimmung entfällt, wenn und soweit der Arbeitgeber ohne Ermessensspielraum behördliche Entscheidungen zu vollziehen hat (vgl. *BAG* 19.6.2001 EzA § 99 BetrVG 1972 Einstellung Nr. 9, zu B II 2; 2.10.2007 EzA § 99 BetrVG 2001 Einstellung Nr. 7, zu B III 2e aa).

I. Ordentliche Kündigung nach dem Einigungsvertrag

843 Die Verwaltung im öffentlichen Dienst der DDR war verglichen mit derjenigen in der Bundesrepublik aufgebläht. Um einen raschen Abbau des Personalbestandes und die Rückführung auf den notwendigen Umfang zu ermöglichen, sah der Einigungsvertrag u.a. die Möglichkeit einer ordentlichen Kündigung aus enumerativ aufgeführten Kündigungsgründen vor (Anl. I, Kap. XIX, Sachgebiet A, Abschn. III Nr. 1 EV). Diese Vorschriften sind am 31.12.1993 außer Kraft getreten. Sie ließen Kündigungen wegen mangelnder fachlicher oder persönlicher Eignung, mangelnden Bedarfs oder wegen Wegfalls der Beschäftigungsstelle zu. Diese Umstände können nach wie vor eine Kündigung begründen, sind jedoch **nunmehr nach den Anforderungen des § 1 KSchG** zu beurteilen (hierzu *BAG* 13.3.1997 RzK I 5h Nr. 39; 10.10.1996 RzK I 5h Nr. 36). Zur Auslegung der einschlägigen Vorschriften des Einigungsvertrages s. KR 4. Aufl. Rn 640–677

§ 1a KSchG Abfindungsanspruch bei betriebsbedingter Kündigung

(1) ¹Kündigt der Arbeitgeber wegen dringender betrieblicher Erfordernisse nach § 1 Abs. 2 Satz 1 und erhebt der Arbeitnehmer bis zum Ablauf der Frist des § 4 Satz 1 keine Klage auf Feststellung, dass das Arbeitsverhältnis durch die Kündigung nicht aufgelöst ist, hat der Arbeitnehmer mit dem Ablauf der Kündigungsfrist Anspruch auf eine Abfindung. ²Der Anspruch setzt den Hinweis des Arbeitgebers in der Kündigungserklärung voraus, dass die Kündigung auf dringende betriebliche Erfordernisse gestützt ist und der Arbeitnehmer bei Verstreichenlassen der Klagefrist die Abfindung beanspruchen kann.

(2) ¹Die Höhe der Abfindung beträgt 0,5 Monatsverdienste für jedes Jahr des Bestehens des Arbeitsverhältnisses. ²§ 10 Abs. 3 gilt entsprechend. ³Bei der Ermittlung der Dauer des Arbeitsverhältnisses ist ein Zeitraum von mehr als sechs Monaten auf ein volles Jahr aufzurunden.

Übersicht

	Rdn
A. Einleitung	1
I. Entstehungsgeschichte	1
II. Normzweck	10
III. Bedeutung der Norm	11
IV. Abweichungen	21
V. Geltungsbeginn	22
B. Anspruchsvoraussetzungen	23
I. Arbeitgeberkündigung	23
1. Arbeitgeber	23
2. Art der Kündigung	24
a) Ordentliche Kündigung	24
b) Außerordentliche Kündigung (sog. Orlando-Kündigung)	25
c) Umgedeutete Kündigung	26
d) Änderungskündigung	27
e) Anderer Beendigungstatbestand	28
3. Schriftform	29
II. Kündigung wegen dringender betrieblicher Erfordernisse nach § 1 Abs. 2 S. 1 und Arbeitgeberhinweis	31
1. Kündigungsgrund	31
2. Hinweis des Arbeitgebers	32
a) Gegenstand	32
b) Abfindungshöhe?	33
c) Rechtsnatur	34
d) Hinweis durch Arbeitgeber	43
e) Form	44
f) Bindung an den Hinweis	45
3. Vom Gesetz abweichender Hinweis	46
a) Unvollständiger oder modifizierender Hinweis	46
b) Falscher Hinweis	53
c) Hinweis auf eine von § 1a Abs. 2 abweichende Abfindungshöhe	58
d) Umdeutung des vom Gesetz abweichenden Hinweises in Antrag auf Auflösungs- oder Abwicklungsvertrag?	61
e) Hinweis ohne Rücksicht auf Wartefrist oder Geltung der Vorschriften des Ersten Abschnitts des KSchG oder Unwirksamkeitsgrund	62
III. Unterlassen der Klageerhebung durch Verstreichenlassen der Klagefrist	63
1. Art der zu unterlassenden Klage	63
2. Verstreichen der Klagefrist (§ 4 S. 1 und S. 4 [Zustimmungsbedürftige Kündigung])	66
3. Verstreichenlassen	72
a) Rechtsnatur	72
b) Bindung an das Verstreichenlassen	73
c) Rückäußerung des Arbeitnehmers vor Ablauf der Klagefrist	75
4. Zulassung verspäteter Klage (§ 5 KSchG)	76
5. Verlängerte Anrufungsfrist (§ 6 KSchG)	78
6. Klagerücknahme	79
a) Nach Ablauf der Klagefrist	79
b) Klagerücknahme vor Ablauf der Klagefrist	81
7. Fiktion der Klagerücknahme nach Maßgabe des § 54 Abs. 5 S. 4 ArbGG	82
8. Rücknahme eines Antrages auf Zulassung verspäteter Klage gemäß § 5	84
C. Rechtsfolgen	85
I. Abfindungsanspruch	85
1. Abfindung	85
2. Rechtsnatur	86
3. Entstehenszeitpunkt	87
a) Ablauf der Kündigungsfrist	87
b) Maßgebender Zeitpunkt bei Auslauffrist	91
c) Ablauf der Kündigungsfrist vor Ablauf der Klagefrist	92
4. Abtretbarkeit	93
5. Aufrechnung	94
6. Pfändbarkeit	95
7. Prozesskostenhilfe	98
8. Vererblichkeit	99

Rdn		Rdn
9. Fälligkeit ... 101	2. Monatsverdienst (§ 10 Abs. 3 KSchG) ... 131	
10. Verzug und Verzögerungsschaden .. 102		
11. Verzinsung ... 103	3. Dauer des Arbeitsverhältnisses ... 132	
12. Insolvenz ... 104	D. Durchsetzung des Anspruchs; Streitwert; Einigungsgebühr; Entgeltnachweis ... 134	
13. Familienrecht ... 108		
14. Erlass ... 110		
15. Tarifliche Ausschlussfristen, Abgeltungsklauseln und Ausgleichsquittungen ... 112	E. Verhältnis zu anderen Ansprüchen ... 135	
	I. Entgeltansprüche ... 135	
	II. Schadensersatzansprüche ... 136	
16. Verjährung ... 114	III. Andere Abfindungsansprüche ... 141	
17. Rücktritt wegen nicht oder nicht vertragsgemäß erbrachter Leistung (§ 323 BGB)? ... 116	1. Einzelvertragliche Abfindungen ... 141	
	2. Kollektivrechtliche Abfindungen (Tarifvertrag; Sozialplan) ... 143	
18. Veränderung der anspruchsbegründenden Umstände ... 117	3. Abfindungen nach § 113 BetrVG .. 148	
	4. Abfindungen nach §§ 9, 10 KSchG 150	
a) Betriebsübergang ... 117	F. Steuerrechtliche Fragen ... 151	
b) Wiedereinstellungsanspruch ... 120	G. Sozialversicherungs- und arbeitslosenversicherungs- bzw. arbeitsförderungsrechtliche sowie grundsicherungsrechtliche Fragen ... 154	
c) Störung der Geschäftsgrundlage (§ 313 BGB)/Irrtum über die Vergleichsgrundlage (§ 779 BGB) ... 123		
	I. Sozialversicherungsrechtliche Behandlung der Abfindung ... 154	
d) Ende des Arbeitsverhältnisses vor Ablauf der Kündigungsfrist, der Klagefrist oder aufgrund neuen Beendigungstatbestandes ... 124		
	II. Verhältnis zum Insolvenzgeld ... 155	
	III. Ruhen des Anspruchs auf Arbeitslosengeld bei Entlassungsentschädigung ... 156	
	IV. Ruhen des Anspruchs auf Arbeitslosengeld bei Sperrzeit ... 159	
e) (Vorsorgliche) Kündigung; Folgekündigung; wiederholter Arbeitgeberhinweis ... 126	V. Erstattungspflicht nach § 147a SGB III aF ... 160	
II. Höhe ... 129	VI. Abfindung als zu berücksichtigendes Einkommen nach § 11 SGB II ... 161	
1. Gesetzliche Höhe ... 129		

A. Einleitung

I. Entstehungsgeschichte

1 Der frühere Bundeskanzler *Schröder* hat am 14.3.2003 eine Regierungserklärung unter der Überschrift »Mut zum Frieden und Mut zur Veränderung« abgegeben. Vor dem Deutschen Bundestag präsentierte er den Reformkurs der seinerzeitigen Bundesregierung in den Bereichen Konjunktur und Haushalt, Arbeit und Wirtschaft sowie Soziale Sicherung. Diese Bereiche sollten mit dem Reformprogramm »Agenda 2010« weitreichend umstrukturiert werden und Anreize für Arbeit, Konsum und Investitionen bieten. Zu den Neuerungen, die der Bundeskanzler ankündigte, gehörten u.a. Veränderungen im Kündigungsschutz. Nach der Regierungserklärung soll der Arbeitnehmer bei betriebsbedingten Kündigungen »zwischen der Klage auf Weiterbeschäftigung und einer gesetzlich definierten und festgelegten Abfindungsregelung wählen können« (s. www.bundeskanzler.de/kanzler-news; *Bauer* NZA 2003, 366; *Löwisch* BB 2003, 738, 739). **Ergebnis** ist die am 1.1.2004 in Kraft getretene Regelung des § 1a KSchG. Die Ausweitung deren Anwendungsbereiches sehen die beabsichtigten arbeitsrechtlichen Reformen der Großen Koalition nach dem Koalitionsvertrag vom 11.11.2005 nicht vor.

2 Um eine **Neuerung** handelt es sich bei ihr lediglich insoweit, als im Kündigungsschutzgesetz bislang eine entsprechende Regelung fehlte. Außerdem zeichnet die neue Regelung lediglich eine weit verbreitete außergerichtliche und gerichtliche Praxis über die Beendigung von Arbeitsverhältnissen und deren Modalitäten nach. Auch gesetzgeberisch handelt es sich nicht wirklich um eine Neuerung. Bereits nach dem Betriebsrätegesetz v. 4.2.1920 (RGBl. I S. 147) schuldete der Arbeitgeber selbst bei (gerichtlich) erfolgreichem »Kündigungseinspruch« und gleichwohl verweigerter Weiterbeschäftigung eine Entschädigung. Arbeitgeber hatten mithin bereits vor mehr als 90 Jahren

die - im Übrigen über § 1a KSchG hinausgehende - Möglichkeit, sich selbst bei unwirksamer Kündigung, ausgesprochen aus welchem Grund auch immer, gegen Zahlung einer Abfindung von dem Arbeitsverhältnis »freizukaufen« (s. iE die Regelung in § 87 des Betriebsrätegesetzes von 1920). Selbst die damalige Abfindung knüpfte schon an Verdiensthöhe und Beschäftigungsjahre an. Auch ist nunmehr keine echte »Wahlmöglichkeit« geschaffen worden, weil der Abfindungsanspruch von einem »Hinweis« des Arbeitgebers abhängig gemacht ist.

Seit dem Inkrafttreten des Kündigungsschutzgesetzes sind nie die Fragen verstummt, ob nicht an die Stelle der Gewährung von Bestandsschutz ein Abfindungsrecht treten sollte (vgl. die Reformvorschläge von *Bauer* NZA 2002, 529; *Buchner* NZA 2002, 533; *Hromadka* AuA 2002, 261, NZA 2002, 783; ZfA 2002, 397; *Preis* NZA 2003, 252; *Neef* NZA 2000, 7; *Rüthers* NJW 2002, 1601; *Schiefer* NZA 2002, 770; *Willemsen* NJW 2000, 2779). Gestellt wurden die Fragen aus den unterschiedlichsten Richtungen und Motiven sowie mit den unterschiedlichsten Begründungen. Besonders hartnäckig wurde bis zuletzt die Auffassung vertreten, wonach der **Kündigungsschutzprozess** ohnehin keinen Bestandsschutz gewähre und alles auf das Ausscheiden gegen eine auszuhandelnde Abfindung hinauslaufe. Dies lässt sich möglicherweise empirisch oder anhand rechtstatsächlicher Erforschung tatsächlich durchgeführter Kündigungsschutzprozesse verifizieren. Eine **gesicherte** Erkenntnis der Wirkungen des KSchG ergäbe sich jedoch nur dann, wenn gleichzeitig erforscht würde, welche Kündigungen - mangels kündigungsschutzrechtlich tragfähigen Grundes - **nicht** ausgesprochen werden oder welche - wegen Vorliegens eines dem KSchG **konformen** Kündigungsgrundes - **akzeptiert** worden sind (zur Rechtswirklichkeit *Falke/Höland/Rhode/Zimmermann* RdA 1981, 300 ff.; *Pfarr/Bothfeld/Kaiser/Kimmich/Peuker/Ullmann* BB 2004, 106 ff.; *dies.* BB 2004, 325 [zur Frage der präventiven Wirkung des KSchG] dazu *Perreng* FA 2006, 193; *Jahn* ZAF 2 und 3/2005, 284-304; *Höland/Kahl/Ullmann/Zeibig* WSI-Mitt. 2004, 145-152; *Höland/Kahl/Zeibig* Zwischenbericht Kündigungspraxis und Kündigungsschutz im Arbeitsverhältnis v. 3.5.2005 www.kueprax.de; hierzu Kontroverse auf der 17. Jahrestagung des *Deutschen Anwaltsinstituts* zwischen *Höland* [Universität Halle] und *Wolf* [BDA] in Köln 2005, Bericht *Berrisch* FA 2006, 12, 14; *dies.* Kündigungspraxis und Kündigungsschutz im Arbeitsverhältnis, 2007 [zu § 1a KSchG S. 231, zu Abfindungszahlungen S. 154 ff., zu den »Vor-Wirkungen« des Kündigungsschutzes S. 255 f.]; *Schneider/Ullmann* BB 2006, 14 ff.). Abgelehnt wurde auf dem 68. Deutschen Juristen Tag die Erwägung eines Modells, das eine ordentliche Kündigung vom siebten bis zum 24. Monat des Arbeitsverhältnisses ohne Begründung ermöglicht, wenn der Arbeitgeber zugleich die entsprechend § 1a Abs. 2 KSchG berechnete (»Regel«-)Abfindung zahlt (Beschl. des *68. DJT* Abt. Arbeits- und Sozialrecht I. Atypische Beschäftigungsverhältnisse 5a, NJW-aktuell 2010, 24, 35).

Schon vor der Regierungserklärung wollte die *CDU* älteren Arbeitslosen die Möglichkeit eröffnen, sich bei Abschluss eines neuen Arbeitsvertrages eine Abfindung zusichern zu lassen, wenn sie für den Fall einer Kündigung auf eine Kündigungsschutzklage verzichten (CDU-Regierungsprogramm für 1998, S. 11 f.). Die *FDP* war der Meinung, dass die heutige Form des Kündigungsschutzgesetzes ein Einstellungshemmnis sei und zugleich seine soziale Schutzfunktion verfehle. Denn es führe nur zu einer Vielzahl von Arbeitsgerichtsprozessen, die idR nicht den Arbeitsplatz erhielten, sondern ohnehin in Abfindungsregelungen mündeten. Den Arbeitnehmern sollte mehr Spielraum eingeräumt werden, welche Form des Kündigungsschutzes sie wollten. Daher sollten Arbeitnehmer und Arbeitgeber statt des Kündigungsschutzes eine Abfindungszahlung für den Fall der Kündigung vereinbaren können (FDP-Bürgerprogramm 2002, S. 6 f.). Die politischen Forderungen finden seit einigen Jahren Entsprechungen bei einem Teil der Arbeitsrechtswissenschaft. *Neef* (NZA 2000, 7 ff.) und *Willemsen* (NJW 2000, 2779 ff.) haben die Anpassung des Kündigungsrechts an die Realität (die Abfindungspraxis) gefordert (ähnlich *Schiefer* NZA 2002, 770, 777). *Rüthers* hat das Nachdenken über ein Abfindungsgesetz angeregt. Es sollte die betriebs- und personenbedingten Kündigungen in der Weise regeln, dass bei Arbeitgeberkündigung, die nicht schlechthin willkürlich oder sittenwidrig ist, für beide Seiten vorhersehbare Abfindungszahlungen des Arbeitgebers fällig werden (NJW 2002, 1601, 1609 mit rechtsvergleichenden Hinw. auf Dänemark, Finnland, Frankreich, Griechenland, Luxemburg, Spanien und teilweise Italien). Auch wird die Auffassung geäußert, dass einer Abfindungslösung statt Kündigungsschutz Art. 12 GG grds. nicht entgegenstehe, weil die Präventivwirkung der Abfindung vom BVerfG ausdrücklich anerkannt werde (*Hergenröder* ZfA 2002, 355, 375). Wiederum rechtsvergleichend und darüber hinaus mit einzelnen Regelungsmodellen zum Thema »Abfindung statt Kündigungsschutz« hat sich *Rebhahn* (RdA 2002, 272 ff.) beschäftigt. Nach *Bauer* (NZA 2002, 529, 530; *ders.* NZA 2005, 1046) bietet es sich an, den allgemeinen Kündigungsschutz so zu novellieren, dass das Arbeitsverhältnis auf bloßen Antrag des Arbeitgebers oder des Arbeitnehmers durch Auflösungsurteil zum vorgesehenen ordentlichen Beendigungstermin gegen Zahlung einer Abfindung beendet wird. Lediglich dann, wenn die Gerichte für Arbeitssachen zu dem Ergebnis gelangten, dass eine sozial gerechtfertigte verhaltensbedingte oder personenbedingte Kündigung vorliege, solle es keinen Abfindungsanspruch geben. Damit würde auch mit der ungerechten Abfindungspraxis aufgeräumt, wonach es bei wirksamer ordentlicher betriebsbedingter Kündigung grds. keinen Abfindungsanspruch gäbe. In dieselbe Richtung gehen auch die Vorschläge von *Hromadka* (AuA 2002, 261 ff.; NZA 2002, 783 ff.; ZfA 2002, 397 f.). Er hat einen Abfindungsanspruch für den Fall einer arbeitgeberseitigen Kündigung mit dem Ziel der Personalverringerung vorgeschlagen. *Buchner* (NZA 2002, 533 ff.) hat ebenfalls den (differenzierteren) Übergang zu einem System von Schadensersatz- und Abfindungsregelungen angeregt. Auch *Preis* hat im Rahmen seiner Beiträge zu einer Reform des Bestandsschutzrechts im Arbeitsverhältnis eine Abfindung bei betriebsbedingter Kündigung vorgeschlagen (NZA 2003, 252, 255; zuvor bereits auf einer Tagung des *Deutschen Anwaltsinstituts*, vgl. FAZ v. 13.11.2002, S. 19). Aus **ökonomischer** Sicht s. *Donges/Eckhoff/Franz/Möschel/Neumann* (Kronberger Kreis), Flexibler Kündigungsschutz im Arbeitsmarkt, 2004, dazu *Hanau* NJW 2005, 1173. Zur Reformdebatte auch *Bayreuther* NZA 2006, 417 ff. und *Gravenhorst* FA 2006, 194.

5   § 1a KSchG in seiner geltenden Fassung geht zurück auf einen **Referentenentwurf** v. 24.4.2003, der unverändert in gleichlautende Gesetzentwürfe der *Bundesregierung* v. 18.6.2003 (BR-Drs. 421/03) und v. 2.9.2003 (BT-Drucks. 15/1509) sowie einen gleich lautenden Gesetzentwurf der *Koalitionsfraktionen* v. 24.6.2003 (BT-Drucks. 15/1204) »**zu Reformen am Arbeitsmarkt**« eingegangen und dann auch Gesetz geworden ist. Nicht durchgesetzt haben sich die Gesetzesanträge des *Landes Niedersachsen* einerseits (v. 2.7.2003 BR-Drs. 456/03) und der *Freistaaten Bayern* und *Sachsen* andererseits (v. 5.7.2003 BR-Drs. 464/03), die den Arbeitnehmern durch eine Öffnungsklausel im Kündigungsschutzgesetz (ebenfalls in einem vorgeschlagenen § 1a) die Option einräumen wollten, gegen die **vorherige** Vereinbarung einer Abfindung auf Kündigungsschutzklage (also **vor** Ausspruch der Kündigung und **ohne Rücksicht** auf den Kündigungsgrund) zu verzichten. Auch der entsprechende Gesetzentwurf der Fraktion der *CDU/CSU* zum Entwurf eines Gesetzes zur Modernisierung des Arbeitsrechts (BT-Drucks. 15/1182) ist nicht Gesetz geworden.

6   In den **Begründungen** der Entwürfe eines **Gesetzes zu Reformen am Arbeitsmarkt** hat es (gleichlautend) u.a. geheißen (BT-Drucks. 15/1204 S. 9), dass durch § 1a KSchG die kündigungsschutzrechtlichen Regelungen bei betriebsbedingten Kündigungen durch einen gesetzlichen Abfindungsanspruch des Arbeitnehmers ergänzt würden. Im Falle einer betriebsbedingten Kündigung werde den Arbeitsvertragsparteien ein Verfahren für eine einfache, effiziente und kostengünstige vorgerichtliche Klärung der Beendigung des Arbeitsverhältnisses angeboten. Der Arbeitnehmer könne entscheiden, ob er Kündigungsschutzklage erhebe oder darauf verzichte und stattdessen eine Abfindung beanspruche. Mit der im Gesetz geregelten Berechnung der Abfindungshöhe würde den Arbeitsvertragsparteien ein Standardverfahren zur Verfügung gestellt, dass einen fairen Interessenausgleich ermögliche, ohne die Arbeitsgerichte anrufen zu müssen. In der arbeitsgerichtlichen Praxis endeten viele Kündigungsschutzklagen vor Gericht mit einem Vergleich, indem das Arbeitsverhältnis gegen Abfindungszahlung beendet werde. Nur in seltenen Fällen komme es zur Fortsetzung des Arbeitsverhältnisses. In der öffentlichen Diskussion werde der Realitätsverlust des Kündigungsschutzrechts beklagt, der die wirklichen Interessen von Arbeitnehmern und Arbeitgebern in vielen praktischen Fällen ignoriere. Die Arbeitsvertragsparteien würden gezwungen, ineffiziente und kostenträchtige Kündigungsschutzprozesse zu führen, obwohl sie von vornherein nur an einer Beendigung des Arbeitsverhältnisses gegen eine angemessene Abfindungszahlung interessiert seien. Der vorgesehene Abfindungsanspruch des Arbeitnehmers habe zahlreiche Vorteile. Der Arbeitnehmer müsse nicht mehr den Weg über eine Kündigungsschutzklage gehen, um eine Abfindung

zu erhalten. Er werde sich für die Abfindung entscheiden, wenn er eine Anschlussbeschäftigung schon in Aussicht habe, mit der Wirksamkeit der Kündigung rechnen müsse und auch bei Erfolg einer Kündigungsschutzklage ein belastetes Arbeitsklima befürchte. Durch die gesetzlich festgelegte Abfindungshöhe werde dem Arbeitnehmer die Sorge genommen, dass er keine angemessene Abfindung erhalte. Für den Arbeitgeber werde das Kündigungsrecht transparenter und kalkulierbarer. Der Arbeitgeber könne das Risiko vermeiden, dass die betriebsbedingte Kündigung einer gerichtlichen Überprüfung nicht standhält und er das während des Prozesses angefallene Arbeitsentgelt wegen Annahmeverzuges nachzahlen müsse. Er spare die »Transaktionskosten«, die er sonst zur sachgerechten Wahrung seiner rechtlichen Interessen aufwenden müsse. Die außergerichtliche Streitbeilegung werde die Arbeitsgerichtsbarkeit entlasten. Arbeitnehmer und Arbeitgeber müssten keine Einbußen ihrer bisherigen Rechtsposition befürchten. Denn dem Arbeitnehmer bleibe der kündigungsrechtliche Bestandsschutz auch bei betriebsbedingten Kündigungen erhalten.

Der *Bundesrat* hat in seiner 790. Sitzung am 11.7.2003 gem. Art. 76 Abs. 2 GG beschlossen, zu dem Gesetzentwurf der *Bundesregierung* dahingehend Stellung zu nehmen, dass sich dieser daran orientieren sollte, dass Arbeitnehmern durch eine Öffnungsklausel die Option eingeräumt wird, gegen die vorherige Vereinbarung einer Abfindung auf Kündigungsschutzklage zu verzichten (BT-Drucks. 15/1509, S. 8. Auf S. 10 findet sich die **Gegenäußerung** der **Bundesregierung**). 7

In den schriftlichen Stellungnahmen für die **Öffentliche Anhörung von Sachverständigen** vor dem **Ausschuss für Wirtschaft und Arbeit** am 8.9.2003 ist die geplante Neuregelung des § 1a KSchG überwiegend auf Kritik gestoßen (Ausschuss-Drucks. 15 [9]/560 v. 22.8.2003; Zusammenfassung der Anhörung selbst in BT-Drucks. 15/1587). Seitens des *DGB* wurde darauf hingewiesen, dass entgegen der Regierungserklärung v. 14.3.2003 für den Arbeitnehmer kein eigenständiges Wahlrecht auf Abfindung eingeräumt werde. Die Regelung wirke sich lediglich zugunsten des Arbeitgebers aus. Sei dieser sich seines Kündigungsgrundes sicher, werde er keine Abfindung anbieten. Sei er sich unsicher, werde er die Abfindung anbieten und so die Möglichkeit erhalten, die sich aus einer möglicherweise als unwirksam erweisenden Kündigung ergebenden Folgen oder diejenigen eines Kündigungsschutzprozesses zu minimieren bzw. auszuschließen (Ausschuss-Drucks. S. 9 f.). Nach der Auffassung der *Bundesvereinigung der Deutschen Arbeitgeberverbände* schaffe die Regelung des Abfindungsanspruchs weder mehr Rechtssicherheit noch entlaste sie insbes. kleine Arbeitgeber von der Undurchschaubarkeit des Kündigungsschutzes. Aufgrund der mit der Abfindungsoption verbundenen Kosten werde der Mittelstand von der Option kaum Gebrauch machen. Die vorgesehene Höhe der Abfindung sei mit 0,5 Monatsverdiensten pro Beschäftigungsjahr deutlich zu hoch (Ausschuss-Drucks. S. 34; s. bereits *BDA*-Stellungnahme v. 12.6.2003 zum Referentenentwurf, S. 5). Das *Institut für Arbeitsmarkt- und Berufsforschung* der (vormaligen) *Bundesanstalt für Arbeit* hat für ein generelles Abfindungsprinzip plädiert und darauf hingewiesen, dass bereits heute personen- oder verhaltensbedingte Kündigungen vor Gericht mit »betrieblichen Erfordernissen« begründet und der wahre Kündigungsgrund verborgen werde (Ausschuss-Drucks. S. 49 f.). *Ziemann* hat auf offene Fragen hingewiesen, die sich aus der Beschränkung der Regelung auf ordentliche betriebsbedingte Kündigungen sowie die Bestimmung einer Abfindungshöhe ergäben (Ausschuss-Drucks. S. 71). *Henssler* hat darauf hingewiesen, dass aktuelle Untersuchungen zeigten, dass entgegen einer verbreiteten Vorstellung die weit überwiegende Mehrheit der betriebsbedingten Kündigungen derzeit ohne Abfindung zur Beendigung des Arbeitsverhältnisses führte. Eine Reform müsse daher weiterhin zwischen rechtmäßigen und rechtswidrigen betriebsbedingten Kündigungen differenzieren, wenn sie nicht zu erheblichen Mehrbelastungen der Arbeitgeber führen solle (Ausschuss-Drucks. S. 77). *Hanau* hat die vorgesehene Abfindungsregelung als nicht mehr als ein Placebo bezeichnet. Denn der nachträgliche Verzicht auf die Kündigungsschutzklage gegen Abfindung sei schon immer möglich gewesen. Mit Placebos ließen sich aber keine Seuchen bekämpfen, zumal § 1a KSchG eine Reihe von Unklarheiten enthalte, die Abfindungsvereinbarungen eher erschwerten als erleichtern könnten. Das betreffe die Berechnung der Abfindung und die Folgen eines Zahlungsverzuges (Ausschuss-Drucks. S. 87; ebenso *ders.* FAZ v. 8.12.2003, S. 11). Nach *Rieble* ist die Abfindungslösung des Regierungsentwurfs halbherzig. Das gewollte Ergebnis, dass Arbeitgeber und Arbeitnehmer sich auf einen Verzicht auf das Kündigungsschutzverfahren einigen könnten, 8 also einen Vertrag schlössen, komme in § 1a KSchG nicht zum Ausdruck. Dies sei unklug, weil damit das Vertragsrecht für die Zweifelsfragen ausgeschaltet werde, ob sich Hinweis des Arbeitgebers und Annahme des Arbeitnehmers deckten. Auch für Willensmängel (Anfechtung) müsste man erst etwas gequält zum Recht der Willenserklärung gelangen (Ausschuss-Drucks. S. 91). Die Stellungnahme von *Klosterkemper* deckt sich im Wesentlichen mit derjenigen der *Bundesvereinigung der Deutschen Arbeitgeberverbände* (Ausschuss-Drucks. S. 97). *Bäumer* hält die Regelung für zu bürokratisch. Außerdem fehle eine klare, mindestens den Arbeitgeber bindende Regelung. Um die Prozessrisiken zu vermeiden, die Arbeitsgerichte zu entlasten und die Planbarkeit zu erhöhen, sollte lediglich dem Arbeitnehmer ein Wahlrecht zwischen Kündigungsschutzklage oder Abfindung eingeräumt werden (Ausschuss-Drucks. S. 104). Auch *Gneiting* plädierte für ein echtes Arbeitnehmerwahlrecht bei betriebsbedingter Kündigung und monierte die Einschränkung auf die betriebsbedingte Kündigung (Ausschuss-Drucks. S. 107 ff.). *Buchner* sieht in der Neuregelung mehr oder weniger nur die Bestätigung der schon bestehenden Befugnis der Arbeitsvertragsparteien, auf das Führen eines Kündigungsschutzprozesses gegen die Gewährung einer Abfindung zu verzichten. Die Regelung bedeute keine Korrektur des geltenden Kündigungsschutzes. Sie schade nicht, bringe aber auch nichts (Ausschuss-Drucks. S. 119). In dieselbe Richtung geht auch die Ansicht von *Eckert*, der die Regelung angesichts der schon bestehenden Praxis leerlaufen sieht (Ausschuss-Drucks. S. 129 f.).

9 Ungeachtet der Sachverständigen-Stellungnahmen hat der *Ausschuss für Wirtschaft und Arbeit* in seiner Beschlussempfehlung und seinem Bericht v. 24.9.2003 (BT-Drucks. 15/1587 v. 25.9.2003) die vorgeschlagene Regelung in § 1a KSchG unverändert gelassen. § 1a KSchG ist als Art. 1 Nr. 2 des **Gesetzes zu Reformen am Arbeitsmarkt** v. 24.12.2003 am 1.1.2004 in Kraft getreten, nachdem der *Bundesrat* die Änderungen im Kündigungsschutzrecht durch dieses Gesetz am 19.12.2003 hat passieren lassen.

II. Normzweck

10 Normzweck ist nach der **Gesetzesbegründung** die Ergänzung der kündigungsschutzrechtlichen Regelungen bei betriebsbedingter Kündigung um einen **gesetzlichen** Abfindungsanspruch. Weiter geht es um das Zur-Verfügung-Stellen eines »**Standardverfahrens**«, das einen fairen Interessenausgleich ermöglicht, ohne die Arbeitsgerichte anrufen zu müssen (BT-Drucks. 15/1204, S. 9 und S. 12, nähere Einzelheiten s. Rdn 6).

III. Bedeutung der Norm

11 Die Norm wird in der Rechtspraxis (auch bei einem Anspruch eines Gesetzes auf eine **benigna interpretatio** nach seinem Inkrafttreten) aus mehreren Gründen **keine signifikante Bedeutung** erlangen (richtig *Wolff* BB 2004, 378, 381). Dies ergibt sich bereits aus der gesetzlichen **Beschränkung auf betriebsbedingte Kündigungen** (auch wenn – entgegen dem dies suggerierenden Gesetzeswortlaut – dringende betriebliche Erfordernisse, die einer Weiterbeschäftigung des Arbeitnehmers entgegenstehen, nicht vorliegen, sondern nur **geltend** gemacht werden müssen, Rdn 31). Der Anwendungsbereich der Norm wird weiter dadurch eingeschränkt, dass die Abfindungsoption für den Arbeitnehmer von dem nach § 1a Abs. 1 S. 2 KSchG vorgesehenen **Hinweis** des Arbeitgebers **abhängig** ist. Nicht etwa kann der Arbeitnehmer, der eine Kündigung zu gewärtigen hat oder dem diese bereits erklärt ist, eine Abfindung beanspruchen, so sich nicht ein Abfindungsanspruch aus anderem Rechtsgrund ergibt (etwa aus §§ 9 und 10 KSchG, aus § 113 BetrVG, aus kollektivvertraglicher oder aus einzelvertraglicher Anspruchsgrundlage). Geschmälert wird der Wert der Norm dadurch, dass ein zur Kündigung entschlossener Arbeitgeber, der sich des Kündigungsgrundes sicher ist, kein Abfindungsangebot unterbreiten wird. Kommt es nicht zu einer einvernehmlichen Regelung, wird der gekündigte Arbeitnehmer wie bisher Kündigungsschutzklage mit dem Ziel führen, eine Abfindung im Rahmen eines Prozessvergleichs zu erzielen. Prozessieren wird auch weiter derjenige gekündigte Arbeitnehmer, dem es um den Bestand seines Arbeitsverhältnisses (wie es vermehrt der Fall ist) geht und der sich hierbei Chancen ausrechnet oder aber hofft, unter dem

Druck der Kündigungsschutzklage eine höhere Abfindung zu erzielen, als sie das Gesetz in § 1a Abs. 2 KSchG vorsieht (ähnlich *Bauer* NZA 2003, 366, 368; *Preis* DB 2004, 70, 75; *Richardi* DB 2004, 486, 488), ein Titulierungsinteresse hat oder nicht das Insolvenzrisiko tragen möchte. Dieser Druck steigt mit der Dauer des Kündigungsschutzprozesses in dem Maße, in dem der Arbeitgeber einem Nachzahlungsanspruch nach § 615 S. 1 BGB ausgesetzt ist, so nicht zur Meidung des Prozessrisikos eine Prozessbeschäftigung verabredet wird. Zu befürchten steht auch, dass gerade der Hinweis des Arbeitgebers auf einen Abfindungsanspruch bei dem Arbeitnehmer den Eindruck erweckt, dass sich der Arbeitgeber seines Kündigungsgrundes nicht sicher ist. Der Hinweis auf den Abfindungsanspruch könnte – maW – geradezu als Einladung dazu verstanden werden, die Kündigung gerichtlich überprüfen zu lassen und ggf. in diesem Zusammenhang eine höhere als die gesetzlich vorgesehene Abfindung zu erzielen. Von der Erhebung einer Kündigungsschutzklage wird in Sonderheit nicht derjenige Arbeitnehmer abgehalten, der über einen Abfindungsanspruch einen Titel benötigt, was aber § 1a Abs. 1 S. 1 KSchG nicht gewährt. Schließlich ist darauf hinzuweisen, dass die Höhe der Abfindung von 0,5 Monatsverdiensten in wirtschaftsschwachen Regionen **praxisuntauglich** ist (vgl. die Feststellungen *Sächs. LAG* 23.8.2005 – 1 Sa 141/05 – S. 10; s.a. *Bayreuther* NZA 2006, 417, 418). So sieht selbst der Sozialtarifvertrag für die Neuen Bundesländer lediglich eine Abfindung in Höhe von 0,25 Monatsverdiensten pro Jahr der Beschäftigung vor, weswegen die 2. Mitgliederversammlung der TdL am 26.3.2004 keine Bedenken dagegen erhoben hat, dass bei Kündigungen im Geltungsbereich des Tarifvertrages **keine** Erklärungen nach § 1a KSchG abgegeben werden. Das deckt sich mit Auswertungen der Rechtsprechung (NZA 1999, 342/349: *ArbG Chemnitz* 0,25; *ArbG Karlsruhe* 0,2; *ArbG Nbg.* 0,25). Gerichtliche Vergleichsvorschläge auf der Grundlage von 0,5 Monatsverdiensten werden von Arbeitgebern nicht selten mit dem Hinweis abgelehnt, dass man sich eine derartige Abfindung nicht leisten könne und sich nicht des Eingehungsbetruges schuldig machen wolle; lieber nehme man eine Niederlage im Kündigungsschutzprozess hin. Die für weite Bereiche praxisferne Abfindungshöhe (und überdies ihre mangelnde Flexibilität: *Berger-Delhey* ZTR 2004, 77, 78) wird im Übrigen zu vermehrten Kündigungsschutzklagen mit dem Ziel der Erlangung »der« gesetzlichen Abfindung führen. Sozialpläne werden sich ebenfalls daran orientieren und wohl »verteuern«. Auch ist die Festschreibung einer individuellen Aspekten unzugänglichen Abfindungshöhe unglücklich (vgl. ähnlich *Eckert* AuA Sonderausg. 1/2004, 47).

Aus dem Vorstehenden ergibt sich, dass es bei der bisherigen Praxis des Arbeitslebens und bei der bisherigen Gerichtspraxis bleiben wird: Wer als kündigender Arbeitgeber eine Abfindung anbieten kann und will, wird dies – wie bisher – im Rahmen eines Aufhebungs- oder Abwicklungsvertrages tun. Dadurch haben beide Vertragsparteien sofort Klarheit über das Schicksal des Arbeitsverhältnisses und die Abfindung. In Sonderheit muss der Arbeitgeber nicht zuwarten, ob der Arbeitnehmer nun die Klagefrist verstreichen lässt oder nicht. Dies ist von Bedeutung nicht nur dann, wenn die einzuhaltende Kündigungsfrist kürzer als die Klagefrist ist. 12

Durch die Einfügung des § 1a hat sich das KSchG im Ergebnis nicht von einem Bestandsschutz- zu einem Abfindungsgesetz gewendet. Bei der zugelassenen Abfindungslösung wird der vom KSchG erstrebte Bestandsschutz lediglich in einen Geldausgleich »umgemünzt«, was im Übrigen **verfassungsgemäß** ist (vgl. BVerfG 27.1.1998 BVerfGE 97, 169, 180; speziell für § 1a KSchG ebenso *Kamanabrou* RdA 2004, 333, 339 f.; für ein Zurück zum Bestandsschutz durch Ausschluss des Annahmeverzuges: *Boecken/Topf* RdA 2004, 19 ff.). 13

§ 1a KSchG ist in Praxis und Literatur, wie bereits bei der Sachverständigenanhörung im Gesetzgebungsverfahren (dazu s. Rdn 8), nicht freundlich aufgenommen worden. Der *Deutsche Anwaltverein* hat durch seinen Arbeitsrechtsausschuss unter dem 13.3.2003 zur Reform des Kündigungsschutzes Stellung genommen (NZA aktuell 2003, VIII ff.). Der Ausschuss plädiert für eine grundlegende Umgestaltung des gesetzlichen Kündigungsschutzes dahingehend, dass künftig jeder unter das Gesetz fallende Arbeitnehmer, dem aus betriebs- oder personenbedingten Gründen (nicht aber aus berechtigten verhaltensbedingten Gründen) gekündigt wird, eine gesetzlich festgelegte Grundabfindung erhält. Der (Gesetz gewordene) Vorschlag des § 1a KSchG im Referentenentwurf stelle keine inhaltliche Neuregelung oder Alternative zur bisherigen 14 tatsächlichen und rechtlichen Lage dar. Mit der Formulierung, der gesetzliche Abfindungsanspruch setze den »Hinweis« (also das Angebot) des Arbeitgebers in der Kündigungserklärung voraus, werde der vermeintliche Anspruch des Arbeitnehmers auf die bloße Möglichkeit reduziert, ein (lediglich der Mindesthöhe nach festgeschriebenes) Angebot der Arbeitgeber anzunehmen. Es bleibe bei der Freiwilligkeit (NZA aktuell 2003, IX). Der *Bund der Richterinnen und Richter der Arbeitsgerichtsbarkeit* hat in einer Stellungnahme zu Vorschlägen zur Reform des Bestandsschutzrechts v. 2.4.2003 einen Abfindungsanspruch im Falle fehlerhafter Sozialauswahl bei ansonsten gerechtfertigter betriebsbedingter Kündigung vorgeschlagen (S. 8 der Stellungnahme). In der Stellungnahme des *Bundes* v. 12.7.2003 zu dem Regierungsentwurf bzw. dem Entwurf der Koalitionsfraktionen wurde auf einzelne Schwächen hingewiesen, so etwa darauf, ob § 1a Abs. 2 S. 3 KSchG bei einem Zeitraum von sechs oder weniger Monaten auch eine **Abrundung** zulasse (S. 15 der Stellungnahme) oder wie es sich bei Klagerücknahme oder im Verhältnis zu anderen Abfindungen verhalte (S. 16 f. der Stellungnahme). Die Fachgruppe Arbeitsrecht der *Neuen Richtervereinigung* hat unter dem 7.7.2003 die Aufnahme einer flankierenden Regelung zur **Sperrzeit** im SGB III angemahnt und die Beschränkung lediglich auf eine betriebsbedingte Kündigung und hierbei auf eine ordentliche Kündigung kritisiert. *Bauer* hat unter Zustimmung von *Preis* den »Anspruch« auf eine Abfindung als eine Augenwischerei bezeichnet, welche Regelung ersatzlos gestrichen gehöre (*Bauer/Preis/Schunder* NZA 2003, 704, 705; s.a. *Bauer* Sonderbeil. NZA Heft 21 2003, 47, 49; ähnlich *Grobys* GmbHR 2004, R 73). *Preis* hat darauf hingewiesen (NZA 2003, 704, 705), dass es dem Arbeitnehmer auch um das Titulierungsinteresse hinsichtlich seines Anspruchs gehe. Er hat die Frage aufgeworfen, ob dem Arbeitnehmer geraten werden könne, im Vertrauen auf die Zahlungsbereitschaft des Arbeitgebers die Klagefrist verstreichen zu lassen. Als konstitutive Norm sei § 1a KSchG ein »rechtliches Nullum« (*Preis* DB 2004, 70, 75). *Düwell* (FA 2003, 170, 172) hat zur Frage nach dem Sinn und Unsinn eines Abfindungsgesetzes allgemein darauf hingewiesen, dass ein Abfindungszwang Kündigungen verteuere. Nur 32 % aller Beendigungen von Arbeitsverhältnissen beruhten auf einer Arbeitgeberkündigung. Nur 15 % der Gekündigten bekämen eine mit dem Arbeitgeber ausgehandelte Abfindung. Von den Gekündigten hätten nur 11 % vor dem Arbeitsgericht Kündigungsschutzklage erhoben (*Düwell* FA 2003, 172 f., mN). *Link/Grienberger-Zingerle* lehnen die Option auf Abfindung nach Kündigung als Verkomplizierung des Systems ab. Die Prozessflut werde nicht eingedämmt. Es trete keine Entlastung, sondern eine zusätzliche Belastung der Betriebe ein, da es nur um eine Option des Arbeitnehmers gehe (AuA 2003, 20, 21). *Schulte* äußert sich ebenfalls skeptisch. Der Arbeitnehmer könnte der Versuchung unterliegen, die ihm vom Arbeitgeber angebotene Abfindung in einem Kündigungsschutzprozess im Vergleichswege zu erzielen oder sogar eine höhere Abfindung »auszureizen« (AuA 2003, 23). Ein Schritt zu größerer Flexibilisierung wäre nach der Auffassung von *Thüsing* nur ein Abfindungsanspruch nach alleiniger Wahl des Arbeitgebers gewesen (NJW 2003, 1989, 1990). *Wolter* erkennt in jeder Abfindungslösung eine Einschränkung des Kündigungsschutzes (NZA 2003, 1068 f.). Lediglich *Löwisch* hat sich dahin geäußert, dass der Regelung die Aussicht auf einen begrenzten Erfolg nicht von vornherein abgesprochen werden könne. Zwar könnten und würden Aufhebungsverträge gegen Abfindung auch künftig geschlossen werden, wo das den Parteien als angemessen erscheine. Wo das aber nicht geschehe, übe eine feste gesetzliche Regelung, welche eine Abfindung in bestimmter Höhe vorsieht, auf beide Seiten einen starken Anreiz aus, sich nicht auf die Unwägbarkeiten eines Kündigungsschutzprozesses einzulassen. Die (Gesetz gewordene) Regelung des Regierungsentwurfs sei allerdings unausgegoren. Zwar könne den anspruchsauslösenden Akten rechtsgeschäftlicher Charakter zugemessen werden. Unklar seien aber die Auswirkungen einer nachträglichen Klagezulassung nach § 5 KSchG und eines Geltendmachens der Unwirksamkeit der Kündigung im Rahmen der verlängerten Anrufungsfrist des § 6 KSchG. Außerdem müsste bei nachträglicher Klagezulassung eine geleistete Abfindung ohne die Möglichkeit der Berufung auf den Wegfall der Bereicherung nach Maßgabe der §§ 346 bis 348 BGB zurückgefordert werden können, eine Harmonisierung mit der Insolvenzordnung (da der Abfindungsanspruch lediglich einfache Insolvenzforderung ist) erfolgen und das Verhältnis zur Sperrzeitregelung des § 159 SGB III (dazu Rdn 159) und zur Erstattungspflicht des Arbeitgebers nach § 147a SGB III aF (aufgrund § 434l Abs. 4 SGB III aF nicht mehr für

Ansprüche auf Arbeitslosengeld anzuwenden, die nach dem 31.1.2006 entstanden sind und zum 1.4.2012 komplett entfallen) geregelt werden (*Löwisch* NZA 2003, 659, 693 f.). Letzteres hatte bereits auch *Bader* (in *Bader/Bram*, § 9 [Ergänzungslieferung von August 2003] Rn 9, s. weiter *Bader/Bram-Bader* Rn 25) angemahnt. Wegen weiterer rechtstechnischer Einzelheiten wird auf die **folgende Kommentierung** hingewiesen sowie insbes. auf *Grobys* (DB 2003, 2174 ff.), *Bader/Bram-Bader* (Rn 1 bis 38); *ders.* (NZA 2004, 65), *Preis* (DB 2004, 70), *Willemsen/Annuß* (NJW 2004, 177) und *Löwisch* (BB 2004, 154). Monographisch s. das Kapitel »Der Tatbestand des § 1a KSchG« bei *Weißflog* Diss., S. 248 – S. 336 sowie das Kapitel »Rechtsfolge« S. 337-373. Die Erwägung eines Modells, das eine ordentliche Kündigung vom siebten bis zum 24. Monat des Arbeitsverhältnisses ohne Begründung ermöglicht, wenn der Arbeitgeber die entsprechend § 1a Abs. 2 KSchG berechnete Regelabfindung zahlt, ist auf dem 68. Deutschen Juristen Tag nicht angenommen worden (Beschl. des *68. DJT* Abt. Arbeits- und Sozialrecht I., Atypische Beschäftigungsverhältnisse 5a., NJW-aktuell 2010, 24. 25).

Eine **umfassende Zusammenstellung der Vor- und Nachteile** der Regelung für Arbeitnehmer und Arbeitgeber (die so oder ähnlich auch von anderen Autoren hervorgehoben werden) hat *Maschmann* vorgenommen (AuA 2003, 6, 7, 8): 15

Vorteile für den Arbeitnehmer: 16
- früher Abfindungsanspruch nur bei Massenentlassung; jetzt auch bei »Individualkündigung«,
- kein »Abfindungspoker« mehr, sondern gesetzlicher Anspruch,
- Kalkulierbarkeit der Abfindung, da Höhe gesetzlich vorgegeben,
- Arbeitnehmer braucht keinen »fiktiven« Bestandsschutzprozess zu führen, um eine Abfindung zu erhalten,
- Abfindungen auch bei an sich rechtswirksamer Kündigung,
- relativ schnelle Gewissheit über das »Ob« und »Wie« der Abfindung.

Nachteile für den Arbeitnehmer: 17
- Abfindungen nach alten Recht (§§ 9, 10 KSchG) mitunter höher,
- (zu) schnelle Erledigung des Rechtsstreits, da nach Verstreichenlassen der Drei-Wochen-Frist zur Erhebung der Kündigungsschutzklage kein Übergang mehr zum Bestandsschutz,
- keine richterliche Prüfung der Kündigung,
- erneuter Streit bei Durchsetzung der Abfindung, da Arbeitnehmer auf den normalen Klage- und Vollstreckungsweg verwiesen wird (günstiger: gerichtlicher Vergleich als Vollstreckungstitel),
- Abfindung nicht insolvenzgeschützt,
- sozialversicherungsrechtliche Auswirkungen der Abfindung auf Sperr- und Ruhenszeiten nach SGB III noch offen; vor allem bei Vorfeldabsprachen,
- Abfindungen entstehen erst nach Ablauf der Kündigungsfrist,
- (mittlerweile) Wegfall der Steuerfreiheit (s. Rdn 153) gem. § 3 Nr. 9 EStG aF (ebenso *Hanau* ZIP 2006, 153, 159).

Vorteile für den Arbeitgeber: 18
- zügige Abwicklung einer Kündigung, da bereits nach drei Wochen Gewissheit über deren Wirksamkeit,
- kein Annahmeverzugs-Risiko,
- rechtssichere Beendigung des Arbeitsverhältnisses,
- Quasi-Anerkennung des »Abwicklungsvertrages«,
- keine Möglichkeit zum Widerruf/zur Anfechtung seitens des Arbeitnehmers,
- kein »Abfindungspoker« mehr, sondern gesetzlicher Anspruch,
- Kalkulierbarkeit der Abfindung, da Höhe gesetzlich vorgegeben,
- Beendigung des Arbeitsverhältnisses durch betriebsbedingte Kündigung, auch wenn diese an sich nicht wirksam wäre,
- Wahlmöglichkeit des Arbeitgebers: Entstehen des Abfindungsanspruchs hängt allein von seinem Hinweis ab.

19 Nachteile für den Arbeitgeber:
- Ungewissheit während der Drei-Wochen-Frist gibt Arbeitnehmer Drohpotential, eine höhere als die gesetzliche Abfindung zu verlangen,
- alte Rechtslage mit den bekannten Nachteilen, wenn sich Arbeitnehmer doch für Klage entscheiden,
- früher Abfindungsanspruch nur bei Massenentlassung, jetzt auch bei »Individualkündigung«,
- Abfindung auch bei an sich rechtswirksamer Kündigung (allerdings Steuerung durch Arbeitgeberhinweis),
- erneuter Streit bei der Durchsetzung der Abfindung, da Arbeitnehmer auf den normalen Klage- und Vollstreckungsweg verwiesen wird,
- keine beschleunigte Beendigung des Arbeitsverhältnisses, da Kündigungsfrist einzuhalten ist (s. aber Rdn 124),
- Abfindungsanspruch nicht bei personen-, verhaltensbedingter und außerordentlicher Kündigung (s. aber Rdn 25),
- Auswirkungen der Abfindung auf SGB III nicht gesetzlich geregelt,
- Risiko von Wiedereinstellungsansprüchen.

20 Dieser Zusammenstellung hinzuzufügen ist lediglich, dass eine ganze Reihe rechtstechnischer Einzelheiten noch nicht geklärt sind, was gewisse Risiken für beide Teile birgt, die aber mit jeder Neuregelung einherzugehen pflegen.

IV. Abweichungen

21 Aufgrund seines **arbeitsmarktpolitischen Geltungsgrundes** und weil ein **gesetzlicher** Anspruch geschaffen werden sollte, lässt sich das Verfahren nach § 1a KSchG weder einzelvertraglich noch kollektivrechtlich (das KSchG bestimmt seine modifizierbaren Regelungen abschließend, zB durch § 1 Abs. 4 KSchG) **ex ante** ausschließen. Zulässig ist es aber, für den Fall einer Kündigung, insbes. einer betriebsbedingten, ein Vorgehen nach § 1a KSchG zu verabreden (entgegen der *BAG* 20.6.1985 AP Nr. 33 zu § 112 BetrVG 1972 bestätigenden Entscheidung *BAG* 31.5.2005 EzA § 112 BetrVG 2001 Nr. 14 [**krit.** auch *Thüsing* DB 2005, 2634, 2635 sowie *Annuß* RdA 2006, 378 f.] kann jetzt wohl auch in Sozialplänen [in Sozialplan-**Tarifverträgen** ohnehin: *BAG* 6.12.2006 EzA § 112 BetrVG 2001 Nr. 21] die Abfindungszahlung vom Nichterheben einer Kündigungsschutzklage (nicht aber: von einem **Verzicht** auf diese *BAG* 9.12.2014 EzA § 112 BetrVG 2001 Nr. 53) abhängig gemacht werden; einzelvertraglich war dies schon bislang statthaft, vgl. *BAG* 15.2.2005 EzA § 612a BGB 2002 Nr. 2; *LAG SA* 17.6.2003 LAGE § 14 TzBfG Nr. 10b [für Befristungskontrollfrage]), soweit es dadurch nicht zu einer unzulässigen Kündigungs- oder Klagebeschränkung kommt und der Arbeitnehmer sein Wahlrecht erkennen kann (vgl. *BAG* 3.5.2006 EzA § 612a BGB 2002 Nr. 3 »Turboprämien«). **Unberührt** bleibt nach **bislang allg. Ansicht** die Möglichkeit (sowie die Praxis), **Aufhebungs-** bzw. **Ausscheidens-, Auflösungs-** oder **Abwicklungsverträge** zu schließen, **in Sonderheit ohne dass die Voraussetzungen** zum Abfindungsanspruch nach § 1a KSchG dem Grunde oder/und zur Höhe nach erfüllt sein müssen (also auch bei personen- oder verhaltensbedingtem Kündigungsgrund, zu geringerer oder höherer Abfindung [**aA** nur *Meinel* DB 2003, 1438, 1439 bei Arbeitgeberangebot einer § 1a Abs. 2 KSchG unterschreitenden Abfindung]). Abfindungsvereinbarungen steht die Vorschrift nicht im Wege (*BAG* 19.6.2007 EzA § 1a KSchG Nr. 2). Insbesondere lässt sich den Parteien aus Gründen des Verfassungsrechts keine bestimmte Abfindungshöhe gesetzlich vorschreiben, wenn sie eine von § 1a Abs. 2 S. 1 KSchG abweichende Abfindung **verabreden** (s. Rdn 59, 60; der Betrag steht in ihrem Belieben, *BAG* 19.6.2007 EzA § 1a KSchG Nr. 2, **zust.** *Ulrici* Anm. AP Nr. 4 zu § 1a KSchG 1969; § 1a KSchG setzt **keinen** Mindestabfindungsanspruch bei Ausspruch betriebsbedingter Kündigungen fest: *BAG* 13.12.2007 EzA § 1a KSchG Nr. 4; 13.12.2007 EzA § 1a KSchG Nr. 3). Schließlich könnten sie sich auch ohne Abfindung voneinander trennen. Erst recht kann der Arbeitgeber nicht gezwungen werden, das Verfahren nach § 1a KSchG zu wählen, so er nicht bei Kündigung mehrerer Arbeitnehmer einzelne oder Gruppen von ihnen aus sachfremden Gründen diskriminiert (LSSW-*Schlünder* Rn 3). Eine nach Maßgabe des § 1a KSchG **entstandene** Abfindungsforderung unterliegt – obzwar es sich um

einen gesetzlichen Anspruch handelt (s. Rdn 6) – der Parteidisposition, kann also verändert oder gar erlassen (Rdn 110 f.) werden, denn der Arbeitnehmer hätte **nach** Ausspruch der Kündigung sogar auf die Erhebung einer Kündigungsschutzklage **verzichten** können (vgl. KR-*Klose* § 4 KSchG Rdn 378 ff.).

V. Geltungsbeginn

Erster Geltungtag des § 1a KSchG war der 1.1.2004, obwohl Feiertag. Frühestens ab diesem Zeitpunkt müssen die anspruchsbegründenden Merkmale verwirklicht werden. Frühere Teilakte, zB ein Arbeitgeberhinweis in der von § 1a Abs. 1 S. 2 KSchG vorgesehenen Art, führen lediglich zu einem vertraglichen Abfindungsanspruch außerhalb des § 1a KSchG, in Sonderheit ohne Rücksicht auf die gesetzliche Abfindungshöhe in Abs. 2. Auch die Kündigung muss nach dem 31.12.2003 zugegangen sein. Mit einer Anwendbarkeit der §§ 4, 7 KSchG nF auf eine noch im Jahr 2003 zugegangenen Kündigung (*BAG* 9.2.2006 EzA § 4 KSchG nF Nr. 72) hat dies nichts zu tun! 22

B. Anspruchsvoraussetzungen

I. Arbeitgeberkündigung

1. Arbeitgeber

Die anspruchsauslösende Kündigung muss vom **Arbeitgeber** herrühren. Das ist dieser selbst oder eine zu seiner organschaftlichen oder rechtsgeschäftlichen Vertretung befugte Person. **Unzureichend** ist, wenn zwar der Hinweis nach § 1a Abs. 1 S. 2 KSchG vom Arbeitgeber oder einer vertretungsberechtigten Person herrührt (bzw. ihm zuzurechnen ist), nicht aber die Kündigung (oder umgekehrt). Unzureichend ist **auch** eine vom Arbeitgeber unter Hinweis auf dringende betriebliche Erfordernisse veranlasste sog. Eigenkündigung des Arbeitnehmers. Kündigt der **falsche** Arbeitgeber (etwa bei Betriebsinhaberwechsel) und scheiden Genehmigung gem. § 180 BGB oder Einwilligung durch den richtigen Arbeitgeber aus, wird das Arbeitsverhältnis nicht beendet; es läuft wieder eine Klagefrist (§ 4 KSchG) noch kann mangels Arbeitsverhältnisses ein Anspruch aus § 1a KSchG entstehen, sondern allenfalls ein wertgleicher Anspruch außerhalb der Norm (HWK-*Quecke* Rn 7). **Entstehungsvoraussetzung** des Anspruches ist **nicht** eine nach Maßgabe des § 102 Abs. 1 BetrVG erforderliche **Betriebsratsanhörung**. Geboten ist diese aus **Praktikabilitätsgründen** allerdings dann, wenn ein **Scheitern** des Verfahrens gem. § 1a KSchG nicht auszuschließen ist. Geboten aus **Rechtsgründen** ist sie, wenn anderenfalls der Grundsatz der vertrauensvollen Zusammenarbeit (§ 2 Abs. 1 BetrVG) verletzt würde, oder nach Maßgabe des § 82 Abs. 2 S. 2 BetrVG (*BAG* 16.11.2004 EzA § 82 BetrVG 2001 Nr. 1; das Mitbestimmungsrecht nach § 102 BetrVG bleibt durch das Verfahren nach § 1a KSchG unberührt [f. Abwicklungsverträge *BAG* 28.6.2005 EzA § 102 BetrVG 2001 Nr. 14]). 23

2. Art der Kündigung

a) Ordentliche Kündigung

Durch die Bezugnahme in § 1a Abs. 1 S. 1 auf § 1 Abs. 2 S. 1 KSchG und hierbei auf eine Kündigung wegen dringender betrieblicher Erfordernisse ergibt sich, dass der Abfindungsanspruch nach § 1a KSchG eine **ordentliche** Kündigung voraussetzt (*Quecke* RdA 2004, 86, 95; *Bader* NZA 2004, 65, 70; *Willemsen/Annuß* NJW 2004, 177, 182; *Giesen/Besgen* NJW 2004, 185, 186; *Däubler* NZA 2004, 177, 178; *Rolfs* ZIP 2004, 333, 334; **abw.** *Grobys* DB 2003, 2174). Denn die Vorschriften über das Recht zur außerordentlichen Kündigung eines Arbeitsverhältnisses werden nach § 13 Abs. 1 S. 1 durch das Kündigungsschutzgesetz nicht, mithin auch nicht durch § 1a des Gesetzes, berührt. Die Beschränkung auf die ordentliche Kündigung ergibt sich im Übrigen auch aus der Gesetzesbegründung (BT-Drucks. 15/1204, S. 12). Keine Rolle spielt es, wenn ordentlich nur bei Zahlung einer Abfindung oder Entlassungsentschädigung gekündigt werden kann, weil dies so vorgesehen ist (tariflich oder arbeitsvertraglich etwa). **Dann** stellt sich nur die Frage der Abfindungsanrechnung (dazu Rdn 141 ff.). Es genügt, wenn mit fristloser Kündigung **hilfsweise** ordentlich 24 gekündigt oder **wiederholt** gekündigt wird und **hierfür** der Abfindungshinweis erfolgt. **Allerdings** entsteht der Abfindungsanspruch dann nur, wenn sich fristlose Kündigung oder Erstkündigung als unwirksam erweisen sollten und keine Klage gegen die hilfsweise Kündigung oder die Folgekündigung erhoben wird (Letzteres müsste bei Klage gegen die außerordentliche Kündigung mit Blick auf *BAG* 11.7.2013 EzA § 321 ZPO 2002 Nr. 2 allerdings klargestellt werden, weil danach die Klage – für § 1a KSchG anspruchsschädlich – auch auf die hilfsweise ordentlich erklärte Kündigung bezogen zu verstehen ist).

b) Außerordentliche Kündigung (sog. Orlando-Kündigung)

25 Allerdings ist es gerechtfertigt, § 1a KSchG – ungeachtet § 13 Abs. 1 S. 1, Abs. 3 KSchG – **entsprechend** anzuwenden auf eine **außerordentliche**, aus **dringenden betrieblichen Erfordernissen** heraus ausgesprochene Arbeitgeberkündigung einzel- oder tarifvertraglich an sich **unkündbarer Arbeitnehmer** (*Bader/Bram-Bader* Rn 8; *ders.* NZA 2004, 65, 70 f.; *Preis* DB 2004, 70, 73; *Wolff* BB 2004, 378, 379; *Lakies* NJ 2004, 150, 153; ErfK-*Oetker* Rn 5; MüKo-BGB/*Hergenröder* § 1a KSchG Rn 9; SPV-*Preis* Rn 1167c; ähnlich *Grobys* DB 2003, 2174 sowie *Willemsen/Annuß* NJW 2004, 177, 182; für den Fall der Einhaltung einer Auslauffrist auch *Maschmann* AuA 2003, 6, 7 f.; TLR-*Thüsing* Rn 7; aA BeckOK-ArbR/*Rolfs* Rn 4). Denn der Arbeitgeber kann sich nicht völlig des Rechts zur Kündigung begeben. Lediglich eine, der sich bei ordentlicher Kündigung ergebenden Kündigungsfrist, entsprechende **Auslauffrist** ist einzuhalten (wegen dieser Zwitterstellung »Orlando«-Kündigung nach *Bröhl* FS Schaub, S. 55 ff.). Damit steht im Ergebnis die außerordentliche betriebsbedingte Kündigung einzelvertraglich oder tarifvertraglich unkündbarer Arbeitnehmer der ordentlichen betriebsbedingten Kündigung gleich. In diesem Zusammenhang wäre es nicht einsichtig, wenn der »Unkündbare« weniger Rechte (also keinen Abfindungsanspruch) erwerben können sollte als ein nach den Maßgaben des Ersten Abschnitts des Kündigungsschutzgesetzes über den Allgemeinen Kündigungsschutz kündbarer Arbeitnehmer. **Allerdings** wird man die **Einhaltung der maßgebenden Auslauffrist** verlangen müssen, weil nach der Gesetzesbegründung der Abfindungsanspruch bei »fristloser« Kündigung nicht entstehen soll (BT-Drucks. 15/1204, S. 12).

c) Umgedeutete Kündigung

26 Eine erst durch (wenn auch zulässige: *BAG* 15.11.2001 AP Nr. 13 zu § 140 BGB) **Umdeutung** einer fristlosen Kündigung gewonnene ordentliche Kündigung genügt nicht. Entscheidend ist die Qualifikation der Kündigung bei ihrem Ausspruch. Zur **vorsorglichen** Kündigung und zur **Folgekündigung** s. Rdn 126 f.

d) Änderungskündigung

27 § 1a KSchG betrifft auch eine **Änderungskündigung** wegen dringender betrieblicher Erfordernisse, wenn **neben** dem Änderungsangebot der Hinweis nach § 1a Abs. 1 S. 2 KSchG erfolgt (und das Änderungsangebot vorbehaltlos abgelehnt bzw. nicht angenommen wird, *BAG* 13.12.2007 EzA § 1a KSchG Nr. 3; *Däubler* NZA 2004, 177, 178; ErfK-*Oetker* Rn 6; MüKo-BGB/*Hergenröder* § 1a KSchG Rn 10; aA BeckOK-ArbR/*Rolfs* Rn 3.1; TRL-*Thüsing* Rn 7). Dies ergibt sich schon daraus, dass zum Zeitpunkt des Ausspruchs der Kündigung die Annahme des mit ihr verbundenen Änderungsangebots noch offen ist und die beendigende Wirkung eintreten kann (ähnlich *Maschmann* AuA 2003, 6, 8). Der Arbeitnehmer hat – maW – die Wahl, ob er sich auf das Änderungsangebot einlässt, die Kündigung bekämpft oder den Abfindungsanspruch nach § 1a KSchG erwerben möchte. Die bloße Erklärung des Vorbehaltes nach § 2 KSchG ohne spätere Änderungsschutzklage führt nach § 7 KSchG zur Wirksamkeit der Kündigung unter Erlöschen des Vorbehalts und damit zum **Fortbestand** des Arbeitsverhältnisses **zu geänderten Bedingungen**. Für diesen Fall besteht kein Abfindungsanspruch (aA *Löwisch/Caspers* GS Heinze S. 569). Denn nach § 1a Abs. 1 S. 1 KSchG entsteht ein Abfindungsanspruch nur bei **Beendigung** des Arbeitsverhältnisses, wie sich aus dem Entstehenszeitpunkt »Ablauf der Kündigungsfrist« ergibt, woran es bei fortbestehendem Arbeitsverhältnis aber fehlt. Demnach wird die Abfindung für den **Verlust** des Arbeitsplatzes gewährt,

nicht zum Ausgleich sich aufgrund wirksamer Änderungskündigung **verschlechternder Arbeitsbedingungen**. Der Arbeitnehmer hat in dieser Situation auch nicht die Wahlmöglichkeit zwischen Fortführung des Arbeitsverhältnisses oder Abfindung. § 1a KSchG bezieht sich schon seiner Stellung im Gesetz nach nicht auf die ihm folgende Regelung in § 2 KSchG den Vorbehalt bei Änderungskündigung betreffend. Und § 1a Abs. 1 S. 1 KSchG bezieht sich ausdrücklich nur auf die zu unterlassende Kündigungsschutzklage nach § 4 S. 1 KSchG (worauf *Wolff* [BB 2004, 378, 379] in diesem Zusammenhang zutr. hinweist), nicht die Änderungsschutzklage nach § 4 S. 2 KSchG. Lediglich bei **Ablehnung** des Änderungsangebotes kann der Abfindungsanspruch entstehen (vgl. MüKo-BGB/*Hergenröder* § 1a KSchG Rn 10; SPV-*Preis* Rn 1177 m. w. N.) sowie im Falles eines **nicht** nach § 2 KSchG fristgerecht erklärten Vorbehaltes aufgrund seiner Unbeachtlichkeit. Der Arbeitnehmer kann sich auch nicht darauf berufen, wegen des Arbeitgeberhinweises die Klagefrist verstreichen lassen zu haben (und an sich damit den Abfindungsanspruch habe auslösen wollen). Gegen diese Möglichkeit streitet, dass die Rechtsfolge des § 7 KSchG **willensungebunden** ist und dass der Vorbehalt erklärt war, was den Willen zur Fortsetzung des Arbeitsverhältnisses dokumentiert. Kein Fall des § 1a KSchG ist es, wenn der Arbeitnehmer die vorbehaltlose Annahme der geänderten Vertragsbedingungen erklärt (*BAG* 13.12.2007 EzA § 1a KSchG Nr. 3).

e) Anderer Beendigungstatbestand

Ein **anderer** Beendigungstatbestand als eine Kündigung ist nicht anspruchsbegründend. Endet das 28 Arbeitsverhältnis **ohnehin** (etwa aufgrund Befristung oder Aufhebung), geht ein **gleichwohl** eingeschlagenes Verfahren nach § 1a KSchG an sich ins Leere. Allerdings wird sich der Arbeitgeber **dann** nicht auf den abfindungslosen anderen Beendigungstatbestand berufen dürfen. Zur Folge eines »überholenden« Kündigungstatbestandes s. Rdn 124 f.

3. Schriftform

Die Kündigung, die § 1a KSchG meint, hat **schriftlich** zu erfolgen. Dies ergibt sich nicht nur aus 29 § 623 BGB, sondern auch aus dem Hinweis in § 1a Abs. 1 S. 1 auf § 4 S. 1 KSchG. Denn nach § 4 S. 1 KSchG beginnt der Lauf der Klagefrist, die der Arbeitnehmer nach § 1a Abs. 1 S. 2 KSchG verstreichen lassen kann, nach Zugang der **schriftlichen** Kündigung.

Eine **nicht** schriftliche Kündigung genügt lediglich dann, wenn die fehlende Schriftform nach 30 Maßgabe des § 242 BGB nicht geltend gemacht werden kann (Einzelheiten s. KR-*Spilger* § 623 BGB Rdn 202 ff., 206 ff.), also obzwar auf § 4 S. 1 KSchG hingewiesen wird und dort vom Zugang der »schriftlichen« Kündigung die Rede ist.

II. Kündigung wegen dringender betrieblicher Erfordernisse nach § 1 Abs. 2 S. 1 und Arbeitgeberhinweis

1. Kündigungsgrund

Voraussetzung nach § 1a Abs. 1 S. 1 KSchG ist, dass der Arbeitgeber wegen dringender betrieblicher 31 Erfordernisse nach § 1 Abs. 2 S. 1 KSchG »kündigt« und hierauf nach Maßgabe des § 1a Abs. 1 S. 2 KSchG »hinweist«. Dies bedeutet lediglich, dass die Kündigung auf dringende betriebliche Erfordernisse **gestützt** (s. ausdrücklich § 1a Abs. 1 S. 1!) sein muss (die Kündigung als betriebsbedingt **bezeichnet** sein muss, Gesetzesbegr. BT-Drucks. 15/1204, S. 12; vgl. *Giesen/Besgen* NJW 2004, 185, 186; SPV-*Preis* Rn 1178 m. w. N.). Dies bedeutet nicht, dass der geltend gemachte **Kündigungsgrund wahr** ist oder die Kündigung gar trägt (hM, *Bader/Bram-Bader* Rn 10; ders. NZA 2004, 65, 71; *Grobys* DB 2003, 2174, 2176; *Kossens* AuA 2004, 10, 11; *Maschmann* AuA 2003, 6, 7; *Preis* DB 2004, 70, 73; *Willemsen/Annuß* NJW 2004, 177, 182; *Wolff* BB 2004, 378, 379; *Lakies* NJ 2004, 150, 153; aA *Rolfs* ZIP 2004, 333, 334; *Thüsing/Wege* JuS 2006, 97, 101 [wenigstens betriebliche Interessen]; **zu den Folgen eines falschen Hinweises** s. Rdn 53–57) oder die Kündigung entgegen dem zu weit gefassten Wortlaut des § 13 Abs. 3 KSchG bereits aus anderen (oder allein) als den in § 1 Abs. 2 und 3 KSchG bezeichneten Gründen rechtsunwirksam ist (HWK-*Quecke*

Rn 7). Dies ergibt sich schon daraus, dass eine verbindliche Prüfung der Rechtswirksamkeit der Kündigung nur durch die Gerichte für Arbeitssachen vorgenommen werden könnte. Da sich der Prüfungsmaßstab nach der Art der Kündigung richtet, könnten auch nur die Gerichte für Arbeitssachen verbindlich darüber befinden, ob es sich überhaupt um eine aus dringenden betrieblichen Erfordernissen heraus ausgesprochene Kündigung handelt und nicht etwa um eine personenbedingte oder verhaltensbedingte Kündigung, für die § 1a KSchG aber nicht gilt. § 1a KSchG hätte wenig Sinn, wenn es bei Streit um Kündigungsgrund und dessen Tragfähigkeit jetzt doch noch über diese Fragen zu einer gerichtlichen Auseinandersetzung über das Vorliegen einer Anspruchsvoraussetzung des § 1a Abs. 1 KSchG kommen könnte, etwa weil der Arbeitgeber unter Hinweis auf einen »wahren« anderen Kündigungsgrund die Abfindung nicht zahlen möchte. Der Hinweis auf den Kündigungsgrund schließt allerdings nicht aus, in einem **Kündigungsprozess** nicht betriebsbedingte Kündigungsgründe **nachzuschieben** (keine »Selbstbindung«, vgl. *Giesen/Besgen* NJW 2004, 185, 188), so denn keine anderen Rechtsvorschriften entgegenstehen (wie etwa § 102 Abs. 1 BetrVG bei fehlender Betriebsratsanhörung zu den nachgeschobenen Gründen). Auf das **Fehlen** dringender betrieblicher Erfordernisse kann sich der Arbeitgeber in einem um die Abfindung geführten Streit **nicht** berufen (§ 242 BGB, vgl. HWK-*Quecke* Rn 3).

2. Hinweis des Arbeitgebers

a) Gegenstand

32 Der Arbeitgeber hat darauf **hinzuweisen**, dass die Kündigung auf **dringende betriebliche Erfordernisse** gestützt ist und der Arbeitnehmer **bei Verstreichenlassen der Klagefrist** »die« Abfindung beanspruchen kann. Dieser Hinweis muss zwar **nicht wörtlich**, aber wenigstens der Sache nach (*Bader/Bram-Bader* Rn 10; *Wolff* BB 2004, 378, 379; *Meixner* ZAP 2004, 81, 89; *Däubler* NZA 2004, 177, 178; *LAG Hamburg* 12.10.2009 – 7 Sa 104/08 – juris; unklar *Eckert* AuA Sonderausg. 1/04, 48) und **insbes. komplett** erfolgen. Ein Hinweis lediglich auf die dringenden betrieblichen Erfordernisse oder auf das Entstehen eines Abfindungsanspruches bei Verstreichenlassen der Klagefrist ist unzureichend (näher zu Hinweisen, die vom Gesetz abweichen, unter Rdn 46 ff.). Zu Beginn und Ablauf der Klagefrist braucht sich der Hinweis nicht zu verhalten (*Wolff* BB 2004, 378, 379). Der Hinweis ist **unabdingbare** Anspruchsvoraussetzung (anders die im Berufungsverfahren durch *LAG SA* 28.9.2005 – LAGE § 1a KSchG Nr. 2 m. Anm. *Wege* sowie Anm. *Mohnke* AuA 2006, 177 – abgeänderte **unverständliche** Entscheidung *ArbG Halberstadt* 2.11.2004, juris; Inhaltsangabe durch *Mohnke* AuA 2005, 567).

b) Abfindungshöhe?

33 Entbehrlich ist ein Hinweis auf die **Höhe** der Abfindung (vgl. das Wort »die« in § 1a Abs. 1 S. 2 KSchG; *Giesen/Besgen* NJW 2004, 185, 186; *Maschmann* AuA 2003, 6, 10). Denn diese ergibt sich nach § 1a Abs. 2 KSchG aus dem Gesetz (ebenso SPV-*Preis* Rn 1179; *BAG* 13.12.2007 EzA § 1a KSchG Nr. 4). Falls ein **fehlerhafter** Hinweis auf die Höhe der Abfindung dergestalt erfolgt, dass ein niedrigerer als der gesetzlich vorgesehene Betrag ausgeworfen wird, hat der Arbeitnehmer dennoch die Abfindung in der gesetzlich vorgesehenen Höhe zu beanspruchen, so sich nicht aus dem Kündigungsschreiben der **eindeutige** und **unmissverständliche** Wille des Arbeitgebers ergibt, ein von der gesetzlichen Vorgabe **abweichendes** Angebot unterbreiten zu wollen (*BAG* 13.12.2007 EzA § 1a KSchG Nr. 3; 13.12.2007 EzA § 1a KSchG Nr. 4; wird **informatorisch** ein niedrigerer Betrag genannt ist dies nicht der Fall: *BAG* 19.6.2007 EzA § 1a KSchG Nr. 2). Enthält das Kündigungsschreiben einen **vollständigen** Hinweis nach § 1a KSchG, so spricht dies **für** einen Anspruch des Arbeitnehmers nach § 1a Abs. 2 KSchG (*BAG* 13.12.2007 EzA § 1a KSchG Nr. 4). Sollte sich aus dem Hinweis ein höherer als der gesetzlich vorgesehene Abfindungsanspruch ergeben, ist durch Auslegung zu ermitteln, ob der Arbeitgeber tatsächlich eine höhere Abfindung hat ausloben wollen oder sich lediglich bei der – etwa an § 1a Abs. 2 KSchG orientierten – Errechnung der Abfindungshöhe geirrt hat. Sollte der Arbeitgeberhinweis insoweit, als er die Höhe der Abfindung nach § 1a Abs. 2 KSchG übersteigt, als das Versprechen eines Aufstockungsbetrages verstanden

werden, kommt zwar nicht dem Verstreichenlassen der Klagefrist (insoweit) die anspruchsbegründende Wirkung zu (aA iE MüKo-BGB/*Hergenröder* § 1a KSchG Rn 14). Allerdings ist in Betracht zu ziehen, ob der Arbeitnehmer insoweit nicht nach Maßgabe des § 151 S. 1 BGB das Versprechen ohne Erklärung gegenüber dem Arbeitgeber angenommen hat. Dadurch würde zu dem gesetzlichen (s. Rdn 6, 86) Abfindungsanspruch ein vertraglich geschuldeter Aufstockungsbetrag hinzutreten. **Einzelheiten** zu Folgen eines Hinweises auf eine **von § 1a Abs. 2 KSchG abweichende Abfindungshöhe** s. Rdn 57–59.

c) Rechtsnatur

Die Rechtsnatur des **Arbeitgeberhinweises** war bereits vor dem Inkrafttreten des § 1a KSchG strittig und ist es auch weiterhin. Dabei ließen und lassen sich **mehrere Meinungsströme** feststellen. *Rieble* hat bei der Sachverständigenanhörung vor dem *Ausschuss für Wirtschaft und Arbeit* darauf hingewiesen, dass durch das Anknüpfen an einen Hinweis das **Vertragsrecht ausgeschaltet** würde (Ausschuss-Drucks. 15 [9] 560, 91). Von einem **nicht rechtsgeschäftlich**, sondern **gesetzlich begründeten** Anspruch sprechen auch *Willemsen/Annuß* (NJW 2004, 177, 182). Demgegenüber hat der *Deutsche Anwaltverein* in seiner Stellungnahme zu dem Referentenentwurf den Hinweis als **Angebot** verstanden (NZA aktuell 2003 [Heft 13], VIII, XII). Auch weitere Stellungnahmen gingen in dieselbe Richtung. *Grobys* erkannte in dem Hinweis eine **rechtsgeschäftliche Erklärung** (DB 2003, 2174; ebenso *Rolfs* ZIP 2004, 333, 335; *ders.* BeckOK-ArbR Rn 10). *Löwisch* maß und misst dem Hinweis **rechtsgeschäftlichen Charakter** bei (NZA 2003, 689, 694; *ders.* BB 2004, 154, 157) und erkennt auf der Seite des Arbeitnehmers einen »**Klageverzichtsvertrag**« (»pactum de non petendo«, BB 2004, 154, 158; ebenso *Meixner* ZAP 2004, 81, 88, LSSW-*Schlünder* sowie AR-*Kaiser* Rn 2 und – dSn – auch *Hergenröder/von Wickede* RdA 2008, 364 mit 366), worauf die **Gesetzesbegründung** hindeuten könnte (BT-Drucks. 15/1204, S. 12). *Bader* (in *Bader/Bram* Rn 5) sieht in dem Hinweis eine **Willenserklärung** (ebenso *ders.* NZA 2004, 65, 70). Nach *Preis* hat § 1a KSchG einen **rechtsgeschäftlichen** Teil; und zwar führe die Annahme eines Angebots zu einem (rechtsgeschäftlich begründbaren) gesetzlichen Abfindungsanspruch (*Preis* DB 2004, 70, 71, 72; SPV-*Preis* Rn 1173). Ähnlich auch *Thüsing/Stelljes* (BB 2003, 1673, 1677): Zustandekommen des Anspruchs erfordere eine den Willen beider voraussetzende **Einigung** (TRL-*Thüsing* Rn 4 aber: »gesetzliches Schuldverhältnis«). Aufgrund des Zusammenhangs mit der Kündigungserklärung erkennen *Giesen/Besgen* (NJW 2004, 185) in dem Hinweis eine **empfangsbedürftige Willenserklärung**. *Wolff* (BB 2004, 378) sieht in ihm ein **rechtsgeschäftliches Angebot**. Von einer **geschäftsähnlichen Handlung** bzw. von **rechtsgeschäftlicher Art** hingegen gehen *Maschmann* (AuA 2003, 6, 10) und *Thüsing/Wege* (JuS 2006, 97, 98, TRL-*Thüsing* Rn 12) aus. Unklar äußert sich *Eckert* (AuA Sonderausg. 1/04, 48): **Fiktion** der Annahmeerklärung ohne Willenserklärung, aber Einverständnis mit der Kündigung. Für *Bauer/Krieger* (NZA 2004, 77, 78) kommt nach § 1a KSchG ein **Abwicklungsvertrag** zustande, für *Dornbusch/Wolff* (DW Rn 3) eine **qualifizierte Abfindungsvereinbarung**, für *Raab* (RdA 2005, 1, 4) ergibt sich eine Parallele zur Auslobung gem. § 657 BGB.

Auch der Rechtscharakter des **Verstreichenlassens** wird unterschiedlich beurteilt. Eine **rechtsgeschäftliche** Sicht vertreten hier namentlich *Löwisch* (NZA 2003, 689, 694; *ders.* BB 2004, 154, 157), *Preis* (DB 2004, 70, 71, 72) sowie *Thüsing/Stelljes* (BB 2004, 1673, 1677), *Rolfs* (ZIP 2004, 333, 335) und *Wolff* (BB 2004, 378) sowie ErfK-*Oetker* (Rn 14: auflösende Bedingung). Von einem **Realakt** bzw. **einer Tathandlung** gehen hingegen *Grobys* (DB 2003, 2174), *Bader* (in *Bader/Bram*, Rn 5; *ders.* NZA 2004, 65, 70), *Thüsing/Wege* (JuS 2006, 97, 98 f.), *Thüsing* (TRL Rn 25), *Hanau* (ZIP 2004, 1169, 1176) sowie *Quecke* (HWK Rn 2, 13) aus. *Giesen/Besgen* (NJW 2004, 185) legen sich insoweit **nicht fest**, meinen aber, dass das Verstreichenlassen der Klagefrist als Unterlassen mangels Tathandlung auch **keinen Realakt** darstelle.

Die aufgeworfenen Fragen nach der Rechtsnatur des Arbeitgeberhinweises und des Verstreichenlassens der Klagefrist sind keineswegs rein akademischer Natur. **Dabei bietet es sich an, beide Elemente gemeinsam zu betrachten. Denn nur in ihrer Summe wirken sie anspruchsbegründend** (ausf. *Kraus* Diss., S. 81–126; *Weiß* Diss., S. 8–80; **Andeutung** einer »einzelvertraglich vereinbarten«

Abfindung jetzt auch *BAG* [1. Senat] 31.5.2005 EzA § 112 BetrVG 2001 Nr. 14, wenn auch nur dem »Charakter« nach).

37 Bei einer ausschließlich **rechtsgeschäftlichen Betrachtungsweise** wären **sämtliche** Regelungen des Bürgerlichen Gesetzbuches über die **Geschäftsfähigkeit**, die **Willenserklärung**, den **Vertrag**, die **Bedingung** und **Zeitbestimmung**, die **Vertretung** und **Vollmacht** sowie über die **Einwilligung** und **Genehmigung** auf den Arbeitgeberhinweis oder/und das Verstreichenlassen der Klagefrist anwendbar. Von der rechtsgeschäftlichen Sicht nicht weit ist auch der Schritt zu der Annahme, der Abfindungsanspruch würde durch eine Art **Vertrag** sui generis ausgelöst, und zwar einen solchen, der durch das Unterlassen einer Prozesshandlung (der Klageerhebung) nach einem arbeitgeberseitigen Abfindungsangebot zustande kommt. Damit würden auch die Regelungen des Bürgerlichen Gesetzbuches über das **Recht der Schuldverhältnisse** – insbes. über Schuldverhältnisse aus Verträgen – mit allen sich daraus ergebenden Konsequenzen anwendbar. Dagegen streitet jedoch, dass der Gesetzgeber nach der Regierungsbegründung lediglich ein das Arbeitsverhältnis unproblematisch beendendes »**Verfahren**« hat zur Verfügung stellen wollen. Hätte dem Gesetzgeber eine rechtsgeschäftliche oder gar vertragliche Lösung vorgeschwebt, hätte es der Regelung nicht bedurft. Es hätte – wenn überhaupt – ein deklaratorischer Hinweis auf die Möglichkeit des Abschlusses eines Auflösungsvertrages oder Abwicklungsvertrages genügt. Allein dies rechtfertigt es, den Arbeitgeberhinweis und das Verstreichenlassen der Klagefrist nicht rechtsgeschäftlich zu verstehen. Vielmehr handelt es sich bei dem **Arbeitgeberhinweis** um eine **geschäftsähnliche Handlung**. Bei dem Verstreichenlassen der Klagefrist handelt es sich um einen **Realakt**.

38 **Geschäftsähnliche Handlungen** sind auf einen tatsächlichen Erfolg gerichtete Erklärungen, deren Rechtsfolgen kraft Gesetzes eintreten (*Palandt/Ellenberger* Überblick vor § 104 Rn 6 mit dem Nachw. der einschlägigen Rspr. des BGH in Zivilsachen und der hM in der Lit.). Zu ihnen gehören bspw. die Mahnung, Fristsetzungen, Abhilfeverlangen, das Erteilen einer Rechnung, das Verlangen von Schadensersatz, Aufforderungen, Androhungen, Weigerungen und insbes. Mitteilungen und Anzeigen (*Palandt/Ellenberger* Überblick vor § 104 Rn 6). Gerade um eine derartige **Mitteilung** handelt es sich bei dem Arbeitgeberhinweis nach § 1a Abs. 1 S. 2 KSchG. Das ergibt sich schon aus dem **Wortlaut**. Das Gesetz redet gerade nicht von »Antrag« oder »Angebot« (einer Abfindung). Außerdem hat nach dem Gesetz der Hinweis »in der Kündigungserklärung« zu erfolgen. Daraus ergibt sich zwar, dass der Hinweis **im Rahmen** einer rechtsgeschäftlichen Erklärung erfolgt. Er ist dieser aber gerade nicht gleichgestellt. Sonst hätte in die Richtung formuliert werden müssen, dass die Kündigung »unter Abgabe eines Hinweises ...« zu erfolgen habe oder ähnlich. Entscheidender für die Einstufung als geschäftsähnliche Handlung ist aber, dass sich der Hinweis nicht auf die Abfindungshöhe beziehen muss, obwohl doch diese immerhin die **Gegenleistung** für die Aufgabe des Arbeitsverhältnisses ist (vgl. in Abgrenzung zu Anspruch auf Sozialplanabfindung *BAG* 25.9.1996 AP Nr. 105 zu § 112 BetrVG 1972). Vielmehr hat der Hinweis die Gegenleistung (die Abfindung) nur dem Grunde nach zu erwähnen. An einer »**essentialia negotii**«, der Abfindungshöhe, fehlt es. Diese ergibt sich – eben wie bei einer geschäftsähnlichen Handlung – aus dem **Gesetz**, und zwar aus § 1a Abs. 2 KSchG. Allein **aus dem Gesetz** ergibt sich auch, dass der Abfindungsanspruch **allein mit dem Verstreichenlassen der Klagefrist** entsteht. Das entspricht nicht den Regelungen der §§ 145 ff. BGB über das Zustandekommen eines Vertrages. Insbesondere bestimmt nicht etwa der Arbeitgeber nach § 148 BGB eine Annahmefrist von drei Wochen. Vielmehr ergibt sich auch diese wiederum (allein) aus dem **Gesetz** (§ 4 S. 1 KSchG) und kann im Falle des § 4 S. 4 KSchG unberechenbar (**und damit dem Willen entzogen**) werden (so man den Abfindungsanspruch im Falle des § 4 S. 4 KSchG nicht auflösend bedingt sieht, vgl. Rdn 71). Auch das Wirksamwerden der Kündigung, welches die anspruchsauslösende Beendigung des Arbeitsverhältnisses erst begründet, tritt aufgrund **gesetzlicher** Anordnung nach § 7 KSchG ein. Dabei ist anspruchsauslösender Beendigungstatbestand die **Kündigung**. Käme es demgegenüber anspruchsauslösend darauf an, dass seitens des Arbeitnehmers ein arbeitgeberseitiger **Antrag** angenommen wird, wäre – maW – die Beendigung des Arbeitsverhältnisses (auch) vom Willen des Arbeitnehmers abhängig, stellte sich die Frage, warum dies nicht gem. § 623 BGB schriftlich zu dokumentieren sein sollte, was gegen eine vertragsrechtliche Lösung streitet (ähnlich *Schmidt-Rolfs* NZA Beil. 2/2005, 3, 7; eine nach

§ 516 Abs. 2 BGB formfreie Handschenkung stellt die Aufgabe des Arbeitsplatzes nicht dar, wenn dafür eine Abfindung fließt). Denn bei einer rechtsgeschäftlichen Betrachtung von Arbeitgeberhinweis und Verstreichenlassen der Kündigungsfrist wäre die Nähe zum – **allerdings nach § 623 BGB formbedürftigen** – Auflösungsvertrag unverkennbar. Dass auch der Hinweis »willentlich« erfolgt, stuft ihn allein nicht von einer geschäftsähnlichen Handlung zu einer rechtsgeschäftlichen Betätigung hoch.

Dies leitet auch zu der Annahme über, dass es sich bei dem **Verstreichenlassen der Klagefrist** ebenfalls **nicht** um ein Rechtsgeschäft handelt (obzwar die **Gesetzesbegründung** eine »Entscheidung« suggeriert, vgl. BT-Drucks. 15/1204, S 12, lässt sie dann doch die »formale« Voraussetzung des Verstreichenlassens genügen). Dabei ist das Verstreichenlassen der Klagefrist **nicht einmal eine geschäftsähnliche Handlung.** Denn eine geschäftsähnliche Handlung setzt wenigstens eine **Erklärung** (die »Wahl« zwischen Klage auf Abfindung wegen **§ 263 Abs. 1 BGB** sogar ausdrücklich; eine der Fiktion der Annahme einer Schenkung gem. **§ 516 Abs. 2 S. 2 BGB** entsprechende Regelung enthält § 1a KSchG übrigens gerade **nicht**; die Regelung lässt sich auch nicht entsprechend heranziehen, weil es sich bei der Aufgabe des Arbeitsverhältnisses gegen Zahlung einer Abfindung nicht um eine Schenkung handelt) voraus. Dabei handelt es sich bei einem Unterlassen in Form des Verstreichenlassens einer Klagefrist, einem Schweigen im Rechtsverkehr also, nach allgemeinen Grundsätzen nicht um eine Willenserklärung, geschweige denn um ein Rechtsgeschäft (weshalb es für eine Vertragskonstruktion einer dem § 362 Abs. 1 Satz 1 BGB aE oder dem § 516 Abs. 2 BGB entsprechenden Regelung bedurft hätte: ErfK-*Oetker* Rn 13). Es ist auch nicht so, dass das Gesetz hier dem Schweigen des Arbeitnehmers rechtsgeschäftlichen Erklärungswert beilegen würde. Denn anspruchsbegründend ist das Unterlassen einer Prozesshandlung, die – wenn sie vorgenommen würde – nicht ihrerseits gleichzeitig eine rechtsgeschäftliche Erklärung darstellt (so nicht Doppelnatur, etwa bei Prozessvergleich). Es ist zumindest schwer erklärbar, warum gerade das **Gegenteil** einer Handlung, die schon ihrerseits **keine** Willenserklärung darstellt, nunmehr als Willenserklärung eingeordnet werden soll. Dagegen streitet insbes., dass das Kündigungsschutzgesetz selbst in seinen **§§ 5 und 6 Korrekturmöglichkeiten** für die Fälle zur Verfügung stellt, in denen nicht rechtzeitig Kündigungsschutzklage erhoben ist. Diese Bestimmungen sind **ersichtlich abschließend.** Demgegenüber würde ein rechtsgeschäftliches Verständnis des Verstreichenlassens der Klagefrist dazu führen, dass aus Gründen des Rechts der Willenserklärung oder aus rechtsgeschäftlichen Gründen, mithin aus Gründen des materiellen Rechts, die Rechtsfolge des Verstreichenlassens (des Wirksamwerdens der Kündigung nach § 7 KSchG) beseitigt oder ihr Eintritt gehindert werden könnte. Es geht um nicht mehr und nicht weniger als um die Frage, ob – über §§ 5 und 6 KSchG hinaus – im Anwendungsbereich des § 1a KSchG Willensmängel, mit denen das Verstreichenlassen behaftet ist, die Folgen der Fristversäumung verhindern können (ist etwa der Arbeitnehmer durch **Täuschung** zum »Verstreichenlassen« bestimmt worden, wäre bei rechtsgeschäftlicher Sichtweise die Anfechtbarkeit nach § 124 Abs. 1, Abs. 3 BGB binnen Jahresfrist/binnen 10 Jahren Ausschlussfrist möglich. Die Fristen des § 5 KSchG betragen hingegen nur 2 Wochen bzw. 6 Monate). Dagegen würde (jedenfalls bei Einordnung der Klagefrist als – auch – **prozessualer Frist;** so *BAG* 26.6.1986 AP Nr. 14 zu § 4 KSchG 1969; zum Streitstand *Francken* Verschulden des Prozessbevollmächtigten, 1989, S. 28 ff.) die Regelung in § 231 Abs. 1 ZPO sprechen, wonach es einer Androhung der gesetzlichen Folgen der Versäumung **nicht** bedarf und dass diese von selbst eintreten, sofern nicht die Zivilprozessordnung einen auf Verwirklichung des Rechtsnachteils gerichteten Antrag erfordert. Auch hier zeigt sich wieder der willensunabhängige Automatismus (»von selbst ein«), den das Versäumen der Klagefrist hat. Bei einem Realakt – hier zudem noch in Form einer **Tathandlung durch Unterlassen** – wird sich im Übrigen eine Willensbetätigung häufig nicht feststellen lassen. Dafür reicht der bloße Zugang der Kündigungserklärung iVm dem Arbeitgeberhinweis, bspw. bei tatsächlicher Unmöglichkeit der Kenntnisnahme infolge Abwesenheit, nicht aus. Insoweit hilft auch § 151 S. 1 BGB nicht weiter (obzwar durch die **Gesetzesbegründung** der Sache nach wohl gemeint, wenn es heißt: »eine ausdrückliche Erklärung des Arbeitnehmers, dass er die gesetzliche Abfindung beanspruchen will, wird nicht gefordert« [BT-Drucks. 15/1204, S. 12]). Danach kommt zwar ein Vertrag durch die Annahme eines Antrages zustande, **ohne** dass die Annahme dem Antragenden

39

gegenüber **erklärt** zu werden braucht, wenn eine solche Erklärung nach der Verkehrssitte nicht zu erwarten ist oder der Antragende auf sie verzichtet hat. **Unabhängig davon**, ob diese Voraussetzungen überhaupt vorliegen (*Wolff* [BB 2004, 378] geht von einem **Verzicht** des Arbeitgebers auf den Zugang der Annahme aus), verzichtet auch § 151 S. 1 BGB nicht auf die **Annahme an sich**, die sich in irgendeiner Form erst einmal feststellen lassen müsste (der *BGH* [14.10.2003 NJW 2004, 287] fordert ein »als Willensbetätigung zu wertendes **nach außen hervortretendes** Verhalten des Angebotsempfängers«!), wobei auch für eine **konkludente** oder **schlüssige** Annahme nichts anderes gilt. Nicht einmal die Einreichung eines mit dem Angebot auf Abschluss einer Abfindungsvereinbarung zu deren Erfüllung übersandten Schecks genügt, wenn sonstige Umstände das Fehlen eines wirklichen Annahmewillens ergeben (vgl. *BGH* 28.3.1990 BGHZ 111, 97, 101 f.). Für das Verstreichenlassen ergibt sich aus den für eine Zulassung verspäteter Kündigungsschutzklagen vorgesehenen Fristen von **zwei Wochen** bzw. **sechs Monaten** in § 5 Abs. 3 KSchG, dass jedenfalls **vor deren Ablauf** ohne Erklärung gegenüber dem Arbeitgeber **nie** auf die Betätigung eines Annahmewillens geschlossen werden kann. **Frühestens** nach Fristablauf **könnte** man den Zugang von Kündigung und Arbeitgeberhinweis genügen lassen, weil es **dann** nur noch um die Annahme eines dem Arbeitnehmer lediglich vorteilhaften Angebots ginge (erst **dann** ist die Kündigung auch im Wege der nachträglichen Klagezulassung nicht mehr anfechtbar und wirksam). Lediglich in **diesem** Fall reicht es für § 151 S. 1 BGB gewöhnlich aus, dass das Angebot nicht durch eine nach außen erkennbare Willenserklärung des Begünstigten **abgelehnt** wird (vgl. *BGH* 12.10.1999 NJW 2000, 276, 277). Eine Annahme nach Ablauf von uU **sechs Monaten** ist aber nicht das Verstreichenlassen, das § 1a Abs. 1 S. 1 KSchG meint. Gemeint ist das Verstreichenlassen der Klagefrist von **drei Wochen**, was es rechtsdogmatisch zu erklären gilt. Außerdem erlangt der Arbeitnehmer durch das Verstreichenlassen nicht lediglich einen Vorteil in Form der Abfindung. Denn er verliert – mit dem Klagerecht – **uno actu** sein Arbeitsverhältnis. Damit ist **seine** Leistung »bewirkt« iS eines Vorganges gem. § 362 Abs. 1 BGB, der nach hM auch nicht konsensual gedeutet wird (vgl. *Palandt/Grüneberg* § 362 BGB Rn 1).

40 Nach dem Vorstehenden ist es nur konsequent, dass die Gesetzesbegründung von einem **gesetzlichen** Abfindungsanspruch (also eben nicht: von einem **vertraglichen** Anspruch) ausgeht (Rdn 6, 86). Das zeigt auch die **Zusammenschau** der anspruchsbegründenden Elemente. Sie zeigt, dass der Arbeitgeberhinweis jedenfalls nicht mit einem ohne Weiteres rechtsgeschäftlich zu erklärenden Unterlassen korrespondiert, sondern bestenfalls mit der **gesetzlichen Fiktion** einer Annahmeerklärung (jedenfalls in diese Richtung *Schaub/Linck* § 134 Rn 64; ähnlich *Schwarze/Eylert/Schrader-Schwarze* Rn 3, 18). Auch dies streitet wiederum für die Qualifizierung des Hinweises als **geschäftsähnliche Handlung**.

41 Die sich aus der hier vertretenen Sichtweise zur Rechtsnatur von Arbeitgeberhinweis und dem Verstreichenlassen der Klagefrist ergebenden Konsequenzen bleiben der folgenden Kommentierung rechtstechnischer Einzelheiten vorbehalten. Abstrakt ist lediglich Folgendes festzuhalten:

42 Sowohl die rechtliche Behandlung **geschäftsähnlicher Handlungen** als auch die rechtliche Behandlung von **Realakten** ist weitgehend geklärt. Auf die **Mehrzahl** der **geschäftsähnlichen Handlungen** sind die Vorschriften über **Willenserklärungen** entsprechend anwendbar, nämlich über die **Geschäftsfähigkeit (§§ 104 ff. BGB)**, das **Wirksamwerden (§§ 130 ff. BGB)**, **die Auslegung (§§ 133, 157 BGB)**, die **Stellvertretung (§§ 164 ff. BGB)**, **Einwilligung und Genehmigung (§§ 182 ff. BGB)** und die **Willensmängel (§§ 116 ff. BGB)**. Dabei ist lediglich nicht schematisch zu verfahren. Bei jedem Handlungstyp ist seiner Eigenart und der typischen Interessenlage Rechnung zu tragen (vgl. iE m. Nachw. *Palandt/Ellenberger* Überblick vor § 104 Rn 7). **Realakte** (oder **Tathandlungen**), die kraft Gesetzes eine nicht an den Willen gebundene Rechtsfolge auslösen, sind zB Verbindung, Vermischung oder Verarbeitung (§ 946 ff. BGB), Besitzerwerb gem. § 844 Abs. 2 BGB oder auch ein Schatzfund (§ 984 BGB). **Die Regeln für Rechtsgeschäfte sind unanwendbar.** Dabei ist der gekündigte Arbeitnehmer, der die Klageerhebung nach Arbeitgeberhinweis unterlässt, nicht schutzlos, wenn er etwa geschäftsunfähig oder in der Geschäftsfähigkeit beschränkt ist. Denn der Hinweis hat nach § 1a Abs. 1 S. 2 KSchG »**in**« der Kündigungserklärung zu erfolgen, die aber gegenüber Geschäftsunfähigen oder nicht voll Geschäftsfähigen nur nach Maßgabe des § 131 BGB wirksam werden kann. Die Einordnung des Verstreichenlassens der Klagefrist als Realakt wirkt

sich – maW – nicht zu Lasten eines geschäftsunfähigen oder in der Geschäftsfähigkeit beschränkten Arbeitnehmers aus.

d) Hinweis durch Arbeitgeber

Der Hinweis hat durch den Arbeitgeber zu erfolgen. Das ist entweder dieser selbst oder eine zu seiner organschaftlichen oder rechtsgeschäftlichen Vertretung befugte Person. Anspruchsauslösend ist demgemäß nur ein Hinweis, der vom Arbeitgeber selbst herrührt oder ihm zuzurechnen ist. Wegen § 153 BGB hat der Tod des Arbeitgebers, der natürliche Person ist, keinen Einfluss auf das Zustandekommen des Abfindungsanspruches, wenn der Hinweis in der Welt ist (vgl. LSSW-*Schlünder* Rn 14). Erwägenswert ist die Anwendung des § 1a KSchG auch auf diejenigen Fälle, in denen die Arbeitgeberstellung oder das Bestehen eines Arbeitsverhältnisses strittig ist (für analoge Anwendung *Kortstock* NZA 2007, 297, 298 f.). 43

e) Form

Der Hinweis des Arbeitgebers hat nach § 1a Abs. 1 S. 2 KSchG »in der Kündigungserklärung« zu erfolgen. Da aufgrund der Bezugnahme in § 1 Abs. 1 S. 1 KSchG auf § 4 S. 1 KSchG die **schriftliche** Kündigung gemeint ist, bedarf **auch der Hinweis** dieser Form (**Gesetzesbegr.** BT-Drucks. 15/1204, S. 12; *Bader/Bram-Bader* Rn 9; *ders.* NZA 2004, 65, 71; *Bauer* Sonderbeil. zu NZA Heft 21/2003, 47, 49; *Willemsen/Annuß* NJW 2004, 177, 182; *Giesen/Besgen* NJW 2004, 185, 186; s. jetzt auch *BAG* 10.7.2008 EzA § 1a KSchG Nr. 6; zu Unrecht entnimmt dem *Brose* [Anm. EzA § 1a KSchG Nr. 4] die versteckte Einführung einer Schriftform für niedrigere Abfindungsangebote). Dieser hat – maW – wie die Kündigung selbst **den Anforderungen** zu genügen, die nach § 623 BGB Wirksamkeitsvoraussetzungen einer Kündigung sind (*Bauer/Krieger* NZA 2004, 77; allgemein dazu s. u. § 623 BGB). Unwirksam wäre demgemäß ein Hinweis, der separat oder losgelöst von der Kündigungserklärung (aA *Wolff* BB 2004, 378, 379) oder gar lediglich mündlich erteilt wird (vgl. *Eckert* AuA Sonderausg. 01/04, 48; *Wolff* BB 2004, 378, 379). Ist der Hinweis lediglich mündlich erteilt worden, ist eine Bindung an ihn dennoch für den Fall in Erwägung zu ziehen, dass der Arbeitnehmer lediglich von einer fristgerechten Klageerhebung hat abgehalten und durch den Formverstoß gleichzeitig der Abfindungsanspruch hat vermieden werden sollen (weitergehend *Bauer/Krieger* NZA 2004, 77; **abl.** MüKo-BGB/*Hergenröder* § 1a KSchG Rn 13; *Raab* RdA 2005, 1, 5). Insoweit ist auch die Zulassung einer verspäteten Klage nach § 5 KSchG in Erwägung zu ziehen. 44

f) Bindung an den Hinweis

Aus der Rechtsnatur des Hinweises (ähnlich *Thüsing/Wege* JuS 2006, 97, 100; TRL-*Thüsing* Rn 13 f.), jedenfalls aus §§ 145, 147 Abs. 2 BGB ergibt sich, das dieser (vor Ablauf der Klagefrist) weder (einseitig) zurückgenommen oder (nach Zugang, vgl. § 130 Abs. 1 S. 2 BGB! *Maschmann* AuA 2003, 6, 11) widerrufen werden kann (*Giesen/Besgen* NJW 2004, 185, 186). Möglich ist es nur, von dem Hinweis etwa bei **fehlender Geschäftsfähigkeit** (§§ 104 ff. BGB) oder **Willensmängeln** (§§ 116 ff. BGB) abzurücken, also in Sonderheit auch wegen Irrtums (aber nur **einheitlich** für Kündigung und Abfindungsangebot, ErfK-*Oetker* Rn 8) anzufechten (zu versehentlich falschen Hinweisen und zur versehentlichen Angabe einer von § 1a Abs. 2 KSchG abweichenden Höhe s. Rdn 53 ff., 58 ff.), *Maschmann* AuA 2003, 6, 11. Unbenommen ist es den Parteien, **nach** Zugang des Hinweises abzumachen, dass der Hinweis gegenstandslos sein soll. Die Möglichkeit hierfür ergibt sich daraus, dass die Parteien auch ein durch den entstandenen Abfindungsanspruch begründetes Schuldverhältnis nachträglich nach Maßgabe des § 397 BGB erlassen könnten (s. Rdn 110). 45

3. Vom Gesetz abweichender Hinweis

a) Unvollständiger oder modifizierender Hinweis

Bei einem **unvollständigen** oder **modifizierenden** Arbeitgeberhinweis (Fehlen eines seiner konstituierenden Elemente nach § 1a Abs. 1 S. 2 KSchG oder bei Fehlen der Schriftform; Bestimmung 46 einer von der Klagefrist abweichenden Annahmefrist gem. § 148 BGB; Verweis auf anderen Entstehungszeitpunkt des Abfindungsanspruches als den Ablauf der Kündigungsfrist; Hinweis auf bestimmte Anspruchsgrundlage außerhalb des § 1a KSchG – Tarifvertrag, Sozialplan [*LAG Hamm* 7.6.2005 LAGE § 1a KSchG Nr. 1; *LAG BW* 26.6.2006 BB 2006, 2140, s. dazu die Revisionsentscheidung *BAG* 13.12.2007 EzA § 1a KSchG Nr. 3, Arbeitsvertrag – Aufstellen über § 1a KSchG hinausgehender Bedingungen, Modifikation in der Rechtsfolge [Entstehungszeitpunkt, Fälligkeit, Ratenzahlung – zur Höhe Rdn 58 ff.]) entsteht **kein** Abfindungsanspruch nach § 1a KSchG (*Willemsen/Annuß* NJW 2004, 177, 183; *Giesen/Besgen* NJW 2004, 185, 186).

47 Der Hinweis kann allenfalls nach § 140 BGB **umgedeutet** werden in einen **Antrag** auf **Abschluss eines Abwicklungsvertrages** dahingehend, dass dann, wenn gegen die gleichzeitig ausgesprochene Kündigung nicht geklagt wird, eine Abfindung versprochen sein soll (vgl. *Giesen/Besgen* NJW 2004, 185, 187; *Thüsing/Stelljes* BB 2003, 1673, 1677). **Abwicklungs-** und nicht **Auflösungsvertrag** deshalb, weil ein Auflösungsvertrag nach § 623 BGB der **Schriftform** bedürfte. Diesem Erfordernis wäre mit dem bloßen Verstreichenlassen der Klagefrist durch den Arbeitnehmer nicht genügt. Beendigungstatbestand ist – wie auch sonst bei einem Abwicklungsvertrag – nicht der Vertrag als solcher, sondern die ausgesprochene (nach § 623 BGB der Schriftform bedürftige) Kündigung, die wirksam wird. Wird der Antrag angenommen, kommt der angesonnene Abwicklungsvertrag zustande. Dabei ist es Tatfrage, ob das bloße Verstreichenlassen die Annahmeerklärung darstellt. Auch konkludentes oder schlüssiges Verhalten bedarf einer Erklärung. **Untätigkeit** stellt – so nicht ausdrücklich angeordnet – **keine** rechtsgeschäftliche Willenserklärung dar. Auch § 151 S. 1 BGB hilft nicht weiter. Denn die Vorschrift entbindet nicht von dem Vorliegen einer rechtsgeschäftlichen **Willensbetätigung**. Diese muss lediglich nicht gegenüber dem Antragenden erklärt werden. Auch ist die Feststellung einer irgendwie gearteten **Annahmehandlung** hier nicht deshalb entbehrlich, weil der Arbeitgeber durch seinen Hinweis auf eine **Annahmeerklärung verzichtet** hätte (so aber *Wolff* BB 2004, 378) oder der Arbeitnehmer mit der angenommenen Abfindung lediglich einen **Vorteil** erwürbe. Auf die **Annahmehandlung** (die Willensbetätigung) kann nicht verzichtet werden. Und das Verstreichenlassen der Klagefrist führt gleichzeitig zu dem nachteiligen Erfolg des Verlustes des Arbeitsverhältnisses (aA *Giesen/Besgen* NJW 2004, 185, 187; wie hier iE *Willemsen/Annuß* NJW 2004, 177, 183; vgl. Rdn 39).

48 Sollte der Arbeitnehmer die Klagefrist im Vertrauen auf die Zahlung einer Abfindung verstreichen lassen haben, kommt **bei Verschulden des Arbeitgebers** (wegen schuldhaft unvollständigen Hinweises) ein Anspruch auf Schadensersatz aus § 280 Abs. 1 BGB oder, im Falle vorsätzlich sittenwidriger Schädigung, aus § 826 BGB in Betracht. Der Anspruch aus § 280 Abs. 1 BGB setzt allerdings voraus, dass der **vollständige** Hinweis auch eine Verpflichtung des Arbeitgebers aus dem Schuldverhältnis (aus dem Arbeitsverhältnis) darstellt. Dies wird man annehmen können. Zwar ist der Arbeitgeber nicht verpflichtet, das »Verfahren« nach § 1a KSchG zu nutzen. Er ist auch nicht verpflichtet, eine Abfindung nach Maßgabe des § 1a KSchG anzubieten. Macht er jedoch aus Sicht des Arbeitnehmers von dem Verfahren Gebrauch, trägt er auch das Risiko der Unvollständigkeit seines Hinweises. Rechtsfolge ist, dass der Arbeitgeber nach § 249 Abs. 1 BGB den Zustand herzustellen hat, der bestehen würde, wenn der zum Ersatz verpflichtende Umstand nicht eingetreten wäre. Das kann – wie gesagt: nur bei schuldhaftem Verhalten des Arbeitgebers – dazu führen, dass aus Gründen des Schadensersatzrechts dennoch die Abfindung nach § 1a KSchG zu zahlen ist, die wegen unvollständigen Hinweises an sich nicht zu zahlen wäre (iE ebenso *Grobys* DB 2003, 2174, 2176 f. d. Fall, dass Arbeitnehmer und Arbeitgeber ungeachtet ihres Fehlens vom Vorliegen der Voraussetzungen des § 1a KSchG ausgehen).

49 Als weitere Rechtsfolge kommt (bei **fehlendem Verschulden des Arbeitnehmers**) die Möglichkeit eines Antrages auf nachträgliche Zulassung der Klage nach § 5 KSchG in Betracht, also jedenfalls dann, wenn der Arbeitnehmer im Vertrauen auf das Entstehen eines Abfindungsanspruchs die Klagefrist hat verstreichen lassen (wegen der Rechtsfolgen eines **erfolgreichen** Antrages auf nachträgliche Klagezulassung wird auf Rdn 76 verwiesen). Vertreter einer rechtsgeschäftlichen Sichtweise des Verstreichenlassens (s. Rdn 35) müssten ggf. auch eine Irrtumsanfechtung zulassen (s. zB *Grobys*

DB 2003, 2174, 2176; Einzelheiten dieser Konsequenz bei MüKo-BGB/*Hergenröder* § 1a KSchG Rn 27 ff.), was – bei Erfolg – zur Verpflichtung zur Rückgewähr einer geleisteten Abfindung führt (*Grobys* DB 2003, 2174, 2176).

Sowohl im Rahmen eines Schadensersatzanspruches als auch im Falle eines Antrages auf nachträgliche Klagezulassung wird zu prüfen sein, inwieweit nicht der Arbeitnehmer Kenntnis von den einen Abfindungsanspruch nach § 1a KSchG begründenden Voraussetzungen hatte oder hätte haben müssen (immerhin **gilt** § 1a KSchG aus Gründen des Staatsrechts). Dies kann im Rahmen eines **Mitverschuldenseinwandes** (§ 254 BGB) bis zum Ausschluss eines Schadensersatzanspruchs führen bzw. dazu, dass der Antrag auf nachträgliche Klagezulassung zurückzuweisen ist. 50

Bei Vorliegen sämtlicher Voraussetzungen wird der Arbeitnehmer **wählen** können, ob er den Antrag auf Abschluss eines Abwicklungsvertrages annimmt, (bei fehlender Annahme des Antrages) Schadensersatz fordert oder nach § 5 KSchG vorgeht. 51

Ficht der Arbeitgeber (zur Anfechtung durch den Arbeitgeber MüKo-BGB/*Hergenröder* § 1a KSchG Rn 25 f.) seinen **unvollständigen** Hinweis (deswegen) erfolgreich wegen **Irrtums** an, entsteht ebenfalls kein Abfindungsanspruch. Denn dieses würde einen erneuten (wirksamen) – also vollständigen – Hinweis voraussetzen. Bei erfolgreicher Irrtumsanfechtung hat der Arbeitnehmer aber uU die vorstehende Wahlmöglichkeit. Lediglich auf den infolge der Irrtumsanfechtung nichtigen Abwicklungsvertrag kann er nicht zurückgreifen. 52

b) Falscher Hinweis

Weist der Arbeitgeber (alternativ oder kumulativ) auf einen **anderen Kündigungsgrund** als auf **dringende betriebliche Erfordernisse** hin, **nennt** er dringende betriebliche Erfordernisse als Kündigungsgrund, **obzwar sie nicht vorliegen**, oder erklärt er, dass **keine** Abfindung erwachse, ist zu unterscheiden: Im **ersten** und im **dritten** Fall entsteht **kein** Abfindungsanspruch, weil es an einem maßgebenden Entstehungsmerkmal für einen Abfindungsanspruch nach § 1a KSchG fehlt. Im **zweiten** Fall **entsteht** der Abfindungsanspruch, weil der Kündigungsgrund nicht wahr zu sein braucht (s. Rdn 31). 53

Allerdings hat im **ersten** Fall der Arbeitnehmer dann, wenn er die Klagefrist im Vertrauen auf eine Abfindung trotz **nicht gesetzeskonformen** Grundes hat verstreichen lassen, diejenigen Rechte, die er in einer derartigen Situation bei einem **unvollständigen** Hinweis unter den dort genannten Voraussetzungen hat. Auf die Ausführungen dazu (s. Rdn 48 ff.) wird verwiesen. 54

Im **zweiten** Fall (**vorgeschobener** Kündigungsgrund) kann der Arbeitnehmer bei Gewahrwerden des **wahren** Grundes mit einem Antrag auf nachträgliche Zulassung der Kündigungsschutzklage reagieren (vgl. *Bader/Bram-Bader* Rn 11; *ders.* NZA 2004, 65, 71; *Giesen/Besgen* NJW 2004, 185, 187; *Preis* DB 2004, 70, 74; aA *Schiefer/Worzalla* Agenda 2010 Rn 157, die den Arbeitnehmer auf Erkundigungsmöglichkeiten verweisen). In Betracht kommt auch ein Schadensersatzanspruch aus § 280 Abs. 1 BGB oder ggf. sogar aus § 826 BGB (*Bader/Bram-Bader* Rn 11; *ders.* NZA 2004, 65, 71; SPV-*Preis* Rn 1167 f.), wobei aber der Schadensausgleich in der Wiederherstellung des Arbeitsverhältnisses liegen dürfte, was sich über eine nachträgliche Klagezulassung nach § 5 KSchG leichter bewerkstelligen lässt. Einer Rückforderung einer in dieser Konstellation bereits **geleisteten** Abfindung aus Bereicherungsrecht steht § 814 BGB **nicht** entgegen. Denn zunächst **entstanden** ist der Abfindungsanspruch ja. Vertreter einer rechtsgeschäftlichen Sichtweise (s. Rdn 35) müssen konsequenterweise auch die Möglichkeit einer Irrtumsanfechtung (hier: nach § 123 BGB) in Betracht ziehen (so *Bauer/Krieger* NZA 2004, 77; *Lakies* NJ 2004, 150, 154; MüKo-BGB/*Hergenröder* § 1a KSchG Rn 29). Dem Fall eines vorgeschobenen Kündigungsgrundes steht in der rechtlichen Behandlung gleich die **arglistige Täuschung** des Arbeitgebers hinsichtlich seiner **Zahlungsfähigkeit** (*Bauer/Krieger* NZA 2004, 77). Die Frist der Anfechtbarkeit bei **Täuschung** beträgt nach § 124 Abs. 1 BGB 1 Jahr, die Ausschlussfrist nach § 124 Abs. 3 BGB 10 Jahre. 55

56 Im **dritten** Fall, also bei dem Hinweis dahingehend, dass es eine Abfindung nicht gebe, hat der Arbeitnehmer, der die Klagefrist hat verstreichen lassen, die vorstehenden Rechte nicht. Weder ist ihm eine Abfindung angeboten worden noch hat er im Vertrauen auf eine Abfindung die Klagefrist verstreichen lassen. Anders wäre nur zu entscheiden, wenn **gleichzeitig** ein **anderer** Grund oder **zu Unrecht** dringende betriebliche Erfordernisse als Kündigungsgrund genannt worden wären, und es **deshalb** zum Verstreichen der Klagefrist gekommen ist. Auch dann gibt es allerdings mangels Angebotes keine Abfindung, und zwar weder aus Abwicklungsvertrag noch im Wege des Schadensersatzes. Lediglich ein Antrag auf nachträgliche Zulassung der Kündigungsschutzklage ist in Betracht zu ziehen.

57 Ist der Arbeitgeberhinweis **versehentlich** falsch und lässt man deswegen eine **Irrtumsanfechtung** für den Arbeitgeber zu, löst dies auch im **zweiten** Fall keinen Abfindungsanspruch aus (aA wohl *Eckert* AuA Sonderausg. 1/04, 49). Denn dann wird nicht nur kein anspruchsbegründender Kündigungsgrund vorgespiegelt, sondern überhaupt kein gesetzeskonformer Grund genannt. Da es im Falle erfolgreicher Irrtumsanfechtung auch nicht zu einem Abwicklungsvertrag kommt, ist entsprechend den vorstehenden Ausführungen bei verstrichener Klagefrist im Falle von **Arbeitgeberverschulden** ein Schadensersatzanspruch und bei **fehlendem Verschulden des Arbeitnehmers an der Fristversäumung** die Möglichkeit eines Antrages auf nachträgliche Klagezulassung nach § 5 KSchG in Betracht zu ziehen. **Keine** Irrtumsanfechtung des **Arbeitgebers** findet statt, falls die Kündigung wirksam gewesen **wäre** (**Rechtsirrtum** des Arbeitgebers; vgl. auch *Eckert* AuA Sonderausg. 1/04, 49).

c) Hinweis auf eine von § 1a Abs. 2 abweichende Abfindungshöhe

58 Das **Fehlen einer Angabe der Abfindungshöhe** bzw. das **Fehlen ihrer Bezifferung** sind **unschädlich** (*BAG* 19.6.2007 EzA § 1a KSchG Nr. 2; vgl. ErfK-*Oetker* Rn 11; *Bader* NZA 2004, 65, 71; *Raab* RdA 2005, 1, 6). Denn zur Abfindungshöhe muss sich der Arbeitgeberhinweis nicht verhalten (s. Rdn 33). Nach dem Gesetzestext (§ 1a Abs. 1 S. 2 KSchG) genügt der Hinweis, dass der Arbeitnehmer »die« Abfindung beanspruchen kann. »Die« Abfindung ist diejenige in § 1a Abs. 2 KSchG. Da hier die Abfindungshöhe gesetzlich geregelt ist, bedarf es des Hinweises auf die Höhe nicht, um einen Anspruch auf Abfindung eben in gesetzlicher Höhe zu begründen.

59 **Verhält** sich der Arbeitgeberhinweis zur Höhe und **weicht** er – gemessen an § 1a Abs. 2 KSchG – nach oben ab, so ist zu unterscheiden: **Geschieht dies versehentlich**, kommt eine Irrtumsanfechtung in Betracht (**demgegenüber** soll nach *Maschmann* [AuA 2003, 6, 10], *Bauer/Krieger* [NZA 2004, 77, 78] und *Preis* [DB 2004, 70, 72] dann wohl – unkorrigierbar – die **gesetzliche** Höhe geschuldet sein). Hat der Arbeitnehmer bereits die Klagefrist im Vertrauen auf die Höhe der Abfindung verstreichen lassen, kommt bei erfolgreicher Anfechtung zwar kein Anspruch aus Abwicklungsvertrag in Betracht. Hat aber der Arbeitnehmer **bei Verschulden** des Arbeitgebers im Vertrauen auf die **Höhe** der Abfindung die Klagefrist verstreichen lassen, kommt – über den nach § 122 BGB zu ersetzenden Schaden hinaus – ein Anspruch auf Ersatz der entgangenen Abfindung nach § 280 Abs. 1 BGB in Betracht. Alternativ ist auch hier an die Möglichkeit einer nachträglichen Klagezulassung zu denken. Ist der Arbeitgeber in seinem Hinweis allerdings **absichtlich** nach oben abgewichen, schuldet er den **Sockelbetrag aus § 1a KSchG** in der sich aus Abs. 2 jener Vorschrift ergebenden Höhe, den **Aufstockungsbetrag** aus **ergänzendem** Abwicklungsvertrag, so vom Arbeitnehmer **angenommen** (jedenfalls den **versprochenen** Betrag, iE ebenso *Maschmann* AuA 2003, 6, 10, *Bauer/Krieger* NZA 2004, 77, 78 sowie *Preis* DB 2004, 73).

60 Weist der Arbeitgeberhinweis auf eine § 1a Abs. 2 KSchG **unterschreitende Abfindungshöhe** hin, ist **ebenfalls** zu unterscheiden: Geschieht dies **versehentlich**, so findet eine Irrtumsanfechtung nicht statt. Denn die Höhe der Abfindung ergibt sich aus Gesetz, und zwar aus § 1a Abs. 2 KSchG (**wie hier insoweit** iE auch *Maschmann* AuA 2003, 6, 10, *Bauer/Krieger* NZA 2004, 77, 78 sowie *Preis* DB 2004, 73). Sie ist mithin **vom Willen unabhängig**, weswegen auch nicht ein Willensmangel durch Irrtumsanfechtung beseitigt werden kann. Es liegt ein unbeachtlicher **Rechtsirrtum** vor. Weist der Arbeitgeberhinweis **absichtlich** eine § 1a Abs. 2 KSchG unterschreitende Abfindungshöhe aus, so

ist das Ergebnis Folge einer Auslegung: Wollte der Arbeitgeber »das Verfahren« nach § 1a KSchG einschlagen, hat er die **höhere** gesetzliche Abfindung nach § 1a Abs. 2 KSchG zu zahlen (wohl auch *Raab* RdA 2005, 1, 8). Aus dem Kündigungsschreiben muss sich der **Wille** des Arbeitgebers, ein von der gesetzlichen Vorgabe **abweichendes** Angebot unterbreiten zu wollen, **eindeutig** und **unmissverständlich** ergeben (*BAG* 13.12.2007 EzA § 1a KSchG Nr. 3; 13.12.2007 EzA § 1a KSchG Nr. 4; 19.7.2016 EzA § 1a KSchG Nr. 8) – und zwar aus Gründen der Rechtssicherheit, Rechtsklarheit und Beweissicherung im Kündigungsschreiben (*BAG* 10.7.2009 EzA § 1a KSchG Nr. 6), wofür die informatorische Nennung eines niedrigeren als des gesetzlichen Betrages nicht genügt (*BAG* 19.6.2007 EzA § 1a KSchG Nr. 2); hingegen aber etwa ein Zusatz wie »bieten wir Ihnen an« (*Sächs. LAG* 26.2.2007 – 3 Sa 305/06; best. d. *BAG* 10.7.2008 EzA § 1a KSchG Nr. 6). Der Arbeitnehmer muss schließlich nach Erhalt des Kündigungsschreibens entscheiden, ob er ggf. gegen die Zahlung der Abfindung aus dem Arbeitsverhältnis ausscheidet oder ob er Kündiguungsschutzklage erheben will; zusätzlich muss er bei Zugang der Kündigung erkennen können, ob der Arbeitgeber ihm ein von § 1a Abs. 2 KSchG abweichendes Angebot unterbreitet hat. Er muss wissen, worauf er sich einlässt. Anderenfalls könnte sich erst bei Zahlung der Abfindung nach Ablauf der Kündigungsfrist herausstellen, dass der Arbeitgeber ein abweichendes Angebot abgeben wollte. Wegen § 4 KSchG bestünden dann häufig keine oder lediglich eingeschränkte Möglichkeiten, den Bestandsschutz des Arbeitsverhältnisses zu verfolgen und es wären zu Lasten des Arbeitnehmers unumkehrbare Fakten geschaffen (vgl. *BAG* 10.7.2008 EzA § 1a KSchG Nr. 6). Enthält das Kündigungsschreiben einen **vollständigen** Hinweis nach § 1a KSchG, so spricht dies **für** einen Anspruch des Arbeitnehmers nach § 1a Abs. 2 KSchG (*BAG* 13.12.2007 EzA § 1a KSchG Nr. 3; 13.12.2007 EzA § 1a KSchG Nr. 4; 10.07.2009 EzA § 1a KSchG Nr. 6; 19.7.2016 EzA § 1a KSchG Nr. 8); **Formulierungsmuster** s. *Schmidt* AuA 2008, 278, 280). Wird lediglich »auf § 1a« hingewiesen und ein niedrigerer Betrag genannt fehlt es bereits an dem anspruchsbegründenden rechtserheblichen Hinweis iS der Vorschrift. Erfolgt der Hinweis auf eine niedrigere Abfindung im Gefolge der Absicht, **einen Abwicklungsvertrag anzutragen**, besteht (**bei feststellbarer Annahme durch den Arbeitnehmer**) auch nur der Anspruch auf die niedrigere Abfindung (so iE auch *Grobys* DB 2003, 2174, 2176; *Maschmann* AuA 2003, 6, 10; *Bauer/Krieger* NZA 2004, 77, 78; *Giesen/Besgen* NJW 2004, 185, 187; *Willemsen/Annuß* NJW 2004, 177, 183; **aA** *Meinel* DB 2003, 1438, 1439), und zwar **dogmatisch** nicht aus § 1a KSchG, sondern eben aus Vertrag. Hat der Arbeitnehmer **hier** die Klagefrist in **Unkenntnis** der gesetzlichen Höhe verstreichen lassen, kommt ein Anspruch auf die **gesetzliche** Höhe (mithin auf die Differenz gegenüber der hingewiesenen Höhe) **nur** im Wege des Schadensersatzanspruches in Betracht, etwa wenn der Arbeitgeber dem Arbeitnehmer schuldhaft suggeriert hat, sein Hinweis entspreche der gesetzlichen Höhe. Hier wird allerdings stets die Möglichkeit eines den Schadensersatzanspruch mindernden oder gar ausschließenden Mitverschuldens (§ 254 BGB) zu prüfen sein, weil sich die Abfindungshöhe immerhin aus Gesetz ergibt. Auch hier ist die Möglichkeit eines Antrages auf nachträgliche Klagezulassung in Erwägung zu ziehen. Da es sich aber bei der Abfindungshöhe um eine gesetzliche handelt, wird der Erfolg eines derartigen Antrages im Wesentlichen davon abhängen, ob der Arbeitgeber die **Unkenntnis** des Arbeitnehmers von der gesetzlichen Abfindungshöhe **ausgenutzt** hat. Im Falle **arglistiger Täuschung** ist der Abwicklungsvertrag darüber hinaus nach § 123 BGB **anfechtbar**.

d) Umdeutung des vom Gesetz abweichenden Hinweises in Antrag auf Auflösungs- oder Abwicklungsvertrag?

Die **Möglichkeit der Umdeutung** eines vom Gesetz abweichenden Hinweises in einen Antrag auf Abschluss eines **Abwicklungsvertrages** (und – wegen § 623 BGB – nicht auf Antrag eines **Auflösungsvertrages**) ist im Rahmen der vorstehenden Erörterungen eines **unvollständigen** Arbeitgeberhinweises erläutert worden, weswegen auf sie Bezug genommen werden kann. **Vom Grundsatz her** wird stets zu prüfen sein, ob die Parteien dem vom Arbeitgeber eingeschlagenen Weg des »Verfahrens« nach § 1a KSchG haben folgen wollen oder (vollständig oder partiell) einen **Abwicklungsvertrag geschlossen haben (oder dies wollten**; für **analoge** Anwendbarkeit der Vorschrift *Weiß* Diss., S. 103–125).

61

e) **Hinweis ohne Rücksicht auf Wartefrist oder Geltung der Vorschriften des Ersten Abschnitts des KSchG oder Unwirksamkeitsgrund**

62 Das Erfüllen der **sechsmonatigen Wartezeit** (§ 1 Abs. 1 KSchG) ist an sich Anwendungsvoraussetzung für § 1a KSchG, der auf § 1 Abs. 2 S. 1 KSchG verweist und damit **mittelbar** auf § 1 Abs. 1 KSchG Bezug nimmt (dass Beschäftigte vor Ablauf von sechs Monaten nicht einbezogen sind folgt schon aus der »Aufrundungsregel« des § 1a Abs. 2 S. 3 KSchG; aA *Kögel* RdA 2009, 358, 360). Ein Arbeitgeberhinweis **außerhalb** des **Anwendungsbereichs** des § 1a KSchG kann damit lediglich den Charakter eines Antrages auf Verstreichenlassen der Klagefrist gegen eine Abfindung haben. Anders sieht es aus, wenn **Unsicherheit** darüber herrscht (bei **eindeutig** fehlendem allgemeinen Kündigungsschutz besteht weder ein rechtliches noch praktisches Bedürfnis für einen Hinweis, SPV-*Preis* Rn 1175), ob die Wartefrist absolviert ist. Dann ist es gerechtfertigt, auf die gerade strittigen Fragen ausklammern sollende Regel in § 1a KSchG zurückzugreifen (**aA** iE *Maschmann* AuA 2003, 6, 7; *Kögel* RdA 2009, 358, 360; **unerheblich** ist die Wartefrist zufolge *Giesen/Besgen* NJW 2004, 185, 186). Allerdings entbindet dies nicht davon, der Berechnung der Abfindung die Jahresfrist des § 1a Abs. 2 S. 1 KSchG bzw. die Aufrundungsregel der Frist von 6 Monaten nach dessen S. 3 zugrunde zu legen. Als Rechtsfolgenregelungen stehen diese Fristen der entsprechenden Anwendung des **Abs. 1** nicht entgegen, insbes. auch die Frist von 6 Monaten nicht, wenn Streit über die Erfüllung der sechsmonatigen Wartefrist herrscht. **Entsprechendes** gilt, wenn über die **Geltung der Vorschriften des Ersten Abschnitts des KSchG**, also zu den Voraussetzungen in § 23 KSchG (der wegen seines Abs. 1 S. 2 § 1a KSchG im **Kleinbetrieb** an sich **nicht zur Anwendung bringt**), Streit besteht (aA *Eckert* AuA Sonderausg. 1/04, 49; ErfK-*Oetker* Rn 3; MüKo-BGB/*Hergenröder* § 1a KSchG Rn 8; *Kögel* RdA 2009, 358, 360; wie **hier zum betrieblichen und persönlichen** Anwendungsbereich des KSchG *Wolff* BB 2004, 378, 379; aA ausf. *Kraus* Diss., S. 127–130; *Weiß* Diss., S. 80–86). Unerheblich ist schließlich, ob die Kündigung iSd **§ 13 Abs. 3 KSchG** bereits aus anderen (oder allein) aus den in § 1 Abs. 2 und 3 KSchG bezeichneten Gründen rechtsunwirksam ist; denn sie muss ja nur auf dringende betriebliche Erfordernisse **gestützt** sein (s. Rdn 31; vgl. *Quecke* RdA 2004, 86, 95). Wegen Anwendung des § 1a KSchG bei **strittiger Arbeitgeberstellung** bzw. **strittigem Arbeitsverhältnis** s. Rdn 43.

III. Unterlassen der Klageerhebung durch Verstreichenlassen der Klagefrist

1. Art der zu unterlassenden Klage

63 Zu unterlassen ist nach § 1a S. 1 KSchG eine Klage auf Feststellung, dass das Arbeitsverhältnis durch die Kündigung nicht aufgelöst ist. Das ist **jedenfalls** die Klage nach § 4 S. 1 KSchG (zu ihr s. KR-*Klose* § 4 KSchG Rdn 36 ff., 39 ff.). Eine Zahlungsklage oder eine Klage auf tatsächliche Beschäftigung erfüllt diese Voraussetzungen nicht, so nicht – wenigstens der Sache nach – Zwischenfeststellungsklage erhoben ist oder sich die Klage auf einen nach Ablauf der Kündigungsfrist liegenden Zeitraum bezieht und – inzidenter – die **Rechtsunwirksamkeit** (nicht etwa nur: der unzutreffenden Frist, s. Rdn 67) der Kündigung geltend gemacht wird (§ 6 KSchG; ohne auf § 6 rekurrierend *Bader/Bram-Bader* Rn 16; *Löwisch* NZA 2003, 689, 694; LSSW-*Schlünder* Rn 22; *Preis* DB 2004, 70, 74; *Willemsen/Annuß* NJW 2004, 177, 183; *Wolff* BB 2004, 378, 380; *Bauer/Krieger* NZA 2004, 77, 79; aA *Grobys* DB 2003, 2174, 2175; *Giesen/Besgen* NJW 2004, 185, 188). Diese Voraussetzung kann auch im Rahmen einer **Widerklage** oder einer **Prozessaufrechnung** im Rahmen eines bereits anhängigen Rechtsstreits zwischen den Arbeitsvertragsparteien eintreten. Anspruchsschädlich ist – jedenfalls – eine solche Klage, die ein Wirksamwerden der Kündigung nach § 7 KSchG zu verhindern in der Lage ist. Eine lediglich auf Einhaltung der **Kündigungsfrist** gerichtete Klage gehört dazu **ebenso wenig** (s näher Rdn 67) wie eine absichtlich oder versehentlich nicht gegen den »richtigen« Arbeitgeber (sondern gegen einen Dritten) gerichtete Klage, etwa bei Übersehen der Prozessstandschaft der BRD für Zivilbeschäftigte der Stationierungsstreitkräfte oder bei Betriebsinhaberwechsel. Zu einer die Anrufungsfrist **nach § 6 KSchG verlängernden Klage** s.a. Rdn 78 und zur Folge eines **Wiedereinstellungsanspruchs** Rdn 120 ff.

Einer Klage auf Feststellung, dass das Arbeitsverhältnis durch die Kündigung nicht aufgelöst 64
ist, steht eine allgemeine Feststellungsklage nach § 256 Abs. 1 ZPO des Inhalts, festzustellen,
dass das Arbeitsverhältnis fortbesteht, dann gleich, wenn damit die Kündigung (und nicht ein
anderer Beendigungstatbestand, etwa eine Befristung) angegriffen sein soll. Entscheidend ist also
nicht der Wortlaut des angekündigten Antrages der erhobenen Klage, sondern sein **durch Auslegung zu ermittelnder Sinn**. Möglich ist allerdings, Kündigungsschutzklage **hilfsweise** zu erheben, wenn sich bereits vor Ablauf der Klagefrist Streit um die Höhe der Abfindung ergibt
(*Nägele* ArbRB 2003, 274, 276; DDZ-*Zwanziger/Yalcin* Rn 40). Der auf Zahlung der Abfindung
gerichtete Hauptantrag ist zu diesem Zeitpunkt zwar noch unbegründet. Der Hilfsantrag, der
dem Hauptantrag widersprechen darf (*BGH* 4.7.2014 NJW 2014, 3314; *Thomas/Putzo-Seiler*
§ 260 Rn 8) hindert das Entstehen des Hauptanspruches jedoch nicht, da der Kündigungsschutz
nur **sekundäres** Ziel ist.

Anspruchsausschließend ist auch die gegen eine mit einem Abfindungshinweis versehene **Änderungskündigung** 65
gerichtete Klage. Eine Änderungsschutzklage nach wirksam erklärtem Vorbehalt
(§§ 2, 4 S. 2 KSchG) führt nicht deshalb zu einem Anspruch, nur weil sich § 1a Abs. 1 S. 1 KSchG
lediglich auf § 4 S. 1 KSchG bezieht. Denn bei einem unter Vorbehalt angenommenen Änderungsangebot entsteht **von vornherein** kein Abfindungsanspruch nach § 1a KSchG, auch nicht wahlweise (s. Rdn 27).

2. Verstreichen der Klagefrist (§ 4 S. 1 und S. 4 [Zustimmungsbedürftige Kündigung])

Die Klagefrist **ist** iSv § 1a Abs. 1 S. 2 KSchG verstrichen, wenn bis zum Ablauf der **Frist des § 4** 66
S. 1 KSchG, mithin innerhalb von drei Wochen nach Zugang der schriftlichen Kündigung, keine
Klage auf Feststellung (oder eine solche iS Rdn 63) erhoben ist, dass das Arbeitsverhältnis durch
die Kündigung **nicht aufgelöst** ist (§ 1a Abs. 1 S. 1 KSchG). Eine **nicht fristgerechte** Klage ist
nicht anspruchsschädlich (aA wohl *Bauer* Sonderbeil. NZA Heft 21/03, 47, 49; *Giesen/Besgen* NJW
2004, 185, 186; *Grobys* DB 2003, 2174, 2175; *Preis* DB 2004, 70, 74; *Willemsen/Annuß* NJW
2004, 177, 182; *Sächs. LAG* 20.2.2008 – 5 Sa 360/07 – nv; entgegen dem klaren Gesetzeswortlaut jetzt auch *BAG* 20.8.2009 EzA § 1a KSchG Nr. 7 m. zust. Anm. *Krolop* NJ 2010, 84; *Löwisch*
Anm. AP Nr. 7 zu § 1a KSchG 1969; **krit.** wohl auch DDZ-*Zwanziger/Yalcin* Rn 12; **wie hier** aber
Raab RdA 2005, 1, 10), so nicht mit einem Antrag nach § 5 KSchG verbunden (s. Rdn 76).

Eine Klage auf **Feststellung des Fortbestandes des Arbeitsverhältnisses** bis zu dem sich **bei Einhaltung der Kündigungsfrist** 67
ergebenden Termin bei **falscher Kündigungsfrist** erfüllt diese Voraussetzung nicht. Denn sie hat einen **anderen Streitgegenstand**. Die Auflösung des Arbeitsverhältnisses **an sich** steht nicht in Rede (so dass sich der Gesetzeszweck des § 1a KSchG verwirklicht),
sondern lediglich der **Zeitpunkt** (später oder – bei Lösungsinteresse des Arbeitnehmers – auch
früher). § 1a Abs. 1 S. 1 KSchG verweist im Übrigen auf die Frist »**des § 4 S. 1 KSchG**«. Diese Regelung betrifft jedoch **nur** die Frage, **ob** das Arbeitsverhältnis **endet oder nicht** (Gesetzesbegr. BT-Drucks. 15/1204, S. 9; wie hier *Bauer/Krieger* NZA 2004, 77, 78; *Dollmann* BB 2004, 2073 ff.;
Raab RdA 2004, 321, 325 f.; SPV-*Preis* Rn 1186; *LAG RhPf* 21.4.2005 NZA-RR 2005, 583;
LAG Hamm 23.5.2005 NZA-RR 2005, 580, 581 ff.; **so jetzt auch** *BAG* 15.12.2005 EzA § 4 nF
KSchG Nr. 72; 9.2.2006 EzA § 4 nF KSchG Nr. 73; für den Sonderfall einer unter Nichteinhaltung der Kündigungsfrist erklärten nicht umdeutbaren Kündigung sich davon **abgrenzend** *BAG*
1.9.2010 EzA § 4 nF KSchG Nr. 90; aA *Bader* NZA 2004, 65, 72; *Löwisch* BB 2004, 154, 158 f.
Beide setzen sich mit der Gesetzesbegründung nicht auseinander; aA auch *Matthiesen/Shea* AuA
2005, 208 ff.; *Kampen/Winkler* AuR 2005, 171 ff.; *Dewender* DB 2005, 337 ff.; *Zimmer* FA 2004,
34, 36; *ArbG Stralsund* 16.11.2004 – 5 Ca 215/04 –, rkr., zit. nach *Matthiesen/Shea* AuA 2005,
208 ff.; krit. zur Rspr. d. BAG *Thüsing/Heßeler* Anm. EzA § 4 nF KSchG Nr. 72; **zust.** *Fornasier/
Werner* NJW 2007, 2729, 2733 f. sowie *Kamanabrou* SAE 2007, 141 ff.). Sie betrifft ausdrücklich nur das Geltendmachen der **Rechtsunwirksamkeit** einer Kündigung (so auch Gesetzesbegr.
BT-Drucks. 15/1204, S. 13). Dazu gehört die Einhaltung der Kündigungsfrist gerade **nicht** (s.
auch die Beispiele der Gesetzesbegr. BT-Drucks. 15/1204, S. 13), so nicht eine **außerordentliche**

Kündigung Streitgegenstand ist, um die es bei § 1a KSchG jedoch (so nicht mit Auslauffrist erklärt, s. Rdn 25) – ebenfalls – gerade **nicht** geht.

68 Die Erhebung der Klage erfolgt nach § 253 Abs. 1 ZPO durch Zustellung eines Schriftsatzes (Klageschrift). Soll durch die Zustellung die Drei-Wochen-Frist gewahrt werden, so tritt diese Wirkung **nach § 167 ZPO** bereits mit Eingang der Klageschrift bei Gericht ein, wenn die Zustellung **demnächst** erfolgt. Eine am letzten Tag der Drei-Wochen-Frist eingehende Kündigungsschutzklage dient im Zweifel der Fristwahrung, so dass die Zustellung auf den Eingangstag der Klageschrift rückwirkt und so seitens des Klägers alles Erforderliche getan ist, dass die Zustellung auch demnächst erfolgen kann.

69 Für die Fristberechnung gelten §§ 222 Abs. 1 ZPO, 187 Abs. 1, 188 Abs. 2 BGB, 222 Abs. 2 ZPO.

70 Für § 1a KSchG bedeutet Vorstehendes zusammengefasst und im Ergebnis, dass die Klagefrist spätestens verstrichen ist, wenn nicht **vor Ablauf** des letzten Tages der Drei-Wochen-Frist Kündigungsschutzklage bei Gericht eingegangen ist.

71 **Ausnahmsweise** läuft die Klagefrist, soweit die Kündigung der Zustimmung einer Behörde bedarf, nach § 4 S. 4 KSchG erst von der Bekanntgabe der Entscheidung der Behörde an den Arbeitnehmer ab. Obzwar sich § 1a Abs. 1 S. 1 KSchG auf § 4 **S. 1** KSchG bezieht, ist Satz 4 dadurch nicht »ausgeschaltet«, weil er Satz 1 für eine besondere Fallkonstellation **modifiziert**. In dieser Situation ist der Abfindungsanspruch nach Ablauf der Klagefrist von drei Wochen auflösend bedingt (§ 158 Abs. 2 BGB) durch eine den Fristablauf des § 4 S. 4 KSchG wahrende Klage (im Ergebnis so auch *Giesen/Besgen* NJW 2004, 185, 188 unter Hinweis auf den nach der Gesetzesbegründung möglicherweise leerlaufenden Anwendungsbereich des Satzes 4, wenn auch die Fälle einer fehlenden behördlichen Zustimmung allein unter die Frist des Satzes 1 fielen).

3. Verstreichenlassen

a) Rechtsnatur

72 Das bloße Verstreichenlassen stellt keine Annahme einer arbeitgeberseitig angetragenen Abfindung im rechtsgeschäftlichen Sinne dar. Denn der arbeitgeberseitige Hinweis auf die Rechtsfolge des Verstreichenlassens der Klagefrist stellt seinerseits keine Willenserklärung und mithin keinen seinerseits durch (rechtsgeschäftliche) Annahme annahmefähigen Antrag im rechtsgeschäftlichen Sinne dar (s. Rdn 34 ff.). Der Arbeitnehmer muss den Hinweis nicht einmal gelesen haben oder überhaupt von ihm wissen (*Schwarze/Eylert/Schrader-Schwarze* Rn 72; ErfK-*Oetker* Rn 13), geschweige denn in der Form des § 623 BGB annehmen (vgl. DW-*Wolff* Rn 8). Es kommt mithin nur auf das Verstreichenlassen als **Realakt** an. Dieser besteht in dem Unterlassen einer Prozesshandlung (der Klageerhebung). Wegen der Einzelheiten wird auf die **Erörterung der Rechtsnatur des Verstreichenlassens im Zusammenhang mit derjenigen der Rechtsnatur des Arbeitgeberhinweises** verwiesen (s. Rdn 34 bis Rdn 42).

b) Bindung an das Verstreichenlassen

73 Aus der Rechtsnatur folgt, dass das Geschehen des Verstreichenlassens weder zurückgenommen noch widerrufen oder wegen Irrtums angefochten werden kann (aA *Löwisch* BB 2004, 154, 158; *Preis* DB 2004, 70, 73 f.). Selbst eine Einigung der Parteien darüber, dass die Klagefrist nicht verstrichen sei, ist unbehilflich, wenn die Frist verstrichen ist. Denn es handelt sich um eine **gesetzliche** Frist, deren Verlängerung – da Gegenteiliges nicht bestimmt ist – der Dispositionsbefugnis der Parteien entzogen ist (vgl. § 224 Abs. 2, Abs. 1 ZPO).

74 Korrigierbar ist das Verstreichenlassen lediglich nach Maßgabe des § 5 KSchG (nachträgliche Klagezulassung) unter den dort genannten Voraussetzungen, wozu insbes. ein vom Gesetz abweichender Hinweis gehören kann (s. Rdn 46 ff.), oder im Falle des § 6 KSchG (vgl. *Giesen/Besgen* NJW 2004, 185; ebenso ErfK-*Oetker* Rn 15 für den Fall arglistiger Täuschung über die Höhe der zu erwartenden Abfindung).

c) Rückäußerung des Arbeitnehmers vor Ablauf der Klagefrist

Äußert sich der Arbeitnehmer vor Ablauf der Klagefrist inhaltlich zu dem Arbeitgeberhinweis, muss unterschieden werden: **Lehnt** er die angesonnene Abfindung **ab**, führt das **nicht** zum Erlöschen des Hinweises nach § 146 BGB, welche Vorschrift nur **rechtsgeschäftliche** Anträge betrifft, worum es sich aber bei dem Hinweis nicht handelt (s. Rdn 37 f.). Verstreicht die Klagefrist, entsteht der Anspruch **dennoch**. Erklärt sich der Arbeitnehmer unter **Erweiterungen, Einschränkungen** oder **sonstigen Änderungen**, gilt dies nach § 150 Abs. 2 BGB als **arbeitnehmerseitiger** Antrag. Geht der Arbeitgeber hierauf ein, gilt die Abrede der Parteien. Geht er nicht darauf ein oder schweigt er, entsteht **auch hier** mit dem Verstreichen der Klagefrist der Abfindungsanspruch. 75

4. Zulassung verspäteter Klage (§ 5 KSchG)

Im Rechtssinne **nicht** verstrichen ist die Klagefrist, wenn es zu einer Zulassung einer verspäteten Klage nach Maßgabe des § 5 KSchG kommt. Dies bedeutet, dass das Entstehen des Abfindungsanspruchs nach § 1a KSchG gewissermaßen **auflösend bedingt** ist (*Bader/Bram-Bader* Rn 17; *ders.* NZA 2004, 65, 71; *Wolff* BB 2004, 378, 380; ErfK-*Oetker* Rn 14). Diese Bedingung besteht darin, dass es nicht zu einer (rechtskräftigen) nachträglichen Zulassung der Kündigungsschutzklage nach § 5 KSchG **kommt** (*Bader* NZA 2004, 65, 71; *Giesen/Besgen* NJW 2004, 185, 188; *Grobys* NJW 2004, 2174, 2175; s.a. die Forderung von *Bauer* Sonderbeil. NZA Heft 21/03, 47, 50). Demgegenüber halten andere Autoren schon das **Stellen** eines Antrages nach § 5 KSchG für anspruchsschädlich (*Löwisch* NZA 2003, 689, 694; LSSW-*Schlünder* Rn 20; *Preis* DB 2004, 70, 74; *Willemsen/Annuß* NJW 2004, 177, 182; *Raab* RdA 2005, 1, 9). **Das ist auch die Auffassung des** BAG (13.12.2007 EzA § 1a KSchG Nr. 5; 20.8.2009 EzA § 1a KSchG Nr. 7 m. zust. Anm. *Krolop* NJ 2010, 84). **Dagegen spricht**, dass der Arbeitnehmer die Klagefrist objektiv hat verstreichen lassen, wie es § 1a Abs. 1 KSchG aber fordert. Richtigerweise **hindert** die Antragstellung zunächst nur das Entstehen des Abfindungsanspruchs (*Bader* NZA 2004, 65, 71; zum **Hilfsantrag** s. Rdn 77). Tritt die Bedingung **ein, entfällt** der Abfindungsanspruch (vgl. § 158 Abs. 2 BGB). Eine bereits geleistete Zahlung kann (lediglich) nach § 812 Abs. 1 S. 2, Alt. 1 BGB (*Bader/Bram-Bader* Rn 18; *Giesen/Besgen* NJW 2004, 185, 188; *Grobys* DB 2003, 2174, 2175; **nicht** nach den die Berufung auf die Entreicherung nach § 818 Abs. 3 BGB ausschließenden Regelungen in §§ 346 bis 348 BGB, wie von *Löwisch* [NZA 2003, 689, 694] und *Bauer* [Sonderbeil. NZA Heft 21/03, 47, 50] während des Gesetzgebungsverfahrens gefordert; *Bauer/Krieger* [NZA 2004, 77] wenden §§ 346 bis 348 BGB **entsprechend** an; bei einem schuldrechtlichen Verständnis des Verfahrens nach § 1a KSchG ist das aufgrund der Regelung in § 326 Abs. 4 BGB wegen »Befreiung von der Gegenleistung« möglich) zurückgefordert werden (weshalb es sich anbietet, den Arbeitnehmer bei Auszahlung einen Klageverzicht erklären zu lassen, ErfK-*Oetker* Rn 15). Allerdings kann sich der Arbeitgeber nunmehr einem **Nachzahlungsanspruch** aus § 615 BGB ausgesetzt sehen. Ein **erfolgloser** oder **zurückgenommener** Antrag auf nachträgliche Klagezulassung ist **nicht** anspruchsschädlich, weil es **nicht** zur Fiktion der **rechtzeitigen** Klageerhebung kommt (aA ErfK-*Oetker* Rn 14). Insoweit ist die Situation eine **andere** als bei der **Rücknahme** einer zunächst erhobenen Klage (s. Rdn 79 ff.). 76

An die Möglichkeit der Zulassung einer verspäteten Klage nach § 5 KSchG ist im Rahmen des § 1a KSchG insbes. dann zu denken, wenn dem Arbeitnehmer seitens des Arbeitgebers ein falscher Hinweis, etwa hinsichtlich des maßgebenden Kündigungsgrundes, erteilt wurde (s. Rdn 53 ff.). Möglich ist es auch, die Abfindung einzuklagen und **hilfsweise** die Zulassung zu beantragen (DDZ-*Zwanziger/Yalcin* Rn 40). **Dies** hindert die Entstehung des Anspruches **nicht**, weil sich Haupt- und Hilfsantrag widersprechen dürfen (*BGH* 4.7.2014 NJW 2014, 3314; *Thomas/Putzo-Seiler* § 260 Rn 8) und die Zulassung nur **sekundäres** Ziel ist. 77

5. Verlängerte Anrufungsfrist (§ 6 KSchG)

Der Arbeitnehmer ist auch dann **nicht untätig** iSd § 1a Abs. 1 S. 1 KSchG, wenn er innerhalb der Klagefrist von drei Wochen klageweise Ansprüche für die Zeit nach Ablauf der Kündigungsfrist verfolgt und inzident – ausdrücklich oder konkludent – die Unwirksamkeit der im Wege 78 stehenden Kündigung geltend macht. Denn dann hält er sich über § 6 KSchG die Option einer Feststellungsklage nach § 4 S. 1 KSchG offen. Solange entsteht der Abfindungsanspruch nicht. Er ist aufschiebend bedingt (§ 158 Abs. 1 BGB) durch die Rücknahme der Leistungsklage (aA wohl *Preis* DB 2004, 70, 75, wonach die **Möglichkeit** der Feststellungsklage dem Anspruch »entgegensteht«).

6. Klagerücknahme

a) Nach Ablauf der Klagefrist

79 Ein Abfindungsanspruch entsteht nicht dadurch, dass eine rechtzeitig erhobene Kündigungsschutzklage nach Ablauf der Klagefrist wieder **zurückgenommen** wird (vgl. *Preis* DB 2004, 70, 75; *Giesen/Besgen* NJW 2004, 185, 188; *Willemsen/Annuß* NJW 2004, 177, 182; *Wolff* BB 2004, 378, 380; ErfK-*Oetker* Rn 14; SPV-*Preis* Rn 1183; *LAG SA* 28.9.2005 LAGE § 1a KSchG Nr. 2 m. Anm. *Wege* sowie Anm. *Mohnke* AuA 2006, 177; *BAG* 13.12.2007 EzA § 1a KSchG Nr. 5). Dem steht der Wortlaut des § 1a Abs. 1 S. 1 KSchG entgegen, nach dem das **Nichterheben** der Kündigungsschutzklage Tatbestandsmerkmal ist. Eine diesbezügliche Klarstellung wie in der Stellungnahme des *BRA* (v. 12.7.2003, S. 16) wäre wünschenswert gewesen. Keine »Erhebung« der Klage iSd § 1a Abs. 1 S. 1 KSchG liegt vor, wenn die Rücknahme **vor** Zustellung (§ 253 Abs. 1 ZPO) erfolgt (*Däubler* NZA 2004, 177, 178; DDZ-*Zwanziger/Yalcin* Rn 13; TRL-*Thüsing* Rn 26; **aA** Bader/Bram-*Bader* Rn 15: Nichteingang der Klage am letzten Tag der Klagefrist maßgebend).

80 Daran ändert sich auch nichts durch § 269 Abs. 3 S. 1 Hs. 1 ZPO, wonach dann, wenn die Klage zurückgenommen wird, der Rechtsstreit als nicht anhängig geworden anzusehen ist. Dies würde das gesetzgeberische Ziel konterkarieren, einen Abfindungsanspruch bei betriebsbedingter Kündigung unter Vermeidung einer Anrufung der Gerichte zu begründen. Diesem Ziel widersprechen würde es insbesondere, wenn etwa der Arbeitnehmer zunächst die Entwicklung des Kündigungsschutzprozesses abwartet und die Klage bei sich abzeichnender Erfolglosigkeit zurücknimmt, um nun doch in den Genuss einer Abfindung zu gelangen. Denn dann wäre der Abfindungsanspruch wieder abhängig vom Kündigungsrechtsstreit und dem voraussichtlichen Obsiegen bzw. Unterliegen seiner Parteien. Um die Beseitigung eben dieser Unwägbarkeiten aber ist es dem Gesetzgeber mit der Schaffung des § 1a KSchG gegangen. Im Übrigen betrifft § 269 Abs. 3 S. 1 Hs. 1 ZPO nur die **Rechtshängigkeit**, die rückwirkend entfällt (LSW-*Schlünder* Rn 12). Bei einer rechtsgeschäftlichen Sichtweise des Verfahrens nach § 1a KSchG ergibt sich das Erlöschen des Abfindungsangebots schon daraus, dass es durch die Klageerhebung abgelehnt (§ 146 BGB) und die Abfindung neu angetragen werden müsste (ähnlich *Bauer/Krieger* NZA 2004, 77, 78 f.). Unbenommen bleibt es den Parteien allerdings, die Zahlung der Abfindung für den Fall und ungeachtet der Klagerücknahme (dennoch) zu verabreden (vgl. LSSW-*Löwisch* Rn 13). Für **vertragliche** Abfindungszusagen bei Nichterheben einer Klage galten die vorstehenden Grundsätze schon früher (vgl. *LAG SA* 17.6.2003 LAGE § 14 TzBfG Nr. 10b).

b) Klagerücknahme vor Ablauf der Klagefrist

81 Eine Klagerücknahme **vor** Ablauf der Klagefrist hat ebenfalls und aus denselben Gründen keine den Abfindungshinweis wieder aufleben lassende Wirkung (*Grobys* DB 2003, 2174, 2175).

7. Fiktion der Klagerücknahme nach Maßgabe des § 54 Abs. 5 S. 4 ArbGG

82 Erscheinen oder verhandeln beide Parteien in der Güteverhandlung vor dem Arbeitsgericht nicht, ist nach § 54 Abs. 5 S. 1 ArbGG das Ruhen des Verfahrens anzuordnen. Nach Satz 2 dieses Absatzes ist auf Antrag einer Partei Termin zur streitigen Verhandlung zu bestimmen. Satz 3 desselben Absatzes bestimmt, dass dieser Antrag nur innerhalb von sechs Monaten nach der Güteverhandlung gestellt werden kann. Und nach Satz 4 jenes Absatzes gilt, dass nach Ablauf der Frist § 269 Abs. 3 bis 5 ZPO entsprechend anzuwenden sind. **Dies bedeutet, dass die Klage nach Fristablauf**

als zurückgenommen und der Rechtsstreit nach § 269 Abs. 3 S. 1 Hs. 1 ZPO als nicht anhängig geworden anzusehen ist.

Auch für diese Fiktion der Klagerücknahme gelten die Ausführungen zur erklärten Klagerücknahme (s. Rdn 79 ff.) entsprechend. Dies bedeutet, dass auch nicht durch ein Herbeiführen der Wirkungen einer Klagerücknahme durch das Unterlassen eines fristgerechten Antrages nach § 54 Abs. 5 S. 3 ArbGG der Abfindungsanspruch nach § 1a KSchG doch noch begründet werden kann, wenn ungeachtet des Arbeitgeberhinweises zunächst geklagt worden war. 83

8. Rücknahme eines Antrages auf Zulassung verspäteter Klage gemäß § 5

Die Anspruchsschädlichkeit eines Antrages gem. § 5 (dazu Rdn 76) wird durch dessen **Rücknahme** nicht beseitigt (*BAG* 13.12.2007 EzA § 1a KSchG Nr. 5). 84

C. Rechtsfolgen

I. Abfindungsanspruch

1. Abfindung

Die Abfindung ist das **vermögensrechtliche Äquivalent** für die Aufgabe des Arbeitsverhältnisses. Ihr kommt damit eine **Entschädigungsfunktion** zu. Darüber hinaus hat sie **Abgeltungscharakter**, wenn mit der Gewährung des Abfindungsbetrages alle unmittelbaren mit dem Verlust des Arbeitsplatzes verbundenen vermögensrechtlichen und immateriellen Nachteile des Arbeitnehmers abgegolten werden sollen (Einzelheiten mit Nachw. d. entspr. Rspr. des BAG s. KR-*Spilger* § 10 KSchG Rdn 12). Gerichtet ist der Anspruch auf eine **Geldleistung**. 85

2. Rechtsnatur

Der Abfindungsanspruch nach § 1a KSchG ist ein gesetzlicher Anspruch (s. Rdn 6). 86

3. Entstehenszeitpunkt

a) Ablauf der Kündigungsfrist

Der Abfindungsanspruch nach § 1a KSchG entsteht nach Abs. 1 S. 1 der Regelung »mit dem Ablauf der Kündigungsfrist«. Es handelt sich mithin nicht lediglich um eine Regelung der Fälligkeit (zu ihr Rdn 101; **hM**, *Giesen/Besgen* NJW 2004, 185, 186; *Willemsen/Annuß* NJW 2004, 177, 181; *Preis* DB 2004, 70, 72; *Bader* NZA 2004, 65, 71; *Wolff* BB 2004, 378, 381; *Däubler* NZA 2004, 177, 178; HWK-*Quecke* Rn 19; DW-*Wolff* Rn 20; MüKo-BGB/*Hergenröder* § 1a KSchG Rn 18; *Schaub/Linck* § 134 Rn 66; SPV-*Preis* Rn 1188; *ArbG Siegen* 9.6.2005 NZA 2005, 935; *LAG Hamm* 8.11.2005 LAGE § 1a KSchG Nr. 3; **aA** LSSW-*Schlünder* Rn 28, weil der Arbeitnehmer mit dem Klageverzicht seine Gegenleistung erbracht habe; **wie hier** jetzt *BAG* 10.5.2007 EzA § 1a KSchG Nr. 1). Die Frist berechnet sich nach §§ 187 Abs. 1, 188 Abs. 2 BGB (Einzelheiten s. KR-*Spilger* § 622 BGB Rdn 142–162), nicht aber gilt § 193 BGB (s. KR-*Spilger* § 622 BGB Rdn 162 mN), sodass der Anspruch am ersten Tage (oder, bei stundenweiser Kündigungsfrist oder bei ordentlicher entfristeter Kündigung – etwa aufgrund tariflicher Regelung – in der nächsten Stunde bzw. sofort nach Zugang) nach Ablauf (oder, bei Entfristung, nach Zugang) entstanden ist. Bis dahin trägt der Arbeitnehmer das **Insolvenzrisiko**, hat aber wohl eine – wenn auch nicht vererbliche (Rdn 100) – **Anwartschaft** (*Bader/Bram-Bader* Rn 20) und kann Vorausabtretung vornehmen (Rdn 93). 87

Maßgebend ist die **gesetzliche**, die **tarifvertragliche** oder die **einzelvertragliche** Kündigungsfrist (der Zeitpunkt der rechtlich zutreffenden Beendigung des Arbeitsverhältnisses: vgl. SPV-*Preis* Rn 1186), die einzelvertragliche auch dann, wenn (zulässigerweise, § 622 Abs. 5 und 6 BGB) erst mit Blick auf die auszusprechende Kündigung abgemacht. 88

Ist mit **unzureichender** Frist gekündigt worden, entsteht der Anspruch erst mit Ablauf der **zutreffenden** Kündigungsfrist (*Bauer/Krieger* NZA 2004, 77; s.a. Rdn 124), es sei denn, die Kündigung 89 gölte wegen Unterbleibens der Klageerhebung auch zum unzutreffenden Kündigungstermin als rechtswirksam (Einzelheiten KR-*Spilger* § 622 BGB Rdn 163). Macht der Kündigende nicht von der Möglichkeit einer Kündigung zum nächst zulässigen, sondern in zulässiger Weise zu einem später gelegenen (zulässigen) Kündigungstermin Gebrauch, entsteht die Abfindung mit dem Ablauf der sich somit ergebenden (im Ergebnis gewählten) Kündigungsfrist.

90 Zum Ende des Arbeitsverhältnisses vor Ablauf der Kündigungsfrist (insbes. **fristlose Kündigung** oder **Tod des Arbeitnehmers** nach zunächst ordentlicher Kündigung und Arbeitgeberhinweis s. Rdn 124).

b) Maßgebender Zeitpunkt bei Auslauffrist

91 Bei einer (hier befürworteten, s. Rdn 25) Anwendung des § 1a KSchG auch auf die außerordentliche betriebsbedingte Kündigung tarifvertraglich oder einzelvertraglich »unkündbarer« Arbeitnehmer entsteht der Abfindungsanspruch mit **Ablauf der bei einer derartigen Kündigung zu wahrenden Auslauffrist** (so auch *Bader/Bram-Bader* Rn 8). Diese wird idR der Kündigungsfrist entsprechen, die im Falle der ordentlichen Kündbarkeit des Arbeitsverhältnisses bei Ausspruch einer ordentlichen Kündigungsfrist zu wahren sein würde.

c) Ablauf der Kündigungsfrist vor Ablauf der Klagefrist

92 Der Ablauf der **Klagefrist** bleibt auch dann tatbestandliche Voraussetzung für das Entstehen des Anspruches, wenn die maßgebende **Kündigungsfrist** (zB aufgrund tariflicher Regelung) kürzer als die Klagefrist ist.

4. Abtretbarkeit

93 Mit seiner Entstehung ist der Abfindungsanspruch **abtretbar**. Dem steht der Entschädigungscharakter nicht entgegen. Denn durch die Abtretung ändert sich der Forderungsinhalt nicht (§ 399 BGB). Dieser bleibt **vermögensrechtlicher** Natur, da auf eine **Geldleistung** gerichtet. Eine **Vorausabtretung** (zur Auslegung bei Vorausabtretung von »Arbeitsentgeltansprüchen« s. *LAG Düsseld.* 29.6.2006 EzA-SD 2006, Nr. 19 S. 8) ist möglich, weil die Abfindungsforderung bereits vor ihrer Entstehung nach Grund, Schuldner sowie Höhe bezeichnet werden kann (vgl. auch KR-*Spilger* § 10 KSchG Rdn 16 mwN).

5. Aufrechnung

94 Wegen der grds. bestehenden Pfändbarkeit der Abfindungsforderung (vgl. Rdn 95 ff.) kann seitens des Arbeitgebers die **Aufrechnung** mit Gegenansprüchen erklärt werden. Das Aufrechnungsverbot nach § 394 BGB, wonach eine Aufrechnung gegenüber einer unpfändbaren Forderung unzulässig ist, greift allerdings dann ein, wenn das **Vollstreckungsgericht** auf den entsprechenden Pfändungsschutzantrag des Arbeitnehmers hin einen Teil der Abfindung nach § 850i ZPO für unpfändbar zu erklären **hätte** (vgl. dazu Rdn 97). Im letztgenannten Fall ist die Aufrechnung mit Gegenansprüchen des Arbeitgebers in Höhe des unpfändbaren Teils der Abfindung ausgeschlossen. Im Rahmen einer Prozessaufrechnung vor **Gerichten für Arbeitssachen** obliegt die Ermittlung des unpfändbaren Teils der Abfindung dem **Prozessgericht**. Zwar ist die Zuständigkeit der Vollstreckungsgerichte eine ausschließliche (§ 802 ZPO) Zuständigkeit der **Amtsgerichte** (§ 764 ZPO). **Deren** Zuständigkeit ist aber nur für die Mitwirkung bei **Vollstreckungshandlungen** vorgesehen (§ 764 Abs. 1 ZPO), worunter die **Prozessaufrechnung** jedoch nicht fällt. Deshalb entscheidet das **Arbeitsgericht** auch über die Höhe des unpfändbaren Teils der Abfindung. Dies ergibt sich übrigens auch positiv aus der Regelung in § 17 Abs. 2 S. 2 GVG, wonach das Gericht des zulässigen Rechtswegs den Rechtsstreit unter **allen** in Betracht kommenden rechtlichen Gesichtspunkten entscheidet. Eine Verrechnung von Betriebsrenten-Ansprüchen mit Abfindungen nach § 1a KSchG jedoch ist aufgrund § 3 BetrAVG iVm § 134 BGB nichtig (vgl. *BAG* 24.3.1998 EzA § 3 BetrAVG Nr. 5).

6. Pfändbarkeit

Die nach § 1a KSchG zu zahlende Abfindung ist »**Arbeitseinkommen**« iSd § 850 ZPO. Der 95
in § 850 ZPO verwandte Begriff des »Arbeitseinkommens« umfasst nicht nur den eigentlichen
Arbeitslohn, sondern auch alle sonstigen sich aus dem Arbeitsverhältnis ergebenden Entgeltansprüche des Arbeitnehmers. Die Abfindung nach § 1a KSchG ist zwar kein **unmittelbares** Arbeitsentgelt, sondern eine Entschädigung dafür, dass der Arbeitnehmer seinen Arbeitsplatz verliert, obzwar
der Kündigungsgrund keiner gerichtlichen Kontrolle unterzogen wurde. Sie dient aber – wie sonstige Geldleistungen des Arbeitgebers aus dem Arbeitsverhältnis – idR der Sicherung des Lebensunterhalts des Arbeitnehmers und seiner Familie.

Die rechtliche Einordnung der Abfindung als »Arbeitseinkommen« iSd § 850 ZPO hat zur Folge, 96
dass ein formularmäßig erlassener **Pfändungs- und Überweisungsbeschluss** auch die Abfindung
nach § 1a KSchG erfasst.

Für die Abfindung nach § 1a KSchG gelten allerdings **nicht** die Pfändungsgrenzen des § 850c 97
ZPO, da es sich insoweit nicht um Arbeitseinkommen handelt, das für einen »**fest umrissenen
Zeitraum**« gezahlt wird. Die Abfindung nach § 1a KSchG stellt eine »**nicht wiederkehrend zahlbare Vergütung**« iSv § 850i ZPO dar (wegen der Rechtsfolgen s. KR-*Spilger* § 10 KSchG Rdn 18).

7. Prozesskostenhilfe

Aus der Einordnung der Abfindung als Arbeitseinkommen folgt auch, dass es sich dabei **nicht** 98
um **Vermögen** handelt, das **als solches** im Prozesskostenhilfe-Verfahren einzusetzen wäre.
Berücksichtigungsfähig ist die Abfindung allerdings im Rahmen der Berechnung des einzusetzenden **Einkommens**, weil der Arbeitnehmer nach Zufluss frei verfügen kann (aA *BAG*
22.12.2003 – 2 AZB 23/03 – nur RVGreport 2004, 196: »kein zeitraumbezogenes Einkommen, sondern Vermögensbestandteil«, ebenso die dort nachgewiesene überwiegende Meinung
in Rspr. und Lit.; jetzt auch *BAG* 24.4.2006 EzA § 115 ZPO 2002 Nr. 2). S. näher KR-*Spilger*
§ 10 KSchG Rdn 19.

8. Vererblichkeit

Der Abfindungsanspruch ist ab dem Zeitpunkt seines Entstehens (s. Rdn 87 ff.) **vererblich**. Denn 99
er ist auf eine **Geldleistung** gerichtet und nicht höchstpersönlicher Natur.

Voraussetzung der Vererblichkeit ist, dass der Arbeitnehmer das Entstehen des Abfindungsan- 100
spruchs **erlebt** (vgl. *Giesen/Besgen* NJW 2004, 185, 186). Das ist im Falle des Todes des Arbeitnehmers **vor** Ablauf der **Kündigungsfrist** (= Entstehungsvoraussetzung) nicht der Fall (vgl. *LAG
Hamm* 8.11.2005 LAGE § 1a KSchG Nr. 3; **wie hier** jetzt *BAG* 10.5.2007 EzA § 1a KSchG
Nr. 1). Wegen § 613 S. 1 BGB, wonach die Arbeit im Zweifel in Person zu leisten ist, **endet** das
Arbeitsverhältnis (im Todesfalle), weswegen es nicht mehr zum anspruchsbegründenden Ablauf
der Kündigungsfrist kommt. Vererblich ist **in dieser** Situation auch nicht eine irgendwie geartete
»Abfindungs-**Anwartschaft**« (wohl auch *Bader/Bram-Bader* Rn 20; *ders.* NZA 2004, 65, 71; **aA**
Boemke/Danko DB 2006, 2461). Entsprechendes gilt, wenn der Arbeitnehmer vor Ablauf der **Klagefrist** verstirbt. Hier kann die Klageerhebung von ihm nicht mehr unterlassen werden (*Bauer/
Krieger* NZA 2004, 77).

9. Fälligkeit

Der Abfindungsanspruch wird **mit** seiner **Entstehung** (s. Rdn 87 ff.) fällig (ebenso SPV-*Preis* 101
Rn 1188). Die (einseitige) Bestimmung einer **späteren** Leistungszeit durch den Arbeitgeber ist unbeachtlich. **Möglich** ist aber die Bestimmung einer **späteren** Leistungszeit **nach** Fälligkeit des Anspruchs durch Parteivereinbarung (vgl. § 271 Abs. 1 BGB; *Wolff* BB 2004, 378, 381; *Bader/Bram-
Bader* Rn 21). Der durch vorfällige Zahlung entstandene Steuerschaden kann einen Ersatzanspruch
begründen (dazu *BAG* 23.6.2016 EzA § 271 BGB 2002 Nr. 2).

10. Verzug und Verzögerungsschaden

102 Einer **verzugsbegründenden** Mahnung bedarf es **nicht**. Denn für die Leistung ist eine **Zeit nach dem Kalender** dadurch bestimmt (bestimmbar), § 286 Abs. 2 Nr. 1 BGB, dass der Anspruch nach dem Vorstehenden **mit seinem Entstehen** fällig wird, was sich nach dem berechenbaren Ablauf der Kündigungsfrist richtet (vgl. *Bader/Bram-Bader* Rn 21). Mit Ablauf des Fälligkeitstages ist ein **Verzögerungsschaden** nach Maßgabe der §§ 280 Abs. 1, 2, 286 BGB zu ersetzen.

11. Verzinsung

103 **Verzugszinsen** sind mit Ablauf des Fälligkeitstages des Abfindungsanspruchs zu entrichten. Einer verzugsbegründenden Mahnung bedarf es nicht. Denn für die Leistung der Abfindung ist eine Zeit nach dem Kalender dadurch bestimmt (bestimmbar), § 286 Abs. 2 Nr. 1 BGB, dass der Anspruch nach dem Vorstehenden **mit seinem Entstehen** fällig wird, was sich nach dem berechenbaren Ablauf der Kündigungsfrist richtet (vgl. Rdn 102) und, wenn diese kürzer als die Klagefrist sein sollte (Rdn 92), nach **deren ebenfalls** berechenbaren Ablauf.

12. Insolvenz

104 In der Insolvenz (zu Abfindungsansprüchen im **Verbraucher-** und im **Restschuldbefreiungs**verfahren s. *Hergenröder* ZVI 2006, 173, 180 ff., 182 ff.) des Arbeitgebers stellt die **entstandene** Abfindungsforderung eine **Insolvenzforderung** nach §§ 38, 108 Abs. 2 InsO dar. Mangels Einbeziehung in § 124 InsO (Sozialplan vor Verfahrenseröffnung, vgl. *Löwisch* NZA 2003, 689, 694) gibt es weder die dort vorgesehene Widerrufsmöglichkeit noch kann der Arbeitnehmer bei der Aufstellung eines Sozialplanes im Insolvenzverfahren berücksichtigt werden. Der Arbeitnehmer, der nicht geklagt hat, trägt also das **Insolvenzrisiko**. Bei Fälligkeit des Anspruchs **nach** Insolvenzantrag und **vor** Verfahrenseröffnung bliebe nur der Versuch einer **Besicherung**, die aber aus praktischen und/oder rechtlichen Gründen (Zustimmung des vorl. Verwalters zur Sicherungsmaßnahme, Anfechtbarkeit) höchst unsicher ist (vgl. *Eichholz/Schmittmann* ZInsO 2004, 409, 411). Das bloße Entstehen des Anspruches **nach** Eröffnung begründet weder eine Masseverbindlichkeit nach § 55 Abs. 1 Nr. 1 noch Nr. 2 InsO, da die Verbindlichkeit weder durch »Handlungen des Verwalters« begründet wurde noch aus einem »gegenseitigen Vertrag« resultiert (*Eichholz/Schmittmann* ZInsO 2004, 411 f.). So auch *BAG* 27.9.2007 (EzA § 55 InsO Nr. 15) für eine mit dem Schuldner getroffene Abfindungsvereinbarung.

105 Um eine **Masseverbindlichkeit** nach § 55 Abs. 1 Nr. 1 InsO handelt es sich allerdings, wenn der **Insolvenzverwalter** den Abfindungsanspruch ausgelöst hat, also **er** wegen dringender betrieblicher Erfordernisse gekündigt und hierauf sowie auf einen Abfindungsanspruch im Falle des Verstreichenlassens der Klagefrist hingewiesen hat (vgl. *Maschmann* AuA 2003, 6, 11; zur Abfindung aus Prozessvergleich mit dem den Kündigungsrechtsstreit gegen den Schuldner fortsetzenden Verwalter vgl. *BAG* 12.6.2002 EzA § 55 InsO Nr. 2). Zur Rechtslage bei Auflösungsantrag s. § 10 Rdn 23.

106 Der Begriff der »Bezüge aus dem Dienstverhältnis« iSd **§ 114 InsO** umfasst auch eine anlässlich der Beendigung eines Arbeitsvertrages gezahlte Abfindung nach § 1a KSchG (für Abfindungen aus §§ 9, 10 KSchG *BGH* 11.5.2010 DB 2010, 1341). Erhält ein Insolvenzschuldner Abfindungszahlungen aus einem nach Eröffnung des Insolvenzverfahrens ausgelösten Anspruch nach § 1a KSchG, so unterliegen diese der Insolvenzverwertung; denn für einmalige Bezüge iSd § 850i ZPO wird nur auf Antrag Pfändungsschutz gewährt, so dass Einkommen zunächst in voller Höhe der Pfändung unterliegt und damit Bestandteil der Insolvenzmasse nach §§ 35, 36 InsO ist (*LG Nürnberg-Fürth* 26.10.2009 ZInsO 2009, 2352).

107 **Wiederholt der Insolvenzverwalter** die Kündigung **ohne neuen Grund allein**, um die – je nach Sachlage – günstigere Kündigungsfrist gem. § 113 S. 2 InsO zu nutzen (vgl. *BAG* 22.5.2003 EzA § 113 InsO Nr. 12), wirkt sich das nur auf die **Frist**, **nicht** auf den – noch durch den Schuldner zur Entstehung gebrachten (entstehenden) – Abfindungsanspruch aus (aA *Nägele* ArbB 2003, 274, 275). Denn dann geht es der Sache nach nur um eine Fristverkürzung. Auch die Folgekündigung des Verwalters darf dann allerdings nicht gerichtlich angegriffen werden.

13. Familienrecht

Lebt der Arbeitnehmer im Güterstand der **Zugewinngemeinschaft** nach § 1363 BGB, so tritt gem. § 1384 BGB bei Ehescheidung für die Berechnung des Zugewinns nach § 1373 BGB anstelle der Beendigung des Güterstandes der Zeitpunkt der Rechtshängigkeit des Scheidungsantrages (§§ 253, 622 ZPO). Bewertungsstichtag für das **Endvermögen** (§ 1365 BGB) ist dabei der **Tag der Zustellung des Scheidungsantrages**. Dies verhindert, dass der ausgleichspflichtige Ehegatte den Zugewinn zum Nachteil des anderen während des Scheidungsverfahrens verringert. Da auch **Forderungen** zum Vermögen gehören, unterliegt eine bereits vor dem Stichtag entstandene **Abfindung** dem Zugewinnausgleich (offen gelassen von *BGH* 21.4.2004 NJW 2004, 2675, 2676). Dies ist unabhängig davon, ob die Abfindung vor oder nach dem Stichtag **ausbezahlt** wird. Entsteht der Anspruch auf die Abfindung hingegen **danach**, ist sie nicht ausgleichspflichtig. Sie kann aber bei der Berechnung des **nachehelichen Unterhalts** zu berücksichtigen sein (*Bauer* Abfindungen und Alternativen, in: Arbeitsrecht 1999, Tagungsband zum RWS-Forum, S. 276; *Bauer/Claus-Hasper* NZA 2010, 601, 603). 108

Die familiengerichtliche Rechtsprechung behandelt Abfindungen **unterhaltsrechtlich** als Einkommen, **güterrechtlich** hingegen als **Vermögen** (s. *Klingelhöffer* BB 1997, 2216). Im Rahmen des Unterhaltsrechts ist eine Abfindung demgemäß (als Einkommen) auf einen angemessenen Zeitraum zu verteilen, auch wenn alsbald eine Arbeitsstelle mit geringeren Einkünften gefunden wird (*OLG Hamm* 17.1.2007 NJW 2007, 1218). Im **Versorgungsausgleich** sind Abfindungen bei Beendigung des Arbeitsverhältnisses regelmäßig nicht zu berücksichtigen, weil sie nicht der Absicherung im Alter oder bei Invalidität dienen (*Bauer/Claus-Hasper* NZA 2010, 601, 602). Für die Verwendung einer arbeitsrechtlichen Abfindung zur Aufstockung des für die Bemessung des **Unterhaltsbedarfs minderjähriger Kinder** maßgeblichen Einkommens des Unterhaltspflichtigen gelten grds. die gleichen Anforderungen wie beim Ehegattenunterhalt (*BGH* 18.4.2012 – XII ZR 66/10, NJW 2012, 1873): dort ist die Abfindung bis zur Höchstgrenze des Bedarfs aufgrund des früheren Einkommens grds. für den Unterhalt zu verwenden (*BGH* 18.4.2012 NJW 2012, 1868). 109

14. Erlass

Die Abfindung kann **nach Entstehen** des darauf gerichteten Anspruchs **erlassen** werden. Dem steht nicht entgegen, dass es sich um einen **gesetzlichen** Anspruch handelt. Denn der Arbeitnehmer könnte **nach** ausgesprochener Kündigung die Klagefrist für die Erhebung einer Kündigungsschutzklage selbst dann verstreichen lassen, wenn er vom Arbeitgeber **nicht** auf einen Abfindungsanspruch und dessen Voraussetzungen hingewiesen worden wäre. Sogar auf den Kündigungsschutz hätte er vertraglich verzichten können (s. KR-*Klose* § 4 KSchG Rdn 378 ff.). **Nicht** möglich ist nach Auffassung von *Altenburg/Reufels/Leister* (NZA 2006, 71, 74 ff.) ein Verzicht auf den noch **in seiner Entstehung** befindlichen (nur noch vom Ablauf der Kündigungsfrist abhängigen) Anspruch. Aus § 1a KSchG lässt sich ein entsprechendes gesetzliches Verbot (§ 134 BGB) jedoch mE nicht herleiten, solange der Verzicht mit einer Gegenleistung des Arbeitgebers einhergeht (so jedenfalls der Beispielsfall der Autoren, NZA 2006, 71). Als Maßstab in dieser Situation böte sich **§ 138 Abs. 2 BGB** an, bei dessen Auslegung auf den Normzweck des § 1a KSchG, einen »fairen« Interessenausgleich zu ermöglichen (Rdn 10), rekurriert werden könnte. 110

Nicht möglich ist allerdings der **antizipierte** Verzicht auf einen Abfindungsanspruch für den Fall, dass seitens des Arbeitgebers auf diesen und seine Voraussetzungen hingewiesen werden sollte. Denn dadurch würde sich der Arbeitnehmer noch **vor** Anspruchsentstehung einer gesetzlich eingeräumten Wahlmöglichkeit zwischen Kündigungsschutzklage und Abfindungsanspruch begeben. 111

15. Tarifliche Ausschlussfristen, Abgeltungsklauseln und Ausgleichsquittungen

Tarifvertragliche Ausschlussfristen, wonach Ansprüche auf Vergütung sowie alle sonstigen Ansprüche aus dem Arbeitsverhältnis verfallen, wenn diese nicht innerhalb eines bestimmten Zeitraums nach Fälligkeit dem anderen Vertragspartner gegenüber schriftlich geltend gemacht worden sind, 112 erfassen **keine** Abfindungen nach § 1a KSchG (**aA** *Bader/Bram-Bader* Rn 21, 23; *ders.* NZA 2004, 65, 72; *Maschmann* AuA 2003, 6, 11; *Meixner* ZAP 2004, 81, 91; BeckOK-ArbR/*Rolfs* Rn 45 f.). Denn mit dem Ablauf der Kündigungsfrist besteht hinsichtlich der Zahlungsverpflichtung des Arbeitgebers Rechtsklarheit. Es wäre zumindest treuwidrig, wenn sich der Arbeitgeber der **aus seinem eigenen Ansinnen** resultierenden Abfindungspflicht entziehen wollte. Insoweit verhält es sich nicht anders als bei einem **unstreitig** gestellten oder **anerkannten** Anspruch gerade zum Ende des Arbeitsverhältnisses.

113 **Abgeltungsklauseln** und **Ausgleichsquittungen** anlässlich einer Beendigung des Arbeitsverhältnisses betreffen in aller Regel **nicht** Abfindungen nach § 1a KSchG, **die gerade für die Aufgabe des Arbeitsplatzes** »angeboten« wurden.

16. Verjährung

114 Abfindungsansprüche unterliegen der **regelmäßigen** Verjährungsfrist von drei Jahren nach § 195 BGB (*Maschmann* AuA 2003, 6, 11). Diese (regelmäßige) Verjährungsfrist beginnt nach § 199 Abs. 1 BGB mit dem Schluss des Jahres, in dem der Anspruch entstanden ist und der Arbeitnehmer von den Anspruch begründenden Umständen und der Person des verpflichteten Arbeitgebers Kenntnis erlangt oder ohne grobe Fahrlässigkeit erlangen müsste. Aufgrund der **Hinweispflicht** nach § 1a Abs. 1 S. 2 KSchG wird das Erlangen der Kenntnis iSd § 199 Abs. 1 BGB in aller Regel anzunehmen sein (ebenso SPV-*Preis* Rn 1188).

115 Die für **Schadensersatzansprüche** vorgesehenen Höchstfristen nach § 199 BGB finden auf Abfindungsansprüche nach § 1a KSchG keine Anwendung, weil es sich hierbei nicht um Schadensersatzansprüche handelt.

17. Rücktritt wegen nicht oder nicht vertragsgemäß erbrachter Leistung (§ 323 BGB)?

116 Leistet der Arbeitgeber die Abfindung nicht oder nicht rechtzeitig, löst dies **nicht** das Rücktrittsrecht nach § 323 BGB aus. § 323 BGB ist nur auf einen **gegenseitigen Vertrag** anwendbar, also etwa auf eine Ausscheidensvereinbarung, in der der Arbeitsplatz für die Abfindung aufgegeben wird. Bei dem »Verfahren« nach § 1a KSchG handelt es sich jedoch nicht um einen Vertrag, sondern um den einen **gesetzlichen** Anspruch auslösenden Vorgang (s. Rdn 6, 86). Damit fehlt – anders als bei einer Ausscheidensvereinbarung – ein enormes Druckmittel zur Erlangung der Abfindung (Drohung mit dem nach § 323 BGB **verschuldensfrei** möglichen Rücktritt und damit mit der Fortsetzung des Arbeitsverhältnisses – aus Arbeitgebersicht übrigens eine weitere Schwäche der Vorschrift!).

18. Veränderung der anspruchsbegründenden Umstände

a) Betriebsübergang

117 Kommt es **nach** Arbeitgeberhinweis gem. § 1a Abs. 1 S. 2 KSchG während des Laufes der Kündigungsfrist zu einem Betriebsübergang iSd § 613a Abs. 1 S. 1 BGB, **ist zu unterscheiden:**

118 Kommt es auch zu einem Übergang des Arbeitsverhältnisses, entsteht der noch vom früheren Arbeitgeber ausgelöste Abfindungsanspruch nicht mehr gegen diesen, sondern gegen den neuen Inhaber. Denn Entstehenszeitpunkt für den Abfindungsanspruch nach § 1a KSchG ist der Ablauf der Kündigungsfrist, welche sich aber (erst) bei dem **neuen** Inhaber verwirklicht. Rechtsgrund ist dafür § 613a Abs. 1 S. 1 BGB. Eine **Mithaftung des bisherigen Arbeitgebers** nach § 613a Abs. 2 S. 1 BGB tritt **nicht** ein, weil sie sich nur auf Verpflichtungen bezieht, die **vor dem Zeitpunkt des Übergangs** »entstanden« sind. Der bloße Arbeitgeberhinweis nach § 1a Abs. 1 S. 2 KSchG begründet die Entstehung der Verpflichtung jedoch erst mit Ablauf der Kündigungsfrist (s. iE Rdn 87 ff.). Das Arbeitsverhältnis endet also (erst) bei dem neuen Betriebsinhaber unter Entstehen des Abfindungsanspruchs. Auch hier ist aber Voraussetzung, dass der Arbeitnehmer die Klagefrist verstreichen lässt. Erhebt der Arbeitnehmer **Kündigungsschutzklage gegen den neuen Inhaber**, obwohl die Kündigung nicht von diesem herrührt, entsteht der Anspruch ebenso wenig wie bei einer gegen den

früheren Arbeitgeber gerichteten Klage. Denn dann kommt es zu einem Kündigungsrechtsstreit (wenn auch gegen die falsche Partei), was § 1a KSchG aber gerade vermeiden will.

Widerspricht der Arbeitnehmer dem Übergang seines Arbeitsverhältnisses – wirksam – nach Maßgabe des § 613a Abs. 6 BGB (oder liegt in Wahrheit kein Betriebsübergang vor), endet dieses nicht bei dem neuen Betriebsinhaber, sondern bei dem alten Arbeitgeber. **Dieser** wird mithin auch Schuldner der Abfindung. 119

b) Wiedereinstellungsanspruch

Macht der Arbeitnehmer nach erfolgter Kündigung vor oder nach Ablauf der Klagefrist wegen den Kündigungsgrund verändernder Umstände **erfolgreich** (entgegenstehen kann allerdings die Annahme oder das Einfordern der Abfindung; zum Abfindungsvergleich *BAG* 28.6.2000 EzA § 1 KSchG Wiedereinstellungsanspruch Nr. 5) klageweise einen **Wiedereinstellungsanspruch** (vgl. iE KR-*Rachor* § 1 KSchG Rdn 823 ff.) geltend, ist zu unterscheiden: 120

Geschieht dies noch **binnen der Kündigungsfrist**, kann die Abfindung bei Ablauf der Kündigungsfrist nicht verlangt werden. Zwar setzt ein Wiedereinstellungsanspruch gerade **keine** unwirksame Kündigung bzw. das **fehlende Geltendmachen ihrer Unwirksamkeit** (§ 1a Abs. 1 S. 1 KSchG) voraus, sondern eben eine **nachträgliche** Veränderung des Kündigungsgrundes. Damit kann das Arbeitsverhältnis an sich mit Ablauf der Kündigungsfrist enden. Es widerspricht jedoch dem **Grundsatz von Treu und Glauben** (§ 242 BGB), wenn der Arbeitnehmer mit dem Wiedereinstellungsanspruch im Ergebnis den ununterbrochenen Fortbestand des Arbeitsverhältnisses erstrebt und gleichwohl eine Kündigungsabfindung beansprucht, die (nur) für den Fall der **Beendigung** des Arbeitsverhältnisses vorgesehen ist. Bei rechtsgeschäftlicher Sichtweise des Vorgangs gem. § 1a KSchG ist auch an eine Störung der Geschäftsgrundlage (§ 313 BGB, s. Rdn 123) zu denken. 121

Entsprechendes gilt, wenn der Arbeitnehmer einen Wiedereinstellungsanspruch **nach Ablauf der Kündigungsfrist** geltend macht. Hier kann eine nach Ablauf der Kündigungsfrist entstandene Abfindung aus den vorstehenden Gründen nicht gefordert werden; eine bereits geleistete Abfindung ist zurückzugewähren (§ 812 Abs. 1 S. 2 Alt. 1 BGB: Wegfall des rechtlichen Grundes; aA *Rolfs* ZIP 2004, 333, 339, *ders.* BeckOK-ArbR Rn 35: stillschweigend vereinbartes Rücktrittsrecht und ErfK-*Oetker* Rn 14a: Rücktrittsrecht des Arbeitgebers nach § 313 BGB; ebenso *Rolfs* ZIP 2004, 333, 339). Denkbar ist allenfalls, dass der Arbeitnehmer im Falle einer zwischenzeitlichen **Unterbrechung** des Arbeitsverhältnisses einen **Teilbetrag** beanspruchen kann bzw. behalten darf. Dies wird im Wesentlichen davon abhängen, wann sich die den Ausspruch der Kündigung bedingenden Umstände (noch während der Kündigungsfrist, nach deren Ablauf, ggf. nach welcher Zeit) geändert haben. Zur einvernehmlichen Wiederbegründung des Arbeitsverhältnisses s. Rdn 123. 122

c) Störung der Geschäftsgrundlage (§ 313 BGB)/Irrtum über die Vergleichsgrundlage (§ 779 BGB)

Die Regelungen über die Störung der Geschäftsgrundlage bei **Verträgen** (§ 313 BGB) finden auf das Verfahren nach § 1a KSchG keine Anwendung, da **kein Vertrag** (s. Rdn 36 ff.). Deshalb kann auch keine Abfindungsanpassung nach § 313 Abs. 1 oder Abs. 2 BGB verlangt werden oder ein Rücktrittsrecht nach § 313 Abs. 3 S. 1 BGB ausgeübt werden. Ohne Einfluss auf den Abfindungsanspruch bleibt es mithin, wenn der (ohnehin nur geltend zu machende [s. Rdn 31]) Kündigungsgrund wegfällt (etwa weil eine Betriebsschließung durch Betriebsveräußerung vermieden werden kann). Unanwendbar ist auch § 779 BGB betr. den Irrtum über die Vergleichsgrundlage. Denn auch **danach** ist ein **Vertrag** vorausgesetzt (zum Vorstehenden aA LSSW-*Schlünder* Rn 18). Bei **einvernehmlicher Wiederbegründung** des Arbeitsverhältnisses ist es Ergebnis einer Auslegung, ob dadurch die Zahlung der Abfindung abbedungen werden soll. Dies würde einen Erlass (§ 397 BGB) – mithin einen entsprechenden Vertrag – voraussetzen und dürfte jedenfalls bei längerer Unterbrechung des Arbeitsverhältnisses im Zweifel nicht gewollt sein. 123

d) Ende des Arbeitsverhältnisses vor Ablauf der Kündigungsfrist, der Klagefrist oder aufgrund neuen Beendigungstatbestandes

124 **Verkürzen** die **Parteien** nach Kündigung und Arbeitgeberhinweis die **Kündigungsfrist**, berührt dies den Abfindungsanspruch im Zweifel nicht (ob damit [gleichzeitig] der Entstehenszeitpunkt des Abfindungsanspruches vorverlegt werden soll, ist Auslegungsfrage). Etwas anderes ist es, wenn das Arbeitsverhältnis vor Ablauf der Kündigungsfrist (oder der Klagefrist nach Ablauf einer kürzeren Kündigungsfrist, vgl. *Bauer/Krieger* NZA 2004, 77) **oder zu deren Ablauf** aufgrund eines **anderen Beendigungstatbestandes**, etwa aufgrund einer verhaltensbedingten ordentlichen oder außerordentlichen Arbeitgeberkündigung oder infolge Todes des Arbeitnehmers (§ 613 S. 1 BGB; *Giesen/Besgen* NJW 2004, 185, 186; *Wolff* BB 2004, 378, 381) oder einer von ihm selbst erklärten Kündigung (sog. Eigenkündigung) endet (zum Tod des Arbeitgebers, der natürliche Person ist s. Rdn 43; zum Tod des Arbeitnehmers s. Rdn 100 sowie *LAG Hamm* 8.11.2005 LAGE § 1a KSchG Nr. 3; allg. *BAG* 10.5.2007 EzA § 1a KSchG Nr. 1; *LAG RhPf* 18.1.2017 AE 2017, 206). Bei einer derartigen »Überholung« der Kündigungsfrist oder/und des Kündigungsgrundes kommt es nicht mehr zu der aufgrund dringender betrieblicher Erfordernisse heraus intendierten fristgerechten Beendigung des Arbeitsverhältnisses. Auch das Verfahren nach § 1a KSchG ist gewissermaßen überholt, so dass hieraus kein Abfindungsanspruch (mehr) entstehen kann. Eines Rückgriffs auf die (ohnehin nicht anwendbare, Rdn 123) Regelung über die Störung der Geschäftsgrundlage bedarf es zur Begründung dieses Ergebnisses nicht; maßgebend ist vielmehr, dass die, in Richtung des Verfahrens nach § 1a KSchG, in Lauf gesetzte Kündigungsfrist nicht mehr **kausal** zur Beendigung des Arbeitsverhältnisses führt. Endet das Arbeitsverhältnis aufgrund kurzer Kündigungsfrist vor Ablauf der Klagefrist, entsteht der Abfindungsanspruch mit Ablauf der Klagefrist (s. Rdn 87 ff., 92), es sei denn, der Arbeitnehmer stürbe vorher; denn dann kann er nicht mehr die Erhebung einer Kündigungsschutzklage unterlassen; eine durch den Erben erhobene Klage ginge ins Leere (*BAG* 15.12.1960 AP Nr. 21 zu § 3 KSchG; LSW-*Löwisch* Rn 14). Setzen die Parteien hingegen **einvernehmlich** einen neuen **Beendigungstatbestand**, schließen sie etwa einen das Arbeitsverhältnis vor Ablauf der laufenden Kündigungsfrist beendenden **Aufhebungsvertrag**, ist die Situation keine andere als die der einvernehmlichen Verkürzung der Kündigungsfrist. Im Zweifel soll hierdurch das in Gang gesetzte Entstehen des Abfindungsanspruchs aus § 1a KSchG nicht abgebrochen werden (**aA** *LAG RhPf* [AE 2017, 106] für den Fall der Aufhebung des Arbeitsverhältnisses durch dreiseitigen Vertrag und Neubegründung des Arbeitsverhältnisses mit einer Transfergesellschaft), so nicht gerade auch eine Neuregelung der Abfindung erfolgt. Demgegenüber soll nach der **Gesetzesbegründung** der Abfindungsanspruch **nicht** entstehen, wenn das Arbeitsverhältnis zu einem früheren Zeitpunkt (vor Ablauf der Kündigungsfrist) beendet wird, »**insbesondere** (Hervorhebung durch Autor) durch eine fristlose Kündigung aus wichtigem Grund« (BT-Drucks. 15/1204, S. 12).

125 **Wiederholt** ein Insolvenzverwalter die Kündigung **ohne neuen Grund allein**, um die – je nach Sachlage – günstigere Kündigungsfrist gem. § 113 S. 2 InsO zu nutzen (vgl. *BAG* 22.5.2003 EzA § 113 InsO Nr. 12), wirkt sich das nur auf den Beendigungszeitpunkt, nicht auf einen noch durch den Schuldner zur Entstehung gebrachten (entstehenden) Abfindungsanspruch aus (näher Rdn 107).

e) (Vorsorgliche) Kündigung; Folgekündigung; wiederholter Arbeitgeberhinweis

126 Eine (vorsorglich) erklärte Kündigung **ohne** Arbeitgeberhinweis nach § 1a Abs. 1 S. 2 KSchG **unterbricht** ein bereits in Gang gesetztes Verfahren nach § 1a KSchG **nicht** und **beseitigt** in Sonderheit einen bereits **entstandenen** Abfindungsanspruch **nicht rückwirkend**. Anders ist dies nur, wenn die Kündigung das Arbeitsverhältnis **vor** Ablauf der durch die Erstkündigung in Lauf gesetzten Kündigungsfrist beenden sollte. Fällt der **Kündigungstermin zusammen**, kann dies das Entstehen des Anspruchs nicht mehr verhindern.

127 Entsprechendes gilt für eine später zugehende **Folgekündigung** ohne Arbeitgeberhinweis. Enthält nach vorhergehender Kündigung erstmals die Folgekündigung den Arbeitgeberhinweis, ist dieser im Zweifel nur für den Fall der Unwirksamkeit der Erstkündigung erteilt. Ist der Kündigungstermin

jedoch derselbe und wird Klage gegen beide Kündigungen unterlassen, entsteht der Abfindungsanspruch.

Wird der **Arbeitgeberhinweis** im Zusammenhang mit einer vorsorglichen Kündigung oder einer Folgekündigung **wiederholt**, entsteht der Abfindungsanspruch selbst dann nicht nochmals (zusätzlich), wenn der Kündigungstermin mit demjenigen der Erstkündigung zusammenfällt. Denn im Zweifel geht es bei einer vorsorglichen Kündigung oder einer Folgekündigung lediglich um die Korrektur eines möglichen Wirksamkeitsmangels der Erstkündigung, so dass dem wiederholten Arbeitgeberhinweis nur deklaratorische Bedeutung zukommt. 128

II. Höhe

1. Gesetzliche Höhe

Die **Höhe** der Abfindung beträgt nach § 1a Abs. 2 KSchG **0,5 Monatsverdienste für jedes Jahr (nicht: Kalenderjahr)** des Bestehens des Arbeitsverhältnisses, **wobei § 10 Abs. 3 KSchG entsprechend gilt**. Die Bestimmung einer **Höchstgrenze** wie in § 10 Abs. 2 S. 1 KSchG **fehlt**. Bei der Ermittlung der Dauer des Arbeitsverhältnisses ist dabei ein Zeitraum von mehr als sechs Monaten auf ein volles Jahr **aufzurunden** (bei **darunter**liegendem Zeitraum ist **keine Abrundung** statthaft). Eine anteilige Berechnung der Abfindung mit 1/12 pro vollem Beschäftigungsmonat findet nach der eindeutigen Regelung nicht statt (so aber *Düwell* ZTR 2004, 130, 132). 129

Die Höhe ist für den Arbeitgeber nicht disponibel (und wird auch vom Gesetzgeber nicht erklärt, vgl. *Kaiser* FS Konzen S. 381, 404). Ein etwaiger Hinweis darauf, dass zwar eine Abfindung beansprucht werden könne, diese aber lediglich eine die gesetzliche unterschreitende Höhe habe, ist unbeachtlich. Ein derartiger einschränkender Hinweis des Arbeitgebers führt auch nicht dazu, dass **kein** Abfindungsanspruch entsteht. Denn der Hinweis des Arbeitgebers nach § 1a Abs. 1 S. 2 KSchG hat sich zur Höhe der Abfindung nicht zu verhalten. Ausführungen zur Höhe können Bedeutung lediglich dann erlangen, wenn der Arbeitgeber ersichtlich nicht das den Abfindungsanspruch nach § 1a Abs. 1 KSchG auslösende Verfahren hat wählen, sondern den Abschluss eines Aufhebungs- oder Abwicklungsvertrages unter Angebot einer Abfindungszahlung hat antragen wollen. Beachtlich sein kann eine Äußerung des Arbeitgebers zur Höhe der Abfindung ferner dann, wenn er eine die gesetzlich vorgesehene Höhe überschreitende Abfindung anbietet. Insofern ist durch Auslegung zu ermitteln, ob ein entsprechender Aufstockungsbetrag zugesagt werden sollte. Dazu wird sich der Arbeitnehmer aufgrund § 151 S. 1 BGB uU nicht besonders erklären müssen (vgl. Rdn 39). Zu Einzelheiten der Folgen eines Hinweises auf eine von § 1a Abs. 2 KSchG abweichende Abfindungshöhe s. Rdn 58 ff. 130

2. Monatsverdienst (§ 10 Abs. 3 KSchG)

§ 1a Abs. 2 S. 2 KSchG verweist zur Definition des **Monatsverdienstes** auf § 10 Abs. 3 KSchG. Nach § 10 Abs. 3 KSchG gilt als Monatsverdienst, was dem Arbeitnehmer bei der für ihn maßgebenden regelmäßigen Arbeitszeit **in dem Monat, in dem das Arbeitsverhältnis endet**, an Geld und Sachbezügen **zusteht**. Maßgebend ist der **geschuldete** Lohn (zB auch nach **MiLoG**) und nicht etwa lediglich ein Grundlohn. Das ist **nicht** ein **hypothetischer** Verdienst im Aufrundungszeitraum nach Abs. 2 S. 3, welche Rundung sich im Übrigen nur auf die **Dauer** des **Arbeitsverhältnisses** bezieht. Auf die auf § 10 Abs. 3 KSchG bezogene Kommentierung wird verwiesen (s. KR-*Spilger* § 10 KSchG Rdn 32 bis 39). 131

3. Dauer des Arbeitsverhältnisses

Nach § 1a Abs. 2 S. 3 KSchG ist bei der Ermittlung der Dauer des Arbeitsverhältnisses ein Zeitraum von **mehr** als sechs Monaten auf ein volles Jahr **(nicht:** Kalenderjahr) **aufzurunden**. Im Übrigen erfolgt die Berechnung der Dauer des Arbeitsverhältnisses nach den für die Bestimmung der sechsmonatigen Wartefrist des § 1 Abs. 1 KSchG maßgeblichen Grundsätzen. Dies gilt ebenso für die Frage der Anrechnung von früheren Beschäftigungszeiten. Anrechenbare Beschäftigungszeiten 132 sind unabhängig davon zu berücksichtigen, wo sie zurückgelegt worden sind (neue oder alte Bundesländer oder Ausland etwa, nicht aber bei einem anderen Arbeitgeber [anders für das Vorrücken in höhere Entlohnungsstufen *EuGH* 5.12.2013 NZA 2014, 204]); insoweit ist eine »Herkunftsbenachteiligung« nicht statthaft (Art. 3 Abs. 3 GG). Das Anknüpfen an die Dauer des Arbeitsverhältnisses stellt keine nach **AGG** oder **Europarecht** unzulässige mittelbare Altersdiskriminierung dar; für Kündigungen gilt das AGG wegen dessen § 2 Abs. 4 schon nicht (zum Verständnis dieser Regelung bei der Beurteilung der Sozialwidrigkeit einer Kündigung nach § 1 KSchG bei Verstoß gegen Diskriminierungsverbote des AGG s. *BAG* 6.11.2008 EzA § 1 KSchG Soziale Auswahl Nr. 82; umfassend zu jener Norm für das Kündigungsrecht *BAG* 19.12.2013 EzA § 15 AGG Nr. 22). Europarechtlich liegt eine – nachgelassene – »besondere Entlassungsbedingung« vor (s. KR-*Spilger* § 10 KSchG Rdn 45). Ohnehin darf an das Dienstalter angeknüpft werden (*EuGH* 3.10.2006 EzA Art. 141 EG-Vertrag 1999 Nr. 20).

133 Die **Abrundung** eines Zeitraumes von **bis** zu sechs Monaten ist gesetzlich **nicht** vorgesehen (anders Vorschlag *BRA* Stellungnahme v. 12.7.2003, S. 15). Das ist rechtlich und praktisch auch nicht erforderlich, weil einem Arbeitnehmer, der die sechsmonatige Wartezeit des § 1 Abs. 1 KSchG noch nicht zurückgelegt hat, ordentlich ohne Grund gekündigt werden kann. Macht der Arbeitgeber allerdings bei **strittiger** Dauer des Bestehens des Arbeitsverhältnisses von dem Verfahren nach § 1a KSchG Gebrauch (s. Rdn 62), wird man auch – entsprechend § 5 BUrlG – eine Teilabfindung zulassen müssen, wenn sich bei Streit um die Abfindungshöhe ein lediglich sechs Monate oder kürzer bestehendes Arbeitsverhältnis herausstellt. Versagen lässt sich der Anspruch dann nicht mit dem Argument, § 1a KSchG sei ja gar nicht anwendbar, wiewohl ein Abfindungshinweis gem. § 1a Abs. 1 S. 2 KSchG erteilt war.

D. Durchsetzung des Anspruchs; Streitwert; Einigungsgebühr; Entgeltnachweis

134 Bei Erfüllungsverweigerung ist der Abfindungsanspruch klageweise (wegen der Subsidiarität der Feststellungsklage vorrangig im Wege der **Leistungsklage**) **vor den Gerichten für Arbeitssachen** zu verfolgen (vgl. *Bader/Bram-Bader* Rn 23; *Bauer/Preis/Schunder* NZA 2003, 704, 705). In einem derartigen Rechtsstreit ist das Vorliegen sämtlicher tatbestandlicher Voraussetzungen für den Abfindungsanspruch nach § 1a Abs. 1 KSchG hinsichtlich des Anspruchsgrundes und nach § 1a Abs. 2 KSchG hinsichtlich der Anspruchshöhe zu prüfen und über strittige anspruchsbegründende oder die Anspruchshöhe bestimmende Tatsachen Beweis zu erheben. Dabei hat die Darlegungs- und Beweislast der **Arbeitnehmer**. Erleichtert wird ihm diese Last dadurch, dass ein (**schriftlicher**, s. Rdn 45) **Arbeitgeberhinweis** zu erfolgen hat. Die Leistungsklage kann mit dem **Hilfsantrag** verbunden werden, die Kündigungsschutzklage nachträglich zuzulassen, falls es nicht zur Verurteilung in die Abfindung kommt (DDZ-*Zwanziger/Yalcin* Rn 40). **Streitwert** ist der Nennwert der Forderung. Das Hinzurechnungsverbot des § 42 Abs. 4 S. 1 Hs. 2 GKG greift nicht, da sich der Streit auf die Abfindung und deren Höhe beschränkt (vgl. *Meixner* ZAP 2004, 81, 92 f.). Rät der Rechtsanwalt nach Zugang einer Kündigung gem. § 1a KSchG von der Erhebung einer Kündigungsschutzklage ab, entsteht mit Ablauf der Klagefrist ein die Einigungsgebühr nach Nr. 1000 des Vergütungsverzeichnisses der Anlage 1 zum RVG auslösender vertraglicher Anspruch (*Heese* FA 2007, 305, 306 f.). Ein »Abfindungsrechner« findet sich bei http://rsw.beck.de. Die gezahlte oder ausstehende Abfindung war seit 1.1.2010 nach § 6 Abs. 1 Nr. 2 **ELENA-DV übermittlungspflichtig** im Rahmen des Verfahrens zur Erstellung und Verarbeitung des elektronischen Entgeltnachweises, welches mit Wirkung zum 3.12.2011 wiedereingestellt wurde.

E. Verhältnis zu anderen Ansprüchen

I. Entgeltansprüche

135 Die dem Arbeitnehmer bis zum Ablauf der Kündigungsfrist zustehenden **Entgeltansprüche** (zB aus §§ 611, 615, 616 BGB, § 3 EFZG, § 7 Abs. 4 BUrlG) werden durch die Abfindung nicht berührt. Insbesondere unterliegen Abfindungen iSv § 5 Abs. 6 S. 5 Nr. 1 InstitutsVergV nicht den Vorbehalten des § 20 InstitutsVergV, obzwar sie als variable Vergütung (§ 2 Abs. 5 InstitutsVergV) gelten

(dazu *Annuß/Sappa* BB 2017, 2612, 2613; *Hinrichs/Kock/Langhans* DB 2018, 1921, 1926 f.). Umfasst sind auch Abfindungen iSv § 1a KSchG. Eine dem Arbeitnehmer zustehende **Karenzentschädigung** iSd § 74 Abs. 2 HGB wird nicht durch die Abfindung ersetzt. Ein **Nachzahlungsanspruch aus § 615 BGB** entsteht für die Zeit nach Ablauf der Kündigungsfrist **wegen Beendigung des Arbeitsverhältnisses** nicht.

II. Schadensersatzansprüche

Die einem Arbeitnehmer nach § 1a KSchG zustehende Abfindung schließt einen Schadensersatzanspruch auf Zahlung des Arbeitsentgelts für eine Zeit nach Beendigung des Arbeitsverhältnisses aus. Die Abfindung stellt eine **Entschädigung eigener Art** für die Auflösung des Arbeitsverhältnisses dar und hat demgemäß auch die Funktion, dem Arbeitnehmer einen pauschalen Ausgleich für die Vermögens- und Nichtvermögensschäden zu gewähren, die sich aus dem Verlust des Arbeitsplatzes ergeben. 136

Ausgeschlossen durch die Abfindung sind jedoch nur solche Schadensersatzansprüche, die sich unmittelbar auf den Verlust des Arbeitsplatzes beziehen. Dagegen kann der Arbeitnehmer neben der Abfindung **solche** Schadensersatzansprüche geltend machen, die mit dem Verlust des Arbeitsplatzes nicht in einem unmittelbaren Zusammenhang stehen. Hierzu zählen insbes. Schadensersatzansprüche wegen unrichtiger Erteilung von Auskünften oder unzutreffender Beurteilung in Zeugnissen sowie der verspäteten Herausgabe der Arbeitspapiere. *Ulrici/Mohnke* (NZA 2006, 77; s.a. *Reufels* AnwBl. 2010, 167, 168) beschäftigen sich in dem Zusammenhang mit der **Verletzung einer Auskunftspflicht** (etwa aus § 1 Abs. 3 S. 1 Hs. 2 KSchG) mit der Frage, ob der Arbeitnehmer Anspruch auf die Abfindung gem. § 1a KSchG **im Wege des Schadensersatzes** haben kann, **obwohl** Kündigungsschutzklage erhoben wurde (die bei zutreffender Auskunft mit der Aussicht auf die hingewiesene Abfindung **unterblieben** wäre). Das ist nur ausnahmsweise der Fall. Voraussetzung wäre, dass die Auskunftspflicht dazu bestimmt ist, dem Arbeitnehmer durch die Erweiterung seines Kenntnisstandes die Wahl zwischen Inanspruchnahme der Abfindung und Klage zu erleichtern (*Ulrici/Mohnke* NZA 2006, 78, 79, 80). Dies trifft zB für § 1 Abs. 3 S. 1 Hs. 2 KSchG nicht zu. Außerdem hat diese Vorschrift nur innerprozessuale Bedeutung für den Kündigungsschutzprozess (*Ulrici/Mohnke* NZA 2006, 78 f., 80). Ob **Entschädigung** oder **Schadensersatz** auf der Grundlage des § 15 AGG in Betracht kommen hängt von der Interpretation des § 2 Abs. 4 AGG ab, wonach für Kündigungen ausschließlich die Bestimmungen zum allgemeinen und besonderen Kündigungsschutz gelten. Während *BAG* 22.10.2009 (EzA § 15 AGG Nr. 4) die Frage für den auf den Ausspruch einer krankheitsbedingten Kündigung gestützten Entschädigungsanspruch aus § 15 Abs. 2 AGG noch offengelassen hatte, hält *BAG* 12.12.2013 (EzA § 15 AGG Nr. 23) bei diskriminierenden Kündigungen unbeschadet des § 2 Abs. 4 AGG einen Anspruch auf den Ersatz immaterieller Schäden nach § 15 Abs. 2 AGG grundsätzlich für möglich. 137

Da eine nicht nach Maßgabe des § 7 KSchG rechtswirksame Kündigung im Falle ihrer Unwirksamkeit eine **Pflichtverletzung aus dem Schuldverhältnis** darstellen kann, kommt für den Arbeitnehmer die vorzeitige Beendigung des Arbeitsverhältnisses durch eine außerordentliche Kündigung in Betracht. Dann kann er unter den Voraussetzungen des § 628 Abs. 2 BGB den Arbeitgeber, also bei schuldhaftem Verhalten, auf Schadensersatz in Anspruch nehmen. Ist der Arbeitnehmer durch den Arbeitgeber auf einen Abfindungsanspruch nach § 1a Abs. 1 S. 2 KSchG hingewiesen worden, steht ihm ein **Wahlrecht** zu, und zwar dergestalt, dass er zwischen dem Schadensersatz nach § 628 Abs. 2 BGB und der Abfindung wählen kann. 138

An einen deliktsrechtlichen Schadensersatzanspruch aus § 826 BGB ist dann zu denken, wenn sich das den Abfindungsanspruch nach § 1a KSchG begründende Verhalten des Arbeitgebers als vorsätzliche sittenwidrige Schädigung darstellen sollte (s. bereits Rdn 48, 54). 139

Im Falle einer rechtsunwirksamen und auch nicht nach § 7 KSchG wirksam werdenden Kündigung kann der Arbeitnehmer **anstelle** der Abfindung neben Schadensersatz wegen der durch die Kündigung vorgekommenen Pflichtverletzung unter den Voraussetzungen des § 253 BGB auch 140 einen Schmerzensgeldanspruch haben (etwa wenn die Kündigung eine Verletzung der Berufsehre darstellt).

III. Andere Abfindungsansprüche

1. Einzelvertragliche Abfindungen

141 Die Voraussetzungen des § 1a KSchG und seine Rechtsfolgen gelten nicht für **einzelvertraglich** vereinbarte Abfindungen, etwa in Auflösungs- oder Aufhebungsverträgen, Ausscheidensvereinbarungen oder Abwicklungsverträgen, gleich, ob vor- oder außergerichtlich oder im Rahmen eines gerichtlichen Vergleiches verabredet.

142 Insoweit kann es zu **Abgrenzungsproblemen** führen, wenn das Verfahren nach § 1a KSchG nicht eingehalten wird, etwa bei fehlerhaftem Arbeitgeberhinweis oder Rückäußerung des Arbeitnehmers vor Ablauf der Klagefrist. Dazu s. Rdn 46 ff. und Rdn 75.

2. Kollektivrechtliche Abfindungen (Tarifvertrag; Sozialplan)

143 § 1a KSchG gilt auch nicht für kollektivrechtliche Abfindungsregelungen, bspw. in Gestalt tariflicher Entlassungsabfindungen bzw. Übergangsgeldern oder in Form von Sozialplanabfindungen.

144 Sollte in Tarifverträgen oder Betriebsvereinbarungen auf § 1a KSchG verwiesen werden, ist dies – da nur deklaratorisch – ohne Weiteres zulässig. Entgegen *BAG* 20.6.1985 (AP Nr. 33 zu § 112 BetrVG 1972) dürfte es ohne Verstoß gegen § 612a BGB nunmehr auch zulässig sein, die Zahlung einer Abfindung vom Nichterheben einer Kündigungsschutzklage abhängig zu machen (s.a. Rdn 21). Immerhin würde einem gesetzlichen Modell gefolgt (allerdings wird dann die Abfindungshöhe § 1a Abs. 2 KSchG zu entsprechen haben). Unzulässig wäre lediglich eine Modifikation der Anspruchsvoraussetzungen oder/und der Rechtsfolgen des § 1a KSchG, bspw. hinsichtlich des Zeitpunkts des Entstehens des Abfindungsanspruchs oder seiner Höhe, da es sich um einen **gesetzlichen** Anspruch (Rdn 6, 86) handelt. Allerdings dürfte die Bestimmung einer die gesetzliche Abfindung nach § 1a Abs. 2 KSchG **übersteigenden** Abfindungshöhe als günstigere Rechtsfolge (vgl. § 4 Abs. 3 TVG) zulässig sein. Zur Tarifdispositivität des § 1a KSchG im Übrigen s. bereits Rdn 21.

145 Setzt eine kollektivrechtliche Abfindung eine **wirksame** Kündigung voraus (wie idR jedweder Sozialplan), schließt dies eine Abfindung **nach § 1a KSchG** nicht aus. Eine Anrechnung erfolgt idR nicht (*Bader/Bram-Bader* Rn 37; *ders.* NZA 2004, 65, 72; *Willemsen/Annuß* NJW 2004, 177, 183; aA *Giesen/Besgen* NJW 2004, 185, 186). Eine Anrechnungsregelung ist in der kollektivrechtlichen Anspruchsgrundlage zulässig (*BAG* 19.6.2007 EzA § 1a KSchG Nr. 2; zust. *Ulrici* Anm. AP Nr. 4 zu § 1a KSchG 1969 – und erforderlich: *Däubler* NZA 2004, 177, 178; Beispielsfall *BAG* 16.12.2010 EzA-SD 2001, Nr. 5, S. 7), nicht aber im Rahmen eines Vorbehalts oÄ bei einer nach § 1a KSchG entstehen sollenden Abfindung. Eine durch den *BRA* (Stellungnahme v. 2.4.2003, S. 10, v. 12.7.2003, S. 15 f.) vorgeschlagene Anrechnungsregelung fehlt.

146 Enthält ein Kündigungsschreiben einen vollständigen Hinweis auf § 1a Abs. 1 S. 2 KSchG, spricht das regelmäßig für einen Anspruch des Arbeitnehmers nach § 1a Abs. 2 KSchG (Rdn 60 mwN), der ggf. **neben** einen Anspruch aus anderer Grundlage tritt (*BAG* 19.7.2016 EzA § 1a KSchG Nr. 8 zur fehlenden Anspruchskonkurrenz zwischen einem Anspruch aus § 1a KSchG einerseits und einem Anspruch aus einer »Interessenausgleich« genannten Betriebsvereinbarung andererseits, was im Streitfall zu einer doppelten Abfindungszahlung führte; so auch bereits die Vorinstanz *LAG Bln.-Bra.* 10.7.2015 ZIP 2015, 1997; *Brodtrück* ArbRAktuell 2017, 19; *Hundt/Weiss* DB 2017, 252 f.; *Klasen* EWiR 2017, 123 f.; *Schiefer* PuR 2015, 223, 224; aA – Verdrängung eines tariflichen Abfindungsanspruchs durch einen Anspruch aus § 1a KSchG – *BSG* 8.12.2016 NZS 2017, 310).

147 Infolge der Einführung des § 1a KSchG steht die Rechtsprechung des *BAG* (20.12.1983 BB 1984, 203) in Frage, ob in Sozialplänen die Abfindung von einem **Klageverzicht** abhängig gemacht werden kann, weil § 1a KSchG ein derartiger Verzicht zugrunde liege (vgl. *Busch* BB 2004, 267 ff.; zur dogmatischen Frage nach einem Klageverzicht *Löwisch* BB 2004, 154, 158). S. a. Rdn 21.

3. Abfindungen nach § 113 BetrVG

Eine Abfindung nach § 113 BetrVG als **Nachteilsausgleich** kann der Arbeitnehmer **neben** der Abfindung nach § 1a KSchG beanspruchen. Denn beide Ansprüche setzen eine rechtswirksame bzw. jedenfalls rechtswirksam **gewordene** Kündigung voraus. Der Arbeitnehmer muss sich auch nicht eine Abfindung nach § 1a KSchG auf eine Abfindung nach § 113 BetrVG anrechnen lassen. Derartiges ergibt sich auch nicht durch die Verweisung in § 113 Abs. 1 letzter Hs. BetrVG auf § 10 KSchG. Denn § 10 KSchG ist nicht zu entnehmen, dass und inwieweit aus anderem Rechtsgrund geschuldete Abfindungen anzurechnen sind. Die vom BRA vorgeschlagene Anrechnung von Abfindungen nach § 113 BetrVG ist nicht geregelt worden (BRA Stellungnahme v. 2.4.2003, S. 10). 148

Jedes andere Ergebnis (etwa Abfindung nach § 113 BetrVG unter Anrechnung der Abfindung nach § 1a KSchG [oder umgekehrt]) würde dazu führen, dass ein die Abfindung nach § 113 BetrVG schuldender Arbeitgeber über § 1a KSchG von Schuldgrund und Schuldhöhe herunterkommen könnte. Derartiges aber hat der Gesetzgeber mit Einführung des § 1a KSchG im Rahmen des Betriebsverfassungsgesetzes nicht nachgelassen. Übersehen werden darf auch nicht, dass der Abfindung nach § 113 BetrVG auch Sanktionscharakter wegen der Abweichung des Unternehmers von einem Interessenausgleich zukommt. Demgegenüber hat der Abfindungsanspruch nach § 1a KSchG keinen Sanktionscharakter. Dies ergibt sich schon daraus, dass der Abfindungsanspruch unter den Voraussetzungen des § 1a Abs. 1 KSchG auch dann entsteht, wenn sich die auszusprechende Kündigung im Falle ihrer Überprüfung als wirksam erwiesen hätte. **Rechtmäßiges** Arbeitgeberverhalten jedoch ist nicht sanktionierbar. Insofern spielt es auch keine Rolle, dass der Anspruch auf Nachteilsausgleich und derjenige aus § 1a KSchG auch dem Ausgleich wirtschaftlicher Nachteile dient, was lediglich im Verhältnis zwischen Nachteilsausgleich und **Sozialplananspruch** zu einer Anrechnung führt (BAG 20.11.2001 EzA § 113 BetrVG 1972 Nr. 29). 149

4. Abfindungen nach §§ 9, 10 KSchG

Abfindungsansprüche können nicht gleichzeitig aus § 1a **und** aus §§ 9, 10 KSchG entstehen. Denn §§ 9, 10 KSchG erfordern eine Kündigungsschutzklage, § 1a KSchG hingegen erfordert gerade das Fehlen einer solchen. Entsprechendes gilt für die auf § 9 Abs. 1 S. 2 KSchG verweisende Vorschrift nach Art. 56 Abs. 2a) **NATO-ZusAbk.** 150

F. Steuerrechtliche Fragen

Endet das Arbeitsverhältnis aufgrund des Verstreichenlassens der Klagefrist, hat dies dieselben einkommensteuer- bzw. lohnsteuerrechtlichen Folgen, die auch sonst bei der **Beendigung der Erzielung** von Einkünften aus nichtselbständiger Arbeit auftreten. **Abfindungen** zählen zu den einkommensteuerrechtlichen Einkünften (LAG Hamm 30.1.2015 FA 2015, 148). 151

Zur früheren **Steuerfreiheit** von **Abfindungen** nach § 3 Nr. 9 EStG aF s. KR-Vogt 8. Aufl. §§ 3, 24, 34 EStG Rn 1 bis 35, 54 bis 75. Zu den Übergangsregelungen nach der aufgrund Art. 1 Nr. 4 des Gesetzes zum Einstieg in ein steuerliches Sofortprogramm (BGBl. I S. 3682) verfügten Fassung des § 52 Abs. 4a EStG speziell für § 1a KSchG Tschöpe NZA 2006, 23 f. 152

Zur **unverändert** gebliebenen **Steuerermäßigung** bei **Abfindungen** nach § 24 Nr. 1a und b EStG iVm § 34 Abs. 1 und 2 EStG (Entschädigungen/Tarifermäßigung) s. KR-Vogt/Schult §§ 24, 34 EStG Rdn 27 ff. Abfindungen nach § 1a KSchG sind steuerrechtlich nicht anders zu behandeln. 153

G. Sozialversicherungs- und arbeitslosenversicherungs- bzw. arbeitsförderungsrechtliche sowie grundsicherungsrechtliche Fragen

I. Sozialversicherungsrechtliche Behandlung der Abfindung

Soweit Abfindungen ausschließlich als Entschädigung für den Verlust des Arbeitsplatzes gezahlt werden, unterliegen sie **nicht** der Beitragspflicht zur Sozialversicherung. Sozialversicherungspflichtig ist aber **der** Teil der Abfindung, der als Arbeitsentgelt iSd § 14 Abs. 1 SGB IV anzusehen ist. 154

Eine Abfindung nach § 1a KSchG unterliegt auch dann nicht der Beitragspflicht zur Sozialversicherung, wenn für sie Einkommen oder Lohnsteuer abzuführen ist. Allerdings darf in der Abfindung kein Arbeitsentgelt »versteckt« sein (vgl. KR-*Spilger* § 10 KSchG Rdn 91 mwN, sowie ausf. KR-*Link/Lau* SozR Rdn 33 ff., 36 [betr. § 1a KSchG]).

II. Verhältnis zum Insolvenzgeld

155 Zu den Bezügen aus einem Arbeitsverhältnis iSv § 165 Abs. 2 SGB III gehören zwar nicht nur Lohnforderungen ieS, sondern alle Ansprüche, die dem Arbeitnehmer aus seinem Arbeitsverhältnis als Gegenwert für die geleistete Arbeit oder das Zur-Verfügung-Stellen der Arbeitskraft erwachsen. Abfindungen nach § 1a KSchG stellen allerdings insoweit keine »Bezüge aus dem Arbeitsverhältnis« dar, da sie als Entschädigung für den Verlust des Arbeitsplatzes gezahlt werden.

III. Ruhen des Anspruchs auf Arbeitslosengeld bei Entlassungsentschädigung

156 Hat der Arbeitslose wegen der Beendigung des Arbeitsverhältnisses eine Abfindung, Entschädigung oder ähnliche Leistung (Entlassungsentschädigung) erhalten oder zu beanspruchen und ist das Arbeitsverhältnis ohne Einhaltung einer der ordentlichen Kündigungsfrist des Arbeitgebers entsprechenden Frist beendet worden, so ruht nach § 158 Abs. 1 SGB III der Anspruch auf Arbeitslosengeld von dem Ende des Arbeitsverhältnisses an bis zu dem Tage, an dem das Arbeitsverhältnis bei Einhaltung dieser Frist geendet hätte. Diese Frist beginnt mit der Kündigung, die der Beendigung des Arbeitsverhältnisses vorausgegangen ist. Ist die ordentliche Kündigung des Arbeitsverhältnisses durch den Arbeitgeber ausgeschlossen, so gilt bei zeitlich unbegrenztem Ausschluss eine Kündigungsfrist von 18 Monaten, bei zeitlich begrenztem Ausschluss oder bei Vorliegen der Voraussetzungen für eine fristgebundene Kündigung aus wichtigem Grund die Kündigungsfrist, die ohne den Ausschluss der ordentlichen Kündigung maßgebend gewesen wäre.

157 Auch wenn die Abfindung nach § 1a Abs. 1 S. 1 KSchG erst mit Ablauf der Kündigungsfrist entsteht, kann sich unter den vorstehend genannten Voraussetzungen ein Ruhenstatbestand verwirklichen. Die Kündigungsfrist ist etwa auch dann nicht eingehalten, wenn die Parteien vor oder nach Ausspruch der Kündigung einen früheren als den gesetzlich, tarifvertraglich oder einzelvertraglich maßgebenden Kündigungstermin verabreden (etwa um den Abfindungsanspruch früher entstehen zu lassen); s. iE KR-*Link/Lau* § 158 SGB III Rdn 21. Wendet man § 1a KSchG auch auf die außerordentliche betriebsbedingte Kündigung »unkündbarer« Arbeitnehmer an (wie hier Rdn 25), sind – soweit es um den Ruhenstatbestand geht – die nach § 158 Abs. 1 SGB III vorgesehenen Kündigungsfristen maßgebend (s. KR-*Link/Lau* § 158 SGB III Rdn 22).

158 **Demgegenüber** vertritt das *BSG* (8.12.2016 NZS 2017, 310) die Auffassung, dass es sich bei der Abfindung nach § 1a KSchG um keine Entlassungsentschädigung iSv § 158 SGB III handele. Es fehle am Kausalzusammenhang zwischen Beendigung des Arbeitsverhältnisses und der Zahlung. Denn der Anspruch entstehe erst, nachdem die Arbeitgeberkündigung aufgrund der gesetzlichen Fiktion in §§ 7, 4 S. 1 KSchG als rechtswirksam gelte und zudem die ordentliche Kündigungsfrist abgelaufen sei; zudem argumentiert das *BSG* mit dem Gesetzeszweck des § 1a KSchG. Allerdings war nach dem Sachverhalt die Kündigungsfrist gewahrt und die Voraussetzungen einer außerordentlichen Kündigung mit sozialer Auslauffrist (und damit einer fiktiven Kündigungsfrist) lagen nicht vor! S. näher KR-*Link/Lau* § 158 SGB III Rdn 20.

IV. Ruhen des Anspruchs auf Arbeitslosengeld bei Sperrzeit

159 Im Zuge der Einfügung des § 1a KSchG hat der Gesetzgeber nicht die Frage geregelt, ob die Zahlung einer Abfindung als Gegenleistung für die Aufgabe des Arbeitsplatzes unter Verstreichenlassen der Klagefrist für eine Kündigungsschutzklage eine zum Ruhen des Anspruchs auf Arbeitslosengeld führende Sperrzeit nach § 144 SGB III aF (jetzt § 159 SGB III) begründet. Die Praxis wird sich dabei auf die arbeitslosenversicherungsrechtliche Behandlung von Abwicklungsverträgen einzustellen haben, welche Situation § 1a KSchG gewissermaßen nachbildet. Danach könnte mit einer

Sperrzeit wegen Arbeitsaufgabe nach § 159 Abs. 1 Nr. 1 SGB III jedenfalls **dann** zu rechnen sein, wenn sich Arbeitgeber und Arbeitnehmer im Vorfeld auf die Durchführung des »Verfahrens« nach § 1a KSchG geeinigt haben sollten und das Verhalten des Arbeitnehmers nicht allein in der bloßen Hinnahme der unter Hinweis auf den Abfindungsanspruch erklärten Kündigung liegen sollte. Schwierigkeiten ergeben sich insoweit vor allem dann, wenn man das »Verfahren« nach § 1a KSchG **rechtsgeschäftlich** versteht. Denn **dann** wäre die Mitwirkung des Arbeitnehmers am Arbeitsplatzverlust uU sogar ohne Absprache im Vorfeld evident. Der Erfolg der Vorschrift wird sich uU gerade erst dann einstellen, wenn sie arbeitslosenversicherungsrechtlich hinreichend flankiert ist. **Wegen der Einzelheiten** wird auf KR-*Link/Lau* § 159 SGB III Rdn 49–55 zur Lösung des Arbeitsverhältnisses nach § 1a KSchG verwiesen. Für den **Aufhebungsvertrag** hat das *BSG* (2.5.2012 SozR 4–4300 § 144 Nr. 23) mittlerweile entschieden, dass bei drohender betriebsbedingter Kündigung unter Verabredung einer sich im Rahmen des § 1a KSchG haltenden Abfindung ein die Sperrzeit ausschließender wichtiger Grund vorliegt, so nicht eine Gesetzesumgehung (zB offenkundige Rechtswidrigkeit der beabsichtigten Kündigung) in Rede steht; dies gelte auch für einen ordentlich unkündbaren Arbeitnehmer, wenn ihm eine außerordentliche Kündigung droht.

V. Erstattungspflicht nach § 147a SGB III aF

Anwendungsprobleme warf § 1a KSchG auch hinsichtlich der Erstattungspflicht des Arbeitgebers nach § 147a SGB III aF auf, weil nach dessen Abs. 1 Nr. 4 die Regelung gerade in § 7 KSchG **keine** Anwendung fand und eine **Bindung** der Arbeitsverwaltung an eine arbeitsgerichtliche Entscheidung über die Rechtfertigung der Kündigung (§ 147a Abs. 1 Nr. 4 Hs. 2 SGB III) **mangels Vorliegens einer solchen** nicht eintrat. Das Problem erledigt sich aufgrund der Übergangsregelung in § 434l Abs. 3 SGB III aF, aufgrund welcher § 147a SGB III aF nicht mehr für Ansprüche auf Arbeitslosengeld anzuwenden war, die nach dem 31.1.2006 entstanden sind (vgl. *Eicher/Schlegel-Henke* SGB III § 147a Rn 378; *Eicher/Schlegel-Spellbrink* SGB III § 434l Rn 24); zudem ist die Vorschrift zum 1.4.2012 komplett entfallen. **Wegen der Einzelheiten** s. *Wolff* KR 9. Aufl., § 147a SGB III Rn 54b, auch zur Frage, ob sich eine rechtsgeschäftliche Sichtweise des § 1a KSchG auswirken würde.

160

VI. Abfindung als zu berücksichtigendes Einkommen nach § 11 SGB II

Bei der Abfindung nach § 1a KSchG handelt es sich um »zu berücksichtigendes **Einkommen**« iSd § 11 SGB II iSd Anspruchsvoraussetzungen für **Leistungen nach SGB II** betr. die **Grundsicherung für Arbeitsuchende** (etwa **Arbeitslosengeld II, Sozialgeld**, vgl. *Löschau/Marschner* Praxishandbuch SGB II, 2004, Rn 305), und zwar um »einmalige« Einnahmen iSd § 11 Abs. 3 SGB II bzw. um »sonstige« Einnahmen iSd § 2 Abs. 6 Alg II VO (vgl. *BSG* 2.3.2009 SozR 4–4200 § 11 Nr. 24; 28.10.2009 – B 14 AS 64/08 R).

161

§ 2 KSchG Änderungskündigung

¹Kündigt der Arbeitgeber das Arbeitsverhältnis und bietet er dem Arbeitnehmer im Zusammenhang mit der Kündigung die Fortsetzung des Arbeitsverhältnisses zu geänderten Arbeitsbedingungen an, so kann der Arbeitnehmer dieses Angebot unter dem Vorbehalt annehmen, dass die Änderung der Arbeitsbedingungen nicht sozial ungerechtfertigt ist (§ 1 Abs. 2 Satz 1 bis 3, Abs. 3 Satz 1 und 2). ²Diesen Vorbehalt muss der Arbeitnehmer dem Arbeitgeber innerhalb der Kündigungsfrist, spätestens jedoch innerhalb von drei Wochen nach Zugang der Kündigung erklären.

Übersicht	Rdn			Rdn
A. Einleitung und Überblick	1	IV.	Annahme unter Vorbehalt beim Fehlen von Kündigungsschutz	7
I. Entstehungsgeschichte	1	B.	**Begriffsbestimmung**	10
II. Rechtszustand vor der Neuregelung	2	I.	Kündigung	10
III. Sinn und Zweck der Regelung	6			

		Rdn
	1. Kündigung durch den Arbeitgeber.	10
	2. Echte Kündigung.	11
II.	Kündigung und Änderungsangebot...	14
	1. Zusammengesetztes Rechtsgeschäft	14
	2. Bedingte oder unbedingte Kündigung.	15
III.	Zusammenhang zwischen Kündigung und Änderungsangebot.	20
IV.	Zeitliche Abfolge von Änderungsangebot und Kündigung.	21
	1. Angebot vor oder bei Kündigung?	22
	2. Angebot auch nach der Kündigung?	30
V.	Gegenstand der Änderung – »Überflüssigkeit« der Kündigung.	38
VI.	Inhalt des Änderungsangebots.	43
VII.	Form der Änderungskündigung.	49
VIII.	Arten der Änderungskündigung.	51
	1. Ordentliche Änderungskündigung.	51
	2. Außerordentliche Änderungskündigung.	52
	3. Massenänderungskündigung.	57
C.	**Abgrenzungsfragen**.	58
I.	Problemstellung.	58
II.	Direktionsrecht.	59
	1. Begriffsbestimmung.	59
	2. Inhalt und Umfang.	60
	3. Gerichtliche Überprüfbarkeit.	71
	4. Beispiele aus der Rechtsprechung.	72
III.	Widerrufsvorbehalt.	74
IV.	Teilkündigung.	85
V.	Teilzeitanspruch.	88
VI.	Vorsorgliche Kündigung und vorsorgliche Änderungskündigung.	89
VII.	Erweiterung des Direktionsrechts durch Tarifvertrag.	93
VIII.	Ablösende Betriebsvereinbarung.	100
IX.	Befristete Vertragsänderung.	101
X.	Störung der Geschäftsgrundlage.	103
D.	**Annahme des Änderungsangebots unter Vorbehalt**.	104
I.	Sinn der Regelung.	104
II.	Rechtlicher Charakter und Rechtswirkungen des Vorbehalts.	105
III.	Form des Vorbehalts.	114
	1. Erklärung gegenüber dem Arbeitgeber.	114
	2. Erklärung durch schlüssiges Verhalten.	115
IV.	Frist zur Erklärung des Vorbehalts.	123
	1. Kündigungsfrist und Dreiwochenfrist.	123
	2. Zugang der Erklärung.	126
	3. Vorbehalt nach Klageerhebung.	131
V.	Ablehnung des Angebots.	134
VI.	Bindung des Arbeitgebers an das Angebot.	135

		Rdn
E.	**Die Sozialwidrigkeit der Änderungskündigung**.	137
I.	Wortlaut des Gesetzes.	137
II.	Annahme des Angebots unter Vorbehalt.	138
III.	Ablehnung des Angebots.	141
IV.	Prüfungsmaßstab.	150
V.	Grundsätze der Sozialwidrigkeit.	153
	1. Person-, verhaltens- und betriebsbedingte Änderungskündigung.	153
	2. Sozialauswahl.	161
	3. Ablehnung des Angebots als im Verhalten liegender Kündigungsgrund.	166
	4. Grundsatz der Verhältnismäßigkeit	168
	5. Beurteilungszeitpunkt.	176
VI.	Betriebsbedingte Änderungskündigung – Einzelheiten und Beispiele aus der Rechtsprechung.	177
	1. Gewinnverfall oder Unrentabilität.	178
	2. Senkung übertariflicher Löhne und Herabgruppierungen.	185
	3. Streichung von Zulagen und Liquidationserlösen.	191
	4. Versetzung auf einen anderen Arbeitsplatz.	193
	5. Änderung des Arbeitsumfangs und der Arbeitszeiten.	194
	6. Änderungskündigung mit dem Ziel der Befristung.	202
	7. Änderungskündigung durch Insolvenzverwalter.	203
F.	**Die Beteiligung des Betriebsrats bei der Änderungskündigung**.	205
I.	Anhörung des Betriebsrats nach § 102 BetrVG.	205
	1. Anhörung des Betriebsrats.	205
	2. Widerspruch des Betriebsrats.	210
	3. Weiterbeschäftigung nach Ablehnung des Angebots.	212
	4. Weiterbeschäftigung nach Annahme des Angebots.	213
	5. Fehlerhafte Anhörung.	216
II.	Versetzung und Umgruppierung: Zustimmungserfordernis nach § 99 BetrVG.	217
	1. Regelung des § 99 BetrVG.	217
	2. Verhältnis des Verfahrens nach § 99 BetrVG zu dem nach § 102 BetrVG.	219
	3. Verbindung beider Verfahren.	224
	4. Zustimmung des Betriebsrats in beiden Verfahren.	225
	5. Zustimmung des Betriebsrats nur zur Versetzung.	228
	6. Widerspruch des Betriebsrats gegen die Versetzung.	229

		Rdn			Rdn
	7. Widerspruch des Betriebsrats gegen die Umgruppierung	238	VII.	Urteil	271
			VIII.	Wertfestsetzung	273
III.	Mitbestimmung nach § 87 BetrVG	241	H.	Verfahren nach Ablehnung des Vertragsangebots	276
G.	Verfahren nach Annahme des Angebots unter Vorbehalt	244	I.	Unwirksamkeit der Änderungskündigung aus sonstigen Gründen	279
I.	Antrag der Änderungsschutzklage	246			
II.	Beschäftigung während des laufenden Verfahrens	249	I.	Allgemeine Unwirksamkeitsgründe	280
			II.	Schwerbehindertenschutz	281
III.	»Rücknahme« der Änderungskündigung	255	III.	Mutterschutz, Elternzeit, Pflegezeit	284
			IV.	ArbPlSchG	285
IV.	Beweislast	257	V.	§ 15 KSchG	286
V.	Streit über fristgerechten oder inhaltlich wirksamen Vorbehalt	259	VI.	BetrVG	288
			VII.	§ 17 ff. KSchG	289
VI.	Auflösung des Arbeitsverhältnisses	263			

A. Einleitung und Überblick

I. Entstehungsgeschichte

§ 2 KSchG ist durch das **Erste Arbeitsrechtsbereinigungsgesetz** vom 14.8.1969 (BGBl. I S. 1106) **1**
in das KSchG eingefügt worden und ist seit dem 1.9.1969 in Kraft. Neben § 2 KSchG brachte das
Erste Arbeitsrechtsbereinigungsgesetz mit § 4 S. 2, § 7 Hs. 2 und § 8 weitere die Änderungskündigung betreffende Regelungen. Die Vorschriften müssen im Zusammenhang gesehen werden. Die
Aufteilung auf verschiedene Paragraphen ergibt sich aus der Systematik des KSchG. Die Neufassung
geht zurück auf einen **Entwurf der Bundesregierung** vom 24.2.1969 (BT-Drucks. V/3913), dessen
§ 1a der späteren Fassung des § 2 KSchG entsprach (in Anlehnung wohl insbes. an einen von *Bötticher* FS für Molitor, S. 123, 136 f. entwickelten Vorschlag; s.a. *Richardi* ZfA 1971, 95; *Schwerdtner*
FS 25 Jahre BAG, S. 558). Der Regierungsentwurf sah im Unterschied zu der Gesetz gewordenen
Regelung insbes. vor, dass bei Feststellung der Sozialwidrigkeit der Änderungskündigung erst ab
Rechtskraft dieser Entscheidung für das Arbeitsverhältnis wieder die Arbeitsbedingungen gelten
sollten, die vor der Vertragsänderung bestanden (§ 6a RegE). Dagegen erhob der Bundesrat Bedenken, denen sich auch der Bundestagsausschuss für Arbeit anschloss. Sie führten schließlich zur
Fassung des jetzigen § 8 KSchG (Näheres bei KR-*Kreft* § 8 KSchG Rdn 1, 2).

II. Rechtszustand vor der Neuregelung

Das KSchG enthielt bis zu diesem Zeitpunkt **keine die Änderungskündigung betreffende Regelung**. § 2 KSchG hat auch kein sonstiges gesetzgeberisches Vorbild. Es war aber seit Inkrafttreten **2**
des KSchG fast völlig einhellige Auffassung, dass auch auf die Änderungskündigung das **KSchG
anzuwenden sei**. Die mit der Kündigung angebotene Änderung musste insbes. sozial gerechtfertigt
sein iSd § 1 KSchG (vgl. aus der älteren Literatur *Bötticher* FS Molitor 1962, S. 123 f.; *Galperin*
DB 1958, 799 f.; *Hueck/Nipperdey* I, S. 549; *Nikisch* I, S. 769; so auch das BAG in st. Rspr., vgl.
etwa BAG 26.2.1957 AP Nr. 23 zu § 1 KSchG; 15.2.1957 AP Nr. 33 zu § 1 KSchG; 12.1.1961
AP Nr. 10 zu § 620 BGB Änderungskündigung; abw. wohl lediglich *Meissinger* DB 1954, 194).

Dem Arbeitnehmer wurde bereits das Recht eingeräumt, die Änderung unter dem **Vorbehalt 3**
einer gerichtlichen Überprüfung ihrer sozialen Rechtfertigung **anzunehmen** (*Auffarth/Müller* § 1
Rn 48; *Gramm* DB 1954, 722; *Monjau* DB 1959, 708; *Nikisch* FS Sitzler 1956, S. 284; *LAG
Stuttg.* 11.6.1952 RdA 1952, 358). Ungeklärt war dabei allerdings, ob der Arbeitgeber **verpflichtet**
war, sich auf die bedingte Annahme des Angebots durch den Arbeitnehmer einzulassen (bejahend
Gramm DB 1954, 722; abl. *Galperin* DB 1958, 802; wohl auch *Nikisch* FS Sitzler 1956, S. 284).

Streit bestand vor allem über die Frage des **Prüfungsmaßstabs der Sozialwidrigkeit**. Während nach **4**
einer Auffassung wie bei der normalen Kündigung lediglich auf die Beendigung des Arbeitsverhältnisses und deren Rechtfertigung abgestellt werden sollte, verlangte eine damals wohl schon als

herrschend zu bezeichnende Gegenmeinung, die Prüfung auf die Sozialwidrigkeit der geänderten Arbeitsbedingungen auszurichten (für die heutige Rechtslage vgl. iE Rdn 136 ff.).

5 Die erstmalige gesetzliche Regelung beruht auf diesen in der Vergangenheit herausgebildeten Grundsätzen. Eine Klarstellung erfolgte insbes. für das Verfahren der Annahme der angebotenen Vertragsänderung unter Vorbehalt. Nicht abschließend geregelt ist die Streitfrage des Prüfungsmaßstabs der Sozialwidrigkeit (darauf weisen zu Recht hin *LKB/Linck* Rn 1). Die zwischenzeitlich erfolgten gesetzlichen Neuregelungen – zuletzt zum 1.1.2004 – haben § 2 KSchG selbst zwar nicht abgeändert, durch die Anbindung an § 1 aber nicht unberührt gelassen (zB in Fragen der Sozialauswahl und bei der Klage auf Feststellung der Unwirksamkeit gem. § 4 S. 2, § 7 KSchG).

III. Sinn und Zweck der Regelung

6 Sinn und Zweck der gesetzlichen Regelung ergeben sich aus der besonderen Zielrichtung der Änderungskündigung. Diese richtet sich **nicht** in erster Linie auf die **Beendigung** des Arbeitsverhältnisses, sondern auf seine **Weiterführung** zu geänderten Vertragsbedingungen. Im Vordergrund steht nicht der Schutz des Fortbestands des Arbeitsverhältnisses als eines solchen, sondern der Schutz des bestehenden **Vertragsinhalts** (vgl. *LKB/Linck* Rn 2; *Hromadka* NZA 1996, 1, 3; *Löwisch* ZfA 1986, 6; *Schwerdtner* FS 25 Jahre BAG, S. 55; *BAG* 7.6.1973 EzA § 626 BGB nF Nr. 29 = SAE 1975, 100 m. Anm. *Fenn*, s. dort unter 3; *BAG* 19.5.1993 EzA § 1 KSchG Betriebsbedingte Kündigung Nr. 73; 26.1.1995 EzA § 2 KSchG Nr. 22; 11.10.2006 EzA § 615 BGB 2002 Nr. 18; krit. ErfK-*Oetker* Rn 3; vgl. auch *Krois* ZfA 2009, 594 f.). Der Arbeitnehmer, der die angebotene Änderung als sozial ungerechtfertigt ablehnt und eine entsprechende gerichtliche Prüfung einleitet, liefe Gefahr, den Arbeitsplatz zu verlieren, wenn das Gericht seine Auffassung nicht teilt, ohne dass ihm dann noch die Möglichkeit der Annahme der geänderten Vertragsbedingungen verbliebe. Um dieses Risiko auszuschalten, war ihm schon früher teilweise das Recht eingeräumt worden, die Änderungen unter Vorbehalt anzunehmen (s. Rdn 3). Die gesetzliche Regelung hat insoweit Klarheit geschaffen, weil sie – abweichend von § 150 Abs. 2 BGB – ausdrücklich die Möglichkeit eröffnet, das Angebot der Fortsetzung des Arbeitsverhältnisses zu geänderten Bedingungen unter dem Vorbehalt anzunehmen, dass die angebotenen neuen Vertragsbedingungen nicht sozial ungerechtfertigt sind. Damit hat es der Arbeitnehmer in der Hand, sich in **jedem Fall den Arbeitsplatz zu erhalten**. Dies muss als der eigentliche Zweck der getroffenen Regelung angesehen werden (vgl. auch Begr. zum RegE, BT-Drucks. V/3913, S. 8; *Krois* ZfA 2009, 597; vgl. allgemein zur Vorbehaltserklärung im Arbeitsrecht *Trenkle* NZA 2000, 1089).

IV. Annahme unter Vorbehalt beim Fehlen von Kündigungsschutz

7 Nach der zum 1.1.2004 in Kraft getretenen Neuregelung des § 23 Abs. 1 S. 2 KSchG gelten die **§§ 4–7 KSchG auch für Arbeitnehmer in Betrieben**, auf die mangels entsprechender Beschäftigtenzahl der **Erste Abschnitt des KSchG im Übrigen keine Anwendung findet**. Diese Arbeitnehmer genießen zwar, wenn der Arbeitgeber eine Änderungskündigung erklärt, nicht den Schutz des § 1 KSchG – können also nicht die Sozialwidrigkeit der Kündigung bzw. der angebotenen Änderung der Vertragsbedingungen geltend machen –, müssen aber dennoch alle anderen Unwirksamkeitsgründe (zB – bezogen auf die Kündigung – das Unterbleiben der oder die fehlerhafte Beteiligung des Betriebsrats oder – bezogen auf das Änderungsangebot – die Unbestimmtheit des Angebots) in der Form und Frist des § 4 KSchG geltend machen (s. KR-*Bader/Kreutzberg-Kowalczyk* § 23 KSchG Rdn 41; zu den Ausnahmen s. KR-*Klose* § 7 KSchG Rdn 5). Von der Anwendung im Kleinbetrieb sind gem. § 23 Abs. 1 S. 2 KSchG auch die auf die Änderungskündigung nach § 2 KSchG bezogenen § 4 S. 2 KSchG und § 7 2. Hs. KSchG nicht ausgenommen. Damit stellt sich die Frage, ob nicht der Arbeitnehmer auch in solchen Betrieben im Falle einer durchaus denkbaren Änderungskündigung **das Änderungsangebot unter dem Vorbehalt**, dass sich die Änderung der Vertragsbedingungen oder schon die Kündigungserklärung nicht als unwirksam erweist, **annehmen** und zugleich Änderungsschutzklage nach Maßgabe des § 4 S. 2 KSchG erheben kann. Der Wortlaut des § 2 KSchG scheint dem zu widersprechen. § 2 S. 1 KSchG kennt nach wie vor nur die Annahme unter dem Vorbehalt des Fehlens einer sozialen Rechtfertigung der Änderung der Vertragsbedingungen.

§ 4 S. 2 KSchG nF selbst unterscheidet dagegen – ebenso wie § 4 S. 1 KSchG – ausdrücklich: Die Klage ist zu richten auf die Feststellung, dass die Änderung sozial ungerechtfertigt oder (dass sie) aus anderen Gründen rechtsunwirksam ist. Schon dies könnte dafürsprechen, das Verfahren nach § 2, § 4 S. 2 und § 7 2. Hs. KSchG nicht nur für solche Änderungskündigungen zuzulassen, gegen deren Wirksamkeit der Arbeitnehmer ihre Sozialwidrigkeit geltend macht – oder zumindest geltend machen könnte, weil er Kündigungsschutz nach § 1 KSchG genießt –, sondern auch gegen Änderungskündigungen, auf die § 1 KSchG keine Anwendung findet.

Es kommt hinzu, dass § 23 Abs. 1 S. 2 KSchG auf §§ 4 bis 7 KSchG ohne jede Einschränkung verweist, das Änderungsschutzverfahren nach § 4 S. 2 KSchG also gerade nicht ausnimmt. Außerdem war schon bisher anerkannt, dass das besondere Änderungsschutzverfahren vom Arbeitnehmer auch bei einer **außerordentlichen** Änderungskündigung gewählt werden kann, obwohl er dort ebenfalls nicht die Sozialwidrigkeit der Änderung geltend macht, sondern das Fehlen eines wichtigen Grundes. Begründet wird dies mit dem Zweck des § 2 KSchG, dem Arbeitnehmer den Arbeitsplatz als solchen zu erhalten und ihm zugleich die Überprüfung der ihm angesonnenen Änderungen zu ermöglichen; wenn aber der Arbeitnehmer die Wirksamkeit einer außerordentlichen Änderungskündigung auf demselben Verfahrensweg überprüfen lassen müsse, auf dem auch die Wirksamkeit einer ordentlichen Kündigung überprüft werde, sei nicht einzusehen, weshalb ihm dann die Möglichkeit der Überprüfung unter Vorbehalt versagt sein solle (s. iE Rdn 52 f.). Diese Erwägungen lassen sich auf den Fall übertragen, dass der Arbeitnehmer im »kündigungsschutzfreien« Kleinbetrieb die Unwirksamkeit einer Änderungskündigung aus einem anderen Grund als dem der Sozialwidrigkeit gem. §§ 4, 7 KSchG geltend machen muss. Auch hier wäre es widersprüchlich, dem Arbeitnehmer einerseits das besondere Kündigungsschutzverfahren aufzudrängen und ihn insoweit mit Arbeitnehmern, auf die das Kündigungsschutzgesetz in vollem Umfang Anwendung findet, gleichzusetzen, und ihm andererseits die Möglichkeit der Annahme unter Vorbehalt entsprechend § 2 S. 2 KSchG zu versagen. Es sprechen demnach die besseren Gründe dafür, dem Arbeitnehmer **in allen Fällen**, in denen er die Unwirksamkeit einer Änderungskündigung nach Maßgabe der §§ 4, 7 KSchG geltend machen muss, in (entsprechender) Anwendung von § 2 KSchG die Möglichkeit einzuräumen, das Änderungsangebot unter dem Vorbehalt der Unwirksamkeit der angesonnenen Änderungen anzunehmen (so auch APS-*Künzl* Rn 353; vgl. aber *Wagner* ArbRAktuell 2016, 369, 370). Dafür spricht ferner, dass die Möglichkeit einer Annahme unter Vorbehalt schon vor der Zeit in Erwägung gezogen wurde, von der an sie in § 2 KSchG ausdrücklich vorgesehen ist (s. Rdn 3). Der Gesetzgeber sollte in §§ 2, 4, 23 KSchG eine entsprechende Klarstellung vornehmen.

Konsequenterweise muss diese Möglichkeit auch demjenigen Arbeitnehmer eröffnet sein, der zwar in einem gem. § 23 Abs. 1 S. 3 KSchG dem Ersten Abschnitt des Gesetzes unterfallenden Betrieb beschäftigt ist, aber **mangels Erfüllung der Wartezeit nach § 1 Abs. 1 S. 1 KSchG** noch keinen Kündigungsschutz iSd § 1 KSchG genießt. Auch dieser ist verpflichtet, die Unwirksamkeit einer während der Wartezeit ausgesprochenen Kündigung nach Maßgabe der §§ 4, 7 KSchG geltend zu machen. Freilich dürfte es in so kurzfristig bestehenden Arbeitsverhältnissen kaum je zu einer Änderungskündigung kommen. Für einen Mitarbeiter, der gar nicht Arbeitnehmer, sondern **arbeitnehmerähnliche Person** ist, besteht die Möglichkeit der Annahme eines Änderungsangebots unter Vorbehalt dagegen nicht, sie gälte als Ablehnung des Angebots (*BAG* 20.9.2016 EzA § 4 TVG Rundfunk Nr. 30).

B. Begriffsbestimmung

I. Kündigung

1. Kündigung durch den Arbeitgeber

»Kündigt der Arbeitgeber das Arbeitsverhältnis und bietet er dem Arbeitnehmer im Zusammenhang mit der Kündigung die Fortsetzung des Arbeitsverhältnisses zu geänderten Arbeitsbedingungen an, ...« – das ist die vom Gesetzgeber gewählte **Definition der Änderungskündigung**. § 2 KSchG bezieht sich nach seinem Wortlaut nur auf die Kündigung des Arbeitsverhältnisses **durch** den Arbeitgeber. Das entspricht der in § 1 KSchG getroffenen Regelung. Eine Änderungskündigung **durch den Arbeitnehmer** ist gleichwohl zulässig (ErfK-*Oetker* § 2 Rn 6; *Hueck/Nipperdey* I, S. 550; *Löwisch* NZA 1988, 634). Sie dürfte allerdings in der Praxis selten vorkommen. Der vollzeitbeschäftigte Arbeitnehmer, der nicht oder nicht mehr mit voller Arbeitszeit arbeiten will oder kann und deshalb eine Teilzeitbeschäftigung anstrebt, kann von der Möglichkeit des § 8 TzBfG Gebrauch machen (s. Rdn 87). Erst wenn diese nicht greift, wäre an eine Änderungskündigung zu denken (vgl. auch *Löwisch* NZA 1988, 634). Der Arbeitnehmer muss dann – falls er nicht außerordentlich kündigt – die Kündigungsfrist einhalten. Nimmt der Arbeitgeber das Angebot nicht an, bleibt es bei der Beendigung des Arbeitsverhältnisses durch die Eigenkündigung des Arbeitnehmers (vgl. dazu auch *Hromadka* RdA 1992, 261). Zur Massenänderungskündigung durch die Arbeitnehmer s. Rdn 57 und KR-*Bader/Kreutzberg-Kowalczyk* § 25 KSchG Rdn 19. Im Rahmen des KSchG bleibt die arbeitnehmerseitige Änderungskündigung außer Betracht, das Gesetz gilt nur für Kündigungen durch den Arbeitgeber.

2. Echte Kündigung

11 § 2 KSchG setzt voraus, dass der Arbeitgeber das Arbeitsverhältnis **kündigt.** Die Änderungskündigung ist deshalb insofern eine **echte Kündigung** als sie die Beendigung des gesamten Arbeitsverhältnisses bewirken kann (*LKB/Linck* Rn 5; *Schwerdtner* FS 25 Jahre BAG, S. 556; *BAG* 30.5.1980 AP Nr. 8 zu § 611 BGB Arzt-Krankenhaus-Vertrag). Hierin unterscheidet sie sich von der – grds. unzulässigen – **Teilkündigung** (s. Rdn 84). Zur Beendigung des Arbeitsverhältnisses kommt es dann, wenn der Arbeitnehmer unter keinen Umständen bereit ist, zu den angebotenen neuen Bedingungen weiterzuarbeiten, er das Änderungsangebot also nicht, auch nicht unter Vorbehalt annimmt und er entweder gegen die Kündigung gerichtlich nicht oder verspätet vorgeht oder im Kündigungsrechtsstreit unterliegt.

12 Als echte Kündigung unterliegt die Änderungskündigung den **formalen Anforderungen** an die Wirksamkeit einer Kündigung (zur Schriftform gem. § 623 BGB s. Rdn 51; s. iE die Erl. zu § 623 BGB). Sie muss **deutlich und unmissverständlich** den Willen des Arbeitgebers erkennen lassen, das Arbeitsverhältnis zu beenden (s. zu den entsprechenden Anforderungen an die Kündigungserklärung KR-*Rachor* § 1 KSchG Rdn 159 ff.; SPV-*Preis* Rn 1290; *BAG* 27.9.1984 EzA § 2 KSchG Nr. 5; zu den Anforderungen an die **Bestimmtheit** des Angebots s. *BAG* 10.9.2009 EzA § 2 KSchG Nr. 74; 18.1.2007 EzA § 2 KSchG Nr. 64; 16.9.2004 EzA § 623 BGB 2002 Nr. 2 = AP Nr. 78 zu § 2 KSchG 1969 m. krit. Anm. *Löwisch*; *Hromadka* DB 2002, 1323; zu Bestimmtheitsgebot und Schriftform iE s. Rdn 52, 55).

13 Das bloße **Angebot einer Vertragsänderung** stellt keine Änderungskündigung dar, wenn nicht zugleich der Wille des Arbeitgebers deutlich wird, bei einer Ablehnung des Angebots das Arbeitsverhältnis zu beenden (vgl. *LAG Frankf.* 9.4.1990 RzK I 7a Nr. 20). Nimmt der Arbeitnehmer ein solches Angebot an, liegt eine – jederzeit zulässige – einverständliche Änderung des Arbeitsverhältnisses vor. Lehnt er das Angebot ab, muss der Arbeitgeber nunmehr eine Kündigung aussprechen, will er die Änderung durchsetzen. Dabei kann er ggf. auf das Änderungsangebot Bezug nehmen, hat allerdings § 623 BGB zu berücksichtigen (s. Rdn 51, 114).

II. Kündigung und Änderungsangebot

1. Zusammengesetztes Rechtsgeschäft

14 Eine Änderungskündigung ist gem. § 2 S. 1 KSchG ein aus **zwei Willenserklärungen** zusammengesetztes Rechtsgeschäft. Zur **Kündigungserklärung** hinzukommen muss als zweites Element das **Angebot der Fortsetzung des Arbeitsverhältnisses** zu geänderten vertraglichen Bedingungen (*BAG* 22.10.2015 EzA § 2 KSchG Nr. 93; 16.12.2010 EzA § 2 KSchG Nr. 81). Dabei ist jedoch zu berücksichtigen, dass es sich um einen im tatsächlichen wie im rechtlichen Sinne **einheitlichen Tatbestand** handelt (*BAG* 16.9.2004 EzA § 623 BGB 2002 nF Nr. 2; 17.5.2001 EzA § 620 BGB Kündigung Nr. 3). Der Arbeitgeber strebt mit einer Änderungskündigung letztlich eben nicht die Beendigung des Arbeitsverhältnisses an, sondern die Änderung der bestehenden Vertragsbedingungen.

2. Bedingte oder unbedingte Kündigung

Die rechtliche Verknüpfung von Kündigung und Änderungsangebot kann nach verbreiteter Meinung auf verschiedene Weise geschehen: Es kann eine **unbedingte Kündigung** ausgesprochen und daneben die Fortsetzung des Arbeitsverhältnisses angeboten werden (*Ascheid* Rn 468; MünchArbR-*Rennpferdt* 5. Aufl., § 117 Rn 8; *LKB/Linck* Rn 6; *Rücker* Die betriebsbedingte Änderungskündigung zur Entgeltreduzierung S. 55). Ebenso ist der Ausspruch einer **bedingten Kündigung** zulässig, wobei nach überwiegender Auffassung die – **aufschiebende** – (Potestativ-)Bedingung in der Ablehnung des Änderungsangebots durch den Arbeitnehmer liegt (APS-*Künzl* Rn 11; ErfK-*Oetker* Rn 11; *Benecke* NZA 2005, 1093; nach *Schwerdtner* FS 25 Jahre BAG, S. 556, ist im Zweifel diese Form gewollt), während nach anderer Ansicht die – **auflösende** – (Potestativ-)Bedingung gerade umgekehrt mit der Annahme des Änderungsangebots durch den Arbeitnehmer eintritt (*Brehm* Anm. zu BAG 28.5.1998 EzA § 2 KSchG Nr. 29; *Krois* Anm. zu *BAG* 10.9.2009 EzA § 2 KSchG Nr. 74; vgl. Rdn 108). 15

Die Möglichkeit des Ausspruchs einer bedingten Kündigung war schon vor Inkrafttreten der gesetzlichen Regelung allgemein anerkannt. § 2 KSchG hat daran nichts geändert. Der Wortlaut spricht zwar eher für die Variante der unbedingten Kündigung verbunden mit einem selbständigen Änderungsangebot, ist aber letztlich unergiebig. Er schließt jedenfalls die Möglichkeit der bedingten Änderungskündigung nicht aus. Es ist auch nicht ersichtlich, dass der Gesetzgeber eine solche Möglichkeit entgegen der bis dahin allgemein geteilten Rechtsauffassung hätte einschränken wollen. Dies gilt umso mehr, als dem Unterschied im Ergebnis eine sachliche Bedeutung nicht zukommt (*BAG* 30.5.1980 AP Nr. 8 zu § 611 BGB Arzt-Krankenhaus-Vertrag). 16

Die Annahme einer **bedingten** Kündigung ist nicht etwa deshalb unzulässig, weil die Kündigung als einseitiges Rechtsgeschäft grds. bedingungsfeindlich ist. Es ist anerkannt, dass eine Kündigung dann unter einer Bedingung ausgesprochen werden kann, wenn der Eintritt der Bedingung vom Willen des Kündigungsempfängers abhängig ist, also unter einer sog. **Potestativbedingung** steht (vgl. APS-*Künzl* Rn 12; *LKB/Linck* Rn 7; *Hohmeister* BB 1994, 1778; AnwK-ArbR/*Nübold* § 2 KSchG Rn 8; *Schwerdtner* FS 25 Jahre BAG, S. 556; *BAG* 27.6.1968, AP Nr. 1 zu § 626 BGB Bedingung). Eine Ungewissheit des Kündigungsempfängers über die Beendigung des Arbeitsverhältnisses, welche ansonsten gegen die Wirksamkeit einer bedingten Kündigung spricht, besteht hier nicht. Er hat es in der Hand, das Änderungsangebot abzulehnen oder anzunehmen, also den Eintritt der Bedingung herbeizuführen oder nicht und so für sich selbst alle Zweifel darüber auszuräumen, ob das Arbeitsverhältnis beendet wird oder nicht. 17

Sowohl für die Befürworter der Möglichkeit des Ausspruchs einer **unbedingten** Kündigung verbunden mit einem Angebot zur Fortsetzung des Arbeitsverhältnisses zu geänderten Vertragsbedingungen als auch für die Stimmen, die den Ausspruch einer **aufschiebend bedingten** Kündigung für möglich halten, stellen sich freilich bei näherem Zusehen **dogmatische Probleme**. Erstere müssen erklären, wie die **Beendigungswirkung** der unbedingt ausgesprochenen Kündigung allein dadurch **entfallen** soll, dass der Arbeitnehmer das Änderungsangebot annimmt. Soweit sie die Ansicht vertreten, dass die Annahme des Änderungsangebots unter Vorbehalt die Beendigungswirkung der Kündigung gar nicht entfallen lasse (so etwa *Berkowsky* NZA 1999, 293, 296; *ders.* NZA Beil. 2/ 2010, 50, 57), bleibt unklar, wodurch bei Wirksamkeit der Kündigung und sozialer Rechtfertigung der Änderung die Beendigungswirkung der Kündigung überhaupt je entfallen soll. Letztere haben zu bedenken, dass gem. § 158 Abs. 1 BGB die von einer aufschiebenden Bedingung abhängig gemachten Wirkungen des Rechtsgeschäfts – hier die einseitige »Lossagung« vom Arbeitsverhältnis – erst zusammen mit der Bedingung selbst eintreten; vom Eintritt dieser Wirkung wiederum dürfte das In-Lauf-Setzen von Kündigungs- und Klagefrist abhängen (vgl. *Krois* Anm. zu *BAG* 10.9.2009 EzA § 2 KSchG Nr. 74 wmN). Dann ist kaum zu erklären, weshalb etwa die Klagefrist schon mit dem Zugang der – aufschiebend bedingten – Kündigungserklärung und nicht erst mit dem Bedingungseintritt – der Ablehnung des Änderungsangebots – zu laufen beginnt. 18

Die Befürworter der Möglichkeit einer **unbedingt** erklärten Kündigung werden deshalb annehmen müssen, dass zu Kündigung und Fortsetzungsangebot unter Änderungen eine **dritte Willenserklärung** 19 (konkludent) hinzutritt, mit der der Arbeitgeber dem Arbeitnehmer – aufschiebend bedingt durch die Annahme des Änderungsangebots zumindest unter Vorbehalt – die »Rücknahme« der Kündigung, dh die einvernehmliche Beseitigung aller Wirkungen der Kündigung anbietet, in die der Arbeitnehmer mit Annahme des Änderungsangebots, sei sie mit oder ohne Vorbehalt erklärt, (konkludent) einwilligt so – zumindest im Ergebnis – *Niemann* RdA 2016, 339, 341). Die zweite Möglichkeit – die **bedingte** Erklärung einer Kündigung – ist dagegen unproblematisch, wenn die Bedingung nicht als aufschiebende, sondern als **auflösende Bedingung** gedacht wird. Mit dem Eintritt der Bedingung – der Annahme des Änderungsangebots (unter Vorbehalt) – endigt nach § 158 Abs. 2 BGB die Wirkung des Rechtsgeschäfts – der Beendigungskündigung – »automatisch«; mit diesem Zeitpunkt tritt der frühere Rechtszustand – ex tunc – wieder ein (vgl. auch dazu *Krois* Anm. zu *BAG* 10.9.2009 EzA § 2 KSchG Nr. 74 wmN). Es ist nicht unvereinbar mit dem »Charakter der Änderungskündigung«, dass die Kündigung als eines ihrer Elemente auf diese Weise wegfällt, weil es dann bei der Änderungsschutzklage am Kündigungselement fehle, das einer gerichtlichen Wirksamkeitsprüfung zugänglich wäre, und weil eine isolierte Wirksamkeitsprüfung nur des Änderungselements nicht vorgesehen sei (so MünchArbR-*Rennpferdt* 5. Aufl., § 117 Rn 8) oder weil ohne Prüfung der Kündigung und der Kündigungsgründe die »Prüfung der sozialen Rechtfertigung der Änderungsabrede im luftleeren Raum« schwebe (so *Preis* NZA 2015, 1, 9). Das Angebot, das Arbeitsverhältnis zu geänderten »Arbeitsbedingungen« fortzusetzen, kann nach § 2 S. 2 KSchG unter dem Vorbehalt angenommen werden, dass »die Änderung der Arbeitsbedingungen nicht sozial ungerechtfertigt ist (§ 1 Abs. 2 S. 1 bis 3, Abs. 3 S. 1 und 2)«, und nach § 4 S. 2 KSchG ist auf eben diese Feststellung Klage zu erheben. Das »Kündigungselement« kommt folglich nach der Annahme unter Vorbehalt gesetzlich nicht mehr vor, es geht von nun an – gerade auch nach dem Gesetzeswortlaut – (nur noch) um die soziale Rechtfertigung der Änderung der Arbeits-, genauer der Arbeits*vertrags*bedingungen (ähnlich *Wallner* NZA 2017, 1562, 1564; *Fischermeier* NZA 2000, 737, 738). Der Klammerzusatz in § 2 S. 1 KSchG verweist dabei auf den **Prüfungsmaßstab** und nicht auf die Kündigung als angeblich einzig möglichen Prüfungsgegenstand. **Prüfungsgegenstand** ist nach der Annahme unter Vorbehalt die Frage, ob es nach Maßgabe von § 1 Abs. 2, Abs. 3 KSchG sozial gerechtfertigt ist, die bestehenden Vertragsbedingungen **gegen den Willen** des Arbeitnehmers zu ändern, und ob – mit Blick auf § 4 S. 2 KSchG – die angebotenen neuen Bedingungen sonstigen Wirksamkeitsvoraussetzungen entsprechen. In beiden Fällen – dem der unbedingt und dem der auflösend bedingt erklärten Kündigung – sorgt die vom Arbeitnehmer unter Vorbehalt erklärte Annahme des Angebots, das Arbeitsverhältnis zu geänderten Vertragsbedingungen fortzusetzen, sowohl materiell-rechtlich als auch prozessual dafür, dass der Streit der Parteien nur noch um die Berechtigung der Vertragsänderung, nicht mehr um die Wirksamkeit einer zur Beendigung des Arbeitsverhältnisses führenden Erklärung geführt wird. Dass es trotz des Vorbehalts auch ohne eine neuerliche (Annahme-)Erklärung von Seiten des Arbeitgebers in jedem Fall zu einer Fortsetzung des Arbeitsverhältnisses als solchen kommt, beruht auf der Verdrängung der allgemeinen Regelung des **§ 150 Abs. 2 BGB** durch die spezial-gesetzlich eröffnete Möglichkeit einer Annahme unter Vorbehalt in § 2 S. 1 KSchG. Da die Annahme des Änderungsangebots unter dem Vorbehalt seiner sozialen Rechtfertigung die Kündigungserklärung als solche entfallen lässt, wären Gründe gegen die Wirksamkeit nicht des Angebots, sondern gerade der Kündigung – etwa ein Verstoß gegen § 102 Abs. 1 BetrVG oder § 9 MuSchG – im Prozess nicht mehr anzubringen. Dies liegt – für den Arbeitgeber ohne Weiteres erkennbar – nicht im Interesse des Arbeitnehmers. Die Annahme unter dem **Vorbehalt** des § 2 S. 1 KSchG steht deshalb materiellrechtlich typischerweise ihrerseits unter der (konkludenten) **aufschiebenden Bedingung**, dass sich nicht schon die Kündigung selbst im Prozess als rechtsunwirksam erweist (*Kreft* FS Preis, S. 695, 699; s. iE Rdn 40, 106 ff.). Zur Wahrung der Frist des § 2 S. 2 KSchG ist dies ausreichend, der Arbeitgeber ist hinreichend informiert (s. Rdn 126).

III. Zusammenhang zwischen Kündigung und Änderungsangebot

20 Der Arbeitgeber muss dem Arbeitnehmer im **Zusammenhang** mit der Kündigung ein **Änderungsangebot** machen. Entsprechend der besonderen Zielrichtung der Änderungskündigung ist ein sachlicher Zusammenhang grds. immer dann gegeben, wenn erkennbar ist, dass der Wille des Arbeitgebers nicht vorrangig auf die Beendigung des Arbeitsverhältnisses, sondern auf seine

Fortsetzung zu anderen Vertragsbedingungen gerichtet ist (vgl. *Becker-Schaffner* BB 1991, 129). Die Fortsetzung des Arbeitsverhältnisses zu geänderten Bedingungen muss aber **nicht das ausschließliche Motiv** des Arbeitgebers sein. Eine Änderungskündigung liegt auch dann vor, wenn der Arbeitgeber in erster Linie die Trennung von dem Arbeitnehmer wünscht, es aber in Kauf nimmt, dass der Arbeitnehmer das – nach den betrieblichen Verhältnissen mögliche und daher vorrangige (s. Rdn 22 ff.) – Änderungsangebot annimmt. Erforderlich, aber auch ausreichend ist es, wenn der Arbeitgeber gegenüber dem Arbeitnehmer im Zusammenhang mit der Kündigung seinen Willen erklärt, das Arbeitsverhältnis zu den geänderten Vertragsbedingungen fortzusetzen, die Weiterbeschäftigung jedoch von der Annahme dieses Angebots abhänge und im Falle der Ablehnung das Arbeitsverhältnis beendet sein solle (*BAG* 27.5.1982 DB 1984, 620).

IV. Zeitliche Abfolge von Änderungsangebot und Kündigung

Offen gelassen hat der Gesetzgeber die Frage der **zeitlichen Abfolge** von Kündigung und Änderungsangebot. Der vom Gesetz geforderte Zusammenhang von Angebot und Kündigung kann dem Wortlaut nach sowohl dann vorliegen, wenn das Änderungsangebot der Kündigung vorausgeht, als auch dann, wenn beide gleichzeitig ausgesprochen werden, und ebenso dann, wenn das Angebot nachträglich unter Bezugnahme auf die bereits ausgesprochene Kündigung erfolgt. Sinn und Zweck der gesetzlichen Regelung verlangen allerdings gewisse Einschränkungen. 21

1. Angebot vor oder bei Kündigung?

Mit Blick auf die zeitliche Abfolge von Änderungsangebot und Kündigung hatte das *BAG* in der Entscheidung vom 27.9.1984 (EzA § 2 KSchG Nr. 5 m. zust. Anm. *Kraft* = AP Nr. 8 zu § 2 KSchG 1969 m. abl. Anm. *v. Hoyningen-Huene*) »im Wege der Rechtsfortbildung« (SPV-*Preis* Rn 994) eine Art »Vorverfahren« entwickelt. Danach hatte der Arbeitgeber dem Arbeitnehmer **vor Ausspruch** einer Beendigungskündigung ein **Änderungsangebot** zu machen. Er hatte dabei klarzustellen, dass bei Ablehnung des Angebots eine Beendigungskündigung beabsichtigt sei. In Anlehnung an § 102 Abs. 2 S. 1 BetrVG räumte das *BAG* dem Arbeitnehmer eine **Überlegungsfrist** von einer Woche ein. Der Arbeitnehmer konnte das Angebot endgültig **annehmen**; dann war das Arbeitsverhältnis einvernehmlich abgeändert. Er konnte es endgültig und vorbehaltlos **ablehnen** (s. zu den Anforderungen an die Erklärung *LAG Bln.* 13.1.2000 LAGE § 2 KSchG Nr. 37). Dann war der Weg frei für eine Beendigungskündigung. Der Arbeitnehmer konnte in einem eventuellen Kündigungsschutzverfahren den Arbeitgeber nicht mehr darauf verweisen, dass eine Weiterbeschäftigung zu den – zuvor abgelehnten – Bedingungen möglich gewesen wäre. 22

Diese Rechtsprechung ist zu Recht auf Kritik gestoßen. Zwar ist der Ansicht zuzustimmen, es bestehe auch bei der ordentlichen Kündigung eine **Initiativlast** des Arbeitgebers hinsichtlich der Erteilung eines entsprechenden Änderungsangebots. Zutreffend ist auch, dass die Kündigung dem **Angebot nachfolgen** und der Arbeitgeber bei Ausspruch der Kündigung auf das zuvor abgelehnte Angebot zurückgreifen kann. Richtig ist ferner, dass der Arbeitgeber direkt zur Beendigungskündigung greifen kann, falls der Arbeitnehmer die Annahme der geänderten Arbeitsbedingungen in Kenntnis der beabsichtigten Kündigung endgültig und vorbehaltlos abgelehnt hat (s. aber Rdn 25, Rdn 166). 23

Es ist aber nicht zu begründen, dass der **Arbeitgeber verpflichtet** sein soll, in jedem Fall zunächst eine solche **Verhandlungslösung zu versuchen** (ErfK-*Oetker* Rn 4; *LKB/Linck* Rn 28, 77; APS-*Künzl* Rn 39). Es besteht kein Anlass, dem Arbeitgeber das Recht zu nehmen, auch ohne vorherige Abklärung mit dem Arbeitnehmer eine Änderungskündigung auszusprechen, in welcher er Angebot und Kündigung miteinander verbindet. Die Interessen des Arbeitnehmers sind durch § 2 KSchG hinreichend geschützt. Er kann innerhalb der Kündigungsfrist – längstens freilich der Dreiwochenfrist des § 4 KSchG – frei wählen, ob er das Angebot ablehnen oder es endgültig oder unter Vorbehalt der sozialen Rechtfertigung annehmen will. Der Einräumung einer **Überlegungsfrist** vor Ausspruch der Kündigung bedarf es **nicht**. Für anzustellende Überlegungen reichen die Fristen des § 2 S. 2 KSchG aus. Würde man eine Entscheidung des Arbeitnehmers bereits vor der Kündigung innerhalb der vom *BAG* (27.9.1984 EzA § 2 KSchG Nr. 5) auf eine Woche festgelegten 24

Überlegungsfrist verlangen – also eine Entscheidung über die endgültige Annahme, die endgültige Ablehnung oder die Annahme unter Vorbehalt –, würden die Rechte des Arbeitnehmers entgegen § 2 KSchG in all den Fällen verkürzt, in denen die Kündigungsfrist mehr als eine Woche – bis zu drei Wochen – beträgt. Unbeantwortet blieb auch die Frage, wie ein **Schweigen** des Arbeitnehmers innerhalb der Wochenfrist zu deuten wäre.

25 In seinen Urteilen vom 21.4.2005 (EzA § 2 KSchG Nr. 52 m. krit. Anm. *Buchner* und EzA § 2 KSchG Nr. 53 = AP Nr. 79 zu § 2 KSchG 1969 m. krit. Anm. *Wank;* s. ferner *BAG* 21.9.2006 EzA § 2 KSchG Nr. 62) ist das *BAG* dieser **Kritik** gefolgt. Es wendet die Grundsätze der Entscheidung vom 27.9.1984 (EzA § 2 KSchG Nr. 5) nur noch **eingeschränkt** an. Auch nach Auffassung des *BAG* gilt statt ihrer nunmehr Folgendes: Der Arbeitgeber muss vor Ausspruch einer ordentlichen **Beendigungskündigung** von sich aus dem Arbeitnehmer eine objektiv mögliche und beiden Parteien zumutbare Beschäftigung – auf einem freien Arbeitsplatz – zu geänderten Vertragsbedingungen anbieten (so auch *BAG* 3.4.2008 EzA § 2 KSchG Nr. 70). Er ist aber nicht verpflichtet, in jedem Fall vorweg in Verhandlungen mit dem Arbeitnehmer einzutreten. Vielmehr kann er auch ohne vorherige Verhandlungen eine **Änderungskündigung** aussprechen und auf diese Weise Angebot und Kündigung unmittelbar miteinander verbinden. Spricht der Arbeitgeber nach vorausgegangenen, erfolglosen Verhandlungen eine Beendigungskündigung aus, ist es dem Arbeitnehmer grds. nicht verwehrt, auf die Möglichkeit einer Änderungskündigung mit dem zuvor abgelehnten Inhalt zu verweisen. Das ist nur dann ausgeschlossen, wenn der Arbeitnehmer das Änderungsangebot zuvor **vorbehaltlos und endgültig abgelehnt** hat (*BAG* 7.12.2000 EzA § 1 KSchG Betriebsbedingte Kündigung Nr. 108). Für eine Ablehnung in diesem Sinne ist es erforderlich, dass der Arbeitnehmer unmissverständlich zu erkennen gegeben hat, er sei unter keinen Umständen bereit, zu den geänderten Bedingungen zu arbeiten. Die »**einfache**« Ablehnung des vorangegangenen Angebots enthebt den Arbeitgeber dagegen nicht von der Verpflichtung, das betreffende Angebot dem Arbeitnehmer im Rahmen einer Änderungskündigung **erneut** zu unterbreiten. Es ist nicht ausgeschlossen, dass sich der Arbeitnehmer unter dem Eindruck der andernfalls zu befürchtenden Beendigung des Arbeitsverhältnisses doch noch zur Annahme des Änderungsangebots, und sei es unter Vorbehalt entschließt (vgl. *Krois* ZfA 2009, 590). Der Verhältnismäßigkeitsgrundsatz gebietet es, ihm diese Chance einzuräumen. Eine Änderungskündigung kann lediglich in solchen (Extrem-)Fällen unterbleiben, in denen der Arbeitgeber mit einer Annahme des Änderungsangebots durch den Arbeitnehmer bei objektiver Betrachtung **schlechterdings nicht rechnen** musste (zB Besetzung einer Pförtnerstelle mit dem bisherigen Personalchef). Im Regelfall hat dagegen der **Arbeitnehmer selbst** zu entscheiden, ob er eine Weiterbeschäftigung unter möglicherweise erheblich verschlechterten Arbeitsbedingungen für zumutbar hält oder nicht (*BAG* 23.2.2010 EzA § 15 KSchG n. F. Nr. 66 mwN. Der **Arbeitgeber** trägt die **Darlegungs- und Beweislast** dafür, dass der Arbeitnehmer das Änderungsangebot endgültig abgelehnt hat, er also weder einvernehmlich noch unter dem Vorbehalt der Prüfung der sozialen Rechtfertigung iSd § 2 KSchG bereit war, zu den geänderten Bedingungen zu arbeiten (*BAG* 21.4.2005 EzA § 2 KSchG Nr. 52 u. Nr. 53; dazu auch – im Wesentlichen krit. – *Annuß* NJW 2006, 2153; APS-*Künzl* Rn 37; *Bauer/Winzer* BB 2006, 266; *Berkowsky* NZA 2006 697; *Edenfeld* RdA 2006, 177; *Kock* NJW 2006 728; *Lelley/Sabin* DB 2006, 1110; s.a. *Mohnke* AuA 2006, 274; s. iE *Rost* FS Hromadka S. 320 ff.).

26 Diese Rechtsprechung hat ihrerseits **Kritik** erfahren. So lehnt *Wank* (RdA 2012, 141 f.; ähnlich krit. bereits *Annuß* NZA 2005, 443 f.) die Ableitung des Grundsatzes des Vorrangs der Änderungs- vor der Beendigungskündigung aus dem Verhältnismäßigkeitsprinzip generell ab. Dabei hat er die gesetzliche Anforderung, dass eine auf dringende betriebliche Erfordernisse gestützte Beendigungskündigung durch diese Erfordernisse »**bedingt**« sein muss, nicht einmal erwähnt. Er schließt allein aus dem Gebrauch des Perfekt in § 1 Abs. 2 S. 3 KSchG – »sein Einverständnis ... erklärt hat« – darauf, dass ein Zwang zur Unterbreitung eines Änderungsangebots vor Ausspruch einer reinen Beendigungskündigung gesetzlich gerade verneint werde. Wie es zu einem solchen Einverständnis kommen kann, wenn der Arbeitgeber eine andere Beschäftigung vor Kündigungsausspruch nicht anbietet – was er nach Ansicht von *Wank* auch nicht muss –, obwohl sie besteht, und der Arbeitnehmer von ihr nichts weiß, wird nicht dargelegt. Dies vermag nicht zu überzeugen.

Das *BAG* ist mit seinen Urteilen vom 21.4.2005 (EzA § 2 KSchG Nr. 52) und 21.9.2006 (EzA § 2 KSchG Nr. 62) in einem **weiteren Punkt** von seiner Entscheidung vom 27.9.1984 (EzA § 2 KSchG Nr. 5) abgerückt. Es hatte seinerzeit die Auffassung vertreten, falls der Arbeitgeber es unterlassen habe, dem Arbeitnehmer vor Ausspruch einer Änderungskündigung ein mögliches und zumutbares Änderungsangebot zu unterbreiten, müsse die **hypothetische Bereitschaft** des Arbeitnehmers geprüft werden, ein solches Angebot wenigstens unter Vorbehalt anzunehmen. Zu Recht hatte *Preis* (Prinzipien, S. 302 f.; *ders.* NZA 1997, 1077) auf die fehlende Justiziabilität einer solchen Prüfung hingewiesen, die sich im Bereich der Spekulation bewege. Auf den hypothetischen Geschehensablauf kommt es nicht an. Entscheidend ist vielmehr, ob eine geeignete Weiterbeschäftigungsmöglichkeit **objektiv vorhanden** war und der Arbeitnehmer sich darauf im Kündigungsschutzverfahren widerspruchsfrei berufen hat. Hatte der Arbeitnehmer vor Kündigungsausspruch erkennen lassen, dass er das Änderungsangebot in keinem Fall annehmen werde, ist sein Verhalten **widersprüchlich** und damit nicht erheblich (*Preis* Prinzipien, S. 302 f.; zust. *Hillebrecht* ZfA 1991, 87, 114; *Kiel* Die anderweitige Beschäftigungsmöglichkeit im Kündigungsschutz, S. 114 f.) 27

Selbstverständlich kann der Arbeitgeber nach wie vor **versuchen**, alle diese Fragen **vorab** zu klären. Die Akzentverschiebung in der Rechtsprechung wird deutlich in den Fällen, in denen eine Vorabklärung nicht gelingt oder vom Arbeitgeber eben nicht versucht worden ist und dieser sodann eine Beendigungskündigung ausspricht, ohne mit ihr das Angebot einer Weiterbeschäftigung zu geänderten Vertragsbedingungen zu verbinden. Beruft sich der Arbeitnehmer im Kündigungsschutzverfahren auf die betreffende Weiterbeschäftigungsmöglichkeit, hängt die Wirksamkeit der Kündigung zwar von strengen Voraussetzungen ab, ist aber nicht ausgeschlossen. Zum einen bleibt die Grenze des »Extremfalls« zu berücksichtigen (vgl. Rdn 25). Zum anderen darf es sich nicht nur um einen »**freien**« **Arbeitsplatz** handeln, sondern muss der Arbeitnehmer für die Stelle auch **geeignet sein**. Dabei kommt ein Arbeitnehmer einer höheren Hierarchiestufe keineswegs automatisch für alle auf einer niedrigeren Ebene liegenden Stellen in Frage. Die Eignung kann auch unter dem Gesichtspunkt der Überqualifikation fraglich sein. Die Ungeeignetheit kann sich darüber hinaus aus **zu erwartenden betrieblichen Störungen** ergeben, wie sie etwa mit einer deutlichen Rückstufung in der betrieblichen Hierarchie verbunden sein können. So dürfte es problematisch sein, wenn der Arbeitnehmer so weit in der Personalhierarchie zurückgestuft werden müsste, dass viele seiner bisherigen Untergebenen ihm nunmehr Weisungen erteilen könnten (*BAG* 21.9.2006 EzA § 2 KSchG Nr. 62). Wenn hierin nicht schon ein »**beleidigendes**« und aus diesem Grunde nicht in Erwägung zu ziehendes Angebot gesehen werden muss, so kann es sich zumindest im Hinblick auf zu erwartende erhebliche betriebliche Konflikte unter dem Aspekt des Fehlens persönlicher Eignung als für den Arbeitgeber unzumutbar erweisen (vgl. auch *Annuß/Bartz* NJW 2006, 2151, 2155; APS-*Künzl* Rn 34). Es bleibt auch **das Verhalten des Arbeitnehmers** nach Ausspruch einer Beendigungskündigung zu werten. Beruft er sich trotz Kenntnis von einer freien, in der betrieblichen Hierarchie weit entfernten Stelle auf diese **nicht** etwa **zeitnah**, sondern erst geraume Zeit nach Beginn der gerichtlichen Auseinandersetzung, spricht vieles dafür, dass er ursprünglich von einer für ihn selbst unzumutbaren Situation im Betrieb und bei seiner Tätigkeit ausging und ihm deshalb ein entsprechendes Änderungsangebot auch nicht unterbreitet werden musste. Sein Verhalten indiziert, dass er ein solches Angebot vor Ausspruch der Kündigung in keinem Fall angenommen hätte. Der spätere Verweis auf eine solche Weiterbeschäftigungsmöglichkeit erscheint dann **nicht widerspruchsfrei** (vgl. *BAG* 21.9.2006 EzA § 2 KSchG Nr. 62). Die vereinzelt geäußerte Befürchtung, die neuere Rechtsprechung des BAG führe zu einem »Durchkämmen« des Betriebs (*Wank* Anm. zu *BAG* 21.4.2005 AP Nr. 79 zu § 2 KSchG 1969) dürfte deshalb unbegründet sein. 28

Kommen **mehrere Möglichkeiten** einer Weiterbeschäftigung zu geänderten Vertragsbedingungen in Betracht und unterlässt der Arbeitgeber eine Vorabklärung oder scheitert diese, weil der Arbeitnehmer keine Erklärung abgibt, hat der Arbeitgeber denjenigen Arbeitsplatz anzubieten, welcher aus objektiver Sicht den Bedingungen am **bisherigen Arbeitsplatz am Nächsten** kommt. Auszugehen ist von dem Beurteilungsmaßstab, den das Gericht im Rahmen eines Änderungsschutzverfahrens anlegen würde. Dabei sind die erkennbaren Interessen des Arbeitnehmers – etwa mit Blick auf einen Ortswechsel – zu berücksichtigen. Ergibt die Beurteilung kein eindeutiges Bild oder führt sie zu dem Ergebnis, dass mehrere gleichwertige Beschäftigungsmöglichkeiten bestehen, kann der 29

Arbeitgeber entsprechende **Alternativen** zur Wahl **anbieten** (vgl. *BAG* 10.4.2014 EzA § 2 KSchG Nr. 89; so auch APS-*Künzl* Rn 35; *LKB/Linck* Rn 88; SPV-*Preis* Rn 1290a; *Wagner* NZA 2008, 1333; zweifelnd *Schrader/Straube* DB 2006, 1678). Dies führt nicht zu Komplikationen in den betrieblichen Abläufen. Der Arbeitnehmer hat die Möglichkeit, sich innerhalb der Fristen des § 4 S. 2 KSchG für einen der angebotenen Arbeitsplätze – ggf. unter Vorbehalt – oder umgekehrt gegen sämtliche Angebote zu entscheiden. Spätestens dann ist für den Arbeitgeber klar, wie er zu disponieren hat. Ein angebotener, aber nicht akzeptierter Arbeitsplatz scheidet von da an für den Arbeitnehmer aus und braucht nicht weiter vorgehalten, sondern kann neu besetzt werden (vgl. **zu weiteren Einzelfragen** in diesem Zusammenhang *Rost* FS-Hromadka S. 324 ff.; für den umgekehrten Fall des Bestehens unterschiedlich attraktiver Weiterbeschäftigungsmöglichkeiten und der **Konkurrenz mehrerer** gekündigter »Interessenten« vgl. *BAG* 12.8.2010 EzA § 2 KSchG Nr. 79; s.a. Rdn 161 f.).

2. Angebot auch nach der Kündigung?

30 Fraglich ist, ob das **Änderungsangebot der Kündigung zeitlich auch nachgehen** kann. Dabei ist insbes. an den Fall zu denken, dass die geänderten Vertragsbedingungen bei Ausspruch der Kündigung noch nicht abschließend festgelegt, sondern vom Arbeitgeber lediglich in Aussicht gestellt werden. Es wird vertreten, das Nachschieben eines (präzisierten) Änderungsangebots sei bis zum Ablauf der Kündigungsfrist zulässig, wobei die Dreiwochenfrist zur Erhebung der Kündigungsschutzklage die äußerste Grenze darstelle (*Schmidt* NJW 1971, 684). Andere Stimmen sehen in einem derartigen Sachverhalt zwar keine Änderungskündigung mehr, meinen aber, die Anwendung des § 2 KSchG sei durch den Wortlaut gedeckt und in der Sache berechtigt (LSW-*Löwisch/Wertheimer* Rn 25; *Adomeit* DB 1969, 2179; s.a. Rdn 35 f.).

31 Soweit die Änderungskündigung in Form der **bedingten** Kündigung (s. Rdn 17 f.) ausgesprochen wird, bestehen gegen die Verknüpfung der Kündigung mit einem erst in Aussicht gestellten Änderungsangebot grundlegende dogmatische **Bedenken**. Wird die Kündigung in ihrem Bestand von einer – aufschiebenden oder auflösenden – Bedingung abhängig gemacht, muss bei ihrem Ausspruch der Inhalt der Bedingung notwendigerweise feststehen, da sonst eine bedingte Kündigung gerade nicht sicher vorliegt. Das folgt aus dem **Bestimmtheitsgrundsatz**. Ist die Bedingung, unter der die Kündigungswirkungen eintreten bzw. entfallen sollen, unbestimmt, fehlt es zugleich an der für die Kündigungserklärung als solche erforderlichen Bestimmtheit. Bei einer **bedingten Kündigung** ist damit das Änderungsangebot **spätestens** mit Ausspruch der Kündigung zu erklären (so auch APS-*Künzl* Rn 27; *Schaub* RdA 1970, 231).

32 Eine Ausnahme wird für den Fall angenommen, dass die Kündigung »**vorfristig**« ausgesprochen wurde und das Änderungsangebot unter ausdrücklichem Bezug auf die bereits ausgesprochene Kündigung zwar nachgeschoben wird, dem Arbeitnehmer aber noch **vor dem Beginn** der Mindestkündigungsfrist zugeht (*Schaub* RdA 1970, 231; *ders.* in: Hromadka, Änderung, S. 75, 76; offen gelassen in *LAG RhPf* 6.2.1987 LAGE § 2 KSchG Nr. 6). Dem ist nur insofern zuzustimmen, als in dem Nachschieben des Angebots der **erneute Anspruch einer Kündigung** – jetzt als Änderungskündigung – gesehen werden kann. Ob dies der tatsächlich Fall ist, ist eine Frage der Auslegung (vgl. auch DDZ-*Zwanziger* Rn 122; *Kiel/Koch* Rn 415; *Wallner* S. 43). Da an die Eindeutigkeit von Kündigungserklärungen strenge Anforderungen zu stellen sind (s. Rdn 12), ist dem Arbeitgeber eine Klarstellung anzuraten. Dies ist außerdem zur **Formwahrung gem. § 623 BGB** geboten (s. *BAG* 16.9.2004 EzA § 623 BGB 2002 Nr. 2 – s. Rdn 49). Eine Verkürzung der Erklärungsfrist nach § 2 S. 2 KSchG tritt in diesem Fall nicht ein, weil die Frist erst mit Zugang der modifizierten Kündigung beginnt (so auch DDZ-*Zwanziger* Rn 121). Im nachträglichen Ausspruch der Änderungskündigung dürfte regelmäßig die »Rücknahme« der zunächst ausgesprochenen reinen Beendigungskündigung oder einer Änderungskündigung mit anderslautendem Änderungsangebot zu sehen sein.

33 Was für die durch die Annahme des Änderungsangebots bedingte Kündigung gilt, kann für die **unbedingte Kündigung**, die mit einem Änderungsangebot verbunden ist, im Ergebnis nicht anders sein. Zwar bestehen bei einer nachträglichen Verknüpfung der unbedingt ausgesprochenen Kündigung mit dem Angebot, das Arbeitsverhältnis mit geändertem Vertragsinhalt fortzusetzen, nicht die für die bedingte

Kündigung aufgezeigten dogmatischen Bedenken aus dem Recht der Willenserklärung (s. Rdn 31). Eine unterschiedliche Behandlung ist aber nicht gerechtfertigt. Da der Arbeitnehmer zum Änderungsangebot gem. § 2 S. 2 KSchG bis zum Ablauf der Kündigungsfrist, spätestens bis zum Ablauf von drei Wochen nach Zugang der Kündigung Stellung nehmen muss (s. Rdn 122), hätte es der Arbeitgeber in der Hand, diese Überlegungsfrist des Arbeitnehmers nach Belieben zu verkürzen, indem er mit dem Änderungsangebot bis zum letzten Tage der Frist abwartete. Die vom Gesetz gewährte Annahmefrist wäre damit hinfällig. Es muss deshalb auch in diesem Fall das **Änderungsangebot** dem Arbeitnehmer spätestens **zugleich** mit der Kündigung zugehen. Außerdem würden andernfalls Gesichtspunkte in die Beurteilung der Wirksamkeit der (Beendigungs-)Kündigung einbezogen, die bei deren Zugang noch nicht vorlagen; das vertrüge sich nicht mit dem Grundsatz, dass die Wirksamkeit einer Kündigung nur nach den objektiven Verhältnissen im Zeitpunkt des Kündigungszugangs zu beurteilen ist (dazu *BAG* 17.2.2016 EzA § 2 KSchG Nr. 97; 31.7.2014 EzA § 1 KSchG Betriebsbedingte Kündigung Nr. 181; 10.6.2010 § 626 BGB 2002 Nr. 32; die Gleichzeitigkeit von Kündigung und Änderungsangebot verlangen auch *BAG* 17.5.2001 EzA § 620 BGB Kündigung Nr. 3; 10.12.1975 AP §§ 22, 23 BAT Nr. 90; APS-*Künzl* Rn 28; SPV-*Preis* Rn 1288; zur Anhörung des Betriebsrats s. Rdn 32). Dem Arbeitgeber steht es überdies bei »vorfristig« erklärter Kündigung bis zum letztmöglichen Kündigungstermin offen, die Kündigung zum selben Endzeitpunkt als Änderungskündigung zu wiederholen (s. Rdn 32). Es hat also bei dem Grundsatz zu verbleiben, dass das **Änderungsangebot** in jedem Fall **spätestens zusammen mit der Kündigung** erklärt werden muss. Ein erst danach – möglicherweise gar erst im Lauf des Kündigungsschutzverfahrens – abgegebenes Änderungsangebot ist nicht mehr zu berücksichtigen (*BAG* 17.5.2001 EzA § 620 BGB Kündigung Nr. 3; SES-*Schwarze* Rn 10; anders *Löwisch* NZA 1988, 633 f.). Eine unbedingte Kündigungserklärung ohne gleichzeitiges oder vorausgegangenes Änderungsangebot, auf das in der Kündigung Bezug genommen wird, ist nicht als Änderungskündigung, sondern als Beendigungskündigung zu werten (*BAG* 17.5.2001 § 620 BGB Kündigung Nr. 3).

Die Konsequenz aus der vorstehenden Auffassung ist, dass der Arbeitnehmer sich auf ein verspätetes Angebot des Arbeitgebers, das Arbeitsverhältnis zu veränderten Vertragsbedingungen fortzusetzen, nicht einlassen muss, weil eine Änderungskündigung gar nicht vorliegt. Allerdings mag sich aus den Umständen des Einzelfalls ergeben, dass mit der fraglichen (Kündigungs-)Erklärung des Arbeitgebers – insbes. dann, wenn dieser ein nachfolgendes Änderungsangebot in Aussicht gestellt hatte – überhaupt noch kein rechtsverbindliches Rechtsgeschäft vorgenommen werden sollte. 34

Die Forderung nach Gleichzeitigkeit von Kündigung und Änderungsangebot dient dem **Schutz des Arbeitnehmers**. Ihm soll eine der Intention des Gesetzes entsprechende Überlegungsfrist eingeräumt werden (vgl. auch *BAG* 27.9.1984 EzA § 2 KSchG Nr. 5). Das schließt einen Verzicht des Arbeitnehmers auf eine solche Frist nicht aus. Bietet der Arbeitgeber nachträglich die Fortsetzung des – gekündigten – Arbeitsverhältnisses zu geänderten Bedingungen an, kann sich der Arbeitnehmer damit einverstanden erklären. Damit ist die Kündigung einvernehmlich aus der Welt geschafft. 35

Hat der Arbeitnehmer bereits Kündigungsschutzklage gegen die Beendigungskündigung erhoben oder ist die Dreiwochenfrist bei Erklärung des Angebots noch nicht abgelaufen, kann er das Angebot des Arbeitgebers auch unter dem Vorbehalt annehmen, dass die jetzt angebotene Änderung nicht sozialwidrig ist (s. aber Rdn 7 ff.). Zwar ist dies **kein Fall der eigentlichen Änderungskündigung** mehr. Der Arbeitgeber ist daher, im Unterschied zur »echten« Änderungskündigung, auch nicht verpflichtet, die Annahme seines Angebots unter einem solchen Vorbehalt zu akzeptieren (§ 150 Abs. 2 BGB). Liegt aber ein entsprechendes Einverständnis der Parteien vor, das Arbeitsverhältnis im Fall der Feststellung der Unwirksamkeit der angebotenen Bedingungen zu den bisherigen Vertragsbedingungen fortzusetzen, bestehen keine Bedenken dagegen, das Änderungsschutzverfahren entsprechend § 2 KSchG durchzuführen (zust. *LAG Hamm* 13.10.1988 LAGE § 2 KSchG Nr. 7). 36

Hatte der Arbeitnehmer bereits die Kündigungsschutzklage gem. § 4 S. 1 KSchG erhoben, ist diese Klage auf die Feststellung **zu ändern**, dass die Änderung der Arbeitsbedingungen sozial ungerechtfertigt ist, § 4 S. 2 KSchG. Voraussetzung für eine derartige nachträgliche Überprüfung des Änderungsangebots ist in jedem Fall die rechtzeitige Erhebung der Kündigungsschutzklage innerhalb der Frist des § 4 S. 1 KSchG. Diese Frist ist unverzichtbar. 37

V. Gegenstand der Änderung – »Überflüssigkeit« der Kündigung

38 § 2 S. 1 KSchG spricht davon, dass der Arbeitgeber dem Arbeitnehmer im Zusammenhang mit der Kündigung die Fortsetzung des Arbeitsverhältnisses »**zu geänderten Arbeitsbedingungen**« anbieten müsse. Der Begriff »Arbeitsbedingungen« verleitet womöglich zu **Missverständnissen**. Es geht nicht etwa (nur) um die Änderung der äußeren Arbeitsumstände wie in § 95 Abs. 3 S. 1 Alt. 2 BetrVG oder doch der den bisherigen Arbeitsbereich i. S. v. § 95 Abs. 3 S. 1, § 81 Abs. 1, Abs. 2 BetrVG prägenden Elemente. Dafür bedarf es in vielen Fällen keines Änderungsangebots des Arbeitgebers und dessen Annahme durch den Arbeitnehmer. Es geht in § 2 S. 1 KSchG vielmehr um **die Änderung des bestehenden Arbeitsvertrags** (zutr. *Hromadka* DB 2002, 1323; *ders.* NZA 2008, 1339; so auch *Berkowsky* NZA 1999, 294; *Wallner* NZA 2017, 1562, 1563). Mit der Änderungskündigung zielt der Arbeitgeber auf die Veränderung der bestehenden vertraglichen Vereinbarungen der Parteien. Die Änderungskündigung intendiert eine Änderung der vertraglichen Grundlage der tatsächlich geübten Praxis der Parteien, um auf der neuen Vertragsgrundlage sodann die Praxis in der gewünschten Weise ändern zu können – weil das auf der Basis der bestehenden Vertragsabreden nicht möglich ist. Das Angebot des Arbeitgebers ist also auf die Fortsetzung des Arbeitsverhältnisses zu geänderten Arbeits**vertrags**bedingungen gerichtet. Nur für die Änderung bestehender **Vertragsbedingungen** bedarf es eines Änderungsvertrags, sei es eines einvernehmlich-freiwilligen, sei es des über die Kündigung der bestehenden Vertragsbeziehung und das Angebot zu ihrer Fortsetzung unter geänderten Vertragsabreden »erzwungenen« Änderungsvertrags (*Benecke* NZA 2005, 1093). Die aus Arbeitgebersicht erfolgreiche Änderungskündigung führt zu anderen **vertraglichen** Regelungen der Parteien und damit zu anderen Bedingungen des Arbeitsvertrags – und nicht schlicht zu einer anderen Praxis (vgl. *BAG* 18.5.2017 EzA § 2 KSchG Nr. 101 Rn 11; 26.1.2012 EzA § 2 KSchG Nr. 84 Rn 14).

39 **Verkennt der Arbeitgeber**, dass er die bisher geübte Praxis in Wirklichkeit auch **ohne Änderung** ihrer vertraglichen Grundlage ändern kann, weil entweder die bestehenden Vertragsabsprachen oder normativ auf das Arbeitsverhältnis einwirkende Regelungen einer Betriebsvereinbarung (vgl. dazu *BAG* 26.8.2008 EzA § 2 KSchG Nr. 72) schon jetzt auch eine andere – die vom Arbeitgeber für die Zukunft gewünschte – Praxis rechtlich erlauben, und spricht er deshalb eine Änderungskündigung aus, so bietet er dem Arbeitnehmer in materiell-rechtlicher Hinsicht und in »Wirklichkeit« keine Fortsetzung zu »geänderten«, sondern zu den ohnehin bestehenden Arbeitsbedingungen an (zur davon zu unterscheidenden »vorsorglichen« Änderungskündigung s. Rdn 88). Im Rechtssinn ist die Änderungskündigung folglich »**überflüssig**«. Wenn sodann auch der Arbeitnehmer die objektive Rechtslage verkennt – was in diesem Fall die Regel sein dürfte – und deshalb, nachdem er das »Änderungs«-Angebot unter dem Vorbehalt des § 2 S. 1 KSchG angenommen hat, **Änderungsschutzklage** gem. § 4 S. 2 KSchG erhebt, wird er die Klage **trotz der Überflüssigkeit** von Kündigung und Änderungsangebot **nicht gewinnen** können – es sei denn, er hätte gerade deshalb die Annahme des Angebots zur Fortsetzung des Arbeitsverhältnisses unter geänderten Vertragsbedingungen (konkludent) unter dem Vorbehalt des § 2 S. 1 KSchG ihrerseits **aufschiebend bedingt** durch ein Fehlen der »Überflüssigkeit« erklärt – davon wiederum ist für den Regelfall auszugehen (s. dazu Rdn 40, 112). **Streitgegenstand** der Änderungsschutzklage nach einer Annahme des Änderungsangebots unter Vorbehalt – freilich nur dann – ist nicht die Wirksamkeit der Kündigung, sondern der **Inhalt** der für das Arbeitsverhältnis geltenden **Vertragsbedingungen** (*BAG* 26.1.2012 EzA § 2 KSchG Nr. 84; 29.9.2011 EzA § 2 KSchG Nr. 83; 26.8.2008 EzA § 2 KSchG Nr. 72; *Fischermeier* NZA 2000, 738; *Kreft* FS Preis S. 695, 699; TRL-*Rachor* KSchG § 2 Rn 77 f.). Wer das ohne nähere Erwägungen anders sieht (etwa APS-*Künzl* Rn 119 mwN; AnwK-ArbR/*Nübold* § 2 KSchG Rn 61; s.a. Rdn 19) verkennt die vertragsrechtliche Bedeutung der Annahme unter Vorbehalt, die die **Beendigungswirkung** der Kündigung, d.h. die rechtsgeschäftliche **Beachtlichkeit** der Kündigungserklärung einvernehmlich *beseitigt* (s.a. Rdn 106). Die Feststellung wiederum, dass die dem Arbeitnehmer mit der Änderungskündigung angetragenen neuen Vertragsbedingungen mangels sozialer Rechtfertigung nicht gelten, kann das Gericht schlechthin nicht treffen, wenn sich das Arbeitsverhältnis ohnehin schon nach den fraglichen Vertragsbedingungen richtet: (Wirksame) normativ auf das Arbeitsverhältnis einwirkende Betriebsvereinbarungen unterliegen keiner Inhaltskontrolle nach

§ 1 Abs. 2 KSchG; schon bestehende Vertragsregelungen sind im Sinne des Änderungsschutzes allemal sozial gerechtfertigt (vgl. *BAG* 26.1.2012 EzA § 2 KSchG Nr. 84; 26.8.2008 EzA § 2 KSchG Nr. 72 mwN; 21.2.1991 – 2 AZR 432/90, RzK I 7a Nr. 23). Das gilt unabhängig davon, ob der Arbeitgeber sein entsprechendes **Weisungs-** oder **Widerrufsrecht** (vgl. dazu Rdn 73 f.) schon ausgeübt hat oder (noch) nicht. Die Änderungsschutzklage nach § 4 S. 2 KSchG ist immer schon dann unbegründet, wenn der Arbeitgeber im Rahmen der schon bestehenden Vertragsbedingungen ein Weisungsrecht jedenfalls ausüben **könnte** (*BAG* 26.1.2012 EzA § 2 KSchG Nr. 84). Das *BAG* hat seine in der Entscheidung vom 28.5.2009 (EzA § 1 KSchG Interessenausgleich Nr. 19) womöglich noch nicht hinreichend deutlich zum Ausdruck kommende Ansicht nunmehr klargestellt (*BAG* 26.1.2012 EzA § 2 KSchG Nr. 84). Die Abweisung der Klage mag in diesen Fällen nicht zuletzt mit Blick auf die Kostenfolge zunächst unverständlich erscheinen (so SPV-*Preis* Rn 1321 mwN; *ders.* NZA 2015, 1, 7 ff.; *Benecke* NZA 2005, 1094), sie ist **systematisch** gleichwohl konsequent (zur Vermeidung dieser Folge vgl. Rdn 40, 111).

Anders ist die Rechtslage, wenn der Arbeitnehmer das **Änderungsangebot nicht angenommen** hat, auch nicht unter Vorbehalt. Dann geht es darum, ob die ausgesprochene Kündigung rechtswirksam ist und das Arbeitsverhältnis beendet hat, weil sie erforderlich war, um eine sozial gerechtfertigte Änderung der bestehenden Vertragsbedingungen herbeizuführen. Das kann in diesen Fällen nur verneint werden. Die Beendigung des Arbeitsverhältnisses zur Herbeiführung schon bestehender Vertragsbedingungen ist nicht durchdringende betriebliche Bedürfnisse oder andere Gründe bedingt und deshalb unter keinen Umständen sozial gerechtfertigt; eine solche Kündigung ist »**unverhältnismäßig**«, die Kündigungsschutzklage des Arbeitnehmers hat Erfolg (*BAG* 22.9.2016 EzA § 2 KSchG Nr. 98; 6.9.2007 EzA § 2 KSchG Nr. 68). Es liegt deshalb nicht nur im Hinblick auf mögliche »formale« Unwirksamkeitsgründe, wie einen Verstoß gegen § 102 BetrVG oder § 9 MuSchG, sondern auch mit Blick auf eine mögliche »Überflüssigkeit« der Kündigung im Interesse des Arbeitnehmers, die Wirksamkeit der Kündigung als Streitgegenstand zunächst zu erhalten und zu diesem Zweck den Vorbehalt des § 2 S. 1 KSchG seinerseits unter der **aufschiebenden Bedingung** zu erklären, dass die **Kündigung** sich im Prozess nicht als **rechtsunwirksam**, da »überflüssig« und deshalb sozial ungerechtfertigt erweist (angedeutet in *BAG* 25.4.2013 EzA § 20 GVG Nr. 8; s.a. Rdn 19, 39, 113). Auch dieses Interesse vermag der Arbeitgeber ohne Weiteres zu erkennen. Damit ist regelmäßig davon auszugehen, dass die Annahme des Änderungsangebots unter dem Vorbehalt des § 2 S. 1 KSchG durch den Arbeitnehmer materiell-rechtlich (konkludent) unter der aufschiebenden Bedingung erklärt wird, dass nicht schon die Kündigung als solche unwirksam ist (vgl. Rdn 111; *Kreft* FS Preis, S. 695, 699; trotz genereller Kritik an der BAG-Rspr. in der Sache ähnlich *Berkowsky* NZA-Beilage 2/2010, 50, 52). Unabhängig davon gewinnen die **Auslegung** und **genaue Bestimmung des Inhalts** der bestehenden Vertragsabreden der Parteien für die Erforderlichkeit bzw. »Überflüssigkeit« der Änderungskündigung entscheidende Bedeutung (ähnlich *Wank* NZA Beil. 2/2012, 42). Die damit verbundene Unsicherheit lässt sich am ehesten durch präzise Vertragsformulierungen vermeiden, sie bleibt aber wohl bis zu einem gewissen Grad unvermeidlich (zu den darauf gründenden unterschiedlichen Vorschlägen für die – angeblich – rechtlich geschickteste Vorgehensweise des änderungswilligen Arbeitgebers vgl. die Zusammenstellung bei *Verstege* RdA 2010, 305 f.; vgl. auch Rdn 89).

Da es bei der Änderungskündigung um **Vertragsänderungen** geht, lässt sich das vermeintliche Änderungsangebot des Arbeitgebers im Übrigen **nicht** in eine bloße **Weisung** auf der Grundlage der bereits bestehenden vertraglichen Regelungen nach § 140 BGB **umdeuten** (zutr. *Berkowsky* NZA Beilage 2/2010, 50, 58; *ders.* NZA 1999, 298; offen gelassen in *BAG* 28.5.2009 EzA § 1 KSchG Interessenausgleich Nr. 19). Das auf Annahme durch den Arbeitnehmer angelegte Angebot, eine (in Wahrheit schon bestehende) vertragliche Regelung (überflüssigerweise erneut) zu treffen, ist nicht ein maius oder doch simile verglichen mit der an den Arbeitnehmer ergehenden einseitigen Weisung, sich in bestimmter Weise faktisch zu verhalten. Ein Vertragsangebot iSv § 145 BGB ist vielmehr gegenüber einer auf den Vertrag gegründeten Weisung ein gänzliches **aliud** (so auch *Hromadka* NZA 2008, 1339), das diese nicht als minus in sich trägt – zumal die Weisung wohl nicht einmal eine Willenserklärung, sondern nur eine geschäftsähnliche Handlung darstellt (im Ergebnis ebenso *Berkowsky* NZA 1999, 298; APS-*Künzl* Rn 119a mwN; *Verstege* RdA 2010, 306; wohl auch *Benecke* NZA 2005, 1096 Fn. 27, vgl. aber *ders.* S. 1095 unter 2a aE; in diesem Punkt aA *Hromadka* NZA 2008, 1340; ohne nähere Begründung aA AR-*Kaiser* § 2 KSchG Rn 4). Denkbar ist freilich, dass die Ausübung des Weisungsrechts mit dem (vermeintlichen) Änderungsangebot (konkludent) einhergeht, also in Wirklichkeit **zwei Erklärungen** des Arbeitgebers vorliegen (s.a. Rdn 169). Das erscheint insofern nicht ganz fernliegend, als der Arbeitgeber selbst bei – sei es vorbehaltloser, sei es unter Vorbehalt erklärter – Annahme seines (überflüssigen) Vertragsangebots von seiner vertraglichen Befugnis möglicherweise durch Ausübung seines Weisungsrechts ohnehin erst noch Gebrauch machen muss, damit sie auch tatsächlich praktiziert wird. Will sich der Arbeitnehmer für diesen Fall wegen einer Verletzung von **§ 106 GewO, § 315 BGB** auch gegen die erteilte Weisung richten, hat er bei Gericht einen entsprechenden **zusätzlichen (Hilfs-)Antrag** zu stellen – für den die Dreiwochenfrist des § 4 KSchG nicht gilt.

42 Die angebotenen neuen Vertragsbedingungen werden für den Arbeitnehmer im Verhältnis zu den bisherigen Arbeitsbedingungen regelmäßig **ungünstiger** sein. Fälle einer Verbesserung der Vertragsbedingungen durch Änderungskündigung sind zwar nicht begriffsnotwendig ausgeschlossen, dürften aber faktisch nicht vorkommen. Über ein solches Änderungsangebot des Arbeitgebers dürfte eine einvernehmliche Einigung erzielt werden. Der Arbeitgeber ist auch nach dem Grundsatz der Verhältnismäßigkeit **nicht gehalten**, zur Vermeidung einer Beendigung des Arbeitsverhältnisses dem Arbeitnehmer die Weiterbeschäftigung auf einem freien Arbeitsplatz zu **günstigeren Bedingungen** anzubieten (*BAG* 23.2.2010 EzA § 15 KSchG n. F. Nr. 66; 21.9.2000 EzA § 1 KSchG Betriebsbedingte Kündigung Nr. 106; 29.3.1990 EzA § 1 KSchG 1969 Soziale Auswahl Nr. 29 m. Anm. *Preis*; v. *Hoyningen-Huene/Linck* DB 1993, 1185; krit. DDZ-*Kittner* § 1 Rn 412; vgl. auch *BAG* 10.11.1994 EzA § 1 KSchG Betriebsbedingte Kündigung Nr. 77).

VI. Inhalt des Änderungsangebots

43 Bei der Änderungskündigung muss zur Kündigungserklärung als zweites Element das Angebot zur Fortsetzung des Arbeitsverhältnisses zu geänderten Vertragsbedingungen hinzukommen. Dieses **Angebot** ist ein Vertragsangebot iSv **§ 145 BGB**. Es muss deshalb, damit es ohne Gefahr eines Dissenses nach § 147 BGB angenommen und zu einem (Änderungs-)Vertrag führen kann, **eindeutig bestimmt** oder doch bestimmbar sein (*BAG* 20.6.2013 EzA § 2 KSchG Nr. 88; 29.9.2011 EzA § 2 KSchG Nr. 83; 17.5.2001 EzA § 620 BGB Kündigung Nr. 3; *Stoffels* NZA 2016, 581, 584). Es muss so konkret gefasst sein, dass es einer Annahme durch den Arbeitnehmer ohne Weiteres – dh mit einem schlichten »einverstanden« – zugänglich ist (*BAG* 26.1.2017 EzA § 2 KSchG Nr. 99; 17.2.2016 EzA § 2 KSchG Nr. 97). Der Arbeitnehmer muss zweifelsfrei erkennen können, welche Vertragsregelungen zukünftig zwischen den Parteien gelten sollen. Nur so kann er eine fundierte Entscheidung über Annahme oder Ablehnung des Angebots treffen, zumal ihm dafür nur eine recht kurze Frist zur Verfügung steht. Bleiben Unklarheiten, gehen sie zu Lasten des Arbeitgebers. Sie führen zur Unwirksamkeit der Änderungskündigung (*BAG* 21.5.2019 – 2 AZR 26/19, EzA § 4 KSchG n.F. Nr. 105; 17.2.2016 EzA § 2 KSchG Nr. 97; 20.6.2013 EzA § 2 KSchG Nr. 88; 29.9.2011 EzA § 2 KSchG Nr. 83; 10.9.2009 EzA § 2 KSchG Nr. 74, *Stoffels* NZA 2016, 581, 585 mwN). Ob das Änderungsangebot diesen Anforderungen genügt, ist durch Auslegung gem. § 133, § 157 BGB zu ermitteln. Dabei können und müssen auch außerhalb des Kündigungsschreibens liegende, zur Erforschung seines Inhalts geeignete Umstände herangezogen und berücksichtigt werden (*BAG* 10.9.2009 EzA § 2 KSchG Nr. 74). Allerdings erstreckt sich das **Schriftformerfordernis** des § 623 BGB bei der Änderungskündigung nicht nur auf die Kündigungserklärung, sondern auch auf das **Änderungsangebot** (s. Rdn 49). Ihm ist deshalb nur Genüge getan, wenn der Inhalt des Änderungsangebots im Kündigungsschreiben hinreichenden Anklang gefunden hat (*BAG* 21.5.2019 – 2 AZR 26/19, EzA § 4 KSchG n.F. Nr. 105; 29.9.2011 EzA § 2 KSchG Nr. 83; 16.12.2010 EzA § 2 KSchG Nr. 81; 16.9.2004 EzA § 623 BGB 2002 Nr. 2). Bei formbedürftigen Erklärungen ist nur der Wille beachtlich, der unter Wahrung der vorgeschriebenen Form erklärt worden ist (vgl. *BAG* 26.8.2008 EzA § 112 BetrVG 2001 Nr. 28; *BGH* 18.10.2000 NJW 2001, 221). Demnach ist zunächst festzustellen, wie die Erklärung unter Berücksichtigung aller – ggf.

auch außerhalb des Kündigungsschreibens liegender – maßgebenden Umstände zu verstehen ist; sodann ist zu prüfen, ob der einschlägige rechtsgeschäftliche Wille des Erklärenden in der Urkunde einen wenn auch unvollkommenen Ausdruck gefunden hat (*BAG* 16.12.2010 EzA § 2 KSchG Nr. 81; 10.9.2009 EzA § 2 KSchG Nr. 74; 16.9.2004 EzA § 623 BGB 2002 Nr. 2).

Ein hinreichend **bestimmtes** Änderungsangebot iSv § 2 S. 1 KSchG, § 145 BGB liegt nach der 44 Rechtsprechung des BAG **nicht** vor, wenn der Arbeitgeber gegenüber einem Arbeitnehmer zur selben Zeit **mehrere selbständige** Änderungskündigungen erklärt, die je für sich das Angebot zur Fortsetzung des Arbeitsverhältnisses unter Änderung lediglich **einer** – jeweils anderen – Vertragsbedingung enthalten und in denen zugleich darauf hingewiesen wird, der Arbeitnehmer zeitgleich **weitere** Änderungskündigungen erhalte (*BAG* 10.9.2009 EzA § 2 KSchG Nr. 74; AR-*Kaiser* § 2 KSchG Rn 7). In einem solchen Fall – in dem der Arbeitgeber gerade keine einheitliche, sämtliche intendierten Vertragsänderungen kumuliert enthaltende einzige Änderungskündigung ausspricht, um das Risiko auszuschließen, dass das Angebot zur Änderung des entsprechenden Bündels von Vertragsbedingungen insgesamt für unwirksam erklärt wird, (nur) weil sich das Angebot zur Änderung **einer** dieser Bedingungen als unverhältnismäßig erweist (vgl. dazu *BAG* 21.9.2006 EzA § 2 KSchG Nr. 61; 23.6.2005 EzA § 2 KSchG Nr. 54) – bleibt das dem Arbeitnehmer jeweils unterbreitete Angebot unklar (*BAG* 10.9.2009 EzA § 2 KSchG Nr. 74). Die Kündigungsschreiben geben für sich genommen keine hinreichende Auskunft darüber, mit welchem weiteren Inhalt das Arbeitsverhältnis fortbestehen soll. Die Änderungsangebote sind widersprüchlich. Während sie einerseits auf ein abschließendes Angebot mit der Folge hindeuten, der übrige Inhalt des Arbeitsverhältnisses bleibe unangetastet, wird dieser Erklärungsgehalt durch den Hinweis auf zeitgleich zu erwartende weitere Änderungskündigungen wieder in Frage gestellt. Den jeweiligen Schreiben ist – für sich genommen – weder zu entnehmen, um welche weiteren Änderungen es gehen soll, noch geben sie zu erkennen, in welcher Beziehung die einzelnen Kündigungen und die mit ihnen verbundenen Änderungsangebote zueinanderstehen sollen. Die Änderungsangebote sind perplex (so *BAG* 10.9.2009 EzA § 2 KSchG Nr. 74, mit in diesem Punkt krit. Anm. *Krois*, der nicht die Änderungsangebote für perplex hält, sondern – im Fall der bedingten Kündigung – die Kündigungserklärung oder – im Fall der unbedingten Kündigung – das (konkludent erklärte) Angebot zur Rücknahme der Kündigung; dem *BAG* zust. LSW-*Löwisch/Wertheimer* § 2 Rn 15). Davon ist der Fall zu **unterscheiden**, dass der Arbeitgeber dem Arbeitnehmer **alternativ zwei** (oder noch mehr) **Angebote** unterbreitet und ihm freistellt, sich für **eines** (unter Vorbehalt) zu entscheiden. Dies ist ohne Bedenken möglich, allerdings müssen **beide**/sämtliche Angebote jeweils für sich **eindeutig bestimmt**, jedenfalls bestimmbar sein (*BAG* 10.4.2014 EzA § 2 KSchG Nr. 89; *LAG Hamm* 7.9.2007 LAGE § 2 KSchG Nr. 60; Bader/Bram-*Bram* § 2 Rn 21; SPV-*Preis* Rn 1290; *Stoffels* NZA 2016, 581, 585; *Wagner* NZA 2008, 1333; vgl. ferner *Kühn* BB 2011, 1851).

Das beschriebene Risiko des Arbeitgebers wird sich nicht dadurch vermeiden lassen, dass dieser 45 nicht mehrere selbständige Änderungskündigungen mit dem Angebot zur Änderung jeweils einzelner Vertragsbedingungen, sondern an erster Stelle eine einheitliche »Haupt«-Änderungskündigung mit dem Angebot zur Änderung sämtlicher »störenden« Vertragsbedingungen ausspricht und sodann mehrere »Hilfs«-Änderungskündigungen erklärt, die mit einer jeweils abnehmenden Anzahl von zu ändernden Vertragsbedingungen – wobei vielerlei Kombinationen denkbar sind – auch untereinander im Hilfsverhältnis stehen (vgl. dazu *Bauer* AA 2010, 144; *Schwarz* BB 2010, 1031). Eine solche »**Stufen-Änderungskündigung**« dürfte zum einen mit Blick auf den Grundsatz der Bedingungsfeindlichkeit der Kündigung erhebliche Probleme bereiten. Sie läuft zum anderen Gefahr, die jeweils weitergehenden Änderungsangebote auf diese Weise selbst als nicht erforderlich für das mit der Änderungskündigung verfolgte Ziel zu desavouieren (vgl. *Krois* Anm. zu *BAG* 10.9.2009 EzA § 2 KSchG Nr. 74; so wohl auch *Stoffels* NZA 2016, 581, 585 f.).

Ein hinreichend bestimmtes Änderungsangebot liegt auch dann nicht vor, wenn sich das Kündi- 46 gungsschreiben und das unterbreitete Angebot hinsichtlich der Frage, ab welchem Zeitpunkt die dem Arbeitnehmer angesonnenen neuen Vertragsbedingungen gelten sollen, unauflöslich **widersprechen**. Ein solcher, auch durch Auslegung nicht zweifelsfrei zu beseitigender Widerspruch führt

§ 2 KSchG Änderungskündigung

zur Unwirksamkeit des Angebots und damit der Änderungskündigung (*BAG* 29.9.2011 EzA § 2 KSchG Nr. 83). Das Gleiche gilt, wenn nicht klar wird, ob zwei unterbreitete Angebote tatsächlich alternativ angeboten werden (vgl. *BAG* 20.6.2013 EzA § 2 KSchG Nr. 88).

47 Nach der früheren (s. jetzt aber Rdn 48) Auffassung des BAG musste das Angebot eine Weiterbeschäftigung zu geänderten Bedingungen **auf unbestimmte Zeit** vorsehen. Biete der Arbeitgeber nur die **befristete Fortsetzung** des Arbeitsverhältnisses zu geänderten Bedingungen an, sei kein Raum für ein Änderungsschutzverfahren nach § 2, § 4 S. 2 KSchG. Eine Befristung könne nicht auf ihre soziale Rechtfertigung iSd § 1 KSchG überprüft werden. Für sie sei maßgebend, ob ein sachlicher Grund iSd Rechtsprechung des BAG zum befristeten Arbeitsvertrag vorliege (*BAG* 17.5.1984 EzA § 1 KSchG Betriebsbedingte Kündigung Nr. 32; zust. *Löwisch* NZA 1988, 634; vgl. zur befristeten Änderung einzelner Bedingungen des Arbeitsvertrags Rdn 98). Diese Rechtsprechung ist zu Recht auf **Kritik** gestoßen (*LKB/Linck* Rn 20; *Schaub* in: Hromadka, Änderung, S. 74; *Plander* NZA 1993, 1057, 1060; *LAG Bln.* 3.7.1995 LAGE § 2 KSchG Nr. 17; *ArbG Magdeburg* 14.7.1994 AuA 1995, 138). Der Vorschrift des § 2 KSchG ist eine solche Beschränkung nicht zu entnehmen. Es muss ein mit einer Kündigung verbundenes Angebot der Weiterbeschäftigung zu geänderten Vertragsbedingungen vorliegen – mehr verlangt § 2 KSchG nicht. Der Einwand, eine Befristung könne nur auf ihre sachliche Rechtfertigung – heute nach § 14 TzBfG –, nicht aber auf ihre soziale Rechtfertigung hin überprüft werden, ist im Ergebnis nicht überzeugend. Für die Beurteilung der Sozialwidrigkeit des Änderungsangebots kommt es darauf an, ob bei Vorliegen eines Erfordernisses der Änderung der bisherigen Vertragsbedingungen der Arbeitgeber sich darauf beschränkt hat, dem Arbeitnehmer solche Änderungen anzubieten, die sich unter Berücksichtigung des Verhältnismäßigkeitsgrundsatzes als erforderlich erweisen (s. Rdn 150). In diesem Zusammenhang ist zu prüfen, ob eine nur **befristete** Weiterbeschäftigung **sachlich gerechtfertigt**, dh erforderlich ist (vgl. *BAG* 25.3.2015 EzA § 1 KSchG Betriebsbedingte Kündigung Nr. 183; 16.12.2010 EzA § 2 KSchG Nr. 81). Ist sie das nicht, ist der Inhalt der dem Arbeitnehmer angetragenen Vertragsänderung nicht verhältnismäßig. Dies führt zur Sozialwidrigkeit der vorgesehenen Änderung. Es geht also entgegen der früheren Auffassung des *BAG* nicht darum, die Befristung auf ihre soziale Rechtfertigung hin zu überprüfen, sondern das Angebot zur Änderung des bestehenden Vertragszustands auf die seine (zutr. *Fischermeier* NZA 2000, 737, 740; so wohl auch *Schaub* in: Hromadka, Änderung, S. 74; ähnlich *LKB/Linck* Rn 21; *Plander* NZA 1993, 1060).

48 Dieser Kritik hat das BAG Rechnung getragen und geht nunmehr **unter Aufgabe der früheren Rechtsprechung** ebenfalls davon aus, dass im Wege der Änderungskündigung – jedenfalls grundsätzlich – auch die **nachträgliche Befristung** eines zunächst auf unbestimmte Zeit eingegangenen Arbeitsverhältnisses erfolgen kann (*BAG* 25.3.2015 EzA § 1 KSchG Betriebsbedingte Kündigung Nr. 183; 16.12.2010 EzA § 2 KSchG Nr. 81; 25.4.1996 EzA § 2 KSchG Nr. 25 = SAE 1997, 50 m. teilw. krit. Anm. *Weber*; s.a. *BAG* 8.7.1998 EzA § 620 BGB Nr. 152; zust. DDZ-*Zwanziger* Rn 161; *Weber/Ehrich* BB 1996, 2253; gegen die geänderte Rechtsprechung aber APS-*Backhaus* § 14 TzBfG Rn 22; *Berkowsky* NZA-RR 2003, 454; SPV-*Preis* Rn 1292, der einem Angebot der befristeten Fortsetzung die nötige akute Dringlichkeit abspricht; *Wallner* S. 123). Die Frage, ob die angebotene Befristung sachlich gerechtfertigt ist, beurteilt sich nach § 14 TzBfG (s. iE KR-*Lipke/Bubach* § 14 TzBfG Rdn 88; s.a. *Annuß/Thüsing* § 14 TzBfG Rn 15 ff.). Sie fließt auch nach Auffassung des *BAG* als Vorfrage in die Prüfung der sozialen Rechtfertigung der Änderung ein. Fehlt es an einem sachlichen Grund für die vorgesehene Befristung (s. dazu *BAG* 25.3.2015 EzA § 1 KSchG Betriebsbedingte Kündigung Nr. 183; 16.12.2010 EzA § 2 KSchG Nr. 81; 8.7.1998 EzA § 620 BGB Nr. 152; s.a. APS-*Künzl* Rn 254a), ist die Änderung sozialwidrig. Dabei geht es nicht etwa darum, ob schon der künftige, aber auch nach Ablauf der Kündigungsfrist noch gar nicht akute Wegfall des Beschäftigungsbedarfs zu den bisherigen Vertragsbedingungen eine Änderungskündigung mit dem Ziel der befristeten Weiterbeschäftigung des Arbeitnehmers auf **derselben Stelle** rechtfertigen könnte; in einem solchen Fall muss der Arbeitgeber vielmehr – auch nach Auffassung des *BAG* – abwarten, bis der Wegfall der Beschäftigungsmöglichkeit zu den bisherigen Bedingungen zeitlich tatsächlich herangerückt ist, um dann ggf. betriebsbedingt zu kündigen (zutr. *Fischermeier* NZA 2000, 737, 740). Gleichwohl scheint es so, als entzünde sich die Kritik an der geänderten Rechtsprechung

des *BAG* an eben dieser, auf ihrer Grundlage offenbar für möglich gehaltenen Konstellation (vgl. etwa SPV-*Preis* Rn 1292). Das ist unberechtigt. Die Änderungskündigung zur nur noch befristeten Fortsetzung des Arbeitsverhältnisses kann allenfalls dann sozial gerechtfertigt sein, wenn eine Möglichkeit zur Weiterbeschäftigung zu den bisherigen Vertragsbedingungen schon **bei Ablauf der Kündigungsfrist** endgültig weggefallen und die Fortsetzung nur zu **geänderten** Vertragsbedingungen, etwa auf einer **anderen Stelle**, und zudem **nur befristet** möglich ist (vgl. dazu *BAG* 16.12.2010 EzA § 2 Nr. 81). Zu Recht hat das *BAG* im Übrigen klargestellt, dass die Änderungskündigung selbst bei sachlicher Berechtigung der Befristung weiterhin aus anderen Gründen sozialwidrig sein kann, etwa wegen fehlerhafter Sozialauswahl (vgl. auch KR-*Lipke/Bubach* § 14 TzBfG Rdn 88; *Annuß/Thüsing* § 14 TzBfG Rn 13). Bei der Antwort auf die Frage, ob der Arbeitnehmer bei **vorbehaltloser** Annahme des Angebots zur nurmehr befristeten Weiterbeschäftigung bei Fristablauf gleichwohl noch **Entfristungsklage** nach § 17 TzBfG erheben kann, wird – entgegen dem *BAG* (8.7.1998 EzA § 620 BGB Nr. 152) – zu differenzieren sein: § 7 KSchG verlangt danach, die soziale Rechtfertigung und sonstige innerhalb der Klagefrist des § 4 KSchG vorzubringende Unwirksamkeitsgründe nicht mehr nachträglich doch noch überprüfen zu können (vgl. KR-*Lipke/Bubach* § 14 TzBfG Rdn 88; APS-*Backhaus* § 14 TzBfG Rn 23; *Preis* NzA 1997, 1080; Laux/Schlachter-*Schlachter* § 14 TzBfG Rn 11; aA ErfK-*Müller-Glöge* § 14 TzBfG Rn 14; Arnold/Gräfl-*Gräfl* § 14 TzBfG Rn 9); auch außerhalb dieser Frist beachtliche Unwirksamkeitsgründe – etwa der Mangel der Schriftform – können dagegen nach Maßgabe von § 17 TzBfG auch noch bei Fristablauf eingewandt werden (APS-*Backhaus* § 14 TzBfG Rn 24; APS-*Künzl* Rn 254d). Will der Arbeitnehmer ausschließlich die Unwirksamkeit der Befristung wegen Fehlens eines Sachgrundes geltend machen, hat er wegen § 17 TzBfG auch insoweit innerhalb der Dreiwochenfrist des § 4 S. 1 KSchG Entfristungsklage zu erheben (s. KR-*Lipke/Bubach* § 14 TzBfG Rdn 88). Zur Befristung einzelner Vertragsbedingungen s. Rdn 100.

VII. Form der Änderungskündigung

Gemäß **§ 623 BGB** bedürfen die Beendigungen von Arbeitsverhältnissen durch Kündigung oder Auflösungsvertrag sowie die Befristung zu ihrer Wirksamkeit der Schriftform. Diese zum 1. Mai 2000 in Kraft getretene gesetzliche Regelung hat auch für **Änderungskündigungen** Bedeutung. Zum einen ist danach für die **Kündigungserklärung** als solche die **Schriftform** erforderlich. Das folgt schon daraus, dass sie zur Beendigung des Arbeitsverhältnisses führen kann, wenn der Arbeitnehmer das Änderungsangebot selbst unter Vorbehalt nicht annimmt. Zum anderen bedarf auch das **Änderungsangebot** der **Schriftform**, weil es zusammen mit der Kündigungserklärung eine Einheit bildet (s. iE KR-*Spilger* § 623 BGB Rdn 66; vgl. *BAG* 21.5.2019 – 2 AZR 26/19, EzA § 4 KSchG n.F. Nr. 105; 16.9.2004 EzA § 623 BGB 2002 Nr. 2 = AP Nr. 78 zu § 2 KSchG 1969 m. krit. Anm. *Löwisch*; 18.1.2007 EzA § 2 KSchG Nr. 64; DDZ-*Däubler* § 623 BGB Rn 11; ErfK-*Müller-Glöge* § 623 BGB Rn 12; *Müller-Glöge/v. Senden* AuA 2000, 199; *Caspers* RdA 2001, 30; *Hromadka* DB 2002, 1323; *Preis/Gotthardt* NZA 2000, 351). Dabei mag die Schriftform je unterschiedliche Funktionen haben. Geht es bei der Kündigungserklärung als solche um Übereilungsschutz und Beweiszwecke, dient die Schriftform des Änderungsangebots eher der Dokumentation (zu den Anforderungen an die Schriftform s. KR-*Spilger* § 623 BGB Rdn 99 ff.). Der **Mangel der Schriftform** gehört zu den wenigen Unwirksamkeitsgründen, die **nicht innerhalb der Dreiwochenfrist** des § 4 S. 1 KSchG gerichtlich geltend gemacht werden müssen; die Frist läuft nach § 4 S. 1 KSchG nF erst mit Zugang der **schriftlichen** Kündigung an (s. KR-*Klose* § 7 KSchG Rdn 5, KR-*Klose* § 4 KSchG Rdn 139). Das Recht, die Unwirksamkeit geltend zu machen, kann allerdings verwirken (s. KR-*Klose* § 7 KSchG Rdn 36 f.). **Formfrei ist hingegen die Annahme des Änderungsangebots** – sei es ohne den, sei es mit dem Vorbehalt iSd § 2 KSchG (ErfK-*Müller-Glöge* § 623 BGB Rn 12; BBDK-*Bram* Rn 17b; *Caspers* RdA 2001, 30; *Hromadka* DB 2002, 1323; *Kramer* DB 2006, 504; aA *Preis/Gotthardt* NZA 2000, 351). Zwar sollte die Annahme aus Beweisgründen schriftlich erklärt werden. Es besteht aber kein nach § 623 BGB verbindlicher Formzwang. Die Annahme des Angebots führt nicht zu einer Aufhebung des Arbeitsverhältnisses iSd in § 623 BGB genannten Auflösungsvertrags, sondern nur zur Änderung des Arbeitsvertrags. Das

49

§ 2 KSchG Änderungskündigung

Arbeitsverhältnis als solches besteht fort. Der Umstand, dass dies zu geänderten Vertragsbedingungen geschieht, reicht nicht aus, um den Vorgang einer Auflösung gleichzusetzen. Die Situation ist nicht mit der vergleichbar, in der ein Arbeitnehmer zum Organmitglied des Arbeitgebers bestellt und der Arbeitsvertrag durch einen Dienstvertrag abgelöst wird (dazu s. KR-*Kreutzberg-Kowalczyk* § 14 KSchG Rdn 7).

50 Das (schriftliche) Änderungsangebot muss – wie jedes Angebot iSd § 145 BGB – eindeutig **bestimmt oder jedenfalls bestimmbar** sein (*BAG* 21.5.2019 – 2 AZR 26/19, EzA § 4 KSchG n.F. Nr. 105; 26.1.2017 EzA § 2 KSchG Nr. 99; 17.2.2016 EzA § 2 KSchG Nr. 97; 20.6.2013 EzA § 2 KSchG Nr. 88; 10.9.2009 EzA § 2 KSchG Nr. 74). Dem gekündigten Arbeitnehmer muss klar sein, welche wesentlichen Arbeitsbedingungen künftig gelten sollen (s.a. Rdn 43). Nur so kann er seine Entscheidung über Annahme oder Ablehnung des Angebots treffen. Fehlt es an der hinreichenden Bestimmtheit, führt dies zur Unwirksamkeit der Änderungskündigung (*BAG* 21.5.2019 – 2 AZR 26/19, EzA § 4 KSchG n.F. Nr. 105; 17.2.2016 EzA § 2 KSchG Nr. 97; 16.9.2004 EzA § 623 BGB 2002 Nr. 2). Dabei ist es für die **Wahrung der Schriftform ausreichend** – aber auch erforderlich –, dass der **Inhalt des Änderungsangebots** im Kündigungsschreiben jedenfalls **hinreichend Anklang gefunden hat**. Durch die Formvorschriften des § 623 BGB soll die Beweisführung für die Existenz der Kündigungserklärung sowie den Inhalt des Änderungsangebots gesichert werden. Zur Ermittlung des Inhalts bedarf es der Auslegung (§ 133 BGB). Bei formbedürftigen Rechtsgeschäften dürfen nach der sog. **Andeutungstheorie** (s. etwa *BGH* 17.2.2000 NJW 2000, 1569; Palandt/*Heinrichs* BGB § 133 Rn 19) auch außerhalb der Urkunde liegende Umstände berücksichtigt werden, wenn der einschlägige rechtsgeschäftliche Wille des Erklärenden in der formgerechten Urkunde einen – wenn auch unvollkommenen oder nur angedeuteten – Ausdruck gefunden hat (s. *BAG* 21.5.2019 – 2 AZR 26/19, EzA § 4 KSchG n.F. Nr. 105; 16.12.2010 EzA § 2 KSchG Nr. 81; 18.1.2007 EzA § 2 KSchG Nr. 64; 16.9.2004 EzA § 623 BGB 2002 Nr. 2). Danach kann das nicht näher umschriebene Angebot an eine zunächst als Reinigungskraft tätige, dann aber zur Vorarbeiterin beförderte Arbeitnehmerin, sie künftig wieder »als Reinigungskraft« einzusetzen, auch unter Berücksichtigung des Schriftformerfordernisses dem Bestimmtheitsgebot entsprechen, wenn aufgrund der Gesamtumstände klar ist, welche konkreten Arbeitsbedingungen damit verbunden sind; zusätzlicher schriftlicher Angaben etwa über den Einsatzort und die Entgelthöhe (bei Anwendung des Tarifvertrags) bedarf es dann nicht (*BAG* 16.9.2004 EzA § 623 BGB 2002 Nr. 2). Es kann gleichwohl nur empfohlen werden, **die essentialia** der neuen Vertragsbedingungen **möglichst genau** in das Änderungsangebot aufzunehmen. Daran fehlt es, wenn ein bislang als »Automatentechniker« tätiger Mitarbeiter nach einer Änderungskündigung künftig als »Servicemitarbeiter« tätig sein soll und dieser Ausdruck auch mit Blick auf den konkreten Betrieb offenlässt, welche Arbeitsbedingungen damit verbunden sind, selbst wenn die Lohnhöhe im Angebot beziffert wurde (*BAG* 21.5.2019 – 2 AZR 26/19, EzA § 4 KSchG n.F. Nr. 105). Zum Erfordernis der **Einheitlichkeit der Urkunde** bei mehreren Blättern oder Texten und bei Anlagen s. iE Palandt/*Heinrichs* § 126 BGB Rn 4.

VIII. Arten der Änderungskündigung

1. Ordentliche Änderungskündigung

51 § 2 KSchG erfasst nur die **ordentliche** Änderungskündigung. Dies wird zwar nicht ausdrücklich gesagt, ist aber aus systematischen Gründen unzweifelhaft. Insoweit besteht kein Unterschied zur Beendigungskündigung iSv § 1 KSchG, unter welcher gleichfalls lediglich die ordentliche Kündigung zu verstehen ist. § 2 S. 2 KSchG unterstreicht dies deutlich durch die Verknüpfung der Annahmefrist mit der bei einer ordentlichen Kündigung einzuhaltenden Kündigungsfrist (s. dazu auch *LAG Köln* 21.6.2002 NZA-RR 2003, 458; zu den Konsequenzen vgl. Rdn 172 f.).

2. Außerordentliche Änderungskündigung

52 Die Änderungskündigung ist gleichwohl auch als **außerordentliche** zulässig (BAG in st. Rspr. seit *BAG* 14.10.1960 AP § 123 GewO Nr. 25; s. zuletzt etwa *BAG* 20.10.2017 EzA § 2 KSchG Nr. 102; 29.9.2011 EzA § 2 KSchG Nr. 83; 28.10.2010 EzA § 2 KSchG Nr. 80; *LKB/Linck*

Rn 15; DDZ-*Zwanziger* Rn 8; *Moll* DB 1984, 1346; *Müller* NZA 1985, 309; *Schwerdtner* FS 25 Jahre BAG, S. 558). Sie wird in der Praxis seltener in Betracht kommen, da bei Unzumutbarkeit der Weiterbeschäftigung des Arbeitnehmers auch nur bis zum Ablauf der Kündigungsfrist (s. § 626 Abs. 1 BGB) die Möglichkeit der Beschäftigung zu geänderten Bedingungen gleichfalls häufig ausscheiden wird. Denkbar ist sie in **Kombination** mit einer **ordentlichen Beendigungskündigung**. Eine größere Rolle spielt sie bei **Ausschluss** der **ordentlichen Kündigung** etwa durch eine tarifliche Regelung (s. dazu *BAG* 29.9.2011 – 2 AZR 613/10; 28.10.2010 EzA § 2 KSchG Nr. 80; 1.3.2007 EzA § 626 BGB 2002 Unkündbarkeit Nr. 13; zur Kündigung im öffentlichen Dienst nach dem neuen TVöD s. *Bröhl* ZTR 2006, 174). Hier kommt in Extremfällen eine **außerordentliche** Änderungskündigung mit sog. **notwendiger Auslauffrist** in Betracht (*BAG* 27.11.2008 – 2 AZR 757/07, BAGE 128, 308; 1.3.2007 EzA § 626 BGB 2002 Unkündbarkeit Nr. 13; zum Ganzen *Bröhl* BB 2007, 437, 443). Zur außerordentlichen **Änderungskündigung** gegenüber einem nach § 15 KSchG geschützten **Mandatsträger** s. *BAG* 6.3.1986 (EzA § 15 KSchG nF Nr. 34) sowie *BAG* 21.6.1995 (EzA § 15 KSchG nF Nr. 43); s.a. Rdn 285 und iE KR-*Kreft* § 15 KSchG Rdn 38. Bei der Änderungskündigung gem. § 15 Abs. 5 gegenüber einem nach § 15 Abs. 1 KSchG geschützten Mandatsträger wegen Schließung einer Betriebsabteilung handelt es sich dagegen um eine **ordentliche** Kündigung (*BAG* 23.2.2010 EzA § 15 KSchG nF Nr. 66).

Ein **wichtiger Grund** für die außerordentliche Änderungskündigung setzt zum einen voraus, dass die 53 Fortsetzung des Arbeitsverhältnisses zu den bisherigen Bedingungen **unzumutbar** und die alsbaldige Änderung der Arbeitsbedingungen **unabweisbar notwendig** ist. Zum anderen müssen die **Änderungen** dem Gekündigten **zumutbar** sein. Beide Voraussetzungen müssen **kumulativ** vorliegen und sind jeweils gesondert zu prüfen (s. iE KR-*Fischermeier/Krumbiegel* § 626 BGB Rdn 212 ff.; vgl. schon *BAG* 7.6.1973 EzA § 626 BGB nF Nr. 29; 25.3.1976 EzA § 626 BGB Änderungskündigung Nr. 1; 21.6.1995 EzA § 15 KSchG nF Nr. 43; 1.3.2007 EzA § 626 BGB 2002 Unkündbarkeit Nr. 13; krit. LSW-*Löwisch/Wertheimer* § 2 Rn 135). Eine außerordentliche Änderungskündigung zur **Entgeltabsenkung** kann begründet sein, wenn die Änderung der Arbeitsbedingungen erforderlich ist, um der konkreten Gefahr einer Insolvenz des Arbeitgebers zu begegnen (*BAG* 20.10.2017 EzA § 2 KSchG Nr. 102).

Für die außerordentliche betriebsbedingte Änderungskündigung ist maßgeblich, ob die zugrunde- 54 liegende Organisationsentscheidung die vorgeschlagene Vertragsänderung erzwingt oder ob sie im Wesentlichen auch ohne oder mit weniger einschneidenden Änderungen im Arbeitsvertrag des Gekündigten durchsetzbar bleibt (*BAG* 18.5.2006 EzA § 2 KSchG Nr. 60). Bei einer **Änderung** der Arbeitsbedingungen **in mehreren Punkten** gelten diese Anforderungen für jeden einzelnen Änderungsvorschlag. Fehlt für **eine** der Änderungen der wichtige Grund, hat dies grds. die Unwirksamkeit der Änderungskündigung **insgesamt** zur Folge. Das Gericht kann nicht etwa die Änderung der Arbeitsbedingungen teilweise für wirksam erklären (*BAG* 10.9.2009 EzA § 2 KSchG Nr. 74 m. Anm. *Krois*; 6.3.1986 EzA § 15 KSchG nF Nr. 34; LSW-*Löwisch/Wertheimer* § 2 Rn 15). Die Gesamtabwägung kann jedoch sowohl ergeben, dass der Arbeitnehmer eine einzelne, an sich unzumutbare Änderung hinnehmen muss, als auch, dass der Arbeitgeber eine »an sich« berechtigte Änderungskündigung nicht aussprechen kann, weil eine besonders gewichtige Änderung für den Arbeitnehmer unannehmbar ist (*BAG* 7.6.1973 EzA § 626 BGB nF Nr. 29; s. zum Ganzen auch Rdn 169).

Fraglich ist, ob die Regelungen des Kündigungsschutzverfahrens in § 2, § 4 S. 2 KSchG auf die 55 außerordentliche Änderungskündigung **entsprechend** angewendet werden können, obwohl der Arbeitnehmer gem. § 13 Abs. 1 S. 2 KSchG die Rechtsunwirksamkeit der außerordentlichen Kündigung nur nach Maßgabe von § 4 S. 1, §§ 5–7 KSchG geltend machen kann. § 13 Abs. 1 S. 2 enthält weiterhin keine Verweisung auf § 2 und § 4 S. 2 KSchG (vgl. dazu *BAG* 28.10.2010 EzA § 2 KSchG Nr. 80; 19.6.1986 EzA § 2 KSchG Nr. 7). Der **Zweck des § 2 KSchG**, dem Arbeitnehmer den Arbeitsplatz zu erhalten und trotzdem die Überprüfung der Wirksamkeit der Kündigung zu ermöglichen, verlangt aber nach einer **entsprechenden Anwendung** der Vorschrift (*BAG* 29.9.2011 – 2 AZR 613/10, mwN; 28.10.2010 EzA § 2 KSchG Nr. 80; APS-*Künzl* Rn 41; TRL-*Rachor* KSchG

§ 2 Rn 123 ff.; krit. LSW-*Löwisch/Wertheimer* § 2 Rn 132 f.; *Löwisch/Knigge* Anm. zu *BAG*, AP Nr. 1 zu § 626 BGB Änderungskündigung). Wenn die Rechtsunwirksamkeit der außerordentlichen Beendigungskündigung nach Maßgabe des für die ordentliche Beendigungskündigung vorgesehenen Verfahrens geltend zu machen ist, besteht kein vernünftiger Grund, dem Arbeitnehmer bei der außerordentlichen Änderungskündigung den Rückgriff auf das Verfahren bei einer fristgerechten Änderungskündigung zu versagen (vgl. *BAG* 28.10.2010 EzA § 2 KSchG Nr. 80; 17.5.1984 AP Nr. 3 zu § 55 BAT m. zust. Anm. *Scheuring*). Das *BAG* verweist zu Recht darauf, dass es der Gesetzgeber bei Normierung der Änderungskündigung und der Änderungsschutzklage in § 2, § 4 S. 2 KSchG 1969 offensichtlich übersehen hat, § 13 Abs. 1 S. 2 KSchG an die neuen Vorschriften anzupassen (*BAG* 19.6.1986 EzA § 2 KSchG Nr. 7). Das gilt auch noch für die ab 1.1.2004 geltende Fassung von § 13 Abs. 1 S. 2, § 4 KSchG (ebenso APS-*Künzl* Rn 41; s. dazu Rdn 7 f.).

56 Zu Schwierigkeiten führt die entsprechende Anwendung des § 2 KSchG allerdings insoweit, wie die außerordentliche Änderungskündigung **ohne Einhaltung einer Kündigungsfrist** erfolgt, innerhalb derer das Änderungsangebot unter Vorbehalt angenommen werden könnte. Der Arbeitnehmer wäre idR überfordert, sollte er unmittelbar auf die Kündigung hin sich erklären müssen, ob er das Angebot – ggf. unter Vorbehalt – annimmt oder nicht. Man wird ihm daher einräumen müssen, sich dem Arbeitgeber gegenüber zu dem Angebot auch dann noch erklären zu können, wenn er dies zwar nicht unmittelbar, aber **unverzüglich** tut, also ohne schuldhaftes Zögern, § 121 Abs. 1 S. 1 BGB (*BAG* 27.3.1987 EzA § 2 KSchG Nr. 10; 19.6.1986 EzA § 2 KSchG Nr. 7; TRL-*Rachor* KSchG § 2 Rn 125; *Zirnbauer* NZA 1995, 1975). So wie die Zurückweisung einer Kündigungserklärung gem. § 174 Satz 1 BGB ohne das Vorliegen besonderer Umstände nach **mehr als sieben Tagen** nicht mehr unverzüglich ist (*BAG* 8.12.2011 EzA § 174 BGB 2002 Nr. 7), dürfte es sich auch bei der Annahme des Angebots verhalten. Es ist jedenfalls nicht sachangemessen und deshalb **nicht gerechtfertigt**, auf die **fiktive Kündigungsfrist** abzustellen (so aber *Bopp* S. 84; offen gelassen in *BAG* 28.10.2010 EzA § 2 KSchG Nr. 80). Dem Arbeitnehmer ist eine unverzügliche Entscheidung zuzumuten, der Arbeitgeber hat daran ein berechtigtes Interesse. Die Anknüpfung an eine fiktive Kündigungsfrist könnte dazu führen, dass der Arbeitnehmer zunächst bis zu drei Wochen ausscheidet und erst dann die Arbeit – zu geänderten Bedingungen – wiederaufnimmt. Eine solche Unterbrechung widerspricht dem gesetzlichen Modell des § 2 KSchG. Die dem Arbeitnehmer zustehende Frist muss deshalb kurz sein. Die Orientierung an der »Unverzüglichkeit« des § 121 BGB erlaubt eine Berücksichtigung der Umstände des Einzelfalls. Danach kann das Zuwarten von einer Woche auch bereits zu spät sein (vgl. *Becker-Schaffner* BB 1991, 131; APS-*Künzl* Rn 223 – höchstens eine Woche; zur Deutung der sofortigen widerspruchslosen Weiterarbeit s. Rdn 118 und APS-*Künzl* Rn 217). Kündigt der Arbeitgeber dem Arbeitnehmer außerordentlich, aber unter Einhaltung einer **sozialen Auslauffrist** (zur außerordentlichen Kündigung mit sozialer Auslauffrist vgl. KR-*Fischermeier/Krumbiegel* § 626 BGB Rdn 29), so muss es allerdings ausreichen, wenn der Arbeitnehmer die Annahme der geänderten Arbeitsbedingungen unter Vorbehalt bis zum Ende der Auslauffrist, spätestens innerhalb von drei Wochen nach Zugang der Kündigung erklärt. Das gilt insbes. in den Fällen einer betriebsbedingten außerordentlichen Änderungskündigung gegenüber einem ordentlichen unkündbaren Arbeitnehmer, bei der eine der fiktiven Kündigungsfrist entsprechende Auslauffrist zwingend einzuhalten ist (s. *BAG* 20.6.2013 EzA § 626 BGB 2002 Unkündbarkeit Nr. 19; 1.3.2007 EzA § 626 BGB 2002 Unkündbarkeit Nr. 13; *Bröhl* ZTR 2006, 193).

3. Massenänderungskündigung

57 Kündigt der Arbeitgeber zum Zwecke der Änderung der Arbeitsbedingungen mehreren Arbeitnehmern gleichzeitig und gleichlautend, spricht man von einer **Massenänderungskündigung**. Das gilt umgekehrt für gleichlautende Änderungskündigungen der Arbeitnehmer gegenüber dem Arbeitgeber. Streitig ist in diesem Zusammenhang insbes. die Abgrenzung der Massenänderungskündigung vom **Arbeitskampf**. Abgrenzungsprobleme stellen sich sowohl bei einer vom Arbeitgeber, als auch bei einer von den Arbeitnehmern ausgesprochenen Massenänderungskündigung; anders als im Fall ersterer (vgl. etwa *BAG* 18.10.1984 EzA § 1 KSchG Betriebsbedingte Kündigung Nr. 34) nimmt das *BAG* im Fall letzterer regelmäßig eine unzulässige Arbeitskampfmaßnahme an (*BAG* 28.4.1966

EzA § 124a GewO Nr. 5; vgl. dazu KR-*Bader/Kreutzberg-Kowalczyk* § 25 KSchG Rdn 19 ff.; APS-*Künzl* Rn 46 ff.). Zur **außerordentlichen Änderungskündigung** gegenüber einem **Mandatsträger** im Zusammenhang mit einer Massenänderungskündigung vgl. *BAG* 6.3.1986 EzA § 15 KSchG nF Nr. 34; 9.4.1987 § 15 KSchG nF Nr. 37; s.a. *BAG* 21.6.1995 EzA § 15 KSchG nF Nr. 43; s. Rdn 285 und KR-*Kreft* § 15 KSchG Rdn 38.

C. Abgrenzungsfragen

I. Problemstellung

Die **Änderungskündigung** erstrebt die Änderung der bestehenden **Vertragsbedingungen**. Dazu bedient sie sich des Mittels der Beendigung des bestehenden Arbeitsverhältnisses/Arbeitsvertrags und des Angebots neuer Vertragsbedingungen. Es bedarf ihrer dann nicht, wenn schon die geltenden Vertragsbedingungen die vom Arbeitgeber erstrebte Änderung der bisher praktizierten tatsächlichen Arbeitsbedingungen zulassen (vgl. Rdn 39). Das kann insbes. für die Art der auszuführenden Arbeit, die Versetzung an einen anderen Arbeitsplatz im Betrieb und sogar in einen anderen Betrieb oder selbst für die Entlohnung in Frage kommen. Es bedarf ihrer auch dann nicht, wenn als Mittel zur Abänderung der Arbeitsbedingungen der Abschluss einer entsprechenden einvernehmlichen **Vereinbarung** zwischen Arbeitgeber und Arbeitnehmer geplant ist – und verwirklicht wird (vgl. ausf. zum Änderungsvertrag als dem »vergessenen Problem« *Däubler* FS Richardi S. 205; s. weiter *Hromadka* RdA 1992, 245 ff.; *Wank* in: Hromadka, Änderung, S. 35 ff.; zur befristeten Änderung einzelner Bedingungen s. Rdn 98). Damit stellen sich Abgrenzungsfragen und Präzisierungsaufgaben.

58

II. Direktionsrecht

1. Begriffsbestimmung

Die Änderungskündigung ist grundlegend unterschieden von der Ausübung des **Direktions-** oder **Weisungsrechts** durch den Arbeitgeber. Unter dem Direktions- oder Weisungsrecht ist zu verstehen das Recht des Arbeitgebers, die Einzelheiten der vom Arbeitnehmer aufgrund des Arbeitsvertrags zu erbringenden Arbeitsleistung näher zu bestimmen, soweit dies im Vertrag selbst nicht abschließend geschehen ist. Dies gilt insbes. für den **Ort, die Art, die Zeit und die Reihenfolge der Arbeitsleistung** (vgl. MünchArbR-*Reichold* 5. Aufl., § 40 Rn 22 ff.; *Söllner* Einseitige Leistungsbestimmung im Arbeitsverhältnis 1996; *ders.* in: Hromadka, Änderung, S. 13; *Gaul* NZA 1990, 874; *Hromadka* DB 1995, 1609 u. 2601; *BAG* 2.11.2016 EzA § 106 GewO Nr. 21; 26.1.2012 EzA § 2 KSchG Nr. 84; 24.2.2011 EzA § 1 Personenbedingte Kündigung Nr. 28). **Das Weisungsrecht** ist nunmehr für alle Arbeitsverhältnisse einheitlich **in § 106 GewO** geregelt (vgl. § 6 Abs. 2 GewO; zuvor gem. § 121 GewO aF nur für Gesellen). Eine inhaltliche Änderung ist damit nicht verbunden, die bisherige Rechtsprechung und Literatur kann im Wesentlichen weiter herangezogen werden (vgl. ErfK-*Preis* § 106 GewO Rn 1; *Borgmann/Faas* NZA 2004, 241). § 106 S. 3 GewO stellt ausdrücklich klar, dass der Arbeitgeber bei Ausübung seines Ermessens auch auf Behinderungen des Arbeitnehmers Rücksicht zu nehmen hat. Die **Änderungskündigung** ist demgegenüber das Mittel, nicht die bestehenden Vertragsbedingungen näher zu bestimmen, sondern diese Bedingungen – eben weil das Weisungsrecht an seine durch den Vertrag gezogenen Grenzen gekommen ist – zu verändern, um unter den neuen, den Änderungswünschen angepassten Vertragsbedingungen ein auf diese gründendes Weisungsrecht sodann wieder ausüben zu können.

59

2. Inhalt und Umfang

Ist der Arbeitgeber aufgrund und im Rahmen des ihm zustehenden Weisungs- und **Direktionsrechts** zur Anpassung der tatsächlichen Arbeitsbedingungen an seine Wünsche in der Lage, dh vertraglich berechtigt, bedarf es **keiner Änderungskündigung** (zum Problem der gleichwohl ausgesprochenen, »überflüssigen« Änderungskündigung vgl. Rdn 39, 111). Der Umfang des Direktionsrechts lässt sich dabei nicht generell festlegen. Er ist abhängig von den zwischen den Parteien

60

getroffenen einzelvertraglichen Regelungen, aber auch von Betriebsvereinbarungen und tariflichen Bestimmungen und kann daher mehr oder weniger weit sein. Wenig Abgrenzungsprobleme dürfte es geben, soweit es um die Ausübung des Direktionsrechts im Rahmen der sog. **betrieblichen Ordnung** oder zum arbeitsbegleitenden Verhalten geht, also zB um die Einhaltung von Sicherheitsbestimmungen, Anweisungen zur Bedienung von Maschinen, Alkohol- oder Rauchverbote, Durchführung von Torkontrollen (*Hromadka* DB 1995, 2604 ff.). Änderungen in diesem Bereich, also etwa die Anordnung eines bisher nicht bestehenden Rauchverbots (vgl. dazu *LAG Frankf.* 6.7.1989 LAGE § 611 BGB Direktionsrecht Nr. 5; s.a. *BAG* 19.1.1999 EzA § 87 BetrVG 1972 Betriebliche Ordnung Nr. 24), werden regelmäßig die vertraglich gezogenen Grenzen des Weisungsrechts nicht überschreiten; sie verlangen freilich häufig nach der Beachtung des Mitbestimmungsrechts des Betriebsrats nach § 87 Abs. 1 BetrVG, das dem Schutz vor einer einseitig an den Interessen des Arbeitgebers ausgerichteten Ausübung des Weisungsrechts dient (zur Anordnung des Tragens von Dienstkleidung *BAG* 13.2.2007 EzA § 87 BetrVG 2001 Betriebliche Ordnung Nr. 2; zur Anordnung des Tragens angemessener Kleidung vgl. *LAG Hamm* 22.10.1991 LAGE § 611 BGB Direktionsrecht Nr. 11; s.a. *BAG* 1.12.1992 EzA § 87 BetrVG 1972 Betriebliche Ordnung Nr. 20 m. Anm. v. *Hoyningen-Huene*).

61 Schwieriger wird die Bestimmung der Grenzen des Direktionsrechts, wenn die **Arbeitspflicht** selbst, der Tätigkeitsbereich des Arbeitnehmers in Frage steht. Auch hier bestimmt sich aber der Umfang des Weisungsrechts nach den zwischen den Parteien getroffenen vertraglichen Vereinbarungen. Je **abstrakter** und weitläufiger die vom Arbeitnehmer inhaltlich, zeitlich und örtlich geschuldete Tätigkeit **vertraglich** festgelegt worden ist, desto **weiter** reicht das Direktionsrecht des Arbeitgebers. Der Abstraktheit der Aufgabenbeschreibung ist dabei eine »vertragstheoretische« Grenze gesetzt. § 611 BGB verpflichtet zur Leistung der »versprochenen Dienste«. Das, was der Arbeitnehmer zu leisten versprochen hat, muss sich deshalb »irgendwie« spezifizieren lassen.

62 Das Direktionsrecht dient vor allem als Grundlage der **Versetzung**, also der Zuweisung eines anderen Arbeitsbereichs im Sinne einer anderen Tätigkeit und/oder im Sinne eines anderen Arbeitsorts (vgl. allg. zur Versetzung *v. Hoyningen-Huene* NZA 1993, 145; s.a. Rdn 216). Je weniger konkret Arbeitsaufgaben und Arbeitsort des Arbeitnehmers – unter Beachtung der Vorgaben der §§ 305 f. BGB – **vertraglich** festgelegt worden sind, umso weiter reicht auch hier das Weisungsrecht des Arbeitgebers. Ist zB der Arbeitnehmer als »Arbeiter in der Produktion« eingestellt worden, ist dies ausreichend spezifiziert. Als solcher kann er auf jedem Arbeitsplatz eingesetzt werden, der nach seinem Tätigkeitsbild und nach der den Betrieb in den Blick nehmenden Verkehrsauffassung dem **Berufsbild** entspricht (*BAG* 2.3.2006 EzA § 1 KSchG Soziale Auswahl Nr. 67; 30.8.1995 EzA § 611 BGB Direktionsrecht Nr. 14; 12.12.1984 EzA § 315 BGB Nr. 29; APS-*Künzl* Rn 56; *Hromadka* DB 1995, 2602; *LKB/Linck* Rn 30; *Hunold* NZA-RR 2001, 337). Wird hingegen ein ausgebildeter Facharbeiter als »Schlosser« eingestellt, deckt das Weisungsrecht grds. nicht die Beschäftigung als Hilfsarbeiter bei Transportarbeiten. Auch kann der Lohnbuchhalter nicht ohne Weiteres mit einfachen Angestelltentätigkeiten beschäftigt werden (s. die Beispiele Rdn 72 ff.). Die Übertragung des Amts und der damit verbundenen Aufgaben eines **Datenschutzbeauftragten** ist gegenüber einem Arbeitnehmer idR nicht durch Ausübung des Direktionsrechts möglich. Es bedarf der **Vereinbarung** der Arbeitsvertragsparteien, dass die Wahrnehmung des Amts und die damit verbundene Tätigkeit Teil der vertraglich geschuldeten Leistung sein sollen. Diese Vereinbarung kann konkludent dadurch erfolgen, dass der Arbeitnehmer das ihm angetragene Amt annimmt. Damit erweitern sich die arbeitsvertraglichen Rechte und Pflichten des Arbeitnehmers um die Tätigkeit eines Beauftragten für den Datenschutz (*BAG* 29.9.2010 EzA § 4f BDSG Nr. 2; 13.3.2007 EzA § 4f BDSG Nr. 1; 22.3.1994 EzA § 99 BetrVG 1972 Nr. 121). In **Notfällen** kann das Direktionsrecht erweitert sein (vgl. *BAG* 3.12.1980 EzA § 615 BGB Nr. 39; 14.12.1961 AP Nr. 17 zu § 611 BGB Direktionsrecht; *Hromadka* DB 1995, 2602; *Berger-Delhey* DB 1990, 2268). Von einem Notfall kann in Anlehnung an § 14 Abs. 1 ArbZG dann gesprochen werden, wenn die Notwendigkeit eines Einsatzes des Arbeitnehmers aufgrund unvorhersehbarer Ereignisse und unabhängig vom Willen des Arbeitgebers eintritt und wenn die – negativen – Folgen dieser Ereignisse nicht auf andere Weise zu beseitigen sind (*BAG* 3.12.1980 EzA § 615 BGB Nr. 39).

Der Arbeitgeber kann sich bei der Ausübung seines Weisungsrechts dahingehend binden, dass er 63
dem Arbeitnehmer eine bestimmte Aufgabe überträgt, falls der eine Ausbildung erfolgreich durchläuft und gesundheitlich zur Durchführung der Aufgabe geeignet ist. Ist mit der Ausbildung für die neue Aufgabe eine Versetzung iSd § 99 Abs. 1, § 95 Abs. 3 BetrVG verbunden, darf der Arbeitgeber den Arbeitnehmer aber mit der Aufgabe nicht ohne Zustimmung des **Betriebsrats** betrauen. Verweigert dieser seine Zustimmung, kann der Arbeitnehmer ohne besondere Umstände nicht darauf vertrauen, der Arbeitgeber habe sich so weitgehend binden wollen, dass er sich verpflichte, ein Zustimmungsersetzungsverfahren durchzuführen (*BAG* 16.3.2010 EzA § 106 GewO Nr. 5). Im Übrigen ist zu beachten, dass der **betriebsverfassungsrechtliche Begriff** der Versetzung nichts zur Bestimmung der **vertraglichen** Grenzen des Weisungsrechts beiträgt. So liegt gem. § 95 Abs. 3 S. 1, 2.Alt BetrVG eine Versetzung nicht vor, wenn dem Arbeitnehmer zwar ein »anderer Arbeitsbereich« zugewiesen werden soll, dies aber nur für die Dauer von weniger als einem Monat und ohne dass sich die äußeren Arbeitsumstände dabei änderten. Betriebsverfassungsrechtliche Konsequenz ist, dass es der Zustimmung des Betriebsrats zu dieser Maßnahme nicht bedarf (vgl. etwa *BAG* 11.12.2007 EzA § 95 BetrVG 2001 Nr. 7; 28.8.2007 EzA § 95 BetrVG 2001 Nr. 6). Individualrechtlich ist damit aber nichts darüber gesagt, ob der Arbeitgeber die Versetzung per Weisungsrecht anordnen kann oder ob sie die vertraglichen Grenzen überschreitet. Trägt das Direktionsrecht die Maßnahme nicht, wird der Arbeitgeber in einem solchen Fall wohl auf sie verzichten müssen: Eine Änderungskündigung zwecks Versetzung für drei Wochen dürfte sozial schwerlich zu rechtfertigen zu sein (zu den Folgen des Ausbleibens einer notwendigen Zustimmung des Betriebsrats für einseitige Weisung und Änderungskündigung des Arbeitgebers s. Rdn 238 f.). Ist die Arbeitspflicht eines **Arbeitnehmers des öffentlichen Dienstes** arbeitsvertraglich nicht auf eine bestimmte Tätigkeit begrenzt, kann diesem grds. jede Tätigkeit übertragen werden, die den Merkmalen seiner Vergütungsgruppe, seinen Kräften und Fähigkeiten entspricht und ihm billigerweise zugemutet werden kann (*BAG* 24.9.2015 EzA § 2 KSchG Nr. 94; 25.9.2013 EzA § 4 BDSG Nr. 1; 27.5.2004 EzBAT § 8 BAT Direktionsrecht Nr. 56; s. dazu auch *Hohmeister/Küper* PersRat 1997, 89). Dabei kommt es nicht darauf an, ob aus einzelnen Fallgruppen dieser Vergütungsgruppe ein Bewährungsaufstieg möglich ist. Die Ausübung des Direktionsrechts kann jedoch im Einzelfall rechtsmissbräuchlich sein, wenn dem Angestellten die Möglichkeit der Teilnahme am späteren Bewährungsaufstieg entzogen wird (*BAG* 2.12.1981 EzA § 22, 23 BAT Nr. 25; s.a. *BAG* 23.11.2002 EzA § 520 ZPO 2002 Nr. 1). Das Direktionsrecht erlaubt nicht die Übertragung einer Tätigkeit, die **geringerwertige Qualifikationsmerkmale** erfüllt und nur im Wege des Bewährungsaufstiegs den unveränderten Verbleib in der bisherigen Vergütungsgruppe ermöglicht (*BAG* 30.8.1995 EzA § 611 BGB Direktionsrecht Nr. 14; 24.4.1996 EzA § 611 BGB Direktionsrecht Nr. 17).

Bei nur allgemeiner vertraglicher Umschreibung der Aufgaben des Arbeitnehmers kann die lang 64
andauernde Zuweisung einer besonderen Tätigkeit zur **Konkretisierung der Arbeitspflicht** auf diese Tätigkeit führen (*Hennige* NZA 1999, 285; *Hromadka* DB 1995, 1613; *Hunold* NZA-RR 2000, 337; *Weber/Ehrich* BB 1996, 2248; *BAG* 26.9.2012 EzA § 106 GewO Nr. 13; 7.12.2000 EzA § 611 BGB Direktionsrecht Nr. 23; 24.4.1995 § 611 BGB Direktionsrecht Nr. 18). Die Frage, **nach welcher Zeit** eine solche Konkretisierung – und mit ihr einhergehend eine Reduzierung des Versetzungsrechts – anzunehmen ist, lässt sich nicht generell, sondern nur nach den Umständen des Einzelfalls entscheiden (*BAG* 21.1.1988 – 2 AZR 533/87, RzK I 10b Nr. 9: grds. nach zehn Jahren hinsichtlich Lage der Arbeitszeit; s. aber auch *BAG* 11.10.1995 EzA § 242 BGB Betriebliche Übung Nr. 33: im **öffentl. Dienst** noch nicht nach mehr als zehn Jahren; 10.11.1992 AP Nr. 6 zu § 72 LPVG NRW: nicht schon nach sieben Jahren; 24.4.1994 EzA § 611 BGB Direktionsrecht Nr. 18: im öffentl. Dienst selbst nicht nach 26 Jahren. Eine Änderung der ursprünglich vereinbarten Rechte und Pflichten durch Konkretisierung in einen einseitig nicht mehr veränderlichen Vertragsinhalt tritt nicht allein dadurch ein, dass der Arbeitnehmer längere Zeit in derselben Weise eingesetzt wurde. Zum reinen **Zeitablauf** müssen **besondere Umstände** hinzutreten, die erkennen lassen, dass der Arbeitnehmer künftig nur noch verpflichtet sein soll, seine Arbeit entsprechend den aktuellen Bedingungen zu erbringen (*BAG* 10.12.2014 EzA § 106 GewO Nr. 19; 19.7.2012 EzA § 2 KSchG Nr. 86; 15.9.2009 EzA § 106 GewO Nr. 4; 23.9.2004 EzA § 106 GewO Nr. 1).

Die Nichtausübung des Direktionsrechts über einen längeren Zeitraum schafft regelmäßig noch keinen Vertrauenstatbestand dahin, dass der Arbeitgeber von diesem vertraglich und/oder gesetzlich eingeräumten Recht keinen Gebrauch mehr machen will. Die Nichtausübung des Direktionsrechts hat für sich genommen keinen rechtsgeschäftlichen Erklärungswert. Nur beim Hinzutreten besonderer Umstände, aufgrund derer der Arbeitnehmer darauf vertrauen darf, dass er nicht in anderer Weise eingesetzt werden soll, kann es durch konkludentes Verhalten zu einer vertraglichen Beschränkung der Ausübung des Direktionsrechts kommen (*BAG* 30.11.2016 EzA § 106 GewO Nr. 22; 28.8.2013 EzA § 106 GewO Nr. 15 = AP § 106 GewO Nr. 26 m. krit. Anm. *Hromadka*; 19.7.2012 EzA § 2 KSchG Nr. 86; 17.8.2011 EzA § 106 GewO Nr. 9). Dass ein Arbeitnehmer vom Arbeitgeber – auch längere Zeit – unter deutlicher Überschreitung einer vertraglich vorgesehenen **Arbeitszeit** eingesetzt wird, ergibt für sich genommen noch keine Vertragsänderung. Bei dem Arbeitseinsatz handelt es sich um ein tatsächliches Verhalten, dem nicht notwendig ein bestimmter rechtsgeschäftlicher Erklärungswert in Bezug auf den Inhalt des Arbeitsverhältnisses zukommt. Vielmehr ist auf die Abreden abzustellen, die dem erhöhten Arbeitseinsatz zugrunde liegen. Diese können im Einzelfall für die Annahme einer dauerhaften Veränderung der ursprünglichen Vereinbarungen sprechen (*BAG* 26.9.2012 EzA § 106 GewO Nr. 13).

65 Bei einem vertraglich zwar vereinbarten, aber über 20 Jahre nicht realisierten **Freiwilligkeitsvorbehalt** hat das *BAG* allerdings zu bedenken gegeben, ob ein solcher vertraglicher Vorbehalt tatsächlich dauerhaft den Erklärungswert einer ohne jeden Vorbehalt und ohne den Hinweis auf die vertragliche Regelung erfolgten Zahlung so erschüttern kann, dass der Arbeitnehmer das Verhalten des Arbeitgebers entgegen seinem gewöhnlichen Erklärungswert nicht als Angebot zur dauerhaften Leistungserbringung verstehen darf (*BAG* 14.9.2011 EzA § 307 BGB 2002 Nr. 54; krit. auch Däubler/Bonin/Deinert-*Bonin* § 307 BGB Rn 200 ff.; ErfK-*Preis* §§ 305–310 BGB Rn 68; *Hunold* DB 2012, 1096; aA bei Gratifikationen AR-*Löwisch* § 308 BGB Rn 4; *Henssler/Moll* AGB-Kontrolle vorformulierter Arbeitsbedingungen S. 35; HWK-*Thüsing* § 611 BGB Rn 508 ff.; MünchArbR-*Krause* § 56 Rn 7; Schaub-*Linck* § 35 Rn 67). Die Konkretisierung und die damit einhergehende Beschränkung des Weisungsrechts kann idR nur vom **Arbeitnehmer** zu eigenen Gunsten geltend gemacht werden. Der Arbeitgeber vermag sich dagegen auf eine Beschränkung seines Direktionsrechts nicht zu berufen. Eine Konkretisierung der ursprünglich recht allgemein vereinbarten Arbeitsaufgaben kann sich deshalb etwa bei der **Sozialauswahl** nicht dadurch zu Lasten des Arbeitnehmers auswirken, dass sie den Kreis vergleichbarer Arbeitnehmer zu seinen Ungunsten einschränkte (offen gelassen in *BAG* 15.8.2002 EzA § 1 KSchG Betriebsbedingte Kündigung Nr. 123; vgl. zum Ganzen LKB/*Krause* § 1 Rn 917 f.).

66 Die Versetzung kann auch im **Wechsel des Arbeitsorts** bestehen (s. dazu *BAG* 17.12.2015 EzA § 2 KSchG Nr. 96; 28.8.2013 EzA § 106 GewO Nr. 15 = AP § 106 GewO Nr. 26 m. krit. Anm. *Hromadka*; 26.9.2012 EzA § 106 GewO Nr. 12; 13.6.2012 EzA § 106 GewO Nr. 11; 13.3.2007 AP Nr. 26 zu § 307 BGB – keine unangemessene Benachteiligung iSv § 307 Abs. 1 S. 1 BGB, kein Verstoß gegen das Transparenzgebot iSv § 307 Abs. 1 S. 2 BGB). Auch hier ist die zwischen den Parteien getroffene Vereinbarung maßgeblich. Arbeitsort ist im Zweifel der **Betrieb**. Wird ein Arbeitnehmer von einem Arbeitgeber, der mehrere **Filialen** betreibt, ohne nähere vertragliche Regelung in eine der Filialen eingestellt, dürfte sich die Arbeitspflicht auf diese Filiale jedenfalls dann beschränken, wenn die anderen Filialen räumlich weit entfernt liegen (s. aber *Hromadka* DB 1995, 2604; MünchArbR-*Blomeyer* § 46 Rn 80; zur Versetzung im Konzern s. *Maschmann* RdA 1996, 25; s. weiter *Barthel/Bernhardt* AuA 2007, 410; *Hromadka* NZA 2012, 233, 238). Wegen der Bedeutung des Beschäftigungsorts für den Arbeitnehmer kommt ein Recht zur – einseitigen – Versetzung in einen anderen Betrieb regelmäßig nur dann in Frage, wenn eine entsprechende vertragliche – oder, wie üblicherweise im öffentlichen Dienst: tarifvertragliche – Ermächtigung besteht (*Hromadka* DB 1995, 2604). Eine Ausnahme wird unter Umständen dann zu machen sein, wenn mit der Änderung des Arbeitsorts keine ernsthaften Erschwerungen für den Arbeitnehmer verbunden sind. Das kann der Fall sein, wenn etwa ein Kaufhaus am selben Ort mehrere Filialen unterhält (*Hromadka* DB 1995, 2604). **Ratsam** erscheint es in einem solchen Fall, den Arbeitsort von vornherein vertraglich eindeutig zu fixieren – was bei Unternehmen mit zahlreichen Filialen auch häufig

geschehen dürfte. Die Rechtsprechung des BAG hat seit Inkrafttreten der heutigen §§ 305 f. BGB eine differenzierte Analyse und Auslegung der einschlägigen Vertragsklauseln vorgenommen. Es ist unter Berücksichtigung aller Umstände des Einzelfalls zu ermitteln, ob ein bestimmter Tätigkeitsort tatsächlich **vertraglich fixiert** ist und – wenn ja – welchen Inhalt ggf. ein vereinbarter **Versetzungsvorbehalt** hat (vgl. *BAG* 18.10.2017 EzA § 106 GewO Nr. 23; 28.8.2013 EzA § 106 GewO Nr. 15 = AP § 106 GewO Nr. 26 m. krit. Anm. *Hromadka*; 26.1.2012 EzA § 2 KSchG Nr. 84; 19.1.2011 EzA § 106 GewO Nr. 7; 25.8.2010 EzA § 307 BGB 2002 Nr. 49; 13.4.2010 EzA § 307 BGB 2002 Nr. 47). Eine formularmäßige Versetzungsklausel, die materiell der Regelung in § 106 S. 1 GewO nachgebildet ist, stellt dabei weder eine unangemessene Benachteiligung des Arbeitnehmers nach § 307 Abs. 1 S. 1 BGB dar noch verstößt sie allein deshalb gegen das Transparenzgebot des § 307 Abs. 1 S. 2 BGB, weil keine konkreten Versetzungsgründe genannt sind (*BAG* 25.8.2010 EzA § 307 BGB 2002 Nr. 49; 11.4.2006 § 308 BGB 2002 Nr. 5). Eine Versetzung in einen **ausländischen** Betrieb dürfte allerdings allein auf der Grundlage von § 106 S. 1 GewO, dh ohne dass dies ausdrücklich als möglich vereinbart worden wäre, idR ausgeschlossen sein (vgl. *BAG* 20.4.1989 EzA § 1 KSchG Betriebsbedingte Kündigung Nr. 61; MünchArbR-*Reichold* 5. Aufl., § 40 Rn 56).

Die Möglichkeit einer Versetzung auf einen anderen Arbeitsplatz mit **geringerer Entlohnung** ist im Rahmen des Direktionsrechts grds. nicht möglich, falls nicht einzelvertragliche oder kollektive Regelungen dies ausnahmsweise gestatten (BAG in st.Rspr., *BAG* 23.2.2012 EzA § 2 KSchG Nr. 85; vgl. schon *BAG* 11.6.1958 AP Nr. 2 zu § 611 BGB Direktionsrecht; 30.8.1995 EzA § 611 BGB Direktionsrecht Nr. 14; zu § 27 Abs. 3 BMT-G II vgl. aber *BAG* 23.9.2004 § 611 BGB 2002 Direktionsrecht Nr. 1). Das gilt auch dann, wenn das **Arbeitsentgelt** in der bisherigen Höhe **fortgezahlt** wird (vgl. etwa *BAG* 30.8.1995 EzA § 611 BGB Direktionsrecht Nr. 14; 11.12.1984 EzA § 315 BGB Nr. 29; *Hromadka* DB 1995, 2603). Dem ist grds. zuzustimmen. Die Fortzahlung des Arbeitsentgelts in bisheriger Höhe kann nicht entscheidend sein. Die vertraglich geschuldete Tätigkeit ist nach Tätigkeitsmerkmalen zu bestimmen. Über den vertraglich geschuldeten Inhalt entscheiden das einschlägige Berufsbild und die Verkehrsauffassung. Andernfalls könnten zB ein als Buchhalter oder ein als Schlosser eingestellter Arbeitnehmer mit Hilfsarbeiten beschäftigt werden, wenn nur das Arbeitsentgelt unverändert bliebe (s. Rdn 62).

67

Eine (effektive) Lohnminderung steht der Versetzungsbefugnis allerdings dann nicht entgegen, wenn sie lediglich auf dem Wegfall von **Zulagen** – etwa Schmutz-, Nacht- oder Gefahrenzulagen – beruht, die im Rahmen der neu zugewiesenen Tätigkeit nicht anfallen (*LAG Hamm* 30.6.1994 LAGE § 611 BGB Direktionsrecht Nr. 17). Diese Zulagen sind idR nicht Bestandteil des eigentlichen Vergütungsanspruchs. Sie gelten besondere Erschwernisse ab, soweit diese tatsächlich gegeben sind. Auch in diesem Zusammenhang sind jedoch die vertraglichen Vereinbarungen vorrangig. Es ist denkbar, dass die Einstellung mit Rücksicht auf eine höhere Verdienstmöglichkeit oder besondere persönliche Umstände des Arbeitnehmers ausdrücklich nur für die Nachtschicht vereinbart worden ist. Dann scheidet eine einseitige Versetzung im Wege des Direktionsrechts aus, weil mit ihr der Verlust der betreffenden Zulagen verbunden wäre. Will der Arbeitgeber die beabsichtigte Änderung – die Lohnkürzung – dennoch durchsetzen, muss er – weil die bestehenden Vertragsbedingungen das nicht hergeben – eine **Änderungskündigung** aussprechen. Unzulässig ist die einseitige Versetzung idR auch dann, wenn damit der Verlust einer sog. **Funktionszulage** verbunden ist, also etwa einer Zulage für die Tätigkeit als Schichtmeister oder Vorarbeiter (vgl. aber für den öffentlichen Dienst *BAG* 10.11.1992 AP Nr. 6 zu § 72 LPVG NW m. abl. Anm. *v. Hoyningen-Huene*). Anders als der Wegfall einer Schmutzzulage würde der Wegfall dieser Zulage auf der Zuweisung einer von der Art her geringerwertigen Tätigkeit beruhen – der Vorarbeiter würde etwa wieder als einfacher Arbeiter beschäftigt –, so dass eine Versetzung schon aus diesem Grund nicht im Rahmen des Direktionsrechts möglich ist.

68

Dem Direktionsrecht unterliegt grds. auch die **Lage der Arbeitszeit** (*BAG* 19.7.2012 EzA § 2 KSchG Nr. 86; 15.9.2009 EzA § 106 GewO Nr. 4; 23.9.2004 EzA § 106 GewO Nr. 1; *Hromadka* DB 1995, 2603; *LKB/Linck* Rn 41; *Hunold* NZA-RR 2001, 337; *Weber/Ehrich* BB 1996, 2247). Vereinbaren die Parteien bei Abschluss des Arbeitsvertrags die zu diesem Zeitpunkt im Betrieb geltende Regelung

69

über Beginn und Ende der täglichen Arbeitszeit und die Verteilung der Arbeitszeit auf die einzelnen Wochentage, liegt darin keine individuelle Arbeitszeitvereinbarung, die gegenüber einer späteren Veränderung der betrieblichen Arbeitszeit durch Betriebsvereinbarung Bestand hätte; der Arbeitnehmer, der aus persönlichen Gründen an einer von der **betriebsüblichen Arbeitszeit unabhängigen** Lage der Arbeitszeit Interesse hat, muss dies mit dem Arbeitgeber auch dann vereinbaren, wenn die zur Zeit des Abschlusses des Arbeitsvertrags geltende betriebliche Arbeitszeit seinen Interessen entspricht (*BAG* 15.9.2009 EzA § 106 GewO Nr. 4; 23.6.1992 EzA § 611 BGB Direktionsrecht Nr. 12). Fehlt eine entsprechende vertragliche Festlegung, sind auch die **Umsetzung von »Normal«-** in **Wechselschicht** und nach Auffassung des BAG ebenso die Anordnung bislang noch nie angefallener **Sonntagsarbeit** im Wege des Direktionsrechts möglich (*BAG* 15.9.2009 EzA § 106 GewO Nr. 4; 23.6.1992 EzA § 611 BGB Direktionsrecht Nr. 12; krit. *Preis/Ulber* NZA 2010, 729; *Hromadka* DB 1995, 2603; s. im Übrigen die Beispiele Rdn 72 ff. – dort insbes. zur Umsetzung von Tag- in Nachtschicht; zur arbeitszeit- und verfassungsrechtlichen Problematik der Sonntagsarbeit vgl. *BVerfG*1.12.2009 BVerfGE 125, 39). Arbeitnehmer, die individualrechtlich an Sonn- und Feiertagen beschäftigt werden dürfen, haben **öffentlich-rechtlich** die Befugnis, gegen die auf Antrag des Arbeitgebers ergangene behördliche Feststellung zu klagen, dass ihre Beschäftigung an Sonn- und Feiertagen nach dem ArbZG zulässig ist (*BVerwG* 19.9.2000 – 1 C 17/99, AuR 2000, 468). Eine vertragliche Festlegung kann sich auch aus besonderen Umständen ergeben, so etwa aus der mit Rücksicht auf nachmittags zu betreuende Kinder vereinbarten vormittäglichen Beschäftigung von **Teilzeitkräften**.

70 In der **Ausübung des Direktionsrechts** ist der Arbeitgeber **nicht frei**. Soweit das Direktionsrecht nicht ohnehin durch Gesetz, Tarifvertrag, Betriebsvereinbarung oder auch durch einzelvertragliche Abreden (zur Konkretisierung s. Rdn 54) beschränkt ist, darf es nach § 106 GewO, § 315 BGB nur nach **billigem Ermessen** ausgeübt werden (*BAG* 18.10.2017 EzA § 106 GewO Nr. 23; 28.8.2013 EzA § 106 GewO Nr. 15 = AP § 106 GewO Nr. 26 m. krit. Anm. *Hromadka*; 24.2.2011 § 1 KSchG Personenbedingte Kündigung Nr. 28 – insbes. zu den Grenzen des Direktionsrechts wegen eines Glaubenskonflikts; 24.4.1996 EzA § 611 BGB Direktionsrecht Nr. 18; zur Wahrung billigen Ermessens bei Ausübung eines tarifvertraglichen Bestimmungsrechts s. *BAG* 15.1.1987 EzA § 4 TVG Rundfunk Nr. 14; *Hromadka* DB 1995, 1611 ff.; *Hunold* NZA-RR 2001, 337; *Weber/Ehrich* BB 1996, 2248; s.a. Rdn 82). Dazu gehört, dass alle **wesentlichen Umstände** des Falls abgewogen und die **beiderseitigen Interessen** angemessen berücksichtigt sind (s. nur *BAG* 18.10.2017 EzA § 106 GewO Nr. 23; 28.8.2013 EzA § 106 GewO Nr. 15). Billigem Ermessen kann deshalb eine Umsetzung entsprechen, mit welcher der Arbeitgeber den zwischen zwei Arbeitnehmern bestehenden Spannungen begegnen will; er ist nicht gehalten, statt eine Umsetzung vorzunehmen, eine Abmahnung auszusprechen (*BAG* 24.4.1996 EzA § 611 BGB Direktionsrecht Nr. 18). Fallen in verschiedenen Betrieben eines Unternehmens Arbeitsplätze weg und ist die Weiterbeschäftigung nur eines Arbeitnehmers auf einem freien Arbeitsplatz in einem der Betriebe möglich, so hat der Arbeitgeber bei der Besetzung des fraglichen Arbeitsplatzes die sozialen Belange der betroffenen Arbeitnehmer nach § 106 GewO, § 315 BGB zu berücksichtigen (*BAG* 12.8.2010 EzA § 2 KSchG Nr. 79; 15.12.1994 EzA § 1 KSchG Betriebsbedingte Kündigung Nr. 76).

3. Gerichtliche Überprüfbarkeit

71 Übt der Arbeitgeber sein Weisungsrecht aus, etwa um eine Versetzung vorzunehmen, kann der Arbeitnehmer sich dagegen mit einer (negativen) **Feststellungsklage** wehren. Diese Klage unterliegt **nicht** den Anforderungen und der Frist des § 4 KSchG, weil sie sich nicht gegen eine Kündigung richtet (*BAG* 30.8.1995 EzA § 611 BGB Direktionsrecht Nr. 14; 25.7.2002 EzBAT § 8 BAT Direktionsrecht Nr. 51; SPV-*Vossen* Rn 1830; zum Streitwert einer solchen Klage s. *LAG Hamm* 24.7.1986 DB 1976, 1932; s.a. Rdn 274). Der Antrag ist darauf zu richten festzustellen, dass die vom Arbeitgeber erklärte Weisung – deren Inhalt möglichst genau zu umschreiben ist – rechtsunwirksam ist, oder – präziser (so zu Recht APS-*Künzl* Rn 77) – festzustellen, dass der Arbeitnehmer nicht verpflichtet ist, seine Arbeitsleistung nach Maßgabe der (genau zu beschreibenden) Weisung des Arbeitgebers vom ... zu erbringen (vgl. den Antrag in *BAG* 18.10.2017 EzA § 106 GewO Nr. 23). Dagegen dürfte einem Antrag festzustellen, dass die Weisung des Arbeitgebers den Inhalt des Arbeitsvertrags nicht geändert

habe, das Feststellungsinteresse fehlen, da dies »selbstverständlich« ist und den Streit der Parteien, der die Wirksamkeit und Beachtlichkeit der Weisung betrifft, nicht beilegt (**aA** wohl APS-*Künzl* Rn 77). Eine unwirksame Weisung kann – ebenso wenig wie umgekehrt (s. Rdn 41) – **nicht** in eine Änderungskündigung **umgedeutet** werden. Das folgt schon daraus, dass dem Arbeitgeber der Wille zur Kündigung des Arbeitsverhältnisses fehlen wird, weil er ja davon ausgeht, die gewünschte Änderung der faktischen Arbeitsbedingungen allein durch das Mittel der Versetzung, dh ohne Vertragsänderung erreichen zu können. Es fehlt deshalb wohl schon am rechtsgeschäftlichen Erklärungswillen des Arbeitgebers überhaupt. Hinzu kommt, dass eine Kündigung gegenüber dem Erklärungsempfänger eindeutig und unmissverständlich als solche, also mit dem erkennbaren Willen zur Beendigung des Arbeitsverhältnisses ausgesprochen werden muss, woran es in einem solchen Fall fehlt. Auch wird bei der Versetzung regelmäßig keine der Kündigungsfrist entsprechende Ankündigungsfrist eingehalten worden sein. Doch macht auch die Einhaltung einer entsprechenden Frist aus der unwirksamen Weisung keine Änderungskündigung. Zudem dürfte eine Umdeutung häufig schon an der für die Änderungskündigung – einschließlich des Änderungsangebots – nach § 623 BGB erforderlichen Schriftform scheitern (*BAG* 16.9.2004 EzA § 623 BGB 2002 Nr. 2).

4. Beispiele aus der Rechtsprechung

Nachfolgend werden einige **Beispiele** aus der Rechtsprechung zu den Grenzen des Direktionsrechts und der Notwendigkeit des Ausspruchs einer Änderungskündigung aufgeführt (s.a. *Hunold* NZA-RR 2001, 337). Dabei ist stets zu berücksichtigen, dass maßgeblich die jeweiligen Umstände des Einzelfalls sind; dies zeigen insbes. die Entscheidungen zur Umsetzung eines Arbeitnehmers in eine andere Dienstschicht. 72

a) In den folgenden Fällen wurde eine **Änderungskündigung als erforderlich** angesehen:
– **Herabsetzung der Arbeitszeit**, wenn der Arbeitnehmer 1,5 Jahre mit 20 Wochenstunden beschäftigt wurde, obwohl im Arbeitsvertrag nur 10 Stunden vereinbart waren, *LAG Brem.* 20.5.1999 NZA-RR 2000, 14.
– Übertragung einer Tätigkeit im öffentlichen Dienst, die **geringere Qualifikationsmerkmale** als die bisherige Tätigkeit verlangt und **nur im Wege des Bewährungsaufstiegs** den Verbleib in der bisherigen Vergütungsgruppe ermöglicht, *BAG* 30.8.1995 EzA § 611 BGB Direktionsrecht Nr. 14; 12.4.1996 EzA § 611 BGB Direktionsrecht Nr. 17.
– Einsatz eines als **kaufmännischer Angestellter** eingestellten Arbeitnehmers mit – kaufmännischen – Tätigkeiten, die zu einer dauerhaften Absenkung des qualitativen Niveaus der Arbeitsleistung führen (**Entzug einer Leitungsposition**), *LAG Hamm* 13.12.1990 LAGE § 611 BGB Direktionsrecht Nr. 7.
– **Streichung** einer auf betrieblicher Übung beruhenden **bezahlten Pause** im Dreischichtbetrieb, *LAG Hamm* 7.1.1987 DB 1987, 896.
– Einsatz einer zwar als **Erzieherin** eingestellten, aber ausschließlich als **Lehrerin** beschäftigten Arbeitnehmerin nunmehr als Erzieherin, *LAG Frankf.* 4.12.1986 LAGE § 611 BGB Direktionsrecht Nr. 3.
– Streichung von Bereitschaftsdienst im Zusammenhang mit der Betreuung außerschulischer Veranstaltungen bei einem Schulhausmeister, *BAG* 13.11.1986 EzA § 242 BGB Betriebliche Übung Nr. 20.
– **Wegfall einer Überstundenpauschale**, die ohne Nachweis der Ableistung von Überstunden gezahlt wurde, *ArbG Husum* 21.11.1974 ARSt 1975, 96.
– **Wegnahme von Teiltätigkeiten** zum Zwecke der Umwandlung von Arbeitszeit in Arbeitsbereitschaft und damit verbundene Kürzung der Bezüge, *LAG BW* 9.5.1972 AR-Blattei, Direktionsrecht und Gehorsamspflicht, Entsch. 13.
– Entbindung eines Check-Pursers der Deutschen Lufthansa unter Streichung der Check-Zulage von seinen Check-Funktionen; das Arbeitsverhältnis hat sich mit der Übernahme dieser Funktion auf einen **höherwertigen Arbeitsplatz konkretisiert**, *LAG Frankf.* 7.11.1968 DB 1969, 2043.
– Versetzung vom Außendienst mit der Befugnis zur Geschäftsvermittlung und Geschäftsabschlüssen in den **Innendienst**, *LAG Stuttg.* 24.10.1969 BB 1970, 173.

§ 2 KSchG Änderungskündigung

– Versetzung eines Filialleiters in eine Verkaufsstelle mit etwa 30 v. H. niedrigerem Einkommen, *LAG SchlH* 23.11.1964 BB 1965, 417.

73 b) In den folgenden Fällen wurde eine **Änderungskündigung als nicht erforderlich** angesehen:
– Anordnung der Ableistung der Arbeit **ausschließlich im Dienstgebäude** bei bisher auch außerhalb des Gebäudes möglicher Arbeit, *BAG* 11.10.1995 EzA § 242 BGB Betriebliche Übung Nr. 33.
– **Einführung von Wechselschicht** bei Fehlen einer individuellen Festlegung auf den bisher üblichen Einschichtbetrieb, *BAG* 23.6.1992 EzA § 611 BGB Direktionsrecht Nr. 12.
– **Umsetzung in Tagschicht** nach 10 Jahren ausschließlicher Nachtschichtarbeit bei arbeitsvertraglich vereinbartem Einsatz im Ein- bis Drei-Schicht-Betrieb, *LAG Düsseld.* 23.10.1991 LAGE § 611 BGB Direktionsrecht Nr. 10.
– Einseitige anderweitige Festlegung der Arbeitszeit (**Wechsel von Nacht- zu Tagarbeit**), *LAG Bln.* 29.4.1991 LAGE § 611 BGB Direktionsrecht Nr. 9; ebenso *LAG Hamm* 30.6.1994 LAGE § 611 BGB Direktionsrecht Nr. 17.
– **Entzug** der Aufgabe der **Moderation einer Sendung** bei Redakteur einer Fernsehanstalt, soweit nicht ausdrücklich vertraglich vereinbart (unter Berücksichtigung des Gesichtspunkts der Programmvielfalt), *LAG RhPf* 13.4.1989 LAGE § 611 BGB Direktionsrecht Nr. 4.
– Anordnung des Einsatzes einer in einem Gebäudereinigungsunternehmen tätigen **Raumpflegerin** an **verschiedenen Arbeitsstätten** bei Fehlen entgegenstehender Vereinbarungen, *LAG Bln.* 25.4.1988 LAGE § 611 BGB Direktionsrecht Nr. 2.
– **Umsetzung** eines Angestellten, der in der Führungsebene eine **Vertrauensposition** als Pressesprecher innehat, auf einen Posten als Vorstandsreferent mit anderem Aufgabengebiet – trotz langjähriger Tätigkeit keine Konkretisierung, *LAG Köln* 23.2.1987 LAGE § 611 BGB Direktionsrecht Nr. 1.
– **Erhöhung der untertariflichen Wochenarbeitszeit** von 32 auf 36 Stunden bei tariflich regelmäßiger Wochenarbeitszeit von 40 Stunden und Fehlen einer wirksamen betrieblichen Übung, *BAG* 27.3.1987 DB 1987, 1996.
– **Wegfall** der den Angestellten gewährten Anrechnung einer **bezahlten Mittagspause** von 30 Minuten auf die Arbeitszeit bei tariflicher Verweisung auf die für Beamte jeweils geltenden arbeitszeitrechtlichen Bestimmungen, *BAG* 14.8.1986 EzA § 242 BGB Betriebliche Übung Nr. 19.
– Umsetzung einer **Verkäuferin** von der **Kinderabteilung** in die **Herrenabteilung** eines Modegeschäfts, *LAG Köln* 26.10.1984 NZA 1985, 258; zu den kollektivrechtlichen Aspekten dieser Konstellation vgl. *BAG* 17.6.2008 EzA § 95 BetrVG 2001 Nr. 8.
– Änderung eines sog. **Beschaubezirks** aus organisatorischen Gründen, falls die Änderungsbefugnis vertraglich eingeräumt wurde; allerdings ist nachzuprüfen, ob die Änderung aus organisatorischen Gründen erfolgte, *BAG* 19.5.1971 AP Nr. 12 zu § 611 BGB Fleischbeschauer-Dienstverhältnis.

III. Widerrufsvorbehalt

74 Neben dem Direktionsrecht kommt als Grundlage für eine einseitige Änderung der tatsächlich praktizierten Arbeitsbedingungen der sog. **Widerrufsvorbehalt** in Frage. Dabei handelt es sich um die **vertraglich** ausdrücklich vorbehaltene Befugnis zur **einseitigen**, für den Arbeitnehmer idR nachteiligen **Änderung** oder gänzlichen **Streichung** bestimmter Leistungen (vgl. *BAG* 12.1.2005 EzA § 308 BGB 2002 Nr. 1, m. Anm. *Herresthal* – d. Red.). Anders als bei der Änderungskündigung ist auch hier eine Beendigung des Arbeitsverhältnisses als solchen nicht beabsichtigt. Mit dem Direktionsrecht ist der Widerrufsvorbehalt insoweit verbunden, als er sich als eine vertraglich vereinbarte Erweiterung des allgemeinen Weisungsrechts begreifen lässt. Anders als beim sog. **Freiwilligkeitsvorbehalt**, der schon das Entstehen eines Anspruchs verhindert (*BAG* 8.12.2010 EzA § 307 BGB 2002 Nr. 51), handelt es sich bei der Ausübung eines Widerrufsrechts um die nachträgliche Beseitigung einer **vertraglich** gerade **zugesagten** Leistung (vgl. dazu auch *Preis/Genenger* Jahrbuch des Arbeitsrechts Bd. 47, 93, 112).

Die Vereinbarung eines Widerrufsvorbehalts wird **grds. als zulässig erachtet** (*BAG* 28.5.1997 EzA 75
§ 611 BGB Krankenhausarzt Nr. 7; 15.11.1995 EzA § 315 BGB Nr. 45; *Hromadka* RdA 1992,
234; *ders.* NZA 1996, 13; *LKB/Linck* Rn 61; *DDZ-Zwanziger* Rn 66 ff.; MünchArbR-*Hanau* § 62
Rn 100 ff.; *Preis* Grundfragen, S. 432 ff.; *Rost* FS Dieterich, S. 506; *Zöllner* NZA 1997, 121 ff.). In
der Praxis findet sich der Widerrufsvorbehalt vor allem im Zusammenhang mit der Vereinbarung
besonderer Zusatzleistungen, etwa bestimmter Gratifikationen. Die Grenzen der Zulässigkeit ergeben sich zum einen aus den allgemeinen Grenzen der guten Sitten und Treu und Glauben, zum
anderen und mittlerweile vorrangig aus den Bestimmungen über die **Inhaltskontrolle Allgemeiner
Geschäftsbedingungen** (s. dazu Rdn 76 ff.). Die vertragliche Vereinbarung eines Widerrufsvorbehalts darf jedenfalls **nicht zur Umgehung des unverzichtbaren Kündigungsschutzes** nach dem
KSchG führen. Daraus ist zu folgern, dass der Widerruf sich auf die für die Essentialia des jeweiligen Arbeitsverhältnisses nicht bedeutenden Zusatzbestimmungen zu beschränken hat. Der **Kernbestand des Arbeitsverhältnisses** darf nicht angetastet werden (vgl. *BAG* 7.8.2002 EzA § 315 BGB
Nr. 51; 15.11.1995 EzA § 315 BGB Nr. 45; 21.4.1993 EzA § 2 KSchG Nr. 20 m. Anm. *Krause*;
MünchArb-*Hanau* § 62 Rn 100 ff.; *Gaul* ZTR 1998, 245; *Rost* FS Dieterich, S. 506; s.a. *Preis* FS
Hanau, S. 68; *Söllner* in: Hromadka, Änderung, S. 25 ff.). Zu diesem Kernbereich gehören insbes.
der Bestand des Arbeitsverhältnisses, die vereinbarte Höhe der Vergütung und der zeitliche Umfang
der Arbeitspflicht (*BAG* 12.12.1984 EzA § 315 BGB Nr. 29). Die Grenze liegt spätestens dort,
wo sich das Arbeitsverhältnis durch den einseitigen Widerruf im vertraglich vereinbarten »Kern«
ändern würde, so dass praktisch von einer Beendigung des bisherigen und der Begründung eines
neuen Arbeitsverhältnisses gesprochen werden müsste. Dieser Bereich bleibt allenfalls der Änderungskündigung und damit regelmäßig der Prüfung am KSchG vorbehalten.

Eine grundlegende Störung des Leistungsgleichgewichts und damit einen Eingriff in den kündi- 76
gungsrechtlich **geschützten Kernbereich** hat das **BAG früher** verneint, wenn sich das Widerrufsrecht
bei unveränderter Tätigkeit auf Zulagen in Höhe von 25 % bis 30 % der Tarifvergütung (so *BAG*
13.5.1987 EzA § 315 BGB Nr. 34) oder doch auf ca. 15 % (so *BAG* 15.11.1995 EzA § 315 BGB
Nr. 45; s. *Rost* FS Dieterich, S. 507) beschränkte. Bei Widerrufsvorbehalten im Zusammenhang mit
der Änderung des Aufgabenbereichs sind Minderungen der Gesamtbezüge um 15 bis 20 % (*BAG*
7.8.2002 EzA § 315 BGB Nr. 51; 15.11.1995 EzA § 315 BGB Nr. 45; s. iE Rdn 77 mwN) als zulässig angesehen worden. Wurde der Aufgabenbereich eines Chefarztes aufgrund einer vertraglichen
Entwicklungsklausel beschränkt, führte dies nicht schon deshalb zur Umgehung des Kündigungsschutzes, weil dadurch die Einnahmen für die Tätigkeit im dienstlichen Bereich auf etwa 75 % und
die Gesamteinnahmen aus dienstlicher und genehmigter Nebentätigkeit auf ca. 60 bis 65 % seiner
bisherigen Einnahmen sanken (*BAG* 28.5.1997 EzA § 611 BGB Krankenhausarzt Nr. 7).

Mit der zum 1.1.2002 vollzogenen **Schuldrechtsreform** unterliegen nunmehr auch Arbeitsverträge 77
– soweit sie nach Maßgabe der §§ 305, 306 BGB Allgemeine Geschäftsbedingungen enthalten –
der Inhaltskontrolle nach §§ 307 f. BGB. Das führte zu einem **neuen dogmatischen Ansatz bei der
Überprüfung** der Zulässigkeit von vertraglichen Leistungsbestimmungsrechten einschl. des Wider-
rufsvorbehalts (vgl. aus der umfangreichen Literatur ErfK-*Preis* §§ 305 bis 310 BGB Rn 57 f.; *ders.*
NZA 2004, 1014; Clemenz/Kreft/Krause-*Roloff* AGB-Arbeitsrecht 2. Aufl., § 308 Rn 43 ff.; *Benecke* AuR 2006, 337; *Dzida/Schramm* BB 2007, 1221; *Gotthardt* ZIP 2002, 277; *Hanau/Hromadka*
NZA 2005, 73; *Klebeck* NZA 2006, 15; *Reinecke* NZA 2005, 953; *Singer* RdA 2006, 362; *Stoffels*
NZA 2005, 726). Maßgebende Vorschriften sind §§ 307 bis 309 BGB. Einen Ansatzpunkt für die
Überprüfung von **Leistungsbestimmungsrechten bietet § 308 Nr. 4 BGB**. Danach ist unwirksam
die Vereinbarung eines Rechts des Verwenders, die versprochene Leistung zu ändern oder von ihr
abzuweichen, wenn nicht die Vereinbarung der Änderung oder Abweichung unter Berücksichtigung der Interessen des Verwenders für den anderen Vertragsteil **zumutbar** ist (zur Prüfung der
Zumutbarkeit vgl. *BAG* 18.5.2017 EzA § 308 BGB 2002 Nr. 16). Die Klausel bezieht sich nur auf
Leistungen des Verwenders – also des Arbeitgebers –, erfasst also nur klassische Widerrufsvorbehalte bzgl. des Entgelts (*BAG* 11.4.2006 EzA § 308 BGB 2002 Nr. 5). Änderungsvorbehalte bzgl.
der Tätigkeit oder des Umfangs der Dauer der Arbeitszeit selbst – soweit sie sich nicht unmittelbar
auf das Entgelt auswirken – betreffen die Leistung des Arbeitnehmers und sind nicht einbezogen

(*BAG* 11.4.2006 EzA § 308 BGB 2002 Nr. 5 zu Versetzungsvorbehalten). Will man nicht den Begriff Leistungen erweiternd auslegen, unterfallen die nicht unmittelbar das Entgelt beeinflussenden Leistungsbestimmungsrechte dann der Kontrolle nach Maßgabe **der Generalklausel** des § 307 BGB (*BAG* 11.4.2006 EzA § 308 BGB 2002 Nr. 5; vgl. auch Clemenz/Kreft/Krause-*Roloff* AGB-Arbeitsrecht 2. Aufl., § 308 Rn 46 ff.; *Däubler* NZA 2001, 1334; *Gotthardt* ZIP 2002, 285; ErfK-*Preis* §§ 305 bis 310 BGB Rn 53). Einzelarbeitsvertragliche Vereinbarungen, durch die der gesetzliche (**Änderungs-**)**Kündigungsschutz objektiv umgangen** wird, sind weiterhin nichtig. So kann der Anstellungsvertrag eines sog. Dienstordnungs-Angestellten, der für die Dauer des Vertrags aus der Unterstellung unter die Dienstordnung beurlaubt ist, nicht wirksam durch »Abbestellung« beendet werden, auch wenn diese Möglichkeit vertraglich vorgesehen ist (*BAG* 9.2.2006 EzA § 308 BGB 2002 Nr. 3). Ein **Vorvertrag** zu einem ins Auge gefassten Arbeitsvertrag unterliegt der AGB-Kontrolle nach §§ 305 f. BGB, wenn seine Vertragsbedingungen nicht einzelvertraglich ausgehandelt, sondern vom Arbeitgeber gestellt und vorformuliert worden sind. Die dem Arbeitgeber im Vorvertrag vorbehaltene einseitige Lösungsmöglichkeit kann einen **Rücktrittsvorbehalt iSd § 308 Nr. 3 BGB** darstellen, weil es sich beim Vorvertrag zu einem Arbeitsvertrag nicht um ein Dauerschuldverhältnis handelt. Ein Rücktrittsvorbehalt ist nach § 308 Nr. 3 BGB aber nur wirksam, wenn in der Grund für die Lösung vom Vertrag mit hinreichender Deutlichkeit angegeben ist und ein sachlich gerechtfertigter Grund für seine Aufnahme in die Vereinbarung besteht (*BAG* 27.7.2005 EzA § 308 BGB 2002 Nr. 2).

78 Die an § 307, § 308 Nr. 4 BGB orientierte **Angemessenheitskontrolle bei Leistungsbestimmungsrechten** hat an folgenden Punkten anzusetzen: der generellen Zulässigkeit von Leistungsbestimmungsrechten, dem Umfang entsprechender Vorbehalte, dem Anlass für die Ausübung des Vorbehalts und dem Maßstab der Ausübungskontrolle (vgl. *BAG* 18.5.2017 EzA § 308 BGB 2002 Nr. 16; Clemenz/Kreft/Krause-*Roloff* AGB-Arbeitsrecht 2. Aufl., § 308 Rn 79 ff.; MünchArbR-*Krause* 5. Aufl. § 63 Rn 14 f.; so auch schon *Hromadka* FS Dieterich, S. 263; *Gotthardt* ZIP 2002, 285; zum Ganzen ferner ErfK-*Preis* §§ 305 bis 310 BGB Rn 51 f.). Zum ersten lässt sich festhalten, dass die Vereinbarung von Leistungsbestimmungsrechten als solche **nach wie vor zulässig** ist und nicht per se zu einer unangemessenen oder unzumutbaren Benachteiligung führt. Das gesetzliche Leitbild des Arbeitsvertrags, an dem sich die AGB-Kontrolle grds. zu orientieren hat, steht dem nicht entgegen. Bei Dauerschuldverhältnissen besteht ein berechtigtes Bedürfnis nach einer Vertragsanpassung ohne die Notwendigkeit einer Vertragsbeendigung – gerade vor dem Hintergrund von Kündigungsschutzbestimmungen (*BAG* 18.5.2017 EzA § 308 BGB 2002 Nr. 16). Es bedarf also nicht erst des Rückgriffs auf § 310 Abs. 4 BGB mit dem Hinweis darauf, dass Besonderheiten des Arbeitsverhältnisses die Zulässigkeit von Leistungsbestimmungsrechten erforderten.

79 Bezogen auf den **Umfang** solcher Rechte wird man eine unangemessene Benachteiligung ohne Weiteres in denjenigen Fällen annehmen müssen, die die Rechtsprechung **schon bisher** als **Eingriff** in den Kernbereich des Arbeitsverhältnisses angesehen hat, also etwa die nicht nur vorübergehende Änderung der **Arbeitszeitdauer** mit entsprechenden Auswirkungen auf das Entgelt. Bei der variablen Gestaltung von Teilen des **Arbeitsentgelts**, die bisher in einem Umfang bis zu etwa 30 % im Einzelfall als hinnehmbar angesehen worden sind (s. Rdn 77), dürfte auch bei Anwendung des neuen Prüfrasters keine grds. Änderung eintreten. So knüpft das BAG **an die Maßstäbe der bisherigen Rechtsprechung an**, wenn es davon ausgeht, dass die Vereinbarung eines auf übertarifliche Leistungen bezogenen Widerrufsvorbehalts in einem Formulararbeitsvertrag nach § 308 Nr. 4 BGB nur wirksam ist, wenn der **widerrufliche Anteil unter 25 bis 30 %** der Gesamtvergütung liegt (*BAG* 12.1.2005 EzA § 308 BGB 2002 Nr. 1 m. Anm. *Herresthal* = AP Nr. 1 zu § 308 BGB m. Anm. *Bergwitz* = SAE 2005, 307 m. Anm. *Kort*; 11.10.2006 EzA § 308 BGB 2002 Nr. 6 – zulässig, wenn der Widerrufsvorbehalt Leistungen unter 25 % betrifft und der Tariflohn nicht unterschritten wird; 21.3.2012 EzA § 308 BGB 2002 Nr. 13 – für den Widerruf der **privaten** Nutzung eines **Dienstwagens**). Sind darüber hinaus Zahlungen des Arbeitgebers widerruflich, die nicht eine unmittelbare Gegenleistung für die Arbeitsleistung darstellen, sondern **Ersatz für Aufwendungen**, die an sich der Arbeitnehmer selbst tragen muss, erhöht sich der widerrufliche Teil der Arbeitsvergütung auf **bis zu 30 %** des Gesamtverdienstes (*BAG* 11.10.2006 EzA § 308 BGB 2002 Nr. 6; vgl. auch MünchArbR-*Krause* 5. Aufl. § 63

Rn 19; *Bauer/Chwalisz* ZfA 2007, 339; *Diekmann/Bieter* DB 2005, 722; *Hanau* ZIP 2005, 1661; *Preis/Lindemann* AuR 2005, 229; *Schimmelpfennig* NZA 2005, 603; *Willemsen* NZA 2005, 1137). Nach *BAG* 7.12.2005 (EzA § 12 TzBfG Nr. 2 = AP Nr. 4 zu § 12 TzBfG m. Anm. *Lindemann*) darf bei einer Vereinbarung von Arbeit auf Abruf die einseitig vom Arbeitgeber abrufbare Arbeit des Arbeitnehmers **nicht mehr als 25 %** der vereinbarten wöchentlichen Mindestarbeitszeit betragen (nach *BVerfG* 23.11.2006 AP Nr. 22 zu § 307 BGB ist die Annahme einer unangemessenen Benachteiligung bei Überschreiten dieser Grenze verfassungsrechtlich nicht zu beanstanden; s. aber auch *BAG* 14.8.2007 EzA § 6 ATG Nr. 2 – zulässige befristete Erhöhung der Mindestarbeitszeit auch über 25 % bei Vorliegen einer sog. Koalitionsvereinbarung; s. dazu weiter etwa *Arnold* FS Löwisch S. 1; *Bauer* DB 2006, 950; *Preis/Lindemann* NZA 2006, 632; *Zundel* NJW 2006, 2304). Dabei kommt es gerade und auch nach den Grundsätzen der allg. AGB-Kontrolle nicht nur auf einzelne Kriterien – etwa einen prozentualen Anteil des veränderlichen Gehalts – an, sondern auf eine **umfassende Würdigung** der vertraglichen Vereinbarung insgesamt. So sind etwa die Art des Arbeitsverhältnisses und der Status des Arbeitnehmers zu berücksichtigen. Eine Klausel, nach welcher ein Arbeitgeber eine andere als die vertraglich vereinbarte Tätigkeit »falls erforderlich« und nach »Abstimmung der beiderseitigen Interessen« einseitig zuweisen kann, ist jedenfalls dann als unangemessene Benachteiligung iSd § 307 BGB anzusehen, wenn nicht gewährleistet ist, dass die Zuweisung eine mindestens gleichwertige Tätigkeit zum Gegenstand hat (*BAG* 9.5.2006 AP Nr. 21 zu § 307 BGB). Als Kriterium einer Angemessenheitskontrolle sind **kompensatorische Effekte** anerkannt (*Hromadka* FS Dieterich, S. 270; *Lingemann* NZA 2002, 181). Zu berücksichtigen ist also, dass je nach Situation ein Leistungsbestimmungsrecht sich sowohl für die eine als auch für die andere der Vertragsparteien günstig oder ungünstig auswirken kann. Je weiter etwa das dem Arbeitgeber vorbehaltene Versetzungsrecht ist, desto größer ist der Schutz des Arbeitnehmers vor einer betriebsbedingten Kündigung, weil bei Wegfall des bisherigen Arbeitsplatzes das Spektrum vergleichbarer und damit in die Sozialauswahl einzubeziehender Arbeitsplätze erweitert wird.

Besonders bedeutsam ist in diesem Zusammenhang das **Transparenzgebot** des § 307 Abs. 1 S. 2 BGB. Eine unangemessene Benachteiligung kann sich danach auch daraus ergeben, dass die vereinbarte Bestimmung nicht klar und verständlich ist. Bezogen auf den Umfang der Leistungsbestimmungsrechte verlangt dieses Gebot dessen **möglichst konkrete Festlegung** (*BAG* 12.1.2005 EzA § 308 BGB 2002 Nr. 1). Der variable Entgeltbestandteil muss genau bezeichnet werden (Zulage bei laufendem Entgelt, Jahressonderleistung, Urlaubsgeld). Eine Klausel, wonach alle »freiwilligen« Leistungen widerruflich gewährt werden, dürfte dem – unabhängig von möglichen prinzipiellen Widersprüchen einer solchen Klausel (vgl. dazu *BAG* 8.12.2010 EzA § 307 BGB 2002 Nr. 51) – nicht genügen. Die vertragliche Klausel: »Sonstige, in diesem Vertrag nicht vereinbarte Leistungen des Arbeitgebers an den Arbeitnehmer sind freiwillig und jederzeit widerruflich. Auch wenn der Arbeitgeber sie mehrmals und regelmäßig erbringen sollte, erwirbt der Arbeitnehmer dadurch keinen Rechtsanspruch für die Zukunft« enthält eine **Kombination von Freiwilligkeits- und Widerrufsvorbehalt** und verstößt damit gegen das Transparenzgebot des § 307 Abs. 1 S. 2 BGB (*BAG* 14.9.2011 EzA § 307 BGB 2002 Nr. 54). Darüber hinaus benachteiligt der in der Klausel enthaltene Freiwilligkeitsvorbehalt, der alle zukünftigen Leistungen unabhängig von ihrer Art und ihrem Entstehungsgrund erfasst, den Arbeitnehmer **unangemessen** iSv. § 307 Abs. 1 S. 1, Abs. 2 Nr. 1 und Nr. 2 BGB und ist auch deshalb unwirksam (*BAG* 14.9.2011 EzA § 307 BGB 2002 Nr. 54). Schließlich bezieht ein solcher Freiwilligkeitsvorbehalt unzulässigerweise auch **laufende Leistungen** ein und verstößt damit sowohl gegen den in § 305b BGB bestimmten Vorrang der Individualabrede als auch gegen den allgemeinen Rechtsgrundsatz, dass vertragliche Regelungen einzuhalten sind (*BAG* 14.9.2011 EzA § 307 BGB 2002 Nr. 54; 25.4.2007 EzA § 307 BGB 2002 Nr. 20; *Schaub/Linck* § 35 Rn 70 f.). Die Vereinbarung einer »freiwilligen, jederzeit widerruflichen Zulage« enthält demgegenüber erkennbar die Gewährung einer Leistung, zu welcher der Arbeitgeber gesetzlich, tarifvertraglich oder betriebsverfassungsrechtlich nicht verpflichtet ist, die vielmehr gerade erst mit dieser Zusage der Leistung individualrechtlich begründet. Will der Arbeitgeber dabei jeden Anspruch für die Zukunft ausschließen, hat er dies allerdings mit einer solchen Klausel noch nicht deutlich gemacht. Dagegen ist für einen durchschnittlichen Arbeitnehmer bei einem in

Allgemeinen Geschäftsbedingungen enthaltenen **Anrechnungsvorbehalt** dieses Inhalts sehr wohl erkennbar, dass im Falle einer Erhöhung des tariflich geschuldeten Arbeitsentgelts die Zulage bis zur Höhe der Tarifsteigerung soll gekürzt werden können (*BAG* 1.3.2006 EzA § 4 TVG Tariflohnerhöhung Nr. 48). Bei **Versetzungsvorbehalten** muss klar sein, ob sich die Versetzung nur auf einen vergleichbaren Arbeitsplatz und nur auf Umsetzungen innerhalb des Betriebs oder auch auf einen anderen Betrieb des Unternehmens oder sogar eines anderen Unternehmens bezieht. Auch das entspricht bisheriger Rechtsprechung bei der Vertragsinhaltskontrolle.

81 Neben der Prüfung des Umfangs des vorbehaltenen Leistungsbestimmungsrechts kommt der Frage der **Angemessenheit des Anlasses** der Ausübung von Leistungsbestimmungsrechten Bedeutung zu (s.a. *BAG* 12.1.2005 EzA § 308 BGB 2002 Nr. 1). Als »angemessen« kommen nur solche Gründe in Frage, die der spezifischen Unsicherheit der künftigen Entwicklung Rechnung tragen sollen. In Betracht kommen dabei vor allem die sich aus der wirtschaftlichen, technischen, personellen Entwicklung des Betriebs ergebenden Gründe, mögen diese auch auf unternehmerischen Entscheidungen beruhen. Die vertragliche Vereinbarung muss möglichst konkret die Voraussetzungen festlegen, unter denen ein einseitiges Bestimmungsrecht ausgeübt werden kann. Unter Geltung von § 307, § 308 BGB muss **nicht mehr nur der Umfang** des Leistungsbestimmungsrechts, **sondern zugleich der Anlass** für seine Ausübung im Vertrag bestimmt werden. Weiterhin ist aber der besonderen Situation des Dauerschuldverhältnisses Rechnung zu tragen, die gerade darin besteht, dass die zukünftige Entwicklung mit ihren möglichen Anlässen zur Anpassung der Vertragsbedingungen nicht zu überblicken ist (*BAG* 18.5.2017 EzA § 308 BGB 2002 Nr. 16). Erwägenswert ist eine **Abstufung** hinsichtlich Vertragsleistungen, die in einem unmittelbaren **synallagmatischen Zusammenhang** mit der Arbeitsleistung stehen – typisch also laufende Zahlungen –, und solchen, bei denen ein unmittelbarer Zusammenhang nicht vorliegt – wie bspw. bei Jubiläumszahlungen oder Leistungen anlässlich von Familienereignissen. Für die im unmittelbaren Gegenseitigkeitsverhältnis stehenden Leistungen wären etwa konkrete Widerrufsgründe zu verlangen, die vor dem Hintergrund der §§ 1, 2 KSchG bestehen können; für die nicht-synallagmatischen Leistungen jedenfalls willkürfreie und nachvollziehbare Gründe (s. etwa *ErfK-Preis* §§ 305 bis 310 BGB Rn 54; vgl. ferner *Clemenz/Kreft/Krause-Roloff* § 308 Rn 95 ff.). Wird in einem vorformulierten Arbeitsvertrag eine **monatlich zahlbare Leistungszulage** unter Ausschluss jeden Rechtsanspruchs – also verbunden mit einem **Freiwilligkeitsvorbehalt** – zugesagt, ist dieser Teil der vertraglichen Regelung unwirksam. Die Klausel hält als Allgemeine Geschäftsbedingung einer Inhaltskontrolle nach § 307 Abs. 1, Abs. 2 BGB nicht stand. Der Ausschluss jeden Rechtsanspruchs bei der Zusage einer monatlich zusammen mit der Grundvergütung zahlbaren Leistungszulage weicht vielmehr von Rechtsvorschriften ab und unterliegt deshalb gem. § 307 Abs. 3 S. 1 BGB der Inhaltskontrolle. Rechtsvorschriften iSd § 307 Abs. 3 S. 1 BGB sind nicht nur Gesetzesbestimmungen, sondern auch die dem Gerechtigkeitsgebot entsprechenden allgemein anerkannten **Rechtsgrundsätze**, dh die ungeschriebenen Rechtsgrundsätze, die Regeln des Richterrechts sowie die auf Grund ergänzender Auslegung nach § 157 BGB, § 242 BGB und aus der Natur des jeweiligen Schuldverhältnisses zu entnehmenden Rechte und Pflichten. Zu ihnen gehört der allgemeine Grundsatz, dass Verträge und die sich aus ihnen ergebenden Verpflichtungen für jede Seite bindend sind. Ein vertraglicher Vorbehalt, der dem Arbeitgeber die jeden Monat zu wiederholende Entscheidung über die Leistung einer Zulage zuweist, weicht hiervon ab. Nach § 611 BGB ist der Arbeitgeber als Dienstgeber zur Gewährung der vereinbarten Vergütung verpflichtet. Behält er sich vor, monatlich neu über die Vergütung zu entscheiden, weicht dies von dem in § 611 BGB gekennzeichneten Charakter des Arbeitsvertrags ab. Dies gilt nicht nur für die Grundvergütung, sondern auch für zusätzliche regelmäßige Zahlungen, die von den Parteien als Teil der Arbeitsvergütung und damit als unmittelbare Gegenleistung für die vom Arbeitnehmer zu erbringende Arbeitsleistung vereinbart werden (*BAG* 25.4.2007 EzA § 307 BGB 2002 Nr. 20).

82 Zu berücksichtigen ist aber, dass gerade die Unsicherheit der künftigen Entwicklung die Zulassung von Leistungsbestimmungsrechten überhaupt erst rechtfertigt und dies nicht durch zu hohe Anforderungen an die Festlegung der Änderungsgründe konterkariert werden darf. Nach der Rspr. des BAG muss ein Widerrufsvorbehalt in einer Allgemeinen Geschäftsbedingung gleichwohl jedenfalls den **formellen Anforderungen** von § 308 Nr. 4 BGB genügen. Der Verwender muss angeben, **was** ihn zum

Widerruf **berechtigen** soll. Bei den Widerrufsgründen muss also zumindest **die Richtung** angegeben werden, aus der der Widerruf möglich sein soll, zB wirtschaftliche Gründe, Leistung oder Verhalten des Arbeitnehmers (*BAG* 18.5.2017 EzA § 308 BGB 2002 Nr. 16; 24.1.2017 EzA § 87 BetrVG 2001 Betriebliche Lohngestaltung Nr. 37; 20.4.2011 EzA § 308 BGB 2002 Nr. 12; 13.4.2010 EzA § 308 BGB 2002 Nr. 11; 11.10.2006 EzA § 308 BGB 2002 Nr. 6; 12.1.2005 EzA § 308 BGB 2002 Nr. 1 m. Anm. *Herresthal*). Die Vereinbarung eines Widerrufsrechts ist dem Arbeitnehmer nach § 308 Nr. 4 BGB nur dann zumutbar, wenn es für den Widerruf einen sachlichen Grund gibt und dieser bereits in der Änderungsklausel beschrieben ist. Das Widerrufsrecht muss wegen der unsicheren Entwicklung der Verhältnisse als Instrument der Anpassung notwendig sein (so *BAG* 18.5.2017 EzA § 308 BGB 2002 Nr. 16; 13.4.2010 EzA § 308 BGB 2002 Nr. 11). Die Vereinbarung in einem Formularvertrag, nach welcher der Arbeitgeber berechtigt ist, jederzeit die Überlassung eines auch zur **Privatnutzung** zur Verfügung gestellten **Firmenwagens** zu widerrufen, ist demnach zu weit gefasst. Sie benachteiligt den Arbeitnehmer unangemessen, weil das Widerrufsrecht nicht an einen Sachgrund gebunden ist. Die Widerrufsklausel ist auch **nicht** im Wege der **geltungserhaltenden Reduktion** oder der ergänzenden Vertragsauslegung auf die Fälle zu beschränken, in denen der Arbeitgeber zum Widerruf berechtigt ist, wie etwa nach einer berechtigten Freistellung des Arbeitnehmers von der Arbeitspflicht (*BAG* 19.12.2006 EzA § 307 BGB 2002 Nr. 7). **Fehlt die Angabe** von Widerrufsgründen in einem **vor dem 1.1.2002** abgeschlossenen Arbeitsvertrag, kommt eine **ergänzende Vertragsauslegung** in Betracht. Auch bei solchen sog. Altverträgen scheidet eine ergänzende Vertragsauslegung aber in Fällen aus, in denen dem Arbeitgeber eine umfassende einseitige Änderungsbefugnis eingeräumt worden ist. Eine solche Klausel ist auch dann nicht klar, verständlich, widerspruchsfrei, transparent und angemessen, wenn unterstellt wird, die Vertragsparteien hätten ein generelles Änderungsrecht des Arbeitgebers bei einer Verschlechterung der wirtschaftlichen Verhältnisse vereinbart. Auch dann weiß der Arbeitnehmer nicht, was auf ihn zukommt, weil weder Umfang noch Reichweite der Änderungen vorhersehbar sind. Auf das Gesamtvolumen der Änderungen von 25–30 % des bisherigen Einkommens kommt es dann nicht an (*BAG* 11.2.2009 EzA § 308 BGB 2002 Nr. 9).

Auch von einem zulässig vereinbarten Widerrufsvorbehalt kann der Arbeitgeber regelmäßig **nicht nach freiem Belieben** Gebrauch machen. Grundsätzlich unterliegt die Ausübung des Widerrufs einer an § 315 BGB ausgerichteten Prüfung darauf hin, ob sie **billigem Ermessen** entspricht (st. Rspr. des BAG, vgl. etwa *BAG* 24.2.2011 EzA § 1 KSchG Personenbedingte Kündigung Nr. 28; 28.5.1997 EzA § 611 BGB Krankenhausarzt Nr. 7; *Isenhardt* FS Hanau, S. 227; *Preis* FS Kissel, S. 879, 893; *Söllner* Arbeitsrecht in der Verfassungsordnung des Grundgesetzes, S. 346; vgl. aber für die vertraglich beiden Seiten eingeräumte Möglichkeit der Kündigung einer Abrede zur pauschalen Abrechnung einer Erschwerniszulage *BAG* 18.5.2017 EzA § 308 BGB 2002 Nr. 16: keine Überprüfung am Maßstab billigen Ermessens). Neben die Inhaltskontrolle tritt die **Ausübungskontrolle** nach § 315 BGB (*BAG* 18.10.2017 EzA § 106 GewO Nr. 23; 24.1.2017 EzA § 87 BetrVG 2001 Betriebliche Lohngestaltung Nr. 37). An dieser **Ausübungskontrolle** hat sich durch die **Schuldrechtsreform** (s. dazu Rdn 76–82) im Prinzip **nichts geändert** (*BAG* 12.1.2005 EzA § 308 BGB 2002 Nr. 1 m. Anm. *Herresthal*). Die Überprüfung des Widerrufs an billigem Ermessen mildert das Problem der Abgrenzung zwischen dem unantastbaren Kernbereich und dem einem Widerrufsvorbehalt zugängigen »Randbereich« des Arbeitsverhältnisses. Wenn auch die Wahrung billigen Ermessens nicht dieselben Anforderungen an das Arbeitgeberverhalten stellt wie dessen soziale Rechtfertigung gem. § 1 KSchG, so hat der Arbeitnehmer doch einen in gewissen Grenzen dem Kündigungsschutz angenäherten Schutz vor willkürlichen einseitigen Änderungen der aktuell praktizierten Arbeitsbedingungen. Die Beweislast für die Einhaltung billigen Ermessens trägt der Arbeitgeber (*BAG* 18.10.2017 EzA § 106 GewO Nr. 23; 2.11.2016 EzA § 106 GewO Nr. 21).

Die wirksame Ausübung des Widerrufsvorbehalts ist **gerichtlich** überprüfbar (*BAG* 12.1.2005 EzA § 308 BGB 2002 Nr. 1 m. Anm. *Herresthal*). Insoweit gilt im Wesentlichen das zu Rdn 71 Gesagte. Die gem. § 256 ZPO idR als zulässig zu erachtende Feststellungsklage unterliegt nicht den Anforderungen des § 4 KSchG. Beruft sich der Arbeitgeber zu Unrecht auf einen ihm zustehenden Widerrufsvorbehalt, liegt darin nicht der Ausspruch einer Änderungskündigung. Der Arbeitgeber muss eine Vertragsänderung – ggf. durch Änderungskündigung – nachholen, gelangt er mit der

§ 2 KSchG Änderungskündigung

Ausübung des Widerrufsvorbehalts nicht ans Ziel und will er an diesem festhalten. Ist ein Widerruf wirksam vorbehalten worden, ist eine mit dem gleichen Ziel ausgesprochene Änderungskündigung »überflüssig« (anders wohl noch *BAG* 15.11.1995 EzA § 315 BGB Nr. 45 mit krit. Anm. *Ahrens*). Es gelten die in Rdn 39 erörterten Grundsätze.

IV. Teilkündigung

85 Ähnliche Wirkungen wie der Widerrufsvorbehalt hätte die sog. **Teilkündigung**. Eine Teilkündigung ist eine Willenserklärung, mit der der Kündigende lediglich **einzelne** Vertragsbedingungen gegen den Willen der anderen Vertragspartei einseitig beseitigen oder doch ändern will (*BAG* 22.1.1997 EzA § 622 BGB Teilkündigung Nr. 7). Im Unterschied zur Änderungskündigung ist die Teilkündigung nicht auf die Beendigung des Arbeitsverhältnisses insgesamt ausgerichtet, sondern auf die Beendigung bestimmter einzelner Vertragsbestandteile. Sie soll also den Fortbestand des Arbeitsverhältnisses als solchen gerade nicht in Frage stellen. Eine solche Teilkündigung ist grds. **unzulässig**. Sie nimmt keine Rücksicht darauf, dass Rechte und Pflichten der Parteien aus dem Gesamtvertrag in der Regel in innerer Beziehung stehen (vgl. *BAG* 18.5.2017 EzA § 308 BGB 2002 Nr. 16). Durch die Teilkündigung will sich ein Vertragspartner einer lästigen Vertragspflicht entledigen, jedoch in aller Regel die andere Partei an ihren Verbindlichkeiten vollständig festhalten und die sich daraus ergebenden eigenen Rechte bewahren. Dies kommt einer einseitigen, nachträglichen Änderung des Vertrags zu Lasten des Vertragspartners gleich und ist wegen des Grundsatzes »pacta sunt servanda« regelmäßig nicht gerechtfertigt (*BGH* 5.11.1992 EzA § 622 BGB Teilkündigung Nr. 6). Das Arbeitsverhältnis ist als Einheit zu betrachten, aus der nicht einzelne Abreden herausgekündigt werden können, auf deren Existenz möglicherweise die Bereitschaft zum Abschluss der anderen Vereinbarungen gerade beruht. Das Arbeitsverhältnis kann **nur als Ganzes** gekündigt werden (BAG in st. Rspr., vgl. etwa *BAG* 22.1.1997 EzA § 622 BGB Teilkündigung Nr. 7; 14.11.1990 EzA § 622 BGB Teilkündigung Nr. 5; vgl. auch APS-*Künzl* Rn 81; ErfK-*Oetker* Rn 9; *LKB/Linck* Rn 58; *Hromadka* DB 1995, 1609; *Berkowsky* NZA 2003, 1133; MünchArbR-*Wank* 5. Aufl. § 108 Rn 43). Davon will wohl auch das BAG in seiner Entscheidung vom 13.3.2007 (EzA § 4f BDSG Nr. 1) nicht abweichen, trotz missverständlicher Formulierung und nicht ergiebiger Berufung auf *BAG* 14.11.1990 EzA § 622 BGB Teilkündigung Nr. 5 – zust. aber *Natzel* SAE 2008, 64, krit. dagegen SPV-*Preis* Rn 171). In der Entscheidung ging es um die Folgen eines Widerrufs der Bestellung zum **Datenschutzbeauftragten** für das zugrundeliegende arbeitsvertragliche Pflichtengefüge. Das BAG hat angenommen, dass die Bestellung nach § 4f Abs. 3 S. 4 BDSG nur bei gleichzeitiger Teilkündigung der arbeitsvertraglich geschuldeten Sonderaufgabe wirksam widerrufen werden könne. Eine solche Teilkündigung hinsichtlich der Aufgaben des Datenschutzbeauftragten sei zulässig. Die zusätzliche Aufgabe des Datenschutzbeauftragten falle lediglich weg (*BAG* 13.3.2007 EzA § 4f BDSG Nr. 1). Dagegen hat es in der Folgezeit angenommen, falls die Bestellung zum betrieblichen Datenschutzbeauftragten nach § 4f Abs. 3 S. 4 BDSG wirksam widerrufen werde, sei diese Tätigkeit nicht mehr Bestandteil der vertraglich geschuldeten Leistung. Da sie schlicht **wegfalle**, bedürfe es weder einer Änderungs- noch einer Teilkündigung, um das arbeitsvertragliche Pflichtengefüge der neuen Lage anzupassen (*BAG* 23.3.2011 EzA § 4f BDSG Nr. 3; 29.9.2010 EzA § 4f BDSG Nr. 2). Eine **Ausnahme** vom Verbot der Teilkündigung soll nur dann gelten, wenn ihre Zulässigkeit **besonders vereinbart** war (vgl. *BAG* 14.11.1990 § 622 BGB Teilkündigung Nr. 5). Es erscheint aus Gründen der Rechtsklarheit angebrachter, in diesen Fällen von einem **Widerrufsvorbehalt** zu sprechen und die vereinbarte »Teilkündigung« den zu diesem entwickelten Grundsätzen zu unterwerfen. In Wahrheit wollen die Parteien nämlich gar keine Kündigung zulassen. Der Arbeitgeber will lediglich von seinem ihm vorbehaltenen Recht Gebrauch machen, einzelne Vertragsabsprachen einseitig aufzuheben. Das ist nichts anderes als die Ausübung eines vorbehaltenen Widerrufs (so ausdrücklich *BAG* 7.10.1982 EzA § 315 BGB Nr. 28; s.a. *BAG* 14.11.1990 EzA § 622 BGB Teilkündigung Nr. 5 zur Kündigung eines Zusatzvertrags zum Chefarztvertrag; vgl. auch APS-*Künzl* Rn 81; *LKB/Linck* Rn 60; *Hromadka* RdA 1992, 243). Die **Gleichstellung** mit dem **Widerrufsvorbehalt** liegt umso näher, als die Teilkündigung, weil sie den Bestand des Arbeitsverhältnisses als solchen unberührt lässt,

nicht vom KSchG erfasst wird. Zur grundsätzlichen Zulässigkeit der separaten Kündigung von **selbständigen Regelungskomplexen** einer äußerlich einheitlichen **Betriebsvereinbarung** vgl. die Entscheidung des *BAG* vom 6.11.2007 (EzA § 77 BetrVG 2001 Nr. 19).

Handelt es sich bei der Teilkündigung in der Sache um einen Widerrufsvorbehalt, so gelten auch die für dessen Zulässigkeit erforderlichen Voraussetzungen: Die »Teilkündigung« darf nicht zur Umgehung des KSchG führen. Ihre Überprüfung wenigstens nach billigem Ermessen ist daher ebenso angezeigt wie beim Widerrufsvorbehalt (s. Rdn 82). Dem Bedenken, bei einem Verständnis der vereinbarten Teilkündigung als Widerrufsvorbehalt könne der Arbeitnehmer eventueller Kündigungsfristen verlustig gehen, kann im Rahmen des § 315 BGB Rechnung getragen werden. Arbeitgebern ist in diesem Zusammenhang zu empfehlen, entweder schon bei der Vereinbarung des Widerrufsvorbehalts – was häufig geschieht – eine entsprechende Ankündigungsfrist vorzusehen oder den Widerruf zumindest tatsächlich nur unter Wahrung einer angemessenen Frist auszuüben. 86

Spricht der Arbeitgeber eine ausnahmsweise zulässige »Teilkündigung« aus, kann der Arbeitnehmer deren Wirksamkeit **überprüfen** lassen. § 4 KSchG findet hierbei keine Anwendung. Es gelten die gleichen Grundsätze wie bei der Überprüfung eines Widerrufs und einer aufgrund des Direktionsrechts vorgenommenen Maßnahme. Die **unwirksame Teilkündigung** ist grds. **nicht** in eine Änderungskündigung **umzudeuten**, weil es am Willen zur Beendigung des ganzen Arbeitsverhältnisses fehlt (vgl. iE Rdn 71). Auch die Teilkündigung bedarf einer inhaltlich **eindeutigen Erklärung**. In der – möglicherweise falschen – Äußerung einer Rechtsansicht liegt keine Teilkündigung (*BAG* 22.1.1997 EzA § 622 BGB Teilkündigung Nr. 7). 87

V. Teilzeitanspruch

Eine eigenständige Möglichkeit der Änderung von Arbeitsbedingungen eröffnet der Anspruch auf Arbeit in Teilzeit nach **§ 8 Abs. 1 TzBfG**. Danach kann ein **Arbeitnehmer**, dessen Arbeitsverhältnis länger als sechs Monate bestanden hat, **verlangen**, dass seine vertraglich vereinbarte **Arbeitszeit verringert** wird. Vorrangig sollen zwar Arbeitgeber und Arbeitnehmer über die gewünschte Verringerung der Arbeitszeit und über deren neue Verteilung Einvernehmen erzielen, § 8 Abs. 3 TzBfG. Der Arbeitgeber hat der Verringerung der Arbeitszeit zuzustimmen und ihre Verteilung entsprechend den Wünschen des Arbeitnehmers festzulegen, soweit betriebliche Gründe nicht entgegenstehen, § 8 Abs. 4 TzBfG (vgl. *BAG* 18.2.2003 EzA § 8 TzBfG Nr. 3 m. Anm. *Ahrens*; 30.9.2003 EzA § 8 TzBfG Nr. 5; 27.4.2004 EzA § 8 TzBfG Nr. 10). Kommt es aber nicht zu einer solchen Vereinbarung, verringert sich die Arbeitszeit unter bestimmten Voraussetzungen entsprechend den Wünschen des Arbeitnehmers, gleiches gilt für die Festlegung der neuen Arbeitszeit, § 8 Abs. 5 TzBfG. Das Gesetz eröffnet also zugunsten des Arbeitnehmers die Möglichkeit einer **einseitigen Änderung der Arbeitsbedingungen**, die im Ergebnis einer (sonst unzulässigen) Teilkündigung gleichkommt (vgl. auch *Kliemt* NZA 2001, 67). Einwendungen gegen den Verringerungsanspruch des Arbeitnehmers, die er im Verfahren nach § 8 TzBfG hätte geltend machen können, kann der Arbeitgeber nicht als Gründe für eine betriebsbedingte **Änderungskündigung** zurück in den Vollzeit-Zustand vorbringen; der Anspruch aus § 8 TzBfG würde sonst entwertet (*BAG* 20.1.2015 EzA § 8 TzBfG Nr. 32). Ein **einseitiges Änderungsrecht** steht dem Arbeitgeber unter den Voraussetzungen des § 8 Abs. 5 S. 4 TzBfG nur hinsichtlich der Lage der Arbeitszeit zu. Macht der Arbeitnehmer eine Verringerung seiner regelmäßigen Arbeitszeit geltend, ohne eine bestimmte Verteilung der reduzierten Arbeitszeit zu beantragen, überlässt er die Verteilung der Arbeitszeit dem Arbeitgeber. Dieser hat sie in Ausübung seines Direktionsrechts gem. § 106 S. 1 GewO nach billigem Ermessen festzulegen (vgl. *BAG* 8.5.2007 EzA § 8 TzBfG Nr. 18; 27.4.2004 EzA § 8 TzBfG Nr. 10; vgl. ferner *Beckschulze* DB 2000, 2598; *Däubler* ZIP 2000, 1961; *Kliemt* NZA 2001, 63; *Lindemann/Simon* BB 2001, 146; *Preis/Gotthardt* DB 2001, 145; *Straub* NZA 2001, 919). Bei allem sind allerdings die **Mitbestimmungsrechte des Betriebsrats** zu beachten (vgl. *BAG* 18.8.2009 EzA § 8 TzBfG Nr. 24; 16.12.2008 EzA § 8 TzBfG Nr. 23; 24.6.2008 EzA § 8 TzBfG Nr. 21; 16.3.2004 EzA § 8 TzBfG Nr. 8). Zum **Kündigungsverbot des** § 11 TzBfG wegen der Weigerung eines Arbeitnehmers, von einem Vollzeit- in ein Teilzeitarbeitsverhältnis zu wechseln oder umgekehrt s. Rdn 193. 88

VI. Vorsorgliche Kündigung und vorsorgliche Änderungskündigung

89 Von der Änderungskündigung ist schließlich die **vorsorgliche Kündigung** zu unterscheiden (vgl. etwa MünchArbR-*Wank* 5. Aufl. § 108 Rn 40). Sie ist eine **unbedingte** Kündigung. Der Arbeitgeber behält sich dabei lediglich vor, seinen Kündigungsentschluss zu ändern, sei es durch eine »Rücknahme« der Kündigung, sei es durch ein nachträgliches Angebot der Fortsetzung zu geänderten Vertragsbedingungen (APS-*Künzl* Rn 94). Im Unterschied zur Änderungskündigung ist dieses **Inaussichtstellen** aber **unverbindlich**. Der Arbeitnehmer kann daraus keine Rechte herleiten, während der Arbeitgeber bei der Änderungskündigung an das abgegebene Angebot zur Fortsetzung gebunden ist. Darüber hinaus wird als vorsorgliche Kündigung eine Kündigung bezeichnet – häufig vom Kündigenden selbst –, die **für den Fall der Unwirksamkeit** einer bereits ausgesprochenen Kündigung erklärt wird (vgl. schon *BAG* 12.10.1954 AP Nr. 5 zu § 3 KSchG; MünchArbR-*Wank* 5. Aufl. § 108 Rn 40; vgl. ferner *Hromadka* NZA 2008, 1338, 1340). Eine solche Kündigung ist idR unter der – zulässigen – **auflösenden Rechtsbedingung** erklärt, dass schon die erste Kündigung wirksam ist. Sie soll also für den Fall als nicht erklärt gelten, dass das Arbeitsverhältnis bereits durch die erste Kündigung beendet worden ist. Tritt diese Bedingung ein, liegt schon eine (zweite) Kündigungserklärung als solche nicht mehr vor (*BAG* 18.10.2018 – 2 AZR 374/18, EzA § 2 KSchG Nr. 103 = AP § 2 KSchG 1969 Nr. 172 mit Anm. *Stöhr*; 18.6.2015 – 2 AZR 480/14, EzA § 626 BGB 2002 Unkündbarkeit Nr. 23; 10.4.2014 EzA § 622 BGB 2002 Nr. 10; 21.11.2013 EzA § 164 SGB V Nr. 1). Beide Konstellationen sind nicht gleichbedeutend mit der Erklärung einer Änderungskündigung.

90 Auch die **Änderungskündigung** selbst kann **vorsorglich** ausgesprochen werden. Denkbar – und aus Sicht sowohl des Arbeitgebers als auch des Arbeitnehmers empfehlenswert – ist, dass der Arbeitgeber eine bestimmte **Weisung** erteilt – etwa die, künftig an einem anderen Ort zu arbeiten, – und zugleich vorsorglich eine Änderungskündigung erklärt – dies also **hilfsweise** für den Fall, dass seine Rechtsauffassung, er könne den Arbeitsort des Arbeitnehmers auch ohne Änderung der Vertragsbedingungen schon durch Ausübung seines Direktionsrechts ändern, in einem Rechtsstreit von den Arbeitsgerichten nicht geteilt werden sollte. Der Arbeitgeber erklärt damit in materiell-rechtlicher Hinsicht, die Kündigung solle nur unter der **Rechtsbedingung** als abgegeben gelten, dass er nicht schon einseitig zu der von ihm beabsichtigten Veränderung berechtigt ist, sondern es dazu einer Vertragsänderung bedarf (*BAG* 11.3.1998 – 2 AZR 577/97, RzK I 7a Nr. 43; 27.3.1987 EzA § 242 BGB Betriebliche Übung Nr. 22; Bader/Bram-*Bram* § 2 Rn 7b; AnwK-ArbR/*Nübold* § 2 Rn 62; ErfK-*Oetker* Rn 7; s. Rdn 49). Auf diese Weise erklärt der Arbeitgeber eine **auflösend bedingte** Kündigung (*BAG* 17.12.2015 EzA § 2 KSchG Nr. 96; so dürfte das *BAG* auch schon im Urteil vom 29.1.1986 – 7 AZR 259/84 – zu verstehen sein; die Bedenken etwa von *Berkowsky* NZA Beilage 2/2010, 50, 55 f., der offensichtlich eine aufschiebend bedingt erklärte Bedingung annimmt, gehen dann ins Leere). Dies ist zulässig. Zwar ist die Kündigungserklärung grds. **bedingungsfeindlich**. Eine Bedingung im Rechtssinn ist ein künftiges ungewisses Ereignis, von dessen Eintritt oder Nichteintritt ein Rechtsgeschäft abhängig sein soll. Die Kündigung als einseitige rechtsgestaltende Willenserklärung verträgt aus Gründen der Rechtsklarheit einen dadurch hervorgerufenen Schwebezustand nicht. Eine derartige Ungewissheit wäre für den Kündigungsgegner unzumutbar. Im Fall der vorsorglich erklärten Kündigung soll deren Wirkung aber nicht von einem künftigen ungewissen Ereignis abhängen, sondern von der bereits beim Zugang der Kündigungserklärung objektiv bestehenden, wenn auch gerichtlich noch nicht geklärten Rechtslage. Es handelt sich deshalb nicht um eine echte Bedingung im Rechtssinn. Die Kündigung ist lediglich an eine **auflösende Rechtsbedingung** geknüpft. Das ist rechtlich zulässig (*BAG* 18.10.2018 – 2 AZR 374/18, EzA § 2 KSchG Nr. 103 – für die Erklärung mehrerer, zeitlich gestaffelter (Änderungs)Kündigungen; 17.12.2015 EzA § 2 KSchG Nr. 96; 3.4.2008 EzA § 2 KSchG Nr. 70; *Hromadka* NZA 2008, 1338, 1340; *Hunold* NZA 2008, 860; LSW-*Wertheimer* § 2 Rn 198; AnwK-ArbR/*Nübold* § 2 KSchG Rn 62; DDZ-*Zwanziger* Rn 113). Da auflösend – und nicht aufschiebend – bedingt erklärt, setzt sie sowohl die Klagefrist des § 4 KSchG als auch die Frist zur Erklärung des Vorbehalts nach § 2 S. 2 KSchG in Gang. Der **Klageantrag** nach § 4 S. 1 oder S. 2 KSchG ist in diesem Fall seinerseits als uneigentlicher Hilfsantrag – dh als **auflösend bedingt** durch das Unterliegen mit dem gegen die

Wirksamkeit der einseitigen Weisung gerichteten Hauptantrag – zu verstehen (*BAG* 17.12.2015 EzA § 2 KSchG Nr. 96; 21.11.2013 EzA § 164 SGB V Nr. 1). Mit einem solchen Vorgehen des Arbeitgebers lässt sich die von *Verstege* (Anm. zu *BAG* 26.1.2012 AP § 2 KSchG 1969 Nr. 153) beklagte Rechtsunsicherheit bei der »Handhabung« der »Zweifelsfälle«, also der Fälle mit unklarer Reichweite des Direktionsrechts, beseitigen. Der Arbeitgeber übt in erster Linie das von ihm reklamierte Weisungsrecht aus und erklärt **vorsorglich** zugleich eine ordentliche Änderungskündigung. Der Arbeitnehmer, der die Weisung nicht gegen sich gelten lassen will, erhebt Klage mit dem Hauptantrag festzustellen, dass er nicht nach Maßgabe der betreffenden Anweisung zu arbeiten verpflichtet ist (vgl. Rdn 71), und dem weiteren (uneigentlichen Hilfs-)Antrag nach § 4 S. 1 oder S. 2 KSchG (vgl. *Kreft* FS Preis, S. 695, 701; so wohl auch *Bayreuther* NZA 2019, 735, 740). Da **auflösend** bedingt durch das **Unterliegen** mit dem Hauptantrag – und nicht etwa aufschiebend bedingt durch das Obsiegen mit dem Hauptantrag – wahrt dieser (uneigentliche Hilfs-)Antrag auch die Klagefrist des § 4 KSchG (*BAG* 17.12.2015 EzA § 2 KSchG Nr. 96 = AP § 4 KSchG m. überwiegend zust. Anm. *Benecke*; 21.11.2013 EzA § 164 SGB V Nr. 1).

Wird dagegen eine Änderungskündigung vorsorglich für den Fall ausgesprochen, dass die Parteien keine einvernehmliche Lösung finden, handelt es sich um eine echte (auflösende) Bedingung, die die Kündigung **unwirksam** macht: Es liegt weder eine Rechts- noch eine zulässige sog. Potestativbedingung, deren Eintritt allein vom Willen des Erklärungsempfängers abhängt (vgl. Rdn 17), vor. Stattdessen soll über den Bedingungseintritt das ungewisse tatsächliche Gelingen einer Einigung entscheiden (zutr. Bader/Bram-*Bram* § 2 Rn 7b; **aA** *LAG Köln* 6.2.2002 NZA-RR 2003, 18). 91

Auch gegen eine vorsorgliche Änderungskündigung muss sich der Arbeitnehmer also **rechtzeitig nach § 4 KSchG** zur Wehr setzen, andernfalls treten die Wirkungen des § 7 KSchG ein. Unschädlich ist eine Fristversäumnis nur, wenn die fragliche Bedingung eintritt – und das gerichtlich noch festgestellt wird. Dann fällt die Kündigungserklärung, weil dadurch auflösend bedingt, nachträglich weg. Wehrt sich der Arbeitnehmer gegen die im Wege des Weisungsrechts vorgenommene Maßnahme und gegen die vorsorglich erklärte Änderungskündigung im selben Prozess, stellt der gegen die einseitige Maßnahme gerichtete Antrag den **Hauptantrag** und stellt der Antrag festzustellen, dass das Arbeitsverhältnis der Parteien durch die Kündigung nicht aufgelöst worden (bei Nichtannahme des vorsorglichen Änderungsangebots) bzw. die Änderung der Arbeitsbedingungen sozial ungerechtfertigt ist (bei Annahme des vorsorglichen Änderungsangebots unter Vorbehalt), einen **uneigentlichen Hilfsantrag** dar. Dessen Rechtshängigkeit entfällt automatisch – wie die jedes uneigentlichen Hilfsantrags – nach einem Unterliegen mit dem Hauptantrag, weil er eben dadurch **auflösend bedingt** ist; in diesem Fall erhöht er wegen § 45 Abs. 1 S. 2 GKG auch den **Streitwert** nicht. Gleiches gilt für den Fall der auflösend bedingt erklärten Zweit-Kündigung (s.o.). 92

VII. Erweiterung des Direktionsrechts durch Tarifvertrag

Die einzelvertraglich vorbehaltene einseitige Abänderung des Arbeitsverhältnisses durch den Arbeitgeber ist unwirksam, soweit in den Kernbereich des Arbeitsverhältnisses eingegriffen wird (s. *BAG* 12.12.1984 EzA § 315 BGB Nr. 29; s. Rdn 74; s. aber auch *BAG* 12.3.1992 EzA § 4 BeschFG 1985 Nr. 1). Dies gilt vor allem für die Abänderung der Entlohnung und der Arbeitszeit, hier insbes. bei zeitabhängiger Vergütung. Derartige Vertragsgestaltungen stellen eine objektive Umgehung des Kündigungsschutzes in seiner besonderen Ausgestaltung als Inhaltsschutz dar. **Zulässig** soll hingegen eine **tarifliche Regelung** sein, welche den Arbeitgeber in einem vorgegebenen Rahmen einseitig zur Kürzung der Arbeitszeit oder zur Übertragung einer anderen, auch niedriger zu vergütenden Tätigkeit berechtigt (*BAG* 26.6.1985 EzA § 1 TVG Nr. 19; 22.5.1985 AP Nr. 6 zu § 1 TVG Tarifverträge: Bundesbahn; s.a. *BAG* 12.3.1992 EzA § 4 BeschFG 1985 Nr. 1 – tarifvertragliche Bestimmung der Dauer der Arbeitszeit je nach Arbeitsanfall; einschränkend *BAG* 18.10.1994 EzA § 615 BGB Kurzarbeit Nr. 2; 27.1.1994 EzA § 615 BGB Kurzarbeit Nr. 1; *Beck* ZTR 1998, 159; DDZ-*Zwanziger* Rn 30, aber auch Rn 69 u. Rn 83; *Weber/Ehrich* BB 1996, 2247; *Plüm* DB 1992, 735; *LKB/Linck* Rn 37; MünchArbR-*Hanau* § 60 Rn 105 will den Tarifparteien einen gewissen Bewertungsspielraum nur dann lassen, wenn die einseitige Änderung der Arbeitsbedingungen nicht 93 so wesentlich ist, dass der zwingende Schutz des KSchG zum Zuge kommen muss; s.a. *Hümmerich/ Welslau* NZA 2005, 610 zum TV Ratio der Deutschen Telekom und der darin geregelten Versetzung in die unternehmensinterne Transfergesellschaft »Vivento«; gegen das BAG *LAG Düsseld.* 17.3.1995 LAGE § 2 KSchG Nr. 16; zum Ganzen *Rost* FS Dieterich, S. 505 ff.). Sehr weitgehend – aber wohl noch haltbar – § 4 TVöD, der die Möglichkeit der **Personalgestellung** vorsieht (§ 4 Abs. 2 TVöD; zu den damit verbundenen Mitbestimmungsrechten nach § 99 BetrVG vgl. *BAG* 4.5.2011 EzA § 99 BetrVG 2001 Versetzung Nr. 9).

94 Eine **Erweiterung des Direktionsrechts** durch Tarifvertrag stellt nach älterer Auffassung des BAG **keinen Verstoß gegen** § 2 KSchG dar. Die arbeitsvertragliche Rechtsposition des Arbeitnehmers werde nicht geändert, da der Arbeitgeber nur von einer ihm durch Tarifvertrag mit Wirkung für den Arbeitsvertrag eingeräumten Rechtsposition Gebrauch mache. Eine Änderungskündigung sei insoweit nicht zwingend vorgeschrieben (vgl. insbes. *BAG* 22.5.1985 AP Nr. 7 zu § 1 TVG Tarifverträge: Bundesbahn unter Hinweis auf frühere Rspr.). Die Einräumung eines solchermaßen erweiterten Direktionsrechts sei mit der Rechtsordnung vereinbar und widerspreche staatlichen Gesetzen nicht.

95 Dieser Rechtsprechung kann **nur mit Einschränkungen** gefolgt werden (s. *Rost* FS Dieterich, S. 509 ff.; *LKB/Linck* Rn 38). Die Erweiterung des Direktionsrechts darf nicht zur Umgehung zwingender Kündigungsschutzbestimmungen führen, die zugleich einen Schutz vor Änderungen des Arbeitsvertrags enthalten. Den Tarifvertragsparteien ist zwar ein **größerer Gestaltungsfreiraum** zuzubilligen als den Parteien des Arbeitsvertrags (vgl. dazu etwa MünchArbR-*Hanau* § 60 Rn 105). Es ist davon auszugehen, dass infolge der gleichwertigen Stärke und der Sachkunde der Tarifvertragsparteien die Bestimmungen des Tarifvertrags den Interessen beider Seiten idR gerecht werden (vgl. etwa *BAG* 6.2.1985 EzA Art. 3 GG Nr. 17). Der Gesetzgeber räumt aus diesem Grunde auch in anderen Bereichen den Tarifvertragsparteien die Befugnis ein, einzelvertraglich nicht abdingbare gesetzliche Regelungen abzuändern (vgl. etwa § 622 Abs. 4 BGB; § 13 BUrlG). Auch ein Tarifvertrag kann aber **zwingende Kündigungsschutzvorschriften** nicht ganz **ausschalten**. Die Grenze liegt dort, wo die tarifliche Regelung nicht mehr als Konkretisierung der den Kündigungsschutzbestimmungen zugrundeliegenden Wertung angesehen werden kann (zur ähnlichen Problematik der Zulässigkeit von tariflichen Befristungsregelungen vgl. KR-*Lipke/Schlünder* § 620 BGB Rdn 117 ff.; MünchArbR-*Hanau* § 62 Rn 105; vgl. *Rost* FS Dieterich, S. 505 ff.; *Oetker* ZfA 2001, 302 ff.; *Schmidt* FS Dieterich, S. 585). Diese Grenze überschreitet eine Regelung, die dem Arbeitgeber ohne jede Vorgabe und Einschränkung die Suspendierung des Arbeitsverhältnisses überlässt. **§ 15 Abs. 5 BAT-O**, der dem Arbeitgeber ohne nähere Festlegung ein einseitiges Recht zur Einführung von Kurzarbeit einräumte, war daher **unwirksam** (*BAG* 18.10.1994 EzA § 615 BGB Kurzarbeit Nr. 2; 27.1.1994 EzA § 615 BGB Kurzarbeit Nr. 1; DDZ-*Zwanziger* Rn 83). **Unproblematisch** ist dagegen eine Regelung wie 7.1.3 des Manteltarifvertrags für Beschäftigte in der **Metallindustrie in Nord-Württemberg/Nordbaden**, die beiden Arbeitsvertragsparteien das Recht einräumt, die nach § 7.1.1 MTV individuell verlängerte Arbeitszeit einseitig auf die tarifliche Regelarbeitszeit zu kürzen. Mit der Ausübung dieses Rechts gilt nach Ablauf der Ankündigungsfrist automatisch die Regelarbeitszeit, ohne dass es einer Zustimmung der Gegenseite bedürfte. Der MTV ermöglicht damit beiden Arbeitsvertragsparteien einen Eingriff in die vertraglich geregelten Hauptleistungspflichten. Während die einzelvertragliche Verlängerung der tarifvertraglichen regelmäßigen Arbeitszeit auf mehr als 35 Stunden wöchentlich der Einigung von Arbeitnehmer und Arbeitgeber bedarf, ist die Rückführung auf die regelmäßige Wochenarbeitszeit für beide Arbeitsvertragsparteien voraussetzungslos möglich. Dies ist auch mit Blick auf § 2 KSchG unbedenklich (*BAG* 14.1.2009 AP BGB § 315 Nr. 88).

96 Eine Begrenzung der tariflichen Erweiterungsbefugnisse ist auch **verfassungsrechtlich geboten**. Art. 12 Abs. 1 S. 1 GG garantiert neben der freien Wahl des Berufs die freie Wahl des Arbeitsplatzes. Letztere bezieht sich sowohl auf die Entscheidung für eine konkrete Beschäftigung wie auch auf den Willen, diese beizubehalten oder aufzugeben. Das Grundrecht verleiht zwar keine Bestandsgarantie für den einmal gewählten Arbeitsplatz. Dem Staat obliegt aber eine aus Art. 12 Abs. 1 GG folgende Schutzpflicht. Diese hat der Gesetzgeber mit den geltenden Kündigungsschutzvorschriften erfüllt (*BVerfG* 24.4.1991 EzA Art. 13 Einigungsvertrag Nr. 1). Ein **gesetzlicher Mindeststandard**

des Kündigungsschutzes ist danach grundrechtlich gewährleistet (vgl. auch *Hanau* FS Dieterich, S. 201 ff.). Tarifliche Regelungen, die diesen kündigungsrechtlichen Mindeststandard nicht wahren, sind mit der staatlichen Schutzpflicht nicht zu vereinbaren (*BAG* 18.10.1994 EzA § 615 BGB Kurzarbeit Nr. 2; DDZ-*Zwanziger* Rn 69; *Rost* FS Dieterich, S. 515).

Die Entscheidungen des *BAG* vom 22.5.1985 (AP Nr. 6 zu § 1 TVG Tarifverträge: Bundesbahn; AP Nr. 7 zu § 1 TVG Tarifverträge: Bundesbahn) und 26.6.1985 (EzA § 1 TVG Nr. 19) genügten diesen Anforderungen wohl noch. Die jeweiligen tariflichen Regelungen (§ 9 TVAL II, § 16 Abs. 1 LTV DB) gaben einen Rahmen vor, der entsprechende Einschränkungen enthielt. So musste nach § 16 Abs. 1 LTV DB der Dienst die Zuweisung anderer Tätigkeiten erfordern, die zugewiesene Tätigkeit musste nach Befähigung, Ausbildung, körperlicher Eignung zumutbar sein. Nach § 9 TVAL II kann die Arbeitszeit einseitig ausgedehnt und wieder herabgesetzt werden, aber nur in einem Rahmen, der nach unten begrenzt ist durch die tariflich festgelegte wöchentliche Regelarbeitszeit. Das BAG lässt darüber hinaus eine Überprüfung der Änderung nach **§ 315 BGB** (s. Rdn 82) dann zu, wenn der Tarifvertrag dem Arbeitgeber die einseitige Bestimmung der Arbeitsbedingungen einräumt (*BAG* 28.9.1977 EzA § 4 TVG Rundfunk Nr. 3).

97

Gegen die uneingeschränkte Erweiterung des Direktionsrechts sprechen weitere Überlegungen. Tarifliche Regelungen unterliegen zwar **keiner Überprüfung auf** ihre Vereinbarkeit mit **§ 242 BGB** (*BAG* 12.3.1992 EzA § 4 BeschFG 1985 Nr. 1; 22.5.1985 AP Nr. 6 zu § 1 TVG Tarifverträge: Bundesbahn; 6.2.1985 EzA Art. 3 GG Nr. 17). Das ergibt sich aus dem **Normencharakter** tariflicher Regelungen. Den Gerichten steht eine entsprechende Inhaltskontrolle an § 242 BGB auch bei Gesetzen nicht zu. Die Tarifvertragsparteien sind aber gebunden an **Verfassungsrecht, zwingendes Gesetzesrecht**, die **guten Sitten** und tragende **Grundsätze des Arbeitsrechts** (*BAG* 12.3.1992 EzA § 4 BeschFG 1985 Nr. 1; 19.10.1989 EzA § 2 VRG-Bauindustrie Nr. 4; zur Problematik der **Bindung** von Tarifvertragsparteien an **die Grundrechte** angesichts des Umstands, dass die Tätigkeit der Koalitionen ihrerseits die Wahrnehmung von Grundrechten und privatautonom legitimiert ist vgl. *BAG* 27.5.2004 EzA Art. 3 GG Nr. 101; ErfK-*Schmidt* GG Einl. Rn 46 ff.; *Bayreuther* Tarifautonomie, S. 235 ff; *Oetker* ZfA 2001, 302 ff.; *Schmidt* FS Dieterich, S. 592). Eine Erweiterung des Leistungsbestimmungsrechts des Arbeitgebers durch Tarifvertrag ist deshalb nur statthaft, wenn sie mit den Wertungen des § 2 KSchG übereinstimmt und die tarifliche Regelung nach Anlass und Umfang **gerichtlich kontrollierbare Voraussetzungen** aufstellt, unter denen Arbeitgeber zu einem einseitigen Eingriff in das Arbeitsverhältnis berechtigt ist (*BAG* 23.9.2004 EzA § 611 BGB 2002 Direktionsrecht Nr. 1). Hiervon ist die Frage der **Ausübung** des Gestaltungsrechts im Einzelfall zu trennen. Diese ist gem. § 106 GewO grds. an die Wahrung billigen Ermessens gebunden (*Rost* FS Dieterich S. 505, 517). Die Regelung des § 27 Abs. 3 BMT-G II etwa entsprach diesen Anforderungen (*BAG* 23.9.2004 EzA § 611 BGB 2002 Direktionsrecht Nr. 1). Dagegen hat das BAG offengelassen, ob § 5 Nr. 1.3.2 des Manteltarifvertrags für die Arbeitnehmer der Papierindustrie vom 7.2.1997 eine Erweiterung des Weisungsrechts des Arbeitgebers dahin enthält, dass dieser auch solche Tätigkeiten auf Dauer zuweisen kann, die niedriger zu vergüten sind als die arbeitsvertraglich vereinbarten Tätigkeiten. Aus der Systematik des Tarifvertrags ergibt sich jedenfalls, dass dem Arbeitnehmer allenfalls eine im ganzen gleichwertige und zumutbare andere Tätigkeit zugewiesen werden kann, ohne dass der Arbeitsvertrag geändert werden müsste. Diese Grenze wird überschritten, wenn eine Tätigkeit zugewiesen wird, deren Vergütung um 37,6 % unter dem bisherigen Monatseinkommen liegt und die mit einer Abstufung in der betrieblichen Hierarchie verbunden ist (*BAG* 19.11.2002 EzA § 4 TVG Papierindustrie Nr. 6).

98

Zu den tragenden Grundsätzen des Arbeitsrechts zählt der des **sozialen Schutzes** des Arbeitnehmers gegen die Möglichkeit zur Auflösung und Abänderung von Arbeitsverhältnissen, wie er in §§ 1, 2 KSchG seinen Niederschlag gefunden hat. Dieser Grundsatz gebietet, dass die Tarifvertragsparteien das Direktionsrecht nicht ohne eine gewisse **Interessenabwägung** erweitern dürfen. Als Gesichtspunkte, die insoweit zu beachten sind, sind zu nennen: dienstliches Erfordernis, Ausmaß einer Lohnminderung, Zumutbarkeit der neuen Beschäftigung nach Befähigung, Ausbildung, körperlicher Eignung, Berücksichtigung der persönlichen Verhältnisse. Einer tariflichen Regelung, die

99

zwar eindeutige Vorgaben für die Ausübung des erweiterten Direktionsrechts setzt, die genannten Kriterien dabei aber überhaupt nicht einbezieht, muss die Wirksamkeit auch deshalb versagt werden (vgl. erneut *BAG* 23.9.2004 EzA § 611 BGB 2002 Direktionsrecht Nr. 1; *Konow* NZA 1987, 119 f. verlangt einen sachgerechten Interessenausgleich).

VIII. Ablösende Betriebsvereinbarung

100 Ansprüche der Arbeitnehmer auf betriebliche Sozialleistungen, die sich auf eine vom Arbeitgeber gesetzte Einheitsregelung oder eine **Gesamtzusage** gründen, gewähren einen einzelvertraglichen Anspruch auf die zugesagten Leistungen (*BAG* 11.12.2007 EzA § 77 BetrVG 2001 Nr. 22; 15.2.2005 § 612a BGB 2002 Nr. 2). Von der entsprechenden, seitens der Arbeitnehmer (konkludent) angenommenen vorbehaltlosen Zusage kann sich der Arbeitgeber individualrechtlich grds. nur durch Änderungsvertrag oder wirksame **Änderungskündigung** lösen (*BAG* 11.12.2007 EzA § 77 BetrVG 2001 Nr. 22). Die zwar vertraglich begründeten, aber gleichwohl eine **kollektive Dimension** aufweisenden Ansprüche können nach der Entscheidung des Großen Senats des BAG v. 16.9.1986 (EzA § 77 BetrVG 1972 Nr. 17 m. Anm. *Otto*) allerdings auch durch eine nachfolgende **Betriebsvereinbarung** in den Grenzen von Recht und Billigkeit **abgeändert** werden (s. aber auch *BAG* 28.3.2000 EzA § 77 BetrVG 1972 Ablösung Nr. 1 m. Anm. *Krause*). Dies gilt wiederum nur, wenn die Neuregelung bei kollektiver Betrachtung insgesamt **nicht ungünstiger** ist. Eine insgesamt ungünstigere Betriebsvereinbarung ist nur dann zulässig, wenn und soweit der Arbeitgeber wegen eines vorbehaltenen Widerrufs (s. dazu Rdn 74) oder wegen Wegfalls der Geschäftsgrundlage die Kürzung oder Streichung von Leistungen ohnehin hätte verlangen können (vgl. auch *Blomeyer* DB 1987, 634; *Ahrend/Förster/Rühmann* BB 1987, Beil. Nr. 7; *Hromadka* RdA 1992, 247 ff.; MünchArbR-*Matthes* § 327 Rn 83 ff.; *Richardi* NZA 1987, 185; s. iE *Fitting* § 77 Rn 208 f.). Von dieser Konstellation ist diejenige zu unterscheiden, dass die fraglichen Arbeitsbedingungen ohnehin auf einer **Betriebsvereinbarung beruhen** und nunmehr durch eine neue Betriebsvereinbarung geändert werden, so etwa bei einem – tariflich möglichen, den Betriebsparteien anheimgestellten – Wechsel von Akkord- zu Prämien- oder Zeitlohn und umgekehrt. Dann bedarf es zur Herbeiführung der neuen Entlohnungsbedingungen keiner Änderungskündigung, weil der bestehende Arbeitsvertrag dazu gerade nicht geändert werden muss (vgl. *BAG* 26.8.2008 EzA § 2 KSchG Nr. 72; s.a. Rdn 49). Die Arbeitsvertragsparteien können ihre vertraglichen Absprachen im Übrigen dahingehend gestalten, dass sie einer Abänderung durch betriebliche Normen unterliegen. Das kann ausdrücklich oder bei entsprechenden Begleitumständen konkludent erfolgen und ist nicht nur bei betrieblichen Einheitsregelungen und Gesamtzusagen möglich, sondern auch bei **einzelvertraglichen Abreden**. Eine solche konkludente Vereinbarung ist nach der Rspr. des BAG regelmäßig anzunehmen, wenn der Vertragsgegenstand in **Allgemeinen Geschäftsbedingungen** enthalten ist und einen kollektiven Bezug hat. Mit der Verwendung von Allgemeinen Geschäftsbedingungen mache der Arbeitgeber für den Arbeitnehmer erkennbar deutlich, dass im Betrieb einheitliche Vertragsbedingungen gelten sollen (*BAG* 24.10.2017 EzA § 75 BetrVG 2001 Nr. 17; 5.3.2013 EzA § 77 BetrVG 2001 Nr. 35 m. krit. Anm. *Adam*). Diese Auffassung des *BAG* erinnert an die frühere – und mit guten Gründen aufgegebene – Rechtsprechung zur sog. **Gleichstellungsabrede**, die den Arbeitnehmer in einer mit § 133, § 157 BGB schwer zu vereinbarenden Weise für vertraut hielt mit den Egalisierungsinteressen des Arbeitgebers und der Dogmatik des Betriebsübergangs. Nunmehr wird beim Arbeitnehmer als Basis für eine entsprechende Schlussfolgerung generell die Kenntnis der normativen Wirkungen von Betriebsvereinbarungen und des Desinteresses des Arbeitgebers an unflexiblen Vertragsabreden und an einer Geltung des Günstigkeitsprinzips vorausgesetzt – eher wohl fingiert (so *Greiner*, NZA 2020, 609 mwN; *Pionteck*, ArbuR 2020, 254). Auch dies ist mit Blick auf § 133, § 157 BGB letztlich nicht einleuchtend und **überzeugt nicht** (umfassend krit. und abl. *Creutzfeldt* NZA 2018, 1111 f. mwN zum Diskussionsstand; abl. ferner *Preis/Ulber* NZA 2014, 6 f.; *dieslb.* RdA 2013, 211 f.; deutlich abgrenzend auch BAG 11.4.2018 EzA § 3 TVG Bezugnahme auf Tarifvertrag Nr. 73). Statt dessen ist ein Arbeitgeber, der erreichen will, dass mögliche spätere Kollektivvereinbarungen günstigere individualvertragliche Rechtspositionen des Arbeitnehmers ablösen können, seinerseits schon mit Blick auf das **Transparenzgebot** des § 307

Abs. 1 Satz 2 BGB gehalten, dies dem Arbeitnehmer bei Vertragsschluss unmissverständlich vor Augen zu führen und ausdrücklich mit ihm zu vereinbaren (vgl. für einen Formulierungsvorschlag *Krieger/Arnold/Zeh*, NZA 2020, 81, 85; vgl. ferner *LAG Berlin-Brandenburg* v. 8.1.2021 – 12 Sa 1859/19 – zu II.4.b) cc) (4) der Gründe).

IX. Befristete Vertragsänderung

Ein Änderungsangebot iSd § 2 S. 1 KSchG liegt nach Auffassung des BAG auch dann vor, wenn der Arbeitgeber im Zusammenhang mit einer Kündigung dem Arbeitnehmer die **befristete Weiterbeschäftigung** anbietet (*BAG* 26.3.2015 EzA § 1 KSchG Betriebsbedingte Kündigung Nr. 183; 16.12.2010 EzA § 2 KSchG Nr. 81; 25.4.1996 EzA § 2 KSchG Nr. 25; s. dazu Rdn 47, 48, 201). Dabei geht es um die Befristung des **ganzen Arbeitsvertrags** mit der Folge, dass das Arbeitsverhältnis mit Ablauf der Befristung endet. Davon zu unterscheiden ist die einvernehmliche **befristete Abänderung** bloß **einzelner Vertragsbedingungen** im Rahmen eines als ganzen weiterhin unbefristeten Arbeitsvertrags. Sie kommt in der Praxis am ehesten vor in der befristeten Übertragung anderer Tätigkeiten, in einer befristeten Änderung des Arbeitszeitvolumens – etwa zwecks befristeter Einführung von Kurzarbeit, wenn dafür eine Änderungskündigung erforderlich ist (vgl. *ArbG Stuttgart* 22.10.2020 – 11 Ca 2950/20) – und in einer befristeten Änderung der Höhe des Arbeitsentgelts, hier insbes. mit Blick auf Zulagen und Sozialleistungen (vgl. *Löwisch* ZfA 1986, 2, 3; *Wolf* RdA 1988, 270; *Hromadka* RdA 1992, 234, 243; *Sievers* NZA 2002, 1185; *Preis* Grundfragen, S. 429 ff.; *Staudinger/Preis* § 620 BGB Rn 126 ff.; *Krause* Anm. zu BAG EzA § 2 KSchG Nr. 20). Derartige befristete Änderungen des Arbeitsvertrags sind nur **begrenzt zulässig**. Das KSchG gewährt nicht nur Bestandsschutz, sondern auch Vertragsinhaltsschutz (s. Rdn 6). Dieser darf nicht umgangen werden. In Anknüpfung an die ständige Rechtsprechung des BAG zum befristeten Arbeitsvertrag wurde stets angenommen, dass die im Rahmen eines unbefristeten Arbeitsvertrags erfolgende befristete Änderung einzelner Arbeitsbedingungen eines **sachlichen Grundes** bedarf, wenn bei unbefristeter Änderung die neuen Vertragsbedingungen dem Änderungsschutz des KSchG unterlägen. Dies gilt sowohl für den Grund als auch für die Dauer der befristeten Änderung (*BAG* 13.6.1986 EzA § 620 BGB Nr. 85; 21.4.1993 EzA § 2 KSchG Nr. 20; *LAG RhPf* 13.11.1987 ZTR 1988, 102; *Löwisch* ZfA 1986, 1 ff.; vgl. auch schon *BAG* 12.12.1984 EzA § 315 BGB Nr. 29; nach *BAG* 21.4.1993 EzA § 2 KSchG Nr. 20 – m. Anm. *Krause* – liegt eine objektive Umgehung des Änderungsschutzes noch nicht in der zeitlichen Befristung einer Provisionszusage, die neben das Tarifgehalt treten und 15 % der Gesamtvergütung ausmachen soll.

101

Die Befristung einzelner Vertragsbedingungen konnte nicht auf § 1 BeschFG idF v. 25.9.1996 gestützt werden, bedurfte also weiterhin eines sachlichen Grundes (*BAG* 23.1.2002 EzA § 1 BeschFG 1985 Nr. 29). Diese Auffassung vertritt das BAG auch zu § 14 Abs. 2 TzBfG. § 14 Abs. 1 TzBfG wiederum findet auf die Befristung **einzelner Arbeitsbedingungen keine Anwendung** (*BAG* 23.3.2016 EzA § 307 BGB 2002 Nr. 76; 24.2.2016 EzA § 307 BGB 2002 Nr. 74; 15.12.2011 EzA § 14 TzBfG Nr. 83; 8.8.2007 EzA § 14 TzBfG Nr. 42; 14.1.2004 EzA § 14 TzBfG Nr. 8; 14.1.2004 EzA § 14 TzBfG Nr. 5). Auch das **Schriftformerfordernis** des § 14 Abs. 4 TzBfG findet in diesem Fall – anders als bei der Befristung des ganzen Vertrags – keine Anwendung (*BAG* 2.9.2009 EzA § 14 TzBfG Nr. 61; 14.1.2004 EzA § 14 TzBfG Nr. 5; 3.9.2003 EzA § 14 TzBfG Nr. 4; APS-*Backhaus* § 14 TzBfG Rn 450; s.a. *Schmalenberg* FS 25 Jahre AG ArbR im DAV, S. 155). Die Befristung einer Arbeitsvertragsbedingung – bspw. die befristete Erhöhung der wöchentlichen Arbeitszeit – bedarf auch nach dem TzBfG zu ihrer Wirksamkeit eines Sachgrundes, wenn durch die Befristung der gesetzliche Änderungskündigungsschutz umgangen werden kann (*BAG* 14.1.2004 EzA § 14 TzBfG Nr. 5). Das BAG hatte zunächst offengelassen, ob für die Befristungskontrolle nach dem Inkrafttreten des Schuldrechtsmodernisierungsgesetzes v. 26.11.2001 für die Bestimmung des Sachgrundes weiterhin die von ihm entwickelten Regeln gelten oder ob die Inhaltskontrolle nach den Bestimmungen der §§ 307 f. BGB in der seit dem 1.1.2002 geltenden Fassung vorzunehmen ist (so *Preis/Bender* NZA-RR 2005, 337; vgl. iE zum Meinungsstand KR-*Lipke/Bubach* § 14 TzBfG Rdn 140 ff. m. ausf. Nachw.). Bei befristeter Änderung einzelner Arbeitsbedingungen steht der Bestand des Arbeitsverhältnisses insgesamt nicht in Frage. Die soziale

102

Schutzbedürftigkeit des Arbeitnehmers ist dementsprechend geringer anzusetzen. Dies ist bei Beurteilung der Frage, ob gemessen am **Vertragsinhaltsschutz** ein sachlicher Grund für die befristete Abänderung vorliegt, angemessen zu berücksichtigen (*BAG* 13.6.1986 EzA § 620 BGB Nr. 85). Zwar sind auf die Befristung einzelner Arbeitsbedingungen die Vorschriften des Teilzeit- und Befristungsgesetzes nicht anwendbar, die gerichtliche Kontrolle erfolgt vielmehr nach §§ 305 f. BGB (*BAG* 25.4.2018 – 7 AZR 520/16, EzA § 307 BGB 2002 Nr. 86; 23.3.2016 EzA § 307 BGB 2002 Nr. 76; 15.12.2011 EzA § 14 TzBfG Nr. 83; 2.9.2009 EzA § 14 TzBfG Nr. 61). Dennoch bedarf es jedenfalls bei der befristeten Erhöhung der Arbeitszeit in einem **erheblichen Umfang** – zB für die Dauer von drei Monaten um die Hälfte – für das Fehlen einer Benachteiligung des Arbeitnehmers iSv. § 307 Abs. 1 S. 1 BGB solcher Umstände, die auch bei einem gesonderten Vertrag über die Arbeitszeitaufstockung dessen Befristung nach § 14 Abs. 1 TzBfG rechtfertigen würden (*BAG* 23.3.2016 EzA § 307 BGB 2002 Nr. 76; 15.12.2011 § 14 TzBfG Nr. 83). Das führt im Ergebnis dazu, dass etwa eine befristete Arbeitszeiterhöhung in erheblichem Umfang – das ist (erst) ab einem Aufstockungsvolumen von mindestens 25 v.H. einer entsprechenden Vollzeit-Beschäftigung anzunehmen (*BAG* 23.3.2016 EzA § 307 BGB 2002 Nr. 76; vgl. aber *BAG* 25.4.2018 – 7 AZR 520/16, EzA § 307 BGB 2002 Nr. 86: 24,67 % reichen aus, wenn die Unterschreitung allein darauf beruht, dass auf diese Weise die Arbeitszeit einfacher berechnet werden kann; vgl. dazu *Fuhlrott* Anm. zu *BAG* 25.4.2018 in AP § 307 BGB Nr. 74) – besonderer berechtigter Belange auf Seiten des Arbeitgebers bedarf. Sie liegen nicht vor, wenn nicht auch ein zusätzlicher, über das erhöhte Arbeitszeitvolumen gesondert abgeschlossener Arbeitsvertrag nach § 14 Abs. 1 TzBfG wirksam hätte befristet werden können (*BAG* 24.2.2016 EzA § 307 BGB 2002 Nr. 74; 7.10.2015 EzA § 307 BGB 2002 Nr. 70; 15.12.2011 EzA § 14 TzBfG Nr. 83). Für die befristete Übertragung einer **höherwertigen Tätigkeit** gilt das Gleiche jedenfalls dann, wenn mit ihr eine erhebliche **Anhebung der Vergütung** verbunden ist (*BAG* 7.10.2015 EzA § 307 BGB 2002 Nr. 70; vgl. ferner 27.1.2016 EzA § 315 BGB 2002 Nr. 2). Auch ohne dass damit eine erhebliche Aufstockung der Vergütung verbunden wäre, kann die nur befristete Übertragung höherwertiger Tätigkeiten zu **Erprobungszwecken** den Arbeitnehmer nach § 307 Abs. 1 BGB unangemessen benachteiligen, wenn die vereinbarte Dauer der Übertragung außer Verhältnis zum Erprobungszweck steht (*BAG* 24.2.2016 EzA § 307 BGB 2002 Nr. 74). Die Unwirksamkeit der Befristung einzelner Arbeitsbedingungen ist nicht mit einer Befristungskontrollklage nach § 17 S. 1 TzBfG, sondern mit der allgemeinen Feststellungsklage nach § 256 Abs. 1 ZPO geltend zu machen (*BAG* 25.4.2018- 7 AZR 520/16, EzA § 307 BGB 2002 Nr. 86). Denkbar ist, die befristete Änderung einzelner Vertragsbedingungen im Wege der **Änderungskündigung** durchsetzen zu wollen, etwa eine auf zwei Jahre begrenzte Arbeitszeitaufstockung oder Lohneinschränkung. Dies erscheint zwar nicht generell ausgeschlossen, setzt aber ein entsprechendes, im Einzelnen und substantiiert darzulegendes dringendes betriebliches Änderungserfordernis iSv § 2 S. 1, § 1 Abs. 2 KSchG voraus. Da es – schon bei Kündigung erkennbar – nur vorübergehend besteht, wird es dafür ganz besonderer betrieblicher Umstände bedürfen.

X. Störung der Geschäftsgrundlage

103 Zur Änderung vertraglicher Bedingungen können auch die Grundsätze **der Störung der Geschäftsgrundlage** gem. § 313 BGB führen. Die Rechtsfolge einer Störung der Geschäftsgrundlage besteht im Allgemeinen in einer Anpassung des Vertrags an die geänderten Umstände. Im Verhältnis zur Änderungskündigung stellt jedoch eine Störung der Geschäftsgrundlage keinen selbständigen Grund zu Vertragsänderung dar. Vielmehr sind die Regelungen des Kündigungsrechts gegenüber einer Anpassung nach § 313 BGB leges speciales (*BAG* 5.6.2014 EzA § 2 KSchG Nr. 91; 8.10.2009 EzA § 2 KSchG Nr. 75; 12.1.2006 EzA § 2 KSchG Nr. 56; DDZ-*Zwanziger* Rn 101). Das bedeutet nicht, dass Tatbestände, die für eine Störung oder den Wegfall der Geschäftsgrundlage herangezogen werden könnten, in kündigungsrechtlicher Hinsicht außer Betracht bleiben müssten. Derartige Sachverhalte sind aber im Rahmen von § 2 KSchG, § 1 KSchG zu würdigen (*BAG* 5.6.2014 EzA § 2 KSchG Nr. 91; 8.10.2009 EzA § 2 KSchG Nr. 75; vgl. auch *BAG* 16.5.2002 EzA § 2 KSchG Nr. 46). Der Arbeitgeber hat sich grds. der Möglichkeit der Änderungskündigung zu bedienen, in deren Rahmen die Tatbestände zu würdigen sind, welche für den Wegfall der Geschäftsgrundlage

herangezogen werden könnten (vgl. dazu KR-*Fischermeier/Krumbiegel* § 626 BGB Rdn 43, 44; *Ascheid* in: Hromadka, Änderung, S. 100 ff.; zur Anpassung bei Rechtsprechungsänderung s.a. *Klebeck* NZA 2006, 20; *Giesen* NZA 2006, 631; s.a. Rdn 180).

D. Annahme des Änderungsangebots unter Vorbehalt

I. Sinn der Regelung

Gem. § 2 S. 1 KSchG kann der Arbeitnehmer das Angebot der Fortsetzung des Arbeitsverhältnisses zu geänderten Bedingungen unter dem **Vorbehalt** annehmen, dass die Änderung der Arbeitsbedingungen **nicht sozial ungerechtfertigt** ist. Diesen Vorbehalt muss er dem Arbeitgeber gegenüber innerhalb der Kündigungsfrist, spätestens jedoch innerhalb von drei Wochen nach Zugang der Kündigung erklären (§ 2 S. 2 KSchG). Mit dieser Regelung soll dem Arbeitnehmer das **Risiko** abgenommen werden, im Falle einer für ihn negativ ausgehenden Überprüfung der Sozialwidrigkeit den Arbeitsplatz zu verlieren. Schon vor der gesetzlichen Regelung vom 25.8.1969 wurde weitgehend die Möglichkeit einer Annahme der geänderten Bedingungen unter Vorbehalt bejaht. Unklar war, ob der Arbeitgeber verpflichtet war, sich auf den Vorbehalt einzulassen oder nicht (s. Rdn 3; abl. etwa *Galperin* DB 1958, 802, 803; bejahend *Gramm* DB 1954, 722; s.a. *Hueck* Anm. zu *BAG*, AP Nr. 17 zu § 620 BGB Änderungskündigung). Die gesetzliche Regelung hat klargestellt, dass der Arbeitgeber die Annahme unter Vorbehalt **nicht ablehnen** darf. 104

II. Rechtlicher Charakter und Rechtswirkungen des Vorbehalts

Umstritten ist der **Rechtscharakter** des Vorbehalts. Teilweise wird ihm lediglich **prozessuale** Bedeutung eingeräumt in dem Sinne, dass dem Arbeitnehmer kein subjektives Recht, sondern lediglich eine Klagemöglichkeit gewährt sei (*Adomeit* DB 1969, 2180; ihm folgend *Schaub* RdA 1970, 234). Begründet wird dies mit der Erwägung, dass ein materieller Vorbehalt dem allgemeinen Vertragsrecht fremd sei, weil § 150 Abs. 2 BGB die Annahme eines Antrags unter Erweiterungen, Einschränkungen oder sonstigen Änderungen als Ablehnung betrachte, verbunden mit einem neuen Antrag. 105

Diese Argumentation **überzeugt nicht**. Die bedingte Annahme eines Angebots zur Vertragsänderung ist schon ohne Blick auf § 2 S. 1 KSchG dogmatisch bedenkenfrei. Zwar braucht sich der Anbietende nach § 150 Abs. 2 BGB grds. nicht auf die Annahme unter einer Bedingung einzulassen. Das schließt aber nicht aus, dass er – unter Umständen schon vor Abgabe des Angebots – dem Empfänger des Angebots von sich aus das Recht einräumt, dieses unter einer Bedingung anzunehmen. Eben dies sieht § 2 KSchG nun als gesetzliche Gestattung vor: Das Gesetz eröffnet dem Arbeitnehmer die Möglichkeit der bedingten Annahme des Änderungsangebots. Darin liegt zwar eine **Abweichung** von der Grundregel des **§ 150 Abs. 2 BGB**. Sie erscheint materiell-rechtlich aber keineswegs als so »sensationell« (*Adomeit* DB 1969, 2180; krit. insoweit auch *Enderlein* ZfA 1992, 27), dass der Vorbehalt als lediglich prozessuale Gestattung zu verstehen sein müsste. Insbesondere ist es nicht gerechtfertigt, von einem Fall des offenen Dissenses zu sprechen (*Adomeit* DB 1969, 2180; *Schaub* RdA 1970, 234). Die Parteien sind sich über alle Punkte der Vertragsänderung einig. Der Arbeitnehmer kann das Angebot inhaltlich nur so annehmen, wie es vom Arbeitgeber unterbreitet wird (*BAG* 22.10.2015 EzA § 2 KSchG Nr. 93), sonst läge tatsächlich ein Fall des § 150 Abs. 2 BGB vor. Lediglich die Wirksamkeit der Vertragsänderung hängt von einer Rechtsbedingung ab, der nämlich, dass die Änderung sozial gerechtfertigt ist. 106

Dem Vorbehalt ist daher **materiell-rechtliche** Bedeutung beizumessen (*BAG* 27.9.1984 EzA § 2 KSchG Nr. 5; *LKB/Linck* Rn 101; AnwK-ArbR/*Nübold* § 2 KSchG Rn 45; SPV-*Preis* Rn 1298; krit. *Enderlein* ZfA 1992, 21, 33, 34). Die Annahme unter Vorbehalt stellt sich als **Annahme** des Änderungsangebots unter einer **auflösenden Bedingung** nach **§ 158 Abs. 2 BGB** dar – des Fehlens einer sozialen Rechtfertigung der angesonnenen Änderung oder der Unwirksamkeit des Angebots aus sonstigen Gründen (*BAG* 27.9.1984 EzA § 2 KSchG Nr. 5; *v. Hoyningen-Huene/Linck* DB 1993, 1188). Dem widerspricht nicht die in **§ 8 KSchG** getroffene Regelung, dass bei Feststellung 107

§ 2 KSchG Änderungskündigung

der Sozialwidrigkeit – also bei Eintritt der auflösenden Bedingung – die Änderungskündigung als von Anfang an unwirksam anzusehen ist. § 158 Abs. 2 BGB legt dem Eintritt einer auflösenden Bedingung zwar keine Rückwirkung bei. Schon § 159 BGB zeigt aber, dass die Parteien eine schuldrechtliche Rückwirkung vereinbaren können. Nichts anderes wird in § 8 KSchG angeordnet, wenn dort bestimmt wird, dass die Parteien so zu stellen sind, als ob die Änderungskündigung von Anfang an rechtsunwirksam gewesen wäre (s. KR-*Kreft* § 8 Rdn 4). Die Erklärung der Annahme unter Vorbehalt ist demnach eine **privatrechtsgestaltende Willenserklärung** (*BAG* 27.9.1984 EzA § 2 KSchG Nr. 5 mit Anm. *Kraft*; *Krois* ZfA 2009, 592; APS-*Künzl* Rn 209 mwN).

108 Auswirkungen hat die rechtliche Charakterisierung des Vorbehalts vor allem dann, wenn der Vorbehalt **nicht fristgerecht** erklärt wird: Würde er als prozessuale Gestattung verstanden, müsste die Änderungsschutzklage als **unzulässig** abgewiesen werden. Wird er – wie hier – als materiell-rechtliche Bedingung aufgefasst, erweist sich die Klage hingegen als **unbegründet** (s.a. *Ratajczak* S. 52; vgl. a. Rdn 260). Der materiellrechtliche Charakter des Vorbehalts hat außerdem die Folge, dass der Arbeitnehmer ihn nicht mehr einseitig zurücknehmen kann (AR-*Kaiser* § 2 KSchG Rn 19; APS-*Künzl* Rn 230; ErfK-*Oetker* Rn 37; HaKo-KSchR/*Pfeiffer* Rn 36). In einer »Rücknahme« liegt deshalb allenfalls das Angebot an den Arbeitgeber, die Wirkungen der Annahme unter Vorbehalt entfallen und nunmehr die einer vorbehaltlosen Ablehnung des Angebots eintreten zu lassen. Nimmt der Arbeitgeber es an, müsste der Klageantrag dementsprechend von einem Antrag nach § 4 S. 2 KSchG auf einen solchen nach § 4 S. 1 KSchG umgestellt werden.

109 Mit der Annahme des Änderungsangebots – und sei es unter Vorbehalt – entfällt die **Beendigungswirkung** der Kündigung, weil die Kündigungserklärung selbst nach § **158 Abs. 2**, § **159 BGB** rückwirkend entfällt (vgl. schon Rdn 15 f., 39). Nach dem übereinstimmenden Willen und Anliegen beider Vertragsparteien soll die Fortsetzung des Arbeitsverhältnisses als solchen mit der Annahme des Änderungsangebots unter dem Vorbehalt des § 2 S. 1 KSchG dem **Streit entzogen** sein. Die (Nicht-)Beendigung des Arbeitsverhältnisses steht auch für den Fall der Annahme des Änderungsangebots unter Vorbehalt nicht mehr in Frage (*BAG* 22.10.2015 EzA § 2 KSchG Nr. 93; *Kreft* FS Preis, S. 695, 697 f.). Es geht den Parteien stattdessen um den künftigen **Inhalt** des Arbeitsverhältnisses. Ihr Streit hat allein zum Gegenstand, ob dieses zu den bisherigen oder zu den angebotenen neuen Vertragsbedingungen fortbesteht (vgl. *BAG* 19.7.2012 EzA § 2 KSchG Nr. 86; 26.1.2012 EzA § 2 KSchG Nr. 84; 26.8.2008 EzA § 2 KSchG Nr. 72 mwN). Dieses gemeinsame Interesse der Vertragsparteien verlangt nach einer rechtlichen Beseitigung der – andernfalls schon wegen § 7 KSchG zur Beendigung des Arbeitsverhältnisses führenden – Kündigungserklärung. **Materiell-rechtlich** betrachtet liegt die Annahme am nächsten, es habe zu diesem Zweck der Arbeitgeber die Kündigung als die erste der beiden Willenserklärungen, aus denen sich die Änderungskündigung zusammensetzt, unter der – als Potestativbedingung zulässigen – **auflösenden Bedingung** erklärt, dass der Arbeitnehmer das Änderungsangebot – sei es ohne den, sei es mit dem Vorbehalt des § 2 S. 1 KSchG – annimmt (so auch *Krois* Anm. zu *BAG* 10.9.2009 EzA § 2 KSchG Nr. 74; s. Rdn 18 ff.). Die Auffassung des BAG, mit der Annahme des Änderungsangebots unter Vorbehalt falle die (Un-)Wirksamkeit der Kündigung als möglicher Streitgegenstand der Vertragsparteien weg, findet darin ihre materiell-rechtliche Grundlage. Sie wird vielfach **kritisiert** (vgl. nur *Preis* NZA 2015, 1 ff.; ders./*Schneider* FS v. Hoyningen-Huene, S. 395 ff.; *Berkowsky* NZA Beilage 2/2010, 50, 55 f.; *Berkowsky* NZA 1999, 293, 296; *Verstege* Anm. zu *BAG* 26.1.2012 AP § 2 KSchG 1969 Nr. 153; wohl auch *Reuter/Sagan/Witschen* NZA 2013, 935, 938). Die Kritiker der Rspr. bleiben dabei die Erklärung schuldig, auf welchem konstruktiven, materiell-rechtlichen Weg die Wirkung der Beendigungskündigung stattdessen entfallen soll, wenn diese sich weder als betriebsverfassungswidrig iSv § 102 BetrVG, noch als ein Verstoß gegen Sonderkündigungsschutzvorschriften oder als »überflüssig«, wenn sie sich vielmehr als rechtswirksam erweist und auch das Änderungsangebot sozial gerechtfertigt ist. Die Kritik geht ins Leere, sobald nicht eine aufschiebend bedingt erklärte, sondern eine auflösend bedingt erklärte Kündigung zur Grundlage der Erörterungen gemacht wird.

110 Im Schrifttum, soweit es das Problem sieht, wird dazu neuerdings die Auffassung vertreten, die **Beendigungswirkung** der Kündigung entfalle gar nicht, auch nicht bei Annahme des Arbeitgeberangebots,

sei es ohne, sei es mit Vorbehalt. Die Kündigung betreffe bei genauer Betrachtung den Arbeits*vertrag*, nicht das Arbeits*verhältnis* (aA ausführlich *Krois* Anm. zu *BAG* 10.9.2009 EzA § 2 KSchG Nr. 74). Sie werde nach der Vorstellung des Gesetzgebers stets als **unbedingte** erklärt, verbunden mit dem Angebot, den durch die Kündigung stets beendeten Arbeits*vertrag* durch einen gänzlich neuen Arbeitsvertrag (mit nur teilweise anderem Inhalt) zu ersetzen. Das führe auch bei Annahme des Angebots zur Beendigung des bisherigen Arbeits*vertrags*, zu seiner Ersetzung durch einen neuen und auf diese Weise zur Fortsetzung des nämlichen Arbeits*verhältnisses* unter Wahrung des bisherigen Besitzstands (*Niemann* RdA 2016, 339, 340 f.; ihm folgend MünchArbR-*Rennpferdt* 5. Aufl. § 117 Rn 7 f.). Das überzeugt nicht. Die Prämisse, der Gesetzgeber gehe systematisch-konstruktiv von einer unbedingt erklärten Kündigung aus, ist nicht zu belegen (vgl. Rdn 16); verlässliche Angaben über die Vorstellungen des Gesetzgebers zur genauen dogmatischen Umsetzung des mit der Zulassung der Änderungskündigung verbundenen Ziels lassen sich nicht machen. Im Übrigen kann die **einvernehmliche**, kündigungslose Änderung des Arbeitsvertrags durch die Parteien konstruktiv schwerlich als eine Beendigung des bisherigen Vertrags verbunden mit dem Abschluss eines gänzlich neuen Vertrags verstanden werden. Sie erweist sich vielmehr als eine Änderung von Teilen des nämlichen Vertrags. Da wiederum die Änderungskündigung gerade ein solches Einvernehmen der Vertragsparteien »erzwingen« will und da ihr dies im Fall der Annahme des Änderungsangebots ohne Vorbehalt auf Dauer, bei Annahme mit Vorbehalt zumindest vorläufig gelingt, liegt es näher, vom nachträglichen **Wegfall der Kündigung** und nicht von einer Beendigung und dem anschließenden Neuabschluss des Arbeitsvertrags auszugehen. Es kommt hinzu, dass § 1 Abs. 1, § 2 S. 1 KSchG von der Kündigung des Arbeits*verhältnisses*, nicht des Arbeits*vertrags* sprechen und das Arbeitsverhältnis ja gerade dasselbe bleiben soll. Das ist nur bei Wegfall der Kündigung zu erreichen.

Der weitere Einwand der Kritiker, die Auffassung des BAG berücksichtige für die Beurteilung der Sozialwidrigkeit der Kündigung **nachträglich** eingetretene Umstände und widerspreche damit dem Grundsatz, dass sich die Wirksamkeit der Kündigung nach den Verhältnissen bei ihrem Zugang richte, verfängt nicht. Auch nach der BAG-Rspr. wird nicht etwa eine bei ihrem Zugang objektiv unwirksame Beendigungskündigung nunmehr dadurch wirksam, dass der Arbeitnehmer das mit ihr verbundene Änderungsangebot (unter Vorbehalt) annimmt. Es fällt vielmehr schon die Kündigungserklärung als solche gem. § 158 Abs. 2, § 159 BGB weg; die Kündigung wird **nicht wirksam**, sondern **gegenstandslos**. 111

Allerdings sind die Beweggründe der Kritiker verständlich. Diese fürchten, mit der vom *BAG* angenommenen Beschränkung des Streitgegenstands auf die soziale Berechtigung oder rechtsgeschäftliche Mängel des Änderungsangebots verliere der Arbeitnehmer zugleich die Möglichkeit, **Einwendungen** gegen die **Kündigungserklärung** als solche zu erheben. Diese Besorgnis ist – trotz der möglicherweise missverständlichen Formulierung in einer Entscheidung des *BAG* vom 19.7.2012 (EzA § 2 KSchG Nr. 86, Rn 17) – nicht begründet. Wenn der Arbeitgeber das Arbeitsverhältnis wegen eines gesetzlichen Kündigungshindernisses oder der Unverhältnismäßigkeit der (»überflüssigen«) Kündigung gar nicht wirksam hätte beenden können, um den Arbeitnehmer nicht unter denselben Vertragsbedingungen weiterbeschäftigen zu müssen, geht der Arbeitnehmer bei Annahme des Änderungsangebots unter Vorbehalt – anders als bei vorbehaltloser Annahme – dieses rechtlichen Vorteils **nicht verlustig**. Das *BAG* hat vielmehr stets angenommen, dass der Arbeitnehmer trotz der Annahme des Änderungsangebots unter Vorbehalt auch Gründe gegen die Wirksamkeit der Kündigung weiterhin vorbringen könne (zuletzt *BAG* 22.10.2015 EzA § 2 KSchG Nr. 93; 20.2.2014 EzA § 17 KSchG Nr. 31; 28.5.1998 EzA § 2 KSchG Nr. 29 m. Anm. *Brehm;* so auch schon 10.3.1982 EzA § 2 KSchG Nr. 3). In der Tat entspricht nur dies den Intentionen des Gesetzgebers bei Einführung § 2, § 4 S. 2 KSchG (BT-Drucks.V/3913 S. 8, 9) und dem objektiven Interesse des Arbeitnehmers. Auch wenn dieser mit der Annahme des Änderungsangebots unter dem Vorbehalt des § 2 S. 1 KSchG die Kündigungserklärung materiell-rechtlich zum Wegfall bringt und die Fortsetzung des Arbeitsverhältnisses damit dem Streit entzieht, bedeutet das nicht, dass er sich gegen die Änderung der Vertragsbedingungen nicht auch mit denjenigen Gründen will und muss wehren können, die schon gegen die ihn zur Annahme unter Vorbehalt überhaupt erst nötigende Kündigungserklärung und nicht erst gegen das Änderungsangebot als solches vorzubringen 112 sind – wie ein Verstoß gegen § 102 Abs. 1 BetrVG, gegen § 15 Abs. 1 KSchG, gegen § 17 Abs. 2 S. 2 KSchG, gegen § 9 Abs. 1 MuSchG,gegen § 85 SGB IX oder eben ihre »Überflüssigkeit« (*BAG* 28.5.1998 EzA § 2 KSchG Nr. 29).

113 Das *BAG* hat allerdings bislang nicht ausdrücklich entschieden, auf welchem **konstruktiven** Weg dies dem Arbeitnehmer möglich ist (allenfalls angedeutet in *BAG* 25.4.2013 EzA § 20 GVG Nr. 8). Er dürfte darin bestehen, dass der Arbeitnehmer die **Annahme** des Änderungsangebots unter dem Vorbehalt des § 2 S. 1 KSchG ihrerseits – **aufschiebend – bedingt** erklärt, aufschiebend bedingt dadurch, dass sich nicht schon die **Kündigung** als **rechtsunwirksam** erweist (vgl. *Kreft* FS Preis, S. 695, 699). Auf diese Weise bleibt die Beendigungskündigung als Teil des zusammengesetzten Rechtsgeschäfts »Änderungskündigung« zunächst materiell-rechtlich existent und ihre Wirksamkeit weiterhin möglicher Streitgegenstand. Diese aufschiebende Bedingung ist deshalb mit der Vorbehaltserklärung des Arbeitnehmers **regelmäßig** – zumindest **konkludent** – **verbunden**. Nur in diesem Sinne darf der Arbeitgeber, gedacht als sorgfältiger Erklärungsempfänger iSv §§ 133, 157 BGB die Vorbehaltsannahme idR verstehen (so in der Sache auch *BAG* 28.5.1998 EzA § 2 KSchG Nr. 29; problematisch deshalb *LAG RhPf* 16.3.2021 – 8 Sa 125/20, ArbRAktuell 2021, 277). Die Bedingung ist als bloße Rechtsbedingung ohne Weiteres zulässig. Ihr steht auch § 150 Abs. 2 BGB nicht entgegen (**aA** AnwK-ArbR/*Nübold* § 2 KSchG Rn 55). Das Angebot des Arbeitgebers wird nicht unter Einschränkungen oder Änderungen iS dieser Vorschrift, sondern inhaltlich so akzeptiert, wie es gemacht wurde. Die die Annahme unter Vorbehalt aufschiebende Bedingung ist als Rechtsbedingung keine »Einschränkung« des Angebots (vgl. *BAG* 28.5.1998 EzA § 2 KSchG Nr. 29). Die Bedingung ist überdies sachlich durch § 2 S. 1 KSchG gedeckt. Über den schon angesichts von § 4 S. 2 KSchG zu engen Wortlaut der Vorschrift hinaus kann sich der Vorbehalt des Arbeitnehmers nicht nur auf die soziale Rechtfertigung der Änderung der Vertragsbedingungen iSv § 1 Abs. 2, Abs. 3 KSchG, sondern auch auf **sonstige** Unwirksamkeitsgründe erstrecken (*Niemann* RdA 2016, 339, 341; *Künzl/von der Ehe* NZA 2015, 1217, 1220). Zu diesen wiederum zählen nicht nur sonstige Mängel, die das Änderungsangebot selbst betreffen, sondern auch solche, die sich auf die mit ihm verbundene Kündigung beziehen. Darüber besteht im Ergebnis allgemein Einigkeit (vgl. nur *BAG* 22.10.2015 EzA § 2 KSchG Nr. 93; 20.2.2014 EzA § 17 KSchG Nr. 31; 28.5.1998 EzA § 2 KSchG Nr. 29; *Berkowsky* Änderungskündigung § 2 Rn 7; HaKo-KSchR/*Gallner* § 4 Rn 66; *Kreft* FS Preis, S. 695, 699; *Krois* Anm. zu *BAG* 10.9.2009 EzA § 2 KSchG Nr. 74; APS-*Künzl* Rn 116; *Preis/Schneider* FS v. Hoyningen-Huene, S. 395, 406; *Reuter/Sagan/Witschen* NZA 2013, 935, 938; *Verstege* Anm. zu *BAG* 26.1.2012 AP § 2 KSchG 1969 Nr. 153). Als konstruktiver materiell-rechtlicher Weg dorthin bietet sich der beschriebene an (zu möglichen Konsequenzen für den Antrag nach § 4 KSchG vgl. Rdn 249).

III. Form des Vorbehalts

1. Erklärung gegenüber dem Arbeitgeber

114 Der Vorbehalt ist dem **Arbeitgeber** gegenüber zu erklären. Dieser muss nicht der Arbeitgeber persönlich, sondern können alle Personen sein, die auf Arbeitgeberseite kündigungsberechtigt sind. Eine bestimmte Form schreibt das Gesetz nicht vor. Der Vorbehalt kann **schriftlich oder mündlich** erfolgen. Er unterliegt – anders als die Änderungskündigung selbst – **nicht der Formvorschrift des § 623 BGB** (s. dazu Rdn 49). Er muss den allgemein an eine Willenserklärung zu stellenden Voraussetzungen genügen, insbes. klar und eindeutig sein. Eine entsprechende Erklärung könnte lauten: »Das mir mit der Kündigung vom ... am ... zugegangene Angebot zur Vertragsänderung nehme ich unter dem Vorbehalt an, dass die mir angetragene Änderung der Vertragsbedingungen nicht sozial ungerechtfertigt oder aus anderen Gründen rechtsunwirksam ist.« Um der Klarheit iSd Ausführungen zu Rdn 112 willen wäre es hilfreich, jedenfalls unschädlich, sinngemäß folgenden **Zusatz** anzufügen: »Die Annahme erfolgt unter der Bedingung, dass sich nicht schon die Kündigungserklärung, aus welchem Grund auch immer, als unwirksam erweist.«

2. Erklärung durch schlüssiges Verhalten

Die Annahme der geänderten Vertragsbedingungen **unter Vorbehalt** kann durch **schlüssiges Verhalten** erfolgen, wenn dieses eindeutig ist. Nicht eindeutig ist insoweit die bloß **tatsächliche Fortsetzung** der Arbeit unter den geänderten Bedingungen **nach Ablauf der Kündigungsfrist**. Sie kann ebenso gut als **endgültiges** Einverständnis mit den vom Arbeitgeber angebotenen Bedingungen anzusehen sein, wenn auch die Dreiwochen-Frist des § 4 KSchG für die Erhebung der Kündigungsschutz- oder Änderungsschutzklage schon abgelaufen ist, der Arbeitnehmer also die Sozialwidrigkeit der geänderten Bedingungen nicht mehr erfolgreich geltend machen kann. 115

Arbeitet der Arbeitnehmer dagegen zwar **nach Ablauf** der Kündigungsfrist ohne Erklärung weiter (vgl. Rdn 117), ist aber die Drei-Wochen-Frist des § 4 KSchG zu diesem Zeitpunkt noch nicht abgelaufen, ist seinem Verhalten nach der Rspr. des BAG nicht zwingend eine **endgültige** Annahme des Änderungsangebots – und damit zugleich ein Verzicht auf die Erhebung einer Kündigungsschutz- als auch einer Änderungschutzklage – zu entnehmen. Allerdings spreche hierfür immerhin eine große Wahrscheinlichkeit: In § 2 S. 2 KSchG sei geregelt, dass der Arbeitnehmer den Vorbehalt innerhalb der Kündigungsfrist, spätestens aber innerhalb von drei Wochen nach Zugang der Kündigung erklären müsse, ein nach dem Ablauf der Kündigungsfrist ausgesprochener Vorbehalt sei demnach verspätet; das dürfe der Arbeitgeber bei tatsächlicher Weiterarbeit idR als endgültige Annahme verstehen (*BAG* 19.6.1986 EzA § 2 KSchG Nr. 7 unter B IV 2 der Gründe; vgl. auch *LAG Köln* 10.2.2000 NZA-RR 2000, 303). 116

Dem wird zuzustimmen sein (so auch LSW-*Löwisch/Wertheimer* Rn 37). Die **stillschweigende Weiterarbeit** des Arbeitnehmers zu den neuen Arbeitsbedingungen wird selbst bei Fehlen einer Kündigung, dh nach einem bloßen Vorschlag des Arbeitgebers zur einvernehmlichen Vertragsänderung idR **als Einverständniserklärung** angesehen werden können (vgl. *BAG* 19.6.1986 EzA § 2 KSchG Nr. 7; 17.7.1965 AP Nr. 101 zu § 242 BGB Ruhegehalt; *LAG Köln* 27.2.1998 LAGE § 2 KSchG Nr. 33; *LAG Hamm* 30.1.1997 LAGE § 2 KSchG Nr. 26; vgl. dazu auch *Däubler* FS Richardi S. 217; *Hennige* NZA 1998, 283; *Hromadka* RdA 1992, 246; *ders.* FS Richardi S. 261). Dies gilt jedenfalls dann, wenn der Arbeitnehmer von der neuen Vertragsgestaltung unmittelbar und sogleich betroffen wird, sie also von Beginn an »spürt« (*BAG* 19.6.1986 EzA § 2 KSchG Nr. 7; 20.5.1976 EzA § 305 BGB Nr. 9). Die Übertragung dieser Grundsätze auf den vorliegenden Fall ist gerechtfertigt. Der Vorbehalt nach § 2 KSchG ist innerhalb der Kündigungsfrist zu erklären (s. Rdn 122). Geschieht dies nicht, muss das Verhalten des Arbeitnehmers so verstanden werden, dass er eine Änderungs-, gar eine Kündigungsschutzklage nicht erheben will (so auch SPV-*Preis* Rn 1299). Der **Irrtum über die Wertung seines Verhaltens** kann den Arbeitnehmer zur Anfechtung der ihm zugerechneten Willenserklärung nach § 119 Abs. 1 BGB berechtigen. Maßgebend für die unverzügliche Anfechtung gem. § 121 BGB ist der Zeitpunkt, zu dem der Arbeitnehmer erkennt bzw. hätte erkennen können, dass sein Verhalten als vorbehaltlose Annahme gewertet wird (vgl. auch *BAG* 19.6.1986 EzA § 2 KSchG Nr. 7; *Löwisch* NZA 1988, 635; DDZ-*Zwanziger* Rn 125). 117

Der Arbeitnehmer kann zwar unabhängig von einer Annahme unter Vorbehalt bis zum Ablauf der Dreiwochenfrist Kündigungsschutzklage nach § 4 S. 1 KSchG erheben. Gegen eine solche Absicht spricht aber die stillschweigende Weiterarbeit zu den geänderten Bedingungen, etwa an dem neuen Arbeitsort. Typisch wäre nämlich bei einer beabsichtigten Kündigungsschutzklage – also beim Fehlen eines Willens, die Vertragsänderung auch nur unter Vorbehalt zu akzeptieren – das Ausscheiden zum Ablauf der Kündigungsfrist. In der Tat besteht also bei **widerspruchsloser Weiterarbeit** des Arbeitnehmers **zu den neuen Bedingungen** nach Ablauf der Kündigungsfrist eine große Wahrscheinlichkeit dafür, dass der Arbeitnehmer das Angebot des Arbeitgebers **endgültig annehmen** will, damit aber wohl auch auf die – zeitlich noch mögliche – Erhebung einer Kündigungsschutz- oder Änderungsschutzklage verzichtet (zu den strengen Voraussetzungen eines schon prozessual erheblichen Klageverzichts vgl. aber *BAG* 25.11.2010 EzA § 242 BGB 2002 Prozessverwirkung Nr. 1). Ein abweichender Wille des Arbeitnehmers müsste in irgendeiner Weise zum Ausdruck kommen, zB in der Mitteilung, er habe bereits einen Anwalt mit der Erhebung einer Klage beauftragt oder er behalte sich die Erhebung einer Kündigungs-/Änderungschutzklage vor. 118

§ 2 KSchG   Änderungskündigung

119   Eine **Einschränkung** soll nach *BAG* (27.3.1987 EzA § 2 KSchG Nr. 10) bei der **außerordentlichen** Kündigung geboten sein. Da dem Arbeitnehmer die Möglichkeit eingeräumt ist, die Annahme unter Vorbehalt nach einer gewissen Überlegungsfrist, also bis zur zeitlichen Grenze schuldhaften Zögerns (»**unverzüglich**«) zu erklären (s. Rdn 56), soll in der **sofortigen** widerspruchslosen Weiterarbeit auf dem neuen Arbeitsplatz idR noch **keine vorbehaltlose** Annahme des Änderungsangebots zu sehen sein. Dem Arbeitnehmer bliebe sonst überhaupt keine Überlegungsfrist. Solange er den Vorbehalt noch ohne schuldhaftes Zögern erklären kann, ist sein Verhalten nicht zwingend als vorbehaltlose und endgültige Annahme zu deuten (*BAG* 27.3.1987 EzA § 2 KSchG Nr. 10). Auch dem wird zuzustimmen sein (s.a. *Hennige* NZA 1998, 284). Der Arbeitgeber kann die sich aus den gesetzlichen Wertungen des KSchG ergebende **Frist** auch **nicht einseitig** etwa dadurch **verkürzen**, dass er im Kündigungsschreiben darauf verweist, er gehe beim Ausbleiben eines sofortigen Widerspruchs vom Fortbestand des Arbeitsverhältnisses zu den geänderten Bedingungen aus (*BAG* 27.3.1987 EzA § 2 KSchG Nr. 10). Die »Frist« des § 121 BGB gilt als **Mindestfrist** auch für die Erklärung der **vorbehaltlosen Annahme** des Änderungsangebots. Die gesetzliche Mindestfrist des § 2 S. 2 KSchG bildet die Untergrenze für die Frist zur Annahme des Änderungsangebots. Der Arbeitnehmer kann sich grds. bis zum Ablauf der gesetzlichen Frist erklären (*BAG* 1.2.2007 EzA § 2 KSchG Nr. 65). Die zu kurze Bestimmung der Frist im Änderungsangebot durch den Arbeitgeber führt wiederum **nicht zur Unwirksamkeit** der Kündigung. Sie setzt vielmehr die gesetzliche Annahmefrist des § 2 KSchG in Lauf. Die Unwirksamkeitsfolge nach § 1, § 2 KSchG kommt nur als eine Reaktion des Rechts auf das Fehlen von materiellen Kündigungs- oder Änderungsgründen in Betracht, nicht als Reaktion auf fehlerhafte Fristbestimmungen. Bei fehlerhaft bestimmten Fristen wird vielmehr nur die gesetzliche Frist des § 2 S. 2 KSchG in Lauf gesetzt (*BAG* 1.2.2007 EzA § 2 KSchG Nr. 65; 18.5.2006 EzA KSchG § 2 Nr. 59).

120   Liegt – nach den in Rdn 115 dargestellten Grundsätzen: ausnahmsweise – eine vorbehaltlose Annahme des Änderungsangebots trotz Weiterarbeit nach Ablauf der Kündigungsfrist nicht vor und erhebt der Arbeitnehmer noch innerhalb der Dreiwochenfrist Kündigungsschutzklage nach § 4 S. 1 KSchG, bringt er durch seine fortdauernde Weiterarbeit zu geänderten Bedingungen zwar zum Ausdruck, dass er die Änderung der Vertragsbedingungen im Falle des Unterliegens anzunehmen bereit ist. Dies gilt erst recht, wenn er lediglich Änderungsschutzklage nach § 4 S. 2 KSchG erhebt. Diese – konkludente – Annahme unter Vorbehalt ist jedoch **nicht rechtzeitig** bis zum Ablauf der Kündigungsfrist erklärt worden (s. Rdn 122). Der Arbeitgeber braucht sich daher auf sie nicht einzulassen. Eine solche Pflicht ergibt sich nicht etwa daraus, dass er die Weiterarbeit des Arbeitnehmers über den Ablauf der Kündigungsfrist hinaus geduldet hat. Dies kann geschehen sein in der Erwartung, dass der Arbeitnehmer von der Erhebung einer Kündigungs-/Änderungsschutzklage absieht – also das Änderungsangebot endgültig annimmt –, oder in der irrigen Annahme, der Arbeitnehmer habe das Angebot ohnehin bereits vorbehaltlos akzeptiert. Man wird daher dem Arbeitgeber das Recht geben müssen, nunmehr die Weiterbeschäftigung des Arbeitnehmers zu den geänderten Bedingungen mangels Vorliegens der Voraussetzung des § 2 S. 2 KSchG zu verweigern (*Richardi* ZfA 1971, 97). Allerdings muss er die Weigerung unverzüglich erklären, nachdem er von der Erhebung der Kündigungs-/Änderungsschutzklage erfahren hat. Beschäftigt er den Arbeitnehmer auch jetzt noch weiter, muss er dies als schlüssiges nachträgliches Eingehen auf den verspäteten Vorbehalt gegen sich gelten lassen. Erklärt der Arbeitnehmer die Annahme unter Vorbehalt nicht fristgerecht, ist die verspätete Erklärung nach § 150 Abs. 1 BGB nunmehr als sein **Angebot** auf Abschluss eines Änderungsvertrags unter Vorbehalt zu verstehen. Dieses kann der Arbeitgeber annehmen und sich damit nachträglich auf eine verspätete Annahme unter Vorbehalt einlassen (*BAG* 28.10.2010 EzA § 2 KSchG Nr. 80; 17.6.1998 EzA § 2 KSchG Nr. 30; *LKB/Linck* Rn 98). Die soziale Berechtigung der Änderung kann dann im Klageverfahren überprüft werden (s.a. Rdn 36).

121   Verweigert der Arbeitgeber die Weiterbeschäftigung, bleibt dem Arbeitnehmer – ggf. nach entsprechender **Umstellung** des Klageantrags – die Durchführung des allgemeinen Kündigungsschutzverfahrens. Insoweit gilt nichts anderes, als wenn der Arbeitnehmer das Änderungsangebot von vornherein abgelehnt hätte. Er läuft damit Gefahr, im Falle des Unterliegens den Arbeitsplatz zu verlieren.

Problematisch ist, ob zur Erklärung des Vorbehalts die **Erhebung der Änderungsschutzklage** 122
nach § 4 S. 2 KSchG ausreicht. Richtiger Auffassung nach können Klage und Vorbehalt zeitlich miteinander verbunden werden (s. Rdn 129). Dann wiederum bestehen keine Bedenken, die Erhebung der Änderungsschutzklage als Vorbehaltserklärung anzusehen, falls aus ihr hinreichend deutlich die Bereitschaft hervorgeht, das Arbeitsverhältnis zunächst und ggf auf Dauer zu geänderten Bedingungen fortzusetzen (vgl. *LKB/Linck* Rn 102; LSW-*Löwisch/Wertheimer* Rn 38). Erhebt der Arbeitnehmer dagegen Kündigungsschutzklage mit dem Antrag gem. § 4 S. 1 KSchG, lässt sich daraus nicht auf die Annahme des Änderungsangebots unter Vorbehalt schließen, es sei denn, die Klagebegründung brächte insoweit Klarheit. Beachtet werden muss im Übrigen, dass die fristgerechte Erhebung der Änderungsschutzklage wegen möglicher Verzögerungen bei der Zustellung nicht auch den fristgerechten Zugang der Vorbehaltserklärung garantiert und nach verbreiteter – wenn auch wohl überholter (*BAG* 22.5.2014 EzA § 15 AGG Nr. 25; *BGH* 17.7.2008 NJW 2009, 765; vgl. aber *BAG* 16.3.2016 EzA § 4 TVG Ausschlussfristen Nr. 213) – Ansicht § 167 ZPO keine Anwendung findet (s. dazu Rdn 127, 128; *LKB/Linck* Rn 105; APS-*Künzl* Rn 227).

IV. Frist zur Erklärung des Vorbehalts

1. Kündigungsfrist und Dreiwochenfrist

Den Vorbehalt muss der Arbeitnehmer gegenüber dem Arbeitgeber **innerhalb der Kündigungs-** 123
frist, spätestens jedoch innerhalb von **drei Wochen nach Zugang** der Kündigung erklären, § 2 S. 2 KSchG. Die Frist von drei Wochen entspricht der Frist zur Klageerhebung gem. § 4 KSchG. Sie begrenzt die Erklärungsfrist bei längeren Kündigungsfristen – wie es selbst die gesetzlichen Grundkündigungsfristen des § 622 Abs. 1 BGB sind – und führt in diesen Fällen zu einer Übereinstimmung von Erklärungs- und Klagefrist. Spätestens nach drei Wochen soll für den Arbeitgeber klar sein, ob und wie eine Fortsetzung des Arbeitsverhältnisses in Aussicht steht.

Kündigungsfristen **unter drei Wochen** sind – abgesehen von der Regelung über kurzzeitig be- 124
schäftigte Aushilfskräfte in § 622 Abs. 5 Nr. 1 BGB – nur noch denkbar bei Geltung von Tarifverträgen, die aufgrund beiderseitiger Tarifbindung, Allgemeinverbindlichkeit oder zulässiger einzelvertraglicher Bezugnahme auf das Arbeitsverhältnis Anwendung finden. Hier entsteht eine Diskrepanz insoweit, als der Arbeitnehmer sich schon bis zum Ablauf der Kündigungsfrist, unter Umständen also recht schnell entscheiden muss, ob er ggf. unter geänderten Vertragsbedingungen weiterarbeiten will, obwohl die Erhebung der Kündigungsschutz- bzw. Änderungsschutzklage erst später zu erfolgen braucht. Erklärt sich der Arbeitnehmer nicht rechtzeitig, kann er zwar immer noch die Unwirksamkeit der Beendigungskündigung geltend machen, riskiert aber im Falle des Unterliegens den Verlust des Arbeitsplatzes. Diese Konsequenzen versucht eine Auffassung zu vermeiden, nach welcher die Erklärung des Vorbehalts ohne Rücksicht auf die Länge der Kündigungsfrist innerhalb von **drei Wochen nach Zugang** der Kündigung zulässig ist (*Wenzel* MDR 1969, 976; *Schwerdtner* FS 25 Jahre BAG, S. 561 ff.). Dies lässt sich mit dem Wortlaut von § 2 S. 2 KSchG nicht vereinbaren. Ist die Kündigungsfrist kürzer als drei Wochen, ist diese Frist maßgebend (*BAG* 19.6.1986 EzA § 2 KSchG Nr. 7; *LKB/Linck* Rn 103a; *Löwisch* NZA 1988, 635; SPV-*Preis* Rn 1299). Nach dem **Gesetzeswortlaut** ist die Erklärung des Vorbehalts innerhalb der Kündigungsfrist gefordert; die im 2. Hs. der Bestimmung genannte Dreiwochenfrist stellt eine Einschränkung bei längeren, nicht eine Erweiterung bei kürzeren Fristen dar. Es kann keinem Zweifel unterliegen, dass der Gesetzgeber die Regelung in diesem Sinn verstanden hat. In der Begründung zum Regierungsentwurf (BT-Drucks. V/3913, S. 8) heißt es ausdrücklich: »Im Interesse der Rechtssicherheit muss der Arbeitnehmer diesen Vorbehalt innerhalb der Kündigungsfrist, oder falls diese länger als drei Wochen ist, innerhalb von drei Wochen nach Zugang der Kündigung dem Arbeitgeber erklären.« Dieser Wille des Gesetzgebers ist im Gesetzeswortlaut durchaus zum Ausdruck gekommen. Für die Annahme, der Gesetzgeber habe die Möglichkeit kürzerer Kündigungsfristen nicht bedacht, liegen Anhaltspunkte nicht vor (so aber *Schwerdtner* FS 25 Jahre BAG, S. 560). Soweit *Schwerdtner* (FS 25 Jahre BAG, S. 560) das alleinige Abstellen

auf den Wortlaut einer Rechtsnorm beim Gesetzgebungsstil der Gegenwart für fragwürdig hält, entbindet diese Skepsis nicht von der in Art. 20 Abs. 3 GG gründenden Verpflichtung, Wortlaut und Wortsinn des Gesetzes zu respektieren und ihn zum Anknüpfungs- und Ausgangspunkt jeder Auslegung zu nehmen. Im Übrigen stimmen hier Gesetzesmaterialien und Gesetzeswortlaut überein. Richtig ist zwar, dass die Überlegungsfrist damit uU sehr kurz wird. Dies führt jedoch nicht zu solchen Unzuträglichkeiten, dass ein vom Wortsinn des Gesetzes abweichendes Verständnis zu rechtfertigen wäre. Es ist für den Arbeitnehmer nicht unzumutbar, sich ggf. innerhalb kurzer Frist darüber klar zu werden, ob er zu den geänderten Vertragsbedingungen weiterarbeiten will, zumal auch der Arbeitgeber ein schützenswertes Interesse daran hat, bei Ablauf der Kündigungsfrist zu wissen, ob er mit einer zumindest vorläufigen Weiterbeschäftigung des Arbeitnehmers zu geänderten Bedingungen rechnen kann/muss.

125 Die generelle Ausdehnung der Frist zur Erklärung der Annahme unter Vorbehalt auf drei Wochen könnte im Übrigen zu dem unpraktikablen Ergebnis führen, dass der Arbeitnehmer zunächst aus dem Arbeitsverhältnis ausscheidet – etwa bei einwöchiger Kündigungsfrist –, kurz vor Ablauf der Dreiwochenfrist die geänderten Vertragsbedingungen unter Vorbehalt annimmt und nunmehr weiterbeschäftigt werden muss. Die Argumente *Wenzels* (MDR 1969, 975 f.) und *Schwerdtners* (FS 25 Jahre BAG, S. 560) sind nicht so schwerwiegend, dass eine Abweichung vom Wortlaut der Regelung des § 2 S. 2 KSchG gerechtfertigt wäre (i. Erg. auch APS-*Künzl* Rn 221).

2. Zugang der Erklärung

126 Der Arbeitnehmer muss dem Arbeitgeber den Vorbehalt innerhalb der maßgebenden Frist erklären. Das bedeutet, dass die Vorbehaltserklärung dem Arbeitgeber **innerhalb der Frist zugehen** muss. Es kommt nicht auf den Zeitpunkt der Abgabe durch den Arbeitnehmer an. Für den Zugang gelten die allgemeinen Regelungen über den Zugang von Willenserklärungen, § 130 f. BGB. **Schriftform** ist für die Erklärung **nicht** erforderlich (*LKB/Linck* Rn 101; SPV-*Preis* Rn 1298; vgl. zum Zugang durch Telefax *LAG BW* 11.3.1998 MDR 1999, 368). Der Lauf der Frist selbst bestimmt sich nach § 187 f. BGB. Der Tag des Zugangs der Änderungskündigung zählt nicht mit, § 187 Abs. 1 BGB. Da die Erklärungsfrist entweder der Kündigungsfrist oder der Dreiwochenfrist des § 4 KSchG entspricht, kann bezüglich der Einzelheiten auf die jeweiligen Erläuterungen zu diesen Fristen verwiesen werden (s. KR-*Spilger* § 622 BGB Rdn 153 f. u. KR-*Klose* § 4 KSchG Rdn 139 f.). **Versäumt** der Arbeitnehmer die Frist, **erlischt das Recht**, den Vorbehalt zu erklären. Eine **nachträgliche Zulassung** des Vorbehalts entsprechend § 5 KSchG oder eine Wiedereinsetzung in den vorigen Stand entsprechend § 233 f. ZPO ist nicht vorgesehen. Wegen des prozessrechtlichen oder doch prozessrechtsähnlichen Charakters dieser Vorschriften kommt eine analoge Anwendung auf die materiell-rechtliche Erklärungsfrist in § 2 S. 2 KSchG nicht in Frage.

127 Die Frist des § 2 S. 2 KSchG wird auch dann gewahrt, wenn der Arbeitnehmer – wie regelmäßig anzunehmen (vgl. Rdn 111) – das Änderungsangebot mit dem Vorbehalt des § 2 S. 1 KSchG nur unter der **aufschiebenden Bedingung** annimmt, dass nicht schon die Kündigungserklärung rechtsunwirksam ist. Der Arbeitgeber wird auch in diesem Fall rechtzeitig darüber unterrichtet, dass der Arbeitnehmer bereit ist, ggf. zu den geänderten Vertragsbedingungen weiterzuarbeiten. Der Eintritt der aufschiebenden Bedingung entscheidet ebenfalls nicht über den Fortbestand, sondern nur über den Inhalt des allemal fortbestehenden Arbeitsverhältnisses. Die entsprechende Unsicherheit des Arbeitgebers ist nicht größer, als bei »unaufgeschobener« Annahme unter Vorbehalt auch.

128 Wird die Vorbehaltserklärung mit der Änderungsschutzklage verbunden, ist zu beachten, dass die **Wahrung der Klagefrist** nicht zwingend **die Wahrung der Dreiwochenfrist** zur Erklärung des Vorbehalts garantiert. Die Erhebung der Klage am letzten Tag der Dreiwochenfrist ist zur Fristwahrung regelmäßig ausreichend. Gem. § 46 Abs. 2 ArbGG iVm §§ 495, 167 ZPO ist die Frist gewahrt, wenn die Klage vor Fristablauf bei Gericht eingereicht wurde und die Zustellung an den Prozessgegner »demnächst« erfolgt. Das gilt jedoch nach verbreiteter Meinung nur für die Klageerhebung, nicht für die materiell-rechtliche Erklärung des Vorbehalts nach § 2 S. 2 KSchG (*BAG* 17.6.1998 EzA § 2 KSchG Nr. 30; *LAG Hamm* 13.10.1988 LAGE § 2 KSchG Nr. 7; *LKB/Linck* Rn 105;

APS-*Künzl* Rn 227, 228; s.a. Rdn 121). § 167 ZPO findet nach dieser Auffassung nur dann Anwendung, wenn zur Wahrung der Frist gerade eine Klageerhebung oder eine Prozesshandlung erforderlich ist (vgl. *BAG* 17.6.1998 EzA § 2 KSchG Nr. 30; 4.11.1969 AP Nr. 3 zu § 496 ZPO zur Wahrung von Ausschlussfristen; *Richardi* ZfA 1971, 99). Das ist hier in der Tat nicht der Fall. Es kann auf dieser Grundlage also der Fall eintreten, dass zwar die Änderungsschutzklage noch rechtzeitig erhoben, nicht aber der Vorbehalt rechtzeitig erklärt ist. Der Arbeitnehmer kann dann zwar das Kündigungsschutzverfahren nach § 4 Satz 1 KSchG – mit entsprechend geändertem Antrag – durchführen, riskiert aber den Verlust des Arbeitsplatzes, es sei denn, der Arbeitgeber lässt sich auf den verspäteten Vorbehalt ein (s. dazu Rdn 116).

Diese Ansicht überzeugt nicht. Schon *Richardi* (ZfA 1971, 99) hatte für den Fall eine **Ausnahme** 129 vorgeschlagen, dass die **Kündigungsfrist länger** ist als die Dreiwochenfrist des § 4 KSchG und der Vorbehalt in der »demnächst« zugestellten Klageschrift erklärt ist (so auch *LAG Hamm* 13.10.1988 LAGE § 2 KSchG Nr. 7). Das BAG ist dem zwar nicht gefolgt (*BAG* 17.6.1998 EzA § 2 KSchG Nr. 30, s. dazu Rdn 129). Mittlerweile gibt es aber Anhaltspunkte dafür, dass es künftig anders entscheiden könnte. Zum einen hat es die »demnächst« erfolgte Zustellung der Kündigungsschutzklage eines Schwerbehinderten, die außerhalb der – freilich vom BAG selbst gesetzten – Dreiwochenfrist zur Mitteilung des Bestehens der Schwerbehinderung an den Arbeitgeber lag, als rechtzeitige Unterrichtung angesehen (*BAG* 23.2.2010 EzA § 85 SGB IX Nr. 6). Die dafürsprechenden Argumente sind auch im vorliegenden Zusammenhang beachtlich. Die Begrenzung auf die Dreiwochenfrist soll bewirken, dass der Arbeitgeber zeitnah Klarheit darüber erhält, ob der Arbeitnehmer die geänderten Arbeitsbedingungen unter Vorbehalt annimmt. Läuft die Kündigungsfrist aber ohnehin länger als die Dreiwochenfrist und muss es der Arbeitgeber von Gesetzes wegen außerdem hinnehmen, dass ihm eine Kündigungsschutzklage auch nach Ablauf von drei Wochen noch – falls denn »demnächst« – rechtzeitig zugestellt werden kann, werden seine Interessen ausreichend berücksichtigt, wenn er zugleich mit der Kenntnis, dass überhaupt Klage gegen die Änderungskündigung erhoben worden ist, auch Kenntnis davon erhält, dass der Arbeitnehmer sein Änderungsangebot unter Vorbehalt angenommen hat (ähnlich ErfK-*Oetker* Rn 35a). Zum anderen hat das BAG in einer Entscheidung zu § 15 AGG im Anschluss an die Rechtsprechung des BGH (*BGH* 17.7.2008 NJW 2009, 765) § 167 ZPO neuerdings auch auf die Einhaltung von Fristen angewandt, zu deren Wahrung es einer Klage nicht bedurfte (*BAG – Achter Senat* – 22.5.2014 EzA § 15 AGG Nr. 25).

Schon das BAG hat im Übrigen gemeint, zwar komme eine Abweichung vom Gesetzeswortlaut 130 des § 2 S. 2 KSchG nicht in Betracht, de lege ferenda sei es jedoch wünschenswert, im Interesse der betroffenen Arbeitnehmer eine andere gesetzliche Lösung zu suchen, die gewährleiste, dass eine Annahme unter Vorbehalt in der Klageschrift als rechtzeitig behandelt werde, wenn die Klage ihrerseits fristgerecht eingereicht und »demnächst« zugestellt werde (*BAG – Zweiter Senat* – 17.6.1998 EzA § 2 KSchG Nr. 30). Der vom BAG in Anspruch genommene »klare Gesetzeswortlaut« und der Sinn und Zweck der Regelung stehen der hier für richtig gehaltenen Auslegung nicht entgegen. Mit der offensichtlichen Anknüpfung an die Drei-Wochen-Frist des § 4 KSchG hat der Gesetzgeber zu erkennen gegeben, dass er die Erhebung der Klage als zeitlich letzte Grenze für die Erklärung des Vorbehalts ansieht. Dies lässt die **Übertragung** der für die prozessuale Frist geltenden Grundsätze **auf die materielle Frist zu**. Die Rechtssicherheit, auf die das BAG verweist, wird dadurch nicht verletzt. Der Vorbehalt muss in der rechtzeitig bei Gericht eingegangenen Klageschrift enthalten sein und geht dem Arbeitgeber zusammen mit der Klageschrift zu, also zur gleichen Zeit, zu der er von der Klageerhebung als solcher erfährt. Bis zu diesem Zeitpunkt konnte er ohnehin nicht sicher planen. Dies unterscheidet den Arbeitgeber, der eine Änderungskündigung ausgesprochen hat, von demjenigen, der lediglich dem Ablauf einer – einfachen – tariflichen Ausschlussfrist entgegensieht – eine Konstellation, auf die das BAG § 167 ZPO erneut für nicht anwendbar hält (*BAG –* Vierter Senat – 16.3.2016 EzA § 4 TVG Ausschlussfristen Nr. 213). In diesem Fall darf der Arbeitgeber unmittelbar mit Ablauf der Frist von einem Verfall der Ansprüche ausgehen, weil der Arbeitnehmer auf eine Klageerhebung zur Anspruchswahrung nicht angewiesen ist. Mit einem Angriff gegen die Änderungskündigung muss der Arbeitgeber dagegen eben wegen § 167 ZPO auch noch einige Zeit nach Ablauf der dreiwöchigen Klagefrist des § 4 KSchG rechnen. Bis dahin treten

Rechts- und Planungssicherheit für ihn nicht ein. Die vom BAG als **rechtspolitisch wünschenswert** angesehene Lösung ist deshalb bereits lex lata. Die **Praxis** sollte gleichwohl die bisherige, zu § 2 S. 2 KSchG noch nicht aufgegebene Rspr. des BAG beachten, zumal dieses in einer Entscheidung vom September 2016 erneut die Ansicht vertreten hat, ein Arbeitnehmer, der seine Eigenschaft als schwerbehinderter Mensch allein in der bei Gericht eingereichten Klageschrift mitteile, könne sich »**nicht** auf den **Rechtsgedanken des § 167 ZPO** berufen, wenn die Zustellung außerhalb der für eine unmittelbare Übermittlung an den Arbeitgeber zuzugestehenden Zeitspanne« erfolge; welche Zeitspanne für die Mitteilung der Schwerbehinderteneigenschaft über die drei Wochen hinaus zur Verhinderung des Verwirkungseintritts noch angemessen ist, hat es – weil sie im Streitfall nur einen Tag später erfolgte – offen gelassen (*BAG* – Zweiter Senat – 22.9.2016 EzA § 85 SGB IX Nr. 10).

3. Vorbehalt nach Klageerhebung

131 **Nach Erhebung der Kündigungsschutzklage** kann der Vorbehalt **nicht mehr** erklärt werden. Er muss spätestens zusammen mit der Klage – sei es ausdrücklich, sei es schlüssig – erhoben werden. Das ist selbstverständlich, wenn die Kündigungsfrist bei Klageerhebung bereits abgelaufen ist oder zum selben Zeitpunkt abläuft. Ist die Kündigungsfrist länger als drei Wochen oder schöpft der Arbeitnehmer die Drei-Wochen-Frist nicht aus, kann die Kündigungsfrist bei Klagezustellung noch laufen. Der Wortlaut des Gesetzes ließe es zwar zu, dem Arbeitnehmer in diesem Fall trotz bereits erhobener Kündigungsschutzklage – gedacht ist an die Klage mit dem Antrag gem. § 4 S. 1 KSchG, weil eine Änderungsschutzklage mit dem Antrag nach § 4 S. 2 KSchG regelmäßig (konkludent) den Vorbehalt enthält (s. Rdn 121) – bis zum Ablauf von drei Wochen nach Ausspruch der Kündigung das Recht einräumen, den **Vorbehalt noch zu erklären**. Das geriete jedoch in **Widerspruch** zu Sinn und Zweck der Regelung und systematischen Erwägungen. Zum einen zeigt die Begrenzung der Erklärungsfrist auf die Klagefrist, dass für den Arbeitgeber spätestens mit der Zustellung der Kündigungsschutzklage Klarheit darüber bestehen soll, ob der Arbeitnehmer die geänderten Arbeitsbedingungen unter Vorbehalt annimmt oder nicht. Zum anderen muss in der Erhebung der Kündigungsschutzklage mit einem Antrag nach § 4 S. 1 KSchG eine schlüssige Ablehnung des Änderungsangebots gesehen werden. Dabei ist freilich nicht nur der Klageantrag zu würdigen, sondern der gesamte Inhalt der Klageschrift. Lässt aber die Klage weder aus dem Antrag noch aus der Begründung den Willen des Arbeitnehmers erkennen, bei einem Unterliegen im Rechtsstreit zu den geänderten Bedingungen weiterzuarbeiten, liegt darin die vorbehaltlose Ablehnung des Änderungsangebots mit der Folge, dass der Arbeitgeber an dieses nicht mehr gebunden ist. Damit erlischt zugleich das Recht zur Erklärung des Vorbehalts. Der Arbeitnehmer muss sich deshalb spätestens bei Klageerhebung darüber im Klaren sein, »was er will«. Für den Fall, dass der Arbeitnehmer den Vorbehalt mit separatem Schreiben rechtzeitig erklärt, dann aber – ebenfalls rechtzeitig – einen Klageantrag nach § 4 Satz 1 KSchG stellt, kann dieser bei Gericht in einen Antrag nach § 4 Satz 2 KSchG umgestellt werden, ohne dass es dazu zwecks Vermeidung der Rechtsfolgen des § 7 KSchG einer analogen Anwendung von § 6 KSchG bedürfte (*BAG* 21.5.2019 – 2 AZR 26/19, EzA § 4 KSchG n.F. Nr. 105).

132 Auch wenn unter diesen Umständen die **Bindung** des Arbeitgebers an sein Vertragsangebot **entfällt**, kann er sich mit einer verspäteten Annahme des Angebots unter Vorbehalt einverstanden erklären. Das Verfahren wird dann bei entsprechender Umstellung des Klageantrags als Änderungsschutzverfahren durchgeführt (s.a. Rdn 34, 36, 119). Hat der Arbeitnehmer die Annahme unter Vorbehalt erklärt, ist er hieran seinerseits für die **Dauer des Kündigungsschutzverfahrens gebunden** (vgl. dazu *LAG SchlH* 20.1.2005 NZA-RR 2005, 250; APS-*Künzl* Rn 230 mwN). Es kommt durch die Annahme zu einer materiell-rechtlich wirksamen Abänderung des Arbeitsvertrags, die unter der auflösenden Bedingung eines Obsiegens des Arbeitnehmers im Änderungsschutzverfahren steht (vgl. Rdn 106 sowie KR-*Kreft* § 8 KSchG Rdn 3). Der Arbeitnehmer kann also seinen Vorbehalt nicht mehr einseitig zurücknehmen und statt der Änderungsschutzklage (erneut) eine Kündigungsschutzklage nach § 4 S. 1 KSchG führen (*ArbG Elmshorn* 20.8.1986 NZA 1987, 130; APS-*Künzl* Rn 230 mwN; *Becker-Schaffner* BB 1991, 133, 134). Erklärt sich der Arbeitgeber allerdings hiermit einverstanden, bestehen gegen eine Umstellung des Verfahrens keine Bedenken (aA *Kiel/Koch* Rn 424).

Im Übrigen ist der Arbeitnehmer nach Annahme des Änderungsangebots unter Vorbehalt verpflichtet, **vorläufig**, dh bis zur **Rechtskraft** einer Entscheidung, zu den **geänderten** Vertragsbedingungen zu arbeiten (s. Rdn 212, Rdn 249). Die Erhebung des **allgemeinen** oder eines auf **§ 102 Abs. 5 BetrVG** gestützten Anspruchs auf vorläufige, dh auf die Dauer des Rechtsstreits begrenzte Weiterbeschäftigung zu den **bisherigen** Vertragsbedingungen scheidet wegen des Vorrangs der – auflösend bedingten – materiell-rechtlichen Übereinkunft der Parteien grds. aus (*BAG* 18.1.1990 EzA § 1 KSchG Betriebsbedingte Kündigung Nr. 65). Das gilt auch dann, wenn der Arbeitnehmer mit der Änderungsschutzklage erstinstanzlich obsiegt hat (*LKB/Linck* Rn 112, 113). Der Arbeitnehmer muss während des gerichtlichen Verfahrens auch dann zu den geänderten Bedingungen arbeiten, wenn er die Annahme unter Vorbehalt – wovon regelmäßig auszugehen ist (vgl. Rdn 112) – (konkludent) ihrerseits unter der aufschiebenden Bedingung erklärt hat, dass sich nicht schon die Kündigungserklärung als rechtsunwirksam erweist. Dann ist zwar der auflösend bedingte, vorläufige Änderungsvertrag materiell-rechtlich betrachtet zunächst noch nicht zustande gekommen. Gleichwohl hat der Arbeitnehmer zu verstehen gegeben, dass er ggf. bereit ist, auch zu den geänderten Bedingungen weiterzuarbeiten. Daran ist er während des laufenden Verfahrens von Beginn an gebunden. Dies ist der »Preis« dafür, dass dessen Ausgang unter keinen Umständen zur Beendigung des Arbeitsverhältnisses führen kann. Will der Arbeitnehmer nicht mehr (vorläufig) zu den geänderten Vertragsbedingungen arbeiten, muss er seinerseits – unter Einhaltung der Kündigungsfrist – das Arbeitsverhältnis kündigen. Der Rechtsstreit erledigt sich dadurch nicht, wenn diese Kündigung – wie regelmäßig – zur Auflösung des Arbeitsverhältnisses erst nach dem Zeitpunkt führt, zu welchem die Frist für die Änderungskündigung abgelaufen ist. Kündigt der Arbeitnehmer zu einem vor Eintritt der Änderung liegenden Zeitpunkt – denkbar bei langer Kündigungsfrist für den Arbeitgeber und einer zunächst erklärten Annahme des Änderungsangebots unter Vorbehalt –, wird die Änderungsschutzklage unbegründet, weil Voraussetzung für ihre Begründetheit ein noch im Zeitpunkt des Ablaufs der (Änderungs-)Kündigungsfrist bestehendes Arbeitsverhältnis ist (*BAG* 29.1.2015 EzA § 4 KSchG nF Nr. 97; 18.12.2014 EzA § 4 KSchG nF Nr. 96; *Niemann* RdA 2016, 339, 342j).

133

V. Ablehnung des Angebots

§ 2 KSchG regelt nur den Fall der **Annahme** der geänderten Vertragsbedingungen **unter Vorbehalt**. Das bedeutet nicht, dass der Arbeitnehmer lediglich die Wahl zwischen der Annahme unter Vorbehalt und einer vorbehaltlosen Annahme hätte. Er kann das Angebot des Arbeitgebers auch **vorbehaltlos ablehnen** und die **Unwirksamkeit der (Beendigungs-)Kündigung** geltend machen. Insoweit hat sich an dem Rechtszustand vor Einführung der gesetzlichen Regelung nichts geändert (als selbstverständlich vorausgesetzt von *BAG* 7.6.1973 EzA § 626 BGB nF Nr. 29). Der Arbeitnehmer riskiert in diesem Fall den Verlust des Arbeitsplatzes als solchen. Dieses Risiko wird er dann auf sich nehmen, wenn er zu den geänderten Bedingungen unter keinen Umständen weiterarbeiten will. Streitig ist vor allem, ob der Maßstab der Sozialwidrigkeit bei Ablehnung des Vorbehalts und anschließender Kündigungsschutzklage demjenigen bei Annahme des Angebots unter Vorbehalt entspricht (s. dazu Rdn 140 ff.).

134

VI. Bindung des Arbeitgebers an das Angebot

Gibt der Arbeitnehmer **innerhalb der Frist** des § 2 S. 2 KSchG **überhaupt keine Erklärung** ab – auch nicht konkludent – und erhebt er auch keine Kündigungsschutzklage, stellt sich die Frage, ob und ggf. wie lange der Arbeitgeber **an sein Angebot gebunden ist**. Zunächst wurde überwiegend die Auffassung vertreten, § 2 S. 2 KSchG komme die Bedeutung einer gesetzlichen Konkretisierung der Fristen des § 147 BGB zu. Nach dieser Vorschrift kann das Vertragsangebot von einem Anwesenden nur sofort angenommen werden, das gegenüber einem Abwesenden abgegebene Angebot nur bis zu dem Zeitpunkt, bis zu welchem der Antragende den Eingang der Antwort unter regelmäßigen Umständen erwarten darf. Damit wäre im Regelfall nach Ablauf der Frist des § 2 S. 2 KSchG der Arbeitgeber an sein Änderungsangebot nicht mehr gebunden und selbst eine vorbehaltlose Annahme des Angebots nicht mehr möglich (so noch die 6. Aufl.

135

Rn 77a; *Linck* AR-Blattei SD 1020.1.1 Rn 88; *Hromadka* DB 2002, 1324; *Wallner* S. 50; s.a. *LAG Hamm* 30.1.1997 LAGE § 2 KSchG Nr. 26). Demgegenüber vertritt das BAG die Auffassung, die **vorbehaltlose Annahme** des in einer Änderungskündigung enthaltenen Angebots sei **nicht an die Höchstfrist** von drei Wochen gebunden (*BAG* 1.2.2007 EzA § 2 KSchG Nr. 65; 18.5.2006 EzA § 2 KSchG Nr. 59; 6.2.2003 EzA § 2 KSchG Nr. 47 = AP Nr. 71 zu § 2 KSchG 1969 m. krit. Anm. *Raab*; dem BAG zust. HaKo-KSchR/*Pfeiffer* § 2 KSchG Rn 29). Dies begründet das BAG mit der beidseitigen Interessenlage, wenn der Arbeitnehmer die Beendigung des Arbeitsverhältnisses als solche gar nicht angreifen will. Dem BAG ist **zuzustimmen**. Die Frist des § 2 S. 2 KSchG betrifft unmittelbar nur die Erklärung einer Annahme unter Vorbehalt, nicht die vorbehaltlose Annahme. Wie lange der Arbeitgeber gem. § 147 BGB mit einer vorbehaltlosen Annahme des Änderungsangebots rechnen muss, hängt deshalb von den Umständen des Einzelfalls ab. Das *BAG* (6.2.2003 EzA § 2 KSchG Nr. 47 m. zust. Anm. *Rolfs/Barg*) hat offengelassen, ob dem Arbeitnehmer die volle Kündigungsfrist (bejahend *Berkowsky* NZA-RR 2003, 458) oder nur eine kürzere Frist zur Verfügung steht oder ob dem **Planungsinteresse** des Arbeitgebers dadurch Rechnung getragen werden muss, dass der Arbeitnehmer seine Entscheidung, ob er vorbehaltlos zu den neuen Vertragsbedingungen arbeiten will, eine angemessene Zeit vor Ablauf der Kündigungsfrist mitzuteilen hat. Jedenfalls kann der Arbeitgeber, der bereits lange vor dem Zeitpunkt kündigt, zu dem er unter Einhaltung der ordentlichen Kündigungsfrist zu dem beabsichtigten Kündigungstermin noch hätte kündigen können, regelmäßig nicht erwarten, dass der Arbeitnehmer die existentielle Entscheidung, ob er sein Arbeitsverhältnis aufgibt oder zu geänderten Vertragsbedingungen weiterarbeitet, in kürzester Frist trifft. Es muss vielmehr, falls nicht der Arbeitgeber auf sein Interesse an einer schnellen Entscheidung des Arbeitnehmers erkennbar hingewiesen hat, ausreichen, dass der Arbeitnehmer zu dem Änderungsangebot noch vor dem Tag Stellung nimmt, an dem der Arbeitgeber unter Einhaltung der Kündigungsfrist letztmalig hätte kündigen können. Auch unter dem Gesichtspunkt der Planungssicherheit des Arbeitgebers ist dies unter regelmäßigen Umständen noch rechtzeitig. Dem Arbeitgeber, der für seine Planungen eine längere Frist benötigt, bleibt es unbenommen, gem. § 148 BGB eine Frist zur (vorbehaltlosen) Annahme des Angebots zu setzen (*BAG* 6.2.2003 EzA § 2 KSchG Nr. 47). Sie darf allerdings in keinem Fall kürzer sein als die Frist zur Annahme unter Vorbehalt gem. § 2 S. 2 KSchG (s. *BAG* 18.5.2006 EzA § 2 KSchG Nr. 59; s.a. Rdn 116).

136 Die gesetzliche Mindestfrist des § 2 S. 2 KSchG bildet folglich die zeitliche **Untergrenze** auch für die vorbehaltlose Annahme des vom Arbeitgeber unterbreiteten Änderungsangebots (*BAG* 1.2.2007 EzA § 2 KSchG Nr. 65 = AuR 2007, 274 m. Anm. *Laskawy/Malek* = BB 2007, 1791 m. Anm. *Walk/Burger*; 18.5.2006 EzA § 2 KSchG Nr. 59; krit. dazu *Berkowsky* RdA 2007, 295; s. *ders.* NZA 2008, 26; aA *LAG München* 24.6.2004 AuA 2004, 12). Der Arbeitnehmer kann sowohl die Annahme des Änderungsangebots unter Vorbehalt als auch die vorbehaltlose Annahme nach Ablauf einer zu kurz bemessenen Annahmefrist grundsätzlich noch bis zum Ablauf der gesetzlichen Frist des § 2 S. 2 KSchG erklären. Eine zu kurz bestimmte Annahmefrist führt dabei nicht zur Unwirksamkeit der Kündigung insgesamt (s. Rdn 119).

E. Die Sozialwidrigkeit der Änderungskündigung

I. Wortlaut des Gesetzes

137 Nach § 2 S. 1 KSchG kann der Arbeitnehmer das Vertragsangebot unter dem Vorbehalt annehmen, dass die **Änderung der Arbeitsbedingungen nicht sozial ungerechtfertigt** ist. Entsprechend verlangt § 4 S. 2 KSchG eine Erhebung der Klage mit dem Antrag festzustellen, dass die Änderung der Arbeitsbedingungen sozial ungerechtfertigt oder dass sie aus anderen Gründen rechtsunwirksam ist (s. dazu Rdn 245 f.). Angesichts dieser eindeutigen Formulierung kann schwerlich gesagt werden, der Gesetzgeber habe die Frage offengelassen, inwieweit das **Angebot** maßgeblich sei bei Prüfung der Sozialwidrigkeit. Da § 2 S. 1 KSchG auf die soziale Rechtfertigung der gewünschten Änderung abstellt, kommt eindeutig zum Ausdruck, dass hier der Schwerpunkt der dem Gericht obliegenden Prüfung liegt. Insoweit hat die gesetzliche Regelung im Jahr 1969 eine Klarstellung gebracht (*BAG*

7.6.1973 EzA § 626 BGB nF Nr. 29). Streit kann angesichts dieser Sachlage allenfalls darüber bestehen, ob ein anderer Maßstab dann gilt, wenn der Arbeitnehmer die Änderung der Arbeitsbedingungen vorbehaltlos abgelehnt hat, also keinen Antrag nach § 4 S. 2 KSchG stellt, sondern einen solchen nach § 4 S. 1 KSchG (s. dazu *Löwisch/Knigge* und *Lieb* jeweils Anm. zu *BAG*, AP Nr. 1 zu § 626 BGB Änderungskündigung; s. iE Rdn 140 ff.).

II. Annahme des Angebots unter Vorbehalt

Nimmt der Arbeitnehmer die **Änderung unter Vorbehalt an**, legt schon der Gesetzestext nahe, dass die **Berechtigung der Änderung** und nicht die der Beendigung des Arbeitsverhältnisses zu prüfen ist. Dies ist auch sachgerecht. Von einer Beendigung des Arbeitsverhältnisses ist nach Annahme des Angebots nicht mehr die Rede. Dass das Arbeitsverhältnis als solches fortgesetzt wird, steht gerade außer Streit. Gestritten wird lediglich über die vertraglichen Bedingungen, unter denen es fortgesetzt wird (vgl. Rdn 108). Wollte man gleichwohl prüfen, ob die Beendigung des Arbeitsverhältnisses sozial gerechtfertigt ist, müsste ein hypothetischer Sachverhalt geprüft werden (die »hypothetisch reine« Beendigungskündigung prüft denn auch *Schwerdtner* FS 25 Jahre BAG, S. 566). Das schließt es aber nicht aus, die Annahme des Änderungsangebots unter Vorbehalt an die **aufschiebende Bedingung** zu knüpfen, dass nicht schon die Kündigungserklärung rechtsunwirksam ist. Möglicher Unwirksamkeitsgrund kann dabei auch sein, dass die Kündigung, da »überflüssig«, unverhältnismäßig und in diesem Sinne sozial ungerechtfertigt ist (vgl. Rdn 111 f.). Die aufschiebende Bedingung hält, solange sie nicht eingetreten ist, die materiell-rechtlichen Wirkungen der Annahmeerklärung (dazu Rdn 108) auf.

138

Die Änderungskündigung zielt nicht auf die Beendigung des Arbeitsverhältnisses ab. Angestrebt ist dessen Fortsetzung zu geänderten Vertragsbedingungen. Die Kündigung ist dabei nur »notwendiges Übel«, weil die Änderung der bestehenden Vertragsbedingungen gegenüber einem »unwilligen« Arbeitnehmer nur über sie zu erreichen ist. Der Gesetzgeber hat dem Rechnung getragen, indem er den Vertragsparteien die Möglichkeit eröffnet, den Streit über die Änderung auszutragen, **ohne den Fortbestand** des Arbeitsverhältnisses zu **gefährden**. Diesem Unterschied von Änderungskündigung und »normaler« Beendigungskündigung würde nicht Rechnung getragen, würde die Änderungskündigung trotz der Annahme des Änderungsangebots unter Vorbehalt wie die auf die Beendigung des Arbeitsverhältnisses zielende Kündigung behandelt. Nach Annahme der angebotenen Vertragsänderungen unter Erklärung des Vorbehalts ihrer sozialen Rechtfertigung nach § 2, § 1 KSchG – aufschiebend bedingt durch die Wirksamkeit der Kündigung unter sonstigen Gesichtspunkten – vermag die als Teil der Änderungskündigung ausgesprochene (Beendigungs-)Kündigung des Arbeitsverhältnisses keine Wirkung mehr zu entfalten (*BAG* 22.3.1983 EzA § 6 KSchG Nr. 1; s.a. Rdn 18 f., 106 ff.). Gewährt das KSchG sowohl Bestands- als auch Inhaltsschutz (*BAG* 19.5.1993 EzA § 1 KSchG Betriebsbedingte Kündigung Nr. 73; 7.6.1973 EzA § 626 BGB nF Nr. 29), ist es bei der Änderungskündigung **der Inhaltsschutz**, der angesprochen wird. Das verlangt nach einer Überprüfung des Änderungsangebots.

139

Es ist dementsprechend allgemein **anerkannt**, dass dann, wenn der Arbeitnehmer das Änderungsangebot unter Vorbehalt angenommen hat, dieses in die Prüfung der Sozialwidrigkeit nicht nur einzubeziehen ist, sondern als ausschließlicher Beurteilungsgegenstand im Mittelpunkt der Prüfung steht (vgl. *BAG* 10.4.2014 EzA § 2 KSchG Nr. 89; 8.10.2009 EzA § 2 KSchG Nr. 75; 7.6.1973 EzA § 626 BGB nF Nr. 29; *Hromadka* NZA 1996, 1, 7; *LKB/Linck* Rn 133; *Kittner* NZA 1997, 969; *Pauly* DB 1997, 2380; aA *Schwerdtner* FS 25 Jahre BAG, S. 562 ff.; ihm folgend *Herschel* FS Gerhard Müller, S. 191, 207).

140

III. Ablehnung des Angebots

Lehnt der Arbeitnehmer das Angebot **ab** und erhebt er rechtzeitig Kündigungsschutzklage, geht es in deren Rahmen umgekehrt allein um die soziale Rechtfertigung der Beendigung des Arbeitsverhältnisses; eine Fortsetzung zu geänderten Bedingungen entfällt. Die Klage ist daher gem. § 4 S. 1 KSchG auf die Feststellung zu richten, dass das Arbeitsverhältnis durch die Kündigung nicht

141

aufgelöst worden ist. Bei dieser Prüfung darf das Gericht das – hinfällige, weil abgelehnte – Vertragsangebot aber nicht ignorieren. Es ist nicht zu fragen, ob die **Beendigung** des Arbeitsverhältnisses durch Gründe iSd § 1 Abs. 2 KSchG sozial gerechtfertigt ist. Vielmehr ist auch bei vorbehaltloser Ablehnung des Änderungsangebots zu prüfen, ob die angetragene Änderung der Vertragsbedingungen sozial gerechtfertigt war (*BAG* 10.4.2014 EzA § 2 KSchG Nr. 89).

142 Es ist zu bedenken, dass die **Einheit** von Kündigung und Änderungsangebot von der Ablehnung des Angebots unberührt bleibt. § 2 KSchG räumt dem Arbeitnehmer ein Wahlrecht ein. Er kann das Angebot ablehnen oder es unter Vorbehalt annehmen, um auf jeden Fall den Arbeitsplatz zu behalten. Darin erschöpft sich die Bedeutung der Vorschrift. Sie ändert nichts daran, dass der Arbeitgeber nicht lediglich die Beendigung des Arbeitsverhältnisses erklärt, sondern zugleich eine Möglichkeit seiner Fortsetzung eröffnet hat. Kündigung und Änderungsangebot stehen nicht beziehungslos nebeneinander, sondern sind als Einheit zu sehen (*BAG* 16.9.2004 EzA § 623 BGB 2002 Nr. 2; 7.6.1973 EzA § 626 BGB nF Nr. 29). Das bestimmt den zutreffenden Prüfungsmaßstab (ähnlich *LKB/Linck* Rn 126; *Krois* ZfA 2009, 597).

143 Dass das **Änderungsangebot** auch bei seiner vorbehaltlosen Ablehnung **nicht außer Betracht** gelassen werden darf, ergibt sich zudem aus einem Vergleich mit § 1 KSchG. Sowohl bei betriebsbedingter, aber auch bei verhaltens- oder personenbedingter Kündigung ist zu fragen, ob eine Weiterbeschäftigung des Arbeitnehmers an einem anderen Arbeitsplatz als mildere Maßnahme in Frage kommt. Das folgt aus dem das gesamte Kündigungsschutzrecht beherrschenden Verhältnismäßigkeitsgrundsatz (s. Rdn 167). Schöpft der Arbeitgeber diese Möglichkeit nicht aus, führt dies idR zur Sozialwidrigkeit der Kündigung. Seinen konkreten Niederschlag hat dieser Grundsatz in § 1 Abs. 2 S. 2 KSchG gefunden (vgl. dazu und zur Frage, inwieweit auch ohne Widerspruch des Betriebsrats die Möglichkeit anderweitiger Beschäftigung zu überprüfen ist, KR-*Rachor* § 1 KSchG Rdn 228 ff.). Es wäre wenig einleuchtend, das Änderungsangebot im Rahmen der Überprüfung einer Änderungskündigung zwar unberücksichtigt zu lassen, weil es der Arbeitnehmer abgelehnt hat, im Rahmen des um die Beendigung des Arbeitsverhältnisses geführten Kündigungsschutzverfahrens dem Arbeitgeber aber vorzuhalten, dass er ein Änderungsangebot nicht abgegeben habe (*LKB/Linck* Rn 126; einschränkend insoweit auch *Schwerdtner* FS 25 Jahre BAG, S. 570; s.a. Rdn 148).

144 Auch bei Ablehnung des Änderungsangebots durch den Arbeitnehmer ist daher **nicht auf die Beendigung** des Arbeitsverhältnisses, sondern auf das **Änderungsangebot** und seine soziale Rechtfertigung abzustellen. Der Prüfungsmaßstab bleibt unverändert (st. Rspr., zuletzt nur *BAG* 10.4.2014 EzA § 2 KSchG Nr. 89; 16.12.2010 EzA § 2 KSchG Nr. 81; 12.1.2006 EzA § 2 KSchG Nr. 56; *Hromadka* NZA 1996, 3, 14; *LKB/Linck* Rn 126; ErfK-*Oetker* Rn 39 f.; *Becker-Schaffner* ZTR 1998, 196; *Pauly* DB 1997, 2380; HaKo-KSchR/*Pfeiffer* Rn 38; *Precklein* S. 42 ff.; SPV-*Preis* Rn 1305; *Zirnbauer* NZA 1995, 1076; aA *Schwerdtner* FS 25 Jahre BAG, S. 567 ff.; *Herschel* FS Gerhard Müller, S. 191, 207; zweifelnd *Lieb* Anm. zu BAG AP Nr. 1 zu § 626 BGB Änderungskündigung; abl. *Löwisch/Knigge* Anm. zu BAG AP Nr. 1 zu § 626 BGB Änderungskündigung, die keine geringeren Anforderungen als an eine »normale« Beendigungskündigung stellen, ohne jedoch das Änderungsangebot ausdrücklich aus der Betrachtung auszuschließen; krit. auch *Berkowsky* § 20 Rn 17 ff.; *ders.* NZA 2000, 1129 ff.; *Boewer* BB 1996, 2618; vgl. zum Ganzen auch *Brenneis*, S. 173 ff.). Deshalb von einem »milderen« Maßstab oder von einer Lockerung der Anforderungen an die soziale Rechtfertigung zu sprechen, ist unzutreffend (vgl. etwa *Löwisch/Knigge* Anm. zu *BAG* AP Nr. 1 zu § 626 BGB; *Moll* DB 1984, 1346 – die Rechtsprechung wende einen Prüfungsmaßstab an, der weniger streng sei als bei der Beendigungskündigung; dagegen ausdrücklich *BAG* 6.3.1986 EzA § 15 KSchG nF Nr. 34; s.a. *Hromadka* DB 2002, 1322). **Der Maßstab ist nicht milder.** Voraussetzung bleibt die soziale Rechtfertigung iSd § 1 Abs. 2 KSchG. Milder ist die **Maßnahme** des Arbeitgebers, die im Streit steht: Im Unterschied zur Beendigungskündigung eröffnet der Arbeitgeber eine Möglichkeit, das Arbeitsverhältnis fortzusetzen.

145 Die Differenz zwischen den beiden Auffassungen ist nicht so groß, wie sie auf den ersten Blick erscheinen mag (zust. *Isenhardt* FS Hanau, S. 233). *Schwerdtner* (FS 25 Jahre BAG, S. 574) ist einzuräumen, dass sowohl das »**Ob**« als auch das »**Wie**« der Änderung gerechtfertigt sein müssen. Wenn

Schwerdtner aber hypothetisch allein auf die Beendigungskündigung abstellt, prüft er im Grunde nur das »Ob«. Es kann deshalb nicht gesagt werden, dass immer dann, wenn die bloße **Beendigungskündigung** nicht gerechtfertigt ist, auch die **Änderungskündigung** nicht wirksam sein kann. Nicht überzeugend ist auch die Auffassung, für den Fall der Wirksamkeit einer hypothetischen bloßen Beendigungskündigung sei zu prüfen, ob die angebotene Änderung sachlich angemessen und zumutbar sei (*Schwerdtner* FS 25 Jahre BAG, S. 574). Wenn schon die Beendigungskündigung sozial gerechtfertigt wäre – also eine nach dem Grundsatz der Verhältnismäßigkeit weitergehende Maßnahme (s. Rdn 167) –, kann ein Änderungsangebot nicht unangemessen sein (s. *BAG* 16.12.2010 EzA § 2 Nr. 81). Auch dies zeigt, dass **Kündigung** und **Änderungsangebot zusammen** betrachtet werden müssen und letzteres auch bei seiner vorbehaltlosen Ablehnung den Prüfungsgegenstand bildet.

Die Differenz zwischen beiden Auffassungen **verliert** noch mehr **an Bedeutung**, wenn der Arbeitgeber dem Arbeitnehmer vor Ausspruch einer Beendigungskündigung ein **Änderungsangebot** unterbreitet hat. Lehnt der Arbeitnehmer das Angebot endgültig und vorbehaltlos ab und rügt er im Kündigungsschutzverfahren nach § 4 S. 1 KSchG die soziale Rechtfertigung der Kündigung, kann er das jedenfalls nicht mit dem Argument tun, der Arbeitgeber hätte die Beendigungskündigung durch ein Änderungsangebot des zuvor gerade abgelehnten Inhalts vermeiden können (s.a. *BAG* 10.4.2014 EzA § 2 KSchG Nr. 89). Er kann lediglich **einwenden**, der Arbeitgeber habe ihm einen freien Arbeitsplatz zu Bedingungen anbieten können, die zu einer **weniger einschneidenden Änderung** geführt hätten (s.a. Rdn 147). Hierin läge eine Verletzung des Verhältnismäßigkeitsgrundsatzes. Die Frage, ob die Beschäftigung zu den vom Arbeitnehmer genannten Vertragsbedingungen eine weniger einschneidende Änderung dargestellt hätte, lässt sich aber nur beantworten durch einen Vergleich mit den schon im Vorfeld angebotenen und abgelehnten Bedingungen. Obwohl also eine reine Beendigungskündigung vorliegt, kann das Änderungsangebot doch in die Prüfung einzubeziehen sein. 146

Nicht anders ist die Sachlage, wenn der Arbeitgeber von der Durchführung eines solchen »**Vorverfahrens**« absieht (s. dazu iE Rdn 22 f.) und direkt eine Änderungskündigung ausspricht, der Arbeitnehmer die Annahme des Änderungsangebots vorbehaltlos ablehnt und Kündigungsschutzklage gem. § 4 S. 1 KSchG erhebt. Auch hier kann der Arbeitnehmer die Unwirksamkeit der Änderungskündigung nicht damit begründen, der Arbeitgeber habe die Kündigung durch eben das Änderungsangebot abwenden können, welches er selbst zuvor abgelehnt habe. Insoweit spielt dieses Änderungsangebot bei der Prüfung der Sozialwidrigkeit keine Rolle. Es spielt auch dann keine Rolle, wenn die Kündigungserklärung schon aus sonstigen Gründen – etwa wegen Verstoßes gegen § 102 Abs. 1 BetrVG, § 17 MuSchG oder § 168 SGB IX – unwirksam ist. Falls der Arbeitnehmer aber rügt, dass das Änderungsangebot sich weiter von den bisherigen Arbeitsbedingungen entfernt als erforderlich, gilt erneut, dass diese Prüfung das abgelehnte Änderungsangebot einbeziehen muss. Nur so kann festgestellt werden, ob die vom Arbeitnehmer genannte Weiterbeschäftigungsmöglichkeit das bisherige Arbeitsverhältnis weniger weitgehend abgeändert hätte. 147

Lehnt der Arbeitnehmer die Annahme des Änderungsangebots vorbehaltlos ab, sind demnach **drei Fallgestaltungen** denkbar: 148
1. Die Prüfung ergibt, dass es an Gründen in der Person oder im Verhalten des Arbeitnehmers und andringenden betrieblichen Erfordernissen für die Änderung **überhaupt fehlt** oder ein sonstiger gesetzlicher Grund für die Unwirksamkeit der Kündigung vorliegt. Damit ist die (Änderungs-)Kündigung schon deshalb unwirksam. Einer Prüfung des Änderungsangebots bedarf es nicht mehr.
2. Die Prüfung ergibt, dass die **Fortsetzung** des Arbeitsverhältnisses zu den bisherigen Bedingungen – gemessen an den Kriterien des § 1 Abs. 2 KSchG – **nicht mehr möglich** ist. Als **einzige Möglichkeit** der **Weiterbeschäftigung** zu geänderten Bedingungen erweist sich diejenige, die der Arbeitgeber angeboten und der Arbeitnehmer vorbehaltlos **abgelehnt** hat. Eine Prüfung des Angebots erfolgt auch in diesem Fall nicht, die (Änderungs-)Kündigung ist vielmehr als sozial gerechtfertigt anzusehen. Mangels Erklärung eines Vorbehalts bedeutet dies, dass die vom Arbeitnehmer erhobene Klage nach § 4 S. 1 KSchG abgewiesen wird.

3. Die Fortsetzung des Arbeitsverhältnisses zu den bisherigen Bedingungen ist nicht **möglich**, der Arbeitnehmer wendet aber die **Unverhältnismäßigkeit** des Änderungsangebots ein. Hier **muss das Änderungsangebot** in die Prüfung **einbezogen** werden, da nur so geklärt werden kann, ob eine Weiterbeschäftigung zu weniger einschneidend geänderten Bedingungen möglich war. Diese Variante wird vorliegen, wenn es nicht um eine Vertragsänderung zwecks Umsetzung auf einen anderen freien Arbeitsplatz, sondern um eine Änderung der inhaltlichen Vertragsbedingungen auf dem äußerlich gleichen Arbeitsplatz – etwa durch Lohnsenkungen (s. Rdn 177) – geht.

149 Die **soziale Rechtfertigung** der Änderung der Vertragsbedingungen ist damit **in zwei Stufen** zu prüfen (seit *BAG* 6.3.1986 EzA § 15 KSchG nF Nr. 34 = AP Nr. 19 zu § 15 KSchG 1969 m. Anm. *Schlaeper*; zuletzt etwa 10.4.2014 EzA § 2 KSchG Nr. 89; 16.12.2010 EzA § 2 KSchG Nr. 81; 12.8.2010 EzA § 2 KSchG Nr. 79; 24.4.1997 EzA § 2 KSchG Nr. 26; s.a. HaKo-KSchR/*Pfeiffer* Rn 39; *Zirnbauer* NZA 1995, 1076). Zu prüfen ist zunächst, ob die Änderung des Arbeitsverhältnisses unabweisbar geworden ist, und sodann, ob die vorgesehenen Änderungen dem Gekündigten zumutbar sind. Hier kehren das **Ob** und das **Wie** der Änderung wieder. Beide Voraussetzungen müssen kumulativ vorliegen und sind gesondert zu prüfen. Auf der **ersten Stufe** ist zu fragen, ob überhaupt eine Änderung erforderlich ist. Wird dies verneint, ist die Kündigung schon deshalb unwirksam. Wird die Frage bejaht, ist auf der **zweiten Stufe** die angebotene Änderung der Vertragsbedingungen inhaltlich zu überprüfen. Erst wenn diese Prüfung gleichfalls zugunsten des Kündigenden ausgeht (zum Prüfungsmaßstab s. Rdn 149 ff.), kann die soziale Rechtfertigung des Änderungsangebots bejaht werden. Bei Einhaltung dieser Prüfungsfolge ist sichergestellt, dass der Maßstab nicht »milder« ist oder gar in eine reine Billigkeitskontrolle abgleitet.

IV. Prüfungsmaßstab

150 Der **Prüfungsmaßstab** ist der des § 1 Abs. 2, Abs. 3 KSchG. § 2 und § 4 S. 2 KSchG sprechen davon, dass die Änderung (nicht) sozial ungerechtfertigt ist. Wann eine Kündigung sozial ungerechtfertigt ist, ergibt sich aus § 1 KSchG, auf dessen Abs. 2 S. 1 bis 3 und Abs. 3 S. 1 und 2 die Vorschrift des § 2 S. 1 KSchG Bezug nimmt. Sozial ungerechtfertigt ist die Änderungskündigung danach dann, wenn die **Änderung** nicht durch Gründe, die in der Person oder dem Verhalten des Arbeitnehmers liegen, oder durchdringende betriebliche Erfordernisse, die einer Weiterbeschäftigung zu unveränderten Bedingungen im fraglichen Betrieb entgegenstehen, **bedingt**, ist. Dieser am Gesetzestext orientierte Maßstab ist entsprechend den zu § 1 KSchG entwickelten Grundsätzen zu präzisieren.

151 Das BAG stellt für die **betriebsbedingte** Änderungskündigung in ständiger Rspr. darauf ab, ob dringende betriebliche Erfordernisse gem. § 1 Abs. 2 KSchG das Änderungsangebot bedingen und der Arbeitgeber sich bei einem **anerkennenswerten Anlass** für eine Änderung darauf beschränkt hat, **solche Änderungen** anzubieten, die der Arbeitnehmer **billigerweise** hinnehmen muss (zuletzt *BAG* 18.5.2017 EzA § 2 KSchG Nr. 101; 10.4.2014 EzA § 2 KSchG Nr. 89; 20.6.2013 EzA § 2 KSchG Nr. 88; 16.12.2010 EzA § 2 KSchG Nr. 81; 10.9.2009 EzA § 2 KSchG Nr. 74). Diese Definition ist grds. brauchbar. Sie darf aber vor dem Hintergrund der Diskussion um den angeblich milderen Prüfungsmaßstab bei der Änderungskündigung (s. Rdn 143) nicht zu der Annahme verleiten, die Änderungskündigung unterliege letztlich doch nur einer Art Billigkeitskontrolle (so aber wohl *Stahlhacke* DB 1994, 1361, 1368; krit. auch *Ahrens* Anm. zu *BAG* EzA § 2 KSchG Nr. 26). Dies wäre unzutreffend und wird auch vom BAG so nicht verstanden (vgl. *Hromadka* NZA 1996, 12; HK-*Weller*/*Hauck* Rn 148; LKB/*Linck* Rn 129a). Die **Zumutbarkeit** der angebotenen Änderung beurteilt sich nicht nach Billigkeit, sondern nach dem **Verhältnismäßigkeitsgrundsatz** (so ausdrücklich *BAG* 18.5.2017 EzA § 2 KSchG Nr. 101; 24.9.2015 EzA § 2 KSchG Nr. 94; 10.4.2014 EzA § 2 KSchG Nr. 89). Dieser gilt für die Änderungskündigung in gleicher Weise wie für die Beendigungskündigung (*BAG* 10.9.2009 EzA § 2 KSchG Nr. 74; s. iE Rdn 167). Die angebotenen Änderungen dürfen sich nicht weiter vom Inhalt des bisherigen Arbeitsverhältnisses entfernen, als zur Erreichung des angestrebten Ziels erforderlich ist. Der Arbeitgeber muss deshalb von mehreren freien Arbeitsplätzen denjenigen anbieten, der dem bisherigen Arbeitsplatz in einer Gesamtschau

der Arbeitsbedingungen am nächsten kommt (*BAG* 10.4.2014 EzA § 2 KSchG Nr. 89). Ein dem Arbeitnehmer angebotenes neues Gehalt darf zB nur soweit abgesenkt sein, wie dies zur Sanierung des Betriebs unabwendbar notwendig ist (*BAG* 23.6.2005 EzA § 2 KSchG Nr. 54). In diesem Sinne müssen die angebotenen neuen Arbeitsbedingungen »billigenswert«, dh verhältnismäßig sein.

Damit lässt sich der **Prüfungsmaßstab** allgemein wie folgt umschreiben: Die Änderung der Arbeitsbedingungen ist sozial gerechtfertigt, wenn der Fortsetzung des Arbeitsverhältnisses zu den bisherigen Bedingungen **Gründe** in der Person oder im Verhalten des Arbeitnehmers oder dringende betriebliche Erfordernisse iSd **§ 1 Abs. 2 KSchG** entgegenstehen und die angebotenen geänderten Vertragsbedingungen **verhältnismäßig** sind (ähnlich schon *BAG* 3.11.1977 AP Nr. 1 zu § 75 BPersVG unter IV 1 der Gründe; s. zuletzt *BAG* 18.10.2018 – 2 AZR 374/18, EzA § 2 KSchG Nr. 103 – auch wenn dort wieder von »billigerweise hinnehmen müssen« die Rede ist; 18.5.2017 EzA § 2 KSchG Nr. 101; 16.12.2010 EzA § 2 KSchG Nr. 81; 3.4.2008 EzA § 2 KSchG Nr. 70; *LKB/Linck* Rn 128 f.; ErfK-*Oetker* Rn 41). 152

V. Grundsätze der Sozialwidrigkeit

1. Person-, verhaltens- und betriebsbedingte Änderungskündigung

In Anwendung dieser Grundsätze lassen sich einige **allgemeine Regeln** aufstellen. Für diese ist zu berücksichtigen, dass die Änderungskündigung nicht nur aus betrieblichen, sondern auch aus Gründen in der Person oder dem Verhalten des Arbeitnehmers erfolgen kann. Das ergibt sich aus der uneingeschränkten Verweisung auf § 1 Abs. 2 KSchG in § 2 S. 1 KSchG. Dementsprechend sind die zu § 1 Abs. 2 KSchG entwickelten allgemeinen Grundsätze zur Sozialwidrigkeit maßgebend. Der quantitative **Schwerpunkt** dürfte gleichwohl bei der **betriebsbedingten** Änderungskündigung liegen. Zu denken ist an die Versetzung auf einen anderen Arbeitsplatz nach Wegfall des bisherigen, an die Streichung übertariflicher Zulagen und die Lohnminderung wegen schlechter wirtschaftlicher Lage und an die Änderung bestehender Arbeitszeitregelungen aufgrund betrieblicher Erfordernisse (Einzelheiten s. Rdn 176 ff.; s. ausf. auch *Wallner* S. 196 ff.). Nach § 2 KSchG iVm § 1 Abs. 2 S. 1 KSchG ist zu prüfen, ob ein Beschäftigungsbedürfnis für den Arbeitnehmer zu den bisherigen Vertragsbedingungen entfallen ist und dem Arbeitnehmer bei Anwendung des Verhältnismäßigkeitsgrundsatzes die am wenigsten beeinträchtigende Änderung angeboten wurde (*BAG* 10.4.2014 EzA § 2 KSchG Nr. 89; 16.12.2010 EzA § 2 KSchG Nr. 81; 8.10.2009 EzA § 2 KSchG Nr. 75). Die angebotenen Änderungen dürfen sich nicht weiter vom Inhalt des bisherigen Arbeitsverhältnisses entfernen, als dies zur Erreichung des angestrebten Ziels erforderlich ist (*BAG* 18.5.2017 EzA § 2 KSchG Nr. 101; 10.4.2014 EzA § 2 KSchG Nr. 89). 153

Als in der **Person** liegender **Grund** für eine Änderungskündigung kommt in erster Linie in Betracht eine krankheitsbedingte oder auf altersbedingtem Nachlassen des Leistungsvermögens beruhende Unfähigkeit, die vertraglich geschuldete Arbeitsleistung in der bisherigen Art oder dem bisherigen Umfang zu erbringen. Der Grundsatz der Verhältnismäßigkeit wirkt sich hier in der Weise aus, dass der Arbeitgeber vor einer Beendigungskündigung prüfen muss, ob die Weiterbeschäftigung auf einem freien anderen Arbeitsplatz möglich ist, der den Leistungsbeeinträchtigungen Rechnung trägt (st.Rspr. vgl. zuletzt *BAG* 20.11.2014 EzA § 1 KSchG Krankheit Nr. 60; 10.12.2009 EzA § 1 KSchG Krankheit Nr. 56; s. iE KR-*Rachor* § 1 KSchG Rdn 287). Leidet also etwa ein Arbeitnehmer an einer Allergie gegen bestimmte Stoffe, mit denen er an seinem bisherigen Arbeitsplatz in Berührung kommt, kann eine Änderungskündigung dahin erforderlich, aber auch berechtigt sein, dass der Arbeitnehmer auf einen freien Platz umgesetzt wird, an dem diese Stoffe nicht vorkommen (vgl. etwa *BAG* 3.11.1977 AP Nr. 1 zu § 75 BPersVG – Weiterbeschäftigung einer an Wollallergie leidenden Näherin als Küchenhilfe). Ein in der Person liegender Grund für eine Änderungskündigung kann auch das Fehlen der Eignung des einer verfassungsfeindlichen Partei angehörenden Arbeitnehmers des öffentlichen Dienstes wegen Zweifeln an seiner Loyalität sein – bezogen auf das konkrete Arbeitsgebiet oder die allgemeine Aufgabenstellung des öffentlichen Arbeitgebers (s. dazu *BAG* 12.5.2011 EzA § 123 BGB 2002 Nr. 10 m. Anm. *Husemann*; 20.7.1989 EzA § 2 KSchG Nr. 11). Auch die – nicht verhaltensbedingte – **Minderleistung** eines Arbeitnehmers kann einen 154 in der Person liegenden Grund für eine Änderungskündigung abgeben (s. dazu *BAG* 11.12.2003 EzA § 1 KSchG Verhaltensbedingte Kündigung Nr. 62; *Tschöpe* BB 2006, 213; *Römermann/Haase* MDR 2006, 853). Allerdings muss dazu die verbliebene Arbeitsleistung des Arbeitnehmers die berechtigten Erwartungen des Arbeitgebers von der Gleichwertigkeit der beiderseitigen Leistungen in einem Maße unterschreiten, das diesem ein Festhalten an dem (unveränderten) Arbeitsvertrag unzumutbar macht. Dafür bedarf es einer gravierenden Störung des Äquivalenzgefüges. Eine lediglich geringfügige – qualitative oder quantitative – Minderleistung reicht nicht aus (*BAG* 22.10.2015 EzA § 2 KSchG Nr. 95).

155 Auch im **Verhalten** des Arbeitnehmers liegende **Gründe** können eine Änderungskündigung rechtfertigen. Der Grundsatz der Verhältnismäßigkeit verlangt hier die Prüfung, ob die Möglichkeit der Beschäftigung auf einem freien Arbeitsplatz besteht, an dem das beanstandete Verhalten weniger stört oder voraussichtlich gar nicht vorkommen wird (vgl. etwa *BAG* 21.11.1982 EzA § 1 KSchG Nr. 42; 22.7.1982 EzA § 1 KSchG Verhaltensbedingte Kündigung Nr. 10; *LKB/Linck* Rn 139; *Moritz* DB 1985, 229; vgl. iE KR-*Rachor* § 1 KSchG Rdn 441; vgl. zum entsprechenden Problem bei Umsetzung im Wege des Direktionsrechts *BAG* 24.4.1996 EzA § 611 BGB Direktionsrecht Nr. 17). An eine Änderungskündigung ist insoweit in erster Linie zu denken in Fällen, in denen sich das beanstandete Verhalten nicht gegen den Arbeitgeber, sondern gegen Arbeitskollegen richtet. Wenn also etwa Störungen des Betriebsfriedens aus den persönlichen Spannungen zwischen zwei bestimmten Arbeitnehmern resultieren, kann statt des Ausspruchs einer Beendigungskündigung gegenüber dem Hauptschuldigen dessen – uU auch des anderen – Versetzung an einen anderen Arbeitsplatz geboten sein; dazu kann eine Änderungskündigung erforderlich werden, wenn das Direktionsrecht nicht ausreicht (vgl. *BAG* 22.7.1982 EzA § 1 KSchG Verhaltensbedingte Kündigung Nr. 10). In Betracht kommt eine Änderungskündigung ferner mit dem Ziel, den sich als Sicherheitsrisiko oder unzuverlässig erweisenden Arbeitnehmer in einen weniger sensiblen Bereich umzusetzen (vgl. *BAG* 20.7.1989 EzA § 2 KSchG Nr. 11 – Änderungskündigung eines Fernmeldehandwerkers bei der damaligen Deutschen Bundespost wegen DKP-Zugehörigkeit, vgl. dort auch zur Bewertung als in der Person liegender Kündigungsgrund; vgl. ferner *BAG* 26.11.2009 EzA § 626 BGB 2002 Unkündbarkeit Nr. 16 – Verlust der Ermächtigung zum Umgang mit Verschlusssachen im öffentlichen Dienst). Der verschuldete Rückfall eines alkoholsüchtigen, ordentlich unkündbaren Dienststellenleiters in die Alkoholabhängigkeit kann eine fristlose Änderungskündigung zwecks Herabgruppierung um zwei Vergütungsgruppen rechtfertigen (*BAG* 7.12.1989 RzK I 7c Nr. 7). Zur verhaltensbedingten Änderungskündigung kann es auch wegen Minderleistung kommen (s. *BAG* 17.1.2008 EzA § 1 KSchG Verhaltensbedingte Kündigung Nr. 72; *Römermann/Haase* MDR 2006, 853). Vor Ausspruch einer verhaltensbedingten Änderungskündigung bedarf es wie bei der Beendigungskündigung grds. einer **Abmahnung** (*BAG* 21.11.1985 EzA § 1 KSchG Nr. 42; *LAG Hamm* 10.5.1983 ZIP 1983, 985; KR-*Rachor* § 1 KSchG Rdn 435).

156 Wird die Änderungskündigung mit einem Sachverhalt begründet, der sich auf mehrere der von § 1 Abs. 2 S. 1 KSchG erfassten Gründe stützt (sog. **Mischtatbestand**), richtet sich der Prüfungsmaßstab wie bei der Beendigungskündigung danach, aus welchem der im Gesetz genannten Bereiche die für die Kündigung auslösende Störung kommt (*BAG* 21.11.1985 EzA § 1 KSchG Nr. 42; s. zum Mischtatbestand allgemein KR-*Rachor* § 1 KSchG Rdn 269 ff.).

157 § 2 S. 1 KSchG verweist auch auf **§ 1 Abs. 2 S. 2 KSchG**. Die dort genannten Tatbestände sind damit ebenfalls zu berücksichtigen. § 1 Abs. 2 S. 2 KSchG konkretisiert den Verhältnismäßigkeitsgrundsatz für das Kündigungsrecht (*BAG* 12.8.2012 EzA § 2 KSchG Nr. 78). Das gilt auch für eine Änderungskündigung. Ihrer Bedarf es nicht, wenn der Arbeitnehmer zu unveränderten Vertragsbedingungen auf einem anderen, freien Arbeitsplatz weiterbeschäftigt werden kann. Verstöße gegen eine Richtlinie nach § 95 BetrVG über die personelle Auswahl bei Kündigungen (§ 1 Abs. 2 S. 2 Nr. 1a und Nr. 2a KSchG) setzen voraus, dass der Tatbestand der Änderungskündigung von der Richtlinie erfasst wird, was insbes. bei Richtlinien über die personelle Auswahl bei Versetzungen in Frage kommen dürfte (§ 95 Abs. 1 S. 1 BetrVG). Die Möglichkeit der Weiterbeschäftigung an einem anderen Arbeitsplatz (§ 1 KSchG Abs. 1 S. 2 Nr. 1b und Nr. 2d KSchG) ist hier zu verstehen

als die Möglichkeit der Weiterbeschäftigung ohne Änderung des Arbeitsvertrags. § 1 **Abs. 2 S. 3 KSchG** erfasst den Fall, dass der Arbeitnehmer nach möglichen Umschulungsmaßnahmen oder zu geänderten Bedingungen weiterbeschäftigt werden kann und sein Einverständnis hiermit erklärt hat. Hat der Betriebsrat oder hat die Personalvertretung aus einem dieser Gründe der Kündigung widersprochen, ohne dass der Arbeitgeber daraus Konsequenzen gezogen hätte, und stellt sich der Widerspruch als begründet heraus, ist die Kündigung sozial ungerechtfertigt (vgl. iE KR-*Rachor* § 1 KSchG Rdn 802 ff.).

Bei der **Weiterbeschäftigung** an einem **anderen Arbeitsplatz** gem. § 1 Abs. 2 S. 2 Nr. 1b und Nr. 2b KSchG ist offensichtlich an die Weiterbeschäftigung zu **unveränderten** Vertragsbedingungen gedacht, wie sich aus der Gegenüberstellung von § 1 Abs. 2 S. 2 und S. 3 KSchG ergibt. Da das Änderungsangebot als Teil der Änderungskündigung typischerweise eine Beschäftigung unter geänderten Vertragsbedingungen vorsieht, kann sich dieses Änderungsangebot mit einer vom Betriebs- oder Personalrat vorgeschlagenen Umsetzung an einen anderen Arbeitsplatz zu unveränderten Bedingungen nicht decken. Die vorbehaltlose Ablehnung des Änderungsangebots durch den Arbeitnehmer lässt also den Widerspruch des Betriebsrats – weil regelmäßig auf eine andere als in der Änderungskündigung vorgeschlagene Beschäftigungsmöglichkeit gestützt – grds. unberührt. Auch § 1 Abs. 2 S. 3 KSchG hat für die Änderungskündigung Bedeutung nur insoweit, wie sich die vom Betriebsrat oder der Personalvertretung aufgezeigte Weiterbeschäftigungsmöglichkeit zu geänderten Bedingungen nicht mit der vom Arbeitgeber selbst vorgeschlagenen Änderung deckt (vgl. auch *v. Hoyningen-Huene/Linck* DB 1993, 1185 f.). Der Fall der Übereinstimmung von Änderungsangebot – welches dem Betriebsrat vor Ausspruch der Kündigung bei der Anhörung vorliegt – und Weiterbeschäftigungsmöglichkeit kann dabei schwerlich eintreten. Denkbar ist nur, dass der Betriebsrat die Möglichkeit einer Fortsetzung zu weniger einschneidend geänderten Bedingungen sieht und deshalb Widerspruch einlegt. Besteht diese Möglichkeit und bleibt der Arbeitgeber bei seiner weiter greifenden Änderung, ist die Kündigung sozial nicht gerechtfertigt (*v. Hoyningen-Huene/Linck* DB 1993, 1185 f.).

Auf die **ordentliche** betriebsbedingte Änderungskündigung ist auch **§ 1 Abs. 5 KSchG** anwendbar, auf die **außerordentliche nicht** (dazu *BAG* 28.5.2009 EzA § 1 KSchG Interessenausgleich Nr. 18). Bei Vorliegen eines Interessenausgleichs mit Namensliste, die auch die Namen von Personen enthält, gegenüber denen Änderungskündigungen ausgesprochen werden sollen, wird die Betriebsbedingtheit vermutet und die Sozialauswahl nur auf grobe Fehlerhaftigkeit überprüft (s. zur Sozialauswahl iE Rdn 174). Von dieser in der Literatur überwiegend vertretenen, wenn auch nicht unumstrittenen Auffassung (s. iE Nachw. unter Rdn 174) geht nunmehr **auch das BAG** aus (19.6.2007 EzA § 1 KSchG Interessenausgleich Nr. 13 = AP Nr. 16 zu § 1 KSchG 1969 Namensliste m. Anm. *Wallner*; s.a. *Rost* FS Hromadka S. 326). Zwar enthält § 2 KSchG – anders als § 125 Abs. 1 InsO – keine ausdrückliche Bezugnahme auf die Regelungen des § 1 Abs. 5 KSchG. Der Wortlaut des § 2 S. 1 KSchG deckt die Anwendung des § 1 Abs. 5 KSchG auf die Änderungskündigung aber gleichwohl. § 2 KSchG enthält keinen eigenen Begriff der sozialen Rechtfertigung. Die Vorschrift verweist vielmehr ohne Weiteres auf § 1 Abs. 2 S. 1 bis 3 und Abs. 3 S. 1 und 2 KSchG. Zur sozialen Rechtfertigung einer betriebsbedingten Kündigung gehört aber nach § 1 Abs. 2 S. 1 KSchG das Vorliegen dringender betrieblicher Erfordernisse, die einer Weiterbeschäftigung des Arbeitnehmers in diesem Betrieb entgegenstehen. Dies wird unter den Voraussetzungen des § 1 Abs. 5 KSchG vermutet. Darauf nimmt § 2 KSchG deshalb mittelbar Bezug. Im Übrigen verändert § 1 Abs. 5 KSchG die Darlegungs- und Beweislastregelung des § 1 Abs. 2 S. 4 KSchG. Da § 1 Abs. 2 S. 4 KSchG auch für Änderungskündigungen gilt, ist es folgerichtig, die Regelung des § 1 Abs. 5 S. 1 und 2 KSchG gleichermaßen zur Anwendung zu bringen (*BAG* 12.8.2010 EzA § 2 KSchG Nr. 79; 19.6.2007 EzA § 1 KSchG Interessenausgleich Nr. 13; *Bader*/Bram-Bram Rn 58a; im Ergebnis auch APS-*Künzl* Rn 297a; SPV-*Preis* Rn 1329; HWK-*Quecke* § 1 KSchG Rn 422).

Fraglich kann nur die **Reichweite der Vermutung** im Einzelnen sein. Die Aufnahme eines zur Änderungskündigung anstehenden Arbeitnehmers in die Namensliste schafft die Vermutung dafür, dass der **bisherige Arbeitsplatz entfallen** ist und **ein freier Arbeitsplatz** zu gleichen Bedingungen **nicht vorhanden ist**. Für die soziale Rechtfertigung des Änderungsangebots ist aber darüber hinaus Voraussetzung, dass die angebotenen Vertragsbedingungen verhältnismäßig sind, also den bisherigen am nächsten stehen. Die Anwendung des § 1 Abs. 5 KSchG bei der Prüfung des Vorliegens dringender betrieblicher Erfordernisse sagt nichts darüber, ob die vorgeschlagene Änderung vom Arbeitnehmer nach dem Verhältnismäßigkeitsgrundsatz **billigerweise hingenommen** werden muss (vgl. *KPB-Moll* InsO, § 125 Rn 30; HWK-*Quecke* § 1 KSchG Rn 422; *ders.* RdA 2004, 86, 90 f.). Jedenfalls dann, wenn der Interessenausgleich **keine inhaltlichen Vorgaben** für die vorgesehenen Änderungen des Arbeitsvertrags enthält, erscheint eine Verschiebung der Darlegungs- und Beweislast zu Lasten des Arbeitnehmers, wie sie § 1 Abs. 5 KSchG vorsieht, **nicht gerechtfertigt**. Haben die Betriebsparteien dagegen einzelne vorgesehene Änderungen in den Interessenausgleich aufgenommen, so kann eine Mitbeurteilung des Änderungsangebots durch den Betriebsrat stattgefunden haben und dies eine **ausreichende Rechtfertigung** für die Vermutung des § 1 Abs. 5 KSchG auch hinsichtlich der **Verhältnismäßigkeit** des Änderungsangebots darstellen (s. iE *BAG* 19.6.2007 EzA § 1 KSchG Interessenausgleich Nr. 13). Das dürfte anzunehmen sein, wenn sich der Interessenausgleich zur Zumutbarkeit eines Ortswechsels oder zur Vergleichbarkeit der Vertragsbedingungen ausdrücklich äußert und die angebotenen Änderungen sich in diesem Rahmen halten (so wohl auch HWK-*Quecke* § 1 KSchG Rn 422; s. iE *Rost* FS Hromadka S. 328 f. – dort auch zum Verhältnis zu § 125 InsO; DDZ-*Zwanziger* Rn 189). Zur Frage, ob sich die Vermutung der Betriebsbedingtheit nur auf den Beschäftigungsbetrieb oder – richtigerweise – auf alle Betriebe des Unternehmens erstreckt s. *BAG* 6.9.2007 EzA § 1 KSchG Interessenausgleich Nr. 14.

2. Sozialauswahl

161 Wird die Änderungskündigung auf **dringende betriebliche Erfordernisse** gestützt, ist ggf. eine **Sozialauswahl** vorzunehmen. Das ergibt sich aus der in § 2 KSchG enthaltenen Verweisung auf § 1 Abs. 3 S. 1 und 2 KSchG (ausführlich *BAG* 13.6.1986 EzA § 1 KSchG Soziale Auswahl Nr. 23 m. Anm. *Reuter;* so auch schon *BAG* 18.10.1984 EzA § 1 KSchG Betriebsbedingte Kündigung Nr. 34). Sind von einer Organisationsmaßnahme des Arbeitgebers mehrere vergleichbare Arbeitnehmer betroffen und konkurrieren diese um anderweitige Beschäftigungsmöglichkeiten in demselben Betrieb, hat der Arbeitgeber deshalb durch eine Sozialauswahl analog § 1 Abs. 3 S. 1 KSchG zu entscheiden, welchen Arbeitnehmer er auf dem freien Arbeitsplatz weiterbeschäftigt (*BAG* 12.8.2010 EzA KSchG § 2 Nr. 79). Dass es dabei nicht um das »Ob« einer Beendigung des Arbeitsverhältnisses, sondern das »Wie« der Änderung der Vertragsbedingungen geht, entbindet den Arbeitgeber jedenfalls dann nicht von einer entsprechend § 1 Abs. 3 KSchG vorzunehmenden sozialen Auswahl, wenn für eine Weiterbeschäftigung – objektiv – unterschiedliche Tätigkeiten zur Verfügung stehen, zugleich mehrere Arbeitnehmer um eine geringere Anzahl günstigerer Beschäftigungsmöglichkeiten konkurrieren und deshalb eine **personelle Auswahl** zu treffen ist. Liegen dringende betriebliche Erfordernisse vor, die eine Änderung der Vertragsbedingungen notwendig machen, und stehen für eine Weiterbeschäftigung Tätigkeiten zur Verfügung, von denen sich einige mehr und andere weniger vom Inhalt des bisherigen Arbeitsvertrags entfernen, ist es eine Frage der sozialen Auswahl, welchem Arbeitnehmer das in dieser Hinsicht »günstigere« Weiterbeschäftigungsangebot zu unterbreiten ist (*BAG* 24.5.2012 EzA § 2 KSchG Nr. 87; 23.2.2012 – 2 AZR 45/11; 12.8.2010 EzA § 2 KSchG Nr. 79; 16.9.2004 EzA § 623 BGB 2002 Nr. 2). vgl. ferner Bader/Bram-*Bram* Rn 80 f.; *LKB/Linck* Rn 173; LSW-*Löwisch/Wertheimer* Rn 94; *Hidalgo/Mauthner* NZA 2007, 1254, 1255; hinsichtlich der allgemeinen Grundsätze der Sozialauswahl s. KR-*Rachor* § 1 KSchG Rdn 646 ff.). Das besondere Ziel der Änderungskündigung – nicht die Beendigung des Arbeitsverhältnisses, sondern dessen Fortsetzung zu anderen Vertragsbedingungen – erfordert eine gegenüber der Beendigungskündigung teilweise **abweichende Betrachtung**. Daran hat auch die zum 1.1.2004 in Kraft getretene **Neuregelung der Sozialauswahl** durch das Arbeitsmarktreformgesetz v. 24.12.2003 **nichts geändert**. Wie schon beim Arbeitsrechtlichen Beschäftigungsförderungsgesetz 1996 und beim Korrekturgesetz 1998 hat es auch der Gesetzgeber des Arbeitsmarktreformgesetzes nicht für

nötig befunden, den Besonderheiten der Änderungskündigung im Hinblick auf die Sozialauswahl Rechnung zu tragen (vgl. zu den vorangegangenen Gesetzesänderungen *Preis* NZA 1997, 1087; *ders.* RdA 1999, 321; *Fischermeier* NZA 2000, 738; krit. auch *Brenneis* FA 2000, 147).

Besonderheiten bestehen zum einen bei der **Vergleichbarkeit** der betroffenen Arbeitnehmer. Während sich bei der Beendigungskündigung die Prüfung darauf beschränkt, ob die Arbeitnehmer nach ihrem bisher innegehabten Arbeitsplatz vergleichbar sind (vgl. KR-*Rachor* § 1 KSchG Rdn 660 ff.), ist bei der Änderungskündigung auch der ins Auge gefasste **neue Arbeitsplatz** in die Prüfung einzubeziehen. Vergleichbar **sind** nur solche Arbeitnehmer, die auch für die Tätigkeit, welche **Gegenstand des Änderungsangebots** ist, wenigstens annähernd **gleich geeignet** sind. Die Austauschbarkeit bezieht sich also auf den bisher innegehabten **und** den angebotenen neuen Arbeitsplatz (*BAG* 18.5.2017 EzA § 2 KSchG Nr. 101; 18.1.2007 EzA § 2 KSchG Nr. 64; 13.6.1986 EzA § 1 KSchG Soziale Auswahl Nr. 23 m. Anm. *Reuter*; dem BAG zust. *LKB/Linck* Rn 174; DDZ-*Zwanziger* Rn 187; *Becker-Schaffner* BB 1991, 135; *Brenneis* FA 2000, 148; *Hromadka* RdA 1992, 256 f.; *Isenhardt* FS Hanau, S. 240; *Löwisch* NZA 1988, 638; TRL-*Rachor* KSchG § 2 Rn 105; krit. demgegenüber *Berkowsky* NZA Beilage 2/2010, 50, 58; *ders*. DB 1990, 834; *Boewer* BB 1996, 2621; *Dänzer/Vanotti* AuR 1987, 182; *Preis* DB 1988, 1395; SPV-*Preis* Rn 1327; *Schwerdtner* NJW 1987, 1607; AR-*Kaiser* KSchG § 2 Rn 48; krit. auch *Fischermeier* NZA 2000, 738). Das kann nach Auffassung des BAG dazu führen, dass ein sozial des Schutzes stärker bedürftiger Arbeitnehmer eine Änderungskündigung zum Zweck der Versetzung auf einen anderen Arbeitsplatz hinnehmen muss, auf den wegen seiner besonderen Kenntnisse nur er und eben nicht ein weniger schutzbedürftiger anderer Arbeitnehmer beschäftigt werden kann (*BAG* 13.6.1986 EzA § 1 KSchG Soziale Auswahl Nr. 23 m. Anm. *Reuter*). Der Kritik, dass auf diese Weise »Lernen auf Vorrat« bestraft werden kann (*Schwerdtner* NJW 1987, 1607), ist einzuräumen, dass dieses Ergebnis aus der Sicht des betroffenen Arbeitnehmers nicht zu befriedigen vermag (als nicht erfreulich sieht auch *Hromadka* RdA 1992, 256 f. diese Konsequenz an). Unbefriedigend ist es aber ebenso, die Möglichkeit, den anderen Arbeitsplatz mit einem der potentiell betroffenen Arbeitnehmer zu besetzen, auszublenden. Das führt zum Arbeitsplatzverlust für den sozial weniger schutzbedürftigen, für den freien anderen Arbeitsplatz aber nicht geeigneten Arbeitnehmer, der sonst hätte vermieden werden können.

162

Besonderheiten ergeben sich zum anderen bei der Prüfung der **sozialen Betroffenheit**. Auch sie hat der Gesetzgeber nicht berücksichtigt (vgl. zu den vorangegangenen Gesetzesänderungen erneut *Preis* NZA 1997, 1087; *ders.* RdA 1999, 321: krasse redaktionelle Fehlleistung; s.a. *Rost* NZA 2004, Sonderbeil. Nr. 1, S. 3b – Redaktionsversehen). Bei der Änderungskündigung ist in diesem Zusammenhang nicht zu fragen, welchen Arbeitnehmer der Verlust des Arbeitsplatzes am wenigsten hart trifft. Entscheidend ist vielmehr, wem die **Änderung** der Arbeitsbedingungen unter sozialen Gesichtspunkten **am ehesten zumutbar** ist (s. *BAG* 19.5.1993 EzA § 1 KSchG Betriebsbedingte Kündigung Nr. 73; 13.6.1986 EzA § 1 KSchG Soziale Auswahl Nr. 23; 18.10.1984 EzA § 1 KSchG Betriebsbedingte Kündigung Nr. 34 = AP Nr. 6 zu § 1 KSchG 1969 Soziale Auswahl m. Anm. *Löwisch*; TRL-*Rachor* KSchG § 2 Rn 108). Besteht die Änderung zB in der Versetzung in einen anderen Betriebsteil oder Betrieb, kann sich die Belastung des Arbeitnehmers aus der größeren Entfernung von Wohnung und neuer Arbeitsstelle und dem Verlust an Freizeit ergeben (vgl. *BAG* 18.10.1984 EzA § 1 KSchG Betriebsbedingte Kündigung Nr. 34). Desgleichen kann eine Änderung der Arbeitszeit einen Arbeitnehmer wegen familiärer Bindungen besonders hart treffen – so etwa die Umsetzung eines Vaters oder einer Mutter schulpflichtiger Kinder von der Vormittagsschicht in die Nachmittagsschicht oder von fester Arbeitszeit in Schichtarbeit. Dagegen ist das **Lebensalter** für die Beurteilung häufig **weniger maßgeblich**, weil die Änderungskündigung gerade nicht zur Beendigung des Arbeitsverhältnisses führen soll (*BAG* 18.1.2007 EzA § 2 KSchG Nr. 64). Zu prüfen ist, welchem Arbeitnehmer die **Umstellung leichter** oder **schwerer** fällt.

163

Nach der seit 1.1.2004 geltenden Neuregelung sind dabei die nach § 1 Abs. 3 S. 1 KSchG zu berücksichtigenden Auswahlgesichtspunkte (wieder) auf die Grundkriterien **Betriebszugehörigkeit**, **Unterhaltspflichten**, **Lebensalter** und **Schwerbehinderung** zurückgeführt worden. Auch bei der Änderungskündigung sind allein diese Kriterien maßgebend (*BAG* 12.8.2010 EzA § 2 KSchG

164

§ 2 KSchG Änderungskündigung

Nr. 79; zu den praktischen Auswirkungen vgl. die dem BAG-Urteil nachfolgende Entscheidung des *LAG Bln.-Bra.* v. 18.5.2011 – 20 Sa 155/11). Sie sind allerdings für die Sozialauswahl im Rahmen einer Änderungskündigung oft **wenig aussagekräftig** (s. etwa *BAG* 18.1.2007 EzA § 2 KSchG Nr. 64). Zuvor berücksichtigte Kriterien wie Wendigkeit, Anpassungsfähigkeit, Gesundheitszustand (*BAG* 13.6.1986 EzA § 1 KSchG Soziale Auswahl Nr. 23; krit. dazu *Ascheid* Rn 493; ähnlich *Löwisch* Anm. zu BAG 18.10.1984 AP Nr. 6 zu § 1 KSchG 1969 Soziale Auswahl), sind gleichwohl **nicht mehr maßgeblich**, soweit sie nicht in die gesetzlichen Kriterien einfließen (so auch APS-*Künzl* Rn 290, 291; *Löwisch/Caspers* GS Heinze, S. 566; LSW-*Löwisch/Wertheimer* Rn 97; wohl auch *Lunk* NZA 2005, Beil. 1, S. 48; TRL-*Rachor* KSchG § 2 Rn 109). Damit kommt ihre Beachtung allenfalls bei der relativen Gewichtung der gesetzlichen Kriterien des § 1 Abs. 3 KSchG zueinander in Betracht, soweit sie einen unmittelbaren Bezug zu diesen haben (*BAG* 12.8.2010 EzA § 2 KSchG Nr. 79; *Fitting* § 95 Rn 25; LSW-*Löwisch/Wertheimer* Rn 97; *Gaul/Lunk* NZA 2004,185). Die Abwägung der gesetzlichen Kriterien muss sich am **Ziel der Änderungskündigung ausrichten.** Ihnen kann deshalb je nach der angestrebten Änderung unterschiedliches Gewicht zukommen (*LKB/Linck* Rn 175; LSW-*Löwisch/Wertheimer* Rn 98; *Fischermeier* NZA 1997, 1100; *Preis* NZA 1997, 1088). So spielt der Gesichtspunkt der Unterhaltspflichten nur dann eine Rolle, wenn die Änderung zu finanziellen Einbußen führt – sei es durch Verringerung des unmittelbaren Arbeitsentgelts, sei es durch zusätzliche Kosten wie höhere Fahrtkosten wegen eines neuen Arbeitsorts. Geht es um die Versetzung auf einen anderen Arbeitsplatz, kann dem Lebensalter verstärkte Bedeutung zukommen, weil einem älteren Arbeitnehmer die Umstellung auf eine andere Tätigkeit schwerer fällt als einem jüngeren (vgl. *Preis* NZA 1997, 1088). Liegen aufgrund einer **Betriebsteil-Stilllegung** dringende betriebliche Gründe für eine Änderungskündigung zum Zwecke der Versetzung vor und stehen für eine Weiterbeschäftigung der betroffenen Arbeitnehmer freie Arbeitsplätze an unterschiedlich weit entfernten anderen Orten zur Verfügung, muss der Arbeitgeber in entsprechender Anwendung von § 1 Abs. 3 KSchG eine Sozialauswahl durchführen, wenn die Zahl der am näher gelegenen Arbeitsort zur Verfügung stehenden Arbeitsplätze geringer als die Zahl der insgesamt zu versetzenden Arbeitnehmer ist. Der Arbeitgeber kann eine Auswahlentscheidung nach § 1 Abs. 3 KSchG nicht dadurch vermeiden, dass er zunächst die freien, günstiger gelegenen Arbeitsplätze auf freiwilliger Basis besetzt. Das wäre treuwidrig iSv § 162 BGB (vgl. *BAG* 12.8.2010 EzA § 2 KSchG Nr. 79; 25.4.2002 EzA § 1 KSchG Betriebsbedingte Kündigung Nr. 121). Wie bei der Beendigungskündigung steht dem Arbeitgeber auch bei der Änderungskündigung hinsichtlich der zu treffenden Auswahl ein **Bewertungsspielraum** zu (*BAG* 19.5.1993 EzA § 1 KSchG Betriebsbedingte Kündigung Nr. 73; 13.6.1986 EzA § 1 KSchG Soziale Auswahl Nr. 23; 18.10.1984 EzA § 1 KSchG Betriebsbedingte Kündigung Nr. 34; zu Vorschlägen zur praktischen Handhabung bei Massenänderungskündigungen s. *Hidalgo/Mauthner* NZA 2007, 1254). **Unterhaltspflichten** iSd § 1 S. 3 KSchG sind dabei nur solche, die aufzwingenden gesetzlichen Vorschriften beruhen (*BAG* 12.8.2010 EzA § 2 KSchG Nr. 7).

165 Auch im Rahmen der Sozialauswahl ist **§ 1 Abs. 4, Abs. 5 KSchG** bei Änderungskündigungen anwendbar (*BAG* 12.8.2010 EzA § 2 KSchG Nr. 79; 19.6.2007 EzA § 1 KSchG Interessenausgleich Nr. 13; *Fischer* NZA 2002, 537; *Löwisch/Caspers* GS Heinze S. 567; TRL-*Rachor* KSchG § 2 Rn 110; DDZ-*Zwanziger* Rn 188; *ders.* BB 1997, 626; SPV-*Preis* Rn 1329). Die Grundsätze der Sozialauswahl sind in § 1 Abs. 3 KSchG geregelt. § 1 Abs. 4 und Abs. 5 gehen aus von der Regelung in Abs. 3 und ergänzen diese bzw. schränken sie in bestimmter Weise ein. Der Komplex »Sozialauswahl« bleibt dabei ein einheitlicher. § 1 Abs. 4 und Abs. 5 KSchG sind daher auch für die Sozialauswahl im Rahmen einer Änderungskündigung anzuwenden (*BAG* 19.6.2007 EzA § 1 KSchG Interessenausgleich Nr. 13; APS-*Künzl* Rn 294 f., 297; ErfK-*Oetker* § 2 KSchG Rn 52; *Lunk* NZA 2005, Beil. 1 S. 48; zu § 1 Abs. 4 u. Abs. 5 KSchG 1996 *Ascheid* RdA 1997, 334; *Fischermeier* NZA 1997, 1100; *Löwisch* RdA 1997, 81). Zudem ist § 1 Abs. 5 KSchG dem auf Änderungskündigungen unstreitig anzuwendenden § 125 Abs. 1 InsO nachgebildet (vgl. *Zwanziger* BB 1997, 626). Überdies zweifelt niemand daran, dass für die Sozialauswahl auch bei Änderungskündigungen die Beweislastregel des § 1 Abs. 3 S. 3 KSchG gilt, obwohl insoweit eine gesetzliche Verweisung ebenso wenig vorliegt (zur Sozialauswahl nach Maßgabe des § 1 Abs. 4 KSchG vgl. KR-*Rachor*

§ 1 KSchG Rdn 772 ff.) Damit ist die Aufstellung von Auswahlrichtlinien nach § 1 Abs. 4 KSchG grds. auch für Änderungskündigungen möglich (*BAG* 12.8.2010 EzA § 2 KSchG Nr. 79; ErfK/ *Oetker* § 2 KSchG Rn 52; LSW-*Löwisch/Wertheimer* Rn 101). Die Betriebsparteien sind dabei an die Regelungen des Kündigungsschutzgesetzes gebunden. Sie können die gesetzlichen Anforderungen an die Sozialauswahl nicht abweichend von § 1 Abs. 3 KSchG festlegen (*BAG* 12.8.2010 EzA § 2 KSchG Nr. 79; 5.6.2008 EzA § 1 KSchG Soziale Auswahl Nr. 81). Die Grundsätze der sozialen Auswahl gelten auch bei **Massenänderungskündigungen** (vgl. *Preis* RdA 1999, 322; zur Aufgabe der sog. Dominotheorie bei der Sozialauswahl vgl. *BAG* 9.11.2006 EzA § 1 KSchG Soziale Auswahl Nr. 71; s. iE KR-*Rachor* § 1 KSchG Rdn 711).

3. Ablehnung des Angebots als im Verhalten liegender Kündigungsgrund

Die **Ablehnung** des Änderungsangebots stellt als solche **keinen** die Kündigung rechtfertigenden **Grund** im Verhalten des Arbeitnehmers iSv. § 1 Abs. 2 KSchG dar. Der Arbeitnehmer hat das Recht, sich gegen eine Änderung der bisherigen Vertragsbedingungen zu wehren und ein ihn schlechter stellendes Änderungsangebot abzulehnen (*BAG* 27.9.1984 EzA § 2 KSchG Nr. 5; 7.6.1973 EzA § 626 BGB nF Nr. 29; APS-*Künzl* Rn 178; *LKB/Linck* Rn 125; SPV-*Preis* Rn 1302). Gilt das KSchG nicht, kann die nach Ablehnung eines Änderungsangebots ausgesprochene Kündigung eine verbotene Maßregelung durch den Arbeitgeber iSv. § 612a BGB sein. Das setzt allerdings voraus, dass gerade die »Unbotmäßigkeit« der Ablehnung und nicht nur die Unmöglichkeit, einen zumindest subjektiv plausiblen Änderungswunsch zu realisieren, das tragende Motiv des Arbeitgebers für die Kündigung war (vgl. *BAG* 6.11.2003 EzA § 14 TzBfG Nr. 7). 166

Die Ablehnung eines der Kündigung **vorangegangenen** Angebots auf einvernehmliche Abänderung des Arbeitsverhältnisses durch den Arbeitnehmer enthebt den Arbeitgeber bei Geltung des KSchG grds. nicht der Verpflichtung, mit einer nachfolgenden Beendigungskündigung erneut ein Änderungsangebot zu verbinden, also (nur) eine Änderungskündigung auszusprechen (s. dazu *BAG* 21.4.2005 EzA § 2 KSchG Nr. 52 und EzA § 2 KSchG Nr. 53; s. iE Rdn 22 f.). 167

4. Grundsatz der Verhältnismäßigkeit

Auch die Änderungskündigung unterliegt dem das gesamte Kündigungsschutzrecht beherrschenden **Grundsatz der Verhältnismäßigkeit** (st. Rspr., zuletzt *BAG* 18.5.2017 EzA § 2 KSchG Nr. 101; 2.3.2017 EzA § 2 KSchG Nr. 100; 28.8.2008 EzA § 2 KSchG Nr. 73; vgl. allgemein zum Grundsatz der Verhältnismäßigkeit *BAG* 27.1.1994 EzA § 615 BGB Nr. 80; KR-*Rachor* § 1 KSchG Rdn 222 ff.; KR-*Fischermeier/Krumbiegel* § 626 BGB Rdn 265 ff.). Ob der Arbeitnehmer eine ihm vorgeschlagene Änderung billigerweise akzeptieren muss, ist nach dem Verhältnismäßigkeitsgrundsatz zu prüfen. Unter diesem Aspekt geht es deshalb nicht um die Problematik des sog. **Vorrangs der Änderungskündigung**, die die Verhältnismäßigkeit einer **Beendigungskündigung** nämlich die Frage betrifft, ob nicht statt ihrer eine Änderungskündigung hätte ausgesprochen werden müssen (s. dazu KR-*Rachor* § 1 Rdn 232, 566; KR-*Fischermeier/Krumbiegel* § 626 BGB Rdn 309 f.). Vielmehr geht es darum, ob gerade die **Änderungskündigung** selbst den Anforderungen des Verhältnismäßigkeitsprinzips gerecht wird. Um ihm zu genügen, müssen die angebotenen Änderungen **geeignet** und **erforderlich** sein, um den Inhalt des Arbeitsvertrags den geänderten Beschäftigungsmöglichkeiten anzupassen. Diese Voraussetzungen müssen ggf. für **alle** angebotenen Vertragsänderungen vorliegen (*BAG* 5.6.2014 EzA § 2 KSchG Nr. 91; 20.6.2013 EzA § 2 KSchG Nr. 88; 28.8.2008 EzA § 2 KSchG Nr. 73). Ausgangspunkt ist die bisherige vertragliche Regelung. Die angebotenen Änderungen dürfen sich von deren Inhalt nicht weiter entfernen, als zur Erreichung des angestrebten Ziels erforderlich ist (*BAG* 18.5.2017 EzA § 2 KSchG Nr. 101; 5.6.2014 EzA § 2 KSchG Nr. 91; 20.6.2013 EzA § 2 KSchG Nr. 88). Die Änderungskündigung kommt daher erst dann in Betracht, wenn **mildere Mittel** nicht ausreichen, um das mit ihr bezweckte Ziel zu erreichen. Zu denken ist etwa an eine vorherige Abmahnung bei verhaltensbedingter Änderungskündigung, an eine einvernehmliche Änderung der Arbeitsbedingungen und an die Versetzung auf einen anderen Arbeitsplatz zu unveränderten oder zu nicht so weitgehend veränderten Vertragsbedingungen 168 (s.a. Rdn 157). Unverhältnismäßig ist ein Änderungsangebot, dessen Inhalt den arbeitsrechtlichen **Gleichbehandlungsgrundsatz** verletzt (*BAG* 3.7.2003 AP Nr. 74 zu § 2 KSchG 1969). Das Angebot einer »**freien Mitarbeit**« scheidet als milderes Mittel gegenüber der Fortsetzung des Arbeitsverhältnisses zu geänderten Bedingungen aus (*BAG* 21.2.2002 EzA § 2 KSchG Nr. 45). Ob der Arbeitgeber beim Fehlen anderweitiger Beschäftigungsmöglichkeiten überhaupt zu einem Angebot der freien Mitarbeit verpflichtet ist, ist vom BAG bisher nicht entschieden; die Frage ist wohl zu verneinen (s.a. *BAG* 21.2.2002 EzA § 2 KSchG Nr. 45).

169 Besteht für den Arbeitgeber die rechtliche Möglichkeit, die beabsichtigte Änderung der bestehenden Praxis durch Ausübung des **Direktionsrechts** (s. dazu Rdn 59 ff.) oder eines zulässigen **Widerrufs** zu erreichen (s. dazu Rdn 73 ff.), ist eine Änderungskündigung »überflüssig« (s. Rdn 39). Wird sie dennoch ausgesprochen und nimmt der Arbeitnehmer das – weil es eine Änderung der ohnehin schon geltenden Vertragsbedingungen materiell-rechtlich gar nicht bewirken kann – nur vermeintliche »Änderungs«-Angebot **vorbehaltlos** an, werden dadurch die bestehenden Vertragsbedingungen gleichsam lediglich »bestätigt«. Da auch mit der Annahme des Änderungsangebots unter dem **Vorbehalt** des § 2 S. 1 KSchG die Kündigungserklärung entfällt (s. Rdn 19, 39, 108 ff.), stellt sich die Frage einer Verhältnismäßigkeit weder mit Blick auf die Kündigung – diese ist, da **auflösend bedingt** durch die Annahme des Änderungsangebots, nach § 158 Abs. 2, § 159 BGB weggefallen – noch mit Blick auf das Änderungsangebot: Die ohnehin bestehenden Vertragsbedingungen erneut zu vereinbaren, kann inhaltlich nicht »**unverhältnismäßig**« sein, die Frage einer sozialen Rechtfertigung der schon geltenden Bedingungen stellt sich nicht. Die Änderungsschutzklage muss deshalb erfolglos bleiben. Sie zielt auf die Feststellung, dass für das Arbeitsverhältnis gerade nicht die im Änderungsangebot enthaltenen Bedingungen gelten. Dieser Feststellung steht die bereits aus anderen Gründen – etwa kraft **Betriebsvereinbarung** oder **Tarifvertrags** – eingetretene Änderung der Arbeits(vertrags)bedingungen ebenso entgegen (dazu *BAG* 26.8.2008 EzA § 2 KSchG Nr. 72; 24.8.2004 EzA § 2 KSchG Nr. 51; s.a. *Boewer* FS Bartenbach, S. 589) wie bestehende, vereinbarte Vertragsbedingungen, die die gewünschte (faktische) Änderung bereits erlauben (*BAG* 26.1.2012 EzA § 2 KSchG Nr. 84; TRL-*Rachor* KSchG § 2 Rn 77). Die vom Arbeitnehmer erhobene Änderungsschutzklage nach § 4 S. 2 KSchG ist abzuweisen, weil ihre Begründetheit voraussetzte, dass zu dem Termin, zu dem die angebotenen Änderungen wirksam werden sollen, das Arbeitsverhältnis noch zu **unveränderten** Bedingungen bestand (*BAG* 26.8.2008 EzA § 2 KSchG Nr. 72; 24.8.2004 EzA § 2 KSchG Nr. 51; 21.9.2006 EzA § 2 KSchG Nr. 61; 6.9.2007 EzA § 2 KSchG Nr. 68) bzw. die erst erstrebten Vertragsbedingungen nicht ohnehin **bereits vereinbart** sind (*BAG* 19.7.2012 EzA § 2 KSchG Nr. 86; 26.1.2012 EzA § 2 KSchG Nr. 84; s.a. Rdn 39, 108 ff.). **Unverhältnismäßig** ist es allerdings, zum Zweck der Herbeiführung schon bestehender Vertragsbedingungen die **Kündigung** des Arbeitsverhältnisses zu erklären. Um eben dies der »überflüssigen« Kündigungserklärung des Arbeitgebers prozessual entgegenhalten zu können, wird der Arbeitnehmer die **Annahme** des Änderungsangebots regelmäßig (konkludent) nur unter der **aufschiebenden (Rechts-)Bedingung** erklären, dass die Kündigung sich gerade nicht als »überflüssig« oder aus sonstigen (zB gesetzlichen) Gründen unwirksam erweist. Dadurch schiebt er die materiell-rechtlichen Wirkungen der Annahme des Änderungsangebots unter Vorbehalt bis zu einer gerichtlichen Klärung hinaus (s. iE Rdn 108 ff., 245).

170 Demgegenüber ist das BAG über lange Zeit davon ausgegangen, dass die Änderungskündigung **sozial gerechtfertigt** ist, wenn die streitbefangene Änderung auch aufgrund des Direktionsrechts oder eines vorbehaltenen Widerrufs (s. dazu Rdn 73 ff.) hat erreicht werden können und der – zugleich mit der Änderungskündigung ausgeübte – Widerruf billigem Ermessen entsprach; dies sollte jedenfalls dann gelten, wenn der Arbeitnehmer die Änderung **unter Vorbehalt angenommen** hatte (*BAG* 16.5.2002 EzA § 2 KSchG Nr. 46; 9.7.1997 EzA § 2 KSchG Nr. 22; 15.11.1995 EzA § 2 KSchG Nr. 24; s.a. *BAG* 6.9.2007 EzA § 2 KSchG Nr. 68; 21.9.2006 EzA § 2 KSchG Nr. 61). Diese Auffassung hat vielfach Kritik erfahren und ist dogmatisch-konstruktiv nicht haltbar. Das BAG hat sie mittlerweile **aufgegeben** (vgl. *BAG* 26.1.2012 EzA § 2 KSchG Nr. 84; s.a. Rdn 59, 108 ff.). Für die Praxis bietet es sich bei streitigem Umfang des Direktions- oder Widerrufsrechts an, dieses auszuüben und zugleich **vorsorglich** eine Änderungskündigung

auszusprechen (s. Rdn 88). Die **Umdeutung** einer einseitigen Leistungsbestimmung in eine Änderungskündigung ist dagegen ausgeschlossen (s. Rdn 50; *Hromadka* NZA 2008, 1340). Ebenso wenig kommt die Umdeutung eines Änderungsangebots in eine einseitige Leistungsbestimmung in Betracht (s. Rdn 41).

Enthält das Angebot des Arbeitgebers **eine Änderung** der bisherigen Arbeitsbedingungen **in mehreren Punkten**, muss die soziale Rechtfertigung für **jeden einzelnen** Punkt geprüft werden (s. Rdn 53; *BAG* 29.11.2007 EzA § 2 KSchG Nr. 69; 21.9.2006 EzA § 2 KSchG Nr. 61; 23.6.2005 EzA § 2 KSchG Nr. 54; krit. *Annuß* NJW 2006, 2153; *Schrader* DB 2006, 1678; *Sievers* NZA 2002, 1187). Genügt eine der beabsichtigten Änderungen den Anforderungen nicht – wenn etwa zwar die Umsetzung auf einen anderen Arbeitsplatz, nicht aber die gleichzeitige Kürzung der Arbeitszeit gerechtfertigt ist –, hat dies die Unwirksamkeit der Änderungskündigung insgesamt zur Folge. Das Gericht kann in einem solchen Fall die Kündigung nicht in Teilen für wirksam erklären (*BAG* 10.9.2009 EzA § 2 KSchG Nr. 74; 21.9.2006 EzA § 2 KSchG Nr. 61; 6.3.1986 EzA § 15 KSchG nF Nr. 34; Bader/Bram-*Bram* Rn 54a; APS-*Künzl* Rn 121; HaKo-KSchR/*Pfeiffer* Rn 40; vgl. aber *Löwisch* SAE 2007, 49; *ders.* NZA 1988, 636: Gericht kann eine Umdeutung vornehmen). Der Arbeitgeber kann die Änderungskündigung auch nicht dadurch »retten«, dass er etwa in zweiter Instanz die erstinstanzlich beanstandete Änderung fallen lässt und sich auf die sozial gerechtfertigten Änderungen beschränkt. Ihm bleibt nur der Ausspruch einer neuen Kündigung mit einem bereinigten Änderungsangebot, es sei denn, der Arbeitnehmer erklärt sich mit der eingeschränkten Änderung schon ohne Vorbehalt einverstanden. Wie bei der außerordentlichen Änderungskündigung (s. dazu Rdn 53) kann aber die Gesamtabwägung auch hier ergeben, dass eine der mehreren Änderungen zwar für sich gesehen nicht gerechtfertigt, aufs Ganze gesehen aber so unwesentlich ist, dass sie der Annahme der sozialen Rechtfertigung der Gesamtänderung nicht entgegensteht (s. *BAG* 7.6.1973 EzA § 626 BGB nF Nr. 29; APS-*Künzl* Rn 121).

Bei einer vom Arbeitgeber angestrebten Änderung sowohl der **Tätigkeit** als auch der **Vergütung** des Arbeitnehmers muss die Änderung der Vergütung nur dann **nicht selbständig** gerechtfertigt sein, wenn sich die Höhe der Vergütung aus einem Vergütungssystem, etwa einem Lohn- oder Gehaltstarifvertrag von selbst ergibt, weil für die Eingruppierung maßgeblich auf die jeweiligen Tätigkeitsmerkmale abgestellt wird (sog. **Vergütungsautomatik** (*BAG* 24.5.2012 EzA § 2 KSchG Nr. 87; 9.9.2010 EzTöD 100 § 34 Abs. 1 TVöD-AT Betriebsbedingte Änderungskündigung Nr. 9; 29.3.2007 EzA § 2 KSchG Nr. 66; krit. *Sievers* NZA 2002, 1187). Allerdings kommt eine Vergütungsreduzierung bei geänderter Arbeitsleistung nicht nur dann in Betracht, wenn ein **festes Vergütungssystem** besteht. Der Arbeitgeber ist nicht verpflichtet, ein wie auch immer geartetes Vergütungssystem zu übernehmen. Er kann Löhne und Gehälter frei aushandeln. Er kann deshalb auch in Fällen der Tätigkeitsänderung dem Arbeitnehmer eine von ihm selbst und unabhängig von Vergütungssystemen festgesetzte Gegenleistung (Entgelt) anbieten. Bei der Festsetzung muss er allerdings den **Änderungsschutz** berücksichtigen und im Prozess die Gründe darlegen, die ihn auch bei Berücksichtigung dieses Aspekts zur Änderung, dh der Verschlechterung der bisherigen Vergütung berechtigen sollen. Eine Entgeltreduzierung bei geänderter Tätigkeit kann zB durch einen **evident geringeren Marktwert** der neuen Tätigkeit gerechtfertigt sein (*BAG* 3.4.2008 EzA § 2 KSchG Nr. 70; 29.3.2007 EzA § 2 KSchG Nr. 66; 23.6.2005 EzA § 2 KSchG Nr. 54). Hat der Arbeitgeber die Gehälter aller vergleichbaren Arbeitnehmer frei ausgehandelt, ist nach den Grundsätzen der **abgestuften Darlegungs- und Beweislast** zu prüfen, ob die dem Arbeitnehmer angebotene Vergütung dessen Änderungsschutz hinreichend berücksichtigt. Der Arbeitgeber ist nicht verpflichtet, dem betroffenen Arbeitnehmer die höchste für vergleichbare Tätigkeiten gezahlte Vergütung anzubieten. Er hat den Arbeitnehmer lediglich unter Berücksichtigung seines Änderungsschutzes in das frei ausgehandelte Vergütungsgefüge einzuordnen. Bietet er ihm eine Vergütung an, die die durchschnittlich gezahlte Vergütung merklich unterschreitet, so muss er darlegen, welche weiteren Gesichtspunkte ihn dazu bewogen haben und inwiefern er den bestehenden Änderungsschutz berücksichtigt hat. Bewegt sich die angebotene Vergütung verglichen mit der der anderen Arbeitnehmer im oberen Bereich, so spricht eine gewisse Vermutung dafür, dass das Vergütungsangebot verhältnismäßig und vom Arbeitnehmer »billigerweise« hinzunehmen ist. Dagegen muss der

Arbeitnehmer seinerseits Gesichtspunkte vorbringen, die es gerade bei ihm gebieten, die geänderte Tätigkeit noch höher zu vergüten (*BAG* 3.4.2008 EzA § 2 KSchG Nr. 70).

173 Das **Änderungsangebot** hat sich bei der ordentlichen Änderungskündigung an der **Kündigungsfrist** zu orientieren. Der Arbeitnehmer ist auch bei einer Annahme unter Vorbehalt **nicht verpflichtet**, auf einen Teil der ihm zustehenden Kündigungsfrist zu verzichten und **vorzeitig** in eine Vertragsänderung mit schlechteren Arbeitsbedingungen, etwa in eine Lohnminderung, **einzuwilligen** (*BAG* 21.9.2006 EzA § 2 KSchG Nr. 61: 21.4.2005 EzA § 2 KSchG Nr. 52). Dies gilt nicht nur für eine vorzeitige Änderung des Arbeitsentgelts, sondern regelmäßig auch für zB Art und Ort der Beschäftigung selbst (Letzteres offen lassend *BAG* 21.9.2006 EzA § 2 KSchG Nr. 61; vgl. auch TRL-*Rachor* KSchG § 2 Rn 136 f.). Eine »ordentliche Änderungskündigung mit sofortiger Wirkung« hinsichtlich der Änderung von Art oder Ort der Beschäftigung als gleichsam dritte Art neben außerordentlicher und ordentlicher Änderungskündigung (so *Hohenstatt/Kock* NZA 2004, 524) kommt grds. nicht in Betracht.

174 Ein auf eine **vorfristige Änderung** der Vertragsbedingungen gerichtetes Angebot kann nach Auffassung des BAG regelmäßig **nicht** dahin **ausgelegt** werden, es sollten die neuen Arbeitsbedingungen im Fall der Unzulässigkeit der vorfristigen Änderung jedenfalls mit Ablauf der ordentlichen Kündigungsfrist eintreten (*BAG* 21.9.2006 EzA § 2 KSchG Nr. 61). Die Rechtslage bei der Änderungskündigung sei insoweit nicht mit der bei der Beendigungskündigung vergleichbar (so auch *BAG* 15.12.2005 EzA § 4 KSchG n. F. Nr. 72). Eine ordentliche **Beendigungskündigung** sei in aller Regel dahin auszulegen, dass sie das Arbeitsverhältnis zum rechtlich zutreffenden Termin beenden soll; das gelte auch dann, wenn sie dem äußeren Erklärungsinhalt nach zu einem früheren Termin ausgesprochen werde. Diese Auslegung trage dem mutmaßlichen Willen des Arbeitgebers Rechnung, das Arbeitsverhältnis jedenfalls mit Ablauf der für das konkrete Arbeitsverhältnis einschlägigen Kündigungsfrist zu beenden. Demgegenüber sei bei dem Angebot, die angetragenen **Vertragsänderungen** schon **vor Ablauf** der ordentlichen Kündigungsfrist eintreten zu lassen, regelmäßig nicht von dem mutmaßlichen Willen des Arbeitgebers auszugehen, die neuen Arbeitsbedingungen, wenn sie denn nicht vorfristig durchsetzbar seien, jedenfalls mit Ablauf der ordentlichen Kündigungsfrist gelten zu lassen. Es sei denkbar, dass der Arbeitgeber die vorfristige Änderung der Vertragsbedingungen gerade deshalb anbiete, weil eine Änderung, die erst nach dem Ablauf der ordentlichen Kündigungsfrist eintrete, für ihn nicht mehr von sachlichem Interesse, oder weil ein Zuwarten unzumutbar sei. Der Arbeitnehmer könne idR nicht beurteilen, ob nicht das Änderungsangebot des Arbeitgebers damit stehen und fallen solle, dass die neuen Vertragsbedingungen schon zu dem in dem Kündigungsschreiben genannten Termin in Kraft träten. Dies müsse insbes. dann gelten, wenn es um einschneidende Änderungen gehe. Das Interesse des Arbeitnehmers, der sich bei einer Änderungskündigung innerhalb einer kurzen Frist entscheiden müsse, ob er die neuen Arbeitsbedingungen mit oder ohne Vorbehalt annehme oder sie ablehne, verlange, dass er das Änderungsangebot des Arbeitgebers wörtlich verstehen dürfe (*BAG* 21.9.2006 EzA § 2 KSchG Nr. 61). Auch eine **Umdeutung** komme grds. **nicht** in Betracht (*BAG* 21.9.2006 EzA § 2 KSchG Nr. 61).

175 Dieser Auffassung kann gefolgt werden, wenn die Kündigungsfrist und der im Angebot vorgesehene Zeitpunkt für den Eintritt der Änderungen erkennbar auseinanderfallen, der Arbeitgeber also die Vertragsänderungen **bewusst** vor Ablauf der Kündigungsfrist eintreten lassen möchte. Etwas anderes gilt, wenn Kündigungsfrist und vorgesehener Eintritt der Änderungen zeitlich **nicht auseinanderfallen**, beide »nur« nicht mit der objektiven Rechtslage übereinstimmen. Hier wird ein Verständnis von Kündigungserklärung und Änderungsangebot dahin geboten sein, dass jedenfalls mit Ablauf der zutreffenden Frist die Änderungen eintreten sollen (so wohl auch *BAG* 25.5.2016 EzA § 102 BetrVG 2001 Nr. 37, Rn 39). Der Arbeitgeber müsste sich andernfalls bei der Änderungskündigung der zutreffenden Frist stets gänzlich sicher sein, was er bei der Beendigungskündigung nicht bräuchte, obwohl diese für den Arbeitnehmer weiterreichende Folgen hat. **Entscheidend** ist auch hier **die Auslegung** der Erklärungen. Sie kann im Einzelfall – im Übrigen auch bei der Beendigungskündigung – ergeben, dass die Kündigung nur zu dem genannten – materiell-rechtlich zu frühen – Kündigungstermin wirken solle (vgl. *BAG* 1.9.2010 EzA § 4 KSchG n. F. Nr. 90 m. krit. Anm. *Nord*). Sie kann aber auch zu dem Ergebnis führen, der Empfänger habe erkennen können,

dass die Kündigung bei Unwirksamkeit des genannten Termins zum rechtlich zutreffenden Termin wirken solle. Es ist nicht ersichtlich, warum dieser Wille des Arbeitgebers und diese Erkenntnis des Arbeitnehmers bei der Änderungskündigung ausgeschlossen sein sollen. Fraglich ist allerdings, wie sich der Arbeitnehmer bei dem Wunsch einer Annahme des Änderungsangebots unter Vorbehalt bei streitiger Dauer der Kündigungsfrist **verhalten** soll. Die Vorbehaltserklärung müsste wohl dahin lauten, dass er bereit sei, das Änderungsangebot zwar mit Ablauf der zutreffenden Kündigungsfrist unter dem Vorbehalt seiner sozialen Berechtigung zu akzeptieren, er diese Frist aber erst später als in der Kündigung angegeben als abgelaufen ansehe. Stellt der Arbeitgeber die Dauer der Frist nunmehr außer Streit, wird das Änderungsangebot ggf. nicht schon wegen Fristunterschreitung sozial ungerechtfertigt sein können (aA wohl *LAG Köln* 2.11.2007 – 11 Sa 960/07). Tut er das dagegen nicht und erweist sich die kurze Frist tatsächlich als unzutreffend, wird das Angebot sozial nicht gerechtfertigt sein.

5. Beurteilungszeitpunkt

Keine Besonderheiten gelten für den **Zeitpunkt der Beurteilung** der Sozialwidrigkeit. Maßgeblich ist wie bei der Beendigungskündigung der Tag des Zugangs der Kündigungserklärung (iE s. KR-*Rachor* § 1 KSchG Rdn 248). Da das Änderungsangebot regelmäßig spätestens zusammen mit der Kündigung erfolgen muss (s. Rdn 31 ff.), ist gesichert, dass das Angebot in dem für die Beurteilung maßgebenden Zeitpunkt vorliegt und in die Würdigung einbezogen werden kann. 176

VI. Betriebsbedingte Änderungskündigung – Einzelheiten und Beispiele aus der Rechtsprechung

Auch im Rahmen der Änderungskündigung gelten die **allgemeinen Grundsätze** zur betriebsbedingten Kündigung. Die Problematik etwa der **unternehmerischen Entscheidung** (s. dazu *BAG* 20.11.2014 EzA § 1 KSchG Betriebsbedingte Kündigung Nr. 182; 31.7.2014 EzA § 1 KSchG Betriebsbedingte Kündigung Nr. 181; 12.1.2006 EzA § 2 KSchG Nr. 56; MünchArbR-*Kreft* 5. Aufl., § 115 Rn 21 ff., 124 ff.) und der inner- oder außerbetrieblichen Kündigungsgründe stellt sich in gleicher Weise (zu Letzteren etwa *BAG* 20.2.2014 EzA § 17 KSchG Nr. 31; 23.2.2012 EzA § 1 KSchG Betriebsbedingte Kündigung Nr. 166; zur betriebsbedingten Änderungskündigung ausführlich *Fischermeier* NZA 2000, 742; vgl. zu den allgemeinen Grundsätzen iE KR-*Rachor* § 1 KSchG Rdn 552 ff.). 177

1. Gewinnverfall oder Unrentabilität

Gewinnverfall oder Unrentabilität können auch ohne Rationalisierungsmaßnahmen und dadurch bedingten Wegfall des Arbeitsplatzes eine Änderungskündigung zur **Senkung der Lohnkosten** rechtfertigen. Dies gilt nach st. Rspr. des BAG dann, wenn die Unrentabilität bei unveränderten Lohnkosten zur **Stilllegung des Betriebs** oder eines Betriebsteils, letztlich also zum Wegfall von Arbeitsplätzen aus wirtschaftlichen Gründen führen müsste. In Frage kommt etwa ein Abbau übertariflicher Lohnbestandteile, von Zulagen oder von sonstigen sozialen Leistungen, soweit nicht ein unabdingbarer tariflicher oder gesetzlicher Anspruch auf sie besteht (*BAG* 10.9.2009 EzA § 2 KSchG Nr. 74 m. Anm. *Krois*; 1.3.2007 EzA § 626 BGB 2002 Unkündbarkeit Nr. 13; 12.11.1998 § 2 KSchG Nr. 33 m. Anm. *Löwisch*; 20.8.1998 EzA § 2 KSchG Nr. 31 m. Anm. *Thüsing*; *LKB/Linck* Rn 148 f.; *DDZ-Zwanziger* Rn 169 f.; *Fischer* FS 25 Jahre AG ArbR im DAV, S. 257; *Heinze* FS von Maydell, S. 276; *Kittner* NZA 1997, 968; *Krause* DB 1995, 574; *Precklein* S. 85 ff.; *Reiserer* NZA 2007, 1249 m. dem Hinw. auf flexible Vergütungsmodelle; zur Problematik insgesamt *Breuckmann* Entgeltreduzierung unter besonderer Berücksichtigung der Änderungskündigung, 2004; *Rücker* Die betriebsbedingte Änderungskündigung zur Entgeltreduzierung, 2003). Das BAG sieht in der Änderungskündigung zur bloßen Entgeltreduzierung einen schwerwiegenden **Eingriff in das Leistungs-/Lohngefüge** des Arbeitsvertrags. Sie komme deshalb nur in Betracht, wenn bei einer Aufrechterhaltung der bisherigen Personalkostenstruktur weitere, betrieblich nicht mehr auffangbare Verluste entstünden, die absehbar zu einer Reduzierung der Belegschaft oder 178 sogar zu einer Schließung des Betriebs führen müssten. Eine solche Situation setze regelmäßig einen umfassenden Sanierungsplan voraus, der alle gegenüber der beabsichtigten Änderungskündigung mildern Mittel ausschöpfe (*BAG* 20.10.2017 EzA § 2 KSchG Nr. 102). Demgegenüber wird das **Kriterium der Existenzgefährdung** oder der akuten Gefahr für die Arbeitsplätze teilweise als **zu eng** betrachtet und statt dessen etwa angenommen, die Erreichung einer **angemessenen Rentabilität** müsse als sachliches Interesse an einer Änderung ausreichen (so *Löwisch/Bernatz* Anm. zu *BAG* EzA § 2 KSchG Nr. 6; s.a. *Löwisch* NZA 1988, 637; *Heinze* FS von Maydell, S. 276; für *Krause* DB 1995, 579 genügt es, dass die Lohnkostensenkung Teil einer unternehmerischen Gesamtkonzeption zur langfristigen Sicherung der Arbeitsplätze ist; SPV-*Preis* Rn 1311 stellt auf triftige Rentabilitätsinteressen ab, die ohne Anpassung absehbar in Beendigungskündigungen umschlagen müssten; *ders.* NZA 1995, 249; *ders.* ArbuR 2011, 405; zur Änderungskündigung in der Insolvenz *Fischer* NZA 2002, 536).

179 Dem *BAG* ist zuzustimmen. Ausgangspunkt der Überlegung ist die Frage, ob **dringende betriebliche Erfordernisse** zu Einsparungen zwingen – ein wirtschaftlich vernünftiger Zwang zu sparen reicht nicht aus. Ein dringendes betriebliches Erfordernis steht der Weiterbeschäftigung eines Arbeitnehmers erst dann entgegen, wenn der Arbeitsplatz wegfällt. Das gilt auch für die betriebsbedingte Änderungskündigung, bei der auf der ersten Stufe zu prüfen ist, ob dringende betriebliche Erfordernisse der Weiterbeschäftigung zu den bisherigen Bedingungen entgegenstehen. Entsprechend der geänderten Zielrichtung ist zu fragen, ob ohne die Senkung der Lohnkosten der **Arbeitsplatz** in absehbarer Zeit **wegfiele** (*Hromadka* RdA 1992, 255 f.; *ders.* NZA 1996, 9, 10; *ders.* DB 2002, 1325 mit dem Vorschlag, die Zustimmung des Betriebsrats oder von 90 % der Belegschaft als Indiz für eine Gefährdung von Arbeitsplätzen zu nehmen; *v. Hoyningen-Huene* NZA 1994, 1009; *LKB/Linck* Rn 148 f.; DDZ-*Zwanziger* Rn 170; vgl. auch *Wallner* S. 234 ff., der diese Änderungskündigung als ein von der Rspr. praeter legem entwickeltes Änderungsinstrument ansieht). Die Absicht, in einer bestimmten **Betriebsabteilung** die überdurchschnittlich hohe Kostenbelastung zu senken, begründet kein dringendes betriebliches Erfordernis für eine Änderungskündigung zum Zwecke der Anpassung der Löhne an das betriebsübliche Niveau; abzustellen ist auf die wirtschaftlichen Verhältnisse des gesamten Betriebs (*BAG* 1.7.1999 EzA § 2 KSchG Nr. 35; 12.11.1998 EzA § 2 KSchG Nr. 33 m. Anm. *Löwisch*; 20.8.1998 EzA § 2 KSchG Nr. 31 m. Anm. *Thüsing*; 11.10.1989 EzA § 1 KSchG Betriebsbedingte Kündigung Nr. 64 m. Anm. *Klumpp*; vgl. auch *Kiel/Koch* Rn 438, die unter gewissen Umständen sogar auf das Unternehmen abstellen wollen – ein überlegenswerter Ansatz). Auch der **Gleichbehandlungsgrundsatz** vermag die Anpassung nicht zu rechtfertigen. Dem Arbeitgeber, der mit einzelnen Arbeitnehmern einzelvertraglich eine höhere Vergütung vereinbart hat, als sie dem betrieblichen Niveau entspricht, ist es verwehrt, unter Berufung auf den Gleichbehandlungsgrundsatz diese Vergütung dem Lohn der übrigen Arbeitnehmer anzupassen (*BAG* 1.7.1999 EzA § 2 KSchG Nr. 35). Die Änderungskündigung zur »**Entdynamisierung**« einer vertraglichen **Bezugnahme** auf die jeweiligen Regelungen eines bestimmten Tarifvertrags durch den Erwerber eines Betriebs wird nur unter den gleichen Voraussetzungen wie jede Änderungskündigung zur Entgeltabsenkung sozial gerechtfertigt sein können (zur Problematik *BAG* 30.8.2017 EzA § 613a BGB 2002 Nr. 176; *Bayreuther* NJW 2017, 2158, 2159; *Wißmann/ Niklas* NZA 2017, 697, 701).

180 Das Ausmaß der Senkung der Lohnkosten bestimmt sich nach dem allgemeinen Prüfungsmaßstab für die Änderungskündigung. Das angebotene neue Arbeitsentgelt darf nur soweit abgesenkt werden, wie zur Sanierung des Betriebs unabwendbar notwendig erscheint. Dies setzt voraus, dass sich das Änderungsangebot darauf beschränkt, dem Arbeitnehmer die Fortsetzung des Arbeitsverhältnisses mit den Vertragsbedingungen anzubieten, die den Vorgaben des im Kündigungszeitpunkt geltenden **Sanierungsplans** entsprechen (*BAG* 20.10.2017 EzA § 2 KSchG Nr. 102). Ein dringendes betriebliches Erfordernis setzt auch voraus, dass eine Senkung der Kosten durch **andere Maßnahmen** – zB Rationalisierung – **nicht möglich** ist. Die **Unrentabilität des Betriebs** kann einer Weiterbeschäftigung des Arbeitnehmers zu unveränderten Arbeitsbedingungen nur entgegenstehen und ein dringendes betriebliches Erfordernis zur Änderung der Arbeitsbedingungen sein, wenn durch die Senkung der Personalkosten die Stilllegung des Betriebs oder eine deutliche Reduzierung

der Belegschaft verhindert werden kann und die Kosten durch andere Maßnahmen nicht zu senken sind. Regelmäßig bedarf es deshalb eines **umfassenden Sanierungsplans**, der alle gegenüber der beabsichtigten Änderungskündigung milderen Mittel ausschöpft (*BAG* 1.7.1999 EzA § 2 KSchG Nr. 35). Der Arbeitgeber hat die Finanzlage des Betriebs, den Anteil der Personalkosten, die Auswirkung der erstrebten Kostensenkungen für den Betrieb und für die Arbeitnehmer darzustellen und darzulegen, weshalb andere Maßnahmen nicht in Betracht kommen (*BAG* 10.9.2009 EzA § 2 KSchG Nr. 74 m. Anm. *Krois*; 26.6.2008 EzA § 2 KSchG Nr. 71; 12.1.2006 EzA § 2 KSchG Nr. 56; 23.6.2005 EzA § 2 KSchG Nr. 54; *Krois* ZfA 2009, 611 f.; APS-*Künzl* Rn 257 f.; TRL-*Rachor* KSchG § 2 Rn 98). Wird eine Entgeltkürzung mit nur **vorübergehenden** wirtschaftlichen **Verlusten** begründet, müssen die Arbeitnehmer billigerweise keine Entgeltsenkung **auf Dauer** hinnehmen (*BAG* 1.7.1999 EzA § 2 KSchG Nr. 35; 12.11.1998 EzA § 2 KSchG Nr. 33). Die Entscheidung, bei einer gleichbleibenden Anzahl von Arbeitsplätzen die **Lohnkosten zu senken**, ist keine der gerichtlichen Überprüfung entzogene **unternehmerische Entscheidung** (s. *BAG* 20.3.1986 EzA § 2 KSchG Nr. 31). Dagegen kann der Arbeitgeber über die Anzahl von Arbeitsplätzen und den benötigten Umfang an betrieblicher Gesamtarbeitszeit »frei« entscheiden; die Entscheidung kann dahin ausfallen, **dauerhaft mit weniger Arbeitskräften zu arbeiten** (*BAG* 23.2.2012 EzA § 1 KSchG Betriebsbedingte Kündigung Nr. 166; 24.4.1997 EzA § 2 KSchG Nr. 26; MünchArbR-*Kreft* 5. Aufl., § 115 Rn 176; *Hillebrecht* ZfA 1991, 107, 110; *Preis* NZA 1997, 1080; *Kittner* NZA 1997, 970, 971). Wird die Tätigkeit eines AT-Angestellten nach der Neuordnung des tariflichen Gehaltssystems nunmehr von den Merkmalen einer tariflichen Vergütungsgruppe erfasst, ergibt sich allein daraus kein dringendes betriebliches Erfordernis iSd § 2, § 1 KSchG für eine Anpassung der vertraglichen Gehaltsabreden und sonstiger Arbeitsbedingungen an die Tarifbestimmungen (*BAG* 8.10.2009 EzA § 2 KSchG Nr. 75). Angesichts der hohen Voraussetzungen bereits für ordentliche Änderungskündigungen zur Entgeltsenkung müssen für ausnahmsweise – z. B. nach § 55 Abs. 2 BAT – zulässige **außerordentliche** betriebsbedingte Änderungskündigungen **mit Auslauffrist** zum Zwecke der Entgeltreduzierung noch **weitergehende Anforderungen** erfüllt sein. Nicht jede mit dem Festhalten am Vertragsinhalt verbundene Last kann einen wichtigen Grund zur außerordentlichen Änderungskündigung bilden (vgl. *BAG* 20.3.2014 EzA § 626 BGB 2002 Krankheit Nr. 4). Ein solcher kann dann vorliegen, wenn die Änderung der Arbeitsbedingungen das Ziel hat, der konkreten **Gefahr einer Betriebsschließung wegen Insolvenz** zu begegnen (*BAG* 20.10.2017 EzA § 2 KSchG Nr. 102). Ist die wirtschaftliche Lage des Unternehmens so schlecht, dass der Arbeitgeber ohne die angestrebte Senkung der Personalkosten Insolvenzantrag stellen müsste, ist eine Änderungskündigung zur Entgeltsenkung gegenüber der sonst zu befürchtenden Betriebsschließung regelmäßig das mildere Mittel. In einer derart existenzbedrohenden Situation kann der Arbeitgeber je nach den Umständen auch von seinen ordentlich unkündbaren Arbeitnehmern einen Sanierungsbeitrag verlangen und im Wege der außerordentlichen Änderungskündigung durchsetzen (vgl. iE *BAG* 1.3.2007 EzA § 626 BGB 2002 Unkündbarkeit Nr. 13).

Die Änderungskündigung mit dem Ziel der Absenkung der Lohnkosten ist am ehesten als sog. **Massenänderungskündigung** denkbar, dh als Kündigung gegenüber der gesamten Belegschaft oder doch einem Teil von ihr. Werden die **Schwellenwerte des § 17 Abs. 1 KSchG** erreicht, ist die Erstattung einer Massenentlassungsanzeige **erforderlich** (*BAG* 20.2.2014 EzA § 17 KSchG Nr. 31; KR-*Weigand/Heinkel* § 17 KSchG Rdn 68 f.). In der Regel ist der Arbeitgeber **nicht berechtigt, einzelne Arbeitnehmer** – etwa die Arbeitnehmer einer mit Verlust arbeitenden Abteilung – **herauszugreifen** und deren Entgelt zu kürzen, während das Entgelt der überwiegenden Mehrzahl der Beschäftigten unangetastet bleibt (*BAG* 20.8.1998 EzA § 2 KSchG Nr. 31, m. Anm. *Thüsing*). Auch hier gilt, dass eine Änderungskündigung nur gerechtfertigt ist, wenn bei Weiterzahlung der höheren Vergütung betrieblich nicht mehr auffangbare Verluste entstehen, die absehbar zu einer Reduzierung der Belegschaft oder zu einer Schließung des Betriebs führen müssen (*BAG* 12.1.2006 EzA § 2 KSchG Nr. 56, s. dort auch zur Darlegungslast des Arbeitgebers). Die Unrentabilität einer **unselbständigen Betriebsabteilung** stellt allenfalls dann ein dringendes betriebliches Erfordernis zur Lohnabsenkung dar, wenn sie auf das wirtschaftliche Ergebnis des Gesamtbetriebs durchschlägt

181

und ohne Anpassung der Personalkosten Beendigungskündigungen nicht zu vermeiden wären (*BAG* 12.11.1998 EzA § 2 KSchG Nr. 33).

182 Eine Änderungskündigung zur Entgeltsenkung ist nicht allein deshalb sozial gerechtfertigt, weil eine **neue gesetzliche Regelung** wie § 9 Nr. 2 AÜG die Möglichkeit vorsieht, durch einvernehmliche vertragliche Bezugnahme auf einen einschlägigen Tarifvertrag den dort geregelten Lohn zu vereinbaren, der geringer ausfällt als er dem Arbeitnehmer bisher gesetzlich – wegen des Gebots sog. equal-pay – zustand (*BAG* 12.1.2006 EzA § 2 KSchG Nr. 56 m. zust. Anm. *Hamann* = SAE 2006, 219 m. krit. Anm. *Junker*; wie das BAG *Thüsing/Pelzner* AÜG § 3 Rn 54; *Hamann* BB 2005, 2187; abl. *Röder/Krieger* DB 2006, 2122; s. dagegen *Böhm* DB 2007, 168 und die Replik von *Röder/Krieger* DB 2007, 170). Dies wird für arbeitsvertragliche Bezugnahmeklauseln ähnlich zu sehen sein (vgl. zur Änderung der Rspr. *BAG* 14.12.2005 EzA § 3 TVG Bezugnahme auf Tarifvertrag Nr. 32 m. Anm. *Löwisch/Feldmann*; 18.4.2007 3 TVG Bezugnahme auf Tarifvertrag Nr. 35 m. Anm. *Brecht-Heitzmann*; so auch *Klebeck* NZA 2006, 20; für die Möglichkeit einer Anpassung des Vertrags durch Änderungskündigung aber *Giesen* NZA 2006, 631; *Bayreuther* DB 2007, 166). Das Inkrafttreten des **Mindestlohngesetzes** rechtfertigt für sich betrachtet keine Änderungskündigung zur Beseitigung eines nicht-mindestlohnwirksamen Vergütungsbestandteils – etwa des vertraglich zugesagten Urlaubsgelds –, selbst wenn der Mindestlohn auch ohne die betreffende Leistung nicht unterschritten würde (*LAG Bln.-Bra.* 11.8.2015 AuR 2015, 422).

183 Eine Änderungskündigung zur **Anpassung vertraglicher Nebenabreden** ist nicht an den gleichen Maßstäben zu messen wie eine Änderungskündigung zur Entgeltsenkung (*BAG* 20.6.2013 EzA § 2 KSchG Nr. 88; 27.3.2003 EzA § 2 KSchG Nr. 48; 23.11.2000 EzA § 2 KSchG Nr. 40; zust. *Heinze* FS von Maydell, S. 19; krit. *Berkowsky* NZA 2003, 1130). Ein dringendes betriebliches Änderungserfordernis iSd § 2 S. 1, § 1 Abs. 2 S. 1 KSchG kommt in Betracht, wenn die Parteien Nebenleistungen vereinbart haben, deren Gewährung an Umstände anknüpft, die nicht notwendig während der gesamten Dauer des Arbeitsverhältnisses vorliegen. Eine Nebenabrede in diesem Sinne liegt nur vor, wenn die fraglichen Leistungen einen Randbereich der vertraglichen Vereinbarungen und nicht das vereinbarte, synallagmatische Verhältnis von Leistung und Gegenleistung betreffen. So kann ein Mietzuschuss, der ursprünglich die Preisdifferenz zwischen einer billigen Werkwohnung und einer Wohnung auf dem freien Markt ausgleichen sollte, wegen veränderter Umstände sachlich ungerechtfertigt werden (vgl. *BAG* 28.4.1982 EzA § 2 KSchG Nr. 4). Das Gleiche kann für die Zusage einer kostenlosen Beförderung zum Betriebshof gelten (vgl. *BAG* 27.3.2003 EzA § 2 KSchG Nr. 48, mit Anm. *K. Gamillscheg*). Ein Arbeitgeber, der sich in solchen Fällen auf eine wesentliche Änderung der maßgebenden äußeren Verhältnisse beruft, stützt sich auf Umstände, die außerhalb von §§ 1, 2 KSchG als möglicher Wegfall oder als mögliche Störung der Geschäftsgrundlage geprüft werden. Derartige Umstände können das Beharren auf der vereinbarten Leistung als unberechtigt und unverhältnismäßig erscheinen lassen und geeignet sein, eine Änderung sozial zu rechtfertigen (*BAG* 20.6.2013 EzA § 2 KSchG Nr. 88; 8.10.2009 EzA § 2 KSchG Nr. 75; 27.3.2003 EzA § 2 KSchG Nr. 48). Haben die Parteien eine solche Nebenabrede nicht von vornherein mit einem Widerspruchsvorbehalt verknüpft – was zulässig wäre (s. Rdn 73) und zu empfehlen ist –, bedarf es, um sich von ihr wegen geänderter Umstände zu lösen, der Änderungskündigung. Sie kann unter **erleichterten Voraussetzungen** sozial gerechtfertigt sein. Da zwar auch solche Nebenabreden einen Entgeltbezug haben, regelmäßig aber eben nur »Randbereiche« der Vergütung betreffen, ist es **nicht geboten**, eine auf sie zielende Änderungskündigung an dem **gleichen strengen Maßstab** zu messen wie eine Änderungskündigung zur Entgeltabsenkung, die in das synallagmatische Verhältnis von Leistung und Gegenleistung eingreift (*BAG* 20.6.2013 EzA § 2 KSchG Nr. 88; 27.3.2003 EzA § 2 KSchG Nr. 48; 23.11.2000 EzA § 2 KSchG Nr. 40). So hat das BAG etwa eine Änderungskündigung für berechtigt angesehen, mit der die kostenlose Busbeförderung zum Arbeitsplatz durch eine Erstattung der Fahrkosten für öffentliche Verkehrsmittel ersetzt werden sollte, nachdem die Busbeförderung nur noch von wenigen Arbeitnehmern in Anspruch genommen worden war; eine betriebliche »Notlage« wurde als nicht erforderlich angesehen (*BAG* 27.3.2003 EzA § 2 KSchG Nr. 48; zust. *LKB/Linck* Rn 160; krit. *Berkowsky* NZA 2003, 1130). Die Grenze zwischen Synallagma und »Randbereich« ist freilich fließend (TRL-*Rachor* KSchG § 2 Rn 103). In

gleicher Weise hat das BAG eine Änderungskündigung für gerechtfertigt angesehen, mit der die Umstellung der bisher pauschalen Bezahlung von Überstunden auf eine exakte Abrechnung der tatsächlich geleisteten Überstunden erreicht werden sollte, nachdem diese nur noch in einem deutlich geringeren Umfang als früher angefallen waren (*BAG* 23.11.2000 EzA § 2 KSchG Nr. 40).

Die Rspr. trägt damit in gewisser Hinsicht der Kritik an ihren **strengen Anforderungen** an die soziale Rechtfertigung der Änderungskündigung zur Entgeltabsenkung Rechnung (zust. insoweit auch *Heinze* FS von Maydell, S. 278). Allerdings werden schon an die soziale Rechtfertigung einer betriebsbedingten Änderungskündigung zur Kostensenkung keine im Verhältnis zur betriebsbedingten Beendigungskündigung überzogenen Anforderungen gestellt. Die **Kritik übersieht**, dass die Behauptung der Unrentabilität eines Betriebs oder eines Betriebsteils als solche nicht nur eine Änderungskündigung, sondern auch eine Beendigungskündigung nicht zu rechtfertigen vermag. Nur wenn der Arbeitgeber die Unrentabilität zum Anlass für eine Organisationsentscheidung nimmt, die ihrerseits zur Verringerung des Beschäftigungsbedarfs führt, kann sich daraus die Rechtfertigung einer betriebsbedingten Beendigungskündigung iSv § 1 Abs. 2 KSchG ergeben. Dazu hat der Arbeitgeber die Auswirkungen seiner Organisationsentscheidung auf den betrieblichen Beschäftigungsbedarf im Einzelnen und nachprüfbar darzulegen (*BAG* 12.11.1998 EzA § 2 KSchG Nr. 33, m. Anm. *Löwisch*). Spricht der Arbeitgeber eine Änderungskündigung zur Kostenreduzierung aus und beruft er sich zu ihrer Rechtfertigung auf die Unrentabilität des Betriebs, hat er die **betriebliche Unabweisbarkeit** seiner für den Arbeitnehmer nachteiligen, einseitig in das vertragliche Gefüge von Leistung und Gegenleistung eingreifenden Entscheidung nachprüfbar darzutun. Seine Darlegungen müssen dabei **nicht höheren**, sondern – analog zum Kündigungsgrund – **anderen** Anforderungen genügen. Beide Male wird vom Arbeitgeber lediglich verlangt, die Tatsachen vorzutragen, die die Kündigung bedingen (so *BAG* 10.9.2009 EzA § 2 KSchG Nr. 74 m. Anm. *Krois*).

2. Senkung übertariflicher Löhne und Herabgruppierungen

Der **Inhaltsschutz des Arbeitsverhältnisses** erfasst den vertraglich vereinbarten Lohn, auch wenn er übertariflich ist. Zur Rückgruppierung des übertariflichen Lohns auf den Tariflohn müssen daher Gründe iSd § 1 KSchG vorliegen (so schon *BAG* 12.1.1961 AP Nr. 10 zu § 626 BGB Änderungskündigung).

Ist ein Arbeitnehmer des **öffentlichen** Dienstes **irrtümlich** in eine **zu hohe Vergütungsgruppe** eingestuft worden, so sollte nach einer älteren Entscheidung des BAG die Anpassung an den Tarifvertrag der Änderungskündigung bedürfen; an einer solchen Kündigung habe der Arbeitgeber ein dringendes betriebliches Interesse, wenn dem nicht dringendere Interessen des Arbeitnehmers entgegenstünden (*BAG* 19.10.1961 AP Nr. 13 zu § 1 KSchG Betriebsbedingte Kündigung). Demgegenüber steht das BAG nunmehr auf dem Standpunkt, dass eine in Verkennung tariflicher Bestimmungen **rechtsgrundlos** gezahlte tarifliche Vergütung für die Zukunft ohne Weiteres **berichtigt** werden kann, sofern nicht zugleich ein **einzelvertraglicher Vergütungsanspruch** besteht (*BAG* 9.7.1997 EzA § 2 KSchG Nr. 27; 5.11.2003 AP §§ 22, 23 BAT Rückgruppierung Nr. 2; vgl. auch *BAG* 15.6.2011 – 4 AZR 737/09; vgl. ferner APS-*Künzl* Rn 269, 273; *Kanz* ZTR 1989, 219; *Maurer* NZA 1993, 721; *Mehlich* DB 1999, 1319; s.a. *Kittner* NZA 1997, 972, 973; *Precklein* S. 109 ff.; *Pieper* FS Hanau S. 250; s.a. Rdn 185). Ob ein **einzelvertraglicher Anspruch** besteht, ist eine Frage der Auslegung des Arbeitsvertrags. Das BAG hat bisher in der formularmäßigen Verweisung auf eine bestimmte Vergütungsgruppe idR nur die deklaratorische Erklärung gesehen, dass der Arbeitgeber dem Arbeitnehmer dasjenige zukommen lassen will, was ihm tariflich zusteht, und nicht die konstitutive einzelvertragliche Zusage der betreffenden Vergütung unabhängig von den tariflichen Voraussetzungen (vgl. *BAG* 21.8.2013 – 4 AZR 656/11, BAGE 146, 29; 9.7.1997 EzA § 2 KSchG Nr. 27; 30.5.1990 EzA § 99 BetrVG 1972 Nr. 89; 18.5.1988 AP Nr. 2 zu §§ 22, 23 BAT Datenverarbeitung; enger wohl 15.3.1991 EzA § 2 KSchG Nr. 16 u. EzA § 2 KSchG Nr. 17 m. krit. Anm. *Rieble*; krit. auch *Maurer* NZA 1993, 721). Liegt eine bestandsfeste **einzelvertragliche Zusage** vor (vgl. dazu *BAG* 21.8.2013 – 4 AZR 656/11, BAGE 146, 29; 16.5.2002 EzBAT

§§ 22, 23 BAT M Nr. 104), kann die irrtümliche Eingruppierung des Arbeitnehmers in eine zu hohe Vergütungsgruppe ein dringendes betriebliches Erfordernis für die Änderungskündigung zum Zwecke der Rückführung in die richtige Vergütungsgruppe sein (*BAG* 15.3.1991 EzA § 2 KSchG Nr. 16 u. EzA § 2 KSchG Nr. 17; krit. dazu *Kittner/Trittin* Rn 178; **aA** APS-*Künzl* Rn 270; abzulehnen *Wirges* ZTR 1998, 62, demzufolge schon das haushaltsrechtliche Gebot der Sparsamkeit auch bei Fehlen eines Irrtums unter Abwägung des Vertrauensschutzes eine Änderungskündigung soll rechtfertigen können). Kündigt ein öffentlicher Arbeitgeber, der Eingruppierungen nur nach dem kollektiven Recht vornimmt, der aber in der Übergangszeit bis zum Inkrafttreten eines die Eingruppierungsvoraussetzungen verschlechternden Tarifvertrags eine Höhergruppierung vorgenommen hat, einem Arbeitnehmer im Wege der Änderungskündigung zur Herstellung der (jetzt) tarifgemäßen Vergütung, so ist diese Kündigung idR sozial gerechtfertigt (*BAG* 9.7.1997 EzA § 2 KSchG Nr. 27). Nach § 2 Nr. 3 des Änderungstarifvertrags Nr. 1 v. 8. Mai 1991 zum BAT-O sind die **angestellten Lehrkräfte** in diejenige Vergütungsgruppe des BAT-O eingruppiert, die nach § 11 S. 2 BAT-O der Besoldungsgruppe entspricht, in welche der Angestellte eingestuft wäre, wenn er im **Beamtenverhältnis** stünde. Dabei liegt in der dauerhaften Übertragung einer Schulleiterstelle zugleich die Begründung eines arbeitsvertraglichen Anspruchs auf die der übertragenen Stelle entsprechende Vergütung (*BAG* 12.3.2008 BAGE 126, 149). Im Grundsatz ist daher auch bei einem Absinken der Schülerzahlen unter den für die Eingruppierung maßgeblichen Schwellenwert die mit der ursprünglich übertragenen Funktion verbundene Vergütung fortzuzahlen. Eine **Herabgruppierung** erfordert eine Änderungsvereinbarung oder eine sozial gerechtfertigte Änderungskündigung (*BAG* 29.9.2011 EzA § 2 KSchG Nr. 82; 12.3.2008 BAGE 126, 149; *Donoli/Bauer* ZTR 2003, 323, 325). Die Änderungskündigung ist sozial gerechtfertigt, wenn bei ihrem Ausspruch die **Prognose gerechtfertigt** war, der Bedarf an einer Beschäftigung des Arbeitnehmers in der Funktion des Leiters eines Gymnasiums mit der ursprünglichen und für die bisherige Eingruppierung maßgeblichen Schülerzahl sei dauerhaft entfallen, weil die Zahl der Schüler nicht bloß vorübergehend, sondern auf Dauer unter den Schwellenwert gesunken ist (*BAG* 29.9.2011 EzA § 2 KSchG Nr. 82).

187 Ist aufgrund besonderer Leistungen ein **übertarifliches Arbeitsentgelt** zuerkannt worden, so ist die Änderungskündigung mit dem Ziel, die übertarifliche Einstufung rückgängig zu machen, nicht schon deshalb gerechtfertigt, weil die betreffenden Leistungen vom Arbeitgeber jetzt nicht mehr als besondere beurteilt werden (*BAG* 24.5.1960 AP Nr. 2 zu § 620 BGB Änderungskündigung). Wird die Tätigkeit eines **AT-Angestellten** nach der Neuordnung des tariflichen Gehaltssystems von den Merkmalen einer tariflichen Vergütungsgruppe erfasst, ergibt sich allein daraus kein dringendes betriebliches Erfordernis iSd. § 2, § 1 KSchG für eine Anpassung der vertraglichen Gehaltsabreden und sonstiger Arbeitsbedingungen an die Tarifbestimmungen (*BAG* 8.10.2009 EzA § 2 KSchG Nr. 75). Der Arbeitgeber bleibt grundsätzlich an den einmal geschlossenen Arbeitsvertrag gebunden, selbst wenn er später Arbeitnehmer zu für ihn günstigeren Bedingungen einstellen könnte. Dies gilt sowohl bei einem Tarifwechsel als auch bei Inkrafttreten einer neuen gesetzlichen Regelung (*BAG* 12.1.2006 EzA § 2 KSchG Nr. 56). Das bloße Interesse eines tarifgebundenen Arbeitgebers, die Arbeitsbedingungen der im Betrieb beschäftigten Arbeitnehmer zu **vereinheitlichen**, ist kein Kündigungsgrund iSd § 1 Abs. 2 S. 1 KSchG. Es fehlt an einem – zumal an einem dringenden – betrieblichen Erfordernis. Der Arbeitgeber kann Arbeitnehmern, mit denen er individualvertraglich günstigere oder vollkommen andere Regelungen vereinbart hat, als dies dem allgemeinen betrieblichen oder tariflichen Niveau entspricht, ihre Rechtsstellung nicht unter Berufung auf den allgemeinen Gleichbehandlungsgrundsatz entziehen. Der Gleichbehandlungsgrundsatz dient der Begründung von Rechten, nicht deren Einschränkung (*BAG* 8.10.2009 EzA § 2 KSchG Nr. 75; 12.1.2006 EzA § 2 KSchG Nr. 56; 16.5.2002 EzA § 2 KSchG Nr. 46; *LKB/Linck* Rn 170; s. Rdn 187).

188 Entschließt sich der Arbeitgeber, **Mehrarbeit** verstärkt **durch Freizeitausgleich** abzugelten, so kann dies je nach den Umständen eine Änderungskündigung mit dem Ziel sozial rechtfertigen, von der vereinbarten pauschalierten Mehrarbeitsvergütung zur exakten Abrechnung der tatsächlich geleisteten Mehrarbeit überzugehen (*BAG* 23.11.2000 EzA § 2 KSchG Nr. 40). Die Einführung einer **neuen Lohnfindungsmethode**, etwa die Umstellung von einer zeitabhängigen auf eine

leistungsbezogene Vergütung, stellt für sich allein keinen betrieblichen Grund für eine Änderungskündigung gegenüber einem Arbeitnehmer dar, dessen Lohn sich aus Grundlohn und widerruflicher Gewinnbeteiligung zusammensetzt (*LAG RhPf* 9.1.1997 LAGE § 2 KSchG Nr. 24; ähnlich *LAG Bln.* 21.8.1998 LAGE § 2 KSchG Nr. 34); auch der – nur der Begründung von Rechten dienende – **Gleichbehandlungsgrundsatz** rechtfertigt danach die Kündigung **nicht**, selbst wenn 90 % der Belegschaft der Änderung zugestimmt hatten (zur sozialen Rechtfertigung einer Kündigung, mit der der Arbeitgeber einheitliche Arbeitsbedingungen im Betrieb herstellen will, s.a. *Bauer/Meinel* NZA 2000, 187).

Zur **außerordentlichen Änderungskündigung** gegenüber einem nach § 15 KSchG geschützten Arbeitnehmer zum Zweck der Abgruppierung nach Abbau einer Hierarchiestufe s. *BAG* 17.3.2005 EzA § 15 KSchG nF Nr. 59 m. krit. Anm. *Bernstein*. Danach ist die unternehmerische Entscheidung, eine ganze **Führungsebene** (Substituten im Einzelhandel) unternehmensweit abzuschaffen, »an sich« geeignet, einen wichtigen Grund zur außerordentlichen Änderungskündigung mit notwendiger Auslauffrist nach § 15 Abs. 1 KSchG gegenüber einem Betriebsratsmitglied darzustellen (*BAG* 17.3.2005 EzA § 15 KSchG nF Nr. 59). Im Fall der **Stilllegung einer Betriebsabteilung** verpflichtet § 15 Abs. 5 S. 1 KSchG den Arbeitgeber, dem dort beschäftigten Mandatsträger eine möglichst gleichwertige Stellung in einer anderen Betriebsabteilung anzubieten. Ist ein gleichwertiger Arbeitsplatz in der anderen Abteilung nicht vorhanden, ist der Arbeitgeber nach dem ultima-ratio-Grundsatz verpflichtet, dem Mandatsträger vor Ausspruch einer Beendigungskündigung die Beschäftigung auf einem geringerwertigen Arbeitsplatz anzubieten und hierzu ggf. eine Änderungskündigung auszusprechen (*BAG* 23.2.2010 EzA § 15 KSchG nF Nr. 66; i.E. KR-*Kreft* § 15 Rdn 162, 164).

189

Der Ausschluss der ordentlichen Kündigung gem. § 34 Abs. 2 S. 1 TVöD gilt **auch für Änderungskündigungen**. Ein **wichtiger Grund** zur außerordentlichen Änderungskündigung setzt voraus, dass die alsbaldige Änderung der Arbeitsbedingungen unabweisbar notwendig ist und die geänderten Bedingungen dem gekündigten Arbeitnehmer zumutbar sind. Ein wichtiger Grund kann dann vorliegen, wenn der Arbeitnehmer aufgrund von Umständen, die **in seiner Sphäre** liegen (etwa körperlichen Beschwerden), zu der nach dem Vertrag vorausgesetzten Arbeitsleistung auf unabsehbare Dauer nicht mehr in der Lage ist. Ist die ordentliche Kündbarkeit tariflich ausgeschlossen, kann eine außerordentliche Kündigung mit einer der ordentlichen Kündigung entsprechenden **Auslauffrist** berechtigt sein. Besondere Bedeutung kommt im Fall eines tariflich unkündbaren Arbeitnehmers der Verpflichtung des Arbeitgebers zu, die Kündigung – wenn möglich – **durch andere Maßnahmen abzuwenden**. Ob der Arbeitnehmer in eine ihm angesonnene Änderung billigerweise einwilligen muss, richtet sich nach dem Verhältnismäßigkeitsgrundsatz. Zumutbar ist eine Weiterbeschäftigung zu geänderten Arbeitsbedingungen insbesondere dann, wenn dies die einzige Möglichkeit darstellt, den Arbeitnehmer überhaupt weiterzubeschäftigen (*BAG* 28.10.2010 EzA § 2 KSchG Nr. 80; vgl. aber *BAG* 20.3.2014 EzA § 626 BGB 2002 Krankheit Nr. 4).

190

3. Streichung von Zulagen und Liquidationserlösen

Die Berufung auf den **Gleichbehandlungsgrundsatz** stellt für sich allein kein dringendes betriebliches Erfordernis für den im Wege der Änderungskündigung bezweckten **Abbau eines Mietzuschusses** dar (*BAG* 28.4.1982 EzA § 2 KSchG Nr. 4; vgl. allgemein zum Gleichbehandlungsgrundsatz KR-*Rachor* § 1 KSchG Rdn 246; s.a. *BAG* 1.7.1999 EzA § 2 KSchG Nr. 35). Gerechtfertigt kann eine Änderungskündigung sein, mit der eine ohne gesetzliche oder tarifliche Grundlage vom Arbeitgeber gezahlte **Kontoführungsgebühr** abgebaut werden soll. Die vom Arbeitgeber empfundene innere Zwangslage bei **Bewilligung einer Lohnzulage** rechtfertigt für sich genommen keine spätere Änderung; die Änderung muss auch sachlich gerechtfertigt und zumutbar sein (*LAG Düsseld.* 21.5.1971 DB 1972, 100). Die Änderungskündigung ist gerechtfertigt, wenn **übertarifliche Zulagen** (etwa Hausbrand, Kohle) an die Belegschaft auf **Weisung** der Aufsichtsbehörde gestrichen werden (*LAG Saarbrücken* 19.9.1962 DB 1962, 1343; zu den Voraussetzungen für eine betriebsbedingte Änderungskündigung zum Zwecke der **Ablösung einer Sonderzuwendung** s. *LAG Bln.*

191

§ 2 KSchG Änderungskündigung

30.6.1997 LAGE § 2 KSchG Nr. 27; s. allgemein zur Änderung von »freiwilligen Sozialleistungen« *Stück* DB 2006, 782). Die Bereitschaft des größten Teils der Belegschaft, sich auf ein neues Gehalts- und Provisionssystem einzulassen, und der mit der Weigerung des Arbeitnehmers, die Umstellung zu akzeptieren, verbundene erhöhte **Abrechnungsaufwand** des Arbeitgebers rechtfertigen keine entsprechende Änderungskündigung (*LAG MV* 23.1.2018 – 2 Sa 115/17); das bloße Interesse des Arbeitsgebers, die Arbeitsbedingungen der im Betrieb beschäftigten Arbeitnehmer zu **vereinheitlichen**, stellt keinen Kündigungsgrund dar (*BAG* 8.10.2009 EzA § 2 KSchG Nr. 75).

192 Wird ein Krankenhaus in den Krankenhausplan des Landes Baden-Württemberg aufgenommen, ist der Träger verpflichtet, entsprechend den Regelungen der §§ 34 ff. LKHG eine Beteiligung der nachgeordneten ärztlichen Mitarbeiter an den Honorareinnahmen der **liquidationsberechtigten** leitenden Ärzte sicherzustellen, soweit diese Bestimmungen auf das Krankenhaus Anwendung finden. Sieht der Arbeitsvertrag eines liquidationsberechtigten leitenden Arztes keine dem Gesetz entsprechende **Mitarbeiterbeteiligung** vor, kann eine Änderungskündigung mit dem Ziel gerechtfertigt sein, den gesetzlichen Abführungspflichten im Verhältnis zwischen Krankenhausträger und Chefarzt Geltung zu verschaffen (*BAG* 5.6.2014 EzA § 2 KSchG Nr. 91).

4. Versetzung auf einen anderen Arbeitsplatz

193 – Die **Verlagerung einer Dienststelle** an einen anderen Ort stellt regelmäßig ein betriebliches Erfordernis für eine Änderungskündigung dar, mit der die Versetzung eines Beschäftigten an den neuen Dienstort erreicht werden soll (*BAG* 12.8.2010 EzA § 2 KSchG Nr. 78). Der öffentliche Arbeitgeber ist dabei nach § 1 Abs. 2 S. 2 Nr. 2 Buchst. b KSchG regelmäßig nicht verpflichtet, den Arbeitnehmer auf einem – freien – Arbeitsplatz in einer Dienststelle eines **anderen Verwaltungszweigs** weiterzubeschäftigen (*BAG* 12.8.2010 EzA § 2 KSchG Nr. 78). Liegen aufgrund der Stilllegung eines Betriebsteils Gründe für eine Änderungskündigung vor und stehen für eine Weiterbeschäftigung der betroffenen Arbeitnehmer freie Arbeitsplätze an unterschiedlich weit entfernten anderen Orten zur Verfügung, hat der Arbeitgeber ggf. im Rahmen einer Sozialauswahl in entsprechender Anwendung von § 1 Abs. 3 KSchG zu entscheiden, welchem Arbeitnehmer er die Weiterbeschäftigung an dem näher gelegenen Ort anbietet (*BAG* 12.8.2010 EzA § 2 KSchG Nr. 79; s.a. Rdn 162).
– Zur Änderung des **Konzepts** »**Verlässliche Grundschule**«, künftig für Vertretungsfälle keine Lehrkräfte mehr einzusetzen, sondern bei kurzfristigem Ausfall von Unterricht die Betreuung durch pädagogische Mitarbeiter vorzusehen, vgl. *BAG* 29.11.2007 EzA § 2 KSchG Nr. 69.
– Steht im Kündigungszeitpunkt fest, dass der Arbeitnehmer auf Grund seines Widerspruchs gegen einen Betriebsübergang bei seinem Arbeitgeber nicht mehr weiterbeschäftigt werden kann, verstößt das Angebot des Arbeitgebers, den Arbeitnehmer **an den Betriebsübernehmer auszuleihen**, damit er dort wie bisher weiterarbeiten kann, regelmäßig nicht gegen den Verhältnismäßigkeitsgrundsatz (*BAG* 29.3.2007 EzA § 2 KSchG Nr. 66; s. dazu auch *Rost* FS Hromadka S. 335).
– Zur Verpflichtung des Arbeitgebers zur **Einrichtung eines »home-office-Arbeitsplatzes«** zwecks Vermeidung einer außerordentlichen betriebsbedingten Änderungskündigung bei tariflich ordentlich unkündbarem Arbeitnehmer s. *BAG* 2.3.2006 EzA § 2 KSchG Nr. 58.
– Die **Verlagerung einer Vertriebsabteilung** an einen anderen Standort stellt eine unternehmerische Maßnahme dar, die eine Änderungskündigung rechtfertigen kann (*BAG* 27.9.2001 EzA § 2 KSchG Nr. 41 = RdA 2002, 372 m. Anm. *Berkowsky*).
– Zur Änderungskündigung wegen **Abbau einer Hierarchieebene** s. *BAG* 24.5.2012 EzA § 2 KSchG Nr. 87; 27.9.2001 EzA § 14 KSchG Nr. 6.
– Der wiederholte **Verlust des Führerscheins** rechtfertigt nur eine (außerordentliche) Änderungs-, keine Beendigungskündigung, wenn der Arbeitnehmer als Müllwerker weiterbeschäftigt werden kann (*LAG Hamm* 20.4.1988 AuR 1989, 147).
– Werden einem Arbeitnehmer die für einen **Wachdienst** erforderlichen **polizeilichen Befugnisse** entzogen, kann der Arbeitgeber eine Änderungskündigung aussprechen (*BAG* 18.3.1981 AP Nr. 2 zu § 611 BGB Arbeitsleistung).

- Bei **Ausscheiden einer Führungskraft** kann die **Sekretärin** nicht ohne Weiteres durch Änderungskündigung abgelöst werden (*LAG BW* 20.8.1973 AP Nr. 1 zu § 2 KSchG 1969).
- Erhebliche und begründete **Zweifel** eines Arbeitgebers **an der Eignung** eines bei ihm als Omnibusfahrer beschäftigten Arbeitnehmers können eine Änderungskündigung aus betrieblichen Gründen rechtfertigen (*BAG* 13.2.1964 AP Nr. 1 zu Art. 1 GG).
- Ist eine Beschäftigung im **Home-Office** technisch möglich, kann eine Änderungskündigung mit dem Ziel der Zuweisung eines anderen Arbeitsorts sozial ungerechtfertigt sein (*ArbG Berlin* 10.8.2020 – 19 Ca 13189/19).
- Die Pflicht des Arbeitgebers, einem **schwerbehinderten Arbeitnehmer** gem. § 164 Abs. 4 S. 1 Nr. 1 SGB IX 2018 (vormals § 81 Abs. 4 S. 1 Nr. 1 SGB IX) einen seinen Fähigkeiten und Kenntnissen entsprechenden Arbeitsplatz zuzuweisen, ist auch zu berücksichtigen bei der Prüfung, ob eine Beendigungskündigung durch eine mit einer **Änderungskündigung** verbundene Versetzung auf einen solchen Arbeitsplatz **vermieden** werden kann. Widerspricht indessen der Betriebsrat der Versetzung, ist nach der Rspr. idR davon auszugehen, dass eine dem Arbeitgeber zumutbare Weiterbeschäftigungsmöglichkeit nicht besteht. Der Arbeitgeber sei grds. nicht verpflichtet, ein **Zustimmungsersetzungsverfahren** nach § 99 Abs. 4 BetrVG durchzuführen, wenn es sich um Weiterbeschäftigungsmöglichkeiten handele, die in dem Verfahren vor dem Integrationsamt mit dem Resultat geprüft worden seien und keine Möglichkeit zur Aufrechterhaltung des Arbeitsverhältnisses darstellten. Lediglich beim Vorliegen besonderer Umstände, etwa bei offensichtlich unbegründetem Widerspruch oder kollusivem Zusammenwirken zwischen Arbeitgeber und Betriebsrat, sei der Arbeitgeber verpflichtet ein Zustimmungsersetzungsverfahren durchzuführen (*BAG* 22.9.2005 EzA § 81 SGB IX Nr. 10; 29.1.1997 EzA § 1 KSchG Krankheit Nr. 42). Dies überzeugt dann nicht, wenn die Widerspruchsgründe nicht auch kündigungsschutzrechtlich zu Lasten des Arbeitnehmers sprechen; andernfalls vermöchte der Betriebsrat den materiellen Kündigungsschutz des betroffenen Arbeitnehmers einzuschränken (vgl. MünchArbR-*Kreft* 5. Aufl., § 115 Rn 94 f.).

5. Änderung des Arbeitsumfangs und der Arbeitszeiten

Fallen aufgrund unternehmerischer Entscheidung Arbeitsplätze weg, kann der Arbeitgeber grds. frei darüber entscheiden, ob er den Personalbestand der verringerten Arbeitsmenge durch **mehrere Änderungskündigungen** oder durch eine entsprechend geringere Zahl von **Beendigungskündigungen** anpasst (*BAG* 26.11.2009 EzA § 2 KSchG Nr. 76; 18.10.2006 EzA § 1 KSchG Betriebsbedingte Kündigung Nr. 151; so im Ergebnis auch *Gaul* DB 1999, 1914; *Hromadka* RdA 1992, 255; *Schwerdtner* ZIP 1984, 10, 13; vgl. auch *Löwisch* BB 1993, 2371; *B. Preis* NZA 1997, 631). Der Arbeitgeber ist also nicht gehindert, bei Wegfall eines Arbeitsplatzes gegenüber zwei bisher vollbeschäftigten Arbeitnehmerinnen jeweils eine Änderungskündigung mit dem Ziel einer Halbtagsbeschäftigung an Stelle einer Beendigungskündigung auszusprechen, wenn dem eine entsprechende Organisationsentscheidung für den Einsatz von Halbtagskräften zugrunde liegt (*BAG* 24.4.1997 EzA § 2 KSchG Nr. 26; 19.5.1993 EzA § 1 KSchG Betriebsbedingte Kündigung Nr. 73 = AP Nr. 33 zu § 2 KSchG 1969 m. zust. Anm. *Waas*). Der Arbeitgeber ist daran auch nicht durch das Prinzip der Sozialauswahl gehindert, weil bei nur einer Beendigungskündigung der sozial schutzbedürftigere Arbeitnehmer den unveränderten Arbeitsplatz behalten hätte (zur Sozialauswahl und Teilzeitbeschäftigung *BAG* 3.12.1998 EzA § 1 KSchG Soziale Auswahl Nr. 37; *Bauer* BB 1999, 1162; *Fischermeier* NZA 2000, 743; s.a. iE KR-*Rachor* § 1 KSchG Rdn 673 f.). In gleicher Weise ist die unternehmerische Organisationsentscheidung zu **respektieren**, dem Mangel an Arbeitskräftebedarf durch **Beendigungskündigungen** zu begegnen – also statt *zweier* Kündigungen mit dem Ziel einer Halbtagsbeschäftigung *eine* Beendigungskündigung auszusprechen (*BAG* 26.11.2009 EzA § 2 KSchG Nr. 76; s.a. *Ohlendorf/Salamon* FA 2006, 229). Auch dies ist eine grds. hinzunehmende unternehmerische Entscheidung. Es besteht also keine Verpflichtung – wohl aber die Möglichkeit –, vorrangig Änderungskündigungen gegenüber einer entsprechend höheren Zahl von Arbeitnehmern auszusprechen (*BAG* 26.11.2009 EzA § 2 KSchG Nr. 76; 19.5.1993 EzA § 1 KSchG Betriebsbedingte Kündigung Nr. 73; SPV-*Preis* Rn 917; MünchArbR-*Kreft* 5. Aufl., § 115

Rn 114 f.; *Hromadka* RdA 1992, 255; *Kittner* NZA 1997, 975; *Schaub* NZA 1997, 810; *Ettwig* NZA 1997, 1152).

195 Entschließt sich der Arbeitgeber **bei unverändertem Arbeitsanfall** zu einer betrieblichen **Umorganisation**, die zu einer anderen zeitlichen Lage und zur Herabsetzung der Dauer der Arbeitszeit auf den einzelnen Arbeitsplätzen führt (Umwandlung einer Vollzeitstelle in zwei Teilzeitstellen), so handelt es sich zwar auch dabei um eine im Ermessen des Arbeitgebers stehende **unternehmerische Entscheidung**, die für den Fall einer entsprechenden Änderungskündigung im Kündigungsschutzverfahren nicht auf ihre Zweckmäßigkeit, sondern lediglich – zur Vermeidung von Missbrauch – auf offenbare Unvernunft oder Willkür zu überprüfen ist (*BAG* 22.4.2004 EzA § 2 KSchG Nr. 50). Allerdings hat der Arbeitgeber im Einzelnen darzulegen, dass die Beibehaltung des bisherigen vertraglichen Umfangs der Arbeitszeit mit dem neuen Organisationskonzept und dem mit ihm verfolgten unternehmerischen Ziel **objektiv** nicht zu vereinbaren ist. Er muss konkrete Angaben dazu machen, wie sich die Organisationsentscheidung auf die Einsatzmöglichkeiten auswirkt und in welchem Umfang dadurch ein konkreter Änderungsbedarf entsteht (*BAG* 2.3.2017 EzA § 2 KSchG Nr. 100 – Änderung des Anforderungsprofils der bisherigen Stelle; vgl. für die Beendigungskündigung *BAG* 16.12.2010 EzA § 1 KSchG Betriebsbedingte Kündigung Nr. 165; 18.3.2010 EzA § 626 BGB 2002 Unkündbarkeit Nr. 17 – Änderung des Anforderungsprofils der bisherigen Stelle; 17.6.1999 EzA § 1 KSchG Betriebsbedingte Kündigung Nr. 101). Im Übrigen wird der Arbeitgeber genau darzulegen haben, worin das neue Konzept denn besteht und dass es ohne innere Widersprüche ausgeführt werden kann, andernfalls fehlt es an einem dringenden betrieblichen Erfordernis für die Arbeitszeitverkürzung (vgl. *BAG* 2.3.2017 EzA § 2 KSchG Nr. 100). Liegt ein solches vor, ist ein **Missbrauch** der Organisationsfreiheit **nicht** schon dann gegeben, wenn der Arbeitgeber die Möglichkeit hätte, auf die **Reorganisation** zu **verzichten**, ohne dass wirtschaftlich erhebliche negative Folgen zu befürchten wären. Missbräuchlich ist die Entscheidung allerdings, wenn die Umgestaltung der Arbeitsabläufe sich als **rechtswidrige Maßregelung** (§ 612a BGB) erweist oder die Vorgaben des **AGG** umgeht (*BAG* 22.4.2004 EzA § 2 KSchG Nr. 50). Im Kündigungsschutzprozess hat grds. der Arbeitnehmer die Umstände darzulegen und im Streitfall zu beweisen, aus denen sich ergeben soll, dass die getroffene innerbetriebliche Strukturmaßnahme offensichtlich unsachlich, unvernünftig oder willkürlich ist (*BAG* 17.6.1999 EzA § 1 KSchG Betriebsbedingte Kündigung Nr. 101 m. Anm. *Rieble*). Eine Änderungskündigung mit dem Ziel, eine **Einführung von Kurzarbeit** im Betrieb zu ermöglichen (vgl. dazu MünchArbR-*Kreft* 5. Aufl., § 115 Rn 107 f.), kommt nach Ansicht des ArbG Stuttgart sogar als **außerordentliche**, fristlose Kündigung in Betracht. Für die Frage der Verhältnismäßigkeit der Kündigung seien dabei insbesondere eine angemessene Ankündigungsfrist, eine Begrenzung der Dauer der (möglichen) Kurzarbeit und der Umstand von Bedeutung, dass Kurzarbeit nur dann eingeführt werde, wenn die Voraussetzungen zur Gewährung von Kurzarbeitergeld auch in der Person des betroffenen Arbeitnehmers vorlägen (*ArbG Stuttgart* 22.10.2020 – 11 Ca 2950/20, ArbRAktuell 2020, 633).

196 Wird eine Änderungskündigung mit dem Ziel der Weiterbeschäftigung des bisher vollbeschäftigten Arbeitnehmers mit halber Stelle im **öffentlichen Dienst** auf eine **Stellenplanreduzierung** gestützt, bedarf es eines auf den Stellenplan der jeweiligen Dienststelle zugeschnitten Konzepts der zuständigen Verwaltung (*BAG* 18.11.1999 EzA § 1 KSchG Betriebsbedingte Kündigung Nr. 104). Der Beschluss einer Gemeinde, die bisher als Vollzeitstelle geführte Stelle des **Gleichstellungsbeauftragten** in eine **halbe Stelle** umzuwandeln, kann eine Änderungskündigung zur entsprechenden Reduzierung der Arbeitszeit sozial rechtfertigen (*BAG* 23.11.2000 EzBAT § 53 BAT Änderungskündigung Nr. 18).

197 **Unzulässig** ist die Kündigung eines Arbeitsverhältnisses wegen der **Weigerung** eines Arbeitnehmers, von einem **Vollzeit- in ein Teilzeitarbeitsverhältnis oder umgekehrt** zu wechseln, § 11 S. 1 TzBfG. Dieses sich schon aus dem Benachteiligungsverbot des § 611a BGB ergebende besondere Kündigungsverbot steht einer aus einem anderen Grund erfolgten Änderungskündigung zur Veränderung der Arbeitszeit – etwa wegen Arbeitsmangels oder einer entsprechenden Organisationsentscheidung – allerdings nicht entgegen, § 11 S. 2 TzBfG (*Annuß/Thüsing* § 11 TzBfG Rn 7 ff.; *Bauer* NZA

2000, 1042; *Kliemt* NZA 2001, 63, 69; *Preis/Gotthardt* DB 2000, 2069; *Sievers* § 11 TzBfG Rn 6). Ein ähnliches Kündigungsverbot sehen § 7 Abs. 1b SGB IV und § 8 Abs. 1 ATZG mit Blick auf die Möglichkeit der Vereinbarung flexibler Arbeitszeiten bzw. der Altersteilzeit vor.

Fällt der bisherige Arbeitsplatz weg wegen der Entscheidung, bestimmte Arbeiten auf **freie Mitarbeiter** zu übertragen (vgl. *BAG* 13.3.2008 EzA § 1 KSchG Betriebsbedingte Kündigung Nr. 159), stellt sich die Frage, ob der Arbeitgeber nach dem Verhältnismäßigkeitsgrundsatz verpflichtet ist dem Arbeitnehmer die (Weiter-)Beschäftigung als freier Mitarbeiter im Wege der Änderungskündigung anzubieten. Dies hat das BAG jedenfalls dann verneint, wenn der Arbeitgeber die Weiterbeschäftigung als Arbeitnehmer auf einem freien anderen Arbeitsplatz zu geänderten Bedingungen anbieten kann (*BAG* 21.2.2002 EzA § 2 KSchG Nr. 45). Ein derartiges Angebot ist regelmäßig »näher« am bisherigen Arbeitsvertrag als ein freies Mitarbeiterverhältnis. Bietet ein Arbeitgeber die Fortsetzung des **Arbeitsverhältnisses** zu geänderten Vertragsbedingungen an (etwa statt einer Tätigkeit als Außendienstmitarbeiter eine Innendiensttätigkeit im weit vom Wohnort der Arbeitnehmerin entfernten Firmensitz), so ist ein solches Angebot nicht deshalb unbillig, weil der Arbeitnehmerin eine **freie Mitarbeit** im bisherigen Arbeitsgebiet und vom bisherigen Standort aus hätte angeboten werden können. § 2 S. 1 KSchG stellt die Änderungskündigung in den Zusammenhang mit der Fortsetzung des **Arbeitsverhältnisses**. Das mögliche Angebot einer freien Mitarbeit ist daher grds. kein »milderes Mittel« gegenüber dem Angebot einer Weiterbeschäftigung zu geänderten Bedingungen als Arbeitnehmer (*BAG* 21.2.2002 EzA § 2 KSchG Nr. 45). Die Frage, ob der Arbeitgeber bei **Fehlen** einer anderen Beschäftigungsmöglichkeit als Arbeitnehmer **verpflichtet** ist, im Wege der Änderungskündigung die Weiterbeschäftigung als **freier Mitarbeiter** anzubieten, ist wohl zu verneinen (so auch *LKB/Linck* Rn 142). Dagegen spricht bereits der Wortlaut der §§ 1, 2 KSchG, geht es doch ausschließlich um die Fortsetzung des **Arbeitsverhältnisses** zu geänderten Bedingungen. Aber auch in der Sache brächte eine solche Verpflichtung wenig. Der freie Mitarbeiter genießt – selbst als arbeitnehmerähnliche Person – **keinen Kündigungsschutz** nach dem KSchG (s. nur KR-*Kreutzberg-Kowalczyk* ArbNähnl. Pers. Rdn 47). Mit der Begründung eines Dienstverhältnisses als freier Mitarbeiter durch Annahme eines entsprechenden Änderungsangebots wäre der Arbeitnehmer aus dem Geltungsbereich des KSchG ausgeschieden. Der Arbeitgeber könnte also das ihm über den Verhältnismäßigkeitsgrundsatz gleichsam aufgezwungene Dienstverhältnis zu seinem früheren Arbeitnehmer zeitnah wieder kündigen – allenfalls gebunden durch die Einhaltung von Kündigungsfristen. Um dieses Ergebnis zu vermeiden, müsste **§ 242 BGB** – widersprüchliches Verhalten – bemüht werden, um jedenfalls eine **angemessene Zeit** der Beschäftigung als freier Mitarbeiter zu erreichen. Dies spricht dafür, dass eine Verpflichtung des Arbeitgebers, dem Arbeitnehmer ggf. die freie Mitarbeit anzubieten, gar nicht erst besteht (s. zum Ganzen *Rost* FS Hromadka S. 336). 198

Eine **Teilzeitbeschäftigte** braucht die nach dem unternehmerischen Konzept für sie vorgesehene Neuregelung der **Lage der Arbeitszeit** nicht »billigerweise« hinzunehmen, wenn diese sie im Verhältnis zu Vollzeitbeschäftigten ohne sachlichen Grund **benachteiligt** und damit gegen § 4 Abs. 1 TzBfG verstößt (*BAG* 24.4.1997 EzA § 2 KSchG Nr. 26 m. krit. Anm. *Ahrens*). Dies hat das BAG angenommen, wenn nach dem neuen Konzept die Teilzeitbeschäftigte jeden Sonnabend und in den umsatzstärksten Zeiten eingesetzt werden soll, während die Vollzeitkräfte im rollierenden System jede sechste Woche am Sonnabend freigestellt werden. Eine auf diese Änderung gerichtete Kündigung ist sozialwidrig (*BAG* 24.4.1997 EzA § 2 KSchG Nr. 26). Sozialwidrig ist auch eine Änderungskündigung, die auf einer **tarifwidrigen Arbeitszeitgestaltung** beruht (*BAG* 18.12.1997 EzA § 2 KSchG Nr. 28, s. dort auch zur Einführung von Arbeit am Sonnabend als unternehmerische Entscheidung; zur Einführung von Sonntagsarbeit im Wege des Direktionsrechts vgl. *BAG* 15.9.2009 EzA § 106 GewO Nr. 4). Weitergehend hat das *BAG* in seiner Entscheidung vom 10.2.1999 (EzA § 2 KSchG Nr. 32) eine Änderungskündigung aus sonstigen Gründen als **nichtig** und nicht nur sozialwidrig angesehen, wenn die angebotene Änderung gegen **zwingende tarifliche Inhaltsnormen** verstößt (§ 4 Abs. 1 und Abs. 3 TVG, § 134 BGB). Dies hat das BAG bejaht für eine Änderungskündigung, mit der der Arbeitgeber die tarifwidrige Erhöhung der regelmäßigen wöchentlichen Arbeitszeit von 35 auf 38,5 Stunden bei einer Lohnerhöhung von drei Prozent durchzusetzen versuchte. Die geplante **Erhöhung des Produktionsaufkommens** kann eine Änderungskündigung zum 199

Zwecke des Einsatzes des bisher **einschichtig** arbeitenden Arbeitnehmers in **Wechselschicht** rechtfertigen. Insoweit liegt der Kündigung eine unternehmerische Entscheidung zugrunde, die von den Arbeitsgerichten nicht auf ihre sachliche Rechtfertigung oder ihre Zweckmäßigkeit hin, sondern nur darauf zu überprüfen ist, ob sie offenbar unvernünftig oder willkürlich ist. Gerichtlich zu prüfen ist allerdings, ob das geänderte unternehmerische Konzept die Änderungskündigung unvermeidbar macht oder es auch durch andere Maßnahmen verwirklicht werden kann – indem der Arbeitgeber etwa auf solche Arbeitnehmer zurückgreift, die freiwillig zum Einsatz in Wechselschicht bereit sind (*BAG* 18.1.1990 EzA § 1 KSchG Betriebsbedingte Kündigung Nr. 65).

200 Die Änderungskündigung einer **teilzeitbeschäftigten Erzieherin** im Kindergarten mit dem Ziel einer **Vollzeitbeschäftigung** kann gerechtfertigt sein, wenn es aus pädagogischer Sicht erforderlich ist, dass die Kinder vor- und nachmittags von derselben Erzieherin betreut werden (*LAG Hamm* 13.10.1988 RzK I 7a Nr. 13). Eine Änderungskündigung zum Zwecke der **Herabsetzung der Arbeitszeit** kann nach gerechtfertigt sein, wenn der Arbeitnehmer erforderliche **Mehrarbeit** stets **ablehnt** und deshalb eine Arbeitskraft eingestellt werden soll, die die gesamte Arbeit verrichtet (*LAG Bln.* 15.6.1981 DB 1982, 334). Die Änderungskündigung zum Zwecke der **Herabsetzung der Arbeitszeit** ist dagegen sozialwidrig, wenn kein Rückgang des Bedarfs an Arbeitsleistungen der geschuldeten Art eingetreten ist; dies kann anders sein, wenn organisatorische Veränderungen zu einer Änderung von Lage oder Dauer der Arbeitszeit führen (*LAG RhPf* 26.5.1981 AuR 1982, 91; s.a. Rdn 194). Eine Änderungskündigung, mit der wegen einer Reduzierung des Arbeitsvolumens der Umfang der **Arbeitszeit herabgesetzt** werden soll, ist unwirksam, wenn die neue Arbeitszeit nicht **verbindlich festgelegt** werden, sondern dem einseitigen Bestimmungsrecht des Arbeitgebers vorbehalten bleiben soll (*LAG Bra.* 24.10.1996 LAGE § 2 KSchG Nr. 22).

201 Trifft der Arbeitgeber die Entscheidung, statt einer **Teilzeitkraft** wegen der **Erhöhung des Beschäftigungsbedarfs** eine **Vollzeitkraft** einzusetzen, hat er diesen Ganztagsarbeitsplatz zunächst der Teilzeitkraft anzubieten; andernfalls ist eine dieser gegenüber ausgesprochene Beendigungskündigung sozialwidrig, es sei denn, es stünde fest, dass sie diese Änderung auch angesichts der Kündigung nicht angenommen hätte (vgl. *LAG Bln.* 10.11.1996 LAGE § 2 KSchG Nr. 20). Zur Wirksamkeit einer Änderungskündigung gegenüber einer teilzeitbeschäftigten Musikschullehrerin, mit der durch **Erhöhung** der öffentlichen **Unterrichtsstunden** bei unveränderter Vergütung ua der **Ferienüberhang** ausgeglichen werden soll, vgl. *LAG RhPf* 26.3.1998 (ZTR 1999, 75).

6. Änderungskündigung mit dem Ziel der Befristung

202 Ebenso wenig wie eine Änderungskündigung mit dem Ziel der Befristung **einzelner Vertragsbedingungen** prinzipiell ausgeschlossen ist (s. Rdn 100 f.), verbietet sich die Änderungskündigung zwecks Befristung des **gesamten Arbeitsvertrags** schon vom Grundsatz her (vgl. Rdn 48). Allerdings ist genau zu prüfen, ob dafür ein dringendes betriebliches Erfordernis tatsächlich gegeben ist. Der Arbeitgeber, der die befristete Fortsetzung des Arbeitsverhältnisses anbietet, bringt damit selbst zum Ausdruck, dass dessen Beendigung betrieblich nicht, jedenfalls **noch nicht** geboten ist (so mit Recht ErfK-*Oetker* § 2 KSchG Rn 50; *Preis* NZA 1997, 1080). Im Regelfall dürfte kein Grund dafür bestehen, ein unbefristetes Arbeitsverhältnis, statt es zu gegebener Zeit, wenn denn tatsächlich ein dringendes betriebliches Erfordernis dafür entstanden sein sollte, mit einer Kündigung zu beenden, durch eine Änderungskündigung auf **derselben Stelle** vorzeitig in ein auf diesen – schon feststehenden (?) – Zeitpunkt befristetes Arbeitsverhältnis umzuwandeln. Das könnte außerdem zur bedenklichen Vermeidung der Entstehung von Sonderkündigungsschutz führen und die Berücksichtigung später entstehender anderer Weiterbeschäftigungsmöglichkeiten verhindern. Gleichwohl schließt das eine Änderungskündigung zur befristeten Fortsetzung des Arbeitsverhältnisses **nicht schon grds.** aus (*BAG* 16.12.2010 EzA § 2 KSchG Nr. 81; 8.7.1998 EzA § 620 BGB Nr. 152; 25.4.1996 EzA § 2 KSchG Nr. 25). Sie kann aber nur dann sozial gerechtfertigt sein, wenn bei Ablauf der Kündigungsfrist die Möglichkeit zur Weiterbeschäftigung zu den **bisherigen** Arbeitsbedingungen schon **endgültig** weggefallen und die Fortsetzung zu (inhaltlich) geänderten Vertragsbedingungen auf einer **anderen Stelle** tatsächlich nur befristet möglich ist (vgl. *BAG*

26.3.2015 EzA § 1 KSchG Betriebsbedingte Kündigung Nr. 183; 16.12.2010 EzA § 2 Nr. 81; zutr. auch *Fischermeier* NZA 2000, 737, 740). Die soziale Rechtfertigung der Änderungskündigung und der sachliche Grund für eine Befristung können auch darin liegen, dass der Arbeitgeber dem Arbeitnehmer aus **sozialen Erwägungen** eine befristete Beschäftigung iS einer Übergangsregelung ermöglichen will. Die sozialen Erwägungen müssen dann das – von ihm darzulegende – überwiegende Motiv des Arbeitgebers für das Änderungsangebot sein. Dementsprechend kann etwa eine Änderungskündigung sozial gerechtfertigt sein, die das Angebot einer befristeten Weiterbeschäftigung im Rahmen eines Altersteilzeitarbeitsverhältnisses enthält, weil sich der Arbeitgeber aus sozialen Erwägungen entschlossen hat, trotz des betriebsbedingten Wegfalls der Beschäftigungsmöglichkeiten – dh trotz der rechtlichen Zulässigkeit sogar einer Beendigungskündigung – den Arbeitnehmer für eine gewisse Zeit auf diese Weise weiter zu beschäftigen. In diesem Fall handelt es sich deshalb nicht um eine unzulässige, weil aufgrund noch nicht absehbarer Kriterien erklärte »**Vorratskündigung**« (*BAG* 16.12.2010 EzA § 2 KSchG Nr. 81). Die Änderung der Arbeitsbedingungen ist auch nicht nach § 8 Abs. 1 AltTZG unwirksam. Die Vorschrift schließt nicht aus, dem Arbeitnehmer bei eigentlich drohendem Arbeitsplatzverlust einen sozialverträglichen Übergang in den Ruhestand zu ermöglichen (*BAG* 16.12.2010 EzA § 2 KSchG Nr. 81). Zur Frage, ob der Arbeitnehmer auch bei **vorbehaltloser Annahme** des Änderungsangebots **Entfristungsklage** und wenn ja: binnen welcher Frist erheben kann, s. Rdn 48.

7. Änderungskündigung durch Insolvenzverwalter

§§ 125 bis 128 InsO (s. dazu iE die Erl. zu §§ 125–128 InsO) gelten auch für **Änderungskündigungen** (*Fischermeier* NZA 1997, 1009; *Löwisch* RdA 1997, 85; *Müller* NZA 1998, 1319; *Preis* NZA 1997, 1087; *Warrikoff* BB 1994, 2338, 2341; *Zwanziger* BB 1997, 626; *ders.* DDZ § 125 InsO Rn 18). Das zeigt schon der Wortlaut von § 125 Abs. 1 Nr. 1 InsO, wo unter bestimmten Voraussetzungen ausdrücklich die Vermutung aufgestellt wird, dass dringende betriebliche Erfordernisse einer Weiterbeschäftigung »zu unveränderten Bedingungen« entgegenstehen. Das machen zudem die Materialien des Gesetzgebungsverfahrens deutlich. In dem Bericht des Rechtsausschusses zum Entwurf der Insolvenzordnung ist hervorgehoben, dass der Begriff der Kündigung sowohl die Beendigungs- als auch die Änderungskündigung erfasst (BT-Drucks. 12/7302, S. 169). Werden also in einem **Interessenausgleich** zwischen Insolvenzverwalter und Betriebsrat Arbeitnehmer, denen zur Änderung der Vertragsbedingungen gekündigt werden soll, **namentlich bezeichnet**, wird gem. § 125 Abs. 1 Nr. 1 InsO vermutet, dass die Änderungskündigung durch dringende betriebliche Erfordernisse bedingt ist; die **soziale Auswahl** wird nach Maßgabe des § 125 Abs. 1 Nr. 2 InsO nur noch auf grobe Fehlerhaftigkeit überprüft (zur Anwendung des § 1 Abs. 5 KSchG auf Änderungskündigungen s. Rdn 162). Auch in der Insolvenz ist die Voraussetzung für eine betriebsbedingte Kündigung, dass nämlich dringende betriebliche Erfordernisse einer Weiterbeschäftigung entgegenstehen, bei einer Kündigung wegen Betriebsstilllegung in der Arbeitsphase einer **Altersteilzeit** im Blockmodell grds. gegeben. Eine Änderungskündigung mit dem Ziel, zur Entlastung der Insolvenzmasse während der Dauer der Altersteilzeit die Ansprüche des Arbeitnehmers auf die vereinbarten Aufstockungsbeiträge zu beseitigen, hat das BAG in diesem Fall nicht als milderes Mittel gegenüber einer Beendigungskündigung angesehen (*BAG* 16.6.2005 EzA § 1 KSchG Betriebsbedingte Kündigung Nr. 137).

203

Der Insolvenzverwalter kann gem. § 126 InsO im **Beschlussverfahren** die soziale Rechtfertigung der Änderungskündigung **gerichtlich feststellen** lassen, wenn ein Interessenausgleich nicht fristgerecht zustande kommt oder ein Betriebsrat nicht besteht. Die entsprechenden Vermutungs- bzw. Feststellungswirkungen erstrecken sich nach **§ 128 Abs. 2 InsO** auch darauf, dass die Änderungskündigung nicht wegen eines **Betriebsübergangs** erfolgt (zu Einzelheiten s. KR-*Weigand/Spelge* § 128 InsO). Auf die Änderungskündigung ist auch die verkürzte Kündigungsfrist des **§ 113 InsO** anzuwenden (*Fischermeier* NZA 1997, 1099, 1100; *Warrikoff* BB 1994, 2338; s. iE die Erl. zu §§ 125–128 InsO).

204

F. Die Beteiligung des Betriebsrats bei der Änderungskündigung

I. Anhörung des Betriebsrats nach § 102 BetrVG

1. Anhörung des Betriebsrats

205 Die Änderungskündigung ist eine **echte Kündigung**, weil sie zur Beendigung des Arbeitsverhältnisses führen kann (s. Rdn 11). Gem. § 102 Abs. 1 S. 1 BetrVG ist daher vor Ausspruch der Änderungskündigung der **Betriebsrat** zu hören (*BAG* 27.9.2001 EzA § 2 KSchG Nr. 44; 11.10.1989 EzA § 1 KSchG Betriebsbedingte Kündigung Nr. 64; DKK-*Kittner/Bachner* § 102 Rn 13; *Fitting* § 102 Rn 9; GK-*Raab* § 102 Rn 30; WPK-*Preis* § 102 Rn 26; *Richardi/Thüsing* § 102 Rn 268). Entsprechendes gilt für die Beteiligung des **Personalrats** (s.a. *BAG* 23.11.2000 EzA § 2 KSchG Nr. 40 zur Bindungswirkung eines personalvertretungsrechtlichen Beschlussverfahrens). Ist die konkrete Änderungskündigung nur eine von mehreren zeitgleich beabsichtigten Änderungs- oder Beendigungskündigungen und sind die Schwellenwerte des **§ 17 Abs. 1 KSchG** erreicht, hat der Arbeitgeber auch den – über § 102 Abs. 1 BetrVG weit hinausgehenden – **Beratungsanspruch** des Betriebsrats nach **§ 17 Abs. 2 S. 2 KSchG** zu beachten (zu den Anforderungen iE *BAG* 22.9.2016 EzA § 17 KSchG Nr. 39; 26.2.2015 EzA § 17 KSchG Nr. 33 und KR-*Weigand/Heinkel* § 17 KSchG Rdn 119 ff.). Eine ohne vorherige Erfüllung des Beratungsanspruchs erklärte (Änderungs-)Kündigung ist **rechtsunwirksam** (*BAG* 21.3.2013 EzA § 17 KSchG Nr. 30, m. krit. Anm. *Moll*).

206 Da die Anhörung des Betriebsrats **vor** der Kündigung zu erfolgen hat, ist eine **Differenzierung** danach, ob der Arbeitnehmer das Angebot ablehnt oder gem. § 2 KSchG unter Vorbehalt annimmt, **nicht** möglich. Solange die Kündigung gegenüber dem Arbeitnehmer noch nicht erklärt worden ist, kann dieser sich zu dem Änderungsangebot iSd § 2 S. 1 KSchG nicht verhalten. Dies kann er immer erst **nach Zugang** der Kündigung und damit **nach Anhörung** des Betriebsrats. Selbst wenn der Arbeitnehmer ein zunächst isoliert abgegebenes Änderungsangebot ausgeschlagen hat, hindert ihn das nicht, nach der Verknüpfung dieses Angebots mit einer Kündigung bis zum Ablauf der Kündigungsfrist bzw. zum Ablauf von drei Wochen nach Ausspruch der Kündigung das Angebot nach Maßgabe des § 2 KSchG doch noch anzunehmen. Die Anhörung des Betriebsrats ist daher in jedem Fall **vor Ausspruch** der Änderungskündigung erforderlich, unabhängig davon, wie der Arbeitnehmer anschließend auf die Kündigung reagiert.

207 Das **Anhörungsverfahren** ist grds. in der gleichen Weise durchzuführen wie vor Ausspruch einer ordentlichen Beendigungskündigung. Zu der Mitteilung der Kündigungsgründe gehört die Unterrichtung über die **Art der Kündigung** – also darüber, dass eine **Änderungs**kündigung beabsichtigt ist – und über den Inhalt des **Änderungsangebots** (*BAG* 16.12.2010 EzA § 2 KSchG Nr. 81; 12.8.2010 EzA § 2 KSchG Nr. 79; 27.9.2001 EzA § 2 KSchG Nr. 44). Im Falle einer betriebsbedingten Änderungskündigung sind die **Kündigungsfristen** hinsichtlich der betroffenen Arbeitnehmer jedenfalls dann anzugeben, wenn sich erst daraus die **Tragweite der geplanten Maßnahmen** (etwa die Reduzierung des Weihnachtsgelds), bezogen auf das laufende oder das nachfolgende Kalenderjahr, ermitteln lässt (*BAG* 29.3.1990 EzA § 102 BetrVG 1972 Nr. 79 m. Anm. *Marhold*; vgl. auch schon *BAG* 3.4.1987 RzK III 1d Nr. 3; *ArbG Frankf.* 17.1.1990 RzK III 1d Nr. 6 – Mitteilung des Kündigungstermins jedenfalls bei Massenänderungskündigungen). Der Betriebsrat soll durch das Anhörungsverfahren in die Lage versetzt werden, sich ein eigenes Urteil über die Berechtigung der Kündigung zu bilden und darüber, ob ein Widerspruch nach § 102 Abs. 3 BetrVG sinnvoll ist. Das kann er nur, wenn er weiß, dass es sich um eine Änderungskündigung handelt und ihm das Änderungsangebot vorliegt. Die **Kenntnis des Angebots** ist gerade im Hinblick auf die Widerspruchsgründe gem. § 102 Abs. 3 Nr. 3–5 BetrVG unerlässlich (*BAG* 29.3.1990 EzA § 102 BetrVG 1972 Nr. 79; SPV-*Preis* Rn 351; vgl. KR-*Rinck* § 102 BetrVG Rdn 74 ff.). Bestehen auf Seiten des Betriebsrats Bedenken, so hat er diese innerhalb einer Woche dem Arbeitgeber **schriftlich** mitzuteilen, andernfalls gilt seine Zustimmung als erteilt (zu den Einzelheiten des Anhörungsverfahrens vgl. KR-*Rinck* § 102 BetrVG Rdn 55 f.; zur Beteiligung des Personalrats s. KR-*Rinck* §§ 81–83, 85, 86, 128 BPersVG Rdn 11 f.). Hat der Personalrat fristgerecht Einwendungen gegen

eine beabsichtigte (Änderungs-)Kündigung erhoben und unterlässt der Arbeitgeber eine nach den Vorschriften des einschlägigen PersVG für diesen Fall vorgeschriebene Erörterung, ist die Kündigung idR unwirksam (*BAG* 20.1.2000 EzA § 2 KSchG Nr. 39; s.a. *BVerwG* 9.12.1998 AP Nr. 3 zu § 74 LPVG Hessen).

Will der Arbeitgeber im Fall der **endgültigen Ablehnung** eines dem Arbeitnehmer – uU erstmals schon vor Ausspruch der Kündigung – unterbreiteten Änderungsangebots eine **Beendigungskündigung** aussprechen (s. dazu *BAG* 21.4.2005 EzA § 2 KSchG Nr. 52 u. Nr. 53; s. Rdn 21), hat er dies dem Betriebsrat gegenüber **klarzustellen**. Andernfalls deckt eine vorausgegangene Anhörung zu einer beabsichtigten Änderungskündigung nicht die vom Arbeitgeber nach Ablehnung des Angebots ausgesprochene Beendigungskündigung (*BAG* 30.11.1989 EzA § 102 BetrVG 1972 Nr. 77; SPV-*Preis* Rn 351). Diese sehr strenge Unterscheidung zeigt die **Risiken** eines »vorgeschalteten Anhörungsverfahrens« (s. dazu Rdn 21). Auch deshalb ist zu empfehlen, trotz Ablehnung des Arbeitnehmers im Vorstadium nur eine Änderungskündigung auszusprechen – also das abgelehnte Änderungsangebot mit dieser Kündigung noch einmal zu wiederholen (s.a. Rdn 28). Damit werden zudem Beweisschwierigkeiten vermieden, falls der Arbeitnehmer im späteren Verfahren die endgültige und vorbehaltlose Ablehnung des Angebots bestreitet. Hängt die Frage, ob der Arbeitgeber eine **Änderungskündigung** oder eine **Beendigungskündigung** aussprechen kann, allein davon ab, ob der Arbeitnehmer einem **Betriebsübergang widerspricht** oder nicht, so genügt der Arbeitgeber seiner nach § 102 BetrVG bestehenden Unterrichtungspflicht, wenn er dem Betriebsrat mitteilt, er wolle im Fall eines Widerspruchs des Arbeitnehmers gegen einen Betriebteil-Übergang wegen der Stilllegung des verbleibenden Betriebsteils eine Beendigungskündigung und andernfalls eine Änderungskündigung aussprechen. Es handelt sich bei einer solchen Lage nicht um eine unzulässige »**Anhörung auf Vorrat**« ohne Vorliegen aktueller Kündigungsgründe. Vielmehr steht der Kündigungssachverhalt **für beide Alternativen** bereits fest. In jedem Fall soll **eine** der beiden Kündigungen ausgesprochen werden. Der Entschluss des Arbeitgebers, das Arbeitsverhältnis in seiner bisherigen Form nicht mehr fortzusetzen, steht unter keinerlei Vorbehalt mehr. Ob eine Beschäftigung zu anderen Bedingungen in Betracht kommt, hängt allein vom Willen des Arbeitnehmers ab. Unter diesen Umständen widerspricht die Anhörung nicht dem Zweck von § 102 Abs. 1 BetrVG, dem Betriebsrat die Möglichkeit zu eröffnen, in sachgerechter Weise Bedenken gegen die beabsichtigte Kündigung zu erheben, § 102 Abs. 2 S. 1 u. 3 BetrVG, und im Fall einer ordentlichen Kündigung Widerspruch einzulegen, § 102 Abs. 3 BetrVG. Dem Betriebsrat sind sämtliche die Entscheidung des Arbeitgebers zur Kündigung beeinflussenden Informationen zur Verfügung gestellt worden. Er kann sich ohne zusätzliche eigene Nachforschungen selbst ein Bild machen und die Stichhaltigkeit der Kündigungsgründe, dh Betriebsteil-Übergang bzw. Stilllegung des Rest-Betriebs, prüfen (*BAG* 22.4.2010 EzA § 102 BetrVG 2001 Nr. 26).

Auch für die Änderungskündigung gilt, dass der Arbeitgeber sich im Änderungsschutzprozess auf solche **Gründe nicht stützen** kann, die er trotz Kenntnis dem Betriebsrat im Anhörungsverfahren **nicht mitgeteilt** hat (dazu iE s. KR-*Rinck* § 102 BetrVG Rdn 240). Zwar ist die Mitteilung der Kündigungsgründe nach § 102 Abs. 1 S. 2 BetrVG »subjektiv determiniert«. Der Arbeitgeber muss nur die Umstände mitteilen, die seinen Kündigungsentschluss tatsächlich bestimmt haben. Teilt der Arbeitgeber objektiv durchaus kündigungserhebliche Tatsachen nicht mit, etwa weil er darauf die Kündigung nicht oder zunächst nicht stützen will, ist die Anhörung gleichwohl ordnungsgemäß. Dem Arbeitgeber ist es dann aber verwehrt, im Kündigungsschutzprozess Gründe nachzuschieben, die über die Erläuterung des mitgeteilten Sachverhalts hinausgehen (*BAG* 12.8.2010 EzA § 2 KSchG Nr. 79; 23.6.2009 EzA § 626 BGB 2002 Verdacht strafbarer Handlung Nr. 8; 11.10.1989 EzA § 1 KSchG Betriebsbedingte Kündigung Nr. 64). Der Arbeitgeber kommt seiner Unterrichtungspflicht allerdings dann nicht mehr korrekt nach, wenn er dem Betriebsrat auch aus eigener Sicht bewusst einen unrichtigen oder unvollständigen Sachverhalt unterbreitet (*BAG* 23.10.2014 EzA § 102 BetrVG 2001 Nr. 31; 7.11.2002 EzA § 1 KSchG Krankheit Nr. 50). Hat etwa der Arbeitgeber bei einer Änderungskündigung zum Zwecke der Streichung außertariflicher Zulagen wegen zu hoher Kostenbelastung den Betriebsrat nur über die wirtschaftlichen Verhältnisse einer unselbständigen Betriebsabteilung unterrichtet, ist es ihm deshalb im Änderungsschutzverfahren verwehrt, sich darauf zu berufen, dass auch die Ertragslage des gesamten Betriebs dringend nach einer Sanierung verlange (*BAG* 11.10.1989 EzA § 1 KSchG Betriebsbedingte Kündigung Nr. 64; s. dazu Rdn 177).

2. Widerspruch des Betriebsrats

210 Gem. § 102 Abs. 3 BetrVG kann der Betriebsrat innerhalb der Frist des 102 Abs. 2 S. 1 BetrVG – also innerhalb einer Woche nach der Unterrichtung durch den Arbeitgeber – der Kündigung **widersprechen**, wenn einer der in § 102 Abs. 3 Nr. 1–5 BetrVG abschließend aufgeführten Gründe vorliegt.

211 Für den Widerspruch nach Nr. 1 – nicht ausreichende Berücksichtigung sozialer Gesichtspunkte – gelten keine Besonderheiten gegenüber der »normalen« Beendigungskündigung. Ein auf Nr. 2 gestützter Widerspruch kommt nur insoweit in Frage, wie die Richtlinie gem. § 95 BetrVG auch die Änderungskündigung berührt; ob das der Fall ist, muss die Auslegung ergeben. Beruft sich der Betriebsrat auf eine Weiterbeschäftigungsmöglichkeit nach Maßgabe der Nr. 3–5, kann dies verständlicherweise nicht die Möglichkeit sein, welche der Arbeitgeber dem Arbeitnehmer ohnehin anbietet. Ein solcher Widerspruch wäre unbeachtlich. Die Nr. 3–5 haben Bedeutung für den Fall, dass der Betriebsrat eine Beschäftigung zu weniger einschneidend geänderten Bedingungen als möglich ansieht und seinen Widerspruch darauf stützt (s.a. *LAG Köln* 5.11.1998 LAGE § 1 KSchG Betriebsbedingte Kündigung Nr. 54; s.a. Rdn 156).

3. Weiterbeschäftigung nach Ablehnung des Angebots

212 Hat der Betriebsrat der beabsichtigten Kündigung frist- oder ordnungsgemäß **widersprochen** und erklärt der Arbeitgeber die Kündigung gleichwohl, ist für das weitere Verfahren zu unterscheiden, ob der Arbeitnehmer das Änderungsangebot unter Vorbehalt annimmt oder es endgültig ablehnt. **Lehnt** er es **ab**, gelten keine Besonderheiten. Erhebt der Arbeitnehmer dann nach § 4 S. 1 KSchG Klage auf Feststellung, dass das Arbeitsverhältnis durch die Kündigung nicht aufgelöst ist, kann er nach Maßgabe von § 102 Abs. 5 BetrVG die **vorläufige Weiterbeschäftigung** zu den **bisherigen** Bedingungen verlangen (*Fitting* § 102 Rn 14; *Richardi/Thüsing* § 102 Rn 280).

4. Weiterbeschäftigung nach Annahme des Angebots

213 Nimmt der Arbeitnehmer hingegen das Änderungsangebot nach § 2 S. 1 KSchG unter dem **Vorbehalt** an, dass die Änderung nicht sozial ungerechtfertigt ist, erklärt er sich damit bereit, zu den geänderten Vertragsbedingungen bis zur endgültigen Klärung im Änderungsschutzprozess weiterzuarbeiten. Das gilt auch dann, wenn diese Annahme unter Vorbehalt ihrerseits aufschiebend bedingt durch die Wirksamkeit der Kündigung erklärt wird (s. Rdn 112, 132). Zu diesem Verhalten stünde es im Widerspruch, wollte er nunmehr gem. § 102 Abs. 5 BetrVG die Weiterbeschäftigung zu den alten Bedingungen verlangen. Der Arbeitnehmer muss sich an seiner ausdrücklich erklärten Bereitschaft festhalten lassen, **zunächst** zu den **geänderten** Bedingungen weiterzuarbeiten. Das ist der Preis dafür, dass ihm das Risiko des Arbeitsplatzverlustes abgenommen wird und der Arbeitgeber sich mit einer Annahme seines Angebots unter Vorbehalt einverstanden erklären muss (vgl. Rdn 132). Vertragsrechtlich kommt durch die Annahme unter Vorbehalt ein durch das Obsiegen mit der Änderungsschutzklage **auflösend bedingter**, den Arbeitnehmer bis zum Bedingungseintritt aber zur Erfüllung verpflichtender **Änderungsvertrag** zustande (zutr. APS-*Künzl* Rn 138, Rn 317). Die Interessen des Arbeitnehmers sind hinreichend durch **§ 8 KSchG** gewahrt, weil er für den Fall des Obsiegens mit dem Änderungsschutzantrag rückwirkend – jedenfalls wirtschaftlich – so gestellt wird, als habe er ohne Unterbrechung nur zu den alten Bedingungen arbeiten müssen. Der Weiterbeschäftigungsanspruch aus § 102 Abs. 5 BetrVG tritt demnach zurück, wenn der Arbeitnehmer das Änderungsangebot unter Vorbehalt angenommen hat (APS-*Künzl* Rn 317; *Fitting* § 102 Rn 13; GK-*Raab* § 102 Rn 184; *Richardi/Thüsing* § 102 Rn 281; **aA** DKK-*Kittner/Bachner* § 102 Rn 251; für eine analoge Anwendung von § 102 Abs. 5 BetrVG *Enderlein* ZfA 1992, 51; s.a. Rdn 132, 232, 233; KR-*Rinck* § 102 BetrVG Rdn 264 f.).

Dieses Ergebnis wird gestützt durch den **Wortlaut** des § 102 Abs. 5 BetrVG. Dort wird verlangt, 214
dass der Arbeitnehmer nach dem KSchG Klage auf Feststellung erhoben hat, »dass das Arbeitsverhältnis durch die Kündigung nicht aufgelöst ist«. Dies ist der Antrag der Kündigungsschutzklage gem. § 4 S. 1 KSchG und nicht der Antrag der Änderungsschutzklage gem. § 4 S. 2 KSchG, den der Arbeitnehmer im Falle der Annahme der geänderten Vertragsbedingungen unter Vorbehalt zu stellen hat.

Bedarf allerdings die **Umsetzung** der mit der Änderungskündigung bezweckten Vertragsänderung 215
der **Zustimmung des Betriebsrats** – etwa nach § 99 Abs. 1 oder § 87 Abs. 1 BetrVG –, so muss der Arbeitnehmer einer entsprechenden Weisung nach Maßgabe der Theorie der Wirksamkeitsvoraussetzungen nicht nachkommen, solange nicht die Zustimmung des Betriebsrats vorliegt oder die Voraussetzungen für eine vorläufige Durchführung erfüllt sind (*BAG* 22.4.2010 EzA § 2 KSchG Nr. 77 m. Anm. *Kania/Kania*; DKK-*Bachner* § 102 Rn 251; APS-*Künzl* Rn 319; s. Rdn 232 f., 240 f.). Daraus folgt zwar nicht ohne Weiteres ein **Anspruch** auf tatsächliche Weiterbeschäftigung zu den bisherigen Vertragsbedingungen, aber doch ein Recht, die Arbeit unter den angesonnenen neuen Bedingungen zu **verweigern**.

5. Fehlerhafte Anhörung

Die Kündigung ist nach § 102 Abs. 1 S. 3 BetrVG nicht nur dann unwirksam, wenn der Arbeit- 216
geber das Anhörungsverfahren gar **nicht**, sondern auch dann, wenn er es **nicht ordnungsgemäß** durchführt (*BAG* 23.10.2014 EzA § 102 BetrVG 2001 Nr. 31; 9.6.2011 EzA § 626 BGB 2002 Nr. 36) und zB vor Ablauf der Wochenfrist des § 102 Abs. 2 S. 1 BetrVG kündigt, ohne dass der Betriebsrat zuvor eine endgültige Stellungnahme abgegeben hätte (*BAG* 25.5.2016 § 102 BetrVG 2001 Nr. 37). Ob bei einer darauf beruhenden Unwirksamkeit das **Änderungsangebot** des Arbeitgebers wirksam bleibt, bestimmt sich nach § 139 BGB. Die Frage dürfte in aller Regel zu bejahen sein mit der Folge, dass der Arbeitnehmer das Änderungsangebot vorbehaltlos annehmen und damit die Änderung des Arbeitsverhältnisses einverständlich herbeiführen kann. Das Ziel des Arbeitgebers bei der Änderungskündigung ist es, eine inhaltliche Änderung des Arbeitsvertrags herbeizuführen; die Kündigung dient dabei nur als Hilfs- und Druckmittel für den Fall, dass es nicht zu einer freiwilligen Annahme des Angebots kommt. Bei dieser Sachlage wird das Änderungsangebot regelmäßig auch ohne wirksame (Beendigungs-)Kündigung gewollt sein (s.a. *LKB/Linck* Rn 190; *Schwerdtner* FS 25 Jahre BAG, S. 576). Nimmt der Arbeitnehmer das Angebot nicht an, muss der Arbeitgeber nach einem nunmehr ordnungsgemäß durchgeführten Anhörungsverfahren erneut eine Änderungskündigung erklären. Verbindet der Arbeitgeber, nachdem er Einwände des Betriebsrats gegen das ursprünglich beabsichtigte Änderungsangebot berücksichtigt hat, die Kündigung nunmehr mit einem entsprechend den Wünschen des Betriebsrats geänderten Angebot, bedarf es dazu keiner nochmaligen vorhergehenden Anhörung des Betriebsrats (*LAG Bln.-Bra.* 15.2.2008 – 8 Sa 1476/07).

II. Versetzung und Umgruppierung: Zustimmungserfordernis nach § 99 BetrVG

1. Regelung des § 99 BetrVG

Die Änderungskündigung wird häufig zum Zweck einer **Umgruppierung** oder einer **Versetzung** 217
iSd § 99 Abs. 1 BetrVG ausgesprochen. Als **Versetzung** iSd BetrVG ist nach der Legaldefinition in § 95 Abs. 3 BetrVG die **Zuweisung eines anderen Arbeitsbereichs** anzusehen, die voraussichtlich die Dauer von einem Monat überschreitet oder die – bei kürzerer Dauer – mit einer erheblichen Änderung der Umstände verbunden ist, unter denen die Arbeit zu leisten ist. **Umgruppierung** iSv § 99 Abs. 1, § 95 Abs. 1 BetrVG ist jede Änderung der Einreihung eines Arbeitnehmers in eine im Betrieb anzuwendende Vergütungsordnung. Sie kann auf der Feststellung beruhen, dass die Tätigkeit des Arbeitnehmers nicht oder nicht mehr den Merkmalen der Vergütungsgruppe entspricht, nach der er bisher eingruppiert ist, sondern denen einer anderen (*BAG* 20.3.2014 EzA § 2 KSchG Nr. 90; 6.4.2011 EzA § 99 BetrVG 2001 Umgruppierung Nr. 8; 10.12.2002 EzA § 99 BetrVG 2001 Umgruppierung Nr. 1). Unerheblich ist demnach, ob die Umgruppierung durch die

Zuweisung einer anderen Tätigkeit, bei unveränderter Tätigkeit durch die Korrektur einer falschen Einstufung oder durch eine neue tarifliche Bewertung veranlasst ist (vgl. *Fitting* § 99 Rn 104 ff.; GK-BetrVG/*Raab* § 99 Rn 40 ff.; *Richardi/Thüsing* § 99 Rn 59 ff. – jeweils mwN; s.a. Rdn 237).

218 In Betrieben mit idR mehr als 20 wahlberechtigten Arbeitnehmern hat der Arbeitgeber den Betriebsrat vor jeder Einstellung, Eingruppierung, **Umgruppierung** und **Versetzung** nach Maßgabe des § 99 Abs. 1 BetrVG zu **unterrichten** und seine **Zustimmung** zu der beabsichtigten Maßnahme einzuholen. Der Betriebsrat kann seine Zustimmung aus den in § 99 Abs. 2 Nr. 1–6 BetrVG abschließend aufgezählten Gründen verweigern. Ohne die Zustimmung des Betriebsrats kann die Maßnahme nicht wirksam durchgeführt werden, es sei denn, der Arbeitgeber ist gem. § 100 Abs. 1, Abs. 2 BetrVG zu ihrer vorläufigen Durchführung berechtigt.

2. Verhältnis des Verfahrens nach § 99 BetrVG zu dem nach § 102 BetrVG

219 Das **Nebeneinander** der Beteiligungsrechte des Betriebsrats nach § 102 BetrVG und § 99 BetrVG führt zu **Konkurrenzproblemen**. Insbesondere hat der Widerspruch des Betriebsrats gegen die beabsichtigte Maßnahme im Rahmen des § 99 BetrVG deren tatsächliche Blockierung zur Folge, während der Widerspruch gegen eine beabsichtigte Kündigung gem. § 102 BetrVG den Arbeitgeber nicht daran hindert, die Kündigung zu erklären.

220 Es besteht kein Grund, eines der Mitbestimmungsverfahren hinter das andere zurücktreten zu lassen. Beide sind nach Voraussetzung und Wirkung durchaus unterschiedlich. Während § 102 BetrVG nur bei (**Änderungs-**)**Kündigungen** des Arbeitgebers eingreift, ist es für die Anwendung des § 99 BetrVG nicht von Belang, ob der beabsichtigten Maßnahme **individualrechtlich** eine Änderungskündigung, gar das Einverständnis der Parteien oder die Ausübung des Direktionsrechts des Arbeitgebers zugrunde liegt. Zumindest bei § 99 BetrVG geht es nämlich (auch) um die Berücksichtigung der Interessen der Gesamtbelegschaft. Die Beteiligungsrechte haben unterschiedliche Voraussetzungen: § 99 BetrVG kommt nur in Betrieben von Unternehmen mit mehr als 20 (wahlberechtigten) Arbeitnehmern zur Anwendung (zum **Gemeinschaftsbetrieb** zweier kleinerer Unternehmen vgl. *BAG* 29.9.2004 § 99 BetrVG 2001 Nr. 4), § 102 BetrVG ist dagegen stets, dh auch in Betrieben kleinerer Unternehmen zu beachten.

221 Die **Gründe**, aus denen der Betriebsrat einer Maßnahme – etwa einer zum Zweck der Versetzung beabsichtigten Änderungskündigung – widersprechen kann (§ 99 Abs. 2 Nr. 1–6 BetrVG einerseits, § 102 Abs. 3 Nr. 1–5 BetrVG andererseits) **decken sich** in großen Teilen **nicht**. Das beruht auf den unterschiedlichen gesetzgeberischen Intentionen. Während die in § 102 Abs. 3 Nr. 1–5 BetrVG genannten Gründe in erster Linie dem individuellen Kündigungsschutz dienen, sind die in § 99 Abs. 2 Nr. 1–6 BetrVG abschließend aufgezählten Gründe vorrangig auf die Wahrung der kollektiven Interessen der Belegschaft als ganzer ausgerichtet. Im Übrigen sind dem Betriebsrat gesetzlich keine inhaltlichen Beschränkungen bei der Angabe derjenigen Gründe auferlegt, aus denen er gegen eine Kündigung Bedenken iSv § 102 Abs. 2 BetrVG erhebt. Dementsprechend ist es denkbar, dass der Betriebsrat zu **unterschiedlichen Entscheidungen** kommt (*BAG* 30.9.1993 EzA § 99 BetrVG 1972 Nr. 118 m. Anm. *Kania*) und etwa gegen eine Umgruppierung zwar keinen Widerspruch nach § 99 Abs. 2 BetrVG einlegt, gegen die Änderungskündigung, mit deren Hilfe die Umgruppierung durchgesetzt werden soll, aber sehr wohl Bedenken erhebt. Ebenso gut ist denkbar, dass der Betriebsrat der (sozialen) Auswahl des betreffenden Arbeitnehmers mit Blick auf eine anstehende Versetzung sowohl nach § 99 Abs. 2 Nr. 4 BetrVG als auch nach § 102 Abs. 3 Nr. 1 BetrVG widerspricht (vgl. die Sachverhalte in *BAG* 30.9.1993 EzA § 99 BetrVG 1972 Nr. 118 und 22.4.2010 EzA § 2 KSchG Nr. 77; s.a. *BAG* 3.11.1977 AP Nr. 1 zu § 75 BPersVG).

222 Schließlich sind auch die **Rechtsfolgen unterschiedlich**. Während die Kündigung trotz des Widerspruchs des Betriebsrats ohne Weiteres erklärt werden kann, hindert der Widerspruch des Betriebsrats nach § 99 Abs. 2 BetrVG die tatsächliche Vollziehung der Maßnahme. Der Arbeitgeber muss gem. § 99 Abs. 4 BetrVG die Ersetzung der Zustimmung durch das ArbG

beantragen, wenn er die Maßnahme nicht nach Maßgabe von § 100 Abs. 1, Abs. 2 BetrVG vorläufig durchführen darf.

Bei diesen Unterschieden in den Regelungen kann nicht eine der Vorschriften als lex specialis gegenüber der anderen gesehen werden. Vielmehr müssen beide Mitbestimmungsverfahren **nebeneinander durchgeführt** werden, wenn die jeweiligen Voraussetzungen vorliegen (*BAG* 22.4.2010 EzA § 2 KSchG Nr. 77 m. Anm. *Kania/Kania*; 30.9.1993 EzA § 99 BetrVG 1972 Nr. 118 m. Anm. *Kania*; 22.9.2005 EzA § 81 SGB IX Nr. 10; *Fitting* § 99 Rn 122, § 102 Rn 9; DKK-*Bachner* § 99 Rn 219; APS-*Künzl* Rn 139; WPK-*Preis* § 102 Rn 113; *Richardi/Thüsing* § 102 Rn 273; *Griese* BB 1995, 463; vgl. auch *BAG* 3.11.1977 AP Nr. 1 zu § 75 BPersVG, wo unter Verweis auf die gleich gelagerte Problematik des BetrVG für das Personalvertretungsrecht das Nebeneinander der entsprechenden Beteiligungsrechte des Personalrats bejaht wird; dazu *Richardi/Dörner/Weber-Benecke* § 79 BPersVG Rn 115 f.). 223

3. Verbindung beider Verfahren

Die **Anhörung** des Betriebsrats gem. § 102 Abs. 1 BetrVG und die **Unterrichtung** nach § 99 Abs. 1 BetrVG können **miteinander verbunden** werden. Das dürfte sich idR als zweckmäßig erweisen. Die Verdoppelung der Mitbestimmungsrechte des Betriebsrats führt also nicht notwendig zu einem doppelten Beteiligungsverfahren (*BAG* 3.11.1977 AP Nr. 1 zu § 75 BPersVG; *Bader*/Bram-Bram Rn 93; APS-*Künzl* Rn 141; *Richardi/Thüsing* § 102 Rn 274). Der Arbeitgeber muss dem Betriebsrat klar und unmissverständlich zu erkennen geben, dass er beide Verfahren einleiten will (vgl. *BAG* 3.11.1977 AP Nr. 1 zu § 75 BPersVG). Die Mitteilung an den Betriebsrat muss sowohl den Anforderungen des § 99 Abs. 1 BetrVG an die Unterrichtung vor einer personellen Einzelmaßnahme als auch denen des § 102 Abs. 1 BetrVG an die Anhörung zu einer Kündigung genügen. Nach ordnungsgemäß eingeleiteten Beteiligungsverfahren läuft für den Betriebsrat (bei ordentlicher Änderungskündigung) die Wochenfrist an, innerhalb derer er zu den beabsichtigten Maßnahmen Stellung nehmen kann, § 99 Abs. 3 BetrVG, § 102 Abs. 2 BetrVG. 224

4. Zustimmung des Betriebsrats in beiden Verfahren

Äußert sich der Betriebsrat innerhalb **einer Woche** nicht, so gilt seine Zustimmung sowohl zu der ordentlichen Kündigung – bei der außerordentlichen schon nach drei Tagen – als auch zu der personellen Maßnahme als erteilt, § 102 Abs. 2 S. 2, § 99 Abs. 3 BetrVG. Die Kongruenz der Fristen erleichtert die Zusammenfassung der Verfahren. Der Arbeitgeber kann dann die Kündigung aussprechen und bei Annahme des Änderungsangebots durch den Arbeitnehmer diesen auf dem neuen Arbeitsplatz zunächst beschäftigen, ohne dass § 99 BetrVG entgegenstünde. Lehnt der Arbeitnehmer das Angebot endgültig ab, kommt eine vorläufige Weiterbeschäftigung gem. § 102 Abs. 5 BetrVG nicht in Frage, da dafür ein ordnungsgemäßer **Widerspruch** des Betriebsrats vorausgesetzt ist. 225

Gleiches gilt, wenn der Betriebsrat innerhalb der Wochenfrist der beabsichtigten Maßnahme sowohl mit Blick sowohl auf § 99 BetrVG als auch auf § 102 BetrVG **ausdrücklich zustimmt** oder im Falle des § 102 BetrVG abschließend erklärt, dass er einen Widerspruch nicht erheben wird. 226

Der Betriebsrat kann seine Stellungnahme **einheitlich** abgeben. Sie muss allerdings erkennen lassen, dass sie sich auf beide Verfahren beziehen soll. Stimmt der Betriebsrat lediglich der Versetzung zu, ist es Auslegungsfrage, ob damit zugleich der Änderungskündigung zugestimmt wird. Angesichts der unterschiedlichen Widerspruchsgründe ist dies nicht selbstverständlich. Es kann **nicht** ohne Weiteres angenommen werden, dass die Zustimmung zur Umgruppierung oder Versetzung auch die Zustimmung zur Änderungskündigung beinhaltet (so zum Personalvertretungsrecht *BAG* 3.11.1977 AP Nr. 1 zu § 75 BPersVG; *Schwerdtner* FS 25 Jahre BAG, S. 579; aA *Meisel* BB 1973, 946). Im Zweifelsfall empfiehlt es sich daher für den Arbeitgeber, vor Durchführung der 227

§ 2 KSchG Änderungskündigung

Maßnahme den Ablauf der Wochenfrist abzuwarten, weil dann die Zustimmung des Betriebsrats allemal als erteilt gilt.

5. Zustimmung des Betriebsrats nur zur Versetzung

228 Bei (fingierter) **Zustimmung** des Betriebsrats zu beiden Maßnahmen erwachsen also aus dem doppelten Beteiligungsverfahren **keine Probleme**. Ebenso wenig bereitet es prozedurale Probleme, wenn der Betriebsrat einer beabsichtigten **Versetzung** nach § 99 Abs. 3 BetrVG **zustimmt**, der dazu erforderlichen Änderungskündigung dagegen aus einem der in § 102 Abs. 3 BetrVG genannten Gründen **widerspricht**. Der Widerspruch gem. § 102 Abs. 3 BetrVG hindert den Arbeitgeber rechtlich nicht daran, die beabsichtigte Kündigung zu erklären. Nimmt der Arbeitnehmer das Änderungsangebot unter Vorbehalt an und erhebt er Änderungsschutzklage, wird er zunächst zu den neuen Bedingungen beschäftigt. Lehnt er das Angebot ab und erhebt Kündigungsschutzklage, kommt eine Weiterbeschäftigung zu den alten Bedingungen allenfalls nach Maßgabe von § 102 Abs. 5 BetrVG in Betracht.

6. Widerspruch des Betriebsrats gegen die Versetzung

229 Verweigert der Betriebsrat dagegen einer beabsichtigten **Versetzung** gem. § 99 Abs. 2, Abs. 3 BetrVG seine **Zustimmung**, kommt es zu folgender Situation: Die beabsichtigte Änderungskündigung als Maßnahme im Bereich des Individualvertragsrechts kann der Arbeitgeber erklären, weil es im Rahmen von § 102 BetrVG auf eine Zustimmung des Betriebsrats nicht ankommt; **lehnt** der Arbeitnehmer das Änderungsangebot **ab**, ergeben sich keine besonderen Probleme, weil damit eine Weiterbeschäftigung zu geänderten Bedingungen ausscheidet (*Richardi* DB 1973, 1337; s.a. *LKB/Linck* Rn 199).

230 Nimmt der Arbeitnehmer das Änderungsangebot **unter Vorbehalt an**, ist der Arbeitgeber dennoch **gehindert**, ihn auf dem vorgesehenen neuen Arbeitsplatz **tatsächlich** zu beschäftigen: Dazu eben bedürfte es der Zustimmung des Betriebsrats. Das Hindernis für eine tatsächliche Beschäftigung besteht auch dann noch, wenn die **Änderungsschutzklage** des Arbeitnehmers **abgewiesen** werden sollte und damit individualvertraglich durchaus eine wirksame Grundlage für die Anweisung zur Arbeitsaufnahme unter den neuen Vertragsbedingungen besteht. Die geänderten Vertragsbedingungen können nicht tatsächlich durchgeführt werden, eine ihnen entsprechende Ausübung des Weisungsrechts ist mangels Zustimmung des Betriebsrats unwirksam, zumindest – auch individualrechtlich – unbeachtlich (s. Rdn 232). Hier geraten kollektivrechtliche und individualrechtliche Regelungen in einen gewissen Konflikt, der einer genaueren Betrachtung bedarf.

231 **Ausgangspunkt** der Überlegungen ist die Erkenntnis, dass die Zustimmung des Betriebsrats zur beabsichtigten **Versetzung** gem. § 99 Abs. 3 BetrVG **keine Voraussetzung** für die Wirksamkeit der Änderungskündigung ist (*BAG* 22.4.2010 EzA § 2 KSchG Nr. 77 m. Anm. *Kania/Kania*; 30.9.1993 EzA § 99 BetrVG 1972 Nr. 118, m. Anm. *Kania*; *Ehrich* NZA 1992, 733; *v. Hoyningen-Huene* RdA 1982, 205; *ders.* NZA 1993, 150; *GK-Raab* § 99 Anm. 124; *Matthes* DB 1974, 2007; *ders.* DB 1975, 1651). Das gilt ebenso für die **Umgruppierung** (*BAG* 28.8.2008 EzA § 2 KSchG Nr. 73) und für ein Zustimmungserfordernis nach **§ 87 Abs.** 1 Nr. 10 BetrVG (*BAG* 17.6.1998 EzA § 2 KSchG Nr. 30). Auch der ohne Zustimmung des Betriebsrats zur **Einstellung** geschlossene Arbeitsvertrag ist als solcher wirksam (*BAG* 28.4.1992 EzA § 99 BetrVG 1972 Nr. 106 m. Anm. *Kaiser*; 2.7.1980 AP Nr. 5 zu § 101 BetrVG 1972). §§ 99 ff. BetrVG enthalten im Unterschied zu § 102 Abs. 1 S. 2 BetrVG keine ausdrückliche Regelung des Inhalts, dass eine mitbestimmungswidrig durchgeführte Versetzung mit der Unwirksamkeit der zu ihrer individualrechtlichen Durchsetzung ausgesprochenen Änderungskündigung einhergehe. Danach muss das Ausbleiben einer Zustimmung des Betriebsrats auf das Änderungsschutzverfahren grds. ohne Einfluss bleiben. Denkbar ist dann, dass zwar im Änderungsschutzverfahren die Klage abgewiesen und damit zugleich das Fortbestehen des Arbeitsverhältnisses zu geänderten Vertragsbedingungen festgestellt wird, dass aber im gleichzeitig eingeleiteten Zustimmungsersetzungsverfahren gem. § 99 Abs. 4 BetrVG der Antrag des Arbeitgebers abgewiesen wird mit der Folge, dass die mit der Änderungskündigung bezweckte

Maßnahme **tatsächlich nicht durchgeführt** werden kann (*Stege* DB 1975, 1511; vgl. auch *Richardi* DB 1973, 1337; s. Rdn 232 ff.). Es ist auch nicht so, dass es der Zustimmung des Betriebsrats jedenfalls bei geplanter dauerhafter Versetzung des Arbeitnehmers nach der rechtskräftigen Abweisung der Änderungsschutzklage materiellrechtlich nicht mehr bedürfte, weil der Arbeitnehmer nach Wegfall des Vorbehalts nunmehr mit der Versetzung gleichsam einverstanden wäre. Die Rspr. des BAG zum Fehlen eines Mitbestimmungsrechts des Betriebsrats nach § 99 Abs. 1 BetrVG bei dauerhafter Versetzung in einen anderen Betrieb hat ein »wirklich« freiwilliges Einverständnis des Arbeitnehmers zur Voraussetzung (vgl. *BAG* 20.9.1990 EzA § 99 BetrVG 1972 Nr. 95 m. Anm. *D. Gaul*). Davon kann im Fall des Unterliegens mit der Änderungsschutzklage keine Rede sein. Die vorstehenden Ausgangsüberlegungen sind zwar nicht unumstritten. Einige Stimmen sehen in der einzuholenden Zustimmung des Betriebsrats vielmehr eine **Wirksamkeitsvoraussetzung** auch der Änderungskündigung als individualrechtlicher Maßnahme (*Wirges* ZTR 1998, 67; *Wolter* RdA 2006, 141). Die streitige (Vertrags-)Änderung sei so lange **unwirksam**, wie nicht die Zustimmung des Betriebsrats zur tatsächlichen Durchführung **ersetzt** sei. Erkläre der Arbeitgeber die Kündigung, ohne ein Ersetzungsverfahren gem. § 99 Abs. 4 BetrVG eingeleitet zu haben, könne der Arbeitnehmer, der die Änderung unter Vorbehalt angenommen habe, das Fehlen der Zustimmung im Änderungsschutzverfahren geltend machen. Das BAG vertritt aber in st. Rspr. eine andere Auffassung (s. *BAG* 22.4.2010 EzA § 2 KSchG Nr. 77 m. Anm. *Kania/Kania*; 30.9.1993 EzA § 99 BetrVG 1972 Nr. 118).

Die Erkenntnis, dass die Zustimmung des Betriebsrats nach § 99 Abs. 3 BetrVG **keine förmliche** 232 Voraussetzung für die Wirksamkeit der Änderungskündigung ist, die die vertragliche Grundlage für die beabsichtigte Maßnahme erst schaffen soll, bedeutet nicht zwingend, dass das Fehlen der Zustimmung auch bei der Prüfung der **sozialen Rechtfertigung** des Änderungsangebots ohne Berücksichtigung bleiben muss. So wird die Ansicht vertreten, bei Verweigerung der Zustimmung des Betriebsrats nach § 99 Abs. 3 BetrVG sei die soziale Rechtfertigung der (Vertrags-)Änderung per se nicht gegeben; bis zum Abschluss des gerichtlichen Zustimmungsersetzungsverfahrens müsse das Änderungsschutzverfahren analog zu § 148 ZPO **ausgesetzt** werden (*Meisel* BB 1973, 947; dagegen *Stege* DB 1975, 1511 Fn 54; soweit *v. Hoyningen-Huene* in NZA 1993, 151 ursprünglich von einer Sozialwidrigkeit der Änderungskündigung ausging, hat er diese Auffassung in der Anm. zu *BAG* 30.9.1993, AR-Blattei ES 1700 Nr. 21 aufgegeben; zumindest für die Aussetzung des Änderungsschutzverfahrens auch APS-*Künzl* Rn 157; LKB/*Linck* Rn 203).

Das BAG vertritt demgegenüber, wie dargelegt, die Auffassung, die **Verweigerung der Zustimmung** 233 des Betriebsrats nach § 99 BetrVG führe **nicht zur Unwirksamkeit** der Änderungskündigung (*BAG* 22.4.2010 EzA § 2 KSchG Nr. 77 m. Anm. *Kania/Kania*; 30.9.1993 EzA § 99 BetrVG 1972 Nr. 118 m. Anm. *Kania* = AR-Blattei ES 1700 Nr. 21 m. insoweit zust. Anm. *v. Hoyningen-Huene*; zust. auch APS-*Künzl* Rn 147; DKK-*Bachner* § 99 Rn 219; *Richardi/Thüsing* § 102 Rn 279; abl. *Wolter* RdA 2006, 141). Das ist überzeugend. Versetzung iSd § 99 Abs. 1, § 95 Abs. 3 BetrVG bedeutet die Zuweisung eines anderen Arbeitsbereichs. Die **Mitbestimmung** des Betriebsrats knüpft **an die tatsächliche Übertragung** der neuen Tätigkeit an. Das Mitbestimmungsrecht ist nicht davon abhängig, ob die angeordnete Maßnahme im Verhältnis zu dem betroffenen Arbeitnehmer individualrechtlich zulässig ist. Bereits dies spricht gegen eine Verknüpfung der beiden Ebenen dergestalt, dass die Wirksamkeit der vertraglichen Änderung von der Zustimmung des Betriebsrats abhängig wäre. Eine funktionswidrige Umgehung des Mitbestimmungsrechts wird zum einen dadurch verhindert, dass nach Maßgabe der Theorie der Wirksamkeitsvoraussetzung eine mitbestimmungswidrig erfolgte Weisung auch individualrechtlich keine Beachtung verlangt, so dass der Arbeitnehmer sie nicht zu befolgen hat (*BAG* 22.4.2010 EzA § 2 KSchG Nr. 77 m. Anm. *Kania/Kania*; 29.9.2004 – 1 AZR 473/03, NZA-RR 2005, 616; 26.1.1988 EzA § 99 BetrVG 1972 Nr. 58 m. zust. Anm. *Weber*; *Fitting* § 99 Rn 122 mwN), zum anderen dadurch, dass der Betriebsrat gem. § 101 BetrVG seinerseits die Aufhebung einer unter Verletzung seines Mitbestimmungsrechts durchgeführten Maßnahme verlangen kann. Hinzukommt, dass der Widerspruch des Betriebsrats nach § 99 Abs. 3 BetrVG auch die tatsächliche Durchführung der Maßnahme nicht hindert, wenn der Arbeitgeber sie **nach § 100 Abs. 1 BetrVG** zulässigerweise **vorläufig** durchführen kann. Auch

§ 2 KSchG Änderungskündigung

bliebe andernfalls die Wirksamkeit der Kündigung bis zur rechtskräftigen Entscheidung über die Ersetzung der Zustimmung in der Schwebe. Dies widerspräche dem Grundsatz der Bedingungsfeindlichkeit der Kündigung als einseitiger Willenserklärung (*BAG* 22.4.2010 EzA § 2 KSchG Nr. 77; 30.9.1993 EzA § 99 BetrVG 1972 Nr. 118).

234 Hängt deshalb die Wirksamkeit der Änderungskündigung, die die vertraglichen Voraussetzungen für eine mitbestimmungspflichtige Versetzung schaffen soll, nicht vom Vorliegen der Zustimmung des Betriebsrats zur Versetzung ab (s.a. Rdn 230), so bleibt gleichwohl zu berücksichtigen, dass die Versetzung ohne eine Zustimmung des Betriebsrats oder deren gerichtliche Ersetzung tatsächlich nicht durchgeführt werden kann. Der Arbeitnehmer kann trotz Annahme des Änderungsangebots unter Vorbehalt nicht auf den neuen Arbeitsplatz umgesetzt werden, es sei denn, der Arbeitgeber könne die Maßnahme gem. § 100 Abs. 1, Abs. 2 BetrVG vorläufig durchführen. Dies bedeutet auf den ersten Blick, dass der Arbeitnehmer trotz Annahme der neuen Arbeitsbedingungen unter Vorbehalt zunächst weiterhin auf dem **alten Arbeitsplatz** eingesetzt werden muss (vgl. KR-*Rinck* § 102 BetrVG Rdn 266; so DKK-*Bachner* § 102 Rn 251; *Kania/Kania* Anm. zu BAG 22.4.2010 § 2 KSchG Nr. 77; Richardi/*Thüsing* § 102 Rn 282; vgl. dazu auch Rdn 250). Problematisch ist allerdings, ob dies nunmehr **vertragsrechtlich** noch möglich ist (vgl. APS-*Künzl* Rn 150, 154; *Berkowsky* NZA 2010, 251; *LKB/Linck* Rn 201; ErfK-*Oetker* Rn 26; GK-*Raab* § 99 Rn 126). Mit Annahme des Änderungsangebots **unter Vorbehalt** hat der Arbeitnehmer in eine durch das Fehlen der sozialen Rechtfertigung des Änderungsangebots **auflösend bedingte Vertragsänderung** eingewilligt (s. Rdn 106 ff.). Damit schuldet er während des Schwebezustands **bis zum Bedingungseintritt** (und erst recht, falls feststeht, dass dieser endgültig ausbleibt, weil die Änderung sozial gerechtfertigt ist) eine Leistung nur gem. den (vorübergehend) geänderten, neuen Vertragsbedingungen (vgl. Rdn 132). Das kann unterschiedliche Konsequenzen haben. Lauten etwa die neuen Bedingungen auf eine **Ersetzung** des bisher als ausschließlicher Arbeitsort vereinbarten Ortes A durch den als ausschließlicher neuer Arbeitsort vorgesehenen Ort B, muss der Arbeitnehmer (vorübergehend) nur in B arbeiten; der Arbeitgeber kann ihn vertraglich nicht mehr wirksam anweisen, seine Arbeit weiterhin in A zu erbringen (aA *BAG* 30.9.1993 EzA § 99 BetrVG 1972 Nr. 118; HaKo-KSchR/*Pfeiffer* Rn 76). Denkbar ist aber, dass der Arbeitnehmer einer entsprechenden Aufforderung tatsächlich nachkommt, ihr möglicherweise wegen **§ 242 BGB** und um des **Erhalts des Lohnanspruchs** aus **§ 615 BGB** willen sogar nachkommen muss – immerhin fordert der Arbeitgeber den Arbeitnehmer zu etwas auf, dessen dauerhafte Beibehaltung dieser mit seiner Klage gerade erstrebt – oder die Parteien dies einvernehmlich vereinbaren. Lauten die neuen Bedingungen dagegen auf eine **Ergänzung** des bisherigen einzigen Arbeitsorts A (kumulativ) um den Ort B, also auf die Einführung eines Versetzungsvorbehalts, ist auch die Arbeit in A, je nach Weisung des Arbeitgebers, potentiell weiterhin geschuldet. Eine andere Frage ist dabei, ob es sozial gerechtfertigt, dh dringend betrieblich erforderlich sein kann, aus einer bisher **einzigen** Einsatzmöglichkeit nicht nur **eine andere**, sondern deren **zwei** – die bisherige **und** eine andere – zu machen. Das ist eine Frage an die soziale Rechtfertigung des betreffenden Änderungsangebots im Einzelfall und im Änderungsschutzprozess zu klären, ist dagegen während der Dauer des vertragsrechtlichen **Schwebezustands** wegen (vorübergehender) Annahme des betreffenden Angebots nicht von Bedeutung.

235 An der Trennung zwischen den betriebsverfassungsrechtlichen Voraussetzungen der **Wirksamkeit der Versetzung** und den individualrechtlichen Voraussetzungen der **Wirksamkeit der Änderungskündigung** ist nach der Rspr. des BAG auch für den Fall festzuhalten, dass die vom Betriebsrat verweigerte Zustimmung zu der Versetzung, deren Ermöglichung Gegenstand der Änderungskündigung ist, gerichtlich **rechtskräftig nicht ersetzt** worden ist (*BAG* 22.4.2010 EzA § 2 KSchG Nr. 77, mit insoweit krit. Anm. *Kania/Kania*). Auch dieser Auffassung ist zuzustimmen. Die **soziale Rechtfertigung** des Änderungsangebots hängt nicht etwa davon ab, dass die vom Betriebsrat verweigerte Zustimmung zur beabsichtigten Versetzung schließlich doch noch gerichtlich ersetzt wird. Sie beurteilt sich allein nach § 1 **Abs. 2, Abs. 3 KSchG**. Gegenstand der Klage gegen eine Änderungskündigung mit dem Ziel der Versetzung ist nicht die Wirksamkeit der beabsichtigten **Versetzung** als solcher. Verfahrensgegenstand ist bei Annahme des Änderungsangebots unter Vorbehalt der Inhalt der für das Arbeitsverhältnis geltenden **Vertragsbedingungen**, dh die soziale Rechtfertigung und

die sonstige individualrechtliche Unbedenklichkeit des dem Arbeitnehmer unterbreiteten Angebots. Dieses ist darauf gerichtet, den bestehenden Arbeitsvertrag dahin zu ändern, dass er den Einsatz des Arbeitnehmers an dem vom Arbeitgeber gewünschten Arbeitsort und/oder mit dem von ihm gewünschten Tätigkeitsinhalt – entweder an Stelle des bisherigen Orts/Inhalts oder zusätzlich zu diesem – ermöglicht (s. Rdn 39; *BAG* 22.4.2010 EzA § 2 KSchG Nr. 77; 26.8.2008 EzA § 2 KSchG Nr. 72). Ob diese Änderung der Vertragsbedingungen sozial gerechtfertigt ist, ist **unabhängig davon** zu beurteilen, ob und wann der Arbeitgeber von der Änderung der Vertragsbedingungen durch eine dann von diesen gedeckte Ausübung seines Weisungsrechts tatsächlich **Gebrauch machen** kann (*BAG* 22.4.2010 EzA § 2 KSchG Nr. 77; 30.9.1993 EzA § 99 BetrVG 1972 Nr. 118).

Die betriebsverfassungsrechtliche Lage wird individualrechtlich erst dann Bedeutung erlangen, wenn eine nicht mehr aufzulösende »**Pattsituation**« entstanden sein sollte, wenn etwa der Arbeitgeber die von ihm gewünschte und mit dem Obsiegen im Änderungsschutzprozess auch durchgesetzte Vertragsänderung mangels Zustimmung des Betriebsrats schlechthin nicht mehr in die Praxis wird umsetzen können. Ob dies anzunehmen sein kann, hängt zunächst davon ab, welches Angebot der Arbeitgeber unterbreitet und das Gericht als sozial gerechtfertigt angesehen hat: Besteht es in der **Erweiterung** der bisherigen Einsatzmöglichkeiten – zB kommt ein weiterer Arbeitsort zusätzlich zu dem bislang einzigen hinzu – ist trotz des Widerspruchs des Betriebsrats nach § 99 Abs. 3 BetrVG, der sich nur gegen den Einsatz am neuen Arbeitsort richtet, eine tatsächliche Beschäftigung des Arbeitnehmers am alten Ort sowohl individualrechtlich als auch betriebsverfassungsrechtlich möglich. Bestand das Angebot dagegen in der Ersetzung des bisherigen (einzigen) Arbeitsorts durch einen anderen (einzigen), hindert der gerichtlich nicht beseitigte Widerspruch des Betriebsrats den realen Einsatz des Arbeitnehmers am individualrechtlich einzigen (neuen) Einsatzort. Es tritt dann auf den ersten Blick eine den Voraussetzungen des **§ 275 Abs. 1 BGB** ähnliche Lage ein. Durch die rechtskräftige Abweisung eines Antrags auf Ersetzung der vom Betriebsrat verweigerten Zustimmung zur Versetzung wird aber die Ausführung der mit der Änderungskündigung beabsichtigten Vertragsänderung noch **nicht dauernd unmöglich** iSv § 275 Abs. 1 BGB (*BAG* 22.4.2010 EzA § 2 KSchG Nr. 77; in der Entscheidung vom 30.9.1993 EzA § 99 BetrVG 1972 Nr. 118 hatte das *BAG* dies noch erwogen, in der Entscheidung v. 28.8.2008 EzA § 2 KSchG Nr. 73 offen gelassen; aA wohl APS-*Künzl* Rn 158; *Berkowsky* NZA 2010, 251; *LKB/Linck* Rn 203; AR-*Kaiser* § 2 KSchG Rn 21). § 275 Abs. 1 BGB verlangt nicht nur eine **vorübergehende**, sondern setzt die dauernde Unmöglichkeit zur Leistung voraus (*BAG* 22.4.2010 EzA § 2 KSchG Nr. 77; *BGH* 19.10.2007 BGHZ 174, 61; Palandt/*Grüneberg* § 275 Rn 10 mwN). Sie ist in dieser Situation nicht gegeben. Der Arbeitgeber kann vielmehr nach einem erfolglosen Zustimmungs(ersetzungs)ersuchen ein neues Ersuchen an den Betriebsrat richten und bei dessen abermaliger Ablehnung erneut die gerichtliche Ersetzung der Zustimmung beantragen. Durch die rechtskräftige Ablehnung der Zustimmungsersetzung in einem vorangegangenen Verfahren ist der Ausgang eines weiteren Ersetzungsverfahrens **nicht präjudiziert** (*BAG* 16.1.2007 EzA § 99 BetrVG 2001 Versetzung Nr. 3). Der Arbeitgeber ist also durchaus in der Lage, die kollektivrechtliche Sperre zu beseitigen. Gelingt ihm dies, steht der künftigen Umsetzung des mit der Änderungskündigung Erreichten kein Hindernis mehr entgegen; der Arbeitgeber muss dafür auch nicht etwa nochmals eine Änderungskündigung aussprechen (so aber APS-*Künzl* Rn 158). Eine dauernde Unmöglichkeit wäre angesichts dessen frühestens dann anzunehmen, wenn ein weiteres Zustimmungsersetzungsbegehren des Arbeitgebers – etwa wegen Rechtsmissbrauchs – schlechterdings keinen Erfolg mehr haben könnte (*BAG* 22.4.2010 EzA § 2 KSchG Nr. 77). Allerdings sind dann die **Rechtsfolgen** einer solchen »Unmöglichkeit« zu klären. Es wird sich schwerlich begründen lassen, dass und wie diese (nachträglich) die Wirksamkeit der Änderungskündigung in Frage stellen könnte. Näher liegt die Annahme, dass in einem solchen Fall – je nach Interessenlage – **beide Vertragsparteien** einen Anspruch darauf haben, die Änderung der Vertragsbedingungen wegen der Unmöglichkeit ihrer Realisierung rückgängig zu machen (vgl. dazu *Müller* S. 108 f.). Denkbar ist auch, dass der Arbeitgeber eine »Rück-Änderungskündigung« ausspricht, deren soziale Berechtigung der Arbeitnehmer schwerlich wird in Frage stellen können. Ist der bisherige Arbeitsplatz mittlerweile entfallen, kommt für den Arbeitgeber spätestens dann auch eine **Beendigungskündigung** in Betracht

236

(*Berkowsky* NZA 2010, 253/254; *LKB/Linck* Rn 203; *Kania/Kania* Anm. zu BAG 22.4.2010 EzA § 2 KSchG Nr. 77).

237 Die Entscheidung des *BAG* v. 22.4.2010 (EzA § 2 KSchG Nr. 77) verhält sich nicht darüber, ob der Arbeitgeber **gezwungen** ist, mit einer **individualrechtlichen Reaktion** auf die betriebsverfassungsrechtliche Lage bis zum Eintritt einer »Unmöglichkeit« iSv § 275 Abs. 1 BGB zuzuwarten (so aber wohl *Kania/Kania* Anm. zu *BAG* 22.4.2010 EzA § 2 KSchG Nr. 77). Dies dürfte zu verneinen sein. Hat der Betriebsrat die Zustimmung zur Versetzung verweigert und will etwa der Arbeitgeber deshalb von seinem Änderungsvorhaben **Abstand nehmen**, kann er, solange das Änderungsschutzverfahren **noch läuft**, entweder das Klagebegehren des Arbeitnehmers anerkennen oder materiellrechtlich reagieren, dh sein Änderungsangebot, das der Arbeitnehmer nur unter Vorbehalt angenommen hat, »zurücknehmen« – der Arbeitnehmer wird das darin liegende »Rück-Änderungsangebot« annehmen müssen – und den Arbeitnehmer klaglos stellen. Auf beiden Wegen treten damit die alten Vertragsbedingungen wieder ein. Der Arbeitgeber ist schon deshalb nicht verpflichtet, das Zustimmungsersetzungsverfahren einzuleiten und durchzuführen, weil er nicht nur dem Betriebsrat, sondern zugleich dem individualrechtlichen Begehren des Arbeitnehmers nachgibt. Führt der Arbeitgeber das Zustimmungsersetzungsverfahren (rechtskräftig) erfolglos durch, gilt, solange die Änderungsschutzklage noch nicht rechtskräftig entschieden ist, das Gleiche. Ist allerdings der Einsatz des Arbeitnehmers auf dem **alten** Arbeitsplatz **nicht mehr möglich**, scheiden diese Wege als wenig sinnvoll aus. Ob der Arbeitgeber in diesem Fall »verpflichtet« ist, ein Zustimmungsersetzungsverfahren einzuleiten, ob es ihm gar zuzumuten ist, nach rechtskräftigem Unterliegen in einem solchen Verfahren einen neuen Antrag auf Zustimmung(sersetzung) zu stellen – wenn er das nicht, wie in dem vom BAG am 22.4.2010 entschiedenen Fall, schon von sich aus getan hat –, oder ob er die Zustimmungsverweigerung durch den Betriebsrat auch ohne Vorliegen von »Unmöglichkeit« iSv § 275 Abs. 1 BGB zum Anlass für den Ausspruch einer neuen Kündigung, einer nunmehr reinen **Beendigungskündigung** nehmen darf (so wohl – ohne weitere Differenzierung – AnwK-ArbR/ *Nübold* § 2 KSchG Rn 129), wird von den Umständen des Einzelfalls abhängen. Ist über die **Änderungsschutzklage** rechtskräftig zu Gunsten des **Arbeitgebers** entschieden worden, gilt im Kern das Gleiche. Nunmehr steht zwar endgültig fest, dass der Arbeitnehmer individualrechtlich zur Arbeit unter den neuen Vertragsbedingungen verpflichtet ist, seinem tatsächlichen Einsatz steht aber weiterhin der Widerspruch des Betriebsrats entgegen. Wurde das Änderungsschutzverfahren zugunsten des **Arbeitnehmers** entschieden, besteht das Arbeitsverhältnis zu den bisherigen Vertragsbedingungen fort, wenn es denn am bisherigen Arbeitsort fortgeführt werden kann; andernfalls kommt auch dann eine Beendigungskündigung in Betracht. Falls der Einsatz am **alten Arbeitsplatz** deshalb **nicht mehr möglich** ist, weil mittlerweile der ganze Betrieb **stillgelegt** wurde, steht dem Einsatz am neuen Arbeitsplatz/im neuen Betrieb der Widerspruch des Betriebsrats des abgebenden, stillgelegten Betriebs nicht länger entgegen: Mit der Stilllegung ist das Mitbestimmungsrecht des Betriebsrats nach § 99 Abs. 1 BetrVG erloschen; es ist auch nicht Gegenstand eines Restmandats nach § 21b BetrVG (*BAG* 8.12.2009 EzA § 21b BetrVG 2001 Nr. 1).

7. Widerspruch des Betriebsrats gegen die Umgruppierung

238 Führt die Änderung der Vertragsbedingungen in ihrer Folge zu einer **Umgruppierung** innerhalb eines im Betrieb geltenden Vergütungssystems, gelten die vorstehenden Ausführungen **entsprechend**. Die Zustimmung des Betriebsrats nach § 99 BetrVG zur Umgruppierung ist keine Wirksamkeitsvoraussetzung für eine Änderungskündigung, mit der der Arbeitgeber die Änderung der bisher vertraglich geschuldeten Tätigkeit in eine solche herbeizuführen sucht, die nach diesem Vergütungssystem geringer vergütet wird. Dies gilt schon deshalb, weil es sich bei der Umgruppierung **nicht um einen Gestaltungsakt**, sondern um **Rechtsanwendung** handelt (*BAG* 20.3.2014 EzA § 2 KSchG Nr. 90; 3.5.2006 EzA § 99 BetrVG 2001 Umgruppierung Nr. 3). Die Umgruppierung in die neue Vergütungsgruppe folgt ohne Weiteres aus der neu ausgeübten Tätigkeit, wenn denn die neue Vergütungsgruppe tatsächlich die zutreffende ist. Eben dies – aber nur dies – soll der Betriebsrat prüfen können. Ihm steht kein Mitgestaltungsrecht, sondern lediglich ein Mitbeurteilungsrecht zu (*BAG* 3.5.2006 EzA § 99 BetrVG 2001 Umgruppierung Nr. 3; 9.2.1993 EzA § 99 BetrVG

1972 Nr. 111). Die Wirksamkeit einer Änderungskündigung zum Zwecke der Tätigkeitsänderung, mit der eine Herabgruppierung verbunden ist, ist schon deshalb nicht von der Zustimmung des Betriebsrats gem. § 99 Abs. 3 BetrVG abhängig (*BAG* 30.9.1993 EzA § 99 BetrVG 1972 Nr. 118; MünchArbR-*Matthes* § 348 Rn 23; *Richardi/Thüsing* § 102 Rn 79; vgl. auch *BAG* 30.5.1990 EzA § 99 BetrVG 1972 Nr. 89). Dem entspricht es im Übrigen, dass der Arbeitgeber die mit einer sozial gerechtfertigten Tätigkeitsänderung bei Geltung eines verbindlichen Vergütungssystems verbundene »automatische« Herabsetzung der Vergütung und Umgruppierung nicht gesondert nach § 2, § 1 Abs. 2 KSchG rechtfertigen muss (vgl. *BAG* 9.9.2010 EzTöD 100 § 34 Abs. 1 TVöD-AT Betriebsbedingte Änderungskündigung Nr. 9 = AP § 2 KSchG 1969 Nr. 149; s.a. Rdn 170).

Hat allerdings ein **Zustimmungsersetzungsverfahren** nach § 99 BetrVG wegen der mit der Änderungskündigung verbundenen Umgruppierung stattgefunden, kommt dessen Ergebnis eine **begrenzte Bindungswirkung** auch im **Individualrechtsverhältnis** zwischen dem Arbeitgeber und dem betroffenen Arbeitnehmer zu (*BAG* 20.3.2014 EzA § 2 KSchG Nr. 90; 28.8.2008 EzA § 2 KSchG Nr. 73; 3.5.1994 EzA § 99 BetrVG 1972 Nr. 122 m. Anm. *Rieble*). Ist der Arbeitgeber mit seinem Zustimmungsersetzungsantrag hinsichtlich der von ihm für die neue Tätigkeit für zutreffend gehaltenen Eingruppierung erfolglos geblieben, kann er sich gegenüber dem Arbeitnehmer nicht mehr auf die Maßgeblichkeit der von ihm für richtig erachteten Entgeltgruppe berufen. Vielmehr kann sich der Arbeitnehmer im Individualrechtsstreit darauf berufen, die vom Arbeitgeber vorgesehene Eingruppierung sei fehlerhaft (*BAG* 20.3.2014 EzA § 2 KSchG Nr. 90; 3.5.1994 EzA § 99 BetrVG 1972 Nr. 122). Damit widerspricht ein der gerichtlichen Entscheidung im Beschlussverfahren entgegenstehendes Vertragsangebot dem im Betrieb geltenden Vergütungssystem, in den Worten des BAG: »dem Gebot der Verhältnismäßigkeit« (*BAG* 28.8.2008 EzA § 2 KSchG Nr. 73). Die Änderung der Vertragsbedingungen ist dann nach Auffassung des BAG sozial ungerechtfertigt (*BAG* 28.8.2008 EzA § 2 KSchG Nr. 73; so auch APS-*Künzl* Rn 160; AnwK-ArbR/*Nübold* § 2 KSchG Rn 130; *Busemann* NZA 1996, 681, 684). Das sei sie jedenfalls dann, wenn die Umgruppierung des Arbeitnehmers im Verfahren nach § 99 Abs. 4 BetrVG Gegenstand einer **sachlichen Prüfung** war und zu tatsächlichen Feststellungen und zu rechtlichen Beurteilungen des Gerichts über die Fehlerhaftigkeit der vom Arbeitgeber angestrebten Vergütungsgruppe geführt hat (*BAG* 28.8.2008 EzA § 2 KSchG Nr. 73; *Busemann* NZA 1996, 681).

239

Dabei ist allerdings zwischen der mit der Änderungskündigung angestrebten Änderung der **Tätigkeit** als solcher und der allein dadurch notwendig gewordenen **Umgruppierung** zu differenzieren (dies übersieht möglicherweise *Berkowsky* NZA 2010, 253). Auch für die Zustimmung des Betriebsrats ist zwischen beidem zu trennen. Der Betriebsrat muss zweimal zustimmen: einmal der Versetzung – wenn es sich bei der angebotenen Änderung der Arbeitsbedingungen denn um eine solche iSv § 95 Abs. 3 BetrVG handelt –, das andere Mal der Umgruppierung. Seine Entscheidung kann dabei unterschiedlich ausfallen. Hat er der Umgruppierung nicht zugestimmt und ist der Zustimmungsersetzungsantrag des Arbeitgebers rechtskräftig abgewiesen worden, hat das auf die »Verhältnismäßigkeit« des Angebots zur Änderung der Tätigkeit regelmäßig keinen Einfluss. Dem Arbeitgeber geht es mit der Änderungskündigung vorrangig um diese. Bei dem mit dem unterbreiteten Angebot zur Tätigkeitsänderung verbundenen Angebot zur (neuen) Eingruppierung dürfte es sich deshalb wegen der Verbindlichkeit des Vergütungssystems in aller Regel nicht um eine eigenständige Willenserklärung, sondern um eine Wissenserklärung des Arbeitgebers des Inhalts handeln, dass die mitgeteilte Eingruppierung nach seiner – des Arbeitgebers – Ansicht die für die neue Tätigkeit zutreffende sei. Damit wird zugleich die Bereitschaft ausgedrückt, ggf. auch eine andere, eben die nach dem Vergütungssystem zutreffende Vergütung zu zahlen; die erforderliche Bestimmtheit des Änderungsangebots leidet darunter nicht. Der Ausgang eines mit dem Betriebsrat über die zutreffende Eingruppierung geführten Zustimmungsersetzungsverfahrens lässt dann die Berechtigung des Angebots zur Tätigkeitsänderung als solcher gänzlich unberührt.

240

III. Mitbestimmung nach § 87 BetrVG

241 Die mit der Änderungskündigung angestrebte Änderung der Vertragsbedingungen kann zugleich auf eine mitbestimmungspflichtige **Maßnahme iSd § 87 BetrVG** gerichtet sein. Dies gilt insbes. bei Vorliegen einer Massenänderungskündigung, mit der die Arbeitsbedingungen aller Beschäftigten oder doch einer Gruppe von Arbeitnehmern geändert werden sollen. Als Beispiele kommen die nach § 87 Abs. 2 Nr. 2 BetrVG mitbestimmungspflichtige Einführung von Schichtarbeit (*BAG* 28.10.1986 EzA § 87 BetrVG 1972 Arbeitszeit Nr. 20) oder Änderung der betrieblichen Lohngestaltung iSd § 87 Abs. 1 Nr. 10 BetrVG in Betracht. Allerdings bedarf es dazu einer Änderungskündigung nur, wenn die bisherigen Regelungen auf einer unwiderruflichen und »betriebsvereinbarungsfesten« vertraglichen Grundlage beruhen, so dass sich die gewünschte Änderung nicht schon durch (mitbestimmte) Ausübung des Weisungsrechts oder Abschluss einer (normativ wirkenden) Betriebsvereinbarung herbeiführen lässt; andernfalls läge eine »**überflüssige**« Änderungskündigung vor (s. Rdn 39; vgl. auch *BAG* 19.7.2012 EzA § 2 KSchG Nr. 86). Welche Folgen eine **Verletzung** des Mitbestimmungsrechts nach § 87 BetrVG für die **tatsächliche Umsetzung** der Maßnahme hat, mag es zu ihrer Durchführung einer Änderungskündigung bedürfen oder nicht, ist mittlerweile weitgehend unumstritten. Rechtsprechung und herrschende Lehre gehen aus von der **Theorie der Wirksamkeitsvoraussetzung**. Danach sind jedenfalls den Arbeitnehmer belastende Maßnahmen unwirksam, wenn sie unter Verletzung des Mitbestimmungsrechts ergehen (st. Rspr., vgl. *BAG* [GS] 3.12.1991 EzA § 87 BetrVG 1972 Betriebliche Lohngestaltung Nr. 30 m. Anm. *Gaul*; 17.6.1998 – 2 AZR 336/97, EzA KSchG § 2 Nr. 30; 16.9.1986 EzA § 77 BetrVG 1972 Nr. 16; 31.1.1984 EzA § 87 BetrVG 1972 Betriebliche Lohngestaltung Nr. 8 – zur Änderungskündigung; DKK-*Klebe* § 87 Rn 4; *Fitting* § 87 Rn 599).

242 Damit ist noch nicht darüber entschieden, ob schon die Änderungskündigung selbst, also das in ihr enthaltene Angebot zur Vertragsänderung unwirksam ist, wenn jedenfalls seine Umsetzung der – noch fehlenden – Zustimmung des Betriebsrats bedarf. Nach Auffassung des BAG hängt die soziale Rechtfertigung des unter Vorbehalt angenommenen Änderungsangebots des Arbeitgebers auch mit Blick auf ein Mitbestimmungsrecht nach § 87 Abs. 1 BetrVG **nicht** von der **Zustimmung** des Betriebsrats ab. Vielmehr nimmt das BAG auch für die Tatbestände des § 87 Abs. 1 BetrVG an, dass die Wirksamkeit der Änderungskündigung unabhängig von der Zustimmung des Betriebsrats und allein nach § 1 Abs. 2, Abs. 3 KSchG zu beurteilen ist (*BAG* 17.6.1998 EzA KSchG § 2 Nr. 30 = AP KSchG 1969 § 2 Nr. 49 m. krit. Anm. *H. Hanau* = SAE 2000, 238 m. zust. Anm. *Henssler*; bestätigt durch *BAG* 1.7.1999 EzA § 2 KSchG Nr. 35; vgl. auch *Fischermeier* NZA 2000, 737, 740). Dies wurde entschieden für eine Änderungskündigung, mit der der Arbeitgeber die Änderung einer Auslösungsregelung für den Einsatz auf einer auswärtigen Baustelle erreichen wollte. Die Maßnahme unterfiel dem Mitbestimmungsrecht des Betriebsrats nach § 87 Abs. 1 Nr. 10 BetrVG und bedurfte nach Ansicht des BAG zugleich einer Vertragsänderung, weil die Auslösung auf einer unwiderruflichen vertraglichen Einheitsregelung beruht habe. Das BAG hat angenommen, weder das kollektivrechtliche noch das individualrechtliche »Vorhaben« sei vorrangig. Eine nicht mitbestimmte, aber sozial gerechtfertigte Vertragsänderung könne der Arbeitgeber nur nicht durchsetzen, solange die Mitbestimmungsrechte nicht beachtet seien (*BAG* 17.6.1998 EzA KSchG § 2 Nr. 30; *Rost* Aktuelle Probleme der Änderungskündigung, in: Brennpunkte des Arbeitsrechts 2002, S. 75, 91 ff.; APS-*Künzl* Rn 169, Rn 171; *Fischermeier* NZA 2000, 742; vgl. auch LSW-*Löwisch/Wertheimer* Rn 152; im Grunds. zust. auch GK-*Wiese* § 87 Rn 121; aA *Fitting* BetrVG § 102 Rn 10, wo aber nicht, ebenso wenig wie bei HaKo-KSchR/*Pfeiffer* Rn 77, zwischen Vertragsänderung durch Änderungskündigung und sie umsetzender Maßnahme unterschieden wird; *Wolter* RdA 2006, 141).

243 Der Ansicht des BAG ist **zuzustimmen** (so wohl auch Bader/Bram-*Bram* Rn 68). Der Umstand, dass individualrechtlich zwar nur noch ein Anspruch auf eine geringere Vergütung besteht, der Arbeitgeber aber gleichwohl zur Fortzahlung der höheren Vergütung verpflichtet ist, unterscheidet diese Konstellation nicht von der, in der dem Arbeitgeber zB der Widerruf von Lohnbestandteilen individualvertraglich möglich, in seiner Durchsetzbarkeit aber ebenfalls von der Zustimmung des

Betriebsrats nach § 87 Abs. 1 BetrVG abhängig ist. Die Grundsätze der **Theorie der Wirksamkeitsvoraussetzung** sind **nicht verletzt**. Diesen zufolge ist bei einer Missachtung von Mitbestimmungsrechten des Betriebsrats nach § 87 Abs. 1 BetrVG, genau betrachtet, nicht die vertragliche Grundlage für mitbestimmungswidrige Maßnahme des Arbeitgebers, sondern ist nur die auf dieser Grundlage beruhende **Maßnahme als solche** unwirksam, besser wohl: unbeachtlich. Im Übrigen ist gem. § 87 Abs. 1 Nr. 10 BetrVG nicht die Herabsetzung der Vergütung als solche, sondern nur die Aufstellung neuer **Entlohnungs-**, dh Verteilungs**grundsätze** mitbestimmungspflichtig. In gewissem Sinn entspricht die Änderungskündigung dabei der mitbestimmungsfreien Herabsetzung des **Dotierungsrahmens** für die fraglichen Leistungen, auch wenn mit ihr wegen der Bestimmtheitsanforderungen an das Änderungsangebot eine bestimmte Verteilungsvorstellung des Arbeitgebers stets verbunden sein dürfte. Hat der Arbeitgeber im Änderungsschutzverfahren obsiegt, entspricht das gerichtlich als sozial gerechtfertigt angesehene Änderungsangebot aber nicht den später mit dem Betriebsrat, ggf. mit Hilfe der Einigungsstelle vereinbarten neuen Entlohnungsgrundsätzen, wird der Arbeitgeber die konkrete Vergütung an diesen Grundsätzen, ggf. unter Beachtung günstigerer vertraglicher Positionen des Arbeitnehmers, auszurichten haben. Die Lage ist vergleichbar mit der beim **erstmaligen Abschluss** eines Arbeitsvertrags anlässlich der Einstellung, wenn die vertraglichen Regelungen den betrieblich geltenden Entlohnungsgrundsätzen nicht entsprechen; auch hier ist nicht etwa der Arbeitsvertrag unwirksam, sondern hat die Vergütung unter Beachtung des **Günstigkeitsprinzips** nach Maßgabe der **betrieblichen Entlohnungsgrundsätze** zu erfolgen (vgl. *BAG* 11.1.2011 EzA § 87 BetrVG 2001 Betriebliche Lohngestaltung Nr. 24; 15.4.2008 EzA § 87 BetrVG 2001 Betriebliche Lohngestaltung Nr. 15). Auch soweit **der Betriebsrat** selbst eine drohende Verletzung seiner Mitbestimmungsrechte nach § 87 Abs. 1 Nr. 10 BetrVG verhindern will, richtet sich im Übrigen sein allgemeiner oder auf § 23 Abs. 3 BetrVG gestützter **Unterlassungsanspruch** nicht auf das Unterlassen bestimmter **vertraglicher Vereinbarungen**, sondern einer den geltenden Entlohnungsgrundsätzen widersprechenden **faktischen Vergütung** (vgl. den Antrag des Betriebsrats in dem der Entscheidung des *BAG* v. 28.2.2006 EzA § 87 BetrVG 2001 Betriebliche Entlohnungsgrundsätze Nr. 9 zugrunde liegenden Fall).

G. Verfahren nach Annahme des Angebots unter Vorbehalt

Will der Arbeitnehmer nach **rechtzeitig** erklärtem **Vorbehalt** die Unwirksamkeit der angebotenen Vertragsänderung geltend machen, so muss er **innerhalb von drei Wochen** nach Zugang der Kündigung Klage erheben (§ 4 S. 2 KSchG). Für die Klage gelten bezüglich der allgemeinen **Form** und der Berechnung der **Frist** zu ihrer Erhebung **keine Besonderheiten** (s. KR-*Klose* Erl. zu § 4 KSchG). Die Erhebung der Klage am letzten Tage der Frist kann unter Umständen für die fristgerechte Annahme des Vorbehalts verspätet sein (s. Rdn 127). Hat der Arbeitnehmer den Vorbehalt rechtzeitig erklärt, aber **verspätet** Klage erhoben, so erlischt der Vorbehalt gem. § 7 KSchG mit Ablauf der Klagefrist – von den Fällen des § 5 KSchG abgesehen – und das Arbeitsverhältnis besteht zu den neuen Vertragsbedingungen fort (APS-*Künzl* Rn 325; DDZ-*Zwanziger* Rn 213).

Bei einer betriebsbedingten Änderungskündigung ist auch **§ 1a KSchG anwendbar**, soweit die Kündigung wegen vorbehaltloser Ablehnung des Änderungsangebots zur Beendigung des Arbeitsverhältnisses führt (*BAG* 13.12.2007 EzA § 1a KSchG Nr. 3; s. iE KR-*Spilger* § 1a KSchG Rdn 31).

I. Antrag der Änderungsschutzklage

Mit der zum 1.1.2004 in Kraft getretenen Neuregelung des § 4 KSchG durch das Arbeitsmarktreformgesetz ist klargestellt, dass auch bei der Änderungskündigung grds. **alle** Unwirksamkeitsgründe – nicht mehr nur die Sozialwidrigkeit – innerhalb von **drei Wochen** geltend gemacht werden müssen. Der Antrag sollte auf die Feststellung gerichtet werden, »dass die Änderung der Arbeitsbedingungen durch die Kündigung vom … **rechtsunwirksam** ist«. Im Hinblick auf den neugefassten § 6 KSchG ist es aber auch möglich, entsprechend dem Wortlaut von § 4 S. 2 KSchG zu beantragen, »entweder festzustellen, dass die Änderung der Arbeitsbedingungen durch die Kündigung vom … sozial ungerechtfertigt, oder festzustellen, dass die

§ 2 KSchG Änderungskündigung

Änderung der Arbeitsbedingungen durch diese Kündigung rechtsunwirksam ist« (s.a. KR-Klose § 4 KSchG Rdn 366; *Bader* NZA 2004, 68). Streitgegenstand ist jedenfalls nicht ein einzelner Unwirksamkeitsgrund, sondern die Unwirksamkeit der Änderung, aus welchem Grund auch immer. Die Änderungsschutzklage zielt auf die Feststellung, dass für das Arbeitsverhältnis nicht die Vertragsbedingungen gelten, die in dem mit der Kündigung verbundenen Änderungsangebot genannt sind (*BAG* 26.8.2008 EzA § 2 KSchG Nr. 72; 24.8.2004 EzA § 2 KSchG Nr. 51). Soweit überhaupt noch Unwirksamkeitsgründe außerhalb der Frist von § 4 KSchG geltend gemacht werden können (zB das Fehlen der Schriftform, s. KR-*Klose* § 7 KSchG Rdn 5), bleibt es wegen des umfassenden Streitgegenstands dabei, dass auch diese Unwirksamkeitsgründe im Rahmen einer nach § 4 S. 2 KSchG bereits erhobenen Änderungsschutzklage geltend gemacht werden müssen. Insoweit gilt nichts anderes als für das Vorbringen dieser Gründe im Rahmen einer nach § 4 S. 1 KSchG erhoben Kündigungsschutzklage (dazu s. KR-*Klose* § 4 KSchG Rdn 289 f.). Hat der Arbeitgeber statt einer möglichen und nach dem ultima-ratio-Prinzip vorrangigen Änderungskündigung allein eine **Beendigungskündigung** ausgesprochen und wird deren Unwirksamkeit festgestellt, wird damit nicht etwa zugleich die Änderung der Vertragsbedingungen festgestellt (*BAG* 27.1.1994 EzA § 615 BGB Nr. 80 m. Anm. Kraft; s. dort auch zum Annahmeverzug in diesem Fall). Ein rechtzeitig erhobener Änderungsschutzantrag nach § 4 S. 2 KSchG erfasst zugleich eine Beendigungskündigung, die zum selben oder gar zu einem früheren Zeitpunkt wirken soll, wie die vom Arbeitgeber gewünschte Änderung der Vertragsbedingungen, gegen die der Arbeitnehmer aber nicht innerhalb der Dreiwochenfrist förmlich Klage erhoben hat. Auch eine Änderungsschutzklage kann – für den Arbeitgeber ersichtlich – nur Erfolg haben, wenn das Arbeitsverhältnis über den »Änderungszeitpunkt« hinaus überhaupt fortbesteht (*BAG* 24.5.2018 – 2 AZR 67/18, EzA § 4 KSchG n.F. Nr. 103). Das gilt jedenfalls dann, wenn der Arbeitnehmer vor dem Ende der letzten mündlichen Verhandlung in erster Instanz einen Antrag nach § 4 S. 1 KSchG auch ausdrücklich noch stellt. Das folgt aus einer analogen Anwendung des § 6 KSchG (*BAG* aaO). Dies gilt ebenso, wenn der Arbeitnehmer einen objektiv unwirksamen Vorbehalt erklärt und deshalb nur einen Antrag nach § 4 S. 1 KSchG gestellt hat (*Niemann* NZA 2019, 65, 70). Im umgekehrten Fall, in welchem der Arbeitnehmer die Annahme des Änderungsangebots unter Vorbehalt mit separatem Schreiben rechtzeitig erklärt, dann aber – ebenfalls rechtzeitig – einen Klageantrag nach § 4 S. 1 KSchG stellt, kann dieser bei Gericht in einen Antrag nach § 4 S. 2 KSchG umgestellt werden, ohne dass es dazu zwecks Vermeidung der Rechtsfolgen des § 7 KSchG einer analogen Anwendung von § 6 KSchG bedürfte (*BAG* 21.5.2019 – 2 AZR 26/19, EzA § 4 KSchG n.F. Nr. 105; vgl. oben Rdn 131).

247 Im Hinblick auf die Erörterungen zu Rdn 39, Rdn 108 ff., Rdn 167 stellt sich die Frage, wie der **Klageantrag** des Arbeitnehmers lauten sollte, wenn er die **Annahme unter Vorbehalt** – wie in der Regel – konkludent mit der **aufschiebenden Bedingung** erklärt, dass nicht schon die Kündigungserklärung als solche unwirksam ist. Solange die materiell-rechtlichen Wirkungen der Annahme unter Vorbehalt durch diese innerprozessuale Rechtsbedingung aufgeschoben sind, streiten die Parteien weiterhin über die Wirksamkeit der Kündigung, ohne dass diese allerdings zur Beendigung des Arbeitsverhältnisses führen könnte: Selbst wenn sich die Kündigung als in jeder Hinsicht wirksam erweist, kommt es wegen der dann eintretenden Bedingung zur Annahme des Änderungsangebots unter dem Vorbehalt des § 2 S. 1 KSchG mit der Folge, dass das Arbeitsverhältnis als solches fortgesetzt wird. Das spricht **dagegen**, einen eigenständigen Kündigungsschutzantrag nach § 4 S. 1 KSchG zu stellen, der hilfsweise **ergänzt** würde um den Änderungsschutzantrag nach § 4 S. 2 KSchG. Ist der Antrag nach § 4 S. 1 KSchG begründet – weil die Kündigung etwa gegen § 102 Abs. 1 BetrVG, gegen § 9 Abs. 1 MuSchG oÄ verstößt oder sie »überflüssig«, deshalb unverhältnismäßig und sozial nicht gerechtfertigt ist – wäre dann gerichtlich festzustellen, »dass das Arbeitsverhältnis durch die Kündigung … nicht aufgelöst worden ist«. Dies steht aber wegen der Annahme unter Vorbehalt auch für den Fall der Wirksamkeit der Kündigung fest. Ein solcher Tenor gibt den Parteien deshalb keine Antwort auf die Frage, mit welchem Inhalt ihr Arbeitsverhältnis fortbesteht. Ist der Antrag nach § 4 S. 1 KSchG unbegründet – weil sich die Kündigungserklärung

als solche als wirksam erweist – wäre dann die Klage abzuweisen. Dies wiederum wäre »vorschnell«, weil zuvor die soziale Berechtigung des Änderungsangebots zu prüfen ist. Es liegt deshalb näher, es auch für den Fall der aufschiebend bedingten Annahme des Änderungsangebots bei dem **alleinigen Antrag nach § 4 S. 2 KSchG bewenden** zu lassen und in dessen Rahmen die Wirksamkeit der Kündigung als solcher vorab zu prüfen (so im Ergebnis auch *Künzl/von der Ehe* NZA 2015, 1217, 1220; *Niemann* NZA 2019, 65, 70). Erweisen sich die Kündigung als wirksam – da weder (spezial-)gesetzeswidrig noch »überflüssig« – und das Änderungsangebot als sozial gerechtfertigt, ist die Klage abzuweisen. Erweist sich die Kündigung zwar als wirksam, das Änderungsangebot aber als sozial nicht gerechtfertigt, ist festzustellen, »dass die Änderung der Arbeitsbedingungen gemäß der Kündigung vom ... rechtsunwirksam ist« oder auch, »dass die Arbeitsbedingungen der Parteien durch die Kündigung vom ... nicht geändert worden sind«. Erweist sich dagegen schon die Kündigung als rechtsunwirksam – da zB gegen § 102 Abs. 1 BetrVG verstoßend oder da »überflüssig« –, sollte dies wegen des dann entsprechend begrenzten Streitgegenstands auch im Tenor zum Ausdruck kommen. Es sollte etwa festgestellt werden, »dass durch die Kündigung ... eine Änderung der Arbeitsbedingungen nicht bewirkt werden konnte«. (Zur Problematik der mit der Ausübung des Direktionsrechts zugleich »vorsorglich« erklärten Änderungskündigung vgl. oben Rdn 92; vgl. ferner *Niemann* NZA 2019, 65, 70).

Die Änderungsschutzklage kann mit einer **allgemeinen Feststellungsklage** verbunden werden, die **248** mögliche, der konkret angegriffenen Kündigung nachfolgende Kündigungen erfasst (vgl. *BAG* 18.12.2014 EzA § 4 KSchG nF Nr. 96; 26.9.2013 EzA § 4 KSchG nF Nr. 93; *LSW-Spinner* § 4 Rn 103; *Zirnbauer* NZA 1995, 1079; s. zur Feststellungsklage iE KR-*Klose* § 4 KSchG Rdn 305 ff.). Spricht der Arbeitgeber eine weitere Änderungskündigung aus, bedarf es ggf. der **erneuten** Annahme des (neuen) Änderungsangebots unter **Vorbehalt**; andernfalls geht es mit Blick auf die neuerliche Änderungskündigung nach Ablauf der Kündigungsfrist nur noch um die Beendigung des Arbeitsverhältnisses. Eine **vorweggenommene** Annahme eines noch nicht abgegebenen Änderungsangebots scheidet regelmäßig aus.

II. Beschäftigung während des laufenden Verfahrens

Während des **laufenden Änderungsschutzverfahrens** ist der Arbeitnehmer verpflichtet, zu den geänderten Bedingungen weiterzuarbeiten (s. Rdn 132, 212). Der Zeitpunkt, von dem ab die geänderten Bedingungen gelten, ist regelmäßig der des Ablaufs der Kündigungsfrist. Für die Dauer der Kündigungsfrist selbst hat der Arbeitnehmer das Recht, zu den alten Bedingungen weiterzuarbeiten. Eine kürzere »Änderungsfrist« läuft im Ergebnis auf eine Verkürzung der Kündigungsfristen hinaus und ist regelmäßig wie diese selbst unzulässig (vgl. Rdn 172). **249**

Der Arbeitnehmer hat zu den **geänderten** Arbeitsbedingungen bis zur **rechtskräftigen Feststellung** **250** der Unwirksamkeit der Änderungskündigung weiterzuarbeiten (s. Rdn 132, 212). Er kann also nicht verlangen, bereits ab einem der Änderungsschutzklage stattgebenden Urteil erster Instanz trotz Fortführung des Rechtsstreits zu den alten Vertragsbedingungen weiterbeschäftigt zu werden (*BAG* 18.1.1990 EzA § 1 KSchG Betriebsbedingte Kündigung Nr. 65; 27.3.1987 EzA § 2 KSchG Nr. 10; *LKB/Linck* Rn 112, Rn 191; *DDZ-Zwanziger* Rn 138; *Matthes* FS Gnade, S. 225, 227; *Bauer* BB 1986, 800; *Färber/Kappes* NZA 1986, 222; *Löwisch* NZA 1988, 639; *Schäfer* NZA 1985, 692; aA *Enderlein* ZfA 1992, 47; *Ratajczak* S. 101; s. aber Rdn 232 f. für den Fall, dass die Beschäftigung zu den neuen Vertragsbedingungen wegen fehlender Zustimmung des Betriebsrats noch nicht zulässig ist). Die für die **Beendigungskündigung** entwickelten Grundsätze zum Anspruch auf vorläufige Weiterbeschäftigung während der Dauer des Kündigungsrechtsstreits (*BAG* [GS] 27.2.1985 EzA § 611 BGB Beschäftigungspflicht Nr. 9) **gelten nicht**. Die Interessenlage ist nicht vergleichbar. Nach Annahme des Änderungsangebots unter Vorbehalt steht die Beendigung des Arbeitsverhältnisses nicht mehr im Streit. Das gilt auch, wenn diese Annahme aufschiebend bedingt durch die Wirksamkeit der Kündigung als solche erklärt wird (s. Rdn 112). Es ist also nicht abzuwägen zwischen dem Interesse des Arbeitgebers an der Nichtbeschäftigung des gekündigten Arbeitnehmers, welches regelmäßig bis zum Erlass eines ersten die Unwirksamkeit der Kündigung feststellenden Urteils überwiegt, und dem Interesse des Arbeitnehmers an einer Beschäftigung (s. *BAG* 27.2.1985 EzA § 611 BGB Beschäftigungspflicht Nr. 9). Vielmehr **wird** der Arbeitnehmer während des Änderungsschutzverfahrens **beschäftigt**. Der Gesetzgeber hat dem Interesse des Arbeitnehmers an einer Beibehaltung der bisherigen Arbeitsbedingungen mit der Regelung des § 8 KSchG abschließend Rechnung getragen. Danach gilt die Änderungskündigung als von Anfang an unwirksam, wenn die Sozialwidrigkeit oder Rechtsunwirksamkeit (s. Rdn 242 f.) der Änderung der Arbeitsvertragsbedingungen rechtskräftig feststellt ist (s. KR-*Kreft* § 8 KSchG Rdn 10).

251 Hierfür spricht auch die **Entstehungsgeschichte** des § 8 KSchG, der in seinem ersten Entwurf sogar nur vorsah, dass die alten Arbeitsbedingungen erst wieder **ab Rechtskraft**, also nicht rückwirkend in Kraft treten sollten (s. KR-*Kreft* § 8 KSchG Rdn 1 f.). Gilt die Änderungskündigung aber erst mit Rechtskraft der Feststellung ihrer Sozialwidrigkeit als von Anfang an unwirksam, kann auch dann erst ein Anspruch auf Weiterbeschäftigung zu den alten Bedingungen entstehen. Diese Lösung entspricht der **vertragsrechtlichen** Situation – der Geltung der geänderten Vertragsbedingungen unter der auflösenden Bedingung der Feststellung ihrer Sozialwidrigkeit/Unwirksamkeit – und ist **interessengerecht**. Die Verpflichtung, während des laufenden Verfahrens zu den geänderten Bedingungen zu arbeiten, ist der zumutbare Preis für den Ausschluss des Risikos, den Arbeitsplatz zu verlieren (zust. *Thür. LAG* 26.1.1996 LAGE § 2 KSchG Nr. 21). Erscheint dem Arbeitnehmer dieser Preis zu hoch, bleibt ihm die Möglichkeit, das Änderungsangebot abzulehnen und eine Kündigungsschutzklage nach § 4 S. 1 KSchG zu erheben; in deren Verlauf kann er nach einem obsiegenden Urteil in erster oder zweiter Instanz seine Weiterbeschäftigung zu unveränderten Bedingungen verlangen.

252 Etwas anderes gilt, wenn die Beschäftigung zu den geänderten Bedingungen **nicht realisiert** werden kann, weil es sich um eine gem. § 99 BetrVG mitbestimmungspflichtige Versetzung handelt, zu der die Zustimmung des Betriebsrats nicht vorliegt oder ersetzt ist und die der Arbeitgeber auch nicht nach des § 100 BetrVG vorläufig durchführen kann. In diesem Fall ist der Arbeitnehmer trotz seines (vorläufigen) Einverständnisses mit den neuen Vertragsbedingungen bis zum rechtskräftigen Abschluss des Zustimmungsersetzungsverfahrens zu den **alten Bedingungen** zu beschäftigen, falls dies noch geht (s. Rdn 233; *BAG* 30.9.1993 EzA § 99 BetrVG 1972 Nr. 118; offen gelassen in 18.1.1990 EzA § 1 KSchG Betriebsbedingte Kündigung Nr. 65; vgl. auch KR-*Rinck* § 102 BetrVG Rdn 266; *Griese* BB 1995, 463; DDZ-*Zwanziger* Rn 138, 202; *Schwerdtner* FS 25 Jahre BAG, S. 580; aA *v. Hoyningen-Huene* NZA 1993, 150; *ders.* Anm. zu *BAG* 30.9.1993 AR-Blattei ES 1700 Nr. 21 – das Fehlen der Zustimmung des Betriebsrats mache die Beschäftigung auf dem neuen Arbeitsplatz vor rechtskräftigem Abschluss eines Verfahrens nach § 101 BetrVG nicht unzulässig).

253 Streiten die Parteien im Rahmen einer Änderungsschutzklage über die **Wirksamkeit des Vorbehalts**, ist nicht nur der Inhalt, sondern auch der Bestand des Arbeitsverhältnisses streitig. Lehnt der Arbeitgeber die Weiterbeschäftigung des Arbeitnehmers sowohl zu den alten als auch zu geänderten Vertragsbedingungen ab, kommt eine Verurteilung zur Beschäftigung so lange nicht in Betracht, wie nicht ein der Änderungsschutzklage **stattgebendes** Urteil vorliegt (*BAG* 28.3.1985 EzA § 611 BGB Beschäftigungspflicht Nr. 9 und EzA § 767 ZPO Nr. 1). Stellt das Urteil die Wirksamkeit des Vorbehalts fest, besteht ein Anspruch des Arbeitnehmers auf vorläufige Beschäftigung zu den **geänderten Bedingungen**. Wird dagegen die Unwirksamkeit des Vorbehalts festgestellt und hat der Arbeitnehmer hilfsweise eine Kündigungsschutzklage nach § 4 S. 1 KSchG erhoben (s. dazu Rdn 260), erfolgt die Weiterbeschäftigung zu den **alten Bedingungen** wie bei einer von vornherein erhobenen Kündigungsschutzklage wegen vorbehaltloser Ablehnung des Angebots.

254 Es bestehen keine Bedenken dagegen, dass die Beteiligten nach Zugang der Änderungskündigung und Annahme des Angebots unter Vorbehalt die Fortsetzung des Arbeitsverhältnisses zu den **ursprünglichen Bedingungen** bis zum Zeitpunkt der rechtskräftigen – oder zumindest der erstinstanzlichen – Entscheidung über die Änderungsschutzklage **vereinbaren** (vgl. *Wenzel* MDR 1969, 977; s. Rdn 233). Gewinnt der Arbeitnehmer den Prozess, ist der gem. § 8 KSchG vorzunehmende Ausgleich rückwirkend auf den Tag des Ausspruchs der Kündigung gewissermaßen schon vorweggenommen. Verliert er, wird er von dem Tage der Rechtskraft – ggf. der erstinstanzlichen Entscheidung – an verpflichtet, zu den geänderten Bedingungen zu arbeiten, ohne dass dann Ansprüche des

Arbeitgebers auf irgendwelche Ausgleichsleistungen für die Vergangenheit bestünden; diese sind ihm schon deshalb abgeschnitten, weil er sich mit der vorläufigen Beschäftigung des Arbeitnehmers zu den alten Bedingungen einverstanden erklärt hatte.

III. »Rücknahme« der Änderungskündigung

Als echte Kündigung (s. Rdn 11) und damit einseitige, empfangsbedürftige Willenserklärung kann die Änderungskündigung **nicht einseitig** zurückgenommen werden (vgl. *BAG* 19.8.1982 EzA § 9 KSchG nF Nr. 14; 29.1.1981 EzA § 9 KSchG nF Nr. 10; KR-*Klose* § 4 KSchG Rdn 79 ff.; *Thüsing* AuR 1996, 245; allgemein zur »Rücknahme« der Kündigung *Berrisch* FA 2007, 6). Für eine anhängige **Kündigungsschutzklage** nach § 4 S. 1 KSchG entfällt daher trotz einer solchen »Rücknahme« nicht das Rechtsschutzinteresse. In der Erhebung der Kündigungsschutzklage liegt keine **vorweggenommene Zustimmung** des Arbeitnehmers zur Rücknahme der Kündigung, was andernfalls zur Folge hätte, dass mit der Rücknahme die Fortsetzung des Arbeitsverhältnisses bei gleichzeitiger »Aufhebung« der Kündigung vereinbart wäre. In der »Rücknahme« liegt vielmehr das vom Arbeitnehmer erst noch anzunehmende Angebot des Arbeitgebers, das Arbeitsverhältnis als nicht beendet anzusehen (*BAG* 19.8.1982 EzA § 9 KSchG nF Nr. 14). Folge des Fortbestands des Rechtsschutzinteresses ist, dass etwa der Arbeitnehmer trotz Rücknahme der Kündigung die **Auflösung des Arbeitsverhältnisses** gem. § 9 KSchG verlangen kann; er kann diesen Antrag auch noch nach Erklärung der Rücknahme stellen (*BAG* 19.8.1982 EzA § 9 KSchG nF Nr. 14; vgl. iE KR-*Klose* § 4 KSchG Rdn 90 f.). 255

Im Fall der Änderungskündigung hängt diese Möglichkeit vom vorausgegangenen Verhalten des Arbeitnehmers ab. Hatte dieser die Annahme des Änderungsangebots **vorbehaltlos** abgelehnt, gelten im Vergleich zur Situation bei der reinen Beendigungskündigung keine Besonderheiten. Hatte der Arbeitnehmer dagegen das Angebot **unter Vorbehalt angenommen**, besteht eine andere Situation. Mit der Annahme des Änderungsangebots unter Vorbehalt – auch mit der idR aufschiebend bedingten Annahme unter Vorbehalt (vgl. Rdn 108 ff.) – kann es nicht mehr zur Beendigung des Arbeitsverhältnisses kommen. Mangels einer gerichtlichen Entscheidung, die sich über eine »Auflösung« des Arbeitsverhältnisses iSv § 9 Abs. 1 KSchG verhielte, ist auch die Möglichkeit eines Antrags nach § 9 Abs. 1 KSchG nicht gegeben (*BAG* 24.10.2013 EzA § 9 KSchG nF Nr. 66; s. Rdn 262). Nach (aufschiebend bedingter) Annahme des Änderungsangebots unter Vorbehalt kann die Erhebung der **Änderungsschutzklage** nach § 4 S. 2 KSchG außerdem idR nur bedeuten, dass der Arbeitnehmer schon vorab seine **Zustimmung** zu einer evtl. **Rücknahme** der Kündigung und/oder des Änderungsangebots und zur Fortsetzung des Arbeitsverhältnisses zu unveränderten Vertragsbedingungen erklärt – um dessen Beendigung geht es nicht mehr. Im Übrigen ist jedenfalls das Änderungsangebot keine einseitige Gestaltungserklärung, sondern eine auf Annahme angelegte Willenserklärung, so dass es wohl, solange noch nicht endgültig angenommen, ohnehin einseitig zurückgenommen werden kann. In jedem Fall stünde die Verweigerung der Annahme des Antrags des Arbeitgebers zur Fortsetzung des Arbeitsverhältnisses unter unveränderten Vertragsbedingungen im Widerspruch zum Prozessbegehren des Arbeitnehmers und wäre deshalb treuwidrig. Für den Fall der Änderungsschutzklage erscheint es also gerechtfertigt, die Klageerhebung als **antizipierte Zustimmung** zur Rücknahme des Änderungsangebots zu sehen. Der Rechtsstreit ist damit in der Hauptsache erledigt (*BAG* 24.5.2018 – 2 AZR 67/18, EzA § 4 KSchG n.F. Nr. 103), was in entsprechenden Anträgen der Parteien und einer Entscheidung über die Kosten gem. § 91a ZPO – regelmäßig zu Lasten des Arbeitgebers – seinen Niederschlag finden wird (wie hier LSW-*Löwisch/Wertheimer* Rn 123). Der Arbeitnehmer arbeitet zu den alten Vertragsbedingungen weiter und hat Anspruch darauf so gestellt zu werden, als habe er ununterbrochen zu diesen Bedingungen gearbeitet. 256

IV. Beweislast

Gem. § 1 Abs. 2 S. 4 KSchG hat der Arbeitgeber die Tatsachen zu **beweisen**, die die Kündigung bedingen. § 2 KSchG enthält keine entsprechende Vorschrift. Es fehlt auch eine ausdrückliche Verweisung auf § 1 Abs. 2 S. 4 KSchG. Trotzdem kann kein Zweifel daran bestehen, dass die 257

Verteilung der Beweislast im Änderungsschutzverfahren der im Kündigungsschutzverfahren entspricht, der **Arbeitgeber** also die Tatsachen zu beweisen hat, welche die Änderungskündigung bedingen. Das war für die Änderungskündigung vor Inkrafttreten des Arbeitsrechtsbereinigungsgesetzes selbstverständlich, weil sie seinerzeit mangels spezieller Regelungen ohnehin unter § 1 KSchG subsumiert wurde und damit die dort vorgesehene Beweislastregelung Anwendung fand. Es ist nicht ersichtlich, dass der Gesetzgeber an diesem Rechtszustand je etwas hätte ändern wollen, zumal ein sachgerechter Grund für eine unterschiedliche Regelung nicht besteht (vgl. *BAG* 21.1.1993 EzA § 2 KSchG Nr. 18; *v. Hoyningen-Huene/Linck* DB 1993, 1191). Zur Anwendung von § 1 Abs. 5 KSchG und der dadurch bedingten Vermutungswirkung s. Rdn 158.

258 Entsprechend der in § 1 Abs. 3 S. 3 KSchG getroffenen Regelung hat der **Arbeitnehmer** die Tatsachen zu **beweisen**, welche die Änderungskündigung wegen falscher Sozialauswahl als sozial ungerechtfertigt iSd **§ 1 Abs. 3 S. 1 KSchG** erscheinen lassen. Auch hier bestehen keine Bedenken, die für die reine Beendigungskündigung getroffene Beweislastregelung für die Änderungskündigung zu übernehmen (allgemein *Ascheid* Beweislastfragen im Kündigungsschutzprozess; *Reinecke* NZA 1989, 577; s.a. KR-*Rachor* § 1 KSchG Rdn 591 f.).

V. Streit über fristgerechten oder inhaltlich wirksamen Vorbehalt

259 Es kann vorkommen, dass im Rahmen der Änderungsschutzklage auch darüber gestritten wird, ob der Arbeitnehmer den **Vorbehalt fristgerecht** iSd § 2 S. 2 KSchG erklärt hat. Allerdings dürfte ein solcher Streit eher selten sein. Er tritt nicht auf, wenn der Arbeitgeber den Arbeitnehmer nach verspäteter Erklärung des Vorbehalts in dessen Kenntnis über die Kündigungsfrist hinaus und nunmehr zu den geänderten Bedingungen weiterbeschäftigt. Darin liegt das zumindest schlüssige **Einverständnis** des Arbeitgebers mit der nur bedingten Annahme des Angebots durch den Arbeitnehmer. Erklärt der Arbeitnehmer die Annahme unter Vorbehalt nicht fristgerecht, ist die verspätete Erklärung nach § 150 Abs. 1 BGB als neues Angebot auf Abschluss eines Änderungsvertrags unter Vorbehalt zu verstehen. Dieses kann der Arbeitgeber seinerseits annehmen. Der Arbeitgeber kann sich folglich auch nachträglich auf eine verspätete Annahme unter Vorbehalt einlassen (*BAG* 28.10.2010 EzA § 2 KSchG Nr. 80; 17.6.1998 EzA § 2 KSchG Nr. 30; s. Rdn 119).

260 Dem Streit über die Rechtzeitigkeit der Vorbehaltserklärung wird also regelmäßig ein Sachverhalt zugrunde liegen, bei dem der **Arbeitgeber** sich **weigert**, den Arbeitnehmer zu den geänderten Bedingungen weiterzubeschäftigen. Der Arbeitnehmer kann in diesem Fall zwar (lediglich) Kündigungsschutzklage gem. § 4 S. 1 KSchG erheben. Dann läuft er jedoch Gefahr, im Fall des Unterliegens den Arbeitsplatz zu verlieren. Ist er also der Meinung, den Vorbehalt fristgerecht erklärt zu haben, kann er **Änderungsschutzklage** erheben. Stellt sich in dem Verfahren heraus, dass der **Vorbehalt fristgerecht** erhoben wurde, hat das Gericht die Wirksamkeit der Änderung zu überprüfen. Verneint es sie, gibt es der Klage statt. Bejaht es sie, weist es die Klage ab. Mit Klageabweisung steht dann aber – anders als bei Klageerhebung nur nach § 4 S. 1 KSchG – fest, dass die geänderten Vertragsbedingungen Geltung haben, der Arbeitnehmer folglich zu diesen Bedingungen zukünftig weiterzubeschäftigen ist (*Richardi* ZfA 1971, 106).

261 Kommt das Gericht zu der Auffassung, dass der **Vorbehalt nicht fristgerecht** erklärt wurde, weist es eine Klage nach **§ 4 S. 2 KSchG** gleichfalls ab. Misst man der fristgerechten Annahme des Änderungsangebots und Erklärung des Vorbehalts nur prozessuale Bedeutung zu, hat die Abweisung der Klage als **unzulässig** zu erfolgen (s. Rdn 107). Nach der hier vertretenen Auffassung ist die Frist eine materiell-rechtliche, so dass die Klage als **unbegründet** abzuweisen ist. Nach dem eingeschränkten Prüfungsgegenstand dieses Urteils steht damit nur fest, dass der Vorbehalt nicht wirksam erklärt worden ist; es steht damit jedoch **nicht** etwa fest, dass der Arbeitnehmer zu den geänderten Bedingungen weiterzubeschäftigen ist, so als hätte er das Änderungsangebot **ohne Vorbehalt** angenommen. Die Abweisung der Klage bedeutet vielmehr lediglich die Verneinung der Befugnis des Arbeitnehmers, das Änderungsangebot unter Vorbehalt anzunehmen (*Richardi* ZfA 1971, 106). Die Rechtslage entspricht derjenigen bei vorbehaltloser Ablehnung des Änderungsangebots. Der Arbeitnehmer muss sich also gegen die mögliche Beendigung des

Arbeitsverhältnisses mit einem Antrag gem. § 4 S. 1 KSchG wehren; der wiederum muss innerhalb der dreiwöchigen **Klagefrist** gestellt werden. Es empfiehlt sich für den Arbeitnehmer daher, von Beginn an **hilfsweise** für den Fall des Unterliegens im Änderungsschutzprozess – dh **auflösend bedingt** durch ein Obsiegen in diesem Prozess – Kündigungsschutzklage nach § 4 S. 1 KSchG zu erheben. Dabei bestehen keine Bedenken, den Hilfsantrag einzuschränken auf den Fall des Unterliegens wegen Versäumung der Frist zur Erklärung des Vorbehalts, dh ihn auflösend bedingt durch ein Obsiegen im Änderungsschutzprozess und durch ein Unterliegen wegen sozialer Rechtfertigung des Angebots zu stellen (*Richardi* ZfA 1971, 109); Wird die Änderungsschutzklage mit der Begründung abgewiesen, die Änderung sei sozial gerechtfertigt, besteht für die hilfsweise erhobene Kündigungsschutzklage keine Erfolgsaussicht, weil sie notwendigerweise gleichfalls abgewiesen werden müsste. Der Maßstab für die Prüfung der Sozialwidrigkeit ist in beiden Verfahren derselbe (s. Rdn 147).

Die hilfsweise erhobene Kündigungsschutzklage kann – jedenfalls bis zum Schluss der mündlichen Verhandlung in erster Instanz – in **analoger** Anwendung **des § 6 KSchG** auch noch **nach Ablauf** der Dreiwochenfrist erhoben werden, wenn denn die Änderungsschutzklage rechtzeitig erhoben worden ist. Einer analogen Anwendung des § 6 KSchG stehen schutzwürdige Interessen des Arbeitgebers nicht entgegen. Da er eine Änderung der Vertragsbedingungen im Wege einer Änderungskündigung durchsetzen will, musste er von vornherein damit rechnen, dass der betroffene Arbeitnehmer sich dagegen allemal durch Erhebung einer Kündigungsschutzklage gem. § 4 S. 1 KSchG würde wenden wollen, wenn er mit der Änderung der Vertragsbestimmungen nicht einverstanden ist und die Vorbehaltserklärung verspätet abgegeben haben sollte (*BAG* 28.3.1985 EzA § 767 ZPO Nr. 1; 23.3.1983 EzA § 6 KSchG Nr. 1; SPV-*Vossen* Rn 2198; *Richardi* ZfA 1971, 109). Das Gleiche dürfte gelten, wenn der Arbeitnehmer den Vorbehalt unzulässigerweise auf andere Bedingungen als die soziale Rechtfertigung des Änderungsangebots erstreckt hat. 262

VI. Auflösung des Arbeitsverhältnisses

Eine **Auflösung** des Arbeitsverhältnisses gem. **§ 9 Abs. 1 KSchG** kommt **nicht** in Betracht, wenn der Arbeitnehmer sich bereit erklärt hat, das Änderungsangebot unter (aufschiebend bedingtem) Vorbehalt **anzunehmen**; es fehlt an der gerichtlichen Feststellung der Sozialwidrigkeit einer (Beendigungs-)Kündigung des Arbeitgebers (*BAG* 24.10.2013 EzA § 9 KSchG nF Nr. 66; s.a. KR-*Spilger* § 9 Rdn 37; APS-*Biebl* § 9 Rn 14; LSW-*Löwisch/Wertheimer* Rn 122; SPV-*Vossen* Rn 2199; *Becker-Schaffner* BB 1991, 135; *Müller* DB 2002, 2597; *Willemsen* NJW 2000, 2785 – auch zu rechtspolitischen Überlegungen; aA *Bauer/Krets* DB 2002, 1937; s. Rdn 254). 263

§ 9 Abs. 1 KSchG stellt schon nach seinem **Wortlaut** auf ein **Kündigungsschutzverfahren** ab, weil Voraussetzung für die Auflösung ein Beendigungswille des Arbeitgebers und die Feststellung der Unwirksamkeit der auf ihm beruhenden Kündigung ist. Die Auflösung des Arbeitsverhältnisses ist deshalb bei einer sozialwidrigen Änderungskündigung nur dann möglich, wenn der Arbeitnehmer das Änderungsangebot von Beginn an **nicht angenommen** hat (*BAG* 24.10.2013 EzA § 9 KSchG nF Nr. 66; 29.1.1981 EzA § 9 KSchG nF Nr. 10). 264

Eine **entsprechende Anwendung** auf das Änderungsschutzverfahren ist **nicht** gerechtfertigt. Die Sach- und Rechtslage ist **nicht vergleichbar**. Es fehlt an dem Willen des Arbeitgebers zur Beendigung des Arbeitsverhältnisses, den § 9 Abs. 1 KSchG voraussetzt. Der Arbeitnehmer erklärt sich im Übrigen mit der Annahme der geänderten Vertragsbedingungen unter Vorbehalt bereit, in jedem Fall bei dem Arbeitgeber weiterzuarbeiten. An dieser Entscheidung muss er sich festhalten lassen. War er schon bereit, im Falle des Unterliegens sogar zu ungünstigeren Arbeitsbedingungen weiterzuarbeiten, kann er sich nicht auf die Auflösung des Arbeitsverhältnisses berufen, wenn die Unwirksamkeit der Änderung festgestellt und damit das Arbeitsverhältnis zu den alten Vertragsbedingungen wieder in Vollzug gesetzt wird. Stellt das Gericht die Wirksamkeit der Änderungskündigung fest, kommt eine Auflösung ohnehin nicht in Betracht, obwohl der Arbeitnehmer auch dann weiterarbeiten muss (*BAG* 24.10.2013 EzA § 9 KSchG nF Nr. 66). 265

266 Richtig ist zwar, dass auch **nach** Erklärung des Vorbehalts **Spannungen** zwischen den Parteien auftreten können, welche zu einer Belastung des Arbeitsverhältnisses führen. Das widerspricht aber nicht der Auffassung, dass die Auflösung nach Annahme des Änderungsangebots unter Vorbehalt ausscheide (s. Rdn 262). Beiden Parteien bleibt es vielmehr unbenommen, das Arbeitsverhältnis aus den fraglichen Gründen zu kündigen. Haben die Unzuträglichkeiten ein solches Maß erreicht, dass sie eine fristlose Kündigung rechtfertigen, können sie zudem gem. § 628 Abs. 2 BGB Schadensersatz verlangen. Dieser Fall wird sich häufig decken mit den in § 9 Abs. 1 S. 1, S. 2 KSchG geforderten Voraussetzungen. Das BAG hat allerdings seine Rechtsprechung aufgegeben, wonach an die »Unzumutbarkeit« in § 9 KSchG die gleichen Maßstäbe anzulegen seien wie in § 626 Abs. 1 BGB (*BAG* 11.7.2013 EzA § 9 KSchG nF Nr. 64; 26.11.1981 EzA § 9 KSchG nF Nr. 11; s. KR-*Spilger* § 9 KSchG Rdn 48; ErfK-*Kiel* § 9 Rn 2). Die Wirksamkeit einer fristlosen Kündigung stellt höhere Anforderungen. Im Rahmen von § 9 KSchG ist – im Unterschied zu § 626 BGB – nicht zu prüfen, ob die Fortsetzung des Arbeitsverhältnisses selbst bis zum Ablauf der Kündigungsfrist oder eines vereinbarten Fristendes unzumutbar, sondern nur, ob die weitere Zusammenarbeit auf unbestimmte Zeit unzumutbar ist (*BAG* 11.7.2013 EzA § 9 KSchG nF Nr. 64). Für die Auflösung des Arbeitsverhältnisses können deshalb Gründe ausreichen, die eine fristlose Kündigung nicht rechtfertigen würden.

267 Die Möglichkeit, die Auflösung des Arbeitsverhältnisses zu beantragen, wenn der Arbeitnehmer nach **vorbehaltloser** Ablehnung des Änderungsangebots im Kündigungsschutzverfahren obsiegt, steht dazu nicht in Widerspruch (s. aber *Wenzel* MDR 1969, 977). Der Sachverhalt ist nicht vergleichbar. In diesem Fall geht es vielmehr um die wirksame Beendigung des Arbeitsverhältnisses. Obsiegt der Arbeitnehmer im Verfahren nach § 4 S. 1 KSchG, unterscheidet sich die Sach- und Rechtslage nicht von der nach Ausspruch einer reinen Beendigungskündigung.

268 Wie problematisch es ist, die Möglichkeit der Auflösung des Arbeitsverhältnisses auch nach Annahme des Änderungsangebots unter Vorbehalt zu bejahen, zeigt sich in der Frage, **zu welchem Zeitpunkt** das Arbeitsverhältnis dann aufzulösen wäre (vgl. *BAG* 11.7.2013 EzA § 9 KSchG nF Nr. 64). Der Zeitpunkt, zu dem das Arbeitsverhältnis bei sozial gerechtfertigter Kündigung geendet hätte (§ 9 Abs. 2 KSchG), scheidet aus, weil das Arbeitsverhältnis über diesen Zeitpunkt hinaus fortgesetzt wurde, wenn auch zu geänderten Bedingungen. Deshalb wird von den Vertretern dieser Ansicht auf den Zeitpunkt der Rechtskraft des Auflösungsurteils abgestellt (*Wenzel* MDR 1969, 977). Bis zu diesem Zeitpunkt hat der Arbeitnehmer aber tatsächlich im Betrieb weitergearbeitet. Diese möglicherweise recht lange Zusammenarbeit steht in gewissem Widerspruch zu der Annahme, dass dem Arbeitnehmer/dem Arbeitgeber die Fortsetzung des Arbeitsverhältnisses unzumutbar ist. Die gleichen Bedenken sprechen auch gegen eine Abfindung für den Verlust der besseren Vertragsbedingungen durch eine angemessene Abfindung (so aber *Schaub* in Hromadka, Änderung, S. 100; für leitende Angestellte iSd § 14 Abs. 2 KSchG *Rumler* S. 123 – s.a. KR-*Kreutzberg-Kowalczyk* § 14 KSchG Rdn 49; abl. *Bauer/Krets* DB 2002, 1937, auch wenn diese sich für die Auflösungsmöglichkeit aussprechen, s. Rdn 262). Es erscheint kaum vorstellbar, dass dem Arbeitnehmer die Weiterbeschäftigung zu den bisherigen Bedingungen unzumutbar, die zu den geänderten Bedingungen jedoch zumutbar sein soll. Die hier vertretene Auffassung vermeidet diese Diskrepanzen (vgl. auch KR-*Spilger* § 9 KSchG Rdn 37).

269 Nach Auffassung des *BFH* (10.10.1986 DB 1987, 515) wäre im Übrigen eine im Zusammenhang mit einer Änderungskündigung gezahlte Abfindung **nicht steuerfrei** iSd § 3 Nr. 9 EStG aF gewesen, weil es an einer Auflösung des Arbeitsverhältnisses gefehlt hätte. Für die heutige steuerrechtliche Lage, die seit dem 1.1.2006 den Wegfall der Steuerpflicht für Abfindungen nicht mehr kennt, sondern bei nach § 2 Abs. 1, § 19, § 24 Nr. 1a EStG bestehender Steuerpflicht nurmehr Steuerermäßigungen vorsieht (vgl. § 24 Nr. 1a EStG iVm § 34 Abs. 1 S. 1, S. 3 [Fünftelungsmethode], Abs. 2 Nr. 2 EStG) dürfte das Gleiche gelten: Selbst diese Vorteile wären also wohl steuerrechtlich nicht gegeben. Anders ist die Rechtslage, wenn das Arbeitsverhältnis durch Kündigung endet und die Parteien anschließend einen neuen Arbeitsvertrag – zu geänderten Bedingungen – schließen; der Tatbestand einer Änderungskündigung liegt insoweit nicht vor (*BFH* 10.10.1986 DB 1987, 515).

Der steuerrechtlichen entspricht die **sozialversicherungsrechtliche** Bewertung. Nach Auffassung 270
des BSG ist eine **Abfindung**, die wegen **Verringerung** der Wochenarbeitszeit bei weiterbestehendem
versicherungspflichtigem Beschäftigungsverhältnis gezahlt wird, beitragspflichtiges Arbeitsentgelt
(*BSG* 28.1.1999 EzA § 14 SGB IV Nr. 1). Gleiches gilt für eine Abfindung wegen **Rückführung**
auf die tarifliche Einstufung bei weiterbestehendem Beschäftigungsverhältnis (*BSG* 28.1.1999 EzA
§ 14 SGB IV Nr. 1; s.a. *Udke* AuA 1999, 284). »Echte« Abfindungen sind lediglich deshalb nicht
dem beitragspflichtigen Arbeitsentgelt aus der bisherigen Beschäftigung zuzurechnen, weil sie für
eine Zeit nach Ende der Beschäftigung und der Versicherungspflicht gezahlt werden. Das trifft auf
Abfindungen wegen der Verschlechterung von Arbeitsbedingungen nicht zu. Sie werden für Zeiten
der weiterbestehenden versicherungspflichtigen Beschäftigung erbracht und sind dieser als Arbeitsentgelt zurechenbar (*BSG* 28.1.1999 EzA § 14 SGB IV Nr. 1).

VII. Urteil

Stellt das angerufene Gericht die Sozialwidrigkeit oder sonstige Unwirksamkeit der Änderung 271
fest, **gibt es der Klage statt.** Der Urteilstenor ist dabei entsprechend dem Antrag zu fassen (s.
Rdn 245 f.). Die **auflösende Bedingung** für die (vorübergehende) Änderung der Vertragsbedingungen tritt ein, die Änderungskündigung gilt gem. § 8 KSchG als **von Anfang an unwirksam.** Ab
Rechtskraft dieser Entscheidung ist der Arbeitnehmer wieder zu den früheren Vertragsbedingungen
zu beschäftigen. Er ist so zu stellen, wie er bei ununterbrochener Beschäftigung zu diesen Bedin-
gungen gestanden hätte. Insbesondere hat er Anspruch auf Zahlung der **Lohndifferenz**, wenn die
Änderung etwa in einer Herabstufung oder der Streichung übertariflicher Lohnbestandteile lag.
Eine sonstige Rückwirkung kommt nur in Betracht, wenn sie tatsächlich durchführbar ist (ErfK-
Oetker Rn 72). Der Zeitpunkt der Rechtskraft ist maßgebend für den Beginn von Ausschluss- und
Verjährungsfristen (s. KR-*Kreft* § 8 KSchG Rdn 13; dort auch zu weiteren Einzelheiten).

Hält das Gericht die Änderung für wirksam, **weist es die Klage ab.** Der **Vorbehalt erlischt.** Ein 272
rückwirkender Ausgleich entfällt idR, weil der Arbeitnehmer schon seit Annahme des Änderungsangebots zu den sozial gerechtfertigten geänderten Bedingungen arbeitet. Will der Arbeitnehmer
sich nunmehr seinerseits von den geänderten Vertragsbedingungen lösen, muss er das Arbeitsverhältnis fristgerecht kündigen.

VIII. Wertfestsetzung

Die Frage, nach welchen Kriterien der **Streitwert** einer Änderungsschutzklage festzusetzen ist, wird nicht 273
einheitlich beantwortet (vgl. *Steffen* FA 1998, 308; s.a. die Übersicht bei *Berkowsky* NZA-RR 2003, 458;
umfassende Angaben bei GK-ArbGG/*Schleusener* Stand Sept. 2009 § 12 Rn 199 f.). Da im Änderungsschutzverfahren nicht über die Beendigung des Arbeitsverhältnisses, sondern über die Berechtigung der
Änderung gestritten wird, ist nur die beabsichtigte **Änderung maßgebend** für die Wertfestsetzung. Der
Wert bemisst sich nach der **Differenz** zwischen der wirtschaftlichen Situation des Arbeitnehmers unter
Geltung der **alten** und der unter Geltung der **geänderten** Vertragsbedingungen. Nach einer Auffassung
ist in entsprechender Anwendung des jetzigen § 42 Abs. 3 S. 1 GKG als Höchstbetrag die **dreimonatige** Differenz einzusetzen (*Philippsen/Dörner* NZA 1987, 113; *LAG RhPf* 25.4.1985 NZA 1986, 34;
vgl. auch *LAG Hamm* 15.6.1982 EzA § 12 ArbGG 1979 Streitwert Nr. 14; *Thür. LAG* 14.12.1999
RzK I 101 Nr. 99; *LAG Bra.* 29.12.1999 JurBüro 2000, 209; unklar *Steffen* FA 1998, 308). Eine andere Auffassung will die Wertfestsetzung in diesem Fall nach dem jetzigen § 42 Abs. 2 S. 1, Abs. 3
S. 2 GKG vornehmen – also wie bei einem Rechtsstreit über wiederkehrende Leistungen oder über
eine Eingruppierung –, aber unter Beachtung der dreimonatigen **vollen** Vergütung als **Obergrenze**
(*LAG Köln* 20.4.1982 EzA § 12 ArbGG 1979 Streitwert Nr. 13; *LAG München* 16.1.1984 LAGE
§ 12 ArbGG Streitwert Nr. 26; *LAG RhPf* 19.3.1999 LAGE § 12 ArbGG 1979 Streitwert Nr. 117;
LAG Köln 19.8.1999 NZA-RR 1999, 662). Von einem Regelwert von **zwei Monatsvergütungen** geht
LAG Bln. aus (29.5.1998 LAGE § 12 ArbGG 1979 Streitwert Nr. 114; 17.7.1998 LAGE § 12 ArbGG
1979 Streitwert Nr. 119); so auch *Hess. LAG* (18.2.1999 DB 1999, 1276), wenn es um die Änderung

der Vergütung geht (s.a. *Steffen* AR-Blattei SD 160 Rn 118). Außerdem wird die Auffassung vertreten, idR sei der volle dreifache Wert des Monatseinkommens festzusetzen (*Berkowsky* NZA-RR 2003, 458).

274 Das BAG geht für die Wertberechnung gem. dem jetzigen § 42 Abs. 2 GKG grds. vom **dreifachen Jahresbetrag** der Differenz aus; zur Begrenzung seien die Regelungen in § 42 Abs. 3 GKG heranzuziehen. Der Streitwert dürfe keine der beiden dort genannten Grenzen überschreiten, maßgeblich sei die niedrigere von beiden (*BAG* 23.3.1989 EzA § 12 ArbGG 1979 Streitwert Nr. 64 m. abl. Anm. *Schneider*; zust. *Grunsky* § 12 Rn 4e unter Aufgabe der bis dahin vertretenen Auffassung; *Becker-Schaffner* BB 1991, 137; APS-*Künzl* Rn 347; *Linck* AR-Blattei SD 1020.1.1 Rn 116). Dieser Auffassung sollte schon aus Gründen der **Rechtseinheit** gefolgt werden. Die in § 42 Abs. 3 GKG nF genannten Höchstgrenzen stellen bereits eine Einschränkung gegenüber der Wertberechnung nach allgemeinen Grundsätzen dar, so dass eine weitere Begrenzung etwa auf den dreifachen monatlichen Differenzbetrag nicht geboten ist. Dann wiederum wird der Streitwert der Änderungsschutzklage häufig »nur« dem Wert der Kündigungsschutzklage entsprechen, weil die 36-fache Monatsdifferenz nicht selten größer ist als drei volle Monatsvergütungen. Damit stimmen die einschlägigen »Empfehlungen« des sog. **Streitwertkatalogs** in seiner Fassung vom **9.2.2018** überein, auf den sich eine Kommission auf Ebene der Landesarbeitsgerichte verständigt hat. Unter Nr. 4.2 wird dort empfohlen, als Wert für den Streit über die Wirksamkeit einer Änderungskündigung – falls verbunden mit einer Vergütungsänderung oder sonstigen messbaren wirtschaftlichen Nachteilen – bei Annahme des Änderungsangebots unter Vorbehalt die dreifache Jahresdifferenz, ggf. aufgestockt auf eine Monats- und **begrenzt** auf eine **Vierteljahresvergütung** festzusetzen. Zum Streitwert bei Ausspruch einer gerichtlich angegriffenen **vorsorglichen** Änderungskündigung s. Rdn 91.

275 Die erforderliche Ermittlung des Werts der Änderungen bereitet idR dann keine Schwierigkeiten, wenn sich die Wertdifferenz ökonomisch eindeutig in **Zahlen** – etwa als Unterschied zwischen altem und neuem **Monatslohn** ablesen lässt; auch zu dessen Berechnung enthält der Streitwertkatalog in seiner Eingangsfußnote Empfehlungen. Denkbar sind aber auch Vertragsänderungen **ohne** Änderung des tatsächlichen **Einkommens** des Arbeitnehmers, etwa die Versetzung des angestellten Buchhalters auf eine vom Sozialprestige und nach der Berufsanschauung geringerwertige Stelle als Hilfsarbeiter bei unveränderten Bezügen; eine solche Versetzung ist regelmäßig durch das Direktionsrecht nicht mehr gedeckt (s. Rdn 67). Hier lässt sich die Wertdifferenz nur nach dem **Prestigeverlust**, den der Arbeitnehmer erleidet, und nach Gesichtspunkten der Rehabilitierung ermitteln (das *Hess. LAG* nimmt in diesem Fall einen Regelstreitwert von zwei Bruttomonatsverdiensten an). Gesichtspunkte des Ansehensverlusts sind nach *LAG Hamm* (15.6.1982 BB 1982, 1670) stets zu berücksichtigen, auch dann, wenn eine Einkommensdifferenz vorliegt (bestätigt durch *LAG Hamm* 21.11.1985 LAGE § 12 ArbGG 1979 Streitwert Nr. 41). Dem *LAG Hamm* (24.7.1986 DB 1986, 1932) ist einzuräumen, dass in Fällen, in denen die Lohndifferenz das **wahre Interesse** des Arbeitnehmers unter dem Gesichtspunkt des Prestigeverlusts **nicht hinreichend** wiedergibt, eine angemessene Erhöhung des Streitwerts vorgenommen werden kann. Dies gilt insbs. bei eher symbolischen Lohnkürzungen, die verbunden sind mit einer erheblichen Änderung der Tätigkeit. Einen Anhaltspunkt kann die sonst übliche Bezahlung der neuen Tätigkeit geben. Der **Streitwertkatalog** empfiehlt in Nr. 4.1 auch in diesen Fällen einen Wert zwischen einer und drei Monatsvergütungen.

H. Verfahren nach Ablehnung des Vertragsangebots

276 Lehnt der Arbeitnehmer das Änderungsangebot vorbehaltlos ab, ergeben sich **keine Besonderheiten** gegenüber dem »normalen« Kündigungsschutzverfahren. Will er die Rechtsunwirksamkeit der Kündigung geltend machen, muss er innerhalb von drei Wochen nach deren Zugang Kündigungsschutzklage gem. § 4 S. 1 KSchG erheben. Für Klage und Verfahren gelten keine Besonderheiten. Der Arbeitnehmer muss alle Unwirksamkeitsgründe im Rahmen dieses Kündigungsschutzverfahrens nach Maßgabe von § 4 S. 1, § 6 KSchG rechtzeitig geltend machen, weil Streitgegenstand einer Klage nach § 4 S. 1 KSchG nicht lediglich die Sozialwidrigkeit der (Beendigungs-)Kündigung ist, sondern der Fortbestand des Arbeitsverhältnisses.

Hält das Gericht die (Beendigungs-)Kündigung als solche für wirksam und die dem Arbeitnehmer 277
angesonnene Änderung der Vertragsbedingungen für **sozial gerechtfertigt** (zum Prüfungsmaßstab
s. Rdn 137 ff.), **weist** es die **Klage ab**. Es kommt dann zur Beendigung des Arbeitsverhältnisses mit
Ablauf der Kündigungsfrist. Stellt das Gericht die Unwirksamkeit der Kündigung als solche oder
die Sozialwidrigkeit des Änderungsangebots fest, gibt es **der Klage statt**. Der Arbeitnehmer ist dann
zu den unveränderten alten Vertragsbedingungen weiterzubeschäftigen. Soweit er, wie dies regelmäßig der Fall sein wird, während des Kündigungsschutzverfahrens nicht gearbeitet hat, steht ihm
ein Anspruch auf Lohnzahlung nach Maßgabe der § 11 KSchG, § 615 BGB zu.

Für die **Auflösung** des Arbeitsverhältnisses gem. §§ 9, 10 KSchG gelten keine Besonderheiten (*BAG* 278
29.1.1981 EzA § 9 KSchG nF Nr. 10; s. Rdn 263). Der **Streitwert** der Kündigungsschutzklage bemisst sich nach § 42 Abs. 3 S. 1 GKG. Da um die Beendigung des Arbeitsverhältnisses gestritten
wird, ist im Unterschied zur Änderungsschutzklage auf den vollen Monatslohn abzustellen, nicht
nur auf die Wertdifferenz zwischen den alten und den angebotenen neuen Vertragsbedingungen.

I. Unwirksamkeit der Änderungskündigung aus sonstigen Gründen

Die Änderungskündigung ist eine **echte Kündigung**, weil sie zur Beendigung des Arbeitsverhältnisses 279
führen kann (s. Rdn 11). Als solche unterliegt sie den für die Beendigungskündigung geltenden allgemeinen und besonderen gesetzlichen – ggf. tariflichen – Beschränkungen (einhellige Meinung –
s. *BAG* 20.2.2014 EzA § 17 KSchG Nr. 31; einschränkend zum Sonderkündigungsschutz *Hromadka*
RdA 1992, 257; s.a. KR-*Klose* § 7 KSchG Rdn 21 f.). Nach § 4 S. 2, § 13 Abs. 3 KSchG sind **alle Unwirksamkeitsgründe** in der Form und der Frist der allgemeinen Kündigungsschutz- bzw. Änderungsschutzklage geltend zu machen (s. KR-*Klose* § 4 KSchG Rdn 206 f., KR-*Klose* § 7 KSchG Rdn 4 ff.).
Auch der Arbeitnehmer, der letztlich das Änderungsangebot des Arbeitgebers **unter dem Vorbehalt**
des § 2 KSchG **annehmen** und damit die Beendigungswirkung der Kündigung beseitigen möchte (s.
Rdn 17 f., 41, 111 ff.), ist es möglich, sich gegenüber der ihm angesonnenen Vertragsänderung auf
Unwirksamkeitsgründe zu berufen, die nicht den Inhalt der angebotenen neuen Vertragsbedingungen,
sondern die Kündigung als solche betreffen, wie etwa ein Verstoß gegen § 102 Abs. 1 BetrVG (*BAG*
22.10.2015 EzA § 2 KSchG Nr. 93; s. Rdn 108). Dazu muss er den Eintritt der materiell-rechtlichen
Wirkung der Annahme unter Vorbehalt durch die (regelmäßig anzunehmende konkludente) Erklärung einer entsprechenden (Rechts-)Bedingung hinausschieben (s. Rdn 108).

I. Allgemeine Unwirksamkeitsgründe

Unwirksamkeitsgründe, die die Kündigung selbst betreffen, können sich aus dem allgemeinen **Recht** 280
der Willenserklärung ergeben. So können Formvorschriften (§ 623 BGB, s. Rdn 51) oder der Bestimmtheitsgrundsatz hinsichtlich der Kündigungserklärung verletzt sein, ebenso kann die Vollmacht
des Kündigenden fehlen (§ 174 BGB). Die Kündigung kann gegen die **guten Sitten** (§ 138 BGB)
oder **Treu und Glauben** (§ 242 BGB) verstoßen. Die Kündigung kann auch wegen eines Verstoßes
gegen § 613a Abs. 4 BGB unwirksam sein, wenn sie gerade **wegen** eines Betriebsübergangs ausgesprochen wird. Die ordentliche Änderungskündigung kann unzulässig sein, weil sie **vertraglich** oder
tarifvertraglich ausgeschlossen ist (*BAG* 10.3.1982 EzA § 2 KSchG Nr. 3; iE s. Rdn 52).

II. Schwerbehindertenschutz

Die gegenüber einem **schwerbehinderten** Arbeitnehmer ausgesprochene (Änderungs-)Kündigung 281
bedarf der vorherigen Zustimmung des Integrationsamts, § 168 SGB IX 2018 (zu § 15 SchwbG
s. *BAG* 30.9.1993 EzA § 99 BetrVG 1972 Nr. 118; s. iE KR-*Gallner* §§ 168–175 SGB IX Rdn 8).

Dies ergibt sich – wie mit Blick auf § 17 Abs. 1 KSchG gleichermaßen (dazu Rdn 288) – aus 282
folgender Überlegung: Lehnt der Arbeitnehmer das Änderungsangebot ab, verbleibt es bei einer
in ihren Auswirkungen ganz »normalen« Beendigungskündigung. Es geht dann um den Erhalt
des Arbeitsplatzes eines schwerbehinderten Menschen. Die Sachlage unterscheidet sich nicht von
der bei einer reinen Beendigungskündigung. Das Integrationsamt muss aber seine Zustimmung

bereits vor Ausspruch der Kündigung erteilen, zu einem Zeitpunkt also, zu dem die Entscheidung des Arbeitnehmers über Annahme oder Ablehnung des Angebots noch nicht getroffen ist. Wollte man also mit Blick auf die Notwendigkeit einer Zustimmung des Integrationsamts unterscheiden zwischen der Änderungskündigung bei vorbehaltloser Ablehnung des Angebots und der bei einer Annahme unter Vorbehalt, ließe sich diese Differenzierung praktisch gar nicht durchführen.

283 Nach der Entscheidung des *BAG* v. 22.9.2005 (EzA § 81 SGB IX Nr. 10) ist die Pflicht des Arbeitgebers, einem schwerbehinderten Arbeitnehmer gem. **§ 81 Abs. 4 S. 1 Nr. 1 SGB IX** (in seiner bis zum 31.12.2017 geltenden Fassung) einen seinen Fähigkeiten und Kenntnissen entsprechenden Arbeitsplatz zuzuweisen, auch bei der Prüfung zu berücksichtigen, ob eine Beendigungskündigung durch eine individualrechtlich im Wege der Änderungskündigung vorzunehmende Versetzung auf einen solchen Arbeitsplatz vermieden werden kann. Widerspricht der Betriebsrat allerdings der Versetzung, ist idR davon auszugehen, dass eine dem Arbeitnehmer zumutbare Weiterbeschäftigungsmöglichkeit nicht besteht. Der Arbeitgeber ist dann jedenfalls bei Vorliegen besonderer Umstände verpflichtet, ein Zustimmungsersetzungsverfahren nach § 99 Abs. 4 BetrVG durchzuführen. Solche Umstände können in einem kollusiven Zusammenwirken von Betriebsrat und Arbeitgeber oder einem offensichtlich unbegründeten Widerspruch liegen (zur Problematik s. Rdn 192 aE).

III. Mutterschutz, Elternzeit, Pflegezeit

284 Unwirksam ist die (Änderungs-)Kündigung gegenüber einer Frau während der **Schwangerschaft** und mindestens bis zum Ablauf von **vier Monaten** nach der **Entbindung**, wenn dem Arbeitgeber bei Ausspruch der Kündigung die Schwangerschaft oder Entbindung bekannt war oder innerhalb zweier Wochen nach Zugang der Kündigung mitgeteilt wird, § 17 Abs. 1 S. 1 MuSchG 2018 (s. KR-*Gallner* § 17 MuSchG Rdn 106). Will der Arbeitgeber in diesem Fall eine Änderung der Vertragsbedingungen erreichen, kann dies nur im Einvernehmen mit der Arbeitnehmerin oder mit Zustimmung der für den Arbeitsschutz zuständigen Stelle gem. § 17 Abs. 2 S. 1 MuSchG 2018 erfolgen. Hatte die Arbeitnehmerin von ihrer Schwangerschaft noch **keine Kenntnis** und deshalb dem Arbeitgeber innerhalb der zwei Wochen keine Mitteilung gemacht, behält sie den Schutz, wenn sie die Mitteilung unverzüglich nach Kenntniserlangung nachholt, § 17 Abs. 1 S. 2 MuSchG 2018. Soweit § 9 Abs. 1 MuSchG in einer früheren Fassung für diesen Fall den besonderen Kündigungsschutz noch ausschloss, verstieß er gegen **Art. 6 Abs. 4 GG** und war nichtig (*BVerfG 19.*11.1979 EzA § 9 MuSchG nF Nr. 17; vgl. iE KR-*Gallner* § 17 MuSchG Rdn 82, 83). Unwirksam ist auch die (Änderungs-)Kündigung während der **Elternzeit**, § 18 BEEG (vgl. *BAG* 12.5.2011 EzA § 18 BEEG Nr. 1; vgl. iE KR-*Bader/Kreutzberg-Kowalczyk* Erl. zu § 18 BEEG). Zur Einhaltung der **Monatsfrist** des **§ 171 Abs. 3 SGB IX 2018** für den Fall, dass es einer Genehmigung sowohl nach § 168 SGB IX 2018 als auch nach § 18 BEEG bedarf und letztere erst nach Fristablauf erteilt wird, vgl. *BAG* 24.11.2011 (EzA § 88 SGB IX Nr. 2). In gleicher Weise ist die (Änderungs-)Kündigung nach **§ 5 PflegeZG** während der **Pflegezeit** (§ 3 PflegeZG) und der kurzfristigen Arbeitsverhinderung wegen **Pflegebedürftigkeit** (§ 2 PflegeZG) und überdies nach **§ 9 Abs. 3 FamPflegeZG** während der Inanspruchnahme von **Familienpflegezeit** (§ 2 Abs. 1 S. 1 FamPflegeZG) und **Nachpflegephase** (§ 3 Abs. 1 Nr. 1c FamPflegeZG) ausgeschlossen (s. KR-*Treber/Waskow* Erl. zu § 5 PflegeZG, § 9 FamPflegeZG; SPV-*Vossen* Rn 1629 f.).

IV. ArbPlSchG

285 Unzulässig ist die (Änderungs-)Kündigung gegenüber einem Wehrpflichtigen nach näherer Maßgabe von **§ 2 ArbPlSchG** (zu den Einzelheiten s. KR-*Weigand* § 2 ArbPlSchG Rdn 16 f.).

V. § 15 KSchG

286 Auf die Änderungskündigung ist auch die Bestimmung des § 15 KSchG anwendbar. **Betriebsrats-** und **Personalratsmitglieder** sowie der **sonstige** dort genannte Personenkreis genießen Schutz auch vor (ordentlichen) Änderungskündigungen (vgl. *BAG* 23.2.2010 EzA § 15 KSchG nF Nr. 66; 17.3.2005 EzA § 15 KSchG nF Nr. 59 m. Anm. *Bernstein*; 7.10.2004 EzA § 15 KSchG nF

Nr. 57 m. Anm. *Löwisch* = AP Nr. 56 zu § 15 KSchG 1969 m. Anm. *Schiefer*; 21.6.1995 EzA § 15 KSchG nF Nr. 43; s. KR-*Kreft* § 15 KSchG Rdn 37; *Fitting* § 103 Rn 12; *LKB/Linck* § 15 Rn 67; LSW-*Wertheimer* § 15 Rn 74; SPV-*Vossen* Rn 1697).

Streitig ist die Frage, ob dies auch im Fall einer sog. **Massenänderungskündigung** gilt (s. KR-*Kreft* § 15 KSchG Rdn 38). Nach st. Rspr. des BAG bleibt der Schutz des § 15 KSchG auch in diesem Fall **erhalten** (*BAG* 7.10.2004 EzA § 15 KSchG nF Nr. 57; 9.4.1987 EzA § 15 KSchG nF Nr. 37; 6.3.1986 EzA § 15 KSchG nF Nr. 34; DDZ-*Deinert* § 15 Rn 37; *LKB/Linck* § 15 Rn 68 f.; APS-*Linck* § 15 Rn 10; WPK-*Preis* § 103 Rn 14; *Weber/Lohr* BB 1999, 2350; aA *Fitting* § 103 Rn 12 mwN; ErfK-*Kiel* § 15 Rn 14; LSW-*Wertheimer* § 15 Rn 76; *Richardi/Thüsing* § 78 Rn 27; § 78 Rn 26; *Stahlhacke* FS Hanau, S. 281; SPV-*Vossen* Rn 1699; *Wallner* S. 110). Es kann jedoch eine – durch § 15 KSchG nicht ausgeschlossene – **außerordentliche** Änderungskündigung aus wichtigem (betriebsbedingten) Grund gerechtfertigt sein, zu der es ggf. der **Zustimmung** des Betriebsrats bedarf (vgl. *BAG* 25.3.1976 EzA § 103 BetrVG 1972 Nr. 12; APS-*Linck* § 103 BetrVG Rn 12). Bei der Prüfung der **Zumutbarkeit** einer Weiterbeschäftigung zu unveränderten Vertragsbedingungen im Rahmen etwa von § 626 Abs. 1 BGB dürfte in diesem Fall nicht auf die Dauer einer fiktiven Kündigungsfrist, sondern auf das voraussichtliche Ende des Arbeitsverhältnisses abzustellen sein. Da es nicht um die Beendigung des Arbeitsverhältnisses, sondern »nur« um seine inhaltliche Umgestaltung geht, relativiert sich der Zumutbarkeitsmaßstab auch mit Blick auf die Interessen des Arbeitnehmers (*BAG* 21.6.1995 EzA § 15 KSchG nF Nr. 43 m. Anm. *Bernstein* u. krit. Anm. *Oetker* = AP Nr. 36 zu § 15 KSchG 1969 m. krit. Anm. *Preis* = SAE 1996, 354 m. zust. Anm. *Mummenhoff*; anders noch *BAG* 6.3.1986 EzA § 15 KSchG nF Nr. 34; s.Rdn 58 ff.; s.a. *Hilbrandt* NZA 1997, 465; *Preis* NZA 1997, 1080; zu Einzelheiten s. KR-*Kreft* § 15 KSchG Rdn 38).

287

VI. BetrVG

Die Unwirksamkeit der (Änderungs-)Kündigung kann sich aus einer **fehlerhaften Anhörung** des Betriebsrats nach § 102 BetrVG ergeben (s. Rdn 112, Rdn 204); zu den Folgen einer Verletzung der Mitbestimmungsrechte nach § 87 BetrVG oder § 99 BetrVG s. Rdn 216 f., Rdn 230 f.

288

VII. § 17 ff. KSchG

Verstöße des Arbeitgebers gegen seine Konsultations- und Anzeigepflichten aus § 17 Abs. 2 S. 2 bzw. § 17 Abs. 3 KSchG führen idR zur Unwirksamkeit der (Änderungs-)Kündigung. Nach der früheren Rechtsprechung galt die Anzeigepflicht nach § 17 KSchG bei Änderungskündigungen nur dann, wenn der Arbeitnehmer die Änderung **nicht angenommen** hatte – auch nicht unter Vorbehalt (*BAG* 10.3.1982 EzA § 2 KSchG Nr. 3). Nur dann konnte es zu einer »Entlassung« iS einer tatsächlichen Beendigung des Arbeitsverhältnisses kommen. Seitdem das BAG im Anschluss an die Rspr. des EuGH (vgl. *EuGH* 27.1.2005 [Junk] EzA § 17 KSchG Nr. 13) als »**Entlassung**« schon die Erklärung der Kündigung ansieht (*BAG* 23.3.2006 EzA § 17 KSchG Nr. 16), ist von einer **Anzeigepflicht** auch hinsichtlich beabsichtigter Änderungskündigungen auszugehen (*BAG* 20.2.2014 EzA § 17 KSchG Nr. 31; KR-*Weigand/Heinkel* § 17 KSchG Rdn 68; *Clemenz* NJW 2006, 3167; SPV-*Vossen* Rn 1638a). Es kann vor der Erklärung der Kündigung nicht ausgeschlossen werden, dass die Kündigung zur Beendigung des Arbeitsverhältnisses führt. An der Anzeigepflicht ändert sich auch dann nichts, wenn der Arbeitnehmer die Änderung nachträglich – sei es auch unter Vorbehalt – annimmt. Fraglich kann nur sein, ob sich nur andere Arbeitnehmer oder auch der betroffene Arbeitnehmer selbst – in einem Änderungsschutzprozess – in diesem Fall auf das Unterbleiben einer Anzeige berufen können; Letzteres wird zu bejahen sein (so *ArbG Bln* 30.9.2009 – 55 Ca 7676/09; APS-*Moll* § 17 Rn 26a; wohl auch KR-*Weigand/Heinkel* § 17 KSchG Rdn 68 – dort auch zur Möglichkeit einer vorsorglichen Erstattung der Anzeige; aA *Dzida/Hohenstatt* DB 2006, 1897, 1900).

289

§ 3 KSchG Kündigungseinspruch

(1) ¹Hält der Arbeitnehmer eine Kündigung für sozial ungerechtfertigt, so kann er binnen einer Woche nach der Kündigung Einspruch beim Betriebsrat einlegen. ²Erachtet der Betriebsrat den Einspruch für begründet, so hat er zu versuchen, eine Verständigung mit dem Arbeitgeber herbeizuführen. ³Er hat seine Stellungnahme zu dem Einspruch dem Arbeitnehmer und dem Arbeitgeber auf Verlangen schriftlich mitzuteilen.

Übersicht

		Rdn			Rdn
A.	Einleitung	1	VII.	Bedeutung der Stellungnahme im Kündigungsschutzprozess	26
I.	Entstehungsgeschichte	1	C.	Anwendungsbereich des § 3 KSchG	28
II.	Bedeutung und Verhältnis zu § 102 BetrVG	2	I.	Änderungskündigung	28
B.	Durchführung des Einspruchs	11	II.	Außerordentliche Kündigung	29
I.	Form	11	III.	§ 14 Abs. 2 S. 1 KSchG	31
II.	Einlegung beim Betriebsrat	13	IV.	PersVG	32
III.	Frist	16	V.	Erweiterte Beteiligungsrechte des Betriebsrats	33
IV.	Entscheidung des Betriebsrats	20			
V.	Verhandlung mit dem Arbeitgeber	22	D.	§ 3 KSchG – kein Schutzgesetz iSd § 823 Abs. 2 BGB	34
VI.	Schriftliche Stellungnahme	24			

A. Einleitung

I. Entstehungsgeschichte

1 Der heutige § 3 KSchG war als § 2 KSchG in der am 13.8.1951 in Kraft getretenen **ursprünglichen Fassung** des KSchG enthalten. Mit der Einführung der Regelung über die Änderungskündigung in dem jetzigen § 2 KSchG durch das **Erste Arbeitsrechtsbereinigungsgesetz** v. 14.8.1969, in Kraft seit dem 1.9.1969, wurde der seitherige § 2 ohne inhaltliche Änderung neuer § 3. Auch die zwischenzeitlichen Änderungen des KSchG und des BetrVG haben § 3 KSchG unberührt gelassen (s.a. Rdn 7).

II. Bedeutung und Verhältnis zu § 102 BetrVG

2 Eine Beteiligung des Betriebsrats bei der Kündigung kannte schon das **Betriebsrätegesetz** vom 4.2.1920 (BRG 1920). In dem in diesem Gesetz erstmals geregelten Kündigungsschutz kam dem Betriebsrat eine entscheidende Rolle zu. Der einzelne Arbeitnehmer konnte den Kündigungsschutz nur über und durch den Betriebsrat geltend machen. Gem. § 84 BRG 1920 konnte der Arbeitnehmer innerhalb von fünf Tagen nach der Kündigung Einspruch erheben, indem er den Arbeiterrat oder Angestelltenrat anrief, und zwar bei Vorliegen ganz bestimmter, im Einzelnen in § 84 Ziff. 1–4 BRG 1920 geregelter Voraussetzungen. Bei der Anrufung musste der Arbeitnehmer die Gründe des Einspruchs darlegen und unter Beweis stellen (§ 86 S. 1 BRG 1920). Der Arbeiter- und Angestelltenrat hatte den Einspruch zu prüfen. Hielt er die Anrufung für begründet, so hatte er zu versuchen, eine Verständigung mit dem Arbeitgeber herbeizuführen. Gelang das innerhalb einer Woche nicht, so konnten der Arbeiter- oder Angestelltenrat oder der Arbeitnehmer selbst binnen weiterer fünf Tage das ArbG anrufen (§ 86 S. 3 BRG 1920).

3 Kündigungsschutz bestand danach nur in Betrieben, in denen ein Betriebsrat errichtet war. Dem Betriebsrat kam eine **Sperrfunktion** zu (Bader/Bram-*Ahrendt* Rn 1; *Möhn* NZA 1995, 113, 114). Erachtete er den Einspruch des Arbeitnehmers gegen die Kündigung für unbegründet, war damit eine gerichtliche Überprüfung ausgeschlossen (vgl. zu den Einzelheiten die Erl. zu §§ 84 ff. BRG 1920, etwa bei *Flatow/Kahn-Freund* Betriebsrätegesetz, 13. Aufl. 1931 und *Mansfeld* Betriebsrätegesetz, 3. Aufl.).

Diese entscheidende Stellung des Betriebsrats im Kündigungsschutzverfahren hatte schon das **Ge-** 4
setz zur Ordnung der nationalen Arbeit v. 20.1.1934 (AOG) weitgehend aufgehoben. Gem. § 56
AOG konnte der Arbeitnehmer grds. **selbst** Klage beim ArbG gegen eine ihm gegenüber ausgesprochene Kündigung erheben. Die Existenz eines sog. Vertrauensrates als des an die Stelle des Betriebsrates getretenen Organs war nicht Voraussetzung für die Gewährung von Kündigungsschutz. Bestand ein solcher Vertrauensrat, hatte der Arbeitnehmer der Klage eine Bescheinigung des Vertrauensrats beizufügen, aus der sich ergab, dass die Frage der Weiterbeschäftigung im Vertrauensrat erfolglos beraten worden war (§ 56 Abs. 2 S. 1 AOG). Von der Beibringung der Bescheinigung konnte abgesehen werden, wenn der Gekündigte nachwies, dass er binnen fünf Tagen nach Zugang der Kündigung den Vertrauensrat angerufen, dieser aber die Bescheinigung innerhalb fünf Tagen nach dem Anruf nicht erteilt hatte (§ 56 Abs. 2 S. 2 AOG). Die **Bescheinigung** des Vertrauensrates oder der Nachweis der erfolglosen Anrufung des Vertrauensrates war allerdings **zwingende Voraussetzung** für die wirksame Klageerhebung (vgl. *Hueck/Nipperdey/Dietz* § 56 AOG Rn 26).

Die dem Betriebsrat demgegenüber gem. § 3 KSchG eingeräumte Beteiligung nach Ausspruch 5
einer Kündigung tritt hinter diesen Regelungen zurück. Das KSchG hat den Kündigungsschutz
individualrechtlich ausgestaltet (*LKB/Linck* Rn 2; *DDZ-Zwanziger/Yalcin* Rn 2; *Möhn* NZA 1995, 114). Er ist nicht vom Bestehen eines Betriebsrats abhängig. Der Arbeitnehmer kann die Sozialwidrigkeit ohne Mitwirkung des Betriebsrats geltend machen. Der Kündigungseinspruch beim Betriebsrat ist nicht zwingend, sondern lediglich **fakultativ**. Er **hemmt nicht** einmal die Klagefrist des § 4 KSchG. Die praktische Bedeutung der Vorschrift ist dementsprechend gering (s. Rdn 27).

Die eigentlichen Mitwirkungsrechte des Betriebsrats bei Kündigungen sind im **BetrVG** geregelt. 6
Schon nach dem BetrVG 1952 war der Betriebsrat vor jeder Kündigung zu hören (§ 66 BetrVG 1952). Umstritten waren allerdings die Rechtsfolgen einer vom Arbeitgeber unterlassenen Anhörung. Nach der st. Rspr. des BAG sollte die Kündigung dann unwirksam sein, wenn der Arbeitgeber die Anhörung rechtswidrig, vorsätzlich und schuldhaft unterließ (vgl. KR-*Rinck* § 102 BetrVG Rdn 2 mwN; s.a. *Richardi/Thüsing* § 102 Rn 2).

Das geltende **Betriebsverfassungsgesetz** regelt die Beteiligung des Betriebsrats bei Kündigun- 7
gen nunmehr in seinen §§ 102, 103. Danach ist die ohne vorherige Anhörung des Betriebsrats
ausgesprochene Kündigung – ordentliche wie außerordentliche – unwirksam (§ 102 Abs. 1 S. 3
BetrVG). Bei Kündigungen bestimmter Arbeitnehmer, welche betriebsverfassungsrechtliche Funktionen ausüben, bedarf es sogar der vorherigen Zustimmung des Betriebsrats (§ 103 BetrVG).
§ 102 Abs. 7 BetrVG bestimmt zwar ausdrücklich, dass die Vorschriften des KSchG über die Beteiligung des Betriebsrats unberührt bleiben (s. iE KR-*Rinck* § 102 BetrVG Rdn 351). Es liegt aber
auf der Hand, dass angesichts dieser verstärkt ausgestalteten Beteiligung des Betriebsrats nach den
betriebsverfassungsrechtlichen Bestimmungen § 3 KSchG nur noch **geringe Bedeutung** zukommt
(darauf weisen schon *Auffarth/Müller* Rn 2 angesichts § 66 BetrVG 1952 hin; als gering werten die
Einspruchsmöglichkeit auch APS-*Künzl* Rn 3; *LKB/Linck* Rn 12; so auch HaKo-KSchR/*Gallner*
Rn 3; *DDZ-Zwanziger/Yalcin* Rn 2 f.; LSSW-*Spinner* Rn 1; *Bader/Bram-Ahrendt* Rn 6; als »nicht
ganz gering« *Brill* AuR 1977, 111; vgl. auch *Rumler* S. 98; als »verkannte« Norm sieht § 3 KSchG
allerdings an *Möhn* NZA 1995, 114; zust. *Fischer* NZA 1995, 1131; ders. NZA 2006, 515).

Das gilt insbes. deshalb, weil der Betriebsrat nach § 102 BetrVG zwingend schon **vor Ausspruch** 8
der Kündigung eingeschaltet werden muss und so mit der Angelegenheit befasst wird. Er hat dabei
die Möglichkeit, den betroffenen Arbeitnehmer zu hören, und soll dies tun, soweit es für seine
Entscheidung erforderlich scheint, § 102 Abs. 2 S. 4 BetrVG (vgl. dazu KR-*Rinck* § 102 BetrVG
Rdn 136; *Moehn* NZA 1995, 114 unterstellt zu Unrecht, dass die Anhörung in kleineren und
mittleren Betrieben idR nicht üblich sei; s. dazu auch APS-*Künzl* Rn 6). Insbes. kann er der Kündigung aus den in § 102 Abs. 3 BetrVG im Einzelnen angeführten Gründen widersprechen, was dem
Arbeitnehmer gem. § 102 Abs. 5 BetrVG einen Weiterbeschäftigungsanspruch eröffnet. Widerspricht der Betriebsrat, so hat der Arbeitgeber dem Arbeitnehmer zusammen mit der Kündigung
die schriftliche Stellungnahme des Betriebsrats vorzulegen (§ 102 Abs. 4 BetrVG). Wird trotz dieser
vorausgegangenen Beteiligung des Betriebsrats die Kündigung ausgesprochen, dürfte in aller Regel

auch ein nachträglicher Versuch des Betriebsrats, eine Verständigung herbeizuführen, wenig Erfolg haben. Wenn § 3 KSchG bei dieser Konstellation überhaupt noch einen Sinn hat, so den, bei **geändertem Sachverhalt nach Ausspruch der Kündigung** den Betriebsrat einschalten zu können und/oder dem Arbeitnehmer Gelegenheit zu geben, dem Betriebsrat **seine Sicht** der zur Kündigung führenden Gründe vorzutragen, soweit er dazu vorher keine Gelegenheit hatte (s.a. HK-*Hauck* Rn 8; als durchaus sinnvoll sieht die Einschaltung des Betriebsrats in diesem Fall auch an *Bader/Bram-Ahrendt* Rn 6). Dies kann etwa der Fall sein, wenn der Betriebsrat entgegen § 102 Abs. 2 S. 4 BetrVG den Arbeitnehmer nicht angehört hat (LSSW-*Spinner* Rn 3). Dazu bedürfte es aber nicht unbedingt einer **besonderen gesetzlichen Regelung**, an deren Verletzung keinerlei Sanktionen geknüpft sind. Es sollte für einen Betriebsrat, der seine Aufgabe ernst nimmt, selbstverständlich sein, auch nach Ausspruch einer Kündigung vorgebrachte Einwände des gekündigten Arbeitnehmers zu überprüfen und ggf. dem Arbeitgeber vorzutragen. Eine weitere Bedeutung liegt darin, dass der Betriebsrat gezwungen ist, auf Verlangen in jedem Fall und damit über § 102 Abs. 4 BetrVG hinaus eine schriftliche Stellungnahme gegenüber dem Arbeitnehmer abzugeben, § 3 S. 2 KSchG. Dies kann dem Arbeitnehmer dienlich sein bei Beurteilung der Frage, welche Erfolgschancen eine evtl. Kündigungsschutzklage hat (darauf weist zu Recht hin LSSW-*Spinner* Rn 3; zust. auch HK-*Hauck* Rn 7).

9 Dennoch bleiben **Zweifel an der Notwendigkeit** des Nebeneinanders der Regelung des BetrVG und des § 3 KSchG. Das gilt umso mehr, als der Anwendungsbereich des § 102 BetrVG den des § 3 KSchG nicht nur deckt, sondern übertrifft: Die Anhörung des Betriebsrats gem. § 102 BetrVG ist vor **jeder** Kündigung durchzuführen, unabhängig welcher Art – ordentlich oder außerordentlich – und unabhängig davon, ob bereits Kündigungsschutz besteht. Demgegenüber beschränkt sich die Einspruchsmöglichkeit des § 3 KSchG auf Arbeitnehmer, die Kündigungsschutz genießen, also mindestens sechs Monate ununterbrochen in einem Arbeitsverhältnis stehen; sie bezieht sich im Übrigen nur auf die ordentliche Kündigung (s. Rdn 34; vgl. auch *Brill* AuR 1977, 110, 111). Der Entwurf eines AVG von *Henssler/Preis* (NZA 2007, Beil. 1) verzichtete daher auch zu Recht auf eine entsprechende Regelung.

10 Keine Anwendung findet § 3 KSchG auch in Betrieben, die nach § 23 KSchG nicht dem KSchG unterfallen, in denen aber wegen der unterschiedlichen Schwellenwerte durchaus ein – uU sogar dreiköpfiger – Betriebsrat bestehen kann, § 1 Abs. 1 iVm § 9 BetrVG; dieser ist dann natürlich nach § 102 BetrVG zu beteiligen. An der Unanwendbarkeit von § 3 KSchG ändert auch nichts, dass gem. § 23 KSchG in der seit 1.1.2004 geltenden Fassung das Erfordernis zur Geltendmachung der Unwirksamkeit einer Kündigung gem. § 4 KSchG – damit an sich auch dessen S. 3 – auch für Arbeitnehmer in Kleinbetrieben gilt. Gleiches gilt für Kündigungen, die während der Wartezeit des § 1 Abs. 1 KSchG erfolgen (*BAG* 9.2.2006 EzA § 4 KSchG nF Nr. 73; KR-*Klose* § 4 KSchG Rdn 18). Die generelle Anwendung von § 3 KSchG ist gerade nicht geregelt. Überlegungen einer analogen Anwendung oder Bedenken wegen einer problematischen Ungleichbehandlung stellen sich angesichts der fehlenden Bedeutung von § 3 KSchG nicht.

B. Durchführung des Einspruchs

I. Form

11 Für den Einspruch ist eine bestimmte **Form** nicht vorgesehen. Er kann mündlich, in Textform oder schriftlich erfolgen (HaKo-KSchR/*Gallner* Rn 12; HK-*Hauck* Rn 18; *LKB/Linck* Rn 6; DDZ-*Zwanziger/Yalcin* Rn 5).

12 Der Einspruch bedarf **keiner Begründung** wie sie etwa § 86 S. 1 BRG 1920 zwingend verlangte. Der Arbeitnehmer sollte allerdings im eigenen Interesse dem Betriebsrat die Gründe mitteilen, die seiner Meinung nach die Kündigung als sozialwidrig erscheinen lassen, um ggf. die Entscheidungsgrundlage für den Betriebsrat zu erweitern (so auch HaKo-KSchR/*Gallner* Rn 12; HK-*Hauck* Rn 18). Ein Begründungszwang scheidet schon deshalb aus, weil dem Arbeitnehmer oftmals die Kündigungsgründe nicht bekannt sind.

II. Einlegung beim Betriebsrat

Der Einspruch ist **beim Betriebsrat** einzulegen. Betriebsrat in diesem Sinne ist selbstverständlich auch der aus **einer Person** bestehende Betriebsrat in Betrieben mit idR 5 bis 20 wahlberechtigten Arbeitnehmern (§ 9 BetrVG). Nach dem BetrVG 1952 ergab sich insoweit eine Diskrepanz, als der Betriebsobmann zwar im Einspruchsverfahren gem. § 2 KSchG aF (§ 3 KSchG nF) beteiligt war, nicht hingegen nach § 66 BetrVG 1952. Die Mitwirkung bei der Kündigung war nämlich beschränkt auf Betriebe mit idR mehr als 20 wahlberechtigten Arbeitnehmern (§ 60 Abs. 1 BetrVG 1952). Diese Betriebe hatten aber mindestens einen dreiköpfigen Betriebsrat (§ 9 Abs. 1 BetrVG 1952). Insoweit ging § 3 KSchG über die im BetrVG geregelte Mitbestimmung formal hinaus. Die Beteiligung des Betriebsrats bei Kündigungen gem. § 102 BetrVG enthält diese Beschränkung auf Betriebe bestimmter Größenordnungen nicht mehr, so dass der einköpfige Betriebsrat jetzt auch hinsichtlich seiner betriebsverfassungsrechtlichen Beteiligungsrechte dem mehrköpfigen Betriebsrat gleichgestellt ist.

Der Einspruch ist grds. an den **Betriebsratsvorsitzenden** zu richten. Er oder im Falle seiner Verhinderung sein Stellvertreter ist zur Entgegennahme von Erklärungen berechtigt, welche dem Betriebsrat gegenüber abzugeben sind (§ 26 Abs. 2 S. 2 BetrVG). Diese Ermächtigung gilt nicht nur für rechtsgeschäftliche Erklärungen, sondern für alle Mitteilungen auch nur tatsächlicher Art, wie sie der Einspruch nach § 3 KSchG darstellt (*Fitting* § 26 Rn 38; GK-BetrVG/*Raab* § 26 Rn 54 f.): Die Erklärung geht dem Betriebsrat zu, wenn sie dem Betriebsratsvorsitzenden zur Kenntnis gelangt.

Der Arbeitnehmer kann den Einspruch allerdings auch bei einem **einfachen Betriebsratsmitglied** anbringen, wenn nur klar ist, dass er den Betriebsrat in seiner Gesamtheit ansprechen will. Das Betriebsratsmitglied ist dann als **Bote** zu betrachten mit der Folge, dass der Einspruch dem Betriebsrat erst zugegangen ist, wenn das Betriebsratsmitglied den Betriebsratsvorsitzenden informiert (vgl. *Fitting* § 26 Rn 39; *BAG* 28.2.1974 EzA § 102 BetrVG 1972 Nr. 8; s. auch *Richardi/Thüsing* § 26 BetrVG Rn 43; *Linsenmaier* FS Wißmann, S. 378, 380). Das kann zwar zu einer Verzögerung des Verfahrens führen. Da aber die Wochenfrist des § 3 KSchG keine Ausschlussfrist ist (s. Rdn 17), ist das unschädlich (s.a. Rdn 23).

III. Frist

§ 3 S. 1 KSchG sieht die Einlegung des Einspruchs beim Betriebsrat binnen **einer Woche** nach der Kündigung vor. Maßgebend ist der Tag des Zugangs der Kündigung beim Arbeitnehmer (*Bader/Bram-Ahrendt* Rn 16). Die Frist berechnet sich gem. §§ 186 ff. BGB. Der Tag des Zugangs wird nicht mitgerechnet (§ 187 Abs. 1 BGB). Geht die Kündigung also etwa an einem Dienstag zu, endet die Frist mit Ablauf des Dienstags der nächsten Woche (vgl. § 188 Abs. 2 BGB).

Die Wochenfrist ist **keine Ausschlussfrist**. Der Betriebsrat kann einen verspäteten Einspruch entgegennehmen und ggf. einen Verständigungsversuch unternehmen. Bei richtigem Verständnis der ihm obliegenden Pflichten sollte der Betriebsrat dies regelmäßig tun (*Auffarth/Müller* § 2 Rn 3 sahen in einer Weigerung eines Betriebsrats sogar eine Amtspflichtverletzung; vgl. auch HaKo-KSchR/*Gallner* Rn 14; LKB/*Linck* Rn 5: keine Rechtspflicht des Betriebsrats zur Behandlung verspäteter Einsprüche).

Entsprechend gilt für den Arbeitgeber, dass er Verhandlungen mit dem Betriebsrat über den Einspruch nicht etwa allein deshalb ablehnen kann, weil der Arbeitnehmer die Wochenfrist versäumt hat (LSSW-*Spinner* Rn 4).

Denkbar – wenn auch wohl in der Praxis selten – ist, dass die Kündigungsschutzklage erhoben wird, **bevor** die Wochenfrist des § 3 S. 1 KSchG abgelaufen ist. Der Einspruch beim Betriebsrat wird jedenfalls nach dem Wortlaut des § 3 KSchG dadurch nicht ausgeschlossen. Eine einschränkende Auslegung der Bestimmung ist nicht erforderlich. Immerhin ist die Möglichkeit einer Einigung durch die Vermittlung des Betriebsrats auch nach Klageerhebung nicht ausgeschlossen. Daher kann durchaus ein Interesse an der Einschaltung des Betriebsrats gem. § 3 KSchG bestehen. § 4 S. 3

KSchG scheint zwar von der Durchführung des Einspruchsverfahrens vor Erhebung der Kündigungsschutzklage auszugehen, da die Stellungnahme des Betriebsrats der Klage beigefügt werden soll (s. Rdn 26). Dies kann jedoch zwanglos auch dahin ausgelegt werden, dass bei nachträglichem Einspruch die Stellungnahme der Klage nachgereicht werden soll (HaKo-KSchR/*Gallner* Rn 16).

IV. Entscheidung des Betriebsrats

20 Die **Entscheidung des Betriebsrats** über den Einspruch erfolgt durch Beschluss (§ 33 BetrVG). Die Zuweisung an einen Ausschuss gem. § 27 Abs. 2 S. 2 BetrVG oder gem. § 28 Abs. 1 BetrVG ist zulässig (LSSW-*Spinner* Rn 7; HK-*Hauck* Rn 24; s.a. *BAG* 17.3.2005- 2 AZR 275/04 zur Übertragung des Zustimmungsrechts zu einer beabsichtigten außerordentlichen Kündigung eines Betriebsratsmitglieds nach § 103 BetrVG auf einen Betriebsausschuss): Hält der Betriebsrat den Einspruch für unbegründet, erübrigen sich an sich weitere Vermittlungsbemühungen. Es steht außer Frage, dass der Betriebsrat rechtlich nicht gehindert ist, auch bei einer als sozial gerechtfertigt erachteten Kündigung sich um eine Einigung der Parteien zu bemühen.

21 Erachtet der Betriebsrat den Einspruch des Arbeitnehmers für **begründet**, hat er gem. § 3 S. 2 KSchG zu versuchen, mit dem Arbeitgeber über eine **Verständigung** zu verhandeln (vgl. auch *Fischer* NZA 2006, 1515). Ziel dieser Verständigungsbemühungen muss nicht unbedingt die Rücknahme der Kündigung sein. Denkbar sind auch Verhandlungen über eine Abfindung oder etwa die Verlängerung der Kündigungsfrist (vgl. *Brill* AuR 1977, 110). Besondere Formvorschriften über diese Verständigungsverhandlungen bestehen nicht. Ob und wann der Arbeitnehmer zu evtl. mündlichen Gesprächen hinzugezogen wird, muss nach den Gegebenheiten des Einzelfalls entschieden werden. Ein Recht auf Teilnahme besteht nicht (APS-*Künzl* Rn 30). Gegen die Zuziehung etwa eines Gewerkschaftsvertreters oder eines Rechtsanwalts bestehen keine Bedenken.

V. Verhandlung mit dem Arbeitgeber

22 Bei den Verständigungsbemühungen nimmt der Betriebsrat lediglich eine **Vermittlerrolle** wahr. Er ist **nicht Vertreter** des Arbeitnehmers und kann daher grds. nicht mit Wirksamkeit für und gegen ihn irgendwelche Vereinbarungen mit dem Arbeitgeber treffen. Das gilt auch für eine einvernehmliche Rücknahme der Kündigung (ErfK-*Kiel* Rn 2; HK-*Hauck* Rn 28; LKB/*Linck* Rn 8; DDZ-*Zwanziger* Rn 7; LSSW-*Spinner* Rn 6). Der Arbeitnehmer muss also dem Betriebsrat eine ausdrückliche **Vollmacht** erteilen, wenn dieser bindende Vereinbarungen mit dem Arbeitgeber soll abschließen können (nach *Backmeister/Mayer/Trittin* Rn 15 soll der Betriebsrat auch dann nicht zum Abschluss befugt sein, da dies seiner Rolle im Einspruchsverfahren entgegenstehe).

23 Hingegen ist der Betriebsrat berechtigt, ein **Angebot des Arbeitgebers** als **Empfangsbote** entgegenzunehmen zur Weitergabe an den Arbeitnehmer (so auch HaKo-KSchR/*Gallner* Rn 20; s. Rdn 15). An dieses Angebot ist der Arbeitgeber gebunden. Er kann sich nicht darauf berufen, das Angebot sei nur dem Betriebsrat und nicht dem Arbeitnehmer gegenüber abgegeben worden.

VI. Schriftliche Stellungnahme

24 Auf deren Verlangen hat der Betriebsrat seine **Stellungnahme** dem Arbeitnehmer bzw. dem Arbeitgeber **schriftlich** mitzuteilen (§ 3 S. 3 KSchG). Das gilt für die dem Einspruch stattgebende wie auch für die ihn als unbegründet anstehende Entscheidung. Von der Pflicht zur Stellungnahme ist der Betriebsrat nicht enthoben, wenn dem Arbeitnehmer oder dem Arbeitgeber bereits eine schriftliche Stellungnahme im Rahmen des Anhörungsverfahrens gem. § 102 BetrVG zugegangen ist. Dabei ist insbes. zu denken an den Fall des § 102 Abs. 4 BetrVG, wonach der Arbeitgeber, der entgegen dem Widerspruch des Betriebsrats nach § 102 Abs. 3 BetrVG eine Kündigung ausspricht, dem Arbeitnehmer mit der Kündigung eine Abschrift der Stellungnahme des Betriebsrats zuzuleiten hat. Die Verfahren sind **unabhängig** voneinander, § 102 Abs. 7 BetrVG (KR-*Rinck* § 102 BetrVG Rdn 351; vgl. zu dem Verhältnis der Vorschriften *Brill* AuR 1977, 109). In dem

Einspruchsverfahren können neue Gesichtspunkte auftauchen, die eine erneute Bescheidung sinnvoll machen (*LKB/Linck* Rn 9; *Brill* AuR 1977, 109). Die Stellungnahme des Betriebsrats im Anhörungsverfahren braucht sich nicht mit der des Einspruchsverfahrens zu decken. Allerdings kommt der Stellungnahme des Betriebsrats im Rahmen des § 3 KSchG größere Bedeutung wohl nur zu, wenn der Betriebsrat noch keinen Widerspruch eingelegt hat (vgl. *Brill* AuR 1977, 109).

Keine ausreichende Stellungnahme ist die **bloße Mitteilung** des Ergebnisses der Beschlussfassung. 25
Vielmehr ist eine **Begründung** der Entscheidung zu verlangen (DDZ-*Zwanziger/Yalcin* Rn 8;
LSSW-*Spinner* Rn 5; *LKB/Linck* Rn 10). Das ergibt sich ohne Weiteres aus dem Sinn dieser Stellungnahme, den Beteiligten eine Entscheidungshilfe im Hinblick auf eine mögliche Einigung oder einen eventuell zu führenden Prozess zu geben. Hat der Betriebsrat im Rahmen des Anhörungsverfahrens nach § 102 BetrVG bereits eine schriftliche Stellungnahme abgegeben, kann bei unveränderter Sachlage die Berufung hierauf als genügend angesehen werden (HaKo-KSchR/*Gallner* Rn 23). Dies gilt allerdings nicht, wenn neue Gesichtspunkte aufgetaucht sind (*Bader/Bram-Ahrendt* Rn 29).

VII. Bedeutung der Stellungnahme im Kündigungsschutzprozess

Kommt es zu keiner Einigung und erhebt der Arbeitnehmer **Kündigungsschutzklage, soll** er diese 26
Stellungnahme der Klage **beifügen** (§ 4 S. 3 KSchG). Unterlässt er es, hat dies keine unmittelbaren rechtlichen Folgen. Die Beifügung insbes. der den Einspruch als begründet ansehenden Entscheidung des Betriebsrats dürfte jedoch regelmäßig von besonderem Interesse für den klagenden Arbeitnehmer sein. Ihr kommt eine tatsächliche Bedeutung insoweit zu, als sie für die Entscheidung des Gerichts einen Hinweis vor allem dann geben kann, wenn die Kündigung auf betriebliche Belange gestützt wird oder die soziale Auswahl im Streit steht. Das Gericht ist zwar an die Beurteilung des Betriebsrats nicht gebunden (HWK-*Molkenbur* § 3 KSchG Rn 6). Es kann aber mit einer gewissen Wahrscheinlichkeit davon ausgehen, dass der Betriebsrat in diesem Bereich idR einen hinreichenden Überblick hat (vgl. HK-*Hauck* Rn 32; TRL-*Thüsing* Rn 11). Allerdings sollte dies nicht überschätzt werden.

Die Einlegung des Einspruchs durch den Arbeitnehmer ist abweichend von § 86 BRG 1920 **keine** 27
Wirksamkeitsvoraussetzung für die Erhebung der Kündigungsschutzklage. Insbes. wird die **Dreiwochenfrist** zur Erhebung der Klage gem. § 4 S. 1 KSchG **nicht** durch die Einlegung des Einspruchs **gehemmt** oder **unterbrochen** (APS-*Künzl* Rn 10; HaKo-KSchR/*Gallner* Rn 15; *LKB/Linck* Rn 5; für eine Hemmung aber *Möhn* NZA 1995, 114 – unklar, ob de lege lata oder de lege ferenda; krit. dazu *Rieble* Anm. zu BAG 3.5.1994 EzA § 99 BetrVG 1972 Nr. 122; für eine entsprechende Neuregelung aber auch *Fischer* NZA 1995, 1133). Ein diesbezüglicher Irrtum des Arbeitnehmers rechtfertigt in aller Regel keine nachträgliche Zulassung der Kündigungsschutzklage gem. § 5 KSchG (vgl. auch KR-*Kreft* § 5 KSchG Rdn 42; LSSW-*Spinner* Rn 4). Der Arbeitnehmer darf auch nicht abwarten, bis der Betriebsrat seine begründete Stellungnahme gem. § 3 S. 3 KSchG vorlegt, da die Beifügung dieser Stellungnahme keine Klagevoraussetzung ist.

C. Anwendungsbereich des § 3 KSchG

I. Änderungskündigung

§ 3 KSchG findet Anwendung auch im Falle einer **Änderungskündigung** gem. § 2 KSchG (APS- 28
Künzl Rn 18; ErfK-*Kiel* Rn 1). Dabei ist unerheblich, ob der Arbeitnehmer das Änderungsangebot abgelehnt oder ob er sich bereit erklärt hat, zu den geänderten Arbeitsbedingungen unter dem Vorbehalt weiterzuarbeiten, dass die Änderung sich nach gerichtlicher Überprüfung als wirksam herausstellt. Für das Einspruchsverfahren gelten insoweit keine Besonderheiten. Da Änderungsangebot und Kündigung eine zumindest tatsächliche Einheit bilden, hat der Betriebsrat auch bei Ablehnung des Angebots durch den Arbeitnehmer dieses Angebot bei seiner Würdigung zu berücksichtigen (vgl. KR-*Kreft* § 2 KSchG Rdn 140 ff.).

II. Außerordentliche Kündigung

29 Gem. § 13 Abs. 1 S. 2 KSchG kann die Rechtsunwirksamkeit einer **außerordentlichen Kündigung** nur nach Maßgabe des § 4 S. 1 und der §§ 5–7 KSchG geltend gemacht werden. Die Anwendung des § 3 KSchG ist nicht erwähnt (s.a. Rdn 9). Es bestehen zwar an sich keine grundsätzlichen Bedenken gegen eine entsprechende Anwendung der Einspruchsregelung auch im Falle einer außerordentlichen Kündigung. Angesichts der geringen Bedeutung der Vorschrift und der ohnehin bestehenden Möglichkeit, den Betriebsrat zu Vermittlungsversuchen einzuschalten, ist ein Bedürfnis für eine Ausweitung des § 3 KSchG allerdings nicht ersichtlich (so im Ergebnis auch *Brill* AuR 1977, 110; *Bader/Bram-Ahrendt* Rn 13, die zutreffend darauf hinweist, dass § 3 nur auf die soziale Rechtfertigung abstellt). Die Mitwirkung des Betriebsrats auch bei der außerordentlichen Kündigung ist ohnehin durch § 102 BetrVG abgesichert.

30 Angesichts der völlig untergeordneten Bedeutung besteht auch kein sachlicher Anlass für die entsprechende Anwendung von § 3 KSchG auf die von der Rspr. entwickelte außerordentliche Kündigung mit zwingender Auslauffrist bei ordentlich unkündbaren Arbeitnehmern, auch wenn diese Kündigung hinsichtlich der Anhörung des Betriebsrats nach § 102 BetrVG bzw. der Beteiligung des Personalrats wie eine ordentliche Kündigung zu behandeln ist (*BAG* 18.1.2001 EzA § 626 BGB Krankheit Nr. 4; so auch HaKo-KSchR/*Gallner* Rn 6).

III. § 14 Abs. 2 S. 1 KSchG

31 **Keine Anwendung** findet § 3 KSchG auf die Arbeitsverhältnisse von Geschäftsführern, Betriebsleitern und ähnlichen leitenden Angestellten, soweit diese zur selbständigen Einstellung oder Entlassung von Arbeitnehmern berechtigt sind, **§ 14 Abs. 2 S. 1 KSchG** (vgl. zu den Begriffen KR-*Kreutzberg-Kowalczyk* § 14 KSchG Rdn 29–39). Sie genießen zwar grds. den Kündigungsschutz des ersten Abschnittes des KSchG. Die Herausnahme des § 3 KSchG ist konsequent, soweit gem. § 5 Abs. 3 BetrVG auf diese Personengruppen als sog. leitende Angestellte das BetrVG keine Anwendung findet, damit aber auch die Einschaltung des Betriebsrats im Rahmen der §§ 102, 103 BetrVG entfällt. Da der Geltungsbereich des § 14 Abs. 2 KSchG aber nicht deckungsgleich ist mit dem des § 5 Abs. 3 BetrVG, ist eine **einschränkende Auslegung** geboten dahin, dass Angestellten, die zwar zu dem in § 14 Abs. 2 S. 1 KSchG genannten Personenkreis gehören, nicht aber zugleich die Voraussetzungen des § 5 Abs. 3 BetrVG erfüllen, das Einspruchsrecht nach § 3 KSchG zusteht (s. iE *Rost* FS Wissmann S. 71 ff.; KR-*Kreutzberg-Kowalczyk* § 14 KSchG Rdn 48). Angesichts der fehlenden praktischen Bedeutung besteht allerdings kein Bedürfnis, leitenden Angestellten iSd § 5 Abs. 3 BetrVG in analoger Anwendung des § 3 KSchG ein ausdrückliches Einspruchsrecht beim Sprecherausschuss als dem für sie zuständigen Organ nach dem Sprecherausschussgesetz einzuräumen (so zu Recht *Rumler* S. 95 ff.; *Oetker* ZfA 1990, 43, 77 – mit dem berechtigten Hinweis, das für eine entsprechende Anwendung notwendige methodologische Erfordernis einer planwidrigen Regelungslücke dürfte hier zu verneinen sein; HaKo-KSchR/*Gallner* Rn 9; **aA** APS-*Künzl* Rn 16).

IV. PersVG

32 Nach § 98 BPersVG 1955 galten Vorschriften in anderen Gesetzen, die den Betriebsräten Befugnisse oder Pflichten übertrugen, entsprechend für die nach diesem Gesetz zu errichtenden **Personalvertretungen**. Damit fand § 3 KSchG entsprechende Anwendung bei Vorhandensein einer Personalvertretung. Eine dem § 98 BPersVG 1955 vergleichbare Bestimmung ist im derzeit geltenden BPersVG vom 9.6.2021 (BGBl I S. 1614) nicht mehr enthalten. Ein Einspruchsverfahren gem. § 3 KSchG zum Personalrat findet danach nicht statt (HaKo-KSchR/*Gallner* Rn 7). Das hindert den Personalrat nicht, auf Anregung des Arbeitnehmers oder auch aus eigener Initiative einen Verständigungsversuch mit dem Arbeitgeber vorzunehmen. Im Übrigen sichern die dem Personalrat gem. § 85 BPersVG zustehenden Mitwirkungsrechte bei Kündigung eine hinreichende

Beteiligungsmöglichkeit. Für eine Anwendung des § 3 KSchG ist ohnehin kein Raum, wenn die ordentliche Kündigung nur mit Zustimmung des Personalrats ausgesprochen werden kann.

V. Erweiterte Beteiligungsrechte des Betriebsrats

Gem. § 102 Abs. 6 BetrVG können Arbeitgeber und Arbeitnehmer vereinbaren, dass Kündigungen der Zustimmung des Betriebsrats bedürfen und bei Meinungsverschiedenheiten über die Berechtigung der Nichterteilung der Zustimmung die Einigungsstelle entscheidet. Besteht eine solche Vereinbarung, schließt das ein Einspruchsverfahren gem. § 3 KSchG nicht aus. Auch insoweit gilt die in § 102 Abs. 7 BetrVG bestätigte Unabhängigkeit der Beteiligungsverfahren nach dem BetrVG und nach dem KSchG. Der Betriebsrat bleibt trotz erteilter Zustimmung verpflichtet, nach Einspruch des Arbeitnehmers den Kündigungssachverhalt erneut zu überprüfen und ggf. mit dem Arbeitgeber einen Verständigungsversuch zu unternehmen. Dabei ist er nicht an seine zustimmende Entscheidung gebunden. Praktisch wird allerdings in diesen Fällen das Einspruchsverfahren idR ergebnislos verlaufen, da davon auszugehen ist, dass der Betriebsrat die Frage der Sozialwidrigkeit der Kündigung vor der erteilten Zustimmung hinreichend geprüft hat. Er wird also im Zweifel zu demselben Ergebnis kommen, es sei denn, es werden neue Gesichtspunkte vorgetragen, die dem Betriebsrat bei Erteilung der Zustimmung nicht bekannt waren. 33

D. § 3 KSchG – kein Schutzgesetz iSd § 823 Abs. 2 BGB

§§ 84–87 BRG 1920 wurden überwiegend als **Schutzgesetz** iSd § 823 Abs. 2 BGB angesehen. Zur Begründung wurde etwa darauf hingewiesen, dass die Mitwirkung des Betriebsrats bei Einzelkündigungen zwar »in erster Reihe im Interesse der Arbeitnehmerschaft als solcher, der Betriebsgemeinschaft und des Betriebs selbst ausgeübt wird«, aber »die §§ 84 ff. BRG doch auch den Schutz der wirtschaftlichen und sozialen Belange des gekündigten Einzelarbeitnehmers« bezwecken (*RAG* 4.1.1928 RAGE 1, 71; vgl. auch *Mansfeld* vor § 66 BRG Rn 7 zu § 23 BRG Rn 1; *Gester* AuR 1959, 329 zu Fn. 35; *Oehmann* RdA 1953, 21). Die Konsequenz hieraus war, dass bei einer rechtswidrigen und schuldhaften Verletzung der §§ 84 ff. BRG die Betriebsratsmitglieder sich ggf. gegenüber dem Arbeitnehmer **schadenersatzpflichtig** machten. 34

Unter Berufung insbes. auf diese zum BRG 1920 vertretene Auffassung wurde daher auch für § 3 KSchG teilweise die Meinung vertreten, es handle sich um ein **Schutzgesetz** iSd § 823 Abs. 2 BGB. Wenn die Bestimmung auch keinen entscheidenden Einfluss mehr auf die Kündigung habe, so sei sie als ein Teil des Kündigungsschutzes doch zum Schutz des Arbeitnehmers da (so insbes. *Oehmann* RdA 1953, 21). Dementsprechend wird grds. die Möglichkeit eines Schadenersatzanspruchs gegen ein am Einspruchsverfahren beteiligtes Betriebsratsmitglied bejaht. Dabei wird jedoch eingeräumt, dass praktisch ein derartiger Anspruch kaum Erfolg haben werde, da wegen der ungehinderten Klagemöglichkeit des Arbeitnehmers es meistens am Kausalzusammenhang zwischen dem schuldhaften Verhalten des Betriebsratsmitgliedes und dem eingetretenen Schaden fehle (*Oehman* RdA 1953, 21). 35

Gegen die Richtigkeit der § 3 KSchG als Schutzgesetz einordnenden Auffassung spricht nicht nur ihre fehlende Praktikabilität. **Schutzgesetze** iSd § 823 Abs. 2 BGB sind diejenigen Rechtsnormen, die dem Schutz des einzelnen oder einzelner Personenkreise gegen die Verletzung bestimmter Rechtsgüter zu dienen bestimmt sind. Privatrechtliche Normen erfüllen diese Voraussetzungen grds. nur dann, wenn der Zweck einer besonderen Schutzgewährung gegen Rechtsverletzungen erkennbar ist, nicht hingegen, wenn sie – wie idR – nur den Macht- und Pflichtenkreis des Einzelnen bestimmen (vgl. *BAG* 25.4.2001 EzA § 2 BeschFG 1985 Nr. 64; *Erman/Wilhelmi* § 823 Rn 157; MüKo-BGB/*Wagner* § 823 Rn 562 f.; vgl. auch *Soergel/Spickhoff* § 823 Rn 219 ff.; *Staudinger/Hager* § 823 Rn G16 ff., jeweils mwN). Einen derartigen erkennbaren **besonderen Schutzzweck** gegen Rechtsverletzungen beinhaltet § 3 KSchG nicht. Das Einspruchsverfahren ist lediglich fakultativ. Der Arbeitnehmer braucht von ihm keinen Gebrauch zu machen. Es ist ohne jeden rechtlich erheblichen Einfluss auf das Kündigungsschutzverfahren selbst, hindert weder die 36

Klageerhebung noch hemmt es die Klagefrist. Die vom Betriebsrat zu erteilende Stellungnahme »soll« der Klageschrift beigefügt werden. Unterlässt dies der Arbeitnehmer, bleibt das für die Klage ohne rechtlich erhebliche Folgen.

37 Dieser gegenüber dem BRG 1920 und auch gegenüber dem AOG **entscheidend eingeschränkten** Regelung kann ein mit einer Schadenersatzdrohung bewehrter besonderer Schutzzweck iSd § 823 Abs. 2 BGB nicht entnommen werden. Voraussetzung dafür wäre zumindest eine **rechtliche Verknüpfung** des Handelns des Betriebsrats mit dem Kündigungsschutz in der Weise, dass der dem Arbeitnehmer zustehende Schutz nur durch eine bestimmte Reaktion des Betriebsrats eröffnet werden könnte. Als Beispiel mag neben der vorgenannten Regelung des BRG 1920 verwiesen werden auf das in § 102 Abs. 3 BetrVG enthaltene Widerspruchsrecht des Betriebsrats, welches erst die Möglichkeit der vorläufigen Weiterbeschäftigung nach § 102 Abs. 5 BetrVG gibt und von Bedeutung ist für die Prüfung der Sozialwidrigkeit im Rahmen des § 1 Abs. 2 S. 2 KSchG. Trotz dieser Verknüpfung wird aber nicht einmal § 102 Abs. 5 BetrVG als Schutzgesetz angesehen (als betriebsverfassungsrechtliche Vorschriften mit Schutzgesetzcharakter werden angesehen § 74 Abs. 2 BetrVG und § 79 BetrVG sowie die iE geregelten Schweigepflichten; vgl. GK-BetrVG/*Franzen* § 1 BetrVG Rn 82; *Richardi/Thüsing* vor § 26 BetrVG Rn 15 u. § 79 BetrVG Rn 38).

38 § 3 KSchG mit seiner allenfalls **tatsächlichen Einflussmöglichkeit** des Betriebsrats ist demnach zu sehen als privatrechtliche Regelung, welche lediglich das Verhältnis zwischen Arbeitnehmer, Arbeitgeber und Betriebsrat im Rahmen der Kündigung ausgestaltet. Dass diese Regelung für den Arbeitnehmer einen Schutz beinhaltet, steht dem nicht entgegen. Das KSchG insgesamt bezweckt den Schutz des Arbeitnehmers. Dennoch ist anerkannt, dass **§ 1 KSchG kein Schutzgesetz** iSd § 823 BGB ist, der eine sozialwidrige Kündigung aussprechende Arbeitgeber sich also nicht schadensersatzpflichtig gem. § 823 Abs. 2 BGB macht (s. iE KR-*Rachor* § 1 KSchG Rdn 44; vgl. LKB/*Krause* § 1 Rn 37; LAG Köln 23.2.1988 NZA 1988, 548). Es fehlt hier wie dort an dem Zweck einer **besonderen Schutzgewährung** gegen Rechtsverletzungen, die privatrechtliche Normen erst zu einem Schutzgesetz werden lassen.

39 § 3 KSchG ist daher **kein Schutzgesetz** iSd § 823 Abs. 2 BGB (vgl. KR-*Rachor* § 1 KSchG Rdn 47; APS-*Künzl* Rn 11; *Bader/Bram-Ahrendt* Rn 7; ErfK-*Kiel* Rn 5; HaKo-KSchR/*Gallner* Rn 26; HK-*Hauck* Rn 12; LKB/*Linck* Rn 11; LSSW-*Spinner* Rn 8; TRL-*Thüsing* Rn 15). Die Pflichtverletzung des Betriebsrats – also seiner Mitglieder, da haftbar nicht der Betriebsrat als Ganzes, sondern nur die Einzelmitglieder sind (vgl. *Richardi/Thüsing* vor § 26 Rn 8 ff) – bei Prüfung des Einspruchs stellt keinen zum Schadensersatz verpflichtenden Verstoß iSd § 823 Abs. 2 BGB dar. Es bleiben allein die betriebsverfassungsrechtlichen Sanktionsmöglichkeiten, etwa die des § 23 Abs. 3 BetrVG (vgl. LSSW-*Spinner* Rn 8; HaKo-KSchR/*Gallner* Rn 26). Der Arbeitnehmer hat auch keinen gerichtlich durchsetzbaren Anspruch gegen den Betriebsrat auf Entgegennahme und Behandlung seines Einspruchs (zu Recht LSSW-*Spinner* Rn 8).

§ 4 KSchG Anrufung des Arbeitsgerichtes

¹Will ein Arbeitnehmer geltend machen, dass eine Kündigung sozial ungerechtfertigt oder aus anderen Gründen rechtsunwirksam ist, so muss er innerhalb von drei Wochen nach Zugang der schriftlichen Kündigung Klage beim Arbeitsgericht auf Feststellung erheben, dass das Arbeitsverhältnis durch die Kündigung nicht aufgelöst ist. ²Im Falle des § 2 ist die Klage auf Feststellung zu erheben, dass die Änderung der Arbeitsbedingungen sozial ungerechtfertigt oder aus anderen Gründen rechtsunwirksam ist. ³Hat der Arbeitnehmer Einspruch beim Betriebsrat eingelegt (§ 3), so soll er der Klage die Stellungnahme des Betriebsrats beifügen. ⁴Soweit die Kündigung der Zustimmung einer Behörde bedarf, läuft die Frist zur Anrufung des Arbeitsgerichts erst von der Bekanntgabe der Entscheidung der Behörde an den Arbeitnehmer ab.

Übersicht

		Rdn
A.	**Einleitung und Überblick**	1
I.	Entstehungsgeschichte	1
	1. Das BRG 1920	1
	2. Der Rechtszustand nach dem AOG	2
	3. Der Rechtszustand vor Inkrafttreten des KSchG	3
	a) Die Kündigungsschutzbestimmungen der Länder in der Nachkriegszeit	4
	b) Die Rspr. zur Verwirkung des Klagerechts, soweit keine gesetzlichen Regelungen über Klagefristen vorhanden waren	5
	4. Das KSchG 1951 und das KSchG 1969	6
	5. Das Gesetz zu Reformen am Arbeitsmarkt 2003	10
II.	Sinn und Zweck der Regelung	12
B.	**Die Kündigungsschutzklage**	14
I.	Der Anwendungsbereich des § 4 KSchG	14
	1. Arbeitgeberkündigung	15
	a) Kleinbetrieb, Wartezeit	17
	b) Kündigung durch den Insolvenzverwalter	19
	c) Kündigung von Organmitgliedern und leitenden Angestellten	20
	d) Fehlende Schriftform	21
	e) Vorsorgliche Kündigung	22
	f) Unbestimmte Kündigung	23
	g) Einhaltung der Kündigungsfrist	24
	h) Kündigung eines Nichtberechtigten	26
	i) Befristete Arbeitsverhältnisse	28
	j) Berufsausbildungsverhältnisse	29
	2. Beendigung faktisches Arbeitsverhältnis	30
	3. Anfechtungserklärung	31
	4. Direktionsrecht und Teilkündigung	32
	5. Aufhebungsvertrag	35
II.	Art der Klage	36
	1. Die Kündigungsschutzklage als Feststellungsklage	36
	2. Die Klage auf Abfindung als Feststellungsklage iSd § 4 KSchG	39
	3. Die Klage auf Lohn als Feststellungsklage iSd § 4 KSchG?	40
	4. Einzelfälle	42
III.	Wirkungen der Kündigungsschutzklage	47
	1. Die Kündigungsschutzklage und das besondere Feststellungsinteresse iSd § 256 ZPO	47
	2. Unterbrechung der Verjährung eines auf § 615 BGB gestützten Lohnanspruchs durch die Kündigungsschutzklage	52
	3. Wahrung von tarifvertraglichen Ausschlussfristen durch die Kündigungsschutzklage	61
	a) Kündigungsschutzklage und die Wahrung einstufiger Ausschlussfristen	62
	b) Kündigungsschutzklage und die Wahrung zweistufiger Ausschlussfristen	69
	4. Auswirkung der Kündigungsschutzklage auf den Urlaubsanspruch	78
IV.	Die »Rücknahme« der Kündigung und die Kündigungsschutzklage	79
	1. Die »Rücknahme« der Kündigung vor Klageerhebung	79
	2. Die »Rücknahme« der Kündigung nach Klageerhebung	90
V.	Die Parteien des Kündigungsschutzprozesses	104
	1. Der Arbeitnehmer	104
	2. Der Arbeitgeber	116
	a) Vertragspartner	117
	b) Faktisches Arbeitsverhältnis	118
	c) Mittelbares Arbeitsverhältnis	119
	d) Arbeitnehmerüberlassung	120
	e) Personengesellschaften als Arbeitgeber	121
	f) Juristische Personen	126
	g) Arbeitgeberstellung kraft Fiktion	129
	h) Betriebsübergang	130
	i) Insolvenz	137
	3. Unzulässigkeit der Nebenintervention eines dritten Arbeitnehmers	138
VI.	Die Ausschlussfrist von drei Wochen für die Klageerhebung	139
	1. Die Dreiwochenfrist und ihre Berechnung	139
	a) Der Grundsatz	139
	b) Der Zugang der Kündigungserklärung	140
	aa) Der Zugang der schriftlichen Kündigung gegenüber einem Anwesenden	140
	bb) Der Zugang der Kündigung gegenüber einem Abwesenden	144
	cc) Zugangshindernisse	170
	dd) Der Zugang von Massenkündigungen	186
	c) Unerheblichkeit tatsächlicher Kenntnisnahme	187
	d) Darlegungs- und Beweislast	188
	e) Die Berechnung der Frist	190
	2. Rechtsnatur der Dreiwochenfrist	192

		Rdn			Rdn
VII.	Die Erhebung der Klage innerhalb der Dreiwochenfrist.	195	4.	Sonderregelung für die Besatzungsmitglieder von Seeschiffen, Binnenschiffen und Luftfahrzeugen.	284
	1. Die Art und Weise der Klageeinreichung.	206	C.	Das Urteil im Kündigungsschutzprozess und seine Rechtskraft.	288
	2. Der Mindestinhalt der Klageschrift.	207	I.	Die Rechtskraft und ihre Wirkung im Allgemeinen.	288
VIII.	Das Gericht, zu dem die Kündigungsschutzklage zu erheben ist	234	II.	Der Streitgegenstand des Kündigungsschutzprozesses.	289
	1. Grundsatz.	234		1. (Erweiterter) punktueller Streitgegenstand	289
	a) Erhebung der Klage bei einem örtlich zuständigen ArbG.	235		2. Allgemeiner Feststellungsantrag	305
	b) Erhebung der Klage bei einem örtlich unzuständigen ArbG.	245	III.	Das klageabweisende Urteil im Kündigungsschutzprozess.	318
	c) Erhebung der Klage im Wege der Klageerweiterung in zweiter Instanz	251	IV.	Das der Klage stattgebende Urteil.	325
			V.	Das Präklusionsprinzip.	330
	2. Die Erhebung der Klage bei einem ordentlichen Gericht	253	VI.	Die erneute Kündigung (Trotzkündigung).	339
	3. Die Erhebung der Klage bei einem sonstigen Gericht.	255	D.	Der Streitwert der Kündigungsschutzklage.	345
	4. Die Erhebung der Klage bei einem gem. § 101 Abs. 2 ArbGG an Stelle der Arbeitsgerichtsbarkeit durch Tarifvertrag vorgesehenen Schiedsgericht	256	E.	§ 4 KSchG und die Änderungskündigung.	364
			I.	Grundsatz.	364
			II.	Die Kündigungsschutzklage bei Ablehnung des Angebots.	365
	5. Die Anrufung eines Ausschusses, der das Güteverfahren vor dem ArbG ersetzt, iSd § 111 Abs. 2 ArbGG	261	III.	Die Kündigungsschutzklage bei Annahme des Angebots unter Vorbehalt . . .	366
				1. Der Klageantrag bei Annahme des Angebots unter Vorbehalt.	366
IX.	Ausnahmen von dem Lauf der Dreiwochenfrist ab Zugang der Kündigung	262		2. Rücknahme der Änderungskündigung ohne Zustimmung des Arbeitnehmers vor Klageerhebung	367
	1. Lauf der Dreiwochenfrist bei Abhängigkeit der Kündigung von der Zustimmung einer Behörde	263		3. Rücknahme der Änderungskündigung ohne Zustimmung des Arbeitnehmers nach Klageerhebung.	368
	a) Anwendungsbereich des § 4 Satz 4	264		4. Einfluss des Todes des Arbeitnehmers auf den Änderungskündigungsrechtsstreit	369
	aa) Nachträgliche Zustimmung der Behörde.	266		5. Streitgegenstand	371
	bb) Vorherige Zustimmung der Behörde	270		6. Die Rechtskraft.	372
				7. Streitwert	373
	b) Keine Bestandskraft erforderlich.	277	F.	**Klagerücknahme, Klageverzicht, Verzicht auf Kündigungsschutz.**	374
	c) Bekanntgabe an den Arbeitnehmer.	278	I.	Kündigungsschutz und Klagerücknahme	374
	d) Kenntnis des Arbeitgebers	280	II.	Kündigungsschutz und Klageverzicht (§ 306 ZPO)	377
	2. Einspruch beim Betriebsrat.	282	III.	Verzicht auf Kündigungsschutz durch Vertrag	378
	3. Sonderregelung für die zum Wehrdienst Einberufenen und für die Wehrdienstleistenden	283		1. Zulässigkeit des Verzichts auf den Kündigungsschutz im Allgemeinen. .	378
				2. Verzicht auf den Kündigungsschutz durch Ausgleichsquittung.	381

A. Einleitung und Überblick

I. Entstehungsgeschichte

1. Das BRG 1920

Nach dem **BRG 1920** musste der Arbeitnehmer innerhalb von einer Frist von fünf Tagen nach der Kündigung beim Arbeiter- oder Angestelltenrat **Einspruch** einlegen (§ 84 Abs. 1 BRG). Hielt der Arbeiter- oder Angestelltenrat den Einspruch für begründet, so musste er versuchen, durch Verhandlungen mit dem Arbeitgeber eine »**Verständigung**« herbeizuführen (§ 86 Abs. 1 S. 2 BRG). Gelang das innerhalb einer Woche nicht, so konnten der Arbeiter- oder Angestelltenrat oder der Arbeitnehmer binnen weiteren fünf Tagen das ArbG anrufen (§ 86 Abs. 1 S. 3 BRG) und die sog. **Einspruchsklage** oder den sog. **Einspruchsprozess** durchführen. 1

2. Der Rechtszustand nach dem AOG

Das **AOG** bezeichnete die Klage des Arbeitnehmers als Klage auf Widerruf der Kündigung (**Kündigungswiderrufsklage** § 56 AOG). Sie musste innerhalb von 14 Tagen seit Zugang der Kündigung erhoben werden. Das AOG schaffte damit die drei Fristen des BRG ab und begnügte sich mit einer **Klagefrist von 14 Tagen**. 2

3. Der Rechtszustand vor Inkrafttreten des KSchG

Das AOG trat spätestens am 1. Januar 1947 durch das **Kontrollratsgesetz Nr. 40** vom 30.11.1946 außer Kraft. Während in einigen Ländern neue KSchG geschaffen wurden, die Klagefristen vorsahen, behalf man sich in anderen Ländern, in denen eine entsprechende Regelung nicht getroffen wurde, mit der aus der Generalklausel des § 242 BGB abgeleiteten Verwirkung des Klagerechts. 3

a) Die Kündigungsschutzbestimmungen der Länder in der Nachkriegszeit

Einige Länder sahen Fristen für die Erhebung von Klagen gegen Kündigungen vor: **Bayern** (Art. 3 des Gesetzes Nr. 76, KSchG v. 1.8.1947 [BayGVBl. S. 165]); 4

Bremen (§ 40 Abs. 1 des Ausführungsgesetzes zu Art. 47 der Landesverfassung der Freien Hansestadt Bremen [Bremisches BRG] v. 10.1.1949 [Gesetzbl. der Freien Hansestadt Bremen, S. 7]);

Hessen (§ 43 Abs. 1 des BRG für das Land Hessen v. 31.5.1948 [GVBl. S. 117]);

Württemberg-Baden (Gesetz Nr. 708 KSchG v. 18.8.1948 [RegBl. der Regierung Württemberg-Baden, S. 134]);

Baden (§ 35 des Landesgesetzes über die Bildung von Betriebsräten [BRG] v. 24.9.1948 [BadVGBl. S. 209]);

Rheinland-Pfalz (Landesverordnung über die Errichtung und die Tätigkeit von Betriebsräten v 15.5.1947 [VOBl. S. 258 ff.]);

Württemberg-Hohenzollern (§ 86 des BRG v. 21.5.1949 [RegBl. S. 153]);

Schleswig-Holstein (§§ 21, 22 des Gesetzes zur Regelung vordringlicher Angelegenheiten des Betriebsräterechts v. 3.5.1950 [GVBl. S. 169 ff.]);

Berlin (Bek. v. 25.5.1948 [VOBl. für Groß-Berlin 1948, 310] iVm der Anordnung v. 24.11.1948 [VOBl. S. 502] über die Durchführung des Arbeitsplatzwechsels aufgrund der Bestimmungen des Kontrollratsbefehls Nr. 3 in I 1 sowie § 3 KSchG v. 20.5.1950 [VOBl. S. 173]).

b) Die Rspr. zur Verwirkung des Klagerechts, soweit keine gesetzlichen Regelungen über Klagefristen vorhanden waren

5   Soweit keine gesetzlichen Regelungen mit Bestimmungen über die Frist zur Klageerhebung vorhanden waren, behalf sich die **Rechtsprechung mit dem Grundsatz von Treu und Glauben** (§ 242 BGB) in seiner »rechtstheoretischen Präzisierung« der »Verwirkung« (*Wieacker* Zur rechtstheoretischen Präzisierung des § 242 BGB, 1956, Recht und Staat 193/194, S. 27 f.).

4. Das KSchG 1951 und das KSchG 1969

6   Die sog. »**Hattenheimer Entschließungen**« der Sozialpartner (RdA 1950, 63) sahen in § 3 bereits eine dem heutigen § 4 KSchG im Wesentlichen entsprechende Regelung vor.

7   In der Begründung zum **Entwurf eines KSchG der Bundesregierung** (Drs. I/2090, S. 13) ist zu § 3 des Entwurfs, dem späteren § 3 S. 1 und 2 KSchG 1951 nichts ausgeführt.

8   Im mündlichen **Bericht des Ausschusses für Arbeit** (20. Ausschuss) über den Entwurf eines KSchG (Drs. I/2384) ist aufgrund eines entsprechenden Beschlusses dem § 3 des Entwurfs der Bundesregierung der § 3 S. 3 des späteren KSchG 1951 angefügt worden. In der **parlamentarischen Beratung** hat § 3 des Entwurfs idF des Ausschusses für Arbeit keine Rolle gespielt.

9   Durch Art. 1 Ziff. 4 des **Ersten Arbeitsrechtsbereinigungsgesetzes** v. 14.8.1969 (BGBl. I S. 1969, 1106 ff. [1106]) wurde in § 3 KSchG 1951 der heutige § 4 S. 2 KSchG eingefügt. Dies geschah wegen der Aufnahme der **Änderungskündigung** in das KSchG mit §§ 2, 7 Hs. 2 und 8. Mit dem heutigen § 4 S. 2 KSchG sollte klargestellt werden, dass auch die Änderungskündigung mit der Kündigungsschutzklage angegriffen werden kann. Mit der aufgrund der Ermächtigung im Ersten Arbeitsrechtsbereinigungsgesetz vom 14.8.1969 (Art. 7 BGBl. I S. 1969, 1106 [1111]) erfolgten Neubekanntmachung wurde § 3 KSchG 1951 zu § 4 KSchG.

5. Das Gesetz zu Reformen am Arbeitsmarkt 2003

10 Mit dem **Gesetz zu Reformen am Arbeitsmarkt** vom 24.12.2003 (BGBl. I S. 3002 ff.), das am 1.1.2004 in Kraft getreten ist, wurden mit Art. 1 Nr. 2 in § 4 S. 1 KSchG die Wörter »**oder aus anderen Gründen rechtsunwirksam**« nach den Wörtern »sozial ungerechtfertigt« eingefügt. Nach der Begründung des Gesetzentwurfs (BT-Drs. 15/1204 S. 25) soll für alle Fälle der Rechtsunwirksamkeit einer Arbeitgeberkündigung eine einheitliche Klagefrist gelten. Der Arbeitnehmer muss die Rechtsunwirksamkeit der Kündigung unabhängig vom Grund der Unwirksamkeit innerhalb einer Frist von drei Wochen nach Zugang der Kündigung geltend machen. Die dreiwöchige Klagefrist wird also auch auf die Kündigungen erstreckt, die aus anderen Gründen als der Sozialwidrigkeit rechtsunwirksam sind, wobei die Begr. des Gesetzentwurfes (BT-Drs. 15/1204 S. 25) einige dieser Gründe unter Hinweis auf die 5. Aufl. dieses Kommentars aufzählt(vgl. zu den anderen Gründen *Fornasier/Werner* NJW 2007, 2729 ff.; s. KR-*Treber/Rennpferdt* § 13 KSchG Rdn 66 ff.). § 4 KSchG gilt nur für schriftliche Kündigungen, wie sich aus der Einfügung des Worts »**schriftlichen**« vor den Wörtern »nach Zugang der« in Satz 1 ergibt. Zweck dieser Regelung ist, dass der Arbeitnehmer Klarheit über den Beginn der Klagefrist von drei Wochen erhält. Damit das alles auch für die Änderungskündigung gilt, fügte der Gesetzgeber in § 4 S. 2 KSchG nach den Wörtern »sozial ungerechtfertigt« ebenfalls die Wörter »**oder aus anderen Gründen rechtsunwirksam**« ein.

11 § 4 KSchG nF war auch auf Kündigungen anzuwenden, die noch im Jahre 2003 zugegangen waren, weil es keine Übergangsregelung gab, so dass davon auszugehen ist, dass das Gesetz zu Reformen am Arbeitsmarkt mit dem Zeitpunkt seines In-Kraft-Tretens auch bereits zugegangene schriftliche Kündigungen erfasste mit der Maßgabe, dass die Klagefrist für die betroffenen Arbeitnehmer am 1.1.2004 begann und am 21.1.2004 endete. Die Fiktionswirkung der §§ 4, 7 KSchG nF trat danach mit Ablauf des 21.1.2004 ein (*BAG* 9.2.2006 – 6 AZR 283/05 Rn 20 unter Hinweis auf *LAG Köln* 23.6.2005 – 5 Sa 506/05 Rn 6).

II. Sinn und Zweck der Regelung

Der Arbeitnehmer muss fristgerecht Kündigungsschutzklage erheben, wenn er sich auf die Unwirksamkeit der Kündigung berufen will. Unterlässt es der Arbeitnehmer, gegen die Kündigung nach § 4 KSchG innerhalb von drei Wochen das ArbG anzurufen, so gilt die Kündigung als von Anfang an rechtswirksam (§ 7 KSchG). Nach der Konstruktion des KSchG ist die Kündigung, gegen die fristgebunden vorgegangen werden muss, also nicht von vornherein unheilbar nichtig, sondern nur schwebend unwirksam. Der **Sinn des § 4 KSchG** wie auch der nachfolgenden §§ 5, 6, 7 KSchG ist es – vor allem im Interesse der Arbeitgeber –, möglichst bald **Klarheit über den Weiterbestand oder das Ende des Arbeitsverhältnisses** zu schaffen (APS/*Hesse* Rn 3; *LKB/Linck* Rn 4). Durch die Erweiterung des Geltungsbereichs des § 4 KSchG zum 1.1.2004 greift der Zweck bei nahezu allen Arbeitgeberkündigungen. Die Zielsetzung, dass innerhalb kurzer Zeit Klarheit darüber besteht, ob der Arbeitnehmer die Kündigung hinnimmt, hat das BAG zu § 4 KSchG aF wiederholt betont (vgl. nur *BAG* 27.4.2000 – 8 AZR 301/99, Rn 30; 23.2.1978 – 2 AZR 462/76 [zu B III 3a der Gründe]). Die Frist des § 4 KSchG ist ihrem **Zweck nach eine Überlegungsfrist** (*BAG* 26.06.1986 – 2 AZR 358/85, Rn 30; *Thür. LAG* 19.04.2001 – 7 Ta 159/00, Rn 8). Während die Unbeachtlichkeit der fehlenden sozialen Rechtfertigung der Kündigung allein im Interesse des Arbeitgebers lag, betrifft der erweiterte Anwendungsbereich des § 4 KSchG auch **Unwirksamkeitsgründe**, die zumindest auch den **Arbeitgeber schützen** sollen. Durch das Verstreichenlassen der Dreiwochenfrist hätte es damit der Arbeitnehmer in der Hand, über den Schutz des Arbeitgebers zu disponieren. Es ist nicht erkennbar, dass dies vom Gesetzgeber bei der Änderung bedacht wurde (*Ulrici* FS v. Hoyningen-Huene S. 501, 516). In der Folge ist eine Diskussion entstanden, ob es nicht – neben der fehlenden Schriftform – weitere Rechtsunwirksamkeitsgründe gibt, die § 4 KSchG nicht erfasst (*BAG* 26.3.2009 – 2 AZR 403/07, Rn 19 ff. mwN; s. Rdn 26).

Einen **vorbeugenden Rechtsschutz** gegen eine vom Arbeitgeber angekündigte und vom Arbeitnehmer befürchtete Kündigung gibt es nicht. Der Arbeitnehmer sollte den Zugang der Kündigung abwarten und kann dann nach Maßgabe des § 4 KSchG dagegen vorgehen. Wird die Klage schon vor ihrem Zugang erhoben, muss die Kündigung in der Klageschrift iSd. § 253 Abs. 2 Nr. 2 ZPO ausreichend individualisiert werden (vgl. *BAG* 1.10.2020 – 2 AZR 247/20, Rn 33). War vor Zugang der Kündigungserklärung Klage erhoben mit dem Antrag, festzustellen, dass die von der Beklagten nach Ablauf des Kündigungsverbots zum frühestmöglichen Zeitpunkt in Aussicht gestellte Kündigung unwirksam ist, so bezog sich das Klagebegehren auf die dann ausgesprochene Kündigung, auch wenn der Klageantrag erst nach Ablauf der Dreiwochenfrist der tatsächlich abgegebenen Kündigungserklärung angepasst wird (*BAG* 4.3.1980 – 1 AZR 125/78 [II]; vgl. zur Befristungskontrollklage KR-*Bader/Kreutzberg-Kowalczyk* § 17 TzBfG Rdn 41). Eine Klage mit dem Antrag, festzustellen, dass die Kündigung des Arbeitsverhältnisses »im Falle des Auszuges aus der vom Arbeitgeber gemieteten Dienstwohnung« unzulässig sei, ist mangels Rechtsschutzinteresses unzulässig (vgl. *ArbG* Kaiserslautern 17.10.1990 – 4 Ca 459/90 P).

B. Die Kündigungsschutzklage

I. Der Anwendungsbereich des § 4 KSchG

Eine Kündigungsschutzklage muss grundsätzlich bei jeder schriftlichen Arbeitgeberkündigung erhoben werden. Die Dreiwochenfrist ist einzuhalten, wenn die **Sozialwidrigkeit** der Kündigung oder **andere Unwirksamkeitsgründe** der schriftlich erklärten Kündigung geltend gemacht werden sollen. Obwohl das KSchG auf die ordentliche Kündigung zugeschnitten ist, zu denen auch die ordentliche entfristete und die ordentliche fast entfristete gehören (vgl. § 622 Abs. 5 S. 1 BGB, dazu KR-*Treber/Rennpferdt* § 13 KSchG Rdn 7), schreibt § 13 Abs. 1 S. 2 vor, dass auch die Rechtsunwirksamkeit einer **außerordentlichen Kündigung** innerhalb der Dreiwochenfrist geltend zu machen ist. Nicht nur die Unwirksamkeit der ordentlichen, sondern auch der außerordentlichen **Änderungskündigung** ist innerhalb der Dreiwochenfrist geltend zu machen, arg. § 4 S. 2, § 13 Abs. 1 S. 2 KSchG (*BAG* 28.10.2010 – 2 AZR 688/09, Rn 12; vgl. iE KR-*Kreft* § 2 KSchG Rdn 55). Die Dreiwochenfrist gilt auch für die **sittenwidrige Kündigung**. Das folgt aus § 13 Abs. 2 KSchG, der die entsprechende Anwendung des § 9 Abs. 1 S. 1 und Abs. 2 KSchG und der §§ 10 bis 12 KSchG anordnet, ohne dies von der Einhaltung der dreiwöchigen Klagefrist abhängig zu machen, wie das nach § 13 Abs. 2 KSchG aF der Fall war (*Löwisch* BB 2004, 154, 159). Auch bei einer **offensichtlich rechtsunwirksamen Kündigung** gilt die Kündigung als von Anfang an rechtswirksam, wenn der betroffene Arbeitnehmer sich nicht rechtzeitig mit einer Kündigungsschutzklage gegen die Kündigung wendet und ihre Rechtsunwirksamkeit nicht rechtzeitig geltend macht (*BAG* 17.10.2013 – 8 AZR 742/12, Rn 32).

1. Arbeitgeberkündigung

15 Der Anwendungsbereich der Vorschrift ist bei einer Kündigung des Arbeitsverhältnisses *gegenüber* einem Arbeitnehmer (vgl. § 1 Abs. 1 S. 1 KSchG) eröffnet, nicht bei einer Kündigung, die von einem Arbeitnehmer erklärt wurde. Die Regelung des § 4 S. 1 KSchG ist für eine Klage gegen eine **Eigenkündigung des Arbeitnehmers** nicht einschlägig (*BAG* 1.10.2020 – 2 AZR 214/20, Rn 10; *BAG* 21.9.2017 – 2 AZR 57/17, Rn 13 ff.; aA *LAG Köln* 29.6.2006 – 5 Sa 377/06). Nach dem Wortlaut der Norm ist zwar ein Verständnis nicht zwingend ausgeschlossen, wonach der Arbeitnehmer die Klagefrist auch dann einhalten muss, wenn er die Rechtsunwirksamkeit einer von ihm selbst erklärten Kündigung geltend machen will. Nach der zutreffenden Ansicht des BAG sprechen jedoch Gesetzessystematik sowie Sinn und Zweck von § 4 S. 1 iVm § 7 KSchG gegen eine Geltung der Klagefrist für Eigenkündigungen von Arbeitnehmern.

16 Besteht Unsicherheit darüber, ob die Kündigung des Arbeitnehmers das Arbeitsverhältnis beendet hat, kann der **Arbeitgeber** auf die Feststellung der Beendigung des Arbeitsverhältnisses **klagen**. Die Rechtsprechung des Siebten Senats zum Ausschluss der Feststellungsklage des Arbeitgebers im Anwendungsbereich des § 17 TzBfG (*BAG* 15.2.2017 EzA-SD 2017, Nr. 13, 9; aA *Diller* ArbRAktuell 2017, 352; *Gravenhorst* FA 2017, 302) kann nicht übertragen werden, weil der Anwendungsbereich der §§ 4, 7 KSchG nicht eröffnet ist. Hält der Arbeitgeber die Eigenkündigung des Arbeitnehmers zu einem bestimmten Zeitpunkt für nicht wirksam (z.B. weil es aus seiner Sicht an einem wichtigen Grund iSd. § 626 BGB fehlt) und begehrt daher die Feststellung, dass das Arbeitsverhältnis bis zu einem späteren Zeitpunkt fortbestanden habe (vgl. zB *BAG* 24.10.1996 – 2 AZR 845/95), so ist die Klage im Zeitpunkt der letztinstanzlichen Entscheidung regelmäßig auf die Feststellung eines vergangenen Rechtsverhältnisses gerichtet. In diesem Fall ist der Feststellungsantrag lediglich zulässig, wenn sich aus der Feststellung noch Rechtsfolgen für die Gegenwart oder die Zukunft ergeben. Für einen Feststellungsantrag, der ursprünglich auf ein gegenwärtiges Rechtsverhältnis gerichtet war, gilt nichts anderes. Wird ein solches während des Rechtsstreits durch Zeitablauf oder Änderung tatsächlicher Umstände zu einem vergangenen, bleibt die Feststellungsklage nur zulässig, wenn sich aus der erstrebten Feststellung konkrete gegenwärtige oder zukünftige Rechtsfolgen ableiten lassen. Dabei muss das rechtliche Interesse iSv. § 256 Abs. 1 ZPO an der Feststellung des streitigen Rechtsverhältnisses selbst bestehen; ein Interesse an der Klärung streitiger Vorfragen genügt nicht, sofern nicht die Voraussetzungen des § 256 Abs. 2 KSchG vorliegen (*BAG* 1.10.2020 – 2 AZR 214/20, Rn 12, *Vößing* DB, 2021, 404; aA wohl *Hülsemann/Osso* ArbRAktuell 2020, 375, 378 unter Hinweis auf Interesse an korrekter Ausstellung der Arbeitspapiere, Prüfung eines Schadensersatzanspruchs, Ermittlung des Urlaubsanspruchs; vgl. dazu auch *BAG* 24.10.1996 – 2 AZR 845/95 [II 1 b]). Besteht das Arbeitsverhältnis nach Ansicht des Arbeitgebers fort, steht einer Leistungsklage auf Erbringung der Arbeitsleistung ihre fehlende Vollstreckbarkeit entgegen (*Hülsemann/Osso* ArbRAktuell 2020, 375, 378; *Richter* ArbRAktuell 2013, 509). Dem Arbeitgeber bleibt aber die Möglichkeit, ggf. die Unterlassung der Ausübung einer Tätigkeit bei einem anderen Arbeitgeber einzuklagen, wenn diese Tätigkeit gegen Wettbewerbsverbot verstößt (*Richter* ArbRAktuell 2013, 509, 510).

a) Kleinbetrieb, Wartezeit

17 Die Klagefrist des § 4 KSchG ist unabhängig davon einzuhalten, ob das Arbeitsverhältnis dem allgemeinen Kündigungsschutz unterliegt. Aus der Einfügung der Wörter »mit Ausnahme der §§ 4 bis 7 und des § 13 Abs. 1 S. 1 und 2« nach dem Wort »gelten« in § 23 Abs. 1 S. 1 KSchG durch das Gesetz zu Reformen am Arbeitsmarkt v. 24.12.2003 (Art. 1 Nr. 7 BGBl. I S. 3002 [3003]) ergibt

sich, dass die Klagefrist auch für Arbeitnehmer in Betrieben gilt, die nicht unter das KSchG fallen, also sog. **Kleinbetriebe** bzw. Kleinunternehmen (LSSW-*Spinner* Rn 5).

Die Klagefrist greift auch bei Kündigungen innerhalb der ersten sechs Monate des Arbeitsverhältnisses, in denen der Arbeitnehmer wegen **Nichterfüllung der Wartezeit** noch keinen Kündigungsschutz iSd KSchG hat, § 1 Abs. 1 KSchG. Das ergibt sich zwar nicht ohne weiteres aus dem Gesetzeswortlaut, entspricht aber dem erkennbaren Willen des Gesetzgebers (*BAG* 9.2.2006 – 6 AZR 283/05 betr. ordentliche Kündigung; 28.6.2007 – 6 AZR 283/05, Rn 16 betr. außerordentliche Kündigung; vgl. auch *BAG* 16.12.2016 – 6 AZR 430/15, Rn 68). 18

b) Kündigung durch den Insolvenzverwalter

Bei der Geltendmachung der Unwirksamkeit einer ordentlichen oder außerordentlichen durch den **Insolvenzverwalter** ausgesprochenen Kündigung gelten keine Besonderheiten mehr, nachdem § 4 S. 1 KSchG nF nunmehr alle Unwirksamkeitsgründe erfasst. **§ 113 Abs. 2 InsO** ist folgerichtig als überflüssig vom Gesetzgeber ersatzlos aufgehoben worden (Gesetz zu Reformen am Arbeitsmarkt v. 24.12.2003 Art. 4 BGBl. I S. 3002 [3004]; vgl. nur *Zwanziger* BB 2005, 1682, 1684). Nach dieser Vorschrift musste eine Arbeitnehmer früher auch dann innerhalb von drei Wochen nach Zugang der Kündigung Klage beim Arbeitsgericht erheben, wenn er sich für die Unwirksamkeit der Kündigung auf andere als die in § 1 Abs. 2 und 3 KSchG bezeichneten Gründe berufen wollte. 19

c) Kündigung von Organmitgliedern und leitenden Angestellten

Angestellte in leitender Stellung iSd § 14 Abs. 1 KSchG, also gesetzliche Vertreter von juristischen Personen, zur Vertretung von Personengesamtheiten berufene Personen (vgl. dazu KR-*Kreutzberg-Kowalczyk* § 14 KSchG Rdn 6 ff.) sind vom allgemeinen Kündigungsschutz und damit auch von der Verpflichtung zur Einhaltung der Dreiwochenfrist ausgenommen. Zum Zeitpunkt des Zugangs der Kündigung muss zwischen den Parteien noch ein Arbeitsverhältnis bestanden haben. Die Bestellung eines Arbeitnehmers zum Geschäftsführer der GmbH mit Geschäftsführerdienstvertrag hat kündigungsschutzrechtliche Folgen: Der Geschäftsführer einer GmbH kann sich gem. § 14 Abs. 1 KSchG nicht mehr mit Erfolg auf den gesetzlichen Kündigungsschutz berufen (*BAG* 19.7.2007 EzA § 623 BGB 2002 Nr. 7; vgl. iE KR-*Kreutzberg-Kowalczyk* § 14 KSchG Rdn 16). Die Regelungen des § 4 KSchG finden hingegen auf die Kündigung von Arbeitsverhältnissen von **leitenden Angestellten** iSd § 14 Abs. 2 KSchG (vgl. zum Begriff KR-*Kreutzberg-Kowalczyk* § 14 KSchG Rdn 30 ff.) Anwendung. 20

d) Fehlende Schriftform

Die Klagefrist erstreckt sich zwar grds. auf alle Unwirksamkeitsgründe; diese sind bei KR-*Treber/Rennpferdt* § 13 KSchG Rdn 66 ff. nachgewiesen, allerdings unbestritten mit **Ausnahme** der **Schriftform** des § 623 BGB, dazu KR-*Spilger* § 623 BGB Rdn 217 f. 21

e) Vorsorgliche Kündigung

Auch bei einer **vorsorglichen Kündigung** muss innerhalb der Dreiwochenfrist Klage erhoben werden. Dabei bedarf es der Auslegung, was der Arbeitgeber mit der Einschränkung »vorsorglich« meint (vgl. *B. Schmidt* FS Wank S. 545, 546). Wird bei wirtschaftlichen Schwierigkeiten Arbeitnehmern »vorsorglich« gekündigt mit der Zusage, die Kündigung bei einer Besserung der Lage ggf. zurückzunehmen, ist die »vorsorgliche« Kündigung eine echte Kündigung. Der Arbeitnehmer muss sie deshalb innerhalb von drei Wochen mit der Kündigungsschutzklage angreifen, will er verhindern, dass sie gem. § 7 KSchG wirksam wird (*LAG Hamm* 13.11.1953 BB 1953, 979; *LAG Köln* 6.10.2005 – 6 Sa 843/05, NZA-RR 2006, 353). Oft werden Kündigungen auch »vorsorglich« für den Fall erklärt, dass das Arbeitsverhältnis der Parteien nicht bereits aufgrund anderer Beendigungstatbestände aufgelöst worden ist. Die Kündigungserklärung steht dann unter der zulässigen auflösenden Rechtsbedingung (§ 158 Abs. 2 BGB), dass die Beendigung des Arbeitsverhältnisses schon 22 aus anderem Grund eingetreten ist (vgl. für den Fall zweier Kündigungen *BAG* 23.5.2013 EzA § 23 KSchG Nr. 39, Rn 44; KR-*Rachor* § 1 KSchG Rdn 177). Der Arbeitnehmer kann sich gegen die »vorsorglich« erklärte Kündigung seinerseits nur »vorsorglich« mit einem **unechten Hilfsantrag** wehren (*BAG* 21.11.2013 EzA-SD 2014, Nr. 13, 3, Rn 19 f.; 10.12.2020 – 2 AZR 308/20, Rn 9; *Niemann* NZA 2019, 65, 66).

f) Unbestimmte Kündigung

23 Eine Kündigung, die – insbes. bzgl. des Beendigungszeitpunkts – **nicht ausreichend bestimmt** ist, muss nicht nach § 4 KSchG angegriffen werden (ErfK-*Kiel* § 4 Rn 5a; *Vossen* FS v. Hoyningen-Huene, S. 521, 523). Die Unbestimmtheit einer Kündigung ist nach der Rspr. zwar ein Unwirksamkeitsgrund (vgl. *BAG* 20.6.2013 EzA § 622 BGB 2002 Nr. 9, Rn 14). Die Regelungen des § 4 KSchG dürfen aber nicht zur Anwendung kommen, weil sonst bei einem Eingreifen der Fiktion des § 7 KSchG offen bliebe, ob und wann das Arbeitsverhältnis aufgelöst wird. Es ist aber im Einzelfall genau zu prüfen, ob die Kündigung tatsächlich zu unbestimmt ist, oder ob sich zB der Beendigungszeitpunkt nicht im Wege der Auslegung ermitteln lässt.

g) Einhaltung der Kündigungsfrist

24 Ob bei einer ordentlichen Kündigung die Nichteinhaltung der objektiv richtigen Kündigungsfrist mit der fristgebundenen Klage nach § 4 S. 1 KSchG geltend gemacht werden muss, hängt nach der Rspr. des BAG davon ab, ob die **Nichteinhaltung der Kündigungsfrist** zur Unwirksamkeit der Kündigungserklärung führt. Dies ist der Fall, wenn sich die mit zu kurzer Frist ausgesprochene Kündigung nicht als eine solche mit der rechtlich gebotenen Frist **auslegen** lässt. Bedürfte die Kündigung der Umdeutung in ein anderes Rechtsgeschäft, nämlich in eine Kündigung mit zulässiger Frist (vgl. APS-*Linck* § 622 BGB Rn 44 ff.), muss die zu kurze Kündigungsfrist als anderer Rechtsunwirksamkeitsgrund binnen drei Wochen nach Zugang der schriftlichen Kündigung im Klagewege (§ 4 S. 1, § 6 KSchG) geltend gemacht werden. Ansonsten gilt sie nach § 7 KSchG als rechtswirksam und beendet das Arbeitsverhältnis zum »falschen Termin« (*BAG* 15.5.2013 EzA § 615 BGB 2002 Nr. 40 Rn 15; 1.9.2010 EzA § 4 KSchG nF Nr. 90 Rn 20, m. Anm. *Nord* = AP § 4 KSchG 1979 Nr. 71 m. Anm. *Schwarz* – krit. dazu *Rost* FS Etzel, S. 329, 346; krit. auch KR-*Spilger* § 622 BGB Rdn 163; zust. *BAG* 16.12.2016 EzA § 4 nF KSchG Nr. 100 Rn 70 mwN). Insofern besteht zwischen den Senaten des BAG wohl Einigkeit (GA-*Berger* KSchG § 4 Rn 53). Der Zweite Senat hatte in seinem Urteil vom 9.9.2010 allerdings etwas vorsichtiger formuliert, »zumindest in solchen Fällen, in denen dem Kündigungsschreiben – ggf. im Wege der Auslegung – zu entnehmen ist, dass der Kündigende eine ordentliche Kündigung unter Wahrung der objektiv einzuhaltenden Kündigungsfrist erklären wollte«, könne die Nichteinhaltung der Kündigungsfrist außerhalb der fristgebundenen Klage gem. § 4 S. 1 KSchG geltend gemacht werden (*BAG* 9.9.2010 EzA § 622 BGB 2002 Nr. 8 Rn 12 unter Bezugnahme auf *BAG* 15.12.2005 EzA § 4 nF KSchG Nr. 72 m. Anm. *Thüsing* = AP Nr. 55 zu § 4 KSchG m. Anm. *Schreiber* = AuR 2006, 283 m. Anm. *Kampen* = SAE 2007 m. Anm. *Kamanabrou*). Dies wurde zutreffend damit begründet, dass der Arbeitnehmer dann lediglich die Nichteinhaltung der Kündigungsfrist rüge und damit die Wirksamkeit der Kündigung nicht angreife. Sein Klageziel ist dann nicht *(mehr)* auf eine »Nichtauflösung« des Arbeitsverhältnisses i.S.v. § 4 S. 1 KSchG gerichtet. Daraus folgt zugleich, dass in diesem Fall – auch wenn der Feststellungsantrag innerhalb der Frist des § 4 KSchG gestellt wurde – eine entsprechende Anwendung des § 6 KSchG nicht in Betracht kommt; anders, wenn tatsächlich die Nichteinhaltung der Kündigungsfrist iS eines Unwirksamkeitsgrundes gerügt wurde (vgl. KR-*Klose* § 6 KSchG Rdn 10).

25 Noch nicht abschließend geklärt ist die Frage, unter welchen Voraussetzungen eine Kündigungserklärung, die ein unzutreffendes Kündigungsdatum enthält, **als fristgemäße Kündigung ausgelegt** werden kann. Unproblematisch sind Kündigungen, die ausdrücklich »hilfsweise zum nächstmöglichen Zeitpunkt« wirken sollen (*BAG* 9.9.2010 EzA § 622 BGB 2002 Nr. 8 Rn 13; zur Bestimmtheit einer solchen Erklärung *BAG* 10.4.2014 EzA § 622 BGB 2002 Nr. 10). Der Zweite Senat des BAG hat darüber hinaus angenommen, die **Auslegbarkeit** einer ordentlichen Kündigung mit fehlerhafter Kündigungsfrist als solche zum richtigen Kündigungstermin sei der **Regelfall**. Der Empfänger

der Kündigungserklärung dürfe sich nicht einfach auf den wörtlichen Sinn der Erklärung verlassen, sondern müsse seinerseits unter Berücksichtigung aller ihm erkennbaren Umstände, die dafür von Bedeutung sein können, danach trachten, das Gemeinte zu erkennen. Bei einer ordentlichen Kündigung sei für den Kündigungsadressaten erkennbar, dass der Kündigende die einzuhaltende Kündigungsfrist grds. wahren wolle, weil er aufgrund gesetzlicher, tariflicher oder einzelvertraglicher Regelungen an sie gebunden sei (*BAG* 15.12.2005 EzA § 4 nF KSchG Nr. 72 Rn 25 ff.; vgl. auch *BAG* 9.2.2006 Rn 32 EzA § 4 KSchG n. F. Nr. 73; offengelassen: *BAG* 21.8.2008 Rn 31 EzA § 613a BGB 2002 Nr. 95; nicht entscheidungserheblich: *BAG* 9.9.2010 Rn 13 EzA § 622 BGB 2002 Nr. 8; MünchArbR-*Rachor* § 130 Rn 34). Der Fünfte Senat des BAG hat dem entgegengehalten, einer solchen Auslegungsregel fehle die hinreichende Tatsachenbasis. Ob Arbeitgeber tatsächlich stets – und für die Arbeitnehmer als Erklärungsempfänger erkennbar – die objektiv einzuhaltende Kündigungsfrist wahren wollen, sei empirisch nicht ausreichend erforscht. Das Risiko, einen ausdrücklich genannten Kündigungstermin rechtlich zutreffend bestimmt zu haben, darf nicht auf den Empfänger der Kündigungserklärung abgewälzt werden (*BAG* 15.5.2013 EzA § 615 BGB 2002 Nr. 40 Rn 16 unter Bezugnahme auf *Schwarze* Anm. zu BAG AP KSchG 1969 § 4 Nr. 71; krit. dazu *Eisemann* jM 2014, 201; KR-*Spilger* § 622 BGB Rdn 163). Diese Position des Fünften Senats beachtet zu wenig, dass die Einhaltung vorrangigen Gesetzesrechts eine Auslegungsmaxime darstellt. Das **Gebot gesetzeskonformer Auslegung** beruht auf dem Erfahrungssatz, dass sich die Parteien im Zweifel um einen redlichen Inhalt der Rechtsgeschäfte bemühen (Staudinger/*Singer* (2017) BGB § 133 Rn 55, 61 mwN). Nach dieser Auslegungsmaxime, die bei letztwilligen Verfügungen dem erklärten Willen des Gesetzgebers entspricht (§ 2084 BGB), ist im Zweifel die Auslegung vorzuziehen, die nicht zur Nichtigkeit des Rechtsgeschäfts führt. Das BAG legt auch Tarifbestimmungen so aus, das sie nicht in Widerspruch zu sonstigem zwingendem Gesetzesrecht geraten, weil die Tarifvertragsparteien im Zweifel Regelungen treffen wollen, die mit zwingendem höherrangigem Recht in Einklang stehen und damit auch Bestand haben (*BAG* 21.7.1993 EzA § 1 TVG Auslegung Nr. 28; s. *Löwisch/Rieble* TVG, § 1 Rn 1713). Liegen konkrete Anhaltspunkte dafür vor, dass der Arbeitgeber bewusst das genannte Beendigungsdatum genannt hat, ist für die Anwendung der Zweifelsfallregelung kein Raum (vgl. *BAG* 16.12.2016 EzA § 4 nF KSchG Nr. 100 Rn 72: einzuhaltende Kündigungsfrist überschreitet die gewählte um ein Vielfaches).

h) Kündigung eines Nichtberechtigten

§ 4 S. 1 KSchG findet trotz des zunächst eindeutig erscheinenden Wortlauts nicht auf sämtliche Unwirksamkeitsgründe Anwendung. So ist bei einer Kündigung durch einen Vertreter ohne Vertretungsmacht die dreiwöchige Klagefrist nicht anzuwenden. Dies gilt auch bei einer Kündigung durch den »falschen« Arbeitgeber oder bei einer **Kündigung durch** einen **Nichtberechtigten** (*BAG* 26.3.2009 NZA 2009, 1146, Rn 19 ff. mwN; krit. dazu *Berkowsky* NZA 2009, 1125). Die Klagefrist nach § 4 KSchG wird nur durch solche Kündigungen in Gang gesetzt, die dem Arbeitgeber zuzurechnen sind (*BAG* 6.9.2012 EzA § 4 nF KSchG Nr. 91, Rn 14; Bader/Bram-*Ahrendt* Rn 20; *Stiebert* NZA 2013, 657, 659; *Vossen* FS v. Hoyningen-Huene, S. 521, 522; aA *Ulrici* FS v. Hoyningen-Huene, S. 501, 509/520: entscheidend sei, ob dem Arbeitgeber verwehrt sei, sich auf die Rechtsfolge der die Unwirksamkeit anordnenden Norm zu berufen; in diesen Fällen sei die Norm zu reduzieren; zur Frage von Vertretungsmängeln und Mängeln der Geschäftsfähigkeit s.a. *Fornasier/Werner* NJW 2007, 2729). Im Falle des (formwirksamen) Ausspruchs einer Kündigung durch einen **Vertreter ohne Vertretungsmacht** beginnt die Klagefrist des § 4 KSchG erst mit dem Zugang der Genehmigung des Arbeitgebers beim Arbeitnehmer. Die materiellrechtliche Rückwirkung der Genehmigung (§ 184 Abs. 1 BGB) ist für den Lauf der Klagefrist ohne Bedeutung. Das Interesse des Arbeitgebers an der raschen Klärung der Frage, ob die Kündigung das Arbeitsverhältnis beendet hat, beginnt im Fall der Kündigung durch einen Vertreter ohne Vertretungsmacht erst mit der Genehmigung (*BAG* 6.9.2012 EzA § 4 nF KSchG Nr. 91, Rn 14). Zu überlegen bleibt, ob nicht in Fällen verdeckter Kündigungsmängel der Weg über die nachträgliche Zulassung der Klage nach § 5 KSchG systemgerechter ist (vgl. auch *Bader* NZA 2004, 68; *Richardi* NZA 2003, 764, 766). Dies gilt insbes. für die Fälle der bewussten Falschinformation des Arbeitnehmers durch den Arbeitgeber (s. KR-*Kreft* § 5 KSchG Rdn 42).

26

27 Etwas anderes gilt, wenn der Erklärende zwar bevollmächtigt ist, jedoch dem Arbeitnehmer keine Vollmachtsurkunde vorlegt und dieser die Kündigung aus diesem Grunde nach § 174 BGB unverzüglich zurückweist. Der Arbeitnehmer muss in diesem Fall fristgemäß Klage erheben (vgl. *BAG* 20.5.2021 – 2 AZR 596/20, Rn 11; *Stiebert* NZA 2013, 657, 658; DDZ-*Zwanziger/Callsen* § 4 Rn 9; aA *Raab* RdA 2004, 321, 325; *Ulrici* FS v. Hoyningen-Huene S. 501, 519).

i) Befristete Arbeitsverhältnisse

28 § 4 KSchG ist auch bei Kündigungen im Rahmen befristeter Arbeitsverhältnisse zu beachten. **Befristete Arbeitsverhältnisse enden**, ohne dass es einer Kündigung bedarf. Die Mitteilung des Arbeitgebers, das Arbeitsverhältnis ende wie vorgesehen mit Ablauf der Befristung, ist idR keine Kündigung, sondern eine Nichtverlängerungsmitteilung (*BAG* 15.3.1978 EzA § 620 BGB Nr. 34 [zu II 1 der Gründe]; 6.8.1997 – 7 AZR 156/96, [II 2 mwN]). § 4 KSchG ist nach der Ansicht des *BAG* (26.4.1979 EzA § 620 BGB Nr. 25, dazu *V. Schmidt* AuR 1980, 320) nicht entsprechend auf eine Nichtverlängerungsmitteilung anzuwenden. Will der Arbeitnehmer geltend machen, **die Befristung sei unwirksam**, er befinde sich in einem unbefristeten Arbeitsverhältnis, hat er nach **§ 17 TzBfG** innerhalb von drei Wochen nach dem vereinbarten Ende des befristeten Arbeitsverhältnisses Klage – sog. »Entfristungs-, Befristungsschutz-, Befristungskontrollklage« – beim Arbeitsgericht zu erheben, dass das Arbeitsverhältnis aufgrund der Befristung nicht beendet ist. Diese Regelung trägt dem Umstand Rechnung, dass bei Streit um die Wirksamkeit einer Befristung wie bei Streit um Kündigungen, die unter das Kündigungsschutzgesetz fallen, um die Frage der Beendigung des Arbeitsverhältnisses gestritten wird. Hinsichtlich der Einzelheiten wird auf KR-*Bader/Kreutzberg-Kowalczyk* § 17 TzBfG verwiesen. Will sich der Arbeitnehmer auf die Unwirksamkeit einer auflösenden Bedingung des Arbeitsverhältnisses berufen – sog. »Bedingungskontrollklage« –, ist die Dreiwochenfrist wegen der Verweisung in § 21 TzBfG auf § 17 TzBfG einzuhalten (vgl. KR-*Lipke* § 21 TzBfG Rdn 18). Nach § 17 S 2 TzBfG findet § 6 KSchG entsprechende Anwendung. Durch die Erhebung einer Kündigungsschutzklage wird die dreiwöchige Klagefrist für eine Bedingungskontrollklage in entsprechender Anwendung des § 6 KSchG jedenfalls dann gewahrt, wenn die auflösende Bedingung bis zum Kündigungstermin wirksam werden soll, der Arbeitnehmer noch vor Schluss der mündlichen Verhandlung erster Instanz ihre Unwirksamkeit ausdrücklich geltend macht und einen Bedingungskontrollantrag stellt (*BAG* 20.6.2018 – 7 AZR 689/16, Rn 43). Sieht der befristete Vertrag die Möglichkeit, das Arbeitsverhältnis ordentlich zu kündigen (**§ 15 Abs. 3 TzBfG**), nicht vor, ist hinsichtlich einer **gleichwohl** ausgesprochenen ordentlichen **Kündigung** die Klagefrist des § 4 S. 1 KSchG einzuhalten. Missachtet der Arbeitgeber den Ausschluss der ordentlichen Kündigung im befristeten Arbeitsverhältnis, so handelt es sich um einen Fall des § 4 S. 1 bzw. des § 13 Abs. 3 KSchG (*LAG RhPf* 22.1.2009 – 11 Sa 616/08; *Fornasier/Werner* NJW 2007, 2729, 2733).

j) Berufsausbildungsverhältnisse

29 Ob Auszubildende, denen nach der Probezeit gem. § 22 Abs. 2 Nr. 1 BBiG nur aus wichtigem Grund ohne Einhaltung einer Kündigungsfrist gekündigt werden kann (§ 13 Abs. 1 KSchG iVm § 4 S. 1 KSchG), die Dreiwochenfrist bei der Klage gegen eine solche Kündigung einzuhalten haben, ist iE bei KR-*Weigand* §§ 21–23 BBiG Rdn 122 erörtert.

2. Beendigung faktisches Arbeitsverhältnis

30 § 4 KSchG gilt nicht, auch nicht entsprechend, für die formlos mögliche Beendigungserklärung bei einem faktischen Arbeitsverhältnis (vgl. *BAG* 24.6.1981 – 7 AZR 198/79, nv; *LAG Hamm* 29.3.1972 DB 1972, 711; APS-*Hesse* § 4 Rn 16). § 4 KSchG setzt voraus, dass der Arbeitgeber objektiv eine Kündigung eines bestehenden wirksamen Arbeitsverhältnisses erklärt hat. Stellt eine Willenserklärung nach ihrem objektiven Erklärungswert keine Kündigung dar, ist kein Raum für § 4 KSchG. Gleichwohl ist die Frist des § 4 KSchG einzuhalten, wenn der Arbeitnehmer den Standpunkt vertritt, es handele sich nicht um ein faktisches Arbeitsverhältnis, sondern um einen

wirksamen Arbeitsvertrag und in der schriftlichen Äußerung des Beendigungswillens liege eine Kündigung.

3. Anfechtungserklärung

Ob die unter den Geltungsbereich des KSchG fallenden Arbeitnehmer bei einer **Anfechtung** des Arbeitsvertrages, genauer: der dem Arbeitsvertrag zugrundeliegenden Willenserklärung, durch den Arbeitgeber die Klagefrist des § 4 KSchG (iVm § 13 Abs. 1 KSchG) zu beachten haben, hat das BAG zunächst offen gelassen (*BAG* 14.12.1979 EzA § 119 BGB Nr. 11). Der Zweite Senat geht aber inzwischen mit der hM in der Literatur davon aus, dass die Frist nicht einzuhalten ist (*BAG* 21.9.2017 NZA 2017, 1524; ebenso *v. Hoyningen-Huene/Linck* § 4 Rn 15 mwN; MüKo-BGB/ *Hergenröder* § 4 Rn 7; SPV-*Preis* Rn 1826; APS-*Hesse* § 4 Rn 16; ErfK-*Preis* § 611 BGB Rn 370; Bader/Bram-*Ahrendt* § 4 Rn 32; *Rolfs* SF 2006, 35, 39). Zwar besteht ein vergleichbares Interesse des Arbeitgebers an einer schnellen Klärung der Wirksamkeit der Anfechtung, trotzdem ist dem BAG zuzustimmen (aA noch 11. Aufl.). Für den Arbeitnehmer als Empfänger der Anfechtungserklärung wäre aus dem Wortlaut des § 4 KSchG nicht klar genug erkennbar, dass er die Unwirksamkeit der Anfechtung innerhalb von nur drei Wochen gerichtlich geltend machen müsste. Die scharfe Rechtsfolge des § 7 KSchG gebietet insofern eine enge Auslegung des § 4 KSchG. 31

4. Direktionsrecht und Teilkündigung

§ 4 KSchG gilt nicht, auch nicht entsprechend, für **Maßnahmen**, die der Arbeitgeber **aufgrund** seines **Direktionsrechts** im Rahmen des Arbeitsverhältnisses oder aufgrund ihm eingeräumter besonderer vertraglicher Befugnisse trifft. In einem solchen Fall handelt es sich nicht um eine Kündigung, bzw. Änderungskündigung, sondern um das Recht zur einseitigen Änderung der Arbeitsbedingungen im Arbeitsverhältnis. Ob eine solche Maßnahme im Einzelfall noch vom Arbeitsvertrag und/ oder Tarifvertrag gedeckt ist oder nicht, also die Schwelle zur Änderungskündigung überschritten ist, ist häufig schwer zu entscheiden (vgl. dazu KR-*Kreft* § 2 KSchG Rdn 59 ff.). Steht dem Arbeitgeber die Befugnis einseitiger Änderung der Arbeitsbedingungen zu, gelten das KSchG und damit § 4 nicht. Daher ist die Dreiwochenfrist des § 4 KSchG auf Feststellungsklagen, die die Zulässigkeit und Wirksamkeit einer **Versetzung** des Arbeitnehmers durch den Arbeitgeber zum Gegenstand haben, auch nicht entsprechend anwendbar (*BAG* 20.1.1960 AP Nr. 8 zu § 611 BGB Direktionsrecht [zust. *Nikisch*]; ebenso *BAG* 27.3.1980 EzA § 611 BGB Direktionsrecht Nr. 2 betr. Entzug eines Teils der Aufgaben). 32

Die **Teilkündigung** – soweit zulässig – (was die hM verneint, anders aber[zutr.] zB SPV-*Preis* Rn 167; vgl. aber § 2 Abs. 3 S. 2 TVöD-AT, nach dem Nebenabreden [Hauptpflichten sind nicht kündbar] gesondert gekündigt werden können, soweit dies einzelarbeitsvertraglich vereinbart ist, was allerdings als Vereinbarung eines Widerrufsvorbehalts verstanden wird, die den §§ 305 ff., 315 BGB genügen muss [zB *Dörring/Kutzki* TVöD Kommentar, 2007, § 2 TVöD-AT Rn 11; KomTVöD/ *Bettenhausen* Stand 2/2006, 3 TVöD § 2 Rn 41]) oder der **vorbehaltene Widerruf** (*BAG* 7.10.1982 EzA § 315 BGB Nr. 28) unterliegen nicht dem KSchG, womit auch die Dreiwochenfrist des § 4 S. 1 KSchG nicht anwendbar ist (*ArbG Lörrach* 2.6.1987 – 2 Ca 205/87). Wird die **Bestellung zum Datenschutzbeauftragten** nach § 4f Abs. 3 S. 4 BDSG a.F. (jetzt § 6 Abs. 4 BDSG, vgl. dazu *BAG* 27.4.2021 - 9 AZR 383/19 (A)) widerrufen, die mit dem Arbeitnehmer zusätzlich zu seinen Aufgaben für die Dauer der Bestellung vereinbart worden war, bedarf es keiner Teilkündigung mehr. Eine Teilkündigung darf nicht arbeitsvertraglich vorbehalten werden, da der Widerruf an einen wichtigen Grund gebunden ist (*BAG* 23.3.2011 EzA § 4f BSDG Nr. 3, einschränkend je nach Vertragsauslegung noch *BAG* 29.9.2010 EzA § 4f BDSG Nr. 2 unter Hinw. auf *BAG* 13.3.2007 EzA § 4f BDSG Nr. 1 Rn 32, wo eine Teilkündigung für zulässig und erforderlich gehalten wird). 33

Luke (NZA 2005, 92 ff.) plädiert für die Notwendigkeit der Einhaltung der dreiwöchigen Klagefrist des § 4 S. 1 KSchG auch für den **Wiedereinstellungsanspruch**, nachdem der Antrag auf Wiedereinstellung – bei dem Betriebsübernehmer – gestellt und von diesem abgelehnt worden war. 34

Dem ist nicht zuzustimmen. Die in § 7 KSchG geregelten Wirksamkeitsfiktion passt nicht auf Fall eines nicht gerichtlich geltend gemachten Wiedereinstellungsanspruchs.

5. Aufhebungsvertrag

35 Weitere Beendigungsgründe wie Aufhebungsvertrag, Wegfall der Geschäftsgrundlage, die Berufung auf die Nichtigkeit des Vertrages werden von der dreiwöchigen Klagefrist nicht erfasst, was manche bedauern (*Bauer/Krieger* Rn 108). Bei einem Aufhebungsvertrag in Form eines Abwicklungsvertrages bleibt bei Anfechtung der diesem Vertrag zugrundeliegenden Willenserklärung durch den Arbeitnehmer die Arbeitgeberkündigung unberührt. Ist die Dreiwochenfrist bereits abgelaufen, stellt sich die Frage der nachträglichen Zulassung der Kündigungsschutzklage (dazu *Nebeling* NZA 2002, 1310; *Bauer/Krieger* Rn 109; KR-*Kreft* § 5 KSchG Rn 40).

II. Art der Klage

1. Die Kündigungsschutzklage als Feststellungsklage

36 Nach § 1 Abs. 1 KSchG ist die sozialwidrige Kündigung kraft Gesetzes rechtsunwirksam. Einer Klage – gleich welcher Art – bedarf es sonach an sich nicht. Nach § 7 KSchG gilt aber die sozialwidrige oder aus anderen Gründen rechtsunwirksame Kündigung als von Anfang an rechtswirksam, wenn der Arbeitnehmer die Rechtsunwirksamkeit der Kündigung nicht rechtzeitig gem. § 4 S. 1 KSchG (§§ 5 und 6 KSchG) geltend macht. Die Kündigung ist dann – abgesehen von der Zulassung verspäteter Klagen, § 5 KSchG – sachlich nicht mehr angreifbar. Daraus folgt, dass die Klage erforderlich ist, um die ursprünglich vorhandene Rechtsunwirksamkeit der Kündigung aufrechtzuerhalten. Aus dieser gesetzlichen Regelung ergibt sich, dass die **Kündigungsschutzklage** keine Gestaltungsklage (wie nach §§ 86 ff. BRG und §§ 56 ff. AOG), sondern eine **Feststellungsklage** ist. Das ist heute ganz allg. Meinung (*BAG* 2.4.1987 EzA § 626 BGB nF Nr. 108 [zu II 2 der Gründe] gegen *LAG Nds.* 7.2.1986 LAGE § 611 BGB Beschäftigungspflicht Nr. 14; 23.11.1984 DB 1985, 708, [wobei die Diskussion im Zusammenhang mit dem Beschluss des Großen Senats des *BAG* zum Weiterbeschäftigungsanspruch 27.2.1985 EzA § 611 BGB Beschäftigungspflicht Nr. 9, der von der Kündigungsschutzklage als Feststellungsklage ausgeht, ebenso *BAG* 26.6.1986 EzA § 4 KSchF nF Nr. 25 wiederaufgelebt war, Nachw. vgl. KR 9. Aufl.). Der Arbeitnehmer begehrt nicht die Veränderung eines bis zum Urteil bestehenden Rechtszustandes, sondern die Aufrechterhaltung der Unwirksamkeit der Kündigung wegen Sozialwidrigkeit oder aus anderen Gründen. Es geht also um die Feststellung der Rechtslage, die im Zeitpunkt des Zugehens der Kündigung bestanden hat. Insofern wird nicht die Feststellung eines Rechtsverhältnisses begehrt, sondern es handelt sich um eine Elementenfeststellungsklage (*Schwab* RdA 2013, 357, 358 mwN). Dem trägt auch § 4 KSchG Rechnung, wenn es dort heißt, dass der Arbeitnehmer Klage beim ArbG auf Feststellung erheben muss, dass das Arbeitsverhältnis durch die Kündigung nicht aufgelöst ist. Das entspricht der Formulierung des § 1 Abs. 1 KSchG, nach der eine sozial ungerechtfertigte Kündigung rechtsunwirksam ist. Eine solche vermag das Arbeitsverhältnis nicht zu beenden.

37 Es ist allerdings nicht zu übersehen, dass die erfolgreiche Klage die Heilung der Sozialwidrigkeit oder das Wirksamwerden der aus anderen Gründen an sich unwirksamen Kündigung (§ 7 KSchG) ausschließt. Damit enthält sie doch so etwas wie ein **rechtsgestaltendes Element**, das bei der Frage, ob sich auch der Arbeitgeber und andere Personen, etwa Gläubiger des Arbeitnehmers, auf die Nichtigkeit der Kündigung berufen können, eine Rolle spielen kann.

38 Nach *Bötticher* (BB 1981, 1954) entfällt der Gegensatz zwischen Feststellungsklage und Gestaltungsklage, wenn man der Feststellungsklage eine die Unwirksamkeit erst auflösende Wirkung zubilligt. Er geht von einer aufschiebend bedingten Unwirksamkeit der Kündigung aus (bedingt durch das die Unwirksamkeit der Kündigung bestätigende Urt. letzter Instanz). Nach Eintritt der durch § 4 KSchG gesetzten Bedingungen gelte die Kündigung ohne Rücksicht auf die außerprozessuale Rechtslage als unwirksam. Jeder könne sich nun auf diese Unwirksamkeit berufen.

2. Die Klage auf Abfindung als Feststellungsklage iSd § 4 KSchG

Begehrt der Arbeitnehmer die Verurteilung des Arbeitgebers zur Zahlung einer **Abfindung** iSd §§ 9, 10 KSchG, so ist in einem solchen Antrag denknotwendig außer dem Antrag auf Auflösung des Arbeitsverhältnisses zugleich der Antrag auf Feststellung der Unwirksamkeit der Kündigung mitenthalten. Ohne vorherige Feststellung der Unwirksamkeit der Kündigung kann keine Abfindung zugesprochen werden. Die Feststellung der Unwirksamkeit einer Kündigung braucht nicht in der Urteilsformel zu erscheinen (vgl. iE KR-*Spilger* § 9 KSchG Rdn 101). Eine Stellungnahme dazu in den Urteilsgründen reicht aus (*BAG* 19.8.1982 EzA § 9 KSchG nF Nr. 14; 24.9.1987 – 2 AZR 4/87, zu II 3c der Gründe). Deshalb bedarf es keines ausdrücklichen Antrages auf Feststellung der Unwirksamkeit der Kündigung, wenn die Auslegung des Antrages dazu führt, dass die entsprechende Feststellung gewollt ist (*BAG* 13.12.1956 AP Nr. 5 zu § 7 KSchG 1951; 23.6.1993 EzA § 64 ArbGG 1979 Nr. 30 [zu II 1c der Gründe]). 39

3. Die Klage auf Lohn als Feststellungsklage iSd § 4 KSchG?

Der Arbeitnehmer, der bereits **fällige Lohnansprüche** für Zeiten nach dem Ablauf der Kündigungsfrist oder nach dem Zugang der fristlosen Kündigung hat, könnte geneigt sein, nur diese geltend zu machen in der Meinung, dabei inzidenter die Unwirksamkeit der Kündigung feststellen zu lassen. Eine derartige **Leistungsklage** auf Lohn genügt nicht (hM *BAG* 21.7.2005 EzA § 125 InsO Nr. 2 [II 1a bb]). Zwar kann ein der Klage stattgebendes Leistungsurteil nur ergehen, wenn das Gericht zu der Auffassung kommt, die Kündigung sei unwirksam, wobei es §§ 4, 7 KSchG zu beachten hat (*Herschel* AuR 1981, 324). Eine Feststellungsklage iSd § 4 KSchG ist aber deswegen erforderlich, weil sich die Rechtskraftwirkung des Leistungsurteils nicht zugleich auf die Entscheidungsgründe erstreckt, in denen zum Ausdruck gebracht ist, dass die Kündigung unwirksam ist und das Arbeitsverhältnis nicht aufgelöst hat und daher der Lohnanspruch begründet ist. Auch die **Leistungsklage auf Weiterbeschäftigung** genügt nicht (zutr. *Wolf/Pfeiffer* AuR 1985, 37 f.; APS-*Hesse* Rn 22). 40

Dieses auf den ersten Blick im Vergleich mit der oben erwähnten Abfindungsklage (vgl. Rdn 39) nicht ganz einleuchtende Ergebnis wird dadurch abgemildert, dass der Arbeitnehmer, sofern er innerhalb der Dreiwochenfrist eine Lohnklage erhoben hat, noch zusätzlich den Feststellungsantrag stellen kann. Zur Begründung wird auf eine **entsprechende Anwendung** des § 6 KSchG verwiesen (*BAG* 30.11.1961 AP Nr. 3 zu § 5 KSchG 1951). Aus der entsprechenden Anwendung des § 6 KSchG folgt zugleich, dass der noch fehlende Feststellungsantrag bis zum Schluss der mündlichen Verhandlung erster Instanz gestellt werden kann (*BAG* 30.11.1961 AP Nr. 3 zu § 5 KSchG [zu 4 der Gründe]; vgl. auch KR-*Klose* § 6 KSchG Rdn 20). Mit dieser Lösung wird erreicht, dass die möglicherweise aus Unkenntnis allein erhobene Lohnklage nicht zur Fristversäumnis führt. Auch die Hinweispflicht des § 6 Abs. 2 KSchG (dazu KR-*Klose* § 6 KSchG Rdn 28 ff.) ist entsprechend anzuwenden. 41

4. Einzelfälle

Eine Kündigungsschutzklage kann auch durch Änderung oder **Erweiterung einer schon anhängigen Klage** erhoben werden. Eine Kündigungsschutzklage braucht nicht von vornherein als solche erhoben zu werden (*BAG* 9.3.1961 AP Nr. 31 zu § 3 KSchG [zu II der Gründe]). Sie kann auch noch in der Berufungsinstanz durch **Klageänderung oder Klageerweiterung** erhoben werden (*BAG* 14.12.2017 EzA § 626 BGB 2002 Nr. 64 Rn 16; 10.12.1970 EzA § 3 KSchG Nr. 3; *Niemann* NZA 2021, 1378). 42

Daraus ergibt sich, dass eine Feststellungsklage, die innerhalb der Dreiwochenfrist als **Widerklage** erhoben wird, ebenfalls ausreicht (sog. **Feststellungswiderklage** *LAG Hannover* 1.9.1952 AP 53 Nr. 122). 43

Auch ein **Hilfsantrag**, der innerhalb von drei Wochen nach Zugang der Kündigung dem Gericht gegenüber angekündigt wird und mit dem die Unwirksamkeit der Kündigung des Arbeitgebers geltend gemacht wird, reicht aus (*BAG* 21.12.1967 AP Nr. 33 zu § 3 KSchG 1951). Bei Klage auf Feststellung, dass zwischen dem Unternehmen, bei dem der Arbeitnehmer beschäftigt war, gem. 44

§ 10 AÜG ein Arbeitsverhältnis zustande gekommen ist, und hilfsweise Klage gegen den Arbeitgeber auf Feststellung, dass das Arbeitsverhältnis durch die Kündigung nicht aufgelöst ist, ist die Dreiwochenfrist nicht gewahrt: Fall der unzulässigen eventuellen subjektiven Klagenhäufung (offen geblieben in *BAG* 8.12.1988 EzAÜG § 10 Fiktion Nr. 60: Auch der Verleiher war »bei richtiger Auslegung des Klagebegehrens … unbedingt verklagt« worden; ähnlich zum Betriebsübergang *BAG* 24.9.2015 NZA 2016, 366: Der scheinbar nur den Betriebserwerber betreffende Antrag eines Arbeitnehmers festzustellen, dass das Arbeitsverhältnis aufgrund eines Betriebsübergangs zum Erwerber besteht, kann zugleich gegen den Betriebsveräußerer gerichtet sein). Zwar geht das *BAG* (31.3.1993 EzA § 4 KSchG nF Nr. 46) mit der hM (Nachw BAG aaO B II 3b der Gründe, s.a. *BAG* 23.2.2010 AP § 18 KSchG 1969 Nr. 8 Rn 35; 13.6.2007 AP § 14 TzBfG Nr. 37) davon aus, dass die **eventuelle subjektive Klagenhäufung** unzulässig ist, hält aber die hilfsweise erhobene Kündigungsschutzklage für fristwahrend: Der Kläger hat unmissverständlich zum Ausdruck gebracht, welche konkrete Kündigung er angreifen will und er trotz Zweifel an der Arbeitgeberstellung auch gegen die hilfsweise Verklagte die Unwirksamkeit der Kündigung geltend machen will. Der nach Auffassung des BAG gegebene prozessuale Mangel ist durch den Übergang zur unbedingten Klage behoben worden (abl. *Bakker* Anm. *BAG* 31.3.1993 EzA § 4 KSchG nF Nr. 46, der den unzulässigen Eventualantrag als Streitverkündung ansehen will, die er für fristwahrend hält; *Lüke* JuS 1996, 969 f.: Unbedingte Klageerhebung erforderlich, nur sie schaffe ein eindeutiges Prozessrechtsverhältnis; ähnlich *Schreiber* SAE 1996, 131). Die hilfsweise Kündigungsschutzklage »gegen den richtigen Arbeitgeber« erfüllt den Zweck des § 4 S. 1 KSchG (*LAG Hamm* 24.8.1998 BB 1999, 852).

45 Nach der Entsch. des *BAG* v. 21.12.1967 (AP Nr. 33 zu § 3 KSchG 1951 m. Anm. *A. Hueck*) kann der **Antrag des Arbeitnehmers auf Abweisung einer Widerklage**, mit der der Arbeitgeber die Feststellung der Wirksamkeit einer von ihm ausgesprochenen fristlosen Kündigung begehrt, uU eine Klage iSd § 4 KSchG ersetzen. In diesem Fall hatte der Arbeitnehmer, der Klage auf Feststellung der Wirksamkeit einer eigenen Kündigung erhoben hatte, mit einem Hilfsantrag auch die Feststellung der Unwirksamkeit einer fristlosen Kündigung in der Klageschrift geltend gemacht. Mit diesem Hilfsantrag hatte der Arbeitnehmer zu erkennen gegeben, dass er die fristlose Kündigung nicht hinnehmen wolle. Wenn er diesen angekündigten Hilfsantrag dann nicht stellt, so hat er damit nicht sein Einverständnis mit der Kündigung zum Ausdruck gebracht. Das ergibt sich aus seinem Antrag, die inzwischen erhobene Widerklage des Arbeitgebers auf Feststellung der Wirksamkeit seiner Kündigung abzuweisen. Dieser Antrag hat die Funktion des Hilfsantrages übernommen (zust. *v. Hoyningen-Huene/Linck* Rn 28).

46 Dagegen wahrt eine bedingte Klage nicht die Frist des § 4 S. 1 KSchG, etwa weil erklärt wurde, »Die Klage soll nur insoweit als erhoben gelten, als Prozesskostenhilfe bewilligt wird« (*LAG SchlH* 9.2.2004 – 2 Ta 1/04). Der Klage unter einer aufschiebenden Bedingung kommt keine rückwirkende Kraft zu (*Sächs. LAG* 23.12.2005 – 3 Ta 362/05, EzA-SD 14/2006 S. 13; vgl. *LAG Köln* 11.3.1996 LAGE § 4 KSchG Nr. 34; *LAG Nbg.* 23.10.2003 LAGE § 114 ZPO 2002 Nr. 1; vgl. auch Rdn 228). Es bedarf einer unbedingten Klage (*LAG SchlH* 12.7.2004 – 2 Ta 113/04). Allerdings kann sich nach der Rspr. des BAG der Arbeitnehmer gegen eine »vorsorglich« erklärte Kündigung seinerseits »vorsorglich« mit einem unechten Hilfsantrag wehren (*BAG* 21.11.2013 EzA-SD 2014, Nr. 13, 3, Rn 19 f.; vgl. Rdn 22). Ferner hat der Zweite Senat des BAG angenommen, der Arbeitnehmer könne neben einem Antrag auf Feststellung, die »Versetzung« sei unwirksam, einen Änderungsschutzantrag gem. § 4 S. 2 KSchG unter der Bedingung stellen, dass es nach Auffassung des Gerichts keiner Vertragsänderung für die vom Arbeitgeber angestrebte Versetzung bedurfte, wenn der Arbeitgeber den Arbeitnehmer einseitig angewiesen hat, künftig an einem anderen Arbeitsort tätig zu werden, und außerdem nur »vorsorglich« eine auf das gleiche Ziel gerichtete Änderungskündigung erklärt hat. Die Antragstellung unter einer entsprechenden **innerprozessualen Bedingung** sei dann zulässig (*BAG* 17.12.2015 EzA § 2 KSchG Nr. 96 Rn 21 = AP KSchG § 4 1969 Nr. 84 m. zust. Anm. *Benecke*). Die innerprozessuale Bedingung muss nach Auffassung des Senats aber nicht notwendigerweise das Unterliegen oder Obsiegen mit dem Hauptantrag sein, also eine bestimmte Entscheidung des Gerichts über den mit dem Hauptantrag verfolgten Anspruch. Es ist ebenso zulässig, über einen Antrag nur für den Fall eine Sachentscheidung zu begehren, dass

das Gericht im Zusammenhang mit dem Hauptantrag eine Rechtsfrage in einer bestimmten Weise beurteilt. Diese Aussage dürfte **zu weit** gefasst sein. Zum einen müsste es sich um eine Antwort handeln, die mit der Entscheidung über den Hauptantrag in Rechtskraft erwächst. Zum anderen muss es sich um eine Rechtsfrage handeln, die als Vorfrage bei der Entscheidung über den Hauptantrag zwingend zu beantworten ist. Ansonsten könnte die Situation eintreten, dass nicht klar ist, ob die Bedingung eingetreten ist, oder nicht.

III. Wirkungen der Kündigungsschutzklage

1. Die Kündigungsschutzklage und das besondere Feststellungsinteresse iSd § 256 ZPO

Die Voraussetzungen des **§ 256 ZPO** brauchen für die Kündigungsschutzklage **nicht** nachgewiesen zu werden. Das **Feststellungsinteresse** ist schon deswegen stets gegeben, weil die Klageerhebung notwendig ist, um das Wirksamwerden der Kündigung gem. § 7 KSchG zu verhindern (*BAG* 1.12.2020 – 9 AZR 102/20 Rn 18; *Schaub/Linck* § 138 Rn 9; *Niemann* NZA 2019, 65, 66 f.; *BAG* 11.2.1981 EzA § 4 KSchG nF Nr. 20; 26.8.2008 EzA § 2 KSchG Nr. 72 Rn 15 betr. Änderungskündigung). Das Rechtsschutzinteresse für eine Kündigungsschutzklage entfällt dann, wenn das Arbeitsverhältnis auf Grund einer der angegriffenen Kündigung nachfolgenden Kündigung, gegen die nicht oder nicht fristgerecht vorgegangen wurde, zu demselben oder gar zu einem früheren Zeitpunkt geendet hat, zu dem die angegriffene erste Kündigung ausgesprochen wurde; auf die Rechtswidrigkeit der ersten Kündigung kommt es nicht mehr an (*BAG* 1.4.1982 – 2 AZR 1091/79, nv; *LAG Bln.* 21.12.2005 – 9 Sa 1617, 1758/05; aA *LAG Hamm* 13.11.1986 RzK I 10e Nr. 5 = ARSt 1988, 142 Nr. 1249). Umgekehrt entfällt das Rechtsschutzbedürfnis für eine Kündigungsschutzklage gegen eine sog. Nachkündigung (vgl. dazu Rdn 339 ff.) nachträglich, wenn eine vorangegangene Kündigung das Arbeitsverhältnis zu einem früheren Zeitpunkt auflöst, als dies mit der nachfolgenden Kündigung beabsichtigt war. Die **vorsorglich ausgesprochene Nachkündigung** entfaltet keine Wirkung mehr (*LAG Hamm* 23.9.1999 ZIP 2000, 659 [3.1. aE]; *LAG Nbg.* 24.11.2011 – 7 Ta 185/11). Der Arbeitnehmer hat deshalb die Möglichkeit, diese Nachkündigung mit einem (fristwahrenden) Hilfsantrag anzugreifen (s. Rdn 46). Im Zweifel ist der Kündigungsschutzantrag bzgl. der Nachkündiung als bedingter auszulegen (vgl. *BAG* 17.12.2015 EzA § 2 KSchG Nr. 96 Rn 25; *BAG* 10.12.2020 – 2 AZR 308/20, Rn 9). Das Interesse des Arbeitnehmers an der Feststellung der Unwirksamkeit einer ordentlichen Arbeitgeberkündigung besteht allerdings auch dann, wenn der Arbeitnehmer selbst zu diesem oder einem früheren Termin gekündigt hatte und die Wirksamkeit dieser Kündigung streitig ist; ihre Wirksamkeit ist im Rahmen der Sachprüfung im Kündigungsschutzprozess als Vorfrage zu klären (*BAG* 11.2.1981 EzA § 4 KSchG nF Nr. 20, bestätigt von *BAG* 4.8.1983 – AZR 43/82, nv: bei fristloser Arbeitgeberkündigung nach vorausgegangener fristloser Eigenkündigung des Arbeitnehmers).

47

§ 4 KSchG setzt voraus, dass der Arbeitgeber objektiv eine schriftliche Kündigung erklärt hat. Der Kündigungsschutzantrag ist **unzulässig**, wenn unstreitig nicht die Wirksamkeitsfiktion des § 7 KSchG droht. Stellt eine Erklärung nach ihrem objektiven Erklärungswert **keine schriftliche, dem Arbeitgeber zurechenbare Kündigung** dar, so fehlt es von vornherein an dem für die Feststellungsklage erforderlichen rechtlichen Interesse an der Erhebung der Kündigungsschutzklage (*BAG* 22.5.1980 – 2 AZR 613/78; 30.10.2008 – 8 AZR 397/07 Rn 50: »Die Klägerin hat nicht einmal den Ausspruch einer Kündigung durch die Bekl. zu 7 behauptet«; *Niemann* NZA 2019, 65, 66 f.). Beruft sich der Arbeitgeber nicht auf einen anderen Beendigungssachverhalt (vgl. insoweit Rdn 305), so ist ein Feststellungsinteresse nach § 256 ZPO nur dann anzuerkennen, wenn für den Arbeitnehmer die objektive, etwa durch entsprechendes Verhalten des Arbeitgebers begründete Besorgnis besteht, dass der Erklärung des Arbeitgebers die Bedeutung einer Kündigung beigelegt werden könnte (*BAG* 22.5.1980 – 2 AZR 613/78, nv; 30.10.2008 – 8 AZR 397/07, Rn 50). Gibt das Arbeitsgericht einem solchen Antrag statt, so wird als Tenor vorgeschlagen, dass das Arbeitsverhältnis nicht durch »eine Kündigung vom <Datum> aufgelöst« worden sei (*Niemann* NZA 2019, 65, 67). **Nimmt** der im Kündigungsschutzprozess verklagte **Arbeitgeber** zB im Gütetermin die **Kündigung zurück**, so entfällt damit nicht das Feststellungsinteresse (*BAG* 19.8.1982 EzA § 9 KSchG

48

nF Nr. 11), und zwar unabhängig davon, wann der Arbeitnehmer einen Auflösungsantrag nach § 9 KSchG stellt (vgl. Rdn 90 ff.). Hat der Arbeitgeber die Kündigung unter der – zulässigen – auflösenden Bedingung erklärt, dass das Arbeitsverhältnis nicht bereits durch eine vorangegangene Kündigung aufgelöst wird und tritt diese Bedingung ein, ginge die gegen diese Kündigung erhobene Kündigungsschutzklage »ins Leere« und wäre nach der Auffassung des BAG (wohl) zulässig aber unbegründet (*BAG* 21.11.2013 – 2 AZR 474/12 Rn 20; ebenso zur Befristungskontrollklage *BAG* 19.11.2019 – 7 AZR 582/17 Rn 33). Wendet sich der Arbeitnehmer mit seiner Klage gegen eine Kündigung, von der er selbst behauptet, dass sie der frühere Inhaber erst nach dem Übergang des Arbeitsverhältnisses auf den neuen Inhaber gemäß § 613a BGB ausgesprochen habe, ist die Klagebegründung unschlüssig. Die Klage ist nach der Auffassung des BAG unbegründet (*BAG* 15.12.2011 – 8 AZR 692/10 Rn 20 mwN sowie mit Hinweisen zu einem möglichen Hilfsvorbringen), wobei nicht erläutert wird, warum die Klage nach dem eigenen Vorbringen des Klägers nicht schon unzulässig ist, weil die Kündigung dem aktuellen Arbeitgeber nicht zurechenbar ist (vgl. zur Kündigung des Veräußerers als Nichtberechtigten *LAG Hamm* 22.3.2001 – 4 Sa 579/00). **Das Feststellungsinteresse kann im Laufe des Rechtsstreits entfallen.** Hat der Arbeitnehmer den Übergang seines Arbeitsverhältnisses auf den angeblichen Betriebserwerber geltend gemacht und sich zugleich gegen die nach dem behaupteten Betriebsübergang ausgesprochene Kündigung durch den Insolvenzverwalter gewandt, so besteht kein rechtliches Interesse mehr an der Feststellung, die Kündigung des Insolvenzverwalters habe das Arbeitsverhältnis des Klägers nicht aufgelöst, wenn das Urteil des LAG mit der Feststellung, dass das Arbeitsverhältnis auf den Betriebserwerber übergegangen ist, insoweit rechtskräftig geworden ist. Die Klage gegen den Insolvenzverwalter ist in der Revisionsinstanz unzulässig geworden (*BAG* 10.12.1998 – 8 AZR 596/97). Hat sich der Arbeitnehmer in einem außergerichtlichen Vergleich zur Rücknahme der Kündigungsschutzklage verpflichtet und beruft sich der Arbeitgeber auf das Rücknahmeversprechen, dann fehlt es für die Weiterführung des Prozesses an dem von Amts wegen zu beachtenden rechtserheblichen Rechtsschutzinteresse mit der Folge, dass die Klage als unzulässig abgewiesen werden muss (*LAG Bln.* 26.7.1982 EzA § 4 KSchG nF Nr. 22; zum Klageverzicht *BAG* 12.3.2015 – 6 AZR 82/14, Rn 19; offengelassen in *BAG* 25.9.2014 EzA § 307 BGB 2002 Nr. 66 Rn 11; aA HaKo-KSchR/*Gallner* § 4 Rn 90: Erklärung wirkt ausschließlich materiellrechtlich). Das gilt sowohl für die Klage nach § 4 S. 1 KSchG als auch für die allg. Feststellungsklage nach § 256 ZPO auch dann, wenn die Parteien auf Grund Vertrages das zu einem früheren Zeitpunkt gekündigte Arbeitsverhältnis fortsetzen; der Arbeitnehmer hat kein schützenswertes Interesse daran, sich die vereinbarte Fortsetzung vom Gericht bestätigen zu lassen (*LAG SchlH* 9.7.1986 DB 1986, 2334; vgl. auch *LAG BW* 25.3.1987 NZA 1988, 37; *LAG Frankf.* 24.5.1991 LAGE § 4 KSchG Nr. 21; aA *Hess. LAG* 9.2.1995 LAGE § 4 KSchG Nr. 28 bei nach Kündigungstermin geschlossenem Aufhebungsvertrag zu einem späteren Zeitpunkt unter unzutr. Hinw. auf *LAG Hamm* 14.12.1984 LAGE § 4 KSchG Ausgleichsquittung Nr. 1 und *BAG* 3.5.1979 EzA § 4 KSchG nF Nr. 15 [II 3b]; das Rechtsschutzinteresse ist entfallen, wenn der Aufhebungsvertrag oder die Ausgleichsquittung wirksam sind. Anders ist es, wenn der Aufhebungsvertrag oder die Ausgleichsquittung unwirksam sind. Dann ist über die Kündigung zu entscheiden (zutr. *LAG Hmb.* 7.4.1994 LAGE § 4 KSchG Nr. 29).

49 Das Feststellungsinteresse ist auch dann gegeben, wenn der Arbeitnehmer inzwischen eine **andere Arbeit** angetreten hat (SPV-*Vossen* Rn 1842). Nur das entspricht dem KSchG: Es geht um die Erhaltung des Arbeitsplatzes. Wenn der Arbeitnehmer, wozu er verpflichtet ist (§ 11 KSchG, § 615 BGB), während des Kündigungsschutzprozesses seine Arbeitskraft anderweitig zu verwerten sucht, um den Schaden möglichst gering zu halten, so kann ihm für seine Kündigungsschutzklage kein Nachteil erwachsen, wenn er dieser Verpflichtung folgt. Das folgt auch aus § 12 KSchG, der dem Arbeitnehmer nach obsiegendem Urteil die Wahl lässt, zu seinem alten Arbeitgeber zurückzukehren oder bei seinem neuen Arbeitgeber zu verbleiben.

50 Das gilt auch dann, wenn der Arbeitnehmer **von vornherein nicht** in das alte Arbeitsverhältnis **zurückkehren will.** Sein Interesse beschränkt sich zwar dann in aller Regel nur darauf, den entgangenen Lohn für die Zeit zwischen der sozialwidrigen Kündigung und dem ersten Tag des neuen Arbeitsverhältnisses, für den Lohn zu zahlen ist, zu erhalten (§ 12 S. 4 KSchG). Da dieser

Lohnanspruch voraussetzt, dass die Kündigung unwirksam ist und das Arbeitsverhältnis nicht aufgelöst hat, muss nach dem oben Gesagten (vgl. Rdn 40) der Arbeitnehmer auch in diesem Fall Kündigungsschutzklage erheben. Bei Zusammentreffen eines Kündigungsschutzprozesses mit einem Antrag auf Schadensersatz wegen Auflösungsverschuldens des Arbeitgebers (§ 628 Abs. 2 BGB) entfällt das Feststellungsinteresse für den Kündigungsschutzantrag nur, wenn der Arbeitnehmer unmissverständlich erklärt, auch für den Fall seines Unterliegens im Schadensersatzprozess weder das Arbeitsverhältnis fortsetzen zu wollen noch die gerichtliche Auflösung des Arbeitsverhältnisses gegen Festsetzung einer Abfindung zu begehren (*BAG* 11.2.1981 EzA § 4 KSchG nF Nr. 20 m. Anm. *M. Wolf* AP Nr. 9 zu § 4 KSchG 1969; *v. Hoyningen-Huene/Linck* Rn 40).

Es wurde bereits ausgeführt, dass eine Leistungsklage auf Lohn nicht zugleich die Kündigungsschutzklage umfasst (vgl. Rdn 40). Daher schließt auch die Möglichkeit, **Leistungsklage** (hier in Form der Lohnklage) zu erheben, nicht wie sonst idR bei einer Feststellungsklage iSd § 256 ZPO (vgl. *Thomas/Putzo-Reichold* ZPO § 256 Rn 18) die Feststellungsklage des § 4 KSchG aus. 51

2. Unterbrechung der Verjährung eines auf § 615 BGB gestützten Lohnanspruchs durch die Kündigungsschutzklage

Die Feststellungsklage nach § 4 KSchG **unterbricht** nach der Rspr. des *BAG* (1.2.1960 EzA § 615 BGB Nr. 7; 29.5.1961 AP Nr. 2 zu § 209 BGB; 10.4.1963 EzA § 4 TVG Nr. 5 [zu a der Gründe]; 7.11.1991 EzA § 209 BGB Nr. 5; 7.11.2002 EzA § 206 BGB 2002 Nr. 1) **nicht die Verjährung der Lohnansprüche noch tritt Hemmung** ein (*BAG* 11.10.2017 – 5 AZR 694/16 Rn 18; 24.6.2015 – 5 AZR 509/13 Rn 17). Nach § 204 Abs. 1 Nr. 1 BGB wird die Verjährung u. a. durch die Erhebung der Klage auf Leistung oder auf Feststellung des Anspruchs gehemmt. Damit ist eine Leistungs- oder Feststellungsklage gemeint, die sich auf einen Anspruch iSd § 194 BGB bezieht, dessen Verjährung durch die Klageerhebung gehemmt werden soll. Inwieweit eine Leistungsklage oder eine Feststellungsklage die Verjährung hemmt, hängt vom **Streitgegenstand** der Klage ab. Lohnansprüche sind nicht Streitgegenstand der Kündigungsschutzklage (*BAG* 24.9.2014 EzA § 4 TVG Ausschlussfristen Nr. 209, Rn 39), unabhängig davon, was man als Streitgegenstand der Kündigungsschutzklage ansieht (dazu in anderem Zusammenhang Rdn 289 ff.). Das der Kündigungsschutzklage stattgebende Urteil hat die Lohnansprüche bis zum Zeitpunkt des Erlasses des Urteils nicht festgestellt. Einmal ist es denkbar, dass nach dem Ausspruch der streitigen Kündigung das Arbeitsverhältnis auf andere Weise, etwa durch Fristablauf, Aufhebungsvertrag, Kündigung des Arbeitnehmers oder vom Arbeitnehmer nicht angegriffene Kündigung geendet hat; zum anderen hängen die Lohnansprüche auch bei Obsiegen im Kündigungsrechtsstreit dem Grund und der Höhe nach noch von anderen Voraussetzungen ab, etwa einem wirksamen Angebot der Arbeitsleistung (§ 615 BGB iVm §§ 293 ff. BGB) oder einem anderweitig erworbenen oder böswillig unterlassenen Zwischenverdienst (§ 615 BGB; im Ergebnis zust., aber mit anderer Begründung *Grunsky* FS für Kissel, S. 295). 52

Das BAG weist darauf hin, dass der Arbeitnehmer, um die Verjährung seiner Lohnansprüche zu vermeiden, **Zahlungsklage** oder **Feststellungsklage** unter den Voraussetzungen des **§ 256 ZPO** des Inhalts, dass ihm aus Annahmeverzug bestimmte Arbeitsvergütung zusteht, erheben kann (*BAG* 1.2.1960 EzA § 615 BGB Nr. 7 [zu I 2d der Gründe]). 53

Das ist deswegen unbefriedigend, weil der Arbeitnehmer eine derartige Klage erheben muss, obwohl über die Kündigungsschutzklage, von deren Ausgang diese Ansprüche abhängig sind, noch nicht rechtskräftig entschieden ist. 54

Der Arbeitnehmer, der einen Kündigungsschutzprozess führt, erhebt verständlicherweise schon aus **Kostengründen** keine derartige Klage, solange er nicht weiß, ob sein Kündigungsschutzprozess zu seinen Gunsten ausgeht. Oft wird er auch aus Unkenntnis gar nicht auf die Idee kommen, dass während des Kündigungsschutzverfahrens die Verjährungsfrist für Lohnansprüche gleichwohl läuft. Er wird es auch nicht verstehen, wenn das Gericht ihm sagt, dass ihm trotz seines gewonnenen Kündigungsschutzprozesses jedenfalls Teile seiner ihm entgangenen Arbeitsvergütung wegen Verjährung, auf die sich der Arbeitgeber berufen kann, nicht zugesprochen werden können. Zu beachten ist allerdings, 55 dass die Hemmung der Verjährung wegen Rechtsverfolgung auch dann eintritt, wenn der Anspruch hilfsweise geltend gemacht wird (Palandt-*Ellenberger* § 204 BGB Rn 13). Das sollte auf den unechten Hilfsantrag übertragen werden, so dass zur Reduzierung des Kostenrisikos der Zahlungsantrag bedingt für den Fall des Obsiegens mit dem Kündigungsschutzantrag gestellt werden kann.

56 Hat der Arbeitnehmer einen **Weiterbeschäftigungsanspruch** nach § 102 Abs. 5 BetrVG, so stellt sich das Problem nicht (zutr. *Wiedemann/Wank* § 4 TVG Rn 692). Denn der Arbeitnehmer wird weiterbeschäftigt und erhält seinen Lohn bis zum rechtskräftigen Abschluss des Kündigungsrechtsstreits. Die klageweise Geltendmachung des materiellrechtlichen Weiterbeschäftigungsanspruches (*BAG* GS 27.2.1985 EzA § 611 BGB Beschäftigungspflicht Nr. 9) enthält keine Geltendmachung von Lohnansprüchen. Mit ihm verfolgt ein Arbeitnehmer das Ziel, trotz des Streits über das Bestehen des Arbeitsverhältnisses für die Dauer des Bestandsstreits tatsächlich beschäftigt zu werden. Die Verjährung des Lohnanspruchs trotz Geltendmachung des Weiterbeschäftigungsanspruchs ist daher möglich. Es bedarf der Lohnklage, um die Verjährung zu vermeiden (*Wiedemann/Wank* § 4 TVG Rn 692).

57 Für die übrigen Fälle hat man versucht, auf verschiedenem Wege zu helfen: *Larenz* (Anm. zu *BAG* 1.2.1960 SAE 1960, 81) möchte die Verjährungsfrist erst mit **Rechtskraft** des die Unwirksamkeit der Kündigung feststellenden Urteils beginnen lassen (ihm folgt *Bötticher* BB 1981, 1958 unter Hinweis auf § 11 KSchG). Das ist deswegen nicht gangbar, weil die Kündigung nach § 1 Abs. 1 KSchG von Anfang an bei Sozialwidrigkeit unwirksam ist. Ihre Wirksamkeit wird nicht etwa durch das Urteil vernichtet. Außerdem würde der Arbeitgeber erst nach Rechtskraft dieses Urteils in Annahmeverzug geraten (zutr. *LKB/Linck* Rn 48). *Lüke* (NJW 1960, 1333) will mit einer Analogie zu § 202 BGB aF [jetzt § 205 BGB] helfen (vgl. auch *Konzen* SAE 1970, 279). Dieser Weg erscheint dem *BAG* (1.2.1960 EzA § 615 BGB Nr. 7) als »abwegig«, ebenso wie eine Anlehnung an § 203 BGB aF [jetzt § 206 BGB]. *Rewolle* (DB 1980, 1696) schlägt eine unbezifferte Feststellungsklage bei entsprechender Anwendung des § 209 BGB aF vor. *Becker/Bader* (BB 1981, 1716, ihnen folgen *Kosnopfel* BB 1988, 1819 und *Teske* Anm. zu *BAG* 7.11.1991 EzA § 209 BGB Nr. 5), befürworten die entsprechende Anwendung des § 209 Abs. 1 BGB aF. Diese habe zur Folge, dass durch die Erhebung einer Kündigungsschutzklage die Verjährung hinsichtlich solcher Ansprüche des Arbeitnehmers unterbrochen werde, die in ihrem Bestand oder der Höhe nach von dem Ausgang des Kündigungsstreits abhängig seien. *A. Hueck* hat in seiner Anmerkung zu *BAG* (1.2.1960 AP Nr. 1 zu § 209 BGB) de lege ferenda die **analoge Anwendung der §§ 206, 207 aF BGB** vorgeschlagen (vgl. auch *LKB/Linck* Rn 48), was heute den §§ 210, 211 BGB entspricht.

58 Dieser Weg erscheint gangbar, ohne dass es des Gesetzgebers bedarf. Mit § 210 BGB werden geschäftsunfähige oder in ihrer Geschäftsfähigkeit beschränkte Personen und mit § 211 BGB werden Erben und Nachlassgläubiger davor geschützt, dass ihre Ansprüche, die vorübergehend nicht eingeklagt werden können, verjähren. Ebenso ist der Arbeitnehmer während des laufenden Kündigungsschutzprozesses vor dem Verjähren seiner von dem Ausgang dieses Prozesses abhängigen Ansprüche zu schützen, ohne dass es einer weiteren Klage bedarf, zumal davon auszugehen ist, dass der Arbeitgeber ohnehin bei Obsiegen des Arbeitnehmers dem Urteil Rechnung trägt und die Zahlungsansprüche des Arbeitnehmers erfüllt (abl. *BAG* 7.11.1991 EzA § 209 BGB Nr. 5; *Wiedemann/Wank* § 4 TVG Rn 691; HaKo-KSchR/*Gallner* § 4 KSchG Rn 147; SPV-*Vossen* Rn 1844).

59 Wegen der gefestigten Rspr. des BAG muss der Kläger eine zweite Klage erheben, um der etwaigen Verjährung zu entgehen, ggf. müssen auch die Bundesagentur für Arbeit klagen wegen geleisteten Arbeitslosengeldes oder gezahlter Arbeitslosenhilfe sowie der Sozialhilfeträger nach gewährter Sozialhilfe, auf die die Lohnansprüche des Arbeitnehmers insoweit übergegangen sind. Es kommt hinzu, dass, wenn bei erbittert geführtem Streit um mehrere Kündigungen in verschiedenen Prozessen die Zahlungsklage nach einem rechtskräftig abgeschlossen Kündigungsschutzverfahren »vergessen«, dh trotz Rechtskraft der insoweit vorgreiflichen Entscheidung(en) ohne triftigen Grund nicht betrieben wird, die Hemmung der Verjährung durch Rechtsverfolgung endet (§ 204 BGB, § 209 BGB aF).

60 Da der Streitgegenstand der Kündigungsschutzklage Vergütungsansprüche nicht umfasst (vgl. Rdn 52, 289), kann die Verjährung etwa noch nicht verjährter Ansprüche auch nicht durch die

Erhebung der **Verfassungsbeschwerde** unterbrochen werden. Außerdem kommt der Verfassungsbeschwerde keine verjährungsunterbrechende Wirkung zu. § 209 Abs. 1 BGB aF, § 204 BGB nF ist weder unmittelbar noch analog anwendbar. Die Verjährung ist auch nicht nach § 203 BGB aF, § 206 BGB nF gehemmt: Der Kläger hat nicht ohne eigenes Verschulden die Verjährungsfrist versäumt, ihm war die Erhebung einer Zahlungsklage mit schlüssigem Sachvortrag möglich (*BAG* 7.11.2002 EzA § 206 BGB 2002 Nr. 1; dazu *Hantel* NJ 2003, 560; Verfassungsbeschwerde – 1 BvR 1218/03, m. Beschl. v. 10.11.2004 nicht zur Entscheidung angenommen).

3. Wahrung von tarifvertraglichen Ausschlussfristen durch die Kündigungsschutzklage

Mit den oben erörterten Problemen verwandt ist die Frage, ob die Erhebung der **Kündigungsschutzklage** ausreicht, um Ansprüche, die von der Unwirksamkeit der Kündigung abhängen, rechtzeitig innerhalb einer **tarifvertraglichen Ausschlussfrist** geltend zu machen. Das sind auch hier in erster Linie Ansprüche aus § 615 BGB. Dabei sind zwei Arten von Ausschlussfristen zu unterscheiden: Die sog. **einstufigen Ausschlussfristen** sehen die mündliche oder schriftliche Geltendmachung von Ansprüchen innerhalb einer bestimmten Frist nach Fälligkeit des Anspruchs oder nach Beendigung des Arbeitsverhältnisses vor. Die sog. **zweistufigen Ausschlussfristen** verlangen nach der erfolglosen mündlichen oder schriftlichen Geltendmachung binnen einer bestimmten Frist außerdem nach ausdrücklicher Ablehnung und/oder Verstreichen einer bestimmten Zeitspanne nach Geltendmachung des Anspruches noch eine gerichtliche Geltendmachung des Anspruches. 61

a) Kündigungsschutzklage und die Wahrung einstufiger Ausschlussfristen

Das BAG hat für den Bereich der **privaten Wirtschaft** mehrfach ausgesprochen, dass die Erhebung der Kündigungsschutzklage je nach Lage des Falles ein ausreichendes Mittel zur Ausschlussfrist wahrenden Geltendmachung von Ansprüchen sein kann, die während des Kündigungsschutzprozesses fällig werden und von seinem Ausgang abhängen, wenn die einschlägige Verfallklausel nur eine **formlose oder schriftliche Geltendmachung** verlangt (*BAG* in st. Rspr. seit 10.4.1963 EzA § 4 TVG Nr. 5, vgl. 26.4.2006 EzA § 4 TVG Ausschlussfristen Nr. 185; 23.9.2009 EzA § 615 BGB 2002 Nr. 3, Rn 34; 19.9.2012 – 5 AZR 627/11, EzA § 4 TVG Ausschlussfristen Nr. 200, Rn 14). Das BAG hat dies mit der Erwägung begründet, das Gesamtziel des Kündigungsschutzbegehrens beschränke sich im Regelfall nicht auf die Erhaltung des Arbeitsplatzes, sondern sei auch auf die **Sicherung der Ansprüche** gerichtet, die durch den Verlust des Arbeitsplatzes möglicherweise verloren gingen. Dieses Ziel des Kündigungsschutzbegehrens sei dem Arbeitgeber im allg. auch klar erkennbar, sofern sich nicht aus den Umständen ein anderer Wille des Arbeitnehmers ergebe. Die Ansprüche müssen in der Kündigungsschutzklage weder ausdrücklich bezeichnet noch beziffert werden (*BAG* 19.9.2012 – 5 AZR 627/11, Rn 14). Von der Wirkung der Klage nach § 4 KSchG erfasst werden auch die Ansprüche auf die Verzugszinsen nach §§ 288 Abs. 1, 286 Abs. 2 Nr. 1 BGB (*BAG* 24.6.2021 – 5 AZR 385/20, Rn 32). Diese Rspr. ist allgemein gebilligt worden (vgl. *Wiedemann/Wank* § 4 TVG Rn 842, 858; *LKB/Linck* Rn 50 mwN; HaKo-KSchR/*Gallner* § 4 Rn 151). Die Kündigungsschutzklage will Protest und Besitzstandswahrung verbinden (*Wiedemann* Anm. zu *BAG*, AP Nr. 56 bis 59 zu § 4 TVG Ausschlussfrist). Ist durch Erhebung der Kündigungsschutzklage die tarifliche Ausschlussfrist gewahrt, so müssen nach Rechtskraft des Urteils im Kündigungsschutzprozess die Lohnansprüche nicht erneut innerhalb der tariflichen Ausschlussfrist geltend gemacht werden, wenn der Tarifvertrag das nicht ausdrücklich vorsieht (*BAG* 9.8.1990 EzA § 4 TVG Ausschlussfristen Nr. 88). Die ausschlussfristwahrende Wirkung der Kündigungsschutzklage entfällt weder durch Klagerücknahme noch durch Nichtbetreiben des Kündigungsschutzprozesses (*BAG* 7.11.1991 EzA § 4 TVG Ausschlussfristen Nr. 93, krit. zum ganzen *Grunsky* FS für Kissel, S. 281 ff.). 62

Auch für den Bereich des **öffentlichen Dienstes** ist anerkannt, dass die Kündigungsschutzklage für Gehaltsansprüche eine tarifliche Ausschlussfrist wahren kann (*BAG* 16.6.1976 EzA § 4 TVG Ausschlussfristen Nr. 27; 21.6.1978 AP Nr. 65 zu § 4 TVG Ausschlussfristen; 26.2.2003 EzA § 4 TVG Ausschlussfristen Nr. 161, [alle zu § 70 Abs. 1 BAT]; *LAG Düsseld.* 13.2.1998 MDR 1998, 63

784 zu § 49 Nr. 2b TV AL II). Der 3. Senat (EzA § 4 TVG Ausschlussfristen Nr. 27) macht allerdings die Einschränkung, dass wegen der in § 70 Abs. 1 BAT geforderten Schriftform eine Kündigungsschutzklage nur dann geeignet ist, die Ausschlussfristen zu wahren, wenn nach den gesamten Umständen der Arbeitgeber die Kündigungsschutzklage dahin verstehen musste, dass damit auch Gehaltsansprüche geltend gemacht werden. Das mag deshalb zutr. sein, weil im öffentlichen Dienst die besondere schriftliche Geltendmachung von Ansprüchen für den Verwaltungsapparat des öffentlichen Dienstes als unentbehrlich angesehen werden kann. Der 5. Senat (AP Nr. 65 zu § 4 TVG Ausschlussfristen) hat die Frage, ob diese Einschränkung für den Bereich des öffentlichen Dienstes berechtigt ist, offengelassen (tendenziell gegen diese Einschränkung HaKo-KSchR/*Gallner* § 4 Rn 155). Das ist auf § 37 TVöD/TV-L übertragbar (vgl. KomTVöD-*Hindahl* Stand 12/05 § 37 TVöD-AT Rn 12).

64 Das kann auch auf eine Klage übertragen werden, mit der der Übergang und damit der Bestand des Arbeitsverhältnisses mit dem **Betriebsübernehmer** geltend gemacht wird. Auch mit einer solchen »Übergangsklage« wird zum Ausdruck gebracht, dass auch die mit dem Übergang des Arbeitsverhältnisses verbundenen Vergütungsansprüche gegen den neuen Arbeitgeber geltend machen will, die ab dem Zeitpunkt des Überganges allein gegen den neuen Arbeitgeber bestehen (*BAG* 23.9.2009 EzA § 615 BGB 2002 Nr. 3 Rn 35).

65 Dass in diesen Fällen der Arbeitnehmer die Kündigungsschutzklage idR vor **Fälligkeit der Zahlungsansprüche** erhebt, ist unschädlich. Der Warnfunktion der Ausschlussfrist ist genügt, wenn der Arbeitnehmer seinen Anspruch vorzeitig geltend macht (*LAG Düsseld.* 13.2.1998 MDR 1998, 784; APS-*Hesse* Rn 154). Es wäre unverständlicher Formalismus, nach Fälligkeit der Ansprüche eine erneute Geltendmachung zu verlangen. Anders ist es, wenn nach der tarifvertraglichen Ausschlussklausel die Ausschlussfrist erst mit rechtskräftigem Abschluss des Kündigungsschutzprozesses beginnt (vgl. *BAG* 22.10.1980 EzA § 4 TVG Ausschlussfristen Nr. 44). Die Erhebung einer Klage wahrt die Schriftform, wenn die **Zustellung** innerhalb der Ausschlussfrist erfolgt (*BAG* 8.3.1976 EzA § 4 TVG Ausschlussfristen Nr. 26). Das ist bei der Kündigungsschutzklage idR der Fall. Zu beachten ist, dass für die Geltendmachung der Lohnansprüche die Einreichung der Klage vor Ablauf der Ausschlussfrist und die Zustellung »demnächst« iSd § 167 ZPO (vgl. dazu Rdn 196 ff.) nach Ablauf der Ausschlussfrist nach bisheriger Rspr. nicht ausreicht (*BAG* 25.9.1996 – 10 AZR 678/95, Rn 39; *Wiedemann/Wank* § 4 TVG Rn 851). Zwar hält der *BGH* (17.7.2008 NJW 2009, 765) § 167 ZPO auch in den Fällen für anwendbar, in denen durch die Zustellung eine Frist gewahrt werden soll, die auch durch außergerichtliche Geltendmachung gewahrt werden kann. Auf eine tarifvertragliche Ausschlussfrist übertragen, bedeutet das, dass eine fristgerecht eingereichte Kündigungsschutzklage genügt. Das BAG hat an seiner Auffassung aber festgehalten (vgl. *BAG* 16.3.2016 – 4 AZR 421/15, Rn 26; zust. BeckOK TVöD/*Rinck* TVöD-AT § 37 Rn 43 mwN; aA *Kloppenburg* jurisPR-ArbR 7/2009 Anm. 5; *Nägele/Gärtler* NZA 2010, 1377 für die Wahrung der ersten Stufe einer Verfallfrist; HaKo-KSchR/*Gallner* § 4 Rn 152 unter Hinw. auf *BAG* 21.6.2012 EzA § 15 AGG Nr. 20; anders für § 16 BetrAVG *BAG* 21.10.2014 EzA § 16 BetrAVG Nr. 71, Rn 39; aA *Gehlhaar* NZA-RR 2011, 199).

66 Die **unterschiedliche Behandlung der einstufigen Ausschlussfrist und der Verjährung** begründet das BAG damit, dass § 209 BGB aF die Erhebung einer Leistungsklage oder Feststellungsklage voraussetze, die sich auf einen Anspruch iSd § 194 Abs. 1 BGB beziehe, dessen Verjährung unterbrochen werden solle. Daraus folge aber nicht, dass in der Erhebung einer Kündigungsschutzklage nicht zugleich eine Geltendmachung der Leistungsansprüche iSd Verfallklausel liegen könne (vgl. *BAG* 10.4.1963 EzA § 4 TVG Nr. 5).

67 Das ist deswegen zutreffend, weil die Verjährungshemmung eine Klage voraussetzt, die als **Streitgegenstand** den Anspruch aufweist, dessen Verjährung gehemmt werden soll. Bei der Wahrung einer einstufigen Verfallklausel geht es lediglich um die formlose oder schriftliche Geltendmachung der Ansprüche, was auch durch eine Kündigungsschutzklage geschehen kann, ohne dass sie zugleich Streitgegenstand dieser Klage sind oder werden. Daher kann *Becker/Bader* (BB 1981, 1709) nicht gefolgt werden, wenn sie meinen, Unterbrechung der Verjährung und Wahrung von Verfallklauseln

durch Kündigungsschutzklage müssten gleichbehandelt werden, weil es sonst zu dem widersinnigen Ergebnis komme, dass in einem Falle dem Arbeitnehmer die Ansprüche erhalten blieben, im anderen Falle dagegen nicht. Dabei wird nicht gesehen, dass auch nach Wahrung der Ausschlussfrist durch die Kündigungsschutzklage die Verjährungsfristen gleichwohl laufen. Denn die Kündigungsschutzklage stellt sich nicht als gerichtliche Geltendmachung der Lohnansprüche iSd § 209 BGB aF, § 204 BGB nF dar (HaKo-KSchR/*Gallner* § 4 Rn 155).

Im Übrigen reicht für die schriftliche Geltendmachung, die meist vorgesehen ist, eine Textform 68 iSd § 126 BGB aus. Ein Telefax oder eine E-Mail wahren die Frist. Die Geltendmachung iSd tariflichen Verfallklausel ist keine Willenserklärung, sondern eine rechtsgeschäftsähnliche Handlung (*BAG* 7.10.2010 EzA § 4 TVG Tarifliche Ausschlussfristen Nr. 25 Rn 88 ff. zu § 70 Satz 1 BAT). Außerdem ist der Zugang Wirksamkeitsvoraussetzung für die schriftliche Geltendmachung iSd der tariflichen Ausschlussfrist. Der Zugang muss vom Anspruchsteller im Bestreitensfalle nachgewiesen werden (*BAG* 9.4.2008 EzA § 259 ZPO 2002 Nr. 1, Rn 55; 14.8.2002 EzA § 130 BGB Nr. 29 betr. Telefax). Zur Vermeidung der Verjährung müssen die der Verjährung des § 199 Abs. 1 Nr. 1 BGB unterliegenden Ansprüche vor Ablauf von drei Jahren nach Schluss des Jahres, in dem sie entstanden sind, erfüllt worden oder eine Leistungsklage oder ein Mahnbescheid zugestellt worden sein (§ 204 Abs. 1 BGB; HaKo-KSchR/*Gallner* § 4 Rn 154).

b) Kündigungsschutzklage und die Wahrung zweistufiger Ausschlussfristen

Bei zweistufigen Ausschlussfristen – neben der außergerichtlichen wird auch eine gerichtliche Geltendmachung der Ansprüche verlangt – wird durch die Erhebung der Kündigungsschutzklage nicht nur die erste Stufe gewahrt (*BAG* 14.12.2005 EzA § 4 TVG Ausschlussfristen Nr. 184), sondern auch die zweite Stufe (*BAG* 19.9.2012 EzA § 4 Ausschlussfristen Nr. 201; krit *Boemke* JuS 2014, 78). Lehnt der Arbeitgeber den im Kündigungsschutzantrag »enthaltenen« Zahlungsanspruch dadurch ab, dass er einen Klageabweisungsantrag im Kündigungsschutzverfahren stellt, setzt dies die zweite Stufe der Ausschlussfrist in Lauf. Nach der früheren Rspr. des BAG war der Arbeitnehmer damit verpflichtet, trotz des laufenden Kündigungsschutzverfahrens eine Zahlungsklage zu erheben, wollte er nicht Gefahr laufen, dass die Zahlungsansprüche verfallen (*BAG* 14.12.2005 EzA § 4 TVG Ausschlussfristen Nr. 184; 26.4.2006 EzA § 4 TVG Ausschlussfristen Nr. 185; zust. KR 10. Aufl.). Der Klageabweisungsantrag genügt nur dann nicht, wenn die Verfallklausel eine »ausdrückliche« schriftliche Ablehnungserklärung erfordert (*BAG* 5.5.1977 EzA § 4 TVG Ausschlussfristen Nr. 31). Die gerichtliche Geltendmachung von Lohnansprüchen erfordert nach einer Änderung der Rspr. nicht mehr die Erhebung einer fristgerechten Zahlungsklage. Die Kündigungsschutzklage ersetzt die gerichtliche Geltendmachung von Lohnansprüchen. Im Anschluss an den Beschluss des *BVerfG* vom 1.12.2010 (EzA § 4 TVG Ausschlussfristen Nr. 197) legt das BAG tarifvertragliche Ausschlussfristen, die eine rechtzeitige gerichtliche Geltendmachung vorsehen, verfassungskonform dahingehend aus, dass die vom Erfolg einer Bestandsschutzstreitigkeit abhängigen Ansprüche bereits mit der Klage in der Bestandsstreitigkeit geltend gemacht sind (*BAG* 19.9.2012 EzA § 4 Ausschlussfristen Nr. 201, Rn 18 ff.; vgl. *BAG* 19.3.2008 EzA § 307 BGB 2002 Nr. 34 für Ausschlussfristen in Allgemeinen Geschäftsbedingungen, Rn 29 f.; dazu s. Rdn 76). 69

Ein auf Weiterbeschäftigung gerichteter Klageantrag enthält keine gerichtliche Geltendmachung 70 von Zahlungsansprüchen (*BAG* 8.8.2000 EzA § 4 TVG Ausschlussfristen Nr. 133).

Vereinzelt haben die Tarifvertragsparteien im Hinblick auf die frühere Rspr. des BAG die Ausschlussfristen geändert, wie § 14 Nr. 2 S. 2 BRTV Bau idF v. 10.12.2014 (vgl. *BAG* 8.8.2000 EzA § 4 TVG Ausschlussfristen Nr. 133 [I 2b bb (1)]; 5.11.2003 EzA § 615 BGB 2002 Nr. 2; 14.12.2005 EzA § 4 TVG Ausschlussfristen Nr. 184 [II 2d aa]). 71

Solche auf Kündigungsschutzprozesse bezogene Tarifvorschriften werden in der Rechtsprechung 72 des BAG nicht auf andere Bestands(schutz)streitigkeiten erstreckt (*BAG* 12.11.1998 EzA § 615 BGB Nr. 92 [II 2 betr. streitigen Betriebsübergang]; 24.8.1999 EzA § 615 BGB Nr. 96; 8.8.2000 EzA § 4 TVG Ausschlussfristen Nr. 133 betr. Eigenkündigung des Arbeitnehmers).

§ 4 KSchG Anrufung des Arbeitsgerichtes

73 Zu prüfen ist allerdings stets, ob die Frist für die gerichtliche Geltendmachung überhaupt zu laufen begonnen hatte. Macht ein Arbeitnehmer einen Anspruch vor Fälligkeit schriftlich geltend, so beginnt bei einer zweistufigen Ausschlussfrist die Frist für die gerichtliche Geltendmachung nicht vor der Fälligkeit des Anspruchs (*BAG* 13.2.2003 EzA § 4 Ausschlussfristen Nr. 162). Die zweistufige Verfallklausel des § 13 Abs. 3 MTV für die Arbeiter in der Druckindustrie in Bad.-Württ. idF vom 1. Januar 1974 verlangt nur nach ausdrücklicher Ablehnung der Ansprüche die Rechtshängigmachung und Klageerhebung. Das *BAG* (4.5.1977 EzA § 1 TVG Ausschlussfristen Nr. 31) hat die fehlende ausdrückliche Ablehnung nicht in dem Antrag des Arbeitgebers auf Abweisung der Kündigungsschutzklage gesehen. Sinn und Zweck einer derartigen tariflichen Regelung verlangten eine unmittelbar auf die Ansprüche selbst bezogene Ablehnungserklärung. Nur sie werde der gewollten Signalwirkung gerecht ([2b]; ebenso *BAG* 29.1.1987 – 2 AZR 127/86, zu § 13 MTV für die gewerblichen Arbeitnehmer der Druckindustrie im Gebiet der BRD in der ab 1.1.1979 geltenden Fassung; *BAG* 26.4.2006 EzA § 4 TVG Ausschlussfristen Nr. 185). Wenn nach dem Tarifvertrag der Fristbeginn für die gerichtliche Geltendmachung nur von der einfachen Ablehnung der Ansprüche des Arbeitnehmers durch den Arbeitgeber abhängt, so beginnt die Frist für die gerichtliche Geltendmachung mit der Erklärung des Arbeitgebers, er beantrage, die Klage abzuweisen (*BAG* 13.9.1984 EzA § 4 TVG Ausschlussfristen Nr. 62; 8.5.1985 AP Nr. 94 zu § 4 TVG Ausschlussfristen; 20.3.1986 EzA § 615 BGB Nr. 48; 26.4.2006 EzA § 4 TVG Ausschlussfristen Nr. 185).

74 Das entspricht zwar der Zurückhaltung des BAG, in irgendeiner Form in die **Tarifautonomie** einzugreifen (vgl. zB *BAG* 8.1.1970 EzA § 4 TVG Nr. 29 [zu 2b der Gründe]). Für diejenigen Arbeitnehmer, die nicht unter § 102 Abs. 5 BetrVG fallen und nach dem Widerspruch des Betriebsrates weiterbeschäftigt und weiterentlohnt werden, sollte dennoch erwogen werden, ob nicht mit der von A. *Hueck* für die Verjährung vorgeschlagene Analogie zu §§ 206, 207 jetzt §§ 210, 211 BGB (Anm. zu *BAG* 1.2.1960 AP Nr. 1 zu § 209 BGB) auch hier geholfen werden kann.

75 Es ist anerkannt, dass die **entsprechende Anwendung der §§ 206, 207 aF BGB auf gesetzliche Ausschlussfristen** möglich ist (*BSG* 28.11.1973 BSGE 36, 276; 27.1.1972 BSGE 34, 22; 11.6.1963 AP Nr. 1 zu § 206 BGB). Für **tarifvertragliche Ausschlussfristen** gilt nichts anderes. Denn nach § 1 Abs. 1 TVG enthält der Tarifvertrag »Rechtsnormen«. Die hM misst Tarifvertragsbestimmungen **Rechtssatzcharakter** bei (*Wiedemann/Wank* § 1 TVG Rn 40). Geht man davon aus, dass die Tarifautonomie auf staatlicher Delegation hoheitlicher Rechtssetzungsbefugnis beruht, sind **tarifliche Ausschlussfristen wie gesetzliche** zu behandeln mit der Folge, dass die analoge Anwendung des Rechtsgedankens der §§ 206, 207, jetzt §§ 210, 211 BGB möglich ist. Diese Lösung trägt dem Sinn und Zweck der Ausschlussklausel Rechnung, möglichst bald klare Verhältnisse zu schaffen. Auch bei Ansprüchen aus § 615 BGB, die vom Ausgang des Kündigungsschutzprozesses abhängen, ist es sachgerecht, eine rasche Geltendmachung der Lohnansprüche nach Beendigung des Kündigungsschutzprozesses vom Arbeitnehmer zu fordern. Der Arbeitgeber soll nicht länger als unbedingt erforderlich darüber im unklaren gelassen werden, mit welchen Ansprüchen er im Hinblick auf die unwirksame Kündigung konfrontiert wird.

76 Für Ausschlussfristen in **Allgemeinen Geschäftsbedingungen** hat das BAG seit der Schuldrechtsmodernisierung regelmäßig angenommen, dass die Erhebung einer Kündigungsschutzklage genüge, um das Erlöschen der vom Ausgang des Kündigungsrechtsstreits abhängigen Annahmeverzugsansprüche zu verhindern (*BAG* 28.11.2007 EzA § 307 BGB 2002 Nr. 30; 19.3.2008 EzA § 307 BGB 2002 Nr. 37; 19.5.2010 EzA § 310 BGB 2002 Nr. 10, vom BVerfG nicht erwähnt). Zweistufige Ausschlussklauseln können in Formularverträgen weiterhin vereinbart werden, wobei die Mindestfrist für die gerichtliche Geltendmachung mindestens drei Monate betragen muss. Die Ausdehnung auf eine zulässige Dauer wird abgelehnt, es gelte dann allein das gesetzliche Verjährungsrecht (*BAG* 25.5.2005 EzA § 307 BGB 2002 Nr. 3; 28.11.2007 EzA § 307 BGB 2002 Nr. 30). Finden die §§ 305 ff BGB auf die vertraglich vereinbarte Ausschlussklausel keine Anwendung, bedarf es einer Auslegung im Einzelfall, ob die zweite Stufe auch durch die Erhebung der Kündigungsschutzklage gewahrt werden kann. Ergibt die Auslegung, dass die zweite Stufe nur durch die Erhebung einer Leistungsklage gewahrt werden kann, so stellt sich die Frage der Wirksamkeit einer solchen Klausel

(vgl. *Däubler/Bonin/Deinert* § 309 Nr. 13 BGB Rn 6 mwN). Das BAG hat in der Vergangenheit die Wirksamkeit einer solchen einzelvertraglichen Klausel angenommen (*BAG* 15.10.1981 – 2 AZR 548/79, nv; 25.5.2005 EzA § 307 BGB 2002 Nr. 3). Ob daran vor dem Hintergrund der Rspr. des BVerfG festgehalten werden kann, erscheint zweifelhaft.

Enthält eine **freiwillige Betriebsvereinbarung** iSd § 88 BetrVG u.a. für das »Erlöschen von Ansprüchen« den Verweis auf »die jeweilige Regelung des Standorts analog« und enthält dieser in Bezug genommene Tarifvertrag eine zweistufige Verfallklausel (§ 27 Gemeinsamer MTV für Arbeiter und Angestellte in der Eisen- und Metallindustrie des Landes Hessen idF v. 31.3./9.6.2000), ist dieser Verweis jedenfalls insoweit unwirksam, als mit ihm bereits während des laufenden Kündigungsschutzprozesses die gerichtliche Geltendmachung auch solcher Ansprüche durch den Arbeitnehmer verlangt werden, die allein vom Ausgang des Kündigungsschutzprozesses abhängen. Eine solche Regelung hält dem gegenüber tariflichen Bestimmungen strengeren Prüfungsmaßstab bei der gerichtlichen Kontrolle von Betriebsvereinbarungen nicht stand. Eine solche Regelung ist wegen Beschränkung der Handlungsfreiheit des Arbeitnehmers unangemessen und damit unverhältnismäßig im engeren Sinne (*BAG* 12.12.2006 EzA § 88 BetrVG 2001 Nr. 1, dazu *Wolmerath* jurisPR-ArbR 16/2007 Anm. 5). 77

4. Auswirkung der Kündigungsschutzklage auf den Urlaubsanspruch

Die Erhebung der Kündigungsschutzklage und ihre Zustellung wahrt die Ausschlussfrist nur für solche Ansprüche, die für den Arbeitgeber erkennbar mit dem Fortbestand des Arbeitsverhältnisses im Normalfall verbunden sind (*BAG* 14.12.2005 EzA § 4 Ausschlussfristen Nr. 184), also nicht Vergütungsdifferenzen wegen unrichtiger Eingruppierung, Schadenersatzansprüche oder Schmerzensgeld wegen angeblichen Mobbings (*LAG Köln* 2.3.2011 – 1 Ta 375/10). Die Kündigungsschutzklage allein reicht folgerichtig nicht aus, um den **Urlaubsanspruch** zu erhalten – die Erhebung der Kündigungsschutzklage ist nicht zugleich die Geltendmachung von Urlaubsansprüchen –, sondern es bedarf einer Aufforderung des Arbeitnehmers gegenüber dem Arbeitgeber, den Urlaub zu erteilen, um das Erlöschen des Urlaubs am Ende des Urlaubszeitraums abzuwenden, um ggf. den Urlaubsanspruch als Schadenersatzanspruch zu erhalten. Auch im gekündigten Arbeitsverhältnis besteht der Anspruch eines Arbeitnehmers auf Urlaubserteilung nur im Urlaubsjahr und ggf. im Übertragungszeitraum (*BAG* 1.12.1983 EzA § 7 BUrlG Nr. 30; 27.8.1986 EzA § 7 BUrlG Nr. 46; 17.1.1995 EzA § 7 BUrlG Nr. 98; 21.9.1999 EzA § 7 BUrlG Abgeltung Nr. 6). Die Bindung des Urlaubs an das Urlaubsjahr setzt nach der neueren Rechtsprechung des *BAG* allerdings voraus, dass der Arbeitgeber seinen Hinweis- und Informationsobliegenheiten nachkommt. So ist der Arbeitgeber nach Ausspruch einer Kündigung, will er seinen Mitwirkungsobliegenheiten genügen, gehalten zu erklären, er sei trotz des Streits über die Wirksamkeit der Kündigung bereit, dem Arbeitnehmer im gekündigten Arbeitsverhältnis über den vorgesehenen Beendigungstermin hinaus durch eine Freistellung und die Zahlung der Urlaubsvergütung vor Antritt des Urlaubs oder eine ihn bindende Zahlungszusage vorbehaltlos bezahlten Urlaub zu gewähren und auf die Befristung des Urlaubsanspruchs und den bei Fehlen eines Urlaubsverlangens mit Ablauf des Urlaubsjahres oder Übertragungszeitraums eintretenden Verfall hinzuweisen (*BAG* 27.10.2020 – 9 AZR 531/19 – Rn 36 mwN; MünchArbR-*Klose* § 86 Rn 24). Die Aufforderung zur Urlaubserteilung kann in die Kündigungsschutzklage aufgenommen werden. Stellt der Arbeitgeber nach einer von ihm erklärten Kündigung den Bestand des Arbeitsverhältnisses in Abrede und erteilt er trotz einer entsprechenden Aufforderung des Arbeitnehmers den verlangten Urlaub nicht, entbehrt eine Mahnung des Arbeitnehmers regelmäßig ihres Sinns. Wenn keine besonderen Umstände entgegenstehen, darf der Arbeitnehmer aus dem Verhalten des Arbeitgebers schließen, er werde ihm keinen Urlaub gewähren. Eine Mahnung erwiese sich in diesem Fall als bloße Förmelei (*BAG* 14.5.2013 EzA § 7 BUrlG Nr. 131, Rn 14; 6.8.2013 NZA 2014, 545, Rn 18). Ob schon in der Kündigungserklärung selbst eine endgültige Verweigerung der Erfüllung des Urlaubsanspruchs nach Ablauf der Kündigungsfrist liegen kann, hat das *BAG* in einem Urteil vom 13.12.2011 (– 9 AZR 420/10, Rn 46) offengelassen. Da der Arbeitgeber nicht berechtigt ist, Urlaub nachträglich auf Zeiten des Annahmeverzuges anzurechnen, kann er nur mit der vorsorglichen Festlegung des Urlaubs nach 78

Maßgabe von § 7 Abs. 1 BUrlG die Kumulation von Annahmeverzugs- und Urlaubsansprüchen vermeiden (*BAG* 18.9.2001 – 9 AZR 571/00; 18.9.2001 EzA § 7 BUrlG Nr. 109; dazu aus Anwaltssicht »Arbeitsrechtliche Haftungsfalle: Urlaubsverfall im Kündigungsschutzprozess« eindringlich *Fischer* AnwBl 2003, 47 f.). Allerdings hat das BAG klargestellt, dass ein Arbeitgeber durch eine Freistellungserklärung für den Zeitraum nach dem Zugang einer fristlosen Kündigung nur dann wirksam Urlaub gewährt, wenn er dem Arbeitnehmer die Urlaubsvergütung vor Antritt des Urlaubs zahlt oder vorbehaltlos zusagt (*BAG* 10.2.2015 – 9 AZR 455/13; krit *Ley* BB 2015, 1984). **Urlaubsabgeltungsansprüche** müssen fristgerecht geltend gemacht werden, die Erhebung der Kündigungsschutzklage ist insoweit nicht ausreichend. Der Abgeltungsanspruch entsteht mit der rechtlichen Beendigung des Arbeitsverhältnisses und wird gleichzeitig fällig. Der (gerichtliche) Streit der Parteien über die Wirksamkeit einer Kündigung führt nicht zu einer späteren Entstehung und Fälligkeit des Anspruchs auf Urlaubsabgeltung; maßgeblich ist allein die objektive Rechtslage (*BAG* 27.10.2020 – 9 AZR 531/19 – Rn 33 mwN). Der Anspruch auf Urlaubsabgeltung knüpft nicht an den Fortbestand des Arbeitsverhältnisses an, sondern setzt mit der Beendigung des Arbeitsverhältnisses gerade das Gegenteil voraus. Will der Arbeitnehmer den tariflichen Verfall solcher Ansprüche verhindern, reicht die Erhebung einer Kündigungsschutzklage daher nicht aus (*BAG* 27.10.2020 – 9 AZR 531/19 – Rn 42; 17.10.2017 – 9 AZR 80/17 – EzA § 3 MiLoG Nr. 1, Rn 37; 21.2.2012 EzA § 7 BUrlG Abgeltung Nr. 21). Der Arbeitnehmer hat aber die Möglichkeit, mit der Kündigungsschutzklage einen Eventualantrag auf Zahlung der Urlaubsabgeltung für den Fall des Unterliegens im Kündigungsschutzprozess zu verbinden (vgl. *BAG* 17.1.1995 AP Nr. 66 zu § 7 BUrlG Abgeltung; 21.9.1999 EzA§ 7 BUrlG Abgeltung Nr. 6; Bader/Bram-*Ahrendt* § 4 Rn 146).

IV. Die »Rücknahme« der Kündigung und die Kündigungsschutzklage

1. Die »Rücknahme« der Kündigung vor Klageerhebung

79 Nimmt der Arbeitgeber die Kündigung noch vor der Erhebung einer Kündigungsschutzklage zurück, bedarf es grundsätzlich keiner Klageerhebung mehr. Es genügt, dass der Arbeitnehmer gegenüber dem Arbeitgeber erklärt, dass er mit der Fortsetzung des Arbeitsverhältnisses über den Ablauf der Kündigungsfrist hinaus einverstanden ist. Die Kündigung ist eine **einseitige, empfangsbedürftige rechtsgestaltende Willenserklärung**, die mit ihrem Zugang wirksam wird.

80 Die Kündigung wird dann nicht wirksam, wenn dem Kündigungsadressaten vorher oder gleichzeitig ein Widerruf zugeht (§ 130 Abs. 1 S. 2 BGB). Den Widerruf vor Zugang sollte man indes nicht als **Rücknahme** der Kündigung, sondern mit dem Gesetzeswortlaut als **Widerruf** bezeichnen.

81 Das Gesetz stellt entscheidend auf den **Zugang der Erklärung** ab, nicht auf die **tatsächliche Kenntnisnahme**. Wird die Kündigungserklärung in den Briefkasten eingeworfen, so ist der Zugang bewirkt, wenn und sobald mit der Entnahme zu rechnen ist (*Palandt/Heinrichs* § 130 Rn 6; s.a. Rdn 145) mit der Folge, dass ein einseitiger Widerruf nicht mehr möglich ist, auch wenn der Kündigungsadressat von der Erklärung noch keine Kenntnis genommen hat (*Schwerdtner* ZIP 1982, 640).

82 Da mit dem Zugang der Kündigung die Gestaltungswirkung unmittelbar herbeigeführt wird, kann der Kündigende die einmal erfolgte Kündigung **nicht einseitig zurücknehmen** (*BAG* 21.2.1957 AP Nr. 22 zu § 1 KSchG; 29.1.1981 EzA § 9 KSchG nF Nr. 10; 19.8.1982 EzA § 9 KSchG nF Nr. 14; 17.4.1986 EzA § 615 BGB Nr. 47; 20.4.1994 EzA § 613a BGB Nr. 118 [V 2]; *Schaub/Linck* § 123 Rn 47; *ders.* in *LKB/Linck* Rn 59; SPV-*Preis* Rn 148; ausf. *Arnhold-Zedelius* Die Rücknahme der Kündigung im arbeitsgerichtlichen Kündigungsschutzprozess, 1986).

83 Wenn auch die **Erklärung der »Rücknahme« der Kündigung** die Kündigungserklärung nicht ungeschehen machen kann, so ist ihr nicht jede rechtliche Bedeutung abzusprechen. Sie ist als **Angebot des Kündigenden** anzusehen, entweder ein neues Arbeitsverhältnis abzuschließen oder das alte Arbeitsverhältnis fortzusetzen, bei bereits abgelaufener Kündigungsfrist mit rückwirkender Kraft. Dieses Angebot kann der Kündigungsadressat annehmen. Tut er das, was auch stillschweigend oder durch schlüssiges Handeln geschehen kann (§ 625 BGB; vgl. zu dieser Bestimmung KR-*Fischermeier*/

Krumbiegel § 625 BGB Rdn 32 ff.), etwa dadurch, dass der Arbeitnehmer mit Wissen und ohne Widerspruch des Arbeitgebers die Arbeit wiederaufnimmt, so liegt darin der **Abschluss eines neuen Arbeitsvertrages oder die einverständliche Fortsetzung des alten Arbeitsverhältnisses** (konzeptionell anders *Herschel* Anm. *LAG Nbg.* 5.9.1980 AR-Blattei D Kündigungsschutz Entsch. 207).

Liegen **Gründe nach § 1 KSchG** oder **ein wichtiger Grund iSd § 626 Abs. 1 BGB** nicht vor oder sind andere Unwirksamkeitsgründe gegeben, so sind die Kündigungen unwirksam. Der Arbeitgeber als der Kündigende bringt dann mit der »Rücknahme« der Kündigung nur eine ohnehin feststehende Tatsache zum Ausdruck: Die Kündigung ist unwirksam. Nach § 7 KSchG bzw. § 13 Abs. 3 KSchG iVm § 7 KSchG wird die unwirksame Kündigung wirksam, wenn sie nicht mit der Kündigungsschutzklage angegriffen wird. Erhebt der Arbeitnehmer keine Klage, so wird die unwirksame Kündigung wirksam. Auch in diesem Falle ist eine einseitige »Rücknahme« der Kündigung nicht möglich (anders *LAG Düsseld.* 16.1.1975 DB 1975, 1801). Vielmehr kann der Arbeitnehmer an der Kündigung festhalten (zutr. *LKB/Linck* § 4 Rn 60). Das geschieht durch Verstreichenlassen der Klagefrist (zutr. SPV-*Preis* Rn 149; *Schwerdtner* ZIP 1982, 642). 84

Die »Rücknahme« ist als **Angebot des Arbeitgebers** zu werten, das Arbeitsverhältnis fortzusetzen. Dieses Angebot kann der Arbeitnehmer annehmen oder ablehnen. Hat der Arbeitnehmer keine Kündigungsschutzklage erhoben, bedarf es der Annahme dieses Angebotes, des Einverständnisses des Arbeitnehmers mit der »Rücknahme« (SPV-*Preis* Rn 149). In dem Moment, in dem der Arbeitnehmer zu erkennen gibt, dass er mit der Kündigung nicht einverstanden sei, was auch außergerichtlich durch Verlangen der Fortsetzung des Arbeitsverhältnisses geschehen kann, nimmt der Arbeitnehmer dieses Angebot an mit der Folge, dass das Arbeitsverhältnis zu den alten Bedingungen fortbesteht. 85

Das gilt auch dann, wenn die **Kündigung wirksam** ist (insoweit im Ergebnis *LAG Düsseld.* 16.1.1975 DB 1975, 1801, wenn auch nicht von antezipierter Zustimmung zur Rücknahme der Kündigung gesprochen werden sollte, wenn der Arbeitnehmer die Wirksamkeit der Kündigung leugnet und zugleich den Fortbestand des Arbeitsverhältnisses verlangt). 86

Man sollte in diesen Fällen nicht von einer **zulässigen Rücknahme** der Kündigung oder von Zustimmung zur Rücknahme der Kündigung sprechen (so aber *LAG Düsseld.* 16.1.1975 DB 1975, 1801). 87

Es handelt sich dabei vielmehr um die **einverständliche Fortsetzung des Arbeitsvertrages** mit dem alten Inhalt, also um eine vertragliche Vereinbarung, nicht um eine Rücknahme eines ohnehin unwirksamen Rechtsgeschäfts. Deshalb kann auch dem Urt. des *LAG Düsseld.* vom 29.7.1975 (EzA § 622 BGB nF Nr. 13) nicht gefolgt werden. 88

Bei der »Rücknahme« von Kündigungen, die **iSd § 13 Abs. 2 und 3 KSchG** unwirksam sind (vgl. KR-*Treber/Rennpferdt* § 13 KSchG Rdn 40 ff.), gilt nichts anderes: Wird eine schwangere Arbeitnehmerin, der ohne Zulässigerklärung durch die zuständige Stelle fristlos gekündigt wurde – die Kündigung ist wegen Verstoßes gegen § 9 MuSchG schlechthin nichtig (§ 134 BGB) –, vom Arbeitgeber aufgefordert, ihre Arbeit im Betrieb wiederaufzunehmen, so liegt darin entgegen *LAG Düsseld.* (6.8.1968 BB 1968, 977 = DB 1968, 2136) keine »Rücknahme der Kündigung«, auch keine »Rücknahme der fristlosen Entlassung«, sondern das Angebot des Arbeitgebers, das Arbeitsverhältnis fortzusetzen (zutr. SPV-*Preis* Rn 150; *LAG Düsseld.* 26.5.1975 EzA § 9 KSchG nF Nr. 2). 89

2. Die »Rücknahme« der Kündigung nach Klageerhebung

Hat der Arbeitnehmer Kündigungsschutzklage erhoben und erklärt der Arbeitgeber **im Laufe des Prozesses** die »Rücknahme« der Kündigung, so ist das ein Angebot an den Arbeitnehmer, das Arbeitsverhältnis durch die Kündigung nicht als beendet anzusehen, also unter Beseitigung der Kündigungswirkungen das Arbeitsverhältnis zu den bisherigen Bedingungen unverändert fortzusetzen, und der Sache nach die **Anerkennung des Klageanspruchs** (*BAG* 29.1.1981 EzA § 9 KSchG nF Nr. 10; 19.8.1982 EzA § 9 KSchG nF Nr. 14). In der Rücknahme der Kündigung nach Klageerhebung liegt aber nicht ohne Weiteres ein förmliches Anerkenntnis iSd § 307 ZPO (*BAG* 90

24.5.2018 NZA 2018, 1127, Rn 38). Liegt ein **Anerkenntnis** iSd § **307 ZPO** vor, so ist es Grundlage für den Antrag des klagenden Arbeitnehmers auf Erlass eines **Anerkenntnisurteils** (vgl. *BAG* 29.3.2006 EzA § 2 RVG Anlage 1 – Einigungsgebühr Nr. 2 Rn 18), aber auch dann, wenn der Kläger ein streitiges Urteil wünscht (*BGH* 8.10.1953 BGHZ 10, 336). Die **Kosten des Prozesses** richten sich nach §§ 91, 93 ZPO. Es entstehen: 0,4 ermäßigte Verfahrensgebühr (§ 3 Abs. 2 GKG nF iVm Nr. 8211 GKG KV); für den Anwalt außer der 1,3 Verfahrensgebühr nach §§ 2 Abs. 2, 13 RVG iVm Nr. 3100 VV die volle 1,2 Terminsgebühr Nr. 3104 VV.

91 Das Angebot des Arbeitgebers kann der Arbeitnehmer nach den allg. Regeln über den Vertragsabschluss gem. §§ 145 ff. BGB annehmen oder ablehnen (*BAG* 19.8.1982 EzA § 9 KSchG nF Nr. 14; *Bernert* Anm. *BAG* AP Nr. 9 zu § 9 KSchG 1969; *Schmädicke/Leister* ArbRB 2007, 280). Die Annahme dieses Angebots kann in der Aufrechterhaltung der Kündigungsklage (diff. SPV-*Preis* Rn 151) oder in der Erledigungserklärung nebst Kostenantrag (*BAG* 17.4.1986 EzA § 615 BGB Nr. 47) liegen; sie kann aus dem sonstigen Verhalten des Arbeitnehmers entnommen werden, wenn er keinen Antrag nach §§ 9, 10 KSchG gestellt hatte und diesen auch nicht unverzüglich stellt (**aA** *LKB-Linck* Rn 63; SPV-*Preis* Rn 159; APS-*Hesse* Rn 131; vgl. Rdn 100). In der Tatsache der Erhebung der Kündigungsschutzklage allein ist **keine vorweggenommene Annahme** des Angebots zu sehen (*BAG* 19.8.1982 – 2 AZR 230/80; *Hako-Gallner* Rn 80). Das Angebot zur Fortsetzung des Arbeitsverhältnisses wird bereits dann abgelehnt, wenn der Arbeitnehmer darauf hinweist, dass es bei der einmal ausgesprochenen Kündigung verbleibe und eine Grundlage für eine weitere vertrauensvolle Zusammenarbeit nicht mehr gegeben sei und damit für eine Weiterbeschäftigung wohl kein Raum mehr sei, und die Stellung eines Auflösungsantrages im laufenden Kündigungsrechtsstreit erwogen werde (*LAG Nbg.* 5.9.1980 AR-Blattei D Kündigungsschutz Entsch. 207; 23.9.1992 LAGE § 75 HGB Nr. 1). In der Stellung des Auflösungsantrags gem. § 9 KSchG nach der erklärten »Rücknahme« der Kündigung liegt idR die Ablehnung des Arbeitgeberangebots, die Wirkungen der Kündigung rückgängig zu machen und das Arbeitsverhältnis fortzusetzen (*BAG* 19.8.1982 – 2 AZR 230/80, EzA § 9 KSchG nF Nr. 14). Während Einigkeit darüber besteht, dass die »Rücknahme« der Kündigung keine Wirkungen entfaltet, wenn der Antrag nach § 9 KSchG vor der Rücknahme bereits gestellt war (*LAG Hamm* 3.3.1982 DB 1982, 2706) oder der Arbeitnehmer ihn noch unverzüglich stellt (zutr. *Schwerdtner* ZIP 1982, 639 ff.; dazu s. Rdn 98 ff.), findet sich im Übrigen eine unterschiedliche Terminologie. Nach früherer Ansicht des *BAG* (26.11.1981 EzA § 9 KSchG nF Nr. 11) enthält die Rücknahme der Kündigung im allg. auch das Angebot des Arbeitgebers, das Arbeitsverhältnis zu den bisherigen Bedingungen fortzusetzen, das der Arbeitnehmer durch die Erhebung der Kündigungsschutzklage bereits antizipiert angenommen haben kann (so auch *LAG Brem.* 25.1.1983 – 4 Sa 130/82, insoweit nv; offen gelassen von *BAG* 29.1.1981 § 9 KSchG nF Nr. 10). Oft wird auch von antizipierter Zustimmung des Arbeitnehmers zur Rücknahme der Kündigung des Arbeitgebers gesprochen (*LAG Hamm* 9.6.1981 ARSt 1982, Nr. 1236 = AR-Blattei D Kündigungsschutz Entsch. 218; *LAG Hamm* 3.3.1982 ZIP 1982, 468; *Bleistein/ Matthes* Rn 953). Das *BAG* hat in seiner Entsch. vom 19.8.1982 (– 2 AZR 230/80 EzA § 9 KSchG nF Nr. 14) klargestellt, dass in der Erhebung der Kündigungsschutzklage keine antizipierte Zustimmung des Arbeitnehmers zur Rücknahme der Kündigung durch den Arbeitgeber liegt (zutr. *Schaub/ Linck* § 123 Rn 48). Nach SPV-*Preis* Rn 156 muss im Regelfall von einem Willen zur Fortsetzung des Arbeitsverhältnisses ausgegangen werden; **im Zweifel** müsse das **richterliche Fragerecht (§ 139 ZPO)** ausgeübt werden.

92 Wenn die Parteien verabredet haben, die angefochtene Kündigung solle keine Rechtswirkungen (mehr) entfalten, **entfällt** grundsätzlich das **Rechtsschutzbedürfnis** für eine Beendigungs- oder Änderungsschutzklage (*BAG* 24.5.2018 – 2 AZR 67/18 Rn 41, offen lassend, ob es ausnahmsweise bestehen bleibt, solange der Antrag als »kleines Schleppnetz« (Rdn 290) in Bezug auf eine Folgekündigung dienen kann). Mit der Annahme des in der »Rücknahme« der Kündigung durch den Arbeitgeber liegenden Angebots, das Arbeitsverhältnis fortzusetzen, ist dann der **Rechtsstreit in der Hauptsache erledigt**. Der Arbeitnehmer ist dann gehalten, den Kündigungsschutzantrag für erledigt zu erklären (vgl. *BAG* 24.5.2018 – 2 AZR 67/18 Rn 43; *Niemann* NZA 2019, 65, 69; *Schwerdtner* ZIP 1982, 643). In einer Erledigungserklärung des Klägers kann ggf. auch die

Annahme des Angebots auf Fortsetzung des Arbeitsverhältnisses liegen (*BAG* 17.4.1986 – 2 AZR 308/85 [I 1]; *LKB-Linck* Rn 63). Der Arbeitgeber hat idR die Kosten des Kündigungsverfahrens zu tragen (§ 93 ZPO; vgl. *LAG Hamm* 9.6.1981 ARSt 1982, Nr. 1236). In einer solchen Situation wird nicht selten ein Vergleich des Inhalts geschlossen, dass Einigkeit darüber besteht, dass das Arbeitsverhältnis der Parteien über den Kündigungstermin hinaus zu den bisherigen Arbeitsbedingungen ungekündigt fortbesteht. Eine solche einvernehmliche Regelung ermöglicht anders als eine durch Urteil erstrittene Weiterbeschäftigung eine unbelastete Fortsetzung des Arbeitsverhältnisses, so dass eine Einigungsgebühr entstanden ist; der Arbeitgeber hat nicht nur den geltend gemachten Anspruch erfüllt, ein Anerkenntnis iSd der Nr. 1000 VV ist nicht gegeben (*LAG Nds.* 18.2.2005 LAGE § 11 RVG Nr. 1; *LAG Bln.* 8.6.2005 – 17 Ta 1623/05; *LAG Düsseld.* 15.8.2005 LAGE § 11 RVG Nr. 1a; 15.8.2005 LAGE § 11 RVG Nr. 1b; *LAG Köln* 2.9.2005 LAGE § 11 RVG Nr. 2). Wegen der Kostenprivilegierung der unstreitigen Beendigung des Verfahrens kommt auch die Rücknahme der Klage in Betracht. Streiten die Parteien darüber, ob eine Vereinbarung über die Rücknahme der Kündigung zustande gekommen ist, kann der Arbeitnehmer die Feststellung beantragen, dass das Arbeitsverhältnis durch die – keine Rechtswirkungen entfaltende – Kündigung vom (Datum) nicht aufgelöst worden ist (*Niemann* NZA 2019, 65, 69).

In beiden Fällen hat der Arbeitgeber dem Arbeitnehmer die **Arbeitsvergütung** für die Zeit zwischen Zugang der Kündigung (bei fristloser Kündigung) oder Ablauf der Kündigungsfrist (bei ordentlichen Kündigungen) bis zum Zeitpunkt der »Rücknahme« der Kündigung zu zahlen. Durch das Anerkenntnis bzw. die Vereinbarung, das Arbeitsverhältnis zu alten Bedingungen fortzusetzen, ist geklärt, dass der Arbeitgeber in Annahmeverzug geraten ist und daher gem. § 615 BGB die Arbeitsvergütung zu zahlen hat. Der Arbeitnehmer muss seine Arbeit unverzüglich wiederaufnehmen, will er sich nicht dem Vorwurf einer Verletzung arbeitsvertraglicher Pflichten aussetzen. 93

In der **Aufforderung** nach unwirksamer fristloser Entlassung, **die Arbeit wiederaufzunehmen**, liegt keine »Rücknahme der Kündigung«, wie das *LAG Düsseld.* meint (6.8.1968 BB 1968, 997 = DB 1968, 2136, allerdings zu § 9 MuSchG), ja dies ist nicht einmal geeignet, den Annahmeverzug des Arbeitgebers zu beenden, die Ablehnung dieser Aufforderung könne allenfalls ein böswilliges Unterlassen anderweitigen Erwerbs (§ 615 S. 2 BGB) darstellen (*BAG* 14.11.1985 EzA § 615 BGB Nr. 46; vgl. auch *BAG* 15.1.1986 EzA § 1 LFZG Nr. 79; aA *LAG Hamm* 18.10.1985 DB 1986, 1394; vgl. auch *LAG Hamm* 24.1.1984 ARSt 1984 Nr. 1058); der Annahmeverzug endet erst mit Abgabe der »Rücknahme«, des in ihr liegenden vorbehaltlosen Angebots auf Fortsetzung des Arbeitsverhältnisses (*LAG Hamm* 22.10.1982 ARSt 1982 Nr. 1198 = ZIP 1982, 486). 94

Es ist denkbar, in dem Verhalten des Arbeitnehmers das Angebot zu sehen, das der Arbeitgeber durch »Rücknahme« der Kündigung oder Aufforderung, die Arbeit wiederaufzunehmen, annimmt (vgl. *LAG Hamm* 9.12.1953 AP 54 Nr. 117). 95

Dabei kann der Arbeitnehmer die Wiederaufnahme seiner Tätigkeit nicht von einer **Erklärung** des Arbeitgebers abhängig machen, dass die Zwischenzeit gem. § 615 BGB **bezahlt** werde (insoweit zutr. *LAG Düsseld.* 6.8.1968 BB 1968, 997 = DB 1968, 2136, allerdings zu § 9 MuSchG; zust. SPV-*Preis* Rn 157; anders *LAG Frankf.* 24.4.1957 DB 1957, 900; vgl. auch *BAG* 21.5.1981 EzA § 615 BGB Nr. 40; *Peter* DB 1982, 492 f.; *Weber* SAE 1982, 94 ff.). 96

In der Praxis wird immer wieder versucht, einem **Auflösungsantrag durch »Rücknahme«** der Kündigung zu **entgehen**. Häufig wird **nach »Rücknahme« der Kündigung noch** umgehend ein **Auflösungsantrag** gestellt, was ein Zeichen dafür sein kann, dass es dem Arbeitnehmer am Ende gar nicht um die Erhaltung des Arbeitsplatzes geht, sondern um eine Abfindung insbes. dann, wenn gleich zu Beginn der Güteverhandlung (§ 54 ArbGG) die »Rücknahme« der Kündigung erklärt wird. 97

Hat der Arbeitnehmer bereits vor der »Rücknahme« der Kündigung den Auflösungsantrag nach §§ 9, 10 KSchG gestellt, so kann diesem Antrag der Boden nicht dadurch entzogen werden, dass der Arbeitgeber die Kündigung »zurücknimmt« (allg. Ansicht: *BAG* 29.1.1981 EzA § 9 KSchG nF Nr. 10; 19.8.1982 EzA § 9 KSchG nF Nr. 14; SPV-*Preis* Rn 158). 98

99 Durch die einseitige »Rücknahme« der Kündigung kann daher dem Arbeitnehmer das Recht, die Auflösung des Arbeitsverhältnisses gem. § 9 Abs. 1 KSchG zu beantragen, nicht genommen werden (*LAG Nbg.* 5.9.1980 AMBl. 1981, C 13 = ARSt 1981 Nr. 1199; *LAG SchlH* 7.5.1981 AR-Blattei D Kündigungsschutz Entsch. 216). Das gilt nach *LAG Brem.* (25.1.1983 ARSt 1983, 78 Nr. 1099 = AuR 1983, 216; vgl. *LAG Köln* 6.11.2008 – 7 Sa 786/08) insbes. dann, wenn das Angebot einer Weiterbeschäftigung nicht mit den vorherigen Arbeitsbedingungen identisch ist.

100 Das Bedenken, dass durch den **nachträglichen Antrag** das KSchG in ein Abfindungsverschaffungsgesetz umfunktioniert wird, ist deswegen nicht ausschlaggebend, weil in einem solchen Fall der Auflösungsantrag des Arbeitnehmers häufig nicht begründet sein wird (*LAG Köln* 6.11.2008 – 7 Sa 786/08; zur Unzumutbarkeit der Fortsetzung des Arbeitsverhältnisses vgl. KR-*Spilger* § 9 KSchG Rdn 45 ff.). Daher ist der hM zu folgen, dass auch nach der »Rücknahme« der Kündigung ein Auflösungsantrag nach §§ 9, 10 KSchG möglich ist. Allerdings muss der Arbeitnehmer diesen Antrag **unverzüglich** nach der Kündigungsrücknahme stellen (so zutr. *LAG Düsseld.* 26.5.1975 EzA § 9 KSchG nF Nr. 2; *LAG Frankf.* 9.3.1983 – 10 Sa 700/82; *ArbG Siegen* 14.12.1984 DB 1985, 975; *Hueck* FS für Nipperdey, S. 104 ff.; *Schwerdtner* ZIP 1982, 642 f.; *ders.* Jura 1986, 101; *Sonnemann* Anm. zu *LAG Nds.* 19.1.1996, BB 1996, 1119, 1120; *BAG* 19.8.1982 EzA § 9 KSchG nF Nr. 14; ohne auf die Frage der Unverzüglichkeit einzugehen, offen gelassen noch von *BAG* 29.1.1981 EzA § 9 KSchG nF Nr. 10; *LAG Nbg.* 5.9.1980 AMBl. 1981, C 13 = ARSt 1981 Nr. 1199; krit. *Corts* SAE 1982, 104; **aA** *Thüsing* AuR 1996, 245, 248 f.; *Schmädicke/Leister* ArbRB 2007, 280 mwN Fn 14; vgl. auch Rdn 91). Andernfalls ist das in der »Rücknahme« der Kündigung durch den Arbeitgeber zu sehende Vertragsangebot als angenommen anzusehen (**aA** SPV-*Preis* Rn 159; HaKo-KSchR/*Gallner* § 4 Rn 81; APS-*Hesse* § 4 Rn 131).

101 Grundsätzlich kann über die Rechtswirksamkeit der Kündigung und über die Auflösung des Arbeitsverhältnisses nur einheitlich entschieden werden. Eine Aufteilung der Entscheidung in ein Teilurteil wegen der Unwirksamkeit der Kündigung und ein Schlussurteil wegen Auflösung gegen Abfindung ist im allg. nicht zulässig (*BAG* 4.4.1957 AP Nr. 1 zu § 301 ZPO; 9.12.1971 AP Nr. 3 zu Art. 56 ZA-Nato-Truppenstatut; *LAG Köln* 6.11.1998 – 4 (11) Sa 510/98, betr. rechtskräftig gewordenes Teilversäumnisurteil hinsichtlich der Nichtauflösung des Arbeitsverhältnisses durch die Kündigung, späterer Abweisung des Auflösungsantrages als unzulässig, arg. § 9 Abs. 1 S. 3 KSchG). Das gilt nicht, wenn der Arbeitgeber hinsichtlich der Unwirksamkeit der Kündigung ein Anerkenntnis nach § 307 ZPO abgibt und der Arbeitnehmer einen Antrag nach § 9 KSchG gestellt hatte oder unverzüglich stellt. Das Arbeitsgericht muss in einem solchen Fall ein Teilanerkenntnisurteil erlassen, weil § 301 Abs. 2 ZPO nicht anwendbar ist und eine Teilbarkeit wegen des erforderlichen Antrags nach § 9 KSchG gegeben ist (*BAG* 29.1.1981 EzA § 9 KSchG nF Nr. 10; **aA** *LAG Köln* 25.4.1997 – 11 Sa 1395/96).

102 Trotz förmlichen Anerkenntnisses iSd § 307 ZPO und trotz Vertragsangebots seitens des Arbeitgebers, das Arbeitsverhältnis fortzusetzen, kann der **Arbeitnehmer** gem. § 12 KSchG **die Fortsetzung der Arbeit durch Erklärung gegenüber dem alten Arbeitgeber verweigern** (*LAG Hamm* 3.3.1982 ZIP 1982, 488; *Schwerdtner* ZIP 1982, 644). Dieses Recht des Arbeitnehmers kann der Arbeitgeber ebenso wenig wie sein Recht auf Auflösung des Arbeitsverhältnisses unter den Voraussetzungen der §§ 9, 10 KSchG durch »Rücknahme« der Kündigung vereiteln (*v. Hoyningen-Huene/Linck* Rn 60; SPV-*Preis* Rn 160).

103 Trotz **einseitiger Erledigungserklärung** kann der Arbeitnehmer in der mündlichen Verhandlung ohne weiteres zu seinem Kündigungsschutzantrag aus der Klageschrift zurückkehren, wenn sich der Arbeitgeber der Erledigungserklärung nicht anschließt. In diesem Fall hat die einseitige Erledigungserklärung des Arbeitnehmers auf die dreiwöchige Klagefrist des § 4 KSchG keine Auswirkung (*BAG* 18.5.2006 – 2 AZR 245/05, Rn 24).

V. Die Parteien des Kündigungsschutzprozesses

1. Der Arbeitnehmer

Die Entscheidung, ob die Unwirksamkeit der Kündigung geltend gemacht wird, also das Arbeitsverhältnis fortgesetzt werden soll, ist ein **höchstpersönliches Recht**, das nur dem Arbeitnehmer selbst zusteht. Nur er hat zu bestimmen, ob er Klage nach § 4 KSchG erheben will, selbst wenn Dritte ein Interesse an dem Fortbestand des Arbeitsverhältnisses haben (*BAG* 20.6.2013 EzA § 35 InsO Nr. 1, Rn 25, unter Hinw. auf *BAG* 18.1.2012 EzA § 620 BGB 2002 Altersgrenze Nr. 1, Rn 14, zur Befristungskontrollklage durch die Erben; *LKB/Linck* Rn 65; LSSW-*Spinner* Rn 31; SPV-*Vossen* Rn 1900).

104

So sind der **Pfändungsgläubiger** und der **Zessionar** von Lohnforderungen nicht berechtigt, die Kündigungsschutzklage zu erheben (*v. Hoyningen-Huene/Linck* Rn 62; LSSW-*Spinner* § 4 Rn 32; HaKo-KSchR/*Gallner* § 4 Rn 92 ff.).

105

Fraglich ist, ob die **Krankenkasse**, die einem arbeitsunfähig erkrankten Arbeitnehmer Krankengeld gewährt hat und dem dann gekündigt worden ist, die Sozialwidrigkeit oder sonstige Unwirksamkeit der Kündigung im Hinblick auf § 115 SGB X, früher § 182 Abs. 10 RVO gegen den Arbeitgeber geltend machen kann. Die Krankenkasse kann nur selten geltend machen, dass ein Arbeitsverhältnis aus Anlass der Krankheit gekündigt worden ist und der Anspruch auf den gem. § 6 LFZG, jetzt § 8 EFZG fortzuzahlenden Lohn gem. § 115 SGB X übergegangen ist, soweit sie mit Krankengeld in Vorlage getreten ist. Auch die Krankenkasse ist **nicht berechtigt**, anstelle des Arbeitnehmers eine **Kündigungsschutzklage** gegen eine nicht aus Anlass der Erkrankung oder aus sonstigen Gründen ausgesprochene Kündigung **zu erheben** (*LAG Düsseld.* 18.8.1970 BB 1971, 131; *Feichtinger/Malkmus* EFZG 2. Aufl., § 8 Rn 45).

106

Das gilt auch **für den Fall der fristlosen Kündigung**. Die Rechtsunwirksamkeit einer vom Arbeitgeber nicht aus Anlass der Erkrankung ausgesprochenen und vom Arbeitnehmer nicht angefochtenen fristlosen Kündigung kann die Krankenkasse nicht mit Erfolg vor dem ArbG geltend machen (*ArbG Bremerhaven* 10.6.1970 EEK II/208; *LAG Düsseld.* 18.8.1970 EEK II/019; *Feichtinger/Malkmus* EFZG 2. Aufl., § 8 Rn 45; anders *LAG Bay.* 28.6.1972 EEK II/044).

107

Demgegenüber hat das *BAG* mit Urt. v. 29.11.1978 (EzA § 6 LFZG Nr. 9) und v. 2.12.1981 (EzA § 6 LFZG Nr. 20) den Standpunkt vertreten, dass sich die Krankenkasse auf die Unwirksamkeit der fristlosen Kündigung berufen könne, wenn der Arbeitnehmer keinen Kündigungsschutz iSd KSchG genieße (ebenso *LAG Frankf.* 21.11.1988 EEK I/981 betr. wegen Verstoßes gegen § 9 Abs. 1 S. 1 MuSchG unwirksame Kündigung). Dem dürfte der im Urt. vom 29.11.1978 nur unzureichend (zu 2e der Gründe) zum Ausdruck gekommene Gedanke zugrunde liegen, der Forderungsübergang diene der vom Gesetz gewollten Verteilung der durch die Krankheit des Arbeitnehmers entstandenen Kosten zwischen Krankenversicherung und Arbeitgeber. Es liege nicht im Belieben des Arbeitnehmers, diese Aufteilung zu ändern und zu Lasten der Versicherungsgemeinschaft des Krankenversicherungsträgers zu verschieben. Das gelte jedenfalls dann, wenn der Arbeitnehmer, was die Kündigung anbelange, untätig bleibe und nicht zu erkennen gebe, dass er mit der fristlosen Kündigung einverstanden sei. Diese Rspr. ist überholt, weil das Gesetz zu Reformen am Arbeitsmarkt die Klagefrist des § 4 KSchG ohne Rücksicht darauf eingeführt hat, ob das Arbeitsverhältnis dem allgemeinen Kündigungsschutz unterliegt (s. Rdn 17 ff.). Unabhängig davon gilt Folgendes:

108

Zwar wird auch in Fällen fehlenden Kündigungsschutzes iSd KSchG die unwirksame Kündigung idR gem. § 7 KSchG iVm § 13 KSchG wirksam. Die Kündigung ist aber gleichwohl unwirksam, wenn Gründe vorliegen, die von § 4 S. 1 KSchG, § 13 Abs. 3 KSchG nicht erfasst werden, in erster Linie mündliche Kündigungen und Kündigungen, die zwar in Textform, aber nicht formwirksam iSd § 623 Abs. 1 BGB erklärt wurden (dazu s. KR-*Spilger* § 623 BGB). Es bleibt daher die Frage offen, ob es nicht auch in diesen Fällen dem Arbeitnehmer als sein höchstpersönliches Recht überlassen bleiben muss, die Kündigung anzugreifen oder nicht. Das BAG verneint diese Frage unter Hinweis auf das KSchG (zu 1b der Gründe). Es ist zweifelhaft, ob der Forderungsübergang der

109

Krankenkasse die **Prozessführungsbefugnis** hinsichtlich der Geltendmachung der Unwirksamkeit der Kündigung gibt, obwohl der Arbeitnehmer – möglicherweise aus gutem Grunde – die Kündigung untätig hinnimmt und gegen sich gelten lässt. Immerhin erscheint es als bedenklich, dass die Krankenkasse den Arbeitnehmer in einen Prozess um die Wirksamkeit der Kündigung soll einbeziehen dürfen, den zu führen der Arbeitnehmer ersichtlich nicht gewillt ist. Hier muss die persönliche Entscheidung des Arbeitnehmers, die Kündigung hinzunehmen, wobei diese Entscheidung auch in dem Untätigbleiben des Arbeitnehmers zu sehen ist, Vorrang vor den finanziellen Belangen der Krankenkasse haben. Ob die Rspr. des BAG, der das *BSG* (23.2.1988 NZA 1988, 557) und ein Teil der Literatur gefolgt sind (vgl. die Nachw. 6. Aufl., Rn 79) in Anbetracht der wegen des Gesetzes zu Reformen am Arbeitsmarkt – Einhaltung der Klagefrist für nahezu alle Unwirksamkeitsgründe unabhängig vom Eingreifen des KSchG erforderlich – jedenfalls praktisch nur noch eingeschränkter Relevanz aufrechterhalten werden wird, bleibt abzuwarten (vgl. HaKo-KSchR/*Gallner* § 4 Rn 96 aE). Zu weiteren Fallkonstellationen vgl. KR 9. Aufl. Rn 79.

110 Auf der anderen Seite begibt sich der Arbeitnehmer seiner Rechte gegen den Sozialleistungsträger, die von dem Fortbestand des Arbeitsverhältnisses abhängig sind, wenn er die Kündigungsschutzklage zurücknimmt und damit die Kündigung rückwirkend wirksam wird (vgl. zutr. *BSG* 12.8.1987 ZIP 1987, 1400: Kein KAUG-Anspruch bei Rücknahme der Kündigungsschutzklage nach Ablehnung der Konkurseröffnung mangels Masse).

111 Machen der **Zessionar** aufgrund von Abtretung, die **Krankenkasse aufgrund gesetzlichen Forderungsüberganges** oder der **Pfandgläubiger Lohnansprüche** für die Zeit nach Ablauf der Kündigungsfrist (oder für die Zeit nach Zugang der Erklärung der fristlosen Kündigung) gegen den Arbeitgeber geltend, **ehe über die** vom Arbeitnehmer erhobene **Kündigungsschutzklage** (oder die Klage gegen die fristlose Kündigung) **rechtskräftig entschieden** ist, so ist nach § 148 ZPO der Prozess auszusetzen oder die Klage als zurzeit unbegründet abzuweisen (vgl. *v. Hoyningen-Huene/Linck* Rn 62). Ist eine Kündigungsschutzklage noch nicht anhängig, ist aber die Dreiwochenfrist noch nicht abgelaufen, so kann an **Vertagung** gedacht werden.

112 Für den **Erben des Arbeitnehmers** gilt Folgendes:

113 Wenn der Arbeitnehmer **nach Zugang** der Kündigung während der Dreiwochenfrist oder den nach §§ 5 und 6 KSchG maßgebenden Fristen, aber **nach Ablauf der Kündigungsfrist** stirbt, ist der Erbe berechtigt, Kündigungsschutzklage zu erheben und den **Lohn** bis zum Tode des Arbeitnehmers zu verlangen. Es muss verhindert werden, dass die Kündigung gem. § 7 KSchG wirksam wird. Mit einer Lohnklage allein – dem Erben steht der Lohn bis zum Zeitpunkt des Todes des Arbeitnehmers zu, wenn die Voraussetzungen des § 615 BGB gegeben sind – kann dieses Ziel nicht erreicht werden (vgl. Rdn 40; SPV-*Preis* Rn 1900; HaKo-KSchR/*Gallner* § 4 Rn 97; LSSW-*Spinner* Rn 33; *LAG Hamm* 19.9.1986 NZA 1987, 669).

114 Stirbt der Arbeitnehmer **nach Klageerhebung** und **nach Ablauf der Kündigungsfrist**, so gilt nichts anderes (zutr. *v. Hoyningen-Huene/Linck* Rn 63; zur entsprechenden Rechtslage bei § 17 TzBfG *BAG* 18.1.2012, EzA § 620 BGB 2002 Altersgrenze Nr. 13, Rn 14). Das Arbeitsverhältnis wird dann im Falle der Unwirksamkeit der Kündigung erst durch den Tod des Arbeitnehmers beendet. Wegen der Lohnansprüche bis zum Tode des Arbeitnehmers, die von dem Ausgang des Kündigungsrechtsstreits abhängen, hat der Erbe auch hier ein Interesse daran, die Unwirksamkeit der Kündigung feststellen zu lassen. Allerdings tritt eine **Unterbrechung des Verfahrens** ein bis zur **Aufnahme des Verfahrens durch die Erben**. Es handelt sich um einen Fall des gesetzlichen Parteiwechsels durch Aufnahme des Rechtsstreits iSv § 239 Abs. 1, § 250 ZPO (*BAG* 18.1.2012, EzA § 620 BGB 2002 Altersgrenze Nr. 13, Rn 14). Auch im Berufungsrechtszug kommt ein Aussetzungsantrag des Arbeitgebers nach § 246 Abs. 1 ZPO in Betracht.

115 Stirbt der Arbeitnehmer **vor Ablauf der Kündigungsfrist**, so endet das Arbeitsverhältnis mit dem Tode des Arbeitnehmers. Hatte der Arbeitnehmer bereits vor seinem Tode Kündigungsschutzklage erhoben, so wird die von den Erben weiterverfolgte **Klage unschlüssig. Die Hauptsache** ist durch den Tod des Arbeitnehmers **erledigt**. Das gilt nicht nur für den Feststellungsantrag aus § 4 KSchG,

sondern auch für den Antrag nach § 9 Abs. 1 KSchG, das Arbeitsverhältnis durch Urteil aufzulösen und den Arbeitgeber zur Zahlung einer Abfindung zu verurteilen. In einem solchen Fall ist ein auf § 91a ZPO gestützter **Kostenantrag** angezeigt. Setzt der Erbe des Arbeitnehmers den Rechtsstreit gleichwohl in der Hauptsache fort, so ist die Klage mit der sich aus § 91 ZPO ergebenden Kostenfolge abzuweisen (*BAG* 15.12.1960 AP Nr. 21 zu § 3 KSchG; HaKo-KSchR/*Gallner* § 4 Rn 97).

2. Der Arbeitgeber

Zu verklagen ist der Arbeitgeber. Er ist der **Arbeitsvertragspartner**. Die Zulässigkeit der Klage setzt die Parteifähigkeit des Beklagten voraus. Parteifähig ist, wer rechtsfähig ist (§ 50 Abs. 1 ZPO). Streiten die Parteien gerade über die Existenz oder die Parteifähigkeit eines Prozessbeteiligten oder über die sich aus deren Erlöschen ergebenden Folgen, ist die Parteifähigkeit als Prozessvoraussetzung zu unterstellen (*BAG* 21.11.2013 EzA § 164 SGB V Nr. 1, Rn 26).

116

a) Vertragspartner

Wer Arbeitgeber ist, ist in der Praxis nicht selten zweifelhaft (zur Auslegung gegen wen sich die Klage richtet Rdn 212). Insbesondere bei **Gesellschaften mit beschränkter Haftung** (GmbH) und bei **Kommanditgesellschaften**, insbes. bei der GmbH und Co KG wird mitunter gestritten, ob Arbeitgeber die Gesellschaft, der Geschäftsführer persönlich oder die GmbH-Komplementärin ist. Ist streitig, ob die GmbH oder der Geschäftsführer persönlich Arbeitgeber sind, können folgende Gesichtspunkte entscheidend sein: Nach § 36 GmbHG aF (aufgehoben durch Art. 1 Nr. 25 Gesetz zur Modernisierung des GmbH-Rechts und zur Bekämpfung von Missbräuchen – MoMiG – in Kraft ab 1.11.2008 BGBl. I S. 2026, 2029 mit der Begründung »§ 36 stimmt inhaltlich mit § 164 Abs. 1 BGB überein und ist daher überflüssig«, GesetzE BReg. Stand 23.5.2007 S. 99) wurde eine GmbH durch die in ihrem Namen von den **Geschäftsführern** (dazu im Lichte des MoMiG *Körber/Kliebisch* JuS 2008, 1047) vorgenommenen Geschäfte berechtigt und verpflichtet (vgl. § 78 Abs. 2 S. 1 AktG). Entsprechendes folgt aus § 164 Abs. 1 BGB. Es ist gleichgültig, ob das Geschäft im Namen der Gesellschaft vorgenommen worden ist oder ob die Umstände ergeben, dass es nach dem Willen der Beteiligten für die Gesellschaft vorgenommen werden sollte. Auf den **Wortlaut** der vom Geschäftsführer abgegebenen Erklärung kommt es nicht entscheidend an. Aus den **Gesamtumständen** ist zu klären, wer Vertragspartner des Arbeitnehmers war. Nach der Verkehrsauffassung ist anzunehmen, dass ein Geschäftsführer dann, wenn er über eine Angelegenheit verhandelt, die die Gesellschaft betrifft, auch für diese handeln will (vgl. *Hachenburg/Schilling* GmbHG, 6. Aufl., 1956 ff. § 36 Rn 3; *LAG Hamm* 25.9.2008 – 11 Sa 216/08). Auch die weitere Entwicklung des Arbeitsverhältnisses kann Aufschluss über den Arbeitgeber geben (vgl. *Staudinger/Coing* 11. Aufl., § 133 Rn 35). So lässt die Tatsache, dass die GmbH, vertreten durch ihren Geschäftsführer, die Kündigung ausgesprochen hat, den **Rückschluss zu, dass die GmbH Arbeitgeberin war** (*BAG* 6.2.1975 – 2 AZR 6/74, nv). Entsprechend ist bei der GmbH und Co KG zu prüfen, ob Arbeitgeber die KG, die GmbH oder der Geschäftsführer der GmbH persönlich ist.

117

b) Faktisches Arbeitsverhältnis

Ist der Arbeitsvertrag **nichtig** oder eine ihm zugrundeliegende Willenserklärung **berechtigt angefochten** und war der Arbeitsvertrag **bereits in Vollzug gesetzt**, so ist das sog. **faktische Arbeitsverhältnis** entstanden. Zwar kann der Arbeitgeber sich durch einseitige Erklärung von dem faktischen Arbeitsverhältnis lösen, ohne durch das KSchG gebunden zu sein. Will der Arbeitnehmer gleichwohl Klage erheben, wobei es sich nicht um eine solche nach § 4 KSchG handelt (vgl. Rdn 30), sondern nur um eine Feststellungsklage nach § 256 ZPO oder aber sogleich um eine Leistungsklage, so ist diese Klage gegen den zu richten, der die Arbeitsleistung im Rahmen des faktischen Arbeitsverhältnisses erhalten hat.

118

c) Mittelbares Arbeitsverhältnis

Handelt es sich um ein **mittelbares Arbeitsverhältnis** (vgl. dazu iE KR-*Rachor* § 1 KSchG Rdn 71 f.), so ist die Klage gegen den **Mittelsmann** zu richten (*BAG* 21.2.1990 EzA § 611 BGB

119

Arbeitnehmerbegriff Nr. 32; vgl. *BAG* 9.4.1957 AP Nr. 2 zu § 611 BGB Mittelbares Arbeitsverhältnis; APS-*Hesse* Rn 38). Eine Kündigungsschutzklage gegen den mittelbaren Arbeitgeber ist nicht möglich. Wird die Kündigungsschutzklage des Arbeitnehmers gegen den unmittelbaren Arbeitgeber (zB Kapellmeister) abgewiesen, so steht fest, dass kein unmittelbares Arbeitsverhältnis mehr besteht. Damit entfällt auch ein mittelbares Arbeitsverhältnis (zB Rundfunk). Wird der Kündigungsschutzklage stattgegeben, so steht fest, dass das unmittelbare und damit auch das mittelbare Arbeitsverhältnis fortbestehen (*BAG* 9.4.1957 AP Nr. 2 zu § 611 BGB Mittelbares Arbeitsverhältnis; *A. Hueck* Anm. zu *BAG* 9.4.1957 [zu 5 der Gründe]). Ausnahmsweise kann eine Klage, idR aber nur eine Leistungsklage, auch gegen den **wirtschaftlichen Empfänger** der Arbeitsleistung, den mittelbaren Arbeitgeber gerichtet werden, wenn der unmittelbare Arbeitgeber seine Verpflichtungen nicht erfüllt (*A. Hueck* Anm. zu *BAG* 9.4.1957 AP Nr. 2 zu § 611 BGB Mittelbares Arbeitsverhältnis [zu 5 der Gründe]). Kommt dem unmittelbaren Arbeitgeber (zB Hausmeister) keine Arbeitgeberfunktion zu und kann er keine unternehmerischen Entscheidungen treffen und Gewinn erzielen, ist er als verlängerter Arm des mittelbaren Arbeitgebers (zB Schulträger) gleichsam nur vorgeschoben, so liegt eine Gesetzesumgehung vor und der mittelbare Arbeitgeber erweist sich als der eigentliche Arbeitgeber (zutr. *Zeiss* SAE 1983, 49; vgl. *BAG* 20.7.1982 EzA § 611 BGB Mittelbares Arbeitsverhältnis Nr. 1). Ist ein derartiger »Durchgriff« wegen der tatsächlichen Umstände denkbar, ist es zweckmäßig, die Kündigungsschutzklage sowohl gegen den unmittelbaren als auch den mittelbaren Arbeitgeber zu richten (vgl. dazu *Röhsler* AR-Blattei SD 220.3 Arbeitsvertrag – Arbeitsverhältnis III Rn 82). Nach *LAG Bln.* (1.9.1989 LAGE § 611 BGB Arbeitnehmerbegriff Nr. 2) muss die Frist des § 4 S. 1 KSchG eingehalten werden, wenn der Arbeitnehmer den Hintermann seines vertraglichen Arbeitgebers in Anspruch nehmen will.

d) Arbeitnehmerüberlassung

120 Ist der Arbeitnehmer in einem **Leiharbeitsverhältnis** (vgl. dazu iE KR-*Rachor* § 1 KSchG Rdn 68 ff.) beschäftigt, so ist die Klage gegen den **Verleiher** zu richten (*LKB/Linck* Rn 77; APS-*Hesse* Rn 43). Das trifft nur dann nicht zu, wenn der Verleiher nicht die erforderliche Erlaubnis nach § 1 Abs. 1 AÜG besitzt. Es gilt dann gem. § 10 Abs. 1 AÜG zwischen dem Entleiher und dem Leiharbeitnehmer ein Arbeitsverhältnis »zu dem zwischen dem Entleiher und dem Verleiher für den Beginn der Tätigkeit vorgesehenen Zeitpunkt« als zustande gekommen.

e) Personengesellschaften als Arbeitgeber

121 Ist eine **offene Handelsgesellschaft (oHG)** oder eine **Kommanditgesellschaft (KG)** Arbeitgeber, so ist die Gesellschaft – vertreten durch die Gesellschafter (oHG) bzw. die persönlich haftenden Gesellschafter (KG) – zu verklagen (vgl. §§ 124 Abs. 1, 161 Abs. 2 HGB). Sie ist Arbeitsvertragspartei (*LAG Bln.* 18.1.1982 EzA § 4 KSchG nF Nr. 21). Bei der GmbH & Co KG ist es denkbar, dass die KG Arbeitgeberin, die Komplementär-GmbH oder gar der Geschäftsführer der Komplementär-GmbH persönlich Arbeitgeber ist. Im Grundsatz ist die KG Arbeitgeberin: Der Geschäftsführer der GmbH-Komplementärin handelt für die KG (*Löw* MDR 2008, 1252; vgl. Rdn 117).

122 Soll mit der Feststellungsklage zugleich eine **Zahlungsklage** verbunden werden, etwa auf Arbeitsvergütung iSd § 615 BGB oder auf Zahlung einer Abfindung § 9, 10 KSchG, so ist es zweckmäßig, die Leistungsklage **auch gegen die einzelnen Gesellschafter** zu richten. Denn ein nur gegen die Gesellschaft erstrittenes Urteil wirkt allein nur gegen die Gesellschaft. Es berechtigt nicht zur Zwangsvollstreckung in das Vermögen der einzelnen Gesellschafter. Sind die Gesellschafter mit verklagt worden, so kann der Arbeitnehmer aus dem Leistungsurteil auch in das Vermögen der verurteilten Gesellschafter vollstrecken (§ 129 Abs. 4 HGB; *LKB/Linck* Rn 73; SPV-*Vossen* Rn 1889/1893). Das gilt auch dann, wenn die Gesellschaft sich nach Rechtskraft des Urteils aufgelöst hat. Hinzu kommt, dass der Arbeitnehmer, hat er nicht zugleich die einzelnen Gesellschafter auf Leistung verklagt, mit seinen Forderungen aus § 615 BGB wegen der tariflichen Ausschlussfristen ausgeschlossen sein kann, wenn die Vollstreckung gegen die Gesellschaft ergebnislos verlaufen ist und er nunmehr eine erneute Klage anstrengt, um einen Titel gegen die Gesellschafter zu erlangen.

Wenn sich die Gesellschaft während des Rechtsstreits auflöst, so kann der Arbeitnehmer es bei einer Klage gegen die Gesellschaft (i. L.) belassen, wird aber tunlich die Klage gegen die Gesellschafter erweitern. Hat der Arbeitnehmer nur noch Interesse an der Verfolgung des Rechtsstreits **gegen die einzelnen Gesellschafter**, etwa wegen Vergütungsansprüchen aus § 615 BGB, so ist der Rechtsstreit nicht nach Berichtigung des Rubrums gegen die Gesellschafter fortzusetzen, sondern es bedarf einer **Klageänderung** in der Form des **gewillkürten Parteiwechsels** auf der Beklagtenseite (dazu *Zöller/ Greger* § 263 Rn 23 ff.).

Die im Partnerschaftsregister eingetragene **Partnerschaftsgesellschaft** kann unter ihrem Namen verklagt werden, § 7 Abs. 2 PartGG (*BAG* 1.3.2007 EzA § 4 nF KSchG Nr. 76; APS-*Hesse* § 4 Rn 46). 123

Eine **Gesellschaft bürgerlichen Rechts (GbR)** war nach früher vertretener Auffassung nicht selbständiger Arbeitgeber, wenn für die GbR Arbeitsverträge geschlossen werden. Träger der Arbeitgeberrechte und -pflichten waren die Gesellschafter. Sie nahmen die (Mit-)Arbeitgeberstellung gemeinschaftlich und verbunden zur gesamten Hand ein, auch wenn sie sich durch ein gemeinsam geschaffenes Vertretungsorgan ihrer Gesellschaft im Rechtsverkehr vertreten lassen (*BAG* 6.7.1989 EzA § 611 BGB Arbeitgeberbegriff Nr. 3). Seit der Entscheidung des *BGH* vom 29.1.2001 (EzA § 50 ZPO Nr. 4) ist die (Außen-)Gesellschaft bürgerlichen Rechts rechtsfähig und parteifähig und kann als Gesellschaft unmittelbar klagen und verklagt werden, soweit sie durch Teilnahme am Rechtsverkehr eigene Rechte und Pflichten begründet. Die Rechtsfähigkeit der GbR reicht nur soweit, wie sie am Rechtsverkehr teilnimmt. Nur die sog. Außengesellschaft ist rechtsfähig. Ob eine solche vorliegt, kann im Einzelfall zweifelhaft sein. Soweit Arbeitnehmer beschäftigt werden, tritt die GbR diesen gegenüber regelmäßig als Außengesellschaft auf, ist insoweit (teil-)rechtsfähig und Arbeitgeberin (vgl. *Spelge* RdA 2016, 309, 310). Das *BAG* hat sich der Auffassung des BGH angeschlossen (1.12.2004 EzA § 50 ZPO 2002 Nr. 3), der sie mehrfach bestätigt hat (18.2.2002 AP ZPO § 50 Nr. 11; 15.1.2003 NJW 2003, 1043). Damit ist die **Kündigungsschutzklage** zwingend und ausschließlich unmittelbar **gegen die GbR** zu **richten** (*Diller* NZA 2003, 401, 404; *Bährle* BuW 2004, 124, 125; ErfK-*Kiel* § 4 Rn 16). Dabei ist ein vertretungsberechtigter Gesellschafter anzugeben, da diesem die Klage zuzustellen ist. Werden die einzelnen Gesellschafter verklagt, so werden die falschen Parteien verklagt, was die Dreiwochenfrist nicht zu wahren vermag. Nachdem der BGH in anhängigen Verfahren eine Rubrumsberichtigung statt eines Parteiwechsels für richtig hält (*BGH* 15.1.2003 NJW 2003, 1043), wird das auch sonst möglich sein: Werden die einzelnen Gesellschafter einer Gesellschaft bürgerlichen Rechts von einem Arbeitnehmer verklagt, so handelt es sich im Kern entgegen der äußeren Parteibezeichnung um eine Klage gegen die GbR (zust. *Sievers* Anm. zu *BAG* 1.12.2004 EzA § 50 ZPO 2002 Nr. 3, jurisPR-ArbR 10/2005 Nr. 2, und zwar auch dann, wenn das Kündigungsschreiben nicht der Klage beigefügt war; vgl. *Garcia-Scholz* ProzRB 2003, 151; jedenfalls für anhängige Klagen gegen GbR-Gesellschafter bis zur Veröffentlichung des Urteils des *BAG* v. 1.12.2004 EzA § 50 ZPO 2002 Nr. 3; *Dollmann* ArbRB 2005, 30, 32). Bei einer nicht in Form einer BGB-Gesellschaft betriebenen Praxisgemeinschaft mehrerer Ärzte sind die Ärzte Arbeitgeber und zu verklagen, die die Arbeitskraft des Arbeitnehmers für ihre Zwecke verwerten, also weisungsbefugt sind (*ArbG Münster* 26.11.1986 BB 1987, 337). Bei sog. »Altverträgen« bedarf es der Auslegung, um zu ermitteln, wer Vertragspartner ist: Die GbR oder die Gesellschafter selbst (dazu *Bährle* BuW 2004, 124, 125; *Diller* NZA 2003, 401, 403). Eine Anwaltskanzlei kann von mehreren Rechtsanwälten in der Rechtsform der GbR nach §§ 705 ff. BGB betrieben werden (vgl. *BAG* 28.11.2007 EzA § 123 BGB 2002 Nr. 7). Diese GbR, nicht jeder deren Gesellschafter, ist Arbeitgeberin des Arbeitnehmers (*BAG* 30.10.2008 – 8 AZR 379/07, Rn 24). Zwar haften die Gesellschafter der GbR für Ansprüche aus dem Arbeitsverhältnis als Gesamtschuldner (*BAG* 5.2.2004 EzA § 611a BGB 2002 Nr. 3). Ob eine Gesellschaft eine eigene Rechtspersönlichkeit besitzt, hängt aber nicht davon ab, wer für deren Verbindlichkeiten haftet und in welcher Form oder in welchem Umfang diese Haftung erfolgt (*BAG* 30.10.2008 – 8 AZR 379/07, Rn 25). 124

Ist eine **Erbengemeinschaft** Arbeitgeberin, so sind alle Erben zu verklagen (*LKB/Linck* Rn 75 mit weiterführender Begründung; LSSW-*Spinner* § 4 Rn 36; SPV-*Vossen* Rn 1890; *LAG Köln* 10.10.1988 NZA 1989, 281, 282; vgl. auch *BGH* 17.10.2006 NJW 2006, 3715). Führt ein 125

Testamentsvollstrecker ein zum Nachlass gehörendes Handelsgeschäft als uneigennütziger Treuhänder fort, dh nach außen im eigenen Namen und dann unter eigener persönlicher Haftung (»Treuhand-Lösung«), ist er Arbeitgeber. Anders ist es, wenn er auf Grund einer besonderen Bevollmächtigung des Erben das Geschäft in dessen Namen und unter dessen persönlicher Haftung (»Vollmacht-Lösung«) fortführt. Dann ist der Erbe Arbeitgeber (vgl. *BSG* 17.12.1987 – 12 RK 35/84). Ob die Erbengemeinschaft Arbeitgeberin geworden ist, kann im Einzelfall zweifelhaft sein. Nach *LAG Hamm* (7.10.2002 NZA-RR 2004, 125) sind gemeinsame Arbeitgeber einer Haushaltshilfe beide Eheleute, weshalb beim Tod eines Ehegatten das Arbeitsverhältnis mit dem überlebenden Ehegatten weiterbesteht, nicht aber mit der Erbengemeinschaft.

f) Juristische Personen

126 Ist der Arbeitgeber eine **juristische Person** (GmbH, AG, rechtsfähiger Verein, Genossenschaft), so ist die Klage gegen diese zu richten (ErfK-*Kiel* § 4 Rn 18).

Eine GmbH und eine GmbH & Co KG verlieren ihre Parteifähigkeit nicht dadurch, dass sie während des Rechtsstreits aufgelöst, im Handelsregister gelöscht werden und vermögenslos sind, jedenfalls, soweit lediglich die Feststellung begehrt wird, die Kündigung sei unwirksam (*BAG* 9.7.1981 EzA § 50 ZPO Nr. 1; 22.3.1988 EzA § 50 ZPO Nr. 2; *LAG Brem.* 22.11.1983 MDR 1984, 435 = ARSt 1984 Nr. 1198). Ist eine vermögenslose GmbH verklagt worden, die keinen Geschäftsführer hat, so kann nach *LAG Nds.* 22.10.1984 MDR 1985, 170 der Kläger die Bestellung eines Notgeschäftsführers oder eines Prozesspflegers beantragen.

127 Die **Private Limited Company** englischen Rechts ist vertreten durch ihre directors zu verklagen (*Löw* MDR 2008, 1252).

128 Der **nicht rechtsfähige Verein** ist als solcher zu verklagen (§ 50 Abs. 2 ZPO iVm § 46 Abs. 2 ArbGG; vgl. auch § 10 ArbGG). Parlamentsfraktionen waren und sind nicht rechtsfähige Vereine (*ArbG Bln.* 31.5.1989 NJW 1990, 935), soweit sie nicht aufgrund Gesetzes rechtsfähige Vereinigungen sind und klagen und verklagt werden können (zB § 46 Fraktionsgesetz BGBl. 1994 I S. 526 für Fraktionen von Mitgliedern des Bundestages).

g) Arbeitgeberstellung kraft Fiktion

129 Je nach den Umständen des Einzelfalles kann sich eine Arbeitgeberstellung aus **§ 164 Abs. 2 BGB** ergeben. Gibt jemand nicht zu erkennen, dass er nur »Vertreter« des richtigen Arbeitgebers ist, so kann er selbst als Arbeitgeber in Anspruch genommen werden, zB der bei der Ehefrau angestellte Ehemann will einen Arbeitnehmer für den Betrieb seiner Ehefrau einstellen (*LAG Hamm* 19.9.1980 ARSt 1981 Nr. 1193) oder der Ehemann, der eine Einzelfirma »Baggerbetrieb« führt, will einen Fahrer für den Betrieb der Ehefrau »Baustoffhandel und Fuhrbetrieb« einstellen, nur der Ehemann erteilt Anweisungen, der Arbeitnehmer ist in beiden Bereichen tätig, die Lohnabrechnung weist einen Firmenstempel ohne Vornamen und ohne genaue Firmenbezeichnung auf. Gesellschafter einer GmbH i. Gr., die die Arbeitskraft eines Arbeitnehmers einer im Handelsregister gelöschten GmbH in Anspruch nehmen und Weisungen erteilen ohne Hinweis auf die noch nicht existente Gesellschaft, haben eine fingierte Arbeitgeberstellung – **Arbeitgeberstellung kraft Fiktion** – nach § 164 Abs. 2 BGB, wenn nicht davon auszugehen ist, dass eine BGB-Gesellschaft bestehend aus den künftigen GmbH-Gesellschaftern als Arbeitgeberin anzusehen ist (*LAG Hamm* 23.9.1982 ARSt 1984 Nr. 1042).

h) Betriebsübergang

130 Bei einem Betriebsübergang, § 613a BGB, sind (auch in der Insolvenz) folgende Situationen zu unterscheiden:
1. Kündigung durch den Veräußerer vor Betriebsübergang, Klage des Arbeitnehmers vor Betriebsübergang
2. Kündigung durch den Veräußerer vor Betriebsübergang, Klage des Arbeitnehmers nach Betriebsübergang

3. Kündigung durch den Veräußerer nach Betriebsübergang
4. Kündigung durch den Erwerber nach Betriebsübergang.

Ist einem Arbeitnehmer **vor einem Betriebsübergang** iSd § 613a BGB gekündigt worden, so ist der bisherige Arbeitgeber, der gekündigt hat, zu verklagen bzw. der Prozess gegen ihn fortzusetzen. Der betriebsveräußernde Arbeitgeber, der das Arbeitsverhältnis vor einem Betriebsübergang gekündigt hat, bleibt für die gerichtliche Klärung der sozialen Rechtfertigung der Kündigung auch nach dem Betriebsübergang passiv legitimiert. §§ 265, 325 ZPO sind in einem solchen Fall entsprechend anzuwenden (*BAG* in st.Rspr. zB 24.10.2013 – 6 AZR 854/11 Rn 14 mwN, EzA § 125 InsO Nr. 11; zu den **Einzelheiten** vgl. KR-*Treber/Schlünder* § 613a Rdn 117). 131

(unbelegt) 132

(unbelegt) 133

Kündigt der Veräußerer **nach Betriebsübergang**, so ist der Veräußerer nur dann passiv legitimiert für die Kündigungsschutzklage, wenn der Arbeitnehmer vorträgt, er habe dem Übergang seines Arbeitsverhältnisses wirksam widersprochen, weshalb noch vor Ablauf der Kündigungsfrist ein Arbeitsverhältnis mit dem Veräußerer bestanden habe (*BAG* 9.10.1997 – 2 AZR 586/96, nv). Ist das nicht der Fall – die Kündigungserklärung ging erst nach dem Betriebsübergang zu und hatte der Arbeitnehmer dem Betriebsübergang nicht widersprochen –, geht die Kündigung ins Leere. Eine gleichwohl erhobene Klage auf Feststellung der Unwirksamkeit der Kündigung ist regelmäßig unbegründet (*BAG* 20.3.2014 – 8 AZR 1/13 Rn 27; zu den Einzelheiten vgl. KR-*Treber/Schlünder* § 613a Rdn 118). 134

Bei einer Kündigung durch den Erwerber gelten die allgemeinen Regeln: Die Kündigungsschutzklage ist gegen den Erwerber zu richten (vgl. KR-*Treber/Schlünder* § 613a Rdn 120). 135

Ist dem Arbeitnehmer unklar, ob ein Betriebsübergang stattgefunden hat, ist zu empfehlen, sowohl gegen den bisherigen Arbeitgeber als auch gegen den eventuellen Betriebserwerber vorzugehen, und zwar im Wege der subjektiven Klagehäufung mit dem Kündigungsschutzantrag gem. § 4 S. 1 KSchG gegen den bisherigen Arbeitgeber, wenn dieser die Kündigung ausgesprochen hat, und mit dem Feststellungsantrag nach § 256 ZPO gegen den möglichen Betriebserwerber (vgl. KR-*Treber/Schlünder* § 613a Rdn 119, dort auch zur Möglichkeit »Betriebsübergangs-Feststellungsklage«, zur Auslegung eines Antrags als negative »Betriebsübergangs-Feststellungsklage« vgl. *BAG* 25.1.2018 – 8 AZR 309/16 Rn 24). Dabei darf der Betriebserwerber nicht nur bedingt verklagt werden; eine **eventuelle subjektive Klagenhäufung** ist unzulässig (*BAG* 23.2.2010 – 2 AZR 720/08 Rn 35; *Kreitner* FA 1998, 3; vgl. auch Rdn 44, 132). 136

i) Insolvenz

Vor **Bestellung eines Insolvenzverwalters** ist der Insolvenzschuldner zur Kündigung berechtigt und dieser zu verklagen. Das gilt auch nach Bestellung eines »**schwachen**« vorläufigen Insolvenzverwalters. Ist zum Zeitpunkt der Klageerhebung ein Insolvenzverwalter bestellt, ist gegen diesen in seiner Eigenschaft als Partei Kraft Amtes zu erheben (*BAG* 17.1.2002 EzA § 4 KSchG nF Nr. 62; 27.3.2003 EzA § 113 InsO Nr. 13). Eine Klage gegen die Schuldnerin macht den Insolvenzverwalter nicht zur Partei des Rechtsstreits. Sie kann deshalb nicht die Klagefrist des § 4 S. 1 KSchG wahren (*BAG* 21.9.2006 EzA § 4 nF KSchG Nr. 75). Das folgt daraus, dass der amtlich bestellte Insolvenzverwalter die Prozesse in gesetzlicher Prozessstandschaft führt (sog. Amtstheorie, dazu *Zöller/Vollkommer* § 51 Rn 7; **aA** z.B. *Thomas/Putzo/Hüßtege* § 51 Rn 29: Neue Vertretertheorie). 137

Im Fall der Bestellung eines »**starken**« vorläufigen Insolvenzverwalters ist nur er berechtigt, Kündigungen auszusprechen und die Klage ist gegen ihn zu richten (*Moll* Brennpunkte, 2005, S. 402; vgl. iE *Zwanziger* Das Arbeitsrecht in der Insolvenz, 3. Aufl., § 185 InsO Rn 63 ff.). Ausnahmsweise ist trotz Eröffnung des Insolvenzverfahrens eine Kündigungsschutzklage gegen den Schuldner zu richten, wenn dieser eine selbständige Tätigkeit ausübt und der Insolvenzverwalter das

Vermögen aus dieser Tätigkeit gem. § 35 Abs. 2 InsO aus der Insolvenzmasse freigegeben hat (*BAG* 21.11.2013 EzA § 35 InsO Nr. 3). Mit Zugang der Freigabeerklärung bei dem Schuldner fällt die Verwaltungs- und Verfügungsbefugnis über die zu diesem Zeitpunkt bestehenden Arbeitsverhältnisse ohne gesonderte Kündigung von dem Insolvenzverwalter an den Schuldner zurück. Anders als im deutschen Recht verbleibt hingegen bei einer Sonderliquidation nach Art. 14 A Nr. 4 S. 1 des griechischen Gesetzes 3429/2005 die Arbeitgeberstellung bei dem Schuldnerunternehmen (*BAG* 25.4.2013 EzA-SD 2013, Nr. 14, 4, Rn 34).

Hatte (noch) die spätere Insolvenzschuldnerin gekündigt, ist ab der Insolvenzeröffnung der Insolvenzverwalter alleiniger richtiger Adressat der Kündigungsschutzklage (*Hess. LAG* 17.5.2002 – 15 Ta 77/02; jedenfalls kann nach Unterbrechung des Verfahrens durch Insolvenzeröffnung der Arbeitnehmer den Prozess gegen den Insolvenzverwalter aufnehmen [*LAG Köln* 30.1.2006 – 14(13) Sa 1359/05]; zu den verschiedenen Theorien Übersicht bei *Thomas/Putzo-Hüßtege* § 51 Rn 25 ff.; zu den Sorgfaltspflichten des Rechtsanwalts im Zusammenhang mit Insolvenzverfahren *Sasse* ArbRB 2003, 63 f.; zur »Justizchirurgie« in diesen Fällen vgl. *Moll* Brennpunkte, 2005, S. 413 und hier Rdn 212 ff.).

3. Unzulässigkeit der Nebenintervention eines dritten Arbeitnehmers

138 Fraglich ist, ob ein im Kündigungsschutzprozess im Zusammenhang mit der sozialen Auswahl des § 1 Abs. 3 KSchG vom Arbeitnehmer als weniger schutzwürdig bezeichneter **anderer Arbeitnehmer** im Kündigungsschutzprozess die Stellung eines **Nebenintervenienten** (Streitgehilfen oder einer Nebenpartei) iSd § 66 ZPO erlangt. Das setzt voraus, dass das im Kündigungsschutzprozess ergehende Urt. die **Rechtsstellung** des dritten Arbeitnehmers betrifft. Dies ist nicht der Fall. Es ist während des Kündigungsschutzprozesses nicht absehbar, ob dem als Austauschperson genannten dritten Arbeitnehmer gekündigt werden wird. Seine Position in einem nach einer etwaigen Kündigung angestrengten Prozess kann schon wegen der dazwischenliegenden Zeitspanne eine ganz andere sein als die des Arbeitnehmers, der ihn als weniger schutzwürdig in seinem Rechtsstreit benannt hat (*LAG Hamm* 17.6.1952 BB 1952, 665).

VI. Die Ausschlussfrist von drei Wochen für die Klageerhebung

1. Die Dreiwochenfrist und ihre Berechnung

a) Der Grundsatz

139 Die Kündigungsschutzklage muss innerhalb einer Frist von drei Wochen erhoben werden. Die Frist **beginnt** mit dem **Zugang der schriftlichen Kündigung**.

b) Der Zugang der Kündigungserklärung

aa) Der Zugang der schriftlichen Kündigung gegenüber einem Anwesenden

140 Wird die schriftliche **Kündigungserklärung dem Empfänger übergeben**, so ist das eine **Erklärung unter Anwesenden**. Die Wirksamkeit einer schriftlichen, unter Anwesenden übergebenen Erklärung richtet sich nach dem Zugang iSd § 130 Abs. 1 BGB (*BAG* 16.2.1983 EzA § 123 BGB Nr. 21). Für den Zugang einer schriftlichen Kündigungserklärung unter Anwesenden ist nicht darauf abzustellen, ob der Empfänger die Verfügungsgewalt über das Schriftstück **dauerhaft** erlangt hat. Für den Zugang einer verkörperten Erklärung unter Anwesenden genügt die Aushändigung und Übergabe des Schriftstücks, so dass der Empfänger **in der Lage** ist, vom Inhalt der Erklärung **Kenntnis zu nehmen**. Für den Zugang eines Schriftstücks unter Anwesenden ist es ausreichend, wenn dem Adressaten das Schriftstück zum Durchlesen überlassen wird, es sei denn, dem Empfänger ist die für ein Verständnis der Erklärung nötige Zeit nicht verblieben. Der Zugang einer verkörperten Willenserklärung unter Anwesenden ist auch dann bewirkt, wenn das Schriftstück dem Empfänger mit der für ihn erkennbaren Absicht, es ihm zu übergeben, angereicht und, falls er die Entgegennahme ablehnt, so in seiner unmittelbaren Nähe abgelegt wird, dass er es ohne Weiteres an sich nehmen und von seinem Inhalt Kenntnis nehmen kann (*BAG* 26.3.2015 EzA § 130 BGB 2002 Nr. 7,

Rn 20 mwN; s.a. *LAG München* 18.3.2009 NZA-RR 2009, 527). Ob die Erklärung tatsächlich gelesen wurde, ist unerheblich (*BAG* 4.11.2004 EzA § 130 BGB 2002 Nr. 4). Wird dem Arbeitnehmer versehentlich das Original des Kündigungsschreibens zur Empfangsbestätigung vorgelegt und ihm nach Leistung der Unterschrift eine Fotokopie des Kündigungsschreibens zum Verbleib ausgehändigt, reicht das aus: Die Erklärung war in den Bereich des Empfängers gelangt und es war die Möglichkeit gegeben, von der Kündigung Kenntnis zu nehmen. Die Kündigungserklärung ist zugegangen (*BAG* 4.11.2004 – 2 AZR 17/04, EzA § 130 BGB 2002 Nr. 4). Liegt das Kündigungsschreiben allerdings nur auf der Seite des Arbeitgebers auf dem Tisch und wird dem Arbeitnehmer lediglich eine Kopie überreicht, fehlt es an dem Zugang der schriftlichen Kündigung (»Angucken ja, Anfassen nein« vgl. *LAG Düsseld.* 18.4.2007 – 12 Sa 132/07 – LAGE § 130 BGB 2002 Nr. 5 Rn 52 ff.; ebenso *LAG Köln* 25.3.2013 m. zust. Anm. *Fischer*, jurisPR-ArbR 35/2013 Anm. 1). Gibt es nur ein unterschriebenes Original der Kündigung, ist ihr Zugang dadurch bewirkt, dass der Arbeitnehmer das auf dem Tisch des Aufenthaltsraumes liegende Schreiben tatsächlich zur Kenntnis genommen hat (*LAG Hamm* 2.12.2010 – 8 Sa 955/10). Nimmt die Arbeitnehmerin das neben ihrer Handtasche liegende Schreiben nicht an sich, trotz des Hinweises, dass sie das Schreiben lesen und mitnehmen solle, ist der Zugang bewirkt, sie hatte die Möglichkeit, vom Inhalt der in ihren Herrschaftsbereich gelangten Kündigungserklärung Kenntnis zu nehmen (*LAG Köln* 26.2.2010 – 11 Sa 828/09; so schon *RG* 27.10.1905 RGZ 61, 414, 415; *BAG* 16.2.1983 EzA § 123 BGB Nr. 21). Überreicht der Arbeitgeber die eigenhändig unterschriebene Kündigungserklärung dem Arbeitnehmer, der sie durchliest und gegenzeichnet und anschließend dem Arbeitgeber zurückgibt, so ist die Kündigungserklärung zugegangen, mag die Rückgabe auch auf Wunsch des Arbeitgebers erfolgt sein: Der Arbeitnehmer hatte das Schreiben in seiner Verfügungsgewalt, es lag bei ihm, darüber zu entscheiden, ob er es zurückgibt oder nicht (*LAG RhPf* 31.3.2005 – 7 Ta 36/05). Das gilt auch dann, wenn in dem Arbeitnehmer übergebenen Umschlag noch ein anderes Schriftstück enthalten war und der Mitarbeiter das Kündigungsschreiben übersieht (*LAG RhPf* 7.8.2008 – 2 Sa 357/07). Der Adressat der Kündigungserklärung kann ihren Zugang nicht dadurch hinauszögern, dass er den Brief nicht öffnet (*LAG Sachsen* 11.2.2003 – 7 Sa 292/02).

Dagegen ist eine Kündigung nicht in dem Zeitpunkt zugegangen, in dem sie in einem Umschlag zusammen mit dem üblichen Vorschuss (also Aushändigung mit der Lohntüte) übergeben wurde oder dem Arbeitnehmer im Vorbeigehen wortlos in die Tasche der Arbeitshose hineingeschoben wurde. Wählt der Arbeitgeber einen Weg für die Übermittlung der Kündigungserklärung, der nicht der üblichen Form der Übermittlung von Willenserklärungen im Arbeitsverhältnis entspricht und bei dem die sofortige Kenntnisnahme durch den Arbeitnehmer gerade ausgeschlossen werden soll, um einen befürchteten unliebsamen Auftritt bei der Übergabe der Kündigung zu vermeiden, so tritt der Zugang erst ein, wenn mit tatsächlicher Kenntnisnahme von der Kündigung durch den Arbeitnehmer nach den Umständen des Falls zu rechnen ist. Dagegen ist die Kündigung nicht zugegangen, wenn der Adressat des Kündigungsschreibens eigenmächtig Einblick in das Kündigungsschreiben nimmt, das ihm bis dahin noch nicht übergeben war (*LAG Hamm* 19.4.1985 – 16 (10) Sa 1501/83 – BB 1985, 1915). 141

Wird einem **ausländischen Arbeitnehmer**, der nicht lesen kann, ein in deutscher Sprache gehaltenes ausführliches Kündigungsschreiben übergeben, so ist der Zugang dieser Kündigungserklärung entgegen *LAG Hamm* (5.1.1979 – 8 Ta 105/78 – EzA § 130 BGB Nr. 9; 24.3.1988 – 8 Ta 35/88 – LAGE § 5 KSchG Nr. 32) nicht erst nach Ablauf einer angemessenen Zeitspanne vollzogen, die nach Treu und Glauben zur Erlangung einer Übersetzung erforderlich ist, sondern mit der Übergabe. § 130 Abs. 1 BGB lässt eine derartige individualisierende Betrachtungsweise nicht zu. Sie würde zur Wiederbelebung der überwundenen Vernehmungstheorie und zu Unsicherheiten bei der Beurteilung des Zugangs führen (zutr. daher *LAG Bln.* 9.7.1987 – 6 Sa 40/87 [Übergabe des Kündigungsschreibens mit der Erklärung, es handele sich um eine fristlose Kündigung, als Zugang unter Anwesenden, ohne dass es darauf ankommt, wann der ausländische Arbeitnehmer sich eine Übersetzung des Textes selbst hätte verschaffen können]; vgl. auch Rdn 144). Dem Schutz sprachunkundiger Ausländer ist durch nachträgliche Zulassung der Kündigungsschutzklage nach 142

§ 5 Abs. 1 KSchG Rechnung zu tragen (vgl. dazu KR-*Kreft* § 5 KSchG Rdn 51; *Rieble* FS Löwisch, S. 229, 234 ff.).

143 Der Zugang einer **mündlichen Kündigung** unter Anwesenden hat ihre Bedeutung dadurch verloren, dass der Gesetzgeber mit § 623 BGB ab 1.5.2000 für die Kündigung von Arbeitsverhältnissen die Schriftform eingeführt hat. § 623 BGB lautet in der letzten Fassung (v. 13.7.2001 BGBl. I S. 1542): Die Beendigung von Arbeitsverhältnissen durch Kündigung oder Auflösungsvertrag bedarf zu ihrer Wirksamkeit der Schriftform; die elektronische Form ist ausgeschlossen. Die unter Anwesenden mündlich erklärte Kündigung ist wegen der Formvorschrift des § 623 BGB unwirksam, nach dem Gesetz zu Reformen am Arbeitsmarkt vom 24.12.2003 der nahezu einzige Fall der nicht unter die Klagefrist des § 4 S. 1 KSchG, § 4 S. 2, § 13 Abs. 1 bis 3 KSchG fällt, nachdem das genannte Gesetz hinsichtlich des Beginns der Klagefrist auf den Zugang der **schriftlichen** Kündigung abstellt. Die Klagefrist wird also durch eine mündlich ausgesprochene Kündigung nicht in Gang gesetzt. Die Erklärung unter Anwesenden beschränkt sich auf den Fall der Übergabe eines Kündigungsschreibens.

bb) Der Zugang der Kündigung gegenüber einem Abwesenden

144 Das Wirksamwerden der **Willenserklärung gegenüber Abwesenden** regelt § 130 Abs. 1 BGB. Danach wird eine Willenserklärung, die einem Abwesenden gegenüber abgegeben wird, in dem Zeitpunkt wirksam, in dem sie ihm zugeht. Der Zugang unter Abwesenden erfordert nach **§ 623 BGB** zunächst, dass die Kündigungserklärung der gesetzlichen Schriftform genügt (vgl. iE KR-*Spilger* § 623 BGB). Die Kündigungserklärung geht als verkörperte Willenserklärung unter Abwesenden iSv § 130 Abs. 1 S. 1 BGB zu, sobald sie in verkehrsüblicher Weise in die **tatsächliche Verfügungsgewalt** des Empfängers gelangt ist und für diesen unter gewöhnlichen Verhältnissen die Möglichkeit besteht, von ihr Kenntnis zu nehmen (*BAG* std. Rspr., seit 11.6.1959 AP Nr. 1 zu § 130 BGB; vgl. *BAG* 22.8.2019 – 2 AZR 111/19 Rn 12; sie auch 9.8.1984 EzA § 1 KSchG Verhaltensbedingte Kündigung Nr. 11; 24.6.2004 EzA § 102 BetrVG 2001 Nr. 9, Rn 30 22.3.2012 EzA § 5 KSchG Nr. 41, Rn 21; 26.3.2015 EzA § 130 BGB 2002 Nr. 7, Rn 37 mwN; 25.4.2018 NZA 2018, 1157, Rn 15; ebenso. *BGH* 14.2.2019 – IX ZR 181/17 – Rn 11). Die früher vom 7. Senat (16.12.1980 EzA § 130 BGB Nr. 10) in Anlehnung an *Corts* (DB 1979, 2081; *ders.* JA 1981, 570; *ders.* BlStSozArbR 1982, 3) vertretene abweichende Auffassung hat sich nicht durchgesetzt und wurde und wird überwiegend abgelehnt (vgl. die Nachw. KR 8. Aufl.).

145 Zum Bereich des Empfängers gehören von ihm vorgehaltene Empfangseinrichtungen wie zB ein Briefkasten (*BAG* 22.8.2019 – 2 AZR 111/19 Rn 12; 26.3.2015 EzA § 130 BGB 2002 Nr. 7, Rn 37 mwN). Mit dem **Einwurf in den Hausbriefkasten**, wenn und sobald mit der Leerung zu rechnen ist, geht dem Arbeitnehmer daher die Kündigungserklärung nach § 130 BGB zu (*BAG* 25.4.2018 NZA 2018, 1157, Rn 15; 28.1.2010 EzA § 5 KSchG Nr. 38, Rn 11; 28.5.2009 EzA § 5 KSchG Nr. 37, Rn 22). Ein durch Boten während ortsüblicher Postzustellzeit in den Hausbriefkasten des Arbeitnehmers eingeworfenes Kündigungsschreiben geht diesem noch am selben Tage zu (*LAG Nbg.* – 9 Ta 162/03 – 5.1.2004 LAGE § 130 BGB 2002 Nr. 1). Der Zugang ist bei Einwurf in den Briefkasten zur Nachtzeit auf den Zeitpunkt der zu erwartenden Kenntnisnahme hinausgeschoben, also auf den nächsten Werktag zu dem Zeitpunkt, zu dem die Briefkastennachschau verkehrsüblich zu erwarten ist (hM: *BAG* 14.11.1984 EzA § 242 BGB Nr. 38 [Einwurf 19. 30 Uhr]). Der Einwurf des Kündigungsschreibens um 23.00 Uhr in den Briefkasten des Arbeitnehmers ist ein Zugang der Kündigungserklärung »zur Unzeit«. Der Arbeitnehmer brauchte am späten Abend nicht mehr davon auszugehen, dass zu dieser Zeit noch eine Kündigungserklärung in seinen Briefkasten eingeworfen wird. Er hatte keine Pflicht mehr, um 23.00 Uhr oder später seinen Briefkasten zu kontrollieren, Zugang erst am nächsten (Werk-)Tag (*ArbG Marburg* 19.10.2007 – 2 Ca 9/07, AE 2008, 119, 120; vgl. *BGH* 5.12.2007 NJW 2008, 843: Einwurf am Nachmittag des 31. Dezember, Zugang erst am nächsten Werktag). In allen Fällen, in denen vor oder während üblicher Postzustellzeit – ggf. nach Auskunft der Deutschen Post AG – die Kündigungserklärung in den Briefkasten geworfen wird, vom Zugang der Kündigungserklärung noch an diesem Tage auszugehen ist, weil mit einer Leerung des Briefkastens noch am selben Tage gerechnet werden

konnte (*BGH* 21.1.2004 EzA § 130 BGB 2002 Nr. 3, generalisierender *LAG Nbg*. – 9 Ta 162/03 – 5.1.2004 LAGE § 130 BGB 2002 Nr. 1: Nicht entscheidend, wann die Post im Zustellbereich des Empfängers üblicherweise ausgeliefert zu werden pflegt, sondern die berechtigte Erwartung des Erklärenden, wann mit einer Kenntnisnahme des Adressaten vom Erklärungsinhalt gerechnet werden kann, was wegen der gewöhnlichen Postzustellzeiten in den Vormittagsstunden der Fall ist, wenn eine Willenserklärung um 10.30 Uhr in den Hausbriefkasten geworfen wird), während in den Fällen, in denen nach üblicher Postzustellzeit der Brief mit der Kündigung durch den Boten eingeworfen wird, von einem Zugang am folgenden Tag auszugehen ist (einer individualisierenden Betrachtungsweise noch folgend *BAG* 8.12.1983 EzA § 130 BGB Nr. 13). Weitere Beispiele: Soll der Zugang am Tage des Einwurfs bewirkt werden, muss das Kündigungsschreiben spätestens bis 14.00 Uhr im Briefkasten sein, erfolgt das wesentlich später, ist vom Zugang erst am nächsten Werktag auszugehen (*LAG München* 2.2.2011 – 11 Sa 17/10). Das gilt etwa für einen Einwurf erst nach 16.00 Uhr (*LAG Köln* 17.9.2010 NZA-RR 2011, 180) erst recht nach 19.00 Uhr (*ArbG Frankf.* 25.3.2009 – 7 Ca 1181/09).

Ob weiterhin auf die üblichen Zustellzeiten der Deutschen Post AG abgestellt werden kann, die im Übrigen zunehmend sehr schwankend sind, ist wegen der sich verbreitenden Zustelldienste anderer Anbieter zu überdenken, die auch am Nachmittag und am frühen Abend noch zustellen – Einwurf bis 18 Uhr bewirkt noch Zustellung am selben Tage – (*Palandt/Ellenberger* § 130 Rn 6; vgl. auch *BAG* 22.3.2012 EzA § 5 KSchG Nr. 41). Dem entspricht es, wenn nach *LAG Hamm* (26.5.2004 – 14 Sa 182/04, EzA-SD 17/2004 S. 10) ein durch Boten gegen 12.40 Uhr in den Briefkasten des Arbeitnehmers eingeworfenes Kündigungsschreiben auch dann am selben Tage zugeht, wenn der normale Posteinwurf üblicherweise zwei Stunden früher erfolgt, wobei allerdings darauf abgestellt wird, dass bei einem berufstätigen Arbeitnehmer die übliche Kenntnisnahme der Post normalerweise dann erfolge, wenn er von der Arbeit nach Hause komme. Es kommt nach *LAG Bln.-Bra.* (11.6.2010 – 6 Sa 747/10, ArbR 2011, 102) nicht darauf an, wann die Post im Zustellbezirk des Arbeitnehmers üblicherweise ausgeliefert wird (8.00 – 9.30 Uhr), zumal es aus unterschiedlichen Gründen zu Verzögerungen kommen kann, in Berlin bis weit über die Mittagszeit hinaus; Einwurf um 10.15 Uhr bewirkt Zugang am selben Tage (*Schaub/Linck* § 123 Rn 32). Eine Kündigung, die am letzten Tag der Sechsmonatsfrist des § 1 Abs. 1 KSchG um 16.03 Uhr in den Wohnungsbriefkasten des Arbeitnehmers eingelegt wird, geht nach *LAG Bln.* (11.12.2003 – 16 Sa 1926/03, AuA 2004, 44) jedenfalls dann noch an diesem Tage zu, wenn der Arbeitnehmer auf Grund der gegebenen Umstände – gescheiterte vorangegangene Verhandlungen über einen Aufhebungsvertrag – damit rechnen musste, dass der Arbeitgeber ein Kündigungsschreiben per Boten noch am selben Tage überbringen werde. Muss der Arbeitnehmer nach vorausgegangener Kündigungsandrohung mit einer Kündigung noch am selben Tage rechnen, hat er Anlass, noch am Nachmittag dieses Tages seinen Briefkasten zu überprüfen (*LAG Hamm* 26.5.2004 – 14 Sa 182/04). Hat der Empfänger die Erklärung früher zur Kenntnis genommen als nach dem gewöhnlichen Ablauf zu erwarten war – der Arbeitnehmer entnimmt die um 23 Uhr in den Briefkasten geworfene Kündigungserklärung sogleich und liest sie –, ist der Zugang mit dieser Kenntnisnahme erfolgt; vgl. aber *LAG Düsseld.* 5.11.1987 LAGE § 130 BGB Nr. 10 für eine auf 1.1. datierte Arbeitnehmerkündigung, die bereits am 30.12. übergeben wurde, mit dem Hinweis darauf, dass die Kündigung erst zu einem bestimmten Zeitpunkt Rechtswirkung habe entfalten sollen.

Ist der vorhandene Briefkasten wegen Beschädigung (Hintertür offen) nur noch als **Restbriefkasten** vorhanden, so ist nach *LAG Frankf.* (31.7.1980 – 12 Sa 356/80) für den Zugang entscheidend, ob das Briefkastenfragment noch erkennbar ausreichend zur Aufnahme von Briefsendungen bestimmt war, etwa durch Namensaufschrift (ähnlich *LG Bln*. 30.9.1994 Grundeigentum 1994, 1383). Befindet sich nach dem Auszug des Arbeitnehmers gleichwohl noch im Hausflur ein Briefkasten mit dem Namen des Arbeitnehmers und hat er noch den Schlüssel dazu, so geht ein mit einfachem Brief versandtes Kündigungsschreiben mit dem Einwurf in den Briefkasten zu. Der Arbeitnehmer hat zu erkennen gegeben, dass seine »alte« Anschrift noch gilt und der Briefkasten noch zu seinem Empfangsbereich gehört. Auf den Zeitpunkt der Briefkastennachschau kommt es nicht an (*ArbG Gelsenkirchen* 31.8.1994 EzA § 130 BGB Nr. 25).

§ 4 KSchG Anrufung des Arbeitsgerichtes

148 Sind Briefkästen oder ein Briefschlitz in der Wohnungs- oder Haustür nicht vorhanden – Postzustellung durch Einwurf in den Briefschlitz (dazu *LAG Düsseld.* 19.9.2000 LAGE § 130 BGB Nr. 21: Jedenfalls dann, wenn das im Mehrparteienhaus der Üblichkeit entsprach), dann ist der Zugang des Kündigungsschreibens dadurch bewirkt, dass der Brief unter der Haustür oder unter der Wohnungstür »voll« hindurchgeschoben wird (*LAG Hamm* 17.1.1975 ARSt 1977, Nr. 1013; *LAG Düsseld.* 7.12.1995 LAGE § 130 BGB Nr. 20; teilweises unter die Wohnungstürschieben reicht nach *ArbG Hagen* 1.4.1976 BB 1976, 1561 = DB 1976, 1159; *AG Elze* 3.10.1961 ZMR 1968, 13 nicht aus, weil Dritte die Möglichkeit haben, den Brief zu entfernen). Deswegen bewirkt auch der Einwurf des Kündigungsschreibens in den Gemeinschaftsbriefkasten eines von sieben Mietparteien bewohnten Hauses keinen Zugang (vgl. *LG Ruppin* 21.3.1997 NJW 1997, 2337 f.). Dagegen begnügt sich *ArbG Köln* (16.3.1981 BB 1981, 1642) damit, dass der Brief zwischen Tür und Türrahmen der Wohnungstür eingeklemmt wird (ähnlich *LAG Hamm* 25.2.1993 LAGE § 130 BGB Nr. 18, ausführlicher ARSt 1993, 118 Nr. 54 jedenfalls für Einfamilienhaus ohne Hausbriefkasten; *LAG Düsseld.* 12.10.1990 LAGE § 130 BGB Nr. 14: Geduldete Ablage der Post auf die Treppe im Hausflur, allerdings gestützt auf § 242 BGB, Zugangsvereitelung, vgl. Rdn 176). Wird in solcher Weise vorgegangen, obwohl ein Briefkasten oder ein Briefeinwurf vorhanden ist, ist der Zugang erst dann gegeben, wenn der Adressat oder eine empfangsberechtigte Person die Kündigungserklärung tatsächlich findet (*Staudinger/Dilcher* § 130 Rn 23). Wird das Kündigungsschreiben nicht in den im Hausflur befindlichen Briefkasten des Erklärungsempfängers der Briefkastenanlage eines Mehrfamilienhauses eingeworfen, sondern das Schreiben in ein an der Hauseingangstür angebrachtes, allgemein zugängliches »Körbchen« gelegt, so ist wegen Nichtnutzung der im Hausinnenbereich vorhandenen Empfangsvorrichtung für die einzelnen Mietparteien der Zugang nicht bewirkt, falls nicht durch andere Umstände dargetan und ggf. nachgewiesen (vgl. *LG Krefeld* 6.2.2009 – 1 S 117/09, Rn 9).

149 Bei Zusendung der Kündigungserklärung an eine **Postfachanschrift** ist der Zugang bewirkt, sobald mit der Abholung üblicherweise zu rechnen ist (*Schaub/Linck* § 123 Rn 38; *BAG* 24.10.1985 EzA § 794 ZPO Nr. 7). Jedenfalls bildet die im Postfachvertrag festgelegte Obliegenheit, das Postfach zumindest einmal wöchentlich zu leeren, eine Obergrenze bei der üblichen Kenntnisnahme (*LAG Köln* 4.12.2006 NZA-RR 2007, 323, 324; APS-Preis Grundlage D Rn 42). Das Einsortieren in ein falsches Schließfach bewirkt keinen Zugang (*OLG Kiel* 26.6.1916 OLGE 35, 310). **Postlagernde Sendungen** sind zugegangen, sobald für den Empfänger die Möglichkeit besteht, sie abzuholen. Das gilt nur, wenn der Arbeitnehmer eine postlagernde Anschrift angegeben hatte.

150 Der Zugang einer schriftlichen Kündigung ist auch dann bewirkt, wenn sie in verkehrsüblicher Art in die tatsächliche Verfügungsgewalt des Empfängers oder eines anderen, **der berechtigt ist, für ihn Briefe entgegenzunehmen**, gelangt ist und es dadurch dem Empfänger möglich wird, von dem Schreiben Kenntnis zu nehmen (*BAG* 18.2.1977 EzA § 130 BGB Nr. 8; 16.1.1976 EzA § 130 BGB Nr. 5). Wenn diese Möglichkeit für den Empfänger unter gewöhnlichen Verhältnissen besteht, ist es unerheblich, wann er die Erklärung tatsächlich zur Kenntnis genommen hat oder ob er daran durch Krankheit oder andere besondere Umstände zunächst gehindert war.

151 Einer **besonderen Vollmacht** oder **Ermächtigung zur Entgegennahme** von schriftlichen Erklärungen an der Wohnungstür **bedarf es nicht**. Zu den empfangsberechtigten Vertretern gehören nach der Verkehrsauffassung nicht nur die **Familienangehörigen** (*BAG* 9.6.2011 EzA § 130 BGB 2002 Nr. 6, Rn 12 ff.; *LAG Hamm* 28.7.1988 DB 1988, 1759 = BB 1988, 2110 = ARSt 1989, 53 Nr. 27; *LAG Nds.* 8.11.2002 NZA-RR 2003, 556: Entgegennahme durch Ehefrau bzw. Botenzustellung gegenüber Ehefrau, zur Beweisführung des Arbeitgebers in einem solchen Fall unter Berücksichtigung der EGMR-Rechtsprechung *Zwanziger* DB 1997, 776; *LAG Bln.* 16.11.1987 LAGE § 130 BGB Nr. 8: Mutter des Arbeitnehmers; *LAG Hmb.* 6.7.1990 LAGE § 130 BGB Nr. 16: Aushändigung an den Sohn, auch wenn er nicht im Haushalt lebt, [das ist nicht richtig, vgl. Rdn 153, der Sohn kann aber in diesem Fall Erklärungsbote des Kündigenden sein mit der Folge, dass Zugang mit der Übermittlung an den Arbeitnehmer gegeben ist, vgl. *Joussen* Jura 2003, 577, 579, vgl. den Fall *LAG Bln.* 17.8.2001 – 7 Ta 47/01: Übergabe an die Schwester als zufällig

anwesende Besucherin, vgl. Rdn 153]; § 178 Abs. 1 ZPO ist auf den Zugang nach bürgerlichem Recht nicht anwendbar) – auch Lebensgefährte/in *LAG Brem.* 17.2.1988 ZTR 1988, 152 = DB 1988, 814 = AR-Blattei D Kündigung II Entsch. 38 = AR-Blattei ES 10.10.2 Nr. 38 = RzK I 2c Nr. 11 = ARSt 1989, 19 Nr. 1008 = NZA 1988, 548 = AuR 1988, 256 [auch gleichgeschlechtliche, vgl. *OVG Hmb.* 5.6.1987 NJW 1988, 1807 f.] – oder die **Hausangestellten** des Empfängers, sondern auch sein **Zimmervermieter** (*BAG* 16.1.1976 EzA § 130 BGB Nr. 5 unter Hinweis auf *RG* 8.2.1902 RGZ 50, 19; dazu *Moritz* BB 1977, 400; *LAG Hamm* 31.1.1985 ARSt 1985 Nr. 38; *ArbG Stade* 6.8.1990 BB 1991, 625). Die im selben Mehrfamilienhaus wie der Empfänger einer Willenserklärung, aber in einer anderen Wohnung wohnende Schwägerin des Empfängers einer Kündigungserklärung ist nach der Verkehrsanschauung als dessen Empfangsbotin anzusehen (*OLG Köln* 18.1.2006 MDR 2006, 866). Es ist nicht erforderlich, dass sich der Ehemann als Empfangsbote bei der Entgegennahme der Willenserklärung in der ehelichen Wohnung aufhält, sondern ihm das Kündigungsschreiben an seinem Arbeitsplatz übergeben wird. Es geht zu, wenn mit der Weitergabe der Erklärung durch den Empfangsboten zu rechnen ist (»Funktion einer personifizierten Empfangseinrichtung des Adressaten …, dessen Übermittlungswerkzeug«: *BGH* 17.3.1994 NJW 1994, 2613; *BAG* 9.6.2011 EzA § 130 BGB 2002 Nr. 6).

Die Kündigungserklärung ist nicht zugegangen, wenn sie einem **Rechtsanwalt** übermittelt wird, der keine Empfangsvollmacht hat (Passivvertreter, § 164 Abs. 3 BGB). Dagegen ist die Kündigungserklärung zugegangen, wenn der Rechtsanwalt beauftragt wurde, gegen die Berechtigung der Kündigung vorzugehen. Dann war die Kündigung in den Machtbereich des Empfängers gelangt: Er hatte die Möglichkeit der Kenntnisnahme der Kündigungserklärung bei dem beauftragten Rechtsanwalt (vgl. *BGH* 13.2.1980 LM § 130 BGB Nr. 15 = BB 1980, 496 = NJW 1980, 990 = MDR 1980, 573). Auch die Prozessvollmacht, aufgrund derer eine Kündigung zugleich mit der allg. Feststellungsklage nach § 256 ZPO angegriffen wird, bevollmächtigt oder ermächtigt den Prozessbevollmächtigten zur Entgegennahme aller (Schriftsatz-) Kündigungen, soweit sie unter den Streitgegenstand der Feststellungsklage des § 256 ZPO (dazu Rdn 289 ff., 304) fallen; es kommt nicht darauf an, ob und wann die Kündigung(en) auch dem Arbeitnehmer selbst zugegangen ist (sind) (*BAG* 1.12.2020 – 9 AZR 102/20 Rn 59; 21.1.1988 EzA § 4 KSchG nF Nr. 33; Hako-KSchR/*Mestwerdt* Einleitung Rn. 81). Eine **Prozessvollmacht** ermächtigt gemäß § 81 ZPO zu allen den Rechtsstreit betreffenden Prozesshandlungen. Dies sind nach st. Rspr. auch materiell-rechtliche Willenserklärungen, die sich auf den Gegenstand des Rechtsstreits beziehen, weil sie zur Rechtsverfolgung innerhalb des Prozessziels oder zur Rechtsverteidigung dienen. Solche Erklärungen sind von der Prozessvollmacht umfasst, auch wenn sie außerhalb des Prozesses abgegeben werden. Im gleichen Umfang, in dem die Vollmacht zur Vornahme von Prozesshandlungen berechtigt, ist der Bevollmächtigte auch befugt, Prozesshandlungen des Gerichts oder des Gegners entgegenzunehmen. Bei der Abgabe einer Kündigungserklärung, die im Fall ihrer Wirksamkeit zur Unbegründetheit des allgemeinen Feststellungsantrags führen würde und deshalb zur Abwehr des Feststellungsbegehrens durch den Arbeitgeber dient, handelt es sich um eine solche »Prozesshandlung« (st. Rspr., vgl. zuletzt *BAG* 1.12.2020 - 9 AZR 102/20 Rn 59; 1.10.2020 - 2 AZR 247/20 Rn 48 mwN). Dem wirksamen Zugang steht es nicht entgegen, wenn in der Prozessvollmacht die »Entgegennahme von einseitigen Willenserklärungen (z.B. Kündigungen)« ausdrücklich ausgeschlossen wird. Eine solche **Beschränkung** entfaltete **keine Außenwirkung**. Auch wenn die Prozessvollmacht im Parteiprozess (§ 11 Abs. 1 Satz 1 ArbGG) auf die Abgabe von Willenserklärungen beschränkt und deren Empfang ausgeschlossen werden kann (§ 83 Abs. 2 ZPO), kann sie dagegen im Prozess mit Vertretungszwang (»Anwaltsprozess«) und damit im Berufungsverfahren vor dem Landesarbeitsgericht (§ 11 Abs. 4 Satz 1 ArbGG) im Außenverhältnis grundsätzlich nicht beschränkt werden (*BAG* 27.10.1988 - 2 AZR 160/88 [II 1 b]). Eine Ausnahme enthält § 83 Abs. 1 ZPO. Danach hat eine Beschränkung des gesetzlichen Umfangs der Vollmacht dem Gegner gegenüber nur insoweit rechtliche Wirkung, als sie die Beseitigung des Rechtsstreits durch Vergleich, Verzichtleistung auf den Streitgegenstand oder Anerkennung des von dem Gegner geltend gemachten Anspruchs betrifft. Die Entgegennahme einseitiger Willenserklärungen umfasst die Ausnahmebestimmung nicht (*BAG* 1.12.2020 – 9 AZR 102/20 Rn 60). Die Prozessvollmacht in anderer Sache begründet grds. keine Berechtigung zum Empfang einer Kündigungserklärung.

153 Ist diejenige Person, der die Kündigungserklärung ausgehändigt wurde, nicht im obigen Sinne empfangsberechtigt, also weder Empfangsvertreter oder Empfangsbote, so ist diese Person (zB Hausbewohner, Nachbar, Rechtsanwalt) als Erklärungsbote des Absenders anzusehen mit der Folge, dass die Erklärung dem Empfänger erst zugeht, wenn sie ihm tatsächlich ausgehändigt wird oder sonst in seinen Machtbereich gelangt (*Staudinger/Dilcher* § 180 Rn 8 iVm § 130 Rn 49; *LAG BW* 31.5.1967 BB 1967, 1424; eingehend *Joussen* Jura 2003, 577 ff.).

154 Nach *LAG Frankf.* (22.1.1981 DB 1981, 1471 = ARSt 1981 Nr. 118 = AuR 1982, 131) geht eine einem im Urlaub in der Türkei befindlichen türkischen Gastarbeiter, der sich u. a. bei seiner Mutter aufhält, an die von Angehörigen des Arbeitnehmers in Erfahrung gebrachte Adresse seiner Mutter gesandte Kündigung erst dann zu, wenn ihm das Kündigungsschreiben von der Mutter ausgehändigt wird. Das ist richtig, weil der türkische Arbeitnehmer dort keinen eigenen Wohnsitz mehr hatte, was sich aus den nicht veröffentlichten Entscheidungsgründen ergibt. Andernfalls hätte die Entgegennahme des Briefes durch die Mutter als Familienangehörige den Zugang bewirkt (vgl. Rdn 151; ähnlich: *LAG Hamm* 25.2.1988 LAGE § 130 BGB Nr. 11). Ähnlich ist es, wenn der Bote die Kündigungserklärung den Eltern des Arbeitnehmers, die wahrheitsgemäß erklärt haben, ihr Sohn wohne nicht mehr bei ihnen, mit dem Bemerken belässt, sie mögen ihrem Sohn das Schreiben aushändigen, wenn er sie besuche: Zugang erst, wenn die Eltern dem Sohn den Brief tatsächlich übergeben.

155 Ein an die Heimatanschrift des Arbeitnehmers gerichtetes Kündigungsschreiben kann diesem selbst dann zugehen, wenn der Arbeitgeber von einer urlaubsbedingten Ortsabwesenheit weiß (*BAG* 22.3.2012 – 2 AZR 224/11 Rn 22; st. Rspr. seit *BAG* 16.3.1988 – 7 AZR 587/87 [I 4 a], EzA § 130 BGB Nr. 16; zustimmend Staudinger/*Singer/Benedict* § 130 BGB Rn 71 unter Hinweis auf die Möglichkeit der Entwidmung der Empfangseinrichtung). Das gilt idR selbst dann, wenn der Arbeitnehmer dem Arbeitgeber die Urlaubsanschrift mitgeteilt hat. Dadurch hat der Arbeitgeber die Möglichkeit auch während der urlaubsbedingten Abwesenheit des Arbeitnehmers Erklärungsfristen (z.B. § 626 Abs. 2 BGB) zu wahren (MünchArbR-*Rachor* § 130 Rn 42). Nur bei besonderen Umständen des Einzelfalles kann sich aus § 242 BGB eine abweichende Würdigung ergeben (bestätigt von *BAG* 11.8.1988 RzK I 2c 14; 2.3.1989 EzA § 130 BGB Nr. 22 [betr. Untersuchungs- oder Auslieferungshaft im Ausland]; 24.6.2004 EzA § 102 BetrVG 2001 Nr. 9 Rn 30; 22.3.2012 – 2 AZR 224/11, Rn 23 [betr. urlaubsbedingte Abwesenheit: keine Zugangshemmung]; aus der Rspr. der Instanzgerichte vgl. zB *LAG BW* 29.4.2009 – 17 Sa 47/08, *LAG RhPf* 6.10.2011 – 10 Sa 381/11 [Auslandsaufenthalt]; zur früheren Diskussion vgl. KR 9. Aufl. Rn 108–112, *Nippe* JuS 1991, 285 ff.).

156 Das gilt nicht nur für den Einwurf des Kündigungsschreibens in den Hausbriefkasten, sondern auch, wenn einem Familienangehörigen des urlaubs- oder aus sonstigen Gründen abwesenden Arbeitnehmers das Kündigungsschreiben ausgehändigt wird (*BAG* 25.8.1978 – 2 AZR 693/76, [Schwiegermutter]; 8.12.1983 RzK I 2c Nr. 6 [Ehefrau]; 11.8.1988 RzK I 2c Nr. 14 [Mutter]). Solange der Empfänger seine Wohnung nicht aufgibt, muss er sie als Ort gelten lassen, an dem man ihn nach der Verkehrsanschauung auch erreichen kann (SPV-*Preis* Rn 127; *BAG* 25.4.2018 NJW 2018, 1157, Rn 28). Begründet der Arbeitnehmer einen Zweitwohnsitz, von dem aus er seine Arbeitsstelle aufsucht, so geht die Kündigung daher auch dann an diesem Zweitwohnsitz zu, wenn der Arbeitnehmer krankheitsbedingt nicht am Zweitwohnsitz anwesend ist (*ArbG Stade* 6.8.1990 RzK I 2c Nr. 18 = BB 1991, 625; aA *LAG Düsseld.* 7.12.1995 LAGE § 130 BGB Nr. 20, erst recht kein Zugang, wenn dem Arbeitgeber bekannt war, dass sich der Arbeitnehmer an seinem Hauptwohnsitz aufhält, jedenfalls könne sich der Arbeitgeber nach § 242 BGB nicht auf den Zeitpunkt des Zugangs in der Zweitwohnung berufen). Hat der Arbeitnehmer einen Nachsendeantrag gestellt oder sonst für die Übermittlung eingehender Post innerhalb angemessener Frist gesorgt, geht ihm die Kündigungserklärung erst an dem Ort zu, an dem sie ihn tatsächlich erreicht (*LAG Hamm* 28.2.1988 LAGE § 130 BGB Nr. 11), also Urlaubsort, Kurort, Krankenhaus, bei erfolgter Abreise

wieder Wohnung. Hat der Arbeitgeber Kenntnis von der Abwesenheit, tut er gut daran, sich auf die Nachsendefrist einzustellen, damit Kündigungsfristen oder die Kündigungserklärungsfrist des § 626 Abs. 2 BGB gewahrt bleiben.

Das sog. **Einschreiben** gibt es in verschiedenen Varianten: 157

Beim sog. »**Einwurf-Einschreiben**« vermerkt der Zusteller nur den Einwurf der eingeschriebenen **Sendung in den Briefkasten** oder in das Postfach des Empfängers. Hinsichtlich des Zugangs eines Einschreibens dieser Art gilt das in Rdn 145 ff. Ausgeführte entsprechend. Es geht dem Empfänger nach dem Einwurf in den Hausbriefkasten oder dem Einlegen in das Postfach zu, sobald mit der Kenntnisnahme nach den üblichen Gegebenheiten zu rechnen ist. Der Zusteller dokumentiert den Einwurf in den Briefkasten bzw. das Postfach (vgl. https://www.deutschepost.de/de/e/einschreiben.html, zuletzt abgerufen am 5.7.2021). Der Absender kann die Sendung im Internet verfolgen. Der **Beweiswert des Einwurf-Einschreibens** wird unterschiedlich beurteilt. Der Auslieferungsbeleg – bzw. dessen Reproduktion – stellt keine öffentliche Urkunde i. S. d. §§ 415 Abs. 1, 418 Abs. 1 ZPO dar, die den vollen Beweis der in ihr bezeugten Tatsachen erbringt und nur den Beweis der Unrichtigkeit ermöglicht, da es sich bei der Deutschen Post AG weder um eine öffentliche Behörde noch – bezogen auf Einwurf-Einschreiben – um einen beliehenen Unternehmer handelt (*LAG RhPf* 17.9.2019 – 8 Sa 57/19 mwN). Während zum Teil davon ausgegangen wird, dass der Einlieferungsbeleg zusammen mit der **Reproduktion des Auslieferungsbelegs** den **Beweis des ersten Anscheins** dafür begründet, dass die Sendung durch Einwurf in den Briefkasten oder durch Einlegen in das Postfach zugegangen ist (*LAG MV* 12.3.2019 – 2 Sa 139/18; *OLG Saarbrücken* 20.3.2007 OLGR Saarbrücken 2007, 601; *OLG Koblenz* 31.1.2005 OLGR Koblenz 2005, 869, 870; *AG Erfurt* 20.6.2007 MDR 2007, 1338; *AG Paderborn* 27.7.2000 NJW 2000, 3722, 3723; vgl. auch *BGH* 11.7.2007 NJW-RR 2007, 1567 Rn 26; siehe auch *Boemke* jurisPR-ArbR 11/2021 Anm. 3: eine gewichtige Kette an Indizien), sehen andere keinen verbesserten Nachweis des Zugangs einer Kündigungserklärung durch das Einwurf-Einschreiben (*LG Potsdam* 27.2.2000 NJW 2000, 3722; *AG Kempten* 22.8.2006 NJW 2007, 1215; *AG Köln* 16.7.2008 WuM 2008, 483 Rn 35 f.; *LAG Hamm* 5.8.2009 PflR 2010, 72; vgl. zum Streitstand *Ante* NJW 2020, 3487 ff.). Die von der Deutschen Post AG übermittelte Kopie des Auslieferungsbelegs beweist nur, dass die Deutsche Post AG eine entsprechende Erklärung abgegeben hat. Der Vortrag der mündlichen Auskunft des »Call-Centers« ist reiner Parteivortrag. Kein besonderer Beweiswert kann der Vorlage des Ausdrucks des Sendungsstatus aus der online Sendungsverfolgung zukommen (*LAG BW* 17.9.2020 – 3 Sa 38/19 m. zust. Anm. *Ante* NZA-RR 2021, 70, 72; *Boemke* jurisPR-ArbR 11/2021 Anm. 3). Das *LAG Bln.* 12.3.2007 (– 10 Sa 1945/06, EzA-SD 2007 Nr. 14, S. 6 = ZTR 2007, 468 LS hält eine Lösung im Wege der abgestuften Darlegungs- und Beweislast für geboten: Hat der Postzusteller auf dem Auslieferungsbeleg bestätigt, er habe das Einwurf-Einschreiben an einem bestimmten Tag in den Briefkasten des Arbeitnehmers geworfen, habe der Arbeitnehmer einen Sachverhalt darstellen müssen, der eine gewisse Plausibilität für einen späteren als den in dem Auslieferungsbeleg genannten Zeitpunkt begründe, erheblich etwa dahin, er habe an dem genannten Tag wie auch weder am Wochenende noch am darauf folgenden Montag trotz Kontrolle des Briefkastens kein Kündigungsschreiben gefunden. Das ändert aber an den grundsätzlichen Bedenken gegen die Relevanz des Auslieferungsbelegs nichts. Wird der **Mitarbeiter der Deutschen Post AG** ausfindig gemacht und **als Zeuge** benannt, wird er sich in den meisten Fällen nicht an den konkreten »Einwurf«, an das Einlegen gerade dieses Schriftstückes erinnern können, sondern lediglich bekunden, wenn er den Vorgang dokumentiert habe, sei es auch so erfolgt (dazu *Ramrath* Anm. zu *BAG* 7.11.2002 – 2 AZR 475/01, AP § 620 BGB Kündigungserklärung Nr. 19 zu C Blatt 17; vgl. aber den Fall *LAG Hamm* 22.5.2002 LAGReport 2003, 8 [II 4c S. 10]). Daraus folgt aber nicht, dass er kein taugliches Beweismittel ist (*Sachadae* jurisPR-ArbR 38/2014 Anm. 2).

Das sog. »**Übergabe-Einschreiben**« gibt es in verschiedenen **Versionen** (vgl. https://www.deutsch- 158 epost.de/de/e/einschreiben.html, zuletzt abgerufen am 5.7.2021): Beim »Einschreiben standard« wird das Schreiben vom Zusteller an den Empfänger oder einen Empfangsberechtigten gegen Unterschrift übergeben. Die unterschriebene Empfangsbestätigung ist online abrufbar. Bei der

Variante »Einschreiben Rückschein« ist die Empfangbestätigung nicht nur online abrufbar, sondern der Rückschein mit der Unterschrift des Empfängers wird per Post an den Versender geschickt. Schreiben können auch als »Einschreiben eigenhändig« versendet werden; hier erfolgt die Übergabe nur an den Empfänger persönlich oder an eine schriftlich bevollmächtigte Person.

159 Der Zugang eines **Übergabe-Einschreibens** ist nach der st. Rspr. des BAG (*BAG* 25.4.1996 EzA § 130 BGB Nr. 27; 7.11.2002 EzA § 130 BGB 2002 Nr. 1 [II 3a]) und des BGH (*BGH* 26.11.1997 EzA § 130 BGB Nr. 28) erst dann iSd § 130 BGB bewirkt, wenn sie dem Empfänger oder einer empfangsberechtigten Person **ausgehändigt** wird. Erst dadurch gelangt sie in den Machtbereich des Empfängers. Sie ist also noch nicht zugegangen, wenn der Zusteller, der in der Wohnung niemanden angetroffen hat, einen **Benachrichtigungszettel** hinterlässt und den Brief auf der Postfiliale niederlegt. Der Benachrichtigungszettel **ersetzt nicht den Zugang des eingeschriebenen Briefes**. Die Klagefrist nach § 4 S. 1 KSchG läuft also grds. ab Aushändigung des Übergabe-Einschreibens, also wenn der Brief tatsächlich bei der Post abgeholt wird (*LAG Hmb.* 8.4.2015 – 5 Sa 61/14; vgl. im Übrigen Rdn 175 ff.). Die Benutzung von Einschreibebriefen für die Wahrung von Fristen ist manchmal nicht ganz ungefährlich, obwohl allgemein in der Verwendung von eingeschriebenen Sendungen ein besonders sicheres Mittel zur Übermittlung wichtiger Mitteilungen sieht (vgl. APS-*Preis* Grundlage D Rn 54). Der **Praxis** ist daher anzuraten, einem Arbeitnehmer, dem die schriftliche Kündigung nicht persönlich im Betrieb im Beisein eines Mitarbeiters übergeben werden kann, **die Kündigung durch einen Boten**, der den Inhalt der Kündigung kennt und gesehen hat, wie die Kündigung in den dazu gehörigen Umschlag gesteckt worden ist, gegen schriftliche Quittung zu übermitteln, bei Abwesenheit des Arbeitnehmers oder empfangsberechtigter Personen sollte der Brief in den Briefkasten geworfen und auf einem Zweitstück Ort, Datum und Uhrzeit vermerkt und vom Boten durch seine Unterschrift bestätigt werden (aus der Rspr. instruktiv *LAG RhPf* 30.3.2005 – 9 Sa 26/09, mit schulmäßiger Beweiswürdigung, dazu auch *Ramrath* Anm. zu *BAG* 7.11.2002 – 2 AZR 475/01, AP § 620 BGB Kündigungserklärung Nr. 19 C Blatt 17; vgl. ferner Rdn 163, 184) oder wenigstens zugleich einen eingeschriebenen und einen einfachen Brief mit der Kündigungserklärung abzusenden (vgl. *Mauer* BB 2003, 1182, 1183). Bei nachweisbarer Absendung eines Übergabeeinschreibens und eines einfachen Briefes kann die Beweiswürdigung je nach den Gesamtumständen dazu führen, den Zugang als bewiesen anzusehen. Jedenfalls wird man den Arbeitnehmer nach Nachweis des Zugangs des Benachrichtigungszettels und der Absendung eines einfachen Briefes für verpflichtet halten müssen vorzutragen, warum er weder Zettel noch Brief gefunden haben könnte, etwa häufiges Aufbrechen des Briefkastens, Brandstiftung durch Unbekannte usw. Dies, weil in seiner Sphäre, müsste er ggf. auch beweisen. Besonders beim »Übergabe-Einschreiben«, das »eigenhändig« ausgeführt werden soll, kann sich der Zugang verzögern, wenn der Empfänger nicht angetroffen wird. Allerdings kann sich ein **Einschreiben mit Rückschein** empfehlen. Mit dem physischen Rückschein kann ggf. leichter bewiesen werden, dass der Kündigungsadressat die Kündigung tatsächlich erhalten hat, als mit der online Empfangsbestätigung. Freilich können sich in der Praxis auch hier Schwierigkeiten ergeben: In den Kündigungsschutzprozessen wird behauptet, nicht der Adressat habe den Rückschein unterschrieben, sondern ein Unbekannter. Ist der Rückschein nach vier Werktagen (Inland) nicht eingetroffen, ist an eine Zustellung durch den Gerichtsvollzieher (Inland) zu denken (vgl. Rdn 163).

160 Im Übrigen gilt für eine eingeschriebene Sendung das gleiche wie für eine gewöhnliche Sendung, wenn der Brief selbst und nicht der Benachrichtigungszettel ausgehändigt wird. Daraus folgt, dass ein Einschreiben durch Übergabe an einen Angehörigen des Empfängers (vgl. zB *LAG Bln.* 16.11.1987 LAGE § 130 BGB Nr. 8: Mutter des Arbeitnehmers; *LAG Hmb.* 6.7.1990 LAGE § 130 BGB Nr. 16: Sohn des Arbeitnehmers; *BSG* 7.10.2004 NJW 2005, 1303: Tochter der Empfängerin) wirksam zugestellt ist, wenn der zustellende Postbedienstete den Eindruck gewinnen durfte, der Ersatzempfänger sei genügend einsichtsfähig, um die unverzügliche Weitergabe der Sendung an den Empfänger erwarten zu lassen. Eine solche Erwartung verbietet sich auch bei dem elfjährigen Bruder des Empfängers nicht ohne weiteres (*BVerwG* 14.1.1986 Buchholz 442.05 § 51 PostO Nr. 2). Daraus folgt weiter, dass ein eingeschriebener Brief, der dem **Vermieter** ausgehändigt wird, in den Machtbereich des Empfängers gelangt ist (*BAG* 16.1.1976 EzA § 130 BGB Nr. 5; vgl. Rdn 150).

Eine per Einschreiben übersandte Kündigungserklärung geht dem Arbeitnehmer nicht zu, wenn   161
dessen Ehefrau die Annahme verweigert und die Sendung daraufhin mit einem entsprechenden
Vermerk an den Absender zurückgeht (*LAG Hamm* 30.7.1981 EzA § 130 BGB Nr. 11; 9.5.2006 –
1 Ta 72/06).

(*unbelegt*)   162

Nach **§ 132 Abs. 1 BGB** gilt eine Willenserklärung auch dann als zugegangen, wenn sie durch   163
Vermittlung eines Gerichtsvollziehers zugestellt worden ist. Die Zustellung erfolgt nach den Vorschriften der ZPO, also nach den §§ 192 ff., 166 f. ZPO (dazu *Wunsch* JuS 2003, 277 ff.). Der Gerichtsvollzieher kann die Zustellung selbst ausführen (§ 193 ZPO) oder die Post mit der Ausführung der Zustellung beauftragen (§ 194 ZPO). Bei der Vermittlung der Zustellung durch den Gerichtsvollzieher hat auch die nach §§ 181 ZPO erfolgte **Ersatzzustellung durch Niederlegung** (zB bei einer Postagentur) **die Wirkung des Zuganges**. § 132 BGB ist nur anwendbar, wenn die Willenserklärung durch Vermittlung des Gerichtsvollziehers zugestellt wird (*BAG* 7.11.2002 EzA § 130 BGB 2002 Nr. 1 [II 3a]; 30.6.1983 EzA § 12 SchwbG Nr. 13), also nicht bei förmlicher Postzustellung im unmittelbaren Auftrag des Absenders (*BAG* 12.7.1984 – 2 AZR 290/83, nv; vgl. Rdn 162). Von der Zustellung durch Gerichtsvollzieher als Surrogat für das Zugehen wird bei anzubringenden Kündigungserklärungen in der Praxis zunehmend Gebrauch gemacht und als »sicherste Variante« für die Zustellung empfohlen (*Springer* BB 2012, 1477, 1481; vgl. auch Rdn 184).

Der Arbeitnehmer ist verpflichtet, bei einem Wohnungswechsel seine **neue Anschrift dem Arbeit-**   164
geber unverzüglich mitzuteilen (offen gelassen in *BAG* 18.2.1977 EzA § 130 BGB Nr. 8), was sich im Gegensatz zur Urlaubsanschrift, die den Arbeitgeber grds. nichts angeht (*BAG* 16.12.1980 EzA § 130 BGB Nr. 10), aus der arbeitsvertraglichen (Neben-)Pflicht ergeben dürfte, ggf., etwa in Notfällen, erreichbar zu sein. Die arbeitsvertragliche Nebenpflicht, seinem Arbeitgeber einen mit Adressenwechsel verbundenen Umzug unverzüglich mitzuteilen, wird nach *LAG Bln.* (17.1.2001 EzA-SD 2001 Nr. 22, S. 8 = RzK I 10d Nr. 109) auch dann noch erfüllt, wenn die Mitteilung unmittelbar nach vollzogenem Umzug erfolgt. Nach *BAG* (4.3.1965 AP Nr. 5 zu § 130 BGB) ist das nur zu verlangen, wenn der Arbeitnehmer mit rechtsgeschäftlichen Erklärungen des Arbeitgebers, insbes. mit Kündigungen rechnen muss.

Teilt der Arbeitnehmer bei Wohnungswechsel seine neue Anschrift nicht mit, so muss er im Allge-   165
meinen die sich daraus für den Zugang der brieflichen Erklärungen ergebenden Verzögerungen auf sich nehmen, gleich, ob er einen Postnachsendeauftrag erteilt hat oder nicht. Für die Rechtzeitigkeit der Erklärung ist der Zeitpunkt maßgebend, in dem der Zugang an die ursprüngliche Adresse erfolgt wäre. Ab diesem fingierten Zeitpunkt läuft die Dreiwochenfrist (vgl. Rdn 175). Nach *BAG* (18.2.1977 EzA § 130 BGB Nr. 8) kann der Arbeitnehmer, der seine Wohnung wechselt, die Änderung der Anschrift dem Arbeitgeber in der Weise mitteilen, dass er während seiner Erkrankung eine ärztliche Arbeitsunfähigkeitsbescheinigung einreicht, in der seine neue Anschrift eingetragen ist.

Ist der Aufenthalt des Arbeitnehmers unbekannt oder kann ein Zugang der Kündigung im Ausland   166
nicht bewerkstelligt werden, kann an die Beantragung der öffentlichen Zustellung der Kündigung durch das Gericht gedacht werden. Die Kündigung gilt dann als zugestellt, wenn seit dem Aushang des Kündigungsschreibens an der Gerichtstafel zwei Wochen verstrichen sind (§§ 185 ff. ZPO, dazu *Wunsch* JuS 2003, 279 f.).

Wegen der Formvorschrift des § 623 BGB kann eine Kündigung nicht mehr wirksam durch **Tele-**   167
gramm, Fernschreiben, **Telekopie**, **Telefax**, Matrizenabzug, Fotokopie, Btx-Telex oder E-Mail, SMS erklärt werden. Die modernen Textübermittlungstechniken können sämtlich nicht mehr für die Übermittlung einer wirksamen Kündigungserklärung genutzt werden (zutr. KR-*Spilger* § 623 BGB Rdn 118 ff. mwN).

Der Zeitpunkt des Zugangs verschiebt sich nicht dadurch, dass ein ausländischer Arbeitnehmer das   168
in deutscher Sprache gehaltene Kündigungsschreiben mangels Sprachkenntnissen oder weil er nicht lesen kann, selbst nicht zur Kenntnis nimmt. Er konnte es aber zur Kenntnis nehmen dadurch, dass

er sich unverzüglich um eine Übersetzung bemüht. Am Zugang der Kündigungserklärung ändert sich durch die Notwendigkeit, eine Übersetzung zu beschaffen, nichts. Es gilt das zu Rdn 140 Ausgeführte entsprechend.

169 Die Frage, ob es für den Fristbeginn auf den Zugang bei einem bestellten **Betreuer** oder bei dem Arbeitnehmer selbst ankommt, richtet sich nach § 1903 Abs. 1 S. 2 BGB iVm § 131 Abs. 2 BGB (*BAG* 13.2.2008 EzA § 4 nF KSchG Nr. 83 Rn 24).

cc) Zugangshindernisse

170 Verhindert der Empfänger durch eigenes Verhalten den Zugang einer Willenserklärung, muss er sich so behandeln lassen, als sei ihm die Erklärung bereits zum Zeitpunkt des Übermittlungsversuchs zugegangen (»**treuwidrige Zugangsvereitelung**«). Nach Treu und Glauben ist es ihm verwehrt, sich auf den späteren tatsächlichen Zugang zu berufen, wenn er selbst für die Verspätung die alleinige Ursache gesetzt hat. Sein Verhalten muss sich dafür als Verstoß gegen bestehende Pflichten zu Sorgfalt oder Rücksichtnahme darstellen. Lehnt er grundlos die Entgegennahme eines Schreibens ab, muss er sich nach § 242 BGB jedenfalls dann so behandeln lassen, als sei es ihm im Zeitpunkt der Ablehnung zugegangen, wenn er im Rahmen vertraglicher Beziehungen mit der Abgabe rechtserheblicher Erklärungen durch den Absender rechnen musste (*BAG* 26.3.2015 EzA § 130 BGB 2002 Nr. 7, Rn 21; 22.9.2005 EzA § 130 BGB 2002 Nr. 5 m. zust. Anm. *Nehls* Stbg 2006, 183). Wer aufgrund bestehender oder angebahnter vertraglicher Beziehungen mit dem Zugang rechtserheblicher Erklärungen zu rechnen hat, muss geeignete Vorkehrungen treffen, dass ihn derartige Erklärungen auch erreichen. Tut er dies nicht, liegt darin regelmäßig ein Verstoß gegen die durch Aufnahme von Vertragsverhandlungen oder durch den Abschluss eines Vertrages begründeten Sorgfaltspflichten gegenüber seinem Partner. Indes ist der Adressat auch bei schweren Sorgfaltsverstößen regelmäßig aber nur dann so zu behandeln, als habe ihn die Willenserklärung erreicht, wenn der Erklärende alles Erforderliche und ihm Zumutbare getan hat, damit seine Erklärung den Adressaten erreichen konnte (*BAG* 26.3.2015 EzA § 130 BGB 2002 Nr. 7, Rn 21 mwN). Das BAG hat angenommen, dass der Arbeitnehmer seine ihm gegenüber dem Arbeitgeber obliegenden Sorgfaltspflichten schon dadurch erheblich verletzt, dass er nur eine Wohnung als Adresse mitgeteilt hat, an der er zu keinem Zeitpunkt des Bestehens des Arbeitsverhältnisses tatsächlich – etwa durch Botenzustellung – erreichbar war. Ein noch gravierenderer Pflichtverstoß wurde darin gesehen, dass der Arbeitnehmer zu einem Zeitpunkt, zu dem er bereits mit dem Zugang einer Kündigung rechnen musste, den von ihm verursachten Irrtum des Arbeitgebers über die tatsächliche Anschrift dadurch verstärkt hat, dass er als seine Adresse wiederum die nicht mehr zutreffende Anschrift angegeben hat. Im Lichte der zahlreichen Zustellversuche ist das BAG davon ausgegangen, dass der Arbeitgeber alle zumutbaren Möglichkeiten ausgeschöpft hat, dem Arbeitnehmer das Kündigungsschreiben zugehen zu lassen (*BAG* 22.9.2005 EzA § 130 BGB 2002 Nr. 5 [zu II 2b der Gründe]). Geht infolge versäumter Zugangsvorkehrungen die Kündigungserklärung an den Arbeitgeber zurück, so ist der vergebliche Zustellversuch dem Zugang nicht gleichzusetzen. Vielmehr muss die **Zustellung unverzüglich erneut versucht** werden (*BAG* 18.2.1977 EzA § 130 BGB Nr. 8; *BGH* 26.11.1997 EzA § 130 BGB Nr. 28; 11.7.2007 NJW-RR 2007, 1565; Ausnahme: grundlose Annahmeverweigerung oder arglistige Zugangsvereitelung, der Arbeitnehmer muss sich so behandeln lassen, als sei ihm die Kündigung bereits im Zeitpunkt des ersten Zustellversuches zugegangen). Zu Lasten des Empfängers ist der Zugang als solcher nur bei schwerwiegenden Treuverstößen zu fingieren. Schlichte Obliegenheitsverletzungen des Erklärungsempfängers werden hingegen nur mit einer Rechtzeitigkeitsfiktion sanktioniert, und dies auch grundsätzlich nur dann, wenn der Erklärende seinerseits den nachträglichen Zugang seiner Erklärung bewirkt. Eines erneuten Zustellversuchs bedarf es zB dann nicht, wenn der Erklärungsempfänger das Einschreiben, also die Erklärung, innerhalb der Abholfrist von der Post abgeholt hatte und der Erklärende deshalb keine weiteren Maßnahmen mehr ergreifen musste, um dem Empfänger Kenntnis vom Inhalt des Einschreibens zu verschaffen (*BGH* 11.7.2007 NJW-RR 2007, 1565 Rn 22).

Einzelfälle: 171

Verweigert der Erklärungsempfänger **die Annahme** der Kündigungserklärung ohne Grund, sei es, dass ein einfacher Brief oder ein eingeschriebener Brief vorgelegt wird, so gilt **die Erklärung auch ohne Wiederholung des Zustellversuchs als zugegangen** (*ArbG Solingen* 11.12.1979 ARSt 1981 Nr. 34; *KG* 9.2.1989 – 25 U 3910/88), und zwar für den Zeitpunkt, zu dem der Adressat von dem Inhalt der Erklärung hätte Kenntnis nehmen können, Zugangsfiktion.

Das wird damit begründet, dass der Empfänger die Möglichkeit hatte, den ihm vorgelegten Brief 172 entgegenzunehmen, und damit der Brief in seinen Machtbereich gelangt ist. Ein **triftiger Grund für die Verweigerung der Annahme** liegt insbes. dann vor, wenn der vorgelegte Brief entweder **unfrankiert** oder **nicht richtig frankiert** ist und **Nachporto** verlangt wird (DDZ-*Däubler* § 132 BGB Rn 32b. Das gilt auch bei unklarer Anschrift (DDZ-*Däubler* § 132 BGB Rn 32b), etwa dann, wenn der Vorname des Arbeitnehmers falsch geschrieben ist (*LAG Bln.-Bra.* 10.3.2009 – 16 Sa 2120/08, Rn 66).

Demgegenüber soll nach der Rspr. des RG und des RAG die Verweigerung der Annahme grds. 173 den Zugang einer schriftlichen Willenserklärung verhindern (*RG* 5.1.1925 RGZ 110, 36; *RAG* 4.2.1941 DR 1941, 1797), es sei denn, der Erklärungsempfänger habe den Zugang arglistig verhindert, was voraussetze, dass der Empfänger entweder den Inhalt der Erklärung kenne oder mit dem Zugang der Erklärung rechne (*LAG RhPf* 23.3.2012 – 9 Sa 698/10, Rn 17, 20), rechnen muss (*AG Gießen* 23.7.2009 – 48 MC 494/08, WuM 2012, 168: Unleserliche Postanschrift gegenüber Mieter). Nach *BGH* 27.10.1982 (NJW 1983, 929) muss sich der Adressat einer eingeschriebenen Briefsendung, der die Annahme grundlos verweigert, jedenfalls dann so behandeln lassen, als sei ihm das Schreiben im Zeitpunkt der Annahmeverweigerung zugegangen, wenn er im Rahmen vertraglicher Beziehungen mit rechtserheblichen Mitteilungen (zB Kündigungserklärung) des Absenders rechnen musste. Dem hat sich das BAG angeschlossen (*BAG* 3.4.1986 EzA § 18 SchwbG Nr. 7; 11.11.1992 EzA § 130 BGB Nr. 24 [zu III 4 der Gründe]; 7.11.2002 EzA § 130 BGB 2002 Nr. 1 [II3b]). Es kommt darauf an, ob der Arbeitnehmer nach Treu und Glauben mit Rücksicht auf die Verkehrssitte verpflichtet war, unter den gegebenen Umständen ein Kündigungsschreiben entgegenzunehmen, welches ihm der Arbeitgeber zum Zwecke der Übergabe reichte. Dies ist zu bejahen, wenn die Übergabe im Rahmen einer **Besprechung im Betrieb** erfolgen soll. Ein Arbeitnehmer muss regelmäßig damit rechnen, dass ihm anlässlich einer im Betrieb stattfindenden Besprechung mit dem Arbeitgeber rechtserhebliche Erklärungen betreffend sein Arbeitsverhältnis übermittelt werden (*BAG* 26.3.2015 EzA § 130 BGB 2002 Nr. 7, Rn 29 mwN). Der Betrieb ist typischerweise der Ort, an dem das Arbeitsverhältnis berührende Fragen besprochen und geregelt werden. Ob tatsächlich mit einer Kündigung zu rechnen war, ist nicht entscheidend.

Die Rspr. überzeugt nicht. Sie stellt auf einen nur schwer zu ermittelnden subjektiven Umstand 174 ab: Musste der Empfänger mit einer bestimmten Erklärung rechnen? – während die Frage, ob die Verweigerung der Annahme ohne triftigen Grund erfolgt ist, sich nach objektiven Maßstäben beurteilt. Daher ist bei Annahmeverweigerung ohne Grund der Zugang der Kündigungserklärung im Zeitpunkt des Angebots der Aushändigung anzunehmen, ohne dass es darauf ankommt, ob der Arbeitnehmer mit einer Kündigung rechnen musste. Ab diesem Zeitpunkt läuft die Dreiwochenfrist (vgl. Rdn 175).

Für die verzögert oder unterbliebene Abholung des auf der Post niedergelegten per Einschreiben 175 zugesandten Kündigungsschreibens gilt folgendes: Zwar ist der Empfänger einer Benachrichtigung über die Niederlegung eines eingeschriebenen Briefes nicht ohne weiteres gehalten, das für ihn niedergelegte Schriftstück abzuholen (*BGH* 3.11.1976 NJW 1977, 194, 195); er muss sich aber, falls mit einer Kündigungserklärung zu rechnen war, so behandeln lassen als sei es in seinen Machtbereich gelangt (*BAG* 15.11.1962 EzA § 130 BGB Nr. 2). Die Kündigungserklärung gilt als zugegangen, wenn sie trotz Einwurfs des Benachrichtigungszettels in den Hausbriefkasten vom Arbeitnehmer von der Post nicht abgeholt wird (*LG Bln.* 30.9.1994 Grundeigentum 1994, 1383 betr. Mieter). Ein missbräuchliches Verhalten liegt auch dann vor, wenn der Arbeitnehmer seinen Familienangehörigen die ausdrückliche Weisung erteilt hat, eingehende Postsendungen seines Arbeitgebers zurückgehen zu lassen (*BAG* 11.11.1992 EzA § 130 BGB Nr. 24; *LAG Hamm* 30.7.1981 EzA § 130 BGB Nr. 11). Das BAG hat den Zeitpunkt offengelassen, in dem in seinem solchen Fall der Zugang anzunehmen ist.

176 In der Entsch. vom 18.2.1977 (EzA § 130 BGB Nr. 8) hat das *BAG* ausgeführt, dass der Arbeitnehmer die Kündigung dann **zu einem früheren Zeitpunkt** als erfolgt gegen sich gelten lassen muss, wenn es ihm nach Treu und Glauben verwehrt ist, sich auf eine Verspätung des Zugangs zu berufen. Ein solcher Fall ist nur dann anzunehmen, wenn das **Zugangshindernis dem Empfänger zuzurechnen ist**, der Erklärende nicht damit zu rechnen brauchte und er nach Kenntnis von dem noch nicht erfolgten Zugang unverzüglich erneut eine Zustellung vorgenommen hat; nicht erforderlich ist, dass der Empfänger den Zugang schuldhaft vereitelt hat; es reicht aus, wenn die Verzögerung auf Umstände zurückzuführen ist, die zu seinem Einfluss gehören, er also etwa den Benachrichtigungszettel erhalten hat oder die Unkenntnis von dessen Zugang zu vertreten hat. Der Arbeitnehmer hat in dem Zeitraum, in dem er mit einer Kündigung rechnen muss (Ankündigung einer Kündigung; Anhängigkeit eines Zustimmungsverfahrens beim Integrationsamt; laufendes Anhörungsverfahren beim Betriebsrat, § 102 BetrVG), seine Post sorgfältig durchzusehen (*BAG* 3.4.1986 EzA § 16 SchwbG Nr. 7), kann also zB nicht damit gehört werden, dass er den Benachrichtigungszettel über den Eingang des Einschreibens möglicherweise zusammen mit Werbematerial aus dem Hausbriefkasten entnommen und versehentlich weggeworfen hat (vgl. *LAG Frankf.* 18.2.1986 BB 1986, 1092 = ARSt 1987 Nr. 1243 betr. Urteilszustellung) oder dass Post ständig auf die Treppe im Hausflur gelegt wird und auf diese Weise die Benachrichtigung verloren gegangen ist (*LAG Düsseld.* 12.10.1990 LAGE § 130 BGB Nr. 14). Nach *BAG* 3.4.1986 (EzA § 16 SchwbG Nr. 7) muss sich der Arbeitnehmer, der Kenntnis von dem Benachrichtigungsschein hatte oder die Unkenntnis zu vertreten hat, so behandeln lassen als sei ihm das Kündigungsschreiben an dem Tag zugegangen, an dem der Benachrichtigungszettel über den Eingang des Einschreibens in den Briefkasten geworfen wurde. Das ist nicht zwingend, weil der Arbeitnehmer auch ohne Verstoß gegen Treu und Glauben gerade nicht zu Hause gewesen sein kann (Arztbesuch), als der Postzusteller seinen Zustellversuch vornahm. Auch bei erfolglosem Zustellversuch ohne Hinterlassung eines Benachrichtigungsscheins, wie es insbes. in kleinen Orten immer wieder zu beobachten ist – der Postbote versucht die persönliche Aushändigung während der nächsten Tage erneut – ist das nicht richtig, auch wenn letztlich eine Benachrichtigung hinterlassen wird. Es ist vielmehr vom Zugang der Kündigungserklärung an dem Tag auszugehen, an dem die unverzügliche Abholung der Kündigungserklärung möglich war, der nächste Werktag (vgl. im Übrigen MüKo-BGB/*Einsele* § 130 Rn 38 f.).

177 Der Arbeitnehmer muss sich also so behandeln lassen, als ob ihm die Kündigung zum **normalen Zeitpunkt** zugegangen wäre (SPV-*Preis* Rn 133). Das ist der Zeitpunkt, in dem **üblicherweise** ein eingeschriebener Brief, der nach Hinterlassung des Benachrichtigungszettels auf der Post niedergelegt wurde, abgeholt wird. Wirft der Postbote den **Benachrichtigungszettel** an einem Freitag ein, so dürfte davon auszugehen sein, wenn nicht andere Umstände dagegensprechen, dass das Einschreiben als am Montag zugegangen anzusehen ist. Allerdings ist zu berücksichtigen, dass die Abholung durch die Schließung zahlreicher Postfilialen für viele Arbeitnehmer deutlich schwieriger geworden ist. Das Einschreiben kann oft nicht mehr ohne große Umwege auf dem Weg von der Arbeit abgeholt werden. Dies spricht dafür, jedenfalls in ländlichen Gegenden eine Abholung üblicherweise erst am dritten Werktag nach Einwurf der Benachrichtigung erfolgt.

178 Auch wenn der Empfänger den Zugang des Einschreibens dadurch verzögert, dass er den eingeschriebenen Brief nicht unverzüglich bei der Postfiliale abholt, rechtfertigt dies nach *BAG* 25.4.1996 (EzA § 130 BGB Nr. 27) allerdings noch nicht, einen anderen Zugangszeitpunkt, etwa den der frühest möglichen Abholung des Einschreibens zu fingieren mit der Folge, dass mit diesem Zeitpunkt die Klagefrist des § 4 S. 1 KSchG beginnt, vielmehr tritt der Zugang erst dann ein, wenn der Adressat die Sendung innerhalb der mitgeteilten Aufbewahrungsfrist – eine Woche – abholt, es sei denn, der Arbeitgeber legt dar und beweist im Bestreitensfall, der Arbeitnehmer habe durch sein Verhalten den Lauf der Frist bewusst manipuliert, wie es etwa in dem der Entscheidung des

BAG v. 7.11.2002 (EzA § 130 BGB 2002 Nr. 1) der Fall war: Der Arbeitnehmer wusste, dass ihm eine fristlose Kündigung zugehen wird, baute aber mit bedingtem Vorsatz Zugangshindernisse auf (vgl. Rdn 182). Die Entscheidung v. 25.4.1996 hat jedenfalls im Ergebnis Zustimmung gefunden (*v. Hoyningen-Huene* Anm. EzA § 130 BGB Nr. 27; SPV-*Preis* Rn 138; KDZ-*Däubler* §§ 130–132 Rn 8), ist aber auch mit Recht auf Ablehnung gestoßen: Die Klagefrist läuft ab dem gem. § 162 BGB fingierten Zeitpunkt des Zugangs (*Ramrath* Anm. AP Nr. 35 zu § 4 KSchG 1996; *Herbert* NJW 1997, 1829). Nur das ist konsequent und ist in den Voraufl. vertreten worden. Das BAG stellt für die Klagefrist nicht auf § 162 BGB ab, sondern auf die Verwirkung des Klagerechts.

Verwirkung hat mit der vom Zugang der Kündigungserklärung anlaufenden Klagefrist nichts zu tun. Wird der Zugang verzögert oder vereitelt, ist der Rechtsgedanke des § 162 BGB maßgebend: Der Arbeitnehmer muss sich so behandeln lassen, wie wenn die Kündigungserklärung zugegangen wäre. Ab diesem frühesten Zeitpunkt läuft die Klagefrist. Hinzu kommt, dass es misslich ist, dass nun zwischen Fristen, die der Arbeitgeber einzuhalten hat (Kündigungsfristen, Kündigungserklärungsfrist des § 626 Abs. 2 BGB), unterschieden werden muss. Während sich der Arbeitnehmer insoweit die Verzögerungen des Zugangs entgegenhalten lassen muss, also die Einhaltung dieser Fristen fingiert wird, ist das bei der Klagefrist erst dann der Fall, wenn er bewusst den Lauf der Frist manipuliert hat. Hier wird ohne Not für die Klagefrist der Rechtsgedanke des § 162 BGB nicht mehr für maßgeblich angesehen.

Der Zweite Senat des BAG hat nicht den Fall entschieden, dass der Arbeitnehmer den Zugang des Einschreibens nicht nur verzögert, sondern vereitelt, indem er zB den eingeschriebenen Brief nicht abholt oder abholen lässt. Hier müsste konsequenterweise ein Zugang überhaupt verneint werden, es sei denn, der Empfänger verhindert rechtsmissbräuchlich die Aushändigung der Sendung oder holt das Einschreiben absichtlich nicht von der Postfiliale ab, um den Zugang der Kündigungserklärung zu vereiteln (*BAG* 15.11.1962 EzA § 130 BGB Nr. 2), und der Arbeitgeber, nachdem er nach Ablauf der Lagerfrist den eingeschriebenen Brief zurückerhalten haben wird, auf einen erneuten Zustellversuch verwiesen werden müssen. Allerdings ist bei Annahmeverweigerung oder arglistiger Zugangsvereitelung nach *BGH* 26.11.1997 (EzA § 130 BGB Nr. 28) ein erneuter Zustellungsversuch nicht erforderlich.

Dagegen stellt das *LAG Frankf.* 31.7.1986 LAGE § 130 BGB Nr. 5 in einem Fall, in dem der Arbeitnehmer vom Inhalt einer ihm zugesandten Einschreibesendung (Kündigung) aufgrund weiterer Vorkehrungen des Arbeitgebers (Durchschrift an den Arbeitnehmervertreter) tatsächlich Kenntnis erlangt hatte und deswegen seine Berufung darauf, der Inhalt der Einschreibesendung sei ihm nicht zugegangen, jedenfalls deswegen treuwidrig war, weil er die per Einschreiben versandte Kündigungserklärung durch Nichtabholen der Sendung von der Post während der postalischen Aufbewahrungsfrist selbst vereitelt hatte, was erst recht gilt, wenn ihm die Zusendung einer schriftlichen Kündigung avisiert war, auf den 15. als spätesten Zugang, obwohl der Benachrichtigungszettel erst am 15. durch den Postzusteller im Hausbriefkasten hinterlassen worden war nach erfolglosem Zustellversuch am Vortag. Das ist aufgrund der besonderen Umstände des Falles zutreffend; andernfalls wäre vom nächsten Werktag als Zugangstag auszugehen gewesen (vgl. auch *LAG Frankf.* 7.5.1987 LAGE § 130 BGB Nr. 7). 179

Eine Kündigung geht sonach nicht zu, wenn ein **Empfangsbote** die Annahme des Kündigungsschreibens verweigert, ohne dass der Arbeitnehmer auf die Annahmeverweigerung Einfluss genommen hatte (*BAG* 11.11.1992 EzA § 130 BGB Nr. 24; *LAG BW* 15.3.1994 – 7 Sa 109/93, nv; aA *Schwarz* NJW 1994, 891; *Joussen* Jura 2003, 577, 581). 180

Eine Zugangsvereitelung durch den Arbeitnehmer liegt nicht vor, wenn der Arbeitgeber die ordentliche Kündigungsfrist wahren und dem Arbeitnehmer am letzten Tag des Monats die Kündigungserklärung am Arbeitsplatz übergeben will, der Arbeitnehmer aber bereits um 16.45 Uhr nicht mehr im Betrieb anwesend war: Dem Arbeitgeber standen noch mehrere Möglichkeiten offen, die Zustellung der Kündigung noch an diesem Tage vorzunehmen, etwa Übergabe in der Wohnung durch Mitarbeiter oder Boten (*LAG Köln* 10.4.2006 – 14(4)Sa 61/06, NZA-RR 2006, 466). 181

§ 4 KSchG   Anrufung des Arbeitsgerichtes

182 Der Kündigende hat die **Darlegungs- und Beweislast** in solchen Fällen für die tatsächlichen Umstände, die den Einwand begründen sollen, der Arbeitnehmer berufe sich treuwidrig auf den verspäteten Zugang der Kündigung. Hat der Kündigende den Zugang des Benachrichtigungsscheins bewiesen, so reicht pauschales Bestreiten des Arbeitnehmers nicht aus, von dem Benachrichtigungsschein keine Kenntnis erhalten zu haben. Er muss konkrete Umstände vortragen, aus denen sich ergibt, dass er von dem Benachrichtigungsschein keine Kenntnis erlangt hat (*BAG* 3.4.1986 EzA § 16 SchwbG Nr. 7) oder, dass er zur alsbaldigen Abholung der niedergelegten Einschreibsendung nicht in der Lage oder dies ihm nicht zumutbar war. Der pauschale Hinweis auf »familiäre Belange« oder »Versorgung der Familie« reicht insoweit nicht aus. Das gilt erst recht, wenn der Arbeitnehmer weiß, dass ein Kündigungsschreiben an ihn unterwegs ist (*LAG Frankf.* 7.5.1987 LAGE § 130 BGB Nr. 7).

183 Ist der Arbeitnehmer **in Urlaub** gefahren, so muss er den Zugang des einfachen Briefes mit der Kündigung durch Einwurf in den Briefkasten gegen sich gelten lassen (vgl. Rdn 155 f.). Das gilt auch für das »Einwurf-Einschreiben«. Dagegen ist ein **eingeschriebener Brief** in seiner Erscheinungsform des »Übergabe-Einschreibens« erst mit Abholung vom Postamt nach Urlaubsende zugegangen. Von einer treuwidrigen Vereitelung des Zuganges der Kündigungserklärung selbst kann keine Rede sein. Nach den postalischen Bestimmungen darf eine mit »eigenhändig« eingeschriebene Sendung nur dem Empfänger oder seinem Bevollmächtigten gegen Empfangsquittung, ein »Übergabe-Einschreiben« auch an Ersatzempfänger iSd Vorschriften der Deutschen Post AG ausgehändigt werden. Sie wird daher nicht wie gewöhnliche Sendungen in den Briefkasten gesteckt, sondern bei fehlender Übergabemöglichkeit auf der Postagentur niedergelegt. Der Arbeitgeber kann allenfalls davon ausgehen, dass der Arbeitnehmer dafür Sorge trägt, dass ihm in den Briefkasten geworfene Post (durch Nachbarn oder durch andere) nachgeschickt wird oder er einen Nachsendeantrag für einfache Post gestellt hat. Der Arbeitgeber muss stets damit rechnen, dass bei Abwesenheit des Arbeitnehmers der eingeschriebene Brief wegen der geschilderten postalischen Behandlung nicht in den Machtbereich des Empfängers gelangt. Das gilt auch dann, wenn der Arbeitnehmer nicht zur Arbeit erscheint und auch von seinem Wohnort abwesend ist. Hier hilft nur der (nachweisbare) Einwurf der Kündigungserklärung in den Hausbriefkasten.

184 Zunehmend taucht in den Prozessen die Behauptung auf, dass zwar der Umschlag per Einschreiben zugegangen sei, die Erklärung indes, die mit ihm angeblich versandt worden sei, sei nicht in ihm gewesen (zB *LAG RhPf* 23.3.2012 – 9 Sa 689/10, Rn 18). Das ist nach *OLG Hamm* (15.10.1986 JurBüro 1987, Sp. 1165) eine rein theoretische Erwägung, ohne dass es dafür einen nachvollziehbaren Anhaltspunkt gebe. Das ist richtig, es sei denn, es werden Tatsachen dafür vorgetragen, dass die Willenserklärung nicht im Umschlag war, etwa Beobachtungen vor und beim Öffnen des Briefes. Nach *LAG Hamm* (22.5.2002 LAGReport 2003, 8, 10) bedarf es des Vortrags, dass es sich um eine Sendung ohne oder mit einem anderen Inhalt gehandelt habe, steht der Zugang der Sendung fest; das Bestreiten, eine Mitarbeiterin des Arbeitgebers habe in Kenntnis des Inhalts ein Kündigungsschreiben in einen Briefumschlag gesteckt und dann als Einwurf-Einschreiben aufgegeben, reicht nicht aus. Den Fall solcher Behauptungen greift *Hohmeister* (JA 1999, 260) auf und schlägt – neben der nicht immer möglichen persönlichen Übergabe unter Hinzuziehung eines Zeugen (vgl. Rdn 163) – die Zustellung durch den Gerichtsvollzieher vor (vgl. Rdn 163), um den lückenlosen Nachweis des Zugangs gerade dieses Kündigungsschreibens und nicht nur eines Schriftstückes oder gar nur eines Umschlags führen zu können: Der Gerichtsvollzieher erhält zusammen mit dem Zustellungsauftrag das unverschlossene Original der Kündigungserklärung und eine Kopie. Der Gerichtsvollzieher stellt das Original dem Empfänger zu, fertigt eine Zustellungsurkunde, beglaubigt die Kopie und händigt diese, verbunden mit der Zustellungsurkunde dem Auftraggeber aus. Alternativ verweist *Störr* (JA 1999, 822) zum Nachweis des Zugangs eines Schriftstückes mit einem bestimmten Inhalt – zB Kündigungserklärung – auf die Möglichkeit, einen Zeugen bei der Einlegung der Erklärung in den Umschlag, bei der Verschließung des Umschlages und anschließender Übergabe an den/die Mitarbeiter/in in der Postfiliale hinzuzuziehen und ein entsprechendes Protokoll zu fertigen (zum Sonderfall des Einwurfs von Geldbeträgen in bar in Hausbriefkästen vgl. *Wiese* NJW 2006, 1569 ff.).

Das in Rdn 175–183 Ausgeführte gilt im Grunde auch für einfache Briefe (*BAG* 9.8.1984 EzA § 1 185
KSchG Verhaltensbedingte Kündigung Nr. 11 [zu 4a der Gründe], vgl. Rdn 170–174). Der Zugang
ist nach *ArbG Köln* (16.3.1981 BB 1981, 1643) gem. § 162 BGB zu fingieren, wenn der Arbeitnehmer durch das Nichtzurverfügungstellen eines Briefkastens oder einer ähnlichen Einrichtung für
den Zugang des Kündigungsschreibens den Zugang fortgesetzt vereitelt. Der Arbeitnehmer hat die
Verpflichtung, dafür zu sorgen, dass an ihn gerichtete schriftliche Willenserklärungen auch zugehen
können. Das ist im Ergebnis richtig, auch wenn eine Rechtspflicht zum Unterhalt von Empfangs-
vorrichtungen oder zum Treffen sonstiger Vorkehrungen für den Empfang von Willenserklärungen
nicht mehr angenommen wird, sondern nur eine Obliegenheitsverletzung, die sich allerdings auf
die Frage der Rechtzeitigkeit des Zugangs einer Willenserklärung auswirkt (vgl. *Martinek* JuS 1987,
L 22 ff.). Das führt im Ergebnis dazu, dass der Arbeitnehmer sich nicht auf verspäteten Zugang mit
Erfolg berufen kann, sondern sich so behandeln lassen muss, als sei die Kündigung im Zeitpunkt
des ersten Zustellversuchs zugegangen.

dd) Der Zugang von Massenkündigungen

Massenkündigungen können wegen des gesetzlichen Schriftformerfordernisses des § 623 BGB 186
nicht mehr **durch Aushang am schwarzen Brett** erfolgen. Diese zuweilen im **Tarifvertrag**, in einer
Betriebsvereinbarung vorgesehene Möglichkeit ist entfallen (*Schaub/Linck* § 123 Rn 46; SPV-*Preis*
Rn 136).

c) Unerheblichkeit tatsächlicher Kenntnisnahme

Auf den Zeitpunkt, in dem der Arbeitnehmer **tatsächlich Kenntnis** von der Kündigungserklärung 187
nimmt, kommt es nicht an. So reicht zB **die Aushändigung** der schriftlichen Kündigungserklärung
aus, gleichgültig, ob der Arbeitnehmer das Schreiben liest oder nicht oder es gar nach Erhalt sofort
verliert (vgl. Rdn 150). Auch der **Zeitpunkt des Wirksamwerdens** der Kündigung, also der Zeitpunkt, zu dem gekündigt wird, ist nicht maßgebend.

d) Darlegungs- und Beweislast

Die Darlegungs- und Beweislast für den Zugang der Kündigungserklärung trägt der kündigende 188
Arbeitgeber. Nach allgemeinen Grundsätzen ist er für die für ihn günstige Tatsache darlegungs-
und beweispflichtig (*LAG RhPf* 16.5.2006 – 5 Sa 149/06, zur Darlegungslast; vgl. *LAG Hamm*
17.3.2005 – 16 Sa 912/04, NZA-RR 2005, 547, allerdings für eine umstrittene Arbeitnehmerkündigung, auf die sich der Arbeitgeber beruft; in einem solchen Fall hat er die Darlegungs- und Beweislast, schulmäßige Beweiswürdigung; vgl. *LG Düsseld.* 7.2.2007 NJW 2007, 1290 betr. Zugang
der Betriebskostenabrechnung, § 556 Abs. 3 S. 2 BGB; AG Hmb. 28.4.2009 – 48 C 471/08, ZMR
2009, 930: Zugang einer Kündigung durch Bote). Die Nichterweislichkeit des Zugangs geht zu
seinen Lasten. Es gibt nach der überwiegenden Rspr. keinen Anschein für Zugang bei Versendung
per Einschreiben (*BGH* 27.5.1957 BGHZ 24, 309 [312 f.]; 17.2.1964 NJW 1964, 1176 [1177];
OLG Köln 12.2.1986 JurBüro 1987 Sp. 1165; krit. *Schneider* MDR 1984, 281 ff.), und zwar auch
dafür nicht, dass dem Adressaten eine Benachrichtigung darüber, dass bei der Post ein Einschrei-
bebrief für ihn zur Abholung bereitliege, zugegangen ist (*OLG München* 16.5.1995 OLGR 1995,
238). Das gilt erst recht für gewöhnliche Briefe: Derjenige, der sich auf den Zugang eines ab-
gesandten Briefes beruft, kann ihm obliegenden Beweis nicht prima facie führen: Weder der
Zugang noch der Verlust sind typisch (*BGH* 27.5.1957 BGHZ 24, 309; *OGH* 23.11.1994 VersR
1995, 859). Die unter Beweis gestellte Tatsache, die Erklärung sei als Brief zur Post gegeben und
an den Erklärungsempfänger abgeschickt worden, begründet keinen Anscheinsbeweis dafür, dass
dem Empfänger die Erklärung rechtzeitig zugegangen ist: Bei zur Post gegebenen Briefen bestehe
nach std. Rspr. des BGH kein Anscheinsbeweis für den Zugang der Sendung (*BGH* 21.1.2009 –
VIII ZR 107/08 betr. Zugang der Betriebskostenabrechnung, § 556 Abs. 3 S. 2 BGB; vgl. aber
BVerfG 10.3.1992 NJW 1992, 2217: Die Beweislast für den Zugang hindert nicht, die Versendung
des Schreibens und die Tatsache, dass es nicht als unzustellbar zurückkam, als Beweisanzeichen für

den Zugang anzusehen; vgl. auch *BVerfG* 15.5.1991 NJW 1991, 2757; *BFH* 14.3.1989 BB 1989, 2385 f.; Indizbeweis, nicht Prima-facie-Beweis; anders wohl *OLG Frankf.* 3.2.1995 VersR 1996, 90 f.). Das hat das *LAG Brem.* (5.9.1986 LAGE § 130 BGB Nr. 6) dahin präzisiert, dass dann, wenn der Arbeitnehmer vorträgt, sich nicht erinnern zu können, vor einem bestimmten Datum die Kündigung erhalten zu haben (zulässiges Bestreiten iSd § 138 Abs. 3 ZPO), der Arbeitgeber die volle Darlegungs- und Beweislast **auch für den Zeitpunkt** des Zugangs der Kündigung trage (vgl. *LAG BW* 8.10.1998 LAGE § 11 ArbGG 1979 Nr. 15: Beweislast beim Arbeitgeber, der aus früherem Zugang im Rechtssinne die Nichteinhaltung der Klagefrist ableitet). Es gibt keinen Beweis des ersten Anscheins dafür, dass eine vom Arbeitgeber als gewöhnlicher Brief abgesandte Kündigung im Stadtgebiet einer Großstadt den Empfänger binnen drei Tagen erreicht, ebenso *LAG Hamm* 25.2.1988 LAGE § 130 BGB Nr. 11. Dagegen wird der Einwurf in den Hausbriefkasten beim sog. Einwurf-Einschreiben nach den Versprechungen der Deutschen Post AG nachweisbar sein (vgl. Rdn 159; vgl. auch Rdn 182). Die Darlegungs- und Beweislast hinsichtlich der Einhaltung der Dreiwochenfrist liegt beim Kläger (vgl. Rdn 234).

189 Zweifelhaft ist, ob abweichende arbeitsvertragliche Vereinbarungen hinsichtlich des Zugangs möglich sind. § 130 BGB ist an sich abdingbar (*Däubler* AiB 2000, 88; MüKo-BGB/*Eisele* § 130 BGB Rn 12; *BGH* 7.6.1995 NJW 1995, 2217). Über den Zugangszeitpunkt und die Zugangsform dürfte disponiert werden können (*Preis* Brennpunkte des Arbeitsrechts 2003, 59 f.). Es ist aber § 308 Nr. 6 BGB zu beachten (vgl. iE *Preis* Brennpunkte des Arbeitsrechts 2003, S. 60; *ders.* Der Arbeitsvertrag 2002 »Zugangsfiktionen«, S. 1465 ff.; *Maurer* DB 2002, 1442 ff.).

e) Die Berechnung der Frist

190 Die **Klagefrist** wird wie folgt berechnet: Der Tag, an dem die Kündigungserklärung dem Arbeitnehmer zugeht, ist nach **§ 187 Abs. 1 BGB** nicht mitzurechnen. Die Frist beginnt am nächsten Tag. Die Frist endet dann nach **§ 188 Abs. 2 BGB** drei Wochen später an dem gleichen Wochentag, an dem die Kündigung zuging. Geht die Kündigung zB an einem Dienstag zu, so beginnt die Dreiwochenfrist am folgenden Mittwoch. Sie endet mit Ablauf des Dienstages nach drei Wochen (24.00 Uhr; dazu zB *Schroeter* JuS 2007, 29, 31). Fällt der letzte Tag der Frist auf einen Sonntag oder einen Sonnabend oder auf einen am Sitz des örtlich zuständigen Arbeitsgerichts staatlich anerkannten allgemeinen Feiertag (Zugang der Kündigung am Sonntag, einem staatlich anerkannten Feiertag oder einem Samstag [Sonnabend]), so endet die Frist erst am folgenden Werktag (**§ 222 Abs. 2 ZPO**; *Waldenfels* ArbRAktuell 2015, 189, 191).

191 Wird entgegen § 623 BGB und damit unwirksam mündlich gekündigt, so braucht die Dreiwochenfrist nicht eingehalten zu werden. Es handelt sich dann um einen Fall außerhalb des § 13 Abs. 3 KSchG (KR-*Spilger* § 623 BGB Rdn 218). Die Frage der Fristberechnung stellt sich nicht. Wird zunächst unzulässig mündlich und anschließend schriftlich gekündigt, so läuft hinsichtlich der unzulässigen mündlichen Kündigung keine Dreiwochenfrist. Hinsichtlich der anschließenden schriftlich erklärten Kündigung rechnet die Frist ab Zugang der schriftlichen Kündigungserklärung. Es gilt insoweit das unter Rdn 190 Ausgeführte.

Wird die Kündigung vom 26.8. auf zweifachem Wege zugestellt – einmal durch Übersenden eines Briefes per Post, zum anderen durch Einschreiben/Rückschein –, handelt es sich um ein und dieselbe Kündigung, die mehrfach ausgesprochen und auch mehrmals zugegangen ist (zur mehrfachen Verlautbarung einer Kündigung vgl. *BAG* 9.6.2011 EzA § 626 BGB 2002 Nr. 37, Rn 17; 22.3.2012 EzA § 5 KSchG Nr. 41, Rn 38). Die rechtzeitige Klage gegen diese Kündigung macht hinreichend deutlich, dass der Arbeitnehmer sie nicht hinnehmen will, unabhängig davon, wie viele gleichlautende Exemplare ihn auf welchen Wegen auch immer wann erreichen; die Klagefrist rechnet ab dem Zeitpunkt des ersten Zugangs. Die Aufzählung sämtlicher »Kündigungen« von 26.8. im Antrag, etwa geordnet nach Zugangsdaten und Zugangsform ist nicht erforderlich – aus anwaltlicher Sicht mag sie geboten sein (vgl. *LAG Köln* 30.1.2006 LAGE § 1 KSchG Betriebsbedingte Kündigung Nr. 76).

Geht dem Arbeitnehmer ein Kündigungsschreiben mit Datum 2.3. per Einschreiben/Rückschein am 3.3. zu und erhält er einen Tag später per Einwurf-Einschreiben ein wortgleiches Kündigungsschreiben, das sich nur im Ausfertigungsdatum – 3.3. – und der Bezeichnung der Zustellart unterschied, sind nicht zwei Kündigungen ausgesprochen, sondern es liegt eine – doppelt verlautbarte – Kündigungserklärung vor, deren Zugang sichergestellt werden sollte, so dass die Klagefrist gewahrt ist, wenn der Kläger im Antrag nur »die Kündigung ... der Beklagten vom 2.3. ...« angreift, sich aber bereits in der Klageschrift mit dem in beiden Schreiben identischen Wortlaut auseinandersetzt; er hat deutlich gemacht, dass er sich gegen die Kündigung des Arbeitsverhältnisses zur Wehr setzt, die Wiederholung der Kündigung am 3.3. ist von dem Antrag erfasst (*BAG* 6.9.2007 EzA § 626 BGB 2002 Nr. 18, Rn 38; 22.3.2012 EzA § 5 KSchG Nr. 41, Rn 38).

2. Rechtsnatur der Dreiwochenfrist

Die Klagefrist von drei Wochen ist eine **Ausschlussfrist** (hM *BAG* 20.9.1955 AP Nr. 7 zu § 3 KSchG 1951; 28.4.1983 EzA § 5 KSchG Nr. 20; 26.6.1986 EzA § 4 KSchG nF Nr. 25; *v. LBK/ Linck* Rn 105). Ihrer Rechtsnatur nach ist sie nach hM nicht dem Prozessrecht, sondern dem materiellen Recht zuzuordnen (*Lepke* DB 1991, 2034 ff. mwN; weitere Nachw. s. KR 9. Aufl.). Ihre Nichteinhaltung hat danach nicht die Unzulässigkeit der Klage zur Folge. § 4 KSchG und § 17 S. 1 TzBfG regeln **keine** Tatbestände der **Prozessverwirkung** (*BAG* 19.2.2009 – 8 AZR 176/08 Rn 18; 10.10.2007 – 7 AZR 487/06 Rn 13). Eine verspätet erhobene Kündigungsschutzklage ist vielmehr **als unbegründet abzuweisen** (*BAG* 6.9.2012 – 2 AZR 858/11 Rn 10). Nach der Ansicht des *BAG* bedeutet dies freilich nicht zwangsläufig, die in § 4 KSchG bestimmte Notwendigkeit der fristgebundenen Klageerhebung sei dem materiellen Rechtsbereich zuzuordnen; bei der Drei-Wochen-Frist handele es sich vielmehr um eine **prozessuale Klageerhebungsfrist** (*BAG* 26.6.1986 – 2 AZR 358/85 [B II 3 b], EzA § 4 KSchG nF Nr. 25 im Anschluss an *Vollkommer* AcP 161, 1962, 332 ff.; bestätigt von *BAG* 2. Senat 6.8.1987 – 2 AZR 553/86, [II 2c]; 13.4.1989 EzA § 13 KSchG nF Nr. 4 [zu III 2b bb der Gründe]; *BAG* 24.6.2004 – 2 AZR 461/03 [B I 1: »materiell-rechtliche Wirkung, dass die soziale Rechtfertigung einer Kündigung nicht weiter überprüft werden kann und mögliche Mängel der Sozialwidrigkeit geheilt werden«]; 11.12.2008 – 2 AZR 472/08 Rn 26, EzA § 5 KSchG Nr. 35; ferner: *LAG RhPf* 9.8.1989 LAGE § 5 KSchG Nr. 43; *Busemann/Schäfer* 4. Aufl., Rn 671: »prozessuale Frist«; zur dogmatischen Einordnung: *Otto* Anm. *BAG* 28.4.1983 EzA § 5 KSchG Nr. 20 [IV]; *Vollkommer* Anm. *LAG Hamm* 7.11.1985 LAGE § 5 KSchG Nr. 22; 19.6.1986 LAGE § 5 KSchG Nr. 24 iS einer prozessualen Befugnis bzw. rein prozessualer Frist; *LSSW-Spinner* § 4 Rn 80 f.; *SPV-Vossen* Rn 1801, 1920: Prozessuale Klagefrist mit materiellrechtlicher Wirkung; diff. *Wenzel* FS Egon Schneider 1997 S. 340 f.: »Doppelnatur«; diff. *Berkowsky* NZA 1997, 353: »Die Versäumung der Klagefrist hat nur eine einzige, dem materiellen Recht zugeordnete Rechtsfolge: Eine der Sache nach sozial ungerechtfertigte Kündigung gilt mit Ablauf der Klagefrist als sozial gerechtfertigt ... Sie ist eine Prozesshandlung mit materiellrechtlicher Wirkung.«; vgl. auch Rdn 285). Die Frage nach der dogmatischen Einordnung der Frist hat Bedeutung für die **Anwendbarkeit von prozessualen Regelungen**. So geht das BAG davon aus, dass der Mangel der Nichtunterzeichnung fristwahrend nach § 295 ZPO geheilt werden kann, wenn innerhalb der Frist des § 4 KSchG beim Arbeitsgericht ein nicht unterzeichneter, jedoch im Übrigen den Erfordernissen einer Klageschrift entsprechender Schriftsatz eingeht (*BAG* 26.6.1986 – 2 AZR 358/85 [B II 1] unter Aufgabe der früheren Rspr. vgl. *BAG* 27.1.1955 – 2 AZR 418/54, BAGE 1, 272; 26.11.1976 – 2 AZR 506/74, BAGE 28, 1).

Hat der gekündigte Arbeitnehmer die Dreiwochenfrist versäumt, so wird die sozialwidrige oder aus anderen Gründen unwirksame schriftliche Kündigung nach § 7 KSchG wirksam. Das Gericht hat von Amts wegen zu prüfen, ob der Kläger die Klagefrist eingehalten hat. Auch wenn der Arbeitgeber sich im Prozess nicht ausdrücklich darauf beruft, der Arbeitnehmer habe die Dreiwochenfrist versäumt, ist die Einhaltung der Frist vom Gericht nachzuprüfen (*BAG* 20.9.1955 AP Nr. 7 zu § 3 KSchG 1951; 26.6.1986 EzA § 4 KSchG nF Nr. 25; *LKB/Linck* Rn 105; aA *Gamillscheg* 7. Aufl., S. 504 f.).

194 Die dreiwöchige Ausschlussfrist für die Klageerhebung ist **zwingend**. Das ergibt sich aus dem eindeutigen Wortlaut des § 4 S. 1 KSchG. Wegen des zwingenden Charakters der Dreiwochenfrist können die Parteien die Frist nicht wirksam durch eine Vereinbarung verlängern oder verkürzen. Auch durch Betriebsvereinbarung oder Tarifvertrag ist eine Verlängerung oder Verkürzung der Frist nicht möglich. Auch kann der Arbeitgeber – etwa, um das Verfahren zu beschleunigen, – im Rahmen des Kündigungsschutzverfahrens nicht auf die Einhaltung der Klagefrist verzichten und den Arbeitnehmer vom Gericht so behandeln lassen als sei die Frist gewahrt. Er kann allenfalls die Angaben des Klägers über den Zugang der Kündigungserklärung hinnehmen, so dass es für die Frage der Einhaltung der Dreiwochenfrist keiner Beweiserhebung bedarf. Ergibt sich indes aus dem Vorbringen der Parteien, dass die Dreiwochenfrist versäumt sein könnte, so ist dem von Amts wegen nachzugehen. Eine vertragliche Verlängerung ist nicht zulässig (LSSW-*Spinner* Rn 80; *LKB/Linck* Rn 105; aA *Gamillscheg* 7. Aufl., S. 505). Allerdings ist vorgeschlagen worden, dass nach Erhalt einer Kündigung die Klagefrist von drei Wochen bis zu maximal drei Monaten durch Parteivereinbarung verlängerbar sein soll. Würde die Fristenregelung des § 4 S. 1 KSchG und des § 17 S. 1 TzBfG der Parteimaxime unterworfen, werde manches Verfahren nicht anhängig gemacht, weil mehr Zeit sei, die Erfolgsaussichten zu prüfen (vgl. Stellungnahme des Arbeitsrechtsausschusses des Deutschen Anwaltsvereins e. V. zu Vorschlägen aus Niedersachsen und Nordrhein-Westfalen zur Vereinfachung und Beschleunigung arbeitsgerichtlicher Verfahren, NZA 1997, Heft 7, S. VII). § 133 Abs. 3 des Diskussionsentwurfs eines ArbVG (*Henssler/Preis* auf Initiative der Bertelsmann-Stiftung, abgedruckt in NZA-Beilage 2007, S. 1) sieht vor, dass die Klagefrist innerhalb eines Monats nach Zugang der Kündigung durch schriftliche Vereinbarung auf bis zu sechs Monate verlängert werden kann. Ob eine solche Regelung sinnvoll ist, erscheint zweifelhaft, weil zahlreiche sich Folgeprobleme ergeben, zB um die Wirksamkeit einer solchen Vereinbarung oder um die Frage des Annahmeverzugslohns für die Zeit der Verlängerung der Klagefrist.

VII. Die Erhebung der Klage innerhalb der Dreiwochenfrist

195 Die Klageerhebung iSd Zivilprozessordnung vollzieht sich in zwei Akten: **Einreichung der Klageschrift** mit den nötigen Abschriften oder **mündliche Anbringung** der Klage zur Niederschrift bei der Geschäftsstelle oder der Rechtsantragsstelle des ArbG **und Zustellung** einer beglaubigten Abschrift von Amts wegen. Erst damit ist die Klage erhoben und die Wirkungen der **Rechtshängigkeit** treten ein. Eine Klage ist iSd **§ 253 Abs. 5 ZPO** bei Gericht **eingereicht**, wenn die Klageschrift in den Machtbereich des Gerichts gelangt (Musielak/Voit/*Foerste* ZPO § 253 Rn 11). Es genügt, dass der Gewahrsam des Gerichts in einer für die Entgegennahme von Schriftsätzen üblichen Weise begründet wird. Wird ein Dokument elektronisch als Fax oder elektronisches Dokument im Sinne des § 130a ZPO übermittelt, muss der Übertragungsvorgang vor Ablauf der Frist abgeschlossen sein, d.h. dass die gesendeten Signale noch vor Ablauf des letzten Tages der Frist vom Telefaxgerät des Gerichts vollständig empfangen (gespeichert) wurden (*Reinartz* in: Ory/Weth, jurisPK-ERV Band 2 (Stand: 1.9.2020), § 167 ZPO, Rn 11). Für die Übermittlung elektronischer Dokumente i.S.d. § 46c ArbGG hat der Gesetzgeber dies ausdrücklich in § 46c Abs. 5 Satz 1 ArbGG geregelt. Elektronische Dokumente i.S.d. § 46c ArbGG werden regelmäßig nicht unmittelbar auf Server des adressierten Gerichts übermittelt, sondern an einen zentral betriebenen Intermediär, von welchem die Nachricht durch das jeweilige Gericht abgerufen wird. Dann ist der Eingang auf dem Intermediär der für den Eingang i.S.d. § 167 ZPO entscheidende Zeitpunkt (vgl *BGH* 14.05.2020 – X ZR 119/18; *Reinartz* in: Ory/Weth, jurisPK-ERV Band 2 (Stand: 1.9.2020), § 167 ZPO, Rn 13). Dass bei einem Telefax der Ausdruck des Empfangenen bei Gericht (teilweise) erst nach Fristablauf erfolgt, ist unerheblich (*BAG* 19.1.1999 EzA § 615 BGB Nr. 93; *BGH* 25.4.2006 – IV ZB 20/05, BGHZ 167, 214 = NJW 2006, 2263; 5.9.2006 – VI ZB 7/06). Die Entgegennahme durch einen zur Entgegennahme sowie zur Beurkundung des Zeitpunktes des Eingangs zuständigen Beamten oder Angestellten ist nicht erforderlich (*Rosenberg/Schwab/Gottwald* § 65 II 2b Rn 6; *Zöller/Greger* § 167 Rn 5).

196 Dabei ist die **Klagefrist gewahrt**, wenn die Klage innerhalb drei Wochen beim ArbG **eingegangen** ist und die Klage **demnächst** dem Arbeitgeber **zugestellt wird** (§ 46 Abs. 2 ArbGG iVm § 495

ZPO iVm § 167 ZPO). § 167 ZPO ist auf die Wahrung der Klagefrist des § 4 KSchG anwendbar (*BAG* 13.7.1989 RzK I 8h Nr. 6 zu § 270 Abs. 3 ZPO aF; 20.2.2014 EzA § 4 nF KSchG Nr. 95, Rn 34). Die **Zustellung** ist dann iSd § 167 ZPO als »**demnächst erfolgt**« anzusehen, wenn die Klage in einer den Umständen nach angemessenen Frist ohne besondere von der Partei oder ihrem Vertreter zu vertretenden Verzögerung zugestellt wird (*Thomas/Putzo-Hüßtege* § 167 Rn 10 ff.; SPV-*Vossen* Rn 1913).

Der Begriff »demnächst« ist nach der st. Rspr. ohne eine zeitlich absolute Grenze im Wege der **wertenden Betrachtung** auszulegen. Eine Zustellung »demnächst« nach Eingang bedeutet eine Zustellung innerhalb einer nach den Umständen angemessenen, selbst längeren Frist, wenn die Partei oder ihr Prozessbevollmächtigter unter Berücksichtigung der Gesamtsituation alles Zumutbare für die unverzügliche Zustellung getan haben. Nicht mehr »demnächst« erfolgt ist die Zustellung, wenn die Partei, der die Fristwahrung obliegt, oder ihr Prozessbevollmächtigter durch nachlässiges – auch leicht fahrlässiges – Verhalten zu einer nicht nur geringfügigen Zustellungsverzögerung beigetragen hat (vgl. *BAG* 16.11.2020 – 10 AZR 56/19 – Rn 63; 13.11.2014 – 6 AZR 869/13 – Rn 46; *BGH* 10.12.2019 – II ZR 281/18 – Rn 8). Der Zustellungsbetreiber muss alles ihm Zumutbare für eine alsbaldige Zustellung getan haben. Einen durch die Sachbearbeitung des Gerichts verursachten Aufschub muss der Kläger sich grds. nicht zurechnen lassen. Dies gilt auch bei längeren Verzögerungen (*BAG* 22.2.2014 EzA § 4 nF KSchG Nr. 95, Rn 35 mwN). Der Kläger, der seinerseits alles für eine ordnungsgem. Klagezustellung Erforderliche getan hat, darf erwarten, dass das Gericht das Zustellungsverfahren in eigener Zuständigkeit ordnungsgem. betreibt (*BAG* 23.8.2012 NZA 2013, 227, Rn 36). Andererseits muss die Rückwirkung dem Empfänger zumutbar sein; verzögert die zustellende Partei selbst das Verfahren in vorwerfbarer Weise, kann dies der Rückwirkung entgegenstehen (*BGH* 11.2.2011 – V ZR 1361/10, ZMR 2011, 578, Rn 6 [betr. Zustellung einer Beschlussanfechtungsklage nach WEG]; dem folgend *BAG* 15.2.2012 – 10 AZR 711/10, FA 2012, 208, Rn 45 ff.: betr. Zahlungsklage von Mindestbeiträgen zum Sozialkassenverfahren gegen Bauunternehmer in Litauen [Verzögerung der Zustellung um mehr als zehn Monate: Der Kläger hatte alle vom Gericht geforderten Mitwirkungshandlungen erbracht]; *BGH* 6.1.2009 NJW 2009, 999; 12.7.2006 NJW 2006, 3206).

Solche Versäumnisse der Partei, die sich auf die Dauer nicht ausgewirkt haben, müssen außer Betracht bleiben (*BGH* 5.2.2003 NJW-RR 2003, 599). Verhältnismäßig geringfügige Verzögerungen, die auf einem nachlässigen Verhalten des Klägers beruhen, sind wegen der fehlenden Angabe einer Frist in § 167 ZPO unschädlich.

Nach *BAG* (8.4.1976 EzA § 4 KSchG nF Nr. 10) ist in einem Fall, in dem die Anschrift des Beklagten mit »K-K Postfach 1267« angegeben war und die ladungsfähige Anschrift erst nach Aufforderung durch das Gericht zu den Gerichtsakten gelangt war, so dass es zu einer zehntägigen Verzögerung der Zustellung gerechnet ab Ablauf der Klagefrist und Zustellung der Klage gekommen war, die Zustellung noch »demnächst« erfolgt. Der *BGH* sieht eine der klagenden Partei zuzurechnende Verzögerung der Klagezustellung um bis zu 14 Tagen noch als geringfügig an und damit die Zustellung als »demnächst erfolgt« iSd § 167 ZPO (*BGH* 10.2.2011 NJW 2011, 1227; 3.2.2012 NJW-RR 2012, 527 [geringfügig über zwei Wochen liegende Verzögerung von 16 Tagen]; ähnlich *BAG* 13.5.1987 EzA § 209 BGB Nr. 3; 17.1.2002 EzA § 4 KSchG nF Nr. 62; *LAG Bln.-Bra.* 9.4.2010 – 13 Sa 1919/09, Rn 24 f. [Klageschrift ohne zustellungsfähige Anschrift]; *LAG Frankf.* 24.8.1998 BB 1999, 852: Zwei Wochen; großzügiger *ArbG Bln.* 6.8.2003 LAGE § 113 InsO Nr. 12: Bis zu einem Monat; *OLG Hamm* 4.10.1991 NJW-RR 1992, 480: Die Zustellung 19 Tage nach Fristablauf ist noch »demnächst« iSd § 270 Abs. 3 ZPO aF; *LAG Nbg.* 8.10.2001 NZA-RR 2002, 212: »Demnächstige« Zustellung auch dann, wenn die Klage erst nach zwei Monaten zugestellt wird, dem Arbeitnehmer aber nur eine Verspätung von elf Tagen angelastet werden kann). Der Partei sind nur solche Verzögerungen zuzurechnen, die sie oder ihr Prozessbevollmächtigter bei gewissenhafter Prozessführung hätten vermeiden können. Das ist im Einzelfall zu ermitteln (*LAG Hamm* 23.11.2000 DZWIR 2001, 284 = ZInsO 2001, 234). Das *LAG München* (12.1.1982 ZIP 1983, 616) hält eine etwaige absolute Grenze auch bei zwanzig Kalendertagen zwischen Einreichung und

Zustellung für noch nicht erreicht, wobei es nur auf den vom Kläger zu vertretenden Zeitraum ankommen kann. Dem *BAG* (17.1.2002 EzA § 4 nF KSchG Nr. 62 [2 Wochen] folgt *LAG Düsseld.* (1.4.2010 – 13 Sa 1545/09, Rn 27 [22 Tage vom Kläger zu vertretender Zeitraum infolge fehlerhaften Passivrubrums]) nicht mehr »demnächst«; Klageeingang bei Gericht 15.5., Zustellung an die zutreffende Anschrift der Niederlassung am 6.6., Rücksendung durch konzernangehörige Firma am 13.6., Eingang bei Gericht am 17.6., Anfrage beim Kläger, Mitteilung der Anschrift des Sitzes der Beklagten am 24.6., Eingang am 25.6., Zustellung am 28.6.:»demnächst«, zumal Beschäftigungsort des Klägers der Sitz der Niederlassung war (*ArbG Frankf.* 29.1.2003 – 9 Ca 4639/02). Die Angabe der Auslandsanschrift des Arbeitgebers reicht aus. Sie versetzt das ArbG in die Lage, die Klage dem Arbeitgeber im Wege der Rechtshilfe zuzustellen. Beantwortet der Arbeitnehmer eine Anfrage des Gerichts nach dem Ort seiner Tätigkeit nicht, liegt darin keine Unterbindung oder Verhinderung der Zustellung der Feststellungsklage durch den Arbeitnehmer. Die Notwendigkeit eines mehrwöchigen Zeitraumes für die Auslandszustellung verletzt das Gebot der alsbaldigen Zustellung nicht (*LAG Düsseld.* 13.2.1982 – 4 Sa 1372/80, insoweit nv). Der Arbeitnehmer dürfte gehalten sein, beim Arbeitsgericht in angemessener Zeit nachzufragen, ob eine Zustellung erfolgt ist. Es ist zu klären, ob eine Nachfrage zu einer früheren Zustellung geführt hätte (vgl. *BGH* 27.2.2006 – I ZR 237/03, NJW-RR 2006, 1436 betr. Mahnbescheid).

200 Die Klagefrist des § 4 KSchG ist auch dann gewahrt, obwohl die Klage dem Arbeitgeber nicht demnächst zugestellt worden ist, wenn der Arbeitgeber die **unterlassene Zustellung** der Klageschrift **nicht rügt**, sondern zur Hauptsache verhandelt. Die unterlassene Zustellung einer Klage ist ein verzichtbarer Verfahrensmangel iSd § 295 Abs. 1 ZPO (*Zöller/Greger* § 253 ZPO Rn 26a). Eine Heilung nach § 295 Abs. 1 ZPO tritt dann ein, wenn eine Partei den Mangel der Zustellung in der nächsten mündlichen Verhandlung nicht rügt (*BGH* 9.1.2008 – VIII ZR 12/07, FamRZ 2008, 680 Rn 12 mwN), obwohl sie erschienen ist und der Mangel ihr bekannt ist oder bekannt sein muss (*LAG München* 12.11.1982, ZIP 1983, 616). Bei einem solchen Prozessverhalten ist die Klagefrist, die durch den nicht zugestellten Schriftsatz eingehalten werden sollte, als gewahrt anzusehen, wenn die Einreichung des Schriftsatzes und der Rügeverlust nach § 295 ZPO zueinander in demselben Verhältnis stehen wie eine der Einreichung der Klage demnächst folgende Zustellung. Mit der Heilung des Mangels der Zustellung durch die rügelose Verhandlung nach § 295 ZPO wird die Zustellung überflüssig. Der Rügeverlust bewirkt, dass der Rechtsstreit von dem Zeitpunkt an, in dem die Rüge nicht mehr rechtzeitig erhoben werden kann, rechtshängig geworden ist. Er führt dazu, dass die Klagefrist bereits mit der Einreichung der Klageschrift gewahrt ist (*BAG* 11.1.1979 – 2 AZR 615/76, [zu II 2b der Gründe] nv). Zu beachten ist, dass die unterlassene Zustellung der Klageschrift nach § 189 ZPO auch dadurch geheilt werden kann, dass dem Arbeitgeber der Schriftsatz formlos zugegangen ist. Für den tatsächlichen Zugang als Voraussetzung der Heilung eines Zustellungsmangels gemäß § 189 ZPO ist allerdings nach der Rspr. des *BGH* nicht der Zugang des zuzustellenden Originals erforderlich (*BGH* 12.3.2020 – I ZB 64/19 Rn 24 mwN). Die erfolgreiche Übermittlung einer (elektronischen) Kopie in Form – beispielsweise – eines Telefaxes, einer Fotokopie oder eines Scans ist ausreichend. Die bloße mündliche Überlieferung oder eine handschriftliche oder maschinen-schriftliche Abschrift des zuzustellenden Originals führen dagegen wegen der Fehleranfälligkeit einer solchen Übermittlung nicht zur Heilung des Zustellungsmangels. Eine Heilung nach § 189 ZPO setzt voraus, dass die Zustellung durch das Gericht beabsichtigt war und es sich nicht mit einer formlosen Übersendung begnügen wollte (*Thomas/Putzo-Hüßtege* § 189 Rn 7; *Zöller/Stöber* § 189 ZPO Rn 2). Dann muss aber wenigstens festzustellen sein, dass die Zustellung der Klageschrift ausdrücklich verfügt war.

201 (*unbelegt*)

202 Aus dem Vorstehenden ergibt sich, dass die **Klagefrist nicht gewahrt** ist, wenn der gekündigte Arbeitnehmer die Klage zwar rechtzeitig einreicht, zugleich aber, was nicht selten geschieht, den **Antrag** stellt, **die Klage noch nicht zuzustellen**, etwa weil noch Vergleichsverhandlungen schweben oder der Kläger die möglicherweise lange Kündigungsfrist in einem von einer Kündigungsschutzklage unbeschwerten Arbeitsverhältnis abwarten will und das Gericht diesem Antrag entspricht

(sog. **vorsorgliche Klageerhebung**) und das zu einer nicht nur geringfügigen Verzögerung der Klagezustellung führt (*LKB/Linck* Rn 109; Bader/Bram-*Ahrendt* § 4 Rn 131). Das Gericht wird den Kläger in einem solchen Fall darauf hinzuweisen haben, dass die Einreichung der Klage allein nicht ausreichend ist.

Nicht selten bittet der Kläger auch darum, **wegen schwebender Vergleichsgespräche** von einer Terminsbestimmung vorerst abzusehen. **§ 216 Abs. 2 ZPO**, der auf den Kündigungsschutzprozess über § 46 Abs. 2 S. 1 ArbGG anwendbar ist, verpflichtet zur unverzüglichen Terminsbestimmung von Amts wegen. Außerdem ist die Klageschrift nach der Terminsbestimmung zusammen mit der Ladung dem beklagten Arbeitnehmer zuzustellen (§ 46 Abs. 2 ArbGG iVm §§ 497, 498, 271 ZPO). Eine Zustellung der Klage ohne Terminsbestimmung ist nur im Prozesskostenhilfeverfahren vorgesehen. Daraus ist zu folgern, dass der gekündigte Arbeitnehmer nicht berechtigt ist, durch einen entsprechenden Antrag die Klage zwar zuzustellen, aber nicht terminieren zu lassen. Die ZPO sieht eine solche Möglichkeit nicht vor. Auch der Sinn und Zweck des § 4 KSchG, nämlich möglichst schnell zu klären, ob die mit der Klage angegriffene Kündigung tatsächlich unwirksam ist oder nicht, sowie die Pflicht zur besonderen Prozessbeschleunigung in Kündigungsrechtsstreitigkeiten nach § 61a ArbGG stehen dem entgegen. Der Kläger hat daher nicht die Möglichkeit, den Kündigungsrechtsstreit einseitig dadurch auf die lange Bank zu schieben, dass er einen Verhandlungstermin nicht wünscht (*LAG Hannover* 25.4.1953 AP Nr. 3 zu § 3 KSchG; aA *LAG Hannover* 5.12.1953 BB 1954, 132 unter Hinw. auf *Kaufmann* BB 1953, 391).

Folgt das Gericht gleichwohl dem Wunsch des klagenden Arbeitnehmers und **stellt es die Klage ohne Terminsbestimmung zu,** so ist die Klage auch ohne die Terminsbestimmung wirksam erhoben und die Dreiwochenfrist gewahrt (hM, vgl. *BGH* 21.11.1953 BGHZ 11, 175 [177]; *LKB/Linck* Rn 109; *LAG Frankf.* 21.11.1974 ARSt 1975 Nr. 169, S. 171). Wird die Klage zugestellt und unterbleibt die Terminsbestimmung, hat dies auf die Wirksamkeit der Zustellung keinen Einfluss (*LAG Düsseld.* 8.8.2008 – 9 Sa 2261/07, Rn 84).

Die Praxis hilft dem Kläger, der bittet, von der Terminierung einstweilen abzusehen, damit, dass sie einen **zeitlich** etwas weiter **hinausgeschobenen Gütetermin** bestimmt. Alternativ wird im Einvernehmen beider Parteien das Verfahren terminlos gestellt.

1. Die Art und Weise der Klageeinreichung

Die Klage kann mittels einer **Klageschrift** (möglichst in dreifacher Fertigung) beim ArbG eingereicht werden. Die Klage kann auch **mündlich zu Protokoll der Geschäftsstelle** des ArbG angebracht werden, auch telefonisch zu Protokoll der Geschäftsstelle, wenn der Urkundsbeamte zur Entgegennahme und Protokollierung der Erklärung bereit ist (vgl. *Zöller/Greger* § 129a ZPO Rn 2: Erklärung unwirksam, aber Wiedereinsetzung, hier nachträgliche Klagezulassung, § 5 KSchG]; wie fernmündliche Einlegung des Einspruchs gegen Versäumnisurteil zu Protokoll der Geschäftsstelle, *LAG BW* 26.2.1971 BB 1971, 1104; vgl. aber die abw. Rspr. zu telefonisch eingelegtem Rechtsmittel, *BGH* 12.3.2009 NJW-RR 2009, 852; zur telefonischen Stellung eines Prozesskostenhilfeantrags *Hmb. OVG* 26.5.2010 – 3 So 201/09). Die telegrafische Klage wahrt die Frist (*BAG* 10.5.1962 AP Internat. Privatrecht Arbeitsrecht Nr. 6). Auch eine durch Telefax (Telekopie) eingelegte Klage wahrt die Frist (*LAG RhPf* 24.2.2001 LAGE § 4 KSchG Nr. 45; vgl. *BAG* 14.1.1986 EzA § 94 ArbGG 1979 Nr. 3 betr. Rechtsbeschwerde; *BGH* 11.10.1989 NJW 1990, 188 betr. Rechtsmitteleinlegung und -begründung; *BGH* 10.1.1990 NJW 1990, 990 betr. Klageschrift; für die Klageerhebung mittels elektronischem Dokument gilt § 46c ArbGG (zutr. Bader/Bram-*Ahrendt* § 4 Rn 83); vgl. Rdn 226.

2. Der Mindestinhalt der Klageschrift

Der **notwendige Inhalt** der Klageschrift ergibt sich aus **253 Abs. 2 ZPO**. Nach der Auffassung des zweiten Senats des *BAG* ist weder der ZPO noch dem Wortlaut von § 4 S. 1 KSchG ist zu entnehmen, dass lediglich eine von vornherein in allen Punkten dem Prozessrecht genügende Klageerhebung die Frist für die Erhebung der Kündigungsschutzklage wahrt (BAG 1.10.2020 – 2 AZR 247/

20 Rn 31 unter Bezugnahme auf 26.6.1986 - 2 AZR 358/85 *zu B II 3 c bb der Gründe).* Vielmehr können auch unzulässige Klagen zur Fristwahrung ausreichen; wann dies der Fall ist, bestimmt sich nach § 253 ZPO und § 4 S. 1 KSchG.

208 Die Klage muss das **angerufene Gericht bezeichnen**.

209 Der **Kläger**, der **Arbeitnehmer**, und der **Beklagte**, also der **Arbeitgeber**, mithin die **Parteien müssen angegeben werden**. Das erfolgt durch die näheren Angaben gem. § 253 Abs. 2 ZPO iVm § 130 Nr. 1 ZPO. Die Parteien und ihre gesetzlichen Vertreter – zB die Geschäftsführer einer GmbH oder Aufsichtsrat gem. § 52 GmbHG, § 112 AktG als Vertretungsorgan, wenn der Geschäftsführer Kläger ist (*OLG Brandenburg* 13.7.1999 – 6 U 286/96, NZG 2000, 143), im Insolvenzfalle Insolvenzverwalter als Fremdliquidator Vertretungsorgan nach der Vertreter- oder Organtheorie in Abkehr von der sog. Amtstheorie (*LAG Hamm* 23.11.2000 ZInsO 2001, 234 = DZWIR 2001, 284); die persönlich haftenden Gesellschafter einer oHG; die Vorstandsmitglieder einer AG; die GmbH-Komplementärin nebst ihrer Geschäftsführer einer GmbH u. Co. KG – sind »nach Namen, Stand oder Gewerbe, Wohnort ... zu bezeichnen« (§ 253 Abs. 2 iVm § 130 Nr. 1 ZPO; die Angabe der Anschriften ist nicht ausdrücklich vorgeschrieben, aber zwingendes Erfordernis einer ordnungsgemäßen Klageerhebung jedenfalls dann, wenn die Angabe ohne weiteres möglich ist, die Angabe der Anschrift des Arbeitgebers erst nach Ablauf der Dreiwochenfrist wirkt nicht zurück, *Sächs. LAG* 17.3.2004 – 2 Sa 948/02). **Einzelfirmen** müssen seit dem 1.4.2003 den Zusatz »eingetragener Kaufmann« (oder eine entsprechende Abkürzung wie »e. K.«) führen. Mit dem obligatorischen Hinweis in der Firma auf die Kaufmannseigenschaft soll auf eine klare praktische Grenzziehung zwischen den Firmen von Einzelkaufleuten und den Geschäfts- oder Etablissementsbezeichnungen von Kleingewerbetreibenden hingewirkt werden, die als Nichtkaufleute keine Firma führen dürfen (BT-Drs. 13/8444, S. 54). Ein Nichtkaufmann muss unter seinem bürgerlichen Namen verklagt werden, wobei zur Klarstellung hinzugefügt werden mag, welches Geschäft er betreibt (zB »Marita Mustermann, Düsseldorfer Hof, Hotel und Restaurant«), vgl. iE *Gräve/Salten* MDR 2003, 1097 ff.

210 Das ist zur **Festlegung der Identität der Parteien** erforderlich. Darauf sollte in der Praxis mehr Sorgfalt verwandt werden. Es ist immer wieder zu beobachten, dass unvollständige Parteibezeichnungen zu Schwierigkeiten führen, insbes. bei der Zustellung der Klage und bei der Vollstreckung aus dem Urteil, etwa dem Abfindungsurteil nach § 9 KSchG.

211 Es ist zu beachten, dass eine **Kündigungsschutzklage der falschen Partei**, also nicht des gekündigten Arbeitnehmers, **oder gegen die falsche Partei**, also nicht gegen den Arbeitgeber oder den im Einzelfall (gesetzlich) vorgesehenen Prozessstandschafter (*ArbG Wiesbaden* 3.3.1982 BB 1982, 1791; vgl. Rdn 218), die Dreiwochenfrist nicht zu wahren vermag.

Klagt statt des gekündigten Arbeitnehmers eine andere Person, so kann das Aktivrubrum nicht berichtigt werden. Die Identität der Parteien ist nicht gegeben, wenn eine andere existierende Person klagt. Es kommt lediglich ein **gewillkürter Parteiwechsel auf der Klägerseite** in Betracht (dazu *Fischer* JuS 2009, 38), der aber nur dann die Ausschlussfrist des § 4 S. 1 KSchG zu wahren vermag, wenn der **Parteiwechsel noch innerhalb der Dreiwochenfrist wirksam erfolgt** (*LAG Hamm* 26.3.1969 AuR 1969, 316; *Hess. LAG* 12.8.2005 – 17/11 Sa 2021/03).

Wird statt des Arbeitgebers, der die Kündigung ausgesprochen hat, der angeblich neue Betriebsinhaber im Wege des **gewillkürten Parteiwechsels auf der Beklagtenseite** verklagt, so kommt es für die Wahrung der Dreiwochenfrist auf den Zeitpunkt des Parteiwechsels (*BAG* 31.3.1993 EzA § 4 KSchG nF Nr. 46) und nicht auf den Prozessbeginn an. Ist im Zeitpunkt des Parteiwechsels die Dreiwochenfrist abgelaufen, dann kann die Sozialwidrigkeit der Kündigung oder ihre Rechtsunwirksamkeit aus anderen Gründen gegen die neue Partei nicht mehr mit Erfolg geltend gemacht werden (*LAG Hamm* 17.8.1982 EzA § 4 KSchG nF Nr. 23; *LAG RhPf* 17.6.2002 – 7 Sa 167/02; *LAG Bln.* 26.6.2003 LAGReport 2003, 363 = EzA-SD 2003 Nr. 23 S. 13), es sei denn, die Kündigungsschutzklage wird nachträglich zugelassen, was aber in solchen Fällen häufig nicht der Fall ist (vgl. den Sachverhalt *LAG Frankf.* 4.1.2000 – 9 Sa 828/99, insoweit DB 2000, 1236 nicht mitgeteilt). Das gilt auch im Fall der nachträglichen subjektiven Klagehäufung, wenn der Kläger die Kündigungsschutzklage außerhalb der dreiwöchigen Klagefrist auf die »richtige« Partei erweitert (*LAG Hamm* 28.6.2000 BuW 2001, 440; *Hess. LAG* 17.5.2002 – 15 Ta 77/02, Klage gegen die von der B GmbH ausgesprochenen Kündigung gegen diese nach Eröffnung des Insolvenzverfahrens, Klageerweiterung nach Ablauf der Dreiwochenfrist auf den Insolvenzverwalter als Partei Kraft Amtes). Eine bedingte Parteierweiterung auf der Passivseite ist unzulässig (*LAG München* 6.5.2004 LAG Report 2005, 216). Es fehlt an der Passivlegitimation, wenn der Arbeitnehmer einer GmbH und Co KG bei einer von der KG ausgesprochenen Kündigung nur den persönlich haftenden Gesellschafter, die GmbH, verklagt. Die **Berichtigung des Passivrubrums** kommt nicht in Betracht. Zwischen dem persönlich haftenden Gesellschafter und der Gesellschaft besteht keine Identität (*LAG Bln.* 18.1.1982 EzA § 4 KSchG nF Nr. 21; *BAG* 9.3.1961 AP Nr. 31 zu § 3 KSchG; 19.2.1970 EzA § 202 BGB Nr. 132; *Thür. LAG* 17.9.1997 LAGE § 4 KSchG Nr. 38c [II 2b dd]). Entsprechendes gilt, wenn der Kläger selbst vorträgt, eine tatsächlich existente GmbH habe die Kündigung ausgesprochen, gleichwohl eine ebenfalls existente AG (Muttergesellschaft) als vermeintlich richtige Arbeitgeberin verklagt (*LAG Köln* 19.5.1995 LAGE § 4 KSchG Nr. 27; ähnlich, wenn statt der S GmbH Frankfurt, die das Kündigungsschreiben ausgestellt hatte, gleichwohl die A GmbH Berlin verklagt wird, von der das Arbeitsverhältnis vor mehr als zehn Jahren auf die S GmbH übergegangen war, weil die A GmbH die richtige Arbeitgeberin sei; die ersichtlich gemeinte Partei war richtig bezeichnet, *Hess. LAG* 15.12.1995 – 9 Ta 486/95 Rn 16). Wird der frühere Betriebsinhaber verklagt, obwohl der Erwerber, der den Arbeitnehmer von dem Betriebsübergang unterrichtet hatte, die Kündigung ausgesprochen hat, und findet der Parteiwechsel außerhalb der Dreiwochenfrist statt, so treten die Wirkungen des § 7 KSchG ein (*ArbG Frankf.* 24.4.2002 – 17 Ca 4258/01).

Welche Partei klagt und gegen welche Partei sich die Klage richtet, muss durch **Auslegung** ermittelt werden (vgl. *BAG* 12.10.2010 NZA 2011, 695 Rn 14; *Kempel/Antochewicz* NJW 2013, 2797). Die Auslegung hat im Zweifel rechtsschutzgewährend zu erfolgen (*BAG* 25.4.2013 EzA-SD 2013, Nr. 14, 4 [Rn 74]). Maßgebend ist der objektive Empfängerhorizont des Adressaten, dh des Gerichts sowie des Verfahrensgegners und den sonstigen am Verfahren beteiligten Personen. Eine ungenaue oder ersichtlich falsche Parteibezeichnung ist unschädlich und kann jederzeit von Amts wegen richtiggestellt werden (*BAG* 28.8.2008 EzA § 4 nF KSchG Nr. 86; 18.10.2012 EzA § 1 KSchG Betriebsbedingte Kündigung Nr. 170 [Rn 18 mwN]; 13.12.2012 AP § 620 BGB Kündigungserklärung Nr. 23, Rn 36). Selbst bei äußerlich eindeutiger, aber offenkundig unrichtiger Bezeichnung ist grundsätzlich die Person als Partei angesprochen, die erkennbar durch die Parteibezeichnung betroffen werden soll (*BAG* 22.2.2014 FA 2014, 319, Rn 13 mwN). Es kommt darauf an, welcher Sinn der von der klagenden Partei in der Klageschrift gewählten Parteibezeichnung bei objektiver Würdigung des Erklärungsinhalts zukommt. Entscheidend ist die Wahrung der rechtlichen Identität. Bleibt die Partei nicht dieselbe, liegt keine »Berichtigung« vor, sondern es wird im Wege der Parteiänderung eine andere Partei auf der Passivseite in den Prozess eingeführt. Bei der Prüfung, ob eine Falschbezeichnung der Partei vorliegt, können etwa der Klageschrift beigefügte Unterlagen, wie das Kündigungsschreiben, Aufschluss darüber geben, wer als beklagte Partei tatsächlich gemeint ist (*BAG* 27.11.2003 EzA § 4 KSchG nF Nr. 65; 28.8.2008 EzA § 4 nF KSchG Nr. 86 mwN; 1.3.2007 EzA § 4 nF KSchG Nr. 76 betr. Partnerschaftsgesellschaft, Klage »gerichtet nominell gegen die beiden Partner; 20.1.2010 EzA § 620 BGB 2002 Hochschule Nr. 6 Rn 13; *LAG Düsseld.* 17.7.2006 AE 2007, 261 betr. durch GbR geführten Gemeinschaftsbetrieb bei Zustellung der Klage an die allein im Rubrum der Klage aufgeführten Mitgesellschafterin). Wenn der Klageschrift das Kündigungsschreiben beigefügt ist, ist davon auszugehen, dass die GbR als letze Arbeitgeberin verklagt werden sollte und nicht eine in der Klageschrift angegebene Gesellschafterin (*LAG MV* 8.5.2012 LAGE § 253 ZPO 2002 Nr. 1). Ergibt sich die Unrichtigkeit der Parteibezeichnung aus dem Handelsregister und ist die Identität der Partei trotz der unzutreffenden Bezeichnung gewahrt, so ist die Berichtigung vorzunehmen (vgl. *LAG München* 10.2.1984 MDR 1985, 170). Selbst wenn sich der Kläger mit der Klage gegen den Kündigenden, etwa durch seinen unmittelbaren Vorgesetzten, durch den Geschäftsführer der GmbH usw., wendet, sich aber aus dem der Klage beigefügten Kündigungsschreiben ergibt, dass die arbeitgebende

212

§ 4 KSchG Anrufung des Arbeitsgerichtes

Firma die Kündigung ausgesprochen hat, so zeigt das deutlich, gegen wessen Kündigung sich die Klage tatsächlich richten sollte. Das ArbG kann daraus entnehmen, dass nicht der Vorgesetzte, etwa der Geschäftsführer der GmbH persönlich, sondern der Arbeitgeber, sei er eine natürliche Person oder eine Gesellschaft, verklagt werden sollte. Die Klage wahrt die Dreiwochenfrist des § 4 KSchG. Das Passivrubrum ist zu berichtigen (*LAG Hamm* 21.8.1980 EzA § 4 KSchG nF Nr. 18: Klage gegen den als Transportunternehmer bezeichneten Geschäftsführer der GmbH unter Angabe der Anschrift der GmbH statt gegen die Autokran GmbH; *LAG Köln* 30.4.1986 LAGE § 4 KSchG Nr. 9: Klage gegen die ARO-Rohrleitungsbau GmbH statt richtig gegen ARO-GmbH Industrietechnische Anlagen, die sich rügelos unter falscher Bezeichnung auf den Prozess eingelassen hatte; *LAG Frankf.* 28.6.1985 – 14 Ta 46/85: Klage gegen den als Betreiber des Fachhandelsgeschäftes, in dem die Klägerin als Filialleiterin tätig war, bezeichneten Geschäftsführer der Einzelhandels GmbH; ähnlich *LAG Frankf.* 12.12.1989 AuR 1991, 152; *LAG Hamm* 4.11.1996 LAGE § 5 KSchG Nr. 84: Tatsächlich existierende juristische Person wird verklagt; allerdings war das Kündigungsschreiben der Klage beigefügt, das eine andere juristische Person ausgestellt hatte; sehr weitgehend: Die eine AG war nicht identisch mit der anderen AG, »Grenze der Berichtigung des Rubrums ist die Nämlichkeit der Partei«, *Hess. LAG* 15.12.1995 – 9 Ta 486/95 Rn 16; *LAG Hamm* 25.10.2000 ZInsO 2001, 240: Berichtigung des Rubrums möglich, wenn sich die »richtige Partei« im Kündigungsschutzprozess als Beklagte meldet; *BAG* 24.2.2000 – 8 AZR 145/99, insoweit nv: Klage gegen die R.-Möbel Verwaltungsgesellschaft mbH, die unter ihrem Briefkopf die Kündigung ausgesprochen und im Auftrage der Arbeitgeberin unterzeichnet hatte; das Kündigungsschreiben war der Klage beigefügt; *BAG* 15.3.2001 EzA § 4 KSchG nF Nr. 61; 21.2.2002 EzA § 4 KSchG nF Nr. 63: Klage gegen die Sparkasse vertreten durch den Vorstand statt gegen den Zweckverband Sparkasse A [Art. 12 Abs. 1 Bayerisches SparkassenG] unter Beifügung der vom Vorstandsvorsitzenden und einem weiteren Vorstandsmitglied im Namen des Zweckverbandes Sparkasse A unterschriebenen Kündigungserklärung; *BAG* 27.11.2003 EzA § 4 KSchG nF Nr. 65: Klage gegen persönlich haftende Gesellschafterin einer OHG statt gegen diese; ergibt sich in einem Kündigungsschutzprozess etwa aus dem der Klageschrift beigefügten Kündigungsschreiben zweifelsfrei, wer als beklagte Partei gemeint ist, so liegt eine nach § 4 S. 1 KSchG rechtzeitige Klage auch dann vor, wenn bei Zugrundelegung des bloßen Wortlauts der Klageschrift eine andere existierende oder nicht existierende natürliche oder juristische Person als Partei in Betracht zu ziehen wäre). Eine Auslegung ist auch dann möglich, wenn die Klage gegen die existierende GmbH statt gegen die gleichfalls existierende KG gleichen Namens gerichtet wird (*BAG* 12.2.2004 EzA § 4 KSchG nF Nr. 66), **anders**, wenn die Klage bewusst gegen die U. A. GmbH gerichtet wurde mit dem Hinweis, diese sei trotz des Kündigungsschreibens der U. GmbH und trotz des Arbeitsvertrages mit der U. GmbH Arbeitgeberin, und dann erst die Erkenntnis reift, es sei doch die U. GmbH gemeint, keine Berichtigung des Passivrubruns, sondern Parteiwechsel auf der Passivseite (*LAG Bln.* 26.6.2003 LAGReport 2003, 363 = EzA-SD 2003 Nr. 23 S. 13). Wenn der Arbeitnehmer trotz Rüge der Passivlegitimation dabei bleibt, dass er die Gesellschafter und Partner verklagt wissen will und sich erst außerhalb der Frist des § 4 S. 1 KSchG anders besinnt, ist nach *BAG* – 2 AZR 525/05 1.3.2007 (EzA § 4 nF KSchG Nr. 76) kein Parteiwechsel auf der Beklagtenseite gegeben, der die Dreiwochenfrist nicht mehr zu wahren vermochte, sondern die Rubrumsberichtigung geboten (betr. Klage gegen die Gesellschafter statt gegen die Partnerschaft nach dem Partnerschaftsgesetz; dazu Clasen NJW 2007, 2887). Es soll nicht schaden, wenn zunächst die Ansicht vertreten wird, die Partei sei richtig bezeichnet und nur hilfsweise auf das Erfordernis einer Rubrumsklarstellung oder -berichtigung abgestellt wird (*BAG* 28.8.2008 EzA § 4 nF KSchG Nr. 86 Rn 16, sehr weitgehend, anders jedenfalls, wenn zwar das das F-Krankenhaus L verklagt wird, indes von Anfang an dessen Träger, eine Stiftung, als beklagte Arbeitgeberin bezeichnet wird und nur hilfsweise das Krankenhaus als parteifähig angesehen wird, so der *BAG* 28.8.2008 EzA § 4 nF KSchG Nr. 86 zugrunde liegende Sachverhalt). Demgegenüber liegt eine Klage gegen den falschen Arbeitgeber vor, die die Klagefrist nicht wahrt, wenn die Kündigung erkennbar in Vollmacht für den Arbeitgeber erklärt wird; der Bevollmächtigte ist nicht Arbeitgeber (*LAG RhPf* 13.12.2004 – 7 Sa 459/04, für den Fall der Kündigungserklärung durch den Caritasverband der Diözese Speyer für die Kirchengemeinde, der vereinbarungsgemäß die Geschäftsführung für die

Gemeinde übernommen hatte, was dem Arbeitnehmer jedenfalls durch einen vorausgegangenen Prozess, der gegen die »richtige« Arbeitgeberin geführt wurde, bekannt war).

Eine derartige Auslegung ist grds. und speziell auch in Fällen der Klage gegen die spätere Insolvenzschuldnerin statt gegen den **Insolvenzverwalter** möglich (*LAG Hamm* 4.11.1996 LAGE § 5 KSchG Nr. 84). Lässt sich der Klageschrift entnehmen, dass der Insolvenzverwalter die Kündigung ausgesprochen hat, oder auch nur, dass das Insolvenzverfahren gegen die Schuldnerin eröffnet worden ist, so wird regelmäßig eine Ergänzung des Beklagtenrubrums möglich sein. Das gilt erst recht, wenn der Klageschrift das Kündigungsschreiben beigefügt ist, aus dem sich ergibt, dass es sich um eine Kündigung des Insolvenzverwalters handelt, der demgemäß nach dem Zusammenhang der Klageschrift verklagt werden soll (*BAG* 17.1.2002 EzA § 4 KSchG nF Nr. 62; 27.3.2003 EzA § 113 InsO Nr. 13). Bei Klage gegen die Insolvenzschuldnerin statt gegen den Insolvenzverwalter und Korrektur dieses Fehlers erst nach Ablauf der Dreiwochenfrist liegt nach dem *Thür. LAG* (28.3.2006 – 7 Sa 404/05) kein Parteiwechsel vor, weil in Auslegung der Klageschrift erkennbar gewesen sei, dass sich die Klage gegen den Insolvenzverwalter richte, wenn sie auch zugestellt worden sei [also Bestimmung des »richtigen« Beklagten durch das Gericht?] und der gegen die Berichtigung der Parteibezeichnung keine Bedenken gehabt habe. Hat der Arbeitnehmer gegen die von der späteren Insolvenzschuldnerin am 12.7. ausgesprochene Kündigung, nach am 20.7. erfolgter Eröffnung des Insolvenzverfahrens, am 30.7. Klage gegen die Gemeinschuldnerin unter Beifügung des Insolvenzeröffnungsbeschlusses Klage erhoben, ist die Klagefrist als gewahrt anzusehen und das Passivrubrum auf den Insolvenzverwalter zu berichtigen (*LAG Köln* 17.8.2005 – 3(8) Sa 486/05). Demgegenüber kommt eine Rubrumsberichtigung nicht in Betracht, wenn der Klageschrift zwar das Kündigungsschreiben beigefügt, aus ihm aber nicht ersichtlich war, dass das Insolvenzverfahren eröffnet worden ist und ein Insolvenzverwalter bestellt wurde (*BAG* 21.9.2006 EzA § 4 nF KSchG Nr. 75: Kündigung mit Zustimmung des vorläufigen Insolvenzverwalters durch die spätere Insolvenzschuldnerin, am 27.5. zugegangen, am 1.6. das Insolvenzverfahren eröffnet, die Kündigungsschutzklage am 2.6. beim Arbeitsgericht eingegangen, der Schuldnerin am 11.6. zugestellt; dazu *Range-Ditz* ArbRB 2007, 76 »Haftungsfalle Passivlegitimation«; *Chab* AnwBl 2009, 139). Hier kommt aber ggf. nachträgliche Zulassung gem. § 5 KSchG in Betracht (vgl. *Hess. LAG* 17.5.2002 AR-Blattei ES 1020 Nr. 23).

Die Ablehnung einer Rubrumsberichtigung durch das ArbG hindert die Rechtsmittelinstanzen nicht daran, die Parteibezeichnung richtig zu stellen. Prozesserklärungen wie die Klageschrift sind auch in den Rechtsmittelinstanzen durch das Gericht von Amts wegen auszulegen (*BAG* 21.2.2002 EzA § 4 KSchG nF Nr. 63 [II 1d]). Umgekehrt ist ein Beschluss, mit dem das ArbG vor Erlass eines Urteils das Rubrum berichtigt, nicht der materiellen Rechtskraft fähig (*BAG* 27.11.2003 EzA § 4 KSchG nF Nr. 65), so dass in den Rechtsmittelinstanzen eine Rubrumsberichtigung abgelehnt werden kann, etwa weil die Klageschrift die Auslegung nicht zulasse, in Wahrheit habe der Insolvenzverwalter beklagte Partei sein sollen (vgl. den *BAG* 17.1.2002 EzA § 4 KSchG nF Nr. 62 zugrundeliegenden Fall). Dem entspricht es, dass ein Beschluss, mit dem das ArbG dem Antrag des Klägers auf Berichtigung des Beklagtenrubrums entspricht, nicht statthaft mit einer Beschwerde angefochten werden kann (zutr. *LAG BW* 17.6.2008 – 18 Ta 6/08). Die Auslegung der in der Klageschrift enthaltenen prozessualen Willenserklärungen ist uneingeschränkt auch in der Revisionsinstanz möglich (*BAG* 12.2.2004 EzA § 4 KSchG nF Nr. 66; 28.8.2008 NZA 2009, 221 Rn 16; 13.10.2010 NZA 2011, 695 Rn 14). Ein Beschluss, mit dem das ArbG das Passivrubrum »berichtigt«, ist nicht der materiellen Rechtskraft fähig, es handelt sich vielmehr um eine prozessleitende Verfügung, mit der das Gericht seine Auffassung darüber mitteilt, wen es aufgrund der von ihm vorgenommenen Auslegung der Klageschrift als Partei ansieht. Die »Rubrumsberichtigung« kann jederzeit abgeändert werden (*BAG* 27.11.2003 EzA § 4 KSchG nF Nr. 64). Die Frage, wer Partei auf Arbeitgeberseite ist, kann bei Bedarf auch durch ein Zwischenurteil geklärt werden (*BAG* 27.11.2003 EzA § 4 KSchG nF Nr. 65 unter Hinweis auf *BGH* 28.3.1995 AP ZPO § 50 Nr. 8).

215 Ist der wirkliche Arbeitgeber bei **richtiger Auslegung** der Parteibezeichnung von Anfang an Partei des Kündigungsschutzprozesses gewesen, also zunächst nur falsch oder ungenau bezeichnet worden, so liegt **in der späteren Änderung der Parteibezeichnung kein gewillkürter Parteiwechsel** auf der Beklagtenseite, sondern nur eine **Berichtigung der Parteibezeichnung**. Die Dreiwochenfrist bleibt gewahrt (*BAG* 6.2.1975 – 2 AZR 6/74 [zu II 2 der Gründe], nv; 18.7.1978 – 2 AZR 727/76, nv; 18.10.1979 – 2 AZR 110/79, nv; *LAG Köln* 10.10.1988 NZA 1989, 281; *LAG Nbg.* 8.10.2001 NZA-RR 2002, 212 bei Angabe der Vertretungsbehörde statt des Freistaats als Arbeitgeber).

216 Eine solche Berichtigung darf aber nicht dazu führen, dass eine neue Partei an die Stelle der bisherigen Partei tritt und damit ohne vorangegangenes Verfahren einer Vollstreckung ausgesetzt wird (*LAG Bln.* 18.1.1982 EzA § 4 KSchG nF Nr. 21; vgl. *BAG* 24.8.1977 EzA § 319 ZPO Nr. 2; instruktiv: *OLG Düsseld.* 31.1.1990 MDR 1990, 930, dazu *Vollkommer* MDR 1992, 642 mwN). Das käme einem gewillkürten Parteiwechsel auf der Beklagtenseite gleich. Dieser ist nur bei Zustimmung der bisher beklagten Partei und der in das Verfahren hineingezogenen Partei möglich. Der wirksam vorgenommene Parteiwechsel wahrt aber nur dann die Klagefrist des § 4 KSchG, wenn er noch innerhalb dieser Frist erfolgt (vgl. Rdn 211).

217 Wegen der nur beispielhaft angedeuteten Schwierigkeiten (und – insbes. aus der Sicht des Rechtsanwalts –, um Haftungsfälle zu vermeiden, dazu zB *OLG Hamm* 15.11.2011 – I – 28 U 73/11; *OLG Koblenz* 11.11.2010 JurBüro 2011, 154), sollte auf die genaue Bezeichnung der Parteien mehr Wert gelegt werden. Bei Zweifeln an der Arbeitgeberstellung sollten aus anwaltlicher Vorsicht im Wege der subjektiven Klagehäufung – unbedingt (vgl. Rdn 44, 132, 136) – die möglichen Arbeitgeber fristgerecht verklagt werden, um sicherzustellen, dass der »richtige« Arbeitgeber auf jeden Fall erfasst ist; die Abweisung der Klage gegen den oder die »falschen« Arbeitgeber muss in Kauf genommen werden (vgl. *LAG RhPf* 13.12.2004 – 7 Sa 459/04; *Gravenhorst* Anm. zu *BAG* 27.3.2003 – 2 AZR 272/02 EzA § 113 InsO Nr. 13; 27.11.2003 EzA § 4 KSchG nF Nr. 65; 12.2.2004 EzA § 4 KSchG nF Nr. 66).

218 Die **Stationierungsstreitkräfte** sind zwar **Arbeitgeber** mit allen Rechten und Pflichten (*BAG* 20.12.1957 AP Nr. 11 zu § 44 Truppenvertrag). Nach Art. 56 Abs. 8 des Zusatzabkommens vom 3.8.1959 zu dem Abkommen zwischen den Parteien des Nordatlantikvertrages über die Rechtstellung ihrer Truppen hinsichtlich der in der Bundesrepublik Deutschland stationierten ausländischen Truppen (BGBl. 1961 II S. 1218 idF d. Ändabk. v. 21.10.1971, BGBl. 1973 II S. 1022) sind Klagen gegen den Arbeitgeber aber gegen die Bundesrepublik Deutschland zu richten (*BAG* 21.9.2011 EzA § 620 BGB 2002 Altersgrenze Nr. 12 Rn 11 mwN). Mit einer Klage gegen die Stationierungsstreitkräfte oder eine ihrer Dienststellen wird nach *ArbG Wiesbaden* (3.3.1982 BB 1982, 1791), *LAG Köln* (20.11.1987 LAGE § 5 KSchG Nr. 39), *ArbG Bln.* (10.3.1988 DB 1988, 1608 = NZA 1988, 277); *LAG Frankf.* (9.12.1988 AuR 1989, 386) und *LAG RhPf* (27.4.1990 LAGE § 4 KSchG Nr. 17 = NZA 1991, 613, vgl. auch *BAG* 13.7.1989 RzK I 8k Nr. 6) die Dreiwochenfrist des § 4 KSchG nicht eingehalten. Die Klage muss innerhalb der Frist gegen den gesetzlichen Prozessstandschafter, die Bundesrepublik Deutschland erhoben werden (*LAG Düsseld.* 12.7.2011 AE 2012, 28 Rn 40). Dass sich die Klage trotz unrichtiger Bezeichnung im Rubrum gegen den Prozessstandschafter richtet, kann sich aus dem Inhalt der Klageschrift und den beigefügten Anlagen ergeben (*BAG* 20.2.2014 EzA § 4 nF KSchG Nr. 95, Rn 16 ff.). Die Bundesrepublik hat die Vertretung den jeweiligen Bundesländern übertragen, die sich ihrerseits nach Landesrecht durch den Präsidenten der Oberfinanzdirektion oder den Regierungspräsidenten, manchmal auch durch diesen nachgeordnete Stellen vertreten lassen. Die örtliche Zuständigkeit richtet sich nach dem Sitz der Dienststelle oder Einrichtung (*Bader/Bram/Ahrendt* § 4 Rn 65). Diese Rechtslage besteht auch nach Herstellung der Einheit Deutschlands unverändert fort (*BAG* 15.5.1991 EzA § 1004 BGB Nr. 3 unter Hinweis auf BGBl. 1990 II S. 1250; *Hess. LAG* 26.5.2009 – 13 Sa 2111/08, Rn 50). Die Umstellung der Klage auf den gesetzlichen Prozessstandschafter ist keine Berichtigung der Parteibezeichnung, die dazu führt, dass die Dreiwochenfrist gewahrt bleibt (*LAG RhPf* 27.4.1990 NZA 1991, 613 = LAGE § 4 KSchG Nr. 17; aA *LAG Köln* 29.8.1986 – 6 Ta 200/86). Es handelt

sich um eine Parteiänderung; aus der Klageschrift ergibt sich nicht ohne Weiteres, gegen wen sich die Klage in Wirklichkeit habe richten sollen (vgl. *LAG RhPf* 25.2.2005 – 8 Ta 6/05; aA *LAG RhPf* 27.3.2009 – 9 Sa 737/08, Rn 27 ff.: unzutreffende Parteibezeichnung, Rubrumsberichtigung).

Zur nachträglichen Zulassung der Kündigungsschutzklage in solchen Fällen vgl. KR-*Kreft* § 5 KSchG. 219

Die Klageschrift muss ferner die **Angabe des Klagegegenstandes** enthalten, also **die Bezeichnung der Kündigung**, die der Arbeitnehmer mit der Kündigung bekämpfen will. Außerdem muss der **Klagegrund** angegeben werden. Bei einer Kündigungsschutzklage beschränkt sich dieser nach richtiger Ansicht darauf, dass der Kläger vorträgt, bei wem er beschäftigt war und dass er die Kündigung für unwirksam halte (*BAG* 31.3.1993 EzA § 4 nF KSchG Nr. 46; 13.12.2007 EzA § 4 nF KSchG Nr. 82 Rn 20; APS-*Hesse* Rn 108). Das reicht zunächst deswegen aus, weil der Arbeitgeber **darlegungs- und beweispflichtig** ist, dass die Kündigung nicht wegen Sozialwidrigkeit unwirksam ist. Will der Arbeitnehmer nicht Sozialwidrigkeit, sondern »andere Gründe« geltend machen, muss er wenigstens einen bezeichnen. Hat ein Arbeitnehmer innerhalb von drei Wochen nach Zugang der schriftlichen Kündigung im Klagewege geltend gemacht, dass eine rechtswirksame Kündigung nicht vorliege, so kann er sich nach § 6 S. 1 KSchG in diesem Verfahren bis zum Schluss der mündlichen Verhandlung erster Instanz zur Begründung der Unwirksamkeit der Kündigung auch auf innerhalb der Klagefrist nicht geltend gemachte Gründe berufen. Weitere Rechtsunwirksamkeitsgründe wird er tunlichst geltend machen, ihm bleibt aber die Möglichkeit, sie im Rahmen des § 6 KSchG nachträglich vorzutragen. Wird in der Kündigungsschutzklage das Datum der Kündigung unrichtig angegeben, besteht aber über Anlass und Umstände der Kündigung für den Arbeitgeber nach dessen Vorbringen keine Unklarheit, so ist die Klagefrist gewahrt. Das Datum kann während des Verfahrens berichtigt werden (*LAG Hamm* 4.6.1987 MDR 1987, 875 = AuR 1988, 56; 28.9.1992 NZA 1993, 864). Anders kann es sein, wenn mehrere Kündigungen ausgesprochen werden. Dann muss wegen der punktuellen Streitgegenstandslehre genau angegeben werden oder doch ersichtlich sein, welche Kündigung angegriffen wird (vgl. Rdn 289 ff.). 220

Die **Darlegung aller klagebegründenden Tatsachen** – für die Geltendmachung der Sozialwidrigkeit der Vortrag, der Kläger sei länger als sechs Monate bei dem Arbeitgeber beschäftigt, der betriebliche und der persönliche Geltungsbereich, § 23 KSchG, sei gegeben, also die den Kündigungsschutz des Arbeitnehmers begründenden Tatsachen – gehört zur **Schlüssigkeit des Sachvortrages bei der Kündigungsschutzklage** (unterstellt, die Behauptungen des Klägers sind richtig, rechtfertigen sie dann die begehrte Verurteilung), nicht zu deren Zulässigkeit. Fehlender schlüssiger Tatsachenvortrag, Sachvortrag hinsichtlich der Kündigungsschutzklage führen also nicht zur Unzulässigkeit der Kündigungsschutzklage (*BAG* 11.9.1956 AP Nr. 8 zu § 3 KSchG 1951; 9.3.1961 AP Nr. 31 zu § 3 KSchG 1951; 25.7.1974 – 2 AZR 369/73, nv), sondern zu deren Unbegründetheit (*BAG* 18.7.2013 – 6 AZR 420/12 – Rn 20; *LAG RhPf* 22.3.2012, 2 Sa 67/12, Rn 34: betr. die Voraussetzungen für den Kündigungsschutz nach KSchG). 221

Weiter muss die Klageschrift einen **bestimmten Antrag** enthalten, etwa den, wie er in § 4 S. 1 KSchG vorgezeichnet ist, »**festzustellen, dass das Arbeitsverhältnis durch die Kündigung vom (Datum) nicht aufgelöst ist**« (*Hamacher* Antragslexikon Arbeitsrecht, Kündigung Rn 13; *Niemann* NZA 2019, 65). Der Antrag sollte nicht auf die Feststellung der Unwirksamkeit der Kündigung lauten, auch wenn § 16 KSchG von der Feststellung der Unwirksamkeit einer Kündigung spricht. Die Kündigung selbst ist kein Rechtsverhältnis und kann daher nicht Gegenstand eines Feststellungsantrags iSd. § 256 Abs. 1 ZPO sein (*Hamacher* Antragslexikon Arbeitsrecht, Kündigung Rn 14). Von der Anfügung des sog. Wurmfortsatzes (»sondern ungekündigt fortbesteht«) sollte abgesehen werden. Zum einen ist er widersinnig, denn das Arbeitsverhältnis ist ja gekündigt, Streit besteht nur über die Wirksamkeit der Kündigung. Zum anderen lässt sich dieser Formulierung nicht eindeutig entnehmen, ob damit ein eigenständiger allgemeiner Feststellungsantrag gewollt ist (vgl. Rdn 312). Der allgemeine Feststellungsantrag kann eigenständig als sog. Schleppnetzantrag neben dem Kündigungsschutzantrag gestellt und sollte als gesonderter Antrag ausformuliert werden (*Niemann* NZA 2019, 71, vgl. Rdn 305 ff.). 222

Klose

223 Mit Recht stellen Rechtsprechung (*BAG* 13.12.2007 EzA § 4 nF KSchG Nr. 82) und Literatur (vgl. SPV-*Vossen* Rn 1880; *Schaub/Linck* § 138 Rn 28) **keine strengen Anforderungen an die Form der Kündigungsschutzklage**.

224 Das *BAG* hat im Urteil vom 4.7.1974 – 2 AZR 458/73, nv folgendes Schreiben des Arbeitnehmers an das ArbG für ausreichend angesehen: »Einspruch gegen die sozial ungerechtfertigte Kündigung meines Angestelltenverhältnisses durch die ... AG ... Mit Schreiben vom ... hat die ... AG mir ohne Angabe von Gründen zum 30.4.1971 gekündigt ... gegen diese Kündigung erhebe ich aufgrund des KSchG Einspruch ... persönlicher Einspruch erfolgt zu meiner Sicherheit, um die Einspruchsfrist zu wahren«. Wenn fast drei Wochen nach einer Kündigung beim ArbG ein »Einspruch« gegen eine angeblich sozial nicht gerechtfertigte Kündigung erhoben wird und das ausdrücklich zur Wahrung der nach dem KSchG bestehenden »Einspruchsfrist« geschieht, kann dies in aller Regel nicht als »Einspruch« im technischen Sinne (des § 3 KSchG), sondern vernünftigerweise nur als Klageschrift iSd § 4 KSchG angesehen werden. Es reicht demnach aus, wenn aus dem Antrag iVm dem übrigen Vorbringen deutlich wird, dass sich der Arbeitnehmer nicht gegen irgendeine Kündigung des Arbeitgebers, sondern gegen die vom Arbeitgeber ausgesprochene Kündigung zur Wehr setzen will. Dabei ist es unschädlich, wenn sich die Kündigungsschutzklage unrichtigerweise gegen eine vermeintliche fristlose Kündigung statt gegen eine tatsächlich ausgesprochene ordentliche Kündigung richtet, sofern der Arbeitgeber nur eine Kündigung zu dem vom Arbeitnehmer beanstandeten Zeitpunkt erklärt hat (*BAG* 21.5.1981 EzA § 4 KSchG nF Nr. 19). Unrichtige Kündigungsdaten in der Klageschrift sind unschädlich, sofern nur feststeht, auf welche konkrete Kündigung die Klage abzielt (*LAG München* 4.2.1980 AMBl. 1980, C 42). Strengere Anforderungen an die Bestimmung des Klageantrages sind wegen des beschränkten Streitgegenstandes der Kündigungsschutzklage (dazu Rdn 289 ff.) nur dann zu stellen, wenn der Arbeitgeber mehrere Kündigungen ausgesprochen hat und klargestellt sein muss, gegen welche Kündigung(en) mit der Klage vorgegangen werden soll (*BAG* 21.5.1981 EzA § 4 KSchG nF Nr. 19; *LAG Köln* 22.11.2010 NZA-RR 2011, 244 Rn 33).

225 Zu beachten ist aber, dass nach der Rspr. eine Kündigungsschutzklage, die entgegen §§ 253 Abs. 4, 130 Nr. 6 ZPO **ohne eigenhändige Unterschrift** des Klägers oder des mit der Führung des Rechtsstreits Bevollmächtigten (Rechtsanwalt, Gewerkschaftssekretär, sonstige Person) beim ArbG eingeht, grds. einen **prozessual unbeachtlichen Klageentwurf** darstellt. Eine derartige »Klage« wahrt die Dreiwochenfrist nicht (*BAG* 26.8.1986 EzA § 4 KSchG nF Nr. 25; 24.1.2012 EzA § 5 KSchG Nr. 40 Rn 12; *LAG RhPf* 24.2.2001 LAGE § 4 KSchG Nr. 45). Die Unterschrift muss ein individuelles Schriftbild mit charakteristischen Merkmalen aufweisen und sich als eine die Identität des Unterzeichnenden ausreichende Kennzeichnung des Namens darstellen, die von Dritten nicht ohne weiteres nachgeahmt werden kann. Es ist nicht erforderlich, dass die Unterschrift lesbar ist oder einzelne Buchstaben zweifelsfrei erkennbar sind. Es genügt, dass ein Dritter, der den Namen des Unterzeichnenden kennt, diesen Namen aus dem Schriftbild noch herauslesen kann (vgl. *BAG* 25.2.2015 EzA-SD 2015 Nr. 10, 14 Rn 19 mwN). Die Unterschrift muss auch erkennen lassen, dass es sich um eine endgültige Klage und nicht nur um die Abzeichnung eines Entwurfs handelt (vgl. *BAG* 29.7.1981 EzA § 518 ZPO Nr. 28; *Zöller/Greger* § 130 ZPO Rn 11). Eine bloße Paraphe reicht nicht aus (*BAG* 27.3.1996 EzA § 72 ArbGG 1979 Nr. 21 betr. Revisionsbegründungsschriftsatz; *Zöller/Greger* § 130 ZPO Rn 11; vor Abgrenzung einer Paraphe (Handzeichen) von einer vollen Namensunterschrift *LAG Nbg.* 18.4.2012 NZA-RR 2012, 409, 410 betr. Kündigungsschreiben). Ein Unterschriftsstempel ist keine eigenhändige Unterschrift der den Schriftsatz verantwortenden Person iSv. § 130 Nr. 6 ZPO (*BAG* 5.8.2009 – 10 AZR 692/08 Rn 18 ff.; 24.10.2018 – 10 AZR 278/17 Rn 17). Dem Kläger kann allenfalls durch nachträgliche Zulassung der Kündigungsschutzklage geholfen werden, wenn die Voraussetzungen des § 5 KSchG vorliegen (vgl. dazu die Erl. zu § 5 KSchG). Ausreichend ist die eigenhändige Unterzeichnung der Klageschrift durch den Bevollmächtigten mit dem Namenszug der klagenden Naturpartei (*LAG Frankf.* 5.12.1979 ARSt 1980, 144 Nr. 1173; **aA** wohl *VGH BW* 16.4.1996 Die Justiz 1997, 68 f.). Krit. zum Unterschriftserfordernis *Zöller/Greger* § 130 ZPO Rn 7 ff. mwN. Der Mangel kann fristwahrend nach § 295 ZPO geheilt werden, wenn den übrigen Erfordernissen entsprechende Klageschrift innerhalb der Dreiwochenfrist beim Arbeitsgericht eingegangen ist (*BAG* 26.8.1986 EzA § 4 nF KSchG Nr. 25; **aA**

BGH 25.6.1975 NJW 1975, 1704: Heilung nur mit ex-nunc-Wirkung, nicht rückwirkend). Die Beschwerde gegen einen Beschluss, mit dem das Prozesskostenhilfegesuch als unzulässig verworfen worden war, mit E-Mail und mit einem PDF-Anhang mit gescannter handschriftlicher Unterschrift verwarf das *BayLSG* (24.2.2012 – L 8 SO 9/12 B ER, Breith. 2012, 698) wegen Nichteinhaltung der Schriftform als unzulässig (zur gegen *BGH* 15.7.2008 – X ZB 8/08, NJW 2008, 2649 und *LSG SA* 18.1.2011 – l 5 AS 433/10 B, verneinten Frage, ob eine ausgedruckte E-Mail und/oder ihr unterschriebener Anhang als Papiereingang zu betrachten seien und die ausgedruckte und damit verkörperte Unterschrift als Wiedergabe der Unterschrift ausreicht, *Köbler* FA 2012, 234).

Dem Formerfordernis des § 130 Nr. 6 ZPO genügt eine durch **Telefax** oder **Telekopie** eingereichte Klage, wenn die Vorlage unterschrieben und die Unterschrift auf der Kopie wiedergegeben ist (*BAG* 14.1.1986 EzA § 94 ArbGG 1979; *BGH* 11.10.1989 NJW 1990, 188; *VGH Kassel* 17.8.1992 CR 1993, 455 zu § 124 Abs. 2 VerwGO; vgl. im Übrigen Rdn 206). Ein sog. **Computerfax** (elektronische Übermittlung der Klage als Textdatei) genügt der Schriftform, wenn es eine eingescannte Unterschrift aufweist (*BGH* 5.4.2000 EzA § 518 ZPO Nr. 42; vgl. *BGH* 14.1.2010 NJW 2010, 2134, weiterführend *Kloppenburg* jurisPR-ArbR 26/2010 Anm. 1 je betr. Berufungsbegründung). Die Wiedergabe des Namens nur in Computerschrift reicht dagegen nicht aus (*BGH* 10.5.2005 VersR 2006, 427 betr. Berufungsbegründung; *Schulte* ArbRB 2007, 159, **str. aA** *Zöller/Greger* § 130 Rn 21 ff.). **Elektronische Dokumente** genügen ebenfalls dem Schriftformerfordernis (DL-ArbGG/*Kloppenburg* § 46c Rn 2). Der elektronische Rechtsverkehr mit den Arbeitsgerichten ist in § 46c ff. ArbGG geregelt (zum elektronischen Rechtsverkehr in der Arbeitsgerichtsbarkeit vgl. *Natter/Haßel* NZA 2017, 1017). Der jetzige § 46c ArbGG wurde als § 46b mit Wirkung zum 1.8.2001 in das ArbGG eingefügt. § 46c ArbGG gilt grundsätzlich für alle bestimmenden und nicht bestimmenden Schriftsätze und deren Anlagen, schriftlich einzureichende Anträge und Erklärungen der Parteien sowie schriftlich einzureichende Auskünfte, Aussagen, Gutachten, Übersetzungen und Erklärungen Dritter (ErfK-*Koch* § 46c Rn 2). Das elektronische Dokument muss nach § 46c Abs. 3 ArbGG mit einer qualifizierten elektronischen Signatur der verantwortenden Person versehen sein oder von der verantwortenden Person signiert und auf einem sicheren Übermittlungsweg eingereicht werden. Das gilt nicht für Anlagen, die vorbereitenden Schriftsätzen beigefügt sind. Ist das die Klage enthaltende Dokument nicht mit einer ordnungsgemäß angebrachten qualifizierten elektronischen Signatur versehen, nicht einfach signiert oder zwar einfach signiert, aber nicht auf einem sicheren Übermittlungsweg i.S.d. § 46c Abs. 4 ArbGG übermittelt worden, ist die Klage nicht wirksam fristwahrend erhoben. Die Eingangsfiktion des § 46c Abs. 6 Satz 2 ArbGG findet hierauf keine Anwendung (*BAG* 30.07.2020 – 2 AZR 43/20 Rn 15; Bader/Bram-*Ahrendt* Rn 85d). Das elektronische Dokument muss gemäß § 46c Abs. 2 ArbGG für die Bearbeitung durch das Gericht geeignet sein. Es muss in druckbarer, kopierbarer und, soweit technisch möglich, durchsuchbarer Form im Dateiformat PDF an das Gericht übermittelt werden. Die Durchsuchbarkeit bezieht sich auf eine texterkannte Form und dient der Weiterbearbeitung im Gericht; alle für die Darstellung des Dokuments notwendigen Inhalte müssen in der PDF-Datei enthalten sein (*BAG* 12.3.2020 – 6 AZM 1/20 Rn 20). Die Bundesregierung bestimmt durch Rechtsverordnung mit Zustimmung des Bundesrates die für die Übermittlung und Bearbeitung geeigneten technischen Rahmenbedingungen. Dies ist erfolgt durch die Verordnung über die technischen Rahmenbedingungen des elektronischen Rechtsverkehrs und über das besondere elektronische Behördenpostfach* (Elektronischer-Rechtsverkehr-Verordnung – ERVV). Ab dem 1.1.2022 ist nach § 46g ArbGG die **Nutzung des elektronischen Übermittlungswegs** für Rechtsanwälte sowie die nach dem Arbeitsgerichtsgesetz vertretungsberechtigten Personen, für die ein sicherer Übermittlungsweg nach § 46c Abs. 4 Nr. 2 ArbGG zur Verfügung steht, **verpflichtend** (Bader/Bram-*Ahrendt* Rn 85). Durch das Gesetz zum Ausbau des elektronischen Rechtsverkehrs mit den Gerichten vom 5.10.2021 (BGBl 2021 I Nr. 71 S. 4607) werden weitere sichere Übermittlungswege errichtet.

226

Allerdings liegt eine ordnungsgemäße Klage trotz fehlender Unterschrift dann vor, wenn sich aus einem dem Klageentwurf **beigefügten Schriftstück** ergibt, dass die Klage mit Wissen und Wollen des Verfassers bei Gericht eingegangen ist (vgl. *BVerfG* 19.2.1963 BVerfGE 15, 288 = NJW 1963, 755; *BGH* 24.5.1962 BGHZ 37, 156 = NJW 1962, 1724; *BVerwG* 14.2.1966 NJW 1966, 1043;

227

BFH 3.10.1986 BB 1987, 188: Briefumschlag, der die maßgeblichen Schriftstücke enthält, vom Verfasser handschriftlich mit seiner Absenderangabe versehen; handschriftlich vollzogener Beglaubigungsvermerk ersetzt die Urschrift, *BGH* 5.3.1954 LM ZPO § 519 Nr. 14; 16.3.1987 – II ZB 3/87, mitgeteilt bei *Schlee* AnwBl. 1987, 486 betr. Berufungsbegründung; *BGH* 10.5.2005 VersR 2006, 427 Rn 21 betr. Berufung). Eine dem (von einem Rechtsanwalt verfassten und bei Gericht eingereichten) Klageentwurf beiliegende vom Arbeitnehmer eigenhändig unterschriebene **Prozessvollmacht** reicht dazu nicht aus (*BAG* 26.1.1976 EzA § 4 KSchG nF Nr. 9; 26.6.1986 EzA § 4 KSchG nF Nr. 25; aA *FG Hmb.* 28.2.1990 EFG 1990, 434 = DB 1990, 1797). Dagegen genügt es, wenn einer vom Arbeitnehmer selbst verfassten, aber nicht unterzeichneten Klageschrift eine von ihm eigenhändig unterzeichnete Prozessvollmacht für einen Bevollmächtigten beigefügt ist (*LAG Nbg.* 3.9.1982 AMBl. 1983 C 17). Es reicht auch aus, wenn aus einem innerhalb der Klagefrist nachgereichten Schriftsatz desselben Anwalts zu ersehen ist, dass die nicht unterschriebene Klage mit Wissen und Wollen des Rechtsanwalts eingereicht worden ist (*LAG Hamm* 20.7.1990 LAGE § 4 KSchG Nr. 18; vgl. *LAG RhPf* 24.2.2001 LAGE § 4 KSchG Nr. 45: Rechtzeitiges, aber unvollständig zu den Akten gelangtes Telefax, indes eigenhändig und handschriftlich beglaubigte Abschrift). Unterschreibt ein Rechtsanwalt, der nicht bevollmächtigt ist, die Kündigungsschutzklage, so können die bevollmächtigten Rechtsanwälte die Erhebung der Klage gem. § 89 Abs. 2 ZPO genehmigen, und zwar auch noch nach Ablauf der Klagefrist (*ArbG Bln.* 20.3.1990 EzA § 1 KSchG Personenbedingte Kündigung Nr. 4).

228 Wird die dem Antrag auf Gewährung von Prozesskostenhilfe beigefügte Klageschrift ausdrücklich als Kopie einer beabsichtigten Klage bezeichnet, die belegen soll, »dass die beabsichtigte Klage Aussicht auf Erfolg bietet«, so ist die Dreiwochenfrist nicht gewahrt, auch wenn der Rechtsanwalt die Kopie unterzeichnet hat (zu den einzelnen denkbaren Fallkonstellationen bei Prozesskostenhilfeantrag und Klageschrift instruktiv *LSG NRW* 24.2.2012 – L 6 AS11/12 B; *LAG Köln* 18.2.2009 – 7 Ta 381/08). Es handelt sich allenfalls um eine unzulässige bedingte Klageerhebung; die Bedingung der Gewährung der Prozesskostenhilfe war nicht fristgerecht eingetreten, nachdem die Prozesskostenhilfeunterlagen erst nach Ablauf der Dreiwochenfrist eingegangen waren (*LAG Köln* 11.3.1996 LAGE § 4 KSchG Nr. 34; *LAG SchlH* 10.5.2011 – 3 Ta 85/11; 24.5.2007 – 4 Ta 147/07). Zur Frage der nachträglichen Klagezulassung in einem solchen Fall vgl. KR-*Kreft* § 5 KSchG Rdn 28. Die Nichtwahrung der Dreiwochenfrist durch ein rechtzeitiges Prozesskostenhilfegesuch zweifelt das *LAG Hamm* (14.6.2011 – 11 Ta 295/11, AuR 2012, 100) im Hinblick auf den Beschluss des *BVerfG* v. 1.12.2010 (– 1 BvR 1682/07, EzA § 4 TVG Ausschlussfristen Nr. 197) an, jedenfalls aber die von der hM in einem solchen Fall nicht gewährte nachträgliche Klagezulassung nach § 5 KSchG, vgl. dagegen noch *LAG Hamm* 23.11.2009 – 14 Ta 357/09. Wird das Prozesskostenhilfegesuch als Klage zugestellt, so liegt gleichwohl keine wirksame Klageerhebung vor. Nicht das Gericht entscheidet über die Begründung eines Prozessrechtsverhältnisses, sondern die Partei: Der Kläger hat die Klage nicht unbedingt erheben wollen, sondern von der Gewährung von Prozesskostenhilfe abhängig gemacht (*LAG Hamm* 2.3.2012 – 18 Sa 1176/11). An dieser Betrachtungsweise wird auch die genannte Entscheidung des BVerfG nichts ändern.

229 Die Dreiwochenfrist wird auch bei Klageerhebung durch einen **Beistand** (§ 11 Abs. 6 ArbGG) gewahrt, weil dessen Ausschluss nach § 11 Abs. 3 ArbGG nur ex nunc wirkt, § 11 Abs. 3 S. 2 ArbGG (vgl. *BAG* 26.9.1996 EzA § 11 ArbGG 1979 Nr. 13 zu § 11 ArbGG in der bis zum 30.6.2008 geltenden Fassung).

230 Für die Ordnungsmäßigkeit und damit Rechtzeitigkeit einer Klageerhebung im Kündigungsschutzprozess hält das BAG für ein **Massenverfahren** (über 200 Kündigungsschutzklagen) es für ausreichend, wenn nur einzelne Klageschriften von dem Prozessbevollmächtigten eigenhändig unterzeichnet sind, die Mehrzahl lediglich durch eine im Matrizenverfahren hergestellte Unterschrift des Prozessbevollmächtigten gedeckt sind, zugleich ein eigenhändig unterschriebener Schriftsatz des Prozessbevollmächtigten in den Kündigungsschutzverfahren innerhalb der Dreiwochenfrist beim ArbG eingegangen ist (*BAG* 14.2.1978 EzA § 102 BetrVG 1972 Nr. 33).

Zu beachten ist freilich, dass die Kündigungsschutzklage **in deutscher Sprache abgefasst** sein muss (APS-*Hesse* Rn 112; DDZ-*Zwanziger/Callsen* § 4 Rn 23). Gemäß § 184 GVG ist die Gerichtssprache deutsch. Daher dürfen die Gerichte nur die in deutscher Sprache abgefassten Schriftsätze beachten (*BAG* 17.2.1982 EzA § 15 SchwbG Nr. 1 [II 2b]; *BGH* 14.7.1981 NJW 1982, 532; *OLG Hmb.* 8.9.1988 MDR 1989, 90; zur verfassungsrechtlichen Handhabung des Grundsatzes, dass die Gerichtssprache deutsch ist *BVerfG* 25.9.1985 NVwZ 1987, 785). Der in fremder Sprache abgefasste Schriftsatz hat keine fristwahrende Wirkung (*BSG* 22.10.1986 MDR 1987, 436 f. betr. in spanischer Sprache verfasste Berufungsschrift; *BayObLG* 23.12.1986 MDR 1987, 416; *VG Augsburg* 20.5.2006 – Au 6 K 06.442: betr. Klage in englischer Sprache; *LSG BW* 26.4.2001 Breith. 2001, 945) es sei denn, es ist eine Übersetzung beigefügt (*Zöller/Lückemann* § 184 GVG Rn 4) oder wird innerhalb der Klagefrist vorgelegt (*LSG Bremen* 8.12.1999 – L 3 V 68/97). Das *FG Saarland* (30.9.1988 NJW 1989, 3112; vgl. a. *FG Hamburg* 15.3.2017 – 4 K 18/17 Rn 12; aA *Zöller/Lückemann* GVG § 184 Rn 3) legt angesichts des Zusammenwachsens des Rechts- und Wirtschaftslebens innerhalb der Länder der EG § 184 GVG dahin aus, dass eine in einer der maßgebenden Amtssprachen der EG abgefasste Klageschrift jedenfalls dann als fristwahrend zu behandeln ist, wenn die Übersetzung der Klageschrift alsbald nachgereicht wird und es sich um eine Rechtsangelegenheit handelt, die im Gemeinschaftsrecht wurzelt. Im Interesse der Rechtssicherheit und Rechtsklarheit kann die Entsch. darüber, ob eine Frist eingehalten ist, nicht davon abhängen, ob das Gericht selbst ausreichende Sprachkenntnisse hat (so *BayVGH* 20.2.1975 NJW 1976, 1048; *LG Bln.* 31.5.1961 JR 1961, 384), oder davon, ob das Gericht die Möglichkeit hat, eine Übersetzung zu beschaffen (so *OLG Frankf.* 13.3.1979 NJW 1980, 1173; *Schneider* MDR 1979, 534; *Wieczorek/K. Schreiber* ZPO, 3. Aufl., § 184 GVG Rn 10). Entgegen *OLG Frankf.* (13.3.1979 NJW 1980, 1173) und *Geimer* (NJW 1989, 2204) gebieten auch Art. 3 Abs. 3 und Art. 103 Abs. 1 GG keine andere Auslegung des § 184 GVG, zumal bei unverschuldeter Fristversäumung wegen mangelnder Beherrschung der deutschen Sprache eine nachträgliche Zulassung der Kündigungsschutzklage in Betracht kommen kann (vgl. dazu KR-*Kreft* § 5 KSchG Rdn 51; vgl. zur Wiedereinsetzung in den vorigen Stand, § 233 ZPO, *BVerfG* 10.6.1975 BVerfGE 40, 95, 100; 7.4.1976 BVerfGE 42, 120; *BGH* 23.3.1977 VersR 1977, 646; *BAG* 17.2.1982 EzA § 15 SchwbG Nr. 1; *FG München* 5.4.2001 ZfZ 2001, 246). Zu beachten ist aber Art. 84 der Verordnung der Europäischen Gemeinschaft Nr. 1408/71 idF der Verordnung 1399/99 (EG-VO 1408/71) v. 29.4.1999, gültig ab 1.9.1999, wonach die Behörden, Träger und Gerichte eines Mitgliedsstaats die bei ihnen eingereichten Anträge und sonstigen Schriftstücke nicht deshalb zurückweisen dürfen, weil sie in einer Amtssprache eines anderen Mitgliedstaates abgefasst sind. Auch aus zwischenstaatlichen Vereinbarungen können sich von § 184 GVG abweichende Regelungen ergeben.

231

Der Arbeitnehmer kann sich bei Versäumung der Dreiwochenfrist des § 4 KSchG nicht mehr mit Erfolg auf die Sozialwidrigkeit der Kündigung oder auf ihre Rechtsunwirksamkeit aus anderen Gründen berufen, wenn er ursprünglich mit der Klage die Rechtsunwirksamkeit der Kündigung nicht auf Sozialwidrigkeit oder auf andere Gründe iSd § 4 S. 1 KSchG gestützt hatte, **sondern nicht von § 4 S. 1 KSchG erfasste Gründe – in erster Linie fehlende Formwirksamkeit iSd § 623 BGB** – geltend gemacht hat. Nur wenn die Klage innerhalb der Dreiwochenfrist erhoben wurde, verlängert sich nach § 6 KSchG die Frist zur Geltendmachung der Sozialwidrigkeit und anderer von § 4 S. 1 KSchG erfasster Unwirksamkeitsgründe bis zum Schluss der mündlichen Verhandlung erster Instanz (Einzelheiten vgl. Erl. zu § 6 KSchG).

232

Hat der Arbeitnehmer entgegen § 4 S. 3 KSchG die Stellungnahme des **Betriebsrates der Klage nicht beigefügt**, so wird dadurch weder die Klage als solche unzulässig noch wird die Dreiwochenfrist nicht gewahrt. § 4 S. 3 KSchG ist nur als Sollvorschrift ausgestaltet. Der Arbeitnehmer soll nicht gezwungen werden, eine für ihn ungünstige Stellungnahme des Betriebsrates selbst vorzulegen. Das wird der Arbeitgeber idR in diesem Fall von sich austun, der ja gem. § 3 S. 3 KSchG vom Betriebsrat die schriftliche Stellungnahme beanspruchen kann (Einzelheiten vgl. Erl. zu § 3 KSchG).

233

VIII. Das Gericht, zu dem die Kündigungsschutzklage zu erheben ist

1. Grundsatz

234 § 4 S. 1 KSchG schreibt vor, dass die Kündigungsschutzklage innerhalb von drei Wochen **beim ArbG** zu erheben ist. Dabei ist entscheidend, dass die Klage vor Ablauf der Klagefrist, also spätestens am letzten Tage der Frist entweder zu Protokoll der Geschäftsstelle des ArbG erklärt wird oder rechtzeitig schriftlich beim ArbG eingeht. Dabei genügt es, dass die an das ArbG adressierte Klageschrift fristgerecht bei einer etwa vorhandenen **gemeinsamen Briefannahmestelle** mehrerer Gerichte eintrifft (*LAG Düsseld.* 30.11.1998 AnwBl 2000, 203 betr. Berufungsschrift). Eine fehlerhaft an das Landesarbeitsgericht Berlin statt an das Arbeitsgericht Berlin adressierte Kündigungsschutzklage, die am letzten Tag der Klagefrist bei dem gemeinsamen Telefaxanschluss der für das Arbeitsgericht und das Landesarbeitsgericht Berlin eingerichteten gemeinsamen Einlaufstelle nach Dienstschluss eingeht, wahrt die Klagefrist an sich nicht; der Schriftsatz ist beim Landesarbeitsgericht eingereicht. Ein bei der gemeinsamen Einlaufstelle der Arbeitsgerichtsbarkeit in Berlin eingegangener Schriftsatz ist bei dem Gericht eingegangen, an das er adressiert ist (vgl. *BAG* 3.6.2020 – 3 AZR 166/19 Rn 34 mwN). Fristwahrende Einreichung liegt erst mit dem Eingang beim zuständigen Gericht vor. Die fristwahrende Weiterleitung ist geschäftsordnungsmäßig nicht mehr möglich, wenn der Schriftsatz erst nach Dienstschluss bei der gemeinsamen Einlaufstelle eingeht (vgl. *BAG* 29.8.2001 EzA § 519 ZPO Nr. 12 betr. Berufungsbegründungsschrift); anders ist die Rechtslage in Hamburg: Die Schriftstücke gelten mit dem im Eingangsvermerk bezeichneten Zeitpunkt als beim zuständigen Gericht eingegangen (vgl. *BAG* 17.12.1968 BAGE 21, 263). Die Klagefrist muss aber als gewahrt gelten, wenn die Klage dem ArbG übergeben und »demnächst« iSd § 167 ZPO zugestellt wird, weil anderenfalls ein Wertungswiderspruch zur Fristwahrung bei Einreichung der Klageschrift bei einem dem Rechtsweg nicht zugehörigen Gericht entstünde (vgl. Rdn 255). Der Einwurf in den **Nachtbriefkasten oder Briefkasten des ArbG** bis 24.00 Uhr reicht ebenfalls aus. Der Einwurf in den Nachtbriefkasten bedeutet für den Arbeitnehmer lediglich eine Beweiserleichterung für den Nachweis des rechtzeitigen Eingangs der Klage bei Gericht. Der rechtzeitige Einwurf der Klage in den normalen Briefkasten bewirkt auch den fristgemäßen Eingang bei Gericht. Der Arbeitnehmer trägt die volle Darlegungs- und Beweislast für den rechtzeitigen Eingang der Klage bei Gericht (zutr., aber zu fallbezogen *BAG* 22.2.1980 EzA § 1 KSchG Krankheit Nr. 5; *LAG München* 29.11.1983 ARSt 1985 Nr. 1121). Weiter muss für die Wahrung der Frist die »demnächst erfolgende Zustellung« hinzukommen (vgl. Rdn 196 ff.). Es ist ausreichend, wenn die Kündigungsschutzklage innerhalb der Frist bei Gericht eingeht und demnächst zugestellt wird. Ein die Frist des § 4 S. 1 KSchG iVm § 167 ZPO wahrender Eingang einer Kündigungsschutzklage beim Arbeitsgericht soll nach *LAG SA* 28.3.2000 – 11 Sa 494/99, nicht vorliegen, wenn die Klage am letzten Tag der Klagefrist (21.8.) in einem von dem ArbG in der Poststelle des AG aufgestellten offenen Postkasten eingeworfen wird und AG und ArbG nicht über eine gemeinsame Posteingangsstelle verfügen und die Klage erst am 24.8. in den Diensträumen des ArbG eingegangen und mit einem entsprechenden Eingangsstempel versehen worden ist. Das ist deswegen unrichtig, weil der fristgerechte Eingang sowohl beim örtlich unzuständigen ArbG als auch bei einem Gericht eines anderen Rechtswegs ausreicht (vgl. Rdn 245, 255). Außerdem muss sich das ArbG die von ihm eingerichtete Möglichkeit der Übermittlung von Schriftsätzen zurechnen lassen.

a) Erhebung der Klage bei einem örtlich zuständigen ArbG

235 Dem Wortlaut des § 4 S. 1 KSchG ist zu entnehmen, dass die Klage beim **örtlich zuständigen ArbG** zu erheben ist (aA *Lüke* JuS 1996, 969, NJW 1997, 970 ihm folgend *Berkowsky* NZA 1997, 352, 353: Es genügt auch die Klage vor dem örtlich unzuständigen Arbeitsgericht). Welches Gericht für die Kündigungsschutzklage örtlich zuständig ist, richtet sich nach § 46 Abs. 2 S. 1 ArbGG iVm §§ 12 bis 37 ZPO.

236 Ist der Arbeitgeber eine **natürliche Person**, so bestimmt sich sein allg. Gerichtsstand nach seinem **Wohnsitz** (§§ 12, 13 ZPO). Es ist also das für seinen **Wohnsitz** örtlich zuständige ArbG anzurufen. Der allg. Gerichtsstand **juristischer Personen** wird durch ihren **Sitz** bestimmt (§ 17 ZPO). Ist

der Arbeitgeber eine juristische Person, so ist die Klage zu dem für den **Sitz der juristischen Person örtlich zuständigen ArbG** zu erheben.

Nach diesem allg. Gerichtsstand können auch sog. **besondere Gerichtsstände** begründet sein. 237

Der besondere **Gerichtsstand der Niederlassung** (§ 21 ZPO) ist auch für die Kündigungsschutz- 238 klage nur dann gegeben, wenn der **Arbeitsvertrag von der Niederlassung aus** oder in der Niederlassung mit Rücksicht auf den Ort der Niederlassung (ab)geschlossen worden ist (GMP/*Germelmann/Künzl* § 48 Rn 46; AnwK-ArbR/*Krasshöfer* § 2 ArbGG Rn 8; *BAG* 19.3.1996 EzA § 829 ZPO Nr. 3; wohl auch *LAG Frankf.* 31.7.1987 DB 1988, 816).

Der **Gerichtsstand des Erfüllungsortes** (§ 29 ZPO) ist bei einer Kündigungsschutzklage idR der 239 **Sitz des Arbeitgebers**. Etwas anderes gilt nur dann, **wenn alle wesentlichen Verpflichtungen aus dem Vertrag an einem anderen Ort zu erfüllen waren** (zB in einer Außenstelle des Hauptbetriebes; vgl. *ArbG Frankf.* 29.1.2003 – 9 Ca 4639/02, Beschäftigungsort des Arbeitnehmers). Ist die Arbeitsleistung an **ständig wechselnden Orten** zu erbringen (zB Montagearbeiter), so richtet sich der Erfüllungsort nach dem Ort des Betriebes, von dem aus der Arbeitnehmer seine Anweisungen erhält (*ArbG Bamberg* 17.11.1986 ARSt 1988 Nr. 1200; *ArbG Kiel* 30.5.1996 DB 1996, 1784; ArbG Stendal 24.3.2010 – 1 Ca 165/10: weisungsgebundene Entsendung von Monteuren und Kraftfahrern). Wird das Arbeitsverhältnis im Zuständigkeitsbereich mehrerer Arbeitsgerichtsbezirke tatsächlich ausgeübt, so ist nach *LAG Düsseld.* (19.12.1980 ARSt 1983 Nr. 1023) bei der Feststellung des Erfüllungsortes darauf abzustellen, wo der Schwerpunkt der Arbeitstätigkeit liegt (sog. **Schwerpunkttheorie**, ebenso *ArbG Regensburg* 22.2.1989 BB 1989, 643). Lässt sich dieser nicht feststellen, hat der Arbeitnehmer nach *LAG Düsseld.* (19.12.1980 ARSt 1983 Nr. 1023) unter mehreren zuständigen Gerichten ein Wahlrecht, ohne dass der Betriebssitz des Arbeitgebers allein ausschlaggebend ist (aA *ArbG Regensburg* 22.2.1989 BB 1989, 643: Der Firmensitz ist mangels eines besonderen Gerichtsstandes maßgebend). Nicht ganz so weitgehend ist nach *BAG* 12.6.1986 EzA § 269 BGB Nr. 2 (auch zum EG-Übereinkommen v. 27.9.1968 über die gerichtliche Zuständigkeit... in Zivil- und Handelssachen, BGBl. II 1972, S. 774, dazu auch *EuGH* 15.2.1989 DB 1989, 735 = AiB 1991, 209 m. weiterführender Anm. *Rudolph*; *EuGH* 9.1.1997, EuGHE I 1997, 57 ff. = NZA 1997, 231 ff. m. zutr. krit. Anm. *Mankowski* EWiR 1997, 222). Erfüllungsort für die Arbeitsleistung eines für die Bearbeitung eines größeren Bereichs angestellten Reisenden ist dessen Wohnsitz, wenn er von dort aus seine Reisetätigkeit ausübt, unabhängig davon, ob er täglich nach Hause zurückkehrt oder in welchem Umfang er vom Betrieb Weisungen für seine Reisetätigkeit erhält. Dem folgt das *BAG* 3.11.1993 (EzA § 36 ZPO Nr. 18) auch für § 29 ZPO (ebenso *LAG Bln.-Bra.* 27.2.2009 IPRspr 2009 Nr. 171, 450 Rn 28). Die weite Auffassung des LAG Düsseld. vermeidet unnötige Verweisungen und wird von etlichen ArbG geteilt. Jedenfalls dürfte mit *BAG* 12.6.1986 und 3.11.1993 die immer wieder zitierte – obwohl nicht veröffentlichte – Entsch. des *LAG Saarbrücken* 2.4.1975 – 2 Sa 169/74 – überholt sein, nach der für eine Ärztebesucherin der Firmensitz (Berlin) wirtschaftlich-technischer Mittelpunkt des Arbeitsverhältnisses sei (vgl. *LAG Düsseld./Köln* 19.12.1980 – 16 Sa 565/80: Schwerpunkttheorie bei einem für mehrere unselbständige Filialen zuständigen Filialgruppenleiter; *LAG Nbg.* 30.9.1977 – 4 Sa 176/77: Projektleiter einer Arbeitsgruppe an einem anderen Ort als dem Firmensitz; Projektort begründet die Zuständigkeit gem. § 29 Abs. 1 ZPO). Vgl. auch *BGH* 22.10.1987 (NJW 1988, 966): Grundsätzlich kein einheitlicher Erfüllungsort bei Handelsvertreterverhältnis für die beiderseitigen Leistungen; dass der Schwerpunkt der vertraglichen Beziehungen am Ort der Tätigkeit des Handelsvertreters liege, reiche für die Annahme dieses Ortes als einheitlicher Erfüllungsort nicht aus. Die Meinungen in der Literatur sind geteilt. Nach *Krasshöfer-Piddel/Molkenbur* (NZA 1988, 263) und *Ostrop/Zumkeller* (NZA 1994, 644; 1995, 16) sowie *Ehler* (BB 1995, 1849) verbleibt es bei dem allg. Gerichtsstand des Arbeitgebers nach § 17 ZPO. Andere gehen vom Wohnsitz des Arbeitnehmers aus, dort erstelle er die Berichte, erledige die Korrespondenz und empfange Weisungen (*Schulz* NZA 1995, 14 ff. mwN Fn 15). Arbeitet der Außendienstmitarbeiter im Bereich mehrerer Arbeitsgerichtsbezirke, so hat er ein Wahlrecht: Er kann den Arbeitgeber an dessen allg. Gerichtsstand oder, da mehrere Erfüllungsorte vorliegen, an seinem Wohnsitz oder an einem ArbG, in dessen Bezirk er tätig ist, verklagen. Es kommt nicht darauf an, wo der Schwerpunkt der Außendiensttätigkeit liegt. Hat der Arbeitnehmer zu einem ArbG Klage erhoben, in dessen Bezirk er zumindest auch tätig ist, verbleibt es dabei. Eine Verweisung darf nicht erfolgen. Viele ArbG handhaben das auch so im Interesse der Parteien, jedenfalls des Arbeitnehmers. Zeitraubende Hin- und Herverweisungen und die Bestimmung des zuständigen Gerichts durch das *BAG* werden dadurch vermieden (vgl. das abschreckende Beispiel *BAG* 14.1.1994 EzA § 36 ZPO Nr. 19 sowie die Kritik von *Jauernig* NZA 1995, 12 ff.).

240 Die früher üblichen zuständigkeitsbegründenden Vereinbarungen über den Erfüllungsort, die in der Praxis zu zahlreichen Verweisungen an den Sitz des Hauptbetriebes (Unternehmens) geführt haben, sind durch § 29 Abs. 2 ZPO seit dem 1.4.1974 der Sache nach beseitigt worden (zutr. GMP/*Germelmann/Künzl* § 48 Rn 41; GK-ArbGG/*Schütz* § 2 Rn 238). Allerdings kann mit einer Gerichtsstandsvereinbarung nach § 38 Abs. 2 ZPO auch im Arbeitsrecht der Gerichtsstand nach § 29 ZPO abbedungen werden (*LAG Bln.-Bra.* 27.2.2009 IPRspr 2009 Nr. 171 S. 450 Rn 30; vgl. *BAG* 31.11.2007 EzA Art. 30 EGBGB Nr. 9 Rn 60 ff.).

241 Der Gerichtsstand des Erfüllungsortes hat durch den mit Wirkung vom 1.4.2008 durch Art. 2 Nr. 5 des Gesetzes zur Änderung des SGG und des ArbGG (SGGArbGGÄndG) vom 26.3.2008 (BGBl. I S. 444) in § 48 ArbGG mit dem ab 1.1.2009 durch Art. 4f des Gesetzes zur Verbesserung der Rahmenbedingungen für die Absicherung flexibler Arbeitszeiten und zur Änderung anderer Gesetze vom 21.12.2008 (BGBl. I S. 2940) geänderten Abs. 1a eingefügten zusätzlichen besonderen arbeitsrechtlichen fakultativen **Gerichtsstand des gewöhnlichen Arbeitsorts** an Bedeutung verloren. § 48 Abs. 1a S. 1 ArbGG ermöglicht es, bei dem Arbeitsgericht Klage zu erheben, in dessen Bezirk der Arbeitnehmer seine vertraglich geschuldete Arbeit tatsächlich gewöhnlich verrichtet oder, wenn das Arbeitsverhältnis beendet ist, zuletzt gewöhnlich verrichtet hat. Der gewöhnliche Arbeitsort ist der Ort, wo der Arbeitnehmer seine Tätigkeit schwerpunktmäßig verrichtet und vom Arbeitgeber eingesetzt wird, wo also der tatsächliche Mittelpunkt der Tätigkeit des Arbeitnehmers liegt (vgl. dazu BCF-*Bader* 5. Aufl. § 48 ArbGG Rn 17 f.; GK-ArbGG/*Bader* § 48 Rn 92 ff.). Ist ein gewöhnlicher Arbeitsort iSd S. 1 nicht feststellbar, ist nach S. 2 das **Arbeitsgericht** örtlich zuständig, von dessen Bezirk aus der Arbeitnehmer gewöhnlich seine Arbeit verrichtet oder, wenn das Arbeitsverhältnis beendet ist, verrichtet hat. Maßgebend ist der Ort, von dem aus die Arbeit gewöhnlich erbracht wird (BCF-*Bader* § 48 ArbGG Rn 19; GK-ArbGG/*Horcher* § 48 Rn 136). § 48 Abs. 1a ArbGG gilt für Urteilsverfahren, also auch für Kündigungsschutzklagen (vgl. GK-ArbGG/ *Horcher* § 48 Rn 134).

242 Sind nach Vorstehendem mehrere ArbG örtlich zuständig (nach dem allg. Gerichtsstand, den bes. Gerichtsständen der Niederlassung oder des Erfüllungsortes oder des § 48 Abs. 1a ArbGG), kann der Arbeitnehmer wählen, bei welchem ArbG er die Kündigungsschutzklage erheben will (§ 35 ZPO; vgl. etwa *ArbG Bln.* 8.5.2009 – 17 Ca 5399/09, Rn 10). Hat der Arbeitnehmer ein örtlich zuständiges ArbG angerufen, ist eine Verweisung nicht zulässig.

243 Zu beachten ist allerdings § 48 Abs. 2 Nr. 1 ArbGG, nach der die Tarifvertragsparteien **im Tarifvertrag** die Zuständigkeit eines an sich örtlich unzuständigen ArbG festlegen können, u.a. für bürgerliche Rechtsstreitigkeiten zwischen Arbeitnehmern und Arbeitgebern »**aus einem Arbeitsverhältnis**«. Zu den »Rechtsstreitigkeiten aus einem Arbeitsverhältnis« gehören auch Bestandsstreitigkeiten wie Kündigungsschutzklagen und Entfristungsklagen (aA GK-ArbGG/*Horcher* § 48 Rn 166; SW/ *Walker* § 48 Rn 167).

244 Eine solche tarifvertragliche Zuständigkeitsvereinbarung wirkt aber **nur gegenüber tarifgebundenen Parteien**, also wenn Arbeitgeber und Arbeitnehmer organisiert sind oder der Tarifvertrag für allgemeinverbindlich erklärt wurde (§ 5 Abs. 4 TVG). Wenn nicht beide Arbeitsvertragsparteien tarifgebunden sind und wenn der Tarifvertrag nicht für allgemeinverbindlich erklärt ist, die Parteien aber die **Anwendbarkeit des Tarifvertrages einzelarbeitsvertraglich vereinbart** haben, so gilt die Zuständigkeitsvereinbarung nach § 48 Abs. 2 S. 2 ArbGG, wenn der Tarifvertrag insgesamt in Bezug genommen ist (GWBG/*Benecke* § 48 Rn 35).

b) Erhebung der Klage bei einem örtlich unzuständigen ArbG

Die Dreiwochenfrist ist auch dann gewahrt, wenn die Klage bei einem **örtlich unzuständigen ArbG** 245
eingeht und gem. § 48 Abs. 1 ArbGG iVm § 17a Abs. 3, 4 GVG an das örtlich zuständige ArbG
verwiesen wird (*BAG* 31.3.1993, EzA § 4 KSchG nF Nr. 46 [B II 1]; *LKB/Linck* Rn 111; DDZ-
Zwanziger/Callsen § 4 Rn 35; aA *Lüke* JuS 1996, 970). Dabei ist es unerheblich, wenn die Verweisung an das örtlich zuständige ArbG erst nach Ablauf der Dreiwochenfrist erfolgt (*BAG* 24.9.1970
AP § 3 KSchG Nr. 37 [2], im Ergebnis ebenso *Berkowsky* NZA 1997, 352, 353 f.). Zu beachten ist,
dass rechtskräftige Verweisungsbeschlüsse für das Gericht, an das der Rechtsstreit verwiesen worden
ist, nach § 48 Abs. 1 Nr. 1 ArbGG iVm § 17a Abs. 2 S. 3 GVG bindend sind. Dies betrifft auch
die örtliche Zuständigkeit. Nur bei krassen Rechtsverletzungen kommt eine Durchbrechung der gesetzlichen Bindungswirkung ausnahmsweise in Betracht, wenn dies zur Wahrung einer funktionierenden Rechtspflege und der Rechtssicherheit notwendig ist (*BAG* 2.7.2014 EzA-SD 17/2014, 14).

Zur Wahrung der Dreiwochenfrist reicht auch die **formlose Abgabe durch das** örtlich unzuständige 246
ArbG an das örtlich zuständige ArbG aus (*BAG* 16.4.1959 AP Nr. 16 zu § 3 KSchG 1951, das
wohl jede Abgabe an das örtlich zuständige ArbG für ausreichend hält; dagegen *Herschel* in seiner
Anmerkung ebenda). Die im Gesetz nicht ausdrücklich vorgesehene **formlose Weitergabe** einer
Klageschrift an das örtlich zuständige ArbG ist funktional mit der Verweisung eines Rechtsstreits
vergleichbar und dient zudem der Beschleunigung des Verfahrens. Wegen dieser funktionalen Vergleichbarkeit ist in den Fällen einer formlosen Abgabe einer Kündigungsschutzklage an das örtlich
zuständige ArbG die Dreiwochenfrist als gewahrt anzusehen.

Allerdings muss die fristgerecht beim örtlich unzuständigen ArbG eingereichte Klage demnächst 247
nach deren Weiterleitung dem Beklagten (Arbeitgeber) zugestellt werden (*BAG* 15.9.1977 – 2 AZR
333/76, nv; vgl. auch *BAG* 13.5.1987 EzA § 209 BGB Nr. 3; *LAG Bln.* 2.1.1984 EzA § 4 KSchG
nF Nr. 24; *LAG Hamm* 13.10.1988 LAGE § 2 KSchG Nr. 7; zur demnächstigen Zustellung vgl.
Rdn 196 ff.).

Die Frist wird auch dann gewahrt, wenn der Kläger nur ausdrücklich darum bittet, **die Klage an das** 248
örtlich zuständige ArbG weiterzuleiten. Diese Bitte beseitigt die mit dem Eingang der Klageschrift
eingetretenen Wirkungen nicht. Der Kläger hat nämlich durch Einreichen seiner Klage beim örtlich unzuständigen ArbG ersichtlich den Zweck verfolgt, die Dreiwochenfrist zu wahren. Das ist als
ausreichend anzusehen (*BAG* 15.9.1977 – 2 AZR 333/76).

Die Frist wird nicht gewahrt, wenn der **Urkundsbeamte** der Geschäftsstelle eines örtlich unzuständigen ArbG eine Kündigungsschutzklage **im Wege der Rechtshilfe aufnimmt**, sie an das örtliche 249
zuständige ArbG **weiterschickt** und sie dort **nicht rechtzeitig** innerhalb der Dreiwochenfrist **eingeht** (aA *Güntner* DB 1976, 150). In der Praxis ist daher zu erwägen, die Klage vorsichtshalber
vor Ort beim örtlich unzuständigen Gericht zu erheben, um so die Frist sicher zu wahren (vgl.
Rdn 245).

Im Verhältnis Stammgericht und Außenkammern und umgekehrt gilt folgendes: Wirft der Arbeit- 250
nehmer am letzten Tag der Dreiwochenfrist die an die – nach dem Geschäftsverteilungsplan zuständige – Außenkammer des ArbG adressierte Kündigungsschutzklage in den Nachtbriefkasten
des Stammgerichts, so ist die Dreiwochenfrist gewahrt, auch wenn die am Stammgericht mit dem
Postein- und -ausgang befasste Geschäftsstellenleiterin den Briefumschlag ungeöffnet mit der Sammelpost an die Außenkammern weiterleitet, nachdem sie zuvor auf dem Briefumschlag den Eingangsstempel angebracht hatte. Die Klage war rechtzeitig beim zuständigen ArbG eingegangen;
ob die Klage der nach dem Geschäftsverteilungsplan zuständigen Kammer rechtzeitig vorliegt, ist
unerheblich. Es handelt sich um ein Gericht (HaKo-KSchR/*Gallner* § 4 Rn 138).

c) Erhebung der Klage im Wege der Klageerweiterung in zweiter Instanz

Zwar verlangt § 4 S. 1 KSchG eine fristgerechte Klageerhebung »beim Arbeitsgericht«. Das hindert 251
aber nicht die Erhebung einer Kündigungsschutzklage in einem zwischen den Parteien anhängigen

Berufungsverfahren, sofern dies nach den allgemeinen Grundsätzen gem. § 533 ZPO zulässig ist (*BAG* 10.12.2020 – 2 AZR 308/20 – Rn 12; 1.12.2020 – 9 AZR 102/20 Rn 24; 14.12.2017 – 2 AZR 86/17, EzA-SD 2018, Nr. 10, 3 Rn 16; vgl. zu § 3 S. 1 KSchG aF *BAG* 10.12.1970 EzA § 3 KSchG Nr. 3 [I]; entgegen DDZ-*Zwanziger/Callsen* § 4 Rn 35a). Die Entstehungsgeschichte der Norm bietet keine Anhaltspunkte dafür, die Möglichkeit einer klageerweiternden Geltendmachung in der Berufungsinstanz über § 533 ZPO hinaus habe eingeschränkt werden sollen. Die Bestimmung geht auf § 3 S. 1 des Kündigungsschutzgesetzes vom 10. August 1951 (BGBl. I S. 499) zurück. Der dortige Begriff »Arbeitsgericht« beschrieb nur »untechnisch« ein Gericht für Arbeitssachen (*BAG* 14.12.2017 – 2 AZR 86/17, EzA-SD 2018, Nr. 10, 3 Rn 19 mwN). Auch der damaligen Gesetzesbegründung lässt sich nicht entnehmen, dass der Arbeitnehmer eine Kündigungsschutzklage ausschließlich vor dem Arbeitsgericht sollte erheben können (vgl. BT-Drucks. 1/2090 S. 13). Der gekündigte Arbeitnehmer hat es selbst in der Hand, ob er eine Kündigungsschutzklage beim Arbeitsgericht erhebt oder in einem bereits im Berufungsverfahren befindlichen Rechtsstreit die Klage entsprechend erweitert und sich damit dem **Risiko** ihrer **Unzulässigkeit** aussetzt, sollten die Voraussetzungen des § 533 ZPO nicht erfüllt sein (*BAG* 14.12.2017 – 2 AZR 86/17 Rn 22, EzA-SD 2018, Nr. 10, 3). Jedenfalls dann, wenn die Kündigung, die mit der Klageerweiterung in der Berufungsinstanz angegriffen wird, zu einem späteren Zeitpunkt wirken soll, als die bereits erstinstanzlich angegriffene Kündigung, handelt es sich bei dem neuen Kündigungsschutzantrag um eine Klageänderung im Sinne des § 533 ZPO. Dabei sollte § 533 Nr. 2 ZPO als Hürde für Klageerweiterungen im Berufungsverfahren nicht überschätzt werden (ausf. *Niemann* NZA 2021, 1378 ff.). An der Annahme einer Klageänderung ändert sich nichts, wenn der Kläger bereits **erstinstanzlich** einen **allgemeinen Fortbestehensantrag** gestellt hat und mit der Berufung die Entscheidung des Arbeitsgerichts zur Unzulässigkeit dieses Antrags angegriffen hat (*LAG Bln.-Bra.* 13.4.2021 – 7 Sa 497/19 Rn 32). Der erstinstanzlich gestellte allgemeine Feststellungsantrag erfasst von seinem Streitgegenstand her keine Beendigungstatbestände, die erst nach dem Zeitpunkt der letzten mündlichen Verhandlung erster Instanz wirksam werden.

252 Die Klageerhebung kann grundsätzlich auch im Wege der **Anschlussberufung** fristwahrend erfolgen (*BAG* 10.12.2020 – 2 AZR 308/20 – Rn 12). Allein aus der Klageerhebung im Wege der Anschlussberufung folgt noch nicht, dass der Kläger in des Fällen des § 524 Abs. 4 ZPO gänzlich davon absehen wird, die Unwirksamkeit der Kündigung geltend zu machen. Im Gegenteil, regelmäßig geht es ihm darum, eine zeitnahe Entscheidung über die ursprüngliche (Kündigungsschutz-) Klage und die Wirksamkeit der weiteren Kündigung »aus einer Hand« zu erhalten (*BAG* 10.12.2020 – 2 AZR 308/20 – Rn 17). Die Berufungsrücknahme durch den Arbeitgeber bewirkt daher nicht automatisch den Eintritt der Wirksamkeitsfiktion nach § 7 Halbs. 1 KSchG. Allerdings verwirkt der Arbeitnehmer in analoger Anwendung der in § 5 Abs. 3 S. 1 KSchG bestimmten Frist sein Recht, sich auf die fristwahrende Klageerhebung zu berufen, wenn er nicht innerhalb von zwei Wochen ab Kenntnis vom Wirkungsverlust eine neue Kündigungsschutzklage anhängig macht (*BAG* 10.12.2020 – 2 AZR 308/20 – Rn 19).

2. Die Erhebung der Klage bei einem ordentlichen Gericht

253 Die Frist wird auch durch Klageeinreichung beim **ordentlichen Gericht** (AG, LG) gewahrt, wenn die Klage an das ArbG – auch erst nach Fristablauf – verwiesen wird (§ 48 ArbGG iVm § 17a Abs. 2, 4 GVG). Es ist zwar richtig, dass die Rechtswegvorschriften uneingeschränkt gelten (§§ 2, 48 ArbGG idF v. 26.6.1990 BGBl. I S. 1206) und damit die Abgrenzung zwischen den ordentlichen und den Arbeitsgerichten keine Frage der sachlichen Zuständigkeit mehr ist, sondern eine Frage des Rechtswegs (vgl. nur *Zöller/Lückemann* Vorbem. zu §§ 17–17b GVG Rn 10 mwN). Die Wirkungen der Rechtshängigkeit bleiben aber erhalten (§ 17b Abs. 1 S. 2 GVG), und zwar sowohl in prozessualer als auch in materieller Hinsicht (GK-ArbGG/*Horcher* § 48 Rn 69). Soweit durch die Klageerhebung eine Frist gewahrt wird, gilt die Wirkung der Rechtshängigkeit fort (*Zöller/Lückemann* § 17b GVG Rn 3), die im Bereich der Arbeitsgerichtsbarkeit in §§ 261 Abs. 3, 262, 167 ZPO durch die Verweisung in § 46 Abs. 2 ArbGG geregelt ist. Die Verweisung erhält insbes. die für die Klage vor dem Gericht, an das verwiesen wurde, etwa vorgeschriebene Wahrung der

Klagefrist, wenn die Klage bei dem zunächst angerufenen Gericht rechtzeitig erhoben worden war (*BGH* 13.3.2006 – II ZB 26/04, BGHZ 166, 329 = NJW-RR 2006, 1113 mwN; *Eyermann/Rennert* VwGO, 12. Aufl., §§ 17–17b GVG Rn 42; *BVerwG* 20.1.1993 DVBl. 1993, 563 f.; *Meyer-Ladewig/Keller/Leitherer* SGG, § 87 Rn 6). Das gilt auch, soweit das materielle Recht (zB § 204 BGB) an die Rechtshängigkeit anknüpft (*Zöller/Lückemann* § 17b GVG Rn 3; *Kissel/Mayer* GVG, 4. Aufl., § 17 Rn 43). Das gilt dann auch für die Erhebung der Kündigungsschutzklage vor dem ordentlichen Gericht; sie wahrt die Dreiwochenfrist (*LAG SA* 23.2.1995 LAGE § 4 KSchG Nr. 26; *LAG Köln* 10.7.1998 LAGE § 4 KSchG Nr. 41; aA *Lüke* JuS 1996, 970: Eine Verweisung nach § 17a Abs. 2, 3 GVG reicht nur aus, wenn sie vor Fristablauf erfolgt).

Entsprechendes gilt für die formlose Abgabe der Kündigungsschutzklage an das ArbG durch das Gericht des unzulässigen Rechtsweges, wenn die Klage dort fristgerecht eingereicht war und vom ArbG »demnächst« (§ 167 ZPO) zugestellt wird (*LAG SA* 23.2.1995 LAGE § 4 KSchG Nr. 26a; krit. *Opolony* AR-Blattei SD 1020.3 Kündigungsschutz III Rn 121 f.; aA *ArbG Hanau* 30.5.1996 RzK I 10c Nr. 34, 75, das von Fristversäumung ausgeht, aber die rechtzeitig beim Amtsgericht angebrachte, indes erst nach Ablauf der Dreiwochenfrist beim ArbG aufgrund »Weiterleitung« eingegangene Klage nachträglich zugelassen hat, weil der Kläger mit einer rechtzeitigen Weitergabe habe rechnen können, dem folgend *Hess. LAG* 1.10.1996 LAGE § 5 KSchG Nr. 82), konsequent, weil bei unterstellter Fristversäumung lediglich Verschulden daran zu prüfen ist, dazu KR-*Kreft* § 5 Rdn 35 aE, aus den hier in Rdn 246 genannten Gründen. Bedenken äußert *Bader* NZA 1997, 905, 906 Fn 20, der eine förmliche Verweisung erwirkt wissen will). 254

3. Die Erhebung der Klage bei einem sonstigen Gericht

Wird die Kündigungsschutzklage innerhalb der Dreiwochenfrist beim **Sozialgericht** oder beim **VG** eingereicht, so wird die Frist gewahrt, wenn die Klage auf Antrag – auch erst nach Fristablauf – an das ArbGG verwiesen wird (§ 173 VwGO iVm § 17a Abs. 2, 4 GVG; § 202 SGG iVm § 17a Abs. 2, 4 GVG). 255

4. Die Erhebung der Klage bei einem gem. § 101 Abs. 2 ArbGG an Stelle der Arbeitsgerichtsbarkeit durch Tarifvertrag vorgesehenen Schiedsgericht

Nach § 101 Abs. 2 S. 1 ArbGG können **Tarifverträge** für bürgerliche Rechtsstreitigkeiten aus einem tarifunterworfenen Arbeitsverhältnis die Arbeitsgerichtsbarkeit durch die ausdrückliche Vereinbarung ausschließen und vorsehen, dass die Entsch. durch ein **Schiedsgericht** erfolgen soll, wenn der persönliche Geltungsbereich des Tarifvertrages überwiegend Bühnenkünstler, Filmschaffende oder Artisten umfasst. Solche Tarifverträge bestehen zurzeit nur für den Bereich der Bühnen. Die früher ebenfalls für die Seeschifffahrt bestehende Möglichkeit wurde zum 1.8.2013 aufgehoben (LSSW-*Spinner* Rn 29; GK-ArbGG/*Mikosch* § 101 Rn 18). Die einzelarbeitsvertragliche Vereinbarung einer Schiedsklausel ist aber nur dann zulässig, wenn die ausgeübte Tätigkeit einer Berufsgruppe zuzuordnen ist, für die nach § 101 Abs. 2 S. 1 ArbGG bei Tarifbindung der Vorrang der Schiedsgerichtsbarkeit wirksam geregelt werden kann (*BAG* 6.8.1997 – 7 AZR 156/96). Die Frist wird durch Anbringung einer Kündigungsschutzklage bei einem **kirchlichen Gericht** – zB nach dem Mitarbeitervertretungsgesetz der Ev. Kirche in Deutschland – MVG.EKD – oder einer kirchlichen Schlichtungsstelle für individualrechtliche Streitigkeiten – zB für das Diakonische Werk in Kurhessen Waldeck e. V. (DW.KW) lt. Ordnung für die Schlichtungsstelle v. 22.9.1966 – nicht gewahrt (DDZ-*Zwanziger/Callsen* § 4 Rn 35 unter Hinw. auf *LAG Hamm* 24.1.1994 – 7 Sa 1941/93, EzA-SD 8/1994, 11 = KirchE 32, 10). 256

Zu den Rechtsstreitigkeiten **aus** einem **Arbeitsverhältnis** iSd § 101 Abs. 2 ArbGG gehören auch **Kündigungsschutzklagen** (*LKB/Linck* Rn 112; LSSW-*Spinner* Rn 29; vgl. auch Rdn 243). Die Klage ist innerhalb von drei Wochen nach Zugang der Kündigung beim Schiedsgericht einzureichen. Statt »Arbeitsgericht« ist zB »Schiedsgericht«, »Bühnenschiedsgericht« zu lesen (*Vogel* AR-Blattei SD 1030.2 Bühnenarbeitsrecht Rn 183). 257

258 Wird die Kündigungsschutzklage trotz einer wirksamen Schiedsklausel vor dem ArbG erhoben, kann der Arbeitgeber die **prozesshindernde Einrede des Bestehens eines Schiedsvertrages** erheben (§ 102 Abs. 1 ArbGG).

259 Erhebt der Arbeitgeber diese Einrede (keine Berücksichtigung von Amts wegen, BAG 30.9.1987 EzA § 611 BGB Bühnenengagementsvertrag Nr. 9), so ist die Klage als **unzulässig** abzuweisen. Eine Verweisung des Rechtsstreits ist gesetzlich nicht vorgesehen und wird daher nicht für möglich gehalten (BAG 24.9.1970 AP Nr. 37 zu § 3 KSchG 1951 mit insoweit krit. Anm. von *Herschel*; *Grunsky* § 102 Rn 2; GK-ArbGG/*Mikosch* § 102 Rn 6). Der Arbeitnehmer kann dann vor das **Schiedsgericht** ziehen. Die Abweisung der Klage als unzulässig kann er durch Klagerücknahme verhindern.

260 Wegen der in diesem Zusammenhang auftretenden Schwierigkeiten, die Dreiwochenfrist auch noch beim Schiedsgericht zu wahren, lässt es das BAG (24.9.1970 AP Nr. 37 zu § 3 KSchG) ausreichen, wenn der Arbeitnehmer rechtzeitig Kündigungsschutzklage zum ArbG erhoben hat und **binnen eines angemessenen Zeitraumes nach Rücknahme der Klage** (bzw. Abweisung der Klage als unzulässig), **wenn auch erst nach Ablauf der Klagefrist, Schiedsklage erhebt.**

5. Die Anrufung eines Ausschusses iSd § 111 Abs. 2 ArbGG

261 Da im **Berufsausbildungsbereich** nur außerordentliche Kündigungen (§ 22 Abs. 2 Nr. 1 BBiG) möglich sind, gehört die Frage der Anrufung eines Ausschusses iSd § 111 Abs. 2 ArbGG in den Zusammenhang des § 13 KSchG und ist – einschließlich der Frage der Geltung des § 4 KSchG – gesondert bei KR-*Weigand* §§ 21–23 BBiG Rdn 110 ff. behandelt (vgl. auch *Reinartz* DB 2015, 1347, 1351).

IX. Ausnahmen von dem Lauf der Dreiwochenfrist ab Zugang der Kündigung

262 In wenigen Sonderfällen kommt es für den Lauf der Drei-Wochen-Frist nicht auf den Zugang der schriftlichen Kündigungserklärung beim Arbeitnehmer an.

1. Lauf der Dreiwochenfrist bei Abhängigkeit der Kündigung von der Zustimmung einer Behörde

263 Für den Regelfall sieht das KSchG in § 4 S. 1 die Erhebung der Kündigungsschutzklage innerhalb von drei Wochen nach Zugang der Kündigung vor (vgl. Rdn 139 ff.). Abweichend hiervon regelt § 4 S. 4, dass die Frist zur Anrufung des Arbeitsgerichts erst von der **Bekanntgabe** der Entscheidung der Behörde **an den Arbeitnehmer** ab läuft, soweit die **Kündigung der Zustimmung einer Behörde bedarf.** Von den beiden Ereignissen »Zugang der Kündigung« und »Bekanntgabe der Behördenentscheidung« setzt nur das spätere den Lauf der Klagefrist in Gang (*Schmidt* NZA 2004, 79, 80). Dies dient dem Schutz des Arbeitnehmers, dass die Kündigung jedenfalls so lange nicht wirksam wird, wie die erforderliche behördliche Zustimmung nicht vorliegt (HaKo-KSchR/*Gallner* § 4 KSchG Rn 114). Ohne die Sonderregelung wäre der Arbeitnehmer unter Inkaufnahme des Kostenrisikos gehalten, zunächst Kündigungsschutzklage zu erheben und diese dann nach Bekanntgabe einer zustimmenden behördlichen Entscheidung ggf. für erledigt zu erklären. Dies erspart ihm S. 4, der damit zugleich die Arbeitsgerichte vor einer Belastung mit unnötigen Klagen bewahrt. Da § 4 S. 4 KSchG eine Ausnahmevorschrift von dem Regelfall ist, dass die Klagefrist grundsätzlich mit dem Zugang der Kündigungserklärung des Arbeitgebers beginnt, trägt der Arbeitnehmer insoweit die **Darlegungslast:** Er muss vortragen, wann die Bekanntgabe der behördlichen Entscheidung erfolgt sein soll, wenn eine solche Entscheidung unstreitig ist und nur der Zeitpunkt der Bekanntgabe umstritten ist (*LAG Köln* 4.12.2006 NZA-RR 2007, 323).

a) Anwendungsbereich des § 4 Satz 4

264 § 4 S. 4 KSchG erfasst zwei »Grundkonstellationen« (HaKo-KSchR/*Gallner* § 4 Rn 114):
1. Kündigungen, deren Wirksamkeit von der nachträglichen Zustimmung einer Behörde abhängt,

2. **Kündigungen, die erst wirksam ausgesprochen werden können, nach Zulässigkeitserklärung der beabsichtigten Kündigung durch die zuständige Behörde** (absolutes Kündigungsverbot mit Erlaubnisvorbehalt).

Bei der **außerordentlichen Kündigung** wird die Anwendbarkeit des § 4 S. 4 KSchG teilweise verneint, weil § 4 S. 4 KSchG in § 13 Abs. 1 S. 2 KSchG nicht genannt ist (KR-*Gallner* § 174 SGB IX Rdn 50; SPV-*Vossen* Rn 1927). Hierbei handelt es sich aber nur um ein Redaktionsversehen (s. KR-*Treber/Rennpferdt* § 13 KSchG Rdn 17; *Raab* RdA 2004, 321, 331), so dass § 4 S. 4 KSchG anwendbar ist. 265

aa) Nachträgliche Zustimmung der Behörde

Die erste Fallgestaltung entspricht dem früheren Verständnis des § 4 S. 4 KSchG. Aus seinem Wortlaut wurde ganz überwiegend geschlossen, dass § 4 S. 4 KSchG nur für die etwa erforderliche nachträgliche Zustimmung der Behörde zur Kündigung gilt. Hierunter fällt im Wesentlichen nur die **Kündigung religiös, rassisch oder politisch Verfolgter**. Nach Landesrecht kann diesem Personenkreis nur mit auch nachträglich erteilbarer Zustimmung gekündigt werden (vgl. für Baden-Württemberg Art. 2 des Gesetzes Nr. 707 über den Kündigungsschutz der politisch Verfolgten 8.10.1947 [RegBl. 1947, S. 101], Fortgeltung von *BAG* 11.10.1957 AP Nr. 1 zu § 73 ArbGG 1953 anerkannt; für Berlin § 2 des Gesetzes zum Schutze der Rechte aus Arbeitsverhältnissen von Arbeitnehmern und Beamten mit Wohnsitz im Sowjetsektor von Berlin oder in der sowjetischen Besatzungszone 8.11.1961 [GVBl. S. 1611] mit späteren Änderungen, zuletzt 15.7.1969 [GVBl. S. 891]). Str. ist, ob S. 4 auch auf eine erforderliche nachträgliche **Zustimmung der Kirchenleitung anzuwenden ist** (vgl. Bader/Bram-*Ahrendt* § 4 Rn 134). 266

Auch für Inhaber von **Bergmannsversorgungsscheinen** bedurfte nach Landesgesetzen die Kündigung der nachträglichen behördlichen Zustimmung. In **Nordrhein-Westfalen** und im **Saarland** darf nach §§ 10 ff. bzw. § 11 des Gesetzes über einen **Bergmannsversorgungsschein** (Gesetz über einen Bergmannsversorgungsschein im Land NRW vom 20.12.1983 [GVBl. S. 635], zuletzt geändert durch Gesetz vom 12.5.2009 [GVBl. S. 299] in Kraft ab 21.5.2009; Gesetz Nr. 768 über einen Bergmannsversorgungsschein im Saarland 11.7.1962 [ABl. S. 605] idF v. 16.10.1981 [ABl. S. 825], zuletzt geändert durch das Gesetz vom 18.11.2010 [ABl. S. 1420],) einem **Bergmannsversorgungsscheininhaber nur mit Zustimmung der Zentralstelle ordentlich gekündigt** werden. Diese Bestimmung fällt unter § 4 S. 4 KSchG (MüKo-BGB/*Hergenröder* § 4 KSchG Rn 49; vgl. auch RGRK-BGB/*Boldt* § 630 Anh. I §§ 10–12 BergmannsversorgungsscheinG NRW Rn 3 f.; *Warda/Wolmerath* Bergmannsversorgungsscheingesetz NRW 1995 § 10 Rn 1 ff.). Die außerordentliche Kündigung bedarf keiner Zustimmung. Allerdings hat nach § 10 Abs. 4 BSVG NW oder § 11 Abs. 4 BVSG Saarland die Zentralstelle ihre Entscheidung bis zur Entscheidung eines Kündigungszustimmungsverfahrens nach dem Neunten Buch des Sozialgesetzbuches (SGB IX) auszusetzen, wenn der Inhaber des Bergmannsversorgungsscheins zugleich Schwerbehinderter ist. Wird der Kündigung zugestimmt, darf die Zentralstelle nur aus gewichtigen Gründen abweichen. Denkbar sind bergbaubezogene Gründe, etwa eine besonders lange Zeit unter Tage oder ein Arbeitsunfall im Bergbau (DDZ-*Brecht-Heitzmann* BSVG NW Rn 11). Die Bergmannsversorgungsscheininhaber im Lande **Niedersachsen** waren nach § 1 des Gesetzes über einen Bergmannsversorgungsschein im Lande Nieders. 6.1.1949 NdsGVBl. Sb. I S. 741) den Schwerbeschädigten, heute schwerbehinderten Menschen gleichgestellt, aufgehoben durch Art. 3 Abs. 2 Nr. 4 Gesetz vom 11.12.2003 (Nds. GVBl. I S. 419). 267

Erst die Zustimmung der Behörde macht eine solche Kündigung formell wirksam. Erst von diesem Zeitpunkt an kann die Kündigung auf ihre etwaige Sozialwidrigkeit überprüft werden. Verweigert die Behörde die Zustimmung oder wird diese erst später erteilt, so läuft die Frist erst von der Bekanntgabe der Zustimmung an. Erst von diesem Zeitpunkt an weiß der Arbeitnehmer, dass die Kündigung sein Arbeitsverhältnis beenden wird, wenn er nicht Kündigungsschutzklage erhebt. 268

269 Hat die Behörde die Zustimmung erteilt, so hemmen Rechtsmittel des Arbeitnehmers den Lauf der Frist nicht. Schon aus dem Wortlaut des § 4 S. 4 KSchG ergibt sich, dass die Frist zur Anrufung des ArbG mit der Bekanntgabe, nicht erst mit der Rechts- oder Bestandskraft des Zustimmungsbescheides beginnt (MüKo-BGB/*Hergenröder* § 4 KSchG Rn 121).

bb) Vorherige Zustimmung der Behörde

270 Nach der inzwischen st. Rspr. des *BAG* gilt § 4 S. 4 auch für die zweite Fallgruppe, in der zur Kündigung die **vorherige Zustimmung** einer Behörde vorliegen muss (*BAG* 19.2.2009 EzA § 4 nF KSchG Nr. 88 Rn 22; 13.2.2008 EzA § 4 nF KSchG Nr. 83 Rn 38; vgl. schon *BAG* 17.2.1982 EzA § 15 SchwbG Nr. 1; zust. *Griebeling* NZA 2005, 494, 502; *Preis* DB 2004, 70, 77; *Quecke* RdA 2004, 86, 100; *Raab* RdA 2004, 321, 330). Seit der Neufassung des § 4 S. 1 muss ein Arbeitnehmer auch dann innerhalb von drei Wochen nach Zugang der Kündigung fristgebunden Klage beim Arbeitsgericht erheben, wenn er sich zur Unwirksamkeit der Kündigung auf andere Gründe als das Fehlen der sozialen Rechtfertigung beruft. Es bedarf zur Vermeidung der Rechtsfolge des § 7 daher auch dann der Klageerhebung, wenn der Arbeitgeber seiner Pflicht, vor dem Ausspruch der Kündigung eine behördliche Zustimmung einzuholen, nicht nachgekommen ist (*BAG* 19.2.2009 EzA § 4 nF KSchG Nr. 88 Rn 23). Bis zur Bekanntgabe der behördlichen Entscheidung weiß der Arbeitnehmer nicht, ob der Arbeitgeber sie überhaupt beantragt und wie ggf. die Behörde entschieden hat (vgl. *BAG* 3.7.2003 EzA § 113 InsO Nr. 14). Dieses Informationsdefizit will § 4 S. 4 ausgleichen (*BAG* 19.2.2009 EzA § 4 nF KSchG Nr. 88 Rn 29). Die Fälle einer vorherigen Zustimmung der Behörde werden vom Wortlaut der Regelung umfasst. Wird eine Entscheidung der zuständigen Behörde nicht beantragt, so kann eine solche dem Arbeitnehmer auch nicht bekannt gegeben werden. Mangels Bekanntgabe einer Entscheidung wird die Klagefrist nicht in Gang gesetzt (*BAG* 13.2.2008 EzA § 4 nF KSchG Nr. 83 Rn 39). Es ist davon auszugehen, dass der Gesetzgeber bewusst aus der generellen Regelung des § 4 S. 1 die Fälle ausnehmen wollte, in denen der Bestandsschutz des Arbeitnehmers durch ein besonderes Verfahren vor einer Behörde verstärkt worden ist, die über die Zulässigkeit der Kündigung in einem Verwaltungsverfahren mit gerichtlicher Überprüfbarkeit zu entscheiden hat (*BAG* 13.2.2008 EzA § 4 nF KSchG Nr. 83 Rn 41). Ausreichende Anhaltspunkte für ein bloßes Redaktionsversehen des Gesetzgebers liegen nicht vor. § 4 S. 4 KSchG gilt auch, wenn der Arbeitgeber während des Zustimmungsverfahrens kündigt, bevor eine behördliche Entscheidung vorliegt, seinen Antrag aber wieder zurücknimmt (*Berrisch* FA 2004, 6).

271 Der besondere Kündigungsschutz für Frauen während der **Schwangerschaft**, nach einer **Fehlgeburt** und nach der **Entbindung** ist seit dem 1.1.2018 in § 17 MuSchG geregelt. Die Grundstruktur des § 9 MuSchG aF ist dabei beibehalten worden. Die Kündigung ist grds. verboten, kann aber nach § 17 Abs. 2 durch die für den Arbeitsschutz zuständige oberste Landesbehörde oder die von ihr bestimmte Stelle ausnahmsweise für zulässig erklärt werden. Diese Entscheidung stellt eine Zustimmung iSd § 4 S. 4 dar (*BAG* 19.2.2009 EzA § 4 nF KSchG Nr. 88 Rn 22; 13.2.2008 EzA § 4 nF KSchG Nr. 83 Rn 41; *LAG Nbg.* 4.12.2006 NZA-RR 2007, 194). Zu den Einzelheiten vgl. KR-*Gallner* § 17 MuSchG Rdn 214 ff.

272 Der **Kündigungsschutz während der Elternzeit** nach § 18 BEEG iVm § 15 BEEG ist parallel zu dem Kündigungsschutz für werdende Mütter ausgestaltet. Während der von § 18 Abs. 1 S. 1 BEEG erfassten Zeit darf der Arbeitgeber das Arbeitsverhältnis nicht kündigen. Die Kündigung eines in Elternzeit befindlichen Arbeitnehmers kann in besonderen Fällen ausnahmsweise für zulässig erklärt werden. Auch diese Erlaubnis ist eine Zustimmung iSd § 4 S. 4 KSchG (AR-*Klose* § 18 BEEG Rn 9). Wurde eine behördliche Entscheidung nicht beantragt [Elternzeit setzt notwendigerweise Kenntnis des Arbeitgebers voraus, arg. § 16 BEEG], kann der Arbeitnehmer sein Klagerecht wegen § 4 S. 4 KSchG nur verwirken (*BAG* 3.7.2003 EzA § 113 InsO Nr. 14 noch zu einem in Erziehungsurlaub befindlichen Arbeitnehmer iSd BErzGG). Vgl. im Übrigen KR-*Bader/ Kreutzberg-Kowalczyk* § 18 BEEG Rdn 62 ff., 78.

273 Auch die Inanspruchnahme von **Pflegezeit** löst einen besonderen Kündigungsschutz aus, der die Wirksamkeit einer Kündigung von der Zustimmung einer Behörde iSd § 4 S. 4 abhängig macht.

Spricht der Arbeitgeber entgegen § 5 Abs. 2 S. 1 PflegeZG eine Kündigung ohne Zulässigkeitserklärung durch die zuständige Behörde aus, gilt § 4 S. 4 KSchG in dem Sinne, dass die Frist nicht anläuft und die fehlende Zustimmung bis zur Grenze der Verwirkung geltend gemacht werden kann (vgl. KR-*Treber/Waskow* §§ 1–9 PflegeZG Rdn 63). Im Übrigen gilt das zu Kündigungsverboten mit Erlaubnisvorbehalt Ausgeführte entsprechend.

Vorstehendes gilt auch für den **Kündigungsschutz nach dem Familienpflegezeitgesetz** – FPfZG 274 v. 7.12.2011 (BGBl. I S. 2564), mit Wirkung zum 1.1.2015 geändert durch das Gesetz zur besseren Vereinbarkeit von Familie, Pflege und Beruf (BGBl. I S. 2462). § 2 Abs. 3 FPfZG nF erklärt den Kündigungsschutz nach § 5 PflegeZG auch für die Familienpflegezeit für anwendbar. Einzelheiten s. KR-*Treber/Waskow* § 15 FPfZG Rdn 16.

Aufgrund des besonderen Kündigungsschutzes für **schwerbehinderte Menschen** bedarf die Kündigung regelmäßig einer behördlichen Zustimmung iSd § 4 S. 4 KSchG. Zu den Einzelheiten vgl. 275 KR-*Gallner* §§ 168–173 SGB IX Rdn 19 ff., 154 f.

Kein Fall des § 4 S. 4 KSchG ist die nach **§ 103 BetrVG** erforderliche Zustimmung des Betriebs- 276 rats zu außerordentlicher Kündigung gegenüber Betriebsratsmitgliedern sowie die nach § 55 Abs. 1 iVm § 127 BPersVG oder den entsprechenden Bestimmungen der Landespersonalvertretungsgesetze oder im kirchlichen Bereich nach den Mitarbeitervertretungsgesetzen oder nach der Mitarbeitervertretungsordnung (MAVO) erforderlichen Zustimmung des Personalrats oder der Mitarbeitervertretung zur außerordentlichen Kündigung von Mitgliedern des Personalrats oder der Mitarbeitervertretung. Betriebsrat, Personalrat, Mitarbeitervertretung sind keine Behörden (*Löwisch* BB 2004, 159).

b) Keine Bestandskraft erforderlich

Der Zustimmungsbescheid muss noch nicht bestandskräftig sein (*BAG* 17.6.2003 EzA § 9 277 MuSchG nF Nr. 39; 25.3.2004 EzA § 9 MuSchG nF Nr. 40 [II 2c dd]). Seine Anfechtbarkeit hindert den Beginn der Klagefrist nicht (*BAG* 25.11.1971 – 2 AZR 44/71, EzA § 4 KSchG nF Nr. 4; *Bader/Bram-Ahrendt* § 4 Rn 136). Legt die gekündigte Arbeitnehmerin gegen die Erlaubnis der Kündigung und gegen den Sofortvollzug Rechtsmittel ein, so hat das keinen Einfluss auf den Lauf der Dreiwochenfrist. Sie beginnt auch dann mit dem Zugang der Kündigung bei gleichzeitigem Zugang des Bescheides oder mit dem etwa danach liegenden Zugang der Erlaubnis. Die ausgesprochene Kündigung kann allerdings erst wirksam werden, wenn der Erlaubnisbescheid bestandskräftig wird, vorher ist die Kündigung zunächst »schwebend unwirksam« (*BAG* 17.6.2003 EzA § 9 MuSchG nF Nr. 39).

c) Bekanntgabe an den Arbeitnehmer

Nach dem klaren Wortlaut des § 4 S. 4 KSchG bedarf es der **Bekanntgabe** der behördlichen Ent- 278 scheidung an den Arbeitnehmer, um den Lauf der Dreiwochenfrist in Gang zu setzen. Erforderlich ist demnach die förmliche Bekanntgabe durch die Behörde. Die bloße Kenntnis des Arbeitnehmers von der Existenz der Zustimmung genügt nicht.

Bei **Zustimmungsfiktion** (vgl. § 171 Abs. 5, § 174 Abs. 3 S. 2 SGB IX) sind mehrere Lösungen 279 denkbar: Abgestellt wird teilweise darauf, dass die Dreiwochenfrist ab Zugang der Kündigung gilt, weil keine behördliche Entscheidung existiert, die dem Arbeitnehmer zugestellt wurde (*Zeising/Kröpelin* DB 2005, 1629 f.). Wegen der gleichen Wirkung der fingierten Zustimmung wie die einer ausdrücklich erteilten, ist vom Lauf der Frist ab Kenntnis des Arbeitnehmers von der Zugangsfiktion auszugehen (*LKB*/Linck-*Linck* § 4 Rn 127). Das setzt voraus, dass der Arbeitnehmer entsprechend informiert wird. Geschieht das nicht, ist das Klagerecht des Arbeitnehmers unabhängig von der Dreiwochenfrist bis zur Grenze der Verwirkung gegeben (SPV-*Vossen* Rn 1927).

d) Kenntnis des Arbeitgebers

280 Der Wortlaut des § 4 S. 4 umfasst auch den Fall, dass eine erforderliche behördliche Zustimmung dem Arbeitnehmer deshalb nicht bekannt gegeben wurde, weil der Arbeitgeber eine solche in Unkenntnis ihrer Erforderlichkeit nie beantragt hat. Weiß der Arbeitnehmer aber, dass mit einer Zustimmung der Behörde nicht zu rechnen ist, weil er seinen Arbeitgeber über das Vorliegen der Voraussetzungen des besonderen Kündigungsschutzes nicht informiert hat, bedarf er des besonderen Schutzes durch die Regelung des § 4 S. 4 nicht. Die Vorschrift ist entsprechend teleologisch zu reduzieren (*Bader/Bram-Ahrendt* § 4 Rn 136). Voraussetzung für die Anwendbarkeit der Ausnahmeregelung des § 4 S. 4 KSchG ist die **Kenntnis des Arbeitgebers** von den Sonderkündigungsschutz begründenden Tatsachen zum **Zeitpunkt** des **Zugangs der Kündigung** (vgl. *BAG* 19.2.2009 EzA § 4 nF KSchG Nr. 88 Rn 27; 13.2.2008 EzA § 4 KSchG nF Nr. 83; *LAG SchlH* 13.5.2008 NZA-RR 2009, 132; *Preis* DB 2004, 70, 77; *Vossen* FS v. Hoyningen-Huene, S. 521, 527). Erlangt der Arbeitgeber erst nach Zugang der Kündigung Kenntnis von der Schwangerschaft der Arbeitnehmerin, ist § 4 S. 4 KSchG nicht (mehr) anwendbar. Da die Inanspruchnahme von Elternzeit den Zugang der Erklärung nach § 16 Abs. 1 BEEG beim Arbeitgeber voraussetzt, ist hier stets die Kenntnis des Arbeitgebers gegeben (zum Insolvenzverwalter vgl. *BAG* 3.7.2003 EzA § 113 InsO Nr. 14). Gleiches gilt für die Pflegezeit und die Familienpflegezeit. Über seine Schwerbehinderteneigenschaft muss der Arbeitnehmer den Arbeitgeber grds. vorab informiert haben, um von der Regelung des § 4 S. 4 KSchG profitieren zu können (KR-*Gallner* §§ 168–173 SGB Rdn 19, 154 ff.). Bei Offenkundigkeit einer bestehenden Schwerbehinderung ist dies nicht notwendig. Der Arbeitgeber ist nicht schutzbedürftig, wenn die Schwerbehinderung des Arbeitnehmers offenkundig ist und er deshalb auch ohne Kenntnis von Anerkennung oder Antragstellung Anlass hatte, vorsorglich die Zustimmung zur Kündigung zu beantragen (*BAG* 9.6.2011 NZA-RR 2011, 516, Rn 25; *Schrader/Klagges* NZA-RR 2009, 169, 171).

281 Für das Erfordernis der Kenntnis des Arbeitgebers spricht auch die Systematik des Gesetzes bei der Kündigung einer Schwangeren. Nach § 5 Abs. 1 S. 2 KSchG ist auf Antrag die Klage nachträglich zuzulassen, wenn eine Frau von ihrer Schwangerschaft aus einem von ihr nicht zu vertretenden Grund erst nach Ablauf der Frist des § 4 S. 1 Kenntnis erlangt hat (vgl. dazu KR-*Kreft* § 5 KSchG Rdn 96). Die Vorschrift wäre überflüssig, wenn bei einer objektiv bestehenden Schwangerschaft der Arbeitgeber immer – unabhängig von seiner Kenntnis – ein behördliches Zustimmungsverfahren einleiten müsste, selbst wenn er erst nach Ausspruch der Kündigung von diesem Umstand Kenntnis erhält. Gerade die gesetzliche Regelung des § 5 Abs. 1 S. 2 KSchG verdeutlicht, dass die Kenntnis des Arbeitgebers von der Schwangerschaft der Arbeitnehmerin Voraussetzung für das Eingreifen des Sonderkündigungsschutzes und Basis für ein mögliches Zulässigkeitserklärungsverfahren ist. Auch verdeutlicht die Norm, dass der Gesetzgeber die Anwendung der regelmäßigen Klagefrist in diesen Fällen beabsichtigt hat. Würde bei fehlender Durchführung des behördlichen Zustimmungsverfahrens die Klagefrist nie bzw. grds. nicht (an-)laufen, bliebe für § 5 Abs. 1 S. 2 KSchG kein Anwendungsbereich (*BAG* 19.2.2009 EzA § 4 nF KSchG Nr. 88, Rn 28 unter Bezugnahme auf *Schmidt* NZA 2004, 79, 80; *Raab* RdA 2004, 321, 330).

2. Einspruch beim Betriebsrat

282 Hat der Arbeitnehmer den **Betriebsrat** gem. § 3 KSchG eingeschaltet, bleibt es beim Fristbeginn mit Zugang der Kündigung. Die **Anrufung des Betriebsrates** ändert an dem Beginn des Laufs der Dreiwochenfrist ab Zugang der Kündigung nichts (vgl. *ArbG Osnabrück* 5.10.1951 BB 1952, 174). Allerdings treten *Möhn* (NZA 1995, 114 f.) und *Fischer* (NZA 1995, 1133) dafür ein, dass durch den Einspruch nach § 3 KSchG die Klagefrist des § 4 KSchG gehemmt wird, um die Vorschrift des § 3 KSchG aufzuwerten. Dem ist wegen des Anhörungsverfahrens nach § 102 BetrVG nicht zu folgen. Der Einspruch nach § 3 KSchG beeinflusst den Lauf der Dreiwochenfrist nicht (vgl. KR-*Klose* § 3 KSchG Rdn 27; *Bader/Bram-Kriebel* § 3 Rn 28 mwN; *Rieble* Anm. *BAG* 3.5.1994 EzA § 99 BetrVG Nr. 122 [II 3a]).

3. Sonderregelung für die zum Wehrdienst Einberufenen und für die Wehrdienstleistenden

Zur Hemmung der Frist zur Erhebung der Kündigungsschutzklage nach § 2 Abs. 4 ArbPlSchG 283
[idF v. 16.7.2009 BGBl. I S. 2055, zuletzt geändert durch Art. 6 Wehrrechtsänderungsgesetz 2011 v. 28.4.2011 (BGBl. I S. 678), was auch für den Personenkreis der §§ 10, 16, 16a ArbPlSchG gilt, vgl. KR-*Weigand* § 2 ArbPlSchG Rdn 43; zu den Kündigungsverboten des § 2 Abs. 1–3 ArbPlSchG vgl. KR-*Weigand* § 2 ArbPlSchG Rdn 27 ff.

4. Sonderregelung für die Besatzungsmitglieder von Seeschiffen, Binnenschiffen und Luftfahrzeugen

Zu § 24 Abs. 4 KSchG s. KR-*Bader/Kreutzberg-Kowalczyk* § 24 KSchG Rdn 31 ff. 284

(*unbelegt*) 285

(*unbelegt*) 286

(*unbelegt*) 287

C. Das Urteil im Kündigungsschutzprozess und seine Rechtskraft

I. Die Rechtskraft und ihre Wirkung im Allgemeinen

Der Begriff **Rechtskraft** wird iSd **materiellen oder sachlichen (inneren) Rechtskraft** gebraucht. 288
Sie bestimmt, inwieweit der Inhalt eines Urteils über den Rechtsstreit hinaus maßgeblich ist, im Gegensatz zur formellen Rechtskraft nach § 705 ZPO, die eintritt, wenn eine rechtskraftfähige Entscheidung mit ordentlichen Rechtsmitteln nicht mehr angefochten werden kann (PG-*Völzmann-Stickelbrock* ZPO, § 322 Rn 1). Die materielle Rechtskraft eines Urteils bedeutet, dass der Inhalt des Urteils, nämlich die in ihm ausgesprochene Feststellung des Bestehens oder Nichtbestehens der von einer Partei beanspruchten Rechtsfolge in jedem späteren Verfahren, in dem dieselbe Rechtsfolge in Frage steht, maßgeblich bleibt. Die materielle Rechtskraft soll eine andere widersprechende Entscheidung verhindern. Der Richter soll im Interesse des Rechtsfriedens in einem zweiten Rechtsstreit an die frühere Entscheidung gebunden sein (*Schwab* RdA 2013, 357, 358 mwN). Gegenstand der materiellen Rechtskraft ist der aufgrund eines bestimmten Sachverhaltes abgeurteilte Anspruch, mit anderen Worten der **Streitgegenstand**, der sich im Klageantrag widerspiegelt (vgl. § 322 Abs. 1 ZPO). Daraus folgt, dass der **Umfang** der materiellen Rechtskraft und der mit dieser zusammenhängenden **Präklusionswirkung** sich nach dem **Streitgegenstand der Kündigungsschutzklage** bestimmt.

II. Der Streitgegenstand des Kündigungsschutzprozesses

1. (Erweiterter) punktueller Streitgegenstand

Nach dem für das arbeitsgerichtliche Urteilsverfahren geltenden **zweigliedrigen Streitgegenstands-** 289
begriff wird der Gegenstand eines gerichtlichen Verfahrens durch den dort gestellten Antrag (Klageantrag) und den ihm zugrundeliegenden Lebenssachverhalt (Klagegrund) bestimmt. Der Streitgegenstand erfasst alle Tatsachen, die bei einer natürlichen, vom Standpunkt der Parteien ausgehenden, den Sachverhalt seinem Wesen nach erfassenden Betrachtungsweise zu dem zur Entscheidung gestellten Tatsachenkomplex gehören, den der Kläger zur Stützung seines Rechtsschutzbegehrens dem Gericht unterbreitet hat (BAG 21.11.2017 – 1 AZR 131/17, Rn 11; 26.6.2013 EzA § 611 BGB 2002 Arbeitszeitkonto Nr. 10, Rn 16). Entspricht der Feststellungsantrag des Klägers dem Wortlaut des § 4 S. 1 KSchG, so ist nach hM Streitgegenstand die Frage, **ob das Arbeitsverhältnis aus Anlass einer ganz bestimmten Kündigung zu dem von dieser Kündigung gewollten Termin aufgelöst ist oder nicht**, sog. **punktuelle Streitgegenstandstheorie** bzw. **Lehre vom punktuellen Streitgegenstand** (st. Rspr. des BAG, vgl. zB *BAG* 13.11.1958 AP Nr. 17 zu § 3 KSchG 1951; 27.6.1955 AP Nr. 4 zu § 66 BetrVG 1952; 10.12.1970 EzA § 3 KSchG Nr. 3; 13.3.1997 EzA § 4 KSchG nF Nr. 57 [II 1]; 18.3.1999 EzA § 613a BGB Nr. 179 [IV]; 20.12.2012 EzA § 1 KSchG

Betriebsbedingte Kündigung Nr. 172, Rn 23; *Hueck* FS für Nipperdey 1955, S. 107; *Grunsky* Anm. zu AP Nr. 3 zu § 4 KSchG 1969; *Schwab* RdA 2013, 357, 368 mwN). Gegenstand des Kündigungsrechtsstreits ist nach hM zugleich auch die Frage, ob zwischen den Parteien vor dem Kündigungstermin ein **Arbeitsverhältnis bestanden** hat (*BAG* 1.12.2020 – 9 AZR 102/20 Rn 27; 11.8.2015 EzA § 611 BGB 2002 Arbeitnehmerbegriff Nr. 28, Rn 15; 20.3.2014 EzA-SD 21/2014, 3 Rn 17; 28.11.2007 EzA § 626 BGB 2002 Verdacht strafbarer Handlung Nr. 4, Rn 12 m. zahlr. Nachw.; 20.9.2000 EzA § 611 BGB Arbeitnehmerbegriff Nr. 83 [I]; 12.1.1977 EzA § 4 KSchG nF Nr. 11; aA *Schwab* RdA 2013, 357, 360 mwN). Denn im Rahmen einer Kündigungsschutzklage können die Parteien neben der Frage der Wirksamkeit der Kündigung auch darüber streiten, ob überhaupt ein Arbeitsverhältnis bestanden hat. Das ergibt sich aus der – gleichsam vorausgesetzten – **Erweiterung des Streitgegenstandes** auf den **Bestand des Arbeitsverhältnisses zum Zeitpunkt Zugangs der Kündigung** (*BAG* 30.8.1993 EzA § 2 ArbGG 1979 Nr. 25 [zu III 3a aa der Gründe] – auch zu den Folgen für die Eröffnung des Rechtswegs) bzw. **zum Zeitpunkt der mit der Kündigung beabsichtigten Beendigung des Arbeitsverhältnisses – Ablauf der Kündigungsfrist** (*BAG* 18.12.2014 EzA-SD 2015, Nr. 10, 3, Rn 22; 24.5.2018 NZA 2018, 1127, Rn 20; vgl. schon *BAG* 20.9.2000 – 5 AZR 271/99, AP ArbGG 1979 § 2 Zuständigkeitsprüfung Nr. 8; *Gallner* FS Wank S. 117, 124; krit. zum »engen bestandsrechtlichen Streitgegenstandsbegriff«, *H. Köhler* Der Streitgegenstand bei Gestaltungsklagen, S. 170 ff.). Die Klage nach § 4 oder §§ 4, 13 KSchG kann in aller Regel keinen Erfolg haben, wenn nicht feststeht, dass bei Zugang der Kündigung ein Arbeitsverhältnis bestand (*BAG* 27.4.2006 EzA § 4 nF KSchG Nr. 74, Rn 17; APS-*Hesse* § 4 Rn 134; **aA** *Boemke* RdA 1995, 211, 222: nur Vorfrage). Hat im Zeitpunkt des Zugangs der Kündigung ein Arbeitsverhältnis zwischen den Parteien nicht bestanden, so fehlt diese Voraussetzung für einen erfolgreichen Kündigungsschutzprozess mit der Folge, dass die Klage, ohne die Frage der Wirksamkeit der angegriffenen Kündigung überhaupt geprüft zu haben, als (»insgesamt«) unbegründet abzuweisen ist (zB *LAG RhPf* 21.9.2011 – Sa 176/11). Eine Kündigungsschutzklage kann nach der jüngeren Rspr. des *BAG* zudem nur dann zulässig und begründet sein, wenn zum **Zeitpunkt der mit der Kündigung beabsichtigten Beendigung** das Arbeitsverhältnis **noch bestand**. Andernfalls könne nicht festgestellt werden, das Arbeitsverhältnis sei durch die Kündigung nicht aufgelöst worden (*BAG* 29.1.2015 EzA § 4 nF KSchG Nr. 97, Rn 8; 14.6.2006 – 5 AZR 592/05; 5.10.1995 EzA § 519 ZPO Nr. 8; zur Kritik Rdn 290, 294). Steht im Zeitpunkt der gerichtlichen Entscheidung bereits rechtskräftig fest, dass das Arbeitsverhältnis bereits zu einem früheren Zeitpunkt beendet wurde, besteht regelmäßig schon kein Feststellungsinteresse mehr für die Kündigungsschutzklage (*BAG* 11.2.1981 EzA § 4 nF KSchG Nr. 20; der Zweite Senat hat dies zuletzt offen gelassen *BAG* 29.1.2015 – 2 AZR 698/12, Rn 8).

290 Der Streitgegenstand eines Antrags gemäß § 4 S. 1 KSchG wird durch die jeweils angegriffene Kündigung bestimmt (*BAG* 1.10.2020 – 2 AZR 247/20 Rn 22). Das BAG formuliert insoweit weiterhin, dass »Streitgegenstand« einer Kündigungsschutzklage mit einem Antrag nach § 4 S. 1 KSchG »ist, ob ein Arbeitsverhältnis aus Anlass einer ganz bestimmten Kündigung zu dem in ihr beabsichtigten Termin aufgelöst worden ist oder nicht« (sog. punktuelle Streitgegenstandstheorie; *BAG* 20.12.2012 EzA § 1 KSchG Betriebsbedingte Kündigung Nr. 172, Rn 23). Es heißt dann aber idR weiter, dass einer Kündigungsschutzklage nur stattgegeben werden kann, wenn das Arbeitsverhältnis zum Zeitpunkt des Ausspruchs der Kündigung nicht bereits aufgrund anderer Beendigungstatbestände aufgelöst ist. Der Bestand des Arbeitsverhältnisses ist damit Voraussetzung für die Feststellung, dass das Arbeitsverhältnis durch die Kündigung nicht aufgelöst wurde (zB 27.1.2011 AP § 4 KSchG 1969 Nr. 73 = NZA 2011, 804 Rn 13; *LAG RhPf* 24.4.2009 – 9 Sa 682/08, Rn 12). Zuletzt wurde die Aussage dahin erweitert, dass die einem Antrag nach § 4 S. 1 KSchG **stattgebende Entscheidung zugleich die Feststellung** enthalte, dass **zum vorgesehenen Auflösungszeitpunkt** ein Arbeitsverhältnis zwischen den Parteien **noch bestanden** hat (sog. **erweiterter punktueller Streitgegenstandsbegriff**, *BAG* 18.12.2014 EzA-SD 2015, Nr. 10, 3, Rn 22; 24.5.2018 – 2 AZR 67/18 Rn 20, 23: »kleines Schleppnetz«; *Gallner* FS Wank S. 117, 124 mwN; aA *Berkowsky* NZA 2008, 1112, 1113 f.; krit. *Preis/Schneider* FS Prütting S. 467, 474 f.; *LKB/Linck* Rn 148; siehe auch Rdn 294). Die Feststellung der Unwirksamkeit der Kündigung ist als »Kündigungskomponente«

und die Frage des Bestehens des Arbeitsverhältnisses zwischen den Parteien sowohl im Kündigungszeitpunkt als auch noch zum Kündigungstermin als »Bestandskomponente« bezeichnet worden (*LAG Düsseld.* 23.3.2011 – 12 Sa 1320/10, Rn 28). Die Rechtskraftwirkung gem. § 322 ZPO schließt im Verhältnis der Parteien zueinander eine hiervon abweichende Feststellung in einem neuen Verfahren aus (*BAG* 27.1.2011 NZA 2011, 804, Rn 13 mwN). Zu den Auswirkungen dieser Erweiterung des Streitgegenstandes auf die Präklusion vgl. Rdn 330 ff. Ungelöst scheint allerdings die Folgefrage, wie ein Arbeitsgericht in Anbetracht des erweiterten punktuellen Streitgegenstandsbegriffs über einen Kündigungsschutzantrag schon vor Ablauf der Kündigungsfrist entscheiden können soll. Bei einer siebenmonatigen Kündigungsfrist wäre eine erstinstanzliche Entscheidung im Hinblick auf den Beschleunigungsgrundsatz nach § 61a ArbGG an sich noch im Laufe der Kündigungsfrist angezeigt. Eine Entscheidung über den »großen« Schleppnetzantrag ist möglich, da dieser den Bestand des Arbeitsverhältnisses im Zeitpunkt der letzten mündlichen Verhandlung zum Gegenstand hat. Um über den »kleinen« Schleppnetzantrag entscheiden zu können, müsste das Arbeitsgericht beurteilen können, ob das Arbeitsverhältnis zu einem nach der letzten mündlichen Verhandlung liegenden Termin noch bestehen wird. Dies erscheint unmöglich. Die Rechtskraft des »kleinen« Schleppnetzes kann insoweit nicht über die des »großen« hinausgehen.

Demgegenüber wird die Ansicht vertreten, Streitgegenstand des Kündigungsschutzprozesses sei **der Bestand des Arbeitsverhältnisses zur Zeit der letzten mündlichen Verhandlung** – »weiter bestandsrechtlicher Streitgegenstandsbegriff« – (*Bötticher* FS für Herschel, S. 181; *ders.* BB 1952, 978; *ders.* BB 1959, 1032; *Lüke* JZ 1960, 203; *ders.* NJW 1961, 1390; *Zeuner* MDR 1956, 257 [259]; *Güntner* AuR 1974, 110 ff.; *LAG Stuttg.* 31.5.1967 BB 1967, 1423; vgl. auch *ArbG Wuppertal* 17.4.1980 DB 1980, 1800), auch bestandsrechtliche Theorie genannt, vgl. *Weth* DArbGV Nr. 80 S. 6. 291

Für die hL vom punktuellen Streitgegenstand spricht der Wortlaut des § 4 S. 1 KSchG. Aus der Formulierung »Klage ... auf Feststellung, dass das Arbeitsverhältnis durch die Kündigung nicht aufgelöst ist«, lässt sich unschwer ableiten, dass Streitgegenstand nur die Wirksamkeit einer bestimmten Kündigung ist (*LKB/Linck* Rn 130; *Grunsky* Anm. zu AP Nr. 3 zu § 4 KSchG 1969). Überzeugender als dieses mehr formale Argument ist der Hinweis des *BAG* (13.11.1958 AP Nr. 17 zu § 3 KSchG 1951; 12.6.1986 EzA § 4 KSchG nF Nr. 31), es gebe eine ganze Reihe von Fällen, in denen ein Rechtsschutzbedürfnis bestehe, gerichtlich klären zu lassen, ob eine ganz bestimmte Kündigung das Arbeitsverhältnis beendet habe, während das Rechtsschutzbedürfnis für eine Feststellung, das Arbeitsverhältnis bestehe noch zum Zeitpunkt der letzten mündlichen Verhandlung in der Tatsacheninstanz, fehlen könne. So hat ein Arbeitnehmer, dem zunächst mehrfach fristlos wegen behaupteter Vertragsverletzungen und dann ordentlich aus dringenden betrieblichen Gründen gekündigt wurde, wegen der Ehrverletzung und der damit verbundenen etwaigen Erschwerungen seines weiteren beruflichen Werdegangs idR ein rechtliches Interesse an der Feststellung der Unwirksamkeit der fristlosen Kündigungen, während er ein Interesse an der Feststellung der ordentlichen Kündigung schon dann nicht mehr zu haben braucht, wenn er aus den fristlosen Kündigungen den Schluss zieht, der Arbeitgeber wolle mit ihm ohnehin nicht mehr weiter zusammenarbeiten und aus diesem Grund zum Ende der Kündigungsfrist einen neuen Arbeitsplatz sucht und findet. 292

Aus der Lehre vom punktuellen Streitgegenstand ergibt sich, dass das Gericht, wendet sich der Kläger gegen eine ihm gegenüber **gleichzeitig ausgesprochene außerordentliche und ordentliche Kündigung** des Arbeitsverhältnisses, beide Streitgegenstände erkennbar im Tenor erledigen muss, wenn der Arbeitnehmer gegen beide Kündigungen klagt. Dabei ist klarzustellen, dass der Kläger zunächst Feststellung begehrt, dass sein Arbeitsverhältnis durch die außerordentliche Kündigung nicht beendet worden ist. Außerdem begehrt der Kläger für den Fall, dass er mit diesem Feststellungsantrag Erfolg hat, im Wege der sog. **»unechten Eventualklage«** mit dem weiteren Feststellungsantrag, dass das Arbeitsverhältnis auch durch die ordentliche Kündigung nicht aufgelöst wurde (*BAG* 10.12.2020 – 2 AZR 308/20 – Rn 9 mwN; vgl. zum unechten oder uneigentlichen Hilfsantrag MüKo-ZPO/*Becker-Eberhard* § 260 Rn 16; *Hamacher* I. Systematische Einleitung Rn 112; *Thomas/Putzo-Reichold* § 260 Rn 8;). Ist der Klage stattzugeben, so ist **im Urteilstenor** auszusprechen, dass das Arbeitsverhältnis weder durch die außerordentliche noch durch die ordentliche Kündigung 293 aufgelöst ist. Kommt das Gericht zu dem Ergebnis, die außerordentliche Kündigung ist unwirksam, die ordentliche Kündigung dagegen wirksam, so ist auszusprechen, dass das Arbeitsverhältnis der Parteien durch die außerordentliche Kündigung nicht beendet worden ist, und im Übrigen die Klage abzuweisen (*BAG* 10.3.1977 EzA § 322 ZPO Nr. 3; 13.1.1982 EzA § 626 BGB nF Nr. 8). Dabei kann zur **Klarstellung** in den Tenor aufgenommen werden, **zu welchem Zeitpunkt** das Arbeitsverhältnis aufgrund der ordentlichen, wirksamen Kündigung beendet worden ist, erforderlich ist dies freilich nicht.

294 Werden zwei Kündigungen zum gleichen Beendigungszeitpunkt nacheinander ausgesprochen (zB Kündigung vom 10. Dezember zum 31. Mai des Folgejahres und vorsorgliche Kündigung vom 17. Dezember zum 31. Mai für den Fall, dass die erste Kündigung zB wegen Nichtanhörung oder fehlerhafter Anhörung des Betriebsrates unwirksam sein sollte), so erstreckt sich durch die Erhebung der Kündigungsschutzklage gegen die erste Kündigung die Rechtshängigkeit dieser Streitsache nicht von selbst auch auf die Rechtswirksamkeit der späteren Kündigung (sog. **Nachkündigung**). Wenn beide Kündigungen auch das gleiche Arbeitsverhältnis betreffen und den gleichen Beendigungszeitpunkt vorsehen, so handelt es sich doch bei der Wirksamkeit der letzten Kündigung um einen anderen Streitgegenstand als bei dem Rechtsstreit, der wegen der Gültigkeit der ersten Kündigung anhängig wurde. Deshalb ist ein **gesonderter Kündigungsantrag** gegen die spätere Kündigung erforderlich, der durch **Klageerweiterung** der bei Gericht schwebenden Kündigungsschutzklage erhoben werden kann (und im Kosteninteresse sollte, vgl. *LAG BW* 28.9.1988 BB 1989, 296 im Zusammenhang mit Prozesskostenhilfe: Die Nachkündigung ist durch kostengünstigere Klageerweiterung im Erstverfahren anzugreifen, nicht durch kostenintensive Durchführung eines weiteren Kündigungsfeststellungsverfahrens, zum unterschiedlichen Streitwert vgl. Rdn 353), was grds. innerhalb der Dreiwochenfrist des § 4 S. 1 KSchG geschehen sollte. Bereits früher ist angenommen worden, ein innerhalb der Dreiwochenfrist eingehender Schriftsatz, mit dem der Arbeitnehmer sich eindeutig gegen die zweite Kündigung wendet, könne zur Fristwahrung ausreichen (*LAG RhPf* 26.3.1986 ARSt 1987 Nr. 1199; *LAG Hamm* 8.5.2001 – 11 Sa 1490/00, RzK I 7b Nr. 47; anders *LAG Köln* 22.11.2010 NZA-RR 2011, 244). Das BAG geht jetzt darüberhinausgehend ausdrücklich davon aus, dass eine Kündigungsschutzklage die Klagefrist des § 4 S. 1 KSchG auch für eine **Folgekündigung** wahrt, die **vor dem oder zeitgleich mit dem Auflösungstermin** der ersten Kündigung wirksam werden soll (*BAG* 18.12.2014 EzA § 4 nF KSchG Nr. 96 Rn 28; **aA** *Berkowsky* NZA 2008, 1112, 1113 f.). Dies gilt jedenfalls dann, wenn der Kläger ihre Unwirksamkeit noch vor Schluss der mündlichen Verhandlung erster Instanz explizit geltend macht und mit einem Antrag nach § 4 S. 1 KSchG erfasst. Dies folgt aus einer **analogen Anwendung von § 6 KSchG**. Ob ein gesonderter Antrag dafür tatsächlich erforderlich ist (bejahend bei einem ursprünglich allgemeinen Feststellungsantrag *BAG* 13.3.1997 EzA § 4 nF KSchG Nr. 57, zu II 3 a), hat der Zweite Senat offengelassen. Die Frage ist zu bejahen (KR-*Klose* § 6 KSchG Rdn 19; in der Tendenz jetzt ebenso *BAG* 24.5.2018 NZA 2018, 1127, Rn 24; dafür auch MünchArbR-*Rachor* § 130 Rn 88; LSSW-*Spinner* § 4 Rn 105 ff.; abl. *Gallner* FS Wank S. 117, 125; APS-*Hesse* § 4 Rn 134; *Tiedemann* ArbRB 2016, 29, 32; *Vossen* RdA 2015, 291, 294). Den Antrag nach § 4 KSchG immer zugleich als »kleinen allgemeinen Feststellungsantrag« in dem Sinne zu verstehen, dass mit ihm die Feststellung des Bestehens eines Arbeitsverhältnisses im Zeitpunkt des Ablaufs der Frist der ausdrücklich angegriffenen Frist begehrt wird, lässt sich mit dem Wortlaut der Vorschrift kaum vereinbaren. Bedenken bestehen auch hinsichtlich der Vereinbarkeit der Auslegung des Klageantrags durch das BAG mit der Dispositionsmaxime (vgl. *Preis/Schneider* FS Prütting S. 467, 474 f.) und einer Erweiterung der Rechtskraft über den eigentlichen Streitgegenstand hinaus (*Weißenfels* NZA 2019, 810, 813). Allerdings handelt es sich bei dem Bestand des Arbeitsverhältnisses zu diesem Zeitpunkt um eine notwendige Vorfrage für eine stattgebende Entscheidung. Endet das Arbeitsverhältnis bereits zuvor aufgrund eines Beendigungstatbestands, entfällt für den Kündigungsschutzantrag das Feststellungsinteresse. Hält der Arbeitnehmer an seinem Kündigungsschutzantrag fest, ist für den Arbeitgeber erkennbar, dass der Arbeitnehmer von der Unwirksamkeit anderer, zuvor oder gleichzeitig wirkender Kündigungen ausgeht. Dies rechtfertigt die entsprechende Anwendung des § 6 KSchG. Wird auch die zweite Kündigung – ggf. nach einem Hinweis des Gerichts nach § 6

S. 2 KSchG ordnungsgemäß mit einem Antrag iSd § 4 KSchG angegriffen, hat das Gericht über beide Kündigungen zu entscheiden.

Ob umgekehrt die fristgerechte Kündigungsschutzklage gegen die zeitlich nachfolgende zweite Kündigung ausreicht, ist nicht ganz klar: Bisher war davon auszugehen, dass die erste Kündigung das Arbeitsverhältnis beendet hat, §§ 4, 7 KSchG, wenn sie nicht ihrerseits rechtzeitig angegriffen wurde (*BGH* 11.2.1999 NJW 1999, 1391: Anwaltshaftung). Das BAG spricht bisher nur davon, dass eine Kündigungsschutzklage die Klagefrist nach § 4 S. 1 KSchG wahre für eine »Folgekündigung«. Andererseits stellt es darauf ab, ob die nicht explizit angegriffene Kündigung vor dem oder zum Termin der anderen Kündigung wirksam werden soll. Dies spricht dafür, dass auch der Klage gegen die zeitlich nachfolgende Kündigung fristwahrende Wirkung zukommt. Zur Vermeidung der Unwägbarkeiten wird empfohlen, bei Klageerhebung den allg. Feststellungsantrag zu stellen, weil dieser auch solche Kündigungen erfasse, die innerhalb von drei Wochen vor Klageerhebung zugegangen seien (*Hermann* ArbRAktuell 2015, 249).

Zu prüfen ist im jeweiligen Einzelfall, ob es sich tatsächlich um zwei unterschiedliche Kündigungserklärungen handelte. Nur dann müssen zwei getrennte Kündigungsschutzanträge gestellt werden. Wird am 25.6. mit Zugang noch an diesem Tage wegen Arbeitszeitbetruges außerordentlich gekündigt und am 26.6. mit Zugang am 27.6. wegen unberechtigten Fehlens, liegt keine nur **doppelt verlautbarte einheitliche Kündigungserklärung** (vgl. dazu Rdn 191, 339) vor, was sich aus den unterschiedlichen Kündigungszeitpunkten und den verschiedenen Kündigungssachverhalten ergibt, war jede der Kündigungen mit dem Feststellungsantrag nach § 4 S. 1 KSchG anzugreifen (*LAG München* 2.2.2011 – 11 Sa 17/10).

Nach der Rspr. des BAG kann der Streitgegenstand der (späteren) Kündigungsschutzklage und damit der Umfang der Rechtskraft eines ihr stattgebenden Urteils auf die (streitige) Auflösung des Arbeitsverhältnisses durch die konkret angegriffene Kündigung beschränkt werden (*BAG* 22.11.2012 EzA § 626 BGB 2002 Ausschlussfrist Nr. 2, Rn 20 mwN). Eine solche Einschränkung des Umfangs der Rechtskraft bedarf deutlicher Anhaltspunkte, die sich aus der Entscheidung selbst ergeben müssen. Das schließt es nach Ansicht des BAG nicht aus, für die Bestimmung des Umfangs der Rechtskraft im Einzelfall Umstände heranzuziehen, die schon mit der Entscheidungsfindung zusammenhängen. So kann für die sog. **»Ausklammerung«** der Rechtsfolgen einer eigenständigen, zeitlich früher wirkenden Kündigung aus dem Streitgegenstand der Klage, die sich gegen eine später zugegangene Kündigung richtet, der Umstand sprechen, dass dieselbe Kammer des Arbeitsgerichts am selben Tag über beide Kündigungen entschieden hat. In einem solchen Fall ist regelmäßig sowohl für die Parteien als auch für das Gericht klar, dass die Wirkungen der früheren Kündigung nicht zugleich Gegenstand des Rechtsstreits über die später wirkende Kündigung sein sollten (vgl. *BAG* 20.5.1999 – 2 AZR 278/98, [I der Gründe mwN]; 10.2.1999 – 2 AZR 422/98 [B I der Gründe]). Diese Möglichkeit zur Ausklammerung stellt letztlich das Korrektiv zum erweiterten Verständnis des punktuellen Streitgegenstands dar.

Ob eine **»unechte Eventualklage« gegen** eine **in einer außerordentlichen Kündigung enthaltene ordentliche Kündigung** (Umdeutung, § 140 BGB) gegeben ist, kann fraglich sein, wenn der Kläger in der Klageschrift nur einen Antrag auf Feststellung des Inhalts aufgenommen hat, dass das Arbeitsverhältnis durch die fristlose Kündigung nicht aufgelöst ist. Fraglich ist, ob in dem in der Klageschrift enthaltenen Antrag, zugleich ein dem § 4 KSchG entsprechender Antrag in Bezug auf die darin liegende ordentliche Kündigung enthalten ist. Die Frage ist durch die Auslegung der prozessualen Erklärung zu lösen (zur Auslegung prozessualer Willenserklärungen vgl. etwa *BAG* 15.9.2016 – 2 AZR 351/15, Rn 20 mwN). Das BAG geht davon aus, dass sich ein gegen eine außerordentliche Kündigung gerichteter Kündigungsschutzantrag in der Regel »automatisch« auch das Begehren umfasst festzustellen, das Arbeitsverhältnis ende nicht aufgrund einer ggf. nach § 140 BGB kraft Gesetzes eintretenden Umdeutung der außerordentlichen Kündigung in eine ordentliche (*BAG* 27.6.2019 – 2 AZR 28/19 Rn 21). Es verlangt besondere Anhaltspunkte dafür, dass der Kläger sich nicht auch gegen die Auflösung des Arbeitsverhältnisses infolge einer Umdeutung wenden möchte (enger *LAG Köln* 14.7.1987 LAGE § 140 BGB Nr. 5). Ein solcher Anhaltspunkt dürfte zB darin zu sehen sein, dass in der Klage streitlos gestellt wird, dass das Arbeitsverhältnis nicht dem Anwendungsbereich des KSchG unterfällt und auch keine sonstigen Unwirksamkeitsgründe in Bezug auf eine ordentliche Kündigung geltend gemacht werden. Selbst wenn die Kündigung im Antrag ausdrücklich als außerordentliche bezeichnet worden ist, steht dies der Anwendung der Auslegungsregel nicht entgegen. Vorsorglich sollte der Kläger in der Klageschrift ausdrücklich klarstellen, dass sich der Klageantrag auch auf die ordentliche Kündigung bezieht, wenn das Gericht zu der Auffassung gelangen sollte, dass die unwirksame außerordentliche Kündigung gem. § 140 BGB umgedeutet werden kann, oder seinem Willen Ausdruck verleihen, dass er sich nur gegen die außerordentliche Kündigung wendet (vgl. *BAG* 15.11.1984 EzA § 626 BGB nF Nr. 95 [zu II 3b der Gründe]). Hat der Arbeitnehmer etwa **beantragt** »festzustellen, dass das Arbeitsverhältnis durch die fristlose Kündigung vom ... nicht am ... aufgelöst wurde, sondern erst mit Ablauf der Kündigungsfrist am ... endet«, so ist klargestellt, dass der Arbeitnehmer sich nur gegen die außerordentliche Kündigung wenden will, die ordentliche Kündigung indes gegen sich gelten lässt. Im Übrigen sollte das Gericht in Ausübung seines Fragerechts (§ 139 Abs. 1 ZPO) klären, ob auch die in der außerordentlichen Kündigung liegende ordentliche Kündigung angegriffen werden soll, oder nicht (vgl. schon *Nikisch* 2. Aufl., I § 51 X 4, S. 650). Früher enthielt das Gesetz in § 11 Abs. 2 KSchG aF noch die Regelung, dass eine unwirksame fristlose Kündigung im Zweifel nicht als Kündigung für den nächsten zulässigen Kündigungszeitpunkt gilt (KR-*Treber/Rennpferdt* § 13 Rdn 25; vgl. zu den prozessualen Folgen *Hueck* KSchG 3. Aufl. § 11 Rn 13). Sollte die Auslegung ergeben, dass sich die Klage ausschließlich gegen die fristlose Kündigung gerichtet hat, besteht für den Kläger die Möglichkeit, in entsprechender Anwendung des § 6 KSchG die Unwirksamkeit der ordentlichen Kündigung noch bis zum Schluss der mündlichen Verhandlung erster Instanz durch einen entsprechenden Antrag geltend zu machen.

299 Kündigt der Arbeitgeber »das ... Arbeitsverhältnis außerordentlich – fristlos hilfsweise fristgemäß zum nächstzulässigen Termin ordnungsgemäß«, und erhebt der Arbeitnehmer unter Beifügung des Kündigungsschreibens Klage auf Feststellung, »dass das Arbeitsverhältnis der Parteien nicht durch die schriftliche, außerordentliche Kündigung der Beklagten ... aufgelöst worden ist«, ist das – mit einem Weiterbeschäftigungsantrag verbundene – Klagebegehren dahin auszulegen, dass es sich auch gegen die hilfsweise ausgesprochene ordentliche Kündigung richtet (*BAG* 11.7.2013 EzA § 321 ZPO 2002 Nr. 2, Rn 18; vgl. auch *BAG* 7.12.2000 NZA 2001, 607, 608). Stellt das Arbeitsgericht in diesem Fall fest, »dass das Arbeitsverhältnis nicht durch die schriftliche, außerordentliche Kündigung aufgelöst worden ist«, und verurteilt es die Beklagte zu einer Zeit nach Ablauf der Frist einer ordentlichen Kündigung zur vorläufigen Weiterbeschäftigung des Klägers, hat es damit konkludent auch auf die Unwirksamkeit der hilfsweise erklärten ordentlichen Kündigung erkannt (*BAG* 11.7.2013 EzA § 321 ZPO 2002 Nr. 2, Rn 20).

300 *(unbelegt)*

301 *(unbelegt)*

302 *(unbelegt)*

303 Nach *BAG* (16.11.1970 EzA § 3 KSchG Nr. 2) gilt für den Fall, dass **neben einer fristlosen Kündigung zugleich vorsorglich eine ordentliche Kündigung ausgesprochen** wird, folgendes: Ein auf die fristlose Kündigung bezogener Feststellungsantrag des Arbeitnehmers wahrt die Dreiwochenfrist, wenn der Arbeitnehmer noch bis zum Schluss der mündlichen Verhandlung erklärt, auch die hilfsweise erklärte ordentliche Kündigung angreifen zu wollen. Sein Klageantrag ist dann in diesem weiten Sinne aufzufassen. Der Kläger hat jedenfalls die verlängerte Antragsfrist des § 6 KSchG gewahrt (s. KR-Treber/*Klose* § 6 KSchG Rdn 11). Sinnvoll ist es in diesen Fällen, den Klageantrag bzgl. der ordentlichen Kündigung nur als **unechten Hilfsantrag** für den Fall des Obsiegens mit dem Antrag bzgl. der fristlosen Kündigung zu stellen.

304 Ist der Kläger trotz Umdeutungsmöglichkeit – etwa aufgrund einer arbeitsvertraglichen Umdeutungsklausel – ausdrücklich bei seinem Antrag verblieben festzustellen, dass das Arbeitsverhältnis durch die außerordentliche Kündigung nicht aufgelöst wurde, und hat er seinen Antrag nicht auf die

umgedeutete ordentliche Kündigung ausgedehnt, so stellt sich die Frage der zutreffenden Tenorierung durch das Gericht. Es ist denkbar zur Klarstellung im Urteil festzustellen, dass das Arbeitsverhältnis aufgrund in eine ordentliche Kündigung umgedeuteter außerordentlicher Arbeitgeberkündigung (vom, Datum) mit Ablauf der Kündigungsfrist (am, Datum) geendet hat, um dem Feststellungsantrag nicht uneingeschränkt stattzugeben (so noch 11. Aufl.). Allerdings könnte das Arbeitsverhältnis auch zu einem früheren Zeitpunkt nach dem Zugang der außerordentlichen Kündigung durch einen anderen Beendigungstatbestand enden. Der Fortbestand des Arbeitsverhältnisses bis zum Ablauf der Kündigungsfrist der ordentlichen Kündigung war – wie die ganze ordentliche Kündigung – gerade nicht Streitgegenstand. Das spricht dafür, im Tenor nur festzustellen, dass das Arbeitsverhältnis nicht durch die fristlose Kündigung aufgelöst wurde. Der Arbeitgeber trägt die Kosten des Verfahrens (anders wohl *LAG Frankf.* 4.10.1985 LAGE § 140 BGB Nr. 4). Ist der Antrag hinsichtlich der außerordentlichen Kündigung dahin auszulegen, dass die ordentliche umgedeutete Kündigung mit angegriffen ist, und gibt das Arbeitsgericht der Feststellungsklage statt und weist es im Übrigen die Klage ab, so ist das so zu verstehen, dass das ArbG die umgedeutete ordentliche Kündigung iSd § 1 KSchG für wirksam hielt. Legt nur der Arbeitgeber Berufung ein, um seine außerordentliche Kündigung durchzusetzen, und war ein Fall der Umdeutung nicht gegeben oder lagen die Voraussetzungen des § 1 KSchG für eine ordentliche Kündigung ebenso wenig vor wie die des § 626 BGB für eine außerordentliche, so verbleibt es bei dem arbeitsgerichtlichen Urteil wegen des Verbots der reformatio in peius (§ 528 S. 2 ZPO), so wohl *LAG Frankf.* (4.10.1985 LAGE § 140 BGB Nr. 4).

2. Allgemeiner Feststellungsantrag

Dem Kläger bleibt es unbenommen, neben der Kündigungsfeststellungsklage nach § 4 S. 1 KSchG eine **Feststellungsklage nach § 256 ZPO** zu erheben. Gegenstand der allgemeinen Feststellungsklage nach § 256 Abs. 1 ZPO ist die Frage, ob das Arbeitsverhältnis über den durch eine Kündigung bestimmten Auflösungstermin hinaus bis zum Zeitpunkt der letzten mündlichen Verhandlung fortbestanden hat (*BAG* 1.12.2020 – 9 AZR 102/20 Rn 17; 20.3.2014 EzA-SD 21/2014, 3, Rn 18; 26.9.2013 EzA-SD 8/2014, 3, Rn 31). Die Klage soll, soweit sie neben der Klage gem. § 4 S. 1 KSchG erhoben wird, klären, ob das Arbeitsverhältnis aufgrund von Beendigungstatbeständen aufgelöst worden ist, die vom Streitgegenstand der Kündigungsschutzklage nicht erfasst sind. Für eine derartige Feststellungsklage besteht unabhängig vom punktuellen Streitgegenstand der Kündigungsschutzklage das nach § 256 ZPO erforderliche **Feststellungsinteresse** jedenfalls dann, wenn nicht nur eine Kündigung angegriffen werden soll, sondern davon auszugehen ist, dass der Arbeitgeber andere Auflösungssachverhalte in dem Prozess geltend macht, oder die Gefahr besteht, dass der Arbeitgeber weitere Kündigungen aussprechen wird. Das muss der Kläger darlegen, um sein Feststellungsinteresse iSd. § 256 Abs. 1 ZPO zu begründen (*BAG* 1.12.2020 – 9 AZR 102/20 Rn 17; 26.9.2013 – 2 AZR 682/12 Rn 32). Eine Feststellungsklage des Inhalts, dass das zwischen den Parteien bestehende Arbeitsverhältnis fortbesteht, bestimmt den Fortbestand des Arbeitsverhältnisses bis zum **Zeitpunkt der letzten mündlichen Verhandlung in der Tatsacheninstanz** zum Streitgegenstand (*BAG* 18.12.2014 EzA-SD 2015, Nr. 10, 3, Rn 24 mwN; 12.5.2005 – 2 AZR 426/04). Das BAG hat angenommen, dass sich aus den Umständen im Einzelfall auch ergeben könne, dass das Arbeitsverhältnis bis zu einem späteren Termin fortbesteht, der nach der letzten mündlichen Verhandlung liegt (*BAG* 31.5.1979 EzA § 4 KSchG nF Nr. 16). Dies wäre zB anzunehmen bei dem in der Praxis anzutreffenden Antrag festzustellen, dass »das Arbeitsverhältnis **ungekündigt fortbesteht**« der Fall. Hiermit sollen wohl auch Kündigungen erfasst werden, die vor der letzten mündlichen Verhandlung ausgesprochen sind, jedoch erst danach das Arbeitsverhältnis beenden würden. In der Sache ist der Antrag freilich auf die Feststellung einer Eigenschaft des Rechtsverhältnisses gerichtet und erfüllt damit nicht die Voraussetzungen des § 256 Abs. 1 ZPO. Ferner umfasst er nur Kündigungen und keine anderen Beendigungstatbestände (s. *Nübold* in *Hamacher* Stichwort »allgemeiner Feststellungsantrag«).

Stellt eine schriftliche Erklärung des Arbeitgebers nach ihrem objektiven Erklärungswert keine Kündigung dar, kann die Erklärung nach der Rspr. des BAG dennoch ein rechtliches Interesse iSd § 256 Abs. 1 ZPO begründen, wenn für den Arbeitnehmer die objektiv, etwa durch entsprechendes

305

306

Verhalten des Arbeitgebers, begründete Besorgnis besteht, dass der Erklärung des Arbeitgebers die Bedeutung einer Kündigung oder einer **Anfechtungserklärung** beigelegt werden könnte (vgl. *BAG* 22.5.1980 – 2 AZR 613/78, nv). Nicht begründet wird die Besorgnis allein durch den Umstand, dass der Arbeitgeber im Prozess nicht bereit ist, einen entsprechenden Feststellungsantrag anzuerkennen.

307 Im Verhältnis zwischen einem in Vorprozess gestellten allgemeinen Feststellungsantrag und einem in einem späteren Prozess gestellten Kündigungsschutzantrag geht das BAG davon aus, dass das Rechtsschutzziel der späteren Klage über das des allgemeinen Feststellungsantrags hinausgehe, da § 4 S. 1 KSchG eine auf die konkrete Kündigung bezogene punktuelle Klage erfordere (vgl. *BAG* 1.10.2020 – 2 AZR 247/20 Rn 35). Daher stehe dem Arbeitgeber im zweiten Prozess nicht der Einwand der anderweitigen Rechtshängigkeit zu. Zu prüfen ist auch stets, ob der allgemeine Feststellunsantrag eine weitere Kündigung, die in einem gesonderten Verfahren mit einem Kündigungsschutzantrag angegriffen wird, nach dem erkennbaren Willen des Klägers überhaupt erfassen sollte (vgl. *BAG* 10.10.2002 – 2 AZR 622/01 [B I 2 b]). Eine Kündigung, die erst nach der letzten mündlichen Verhandlung im Vorprozess ausgesprochen wird, ist daher nicht mehr vom allgemeinen Feststellungsantrag erfasst. Problematisch kann das Verhältnis zwischen der Kündigungsschutzklage und der Feststellungsklage nach § 256 ZPO auch dann sein, wenn nur oder zumindest auch eine Kündigung des Arbeitgebers im Streit ist und der Arbeitnehmer **lediglich den Feststellungsantrag nach § 256 ZPO stellt**. Letztlich geht es um die Frage, ob der **unterschiedliche Streitgegenstand einer Feststellungsklage einerseits und einer Kündigungsschutzklage andererseits** der Erstreckung der Feststellungsklage auf die Kündigung entgegensteht. Das ist dann der Fall, wenn **nur** eine Kündigungsschutzklage nach § 4 KSchG geeignet ist, die Rechtsfolgen einer Kündigung bei einem dem KSchG unterliegenden Arbeitsverhältnis zu beseitigen.

308 Der Inhalt eines Klageantrages ist wie der jeder Prozesshandlung **auslegungsfähig**. Das erkennende Gericht kann den Antrag auslegen und ggf. umdeuten. Die Auslegung erfolgt aus der Sicht eines objektiven Erklärungsempfängers. Dabei kommt es nicht auf einen inneren, dem Empfänger verborgenen Willen an. Entscheidend ist, welchen **Sinn die Erklärung aus Sicht des Gerichts und des Prozessgegners** hat. Hierbei ist das tatsächliche Vorbringen der Klagepartei zugrunde zu legen, auf deren Rechtsauffassung kommt es nicht an. Im Zweifel ist das gewollt, was nach den Maßstäben der Rechtsordnung vernünftig ist und der recht verstandenen Interessenlage entspricht (*BAG* 23.6.2009 EzA § 626 BGB 2002 Verdacht strafbarer Handlung Nr. 8, Rn 27; *Rosenberg/Schwab/Gottwald* § 65 Rn 19). Ggf. hat das Gericht auch auf die Stellung eines sachdienlichen Antrags hinzuwirken (§ 139 Abs. 1 ZPO).

309 Eine Klage, in deren Mittelpunkt die Feststellung der Unwirksamkeit einer Kündigung steht, ist als **Kündigungsschutzklage** aufzufassen, auch wenn der Klageantrag anders formuliert ist. Es müssen die Voraussetzungen des § 4 S. 1 KSchG gegeben sein, also vor allem die Einhaltung der Dreiwochenfrist. Diese kann nicht durch die Ausdehnung des Streitgegenstandes auf den Fortbestand des Arbeitsverhältnisses im Zeitpunkt der letzten mündlichen Verhandlung in der Tatsacheninstanz **umgangen** werden. Die allgemein auf den Bestand des Arbeitsverhältnisses gerichtete Feststellungsklage nach § 256 ZPO schließt die Kündigungsschutzklage nach § 4 KSchG ein (*Gallner* FS Wank S. 117, 120 unter Hinw. auf *BAG* 26.9.2013 EzA § 4 KSchG nF Nr. 93, Rn 33; ebenso *Mummenhoff* JuS 1987, 893; anders *LAG RhPf* 26.3.1986 LAGE § 4 KSchG Nr. 10: Antrag ist im Wege der Auslegung als Kündigungsschutzantrag zu verstehen). Ergibt die Auslegung, dass es sich tatsächlich nur um einen Antrag iSd. § 4 KSchG handeln soll, bedarf es der Abweisung als unzulässig im Übrigen nicht (vgl. auch Rdn 312).

310 Unter Umständen verbirgt sich hinter der Feststellungsklage nach § 256 ZPO, dass das Arbeitsverhältnis weiterbestehe, **der Angriff auf mehrere Kündigungen**. Der Kläger hat aber nicht wegen jeder einzelnen Kündigung den Antrag entsprechend dem Wortlaut des § 4 S. 1 KSchG formulieren wollen. Es handelt sich dann um mehrere Kündigungsschutzklagen. Werden in der Klagebegründung mehrere Kündigungen angeführt, so ist hinsichtlich jeder Kündigung – soweit als sozialwidrig oder aus anderen von § 4 S. 1 KSchG erfassten Rechtsunwirksamkeitsgründen angegriffen anzusehen – zu prüfen, ob die Dreiwochenfrist eingehalten ist. Aus der punktuellen Streitgegenstandslehre folgt,

dass die Rechtshängigkeit einer Kündigungsschutzklage den Arbeitnehmer nicht von der Notwendigkeit entbindet, gegen eine spätere (vorsorgliche) Kündigung ebenfalls rechtzeitig eine weitere Kündigungsschutzklage zu erheben. Der Kläger kann mehrere Kündigungsschutzklagen in einer Klage zusammenfassen. Stellt er dabei den »weit gefassten« Antrag nach § 256 ZPO, so ist damit nichts anderes gemeint als die Bitte, die Unwirksamkeit jeder einzelnen Kündigung festzustellen. Das Arbeitsgericht hat dann einen Hinweis nach § 6 S. 2 KSchG zu erteilen und auf die Stellung der entsprechenden Anträge iSd § 4 KSchG hinzuwirken.

Wendet sich der Kläger mit einer Kündigungsschutzklage gegen eine Kündigung mit einem entsprechend § 4 S. 1 KSchG formulierten Antrag und **behauptet der Arbeitgeber, gar nicht gekündigt zu haben**, sondern mit dem Kläger einen Auflösungsvertrag an einem ganz anderen Tag geschlossen zu haben, muss der Arbeitnehmer darlegen und ggf. beweisen, dass entgegen der Behauptung des Arbeitgebers doch gekündigt wurde, andernfalls ist die Klage schon aus diesem Grunde abzuweisen (*LAG Hamm* 13.3.2001 – 11 Sa 2157/99). Der Kläger wird unter diesen Umständen besser tun, **die Klage zu ändern** und den **Antrag** zu stellen, dass das Arbeitsverhältnis weiterbestehe (§ 256 ZPO). Damit ist dann Streitgegenstand der Fortbestand des Arbeitsverhältnisses zum Zeitpunkt der letzten mündlichen Verhandlungen in der ersten Instanz und **es ist Sache des Arbeitgebers, Beendigungstatbestände darzulegen und unter Beweis zu stellen** (*Gallner* FS Wank S. 117, 125 unter Berufung auf *BAG* 13.3.1997 EzA § 4 KSchG Nr. 57, zu II 1c der Gründe).

311

Nicht selten wird eine Kündigungsschutzklage mit einer allgemeinen Feststellungsklage **verbunden** (festzustellen, dass das Arbeitsverhältnis durch die Kündigung vom ... nicht aufgelöst ist und das Arbeitsverhältnis weiterhin fortbesteht). Dann muss der Kläger deutlich machen, dass auch das **Bestehen eines Arbeitsverhältnisses überhaupt** oder **dessen Beendigung ohne Kündigung**, etwa durch einen vom Arbeitgeber behaupteten Auflösungsvertrag im Streit steht, will er nicht Gefahr laufen, dass sein Antrag insoweit nur als Floskel angesehen wird, die sich auf die Folgen einer erfolgreichen Kündigungsschutzklage bezieht. Die Auslegung des Antrags muss ergeben, ob es dem Arbeitnehmer gerade auch selbständig auf den Fortbestand des Arbeitsverhältnisses ankommt, er also einen gegenüber der Kündigungsschutzklage erweiterten Streitgegenstand anhängig machen will. Daran fehlt es, wenn nur ein unselbständiges Fortbestehensbegehren vorliegt, der Arbeitnehmer etwa nur **floskelhaft** die Folgen einer erfolgreichen Kündigungsschutzklage formuliert. Befasst sich die Antragsbegründung ausschließlich mit der Frage, ob eine ganz bestimmte vom Arbeitgeber ausgesprochene Kündigung wirksam ist, ist idR nicht von einer selbständigen allgemeinen Feststellungsklage auszugehen. Eine zulässige Feststellungsklage nach § 256 ZPO verlangt ein Feststellungsinteresse, das darzulegen ist. Einem Arbeitnehmer, der keine Ausführungen zur Frage des Fortbestandes seines Arbeitsverhältnisses macht, kann nicht unterstellt werden, er habe eine unzulässige Feststellungsklage erheben wollen (*BAG* 16.3.1994 EzA § 4 KSchG nF Nr. 49; 18.12.2014 – 2 AZR 163/14 Rn 20 mwN). Fügt der gekündigte Arbeitnehmer – gleichsam prophylaktisch – dem Kündigungsschutzantrag den Zusatz bei, dass das Arbeitsverhältnis unverändert fortbesteht, so ist durch Ausübung des richterlichen Fragerechts (§ 139 ZPO) zu klären, was mit dem weitergehenden Antrag (sog. Wurmfortsatz, vgl. *Reinartz* NZA 2020, 215) bezweckt wird (ErfK-*Kiel* Rn 34). Erklärt der Arbeitnehmer sinngemäß, er habe nur unterstreichen wollen, das Arbeitsverhältnis bestehe fort, wenn die angegriffene Kündigung wirksam sei, so hat der weitergehende Antrag als »unselbständiges Anhängsel« keine eigene prozessrechtliche Bedeutung. Beruft sich der Kläger dagegen darauf, es könne ja sein, dass irgendwann einmal eine Erklärung durch den Arbeitgeber abgegeben werde, die eine Kündigung sein könne, ist diese weitergehende Klage als unzulässig abzuweisen. Unklarheiten werden vermieden, indem der allgemeine Feststellungsantrag als **eigenständiger Antrag neben dem Kündigungsschutzantrag** gestellt wird; sinnvoller Weise erfolgt dies im Wege eines unechten Hilfsantrags (»2. Für den Fall des Obsiegens mit dem Antrag zu 1. wird festgestellt, dass das Arbeitsverhältnis fortbesteht«; vgl. *Reinartz* NZA 2020, 215, 217). Soll mit dem allgemeinen Feststellungsantrag die Frist des § 4 S. 1 gewahrt werden, muss sich dies entweder aus der Klagebegründung oder sonstigen Umständen entnehmen lassen, die innerhalb von drei Wochen nach Zugang der Kündigung zum Gegenstand des Verfahrens gemacht werden (vgl. *BAG* 18.12.2014 – 2 AZR 163/14 Rn 20).

312

313 Das nach § 256 Abs. 1 ZPO erforderliche Interesse kann sich auch im Laufe des Verfahrens ergeben, wegfallen oder wieder begründet werden (*BAG* 26.9.1991 RzK I 10b Nr. 16 [zu II 2a der Gründe]). Maßgebender Zeitpunkt für das Feststellungsinteresse ist der jeweilige Schluss der mündlichen Verhandlung, ggf. der Revisionsverhandlung (*Thomas/Putzo-Reichold* § 256 Rn 20 iVm § 253 Vorbem. Rn 11). Dazu reicht etwa der Hinweis aus, der Prozessbevollmächtigte der Arbeitgeberin habe ihr empfohlen, aus den wahrheitswidrigen Behauptungen der Arbeitnehmerin im vorliegenden Rechtsstreit die erforderlichen Konsequenzen zu ziehen. Jedenfalls mit Zugang dieses Schriftsatzes hat die Arbeitnehmerin mit einer weiteren Kündigung rechnen müssen (*BAG* 18.2.1993 – 2 AZR 618/92, nv). Andererseits entfällt das Rechtsschutzbedürfnis für eine mit der Kündigungsschutzklage nach § 4 KSchG verbundenen Klage nach § 256 ZPO auf Feststellung des Fortbestandes des Arbeitsverhältnisses, wenn sie sich nur auf weitere Kündigungen bezieht, die der Arbeitnehmer später mit Kündigungsschutzklagen nach § 4 KSchG selbständig angreift (*BAG* 16.8.1990 EzA § 4 nF KSchG Nr. 39). Auch wenn es teilweise als Kunstfehler angesehen wird, dem Antrag iSd § 4 S. 1 KSchG nicht wenigstens hinzuzusetzen »und das Arbeitsverhältnis fortbesteht« (vgl. nur *Zirnbauer* NZA Beil. 3/1989, 35 ff., jedenfalls wurde dringend dazu angeraten, vgl. nur *Vollkommer/Weiland* Anm. *BAG* EzA § 4 KSchG nF Nr. 33; *Chr. Weber* Anm. *LAG Köln* LAGE § 4 KSchG Nr. 15; *Schaub* NZA 1990, 85), bleibt es dabei, dass der allgemeine Feststellungsantrag nur zulässig ist, wenn der Arbeitnehmer insoweit ein Feststellungsinteresse nach den allgemeinen Grundsätzen des § 256 ZPO hat. Es muss spätestens in der letzten mündlichen Verhandlung klargestellt werden, wie die »kombinierte« Klage (§ 260 ZPO; vgl. *BAG* 26.9.2013 EzA-SD 8/2014, 3, Rn 31) zu verstehen ist, um eine Teilabweisung der Klage als unzulässig zu vermeiden. Notfalls hat das Gericht gem. § 139 ZPO auf eine entsprechende Klarstellung zu dringen (*BAG* 21.1.1988 EzA § 4 KSchG nF Nr. 33; 4.11.1993 EzA Art. 20 EV Nr. 28; 27.1.1994 EzA § 4 KSchG nF Nr. 48; 16.3.1994 EzA § 4 KSchG nF Nr. 49; 7.12.1995 EzA § 4 KSchG nF Nr. 56; 13.3.1997 EzA § 4 KSchG Nr. 57; *v. Hoyningen-Huene/Linck* Rn 130; zur **»Ausklammerung«** *BAG* 26.9.2013 EzA § 4 nF KSchG Nr. 93, Rn 19; 23.5.2013 EzA § 626 BGB 2002 Verdacht strafbarer Handlung Nr. 14, Rn 14 mwN). Erklärt der Arbeitgeber auf Frage des Gerichts ausdrücklich, dass keine weiteren Beendigungstatbestände neben der bereits streitgegenständlichen Kündigung bestünden, so entfällt hierdurch regelmäßig das Feststellungsinteresse. Würde sich der Arbeitgeber später einen objektiv im Zeitpunkt der mündlichen Verhandlung gegebenen Beendigungstatbestand geltend machen, könnte er sich hierauf nach Treu und Glauben (§ 242 BGB) regelmäßig nicht mehr berufen. Bestand zunächst begründeter Anlass für den Antrag, kann der Arbeitnehmer den allgemeinen Feststellungsantrag für erledigt erklären, war der Antrag nur prophylaktisch gestellt, sollte er zurückgenommen werden.

314 Hat der Arbeitnehmer zutr. eine **Feststellungsklage nach § 256 ZPO** erhoben, weil der Arbeitgeber, der nicht gekündigt hat, zB auf einen vom Kläger bestrittenen Abschluss eines Auflösungsvertrages hinweist, **und kündigt der Arbeitgeber dann im Verlaufe des Rechtsstreits**, so ist mit der auf Feststellung des Fortbestandes des Arbeitsverhältnisses gerichteten Klage die Unwirksamkeit dieser späteren Kündigung geltend gemacht, wenn der Arbeitnehmer diese Kündigung in den Prozess einführt, und zwar auch noch nach Ablauf der Dreiwochenfrist des § 4 S. 1 KSchG (*LAG RhPf.* 23.6.1998 LAGE § 4 KSchG Nr. 42). Dem entspricht es, dass eine Folgekündigung nicht mehr von dem allgemeinen Feststellungsantrag erfasst wird, wenn die Folgekündigung zwar vor Erlass des die Klage abweisenden erstinstanzlichen Urteils ausgesprochen worden war, jedoch erst in der Berufungsinstanz in das Verfahren eingeführt, der allgemeine Feststellungsantrag in der Berufungsinstanz durch einem § 4 S. 1 KSchG entsprechenden Antrag ersetzt wurde; der allgemeine Feststellungsantrag war nicht mehr anhängig (*LAG Bln.* 19.6.2000 – 18 Sa 305/00). Auch das BAG betont, dass der allgemeine Feststellungsantrag in die Berufungsinstanz gelangt ist (*BAG* 26.9.2013 EzA § 4 nF KSchG Nr. 93, Rn 33). Eine materielle Prüfung durch das LAG setzt bei einer erstinstanzlichen Abweisung des Feststellungsantrags als unzulässig auch eine ausreichende Berufungsbegründung voraus (ErfK-*Kiel* § 4 Rn 38).

315 Wird **eine oder werden mehrere Kündigungen** erst **nach Erhebung einer Feststellungsklage nach § 256 ZPO ausgesprochen**, so erstreckt sich der allgemeine Feststellungsantrag stets auf alle Kündigungen, unabhängig davon, wann sie in den Prozess eingeführt wurden, also auch wenn die

Dreiwochenfrist insoweit nicht gewahrt wurde (st. Rspr. des *BAG* seit 21.1.1988 EzA § 4 KSchG nF Nr. 33 [zu II.2.b der Gründe]; vgl. auch *BAG* 26.9.2013 EzA-SD 8/2014, 3; 16.3.1994 EzA § 4 KSchG nF Nr. 49; 7.12.1995 EzA § 4 KSchG nF Nr. 56; 13.3.1997 EzA § 4 KSchG nF Nr. 57). Das ist Folge des umfassenden Streitgegenstandes der – jedenfalls dann zulässig werdenden – Feststellungsklage nach § 256 ZPO (sog. »**Schleppnetztheorie**«, dazu iE *Bitter* DB 1997, 1407 ff.; *Reinartz* NZA 2020, 215 ff.). Der Arbeitnehmer sollte unter teilweiser Einschränkung des Feststellungsantrags eine dem Wortlaut des § 4 KSchG angepasste Antragstellung vornehmen (*BAG* 12.5.2005 EzA § 4 KSchG nF Nr. 70 in Abkehr von 13.3.1997 EzA § 4 KSchG nF Nr. 57). Hat der Kläger dem Antrag nach § 4 S. 1 KSchG einen allgemeinen Feststellungsantrag nach § 256 ZPO hinzugesetzt, dann kann und muss der Arbeitgeber davon ausgehen, dass der Arbeitnehmer nicht gewillt ist, auch nur einen Beendigungssachverhalt gegen sich gelten zu lassen. Das rechtfertigt eine Anwendung des Rechtsgedankens des § 6 KSchG (*BAG* 26.9.2013 EzA-SD 8/2014, 3, Rn 33). Führt der Arbeitnehmer die Folgekündigung nicht ein, sollte es der Arbeitgeber tun (*BAG* 26.9.2013 EzA-SD 8/2014, 3, Rn 29; *Reinartz* NZA 2020, 215, 216; *Merten* DB 2015, 1530, 1531). Werden alle später ausgesprochenen Kündigungen jeweils mit gesonderten Anträgen iSd § 4 KSchG angegriffen, entfällt grds. das Feststellungsinteresse für den allgemeinen Feststellungsantrag (*BAG* 16.8.1990 EzA § 4 KSchG nF Nr. 38; **aA** noch die 11 Aufl.).

Lag bislang nur eine Klage iSd § 4 S. 1 KSchG vor, muss der Kläger bei erneuter Kündigung fristgerecht diese angreifen und kann daneben den allgemeinen Feststellungsantrag nach § 256 ZPO stellen. Das gilt grds. auch vor dem Hintergrund des sog. erweiterten punktuellen Streitgegenstandes der Kündigungsschutzklage. Diese enthält zwar ein Element der allgemeinen Feststellungsklage, indem der Antrag nach der Rspr. des BAG zugleich die Feststellung umfasst, zum vorgesehenen Auflösungszeitpunkt habe noch ein Arbeitsverhältnis zwischen den Parteien bestanden (*BAG* 24.5.2018 – 2 AZR 67/18 Rn 23: kleines Schleppnetz; vgl. Rdn 290). Oft findet die letzte mündliche Verhandlung vor den Tatsacheninstanzen erst zeitlich nach dem vorgesehenen Auflösungszeitpunkt statt, so dass der allgemeine Feststellungsantrag im Wege der Klagehäufung zusätzlich sinnvoll ist (vgl. *Merten* DB 2015, 1530, 1531; *Reinartz* NZA 2020, 215, 217; *Tiedemann* ArbRB 2016, 29, 32), um Beendigungstatbestände zu erfassen, die das Arbeitsverhältnis in der Zwischenzeit beenden könnten. 316

Zwar bleiben wegen § 4 S. 1 KSchG nF für isolierte Klagen nach § 256 ZPO kündigungsrechtsbezogen nur wenige Fälle übrig – fehlende Schriftform iSd § 623 BGB, Kündigung durch falschen Arbeitgeber (vgl. dazu Rdn 26), aber es bleiben die anderen Auflösungs-/Beendigungssachverhalte wie Aufhebungsvertrag, Anfechtung der dem Arbeitsvertrag zu Grunde liegenden Willenserklärung, die nicht § 4 S. 1 KSchG unterliegen und nur mit einer Feststellungsklage iSd § 256 ZPO erfasst werden können mit der Folge, dass es auch nach Inkrafttreten des Gesetzes zu Reformen am Arbeitsmarkt bei der »**Schleppnetztheorie**« geblieben ist. Das zeigen zB die Entscheidung des *LAG RhPf* vom 1.12.2011 (– 2 Sa 478/11, Rn 53), in der die »Schleppnetztheorie« ausdrücklich genannt wird (vgl. *LAG Nds.* 6.6.2007 – 17 Sa 1831/06, Rn 17 »Schleppnetzantrag«). Der »Schleppnetztheorie« entspricht es, dass eine neben einer Kündigungsschutzklage gem. § 4 S. 1 KSchG erhobene allgemeine Feststellungsklage auch dahin auszulegen sein kann, dass nicht nur Beendigungssachverhalte nach Klageerhebung erfasst sind, sondern auch solche, die vor diesem Zeitpunkt liegen (*LAG RhPf* 20.8.2007 – 8 Ta 122/07, Rn 20 ff.). 317

III. Das klageabweisende Urteil im Kündigungsschutzprozess

Hat der Arbeitnehmer eine Kündigungsschutzklage mit dem Antrag nach § 4 S. 1 KSchG erhoben und **weist das Gericht die Klage ab**, weil es die Kündigung für wirksam ansieht – sie sei weder sozialwidrig oder aus anderen Gründen rechtsunwirksam –, so steht mit Rechtskraft dieses Urteils **die Auflösung des Arbeitsverhältnisses durch die bestimmte Kündigung fest** (*BAG* 16.2.2006 – 8 AZR 211/05 Rn 16; APS/*Hesse* Rn 143; *LKB/Linck* Rn 143). Damit ist positiv festgestellt, dass die Kündigung das Arbeitsverhältnis aufgelöst hat, und nicht nur, dass die Kündigung sozial gerechtfertigt oder aus anderen Gründen nicht unwirksam ist. Daraus folgt zugleich, dass der Arbeitnehmer 318 die bestimmte Kündigung nicht mehr wegen anderer Mängel mit Erfolg angreifen kann (*BAG* 28.8.2008 EzA § 9 nF KSchG Nr. 55; 12.6.1986 EzA § 4 KSchG nF Nr. 31 m. krit. Anm. *Teske*; 12.1.1977 EzA § 4 KSchG nF Nr. 11; vgl. zur Änderungskündigung Rdn 372). Mit einer Abweisung des Antrags nach § 4 S. 1 KSchG steht mit der Rechtskraftwirkung nur fest, dass über den durch die im Streit stehende Kündigung bestimmten Zeitpunkt hinaus kein Arbeitsverhältnis mehr besteht. Die jeweilige Begründung einschließlich der Vorfrage ob das Arbeitsverhältnis durch eine frühere Kündigung zu einem davorliegenden Zeitpunkt aufgelöst wurde, nimmt an der Rechtskraftwirkung des klageabweisenden Urteils nicht teil (*BAG* 23.10.2008 EzA § 23 KSchG Nr. 33 Rn 18). Eine Kündigung, die vor diesem Zeitpunkt liegt, und das Arbeitsverhältnis vor diesem Zeitpunkt beendet haben soll, kann vom Arbeitgeber im Nachhinein ggf. erfolgreich geltend gemacht werden.

319 Die Rechtskraft des klageabweisenden Urteils im Kündigungsschutzprozess greift auch für den Fall, dass unter dem **Deckmantel einer Lohnklage** für die Zeit nach dem Ablauf der Kündigungsfrist Annahmeverzugsvergütung iSd § 615 BGB verlangt wird mit dem Vortrag, die Kündigung sei aus diesem oder jenem Grund unwirksam gewesen (vgl. *Herschel* AuR 1981, 324). Aus der Rechtskraft eines Urteils folgt, dass die Rechtsfolge, die das Gericht dazu aus dem von ihm zu beurteilenden Sachverhalt hergeleitet hat, zwischen den Parteien unangreifbar feststeht, und zwar auch insoweit, als sie für die in einem neuen Prozess zur Entscheidung gestellte Rechtsfolge vorgreiflich ist. Die Rechtskraft eines Urteils, mit dem eine Kündigungsschutzklage abgewiesen wird, schließt daher grundsätzlich Ansprüche gegen den Arbeitgeber auf Ersatz etwaiger **infolge der Beendigung** des Arbeitsverhältnisses eingetretener **Vermögensschäden** aus (*BAG* 19.12.2019 – 8 AZR 511/18 Rn 28; *LAG Bln.* 19.11.1996 – 3 Sa 87/96 [II 1b]). Allerdings ist es in eng begrenzten Ausnahmefällen möglich, dass sich die Rechtskraft gegenüber einem Schadensersatzanspruch nach § 826 BGB nicht durchsetzen kann. Ein solcher Fall ist anzunehmen, wenn der Arbeitnehmer dadurch einen Vermögensschaden erlitten hat, dass der Arbeitgeber gegen ihn vorsätzlich und sittenwidrig, insbesondere arglistig durch Irreführung des Gerichts ein rechtskräftiges unrichtiges Urteil erwirkt hat (*BAG* 19.12.2019 – 8 AZR 511/18 Rn 32 mwN) Widersprechen sich Kündigungsschutzurteil und Vergütungsurteil, ist § 580 Nr. 7 Buchst. a ZPO analog anzuwenden: Das Ergebnis des Zahlungsprozesses ist am Ende vom rechtskräftigen Ausgang des Kündigungsschutzprozesses abhängig (*U. Fischer* FA 1999, 112).

320 Voraussetzung für die Feststellung, dass das Arbeitsverhältnis durch eine bestimmte Kündigung nicht aufgelöst ist, ist der Bestand eines Arbeitsverhältnisses im Zeitpunkt der mit der Kündigung beabsichtigten Beendigung des Arbeitsverhältnisses (Kündigungstermin, Ablauf der Kündigungsfrist). Haben die Parteien im Rahmen eines Kündigungsschutzprozesses mit dem gesetzlichen Antrag nach § 4 S. 1 KSchG schon über diese Vorfrage gestritten und weist das Gericht die Klage schon deswegen – als unbegründet (*BAG* 20.9.2000 EzA § 611 BGB Arbeitnehmerbegriff Nr. 83) – ab, weil der Arbeitnehmer das **Vorliegen eines Arbeitsverhältnisses** nicht hat nachweisen können, so steht mit dieser Abweisung fest, dass das Arbeitsverhältnis nicht (mehr) besteht. Im Gegensatz zu der von ihm begehrten Feststellung, sein Arbeitsverhältnis sei durch eine bestimmte Kündigung nicht aufgelöst, wird festgestellt, dass es nicht besteht. Es ist zwar nicht deswegen nicht existent, weil eine Kündigung wirksam ist, sondern deshalb, weil ein Arbeitsverhältnis nicht (mehr) bestand und eine Kündigung nicht mehr in Frage kam (*BAG* 17.11.1958 AP Nr. 18 zu § 3 KSchG; 15.1.1991 EzA § 303 AktG Nr. 1; 23.10.2008 EzA § 23 KSchG Nr. 33 Rn 18; aA *M. Wolf* Anm. AP Nr. 8 zu § 4 KSchG 1969, der den Bestand des Arbeitsverhältnisses ungeprüft voraussetzen will und nur prüft, ob durch die Kündigung das Arbeitsverhältnis aufgelöst werden konnte). Die Begründung für das klagabweisende Urteil, ein Arbeitsverhältnis zwischen den Parteien habe nie oder jedenfalls im Zeitpunkt der Kündigung nicht mehr bestanden, nimmt an der Rechtskraft nicht teil. Damit steht also nicht rechtskräftig fest, zwischen den Parteien habe zu keiner Zeit ein Arbeitsverhältnis bestanden. Ob ein Arbeitsverhältnis zu einem früheren Zeitpunkt als zum Kündigungstermin bestanden hat, ist damit nicht entschieden (*BAG* 15.1.1991 EzA § 303 AktG Nr. 1 [I 1a]; 13.10.2008 EzA § 23 KSchG Nr. 33 Rn 18; APS/*Hesse* Rn 143). Der Arbeitnehmer kann Ansprüche aus einem Arbeitsverhältnis noch geltend machen.

Entsprechendes gilt für Nachfolgekündigungen: Steht mit der Verkündung des Urteils des *BAG* 321 vom 27.1.2011 (EzA § 626 BGB 2002 Verdacht strafbarer Handlung Nr. 10) rechtskräftig fest, dass das Arbeitsverhältnis zwischen den Parteien auf Grund der außerordentlichen Arbeitgeberkündigung vom 21.12.2006 mit deren Zugang geendet hat, hat im Zeitpunkt des Zugangs der Kündigung vom 25.6.2007 ein Arbeitsverhältnis schon nicht mehr bestanden mit der Folge, dass die Nachfolgekündigung ins Leere geht und die Klage schon mangels Bestehens eines Arbeitsverhältnisses – Folge des rechtskräftigen Urteils im Vorprozess – jedenfalls im Ergebnis abzuweisen ist, auch wenn die Vorinstanzen die nachfolgende Kündigung – ggf. unter ausdrücklichem Vorbehalt der Entscheidung über die vorausgegangene Kündigung – als unwirksam angesehen hätten (vgl. *BAG* 27.1.2011 – 2 AZR 628/09, AP § 4 KSchG 1969 Nr. 73). Wegen der Gefahr widersprechender Entscheidungen darf ein (stattgebendes) Teilurteil über eine ordentliche Kündigung vom 30.12.2008 zum 30.7.2009 nicht ergehen, wenn zugleich eine weitere außerordentliche Kündigung vom 7.4.2009, hilfsweise ordentliche Kündigung zum 30.11.2009 im Raum steht (vgl. *LAG Nbg.* 27.12.2010 – 4 Sa 433/10). Erweist sich die außerordentliche Kündigung als wirksam, wäre der Kündigungsschutzantrag gegen die erste ordentliche Kündigung auf jeden Fall unbegründet.

Hat der Arbeitgeber dem Arbeitnehmer gegenüber gleichzeitig eine **außerordentliche und eine** 322 **ordentliche Kündigung** des Arbeitsverhältnisses ausgesprochen und klagt der Arbeitnehmer sowohl auf Unwirksamkeit der einen als auch der anderen Kündigung und hält das ArbG die außerordentliche Kündigung für unwirksam, die ordentliche Kündigung dagegen für wirksam, und legt nur der Arbeitgeber, nicht der Arbeitnehmer gegen das arbeitsgerichtliche Urteil Berufung ein, so kann der Arbeitnehmer wegen insoweit eingetretener formeller und materieller Teilrechtskraft des arbeitsgerichtlichen Urteils in der Revisionsinstanz den Antrag auf Feststellung der Unwirksamkeit der fristgerechten Arbeitgeberkündigung nicht mehr mit Erfolg weiterverfolgen (*BAG* 10.3.1977 EzA § 322 ZPO Nr. 3).

Die Kündigung gilt als rechtswirksam, jedoch steht damit nicht fest, dass die die Kündigung tra- 323 genden Gründe vorlagen (*BAG* 27.4.2000 – 8 AZR 301/99, [I 5 a der Gründe]; vgl. zur nicht rechtzeitigen Klageerhebung ErfK-*Kiel* § 7 Rn 2; LSSW-*Spinner* § 7 Rn 2; KR-*Klose* § 7 Rdn 29; aA *Tschöpe* DB 1984, 1522, 1523). Steht nur die Beendigung des Arbeitsverhältnisses fest, muss zB geprüft werden, ob die Voraussetzung einer Vertragsstrafe – schuldhaftes vertragswidriges Verhalten des Arbeitnehmers – gegeben ist, auch wenn der Arbeitnehmer den Prozess um die Wirksamkeit der arbeitgeberseitigen fristlosen Kündigung verloren hatte oder gegen die außerordentliche Kündigung gar nicht erst gerichtlich vorgegangen war und die Fiktion der §§ 4, 7, 13 Abs. 1 S. 2 KSchG eingetreten ist.

War ein Antrag nach § 256 ZPO gestellt worden, so ist Streitgegenstand der Fortbestand des 324 Arbeitsverhältnisses im Zeitpunkt der letzten mündlichen Verhandlung in der Tatsacheninstanz (s. Rdn 305). Wird die Klage rechtskräftig abgewiesen, dann steht fest, dass im Zeitpunkt der letzten mündlichen Verhandlung ein Arbeitsverhältnis zwischen den Parteien nicht (mehr) bestanden hat.

IV. Das der Klage stattgebende Urteil

Wenn das Gericht die Kündigung für sozial ungerechtfertigt oder aus einem anderen Grunde für 325 unwirksam hält und dem nach § 4 S. 1 KSchG formulierten Klageantrag **stattgibt**, so steht mit Rechtskraft des Urteils in diesem Prozess fest, dass das Arbeitsverhältnis **durch die bestimmte angegriffene Kündigung** zu dem bestimmten Termin **nicht aufgelöst ist**. Gegenstand der Rechtskraft des der Kündigungsschutzklage stattgebenen Urteils ist also die Feststellung, dass das Arbeitsverhältnis durch die bestimmte Kündigung zu einem bestimmten Zeitpunkt (Ablauf der Kündigungsfrist, Kündigungstermin) nicht aufgelöst ist. Mit der Rechtskraft des Urteils im Kündigungsschutzprozess steht außerdem fest, dass im Zeitpunkt des Zugangs der Kündigung bzw. Ablauf der Kündigungsfrist ein **Arbeitsverhältnis** zwischen den streitenden Parteien **bestanden hat** (*BAG* 1.12.2020 – 9 AZR 102/20 Rn 27 mwN). Das ist deswegen der Fall, weil der Bestand des Arbeitsverhältnisses im Zeitpunkt des Zugangs der Kündigungserklärung Voraussetzung für die Feststellung ist, dass das Arbeitsverhältnis durch die Kündigung nicht aufgelöst wurde (s. Rdn 289).

Andernfalls könnte jeder Arbeitgeber, der einen Kündigungsschutzprozess rechtskräftig verloren hat, sich darauf berufen, dass ein Arbeitsverhältnis gar nicht bestanden habe, es aufgrund einer bereits früher erklärten Anfechtung beendet worden sei, die Parteien vorher einen Aufhebungsvertrag geschlossen hätten u. ä. (so ausdrücklich *BAG* 26.6.2008 – 6 AZN 648/07 Rn 14). Dies wäre mit dem **Ziel der Rechtskraft, Rechtsfrieden und Rechtsgewissheit** zu schaffen, nicht zu vereinbaren. Es wird also rechtskräftig über das Bestehen rechtlicher Bindungen zwischen den Parteien entschieden (*BAG* std. Rspr. zB 12.1.1977 EzA § 4 KSchG nF Nr. 11; 26.6.2008 EzA § 4 nF KSchG Nr. 85 mwN; dazu *Betz* NZA-RR 2021, 281 ff.; aus der älteren Literatur s. *Berkowsky* NZA 2008, 1112; *Habscheid* RdA 1989, 88, 89 f.; *Schaub* NZA 1990, 85, 86).

326 Die Folgen dieser Auffassung zeigt der dem *BAG* v. 12.6.1986 (EzA § 4 KSchG nF Nr. 31) zugrundeliegende Fall deutlich: Außerordentliche Arbeitgeberkündigung vom 13.8. zum 14.8., ordentliche Arbeitgeberkündigung vom 22.8. zum 8.9., Anfechtung des Arbeitsvertrages durch den Arbeitgeber am 16.10., selbständige Klagen gegen die zwei Kündigungen und die Anfechtung, Stattgabe der beiden Kündigungsschutzklagen durch das ArbG, über die Anfechtung entscheidet es bewusst nicht. Berufung des Arbeitgebers nur gegen das der Klage gegen die außerordentliche Kündigung stattgebende Urteil, das der Klage gegen die ordentliche Kündigung stattgebende Urteil wird rechtskräftig. Die Berufung kann schon deswegen keinen Erfolg haben, weil aufgrund des rechtskräftigen Urteils hinsichtlich der ordentlichen Kündigung rechtskräftig festgestellt ist, dass zum Zeitpunkt des Zugangs der ordentlichen Kündigung zwischen den Parteien ein Arbeitsverhältnis bestanden hat. Bleibt die Anfechtung: Die Entscheidung über die Anfechtung war an sich vorgreiflich, weil die begründete Anfechtung auf den Zeitpunkt des Endes des Arbeitsverhältnisvollzugs zurückwirkt (§ 142 BGB, *BAG* 3.12.1998 EzA § 123 BGB Nr. 51 mit krit. Anm. *Mankowski*). Das war der 14.8. Hier hätte der Arbeitgeber sinnvollerweise Feststellungswiderklage erhoben oder angeregt, die Verfahren zu verbinden oder das Verfahren über die ordentliche Kündigung auszusetzen. Wegen der Rechtskraft des Urteils über die ordentliche Kündigung steht aber nun fest, dass zum Zeitpunkt des Zugangs der ordentlichen Kündigung ein Arbeitsverhältnis bestanden hat. Die wirksame Anfechtung könnte daher das Arbeitsverhältnis erst zum ersten Tag, der nicht mehr von der Rechtskraft des Urteils über die ordentliche Kündigung erfasst wird, auflösen (vgl. auch Rdn 332 f.). Die Rechtskraft eines der Klage stattgebenden Urteils im Kündigungsschutzprozess schließt die Möglichkeit aus, den Arbeitsvertrag durch die **Anfechtung** der zum Vertragsschluss führenden Willenserklärung wieder zu beseitigen (*BAG* 18.02.2021 – 6 AZR 92/19 Rn 9 f.). Die Rechtskraft erfasst aber nur den **Zeitraum** bis zu dem in der Kündigung vorgesehenen Beendigungstermin. Erging ein der Klage stattgebendes Versäumnisurteil gegen den »falschen« Arbeitgeber, kann dieser sich gegen Annahmeverzugslohnforderungen für die Zeit nach dem Zugang der Kündigungserklärung bzw. Kündigungstermin mit der Behauptung zur Wehr setzen, es habe zwischen den Parteien ein Arbeitsverhältnis nicht bestanden (*LAG Düsseld.* 28.9.2005 – 11(8) Sa 912/05).

327 Sich widersprechende rechtskräftige Urteile können vermieden werden, wenn das ArbG gem. § 148 ZPO die Entscheidung des Rechtsstreits über die spätere Kündigung so lange aussetzt, bis über die Rechtswirksamkeit der früheren Kündigung entschieden worden ist. Das kann der Arbeitgeber beantragen und gegen die etwaige Ablehnung sofortige Beschwerde nach § 252 ZPO einlegen, jedenfalls aber unter Hinweis auf die voraus gegangene(n) Kündigung(en) eine Entscheidung darüber offenhalten können, indem die Frage der Wirksamkeit der vorangegangenen Kündigung(en) ausdrücklich **ausgeklammert** wird (vgl. *BAG* 26.6.2008 – 6 AZN 648/07 Rn 16; 20.5.1999 – 2 AZR 278/98 [I]).

328 War ein **Antrag nach § 256 ZPO** gestellt worden, so ist Streitgegenstand der Fortbestand des Arbeitsverhältnisses bis zum Zeitpunkt der letzten mündlichen Verhandlung in der Tatsacheninstanz (vgl. Rdn 305). Wird diesem Antrag stattgegeben und wird dieses Urteil rechtskräftig, so steht fest, dass im Zeitpunkt der letzten mündlichen Verhandlung ein Arbeitsverhältnis zwischen den Parteien besteht und durch kein Ereignis (Kündigung, Anfechtung, Auflösungsvertrag) beendet wurde (*BAG* 12.5.2005 – 2 AZR 426/04 [B I 2]; MünchArbR-*Rachor* § 130 Rn 110).

329 Zum Auflösungsurteil nach § 9 KSchG als Gestaltungsurteil s. die Erl. bei KR-*Spilger* § 9 KSchG Rdn 97 ff.

V. Das Präklusionsprinzip

Die **Rechtskraftwirkung** schließt gem. § 322 ZPO **im Verhältnis der Parteien zueinander** jede hiervon abweichende gerichtliche Feststellung in einem neuen Verfahren aus. Die unterlegene Partei kann ein für sie günstigeres Ergebnis auch nicht dadurch erreichen, dass sie in einem späteren Verfahren andere Tatsachen vorbringt. Mit dem **Vortrag** solcher Tatsachen ist sie ebenso **ausgeschlossen** wie mit ihrem bisherigen Vorbringen. Diese Folge der Rechtskraftwirkung ist als sog. **Präklusionsprinzip** in Rspr. und Literatur anerkannt (*BAG* 13.11.1958 AP Nr. 17 zu § 3 KSchG 1951; *BGH* 30.5.1960 LM Nr. 27 zu § 322 ZPO; 14.7.1995 NJW 1995, 2993; *Zöller/Vollkommer* Vor § 322 ZPO Rn 70; HaKo-*Gallner* § 4 Rn 169 ff.; MünchArbR-*Rachor* § 130 Rn 109). Anderenfalls könnte das Ziel der Rechtskraft, Rechtsfrieden und Rechtsgewissheit zu schaffen, nicht erreicht werden. Das **Präklusionsprinzip** verwehrt der unterlegenen Partei, sich innerhalb der durch den Streitgegenstand gesetzten Grenzen nachträglich auf Tatsachen zu berufen, die schon z. Zt. der letzten mündlichen Verhandlung vorgelegen haben, unabhängig davon, ob sie damals der Partei bekannt gewesen sind oder nicht (*BAG* 12.4.1956 AP Nr. 11 zu § 626 BGB; 12.1.1977 EzA § 4 nF KSchG Nr. 11; 27.9.2001 EzA § 322 ZPO Nr. 13). Hat ein Rechtsstreit rechtskräftig sein Ende gefunden, so soll – von Fällen des Wiederaufnahmeverfahrens abgesehen – die entscheidende Frage nicht dadurch wieder aufgerollt werden können, dass der unterlegene Teil neue Tatsachen vorbringt. Umgekehrt bedeutet das Präklusionsprinzip als notwendige Folge der Rechtskraftwirkung, dass die Parteien bei einem Streit über einen Streitgegenstand gehalten sind, in dem Rechtsstreit **alles vorzutragen**, was geeignet ist, mit ihrem Standpunkt durchzudringen (*BAG* 13.11.1958 AP Nr. 17 zu § 3 KSchG 1951). Daraus folgt für den Arbeitgeber, dass er neben den Gründen, auf die er die streitgegenständliche Kündigung stützen möchte, wegen des erweiterten punktuellen Streitgegenstands der Kündigungsschutzklage auch alle denkbaren anderen Beendigungstatbestände, aufgrund derer das Arbeitsverhältnis bis zum vorgesehenen Beendigungstermin aufgelöst sein könnte, in den Prozess einführen muss (MünchArbR-*Rachor* § 130 Rn 109).

330

Das **Präklusionsprinzip** wirkt sich nach rechtskräftig abgeschlossenem Kündigungsrechtsstreit wie folgt aus: Ist die **Kündigungsschutzklage rechtskräftig abgewiesen**, so ist der unterlegene Arbeitnehmer daran gehindert, die Unwirksamkeit der Kündigung aus anderen als den im Kündigungsschutzverfahren vorgebrachten Gründen geltend zu machen. Mit der Abweisung der Klage auf Feststellung, dass das Arbeitsverhältnis durch eine bestimmte Kündigung nicht aufgelöst wurde, ist nicht nur die Sozialwidrigkeit der Kündigung rechtskräftig verneint, sondern auch ihre Unwirksamkeit aus anderen oder sonstigen von § 4 S. 1 KSchG nicht erfassten Gründen. Über die Frage, ob das Arbeitsverhältnis zu einem bestimmten Zeitpunkt bestanden hat oder nicht, ist nur einheitlich zu urteilen (*BAG* 13.11.1958 AP Nr. 17 zu § 3 KSchG 1951; 12.1.1977 EzA § 4 KSchG nF Nr. 11; 12.6.1986 EzA § 4 KSchG nF Nr. 31; *LAG Hessen* 18.10.2005 – 13 Sa 332/05, NZA-RR 2006, 243, 244; *Hueck/Nipperdey* I § 64 VII 3, S. 651; § 64 VIII 2, S. 659 f.; abl. *Bettermann* ZfA 1985, 5 ff., 16; *Schwerdtner* NZA 1987, 263; *Teske* Anm. EzA § 4 KSchG nF Nr. 31). Die Präklusionswirkung besteht nur, soweit es auf die Wirksamkeit der Beendigung des Arbeitsverhältnisses ankommt, also insbes. für Lohnansprüche (vgl. Rdn 319). Ist die Wirksamkeit einer bestimmten Kündigung zu einem bestimmten Zeitpunkt rechtskräftig festgestellt, kommt eine Klage auf Feststellung des Fortbestandes des Arbeitsverhältnisses/Beschäftigung über diesen Zeitpunkt hinaus nicht mehr in Betracht (*Hess. LAG* 18.10.2005 NZA-RR 2006, 243). Die Präklusionswirkung erstreckt sich nicht auf die tragenden Kündigungsgründe. Deshalb ist im Prozess über eine Vertragsstrafe wegen schuldhaften vertragswidrigen Verhaltens trotz feststehender Beendigung des Arbeitsverhältnisses aufgrund außerordentlicher Arbeitgeberkündigung das haftungsbegründende Verschulden des Arbeitnehmers zu prüfen (*BAG* 27.4.2000 – 8 AZR 301/99, [I 5 a der Gründe]).

331

Ist im Kündigungsschutzprozess **rechtskräftig** entschieden, dass das **Arbeitsverhältnis** durch eine bestimmte Kündigung **nicht aufgelöst** wurde, so kann sich der unterlegene Arbeitgeber in einem späteren Verfahren nicht auf solche Tatsachen berufen, die eine Beendigung des Arbeitsverhältnisses zu einem früheren Zeitpunkt ergeben als zu dem, bzw. zu demselben wie dem, der im Kündigungsrechtsstreit maßgeblich war (*BAG* 12.1.1977 EzA § 4 KSchG nF Nr. 11; 12.6.1986 RzK

332

10m Nr. 7; aA *LAG Nbg.* 5.12.1995 LAGE § 4 KSchG Nr. 33). Steht rechtskräftig fest, dass die Arbeitgeberkündigung vom 24.4. das Arbeitsverhältnis zum 31.12. nicht aufgelöst hat, steht nach dem erweiterten punktuellen Streitgegenstandsbegriff des BAG zugleich rechtskräftig fest, dass zum Kündigungstermin 31.12. ein Arbeitsverhältnis bestanden hat (zur Beschränkung des Streitgegenstands durch »**Ausklammerung**« *BAG* 26.9.2013 EzA § 4 nF KSchG Nr. 93, Rn 19; 23.5.2013 EzA § 626 BGB 2002 Verdacht strafbarer Handlung Nr. 14, Rn 14 mwN). Da eine gegenteilige Entscheidung auf Grund der weiteren am 28.5. zum 31.12. ausgesprochenen Kündigung nicht getroffen werden kann, hat die gegen die weitere Kündigung gerichtete Klage schon wegen der entgegenstehenden Rechtskraft des Urteils zur ersten Kündigung Erfolg: Der Bestand des Arbeitsverhältnisses am 31.12. steht rechtskräftig fest (*Hess. LAG* 31.3.2003 – 16/12 Sa 1280/02). Der Arbeitgeber hätte die weitere Kündigung in den Prozess um die erste Kündigung einführen müssen, ggf. durch Einlegung der Berufung gegen das Urteil zur ersten Kündigung, bei Vorliegen eines gesonderten Verfahrens gegen die weitere Kündigung wäre ein Antrag auf Verbindung der Verfahren möglich gewesen, jedenfalls aber die Auslegung, dass die Rechtskraft der Urteils gegen die erste Kündigung die weitere Kündigung nicht erfasst.

333 Dagegen ist es dem Arbeitgeber möglich, mit seiner Berufung den abgewiesenen hilfsweise in erster Instanz als echten Eventualantrag gestellten Auflösungsantrag weiter zu verfolgen. Durch einen zweitinstanzlich weiter verfolgten Auflösungsantrag wird die rechtskräftige Feststellung des Arbeitsgerichts, dass das Arbeitsverhältnis durch die bestimmte Kündigung nicht aufgelöst ist, nicht in Frage gestellt. Der Streitgegenstand des Auflösungsantrags wird durch die Entscheidung über den Kündigungsschutzantrag und auch durch deren Begründung nicht berührt, so dass der Arbeitgeber geltend machen kann, die Anhörung des Personalrats sei entgegen der Ansicht des Arbeitsgerichts nicht fehlerhaft, sondern die Kündigung sei »nur« sozialwidrig, so dass der **Auflösungsantrag** erfolgreich sei(n könne). Der Arbeitgeber will eine andere als die in dem rechtskräftigen Feststellungsurteil ausgeurteilte Rechtsfolge ableiten, nämlich einen Anspruch auf Auflösung des Arbeitsverhältnisses gegen Zahlung einer Abfindung (*BAG* 27.9.2001 EzA § 322 ZPO Nr. 13).

334 Der Arbeitgeber ist nicht daran gehindert, sich auf Tatsachen zu berufen, die **eine Beendigung des Arbeitsverhältnisses zu einem späteren Zeitpunkt ergeben** als zu dem, der im Kündigungsrechtsstreit maßgeblich war. Der Arbeitgeber ist nur daran gehindert, solche Tatsachen vorzubringen, die eine Beendigung zu einem früheren oder zu demselben Termin ergeben, der für die streitige Kündigung maßgeblich war.

335 **Beispiel:** Fristlose Kündigung am 11. August. Der Arbeitnehmer erstreitet ein obsiegendes Urteil im Kündigungsschutzprozess (§ 13 Abs. 1 iVm § 4 S. 1 KSchG). In dem nachfolgenden Prozess um die Arbeitsvergütung nach § 615 BGB kann sich der Arbeitgeber nicht mehr mit Erfolg darauf berufen, dass das Arbeitsverhältnis im gegenseitigen Einvernehmen bereits am 10. August geendet habe. Damit ist er **ausgeschlossen (präkludiert)**. Wohl kann er sich darauf berufen, der Arbeitnehmer habe am 25. Juli selbst zum 31. August ordentlich gekündigt, das Arbeitsverhältnis sei im gegenseitigen Einvernehmen am 13. August mit sofortiger Wirkung aufgehoben worden, dem Kläger sei am 6. und 8. September fristlos gekündigt worden (vgl. *BAG* 28.2.1995 EzA § 4 KSchG nF Nr. 51). Denn diese Tatsachenvorträge führen, unterstellt, der Arbeitgeber kann sie im Bestreitensfalle beweisen, zu einer Beendigung nach dem 11. August, dem Zeitpunkt, der für den Kündigungsrechtsstreit maßgebend war. Anders wäre es, wenn der Arbeitnehmer in dem Beispiel nicht oder nicht nur den Antrag nach § 4 S. 1 iVm § 13 Abs. 1 KSchG gestellt hätte, **sondern zulässig** – der angebliche Aufhebungsvertrag vom 13. August war eingeführt – **den allgemeinen Antrag nach § 256 ZPO**. Dann ist, liegt die letzte mündliche Verhandlung in der Tatsacheninstanz nach dem 13. August bzw. 31. August bei der Klage stattgebendem Urteil der Arbeitgeber mit diesem Vortrag in dem Zahlungsprozess um die Vergütung iSd § 615 BGB präkludiert. Es steht rechtskräftig fest, dass das Arbeitsverhältnis im Zeitpunkt der letzten mündlichen Verhandlung in der Tatsacheninstanz, die nach dem Zugang der außerordentlichen Kündigung vom 8. September liege, (noch) bestanden hat. Eine gegenteilige Feststellung ist nicht mehr möglich (*BAG* 9.3.1988 RzK I 10m Nr. 11; vgl. auch *BAG* 31.5.1979 EzA § 4 KSchG nF Nr. 16).

Zu beachten ist aber, dass etwa bei einem **Versäumnisurteil** vom 22. Februar, dass das Arbeitsverhältnis zwischen den Parteien nicht durch die ordentliche Kündigung vom 11. November zum 31. Dezember des Vorjahres geendet hat, sondern darüber hinaus ungekündigt zu den bisherigen Bedingungen fortbesteht, zur Bestimmung der inneren Rechtskraft auch das Klagevorbringen heranzuziehen ist. Zu klären ist, ob dem zweiten Teil des Antrags des Klägers, dem durch das Versäumnisurteil entsprochen wurde, eine rechtlich selbständige Bedeutung zukommt oder ob es sich dabei nur um eine rechtlich unselbständige Formulierung handelt, mit der kein eigener allgemeiner Feststellungsantrag iSd § 256 ZPO gestellt wurde. Erschöpfte sich das dem Versäumnisurteil zugrundeliegende Vorbringen des Klägers darin, dass die von der Beklagten am 11. November ausgesprochene Kündigung das Arbeitsverhältnis nicht aufgelöst habe, so zeigt diese Begründung, dass nicht von einer selbständigen allgemeinen Feststellungsklage auszugehen war und ist (vgl. Rdn 312). Dem Versäumnisurteil kommt daher keine Präklusionswirkung hinsichtlich vom Arbeitgeber ausgesprochener Folgekündigungen zu (vgl. *BAG* 28.2.1995 EzA § 4 KSchG nF Nr. 51; *LAG SchlH* 6.4.1987 RzK I 10m Nr. 9, von der Revisionsentsch. 9.3.1988 RzK I 10m Nr. 11 nicht hinreichend beachtet; zu den Grenzen der Rechtskraft eines klageabweisenden Versäumnisurteils vgl. *Schmidt* ProzRB 2004, 44).

336

Entsprechendes gilt auch für die **Voraussetzung** der Feststellung der Nichtauflösung des Arbeitsverhältnisses durch die Kündigung: Voraussetzung für die Feststellung der Nichtauflösung des Arbeitsverhältnisses durch die Kündigung ist der **Bestand des Arbeitsverhältnisses** (jedenfalls noch) im Zeitpunkt des Zugangs der Kündigung. Alle Behauptungen des Arbeitgebers, dass vor diesem Zeitpunkt ein Arbeitsverhältnis gar nicht zustande gekommen sei, es nicht mehr bestanden habe, es nicht mehr mit ihm, dem in Anspruch genommenen bestanden habe, können in einem Nachfolgeprozess nicht mehr mit Erfolg vorgebracht werden. Sie sind **ausgeschlossen (präkludiert**; *BAG* 13.11.1958 AP Nr. 17 zu § 3 KSchG 1951; 12.1.1977 EzA § 4 KSchG nF Nr. 11; 12.6.1986 RzK 10m Nr. 7).

337

Dementsprechend hindert die Rechtskraft des der Kündigungsschutzklage stattgebenden Urteils den Arbeitgeber daran, sich in einem späteren Verfahren zwischen denselben Parteien darauf zu berufen, **ein Arbeitsverhältnis habe niemals bestanden** (*BAG* 12.1.1977 EzA § 4 KSchG nF Nr. 11; *LAG Köln* 9.6.1983 – 8 Sa 35/83, nv; *LAG Hamm* 25.10.2000 DZWIR 2001, 245, allerdings kann sich der Insolvenzverwalter mit Erfolg darauf berufen, das Arbeitsverhältnis sei bis zum Zeitpunkt der Insolvenzeröffnung zu Unrecht über die spätere Insolvenzschuldnerin abgewickelt worden). **Beispiel:** Der Kläger erstreitet ein rechtskräftiges Versäumnisurteil, nach dem »das Arbeitsverhältnis zwischen den Parteien nicht durch die Kündigung vom 11.11.1991, dem Kläger zugegangen am 9.1.1992, zum 31.12.1991 geendet hat«. Der Gegner kündigte im April 1992 »sämtliche etwa bestehende Rechtsverhältnisse mit sofortiger Wirkung« auf und »vorsorglich ein ... bestehendes Arbeitsverhältnis mit sofortiger Wirkung, hilfsweise zum 30.6.1992«. Der Kläger erhob Klage vor dem ArbG mit dem Feststellungsbegehren, dass das Arbeitsverhältnis der Parteien nicht fristlos aufgelöst wurde, sondern bis zum 30.6.1992 fortbestanden hat. Der Gegner leugnete den Rechtsweg zu den Gerichten für Arbeitssachen, weil zwischen den Parteien kein Arbeitsverhältnis bestanden habe. Der Rechtsweg zu den Arbeitsgerichten ist deswegen gegeben, weil aufgrund des Versäumnisurteils rechtskräftig feststeht, dass am 9.1.1992 – Zugang der Kündigung vom 11.11.1991 – zwischen den Parteien ein Arbeitsverhältnis bestanden hat. Der Beklagte kann sich nicht mehr mit Erfolg darauf berufen, »ein Arbeitsverhältnis hat zwischen den Parteien tatsächlich nie bestanden«; aA *LAG RhPf* 4.9.1997 LAGE § 4 KSchG Nr. 36: Keine Präklusion durch erfolgreiche Kündigungsschutzklage für die Frage der Arbeitnehmereigenschaft, wenn kein Statusprozess geführt wurde. Er kann lediglich etwa geltend machen, nach dem 9.1.1992, aber noch vor Zugang der Kündigungen vom April 1992 sei ein freies Mitarbeiterverhältnis vereinbart worden (vgl. *BAG* 20.12.1995 – 5 AZB 28/95, nv). Nichts anderes würde gelten, wenn der Kläger die Kombination von Kündigungsschutzklage mit allgemeiner Feststellungsklage gewählt hätte. Er hatte sich nur gegen die erklärte Kündigung zur Wehr gesetzt. Er hatte nicht darüber hinaus selbständig das Bestehen eines Arbeitsverhältnisses festgestellt wissen wollen. Eine Präklusionswirkung bis zum Zeitpunkt des Erlasses des Versäumnisurteils hat das Urteil damit nicht, auch wenn es entsprechend dem kombinierten Antrag verkündet worden war (*BAG* 28.2.1995 EzA § 4 KSchG nF Nr. 51; krit. *Künzl* EWiR 1995, 634).

338

VI. Die erneute Kündigung (Trotzkündigung)

339 Wenn der Arbeitgeber **erneut (»wiederholt«) kündigt** (zur Wiederholungskündigung *BAG* 11.7.2013 – 2 AZR 994/12 Rn 36 f., EzA § 1 KSchG Verhaltensbedingte Kündigung Nr. 85; 21.1.1988 EzA § 4 KSchG nF Nr. 33 [zu B I]; *Lingemann/Beck* NZA-RR 2007, 225 ff.), dann ist eine weitere Kündigungsschutzklage innerhalb der Dreiwochenfrist erforderlich, will der Arbeitnehmer diese nochmalige Kündigung nicht gegen sich gelten lassen, wenn es sich um verschiedene Kündigungserklärungen handelt (*BAG* 26.8.1993 EzA § 322 ZPO Nr. 9; 7.3.1996 EzA § 1 KSchG 1969 Betriebsbedingte Kündigung Nr. 84), weil ansonsten die Fiktion des § 7 Hs. 1 KSchG eingreift (HaKo-KSchR/*Gallner* § 4 Rn 170; *LKB/Linck* § 4 Rn 157; aA *Schwab* RdA 2013, 357, 364). Das gilt auch, wenn es sich um eine sog. **Trotzkündigung** handelt, die der Arbeitgeber unter Berufung auf dieselben Gründe ausspricht, die für die vom Arbeitnehmer mit Erfolg angegriffene frühere Kündigung bereits maßgebend waren (zum Begriff *BAG* 26.8.1993 – 2 AZR 159/93 [zu II 1], EzA § 322 ZPO Nr. 9). Keines gesonderten Antrags nach 4 KSchG bedarf es, wenn die Auslegung ergibt, dass es sich lediglich um eine einzige, **lediglich doppelt verlautbarte Kündigung** handelt (vgl. dazu *BAG* 9.6.2011 EzA § 626 BGB 2002 Nr. 37, Rn 17) Dies ist zB anzunehmen, wenn der Arbeitgeber zwei Ausfertigungen derselben Kündigungserklärung auf zwei unterschiedlichen Wegen zugehen lässt (s. *BAG* 6.9.2007 EzA § 626 BGB 2002 Nr. 18, Rn 38).

340 Das gilt auch für die **vorsorgliche Kündigung**, also eine für den Fall ausgesprochene Kündigung, dass einer früheren Kündigung vom Gericht die Rechtswirksamkeit versagt wird (*BAG* 12.10.1954 AP Nr. 5 zu § 3 KSchG 1951; vgl. i. E. Rdn 22). Wird die Wirksamkeit der vorangegangenen Kündigung rechtskräftig festgestellt, liegt hinsichtlich der vorsorglichen Kündigung schon eine Kündigungserklärung als solche nicht mehr vor, weil die auflösende Bedingung, unter der die zweite Kündigung ausgesprochen wurde, eingetreten ist. Eine gleichwohl aufrechterhaltene Kündigungsschutzklage ginge ins Leere und wäre unbegründet (*BAG* 21.11.2013 EzA § 164 SGB V Nr. 2, Rn 20). Die unter einer auflösenden Rechtsbedingung stehende Kündigung sollte mit einem unechten Hilfsantrag angegriffen werden.

341 Bei einer Trotzkündigung ist der rechtzeitig erhobenen Kündigungsschutzklage ohne Weiteres stattzugeben, weil die Kündigungsgründe durch die frühere Entsch. als unzureichend bezeichnet und damit rechtskräftig aberkannt, **präjudiziert** sind (*BAG* 26.8.1993 EzA § 322 ZPO Nr. 9; 7.3.1996 EzA § 1 KSchG Betriebsbedingte Kündigung Nr. 84 [II 3]; 22.5.2003 – 2 AZR 485/02 Rn 20, EzA § 1 KSchG Betriebsbedingte Kündigung Nr. 127; 12.2.2004 EzA § 1 KSchG Betriebsbedingte Kündigung Nr. 129). Das gilt auch bei einem sog. **Dauertatbestand** (*BAG* 20.03.2014 – 2 AZR 840/12 Rn 13; 20.12.2012 – 2 AZR 867/11 Rn 26; 6.9.2012 – 2 AZR 372/11 Rn 13). Ein anderer Kündigungssachverhalt liegt auch in diesem Fall nur vor, wenn sich die tatsächlichen Umstände, aus denen der Arbeitgeber den Kündigungsgrund ableitet, wesentlich verändert haben (*BAG* 6.9.2012 – 2 AZR 372/11 Rn 13). Das Verbot, eine Kündigung nach rechtskräftiger Feststellung der Unwirksamkeit einer vorhergegangenen Kündigung bei gleich gebliebenem Kündigungssachverhalt und nach dessen materieller Prüfung erneut auf eben diesen Sachverhalt zu stützen, findet – trotz der Unterschiedlichkeit der Streitgegenstände – seine Grundlage in der Rechtskraft gerichtlicher Entscheidungen (vgl. *BAG* 26.11.2009 EzA § 626 BGB 2002 Unkündbarkeit Nr. 16, Rn 19). Bei der Würdigung, ein bestimmter Lebenssachverhalt könne eine Kündigung materiell nicht begründen, handelt es sich nicht bloß um ein Element der Begründung für die Feststellung, dass die Kündigung das Arbeitsverhältnis nicht aufgelöst hat. Diese Würdigung nimmt vielmehr selbst an der **Rechtskraftwirkung** der Entscheidung teil. Das BAG begründet dies mit einer Parallelwertung zum Gestaltungsurteil (*BAG* 20.12.2012 EzA § 1 KSchG Betriebsbedingte Kündigung Nr. 172, Rn 27). Der Sache nach handele es sich jedoch um eine »Gestaltungsgegenklage«, mit der der Arbeitnehmer das vom Arbeitgeber in Anspruch genommene Gestaltungsrecht zur gerichtlichen Überprüfung stellt. Die Rechtskraft einer Entscheidung, die nach materieller Prüfung des Kündigungsgrundes der Kündigungsschutzklage stattgibt, entspricht der Rechtskraftwirkung eines Gestaltungsurteils (*BAG* 20.12.2012 EzA § 1 KSchG Betriebsbedingte Kündigung Nr. 172 unter Bezugnahme auf *Bötticher* Gestaltungsrecht und Unterwerfung im Privatrecht 1964, S. 5).

Eine Präklusionswirkung in diesem Sinne entfaltet die Entscheidung über die frühere Kündigung nur bei identischem Kündigungssachverhalt. Hat sich dieser wesentlich geändert, darf der Arbeitgeber ein weiteres Mal kündigen (*BAG* 20.3.2014 – 2 AZR 840/12 Rn 13, EzA § 2 KSchG Nr. 90; 11.7.2013 – 2 AZR 994/12 Rn 37; 20.12.2012 – 2 AZR 867/11 Rn 26, EzA § 1 KSchG Betriebsbedingte Kündigung Nr. 172). Dies ist etwa der Fall, wenn die **Wirksamkeit der ersten Kündigung aus formellen Gründen** verneint wurde (zB fehlende oder unzureichende Anhörung des Betriebsrates; fehlende Zustimmung des Integrationsamtes zur Kündigung eines Schwerbehinderten; fehlende Zulassung der Kündigung gegenüber einer Schwangeren nach § 9 Abs. 3 MuSchG usw.), also die materiellen Gründe der Kündigung in diesem Prozess gar keine Rolle spielten, das Gericht über sie also gar nicht befunden hat. Auf diese Gründe kann sich der Arbeitgeber in dem Prozess um die zweite deswegen erfolgte Kündigung durchaus berufen (*BAG* 12.10.1954 AP Nr. 5 zu § 3 KSchG 1951; 12.4.1956 AP Nr. 11 zu § 626 BGB; 25.11.1982 EzA § 9 KSchG nF Nr. 15 [betr. fehlgeschlagene Umdeutung einer fristlosen Kündigung in eine ordentliche aus formalen Gründen]; 22.5.2003 EzA § 1 KSchG Betriebsbedingte Kündigung Nr. 127; 7.7.2005 EzA § 1 KSchG Betriebsbedingte Kündigung Nr. 138 [II 2]; *LAG Hamm* 29.5.1985 ARSt 1987 Nr. 1124; 16.1.2001 – 7 Sa 1833/00 [betr. fehlende Beteiligung der Mitarbeitervertretung, § 38 MVG-EKD und lang andauernde Erkrankung]; LAG MV 21.9.2011 – 2 Sa 142/11 [bislang keine Auseinandersetzung mit dem materiellen Kündigungsgrund]; SPV-*Vossen* Rn 2046a). 342

Eine unzulässige Wiederholungskündigung liegt nicht vor, wenn im Vorprozess die Kündigung lediglich auf den Verdacht des Diebstahls gestützt wurde und der Arbeitgeber nunmehr zB aufgrund neuer tatsächlicher Erkenntnisse eine Kündigung wegen begangener Straftat ausgesprochen hat (*BAG* 26.8.1993 EzA § 332 ZPO Nr. 9 [zu II 2a der Gründe]). Die Qualität des jeweils geltend gemachten Kündigungsgrundes ist eine andere (KR-*Fischermeier/Krumbiegel* § 626 BGB Rdn 230). Liegt eine verdachtsverstärkende Tatsache vor [Erhebung öffentlicher Anklage] ist der zur Kündigung führende Sachverhalt nicht identisch mit dem der ersten Kündigung (*BAG* 27.1.2011 EzA § 626 BGB 2002 Verdacht strafbarer Handlung Nr. 10 Rn 19). Entsprechendes gilt, wenn die fristlose außerordentliche Kündigung gegenüber einem tariflich ordentlich nicht kündbaren Arbeitnehmer rechtskräftig für unwirksam erklärt wurde, weil die Einhaltung einer sozialen Auslauffrist zumutbar gewesen ist, und der Arbeitgeber denselben Lebenssachverhalt zur Rechtfertigung einer erneuten Kündigung mit nunmehr eingehaltener sozialer Auslauffrist heranzieht (*BAG* 26.11.2009 EzA § 626 BGB 2002 Unkündbarkeit Nr. 16 Rn 20). Bezieht sich die rechtskräftige Entscheidung ausschließlich auf die Unwirksamkeit der außerordentliche Kündigung – eine etwaige Umdeutung der außerordentlichen Kündigung in eine ordentliche war nicht Verfahrensgegenstand –, kann der Arbeitgeber auf Grund derselben Kündigungsgründe ordentlich kündigen (*LAG RhPf* 20.1.2011 – 11 Sa 353/10); es geht um unterschiedliche Prüfungsmaßstäbe. 343

D. Der Streitwert der Kündigungsschutzklage

Nach § 42 Abs. 2 S. 1 GKG in der ab 1.8.2013 geltenden Fassung, ist für die **Wertberechnung bei** Rechtsstreitigkeiten über das Bestehen, das Nichtbestehen oder die Kündigung eines Arbeitsverhältnisses; nicht freies Mitarbeiterverhältnis höchstens der Betrag des für die Dauer eines Vierteljahres zu leistenden Arbeitsentgelts maßgebend. Die Regelung ist auch Anzuwenden in Bezug auf Bestandsstreitigkeiten bei einem Ausbildungsverhältnis (*BAG* 22.5.1984 EzA § 64 ArbGG 1979 Nr. 14; *ArbG Bochum* 29.3.2012 – 3 Ca 1283/11; *LAG BW* 17.11.2005 – 3 Ta 203/05: auch bei Umschulungsverhältnis, wenn es als Arbeitsverhältnis anzusehen ist). Die Vorschrift ist nicht entsprechend auf freie Dienstverhältnisse anzuwenden (*BGH* 13.2.1986 EzA § 12 ArbGG 1979 Streitwert Nr. 37; nicht GmbH-Geschäftsführerverhältnis, *OLG Köln* 9.9.1994 NJW-RR 1995, 318; nicht Dienstverhältnis eines Organmitglieds, *LAG Düssed.* 5.2.1998 LAGE § 12 ArbGG 1979 Streitwert Nr. 112). § 42 Abs. 2 S. 1 GKG kann hier aber im Rahmen der § 38 Abs. 1 S. 1 GKG, § 3 ZPO ermessensleitend herangezogen werden (*OLG Düsseldorf* 4.4.2011 – 24 W 27/11; BeckOK KostR/*Schindler* GKG § 42 Rn 36). Bei der Berechnung ist abzustellen auf das Arbeitsentgelt, das für die drei Monate zu zahlen ist, die dem streitigen Beendigungszeitpunkt nachfolgen. Es ist also das **Vierteljahr nach dem Zeitpunkt, zu dem die Kündigung wirksam werden soll,** 344 entscheidend (*BAG* 19.7.1973 EzA § 12 ArbGG Nr. 1; *LAG BW* 1.2.2011 – 5 Ta 189/10, Rn 9). Dert **Streitwertkatalog** für die Arbeitsgerichtsbarkeit (vgl. zur Arbeit der Streitwertkommission GK-ArbGG/*Schleusener* § 12 Rn 188a; *Ziemann* jurisPR-ArbR 30/2014 Anm. 1; krit. *Gravenhorst* FA 2016, 197) formuliert insoweit in der überarbeiteten Fassung vom 9.2.2018 (FA 2018, 114) zutreffend: »Bei der Berechnung der Vergütung für ein Vierteljahr bzw. der Monatsvergütung ist das arbeitsleistungsbezogene Arbeitsentgelt des auf den Beendigungstermin folgenden Vierteljahreszeitraums zu Grunde zu legen. Jahres- oder sonstige Leistungen werden unabhängig vom Auszahlungszeitpunkt berücksichtigt, wenn sie auch Entgeltcharakter haben. Dabei hat ggf. eine Hochrechnung eines vereinbarten Nettoverdienstes auf den Bruttobetrag zu erfolgen. Das Monatsentgelt errechnet sich mit einem Drittel des Vierteljahresentgelts.«

345 Die anteilige Berücksichtigung des vereinbarten **13. und 14. Monatsgehalts** steht in Einklang mit der bisherigen Rechtsprechung der LAG (s. *LAG Frankf.* 23.11.1985 JurBüro 1986 Sp. 756; *LAG Köln* 17.11.1995 NZA-RR 1996, 392; *Hess. LAG* 12.8.1999 NZA-RR 1999, 660). Dabei sind auch Sonderzahlungen mit Mischcharakter einzurechnen (wie hier wohl auch GK-ArbGG/*Schleusener* § 12 Rn 254; *LAG BW* 1.2.2011 – 5 Ta 189/10, Rn 11; **aA** noch *LAG Bln.* 16.10.1985 LAGE § 12 ArbGG 1979 Streitwert Nr. 44; weitere Nachw. vgl. 11. Aufl. Rn 330). Etwaige **Deputate** sind dabei nach ihrem allg. Wert mit zu berücksichtigen (*Tschischgale/Satzky* Das Kostenrecht in Arbeitssachen, 3. Aufl., S. 39). **Trinkgelder** sind nicht zu berücksichtigen, weil sie nicht zu dem vom Arbeitgeber geschuldeten Arbeitsentgelt gehören (*LAG Köln* 23.6.2006 – 3 Ta 196/06, NZA-RR 2006, 598). **Tantiemen** sind als Beteiligung am Jahresgewinn und damit von der Arbeitsleistung unabhängig nicht werterhöhend zu berücksichtigen (*LAG Hamm* 30.6.2006 – 6 Ta 136/06, Rn 12), anders eine sog. »Mindesttantieme«, dh eine der Höhe nach garantierte feste Vergütung, die auch bei Gewinnlosigkeit zu zahlen ist (*Hess. LAG* 29.5.2002 – 15 Ta 93/02: Fest zugesagte Jahrestantieme). Aufwendungsersatz ist kein Arbeitsentgelt (*LAG BW* 17.3.2016 – 5 Ta 15/16, [II 1 c aa der Gründe]). Daher rechnen **Fahrtkostenpauschalen** nicht mit, wenn der Arbeitnehmer entsprechende Aufwendungen hat, selbst wenn im Urlaubs- oder Krankheitsfall kein Abzug gemacht wird (*LAG BW* 16.8.1984 AuR 1985, 197). Im Kündigungsprozess eines Chefarztes sind nicht nur das effektive Gehalt, sondern auch die Einräumung von Nebentätigkeitsmöglichkeiten unter Einsatz von Personal und Ausstattung des Krankenhauses angemessen zu berücksichtigen (*LAG Hamm* 29.1.1976 BB 1976, 746; *LAG RhPf.* 18.6.1991 MedR 1992, 118 f.; *LAG Hamm* 30.6.2006 – 6 Ta 136/06, Rn 12).

346 IdR ist von der **Bruttovergütung** des Arbeitnehmers auszugehen (*Hess. LAG* 21.1.1999 NZA-RR 1999, 156; 12.8.1999 NZA 1999, 660). Auch nach dem Streitwertkatalog hat ggf. die **Hochrechnung** eines **vereinbarten Nettoverdienstes** auf den Bruttobetrag zu erfolgen (vgl. zur Nettolohnvereinbarung *LAG Düsseld.* 7.1.1991 LAGE § 12 ArbGG 1979 Streitwert Nr. 89; *LAG BW* 17.3.2016 – 5 Ta 15/16, [II 1 c bb (3) der Gründe]; aA noch *LAG Bln.* 7.1.1981 AuR 1981, 353). Bei einem **Umschüler** wird nicht nur auf das Entgelt abgestellt, das der Umschüler von seinem Ausbilder erhält, sondern auf die Einkommenssituation des Umschülers insgesamt, so dass die etwaige Leistung der Bundesagentur für Arbeit zu berücksichtigen ist (*LAG BW* 17.11.2005 – 3 Ta 203/05).

347 Für die Wertberechnung bei Kündigungsschutzklagen ist es unerheblich, ob es sich um eine ordentliche oder außerordentliche Kündigung handelt. Der Streitwert wird nach dem **pflichtgemäßen Ermessen** des Gerichts festgesetzt. Das Ermessen ist insoweit **gebunden**, als der **Streitwert drei Monatsbezüge** nicht übersteigen darf. Es ist grds. die **Vierteljahresvergütung** (s. Rdn 345) festzusetzen, es sei denn, unter Auslegung des Klageantrags und der Klagebegründung ist nur ein Fortbestand des Arbeitsverhältnisses von unter 3 Monaten im Streit. Dann ist nur ein entsprechend geringerer Wert zu berücksichtigen (vgl. I. Nr. 20 Streitwertkatalog, NZA 2018, 498 = FA 2018, 114, 115; insoweit zust. die Stellungnahme des DAV, vgl. *Willemsen/Schipp/Oberthür* NZA 2014, 886 f.). Dies entspricht der neueren Rechtsprechung des BAG (*BAG* 19.10.2010 EzA § 42 GKG 2004 Nr. 1, Rn 3 unter Bezugnahme des § 42 Abs. 2 S. 1 GKG = § 42 Abs. 3 S. 1 GKG aF; **aA** noch *BAG* 30.11.1984 EzA § 12 ArbGG 1979 Streitwert Nr. 36 und KR 10. Aufl. Rn 278 mwN). In einer **auf künftige Leistungen** gekleideten Klage, bei der es eigentlich nur um die Frage geht, ob das Arbeitsverhältnis fortbesteht oder nicht, ist entsprechend dem Sinn und Zweck des § 42 Abs. 2

S. 1 GKG, der Gegenstandswert auf die dreifache Monatsvergütung nach oben zu beschränken; § 42 Abs. 2 S. 2 GKG ist nicht anzuwenden (*LAG BW* 20.7.1982 AP Nr. 5 zu § 12 ArbGG 1979; *Hess. LAG* 2.9.1999 LAGE § 12 ArbGG 1979 Streitwert Nr. 119a).

Die Streitwertkommission (s. Rdn 345) schlägt in ihrem **einheitlichen Streitwertkatalog für die Arbeitsgerichtsbarkeit** (Stand 9.2.2018) in Ziff. 21 »Kündigung (mehrere)« folgende Festsetzung vor (vgl. NZA 2018, 498 = FA 2018, 114): 348

21.1	Außerordentliche Kündigung, die hilfsweise als ordentliche erklärt wird (einschließlich Umdeutung nach § 140 BGB): höchstens die Vergütung für ein Vierteljahr (s. Rdn 345), unabhängig davon, ob sie in einem oder in mehreren Schreiben erklärt werden.
21.2	Mehrere Kündigungen ohne Veränderung des Beendigungszeitpunkts: keine Erhöhung
21.3	Folgekündigungen mit Veränderung des Beendigungszeitpunktes: Für jede Folgekündigung die Entgeltdifferenz zwischen den verschiedenen Beendigungszeitpunkten, maximal jedoch die Vergütung für ein Vierteljahr (s. Rdn 345) für jede Folgekündigung. Die erste Kündigung – bewertet nach den Grundsätzen der I. Nr. 20 (s. Rdn 353) – ist stets die mit dem frühesten Beendigungszeitpunkt, auch wenn sie später ausgesprochen und später angegriffen wird. Die Grundsätze des Absatzes 1 gelten jeweils für die betreffende Instanz. Fallen Klagen gegen einzelne Kündigungen im Laufe des Verfahrens in einer Instanz weg, gelten die Grundsätze des ersten Absatzes ab diesem Zeitpunkt für die in dieser Instanz verbleibenden Kündigungen.

Wendet sich der Kläger **nur gegen die fristlose Kündigung, lässt er sie aber als ordentliche gegen sich gelten**, so ist der Streitwert der Lohnbetrag, den er **in der Kündigungsfrist** zu erhalten hat bzw. zu erhalten hätte (zutr. *LAG Düsseld.* 20.3.1986 JurBüro 1986, Sp. 911 f.; *Hess. LAG* 21.1.1999 LAGE § 12 ArbGG 1979 Streitwert Nr. 117; vgl. *LAG SchlH* 30.11.2005 – 1 Ta 202/05, EzA-SD 1/2006 S. 11, wenn das KSchG nicht anwendbar ist, es sei denn, es würden absolute Unwirksamkeitsgründe geltend gemacht), aber nicht mehr als der Betrag das Vierteljahresentgelt. Bei der Frage der Umdeutung einer fristlosen Kündigung (vom 5.9.) in eine fristgerechte (zum 31.3. des Folgejahres) hält das *LAG Hamm* als Streitwert zwei Monatsentgelte für angemessen (13.5.1986 LAGE § 12 ArbGG 1979 Streitwert Nr. 55); in Einklang mit Nr. 21.3 Streitwertkatalog (s. Rdn 348) sollte in solchen Fällen zukünftig das Vierteljahresentgelt festgesetzt werden. Ist zum 30.9. gekündigt worden und hätte das Arbeitsverhältnis aufgrund einer Befristung ohnehin am 30.11. geendet, so sind maximal zwei Monatseinkommen als Streitwert festzusetzen. Ein sog. »**Makelzuschlag**« kommt nach *LAG Düsseld.* (20.3.1986 JurBüro 1986, Sp. 911 f.) jedenfalls dann nicht in Betracht, wenn der Kläger die fristlose Kündigung erkennbar nicht als Abwertung verstanden hat. Richtigerweise ist ein solcher »Mehrwert« in keinem Fall zu berücksichtigen. 349

Der Wert richtet sich nach dem Streitgegenstand. Für die Wertberechnung ist gem. § 40 GKG der Zeitpunkt der den jeweiligen Streitgegenstand betreffenden Antragstellung maßgebend, die den Rechtszug einleitet. Bei der Bestimmung des Streitwerts ist daher grds. von dem Klageantrag auszugehen. Ohne Bedeutung ist es, ob der Klageantrag Aussicht auf Erfolg hatte. Wird geltend gemacht, dass das Arbeitsverhältnis aufgrund der sozial ungerechtfertigten Kündigung nicht aufgelöst ist, so reduziert sich der Streitwert auch dann nicht etwa auf den Betrag des Lohnes für die Kündigungsfrist, wenn sich herausstellt, dass die streitige Kündigung – etwa wegen fehlender Mindestbeschäftigungszeit von sechs Monaten des § 1 KSchG – nicht unter das KSchG fällt. Ausnahmsweise kann das Prozessziel – Einhaltung der zutr. Kündigungsfrist – auch mit Hilfe des Beklagtenvorbringens ermittelt werden (*LAG Bln.* 15.4.1980 AnwBl. 1981, 154 f.). 350

Liegt eine zeitliche Eingrenzung der Antragsbeschränkung nicht vor, etwa bezogen auf die Einhaltung einer anderen, längeren Kündigungsfrist, ist der Regelfall gegeben, der Vierteljahresbetrag des Arbeitsentgelts ist als Gegenstandswert festzusetzen. Er gilt **unabhängig von der bisherigen Dauer des Arbeitsverhältnisses** (aA noch *BAG* 30.11.1984 EzA § 12 ArbGG 1979 Streitwert Nr. 36). Das 351

§ 4 KSchG   Anrufung des Arbeitsgerichtes

entspricht der überwiegenden Rechtsprechung der Landesarbeitsgerichte Rechnung: Es ist im Regelfall ohne Berücksichtigung der Dauer des Arbeitsverhältnisses von der »Quartalsvergütung«, von dem »Quartalsbezug« auszugehen (vgl. nur grundlegend *LAG BW* 23.6.2010 – 5 Ta 111/10, Rn 9, 19; 22.3.2011 – 5 Ta 1/11; 14.5.2012 – 5 Ta 52/12; *LAG Köln* 2.5.2011 – 2 Ta 122/11).

352 Die Bewertung **mehrerer zeitnah ausgesprochener Kündigungen – sog. Mehrfach- oder Folgekündigungen**, auch Kündigungsmehrheit oder Mehrheit von Kündigungen genannt, – desselben Arbeitsverhältnisses, die Gegenstand eines Rechtsstreits, zu einem Rechtsstreit verbundener Verfahren sind oder in verschiedenen Verfahren erledigt werden, ist **umstritten**. Durch den einheitlichen Streitwertkatalog der Arbeitsgerichtsbarkeit ist jedoch in der Praxis eine Befriedung eingetreten. Nach Nr. I. 21 des Katalogs (s. Rdn 349) führt eine weitere Kündigung zu keiner Erhöhung, wenn der Beendigungszeitpunkt durch sie nicht verändert wird. Für Folgekündigungen mit Veränderung des Beendigungszeitpunktes gilt: Für jede Folgekündigung wird die Entgeltdifferenz zwischen den verschiedenen Beendigungszeitpunkten werterhöhend berücksichtigt, maximal jedoch die Vergütung für ein Vierteljahr (s. Rdn 345) für jede Folgekündigung. Die erste Kündigung – bewertet nach den Grundsätzen der I. Nr. 20 (s. Rdn 353) – ist stets die mit dem frühesten Beendigungszeitpunkt, auch wenn sie später ausgesprochen und später angegriffen wird. Insbes. das Abstellen auf die Beendigungszeitpunkte überzeugt im Vergleich zum Abstellen auf den Zeitpunkt des Ausspruchs der Kündigungen. Zu beachten ist, dass **Hilfsanträge** (echte und unechte) nur werterhöhend wirken, wenn über sie entschieden wird, wobei sich die Bedingtheit des Klageantrags – insbes. bei hilfsweise ausgesprochenen Kündigungen – uU erst im Wege der Auslegung ergeben kann (§ 45 Abs. 1 S. 2 GKG, vgl. MünchArbR-*Rachor* § 130 Rn 130 unter Hinweis auf *BAG* 29.6.2017 – 2 AZR 302/16 Rn 46). Nach der Entscheidung des *BAG* 19.10.2010 (EzA § 42 GKG 2004 Nr. 1) ist der Gerichtsgebührenwert auch nicht deshalb unterhalb der Höchstgrenze des § 42 Abs. 3 S. 1 1. Hs. GKG festzusetzen, weil in einem zeitlichen Abstand von weniger als drei Monaten zu der ersten Kündigung weitere Kündigungen erklärt worden waren, um deren Wirksamkeit **weitere Kündigungsschutzprozesse** geführt werden. Das BAG referiert die dazu vertretenen Meinungen (vgl. Nachw. KR 9. Aufl.) und schließt sich der Auffassung an, dass grds. für jedes Verfahren der Höchstwert von drei Monatsverdiensten berechnet wird, selbst wenn sich bei einer Bündelung in einem Verfahren (durch Klagerweiterungen, Verbindung mehrerer Kündigungsschutzprozesse zu einem) ein geringerer Wert ergeben hätte. Der Senat betont, dass sich die Wertberechnung nach dem prozessualen Anspruch richtet, der in dem jeweiligen Rechtsstreit verfolgt wird. Der erhobene Antrag ist bestimmend.

353 Wird in einem Verfahren über mehrere Kündigungen entschieden, die in einem zeitlichen Abstand von weniger als drei Monaten zur ersten Kündigung erklärt wurden, gilt im Grundsatz nichts anderes. Es handelt sich um unterschiedliche Streitgegenstände, was zur Folge hat, dass grds. nach § 45 Abs. 1.S. 1 GKG die Gegenstandswerte zu addieren sind (*BAG* 19.10.2010 EzA § 42 GKG 2004 Nr. 1; anders 6.12.1984 EzA § 12 ArbGG 1979 Streitwert Nr. 34: Vierteljahresverdienst Obergrenze, wenn in einem Rechtsstreit mehrere zeitlich aufeinanderfolgende Kündigungen durch Kündigungsschutzanträge angegriffen werden [II 1b], dem folgt *LAG BW* 1.7.2010 – 5 Ta 123/10). Der Senat weist darauf hin, dass dann, wenn die Ansprüche denselben Gegenstand betreffen, – nur – der Wert des höheren Anspruchs maßgebend ist, § 45 Abs. 1 S. 3 GKG. Er sieht die Möglichkeit, dass in Fällen objektiver Häufung von Kündigungsschutzanträgen zu berücksichtigen sein kann, dass sich das Klageziel in zeitlicher Hinsicht ganz oder teilweise deckt (Rn 5). Es wird gesehen, dass, werden jeweils gesonderte Kündigungsschutzprozesse um die weniger als drei Monate auseinanderliegenden Kündigungen geführt, für eine Anrechnung der Gegenstandswerte wegen ganzer oder teilweiser zeitlicher Überschneidung eine Rechtsgrundlage fehlt, abgesehen davon, dass nicht immer deutlich ist, ob weitere Verfahren dieser Art anhängig sind, zumal sie nicht selten aufgrund der Geschäftsverteilung in verschiedenen Kammern entschieden werden. Dem sind nicht alle LAG gefolgt. So hat das *Hess. LAG* (19.10.2011 – 2 Ta 220/11; 19.10.2011 – 2 Ta 219/11) »trotz des Beschlusses des *BAG* vom 19.10.2010« an seiner Auffassung festgehalten, dass weitere Kündigungen, die in einem Zeitraum von sechs Monaten nach Zugang der zuerst erklärten Kündigung ausgesprochen wurden, zwar gesondert zu bewerten sind, aber die wirtschaftliche Teilidentität zu

berücksichtigen ist, so dass für die Folgekündigung nur ein Drittel des sich bei üblicher Bewertung ergebenden Wertes anzusetzen ist, ohne dass es auf die Identität der Kündigungsgründe ankommt. Das *LAG RhPf* (4.5.2012 NZA-RR 2012, 442) bewertet die erste von zwei an unterschiedlichen Tagen zu demselben Termin wegen desselben Sachverhalts ausgesprochenen Kündigungen mit drei Bruttomonatsverdiensten, während die zweite Kündigung sich wegen fehlender eigenständiger wirtschaftlicher Bedeutung nicht streitwerterhöhend auswirkt (ähnlich *LAG Köln* 29.8.2011 – 2 Ta 253/11; 2.11.2010 – 7 Ta 153/10, AE 2012, 118; insoweit auch *LAG SchlH* 4.6.2009 – 6 Ta 106/09). Das *LAG Hmb*. (26.1.2012 – 2 Ta 28/11) stellt auf den zeitlichen Zusammenhang und denselben Kündigungssachverhalt ab, bewertet aber die zweite Kündigung mit einem Monatsgehalt bei allerdings unterschiedlichen, wenngleich unter einem Monat liegenden Beendigungszeitpunkten. Nach Ansicht des *LAG Nbg*. (22.11.2010 – 4 Ta 31/10) kann eine zusätzliche Bewertung weiterer hilfsweise ausgesprochener Kündigungen – unabhängig von den jeweiligen Kündigungsterminen und den herangezogenen Kündigungsgründen – jedenfalls dann unterbleiben, wenn die ursprünglich angegriffene Kündigung das Vertragsverhältnis wirksam beendet hat, was in einem gerichtlichen Vergleich geregelt oder in der gerichtlichen Entscheidung festgestellt wofür die Berechnung der Rechtsanwaltsgebühren. Die Anwälte haben sich mit den weiteren Kündigungen auseinandersetzen müssen. Werden mehrere Kündigungen eines Arbeitsverhältnisses in einem Verfahren angegriffen, so ist dann, wenn die Kündigungstermine mehr als drei Monate auseinanderliegen, nach Auffassung einiger Landesarbeitsgerichte jeweils der Regelstreitwert von einem Vierteljahresentgelt des Arbeitnehmers als Gegenstandswert anzunehmen (zB *LAG Hmb*. 26.1.2012 – 2 Ta 28/11). Das entspricht der Empfehlung des Streitwertkatalogs (s. Rdn 353)

Ist nicht nur ein **Antrag nach § 4 S. 1 KSchG gestellt, sondern ein weiterer Klageantrag, dass das Arbeitsverhältnis auch nicht durch andere Beendigungssachverhalte ende, sondern zu unveränderten Bedingungen über den Kündigungstermin hinaus fortbestehe**, so wirkt sich der Feststellungsantrag iSd § 256 ZPO – sog. **Schleppnetzantrag** – jedenfalls dann nicht streitwerterhöhend aus, wenn andere Beendigungssachverhalte nicht vorgetragen worden waren, auch nicht die konkrete Gefahr solcher (zur älteren Rspr. vgl. *LAG Köln* 15.2.2005 LAGE § 42 GKG 2004 Nr. 4; *LAG Brem*. 29.3.2000 LAGE § 12 ArbGG 1979 Streitwert Nr. 120; *LAG Hmb*. 30.6.2005 – 8 Ta 5/05; *LAG Nbg*. 1.7.2003 – 6 Ta 85/03, AR-Blattei ES 160.13 Nr. 246; 2.12.2003 – 9 Ta 190/03, NZA-RR 2004, 660; *LAG Düsseld*. 8.5.2007 – 6 Ta 99/07, EzA-SD 14/2007 S. 16; *LAG RhPf* 21.7.2009 – 1 Ta 154/09; *LAG SchlH* 4.6.2009 – 6 Ta 106/09; *LAG BW* 31.8.2010 – 5 Ta 173/10). Das ist die Konsequenz der in Rdn 305 ff. dargestellten Rechtsprechung zur Kombination von Kündigungsschutz- und allgemeiner Feststellungsklage. Demgegenüber hat das *LAG Hessen* den allgemeinen Feststellungsantrag mit einem Bruttomonatsgehalt (7.1.2005 – 15 Ta 688/04) bewertet. Dem ist der einheitliche Streitwertkatalog (s. Rdn 345) nicht gefolgt. Nach I. Nr. 17.2 erfolgt für den allgemeinen Feststellungsantrag neben punktuellen Bestandsschutzanträgen (Schleppnetzantrag) **keine zusätzliche Bewertung** (arg. § 42 Abs. 2 S. 1 GKG). Der Streitwertkatalog differenziert zu Recht nicht danach, ob mit dem Feststellungsantrag die Unwirksamkeit weiterer ausgesprochener Kündigungen geltend gemacht werden soll. Erst wenn der Kläger – ggf. nach einem Hinweis gem. § 6 S. 2 KSchG – hinsichtlich der weiteren Kündigung einen gesonderten Antrag iSd § 4 KSchG gestellt hat, kommt es zu einer Erhöhung des Werts. 354

Wenn zugleich **mit der Kündigungsschutzklage Vergütungsforderungen** klageweise geltend gemacht werden, die **nach** der ausgesprochenen Kündigung fällig geworden sind, so sind beide Ansprüche trotz ihrer prozessualen Selbständigkeit nach Auffassung des *BAG* (16.1.1968 AP Nr. 17 zu § 12 ArbGG 1953) **wirtschaftlich identisch** (§ 5 ZPO), da der Feststellungsanspruch die Rechtsgrundlage für die Vergütungsforderung bildet. Nach § 45 Abs. 1 S. 3 GKG findet dann keine Wertaddition statt, sondern der höhere Wert ist maßgeblich (Streitwertkatalog I. Nr. 6; zust. *Hess LAG* 19.8.2014 – 1 Ta 142/14 Rn 15; ältere Nachw. s. KR 9. Aufl.; *LAG Nbg*. 1.8.2003 – 6 Ta 98/03, AR-Blattei ES 160.13 Nr. 248 betr. Entfristungsklage; 2.12.2003 – 9 Ta 190/03, NZA-RR 2004, 660; 14.7.2006 – 6 Ta 108/06, m. zust. Anm. *Gravenhorst* jurisPR-ArbR 45/2006 Nr. 4; *LAG RhPf*. 19.12.2008 – 1 Ta 227/08, WKRS; 16.1.2009 – 1 Ta 229/08; *LAG BW* 23.6.2010 – 8 Ta 111/10, Rn 13; 17.11.2009 – 5 Ta 130/09). Wird Annahmeverzugsvergütung für einen längeren 355

§ 4 KSchG Anrufung des Arbeitsgerichtes

Zeitraum als ein Vierteljahr geltend gemacht, hat dieser Klageantrag den höheren Wert. Bei seiner Berechnung ist ggf. die Begrenzung auf den dreifachen Jahresbetrag zu beachten (GMP/*Germelmann/Künzl* ArbGG § 12 Rn 115). Das Kosteninteresse des klagenden Arbeitnehmers dürfte es gebieten, Leistungsansprüche, die vom Ausgang des Kündigungsrechtsstreits abhängen, im Wege eines **unechten Hilfsantrages** geltend zu machen, weil dieser nur streitwert- und damit gerichtskostenrelevant wird, wenn der Arbeitnehmer mit seinem Kündigungsschutzbegehren durchdringt (vgl. *LAG Frankf.* 21.10.2005 – 2 Ta 353/05, m. Anm. *Gravenhorst* jurisPR-ArbR 52/2006 Nr. 6; zu den »fortbestandsabhängigen Ansprüchen« *Gravenhorst* NZA-RR 2018, 57, 61). So empfiehlt auch der Streitwertkatalog (s. Rdn 345) auf den unechten (uneigentlichen) Hilfsantrag die Regelungen der S. 2 und 3 des § 45 Abs. 1 GKG anzuwenden. Hinsichtlich der Rechtsanwaltsgebühren dürfte gleichwohl zu addieren sein: Der Rechtsanwalt hat auftragsgemäß den Leistungsantrag als unechten Hilfsantrag gestellt und der Gegner hat sich gegen ihn verteidigt (*Schäder* ArbRB 2017, 146 Anm. zu *LAG München* 8.12.2016 – 2 Ta 247/16; s.a. *Gravenhorst* jurisPR-ArbR 29/2017 Anm. 6; *Schneider* Anm. II 2 zu *LAG Hamm* 28.7.1988 LAGE § 19 GKG Nr. 4; **aA** *LAG BW* 10.11.2003 – 3 Ta 153/03; *LAG Bln* 3.3.2004 – 17 Ta (Kost) 6138/03; *Ziemann* jurisPR-ArbR 1/2016 Anm. 5).

356 Die meisten Gerichte rechnen die Streitwerte zusammen mit der Begründung, die Auffassung des BAG führe zur Prozessverdoppelung: Die Lohnansprüche würden eben in einem gesonderten Prozess geltend gemacht und in diesem werde der Streitwert ohne Berücksichtigung der Kündigungsschutzklage festgesetzt (ältere Nachw. s. KR 9. Aufl.; *Sächs. LAG* 24.8.2005 – 4 Ta 149/05; 21.6.2007 – 4 Ta 10/07, EzA-SD 2/2008 S. 16; 21.6.2007 – 4 Ta 10/07). Dem ist ein Teil der Literatur gefolgt (APS-*Vossen* Rn 2213 m. FN 40; BCF-*Creutzfeldt* ArbGG 4. Aufl. § 12 Rn 62). Werden Vergütungen im Wege von Zahlungsanträgen oder Feststellungsanträgen **auf wiederkehrende Leistungen** (also auch mit Zukunftsbezug, dazu *BAG* 13.3.2002 EzA § 259 ZPO Nr. 1 [Klage auf künftige Vergütungsansprüche unzulässig?!], eingehend *Laber/Goetzmann* ArbRB 2007, 309 ff.) geltend gemacht, sind nach *Hess. LAG* (2.9.1999 – 15 Ta 465/99) nur 20 % des Wertes gem. § 12 Abs. 7 S. 2 ArbGG aF hinzuzusetzen, maximal drei Bruttomonatsentgelte, nach *LAG Hamm* (30.1.2002 LAGE § 12 ArbGG 1979 Streitwert Nr. 126) findet § 12 Abs. 7 S. 2 ArbGG aF keine Anwendung, vielmehr sind die bei Urteilserlass fälligen Teilbeträge in vollem Umfang, die Folgeansprüche insgesamt nur mit einem Monatsentgelt zu bewerten (in Abweichung von 17.3.1983 EzA § 12 ArbGG 1979 Streitwert Nr. 21, vgl. auch *BAG* 10.12.2002 EzA § 12 ArbGG 1979 Streitwert Nr. 68). Der Antrag auf künftige Zahlung monatlichen Gehaltes ist durch den Vierteljahresverdienst nach *LAG Nbg.* (27.11.2003 – 9 Ta 190/03, BB 2005, 671) begrenzt und wirkt neben dem Feststellungsantrag wegen der mit ihm vorliegenden wirtschaftlichen Identität nicht werterhöhend, wenn über die Höhe nicht gestritten wird und der Anspruch allein vom Ausgang des Feststellungsantrag abhängt (ebenso 2.12.2003 – 9 Ta 190/03, NZA-RR 2004, 66; 14.7.2006 – 6 Ta 108/06), was nach der Entscheidung vom 14.7.2006 – 6 Ta 108/06 – auch für außerdem geltend gemachte unstreitige rückständige Gehaltszahlungen gelten soll [rückständige Vergütungsansprüche – etwa aus Annahmeverzug – aus der Zeit **vor** Zugang der Kündigung, die mit derselben Klage geltend gemacht werden, erhöhen den Streitwert, zutr. *LAG Brem.* 25.8.2005 LAGE § 42 GKG 2004 Nr. 5; *LAG RhPf* 29.3.2006 – 8 Ta 55/06]. Beantragt der Arbeitnehmer neben dem Kündigungsschutzantrag den Feststellungsantrag, dass der Arbeitgeber verpflichtet ist, dem Arbeitnehmer für den Zeitraum von benannten 34 Monaten das jeweils fällig werdende Bruttogehalt monatlich zu zahlen, Lohnzahlungsfeststellungsantrag, so besteht nach *LAG BW* (18.12.2009 – 5 Ta 155/09) wirtschaftliche Teilidentität [mit ausführlicher Begründung!], mit der Folge, dass der höhere Wert maßgebend ist (Betrag für 34 Monate abzüglich 30 % für die Feststellung abzüglich Wert des Bestandsschutzantrags). Sonach wird § 42 Abs. 2 S. 1 GKG im Ergebnis angewandt. Demgegenüber hält der Dritte Senat des BAG die Vorschrift für unmittelbar anwendbar, wenn wiederkehrende Leistungen im Wege einer positiven Feststellungsklage geltend gemacht werden (*BAG* 22.9.2015 EzA § 42 GKG 2004 Nr. 2, Rn 8). Ein pauschaler Abschlag ist nicht geboten. Der Wortlaut von § 42 Abs. 1 S. 1 GKG enthält keine Einschränkungen. Auch die fehlende Vollstreckungsfähigkeit eines Feststellungsurteils führt nicht zu einer anderen Bewertung. Die Vollstreckungsfähigkeit ist ein Gesichtspunkt, der für die Bestimmung der Beschwer maßgeblich ist, da es insoweit darauf

ankommt, inwieweit die Entscheidung für die einzelne Partei belastend ist. Für das Gebührenrecht kommt es demgegenüber auf die wirtschaftliche Bedeutung der Angelegenheit an.

Trotz der Möglichkeit, dass Feststellungsantrag und Lohnzahlungsantrag in getrennten Prozessen gestellt werden können – von der Möglichkeit der Verbindung beider Verfahren gem. § 147 ZPO abgesehen –, gebietet es der soziale Schutzzweck des § 42 Abs. 2 GKG (vgl. dazu *Gravenhorst* NZA-RR 2018, 57, 60) die Streitwertfestsetzung auf höchstens drei Monatsbezüge auch dann eingreifen zu lassen, wenn neben der Feststellungsklage Klage auf Arbeitsentgelt erhoben wird, das sich auf einem Zeitraum von höchstens drei Monaten bezieht. Immerhin ist zu bedenken, dass bei Feststellung der Unwirksamkeit der Kündigung durch das Gericht idR der Arbeitgeber nach Rechtskraft dieses Urteils die Konsequenzen daraus zieht und die Ansprüche des Arbeitnehmers aus § 615 BGB erfüllt mit der Folge, dass es einer Klage gar nicht bedarf. Dann ist es angemessen, wenigstens die Streitwerte nicht zusammenzurechnen, sondern nur den jeweils höheren zu nehmen (im Ergebnis ebenso GMP/*Germelmann/Künzl* ArbGG § 12 Rn 113 ff.). 357

Wird neben der Kündigungsschutzklage in einem **anderen Verfahren** eine Leistungsklage verfolgt, so besitzt die Leistungsklage neben der Kündigungsschutzklage einen besonderen Streitwert. Bei der Bemessung des Gegenstandswerts eines Kündigungsschutzverfahrens nach § 42 Abs. 2 S. 1 GKG bleibt auch außer Betracht, ob die Parteien noch weitere Kündigungsschutzprozesse führen oder geführt haben. Das gilt auch dann, wenn der Arbeitgeber die in verschiedenen Verfahren angegriffenen Kündigungen in einem zeitlichen Abstand von weniger als drei Monaten erklärt hat. Für eine Anrechnung des Gegenstandswerts eines anderen, selbständig geführten Verfahrens fehlt es an einer Rechtsgrundlage (*BAG* 19.10.2010 EzA § 42 GKG 2004 Nr. 1). Kommt es in einem der parallel geführten Verfahren zu einem Vergleich, der das andere Verfahren mit erledigt, sieht der einheitliche Streitwertkatalog in I. Nr. 25.1 (vgl. NZA 2018, 498 = FA 2018, 114) vor, dass das vergleichsweise miterledigte anderweitig rechtshängige Verfahren nur dann zu einem Vergleichsmehrwert führt, wenn es bei Geltendmachung in einem Verfahren zu einer Werterhöhung führen würde. Dem hält der Deutsche Anwaltverein in seiner Stellungnahme entgegen, der Wert aller miterledigter Verfahren sei zu addieren (s. AE 2/2018, S. 46). 358

Ob und wie sich der zusammen mit der Kündigungsschutzklage geltend gemachte **Weiterbeschäftigungsanspruch** werterhöhend auswirkt, wird nicht einheitlich beantwortet. Auch hier gibt der einheitliche Streitwertkatalog der Arbeitsgerichtsbarkeit (s. Rdn 345) eine taugliche Orientierungshilfe: Nach I. Nr. 26 des Katalogs idF vom 9.2.2018 (vgl. NZA 2018, 498 = FA 2018, 114) ist der Weiterbeschäftigungsantrag (einschließlich des Anspruchs nach § 102 Abs. 5 BetrVG) mit einer Monatsvergütung (s. Rdn 345) zu bewerten (zur älteren divergierenden Rspr. der LAG vgl. 11. Aufl.). Dabei ist Folgendes zu beachten: Das BAG versteht den Antrag auf vorläufige Weiterbeschäftigung für die Dauer des Kündigungsschutzverfahrens zu Recht **regelmäßig** als »**uneigentlichen**« **Hilfsantrag** (*BAG* 13.8.2014 FA 2014, 351, Rn 3; 30.8.2011 – 2 AZR 668/10 (A), Rn 3; vgl. auch *BAG* 8.4.1988 EzA § 611 BGB Beschäftigungspflicht Nr. 30). Es bedarf nicht ausdrücklich der Bezeichnung als Hilfsantrag. Die Eigenschaft als Eventualantrag folgt vielmehr aus der Natur der Sache, weil der Antrag nur Erfolg haben kann, wenn dem Kündigungsschutzantrag Erfolg beschieden ist (vgl. insofern *LAG Bln.* 29.11.2005 – 17 Ta 1981/05: eine mit einer Kündigungsschutzklage verbundene unbedingte Klage auf vorläufige Weiterbeschäftigung stellt eine mutwillige Rechtsverfolgung iSd § 114 ZPO dar). Von einem unbedingten Antrag auf Weiterbeschäftigung kann nur ausgegangen werden, wenn der Wille einen unbedingten Antrag zu stellen, ausdrücklich erklärt wird. Nach dem BAG ist daher regelmäßig § 45 Abs. 1 S. 2 GKG anzuwenden, wonach ein hilfsweise geltend gemachter Anspruch mit dem Hauptanspruch nur zusammengerechnet wird, soweit eine Entscheidung über ihn ergeht (*BAG* 13.8.2014 FA 2014, 351, Rn 3; 30.8.2011 – 2 AZR 668/10 (A), Rn 4; vgl. auch *LAG SchlH* 11.1.2010 – 3 Ta 196/09; *LAG BW* 30.12.2015 – 5 Ta 71/15; *Sächs. LAG* 17.1.2017 – 4 Ta 183/16 unter Aufgabe der fr. Rspr.; dazu *Ziemann* jurisPR-ArbR 16/2018 Anm. 6). Die Frage, ob der Weiterbeschäftigungsantrag nur als unechter Hilfsantrag gemeint war, kann offenbleiben, wenn sich ein gerichtlicher Vergleich zur Frage der Beschäftigung über den Kündigungstermin hinaus verhält, was nach § 45 Abs. 1 S. 2, Abs. 4 GKG zu einem entsprechenden Wertansatz 359 führt (*LAG Hamm* 29.1.2021 – 8 Ta 461/20 Rn 9). Der für die Gerichtsgebühren maßgebende Wert gilt nach wohl hM insoweit gem. § 32 Abs. 1 RVG auch für die Rechtsanwaltsgebühren, weil die für die Gerichtsgebühren maßgebenden Gegenstände und die Gegenstände der anwaltlichen Tätigkeit nicht auseinanderfallen (*BAG* 13.8.2014 FA 2014, 351, Rn 3; 30.8.2011 – 2 AZR 668/10 (A), Rn 4; *LAG BW* 14.2.2011 – 5 Ta 214/10; zur Gegenansicht s. Rdn 356). Ist der Hilfsantrag in der Vorinstanz nicht zur Entscheidung angefallen und schließen die Parteien im Rechtsmittelzug einen Vergleich, der die Beendigung des Arbeitsverhältnisses zum Gegenstand hat, wirkt der bedingt gestellte Weiterbeschäftigungsantrag bzgl. des Vergleichswerts nicht werterhöhend (*BAG* 13.8.2014 FA 2014, 351, Rn 5; *LAG SchlH* 26.4.2010 – 3 Ta 60/11, Rn 24; *Creutzfeldt* NZA 1996, 956, 961; *Ziemann* jurisPR-ArbR 1/2016 Anm. 5). Nach § 45 Abs. 4 GKG gilt zwar bei einer Erledigung des Rechtsstreits durch Vergleich Abs. 1 S. 2 der Bestimmung entsprechend. Damit fehlt es an der einer Entscheidung über den Antrag entsprechenden Situation. Ob sich dann, wenn die Vorinstanz über den Hilfsantrag positiv entschieden hätte, aus § 47 Abs. 1 S. 1, Abs. 2 S. 2 GKG etwas anderes ergäbe, hat das BAG ausdrücklich dahinstehen lassen.

360 Unberücksichtigt bleibt eine dem Arbeitnehmer geschuldete **Abfindung** iSd §§ 9, 10 KSchG (§ 42 Abs. 2 S. 1 2. Hs. GKG nF, früher § 12 Abs. 7 S. 1 2. Hs. ArbGG aF). Der Betrag einer Abfindung ist auch dann dem Streitwert der Kündigungsschutzklage nicht hinzuzurechnen, wenn der Arbeitnehmer eine fest bezifferte Abfindung fordert, statt den Betrag in das Ermessen des Arbeitsgerichts zu stellen (*LAG Hamm* 21.10.1982 MDR 1983, 170 = AuR 1983, 124; *LAG Hmb.* 15.2.1984 AnwBl. 1984, 315; *LAG Nbg.* 14.3.1985 ARSt 1987 Nr. 1008; *LAG Düsseld.* 20.7.1987 LAGE § 12 ArbGG 1979 Streitwert Nr. 66). Das gilt auch für den **Auflösungsantrag** als solchen (LAG Köln 19.4.2011 – 5 Ta 90/11; Einzelheiten bei KR-*Spilger* § 9 KSchG Rdn 112 mwN). Ein **Abfindungsanspruch aus dem Sozialplan** soll nach *LAG Frankf.* 25.2.1977 BB 1977, 1549) nicht werterhöhend wirken, auch wenn der Anspruch davon abhängt, dass das Arbeitsverhältnis nicht fristlos gekündigt ist und die fristlose Kündigung im Streit ist. Dagegen hat nach *LAG Hamm* (15.10.1981 EzA § 12 ArbGG 1979 Streitwert Nr. 8; 21.10.1982 MDR 1983, 170) die (hilfsweise) beanspruchte Entlassungsentschädigung nach dem tarifvertraglich vereinbarten Rationalisierungsschutzabkommen bei der Streitwertfestsetzung nicht (analog § 12 Abs. 7 S. 1 Hs. 2 ArbGG aF) außer Betracht zu bleiben. Das soll nach einem obiter dictum auch für in einem Sozialplan vorgesehene Abfindung gelten. Die Auffassung des LAG Hamm ist deshalb zutreffend, weil die Abfindung aus einem Sozialplan oder einem Rationalisierungsschutzabkommen gerade eine wirksame idR betriebsbedingte Kündigung voraussetzt und nur die wirtschaftlichen Folgen der Kündigung bei den durch die Kündigung Betroffenen mildern soll, während §§ 9, 10 KSchG gerade eine unwirksame Kündigung voraussetzen und die Abfindung mit einem unechten Hilfsantrag geltend gemacht wird. Es geht um verschiedene Streitgegenstände (*LAG Hmb.* 19.9.2003 LAGE § 12 ArbGG 1979 Streitwert Nr. 131; vgl. auch *LAG München* 19.12.2006 ArbRB 2007, 44; *LAG RhPf* 16.5.2012 – 1 Ta 81/12). § 42 Abs. 2 S. 1 letzter Satzteil GKG nF betrifft nur Abfindungen iSd §§ 9, 10 KSchG, nicht aber andere, die gerade von der Wirksamkeit einer Kündigung oder von einem anderen Beendigungstatbestand ausgehen (*LAG BW* 14.5.2012 – 5 Ta 52/12). Entsprechendes gilt, wenn hilfsweise ein Antrag auf Zahlung des **Nachteilsausgleichs nach § 113 BetrVG** gestellt wird (*LAG Brem.* 15.3.1983 EzA § 12 ArbGG 1979 Streitwert Nr. 22; *LAG Hamm* 26.5.1989 LAGE § 19 GKG Nr. 6 für eine hilfsweise beanspruchte Abfindung iSd § 113 BetrVG; aA *LAG Düsseld.* 17.1.1985 LAGE § 12 ArbGG 1979 Streitwert Nr. 33; 18.7.1985 LAGE § 19 GKG Nr. 1: Der jeweils höhere Wert [zust. *Mümmler* JurBüro 1985 Sp. 746]). Geht es in dem Prozess dagegen allein um die Frage, ob eine Vereinbarung über die Zahlung einer Abfindung zustande gekommen war und ist der Abfindungsanspruch von einem anhängigen Kündigungsschutzprozess unabhängig, so ist der Streitwert der Betrag der Zahlungsklage; § 12 Abs. 7 S. 1 ArbGG aF ist nicht anwendbar (*LAG Düsseld.* 30.4.1981 EzA § 12 ArbGG 1979 Streitwert Nr. 3).

361 Der Antrag auf Auskunft über die vergleichbaren Arbeitnehmer und die Sozialauswahl wirkt nicht streitwerterhöhend; der Auskunftsanspruch ist Teil der Bestandsstreitigkeit und von dessen Wert erfasst (*LAG SchlH* 8.2.2006 – 2 Ta 12/06).

Wegen des Streitwerts bei Änderungskündigungen schlägt die Streitwertkommission in ihrem **ein-** 362
heitlichen Streitwertkatalog für die Arbeitsgerichtsbarkeit in Ziffer 4 »Änderungskündigung – bei
Annahme unter Vorbehalt – und sonstiger Streit über den Inhalt des Arbeitsverhältnisses« folgende
Festsetzung vor (vgl. NZA 2018, 498 = FA 2018, 114):

4.1	1 Monatsvergütung bis zu einem Vierteljahresentgelt (s. Rdn 345) je nach dem Grad der Vertragsänderung.
4.2	Bei Änderungskündigungen mit Vergütungsänderung oder sonstigen messbaren wirtschaftlichen Nachteilen: 3-fache Jahresdifferenz, mindestens 1 Monatsvergütung, höchstens die Vergütung für ein Vierteljahr (s. Rdn 345).

Zu Einzelheiten vgl. KR-*Kreft* § 2 KSchG Rdn 272 ff.

E. § 4 KSchG und die Änderungskündigung

I. Grundsatz

Auch eine Änderungskündigung – nicht nur eine ordentliche, sondern auch eine außerordentliche 363
(*BAG* 19.7.2012 EzA § 2 KSchG Nr. 86, Rn 19; 28.10.2010 EzA KSchG § 2 Nr. 80, Rn 12). –
muss innerhalb der Dreiwochenfrist des § 4 KSchG angegriffen werden, wenn der Arbeitnehmer die
Rechtsfolgen des § 7 KSchG vermeiden will, dass die Kündigung als von Anfang an rechtswirksam
gilt. Das ergibt sich aus § 4 S. 2 KSchG, der vorschreibt, im Fall einer Änderungskündigung sei Klage auf Feststellung zu erheben, dass die Änderung der Arbeitsbedingungen sozial ungerechtfertigt
oder aus anderen Gründen rechtsunwirksam ist. Die Klageerhebung ist unabhängig davon notwendig, ob der Arbeitnehmer nach Ausspruch der **Änderungskündigung das Angebot** des Arbeitgebers
unter dem **Vorbehalt** angenommen hat, dass die Kündigung der Arbeitsbedingungen sozial gerechtfertigt ist (§ 2 KSchG) **oder nicht**. Es gilt insoweit das oben Ausgeführte. Es muss aber eine Änderungskündigung vorliegen (dazu s. KR-*Kreft* § 2 KSchG Rdn 10 ff.). Hat der Arbeitnehmer das mit
einer Änderungskündigung verbundene Angebot unter dem Vorbehalt des § 2 KSchG angenommen, kann er sich auf von § 4 S. 2 KSchG nicht erfasste andere Unwirksamkeitsgründe (zB Verstoß
gegen die Schriftform des § 623 BGB) auch dann noch mit Erfolg berufen, wenn er Klage erst nach
Ablauf der Dreiwochenfrist erhebt, es sei denn, der Vorbehalt enthalte den Verzicht auf solche Unwirksamkeitsgründe, wovon idR nicht auszugehen ist (vgl. *BAG* 28.5.1998 EzA § 2 KSchG Nr. 29).

II. Die Kündigungsschutzklage bei Ablehnung des Angebots

Hat der Arbeitnehmer die geänderten Arbeitsbedingungen **nicht unter Vorbehalt** iSd § 2 KSchG 364
angenommen, so handelt es sich um eine ganz normale Kündigungsschutzklage. Das Rechtsschutzbedürfnis für die Kündigungsschutzklage nach § 4 S. 1 KSchG kann fehlen, wenn die Weiterbeschäftigung im Rahmen des Änderungsangebots aufgrund einer vorbehaltlosen und endgültigen (konkludenten) Vereinbarung erfolgt wäre, das Arbeitsverhältnis unabhängig von der Wirksamkeit oder
Unwirksamkeit der Kündigung zu den vom Arbeitgeber angebotenen neuen Bedingungen fortzusetzen (*BAG* 27.5.1982 – 2 AZR 178/80, nv). Der Antrag richtet sich nach § 4 S. 1 KSchG. Die Änderungskündigung ist auch ohne Vorbehalt wie eine Änderungskündigung mit Vorbehalt zu prüfen
(vgl. Rdn 371). Sie wirkt aber dann, wenn sie Bestand haben sollte, wie eine Beendigungskündigung.
Es gilt das zu § 4 Ausgeführte uneingeschränkt (vgl. auch KR-*Kreft* § 2 KSchG Rdn 276 bis 281).

III. Die Kündigungsschutzklage bei Annahme des Angebots unter Vorbehalt

1. Der Klageantrag bei Annahme des Angebots unter Vorbehalt

Hat der Arbeitnehmer das **Angebot unter Vorbehalt angenommen** – was er auch bei einer außer- 365
ordentlichen Kündigung tun kann (*BAG* 28.10.2010 EzA KSchG § 2 Nr. 80, Rn 12) –, so sieht § 4
S. 2 KSchG Klage mit dem **Antrag** vor, festzustellen, dass die Änderung der Arbeitsbedingungen
sozial ungerechtfertigt oder aus anderen Gründen rechtsunwirksam ist (»Änderungsschutzklage«). Die

Wirksamkeit der Änderungskündigung hängt von der sozialen Rechtfertigung der Vertragsänderung (*BAG* 19.5.1993 EzA § 1 KSchG Betriebsbedingte Kündigung Nr. 73 [II 1]) und nach der Neufassung des § 4 S. 2 KSchG durch das Gesetz zu Reformen am Arbeitsmarkt vom Fehlen anderer Unwirksamkeitsgründe iSd § 4 S. 1 KSchG nF ab. Über den Wortlaut des § 4 S. 2 KSchG hinaus ist insgesamt die Rechtswirksamkeit der Änderung der Vertragsbedingungen angesprochen. Der Rechtsstreit wird (nur) darüber geführt, ob die Änderung der Arbeitsbedingungen durch die Änderungskündigung wirksam ist (Hamacher-*Nübold* Änderungskündigung Rn 6). Ob deswegen nicht besser ein Antrag des Inhalts zu stellen ist, »dass die Änderung der Arbeitsbedingungen durch die Kündigung vom ... unwirksam ist«, wird nicht einheitlich beantwortet; im Lichte der Änderung durch das Gesetz zu Reformen am Arbeitsmarkt wird ein Klageantrag entsprechend der Neufassung empfohlen, weil möglicherweise die Gefahr besteht, dass ungeachtet § 6 KSchG andere Unwirksamkeitsgründe nicht in die gerichtliche Prüfung einbezogen würden (*Bader* NZA 2004, 68; vgl. im Übrigen KR-*Kreft* § 2 KSchG Rdn 246 bis 251). Die Frage, aus welchen Rechtsgründen eine Änderungskündigung unwirksam ist – etwas aufgrund ihrer Sozialwidrigkeit – handelt es sich um eine Frage der Begründung des Urteils, die an sich in den Entscheidungsgründen, nicht aber im Entscheidungstenor zu behandeln ist (Hamacher-*Nübold* Änderungskündigung Rn 6; aA wohl *BAG* 22.10.2015 – 2 AZR 550/14). Auf die Geltendmachung der Sozialwidrigkeit kann daher auch im Antrag verzichtet werden. Hat der Arbeitgeber die Änderungskündigung nur hilfsweise für den Fall ausgesprochen, dass die Änderung der Arbeitsbedingungen nicht schon durch die **Ausübung** seines **Direktionsrechts** eingetreten ist, sollte die Unwirksamkeit der Arbeitgeberweisung mit dem Hauptantrag geltend gemacht und der **Änderungsschutzantrag nur als Hilfsantrag** gestellt werden (*BAG* 17.12.2015 – 2 AZR 304/15 Rn 15).

2. Rücknahme der Änderungskündigung ohne Zustimmung des Arbeitnehmers vor Klageerhebung

366 Der Arbeitgeber kann die Änderung der Arbeitsbedingungen im Ergebnis **einseitig zurücknehmen**. Der Arbeitnehmer hat durch seinen Vorbehalt erklärt, dass er auf jeden Fall gewillt ist, das Arbeitsverhältnis mit dem Arbeitgeber fortzusetzen, sei es nun zu den alten oder zu den neuen Bedingungen. **Der Vorbehalt ist als Angebot** anzusehen, zu den alten Bedingungen weiterzuarbeiten. Nimmt der Arbeitgeber die Änderungskündigung zurück, so liegt darin die Annahme des Angebots des Arbeitnehmers. Der Arbeitnehmer und der Arbeitgeber haben sich wieder auf den ursprünglichen Vertragsinhalt geeinigt.

3. Rücknahme der Änderungskündigung ohne Zustimmung des Arbeitnehmers nach Klageerhebung

367 In der **Rücknahme der Kündigung** liegt ein **Anerkenntnis des Klageanspruchs**. Wird ein förmliches Anerkenntnis nicht abgegeben, so ist der Rechtsstreit in der Hauptsache erledigt. In der Rücknahme der Kündigung ist die Annahme des Angebots des Arbeitnehmers, das er durch den Vorbehalt gemacht hat, durch den Arbeitgeber zu sehen mit der Folge, dass eine Einigung über den Fortbestand des Arbeitsverhältnisses zu den alten Bedingungen erzielt wurde. Es ist lediglich noch über die Kosten des Rechtsstreits zu befinden, die idR der Arbeitgeber zu tragen haben wird, § 93, 91a ZPO.

4. Einfluss des Todes des Arbeitnehmers auf den Änderungskündigungsrechtsstreit

368 Mit dem Tod des Arbeitnehmers ist das Arbeitsverhältnis beendet. Die Erben können, wenn der Arbeitnehmer den Vorbehalt erklärt hatte, entweder selbst klagen oder aber die vom Arbeitnehmer schon begonnene Klage fortsetzen. Der Prozess geht dann nur noch darum ob für die Zeit zwischen Ende der Kündigungsfrist und dem Tod des Arbeitnehmers die alten oder die geänderten Bedingungen gegolten haben.

369 Die Erben dürften indes nur dann ein Feststellungsinteresse haben, wenn der Arbeitnehmer hätte unter verschlechterten Vergütungsbedingungen weiterarbeiten sollen. Dann stehen den Erben, wenn sie obsiegen, die **Differenzbeträge** zu.

5. Streitgegenstand

Streitgegenstand der Änderungskündigung nach Annahme der geänderten Bedingungen unter Vorbehalt ist nicht die Wirksamkeit der ausgesprochenen Kündigung, sondern der Inhalt der für das Arbeitsverhältnis geltenden Bedingungen (*BAG* 19.7.2012 EzA § 2 KSchG Nr. 86, Rn 20; 26.1.2012 EzA-SD 13/2012, 3 [Rn 13]; 26.8.2008 EzA § 2 KSchG Nr. 72 Rn 17). Bei der Ablehnung des Angebots wird um den Bestand des Arbeitsverhältnisses gestritten. Wurde innerhalb der Klagefrist des § 4 S. 1 KSchG nur die Sozialwidrigkeit der Änderungen gerügt, können im Rahmen des § 6 KSchG sonstige Unwirksamkeitsgründe nachgebracht werden (vgl. KR-*Klose* § 6 KSchG und im Übrigen KR-*Kreft* § 2 KSchG). Sonstige nicht unter § 4 S. 1 und S. 2 KSchG fallende Unwirksamkeitsgründe können auch außerhalb der Dreiwochenfrist geltend gemacht werden. Nach Ansicht des Zweiten Senats des BAG ist von einem Antrag nach § 4 Satz 2 KSchG regelmäßig auch das Begehren umfasst festzustellen, dass das Arbeitsverhältnis bis einschließlich zu dem vorgesehenen »Änderungstermin« noch bestanden hat. Auch die Änderungsschutzklage hat insoweit einen **erweiterten punktuellen Streitgegenstand** (*BAG* 24.5.2018 – 2 AZR 67/18 Rn 23). Dies setzt voraus, dass es bis zu eben diesem Zeitpunkt – einschließlich seiner selbst – nicht durch einen Auflösungstatbestand geendet hat. Ein Änderungsschutzantrag nach § 4 S. 2 KSchG wahrt die Klagefrist des § 4 S. 1 KSchG für eine nachfolgende Beendigungskündigung, die vor dem oder zeitgleich mit dem »Änderungstermin« der ersten Kündigung wirksam werden soll, daher jedenfalls dann, wenn der Kläger die Unwirksamkeit der Folgekündigung noch vor Schluss der mündlichen Verhandlung erster Instanz mit einem Kündigungsschutzantrag iSd. § 4 S. 1 KSchG geltend macht (*BAG* 24.5.2018 – 2 AZR 67/18 Rn 18).

370

6. Die Rechtskraft

Ist die Klage abgewiesen, so steht – je nach Begründung des Gerichts – **mit Rechtskraft** des Urteils entweder fest, dass an die Stelle der alten Arbeitsbedingungen die geänderten mit Ablauf der Kündigungsfrist getreten sind. Die Änderungskündigung hat sich aus keinem Grunde als unwirksam erwiesen. Weitere Unwirksamkeitsgründe können trotz § 4 S. 2 KSchG in einem neuen Verfahren nicht mehr erfolgreich geltend gemacht werden (*BAG* 28.8.2008 – 2 AZR 63/07, NZA 2009, 275 Rn 38 betr. Beendigungskündigung; *Hess. LAG* 28.2.2003 – 12 Sa 28/02). Denkbar ist aber auch, dass das Arbeitsgericht die Änderungsschutzklage als unbegründet abweist, weil es sich bei der Erklärung des Arbeitgebers schon gar nicht um eine Änderungskündigung handelt (sog. **überflüssige Änderungskündigung**, vgl. *BAG* 19.7.2012 EzA § 2 KSchG Nr. 86, Rn 21). Hat der Arbeitnehmer rechtskräftig **obsiegt**, so sind die bisherigen Arbeitsbedingungen weiterhin maßgebend. Der Arbeitgeber hat nach § 8 KSchG die alten Arbeitsbedingungen wiederherzustellen (vgl. KR-*Kreft* § 8 KSchG Rdn 10 ff.). Eine rechtskräftige Abweisung durch Prozessurteil führt nach dem Ablauf der Fristen der §§ 4 S. 1, 5 Abs. 3 S. 2 KSchG dazu, dass der Arbeitnehmer mit Erfolg keine neue Kündigungsschutzklage erheben kann; es greift die Fiktion des § 7 KSchG, bei außerordentlichen Kündigungen iVm § 13 Abs. 1 S. 2 KSchG. Der Arbeitnehmer kann sich mit Erfolg lediglich auf nicht von § 4 KSchG erfasste Rechtsunwirksamkeitsgründe berufen (vgl. zum alten Recht *Hess. LAG* 28.2.2003 – 12 Sa 28/02). Die Annahme des Angebots unter Vorbehalt kann der Arbeitnehmer nicht mehr wirksam zurücknehmen und von der Änderungsschutzklage auf einen Beendigungsstreit übergehen (*ArbG Elmshorn* 20.8.1986 NZA 1987, 130; vgl. auch KR-*Klose* § 6 KSchG Rdn 26).

371

7. Streitwert

Wegen des Streitwerts bei Änderungskündigungen hier Rdn 363, zu Einzelheiten vgl. KR-*Kreft* § 2 KSchG Rdn 272 ff.

372

F. Klagerücknahme, Klageverzicht, Verzicht auf Kündigungsschutz

I. Kündigungsschutz und Klagerücknahme

Der Arbeitnehmer kann die **Kündigungsschutzklage** bis zum Stellen der Anträge ohne Einwilligung des Arbeitgebers **zurücknehmen** (§ 54 Abs. 2 S. 1 ArbGG). Sobald der Arbeitgeber zur Hauptsache

373

mündlich verhandelt hat, ist seine Einwilligung zur Klagerücknahme erforderlich. **Der Zeitpunkt, der für die Zustimmungsbedürftigkeit der Klagerücknahme maßgebend ist, ist der des Beginns der Begründung des Klageabweisungsantrages in der Sache.** Dabei ist die Stellung des Klageabweisungsantrages ausreichend, wenn erkennbar ist, ob der Abweisungsantrag auf Sachabweisung oder auf ein Prozessurteil gerichtet ist (vgl. *Walther* Klageänderung und Klagerücknahme, S. 33 f.; *Thomas/Putzo-Reichold* § 269 Rn 9). Das bedeutet, dass die Klagerücknahme ohne Einwilligung des Arbeitgebers nicht nur im Gütetermin (§ 54 ArbGG, vgl. GK-ArbGG/*Schütz* § 54 Rn 47), sondern noch in der Verhandlung vor der Kammer möglich ist, solange der Abweisungsantrag auf Sachabweisung durch den Arbeitgeber noch nicht gestellt ist (*LAG RhPf* 20.1.2012 – 9 Sa 371/11, Rn 30). Der Wirksamkeit der Klagerücknahme steht nicht entgegen, dass die Klagerücknahmeerklärung entgegen § 46 Abs. 2 ArbGG iVm § 162 Abs. 1 S. 2, 3 ZPO nicht vorgespielt und genehmigt wurde. Das hat nur zur Folge, dass dem Protokoll insoweit die Beweiskraft als öffentliche Urkunde fehlt (*LAG RhPf* 20.1.2012 – 9 Sa 371/11, Rn 31; *Zöller/Stöber* § 162 Rn 6).

374 Wird die **Klage** wirksam ohne oder mit Einwilligung des Beklagten **zurückgenommen**, so ist der **Rechtsstreit als nicht anhängig geworden anzusehen** (§ 269 Abs. 3 S. 1 1. Hs. ZPO). War im Zeitpunkt der Rücknahme die Dreiwochenfrist des § 4 KSchG abgelaufen, folgt daraus, dass die Kündigung jedenfalls **nach § 7 KSchG wirksam** geworden ist (vgl. *BAG* 18.5.2006 – 2 AZR 245/05, Rn 20; 24.9.1987 – 2 AZR 4/87 [zu II. 1.]; *LAG RhPf* 20.1.2012 – 9 Sa 371/11, Rn 32; APS-*Hesse* Rn 121; *LKB/Linck* Rn 92; zur Befristungskontrollklage ebenso *BAG* 26.6.2002 – 7 AZR 122/01). Das BAG hat diese Rechtsfolge einer Klagerücknahme jüngst **in Frage gestellt** (*BAG* 10.12.2020 – 2 AZR 308/05, Rn 16). Der Zweite Senat des BAG meint, die bisherige Rechtsprechung sei »ohne die gebotene Auslegung § 4 Satz 1, § 7 Hs. 1 KSchG« zustande gekommen. Das überzeugt nicht. § 4 soll dem Arbeitgeber Klarheit über Fortbestand des Arbeitsverhältnisses verschaffen (Rdn 12). Nimmt der Arbeitnehmer seine zunächst eingelegte Klage zurück, darf der Arbeitgeber dies in der Regel so verstehen, dass der Fortbestand des Arbeitsverhältnisses nicht mehr geltend gemacht wird (*BAG* 21.8.2008 – 8 AZR 201/07, Rn 39). Dieses Verständnis wir durch den Eintritt der Folge des § 7 Hs. 1 KSchG geschützt. War die Dreiwochenfrist noch nicht abgelaufen, so steht einer erneuten Erhebung der Kündigungsschutzklage binnen Ablauf der Dreiwochenfrist hingegen nichts im Wege. Begründet der Arbeitnehmer die »Rücknahme« der Kündigungsschutzklage ausschließlich damit, ab einem bestimmten Zeitpunkt eine neue Stellung gefunden zu haben, und verfolgt er den Anspruch auf Annahmeverzugslohn für die Zeit nach Ablauf der Kündigungsfrist bis zum Beginn des neuen Arbeitsverhältnisses weiter, so ergibt die Auslegung, dass er nur für die Zukunft am Arbeitsverhältnis nicht festhalten will, gleichwohl aber an dem Ziel, die Unwirksamkeit der Kündigung festzustellen zu lassen, festhalten will. Von dieser Feststellung hängen die Annahmeverzugslöhne ab (*LAG Köln* 28.2.2002 LAGReport 2003, 7; vgl. Rdn 40 f.).

375 Die Rücknahme der Kündigungsschutzklage führt aber nicht zu einem Wiederaufleben eines Abfindungsanspruchs nach § 1a KSchG. Die prozessuale Fiktion des § 269 Abs. 3 ZPO ist für den materiell-rechtlichen Tatbestand des § 1a KSchG ohne Bedeutung. Ziel des Gesetzgebers ist es, mit § 1a KSchG einen Abfindungsanspruch bei betriebsbedingter Kündigung unter Vermeidung eines Kündigungsschutzprozesses zu begründen (*BAG* 13.12.2007 EzA § 1a KSchG Nr. 5). Dieses Ziel wird durch eine gleichwohl erhobene Kündigungsschutzklage vereitelt. Eine spätere Klagerücknahme vermag daran nichts zu ändern (*LAG SA* 28.9.2005 LAGE § 1a KSchG Nr. 2; Einzelheiten KR-*Spilger* § 1a KSchG Rdn 84 ff.).

II. Kündigungsschutz und Klageverzicht (§ 306 ZPO)

376 Verzichtet der klagende Arbeitnehmer auf den mit der Klage geltend gemachten Feststellungsanspruch iSd § 4 KSchG (**§ 306 ZPO**) – als Prozesshandlung –, so ist auf Antrag des beklagten Arbeitgebers die Klage wegen des Verzichts als **unbegründet** abzuweisen (vgl. *Hako-Gallner* Rn 89). Es handelt sich also um eine Sachabweisung. Mit Rechtskraft des Verzichtsurteils steht wegen der eingetretenen Unklagbarkeit des Anspruchs fest, dass die Kündigung wirksam ist und das Arbeitsverhältnis

mit Ablauf der Kündigungsfrist aufgelöst ist oder aufgelöst werden wird. Nach dem Verzichtsurteil steht der erneuten Klage gegen dieselbe Kündigung die Rechtskraft entgegen (APS-*Hesse* Rn 122).

III. Verzicht auf Kündigungsschutz durch Vertrag

1. Zulässigkeit des Verzichts auf den Kündigungsschutz im Allgemeinen

Es ist anerkannt, dass ein Arbeitnehmer **nicht im Voraus auf den Kündigungsschutz wirksam verzichten** kann. Das gilt sowohl für den besonderen Kündigungsschutz (zB § 9 MuSchG; § 85 SGB IX; § 15 KSchG) als auch für den allgemeinen Kündigungsschutz. Ein derartiger Verzicht ist weder vor Beginn des Arbeitsverhältnisses noch nach Beginn des Arbeitsverhältnisses für eine künftige Kündigung möglich (*KR-Rachor* § 1 Rdn 41 ff.; SPV-*Preis* Rn 834, 1285 ff.; *Schiefer* PuR 2017, 153; *BAG* 19.12.1974 EzA § 305 BGB Nr. 6; *LAG Düsseld.* 27.2.1979 EzA § 4 KSchG nF Nr. 14; *LAG München* 29.10.1987 BB 1988, 348). 377

Grundsätzlich hat der Wunsch des Arbeitnehmers, der Arbeitgeber möge ihm kündigen, kündigungsrechtlich keine Bedeutung. Hielte man den Arbeitnehmer an diesem Verlangen fest, kommt das einem Vorausverzicht auf den Kündigungsschutz gleich. Der Arbeitnehmer ist nicht gehindert, sich gegen eine Kündigung des Arbeitgebers mit einer Kündigungsschutzklage zu wehren (*LAG Frankf.* 24.4.1987 LAGE § 4 KSchG Verzicht Nr. 1). Grenze ist – wie stets – § 242 BGB (vgl. *BAG* 25.9.2014 EzA § 307 BGB 2002 Nr. 66 Rn 30; *KR-Rachor* § 1 KSchG Rdn 43). 378

Aus Vorstehendem folgt schon, dass in einem **bloßen Schweigen** des Arbeitnehmers gegenüber dem Arbeitgeber nach Ausspruch der Kündigung **kein Verzicht** liegt (vgl. KR-*Rachor* § 1 KSchG Rdn 43). 379

2. Verzicht auf den Kündigungsschutz durch Ausgleichsquittung

Grundsätzlich können sich die Parteien eines (künftigen) Prozesses vertraglich zu jedem rechtlich möglichen Verhalten verpflichten, sofern dieses nicht gegen ein gesetzliches Verbot oder gegen die guten Sitten verstößt. Unter diesen Voraussetzungen ist auch die vertragliche **Verpflichtung**, eine bestimmte **Klage nicht zu erheben**, möglich und wirksam (*BAG* 12.3.2015 – 6 AZR 82/14, Rn 19). Die Verpflichtung kann nach Zugang der Kündigungserklärung vor Ablauf der Dreiwochenfrist des § 4 S. 1 KSchG eingegangen werden (*BAG* 19.4.2007 EzA § 611 BGB 2002 Aufhebungsvertrag Nr. 7), aber auch danach (ErfK-*Kiel* § 4 Rn 28). Das ergibt sich daraus, dass der Arbeitnehmer die Klagefrist des § 4 S. 1 KSchG verstreichen lassen kann. Außerdem verbietet das Gesetz einen vertraglichen Verzicht auf den Kündigungsschutz nicht (*BAG* 6.9.2007 EzA § 307 BGB 2002 Nr. 29). Die Erklärung des Arbeitnehmers, auf Kündigungsschutz zu verzichten, kann als Klageverzichtsvertrag, im Rahmen eines Vergleichs oder eines Aufhebungsvertrages erfolgen oder aber nach Anhängigkeit einer Kündigungsschutzklage ein Klagerücknahmeversprechen sein. Eine im unmittelbaren zeitlichen und sachlichen Zusammenhang mit dem Zugang einer Kündigung getroffene Klageverzichtsvereinbarung sieht das BAG als Aufhebungsvertrag an, der der Schriftform des § 623 BGB bedarf (*BAG* 15.2.2007 EzA § 611 BGB 2002 Nr. 6; 19.4.2007 EzA § 611 BGB 2002 Aufhebungsvertrag Nr. 7). Vorformulierte Ausgleichsquittungen unterliegen der AGB-Kontrolle nach §§ 305 ff. BGB. 380

Durch Auslegung ist zu ermitteln, ob die Erklärung des Arbeitnehmers, auf Kündigungsschutz zu verzichten, einen Aufhebungsvertrag, einen Vergleich, einen vertraglichen Klageverzicht oder ein vertragliches Klagerücknahmeversprechen darstellt (*BAG* 19.4.2007 EzA § 611 BGB 2002 Aufhebungsvertrag Nr. 7; 6.9.2007 EzA § 307 BGB 2002 Nr. 29). Enthält das Kündigungsschreiben den Zusatz »Kündigung akzeptiert und mit Unterschrift bestätigt. Auf Klage gegen die Kündigung wird verzichtet«, den der Arbeitnehmer unterschreibt und durch den Arbeitgeber ebenfalls unterzeichnet wurde, liegt ein formgerechter Klageverzichtsvertrag vor (*BAG* 6.9.2007 EzA § 307 BGB 2002 Nr. 29 Rn 3, 14). Der Zweite Senat verweist darauf, mit dieser Vereinbarung habe der Arbeitnehmer vertraglich verpflichtet sein sollen, gegen die ihm mit gleichem Schreiben erklärte außerordentliche Kündigung des Arbeitsverhältnisses keine Kündigungsschutzklage zu erheben, sondern auf 381 deren Erhebung zu verzichten und der Arbeitgeber habe diesen Verzicht auch annehmen wollen. Es handele sich nicht um einen Aufhebungsvertrag. Die vertragliche Regelung habe nicht selbständig zur Beendigung des Arbeitsverhältnisses zwischen den Parteien führen sollen, sondern »lediglich« die Rechtswirksamkeit der Kündigung außer Streit stellen sollen. Für die Annahme eines eigenständigen Beendigungstatbestandes fehlten die Anhaltspunkte (*BAG* 6.9.2007 EzA § 307 BGB 2002 Nr. 29 Rn 28). Folgt man dem, wäre die Klage wegen des Klageverzichtsvertrags abzuweisen. Das BAG hat aber angenommen, die arbeitgeberseitig vorformulierte Vereinbarung »Kündigung akzeptiert und mit Unterschrift bestätigt, auf Klage gegen die Kündigung wird verzichtet«, stelle eine Allgemeine Geschäftsbedingung iSv § 305 Abs. 1 BGB dar (vgl. *BAG* 25.9.2014 EzA § 307 BGB 2002 Nr. 66, Rn 14). Der Arbeitnehmer habe keinen bestimmenden Einfluss auf die inhaltliche Ausgestaltung der Vertragsklausel gehabt.

382 Das *BAG* hält den nach Zugang der Kündigungserklärung erklärten, vom Arbeitgeber vorformulierten Verzicht durch den Arbeitnehmer auf Erhebung einer Klage gegen die Kündigung für unwirksam. Der formularmäßige Verzicht auf eine Kündigungsschutzklage halte nach Inkrafttreten des Gesetzes zur Modernisierung des Schuldrechts am 1. Januar 2002 und der dadurch erfolgten Einbeziehung des Arbeitsrechts in die AGB-Kontrolle einer Inhaltskontrolle nach § 307 Abs. 1 S. 1 BGB nicht stand. § 307 Abs. 3 BGB greift nicht ein. Im Klageverzicht innerhalb von drei Wochen nach Zugang der Kündigung liegt eine Abweichung von Rechtsvorschriften. Durch ihn wird von der gesetzlichen Regelung in § 4 Satz 1 iVm. § 13 Abs. 1 Satz 2 KSchG abgewichen, wonach dem Arbeitnehmer drei Wochen für die Überlegung zur Verfügung stehen, ob er Kündigungsschutzklage erheben will (vgl. *BAG* 25.9.2014 EzA § 307 BGB 2002 Nr. 66, Rn 21; aA *Müller* BB 2011, 1653, 1654; *Rolfs* in FS Reuter 2010 S. 825, 835; s. schon *LAG SchlH* 24.9.2003 BB 2004, 608; dazu *Steinau/Steinrück* BB 2004, 611 f.). Ohne **kompensatorische Gegenleistung**, etwa in Bezug auf den Beendigungszeitpunkt, Verzicht auf Ersatzansprüche (wenn ein verständiger Arbeitgeber annehmen darf, dass solche Ansprüche bestehen, vgl. *Schiefer* PuR 2017, 153, 155) des Arbeitgebers liegt nach Auffassung des BAG idR eine unangemessene Benachteiligung des Arbeitnehmers vor (6.9.2007 EzA § 307 BGB 2002 Nr. 29; krit. *Bauer/Günther* NJW 2008, 1617, 1620). Der Verzicht wirkt allein zu Lasten des gekündigten Arbeitnehmers. Der Arbeitgeber muss bei einem innerhalb der Drei-Wochen-Frist des § 4 S. 1 KSchG erklärten Klageverzicht den Ablauf der Klagefrist nicht mehr abwarten, sondern kann bereits zuvor davon ausgehen, dass seine Kündigung das Arbeitsverhältnis rechtswirksam beendet hat bzw. beenden wird. Er kann Dispositionen treffen, ohne die Feststellung einer Unwirksamkeit der Kündigung am Ende eines möglicherweise langjährigen Prozesses fürchten zu müssen (vgl. *BAG* 25.9.2014 EzA § 307 BGB 2002 Nr. 66, Rn 24). Das BAG hat zu Recht angenommen, die in einer Abwicklungsvereinbarung vom Arbeitgeber übernommene Verpflichtung, dem Arbeitnehmer ein Zeugnis mit einer näher bestimmten (überdurchschnittlichen) Leistungs- und Führungsbeurteilung zu erteilen, stelle keinen Vorteil dar, der geeignet wäre, die mit dem Verzicht auf die Erhebung einer Kündigungsschutzklage verbundene unangemessene Benachteiligung des Arbeitnehmers iSd § 307 Abs. 1 S. 1 BGB auszugleichen (*BAG* 24.9.2015 EzA § 307 BGB 2002 Nr. 71, Rn 20). Es spricht einiges dafür, dass die Verpflichtung zur Zahlung einer Abfindung entsprechend § 1a KSchG eine ausreichende Kompensation darstellt (vgl. *Preis/Rolfs* Der Arbeitsvertrag II V 50 Rn 32). Erbringt der Arbeitgeber die Gegenleistung, zu der er sich gegenüber dem Arbeitnehmer verpflichtet hat, nicht, so kann diesem ein Rücktrittsrecht zustehen (*BAG* 24.9.2015 EzA § 779 BGB 2002 Nr. 6).

383 Was bleibt ist, dass Arbeitnehmer und Arbeitgeber nach wie vor einen Klageverzicht vereinbaren können, wobei dieser im Einzelnen ausgehandelt sein muss, was nur dann der Fall ist, wenn der Arbeitgeber als Verwender die betreffende Klausel inhaltlich ernsthaft zur Diskussion stellt und dem Arbeitnehmer als Verhandlungspartner Gestaltungsfreiheit zur Wahrung eigener Interessen einräumt mit der realen Möglichkeit, die inhaltliche Ausgestaltung der Vertragsbedingungen zu beeinflussen. Das setzt voraus, dass sich der Arbeitgeber als Verwender deutlich und ernsthaft zu gewünschten Änderungen der zu treffenden Vereinbarung bereit erklärt (*BAG* 6.9.2007 EzA § 307 BGB 2002 Nr. 29; *Schiefer* PuR 2017, 153). Ein solches Aushandeln entspricht kaum der Realität in den konkreten Situationen im Betrieb, wenn es etwa darum geht, einen tatsächlich begangenen Diebstahl oder einen auf Grund von Tatsachen bestehenden dringenden Tatverdacht

arbeitsrechtlich möglichst ohne großes Aufsehen zu regeln. Im Übrigen wird ein »Aushandeln« iSd der Entscheidung des BAG kaum detailliert dargelegt und im Bestreitensfalle bewiesen werden können (*Worzalla* SAE 2009, 34).

Andernfalls ist eine kompensatorische Gegenleistung zu vereinbaren, die in der vom BAG angesprochenen Änderung des Beendigungszeitpunkts zu Gunsten des Arbeitnehmers, in dem Verzicht auf Schadensersatzansprüche oder im Verzicht auf eine Strafanzeige oder in einer Abfindung liegen kann (*Worzalla* SAE 2009, 34 mit Formulierungsvorschlag), wobei die Frage zur Abgrenzung zu einem Aufhebungsvertrag bleibt. Ein formularmäßiger Klageverzicht in einer Vereinbarung, die zur Vermeidung einer Strafanzeige geschlossen wird, ist nur wirksam, wenn ein verständiger Arbeitgeber die Anzeige ernsthaft in Erwägung ziehen durfte und die Drohung deshalb nicht widerrechtlich war. Anderenfalls benachteiligt der Verzicht den Arbeitnehmer unangemessen iSv. § 307 Abs. 1, Abs. 2 Nr. 1 BGB (vgl. *BAG* 12.3.2015 – 6 AZR 82/14, Rn 27). 384

Der Fünfte Senat des *BAG* hat mit seiner Entscheidung vom 7.11.2007 (EzA § 397 BGB 2002 Nr. 2) eine formularmäßige »Abwicklungsvereinbarung/Bestätigung/Ausgleichsquittung«, mit der der ordnungsgemäße Erhalt im Einzelnen aufgeführter »Papiere« bestätigt wurde und in der es heißt: »Beide Parteien sind sich darüber einig, dass das Arbeitsverhältnis zum 18.12.2004 beendet worden ist. Damit sind alle Ansprüche der Unterzeichner/-in an die Firma ... abgegolten. Mit dem Austritt aus der Firma ... erklärt sich der Unterzeichner/-in einverstanden« als Allgemeine Geschäftsbedingungen der Arbeitgeberin iSd § 305 Abs. 1 BGB angesehen. Ausgehend von einem möglichen Erlassvertrag, einem konstitutiven oder deklaratorischen negativen Schuldanerkenntnis kommt der Fünfte Senat zu dem Ergebnis, der Arbeitnehmer habe nicht auf entstandene Forderungen verzichtet. Diese als »klare Absage an Ausgleichsquittung« gefeierte Entscheidung (vgl. *Bell* AiB 2008, 621) steht dafür, dass eine formularmäßige Ausgleichsquittung der Kontrolle gem. §§ 305–310 BGB unterliegt und damit auch der formularmäßige Verzicht auf Kündigungsschutz (HWK-*Quecke* vor § 1 KSchG Rn 29), zu dem sich zu äußern der Fünfte Senat keinen Anlass hatte. 385

Überraschende Klauseln in vorformulierten Ausgleichsquittungen werden (§ 305c Abs. 1 BGB) nicht Vertragsbestandteil. Ist die Ausgleichsquittung in der Überschrift nur mit »Arbeitspapiere« überschrieben, lässt dies ohne besondere Hervorhebungen nicht erkennen, dass der Arbeitnehmer mit der Unterzeichnung des Schreibens auf sein Recht verzichten soll, Kündigungsschutzklage zu erheben (*BAG* 25.9.2014 EzA § 307 BGB 2002 Nr. 66, Rn 17; vgl. *BAG* 23.2.2005 – 4 AZR 139/04 Rn 62 zu einem mit »Rückgabe Ihrer Unterlagen« überschriebenen Schreiben, das ein negatives Schuldanerkenntnis enthielt). Der Klageverzicht wird dann nach § 305c Abs. 1 BGB nicht Bestandteil der vertraglichen Vereinbarungen der Parteien (*LKB-Linck* Rn 35). Unklarheiten gehen zu Lasten des Arbeitgebers, § 305c BGB (SPV-*Preis* Rn 1286). Das gilt auch für den Verzicht auf Kündigungsschutz (*LAG Düsseld.* 13.4.2005 LAGE § 307 BGB 2002 Nr. 7). 386

Hat der Arbeitnehmer in einer Ausgleichsquittung auf den Kündigungsschutz wirksam verzichtet, etwa im Wege eines »ausgehandelt« iSv § 305 Abs. 1 S. 3 BGB (*BAG* 6.9.2007 EzA § 307 BGB 2002 Nr. 29), ist die gleichwohl erhobene oder fortgeführte **Kündigungsschutzklage** als **unbegründet** – und nicht als unzulässig (so aber ErfK-*Kiel* § 4 Rn 28; auch *BAG* 25.9.2014 EzA § 307 BGB 2002 Nr. 66; 12.3.2015 – 6 AZR 82/14, Rn 19 mwN) – abzuweisen. Der Verzicht ist vor dem Hintergrund der Regelung in § 4 KSchG regelmäßig dahingehend zu verstehen, dass sich der Arbeitnehmer dadurch seiner materiellen Rechte gegenüber der Kündigung begibt (*LAG Hamm* 14.12.1984 DB 1985, 818; 9.10.2003 – 11 Sa 515/03, NZA-RR 2004, 242 [4]; *BAG* 6.4.1977 EzA § 4 KSchG nF Nr. 12; HaKo-KSchR/*Gallner* § 4 Rn 90; offen gelassen in *BAG* 25.9.2014 EzA § 307 BGB 2002 Nr. 66, Rn 11; **aA** *LAG Bln.* 26.7.1982 EzA § 4 KSchG nF Nr. 22 betr. Klagerücknahmeversprechen, vgl. Rdn 47). Es gilt nichts anderes als bei dem Verstreichenlassen der Klagefrist (vgl. Rdn 285). 387

Zum Verzicht auf den Kündigungsschutz vor Inkrafttreten der Schriftform nach § 623 BGB (in Kraft ab 1.5.2000) und der ABG-Kontrolle der §§ 305 ff. BGB (durch das SMG mWv 1.1.2002) vgl. KR 9. Aufl. Rn 297–300, 302–311. 388

§ 5 KSchG Zulassung verspäteter Klagen

(1) ¹War ein Arbeitnehmer nach erfolgter Kündigung trotz Anwendung aller ihm nach Lage der Umstände zuzumutenden Sorgfalt verhindert, die Klage innerhalb von drei Wochen nach Zugang der schriftlichen Kündigung zu erheben, so ist auf seinen Antrag die Klage nachträglich zuzulassen. ²Gleiches gilt, wenn eine Frau von ihrer Schwangerschaft aus einem von ihr nicht zu vertretenden Grund erst nach Ablauf der Frist des § 4 Satz 1 Kenntnis erlangt hat.

(2) ¹Mit dem Antrag ist die Klageerhebung zu verbinden; ist die Klage bereits eingereicht, so ist auf sie im Antrag Bezug zu nehmen. ²Der Antrag muss ferner die Angabe der die nachträgliche Zulassung begründenden Tatsachen und der Mittel für deren Glaubhaftmachung enthalten.

(3) ¹Der Antrag ist nur innerhalb von zwei Wochen nach Behebung des Hindernisses zulässig. ²Nach Ablauf von sechs Monaten, vom Ende der versäumten Frist an gerechnet, kann der Antrag nicht mehr gestellt werden.

(4) ¹Das Verfahren über den Antrag auf nachträgliche Zulassung ist mit dem Verfahren über die Klage zu verbinden. ²Das Arbeitsgericht kann das Verfahren zunächst auf die Verhandlung und Entscheidung über den Antrag beschränken. ³In diesem Fall ergeht die Entscheidung durch Zwischenurteil, das wie ein Endurteil angefochten werden kann.

(5) ¹Hat das Arbeitsgericht über einen Antrag auf nachträgliche Zulassung nicht entschieden oder wird ein solcher Antrag erstmals vor dem Landesarbeitsgericht gestellt, entscheidet hierüber die Kammer des Landesarbeitsgerichts. ²Absatz 4 gilt entsprechend.

Übersicht	Rdn		Rdn
A. Entstehungsgeschichte	1	2. Die Fristen für den Antrag	98
I. KSchG 1951 und KSchG 1969	1	a) Die Zweiwochenfrist	99
II. Gesetz zur Beschleunigung des arbeitsgerichtlichen Verfahrens (Arbeitsgerichtsbeschleunigungsgesetz 2000)	2	b) Die Frist von sechs Monaten	115
		c) Die Berechnung der Fristen	118
III. Das Gesetz zu Reformen am Arbeitsmarkt 2003	3	d) Wiedereinsetzung in den vorigen Stand bei Versäumung der Antragsfristen?	121
IV. Das SGGArbGG-Änderungsgesetz 2008	4	e) Darlegung der Wahrung der Antragsfrist; Beweislast	123
B. Die Voraussetzungen für die Zulassung verspäteter Klagen	6	III. Nachträgliche Zulassung bei Schwangerschaft, § 5 Abs. 1 S. 2 KSchG	124
I. Materielle Voraussetzungen	6	C. Das Verfahren	127
1. Von der Regelung erfasste Klagen	6	I. Die Entscheidung durch das ArbG	127
2. Verspätete Klageerhebung	9	II. Die Rechtsmittel	138
3. Anwendung der erforderlichen Sorgfalt	11	1. Berufung gegen die Entscheidung des Arbeitsgerichts	138
a) Zuzumutende Sorgfalt	12	2. Rechtsmittel gegen das Urteil des LAG	142
b) Die Anwendbarkeit von Bestimmungen der ZPO im Rahmen des § 5 Abs. 1 KSchG	13	3. Rechtsmittel bei Entscheidung des ArbG durch Beschluss	143
c) Einzelfälle	15	D. Die Folgen der Rechtskraft des Zwischenurteils	144
II. Formelle Voraussetzungen	75		
1. Der Antrag auf nachträgliche Zulassung	75	I. Nachträgliche Zulassung der Kündigungsschutzklage	144
a) Die Form des Antrags	75		
b) Der Inhalt des Antrags	77	II. Zurückweisung des Antrags auf nachträgliche Zulassung	145
aa) Antrag und Kündigungsschutzklage	77		
bb) Antrag und Begründung nebst Glaubhaftmachung	80	III. Bindungswirkung des Zwischenurteils	146
c) Die Einreichung des Antrags beim zuständigen ArbG	93	E. Einzelfragen	147
d) Das Rechtsschutzinteresse	96	I. Streit über die Versäumung der Dreiwochenfrist	147

	Rdn		Rdn
II. Entscheidung des Revisionsgerichts	149	F. **Kosten und Streitwert**	152
III. Die Aussetzung des Kündigungsschutzprozesses gem. § 148 ZPO	150	I. Kosten	152
		II. Streitwert	154

A. Entstehungsgeschichte

I. KSchG 1951 und KSchG 1969

§ 5 KSchG war als § 4 KSchG in der am 13.8.1951 in Kraft getretenen ursprünglichen Fassung des KSchG vom 10.8.1951 (BGBl. I S. 499) enthalten. Es wurde wegen der Versäumung der Klagefrist nicht an die Wiedereinsetzung in den vorigen Stand angeknüpft, sondern es wurde hinsichtlich der inhaltlichen Voraussetzungen – der damalige § 4 Abs. 1 entsprach dem heutigen § 5 Abs. 1 S. 1 – und hinsichtlich des Verfahrens eine **eigenständige Regelung** getroffen. Es gab ein separates Verfahren, das mit einer Entscheidung durch Beschluss beendet wurde, und mit einem eigenständigem Instanzenzug, der am Landesarbeitsgericht endete. Mit der gem. der Ermächtigung in Art. 7 des Ersten Arbeitsrechtsbereinigungsgesetzes v. 14.8.1969 (BGBl. I S. 1106 [1111]) erfolgten Neubekanntmachung des KSchG vom 25.8.1969 (BGBl. I S. 1317) wurde § 4 KSchG 1951 ohne Änderung des Wortlauts zu § 5 KSchG. 1

II. Gesetz zur Beschleunigung des arbeitsgerichtlichen Verfahrens (Arbeitsgerichtsbeschleunigungsgesetz 2000)

Das Gesetz zur Vereinfachung und Beschleunigung des arbeitsgerichtlichen Verfahrens – Arbeitsgerichtsbeschleunigungsgesetz – v. 30.3.2000 (BGBl. I S. 333) hat das **Erfordernis der mündlichen Verhandlung** über den Antrag auf nachträgliche Zulassung der Kündigungsschutzklage mit Wirkung vom 1.5.2000 **aufgegeben**. Die Änderung bezweckte eine Verfahrensbeschleunigung. Das Arbeitsgericht sollte in geeigneten Fällen kurzfristig, ohne mündliche Verhandlung über den Antrag entscheiden können (dazu *Schaub* NZA 2000, 344). 2

III. Das Gesetz zu Reformen am Arbeitsmarkt 2003

Mit Art. 1 Nr. 3a des Gesetzes zu Reformen am Arbeitsmarkt v. 24.12.2003 (BGBl. I S. 3002, 3003), das am 1.1.2004 in Kraft getreten ist, wurde **§ 5 Abs. 1** um den jetzigen **Satz 2 KSchG** ergänzt; der bisherige Abs. 1 wurde zu Satz 1, seinerseits vor dem Wort »Kündigung« ergänzt um das Wort »schriftlich«. **Satz 2** wurde im Hinblick auf den Sonderkündigungsschutz des § 9 Abs. 1 MuSchG eingefügt, weil auch das Geltend machen des absoluten Kündigungsverbots des § 9 MuSchG unter die dreiwöchige Klagefrist des § 4 S. 1 KSchG fällt und § 5 Abs. 1 aF KSchG das Fehlen der Kenntnis von einem Unwirksamkeitsgrund nicht erfasst hatte (BT-Drucks. 15/1587, S. 31). Die Regelung will einer schwangeren Arbeitnehmerin die Möglichkeit geben, nachträglich Kündigungsschutzklage zu erheben, wenn sie es wegen unverschuldeter Unkenntnis von ihrer Schwangerschaft versäumt hat, die Klagefrist einzuhalten (*BAG* 19.2.2009 EzA § 4 nF KSchG Nr. 38). 3

IV. Das SGGArbGG-Änderungsgesetz 2008

Durch Art. 3 des Gesetzes zur Änderung des Sozialgerichtsgesetzes und des Arbeitsgerichtsgesetzes vom 26.3.2008 (BGBl. I S. 444, 448) wurde das **Verfahren** der nachträglichen Klagezulassung mit Wirkung vom 1.4.2008 **wesentlich geändert**. ArbG und LAG entscheiden seitdem über die nachträgliche Zulassung nicht mehr vorab in einem gesonderten Verfahren durch Beschluss, sondern durch **Urteil**. Regelmäßig soll das Gericht zugleich über die Hauptsache – die Kündigungsschutzklage – entscheiden (§ 5 Abs. 4 S. 1 KSchG). Es kann aber über die nachträgliche Zulassung auch gesondert durch Zwischenurteil entscheiden, das wie ein Endurteil anfechtbar ist (§ 5 Abs. 4 S. 2 u. 3 KSchG; dazu *BAG* 22.3.2012 EzA § 5 KSchG Nr. 41). Damit ist nunmehr in Fragen der nachträglichen Zulassung der Kündigungsschutzklage auch die **Revision möglich**. In der Begründung 4 für diese Gesetzesänderung wird betont, dass das Kündigungsschutzverfahren in den Fällen der nachträglichen Zulassung gestrafft und **beschleunigt** werden solle (BT-Drucks. 16/7716 S. 15). Darauf beruht Abs. 5 der Regelung, dem zufolge das LAG über den Antrag auf nachträgliche Zulassung entscheidet, wenn der Antrag erstmals zweitinstanzlich gestellt wird oder das ArbG über ihn nicht entschieden hat. Eine Zurückverweisung an das ArbG kommt nicht mehr in Betracht (BR-Dr. 820/07 S. 35). Der Bitte des Bundesrats (BR-Drs. 820/07 [Beschluss] S. 20), den Verschuldensmaßstab des § 5 Abs. 1 S. 1 KSchG dem des § 233 S. 1 ZPO anzugleichen und in die Regelung aufzunehmen, dass sich der Antragsteller das Verschulden seines Prozessbevollmächtigten an der Versäumung der Klagefrist entsprechend § 85 Abs. 2 ZPO zurechnen lassen muss, wurde im Gesetzgebungsverfahren nicht entsprochen.

5 Die Frage der **Zurechnung des Anwaltsverschuldens** hatten die bis dahin letztinstanzlich entscheidenden LAG unterschiedlich beantwortet (dazu iE *Friedrich* KR 8. Aufl., § 5 KSchG Rn 69 ff.). Das Bundesarbeitsgericht hat unter Geltung des neuen Prozessrechts iSd hM entschieden: Dem Arbeitnehmer ist das Verschulden seines Prozessbevollmächtigten an der Versäumung der gesetzlichen Klagefrist des § 4 S. 1 KSchG gem. § 46 Abs. 2 S. 1 ArbGG iVm § 85 Abs. 2 ZPO zuzurechnen (*BAG* 11.12.2008 EzA § 5 KSchG Nr. 35; ferner 25.4.2013 EzTöD 100 § 34 Abs. 1 TVöD-AT Beteiligung Arbeitnehmervertretung Nr. 5 Rn 87; vgl. näher Rdn 68 mwN).

B. Die Voraussetzungen für die Zulassung verspäteter Klagen

I. Materielle Voraussetzungen

1. Von der Regelung erfasste Klagen

6 Der **Anwendungsbereich** des § 5 KSchG ist an § 4 KSchG in seiner ab dem 1.1.2004 geltenden Fassung angepasst worden. Erfasst sind damit alle Klagen gegen **schriftliche Kündigungen**, sowohl gegen ordentliche und außerordentliche **Beendigungskündigungen** (§ 4 S. 1, § 13 Abs. 1 S. 2 KSchG) als auch gegen **Änderungskündigungen** – ordentliche und außerordentliche (§ 4 S. 2 KSchG). Auf die Unwirksamkeitsgründe kommt es idR nicht an, die Klagefrist des § 4 S. 1 KSchG wurde auf beinahe sämtliche **Unwirksamkeitsgründe** erstreckt. Eine Ausnahme gilt für Klagen gegen mündlich ausgesprochene Kündigungen und gegen solche, die durch einen nicht bevollmächtigten Vertreter des Arbeitgebers oder einen anderen **Nichtberechtigten** erklärt und nicht nachträglich genehmigt wurden (dazu *BAG* 6.9.2012 NZA 2013, 524). Zu beachten ist ferner die Regelung in **§ 5 Abs. 1 S. 2 KSchG** (verspätete Klage einer Schwangeren; vgl. Rdn 3). Zu den Besonderheiten beim **Berufsausbildungsverhältnis** s. KR-*Weigand* §§ 21–23 BBiG Rdn 82 ff. u. 147 mwN; *Bader/Bram-Ahrendt* § 5 KSchG Rn 8; vgl. auch Rdn 30 aE sowie Rdn 40 f.).

7 Die Klagefrist muss auch von Arbeitnehmern in **Kleinbetrieben** eingehalten werden (§ 23 Abs. 1 S. 3 KSchG; *Bader/Bram-Suckow* § 23 KSchG Rn 41). Das gilt sowohl für ordentliche als auch für außerordentliche Kündigungen. Gleichermaßen gilt die Klagefrist innerhalb der **Wartezeit** des § 1 Abs. 1 KSchG. Bei Fristversäumnis ist die Möglichkeit der nachträglichen Zulassung der Klage gegeben. Hält der Arbeitnehmer die Kündigung für **sittenwidrig**, muss er die Klagefrist ebenfalls einhalten, § 4 S. 1, § 13 Abs. 3 KSchG; § 5 KSchG gilt auch insoweit.

8 Auch eine Klage auf die Feststellung, dass das Arbeitsverhältnis aufgrund einer **Befristung** nicht beendet ist – **Entfristungsklage** –, muss innerhalb von drei Wochen nach dem vereinbarten Ende des befristeten Arbeitsvertrags beim Arbeitsgericht erhoben werden (§ 17 S. 1 TzBfG). Die §§ 5 bis 7 KSchG gelten dabei entsprechend (§ 17 S. 2 TzBfG). Dies gilt über § 21 TzBfG für **auflösend bedingte** Arbeitsverträge gleichermaßen.

2. Verspätete Klageerhebung

9 Die **nachträgliche Zulassung** der Kündigungsschutzklage kommt nur in Betracht, wenn die Klage **nicht innerhalb der Dreiwochenfrist** erhoben wurde (§ 5 Abs. 1 S. 1 u. 2 KSchG, vgl. *BAG* 25.4.2018 EzA § 5 KSchG Nr. 42. Mit der Antragstellung nach § 5 Abs. 1 ist die Erhebung der

Klage zu verbinden, ist die Klage bei Antragstellung schon – wenn auch verspätet – erhoben, ist auf sie Bezug zu nehmen, § 5 Abs. 2 S. 1 KSchG. Die Dreiwochenfrist beginnt mit dem **Zugang** der Kündigung. Nach der ständigen Rechtsprechung des *BAG* und des *BGH* geht eine verkörperte Willenserklärung unter Abwesenden iSv. § 130 Abs. 1 Satz 1 BGB zu, sobald sie in **verkehrsüblicher Weise** in die **tatsächliche Verfügungsgewalt** des Empfängers gelangt ist und für diesen unter **gewöhnlichen Verhältnissen** die Möglichkeit besteht, von ihr Kenntnis zu nehmen *BAG* 22.8.2019 – 2 AZR 111/19, EzA § 130 BGB 2002 Nr. 9; 25.4.2018 – 2 AZR 493/17, EzA § 5 KSchG Nr. 42; *BGH* 14.2.2019 – IX ZR 181/17; 5.12.2007 – XII ZR 148/05) Zum Bereich des Empfängers gehören von ihm vorgehaltene Empfangseinrichtungen wie ein Briefkasten. Ob die Möglichkeit der Kenntnisnahme bestand, ist nach den »gewöhnlichen Verhältnissen« und den »Gepflogenheiten des Verkehrs« zu beurteilen. So bewirkt der Einwurf in einen Briefkasten den Zugang, sobald nach der Verkehrsanschauung mit der nächsten Entnahme zu rechnen ist. Dabei ist nicht auf die individuellen Verhältnisse des Empfängers abzustellen. Im Interesse der Rechtssicherheit ist vielmehr eine **generalisierende Betrachtung** geboten. Wenn für den Empfänger unter gewöhnlichen Verhältnissen die Möglichkeit der Kenntnisnahme bestand, ist es unerheblich, ob er daran durch Krankheit, zeitweilige Abwesenheit oder andere besondere Umstände einige Zeit gehindert war. Ihn trifft die Obliegenheit, die nötigen Vorkehrungen für eine tatsächliche Kenntnisnahme zu treffen. Unterlasst er dies, wird der Zugang durch solche – allein in seiner Person liegenden – Gründe nicht ausgeschlossen (*BAG* 26.3.2015 – 2 AZR 483/14, EzA § 130 BGB 2002 Nr. 7). BAG und BGH haben bislang die Annahme einer **Verkehrsanschauung**, wonach bei Hausbriefkasten im Allgemeinen mit einer Leerung unmittelbar nach Abschluss der üblichen Postzustellzeiten zu rechnen sei, die ihrerseits allerdings stark variieren könnten, nicht beanstandet (vgl. *BAG* 22.3.2012 – 2 AZR 224/11, EzA § 5 KSchG Nr. 41; *BGH* 21.1.2004 – XII ZR 214/00). Die örtlichen Zeiten der Postzustellung gehören nicht zu den unbeachtlichen individuellen Verhältnissen des Empfängers, sondern sind dazu geeignet, die Verkehrsauffassung über die übliche Leerung des Hausbriefkastens zu beeinflussen (*BAG* 22.8.2019 – 2 AZR 111/19, EzA § 130 BGB 2002 Nr. 9). Die Frage nach einer Verkehrsanschauung kann regional unterschiedlich zu beurteilen sein und die Antwort kann sich im Lauf der Jahre ändern (*BGH* 20.11.2008 – IX ZR 180/07). Die Fortdauer des Bestehens oder Nichtbestehens einer Verkehrsanschauung wird nicht vermutet (*BGH* 1.10.1992 – V ZR 36/91). Zu den tatsächlichen Grundlagen einer gewandelten Verkehrsanschauung müssen die Tatsachengerichte Feststellungen treffen (vgl. *BAG* 22.8.2019 – 2 AZR 111/19, EzA § 130 BGB 2002 Nr. 9; 22.3.2012 – 2 AZR 224/11, EzA § 5 KSchG Nr. 41; zum Zugang bei Ortsabwesenheit des Empfängers vgl. Rdn 53). Den Zugang der Kündigung als solchen und seinen Zeitpunkt muss der Arbeitgeber **beweisen**, wenn er sich auf den Zugang »zur rechten Zeit« beruft. Zur Frage, wie weit dabei ein möglicher Anscheinsbeweis durch **Einwurf-Einschreiben** reicht, vgl. *Uth/Barthen* NJW 2021, 685 f. Der Sendungsstatus eines Einwurf-Einschreibens ist jedenfalls vom Auslieferungsbeleg zu unterscheiden. Aus dem Sendungsstatus geht weder der Name des Zustellers hervor noch enthält er die technische Reproduktion einer Unterschrift des Zustellers. Die Aussagekraft des Sendungsstatus reicht deshalb nicht aus, um auf ihn einen Anscheinsbeweis für den Zugang der Postsendung zu stützen (*LAG BW* 17.09.2020 – 3 Sa 38/19, NZA-RR 2021, 70; *LAG Düsseld.* 24.10.2018 – 12 Sa 106/18, ArbRAktuell 2019, 334).

Eine Kündigungsschutzklage kann die Frist des § 4 Satz 1 KSchG auch dann wahren, wenn der 10 Arbeitnehmer in der Klageschrift entgegen § 253 Abs. 4 ZPO iVm. § 130 Nr. 1 ZPO seinen Wohnort nicht angibt. Es ist weder der Zivilprozessordnung noch dem Wortlaut von § 4 S. 1 KSchG zu entnehmen, dass lediglich eine von vornherein in allen Punkten dem Prozessrecht genügende Klageerhebung die Klagefrist wahrt (*BAG* 1.10.2020 – 2 AZR 247/20, EzA § 4 KSchG n.F. Nr. 106; 26.6.1986 – 2 AZR 358/85, EzA § 4 KSchG n.F. Nr. 25). Auch unzulässige Klagen können zur Fristwahrung ausreichen (für die Hemmung bzw. Unterbrechung der Verjährung *BGH* 9.12.2010 – III ZR 56/10). Wann dies der Fall ist, bestimmt sich nach § 253 ZPO und § 4 Satz 1 KSchG (*BAG* 1.10.2020 – 2 AZR 247/20, EzA § 4 KSchG n.F. Nr. 106; 13.3.1997 – 2 AZR 512/96, EzA § 4 KSchG n.F. Nr. 57, mit Anm. *Dauner-Lieb*). Eine wirksame Klageerhebung liegt deshalb vor, wenn die Klage die sich aus § 253 ZPO ergebenden Mindestvoraussetzungen erfüllt.

§ 5 KSchG Zulassung verspäteter Klagen

Den Anforderungen von § 4 Satz 1 KSchG ist genügt, wenn die (wirksame) Klage dem Arbeitgeber fristgerecht Klarheit verschafft, ob der Arbeitnehmer eine bestimmte Kündigung hinnimmt oder ihre Unwirksamkeit gerichtlich geltend machen will. Erfüllt das prozessuale Vorgehen des Arbeitnehmers diesen Zweck, soll er nicht aus formalen Gründen den Kündigungsschutz verlieren (*BAG* 31.3.1993 – 2 AZR 467/92, EzA § 4 KSchG n.F. Nr. 46, mit Anm. *Bakker*). Danach ist die Dreiwochenfrist, ohne dass es auf eine rückwirkende Heilung gemäß § 295 ZPO oder eine nachträgliche Klagezulassung nach § 5 KSchG ankäme, von vornherein gewahrt, wenn die rechtzeitig eingereichte Klageschrift von einer postulationsfähigen Person unterzeichnet ist, die sie – als solche und nicht als bloßen Entwurf – verantwortet (§ 253 Abs. 4 ZPO iVm. § 130 Nr. 6 ZPO), und aus ihr die Parteien (§ 253 Abs. 2 Nr. 1 ZPO), die angefochtene Kündigung (§ 253 Abs. 2 Nr. 2 ZPO) sowie der Wille des Arbeitnehmers ersichtlich sind, die Unwirksamkeit eben dieser Kündigung gerichtlich feststellen zu lassen (*BAG* 1.10.2020 – 2 AZR 247/20, EzA § 4 KSchG n.F. Nr. 106).

3. Anwendung der erforderlichen Sorgfalt

11 Nach § 5 Abs. 1 S. 1 KSchG muss der Arbeitnehmer für eine nachträgliche Klagezulassung »nach erfolgter Kündigung trotz Anwendung **aller ihm nach Lage der Umstände zuzumutenden Sorgfalt** verhindert« gewesen sein, die Kündigungsschutzklage innerhalb von drei Wochen nach Zugang der **schriftlichen** Kündigung zu erheben. Die gesetzliche Formulierung lässt nur den Schluss zu, dass den Arbeitnehmer an der Versäumung der Dreiwochenfrist **idR keinerlei Verschulden** treffen darf. Es darf also selbst **leichte Fahrlässigkeit nicht** vorliegen (vgl. *LAG RhPf* 15.1.2007 – 8 Ta 258/06; *LAG Nds.* 6.4.2009 – 9 Sa 1297/08; *Hohmeister* ZRP 1994, 141, 142; weiter dazu Rdn 12; zum Maßstab beim Rechtsanwalt Rdn 69).

a) Zuzumutende Sorgfalt

12 Es kommt auf die dem jeweiligen **Antragsteller** in der **konkreten Situation** zuzumutende Sorgfalt an. Entscheidend sind die **persönlichen Verhältnisse** des Arbeitnehmers (s. *LAG Brem.* 30.6.2005 – 3 Ta 22/05, NZA-RR 2005, 633). Von einem **leitenden Angestellten** darf eine größere Sorgfalt erwartet werden als von einem **Hilfsarbeiter** (*LAG BW* 18.10.1993 – 9 Ta 26/93; DDZ-*Zwanziger* § 5 KSchG Rn 4). Maßgebend ist, was von dem Antragsteller **im konkreten Fall** an Sorgfalt verlangt werden konnte (APS-*Hesse* § 5 KSchG Rn 5; LSW-*Spinner* § 5 KSchG Rn 5). Dabei geht das BAG allerdings eher von einem **objektiv-abstrakten Sorgfaltsmaßstab** aus, innerhalb dessen im Einzelfall auch in der Person des Arbeitnehmers liegende Besonderheiten berücksichtigt werden können (*BAG* 25.4.2018 EzA § 5 KSchG Nr. 42). Mit den §§ 4, 7 KSchG will der Gesetzgeber für den Arbeitgeber zeitnah Planungs- und Rechtssicherheit schaffen. Durch eine nachträgliche Klagezulassung wird dieses Ziel vereitelt. Deshalb darf den Arbeitnehmer an der Versäumung der Dreiwochenfrist kein Verschulden treffen, auch nicht in Form **leichter Fahrlässigkeit** (*Hess. LAG* 15.12.1995 – 9 Ta 486/95; SPV-*Vossen* Rn 1952; *LKB/Linck* Rn 3). Insbesondere kann die Unkenntnis von der Klagefrist als solche keine den Arbeitnehmer entlastende Rolle spielen. Nach Erhalt einer Kündigung hat sich jeder Arbeitnehmer von sich aus darum zu kümmern, ob und wie er gegen sie vorgehen kann (*BAG* 25.4.2018 EzA § 5 KSchG Nr. 42; 22.3.2012 EzA § 5 KSchG Nr. 41).

b) Die Anwendbarkeit von Bestimmungen der ZPO im Rahmen des § 5 Abs. 1 KSchG

13 Nach § 233 ZPO ist eine Wiedereinsetzung in den vorigen Stand zu gewähren, wenn eine Partei ohne ihr Verschulden gehindert war, eine Notfrist oder die Frist zur Begründung der Berufung, der Revision, der Nichtzulassungsbeschwerde oder der Rechtsbeschwerde oder die Frist des § 234 Abs. 1 ZPO einzuhalten. Zwar sind § 233 f. ZPO im arbeitsgerichtlichen Verfahren über § 46 Abs. 2 S. 1 **ArbGG entsprechend anwendbar**. Das bezieht sich aber nur auf die in § 233 ZPO nF ausdrücklich genannten Fälle, nicht auf die nicht genannte nachträgliche Zulassung der Kündigungsschutzklage nach § 5 KSchG. Bei den Fristen des § 5 Abs. 3 KSchG handelt es sich nicht um Notfristen. »Notfristen« sind nach § 224 Abs. 1 S. 2 ZPO nur diejenigen Fristen, die »in diesem

Gesetz« als solche bezeichnet sind. Anerkannt ist zwar, dass damit nicht nur die Fristen der ZPO, sondern auch die Notfristen des ArbGG gemeint sind *(vgl.* Baumbach *ZPO,* § 224 Rn 5; *Zöller/ Stöber ZPO,* § 224 Rn 3). Die Fristen des § 5 Abs. 3 KSchG werden jedoch nicht als Notfristen bezeichnet. Ebenso wenig handelt es sich um Rechtsmittelfristen (*BAG 28.1.2010 EzA* § 5 *KSchG* Nr. 38. § 5 KSchG ist eine gegenüber § 233 ZPO **strengere Sonderregelung,** die selbst einer analogen Anwendung der Vorschriften in § 233 f. ZPO entgegensteht. Das schließt wiederum nicht aus, bei der Auslegung des § 5 KSchG auch die Rspr. zu § 233 ZPO in den Blick zu nehmen (APS-*Hesse* § 5 KSchG Rn 5; *LKB/Linck* Rn 4; ErfK-*Kiel* § 5 KSchG Rn 1; *Müller* NZA 2020, 1381, 1382; vgl. a. *Sächs. LAG* 23.2.2007 LAGE § 5 KSchG Nr. 115).

Ist die Klagefrist nach § 111 **Abs. 2 ArbGG** versäumt, ist dagegen die Wiedereinsetzung in den vorigen Stand gem. § 233 f. ZPO möglich; ein Antrag auf nachträgliche Klagezulassung nach § 5 KSchG kommt nicht in Betracht (*LAG Hamm* 3.3.1983, BB 1984, 346). 14

c) **Einzelfälle**

Alphabetische Übersicht:	Rdn	Gemeinsamer Gerichtsbriefkasten	21
Abfindungsanspruch nach	43	Gewerkschaftssekretär	73
Abfindung		Irrtum über die Erfolgsaussichten	47
Abwarten bis zum »letzten Augenblick«	17	Krankheit	48 ff.
		Kündigungseinspruch	27
Abwicklungsvertrag	25	Nachtbriefkasten	19
Änderungskündigung	26	Ortsabwesenheit	53
Anwaltsverschulden	69 ff.	Postlaufzeiten	18, 109
Arbeitgeberverhalten	42 ff.	Prozessbevollmächtigter	68 ff.
Agentur für Arbeit	31	Prozesskostenhilfe	28
Aufklärung durch das ArbG	31	Rechtsanwalt	32
Auskunft	30 ff.	Rechtsirrtum	27
– zuverlässige Stelle	28, 29	Rechtsschutzversicherung	16, 35
– Betriebsrat	33	Rücknahme der Kündigungsschutzklage	26
– Rechtsschutzversicherung	35	Telefax	21, 24
– Ungeeignete Stellen	36	Urlaub	53 ff.
Auslandsarbeitsvertrag	39	Unkenntnis der Dreiwochenfrist	61
Ausländische Arbeitnehmer	51	Vergleichsverhandlungen	26, 64 ff.
Auszubildende	40	Vertreterverschulden	67 ff.
Betriebsrat	33	Vorsorgliche Kündigung	74
Elektronisches Postfach	23	Zugang im Ausland	39

15

Das **Abwarten der Entscheidung der Rechtsschutzversicherung** rechtfertigt die nachträgliche Zulassung nicht (*LAG RhPf* 23.1.1972 BB 1972, 839). 16

Wartet der Arbeitnehmer ohne triftigen Grund mit der Klage **bis zum letzten Augenblick,** so trägt er das Risiko, dass die rechtzeitige Klageerhebung nicht mehr gelingt (*LKB/Linck* § 5 KSchG Rn 12). Der Umstand, dass sodann am letzten Tag der Frist **keine Zeit zur Klageerhebung** vorhanden war, rechtfertigt keine nachträgliche Zulassung der Klage (*ArbG Oberhausen* 15.8.1973 AuR 1974, 59). 17

Soll die Klageschrift per Post an das Gericht gelangen, muss der Arbeitnehmer sie **so rechtzeitig aufgeben,** dass sie bei **normaler Beförderung** noch pünktlich eingeht (*LAG Bln.-Bra.* 15.12.2009 – 19 Sa 1658/09). Der Arbeitnehmer darf sich dabei auf die **üblichen Laufzeiten** (Regelpostlaufzeiten laut Merkblatt der Post) verlassen (*BVerfG* 4.12.1979 BVerfGE 53, 25; *BAG* 24.11.1977 EzA §§ 232–233 ZPO Nr. 18; APS-*Hesse* § 5 KSchG Rn 54). Bei Zweifeln ist eine Auskunft der Post über die Postlaufzeit einzuholen (*BVerfG* 15.5.1995 NJW 1995, 2546; 11.11.1999 AuR 2000, 22). 18

§ 5 KSchG   Zulassung verspäteter Klagen

Nicht vorhersehbare **Störungen** im Postverkehr führen zur nachträglichen Zulassung der Klage (*LAG Nbg.* 31.10.1991 LAGE § 5 KSchG Nr. 56; *LKB/Linck* § 5 KSchG Rn 23; DDZ-*Zwanziger* § 5 KSchG Rn 15; *Wenzel* MDR 1978, 278). Die Deutsche Post AG erhebt nach wie vor den Anspruch, dass ordnungsgemäß frankierte und adressierte Briefsendungen bei normaler Beförderung am **ersten Werktag** nach ihrer Einlieferung in Deutschland zugestellt werden. Hierauf dürfen sich die Arbeitnehmer und ihre Prozessbevollmächtigten verlassen (*LAG RhPf* 23.9.2005 – 4 Ta 186/05). Ein Arbeitnehmer darf darauf vertrauen, dass eine Klage, die er am Samstag vor der Leerung in einen Postbriefkasten wirft, am folgenden Montag beim Arbeitsgericht eingeht (*BAG* 6.10.2010 EzA § 5 KSchG Nr. 39; *LAG SchlH* 29.5.2008 – 4 Ta 71/08). Eine Pflicht zur **Erkundigung** bei Gericht, ob die Klage rechtzeitig eingegangen sei, besteht allenfalls bei unsicheren Postverhältnissen oder bei Aufgabe der Sendung kurz vor Fristablauf (*LAG Frankf.* 24.5.2000 DB 2001, 1907; *LAG Nbg.* 2.6.2003 NZA-RR 2003, 661).

19 Ist beabsichtigt, die Klageschrift bei Gericht abzugeben, darf das Vorhandensein eines **funktionierenden Nachtbriefkastens** vorausgesetzt werden; *Bader/Bram-Ahrendt* § 5 KSchG Rn 103; ErfK-*Kiel* § 5 KSchG Rn 4). Fehlt ein Nachtbriefkasten oder ist er nicht in Funktion und wird dadurch der noch rechtzeitige Eingang der Klageschrift bei Gericht verhindert, so ist nicht die Klage nachträglich zuzulassen, sondern ist sie **rechtzeitig** eingegangen; das muss der Arbeitnehmer freilich nachweisen (*LKB/Linck* Rn 20). Demgegenüber ist die Klage nachträglich zuzulassen, wenn eine Arbeitnehmerin am letzten Tag der Frist beim ArbG Klage erheben möchte, dieses jedoch wegen Betriebsausflugs geschlossen ist und die Klage deshalb erst am nächsten Arbeitstag zu Protokoll der Geschäftsstelle erhoben wird (*Hess. LAG* 29.9.1993 – 2 Ta 213/93, AuR 1994, 200).

20 Besteht für das ArbG und das LAG ein **gemeinsamer Briefkasten** und ist die **richtig adressierte** Klageschrift rechtzeitig in diesen Briefkasten geworfen worden, so ist die Frist auch dann gewahrt, wenn die Klageschrift rechtzeitig nur dem unzuständigen LAG vorgelegt wird (s.a. *LAG Düsseld.* 30.11.1998 – 10 Sa 1425/98, NZA 1999, 672). Auch eine **fehlerhaft** an das Landesarbeitsgericht statt an das Arbeitsgericht adressierte Kündigungsschutzklage, die am letzten Tag der Klagefrist bei dem gemeinsamen Telefaxanschluss der beiden Gerichte nach Dienstschluss eingeht, wahrt die Klagefrist. Der Schriftsatz ist zwar beim Landesarbeitsgericht eingereicht und eine fristwahrende Einreichung liegt grds. erst mit dem Eingang des Schriftsatzes beim zuständigen Gericht vor (*BAG* 23.8.2001 EzA § 66 ArbGG 1979 Nr. 34). Gleichwohl muss die Klagefrist des § 4 KSchG als gewahrt angesehen werden, wenn die Klage zeitnah dem ArbG übergeben und »demnächst« iSd § 167 ZPO zugestellt wird. Andernfalls entstünde ein Wertungswiderspruch, weil bei Einreichung der Klageschrift bei einem dem Rechtsweg nicht zugehörigen Gericht die Frist gewahrt wäre (vgl. KR-*Klose* § 4 KSchG Rdn 255). In **Hamburg** gelten aufgrund einer entsprechenden Gemeinsamen Verfügung der zuständigen Senatsverwaltungen die Schriftstücke mit dem im Eingangsvermerk bezeichneten Zeitpunkt als beim **zuständigen Gericht eingegangen** (vgl. *BAG* 17.12.1968 – 5 AZR 149/68, BAGE 21, 263).

21 Ist ein Nachtbriefkasten vorhanden und wirft der Arbeitnehmer am letzten Tag der Dreiwochenfrist eine Kündigungsschutzklage gleichwohl in den **normalen** Briefkasten des ArbG ein, so ist die Frist des § 4 S. 1 KSchG gewahrt (*BAG* 22.2.1980 EzA § 1 KSchG Krankheit Nr. 5; *LKB/Linck* Rn 20; *v. Maydell/Eylert* Anm. [I] EzA § 1 KSchG Krankheit Nr. 5). Erkennt der Arbeitnehmer, der seine Kündigungsschutzklage per **Telefax** einlegen will – was dem Formerfordernis des § 130 Nr. 6 ZPO genügt (vgl. KR-*Klose* § 4 KSchG Rdn 226) –, dass die Übermittlung per Telefax technisch **nicht möglich** ist, ist die Kündigungsschutzklage nur dann nachträglich zuzulassen, wenn die Übermittlung der Klage auf einem anderen Wege nicht mehr möglich oder nicht zumutbar war (*BSG* 31.3.1993 DB 1993, 1572). Auf aufwendige andere Übermittlungswege muss nicht ausgewichen werden (*BVerfG* 25.2.2000 NZA 2000, 789). Lag die Ursache für den Nichteingang des Telefax oder für dessen Unvollständigkeit in der Sphäre des Empfängers und hat der Arbeitnehmer diesen Mangel nicht erkannt und konnte er ihn nicht erkennen, so ist die Klage nachträglich zuzulassen. Ein Rechtsanwalt darf darauf vertrauen, dass die Telefaxverbindung zum Gericht ordnungsgemäß verläuft, sofern die Klageschrift an das richtige Telefaxgerät versandt wird. Empfangsstörungen bei

Gericht sind dem Rechtsanwalt oder der Partei, die selbst tätig wird, nicht zuzurechnen (*Nägele* ArbRB 2003, 159).

Die Kündigungsschutzklage ist auch dann nachträglich zuzulassen, wenn die an das **Amtsgericht** unter der Adresse des ArbG gerichtete Kündigungsschutzklage beim Amtsgericht fristgerecht eingeht, von dort aber weder spätestens am dritten Arbeitstag nach Schriftsatzeingang an das ArbG weitergeleitet, noch dem Kläger oder seinem Prozessbevollmächtigten zurückgesandt wird, noch ein telefonischer Hinweis erfolgt und der verspätete Eingang beim ArbG auf dieser Verzögerung beruht (*Hess. LAG* 1.10.1996 LAGE § 5 KSchG Nr. 82; vgl. auch *BAG* 20.8.1997 EzA § 233 ZPO Nr. 40). Ein Grund für die nachträgliche Zulassung der Kündigungsschutzklage ist gleichermaßen gegeben, wenn ein Arbeitnehmer die Klage deshalb falsch adressiert hat, weil er die Anschrift des Arbeitsgerichts einem **aktuellen Adressbuch** entnommen hat, das gleichwohl noch die alte Adresse enthielt (*LAG Köln* 12.4.2006 – 14 Ta 133/06, NZA-RR 2006, 492). 22

Gemäß § 46c Abs. 1 ArbGG in der ab dem 1.1.2018 geltenden Fassung – § 46c ArbGG entspricht wörtlich § 130a ZPO – können vorbereitende Schriftsätze und schriftlich einzureichende Anträge nach Maßgabe von § 46c Abs. 2 bis Abs. 6 ArbGG als **elektronisches Dokument** beim Arbeitsgericht eingereicht werden. Sie müssen gemäß § 46c Abs. 3 ArbGG entweder mit einer qualifizierten elektronischen Signatur (qeS) der verantwortenden Person versehen sein oder von der verantwortenden Person – einfach – signiert und auf einem **sicheren Übermittlungsweg** eingereicht werden. Die sicheren Übermittlungswege bestimmt § 46c Abs. 4 ArbGG. Demgemäß gestattet § 4 Abs. 1 der aufgrund von § 46c Abs. 2 Satz 2 ArbGG erlassenen und zum 1.1.2018 in Kraft getretenen Verordnung über die technischen Rahmenbedingungen des elektronischen Rechtsverkehrs und über das besondere **elektronische Behördenpostfach** vom 24.11.2017 (ERVV, BGBl. I S. 3803, idF vom 9.2.2018, BGBl. I S. 200) die Übermittlung eines elektronischen Dokuments, das mit einer qeS der verantwortenden Person versehen ist, sowohl auf einem sicheren Übermittlungsweg (§ 4 Abs. 1 Nr. 1 ERVV) als auch an ein für den Empfang elektronischer Dokumente eingerichtetes EGVP (§ 4 Abs. 1 Nr. 2 ERVV). Nach § 4 Abs. 2 ERVV dürfen mehrere elektronische Dokumente nicht mit einer gemeinsamen qeS übermittelt werden. Die qeS darf aus diesem Grund nicht nur am Nachrichtencontainer angebracht sein. Die Einschränkung soll verhindern, dass nach der Trennung eines elektronischen Dokuments vom Nachrichtencontainer die Container-Signatur nicht mehr überprüft werden kann (*BAG* 30.7.2020 – 2 AZR 43/20, EzA § 5 KSchG Nr. 44; 15.8.2018 – 2 AZN 269/18 EzA § 130a ZPO 2002 Nr. 1). Bei **fehlerhafter** elektronischer Übermittlung besteht ebenso wie beim gänzlichen Fehlen der Unterschrift oder bei fehlerhafter Unterzeichnung einer Klageschrift grundsätzlich die Möglichkeit, den Mangel durch Nachholung – für die Zukunft – zu **beheben**. Das ist etwa der Fall, wenn einem Antrag auf nachträgliche Zulassung der Klage die nunmehr ordnungsgemäß signierte Klageschrift beigefügt ist (*BAG* 30.7.2020 – 2 AZR 43/20, EzA § 5 KSchG Nr. 44). Die Klage ist **nachträglich zuzulassen**, wenn der Arbeitnehmer vor Ablauf der Klagefrist keinerlei Anlass zu der Annahme hatte, die innerhalb der Dreiwochenfrist eingereichte Klageschrift sei unzureichend elektronisch signiert gewesen, weil das Arbeitsgericht den gebotenen entsprechenden Hinweis unterlassen hatte. Ein etwaiges Verschulden der Partei oder ihres Prozessbevollmächtigten hindert nicht die nachträgliche Zulassung der Klage gemäß § 5 Abs. 1 S. 1 KSchG, wenn dieses hinter das **gerichtliche Verschulden** deshalb zurücktritt, weil ohne dieses die Frist gewahrt worden wäre. Dies ist der Fall, wenn ein gebotener gerichtlicher Hinweis auf einen offenkundigen Formmangel der Klageschrift unterblieben ist, obwohl er bei ordnungsgemäßem Geschäftsgang so rechtzeitig hätte erfolgen können, dass der Partei die Fristwahrung noch möglich gewesen wäre (*BAG* 30.7.2020 – 2 AZR 43/20, EzA § 5 KSchG Nr. 44; *Müller* NZA 2020, 1381, 1382; kritisch *Hergenröder/Rehn* RdA 2021, 57 f.; *Oltmanns* NJW 2020, 3356, 3358). Diese aus **Art. 2 Abs. 1 GG iVm. Art. 20 Abs. 3 GG** herzuleitende Fürsorgepflicht des einer Fairness des Verfahrens verpflichteten Gerichts, die einen gerichtlichen Hinweis auf den entsprechenden **Formfehler** erforderlich machen kann, wenn ein Schriftsatz wegen Verstoßes gegen § 46c Abs. 3 ArbGG, § 130a Abs. 3 ZPO schon nicht formwirksam bei Gericht eingereicht worden ist, ist zu unterscheiden von der Pflicht des Gerichts zum Hinweis auf einen **Formatfehler** iSd. § 46c Abs. 6 S. 1, Abs. 2 ArbGG, § 130a Abs. 6 S. 1, Abs. 2 ZPO, der »nur« dazu führt, dass das elektronische Dokument 23 vom Gericht nicht **bearbeitet** werden kann. Entsprechend geht das BAG davon aus, dass die in § 46c Abs. 6 S. 2 ArbGG, § 130a Abs. 6 Satz 2 ZPO enthaltene **Eingangsfiktion** sich nur auf **Formatfehler bezieht** und nicht auf die Wahrung der prozessualen Form (*BAG* 5.6.2020 – 10 AZN 53/20, EzA § 130a ZPO 2002 Nr. 4; 15.8.2018 – 2 AZN 269/18, EzA § 130a ZPO 2002 Nr. 1).

24 Zu den Sorgfaltspflichten (des Prozessbevollmächtigten des Arbeitnehmers) bei der Übermittlung der Kündigungsschutzklage mittels **Telefax** vgl. BVerfG 25.2.2000 EzA § 5 KSchG Nr. 32; *BAG* 24.11.2011 *EzA § 5 KSchG Nr. 40; LAG Brem.* 20.6.2007 3 Ta 22/07, AuR 2007, 326. War ausweislich des Sendeprotokolls das Fax ordnungsgemäß abgesandt worden und hätte daher vom empfangenden Faxgerät des Arbeitsgerichts ausgedruckt worden sein müssen, ist dies aber in Wirklichkeit nicht erfolgt oder ist das Fax bei Gericht nicht aufzufinden, ist das dem Prozessbevollmächtigten nicht anzulasten (*LAG Bln.-Bra.* 15.12.2009 – 19 Sa 1658/09, m. Hinw. auf *BGH* 17.1.2006 NJW 2006, 1518).

25 Nach *Nebeling/Schmid* (NZA 2002, 1310 ff.) ist die verspätete Kündigungsschutzklage im Falle der Anfechtung der einem **Abwicklungsvertrag**, der einen vertraglichen Verzicht auf die Erhebung der Kündigungsschutzklage enthält, zugrunde liegenden Willenserklärung durch den Arbeitnehmer wegen arglistiger Täuschung (§ 123 BGB) durch den Arbeitgeber zuzulassen: Fall eines die nachträgliche Zulassung rechtfertigenden Arbeitgeberverhaltens (s.a. Rdn 42).

26 Die Klage ist idR nicht nachträglich zuzulassen, wenn der Arbeitnehmer nach Ausspruch einer **Änderungskündigung** nur deswegen die Klagefrist hat verstreichen lassen, weil er im Hinblick auf **schwebende Vergleichsverhandlungen** annahm, er werde schließlich doch weiter zu den alten oder doch zu gegenüber den der **Änderungskündigung** besseren Bedingungen weiterbeschäftigt (*LAG Hamm* 13.11.1953 BB 1953, 979). Vgl. auch den vom *LAG SA* (22.6.1999 BB 2000, 831) entschiedenen Fall: Angebot eines Änderungsvertrags nach Kündigungszugang, aber innerhalb der Dreiwochenfrist; nach Darstellung des Arbeitgebers nur für die Dauer der Kündigungsfrist, nach Auffassung des Arbeitnehmers Rücknahme der Kündigung durch eine Änderungskündigung mit dem Angebot der unbefristeten Fortsetzung des Arbeitsverhältnisses zu geänderten Bedingungen; keine nachträgliche Zulassung, weil der Kläger habe nachfragen und für Klarheit sorgen oder einen Rechtskundigen konsultieren müssen (s.a. Rdn 64 f.).

27 Bei **irriger Annahme** des gekündigten Arbeitnehmers, die Dreiwochenfrist könne mit rechtzeitiger Aufgabe der Klageschrift **zur Post** gewahrt werden, liegt kein Grund für die nachträgliche Zulassung der Klage vor (*LAG Brem.* 28.11.1951 BB 1951, 1006); aA *LAG Hamm* (8.7.1952 AR-Blattei D, Kündigungsschutz Entsch. 14). Ein **Rechtsirrtum** über die Voraussetzungen der Fristwahrung geht zu Lasten des Arbeitnehmers (*Herschel* Anm. zu AP 53 Nr. 91). Nur wenn der Arbeitnehmer sich an **zuverlässiger Stelle** (s. Rdn 31 f.) erkundigt und eine falsche Auskunft erhalten hatte, ist die Klage nachträglich zuzulassen. Entsprechendes gilt, wenn der Arbeitnehmer vorträgt, er habe die Dreiwochenfrist zwar gekannt, sei aber irrig davon ausgegangen, die Frist beginne erst mit **Ablauf der Kündigungsfrist**; einem Arbeitnehmer ist zuzumuten, sich über Klagefrist und Fristbeginn zu informieren (*BAG* 25.4.2018 EzA § 5 KSchG Nr. 42; *LAG SchlH* 28.4.2005 – 2 Ta 105/05). Die **irrige Annahme**, der Kündigungseinspruch nach § 3 KSchG beim Betriebsrat **hemme** den Ablauf der Dreiwochenfrist (vgl. *Möhn* NZA 1995, 113 f.), rechtfertigt keine nachträglichen Zulassung der Klage (DDZ-*Zwanziger* § 3 KSchG Rn 9).

28 Nachträgliche Zulassung wegen rechtzeitig beantragter, aber erst nach Ablauf der Klagefrist bewilligter **Prozesskostenhilfe** (§ 114 ff. ZPO) kommt nicht in Betracht, weil es im arbeitsgerichtlichen Verfahren keine Pflicht gibt, einen Prozesskostenvorschuss zu leisten (*LAG SchlH* 10.5.2011 – 3 Ta 85/11; *LAG Hamm* 18.2.2005 – 9 Ta 452/04; *LAG Nbg.* 23.10.2003 LAGE § 114 ZPO 2002 Nr. 1; ErfK-*Kiel* § 5 KSchG Rn 15; aA *LAG Hamm* 14.6.2011 – 14 Ta 295/11; DDZ-*Zwanziger* § 5 KSchG Rn 17; *Gravenhorst* FA 2012, 297).

29 Der Antrag auf nachträgliche Zulassung der Klage ist begründet, wenn das **Fehlen der Unterschrift** auf der Klageschrift bei alsbaldigem Hinweis des Gerichts nach § 139 Abs. 2 ZPO innerhalb der Dreiwochenfrist hätte nachgeholt werden können. Durch das Unterlassen eines

Hinweises seitens des Arbeitsgerichts wurde das Verschulden des Arbeitnehmers an der formunwirksamen Klageerhebung überlagert (*LAG MV* 27.7.1999 LAGE § 5 KSchG Nr. 95). Weist der Vorsitzende der Kammer des ArbG entgegen § 6 S. 2 KSchG nicht auf die Möglichkeit hin, die Sozialwidrigkeit der Kündigung, die fristgerecht nur wegen unrichtiger Kündigungsfrist angegriffen worden war, noch nach Ablauf der Dreiwochenfrist des § 4 S. 1 KSchG geltend zu machen (vgl. KR-*Klose* § 6 KSchG Rdn 10 ff.), sondern nimmt der Arbeitnehmer die Klage auf Anraten des Gerichts zurück, weil die Kündigungsfrist nämlich eingehalten sei, so ist die Klage nachträglich zuzulassen: Es war dem Arbeitnehmer nicht zumutbar, die Ausführungen des ArbG überprüfen zu lassen; er durfte auf deren Richtigkeit vertrauen (vgl. *LAG Hamm* 5.1.1998 – 12 Ta 387/97, NZA-RR 1998, 209).

Falsche Auskünfte über die Klagefrist von Seiten einer **zuverlässigen Stelle** rechtfertigen die nachträgliche Zulassung (SPV-*Vossen* Rn 1956; *LKB/Linck* § 5 KSchG Rn 9). Der Arbeitnehmer muss dem Auskunftgeber freilich deutlich gemacht haben, dass er sich gegen eine Kündigung zur Wehr setzen will. 30

Als **zuverlässige Stelle** in diesem Sinne sind anzusehen: die **Rechtsberatungsstelle einer Gewerkschaft** (*LAG Köln* 13.9.1982 EzA § 5 KSchG Nr. 16); die **Rechtsschutzstellen der Gewerkschaften** (*LAG Hmb.* 18.5.2005 NZA-RR 2005, 489, 491), nicht aber lediglich dort beschäftigte Bedienstete, wie etwa Schreibkräfte oder Reinigungskräfte; die **Arbeitnehmerkammer** in Bremen/Bremerhaven, zu deren gesetzlichen Aufgaben auch die Rechtsberatung ihrer Mitglieder gehört (*LAG Brem.* 26.5.2003 MDR 2003, 1059): **die Rechtsantragsstelle eines ArbG** (*LAG BW* 11.4.1988 NZA 1989, 153; vgl. aber *LAG RhPf* 21.10.2004 – 7 Ta 173/04, LAGReport 2005, 275); **auch die Geschäftsstelle eines ArbG** (*LAG Kiel* 8.7.1960 BB 1960, 826; aA *LAG Köln* 28.11.1985 LAGE § 5 KSchG Nr. 21 unter Hinw. auf den von der Rechtsantragstelle des ArbG abweichenden Aufgabenbereich der Mitarbeiter der Geschäftsstelle), nicht aber Schreibkräfte oder Reinigungspersonal des ArbG; **nicht** die **Agentur für Arbeit**, weil sie nach dem SGB III nicht zur Rechtsberatung und Rechtsauskunft berufen ist *(LAG Düsseld.* 25.4.1991 LAGE § 5 KSchG Nr. 51), es sei denn der Kläger legte dar, aus welchem Grunde er dennoch davon ausgehen durfte, er habe eine zuverlässige Auskunft über seine Rechte als Arbeitnehmer im Falle einer Kündigung erhalten (*LAG BW* 12.10.1992 – 9 Ta 27/92; krit. *Nägele* ArbRB 2003, 158); **Deutsche Botschaft** im Ausland (*LAG Brem.* 31.10.2001 LAGE § 233 ZPO Nr. 28); **Rechtsanwälte** (*LAG BW* 11.2.1974 BB 1974, 323; vgl. dazu a. Rdn 32), es sei denn, die Rechtsauskunft war für den Arbeitnehmer erkennbar falsch (*LAG Köln* 30.8.1989 LAGE § 5 KSchG Nr. 42; s.a. Rdn 70); **nicht das anwaltliche Büropersonal** (*LAG Düsseld.* 21.10.1997 LAGE § 5 KSchG Nr. 89). Nach *LAG Hamm* (19.3.1981 – 8 Ta 78/80, AuR 1981, 384) ist dem spanischen Gastarbeiter, der in seinem **Heimatland** eine fehlerhafte Auskunft vom Instituto Nacional de Segúridad Social (**INSS**) erhält, die nachträgliche Klagezulassung zu bewilligen. **Sozialarbeiter in einer Justizvollzugsanstalt** sind nach *LAG Brem.* 13.6.1994 – 4 Ta 32/94, LAGE § 5 KSchG Nr. 66) jedenfalls für einen ausländischen Arbeitnehmer als geeignete Stelle anzusehen; vgl. a. Rdn 36. 31

Durch das **Einholen einer Auskunft bei einem Rechtsanwalt** hat die Partei die ihr zuzumutende Sorgfalt gewahrt. Der Arbeitnehmer kann erwarten, dass er von einem **Rechtsanwalt** als einer mit dem gesamten Recht vertrauten Person ordnungsgemäß beraten wird. Wenn der Rechtsanwalt dem rechtsunkundigen Arbeitnehmer, der sich an ihn wendet, um sich über mögliche Schritte gegen eine Kündigung zu unterrichten, keine erschöpfende Auskunft gegeben und es insbes. unterlassen hat, den Arbeitnehmer auf die Klagefrist hinzuweisen, so kann das dem Arbeitnehmer nicht zur Last gelegt werden (*LAG Köln* 18.8.2006 ZIP 2006, 2231; *LAG BW* 11.2.1974 BB 1974, 323). Ein Fall des **§ 85 Abs. 2 ZPO** (dazu Rdn 68 ff.) ist nicht gegeben, weil keine Prozessvollmacht erteilt wurde (s. Rdn 73). Nach *LAG Düsseld.* (21.10.1997 LAGE § 5 KSchG Nr. 89; 18.7.1978 EzA § 5 KSchG Nr. 4) ist die Kündigungsschutzklage aber nicht nachträglich zuzulassen, wenn der Arbeitnehmer, der die Klagefrist nicht kennt, innerhalb der Klagefrist mit einem **Angestellten** eines Rechtsanwaltsbüros einen Besprechungstermin vereinbart, der außerhalb der Klagefrist liegt. Zur nachträglichen Zulassung bei Unkenntnis der Klagefrist s. Rdn 63. 32

33 Ob der **Betriebsrat** und der **Personalrat** als zur Auskunfterteilung berufene Stellen anzusehen sind, wird unterschiedlich beurteilt. Es wird von der hM zutreffend verneint mit der Begründung, Betriebsrat und Personalrat seien für die Erteilung von Rechtsauskünften weder zuständig noch in der Sache wirklich geeignet (*LAG SchlH* 16.4.1998 AnwBl. 1998, 664; *LAG Bln.* 17.6.1991 LAGE § 5 KSchG Nr. 52; SPV-*Vossen* Rn 1958; HaKo-KSchR/*Gallner* § 5 KSchG Rn 50; *LKB/Linck* § 5 KSchG Rn 10; *Bader/Bram-Ahrendt* § 5 Rn 66 u. 80; LSW-*Spinner* § 5 KSchG Rn 10). Andere lassen die Anfrage beim Betriebsrat ausreichen (*LAG Stuttg.* 17.1.1952 BB 1952, 492). Eine Mittelmeinung differenziert danach, ob ein Betriebsrat eines **Großbetriebs** oder eines **Kleinbetriebes** um Auskunft gebeten wurde (*LAG Köln* 15.4.2005 AuR 2005, 387; *LAG Frankf.* 20.9.1974 DB 1974, 2016; ErfK-*Kiel* § 5 KSchG Rn 17; *Wenzel* AuR 1976, 331; s.a. *Schrader* NJW 2009, 1545).

34 Ebenso wenig ist ein **gewerkschaftlicher Vertrauensmann** als eine fachkundige Stelle zur Rechtsberatung anzusehen (*ArbG Wiesbaden* 27.8.1980 ARSt 1980, Nr. 1231). Aufgabe der gewerkschaftlichen Vertrauensleute ist nicht die Beratung der Arbeitnehmer. Sie sind Träger der Gewerkschaftsarbeit in den Betrieben. Sie haben die Aufgabe, an der Gestaltung und Organisation ihrer Gewerkschaft mitzuarbeiten und die Gewerkschaftspolitik in den Betrieben zu vertreten.

35 Die **Schadensabteilung der Rechtsschutzversicherung** ist als berufene Stelle anzusehen. Wendet sich der Arbeitnehmer wegen der Kündigung an diese Stelle, kann er davon ausgehen, dass ihm nicht nur auf Befragen die richtigen Auskünfte erteilt werden, sondern er auch auf die Dreiwochenfrist hingewiesen wird (aA *LKB/Linck* § 5 KSchG Rn 9; LSW-*Spinner* § 5 KSchG Rn 10). Anders ist es, wenn der Arbeitnehmer sich an den **Vertreter der Rechtsschutzversicherung** wendet, um Rechtsrat oder nur Rechtsschutz zu erlangen. Der Arbeitnehmer kann nicht davon ausgehen, dass der Versicherungsvertreter hinreichend rechtskundig ist (*Sächs. LAG* 23.7.1998 NZA 1999, 112; *Wenzel* AuR 1976, 331).

36 **Nicht unverschuldet** ist es, wenn sich der Arbeitnehmer auf die Auskünfte anderer Personen verlässt, etwa auf die eines **Sozialarbeiters** (*LAG Hamm* 31.1.1990 LAGE § 35 KSchG Nr. 45), eines **Schulleiters** (*LAG BW* 3.4.1998 LAGE § 5 KSchG Nr. 94), eines **Richters am Landgericht** (*LAG Düsseld.* 25.7.2002 NZA-RR 2003, 101; aA DDZ-*Zwanziger* § 5 KSchG Rn 8) oder eines **Steuerfachgehilfen** und Finanzbuchhalters in einem Steuerbüro (*LAG München* 12.6.2006 – 6 Ta 443/05.

37 Dagegen darf sich die Arbeitnehmerin auf Ausfünfte der nach **§ 9 Abs. 3 MuSchG** zuständigen Behörde im Rahmen einer Anhörung zu einer in Aussicht genommenen Kündigung verlassen (*LAG Hamm* 18.11.2005 – 1 Ta 571/05). Weist dagegen das **Integrationsamt** im Zustimmungsbescheid zur Kündigung eines schwerbehinderten Menschen ausdrücklich darauf hin, dass die inhaltliche Prüfung der zwischen den Arbeitsvertragsparteien streitigen Kündigungsgründe letztlich den Arbeitsgerichten obliege, so durfte diese Äußerung von dem schwerbehinderten Arbeitnehmer nicht dahin verstanden werden, zur Wahrung der Rechte gegenüber einer Kündigung sei der Widerspruch beim Integrationsamt ausreichend (*LAG Köln* 14.3.2005 AuR 2005, 237).

38 Wird der Arbeitnehmer mit seinem Beratungswunsch bei einer durchaus geeigneten Stelle« zeitlich vertröstet und findet deshalb eine sachliche Erörterung nicht statt, kann der Arbeitnehmer sich nicht darauf berufen, er sei nicht auf die Einhaltung der Klagefrist hingewiesen worden, sondern hätte sich nach der für ihn unbefriedigenden Vorsprache alsbald an anderer geeigneter Stelle weiter erkundigen müssen (*LAG BW* 22.6.1983 – 6 Ta 8/83; s.a. Rdn 32).

39 Geht die Kündigung im **Ausland** zu, rechtfertigt dies nicht per se eine nachträgliche Zulassung der Klage (*LAG Köln* 29.10.2014 – 5 Ta 366/14). Vielmehr muss der Arbeitnehmer versuchen, innerhalb von drei Wochen eine Klage beim ArbG anzubringen, gleich, ob es sich um einen deutschen oder ausländischen Arbeitnehmer handelt (zust. *LKB/Linck* § 5 KSchG Rn 11). Er muss die bestehenden Kommunikationsmöglichkeiten wahrnehmen und ggf. telefonisch jemanden in der Bundesrepublik Deutschland mit der Wahrnehmung seiner Interessen beauftragen. Auch wird es als zumutbar angesehen, im nächsten deutschen **Konsulat** zu fragen, was gegen

die Kündigung zu unternehmen sei (*LAG Brem.* 31.10.2001 LAGE § 233 ZPO Nr. 28). Besteht keine Möglichkeit, im Ausland Rechtsrat zu erhalten, ist die Klage nachträglich zuzulassen (*LAG Köln* 14.1.1982 EzA § 5 KSchG Nr. 14; *LAG Düsseld.* 6.3.1980 EzA § 5 KSchG Nr. 9; s.a. *LAG Hamm* 7.11.2013 – 16 Sa 1679/12: nachträgliche Klagezulassung bei Unmöglichkeit der Klageerhebung von Pakistan aus, wenn der Kläger nicht mit einer Kündigung rechnen musste). Zu zumutbaren Bemühungen bei Auslandsaufenthalten aufgrund **Auslandsarbeitsvertrags** vgl. *ArbG Frankf.* (13.9.1983 – 12 Ca 490/82, betr. Saudi-Arabien) und *Hickl* NZA Beil. 1/ 1987, S. 12.

Nach *BAG* (26.1.1999 EzA § 4 KSchG nF Nr. 58) sind die Vorschriften des KSchG über die fristgebundene Klageerhebung auch auf Kündigungen von Berufsausbildungsverhältnissen gegenüber **Auszubildenden** anzuwenden, wenn eine Ausschussverhandlung nach § 111 Abs. 2 ArbGG nicht stattfinden muss (dazu KR-*Weigand* §§ 21–23 BBiG Rdn 88). Da gerade die Auszubildenden besonders schutzbedürftig sind, ist eine großzügige Anwendung der Möglichkeit der nachträglichen Klagezulassung nach § 5 KSchG geboten; dabei sollten das jugendliche Alter und die Unerfahrenheit eines Auszubildenden im Arbeitsleben angemessen berücksichtigt werden. 40

Die **falsche Beurteilung der Erfolgsaussichten** einer Kündigungsschutzklage rechtfertigt im Allgemeinen die nachträgliche Zulassung nicht. Der Arbeitnehmer kann sich bspw. nicht erfolgreich darauf berufen, er habe sich während des Laufs der Klagefrist in Beweisschwierigkeiten befunden, was nun nicht mehr der Fall sei (*LAG Hamm* 15.6.1979 BB 1979, 1298), oder er habe irrig angenommen, sein Arbeitsplatz werde nicht wieder besetzt (*LAG RhPf* 23.5.2008 – 9 Ta 85/08; *LAG Köln* 18.8.2006 ZIP 2006, 2231; *LAG Düsseld.* 9.9.2003 – 15 Ta 395/03). 41

Die Kündigungsschutzklage ist aber dann zuzulassen, wenn **der Arbeitgeber** den Arbeitnehmer **arglistig** von der Klageerhebung **abgehalten** hat (*LAG Köln* 9.10.2000 ARSt 2001, 164; 18.8.2006 – 9 Ta 272/06, ZIP 2006, 2231; *LAG RhPf* 17.1.2005 – 8 Ta 276/04; enger *LKB/Linck* § 5 KSchG Rn 7). Das kann der Fall sein, wenn der Arbeitgeber den Arbeitnehmer über die Erfolgsaussichten der Klage **getäuscht**, ihm etwa **vorgespiegelt** hat, der Arbeitsplatz sei auf Dauer entfallen und werde nicht wiederbesetzt (*LAG Saarl.* 27.6.2002 NZA-RR 2002, 488; *LAG Köln* 24.5.1994 NZA 1995, 127); **nicht aber**, wenn der Insolvenzverwalter subjektiv davon ausgeht, ein Betriebs- oder Betriebsteilübergang habe nicht stattgefunden, und diese Ansicht objektiv falsch ist, es fehlt dann an einem bewussten Irreführen (*LAG Köln* 18.8.2006 ZIP 2006, 2231); **wohl aber** dem Arbeitnehmer nach Ausspruch einer ordentlichen Kündigung gegen Ende der Dreiwochenfrist vom Arbeitgeber erklärt wird, er könne beruhigt einen geplanten Urlaub antreten, weil die Kündigungsfrage während des Urlaubs zu seinen Gunsten geregelt werde, und eine Einigung nicht erfolgt (*LAG Hamm* 21.12.1972 BB 1973, 336; *LAG Frankf.* 5.9.1988 LAGE § 5 KSchG Nr. 40; vgl. Rdn 64 f.). Entsprechendes gilt, wenn der Arbeitgeber nach Beendigung der Ausbildungszeit den Anschein einer Neueinstellung erweckt hat und deswegen die Dreiwochenfrist versäumt wurde (*LAG BW* 11.4.1988 NZA 1989, 153). 42

War dagegen der Arbeitnehmer nicht im Unklaren darüber gelassen worden, dass das Arbeitsverhältnis durch die krankheitsbedingte Kündigung auf jeden Fall beendet werden sollte, nahm er dies aber hin, weil ihm nach seiner Darstellung eine feste Einstellungszusage für die Zeit nach einer Genesung erteilt worden sei, so führt die Verweigerung der Wiedereinstellung nicht zur nachträglichen Zulassung der Kündigungsschutzklage. Der Arbeitnehmer konnte erkennen, dass das Arbeitsverhältnis beendet werden sollte, die Versäumung der Klagefrist ist nicht unverschuldet; es bleibt ihm unbenommen, aus einem möglichen Vorvertrag auf Abschluss eines neuen Arbeitsvertrags zu klagen (*LAG Düsseld.* 9.9.2003 FA 2004, 60; *LAG Bln.* 15.4.2002 LAGE § 139 ZPO 2002 Nr. 106). Dem entspricht der Fall, dass der Arbeitnehmer auf die Erhebung der Kündigungsschutzklage wegen eines ihm dafür angebotenen Ausgleichs, idR einer **Abfindung**, verzichtet. Es ist das über § 5 KSchG nicht zu heilende Risiko des Arbeitnehmers, dass er die Abfindung tatsächlich nicht erhält. Ihm bleibt lediglich die Möglichkeit, die Abfindung einzuklagen (*LAG Düsseld.* 9.9.2003 FA 2004, 60; *Gehlhaar* BB 2007, 2805, 2808 f.; vgl. aber DDZ-*Zwanziger* § 5 KSchG Rn 16). 43

44 Kündigt ein Arbeitgeber unter dem Briefkopf eines Unternehmens mit **ähnlicher Firma**, das den gleichen Geschäftsführer hat, und ergibt sich nur aus dem Zusatz zur Unterschrift ein Hinweis auf den wirklichen Arbeitgeber, so ist nach *LAG Brem.* (1.6.1983 ARSt 1984 Nr. 1132) die Kündigungsschutzklage jedenfalls dann nachträglich zuzulassen, wenn der Arbeitnehmer keinen schriftlichen Arbeitsvertrag hat und auf dem Gelände der auf dem Briefkopf angegebenen Firma arbeitet. Weist ein Kündigungsschreiben in Kopf- und Schlusszeile verschiedene Rechtspersonen aus und ist es auch im Übrigen so **verwirrend** gestaltet, dass nicht klar ist, wer die Kündigung erklärt hat, ist die Klage nachträglich zuzulassen sein, wenn der Arbeitnehmer zunächst den »falschen« Arbeitgeber verklagt hat (*LAG Köln* 20.12.2001 LAGE § 5 KSchG Nr. 105; *LAG Nbg.* 13.12.2000 – 4 Sa 730/99, dazu *BAG* 21.2.2002 EzA § 4 nF KSchG Nr. 63; vgl. aber *LAG SchlH* 11.1.2006 LAGE § 5 KSchG Nr. 114, dazu *Bertzbach* Anm. jurisPR extra 2006, 155).

45 Die falsche Bezeichnung der beklagten Partei im Kündigungsschutzverfahren ist unschädlich und einer Rubrumsberichtigung zugänglich. Erfolgt sie, ist die Frist gewahrt (vgl. *BAG* 20.2.2014 EzA § 4 KSchG nF Nr. 95; KR-*Klose* § 4 KSchG Rdn 215). Eines Antrags auf nachträgliche Zulassung der Kündigungsschutzklage bedarf es dann nicht (*LAG Köln* 10.10.1988 NZA 1989, 281).

46 Ein Verschulden des Arbeitnehmers kann entfallen, wenn der Arbeitgeber seiner Hinweispflicht nach § **2 Abs. 1 S. 2 Nr. 1 NachwG** (v. 20.7.1995 BGBl. I S. 946, zuletzt geändert durch Gesetz vom 11.8.2014 BGBl. I S. 1348) nicht nachgekommen war (LSW-*Spinner* § 5 KSchG Rn 15). Die Angabe von Name und Anschrift der Vertragsparteien soll gerade sicherstellen, dass der Arbeitnehmer über seinen Arbeitgeber in Kenntnis gesetzt wird (ErfK-*Preis* § 2 NachwG Rn 11).

47 **Irrtum über die Erfolgsaussicht** der Kündigungsschutzklage: vgl. Rdn 41 f.

48 **Erkrankung** allein rechtfertigt nicht die nachträgliche Zulassung der Kündigungsschutzklage. Es ist darauf abzustellen, ob dem Arbeitnehmer auf Grund der Erkrankung die rechtzeitige Klageerhebung **objektiv unmöglich** gewesen ist (*LAG RhPf* 3.8.2007 – 4 Ta 182/07; *LAG Köln* 28.12.2007 – 8 Ta 355/07). Gesundheitliche Beeinträchtigungen, die den Arbeitnehmer trotz Anwendung aller nach Lage der Dinge zuzumutenden Sorgfalt an der rechtzeitigen Erhebung der Kündigungsschutzklage hindern, können die nachträgliche Zulassung der Klage rechtfertigen (*LAG München* 3.11.1975 DB 1976, 732; SPV-*Vossen* Rn 1961). Solange die Krankheit nicht die **Entscheidungsfähigkeit** beeinträchtigt, kann der Arbeitnehmer seine Rechte dadurch wahrnehmen, dass er **Angehörige** oder **Bekannte** beauftragt, Klage zu erheben, wobei die schriftliche Vollmacht nachgereicht werden kann. Der Arbeitnehmer kann auch **telegrafisch** Klage erheben: Das Telegramm wird weiterhin – nur – für das Inland durch die Deutsche Post AG angeboten. Auch ein **Telefax** oder eine **Telekopie** sind möglich.

49 Das gilt auch im Fall eines **Krankenhausaufenthalts**. Solange Krankheitsverlauf oder Behandlungsmethode nicht entgegenstehen, besteht kein Grund, den Krankenhauspatienten von der Anforderung freizustellen, sich nötigenfalls telefonisch beraten zu lassen. Die nachträgliche Zulassung kommt nur dann in Betracht, wenn die klinische Behandlung während des Laufs der Klagefrist Außenkontakte ausschließt oder doch so erschwert, dass die Wahrnehmung der gegebenen Kontaktmöglichkeiten unzumutbar war. Entscheidend ist, ob der Arbeitnehmer in der Lage war, für die Erhebung der Klage zu sorgen (*LAG RhPf* 21.1.2005 – 10 Ta 278/04; *LAG Düsseld.* 19.9.2002 NZA-RR 2003, 78; s.a. Rdn 52).

50 Erkrankt der Arbeitnehmer erst **am Ende** der Dreiwochenfrist, ist er dann aber an der Klageerhebung objektiv gehindert (s. Rdn 48), so ist die Klage nachträglich zuzulassen. Der Arbeitnehmer darf mit der Klageerhebung bis zum letzten Tag der Dreiwochenfrist warten (*LAG München* 3.11.1975 DB 1976, 732; *Wenzel* MDR 1978, 279; LKB/*Linck* § 5 KSchG Rn 12).

51 Ausländische Arbeitnehmer können sich für eine nachträgliche Klagezulassung nicht darauf berufen, dass sie die **deutsche Sprache** nicht beherrschen und die deutsche Schrift nicht lesen können. In solchen Fällen ist der Arbeitnehmer verpflichtet, sich alsbald Kenntnis vom Inhalt des Schreibens seines Arbeitgebers zu verschaffen (*LAG Köln* 12.12.1996 – 11 Ta 226/96; *Bader/Bram-Ahrendt* § 5

KSchG Rn 79). Nur dann, wenn es dem sprachunkundigen Arbeitnehmer nicht möglich war, eine Übersetzung des Kündigungsschreibens innerhalb der Frist zu erlangen, kann die Klage nachträglich zuzulassen sein (vgl. *Schlüter* Anm. EzA § 130 BGB Nr. 9).

Ist ein Kündigungsschreiben **durch Boten** in den Hausbriefkasten des Arbeitnehmers eingeworfen 52 worden, so kann der Arbeitnehmer die nachträgliche Zulassung der Klage nicht mit der Begründung erreichen, dass das Kündigungsschreiben aus ungeklärten Gründen nicht zu seiner Kenntnis gelangt sei (*BAG* 28.5.2009 EzA § 5 KSchG Nr. 37; *LAG RhPf* 19.2.2015 – 5 Sa 475/14). Der Inhaber eines Hausbriefkastens muss dafür **Vorsorge** treffen, dass die für ihn bestimmten und ordnungsgemäß in den Briefkasten eingeworfenen Briefe auch **zu seiner Kenntnis gelangen** (*LAG RhPf* 19.2.2015 – 5 Sa 475/14; *LAG BW* 7.5.2008 – 12 Sa 63/08). Das gilt umso mehr, wenn der Arbeitnehmer mit der Übermittlung und dem Zugang einer Kündigung rechnen musste. In einem solchen Fall kann von ihm ein gesteigertes Maß an Aufmerksamkeit und Sorgfalt erwartet werden (*BAG* 28.5.2009 EzA § 5 KSchG Nr. 37). Etwas anderes kann bei Vorliegen **besonderer Umstände** gelten: Wenn ein Familienmitglied die Postsendung bewusst zurückhält, etwa in der Absicht, den erkrankten Empfänger vor Aufregung zu bewahren (*LAG Hamm* 11.4.1974 DB 1974, 1072 = BB 1974, 606; *LAG Bln.* 4.1.1982 EzA § 5 KSchG Nr. 13), oder wenn die mit der Leerung des Briefkastens generell beauftragte Tochter vergisst, das an den Arbeitnehmer gerichtete Kündigungsschreiben auszuhändigen (*LAG Frankf.* 15.11.1988 LAGE § 5 KSchG Nr. 41). Der Umstand, dass der Arbeitnehmer das beim Fehlen eines Briefkastens unter der Wohnungstür hindurch in die Wohnung geschobene Kündigungsschreiben nicht ausreichend zeitnah findet, zB weil ein Teppich hinter der Wohnungstür liegt, unter den der Brief geraten ist, – was den Zugang nicht hindert (vgl. KR-*Klose* § 4 KSchG Rdn 148) –, kann eine nachträgliche Zulassung der Klage rechtfertigen (vgl. *LAG Hamm* 17.1.1975 ARSt 1975 Nr. 1013).

Ein an die Heimatanschrift des Arbeitnehmers gerichtetes Kündigungsschreiben geht diesem 53 idR selbst dann zu, wenn der Arbeitgeber von einer urlaubsbedingten **Ortsabwesenheit** weiß. Es besteht keine rechtliche Notwendigkeit, dem Urlaub des Arbeitnehmers allein in der Rechtsbeziehung zum **Arbeitgeber** eine zugangshemmende Wirkung zukommen zu lassen, während dies im sonstigen Rechtsverkehr nicht der Fall ist (BAG *22.3.2012 EzA* § 5 *KSchG* Nr. 41; *24.6.2004 EzA* § 102 BetrVG 2001 Nr. 9). *Das BAG hat offen gelassen, ob* besondere Umstände in Betracht kommen können, unter denen sich ein Arbeitgeber nach § 242 BGB ausnahmsweise nicht auf einen Zugang eines an die Heimatanschrift gerichteten Kündigungsschreibens berufen kann, wenn er die Urlaubsanschrift des Arbeitnehmers kannte (BAG *22.3.2012 EzA* § 5 *KSchG* Nr. 41). Grundsätzlich geht ein an den Arbeitnehmer gerichtetes Kündigungsschreiben diesem deshalb auch während des dem Arbeitgeber bekannten **Urlaubs** oder einer **Ortsabwesenheit** aus anderen Gründen zu (BAG 25.4.2018 EzA § 5 KSchG Nr. 42; *LAG Köln* 14.3.2003 LAGE § 5 KSchG Nr. 106a; *LAG München* 27.11.2013 – 9 Sa 550/13: Krankheit; *LAG SchlH* 19.3.2014 – 6 Sa 297/13: Haft). Die damit verbundene Unkenntnis vom Zugang der Kündigung kann aber die nachträgliche Klagezulassung rechtfertigen. Das ist jedenfalls für den Fall zu bejahen, dass der Arbeitnehmer keinen konkreten Anlass zu der Annahme hatte, dass ihm während des Urlaubs oder der Ortsabwesenheit gekündigt würde. Der Arbeitnehmer, der einen vierwöchigen Betriebsurlaub antritt und sich auf eine Urlaubsreise begibt, braucht im Allgemeinen nicht sicherzustellen, dass ihn rechtsgeschäftliche Erklärungen des Arbeitgebers auch während des Urlaubs erreichen (*LAG Hamm* 7.11.2013 – 16 Sa 1679/12; 23.3.1972 BB 1972, 711; *LAG Nbg.* 6.11.1995 LAGE § 5 KSchG Nr. 71; vgl. allg. BVerfG 18.10.2012 – 2 BvR 2776/10; 11.2.1976 – 2 BvR 849/75, BVerfGE 41, 332).

Gibt allerdings der Arbeitnehmer seinem Arbeitgeber wegen unzureichender postalischer Versorgung seines marokkanischen Heimatortes bei Urlaubsantritt eine **Urlaubsanschrift** in einem 30 km entfernten anderen Ort an, so muss er – jedenfalls bei krankheitsbedingter Verlängerung seines Aufenthalts – sich um die dort eingehende Post kümmern; eine nachträgliche Zulassung kommt nicht in Betracht, wenn er das nicht tut und deshalb erst rund fünf Wochen nach Eingang der Kündigung von ihr Kenntnis erlangt (*LAG Hamm* 29.9.1983 EzA § 5 KSchG Nr. 18). 54

55 Nach der Rechtsprechung des *BVerfG* ist es regelmäßig geboten, Wiedereinsetzung in den vorigen Stand zu gewähren, wenn **Rechtsmittelfristen** durch urlaubsbedingte Ortsabwesenheit nicht gewahrt werden konnten (BVerfG 18.10.2012 – 2 BvR 2776/10; 11.2.1976 – 2 BvR 849/75, *BVerfGE 41, 332*; 2.4.1974 BVerfGE 37, 97; 2.4.1974 BVerfGE 37, 102; 16.11.1972 BVerfGE 34, 156; 16.11.1972 AP Nr. 28 zu Art. 103 GG; 21.1.1969 BVerfGE 25, 166; 25.11.1968 BVerfGE 26, 319). Dieser Gedanke muss auch bei der nachträglichen Zulassung der Kündigungsschutzklage und dort auch dann zum Tragen kommen, wenn der Arbeitnehmer Anlass zu der Annahme hatte, dass ihm während des Urlaubs oder der Ortsabwesenheit gekündigt werden könnte (vgl. ausführlich *LAG Hamm* 28.3.1996 LAGE § 5 KSchG Nr. 78; offen gelassen von *Sächs. LAG* 11.5.2015 LAGE § 5 KSchG Nr. 119). Anders liegt es bei Abwesenheit von **mehr als sechs** Wochen (aA *LAG Brem.* 30.6.2005 NZA-RR 2005, 633 mwN). Dann sind im Hinblick auf die Interessen der Arbeitgeberseite und des Rechtsverkehrs im Allgemeinen besondere Vorkehrungen für eine Möglichkeit der Kenntnisnahme von Schriftstücken zu fordern. Das gilt insbes., wenn der Arbeitnehmer sich überhaupt nur noch **sporadisch** und monatelang durchgehend gar nicht an seinem Wohnsitz aufhält, an dem er gleichwohl weiterhin einen Briefkasten vorhält. Dann hat er geeignete Vorkehrungen dafür zu treffen, dass er normalerweise rechtzeitig Kenntnis von Sendungen und Zustellungen erhält (*BAG* 25.4.2018 – 2 AZR 493/17, EzA § 5 KSchG Nr. 42). Wenn sich der Arbeitnehmer allerdings nicht nur vorübergehend bis zu sechs Wochen, sondern für **mehrere Monate** im Ausland aufhält, reicht es nach Auffassung des BAG nicht, dafür gesorgt zu haben, dass ihm alle vier Wochen vom Mieter seiner inländischen Wohnung die eingegangene Post an seine ausländische Adresse nachgesendet würde. Obwohl im konkreten Fall aufgrund dessen schon knapp vier Wochen nach Kündigungszugang – und vier Tage nach Kenntnis vom Zugang der Kündigung – Kündigungsschutzklage erhoben wurde und obwohl der Arbeitnehmer den Arbeitgeber zuvor gebeten hatte, eventuelle Kündigungen seinem Prozessbevollmächtigten zukommen zu lassen, hat das BAG ihm vorgehalten, nicht für eine zeitnähere Möglichkeit der Kenntnisnahme – etwa durch einen postalischen Nachsendeantrag oder eine andere Vereinbarung mit seinem Mieter – gesorgt zu haben (*BAG* 25.4.2018 – 2 AZR 493/17, EzA § 5 KSchG Nr. 42 = AP § 5 KSchG 1969 Nr. 20 mit Anm. *Adam*). Das *BVerfG* hat eine **Verfassungsbeschwerde** gegen das Urteil des *BAG* vom 25.4.2018 nicht zur Entscheidung angenommen. Es sei grundsätzlich nicht zu beanstanden, wenn das *BAG* davon ausgehe, dass eine Person, die nicht nur vorübergehend, sondern länger ortsabwesend von der ständigen Wohnung sei und dennoch einen Briefkasten im Inland aufrechterhalte, besondere Vorkehrungen ergreifen müsse, um zeitnah von dort eingehenden Sendungen Kenntnis zu erlangen. Daher sei es verfassungsrechtlich zwar nicht zwingend – hätte das *BAG* von Verfassungs wegen also auch »großzügiger« sein dürfen –, halte sich aber im fachgerichtlichen Wertungsrahmen, wenn das *BAG* in der angegriffenen Entscheidung fordere, dass bei längerer Ortsabwesenheit zur Wahrung der Frist des § 4 KSchG eine Person des Vertrauens damit beauftragt werden müsse, die Post regelmäßig zu öffnen und über den Inhalt zu informieren oder die Post an einen bevollmächtigten Dritten weiterzuleiten, um eine zeitnahe Kenntnisnahme auch von in den Briefkasten eingeworfenen Schriftstücken sicherzustellen (BVerfG 23.07.2019 – 1 BvR 2032/18, EzA § 5 KSchG Nr. 43).

56 Das Unterlassen der rechtzeitigen Klageerhebung muss allerdings auf der urlaubsbedingten **Abwesenheit beruhen**. Das ist nicht der Fall, wenn der Arbeitnehmer erfahren hat, dass ihm die Kündigung seines Arbeitsverhältnisses zugegangen ist. In einem solchen Fall ist die Untätigkeit des Arbeitnehmers ursächlich. War es ihm zumutbar, dafür Sorge zu tragen, dass die Kündigungsschutzklage rechtzeitig beim Arbeitsgericht erhoben wird (dazu *LAG RhPf* 25.2.2005 – 9 Ta 18/05), ist eine nachträgliche Klagezulassung nicht geboten (zu den Anforderungen auch *LAG München* 29.11.2006 – 11 Ta 379/06).

57 Wenn der Arbeitnehmer **vor Ablauf** der dreiwöchigen Klagefrist **zurückkehrt** und das Kündigungsschreiben vorfindet, muss er die restliche Zeit der Frist nutzen und Klage erheben (*LAG Köln* 17.4.1997 LAGE § 5 KSchG Nr. 87; *LAG Hamm* 5.8.1981 EzA § 5 KSchG Nr. 11; *Wenzel* AuR 1976, 329). Allerdings ist ihm eine **Überlegungsfrist** von zumindest drei Tagen zuzubilligen (vgl. *LAG Köln* 17.4.1997 LAGE § 5 KSchG Nr. 87; APS-*Hesse* § 5 KSchG Rn 51; HaKo-KSchR/*Gallner* § 5 KSchG Rn 60). Die Kündigungsschutzklage ist – bei Fehlen sonstigen Verschuldens – auch

dann nachträglich zuzulassen, wenn zwar die Klagefrist des § 4 KSchG bei Urlaubsrückkehr des Arbeitnehmers **objektiv** noch nicht verstrichen war, dieser aber mit Blick auf Datum und Zustellungsart des vorgefundenen Kündigungsschreibens annehmen musste, dass die Drei-Wochen-Frist bereits abgelaufen sei, und der Antrag nach § 5 KSchG spätestens zwei Wochen nach Kenntnisnahme vom Kündigungsschreiben gestellt wird (*LAG Köln* 6.9.1996 LAGE § 5 KSchG Nr. 80).

Gibt der **Empfangsbote** dem Arbeitnehmer nach Rückkehr auf Befragen ein **falsches Zugangsdatum** an, ist die Klage nach Ansicht des *LAG Brem.* 17.2.1988 NZA 1988, 548 nachträglich zuzulassen: Der Arbeitnehmer dürfe sich auf die aus der Erinnerung heraus gemachten Angaben verlassen und müsse keine weiteren Nachforschungen anstellen. 58

Ähnlich ist es, wenn die Klagefrist des § 4 S. 1 KSchG zwar **objektiv** bei Rückkehr des Arbeitnehmers aus dem Urlaub noch **nicht abgelaufen** war, der Arbeitnehmer aber aus dem Datum des Kündigungsschreibens, das durch Boten erst zehn Tage später in den Briefkasten geworfen worden war, entnehmen musste, dass die Dreiwochenfrist bereits verstrichen sei, und er sodann binnen zwei Wochen nach Kenntnisnahme des Kündigungsschreibens die nachträgliche Zulassung der Kündigungsschutzklage beantragt; die Klage ist zuzulassen; der Arbeitnehmer ist nicht gehalten, sich beim Arbeitgeber nach dem Einwurfdatum zu erkundigen (*LAG Köln* 6.9.1996 LAGE § 5 KSchG Nr. 80). 59

Rechtsschutzversicherung: vgl. Rdn 35. 60

Wird die rechtzeitig eingereichte Kündigungsschutzklage **zurückgenommen** und sodann nach Ablauf der Dreiwochenfrist **neu erhoben**, so zeigt die erste Klageerhebung zwar, dass der Arbeitnehmer in der Lage war, rechtzeitig Klage zu erheben, gleichwohl kommt eine nachträgliche Zulassung der zweiten Klage in Betracht. Entscheidend sind die **Gründe**, aus denen die erste Klage zurückgenommen wurde (vgl. *LAG Hamm* 27.10.1994 LAGE § 5 KSchG Nr. 68: Klagerücknahme infolge der irrtümlichen Annahme einer Einigung über eine befristete Fortbeschäftigung). 61

Wird ein **außergerichtlicher Vergleich** und Aufhebungsvertrag geschlossen und in seiner Folge die Kündigungsschutzklage zurückgenommen, so gilt die Kündigung wegen § 7 KSchG als von Anfang an wirksam. Macht der Arbeitnehmer die Unwirksamkeit des außergerichtlichen Vergleichs geltend, ist er deshalb nach Fristablauf gehindert, die Unwirksamkeit der Kündigung erneut geltend zu machen (*LAG Hamm* 18.12.1995 LAGE § 269 ZPO Nr. 3). Wird die dem **Auflösungsvertrag** zugrunde liegende Willenserklärung wirksam **angefochten**, kommt die ursprünglich ausgesprochene Kündigung zum Tragen (*LAG Hmb.* 7.4.1994 LAGE § 4 KSchG Nr. 29). In Betracht kommt aber eine **analoge Anwendung** von § 5 KSchG. Der Arbeitnehmer kann innerhalb von zwei Wochen nach Kenntnis des Anfechtungsgrundes die nachträgliche Zulassung der Kündigungsschutzklage beantragen (*Weber/Ehrich* DB 1995, 2369, 2370 f.; ebenso DDZ-*Zwanziger* § 5 KSchG Rn 16). Der Anwendung des § 5 KSchG bedarf es nicht, wenn ein **gerichtlicher Vergleich** angefochten wird; in diesem Fall wird das gerichtliche Verfahren fortgesetzt (*BAG* 11.7.2012 EzA § 123 BGB 2002 Nr. 12; 12.5.2010 EzA § 123 BGB 2002 Nr. 9; DDZ-*Zwanziger* § 5 KSchG Rn 16). 62

Die **Unkenntnis** des Arbeitnehmers von der dreiwöchigen Klagefrist vermag eine nachträgliche Zulassung der Klage nicht zu begründen. Jeder Arbeitnehmer muss die Grundzüge des Kündigungsschutzrechts, insbes. die Dreiwochenfrist zur Klageerhebung kennen oder sich doch diese Kenntnis alsbald nach Zugang der Kündigungserklärung bei einer zuverlässigen Stelle verschaffen (*BAG* 26.8.1993 EzA § 4 KSchG nF Nr. 47; *LAG RhPf* 29.10.2014 – 5 Ta 366/14; 10.7.2012 – 6 Ta 68/12; *LAG Köln* 28.12.2007 8 Ta 355/07; *LAG SchlH* 28.4.2005 – 2 Ta 105/05; zu den für Auskünfte berufenen Stellen s. Rdn 28 ff.). Der Verstoß gegen die Sorgfaltspflicht liegt nicht in der Unkenntnis der Dreiwochenfrist, sondern im Fehlen des Bemühens, sich innerhalb der Frist geeigneten Rat zu holen (*LAG München* 26.4.2005 – 11 Ta 427/04, m. Anm. *Mestwerdt* jurisPR-ArbR 35/2005 Nr. 1). Es gibt **keine Pflicht** des Arbeitgebers **zum Hinweis** auf die Dreiwochenfrist (*BAG* 26.8.1993 EzA § 4 KSchG nF Nr. 47; aA *Valentin* AuR 1990, 276 ff.; vgl. Rdn 65). Auch bei einer Kündigung durch den **Insolvenzverwalter** besteht **keine Pflicht** zur Aufklärung über die Möglichkeit einer Kündigungsschutzklage (*LAG Köln* 18.8.2006 – 9 Ta 272/06, ZIP 2006, 2231; 63

LAG München 29.11.2006 – 11 Ta 379/06; 25.8.1980 AMBl. 1981, C 17). Auch die Unkenntnis des Klägers davon, dass er bei **mehreren Kündigungen** gegen jede einzelne Kündigung vorgehen müsse, schließt sein Verschulden nicht aus. Es zählt zu den für jeden Arbeitnehmer geltenden Sorgfaltspflichten, sich zumindest nach Ausspruch einer Kündigung unverzüglich darum zu kümmern, ob und wie er dagegen vorgehen kann (*BAG* 22.3.2012 EzA § 5 KSchG Nr. 41).

64 **Schwebende Vergleichsverhandlungen** (vgl. Rdn 26), die der Arbeitnehmer abwarten und mit der Kündigungsschutzklage nicht stören wollte und deretwegen er die Dreiwochenfrist hat verstreichen lassen, rechtfertigen die nachträgliche Zulassung **nicht** (*BAG* 19.2.2009 EzA § 4 KSchG nF Nr. 88 Rn 41; *LAG RhPf* 23.3.2012 – 9 Sa 646/11). Der Arbeitnehmer handelt insoweit auf eigenes Risiko. Schließlich ist es ihm unbenommen, **zur Fristwahrung** Klage einzureichen, sie zustellen zu lassen und wegen der schwebenden Vergleichsverhandlungen um einen zeitlich hinausgeschobenen (Güte-)Termin zu bitten (vgl. KR-*Klose* § 4 KSchG Rdn 205). Der Arbeitnehmer darf sich nicht auf den Erfolg von Einigungsversuchen – durch Schriftwechsel oder Verhandlungen – verlassen (*LAG Stuttg.* 26.3.1965 BB 1965, 669; APS-*Hesse* § 5 KSchG Rn 63; *Schaub/Linck* § 139 Rn 15; *Wenzel* AuR 1976, 329). Die Klage ist freilich idR nachträglich zuzulassen, wenn der Arbeitgeber durch das Inaussichtstellen erfolgreicher Vergleichsverhandlungen den Arbeitnehmer **arglistig** von der rechtzeitigen Klageerhebung abgehalten hat (vgl. *BAG* 24.9.1981 – 2 AZR 422/79; *LAG BW* 10.5.1985 – 12 Ta 16/84; *LAG Köln* 26.11.1999 LAGE § 5 KSchG Nr. 97; *LAG RhPf* 26.7.2004 – 8 Ta 154/04).

65 Ein arglistiges Inaussichtstellen einer Einigung liegt nicht vor, wenn der Arbeitgeber erklärt, er wolle »versuchen«, die Kündigung noch vor Ablauf der Kündigungsfrist rückgängig zu machen (*LAG RhPf* 28.10.2005 – 10 Ta 233/05), oder die Bereitschaft erklärt, »die Sache noch einmal zu überdenken«; damit konnte der Arbeitnehmer keineswegs sicher sein, von der Kündigung werde Abstand genommen (*LAG RhPf* 7.4.2004 – 3 Ta 61/04). Durch eine Äußerung des Arbeitgebers am letzten Tag der Klagefrist, man werde am nächsten Tag reden, wird der Arbeitnehmer ebenfalls nicht arglistig von einer (vorsorglichen) Klagerhebung abgehalten (*LAG Bln.-Bra.* 2.11.2012 EzTöD 100 § 34 TVöD-AT KSchG Nr. 3; s.a. Rdn 42).

66 **Verhandlungen**: s. Rdn 64.

67 **Verschulden des Vertreters:**

Der Arbeitnehmer muss sich das Verschulden eines **gesetzlichen Vertreters** zurechnen lassen, § 51 Abs. 2 ZPO (*LAG Frankf.* 15.11.1988 LAGE § 5 KSchG Nr. 4). Für einen **rechtsgeschäftlichen Vertreter** gilt das nur, wenn sich die Vertretungsmacht auf die Prozessführung bezieht. Das ist nicht der Fall, wenn die Tochter des Arbeitnehmers mit der Leerung des Briefkastens beauftragt ist und das Kündigungsschreiben verspätet aushändigt (*LAG RhPf* 13.2.2004 – 8 Ta 17/04; aA *Rieble* Anm. zu *LAG Hamm* 2.6.1993 LAGE § 5 KSchG Nr. 70 unter Hinw. auf § 278 BGB). Der Arbeitnehmer darf sich auf die Angaben des Empfangsboten zum Tag des Zugangs des Kündigungsschreibens verlassen und muss keine weiteren Nachforschungen anstellen (*LAG Brem.* 17.2.1988 ARSt 1989 Nr. 1057 S. 59; vgl. Rdn 52). Allerdings kann ein **eigenes Verschulden** des Arbeitnehmers als Auswahl-, Organisations- oder Informationsverschulden in Betracht kommen, wenn er einen Dritten mit der Erhebung der Kündigungsschutzklage beauftragt. Dies hat das *LAG Köln* (5.3.2004 – 4 (13) Ta 440/03) für die Beauftragung einer mit einem Wohnungsumzug beschäftigten Tochter angenommen, die Tochter in dieser Situation gar nicht habe beauftragt werden dürfen.

68 Nach hM steht das **Verschulden des Prozessbevollmächtigten** hinsichtlich der Versäumung der Klagefrist des § 4 S. 1 KSchG dem Verschulden des Arbeitnehmers gleich und wird diesem – in direkter oder entsprechender Anwendung des § 85 Abs. 2 ZPO – **zugerechnet**. Diese Auffassung war nicht unumstritten (s. dazu die Nachw. bei *Friedrich* KR 8. Aufl., Rn 69b, 70). Das BAG hat sich nach der gesetzlichen Eröffnung der Revision in Fragen der nachträglichen Zulassung der Kündigungsschutzklage ab 1.4.2008 (vgl. Rdn 4) der hM angeschlossen. Dem Arbeitnehmer ist das Verschulden seines Prozessbevollmächtigten (insbes. eines Rechtsanwalts oder eines Rechtssekretärs einer Gewerkschaft oder der DGB-Rechtsschutz GmbH) – auch eines **Unterbevollmächtigten**

(LWS-*Spinner* § 5 KSchG Rn 7) – an der Versäumung der Klagefrist gem. § 46 Abs. 2 S. 1 ArbGG iVm § 85 Abs. 2 ZPO zuzurechnen (*BAG* 11.12.2008 EzA § 5 KSchG Nr. 35; 24.11.2011 EzA § 5 KSchG Nr. 40; 25.4.2013 EzTöD 100 § 34 Abs. 1 TVöD-AT Beteiligung Arbeitnehmervertretung Nr. 5). Damit ist eine für die Praxis wesentliche Frage entschieden.

Die Frage nach dem Vorliegen eines Verschuldens ist nach dem BAG anhand des in § 276 Abs. 2 BGB enthaltenen Maßstabs zu beantworten: Verschulden umfasst demnach jede Form von Vorsatz und Fahrlässigkeit, wobei die üblicherweise zu erwartende Sorgfalt einer ordentlichen Prozesspartei entscheidend ist – deshalb bestimmt im Fall eines der Partei zuzurechnenden Anwaltsverschuldens die **erwartbare Sorgfalt eines ordentlichen Rechtsanwalts** das rechtliche Maß (*BAG* 24.11.2011 EzA § 5 KSchG Nr. 40 Rn 16; vgl. auch Rdn 13 ff.). Hinsichtlich **rechtlicher Probleme** hat sich der Anwalt also entsprechend sachkundig zu machen (*LAG SchlH* 10.5.2011 – 3 Ta 85/11, Rn 23; vgl. a. Rdn 72). Gesundheitliche Probleme des Rechtsanwalts stellen die zu erwartende Sorgfalt nicht in Frage, jedenfalls soweit es die Klageeinreichung und die Fristnotierung betrifft (*LAG Bln.-Bra.* 25.1.2012 – 15 Sa 1873/11). Anwaltsverschulden kann vorliegen, wenn ein **gerichtlicher Hinweis** auf das Fehlen der Unterschrift unter der Klage nicht zur Kenntnis genommen wird (*Thür. LAG* 19.11.2013 – 1 Sa 82/13). Zu den Pflichten des Rechtsanwalts hinsichtlich der **Berechnung und Notierung der Klagefrist** s. *Hess. LAG* 5.6.2012 – 15 Sa 871/11 und *LAG SchlH* 1.2.2012 – 3 Sa 288/11. Anwaltliches Verschulden kann vorliegen, wenn ein fehlerhaftes **Beklagtenrubrum** angegeben wird und dadurch eine Zustellung der Klage erst jenseits der Grenzen des § 167 ZPO erfolgt (*LAG Düsseld.* 1.4.2010 – 13 Sa 1545/09, Rn 26). Das *LAG Nds.* (16.6.2010 – 17 Sa 298/10) nimmt einen anwaltlichen Pflichtverstoß an, wenn der Anwalt die **Wiedervorlage** einer Akte erst auf vier Wochen nach dem voraussichtlichen Zugang einer Kündigungsschutzklage beim Arbeitsgericht verfügt (s. dazu a. *LAG Bln.-Bra.* 4.6.2009 – 5 Sa 368/09; vgl. auch Rdn 72 u. 127).

Verschulden einer Gewerkschaft: Das Verschulden einer Gewerkschaft bzw. der für sie handelnden Sekretäre steht dem Verschulden eines Rechtsanwalts gleich (vgl. Rdn 68 u. 123). Die Gewerkschaft treffen bei der Übernahme eines Rechtsschutzauftrages dieselben Pflichten wie einen Rechtsanwalt (*BAG* 28.5.2009 EzA § 5 KSchG Nr. 36 Rn 14; *OLG Frankf.* 27.10.2006 VersR 2007, 366; *LAG MV* 18.3.1993 AuA 1994, 86; vgl. aber *LAG Brem.* 23.7.1999 LAGE § 5 KSchG Nr. 96: keine Zurechnung des Fehlverhaltens der Einzelgewerkschaften, wenn nur der DGB-Rechtsschutz GmbH Prozessvollmacht erteilt worden war; ebenso *LAG Brem.* 26.5.2003 LAGE § 5 KSchG Nr. 107: keine Zurechnung von Fehlern der Rechtsschutz gewährenden Gewerkschaft vor Übernahme des Prozessmandats).

Übereinstimmung besteht darin, dass die Versäumung der Dreiwochenfrist durch das Verschulden eines **Angestellten des Prozessbevollmächtigten** zur nachträglichen Zulassung der Kündigungsschutzklage führt, wenn der Prozessvertreter den Angestellten mit der nötigen Sorgfalt ausgewählt, angewiesen oder überwacht hat (*BAG* 24.11.2011 EzA § 5 KSchG Nr. 40 Rn 15 u. 16; *LKB/Linck* § 5 KSchG Rn 26; SPV-*Vossen* Rn 1971a). Ein **Organisationsverschulden** des Rechtsanwalts wiederum fällt unter § 85 Abs. 2 ZPO (vgl. *LAG Köln* 10.10.2002 AnwBl 2003, 306; *LAG Nbg.* 2.6.2003 NZA-RR 2003, 661; *LAG RhPf* 20.1.2005 – 10 Ta 258/04; zusammenfassend zur zuverlässigen Fristen- und Ausgangskontrolle *LAG Köln* 23.1.2008 – 5 Ta 320/07). Hat der Prozessbevollmächtigte seine Angestellte angewiesen, anhand des Faxjournals zu überprüfen, ob eine Klage »ordnungsgemäß« **per Fax** abgesandt worden ist, liegt darin zugleich die Weisung, die Übereinstimmung der Blattzahl der Klageschrift mit der im Sendeprotokoll ausgewiesenen Anzahl der übermittelten Blätter zu prüfen. Damit ist sichergestellt, dass das, was in das Faxgerät zur Übersendung eingelegt wurde, auch tatsächlich gesendet wurde, somit auch das die Unterschrift des Prozessbevollmächtigten aufweisende letzte Blatt der Klageschrift (*BAG* 24.11.2011 EzA § 5 KSchG Nr. 40 Rn 23; vgl. a. ErfK-*Kiel* § 5 KSchG Rn 8 mwN; zur Ausgangskontrolle bei Übermittlung der Kündigungsschutzklage per Telefax durch den Rechtsanwalt auch *Sächs. LAG* 23.2.2007 LAGE § 5 KSchG Nr. 115; *LAG Hamm* 9.1.2014 – 15 Sa 1351/13: erforderlich die Weisung, die eingetragene Frist erst nach Prüfung der Vollständigkeit der Übermittlung zu löschen).

72 Technische Fehler in der EDV-Anlage des Anwalts sind kein Verschulden iSd § 85 Abs. 2 ZPO, auch nicht Fehler bei der wegen Ausfalls der EDV-Anlage durch technische Mängel angeordneten Durchsicht aller Prozessakten und der Wiedereinführung eines manuell geführten Fristenkalenders (*LAG Köln* 27.11.1986 LAGE § 5 KSchG Nr. 25).

73 Ein Fall des sog. Vertreterverschuldens iSv § 85 Abs. 2 ZPO liegt nicht vor, wenn es sich bei dem Vertreter **nicht** um einen **Prozessbevollmächtigten** handelt, sondern wenn der Arbeitnehmer den Rechtsanwalt oder den Gewerkschaftssekretär als »geeignete Stelle« bloß **um Rat ersucht** hat. Dann ist die falsche Auskunft dem Arbeitnehmer idR nicht zuzurechnen, weil es an einer Vollmacht fehlt (eingehend *ArbG Krefeld* 16.5.1967 DB 1967, 2124; *LAG BW* 11.2.1974 BB 1974, 323). Das Verschulden des Vertreters muss sich der Arbeitnehmer nur im Rahmen der Prozessführung aufgrund erteilter und im Zeitpunkt des Fristablaufs bestehender Prozessvollmacht anrechnen lassen (APS-*Hesse* § 5 KSchG Rn 30). Auch der Prozessbevollmächtigte, der das **Mandat niedergelegt** hat, ist insoweit nicht mehr Vertreter der Partei. Ein mögliches Verschulden durch Mandatsniederlegung zur Unzeit kann dem Arbeitnehmer als Partei nicht zugerechnet werden. In einem solchen Fall kann allenfalls ein **Eigenverschulden** des Arbeitnehmers vorliegen, wenn die Mandatsniederlegung erfolgte, weil die Vergütung für den Rechtsanwalt nicht gesichert war und deswegen die Klage zu spät beim ArbG einging (*LAG Köln* 3.5.2001 NZA-RR 2002, 438 unter Hinw. auf *BAG* 15.7.1968 AP Nr. 19 zu § 519 ZPO).

74 Auch bei einer **vorsorglichen Kündigung** ist die Dreiwochenfrist einzuhalten (vgl. KR-*Klose* § 4 KSchG Rdn 340). Dem Arbeitnehmer ist die nachträgliche Zulassung der Kündigungsschutzklage nicht deshalb zu gewähren, weil er davon ausgegangen ist, Verhandlungen würden dazu führen, dass die vorsorgliche Kündigung gegenstandslos werde (s. Rdn 64). Hält der Arbeitnehmer die Frist nicht ein, weil ihm bereits **mehrmals vorsorglich gekündigt** worden ist, ohne dass es zu einer Beendigung des Arbeitsverhältnisses kam, ist die verspätete Kündigungsschutzklage zumindest dann nicht zuzulassen, wenn der Arbeitgeber den Arbeitnehmer dieses Mal die Rechtswirksamkeit und Endgültigkeit der Kündigung betont hatte (*LAG Frankf.* 5.9.1988 LAGE § 5 KSchG Nr. 40).

II. Formelle Voraussetzungen

1. Der Antrag auf nachträgliche Zulassung

a) Die Form des Antrags

75 Die nachträgliche Zulassung der Kündigungsschutzklage erfolgt **nur auf Antrag**, § 5 Abs. 1 S. 1 KSchG. Der Antrag muss innerhalb **zweier Wochen** nach Behebung es Hindernisses für die rechtzeitige Klageerhebung bestellt werden, § 5 Abs. 3 S. 1 KSchG. Die Rechtsprechung stellt keine hohen Anforderungen an die **Form** des Antrags. Wenn dieser auch um der Klarheit willen ausdrücklich formuliert und nebst Begründung schriftlich beim ArbG eingereicht oder mündlich zu Protokoll der Geschäftsstelle erklärt werden sollte (vgl. *Wenzel* MDR 1978, 277), so begnügt sich die Praxis damit, dass in irgendeiner Form das Begehren zum Ausdruck kommt, es möge die Klage trotz Fristversäumung noch zugelassen werden. Es reicht aus, wenn der Antrag als **stillschweigend gestellt** angesehen werden kann. Der Antrag braucht von Rechts wegen nicht ausdrücklich gestellt zu werden (*BAG* 19.2.2009 EzA § 4 KSchG nF Nr. 88; 2.3.1989 EzA § 130 BGB Nr. 22; *LAG Köln* 12.4.2006 – 14 Ta 133/06: Antrag auf »Rückversetzung in den alten Stand«; *LAG Nds.* 22.1.2007 LAGE § 4 KSchG Nr. 53).

76 Dagegen reicht die verspätete **Klageerhebung als solche** für die Annahme nicht aus, es solle zugleich ihre nachträgliche Zulassung begehrt werden (*BAG* 19.2.2009 EzA § 4 KSchG nF Nr. 88). Der entsprechende Wille muss vielmehr in irgendeiner Weise aus der Klageschrift ersichtlich werden (*Thüringer LAG* 19.11.2013 – 1 Sa 82/13; *LAG Nbg.* 4.12.2006 BB 2007, 447, 448; *Sächs. LAG* 20.2.2008 – 5 Sa 360/07; HaKo-KSchR/*Gallner* Rn 24). Daran ändert **§ 236 Abs. 2 S. 1 ZPO** nichts. Nach dieser Vorschrift kann bei Vornahme der versäumten Handlung innerhalb der Wiedereinsetzungsfrist die Wiedereinsetzung auch ohne Antrag gewährt werden. Das ist auf § 5 KSchG als Sonderregelung (s. Rdn 13) nicht übertragbar. Der Wunsch, es solle die Klage trotz Versäumung

der Frist zugelassen und sachlich beschieden werden, muss als zusätzliches Begehren wenigstens erkennbar sein (*LKB/Linck* Rn 41).

b) Der Inhalt des Antrags

aa) Antrag und Kündigungsschutzklage

Mit dem Antrag auf nachträgliche Zulassung ist die **Klageerhebung** zu **verbinden** (§ 5 Abs. 2 S. 1 77 1. Hs. KSchG; *LAG RhPf* 15.12.2009 – 19 Sa 168/09). Ist die Kündigungsschutzklage bereits erhoben, ist auf sie im Antrag auf nachträgliche Zulassung **Bezug zu nehmen** (§ 5 Abs. 2 S. 1 2. Hs. KSchG). Wird der Antrag auf nachträgliche Zulassung mit einer Abschrift der Klageschrift verbunden, reicht das für einen Antrag nach § 5 Abs. 2 KSchG aus (*LAG Bln.-Bra.* 15.12.2009 – 19 Sa 1658/09). Die Klage kann entgegen dem Wortlaut des Gesetzes auch noch **nach Eingang** des Antrags auf ihre nachträgliche Zulassung erhoben werden, nur muss dies noch **innerhalb** der zweiwöchigen Antragsfrist geschehen. Dem Sinn und Zweck des § 5 Abs. 2 S. 1 KSchG ist Genüge getan, wenn innerhalb dieser Frist die Kündigungsschutzklage und der Antrag auf ihre nachträgliche Zulassung dem Gericht vorliegen (HaKo-KSchR/*Gallner* Rn 25; *LKB/Linck* Rn 41; APS-*Hesse* § 5 Rn 68).

Der Antrag auf nachträgliche Zulassung ist stets als vorsorglicher, also **auflösend bedingter** An- 78 trag für den Fall zu verstehen, dass das Gericht – möglicherweise anders als der Antragsteller – von der Rechtzeitigkeit der Klageerhebung ausgeht (vgl. *BAG* 25.4.2018 – 2 AZR 493/17, EzA § 5 KSchG Nr. 42; 22.3.2012 EzA § 5 KSchG Nr. 41; 5.4.1984 EzA § 5 KSchG Nr. 21; *LKB/Linck* Rn 41).

Ein **Abfindungsanspruch nach § 1a** KSchG entfällt auch dann, wenn die Kündigungsschutzklage 79 verspätet erhoben wird. Es kommt nicht darauf an, ob dabei ein Antrag auf nachträgliche Zulassung der Kündigungsschutzklage gestellt worden ist oder nicht – etwa weil der Arbeitnehmer davon ausgeht, die Klagefrist sei gar nicht versäumt (*BAG* 20.8.2009 EzA § 1a KSchG Nr. 7; APS-*Hesse* § 1a KSchG Rn 8; *Krolop* NJW 2010, 84; vgl. iE KR-*Spilger* § 1a KSchG Rdn 43).

bb) Antrag und Begründung nebst Glaubhaftmachung

Der Antrag muss die Angabe der die nachträgliche Zulassung begründenden **Tatsachen** und der 80 Mittel für deren **Glaubhaftmachung** enthalten (§ 5 Abs. 2 S. 2 KSchG).

Der Kläger muss also die **Tatsachen vortragen**, aus denen sich ergeben soll, dass er trotz Anwen- 81 dung aller ihm zuzumutenden Sorgfalt verhindert war, die Klage innerhalb der Dreiwochenfrist zu erheben. Die Berechtigung der Ansicht, dass den Arbeitnehmer an der Fristversäumung keine Schuld trifft, ist »nach allen Richtungen hin schlüssig darzutun« (*Wenzel* MDR 1978, 277; vgl. *LAG Hamm* 8.2.2007 – 1 Ta 769/06, EEK 3306; *LAG RhPf* 15.1.2007 – 8 Ta 258/06; *LAG Düsseld.* 19.9.2002 NZA-RR 2003, 78, 79). Dazu reicht etwa der Vortrag, die Klageschrift sei rechtzeitig gefertigt und zur Post gegeben worden, nicht aus. Damit ist nicht schlüssig dargelegt, dass der Arbeitnehmer alle ihm nach Lage der Umstände zuzumutende Sorgfalt aufgewandt hat, um die Klagefrist einzuhalten (*Wenzel* MDR 1978, 277). Vielmehr ist **in allen Einzelheiten** darzulegen, wann die Klage gefertigt und wann und wie sie zur Post gegeben wurde usw. Falls eine auf den Postweg gebrachte Klageschrift nicht beim Arbeitsgericht eingegangen ist, ist darzulegen, dass und wann sie ordnungsgemäß frankiert und adressiert zur Post gegeben und damit dem Einflussbereich des Absenders entzogen worden ist (*LAG Nbg.* 2.6.2003 – 5 Ta 78/03, NZA-RR 2003, 661 m. Anm. *Bertzbach* jurisPR-ArbR 6/2004 Nr. 2). Beruft sich der Arbeitnehmer etwa darauf, er sei vom Arbeitgeber von einer Klageerhebung arglistig abgehalten worden (s. Rdn 42), so bedarf es der Darlegung, dass er in Kenntnis von der Dreiwochenfrist auf Grund bestimmter, im Einzelnen anzugebender Umstände veranlasst wurde, nicht gegen die Kündigung vorzugehen.

Der Kläger hat die **Mittel der Glaubhaftmachung** anzugeben, also zu benennen und anzubie- 82 ten (*LAG BW* 11.1.2008 – 7 Ta 1/08). Dazu taugliche Mittel sind alle **Beweismittel**, also insbes.

§ 5 KSchG   Zulassung verspäteter Klagen

Zeugen – auch schriftliche Zeugenaussagen – und Urkunden, amtliche Auskünfte und **eidesstattliche Versicherungen** sowie anwaltliche »Versicherungen« (*LAG München* 7.12.1979 ARSt 1980 Nr. 1167; s. Rdn 91). Der Kläger muss mit diesen Mitteln diejenigen Tatsachen glaubhaft machen, die den Schluss zulassen, dass er trotz Anwendung aller ihm nach Lage der Umstände zuzumutenden Sorgfalt die Klage nicht innerhalb von drei Wochen nach Zugang der Kündigung hat erheben können. Dabei sind Erklärungen des Prozessbevollmächtigten über subjektive innere Vorgänge des Antragstellers – dessen Wahrnehmungen, Vorstellungen, Kenntnisse, Überzeugungen – kein geeignetes Mittel der Glaubhaftmachung für solche inneren Tatsachen in der Person des Antragstellers (*LAG Köln* 30.8.1989 LAGE § 5 KSchG Nr. 42). Die Angaben des Anwalts sind als Mittel der Glaubhaftmachung nur tauglich, wenn sie eigene Handlungen oder Vorstellungen betreffen, falls es darauf ankommt (*LAG BW* 23.3.1978 MDR 1978, 788; s.a. Rdn 91).

83 Die Begründung und die Angabe der Mittel der Glaubhaftmachung können auch **nach der Antragstellung** eingereicht werden, soweit das innerhalb der Zweiwochenfrist des § 5 Abs. 3 S. 1 KSchG geschieht (*Hess. LAG* 22.12.1993 ARSt 1994, 137). Entscheidend ist, dass am Ende der Antragsfrist der Antrag nebst Begründung und der Angabe der Mittel der Glaubhaftmachung (und spätestens dann auch die Klage als solche, s. Rdn 77) vorliegen (*LAG Hmb.* 11.4.1989 LAGE § 5 KSchG Nr. 47; APS-*Hesse* Rn 71). Der Antrag kann **bis zum Ablauf** der Frist durch **Nachschieben** weiterer Gründe und Mittel der Glaubhaftmachung **ergänzt** werden. Zulassungsgründe und Mittel der Glaubhaftmachung, die erst **nach Ablauf der Frist** vorgebracht werden, sind dagegen nicht mehr zu berücksichtigen (*LAG Hamm* 14.2.1990 LAGE § 130 BGB Nr. 13; *LAG Düsseld.* 19.9.2002 NZA-RR 2003, 78, 79; *LAG Köln* 30.10.2008 – 7 Sa 844/08 – AA 2009, 162).

84 Allerdings ist nach Fristablauf eingegangenes Vorbringen dann zu berücksichtigen, wenn es nur **Ergänzungen, Konkretisierungen** oder eine **Vervollständigung** der fristgerecht vorgetragenen Gründe und beigebrachten Mittel darstellt und zugleich eine Verpflichtung des Gerichts nach § 139 ZPO bestand, eine Beseitigung von Unklarheiten herbeizuführen (*BAG* 24.11.2011 EzA § 5 KSchG Nr. 40; 28.5.2009 EzA § 5 KSchG Nr. 37; *LAG Düsseld.* 19.9.2002 NZA-RR 2003, 78, 79; *LAG Köln* 14.3.2003 LAGE § 5 KSchG Nr. 106a; *Eylert* AuA 1996, 414, 416; HaKo-KSchR/*Gallner* Rn 34; SPV-*Vossen* Rn 1991). Hat zB der Arbeitnehmer innerhalb der Frist des § 5 Abs. 3 S. 1 KSchG geltend gemacht, dass er infolge Krankheit an der rechtzeitigen Klageerhebung verhindert gewesen sei, und hat er seinen Vortrag durch einen Verweis auf ärztliche Atteste glaubhaft gemacht, so kann er diesen Vortrag auch nach Ablauf der Zweiwochenfrist präzisieren und die Ärzte, deren Atteste er als Mittel der Glaubhaftmachung bezeichnet hat, ergänzend als Zeugen benennen (*LAG München* 3.11.1975 DB 1976, 732).

85 Ist die Zweiwochenfrist abgelaufen, so ist das Nachschieben eines Sachverhalts oder von Mitteln der Glaubhaftmachung schon gar in der Berufungsinstanz nicht zulässig, es sei denn, es handelte sich auch hier nur um eine Ergänzung, Vervollständigung oder Konkretisierung (vgl. *LAG Hamm* 28.6.2000 LAGE § 5 KSchG Nr. 97a).

86 Da nach § 5 Abs. 3 S. 2 KSchG der Zulassungsantrag nach **Ablauf von sechs Monaten** seit dem Ende der versäumten dreiwöchigen Klagefrist nicht mehr wirksam gestellt werden kann (zur Verfassungsmäßigkeit dieser Bestimmung vgl. *BAG* 28.1.2010 EzA § 5 KSchG Nr. 38; vgl. aber Rdn 117), kann auch für eine Ergänzung des Sachverhalts nach Ablauf dieser Frist nichts mehr vorgebracht werden (*LAG Köln* 30.8.1989 LAGE § 5 KSchG Nr. 42). Das gilt auch dann, wenn der Antrag erst am letzten Tag des Fristablaufs gestellt wurde und der Fortbestand des Hindernisses behauptet wird.

87 Liegt eine Begründung innerhalb der Antragsfrist nicht vor und/oder sind keine Mittel für die Glaubhaftmachung angegeben, so ist der **Antrag unzulässig** (*LAG Frankf.* 2.8.1977 – 5 Ta 77/77). Allerdings verletzt das Gericht die ihm nach § 139 Abs. 1 S. 2 und Abs. 2 S. 1 ZPO obliegende Hinweispflicht, wenn es nach Eingang des Antrags auf nachträgliche Zulassung ggf. nicht darauf hinweist, dass Mittel zur Glaubhaftmachung nicht angegeben worden seien; dies gilt auch gegenüber einer anwaltlich vertretenen Partei. Dabei ist anzunehmen, dass die Behandlung des Antrags

als unzulässig auf der Verletzung der Hinweispflicht beruht, wenn der Arbeitnehmer vorträgt, er hätte sich bei einem entsprechenden Hinweis auf eine eidesstattliche Versicherung berufen, und er diese vorlegt (*LAG BW* 11.1.2008 – 7 Ta 1/08, m. Anm. *Bödecker* jurisPR-ArbR 11/2008 Nr. 3).

Entgegen dem Wortlaut des § 5 Abs. 2 S. 2 KSchG ist ein Antrag auf nachträgliche Zulassung auch **ohne Angabe** der Mittel der Glaubhaftmachung zulässig, wenn der Arbeitgeber die die nachträgliche Zulassung begründenden Tatsachen **nicht bestreitet**. Der ohne Angabe von Mitteln der Glaubhaftmachung gestellte Antrag wird zulässig, wenn der Arbeitgeber den Tatsachenvortrag des Arbeitnehmers – und sei es durch Nichtbestreiten – einräumt. Auf eine Glaubhaftmachung kommt es dann nicht an, unstreitige Tatsachen müssen nicht glaubhaft gemacht werden (*BAG* 25.4.2013 EzA § 102 BetrVG 2001 Nr. 29; *LAG Nbg.* 4.12.2006 BB 2007, 447, 448; HaKo-KSchR/*Gallner* Rn 30). Das Gleiche gilt, wenn die Tatsachen, auf die sich der Arbeitnehmer beruft, durch die **Gerichtsakten** zu belegen sind (*BAG* 30.7.2020 – 2 AZR 43/20 – EzA § 5 KSchG Nr. 44: verspäteter Hinweis des Gerichts auf Formmängel der Klage). **88**

Im Klageverfahren genügt es – insbes. dann, wenn die Partei nicht anwaltlich vertreten ist –, dass die Beweismittel in irgendeiner Form in den Schriftsätzen oder in der mündlichen Verhandlung **kenntlich gemacht** werden. Entsprechendes gilt für den Antrag für nachträgliche Zulassung, was die Mittel der Glaubhaftmachung anbelangt. Es reicht aus, wenn diese Mittel als solche erkennbar sind oder doch **durch Auslegung** ermittelt werden können (*LAG Hamm* 25.11.1971 – 8 Ta 76/71; *Wenzel* MDR 1978, 277). Wenn in dem vom Arbeitnehmer selbst gestellten Antrag auf nachträgliche Zulassung der Klage Mittel der Glaubhaftmachung für eine angeführte Erkrankung nicht angegeben sind, so ist idR anzunehmen, dass die Glaubhaftmachung durch Zeugnis der behandelnden Ärzte erfolgen soll (*LAG Hamm* 4.9.1975 – 8 Ta 77/75; 19.8.1976 – 8 Ta 29/70; *Wenzel* AuR 1976, 327). Wenn vorgetragen wird, die Klage hätte bei einer ordnungsgemäßen postalischen Zustellung fristgerecht bei Gericht vorliegen müssen, so soll die Glaubhaftmachung erkennbar durch eine postamtliche Auskunft erfolgen (*LAG Hamm* 27.5.1971 – 8 Ta 73/70; *Wenzel* AuR 1976, 327). Ein vom Arbeitnehmer selbst verfasster Antrag auf nachträgliche Zulassung lässt regelmäßig Raum für die Auslegung, dass sich der Arbeitnehmer zur Glaubhaftmachung auf die eigene eidesstattliche Versicherung beziehen will, soweit es um das eigene Verhalten und um die eigenen Wahrnehmungen geht (*LAG Hamm* 19.6.1986 LAGE § 5 KSchG Nr. 23). **89**

Ein **Rechtsanwalt**, der den Antrag vor allem auf eigenes Verhalten stützt, muss die anwaltliche Versicherung als Mittel der Glaubhaftmachung für diese Tatsachen nicht ausdrücklich anbieten. Vielmehr ist davon auszugehen, dass er dies stillschweigend tut (*LAG Hamm* 25.11.1971 – 8 Ta 76/71; *LAG Frankf.* 7.5.1969 AuR 1970, 249; vgl. auch *Wenzel* MDR 1978, 277). Die anwaltliche Versicherung ist in einem Antrag auf nachträgliche Zulassung, den der Rechtsanwalt einreicht, enthalten (*LAG München* 7.12.1979 ARSt 1980 Nr. 1167). Als Mittel der Glaubhaftmachung kann auch die einfache anwaltliche Erklärung ausreichen, sofern sie sich auf die eigene Berufstätigkeit und eigene Wahrnehmungen bezieht. Eine ausdrückliche »anwaltliche Versicherung« ist nicht erforderlich (*BAG* 14.11.1985 EzA § 251a ZPO Nr. 1). Im Übrigen ist auch dem von einem Rechtsanwalt verfassten Antrag auf nachträgliche Zulassung einer Kündigungsschutzklage trotz Fehlens einer ausdrücklicher Hervorhebung in der Regel **stillschweigend zu entnehmen**, es sollten die die Zulassung begründenden Tatsachen, soweit sie im Wissen des gekündigten Arbeitnehmers stehen, durch eidesstattliche Versicherung des letzteren glaubhaft gemacht werden. Ein solcher Antrag ist darum auch ohne förmliche Angabe dieses Mittels jedenfalls dann nicht unzulässig im Sinne des § 5 Abs. 2 S. 2 Hs. 2 KSchG, wenn der Arbeitgeber die betreffenden Tatsachen nicht bestreitet (*LAG Hamm* 18.4.1996 LAGE § 5 KSchG Nr. 79). **90**

Zu beachten ist, dass die Mittel der Glaubhaftmachung im Antrag nur **bezeichnet**, also nur angeboten werden müssen. Sie brauchen dem Antrag nicht **beigefügt** zu sein. Die **Glaubhaftmachung selbst** ist an die Zweiwochenfrist nicht gebunden. Sie kann bis zur gerichtlichen Entscheidung erfolgen bzw. nachgeholt werden (*BAG* 25.4.2013 EzA § 102 BetrVG Nr. 29; *LAG Köln* 6.9.1996 LAGE § 5 KSchG Nr. 80; *LAG Saarl.* 27.6.2002 NZA-RR 2002, 488; HaKo-KSchR/*Gallner* Rn 27), spätestens im Rechtsmittelverfahren (*LAG Hmb.* 18.5.2005 NZA 2005, 489, 491). Das **91** bedeutet, dass die angebotene eidesstattliche Versicherung, das ärztliche Attest, die postamtliche Auskunft nach Ablauf der Antragsfrist nachgebracht werden können (*LKB/Linck* Rn 49). Die Vorlage unbeglaubigter Kopien kann zur Glaubhaftmachung nach § 294 ZPO ausreichen (*LAG Brem.* 31.10.2001 LAGE § 233 ZPO Nr. 28).

92 Ob benannte **Zeugen** wegen § 294 Abs. 2 ZPO – demzufolge eine Beweisaufnahme, die nicht sofort erfolgen kann, unstatthaft ist – zur gerichtlichen Sitzung zu stellen sind, ist im Lichte von § 5 KSchG zweifelhaft. Die Frage ist zu verneinen (DDZ-*Zwanziger* Rn 48; **aA** HaKo-KSchR/*Gallner* Rn 29). Die gerichtliche Entscheidung ergeht nach obligatorischer mündlicher Verhandlung. Schon wegen § 56 Abs. 1 ArbGG ist es Sache des Gerichts, benannte Zeugen oder Sachverständige zu laden (APS-*Hesse* Rn 76 mwN; **aA** *Bader/Bram-Kriebel* Rn 51; HaKo-KSchR/*Gallner* Rn 29). Zumindest wird das Gericht den Kläger ggf. darauf **hinzuweisen** haben, dass es solche Ladungen nicht von sich aus vornehmen werde, die Mittel der Glaubhaftmachung also zum Termin zu stellen seien.

c) Die Einreichung des Antrags beim zuständigen ArbG

93 Der Antrag auf nachträgliche Zulassung der Klageschrift ist beim **örtlich zuständigen ArbG** einzureichen. Ein bei einem unzuständigen ArbG eingereichter Antrag ist fristwahrend, wenn er – idR mit der Kündigungsschutzklage – an das örtlich zuständige Arbeitsgericht verwiesen und demnächst zugestellt wird (HaKo-KSchR/*Gallner* Rn 35; APS-*Hesse* Rn 66; DDZ-*Zwanziger* Rn 25; *Gift/Baur* Das Urteilsverfahren vor den Gerichten für Arbeitssachen 1993 E 240; **aA** *Berkowsky* NZA 1997, 354).

94 Auch ein bei einem Gericht des **unzulässigen Rechtswegs** eingebrachter Antrag auf nachträgliche Zulassung wahrt die Antragsfrist des § 5 Abs. 3 KSchG, wenn die Sache entsprechend § 48 ArbGG, § 17 f. GVG an das Arbeitsgericht verwiesen wird. Dabei kommt es nicht darauf an, ob die Verweisung noch innerhalb oder erst außerhalb der zweiwöchigen Antragsfrist erfolgt (HaKo-KSchR/*Gallner* Rn 35; APS/*Hesse* Rn 66; DDZ-*Zwanziger* Rn 31; **aA** *Berkowsky* NZA 1997, 352, 354; *LAG Köln* 14.3.2003 LAGE § 5 KSchG Nr. 106a; vgl. auch KR-*Klose* § 4 KSchG Rdn 253).

95 Hat das ArbG die Kündigungsschutzklage für zulässig und (deshalb) rechtzeitig erhoben angesehen, stellt sich jedoch in der **Berufungsinstanz** ein Formmangel der Klage heraus, der sie von Beginn an unzulässig macht, kann, wie § 5 Abs. 5 S. 1 Alt. 2 KSchG zeigt, der Antrag auf nachträgliche Zulassung – verbunden mit der Übermittlung einer den Zulässigkeitsmangel beseitigenden Klage – erstmals auch vor dem LAG gestellt werden (*BAG* 30.7.2020 – 2 AZR 43/20 – EzA § 5 KSchG Nr. 44).

d) Das Rechtsschutzinteresse

96 Der Antrag auf nachträgliche Zulassung der Kündigungsschutzklage setzt ein **Rechtsschutzinteresse** voraus. Das Rechtsschutzinteresse muss sich nur auf den Zulassungsantrag als solchen beziehen. Das Rechtsschutzbedürfnis einer **schwangeren** Arbeitnehmerin für den Antrag auf nachträgliche Zulassung der Kündigungsschutzklage ist gegeben, wenn die Arbeitnehmerin gehalten war, die Unwirksamkeit der Kündigung nach § 9 Abs. 1 MuSchG binnen drei Wochen nach Zugang der schriftlichen Kündigung geltend zu machen, weil ein Fall des § 4 S. 4 **KSchG** (s. dazu KR-*Klose* § 4 KSchG Rdn 263 f.) **nicht vorlag**. Das wiederum ist der Fall, wenn die Arbeitnehmerin bei Zugang der Kündigung selbst noch nichts von ihrer Schwangerschaft wusste und damit ebenso wenig der Arbeitgeber, so dass dieser für die vorherige Einholung der Zustimmung nach § 9 Abs. 3 MuSchG keine Veranlassung hatte. § 5 Abs. 1 S. 2 KSchG stellt dies ausdrücklich klar (s. Rdn 124; vgl. *LAG SchlH* 13.5.2008 NZA-RR 2009, 132; *LAG Düsseld.* 10.2.2005 NZA-RR 2005, 382; SPV-*Vossen* Rn 1985 f.).

97 Für das Rechtsschutzbedürfnis kommt es **nicht** darauf an, ob die **Kündigungsschutzklage** selbst **Aussicht auf Erfolg** hat. Diese Frage ist im Zulassungsverfahren nicht zu prüfen (HaKo-KSchR/*Gallner* Rn 39; *LKB/Linck* Rn 52).

2. Die Fristen für den Antrag

Für den Antrag auf nachträgliche Zulassung der Kündigungsschutzklage gibt es eine **relative** und eine **absolute** Frist. Die relative Antragsfrist beträgt zwei Wochen ab Behebung des Hindernisses (§ 5 Abs. 3 S. 1 KSchG). Die absolute Antragsfrist beträgt sechs Monate ab dem Ende der Dreiwochenfrist des § 4 S. 1 KSchG (§ 5 Abs. 3 S. 2 KSchG). Der Beginn dieser absoluten Frist hängt also nicht davon ab, wann das Hindernis weggefallen ist.

98

a) Die Zweiwochenfrist

Nach § 5 Abs. 3 S. 1 KSchG ist der Antrag auf nachträgliche Zulassung der Kündigungsschutzklage nur innerhalb von **zwei Wochen nach Behebung des Hindernisses** zulässig. Damit ist dasjenige Hindernis gemeint, das der rechtzeitigen Klageerhebung im Wege stand. Was als »Hindernis« iSd § 5 Abs. 3 S. 1 KSchG anzusehen ist, ergibt sich aus § 5 Abs. 1 KSchG. Der **subjektiv-individuelle** Beurteilungsmaßstab ist auch hier entscheidend (*LKB/Linck* Rn 44; s. Rdn 11 ff.). Das Hindernis ist behoben, wenn die Partei oder ihr Bevollmächtigter (s. Rdn 103) **Kenntnis** von der Fristversäumnis erhält oder bei ordnungsgemäßer Verfolgung der Rechtssache hätte erlangen können; maßgeblich ist die Kenntnis von der Säumnis, nicht die von deren Ursache (*BAG* 30.7.2020 – 2 AZR 43/20, EzA § 5 KSchG Nr. 44). Das Weiterbestehen des Hindernisses darf nicht mehr als unverschuldet angesehen werden können. Dies ist der Fall, wenn tatsächliche Umstände nach Eintritt der Fristversäumung eine entsprechende positive Kenntnis vermitteln oder zumindest Anlass zu Zweifeln gegeben haben, ob die Frist eingehalten war (*BAG* 30.7.2020 – 2 AZR 43/20, EzA § 5 KSchG Nr. 44; 6.10.2010 – 7 AZR 569/09, EzA § 5 KSchG Nr. 39). Die Antragsfrist beginnt deshalb zwar erst, aber auch spätestens mit der **Kenntnis** vom Wegfall des Hindernisses. Sie beginnt allerdings schon vorher, wenn die Kenntnis vom Wegfall des Hindernisses bei Anwendung der zumutbaren Sorgfalt früher hätte erlangt werden können, wenn also die fortbestehende **Unkenntnis** nicht mehr **unverschuldet** ist.

99

Das Hindernis kann schon **vor Ablauf der Dreiwochenfrist** des § 4 KSchG behoben sein. Dann ist eine nachträgliche Zulassung nur berechtigt, wenn der Arbeitnehmer die Klage bis zum Ablauf der Dreiwochenfrist ohne Verschulden nicht mehr einreichen konnte (*LAG Düsseld.* 20.11.1995 ZIP 1996, 191; APS/*Hesse* Rn 81; s. Rdn 50).

100

Die zweiwöchige Antragsfrist »ruht« nicht durch einen im Gütetermin geschlossenen **Widerrufsvergleich** (*LAG Hamm* 5.8.2004 – 1 Ta 421/04, m. Anm. *Göhle-Sander* jurisPR-ArbR 41/2005 Nr. 6: Der Arbeitnehmer hätte den Antrag auf nachträgliche Klagezulassung – zumindest vorsorglich – fristgerecht während des Laufs der Widerrufsfrist stellen müssen; vgl. Rdn 114). Hatte der Arbeitnehmer die Kündigungsschutzklage im Wege der **Anschlussberufung** nach § 524 ZPO fristwahrend in einem zwischen den Parteien anhängigen Berufungsverfahren erhoben – was möglich ist, hat der Wirkungsverlust der Anschließung (§ 524 Abs. 4 ZPO) infolge einer **Rücknahme der Berufung** durch den Arbeitgeber nicht zur Folge, dass die durch die fristgerechte Klageerhebung vermiedene Wirksamkeitsfiktion nach § 7 Hs. 1 KSchG nachträglich doch noch einträte. Allerdings muss der Arbeitnehmer nunmehr erneut Kündigungsschutzklage erheben. In **analoger Anwendung** von § 5 Abs. 3 S. 1 KSchG verwirkt er sein Recht, sich auf die fristwahrende Klageerhebung in der Berufungsinstanz und damit auf die Unwirksamkeit der Kündigung zu berufen, wenn er die neuerliche Klage nicht innerhalb von zwei Wochen ab Kenntnis vom Wirkungsverlust durch die Berufungsrücknahme erhebt (*BAG* 10.12.2020 – 2 AZR 308/20, EzA § 4 KSchG n.F. Nr. 107).

101

Für den **Fristbeginn** kommt es nicht zwingend auf die positive Kenntnis von der Verspätung einer bereits eingereichten Klage an. Entscheidend ist, wann der Arbeitnehmer bei Anwendung zumutbarer Sorgfalt **hätte erkennen können**, dass die Klage verspätet erhoben wurde (*BAG* 16.3.1988 EzA § 130 BGB Nr. 16; *LAG Hamm* 4.11.1996 LAGE § 5 KSchG Nr. 81; *LAG Köln* 8.11.1994 LAGE § 5 KSchG Nr. 70; *Hess. LAG* 2.10.1996 LAGE § 5 KSchG Nr. 83; *LAG RhPf* 14.7.2004 NZA-RR 2005, 274; *LAG SchlH* 24.5.2007 – 4 Ta 147/07). Dabei kann die Unkenntnis von der Existenz des **Verfahrens nach § 5 KSchG** dem nicht vertretenen Arbeitnehmer in gewissem

102

Rahmen zugutekommen (*LAG Hamm* 27.11.1986 LAGE § 5 KSchG Nr. 26); aA wohl *LAG Köln* 8.11.1994 BB 1995, 628; vgl. ferner *BAG* 24.3.1975 EzA § 234 ZPO Nr. 5; ebenso *Wenzel* MDR 1978, 277; *LKB/Linck* Rn 44)

103 War der Arbeitnehmer schon bei Klageerhebung durch einen **Prozessbevollmächtigten** vertreten, kommt es darauf an, wann dieser auf die Versäumung der Klagefrist aufmerksam wurde. Entscheidend ist nicht, wann der Arbeitnehmer selbst davon erfahren hat. Das **Verschulden** des Prozessbevollmächtigten steht dem Verschulden des Arbeitnehmers bei der Versäumung der Klagefrist gleich (*BAG* 11.12.2008 EzA § 5 KSchG Nr. 35; s. Rdn 68). Entscheidend ist deshalb nicht die Kenntnis oder das Erkennen können der vertretenen Partei selbst, sondern die Kenntnis oder das Erkennen können ihres Prozessbevollmächtigten. Sobald dieser Kenntnis von der Versäumung der Dreiwochenfrist hat, beginnt die Antragsfrist von zwei Wochen zu laufen (*BAG* 25.4.2013 EzA § 102 BetrVG 2001 Nr. 29; *LAG München* 14.8.2008 – 4 Ta 179/08; *LAG RhPf* 20.9.2005 – 5 Ta 176/05; *LKB/Linck* Rn 44; SPV-*Vossen* Rn 1993). Dafür genügt es etwa, dass dem Prozessbevollmächtigten eine Ladung zum Gütetermin zugestellt wird, die den Hinweis auf das Eingangsdatum der Kündigungsschutzklage enthält; aufgrund der Mitteilung des Gerichts gehört es zu den Pflichten des Prozessbevollmächtigten zu prüfen, ob die Kündigungsschutzklage rechtzeitig beim ArbG eingegangen war (*Hess. LAG* 11.3.2005 NZA-RR 2005, 322; s.a. Rdn 110). Es genügt ferner, dass der Prozessbevollmächtigte nicht zeitnah zum Gütetermin geladen wird und auch keinerlei sonstige Nachricht seitens des Gerichts erhält, so dass sich der Verlust der Klageschrift aufdrängen muss (*LAG RhPf* 12.1.2004 – 9 Ta 1336/03; s.a. Rdn 110. Vom Arbeitnehmer und seinem Prozessbevollmächtigten ist zu verlangen, **von sich aus** zum Wegfall des Hindernisses beizutragen und entsprechende zumutbare Anstrengungen zu unternehmen (*BAG* 6.10.2010 EzA § 5 KSchG Nr. 39 unter Hinw. auf *BVerfG 11*.1.1992, NJW 1992, 38).

104 Bei rechtzeitiger und ordnungsgemäßer **Aufgabe** der Klage **zur Post** hat der Anwalt alles Erforderliche zur Fristwahrung getan. Eine Pflicht, sich nach dem Eingang der Klageschrift bei Gericht zu erkundigen, trifft ihn nur, wenn ein Grund für die Annahme besteht, die Klage könnte nicht rechtzeitig bei Gericht eingegangen sein – etwa dann, wenn die Akte dem Anwalt nach Absendung der Klage vorgelegt wird und er feststellt, dass das Gericht weder mit einer Eingangsbestätigung noch mit einer Ladung zum Gütetermin reagiert hat, obwohl damit nach dem üblichen Ablauf zu rechnen gewesen wäre. Eine darauf gerichtete generelle Kontrollpflicht dieser Art, umgesetzt etwa durch die Notierung einer Frist zur Wiedervorlage, besteht nicht. Nur **konkrete Anlässe**, etwa ein Poststreik, der zu Zweifeln an dem rechtzeitigen Eingang der Klage führen muss, können die Pflicht des Anwalts auslösen, sich nach dem fristgemäßen Eingang der Klage bei Gericht zu erkundigen. Allerdings darf der Anwalt die Sache nicht dauerhaft wiedervorlagefrei stellen. Um dem zu genügen, reicht eine Wiedervorlagefrist von **vier Wochen** nach dem voraussichtlichen Eingang der Kündigungsschutzklage allemal aus (*BAG* 6.10.2010 EzA § 5 KSchG Nr. 39; *LAG Bln.-Bra.* 4.6.2009 – 5 Sa 368/09). Wird eine Wiedervorlagefrist von **zweieinhalb Monaten** nach Absendung der Kündigungsschutzklage verfügt, liegt dagegen eine verschuldete Unkenntnis vom Ausbleiben des Klageeingangs vor. Wegen der gesetzlichen Vorgabe, einen Gütetermin binnen zwei Wochen nach Eingang der Klage durchzuführen (§ 61a Abs. 2 ArbGG), muss der Prozessbevollmächtigte des Arbeitnehmers deutlich früher mit einer Ladung oder doch mit einer Nachricht rechnen, warum die Ladung ausnahmsweise noch unterblieben sei. Der Verlust der Klageschrift muss sich unter diesen Umständen aufdrängen (*LAG Köln* 11.8.2004 – 2 Ta 297/04; *LAG RhPf* 12.1.2004 – 9 Ta 1336/03).

105 **Einzelfälle:**

Wenn der Arbeitnehmer durch eine rechtzeitig aufgesuchte geeignete Stelle **unrichtig beraten** wurde und deshalb die Klage verspätet eingereicht hat, beginnt die Antragsfrist des § 5 Abs. 3 S. 1 KSchG in dem Zeitpunkt, in dem der Arbeitnehmer auf die Notwendigkeit der Erhebung der Klage innerhalb von drei Wochen nach Zugang hingewiesen wurde, etwa durch den später eingeschalteten Rechtsanwalt oder durch das Gericht (vgl. *LAG Hamm* 20.9.1973 – 8 Ta 65/73; *Wenzel* MDR 1978, 277).

Hat der Arbeitnehmer wegen eines **Krankenhausaufenthalts** die dreiwöchige Klagefrist versäumt 106
und ist ihm unbekannt, dass er einen Antrag auf nachträgliche Zulassung stellen kann, so läuft die
Antragsfrist des § 5 Abs. 3 S. 1 KSchG nicht ab der Entlassung aus dem Krankenhaus, sondern ab
dem Zeitpunkt, in dem der Arbeitnehmer **Kenntnis von der Möglichkeit** einer Antragstellung erlangt hat oder bei gehöriger Sorgfalt hätte Kenntnis erlangen können (vgl. *LAG Hamm* 11.8.1977
EzA § 5 KSchG Nr. 3).

Befand sich der Arbeitnehmer im **Urlaub**, so beginnt die Antragsfrist mit der Rückkehr aus dem 107
Urlaub, wenn der Arbeitnehmer beim Öffnen seiner in den Briefkasten eingeworfenen Post hätte
erkennen können und müssen, dass die in einem **nicht frankierten** Umschlag befindliche Kündigungserklärung ihn nicht erst am Tag seiner Urlaubsrückkehr, sondern schon Tage – oder gar
Wochen – zuvor, etwa an dem Tag, auf den das Kündigungsschreiben datiert war, zugegangen sein
kann. Der Arbeitnehmer kann mangels eines Vermerks auf dem Brief, wann dieser in den Briefkasten eingeworfen wurde, nicht davon ausgehen, das sei erst kurz vor seiner Rückkehr der Fall
gewesen. Er musste, wenn er sich nicht nach dem Zeitpunkt des Zugangs erkundigen mochte,
innerhalb von zwei Wochen nach Rückkehr aus dem Urlaub – vorsorglich – den Antrag nach § 5
KSchG stellen. War die Klage rechtzeitig, weil der Brief doch erst kurz vor Rückkehr aus dem
Urlaub zugegangen war, kommt es auf den Antrag nicht mehr an (vgl. auch *BAG* 22.3.2012 EzA
§ 5 KSchG Nr. 41).

Ist die Klage trotz rechtzeitiger Absendung wegen Überschreitung der **normalen Postlaufzeiten** 108
nicht innerhalb von drei Wochen nach Zugang der Kündigung zu Gericht gelangt, so beginnt
die zweiwöchige Antragsfrist in dem Zeitpunkt, in dem der Kläger Kenntnis von dem verspäteten
Eingang der Klageschrift erlangt, idR durch das Gericht (*Thür. LAG* 5.3.2001 LAGE § 5 KSchG
Nr. 100; *Wenzel* AuR 1976, 326; *LKB/Linck* Rn 45).

Hat der Arbeitnehmer oder hat sein Vertreter die Klage **so spät zur Post** gegeben, dass mit dem 109
Eingang bei Gericht innerhalb der Dreiwochenfrist auch bei normaler Postlaufzeit nicht gerechnet
werden kann, so müssen sich der Arbeitnehmer oder sein Vertreter erkundigen, ob die Klage noch
rechtzeitig einging. In diesem Fall beginnt die Frist in dem Zeitpunkt, in dem vom Arbeitnehmer
oder seinem Vertreter eine entsprechende Nachfrage bei Gericht erwartet werden konnte (*Hess.
LAG* 26.6.1996 – 9 Ta 262/96; APS-*Hesse* Rn 84; s. Rdn 18).

Haben mehrere Arbeitnehmer getrennt voneinander gleichzeitig Kündigungsschutzklage einge- 110
reicht, ist eine der Klagen nicht bei Gericht angekommen und werden alle Kläger bis auf den einen
zum Termin geladen, so muss sich der betreffende Arbeitnehmer beim Gericht nach dem Verbleib
seiner Klage erkundigen, sobald er – etwa von einem Kollegen – erfährt, dass anderen Klägern eine
Terminsladung zuging. Unterlässt er diese Erkundigung, so beginnt die Zweiwochenfrist des § 5
Abs. 3 S. 1 KSchG zu laufen, auch wenn er noch nicht positiv weiß, dass seine Klage bei Gericht
nicht eingegangen ist. Entsprechendes gilt, wenn die Ladung zum Gütetermin ungewöhnlich lange
ausbleibt (vgl. *ArbG Hanau* 18.1.1996 NZA-RR 1996, 409, 410).

Wenn bei **Verhandlungen** mit dem Arbeitgeber nach Zugang der Kündigung zunächst Aussicht 111
auf eine Einigung besteht, der Arbeitgeber dann jedoch an seiner Kündigung festhält, beginnt
spätestens zu diesem Zeitpunkt die Antragsfrist zu laufen (*LAG Köln* 8.11.1994 LAGE § 5 KSchG
Nr. 70). Ob der Antrag Erfolg hat, hängt u. a. davon ab, ob der Arbeitgeber den Arbeitnehmer in
diesem Zusammenhang von einer Klageerhebung zunächst abgehalten hat (*BAG* 19.2.2009 EzA
§ 4 KSchG nF Nr. 88). Vertraut der Arbeitnehmer darauf, dass die Dreiwochenfrist des § 4 KSchG
für seinen **Auslandsarbeitsvertrag** nicht gilt, so beginnt die Antragsfrist spätestens mit einem entsprechenden Hinweis des Gerichts (*LAG Köln* 8.11.1994 LAGE § 5 KSchG Nr. 70).

Dringt der Arbeitnehmer im erstinstanzlichen Verfahren mit der verspäteten Kündigungsschutz- 112
klage durch, weil die – infolge postalischer Verzögerung eingetretene – Versäumung der Klagefrist
von den Parteien und dem Gericht **übersehen** wurde, so darf nach *LAG Hamm* (15.4.1982 BB
1982, 1671) der Arbeitnehmer, nachdem ihm die **Fristversäumung aufgefallen** ist, den Antrag auf
nachträgliche Zulassung der Kündigungsschutzklage nicht so lange zurückstellen, bis er weiß, dass

der Arbeitgeber Berufung gegen das arbeitsgerichtliche Urteil eingelegt hat. Ist die Versäumung der Dreiwochenfrist bereits aus den Gründen des erstinstanzlichen Urteils ersichtlich, muss er (vorsorglich) innerhalb von zwei Wochen nach Kenntnis der Entscheidungsgründe den Antrag stellen, die Klage nachträglich zuzulassen. In einem solchen Fall ist der Antrag an das LAG zu richten, das über den Antrag entscheiden muss, wenn Berufung eingelegt wird.

113 Geht der Arbeitnehmer nach Zugang einer Kündigungserklärung seitens seines Arbeitgebers und bisherigen Auftragnehmers eines Drittunternehmens davon aus, er werde von dem neuen Auftragnehmer **übernommen**, und hat er deswegen von der Erhebung einer Kündigungsschutzklage gegen seinen Arbeitgeber abgesehen, so beginnt die Antragsfrist des § 5 Abs. 3 S. 1 KSchG in dem Zeitpunkt, in dem der neue Auftragnehmer erklärt, er werde den Arbeitnehmer nicht übernehmen (*LAG RhPf* 21.10.2004 – 7 Ta 173/04, LAGReport 2005, 275).

114 War die Klageschrift nicht unterzeichnet und waren auch die dem Arbeitgeber zugegangenen Abschriften weder mit einer Unterschrift versehen noch beglaubigt, weist das Gericht in der Gütesitzung auf das **Fehlen der Unterschrift** hin, schließen die Parteien sodann einen **widerruflichen Vergleich**, wird dieser fristgerecht widerrufen und stellt der Kläger den Antrag auf nachträgliche Zulassung der Kündigungsschutzklage erst nach Ablauf von zwei Wochen seit dem gerichtlichen Hinweis, ist die zweiwöchige Antragsfrist des § 5 Abs. 3 S. 1 KSchG nicht gewahrt. Sie hat mit dem gerichtlichen Hinweis begonnen und wird durch den im Gütetermin geschlossenen Widerrufsvergleich nicht etwa hinausgeschoben oder gehemmt. Unterbrechens-, Aussetzungs- oder Ruhenstatbestände, die mit den Wirkungen des § 249 ZPO verbunden sind, betreffen nicht einen zwischen den Parteien geschlossenen Widerrufsvergleich. Das Ruhen des Verfahrens nach § 251 ZPO, das prozessuale Fristen hätte unterbrechen können, war nicht angeordnet (vgl. *LAG Hamm* 5.8.2004 – 1 Ta 421/04, m. Anm. *Göhle-Sander* jurisPR-ArbR 41/2005 Anm. 6).

b) Die Frist von sechs Monaten

115 Gem. § 5 Abs. 3 S. 2 KSchG ist der Antrag auf nachträgliche Zulassung der Kündigungsschutzklage nach Ablauf von **sechs Monaten** seit dem **Ende** der versäumten **Dreiwochenfrist** nicht mehr **statthaft**. Auch wenn das Hindernis für die Erhebung der Klage sechs Monate nach Ablauf der Dreiwochenfrist noch nicht behoben ist, so ist nach dem Gesetz eine nachträgliche Zulassung der Kündigungsschutzklage gleichwohl ausgeschlossen (*LAG SA* 28.3.2000 – 11 Sa 494/99).

116 § 5 Abs. 3 S. 2 KSchG ist **verfassungsgemäß** (*BAG* 28.1.2010 EzA § 5 KSchG Nr. 38; zur Verfassungsmäßigkeit der absoluten [Jahres-]Frist des § 234 Abs. 3 ZPO vgl. *BVerfG* 18.12.1972 – 2 BvR 756/71). Die Vorschrift verstößt weder gegen die Rechtsweggarantie des Art. 19 Abs. 4 GG noch gegen das aus dem Rechtsstaatsprinzip des Art. 20 Abs. 3 GG folgende Gebot der Rechtssicherheit. Ebenso wenig verletzt sie Grundrechte des gekündigten Arbeitnehmers (*BAG* 28.1.2010 EzA § 5 KSchG Nr. 38). Die Frist des § 5 Abs. 3 S. 2 KSchG dient der Rechtssicherheit und dem **Vertrauensschutz**; nach Ablauf dieser Frist soll die Unwirksamkeit einer Kündigung nicht mehr geltend gemacht werden können (so auch *LAG RhPf* 26.10.2005 – 9 Sa 474/05). Eine Wiedereinsetzung in die abgelaufene Sechsmonatsfrist des § 5 Abs. 3 S. 2 KSchG ist ausgeschlossen. Diese Frist ist weder eine Not- noch eine Rechtsmittelfrist. Auch eine unmittelbare oder **analoge** Anwendung des § 233 ZPO auf die Versäumung der Frist des § 5 Abs. 3 S. 2 KSchG kommt **nicht** in Betracht (*BAG* 28.1.2010 EzA § 5 KSchG Nr. 38; s. Rdn 121 f.). Ein gleichwohl gestellter Zulassungsantrag ist als unzulässig zu verwerfen (*LAG RhPf* 23.1.2006 – 8 Ta 302/05, SuP 2006, 449). § 5 Abs. 3 S. 2 KSchG gilt auch dann, wenn der Arbeitnehmer vorträgt, der Arbeitgeber handele arglistig, wenn er sich auf die Versäumung der Klagefrist berufe (*LAG Hamm* 29.10.1987 LAGE § 5 KSchG Nr. 33; 12.9.2006 – 9 Sa 40/06; *LAG RhPf* 26.10.2005 – 9 Sa 474/05). Es kommt allenfalls ein Schadensersatzanspruch aus § **826 BGB** in Betracht (*LAG Hamm* 29.10.1987 LAGE § 5 KSchG Nr. 33).

117 Etwas Anderes gilt allerdings, wenn der Anwendungsbereich der Norm deshalb **teleologisch zu reduzieren** ist, weil ihr Sinn und Zweck die Anwendung nicht gebietet und anderenfalls den Anforderungen an ein faires Verfahren nicht genügt werden könnte. Das ist der Fall, wenn zum einen

das Versäumen der Frist der **Sphäre des Gerichts** und nicht derjenigen des Antragstellers zuzurechnen ist und zum anderen ein Schutz der Interessen des Prozessgegners nicht geboten ist, weil dieser ein **schutzwürdiges Vertrauen** auf den Eintritt der Rechtssicherheit nicht haben konnte (*BAG* 30.7.2020 – 2 AZR 43/20, EzA § 5 KSchG Nr. 44). Der Gesetzgeber darf zwar Regelungen treffen, die für ein Rechtsschutzbegehren besondere formelle Voraussetzungen aufstellen und sich dadurch für den Rechtsuchenden einschränkend auswirken. Solche Einschränkungen müssen aber mit den Belangen einer rechtsstaatlichen Verfahrensordnung vereinbar sein und dürfen den Rechtsuchenden nicht unverhältnismäßig belasten. Die Gerichte haben das Verfahrensrecht so auszulegen und anzuwenden, dass es zu diesen Grundsätzen nicht in Widerspruch gerät (*BAG* 30.7.2020 – 2 AZR 43/20, EzA § 5 KSchG Nr. 44). Das gilt nicht nur für Entscheidungen über die Wiedereinsetzung nach Versäumung einer Frist, sondern auch im Verfahren über die nachträgliche Zulassung der Kündigungsschutzklage nach § 5 KSchG (*BVerfG* 23.7.2019 – 1 BvR 2032/18, EzA § 5 KSchG Nr. 43). Der **Normzweck** von § 5 Abs. 3 S. 2 KScghG steht daher einer durch Art. 2 Abs. 1 GG iVm. dem Rechtsstaatsprinzip gebotenen teleologischen Reduktion seines Anwendungsbereichs nicht entgegen, sofern sich auf Seiten des beklagten Arbeitgebers kein schutzwürdiges Vertrauen auf den Eintritt der Rechtssicherheit gebildet haben konnte. Dies ist der Fall, wenn dem Arbeitgeber eine Klage zugestellt worden ist, die zwar (zunächst unerkannt) die formalen Anforderungen an eine Kündigungsschutzklage iSv. § 4 Satz 1 KSchG nicht erfüllte, aber vom Gericht als solche behandelt worden ist. Auf den Eintritt der Fiktionswirkung des § 7 Hs. 1 KSchG konnte der Arbeitgeber dann bis zu einem entsprechenden Hinweis des Gerichts nicht vertrauen. Wenn aber das Recht eines Antragstellers auf ein **faires Verfahren** Ausnahmen sogar von der einjährigen Frist des § 234 Abs. 3 ZPO rechtfertigt (vgl. *BVerfG* 15.4.2004 – 1 BvR 622/98; *BAG* 3.7.2019 – 10 AZR 499/17, EzA § 237 ZPO 2002 Nr. 2; 2.7.1981 – 2 AZR 324/79, BAGE 35, 364), ist kein Grund ersichtlich, dass dies nicht gleichermaßen für die kürzere Frist des § 5 Abs. 3 S. 2 KSchG gilt. Auch die materielle Wirkung von § 4 S. 1 KSchG und § 5 Abs. 3 S. 2 KSchG bezweckt nicht den Schutz eines Arbeitgebers, der keinen Anlass hatte, auf den Eintritt der Fiktionswirkung des § 7 Hs. 1 KSchG zu vertrauen (*BAG* 30.7.2020 – 2 AZR 43/20 – EzA § 5 KSchG Nr. 44).

c) Die Berechnung der Fristen

Für die **Berechnung** der Fristen gelten die **allgemeinen Vorschriften** der §§ 187 f. BGB. Der Tag, an dem das Hindernis für die Klageerhebung entfällt, wird nicht mitgerechnet. Die zweiwöchige Antragsfrist endet mit dem Ablauf des Tages in der zweiten Woche, der durch seine Benennung dem Tag entspricht, an dem das Hindernis fortgefallen ist. Ist das Hindernis an einem Mittwoch entfallen, so beginnt die Antragsfrist tags darauf – am Donnerstag – um 0.00 Uhr und endet am Mittwoch der zweiten Woche um 24.00 Uhr. Fällt das Ende der Antragsfrist auf einen Sonntag, einen am Erklärungsort staatlich anerkannten allgemeinen Feiertag oder einen Sonnabend, so läuft sie erst am darauffolgenden Werktag ab (§ 193 BGB, § 222 Abs. 2 ZPO). Mit einer Anordnung des Ruhens des Verfahrens hört der Lauf der Frist auf, § 249 Abs. 1 ZPO. Mit Zustellung des Aufnahmeantrags beginnt die volle Frist von Neuem zu laufen, arg. § 250 ZPO (*Sächs. LAG* 5.10.2000 LAGE § 5 KSchG Nr. 101). **118**

Für Beginn und Ablauf der sechsmonatigen Frist des § 5 Abs. 3 S. 2 KSchG gilt Entsprechendes. **119**

§ 5 Abs. 3 S. 2 KSchG ist auf das Widerspruchsrecht des **§ 613a Abs. 6 BGB** nicht etwa entsprechend anzuwenden (*LAG Düsseld.* 27.8.2008 – 7 Sa 11/98; 13.12.2006 – 7(9) Sa 691/06; *LAG München* 10.1.2008 – 2 Sa 397/07; vgl. auch *BAG* 15.2.2007 EzA § 613a BGB 2002 Nr. 64). **120**

d) Wiedereinsetzung in den vorigen Stand bei Versäumung der Antragsfristen?

Beide Fristen des § 5 Abs. 3 KSchG sind **keine Notfristen** iSv § 224 Abs. 1 S. 2 ZPO (*BAG* 28.1.2010 EzA § 5 KSchG Nr. 38). Schon deshalb gibt es gegen ihre Versäumnis **keine Wiedereinsetzung in den vorigen Stand** (*BAG* 28.1.2010 EzA § 5 KSchG Nr. 38; 16.3.1988 EzA § 130 BGB Nr. 16; *LAG Köln* 14.3.2003 LAGE § 5 KSchG Nr. 106a; *Hess. LAG* 11.3.2005 NZA-RR 2005, 322). Nach Ablauf der Frist des § 5 Abs. 3 S. 2 KSchG gibt es keine prozessuale Möglichkeit **121** mehr, die Folgen einer Verspätung der Kündigungsschutzklage zu verhindern (vgl. *BAG* 28.1.2010 EzA § 5 KSchG Nr. 38; s. schon 8.12.1959 AP § 2 ArbGG 1953 Zuständigkeitsprüfung Nr. 18).

122 § 233 ZPO ändert an diesem Ergebnis nichts. Zwar ist dort die Wiedereinsetzung in den vorigen Stand auch für die Wiedereinsetzungsfrist des § 234 Abs. 1 ZPO vorgesehen. Die Vorschrift ist aber auf andere Fristen **nicht analog** anwendbar (*Thomas/Putzo-Hüßtege* § 233 Rn 3), auch nicht auf die Fristen des § 5 Abs. 3 KSchG (*BAG* 28.1.2010 EzA § 5 KSchG Nr. 38; HaKo-KSchR/*Gallner* Rn 38; SPV-*Vossen* Rn 1994 ff.).

e) **Darlegung der Wahrung der Antragsfrist; Beweislast**

123 Der **Arbeitnehmer** hat darzulegen und ggf. glaubhaft zu machen, dass er die Antragsfristen des § 5 Abs. 3 KSchG **gewahrt** hat (*LAG Düsseld.* 20.11.1995 ZIP 1996, 191; *Thür. LAG* 5.3.2001 LAGE § 5 KSchG Nr. 100; *Wenzel* MDR 1978, 277). Dazu gehört nicht nur die genaue Darstellung des Hindernisses, sondern auch die Angabe des Zeitpunkts seiner Behebung (*LAG Köln* 9.3.2006 – 14 Ta 21/06). Zur Zulässigkeit eines Antrags auf nachträgliche Zulassung der Kündigungsschutzklage gehört es, die Tatsachen, aus denen sich die Einhaltung der Antragsfristen gem. § 5 Abs. 3 KSchG ergeben soll, im Antrag oder spätestens innerhalb dieser Fristen selbst darzulegen (*LAG München* 4.4.2006 – 3 Ta 64/06, m. Anm. *Gravenhorst* jurisPR-ArbR 25/2006 Nr. 5). Nur so kann geprüft werden, ob die Antragsfristen eingehalten worden sind. Dagegen braucht der Arbeitnehmer die **Einhaltung der Antragsfristen nicht** schon innerhalb dieser Fristen auch **glaubhaft** zu machen. § 5 KSchG enthält keine Vorgabe dahin, dass nicht nur die die nachträgliche Zulassung materiell begründenden Tatsachen, sondern auch die die Wahrung der Antragsfrist ausweisenden Tatsachen ihrerseits innerhalb dieser Frist glaubhaft zu machen sind (*LAG Düsseld.* 2.3.1971 DB 1971, 1120; *LAG Frankf.* 25.7.1991 LAGE § 5 KSchG Nr. 54; *Gift/Baur* Das Urteilsverfahren vor den Gerichten für Arbeitssachen, 1993, E 231). Es genügt, wenn der Zeitpunkt des Wegfalls des Hindernisses – falls er bestritten wird – im Laufe des Verfahrens glaubhaft gemacht wird. Fehlt es dagegen schon an der **Darlegung** des Zeitpunkts, zu dem das Hindernis, das die Versäumung der Klagefrist des § 4 KSchG bewirkt hat, behoben war, so kann der Beginn der Zweiwochenfrist nach § 5 Abs. 3 KSchG nicht ermittelt und dementsprechend die Zulässigkeit des Antrags nicht festgestellt werden. Werden etwa Krankheit oder Arbeitsunfähigkeit als Hinderungsgrund geltend gemacht, so muss schon im Antrag **dargelegt** werden, wann dieser Zustand endete (*LAG BW* 26.5.1983 – 7 Ta 2/83).

III. **Nachträgliche Zulassung bei Schwangerschaft, § 5 Abs. 1 S. 2 KSchG**

124 § 5 Abs. 1 S. 2 KSchG ist durch das Gesetz zu Reformen am Arbeitsmarkt v. 24.12.2003 (BGBl. I S. 3002, 3003) in das KSchG eingefügt worden. Die Vorschrift knüpft an **§ 9 Abs. 1 S. 1 MuSchG** an. Nach dieser Bestimmung ist es unschädlich, die Frist von zwei Wochen zur Mitteilung der Schwangerschaft nach Zugang der Kündigung zu überschreiten, wenn dies auf einem von der Schwangeren nicht zu vertretenden Grund beruht und die Mitteilung unverzüglich nachgeholt wird. Der Ausschuss für Wirtschaft und Arbeit hat eine derartige Regelung für erforderlich gehalten, weil die Klagefrist von drei Wochen nach der Neuregelung des § 4 S. 1 KSchG auch Kündigungen erfasst, die gegen das absolute Kündigungsverbot des § 9 Abs. 1 MuSchG verstoßen, und bis dahin allgemein angenommen wurde, dass § 5 Abs. 1 KSchG auf Fälle, in denen der Arbeitnehmer keine Kenntnis von einem gesetzlichen Unwirksamkeitsgrund hat, nicht anzuwenden sei (BT-Drs. 15/1587 S. 31). Die Vorschrift des **§ 4 S. 4 KSchG** wiederum, die den Beginn der Klagefrist des § 4 S. 1 für den Fall, dass die Kündigung der **Zustimmung einer Behörde** bedarf, bis zur Bekanntgabe der behördlichen Entscheidung an den Arbeitnehmer herausschiebt, ist nach allgemeiner Auffassung nicht auf Fälle anwendbar, in denen der **Arbeitgeber** mangels Kenntnis der einschlägigen Umstände **keinen Anlass** hatte, die Zustimmung der Behörde einzuholen (*BAG* 19.2.2009 EzA § 4 KSchG nF Nr. 88; *LAG Düsseld.* 10.2.2005 NZA-RR 2005, 282; *LAG SchlH* 13.5.2008 NZA-RR 2009, 132; *Bader* NZA 2004, 65, 68; HaKo-KSchR/*Gallner* § 4 KSchG Rn 116, 118; *LKB/Linck* § 4 Rn 103 ff.; SPV-*Vossen* Rn 1926). War dem Arbeitgeber bei Kündigungszugang die **Schwangerschaft unbekannt** und erhebt die Arbeitnehmerin – und sei es wegen eigener Unkenntnis – binnen

der Frist des § 4 S. 1 KSchG keine Klage, gilt die Kündigung deshalb ohne Rücksicht auf das Fehlen der behördlichen Zustimmung und trotz § 4 S. 4 KSchG wegen § 7 KSchG als wirksam (*BAG* 19.2.2009 EzA § 4 KSchG nF Nr. 88; dazu *Griese* AA 2009, 110 ff.; *Nebe* EuZA 2010, 383). Die erst nach Ablauf der Dreiwochenfrist bekannt gewordene und mitgeteilte Schwangerschaft stellt »lediglich« einen Grund für die nachträgliche Klagezulassung nach § 5 Abs. 1 S. 2 KSchG dar, hindert also trotz § 4 S. 4 KSchG nicht den Fristablauf nach § 4 S. 1 KSchG (*LAG Hamm* 22.9.2005 – 8 Sa 974/05). Andernfalls wäre die Bestimmung des § 5 Abs. 1 S. 2 KSchG überflüssig (so auch HaKo-KSchR/*Gallner* § 4 KSchG Rn 116). Für das – für sie vorteilhafte – Eingreifen des § 4 S. 4 KSchG, dh für die Kenntnis des Arbeitgebers vom Bestehen der Schwangerschaft bei Kündigungszugang ist die Arbeitnehmerin darlegungs- und beweispflichtig (*Bender/Schmidt* NZA 2004, 358, 364; HaKo-KSchR/*Gallner* § 4 KSchG Rn 118).

Für den Zulassungsgrund des § 5 Abs. 1 S. 2 KSchG genügt die Tatsache, dass die Klägerin schon **bei Kündigungszugang schwanger** war und schuldlos erstmals nach Ablauf von drei Wochen seit Kündigungszugang **Kenntnis** von ihrer Schwangerschaft erlangt hat. In der Klage-/Antragsschrift ist dies glaubhaft zu machen (vgl. auch *LAG Düsseld.* 10.2.2005 NZA-RR 2005, 382). Der Antrag auf nachträgliche Zulassung ist gem. § 5 Abs. 3 S. 1 KSchG auch in diesem Fall innerhalb der Frist von zwei Wochen – beginnend mit dem Zeitpunkt, zu welchem die Arbeitnehmerin von ihrer Schwangerschaft Kenntnis erlangt hat – bei Gericht zu stellen; außerdem muss der Arbeitgeber gem. § 9 Abs. 1 S. 1 MuSchG unverzüglich benachrichtigt werden (*LAG BW* 15.8.2006 – 12 Ta 6/06). 125

Hat die Arbeitnehmerin schon **vor Ablauf** der Klagefrist des § 4 S. 1 KSchG von ihrer Schwangerschaft Kenntnis erlangt, ist dies nach dem Wortlaut der Vorschrift kein Fall des § 5 Abs. 1 S. 2 KSchG. In Betracht kommt gleichwohl die nachträgliche Klagezulassung nach § 5 Abs. 1 S. 1 KSchG, falls entsprechende Gründe vorliegen. Sie sind innerhalb der Antragsfrist des § 5 Abs. 3 S. 1 KSchG unter Angabe der Mittel der Glaubhaftmachung vorzubringen (*BAG* 19.2.2009 EzA § 4 KSchG nF Nr. 88; vgl. *LAG SchlH* 13.5.2008 NZA-RR 2009, 132 für den Fall, dass die Arbeitnehmerin erst kurz vor Ablauf der Klagefrist von ihrer Schwangerschaft erfährt und diese Frist nach Inanspruchnahme einer auch nur kurzen Überlegungszeit bei Klageerhebung bereits abgelaufen war; SPV-*Vossen* Rn 1986). 126

C. Das Verfahren
I. Die Entscheidung durch das ArbG

Das bis dahin **gesonderte** Verfahren zur Entscheidung über die nachträgliche Zulassung einer Kündigungsschutzklage – Vorabentscheidung durch Beschluss (dazu KR 8. Aufl. Rn 126 ff.) – ist mit Wirkung vom **1.4.2008** durch das Gesetz zur Änderung des Sozialgerichtsgesetzes und des Arbeitsgerichtsgesetzes vom 26.3.2008 (BGBl. I S. 444, 448) durch ein neues, **einheitliches** Verfahren ersetzt worden. Nunmehr ist zugleich über die nachträgliche Zulassung der Kündigungsschutzklage **und** über diese Klage selbst zu entscheiden. Nach § 5 Abs. 4 S. 1 KSchG ist das Verfahren über den Antrag auf nachträgliche Zulassung mit dem Verfahren über die Klage zu verbinden. Zwar ermöglicht § 5 Abs. 4 S. 2 KSchG dem Gericht, das Verfahren zunächst auf die Verhandlung und die Entscheidung über den Antrag auf nachträgliche Zulassung zu beschränken (vgl. *BAG* 22.3.2012 EzA § 5 KSchG Nr. 41). Aus dem Gesetzestext ergibt sich aber, dass das **Verbundverfahren** und das **Vorabverfahren** im Regel-Ausnahme-Verhältnis stehen. Das macht auch die Gesetzesbegründung (BR-Drs. 820/07 S. 35) deutlich. Danach kann das Arbeitsgericht über die nachträgliche Zulassung gesondert entscheiden, wenn eine Vorab-Klärung über die nachträgliche Zulassung deshalb geboten erscheint, weil dabei schwierige tatsächliche oder rechtliche Fragen zu entscheiden sind. Die Entscheidung trifft die Kammer auch in diesem Fall als vollbesetzte Kammer unter Beteiligung der **ehrenamtlichen Richter** aufgrund mündlicher Verhandlung durch Urteil. Bei diesem Urteil handelt es sich um ein **Zwischenurteil** nach § 303 ZPO, § 5 Abs. 4 S. 3 KSchG. Es bleibt bei einer Entscheidungsbefugnis des Kammervorsitzenden allein, wenn beide Parteien die **Alleinentscheidung** durch diesen übereinstimmend beantragt haben und die Entscheidung in der an die 127

Gütesitzung sich unmittelbar anschließenden Verhandlung erfolgen kann (§ 55 Abs. 3 ArbGG; *Bader/Bram-Kriebel* Rn 111, 114; MüKo-BGB/*Hergenröder* § 5 Rn 21; *Schwab* FA 2008, 135, 136; SPV-*Vossen* Rn 2001; **aA** HaKo-KSchR/*Gallner* Rn 68: zulässig nur im Verbundverfahren).

128 Im **Verbundverfahren** nach § 5 Abs. 4 Satz 1 KSchG entscheidet das Arbeitsgericht durch **Endurteil**. Dabei sind folgende Konstellationen möglich:
  – Die Kündigungsschutzklage ist nach Auffassung des ArbG verfristet, der Antrag auf nachträgliche Zulassung der Kündigungsschutzklage ist zulässig und begründet und auch die Klage selbst ist zulässig und begründet: Das ArbG lässt in seinem (End-)Urteil die Klage nachträglich zu, was nicht notwendigerweise im Tenor enthalten sein, sich aber aus den Gründen der Entscheidung ergeben muss (*Bader/Bram-Kriebel* § 5 Rn 118), und gibt dem Kündigungsschutzantrag statt, entscheidet über die Kosten und setzt den Urteilsstreitwert fest.
  – Das ArbG hält die Kündigungsschutzklage für verfristet und den Antrag auf nachträgliche Zulassung für unzulässig oder unbegründet: Das ArbG verwirft durch Endurteil den Antrag auf nachträgliche Zulassung der Kündigungsschutzklage als unzulässig oder weist ihn als unbegründet zurück und weist die Kündigungsschutzklage – wegen § 7 KSchG als unbegründet – ab, trifft eine Kostenentscheidung und setzt den Urteilsstreitwert fest.

129 Den Ausnahmefall des **Vorabverfahrens** ordnet das Gericht in der Regel durch unanfechtbaren Beschluss an (*Francken/Natter/Rieker* NZA 2008, 377, 381; *Bader/Bram-Kriebel* § 5 Rn 113); zwingend ist ein solcher Beschluss indessen nicht (APS-*Hesse* Rn 92; SPV-*Vossen* Rn 2000; *Roloff* NZA 2009, 761, 763). Im Vorabverfahren entscheidet das Arbeitsgericht durch **Zwischenurteil**. In diesem Fall sind folgende Konstellationen möglich:
  – Das ArbG hält die Kündigungsschutzklage für verspätet und den Antrag auf ihre nachträgliche Zulassung für zulässig und begründet: Das ArbG lässt in seinem Zwischenurteil die Klage nachträglich zu (eine mögliche Formulierung bei *Bader/Bram-Kriebel* Rn 117), behält die Kostenentscheidung dem Endurteil vor und setzt den Urteilsstreitwert fest (*Francken/Natter/Rieker* NZA 2008, 377, 380).
  – Das ArbG hält die Kündigungsschutzklage für verspätet und den Antrag auf ihre nachträgliche Zulassung für unzulässig oder unbegründet: Das ArbG verwirft in seinem Zwischenurteil den Antrag auf nachträgliche Zulassung als unzulässig oder weist ihn als unbegründet zurück, behält die Kostenentscheidung dem Endurteil vor und setzt den Urteilsstreitwert fest (*Francken/Natter/Rieker* NZA 2008, 377, 380;).

130 Das **Zwischenurteil** entfaltet **Bindungswirkung** für das Hauptsacheverfahren hinsichtlich der Fragen, ob überhaupt eine bestimmte Kündigung des Arbeitgebers vorliegt, dh dem Arbeitnehmer eine Kündigung zugegangen ist, wann deren Zugang an den Arbeitnehmer erfolgt und wann die Klage beim Arbeitsgericht eingegangen ist (BAG 28.5.2009 EzA § 5 KSchG Nr. 37; ErfK-*Kiel* Rn 30; **aA** wohl *Francken/Natter/Rieker* NZA 2008, 377, 382, nach deren Ansicht die Bindungswirkung des Zwischenurteils nach wie vor zweifelhaft sein kann, wenn das Vorabverfahren für eine nur unterstellte Verfristung der Klage angeordnet wurde; vgl. iE Rdn 147 f.). Die Bindungswirkung erstreckt sich ferner auf die Frage des **Verschuldens** iSd § 5 Abs. 1 S. 1 KSchG (so auch MüKo-BGB/ *Hergenröder* § 5 KSchG Rn 30), wenn das Gericht in den Urteilsgründen deutlich gemacht hat, dass es darüber entschieden hat (vgl. Rdn 148). Nach Verkündung seines Zwischenurteils sollte das Arbeitsgericht das Hauptsacheverfahren zur Vermeidung widersprüchlicher Entscheidungen **nach § 148 ZPO aussetzen** (vgl. iE Rdn 150).

131 Das Endurteil ist nach allgemeinen Regeln der **Berufung** und **Revision** unterworfen. Das Zwischenurteil kann nach § 5 Abs. 4 S. 3 2. Hs. KSchG wie ein Endurteil, dh ebenfalls mit der Berufung und Revision angefochten werden. Gem. § 9 Abs. 5 S. 1 ArbGG ist eine entsprechende **Rechtsmittelbelehrung** zu erteilen (*Bader/Bram-Kriebel* § 5 Rn 123).

132 Erfährt der Arbeitnehmer erst im Gütetermin von der Verfristung seiner Klage, kann ein Antrag auf nachträgliche Zulassung der Klage nebst Begründung und eventueller Glaubhaftmachung im Gütetermin gestellt werden; er ist in das **Protokoll** aufzunehmen, § 160 Abs. 2 ZPO (*LAG Nbg.* 5.1.2004 LAGE § 130 BGB 2002 Nr. 1).

Zur **Schlüssigkeit** des Antrags auf nachträgliche Zulassung der Klage gehört es, dass der Kläger die 133
Voraussetzungen für die Notwendigkeit, die Klagefrist des § 4 S. 1 KSchG einzuhalten, und Tatsachen, aus denen sich ergibt, dass er sie versäumt hat, wenigstens behauptet und sei es auch nur inzidenter. Trägt der Kläger dagegen selbst Tatsachen vor, aus denen sich ergibt, dass die Klagefrist entweder gar nicht eingreift – was wegen § 13 Abs. 3 KSchG mittlerweile kaum noch denkbar ist, es sei denn, es wäre nach der Behauptung des Klägers bspw. nur **mündlich** gekündigt worden – oder zumindest nicht versäumt ist, ist der Antrag mangels Rechtsschutzbedürfnisses unzulässig (so auch HaKo-KSchR/*Gallner* Rn 10; vgl. zum Rechtszustand vor dem 1.1.2004 *LAG Nbg.* 23.7.1993 LAGE § 5 KSchG Nr. 64).

Als Mittel der Beweisführung verlangt § 5 Abs. 2 KSchG vom Kläger und Antragsteller nur die 134
Glaubhaftmachung. Glaubhaftmachung ist eine besondere Art der Beweisführung. Glaubhaft gemacht ist eine Behauptung, wenn eine **überwiegende Wahrscheinlichkeit** dafür besteht, dass sie zutrifft (*BAG* 24.11.2011 EzA § 5 KSchG Nr. 40; *BGH* 21.10.2010 NJW-RR 2011, 136). Dies gilt auch, wenn die Behauptung mit Hilfe von Indiztatsachen glaubhaft gemacht werden soll (*BGH* 9.2.1998 NJW 1998, 1870). Ob die erforderliche Wahrscheinlichkeit gegeben ist, hat das Gericht entsprechend § 286 ZPO in freier Würdigung zu beurteilen (*BAG* 24.11.2011 EzA § 5 KSchG Nr. 40; *BGH* 21.12.2006 NJW-RR 2007, 776). Glaubhaftmachung ist also eine Beweisführung, die dem Richter nur einen geringeren Grad von Wahrscheinlichkeit vermitteln muss (*RG* 26.10.1926 JW 1927, 1309); der Gesetzgeber verlangt vom Antragsteller nicht den vollen Beweis, überwiegende Wahrscheinlichkeit für die Richtigkeit ist ausreichend (*LAG Bln.* 4.1.1982 EzA § 5 KSchG Nr. 31).

Die Hinderungsgründe, die der rechtzeitigen Klageerhebung entgegengestanden haben sollen, sind 135
folglich nicht mit an Sicherheit grenzender Wahrscheinlichkeit nachzuweisen. Bei der Würdigung der angeführten »Beweismittel« darf nicht ein zu enger Maßstab angelegt werden, eine **hohe Wahrscheinlichkeit** für die Richtigkeit genügt (ErfK-*Kiel* § 5 Rn 31). So kann etwa das Gericht ärztliche Arbeitsunfähigkeitsbescheinigungen als Mittel der Glaubhaftmachung frei würdigen, auch wenn sie nicht den formellen Anforderungen einer schriftlichen Zeugenaussage gem. § 377 Abs. 3 ZPO genügen (*LAG München* 3.11.1975 DB 1976, 732).

Eidesstattliche Versicherungen des Antragstellers, die als Mittel der Glaubhaftmachung zu- 136
lässig sind, sind sorgfältig auf ihren tatsächlichen Überzeugungswert hin zu prüfen (*LAG Köln* 12.12.1996 – 11 Ta 228/96; *LAG RhPf* 27.7.2005 – 2 Ta 148/05). Eine eidesstattliche Versicherung muss eine **eigene Darstellung** der glaubhaft zu machenden Tatsachen durch den Antragsteller selbst enthalten und darf sich nicht in einer Bezugnahme auf Schriftsätze des Prozessvertreters erschöpfen (*LAG Köln* 12.12.1996 – 11 Ta 228/96; *LAG RhPf* 5.6.2008 – 3 Ta 77/08). Die eidesstattliche Versicherung muss mehr sein als eine eindringliche Parteierklärung (*LAG Bln.* 4.1.1982 EzA § 5 KSchG Nr. 31; *Baumbach/Lauterbach/Albers/Hartmann* § 294 Rn 7). Die pauschale Bezugnahme auf den Schriftsatz des Prozessbevollmächtigten mit der Bestätigung, dass dessen Tatsachenbehauptungen richtig sind, genügt daher nicht (*ArbG Stuttg.* 5.4.1993 AuR 1993, 222; vgl. auch *Zöller/Greger* § 294 Rn 4). Unergiebig ist es gleichermaßen, wenn etwa der Prozessbevollmächtigte einen Vorgang versichert, von dem er selbst keine unmittelbare Kenntnis haben kann, etwa ein Telefonat einer Kanzleiangestellten mit dem Mandanten. Er kann allenfalls dasjenige vom Hörensagen bestätigen, was die Angestellte ihm erzählt hat (*LAG Nbg.* 29.9.2004 ZIP 2004, 2207). Geboten ist stattdessen eine eidesstattliche Versicherung der Kanzleiangestellten selbst (vgl. *Treber* Anm. zu LAG Nbg. JurisPR-ArbR 12/2005 Anm. 4 sub E.).

Bleibt eine Partei in der mündlichen Verhandlung vor dem Arbeitsgericht **säumig**, gilt Folgendes: 137
– Erscheint im Güte- oder Kammertermin des **Verbundverfahrens der Kläger** nicht, der einen Antrag auf nachträgliche Zulassung der Kündigungsschutzklage angekündigt hatte, so ist auf Antrag des Arbeitgebers die **Kündigungsschutzklage** ohne Sachprüfung durch Versäumnis-Endurteil **im Ganzen abzuweisen**, wenn die Voraussetzungen des § 330 ZPO vorliegen (*Bader/Bram-Kriebel* § 5 Rn 119). Sind Antrag und/oder Klage unzulässig oder unschlüssig, ergeht ein **unechtes** Versäumnis-Endurteil. Legt der Arbeitnehmer rechtzeitig innerhalb einer Woche

- Einspruch nach § 59 ArbGG gegen das **echte** Versäumnisurteil ein, so ist bei zulässigem Einspruch durch Endurteil in der Sache zu entscheiden. Gegen das **unechte** Versäumnisurteil ist (nur) die Berufung möglich (HaKo-KSchR/ *Gallner* Rn 72).
- War vom ArbG das **Vorabverfahren** angeordnet worden und erscheint der Kläger im Güte- oder Kammertermin nicht, wird auf Antrag des Arbeitgebers unter den Voraussetzungen des § 330 ZPO durch Versäumnis-Zwischenurteil nur der **Antrag auf nachträgliche Zulassung** der Kündigungsschutzklage zurückgewiesen (*Bader/Bram-Kriebel* § 5 Rn 120). Zwar ist es nicht ausgeschlossen, ein schon die Klage im Ganzen abweisendes Versäumnis-Endurteil zu erlassen, weil bei Entscheidungsreife jederzeit auch ohne Aufhebung einer Beschränkung iSd § 146 ZPO ein Endurteil erlassen werden kann (*Thomas/Putzo/Hüßtege* ZPO § 146 Rn 5; *Zöller/Greger* ZPO § 146 Rn 3; HaKo-KSchR/*Gallner* Rn 72). Dem stehen aber Sinn und Zweck des § 5 Abs. 4 S. 3 2. Hs. KSchG entgegen (*Bader/Bram-Kriebel* Rn 120). Gegen das (echte) Versäumnisurteil ist der Einspruch möglich. War der Antrag unzulässig oder unschlüssig, ergeht unechtes Versäumnis-Zwischenurteil, gegen das nur die Berufung statthaft ist.
- Erscheint der **beklagte Arbeitgeber** im Güte- oder Kammertermin nicht, ergeht im **Verbundverfahren** bei insgesamt zulässigen Anträgen und schlüssigem Vorbringen auf Antrag des Arbeitnehmers ein der Kündigungsschutzklage im Ganzen stattgebendes Versäumnis(end)urteil, wenn die Voraussetzungen des § 331 ZPO vorliegen. Im **Vorabverfahren** ergeht in diesem Fall ein die nachträgliche Zulassung aussprechendes Versäumnis-Zwischenurteil. Gegen beide Urteile ist für den Arbeitgeber der Einspruch nach § 59 ArbGG möglich.

II. Die Rechtsmittel
1. Berufung gegen die Entscheidung des Arbeitsgerichts

138 Gegen das Urteil, mit dem über den Antrag auf nachträgliche Zulassung entschieden wird – sei es incidenter durch Endurteil, sei es durch Zwischenurteil – steht der unterlegenen Partei die **Berufung** auch ohne gesonderte Zulassung offen, § 64 Abs. 2c) ArbGG. Im Urteilsverfahren in zweiter Instanz besteht **Vertretungszwang** (§ 11 Abs. 4 ArbGG). Die Parteien müssen sich durch Rechtsanwälte oder eine der in § 11 Abs. 2 S. 2 Nr. 4 und Nr. 5 ArbGG bezeichneten Organisationen vertreten lassen. Die Entscheidung des Landesarbeitsgerichts ergeht durch Urteil unter Beteiligung der ehrenamtlichen Richter. Die Revision ist vom LAG nach Maßgabe des § 72 ArbGG ggf. zuzulassen; die Nichtzulassungsbeschwerde nach § 72a ArbGG ist möglich.

139 **Beschwert** ist die im Hinblick auf die nachträgliche Zulassung der Kündigungsschutzklage **unterlegene Partei**. Hat das ArbG den Antrag des Arbeitnehmers auf nachträgliche Zulassung der Klage als unzulässig verworfen oder als unbegründet zurückgewiesen, so ist der Arbeitnehmer beschwert – wurde im Verbundverfahren entschieden und deshalb zugleich die Klage abgewiesen sogar doppelt. Hat das ArbG die Kündigungsschutzklage des Arbeitnehmers nachträglich zugelassen, so ist der Arbeitgeber beschwert – freilich nicht, wenn im Verbundverfahren entschieden wurde und er in der Hauptsache obsiegt hat.

140 Für die **Entscheidung des Landesarbeitsgerichts** sind folgende Möglichkeiten denkbar:
1. Entscheidung des Arbeitsgerichts im **Verbundverfahren**:
   - Nach dem Urteil des ArbG sind Antrag und Klage zulässig und begründet. Das Landesarbeitsgericht hält die Klage ebenfalls für verfristet, sieht aber den Antrag auf nachträgliche Zulassung als unzulässig oder unbegründet an: Es ergeht in Abänderung des arbeitsgerichtlichen Urteils ein die Klage abweisendes Endurteil; das LAG entscheidet dabei zugleich – zu Lasten des Klägers – über die Kosten und über die Zulassung der Revision.
   - Nach dem Urteil des ArbG ist die Klage fristgerecht erhoben, zulässig und begründet. Nach Auffassung des LAG ist die Klage dagegen verfristet, aber nachträglich zuzulassen und in der Sache ebenfalls zulässig und begründet: Das LAG weist die Berufung durch Endurteil zurück, entscheidet – zu Lasten des Arbeitgebers – über die Kosten und über die Zulassung der Revision.

2. Entscheidung des Arbeitsgerichts im **Vorabverfahren**:
- Das Arbeitsgericht hält die Klage für verfristet und gibt dem Antrag auf nachträgliche Zulassung der Kündigungsschutzklage statt. Das LAG hält die Klage ebenfalls für verfristet, hält aber den Antrag nach § 5 KSchG für unzulässig oder unbegründet: Es ergeht in Abänderung des erstinstanzlichen Zwischenurteils ein den Antrag abweisendes **Zwischenurteil**; die Kostenentscheidung behält (auch) das LAG dem Schlussurteil vor und entscheidet über die Zulassung der Revision.
- Das Arbeitsgericht hält die Klage für verfristet und den Antrag auf nachträgliche Zulassung für unzulässig oder unbegründet. Das LAG hält die Klage ebenfalls für verfristet, den Antrag auf nachträgliche Zulassung aber für zulässig und begründet: Es ergeht in Abänderung des erstinstanzlichen Zwischenurteils ein **Zwischenurteil**, in dem das LAG die Klage nachträglich zulässt, die Kostenentscheidung dem Schlussurteil vorbehält und über die Zulassung der Revision entscheidet.

Hat das Arbeitsgericht im **Verbundverfahren** auch über die nachträgliche Zulassung entschieden, ist fraglich, ob nunmehr das **LAG** gleichwohl noch das **Vorabverfahren** über die Frage der nachträglichen Zulassung anordnen darf (bejahend HaKo-KSchR/*Gallner* Rn 75; *Roloff* NZA 2009, 761; *Schwab* FA 2008, 135, 136; SPV-*Vossen* Rn 2007). Es würde dann – nur – ein Zwischenurteil über die nachträgliche Zulassung fällen. Dies erscheint trotz des Wortlauts des § 5 Abs. 4 S. 2 KSchG zulässig und kann insbesondere dann sinnvoll sein, wenn nur eine Frage im Zusammenhang mit der nachträglichen Zulassung von grundsätzlicher Bedeutung ist, um deren Klärung willen das LAG die Revision zulassen möchte, und die Entscheidung über die Klage selbst etwa weitere Tatsachenfeststellungen durch das LAG erforderlich machen würde (vgl. HaKo-KSchR/*Gallner* Rn 75; SPV-*Vossen* Rn 2007; so wohl auch *Francken/Natter/Rieker* NZA 2008, 377, 382). Im Übrigen ist die Möglichkeit der Vorabentscheidung über den Zulassungsantrag und der Erlass eines Zwischenurteils erstmals durch das LAG nur dann vorgesehen, wenn tatsächlich **erstmals** in der Berufungsinstanz über die nachträgliche Zulassung zu entscheiden ist, sei es deshalb, weil das ArbG den darauf gerichteten Antrag übersehen hat, sei es, weil es die Klage für fristgerecht hielt. Für diese Fälle verweist § 5 Abs. 5 S. 2 KSchG auf die beiden Möglichkeiten des § 5 Abs. 4 KSchG (*Bader/Bram-Kriebel* § 5 Rn 133). Die bis zum 1.4.2008 trotz § 68 ArbGG überwiegend für geboten gehaltene Zurückverweisung an das Arbeitsgericht scheidet seitdem eben wegen der Regelung in § 5 Abs. 5 S. 1 1. Alt. KSchG aus (so auch SPV-*Vossen* Rn 2005). 141

2. Rechtsmittel gegen das Urteil des LAG

Mit Wirkung ab 1.4.2008 ist gegen das Urteil des LAG, sei es Endurteil, sei es Zwischenurteil, die **Revision möglich**, wenn das LAG sie zugelassen hat oder sie auf Beschwerde gegen ihre Nichtzulassung hin vom BAG zugelassen wurde. Das ermöglicht es, dass nunmehr auch das BAG Fragen aus dem Recht der nachträglichen Zulassung von Kündigungsschutzklagen klärt. Das ist etwa für die Frage, ob ein Anwaltsverschulden bei der Versäumung der dreiwöchigen Klagefrist des § 4 S. 1 KSchG dem Arbeitnehmer zuzurechnen ist – eine Frage, die bislang von den Landesarbeitsgerichten unterschiedlich beantwortet worden war (vgl. Rdn 68) – in sie bejahender Weise geschehen (*BAG* 11.12.2008 EzA § 5 KSchG Nr. 35). 142

3. Rechtsmittel bei Entscheidung des ArbG durch Beschluss

Hatte das ArbG entsprechend der bis zum 1.4.2008 geltenden Rechtslage über die nachträgliche Zulassung der Kündigungsschutzklage noch durch Beschluss und nicht durch End- oder Zwischenurteil entschieden, galt der sog. **Grundsatz der Meistbegünstigung**. Eine gegen den Beschluss eingelegte sofortige Beschwerde war in ein Berufungsverfahren wie gegen ein Zwischenurteil überzuleiten und das LAG hatte nunmehr durch Urteil zu entscheiden (*Bader/Bram-Kriebel* § 5 Rn 134). Das Änderungsgesetz vom 26.3.2008 enthält keine Übergangsvorschrift. Das Prozessrecht war deshalb in der bei seiner Entscheidung geltenden Fassung anzuwenden. Der Beschluss des Arbeitsgerichts – auch wenn er vor dem 1.4.2008 ergangen war – war als Zwischenurteil über den Antrag auf nachträgliche Zulassung zu behandeln, gegen das die Berufung statthaft ist (*LAG BW* 7.5.2008 143

NZA 2009, 636, bestätigt von *BAG* 28.5.2009 EzA § 5 KSchG Nr. 36; 7.5.2008 NZA-RR 2008, 431, bestätigt von *BAG* 28.5.2009 EzA § 5 KSchG Nr. 37; 7.5.2008 – 12 Sa 62/08, bestätigt von *BAG* 11.12.2008 EzA § 5 KSchG Nr. 35; zu den Übergangsproblemen eingehend *Bader* NZA 2008, 620 ff.).

D. Die Folgen der Rechtskraft des Zwischenurteils

I. Nachträgliche Zulassung der Kündigungsschutzklage

144 Wurde die Kündigungsschutzklage durch rechtskräftig gewordenes Zwischenurteil nachträglich **zugelassen**, so ist die aus § 7 KSchG folgende Ausschlusswirkung der Fristversäumung beseitigt. Die verspätete Kündigungsschutzklage wird als **rechtzeitig** angesehen. Die Folge der Nichteinhaltung der Frist – das Wirksamwerden der Kündigung nach § 7 KSchG – tritt nicht ein. Nach Beendigung des Zwischenverfahrens ist nunmehr der Weg frei, die (außerordentliche) Kündigung im »Hauptverfahren« auf ihre Wirksamkeit hin zu überprüfen.

II. Zurückweisung des Antrags auf nachträgliche Zulassung

145 Ist die nachträgliche Zulassung der Kündigungsschutzklage durch Zwischenurteil rechtskräftig **abgelehnt** worden, so ist damit über die Kündigungsschutzklage noch nicht per se entschieden. Es ist auch in diesem Fall in das »Hauptverfahren« einzutreten. Die Klage ist aber – wenn ansonsten zulässig – wegen Versäumung der Dreiwochenfrist ohne Weiteres als unbegründet abzuweisen (vgl. Rdn 17, 148).

III. Bindungswirkung des Zwischenurteils

146 Die Gerichte – auch das Revisionsgericht – sind im »Hauptverfahren« an das rechtskräftige Zwischenurteil gebunden (§ 318 ZPO). Ist der Antrag auf nachträgliche Zulassung der Kündigungsschutzklage rechtskräftig zurückgewiesen worden, steht damit fest, dass überhaupt eine (schriftliche) Kündigung vorliegt, dass die Klage gegen sie verspätet erhoben wurde und die Verspätung verschuldet war. Wurde die Klage rechtskräftig nachträglich zugelassen, steht damit fest, dass überhaupt eine (schriftliche) Kündigung vorliegt und dass die gegen sie erhobene Klage zwar verfristet, aber unverschuldet verfristet war. Dies folgt daraus, dass der Antrag auf nachträgliche Zulassung der Kündigungsschutzklage stets nur für den Fall gestellt sein/bleiben soll, dass die Gerichte von einer **verfristeten Klageerhebung** ausgehen (*BAG* 22.3.2012 EzA § 5 KSchG Nr. 41; 28.5.2009 EzA § 5 KSchG Nr. 37; ErfK-*Kiel* Rn 30; SPV-*Vossen* Rn 2013). Er ist **auflösend bedingt** durch das Vorliegen einer fristgerechten Klage. Andere das »Hauptverfahren« betreffende Fragen – soweit es sie denn gibt – sind mit dem Zwischenurteil über die nachträgliche Zulassung nicht abschließend geklärt (*Bader/Bram-Kriebel* Rn 144).

E. Einzelfragen

I. Streit über die Versäumung der Dreiwochenfrist

147 Es kann streitig sein, ob der Kläger die Klagefrist von drei Wochen überhaupt versäumt hat. Das ist der Fall, wenn über den Zeitpunkt des **Zugangs der Kündigung** oder über den Zeitpunkt des **Eingangs der Klage** bei Gericht gestritten wird. Ist die Klage in Wirklichkeit fristgerecht – und auch im Übrigen ordnungsgemäß iSv § 253 ZPO – erhoben worden, so ist für die Bescheidung des **(Hilfs-)Antrags** auf nachträgliche Zulassung kein Raum. Er steht unter der **auflösenden (Rechts-) Bedingung**, dass die Klageerhebung gar nicht verfristet ist; diese Bedingung ist eingetreten. Ist das ArbG – oder später das LAG oder BAG – der Auffassung, die Klage sei rechtzeitig erhoben, so ist über den Antrag auf nachträgliche Zulassung nicht zu entscheiden.

148 Für eine Entscheidung über den Antrag auf nachträgliche Zulassung bedarf es folglich der – ggf. nach Beweisaufnahme zu treffenden – Feststellung, dass überhaupt eine – schriftliche – **Kündigungserklärung zugegangen** ist, **wann** dies der Fall war und dass bezogen auf diesen Zugangszeitpunkt

die Klage **verspätet** erhoben wurde (*BAG* 22.3.2012 EzA § 5 KSchG Nr. 41; 28.5.2009 EzA § 5 KSchG Nr. 37). Verwirft das ArbG den Antrag auf nachträgliche Zulassung der Kündigungsschutzklage als unzulässig wegen Versäumung der Antragsfrist des § 5 Abs. 3 S. 1 KSchG, ohne deutlich zu machen, ob es die Klage als solche für verspätet hält, so kann der Kläger im Berufungsverfahren geltend machen, die Klage sei rechtzeitig erhoben worden und weiterhin hilfsweise beantragen, sie nachträglich zuzulassen. Hat das ArbG den Antrag auf nachträgliche Zulassung durch **Zwischenurteil** abgewiesen, aber das Hauptverfahren (ermessensfehlerhaft) **nicht** gem. § 148 ZPO **ausgesetzt**, und steht nach Abschluss des Hauptverfahrens rechtskräftig fest, dass das Arbeitsverhältnis nicht durch die angegriffene Kündigung, sondern – schon zuvor – durch **Fristablauf** geendet hat, so ist die Berufung gegen das arbeitsgerichtliche Zwischenurteil als unbegründet zurückzuweisen: Der Antrag des Klägers ist unzulässig, weil es auf die Kündigung und die Rechtzeitigkeit der gegen sie erhobenen Klage nicht ankommt. Weist das ArbG den Antrag auf nachträgliche Zulassung, weil es die Kündigungsschutzklage für verspätet hält, durch Zwischenurteil zurück und kommt das Berufungsgericht zu der Auffassung, eine Fristversäumung liege gar nicht vor, so ist das Zwischenurteil des ArbG durch Zwischenurteil des LAG **ersatzlos aufzuheben** (*LAG Hamm* 26.7.1990 LAGE § 4 KSchG Nr. 18; *LAG SA* 23.4.1997 LAGE § 5 KSchG Nr. 93; *Hess. LAG* 24.8.1998 BB 1999, 852; *LAG RhPf* 24.2.2000 NZA-RR 2000, 475). Die vorstehend aufgeführten Entscheidungen sind zwar noch zum Rechtszustand vor dem 1.4.2008 ergangen, entsprechen aber auch der aktuellen Rechtslage und dem Umstand, dass bei rechtzeitiger Klageerhebung der (Hilfs-)Antrag auf nachträgliche Zulassung der Klage nicht zur Entscheidung anfällt (vgl. auch *LAG Köln* 22.10.2010 – 8 Sa 1195/10; *Francken/Natter/Rieker* NZA 2008, 377, 382; MüKo-BGB/*Hergenröder* § 5 KSchG Rn 29). Wird das Zwischenurteil des LAG **rechtskräftig**, ist nunmehr erstinstanzlich in das Hauptverfahren überzugehen.

II. Entscheidung des Revisionsgerichts

Ist im **Verbundverfahren** erstmals das Revisionsgericht der Auffassung, dass die Klage verspätet erhoben worden ist und es deshalb einer Entscheidung über den (Hilfs-)Antrag auf nachträgliche Zulassung bedarf, so verweist das BAG die Sache unter **Aufhebung des Berufungsurteils** an das **LAG** zurück. Tatsachenfeststellungen und die Würdigung von Mitteln der Glaubhaftmachung sind Sache des Tatsachengerichts. Eine Zurückverweisung an das ArbG kommt wegen § 5 Abs. 5 S. 1 KSchG nicht (mehr) in Frage (HaKo-KSchR/*Gallner* Rn 76; APS-*Hesse* Rn 111; HWK-*Quecke* Rn 23; DDZ-*Zwanziger* Rn 56). Das BAG vermag in diesem Fall allenfalls dann über den Antrag auf nachträgliche Zulassung – und sodann die Klage – zu entscheiden, wenn sämtliche tatsächlichen Umstände, auf die es für die Entscheidung über den Antrag ankommt, unstreitig sind.

149

III. Die Aussetzung des Kündigungsschutzprozesses gem. § 148 ZPO

Nach Verkündung des Zwischenurteils im **Vorabverfahren** ist der eigentliche Kündigungsrechtsstreit nach § 148 ZPO auszusetzen (SPV-*Vossen* Rn 2001; *Roloff* NZA 2009, 761, 765; *Schwab* FA 2008, 135, 136; vgl. zum alten Recht *BAG* 29.4.1976 – 2 AZR 396/74; *LAG Düsseld.* 2.4.1976 EzA § 5 KSchG Nr. 2).

150

Bei anderer Verfahrensweise können **Schwierigkeiten** durch widersprüchliche Entscheidungen entstehen: Das ArbG etwa gibt im Hauptverfahren der von ihm mit Zwischenurteil nachträglich zugelassenen Kündigungsschutzklage statt, während das LAG auf die Berufung des Arbeitgebers das arbeitsgerichtliche Zwischenurteil abändert und den Zulassungsantrag rechtskräftig zurückweist. Oder es mag das ArbG die Kündigungsschutzklage im Hauptverfahren – entsprechend dem den Antrag auf nachträgliche Zulassung zurückweisenden Zwischenurteil – als verspätet und damit unbegründet abweisen, während das LAG auf die Berufung des Arbeitnehmers gegen das Zwischenurteil die Kündigungsschutzklage nachträglich zulässt. Dann liegen ein rechtskräftiges (Zwischen-)Urteil über die Zulassung der Klage und ein möglicherweise ebenfalls rechtskräftig werdendes, gegenläufiges Urteil in der Hauptsache vor.

151

F. Kosten und Streitwert

I. Kosten

152 Eine Kostenentscheidung ergeht in Urteilen im **Vorabverfahren** nicht. Das Vorabverfahren veranlasst keine zusätzlichen Gebühren. In der ersten Instanz entstehen im Vorabverfahren **keine Gerichtsgebühren**. Das Verfahren ist Teil des Kündigungsschutzprozesses. Die Gebühren für das Vorabverfahren sind in den Gerichtsgebühren für den Kündigungsschutzprozess enthalten.

153 Entstehen im Kündigungsschutzprozess nach der Entscheidung über die nachträgliche Zulassung der Kündigungsschutzklage keine Gebühren, etwa weil ein Vergleich geschlossen wird (§ 12 Abs. 1 ArbGG iVm GV Nr. 9112), so bleibt auch dann das Zulassungsverfahren gebührenfrei.

II. Streitwert

154 Der **Streitwert**, der nach § 61 Abs. 1 ArbGG iVm § 5 Abs. 4 S. 3 KSchG auch für Zwischenurteile im Vorabverfahren festzusetzen ist (GK-ArbGG/*Schütz* § 61 Rn 26), richtet sich nach dem Wert der Hauptsache, also nach § 42 Abs. 2 S. 1 GKG nF (*ArbG Bln.* 12.8.2011 – 28 Ca 9265/11; HaKo-KSchR/*Gallner* Rn 83; HWK-*Quecke* Rn 20; *Schrader* NJW 2009, 1541, 1548).

§ 6 KSchG Verlängerte Anrufungsfrist

¹Hat ein Arbeitnehmer innerhalb von drei Wochen nach Zugang der schriftlichen Kündigung im Klagewege geltend gemacht, dass eine rechtswirksame Kündigung nicht vorliege, so kann er sich in diesem Verfahren bis zum Schluss der mündlichen Verhandlung erster Instanz zur Begründung der Unwirksamkeit der Kündigung auch auf innerhalb der Klagefrist nicht geltend gemachte Gründe berufen. ²Das Arbeitsgericht soll ihn hierauf hinweisen.

Übersicht	Rdn		Rdn
A. Entstehungsgeschichte	1	b) Klage ausschließlich gegen außerordentliche Kündigung	11
I. AOG	1	II. Rechtzeitige Geltendmachung	12
II. Landesrechtliche Regelungen nach 1945	2	III. Inhalt der Geltendmachung	15
III. KSchG 1951 und KSchG 1969	3	D. Anwendung von § 6 S. 1 KSchG auf andere Klagearten	17
IV. Das Gesetz zu Reformen am Arbeitsmarkt	5	I. Feststellungsklage	18
B. Sinn und Zweck der Regelung	6	II. Leistungsklage	20
C. Voraussetzungen	9	III. Weitere Fälle	24
I. Klage innerhalb der Frist des § 4 S. 1 KSchG	9	IV. Zusätzlicher Klageantrag	27
1. Grundsatz	9	E. Hinweispflicht nach Satz 2	28
2. Weitere Fallgestaltungen	10	I. Inhalt der Hinweispflicht	28
a) Ausschließliche Rüge der Kündigungsfrist	10	II. Folgen eines Verstoßes	31
		III. Nachträgliche Zulassung einer Kündigungsschutzklage	34

A. Entstehungsgeschichte

I. AOG

1 Das Gesetz zur Ordnung der nationalen Arbeit vom 23.1.1934 (**AOG**) weist – anders als noch das BRG von 1920 – ein gewisses Vorbild für § 6 KSchG in § 61 AOG auf. Die Vorschrift sah eine verlängerte Anrufungsfrist für die Erhebung der Klage auf Widerruf der in der fristlosen Kündigung liegenden ordentlichen Kündigung vor: Ein Arbeiter oder Angestellter, dem ohne Einhaltung der Kündigungsfrist gekündigt ist, konnte in dem Verfahren, in dem er die Unwirksamkeit dieser Kündigung geltend machte, gleichzeitig für den Fall, dass die Kündigung als für den nächst zulässigen Kündigungszeitpunkt wirksam angesehen wird, Widerruf dieser Kündigung beantragen. Der Antrag war nur bis zum Schluss der mündlichen Verhandlung erster Instanz zulässig. Die Klagefrist

von zwei Wochen galt als gewahrt, wenn die Klage gegen die fristlose Kündigung fristgerecht (innerhalb von zwei Wochen) erhoben worden war.

II. Landesrechtliche Regelungen nach 1945

Nach dem Zweiten Weltkrieg hatten einige Länder dem § 61 AOG entsprechende Regelungen in Kraft gesetzt, und zwar in **Bayern** mit Art. 10 des Gesetzes Nr. 76, KSchG v. 1.8.1947 (BayGBl S. 165 [166]); in **Bremen** mit § 44 des Ausführungsgesetzes zu Art. 47 der Landesverfassung der Freien Hansestadt Bremen (Brem.BRG v. 10.1.1949 [GBl. der Freien Hansestadt Bremen, S. 11]); in **Hessen** mit § 48 des BRG für das Land Hessen v. 31.5.1948 (GVBl. S. 121); in **Württemberg-Baden** mit § 10 des Gesetzes Nr. 708, KSchG v. 18.8.1948 (RegBl. der Regierung Württemberg-Baden, S. 135); in **Baden** mit § 35 Abs. 2 des Landesgesetzes über die Bildung von Betriebsräten (BRG) v. 24.9.1948 (BadGVBl. 1948, S. 209 [215]); in **Württemberg-Hohenzollern** mit § 89a des BRG v. 21.5.1949 (RegBl. S. 163) sowie in **Berlin** durch § 6 KSchG Berlin v. 20.5.1950 (VOBl. S. 173).

2

III. KSchG 1951 und KSchG 1969

Die »**Hattenheimer Entschließungen**« (s. RdA 1950, 64), die eine Vorlage für das genannte Kündigungsschutzgesetz von Berlin bildeten (Rdn 2), sahen eine dem bis 31. Dezember 2003 geltenden § 6 KSchG im Wesentlichen entsprechende Regelung vor. In der Begründung des Entwurfs eines KSchG der Bundesregierung (Drs. I/2090, S. 13) ist zu § 5 (= § 6 in der zum 31.12.2003 geltenden Fassung) ausgeführt, dass eine Verlängerung der Frist eintritt, wenn der Arbeitnehmer innerhalb von drei Wochen die Rechtswirksamkeit der Kündigung aus anderen Gründen durch Erhebung einer Klage bekämpft hat.

3

Das am 18.8.1951 in Kraft getretene KSchG 1951 enthielt in § 5 diejenige Regelung, die aufgrund der Ermächtigung im **Ersten Arbeitsrechtsbereinigungsgesetz** v. 14.8.1969 (Art. 7 BGBl. I 1969 S. 1106 [1111]) erfolgten Neubekanntmachung des KSchG zu § 6 KSchG aF wurde. Geändert wurde in § 6 S. 2 lediglich das Wort »Gericht«, welches durch »Arbeitsgericht« ersetzt wurde (BGBl. I 1969 S. 1317 [1318]), so dass die Vorschrift lautete: »Hat ein Arbeitnehmer innerhalb von drei Wochen nach Zugang der Kündigung aus anderen als den in § 1 Abs. 2 und 3 bezeichneten Gründen im Klageweg geltend gemacht, daß eine rechtswirksame Kündigung nicht vorliege, so kann er in diesem Verfahren bis zum Schluß der mündlichen Verhandlung erster Instanz auch die Unwirksamkeit der Kündigung gemäß § 1 Abs. 2 und 3 geltend machen. Das Arbeitsgericht soll ihn hierauf hinweisen.«

4

IV. Das Gesetz zu Reformen am Arbeitsmarkt

Die im Rahmen der »Agenda 2010« am 1. Januar 2004 in Kraft getretene Neufassung des § 6 KSchG (Art. 1 Nr. 4 Gesetz zu Reformen am Arbeitsmarkt v. 24.12.2003 BGBl. I S. 3002 [3003]) soll nach der **Entwurfsbegründung** eine Folge der Vereinheitlichung der Klagefrist für alle Kündigungen – wie sie in § 4 S. 1 KSchG neu geregelt wurde (s. KR-*Klose* § 4 Rdn 10) – darstellen: »Hat der Arbeitnehmer die Rechtsunwirksamkeit einer Kündigung rechtzeitig gerichtlich geltend gemacht, kann er sich im erstinstanzlichen Verfahren bis zum Schluss der mündlichen Verhandlung auch auf Unwirksamkeitsgründe berufen, die er zunächst nicht geltend gemacht hat. Das entspricht dem Sinn der bisherigen Regelung. Der **meist nicht rechtskundige Arbeitnehmer**, der bei Klageerhebung oft nicht alle Unwirksamkeitsgründe kennt, soll die Möglichkeit haben, auch später noch andere Unwirksamkeitsgründe in den Prozess einzuführen, auf die er sich zunächst nicht berufen hat. Hierauf soll ihn das Arbeitsgericht hinweisen. Andererseits ist auch der Arbeitgeber daran interessiert, dass die gerichtliche Auseinandersetzung über die Kündigung in einem Verfahren stattfindet und alsbald Klarheit über den Bestand oder die Beendigung des Arbeitsverhältnisses besteht.« (BT-Drucks. 15/1204 S. 13, Hervorhebung nicht im Original). Zu den rechtlichen Folgen der Neuregelung s. Rdn 7.

5

B. Sinn und Zweck der Regelung

6 Der Arbeitnehmer, der zunächst die **Unwirksamkeit der Kündigung aus einem bestimmten Grund** geltend gemacht hatte, soll vor Rechtsnachteilen bewahrt werden, wenn er sich doch noch auf andere Unwirksamkeitsgründe »berufen« will. Diese Möglichkeiten könnte ihm nach Ablauf der Dreiwochenfrist nach § 4 KSchG im Hinblick auf § 7 KSchG ggf. verwehrt sein (dazu Rdn 7, 12 ff.). § 6 KSchG will den häufig nicht rechtskundigen Arbeitnehmer nach Möglichkeit vor dem Verlust des Kündigungsschutzes aus formalen Gründen bewahren, sofern er nur durch rechtzeitige Anrufung des Gerichts genügend klar zum Ausdruck bringt, die Wirksamkeit der Kündigung zu bekämpfen (*BAG* 18.12.2014 – 2 AZR 163/14 Rn 29, EzA § 4 nF KSchG Nr. 96; 26.9.2013 – 2 AZR 163/14 Rn 35, EzA § 4 nF KSchG Nr. 93; 23.4.2008 – 2 AZR 699/06 Rn 24, EzA § 4 nF KSchG Nr. 84; zu § 6 KSchG aF: *BAG* 13.8.1987 EzA § 140 BGB Nr. 12; 16.11.1970 EzA § 3 KSchG Nr. 2;). So kann eine nachträgliche Geltendmachung der Sozialwidrigkeit einer Kündigung deshalb von Interesse sein, weil sich dann die Möglichkeit einer Auflösung des Arbeitsverhältnisses nach den §§ 9, 10 KSchG eröffnet (*BAG* 13.8.1987 EzA § 140 BGB Nr. 12; APS-*Hesse* § 4 KSchG Rn 2). Deshalb sieht der Gesetzgeber in Satz 2 zum Schutze des Arbeitnehmers vor, dass das ArbG den Arbeitnehmer auf die Möglichkeit hinweisen soll, sich noch bis zum Schluss der mündlichen Verhandlung erster Instanz auch auf innerhalb der Klagefrist nicht geltend gemachte Gründe berufen zu könne.

7 Die Vorschrift hat, obwohl der Gesetzgeber lediglich eine »redaktionelle Anpassung« vornehmen wollte, aufgrund der zeitgleich erfolgten Neuregelung des § 4 KSchG, der die Klagefrist seit dem Jahr 2004 grds. auf alle Unwirksamkeitsgründe erstreckt (zu den Ausnahmen KR-*Klose* § 4 Rdn 40 ff.), einen **Bedeutungswandel erfahren** (s. nur *Eylert* NZA 2012, 9, 10). Sinn und Zweck von § 6 KSchG aF war es, dem Arbeitnehmer im Falle einer binnen drei Wochen nach Zugang der Kündigung erhobenen Klage, die nicht in Form einer Kündigungsschutzklage iSd § 4 KSchG mit ihrem punktuellen Streitgegenstand (dazu KR-*Klose* § 4 KSchG Rdn 289 ff.) erhoben wurde und sich nicht gegen die Unwirksamkeit der Kündigung nach § 1 Abs. 2 und 3 KSchG gewandt hatte, sondern andere Unwirksamkeitsgründe anführte, auch nach Ablauf der dreiwöchigen Klagefrist noch »bis zum Schluß der mündlichen Verhandlung erster Instanz auch die Unwirksamkeit der Kündigung gemäß § 1 Abs. 2 und 3 [KSchG] geltend« zu machen (§ 6 KSchG aF). Damit einher ging regelmäßig auch ein Wechsel oder eine Erweiterung des Streitgegenstands. Anders als bei der Vorgängerregelung des § 6 KSchG aF ist nach der Neufassung des § 4 KSchG die Klagefrist grds. für alle Unwirksamkeitgründe einzuhalten. Der richtig gestellte Feststellungsantrag mit seinem punktuellen Streitgegenstand erfasst alle Unwirksamkeitsgründe (*BAG* 18.1.2012 – 6 AZR 407/10 Rn 13, EzA § 6 KSchG Nr. 4). Werden weitere Unwirksamkeitsgründe in den Prozess eingeführt, kommt es – auch unter der Prämisse des zweigliedrigen Streitgegenstands – lediglich zu einem ergänzenden Sachvortrag bei **unverändertem Streitgegenstand** (GA-*Roloff* Rn 5). Der Streitgegenstand eines Antrags gemäß § 4 KSchG wird durch die jeweils angegriffene Kündigung bestimmt (*BAG* 1.10.2020 – 2 AZR 247/20 Rn 22). Zudem bedarf es nach zivilprozessualen Grundsätzen keines »Berufens« auf einen Unwirksamkeitsgrund (*BAG* 18.1.2012 – 6 AZR 407/10 Rn 26, EzA § 6 KSchG Nr. 4: »iura novit curia«; HWK-*Quecke* Rn 2; *Zeuner* FS Leipold 2009, S. 221 ff.; *Bayreuther* ZfA 2005, 391, 392; *Bender/Schmidt* NZA 2004, 358, 365; *Bader* NZA 2004, 65, 69). Insofern wird die Neuregelung als »redaktionell missglückt« (*BAG* 23.4.2008 EzA § 4 nF KSchG Nr. 84) oder »misslungen« angesehen (*Eylert* NZA 2012, 2, 9; ähnlich *Bender/Schmidt* NZA 2004, 358, 364; *Quecke* RdA 2004, 86, 101; *Bayreuther* ZfA 2005, 391, 398, mit »Vorschlag für eine Neuregelung des § 6 KSchG« S. 402 f., weil § 6 KSchG nF »letztlich ... sinnentleert« sei). Damit beschränkt sich die Bedeutung des § 6 KSchG im Wesentlichen auf die Fälle der allgemeinen Feststellungs- und Leistungsklagen (dazu Rdn 18 ff.), mit denen die Unwirksamkeit einer Kündigung zwar rechtzeitig klageweise geltend gemacht, aber der Klageantrag nach § 4 S. 1 KSchG nicht gestellt wurde (s.a. *BAG* 23.4.2008 EzA § 4 nF KSchG Nr. 84; *Quecke* RdA 2004, 86, 102). Allerdings wird angenommen, § 6 KSchG verdränge zugunsten des Klägers für das erstinstanzliche Verfahren als lex specialis die Präklusionsvorschrift des § 61a ArbGG (*Bader* NZA 2004, 64, 69; APS-*Hesse* § 6 KSchG Rn 3; offen gelassen von *BAG* 20.9.2012 – 6 AZR 483/11 Rn 34). Das vermag nicht zu überzeugen, weil es sich doch bei § 61a ArbGG selbst um

eine Spezialvorschrift für das Kündigungsverfahren handelt. Eine ordnungsgemäße Fristsetzung nach § 61a Abs. 4 ArbGG beschränkt mithin den Zeitraum des § 6 S. 1 KSchG (*Bader/Bram-Ahrendt* Rn 17; *Raab* RdA 2004, 321, 328 f. mwN; *Preis* DB 2004, 70, 77). Die Belehrung nach § 6 S. 2 KSchG ist entsprechend anzupassen.

Nach § 17 S. 2 TzBfG gilt die Vorschrift entsprechend für eine **Befristungskontrollklage** (*BAG* 24.6.2015 – 7 AZR 541/13 Rn 27, EzA § 6 KSchG Nr. 7; 21.3.2018 – 7 AZR 408/16 Rn 30). Weiterhin ist nach §§ 21, 17 S. 2 TzBfG § 6 KSchG auf die **Bedingungskontrollklage** anzuwenden (vgl. *BAG* 20.6.2018 – 7 AZR 689 Rn 43). Der Arbeitnehmer kann bis zum Schluss der mündlichen Verhandlung erster Instanz die Unwirksamkeit der Bedingung aus anderen Gründen als denjenigen geltend machen, die er innerhalb der dreiwöchigen Klagefrist benannt hat (*BAG* 27.7.2011 EzA § 17 TzBfG Nr. 14). 8

C. Voraussetzungen

I. Klage innerhalb der Frist des § 4 S. 1 KSchG

1. Grundsatz

Voraussetzung für die verlängerte Anrufungsfrist ist, dass der Arbeitnehmer innerhalb der Frist von drei Wochen nach Zugang (KR-*Klose* § 4 KSchG Rdn 143 ff.) der schriftlichen Kündigung deren **Unwirksamkeit durch Klage vor dem ArbG geltend gemacht** hat. Vom Wortlaut des § 6 KSchG wird damit zunächst der Fall erfasst, dass eine Kündigungsschutzklage iSd. § 4 KSchG erhoben wurde (APS-*Hesse* Rn 4). Nach der Rspr. des Bundesarbeitsgerichts ist nicht nur eine in allen Punkten dem Prozessrecht genügende Klageerhebung fristwahrend (*BAG* 1.10.2020 – 2 AZR 247/20 Rn 31). Nach zutreffender Ansicht verlangt § 4 KSchG dabei auch nicht das Geltendmachen eines bestimmten Unwirksamkeitsgrunds innerhalb der drei Wochen (GA-*Roloff* Rn 5). 9

2. Weitere Fallgestaltungen

a) Ausschließliche Rüge der Kündigungsfrist

§ 6 S. 1 KSchG greift auch dann ein, wenn der Arbeitnehmer sich nicht gegen die Wirksamkeit der Kündigung schlechthin wendet, sondern etwa nur geltend gemacht hat, die Kündigung sei **nicht mit der gesetzlichen, tarifvertraglichen oder einzelvertraglich vereinbarten Kündigungsfrist** erfolgt. § 6 KSchG nF ist weit auszulegen (DDZ-*Zwanziger/Callsen* Rn 4; s.a. *BAG* 14.9.1994 EzA § 4 KSchG nF Nr. 50 mwN zur Vorgängerregelung). Zwar könnte man annehmen, ein Arbeitnehmer, der sich nur gegen die Nichteinhaltung der zutreffenden Kündigungsfrist wendet, nehme die Beendigungswirkung hin (*ArbG Hmb.* 1.3.1957 AP Nr. 2 zu § 5 KSchG 1951). § 6 KSchG soll aber auch dem Arbeitnehmer, der sich zunächst mit einer längeren Kündigungsfrist zufriedengeben will, dann aber erkennt, dass er damit nicht durchdringen wird, ermöglichen, diese Kündigung unter dem Aspekt der Sozialwidrigkeit anzugreifen (*A. Hueck* Anm. AP Nr. 2 zu § 5 KSchG 1951). Denn der Arbeitnehmer hat immerhin geltend gemacht, dass er die Kündigung so wie ausgesprochen nicht gegen sich gelten lassen will (ebenso für § 6 S. 1 KSchG nF: SPV-*Vossen* Rn 1932; *Backmeister/Trittin/Mayer* Rn 4; LSSW-*Spinner* Rn 4; aA MüKo-BGB/*Hergenröder* Rn 11; diff. HaKo-KSchR/*Gallner* Rn 18 ff.). Die Nichteinhaltung der Kündigungsfrist muss innerhalb der Klagefrist des § 4 KSchG geltend gemacht werden (dazu KR-*Klose* § 4 KSchG Rdn 24), wenn nicht die Auslegung der Kündigungserklärung ergibt, es habe eine fristgerechte Kündigung ausgesprochen werden sollen (so der Fünfte Senat des BAG: *BAG* 1.9.2010 EzA § 4 KSchG nF Nr. 90, dazu *Ziemann* jurisPR-ArbR 3/2011 Anm. 1; in »Abgrenzung zu« Entscheidungen des Zweiten Senats: *BAG* 15.12.2005 EzA § 4 KSchG nF Nr. 72, 6.7.2006 AP § 4 KSchG 1969 Nr. 57; und des Sechsten Senats: *BAG* 9.2.2006 EzA § 4 KSchG nF Nr. 73). Rügt der Arbeitnehmer mit seiner Klage die Nichteinhaltung der Kündigungsfrist, macht er damit die Unwirksamkeit dieser Kündigung geltend – mag er zunächst auch die Umdeutung in eine andere Erklärung nach § 140 BGB akzeptieren. Der Arbeitgeber ist damit vorgewarnt. Etwas anderes dürfte gelten, wenn der Arbeitnehmer von vornherein nicht die Unwirksamkeit der Kündigung, sondern nur ihre Auslegungsbedürftigkeit 10

b) Klage ausschließlich gegen außerordentliche Kündigung

11 Geht es sowohl um die Wirksamkeit einer außerordentlichen Kündigung als auch um die Wirksamkeit einer ordentlichen Kündigung, ist hinsichtlich der Anwendbarkeit von § 6 KSchG zu differenzieren. Hat der Arbeitgeber ausdrücklich nur eine **außerordentliche Kündigung** ausgesprochen und stellt sich im Prozess nur die Frage, ob diese nach § 140 BGB in eine wirksame **ordentliche Kündigung umgedeutet** werden kann, bedarf es nach der zutreffenden Rspr. des Bundesarbeitsgerichts der Anwendung des § 6 KSchG nicht, wenn der Arbeitnehmer die außerordentliche Kündigung nach § 13 Abs. 1 S. 2, § 4 S. 1 KSchG fristgemäß angegriffen hat. Ein gegen eine außerordentliche Kündigung gerichteter Kündigungsschutzantrag gem. § 4 Satz 1 KSchG umfasst regelmäßig »automatisch« auch das Begehren festzustellen, das Arbeitsverhältnis ende nicht aufgrund einer ggf. nach § 140 BGB kraft Gesetzes eintretenden Umdeutung der außerordentlichen Kündigung in eine ordentliche (*BAG* 27.6.2019 – 2 AZR 28/19 Rn 21; APS-*Hesse* Rn 12; *LKB-Linck* Rn 15; für eine Anwendbarkeit des § 6 KSchG in diesen Fällen noch Voraufl. und *Schwarze/Eylert/Schrader* Rn 10; HaKo-KSchR/*Gallner* Rn 15; HWK-*Quecke* Rn 8 unter Berufung auf *BAG* 30.11.1961 – 2 AZR 295/61, AP Nr. 3 zu § 5 KSchG 1951; zur Geltendmachung der Umdeutung in eine ordentliche Kündigung durch den Arbeitgeber erst im Berufungsverfahren, vgl. KR-*Treber/Rennpferdt* § 13 KSchG Rdn 31)). Das gilt auch, wenn der Antrag ausdrücklich und ausschließlich bezogen auf die erklärte außerordentliche Kündigung formuliert ist. Dafür, dass sich ein Arbeitnehmer, der gegen eine außerordentliche Kündigung Kündigungsschutzklage erhebt, nicht auch gegen eine Auflösung des Arbeitsverhältnisses infolge einer solchen Umdeutung wenden möchte, bedürfte es besonderer Anhaltspunkte (*BAG* 27.6.2019 – 2 AZR 28/19 Rn 21). Solche Anhaltspunkte dürften bereits darin zu sehen sein, dass das Arbeitsverhältnis nicht dem allgemeinen Kündigungsschutz nach dem KSchG unterliegt und der Kläger sich auch nicht auf einen besonderen Kündigungsschutz beruft. Spricht der Arbeitgeber eine außerordentliche Kündigung und **hilfsweise** eine **ordentliche Kündigung** aus und wendet sich der Arbeitnehmer mit seinem Klageantrag gegen »die fristlose Kündigung vom …«, bedarf die Klage der **Auslegung**, ob sich der Kläger insgesamt gegen die Beendigung des Arbeitsverhältnisses wenden will (s. bereits *BAG* 16.11.1970 – 2 AZR 33/70, EzA § 3 KSchG Nr. 2; *LKB-Linck* Rn 15). Ist dies anzunehmen, bedarf es der Anwendung des § 6 KSchG nicht. Die Auslegung wird allerdings regelmäßig ergeben, dass es sich um zwei Anträge handelt; mit einem Hauptantrag wendet er sich gegen die außerordentliche, mit einem unechten Hilfsantrag gegen die hilfsweise erklärte ordentliche Kündigung (vgl. *BAG* 10.12.2020 – 2 AZR 308/20 Rn 9; s. auch *Niemann* NZA 2019, 65 f.). Hintergrund ist, dass es sich nach der Rspr. des Bundesarbeitsgerichts um zwei Kündigungserklärungen handelt, deren letzte unter der zulässigen auflösenden Rechtsbedingung (§ 158 Abs. 2 BGB) steht, dass nicht bereits die erste das Arbeitsverhältnis beendet hat (*BAG* 21.11.2013 – 2 AZR 598/12 Rn 17 ff.; aA wohl HaKo-KSchR/*Gallner* Rn 15). Ergibt die Auslegung, dass sich der Arbeitnehmer mit seiner Kündigungsschutzklage nur gegen die außerordentliche Kündigung wenden wollte, ist für die Anwendung des § 6 KSchG hinsichtlich der zunächst nicht angegriffenen ordentlichen Kündigung kein Raum (MAH-ArbR/*Boewer* § 48 Rn 256; APS-*Hesse* Rn 13). Das gilt erst Recht, wenn sich der Arbeitnehmer mit der der vorsorglichen ordentlichen Kündigung einverstanden erklärt hat (*BAG* 13.8.1987 – 2 AZR 599/86, EzA § 140 BGB Nr. 12; DDZ-*Zwanziger/Callsen* § 6 KSchG Rn 5). **Anders** verhält es sich wiederum im umgekehrten Fall, wenn der Arbeitnehmer zwar die **hilfsweise erklärte ordentliche Kündigung fristgerecht angreift**, nicht aber die außerordentliche (anders: *ArbG Stuttg.* 4.12.1986 – 15 Ca 261/86). Will der Arbeitnehmer ersichtlich nicht einmal als ordentliche Kündigung gegen sich gelten lassen, muss dem Arbeitgeber klar sein, dass der Arbeitnehmer auch die fristlose Kündigung nicht gegen sich gelten lassen will. Nach dem vom Bundesarbeitsgericht vertretenen erweiterten punktuellen Streitgegenstandsbegriff (vgl. KR-*Klose* Rdn 287) würde die fristlose Kündigung von dem Antrag gegen die ordentliche Kündigung sowieso erfasst.

II. Rechtzeitige Geltendmachung

Liegen die Voraussetzungen des § 6 S. 1 KSchG vor, so kann der Arbeitnehmer nach der Rechtsprechung des BAG in dem laufenden Verfahren, auch wenn die Dreiwochenfrist des § 4 KSchG verstrichen ist, weitere Unwirksamkeitsgründe **nur bis zum Schluss der mündlichen Verhandlung erster Instanz** geltend machen (*BAG* 20.1.2016 – 6 AZR 601/14 Rn 14, EzA § 17 KSchG Nr. 35; 18.1.2012 – 6 AZR 407/10 Rn 13, EzA § 6 KSchG Nr. 4; s.a. *LAG RhPf* 13.12.1984 LAGE § 140 BGB Nr. 2; zust. *Bader/Bram-Ahrendt* Rn 15; *Eylert* NZA 2012, 9, 10). Die Unwirksamkeit der Kündigung aus anderen als ursprünglich innerhalb der Klagefrist angeführten Gründen kann also in der Berufungsinstanz nicht mehr geltend gemacht werden. Das BAG sieht in § 6 KSchG mithin eine **Präklusionsvorschrift** (*BAG* 20.1.2016 – 6 AZR 601/14 Rn 12, EzA § 17 KSchG Nr. 35; zust. AR-*Lukas* Rn 2; GA-*Roloff* Rn 13). 12

Nach seinem Wortlaut enthält § 6 S. 1 KSchG jedoch keine Präklusionsvorschrift, sondern setzt eine solche voraus. Diese ist im KSchG freilich nicht normiert. Dem meist nicht rechtskundigen Arbeitnehmer als Normadressaten (vgl. BT-Drucks. 15/1204 S. 13, s. Rdn 5) kann nicht abverlangt werden, aus der positiv formulierten Norm und ihrer amtlichen Überschrift (»verlängerte Anrufungsfrist«, siehe dazu GA-*Roloff* Rn 4) eine Ausnahme von den allgemeinen Präklusionsvorschriften abzuleiten. Die **Beschränkung der Geltendmachung** weiterer Unwirksamkeitsgründe auf die erste Instanz ist daher abzulehnen (s. Rdn 7; krit. auch *Zeuner* NZA 2012, 1414, 1417, unter Hinw. auf die damit verbundene Einschränkung des § 67 ArbGG; *Raab* RdA 2004, 321, 328 f.; anders *Schrader* Anm. AP Nr. 6 zu § 6 KSchG 1969; für eine Anwendung von § 5 KSchG DDZ-*Zwanziger/Callsen* Rn 11). Das gilt nicht nur für den Fall des Verstoßes gegen die Hinweispflicht nach § 6 S. 2 KSchG (Rdn 33 ff.), sondern sowohl für den Kündigungsschutzantrag nach § 4 S. 1 KSchG als auch für den allgemeinen Feststellungsantrag. Zu beachten sind aber §§ 61a Abs. 4, 56 Abs. 2 ArbGG (*Bayreuther* ZfA 2005, 398 f.; zu den Anforderungen an ein Fristsetzung nach § 61a Abs. 3 ArbGG vgl. *BAG* 21.5.2019 – 2 AZR 574/18 Rn 24). In den Fällen analoger Anwendung des § 6 KSchG (vgl. Rdn 18 ff.) ist der Kündigungsfeststellungsantrag in der Berufungsinstanz allerdings regelmäßig nicht mehr nachholbar. 13

Folgt man der Rechtsprechung des BAG, muss die Geltendmachung bis zum Schluss der mündlichen Verhandlung erster Instanz erfolgen. Nach § 136 Abs. 4 ZPO, der im arbeitsgerichtlichen Verfahren erster Instanz gilt (§ 53 Abs. 2 ArbGG), schließt der Vorsitzende die Verhandlung, wenn nach Ansicht des Gerichts die Sache vollständig erörtert ist, und verkündet die Urteile und Beschlüsse des Gerichts. Daraus folgt, dass der **Schluss der Verhandlung** nicht einer ausdrücklichen Erklärung bedarf. Der Schluss der mündlichen Verhandlung kann auch stillschweigend durch Zurückziehen zur Beratung, Verkündung eines Urteils oder Aufruf einer anderen Sache erfolgen, wenn der Rechtsstreit abschließend erörtert und in tatsächlicher Hinsicht erschöpfend aufgeklärt ist (MüKo-ZPO/*Fitsche* § 136 Rn 9; APS-*Hesse* § 6 KSchG Rn 5; HWK-*Quecke* Rn 9). 14

III. Inhalt der Geltendmachung

Der Kläger braucht sich neben den bisher geltend gemachten Gründen lediglich auf andere Unwirksamkeitsgründe zu »berufen«. Einer **Änderung des Antrags** bedarf es bei der Feststellungsklage des § 4 S. 1 KSchG nicht. Es liegt keine objektive Klagehäufung vor. Es wird nur die Klage auf Feststellung, dass eine bestimmte Kündigung das Arbeitsverhältnis nicht aufgelöst hat, auf eine weitere Begründung gestützt. Wann ein ausreichendes **Berufen auf Unwirksamkeitsgründe** vorliegt, kann im Einzelfall zweifelhaft sein. Das Bundesarbeitsgericht hat es bisher offengelassen, ob es im Rahmen des § 6 KSchG genügt, einen möglichen Unwirksamkeitsgrund erstinstanzlich pauschal anzusprechen (*BAG* 20.1.2016 – 6 AZR 601/14 Rn 18, EzA § 17 KSchG Nr. 35; 4.5.2011 – 7 AZR 252/10 – Rn 21). Ein schlüssiger Sachvortrag ist für ein bloßes Berufen nicht erforderlich, es genügt die Bezeichnung des Unwirksamkeitsgrunds, zB. Unwirksamkeit der Kündigung wegen unterlassener Anhörung des Betriebsrats vor der Kündigung (*Quecke* RdA 2004, 86, 102). Vorsorglich sollte in der Praxis so weit wie möglich konkreter Sachvortrag durch den Kläger geleistet werden, zB. zum Bestehen eines Betriebsrats im Betrieb oder zum Vorliegen der Voraussetzungen eines 15 besonderen Kündigungsschutzes als werdende Mutter, einen tariflichen Sonderkündigungsschutz (vgl. *BAG* 8.11.2007 – 2 AZR 314/06 Rn 18) oder zur Zurückweisung nach § 174 S. 1 BGB (vgl. dazu *BAG* 20.5.2021 – 2 AZR 596/20 Rn 11). Das Bundesarbeitsgericht lässt es nicht genügen, einen ähnlichen oder thematisch eng zusammenhängenden Mangel zu rügen. So unterfällt der in § 17 KSchG geregelte besondere Kündigungsschutz bei Massenentlassungen in zwei getrennt durchzuführende Verfahren mit jeweils eigenen Wirksamkeitsvoraussetzungen, nämlich die in § 17 Abs. 2 KSchG normierte Pflicht zur Konsultation des Betriebsrats einerseits und die in § 17 Abs. 1, Abs. 3 KSchG geregelte Anzeigepflicht gegenüber der Agentur für Arbeit andererseits. Zur Vermeidung der Präklusion nach § 6 S. 1 KSchG reicht es nach dem BAG nicht aus, erstinstanzlich Mängel aus dem einen Verfahren zu rügen, um dem Arbeitnehmer die Möglichkeit zu eröffnen, auch Mängel des anderen Verfahrens und die daraus folgende Unwirksamkeit der Kündigung erstmals im Berufungsverfahren geltend zu machen. Erforderlich ist vielmehr, dass der Arbeitnehmer bereits in der ersten Instanz Mängel rügt, die sich eindeutig erkennbar dem Verfahren hinsichtlich der Anzeigepflicht und/oder dem Konsultationsverfahren zuordnen lassen. Hinsichtlich der Mängel, die bzgl. des nicht bereits in erster Instanz angesprochenen Verfahrens bestehen, ist er in zweiter Instanz bei ordnungsgemäß erteiltem Hinweis durch § 6 S. 1 KSchG präkludiert (*BAG* 20.1.2016 – 6 AZR 601/14 Rn 16, EzA § 17 KSchG Nr. 35). Andererseits hat das BAG angenommen, dass bei einer Änderungskündigung die Unbestimmtheit des Änderungsangebots kein von der mangelnden sozialen Rechtfertigung zu trennender eigener Unwirksamkeitsgrund sei, weshalb es keiner gesonderten darauf bezogenen Rüge bedürfe (*BAG* 21.5.2019 – 2 AZR 26/19 Rn 28).

16 Nur in den Fällen, in denen ursprünglich die Kündigung mit einem anderen **Beendigungszeitpunkt hingenommen** wurde (Rdn 10), ist erforderlichenfalls der Klageantrag zu ändern und der Fassung des § 4 S. 1 KSchG, »dass das Arbeitsverhältnis durch die Kündigung nicht aufgelöst ist«, anzupassen, falls es bei dem ursprünglich vorgesehenen Beendigungszeitpunkt nicht verbleiben soll.

D. Anwendung von § 6 S. 1 KSchG auf andere Klagearten

17 Nicht ganz klar ist, wann ein Arbeitnehmer »im Klagewege geltend gemacht« hat, dass eine rechtswirksame Kündigung nicht vorliege. Bei einem untechnischen Verständnis der Formulierung könnte man hierunter auch die Einreichung einer Leistungsklage auf Entgelt für den Zeitraum nach Ablauf der Kündigungsfrist verstehen, in der die Unwirksamkeit der Kündigung geltend gemacht wird, ohne zugleich einen Antrag nach § 4 zu stellen. Aufgrund der systematischen Stellung des § 6 ist jedoch davon auszugehen, dass er sich unmittelbar nur auf Kündigungsschutzanträge iSd § 4 bezieht (vgl. APS-*Hesse* Rn 4). Allerdings kommt nach dem Sinn und Zweck eine **entsprechende Anwendung der Regelung** auf andere Klagearten in Betracht (s. *BAG* 24.6.2015 – 7 AZR 541/13 Rn 29 mwN, EzA § 6 KSchG Nr. 7; 23.4.2008 – 2 AZR 699/06 Rn 22, EzA § 4 KSchG nF Nr. 84; MünchArbR-*Rachor* § 130 Rn 86).

I. Feststellungsklage

18 Die Vorschrift des § 6 KSchG findet entsprechende Anwendung, wenn der Arbeitnehmer innerhalb der Dreiwochenfrist eine Klage mit einem allgemeinen **Feststellungsantrag nach § 256 ZPO** erhoben hat (*BAG* 26.9.2013 – 2 AZR 682/12 Rn 37, EzA § 4 nF KSchG Nr. 93, dazu *Lingemann/Weingarth* Anm. AP Nr. 77 zu § 4 KSchG; denkbar etwa bei Geltendmachung fehlender Schriftform nach § 623 BGB; für eine unmittelbare Anwendung des § 6 KSchG GA-*Roloff* Rn 19). Hier besteht in entsprechender Anwendung des § 6 S. 1 KSchG (ggf. iVm § 13 Abs. 1 S. 2 KSchG) die verlängerte Frist bis zum Schluss der mündlichen Verhandlung erster Instanz. Bis zu diesem Zeitpunkt kann die Unwirksamkeit der Kündigung geltend gemacht und eine dem Wortlaut des § 4 S. 1 KSchG entsprechende Antragstellung vorgenommen werden (vgl. *BAG* 18.12.2014 – 2 AZR 163/14 Rn 28, EzA § 4 nF KSchG Nr. 96). Ist der gestellte allgemeine Feststellungsantrag nicht als Kündigungsschutzantrag iSd § 4 S. 1 KSchG auslegungsfähig (vgl. insoweit KR-*Klose* § 4 KSchG Rdn 309), etwa weil der Kläger den Antrag an den von ihm behaupteten Nichtzugang der Kündigung angeknüpft hat, kann die Sozialwidrigkeit der doch zugegangenen Kündigung nach § 6 KSchG geltend gemacht werden (so *LAG Frankf.* 31.7.1986 LAGE § 130 BGB Nr. 5).

§ 6 KSchG kann auch dann analog angewendet werden, wenn der Arbeitnehmer durch einen Kla- 19
geantrag zu erkennen gibt, dass er auch andere Beendigungstatbestände nicht gegen sich gelten
lassen will, die eine Auflösung des Arbeitsverhältnisses noch vor oder bis zu dem mit einer explizit
angegriffenen Kündigung angestrebten Termin bewirken könnten und er die **Unwirksamkeit einer
Folgekündigung** zwar mehr als drei Wochen nach ihrem Zugang, aber noch vor Schluss der mündlichen Verhandlung erster Instanz geltend macht und einen entsprechenden Antrag stellt (*BAG*
24.5.2018 – 2 AZR 67/18 Rn 20, NZA 2018, 1127; 18.12.2014 – 2 AZR 163/14 Rn 28, EzA
§ 4 nF KSchG Nr. 96; dazu *Merten* DB 2015, 1530). Das gilt auch für eine Änderungsschutzklage
(*BAG* 24.5.2018 – 2 AZR 67/18 Rn 32, NZA 2018, 1127). Die entsprechende Anwendbarkeit des
§ 6 KSchG gilt nicht nur für Kündigungen, die während des anhängigen Kündigungsschutzprozesses zugehen, sondern auch für solche Kündigungen, die bereits vor Klageerhebung zugegangen
waren (vgl. *BAG* 26.9.2013 – 2 AZR 682/12 Rn 37, EzA § 4 nF KSchG Nr. 93). Teilweise wird
angenommen, die weitere Kündigung werde bereits unmittelbar vom ersten Klageantrag nach § 4
KSchG erfasst (*Gallner* FS Wank 2014, S. 117, 125). Dies beruht aber auf einem zu weitgehenden
Verständnis des Streitgegenstands des Kündigungsschutzantrags (s. KR-*Klose* § 4 KSchG Rdn 294).
Auch wenn man nicht davon ausgeht, dass mit der rechtskräftigen Stattgabe des Kündigungsschutzantrags gegen eine ordentliche Kündigung zugleich feststeht, dass das Arbeitsverhältnis bis zum
Ende der Kündigungsfrist nicht durch andere Beendigungstatbestände aufgelöst worden ist, so besteht doch ein schützenswertes Interesse an der Fortführung der Kündigungsschutzklage gegen die
ordentliche Kündigung nur dann, wenn das Arbeitsverhältnis nicht vor Ablauf der Kündigungsfrist
aus einem anderen Grunde endet. Führt der Arbeitnehmer den Kündigungsschutzprozess nach dem
Zugang einer (fristlosen) Folgekündigung fort, bringt er damit zugleich erkennbar zum Ausdruck,
dass er die Folgekündigung für unwirksam hält. Dogmatisch zutreffend ist daher die entsprechende
Anwendung des § 6 KSchG in diesen Fällen (MünchArbR-*Rachor* § 130 Rn 88). Ob auch nach der
Gesetzesänderung durch das Arbeitsmarktreformgesetz die Möglichkeit besteht, auch Kündigungen, die schon bis zum Schluss der mündlichen Verhandlung erster Instanz ausgesprochen worden
sind, erstmals im zweiten Rechtszug in den Prozess einzuführen und mit einem eigenen Antrag
anzugreifen, hat das BAG offen gelassen (*BAG* 26.9.2013 – 2 AZR 682/12 Rn 34 mwN zum Streitstand, EzA § 4 nF KSchG Nr. 93). Der Kündigungsschutzsenat »neigt« aber dazu, diese Frage zu
verneinen (*BAG* 24.5.2018 – 2 AZR 67/18 Rn 34, NZA 2018, 1127).

II. Leistungsklage

§ 6 KSchG nF ist nach wie vor **entsprechend anzuwenden**, wenn der Arbeitnehmer aus der Un- 20
wirksamkeit der Kündigung **Entgeltansprüche** oder seine **Weiterbeschäftigung** für einen Zeitraum
nach Zugang einer außerordentlichen Kündigung oder nach Ablauf der Kündigungsfrist herleitet
und deshalb eine **Leistungsklage** innerhalb von drei Wochen nach Zugang der Kündigung erhoben hat (std. Rspr., *BAG* 18.12.2014 – 2 AZR 163/14 Rn 29, EzA § 4 nF KSchG Nr. 96 mwN;
26.9.2013 – 2 AZR 682/12 Rn 29; 23.4.2008 – 2 AZR 699/06, EzA § 4 nF KSchG Nr. 84; vgl.
auch schon *BAG* 30.11.1961 AP Nr. 3 zu § 5 KSchG 1951; ErfK-*Kiel* § 6 Rn 3; *Korinth* ArbRB
2009, 58). Auch bei einer derartigen Klage wird der Wille des Arbeitnehmers für den Arbeitgeber
deutlich, die Beendigung seines Arbeitsverhältnisses nicht zu akzeptieren und das Arbeitsverhältnis auch künftig fortsetzen zu wollen. Leistungsklage und Weiterbeschäftigungsantrag können nur
Erfolg haben, wenn das Arbeitsverhältnis über den Zeitpunkt des Zugangs der außerordentlichen
Kündigung oder nach Ablauf der Kündigungsfrist Bestand hatte. Der Arbeitnehmer kann dann den
erforderlichen Feststellungsantrag nach § 4 KSchG bis zum Schluss der mündlichen Verhandlung
erster Instanz stellen (*LAG RhPf* 20.1.2012 – 9 Sa 371/11, Rn 28; AR-*Lukas* Rn 5). Es genügt allerdings nicht, wenn die Klageschrift lediglich Entgeltansprüche aus der Zeit vor dem Zugang der
Kündigung zum Gegenstand hat, die Unwirksamkeit einer Kündigung erwähnt wird und darauf
gestützte weitere Ansprüche vorbehalten werden (APS-*Hesse* Rn 15; HaKo-*Gallner* Rn 25).

§ 6 KSchG ist nicht analog anwendbar, wenn der Arbeitnehmer sich mit einem Antrag nach § 4 21
S. 1 KSchG gegen eine bestimmte Kündigung wendet und – für den Fall des Erfolgs mit dem
Kündigungsschutzantrag – einen Weiterbeschäftigungsanspruch geltend macht, aber eine etwa

vier Wochen später zugegangene **weitere Kündigung mit einem späteren Beendigungszeitpunkt nicht fristgerecht** angreift. Ein solcher Angriff kann nicht in dem Weiterbeschäftigungsantrag gesehen werden. Die Weiterbeschäftigung sollte ausschließlich von der Rechtsunwirksamkeit der zuerst ausgesprochenen Kündigung abhängig sein. Der Streitgegenstand des Weiterbeschäftigungsanspruches ist nicht identisch mit dem Feststellungsantrag nach § 256 ZPO, mit dem begehrt wird, dass das Arbeitsverhältnis generell über das in der ersten Kündigung genannte Beendigungsdatum hinaus fortbestehen soll, zu dem auch die zweite Kündigung ausgesprochen worden war (*LAG BW* 18.10.1993 – 9 Ta 26/93; *LAG Bln.-Bra.* 5.8.2010 – 26 Sa 896/10, NZA-RR 2011, 246 LS; differenzierend APS-*Hesse* Rn 19: § 6 KSchG anwendbar bei Zugang der weiteren Kündigung vor Eingang der mit dem Weiterbeschäftigungsantrag verbundenen Kündigungsschutzklage iSd § 4 S. 1 KSchG, nicht aber Zugang der weiteren Kündigung erst im Verlauf des Rechtsstreits; aA *LAG Köln* 17.2.2004 NZA-RR 2005, 136 m. zust. Anm. *Wolmerath* jurisPR-ArbR 42/2004 Nr. 5; LBK/*Linck* Rn 10). Der Zweite Senat des BAG hat angedeutet, ggf. danach zu differenzieren, ob der Arbeitgeber eine zweite Kündigung aus anderen Kündigungsgründen oder zu einem anderen, deutlich späteren Beendigungstermin erklärt hat (*BAG* 23.4.2008 – 2 AZR 699/06 Rn 25, EzA § 4 KSchG nF Nr. 84). Wegen den mit einer solchen einzelfallbezogenen Betrachtungsweise verbundenen Unsicherheiten, sollte ein solcher Weg nicht beschritten werden. Allerdings hat sich der Siebte Senat später angeschlossen (*BAG* 24.6.2015 7 AZR 541/13 Rn 34, EzA § 6 KSchG Nr. 7) und ausgeführt, ein angebrachter Weiterbeschäftigungsantrag bewirke nicht zwangsläufig eine gerichtliche Geltendmachung der Unwirksamkeit eines nachfolgend auftretenden Beendigungstatbestandes »auf andere Weise«. Die unterschiedlichen Schutzzwecke der § 4 KSchG, § 17 S. 1 TzBfG – rasche Rechtsklarheit – einerseits und des § 6 KSchG – Schutz des Arbeitnehmers vor Verlust des Bestandsschutzes aus rein formalen Gründen – andererseits verböten eine schematische Beurteilung dergestalt, dass jeder angebrachte Weiterbeschäftigungsantrag automatisch nachfolgend auftretende Beendigungstatbestände erfasst. Entscheidend seien stets die **Umstände des Einzelfalls**.

22 Hat der Arbeitnehmer innerhalb von drei Wochen lediglich eine **Abfindung nach § 113 BetrVG** eingeklagt, ist § 6 KSchG nicht anwendbar, weil § 113 BetrVG die Wirksamkeit der Kündigung gerade voraussetzt (s.a. KR-*Spilger* § 9 KSchG Rdn 91; *Bader/Bram-Ahrendt* Rn 26a mwN). Gleiches gilt für eine Klage auf Leistung von **Urlaubsabgeltung** (vgl. *BAG* 27.10.2020 – 9 AZR 531/19 Rn 42). Klagt der Arbeitnehmer hingegen auf Gewährung von Urlaub für einen Zeitraum nach Ablauf der Kündigungsfrist, kommt eine entsprechende Anwendung von § 6 in Betracht.

23 Mit seiner Leistungsklage ist der Arbeitnehmer nicht untätig geblieben, wie es § 1a KSchG voraussetzt. Wer die Wirksamkeit der Kündigung – und sei es nur als Vorfrage eines Leistungsantrags auf Entgelt – angreift, lässt die Klagefrist nicht verstreichen (*Preis* DB 2004, 70, 75; im Ergebnis ebenso *Bauer/Krieger* NZA 2004, 77, 79). Nach anderer Auffassung entfällt der Anspruch des Arbeitnehmers auf die gesetzliche Abfindung erst rückwirkend, wenn der Arbeitnehmer innerhalb der Fristen des § 6 noch einen Kündigungsschutzantrag stellt (so *Grobys* DB 2003, 2174, 2175 f.).

III. Weitere Fälle

24 § 6 S. 1 KSchG ist auch dann entsprechend anzuwenden, wenn ein Arbeitnehmer nach Ausspruch einer fristlosen Kündigung ebenfalls innerhalb der Dreiwochenfrist eine **einstweilige Verfügung auf Leistung des Entgelts** für Zeiten nach der vom Arbeitgeber vorgesehenen Beendigung des Arbeitsverhältnisses beantragt hat (*BAG* 9.11.1967 – 2 AZR 435/66, BB 1968, 293; HaKo-KSchR/*Gallner* Rn 26; HK-*Hauck* Rn 17; LSSW-*Spinner* Rn 6; abl. *Trinkner* BB 1968, 294; KPK-*Ramrath* Rn 5). Der Arbeitnehmer hat dadurch dem Arbeitgeber eindeutig zu erkennen gegeben, dass er die Kündigung nicht hinnehmen wird. Freilich kann der Kündigungsschutzantrag nicht im Rahmen des Verfahrens des einstweiligen Rechtsschutzes gestellt werden. Der Antrag muss dementsprechend im Rahmens eines gesonderten Erkenntnisverfahrens bis zum Schluss der mündlichen Verhandlung im Verfügungsverfahren bzw. – wenn eine solche nicht anberaumt wird – bis zur Zustellung des Beschlusses im Verfügungsverfahren anhängig gemacht werden (*Bader/Bram-Ahrendt* Rn 32).

Hat der Arbeitnehmer die Rechtswirksamkeit der Kündigung gegenüber dem Arbeitgeber lediglich 25
in Zweifel gezogen und hat **nur der Arbeitgeber Feststellungsklage** erhoben, dass das Arbeitsverhältnis durch die Kündigung aufgelöst ist, ist § 6 S. 1 KSchG nicht anwendbar. Es muss eine Klage oder wenigstens eine Anrufung des Gerichts durch den **Arbeitnehmer** vorliegen. Die Vorschrift verlangt ein aktives gerichtliches Handeln des Arbeitnehmers (*LAG Hannover* 24.7.1952 AP 1954 Nr. 10 zu § 6 KSchG aF). Der Hinweis auf die Sozialwidrigkeit reicht nicht aus. Der Arbeitnehmer muss fristgerecht Feststellungswiderklage erheben. Bloßes Bestreiten der Rechtmäßigkeit der Kündigung außerhalb des Prozesses genügt ebenfalls nicht.

Nach der Rspr. des BAG wahrt nach § 6 KSchG analog auch eine Änderungsschutzklage die Kla- 26
gefrist des § 4 Satz 1 KSchG für eine Folgekündigung, die das Arbeitsverhältnis vor dem oder bis einschließlich zu dem Termin der ersten Kündigung auflösen soll, jedenfalls dann, wenn die Unwirksamkeit der Folgekündigung noch vor Schluss der mündlichen Verhandlung erster Instanz ausdrücklich geltend gemacht und mit einem Antrag nach § 4 Satz 1 KSchG erfasst wird (*BAG* 24.5.2018 – 2 AZR 67/18 Rn 30). Nimmt ein Arbeitnehmer eine ihm zugegangene Änderungskündigung rechtzeitig unter dem Vorbehalt des § 2 KSchG an, erhebt trotzdem aber zunächst nur eine Beendigungsschutzklage iSd. § 4 S. 1 KSchG, so tritt trotzdem nicht die Rechtsfolge des § 7 KSchG ein. Zur Vermeidung der Rechtsfolgen des § 7 KSchG ist es ausreichend, dass innerhalb von drei Wochen nach Zugang der Änderungskündigung eine Kündigungsschutzklage zu erheben und den Klageantrag im Termin zur mündlichen Verhandlung vor dem Arbeitsgericht auf einen Antrag nach § 4 S. 2 KSchG umzustellen (*BAG* 21.5.2019 – 2 AZR 26/19 Rn 17). Einer analogen Anwendung von § 6 KSchG bedarf es insofern nicht (GA-*Roloff* Rn 31).

Die Umstellung auf die richtige Antragsformulierung gem. § 4 Satz 2 KSchG kann daher auch noch im Berufungsverfahren erfolgen (*BAG* 21.5.2019 – 2 AZR 26/19 Rn 25). Die Vorschrift ist aber dann anwendbar, wenn innerhalb von drei Wochen nach Zugang der Änderungskündigung **Änderungsschutzklage** erhoben wird, auch wenn das Angebot (verspätet) abgelehnt wird, und der Arbeitnehmer in diesem Verfahren bis zum Schluss der mündlichen Verhandlung erster Instanz die Unwirksamkeit der Änderungskündigung als Beendigungskündigung geltend macht (*BAG* 23.3.1983 EzA § 6 KSchG Nr. 1; 28.3.1985 EzA § 767 ZPO Nr. 1; 17.5.2001 EzA § 620 BGB Kündigung Nr. 3; **aA** *Loritz* Anm. SAE 1984, 130 ff.; *Bickel* Anm. AP Nr. 1 zu § 6 KSchG 1969 Nr. 1). Dem Arbeitgeber ist aufgrund der erhobenen Änderungskündigungsschutzklage bekannt, dass der Arbeitnehmer mit der Änderungskündigung nicht einverstanden ist. Das gilt nicht, wenn der Arbeitnehmer das Angebot unter Vorbehalt angenommen hatte: Er kann die Annahmeerklärung nicht mehr wirksam zurücknehmen und von der Änderungsschutzklage zur Beendigungsschutzklage übergehen (*ArbG Elmshorn* 20.8.1986 NZA 1987, 130).

IV. Zusätzlicher Klageantrag

Soweit die analoge Anwendung des § 6 KSchG gegeben ist, muss ein **Antrag nach § 4 S. 1 KSchG** 27
gestellt werden. Es liegt nicht mehr nur eine Erweiterung der Begründung der Unwirksamkeit der Kündigung vor (*BAG* 26.9.2013 EzA § 4 nF KSchG Nr. 93; 30.11.1961 AP Nr. 3 zu § 5 KSchG 1951; *v. Hoyningen-Huene/Linck* Rn 11; *Bader/Bram-Ahrendt* Rn 27.). Gleiches gilt im Rahmen einer Befristungskontrollklage; hier muss der einschlägige Befristungskontrollantrag gestellt werden (*BAG* 15.5.2012 EzA § 6 KSchG Nr. 5).

E. Hinweispflicht nach Satz 2

I. Inhalt der Hinweispflicht

Nach § 6 S. 2 KSchG soll das Gericht den Arbeitnehmer auf die Möglichkeit **hinweisen, dass** 28
er auch außerhalb der Klagefrist weitere Unwirksamkeitsgründe geltend machen kann. Dieses »soll« ist als »muss« zu lesen (*Bader* NZA 2004, 65, 69; *Gravenhorst* Anm. zu *BAG* 8.11.2007 EzA § 4 nF KSchG Nr. 81; *LAG Hmb.* 6.10.2011 – 8 Sa 52/10, AuR 2012, 43). Das gilt auch, wenn der Arbeitnehmer anwaltlich oder gewerkschaftlich vertreten ist (*BAG* 21.3.2018 – 7 AZR 408/16

Rn 33; *BAG* 18.1.2012 – 6 AZR 407/10 Rn 23, EzA § 6 KSchG Nr. 4: jedenfalls bei einem »weder anwaltlich noch gewerkschaftlich vertretenen Arbeitnehmer«). Ebenso ist auf die Rechtsfolge der hM hinzuweisen, dass weitere Unwirksamkeitsgründe **nur** bis zum Schluss der mündlichen Verhandlung geltend gemacht werden können (MünchArbR-*Rachor* § 130 Rn 85; aA wohl *BAG* 18.1.2012 – 6 AZR 407/10 Rn 27: mit dem Hinweis, dass »nur« bis zum Schluss der mündlichen Verhandlung weitere Unwirksamkeitsgründe geltend gemacht werden könnten, sei das Gericht über die Hinweispflicht hinausgegangen). *Bader* (NZA 2004, 65, 69) empfiehlt, dass die Arbeitsgerichte ein entsprechendes Formular entwickeln und dieses dem Kläger im Gütetermin aushändigen oder mit dem Protokoll über die Gütesitzung zusenden. Gedacht werden kann auch daran, einen entsprechenden Hinweis bereits mit der Ladung zur Gütesitzung zu verbinden (dagegen *Bender/Schmidt* NZA 2004, 358, 365). Wenn der Hinweis des Gerichts nicht rechtzeitig vor der mündlichen Verhandlung erfolgen kann, ist der Hinweis in der mündlichen Verhandlung zu erteilen und hinreichend Gelegenheit »zu einer Erweiterung des Sachvortrags« (*BAG* 18.1.2012 – 6 AZR 407/10 Rn 23, EzA § 6 KSchG Nr. 4) zugeben, wobei der **Hinweis** des Gerichts **in das Protokoll**, jedenfalls in die Entscheidungsgründe aufzunehmen ist (*Stähler* jurisPR-ArbR 15/2010 Anm. 3), auch wenn § 6 KSchG keine den S. 2 und 3 des § 139 Abs. 4 ZPO entsprechende Regelung enthält. Nach § 17 S. 2 TzBfG gilt § 6 KSchG entsprechend. Der Hinweis ist daher **bei Befristungskontrollklagen inhaltlich anzupassen** (vgl. *BAG* 21.8.2019 – 7 AZR 563/17 Rn 55). In diesem Fall soll das Arbeitsgericht den Arbeitnehmer darauf hinweisen, dass er sich nach § 17 Satz 2 TzBfG, § 6 Satz 1 KSchG (nur) bis zum Schluss der mündlichen Verhandlung erster Instanz zur Begründung der Unwirksamkeit der Befristung auch auf innerhalb der Klagefrist nicht geltend gemachte Gründe berufen kann (vgl. KR-*Bader/Kreutzberg-Kowalczyk* § 17 TzBfG Rdn 55).

29   Die Hinweispflicht umfasst indes nicht alle denkbaren Unwirksamkeitsgründe, sondern ist bezogen auf den bisherigen Sachvortrag der Parteien zu sehen (*BAG* 8.11.2007 EzA § 4 nF KSchG Nr. 81, Rn 21; *Eylert* NZA 2012, 9, 11; ErfK-*Kiel* Rn 6; *LAG Köln* 1.8.2008 – 4 Sa 590/08). »Bei Anhaltspunkten« für eine fehlerhafte Betriebsratsanhörung hat das ArbG auf die Möglichkeit der Unwirksamkeit der Kündigung nach § 102 Abs. 1 S. 3 BetrVG hinzuweisen (*Griebeling* NZA 2007, 540, 544). Entsprechendes gilt für den arbeitsvertraglichen oder tarifvertraglichen Ausschluss der ordentlichen Kündigung (*BAG* 8.11.2007 EzA § 4 nF KSchG Nr. 81), etwa auch der Ausschluss der ordentlichen Kündbarkeit durch einzelarbeitsvertragliche Bezugnahme von Arbeitsbedingungen der katholischen Kirche (kirchliche Arbeits- und Vergütungsordnung, KAVO; *LAG RhPf* 10.2.2011 – 2 Sa 557/10). Allerdings ist der Wertung (*BAG* 8.11.2007 EzA § 4 nF KSchG Nr. 81) aus der Feststellung des ArbG, der Kläger habe andere Unwirksamkeitsgründe erstinstanzlich nicht geltend gemacht, ergebe sich ein ausreichender Hinweis iSd § 6 S. 2 KSchG, nicht zu folgen. Dadurch wird nicht deutlich, welcher Hinweis in der ersten Instanz erfolgt ist (*Gravenhorst* Anm. EzA § 4 KSchG nF Nr. 81; *Ziemann* jurisPR-ArbR 30/2008 Anm. 1). Weniger weitgehend beurteilt das **Bundesarbeitsgericht** die Hinweispflicht. Das ArbG ist lediglich gehalten, den **Arbeitnehmer auf die nach Satz 1 gegebene Möglichkeit – »hierauf« – hinzuweisen**, nicht aber auf konkrete Unwirksamkeitsgründe (*BAG* 18.1.2012- 6 AZR 407/10 Rn 25, EzA § 6 KSchG Nr. 4 mwN.). Das soll auch dann gelten, wenn im weiteren Verlauf des erstinstanzlichen Verfahrens deutlich wird, dass Unwirksamkeitsgründe in Betracht kommen, auf die sich der Arbeitnehmer bisher nicht berufen hat. Allerdings kann sich im Verlauf des erstinstanzlichen Verfahrens eine **Hinweispflicht aus § 139 ZPO** ergeben, wenn etwa nicht deutlich geworden sei, ob sich der Arbeitnehmer auf einen bestimmten Unwirksamkeitsgrund berufen wollte (AR-*Lukas* Rn 17). Außerdem sind Unwirksamkeitsgründe, die sich aus dem Vortrag einer der Parteien ergeben, von Amts wegen zu berücksichtigen (iura novit curia, vgl. *BAG* 18.1.2012- 6 AZR 407/10 Rn 26, EzA § 6 KSchG Nr. 4). Die Hinweispflicht entfällt, wenn durch einen detaillierten Auflagenbeschluss des ArbG und des daraufhin erfolgenden Vortrags ein möglicher Unwirksamkeitsgrund in den Rechtsstreit eingeführt worden war, mag das auch von der Arbeitgeberseite erfolgt sein (*LAG MV* 21.4.2009 – 5 Sa 268/08). Die einfache prozessleitende Anordnung nach § 61a Abs. 4 ArbGG, auf die zu erwartende Klageerwiderung binnen bestimmter Frist abschließend weiter vorzutragen, erfüllte die Hinweispflicht des Gerichts nicht (*BAG* 25.10.2012 – 2 AZR 845/11 Rn 36, EzA § 125 BGB 2002 Nr. 3).

Entsprechend ist es nach § 6 S. 2 KSchG geboten, einen Kläger über den notwendigen Feststellungsantrag **aufzuklären**, wenn er zuvor fristgerecht einen auf der Unwirksamkeit der Kündigung beruhenden **Leistungsantrag**, aber eben noch nicht den Feststellungsantrag gestellt hat (*LAG Frankf.* 8.12.1972 ARSt 1974 Nr. 60). Das BAG leitet diese Pflicht aus § 139 ZPO ab (*BAG* 24.5.2018 – 2 AZR 67/18 Rn 34, NZA 2018, 1127). 30

II. Folgen eines Verstoßes

Unterlässt es das ArbG den Arbeitnehmern trotz Vorliegens der Voraussetzungen des § 6 S. 1 KSchG auf die Möglichkeit hinzuweisen, dass die Unwirksamkeit der Kündigung auch auf weitere Unwirksamkeitsgründe gestützt werden kann oder – bei anderen Klagearten – auch der Antrag auf Feststellung der Unwirksamkeit der Kündigung gestellt werden kann, so liegt nach allg. Ansicht ein **Verfahrensmangel** vor (vgl. BAG 25.10.2012- 2 AZR 845/11 Rn 35, EzA § 125 BGB 2002 Nr. 3; HaKo-KSchR/*Gallner* Rn 31 mwN). Nach § 68 ArbGG ist die Zurückverweisung durch das Landesarbeitsgerichts wegen eines Mangels im Verfahren des Arbeitsgerichts unzulässig. 31

Als **Rechtsfolge** hatte das BAG zu § 6 KSchG aF früher angenommen (*BAG* 30.11.1961 AP Nr. 3 zu § 5 KSchG 1951), dass bei einer Entgeltklage, die Ansprüche nach der angeblich unwirksamen Kündigung betrifft, der Feststellungsantrag nach § 4 S. 1 KSchG in der Berufungsinstanz nicht mehr gestellt werden könne und hat eine **Zurückverweisung** der Sache vom LAG **an das ArbG** für möglich erachtet. Der Zweck des § 68 ArbGG – Beschleunigung des Verfahrens – treffe nicht zu, wenn der Fehler in der Berufungsinstanz nicht mehr behoben werden könne (ebenso *LAG Düsseld.* 25.3.1980 DB 1980, 2528; *LAG Frankf.* 31.7.1986 LAGE § 130 BGB Nr. 5; *LAG Köln* 8.3.1988 LAGE § 6 KSchG Nr. 1; offen gelassen in *BAG* 12.5.2005 EzA § 4 KSchG nF Nr. 70. 32

Die Neufassung des § 6 KSchG rechtfertigt die Zurückverweisung des Rechtsstreits an die erste Instanz nicht mehr. § 6 KSchG regelt seinem Wortlaut nach nur noch das Nachschieben weiterer Unwirksamkeitsgründe in einem Rechtsstreit, der einen Feststellungsantrag iSd § 4 S. 1 KSchG zum Gegenstand hat. Auch wenn hier die Anwendung des § 6 KSchG auf weitere Fallgestaltungen (Rdn 18 ff.) möglich ist, ändert das nichts daran, dass § 6 KSchG lediglich den Versuch darstellt, den bisherigen Wortlaut an den neugefassten § 4 KSchG anzupassen (BT-Drucks. 15/1204 S. 13; dazu *Bader* NZA 2004, 65, 68). Dann erscheint es als gerechtfertigt, dass der unterbliebene Hinweis nach § 6 S. 2 KSchG als Mangel des erstinstanzlichen Verfahrens dazu führt, dass der Unwirksamkeitsgrund auch nach dem Ende der letzten mündlichen Verhandlung erster Instanz geltend gemacht werden kann und **ergänzendes Vorbringen auch noch in der zweiten Instanz möglich ist** (*BAG* 21.8.2019 – 7 AZR 563/17 Rn 52; 20.8.2014 – 7 AZR 924/12 Rn 21 mwN, EzA § 286 ZPO 2002 Nr. 3; 25.10.2012- 2 AZR 845/11 Rn 35, EzA § 125 BGB 2002 Nr. 3; 4.5.2011 EzA § 6 KSchG Nr. 3; 27.7.2011 EzA § 17 TzBfG Nr. 14; bereits angedeutet in *BAG* 8.11.2007 EzA § 4 KSchG nF Nr. 81 Rn 21: für die Befugnis des LAG zu einer eigenen Entscheidung »mag ... einiges sprechen«; HaKo-KSchR/*Gallner* Rn 31; *Bayreuther* ZfA 2005, 391, 395, GA-*Roloff* Rn 47; aA APS-*Hesse* Rn 28). Der Ausschluss neuen Vortrags in zweiter Instanz trotz einer Verletzung der Hinweispflicht wäre mit dem Anspruch auf rechtliches Gehör idS nicht zu vereinbaren (vgl. zum Verhältnis von § 6 und Art. 103 Abs. 1 GG *BAG* 18.1.2012- 6 AZR 407/10 Rn 18 ff., EzA § 6 KSchG Nr. 4; MünchArbR-*Rachor* § 130 Rn 85). Nach §§ 520 Abs. 3 S. 2 Nr. 4, 531 Abs. 2 Nr. 2 ZPO iVm § 64 Abs. 6 S. 1 ArbGG ist die Rüge des unterlassenen Hinweises nach § 6 S. 2 KSchG (zu den Anforderungen *BAG* 17.1.2007 EzA § 14 TzBfG Nr. 37) und das Nachholen des deswegen unterbliebenen Nachschiebens weiterer Unwirksamkeitsgründe zulässig (*Bader* NZA 2004, 65, 69). 33

III. Nachträgliche Zulassung einer Kündigungsschutzklage

Bei unterbliebenem Hinweis nach § 6 S. 2 KSchG und nachfolgender Klagerücknahme kann die erneut eingelegte – verspätete – (Kündigungsschutz-)Klage gem. § 5 KSchG nachträglich zuzulassen sein (*Korinth* ArbRB 2009, 59; HaKo-KSchR/*Gallner* Rn 33). 34

§ 7 KSchG Wirksamwerden der Kündigung

Wird die Rechtsunwirksamkeit einer Kündigung nicht rechtzeitig geltend gemacht (§ 4 Satz 1, §§ 5 und 6), so gilt die Kündigung als von Anfang an rechtswirksam; ein vom Arbeitnehmer nach § 2 erklärter Vorbehalt erlischt.

Übersicht

	Rdn		Rdn
A. Einleitung	1	IV. Die außerordentliche Kündigung	26
B. Rückwirkende Heilung der Unwirksamkeit bei nicht rechtzeitiger Klageerhebung	8	V. Die Reichweite der Fiktion	29
		C. Unwirksamkeit der Kündigung aus nicht an die Geltendmachung nach § 4 S. 1 KSchG gebundenen Gründen	31
I. Auswirkung auf die unwirksame Kündigung	8	I. Form der Geltendmachung	32
II. Rechtzeitige Klageerhebung	12	II. Frist zur Geltendmachung	36
III. Die Änderungskündigung	17		

A. Einleitung

1 § 7 1. Hs. KSchG war als § 6 Bestandteil der ursprünglichen Fassung des KSchG. Die Vorschrift ging zurück auf § 6 des Regierungsentwurfs v. 23.1.1951, der mit gewissen sprachlichen Änderungen Gesetz wurde (abgedr. RdA 1951, 58 ff.). Mit der gesetzlichen Regelung der Änderungskündigung in § 2 KSchG durch das Erste Arbeitsrechtsbereinigungsgesetz wurde neben der Änderung der Paragraphenzahl eine entsprechende Ergänzung des – jetzt – § 7 KSchG bzgl. des Erlöschens des nach § 2 KSchG erklärten Vorbehalts erforderlich (s. § 7 2. Hs. KSchG).

2 Gem. § 1 KSchG ist die sozialwidrige Kündigung **von Anfang an unwirksam**. Das KSchG weicht insofern ab von der Regelung des BRG 1920 und des AOG, wonach die sozialwidrige Kündigung grds. rechtswirksam, aber angreifbar war (vgl. KR-*Klose* § 4 KSchG Rdn 1 f.). Will der Arbeitnehmer die Unwirksamkeit geltend machen, muss er dies allerdings in der Form und Frist des § 4 KSchG tun. § 4 KSchG enthält keine Regelung darüber, was aus der unwirksamen Kündigung wird, wenn der Arbeitnehmer keine ordnungsgemäße Klage erhebt. Hier greift § 7 KSchG ein, indem er die **rückwirkende Heilung** der Kündigung anordnet. Die Vorschrift ist also nur aus dem Zusammenhang der §§ 4, 5 und 6 KSchG zu verstehen.

3 Diese Rechtsfolge könnte zumindest indirekt auch § 4 KSchG entnommen werden. Kann der Arbeitnehmer die Unwirksamkeit der Kündigung nicht mehr geltend machen, ist die logische Konsequenz, dass es bei der Kündigung bleibt (GA-*Roloff* Rn 5). § 7 KSchG bestätigt diesen Sachverhalt. Er räumt zugleich alle Zweifel darüber aus, ob die Kündigung erst nach Ablauf der Dreiwochenfrist ex nunc oder rückwirkend wirksam wird. In dieser klarstellenden Funktion liegt die eigentliche Bedeutung des § 7 KSchG (vgl. auch *Hohmeister* ZRP 1994, 141).

4 § 7 KSchG ist in Anpassung an den geänderten § 4 KSchG durch das Arbeitsmarktreformgesetz v. 24.12.2003 (BGBl. I S. 3002), in Kraft seit 1.1.2004, neu gefasst worden. Gem. § 4 S. 1 KSchG nF müssen **nunmehr alle Unwirksamkeitsgründe** – nicht mehr nur die Sozialwidrigkeit – **innerhalb der Dreiwochenfrist mittels einer Kündigungsschutzklage geltend gemacht werden** (s. dazu iE KR-*Klose* § 4 KSchG Rdn 10). Das gilt gem. § 13 Abs. 1 S. 2, § 4 KSchG auch für die Geltendmachung der Unwirksamkeit einer außerordentlichen Kündigung innerhalb der Wartezeit (*BAG* 28.6.2007 – 6 AZR 873/06 Rn 11, EzA § 4 nF KSchG Nr. 77 unter Aufgabe der früheren Rspr.). Damit wurde einer schon seit längerem verbreitet erhobenen Forderung nachgekommen, für den Arbeitgeber (vgl. *BAG* 10.12.2020 – 2 AZR 308/20 Rn 15; 21.9.2017 – 2 AZR 57/17 Rn 19, NZA 2017, 1524) eine möglichst rasche Klärung der generellen Wirksamkeit einer Kündigung herbeizuführen. Dem hatte der Gesetzgeber zuvor schon Rechnung getragen für Kündigungen durch den Insolvenzverwalter (§ 113 Abs. 2 InsO aF) und für die Geltendmachung der Unwirksamkeit einer Befristung (§ 17 TzBfG, s. dazu KR-*Bader/Kreutzberg-Kowalczyk* § 17 TzBfG Rdn 2 f.). § 7 KSchG ist konsequent der Neuregelung angeglichen worden, indem er nunmehr bestimmt, dass

bei nicht rechtzeitiger Geltendmachung der Rechtsunwirksamkeit der Kündigung diese als von Anfang an wirksam gilt. Damit sind eine Reihe von Problemstellungen entfallen, die sich früher aus der Möglichkeit ergaben, auch nach Ablauf der Dreiwochenfrist noch Klage auf Feststellung der aus anderen Gründen als Sozialwidrigkeit abgeleiteten Unwirksamkeit einer Kündigung zu erheben (zB fehlende Anhörung des Betriebsrats).

Es bleiben allerdings auch nach der Neuregelung **einige Fallgestaltungen**, die eine von der Erhebung der fristgebundenen Klage nach § 4 KSchG **unabhängige Geltendmachung** der Unwirksamkeit einer Kündigung zulassen (s. zum Ganzen *Ulrici* FS von Hoyningen-Huene S. 501 ff., vgl. i.E. unten Rdn 31 ff.). Das betrifft vor allem den Unwirksamkeitsgrund der **fehlenden Schriftform gem. § 623 BGB**. Die Dreiwochenfrist gem. § 4 S. 1 KSchG läuft nämlich erst ab Zugang der schriftlichen Kündigung (s. dazu KR-*Klose* § 4 KSchG Rdn 21). Entsprechendes gilt nach § 4 S. 4 KSchG, wonach bei einer von der **Zustimmung einer Behörde** abhängigen Kündigung die Dreiwochenfrist grds. erst ab Bekanntgabe der Entscheidung der Behörde an den Arbeitnehmer anläuft (*BAG* 13.2.2008 DB 2008, 1920; 19.2.2009 EzA § 4 KSchG nF Nr. 88; 9.2.2011 EzA § 17 TzBfG Nr. 11; vgl. dazu KR-*Klose* § 4 KSchG Rdn 262 ff.; s.a. *Rost* FS Etzel S. 329, 347). Auch die **Einhaltung der Kündigungsfrist** kann außerhalb des Verfahrens nach § 4 KSchG geltend gemacht werden, zumindest sofern die Kündigung als fristgemäße ausgelegt werden kann (s. KR-*Klose* § 4 KSchG Rdn 24 f.). Eine weitere Ausnahme gilt für die Kündigung durch einen **vollmachtlosen Vertreter**. Die Klagefrist findet nur auf eine dem Arbeitgeber zurechenbare Kündigung Anwendung. Kündigt ein vollmachtloser Vertreter oder ein Nichtberechtigter oder ein Nichtberechtigter im eigenen Namen das Arbeitsverhältnis des Arbeitnehmers, liegt keine Kündigung des Arbeitgebers iSv § 4 S. 1 KSchG vor. Die Kündigung ist dem Arbeitgeber erst durch eine (nachträglich erteilte) Genehmigung zurechenbar, die Klagefrist kann deshalb frühestens mit Zugang der Genehmigung zu laufen beginnen (*BAG* 6.9.2012 EzA § 4 KSchG Nr. 91; zum Ganzen s. KR-*Klose* § 4 KSchG Rdn 26 f.).

Zu den nach der Rspr. (zur Kritik vgl. KR-*Klose* § 6 KSchG Rdn 7) innerhalb der Fristen der §§ 4, 6 KSchG geltend zu machenden Unwirksamkeitsgründen gehört auch der Ausschluss **der ordentlichen Kündbarkeit** (*BAG* 8.11.2007 EzA § 4 nF KSchG Nr. 81); die erstmalige Geltendmachung in der Revisionsinstanz ist in jedem Fall verspätet. Gleiches gilt für das Kündigungsverbot gem. § 15 Abs. 3 TzBfG (*BAG* 22.7.2010 EzA § 4 KSchG nF Nr. 89). Auch der Verstoß gegen das Verfahren bei der **Konsultations- und die Anzeigepflicht bei Massenentlassungen** führt zur Unwirksamkeit der Kündigung (*BAG* 20.1.2016 EzA § 17 KSchG Nr. 35 Rn 16 mwN; noch offen gelassen in *BAG* 23.3.2006 EzA § 17 KSchG Nr. 16; iE s. KR-*Weigand/Heinkel* § 17 KSchG Rdn 180 ff.). Unionsrecht steht dem nicht entgegen. Das individuelle Klagerecht der Arbeitnehmer kann hinsichtlich möglicher Rügen beschränkt werden (vgl. *EuGH* 16.7.2009 EzA EG-Vertrag 1999 Richtlinie 98/59 Nr. 2; *Forst* NZA 2010, 144, 146; *Reinhard* RdA 2007, 207, 215; *Weber* EuZA 2010, 235, 238).

Die Klagefrist gem. §§ 4, 7 KSchG nF erfasste auch Kündigungen, die vor dem 1.1.2004 zugegangen waren, aber erst im Jahr 2004 gerichtlich angegriffen wurden. Die Klagefrist begann mit In-Kraft-Treten der Neufassung des Kündigungsschutzgesetzes am 1.1.2004 und lief am 21.1.2004 ab. (s. *BAG* 9.2.2006 EzA § 4 nF KSchG Nr. 73).

B. Rückwirkende Heilung der Unwirksamkeit bei nicht rechtzeitiger Klageerhebung

I. Auswirkung auf die unwirksame Kündigung

Auch die bei objektiver Betrachtung rechtswidrige Kündigung gilt von Anfang an als rechtswirksam, wenn die Rechtsunwirksamkeit nicht rechtzeitig geltend gemacht wird. § 7 1. Hs. KSchG ordnet die rückwirkende Heilung der Unwirksamkeit zum Zeitpunkt des Zugangs der Kündigung an. Die Arbeitsvertragspartner werden so gestellt, als ob eine von vornherein sozial gerechtfertigte Kündigung ausgesprochen worden ist. Insoweit ist es gerechtfertigt, die Unwirksamkeit der Kündigung gem. § 1 KSchG als **schwebende Unwirksamkeit** anzusehen (vgl. schon *Auffarth/Müller* § 6 Rn 1 und § 1 Rn 18 und 164). Dies ist zu verstehen iSe aufschiebend bedingten Wirksamkeit und nicht einer aufschiebend bedingten Unwirksamkeit, wie sie in der Diskussion über die Kündigungsschutzklage als Gestaltungsklage erwogen worden ist (s. iE KR-*Klose* § 4 KSchG Rdn 37; vgl. etwa *Bötticher* BB 1981, 1954; krit. dazu *Künzl* DB 1986, 1281; vgl. auch *Coen* DB 1984, 2459; *Colneric* AuR 1984, 105). Der unterlassenen Klageerhebung wird die Wirkung einer rückwirkenden Genehmigung der Kündigung beigelegt (vgl. § 184 BGB). Im Ergebnis unterscheidet sich dieser vom KSchG gewählte Weg nicht wesentlich von der nach dem BRG 1920 bzw. dem AOG dem Arbeitnehmer eingeräumten Möglichkeit, die zunächst wirksame Kündigung nachträglich rückwirkend anzugreifen. Hier wie dort muss der Arbeitnehmer gerichtlich vorgehen, soll es nicht letztlich bei der Kündigung verbleiben.

9 Die Heilung bezieht sich grds. auf alle Mängel, die Kündigung gilt von Anfang an als rechtswirksam – nicht mehr nur sozial gerechtfertigt – (s. iE Rdn 4 ff. – dort auch Ausnahmen). Wegen des umfassenden Streitgegenstandes der Kündigungsschutzklage – Beendigung des Arbeitsverhältnisses durch die konkrete Kündigung zum konkret vorgesehenen Beendigungszeitpunkt (s. KR-*Klose* § 4 KSchG Rdn 289) müssen allerdings auch die verbliebenen nicht fristgebundenen sonstigen Unwirksamkeitsgründe (s. Rdn 5) im Rahmen einer auch auf fristgebundene Gründe gestützten Klage geltend gemacht werden. § 113 Abs. 2 InsO aF, der schon bisher eine umfassende Geltendmachung aller Unwirksamkeitsgründe vorsah, ist mit der Neuregelung der §§ 4, 7 KSchG obsolet geworden und konsequent aufgehoben worden. Die sich aus der früheren Fassung von § 113 Abs. 2 InsO ergebende Kontroverse, ob § 7 KSchG bei Kündigungen durch den Insolvenzverwalter überhaupt zur Anwendung komme, ist damit überholt (im Ergebnis zu bejahen, s. KR 6. Aufl. Rn 5a–5d).

10 **Entsprechendes gilt auch für die Geltendmachung der Unwirksamkeit einer Befristung**. Nach § 17 S. 1 u. S. 2 TzBfG, der zum 1.1.2001 die wortgleiche Regelung des § 1 Abs. 5 BeschFG abgelöst hat, kann die Unwirksamkeit der Befristung eines Arbeitsvertrages nur mit einer spätestens innerhalb von drei Wochen nach dem vereinbarten Ende des Arbeitsverhältnisses erhobenen Feststellungsklage geltend gemacht werden (vgl. dazu iE KR-*Bader/Kreutzberg-Kowalczyk* § 17 TzBfG Rdn 56). Auch diese Klage ist der Kündigungsschutzklage des § 4 KSchG nachgebildet.

11 Sind keine der ausnahmsweise nicht fristgebundenen (s. Rdn 5) Unwirksamkeitsgründe gegeben, bleibt es bei der wirksamen Beendigung des Arbeitsverhältnisses zu dem vorgesehenen Zeitpunkt. Liegt das tatsächliche Ende der Beschäftigung bei längeren Kündigungsfristen nach Ablauf der Dreiwochenfrist des § 4 KSchG, ist der Arbeitnehmer ordnungsgemäß bis dahin weiterzubeschäftigen und zu entlohnen. War er bereits vorher entlassen, bestehen Ansprüche auf Zahlung von Arbeitsentgelt über den Zeitpunkt des Ablaufs der Kündigungsfrist hinaus nicht. Zwar steht dem vor Ablauf der Dreiwochenfrist entlassenen Arbeitnehmer ggf. zunächst ein Anspruch aus § 615 BGB auf Lohnzahlung zu. Dieser Anspruch entfällt jedoch in dem Augenblick, in dem die Kündigung nachträglich als von Anfang an wirksam angesehen wird. Hatte der Arbeitgeber bereits Zahlungen nach § 615 BGB geleistet, ist der Arbeitnehmer ungerechtfertigt bereichert und zur Herausgabe des Erlangten verpflichtet (§ 812 Abs. 1 S. 1 BGB).

II. Rechtzeitige Klageerhebung

12 Ob die Rechtsunwirksamkeit der Kündigung **rechtzeitig geltend gemacht** wird, ergibt sich aus § 4 KSchG. Der Kläger muss innerhalb von drei Wochen nach Zugang der Kündigung Feststellungsklage zum ArbG erheben (vgl. iE KR-*Klose* § 4 KSchG Rdn 139 ff.). Die materielle Wirksamkeitsfiktion des § 7 Halbs. 1 KSchG wird nach dem Wortlaut der Vorschrift vermieden, wenn die Rechtsunwirksamkeit der Kündigung rechtzeitig geltend gemacht wird. Das ist nach § 4 Satz 1 KSchG der Fall, wenn der Arbeitnehmer innerhalb von drei Wochen nach Zugang der schriftlichen Kündigung Klage auf Feststellung erhebt, dass das Arbeitsverhältnis durch die Kündigung nicht aufgelöst ist. Hat der Arbeitnehmer mit diesem Begehren fristgerecht ein Gericht »angerufen« (vgl. die amtliche Überschrift zu § 4 KSchG), ist dem Zweck von § 4 Satz 1 KSchG genügt, dem Arbeitgeber alsbald Klarheit darüber zu verschaffen, ob der Arbeitnehmer die Kündigung hinnimmt oder nicht. Das »Recht« des Arbeitnehmers, die Unwirksamkeit der Kündigung geltend zu machen, kann dann grundsätzlich nicht mehr nach der spezialgesetzlichen Konkretisierung des

Verwirkungstatbestands in § 4 Satz 1, § 7 Halbs. 1 KSchG (vgl. *BAG* 25.11.2010 – 2 AZR 323/09 – Rn 33), sondern nur noch aus anderen Gründen »verloren« gehen (*BAG* 10.12.2020 – 2 AZR 308/20 Rn 15). Neben der Kündigungsschutzklage kann die allgemeine Feststellungsklage erhoben werden und gewinnt Bedeutung im Hinblick auf nach Ausspruch der ersten Kündigung erfolgende weitere Kündigungen oder sonstige Beendigungstatbestände. Der allgemeine Feststellungsantrag ermöglicht die Berufung auf die Unwirksamkeit der weiteren Kündigungen auch noch nach Ablauf der Dreiwochenfrist, und zwar jedenfalls bis zum Schluss der mündlichen Verhandlung erster Instanz (iE s. KR-*Klose* § 4 KSchG Rdn 305 ff.; s. *BAG* 13.3.1997 EzA § 4 KSchG nF Nr. 57; 12.5.2005 EzA § 4 KSchG n. F. Nr. 70; *Bitter* DB 1997, 1407; *Wenzel* DB 1997, 1869; vgl. auch *Boewer* NZA 1997, 359, 364; ob auch bis zum Schluss der Berufungsverhandlung offen gelassen durch BAG 26.9.2013 EzA § 4 nF KSchG Nr. 93, Rn 34).

Rechtzeitig geltend gemacht ist die Unwirksamkeit der Kündigung auch dann, wenn die Voraussetzungen der **verlängerten Anrufungsfrist des § 6 KSchG** vorliegen (s. dazu etwa *BAG* 8.11.2007 EzA § 4 nF KSchG Nr. 81 für den Unwirksamkeitsgrund »Ausschluss der ordentlichen Kündigung«). Auch dieser ist durch das Arbeitsmarktreformgesetz den §§ 4, 7 KSchG angepasst worden, indem er sich nunmehr auf alle Unwirksamkeitsgründe bezieht. Danach kann der Arbeitnehmer sich auf die Unwirksamkeit der Kündigung auch aus anderen als innerhalb der Dreiwochenfrist geltend gemachten Gründen noch bis zum Schluss der mündlichen Verhandlung erster Instanz berufen, wenn er innerhalb von drei Wochen im Klagewege geltend gemacht hat, dass eine rechtswirksame Kündigung nicht vorliege. Nach st. Rspr. des BAG ist § 6 KSchG entsprechend anzuwenden, wenn der Arbeitnehmer fristgemäß mit einer Leistungsklage Ansprüche geltend gemacht hat, deren Bestehen voraussetzt, dass die Kündigung unwirksam ist (s. KR-*Klose* § 6 KSchG Rdn 20 ff.). 13

Wird die zunächst rechtzeitig erhobene **Klage** nach Ablauf der Dreiwochenfrist **zurückgenommen** oder wird ihre Rücknahme nach § 54 Abs. 5 S. 4 ArbGG fingiert (s. dazu auch *BAG* 25.11.2010 EzA § 242 BGB Prozessverwirkung Nr. 1), gilt sie als nicht erhoben. Da eine erneute Klage gem. § 4 KSchG nicht mehr rechtzeitig erfolgen kann, treten die Rechtswirkungen des § 7 KSchG nunmehr mit dem Zeitpunkt der Klagerücknahme ein, und zwar gleichfalls rückwirkend auf den Tag des Ausspruchs der Kündigung (ErfK-*Kiel* Rn 1; HaKo-KSchR/*Gallner* Rn 2). Der **Kündigungsschutzsenat** des *BAG* hat an dieser Folge der Klagerücknahme allerdings **Zweifel** anklingen lassen (BAG 10.12.2020 – 2 AZR 308/20 Rn 16). Ausgehend vom Wortlaut des § 7 KSchG betont das *BAG*, die materielle Wirksamkeitsfiktion des § 7 Halbs. 1 KSchG könne grundsätzlich nicht mehr eintreten, wenn der Arbeitnehmer einmal fristgerecht Kündigungsschutzklage erhoben hat (*BAG* 10.12.2020 – 2 AZR 308/20 Rn 15). Dies ist allerdings nicht geeignet, die klare Rechtsfolgenanordnung des § 269 Abs. 3 S. 1 ZPO zu beseitigen (vgl. *LKB/Linck* Rn 3). Wird die verspätet erhobene **Klage nachträglich zugelassen** gem. § 5 KSchG (zu den Einzelheiten s. Erl. zu § 5 KSchG), werden die nach Ablauf der Dreiwochenfrist zunächst eingetretenen Rechtsfolgen des § 7 KSchG wieder beseitigt. Die Heilung der Unwirksamkeit kann also ihrerseits selbst wieder aufgehoben werden (HaKo-KSchR/*Gallner* Rn 2). 14

§ 7 KSchG verweist lediglich auf § 4 S. 1 KSchG. Ein entsprechender Hinweis fehlt für **§ 4 S. 4 KSchG**. Nach § 4 S. 4 KSchG läuft die Frist zur Anrufung des ArbG bei Kündigungen, welche der Zustimmung einer Behörde bedürfen, erst von der Bekanntgabe der Entscheidung der Behörde an den Arbeitnehmer ab (s.a. Rdn 5 und KR-*Klose* § 4 KSchG Rdn 263 ff.; vgl. *BAG* 13.2.2008 DB 2008, 1920). Es kann keinem Zweifel unterliegen, dass diese Fristverlängerung auch im Rahmen des § 7 KSchG zu berücksichtigen ist. Maßgebend ist die rechtzeitige Geltendmachung der Unwirksamkeit der Kündigung. Diese ist gegeben, wenn die Klage innerhalb der Frist des § 4 S. 4 KSchG erhoben wird. Die Außerachtlassung des § 4 S. 4 KSchG ist ohne sachliche Bedeutung (ein Redaktionsversehen nehmen an APS-*Hesse* Rn 4; ErfK-*Kiel* Rn 1; *LKB/Linck* Rn 2; DDZ-*Zwanziger/Callsen* Rn 6; LSSW-*Spinner* Rn 3). 15

Die verspätet erhobene Klage ist als unbegründet abzuweisen, nicht als unzulässig (*BAG* 25.4.2018 – 2 AZR 493/17 Rn 24 mwN; vgl KR-*Klose* § 4 KSchG Rdn 192). Die Fiktion des § 7 KSchG hat die materiellrechtliche Wirkung, dass die Kündigung als sozial gerechtfertigt und auch nicht 16

III. Die Änderungskündigung

17 Auch die Unwirksamkeit einer **Änderungskündigung** muss nach Maßgabe des § 4 KSchG geltend gemacht werden. **Lehnt der Arbeitnehmer die Annahme** des mit der Kündigung verbundenen **Änderungsangebotes ab**, unterscheidet sich die Änderungskündigung in ihrer Wirkung ohnehin nicht von der Beendigungskündigung. Die Parteien streiten dann allein über die Frage der wirksamen Auflösung des Arbeitsverhältnisses. Insoweit gelten im Rahmen des § 7 KSchG keine Besonderheiten. Macht der Arbeitnehmer die Rechtsunwirksamkeit der Kündigung nicht rechtzeitig geltend, wird sie von Anfang an als wirksam angesehen. Der Arbeitnehmer scheidet mit Ablauf der Kündigungsfrist endgültig aus dem Arbeitsverhältnis aus. Ein Anspruch auf Fortbeschäftigung zu den geänderten Arbeitsbedingungen besteht nun nicht mehr (*Niemann* RdA 2016, 339, 343).

18 Hatte der Arbeitnehmer das **Änderungsangebot unter dem Vorbehalt angenommen**, dass die Änderung der Arbeitsbedingungen nicht sozial ungerechtfertigt ist (§ 2 S. 1 KSchG), streiten die Parteien nicht mehr über die Beendigung des Arbeitsverhältnisses. Fraglich ist allein, zu welchen Bedingungen das Arbeitsverhältnis fortgesetzt wird. Will der Arbeitnehmer geltend machen, dass die Änderung unwirksam ist, muss er dies in der Frist und Form des § 4 KSchG tun. Gem. § 4 S. 2 KSchG ist die Klage auf Feststellung zu richten, dass die Änderung sozial ungerechtfertigt oder aus anderen Gründen rechtsunwirksam ist (vgl. iE KR-*Kreft* § 2 KSchG Rdn 243 ff.). Ausgenommen sind auch hier die Ausnahmefälle einer nicht fristgebundenen Geltendmachung der Unwirksamkeit (s. Rdn 5). Hat der Arbeitnehmer ein mit der Kündigung verbundenes Angebot des Arbeitgebers zur Fortsetzung des Arbeitsverhältnisses zu geänderten Bedingungen unter dem Vorbehalt des § 2 KSchG angenommen, genügt es zur Vermeidung der Rechtsfolgen des § 7 KSchG, wenn er innerhalb der Klagefrist Kündigungsschutzklage nach § 4 S. 1 KSchG erhebt und den **Antrag später entsprechend § 4 S. 2 KSchG fasst** (*BAG* 21.5.2019 – 2 AZR 26/19 Rn 17).

19 Versäumt der Arbeitnehmer nach Annahme unter Vorbehalt die **fristgerechte Klageerhebung**, kann er die Unwirksamkeit der Änderung nicht mehr geltend machen. Damit kann die auflösende Bedingung, unter der die geänderten Arbeitsbedingungen angenommen worden sind, nicht mehr eintreten (vgl. KR-*Kreft* § 2 KSchG Rdn 106). Es bleibt bei den neuen Arbeitsbedingungen. Diese Rechtsfolge lässt sich zwar schon aus § 7 1. Hs. KSchG herleiten. § 7 2. Hs. KSchG, eingefügt durch das Erste Arbeitsrechtsbereinigungsgesetz, beseitigt insoweit aber alle Zweifel: Der vom Arbeitnehmer nach § 2 KSchG erklärte Vorbehalt erlischt bei nicht rechtzeitiger Geltendmachung der Unwirksamkeit der Änderung (vgl. *Niemann* RdA 2016, 339, 343 auch zu dem Fall, dass der Arbeitgeber die Kündigung unter die Bedingung der Annahme bzw. Ablehnung des Änderungsangebots stellt). Das Gleiche gilt, wenn eine Änderungsschutzklage zwar zunächst rechtzeitig erhoben, dann aber nach Ablauf der Dreiwochenfrist zurückgenommen wird. Das Arbeitsverhältnis wird auf der Grundlage neuer Arbeitsbedingungen fortgesetzt.

20 Erlischt der Vorbehalt, bleibt es bei den neuen Arbeitsbedingungen. Nachzahlungsansprüche des Arbeitnehmers scheiden regelmäßig aus. Da der Arbeitnehmer den Vorbehalt vor Ablauf der Kündigungsfrist erklärt haben muss, bedeutet dies, dass er nach Ablauf der Kündigungsfrist schon zu den neuen Bedingungen arbeitete. Bei diesen Bedingungen bleibt es nunmehr auch. Will der Arbeitnehmer sich seinerseits aus dem Arbeitsverhältnis lösen, bedarf es dazu ebenfalls einer Kündigung. Dabei hat der Arbeitnehmer regelmäßig die Kündigungsfristen einzuhalten (vgl. KR-*Kreft* § 2 KSchG Rdn 271).

21 Erhebt der Arbeitnehmer trotz Erklärung des Vorbehalts **keine fristgerechte Kündigungsschutzklage**, stellt sich die Frage, ob er **Unwirksamkeitsgründe, die nicht fristgebunden** geltend zu machen sind (s. Rdn 5), **noch geltend machen kann**. Dies wurde bisher grds. bejaht von *BAG* 28.5.1998

(EzA § 2 KSchG Nr. 29 m. Anm. *Brehm* = AP Nr. 48 zu § 2 KSchG 1969 m. Anm. *Löwisch* = SAE 2000, 69 m. Anm. *Künster/Steinberg*; s.a. DDZ-*Zwanziger* § 7 Rn 4). Hiergegen bestehen Bedenken aus der Konstruktion der Annahme unter Vorbehalt (s.a. *Berkowsky* BB 1999, 1267; ders. AuA 2000, 586; *Hufnagel* AuA 2000, 355). § 2 KSchG stellt eine Ausnahme von dem allgemeinen Grundsatz dar, dass die Annahme eines Vertragsangebotes unter Einschränkungen als Ablehnung gilt verbunden mit einem neuen Antrag, § 150 Abs. 2 BGB (s. KR-*Kreft* § 2 KSchG Rdn 104 f.). Dem Arbeitnehmer wird also ein atypisches Recht einer bedingten Annahme eines Vertragsangebotes eingeräumt. Dieses Recht unterliegt nach dem eindeutigen Wortlaut des § 7 S. 2 KSchG einer Begrenzung: Die Bedingung entfällt, wenn nicht innerhalb einer Frist von drei Wochen Kündigungsschutzklage erhoben wird. Aus der Annahme unter Vorbehalt wird dann eine unbedingte Annahme. Damit ist die Änderung **kraft Vertrages** – Angebot und jetzt unbedingte Annahme – vollzogen (vgl. schon Rdn 20). Der Arbeitnehmer steht jetzt so da, als ob er das Angebot von vorne herein endgültig ohne Vorbehalt angenommen hätte.

Dem widerspricht es, dem Arbeitnehmer trotz Ablaufs der Dreiwochenfrist und trotz unter Umständen schon vollzogener Aufnahme der geänderten Tätigkeit regelmäßig die zeitlich nur durch Verwirkung begrenzte Berufung auf andere Unwirksamkeitsgründe zuzulassen. Dem *BAG* (28.5.1998 EzA § 2 KSchG Nr. 29 unter II 3b der Gründe) kann zwar darin zugestimmt werden, dass der Arbeitnehmer idR nicht auf sein Recht verzichten will, andere Unwirksamkeitsgründe geltend zu machen. Ein Recht zur Annahme des Änderungsangebotes unter dem **Vorbehalt, dass nicht auch andere Unwirksamkeitsgründe vorliegen, ist aber außerhalb der Voraussetzungen der §§ 2, 4 und 7 KSchG nicht vorgesehen** (s.a. KR-*Kreft* § 2 KSchG Rdn 7). Es ist zwar einerseits ein Interesse des Arbeitnehmers anzuerkennen, an einer Überprüfung der allgemeinen Wirksamkeit der Kündigung unter Ausschluss des Risikos des totalen Arbeitsplatzverlustes. Andererseits muss aber auch für den Arbeitgeber absehbar sein, ob er von einer endgültigen Annahme seines Angebotes ausgehen kann. Die Annahme des Angebotes unter einem auf andere Unwirksamkeitsgründe erweiterten Vorbehalt wäre in Wirklichkeit die Ablehnung des Änderungsangebotes verbunden mit einem neuen Antrag, den der Arbeitgeber annehmen kann, aber nicht annehmen muss (so zu Recht *Löwisch* Anm. zu *BAG* 28.5.1998 AP Nr. 48 zu § 2 KSchG 1969). Lehnte er das »geänderte« Angebot ab, könnte der Arbeitnehmer dann nur noch gegen die Beendigung des Arbeitsverhältnisses Klage erheben, bei deren Abweisung es dann allerdings nicht mehr zu einer Fortsetzung des Arbeitsverhältnisses zu den geänderten Bedingungen käme (anders aber im Ergebnis *BAG* 28.5.1998 EzA § 2 KSchG Nr. 29).

Die bloße Annahme des Änderungsangebotes unter Vorbehalt konnte deshalb schon früher nicht – wie das *BAG* (EzA § 2 KSchG Nr. 29) annahm – regelmäßig dahin verstanden werden, dass der Arbeitnehmer zugleich (stillschweigend) erklärt, auf die Geltendmachung sonstiger Unwirksamkeitsgründe auch für den Fall nicht zu verzichten, dass er nicht innerhalb von drei Wochen Änderungsschutzklage erhebt. Das gilt umso mehr, als im Unterschied zur früheren Rechtslage die insoweit in Betracht kommenden Unwirksamkeitsgründe sich angesichts des umfassenden Erfordernisses der Geltendmachung aller Unwirksamkeitsgründe nach Maßgabe des § 4 KSchG auf wenige Ausnahmefälle beschränkt (s. Rdn 5). Es ist deshalb jetzt erst recht davon auszugehen, dass **der fristgemäß erhobene Vorbehalt erlischt**, wenn die Klage nicht innerhalb der Dreiwochenfrist erhoben wird. Damit wird die **Änderung** kraft vertraglicher Vereinbarung regelmäßig **endgültig** mit der Konsequenz, dass dann auch weitere Unwirksamkeitsgründe nicht mehr geltend gemacht werden können (**wie hier** ErfK-*Kiel* Rn 4; HK-*Hauck* Rn 30). Die Situation ist vergleichbar der widerspruchslosen Weiterarbeit zu geänderten Bedingungen, in der idR eine konkludente Annahme des Änderungsangebotes ohne Vorbehalt zu sehen ist (s. KR-*Kreft* § 2 KSchG Rdn 115 f.). Der Arbeitnehmer steht nicht schlechter da als derjenige, der sich sofort ohne Vorbehalt mit der Änderung einverstanden erklärt hat. Auch dieser kann sich nicht nachträglich darauf berufen, dass etwa die Kündigung wegen Nichtanhörung des Betriebsrates oder fehlender Zustimmung des Integrationsamtes unwirksam gewesen wäre.

Etwas anderes gilt allerdings für den Fall der **nachträglichen Klagezulassung** gem. § 5 KSchG, der auf die Änderungsschutzklage in gleicher Weise wie auf die Beendigungsschutzklage Anwendung findet. War also der Arbeitnehmer nach rechtzeitig (s. KR-*Kreft* § 2 KSchG Rdn 122) erklärtem Vorbehalt ohne Verschulden gehindert, die Klage innerhalb der Dreiwochenfrist zu erheben und wird die Klage deshalb nachträglich zugelassen (iE s. § 5 KSchG), gilt die Rechtsunwirksamkeit als iSd § 7 KSchG rechtzeitig geltend gemacht; damit erlischt der Vorbehalt auch nicht gem. § 7 2. Hs. KSchG. Das Änderungsschutzverfahren ist vielmehr dann wie bei fristgerechter Klageerhebung durchzuführen mit der Folge, dass alle Unwirksamkeitsgründe geltend gemacht werden können.

25 Unberührt bleibt schließlich in jedem Fall die Möglichkeit der **Anfechtung der Annahme des Änderungsangebotes** nach allgemeinen Grundsätzen wegen Irrtums oder wegen arglistiger Täuschung – denkbar etwa, wenn der Arbeitgeber wider besseres Wissen die Anhörung des Betriebsrates vorgespiegelt und den Arbeitnehmer auf diese Weise von der Klageerhebung abgehalten hat.

IV. Die außerordentliche Kündigung

26 Gem. § 13 Abs. 1 S. 2 KSchG kann die **Rechtsunwirksamkeit einer außerordentlichen Kündigung** nur nach Maßgabe der §§ 4 S. 1, 5 bis 7 KSchG geltend gemacht werden (iE s. KR-*Treber/ Rennpferdt* § 13 KSchG Rdn 10). § 7 KSchG findet kraft ausdrücklicher Verweisung entsprechende Anwendung. Macht der Arbeitnehmer also nicht innerhalb von drei Wochen nach Zugang der außerordentlichen Kündigung deren Rechtsunwirksamkeit geltend, ist sie als von Anfang an rechtswirksam anzusehen. Das gilt nach der Neufassung des § 23 Abs. 1 S. 3 KSchG durch das Arbeitsrechtsreformgesetz v. 24.12.2003 **auch für Arbeitnehmer in Kleinbetrieben**, die nicht den allgemeinen Kündigungsschutz des § 1 KSchG genießen. Gem. § 23 Abs. 1 S. 3 KSchG nF finden die §§ 4 bis 7 KSchG sowie § 13 Abs. 1 S. 1 und 2 KSchG auch auf solche Arbeitnehmer Anwendung (s. KR-*Bader/Kreutzberg-Kowalczyk* § 23 KSchG Rdn 41). Innerhalb der Dreiwochenfrist geltend zu machen sind auch bei der außerordentlichen Kündigung **alle Unwirksamkeitsgründe**, nicht nur das Fehlen eines wichtigen Grundes. Insoweit gilt nichts anderes als für die ordentliche Kündigung, bei der jetzt nicht nur die Sozialwidrigkeit, sondern gleichfalls alle Unwirksamkeitsgründe geltend gemacht werden müssen (s. Rdn 4 und iE KR-*Klose* § 4 KSchG Rdn 14 ff.). Es bleiben allerdings auch hier Konstellationen, in denen ein Unwirksamkeitsgrund unabhängig von der Dreiwochenfrist geltend gemacht werden kann, so zB die fehlende Schriftform (s. Rdn 5; KR-*Klose* § 4 KSchG Rdn 139 f.).

27 Unterbleibt die rechtzeitige Klageerhebung (s. Rdn 12–15), ist die außerordentliche Kündigung als von Anfang an wirksam anzusehen. Das Arbeitsverhältnis endet mit dem Tage des Zugangs der Kündigung, bei Ausspruch mit sozialer Auslauffrist mit der insoweit bestimmten Frist.

28 Hat der Arbeitgeber eine **außerordentliche Änderungskündigung** ausgesprochen, muss der Arbeitnehmer auch deren Unwirksamkeit nach Maßgabe der §§ 13 Abs. 1 S. 2, 4 ff. KSchG geltend machen. Das ist selbstverständlich, soweit der Arbeitnehmer die Annahme der geänderten Arbeitsbedingungen ablehnt. Die Kündigung ist dann eine normale Beendigungskündigung. Hat er dagegen die Änderung der Arbeitsbedingungen angenommen unter dem Vorbehalt, dass die Voraussetzungen eines wichtigen Grundes gegeben sind (vgl. dazu KR-*Kreft* § 2 KSchG Rdn 5, s. aber auch § 2 KSchG Rdn 8), gelten die Ausführungen zur fristgerechten Änderungskündigung entsprechend (s. Rdn 17 ff.). Der Vorbehalt erlischt, wenn der Arbeitnehmer nicht rechtzeitig die Unwirksamkeit der außerordentlichen Änderungskündigung im Klagewege geltend macht.

V. Die Reichweite der Fiktion

29 Die **Fiktion** des § 7 KSchG kann **Folgewirkungen** haben. Wird etwa der Verfall einer Vertragsstrafe oder die Rückzahlung einer Gratifikation davon abhängig gemacht, dass eine wirksame außerordentliche oder – soweit zulässig – ordentliche Kündigung erfolgt ist, ist dieses Tatbestandsmerkmal auch dann erfüllt, wenn die Wirksamkeit aufgrund einer Versäumung der Klagefrist nach § 13 Abs. 1 S. 2 iVm § 7 KSchG eintritt (vgl. *BAG* 23.5.1984 AP Nr. 9 zu § 339 BGB zur Verwirkung einer Vertragsstrafe; *Tschöpe* DB 1984, 1522; AR-*Lukas* Rn 11; teilw. krit. *Leisten* AuR 1985, 181). Dies gilt allerdings **nur für die Beendigungswirkung** und nicht für sonstige – insbes. subjektive

– Tatbestandsmerkmale wie etwa »Verschulden« (insoweit ist *Leisten* AuR 1985, 181 zuzustimmen). Die Reichweite der Wirkung des § 7 KSchG bezieht sich – wie bei einem entsprechenden Urteil – nur auf das mögliche Begehren eines unterlegenen Klägers: die Kündigung gilt als rechtswirksam. Damit steht jedoch **nicht** fest, dass die sie **tragenden Gründe** vorlagen (*BAG* 27.4.2000 – 8 AZR 301/99, Rn 30). Die Kritik von *Leisten* (AuR 1985, 181) am *BAG* (23.5.1984 AP Nr. 9 zu § 339 BGB) ist allerdings nicht berechtigt. Das BAG prüft durchaus zunächst das Vorliegen eines schuldhaft vertragswidrigen Verhaltens des Arbeitnehmers als **eine** Voraussetzung für die Verwirkung der Vertragsstrafe und erst dann als **weitere** Voraussetzung die Wirksamkeit der außerordentlichen Kündigung, welche – und nur diese – wegen Versäumung der Klagefrist nach § 7 KSchG bejaht wird (s.a. HK-*Hauck* Rn 34; SPV-*Preis* Rn 1123).

Die Fiktionswirkung **gilt auch Dritten** gegenüber wie etwa einem Lohnpfändungsgläubiger oder einem Sozialversicherungsträger (*Tschöpe* DB 1984, 1522; *Leisten* AuR 1985, 181; ErfK-*Kiel* Rn 3; AR-*Lukas* Rn 2; HK-*Hauck* Rn 34; vgl. etwa *BAG* 20.8.1980 EzA § 6 LohnFG Nr. 15). Auch insoweit erstreckt sie sich allerdings nur auf die Beendigungswirkung als solche und nicht auf weitere Tatbestandsmerkmale wie etwa die Frage, ob die Kündigung aus Anlass einer Arbeitsunfähigkeit iSd § 6 LohnFG ausgesprochen wurde (vgl. *Leisten* AuR 1985, 183).

C. Unwirksamkeit der Kündigung aus nicht an die Geltendmachung nach § 4 S. 1 KSchG gebundenen Gründen

Die Fiktion des § 7 S. 1 KSchG erfasst grds. die Wirksamkeit der Kündigung insgesamt, und – anders als bis zum 1.1.2004 – nicht nur die soziale Rechtfertigung bzw. den wichtigen Grund (s. Rdn 4 f.). Es bleiben aber Unwirksamkeitsgründe, deren Geltendmachung nicht an § 4 KSchG gebunden ist bzw. bei denen die Frist nicht bereits mit Zugang der Kündigung zu laufen beginnt (s. Rdn 5). Die hieraus resultierende Unwirksamkeit wird nicht nach § 7 S. 1 KSchG geheilt. Insoweit entsprechen diese Unwirksamkeitsgründe den »anderen« Unwirksamkeitsgründen – nämlich anderen als Sozialwidrigkeit bzw. fehlender wichtiger Grund – der früheren Fassung des § 7 KSchG. Für diese – jetzt – Ausnahmefälle gelten die für die »anderen Unwirksamkeitsgründe« bzgl. ihrer Geltendmachung (Form und Frist) bisher schon entwickelten Grundsätze fort (s.a. Rdn 9; *Raab* RdA 2004, 326). Es bleibt auch dabei, dass **in den Fällen, in denen Klage nach § 4 KSchG erhoben worden ist, im Rahmen des dann durchgeführten Verfahrens auch die sonst nicht fristgebundenen Unwirksamkeitsgründe eingebracht werden müssen**. Das folgt – wie schon bisher – aus dem Streitgegenstand der Kündigungsschutzklage nach § 4 KSchG, der die Frage der Beendigung des Arbeitsverhältnisses durch die angegriffene Kündigung generell erfasst, nicht aber die Feststellung einzelner Unwirksamkeitsgründe (s. KR-*Klose* § 4 KSchG Rdn 289 f.; *Gallner* FS Wank S. 117 ff.).

I. Form der Geltendmachung

Die Geltendmachung dieser **anderen Unwirksamkeitsgründe** im vorgenannten Sinne ist an sich an **keine Form** gebunden. Der Arbeitnehmer kann – abw. von § 4 KSchG – **Leistungsklage** erheben auf Zahlung des ihm für die Zeit nach der unwirksamen Kündigung zustehenden Arbeitsentgelts. Die Frage der Wirksamkeit der Kündigung ist dann als Vorfrage zu prüfen. Teilweise wird allerdings angenommen, eine Kündigungsschutzklage nach § 4 KSchG sei erforderlich, wenn der Arbeitnehmer zwar meint, eine schriftliche Kündigungserklärung liege nicht vor, der Arbeitgeber seine Erklärung jedoch für eine solche hält, etwa bei einem Streit, ob das Schreiben eigenhändig unterschrieben wurde, oder nur eine Paraphe trägt (ErfK-*Kiel* § 4 KSchG Rn 8 unter Bezugnahme auf *Niemann* NZA 2019, 65, 67). Richtigerweise sollte der Arbeitnehmer in dieser Situation einen allgemeinen Feststellungsantrag (s. Rdn 33) stellen und nur hilfsweise eine Kündigungsschutzantrag formulieren, für den Fall, dass das Gericht von einer formwirksamen Kündigung ausgeht.

Der Arbeitnehmer ist allerdings nicht auf die Erhebung der Leistungsklage beschränkt, sondern sollte **Feststellungsklage** erheben. An einer Feststellung hat er jedenfalls ein rechtliches Interesse (§ 256 ZPO). Das Arbeitsverhältnis erschöpft sich nicht in den gegenseitigen Hauptpflichten und -rechten. Von seinem Bestehen hängen eine Reihe verschiedenartiger Rechtsfolgen ab, und zwar sowohl privatrechtlicher als auch öffentlich-rechtlicher Art. Das gilt für den Bereich der Sozialversicherung, des Steuerrechts und auch des Arbeitsverwaltungsrechts im Hinblick etwa auf die Zahlung von Arbeitslosengeld. Wollte man den Arbeitnehmer auf eine Leistungsklage bzgl. des jeweils fälligen Arbeitsentgelts verweisen, könnte in einem solchen Verfahren wegen des auf den Zahlungsanspruch beschränkten Streitgegenstandes eine rechtskräftige Präzedenzentscheidung für derartige Nebenansprüche und Nebenfolgen aus dem Arbeitsverhältnis nicht ergehen. Der Arbeitnehmer wäre gezwungen, jeweils ein neues Verfahren anzustrengen. Ein solches Vorgehen ist weder prozessökonomisch, noch trägt es den berechtigten Interessen der Parteien an einer generellen Klärung Rechnung.

34 Daher ist grds. trotz der Möglichkeit der Leistungsklage ein **rechtliches Interesse** des Arbeitnehmers an der **Feststellung** der Unwirksamkeit einer Kündigung anzuerkennen (vgl. schon *BAG* 4.8.1960 AP Nr. 34 zu § 256 ZPO m. zust. Anm. *Baumgaertel*; 17.5.1962 EzA § 9 MuSchG aF Nr. 2; 16.3.1967 EzA § 63 HGB Nr. 10; zur Zulässigkeit der allgemeinen Feststellungsklage neben der Kündigungsschutzklage s. Rdn 12 und iE KR-*Klose* § 4 KSchG Rdn 305 ff.). Eine Ausnahme mag allenfalls dann gelten, wenn überhaupt nur noch ein ganz bestimmter Leistungsanspruch aus dem Arbeitsverhältnis offen ist und alle weiteren Fragen geklärt sind (vgl. etwa *LAG Düsseld.* 25.10.1960 BB 1961, 134, wo das rechtliche Interesse an der Feststellung verneint wird für den Fall, dass der Arbeitnehmer nicht sozialversicherungspflichtig ist – in dieser Allgemeinheit bedenklich). Es gehört nicht zu den Aufgaben der Gerichte, lediglich eine alle Prozessbeteiligten interessierende Rechtsfrage gutachterlich zu beantworten. Erforderlich ist damit grundsätzlich, dass es sich um ein **gegenwärtiges Rechtsverhältnis** handelt. Wird die Klage auf Feststellung eines vergangenen Rechtsverhältnisses gerichtet, ist sie lediglich zulässig, wenn sich aus der Feststellung noch Rechtsfolgen für die Gegenwart oder die Zukunft ergeben. Für einen Feststellungsantrag, der ursprünglich auf ein gegenwärtiges Rechtsverhältnis gerichtet war, gilt nichts anderes. Wird ein solches während des Rechtsstreits durch Zeitablauf oder Änderung tatsächlicher Umstände zu einem vergangenen, bleibt die Feststellungsklage nur zulässig, wenn sich aus der erstrebten Feststellung konkrete gegenwärtige oder zukünftige Rechtsfolgen ableiten lassen. Dabei muss das rechtliche Interesse iSv. § 256 Abs. 1 ZPO an der Feststellung des streitigen Rechtsverhältnisses selbst bestehen; ein Interesse an der Klärung streitiger Vorfragen genügt nicht (*BAG* 1.10.2020 – 2 AZR 214/20 – Rn 12 mwN; allgemein zum erforderlichen Feststellungsinteresse einer auf Feststellung eines beendeten Rechtsverhältnisses gerichteten Klage s. *BAG* 23.4.1997 EzA § 256 ZPO Nr. 47; s.a. *BAG* 21.6.2000 EzA § 256 ZPO Nr. 53). Soweit es allerdings um die Geltendmachung der fehlenden Schriftform geht bzw. um das Fehlen einer behördlichen Genehmigung iSv § 4 S. 4 KSchG, ist die Erhebung einer »echten Kündigungsschutzklage« iSv § 4 S. 1 KSchG zulässig (s. Rdn 35) und – jedenfalls wenn weitere Unwirksamkeitsgründe geltend gemacht werden – auch geboten. § 4 Abs. 4 KSchG nimmt diesen Tatbestand nicht gänzlich aus, vielmehr ist nur der Anlauf der Dreiwochenfrist gehemmt.

35 Als **Klageantrag** bietet sich in diesem Fall an die Formulierung »... festzustellen, dass das zwischen den Parteien bestehende Arbeitsverhältnis über den ... hinaus fortbesteht«, wobei ein solcher Antrag regelmäßig dahingehend zu verstehen sein wird, dass der Fortbestand des Arbeitsverhältnisses im Zeitpunkt der letzten mündlichen Verhandlung der Tatsacheninstanz Streitgegenstand sein soll. Ein solcher Antrag ist gegenüber einem im Wortlaut an § 4 KSchG angelehnten Antrag auf Feststellung, dass das zwischen den Parteien bestehende Arbeitsverhältnis durch die Kündigung des... vom... zum... nicht aufgelöst worden ist, vorzugswürdig (aA noch 11. Aufl.; s.a. *Niemann* NZA 2019, 65, 67: durch eine/durch die vermeintliche Kündigung vom ... nicht aufgelöst; vgl. a. *Schwab* RdA 2013, 357, 362: Wahlrecht; enger APS-*Hesse* § 4 KSchG Rn 147: nur allg. Feststellungsklage), weil das festzustellende Rechtsverhältnis das Arbeitsverhältnis ist und nicht die Unwirksamkeit einer konkreten Willenserklärung. Nutzt der Arbeitnehmer bei der Antragstellung eine § 4 S. 1 KSchG entsprechende Formulierung, kann der Antrag ggf. **als allgemeiner Feststellungsantrag ausgelegt** werden (APS-*Biebl* § 13 KSchG Rn 64 unter Hinw. auf *BAG* 5.12.1985 – 2 AZR 3/85 [zu II. 1.], EzA § 613a BGB Nr. 50; zur Befristungskontrollklage vgl. *BAG* 18.1.2017 – 7 AZR 236/15 Rn 21 mwN).

II. Frist zur Geltendmachung

Die Geltendmachung solcher nicht von §§ 4, 7 KSchG erfassten Gründe kann allerdings **nicht zeitlich unbegrenzt** erfolgen. Das *BAG* sieht in § 7 KSchG nur eine spezialgesetzlichen Konkretisierung des Verwirkungstatbestands (vgl. *BAG* 25.11.2010 – 2 AZR 323/09 – Rn 33). Die Frage, ob die Auflösung des Arbeitsverhältnisses hingenommen wird oder nicht, duldet keinen langen Schwebezustand. Der Arbeitgeber hat ein berechtigtes Interesse, bald zu erfahren, ob er seine Betriebsführung darauf einstellen kann, dass es bei dem Ausscheiden des gekündigten Arbeitnehmers bleibt (vgl. schon *BAG* 10.1.1956 AP Nr. 3 zu § 242 BGB Verwirkung; 5.12.1961 AP Nr. 80 zu § 242 BGB Ruhegehalt; 28.5.1998 EzA § 2 KSchG Nr. 29). Das hatte der Gesetzgeber bereits mit § 113 Abs. 2 InsO aF und mit § 17 TzBfG deutlich gemacht und hat er mit der (fast) umfassenden Erweiterung der fristgebundenen Geltendmachung aller Unwirksamkeitsgründe nur noch verstärkt.

36

Auch solche ausnahmsweise nicht fristgebundenen Unwirksamkeitsgründe müssen also entsprechend **innerhalb einer angemessenen Frist** geltend gemacht werden. Wartet der Arbeitnehmer zu lange ab, verliert er das Recht, sich auf die Unwirksamkeit der Kündigung zu berufen. Dies ergibt sich aus dem **allg. Grundsatz der Verwirkung** (s. dazu auch die Übersicht bei *Caspers* RdA 2001, 28, 29). Die Geltendmachung eines Rechts verstößt dann gegen Treu und Glauben, wenn der Schuldner nach dem Verhalten des Gläubigers davon ausgehen konnte, Ansprüche würden nicht mehr gestellt werden, er sich darauf eingestellt hat und ihm deshalb nicht zuzumuten ist, sich auf die nunmehr doch noch geltend gemachten Ansprüche einzulassen. Diese Grundsätze erfassen auch das Recht, die Unwirksamkeit der Kündigung zu verfolgen (vgl. schon *BAG* 8.9.1955 AP Nr. 1 zu § 242 BGB Verwirkung; 10.1.1956 AP Nr. 3 zu § 242 BGB Verwirkung; 15.7.1960 AP Nr. 43 zu § 626 BGB m. zust. Anm. *Hueck*; 2.11.1961 AP Nr. 1 zu § 242 BGB Prozessverwirkung; 20.5.1988 EzA § 242 BGB Prozessverwirkung Nr. 1; 13.4.1989 EzA § 13 KSchG nF Nr. 4 [IV 1a der Gründe]; 28.5.1998 EzA § 2 KSchG Nr. 29; *LAG Hamm* 25.7.1986 LAGE § 134 BGB Nr. 3; LSSW-*Spinner* Rn 5; *Nikisch* I, S. 319; vgl. allg. zur Verwirkung infolge Zeitablaufs MüKo-BGB/*Schubert* § 242 Rn 356 ff.; *Staudinger/Olzen/Looschelders* § 242 Rn 300 ff. – zur Beendigung des Arbeitsverhältnisses Rn 849 ff.). Auch das Recht des Arbeitnehmers, sich erstmalig nach Zugang der Kündigung auf eine Schwerbehinderung und damit auf den damit verbundenen Sonderkündigungsschutz zu berufen, unterliegt der Verwirkung. Als Maßstab für die Rechtzeitigkeit der Mitteilung geht das BAG von der Dreiwochenfrist des § 4 S. 1 KSchG aus (*BAG* 22.9.2016 EzA-SD 3/2017, 8, wonach die Zeitspanne hinzuzurechnen ist, innerhalb derer der Arbeitnehmer den Zugang der Information beim Arbeitgeber zu bewirken hat). Zur umgekehrten Problematik der Verwirkung des Kündigungsrechts vgl. etwa *BAG* 22.4.1993 RzK I 8 m ee Nr. 31; iE s. KR-*Rachor* § 1 KSchG Rdn 261, 264. Vgl. auch die zur Verwirkung des Widerrufsrechts nach § 613a BGB entwickelten Grundsätze (zuletzt etwa *BAG* 22.7.2021 – 2 AZR 6/21 Rn 25; 24.2.2011 NZA 2011, 973; 17.10.2013 EzA § 613a BGB 2002 Nr. 150; *Dzida* NZA 2009, 641; *Rudkowski* NZA 2010, 739; *Kille/Nebeling* NZA-RR 2013, 1).

37

Der Arbeitnehmer, der Feststellung der Unwirksamkeit der Kündigung begehrt, macht zwar an sich kein Recht geltend. Verwirken kann aber auch das **Recht zur Berufung auf Unwirksamkeitsgründe**, was zB für Formmängel seit jeher anerkannt ist (vgl. etwa *Soergel/Siebert/Knopp* § 242 Rn 338 ff.; *Staudinger/Weber* § 242 Rn D 56; *Bötticher* Anm. zu *BAG*, AP Nr. 1 zu § 242 BGB Prozessverwirkung).

38

Hat der Arbeitnehmer das Recht zur Geltendmachung der Unwirksamkeit der Kündigung verwirkt, ist die **Klage unbegründet** (s.a. Rdn 16). Zwar kann ausnahmsweise bei verspätetem Angriff der Kündigung bereits eine Verwirkung des Klagerechts als solchem eintreten mit der Folge, dass die Klage als **unzulässig** abzuweisen ist (*BAG* 21.9.2017 – 2 AZR 57/17 Rn 29, NZA 2017, 1524; vgl. auch *BAG* 2.11.1961 AP Nr. 1 zu § 242 BGB Prozessverwirkung; 31.1.1985 EzA § 613a BGB Nr. 42 unter III der Gründe; 22.3.1985 AP Nr. 89 zu § 620 BGB Befristeter Arbeitsvertrag; *Neumann-Duisberg* Anm. zu *BAG*, AP Nr. 1 zu § 242 BGB Verwirkung). Der Gesichtspunkt der Verwirkung findet als allgemeiner Rechtsgrundsatz auch im Prozessrecht Anwendung (*BAG*

39

25.11.2010 EzA § 242 BGB 2002 Prozesswirkung Nr. 1 Rn 21 mwN; Staudinger/*Olzen/Looschelders* § 242 BGB Rn 849). Hierbei muss das Erfordernis des Vertrauensschutzes das Interesse des Berechtigten an der sachlichen Prüfung des von ihm behaupteten Anspruchs derart überwiegen, dass dem Gegner die Einlassung auf die nicht innerhalb angemessener Frist erhobene Klage nicht mehr zumutbar ist. Durch die Annahme einer prozessualen Verwirkung darf der Weg zu den Gerichten nicht in unzumutbarer, aus Sachgründen nicht zu rechtfertigender Weise erschwert werden (*BAG* 25.11.2010 EzA § 242 BGB 2002 Prozesswirkung Nr. 1 Rn 21). Die Klage ist daher idR zwar als zulässig anzusehen, aber bei entsprechender Verwirkung des Rechts zur Geltendmachung der Unwirksamkeit der Kündigung als unbegründet abzuweisen (vgl. *Bötticher* Anm. zu *BAG*, AP Nr. 1 zu § 242 BGB Prozessverwirkung; vgl. auch schon *BAG* 8.9.1955 AP Nr. 1 zu § 242 BGB Verwirkung; 10.1.1956 AP Nr. 3 zu § 242 BGB Verwirkung). Im anhängigen Rechtsstreit – zB bei mehrjährigen **Nichtbetreibens des Kündigungsschutzverfahrens** – kann der Verlust des Klagerechts nur in begrenzten Ausnahmefällen in Betracht kommen. Dies ist bei den Anforderungen an das Zeit- und Umstandsmoment zu berücksichtigen (*BAG* 25.11.2010 – 2 AZR 323/09 Rn 22 mwN, EzA § 242 BGB 2002 Prozesswirkung Nr. 1).

40 Wann der **Tatbestand der materiellen Verwirkung** erfüllt ist, lässt sich nur nach den Umständen des Einzelfalles entscheiden. Eine wichtige Rolle spielt dabei der **Zeitablauf**. Angesichts des in § 4 KSchG zum Ausdruck kommenden Rechtsgedankens muss verlangt werden, dass die Frist zur Geltendmachung die Dreiwochenfrist des § 4 KSchG nicht gänzlich außer Acht lässt (s.a. Rdn 37). Ein Zeitraum von **zwei bis drei Monaten** wird daher häufig schon die zeitliche Obergrenze sein, bis zu der spätestens der Arbeitnehmer Klage erheben kann (zust. *LAG Bln.* 13.5.1985 LAGE § 242 BGB Prozessverwirkung Nr. 1; *LAG Hamm* 21.11.1985 LAGE § 13 KSchG Nr. 1). Das gilt jedenfalls dann, wenn der Arbeitnehmer nach Ablauf der Kündigungsfrist zunächst aus dem Arbeitsverhältnis tatsächlich ausgeschieden ist.

41 Hervorzuheben ist allerdings, dass der **Zeitablauf** allein **lediglich ein Kriterium** von mehreren ist (s. *BAG* 20.5.1988 EzA § 242 BGB Prozessverwirkung Nr. 1; 28.5.1998 EzA § 2 KSchG Nr. 39; vgl. auch *BAG* 5.2.2009 EzA § 4 KSchG nF Nr. 87; *BAG* 25.11.2010 § 242 BGB 2002 Prozesswirkung Nr. 1). Zu dem sog. **Zeitmoment** müssen vielmehr besondere Umstände sowohl im Verhalten des Berechtigten als auch des Verpflichteten hinzutreten (**Umstandsmoment**), die es rechtfertigen, die späte Geltendmachung des Rechts als mit Treu und Glauben unvereinbar anzusehen. Dabei muss das Erfordernis des Vertrauensschutzes auf Seiten des Verpflichteten das Interesse des Berechtigten derart überwiegen, dass ihm die Erfüllung des Anspruchs nicht mehr zuzumuten ist (*BAG* 21.9.2017 – 2 AZR 57/17 Rn 33 mwN, NZA 2017, 1524). So spielt auch das übrige Verhalten des Arbeitnehmers nach Ausspruch der Kündigung eine Rolle. Ist er widerspruchslos ausgeschieden, hat er zudem noch die Arbeitspapiere und den Restlohn ohne Weiteres hingenommen, tritt eine Verwirkung des Rechts zur Geltendmachung der Unwirksamkeit der Kündigung rascher ein, als wenn er gegenüber dem Arbeitgeber wiederholt die Arbeitsleistung angeboten und auch ansonsten deutlich gemacht hat, dass er die Kündigung nicht für wirksam hält. Ein für die Verwirkung sprechender Umstand kann auch die vorherige Erhebung einer die Beendigung des Arbeitsverhältnisses voraussetzenden Klage auf Nachteilsausgleich nach § 113 Abs. 3 BetrVG sein (*BAG* 28.5.1998 EzA § 2 KSchG Nr. 39). Die bloße Berufung auf die Unwirksamkeit reicht andererseits nicht aus, wenn der Arbeitnehmer keinerlei Konsequenzen daraus zieht, also insbes. keine Klage erhebt. Entscheidend ist, welchen Gesamteindruck der Arbeitgeber aus dem Verhalten des Arbeitnehmers nach Treu und Glauben gewinnen musste.

42 Das BAG hat angenommen, ein Zeitablauf von über elf Monaten sei idR geeignet, das Zeitmoment im Rahmen der Verwirkung auszufüllen (*BAG* 20.5.1988 EzA § 242 BGB Prozessverwirkung Nr. 1). Zu weiteren Beispielen zur Frage der Verwirkung aus der Rspr. vor dem 1.1.2004 vgl. *Rost* KR 11. Aufl., § 7 Rn 43 f.

§ 8 KSchG Abfindungsanspruch bei betriebsbedingter Kündigung

Stellt das Gericht im Falle des § 2 fest, daß die Änderung der Arbeitsbedingungen sozial ungerechtfertigt ist, so gilt die Änderungskündigung als von Anfang an rechtsunwirksam.

Übersicht

	Rdn			Rdn
A. Entstehungsgeschichte	1	II.	Verjährungsfristen, Ausschlussfristen	14
B. Sinn und Zweck der Regelung	3	III.	Pflichtenverstöße des Arbeitnehmers	
C. Anwendungsbereich des § 8 KSchG	6		während der Zwischenzeit	15
D. Abwicklung der Rückwirkung	10	E.	Außerordentliche Änderungskündigung	16
I. Ansprüche des Arbeitnehmers	10			

A. Entstehungsgeschichte

§ 8 KSchG ist durch das Erste Arbeitsrechtsbereinigungsgesetz vom 14.8.1969 (BGBl. I S. 1106) **1** zusammen mit § 2, § 4 S. 2 und § 7 Hs. 2 in das KSchG eingefügt worden und seit dem 1.9.1969 in Kraft (s. KR-*Kreft* § 2 KSchG Rdn 1 ff.). Der der Neufassung zugrundeliegende **Entwurf der Bundesregierung** vom 24.2.1969 (BT-Drucks. V/3913) sah ursprünglich vor, dass nach der gerichtlichen Feststellung, die geänderten Arbeitsbedingungen seien sozial ungerechtfertigt, erst ab der Rechtskraft dieser Entscheidung – also nur von da ab für die Zukunft – für das Arbeitsverhältnis wieder die Vertragsbedingungen gelten sollten, die vor der (zwischenzeitlichen) Vertragsänderung bestanden (§ 6a Abs. 1 RegE). Bei Ansprüchen, die von der Dauer der Beschäftigung zu bestimmten Bedingungen abhängen, sollte eine Unterbrechung der Arbeitsbedingungen dabei nicht angenommen werden (§ 6a Abs. 2 RegE). Darüber hinaus sollte den Gerichten das Recht eingeräumt werden, dem Arbeitnehmer bei besonderer Unbilligkeit einen angemessenen Ausgleich für die durch die zeitweilig geänderten Vertragsbedingungen entstandenen Verluste zuzusprechen (§ 6a Abs. 3 RegE). Auf diese Weise sollten angesichts der dem Arbeitnehmer eingeräumten Befugnis, das Änderungsangebot unter Vorbehalt anzunehmen, die Interessen des Arbeitgebers angemessen berücksichtigt werden (Begr. zum RegE, BT-Drucks. V/3913, S. 8, 9).

Gegen diese Fassung erhob der **Bundesrat** in seiner Stellungnahme Einwendungen, unter anderem **2** mit dem berechtigten Hinweis auf den weder in rechtlicher noch in tatsächlicher Hinsicht befriedigenden Abs. 3, der voraussichtlich zu großen Anwendungsschwierigkeiten in der Praxis geführt hätte (BT-Drucks. V/3913, S. 14). Die vom Bundesrat vorgeschlagene Fassung des § 6a des Entwurfs erlangte dann, trotz des von der Bundesregierung zunächst aufrechterhaltenen eigenen Standpunkts (s. die Gegenäußerung der Bundesregierung zu dem Änderungsvorschlag des Bundesrats, BT-Drucks, V/3913) als § 8 Gesetzeskraft, nachdem sich auch der Bundestagsausschuss für Arbeit ihr angeschlossen hatte (BT-Drucks. V/4376, S. 2, 7). Das Arbeitsmarkt-Reformgesetz v. 24.12.2003 (BGBl. I S. 3002) hat § 8 KSchG nicht abgeändert (s. Rdn 7).

B. Sinn und Zweck der Regelung

Die Annahme des Angebots geänderter Vertragsbedingungen unter dem Vorbehalt ihrer Wirksam- **3** keit und sozialen Rechtfertigung stellt sich vertragsrechtlich als eine Annahme des Angebots unter einer entsprechenden **auflösenden Bedingung** dar, § 158 Abs. 2 BGB (s. KR-*Kreft* § 2 Rdn 106; *BAG* 24.3.2004 – 5 AZR 355/03, AP § 3 EntgeltFG Nr. 22; APS-*Künzl* § 8 Rn 4; *LSW-Spinner* § 8 Rn 3; SPV-*Preis* Rn 1298). Obsiegt der Arbeitnehmer im Änderungsschutzprozess, tritt die Bedingung ein. Gem. § 158 Abs. 2 BGB würde erst von da ab, dh erst für die Zukunft der frühere Rechtszustand wiederhergestellt und die alten Vertragsbedingungen wieder an die Stelle der zwischenzeitlich gültigen geänderten Bedingungen treten. Damit wären weitergehende Ansprüche des Arbeitnehmers für die Zeit, in der er zu den geänderten Vertragsbedingungen gearbeitet hat, nicht gegeben. Bei einer Prozessdauer von möglicherweise mehreren Jahren könnte das zu erheblichen Nachteilen für den Arbeitnehmer führen. Bestand die Änderung in einer Gehaltskürzung, hätte er es ohne Anspruch auf Ausgleich hinzunehmen, längere Zeit zu einem geminderten Gehalt gearbeitet zu haben, obwohl die entsprechende Änderung der Vertragsbedingungen von Beginn an sozial nicht gerechtfertigt oder das Änderungsangebot aus einem anderen Grund unwirksam war – oder schon die mit ihm verbundene Kündigung unwirksam war (s. KR-*Kreft* § 2 Rdn 132). Er stünde damit schlechter als der Arbeitnehmer, der die Änderung der Vertragsbedingungen vorbehaltlos abgelehnt und nach einem Obsiegen im Kündigungsrechtsstreit nach § 4 S. 1 KSchG – ein ordnungsgemäßes Angebot der Arbeitsleistung zu unveränderten Bedingungen vorausgesetzt – gem. § 615 BGB Anspruch darauf hat, zumindest finanziell so gestellt werden, als sei er ununterbrochen zu den ursprünglichen Bedingungen beschäftigt worden.

4 § 8 KSchG wählt einen anderen Weg. Die Vorschrift stellt klar, dass im Falle der Unwirksamkeit der unter Vorbehalt akzeptierten Änderung (s. Rdn 7, Rdn 8) »die Änderungskündigung«, dh die unter dem Druck der Kündigung herbeigeführte vorläufige Änderung der Vertragsbedingungen als **von Anfang an unwirksam** anzusehen ist. Die rechtliche Bedeutung liegt in der damit verbundenen **Rückwirkung** des Bedingungseintritts, dh des Eintritts der auflösenden Bedingung, unter der die Änderung der Vertragsbedingungen wegen des erklärten Vorbehalts für die Dauer des gerichtlichen Verfahrens stand (s. KR-*Kreft* § 2 KSchG Rdn 106; *LSW-Spinner* § 8 Rn 3; krit. *Enderlein* ZfA 1992, 28 ff.; aA *Niemann* RdA 2016, 339, 343, der meint, gem. § 8 KSchG trete nicht die mit der Annahme des Änderungsangebots unter Vorbehalt verbundene auflösende Bedingung rückwirkend ein, sondern § 8 KSchG lasse »die Rechtswidrigkeit des Fortsetzungsangebots kraft einer gesetzlichen Fiktion auf die Kündigung durchschlagen«, damit der Arbeitnehmer »nicht ganz ohne Arbeitsvertrag – und damit ‚endgültig' auch ohne das Arbeitsverhältnis – dastehe«; zu den (problematischen) Prämissen dieser Ansicht vgl. KR-*Kreft* § 2 Rdn 108). Dogmatische Bedenken gegen eine derartige Regelung durch Gesetz bestehen nicht. Im Übrigen hätten auch die Parteien selbst eine schuldrechtliche Rückwirkung des Eintritts der Bedingung vereinbaren können (§ 159 BGB).

5 Der Arbeitnehmer soll folglich so gestellt werden, als ob die Änderungskündigung nicht erfolgt wäre. Er soll keinen Nachteil dadurch erleiden, dass er sich mit der ihm angesonnenen Änderung der Vertragsbedingungen vorläufig einverstanden erklärt hat. Das muss als der eigentliche Sinn von § 8 KSchG angesehen werden.

C. Anwendungsbereich des § 8 KSchG

6 Die sprachliche Fassung des § 8 KSchG ist angesichts des Gesetzeszwecks nicht recht gelungen (krit. auch *Adomeit* DB 1969, 2181; ErfK-*Kiel* § 8 Rn 1; APS-*Künzl* § 8 Rn 5; *LSW-Spinner* § 8 Rn 2). Als unwirksam gilt »die Änderungskündigung« – ein Ausdruck, der an dieser Stelle erstmals und einmalig im Gesetzestext selbst verwendet wird. Um die Wirksamkeit der Kündigung als Beendigungskündigung wird nach der Rspr. indessen im Rahmen des Änderungsschutzantrags nach § 4 S. 2 KSchG nicht mehr gestritten, wenn es zur Annahme des Änderungsangebots unter Vorbehalt gekommen ist. Soweit der Arbeitnehmer die Wirksamkeit der Beendigungskündigung als Teil des zusammengesetzten Rechtsgeschäfts »Änderungskündigung« angreift, geschieht dies gerade vor Eintritt der aufschiebenden Bedingung, mit der die Annahme des Änderungsangebots unter Vorbehalt regelmäßig konkludent verknüpft ist (s. KR-*Kreft* § 2 KSchG Rdn 112). Kommt es zum Bedingungseintritt und damit zur Annahme unter Vorbehalt ist im Rahmen von § 4 S. 2 KSchG nur noch das mit der Kündigung verbundene **Änderungsangebot** streitbefangen. Mit dessen Annahme unter dem Vorbehalt des § 2 S. 1 KSchG ist die Beendigungskündigung als solche weggefallen (*BAG* 22.10.2015 EzA § 2 KSchG Nr. 93; 26.1.2012 EzA § 2 KSchG Nr. 84; s. KR-*Kreft* § 2 KSchG Rdn 16 f., 108). Durch § 8 KSchG wird bei dieser Betrachtung nicht die Unwirksamkeit der Beendigungskündigung, sondern wegen der Unwirksamkeit des Änderungsangebots als des anderen Teils der Änderungskündigung die rückwirkende Auflösung des vorläufig zustande gekommenen Änderungsvertrags herbeigeführt (*BAG* 26.1.2012 EzA § 2 KSchG Nr. 84).

7 § 8 KSchG in seiner seit dem 1.1.2004 geltenden Fassung erfasst dem Wortlaut nach nur den Fall der **Sozialwidrigkeit** der Änderung der Vertragsbedingungen. Die Vorschrift entspricht insoweit § 4 S. 2 KSchG aF, der für die Abwehr einer Änderungskündigung einen Klageantrag gerichtet auf die Feststellung verlangte, dass die Änderung der Arbeitsbedingungen sozial ungerechtfertigt

ist. Die Beschränkung der Änderungsschutzklage auf die Frage der Sozialwidrigkeit wurde immer schon als **zu eng** angesehen. Der Gesetzgeber hat es unterlassen, die Fassung des § 8 KSchG der des geltenden, diese Kritik aufnehmenden § 4 S. 2 KSchG anzugleichen. Nach § 4 S. 2 KSchG kann das Fehlen der sozialen Rechtfertigung und/oder die Rechtsunwirksamkeit des Änderungsangebots aus einem anderen Grund geltend gemacht werden (s. KR-*Rost/Klose* § 7 KSchG Rdn 4, 5). Streitgegenstand der Klage ist dann die **(Un-)Wirksamkeit der Änderung** unter **allen** rechtlichen Gesichtspunkten. Dementsprechend ist die Klage zu richten auf die Feststellung, dass die Änderung der Arbeitsbedingungen sozial ungerechtfertigt und/oder dass sie (aus einem anderen Grund) rechtsunwirksam ist (s. KR-*Kreft* § 2 KSchG Rdn 245 f.).

Entsprechend weit ist § 8 KSchG auszulegen. Die Änderungskündigung gilt als von Anfang an rechtsunwirksam immer dann, wenn das Gericht entsprechend dem Klageantrag die **Unwirksamkeit** – nicht zwingend wegen Sozialwidrigkeit – der **Änderung der Arbeitsbedingungen** feststellt. Die Unwirksamkeit des Änderungsangebots kann sich zB auch aus dessen Unbestimmtheit oder Sittenwidrigkeit ergeben. Spätestens angesichts von § 4 S. 2 KSchG in seiner jetzigen Fassung ist davon auszugehen, dass auch in den Fällen, in denen für die Prüfung der Sozialwidrigkeit der Änderung der Vertragsbedingungen kein Anlass besteht, die in § 8 KSchG angeordnete Rechtsfolge eintreten soll (ErfK-*Kiel* § 8 Rn 2; AR-*Lukas* § 8 Rn 3; *LSW-Spinner* § 8 Rn 2; vgl. auch *Richardi* ZfA 1971, 101, 102; *Schaub* RdA 1970, 236). 8

Ist schon die **Kündigungserklärung** als solche etwa wegen Verstoßes gegen § 102 Abs. 1 BetrVG oder gegen § 168 SGB IX 2018 unwirksam, bedarf es des § 8 KSchG genau genommen nicht. Rechtsfolge eines aus diesem Grund erfolgreichen Antrags nach § 4 S. 2 KSchG ist stets die Unwirksamkeit der Kündigung ex tunc. Ein (auflösend bedingter) vorläufiger Änderungsvertrag wiederum ist wegen des Nichteintritts der aufschiebenden Bedingung, mit der die Annahme unter dem Vorbehalt des § 2 S. 1 KSchG (konkludent) verbunden war (s. KR-*Kreft* § 2 KSchG Rdn 110), dann gar nicht eingegangen worden. 9

D. Abwicklung der Rückwirkung

I. Ansprüche des Arbeitnehmers

Erstreitet der Arbeitnehmer ein **obsiegendes Urteil** im Änderungsschutzverfahren, hat er neben dem selbstverständlichen Anspruch auf künftige Beschäftigung zu den ursprünglichen Bedingungen den Anspruch so gestellt zu werden, als habe er ununterbrochen zu den alten Bedingungen gearbeitet. Maßgebender Zeitpunkt ist dabei der der Rechtskraft des Urteils. Bis dahin hat der Arbeitnehmer grds. zu den geänderten Bedingungen zu arbeiten (iE s. KR-*Kreft* § 2 KSchG Rdn 249). 10

Bei dem aus § 8 KSchG resultierenden Anspruch handelt es sich um einen vertraglichen **Erfüllungsanspruch** aus § 611 BGB, nicht etwa einen Anspruch aus ungerechtfertigter Bereicherung. Der ursprüngliche Vertrag ist als ununterbrochen gültig zu betrachten. Bestand das Ziel der Änderungskündigung in der Minderung des Arbeitsentgelts bei unveränderter Arbeitsleistung, sind die **Differenzbeträge** nachzuzahlen (AR-*Lukas* § 8 Rn 5). 11

Hatte der Arbeitgeber eine **Kürzung der Arbeitszeit** angeboten – etwa von einer Vollbeschäftigung von acht Stunden auf eine Teilzeitbeschäftigung von vier Stunden –, so besteht ein Anspruch des Arbeitnehmers auf das ihm für die volle Arbeitszeit zustehende Gehalt. In diesem Fall ist gem. § 611, § 615 BGB Arbeitsentgelt ohne Arbeitsleistung zu zahlen. Der Anspruch berechnet sich wie auch sonst im Fall von § 615 BGB. Es gilt das **Lohnausfallprinzip**. Zuschläge, die nur die Erschwernisse tatsächlich ausgeübter Tätigkeit ausgleichen sollen, sind folglich nicht nachzuentrichten, anders Zulagen reinen Entgeltcharakters (vgl. etwa *BAG* 18.9.2002 EzA § 87 BetrVG 2001 Arbeitszeit Nr. 1). Für den Anspruch kann auch in anderer Hinsicht nichts anderes gelten als für den Anspruch des Arbeitnehmers auf Zahlung des Arbeitsentgelts für Zeiten der Nichtbeschäftigung im normalen Kündigungsschutzverfahren. Der Anspruch bemisst sich folglich nach § 11 **KSchG** – zumindest in entsprechender Anwendung – iVm **§ 615 S. 2 BGB** (vgl. dazu *BAG* 17.11.2011 EzA § 615 BGB 2002 Nr. 35; im Ergebnis ebenso ErfK-*Kiel* § 8 Rn 2; APS-*Künzl* § 8 Rn 10; *LSW-Spinner* § 8 12

Rn 5 über § 159 BGB; zum Verhältnis von § 11 KSchG und § 615 S. 2 BGB vgl. *BAG* 17.11.2011 EzA § 615 BGB 2002 Nr. 35; 17.8.2011 EzA § 615 BGB 2002 Nr. 34). Der Arbeitnehmer muss dem Arbeitgeber seine **Arbeitskraft** für den zwischenzeitlich weggefallenen Teil der Arbeitszeit **angeboten** haben, was er regelmäßig mit der Annahme des Angebots unter Vorbehalt zum Ausdruck gebracht hat. Gem. § 11 Nrn. 1–3 KSchG muss er sich auf das nachzuentrichtende Arbeitsentgelt anrechnen lassen, was

1. er durch **anderweitige Arbeit** tatsächlich verdient hat – die Annahme einer weiteren (Teilzeit-) Arbeit in der größer gewordenen Freizeit ist immerhin denkbar. Der Arbeitnehmer muss sich aber **nicht jeden** im Verzugszeitraum erzielten **Zusatzverdienst** anrechnen lassen. Anrechnungspflichtig ist nur derjenige Verdienst, der durch die anderweitige Verwendung desjenigen Teils der Arbeitskraft erwerben wurde, welche der Arbeitnehmer dem Arbeitgeber unter den ursprünglichen Vertragsbedingungen hätte zur Verfügung stellen müssen (vgl. *BAG* 6.9.1990 EzA § 615 BGB Nr. 67; 16.5.1969 EzA § 74c HGB Nr. 4; 1.3.1958 BAGE 5, 219 f.). Danach bleibt während der Dauer des Annahmeverzugs ein Nebenverdienst insoweit unberücksichtigt, wie er auch bei Erfüllung der arbeitsvertraglichen Pflichten möglich gewesen wäre. Wird der Verdienst durch Arbeitsleistungen in der in jedem Fall freien Zeit erzielt, so unterliegt er nicht der Anrechnung (*BAG* 14.8.1974 EzA § 615 BGB Nr. 26);
2. er zu verdienen böswillig **unterlassen hat** – in Frage kommt allenfalls das Ausschlagen des Angebots einer weiteren Teilzeitarbeit; ob die Eingehung einer solchen weiteren Arbeitsverpflichtung zumutbar ist, hängt von der zeitlichen Lage, dem zeitlichen Umfang und den sonstigen Umständen der angebotenen zusätzlichen Arbeit ab; ein böswilliges Unterlassen der Annahme einer zumutbaren Arbeit gem. § 11 Satz 1 Nr. 2 KSchG kommt auch dann in Betracht, wenn der Arbeitnehmer die Fortsetzung des Arbeitsverhältnisses zu geänderten Arbeitsbedingungen ablehnt, die Unzumutbarkeit der Arbeit folgt nicht allein daraus, dass der Arbeitgeber die Fortsetzung derselben Arbeit zu einer verminderten Vergütung anbietet, doch ist die Zumutbarkeit der neuen Arbeitsbedingungen nicht schon deshalb zu bejahen, weil der Arbeitnehmer Kündigungsschutzklage erhoben hat und damit die Rechtfertigung der Änderung gerichtlich überprüft wird (*BAG* 16.6.2004 – 5 AZR 508/03, EzA § 615 BGB 2002 Nr. 7;
3. ihm an **öffentlich-rechtlichen Leistungen** infolge (Teil-)Arbeitslosigkeit gezahlt worden ist – in Frage kommen insoweit vor allem Leistungen aus der Sozialversicherung, der Arbeitslosenversicherung und dem SGB II (s. KR-*Spilger* § 11 KSchG Rdn 51 ff.).

Zur Ermittlung des anderweitigen Verdienstes iSv § 11 KSchG, § 615 S. 2 BGB ist eine vergleichende **Gesamtberechnung** anzustellen. Dazu ist zunächst die Vergütung für die auf Grund des Verzugs des Arbeitgebers nicht geleisteten Dienste zu ermitteln. Dieser Gesamtvergütung ist gegenüberzustellen, was der Arbeitnehmer während des gesamten Zeitraums anderweitig erworben hat (*BAG* 24.9.2014 EzA § 4 TVG Ausschlussfristen Nr. 209 mwN; 11.10.2006 EzA § 615 BGB 2002 Nr. 18; 22.11.2005 EzA § 615 BGB 2002 Nr. 14).

13 Die gesetzlich angeordnete Rückwirkung der Wiederherstellung der alten Vertragsbedingungen wird allerdings bei **anderen als finanziellen** Ansprüchen regelmäßig nicht durchführbar sein. Die **Versetzung** an einen anderen Arbeitsplatz als solche etwa kann tatsächlich ebenso wenig ungeschehen gemacht werden wie ein **Wechsel** von der festen **Arbeitszeit** in die Wechselschicht. War mit einem derartigen Wechsel keine Minderung des Arbeitsentgelts verbunden, wird eine Rückwirkung ins Leere gehen. Das gilt nicht mit Blick auf mögliche **höhere Unkosten** – zB Fahrtkosten –, die der Arbeitnehmer im Zusammenhang etwa mit einer Versetzung gehabt hat; wären sie ihm an seinem alten Arbeitsplatz nicht entstanden, sind sie ihm – wohl nach § 670 BGB – zu erstatten (vgl. iE auch APS-*Künzl* § 8 Rn 11). Anders als § 615 S. 2 BGB sieht § 11 KSchG die Anrechnung von **ersparten Kosten** – etwa Fahrtkosten – nicht vor. Da § 11 KSchG für den Fall von (Änderungs-)Kündigungen insoweit lex specialis ist und die Gesetzesmaterialien einen entsprechenden Willen der Verfasser des Gesetzesentwurfs erkennen lassen (vgl. RdA 1950, 64; RdA 1951, 64) kommt dieser Bestimmung Vorrang zu (s. KR-*Spilger* § 11 KSchG Rdn 59; krit., aber iE wohl ebenso *LKB/ Linck* § 11 Rn 48; so auch APS-*Künzl* § 8 Rn 16).

II. Verjährungsfristen, Ausschlussfristen

Tarifliche Ausschlussfristen und **Verjährungsfristen** hinsichtlich der vorgenannten Ansprüche des Arbeitnehmers beginnen erst mit **Rechtskraft** des obsiegenden Urteils (so auch AR-*Lukas* § 8 Rn 6; APS-*Künzl* § 8 Rn 18; *LKB/Linck* § 4 Rn 50; *Thür. LAG* 18.12.1996 LAGE § 2 KSchG Nr. 21; aA *LAG Frankf.* 9.2.1989 – 3 Sa 745/88). Bis zu diesem Zeitpunkt fehlt es an der Fälligkeit der Ansprüche, weil das Arbeitsverhältnis bis dahin mit dem – vorläufig – geänderten Inhalt durchzuführen ist. Die in § 8 KSchG angeordnete Rückwirkung besagt daher nichts über den Fälligkeitszeitpunkt (vgl. auch *LSW-Spinner* § 8 Rn 4). Eine vor Rechtskraft der Entscheidung über die Änderungsschutzklage erhobene Klage des Arbeitnehmers auf Zahlung der Vergütungsdifferenz ist daher – als »derzeit unbegründet« – abzuweisen (so auch AnwK-ArbR/*Dreher* § 8 KSchG Rn 5; vgl. *Thür. LAG* 18.12.1996 LAGE § 2 KSchG Nr. 21, wonach auch eine Aussetzung wegen Vorgreiflichkeit des Änderungsschutzverfahrens nicht in Betracht kommt – diese Auffassung erscheint als zu eng).

14

III. Pflichtenverstöße des Arbeitnehmers während der Zwischenzeit

Während der Dauer des Kündigungsschutz-/Änderungsschutzverfahrens nach § 4 S. 1 KSchG oder § 4 S. 2 KSchG gelten prozessrechtlich bzw. individualvertraglich – wenn auch auflösend bedingt – die vom Arbeitnehmer unter Vorbehalt akzeptierten Vertragsbedingungen. Aus ihnen, nicht aus den vorläufig abgelösten bisherigen Vertragsbedingungen ergeben sich die gegenseitigen Pflichten der Arbeitsvertragsparteien für die Dauer des Klageverfahrens. Daran vermag § 8 KSchG auch insofern nichts mehr zu ändern, als **Verstöße des Arbeitnehmers** gegen seine vorläufig geltenden **Verhaltenspflichten** nicht dadurch ungeschehen werden, dass dieser im Änderungsschutzverfahren schließlich obsiegt. **Abmahnungen** wegen einer Verletzung der vorübergehend geänderten Hauptleistungspflicht – etwa der Pflicht zur Arbeit unter anderen inhaltlichen und/oder örtlichen Vorgaben – oder einer vorübergehend verschärften Nebenpflicht – etwa der Pflicht zur Abgabe einer Arbeitsunfähigkeitsbescheinigung schon für den ersten Fehltag (vgl. dazu *LAG BW* 25.6.2010 – 20 Sa 68/09; die Parteien haben sich nach Beendigung des Revisionsverfahrens [*BAG* 15.12.2011 – 2 AZR 715/10], das zur Zurückverweisung der Sache an das Landesarbeitsgericht führte, verglichen und auf die Abfassung von Urteilsgründen verzichtet) – behalten ihre Wirksamkeit auch nach rückwirkendem Wiedereintritt der früheren Vertragsbedingungen (so auch *Waldenfels* ArbRAktuell 2012, 211). Rechtfertigen die Verstöße gegen die vorübergehend beachtlichen Verhaltenspflichten gar eine verhaltensbedingte (außerordentliche) **Kündigung**, fällt auch dann die Pflichtverletzung aufgrund des späteren Obsiegens im Änderungsschutzverfahren nicht etwa wegen § 8 KSchG nachträglich weg. Im Prozess über die Wirksamkeit einer solchen verhaltensbedingten Kündigung ist allerdings bei der Prüfung der Zumutbarkeit einer Weiterbeschäftigung im Rahmen von § 626 Abs. 1 BGB, § 1 Abs. 2 KSchG zu berücksichtigen, dass ein gleichartiger Pflichtenverstoß künftig schon wegen des Wegfalls der verletzten Vertragspflichten nicht zu erwarten steht.

15

E. Außerordentliche Änderungskündigung

Folgt man der Auffassung, dass bei Vorliegen der allgemeinen Voraussetzungen für die Anwendung des KSchG auch bei Ausspruch einer **außerordentlichen Änderungskündigung** gem. § 13 iVm § 2 KSchG ein Änderungsschutzverfahren durchgeführt werden kann (s. KR-*Kreft* § 2 KSchG Rdn 52), dann ist konsequenterweise § 8 KSchG auch in diesem Fall anwendbar (so auch APS-*Künzl* § 8 Rn 19). Stellt das Gericht die Unwirksamkeit der fristlosen Änderung der Vertragsbedingungen fest, gilt diese Änderung von Anfang an als rechtsunwirksam. Der Arbeitnehmer ist auch hier so zu stellen, als habe das Arbeitsverhältnis ununterbrochen zu den ursprünglichen Bedingungen bestanden. Wegen der Einzelheiten der zu erfolgenden Abwicklung wird auf die Ausführungen zur fristgerechten Änderungskündigung Bezug genommen (s. Rdn 10–14).

16

§ 9 KSchG Auflösung des Arbeitsverhältnisses durch Urteil des Gerichts; Abfindung des Arbeitnehmers

(1) ¹Stellt das Gericht fest, dass das Arbeitsverhältnis durch die Kündigung nicht aufgelöst ist, ist jedoch dem Arbeitnehmer die Fortsetzung des Arbeitsverhältnisses nicht zuzumuten, so hat das Gericht auf Antrag des Arbeitnehmers das Arbeitsverhältnis aufzulösen und den Arbeitgeber zur Zahlung einer angemessenen Abfindung zu verurteilen. Die gleiche Entscheidung hat das Gericht auf Antrag des Arbeitgebers zu treffen, wenn Gründe vorliegen, die eine den Betriebszwecken dienliche weitere Zusammenarbeit zwischen Arbeitgeber und Arbeitnehmer nicht erwarten lassen. ²Arbeitnehmer und Arbeitgeber können den Antrag auf Auflösung des Arbeitsverhältnisses bis zum Schluß der letzten mündlichen Verhandlung in der Berufungsinstanz stellen.

(2) Das Gericht hat für die Auflösung des Arbeitsverhältnisses den Zeitpunkt festzusetzen, an dem es bei sozial gerechtfertigter Kündigung geendet hätte.

Übersicht	Rdn		Rdn
A. Entstehungsgeschichte	1	IV. Auflösungsgründe für den Arbeitgeber	61
B. Sinn und Zweck der Regelung	8	1. Beurteilungsmaßstäbe	61
C. Verfahrensrechtliche Voraussetzungen des Auflösungsurteils	15	2. Beurteilungszeitpunkt	65
I. Anhängiger Kündigungsrechtsstreit	15	3. Konkretisierung der gesetzlichen Voraussetzungen	66
II. Antrag	18	4. Rechtsmissbräuchliche Antragstellung	72
1. Antragsberechtigte	18	5. Darlegungs- und Beweislast	74
2. Rechtsnatur des Antrages	19	6. Besonderheiten bei betriebsverfassungsrechtlichen Funktionsträgern und kündigungsrechtlich sonst besonders geschützten Personen	76
3. Form und Inhalt des Antrages	21	7. Sonderregelung für leitende Angestellte	78
4. Zeitpunkt der Antragstellung	23	8. Sonderregelung für Arbeitnehmer bei den Stationierungsstreitkräften	79
5. Rücknahme und Verzicht	26	V. Rechtslage bei beiderseitigem Auflösungsantrag	80
D. Materiell-rechtliche Voraussetzungen des Auflösungsurteils	30	1. Prozessuale Fragen	80
I. Sozialwidrigkeit der Kündigung	30	2. Beurteilungsmaßstäbe	81
1. Begriff der Sozialwidrigkeit	30	3. Vergleichsweise Auflösung	83
2. Rechtslage bei mehreren Unwirksamkeitsgründen sowie bei außerordentlicher oder sittenwidriger Kündigung	31	E. Verhältnis zum Nachteilsausgleich nach § 113 BetrVG sowie zu Abfindungsregelungen in Sozialplänen oder Abfindung nach § 1a KSchG	84
3. Besonderheiten bei der Änderungskündigung	37	I. Verhältnis zu § 113 BetrVG	84
4. Kündigung nach Einigungsvertrag	38	II. Verhältnis zu Abfindungsregelungen in Sozialplänen	91
II. Bestand des Arbeitsverhältnisses zum Auflösungszeitpunkt	39	III. Verhältnis zu Abfindung nach § 1a KSchG	96
1. Auflösungszeitpunkt	39	F. Das Urteil	97
2. Beendigung des Arbeitsverhältnisses aus anderen Gründen vor dem Auflösungszeitpunkt	41	I. Entscheidungsmöglichkeiten	97
3. Anderweitige Beendigung des Arbeitsverhältnisses bei Erlass des Auflösungsurteils	43	II. Der Urteilstenor	98
III. Auflösungsgründe für den Arbeitnehmer	45	1. Klageabweisung	98
1. Begriff der Unzumutbarkeit	45	2. Teilweise Klagestattgabe	99
2. Beurteilungsmaßstäbe	46	3. Klagestattgabe	101
3. Beurteilungszeitpunkt	50	III. Kosten	105
4. Konkretisierung des Begriffs der Unzumutbarkeit	51	1. Bei alleinigem Auflösungsantrag des Arbeitnehmers	106
5. Rechtsmissbräuchliche Antragstellung	56		
6. Darlegungs- und Beweislast	58		

		Rdn			Rdn
2.	Bei alleinigem Auflösungsantrag des		5.	Bei Angabe bestimmten	
	Arbeitgebers	107		Auflösungszeitpunktes	110
3.	Bei beiderseitigem Auflösungsantrag.	108	IV.	Streitwert	111
4.	Bei bezifferter Abfindung	109	V.	Vollstreckung	114
			VI.	Rechtsmittel	115

A. Entstehungsgeschichte

Das **BRG**, das **AOG** und die hinsichtlich des Kündigungsschutzes von denselben Grundsätzen ausgehenden Ländergesetze stellten es in das freie Ermessen des Arbeitgebers, ob er statt des Widerrufs einer sozialwidrigen Kündigung dem Arbeitnehmer eine Entschädigung zahlte. Bereits in dem von den Militärregierungen nicht genehmigten **KSchG des Wirtschaftsrats (WRG)** der Bizone (vgl. hierzu RdA 1949, 331) war eine gerichtliche Auflösung des Arbeitsverhältnisses auf Antrag der Parteien vorgesehen. Als alleinigen Auflösungsgrund sah das WRG für beide Arbeitsvertragsparteien die Unzumutbarkeit der Fortsetzung des Arbeitsverhältnisses vor. Nur in diesem Fall hatte das Gericht das Arbeitsverhältnis auf Antrag einer Partei aufzulösen und den Arbeitgeber zur Zahlung einer Entschädigung zu verurteilen. 1

Der **Hattenheimer Entwurf** (vgl. RdA 1950, 63) übernahm insofern die Grundkonzeption des WRG, als er ebenfalls eine beiderseitige Antragsmöglichkeit der Parteien für eine gerichtliche Auflösung des Arbeitsverhältnisses enthielt. Während er bei dem Auflösungsantrag des Arbeitnehmers an dem Merkmal der »Unzumutbarkeit« festhielt, sah er für den Arbeitgeber eine gerichtliche Auflösung des Arbeitsverhältnisses gegen Zahlung einer Entschädigung dann vor, wenn er »dringende betriebliche Gründe« geltend machen konnte (vgl. hierzu die krit. Stellungnahme von *A. Hueck* RdA 1950, 66). 2

Die gerichtliche Auflösung des Arbeitsverhältnisses auf Antrag des Arbeitgebers war Gegenstand besonders eingehender Beratungen zwischen den Sozialpartnern. Die Sozialpartner einigten sich schließlich darauf, dass der bloße Antrag des Arbeitgebers zur Auflösung des Arbeitsverhältnisses durch das Gericht nicht genügen sollte. Das **KSchG 1951** übernahm in § 7 Abs. 1 S. 2 den zwischen den Sozialpartnern erzielten Einigungsvorschlag, indem es eine auf Antrag des Arbeitgebers beantragte gerichtliche Auflösung des Arbeitsverhältnisses nur dann zuließ, wenn der Arbeitgeber Gründe anführte, die eine den Betriebszwecken dienliche weitere Zusammenarbeit nicht erwarten ließen. Eine Beweislast sollte dem Arbeitgeber jedoch wegen der angeblichen Schwierigkeit, eine Zerrüttung persönlicher Beziehungen zu beweisen, nicht obliegen (vgl. RdA 1951, 64). 3

Die Bestimmung des § 9 Abs. 1 S. 2 KSchG (früher § 7 Abs. 1 S. 2) wurde durch das **Erste Arbeitsrechtsbereinigungsgesetz** vom 14.8.1969 (BGBl. I S. 1106) neu gefasst. Während die Voraussetzungen für den Auflösungsantrag des Arbeitnehmers unverändert geblieben sind, hat der Gesetzgeber die Anforderungen an eine vom Arbeitgeber beantragte Auflösung des Arbeitsverhältnisses im Interesse eines verstärkten Bestandsschutzes verschärft. Die wichtigste Änderung gegenüber der seitherigen Rechtslage besteht in einer **Neuregelung der Beweislast**. Nach § 7 Abs. 1 S. 2 KSchG aF musste der Arbeitgeber zur Begründung seines Auflösungsantrages lediglich das Vorliegen von Gründen behaupten, die eine den Betriebszwecken dienliche weitere Zusammenarbeit zwischen Arbeitnehmer und Arbeitgeber nicht erwarten ließen. Dagegen war er von der Beweispflicht befreit. Für den Fall, dass der Vortrag des Arbeitgebers an sich geeignet war, den Auflösungsantrag zu rechtfertigen, oblag dem Arbeitnehmer die Beweislast für die Unrichtigkeit der vom Arbeitgeber vorgebrachten Auflösungsgründe, und zwar in den wesentlichen Punkten. Dies ergab sich aus der durch das Erste Arbeitsrechtsbereinigungsgesetz aufgehobenen Bestimmung des § 7 Abs. 1 S. 3 KSchG aF. Danach war der Antrag des Arbeitgebers abzulehnen, wenn der Arbeitnehmer die Unrichtigkeit dieser Gründe in wesentlichen Punkten beweisen konnte oder wenn die Kündigung offensichtlich willkürlich oder aus wichtigen Gründen unter Missbrauch der Machtstellung des Arbeitgebers im Betrieb erfolgt war. 4

5 Durch die Neufassung des § 9 Abs. 1 S. 2 KSchG durch das Erste Arbeitsrechtsbereinigungsgesetz wurde diese – den Arbeitnehmer ohne sachlichen Grund benachteiligende – Beweislastregelung beseitigt (vgl. hierzu die Begründung des RegE in BT-Drucks. V/3913 zu Art. 1 Nr. 6) und dem Arbeitgeber die Beweislast für die von ihm vorzutragenden Auflösungsgründe auferlegt (vgl. zu den Änderungen des Ersten Arbeitsrechtsbereinigungsgesetzes: *Fitting* DB 1969, 1459; *Hromadka* NJW 1969, 1641; *Wenzel* MDR 1969, 881 ff. und 968 ff.; *ders.* BB 1969, 1402 ff.; *Monjau* BB 1969, 1042 ff.).

6 Eine weitere durch das Erste Arbeitsrechtsbereinigungsgesetz eingetretene Änderung gegenüber der seitherigen Rechtslage besteht darin, dass die im Einzelfall vom Gericht festzusetzende Abfindung »**angemessen**« sein muss. Durch die Festlegung der Angemessenheit der Abfindung in § 9 Abs. 1 S. 1 hat sich der Gesetzgeber veranlasst gesehen, die für die Bemessung der Abfindung maßgebliche Bestimmung des § 8 Abs. 2 KSchG aF ersatzlos zu streichen (vgl. BT-Drucks. V/3913 zu Art. 1 Nr. 6, S. 9). Danach hatte das Gericht bei der Festsetzung der Abfindung insbes. die Dauer der Betriebszugehörigkeit des Arbeitnehmers sowie die wirtschaftliche Lage des Arbeitnehmers und des Arbeitgebers angemessen zu berücksichtigen. Insbes. die Berücksichtigung der wirtschaftlichen Lage des Arbeitnehmers hatte sich nach der Ansicht der Bundesregierung als nicht sachgerechter Bemessungsfaktor für die Abfindung erwiesen, da hierdurch solche Arbeitnehmer benachteiligt seien, die von der Möglichkeit der staatlich geförderten Vermögensbildung Gebrauch machen würden.

7 Die durch das Erste Arbeitsrechtsbereinigungsgesetz erfolgte Neufassung des § 9 Abs. 1 S. 1 KSchG muss aus systematischen Gründen als verfehlt angesehen werden. Die Frage der »Angemessenheit« der Abfindung berührt deren Höhe und damit den Regelungsgehalt des § 10 (vgl. *LKB-Linck* Rn 1). Aus systematischer Sicht wäre es daher zweckmäßiger gewesen, wenn der Gesetzgeber in § 10 den Grundsatz der Angemessenheit der Abfindung geregelt und zur gesetzlichen Konkretisierung dieses unbestimmten Rechtsbegriffes Bemessungsfaktoren für die Höhe der Abfindung festgelegt hätte (vgl. *Becker/Rommelspacher* ZRP 1976, 43).

8 Auf Risikoträger und Risikoträgerinnen bedeutender Kreditinstitute, deren jährliche fixe Vergütung das Dreifache der Beitragsbemessungsgrenze in der allgemeinen Rentenversicherung im Sinne des § 159 des Sechsten Buches Sozialgesetzbuch überschreitet und die keine Geschäftsführer, Betriebsleiter und ähnliche leitende Angestellte sind, die zur selbstständigen Einstellung oder Entlassung von Arbeitnehmern berechtigt sind, findet gem. § 25a Abs. 5a des **Kreditwesengesetzes** § 9 Abs. 1 S. 2 KSchG mit der Maßgabe Anwendung, dass der Antrag des Arbeitgebers auf Auflösung des Arbeitsverhältnisses keiner Begründung bedarf. § 14 Abs. 1 KSchG bleibt unberührt.

B. Sinn und Zweck der Regelung

9 Das KSchG ist ein »**Bestandsschutzgesetz**« und kein »Abfindungsgesetz« (**ausdrücklich** so jetzt auch *BVerfG* [2. Kammer des Ersten Senats] 22.10.2004 EzA § 9 KSchG nF Nr. 49; vgl. *BAG* 7.3.2002 EzA § 9 KSchG nF Nr. 45; *BAG* 5.11.1964 EzA § 7 KSchG Nr. 1; krit. *Willemsen* NJW 2000, 2779, 2780, der aber auf den präventiven Charakter des Gesetzes nicht eingeht; gegen eine rein abfindungsrechtliche Regelung *Dorndorf* BB 2000, 1938). Damit weicht es sowohl vom BRG von 1920 als auch vom AOG von 1934 ab, die beide dem im Kündigungsrechtsstreit unterlegenen Arbeitgeber ein Wahlrecht einräumten, den Arbeitnehmer entweder weiterzubeschäftigen oder ihm eine Abfindung zu zahlen. Die Bestimmung des § 9 KSchG fügt sich insofern in das dem KSchG zugrundeliegende legislative Grundmodell ein, als sie im Falle einer sozialwidrigen Kündigung dem Fortbestand des Arbeitsverhältnisses den Vorrang einräumt. Trotz dieser legislativen Grundentscheidung endet die überwiegende Mehrzahl der Kündigungsrechtsstreitigkeiten nicht mit einem die Sozialwidrigkeit einer Kündigung feststellenden Urteil, sondern mit einem zum Verlust des Arbeitsplatzes führenden Abfindungsvergleich (vgl. hierzu den Forschungsbericht des Max-Planck-Instituts in Hamburg »Kündigungspraxis und Kündigungsschutz in der Bundesrepublik Deutschland«, Bd. I S. 147 ff.).

Die in § 9 KSchG vorgesehene Möglichkeit einer auf Antrag der Parteien erfolgenden gericht- 10
lichen Auflösung des Arbeitsverhältnisses trotz Sozialwidrigkeit der vom Arbeitgeber ausgesprochenen Kündigung bedeutet eine **Durchbrechung des Bestandsschutzprinzips** (ebenso SPV-*Vossen* Rn 2088). Um der unterschiedlichen Interessenlage von Arbeitgeber und Arbeitnehmer Rechnung zu tragen, hielt es der Gesetzgeber für erforderlich, die Auflösungsgründe unterschiedlich auszugestalten. Während der Arbeitgeber im Kündigungsrechtsstreit stets sein – bereits durch den Ausspruch der Kündigung geäußertes – Beendigungsinteresse verfolgt, zeichnet sich die Interessenlage beim Arbeitnehmer dadurch aus, dass es ihm entweder um den Erhalt seines Arbeitsplatzes oder um einen finanziellen Ausgleich für den Verlust seines Arbeitsplatzes geht. Dem Beendigungsinteresse des Arbeitgebers steht somit entweder das Bestandsschutz- oder das Abfindungsinteresse des Arbeitnehmers gegenüber. Zur Lösung dieses Interessenkonflikts hat es der Gesetzgeber für erforderlich gehalten, eine gerichtliche Auflösung des Arbeitsverhältnisses nur auf Antrag der Parteien sowie nur bei Vorliegen bestimmter Auflösungsgründe zu ermöglichen. Damit hat er weder dem Arbeitgeber noch dem Arbeitnehmer ein unabhängig von dem Vorliegen von Auflösungsgründen auszuübendes Wahlrecht zwischen der Fortsetzung des Arbeitsverhältnisses und seiner Auflösung gegen Zahlung einer Abfindung eingeräumt (zu legislativen Gestaltungsmöglichkeiten de lege ferenda vgl. *Becker/ Rommelspacher* ZRP 1976, 43; *BRA* Mitglieder-Info Dezember 2004, 4).

Der insbes. in § 1 KSchG verankerte Bestandsschutz ist vergleichbar mit dem im Schadensersatz- 11
recht geltenden Grundsatz der Naturalrestitution (§ 249 BGB), während die nach § 9 KSchG erfolgende Auflösung des Arbeitsverhältnisses gegen Abfindung funktional mit der im Schadensersatzrecht unter bestimmten Voraussetzungen (vgl. §§ 250 ff. BGB) möglichen Entschädigung in Geld zu vergleichen ist. Die im Wege eines richterlichen Gestaltungsurteils sich vollziehende Auflösung des Arbeitsverhältnisses stellt zwar formaliter eine Durchbrechung des Bestandsschutzprinzips dar (aA *St. Müller* Diss., S. 47). Da eine gerichtliche Auflösung des Arbeitsverhältnisses aber stets nur gegen Zahlung einer angemessenen Abfindung erfolgen darf, handelt es sich bei der Bestimmung des § 9 KSchG nicht um eine Ausnahme von der in § 1 KSchG enthaltenen Regel, sondern um eine Ergänzung (ebenso *Hofmann* ZfA 1970, 76; iE auch *St. Müller* Diss., S. 47). Bei einer Auflösung des Arbeitsverhältnisses gem. § 9 KSchG werden die dem Arbeitnehmer durch den Verlust des Arbeitsplatzes entstehenden Nachteile in pauschalierter Form in Gestalt der Abfindung abgegolten.

Bei dem **Auflösungsantrag des Arbeitnehmers** hat es der Gesetzgeber für zweckmäßig erachtet, 12
an das Merkmal der »Unzumutbarkeit« anzuknüpfen. Die zur Konkretisierung dieses unbestimmten Rechtsbegriffs erforderlichen Wertungsmaßstäbe sind dabei unter Beachtung der spezifischen Schutzzwecke des KSchG zu ermitteln (so zutr. *Hofmann* ZfA 1970, 77). Dabei ist insbes. zu berücksichtigen, dass die Auflösung des Arbeitsverhältnisses gegen Abfindung nur eine kapitalisierte Form des Bestandsschutzes ist. Es darf auch nicht verkannt werden, dass der die Abfindungszahlung rechtfertigende Grund primär in der Sozialwidrigkeit der Kündigung zu erblicken ist.

Der Gesetzgeber geht davon aus, dass dem Arbeitnehmer bei bestimmten Fallkonstellationen die 13
Fortsetzung des Arbeitsverhältnisses trotz Vorliegens einer sozialwidrigen Kündigung zumutbar ist. Aus dieser gesetzlichen Wertung ergibt sich, dass der Tatbestand einer sozialwidrigen Kündigung keineswegs dem »wichtigen Grund« iSd § 626 Abs. 1 BGB gleichgesetzt werden darf. Mit dem Normzweck des § 9 Abs. 1 S. 1 KSchG steht es auch nicht im Einklang, die im Rahmen des § 626 BGB zum Begriff der Unzumutbarkeit entwickelten Wertungsmaßstäbe uneingeschränkt auf den Auflösungsantrag des Arbeitnehmers zu übertragen (vgl. hierzu Rdn 45–49).

In dem Fall des **allein vom Arbeitgeber gestellten Auflösungsantrages** stehen sich das Beendi- 14
gungsinteresse des Arbeitgebers und das Bestandsschutzinteresse des Arbeitnehmers gegenüber. Das Gesetz löst diesen Interessenkonflikt in der Weise, dass es die gerichtliche Auflösung des Arbeitsverhältnisses nur dann zulässt, wenn Gründe vorliegen, die eine den Betriebszwecken dienliche weitere Zusammenarbeit zwischen den Parteien nicht erwarten lassen. Die Auflösung des Arbeitsverhältnisses auf Antrag des Arbeitgebers bedeutet für den Arbeitnehmer den Verlust des Arbeitsplatzes, und zwar trotz Vorliegens einer sozialwidrigen Kündigung. Für den Arbeitgeber stellt diese Beendigungsmöglichkeit eine Ergänzung des kündigungsrechtlichen Instrumentariums dar. Obgleich

die Beendigung des Arbeitsverhältnisses erst durch die Gestaltungswirkung des Urteils eintritt, darf diese rechtstechnische Ausgestaltung nicht darüber hinwegtäuschen, dass der Arbeitgeber durch die Regelung des § 9 Abs. 1 S. 2 KSchG ein prozessuales Lösungsinstrument besonderer Art erhalten hat, das funktional durchaus mit der Kündigung vergleichbar ist. Angesichts dieser funktionalen Vergleichbarkeit ist es konsequent, dass dem Arbeitgeber aufgrund der Neufassung des § 9 Abs. 1 S. 2 KSchG (vgl. Rdn 4, 5) nunmehr auch die Beweislast für das Vorliegen der Auflösungsgründe zukommt.

15 Als Auflösungszeitpunkt legt § 9 Abs. 2 KSchG den Zeitpunkt fest, an dem das Arbeitsverhältnis bei sozial gerechtfertigter Kündigung geendet hätte. Nach der Ansicht des *BAG* (21.6.2012 EzA § 9 nF KSchG Nr. 63; 16.5.1984 EzA § 9 KSchG nF Nr. 16) ist die Vorschrift des § 9 KSchG verfassungsgemäß (ebenso *Boewer* DB 1982, 751; *Redeker* BB 1986, 1219; SPV-*Vossen* Rn 1961; aA *Belling* DB 1985, 1890; *Bleckmann/Coen* DB 1981, 640). Der in § 9 Abs. 2 KSchG festgelegte Auflösungszeitpunkt verstößt nach der Ansicht des *BAG* (16.5.1984 EzA § 9 KSchG nF Nr. 16) weder gegen den Gleichheitssatz des Art. 3 Abs. 1 GG noch gegen die Eigentumsgarantie des Art. 14 GG noch gegen das in Art. 20 Abs. 3 GG verankerte Rechtsstaatsprinzip. Diese Auffassung hat das *BVerfG* in zwei Nichtannahmebeschlüssen der Zweiten Kammer seines Ersten Senats (29.1.1990 EzA § § 9 nF KSchG Nr. 34 und 9.2.1990 EzA § 9 nF KSchG Nr. 36; s.a. *BVerfG* [2. Kammer des 1. Senats] 22.10.2004 EzA § 9 nF KSchG Nr. 49) zwischenzeitlich bestätigt und auch keine Beeinträchtigung der Rechte aus Art. 1, 2 Abs. 1 oder 12 Abs. 1 GG erkannt (ebenso *BVerfG 13*.8.1991 – 1 BvR 128/87, nv). Insbes. enthalten danach §§ 9, 10 KSchG zulässige Inhalts- und Schrankenbestimmungen des Eigentumsrechts. Dem Rahmen des Grundrechts auf Gleichbehandlung trägt das auf die Erwartung einer den Betriebszwecken dienlichen weiteren Zusammenarbeit abstellende Merkmal in § 9 Abs. 1 S. 2 KSchG angemessen Rechnung. Denn es erfordert eine differenzierte Würdigung der jeweiligen Betriebszwecke, die ein geringeres oder ein höheres Interesse des Arbeitgebers an einer Vertragsauflösung ergeben können. Vor diesem Hintergrund kommt selbst die Auflösung eines Arbeitsverhältnisses nach § 9 KSchG wegen **eines Verdachts**, jedenfalls unter strengen Voraussetzungen, die das BAG für die sog. Verdachtskündigung entwickelt hat (vgl. *BAG* 29.4.2007 EzA § 626 BGB 2002 Verdacht strafbarer Handlung Nr. 5) verfassungsrechtlich unbedenklich in Betracht (*BVerfG 15*.12.2008 [3. Kammer des 1. Senats] BVerfGK 14, 507).

C. Verfahrensrechtliche Voraussetzungen des Auflösungsurteils

I. Anhängiger Kündigungsrechtsstreit

16 Die gerichtliche Auflösung des Arbeitsverhältnisses gem. § 9 KSchG kann nur im Rahmen eines anhängigen Kündigungsrechtsstreits – unabhängig davon, ob dieser auf Klage oder Widerklage beruht – erfolgen. Fehlt es an dieser Voraussetzung, so ist der Auflösungsantrag als unzulässig zurückzuweisen (*BAG* 29.5.1959 AP Nr. 19 zu § 3 KSchG 1951). An einem Kündigungsrechtsstreit fehlt es auch bei »Rücknahme« der Kündigungsschutzklage oder der insoweit erfolgten einverständlichen Erledigung des Rechtsstreits in der Hauptsache. Hat das Gericht allerdings erstinstanzlich die Sozialwidrigkeit der Kündigung erkannt, kann ein zur Unzufriedenheit der Partei verbeschiedener Auflösungsantrag insoweit in die Berufungsinstanz getragen werden. Hat der im Ersten Rechtszug unterlegene Arbeitgeber die von ihm eingelegte Berufung noch vor der Stellung eines Auflösungsantrages zurückgenommen, dann ist der Auflösungsantrag nicht mehr zulässig (*LAG Hamm* 22.3.1989 LAGE § 9 KSchG Nr. 13). Eine prozessuale Geltendmachung des Auflösungsbegehrens in Gestalt einer Klage oder Widerklage ist nicht möglich. Der Auflösungsantrag kann also nicht isoliert gestellt werden (vgl. *LAG BW* 3.6.1991 LAGE § 9 KSchG Nr. 20). Der Antrag auf Verurteilung zur Zahlung einer Abfindung kann allerdings ausreichen, wenn im Wege der Auslegung der im Antrag verkörperte Wille auf entsprechende Feststellung der Unwirksamkeit der Kündigung ersichtlich ist (*BAG* 13.12.1956 BB 1957, 401; LSW-*Spinner* § 9 Rn 20). Bei dem Streit über die Auflösung des Arbeitsverhältnisses gegen Zahlung einer angemessenen Abfindung handelt es sich um einen besonderen Verfahrensabschnitt des Kündigungsrechtsstreits (ebenso *Neumann* Kündigungsabfindung Rn 8). Dabei ist ohne Belang, ob der Kündigungsrechtsstreit durch Klage oder

ausnahmsweise durch eine Feststellungs-Widerklage des Arbeitnehmers eingeleitet worden ist. Einigen sich die Parteien in einem Kündigungsrechtsstreit in Form eines gerichtlichen Vergleichs über die Unwirksamkeit der Kündigung, so führt das zur Beendigung der Rechtshängigkeit, und zwar auch hinsichtlich eines Auflösungsantrages (vgl. *LAG München* 21.4.2005 AuR 2005, 463). Für eine gerichtliche Auflösung des Arbeitsverhältnisses gegen Zahlung einer Abfindung gibt es nach vorherigem gerichtlichem Vergleich über die Unwirksamkeit der arbeitgeberseitigen Kündigung keine gesetzliche Ermächtigungsgrundlage. In den Fällen der zuletzt genannten Art ist es rechtlich ohne Belang, ob der Arbeitnehmer, der Arbeitgeber oder beide Arbeitsvertragsparteien die Auflösung des (im Vergleichswege für fortbestehend erklärten) Arbeitsverhältnisses gegen Zahlung einer Abfindung begehren.

Über die Rechtswirksamkeit der Kündigung und über die Auflösung des Arbeitsverhältnisses kann **grds. nur einheitlich** entschieden werden (*BAG* 4.4.1957 AP Nr. 1 zu § 301 ZPO; 9.12.1971 AP Nr. 3 zu Art. 56 ZA-NATO-Truppenstatut; LSSW-*Spinner* § 9 Rn 20; *Knorr/Bichlmeier/Kremhelmer* Kap. 14 Rn 122; **aA** *Ascheid* Kündigungsschutzrecht Rn 823; ihm zust. APS-*Biebl* Rn 7; *ArbG Bln.* 13.1.2017 BB 2017, 436). Der Erlass eines **Teil-Anerkenntnisurteils** über die Sozialwidrigkeit der Kündigung ist nach der Ansicht des BAG zulässig (*BAG* 29.1.1981 EzA § 9 KSchG nF Nr. 10; *Sieweke* [NZA 2011, 1324, 1326] empfiehlt dem anerkennenden Arbeitgeber, nicht auch den Unwirksamkeitsgrund anzuerkennen, weil anderenfalls i. R. d. Auflösungsantrags die Sozialwidrigkeit uU nicht mehr geprüft werden könnte). **Einzelheiten** Rdn 100; zu einer Trennung kann es auch im Rechtsmittelverfahren kommen, s. Rdn 115 ff. Bei mehreren Unwirksamkeitsgründen ist durch Auslegung zu ermitteln, ob der Arbeitgeber auch die Sozialwidrigkeit der Kündigung anerkannt (durch Außerstreitstellen der die Sozialwidrigkeit bedingenden Tatsachen) hat. Ist dies zu verneinen, so kommt eine Auflösung nach § 9 KSchG nicht in Betracht. Nach der Ansicht des *BAG* (29.1.1981 EzA § 9 KSchG nF Nr. 10 und 26.11.1981 EzA § 9 KSchG nF Nr. 11; 28.2.1985 – 2 AZR 323/84 – nv) ist es dagegen zulässig, die Berufung oder Revision auf die Entscheidung über den Auflösungsantrag zu beschränken. Entsprechend gilt für eine nur auf den ausgeurteilten Auflösungsantrag bezogene Wiederaufnahmeklage (vgl. *BAG* 2.12.1999 BB 2000, 2367). 17

Bei einem **Ausbildungsverhältnis** kommt eine gerichtliche Auflösung gem. §§ 9, 10 KSchG bei Unwirksamkeit einer vom Ausbildenden ausgesprochenen außerordentlichen Kündigung nicht in Betracht (vgl. *BAG* 29.11.1984 EzA § 9 KSchG nF Nr. 19; *LKB-Linck* § 21 Rn 21; DDZ- *Callsen* Rn 8; *Natzel* S. 296; *ArbG Bln.* 1.12.1972 AP Nr. 2 zu § 15 BBiG; **aA** *ArbG Elmshorn* 12.7.1983 BB 1984, 1097). 18

II. Antrag

1. Antragsberechtigte

Das Gericht ist **nicht** dazu befugt, die Auflösung des Arbeitsverhältnisses **von Amts wegen** vorzunehmen. Dies gilt selbst dann, wenn seiner Ansicht nach die für die Auflösung erforderlichen Tatsachen sich unzweifelhaft aus dem ihm unterbreiteten Prozessstoff ergeben. Erforderlich ist vielmehr stets ein entsprechender **Auflösungsantrag** (*BAG* 28.1.1961 AP Nr. 8 zu § 7 KSchG 1951 m. zust. Anm. *A. Hueck*; *Auffarth* DB 1969, 528; *LKB-Linck* Rn 23; *Neumann* Kündigungsabfindung, Rn 4; *Schaub/Linck* § 141 III 1, Rn 17). **Antragsberechtigt** sind (bei einer **ordentlichen Kündigung**) sowohl der Arbeitgeber als auch der Arbeitnehmer (wobei §§ 9 f. KSchG im Anstellungsvertrag eines Geschäftsführers vereinbart werden können: *BGH* 10.05.2010 EzA § 1 KSchG Nr. 62 m. Anm. *Dzida* NJW 2010, 2345 f.). Hat bereits eine Arbeitsvertragspartei den Auflösungsantrag gestellt, so ist es der anderen Arbeitsvertragspartei unbenommen, ihrerseits ebenfalls einen Auflösungsantrag zu stellen. Machen beide Arbeitsvertragsparteien von ihrer Antragsbefugnis Gebrauch, so handelt es sich um zwei völlig selbständige Prozesshandlungen. Im Falle einer unwirksamen **außerordentlichen Kündigung** kann nur der Arbeitnehmer, nicht dagegen der Arbeitgeber einen Antrag auf Auflösung des Arbeitsverhältnisses gegen Zahlung einer Abfindung stellen (§ 13 Abs. 1 S. 3 KSchG; **krit. hierzu** *Schäfer* BB 1985, 1994; **zur Verfassungsmäßigkeit dieser Regelung** vgl. *LAG Hamm* 18.10.1990 LAGE § 9 KSchG Nr. 19; s.a. Rdn 36). Dies gilt selbst dann, wenn das 19

§ 9 KSchG Auflösung des Arbeitsverhältnisses durch Urteil des Gerichts; Abfindung des Arbeitnehmers

Arbeitsverhältnis tarifvertraglich unkündbar ist, also nur eine außerordentliche Kündigung in Betracht kommt (vgl. *BAG* 30.9.2010 EzA § 9 nF KSchG Nr. 61; *LAG Köln* 22.6.1989 LAGE § 9 KSchG Nr. 14; SPV-*Vossen* Rn 2124). Hat der Arbeitgeber vorsorglich ordentlich gekündigt oder sich auf die Umdeutung einer unwirksamen außerordentlichen Kündigung in eine ordentliche Kündigung berufen (§ 140 BGB), so kann er für den Fall einer sich ergebenden Sozialwidrigkeit der (vorsorglich erklärten oder mittels Umdeutung anzunehmenden) ordentlichen Kündigung die Auflösung des Arbeitsverhältnisses zum Ablauf der Kündigungsfrist begehren (vgl. *BAG* 26.10.1979 EzA § 9 KSchG nF Nr. 7; 16.5.1984 EzA § 9 KSchG nF Nr. 16). Der **Arbeitnehmer** hat die Möglichkeit, die Auflösung bezogen auf die außerordentliche oder nur auf die umgedeutete ordentliche Kündigung zu beantragen, wie dies auch sonst bei mehreren in Streit stehenden Kündigungen gilt (vgl. *BAG* 26.8.1993 EzA § 322 ZPO Nr. 9; s.a. Rdn 40). Befindet sich ein Arbeitnehmer mit **mehreren Arbeitgebern** in einem sog. **einheitlichen Arbeitsverhältnis**, so können die Arbeitgeber ihr Antragsrecht gem. § 9 Abs. 1 S. 2 KSchG nur **gemeinsam** ausüben (*BAG* 19.4.2012 EzA § 626 BGB 2002 Nr. 40; 27.3.1981 DB 1982, 1569; **krit.** Hierzu *Schwerdtner* ZIP 1982, 900). Allerdings genügt das Vorliegen eines Auflösungsgrundes nur hinsichtlich **eines** Arbeitgebers (*BAG* 19.4.2012 EzA § 626 BGB 2002 Nr. 40; MüKo-BGB/*Hergenröder* § 9 KSchG Rn 9). Hat der Arbeitnehmer gegen den Arbeitgeber, der ihm gekündigt hat, eine Kündigungsschutzklage erhoben und wird nach deren Rechtshängigkeit der **Betrieb veräußert**, kann der **Arbeitnehmer** einen bisher nicht gestellten Auflösungsantrag mit Erfolg nur in einem Prozess gegen den ihm bekannten Betriebserwerber stellen (*BAG* 20.3.1997 AP Nr. 30 zu § 9 KSchG 1969, m. Anm. *Künzl* EWiR 1998, 17, und *Lakies* NJ 1997, 608). Umgekehrt kann ungeachtet des späteren Verlustes der Arbeitgeberstellung infolge eines Betriebsüberganges der **Betriebsveräußerer** Auflösungsantrag iR einer gegen ihn geführten Kündigungssache stellen, wenn der Betriebsübergang **nach** dem festzusetzenden Auflösungszeitpunkt stattfindet bzw. stattgefunden hat (vgl. **ähnlich** *BAG* 24.5.2005 EzA § 9 KSchG nF Nr. 50 m. Anm. *Hergenröder* AR-Blattei ES 500 Nr. 191; *LAG Düsseld.* 3.7.2018 – 3 Sa 553/ 17, juris; *LAG BW* 25.5.2018 LAGE § 9 KSchG Nr. 54).

2. Rechtsnatur des Antrages

20 Bei dem **Auflösungsantrag des Arbeitnehmers** handelt es sich seiner Rechtsnatur nach um einen **uneigentlichen Eventualantrag**, denn er ist nur für den Fall der Begründetheit des Feststellungsantrages gestellt (vgl. *BAG* 19.12.1958 AP Nr. 1 zu § 133b GewO; 5.11.1964 EzA § 7 KSchG Nr. 1; *LKB-Linck* Rn 27; *Bauer/Hahn* DB 1990, 2471). Es liegt eine **bedingte Klagenhäufung** vor. Eine selbständige klageweise Geltendmachung des Auflösungsbegehrens ist aber nicht möglich. Der Arbeitnehmer kann den Auflösungsantrag vielmehr nur dann stellen, wenn er gegen die Kündigung Feststellungsklage erhoben hat (vgl. Rdn 15). Fehlt es an dieser Voraussetzung, dann ist der Auflösungsantrag als unzulässig zurückzuweisen (*BAG* 29.5.1959 AP Nr. 19 zu § 3 KSchG 1951). Dagegen bedarf es dann keiner Entscheidung über den vom Arbeitnehmer gestellten Auflösungsantrag, wenn die Kündigung bereits wegen Versäumung der dreiwöchigen Klagefrist gem. § 7 KSchG als von Anfang an rechtswirksam gilt. In dem zuletzt genannten Fall fehlt es an der für die Entscheidung über den uneigentlichen Hilfsantrag notwendigen Voraussetzung des Obsiegens des Arbeitnehmers mit dem Hauptantrag. Stellt der Arbeitnehmer den Auflösungsantrag dagegen ausdrücklich nur hilfsweise für den Fall, dass er mit seinem in der Hauptsache gestellten Feststellungsantrag nicht durchdringt, so ist er bei Unterliegen mit seinem Hauptantrag ohne Weiteres unbegründet und bei Obsiegen mit seinem Hauptantrag gegenstandslos (*BAG* 21.3.1959 AP Nr. 55 zu § 1 KSchG 1951).

21 Der **Auflösungsantrag des Arbeitgebers** ist seiner Rechtsnatur nach idR ein **echter Eventualantrag**, denn er ist für den Fall gestellt, dass der Arbeitgeber mit dem auf Abweisung der Feststellungsklage gerichteten Hauptantrag keinen Erfolg hat (vgl. *BAG* 4.4.1957 AP Nr. 1 zu § 301 ZPO; *LKB-Linck* Rn 28; *Bauer/Hahn* DB 1990, 2471). Der Arbeitgeber kann jedoch von der Stellung eines Klageabweisungsantrages absehen, wenn er die Sozialwidrigkeit der Kündigung nicht bestreiten und sich auf den Auflösungsantrag beschränken will (*Habscheid* RdA 1958, 99; *A. Hueck* FS für Nipperdey 1955, S. 116; *LKB-Linck* § 9 Rn 28). In dem zuletzt genannten Fall ist der Auflösungsantrag ein Hauptantrag (ebenso SPV-*Vossen* Rn 2113). Die durch einen zulässigen Auflösungsantrag des

Arbeitgebers nach § 9 KSchG begründete Ungewissheit über den Ausgang des Kündigungsprozesses begründet ein schutzwertes Interesse des Arbeitgebers an der Nichtbeschäftigung des gekündigten Arbeitnehmers für die Dauer des Kündigungsprozesses iSd Entscheidung des Großen Senats des *BAG* vom 27.2.1985 (– GS 1/84 – RzK I 10i Nr. 1 = AP Nr. 14 zu § 611 BGB Beschäftigungspflicht; s.a. *BAG* 16.11.1995 RzK I 10i Nr. 42).

3. Form und Inhalt des Antrages

Der Auflösungsantrag kann schriftlich, zu Protokoll der Geschäftsstelle oder durch Erklärung in der mündlichen Verhandlung gestellt werden (zum Zeitpunkt der Antragstellung vgl. Rdn 23–25). Die Stellung des Auflösungsantrages ist eine **Prozesshandlung**. Die bloße Ankündigung ist unzureichend (*BAG* 28.8.2008 EzA § 9 nF KSchG Nr. 55). Die bloße Antragstellung entbindet den Arbeitnehmer nicht von seiner Arbeitspflicht (*LAG Köln* 12.11.2014 – 5 Sa 420/14), lässt aber einen Anspruch auf (vorläufige) Beschäftigung während des Kündigungsschutzprozesses entfallen. Die Obliegenheit, Urlaub zu verlangen bzw. die Verpflichtung, Urlaub zu gewähren, bleibt hingegen unberührt (*BAG* 19.6.2018 EzA § 13 BUrlG Nr. 65). Für den Auflösungsantrag gelten die allgemeinen Voraussetzungen für Prozesshandlungen (zB Parteifähigkeit, Prozessfähigkeit, Postulationsfähigkeit). Wie jede andere Prozesshandlung ist auch der Auflösungsantrag auslegungsfähig. Durch **Auslegung** ist auch zu ermitteln, ob überhaupt ein Auflösungsantrag vorliegt. So kann zB in dem Einlassen einer Partei zur Höhe der Abfindung idR noch nicht die Stellung eines Auflösungsantrages erblickt werden. Dies gilt insbes. dann, wenn der Arbeitnehmer im ersten Rechtszug die Abweisung des vom Arbeitgeber gestellten Auflösungsantrages begehrt und im zweiten Rechtszug eine höhere Abfindung als die vom ArbG festgesetzte verlangt (*BAG* 28.1.1961 AP Nr. 8 zu § 7 KSchG 1951). Dagegen liegt in einem lediglich auf Zahlung einer Abfindung gerichteten Antrag zugleich der Auflösungsantrag, da die Verurteilung des Arbeitgebers zur Zahlung einer Abfindung die gerichtliche Auflösung des Arbeitsverhältnisses voraussetzt (*BAG* 13.12.1956 AP Nr. 5 zu § 7 KSchG 1951; *LKB-Linck* Rn 25; *Neumann* Kündigungsabfindung Rn 9). Dabei ist jedoch zu prüfen, ob der Arbeitnehmer mit einem auf Zahlung einer Abfindung gerichteten Antrag die Auflösung des Arbeitsverhältnisses nach Maßgabe der §§ 9, 10 KSchG begehrt oder ob er einen anderweitigen Abfindungsanspruch (zB gem. § 113 BetrVG oder aufgrund eines Sozialplanes) geltend macht. Die Auslegung des Auflösungsantrages unterliegt als Prozesshandlung in vollem Umfang der Nachprüfung durch das Revisionsgericht.

Eine bestimmte **Antragsformulierung** wird durch das KSchG nicht vorgeschrieben. Es ist insbes. nicht erforderlich, die Abfindung zu beziffern (vgl. *BAG* 26.6.1986 DB 1987, 184; *Neumann* Kündigungsabfindung Rn 9; *LAG Hamm* 5.12.1996 LAGE § 64 ArbGG 1979 Nr. 32, wonach aber wegen der Kostenverteilung und der Frage der Beschwer die Angabe eines Mindest- bzw. Höchstbetrages notwendig zu sein scheine). Selbst die Festsetzung einer Abfindung muss neben der Auflösung nicht beantragt werden (LSSW-*Spinner* Rn 20). Wird der Antrag unter der Bedingung einer bestimmten Mindest- (Arbeitnehmer) oder Maximalgröße (Arbeitgeber) gestellt, ist er als unzulässig abzuweisen. Da die Festsetzung der Höhe der Abfindung dem Beurteilungsspielraum der Tatsachengerichte unterliegt, ist es zweckmäßig, den Auflösungsantrag wie folgt zu formulieren: »Es wird beantragt, das Arbeitsverhältnis zum ... aufzulösen und den Beklagten zur Zahlung einer angemessenen Abfindung zu verurteilen.« Auch der **Auflösungszeitpunkt** muss wegen § 9 Abs. 2 KSchG nicht angegeben werden. Zur Auslegung eines hilfsweise gestellten arbeitgeberseitigen Auflösungsantrages dahin, dass für den Fall des Unterliegens mit dem jeweiligen Kündigungsschutzantrag und somit nicht nur für den einer Niederlage mit sämtlichen Kündigungsschutzanträgen eine entsprechende Auflösung des Arbeitsverhältnisses begehrt wird vgl. *BAG* 28.5.2009 EzA § 9 nF KSchG Nr. 56.

4. Zeitpunkt der Antragstellung

Der frühestmögliche **Zeitpunkt der Antragstellung** ist die Erhebung der Kündigungsschutzklage. Der Arbeitnehmer kann daher zugleich mit der Feststellungsklage den Auflösungsantrag verbinden (allgemeine Ansicht: vgl. etwa *LKB-Linck* Rn 29). Eine spätere Antragstellung ist aber bis zum

Zeitpunkt der letzten mündlichen Verhandlung in der **Berufungsinstanz** ohne Weiteres möglich (**danach** aber – soweit keine **Wiedereröffnung** der Verhandlung erfolgt, § 156 ZPO, oder ein **Fall des § 283 ZPO** vorliegt – schon aufgrund § 296a S. 1 ZPO **nicht**, in der Berufung bei Verfahren nach § 128 ZPO bis zu dem **dort** nachgelassenen Zeitpunkt). Dies folgt aus der ausdrücklichen Regelung in § 9 Abs. 1 S. 3 KSchG, die als lex specialis gegenüber dem Novenrecht der ZPO anzusehen ist. In der Berufungsinstanz ist daher eine Zurückweisung von Vorbringen wegen verspäteter Antragstellung nicht möglich. Die Bestimmungen der §§ 296, 530, 531 ZPO, § 67 ArbGG sind auf den Auflösungsantrag nicht anwendbar (vgl. LSSW-*Spinner* Rn 23; *LKB-Linck* Rn 30; vgl. SPV-*Vossen* Rn 2094; *Bauer/Hahn* DB 1990, 2471; *Neumann* Kündigungsabfindung Rn 14; **genauer:** auf das zu seiner Begründung **Vorgetragene**; ob vorgetragene Tatsachen zurückliegende Zeitpunkte oder Zeiträume betreffen und für die Auflösung noch von Relevanz sind ist allein eine Frage der im Auflösungsurteil anzustellenden Prognoseerwägung; dazu *BAG* 19.11.2015 EzA § 1 KSchG Verhaltensbedingte Kündigung Nr. 85). Daher spielt das Verhältnis zwischen §§ 530, 531 ZPO und § 67 ArbGG hier keine Rolle. Hat der Arbeitnehmer seine Kündigungsschutzklage im ersten Rechtszug gewonnen, hatte er aber keinen Auflösungsantrag gestellt, kann er mangels Beschwer nicht zulässig Berufung mit dem Ziel einlegen, nunmehr das Arbeitsverhältnis aufzulösen (*BAG* 23.6.1993 EzA § 64 ArbGG 1979 Nr. 30 m. Anm. *Dütz/Kiefer*; AR-Blattei ES 1020.6 Nr. 2 m. Anm. *Boemke*; *Ammermüller* DB 1975, Beil. 10, S. 5; *Bauer/Hahn* DB 1990, 2471, 2473; *LKB-Linck* Rn 32; LSSW-*Spinner* Rn 22; *Neumann* Kündigungsabfindung Rn 15; *Schaub/Linck* § 141 III 1, Rn 21). § 9 Abs. 1 S. 3 KSchG eröffnet für das Berufungsverfahren dann keine neue Möglichkeit der Antragstellung, wenn der erstinstanzlich gestellte Antrag rechtskräftig abgewiesen ist. Legt nur der Arbeitgeber gegen das Urteil Berufung ein, kann der Arbeitnehmer allerdings jetzt erstmals den Auflösungsantrag stellen (vgl. LSSW-*Spinner* Rn 23; *LKB-Linck* Rn 32; *Ascheid* Kündigungsschutzrecht Rn 795) oder den zurückgewiesenen Antrag im Wege der Anschlussberufung wieder aufgreifen (vgl. Rdn 116 f. m. Einzelheiten zur Behandlung von Auflösungsanträgen im Berufungsverfahren). Obgleich in der nach Erhebung der Kündigungsschutzklage erfolgenden Stellung des Auflösungsantrages eine Klageänderung liegt (ebenso *Neumann* Kündigungsabfindung Rn 14), bedarf es weder der Einwilligung der anderen Partei noch einer gerichtlichen Zulassung. Die Bestimmung des § 9 Abs. 1 S. 3 KSchG ist nämlich auch gegenüber der Vorschrift des § 263 ZPO lex specialis (*Bauer/Hahn* DB 1990, 2471; aA *Kaufmann* BB 1952, 750). Vor Ablauf der nach § 9 Abs. 1 S. 3 KSchG maßgebenden zeitlichen Grenze kann das Antragsrecht auch nicht durch Zeitablauf »verloren gehen« (so aber *Thür. LAG* 27.8.1996 AE 1997, 87). Für die **Antragstellung** gilt § 297 ZPO, für die **Rechtshängigkeit** § 261 Abs. 2 ZPO.

25 Erklärt der Arbeitgeber die »**Kündigungsrücknahme**«, so liegt hierin das Angebot an den Arbeitnehmer, dass das Arbeitsverhältnis nicht durch die Kündigung des Arbeitgebers beendet worden ist. Der Arbeitnehmer kann das – nicht dem Schriftformzwang nach § 623 BGB unterliegende – Angebot des Arbeitgebers nach Maßgabe der §§ 145 ff. BGB annehmen oder ablehnen (*BAG* 19.8.1982 EzA § 9 KSchG nF Nr. 14; *Beitzke* SAE 1982, 136; *Schwerdtner* ZIP 1982, 639; MüKo-BGB/*Hesse* vor § 620 Rn 141). In der Erhebung der Kündigungsschutzklage liegt keine antizipierte Zustimmung des Arbeitnehmers zu einer möglichen Kündigungsrücknahme durch den Arbeitgeber (MüKo-BGB/*Hergenröder* § 9 KSchG Rn 15; aA SPV-*Preis* Rn 156). Auch nach erklärter Kündigungsrücknahme hat daher der Arbeitnehmer ein Rechtsschutzinteresse an der Feststellung der Sozialwidrigkeit der Kündigung (*BAG* 19.8.1982 EzA § 9 KSchG nF Nr. 14; *ArbG Siegen* 14.12.1984 DB 1985, 975). In der Stellung des Auflösungsantrages seitens des Arbeitnehmers liegt eine Ablehnung des Arbeitgeberangebots. Sofern der Arbeitnehmer nicht ausdrücklich oder konkludent sein Einverständnis mit der Kündigungsrücknahme erklärt hat, kann der Auflösungsantrag bis zum Schluss der letzten mündlichen Verhandlung in der Berufungsinstanz gestellt werden (§ 9 Abs. 1 S. 3 KSchG). Eine stillschweigende Annahme der »Rücknahme« oder gar eine Verwirkung der Rechte aus §§ 9, 10 KSchG tritt auch nicht dadurch ein, dass Auflösungsgründe bereits vor der »Rücknahme« vorgelegen haben (*Knorr/Bichlmeier/Kremhelmer* Kap. 14 Rn 127). Die Antragstellung muss weder unverzüglich noch innerhalb einer angemessenen Frist erfolgen (offengelassen von *BAG* 19.8.1982 EzA § 9 KSchG nF Nr. 14; **ebenso** *LAG Nürnberg* 5.9.1980,

AR-Blattei, Kündigungsschutz Entsch. 207; *LAG Frankf.* 16.1.1980 BB 1981, 122; *LAG SchlH* 7.5.1981 DB 1981, 1627; *Thüsing* AuR 1996, 245, 248 f.; *Berrisch* FA 2007, 6, 8). Hat der Arbeitnehmer bereits vor der »Kündigungsrücknahme« einen Auflösungsantrag gestellt und hält er daran auch nach der »Kündigungsrücknahme« fest, so ist das Arbeitsverhältnis nach § 9 KSchG aufzulösen (*BAG* 29.1.1981 EzA § 9 KSchG nF Nr. 10; *ArbG Wilhelmshaven* 18.4.1980 ARSt 1980, 184). Der Arbeitgeber kann in diesem Falle die Sozialwidrigkeit der Kündigung anerkennen (§ 307 ZPO). Dem steht die Unwirksamkeit der Kündigung aus weiteren Gründen nicht im Wege (aA *LAG Köln* 17.3.1995 LAGE § 9 KSchG Nr. 24). Stimmt der Arbeitnehmer dagegen der »Kündigungsrücknahme« ausdrücklich oder konkludent (zB durch ein tatsächliches Arbeitsangebot) zu, so führt dies zur Erledigung der Hauptsache. Ein bereits gestellter Auflösungsantrag erledigt sich; ein neuer Auflösungsantrag kann nicht mehr wirksam gestellt werden.

In der **Revisionsinstanz** kann der Auflösungsantrag selbst dann nicht mehr zulässig gestellt werden, wenn die andere Partei hiergegen keine Einwendungen erhebt oder gar ebenfalls einen Auflösungsantrag stellt. Den Parteien ist es aber unbenommen, in der Revisionsinstanz eine vergleichsweise Auflösung des Arbeitsverhältnisses zu vereinbaren. Nach einer erfolgten Zurückverweisung des Rechtsstreits an das *LAG* kann der Auflösungsantrag dagegen wieder bis zur letzten mündlichen Verhandlung in der Berufungsinstanz zulässig gestellt werden. Der vom Arbeitgeber neben dem Antrag auf Abweisung einer Kündigungsschutzklage hilfsweise gestellte Auflösungsantrag nach § 9 Abs. 1 S. 2 KSchG wird dann, wenn der Arbeitnehmer gegen die Abweisung der Kündigungsschutzklage durch das LAG Revision einlegt, auch ohne Anschlussrevision des Arbeitgebers in der Revisionsinstanz anhängig. Wenn das Revisionsgericht auf die Revision der Kündigungsschutzklage stattgibt oder ein Feststellungsurteil des ArbG bestätigt, dann ist zugleich auch über den Auflösungsantrag des Arbeitgebers zu entscheiden (*BAG* 18.12.1980 EzA § 102 BetrVG 1972 Nr. 44). Das Revisionsgericht kann über einen bei ihm angewachsenen Auflösungsantrag, der falsch beschieden war, selbst befinden, wenn alle zu würdigenden Umstände unstreitig oder festgestellt sind (vgl. *BAG* 9.12.1955 AP Nr. 2 zu § 7 KSchG 1951). Dies setzt idR voraus, dass hinsichtlich der Abfindungshöhe Teilvergleich geschlossen bzw. diese unstreitig oder der Antrag abzulehnen ist (vgl. *BAG* 18.12.1980 EzA § 102 BetrVG 1972 Nr. 44; ErfK-*Kiel* Rn 33). 26

5. Rücknahme und Verzicht

Eine **Rücknahme** des Auflösungsantrages – selbst wenn das Arbeitsgericht ihm bereits entsprochen hat – ist bis zum Schluss der letzten mündlichen Verhandlung in der Berufungsinstanz zulässig (*BAG* 28.1.1961 AP Nr. 8 zu § 7 KSchG; LSSW-*Spinner* Rn 25; *LKB-Linck* Rn 35); in der Revisionsinstanz nur durch den antragstellenden Revisionsführer zusammen mit der Rücknahme des Rechtsmittels oder durch den antragstellenden (Kündigungsschutz-)Kläger zusammen mit der Klagerücknahme. Eine rechtzeitig erfolgte Rücknahme des Auflösungsantrages hat zur Folge, dass dem Gericht eine Auflösung des Arbeitsverhältnisses verwehrt ist. Dies gilt jedoch dann nicht, wenn beide Parteien den Auflösungsantrag gestellt hatten und lediglich eine Partei ihren Antrag rechtzeitig zurücknimmt. In diesem Fall hat das Gericht über den noch rechtshängigen Auflösungsantrag der Gegenpartei zu entscheiden. Dies folgt aus der prozessualen Selbständigkeit der Auflösungsanträge (vgl. *LKB-Linck* Rn 35). 27

Der Auflösungsantrag kann auch noch dann zulässig bis zum Schluss der letzten mündlichen Verhandlung in der Berufungsinstanz zurückgenommen werden, wenn das ArbG dem Auflösungsantrag bzw. den Auflösungsanträgen stattgegeben hatte. Die mit dem Auflösungsurteil verbundene Gestaltungswirkung tritt nämlich erst mit Rechtskraft ein. Erst mit diesem Zeitpunkt vollzieht sich eine Änderung der materiellen Rechtslage (vgl. *BAG* 28.1.1961 AP Nr. 8 zu § 7 KSchG 1951). Haben in einem Kündigungsschutzprozess beide Parteien einen Auflösungsantrag gestellt und löst das ArbG daraufhin das Arbeitsverhältnis auf, so ist der Arbeitnehmer, der die Höhe der festgesetzten Abfindung nicht angreift, durch dieses Urteil nicht beschwert und seine Berufung deshalb unzulässig, auch wenn das ArbG das Arbeitsverhältnis auf Antrag des Arbeitgebers hin auflöst. Der Arbeitnehmer kann in einem derartigen Fall nicht allein mit dem Ziel Berufung einlegen, seinen 28 erstinstanzlich gestellten Auflösungsantrag zurückzunehmen und eine Fortsetzung des Arbeitsverhältnisses zu erreichen (*BAG* 23.6.1993 EzA § 64 ArbGG 1979 Nr. 30). Ebenso wenig kann er Berufung mit dem Ziel einlegen, in zweiter Instanz erstmals einen Auflösungsantrag zu stellen (*BAG* 23.6.1993 EzA § 64 ArbGG 1979 Nr. 30). Zur Rücknahme des arbeitnehmerseitigen Auflösungsantrages im Berufungsverfahren vgl. *Bauer/Hahn* DB 1990, 2471 f. Insbesondere kann der Arbeitnehmer den ausgeurteilten Auflösungsantrag nicht innerhalb der Berufungsfrist zurücknehmen, wenn der Arbeitgeber keine Berufung eingelegt hat (*Bauer/Hahn* DB 1990, 2471, 2472; **aA** *Grunsky* Anm. zu *BAG* AP Nr. 5 zu § 9 KSchG 1969).

29 Bei der Rücknahme des Auflösungsantrages durch den Arbeitnehmer handelt es sich prozessual nicht um eine teilweise Klagerücknahme iSd § 269 ZPO. Der Auflösungsantrag kann daher durch den Arbeitnehmer ohne Einwilligung des Arbeitgebers zurückgenommen werden. Dies gilt ebenso für die Rücknahme eines vom Arbeitgeber gestellten Auflösungsantrages (vgl. *BAG* 26.10.1979 EzA § 9 KSchG nF Nr. 7; *Bauer/Hahn* DB 1990, 2471 f.; *Ascheid* Kündigungsschutzrecht Rn 796; *Neumann* Kündigungsabfindung Rn 36; *Knorr/Bichlmeier/Kremhelmer* Kap. 14 Rn 120). Durch das Stellen und die Rücknahme des Auflösungsantrages geht ein Anspruch auf Entgeltzahlung, auch aus § 615 BGB, nicht unter (vgl. *BAG* 18.1.1963 AP Nr. 22 zu § 615 BGB).

30 Es kann nicht angenommen werden, dass in der Rücknahme des Auflösungsantrages idR ein teilweiser Klageverzicht iSd § 306 ZPO liegt (so aber *BAG* 28.1.1961 AP Nr. 8 zu § 7 KSchG 1951; abl. auch *LKB-Linck* Rn 35; APS-*Biebl* Rn 29; MüKo-BGB/*Hergenröder* § 9 KSchG Rn 19). Für das Vorliegen eines derartigen Erfahrungssatzes hat auch das *BAG* (28.1.1961 AP Nr. 8 zu § 7 KSchG 1951) keine Begründung gegeben. Es hängt vielmehr von den jeweiligen Umständen des Einzelfalles ab, ob eine Partei durch die Rücknahme des Auflösungsantrages zugleich endgültig auf die begehrte gerichtliche Auflösung des Arbeitsverhältnisses verzichten will.

D. Materiell-rechtliche Voraussetzungen des Auflösungsurteils

I. Sozialwidrigkeit der Kündigung

1. Begriff der Sozialwidrigkeit

31 Eine gerichtliche Auflösung des Arbeitsverhältnisses nach § 9 KSchG ist nur dann möglich, wenn das Gericht zuvor zur Feststellung (s. zur Tenorierung Rdn 43) gelangt ist, dass die vom Arbeitgeber erklärte Kündigung nicht gem. § 1 KSchG **sozial gerechtfertigt** ist (**zum Begriff der Sozialwidrigkeit** vgl. iE KR-*Rachor* § 1 KSchG Rdn 197–268). Daran hat sich auch durch die **Änderungen des KSchG** ab 1.1.2004 nichts geändert, wie sich aus dem unverändert gebliebenen **Abs. 2**, der auf die sozial gerechtfertigte Kündigung abstellt, ergibt. Hält dagegen das Gericht die Kündigung für sozial gerechtfertigt, so schließt dies den Erlass eines Auflösungsurteils aus. In dem zuletzt genannten Fall tritt die Beendigung des Arbeitsverhältnisses unmittelbar aufgrund der mit der Kündigung verknüpften Gestaltungswirkung ein. Das vom Gericht zu erlassende Urteil ist daher bei sozial gerechtfertigter Kündigung ein Feststellungsurteil, in dem die Kündigungsschutzklage des Arbeitnehmers abgewiesen wird. Eine Verurteilung des Arbeitgebers zur Zahlung einer Abfindung ist dem Gericht in diesem Falle nur dann möglich, wenn dem Arbeitnehmer aus anderen Rechtsgründen (insbes. aufgrund eines Sozialplanes) ein Abfindungsanspruch zusteht. Dies gilt ebenso für den Fall, dass die Kündigung gem. § 7 KSchG wirksam ist. Kommt das Gericht dagegen zu dem Ergebnis, dass die Kündigung sozialwidrig ist, so kann auf Antrag (vgl. Rdn 18–29) das Arbeitsverhältnis durch das Gericht **durch Gestaltungsurteil** aufgelöst werden.

2. Rechtslage bei mehreren Unwirksamkeitsgründen sowie bei außerordentlicher oder sittenwidriger Kündigung

32 Ist die Kündigung nicht nur sozialwidrig, sondern **auch** aus anderen Rechtsgründen unwirksam, so ist streitig, ob das Arbeitsverhältnis nur auf Antrag des Arbeitnehmers aufgelöst werden darf. Nach der Ansicht des *BAG* (29.1.1981 EzA § 9 KSchG nF Nr. 10; 20.3.1997 EzA § 613a BGB Nr. 148) kann **vom Arbeitnehmer** die Auflösung des Arbeitsverhältnisses nach § 9 KSchG auch

dann beantragt werden, wenn die Unwirksamkeit der Kündigung **nicht ausschließlich** auf Sozialwidrigkeit gestützt wird (LSSW-*Spinner* Rn 18). Voraussetzung ist jedoch die vom Gericht festzustellende Sozialwidrigkeit der Kündigung (SPV-*Vossen* Rn 2096; *Ascheid* Kündigungsschutzrecht Rn 793; vgl. jetzt auch APS-*Biebl* Rn 11). Weder aus dem Wortlaut noch aus dem Sinn und Zweck des § 9 Abs. 1 KSchG lässt sich herleiten, dass eine Auflösung des Arbeitsverhältnisses auf Antrag des **Arbeitgebers** dann unzulässig sein soll, wenn die Kündigung **nicht nur sozialwidrig, sondern auch aus anderen Rechtsgründen** (zB nach § 9 MuSchG oder § 102 Abs. 1 BetrVG oder wegen tariflichen Ausschlusses der Kündbarkeit) **unwirksam** ist.

Die gegenteilige Ansicht (*BAG* 28.5.2009 AP Nr. 59 zu § 9 KSchG 1969; 28.8.2008 EzA § 9 KSchG nF Nr. 55; 9.10.1979 EzA § 9 KSchG nF Nr. 9; 29.1.1981 EzA § 9 KSchG nF Nr. 10; 8.12.1988 – 2 AZR 313/88, nv; 10.11.1994 EzA § 9 KSchG nF Nr. 43; *LAG Düsseld.* 13.12.1988 LAGE § 612a BGB Nr. 3; *LAG Frankf.* 2.2.1989 LAGE § 613a BGB Nr. 16; *LAG Köln* 17.3.1995 LAGE § 9 KSchG Nr. 24; *LAG Hamm* 23.8.2000 AE 2001, 17; KR-*Treber/Rennpferdt* § 13 KSchG Rdn 153; *LKB-Linck* Rn 16 ff.; *Knorr/Bichlmeier/Kremhelmer* Kap. 14 Rn 129; DDZ-*Callsen* Rn 6; *Neumann* Kündigungsabfindung Rn 39, 45; HaKo-KSchR/*Gieseler* Rn 31; MüKo-BGB/*Hergenröder* Rn 26 f.; *Hertzfeld* NZA 2004, 298, 300 f.; *St. Müller* Diss., S. 28 f., 33 f.) steht demgegenüber auf dem Standpunkt, dass das Arbeitsverhältnis auf Antrag des **Arbeitgebers** nur dann aufgelöst werden darf, wenn die Kündigung **allein** sozialwidrig ist (**wie hier aber:** *Auffarth* DB 1969, 528 Anm. 5; *Ascheid* Kündigungsschutzrecht Rn 703 und 806; SPV-*Vossen* Rn 2098; *Tschöpe* FS Schwerdtner, S. 227 f.; *Lingemann/Steinhauser* NJW 2013, 3354 [3356]), wobei es aber unschädlich sein soll, wenn der **Arbeitgeber** zusätzlich **weitere** Kündigungssachverhalte geltend macht, die aus **anderen** Gründen die Unwirksamkeit der Kündigung begründen (*BAG* 21.9.2000 EzA § 9 nF KSchG Nr. 44; **krit.** *Schäfer* BB 2001, 1102, der zu Recht die schwer verständlichen Entscheidungsgründe bemängelt). 33

Beruft sich der Arbeitnehmer gegenüber einem Auflösungsantrag **des Arbeitgebers** nach § 9 KSchG auf eine Unwirksamkeit der Kündigung aus anderen Gründen als der Sozialwidrigkeit, so setzt dies nach der Ansicht des *BAG* (13.12.2018 EzA § 95 SGB IX Nr. 8 mwN; 10.11.1994 EzA § 9 KSchG nF Nr. 44; **abl.** *LKB-Linck* Rn 20; v. *Hoyningen-Huene* Anm. zu *BAG* 10.11.1994, AR-Blattei ES 1020 Nr. 336; *Bader/Bram-Bader* Rn 4; HaKo-KSchR/*Gieseler* Rn 33; *St. Müller* Diss., S. 28 f., 33 f.) allerdings voraus, dass die Unwirksamkeit Folge eines Verstoßes gegen eine **Schutznorm zu seinen Gunsten** ist (zB § 17 MuSchG (bis 31.12.2017: § 9 MuSchG), §§ 168, 174 SBG IX (bis 31.12.2017: §§ 85, 91 SGB IX), § 178 Abs. 2 S. 3 SGB IX (bis 31.7.2017 § 95 Abs. 2 S. 2 SGB IX) oder §§ 103 BetrVG, 15 KSchG) ist. Dies bedeutet aber, dass zumindest in Fällen, in denen der Unwirksamkeitsgrund nicht zugunsten des Arbeitnehmers wirkt, zB bei Zustimmungserfordernis bei öffentlichem Interesse bei Auslandsbeschäftigung, der **Arbeitgeber** den Auflösungsantrag stellen kann (*Neumann* Kündigungsabfindung Rn 46; HK-*Hauck* Rn 19). Eine grundsätzliche Abkehr von der bisherigen Rechtsprechung (s. Rdn 32) bedeutet diese Entscheidung freilich nicht. 34

Die Begründung der Gegenmeinung, die Lösungsmöglichkeit des § 9 KSchG bedeute für den Arbeitgeber eine Vergünstigung, die nur bei bloßer Sozialwidrigkeit der Kündigung Platz greife, vermag ebenso wenig zu überzeugen wie die Ansicht (*LKB-Linck* Rn 16; *Hueck/v. Hoyningen-Huene* Anm. zu *BAG* 10.11.1994 AR-Blattei ES 1020 Nr. 336), die Abfindungszahlung und die in § 9 Abs. 1 S. 2 KSchG vorgesehenen Voraussetzungen für die Auflösung des Arbeitsverhältnisses ersetzten damit die in § 1 Abs. 2 KSchG geregelten Kündigungsgründe. Weder das eine noch das andere lässt sich aus dem Gesetzestext, seiner Systematik, seinem Zweck (Schutzgesetz zu sein) oder aus der Gesetzesbegründung entnehmen. Die ratio der Regelung wurde primär darin gesehen, einer willkürlichen Ablehnung der Fortbeschäftigung durch das Erfordernis der vom Arbeitgeber anzuführenden Zerrüttungsgründe vorzubeugen (vgl. MüKo-BGB/*Hergenröder* Rn 30 [5. Aufl.]). Von diesem Regulativ (vgl. MüKo-BGB/*Hergenröder* Rn 30 [5. Aufl.]) wird aber auch nach der hier vertretenen Auffassung nicht abgesehen. Auch kann sich die Frage nach Unzumutbarkeit der Fortführung des Arbeitsverhältnisses unabhängig vom Grund der Unwirksamkeit der Kündigung stellen (ebenso *Schwerdtner* FS Anwaltsinstitut, S. 251, sowie *Bauer* FS Etzel, S. 19). Dies gilt auch für das 35 weitere Argument (vgl. insbes. *Neumann* Kündigungsabfindung Rn 40), wonach der Arbeitnehmer die Sozialwidrigkeit der Kündigung erst dann geprüft haben wolle, wenn er mit seinem weitergehenden Antrag – gestützt etwa auf (seit 1.1.2018) § 17 MuSchG, §§ 168, 174 SGB IX oder § 138 BGB – nicht durchdringe. Hiergegen ist weiter einzuwenden, dass das Gericht an eine bestimmte Rangfolge bei der Prüfung von Unwirksamkeitsgründen nicht gebunden ist (vgl. *A. Hueck* Anm. zu *BAG* AP Nr. 6 zu § 3 KSchG). Hat der unter das KSchG fallende Arbeitnehmer rechtzeitig eine Klage auf Feststellung erhoben, dass das Arbeitsverhältnis durch die Kündigung nicht aufgelöst sei (§ 4 KSchG), so hat das Gericht grds. sämtliche in Betracht kommenden Unwirksamkeitsgründe zu prüfen, wie sich aus § 4 S. 1 KSchG (jetzt) klar ergibt. Aus Gründen der Prozessökonomie kann es dabei allerdings zunächst denjenigen Unwirksamkeitsgrund prüfen, dessen Aufklärung mit dem geringsten Zeit- und Kostenaufwand möglich ist. So kann es bei fehlendem Auflösungsantrag bzw. **bei fehlenden** Auflösungsanträgen uU auch die Frage der Sozialwidrigkeit der Kündigung dahingestellt sein lassen, wenn sich die Unwirksamkeit der Kündigung aus anderen Rechtsgründen (zB Unwirksamkeit der Kündigung aus anderen Rechtsgründen (zB auch nach § 102 Abs. 1 BetrVG) ohne Weiteres ergibt. Anders ist die Rechtslage aber dann, wenn der Arbeitnehmer die Kündigung trotz rechtzeitig erhobener Feststellungsklage (§ 4 KSchG) nur auf **andere** als die in § 1 Abs. 2 und 3 KSchG erwähnten **Unwirksamkeitsgründe** stützt. Eine derartige Beschränkung des Streitgegenstandes ist dem Arbeitnehmer möglich, wie sich aus der Regelung des § 6 KSchG auch in seiner neuen Fassung ergibt (aA unter Hinweis darauf, dass der Arbeitnehmer im eigenen Interesse gehalten sei, sich auf sämtliche Unwirksamkeitsgründe zu berufen, *BAG* 28.8.2008 EzA § 9 nF KSchG Nr. 55, allerdings ohne nähere Begründung der Herkunft dieser Obliegenheit). Danach kann er bei rechtzeitig erhobener Feststellungsklage bis zum Schluss der letzten mündlichen Verhandlung erster Instanz noch die Sozialwidrigkeit der Kündigung als Unwirksamkeitsgrund geltend machen. Ist dies geschehen, so kann der Arbeitgeber von der ihm nach § 9 Abs. 1 S. 2 KSchG gegebenen Auflösungsmöglichkeit bis zum Schluss der letzten mündlichen Verhandlung in der Berufungsinstanz Gebrauch machen. Dies gilt ebenso für den Fall, dass sich der Arbeitnehmer bereits bei Erhebung der Kündigungsschutzklage neben anderen Unwirksamkeitsgründen auch auf die Sozialwidrigkeit der Kündigung berufen hat. In den beiden zuletzt genannten Fallkonstellationen hat das Gericht bei der Prüfung des vom Arbeitgeber gestellten Auflösungsantrages zunächst festzustellen, ob die vom Arbeitnehmer rechtzeitig gem. § 4 KSchG angegriffene Kündigung sozialwidrig ist. Diese Frage kann es selbst dann nicht offenlassen, wenn sich die Unwirksamkeit der Kündigung ohne Weiteres aus anderen Rechtsgründen (zB nach § 102 Abs. 1 BetrVG) ergibt. Ohne vorherige Feststellung der Sozialwidrigkeit der Kündigung kann das Gericht nämlich kein Auflösungsurteil erlassen. An der **hier vertretenen Auffassung** ändert § 13 Abs. 3 KSchG nF gegenüber seinem früheren Wortlaut nichts, weil er sich zu **gleichzeitig** sozialwidriger Kündigung nicht verhält (vgl. *Bauer* NZA Sonderbeil. H. 21, 47, 50 f.; Gleiches gilt allerdings auch für die gegenteilige Auffassung, *Thür. LAG* 18.10.2007 – 3 Sa 14/07).

36 Eine gerichtliche Auflösung des Arbeitsverhältnisses auf den alleinigen Antrag des Arbeitgebers ist nur dann ausgeschlossen, wenn der Arbeitnehmer weder bei Erhebung der Feststellungsklage (§ 4 KSchG), noch bis zum Schluss der letzten mündlichen Verhandlung erster Instanz (§ 6 KSchG) sich auf die Sozialwidrigkeit der Kündigung beruft (aA *BAG* 9.10.1979 EzA § 9 KSchG nF Nr. 9; wie **hier** aber SPV-*Vossen* Rn 2098; *Ascheid* Kündigungsschutzrecht Rn 806; APS-*Biebl* Rn 11; *LAG München* 24.11.2006 – 11 Sa 650/06). Der Auflösungsantrag des Arbeitgebers ist prozessual nämlich nicht dazu geeignet, den Streitgegenstand des Kündigungsrechtsstreits auf die Frage der Sozialwidrigkeit der vom Arbeitnehmer allein wegen anderer Mängel angegriffenen Kündigung zu erweitern. Dann sind aber die Vorschriften der §§ 9, 10 KSchG aufgrund § 13 Abs. 3 KSchG nicht anwendbar.

37 Zur Frage der gerichtlichen Auflösung des Arbeitsverhältnisses bei einer unwirksamen **außerordentlichen** (§ 13 Abs. 1 S. 3 KSchG), einer **sittenwidrigen** (§ 13 Abs. 2 KSchG) sowie bei einer aus sonstigen Gründen unwirksamen **Kündigung** (§ 13 Abs. 3 KSchG) vgl. KR-*Treber/Rennpferdt* § 13 KSchG Rdn 219 ff. (**krit.** zu der dem **Arbeitgeber** danach sowie allg. Ansicht nach verwehrten Möglichkeit, Auflösungsantrag nach außerordentlicher Kündigung zu stellen *Trappehl/Lambrich*

RdA 1999, 243, die u.a. [250] darin einen Verstoß gegen den allgemeinen Gleichheitssatz erkennen; **gegenteiliger** Ansicht das *BAG* [30.9.2010 EzA § 9 nF KSchG Nr. 61] auch für die außerordentliche Kündigung mit Auslauffrist eines tarifvertraglich »Unkündbaren«; diff. *Weber* RdA 2011, 108, 113 ff.: ausnahmsweise Stellbarkeit des Antrags bei außerordentlicher Kündigung wegen nicht besonders schwerwiegender Pflichtverletzung). Kommt die **Umdeutung** einer fristlosen Kündigung des Arbeitgebers in eine ordentliche Kündigung in Betracht, so hat **der Arbeitnehmer** grds. die Möglichkeit, die Auflösung des Arbeitsverhältnisses nach § 9 KSchG bezogen auf die fristlose Kündigung oder nur auf die umgedeutete fristgerechte Kündigung zu beantragen (*BAG* 26.8.1993 EzA § 322 ZPO Nr. 9). Im Falle einer unwirksamen außerordentlichen Kündigung kann **nur der Arbeitnehmer, nicht dagegen der Arbeitgeber** einen Antrag auf Auflösung des Arbeitsverhältnisses gegen Zahlung einer Abfindung stellen. Hat **der Arbeitgeber** vorsorglich ordentlich gekündigt oder sich auf die Umdeutung einer außerordentlichen Kündigung in eine ordentliche Kündigung berufen (§ 140 BGB), so kann er für den Fall einer sich ergebenden Sozialwidrigkeit der (vorsorglich erklärten oder mittels Umdeutung anzunehmenden) ordentlichen Kündigung die Auflösung des Arbeitsverhältnisses zum Ablauf der Kündigungsfrist begehren (*BAG* 26.10.1979 EzA § 9 KSchG nF Nr. 7); der **Arbeitnehmer** hat hingegen hinsichtlich des Auflösungszeitpunktes ein Wahlrecht (*LAG Düsseld.* 2.4.2008 LAGE § 9 KSchG Nr. 40). Diese Möglichkeit hat er nicht bei einer außerordentlichen Kündigung, die lediglich unter Wahrung der sich bei ordentlicher Kündigung ergebenden Kündigungsfrist als Auslauffrist erklärt ist.

3. Besonderheiten bei der Änderungskündigung

Bei einer ordentlichen **Änderungskündigung** ist eine gerichtliche Auflösung des Arbeitsverhältnisses nur dann möglich, wenn der Arbeitnehmer die ihm angebotenen neuen Arbeitsbedingungen nicht innerhalb der Kündigungsfrist, spätestens jedoch innerhalb von drei Wochen nach Zugang der Kündigung unter Vorbehalt ihrer sozialen Rechtfertigung angenommen hat (*BAG* 24.10.2013 EzA § 9 nF KSchG Nr. 66 m. Anm. *Hergenröder* AP Nr. 71 zu § 9 KSchG 1969; 29.1.1981 EzA § 9 KSchG nF Nr. 10; umfassend s. KR-*Kreft* § 2 KSchG Rdn 262 ff.). Hat der Arbeitnehmer dagegen rechtzeitig das Änderungsangebot unter Vorbehalt angenommen, so ist Streitgegenstand allein die Frage, ob die **Änderung der Arbeitsbedingungen** sozial ungerechtfertigt oder aus anderen Gründen rechtsunwirksam ist (§ 4 S. 2 KSchG). Da im zuletzt genannten Fall nicht die Rechtswirksamkeit der Kündigung, sondern die Rechtswirksamkeit des Änderungsangebots Streitgegenstand des Kündigungsrechtsstreits ist, fehlt es an der für den Erlass eines Auflösungsurteils notwendigen Voraussetzung einer (sozialwidrigen) **Kündigung** (*BAG* 24.10.2013 EzA § 9 nF KSchG Nr. 66; vgl. *Bauer* DB 1985, 1181; LSW-*Spinner* Rn 4; *LAG München* 29.10.1987 DB 1988, 866; *LAG Köln* 16.8.2011 – 12 Sa 948/10; aA *Bauer/Krets* DB 2002, 1937 ff., auch zum Auflösungszeitpunkt; dagegen *Müller* DB 2002, 2597 ff. mit Replik *Bauer/Krets* ebenda, 2598 f.; wie hier *Tschöpe* FS Schwerdtner, S. 223 f.). Selbst bei beiderseitigem Auflösungsantrag ist es daher dem Gericht verwehrt, das Arbeitsverhältnis gegen Zahlung einer Abfindung aufzulösen (*Ascheid* Kündigungsschutzrecht Rn 792; *Linck* AR-Blattei SD 1020.1.1. Kündigungsschutz I A, Die Änderungskündigung Rn 115; *Becker/Schaffner* BB 1991, 135; SPV-*Vossen* Rn 2100, 2199; aA *Herbst* BABl. 1969, 492; *Maurer* BB 1971, 1327; *Schaub* RdA 1970, 235; *Wenzel* MdR 1969, 976; *Corts* SAE 1982, 104). Die Gegenmeinung verkennt, dass eine gerichtliche Auflösung des Arbeitsverhältnisses nach § 9 KSchG nur im Falle einer sozialwidrigen Beendigungskündigung, nicht dagegen bei einer nach § 8 KSchG sozial ungerechtfertigten Änderung der Arbeitsbedingungen zulässig ist. Entgegen der Ansicht von *Schaub* (RdA 1970, 236) kann nach der gegenwärtigen Fassung des § 9 KSchG der Arbeitgeber im Falle einer sozial ungerechtfertigten Änderung der Arbeitsbedingungen auch nicht zur Zahlung einer Abfindung zur Auflösung der besseren Arbeitsbedingungen verurteilt werden. Das Gesetz kennt bei einer sozial ungerechtfertigten Änderung der Arbeitsbedingungen gem. § 8 KSchG nur die gerichtliche Feststellung, dass die Änderungskündigung als von Anfang an rechtsunwirksam gilt. Die Verurteilung des Arbeitgebers zu einer pauschalierten Abgeltung der besseren Arbeitsbedingungen stünde zudem im Widerspruch zu dem vom Gesetzgeber angestrebten Inhaltsschutz des Arbeitsverhältnisses.

4. Kündigung nach Einigungsvertrag

39 Bei einer auf Kapitel XIX Sachgebiet A Abschnitt III Nr. 1 Abs. 4 der Anlage I zum Einigungsvertrag (Nr. 1 EinigungsV, in Geltung bis 31.12.1993) gestützten unwirksamen Kündigung war eine Auflösung des Arbeitsverhältnisses nach §§ 9, 10 KSchG zulässig (*BAG* 24.9.1992 EzA Art. 20 EinigungsV Nr. 17), weil die nach diesen Bestimmungen sich ergebende Unwirksamkeit zugleich die Sozialwidrigkeit der Kündigung begründete (*BAG* 18.3.1993 EzA Art. 20 EinigungsV Nr. 21; 16.11.1995 EzA Art. 20 EinigungsV Nr. 47). Dies bedeutet, dass §§ 9, 10 KSchG keine nach der Bestimmung in Nr. 1 Abs. 1 S. 2 EinigungsV nicht anzuwendenden »den Maßgaben in Nr. 1 Abs. 4 EinigungsV entgegenstehende oder abweichende Regelungen« darstellten.

II. Bestand des Arbeitsverhältnisses zum Auflösungszeitpunkt

1. Auflösungszeitpunkt

40 Nach § 9 Abs. 2 KSchG hat das Gericht für die Auflösung des Arbeitsverhältnisses den Zeitpunkt festzusetzen, an dem es bei sozial gerechtfertigter Kündigung geendet hätte (**zur Verfassungsmäßigkeit des Auflösungszeitpunktes** vgl. Rdn 14). Ist die ordentliche Kündigung unter Einhaltung der im Einzelfall geltenden Kündigungsfrist erklärt worden, so ist der für die Auflösung maßgebliche Zeitpunkt der letzte Tag der Kündigungsfrist (*BAG* 21.6.2012 EzA § 9 nF KSchG Nr. 63). Ein Gestaltungsspielraum hinsichtlich der Festsetzung des Auflösungszeitpunktes (zB Bestimmung eines späteren Zeitpunktes) steht dem Gericht nicht zu. Es ist insbes. nicht dazu befugt, bei der Festsetzung des Auflösungszeitpunktes Billigkeitserwägungen anzustellen (*BAG* 25.11.1982 EzA § 9 KSchG nF Nr. 15; *LSSW-Spinner* Rn 72; *Ascheid* Kündigungsschutzrecht Rn 822; aA *LAG Düsseld.* 8.2.1952 AR-Blattei D, Kündigungsschutz, Entsch. 9 sowie *LAG Hannover* 12.5.1952 AP 53 Nr. 45 und *LAG RhPf.* 2.10.1989 LAGE § 9 KSchG Nr. 17 – Beendigungszeitpunkt spätestens Ende des sechswöchigen Lohnfortzahlungszeitraums bei Kündigung aus Anlass der Arbeitsunfähigkeit mit Blick auf die gesetzliche Wertung des früheren § 6 LFZG). Anderes gilt wegen § 308 ZPO, wenn der Arbeitnehmer **selbst** die Auflösung zu einem **früheren** Termin erstrebt, als zu welchem die Kündigung wirken würde. Hat der Arbeitgeber die im Einzelfall geltende Kündigungsfrist nicht eingehalten, so hat das Gericht das Arbeitsverhältnis **unter Datumsangabe im Urteil** zu dem Zeitpunkt aufzulösen, an dem es bei fristgerechter Kündigung geendet hätte (dies muss der Arbeitnehmer im Rechtsstreit nicht rügen: *BAG* 21.6.2012 EzA § 9 nF KSchG Nr. 63; vgl. *Bauer* DB 1985, 1181). Auch in diesem Fall ist das Gericht verpflichtet, den Auflösungszeitpunkt unter genauer Datumsangabe im Urteilstenor festzulegen (zum Inhalt des Urteils vgl. iE Rdn 97 ff.). Steht die Rechtswirksamkeit der Kündigung fest, muss der Arbeitnehmer arbeiten, bis über einen von ihm gestellten Auflösungsantrag – rechtskräftig – entschieden ist (*LAG RhPf* 7.4.2005 AE 2006, 118; *LAG Köln* 12.11.2014 AE 2015, 160; *LAG Nds.* 15.12.2016 AE 2017, 107; best. durch *BAG* 14.12.2017 – 2 AZR 86/17, juris). Bei der Festlegung des Auflösungszeitpunktes ist zu beachten, dass das *BVerfG* (16.11.1982 EzA Art. 3 GG Nr. 13) den § 622 Abs. 2 S. 2 Hs. 2 BGB aF für verfassungswidrig erklärt hatte. Bis zur gesetzlichen Neuregelung bot sich nach der Ansicht des *BAG* (28.2.1985 – 2 AZR 323/84) als verfassungskonforme Übergangsregelung die Lösung an, das Arbeitsverhältnis eines Arbeiters bei einem begründeten Auflösungsantrag »frühestens« zu dem Termin aufzulösen, der sich aus § 622 Abs. 2 BGB ergibt. Im Übrigen war das Verfahren in den Fällen der zuletzt genannten Art bis zur gesetzlichen Neuregelung auszusetzen, damit der endgültige Zeitpunkt der Auflösung im Schlussurteil bestimmt werden konnte. Zu der sich für Auflösungsanträge aus der Unvereinbarerklärung des gesamten § 622 Abs. 2 BGB 1969 durch das *BVerfG* (30.5.1990 EzA § 622 BGB nF Nr. 27) ergebenden Rechtslage bis zum Inkrafttreten des KündFG s. KR-*Spilger* § 622 BGB Rdn 35.

41 Ist im Kündigungsschutzprozess die **außerordentliche Kündigung** und eine **umgedeutete ordentliche Kündigung** im Streit, so kann der Arbeitnehmer sowohl nach § 13 Abs. 1 S. 3 KSchG die Auflösung des Arbeitsverhältnisses im Hinblick auf die außerordentliche Kündigung als auch nach § 9 Abs. 1 KSchG lediglich in Bezug auf die ordentliche Kündigung beantragen (so jetzt auch *BAG* 26.8.1993 EzA § 322 ZPO Nr. 9; vgl. auch Rdn 36). Es hängt somit von dem ggf. durch Auslegung

zu ermittelnden Willen des Arbeitnehmers ab, welcher Antrag gestellt wird. Beantragt der Arbeitnehmer lediglich nach § 9 Abs. 1 KSchG die Auflösung des Arbeitsverhältnisses im Hinblick auf die ordentliche Kündigung, so kommt nach der in diesem Falle unmittelbar anzuwendenden Vorschrift des § 9 Abs. 2 KSchG von vornherein lediglich eine Auflösung zum ordentlichen Kündigungstermin in Betracht. Sie setzt jedoch voraus, dass die umgedeutete Kündigung sozialwidrig ist. Entsprechendes gilt, wenn **mehrere ordentliche** Kündigungen im Streit stehen, die zu **unterschiedlichen Terminen** wirksam würden. Hier kann der Arbeitnehmer (§ 308 ZPO!) den Auflösungszeitpunkt wählen. **Klargestellt** durch § 13 Abs. 1 S. 4 KSchG nF ist jetzt, dass bei einer **außerordentlichen Kündigung** zu dem Zeitpunkt aufzulösen ist, zu dem die Kündigung ausgesprochen wurde. Dies gilt **nicht**, wenn sich der Auflösungsantrag auf den Kündigungstermin einer ebenfalls streitgegenständlichen ordentlichen Kündigung bezieht.

2. Beendigung des Arbeitsverhältnisses aus anderen Gründen vor dem Auflösungszeitpunkt

Hat das Arbeitsverhältnis bereits aus **anderen Gründen** (zB infolge Tod des Arbeitnehmers oder Eintritt einer auflösenden Bedingung) vor dem Auflösungszeitpunkt sein Ende gefunden, ist eine gerichtliche Auflösung nicht mehr möglich (umgekehrt kann auch keine Kündigungsschutzklage mehr Erfolg haben, wenn das Arbeitsverhältnis bereits aufgrund rechtskräftigen Auflösungsurteils zu einem früheren Zeitpunkt geendet hat: *BAG* 29.1.2015 EzA-SD 2015 Nr. 12, S. 15). Der **rechtliche Bestand** des **Arbeitsverhältnisses** zum **Auflösungszeitpunkt** gehört zu dem materiell-rechtlichen Voraussetzungen des Auflösungsurteils (vgl. *BAG* 21.1.1965 AP Nr. 21 zu § 7 KSchG 1951; 25.6.1987 DB 1988, 864; 20.3.1997 EzA § 613a BGB Nr. 148; 23.2.2010 EzA § 9 nF KSchG Nr. 58; *Auffarth* DB 1969, 531; LSSW-*Spinner* Rn 27; *LKB-Linck* Rn 39; aA *ArbG Wetzlar* 23.8.1983 AuR 1984, 286). Ein bereits aus anderen Gründen zum Auflösungszeitpunkt beendetes Arbeitsverhältnis kann auch nicht rückwirkend zu einem früheren Zeitpunkt aufgelöst werden. Einer derartigen richterlichen Gestaltung steht die zwingende Regelung des § 9 Abs. 2 KSchG entgegen. Auch eine Verurteilung zur Zahlung einer Abfindung ist in diesem Falle nicht möglich, und zwar selbst dann nicht, wenn das Gericht die Kündigung für sozialwidrig hält. Eine vor dem Auflösungszeitpunkt liegende anderweitige Beendigung des Arbeitsverhältnisses hat zur Folge, dass sich die Kündigungsschutzklage in der Hauptsache erledigt (vgl. LSSW-*Spinner* Rn 27; *LAG Hmb.* 16.7.1986 DB 1986, 2679). Dies gilt ebenso für den Auflösungsantrag (*BAG* 15.12.1960 AP Nr. 21 zu § 3 KSchG 1951). Zum Schicksal tariflicher oder einzelvertraglich abgemachter Abfindungen beim vorzeitigen Tod des Arbeitnehmers s. *BAG* 22.5.1996 (EzA § 4 TVG Abfindung Nr. 1) und 25.9.1996 (EzA § 112 BetrVG 1972 Nr. 89). Dem Auflösungsantrag wird sinnvollerweise dann noch nicht entsprochen werden können, wenn zwischen den Parteien über einen anderen das Arbeitsverhältnis vor dem Auflösungszeitpunkt möglicherweise beendenden Tatbestand noch Streit besteht. Ist hierüber ein weiterer Rechtsstreit zwischen ihnen anhängig, bietet es sich an, jedenfalls die Verhandlung über den Auflösungsantrag zunächst, spätestens bei Entscheidungsreife, **auszusetzen** (§ 148 ZPO), um divergierende Entscheidungen zu vermeiden. Nach Auffassung des *BAG* (27.4.2006 EzA § 4 nF KSchG Nr. 74) ist es in aller Regel ermessensfehlerhaft, über einen Kündigungsschutzantrag hinsichtlich einer Kündigung und über einen darauf bezogenen Auflösungsantrag eher zu entscheiden, als über einen zeitlich vorhergehenden Auflösungsantrag.

Liegt der vom Gericht nach § 9 Abs. 2 KSchG zu bestimmende Auflösungszeitpunkt nach Erlass der Entscheidung, was insbes. bei langen Kündigungsfristen möglich ist, so fällt die Verpflichtung zur Zahlung der im Urteil festgesetzten Abfindung für den Arbeitgeber selbst dann nicht weg, wenn der Arbeitnehmer vor dem vom Gericht festgesetzten Auflösungszeitpunkt stirbt (ebenso HaKo-KSchR/*Gieseler* Rn 40; aA für tarif- oder einzelvertraglich abgemachte Abfindungen *BAG* 22.5.1996 EzA § 4 TVG Abfindung Nr. 1 und 25.9.1996 EzA § 112 BetrVG 1972 Nr. 89; 26.8.1997 AP Nr. 8 zu § 620 BGB Aufhebungsvertrag m. zust. Anm. *Meyer* BB 1998, 1479; 16.5.2000 EzA § 611 BGB Aufhebungsvertrag Nr. 36 = EWiR 2001, 105 [*Thüsing*]; abl. *Boecken* NZA 2002, 421 ff.; für Sozialanspruch *BAG* 27.6.2006 EzA § 112 BetrVG 2001 Nr. 18; **wie hier** jetzt aber grds. *BAG* 22.5.2003 EzA § 611 BGB 2002 Aufhebungsvertrag Nr. 1). Dem Fall eines rechtskräftigen Auflösungsurteils steht ein rechtsgültiger Vergleich über die, unter Zahlung einer

Abfindung erfolgenden, Auflösung des Arbeitsverhältnisses gleich (vgl. *BAG* 16.10.1969 EzA § 1 KSchG Nr. 15; 25.6.1987 DB 1988, 864; *Neumann* Kündigungsabfindung Rn 86).

3. Anderweitige Beendigung des Arbeitsverhältnisses bei Erlass des Auflösungsurteils

44 Hat das Arbeitsverhältnis erst **nach** dem vom Gericht gem. § 9 Abs. 2 KSchG festzusetzenden Auflösungszeitpunkt, aber **vor** Erlass des Auflösungsurteils **aus anderen Gründen** (zB Tod des Arbeitnehmers, Erreichen der tariflich festgelegten Altersgrenze, weitere Kündigung, Betriebsübergang) geendet, so steht dies einer gerichtlichen Auflösung des Arbeitsverhältnisses nicht zwingend entgegen (*BAG* 21.1.1965 AP Nr. 21 zu § 7 KSchG 1951 m. abl. Anm. von *Herschel*; 17.9.1987 RzK I 11a Nr. 16; *Auffarth* DB 1969, 530, 531; *LKB-Linck* Rn 41; DDZ-*Callsen* Rn 9; ErfK-*Kiel* Rn 5; aA *Bader/Bram-Bader* Rn 20; LSW-*Spinner* Rn 28; *Ascheid* Kündigungsschutzrecht Rn 798; SPV-*Vossen* Rn 2115; MüKo-BGB/*Hergenröder* Rn 31; aA für den Fall des Todes des Arbeitnehmers auch *BAG* 15.12.1960 AP Nr. 21 zu § 3 KSchG). Für eine gerichtliche Auflösung sprechen in diesem Fall insbes. Billigkeitsgesichtspunkte. Da die Prozessparteien auf die Dauer des Kündigungsrechtsstreits nur in begrenztem Maße Einfluss nehmen können, wäre es unbillig, wenn der Arbeitnehmer einen an sich zustehenden Abfindungsanspruch infolge Zeitablaufs verlieren würde. Dabei ist allerdings eine Ausnahme von dem sonst bei der Beurteilung des Auflösungsantrages maßgeblichen Zeitpunkt zu machen. Während es bei der Beurteilung der Sozialwidrigkeit einer Kündigung auf die Verhältnisse zum Zeitpunkt des Ausspruchs der Kündigung ankommt, ist die Begründetheit eines Auflösungsantrages grds. nach den bei Erlass des Urteils vorliegenden Umständen zu prüfen (*BAG* 30.9.1976 EzA § 9 KSchG nF Nr. 3; *LKB- Linck* Rn 50 und 52). Die an sich bei der Beurteilung eines Auflösungsantrages anzustellende Prognose kann bei einer zwischenzeitlich eingetretenen anderweitigen Beendigung des Arbeitsverhältnisses naturgemäß nicht mehr erfolgen. Möglich ist in diesem Fall nur eine **hypothetische Prüfung** (abl. LSSW-*Spinner* Rn 28) der von den Parteien vorgetragenen Auflösungsgründe, dh unter Außerachtlassung der zwischenzeitlich eingetretenen anderweitigen Beendigung. Daher ist die Prognose anhand der bis zur Beendigung eingetretenen Umstände zu erstellen und auf den Zeitraum zwischen dem Termin, zu dem die Kündigung gewirkt hätte, wenn sie sozial gerechtfertigt gewesen wäre, und dem Beendigungszeitpunkt zu erstrecken (*BAG* 23.2.2010 EzA § 9 nF KSchG Nr. 58). Erachtet das Gericht unter Zugrundelegung dieses Prüfungsmaßstabes den Auflösungsantrag für begründet, so hat es das Arbeitsverhältnis zu dem nach § 9 Abs. 2 KSchG zu bestimmenden Zeitpunkt aufzulösen. **Nach Betriebsübergang** kann der Auflösungsantrag nur im Rahmen eines auf den neuen Arbeitgeber zu erstreckenden Rechtsstreits gestellt werden (*BAG* 20.3.1997 AP Nr. 30 zu § 9 KSchG 1969). Nur dann ist auch dem Erwerber und gegen ihn Auflösungsantrag möglich. Ist Parteien und Gericht der Übergang unbekannt (geblieben), muss der Betriebserwerber die sich aus dem ausgeurteilten Auflösungsantrag ergebenden Rechtsfolgen aufgrund § 613a Abs. 1 S. 1 BGB gegen sich gelten lassen (vgl. ErfK-*Kiel* Rn 6). Allerdings ist ein Arbeitgeber, der eine Kündigung vor einem Betriebsübergang ausgesprochen hat, trotz des **Verlustes der Arbeitgeberstellung** durch den **Übergang des Arbeitsverhältnisses** befugt, einen Auflösungsantrag zu stellen, **wenn der Auflösungszeitpunkt vor dem Betriebsübergang liegt** (vgl. *BAG* 24.5.2005 EzA § 613a BGB 2002 Nr. 32, vgl. Rdn 18 mwN; für den umgekehrten Fall s. *LAG Köln* 1.3.2016 NZA-RR 2016, 485). Wird die Unzumutbarkeit der Fortsetzung des Arbeitsverhältnisses ausschließlich auf Tatsachen gestützt, die aus dem Verhältnis zu dem Veräußerer resultieren, muss der Arbeitnehmer dem Übergang des Arbeitsverhältnisses widersprechen, wenn ein Auflösungsantrag Erfolg versprechen soll (vgl. ErfK-*Kiel* Rn 6). Nur bei Widerspruch ist umgekehrt auch dem Veräußerer Auflösungsantrag möglich. Kündigt der **Veräußerer nach** Betriebsübergang das nicht mehr bestehende Arbeitsverhältnis, ist dem Erwerber, der selbst nicht gekündigt hat, im Rahmen eines um die Feststellung eines Arbeitsverhältnisses zwischen ihm und dem Gekündigten geführten Rechtsstreites ebenso wenig wie diesem Auflösungsantrag möglich; es fehlt an **seiner** Kündigung.

45 Den Umstand einer zwischenzeitlich eingetretenen anderweitigen Beendigung des Arbeitsverhältnisses kann das Gericht allerdings bei der **Höhe der Abfindung** durch Zuerkennung eines entsprechend geringeren Betrages berücksichtigen (ebenso *Auffarth* DB 1969, 531). Hierbei steht dem

Tatsachengericht ein in der Revisionsinstanz nur begrenzt nachprüfbarer Beurteilungsspielraum zu (vgl. hierzu iE KR-*Spilger* § 10 KSchG Rdn 54).

III. Auflösungsgründe für den Arbeitnehmer

1. Begriff der Unzumutbarkeit

Der vom Arbeitnehmer gestellte Auflösungsantrag ist begründet, wenn dem Arbeitnehmer die 46
Fortsetzung des Arbeitsverhältnisses nicht zuzumuten ist. Bei dem **Begriff der Unzumutbarkeit** handelt es sich um einen **unbestimmten Rechtsbegriff**, dessen Anwendung in der Revisionsinstanz nur beschränkt nachprüfbar ist. Das Revisionsgericht kann – ebenso wie bei anderen unbestimmten Rechtsbegriffen – nur nachprüfen, ob das Berufungsgericht die Voraussetzungen für einen vom Arbeitnehmer gestellten Auflösungsantrag verkannt hat und ob es bei der Prüfung der vom Arbeitnehmer vorgetragenen Auflösungsgründe alle wesentlichen Umstände vollständig und widerspruchsfrei berücksichtigt und gewürdigt hat. Wegen dieses beschränkten revisionsrechtlichen Prüfungsmaßstabes gehört es vornehmlich zur Aufgabe der Tatsachengerichte, im Einzelfall zu bestimmen, ob einem Arbeitnehmer die Fortsetzung des Arbeitsverhältnisses zumutbar ist oder nicht. Die Tatsachengerichte haben aber **keine Ermessensentscheidung** zu treffen, dh es steht ihnen nicht frei, nach Zweckmäßigkeitsgesichtspunkten über die Fortsetzung des Arbeitsverhältnisses zu urteilen. Das Fehlen eines gerichtlichen Ermessensspielraumes kommt im Gesetzeswortlaut dadurch zum Ausdruck, dass das Gericht das Arbeitsverhältnis auf Antrag des Arbeitnehmers aufzulösen hat, sofern diesem die Fortsetzung unzumutbar ist. Es handelt sich somit weder um eine »Kann«- noch um eine »Soll«-Bestimmung, sondern um eine vom Gesetzgeber dem Gericht zwingend vorgeschriebene Gestaltung. Im Unterschied zur Ermessenseinräumung hat der Gesetzgeber bei der Verwendung von unbestimmten Rechtsbegriffen die Vorstellung, dass letztlich nur eine Entscheidung möglich ist. Dabei ist allerdings nicht zu verkennen, dass der unbestimmte Rechtsbegriff dem Richter jedoch die Möglichkeit eröffnet, den Regelungsgehalt der Norm durch Berücksichtigung der jeweiligen Umstände des Einzelfalles zu konkretisieren (vgl. hierzu *Hofmann* ZfA 1970, 66 ff.). Bei der Konkretisierung des Begriffs der Unzumutbarkeit steht daher dem Gericht insofern ein Beurteilungsspielraum zu, als es die im Einzelfall vorliegenden Umstände vollständig und widerspruchsfrei gegeneinander abzuwägen hat. An Vorstellungen des Arbeitnehmers dazu, wann die »Erträglichkeitsschwelle« überschritten ist (insbes. rein subjektive Empfindungen) besteht schon deshalb keine Bindung, weil sie sich nicht verifizieren lassen und im Rahmen eines Zivilprozesses auch nicht einlassungsfähig (§ 138 Abs. 2 ZPO) sind. Es gilt mithin ein objektiver Maßstab (vgl. zB *Sächs. LAG* 9.6.2011 – 9 Sa 103/11: Bezeichnung einer Mitarbeiterin als »Schneegans«, wobei es sich sowohl bei der Großen Schneegans [Anser caerulescens atlanticus] als auch bei der Kleinen Schneegans [Anser caerulescens caerulescens] um äußerst anmutige und ausgesprochen schöne Tiere aus der Familie der Entenvögel handele).

2. Beurteilungsmaßstäbe

Nach welchen **Wertungsmaßstäben** die Konkretisierung des Begriffs der »Unzumutbarkeit« zu er- 47
folgen hat, ist umstritten. Nach der **früheren Rechtsprechung** des *BAG* (vgl. etwa 5.11.1964 AP Nr. 20 zu § 7 KSchG 1951) sollte die Frage der Zumutbarkeit der Fortsetzung des Arbeitsverhältnisses nach den gleichen strengen Anforderungen beurteilt werden wie bei einer außerordentlichen Kündigung. Die Rechtsprechung der Instanzgerichte war dieser Auffassung teilweise gefolgt (*LAG Brem.* 4.2.1981 – 2 Sa 151/80, nv; *LAG Hmb.* 5.8.1981 MDR 1982, 82; *LAG Nbg.* 5.9.1980 AR-Blattei, Kündigungsschutz Entsch. 207; aA *LAG Frankf.* 16.1.1980 BB 1981, 122; *ArbG Hmb.* 15.7.1980 DB 1980, 2526).

Die hM in der Literatur (*Auffarth/Müller* § 7 Rn 9; *Dietz* NJW 1951, 944; LSSW-*Spinner* Rn 36; 48
Hofmann ZfA 1970, 65; *Hoppe* DB 1968, 311; *Maus* Rn 16; *Bader/Bram-Bader* Rn 11; *LKB-Linck* Rn 43) steht demgegenüber auf dem Standpunkt, dass die zu § 626 BGB herausgearbeiteten Wertungsmaßstäbe wegen der unterschiedlichen Normzwecke nicht uneingeschränkt auf die Auslegung des § 9 Abs. 1 KSchG übertragen werden können. Da der vom KSchG bezweckte Bestandsschutz

des Arbeitsverhältnisses nur zum Schutze des idR sozial schwächeren Arbeitnehmers geschaffen worden sei, handele es sich bei der auf Antrag des Arbeitnehmers erfolgenden gerichtlichen Auflösung des Arbeitsverhältnisses nicht um eine Ausnahme der gesetzlichen Schutzrichtung. Aus diesem Grunde sei es gerechtfertigt, an den Auflösungsantrag des Arbeitnehmers **geringere Anforderungen** zu stellen als an eine arbeitnehmerseitige fristlose Kündigung. Richtig ist nur, dass ein Grund, der den Arbeitnehmer nach § 626 BGB zur fristlosen Kündigung berechtigt, stets auch die Fortsetzung des Arbeitsverhältnisses nach § 9 Abs. 1 S. 1 KSchG unzumutbar macht (*BAG* 26.11.1981 EzA § 9 KSchG nF Nr. 11 m. abl. Anm. *Herschel*; LSSW-*Spinner* Rn 36; *LKB-Linck* Rn 43).

49 Das *BAG* hat seine frühere Rechtsprechung (vgl. Rdn 46), wonach der Begriff der Unzumutbarkeit in § 9 Abs. 1 S. 1 KSchG ebenso auszulegen sei wie bei der arbeitnehmerseitigen außerordentlichen Kündigung nach § 626 Abs. 1 BGB, zwischenzeitlich aufgegeben (*BAG* 26.11.1981 EzA § 9 KSchG nF Nr. 11 m. abl. Anm. *Herschel*). Nach der neueren Rechtsprechung des BAG können auch solche Tatsachen die Fortsetzung des Arbeitsverhältnisses unzumutbar machen, die für eine fristlose Kündigung nicht ausreichen (zuletzt etwa *BAG* 11.7.2013 EzA § 9 nF KSchG Nr. 64).

50 Dem nunmehr auch vom *BAG* (26.11.1981 EzA § 9 KSchG nF Nr. 11) vertretenen Standpunkt der hM ist zuzustimmen. Entgegen der Ansicht von *Herschel* (Anm. zu *BAG* 26.11.1981 EzA § 9 KSchG nF Nr. 11) trägt die neuere Rechtsprechung des BAG dem unterschiedlichen Normzweck des § 626 Abs. 1 BGB einerseits und des § 9 Abs. 1 S. 1 KSchG andererseits Rechnung. Die Unzumutbarkeit der Fortsetzung des Arbeitsverhältnisses bezieht sich bei der außerordentlichen Kündigung gem. § 626 Abs. 1 BGB lediglich auf den Zeitraum der Kündigungsfrist bzw. auf die Zeit bis zur vereinbarten Beendigung des Arbeitsverhältnisses (vgl. *BAG* 11.7.2013 EzA § 9 nF KSchG Nr. 64). Da einer außerordentlichen Kündigung wegen der damit verbundenen Möglichkeit, durch einen einseitigen Gestaltungsakt die fristlose Beendigung des Arbeitsverhältnisses herbeizuführen, Ausnahmecharakter zukommt, ist es gerechtfertigt, an die Frage der Unzumutbarkeit strenge Anforderungen zu stellen. Dabei ist zu beachten, dass die Bestimmung des § 626 BGB auch den Arbeitgeber vor einer unberechtigten außerordentlichen Kündigung schützt. Die in § 9 Abs. 1 S. 1 KSchG vorgesehene Lösungsmöglichkeit dient demgegenüber allein dem Schutz des Arbeitnehmers vor einer Weiterarbeit unter unzuträglichen Arbeitsbedingungen. Der allein in seinem Interesse geschaffene Bestandsschutz des Arbeitsverhältnisses soll nur so lange aufrechterhalten werden, als ihm die Fortsetzung des Arbeitsverhältnisses zuzumuten ist. Das Merkmal der Unzumutbarkeit bezieht sich daher auch nicht wie bei § 626 BGB auf einen zeitlich begrenzten Zeitraum, sondern auf die gesamte zukünftige Dauer des Arbeitsverhältnisses (zust. *LKB-Linck* Rn 43). Die Zumutbarkeitserwägungen sind daher im Rahmen einer langfristigen Prognose anzustellen. Die Anlegung desselben strengen Maßstabes wie bei § 626 BGB wäre im Übrigen nur dann gerechtfertigt, wenn die Bestimmung des § 9 Abs. 1 S. 1 KSchG auch den Arbeitgeber in gleichem Maße in den Schutzbereich einbeziehen würde. Dies ist aber nicht der Fall, da der Bestandsschutz des Arbeitsverhältnisses nicht in seinem Interesse geschaffen worden ist.

3. Beurteilungszeitpunkt

51 Maßgeblicher **Zeitpunkt für die Beurteilung** der Frage, ob dem Arbeitnehmer die Fortsetzung des Arbeitsverhältnisses zuzumuten ist, ist der Zeitpunkt der Entscheidung über den Auflösungsantrag (*BAG* 7.3.2002 EzA § 9 KSchG nF Nr. 45; 30.9.1976 EzA § 9 KSchG nF Nr. 3). Nur zu diesem Zeitpunkt kann die vom Gericht anzustellende Prognose sachgerecht durchgeführt werden. Die Frage der Zumutbarkeit der Fortsetzung des Arbeitsverhältnisses betrifft nämlich die künftige Gestaltung der Rechtsbeziehungen zwischen den Parteien. Eine derartige Vorausschau kann aber nur dann erfolgen, wenn das Gericht auch die nach Ausspruch der Kündigung liegenden Umstände (die durch Zeitablauf ihr Gewicht auch verlieren können, etwa durch lange Prozessdauer: s. *BAG* 7.3.2002 EzA § 9 KSchG nF Nr. 45) verwerten kann. Hierin liegt ein wesentlicher Unterschied zu der Prüfung der Sozialwidrigkeit einer Kündigung. Bei der Beurteilung dieser Frage kommt es darauf an, ob Umstände vorliegen, die, vom Zeitpunkt der Kündigungserklärung aus betrachtet, rückschauend bei verständiger Würdigung in Abwägung der Interessen beider Parteien und des

Betriebes die Kündigung als billigenswert und angemessen erscheinen lassen (*BAG* 29.3.1960 AP Nr. 7 zu § 7 KSchG 1951). Bei Beurteilung der Gründe für einen arbeitnehmerseitigen Auflösungsantrag ist zu berücksichtigen, dass die Beziehungen der Arbeitsvertragsparteien bereits durch den Ausspruch einer sozialwidrigen Kündigung idR erheblich belastet sind (vgl. *LAG Frankf.* 16.1.1980 BB 1981, 122; *LAG Hmb.* 5.8.1981 MDR 1982, 82; *Bauer* DB 1985, 1181). In einer sozialwidrigen Kündigung liegt dagegen grundsätzlich noch kein Auflösungsgrund. Die Unwirksamkeit einer Kündigung allein macht es dem Arbeitnehmer nicht unzumutbar, das Arbeitsverhältnis fortzusetzen; die Unzumutbarkeit muss sich vielmehr aus **weiteren Umständen** ergeben (vgl. *BAG* 11.7.2013 EzA § 9 nF KSchG Nr. 64; 24.9.1992 EzA Art. 20 EinigungsV Nr. 17 zu einer auf Kapitel XIX Sachgebiet A Abschnitt III Nr. 1 Abs. 4 der Anlage I zum Einigungsvertrag gestützten Kündigung wegen behaupteter persönlicher Nichteignung; *LAG Köln* 13.5.1994 ARSt 1994, 177; vgl. Rdn 55).

4. Konkretisierung des Begriffs der Unzumutbarkeit

Als **Auflösungsgründe**, welche die Unzumutbarkeit der Fortsetzung des Arbeitsverhältnisses bedingen können, sind nur solche Umstände geeignet, die in einem inneren Zusammenhang zu der vom Arbeitgeber erklärten sozialwidrigen Kündigung stehen oder die im Laufe des Kündigungsrechtsstreits entstanden sind (allg. Ansicht, vgl. etwa *BAG* 18.1.1962 AP Nr. 20 zu § 66 BetrVG 1952; 24.9.1992 AP Nr. 3 zu EV Anl. I Kap. XIX; *LAG Nürnberg* 5.9.1980 AR-Blattei, Kündigungsschutz Entsch. 207; *Auffarth* DB 1969, 529; *Auffarth/Müller* § 7 Rn 8; *LKB-Linck* Rn 44; *DDZ-Callsen* Rn 10a; *Maus* Rn 16; *Neumann* Kündigungsabfindung Rn 17, 18; Systematisierung bei *St. Müller* Diss., S. 52 ff.; Beispiele bei *Haas* FA 2010, 104 ff.). Nach der Regierungsbegründung (vgl. RdA 1951, 64) ist dabei insbes. an solche Fälle zu denken, in denen als Kündigungsgründe unzutreffende ehrverletzende Behauptungen über die Person oder das Verhalten des Arbeitnehmers leichtfertig aufgestellt worden sind oder das Vertrauensverhältnis im Verlauf des Kündigungsrechtsstreits ohne wesentliches Verschulden des Arbeitnehmers zerrüttet worden ist. Darüber hinaus kommen auch solche Umstände in Betracht, die den Schluss nahelegen, dass der Arbeitgeber den Arbeitnehmer im Falle einer **Rückkehr in den Betrieb** gegenüber den übrigen Mitarbeitern **benachteiligen** oder sonstwie **unkorrekt behandeln** wird (ebenso LSSW-*Spinner* Rn 40; *LKB_Linck* Rn 47). Die tatsächliche Grundlage für eine derartige Annahme kann sowohl in einem **prozessualen** (zB durch mündliches oder schriftsätzliches Vorbringen) als auch in einem **außerprozessualen Verhalten** (zB durch Erklärungen gegenüber dem Arbeitnehmer oder Arbeitskollegen oder Vorgesetzten) des Arbeitgebers liegen (bspw. Kundgabe eines ehrverletzenden Kündigungsgrundes, *LAG SchlH* 15.9.2009 PflR 2010, 68). Auch die durch Tatsachen begründete Befürchtung, dass der Arbeitnehmer im Falle einer **Wiederaufnahme der Arbeit** durch seine Arbeitskollegen nicht ordnungsgemäß behandelt werden wird, kann uU die Unzumutbarkeit der Weiterbeschäftigung begründen. Dies kann zB dann angenommen werden, wenn der Arbeitnehmer den Kündigungsrechtsstreit allein wegen eines Fehlers bei der sozialen Auswahl gewonnen hat und wenn aufgrund dessen die durch Tatsachen begründete Besorgnis besteht, dass dies im Falle einer Rückkehr in den Betrieb zu Spannungen mit den Arbeitskollegen führen wird (*LAG Hamm* 23.5.1975 DB 1975, 1514; **krit.** Hierzu *Bauer* DB 1985, 1181; **zu einer ähnlich gelagerten Fallkonstellation** vgl. *LAG Köln* 2.2.1987 LAGE § 9 KSchG Nr. 5; *LAG Hmb.* 13.2.2013 – 5 Sa 56/12; *LKB-Linck* Rn 46; DDZ-*Callsen* Rn 11; *Neumann* Kündigungsabfindung Rn 24; vgl. APS-*Biebl* Rn 39–44, der allerdings fordert, der Arbeitgeber müsse Spannungen wegen der durch fehlerhafte Sozialauswahl bedingten Rückkehr des Arbeitnehmers provozieren oder schüren). Ein auf unkorrekte Behandlung durch Vorgesetzte und/oder Kollegen gestützter Antrag setzt das Vorhandensein der »Störquelle« bei Erlass des Auflösungsurteils voraus, woran es etwa bei einem zwischenzeitlichen Ausscheiden des/der Vorgesetzten bzw. des/der Kollegen fehlt. Auch das **Verhalten des Prozessbevollmächtigten** des Arbeitgebers kann die Auflösung bedingen, sofern es vom Arbeitgeber **veranlasst** worden ist. Das Verhalten von unbeteiligten **Dritten** kann die für eine weitere Zusammenarbeit notwendige Vertrauensgrundlage nur dann zerstören, wenn dieses Verhalten durch den Arbeitgeber in irgendeiner Weise **veranlasst** worden ist. Für den **umgekehrten** Fall vgl. Rdn 67. Hat ein **Betriebsübergang** stattgefunden und

52

ist dem Übergang des Arbeitsverhältnisses **nicht** widersprochen worden (s. Rdn 43), kommt es auf die Unzumutbarkeit der Fortsetzung des Arbeitsverhältnisses bei dem **Betriebserwerber** an (*BAG* 20.3.1997 EzA § 613a BGB Nr. 148). Ob ein Arbeitnehmer die Auflösung auch dann verlangen kann, wenn der Arbeitgeber die zur Unzumutbarkeit führenden Umstände **nicht** durch **eigenes Tun** veranlasst hat wurde vom *BAG* (11.7.2013 EzA § 9 nF KSchG Nr. 64) bislang ausdrücklich offengelassen.

53 Ein **Wahlrecht** zwischen der außerordentlichen Kündigung nach § 626 BGB und der gerichtlichen Auflösung des Arbeitsverhältnisses nach § 9 Abs. 1 S. 1 KSchG steht dem Arbeitnehmer nur dann zu, wenn die Auflösungsgründe zugleich den Anforderungen genügen, die an das Vorliegen eines wichtigen Grundes zu stellen sind. Ist dies der Fall, so kann der Arbeitnehmer außerordentlich kündigen und bei Vorliegen der in § 628 Abs. 2 BGB geregelten Voraussetzungen darüber hinaus vom Arbeitgeber Ersatz für den durch die Aufhebung des Arbeitsverhältnisses entstehenden Schaden verlangen (ebenso *BAG* 11.2.1981 EzA § 4 KSchG nF Nr. 20; *Maus* Rn 17). Das Wahlrecht zwischen der außerordentlichen Kündigung und der gerichtlichen Auflösung des Arbeitsverhältnisses nach § 9 Abs. 1 KSchG erlischt, wenn der Arbeitnehmer die zweiwöchige Ausschlussfrist des § 626 Abs. 2 BGB versäumt. In diesem Falle bleibt ihm nur noch die Möglichkeit, die verfristeten Kündigungsgründe zur Begründung seines Auflösungsantrages zu verwenden. Das **Feststellungsinteresse** für die Kündigungsschutzklage entfällt nach der Ansicht des *BAG* (11.2.1981 EzA § 4 KSchG nF Nr. 20) nicht allein deswegen, weil ein Arbeitnehmer neben der Feststellung Schadensersatz nach § 628 Abs. 2 BGB fordert. Allenfalls dann, wenn er erklärt, auch im Falle seines Unterliegens mit den auf § 628 Abs. 2 BGB gestützten Klageanträgen weder das Arbeitsverhältnis fortsetzen zu wollen noch dessen Auflösung gem. §§ 9, 10 KSchG zu begehren, fehlt es am Feststellungsinteresse für die Kündigungsschutzklage.

54 Bei Umständen, die **nicht** in einem inneren Zusammenhang mit der Kündigung oder mit dem Verhalten des Arbeitgebers während des Kündigungsrechtsstreits stehen, hat der Arbeitnehmer **kein Wahlrecht** zwischen der außerordentlichen Kündigung und der gerichtlichen Auflösung des Arbeitsverhältnisses nach § 9 Abs. 1 S. 1 KSchG. In diesem Falle kann er lediglich das Arbeitsverhältnis außerordentlich kündigen und ggf. Schadensersatz nach § 628 Abs. 2 BGB vom Arbeitgeber verlangen (vgl. hierzu iE KR-*Weigand* § 628 BGB Rdn 1 ff.). § 9 Abs. 1 S. 1 KSchG gewährt daneben kein spezielleres Lösungsrecht mit Abfindungsanspruch. Bei Versäumung der zweiwöchigen Ausschlussfrist des § 626 Abs. 2 BGB ist ihm aber auch diese Möglichkeit verwehrt.

55 Als nicht ausreichender Auflösungsgrund für den Arbeitnehmer ist der Umstand anzusehen, dass dieser zwischenzeitlich eine **andere Arbeitsstelle** gefunden hat (ebenso LSSW-*Spinner* Rn 42; *LKB-/Linck* Rn 48; SPV-*Vossen* Rn 2110; *Neumann* Kündigungsabfindung, Rn 18). Auch der umgekehrte Fall (Stellung des Auflösungsantrages trotz nicht vorhandener anderweitiger Arbeitsstelle) begründet allein noch nicht die Unzumutbarkeit. Der Arbeitnehmer kann den Auflösungsantrag zwar ohne Rücksicht daraufstellen, ob er eine andere Arbeitsstelle gefunden hat. Eine gerichtliche Auflösung des Arbeitsverhältnisses kann er in diesen Fällen aber nur dann erreichen, wenn sonstige Umstände vorliegen, welche die Unzumutbarkeit der Fortsetzung des Arbeitsverhältnisses bedingen. Bei einem zwischenzeitlich begründeten Arbeitsverhältnis ist der Arbeitnehmer dazu befugt, die Erklärung nach § 12 KSchG, dass er im Falle seines Obsiegens im Kündigungsschutzprozess das bisherige Arbeitsverhältnis nicht fortsetzen wolle, auch schon vor der Rechtskraft des Urteils abzugeben und daneben den Auflösungsantrag zu stellen (*BAG* 19.10.1972 EzA § 12 KSchG Nr. 1; *LKB-Linck* Rn 48; *Neumann* Kündigungsabfindung, Rn 18). Weder die Erklärung nach § 12 KSchG noch das zwischenzeitlich begründete neue Arbeitsverhältnis reichen für eine gerichtliche Auflösung des Arbeitsverhältnisses aus. Es müssen vielmehr auch hier zusätzliche Umstände vorliegen, die für den Arbeitnehmer die Unzumutbarkeit der Fortsetzung des Arbeitsverhältnisses begründen. Dies ergibt sich aus der Bestimmung des § 12 KSchG, in der die Rechtsfolgen einer anderweitigen Arbeitsaufnahme abschließend geregelt sind (allg. Ansicht, vgl. etwa LSSW-*Spinner* Rn 42; *LKB-Linck* Rn 48).

Allein der Umstand, dass ein **Kündigungsschutzprozess** geführt worden ist, begründet für den 56
Arbeitnehmer grds. noch nicht die Unzumutbarkeit einer weiteren Fortsetzung des Arbeitsverhältnisses (ebenso LSSW-*Spinner* Rn 39; SPV-*Vossen* Rn 2109a). Dies gilt insbes. dann, wenn der Rechtsstreit sachlich und ohne persönliche Schärfen ausgetragen worden ist. Dies gilt selbst dann, wenn lediglich unzutreffende Tatsachenbehauptungen **(ohne Beleidigung)** über die Person oder das Verhalten des Arbeitnehmers aufgestellt werden (*LAG Köln* 26.1.1995 LAGE § 9 KSchG Nr. 25). Auch die **Sozialwidrigkeit** der Kündigung ist für sich allein grundsätzlich **kein** ausreichender **Auflösungsgrund** (ähnlich *LKB-Linck* Rn 47). Hiervon ist allerdings dann eine Ausnahme zu machen, wenn die Kündigung auf solche Gründe gestützt wird, die für den Arbeitnehmer ehrverletzend sind (vgl. hierzu die Regierungsbegründung RdA 1951, 64). **Nicht hinnehmen** muss der Arbeitnehmer, dass sich der Arbeitgeber während der Kündigungssache an den behandelnden Arzt wendet und eine **Arbeitsunfähigkeitsbescheinigung** ungerechtfertigt **bezweifelt** (*BAG* 20.11.1997 RzK I 11c Nr. 13) oder datenschutzwidrige Maßnahmen zur Ermittlung eines Kündigungssachverhaltes ergreift oder für den Fall des Unterliegens eine auf **dieselben Gründe** gestützte **neuerliche Kündigung** in **Aussicht** stellt (ähnlich ErfK-*Kiel* Rn 9; aA *BAG* 27.3.2003 EzA § 9 KSchG nF Nr. 47) oder den mehrfach wiederholten Vorwurf des »Sozialbetruges« erhebt (*Sächs. LAG* 9.7.2003 – 3 Sa 825/01) oder ihn in Richtung einer Verdachtskündigung leichtfertig des Begehens einer Straftat beschuldigt (*LAG SA* 25.2.2004 NZA-RR 2005, 132) oder ihn mit der Aussage konfrontiert, er habe »ohnehin keine Chance mehr« (*LAG RhPf* 14.3.2007 ZTR 2008, 225) oder ihm sonst (widerrechtlich) **droht** (*Neef* FS Buchner S. 666, 668) oder im Rahmen einer zwischen den Parteien umstrittenen Frage nicht lediglich einen anderen Rechtsstandpunkt einnimmt, sondern dem Arbeitnehmer mit **gänzlich haltlosem Vortrag** begegnet (*BAG* 11.7.2013 EzA § 9 nF KSchG Nr. 64). Kein Auflösungsgrund liegt dann vor, wenn die einer Weiterarbeit entgegenstehenden Tatsachen im **Einfluss- oder Risikobereich des Arbeitnehmers** liegen (*BAG* 11.7.2013 EzA § 9 nF KSchG Nr. 64).

5. Rechtsmissbräuchliche Antragstellung

Der Arbeitnehmer kann sich nicht auf Auflösungsgründe berufen, die er (oder ein Dritter, für den 57
im Rahmen des Arbeitsverhältnisses nach § 278 BGB einzustehen ist) treuwidrig selbst herbeigeführt oder provoziert hat (DDZ-*Callsen* Rn 11), etwa um die Auflösung des Arbeitsverhältnisses gegen Zahlung einer Abfindung zu erreichen (ähnlich LSSW-*Spinner* Rn 43). Das *BAG* hat dies zwar bislang lediglich für den Auflösungsantrag des Arbeitgebers entschieden (15.2.1973 AP Nr. 2 zu § 9 KSchG 1969). Es hat aber in diesem Urteil mit Recht darauf hingewiesen, dass auch und gerade auf dem Gebiet des Kündigungsschutzrechts der Grundsatz von Treu und Glauben und der Rechtsgedanke des § 162 BGB, dass niemand aus einem treuwidrigen Verhalten einen rechtlichen Vorteil ziehen dürfe, zu beachten und zu verwirklichen sei. Der Auflösungsantrag des Arbeitnehmers ist daher stets dann zurückzuweisen, wenn er sich als **Rechtsmissbrauch** darstellt. Eine bloße Mitverursachung der Auflösungsgründe durch den Arbeitnehmer reicht aber noch nicht aus, um den Auflösungsantrag des Arbeitnehmers als unzulässige Rechtsausübung zu behandeln.

Nicht rechtsmissbräuchlich ist es, die Auflösung neben einem **Weiterbeschäftigungsantrag** zu 58
verfolgen. Der Kläger weiß zunächst nicht, ob das Gericht seinem Beschäftigungsantrag entsprechen wird oder ihn aus welchen Gründen abweisen mag. Deshalb muss es ihm nachgelassen sein, den Auflösungsantrag hilfsweise zu stellen. Dies muss aber jedenfalls in der Antragsbegründung klargestellt werden. Aus ihr muss sich auch ergeben, dass und warum die Fortsetzung des Arbeitsverhältnisses gerade für den Fall der Abweisung des Weiterbeschäftigungsantrages unzumutbar sein soll. Anderenfalls wäre die uneingeschränkte Verfolgung sowohl der tatsächlichen Beschäftigung als auch der Auflösung widersprüchlich, der Auflösungsantrag mithin als unschlüssig abweisungsreif. Möglich ist auch der umgekehrte Fall, dh die Verfolgung eines Auflösungsantrages und, wiederum hilfsweise, der Weiterbeschäftigung, was sich leichter begründen lässt: stellt das Gericht das Vorhandensein von Auflösungstatsachen in Abrede, kann dem Arbeitnehmer nun nicht mehr die Widersprüchlichkeit seines hilfsweisen Beschäftigungsverlangens entgegengehalten werden. Dann ist ja auch nach der Meinung des Gerichts die tatsächliche Fortführung des Arbeitsverhältnisses nicht unzumutbar. Auch die **Erklärung gem.** § 12 **KSchG** kann vor Rechtskraft des

Urteils abgegeben werden, obzwar daneben der Auflösungsantrag (weiter) verfolgt wird (*BAG* 19.10.1972 RzK I 14 Nr. 1).

6. Darlegungs- und Beweislast

59 Der **Arbeitnehmer** ist **darlegungs- und beweispflichtig** für die Gründe, die die Unzumutbarkeit der Fortsetzung des Arbeitsverhältnisses rechtfertigen sollen (*BAG* 30.9.1976 EzA § 9 KSchG nF Nr. 3; LSSW-*Spinner* Rn 35). Der Arbeitnehmer genügt seiner Darlegungslast noch nicht, wenn er lediglich schlagwortartige Wendungen (etwa des Inhalts, dass die Vertrauensgrundlage weggefallen oder ein unüberbrückbares Zerwürfnis eingetreten sei) zur Begründung seines Auflösungsantrages vorträgt. Erforderlich ist vielmehr der Vortrag von konkreten Tatsachen, die so beschaffen sind, dass sie für den Arbeitnehmer die Unzumutbarkeit einer Weiterarbeit bedingen. Bei einem unschlüssigen Tatsachenvortrag ist der Auflösungsantrag des Arbeitnehmers als unbegründet zurückzuweisen.

60 Tatsachen, die nicht von dem Arbeitnehmer zur Begründung seines Auflösungsantrages vorgetragen worden sind, dürfen von dem Gericht selbst dann nicht verwertet werden, wenn sie offenkundig sind (*BAG* 30.9.1976 EzA § 9 KSchG nF Nr. 3). Dies folgt aus dem auch im Verfahren vor den ArbG geltenden **Verhandlungsgrundsatz**, wonach das Gericht nur von solchen Tatsachen ausgehen darf, die von der jeweils darlegungspflichtigen Partei vorgebracht worden sind. Die unter Verstoß gegen den Verhandlungsgrundsatz verwerteten Tatsachen sind für das Revisionsgericht bei der Beurteilung des Auflösungsantrages unbeachtlich.

61 Bestreitet der Arbeitgeber die vom Arbeitnehmer schlüssig vorgebrachten Auflösungstatsachen, so trifft den Arbeitnehmer die **Beweislast** für die Richtigkeit seines Tatsachenvortrages (vgl. *BAG* 5.11.1964 AP Nr. 20 zu § 7 KSchG 1951 sowie *Neumann* Kündigungsabfindung Rn 20, der zu Recht darauf hinweist, dass es sich insoweit für den Arbeitnehmer um anspruchsbegründende Tatsachen handelt). Nicht erwiesene streitige Tatsachen dürfen bei der Entscheidung über den Auflösungsantrag nicht berücksichtigt werden.

IV. Auflösungsgründe für den Arbeitgeber

1. Beurteilungsmaßstäbe

62 Auf Antrag des Arbeitgebers ist das Arbeitsverhältnis gem. § 9 Abs. 1 S. 2 KSchG dann aufzulösen, wenn Gründe vorliegen, die eine den Betriebszwecken dienliche weitere Zusammenarbeit zwischen Arbeitgeber und Arbeitnehmer nicht erwarten lassen. Auch bei dieser Formulierung handelt es sich – ebenso wie bei der Regelung in § 9 Abs. 1 S. 1 KSchG – um einen sog. **unbestimmten Rechtsbegriff** (vgl. *Hofmann* ZfA 1970, 80). Die Wertung, ob im Einzelfall derartige Gründe vorliegen, obliegt dabei in erster Linie den Tatsachengerichten. Das Revisionsgericht kann – ebenso wie bei anderen unbestimmten Rechtsbegriffen – lediglich nachprüfen, ob das Berufungsgericht die Voraussetzungen für einen vom Arbeitgeber gestellten Auflösungsantrag verkannt hat und ob es bei der Prüfung der vom Arbeitgeber vorgetragenen Auflösungsgründe alle wesentlichen Umstände vollständig und widerspruchsfrei berücksichtigt und gewürdigt hat.

63 Ebenso wie im Fall des § 9 Abs. 1 S. 1 KSchG (vgl. dazu Rdn 45) handelt es sich bei der auf Antrag des Arbeitgebers erfolgenden Auflösung des Arbeitsverhältnisses nicht um eine Ermessensentscheidung des Gerichts. Dies folgt aus der gesetzlichen Formulierung in § 9 Abs. 1 S. 2 KSchG, wonach »das Gericht die gleiche Entscheidung auf Antrag des Arbeitgebers zu treffen hat«. Bei Vorliegen der gesetzlichen Auflösungsgründe hat daher das Gericht keine Zweckmäßigkeitserwägungen anzustellen, sondern hat dem Auflösungsantrag ohne Weiteres stattzugeben.

64 Unter Beachtung der primären Zielsetzung des KSchG, den Arbeitnehmer im Interesse eines wirksamen Bestandsschutzes des Arbeitsverhältnisses vor einem Verlust des Arbeitsplatzes durch sozialwidrige Kündigungen zu bewahren, ist es gerechtfertigt, an den Auflösungsantrag des Arbeitgebers **strenge Anforderungen** zu stellen (so jetzt auch *BVerfG* [2. Kammer des Ersten Senats] 22.10.2004 EzA § 9 KSchG nF Nr. 49; *BAG* 5.11.1964 EzA § 7 KSchG Nr. 1; 16.5.1984 EzA § 9 KSchG nF

Nr. 16; *LAG Köln* 22.5.2006 EzA-SD 2006, Nr. 19 S. 10; aA *A. C. Gravenhorst* NZA-RR 2007, 57, 61). Das Erfordernis eines strengen Prüfungsmaßstabes besagt jedoch nicht, dass damit für den Arbeitgeber nur solche Umstände als Auflösungsgründe in Betracht kommen, die dazu geeignet sind, eine außerordentliche Kündigung nach § 626 BGB zu rechtfertigen (**krit.** mit Blick auf *BVerfG* 27.1.1998 – EzA § 23 KSchG Nrn. 17, 18, DDZ-*Callsen* Rn 18, der durch das Anlegen dieses Maßstabs einen verfassungswidrigen Entzug von Kündigungsschutz befürchtet). Bei Vorliegen eines wichtigen Grundes besteht für den Arbeitgeber nämlich die Möglichkeit, sich ohne Zahlung einer Abfindung von dem Arbeitnehmer zu trennen, indem er das Arbeitsverhältnis mittels einer außerordentlichen Kündigung beendet. Von dieser Möglichkeit kann der Arbeitgeber auch noch während des Kündigungsschutzprozesses Gebrauch machen, sofern er nicht durch Versäumung der zweiwöchigen Ausschlussfrist des § 626 Abs. 2 BGB sein außerordentliches Kündigungsrecht verloren hat.

Funktional betrachtet bedeutet die Regelung des § 9 Abs. 1 S. 2 KSchG für den Arbeitgeber eine 65 zusätzliche Lösungsmöglichkeit neben dem sonstigen kündigungsrechtlichen Instrumentarium. Andererseits besteht der Sinn dieser Möglichkeit nicht darin, dem Arbeitgeber eine weitere Kündigung zu ersparen (*BAG* 29.3.1960 AP Nr. 7 zu § 7 KSchG 1951; *Ascheid* Kündigungsschutzrecht Rn 808). Der Ausnahmecharakter der Bestimmung zeigt sich insbes. darin, dass dem Arbeitgeber die Möglichkeit eingeräumt wird, trotz Vorliegens einer sozialwidrigen Kündigung sich vom Arbeitnehmer zu trennen. Dass eine derartige Lösung des Arbeitsverhältnisses nach den Vorstellungen des Gesetzgebers nicht leichtfertig erfolgen darf, zeigt bereits die rechtstechnische Ausgestaltung des Gesetzes. Der Arbeitgeber kann die Beendigung des Arbeitsverhältnisses gegen den Willen des Arbeitnehmers nur mittels eines rechtsgestaltenden Richterspruchs herbeiführen. In dieser verfahrensrechtlichen Institutionalisierung liegt für den Arbeitnehmer zugleich eine gewisse Garantie für einen wirksamen Bestandsschutz des Arbeitsverhältnisses. Mit **ihr** erscheint auch die von *Callsen* (s. Rdn 63) befürchtete Verkürzung des Kündigungsschutzes in anderem Licht. Im Übrigen scheint das BVerfG gegen eine Auflösbarkeit an sich nichts einzuwenden zu haben, nachdem es sogar den Auflösungszeitpunkt nach § 9 Abs. 2 KSchG gebilligt hat (Rdn 14).

2. Beurteilungszeitpunkt

Maßgeblicher **Zeitpunkt** für die **Beurteilung** der Frage, ob eine den Betriebszwecken dienliche 66 weitere Zusammenarbeit zwischen Arbeitgeber und Arbeitnehmer zu erwarten ist, ist der Zeitpunkt der Entscheidung über den Auflösungsantrag (*BAG* 7.3.2002 EzA § 9 KSchG nF Nr. 45; 30.9.1976 EzA § 9 KSchG nF Nr. 3; *LAG Bln.* 5.5.1997 LAGE § 9 KSchG Nr. 29; *LKB-Linck* Rn 50; aA *A. C. Gravenhorst* NZA-RR 2007, 57, 61 ff.: Zeitpunkt der Auftragstellung). Nur bei einem Abstellen auf den Zeitpunkt der letzten mündlichen Verhandlung ist es dem Gericht möglich, eine sachgerechte Vorausschau hinsichtlich der zukünftigen Gestaltung des Arbeitsverhältnisses anzustellen. Bei einer Anknüpfung an den Zeitpunkt der Kündigung könnten die erst während des Kündigungsschutzprozesses entstandenen Auflösungsgründe vom Gericht nicht gewürdigt werden. Dies würde aber dem Sinn und Zweck der gerichtlichen Auflösungsmöglichkeit widersprechen (vgl. hierzu Rdn 8–14). Wegen des zeitlichen Beurteilungsansatzes ist es denkbar, dass mögliche Auflösungsgründe aufgrund Veränderung der tatsächlichen oder rechtlichen Umstände ihr **Gewicht verlieren können** (*BAG* 7.3.2002 EzA § 9 KSchG nF Nr. 45).

3. Konkretisierung der gesetzlichen Voraussetzungen

Als Gründe, die eine den Betriebszwecken dienliche weitere Zusammenarbeit zwischen den Parteien nicht erwarten lassen, kommen nur Umstände in Betracht, die das **persönliche Verhältnis zum Arbeitgeber**, die **Wertung der Persönlichkeit des Arbeitnehmers, seiner Leistungen** oder **seiner Eignung** für die ihm gestellten **Aufgaben**, etwa als Vorgesetzter, und sein **Verhältnis zu den übrigen Mitarbeitern** betreffen (*BAG* 14.10.1954 AP Nr. 6 zu § 3 KSchG 1951). Dagegen reichen **wirtschaftliche** oder **betriebliche** Gründe grds. nicht aus, um eine gerichtliche Auflösung des Arbeitsverhältnisses auf Antrag des Arbeitgebers zu rechtfertigen (ebenso LSSW-*Spinner* Rn 61; 67

LKB-Linck Rn 67; ErfK-*Kiel* Rn 18). Nach der Ansicht des *BAG* (14.10.1954 AP Nr. 6 zu § 3 KSchG 1951) sind wirtschaftliche oder betriebliche Gründe ausnahmsweise nur dann zur Begründung eines vom Arbeitgeber gestellten Auflösungsantrages geeignet, wenn sie zu einer Zerrüttung des Vertrauensverhältnisses führen können. In den übrigen Fällen hat der Arbeitgeber nur die Möglichkeit, eine betriebsbedingte Kündigung auszusprechen, was er vorsorglich bereits während des Kündigungsrechtsstreits tun kann.

68 Die **betrieblichen Gegebenheiten** sind aber insofern von **Bedeutung**, als diese eine wichtige Rolle bei der vom Gericht anzustellenden Vorausschau spielen (s. dazu Rdn 14 mit *BVerfG 29.1.*1990 und 9.2.1990 daselbst, wonach eine **differenzierte Würdigung der jeweiligen Betriebszwecke** vorzunehmen ist). So kann ein zwischenzeitlich eingetretener Wandel der betrieblichen Verhältnisse (zB Austausch von Vorgesetzten, Beseitigung von Organisationsmängeln sowie sonstige organisatorische Änderungen, Veränderungen in der Belegschaftsstruktur) durchaus ein wichtiger Gesichtspunkt im Rahmen der Prognose sein (*BAG* 7.3.2002 EzA § 9 KSchG nF Nr. 45). Berücksichtigungsfähig ist auch die Stellung des Arbeitnehmers im Betrieb (*BAG* 26.6.1997 RzK I 5i Nr. 126 für Arbeitnehmer mit Schlüsselstellung im Betrieb, ohne zu den in § 14 Abs. 2 S. 2 KSchG genannten leitenden Angestellten zu gehören). Als eigenständiger Auflösungsgrund kommen dagegen die betrieblichen Verhältnisse nicht in Betracht. Dies gilt auch für eine prozessbedingte faktische Unterbrechung und die damit verbundenen Schwierigkeiten der betrieblichen Wiedereingliederung (aA LSSW-*Spinner* Rn 57). Es ist vielmehr stets erforderlich, dass die Zerrüttung des Arbeitsverhältnisses **in dem Verhalten** oder der **Person des Arbeitnehmers** ihren Grund hat (vgl. *BAG* 23.6.2005 EzA § 9 KSchG nF Nr. 52). Dabei kann es sich sowohl um das **prozessuale** (zB Beleidigungen oder sonstige ehrverletzende Äußerungen gegenüber dem Arbeitgeber oder Vorgesetzten; **Handlungen** oder **Unterlassungen** von Prozessbeteiligten im **Gerichtssaal** sind allerdings umfassend und hinsichtlich aller naheliegenden Wertungsgesichtspunkte zu würdigen, um es nicht zu einem Gehörsverstoß kommen zu lassen; *BAG* 12.12.2006 EzA § 72 ArbGG 1979 Nr. 35; iE *BAG* 24.3.2011 EzA-SD 2011, Nr. 18, S. 3) als auch um das **außerprozessuale Verhalten** (zB Beeinflussung von Zeugen, Drohungen gegenüber dem Arbeitgeber; Erschleichen einer Arbeitsunfähigkeitsbescheinigung während einer Prozessbeschäftigung – vgl. *LAG SA* 7.6.2006 – 5 Sa 454/05) des **Arbeitnehmers** handeln (vgl. SPV-*Vossen* Rn 2117). **Vorprozessuales** Verhalten kann Bedeutung erlangen, wenn es den Verlauf des Rechtsstreits prägt (zB unzulängliche Beteiligung im Rahmen der vor Ausspruch einer Verdachtskündigung durchgeführten Anhörung und Offenbarung entlastender Momente erst im Verfahren). **Unzutreffende Rechtsausführungen** in Schriftsätzen, etwa dergestalt, dass die Kündigung sittenwidrig sei oder gegen Treu und Glauben verstoße, sind durch die Wahrnehmung berechtigter Interessen gedeckt und können daher nicht als Auflösungsgrund herangezogen werden. Dies gilt auch für **vorprozessuale** Erklärungen polemischer Art (etwa: man wolle bei *Gauck* gegen einen »rumwühlen«; *BAG* 13.6.2002 EzA § 1 KSchG Verhaltensbedingte Kündigung Nr. 57). Dagegen sind **unzutreffende Tatsachenbehauptungen**, und zwar insbes. dann, wenn sie den Tatbestand einer **üblen Nachrede** oder gar **Verleumdung** erfüllen, grds. dazu geeignet, das Auflösungsbegehren des Arbeitgebers zu rechtfertigen (vgl. *LAG Köln* 29.9.1982 DB 1982, 124; *BAG* 29.8.2013 EzA § 9 nF KSchG Nr. 65), bspw. bewusst wahrheitswidrige Behauptungen (*LAG RhPf* 10.5.2017 – 4 Sa 406/16, juris) bzw. wahrheitswidriger Prozessvortrag (*BAG* 24.5.2018 EzA § 9 KSchG nF Nr. 70; *LAG Köln* 21.9.2020 – 3 Sa 599/19, juris), die wahrheitswidrige Bezichtigung eines Vorgesetzten, eine Straftat begangen zu haben (*LAG Hmb.* 27.6.1995 LAGE § 9 KSchG Nr. 26) oder der Vorwurf des Prozessbetruges und der Falschbeurkundung, wenn ein Bestreiten mit Nichtwissen der Wahrung berechtigter Interessen genügt hätte (*LAG Köln* 28.8.1996 AE 1997, 87), die ungerechtfertigte Beschimpfung als Nazi (Hess. *LAG* 19.2.1998 – 3 Sa 153/97 – nv) oder der »Rechtsbeugung« (*BAG* 6.11.2003 EzA § 1 KSchG Verhaltensbedingte Kündigung Nr. 60) oder der Vorwurf gegenüber dem Arbeitgeber, Manipulationen eines Vorgesetzten zu decken und innerbetriebliche Kritiker mundtot zu machen (obzwar der Arbeitgeber den Vorwürfen sofort und in angemessener Weise nachgegangen ist, *LAG Köln* 22.5.2006 EzA-SD 2006, Nr. 19, 10). Auch **Beleidigungen, Ehrverletzungen** sowie **persönliche Angriffe** gegenüber **Arbeitgeber, Vorge-**

setzten (nicht aber allein ein »Mobbingvorwurf«, *LAG SchlH* 3.4.2007 AuA 2007, 625) oder **Kollegen**, auch durch die Verwendung von Emoticons in der Kommentarfunktion der Facebook-Chronik (*LAG BW* 22.6.2016 CCR 2017, 120) oder von Emojes im Verkehr via E-Mail oder Whatsapp, können eine Auflösung begründen (vgl. *BAG* 7.3.2002 EzA § 9 KSchG nF Nr. 45; 24.3.2011 EzA-SD 2011, Nr. 18, S. 3; 29.8.2013 EzA § 9 nF KSchG Nr. 65). Dies gilt allerdings nur dann uneingeschränkt, wenn es sich um eigenes außerprozessuales oder prozessuales Verhalten **des gekündigten Arbeitnehmers** handelt. Ein **Verhalten dritter Personen** ist als Grund für den Auflösungsantrag des Arbeitgebers **nur dann** geeignet, wenn der Arbeitnehmer dieses Verhalten durch **eigenes Tun** entscheidend **veranlasst** hat und es ihm so **zuzurechnen** ist (*BAG* 14.5.1987 AP Nr. 18 zu § 9 KSchG 1969; LSSW-*Spinner* Rn 59; *Bader/Bram-Bader* Rn 26: nur mit Vorsicht in Erwägung zu ziehen; *LKB-Linck* Rn 69). Auch das außerprozessuale oder prozessuale **Verhalten des Prozessbevollmächtigten** kommt deshalb als Auflösungsgrund nur dann in Betracht, wenn es der Arbeitnehmer **veranlasst** hat (aA *BAG* 30.6.1959 AP Nr. 56 zu § 1 KSchG; 28.3.1961 – 3 AZR 396/60; 3.11.1983 – 2 AZR 204/82; 7.3.2002 EzA § 9 KSchG nF Nr. 45; LSSW-*Spinner* Rn 59; wie hier: *Bader/Bram-Bader* Rn 26; *Knorr/Bichlmeier/Kremhelmer* Kap. 14 Rn 132; DDZ-*Callsen* Rn 21; MüKo-BGB/*Hergenröder* § 9 KSchG Rn 52; *LKB-Linck* Rn 69 gehen von der grundsätzlichen Zurechenbarkeit aus, stellen aber darauf ab, ob sich der Arbeitnehmer das Verhaltens zu eigen macht und sich auch nicht nachträglich davon distanziert). Nach der Ansicht des *BAG* (30.6.1959 AP Nr. 56 zu § 1 KSchG) können Erklärungen und Verhaltensweisen von Prozessbevollmächtigten dagegen auch dann zum Nachteil des Arbeitnehmers bei der vom Gericht vorzunehmenden Prognose berücksichtigt werden, wenn diese vom Arbeitnehmer nicht veranlasst worden sind. **Widerruf** und **Berichtigung** müssten allerdings auch nach dieser Rechtsprechung arg. **§ 85 Abs. 1 S. 2 ZPO** nachgelassen werden. Abschwächend vertritt das *BAG* (10.6.2010 EzA § 9 nF KSchG Nr. 59; 9.9.2010 EzA § 9 nF KSchG Nr. 60) zwischenzeitlich allerdings die Auffassung, dass sich der Arbeitnehmer die von ihm nicht veranlassten Erklärungen des Prozessbevollmächtigten zu eigen mache und sich auch nachträglich nicht von ihnen distanziert haben müsse (wobei die Distanzierung nach Zurückverweisung an das LAG erst vor diesem erfolgte und zur Zurückweisung des Auflösungsantrags führte! *LAG RhPf* 19.3.2011 LAGE § 9 KSchG Nr. 43 m. Anm. *St. Müller*). Unzureichend als Auflösungsgrund ist nach *BAG* 9.9.2010 (EzA § 9 nF KSchG Nr. 60) der Versuch des Arbeitnehmeranwalts, eine nicht titulierte Prozessbeschäftigung zu vollstrecken. Auch Äußerungen des Anwalts, der Arbeitnehmer solle offenbar vom Arbeitgeber »weichgekocht« werden, der Arbeitnehmer sei in ein »Sterbezimmer« versetzt worden, der Arbeitgeber wolle ihn »mürbe« machen reichen nach dieser Entscheidung nicht als Auflösungsgrund aus. Als auflösungsrelevant eingestuft wurde **anwaltliches** Verlangen einer astronomisch hohen Abfindung, anderenfalls man »auspacken« werde (*Sächs. LAG* 27.4.2017 – 9 Sa 21/16, n.v.) bzw. die **anwaltliche** Ankündigung gegenüber der Konzernmutter des kündigenden Unternehmens, die Presse einschalten zu wollen (wegen Übergehens der Verantwortlichen, *LAG RhPf* 17.3.2016 LAGE § 9 KSchG Nr. 51). Stützt der Arbeitgeber seinen Auflösungsantrag maßgeblich auf **Drohungen Dritter**, so hat er durch den Vortrag von greifbaren Tatsachen im Einzelnen darzulegen, dass für das von den Dritten befürchtete pflichtwidrige Verhalten des zu Unrecht gekündigten Arbeitnehmers objektive Umstände vorliegen. Nur wenn der Arbeitgeber im Einzelnen Umstände vorträgt und im Bestreitensfalle beweist, dass die Drohungen Dritter wegen eines mit einiger Sicherheit zu erwartenden pflichtwidrigen Verhaltens des Arbeitnehmers objektiv gerechtfertigt sind, kann eine Auflösung des Arbeitsverhältnisses auf Antrag des Arbeitgebers in Betracht kommen. Im Übrigen ist ein **Verhalten Dritter** als Grund für den Auflösungsantrag des Arbeitgebers nach § 9 KSchG nur dann geeignet, wenn der Arbeitnehmer dieses Verhalten durch eigenes Tun entscheidend veranlasst hat oder es ihm zuzurechnen ist (*BAG* 14.5.1987 AP Nr. 18 zu § 9 KSchG 1969). Äußerungen oder Verhaltensweisen, die dem Schutzbereich des **Art. 5 Abs. 1 GG (Meinungsfreiheit)** unterfallen, müssen ggf. mit dem davon betroffenen Persönlichkeitsrecht des Arbeitgebers oder anderer Betriebsangehöriger abgewogen werden (für Abmahnung *BVerfG* 16.10.1998 NZA 1999, 77; s.a. *BAG* 6.11.2003 EzA § 1 KSchG Verhaltensbedingte Kündigung Nr. 60; ausf. *LAG BW* 10.2.2010 KampR 2010, 287; *BAG* 23.3.2010 EzA § 9 nF KSchG Nr. 58). Art. 5 Abs. 1 GG schützt dabei **wertende** Äußerungen, die zusätzlich durch

Art. 103 Abs. 1 GG geschützt sind (*BVerfG* [3. Kammer des 1. Senats] 8.4.2016 EzA § 9 nF KSchG Nr. 68), nicht hingegen Schmähkritik (*BVerfG* [2. Kammer des 1. Senats] 30.5.2018 NZA 2018, 924). Arbeitnehmer dürfen **unternehmensöffentlich** Kritik am **Arbeitgeber** und den **betrieblichen Verhältnissen** üben und sich ggf. auch überspitzt und polemisch äußern. Die Meinungsfreiheit muss jedoch regelmäßig dann zurücktreten, wenn sich das in der Äußerung enthaltene Werturteil als Formalbeleidigung oder Schmähkritik erweist. Das gilt auch bei der Teilnahme an einer Betriebsratswahl (*BAG* 29.8.2013 EzA § 9 nF KSchG Nr. 64). Im **öffentlichen Dienst** Beschäftigte dürfen die dienstliche Organisation und Arbeit betreffenden Entscheidungen des Vorgesetzten nicht schonungslos kritisieren, etwa durch Herstellung einer »außerdienstlichen Lobby« zur Verstärkung eigener Vorstellungen (vgl. *BVerfG* [2. Kammer des 1. Senats] 21.6.2006 NJW 2006, 3628). Die Tatsache, dass sich ein **Tendenzträger** (etwa eine Redakteurin einer Zeitung) gegen eine Veröffentlichung in der Presse des eigenen Arbeitgebers mit einer **Gegendarstellung** wendet, kann einer weiteren Zusammenarbeit mit dem Tendenzträger entgegenstehen. Dies gilt auch für den Umstand eines gegen den Tendenzträger eingeleiteten Ermittlungs- und Strafverfahrens, als auch für den Verdacht von Straftaten, die die Tendenz berühren können (*BAG* 23.10.2008 EzASD 2009, Nr. 8, S. 3). Aufgrund der besonderen Glaubwürdigkeit, auf die **Kirchengemeinden** in der Öffentlichkeit angewiesen sind, kann im Einzelfall der Eindruck einer heillosen Zerstrittenheit des Gemeindepersonals die Auflösung des Arbeitsverhältnisses eines kirchlichen Arbeitnehmers rechtfertigen (*BVerfG* 2.2.1990 EzA § 9 KSchG nF Nr. 36), nicht allerdings **kirchenspezifische Kündigungsgründe**, die schon die Kündigung nicht tragen (*LAG Düsseld.* 13.8.1998 – 7 Sa 425/98 – nv) oder allein der Umstand, dass der Kündigungsschutzprozess in der Öffentlichkeit für Aufsehen gesorgt hat (*Thür. LAG* 11.11.2008 – 7 Sa 4/07). Zur Frage der **Kündbarkeit** wegen »Whistleblowings« bei Aufstellen bewusst falscher Tatsachenbehauptungen s. BAG 27.9.2012 EzA § 626 BGB 2002 Nr. 43. Eng in diesem Zusammenhang steht die Beurteilung von **Kündigungen** kirchlicher Arbeitnehmer wegen Tätigkeiten für die »Universale Kirche« (*BVerfG* 7.3.2002 NJW 2002, 2771) oder heimlicher Beziehung einer Lehrerin zu einem Mönch als Leiter ihrer Schule (*BVerfG* 31.1.2001 RzK I 8g Nr. 27). Demgegenüber rechtfertigt die bloße **Weigerung** aller leitenden Funktionsträger eines Krankenhauses, weiterhin mit dem Chefarzt einer Abteilung **zusammenzuarbeiten**, noch keine Auflösung, wenn der Arbeitgeber nicht vorher durch zumutbare Gegenvorstellungen versucht hat, dem Druck entgegenzuwirken und die Spannungen abzubauen (*LAG Köln* 17.1.1996 LAGE § 626 BGB Druckkündigung Nr. 1; ähnlich *BAG* 10.10.2002 EzA § 9 KSchG nF Nr. 46; s.a. *LAG Hmb.* 1.9.2009 PflR 2010, 547 zur Drohung einer Heimleiterin und einer Pflegedienstleiterin mit Eigenkündigung, falls der gekündigte Arbeitnehmer in die Einrichtung zurückkehre). Dies gilt erst recht, wenn die »Störquelle« vor Entscheidung über den Auflösungsantrag versiegt. Das bloße Führen von **Arbeitsrechtsstreitigkeiten** rechtfertigt idR keinen Auflösungsantrag, wenn diesem der Charakter einer Maßregelung (§ 612a BGB) zukommt (vgl. *Sächs. LAG* 12.12.2007 – 2 Sa 155/07). Unzureichend ist es regelmäßig, dass dem Arbeitgeber das Unterliegen im Prozess peinlich ist (*LAG Köln* 21.9.2009 AE 2010, 103; s.a. die Beispiele bei *Haas* FA 2010, 104, 105 ff. sowie die Konkretisierung der Auflösungsgründe bei *Müller* NZA-RR 2009, 289 ff.). Soweit in einem laufenden Gerichtsverfahren **Erklärungen** abgegeben werden, ist zu berücksichtigen, dass diese durch ein berechtigtes Interesse des Arbeitnehmers gedeckt sein können. Parteien dürfen zur Verteidigung von Rechten schon im Hinblick auf den Anspruch auf Gewährung rechtlichen Gehörs (Art. 103 abs. 1 GG) alles vortragen, was als rechts-, einwendungs- oder einredebegründender Umstand prozesserheblich sein kann. Ein Prozessbeteiligter darf auch **starke, eindringliche Ausdrücke und sinnfällige Schlagworte** benutzen, um seine Rechtsposition zu unterstreichen, selbst wenn er seinen Standpunkt vorsichtiger hätte formulieren können. Parteien dürfen nicht **leichtfertig** Tatsachenbehauptungen aufstellen, deren Unhaltbarkeit ohne Weiteres auf der Hand liegt (*BAG* 29.8.2013 EzA § 9 nF KSchG Nr. 65). Auflösungsrelevant kann die (versuchte) **Beeinflussung von Zeugen** sein (*Sächs. LAG* 15.5.2014 – 9 Sa 596/13).

69 Es ist nicht erforderlich, dass die Auflösungsgründe durch Arbeitnehmerverhalten, insbes. **schuldhaft** herbeigeführt worden sind (*BAG* 30.6.1969 AP Nr. 56 zu 1 KSchG 1951; *BAG*

10.10.2002 EzA § 9 KSchG nF Nr. 46; 11.7.2013 EzA § 9 nF KSchG Nr. 64; LSSW-*Spinner* Rn 57). Dies gilt sowohl für die personen- als auch für die verhaltensbedingten Auflösungsgründe. Für eine gerichtliche Auflösung des Arbeitsverhältnisses genügt es, wenn nach der objektiven Sachlage zum Zeitpunkt der letzten mündlichen Verhandlung ausreichende Gründe für die Annahme vorliegen, dass in Zukunft eine den Betriebszwecken dienliche Zusammenarbeit nicht mehr zu erwarten ist.

Kündigungsgründe, die nach dem Ablauf der Ausschlussfrist des § 626 Abs. 2 BGB ihre die Kündigung rechtfertigende Bedeutung verloren haben, führen nicht zu einer Herabsetzung der Höhe der Abfindung (*BAG* 7.11.1975 – 2 AZR 406/74, nv). Eine andere Betrachtungsweise würde im Widerspruch zum Zweck der Ausschlussfrist des § 626 Abs. 2 BGB stehen. 70

Als Auflösungsgründe können solche Tatsachen herangezogen werden, die sich entweder **vor** oder **nach** der Kündigung ereignet haben (ebenso *Bauer* DB 1985, 1181). Als Auflösungstatsachen können auch solche Umstände geeignet sein, die die **Kündigung selbst nicht rechtfertigen** (*BAG* 24.5.2018 EzA § 9 KSchG nF Nr. 70; 19.11.2015 EzA § 1 KSchG Verhaltensbedingte Kündigung Nr. 85; 23.6.2005 EzA § 9 nF KSchG Nr. 52; 16.5.1984 EzA § 9 KSchG nF Nr. 16; 18.4.1984 – 7 AZR 619/84, juris; aA *LAG SchlH* 10.3.1999 RzK I 11a Nr. 29; *Wendler* BB 2018, 2932 ff.). Durch eine bloße Bezugnahme auf nicht ausreichende Kündigungsgründe genügt der Arbeitgeber noch nicht seiner **Darlegungslast**. Er muss vielmehr im Einzelnen vortragen, weshalb die nicht ausreichenden Kündigungsgründe einer den Betriebszwecken dienlichen weiteren Zusammenarbeit entgegenstehen sollen. In der Terminologie der 3. bzw. 2. Kammer des Ersten Senats des *BVerfG* (15.12.2008 BVerfK 14, 507; 22.10.2004 EzA § 9 KSchG nF Nr. 49) müssen zusätzlich **greifbare** (dazu *BAG* 8.10.2009 EzA § 9 nF KSchG Nr. 57) Tatsachen dafür vorgetragen werden, dass der die Kündigung nicht rechtfertigende Sachverhalt gleichwohl so beschaffen ist, dass er eine weitere gedeihliche Zusammenarbeit nicht erwarten lässt; das Gericht darf sich nicht in Widerspruch zu seiner Beurteilung des Kündigungsgrundes als unzureichend setzen. Nicht notwendig ist es, dass es sich um neue, erst nach Ausspruch der Kündigung eingetretene Tatsachen handelt (*BAG* 23.6.2005 EzA § 9 nF KSchG Nr. 52). Der Arbeitgeber muss darlegen, welche der zur Kündigung vorgetragenen Tatsachen auch für den Auflösungsantrag herangezogen werden sollen. Geringere Anforderungen an die Darlegungslast des Arbeitgebers können allenfalls dann gestellt werden, wenn es sich um Kündigungsgründe mit Dauerwirkung handelt (s.a. *BAG* 23.6.2005 EzA § 9 KSchG nF Nr. 52; aA *Bader/Bram-Bader* Rn 21; vgl. zur Darlegungslast des Arbeitgebers Rdn 74, 75). Jedenfalls unter den strengen, für die sog. Verdachtskündigung entwickelten Voraussetzungen (*BAG* 29.11.2007 EzA § 626 BGB 2002 Verdacht strafbarer Handlung Nr. 5) ist die Auflösung eines Arbeitsverhältnisses nach einem nicht unproblematischen Nichtannahmebeschluss der 3. Kammer des 1. Senats des *BVerfG* (15.12.2008 BVerfK 14, 507) auch **wegen eines Verdachts** möglich. 71

Soweit für den Arbeitgeber hinsichtlich der ihm bei Ausspruch der Kündigung bekannten Kündigungsgründe wegen Nichtbeteiligung des Betriebsrates nach § 102 BetrVG ein **Verwertungsverbot** besteht (vgl. *BAG* 18.12.1980 EzA § 102 BetrVG 1972 Nr. 44 und 1.4.1981 EzA § 102 BetrVG 1972 Nr. 45), erstreckt sich dieses auch auf das **Nachschieben von Auflösungstatsachen**. Eine andere Betrachtungsweise würde zu einer weitgehenden Aushöhlung des Verwertungsverbotes führen mit der Folge, dass unzulässig nachgeschobene Kündigungsgründe letztlich doch zu einer Auflösung des Arbeitsverhältnisses führen (**abw**. DDZ-*Callsen* Rn 23; *Koller* SAE 1982, 27, 30; *Bader/Bram-Bader* Rn 27; *LKB-Linck* Rn 59; *Knorr/Bichlmeier/Kremhelmer* Kap. 14 Rn 133; HK-*Hauck* Rn 48; HaKo-KSchR/*Gieseler* Rn 73; ausführliche Kritik bei *Lunck* NZA 2000, 807 ff.). Das *BAG* hat im Urteil vom 18.12.1980 (EzA § 102 BetrVG 1972 Nr. 44) diese Frage offengelassen, **jetzt aber gegen** die Relevanz von betriebsverfassungs- oder personalvertretungsrechtlichen Verwertungsverboten erkannt (*BAG* 10.10.2002 EzA § 9 KSchG nF Nr. 46). Gegenüber **schwerbehinderten Menschen** ist ein Nachschieben von Kündigungsgründen, die nicht Gegenstand des Integrationsverfahrens waren, unzulässig (*BVerwG* [zuletzt 12.7.2012 EzTöD 100 § 34 Abs. 2 TVöD-AT] gegen *BAG* [zuletzt 19.12.1991 RzK I 6a Nr. 82]; ausf. *Nägele-Berkner* S. 407 sowie dies. NZA 72

2016, 19 ff., unter Verteidigung der Rechtsansicht des BVerwG). Dies gilt entsprechend auch bzgl. des Nachschiebens von Auflösungstatsachen, um die Entwertung des Integrationsverfahrens zu verhindern.

4. Rechtsmissbräuchliche Antragstellung

73 Der Auflösungsantrag des Arbeitgebers ist zurückzuweisen, wenn er selbst oder Personen, für deren Verhalten er im Rahmen des Arbeitsverhältnisses nach § 278 BGB einzustehen hat, die Auflösungsgründe treuwidrig herbeigeführt oder provoziert haben, um damit eine den Betriebszwecken dienliche weitere Zusammenarbeit als aussichtslos darstellen zu können (*BAG* 15.2.1973 EzA § 9 KSchG nF Nr. 1; 10.10.2002 EzA § 9 KSchG nF Nr. 46; 2.6.2005 EzA § 9 KSchG nF Nr. 51; LSSW-*Spinner* Rn 59; *LKB-Linck* Rn 54; *Neumann* Kündigungsabfindung Rn 28). Es immer zu beachten, wie sich die Verantwortung für Spannungen verteilt (KDZ-*Callsen* Rn 22a). Der Grundsatz, dass ein Antrag auf Auflösung des Arbeitsverhältnisses abzulehnen ist, wenn er sich als **Rechtsmissbrauch** erweist, gilt für beide Parteien (vgl. Rdn 56). Das Vorliegen einer rechtsmissbräuchlichen Antragstellung hat das Gericht von Amts wegen zu berücksichtigen.

74 Die Antragstellung durch den Arbeitgeber ist nicht deshalb rechtsmissbräuchlich, weil dadurch der Anspruch des Arbeitnehmers auf **Prozessbeschäftigung** vereitelt wird. Dies ist allein Folge des Umstandes, dass die durch einen zulässigen Auflösungsantrag begründete Ungewissheit über den Ausgang der Kündigungssache ein schutzwertes Interesse des Arbeitgebers an der Nichtbeschäftigung des gekündigten Arbeitnehmers für die Dauer des Kündigungsprozesses iSd Entscheidung des Großen Senats des *BAG* 27.2.1985 (AP Nr. 14 zu § 611 BGB Beschäftigungspflicht) begründet (*BAG* 16.11.1995 EzA Art. 20 EinigungsV Nr. 47). Schon gar nicht kann dem erst zweitinstanzlich gestellten Antrag des Arbeitgebers entgegengehalten werden, er habe die erstinstanzlich gegen ihn ausgeurteilte Prozessbeschäftigung des Arbeitnehmers befolgt und/oder (auch) die Zwangsvollstreckung nicht abzuwenden versucht.

5. Darlegungs- und Beweislast

75 Nach der Neufassung des § 9 Abs. 1 S. 2 KSchG (vgl. Rdn 4, 5) ist der Arbeitgeber in vollem Umfang **darlegungs- und beweispflichtig** für das Vorliegen der Gründe, die einer künftigen gedeihlichen Zusammenarbeit entgegenstehen sollen (*BAG* 25.10.1989 AP Nr. 36 zu § 611 BGB Direktionsrecht; 30.9.1976 EzA § 9 KSchG nF Nr. 3; LSSW-*Spinner* Rn 53; *LKB-Linck* Rn 38 *Hofmann* ZfA 1970, 82; *Neumann* Kündigungsabfindung Rn 27). Der Arbeitgeber ist aufgrund der ihm obliegenden Darlegungslast gehalten, im Einzelnen die Tatsachen dafür vorzutragen, aus denen sich ergeben soll, dass eine den Betriebszwecken dienliche weitere Zusammenarbeit nicht mehr zu erwarten ist. Schlagwortartige Formulierungen, etwa des Inhalts, dass die Vertrauensgrundlage entfallen sei oder keine gemeinsame Basis mehr für eine Zusammenarbeit bestehe, reichen nicht aus (*BAG* 16.5.1984 EzA § 9 KSchG nF Nr. 16). **Begründungsfrei** ist gem. § 14 Abs. 2 S. 2 KSchG lediglich der Auflösungsantrag gegenüber einem **Angestellten in leitender Stellung**. Bei Zweifeln an dieser Eigenschaft kann der Arbeitgeber aber **hilfsweise** Auflösungsgründe vortragen (*LAG Hamm* 14.12.2000 LAGE § 9 KSchG nF Nr. 35).

76 Die Berücksichtigung von nicht erwiesenen streitigen Auflösungstatsachen ist dem Gericht nach der Neufassung des § 9 Abs. 1 S. 2 KSchG verwehrt. Nach dem auch im arbeitsgerichtlichen Verfahren geltenden **Verhandlungsgrundsatz** darf das Gericht seiner Entscheidung nur solche Auflösungstatsachen zugrunde legen, die der darlegungspflichtige Arbeitgeber vorgebracht hat (*BAG* 30.9.1976 EzA § 9 KSchG nF Nr. 3). Selbst offenkundige Tatsachen darf das Gericht nicht verwerten, wenn der Arbeitgeber sich nicht auf sie zur Begründung seines Auflösungsantrages berufen hat (*BAG* 16.5.1984 EzA § 9 KSchG nF Nr. 16; *Bauer* DB 1985, 1180; *Glaubitz* SAE 1977, 301; LSSW-*Spinner* Rn 53). Die Verkennung der Beweislast ist verfassungsrechtlich mit Blick auf Art. 12 Abs. 1 GG nicht haltbar (*BVerfG* [2. Kammer des 1. Senats] 22.10.2004 EzA § 9 nF KSchG Nr. 49). Zur Frage der Darlegungslast bei nicht ausreichenden Kündigungsgründen vgl. Rdn 70.

6. Besonderheiten bei betriebsverfassungsrechtlichen Funktionsträgern und kündigungsrechtlich sonst besonders geschützten Personen

Das KSchG enthält keine ausdrückliche Regelung hinsichtlich der Frage, ob und ggf. unter welchen Voraussetzungen das Arbeitsverhältnis von **betriebsverfassungsrechtlichen Funktionsträgern** (gleich, ob vor oder nach Kündigung in das Amt gelangt) auf Antrag des Arbeitgebers aufgelöst werden kann. Nach der Ansicht des *BAG* (7.12.1972 AP Nr. 1 zu § 9 KSchG 1969) ergibt sich aus dem Sinn und Zweck des § 15 KSchG, dass einem Auflösungsantrag nach § 9 Abs. 1 S. 2 KSchG nur dann stattgegeben werden kann, wenn er auf ein Verhalten des (in der entschiedenen Sache) Personalratsmitglieds gestützt wird, das als wichtiger Grund zur fristlosen Kündigung iSd § 626 BGB anzusehen ist (ebenso *Ascheid* Kündigungsschutzrecht Rn 810; DDZ-*Callsen* Rn 24; LSSW-*Spinner* Rn 64; LKB-*Linck* Rn 57; aA *Bauer* FS Etzel, S. 20). Den Grund für eine derartige Auffassung sieht das BAG (allerdings nur für die Zeit des Sonderkündigungsschutzes und nicht dann, wenn dieser Zeitpunkt der Entscheidung über den Auflösungsantrag wieder geendet hat: *BAG* 29.8.2013 EzA § 9 nF KSchG Nr. 65) in der Gefahr der Umgehung des § 15 KSchG. Zur Frage der Beteiligungsrechte des Betriebsrates bzw. des Personalrates hat das BAG in dieser Entscheidung nicht Stellung genommen. Hierzu bestand auch kein Anlass, da das Personalvertretungsgesetz des Saarlandes in der damals geltenden Fassung noch kein Zustimmungserfordernis bei einer außerordentlichen Kündigung eines Personalratsmitgliedes enthielt. Um eine Umgehung der § 103 BetrVG, § 108 BPersVG sowie der entsprechenden Vorschriften der Landespersonalvertretungsgesetze zu verhindern, dürfte eine Auflösung auf Antrag des Arbeitgebers nur nach erfolgter Zustimmung der betriebsverfassungsrechtlichen bzw. personalvertretungsrechtlichen Vertretungsorgane in Betracht kommen (**ebenso** *Bauer* ArbRAktuell 2010, 3, 5; aA *ders.* FS Etzel, S. 20). Im Falle einer Zustimmungsverweigerung bedürfte es einer Ersetzung durch das Arbeits- bzw. Verwaltungsgericht. Da der Arbeitgeber bei Vorliegen eines wichtigen Grundes dem betriebsverfassungsrechtlichen bzw. personalvertretungsrechtlichen Funktionsträger mit Zustimmung des zuständigen Vertretungsorgans außerordentlich fristlos kündigen und damit eine Auflösung des Arbeitsverhältnisses ohne Abfindung bewirken kann, dürfte in der Praxis kaum ein Bedürfnis für eine gerichtliche Auflösung des Arbeitsverhältnisses nach § 9 Abs. 1 S. 2 KSchG bestehen. Im Übrigen spricht vieles dafür, die Bestimmungen über den besonderen Kündigungsschutz (§ 15 KSchG, § 103 BetrVG, § 108 BPersVG) als lex specialis gegenüber der Regelung des § 9 Abs. 1 S. 2 KSchG anzusehen (**zust.** *LAG Hamm* 30.9.1999 RzK I 11a Nr. 30; *LAG Bln.* 27.5.2004 LAGE § 9 KSchG Nr. 36; *LAG BW* 12.3.2003 – 4 Sa 45/02; *Bader/Bram-Bader* Rn 63; APS-*Biebl* Rn 57) mit der Folge, dass gegenüber diesem Personenkreis lediglich eine außerordentliche Kündigung, nicht dagegen eine gerichtliche Auflösung des Arbeitsverhältnisses auf Antrag des Arbeitgebers möglich ist (**abl.** LSSW-*Spinner* Rn 64; *Lelley* FA 2007, 74, 76 f.; *Bauer* FS Etzel, S. 20; **diff.** APS-*Biebl* Rn 58: Auflösungsantrag möglich bei wichtigem Grund, wenn auf Verhalten **vor** Erlangung der Funktion gestützt; ähnlich ErfK-*Kiel* Rn 20). Das Problem stellt sich nicht, wenn dem Funktionsträger **außerordentlich** gekündigt wurde und hierüber prozessiert wird. Denn in dieser Situation ist mit Blick auf § 13 Abs. 1 S. 3 KSchG ohnehin kein arbeitgeberseitiger Auflösungsantrag möglich; es bleiben nur die Fälle übrig, in denen aufgrund § 15 Abs. 4 oder Abs. 5 KSchG fristwahrend gekündigt ist. Auf Antrag des Arbeitnehmers kann dagegen bei sozialwidriger Kündigung – trotz Vorliegens der Voraussetzungen des § 15 KSchG – das Arbeitsverhältnis gegen Zahlung einer Abfindung aufgelöst werden, da gegen einen nachträglichen Verzicht auf den besonderen Kündigungsschutz keine Bedenken bestehen.

Bei sonst **kündigungsrechtlich besonders geschützten Personen** (etwa nach Mutterschutz- oder Schwerbehindertenrecht) besteht keine gesetzliche Sperre für eine arbeitgeberseitig erstrebte Auflösung nach § 9 KSchG, wenn die Auflösungsvoraussetzungen (Sozialwidrigkeit der behördlich zugelassenen Kündigung und Unzumutbarkeit der Fortsetzung des Arbeitsverhältnisses) vorliegen. Denn dem besonderen Kündigungsschutz ist durch die behördliche Zustimmung, die sich auf den Beendigungstatbestand »Kündigung« bezieht, Rechnung getragen. Anderes ist nur erwägenswert, wenn die Voraussetzungen besonderen Kündigungsschutzes erst nach Ausspruch einer bereits streitgegenständlichen Kündigung eintreten und erst jetzt Auflösungsantrag gestellt wird. Letzterer darf dann jedenfalls nicht zu einer Umgehung des besonderen Bestandsschutzes des Arbeitsverhältnisses führen, wenn dieser auf verfassungsrechtliche Garantien zurückzuführen ist (etwa auf das Benachteiligungsverbot Behinderter nach Art. 3 Abs. 3 S. 2 GG oder auf den Mutterschutz, den Art. 6 Abs. 4 GG meint; zu letzterem *Sächs.* LAG 12.4.1996 RzK I 11a Nr. 26; zust. HaKo-KSchR/*Gieseler* Rn 89; *St. Müller* FA 2009, 265, 266; *ArbG Bln.* 23.9.2016 BB 2017, 436; aA *LKB-Linck* Rn 58, der für eine strengere Prüfung der Auflösungsgründe plädiert; *Nägele* ArbRB 2005, 143, 144 f.; Schwarze/Eylert/Schrader-*Schwarze* Rn 62; *Hertzfeld* NZA-RR 2012, 1, 2 ff.). Er wäre dann unwirksam, soweit eine nunmehr bestehende Kündigungssperre nicht aufgehoben ist oder, nach den Feststellungen des Arbeitsgerichts, zumindest nicht aufzuheben wäre. Nach der Ansicht des *OVG Lüneburg* (12.7.1989 NZA 1990, 66; aA *BVerwG* 11.5.2006 BehindertenR 2007, 107) und des *ArbG Stuttgart* (27.6.2002 DB 2002, 2278; aA das Berufungsgericht *LAG BW* 12.3.2003 – 4 Sa 45/02 – juris) etwa bedarf der Auflösungsantrag des Arbeitgebers gegenüber einem schwer behinderten Menschen zu seiner Wirksamkeit der Zustimmung des Integrationsamtes (damals Hauptfürsorgestelle). **Jedenfalls** kommt bei einer Auflösungsentscheidung einer **Schwerbehinderung** bei der **Gewichtung des Auflösungsgrundes** Bedeutung zu (*BAG* 7.3.2002 EzA § 9 KSchG nF Nr. 45).

7. Sonderregelung für leitende Angestellte

79 Für **leitende Angestellte** besteht gem. § 14 Abs. 2 KSchG insofern eine **Sonderregelung**, als der Arbeitgeber gegenüber diesem Personenkreis den Auflösungsantrag nicht zu begründen braucht (vgl. hierzu iE KR-*Kreutzberg-Kowalczyk* § 14 KSchG Rdn 49–57).

8. Sonderregelung für Arbeitnehmer bei den Stationierungsstreitkräften

80 Eine weitere **Sonderregelung** gilt für die bei den **Stationierungsstreitkräften** beschäftigten **Arbeitnehmer.** Nach Art. 56 Abs. 2a ZA-NATO-Truppenstatut gilt § 9 Abs. 1 S. 2 KSchG mit der Maßgabe, dass der Antrag des Arbeitgebers auch darauf gestützt werden kann, dass der Fortsetzung des Arbeitsverhältnisses **besonders schutzwürdige militärische Interessen** entgegenstehen. Die oberste Dienstbehörde kann die besonders schutzwürdigen militärischen Interessen glaubhaft machen; in diesem Fall ist die Verhandlung vor dem erkennenden Gericht nicht öffentlich. Sofern die Offenlegung der Gründe die Gefahr eines schweren Schadens für die Sicherheit des Entsendestaates oder seiner Truppe verursachen könnte, kann die oberste Dienstbehörde der Truppe im Einvernehmen mit dem Chef des Bundeskanzleramts die Glaubhaftmachung durch eine förmliche Erklärung bewirken. Diese Regelung beruht auf dem **Änderungsabkommen** zu dem ZA-NATO-Truppenstatut vom **18.3.1993**, dem der Bundestag mit Gesetz vom **28.9.1994** zugestimmt hat (BGBl. II S. 2594 mit S. 2598 ff.). Das Zustimmungsgesetz selbst ist am 29.9.1994 in Kraft getreten. Das **Änderungsabkommen** trat dreißig Tage nach Hinterlegung der letzten Ratifikations- oder Genehmigungsurkunde in Kraft. Der Tag, an dem das **Änderungsabkommen** für die Bundesrepublik Deutschland **in Kraft treten sollte**, war aufgrund Art. 5 des Zustimmungsgesetzes im **Bundesgesetzblatt** (Teil II) bekannt zu geben. Danach **ist** es am 29.3.1998 (BGBl. II S. 1691) in Kraft getreten.

Nach der vorhergehenden und für Altfälle noch interessierenden **Regelung** in Art. 56 Abs. 2 ZA-NATO-Truppenstatut konnte der Arbeitgeber für den Fall einer vom ArbG festgestellten sozialwidrigen Kündigung die Weiterbeschäftigung unter Berufung auf besonders schutzwürdige militärische Interessen ablehnen (*BAG* 9.12.1971 AP Nr. 3 zu Art. 56 ZA-NATO-Truppenstatut; *Matissek* NZA 1988, 383). Diese Lösungsmöglichkeit stand – jetzt: steht die Neuregelung – neben der allgemeinen Regelung des § 9 Abs. 1 S. 2 KSchG. Bei Vorliegen von Auflösungsgründen konnte daher der Arbeitgeber zunächst den Auflösungsantrag stellen. Im Falle einer Zurückweisung des Auflösungsantrages konnte er innerhalb von 21 Tagen nach Zustellung des Urteils die Weiterbeschäftigung des Arbeitnehmers ablehnen, sofern er bereits während des Kündigungsrechtsstreits vorgetragen hatte, dass der Weiterbeschäftigung besonders schutzwürdige militärische Interessen entgegenstehen. Die Frage, ob Art. 56 Abs. 2 ZA-NATO-Truppenstatut **verfassungsgemäß** war, ist mit Blick auf die gegenüber anderen Beschäftigten darin enthaltene Sonder-Lösungsmöglichkeit streitig (vgl. den durch Vergleich im Ausgangsverfahren erledigten Vorlagebeschluss des *ArbG Kaiserslautern* 15.10.1987 NZA 1988, 400, sowie *Matissek* NZA 1988, 385). Sie dürfte nicht anders zu beantworten sein als in der auf den weiteren Vorlagebeschluss des *Arbeitsgerichts* (2.8.1991 NZA 1992, 133) ergangenen Entscheidung des *BVerfG* vom 8.10.1996 (EzA Art. 3 GG Nr. 60) zur Mitwirkung der Betriebsvertretungen der Zivilbeschäftigten bei den in Deutschland stationierten NATO-Truppen an Personalentscheidungen. Hier hat das *Gericht* keine verfassungswidrige Ungleichbehandlung gegenüber sonstigen Beschäftigten nur deshalb erkannt, weil den Betriebsvertretungen bei Einstellungen nur ein Mitwirkungsrecht zusteht. Dieser Widerspruch zu Art. 3 GG sei u.a. mit Blick darauf hinzunehmen, dass die Bundesrepublik beim Aushandeln der Stationierungsverträge in ihrer Handlungsfreiheit beschränkt war. Wegen weiterer Einzelheiten vgl. KR-*Weigand/Kreutzberg-Kowalczyk* NATO-ZusAbk Rdn 11 sowie ausführlich *Weigand* (KR 3. Aufl.) NATO-ZusAbk Rn 22–25.

V. Rechtslage bei beiderseitigem Auflösungsantrag

1. Prozessuale Fragen

Von der ihnen nach § 9 Abs. 1 KSchG zustehenden Antragsbefugnis können beide Parteien Gebrauch machen. Das Gesetz schreibt keine zeitliche Reihenfolge für eine beiderseitige Antragstellung vor. Bei der richterlichen Prüfung der Auflösungsanträge ergibt sich aber aus prozessualen Gründen eine Verpflichtung zur vorrangigen Würdigung des vom Arbeitnehmer gestellten Auflösungsantrages. Dies ergibt sich aus dem Charakter des Arbeitnehmer-Auflösungsantrages als unechter Hilfsantrag (vgl. Rdn 19; **ebenso** DDZ-*Callsen* Rn 29a für den Fall der – von ihm abgelehnten – Beurteilung beider Anträge wie hier Rdn 81 vertreten; **aA** Schwarze/Eylert/Schrader-*Schwarze* Rn 25). Da es sich demgegenüber bei dem Antrag des Arbeitgebers regelmäßig um einen echten Hilfsantrag handelt (vgl. Rdn 20), kann auf diesen erst eingegangen werden, wenn dem Auflösungsantrag des Arbeitnehmers (zB mangels Schlüssigkeit oder mangels Erweisbarkeit der streitigen Auflösungstatsachen) nicht stattgegeben werden kann (ebenso *Neumann* Kündigungsabfindung Rn 32; **aA** wohl *Bauer* FS Hanau S. 158). Unterlässt es der Arbeitgeber, die vom Arbeitnehmer schlüssig vorgebrachten Auflösungsgründe zu bestreiten, so ist dem Auflösungsantrag des Arbeitnehmers stattzugeben. Unschlüssige Auflösungsanträge sind dagegen zurückzuweisen. 81

2. Beurteilungsmaßstäbe

Allein der Umstand, dass beide Parteien die Auflösung des Arbeitsverhältnisses begehren, entbindet das Gericht noch nicht von der Prüfung, ob die gesetzlichen Voraussetzungen für eine gerichtliche Auflösung vorliegen (ebenso LSSW-*Spinner* § 9 Rn 88; *Neumann* Kündigungsabfindung Rn 31; HK-*Hauck* Rn 55; HaKo-KSchR/*Gieseler* Rn 78 mit Rn 76; *Boewer* in Henssler/Moll [Hrsg.], Kündigung und Kündigungsschutz in der betrieblichen Praxis, Rn 103 f.; *St. Müller* Diss., S. 106 ff.; ders. FA 2009, 265, 267 unter **zutr.** Hinw. darauf, dass der Gesetzgeber lediglich bei leitenden Angestellten für den Auflösungsantrag des Arbeitgebers auf das Vorliegen von Auflösungsgründen verzichtet [§ 14 Abs. 2 S. 2 KSchG]; MüKo-BGB/*Hergenröder* § 9 KSchG Rn 61; *Haas* FA 2009, 261, 264; **aA** *Bauer* DB 1985, 1182; ders. FS Hanau S. 158; *LKB-Linck* Rn 70; *Ascheid* Kündigungsschutzrecht Rn 812; *Leisten* BB 1994, 2138 f.; Bauer/Hahn DB 1990, 2471; ArbRBGB-*Weller* vor § 620 Rn 266; Bader/Bram-*Bader* Rn 29; SPV-*Vossen* Rn 2129 mit Rn 2128; ErfK-*Kiel* Rn 24; BAG 29.3.1960 AP Nr. 7 zu § 7 KSchG 1951; LAG Bln. 8.8.1967 BB 1968, 207; LAG Köln 23.4.1993 – 14 Sa 1065/92; APS-*Biebl* Rn 71; DDZ-*Callsen* Rn 29; Schwarze/Eylert/Schrader-*Schwarze* Rn 60). Das von der Gegenansicht vorgebrachte Argument, das Gericht sei an das übereinstimmend geäußerte Auflösungsbegehren in dem Sinne gebunden, dass es ohne Weiteres auf Auflösung des Arbeitsverhältnisses zu erkennen habe, vermag nicht zu überzeugen. Eine derartige Bindung folgt insbes. nicht aus dem auch das arbeitsgerichtliche Verfahren beherrschenden Verhandlungsgrundsatz (so aber LAG Bln. 8.8.1967 BB 1968, 207), da diese Prozessmaxime nur die Frage betrifft, wer dafür zu sorgen hat, dass alles entscheidungserhebliche Tatsachenmaterial in den Prozess eingeführt wird. Auf die vom Gesetz für den Erlass eines Auflösungsurteils aufgestellten Voraussetzungen kann das Gericht selbst dann nicht verzichten, wenn beide Parteien die Auflösung beantragen. Allein die hierin zum Ausdruck kommende 82

Willensübereinstimmung (die im Übrigen zunächst einmal der Aufklärung bedürfte; möglicherweise haben die Parteien ein Interesse an der Feststellung, dass die Fortsetzung des Arbeitsverhältnisses unzumutbar geworden ist, vgl. *Schwerdtner* FS Anwaltsinstitut, S. 250) vermag auch nicht die gesetzlichen Voraussetzungen für den Erlass eines Auflösungsurteils zu ersetzen (über welche die Parteien ebenso wenig disponieren können, wie der an das Gesetz gebundene Richter, vgl. **zutreffend** i. d. S. *St. Müller* Diss., S. 108 f.). Im Übrigen ist zu berücksichtigen, dass es für die Bemessung der Abfindung von Bedeutung ist, welche Arbeitsvertragspartei Auflösungstatsachen herbeigeführt hat. Auch der Umstand, dass sich beide Auflösungsanträge als unbegründet erweisen, spricht nicht gegen die Richtigkeit des hier vertretenen Standpunktes. Nach der Grundkonzeption des KSchG steht der Bestandsschutz und nicht der Abfindungsschutz im Vordergrund. Dem Gericht ist nur dann eine materiellrechtliche Prüfung verwehrt, wenn eine Partei den Auflösungsanspruch anerkennt und die andere Partei hierauf den Erlass eines Anerkenntnisurteils gem. § 307 ZPO beantragt. Auch verfängt nicht das Argument von SPV-*Vossen* (Rn 2129), die Prüfung der Voraussetzungen könnte dazu führen, dass ein Arbeitsverhältnis gegen den Willen beider Parteien fortzusetzen wäre. Denn es bleibt den Parteien unbenommen, das sie verbindende Arbeitsverhältnis im Rahmen einer vergleichsweisen Regelung aufzuheben (s. Rdn 83; **wie hier** DDZ-*Callsen* Rn 31; *Schwerdtner* FS Anwaltsinstitut, S. 250) **oder** ihre Auflösungsanträge wechselseitig anzuerkennen (*Tschöpe* FS Scherdtner, S. 241). Dagegen wendet APS-*Biebl* (Rn 71) ein, hier werde übersehen, dass sich die Parteien häufig über die Beendigung des Arbeitsverhältnisses, nicht aber über die Höhe der Abfindung einig seien. **Diese** Ansicht läuft Gefahr, das Ausmaß der Sozialwidrigkeit der Kündigung, welches die Unzumutbarkeit der Fortführung des Arbeitsverhältnisses bedingen kann, als Maßstab für die Höhe der Abfindung (vgl. KR-*Spilger* § 10 KSchG Rdn 62 f.) aus dem Blick zu verlieren. Oder anders: Spätestens bei der Festsetzung der Abfindungshöhe werden Erwägungen auch zu den gesetzlichen Auflösungsvoraussetzungen erforderlich. Warum auf deren Prüfung bei der Auflösungsentscheidung zu verzichten sei, erschließt sich somit nicht. De lege ferenda wäre auch erwägenswert, das Gericht bei Dissens über die Abfindungshöhe dem Modell des § 91a ZPO entsprechend entscheiden zu lassen.

83 Abzulehnen ist auch die Ansicht (vgl. *Oehmann* AuR 1953, 174 f.; *LAG BW* 31.3.1969 BB 1969, 718), nach der unterschiedliche **Beurteilungsmaßstäbe** an den Begriff der Unzumutbarkeit anzulegen sind, je nachdem, ob der Arbeitgeber den vom Arbeitnehmer gestellten Auflösungsantrag unterstützt oder bekämpft (in dieser Richtung aber auch *Neumann* Kündigungsabfindung Rn 32 f.). Bei einem schlüssigen Auflösungsantrag des Arbeitnehmers kann das unterstützende Verhalten des Arbeitgebers aber idR als Nichtbestreiten der vom Arbeitnehmer vorgebrachten Auflösungstatsachen gewertet werden mit der Folge, dass es keines Beweises bedarf (vgl. ebenso für den umgekehrten Fall – Antragstellung durch Arbeitgeber – DDZ-*Callsen* Rn 30). Das prozessuale Verhalten einer Partei kann uU auch als Geständnis iSd § 288 ZPO gewertet werden.

3. Vergleichsweise Auflösung

84 Bei einem beiderseitigen Beendigungsinteresse steht es den Parteien allerdings frei, sich über eine **vergleichsweise Auflösung** des Arbeitsverhältnisses zu einigen, ohne dass hierfür die gesetzlichen Voraussetzungen eines Auflösungsurteils vorliegen müssen. Dies kann sowohl in einem gerichtlichen als auch in einem außergerichtlichen Vergleich geschehen (vgl. hierzu *LAG Düsseld*. 17.10.1975 DB 1975, 2379; *LAG Bln*. 5.2.1974 DB 1974, 1486). Dabei ist auch eine Einbeziehung der mit der Beendigung des Arbeitsverhältnisses im Zusammenhang stehenden Ansprüche möglich. So kann insbes. die Gewährung einer Abfindung, die Zahlung der Restvergütung, die Leistung einer Urlaubsabgeltung sowie die Erteilung eines Zeugnisses vereinbart werden (**allg**. s.u. AufhebungsV). Bei der Festlegung des Auflösungszeitpunktes sind die Parteien nicht an die für das Auflösungsurteil geltende Regelung des § 9 Abs. 2 KSchG gebunden. Wegen Einzelheiten zur vergleichsweisen vereinbarten Abfindung vgl. KR-*Spilger* § 10 KSchG Rdn 84. Zur Möglichkeit eines Anerkenntnisurteils vgl. Rdn 81.

E. Verhältnis zum Nachteilsausgleich nach § 113 BetrVG sowie zu Abfindungsregelungen in Sozialplänen oder Abfindung nach § 1a KSchG

I. Verhältnis zu § 113 BetrVG

Bei Vorliegen der in § 113 BetrVG (Abs. 3 der Vorschrift **gilt nicht** im Falle gerichtlicher Zustimmung zur Durchführung einer Betriebsänderung nach § 122 InsO) geregelten Voraussetzungen kann der Arbeitnehmer einen Anspruch auf Abfindung geltend machen, ohne dass es zuvor einer gerichtlichen Auflösung des Arbeitsverhältnisses bedarf. Die prozessuale Geltendmachung des Nachteilsausgleichs gem. § 113 BetrVG hat in Gestalt einer **Leistungsklage** zu erfolgen. Die dreiwöchige Klagefrist des § 4 KSchG braucht der Arbeitnehmer bei einer lediglich auf § 113 BetrVG gestützten Klage nicht einzuhalten (*LKB-Linck* Rn 88). Hat der unter das KSchG fallende Arbeitnehmer die Leistungsklage innerhalb der dreiwöchigen Klagefrist des § 4 KSchG erhoben, so kann er sich nach Ablauf dieser Frist nicht mit Erfolg auf die Sozialwidrigkeit als Rechtsunwirksamkeitsgrund der Kündigung berufen. Die verlängerte Anrufungsfrist nach § 6 KSchG gilt hier nicht, da eine Klage nach § 113 BetrVG nicht die Geltendmachung von anderen Unwirksamkeitsgründen zum Ziel hat (ebenso *Neumann* Kündigungsabfindung, Rn 55). Die Vorschrift setzt gerade eine **wirksame** Kündigung voraus (hM; **aA** *Richardi/Annuß* § 113 Rn 37 unter Bezugnahme auf den Wortlaut »entlassen«). In diesem Fall besteht für den Arbeitnehmer nur die nach § 5 KSchG gegebene Möglichkeit einer nachträglichen Klagezulassung. Beginnt eine **tarifliche Ausschlussfrist** mit der Fälligkeit des Anspruchs, so wird ein Anspruch auf Abfindung nach § 113 Abs. 3 BetrVG auch dann mit der Beendigung des Arbeitsverhältnisses fällig, wenn über die Kündigung, die zur Beendigung des Arbeitsverhältnisses geführt hat, noch ein Kündigungsschutzprozess anhängig ist (*BAG* 3.8.1982 EzA § 113 BetrVG 1972 Nr. 10). Eine Bezifferung des Antrags ist zur Wahrung der tariflichen Ausschlussfristen nicht erforderlich (*BAG* 22.2.1983 EzA § 4 TVG Ausschlussfristen Nr. 54; 29.11.1983 EzA § 113 BetrVG 1972 Nr. 11). Im **Insolvenzverfahren** sind tarifliche Ausschlussfristen nicht mehr anzuwenden, sofern sie nicht bereits bei Insolvenzeröffnung abgelaufen waren (vgl. *BAG* 18.12.1984 EzA § 4 TVG Ausschlussfristen Nr. 63). 85

Während die Bestimmung des § 113 BetrVG von dem Vorliegen einer rechtswirksamen Kündigung ausgeht, setzt der Abfindungsanspruch nach § 9 Abs. 1 KSchG eine sozialwidrige und damit unwirksame Kündigung voraus. Dem unter das KSchG fallenden Arbeitnehmer steht dabei insoweit ein **Wahlrecht** zu, als er sich auf eine der beiden Möglichkeiten beschränken kann. Es steht ihm aber auch frei, sowohl den individuellen Kündigungsschutz gem. §§ 1, 9 KSchG als auch die sich aus § 113 BetrVG ergebenden Ansprüche geltend zu machen. Es handelt sich insoweit um zwei rechtlich verschieden ausgestaltete Anspruchsgrundlagen, die aber beide auf die Gewährung einer Abfindung gerichtet sind. Der Arbeitnehmer kann daher stets nur **eine Abfindung** verlangen, die entweder ihre rechtliche Grundlage in § 9 KSchG oder in § 113 BetrVG hat (vgl. *Richardi/Annuß* § 113 Rn 39; LSSW-*Spinner* Rn 13; *LKB-Linck* Rn 87; *Neumann* Kündigungsabfindung Rn 52 **mit prozesstaktischen Hinweisen; unklar** DDZ-*Zwanziger/Callsen* Rn 16: »daneben wahlweise«). Das Gericht darf die Verurteilung zu einer Abfindungszahlung deshalb nicht alternativ aus der einen oder der anderen Vorschrift begründen (ErfK-*Kiel* Rn 35). 86

Bei einer **Änderungskündigung** steht dem Arbeitnehmer kein Anspruch auf eine Entlassungsabfindung nach § 113 Abs. 1 BetrVG zu, wenn er das Änderungsangebot nach Maßgabe des § 2 KSchG unter Vorbehalt angenommen hat (allg. Ansicht vgl. etwa *Richardi/Annuß* § 113 Rn 40 mwN). In den Fällen der zuletzt genannten Art kommt nur ein Nachteilsausgleichsanspruch nach § 113 Abs. 2 BetrVG in Betracht. Bei Nichtannahme oder nicht rechtzeitiger Annahme des Änderungsangebots durch den Arbeitnehmer hat dieser einen Abfindungsanspruch nach § 113 Abs. 1 BetrVG, sofern die Änderungskündigung zu einer Entlassung führt. 87

Die Abfindungshöhe bemisst sich in beiden Fällen nach § 10 KSchG (vgl. hierzu KR-*Spilger* § 10 KSchG Rdn 28 ff.). Erhebt der unter das KSchG fallende Arbeitnehmer sowohl eine Feststellungsklage nach §§ 1, 4, 9 KSchG als auch eine Leistungsklage nach § 113 BetrVG, so kann er durch eine entsprechende Antragstellung die Reihenfolge der Prüfung bestimmen. Verfolgt er den 88

Nachteilsausgleichsanspruch gem. § 113 BetrVG nur in Gestalt eines **Hilfsantrages**, so hat das Gericht zunächst die Sozialwidrigkeit der Kündigung zu prüfen, da die Bejahung dieser Frage Voraussetzung für den Erlass eines Auflösungsurteils ist (vgl. Rdn 30). Bei einem stattgebenden Auflösungsurteil bedarf es keiner Entscheidung über den nur hilfsweise gestellten Antrag nach § 113 BetrVG. Es handelt sich nämlich nicht um eine bedingte Klagenhäufung wie im Fall des auf die Feststellung der Sozialwidrigkeit der Kündigung sowie auf Auflösung des Arbeitsverhältnisses gegen Abfindung gerichteten Antrages nach § 9 Abs. 1 KSchG (ebenso *Neumann* Kündigungsabfindung Rn 54). Der Arbeitnehmer kann aber auch den Antrag nach **§ 113 BetrVG** als **Hauptantrag** stellen (*Richardi/Annuß* § 113 Rn 47). In diesem Falle bedarf es keiner vorherigen Feststellung der Sozialwidrigkeit der Kündigung. Erst wenn sich der Antrag nach § 113 BetrVG als unbegründet erweist, hat das Gericht als Vorfrage für den Erlass eines Auflösungsurteils nach § 9 KSchG die Sozialwidrigkeit der Kündigung zu prüfen. Auch bei der nur hilfsweisen Antragstellung gem. §§ 1, 9 KSchG ist die dreiwöchige Klagefrist des § 4 KSchG zu beachten (vgl. *Neumann* Kündigungsabfindung, Rn 43).

89 Der Übergang von einem Antrag nach §§ 1, 9 KSchG auf einen Antrag nach § 113 BetrVG und umgekehrt ist eine **Klageänderung** iSd § 263 ZPO, die nach Eintritt der Rechtshängigkeit nur mit Einwilligung des Arbeitgebers oder mit Zulassung des Gerichts möglich ist. Es liegt eine Verschiedenheit der Streitgegenstände vor (ebenso *Richardi/Annuß* § 113 Rn 45).

90 Die **Beweislast** ist bei einer Kündigungsschutzklage anders verteilt als bei einer Klage nach § 113 BetrVG. Während bei einer Kündigungsschutzklage der Arbeitgeber gem. § 1 Abs. 1 letzter S. KSchG die Tatsachen zu beweisen hat, die die Kündigung bedingen (vgl. hierzu KR-*Rachor* § 1 KSchG Rdn 274–279), besteht bei einer auf § 113 BetrVG gestützten Klage eine andere Beweislastverteilung. Der Arbeitnehmer hat zu beweisen, dass seine Entlassung auf der Abweichung von dem Interessenausgleich beruht oder der Unternehmer das Beteiligungsverfahren nicht durchgeführt hat und er deshalb entlassen werden musste (vgl. *Richardi/Annuß* § 113 Rn 22; *Fitting* § 113 Rn 28). Der Unternehmer ist dagegen beweispflichtig dafür, dass er aus zwingenden Gründen von dem Interessenausgleich abweichen musste.

91 Die InsO enthält **keine** Sonderregelung über die insolvenzrechtliche Einordnung des **Ausgleichsanspruchs** nach § 113 BetrVG. Die Sonderregeln für in der Insolvenz aufgestellte **Sozialpläne** (§ 123 InsO) gelten **nicht** (*Richardi/Annuß* § 113 Rn 56). Beruht der Anspruch, wie es beim Nachteilsausgleich der Fall ist, auf pflichtwidriger Handlung des Insolvenzverwalters, so ist er eine echte **Masseverbindlichkeit** iSd § 50 Abs. 1 Nr. 1 InsO (*Richardi/Annuß* § 113 Rn 56). Rührt er aus der Zeit vor Verfahrenseröffnung her, handelt es sich hingegen um eine Insolvenzforderung (*Lakies* NZA 2001, 521, 522). Für **Altfälle** – Insolvenzverfahren, die vor dem 1.1.1999 beantragt wurden – gilt die Rechtslage unter **KO**, **VerglO** und **GesO** aufgrund § 103 EGInsO fort; es wird insoweit auf die Voraufl. verwiesen. Zur insolvenzrechtlichen Einordnung von Abfindungen gem. §§ 9, 10 KSchG vgl. KR-*Spilger* § 10 KSchG Rdn 23, 24.

II. Verhältnis zu Abfindungsregelungen in Sozialplänen

92 Kündigungsabfindungen in Sozialplänen gewähren den betroffenen Arbeitnehmern klagbare Ansprüche auf Zahlung des entsprechenden Abfindungsbetrages. Die prozessuale Geltendmachung derartiger Ansprüche hat in Gestalt einer **Leistungsklage** zu erfolgen, für deren Erhebung nicht die Klagefrist des § 4 KSchG gilt. Ebenso wie bei einer auf § 113 BetrVG gestützten Klage ist dabei Streitgegenstand nicht die Frage, ob das Arbeitsverhältnis durch eine bestimmte Kündigung aufgelöst worden ist oder nicht. Bei einer Klage auf Zahlung einer sich aus dem Sozialplan ergebenden Abfindung geht es auch nicht um die Geltendmachung von anderen Unwirksamkeitsgründen der Kündigung. Die Bestimmung des § 6 KSchG findet daher keine Anwendung

93 Rechtsgrundlage für die Gewährung von Abfindungsansprüchen ist allein der Sozialplan, dem nach § 112 Abs. 1 S. 3 BetrVG »die Wirkung einer Betriebsvereinbarung zukommt«. Trotz dieser nicht eindeutigen gesetzlichen Formulierung sind Sozialpläne Betriebsvereinbarungen, und zwar mit

einem spezifischen Regelungsgehalt (*BAG* 27.8.1975 EzA § 4 TVG Bergbau Nr. 4). Wie sonstige Betriebsvereinbarungen sind daher auch Sozialpläne nach den für die **Tarifauslegung** geltenden Grundsätzen auszulegen. Sie unterliegen dabei einer gerichtlichen Billigkeitskontrolle (vgl. *BAG* 11.6.1975 EzA § 77 BetrVG 1972 Nr. 1). Die näheren Modalitäten der Anspruchsvoraussetzungen sowie die Höhe der Abfindung werden im Sozialplan eigenständig festgelegt. An die gesetzlichen Bestimmungen der §§ 9, 10 KSchG sind die Betriebspartner nicht gebunden. Kündigungsabfindungen in Sozialplänen sind regelmäßig nicht dazu bestimmt, unverfallbare Versorgungsanwartschaften abzugelten. Dies gilt insbes. dann, wenn sie schon festgesetzt wurden, als die Unverfallbarkeitsrechtsprechung des *BAG* noch nicht bekannt sein konnte (7.8.1975 EzA § 112 BetrVG 1972 Nr. 5).

Zwischen einer Klage auf Gewährung einer Sozialplan-Abfindung und einer Klage gem. §§ 1, 4, 9 KSchG steht dem Arbeitnehmer ein **Wahlrecht** zu. Falls er die soziale Rechtfertigung der Kündigung nicht anzweifelt, wird er sich in aller Regel mit der Geltendmachung der Sozialplan-Abfindung begnügen. Will der Arbeitnehmer dagegen die soziale Rechtfertigung der Kündigung überprüfen lassen und die gesetzliche Abfindung nach §§ 9, 10 KSchG erhalten, so muss er innerhalb der dreiwöchigen Klagefrist des § 4 KSchG eine Kündigungsschutzklage erheben. Obsiegt der Arbeitnehmer auch hinsichtlich des Auflösungsantrages, so hat das Gericht die Abfindung nach den Maßstäben des § 10 KSchG zu bemessen und nicht nach den im Sozialplan festgelegten Bemessungsfaktoren. Der Arbeitnehmer kann in einem derartigen Fall nicht noch zusätzlich zu der gesetzlichen Abfindung gem. §§ 9, 10 KSchG die Sozialplan-Abfindung verlangen (zur Anrechenbarkeit eines **Sozialplananspruchs** auf **Nachteilsausgleich** ebenso wegen des teilweise identischen Zweckes *BAG* 12.2.2019 EzA § 113 BetrVG 2001 Nr. 14; 20.11.2001 EzA § 113 BetrVG Nr. 29). Ist die dem Arbeitnehmer nach dem Sozialplan zustehende Abfindung ausnahmsweise höher als die gesetzliche Abfindung, so kann er die Differenz im Wege einer Leistungsklage geltend machen. Dies gilt selbst dann, wenn im Sozialplan keine entsprechende **Anrechnungsregelung** vorgesehen ist. Zulässig (und häufig) ist zB eine Vereinbarung in einem Sozialplan, nach der die Fälligkeit der Abfindung auf den Zeitpunkt des rechtskräftigen Abschlusses eines Kündigungsrechtsstreits hinausgeschoben und bestimmt wird, dass eine Abfindung nach den §§ 9, 10 KSchG auf die Sozialplanabfindung anzurechnen ist (vgl. *BAG* 20.6.1985 EzA § 4 KSchG nF Ausgleichsquittung Nr. 1; zur Zulässigkeit von Anrechnungsklauseln in Sozialplänen vgl. auch *Heinze* NZA 1984, 17).

Für den Fall, dass der Arbeitnehmer mit seinem Auflösungsantrag nach § 9 KSchG nicht durchdringen sollte, stellt das Gericht im Falle der Sozialwidrigkeit der Kündigung den Fortbestand des Arbeitsverhältnisses fest. Dies hat zur Folge, dass dem Arbeitnehmer auch keine Entlassungsabfindung aufgrund eines Sozialplanes zusteht. Nur wenn das Gericht die Kündigungsschutzklage abweist, kann der Arbeitnehmer den Sozialplan-Abfindungsanspruch geltend machen. Dies kann prozessual in Form eines Hilfsantrages erfolgen. Enthält der Sozialplan eine Regelung, wonach der Arbeitnehmer im Falle der Erhebung einer Kündigungsschutzklage die Abfindung nach dem Sozialplan verliert, so ist diese unwirksam. Da der Arbeitnehmer von den ihm gesetzlich zustehenden Möglichkeiten der Überprüfung der Kündigung Gebrauch macht, darf ihm dieses Verhalten nicht zum Nachteil gereichen (§ 612a BGB). Derartige **Ausschluss-Klauseln** sind unzulässig (vgl. *BAG* 20.12.1983 EzA § 112 BetrVG 1972 Nr. 29; 20.6.1985 EzA § 4 KSchG nF Ausgleichsquittung Nr. 1).

In einem Sozialplan, der **nach** der Eröffnung des Insolvenzverfahrens aufgestellt wird, kann für den Ausgleich oder die Milderung der wirtschaftlichen Nachteile, die den Arbeitnehmern infolge der geplanten Betriebsänderung entstehen, ein Gesamtbetrag von bis zu **zweieinhalb Monatsverdiensten** (§ 10 Abs. 3 KSchG) der von einer Entlassung betroffenen Arbeitnehmer vorgesehen werden. Die Verbindlichkeiten aus einem solchen Sozialplan sind **Masseverbindlichkeiten** (§ 123 Abs. 2 S. 1 InsO). Jedoch darf, wenn nicht ein Insolvenzplan zustande kommt, für die Berichtigung von Sozialplanforderungen **nicht mehr als ein Drittel** der Masse verwendet werden, die ohne einen Sozialplan für die Verteilung an die Insolvenzgläubiger zur Verfügung stünde. Übersteigt der Gesamtbetrag aller Sozialplanforderungen diese Grenze, so sind die einzelnen

Forderungen anteilig zu kürzen. Sooft hinreichende Barmittel in der Masse vorhanden sind, soll der Insolvenzverwalter mit Zustimmung des Insolvenzgerichts Abschlagszahlungen auf die Sozialplanforderungen leisten. Eine Zwangsvollstreckung in die Masse wegen einer Sozialplanforderung ist unzulässig (§ 123 InsO). Ein Sozialplan, der **vor** der Eröffnung des Insolvenzverfahrens, jedoch nicht früher als drei Monate vor dem Eröffnungsantrag aufgestellt worden ist, kann sowohl vom Insolvenzverwalter als auch vom Betriebsrat widerrufen werden. Wird der Sozialplan widerrufen, so können die Arbeitnehmer, denen Forderungen aus dem Sozialplan **zustanden**, bei der Aufstellung eines Sozialplans **im Insolvenzverfahren** berücksichtigt werden. Leistungen, die ein Arbeitnehmer vor der Eröffnung des Verfahrens auf seine Forderung aus dem widerrufenen Sozialplan erhalten hat, können nicht wegen des Widerrufs zurückgefordert werden. Bei der Aufstellung eines neuen Sozialplans sind derartige Leistungen an einen von einer Entlassung betroffenen Arbeitnehmer bei der Berechnung des Gesamtbetrags der Sozialplanforderungen nach § 123 Abs. 1 InsO bis zur Höhe von zweieinhalb Monatsverdiensten abzusetzen (§ 124 InsO). Forderungen aus einem nicht widerrufenen oder bereits vor der »kritischen« Phase abgeschlossenen und daher nicht widerrufbaren Sozialplan sind **keine** Masseverbindlichkeiten (*Fitting* § 112 Rn 327; *Boemke/Tietze* DB 1999, 1394; *Lakies* BB 1999, 210; s.a. *ders.* NZA 2001, 521, 522 mwN). Für **Altfälle** – Insolvenzverfahren, die **vor** dem 1.1.1999 beantragt wurden, – gilt die Rechtslage unter **KO, VerglO** und **GesO** sowie **SozplKonKG** fort (§ 103 EGInsO). Insoweit wird auf die 6. Aufl. Rn 79–79c verwiesen. Zur insolvenzrechtlichen Einordnung von Abfindungen gem. §§ 9, 10 KSchG vgl. KR-*Spilger* § 10 KSchG Rdn 23, 24.

III. Verhältnis zu Abfindung nach § 1a KSchG

97 Abfindungsansprüche können nicht gleichzeitig aus § 1a KSchG **und** §§ 9, 10 KSchG entstehen. Denn §§ 9, 10 KSchG erfordern eine Kündigungsschutzklage, § 1a KSchG hingegen erfordert gerade das Fehlen einer solchen (vgl. KR-*Spilger* § 1a KSchG Rdn 149; LSSW-*Spinner* Rn 16).

F. Das Urteil

I. Entscheidungsmöglichkeiten

98 Sofern keine sonstigen Ansprüche (zB Zahlungsansprüche gem. § 615 BGB, Entgeltfortzahlung, Urlaubsabgeltung) in den Kündigungsschutzprozess mit einbezogen sind, gibt es bei einer gem. § 9 KSchG beantragten gerichtlichen Auflösung des Arbeitsverhältnisses folgende Entscheidungsmöglichkeiten (vgl. allg. *LKB-Linck* Rn 71 ff..; *Neumann* Kündigungsabfindung Rn 62 ff.; *Schaub/Linck* § 141 VI 1, Rn 39; *A. Hueck* FS Nipperdey 1955, S. 99 ff., S. 114 ff.; Tenorierungsbeispiele *Bader/Bram-Bader* Rn 50 ff.; speziell für das **Berufungsverfahren** *Spilger* AR-Blattei SD 160.10.2., Rn 332–337):

Bei alleinigem Auflösungsantrag des Arbeitnehmers:
a) Klageabweisung;
b) Feststellung der Sozialwidrigkeit der Kündigung und Zurückweisung des Auflösungsantrages;
c) Feststellung der Sozialwidrigkeit der Kündigung und Auflösung auf Antrag des Arbeitnehmers.

Bei alleinigem Auflösungsantrag des Arbeitgebers:
a) Klageabweisung;
b) Feststellung der Sozialwidrigkeit der Kündigung und Zurückweisung des Auflösungsantrages;
c) Feststellung der Sozialwidrigkeit der Kündigung und Auflösung auf Antrag des Arbeitgebers.

Bei beiderseitigem Auflösungsantrag:
a) Klageabweisung;
b) Feststellung der Sozialwidrigkeit der Kündigung und Auflösung auf Antrag des Arbeitnehmers;
c) Feststellung der Sozialwidrigkeit der Kündigung und Auflösung auf Antrag des Arbeitgebers;
d) Feststellung der Sozialwidrigkeit der Kündigung und Zurückweisung beider Auflösungsanträge.

Bei »überschießenden« Auflösungsanträgen (zB späterer [Arbeitnehmer] oder früherer [Arbeitgeber] Auflösungszeitpunkt oder hinsichtlich der Abfindungshöhe) ist der **weitergehende Antrag** (bei Erfolg im Übrigen) zurückzuweisen.

II. Der Urteilstenor

1. Klageabweisung

Im Falle einer Klageabweisung (bei sozial gerechtfertigter Kündigung) bedarf es keiner Zurückweisung des Auflösungsantrages im Urteilstenor, und zwar unabhängig davon, ob nur eine Partei oder beide Parteien den Auflösungsantrag gestellt hatten (vgl. LSSW-*Spinner* Rn 66; *LKB-Linck* Rn 72). Denn er fällt nicht zur Entscheidung an. Auch in den Entscheidungsgründen muss der Auflösungsantrag nicht behandelt werden, da es mangels Vorliegens einer sozialwidrigen Kündigung an der Grundvoraussetzung für den Erlass eines gerichtlichen Auflösungsurteils fehlt (vgl. Rdn 30). Ein klarstellender Hinweis, dass der Antrag mit Blick auf die Klageabweisung gegenstandslos ist (nicht zur Entscheidung anfällt) kann aber nicht schaden.

99

2. Teilweise Klagestattgabe

Gelangt das Gericht zu der Feststellung, dass zwar die Kündigung sozialwidrig ist, die Voraussetzungen für eine gerichtliche Auflösung nach § 9 Abs. 1 S. 1 oder S. 2 KSchG nicht vorliegen, so hat es im Urteilstenor über beide Anträge zu entscheiden. Die Entscheidung über den Feststellungsantrag lautet in einem derartigen Fall der **teilweisen Klagestattgabe** dahin, dass das Arbeitsverhältnis durch die Kündigung nicht aufgelöst worden ist. Der Auflösungsantrag bzw. die Auflösungsanträge sind im Urteilstenor zurückzuweisen (ebenso *Ascheid* Kündigungsschutzrecht Rn 820; *LKB-Linck* Rn 73 [»abzuweisen«]; LSSW-*Spinner* Rn 67).

100

Über den Auflösungantrag kann das Gericht nur gleichzeitig mit dem Feststellungsantrag entscheiden. Eine Aufteilung der Entscheidung in ein **Teilurteil** (wegen Unwirksamkeit der Kündigung) und ein Schlussurteil (wegen Auflösung gegen Abfindung) ist unzulässig (*BAG* 4.4.1957 AP Nr. 1 zu § 301 ZPO; *Auffarth/Müller* § 7 Rn 22; *LKB-Linck* Rn 75; *Neumann* Kündigungsabfindung Rn 66; aA *Ascheid* Kündigungsschutzrecht Rn 823; diesem zust. APS-*Biebl* Rn 7; LSSW-*Spinner* Rn 69; *LAG RhPf.* 10.7.1997 LAGE § 68 ArbGG 1979 Nr. 4; *ArbG Bln.* 13.1.2017 BB 2017, 436). Dies gilt auch für den Fall, dass das Gericht gem. Art. 56 Abs. 2 S. 1 ZA-NATO-Truppenstatut eine Abfindung für den Fall der Nichtweiterbeschäftigung festzusetzen hat (so schon zur ähnlichen früheren Regelung *BAG* 9.12.1971 AP Nr. 3 zu Art. 56 ZA-NATO-Truppenstatut) oder hinsichtlich des Feststellungsantrages – nicht aber im Übrigen – Entscheidungsreife besteht (also auch keine Teilaussetzung der Verhandlung über den Auflösungsantrag). Den Grundsatz, dass über die Rechtswirksamkeit der Kündigung und über die Auflösung des Arbeitsverhältnisses nur einheitlich entschieden werden kann, hat das *BAG* (29.1.1981 EzA § 9 KSchG nF Nr. 10) für den Fall eines **Teil-Anerkenntnisurteils** über die Sozialwidrigkeit der Kündigung durchbrochen. Nicht zugelassen hat das Gericht aber ein Teilurteil, in dem die Unwirksamkeit der Kündigung festgestellt und das Arbeitsverhältnis aufgelöst, nicht aber auch die Abfindung festgesetzt wird, denn im Falle der Auflösung ist von Amts wegen auch auf eine Abfindung zu erkennen (LSSW-*Spinner* Rn 69; *LKB-Linck* Rn 76; *Neumann* Kündigungsabfindung Rn 65; *Bader/Bram-Bader* Rn 40, 41). Wird auch der unbezifferte Auflösungsantrag anerkannt, so hat das Gericht die angemessene Höhe der Abfindung im Anerkenntnisurteil festzulegen (ebenso *LKB-Linck* Rn 75; *Neumann* Kündigungsabfindung Rn 68). Die Beschränkung der Revisionszulassung auf den Auflösungsantrag nach § 9 KSchG ist zulässig (*BAG* 21.10.1982 – 2 AZR 579/80 – nv). Nach der Ansicht des *BAG* (29.1.1981 EzA § 9 KSchG nF Nr. 10 und 26.11.1981 EzA § 9 KSchG nF Nr. 11; 28.2.1985 – 2 AZR 323/84 – nv) ist es auch zulässig, die Entscheidung über die Kündigungsschutzklage oder über den Auflösungsantrag in der Rechtsmittelinstanz für sich allein anzugreifen. Erlässt das *ArbG* verfahrensfehlerhaft ein Teilurteil, ist dieses auf die Berufung entsprechend der durch § 68 ArbGG nicht verdrängten Vorschrift in § 538 Abs. 2 Nr. 3 ZPO aufzuheben und die Sache zurückzuverweisen (vgl. *LAG Köln* 25.4.1997 – 11 Sa 1395/96 – nv). Erklärt sich der Arbeitgeber zwar zum Auflösungsantrag des

101

Arbeitnehmers, nicht aber zum Feststellungsantrag, ergeht einheitlich **Versäumnisurteil** über beide Anträge (*ArbG Leipzig* 23.6.2006 – 3 Ca 1204/06).

3. Klagestattgabe

102 Eine gerichtliche Auflösung des Arbeitsverhältnisses ist nur bei gleichzeitiger Feststellung der Sozialwidrigkeit der Kündigung möglich. Es ist aber nicht erforderlich (allerdings zur Klarstellung ratsam), dass diese Feststellung im Urteilstenor zum Ausdruck kommt. Es genügt vielmehr, wenn das Gericht hierzu in den Entscheidungsgründen Stellung nimmt und im Urteilstenor lediglich die Auflösung des Arbeitsverhältnisses gegen Zahlung einer Abfindung ausspricht (*BAG* 9.12.1955 u. 13.12.1956 AP Nr. 2 und 5 und § 7 KSchG; *Auffarth/Müller* § 7 Rn 21; LSSW-*Spinner* Rn 68; LKB-/*Linck* Rn 74; aA *Neumann* Kündigungsabfindung Rn 62, 63, **der eine Entscheidung über beide Anträge im Tenor befürwortet).**

103 Die Feststellung der Sozialwidrigkeit der Kündigung hat aber dann im Urteilstenor zu erfolgen, wenn der Arbeitnehmer mit der Kündigungsschutzklage obsiegt, während der Arbeitgeber mit dem allein von ihm gestellten Auflösungsantrag unterliegt. In diesem Falle ist der hilfsweise gestellte Auflösungsantrag des Arbeitgebers im Urteilstenor zurückzuweisen.

104 Obsiegt der Arbeitnehmer dagegen sowohl mit seinem Feststellungs- als auch mit seinem Auflösungsantrag, so bedarf der vom Arbeitgeber hilfsweise gestellte Auflösungsantrag keiner Erwähnung im Urteilstenor (ebenso *Neumann* Kündigungsabfindung Rn 64).

105 Gelangt das Gericht zur **Auflösung des Arbeitsverhältnisses**, sei es auf Antrag des Arbeitgebers oder des Arbeitnehmers, so hat es den Arbeitgeber zugleich zur Zahlung einer **Abfindung** zu verurteilen, und zwar durch die Festlegung eines bezifferten Abfindungsbetrages im Urteilstenor. Eine Auflösung des Arbeitsverhältnisses ohne gleichzeitige Festsetzung einer Abfindung ist nach der gesetzlichen Regelung nicht möglich (s. Rdn 100). Daher hat das Gericht den Arbeitgeber auch dann zur Zahlung einer Abfindung zu verurteilen, wenn lediglich die Auflösung des Arbeitsverhältnisses ohne Erwähnung der Abfindung beantragt worden ist (vgl. LSSW-*Spinner* Rn 70; LKB-*Linck* Rn 76; *Bader/Bram-Bader* Rn 33). Erkennt der Arbeitgeber sowohl die Sozialwidrigkeit der Kündigung als auch den vom Arbeitnehmer geforderten Abfindungsbetrag an, so kann gem. § 307 ZPO ein **Anerkenntnisurteil** ergehen (vgl. LKB-*Linck* Rn 75). Neben der Festlegung des Abfindungsbetrages (zur Höhe vgl. KR-*Spilger* § 10 KSchG Rdn 28 ff.) hat das Gericht im Urteilstenor den genauen **Auflösungszeitpunkt** anzugeben (vgl. Rdn 14 und 39).

III. Kosten

106 Angesichts der Vielzahl von Entscheidungsmöglichkeiten (vgl. Rdn 97) gibt es auch eine entsprechende Anzahl von Möglichkeiten, über die Kosten des Kündigungsrechtsstreits zu entscheiden. Die Einbeziehung von sonstigen Ansprüchen in den Kündigungsschutzprozess (zB Zahlungsansprüche nach § 615 BGB, Entgeltfortzahlungsansprüche, Urlaubsabgeltung) wirkt sich naturgemäß auf den Inhalt der Kostenentscheidung aus. Für die Verteilung der Kosten hinsichtlich dieser Nebenansprüche gelten die allgemeinen kostenrechtlichen Grundsätze. Aus Vereinfachungsgründen werden im Folgenden nur die möglichen Kostenentscheidungen **ohne** Berücksichtigung von Nebenansprüchen aufgezeigt.

1. Bei alleinigem Auflösungsantrag des Arbeitnehmers

107 Bei **alleinigem Auflösungsantrag des Arbeitnehmers** hat dieser gem. § 91 Abs. 1 ZPO die Kosten des Rechtsstreits voll zu tragen, wenn die Klage in vollem Umfange abgewiesen wird. Im umgekehrten Fall (Feststellung der Sozialwidrigkeit der Kündigung und Auflösung des Arbeitsverhältnisses auf Antrag des Arbeitnehmers) hat der Arbeitgeber die Kosten des Rechtsstreits gem. § 91 Abs. 1 ZPO voll zu tragen. Wird dagegen lediglich die Sozialwidrigkeit der Kündigung festgestellt, der Auflösungsantrag des Arbeitnehmers dagegen zurückgewiesen, so hat die Kostenentscheidung nach § 92 ZPO zu ergehen. Die Kosten des Rechtsstreits sind in diesem Fall grds. gem. § 92 Abs. 1 S. 1

ZPO nach dem Maß des Obsiegens und Unterliegens der Parteien verhältnismäßig zu teilen (vgl. *LKB-Linck* Rn 79; *Neumann* Kündigungsabfindung Rn 73). Das Schwergewicht der Entscheidung liegt in diesen Fällen regelmäßig in der Feststellung der Sozialwidrigkeit der Kündigung (ebenso LSSW-*Spinner* Rn 76; *LKB-Linck* Rn 79). Diese Gewichtung hat auch in der Kostenentscheidung zum Ausdruck zu kommen. Eine Verteilung der Kosten von **drei Viertel** zu **einem Viertel** dürfte im Regelfall angemessen sein (vgl. BAG 9.12.1955 AP Nr. 2 zu § 7 KSchG; 28.1.1961 AP Nr. 8 zu § 7 KSchG – zu der genannten Quotelung; 28.11.1968 AP Nr. 19 zu § 1 KSchG Betriebsbedingte Kündigung). Eine andere Verteilung der Kosten ist aber dann geboten, wenn ausnahmsweise die Auflösung des Arbeitsverhältnisses den Hauptstreitpunkt zwischen den Parteien bildet und zur Klärung dieser Frage umfangreiche Beweise zu erheben sind. Nach § 92 Abs. 2 ZPO kann aber auch eine volle Kostentragung des Arbeitgebers in Betracht kommen. Dies ist dann anzunehmen, wenn durch die Entscheidung über den Auflösungsantrag besondere Kosten nicht veranlasst worden sind (zB bei einem unschlüssigen Auflösungsantrag), § 92 Abs. 2 Nr. 1 ZPO.

2. Bei alleinigem Auflösungsantrag des Arbeitgebers

Bei **alleinigem Auflösungsantrag des Arbeitgebers** ist die Kostenentscheidung dann unproblematisch, wenn die Klage abgewiesen wird. In diesem Fall hat der Arbeitnehmer gem. § 91 Abs. 1 ZPO die gesamten Kosten zu tragen. Wird dagegen die Sozialwidrigkeit der Kündigung festgestellt, der Auflösungsantrag des Arbeitgebers aber zurückgewiesen, so hat der Arbeitgeber gem. § 91 Abs. 1 ZPO die gesamten Kosten des Rechtsstreits zu tragen. Bei Feststellung der Sozialwidrigkeit der Kündigung und Auflösung des Arbeitsverhältnisses auf Antrag des Arbeitgebers hat eine Kostenentscheidung nach § 92 ZPO zu ergehen. Dies bedeutet, dass grundsätzlich gem. § 92 Abs. 1 S. 1 ZPO eine Kostenteilung nach dem Maß des Obsiegens und Unterliegens zu erfolgen hat (ebenso LSSW-*Spinner* Rn 78; *LKB-Linck* Rn 79; *Monjau/Heimeier* Rn 7; *Neumann* Kündigungsabfindung Rn 76; *LAG Bln.* 6.12.1982 EzA § 1 KSchG Tendenzbetrieb Nr. 11), bspw. 3/4 zu 1/4 zugunsten des Arbeitnehmers. Dies gilt selbst dann, wenn der Arbeitgeber den Feststellungsantrag anerkannt hat. Da der Arbeitgeber in diesem Fall aber zur Erhebung der Kündigungsschutzklage Anlass gegeben hat und der Arbeitnehmer gezwungen war, wegen der sonst nach § 7 KSchG eintretenden Wirksamkeit der Kündigung Klage zu erheben, findet § 93 ZPO keine Anwendung (*Auffarth/Müller* § 7 Rn 25; i.E. auch *LKB-Linck* Rn 80; *Maus* § 9 Rn 39; *Neumann* Kündigungsabfindung Rn 78; aA *Kaufmann* BB 1952, 751 sowie *Monjau/Heimeier* Rn 8, die dem Arbeitgeber die gesamten Kosten auferlegen wollen). Eine entsprechende Anwendung des § 92 Abs. 2 Nr. 1 ZPO ist aber dann geboten, wenn sich der Arbeitnehmer gegen den vom Arbeitgeber gestellten Auflösungsantrag nicht gewehrt hat und durch die Entscheidung über den Auflösungsantrag keine besonderen Kosten entstanden sind (BAG 28.11.1968 EzA § 1 KSchG Nr. 12).

3. Bei beiderseitigem Auflösungsantrag

Bei **beiderseitigem Auflösungsantrag** hat im Falle der Klageabweisung der Arbeitnehmer gem. § 91 Abs. 1 ZPO die Kosten zu tragen. Wird das Arbeitsverhältnis auf Antrag des Arbeitnehmers aufgelöst, trifft dagegen den Arbeitgeber gem. § 91 Abs. 1 ZPO die volle Kostenlast (*LKB-Linck* Rn 81). Bei einer Auflösung des Arbeitsverhältnisses auf Antrag des Arbeitgebers ist gem. § 92 Abs. 1 S. 1 ZPO über die Kosten zu entscheiden (BAG 28.1.1961 AP Nr. 8 zu § 7 KSchG 1951). Lediglich dann, wenn durch die Behandlung des vom Arbeitnehmer gestellten Auflösungsantrages keine besonderen Kosten verursacht worden sind, hat der Arbeitgeber gem. § 92 Abs. 2 Nr. 1 ZPO die gesamten Kosten zu tragen (ebenso *Neumann* Kündigungsabfindung Rn 79). Stellt das Gericht die Sozialwidrigkeit der Kündigung fest, weist es aber beide Auflösungsanträge zurück, so ist ebenfalls eine Kostenentscheidung nach § 92 ZPO zu fällen.

4. Bei bezifferter Abfindung

Im Falle einer **bezifferten Abfindungssumme** ist der Arbeitnehmer gem. § 92 Abs. 1 ZPO zur Zahlung der anteiligen Kosten zu verurteilen, falls das Gericht seinem Antrag hinsichtlich der

Höhe der Abfindungssumme nicht voll stattgibt (*BAG* 26.6.1986 AP Nr. 3 zu § 10 KSchG 1969; *LKB-/Linck* Rn 81; *Neumann* Kündigungsabfindung Rn 80). War die Zuvielforderung des Arbeitnehmers verhältnismäßig geringfügig und sind durch sie keine besonderen Kosten veranlasst worden, so hat der Arbeitgeber gem. § 92 Abs. 2 Nr. 1 ZPO die gesamten Kosten zu tragen. Wendet sich der Arbeitnehmer mit einem Rechtsmittel allein gegen die Höhe der vom Gericht festgesetzten Abfindung und unterliegt er, so hat er gem. § 97 ZPO die **Rechtsmittelkosten** zu tragen. Um einen bezifferten Abfindungsantrag handelt es sich nicht, wenn der Arbeitnehmer in der Klageschrift lediglich Vorstellungen hinsichtlich der Höhe der Abfindung äußert. In dem zuletzt genannten Fall gilt § 92 ZPO nicht. Gibt der Arbeitnehmer dagegen eine Untergrenze für die Abfindung an, so liegt ein bezifferter Klageantrag vor (*BAG* 26.6.1986 AP Nr. 3 zu § 10 KSchG 1969).

5. Bei Angabe bestimmten Auflösungszeitpunktes

111 Folgt das Gericht einer (im Antrag entbehrlichen, s. Rdn 98) bestimmten Angabe zum Auflösungszeitpunkt durch eine Partei nicht, kann auch dies bei einer Kostenentscheidung quotal berücksichtigt werden.

IV. Streitwert

112 § 42 Abs. 4 (**jetzt: Abs. 2**) S. 1 GKG hat aufgrund des Gesetzes zur Modernisierung des Kostenrechts vom 5.5.2004 (BGBl. I S. 718) mit Wirkung ab 1.7.2004 § 12 Abs. 7 S. 1 ArbGG ersetzt. Die Bestimmung des § 12 Abs. 7 ArbGG war aufgrund des Gesetzes zur Änderung des Gerichtskostengesetzes (GKG) vom 20.8.1975 (BGBl. I S. 2189) neu gefasst worden. Für § 12 Abs. 7 ArbGG aF war allgemein anerkannt, dass diese Vorschrift trotz ihrer primär kostenrechtlichen Ausrichtung auch für die Berechnung des gem. § 61 Abs. 2 ArbGG im Urteil festzusetzenden Rechtsmittelstreitwertes heranzuziehen war (vgl. *BAG* 16.7.1955 AP Nr. 2 zu § 12 ArbGG 1953; 9.4.1965 AP Nr. 16 zu § 72 ArbGG Streitwertrevision; *Hueck* [10. Aufl.], Rn 37; *Kirschner* DB 1971, 239). Trotz der Einfügung des Satzes 3 in § 12 Abs. 7 ArbGG, wonach der in § 24 GKG festgelegte Grundsatz der Übereinstimmung von Gebühren- und Rechtsmittelstreitwert keine Anwendung findet, bestand kein Anlass, die seitherige Auffassung aufzugeben. Insbesondere konnte nicht angenommen werden, dass § 12 Abs. 7 S. 1 ArbGG bei der Festsetzung des Rechtsmittelstreitwertes in Bestands- und Kündigungsstreitigkeiten keine Anwendung mehr fand und dieser sich nunmehr allein nach § 3 ZPO richtete (*BAG* 10.6.1977 EzA § 12 ArbGG Nr. 5; 24.3.1980 EzA § 64 ArbGG 1979 Nr. 3; *Grunsky* § 12 Rn 11 mit 9; GK-ArbGG/*Wenzel* [Vorbearb.] § 12 Rn 145 mit 144; *ders.* MDR 1976, 895; **zweifelnd** *Ziege* RdA 1977, 29). Sowohl für die Festsetzung des Gebühren- als auch des **Rechtsmittelstreitwertes** bildete daher bei Rechtsstreitigkeiten über das Bestehen, das Nichtbestehen oder die Kündigung eines Arbeitsverhältnisses der **Betrag** des für die **Dauer eines Vierteljahres** zu **leistenden Arbeitsentgelts** die **Höchstgrenze** (*BAG* 30.11.1984 EzA § 12 ArbGG 1979 Streitwert Nr. 36). Daran hat sich durch § 42 Abs. 2 S. 1 GKG **nichts** geändert. Insoweit ist das ansonsten bestehende freie Ermessen des Gerichts nach Maßgabe des § 3 ZPO gebunden. Der in § 42 Abs. 2 S. 1 GKG genannte Vierteljahresverdienst ist **nicht** der **Regelstreitwert**, der nur dann niedriger anzusetzen ist, wenn es um den Fortbestand des Arbeitsverhältnisses für weniger als drei Monate geht (*BAG* 30.11.1984 EzA § 12 ArbGG 1979 Streitwert Nr. 36). Bei einem **Prozessvergleich** über die Aufhebung des Arbeitsverhältnisses gegen Abfindung iSd §§ 9, 10 KSchG ist ebenfalls die in § 42 Abs. 2 S. 1 GKG festgelegte Höchstgrenze für die Bemessung des Streitwerts zu beachten. Werden in einem Prozessvergleich noch sonstige Zahlungsansprüche neben der Abfindung (zB Urlaubsabgeltung, Jahressonderleistungen) einbezogen, so erhöht sich der Vergleichswert entsprechend (vgl. *LAG Hamm* 10.11.1983 DB 1984, 2204).

113 Die in § 42 Abs. 2 S. 1 GKG festgelegte Streitwertgrenze ist auch dann zu beachten, wenn das Gericht gleichzeitig über die Auflösung des Arbeitsverhältnisses zu entscheiden hat (*LAG Bln.* 13.3.2001 LAGE § 12 ArbGG Streitwert Nr. 121; *LAG BW* 22.9.2004 LAGE § 9 KSchG

Nr. 37; 22.3.2018 – 5 Ta 33/18, mit deutlichem Hinweis auf die Relevanz des Streitgegenstandes im gebührenrechtlichen Sinne; davon **zu unterscheiden** ist die Bewertung eines Abfindungsverlangens, dass seine Grundlage **nicht** in §§ 9, 10 KSchG hat, vgl. *LAG RhPf* 27.4.2015 NZA-RR 2015, 440: insoweit ist die Höhe der finanziellen Forderung wertbestimmend, wenn und soweit die Auflösbarkeit des Arbeitsverhältnisses nie in Rede stand). Nach der ausdrücklichen Regelung in § 42 Abs. 2 S. 1 Hs. 2 GKG ist es unzulässig, die Abfindungssumme hinzuzurechnen. Dem Gericht ist es damit verwehrt, den Streitwert an der Höhe der beantragten oder der zuerkannten Abfindung auszurichten oder einen sonstigen Wert auszuwerfen (aA *LAG Bln.* 30.12.1999 LAGE § 12 ArbGG 1979 Streitwert Nr. 119b; *Sächs. LAG* 28.8.2002 – 4 Ta 61/02–9; 17.12.2002 – 4 Ta 341/02–10; *Korinth* ArbRB 2009, 250, 251 f.: sämtlich für den Ansatz einer Monatsvergütung für den Auflösungsantrag). Eine Überschreitung der gesetzlichen Höchstgrenze ist selbst dann nicht möglich, wenn die Abfindungssumme den Betrag eines dreifachen Monatsverdienstes übersteigt. Die Abfindung ist auch dann nicht streitwertmäßig zu berücksichtigen (aA *ArbG Würzburg* 5.6.2000 NZA-RR 2001, 107), wenn der Arbeitnehmer einen bezifferten Abfindungsantrag stellt (*LAG Hamm* 21.10.1982 AuR 1983, 124; GMP/ *Germelmann/Künzl* § 12 Rn 123) oder ein Dritter sich für die Zahlung der Abfindung selbstschuldnerisch verbürgt hat (*LAG Saarl.* 22.7.1988 JurBüro 1988, 1495) oder in der Berufung ausschließlich noch über die Auflösung oder die Höhe der Abfindung gestritten wird (*Spilger* AR-Blattei 160.10.2, Rn 346; die Gesetzesmaterialien sind allerdings unergiebig [BT-Drucks. 7/ 2016, S. 110]; **aA** ohne nähere Begründung *LAG Hamm* 5.12.1996 LAGE § 269 ZPO Nr. 2; GMP/*Germelmann/Künzl* § 12 Rn 123, für den Fall, dass in der Berufung allein noch um die Höhe der Abfindung gestritten wird). Es gilt also § 42 Abs. 2 S. 1 GKG. Maßgebend ist der streitige Differenzbetrag, höchsten jedoch das Vierteljahresentgelt (so jetzt auch der im Internet auffindbare »Streitwertkatalog für die Arbeitsgerichtsbarkeit« in überarbeiteter Fassung vom 9.2.2018 in Abschn. I Nr. 1, der eine Höchstbegrenzung auf **max.** ein Vierteljahreseinkommen vornimmt: ausschlaggebend danach u.U. die Höhe des Streits um einen darunterliegenden Betrag). Letzterenfalls kann aber eine Wertfestsetzung **unterhalb** des Wertes des gesamten Kündigungsstreits gerechtfertigt sein, insbes. dann, wenn nur noch über die Abfindungshöhe gestritten wird (GK-ArbGG/*Wenzel* [Vorbearbeitung] § 12 Rn 228).

Kündigungsschutzklage und **Auflösungsantrag** lösen iSd § 64 Abs. 2c) ArbGG »Rechtsstreitigkeiten über das Bestehen, das Nichtbestehen oder die Kündigung eines Arbeitsverhältnisses« aus. Die dort ergehenden Entscheidungen sind **ohne Rücksicht** auf eine **Zulassung** durch das Arbeitsgericht oder den **Wert des Beschwerdegegenstandes** berufungsfähig, so nur eine **Beschwer** gegeben ist. Dies gilt auch, wenn sich die Berufung **auf den Auflösungsantrag beschränkt**. Darauf, ob es sich um eine **vermögensrechtliche** Streitigkeit handelt (wie nach § 64 Abs. 2 ArbGG aF) kommt es demgemäß ebenso wenig an wie auf die **Höhe des Werts**, mit dem die mit dem Auflösungsantrag abgewiesene oder auf ihn verurteilte Partei beschwert ist. Der Streitwert hat damit insoweit nur noch kostenrechtliche Bedeutung. 114

V. Vollstreckung

Ein Urteil, in dem eine Abfindung nach §§ 9, 10 KSchG zuerkannt wird, ist nach § 62 Abs. 1 ArbGG **vorläufig** vollstreckbar (*BAG* 9.12.1987 EzA § 9 KSchG 1969 nF Nr. 22; *LAG BW* 9.7.1986 BB 1986, 1784; *LAG Brem.* 31.8.1983 DB 1983, 2315; *LAG Frankf.* 14.8.1986 NZA 1987, 211 u. 22.1.1986 – 10 Ta 401/85, nv; *LAG Hamm* 17.7.1975 BB 1975, 1068; GWBG-*Benecke* § 62 Rn 1; LSSW-*Spinner* Rn 75; *Bader/Bram-Bader* Rn 44; aA *LAG Bln.* 17.2.1986 DB 1986, 753, und *LAG Hmb.* 28.12.1982 DB 1983, 724). Die in § 62 Abs. 1 ArbGG angeordnete vorläufige Vollstreckbarkeit gilt unabhängig davon, auf welche Art von Leistung das arbeitsgerichtliche Urteil gerichtet ist. Auch der Umstand, dass es sich bei einer Entscheidung iSd §§ 9, 10 KSchG (auch) um ein **Gestaltungsurteil** handelt, führt nicht zur Unanwendbarkeit des § 62 Abs. 1 ArbGG. Denn bei der Verurteilung zur Abfindungszahlung handelt es sich zumindest auch um die Verurteilung zu einer **Leistung** (*Ascheid* Kündigungsschutzrecht Rn 827; GMP/*Schleusener* § 62 Rn 64; LSSW-*Spinner* Rn 75). Da der Anspruch auf eine Abfindung erst mit dem Urteil entsteht, 115 greift bei einer **Vollstreckungsgegenklage** die Beschränkung der Einwendungen nach § 767 Abs. 2 ZPO nicht ein (*BAG* 9.12.1987 EzA § 9 KSchG 1969 nF Nr. 22). Die Abfindung ist im Urteil zu beziffern, da nur so ein Titel vollstreckt werden kann (LSSW-*Spinner* Rn 75). Vollstreckungsschutz richtet sich nach §§ 62 Abs. 2 S. 2 – S. 5 ArbGG, 707 Abs. 1, 719 Abs. 1 ZPO.

VI. Rechtsmittel

116 Zur **Statthaftigkeit** einer **Berufung** s. zunächst Rdn 113. **Beschwert** ist die Partei, hinter deren Auflösungsantrag das Urteil dem **Grunde** (Arbeitnehmer, Arbeitgeber) oder, bei Bezifferung, der **Höhe nach** (Arbeitnehmer) **zurückbleibt**. Beschwert ist weiter die Partei, **gegen deren Willen** Auflösungsurteil ergeht (Arbeitnehmer, Arbeitgeber), dieses also nicht einem eigenen Auflösungs-(Hilfs-)antrag der Partei folgt. Schließlich ist beschwert, wessen erklärtes **Abfindungslimit** das Urteil **übersteigt** (Arbeitgeber). Unter den prozessrechtlichen Voraussetzungen im Übrigen kann von der beschwerten Partei Berufung oder Revision eingelegt werden. Das Rechtsmittel kann etwa das (alleinige) Ziel haben, dem zurückgewiesenen Auflösungsantrag nunmehr zum Erfolg zu verhelfen oder eine höhere (Arbeitnehmer) oder niedrigere (Arbeitgeber) Abfindung zu erstreiten (hierfür muss der Arbeitgeber nicht auch Berufung gegen das Feststellungsurteil nur deshalb einlegen, weil dieses die Kündigung aus **anderen** Gründen als einer Sozialwidrigkeit für unwirksam gehalten hat, vgl. *Spilger* AR-Blattei SD 160.10.2., Rn 342; aA *Sächs.* LAG 5.5.2000 – 10 Sa 247/99, nv; wie hier jetzt auch *BAG* 27.9.2001 EzA § 322 ZPO Nr. 13; allerdings muss er auch insoweit Berufung einlegen, wenn das Arbeitsgericht auch eine Folgekündigung für unwirksam gehalten hat und sich der Auflösungsantrag auf die vorhergehende Kündigung bezieht; anderenfalls stünde die Rechtskraft der Entscheidung über die Folgekündigung einer Auflösung zum selben oder zu einem früheren Kündigungstermin entgegen) oder den vorinstanzlich erfolgreichen gegnerischen Auflösungsantrag dem Grunde nach weiter zu bekämpfen. An der für eine Berufung notwendigen Beschwer fehlt es allerdings, wenn sie bei erfolgreichem Kündigungsschutzantrag allein dem Ziel dient, in zweiter Instanz **erstmals** einen Auflösungsantrag zu stellen (*BAG* 23.6.1993 EzA § 64 ArbGG 1979 Nr. 30 m. Anm. *Dütz/Kiefer*; Einzelheiten mwN s. Rdn 23). Wird bei **beiderseitigem** Auflösungsantrag demjenigen des Arbeitgebers entsprochen, ist der Arbeitnehmer nach der vorgenannten Entscheidung mit Blick auf seinen eigenen Auflösungsantrag dem Grunde nach nicht beschwert. Er kann mit dem Rechtsmittel allenfalls die festgesetzte **Abfindungshöhe** anfechten, nicht aber Berufung einlegen mit dem Ziel, durch Rücknahme des eigenen Auflösungsantrages eine Fortsetzung des Arbeitsverhältnisses zu erreichen.

117 Eine **Beschwer** ist bei einem **unbezifferten** Auflösungsantrag nur und lediglich in dem Umfang anzunehmen, wenn und soweit das *ArbG* von einem durch den Antragsteller irgendwie zum Ausdruck gebrachten Mindest- bzw. Höchstbetrag zu dessen Nachteil abgewichen ist (vgl. *LAG Köln* 21.3.2005 LAGE § 10 KSchG Nr. 5). Im Übrigen wird bei unbeziffertem Auflösungsantrag des Arbeitnehmers eine Beschwer dann vorliegen, wenn das *ArbG* bei der Bemessung Tatsachenbehauptungen des Arbeitnehmers, die für die Ermittlung der Abfindungssumme von Bedeutung sind, nicht gefolgt ist oder einen unter der gesetzlichen Höchstgrenze liegenden Abfindungsbetrag festsetzt. Hat der Arbeitgeber seinerseits gegen das Urteil Berufung eingelegt, kann die mangels Beschwer unzulässige Berufung des Arbeitnehmers aber als **Anschließung** verstanden werden, für die eine Beschwer nicht erforderlich ist (*LAG Hamm* 5.12.1996 LAGE § 64 ArbGG 1996 Nr. 32). Der Arbeitgeber ist dagegen beschwert, wenn die gerichtliche Festlegung der Abfindung seines Erachtens zu hoch ist. Seine Berufung ist aber mangels Beschwer unzulässig, wenn er im ersten Rechtszug nicht zu erkennen gegeben hat, wie hoch die Abfindung in etwa – mindestens oder höchstens – sein soll (*Hess. LAG* 22.4.1997 LAGE § 64 ArbGG 1979 Nr. 33). (Vgl. zum Vorstehenden *LKB-Linck* § 10 Rn 23; *Maus* § 10 Rn 38, 39; *Neumann* Kündigungsabfindung Rn 58; *Bader/Bram-Bader* Rn 58 f.). Zur Ermittlung der Beschwer bei Auflösungsanträgen vgl. *LAG RhPf.* 5.5.1981 EzA § 61 ArbGG 1979 Nr. 8 sowie *LAG München* 30.5.1980 BayAmbl. 1981, C 9. Vgl. auch Rdn 23 und 27 zu weiteren Fragen der Beschwer im Zusammenhang mit Auflösungsanträgen sowie ausführlich GK-ArbGG/*Vossen* § 64 Rn 10a ff.

Im Ersten Rechtsweg ganz oder teilweise zurückgewiesene Auflösungsanträge lassen sich bei alleinigem Rechtsmittel der Gegenseite nur im Wege der **Anschließung** an das Rechtsmittel wieder aufgreifen, wovon auch für die **Berufungsinstanz** die Regelung in § 9 Abs. 1 S. 3 KSchG **nicht** entbindet (Rdn 23). Denn diese betrifft nur den Zeitpunkt bis zu dem ein **Erstantrag** letztmals gestellt werden kann und verhält sich nicht zu bereits gestellten oder verbeschiedenen Anträgen. **Keiner** eigenen Berufung oder Ausschließung bedarf es bei erstinstanzlich erfolglosem Antrag, wenn im zweiten Rechtsweg ein auf **andere** Auflösungstatsachen gestützter **neuer** Auflösungsantrag gestellt werden soll. Legt der **Arbeitnehmer** gegen das Urteil Rechtsmittel ein, so fällt der vom Arbeitgeber nach § 9 KSchG gestellte **Hilfsantrag** (da nicht zur Entscheidung angefallen) auch **ohne** Anschlussmittel ohne Weiteres in der Berufungsinstanz an (*BAG* 25.10.1989 EzA § 1 KSchG Verhaltensbedingte Kündigung Nr. 30). Die Auflösbarkeit ist auch dann (erneut) zu prüfen, wenn das Arbeitsgericht das Arbeitsverhältnis aufgelöst hat, der Arbeitgeber mit seiner Berufung lediglich die Kündigung verteidigt und der Arbeitnehmer mit eigener Berufung die Ausurteilung einer höheren Abfindung erstrebt. Denn für die Auflösbarkeit an sich ist eine ungerechtfertigte Kündigung schon dem Grunde nach Voraussetzung. **Allgemein** zur Behandlung von Auflösungsanträgen im Verhältnis zwischen dem Ersten und dem **Zweiten Rechtszug** *Spilger* AR-Blattei SD 160.10.2. Rn 300–346: Insbesondere handelt es sich danach bei dem **Erstantrag** im Berufungsverfahren **nicht** um eine Anschließung oder Anschlussberufung mit den dafür geltenden prozessualen Voraussetzungen (Rn 302–309; s.a. *LKB-Linck* Rn 30; *LAG Nds.* 4.6.2004 LAGRep. 2005, 103; **unrichtig** daher *BAG* 3.4.2008 EzA § 9 nF KSchG Nr. 53; dies ergibt sich bereits daraus, dass eine Anschlussberufung nach § 524 Abs. 2 Satz 2 ZPO lediglich bis zum Ablauf der maßgebenden Berufungsbeantwortungsfrist zulässig ist, der Auflösungsantrag hingegen nach § 9 Abs. 3 Satz 3 KSchG noch bis zum Schluss der letzten mündlichen Verhandlung in der Berufungsinstanz gestellt werden kann (vgl. *LKB-Linck* Rn 30); auch gilt für ihn § 97 Abs. 2 ZPO **nicht** (*Spilger* aaO Rn 345). Zur Tenorierung dort Rn 322–337. Die Rücknahme der Berufung durch den erstinstanzlich mit dem Feststellungsantrag unterlegenen Arbeitgeber hindert den Arbeitnehmer daran, den angekündigten Auflösungsantrag auch zu stellen (s. *Spilger* aaO Rn 303; anders *LAG Brem.* 29.6.2006 – 3 Sa 222/05) und eine Entscheidung hierüber zu erzwingen (bei Einordnung des erstmaligen Auflösungsantrages im zweiten Rechtszug als Anschlussberufung ergibt sich diese Folge bei Rücknahme der Berufung aus § 524 Abs. 4 ZPO, vgl. *Francken* NZA 2021, 544, 547). Dies gilt auch bei Berufungsrücknahme nach Stellen des Auflösungsantrages. Denn das angefochtene Urteil wird rkr. und kann allein aufgrund des Auflösungsantrages (also ohne Berufung) nicht abgeändert werden. Obsiegt der Arbeitnehmer erstinstanzlich mit der Kündigungsschutzklage und gleichzeitig der Arbeitgeber mit seinem Auflösungsantrag und gehen beide Parteien wechselseitig ins Berufungsrechtsmittel, auf dass die Kündigung nunmehr für rechtswirksam erachtet wird, ist die Berufung des Arbeitnehmers dennoch zu bescheiden. Zwar ist der Auflösungsantrag des Arbeitgebers als Hilfsantrag jetzt gegenstandslos. Dies beruht aber auf der nunmehr erfolgenden Abweisung der Kündigungsschutzklage. Mit der Beendigung des Arbeitsverhältnisses kann die den Auflösungsantrag bekämpfende Berufung des Arbeitnehmers keinen Erfolg mehr haben. Auf das Berufungsurteil entfällt die erstinstanzlich ausgeurteilte Auflösung (was es klarstellend auszusprechen gilt). Damit entfällt die Beschwer des Arbeitnehmers, was zur Unzulässigkeit seiner Berufung führt. Ein zweitinstanzlich wiederholter Auflösungsantrag oder ein Erstantrag in der Berufung setzt die Zulässigkeit des Rechtsmittels voraus. Andernfalls erledigen sie sich (fallen nicht zur Entscheidung an), was im Urteilstenor oder in den Entscheidungsgründen klargestellt werden sollte.

§ 10 KSchG Höhe der Abfindung

(1) Als Abfindung ist ein Betrag bis zu zwölf Monatsverdiensten festzusetzen.

(2) ¹Hat der Arbeitnehmer das fünfzigste Lebensjahr vollendet und hat das Arbeitsverhältnis mindestens fünfzehn Jahre bestanden, so ist ein Betrag bis zu fünfzehn Monatsverdiensten, hat der Arbeitnehmer das fünfundfünfzigste Lebensjahr vollendet und hat das Arbeitsverhältnis mindestens zwanzig Jahre bestanden, so ist ein Betrag bis zu achtzehn Monatsverdiensten festzusetzen. ²Dies gilt nicht, wenn der Arbeitnehmer in dem Zeitpunkt, den das Gericht nach § 9 Abs. 2 für die Auflösung des Arbeitsverhältnisses festsetzt, das in der Vorschrift des Sechsten Buches Sozialgesetzbuch über die Regelaltersrente bezeichnete Lebensalter erreicht hat.

(3) Als Monatsverdienst gilt, was dem Arbeitnehmer bei der für ihn maßgebenden regelmäßigen Arbeitszeit in dem Monat, in dem das Arbeitsverhältnis endet (§ 9 Abs. 2), an Geld und Sachbezügen zusteht.

Übersicht

	Rdn
A. Entstehungsgeschichte	1
B. Sinn und Zweck der Regelung	5
C. Anwendungsbereich	8
D. Begriff und Rechtsnatur der Abfindung	11
I. Begriff	11
II. Rechtsnatur	12
III. Folgerungen aus der Rechtsnatur	15
1. Entstehung und Abtretbarkeit	15
2. Aufrechnung	17
3. Pfändbarkeit/»(Arbeits)Einkommen«	18
4. Vererblichkeit	20
5. Verzinsung und Fälligkeit	21
6. Insolvenz	23
7. Familienrecht	25
8. Tarifliche Ausschlussfristen und Verjährung	26
E. Höhe der Abfindung	28
I. Gesetzliche Grundkonzeption	28
II. Grundsatz der Angemessenheit	29
III. Höchstgrenzen	32
1. Begriff des Monatsverdienstes (§ 10 Abs. 3 KSchG)	32
2. Normale Höchstgrenze (§ 10 Abs. 1 KSchG)	40
3. Durchbrechung der normalen Höchstgrenze (§ 10 Abs. 2 S. 1 KSchG)	44
4. Sonderregelung für Arbeitnehmer im Rentenalter (§ 10 Abs. 2 S. 2 KSchG)	48
IV. Bemessungsfaktoren	50
1. Grundsätzliches	50
2. Dauer des Arbeitsverhältnisses	52
3. Lebensalter des Arbeitnehmers	55
4. Höhe des Arbeitsentgelts	56
5. Sonstige Sozialdaten des Arbeitnehmers	58
6. Wirtschaftliche Lage des Arbeitnehmers	59
7. Lage auf dem Arbeitsmarkt	60
8. Begründung eines neuen Arbeitsverhältnisses	61
9. Maß der Sozialwidrigkeit sowie Verschulden	62
10. Verlust von verfallbaren Ruhegeldanwartschaften	64
11. Ideelle Nachteile des Arbeitnehmers	65
12. Wirtschaftliche Lage des Arbeitgebers	66
V. Besonderheiten bei Abfindungen wegen unwirksamer außerordentlicher Kündigung	68
VI. Verfahrensrechtliche Fragen	70
1. Abfindungsantrag	70
2. Urteil	73
3. Rechtsmittel	74
F. Verhältnis zu anderen Ansprüchen aus dem Arbeitsverhältnis	78
I. Entgeltansprüche	78
II. Schadensersatz- und Entschädigungsansprüche	79
G. Verhältnis zu anderen Abfindungen	84
I. Einzelvertragliche Abfindungen	84
II. Kollektivrechtliche Abfindungen	85
III. Abfindungen nach § 113 BetrVG	87
H. Steuerrechtliche Fragen	88
I. Frühere Steuerfreiheit nach § 3 Nr. 9 EStG aF	88
II. Steuerermäßigung nach § 24 Nr. 1a und b EStG iVm § 34 Abs. 1 und 2 EStG (Entschädigungen/Tarifermäßigung)	89
III. »Brutto-« bzw. »Netto-Zusatz«	90
I. Sozialversicherungs- sowie arbeitsförderungsrechtliche und grundsicherungsrechtliche Fragen	91

		Rdn			Rdn
I.	Sozialversicherungsrechtliche Behandlung der Abfindung	91	IV.	Abfindung als zu berücksichtigendes Einkommen nach § 11 SGB II	101
II.	Verhältnis zum Insolvenzgeld	92	V.	Datenübermittlung	102
III.	Anrechnung auf Arbeitslosengeld	93			

A. Entstehungsgeschichte

Der **Hattenheimer Entwurf** (vgl. RdA 1950, 63) sah in § 5 eine Regelung über die »Höhe der Entschädigung« vor. Maßgebliche Bemessungsfaktoren bei der Höhe der Entschädigung waren danach die wirtschaftliche Lage des Arbeitnehmers, die wirtschaftliche Lage des Arbeitgebers sowie die Dauer der Betriebszugehörigkeit des Arbeitnehmers. Als Höchstbetrag für die Entschädigung sah der Hattenheimer Entwurf in § 5 Abs. 2 S. 1 einen einheitlichen Höchstbetrag von zwölf Monatsverdiensten vor. Der Begriff des Monatsverdienstes war in § 5 Abs. 2 S. 2 dahin bestimmt, dass darunter diejenigen Geld- und Sachbezüge des Arbeitnehmers zu verstehen waren, die dieser bei regelmäßiger betriebsüblicher Arbeitszeit in dem Monat der Auflösung des Arbeitsverhältnisses verdient haben würde. 1

Das **KSchG 1951** übernahm in § 8 – von geringfügigen sprachlichen Änderungen abgesehen – die im Hattenheimer Entwurf vorgesehene Regelung. Anstelle des Begriffs »Entschädigung« verwandte der Gesetzgeber den heute noch in § 10 KSchG enthaltenen Begriff der »Abfindung«. Nach den Vorstellungen des Gesetzgebers (vgl. RdA 1951, 64) sollte die Festlegung der Abfindung im Rahmen der Höchstgrenze von zwölf Monatsverdiensten im Einzelfall nach richterlichem Ermessen erfolgen. Dabei sollten die besonderen Umstände des Einzelfalles (Maß der Sozialwidrigkeit einer Kündigung, etwaige ungewöhnliche Notfälle des Arbeitnehmers, Dauer der Kündigungsfrist, alsbaldige Wiederbeschäftigung, vertragliche Abfindung) berücksichtigt werden. 2

Durch das **Erste Arbeitsrechtsbereinigungsgesetz** vom 14.8.1969 (BGBl. I S. 1106) wurden die Bestimmungen der §§ 7, 8 KSchG 1951 neu gefasst. Bedeutsam für die Bemessung der Abfindung ist der nunmehr in § 9 Abs. 1 S. 1 KSchG festgelegte Grundsatz der Angemessenheit (vgl. KR-*Spilger* § 9 KSchG Rdn 6). Die Vorschrift des § 10 KSchG (früher: § 8 KSchG 1951) wurde in dreifacher Hinsicht abgeändert: 3

– Durchbrechung der normalen Höchstgrenze von zwölf Monatsverdiensten bei älteren Arbeitnehmern mit längerer Betriebszugehörigkeit bei gleichzeitiger Ausklammerung der im Rentenalter befindlichen Arbeitnehmer;
– Fortfall des bisherigen § 8 Abs. 2 KSchG 1951, in dem als maßgebliche Bemessungsfaktoren die Dauer der Betriebszugehörigkeit des Arbeitnehmers sowie die wirtschaftliche Lage des Arbeitnehmers und des Arbeitgebers vorgesehen waren;
– Neudefinition des Begriffs Monatsverdienst.

Die in § 10 Abs. 2 S. 2 geregelte Höchstgrenze für Abfindungen hat seine jetzige Fassung mit Wirkung zum 1.1.1992 durch Art. 31 Rentenreformgesetz vom 18.12.1989 (BGBl. I S. 2261, 2380) erhalten (dazu Rdn 48, 49). 4

B. Sinn und Zweck der Regelung

Die Bestimmung des § 10 KSchG steht in engem **systematischen Zusammenhang** zu der Regelung des § 9 KSchG, in der die gesetzlichen Voraussetzungen für den Erlass eines Auflösungsurteils festgelegt sind. Dem Bedürfnis nach Rechtsklarheit hätte es eher entsprochen, wenn der Gesetzgeber den Grundsatz der Angemessenheit der Abfindung nicht in § 9 KSchG, sondern in der die Höhe der Abfindung regelnden Bestimmung des § 10 KSchG festgelegt hätte. 5

Im Interesse einer höchstmöglichen **Flexibilität** im **Einzelfall** hat der Gesetzgeber darauf verzichtet, feste Regelsätze für die Bemessung der Abfindung festzulegen. Hierin unterscheidet sich die derzeitige Regelung maßgeblich von der Rechtslage nach dem **BRG 1920**, das für jedes Jahr der 6

§ 10 KSchG Höhe der Abfindung

Betriebszugehörigkeit bis zu einem Zwölftel des Jahresarbeitsverdienstes als Bemessungsfaktor – bei einer Höchstabfindung von sechs Monatsverdiensten – vorsah (§ 87 Abs. 1 Betriebsrätegesetz vom 4.2.1920 RGBl. I S. 147). Die **gesetzliche Grundkonzeption** des § 10 KSchG zeichnet sich vielmehr dadurch aus, dass die Festlegung der Abfindung innerhalb der vom Gesetzgeber festgelegten Höchstgrenzen im richterlichen Ermessen steht. Als Bemessungsfaktoren der Abfindung nennt das Gesetz neben dem Monatsverdienst lediglich das Lebensalter des Arbeitnehmers sowie die Dauer des Arbeitsverhältnisses. Welche weiteren Umstände bei der Bemessung der Abfindung zu berücksichtigen sind oder zulässigerweise berücksichtigt werden dürfen, legt das Gesetz nicht fest. Dies gilt ebenso für die Frage der Gewichtung der einzelnen Bemessungsfaktoren untereinander.

7 Die derzeitige gesetzliche Regelung trägt zwar dem Bedürfnis nach einer größtmöglichen **Einzelfallgerechtigkeit** Rechnung, vernachlässigt jedoch erheblich Gesichtspunkte der Rechtssicherheit und Rechtsgleichheit. In **rechtspolitischer** Hinsicht ist daher zu erwägen, das richterliche Ermessen durch die Festlegung von gesetzlichen Regelsätzen innerhalb bestimmter Höchstgrenzen zu binden. Daneben ist die Schaffung eines gesetzlichen Katalogs von zulässigen Bemessungsfaktoren zu erwägen (vgl. hierzu *Becker/Rommelspacher* ZRP 1976, 43, sowie *Becker* AuR 1976, 352). Der vom DGB vorgelegte »Entwurf eines neuen Arbeitsverhältnisrechts« (vgl. AuR 1977, 245–247) sah darüber hinaus in den Fällen einer betriebsbedingten Kündigung eine Abfindung für den Arbeitnehmer vor. Vgl. zur rechtspolitischen Diskussion weiterhin *Notter* DB 1976, 772.

C. Anwendungsbereich

8 Der in § 9 Abs. 1 S. 1 KSchG bestimmte **Grundsatz der Angemessenheit** der Abfindung sowie die in § 10 KSchG festgelegten **Bemessungsfaktoren** gelten nur für die vom **Gericht festzusetzenden Abfindungen**. Es handelt sich hierbei in erster Linie um die im Fall einer **sozialwidrigen ordentlichen Kündigung** im Auflösungsurteil festzusetzende Abfindung. Aufgrund der Verweisung in § 13 Abs. 1 S. 4 KSchG gilt die Bestimmung des § 10 KSchG **entsprechend** für die im Falle einer **unwirksamen außerordentlichen Kündigung** im Auflösungsurteil zu bestimmende Abfindung. Eine weitere Verweisung auf § 10 KSchG findet sich in § 13 Abs. 2 KSchG für den Fall der gerichtlichen Auflösung des Arbeitsverhältnisses nach einer **sittenwidrigen Kündigung**. Schließlich verweist § 1a Abs. 2 S. 2 KSchG auf § 10 **Abs. 3** KSchG für den **Abfindungsanspruch bei betriebsbedingter Kündigung** (zur Bestimmung des Monatsverdienstes; die in § 1a Abs. 2 S. 3 vorgesehene **Rundung** gilt für § 10 KSchG nicht).

9 Die in § 10 KSchG festgelegten Bemessungsfaktoren gelten schließlich auch für die vom Arbeitgeber gem. § 113 BetrVG zu zahlende Abfindung entsprechend. Nach **§ 113 Abs. 1 BetrVG** hat der Arbeitgeber eine sich nach § 10 KSchG zu bemessende Abfindung zu zahlen, wenn er von einem Interessenausgleich über die geplante Betriebsänderung ohne zwingenden Grund abweicht und hierdurch Entlassungen notwendig werden. Als weiteren Abfindungstatbestand sieht § 113 Abs. 3 BetrVG den Fall vor, dass der Unternehmer eine mit Entlassungen oder anderen wirtschaftlichen Nachteilen für die Arbeitnehmer verbundene Betriebsänderung nach § 111 BetrVG durchführt, ohne über sie einen Interessenausgleich mit dem Betriebsrat versucht zu haben.

10 Die Bestimmung des § 10 KSchG **gilt nicht** für die in **einzelvertraglichen Abmachungen** vereinbarten Entlassungsabfindungen. Die Arbeitsvertragsparteien können daher (zB in einem **außergerichtlichen** oder **gerichtlichen Vergleich** sowie in einem **Aufhebungsvertrag**) die in § 10 KSchG festgelegten Höchstgrenzen für die Abfindung überschreiten oder eine Abfindung bereits vor Ablauf der sechsmonatigen Wartefrist des § 1 Abs. 1 KSchG vereinbaren (s. auch Rdn 84). Auch für **tarifrechtliche Regelungen** (zB Rationalisierungsschutzabkommen) findet die Bestimmung des § 10 KSchG keine Anwendung. Dies gilt ebenso für Abfindungsregelungen in **Sozialplänen** (vgl. Rdn 85 sowie KR-*Spilger* § 9 KSchG Rdn 91 ff.). Lediglich in **§ 123 Abs. 1 InsO** wie auch in § 1a Abs. 2 S. 2 KSchG wird zur Bestimmung des Monatsverdienstes auf die entsprechende Regelung in § 10 Abs. 3 KSchG verwiesen.

D. Begriff und Rechtsnatur der Abfindung

I. Begriff

Der Begriff »Abfindung« findet sich in zahlreichen Vorschriften des privaten und öffentlichen Rechts und wird vom Gesetzgeber oft synonym für die Bezeichnung »Entschädigung« gebraucht (vgl. hierzu *Vogt* BB 1975, 1581 ff.; s.a. KR-*Vogt-Schult* §§ 24, 34 EStG Rdn 6 ff.). Obgleich eine einheitliche Definition des Begriffs »Abfindung« wegen der unterschiedlichen gesetzlichen Ziel- und Zwecksetzungen nicht möglich ist, können doch die beiden Hauptmerkmale aufgezeigt werden. Es geht dabei um die **Entschädigungsfunktion** sowie um den **Abgeltungscharakter** der Abfindung. Die Entschädigung erfolgt bei einer Abfindung typischerweise in einer pauschalierten Form, und zwar zumeist in Gestalt einer einmaligen Leistung. Der Entschädigungscharakter der Abfindung tritt insbesondere dann deutlich in Erscheinung, wenn durch die Gewährung eines einmaligen Kapitalbetrages eine Dauerrechtsbeziehung beendet werden soll. Die Entschädigungs- und Abgeltungsfunktion sind auch die beiden Hauptmerkmale für den in § 10 KSchG verwandten Begriff der Abfindung (vgl. Rdn 12). Darüber hinaus hat die kündigungsrechtliche Abfindung auch insofern eine **Präventivfunktion**, als der Arbeitgeber davon abgehalten werden soll, leichtfertig eine ordentliche Kündigung des Arbeitsverhältnisses auszusprechen (vgl. *Gamillscheg* FS für F. W. Bosch 1976, S. 220).

II. Rechtsnatur

Die vom Arbeitgeber gem. §§ 9, 10 KSchG zu leistende Abfindung ist ihrer Rechtsnatur nach weder Ersatz für entgangenes Arbeitsentgelt noch vertraglicher oder deliktischer Schadensersatz, sondern ein Ausgleich für den Verlust des Arbeitsplatzes trotz Vorliegens einer sozialwidrigen Kündigung (allg. Ansicht, vgl. etwa *BAG* 20.6.1958 AP Nr. 1 zu § 113 AVAVG aF; 13.7.1959 AP Nr. 1 zu § 850 ZPO; 15.12.1960 AP Nr. 21 zu § 3 KSchG 1951; 22.4.1971 EzA § 7 KSchG Nr. 6; 29.2.1972 AP Nr. 9 zu § 72 BetrVG; 16.5.1984 EzA § 9 KSchG nF Nr. 16; 6.12.1984 AP Nr. 14 zu § 61 KO; vgl. aus dem Schrifttum statt aller *LKB-Linck* Rn 4). Die Abfindung ist ein vermögensrechtliches Äquivalent für die Aufgabe des als »sozialer Besitzstand« anzusehenden Arbeitsplatzes und hat somit **Entschädigungsfunktion** (vgl. *BAG* 25.6.1987 DB 1988, 864). Der **Abgeltungscharakter** der Abfindung zeigt sich darin, dass mit der Gewährung des Abfindungsbetrages alle unmittelbar mit dem Verlust des Arbeitsplatzes verbundenen vermögensrechtlichen und immateriellen Nachteile des Arbeitnehmers abgegolten werden sollen (zum Verhältnis zu sonstigen Ansprüchen vgl. Rdn 78–87).

Der **Entschädigungscharakter** der Abfindung besteht aber nur dann uneingeschränkt, wenn in den Abfindungsbetrag keine Ansprüche mit Entgeltcharakter (zB Zahlungsansprüche nach § 615 BGB oder Entgeltfortzahlungsansprüche nach § 3 EFZG) einbezogen werden. Bei einer gerichtlichen Auflösung des Arbeitsverhältnisses gem. § 9 KSchG nach einer sozialwidrigen ordentlichen Kündigung ist dies nicht der Fall. Dies gilt ebenso bei einer gerichtlichen Auflösung des Arbeitsverhältnisses nach einer sittenwidrigen ordentlichen Kündigung (§ 13 Abs. 2 KSchG). Erfolgt dagegen die gerichtliche Auflösung des Arbeitsverhältnisses zu einem früheren Zeitpunkt als zum Ablauf der Kündigungsfrist, so in den Fällen einer **unwirksamen außerordentlichen Kündigung**, geht der Gesetzgeber davon aus, dass die Abfindung **teilweise Entgeltcharakter** hat. Dies folgt aus der durch den Beschluss des *BVerfG* vom 12.5.1976 (AuR 1976, 348 m. Anm. *Becker*) notwendig gewordenen Neufassung des seinerzeitigen § 117 Abs. 2 und 3 AFG. Die Rechtsnatur von Abfindungen, die in gerichtlichen oder außergerichtlichen **Vergleichen** festgelegt werden, kann nicht allgemein bestimmt werden, sondern richtet sich nach den Umständen des Einzelfalles. Nur wenn der im (gerichtlichen oder außergerichtlichen) Vergleich festgelegte Abfindungsbetrag allein dazu dienen soll, die dem Arbeitnehmer durch den Verlust des Arbeitsplatzes entstehenden Nachteile auszugleichen, hat die Abfindung Entschädigungscharakter (vgl. auch KR-*Link/Lau* SozR Rdn 33).

Werden dagegen in den Abfindungsbetrag auch Ansprüche mit Entgeltcharakter (zB solche aus § 615 BGB) einbezogen, so handelt es sich teilweise um Arbeitsentgelt (*BSG* 10.12.1981 – 7 AR

55/88, nv; *LSG Berlin* 17.2.1981 – L 14 AR 32/80, nv; Vergütungscharakter haben nach der Fiktion des § 5 Abs. 6 S. 1 InstitutsVergV Abfindungen iSv § 2 Abs. 5 InstitutsVergV, weil sie danach als variable Vergütung gelten). Die Höhe des Entgeltanteils ist dabei im Einzelfall oft schwer feststellbar, und zwar insbesondere dann, wenn die in die Abfindung einbezogenen Entgeltansprüche dem Grunde oder der Höhe nach zwischen den Parteien streitig waren. In den Fällen einer vorzeitigen Beendigung des Arbeitsverhältnisses nach erfolgter außerordentlicher Kündigung hat der vergleichsweise vereinbarte Abfindungsbetrag teilweise Entgeltcharakter (vgl. *BSG* 23.2.1988 DB 1988, 1018).

III. Folgerungen aus der Rechtsnatur

1. Entstehung und Abtretbarkeit

15 Der Anspruch auf die Abfindung **entsteht** nach Auffassung des *BAG* (9.12.1987 AP Nr. 4 zu § 62 ArbGG 1979; **aA** noch die Vorauflagen) bereits durch die richterliche Festsetzung im Urteil **ohne Rücksicht auf die Rechtskraft**. Das Auflösungsurteil ist daher nicht nur hinsichtlich der Beendigungswirkung, sondern auch hinsichtlich der Festlegung der Abfindungssumme (auch) ein Gestaltungsurteil, wenn auch auflösend bedingt durch seine Abänderbarkeit (vgl. *BAG* 12.1987 AP Nr. 4 zu § 62 ArbGG 1979). Damit ist der Anspruch **abtretbar**. Dem steht der Entschädigungscharakter **nicht** entgegen, weil sich durch die Abtretung der Forderungsinhalt nicht ändert (§ 399 BGB); es bleibt bei einer Geldleistungspflicht. Nach rechtskräftigem Auflösungsurteil ist die Abtretung des Abfindungsanspruchs uneingeschränkt möglich. Wegen der Pfändbarkeit der Abfindung (vgl. Rdn 18) greift die Regelung des § 400 BGB (Ausschluss der Abtretung bei unpfändbaren Forderungen) nicht ein.

16 Da die Abfindungsforderung bereits vor dem Auflösungsurteil nach Entstehungsgrund und Schuldner hinreichend deutlich bezeichnet werden kann, ist eine **Vorausabtretung** zulässig (vgl. LSSW-*Spinner* Rn 37; SPV-*Vossen* Rn 2145; *Maus* Rn 29; *LAG Düsseld*. 29.6.2006 DB 2006, 2691). Der Umstand, dass der Abfindungsanspruch in seiner Entstehung durch den Erlass des Auflösungsurteils bedingt ist, steht der Vorausabtretbarkeit nicht entgegen, da auch bedingte Forderungen wirksam abgetreten werden können (vgl. zur Vorausabtretung *BAG* 14.12.1966 NJW 1967, 751, sowie *BGH* 22.9.1965 NJW 1965, 2197). Der Übergang des Abfindungsanspruches auf den Zessionar tritt aber erst mit Erlass des Auflösungsurteils ein, da erst zu diesem Zeitpunkt die Abfindungsforderung zur Entstehung gelangt.

2. Aufrechnung

17 Wegen der grds. bestehenden Pfändbarkeit der Abfindungsforderung (vgl. Rdn 18) kann seitens des Arbeitgebers die **Aufrechnung** mit Gegenansprüchen (zB wegen Schlechtleistung des Arbeitnehmers) erklärt werden (ebenso SPV-*Vossen* Rn 2146). Das Aufrechnungsverbot des § 394 BGB, wonach eine Aufrechnung gegenüber einer unpfändbaren Forderung unzulässig ist, greift aber dann ein, wenn das Vollstreckungsgericht auf den entsprechenden Pfändungsschutzantrag des Arbeitnehmers hin einen Teil der Abfindung nach § 850i ZPO für unpfändbar zu erklären **hätte** (vgl. dazu Rdn 18). In dem zuletzt genannten Fall ist die Aufrechnung mit Gegenansprüchen des Arbeitgebers in Höhe des unpfändbaren Teiles der Abfindung ausgeschlossen. Im Rahmen einer Prozessaufrechnung vor Gerichten für Arbeitssachen obliegt die Ermittlung des unpfändbaren Teils der Abfindung dem **Prozessgericht**. Zwar ist die Zuständigkeit der Vollstreckungsgerichte eine ausschließliche (§ 802 ZPO) Zuständigkeit der Amtsgerichte (§ 764 ZPO). Deren Zuständigkeit ist aber nur für die Mitwirkung bei **Vollstreckungshandlungen** vorgesehen (§ 764 Abs. 1 ZPO), worunter die **Prozessaufrechnung** jedoch nicht fällt. Deshalb entscheidet das Arbeitsgericht auch über die Höhe des unpfändbaren Teils der Abfindung. Dies ergibt sich übrigens auch positiv aus der Regelung in § 17 **Abs. 2 S. 2** GVG, wonach das Gericht des zulässigen Rechtsweges den Rechtsstreit unter allen in Betracht kommenden rechtlichen Gesichtspunkten entscheidet. Eine **Verrechnung** von Betriebsrentenansprüchen mit Abfindungen nach KSchG ist aufgrund § 3 BetrAVG iVm § 134 BGB nichtig (*BAG* 24.3.1998 EzA § 3 BetrAVG Nr. 5).

Höhe der Abfindung § 10 KSchG

3. Pfändbarkeit/»(Arbeits)Einkommen«

Die nach §§ 9, 10 KSchG zu zahlende Abfindung ist »**Arbeitseinkommen**« iSd § 850 ZPO (vgl. 18
BAG 13.11.1991 RzK I 11c Nr. 8; 12.9.1979 DB 1980, 358; 13.7.1959 AP Nr. 1 zu § 850 ZPO;
BGH 11.5.2010 DB 2010, 1341; *LG Aachen* 30.11.1983 JurBüro 1984, 468; *LKB-Linck* Rn 27;
Maus Rn 28; SPV-*Vossen* Rn 2145a). Nach der zutreffenden Ansicht des *BAG* (13.11.1991 und
12.9.1979 DB 1980, 358) umfasst der in § 850 ZPO verwandte Begriff des »Arbeitseinkommens«
nicht nur den eigentlichen Arbeitslohn, sondern auch alle sonstigen sich aus dem Arbeitsverhältnis ergebenden Entgeltansprüche des Arbeitnehmers. Die Abfindung nach §§ 9, 10 KSchG ist
zwar kein unmittelbares Arbeitsentgelt, sondern eine Entschädigung dafür, dass der Arbeitnehmer
seinen Arbeitsplatz verliert, obwohl ein sozial zu billigender Grund oder ein wichtiger Grund nicht
vorliegt. Sie dient aber – wie sonstige Geldleistungen des Arbeitgebers aus dem Arbeitsverhältnis
– idR der Sicherung des Lebensunterhalts des Arbeitnehmers und seiner Familie. Die rechtliche
Einordnung der Abfindung als »Arbeitseinkommen« iSd § 850 ZPO hat zur Folge, dass ein formularmäßig erlassener **Pfändungs- und Überweisungsbeschluss** auch die Abfindung erfasst (*BAG*
13.11.1991 RzK I 11c Nr. 8 und 12.9.1979 DB 1980, 358). Für Kündigungsabfindungen nach
§§ 9, 10 KSchG gelten jedoch nicht die Pfändungsgrenzen des § 850c ZPO, da es sich insoweit
nicht um Arbeitseinkommen handelt, das für einen fest umrissenen Zeitraum gezahlt wird (*BAG*
13.11.1991 RzK I 11c Nr. 8; 12.9.1979 DB 1980, 358 und 13.7.1959 AP Nr. 1 zu § 850 ZPO).
Ob die Abfindung als eine »nicht wiederkehrend zahlbare Vergütung« iSv § 850i ZPO anzusehen
ist, hatte das *BAG* in dem Urteil vom 13.7.1959 (AP Nr. 1 zu § 850 ZPO) offengelassen. Im
Schrifttum ist die Frage streitig (für eine Anwendbarkeit des § 850i ZPO: LSSW-*Spinner* Rn 24;
LKB-Linck Rn 27; SPV-*Vossen* Rn 2145a; aA *Auffarth* DB 1969, 532; *Maus* Rn 28; *Schmidt* DB
1965, 1631). Das *BAG* hat in dem Urteil vom 13.11.1991 (RzK I 11c Nr. 8) und vom 12.9.1979
(DB 1980, 358) diese Frage dahin entschieden, dass es sich bei der **Abfindung** nach §§ 9, 10
KSchG um eine »**nicht wiederkehrende zahlbare Vergütung**« iSv § **850i ZPO** handele (ebenso
OLG Düsseld. 28.8.1979 NJW 1979, 2520, und *LG Aachen* 30.11.1983 JurBüro 1984, 468; vgl.
auch *BGH* 16.1.1990 NJW 1990, 1360). Die Ansicht des BAG wird dem Schutzzweck des § 850i
ZPO, bei den auf der Verwertung der Arbeitskraft beruhenden einmaligen Zahlungen den notwen-
digen Unterhalt des Dienstleistenden und seiner Familie sicherzustellen, am ehesten gerecht. Der
Arbeitnehmer muss ggf. beim **Vollstreckungsgericht** beantragen, dass ihm die Abfindung ganz oder
teilweise zum Bestreiten des Lebensunterhalts zur Verfügung steht (*LAG SH* 13.12.2005 NZA-
RR 2006, 371). Wegen der vergleichbaren Interessenlage fallen auch **Entlassungsabfindungen in
Sozialplänen** unter den Pfändungsschutz nach § 850i ZPO. Dies gilt ebenso für die Abfindungen
gem. § 113 BetrVG (ebenso *Richardi/Annuß* § 113 Rn 60; *Fitting* § 113 Rn 45).

Aus der Einordnung der Abfindung als Arbeitseinkommen folgt auch, dass es sich dabei **nicht** 19
um **Vermögen** handelt, das **als solches** im Prozesskostenhilfeverfahren einzusetzen wäre (vgl. *LAG
Brem.* 20.7.1988 LAGE § 115 ZPO Nr. 29, und *OVG Lüneburg* 11.1.1990 SchlHA 1990, 56; aA
BAG 22.12.2003 – 2 AZB 23/03, ArbRB 2006, 109; 24.4.2006 EzA SD 2006, Nr. 11, 12; *LAG
Nbg.* 24.8.1989 LAGE § 115 ZPO Nr. 40; *LAG SchlH* 24.9.1997 LAGE § 115 ZPO Nr. 53; *LAG
Hmb.* 14.2.1997 LAGE § 115 ZPO Nr. 52). **Berücksichtigungsfähig** ist die Abfindung allerdings
im Rahmen der Berechnung des einzusetzenden **Einkommens** (*Zöller/Schultzky* § 115 Rn 7), weil
der Arbeitnehmer nach Zufluss frei verfügen kann (vgl. *LAG BW* 8.7.2004 ArbRB 2004, 261; bei
dieser Sichtweise stellt sich aber nicht die Frage, ob und inwieweit die Abfindung als Schonver-
mögen im Rahmen des § 120a ZPO nF betr. die Änderung der Prozesskostenhilfe-Bewilligung bei
Verbesserung der wirtschaftlichen Verhältnisse zu verbleiben hat [dazu *Natter* FA 2014, 290 f.]. Es
gilt dann lediglich § 120a Abs. 2 S. 2 ZPO nF, was wegen der Einmaligkeit der Abfindungsleistung
diese außer Rücksicht lässt; aA HK-*Hauck* Rn 41 mwN: »wirtschaftlich zweckgebundenes Vermögen«). Schließlich handelt es sich bei der Abfindung um »zu berücksichtigendes **Einkommen**«
iSd § **11 SGB II** iSd Anspruchsvoraussetzungen für **Leistungen nach SGB II** betr. die **Grundsicherung für Arbeitsuchende** (etwa **Arbeitslosengeld II, Sozialgeld**; vgl. *Löschau/Marschner* Praxishandbuch SGB II, 2004, Rn 305), und zwar um einmalige Einnahmen iSd § 1 Abs. 3 SGB II
bzw. um »sonstige« Einnahmen gem. § 2 Abs. 6 Alg II VO (vgl. *BSG* 2.3.2009 SozR 4–4200 § 11

Nr. 24; 28.10.2009 NZA 2010, 691) sowie um »als das Arbeitsentgelt betreffende Ansprüche von Arbeitnehmern aus Arbeitsverträgen oder Arbeitsverhältnissen« iSd RL 80/987/EWG des *Rates* v. 20.10.1980 zur Angleichung der Rechtsvorschriften der Mitgliedstaaten über den Schutz der Arbeitnehmer bei Zahlungsunfähigkeit des Arbeitgebers in der vor Erlass der RL 2002/74/EG des *Europ. Parlaments* und des *Rates* v. 23.9.2002 zur Änderung der Richtlinie geltenden Fassung (*EuGH* 16.12.2004 EuroAS 2005, 11).

4. Vererblichkeit

20 Das dem Arbeitnehmer nach § 9 KSchG zustehende Recht, bei Vorliegen der gesetzlichen Voraussetzungen die Auflösung des Arbeitsverhältnisses zu beantragen, ist höchstpersönlicher Natur (*LKB-Linck* Rn 33). Das **Antragsrecht** des Arbeitnehmers ist daher **nicht vererblich**. Hatte der Arbeitnehmer dagegen bereits vor seinem Tode den Auflösungsantrag gestellt, so können auch die Erben die Auflösung des Arbeitsverhältnisses gegen Zahlung einer Abfindung weiterbetreiben. Dies gilt allerdings nur dann, wenn der Arbeitnehmer erst nach Ablauf der Kündigungsfrist verstorben ist (vgl. KR-*Spilger* § 9 KSchG Rdn 43). Die zwischenzeitlich eingetretene Beendigung des Arbeitsverhältnisses kann aber bei der Höhe der Abfindung angemessen berücksichtigt werden (vgl. KR-*Spilger* § 9 KSchG Rdn 44). **Vererblich** ist weiterhin der sich aus der rechtskräftigen Verurteilung ergebende Abfindungsanspruch (allg. Ansicht: vgl. etwa LSSW-*Spinner* Rn 41; *LKB-Linck* 33; vgl. BAG 25.6.1987 EzA § 9 KSchG Nr. 23). Dies gilt ebenso für die aufgrund einer Vorausabtretung des Abfindungsanspruchs begründete Rechtsposition. Eine in einem **Vergleich** oder in einem **Aufhebungsvertrag** festgelegte Abfindung iSd §§ 9, 10 KSchG ist ebenfalls vererblich (*BAG* 16.10.1969 AP Nr. 20 zu § 794 ZPO; *LAG RhPf* 13.11.1987 BB 1988, 140; vgl. auch KR-*Spilger* § 9 KSchG Rdn 42). Dies gilt ebenso für einen **Abfindungsanspruch** aus einem **Sozialplan** (*LAG Frankf.* 1.6.1984 DB 1985, 876; *Compensis* DB 1992, 888).

5. Verzinsung und Fälligkeit

21 Der durch die richterliche Festsetzung im Urteil entstehende Abfindungsanspruch wird bereits **durch diese Festsetzung** im Urteil, **frühestens** jedoch zum festgesetzten Zeitpunkt des Endes des Arbeitsverhältnisses **fällig**. Auf die Rechtskraft kommt es nicht an (vgl. *BAG* 9.12.1987 AP Nr. 4 zu § 62 ArbGG 1979). **Ab dem Zeitpunkt der Festsetzung** kommt eine **Verzinsung** in Betracht (*BAG* 13.5.1969 AP Nr. 2 zu § 8 KSchG 1951; die gegenteilige Ansicht bis zur 4. Aufl. ist aufgegeben). Insoweit ist § 286 Abs. 1 S. 2 BGB entsprechend anwendbar: Der verurteilte Arbeitgeber weiß jetzt genau, dass er sofort zur Zahlung verpflichtet ist (vgl. LSSW-*Spinner* Rn 36; ErfK-*Kiel* Rn 9; HaKo-KSchR/*Gieseler* Rn 28; aA *Bader/Bram-Bader* § 9 Rn 44). Da der Abfindungsanspruch erst mit der Festsetzung zur Entstehung gelangt, kann der Arbeitnehmer für den **davorliegenden** Zeitraum keine Zinsen verlangen, und zwar weder wegen Verzugs (§ 288 Abs. 1 BGB) noch ab Rechtshängigkeit (§ 291 BGB) der Kündigungsschutzklage oder des Auflösungsantrages.

22 Die in einem **gerichtlichen** oder **außergerichtlichen Vergleich** festgelegten Abfindungen **entstehen** mit dem Abschluss oder mit dem Wirksamwerden der vergleichsweisen Regelung (vgl. LSSW-*Spinner* Rn 37; aA *Klar* NZA 2003, 543 ff.; näher KR-*Spilger* § 9 KSchG Rdn 42 mN). Nach der Ansicht des *BAG* (26.8.1997 AP Nr. 8 zu § 620 BGB Aufhebungsvertrag) **entsteht** der in einem Aufhebungsvertrag vereinbarte Abfindungsanspruch jedenfalls dann nicht bereits mit Abschluss des Vertrags, sondern erst zum vereinbarten Ausscheidenstermin, wenn es sich um eine Frühpensionierung handelt und im Aufhebungsvertrag kein früherer Entstehungszeitpunkt bestimmt ist. Das wird praktisch, wenn der Arbeitnehmer das Ende des Arbeitsverhältnisses nicht mehr erlebt. Der Eintritt der **Fälligkeit** hängt von der inhaltlichen Ausgestaltung des Vergleichs ab. Ist in dem Vergleich ein späterer Auflösungszeitpunkt für das Arbeitsverhältnis vorgesehen, so wird die Abfindung aufgrund § 271 Abs. 1 BGB gleichwohl sofort und nicht erst zu dem vertraglich vereinbarten Beendigungszeitpunkt fällig, es sei denn, die Parteien haben einen späteren Fälligkeitszeitpunkt im Vergleich festgelegt. Demgegenüber sollen nach Auffassung des *BAG* (15.7.2004 EzA § 271 BGB 2002 Nr. 1) »in der Regel« Umstände vorliegen, aus denen sich als Fälligkeitszeitpunkt derjenige

der Beendigung des Arbeitsverhältnisses ergibt. Das stellt die gesetzliche Regelung in § 271 Abs. 1 BGB auf den Kopf (so bereits zutr. *Gravenhorst* jurisPR-ArbR 2004 Nr. 5 zu *LAG Nds.* 12.9.2003 – 16 Sa 621/03). Die Praxis vermeidet das Problem, indem Zeitpunkt der Entstehung und Fälligkeit des Abfindungsanspruches ausdrücklich verabredet werden. Der durch vorfällige Zahlung eintretende Steuerschaden kann einen Ersatzanspruch begründen (dazu *BAG* 23.6.2016 EzA § 271 BGB 2002 Nr. 2).

6. Insolvenz

Die insolvenzrechtliche Behandlung von Abfindungen iSd §§ 9, 10 KSchG beurteilt sich seit dem bundesweiten Inkrafttreten der (gesamten) InsO allein nach deren Vorschriften. **Besondere** Vorschriften über die Behandlung der **hier** in Rede stehenden Abfindungen enthält die InsO **nicht**. Die Einordnung von **Sozialplanabfindungen** als Masseverbindlichkeiten durch § 124 Abs. 2 S. 1 InsO ist nicht übertragbar. Eine durch Auflösungsurteil zuerkannte Abfindung ist immer dann eine **Masseverbindlichkeit** iSd § 55 Abs. 1 InsO, wenn der Insolvenzverwalter das durch § 9 Abs. 1 KSchG eingeräumte Gestaltungsrecht selbst ausübt, indem er erstmals den Auflösungsantrag stellt oder diesen prozessual wirksam in den Prozess einführt. Um eine bloße **Insolvenzforderung** iSd § 38 InsO handelt es sich demgegenüber, wenn der Insolvenzverwalter lediglich den von ihm vorgefundenen Antrag des Schuldners weiterverfolgt und an dem **so schon von diesem gelegten Rechtsgrund** festhält; für die Abgrenzung unerheblich ist, von wem die Kündigung herrührt (*BAG* 14.3.2019 EzA § 55 InsO Nr. 25; dazu *Hergenröder* Anm. AP Nr. 24 zu § 55 InsO). Stellt den Auflösungsantrag der **Arbeitnehmer**, hängt die Einordnung davon ab, wer die Kündigung erklärt hat (Insolvenzforderung, wenn durch den Schuldner, Masseverbindlichkeit, wenn durch den Verwalter). Allerdings liegt eine Masseverbindlichkeit vor, wenn der **Auflösungsgrund** durch den Verwalter gelegt wurde. Für **Altfälle** – Insolvenzverfahren, die **vor** dem 1.1.1999 beantragt wurden, – gilt die Rechtslage unter **KO, VerglO, GesO** und **SozplKonkG** fort (§ 103 EGInsO). S. hierzu 6. Aufl. Rn 20–21a. Zur **europarechtlichen** Qualifizierung s. Rdn 19. Zur Behandlung von Abfindungsansprüchen im **Verbraucherinsolvenzverfahren** sowie im **Restschuldbefreiungsverfahren** s. *Hergenröder* ZVI 2006, 173, 180, 182.

Zur **Haftung** des **Betriebserwerbers** für bei Insolvenzeröffnung entstandene Abfindungsforderungen vgl. *BAG* 13.11.1986 – EzA § 613a BGB Nr. 55. Erhält ein Insolvenzschuldner Abfindungszahlungen aus einem nach Eröffnung des Insolvenzverfahrens geschlossenen arbeitsgerichtlichen **Vergleich**, so unterliegen diese der Insolvenzverwertung; denn für einmalige Bezüge iSd § 850i ZPO wird nur auf Antrag Pfändungsschutz gewährt, so dass Einkommen zunächst in voller Höhe der Pfändung unterliegt und damit Bestandteil der Insolvenzmasse nach §§ 35, 36 InsO ist (*LG Nbg.-Fürth* 26.10.2009 ZInsO 2009, 2352). Der Begriff der »Bezüge aus einem Dienstverhältnis« iSd § 114 InsO umfasst auch eine anlässlich der Beendigung eines Arbeitsvertrages gezahlte Abfindung nach §§ 9, 10 KSchG (*BGH* 11.5.2010 DB 2010, 1341).

7. Familienrecht

Lebt der Arbeitnehmer im **Güterstand der Zugewinngemeinschaft** nach § 1363 BGB, so tritt gem. § 1384 BGB bei Ehescheidung für die Berechnung des Zugewinns nach § 1373 BGB anstelle der Beendigung des Güterstands der Zeitpunkt der Rechtshängigkeit des Scheidungsantrags (§§ 253, 124 FamFG). Bewertungsstichtag für das Endvermögen (§ 1365 BGB) ist dabei der Tag der **Zustellung des Scheidungsantrags**. Hierdurch soll verhindert werden, dass der ausgleichspflichtige Ehegatte den Zugewinn zum Nachteil des anderen während des Scheidungsverfahrens verringert. Da auch **Forderungen** zum Vermögen gehören, unterliegt eine bereits **vor** dem Stichtag entstandene Abfindung dem Zugewinnausgleich unabhängig davon, ob sie vor oder nach dem Stichtag (offen gelassen von *BGH* 21.4.2004 NJW 2004, 2675, 2677) ausbezahlt wird. Entsteht der Anspruch auf die Abfindung **danach**, ist sie nicht ausgleichspflichtig, kann aber bei der Berechnung des nachehelichen **Unterhalts** zu berücksichtigen sein (*Bauer* Abfindungen und Alternativen in: Arbeitsrecht 1999, Tagungsband zum RWS-Forum, S. 276; *Bauer/Clauss-Hasper* NZA 2010, 601, 603). Die familiengerichtliche Rechtsprechung behandelt Abfindungen **unterhaltsrechtlich** als Einkommen, **güterrechtlich** hingegen als Vermögen (s. *Klingelhöffer* BB 1997, 2216; OLG Hamm 17.1.2007 NJW 2007, 1218). Im **Versorgungsausgleich** sind Abfindungen bei Beendigung des Arbeitsverhältnisses regelmäßig nicht zu berücksichtigen, weil sie nicht der Absicherung im Alter oder bei Invalidität iSd § 2 Abs. 2 Nr. 2 VersAusglG dienen (*Bauer/Clauss-Hasper* NZA 2010, 601, 602). Für die Verwendung einer arbeitsrechtlichen Abfindung zur Aufstockung des für die Bemessung des Unterhaltsbedarfs minderjähriger Kinder maßgeblichen Einkommens des Unterhaltspflichtigen gelten grds. die gleichen Anforderungen wie beim Ehegattenunterhalt (*BGH* 18.4.2012 NJW 2012, 1873): Dort ist die Abfindung bis zur Höchstgrenze des Bedarfs aufgrund des früheren Einkommens grds. für den Unterhalt zu verwenden (*BGH* 18.4.2012 NJW 2012, 1868).

8. Tarifliche Ausschlussfristen und Verjährung

26 **Tarifvertragliche Ausschlussfristen**, wonach Ansprüche auf Vergütung sowie alle sonstigen Ansprüche aus dem Arbeitsverhältnis verfallen, wenn diese nicht innerhalb eines bestimmten Zeitraums nach Fälligkeit dem anderen Vertragspartner gegenüber schriftlich geltend gemacht worden sind, **erfassen** grds. **keine in gerichtlichen Vergleichen** festgelegten **Abfindungen** nach §§ 9, 10 KSchG (*BAG* 13.1.1982 EzA § 9 KSchG nF Nr. 13; mit Blick auf den Umstand der Titulierung LSW-*Spinner* Rn 36), weil die Klarheit der Rechtsverhältnisse, die solche Ausschlussfristen schaffen wollen, dann außer Frage steht. Dies galt auch, soweit ein in einem gerichtlichen Vergleich festgelegter Abfindungsanspruch nach der Regelung des § 117 Abs. 4 S. 2 AFG auf die *Bundesagentur für Arbeit* übergegangen war (die unter Rdn 94 dargestellten Übergangsregelungen betrafen auch § 117 Abs. 4 AFG). Auf **gerichtlich zuerkannte Abfindungen** iSd §§ 9, 10 KSchG finden tarifliche Ausschlussfristen ebenfalls keine Anwendung, da mit dem Erlass eines Auflösungsurteils hinsichtlich der Zahlungsverpflichtung des Arbeitgebers Rechtsklarheit geschaffen wird (ebenso LSSW-*Spinner* Rn 39; vgl. auch LAG Bln. 24.3.1993 NZA 1994, 425; *Rolfs* AR-Blattei SD 10 Abfindung Rn 214). Auf **Ansprüche auf Nachteilsausgleich** nach § 113 BetrVG gelangen tarifliche Ausschlussfristen zur Anwendung, weil es sich hier um Ansprüche handelt, die nicht erst mit dem Erlass eines gerichtlichen Gestaltungsurteils entstehen (*BAG* 20.6.1978 EzA § 4 TVG Ausschlussfristen Nr. 34; 22.9.1982 EzA § 4 TVG Ausschlussfristen Nr. 52; 22.2.1983 EzA § 4 TVG Ausschlussfristen Nr. 54; 3.8.1972 EzA § 113 BetrVG 1972 Nr. 10). Tarifliche Ausschlussfristen erfassen auch **Sozialplanabfindungen** (*BAG* 30.11.1994 EzA § 4 TVG Ausschlussfristen Nr. 108; *LAG Bln.* 24.1.1983 DB 1983, 2042; *Richardi/Annuß* § 113 Rn 63 für den Nachteilsausgleichsanspruch). Bei einer **Insolvenz** müssen die Arbeitnehmer Ansprüche auf Nachteilsausgleich nach § 113 BetrVG sowie Sozialplanabfindungen nach den Vorschriften der Insolvenzordnung (§ 174 Abs. 1 S. 1 InsO) anmelden (vgl. *BAG* 18.12.1984 EzA § 4 TVG Ausschlussfristen Nr. 62; 3.12.1985 EzA § 146 KO Nr. 1). Neben diesen gesetzlichen Regelungen finden tarifliche Ausschlussfristen keine Anwendung (*BAG* 18.12.1984 EzA § 4 TVG Ausschlussfristen Nr. 62).

27 Abfindungen iSd §§ 9, 10 KSchG unterlagen der regelmäßigen **Verjährungsfrist** von dreißig Jahren nach § 195 BGB aF. Derartige Zahlungen konnten nicht als Vergütungsansprüche iSd § 196 Abs. 1 Nr. 8 und 9 BGB aF angesehen werden, da sie nicht laufend monatlich oder zu bestimmten Zeitpunkten wiederkehrend erbracht werden (vgl. *LAG Brem.* 23.11.1982 EzA § 9 KSchG nF Nr. 12; *Knorr/Bichlmeier/Kremhelmer* Kap. 14 Rn 149; weitere Nachweise s. 6. Aufl.; jetzt auch *BAG* 15.6.2004 NZA 2005, 295 [f. Abfindungsanspruch aus Aufhebungsvertrag]; **s.a. die entsprechende Rechtslage bei § 850i ZPO in Rdn 18: Abfindung nach §§ 9, 10 KSchG eine »nicht wiederkehrend zahlbare Vergütung« iS jener vollstreckungsrechtlichen Bestimmung**). Die gegenteilige Ansicht (*RAG* ArbRspr. 1932, 52, 53; *LAG Hamm* 15.1.1990 LAGE § 9 KSchG Nr. 18; nähere Nachw. s. 6. Aufl.) übersah, dass der Anspruch auf Zahlung der Abfindung aufgrund Auflösungsurteils entsteht (s. Rdn 15). Jedenfalls ein rechtskräftig festgestellter Anspruch verjährte aber aufgrund der Regelung in § 218 Abs. 1 S. 1 BGB aF auch dann erst in dreißig Jahren, wenn er an sich einer kürzeren Verjährung unterlag. Vertretbar war die Gegenansicht deshalb nicht für ausgeurteilte Abfindungen (wie bei §§ 9, 10 KSchG stets), sondern allenfalls für einzel- und kollektivvertraglich abgemachte Abfindungen. Nach hier vertretener Auffassung waren jedoch auch

derartige Abfindungen – mangels wiederkehrenden Erbringens und wenn nicht gerade ratierliche Zahlung vorgesehen ist – verjährungsrechtlich nicht anders als ausgeurteilte Abfindungen zu behandeln (für die regelmäßige Verjährungsfrist von dreißig Jahren für Sozialplanabfindungen [nach § 195 BGB aF] *BAG* 30.10.2001 EzA § 112 BetrVG 1972 Nr. 109). **Nunmehr** unterliegen Abfindungen der regelmäßigen Verjährungsfrist von drei Jahren nach **§ 195 BGB nF**. Für **rechtskräftig ausgeurteilte** Abfindungen nach §§ 9, 10 KSchG bleibt es bei der dreißigjährigen Verjährungsfrist (§ 197 Abs. 1 Nr. 3 BGB nF; LSSW-*Spinner* Rn 38; HaKo-KSchR/*Gieseler* Rn 30; DDZ-*Callsen* Rn 28).

E. Höhe der Abfindung

I. Gesetzliche Grundkonzeption

Das in den §§ 9 Abs. 1 S. 1, 10 KSchG zum Ausdruck gekommene **legislative Grundmodell** zeichnet sich durch folgende Merkmale aus: 28
- Grundsatz der Angemessenheit der Abfindung (§ 9 Abs. 1 S. 1 KSchG);
- Festlegung eines allgemeinen Höchstbetrages der Abfindung auf zwölf Monatsverdienste (§ 10 Abs. 1 KSchG);
- Durchbrechung der regelmäßigen Höchstgrenze bei älteren Arbeitnehmern mit langer Beschäftigungsdauer (§ 10 Abs. 2 S. 1 KSchG);
- Sonderregelung für Arbeitnehmer im Rentenalter (§ 10 Abs. 2 S. 2 KSchG);
- Legaldefinition des Begriffs »Monatsverdienst« (§ 10 Abs. 3 KSchG).

Kennzeichnend für dieses legislative Grundmodell ist somit der **Verzicht** des Gesetzgebers auf **feste Regelsätze** für die Bemessung der Abfindung sowie das **Fehlen** einer **katalogartigen Zusammenstellung** der **Bemessungsfaktoren**. Die im Gesetz enthaltene Anknüpfung an lediglich drei Bemessungsfaktoren (Lebensalter [zu Konsequenzen aus dem Verbot der Altersdiskriminierung s. Rdn 45], Beschäftigungsdauer und Monatsverdienst) eröffnet dem Tatsachenrichter bei der Festlegung der Abfindungshöhe einen breiten **Ermessensspielraum**, der lediglich nach oben durch die gesetzlichen Höchstgrenzen beschränkt wird (zur Kritik an dieser gesetzlichen Grundkonzeption vgl. *Becker/Rommelspacher* ZRP 1976, 43).

II. Grundsatz der Angemessenheit

Der in § 9 Abs. 1 S. 1 KSchG festgelegte Grundsatz der Angemessenheit der Abfindung besagt, 29 dass das Gericht das ihm bei der Festsetzung der Abfindungshöhe zustehende **Ermessen** nicht völlig frei, dh nach seinem eigenen Belieben ausüben kann. Es hat vielmehr nach pflichtgemäßem Ermessen zu prüfen, welcher Abfindungsbetrag unter Berücksichtigung der jeweiligen Umstände des Einzelfalles angemessen ist, um die dem Arbeitnehmer durch den Verlust des Arbeitsplatzes erwachsenden Nachteile auszugleichen (vgl. LSSW-*Spinner* Rn 11; *LKB-Linck* Rn 4; *Monjau/Heimeier* Rn 1; *Brill* DB 1981, 2326; *Neumann* Kündigungsabfindung Rn 94). Bei dem in § 9 Abs. 1 S. 1 KSchG verwendeten Begriff der »angemessenen« Abfindung handelt es sich um einen sog. **unbestimmten Rechtsbegriff** (vgl. hierzu *Hofmann* ZfA 1970, 66 ff.). Den in diesem Begriff zum Ausdruck gekommenen **gesetzlichen Bewertungsmaßstab** hat das Gericht im Einzelfall zu konkretisieren. Es handelt sich somit nicht um eine freie Ermessensbetätigung des Gerichts (so *Maus* Rn 1 unter Berufung auf *BAG* 12.8.1954 AP Nr. 17 zu § 72 ArbGG 1953). Die **richterliche Ermessensausübung** ist vielmehr **gebunden** an die in dem Grundsatz der Angemessenheit der Abfindung enthaltene gesetzliche Wertung. Soweit das *BAG* in dem Urteil vom 12.8.1954 (AP Nr. 17 zu § 72 ArbGG 1953) vom Vorliegen eines freien Ermessens des Tatsachenrichters ausgegangen ist, ist zu berücksichtigen, dass der Grundsatz der Angemessenheit der Abfindung erst durch das Erste Arbeitsrechtsbereinigungsgesetz vom 14.8.1969 (BGBl. I S. 1106) in das Gesetz aufgenommen worden ist (vgl. zur Entstehungsgeschichte KR-*Spilger* § 9 KSchG Rdn 6 sowie hier Rdn 3). Die Entscheidung des *BAG* vom 12.8.1954 (AP Nr. 17 zu § 72 ArbGG 1953) ist daher aufgrund der geänderten Gesetzeslage überholt. Das *BAG* lässt dahinstehen (21.6.2012 EzA § 9 KSchG nF Nr. 63), ob § 10 Abs. 2 es erlaubt, von einer Regelabfindung (die Gerichte gewähren weithin ein halbes Monatseinkommen pro Beschäftigungsjahr, APS-*Kiel* Rn 5) auszugehen, wenn ein Gericht diesen Wert unter Berücksichtigung des Streitfalles als angemessen erachtet.

30 Die Bindung des Gerichts an den Grundsatz der Angemessenheit der Abfindung besteht innerhalb der in § 10 Abs. 1 und 2 KSchG enthaltenen **Höchstgrenzen**. Das Gericht kann daher nicht unter Berufung auf den Grundsatz der Angemessenheit der Abfindung die gesetzlichen Höchstgrenzen überschreiten. Dagegen kann es uU der Grundsatz der Angemessenheit der Abfindung gebieten, im Einzelfall einen Abfindungsbetrag von weniger als 12 Monatsverdiensten festzulegen, obgleich die Höchstgrenzen des § 10 Abs. 2 S. 1 KSchG zur Anwendung gelangen (ebenso *Neumann* Kündigungsabfindung Rn 98).

31 Eine schematische Festsetzung der Abfindung nach **bestimmen Regelsätzen** ist mit dem Grundsatz der Angemessenheit der Abfindung nicht in Einklang zu bringen (vgl. *LKB-Linck* Rn 5). Das Gericht hat vielmehr unter Berücksichtigung der jeweiligen Besonderheiten des Einzelfalles zu prüfen, welcher Betrag als Abfindung für die mit dem Verlust des Arbeitsplatzes verbundenen Nachteile angemessen ist. Die vom Gesetz vorgeschriebene **individuelle Prüfung** und **Bewertung** der einzelnen Bemessungsfaktoren verbietet dem Richter eine Schematisierung (etwa nach der Dauer der Betriebszugehörigkeit und/oder nach dem Lebensalter; s. aber Rdn 50 zur **Gewichtung** dieser Bemessungsfaktoren). Dabei ist nicht zu verkennen, dass sich in der **gerichtlichen Praxis** (vgl. das Ergebnis der Erhebungen von *Hümmerich* NZA 1999, 342 ff.) gewisse Regelsätze zur Bestimmung der Abfindungshöhe eingebürgert haben. Da das KSchG im Unterschied zu § 87 BRG 1920, wonach für jedes Jahr der Betriebszugehörigkeit bis zu ein Monatsverdienst zugrunde zu legen war (s. Rdn 6), – **außer in § 1a Abs. 2 S. 1 und 3 KSchG** – keine verbindliche Berechnungsweise für den vom Gericht festzulegenden Abfindungsbetrag vorschreibt, können die in der Gerichtspraxis bisweilen verwandten Regelsätze jeweils nur einen ersten Anhaltspunkt für die stets unter Berücksichtigung der Besonderheiten des Einzelfalles festzusetzenden Abfindungen bieten (*Neumann* Kündigungsabfindung Rn 98; *Brill* DB 1981, 2328). Äußerst **hilfreich** für die **Praxis** *Francken/Hartmann/Bubeck* Die Abfindung, 1999, mit Abfindungs-Rechner (CD-ROM), sowie, ebenfalls mit CD-ROM *Runke/Galdia/Stuhlmann/Schmitz* Aufhebungsverträge und Abfindung, 2001; s.a. *Linke* AuA 2010, 426 ff. sowie den »Abfindungsrechner« unter http://rsw.beck.de. Übersicht zur Praxis der Landesarbeitsgerichte *Anton-Dyck/Böhm* ArbRB 2020, 28, 29 ff. Zur »AGG-konformen« Abfindungsberechnung s. *Hase* AiB 2009, 218 ff. **§ 1a Abs. 2 S. 1 und 3 KSchG** betreffen **allein** den Abfindungsanspruch nach jener Norm.

III. Höchstgrenzen

1. Begriff des Monatsverdienstes (§ 10 Abs. 3 KSchG)

32 Die in § 10 Abs. 1 und Abs. 2 KSchG festgelegten Höchstgrenzen der Abfindung knüpfen an den **Begriff des Monatsverdienstes** an. Die durch das Erste Arbeitsrechtsbereinigungsgesetz vom 14.8.1969 (BGBl. I S. 1106) neu gefasste Vorschrift des § 10 Abs. 3 KSchG versteht unter diesem Begriff diejenigen Geld- und Sachbezüge, die dem Arbeitnehmer bei der für ihn maßgebenden regelmäßigen Arbeitszeit in dem Monat zustehen, in dem das Arbeitsverhältnis gem. § 9 Abs. 2 KSchG endet. Das können **Lohnersatzleistungen** (zB Krankengeld) selbst dann **nicht** sein, wenn kein Anspruch **gegen den Arbeitgeber** (mehr) zusteht. In diesem Fall ist auf den Verdienst zu rekurrieren, den der Arbeitnehmer bei Erbringung seiner Arbeitsleistung **hätte**. Befindet sich der Arbeitnehmer mit mehreren Arbeitgebern in einem sog. **einheitlichen Arbeitsverhältnis** (vgl. *BAG* 27.3.1981 DB 1982, 1569; krit. hierzu *Schwerdtner* ZIP 1982, 900), so ist als Verdienst iSd § 10 KSchG die Gesamtvergütung anzusehen. Auszugehen ist vom **Bruttoverdienst** (*Knorr/Bichlmeier/Kremhelmer* Kap. 14 Rn 144; DDZ-*Callsen* Rn 18). Auf die Norm wird durch **§ 123 Abs. 1 InsO** sowie die **Regelung in § 1a Abs. 2 S. 2 KSchG zur Bestimmung des Monatsverdienstes verwiesen**.

33 Während die frühere Fassung des Gesetzes (vgl. § 8 Abs. 1 S. 2 KSchG aF) auf die betriebsübliche Arbeitszeit abstellte, erklärt das Gesetz nunmehr die für den gekündigten Arbeitnehmer maßgebende regelmäßige Arbeitszeit für maßgeblich. Die Neufassung trägt dem **Grundsatz** der **individuellen**

Bemessung der Abfindung Rechnung. Bei einem Abweichen der **regelmäßigen individuellen Arbeitszeit** des Arbeitnehmers von der regelmäßigen betriebsüblichen Arbeitszeit hat nunmehr die für den einzelnen Arbeitnehmer maßgebende regelmäßige Arbeitszeit den Vorrang. Dies ist zB für solche Arbeitnehmer von Bedeutung, die regelmäßig verkürzt (im Rahmen eines sog. **Teilzeitarbeitsverhältnisses**) arbeiten.

Da das Gesetz auf das Merkmal der **Regelmäßigkeit** abstellt, sind alle unregelmäßigen Schwankungen der für den Arbeitnehmer maßgeblichen Arbeitszeit auszuklammern. Dies gilt insbes. für **Kurzarbeit** sowie für unregelmäßig anfallende **Überstunden**. Hat der Arbeitnehmer dagegen während eines längern Zeitraumes regelmäßig Überstunden in einem bestimmten Umfang geleistet, so sind diese bei der Bestimmung des Monatsverdienstes zu berücksichtigen (ebenso *LKB-Linck* Rn 7). Demgegenüber sind Verdienstminderungen, die etwa durch **Krankheit** oder **Urlaub** eintreten, nicht zu berücksichtigen (*LKB-Linck* Rn 13; LSSW-*Spinner* Rn 5). 34

Für die Ermittlung des maßgeblichen Monatsverdienstes ist es ohne Bedeutung, ob der Arbeitnehmer bis zum Ablauf der Kündigungsfrist bzw. bis zum Zugang der außerordentlichen Kündigung beschäftigt worden ist. **Ohne Einfluss** auf die **Bemessung des Monatsverdienstes** sind daher insbes. die folgenden Tatbestände: Freistellung des gekündigten Arbeitnehmers von der Arbeit, Erholungsurlaub, krankheitsbedingte Arbeitsunfähigkeit, Stilllegung des Betriebes oder der betreffenden Betriebsabteilung. Der Monatsverdienst ist dann so zu berechnen, als ob gearbeitet worden wäre (vgl. *LKB-Linck* 8). Dies folgt aus der in § 10 Abs. 3 KSchG enthaltenen gesetzlichen Fiktion (arg. »gilt«), die allein an das dem Arbeitnehmer nach der für ihn maßgebenden **regelmäßigen** Arbeitszeit zustehende Entgelt anknüpft. Bei **Teilzeitbeschäftigungen** ist die geringere Stundenzahl zugrunde zu legen (*Knorr/Bichlmeier/Kremhelmer* Kap. 14 Rn 143; **anders**, wenn eine deutlich höhere Zahl von Frauen betroffen ist wegen deren sich daraus uU ergebenden mittelbaren Diskriminierung *EuGH* 8.5.2019 NZA 2019, 1131). 35

Bemessungszeitraum für den Monatsverdienst ist **derjenige** Monat, in dem das Arbeitsverhältnis nach § 9 Abs. 2 KSchG endet (vgl. zum Auflösungszeitpunkt KR-*Spilger* § 9 KSchG Rdn 39–44). Bei einer **ordentlichen** Kündigung ist dies derjenige Monat, in dem das Ende der Kündigungsfrist liegt. Da das Arbeitsverhältnis im Falle einer unwirksamen außerordentlichen Kündigung nach § 13 Abs. 1 S. 4 KSchG zu dem Zeitpunkt, zu dem die Kündigung ausgesprochen wurde aufzuheben ist, ist in diesen Fällen derjenige Monat maßgeblich, in dem der Zugang der außerordentlichen Kündigung erfolgt ist. Sofern im Bemessungszeitraum **Vergütungssteigerungen** (zB Tariflohnerhöhungen) erfolgen, ist von dem erhöhten Monatsverdienst auszugehen. 36

Soweit sich infolge der unterschiedlichen Länge der einzelnen Kalendermonate sowie aus der unterschiedlichen Anzahl von arbeitsfreien Samstagen und Sonntagen bei Arbeitnehmern ohne feste Monatsvergütung gewisse Ungerechtigkeiten bei der Ermittlung des maßgeblichen Monatsverdienstes ergeben, kann dies bei der Bemessung der Abfindung angemessen berücksichtigt werden (ebenso *LKB-Linck* Rn 9; aA *Bader/Bram-Bader* Rn 7). 37

Zur Ermittlung des maßgeblichen Monatsverdienstes knüpft das Gesetz an diejenigen Geld- und Sachbezüge an, die dem Arbeitnehmer im Auflösungsmonat **zustehen**. Das kann auch der gesetzliche oder ein tariflicher **Mindestlohn** sein – auch wenn tatsächlich nicht gezahlt. Unter den Begriff der **Geldbezüge** fallen zunächst alle Grundvergütungen (Gehalt, Zeitlohn, Fixum usw.). Erhält der Arbeitnehmer zu diesen Vergütungen weitere **Zuwendungen** mit **Entgeltcharakter** (so zB ein 13. oder 14. Monatsgehalt, Tantiemen, Jahresabschlussvergütungen, Umsatzbeteiligungen) so sind diese Bezüge anteilig umzulegen (vgl. LSSW-*Spinner* Rn 3; *LKB-Linck* Rn 11; *Maus* Rn 25; SPV-*Vossen* Rn 1156). Besteht die dem Arbeitnehmer zustehende Grundvergütung in **Akkordlohn**, so ist unter Zugrundelegung der für ihn regelmäßigen Arbeitszeit zu ermitteln, welchen Betrag er im Auflösungsmonat vermutlich verdient hätte (ebenso *Monjau/Heimeier* Rn 5; abw. *Neumann* Kündigungsabfindung Rn 103, **der auf den Durchschnittslohn im Auflösungsmonat abstellen will, wobei ggf. aus zurückliegender Zeit geschätzt werden müsse**). Als Geldbezüge iSd § 10 Abs. 3 KSchG sind weiterhin alle regelmäßig zu zahlenden **Zulagen** (z. B. Gefahrenzulagen, Schichtzuschläge, 38

Nachtarbeitszuschläge, Prämien, Provisionen) anzusehen. Hierzu zählen auch einzelvertraglich vereinbarte »Wege- und Fahrgelder«, sofern sie unabhängig von notwendigen Aufwendungen gezahlt werden (*BAG* 11.2.1976 EzA § 2 LohnFG Nr. 8; 4.10.1978 EzA § 63 HGB Nr. 30). **Zuwendungen mit Aufwendungscharakter** (zB Schmutzzulagen, Spesen) sind dagegen bei der Ermittlung des maßgeblichen Monatsverdienstes nicht zu berücksichtigen. **Keine Berücksichtigung** finden weiterhin **Zuwendungen mit Gratifikationscharakter** (zB Weihnachtsgratifikationen, Jubiläumsgelder, Jahresbonuszahlungen). Die gegenteilige Auffassung (*Auffarth/Müller* § 8 Rn 3; LSSW-*Spinner* Rn 3; ErfK-*Kiel* Rn 2; vgl. schadensrechtlich auch *BGH* 7.5.1996 EzA § 249 BGB Nr. 22) verkennt, dass Gratifikationen wegen der Möglichkeit, an die Auszahlung Bedingungen zu knüpfen, nicht auf die einzelnen Monate eines Jahres umgelegt werden können (wie hier: *LKB-Linck* Rn 11 für Jubiläumsgeschenke, Urlaubs- oder Weihnachtsgeld; *Monjau/Heimeier* Rn 5; *Neumann* Kündigungsabfindung Rn 103; *Bader/Bram-Bader* Rn 8; SPV-*Vossen* Rn 2156; *Isenhardt* HzA Gruppe 5 Rn 455; *Knorr/Bichlmeier/Kremhelmer* Kap. 14 Rn 144; APS-*Biebl* Rn 18; HaKo-KSchR/*Gieseler* Rn 9; diff. DDZ-*Callsen* Rn 19; aA offenbar HK-*Hauck* Rn 11). Zur Abgrenzung zwischen Weihnachtsgratifikation und 13. Monatsgehalt vgl. *BAG* 11.11.1971 EzA § 611 BGB Gratifikation, Prämie Nr. 29, sowie *BAG* 10.7.1974 EzA § 611 BGB Gratifikation, Prämie Nr. 42. Eine anteilige Umlegung des **Urlaubsgeldes** hat nur dann zu erfolgen, wenn das Urlaubsgeld fest in das Vergütungsgefüge (zB in Gestalt eines kollektiv- oder einzelvertraglichen Anspruchs) eingebaut ist und damit Entgeltcharakter hat. Wird das Urlaubsgeld dagegen als Gratifikation gewährt, so ist diese Leistung bei der Ermittlung des Monatsverdienstes nicht zu berücksichtigen (für eine ausnahmslose Nichtberücksichtigung von Urlaubszuschüssen: *Maus* Rn 25). Zum Monatsverdienst eines Kellners gehören – neben der Umsatzbeteiligung – auch die **Trinkgelder** (*BFH* 18.6.2015 BStBl. II 2016, 751; 24.10.1997 BStBl. II 1999 S. 323; *LAG Düsseld.* 18.2.1981 – 12 Sa 1534/80, nv; aA *LKB-Linck* Rn 10). Zur Legaldefinition von »Trinkgeld« s. jetzt § 107 Abs. 3 S. 2 GewO sowie § 3 Nr. 51 EStG. Nach der Ansicht des *BAG* allerdings (28.6.1995 EzA § 11 BUrlG Nr. 38) gehören sie bei Fehlen einer besonderen Abrede nicht zu dem bei Urlaub, Arbeitsunfähigkeit oder Betriebsratstätigkeit vom Arbeitgeber fortzuzahlenden Arbeitsentgelt. Maßgebend dürfte sein, ob der Kellner im Tronc- oder Serviersystem entlohnt wird (dann Arbeitseinkommen) oder es sich um »freiwillige« Bedienungsgelder des Gastes handelt (vgl. *Heinze* DB 1996, 2490, 2491, dort auch zur rechtlichen Einordnung der Vergünstigungen aus **Miles & More-Bonusprogrammen** [s.a. *Bauer/Krets* BB 2002, 2066, 2068; Arbeitseinkommen wohl nur, wenn der Arbeitgeber auf seinen Herausgabeanspruch aus **dienstlichen** Flugreisen gem. § 667 Alt. 2 BGB – dazu *BAG* 11.4.2006 EzA § 667 BGB 2002 Nr. 1 – verzichtet]; vgl. zur Gleichbehandlung von Arbeitsentgelt und Trinkgeldern u.a. aus arbeitsrechtlicher Sicht auch *Zumbansen/Sung-Kee Kim* BB 1999, 2454). Das Steuerrecht stellt für die Einordnung von **Leistungen Dritter** als Arbeitslohn darauf ab, ob sie sich als Frucht der Arbeit darstellen, etwa der Dritte die Arbeitsleistung entgilt, indem der Arbeitgeber etwa einen ihm zustehenden Vorteil an seine Mitarbeiter weitergibt (für verbilligten Bezug von Ware *BFH* 18.10.2012 BFHE 239, 270; für Bestechungsgelder *BFH* 16.6.2015 EzA § 22 EStG Nr. 1; für Zuwendung einer »Sensibilisierungswoche« *BFH* 21.4.2018 BFHE 263, 196). **Kein Arbeitsentgelt** stellen **Prämien für Managerhaftung** dar, soweit nicht vorrangig dem individuellen Schutz des Organmitgliedes dienend, der Wert einer zur uneingeschränkten Nutzung überlassenen **Jahresnetzkarte** unter Abzug des auf Dienst- oder Geschäftsreisen entfallenden Anteils sowie **übernommenes Bußgeld** eines Fahrers aber wohl schon (vgl. zur steuerlichen Behandlung als Arbeitslohn *BFH* 12.4.2007 NJW 2007, 2720 für Jahresnetzkarte; *BFH* 14.11.2013 BFHE 243, 520 für Bußgelder; aA für Übernahme Verwarnungsgeld *BFH* 13.8.2020 NJW 2020, 3614).

39 Unter den Begriff des Monatsverdienstes fallen auch die dem Arbeitnehmer im Auflösungsmonat zustehenden **Sachbezüge**. Sachbezüge sind alle nicht in Geld bestehenden Einnahmen (*BFH* 11.11.2010 BStBl. II 2011, 389, zB die Gewährung von Deputaten in der Landwirtschaft oder von Kohle im Bergbau oder von Bier durch Brauereien sowie die unentgeltliche Überlassung von Wohnraum oder die **Überlassung eines Dienst-PKW zur Privatnutzung**, weiter Zuwendungen im Rahmen einer Betriebsveranstaltung *BFH* 16.5.2013 BFHE 241, 519; 16.5.2013 BFHE 241, 525). Der Wert der Sachbezüge ist mit dem Betrag anzusetzen, den der Arbeitnehmer zur Beschaffung der

Naturalien auf dem freien Markt aufwenden müsste (*BAG* 22.9.1960 AP Nr. 27 zu § 616 BGB; *Brill* DB 1981, 2331). Maßgeblich ist somit der **Marktwert**. Dies folgt aus der fehlenden Bezugnahme in § 10 Abs. 3 KSchG auf die aufgrund § 17 SGB IV erlassene Sozialversicherungsentgeltverordnung (SvEV-Verordnung über die sozialversicherungsrechtliche Beurteilung von Zuwendungen des Arbeitgebers als Arbeitsentgelt) und damit deren §§ 2, 3 iVm § 8 Abs. 2 EStG bzw. iVm § 8 Abs. 2, 3 EStG. Steuer- und sozialversicherungsrechtliche Sätze bleiben also als nicht bindend unberücksichtigt (*Brill* DB 1981, 2331; vgl. *LKB-Linck* Rn 10; *Isenhardt* HzA Gruppe 5 Rn 455; *Neumann* Kündigungsabfindung Rn 105; *Knorr/Bichlmeier/Kremhelmer* Kap. 14 Rn 144; aA für **Schadensersatzanspruch** bei unberechtigter Entziehung zur Privatnutzung überlassener PKW *BAG* 27.5.1999 AP Nr. 12 zu § 611 BGB Sachbezüge; gegen die Verwendung von Bewertungstabellen des zivilen Schadensersatzrechts bei PKW *Meier* NZA 1999, 1083 ff.; s. für privat genutzte **Dienstwagen** die 1 %-Regel in § 6 Abs. 1 Nr. 4 EStG).

2. Normale Höchstgrenze (§ 10 Abs. 1 KSchG)

Als normale **Höchstgrenze** für die Abfindung schreibt § 10 Abs. 1 KSchG einen Betrag von **zwölf** **40** Monatsverdiensten vor (vgl. zum Begriff des Monatsverdienstes Rdn 32–39). Diese Höchstgrenze gilt für solche Arbeitnehmer, die im Auflösungszeitpunkt (§ 9 Abs. 2 KSchG) noch nicht das **fünfzigste** Lebensjahr vollendet und deren Arbeitsverhältnisse noch nicht mindestens **fünfzehn** Jahre bestanden haben. Die beiden zuletzt genannten Voraussetzungen müssen (**zum Auflösungszeitpunkt** – egal ob vor oder nach dem Zeitpunkt der **Entscheidung** also) aber **kumulativ** vorliegen (LSSW-*Spinner* Rn 6; aA *LAG RhPf* 16.12.1994 NZA 1996, 94; 31.1.1995 AuR 1995, 267: maßgebend sei das Datum der **Auflösungsentscheidung** und diesem folgend DDZ-*Callsen* Rn 8a). Dies bedeutet, dass die normale Höchstgrenze für die Abfindung auch für diejenigen Arbeitnehmer gilt, die bereits das fünfzigste Lebensjahr vollendet haben, deren Arbeitsverhältnis aber noch nicht mindestens fünfzehn Jahre bestanden hat. Umgekehrt ist die normale Höchstgrenze auch dann maßgeblich, wenn das Arbeitsverhältnis zwar länger als fünfzehn Jahre bestanden hat, der Arbeitnehmer im Auflösungszeitpunkt das fünfzigste Lebensjahr noch nicht vollendet hat. Die normale Höchstgrenze von zwölf Monatsverdiensten gilt auch für Arbeitnehmer im **Rentenalter** (vgl. Rdn 48, 49). Zu den Folgen des **Verbots der Altersdiskriminierung** s. Rdn 45.

Für die Berechnung der Dauer des Arbeitsverhältnisses ist der vom Gericht **im Urteil festzulegende Auflösungszeitpunkt** maßgeblich. Dies ist bei einer **ordentlichen** Kündigung der letzte Tag **41** der Kündigungsfrist (vgl. KR-*Spilger* § 9 KSchG Rdn 39–44) und bei einer **außerordentlichen** (fristlosen) Kündigung der Tag, zu dem sie ausgesprochen wurde (§ 13 Abs. 1 S. 4 KSchG). Die unmittelbar vor der Begründung des Arbeitsverhältnisses zurückgelegten Zeiten der beruflichen **Ausbildung** sind mit zu berücksichtigen (vgl. *BAG* 26.8.1976 DB 1977, 544). Dies gilt ebenso für **Praktikanten-** und **Volontärverhältnisse**, sofern sich an diese Zeiträume unmittelbar ein Arbeitsverhältnis anschließt. Zur Berechnung der Dauer des Arbeitsverhältnisses gelten im Übrigen die zur Bestimmung der sechsmonatigen Wartefrist nach § 1 Abs. 1 KSchG aufgestellten Grundsätze entsprechend (*LKB-Linck* Rn 13; LSSW-*Spinner* Rn 7; vgl. hierzu KR-*Rachor* § 1 KSchG Rdn 106 ff.). Soweit im Schrifttum (*Bader/Bram-Bader* Anm. 1 [frühere Lieferungen]) die Auffassung vertreten wurde, dass sich die Berechnung der Dauer des Arbeitsverhältnisses allein nach der Zugehörigkeit des Arbeitnehmers zum jeweiligen Beschäftigungsbetrieb richtet, war dies abzulehnen. Die Bestimmung des § 10 KSchG enthält keine Differenzierung zwischen Unternehmens- und Betriebszugehörigkeit, sondern stellt allein auf den **Bestand des Arbeitsverhältnisses** ab. Da auch bei einem sich innerhalb eines Unternehmens vollziehenden Wechsel der Betriebszugehörigkeit keine Unterbrechung des Arbeitsverhältnisses eintritt, ist die Dauer des Arbeitsverhältnisses – ebenso wie bei § 1 Abs. 1 KSchG – nach der Länge der **Unternehmenszugehörigkeit** zu bestimmen. In den Fällen der Betriebsnachfolge nach § 613a BGB tritt ebenfalls keine Unterbrechung des Arbeitsverhältnisses ein, Möglich sind auch individual- oder kollektivvertragliche Abmachungen, nach denen die Betriebszugehörigkeit unter bestimmten Bedingungen als nicht unterbrochen gilt (LSSW-*Spinner* Rn 8).

42 Bei Vorliegen gesetzlicher (zB § 10 Abs. 2 MuSchG aF [gültig bis 31.12.2017]) oder vertraglicher Anrechnungsregelungen (s. Rdn 41) werden auch frühere Beschäftigungszeiten auf die Dauer des Arbeitsverhältnisses angerechnet (vgl. LSSW-*Spinner* Rn 8). Bei Fehlen derartiger Anrechnungsregelungen sind die Zeiten eines früheren Arbeitsverhältnisses mit demselben Arbeitgeber dann anzurechnen, wenn das neue Arbeitsverhältnis in einem engen sachlichen Zusammenhang mit dem früheren Arbeitsverhältnis steht (*BAG* 6.12.1976 EzA § 1 KSchG Nr. 36). Für die Frage der Anrechnung ist die Dauer der Unterbrechung zwar ein wichtiger, nicht aber der allein ausschlaggebende Umstand. Von Bedeutung ist weiter, von welcher Partei und aus welchem Anlass das erste Arbeitsverhältnis beendet worden ist, und ob die weitere Beschäftigung des Arbeitnehmers seiner früheren Stellung entspricht (vgl. *BAG* 6.12.1976 EzA § 1 KSchG Nr. 36).

43 Ob das Gericht im Einzelfall, sofern nicht die Voraussetzungen des § 10 Abs. 2 KSchG für eine Durchbrechung der normalen Höchstgrenzen vorliegen, den Höchstbetrag von zwölf Monatsverdiensten oder einen geringeren Betrag als Abfindung festsetzt, ist eine Frage des **Ermessens**. Bei der Ausübung des Ermessens ist das Gericht an den in § 9 Abs. 1 S. 1 KSchG festgelegten Grundsatz der Angemessenheit (vgl. Rdn 29–31) gebunden. Dies gilt insbesondere hinsichtlich der Frage, welchen Stellenwert es den einzelnen Bemessungsfaktoren (vgl. Rdn 50, 51) einräumt.

3. Durchbrechung der normalen Höchstgrenze (§ 10 Abs. 2 S. 1 KSchG)

44 Einen **höheren** Betrag als zwölf Monatsverdienste kann das Gericht dann als Abfindung festsetzen, wenn die in § 10 Abs. 2 KSchG geregelten Voraussetzungen für eine Durchbrechung der normalen Höchstgrenze vorliegen. Von der in § 10 Abs. 2 S. 2 KSchG enthaltenen Sonderregelung für Arbeitnehmer im Rentenalter abgesehen (vgl. hierzu Rdn 48, 49), sieht das Gesetz für ältere Arbeitnehmer mit einer längeren Dauer des Arbeitsverhältnisses die Möglichkeit von höheren Abfindungen vor. Die Staffelung der Höchstbeträge erfolgt dabei unter kumulativer Anknüpfung an das Lebensalter und die Dauer des Arbeitsverhältnisses.

45 Die dem Gericht nach § 10 Abs. 2 KSchG gegebene Möglichkeit, eine über den normalen Höchstbetrag von zwölf Monatsverdiensten hinausgehende höhere Abfindung festzusetzen, trägt dem Umstand Rechnung, dass ältere Arbeitnehmer idR schwerer wieder in den Arbeitsprozess einzugliedern sind (vgl. hierzu BT-Drucks. V/3913 zu Art. 1, Nr. 7, S. 9). Nach den Vorstellungen des Gesetzgebers soll die höhere Abfindung dazu beitragen, dass diese Arbeitnehmer die häufig längere Zeit bis zur Begründung eines neuen Arbeitsverhältnisses – ggf. nach Inanspruchnahme von Fortbildungsmaßnahmen – besser überbrücken können. Diese Regelung ist auch mit Blick auf das **europarechtliche Verbot der Altersdiskriminierung** (zu § 14 Abs. 3 S. 4 TzBfG s. *EuGH* 22.11.2005 EzA § 14 TzBfG Nr. 21; *BAG* 26.4.2006 EzA § 14 TzBfG Nr. 28) weiter anzuwenden (ebenso *Bader/Bram-Bader* Rn 4; unter Bezug auf § 10 S. 3 Nr. 6 AGG – Differenzierungen von Leistungen in Sozialplänen als zulässige unterschiedliche Behandlung wegen Alters – **ebenso** ErfK-*Kiel* Rn 5; *LKB-Linck* Rn 14; *BAG* 26.5.2009 EzA § 112 BetrVG 2001 Nr. 31 sowie 23.3.2010 EzA § 112 BetrVG 2011 Nr. 35 und 23.4.2013 EzA § 112 BetrVG 2001 Nr. 51 in Bezug auf § 10 S. 3 Nr. 6 und S. 2 AGG für Sozialplanleistungen, *BAG* 25.2.2010 EzA § 10 AGG Nr. 3 für Aufhebungsverträge). Denn hierbei handelt es sich entweder um eine **positive Maßnahme** iSd Art. 7 Abs. 1 RL 2000/78/EG oder eine durch Art. 6 Abs. 1 S. 2a) der Richtlinie zugelassene **besondere Entlassungsbedingung** (*Thüsing* NZA 2001, 1061, 1064; *Schmidt/Senne* RdA 2002, 80, 83 f.; *Wiedemann/Thüsing* NZA 2002, 1234, 1241; *Linsenmaier* RdA 2003, 22, 32; *Reichold/Hahn/Heinrich* NZA 2005, 1270, 1275; **zweifelnd** für **Sozialplanleistungen** *Annuß* BB 2006, 325, 326 f.; **zweifelnd** auch für § 10 Abs. 2 KSchG *Schmidt* ZESAR 2011, 164, 168 f.; generell **abl.** *Grünberger* EuZA 2011, 171 ff. unter Bezugnahme auf *EuGH* 12.10.2010 EzA Richtlinie 2000/78 EG-Vertrag 1999 Nr. 17 [*Andersen*]), jedenfalls also um das Verfolgen eines **legitimen Zwecks** (*EuGH* 22.11.2005 EzA § 14 TzBfG Nr. 21), der auch mit differenzierenden Abfindungen verfolgt werden kann (vgl. *BAG* 18.9.2007 AP Nr. 29 zu § 307 BGB). Das ergibt sich letztlich auch aus der **Koppelung mit der Dauer des Arbeitsverhältnisses** (für sich keine mittelbare Diskriminierung, obzwar der Arbeitnehmer mit fortschreitendem Arbeitsverhältnis auch älter wird, vgl. *EuGH* 3.10.2006

EzA Art. 141 EG-Vertrag 1999 Nr. 20), was die Differenzierung nach dem Alter relativiert. Damit stellt sich hier nicht die Frage nach der Berücksichtigungsfähigkeit der genannten Entscheidung des EuGH über dessen Vorabentscheidungsverfahren hinaus, ebenso wenig wie die, ob der Gerichtshof kompetenzwidrig (die Begründung **stimmt?** s. *Krebbler* CLL & P) gehandelt hat (s. die **krit. Anm.** des – anderen – Generalanwaltes in den Schlussanträgen zu dem Vorabentscheidungsersuchen *Juzgado de la Social* Nr. 33 Madrid 7.1.2005 [vom 16.3.2006 Rs C-13/05, Teilziff. 46 ff., 54 f., 56]) und ob nationale staatliche Rechtsanwender – die Gerichte jenseits Art. 100 GG – verbindlich dazu aufgefordert werden können, nationale Gesetze zu negieren. Dogmatisch erklärbar wäre das bestenfalls wie in *BVerfG 14.*10.2004 (BVerfGE 111, 307) über Art. 59 Abs. 2 iVm Art. 19 Abs. 4 und Art. 20 Abs. 3 GG oder **jetzt** durch *BAG* 26.4.2006 (EzA § 14 TzBfG Nr. 28; nachgehend die billigende Entscheidung *BVerfG 6.*7.2010 EzA § 14 TzBfG Nr. 66) sowie *BAG* 9.9.2010 (EzASD 2011, Nr. 5, S. 3) betr. die Unanwendbarkeit der mit Unionsrecht unvereinbaren Regelung des § 622 Abs. 2 Satz 2 BGB aF. An dem **AGG** messen lassen muss sich die durch eben jenes Gesetz **unverändert** gebliebene Regelung in § 10 KSchG wegen § 2 Abs. 4 AGG nicht (auch wenn die Diskriminierungsverbote jenes Gesetzes nach *BAG* vom 6.11.2008 [EzA § 1 KSchG Soziale Auswahl Nr. 82] »Anwendung« finden sollen). Die angeblich europarechtswidrige (*Bayreuther* DB 2006, 1842 f.) Bereichsausnahme wirkt sich auf die eben europarechtskonforme Regelung in § 10 KSchG nicht aus. Dahinstehen kann daher, ob § 10 KSchG – vermittelt ggf. über das AGG – überhaupt einen gemeinschaftsrechtlichen Bezug i.S. *EuGH* 23.9.2008 (Rs C-427/06 – juris) hat (dazu Schlussanträge Sharpston 22.5.2008 – Rs C 427/06 – juris, Ziff. 69). **Die gesteigerten Höchstgrenzen** gelten auch dann, wenn der Arbeitnehmer die **Regelaltersgrenze** (dazu Rdn 48, 49) noch **nicht** erreicht hat, aber die Voraussetzungen für einen vorzeitigen Rentenbezug gem. §§ 36, 37, 40 SGB VI erfüllt sind (HaKo-KSchR/*Gieseler* Rn 12).

Eine Höchstgrenze von **fünfzehn** Monatsverdiensten besteht in den Fällen, in denen der Arbeitnehmer zum Zeitpunkt der Auflösung des Arbeitsverhältnisses (§ 9 Abs. 2 KSchG) das **fünfzigste** Lebensjahr vollendet und das Arbeitsverhältnis zu diesem Zeitpunkt mindestens **fünfzehn** Jahre bestanden hat (§ 10 Abs. 1 S. 1 KSchG). Auch die Ausschöpfung dieser Höchstgrenze (die nicht für Arbeitnehmer im **Rentenalter** gilt, vgl. Rdn 48, 49) steht im pflichtgemäßen **Ermessen** des Tatsachengerichts. Trotz Vorliegens der für diese Höchstgrenze erforderlichen gesetzlichen Voraussetzungen kann das Gericht unter Beachtung des Grundsatzes der Angemessenheit einen niedrigeren Abfindungsbetrag als fünfzehn Monatsverdienste festsetzen. Dies hat es anhand einer Gesamtbewertung aller maßgeblichen Bemessungsfaktoren (vgl. Rdn 50, 51) vorzunehmen: Eine Unterschreitung der normalen Höchstgrenze von zwölf Monatsverdiensten ist in diesen Fällen jedoch nur ausnahmsweise, und zwar bei Vorliegen besonderer Umstände (zB besonders schwierige wirtschaftliche Lage des Arbeitgebers), möglich. Dies folgt aus der gesetzlichen Staffelung der Höchstgrenzen, denen eine **legislative Richtlinienfunktion** zukommt (vgl. *Neumann* Kündigungsabfindung Rn 98). Das dem Gericht bei der Bemessung der Abfindungshöhe zustehende **Ermessen** wird durch die in dieser Staffelung liegende gesetzliche Wertung beschränkt. 46

Die absolute Höchstgrenze der Abfindung beträgt **achtzehn** Monatsverdienste (vgl. zum Begriff des Monatsverdienstes Rdn 32–39). Dieser Höchstrahmen besteht für solche Arbeitnehmer, die zum Zeitpunkt der Auflösung des Arbeitsverhältnisses (§ 9 Abs. 2 KSchG) das **fünfundfünfzigste** Lebensjahr vollendet und deren Arbeitsverhältnisse zu diesem Zeitpunkt mindestens **zwanzig** Jahre bestanden haben (§ 10 Abs. 2 S. 1 KSchG). Dieser Höchstrahmen gilt allerdings nicht für Arbeitnehmer im **Rentenalter** (vgl. Rdn 48, 49). Hinsichtlich der Ausschöpfung dieser absoluten Höchstgrenze sowie wegen des Unterschreitens der mittleren Höchstgrenze von fünfzehn Monatsverdiensten oder gar der normalen Höchstgrenze von zwölf Monatsverdiensten gelten die Ausführungen in Rdn 43 entsprechend. 47

4. Sonderregelung für Arbeitnehmer im Rentenalter (§ 10 Abs. 2 S. 2 KSchG)

Für Arbeitnehmer im **Rentenalter** besteht eine Sonderregelung (§ 10 Abs. 2 S. 2 KSchG). Danach gilt die in § 10 Abs. 2 S. 1 KSchG vorgesehene Heraufsetzung der normalen Höchstgrenze auf 48 fünfzehn bzw. achtzehn Monatsverdienste nicht, wenn der Arbeitnehmer im Zeitpunkt der Auflösung des Arbeitsverhältnisses (§ 9 Abs. 2 KSchG) das in der Vorschrift des Sechsten Buches Sozialgesetzbuch (SGB VI) über die Regelaltersgrenze (vgl. Art. 31 RRG v. 18.12.1989 BGBl. I S. 2261, 2380) bezeichnete Lebensalter erreicht hat. Da gem. § 35 S. 2 SGB VI die Regelaltersgrenze beim vollendeten **67.** Lebensjahr liegt, ist durch die Neufassung des Abs. 2 S. 2 (vgl. Rdn 4) keine inhaltliche Änderung des bislang geltenden Rechts erfolgt. Maßgeblich für das Eingreifen der Sonderregelung des § 10 Abs. 2 S. 2 KSchG ist somit allein der Umstand, ob der Arbeitnehmer im Auflösungszeitpunkt bereits das 67. Lebensjahr vollendet hat. Dies gilt allerdings erst ab dem Geburtsjahr 1964; im Übrigen steigt die Regelaltersgrenze abhängig vom Geburtsjahr – beginnend mit dem Geburtsjahr 1947 – stufenweise (§ 235 Abs. 2 S. 2 SGB VI). Für das Geburtsjahr 1946 oder früher gilt weiter die bisherige Regelaltersgrenze von 65 Jahren fort (§ 235 Abs. 2 S. 1 SGB VI). Die für die sonstigen Renten wegen Alters (für langjährig Versicherte, für schwerbehinderte Menschen, für besonders langjährig Versicherte, für langjährig unter Tage beschäftigte Bergleute, wegen Arbeitslosigkeit oder nach Altersteilzeitarbeit oder für Frauen – § 33 Abs. 2 SGB VI) geltenden Altersgrenzen führen daher nicht zu einer Begrenzung der Abfindung auf den normalen Höchstbetrag von zwölf Monatsverdiensten. Im **Gebiet der früheren DDR** galt § 10 Abs. 2 S. 2 gem. Kapitel VIII Sachgebiet A Abschnitt III Nr. 6a der Anlage I zum Einigungsvertrag vom 31.8.1990 (BGBl. II S. 889, 1021) ab dem 3.10.1990 mit der Maßgabe, dass bis zur Geltung des gesamten SGB VI (dies ist seit 1.1.1992 der Fall) als maßgebendes Lebensalter das vollendete 65. Lebensjahr (die seinerzeitige Regelaltersgrenze) gilt.

49 Nach dem insoweit eindeutigen Gesetzeswortlaut des § 10 Abs. 2 S. 2 KSchG ist für das Eingreifen der Sonderregelung allein das im Rentenrecht festgelegte Lebensalter maßgeblich. Ob dem Arbeitnehmer aufgrund Rentenrechts im Auflösungszeitpunkt ein Anspruch auf Rente wegen Alters **zusteht, ist daher unbeachtlich**. Die normale Höchstgrenze von zwölf Monatsverdiensten gilt daher auch in solchen Fällen, in denen der Arbeitnehmer im Auflösungszeitpunkt das im Rentenrecht festgelegte Lebensalter vollendet, aber wegen Nichterreichens der Wartezeit von fünf Jahren (vgl. § 50 Abs. 1 SGB VI) noch keinen Anspruch auf Altersruhegeld hat. Sozialpolitisch ist diese Regelung bedenklich (so auch DDZ-*Callsen* Rn 21). In rechtspolitischer Hinsicht ist die Anknüpfung an das Bestehen eines Anspruchs auf Altersruhegeld zu erwägen. Demgegenüber weist *Spinner* (LSSW Rn 9) darauf hin, dass die allgemeine Wartezeit für die Regelaltersgrenze nach § 50 Abs. 1 Nr. 1 SGB VI lediglich fünf Jahre beträgt; bei Arbeitsverhältnissen, die höchstens fünf Jahre bestanden haben, sei eine Überschreitung der Höchstgrenze von zwölf Monatsverdiensten aber nie angebracht. Das europarechtliche **Verbot der Altersdiskriminierung** bereitet bei Regelungen, die Differenzierungen für die Zeit nach dem **58.** Lebensjahr (wie hier) vornehmen oder die Abfindung in Abhängigkeit von der Nähe zum Regelaltersrentenalter gar verringern, keine Probleme (*EuGH* 15.4.2021 – C-511/19 – juris; vgl. *EuGH* 22.11.2005 EzA § 14 TzBfG Nr. 21; *LKB-Linck* Rn 14; *EuGH* 12.10.2010 EzA Richtlinie 2000/78 EG-Vertrag Nr. 17; *EuGH* 26.2.2015 NZA 2015, 473; *Giesen* EuZA 2011, 383, 388). Höchstbegrenzungen von Abfindungen älterer Arbeitnehmer sind auch in Sozialplänen daher zulässig (*BAG* 2.10.2007 EzA § 75 BetrVG 2001 Nr. 6; 26.3.2013 EzA § 112 BetrVG 2001 Nr. 49; der EuGH [EzA § 112 BetrVG 2001 Nr. 47] billigt dies), insbes. wenn Anspruch auf vorgezogene Altersrente besteht (*BAG* 11.11.2008 EzA-SD 2008, Nr. 12, 29). Zur Auswirkung des **AGG** s. Rdn 45.

IV. Bemessungsfaktoren

1. Grundsätzliches

50 Der Gesetzgeber hat darauf verzichtet, im Einzelnen festzulegen, welche Umstände für die Festlegung des Abfindungsbetrages maßgeblich sein sollen. Während § 8 Abs. 2 KSchG aF neben der Betriebszugehörigkeit des Arbeitnehmers auch auf die wirtschaftliche Lage der Arbeitsvertragsparteien abstellte (vgl. Rdn 3), knüpft das Gesetz nunmehr bei der Bestimmung der Höchstgrenzen an das **Lebensalter** des Arbeitnehmers sowie an die **Dauer des Arbeitsverhältnisses** an (§ 10 Abs. 2 S. 1 KSchG). Obgleich diese beiden Umstände lediglich als Gründe für eine Durchbrechung der

normalen Höchstgrenze der Abfindung konzipiert sind, handelt es sich bei dem Lebensalter des Arbeitnehmers und der Dauer des Arbeitsverhältnisses idR um die beiden **wichtigsten** Bemessungsfaktoren. Eine derartige gesetzliche Wertung lässt sich sowohl aus der Systematik des Gesetzes, insbesondere aus der Straffung der Höchstgrenzen, sowie aus Sinn und Zweck der gesetzlichen Regelung herleiten. Mit zunehmender Dauer des Arbeitsverhältnisses verfestigt sich der soziale Besitzstand des Arbeitnehmers. Dies zeigt sich insbesondere darin, dass zahlreiche arbeitsrechtliche Gesetze (zB § 1 BetrAVG) sowie kollektiv- und einzelvertragliche Regelungen bei der Ausgestaltung der Arbeitsbedingungen an die Dauer der Betriebs- oder Unternehmenszugehörigkeit anknüpfen. Da die Vermittlungsfähigkeit eines Arbeitnehmers idR auch von seinem Lebensalter abhängt, ist es gerechtfertigt, in diesem Umstand ebenfalls einen bedeutsamen Bemessungsfaktor für die Abfindung zu sehen. Wegen des Verbots der **Altersdiskriminierung** (s. Rdn 45) nimmt *Linck* (in: *LKB* Rn 14) an, dass das Alter regelmäßig bis etwa zum 40. Lebensjahr des Arbeitnehmers die Abfindungshöhe nicht nachhaltig beeinflussen kann, weil sich bis dahin Altersunterschiede auf die Arbeitsmarktchancen kaum auswirkten.

Bei der Festlegung der Abfindung ist das Gericht aber nicht dazu verpflichtet, ausschließlich auf bestimmte Bemessungsfaktoren (zB auf das Lebensalter des Arbeitnehmers, die Dauer des Arbeitsverhältnisses) abzustellen. Im Gegensatz zu dem früheren Recht (vgl. § 8 Abs. 2 KSchG aF) sieht die heutige Fassung des § 10 KSchG nicht mehr vor, dass bestimmte Umstände besonders zu berücksichtigen sind. Damit soll dem Tatsachengericht ein erweiterter **Ermessensspielraum** gegeben werden, welche Umstände es im Einzelfall für bedeutsam erachtet. Dies gilt ebenso für die Frage, welcher Stellenwert dem einzelnen Bemessungsfaktor jeweils zukommt (vgl. *BAG* 26.8.1976 EzA § 626 BGB nF Nr. 49). Um zu ermitteln, welcher Abfindungsbetrag im Einzelfall angemessen ist, hat es eine **Gesamtwertung** aller maßgeblichen **Bemessungsfaktoren** (Zusammenstellung auch bei *Duvigneau* Diss., S. 201 f., der iE allerdings [S. 206] **personen- und marktbezogene** Umstände nicht berücksichtigt sehen möchte) vorzunehmen. Die in der Praxis üblichen Regelsätze (vgl. Rdn 31) sind dabei nur ein erster Anhaltspunkt für die nach den jeweiligen Umständen des Einzelfalls zu ermittelnde Höhe der Abfindung. Maßgeblicher **Zeitpunkt** für die vom Gericht vorzunehmende Gesamtwertung ist die letzte mündliche Verhandlung in der Tatsacheninstanz (*BAG* 8.1.1962 AP Nr. 20 zu § 66 BetrVG 1952; LSSW-*Spinner* Rn 22). Das **Arbeitsentgelt** ist dabei allerdings in der vom Arbeitnehmer zum Zeitpunkt des Ablaufs der Kündigungsfrist erzielten **Höhe** in Ansatz zu bringen. **Strittige** Bemessungsfaktoren hat die durch sie begünstigte Partei zu **beweisen**. 51

2. Dauer des Arbeitsverhältnisses

Die Dauer des Arbeitsverhältnisses sowie das Lebensalter des Arbeitnehmers haben insofern eine Doppelfunktion, als sie einerseits maßgeblich für das Eingreifen der jeweiligen Höchstgrenzen sind (vgl. Rdn 32–49), andererseits vom Gericht als Bemessungsfaktoren der Abfindung berücksichtigt werden können. Unter Beachtung der Ausgleichsfunktion (vgl. Rdn 12) kommt dabei der **Dauer** des Arbeitsverhältnisses idR die wichtigste Bedeutung bei der Bemessung der Abfindung zu (ebenso LSW-*Spinner* Rn 12), ohne dass insoweit allerdings eine feste Regel besteht (LSSW-*Spinner* Rn 12; *LAG Köln* 15.9.1994 BB 1995, 523). Diese grds. Wertung war bereits in § 8 Abs. 2 KSchG aF zum Ausdruck gekommen. Durch die Neufassung des § 10 KSchG (früher § 8) aufgrund des Ersten Arbeitsrechtsbereinigungsgesetzes vom 14.8.1969 (BGBl. I S. 1106) hat sich an dieser Rechtslage nichts geändert. I. R. d. Interessenabwägung bei einer Kündigung ist anerkannt, dass die Berücksichtigung der Dauer des Arbeitsverhältnisses nicht gegen das Gebot einer unionsrechtskonformen Auslegung des nationalen Rechts (mittelbare Diskriminierung wegen des Alters) verstößt (*BAG* 7.7.2011 EzA § 626 BGB 2002 Nr. 38). Für § 10 KSchG gilt nichts anderes (s.a. Rdn 45, 55). 52

Die **Berechnung** der Dauer des Arbeitsverhältnisses erfolgt nach den für die Bestimmung der sechsmonatigen Wartefrist des § 1 Abs. 1 KSchG maßgeblichen Grundsätzen (*LKB-Linck* Rn 13; LSSW-*Spinner* Rn 8; vgl. hierzu Rdn 41, 42, sowie KR-*Rachor* § 1 KSchG Rdn 106 ff.). Dies gilt ebenso für die Frage der Anrechnung von früheren Beschäftigungszeiten. **Anrechenbare** Beschäftigungszeiten sind unabhängig davon zu berücksichtigen, **wo** sie zurückgelegt worden sind (**neue** 53 oder **alte Bundesländer** oder **Ausland** etwa); insoweit ist eine »Herkunftsbenachteiligung« nicht statthaft (Art. 3 Abs. 3 GG). Die **allein für § 1a KSchG** geltende Rundungsregelung in dessen Abs. 2 S. 3 ist iRd § 10 KSchG **nicht** anwendbar.

54 Aufgrund des (auch) Abgeltungscharakters der Abfindung kann bei ihrer Bemessung auch in Rechnung gestellt werden, dass das Arbeitsverhältnis **aufgrund eines anderen Beendigungstatbestandes** ohnehin kurz nach dem Auflösungszeitpunkt geendet hätte (s.a. Rdn 55). Ggf. ist die Wirksamkeit dieses Tatbestandes zu prüfen.

3. Lebensalter des Arbeitnehmers

55 Das **Lebensalter** des Arbeitnehmers hat nach der gesetzlichen Ausgestaltung des § 10 Abs. 2 KSchG eine ambivalente Funktion. Es stellt einerseits einen Umstand dar, der – gemeinsam mit dem Merkmal der Dauer des Arbeitsverhältnisses – dazu geeignet ist, eine über den normalen Höchstbetrag von 12 Monatsverdiensten hinausgehende Abfindung festzusetzen (§ 10 Abs. 2 S. 1 KSchG). Andererseits ist es für den Gesetzgeber ein Merkmal, den erweiterten Abfindungsrahmen auf die normale Höchstgrenze zu beschränken (§ 10 Abs. 2 S. 2 KSchG). Aus dieser gesetzlichen Wertung folgt, dass das Lebensalter in bestimmten Fällen zu einer Erhöhung, in anderen Fällen zu einer Minderung der Abfindung führen kann. Wenn der Auflösungszeitpunkt des Arbeitsverhältnisses zB wenige Monate vor der Vollendung des 67. Lebensjahres liegt, so führt dieser Umstand idR zur Festsetzung einer geringeren Abfindung (ebenso LSSW-*Spinner* Rn 13; DDZ-*Callsen* Rn 8; vgl. zur Berücksichtigungsfähigkeit der Regelaltersrentenberechtigung iRd nach § 1 Abs. 3 S. 1 KSchG zu treffenden Auswahlentscheidung BAG 27.4.2017 EzA § 1 KschG Soziale Auswahl Nr. 89; möglicherweise ist dies durch europäisches Antidiskriminierungsrecht sogar **geboten**, vgl. *Bauer* NJW 2001, 2672, 2673; *Fischer* DB 2002, 1994 ff.). Ist der Arbeitnehmer dagegen in einem Lebensalter, in dem er nur schwer wieder in den Arbeitsprozess einzugliedern ist, so führt dies im Allgemeinen zu einer Steigerung des Abfindungsbetrages. Als derartige Altersstufen sieht das Gesetz das fünfzigste und fünfundfünfzigste Lebensjahr an (vgl. Rdn 44–47). Zu den sich aus dem **Verbot der Altersdiskriminierung** ergebenden Folgen s. Rdn 45.

4. Höhe des Arbeitsentgelts

56 Die **Höhe des Arbeitsentgelts** ist ein wichtiges Bemessungskriterium bei der Festlegung der Abfindung. Dies folgt aus der gesetzlichen Anknüpfung an den Begriff des Monatsverdienstes (vgl. hierzu iE Rdn 32–39). Der für den einzelnen Arbeitnehmer maßgebliche Monatsverdienst ist Berechnungsgrundlage der Abfindung. Bei der Ermittlung des maßgeblichen Monatsverdienstes steht dem Gericht keinerlei Bewertungsspielraum zu. Soweit sich aus der unterschiedlichen Monatslänge sowie der unterschiedlichen Anzahl von Arbeitstagen im Auflösungsmonat ein Monatsverdienst ergibt, der weit unter dem üblichen Monatsverdienst des Arbeitnehmers liegt, kann das Gericht diesen Umstand bei der Bemessung der Abfindung angemessen berücksichtigen (ebenso *LKB-Linck* Rn 14).

57 Der dem Arbeitnehmer im Auflösungsmonat (§ 9 Abs. 2 KSchG) zustehende Monatsverdienst ist weiterhin eine Bezugsgröße bei der Bestimmung der im Einzelfall geltenden Höchstgrenze für die Abfindung (vgl. Rdn 40–47). Dem Merkmal des Monatsverdienstes kommt somit – ebenso wie dem Lebensalter des Arbeitnehmers und der Dauer des Arbeitsverhältnisses – eine Doppelfunktion zu.

5. Sonstige Sozialdaten des Arbeitnehmers

58 Neben dem Lebensalter sowie der Dauer des Arbeitsverhältnisses können auch die **übrigen Sozialdaten** des Arbeitnehmers bei der Festsetzung der Abfindung angemessen berücksichtigt werden. Hierzu zählen insbesondere der **Familienstand**, die **Anzahl der unterhaltspflichtigen Personen**, der **Gesundheitszustand** sowie die **Vermittlungsfähigkeit** auf dem Arbeitsmarkt (vgl. *LKB_Linck* Rn 18; *Maus* Rn 7; SPV-*Vossen* Rn 2157; abl. *Pauly* AuA 1997, 146, der allein **arbeitsplatzbezogene**

Merkmale berücksichtigt wissen will). Der *EuGH* (14.9.1999 EuGHE I 1999, 5295) hat keine Bedenken gegen verringerte Abfindungen für Mütter, die wegen fehlender Kinderbetreuungseinrichtungen ausscheiden (!). Welchen Stellenwert das Gericht den einzelnen Sozialdaten einräumt, liegt in seinem pflichtgemäßen **Ermessen**. Maßgeblicher Zeitpunkt für die Beurteilung der persönlichen Verhältnisse des Arbeitnehmers ist die letzte mündliche Verhandlung in der Tatsacheninstanz (vgl. Rdn 51).

6. Wirtschaftliche Lage des Arbeitnehmers

Die **wirtschaftliche Lage** des **Arbeitnehmers** ist nach den Vorstellungen des Gesetzgebers grds. **kein** geeignetes Bemessungskriterium für die Höhe der Abfindung (vgl. BT-Drucks.V/3913, S. 9), da ansonsten der sparsame Arbeitnehmer benachteiligt würde. Diese gesetzliche Bewertung ist in der durch das Erste Arbeitsrechtsbereinigungsgesetz vom 14.8.1969 (BGBl. I S. 1106) erfolgten Neufassung des § 10 KSchG nur insofern zum Ausdruck gekommen, als die seitherige Regelung des § 8 Abs. 2 KSchG aF nicht in den neuen Gesetzestext des § 10 KSchG übernommen worden ist. Unter Beachtung der gesetzgeberischen Zielsetzung, den sparsamen Arbeitnehmer bei der Bemessung der Abfindung nicht zu benachteiligen (vgl. auch *LKB-Linck* Rn 15; *Brill* DB 1981, 2326, 2328; *Isenhardt* HzA Gruppe 5 Rn 456; *DDZ-Callsen* Rn 12; *LSSW-Spinner* Rn 16), stellt es grds. einen **Ermessensfehler** dar, wenn das Gericht die Vermögensverhältnisse des Arbeitnehmers als einen die Abfindung mindernden Umstand berücksichtigt. Deshalb darf auch die vereinbarungsgemäße Freistellung bis zum Ablauf der Kündigungsfrist unter Fortzahlung der Vergütung nicht abfindungsmindernd berücksichtigt werden (aA *Gerauer* BB 1993, 1945; für »Abfindungsneutralität« wie hier *Mayerhofer* BB 1993, 2382). Irrelevant ist auch, ob und in welcher Höhe Unterhaltsansprüche gegen Dritte bestehen oder der Arbeitnehmer in einer »Doppelverdiener«-Ehe oder -Partnerschaft lebt. Dagegen ist das Gericht nicht daran gehindert, einen etwaigen Verdienstausfall des Arbeitnehmers bei der Festsetzung der Abfindung angemessen zu berücksichtigen (vgl. *BAG* 15.2.1973 EzA § 9 KSchG nF Nr. 1). Dieser kann sich insbesondere aus in Folge der Auflösung **entgehenden Nachzahlungsansprüchen (§ 615 BGB)** ergeben, was bei begründungsfrei möglicher Auflösung bei **Angestellten in leitender Stellung** (§ 14 KSchG) besonders erwägenswert erscheint, da der Arbeitgeber kein Nachzahlungsrisiko trägt (aA *Sächs. LAG* 21.4.1999 – 10 Sa 850/98, nv), oder der auflösungsbedingte Verlust partiell erdienter Entgeltbestandteile (etwa aus Zielvereinbarung, vgl. *Behrens/Rinsdorf* NZA 2006, 830, 833). Berücksichtigungsfähig sind auch kündigungsbedingte wirtschaftliche Notsituationen des Arbeitnehmers (Begr. zum RegE 1951, RdA 1951, 64 zu § 8).

7. Lage auf dem Arbeitsmarkt

Die **Lage auf dem Arbeitsmarkt** kann insofern angemessen berücksichtigt werden, als hiervon Einflüsse auf die Vermittlungsfähigkeit des Arbeitnehmers ausgehen (vgl. *LSSW-Spinner* Rn 15; ErfK-*Kiel* Rn 5; abl. APS-*Biebl* Rn 25, der den Arbeitgeber nicht für die allgemeine wirtschaftliche Lage und ggf. arbeitsmarktpolitische Defizite des Staates verantwortlich gemacht sehen möchte). Angesichts der Vielzahl der arbeitsmarktpolitischen Faktoren, die ihre Ursache teils in allgemeinwirtschaftlichen, strukturellen oder regionalen Gründen haben können, ist es dem Gericht idR aber kaum möglich, im Zeitpunkt der letzten mündlichen Verhandlung eine zuverlässige Prognose über die voraussichtliche Dauer der Arbeitslosigkeit abzugeben. Da für die Vermittlungsfähigkeit eines Arbeitnehmers außerdem zahlreiche persönliche Umstände (zB Leistungsfähigkeit, berufliche Qualifikation, Grad der Mobilität) eine Rolle spielen, die vom Gericht schwer abzuschätzen sind (ähnlich APS-*Biebl* Rn 25), stellt es grds. keinen Ermessensfehler dar, wenn das Gericht der Lage auf dem Arbeitsmarkt keine maßgebliche Bedeutung bei der Bemessung der Abfindung einräumt. Steht die Dauer der **Arbeitslosigkeit** zum Zeitpunkt der letzten mündlichen Verhandlung in der Tatsacheninstanz fest, so kann das Gericht dies bei der Festsetzung der Abfindung angemessen berücksichtigen (*BAG* 25.11.1982 EzA § 9 KSchG nF Nr. 15). Die Lage auf dem Arbeitsmarkt sowie die Dauer der Arbeitslosigkeit können sich dabei sowohl zugunsten als auch zum Nachteil des Arbeitnehmers auswirken. Die Arbeitsmarktlage stellt bei der Festlegung einer Sozialplanabfindung durch die Einigungsstelle ein bedeutsames Kriterium für die Ermessensausübung dar (vgl. § 112 Abs. 5 Nr. 2 BetrVG).

8. Begründung eines neuen Arbeitsverhältnisses

61 Die **Begründung** eines **neuen Arbeitsverhältnisses** im unmittelbaren Anschluss an den Ablauf der Kündigungsfrist (auch zum selben Arbeitgeber bei Wiedereinstellung oder formnichtiger – § 14 Abs. 4 TzBfG – Prozessbeschäftigung) stellt einen Umstand dar, den das Gericht bei der Bemessung der Abfindung angemessen berücksichtigen kann (vgl. *BAG* 15.2.1973 EzA § 9 KSchG nF Nr. 1; LSSW-*Spinner* Rn 14; **aA** APS-*Biebl* Rn 26, der eine gute Lage auf dem Arbeitsmarkt sowie ein etwaiges besonderes Engagement des Arbeitnehmers bei der Stellensuche nicht dem Arbeitgeber zum Vorteil gereichen lassen möchte). Dabei hat es aber zu beachten, dass der Arbeitnehmer selbst bei einer unmittelbaren Anschlussbeschäftigung idR zahlreiche Nachteile erleidet, da viele Arbeitsbedingungen (zB Urlaubsgeld, Gratifikationen, Kündigungsschutz) an die Dauer des Arbeitsverhältnisses anknüpfen. Im Übrigen können mit der Begründung eines neuen Arbeitsverhältnisses für den Arbeitnehmer weitere materielle oder ideelle Beeinträchtigungen verbunden sein (zB Minderverdienst, Umzug, schlechtere Aufstiegschancen, geringere Sozialleistungen). Die Begründung eines neuen Arbeitsverhältnisses kann daher idR nur dann als Grund für eine niedrigere Festsetzung der Abfindung in Betracht kommen, wenn der Arbeitnehmer im unmittelbaren Anschluss an die Kündigung eine Dauerstellung mit besseren Arbeitsbedingungen gefunden hat (vgl. *LKB-Linck* Rn 18; *Maus* Rn 9; **für zurückhaltende Berücksichtigung dieses Bestimmungsfaktors auch** DDZ-*Callsen* Rn 13). Es stellt keinen Ermessensfehler dar, wenn das Gericht den Umstand, dass ein Arbeitnehmer alsbald nach der Kündigung einen anderen Arbeitsplatz gefunden hat, bei der Festsetzung der Abfindung nicht gesondert berücksichtigt hat (vgl. *BAG* 26.8.1976 EzA § 626 BGB nF Nr. 49). Die **Ablehnung** eines zumutbaren anderen Arbeitsplatzes wirkt sich wegen des Fehlens einer dem § 112 Abs. 5 S. 2 Nr. 2 BetrVG entsprechenden Vorschrift **nicht** auf die Abfindungshöhe aus (vgl. *BAG* 19.1.1999 EzA § 113 BetrVG 1972 Nr. 28).

9. Maß der Sozialwidrigkeit sowie Verschulden

62 Das **Maß der Sozialwidrigkeit** kann das Gericht ebenfalls angemessen bei der Festsetzung der Abfindung berücksichtigen (allg. Ansicht: vgl. etwa *LKB-Linck* Rn 17; *Schaub/Linck* § 141 VIII 2, Rn 45; vgl. LSSW-*Spinner* Rn 18; *Maus* Rn 9; *BAG* 29.3.1960 AP Nr. 7 zu § 7 KSchG 1951; 15.2.1973 EzA § 9 KSchG nF Nr. 1; 25.11.1982 EzA § 9 KSchG nF Nr. 15; 20.11.1997 RzK I 11c Nr. 13; Vorwurf der Steuerhinterziehung abfindungsmindernd), und zwar auch bei Arbeitnehmern, bei denen der Auflösungsantrag aufgrund § 14 Abs. 2 S. 2 KSchG keiner Begründung bedarf (*LAG Nbg.* 30.11.1992 – 7 Sa 309/92, nv). Bei diesem Umstand handelt es sich um ein nur schwer fassbares Kriterium, da das Gesetz eine graduelle Abstufung der Sozialwidrigkeit nicht kennt. Die Berücksichtigung dieses Umstandes ist daher nicht unbedenklich.

63 Ein **hohes Maß** an Sozialwidrigkeit ist im Allgemeinen dann anzunehmen, wenn die Kündigung auf Gründe gestützt wird, die unabhängig von den Besonderheiten des Einzelfalles nicht dazu geeignet sind, die Kündigung sozial zu rechtfertigen. In diesen Fällen ist es nicht ermessensfehlerhaft, wenn das Gericht diesen Gesichtspunkt zugunsten des Arbeitnehmers berücksichtigt. Ist die Kündigung dagegen auf einen Sachverhalt gestützt, der an sich geeignet ist, die Kündigung sozial zu **rechtfertigen**, und ergibt sich die Sozialwidrigkeit erst aus der Interessenabwägung, so ist das Maß der Sozialwidrigkeit idR **gering**. Dies gilt ebenso, wenn der Arbeitnehmer durch pflichtwidriges Verhalten den Kündigungssachverhalt herbeigeführt hat. In den zuletzt genannten Fällen kann das Gericht die Abfindung ermäßigen (vgl. *v. Hoyningen-Huene/Linck* Rn 21; *LAG Bln.* 8.8.1967 BB 1968, 207). Hat der Arbeitnehmer den Kündigungssachverhalt oder den Auflösungsgrund schuldhaft herbeigeführt, so kann dies ebenfalls angemessen berücksichtigt werden (ebenso *LAG SchlH* 22.1.1987 NZA 1987, 601; *Löwisch* Rn 17; *Neumann* Kündigungsabfindung Rn 94). Dies gilt entsprechend für den Fall einer schuldhaften **Herbeiführung** der **Auflösungsgründe**, und zwar sowohl seitens des Arbeitnehmers als auch seitens des Arbeitgebers (*BAG* 15.2.1973 EzA § 9 KSchG nF Nr. 1).

10. Verlust von verfallbaren Ruhegeldanwartschaften

Bei der Festsetzung der Abfindung ist auch der **Verlust** einer **verfallbaren Versorgungsanwartschaft** 64
angemessen zu berücksichtigen (*BAG* 12.6.2003 EzA § 628 BGB 2002 Nr. 1; vgl. LSSW-*Spinner*
Rn 17; *LKB-Linck* Rn 18; *Brill* DB 1981, 2326, 2327). Dem Gericht ist es dagegen – ebenso wie
den Betriebspartnern bei der Erstellung eines Sozialplanes – verwehrt, unverfallbare Versorgungsanwartschaften in Form von Kündigungsabfindungen abzugelten (vgl. *BAG* 7.8.1975 EzA § 112
BetrVG 1972 Nr. 5 und Rdn 17 am Ende; zur Auswirkung eines Sozialplanes auf die Höhe der
Betriebsrente vgl. *BAG* 25.2.1986 EzA § 6 BetrAVG Nr. 11). Der Verlust von Anwartschaften auf
betriebliche Altersversorgung stellt einen Umstand dar, den die Einigungsstelle bei der Festlegung
von Sozialplanabfindungen berücksichtigen soll (vgl. § 112 Abs. 5 Nr. 1 BetrVG).

11. Ideelle Nachteile des Arbeitnehmers

Die Abfindung hat auch die Funktion, die mit dem Verlust des Arbeitsplatzes verbundenen **ideellen** 65
Nachteile des Arbeitnehmers auszugleichen (vgl. *BAG* 29.2.1972 AP Nr. 9 zu § 72 BetrVG). Es
handelt sich hierbei zB um das mit einer bestimmten Position verbundene gesellschaftliche Ansehen des Arbeitnehmers sowie die mit dem Verlust des Arbeitsplatzes verbundenen psychischen
Belastungen. Insofern kommt der Abfindung – ebenso wie dem im Falle einer Persönlichkeitsrechtsverletzung zu zahlenden Schmerzensgeld – eine Genugtuungsfunktion zu (vgl. *G. Küchenhoff*
Anm. zu *BAG* AP Nr. 9 zu § 72 BetrVG). Stellt der einer sozialwidrigen Kündigung zugrundeliegenden Vorwurf zugleich eine Persönlichkeitsrechtsverletzung dar, so kann dem Arbeitnehmer uU
ein Schmerzensgeldanspruch zustehen (vgl. hierzu Rdn 83).

12. Wirtschaftliche Lage des Arbeitgebers

Die **wirtschaftliche Lage** des **Arbeitgebers** stellt ebenfalls einen Umstand dar, den das Gericht 66
bei der Bemessung der Abfindung angemessen berücksichtigen kann (*LKB-Linck* Rn 16; *Bader/
Bram-Bader* Rn 3; HK-*Hauck* Rn 26; *Brill* DB 1981, 2326, 2328; *Maus* Rn 8; *Pauly* AuA 1997,
145, 146; **aA** *Gamillscheg* FS für F. W. Bosch 1976, S. 214, 222; ErfK-*Kiel* Rn 10; LSSW-*Spinner*
Rn 19: Letztgenannte nur, falls Existenzgefährdung für Unternehmen und Gefahr für andere
Arbeitsplätze). Während § 8 Abs. 2 KSchG aF dieses Kriterium ausdrücklich erwähnte, fehlt in
§ 10 KSchG ein entsprechender Hinweis. Daraus kann aber nicht gefolgert werden, dass dem Gericht die Berücksichtigung dieses Umstandes verwehrt werden soll. Dies ergibt sich aus der gesetzgeberischen Zielsetzung, wonach dem Tatsachengericht bei der Auswahl sowie bei der Gewichtung der einzelnen Bemessungsfaktoren ein erweiterter Ermessensspielraum zuerkannt werden soll
(vgl. BT-Drucks. V/3913, S. 9). So darf eine Abfindung nicht zur **Gefährdung** des **Unternehmens**
und damit anderer Arbeitsplätze führen (LSSW-*Spinner* Rn 19, der treffend den Rechtsgedanken
des § 112 Abs. 5 Nr. 3 BetrVG heranzieht; dem folgend APS-*Biebl* Rn 29; das *BAG* 19.1.1999
EzA § 113 BetrVG 1972 Nr. 28 lehnt allerdings die Heranziehung des § 112 Abs. 5 S. 2 Nr. 2
BetrVG iRd § 10 KSchG ab). Berücksichtigungsfähig ist auch, ob der Arbeitsplatz überhaupt noch
sicher war (*BAG* 20.11.1997 RzK I 11c Nr. 13). Die aus einer **Ehescheidung** entstehenden **Belastungen** des mit der Arbeitnehmerin verheirateten Arbeitgebers will demgegenüber das *LAG Köln*
(15.9.1994 BB 1995, 523) nicht berücksichtigen.

Die **Leistungsfähigkeit** eines einzelnen **Betriebes** kann dagegen nicht als Bemessungsfaktor heran- 67
gezogen werden (vgl. *Maus* Rn 8). Wegen der meist unterschiedlichen Ertragslage der einzelnen
Betriebe ist es allein sachgerecht, an die wirtschaftliche Lage des **Gesamtunternehmens** (*LKB-Linck*
Rn 16) anzuknüpfen. Die Berücksichtigung dieses Umstandes kann sich dabei sowohl zum Vorteil
(zB bei einer besonders guten Ertragslage des Unternehmens) als auch zum Nachteil (zB bei einer
wirtschaftlichen Krisensituation des Unternehmens) des Arbeitnehmers auswirken. Mit anderen
Worten kann die Betriebsgröße »Kleinbetrieb« (so aber *BAG* 20.11.1997 RzK I 11c Nr. 13; ErfK-
Kiel Rn 10) **nicht** abfindungsmindernd berücksichtigt werden, wenn sich Betrieb und Unternehmen nicht decken. In den Fällen, in denen sich der Arbeitnehmer mit **mehreren Arbeitgebern** in
einem sog. einheitlichen Arbeitsverhältnis befindet (vgl. *BAG* 27.3.1981 EzA § 611 BGB Nr. 25;

krit. hierzu *Schwerdtner* ZIP 1982, 900), ist die wirtschaftliche Lage beider Unternehmen bei der einheitlich festzusetzenden Gesamtabfindung zu berücksichtigen. Die mehreren Arbeitgeber haften hinsichtlich der Abfindung als Gesamtschuldner. Bei der Festlegung von Sozialplanabfindungen durch eine Einigungsstelle stellt die wirtschaftliche Lage des Unternehmens einen bedeutsamen Umstand für die Ausübung des Ermessens dar (vgl. § 112 Abs. 5 Nr. 3 BetrVG).

V. Besonderheiten bei Abfindungen wegen unwirksamer außerordentlicher Kündigung

68 Infolge der in § 13 Abs. 1 S. 3 KSchG enthaltenen Bezugnahme gilt § 10 KSchG entsprechend für den Fall einer gerichtlichen Auflösung des Arbeitsverhältnisses wegen einer unwirksamen **außerordentlichen** Kündigung. Es gelten daher grds. die gleichen Bewertungsmaßstäbe wie in den Fällen einer sozialwidrigen ordentlichen Kündigung (vgl. Rdn 28–67). Da das Arbeitsverhältnis bei einer unwirksamen außerordentlichen Kündigung nach § 13 Abs. 1 S. 4 KSchG jedoch bereits zu dem Zeitpunkt aufzulösen ist, zu dem die Kündigung ausgesprochen wurde, enthält die Abfindung in aller Regel das dem Arbeitnehmer in der Kündigungsfrist entgangene Arbeitsentgelt (*BAG* 29.3.1960 BB 1960, 904; 15.2.1973 BB 1973, 984; LSSW-*Spinner* § 13 Rn 22; vgl. *Ammermüller* DB 1975, Beil. 10, S. 7; *Brill* AuR 1966, 271; *Knorr/Bichlmeier/Kremhelmer* Kap. 14 Rn 141; DDZ-*Callsen* Rn 16 und 35); das ist nicht unbillig, weil der Arbeitnehmer den Auflösungsantrag nicht stellen muss und – bei vorsorglich ordentlich erklärter Kündigung – den Abfindungszeitpunkt auf den Kündigungstermin bei ordentlicher Kündigung beantragen kann. Dieser Gesichtspunkt scheidet aber dann bei der Festlegung der Abfindung aus, wenn der Arbeitnehmer im unmittelbaren Anschluss an die außerordentliche Kündigung einen anderen gleichwertigen Arbeitsplatz gefunden hat. In dem zuletzt genannten Fall dient die Abfindung – ebenso wie bei einer sozialwidrigen ordentlichen Kündigung – ausschließlich dem Ausgleich für den Verlust des Arbeitsplatzes. Gleiches gilt, wenn das Arbeitsverhältnis aufgrund eines **anderen** Beendigungstatbestandes **ohnehin** zeitnah nach dem Auflösungszeitpunkt geendet hätte (s. Rdn 54).

69 Die Höchstgrenzen nach § 10 Abs. 1 und 2 KSchG (vgl. hierzu Rdn 32–49) sind auch dann zu beachten, wenn in die Abfindung **entgangenes Arbeitsentgelt** einbezogen wird. Dies kann im Einzelfall zu Unbilligkeiten führen, wenn die Entgeltansprüche den Höchstbetrag der Abfindung überschreiten (so zB in den Fällen einer langen Kündigungsfrist). Wegen des zwingenden Charakters der Höchstgrenzen ist dem Gericht aber die Festlegung eines höheren Betrages verwehrt. In rechtspolitischer Hinsicht ist die Einfügung einer Öffnungsklausel oder eine andere Festlegung des Beendigungszeitpunktes zu erwägen. Die verfassungsrechtlichen Bedenken von *Bleckmann/Coen* (DB 1981, 640) können dagegen nicht überzeugen (vgl. *Boewer* DB 1982, 751; **Einzelheiten** s. KR-*Spilger* § 9 KSchG Rdn 14). Wegen der Anrechnung der Abfindung auf das Arbeitslosengeld vgl. Rdn 93 ff.

VI. Verfahrensrechtliche Fragen

1. Abfindungsantrag

70 Da die Festlegung des Abfindungsbetrages durch das Gericht erfolgt, bedarf es **keines bezifferten** Abfindungsantrages (*BAG* 26.6.1986 DB 1987, 184; *LAG Hamm* 5.12.1996 LAGE § 64 ArbGG 1979 Nr. 32). Der Antrag auf Abfindung ist zweckmäßigerweise mit dem Auflösungsantrag zu verbinden. Dabei empfiehlt sich die folgende **Formulierung:** Es wird beantragt, das Arbeitsverhältnis der Parteien zum... aufzulösen und den Beklagten zur Zahlung einer angemessenen Abfindung zu verurteilen.

71 Den Parteien ist es **unbenommen**, den Abfindungsantrag zu beziffern oder einen Mindestbetrag anzugeben. Aus **Kostengründen** (vgl. KR-*Spilger* § 9 KSchG Rdn 109), ist dies jedoch nicht zu empfehlen. Das Gericht ist an einen bezifferten Abfindungsantrag **nicht gebunden**, denn § 9 Abs. 1 KSchG schließt eine Anwendung von **§ 308 Abs. 1 S. 1 ZPO** aus (*BAG* 26.6.1986 DB 1987, 184; *Neumann* Kündigungsabfindung Rn 56). Es hat auch bei einem bezifferten Abfindungsantrag nach pflichtgemäßem **Ermessen** zu prüfen, welcher Abfindungsbetrag im Einzelfall angemessen ist. Das

Gericht hat im Falle einer Auflösung des Arbeitsverhältnisses selbst dann auf eine Abfindung zu erkennen, wenn **kein** ausdrücklicher Abfindungsantrag gestellt ist (vgl. KR-*Spilger* § 9 KSchG 87). Dies folgt aus der Regelung des § 9 Abs. 1 S. 1 KSchG. Für eine Auflösung des Arbeitsverhältnisses **ohne** gleichzeitige Festsetzung einer Abfindung fehlt eine gesetzliche Ermächtigungsgrundlage. **Strittige** Tatsachen, welche die Höhe der Abfindung betreffen, hat die begünstigte Partei zu **beweisen** (zB Dauer des Arbeitsverhältnisses, Höhe des Monatsverdienstes).

Das Gericht ist auch nicht dazu befugt, eine Abfindung festzusetzen, wenn sich die Parteien in Form eines außergerichtlichen Verfahrens über die Unwirksamkeit einer vom Arbeitnehmer klageweise angegriffenen Arbeitgeberkündigung geeinigt haben. Die gerichtliche Auflösung des Arbeitsverhältnisses gegen Zahlung einer Abfindung setzt die **gerichtliche** Feststellung der Sozialwidrigkeit der ordentlichen Kündigung bzw. Unwirksamkeit der außerordentlichen Kündigung voraus. Eine derartige Feststellung kann auch durch ein Anerkennungsurteil erfolgen (*BAG* 29.1.1981 EzA § 9 KSchG nF Nr. 10). Die gerichtliche Auflösung des Arbeitsverhältnisses gegen Zahlung einer Abfindung ist auch bei einer sozialwidrigen **Änderungskündigung** jedenfalls dann möglich, wenn der Arbeitnehmer das Änderungsangebot **nicht** angenommen hat (*BAG* 29.1.1981 EzA § 9 KSchG nF Nr. 10). Die »**Rücknahme**« der Kündigung durch den Arbeitgeber führt nicht zur Unzulässigkeit eines arbeitnehmerseitigen Auflösungsantrages (*BAG* 29.1.1981 EzA § 9 KSchG nF Nr. 10; 19.8.1982 DB 1983, 663; *LAG Frankf.* 16.1.1980 BB 1981, 122; *LAG Nbg.* 5.9.1980 BayAmbl. 1981, C 13; *ArbG Wilhelmshaven* 18.4.1980 ARSt 1980, 184; LSW-*Spinner* § 9 Rn 26). Der Arbeitnehmer kann auch nach der »Rücknahme« der Kündigung durch den Arbeitgeber den Auflösungsantrag stellen, und zwar bis zum Zeitpunkt der letzten mündlichen Verhandlung in der Berufungsinstanz (§ 9 Abs. 1 S. 3 KSchG). 72

2. Urteil

Die Verurteilung zur Abfindungszahlung ist im **Tenor** des Auflösungsurteils zum Ausdruck zu bringen (vgl. zum Inhalt des Auslösungsurteils KR-*Spilger* § 9 KSchG Rdn 97–104). Aus vollstreckungsrechtlichen Gründen ist es erforderlich, dass das Gericht einen **bezifferten** Betrag als Abfindung festlegt. Die Berechnung des Betrages hat es in den Entscheidungsgründen zu **erläutern**. Für die Gewährung von **Ratenzahlungen** besteht keine gesetzliche Ermächtigungsgrundlage. Eine ratenweise Zahlung kann aber vergleichsweise vereinbart werden. Eine Verurteilung zur Zahlung von **Zinsen** ist frühestens zum Zeitpunkt der Auflösung des Arbeitsverhältnisses möglich (vgl. Rdn 21). Wegen der **Kostenentscheidung** sowie der Streitwertfestsetzung vgl. KR-*Spilger* § 9 KSchG Rdn 105–113. Zur Frage der Nachzahlungspflicht der armen Partei bei Zuerkennung einer Abfindung vgl. *LAG Hmb.* 23.6.1980 BB 1980, 1801; zur Berücksichtigung einer Abfindung bei Antrag auf **Prozesskostenhilfe** vgl. Rdn 19. Zur **Zwangsvollstreckung** eines Auflösungsurteils vgl. KR-*Spilger* § 9 KSchG Rdn 114. 73

3. Rechtsmittel

Die gegen das Auflösungsurteil zulässigen **Rechtsmittel** (Berufung – zur Statthaftigkeit nach § 64 Abs. 2 ArbGG nF s. KR-*Spilger* § 9 KSchG Rdn 113 – oder Revision) können auf die Höhe der Abfindung beschränkt werden. Eine derartige Teil-Anfechtung hat zur Folge, dass das Auflösungsurteil insoweit in **Rechtskraft** erwächst, als in ihm über die Sozialwidrigkeit der Kündigung sowie über die Auflösung des Arbeitsverhältnisses entschieden ist. Bei einer uneingeschränkten Anfechtung des Auflösungsurteils unterliegt dagegen der gesamte Urteilsinhalt der Überprüfung durch das Rechtsmittelgericht. 74

Die Berufung gegen das Auflösungsurteil richtet sich nach den allgemeinen Zulässigkeitsvoraussetzungen. Hinsichtlich der **Beschwer** ergeben sich bei **bezifferten** Abfindungsanträgen keine Besonderheiten. Bei **unbeziffertem** Abfindungsantrag ist eine Beschwer des Arbeitnehmers dann gegeben, wenn das Gericht einen Abfindungsbetrag festgesetzt hat, der unterhalb der gesetzlichen Höchstgrenze liegt. Der Arbeitgeber ist dagegen beschwert, wenn die gerichtliche Festlegung der Abfindung seines Erachtens zu hoch ist (vgl. *v. Hoyningen-Huene/Linck* Rn 28; *Maus* Rn 38, 39; 75

Neumann Kündigungsabfindung Rn 58). Zur Ermittlung der Beschwer bei Auflösungsanträgen vgl. *LAG RhPf* 5.5.1981 EzA § 61 ArbGG 1979 Nr. 8, sowie *LAG München* 30.5.1980 BayAmbl. 1981, C. 9. Vgl. auch KR-*Spilger* § 9 KSchG Rdn 23, 27 und 116 zu weiteren **Fragen der Beschwer** im Zusammenhang mit Auflösungsanträgen.

76 Das **Berufungsgericht** kann in den Grenzen des nach der Zivilprozessreform Zulässigen als Tatsachengericht die vom ArbG festgelegte Abfindung in vollem Umfange überprüfen und ggf. einen anderen Abfindungsbetrag für angemessen halten. Im Gegensatz zum **Revisionsgericht** (vgl. Rdn 77) kann das Berufungsgericht eine eigene Ermessensentscheidung treffen.

77 Für die **Revision** gegen das Auflösungsurteil sind die allgemeinen gesetzlichen Voraussetzungen maßgeblich. Da die Festsetzung der Abfindung im Ermessen der **Tatsachengerichte** liegt, ist das Revisionsgericht nicht befugt, das tatrichterliche Ermessen durch eine eigene Ermessensentscheidung zu ersetzen. Das Revisionsgericht kann lediglich prüfen, ob das *LAG* die Voraussetzungen und Grenzen seines Ermessens beachtet hat, dh ob das Berufungsgericht den Rechtsbegriff der »angemessenen Entschädigung« verkannt oder wesentliche Umstände nicht berücksichtigt oder gegen Denkgesetze oder allgemeine Erfahrungsgrundsätze verstoßen hat (so die st.Rspr. des BAG, vgl. etwa *BAG* 21.6.2012 EzA § 9 KSchG nF Nr. 63; 19.8.1982 EzA § 9 KSchG nF Nr. 14; 21.6.2012 EzA § 9 nF KSchG Nr. 63; vgl. ErfK-*Kiel* § 9 Rn 33).

F. Verhältnis zu anderen Ansprüchen aus dem Arbeitsverhältnis

I. Entgeltansprüche

78 Die dem Arbeitnehmer bis zum Auflösungszeitpunkt (§ 9 Abs. 2 KSchG) zustehenden **Entgeltansprüche** (zB aus §§ 611, 615, 616 BGB, § 3 EFZG, § 7 Abs. 4 BUrlG) werden durch die Abfindung nicht berührt (allg. Ansicht: vgl. statt aller *LKB-Linck* Rn 32). Insbesondere unterliegen Abfindungen iSv § 5 Abs. 6 S. 5 Nr. 1 InstitutsVergV nicht den Vorbehalten des § 20 InstitutsVergV, obzwar sie als variable Vergütung (§ 2 Abs. 5 InstitutsVergV) gelten (dazu *Annuß/Sappa* BB 2017, 2612, 2613; *Hinrichs/Kock/Langhans* DB 2018, 1921, 1926 f.). Umfasst sind auch Abfindungen iSv §§ 9, 10 KSchG. In den Fällen einer gerichtlichen Auflösung des Arbeitsverhältnisses nach einer unwirksamen außerordentlichen Kündigung kann die Abfindung uU entgangenes Arbeitsentgelt enthalten (vgl. Rdn 68, 69). Eine dem Arbeitnehmer zustehende **Karenzentschädigung** iSd § 74 Abs. 2 HGB wird nicht durch eine Abfindung ersetzt (vgl. *BAG* 3.5.1994 DB 1995, 50).

II. Schadensersatz- und Entschädigungsansprüche

79 Die dem Arbeitnehmer gem. §§ 9, 10 KSchG zuerkannte Abfindung schließt einen **Schadensersatzanspruch** auf Zahlung des Arbeitsentgelts für eine Zeit nach Beendigung des Arbeitsverhältnisses aus (*BAG* 22.4.1971 EzA § 7 KSchG Nr. 6; 15.2.1973 EzA § 9 KSchG nF Nr. 1; 16.5.1984 EzA § 9 KSchG nF Nr. 16; LSW-*Spinner* Rn 39; ErfK-*Kiel* Rn 16; aA *Herschel* Anm. zu AP Nr. 24 zu § 7 KSchG sowie *Gumpert* BB 1971, 960). Das *BAG* begründet diesen Standpunkt in den vorgenannten Entscheidungen im Wesentlichen damit, dass die Abfindung eine »Entschädigung eigener Art« für die Auflösung des Arbeitsverhältnisses sei und demgemäß die Funktion habe, dem Arbeitnehmer einen pauschalen Ausgleich für die Vermögens- und Nichtvermögensschäden zu gewähren, die sich aus dem Verlust des Arbeitsplatzes ergeben.

80 Ausgeschlossen durch die Kündigungsabfindung sind jedoch nur solche Schadensersatzansprüche, die sich unmittelbar auf den Verlust des Arbeitsplatzes beziehen. Dagegen kann der Arbeitnehmer neben der Kündigungsabfindung solche Schadensersatzansprüche geltend machen, die mit dem Verlust des Arbeitsplatzes nicht in einem unmittelbaren Zusammenhang stehen (*BAG* 22.4.1971 EzA § 7 KSchG Nr. 6). Hierzu zählen insbes. Schadensersatzansprüche wegen unrichtiger Erteilung von Auskünften oder unzutreffender Beurteilungen in Zeugnissen sowie der verspäteten Herausgabe der Arbeitspapiere.

Da eine sozialwidrige und deshalb unwirksame Kündigung eine Pflichtverletzung (§ 280 Abs. 1 BGB) darstellt, kann der Arbeitnehmer das Arbeitsverhältnis vorzeitig durch eine außerordentliche Kündigung beenden und den Arbeitgeber gem. § 628 Abs. 2 BGB auf Schadensersatz in Anspruch nehmen. Hierzu ist aber neben der **Eigenkündigung** (also nicht: der Beendigung des Arbeitsverhältnisses durch Auflösungsurteil, *LAG Köln* 20.2.2002 LAGE § 10 KSchG Nr. 4) ein schuldhaftes Verhalten des Arbeitgebers erforderlich (*BAG* 15.2.1973 EzA § 9 KSchG nF Nr. 1; 11.2.1981 AP Nr. 8 zu § 4 KSchG 1969). Nach der Ansicht von *M. Wolf* (Anm. zu *BAG* 11.2.1981 AP Nr. 8 zu § 4 KSchG 1969) steht dem Arbeitnehmer in derartigen Fällen ein **Wahlrecht** zu, und zwar in der Weise, dass er zwischen dem Schadensersatz nach § 628 Abs. 2 BGB und der Abfindung in analoger Anwendung von § 9 Abs. 1 KSchG wählen könne (ebenso *Gessert* Schadensersatz nach Kündigung, 1987, S. 61 ff.). Nach Auffassung des *BAG* (22.4.2004 AP Nr. 18 zu § 628 BGB) kann eine angemessene Entschädigung **entsprechend** §§ 9, 10 KSchG (aA *BGH* 24.5.2007 NJW 2007, 2043, 2044 f. für die Haftung des Rechtsvertreters für Fehler im Kündigungsschutzprozess) zu dem Schadensersatzanspruch **hinzutreten**. Bei einem Schadensersatzanspruch wegen Auflösungsverschuldens ist der Verlust des Bestandsschutzes aufgrund der Wertung in §§ 9, 10 KSchG als normative Schadensposition anzunehmen (*BAG* 26.7.2007 EzA § 628 BGB 2002 Nr. 6). Voraussetzung neben der Anwendbarkeit des Kündigungsschutzgesetzes ist hierfür aber weiter, dass der Arbeitgeber im Zeitpunkt der Arbeitnehmerkündigung das Arbeitsverhältnis nicht selbst hätte kündigen können (*BAG* 26.7.2007 EzA § 628 BGB 2002 Nr. 6). Bestand die Möglichkeit, den Verlust einer Versorgungsanwartschaft als Bemessungskriterium i. R. einer gerichtlichen Auflösung des Arbeitsverhältnisses geltend zu machen, kann nicht wegen des durch die Auflösung eingetretenen Verlustes Schadensersatz nach § 628 Abs. 2 BGB oder wegen Pflichtverletzung nach § 280 Abs. 1 BGB verlangt werden (*BAG* 12.6.2003 EzA § 628 BGB 2002 Nr. 1). Der einem **Auszubildenden** nach § 23 Abs. 1 S. 1 BBiG bei vorzeitiger Beendigung des Berufsausbildungsverhältnisses zu ersetzende Schaden umfasst keine Abfindung entsprechend den §§ 9, 10 KSchG als zusätzliche Schadensposition, weil der Ersatzanspruch nicht auf den Lohnausfall während einer fiktiven Kündigungsfrist beschränkt ist und auch den Wert des Bestandes ausgleicht (vgl. *BAG* 16.7.2013 EzA § 23 BBiG 2005 Nr. 1).

Ein deliktsrechtlicher Schadensersatzanspruch aus § 826 BGB ist dann gegeben, wenn ein Arbeitsverhältnis durch ein rechtskräftiges Gestaltungsurteil nach § 9 KSchG beendet worden ist, obwohl der Auflösungsantrag rechtsmissbräuchlich war, und der Antragsteller das Auflösungsurteil entweder sittenwidrig erschlichen hat oder wenn er sittenwidrig das von ihm selbst als unrichtig erkannte Auflösungsurteil auszunutzen versucht (*BAG* 15.2.1973 EzA § 9 KSchG nF Nr. 1).

In Ausnahmefällen (zB bei schuldhaften Verletzungen der Berufsehre eines Arbeitnehmers) ist es denkbar, dass eine sozialwidrige Kündigung zugleich eine Verletzung des allgemeinen Persönlichkeitsrechts des Arbeitnehmers darstellt. Ein deliktsrechtlicher Anspruch auf Ersatz des immateriellen Schadens in Gestalt eines Schmerzensgeldanspruchs (§§ 823 Abs. 1, 253 Abs. 2 BGB) kommt bei Persönlichkeitsrechtsverletzungen aber nur dann in Betracht, wenn besondere Umstände, insbes. die Schwere der Verletzung oder der Grad des Verschuldens, eine solche Genugtuung erfordern. Der Umstand, dass die sozialwidrige Kündigung gleichzeitig eine Pflichtverletzung (§ 280 Abs. 1 BGB) darstellt (was nach Aufgabe des § 847 BGB und der Neuregelung in § 253 Abs. 2 BGB ebenfalls einen Anspruch auf Schmerzensgeld begründen dürfte), steht einem deliktsrechtlichen Anspruch auf Schmerzensgeld nicht entgegen, da insoweit eine Anspruchskonkurrenz vorliegt (ebenso *Wiese* DB 1975, 2309; aA *Wichmann* AuR 1975, 105; *BAG* 25.4.1972 AP Nr. 9 zu § 611 BGB Öffentlicher Dienst; 31.10.1972 EzA § 611 BGB Fürsorgepflicht Nr. 15). Im Urteil vom 21.2.1979 (EzA § 847 BGB Nr. 3) hat das *BAG* die seitherige Rechtsprechung aufgegeben. Ob auch **Entschädigung** oder **Schadensersatz** auf der Grundlage des **§ 15 AGG** in Betracht kommen, hängt von der Interpretation des § 2 Abs. 4 AGG ab, wonach für Kündigungen ausschließlich die Bestimmungen zum allgemeinen und besonderen Kündigungsschutz gelten. Während *BAG* 22.10.2009 (EzA § 15 AGG Nr. 4) diese Frage für den auf den Ausspruch einer krankheitsbedingten Kündigung gestützten Entschädigungsanspruch aus § 15 Abs. 2 AGG noch offengelassen hatte, hält *BAG* 12.12.2013 (EzA § 15 AGG Nr. 23) bei diskriminierenden Kündigungen unbeschadet des § 2 Abs. 4 AGG einen Anspruch auf den Ersatz immaterieller Schäden nach § 15 Abs. 2 AGG grds. für möglich.

G. Verhältnis zu anderen Abfindungen

I. Einzelvertragliche Abfindungen

84 Die Regelungen der §§ 9, 10 KSchG gelten nicht für **einzelvertraglich** vereinbarte Abfindungen (zB in außergerichtlichen oder gerichtlichen Vergleichen). Die Vertragspartner sind daher bei der Festlegung des Abfindungsbetrages nicht an die gesetzlichen Höchstgrenzen (§ 10 Abs. 1 und Abs. 2 KSchG) gebunden. Dies gilt ebenso für den gesetzlich vorgeschriebenen Auflösungszeitpunkt (§ 9 Abs. 2 KSchG). Sie sind auch nicht gehalten, sich bei der Einigung über die Höhe des Abfindungsbetrages an den für die gerichtliche Abfindung geltenden Bewertungsmaßstäben zu orientieren (vgl. *Ammermüller* DB 1975, Beil. 10, S. 10). In einem Aufhebungsvertrag können auch andere Bedingungen für die Gewährung einer Abfindung festgelegt werden (zur Zulässigkeit einer sog. Heimkehrerklausel mit einem ausländischen Arbeitnehmer vgl. BAG 7.5.1987 DB 1988, 450). Aus steuerlichen und sozialversicherungsrechtlichen Gründen empfiehlt es sich, nur **denjenigen** Betrag als Abfindung zu bezeichnen, der für den Verlust des Arbeitsplatzes gezahlt wird (vgl. zu steuer- und sozialversicherungsrechtlichen Fragen Rdn 88 ff.). Aus Gründen der Rechtsklarheit sollten die **übrigen** Ansprüche (zB Vergütungsansprüche, Urlaubsabgeltung, Gratifikationen) **gesondert** aufgeführt werden (vgl. *ArbG Wetzlar* 6.1.1987 BB 1987, 690). Dies gilt auch für Abfindungen von Versorgungsanwartschaften (vgl. zu den Grenzen derartiger Abfindungsvereinbarungen *Westphal* BB 1976, 1470, sowie zu den Besonderheiten bei Abfindungen aus betrieblicher Altersversorgung *Braun* NJW 1983, 1590). Zum Anwendungsbereich des § 10 KSchG vgl. im Übrigen Rdn 8–10.

II. Kollektivrechtliche Abfindungen

85 Für **kollektivrechtliche** Abfindungsregelungen (zB in Gestalt von tariflichen Entlassungsabfindungen bzw. Übergangsgeldern oder in Form von Sozialplanabfindungen) gelten die gesetzlichen Höchstgrenzen des § 10 KSchG nicht. Die Einigungsstelle ist bei der Ausübung ihres Ermessens ebenfalls nicht verpflichtet, bei der Festlegung von Entlassungsabfindungen die gesetzlichen Höchstgrenzen des § 10 KSchG zu beachten. Die Unanwendbarkeit des § 10 KSchG ergibt sich daraus, dass der Gesetzgeber lediglich bei der Bemessung des Ausgleichsanspruchs (vgl. § 113 Abs. 1 BetrVG), nicht aber bei den für die Einigungsstelle maßgeblichen Ermessensrichtlinien (vgl. § 112 Abs. 5 BetrVG) auf § 10 KSchG verweist (zur Ermessenskontrolle des Spruchs der Einigungsstelle vgl. BAG 14.5.1985 EzA § 76 BetrVG 1972 Nr. 35).

86 Es ist eine Frage der **Auslegung** der jeweiligen kollektivrechtlichen Regelung, ob und inwieweit tarifliche Übergangsgelder oder sonstige Abfindungen auf die gesetzliche Abfindung nach §§ 9, 10 KSchG **anzurechnen** sind (vgl. BAG 20.6.1985 EzA § 4 KSchG nF Ausgleichsquittung Nr. 1; *Heinze* NZA 1984, 17; *Maus* Rn 36). Beim Fehlen einer entsprechenden Anrechnungsregel ist idR dann eine Anrechnung vorzunehmen, wenn die kollektivrechtliche Abfindung allein zum Ausgleich der mit dem Verlust des Arbeitsplatzes verbundenen materiellen und immateriellen Nachteile gewährt wird. Zu Abfindungsregelungen in Sozialplänen vgl. im Übrigen KR-*Spilger* § 9 KSchG Rdn 91 ff.

III. Abfindungen nach § 113 BetrVG

87 Der dem Arbeitnehmer gem. § 113 BetrVG zustehende Anspruch auf **Nachteilsausgleich** unterliegt nur insoweit den gesetzlichen Höchstgrenzen des § 10 KSchG, als es um den Ausgleich der dem Arbeitnehmer aus dem Verlust des Arbeitsplatzes entstehenden wirtschaftlichen Nachteile geht. Erleidet der Arbeitnehmer andere wirtschaftliche Nachteile, die nicht im unmittelbaren Zusammenhang mit der Entlassung und deren Folgen stehen, so gilt insoweit die Bestimmung des § 10 KSchG nicht. Zum Verhältnis der Abfindungsansprüche nach §§ 9, 10 KSchG und § 113 BetrVG vgl. im Übrigen KR-*Spilger* § 9 KSchG Rdn 84–90.

H. Steuerrechtliche Fragen

I. Frühere Steuerfreiheit nach § 3 Nr. 9 EStG aF

Steuerlich handelt es sich bei einer ausgeurteilten Abfindung auch ohne diesbzgl. Zusatz um einen Bruttobetrag. Der Arbeitnehmer ist nach § 38 Abs. 2 EStG Schuldner der durch Abzug vom Arbeitslohn zu erhebenden Einkommensteuer (Lohnsteuer), vgl. BAG 21.12.2016 EzA § 611 BGB 2002 Nettolohn Lohnsteuer Nr. 7. Zur früheren Steuerfreiheit von Abfindungen (die zu den steuerpflichtigen Einkünften gehören: *LAG Hamm* 30.1.2015 FA 2015, 148) nach § 3 Nr. 9 EStG aF s. KR-*Vogt* 8. Aufl., §§ 3, 24, 34 EStG Rn 1–35, 54–75. Zu den Übergangsregelungen nach der aufgrund Art. 1 Nr. 4 des Gesetzes zum Einstieg in ein steuerliches Sofortprogramm (BGBl. I S. 3682) verfügten Fassung des § 52 Abs. 4a EStG s. dort. 88

II. Steuerermäßigung nach § 24 Nr. 1a und b EStG iVm § 34 Abs. 1 und 2 EStG (Entschädigungen/Tarifermäßigung)

Zur (**unverändert** gebliebenen) Steuerermäßigung bei Abfindungen nach § 24 Nr. 1a und b EStG iVm § 34 Abs. 1 und 2 EStG (Entschädigungen/Tarifermäßigung) s. KR-*Vogt/Schult* §§ 24, 34 EStG Rdn 27 ff. 89

III. »Brutto-« bzw. »Netto-Zusatz«

Wichtig für die **steuerrechtliche Risikoverteilung** ist der in Vergleichen enthaltene »**Brutto**-« bzw. »**Netto-Zusatz«** bei dem Abfindungsbetrag. Bei einem »Brutto-Zusatz« hat idR der Arbeitnehmer das Risiko der Nichtanerkennung eines Betrages als steuerfreie Abfindung zu tragen. Ein »Netto-Zusatz« verlagert dagegen das steuerrechtliche Risiko idR auf den Arbeitgeber (ebenso *LAG Brem.* 15.7.1980 – 4 Sa 118/79, nv). Fehlt es dagegen an einem entsprechenden Zusatz, so handelt es sich bei einer einzelvertraglich vereinbarten Abfindung grds. um einen »Bruttobetrag« mit der Maßgabe, dass der Arbeitnehmer das Risiko einer steuerlichen Inanspruchnahme zu tragen hat (*LAG Düsseld.* 17.10.1975 DB 1975, 2379; *LAG Bln.* 5.2.1974 DB 1974, 1486; 21.2.1994 DB 1994, 1865). Bei einem Zusatz »brutto = netto« ist durch Auslegung zu ermitteln, ob damit die Parteien eine Netto- oder Bruttoabfindung vereinbaren wollten (vgl. *LAG Nds.* 10.12.1984 DB 1985, 658; *LAG Brem.* 27.1.1987 BB 1988, 408; *LAG Frankf.* 7.12.1988 LAGE § 9 KSchG Nr. 10). Die Frage des **Ausgleichs im Innenverhältnis** bei einem vergleichsweise vereinbarten Abfindungsbetrag, der über die Freibeträge des § 3 Nr. 9 EStG hinausgeht, ist aufgrund einer Auslegung des Vergleiches zu beantworten (*LAG Düsseld.* 25.2.1981 – 12 Sa 1485/80, nv). 90

I. Sozialversicherungs- sowie arbeitsförderungsrechtliche und grundsicherungsrechtliche Fragen

I. Sozialversicherungsrechtliche Behandlung der Abfindung

Soweit Abfindungen ausschließlich als Entschädigung für den Verlust des Arbeitsplatzes gezahlt werden, unterliegen sie **nicht** der **Beitragspflicht** zur Sozialversicherung (vgl. *Gagel/Vogt* Rn 135; *LKB-Linck* Rn 30; s. KR-*Link* SozR Rdn 33; LSSW-*Spinner* Rn 28). Nach der **früheren** Ansicht des *BSG* (28.4.1987 SozR 2200 § 180 Nr. 36) bestand zumindest in dem Umfang, in dem Steuerfreiheit besteht (vgl. § 3 Nr. 9 EStG aF), auch keine Sozialversicherungspflicht. Sozialversicherungspflichtig sei aber der Teil der »Abfindung«, der als Arbeitsentgelt iSd § 14 Abs. 1 SGB IV anzusehen wäre (vgl. zum Begriff des Arbeitsentgelts KR-*Link* SozR Rdn 27 sowie zur Beitragspflicht des Entgeltanteils einer Abfindung KR-*Link* SozR Rdn 33, 35; *Gagel/Vogt* Rn 135; zum Begriff und zur Behandlung einmalig gezahlten Arbeitsentgeltes vgl. § 23a SGB IV). **Demgegenüber** ist das *BAG* (9.11.1988 EzA § 9 KSchG nF Nr. 24) der Auffassung, dass Abfindungen nach §§ 9 und 10 KSchG auch dann nicht der Beitragspflicht zur Sozialversicherung unterliegen, wenn für sie Einkommen- oder Lohnsteuer abzuführen ist. Gegenteiliges ergebe sich weder aus §§ 14 und 17 SGB IV noch aus § 3 Nr. 9 EStG iVm den Bestimmungen der Arbeitsentgeltverordnung (ebenso *Bay. LSG* 8.2.1990 – L 4 Kr 76/87). **Zwischenzeitlich** ist dies auch Ansicht des *BSG* (21.2.1990 EzA § 9 KSchG nF Nr. 35 und 37). Allerdings darf in der Abfindung kein Arbeitsentgelt versteckt sein 91 (zum Meinungsstand vgl. *Ruland* JuS 1990, 943). Demgemäß ist eine Abfindung, die wegen einer Rückführung auf die tarifliche Einstufung bei **weiterbestehendem** sozialversicherungsrechtlichen Beschäftigungsverhältnis gezahlt wird, **beitragspflichtiges** Arbeitsentgelt (*BSG* 28.1.1999 AP Nr. 1 zu § 1 ArEV). Das *BSG* (23.2.1988 DB 1988, 1018) war der Auffassung, dass grds. Abfindungen, die bei vorzeitiger Beendigung eines Arbeitsverhältnisses gezahlt werden, nach dem Modell des § 117 Abs. 2 und 3 AFG (zur übergangsweisen Fortgeltung dieser Regelungen s. Rdn 94) in einen Entgelt- und Abfindungsteil aufzuspalten sind. Der Entgeltanteil einer in einem außergerichtlichen oder gerichtlichen Vergleich festgelegten »Abfindung« ist durch Auslegung zu ermitteln (vgl. hierzu *Bauer* NZA 1985, 275, und *Gagel* NZA 1985, 270). Entgegen dem Wortlaut eines Vergleichs handelt es sich dann nicht um beitragsfreie Abfindungen, wenn in Wahrheit Gehaltsansprüche (§§ 611, 615 BGB) oder Entgeltfortzahlungsansprüche des Arbeitnehmers in pauschalierter Form (zB als runder Gesamtbetrag) vom Arbeitgeber erfüllt werden sollen (*LSG Essen* 24.7.1980 – L 16 Kr 17/78, nv). Die Sozialversicherungsträger müssen die in Abfindungsvergleichen enthaltenen arbeitsrechtlichen Gestaltungen (zB Ausschlussklauseln, vgl. *BAG* 10.5.1978 EzA § 794 ZPO Nr. 3) grds. gegen sich gelten lassen, es sei denn, es liegt ein Missbrauch von Gestaltungsmöglichkeiten vor (zB bei verdeckter Arbeitsvergütung). Im Übrigen ist zu berücksichtigen, dass im Falle eines Kündigungsschutzprozesses die für die Dauer des Verfahrens anfallenden Beiträge regelmäßig erst mit der rechtskräftigen Beendigung des Prozesses fällig werden (*BSG* 25.9.1981 – 12 RK 58/80, nv). Macht die **Bundesagentur für Arbeit** geltend, ein Teil der zwischen Arbeitnehmer und Arbeitgeber vereinbarten Abfindung für den Verlust des Arbeitsplatzes sei wegen der Gewährung von Arbeitslosengeld auf sie übergegangen, so sind für die gegen den Arbeitnehmer gerichtete Klage auf Zustimmung zur Auszahlung des vom Arbeitgeber **hinterlegten** Betrags die Gerichte für **Arbeitssachen** zuständig (*BAG* 12.6.1997 EzA § 2 ArbGG 1979 Nr. 38).

II. Verhältnis zum Insolvenzgeld

92 Zu den Bezügen aus einem Arbeitsverhältnis iSv § 165 Abs. 2 S. 1 SGB III gehören zwar nicht nur Lohnforderungen im engeren Sinne, sondern **alle** Ansprüche, die dem Arbeitnehmer aus seinem Arbeitsverhältnis als Gegenwert für die geleistete Arbeit oder das Zurverfügungstellen der Arbeitskraft erwachsen. Abfindungen gem. §§ 9, 10 KSchG stellen allerdings insoweit **keine** »Bezüge aus dem Arbeitsverhältnis« dar, als sie als Entschädigung für den Verlust des Arbeitsplatzes gezahlt werden. Andererseits gehören Schadensersatzansprüche, die an die Stelle ausgefallenen Arbeitsentgelts treten, zu den »Bezügen aus dem Arbeitsverhältnis« (vgl. *BSG* 17.7.1979 DB 1979, 2332). Soweit Abfindungen nach §§ 9, 10 KSchG Ansprüche mit Entgeltcharakter enthalten (so insbes. bei Abfindungen in den Fällen einer unwirksamen außerordentlichen Kündigung), sind sie dazu geeignet, einen Anspruch auf Insolvenzgeld **auszulösen**. Zur Anwendung von tariflichen Ausschlussfristen auf das Insolvenzgeld vgl. *BAG* 8.6.1983 EzA § 4 TVG Ausschlussfristen Nr. 55.

III. Anrechnung auf Arbeitslosengeld

93 Der zum 1.4.1997 eingefügte § 115a AFG bestimmte, dass eine Abfindung, Entschädigung oder ähnliche Leistung (Entlassungsentschädigung), die der Arbeitslose wegen der Beendigung des Arbeits- oder Beschäftigungsverhältnisses erhalten oder zu beanspruchen hat, auf die Hälfte des Arbeitslosengeldes angerechnet wird, soweit sie einen bestimmten **Freibetrag** überschreitet. § 115a AFG fand sich wortgleich wieder in § **140 SGB III aF**, der am 1.1.1998 in Kraft getreten ist. Die Regelung ersetzte die gleichzeitig aufgehobenen §§ 117 Abs. 2 bis 3a, 117a AFG. Diese sahen eine teilweise Anrechnung von Entlassungsentschädigungen bei fristlosen Kündigungen bzw. in den Fällen vor, in denen wegen der Beendigung des Beschäftigungsverhältnisses nach § 119 AFG (seit 1.1.1998: § 144 SGB III aF) eine Sperrzeit (für die Praxis wichtig hierzu: Aktualisierter Sammelerlass zum Arbeitslosengeld/Arbeitslosenhilfe – Sperrzeitenregelung – vom 19.12.1996, abgedr. in NZA 1997, 427 ff.) eingetreten war. Gleichzeitig wurde der mit diesen Regelungen im Zusammenhang stehende § 128 AFG aufgehoben. Danach hatten die Arbeitgeber der **Bundesagentur für Arbeit** das Arbeitslosengeld zu erstatten, wenn sie ältere Arbeitnehmer unter bestimmten Voraussetzungen entließen.

Höhe der Abfindung § 10 KSchG

Nach der **Übergangsregelung** in § 242x Abs. 3 S. 1 Nr. 1 AFG waren statt des § 115a AFG 94
(seit 1.1.1998: § 140 SGB III aF) § 117 Abs. 2 bis 3a, auch Abs. 4, § 117a AFG in der bis zum
31.3.1997 geltenden Fassung für Personen **weiterhin** anzuwenden, die innerhalb der Rahmenfrist
mindestens 360 Kalendertage in einem Pflichtversicherungsverhältnis gestanden haben. Aufgrund
der **Verweisung** auf § 242x Abs. 6 AFG galt diese Übergangsregelung auch für den aufgehobenen
§ 128 AFG. Da § 242x Abs. 3 und 6 AFG gem. **§§ 427 Abs. 6 bzw. 431 SGB III** aF auch über
den 31.12.1997 hinaus weiterhin anzuwenden waren und die Rahmenfrist gem. § 104 AFG (seit
1.1.1998: § 124 SGB III) drei Jahre beträgt und dem ersten Tag der Arbeitslosigkeit unmittelbar
vorausgeht, waren die aufgehobenen §§ 117 Abs. 2 bis 3a (auch Abs. 4), 117a und 128 AFG **weiterhin** auf Personen anwendbar, die vor dem 1.4.1997 durchgehend für 360 Tage beschäftigt waren
und **vor dem 7.4.1999 arbeitslos** wurden, sich **bis zum 6.4.1999** arbeitslos meldeten und Arbeitslosengeld beantragten (*Niesel* NZA 1997, 583). Daneben war das bisherige Recht nach § 242x
Abs. 3 S. 1 Nr. 2 und 3 AFG auch auf die Personen anzuwenden, die nach § 237 Abs. 2 SGB VI in
der Rentenversicherung bei der Einschränkung der Altersrente wegen Arbeitslosigkeit oder Teilzeitarbeit **Vertrauensschutz** genossen.

Sowohl die **alten** als auch die **neuen** Regelungen betreffen auch Abfindungen nach §§ 9, 10 KSchG. 95

Inwieweit Abfindungen nach §§ 9, 10 KSchG nach den **übergangsweise fortgeltenden** §§ 117, 96
117a AFG auf das vom Arbeitnehmer bezogene Arbeitslosengeld anzurechnen waren, s. iE *Wolff*
(KR 5. Aufl.) § 117 AFG Rn 23 ff. sowie Erl. zu § 117a AFG. In der arbeitsgerichtlichen Praxis
warf die Vorschrift des § 117 AFG insbes. bei Vergleichen eine Reihe von **Anwendungsproblemen** auf (vgl. hierzu *Gagel/Vogt* Rn 97 ff.; *Albrecht* BB 1984, 919; *Ammermüller* DB 1977, 2445;
Behrens DB 1978, 1224; *Husmann* BB 1986, 2120; *v. Olshausen* ZIP 1982, 1293; *Reinecke* AuR
1977, 193; *ders.* BB 1981, 854; *BAG* 28.4.1983 EzA § 117 AFG Nr. 3; 28.6.1984 DB 1986, 499;
9.10.1996 EzA § 117 AFG Nr. 11 m. Anm. *Rolfs* = AP Nr. 9 zu § 115 SGB X m. Anm. *Bengelsdorf*;
BSG 10.12.1981 - 7 RAr 55/80, nv; 23.6.1981 SozR 4100 § 117 AFG; *LSG Bln.* 17.2.1981 - L
14 Ar 32/80, nv; *ArbG Wetzlar* 7.5.1986 BB 1986, 1779). Zur Bedeutung des § 117 AFG bei
Abfindungsvergleichen vgl. iE *Wolff* (KR, 5. Aufl.) SozR Rn 152 ff. Zur Bedeutung der §§ 117,
117a AFG bei sog. »Abwicklungsverträgen« (*Hümmerich* NJW 1996, 2081 f.) etwa *Gagel/Vogt*
Rn 282–286. Zur Nichtberücksichtigung einer Sozialabfindung gem. § 10 KSchG bei Berechnung
der Übergangsleistung nach § 3 Abs. 2 BKVO vgl. *BSG* 10.3.1994 BB 1994, 1430.

Nach **§ 115a AFG** (ab 1.1.1998: § 140 **SGB III aF**) waren grds. alle einen Freibetrag überschrei- 97
tenden Leistungen – **nach Abzug der Steuern** – auf die Hälfte des Arbeitslosengeldes **anzurechnen**,
und zwar unabhängig von ihrer Bezeichnung (etwa als Abfindung, Entschädigung, Übergangs- oder
Überbrückungsgeld) und deren Zweck, sofern nur ein ursächlicher Zusammenhang zwischen der
Beendigung des Arbeitsverhältnisses und der Gewährung der Leistung besteht (*Niesel* NZA 1997,
583). Unberücksichtigt blieben nach § 115a Abs. 1 S. 2 AFG (bzw. § 140 Abs. 1 S. 2 SGB III
aF) lediglich Leistungen, die ein Arbeitgeber unter den dort näher bestimmten Voraussetzungen
nach dem zum 1.8.1996 eingeführten § 187a SGB VI für seinen Arbeitnehmer aufwendete, um
Rentenminderungen zu **verringern** oder **auszugleichen**, die sich gem. § 77 SGB VI aus einer nach
§ 41 SGB VI möglichen vorzeitigen Inanspruchnahme einer Rente wegen Alters ergaben. Entsprechendes galt gem. § 115a Abs. 1 S. 3 AFG (bzw. § 140 Abs. 1 S. 3 SGB III aF) für Leistungen des
Arbeitgebers zu einer berufsständischen **Versorgungseinrichtung**. Ausführlich zu den Einzelheiten
der Abfindungs-Anrechnung *Wolff* KR, 5. Aufl., § 140 SGB III Rn 21–57.

Der Freibetrag der Entlassungsentschädigung betrug **25 vom Hundert** (§ 115a Abs. 2 AFG bzw. 98
§ 140 Abs. 2 iVm Abs. 1 SGB III aF). Er erhöhte sich für je **fünf Jahre** des Bestandes des Beschäftigungsverhältnisses um je **fünf Prozentpunkte**. Er betrug jedoch mindestens für Arbeitnehmer, die
bei Beendigung des Beschäftigungsverhältnisses das 50., aber noch nicht das 55. Lebensjahr vollendet haben, **40 %**, für Arbeitnehmer, die zum nämlichen Zeitpunkt das 55. Lebensjahr vollendet
haben, **45 %**, jedenfalls mindestens DM 10 000,–. Die Errechnung der anrechenbaren Abfindung
(»nach Abzug der Steuern«) erfolgte richtiger Ansicht nach (*Schließmann* BB 1998, 318, gegen
Bauer/Röder BB 1997, 2589) dergestalt, dass zunächst der Freibetrag von der Bruttoabfindung

Spilger

abzuziehen war und von dem sich danach einstellenden Ergebnis die Steuern (*Wolff* KR, 5. Aufl., § 140 SGB III Rn 48a mit näherer Begründung und Beispielen Rn 58). Eine Anrechnung erfolgte nicht, wenn der Anspruch auf Arbeitslosengeld auf einer Anwartschaftszeit von mindestens 360 Kalendertagen beruhte, die insgesamt **nach** der Beendigung des für die Entlassungsentschädigung maßgeblichen Beschäftigungsverhältnisses erfüllt worden war (§ 115a Abs. 3 S. 1 AFG bzw. § 140 Abs. 3 S. 1 SGB III aF). Dies galt nicht, wenn die Anwartschaftszeit ganz oder teilweise durch Zeiten einer Beschäftigung bei dem Arbeitgeber, der die Entlassungsentschädigung zu leisten hat, erfüllt worden war. Konzernunternehmen iSd § 18 des Aktiengesetzes galten als ein Arbeitgeber (§ 115a Abs. 3 S. 2 und 3 AFG bzw. § 140 Abs. 3 S. 2 und 3 SGB III aF). Die beiden letztgenannten Bestimmungen galten nicht, wenn die Beschäftigung bei dem Arbeitgeber, der die Entlassungsentschädigung zu leisten hat, frühestens 360 Tage nach der Beendigung des für die Entlassungsentschädigung maßgeblichen Beschäftigungsverhältnisses aufgenommen worden war (§ 115a Abs. 3 S. 4 AFG bzw. § 140 Abs. 3 S. 4 SGB III aF). Soweit der Arbeitslose die Entlassungsentschädigung **tatsächlich nicht erhält**, wurde das Arbeitslosengeld ohne Anrechnung der Entlassungsentschädigung gewährt. Der Anspruch des Arbeitslosen gegen den zur Zahlung der Entlassungsentschädigung Verpflichteten ging nach **§ 115 SGB X** auf die **Bundesanstalt für Arbeit** über, soweit sie das Arbeitslosengeld ohne Anrechnung gewährt hat. Hatte der Verpflichtete die Entlassungsentschädigung trotz des Rechtsüberganges mit **befreiender** Wirkung an den Arbeitslosen oder an einen Dritten gezahlt, hatte der Empfänger des Arbeitslosengeldes dieses insoweit zu **erstatten** (§ 115a Abs. 4 AFG bzw. § 140 Abs. 4 SGB III aF).

99 Zu **sozialrechtlichen Fragen** im Zusammenhang mit der Beendigung von Arbeitsverhältnissen vgl. umfassend *Gagel/Vogt* Rn 1–293; zur **sozialversicherungsrechtlichen Optimierung** von Aufhebungsverträgen vgl. *Bauer* Aufhebungsverträge, S. 366–420. Zu der vorstehend geschilderten Regelung der **Abfindungsanrechnung** s. neben *Wolff* KR, 5. Aufl., § 140 SGB III *Bauer* DB 1997, I; *ders.* Aufhebungsverträge, S. 409 ff., 419 f. *Bauer/Röder* BB 1997, 834 ff.; *Baur* DB 1997, 726 ff.; *Gagel/Lauterbach* NJ 1997, 345 ff.; *Gaul* NJW 1997, 1465 ff.; *Rolfs* DB 1996, 2126 ff.; *ders.* NZA 1997, 793 ff.; *Wolf* AuA 1997, 141 ff.; *Bauer, Bauer/Röder, Gagel/Lauterbach* und eingehend *Rolfs* wiesen mit Recht darauf hin, dass die pauschale Anrechnungsregelung einer **verfassungsrechtlichen Überprüfung** kaum standhalten würde (s.a. *Kreßel* NZA 1997, 1138, 1141 ff., und *Bader* AuR 1997, 381, 385). Sie widersprach den Grundsätzen zur Abfindungsanrechnung, die das *BVerfG* bereits 1976 zu § 117 AFG aF aufgestellt hat (12.5.1976 BVerfGE 42, 176 ff.). Sie verletzte den **Gleichheitssatz**, weil sie nur diejenigen Arbeitnehmer zur Aufzehrung der Abfindung zwang, die schuldlos arbeitslos wurden, ohne zu berücksichtigen, dass Abfindungen in erster Linie für Verlorenes entschädigen sollen (s. Rdn 11), nicht aber dem Bestreiten des Lebensunterhalts dienen. Durch diese **funktionswidrige Inanspruchnahme** der Abfindung war zugleich das **Eigentumsrecht** verletzt. Daran hat auch nicht die Modifikation der Abfindungsanwendung kurz vor Inkrafttreten der Neuregelungen durch das Erste SGB III-Änderungsgesetz vom 16.12.1997 (BGBl. I S. 2970) etwas geändert. Mit der **Neuregelung der Neuregelung** beschäftigen sich *Bauer, Nachtrag* zu »Aufhebungsverträge« [5. Aufl.] S. 1 ff.; *Bauer/Röder* BB 1997, 2588; *Düwell* FA 1998, 8; *Gaul* NJW 1998, 644; *Kliemt* NZA 1998, 173; *Rockstroh* DB 1997, 2613; *Schließmann* BB 1998, 318. **Ausführlich** zur Frage der Verfassungsmäßigkeit der Regelung *Wolff* KR, 5. Aufl., § 140 SGB III Rn 13–20, die lediglich die Einbeziehung gerichtlich zugesprochener Abfindungen nach §§ 9, 10 KSchG für problematisch – möglicherweise willkürlich – hielt. Denn **derartige** Abfindungen jedenfalls entschädigten in höherem Maße als andere Abfindungen (einzelvertraglicher oder kollektivvertraglicher Grundlage) für den Verlust sozialer Besitzstände, anstatt den Verlust des Arbeitsplatzes und das damit verbundene Risiko der **Arbeitslosigkeit** auszugleichen (vgl. *Wolff* KR, 5. Aufl., § 140 SGB III Rn 20 und Rn 11).

100 Die ab 1.4.1999 aufgrund des Entlassungsentschädigungs-Änderungsgesetzes vom 24.3.1999 (BGBl. I S. 396) geltende Vorschrift des § 143a SGB III und seit 1.4.2012 diejenige des § 158 SGB III entspricht mit einigen Änderungen der früheren Regelung von § 117 AFG (s. KR-*Link/Lau* § 158 SGB III Rdn 1–90). Es gibt **keine Anrechnung mehr** (§ 140 SGB III aF wurde aufgehoben), sondern nur noch das Ruhen des Anspruchs auf Arbeitslosengeld. Ein Ruhen tritt nur

bei vorzeitiger Auflösung des Arbeitsverhältnisses ohne Einhaltung der ordentlichen Kündigungsfrist ein, **längstens ein Jahr.** Ist eine ordentliche Kündigung ausgeschlossen, gilt bei unbegrenztem Ausschluss eine Kündigungsfrist von 18 Monaten, bei zeitlich begrenztem Ausschluss oder bei fristgebundener Kündigung aus wichtigem Grund die sonst normale ordentliche Kündigungsfrist (s. u. § 622 BGB). Eine Begrenzung gilt bis zu dem Tag, bis zu dem der Arbeitslose bei Weiterzahlung des letzten Entgelts 60 % der Entlassungsentschädigung verdient hätte. Dieser Betrag ermäßigt sich sowohl für 5 Jahre Betriebszugehörigkeit als auch für je fünf Lebensjahre nach dem 35. Lebensjahr um je 5 % und kann danach bis auf 25 % sinken. Bei Beendigung wegen Befristung oder bei Berechtigung des Arbeitgebers zur fristlosen Kündigung endet die Ruhenszeit mit diesem Zeitpunkt (§ 158 Abs. 2 Nr. 2, 3 SGB III). Das Ruhen des Anspruchs auf Arbeitslosengeld bewirkt, dass der Anspruch zwar entsteht, aber nicht wirksam geltend gemacht werden kann. Er geht nicht unter, sondern setzt später ein und wird nur hinausgeschoben. Er kann dann – bei entsprechend langer Arbeitslosigkeit – in voller Länge geltend gemacht werden und dauert damit unverändert an. Außerdem gilt die sog. »Gleichwohlgewährung« nach § 158 Abs. 4 SGB III weiter (Einzelheiten s. KR-*Link/Lau* § 158 SGB III Rdn 1–90).

IV. Abfindung als zu berücksichtigendes Einkommen nach § 11 SGB II

S. hierzu Rdn 19. 101

V. Datenübermittlung

Die gezahlte oder ausstehende Abfindung war seit 1.1.2010 nach § 6 Abs. 1 Nr. 2 **ELENA-DV** übermittlungspflichtig im Rahmen des Verfahrens zur Erstellung des elektronischen Entgeltnachweises, welches mit Wirkung zum 3.12.2011 wiedereingestellt wurde. 102

§ 11 KSchG Anrechnung auf entgangenen Zwischenverdienst

[1]Besteht nach Entscheidung des Gerichts das Arbeitsverhältnis fort, so muss sich der Arbeitnehmer auf das Arbeitsentgelt, das ihm der Arbeitgeber für die Zeit nach der Entlassung schuldet, anrechnen lassen,
1. was er durch anderweitige Arbeit verdient hat,
2. was er hätte verdienen können, wenn er es nicht böswillig unterlassen hätte, eine ihm zumutbare Arbeit anzunehmen,
3. was ihm an öffentlich-rechtlichen Leistungen infolge Arbeitslosigkeit aus der Sozialversicherung, der Arbeitslosenversicherung, der Sicherung des Lebensunterhalts nach dem Zweiten Buch Sozialgesetzbuch[1] oder der Sozialhilfe für die Zwischenzeit gezahlt worden ist. [2]Diese Beträge hat der Arbeitgeber der Stelle zu erstatten, die sie geleistet hat.

Übersicht	Rdn		Rdn
A. Entstehungsgeschichte	1	1. Leistungsangebot des Arbeitnehmers und Nichtannahme durch Arbeitgeber	12
B. Sinn und Zweck der Regelung	4		
C. Nachzahlungsanspruch	8		
I. Klagestattgebendes Feststellungsurteil	8	2. Leistungswille des Arbeitnehmers	15
II. Nachzahlungszeitraum	9	3. Leistungsfähigkeit des Arbeitnehmers	16
III. Annahmeverzug und Betriebsrisiko (§ 615 BGB)	11		

---

1 Aufgrund Art. 36 des Vierten Gesetzes für moderne Dienstleistungen am Arbeitsmarkt vom 24.12.2003 (BGBl. I S. 2954) heißt es nach dessen Art. 61 Abs. 2 bereits seit 1.1.2004 in Nr. 3 »Sicherung des Lebensunterhalts nach dem Zweiten Buch Sozialgesetzbuch« anstelle des früheren Begriffes »Arbeitslosenhilfe«. Die entsprechenden Vorschriften des SGB II traten nach Art. 70 des Gesetzes zur Einordnung des Sozialhilferechts in das Sozialgesetzbuch vom 27.12.2003 (BGBl. I S. 3022) jedoch erst am 1.1.2005 in Kraft. Es handelte sich um ein nicht korrigiertes Redaktionsversehen. Inhaltlich musste es bis 31.12.2004 (weiter) »Arbeitslosenhilfe« heißen.

§ 11 KSchG Anrechnung auf entgangenen Zwischenverdienst

	Rdn		Rdn
4. Unzumutbarkeit der Leistungsentgegennahme	21	III. Anrechnung öffentlich-rechtlicher Leistungen	51
5. Fälligkeit	22	IV. Keine Anrechnung von ersparten Aufwendungen	59
6. Tarifliche Ausschlussfristen und Verjährung	23	E. **Verfahrensrechtliche Fragen**	60
7. Ende des Annahmeverzuges	26	I. Form der Geltendmachung	60
8. Anrechnung auf Urlaub	32	II. Aktivlegitimation	64
IV. Höhe des Nachzahlungsanspruches	33	III. Darlegungs- und Beweislast	65
V. Rechtsnatur des Nachzahlungsanspruches	36	IV. Streitwert	66
		V. Kosten	67
D. **Anrechnung auf den entgangenen Zwischenverdienst**	38	VI. Berufungs- und revisionsrechtliche Fragen	69
I. Anrechnung anderweitigen Verdienstes	39	F. **Verhältnis zu anderen Vorschriften**	70
II. Anrechnung hypothetischer Einkünfte	47	I. Verhältnis zu § 13 KSchG	70
		II. Verhältnis zu § 12 KSchG	72
		III. Verhältnis zu § 9 KSchG	73

A. Entstehungsgeschichte

1   Die Bestimmung geht auf entsprechende Regelungen in § 8 **BRG** und § 59 **AOG** zurück. Aufgrund dieser Vorschriften hatte der Arbeitgeber im Falle einer rechtskräftigen Verurteilung im Kündigungsrechtsstreit dem Arbeitnehmer den Zwischenverdienst zu erstatten. Die gesetzliche Festlegung eines derartigen Zahlungsanspruchs war nach der früheren Rechtslage deshalb notwendig, weil das Arbeitsverhältnis zwischen Entlassung und Weiterbeschäftigung rechtlich unterbrochen war. Mit dem Fortfall der Widerrufsklage und der Einführung einer auf die Feststellung der Sozialwidrigkeit gerichteten Kündigungsschutzklage (vgl. § 4 KSchG) ergibt sich der Anspruch auf den Zwischenverdienst nunmehr unmittelbar aus § 615 S. 1 BGB.

2   Während die §§ 8, 59 AOG lediglich die Anrechnung hinsichtlich öffentlich-rechtlicher Leistungen aus Mitteln der Arbeitslosenhilfe und der öffentlichen Fürsorge vorsahen und im Übrigen auf § 615 S. 2 verwiesen, enthält § 11 KSchG eine umfassende **Anrechnungsregelung**. Die Streichung der Verweisung auf § 615 S. 2 BGB soll nach den Vorstellungen des Gesetzgebers der Rechtsklarheit dienen (vgl. Begr. zum KSchG 1951, RdA 1951, 64).

3   Durch das Erste Arbeitsrechtsbereinigungsgesetz vom 14.8.1969 (BGBl. I S. 1106) wurde die Bestimmung des § 11 KSchG (früher § 9 KSchG 1951) inhaltlich nicht abgeändert.

B. Sinn und Zweck der Regelung

4   Der **Regelungsgehalt** des § 11 KSchG erstreckt sich allein auf die Frage, was sich der Arbeitnehmer für den zwischen der tatsächlichen Beendigung des Arbeitsverhältnisses und der Wiederaufnahme der Arbeit liegenden Zeitraum **anrechnen** lassen muss. Es handelt sich somit um eine **Sonderregelung** (lex specialis) gegenüber der allgemeinen Anrechnungsvorschrift des § 615 S. 2 BGB (*BAG* 6.9.1990 EzA § 615 BGB Nr. 67; DDZ-*Callsen* Rn 2; ErfK-*Preis* § 615 BGB Rn 84). Dagegen stellt § 11 KSchG **keine Anspruchsgrundlage** für den Zwischenverdienst dar (vgl. *Herschel* Anm. BAG AP Nr. 23 zu § 615 BGB). Grund und Höhe dieses Anspruches richten sich vielmehr nach anderen Bestimmungen, und zwar **insbes.** nach § 615 S. 1 BGB (Staudinger-*Richardi/Fischinger* § 615 BGB Rn 17; ErfK-*Preis* § 615 BGB Rn 84) und §§ 3, 4 EFZG.

5   Der mit der Anrechnungsregelung des § 11 KSchG verfolgte **gesetzgeberische Zweck** besteht im Wesentlichen darin, den Arbeitnehmer im Falle eines Obsiegens im Kündigungsrechtsstreit in vermögensrechtlicher Hinsicht so zu stellen, als habe keine tatsächliche Unterbrechung des Arbeitsverhältnisses stattgefunden. Es soll insbes. verhindert werden, dass der Arbeitnehmer durch die sozialwidrige Kündigung vermögensmäßig besser oder schlechter gestellt wird als bei einem tatsächlichen Vollzug des Arbeitsverhältnisses. Aus der in § 11 Nr. 2 KSchG vorgeschriebenen Anrechnung von

fiktiven Einkünften lässt sich weiterhin entnehmen, dass der Gesetzgeber den Arbeitnehmer für verpflichtet erachtet, sich im Rahmen des Zumutbaren um eine andere Arbeit zu bemühen.

Die Bestimmung des § 11 KSchG findet **keine** Anwendung, wenn der Arbeitnehmer nach Zugang 6 einer fristlosen Kündigung oder nach Ablauf der Kündigungsfrist **weiterbeschäftigt** wird. Dabei ist es rechtlich ohne Belang, ob der Arbeitnehmer aufgrund des kollektivrechtlichen Weiterbeschäftigungsanspruchs **gem. § 102 Abs. 5 BetrVG**, aufgrund des **prozessualen Weiterbeschäftigungsanspruchs** (vgl. *BAG* [GS] 27.2.1985 EzA § 611 BGB Beschäftigungspflicht Nr. 9), aufgrund einer **vertraglichen Zwischenregelung** oder aufgrund eines auf die Dauer des Kündigungsrechtsstreits beschränkten **arbeitgeberseitigen Weiterbeschäftigungsangebots** weiterbeschäftigt wird. Für die Zeit der Beschäftigung stehen dem Arbeitnehmer Vergütungsansprüche nach § 611 BGB zu. Dies gilt selbst dann, wenn der Arbeitnehmer im Kündigungsrechtsstreit unterliegt oder das Arbeitsverhältnis gem. § 9 KSchG aufgelöst wird. In den beiden zuletzt genannten Fallkonstellationen befindet sich der Arbeitnehmer in einem faktischen Arbeitsverhältnis, sofern die Weiterbeschäftigung aufgrund eines Weiterbeschäftigungsangebots des Arbeitgebers (und nicht aufgrund einer ausgeurteilten Weiterbeschäftigung – dazu Rdn 26) erfolgt ist (*BAG* 15.1.1986 DB 1986, 1393; **krit. hierzu** *Löwisch* DB 1986, 2433; *Ramrath* DB 1987, 92).

Die Vorschrift des § 11 KSchG ist **zwingender** Natur, dh abweichende Anrechnungsregelungen 7 zum Nachteil des Arbeitnehmers sind weder auf einzelvertraglicher noch auf kollektivvertraglicher Basis möglich (vgl. *Maus* Rn 17; DDZ-*Callsen* Rn 8; MünchArbR-*Tillmanns* § 76 Rn 64; ErfK-*Preis* § 615 Rn 85). Insofern unterscheidet sich die Bestimmung von der **allgemeinen** Anrechnungsregelung des § 615 S. 2 BGB, die **dispositiver** Natur ist (vgl. *BAG* 6.2.1964 EzA § 615 BGB Nr. 6 sowie *BAG* 6.11.1968 EzA § 615 BGB Nr. 12 – arg. e contrario **§ 619 BGB**) und nach ausdrücklicher Anordnung in § 11 Abs. 4 S. 2 Hs. 2 AÜG auch für Leiharbeitsverhältnisse gilt. Zwingender Natur ist **Nr. 3** der Regelung zusätzlich auch deshalb, weil die Arbeitsvertragsparteien keine Dispositionsfreiheit gegenüber den Sozialversicherungsträgern haben (MünchArbR-*Boewer* [2. Voraufl.] § 78 Rn 56).

C. Nachzahlungsanspruch

I. Klagestattgebendes Feststellungsurteil

Zu den gesetzlichen **Voraussetzungen** der Anrechnungsbestimmung (vgl. *Bader/Bram-Suckow* § 11 8 Rn 1, 4) gehört die **gerichtliche Feststellung**, dass das Arbeitsverhältnis durch die Kündigung des Arbeitgebers **nicht aufgelöst** worden ist. Einem Obsiegen des Arbeitnehmers im Kündigungsrechtsstreit ist der Fall gleichzustellen, dass der Arbeitgeber im Laufe des Kündigungsrechtsstreits die Kündigung im Einvernehmen mit dem Arbeitnehmer »zurücknimmt« und den Arbeitnehmer weiterbeschäftigt (allg. Ansicht: vgl. *Maus* Rn 13; *Auffarth/Müller* § 9 Rn 3; LSSW-*Spinner* Rn 3). Denn dadurch anerkennt der Arbeitgeber konkludent die Sozialwidrigkeit der Kündigung (*BAG* 26.7.1995 – 2 AZR 665/94). Dies gilt erst recht bei einverständlicher **Abstandnahme** von einer wegen **Verstoßes gegen § 623 BGB** formunwirksamen Kündigung, die weder unter **Anwesenden** noch nach Maßgabe des § 130 Abs. 1 BGB unter Abwesenden wirksam werden **kann**. Die einvernehmliche »Rücknahme« der Kündigung kann insbes. in einem außergerichtlichen oder gerichtlichen **Vergleich** enthalten sein. Dabei ist allerdings zuvor durch Auslegung zu ermitteln, ob die Arbeitsvertragsparteien sich über die Unwirksamkeit der Kündigung geeinigt oder ob sie lediglich die Begründung eines neuen Arbeitsverhältnisses vereinbart haben. Ergibt die Auslegung, dass sich die Parteien über die Unwirksamkeit der arbeitgeberseitigen Kündigung geeinigt haben, so gilt die im Vergleich zu § 615 S. 2 BGB **günstigere** (s. Rdn 69) Bestimmung in § 11 KSchG **entsprechend** (vgl. *Bader/Bram-Suckow* Rn 6). In der Literatur ist **streitig**, ob der Annahmeverzug des Arbeitgebers nur dann endet, wenn dieser mit dem Angebot der Weiterbeschäftigung zugleich klarstellt, dass er zu Unrecht gekündigt habe (so *Berkowsky* BB 1984, 216; *Denk* NJW 1983, 255; *Peter* DB 1982, 488; Staudinger-*Richardi/Fischinger* § 615 Rn 102, 126; *Weber* SAE 1982, 97; ErfK-*Preis* § 615 BGB Rn 67; **aA** bis zur 2. Aufl. *Becker* KR, Rn 8; *Löwisch* § 4 Rn 116; *ders.* DB 1986, 2433; *Soergel/Kraft* § 615 BGB Rn 42; *Ohlendorf* AuR 1981, 109; *Schaub* Annahmeverzug Rn 50; *ders.*

ZIP 1981, 347, 349; *Schäfer* DB 1982, 902; *ders.* NZA 1984, 110 ff.). Das *BAG* (14.11.1985 EzA § 615 BGB Nr. 46) hat sich der **erstgenannten** Meinung angeschlossen. Es steht auf dem Standpunkt, dass der Annahmeverzug auch dann **nicht** ende, wenn der Arbeitgeber dem Arbeitnehmer vorsorglich einen für die Dauer des Kündigungsrechtsstreits befristeten neuen Arbeitsvertrag zu den bisherigen Bedingungen oder eine durch die rechtskräftige Feststellung der Wirksamkeit der Kündigung auflösend bedingte Fortsetzung des Arbeitsvertrages anbiete und der Arbeitnehmer dieses Angebot ablehne. Nach der Ansicht des *BAG* (14.11.1985 EzA § 615 BGB Nr. 46) kann die Ablehnung eines solchen Angebots des Arbeitgebers jedoch uU ein **böswilliges** Unterlassen anderweitigen Erwerbs iSd § 615 S. 2 BGB darstellen. Bei einer einvernehmlichen Kündigungsrücknahme gehen die Arbeitsvertragsparteien, sofern keine abweichende Regelung erfolgt, von der Unwirksamkeit der Kündigung und damit auch für die Frage des Annahmeverzuges (§ 615 BGB) vom Fortbestand des Arbeitsverhältnisses aus (*BAG* 17.4.1986 EzA § 615 BGB Nr. 47). Zur Beendigung des Annahmeverzuges vgl. im Übrigen Rdn 26, 29. **Zur sozialversicherungsrechtlichen Behandlung des Annahmeverzuges** vgl. KR-*Link/Lau* SozR Rdn 193–195, 206 ff.

II. Nachzahlungszeitraum

9 Der **Nachzahlungszeitraum** erstreckt sich grds. auf die zwischen der tatsächlichen Beendigung des Arbeitsverhältnisses und der Wiederaufnahme der Arbeit liegende Zeitspanne. Die gesetzliche Formulierung »Zeit nach der Entlassung« ist ungenau. Der Zeitpunkt der tatsächlichen Beendigung des Arbeitsverhältnisses deckt sich idR mit dem Ablauf der Kündigungsfrist. Eine vorherige Freistellung des Arbeitnehmers von der Arbeit (vgl. hierzu *BAG* 19.8.1976 DB 1976, 2308) oder eine Urlaubsgewährung innerhalb der Kündigungsfrist führen nicht zu einer Vorverlegung des Entlassungszeitpunktes, da in diesen Fällen das Arbeitsverhältnis rechtlich bis zum Ablauf der Kündigungsfrist fortbesteht. Kommt der Arbeitgeber bereits vor Ablauf der Kündigungsfrist in Annahmeverzug, so gelangt für **diesen Zeitraum** die allgemeine Anrechnungsregelung des § 615 S. 2 BGB zur Anwendung (vgl. *BAG* 6.2.1964 EzA § 615 BGB Nr. 6).

10 Die Entbindung des Arbeitgebers von der Weiterbeschäftigung gem. § 102 Abs. 5 S. 2 BetrVG führt nur zur Beendigung des bestandsunabhängigen gesetzlichen Schuldverhältnisses. Der Arbeitgeber kommt daher **trotz Entbindung** von der Weiterbeschäftigung in Annahmeverzug, sofern die gesetzlichen Voraussetzungen des § 615 BGB gegeben sind (vgl. *LAG RhPf* 11.1.1980 BB 1980, 415). Liegen die Voraussetzungen des gesetzlichen Beschäftigungsanspruchs nach § 102 Abs. 5 BetrVG vor (vgl. KR-*Rinck* § 102 BetrVG Rdn 258 ff.) und wird der Arbeitgeber nicht von der Verpflichtung zur Weiterbeschäftigung entbunden, so bestehen bis zur rechtskräftigen Abweisung der Kündigungsschutzklage auch die beiderseitigen Hauptpflichten fort, so dass der Arbeitgeber Gläubiger der Arbeitsleistung bleibt und in Annahmeverzug gerät, wenn er die Arbeitsleistung des Arbeitnehmers nicht annimmt, **selbst wenn** die Kündigungsschutzklage später rechtskräftig **abgewiesen** wird (*BAG* 12.9.1985 EzA § 102 BetrVG 1972 Nr. 61). Hat das *ArbG* einem Arbeitnehmer rechtskräftig einen allgemeinen Weiterbeschäftigungsanspruch für die Dauer des Kündigungsschutzprozesses zuerkannt, so gerät der Arbeitgeber nach Ansicht des *BAG* (12.9.1985 EzA § 102 BetrVG 1972 Nr. 61) gem. § 286 Abs. 2 Nr. 1 BGB in **Schuldnerverzug**, sofern er den arbeitsbereiten und arbeitsfähigen Arbeitnehmer nicht beschäftigt. Da eine **Nachholung** der Arbeitsleistung idR **nicht** in **Betracht** kommt, kann der Arbeitnehmer in derartigen Fällen vom Arbeitgeber Schadensersatz wegen Nichterfüllung verlangen, und zwar ohne Rücksicht darauf, ob der Arbeitgeber die Unmöglichkeit zu vertreten hat oder nicht (§§ 283, 287 S. 2 BGB).

III. Annahmeverzug und Betriebsrisiko (§ 615 BGB)

11 **Grund und Höhe** des Nachzahlungsanspruchs sind in § 11 KSchG nicht geregelt. **Anspruchsgrundlage** ist idR § 615 S. 1 BGB, so dass insoweit auf die einschlägigen Kommentierungen verwiesen werden kann. Im Folgenden werden nur die **kündigungsrechtlichen Besonderheiten** des Annahmeverzuges behandelt.

1. Leistungsangebot des Arbeitnehmers und Nichtannahme durch Arbeitgeber

Die **Voraussetzungen des Annahmeverzuges** richten sich auch für das Arbeitsverhältnis nach den §§ 293 ff. BGB. Danach muss der Schuldner (im Rahmen eines erfüllbaren, also durchführbaren und nicht etwa rückwirkend begründeten Arbeitsverhältnisses: *BAG* 19.8.2015 EzA § 615 BGB 2002 Nr. 45) idR die geschuldete Leistung **tatsächlich** (in der geschuldeten Art, am geschuldeten Ort [Arbeitsort oder Arbeitsplatz: *BAG* 28.6.2017 EzA § 297 BGB 2002 Nr. 3], zur geschuldeten Zeit) **anbieten** (§ 294 BGB) und sie der Gläubiger (im Leiharbeitsverhältnis: der Entleiher, vgl. *Boemke* BB 2006, 997, 1002 f.) **nicht annehmen**. Unzureichend ist das Angebot lediglich eines Wiedereingliederungsverhältnisses (*BAG* 6.12.2017 EzA-SD 2018, Nr. 8, 3). Nach § 295 BGB genügt jedoch ein wörtliches Angebot, wenn der Gläubiger erklärt hat, er werde die Leistung nicht annehmen oder wenn zur Bewirkung der Leistung eine Handlung des Gläubigers erforderlich ist. Ist für die vom Gläubiger vorzunehmende Handlung eine Zeit nach dem Kalender bestimmt, bedarf es ausnahmsweise keines Angebots, wenn der Gläubiger die Handlung nicht rechtzeitig vornimmt (§ 296 BGB). Durch die ordentliche Kündigung bringt der Arbeitgeber idR hinreichend deutlich zum Ausdruck, dass er nicht dazu bereit ist, den Arbeitnehmer über den Ablauf der Kündigungsfrist hinaus weiterzubeschäftigen. Das BAG hat in seiner **älteren** Rechtsprechung (vgl. etwa *BAG* 24.11.1960 EzA § 615 BGB Nr. 3; 21.5.1981 EzA § 615 BGB Nr. 40) ein **wörtliches Angebot** gegen die Kündigung genügen lassen und gefordert und in einem erkennbaren Protest gegen die Kündigung, insbes. in der Erhebung der Kündigungsschutzklage, dann ein wörtliches Angebot gesehen, wenn der Arbeitnehmer auch arbeitswillig und arbeitsfähig war (krit. hierzu bis zur 2. Aufl. *Becker* KR, Rn 12 ff.; *Beitzke* SAE 1970, 4; *Blomeyer* Anm. zu *BAG* AP Nr. 26 und Nr. 31 zu § 615 BGB; *Eisemann* DArbRdGgw. Bd. 19, 1981, S. 33 ff.; *Schaub* ZIP 1981 348; *Schnorr v. Carolsfeld* Anm. zu *BAG* AP Nr. 28 zu § 615 BGB; *Söllner* Anm. zu *BAG* AP Nr. 2 zu § 615 BGB Kurzarbeit; *Stehl* AuR 1967, 44). Nach der mittlerweile gefestigten nunmehr maßgebenden Rechtsprechung des *BAG* (9.8.1984 EzA § 615 BGB Nr. 43; 21.3.1985 EzA § 615 BGB Nr. 44; 14.11.1985 EzA § 615 BGB Nr. 46; 18.12.1986 EzA § 615 BGB Nr. 53; 19.4.1990 EzA § 615 BGB Nr. 66 m. Anm. *Löwisch* = AP Nr. 45 zu § 615 BGB m. Anm. *Wiedemann/Wonneberger*; 24.10.1991 EzA § 615 BGB Nr. 70 m. Anm. *Kaiser* = AP Nr. 50 zu § 615 BGB; 21.1.1993 EzA § 615 BGB Nr. 78 m. Anm. *Schwarze* = AP Nr. 53 zu § 615 BGB m. Anm. *Kaiser*; 27.1.1994 EzA § 615 BGB Nr. 80 m. Anm. *Kraft* = AP Nr. 34 zu § 2 KSchG 1969; 21.3.1996 RzK I 13a Nr. 29; RzK I 13b Nr. 30; 21.11.1996 RzK I 13b Nr. 31; krit. *Stahlhacke* AuR 1992, 8, 9 f.) bedarf es nach Ausspruch einer (außerordentlichen oder ordentlichen) Kündigung durch den Arbeitgeber grds. auch **keines wörtlichen Dienstleistungsangebots** des Arbeitnehmers, weil der Arbeitgeber dem Arbeitnehmer den funktionsfähigen Arbeitsplatz zur Verfügung stellt, ihm ferner Arbeit zuweisen muss und somit eine nach dem Kalender bestimmte Mitwirkungshandlung vorzunehmen hat (§ 296 BGB). Das *BAG* steht (in den vorstehenden Entscheidungen ausgedrückt) nunmehr auf dem Standpunkt, dass der Arbeitgeber den gekündigten Arbeitnehmer zur Arbeit auffordern muss – im Falle einer ordentlichen Kündigung für die Zeit nach dem Kündigungstermin –, wenn er trotz der Kündigung nicht in Annahmeverzug geraten will. Dem Arbeitgeber obliege es als Gläubiger der geschuldeten Arbeitsleistung, dem Arbeitnehmer die Leistungserbringung zu ermöglichen. Dazu müsse er den Arbeitseinsatz des Arbeitnehmers fortlaufend planen und durch Weisungen hinsichtlich Ort und Zeit der Arbeitsleistung näher konkretisieren. Komme er dieser Obliegenheit nicht nach, gerate er in Annahmeverzug, **ohne dass es eines Angebots** der Arbeitsleistung durch den Arbeitnehmer bedürfe (*BAG* 19.1.1999 EzA § 615 BGB Nr. 93 in Fortführung *BAG* 9.8.1984 EzA § 615 BGB Nr. 43; 24.11.1994 EzA § 615 BGB Nr. 83). Bei unrechtmäßiger Kündigung eines **selbständigen Dienstverhältnisses** bedarf es nach der Ansicht des *BGH* hingegen (13.3.1986 DB 1986, 1332; vgl. auch *BGH* 20.1.1988 EzA § 615 BGB Nr. 55; aA *OLG Düsseld.* 15.1.1987 BB 1987, 567) mindestens eines wörtlichen Angebots weiterer Dienstleistungen. Erforderlich sei wenigstens, dass der Dienstverpflichtete eindeutig der Kündigung widerspreche (*BGH* 20.1.1988 EzA § 615 BGB Nr. 55; 18.10.1996 AP Nr. 73 zu § 615 BGB). Für den Fall des Widerrufs der Geschäftsführerbestellung hat der *BGH* (9.10.2000 EzA § 615 BGB Nr. 100) ein wörtliches Angebot ausdrücklich für entbehrlich angesehen.

12

13 Da nach der vorerwähnten Rechtsprechung des *BAG* auch ein wörtliches Leistungsangebot nach Ausspruch der Kündigung entbehrlich ist, sofern der Arbeitnehmer bei Ablauf der Kündigungsfrist leistungsbereit und leistungsfähig ist, greift der Annahmeverzug unabhängig davon ein, ob die Kündigung gegenüber dem Arbeitnehmer unter beleidigenden Umständen oder bei gleichzeitiger Verhängung eines Hausverbots erklärt worden ist (vgl. hierzu bis zur 2. Aufl. *Becker* KR, Rn 13 mwN). Die vorzitierte Rechtsprechung des *BAG* macht auch die wenig überzeugende Konstruktion entbehrlich, in der bis zur Entlassung erbrachten Arbeitsleistung das Angebot des Arbeitnehmers zur Weiterarbeit über den Kündigungstermin hinaus zu sehen (vgl. hierzu bis zur 2. Aufl. *Becker* KR, Rn 14).

14 Die vom *BAG* in seiner geänderten Rechtsprechung (9.8.1984 EzA § 615 BGB Nr. 43; 21.3.1985 EzA § 615 BGB Nr. 44; 14.11.1985 EzA § 615 BGB Nr. 46; 19.4.1990 EzA § 615 BGB Nr. 66; 24.10.1991 EzA § 615 BGB Nr. 70; 21.1.1993 EzA § 615 BGB Nr. 78; 27.1.1994 EzA § 615 BGB Nr. 80; 21.3.1996 RzK I 13b Nr. 30; 21.11.1996 RzK I 13b Nr. 31) aufgestellten Grundsätze (s. Rdn 12) gelten **entsprechend** für den Annahmeverzug des Arbeitgebers im Rahmen von **unwirksam befristeten** Arbeitsverhältnissen. Beruft sich ein arbeitsbereiter und arbeitsfähiger Arbeitnehmer vor Ablauf eines unwirksam befristeten Arbeitsvertrages auf diese Unwirksamkeit, so kommt der Arbeitgeber mit Ablauf der Vertragszeit in Annahmeverzug, ohne dass es hierzu eines wörtlichen Leistungsangebots des Arbeitnehmers bedarf. Bei unwirksamen Befristungen des Arbeitsvertrages bedarf es nämlich ebenfalls einer Mitwirkungshandlung des Arbeitgebers (Einrichtung eines funktionsfähigen Arbeitsplatzes und Zuweisung der Arbeit), so dass § 296 BGB auch hier zur Anwendung gelangt (aA *LAG Köln* 18.1.1984 EzA § 615 BGB Nr. 41). Entsprechendes gilt auch nach **rechtskräftigem Obsiegen** des Arbeitnehmers im Kündigungsschutzprozess (*BAG* 19.9.1991 RzK I 13b Nr. 18 und 27.1.1994 EzA § 615 BGB Nr. 80) oder wenn der Arbeitgeber seine **Ablehnung in anderer Weise** zum **Ausdruck** bringt, zB wenn er zu Unrecht geltend macht, das Arbeitsverhältnis sei durch eine Kündigung des Arbeitnehmers beendet, dem Arbeitnehmer unter Hinweis auf eine Beendigung des Arbeitsverhältnisses die Arbeitspapiere übersendet, ihn bei der Krankenkasse abmeldet und an seiner falschen Rechtsansicht auch im Prozess festhält (*BAG* 21.3.1996 RzK I 13b Nr. 30) oder auf einer nach § 623 BGB **formunwirksamen Kündigung** beharrt (aA für den Fall fehlender Vertretungsmacht *LAG Köln* 29.1.1997 LAGE § 615 BGB Nr. 33) oder die **Kündigungsfrist** nicht einhält (dann Annahmeverzug ab Kündigungstermin bis Ablauf der richtigen Frist, vgl. *LAG SchlH* 10.12.2003 AuR 2004, 77; aA *BAG* 15.5.2013 EzA § 615 BGB 2002 Nr. 40) oder der Arbeitgeber lediglich zur **partiellen Annahme** bereit ist (vertragswidrige Einschränkung des Umfangs der Arbeitsleistung, vgl. für Ausnahme von der Zuweisung von Überstunden *BAG* 7.11.2002 EzA § 612a BGB 2002 Nr. 1) oder den Arbeitnehmer von der Arbeitsleistung freistellt (*BAG* 6.9.2006 EzA § 615 BGB 2002 Nr. 16; 23.1.2008 EzA § 615 BGB 2002 Nr. 22; 21.10.2015 EzA § 615 BGB 2002 Nr. 48) oder bei Wegfall des ursprünglichen Arbeitsortes keinen neuen Arbeitsplatz bestimmt (*LAG Köln* 13.8.2007 AuR 2008, 161; *Hess. LAG* 21.8.2006 NZA-RR 2007, 186). Bei **unwirksamer Eigenkündigung des Arbeitnehmers** muss dieser seine Leistungswilligkeit später gegenüber dem Arbeitgeber ausdrücklich bekunden oder die Leistungswilligkeit vom Arbeitgeber aus einer entsprechenden Feststellungsklage des Arbeitnehmers entnommen werden können (*BAG* 21.11.1996 RzK I 13b Nr. 31). Entsprechendes gilt allgemein, wenn die **Initiative zur Beendigung des Arbeitsverhältnisses** – etwa im Wege eines **Aufhebungsvertrages** – vom **Arbeitnehmer** ausgeht (vgl. HWK-*Krause* § 615 BGB Rn 42; *Caspers* RdA 2001, 28, 33; *Richardi/Annuß* NJW 2000, 1231, 1233). Geht ein später als unwirksam erkannter Aufhebungsvertrag auf Initiative des **Arbeitgebers** zurück, gerät dieser frühestens zu dem Zeitpunkt in Annahmeverzug, zu dem ihm der Arbeitnehmer durch das Geltendmachen der Unwirksamkeit seinen Leistungswillen dokumentiert. (vgl. jetzt auch *BAG* 7.12.2005 EzA § 615 BGB 2002 Nr. 12; *Lüderitz/Pawlak* NZA 2011, 313, 314 verlangen ein tatsächliches Arbeitsangebot; *Staudinger/Oetker* § 623 BGB Rn 126: nicht ohne Weiteres von Leistungsbereitschaft auszugehen). Bis dahin wird also auch die Leistungsbereitschaft des Arbeitnehmers (s. Rdn 15) fehlen (für den Fall eines später als formnichtig [§ 623 BGB] erkannten Aufhebungsvertrags *Thür. LAG* 27.1.2004 EzASD 2004, Nr. 12, S. 10). Allerdings kann unter den Voraussetzungen des § 326 Abs. 2 BGB der Entgeltanspruch aufrechterhalten bleiben,

wenn der Arbeitgeber das Unterbleiben der Arbeitsleistung ganz oder überwiegend zu vertreten hat (vgl. Anwendungsbeispiele *Spilger* NZA 2020, 357, 358). Bei – rückwirkendem – Widerspruch gegen den Übergang des Arbeitsverhältnisses bei Betriebsübergang gem. § 613a Abs. 6 BGB nimmt das *BAG* (13.7.2006 EzA § 613a BGB 2002 Nr. 57) wegen des **fortlaufenden** Arbeitsverhältnisses an, dass § 296 BGB – wie auch sonst bei bestehendem Arbeitsverhältnis: *BAG* 16.4.2013 EzA § 615 BGB 2002 Nr. 38, anders bei Aufhebung der Arbeitspflicht durch Freistellung: *BAG* 26.6.2013 EzA § 615 BGB 2002 Nr. 41 – grds. nicht gilt (**krit.** *Schneider/Sittard* BB 2007, 2230 ff.). Im Falle der Begründung eines Arbeitsverhältnisses nach Maßgabe des **§ 78a Abs. 2 S. 1 BetrVG** mit einem bisherigen Auszubildenden wird das tatsächliche Arbeitsangebot durch die Aufforderung zur Bestimmung der nunmehr zu erbringenden Arbeitsleistung ersetzt (§ 295 S. 2 BGB); für eine konkretisierende Leistungsbestimmung gem. § 296 S. 2 BGB durch den Arbeitgeber fehlt die Zeitbestimmung iS jener Norm. Zum **Annahmeverzug** bei einer **Änderungskündigung** vgl. KR-*Kreft* § 2 KSchG Rdn 248 ff. sowie KR-*Kreft* § 8 KSchG Rdn 10–12.

2. Leistungswille des Arbeitnehmers

Zur Begründung des Annahmeverzuges ist erforderlich, dass der Arbeitnehmer bei Zugang der fristlosen Kündigung oder für den Zeitraum nach Ablauf der Kündigungsfrist **arbeitswillig** ist (*BAG* 9.8.1984 EzA § 615 BGB Nr. 43; 21.3.1985 EzA § 615 BGB Nr. 44; 14.11.1985 EzA § 615 BGB Nr. 46; 13.7.2005 EzA § 615 BGB 2002 Nr. 9). Ist dies **nicht** der **Fall**, muss der Arbeitnehmer den Beginn seiner Leistungsbereitschaft dem Arbeitgeber **mitteilen** und ihn auffordern, ihm eine Arbeit zuzuweisen. **Ausnahmsweise** bedarf es der Mitteilung der Arbeitsbereitschaft und der Aufforderung nicht, wenn der Arbeitgeber bei oder nach Ausspruch der Kündigung klar und ernsthaft erklärt hat, er verzichte auf die Arbeitsleistung auch für die Zeit nach dem Ende der fehlenden Arbeitsbereitschaft (*BAG* 9.8.1984 EzA § 615 BGB Nr. 43). Der Leistungswille des Arbeitnehmers muss für die **gesamte** Dauer des Annahmeverzuges vorhanden sein (*BAG* 17.8.2011 EzA § 615 BGB 2002 Nr. 34; 19.5.2004 EzA § 615 BGB 2002 Nr. 6; 18.12.1974 EzA § 615 BGB Nr. 27). Das Fehlen eines ernsthaften Leistungswillens kann **nicht** bereits dann **angenommen** werden, wenn der Arbeitnehmer einen **Auflösungsantrag** iSv § 9 KSchG stellt (*BAG* 18.1.1963 AP Nr. 22 zu § 615 BGB; anders wenn zur Begründung des Auflösungsantrages geltend gemacht wird, das Arbeitsverhältnis sei völlig zerrüttet und könne unter keinen Umständen fortgesetzt werden, es sei unerträglich und unwürdig, vgl. *BAG* 24.9.2003 EzA § 615 BGB 2002 Nr. 5) oder **selbst** unwirksam **gekündigt** hat. Letzterenfalls muss aber die Leistungswilligkeit des Arbeitnehmers später gegenüber dem Arbeitgeber ausdrücklich bekundet werden oder von diesem aus einer entsprechenden Feststellungsklage des Arbeitnehmers entnommen werden können (*BAG* 21.11.1996 RzK I 13b Nr. 31). **Arbeitsunwilligkeit** vor Ausspruch der Kündigung ist kein ausreichendes Anzeichen für Leistungsunwillen (*BAG* 9.3.1995 RzK I 13b Nr. 25; 26.7.1995 RzK I 13b Nr. 27), desgleichen nicht allein die Eingehung eines neuen Arbeitsverhältnisses nach Kündigung (*BAG* 16.5.2012 EzA § 615 BGB 2002 Nr. 37). Sie ergibt sich nicht aus Vorlage einer **ärztlichen Empfehlung**, den **Arbeitsplatz zu wechseln**, so der Arbeitnehmer arbeitsfähig (Rdn 16) ist (*BAG* 17.2.1998 EzA § 615 BGB Nr. 89). Bietet der Arbeitgeber **Prozessbeschäftigung** an, soll es an der Leistungsbereitschaft fehlen, wenn der Arbeitnehmer die Forderung nach einem Verzicht auf die Wirkungen der Kündigung zur Bedingung der Arbeitsaufnahme macht (*BAG* 13.7.2005 EzA § 615 BGB 2002 Nr. 9). Richtigerweise liegt dann ein Fall des § 615 S. 2 BGB vor (**krit.** auch *Boemke* JuS 2006, 287, 288; **diff.** *BAG* 17.8.2011 EzA § 615 BGB 2002 Nr. 34). Der Arbeitnehmer kann nicht einerseits die vorläufige Weiterbeschäftigung zu den bisherigen Bedingungen verlangen, andererseits aber das entsprechende Angebot des Arbeitgebers ablehnen. Dieses treuwidrige Verhalten führt zum Wegfall der Annahmeverzugsansprüche nach § 615 S. 2 BGB (*LAG Köln* 14.12.1995 AP Nr. 6 zu § 615 BGB Böswilligkeit = LAGE § 615 BGB Nr. 45). Ist der Arbeitnehmer wegen eines ihm zustehenden **Leistungsverweigerungsrechts** nicht leistungsbereit (vgl. § 298 BGB), so muss er sich für den Zeitraum nach Ablauf der Kündigungsfrist auf das Leistungsverweigerungsrecht berufen (vgl. *BAG* 7.6.1973 EzA § 295 BGB Nr. 4; *Schaub* Annahmeverzug Rn 19). Die Leistungsbereitschaft fehlt bei Eingehen eines anderen Arbeitsverhältnisses zu einem Dritten während des Verzugszeitraums

(*BAG* 19.5.2004 EzA § 615 BGB 2002 Nr. 6; richtigerweise ist dies mit Blick auf eine etwaige Erwerbsobliegenheit – § 11 Abs. 1 Nr. 2 KSchG – lediglich indiziell im Zusammenhang mit anderen Faktoren). Der Arbeitgeber trägt die **Darlegungs- und Beweislast** für den fehlenden Leistungswillen des Arbeitnehmers (*BAG* 2.8.1968 AP Nr. 1 zu § 297 BGB; 21.3.1985 – 2 AZR 596/83; 6.11.1986 RzK I 13b Nr. 4). Aus der **Hinnahme** einer **formnichtigen Kündigung** darf nicht auf fehlenden Leistungswillen geschlossen werden (*Eberle* NZA 2003, 1121). Wer **streikt** ist nicht leistungswillig (*BAG* 17.7.2012 EzA Art. 9 GG Arbeitskampf Nr. 147).

3. Leistungsfähigkeit des Arbeitnehmers

16 Neben (*BAG* 15.5.2013 EzA § 615 BGB 2002 Nr. 40) einem ernsthaften Leistungswillen setzt der Annahmeverzug die **objektive Leistungsfähigkeit** des Arbeitnehmers voraus (*BAG* 10.5.1973 EzA § 294 BGB Nr. 1; 9.8.1984 EzA § 615 BGB Nr. 43; 21.3.1985 EzA § 615 BGB Nr. 44; 14.11.1985 EzA § 615 BGB Nr. 46; 13.7.2005 EzA § 615 BGB 2002 Nr. 9). Dies folgt aus § 297 BGB, wonach der Gläubiger nicht in Verzug kommt, wenn der Schuldner zur Zeit des Angebots außerstande ist, die Leistung zu bewirken (**krit.** zur »Fixschuldthese« hinsichtlich der Arbeitsleistung monografisch *Hellfeier* Diss.). Wird zB der Arbeitnehmer infolge Krankheit **arbeitsunfähig**, so liegen von diesem Zeitpunkt an die Voraussetzungen der §§ 615 S. 1, 294 ff. BGB nicht mehr vor (vgl. auch Rdn 19; stufenweise Wiedereingliederung und BEM indizieren uU fortbestehende Arbeitsunfähigkeit: *Stähler* NZA-RR 2012, 117). Grund und Höhe des Nachzahlungsanspruchs ergeben sich in dem **zuletzt** genannten **Fall** aus den gesetzlichen Vorschriften über die Vergütungsfortzahlung im Krankheitsfalle (§§ 3, 4 EFZG). Auch mit der Urlaubsgewährung gerät der Arbeitgeber in dieser Zeit nicht in (Schuldner-)Verzug (*Hess. LAG* 28.10.1996 DB 1997, 681). Im Falle einer **dauernden Unmöglichkeit** der **Arbeitsleistung** gerät der Arbeitgeber auch dann in Annahmeverzug, wenn eine Weiterbeschäftigung auf einem anderen freien Arbeitsplatz auch mit Arbeiten außerhalb des vertraglichen Tätigkeitsbereichs möglich ist, und der Arbeitnehmer dies anbietet (aA *BAG* 10.7.1991 EzA § 615 BGB Nr. 69; **wie hier** *Stahlhacke* RdA 1992, 8, 15 f.; für den Fall eingeschränkter Leistungsfähigkeit wie hier *BAG* 27.8.2008 NZA 2008, 1410). Durch die Verbüßung einer **Freiheitsstrafe** wird der Annahmeverzug des Arbeitgebers jedenfalls dann nicht beseitigt, wenn der Arbeitnehmer sich trotz Strafaufschubs freiwillig mit Rücksicht auf den Annahmeverzug des Arbeitgebers zum Strafantritt meldet und seine Strafe auch im Wochenendvollzug hätte verbüßen können (*BAG* 18.8.1961 AP Nr. 20 zu § 615 BGB). Hält sich der Arbeitnehmer während des Zeitraums, in dem der Annahmeverzug des Arbeitgebers besteht, im **Ausland** auf, so kann allein deshalb nicht von fehlender Leistungsbereitschaft und/oder -fähigkeit ausgegangen werden (*LAG Hamm* 18.10.1985 LAGE § 615 BGB Nr. 6). Die Aufnahme eines **anderen Arbeitsverhältnisses** während des Annahmeverzuges beendet nicht den Verzug, sondern löst nur das Recht zur Anrechnung des anderweitigen Verdienstes aus (*BAG* 19.9.1991 RzK I 13b Nr. 18). Tritt die Unmöglichkeit der Arbeitsleistung erst während des bereits begründeten Annahmeverzugs ein, bestimmt sich die Rechtsfolge (weiter) nach § 615 BGB, ansonsten nach § 326 Abs. 2 S. 1 Alt. 1 BGB (*BAG* 23.9.2015 EzA § 615 BGB 2002 Nr. 46). Der Arbeitgeber ist verantwortlich iSv § 326 Abs. 1 S. 1 Alt. 1 BGB, wenn er den Umstand, der zur **Unmöglichkeit** der Arbeitsleistung geführt hat, allein oder weit überwiegend zu vertreten hat (*BAG* 19.8.2015 EzA § 615 BGB 2002 Nr. 45). Entsprechendes gilt für den Fall des **Unvermögens** (*BAG* 28.9.2016 EzA § 615 BGB 2002 Nr. 51).

17 Ansprüche aus Annahmeverzug kommen dann nicht in Betracht, wenn der Arbeitnehmer aufgrund eines öffentlich-rechtlichen **Beschäftigungsverbotes** außerstande ist, die vereinbarte Leistung zu bewirken. Dies gilt zB beim Fehlen einer erforderlichen **Berufsausübungserlaubnis** (*BAG* 6.3.1974 EzA § 615 BGB Nr. 21; 26.3.1986 – 7 AZR 592/84 – juris) oder bergrechtlicher Bedenklichkeit (*BAG* 15.6.2004 EzA § 615 BGB 2002 Nr. 8) oder beim **Entzug** der **Fahrerlaubnis** gegenüber einem Berufskraftfahrer (*BAG* 18.12.1986 EzA § 615 BGB Nr. 53) oder dann, wenn der Arbeitgeber ein Arbeitsangebot des Arbeitnehmers deshalb ablehnt, weil nach **ärztlichem Attest** Zweifel an der **Unbedenklichkeit** des **Arbeitsplatzes** für die Gesundheit des Arbeitnehmers bestehen (*LAG Köln* 24.11.1995 ZTR 1996, 275). Um ein den Annahmeverzug ausschließendes gesetzliches Beschäftigungsverbot handelt es sich auch dann, wenn ein **ausländischer Arbeitnehmer**

den nach § 18 Abs. 2 AufenthG erforderlichen **Aufenthaltstitel zur Ausübung einer Beschäftigung** (früher: **Arbeitserlaubnis** nach § 284 Abs. 1 SGB III, zuvor § 19 Abs. 1 AFG) nicht besitzt (vgl. *BAG* 16.12.1976 AP Nr. 4 zu § 19 AFG; 13.1.1977 DB 1977, 917; 19.1.1977 DB 1977, 1560). Für die Dauer **mutterschutzrechtlicher Beschäftigungsverbote** stehen einer Arbeitnehmerin keine Ansprüche aus Annahmeverzug, sondern steht ihr unter den Voraussetzungen des § 18 MuSchG Mutterschaftslohn zu. Für die Zeit der Schutzfristen (§ 3 MuSchG) erhält die Frau unter den Voraussetzungen des § 19 MuSchG Mutterschaftsgeld nach den Vorschriften des SGB V. Hierzu hat der Arbeitgeber gem. § 20 MuSchG allenfalls einen Zuschuss zu zahlen. Ein zur Unmöglichkeit der Arbeitsleistung führendes gesetzliches Beschäftigungsverbot setzt stets eine nach Voraussetzungen und Rechtsfolgen eindeutige Regelung voraus (*BAG* 18.3.2009 EzA § 615 BGB 2002 Nr. 28 betr. § 5 Abs. 5 RettG NRW, das eine aufgabenbezogene Fortbildung des in der Notfallrettung und im Krankentransport eingesetzten nichtärztlichen Personals vorsieht). Kann ein **schwer behinderter Mensch** aus gesundheitlichen Gründen oder aufgrund seiner Behinderung (*BAG* 4.10.2005 EzA § 81 SGB IX Nr. 9) seine arbeitsvertraglich geschuldete Leistung nicht mehr erbringen, so lässt sich (auch) aus dem Schwerbehindertenrecht kein Anspruch auf Fortzahlung der Vergütung herleiten (*BAG* 10.7.1991 AP Nr. 1 zu § 14 SchwbG 1986; 23.1.2001 EzA § 615 BGB Nr. 103; *LAG Köln* 24.11.1995 ZTR 1996, 275). Eine **partielle** Arbeitsfähigkeit ist aber zu berücksichtigen (vgl. *BAG* 6.12.2001 EzA § 1 KSchG Interessenausgleich Nr. 9). Kann der Arbeitnehmer, dessen Tätigkeit im Arbeitsvertrag nur rahmenmäßig umschrieben ist, die vom Arbeitgeber aufgrund seines Direktionsrechts nach § 106 S. 1 GewO wirksam näher bestimmte Tätigkeit aus in seiner Person liegenden Gründen nicht mehr ausüben, aber eine andere im Rahmen der arbeitsvertraglichen Vereinbarung liegende Tätigkeit verrichten, ist für den Annahmeverzug des Arbeitgebers das Angebot einer »leidensgerechten Arbeit« ohne Belang, solange der Arbeitgeber nicht durch eine Neuausübung des Direktionsrechts diese zu der iSv. § 294 BGB zu bewirkenden Arbeitsleistung bestimmt hat (*BAG* 19.5.2010 EzA § 615 BGB 2002 Nr. 33; zur Abgrenzung von dem Fall fehlender Arbeitsfähigkeit bei Nachtdienstuntauglichkeit: *BAG* 9.4.2014 EzA § 106 GewO Nr. 18; zu Direktionsrecht und -pflicht sowie Schadensersatz und Annahmeverzug bei Leistungshinderung [partiell oder vollständig] des Arbeitnehmers instruktiv *Greiner* RdA 2013, 9 ff.). Bei **Berufsunfähigkeit** fehlt es daran (*LAG Bln.* 1.3.2002 ZTR 2002, 395).

Ansprüche aus Annahmeverzug kommen ungeachtet bestehenden Leistungswillens auch dann nicht in Betracht, wenn die Rechte und Pflichten aus dem Arbeitsvertrag **suspendiert** sind (zB wegen Urlaubes, angeordneten Freizeitausgleiches usw.), woran eine unwirksame Kündigung während dieser Zeit nichts ändert (*BAG* 23.1.2001 EzA § 615 BGB Nr. 101). Dies ist etwa nach der Rechtsprechung des *BAG* der Fall, wenn der Arbeitgeber einen **bestreikten** Betrieb oder Betriebsteil stilllegt, wobei es nicht darauf ankommt, ob ihm die Heranziehung der arbeitswilligen Arbeitnehmer zur Arbeit möglich und zumutbar wäre (*BAG* 22.3.1994 EzA Art. 9 GG Arbeitskampf Nr. 115; 11.7.1995 EzA Art. 9 GG Arbeitskampf Nr. 121; 11.7.1995 EzA Art. 9 GG Arbeitskampf Nr. 122; 12.11.1996 EzA Art. 9 GG Arbeitskampf Nr. 127 [m. Anm. *Treber*]; krit. zu den Auswirkungen dieser Rechtsprechung auf Vergütungsansprüche gewerkschaftlich nicht organisierter Arbeitnehmer *Schulte Westenberg* NJW 1996, 1256 f.), oder wenn Beschäftigungs- und Vergütungsanspruch nach den Grundsätzen der **Arbeitskampfrisikolehre** verloren gehen, weil die **Fernwirkungen** eines **Streiks** die Fortsetzung des Betriebes ganz oder teilweise unmöglich oder wirtschaftlich unzumutbar machen (*BAG* 22.12.1980 EzA § 615 Betriebsrisiko Nr. 7; 22.12.1980 EzA § 615 Betriebsrisiko Nr. 8; zum Schicksal der Arbeitskampfrisikolehre nach dem Ende der Tarifeinheit – *BAG* 7.7.2010 EzA § 4 Tarifkonkurrenz Nr. 25 – s. *Spielberger* NJW 2011, 264). Anders ist es, wenn sich das **Betriebsrisiko** einschließlich des **Wirtschaftsrisikos** des Arbeitgebers realisiert, er bspw. auf einen nach tatsächlicher Betriebsstilllegung liegenden Zeitpunkt gekündigt hat und der Arbeitnehmer gar nicht mehr in der Lage ist, seine Arbeitsleistung zu erbringen. Dann wurde der Arbeitgeber auch nicht nach § 323 BGB aF von der Lohnzahlungspflicht frei (*BAG* 23.6.1994 NZA 1995, 468). **Dieses Ergebnis folgt jetzt aus § 615 S. 3 BGB nF** über die Vergütung bei Betriebsrisiko (das ist nicht das Arbeitskampf- oder das Wegerisiko, *Luke* NZA 2004, 244 ff.). Verzugslohnanspruch besteht auch dann, wenn der Arbeitgeber den Arbeitnehmer deshalb nicht beschäftigen kann, weil er

Arbeiten in Erwartung künftiger Streikmaßnahmen an **Dritte** vergeben hat (*BAG* 15.12.1998 EzA Art. 9 GG Arbeitskampf Nr. 131).

19 Nach **Wiederherstellung** der **objektiven Leistungsfähigkeit** des Arbeitnehmers setzt sich der Annahmeverzug des Arbeitgebers nicht automatisch fort. Um den Arbeitgeber erneut in Annahmeverzug zu versetzen, muss der Arbeitnehmer den Beginn seiner Leistungsfähigkeit mitteilen und ihn auffordern, ihm eine Arbeit zuzuweisen (*BAG* 9.8.1984 EzA § 615 BGB Nr. 43; vgl. auch *Schäfer* NZA 1984, 108). Hat der objektiv arbeitsfähige Arbeitnehmer selbst zwar Zweifel an der eigenen Arbeitsfähigkeit, entschließt er sich aber gleichwohl zu einer entsprechenden Mitteilung und Aufforderung, so führt dies zum Annahmeverzug des Arbeitgebers. Dies gilt selbst dann, wenn der Arbeitgeber infolge eines unverschuldeten Irrtums über die objektive Leistungsfähigkeit des Arbeitnehmers die Weiterbeschäftigung ablehnt. Der Arbeitgeber trägt die **Darlegungs-** und **Beweislast** für das fehlende **Leistungsvermögen** des Arbeitnehmers (*BAG* 2.8.1968 AP Nr. 1 zu § 297 BGB; 21.3.1985 – 2 AZR 596/83 – juris). Er darf die Leistungsunfähigkeit aber nicht »ins Blaue hinein« behaupten, sondern muss ausreichende Indiztatsachen vortragen und ggf. beweisen; dann muss sich der Arbeitnehmer substantiiert und ggf. unter Entbindung der behandelnden Ärzte von der Schweigepflicht einlassen (*BAG* 5.11.2003 EzA § 615 BGB 2002 Nr. 2). War der Arbeitnehmer zum Kündigungstermin **befristet arbeitsunfähig krank**, so treten die Verzugsfolgen jedenfalls dann unabhängig von der Anzeige der wiedergewonnenen Arbeitsfähigkeit ein, wenn der Arbeitnehmer dem Arbeitgeber durch Erhebung einer Kündigungsschutzklage oder sonstigen Widerspruch gegen die Kündigung seine weitere Leistungsbereitschaft deutlich gemacht hat (*BAG* 19.4.1990 EzA § 615 BGB Nr. 66). Dies gilt auch dann, wenn der Arbeitnehmer zum Zeitpunkt der – später für unwirksam erklärten – Kündigung und danach infolge Krankheit **mehrfach befristet arbeitsunfähig** war (*BAG* 24.10.1991 EzA § 615 BGB Nr. 70). An dieser Rechtsprechung hält das BAG entgegen kritischen Stimmen fest (*BAG* 21.1.1993 EzA § 615 BGB Nr. 78 = AP Nr. 53 zu § 615 BGB mit krit. Anm. *Kaiser*). Im Ergebnis hängt der Annahmeverzug des Arbeitgebers somit nur noch davon ab, ob der Arbeitnehmer objektiv arbeitsfähig war oder nicht (*Stahlhacke* AuR 1992, 8, 12). Das BAG hat seine Rechtsprechung mittlerweile auch auf Fälle der **langwährenden Arbeitsunfähigkeit** (von ca. acht Monaten, *BAG* 21.1.1993 EzA § 615 BGB Nr. 78) und **mehrerer** jeweils auf **unabsehbare** Zeit ausgestellter Arbeitsunfähigkeitsbescheinigungen (*BAG* 24.11.1994 EzA § 615 BGB Nr. 83 mit zust. Anm. *Treber* = AP Nr. 60 zu § 615 BGB mit abl. Anm. *Ramrath*) erstreckt. **Zur Kritik** auch *Bader/Bram-Suckow* Rn 12 und die Zusammenstellung der Gegenpositionen bei ErfK-*Preis* § 615 BGB Rn 53. Das fehlende Leistungsvermögen wird nicht allein durch die **subjektive** Einschätzung des Arbeitnehmers ersetzt, gesundheitlich zu einem Arbeitsversuch in der Lage zu sein (*BAG* 29.10.1998 AP Nr. 77 zu § 615 BGB). Der Vorlage einer »Gesundschreibung« oder »Arbeitsfähigkeitsbescheinigung« bedarf es aber nicht (*LAG Bln.* 10.5.2001 RzK I 6b Nr. 30; *LAG Düsseld.* 17.7.2003 EzA-SD 2003, Nr. 20, 11).

20 Bei **kurzfristigen Verhinderungen** des Arbeitnehmers (zB wegen Umzuges oder Arztbesuches) ergibt sich der Nachzahlungsanspruch aus **§ 616 BGB**. Weitergehende Zahlungsansprüche können sich aus tarifrechtlichen Regelungen über kurzfristige Arbeitsverhinderungen ergeben.

4. Unzumutbarkeit der Leistungsentgegennahme

21 Trotz Vorliegens der Arbeitsbereitschaft und Arbeitsfähigkeit des Arbeitnehmers gerät der Arbeitgeber ausnahmsweise dann nicht in Annahmeverzug, wenn er die Annahme der Dienste des Arbeitnehmers mit Recht zurückgewiesen hat (vgl. *LAG RhPf.* 11.1.1980 EzA § 615 BGB Nr. 35; aA *LAG München* 15.12.1986 BB 1987, 1465). Ein derartiges Recht zur Ablehnung der Arbeitsleistung steht dem Arbeitgeber dann zu, wenn ihm die Weiterbeschäftigung unter Berücksichtigung der dem Arbeitnehmer zuzurechnenden Umstände nach Treu und Glauben **nicht zuzumuten** ist (vgl. *BAG* 26.4.1956 EzA § 615 BGB Nr. 1; 29.10.1987 AP Nr. 42 zu § 615 BGB). Dies kann jedoch nur bei **besonders schwerwiegenden Pflichtverletzungen** des Arbeitnehmers (zB Tätlichkeiten gegenüber dem Arbeitgeber, dringender Verdacht des sexuellen Missbrauchs von Kleinkindern in einer Kindertagesstätte durch einen Erzieher: *LAG Bln.* 27.11.1995 LAGE § 615 BGB Nr. 46

oder Urinieren in Handwaschbecken eines Lebensmittelbetriebes: *LAG Brem.* 24.8.2000 LAGE § 615 BGB Nr. 61 oder Untreuehandlungen des Leiter Buchhaltung/Finanzen/Personal: *BAG* 16.4.2014 EzA § 611 BGB 2002 Beschäftigungspflicht Nr. 2) angenommen werden. Es muss ein Verhalten vorliegen, das **noch schwerer** wiegt als ein für eine außerordentliche Kündigung erforderlicher »**wichtiger Grund**« (vgl. *BAG* 19.8.1975 EzA § 102 BetrVG 1972 Nr. 15; 26.7.1995 – 2 AZR 665/94). Diese Grundsätze gelten auch für **Betriebsratsmitglieder** (*BAG* 11.11.1976 DB 1977, 1192). Das Tragen einer **Polit-Plakette** stellt dagegen grds. noch keinen schwerwiegenden Grund für den Arbeitgeber dar, die Arbeitsleistung eines Arbeitnehmers mit verzugsbefreiender Wirkung als nicht ordnungsgemäß zurückzuweisen (aA *BAG* 29.10.1987 EzA § 615 BGB Nr. 54; 9.12.1982 EzA § 626 BGB nF Nr. 86). Der Ausschluss der Annahmeverzugsfolgen kann sich nämlich in derartigen Fällen, dh bei Vorliegen der Leistungsbereitschaft und Leistungsfähigkeit des Arbeitnehmers, nur aus einem Verstoß gegen Treu und Glauben (§ 242 BGB) herleiten. Entgegen der Ansicht des *BAG* (9.12.1982 EzA § 626 BGB nF Nr. 86) können Pflichtwidrigkeiten des Arbeitnehmers, die sich nicht unmittelbar auf die Arbeitsleistung des Arbeitnehmers auswirken (zB Tragen einer Polit-Plakette), durch den Arbeitgeber nicht durch eine zum Ausschluss der Annahmeverzugsfolgen führende Ablehnung der Arbeitsleistung geahndet werden. Die Schaffung eines derartigen **quasi-kündigungsrechtlichen** Sanktionsmittels steht im Widerspruch zu der vergütungsrechtlichen Ausgleichsfunktion des § 615 BGB. Die Beschäftigung einer arbeitswilligen Arbeitnehmerin während eines Streiks ist dem Arbeitgeber nicht allein deshalb unzumutbar, weil er der Gewerkschaft im Zusammenhang mit Abschluss einer sog. **Notdienstvereinbarung** zugesichert hat, andere als die in der Vereinbarung benannten Arbeitnehmer nicht an den Arbeitsplatz zu lassen (*BAG* 14.12.1993 AP Nr. 57 zu § 615 BGB).

5. Fälligkeit

Die während des Laufs eines Kündigungsschutzprozesses gem. § 615 S. 1 BGB entstehenden Zahlungsansprüche des Arbeitnehmers werden **fällig**, wie wenn die Dienste wirklich geleistet worden wären (*BAG* 10.4.1963 EzA § 4 TVG Nr. 5; 9.3.1966 und 8.8.1985 AP Nr. 31 und 94 zu § 4 TVG Ausschlussfristen; aA *LAG Nds.* 23.11.1984 DB 1985, 708). Dies gilt selbst dann, wenn für den Nachzahlungsanspruch eine andere gesetzliche Anspruchsgrundlage (zB § 3 EFZG) besteht. Durch die Erhebung der Kündigungsschutzklage wird die Fälligkeit der auf die Zeit nach der Kündigung entfallenden Vergütungsansprüche nicht bis zur Entscheidung des Kündigungsrechtsstreits aufgeschoben; denn das die Unwirksamkeit der Kündigung aussprechende Urteil hat nur **rechtsfeststellende** und keine **rechtsgestaltende** Wirkung; es verändert die Rechtslage nicht, sondern stellt nur die objektiv bereits bestehende Rechtslage mit bindender Wirkung für die Prozessparteien fest (*BAG* 4.5.1977 DB 1977, 1301; *Künzl* DB 1986, 1280). Die Rechtskraft eines Urteils, das die Unwirksamkeit der Kündigung feststellt, ist daher keine Voraussetzung für die Fälligkeit der Vergütungsansprüche nach dem Zeitpunkt der unwirksamen Kündigung (*BAG* 8.8.1985 AP Nr. 94 zu § 4 TVG Ausschlussfristen; aA *LAG Nds.* 23.11.1984 DB 1985, 708).

22

6. Tarifliche Ausschlussfristen und Verjährung

Bestimmt ein Tarifvertrag, dass Ansprüche aus einem Arbeitsverhältnis innerhalb einer bestimmten Frist nach Fälligkeit schriftlich geltend zu machen sind (sog. **Ausschlussfrist**), so wird diese Frist hinsichtlich solcher Ansprüche, die vom Ausgang des Kündigungsschutzprozesses abhängen, durch **Erhebung** der **Kündigungsschutzklage** (auch im Öffentlichen Dienst: *BAG* 26.2.2003 AP Nr. 101 zu § 615 BGB) im Falle einer **einstufigen Ausschlussfrist** gewahrt. Hierzu zählen auch Ansprüche aus Annahmeverzug des Arbeitgebers (*BAG* 10.4.1963 EzA § 4 TVG Nr. 5; 16.6.1976 EzA § 4 TVG Ausschlussfristen Nr. 27 und 28; 26.3.1977 EzA § 4 TVG Ausschlussfristen Nr. 30; 4.5.1977 EzA § 4 TVG Ausschlussfristen Nr. 31; 21.6.1978 AP Nr. 65 zu § 4 TVG Ausschlussfristen; 8.8.1985 AP Nr. 94 zu § 4 TVG Ausschlussfristen; 9.8.1990 AP Nr. 46 zu § 615 BGB; 21.3.1996 RzK I 13a Nr. 46; 5.11.2003 EzA § 615 BGB 2002 Nr. 2; zur fehlenden schuldnerverzugsbegründenden Wirkung der Kündigungsschutzklage hinsichtlich urlaubsrechtlicher Ansprüche aber *BAG* 17.1.1995 AP Nr. 66 zu § 7 BUrlG Abgeltung; aus Gründen des neuen Verjährungsrechts jetzt

23

auch *Fromm* ZTR 2003, 70, 72) sowie gesetzlich geschuldete Verzugszinsen (BAG 24.6.2021 – 5 AZR 385/20 – juris). Ist durch Erhebung der Kündigungsschutzklage die tarifliche Frist gewahrt, so müssen nach Rechtskraft des Urteils im Kündigungsschutzprozess die tariflichen Lohnansprüche nicht erneut innerhalb der tariflichen Ausschlussfrist geltend gemacht werden, wenn der Tarifvertrag das nicht ausdrücklich vorsieht (*BAG* 9.8.1990 AP Nr. 46 zu § 615 BGB). Die fristwahrende Wirkung der Kündigungsschutzklage entfällt auch nicht dadurch wieder, dass der Arbeitgeber während des Kündigungsrechtsstreits eine weitere Kündigung ausspricht (*BAG* 21.3.1996 RzK I 13a Nr. 46). Schreibt ein Tarifvertrag in Form einer sog. **doppelstufigen Ausschlussklausel** nicht nur eine Ausschlussfrist für die außergerichtliche, sondern auch eine solche für die gerichtliche Geltendmachung von Zahlungsansprüchen vor, so bedurfte es nach der **Ansicht des** *BAG* (4.5.1977 EzA § 4 TVG Ausschlussfristen Nr. 31; 22.2.1978 EzA § 4 TVG Ausschlussfristen Nr. 33; 13.9.1984 EzA § 4 TVG Ausschlussfristen Nr. 62; 18.12.1984 AP Nr. 87 zu § 4 TVG Ausschlussfristen; 8.8.1985 AP Nr. 94 zu § 4 TVG Ausschlussfristen) zur Fristwahrung der **Erhebung** einer **Leistungsklage**. Die Erhebung einer Kündigungsschutzklage könne selbst dann nicht als fristwahrend angesehen werden, wenn es sich um Zahlungsansprüche handele, die vom Fortbestand des Arbeitsverhältnisses abhängig seien. Im **Schrifttum** (vgl. die Nachweise bei *Becker/Bader* BB 1981, 1710 FN 9) ist die Auffassung des BAG mit Recht **kritisiert** worden (jetzt auch APS-*Biebl* Rn 36; ErfK-*Preis* §§ 194–218 Rn 64a; s.a MüKo-BGB/*Hergenröder* § 4 KSchG Rn 76; **aA** für zweistufige **einzelvertragliche** Verfallklausel auch *LAG Nbg.* 12.1.2011 DB 2011, 825; gegen entspr. Anwendung der §§ 203, 204 BGB nF aber *Sächs. LAG* 14.7.2003 – 3 Sa 814/02). Sie ist prozessunwirtschaftlich, steigert das Kostenrisiko und zwingt zu Klagen, die dem Prinzip der Gesamtabrechnung (Rdn 40) mangels Gewissheit über das Ende etwaigen Annahmeverzuges (noch) nicht genügen können. Eine teleologische Auslegung der entsprechenden Tarifnormen wird idR dazu führen, dass Ausschlussfristen für die gerichtliche Geltendmachung von Ansprüchen nur auf solche Forderungen zugeschnitten sind, die im Rahmen eines unstreitig bestehenden Arbeitsverhältnisses entstanden und damit auch für den Arbeitnehmer bezifferbar sind. Die Erhebung einer Kündigungsschutzklage oder einer auf das Fortbestehen des Arbeitsverhältnisses gerichteten allgemeinen Feststellungsklage stellt in derartigen Fällen eine ausreichende Form der gerichtlichen Geltendmachung hinsichtlich solcher Ansprüche dar, die in ihrem Bestand oder der Höhe nach von dem Ausgang des Kündigungsrechtsstreits abhängig sind (vgl. hierzu ausführlich *Becker/Bader* BB 1981, 1709). Mit einer Klage auf vertragsgemäße **Beschäftigung** macht der Arbeitnehmer zugleich die **für diese** Beschäftigung vereinbarten Entgeltansprüche im Sinne der ersten Stufe einer (tarif)vertraglichen Ausschlussfrist geltend (*BAG* 18.9.2019 EzA § 4 TVG Ausschlussfristen Nr. 221; *Brecht-Heitzmann* Anm. AP Nr. 157 zu § 615 BGB). **Fristwahrend** war die Kündigungsschutzklage jedenfalls auch nach Auffassung des *BAG* (5.11.2003 EzA § 615 BGB 2002 Nr. 29), wenn bei einer **zweistufigen Ausschlussfrist** der Lauf der zweiten Frist für die Dauer der Kündigungssache **gehemmt** ist. **Entgegen** der bisherigen Rechtsprechung des BAG ist zur Wahrung einer **zweistufigen** Ausschlussfrist die Erhebung der Bestandsschutzklage mit Blick auf den Anspruch auf effektiven Rechtsschutz im Zivilprozess – und zwar gerade wegen des Kostenrisikos – aus Art. 2 Abs. 1, 20 Abs. 3 GG **verfassungsrechtlich** zureichend (*BVerfG* [3. Kammer des 1. Senats] 1.12.2010 EzA § 4 TVG Ausschlussfristen Nr. 197 m. Anm. *Husemann* AP Nr. 196 zu § 4 TVG Ausschlussfristen; dazu auch *Nägele/Gertler* NZA 2011, 442 ff.), ohne dass dies freilich das Ende der zweistufigen Ausschlussfrist bedeutete (so aber *Ennemann* FA 2011, 133; *Werner/Labrow* AiB 2011, 649 [653]; diff. *Brecht/Heitzmann* DB 2011, 1523 [1524 f.]; diese läuft lediglich erst ab Klärung des rechtlichen Endes des Arbeitsverhältnisses. Mit Blick auf den verfassungsrechtlichen Maßstab sowie den verfassungsgerichtlichen Beschluss v. 1.12.2010 (EzA § 4 TVG Ausschlussfristen Nr. 197) hat das BAG eine **Kehrtwende** vollzogen und lässt die Erhebung der Bestandsschutzklage zur Fristwahrung bei doppelter Ausschlussklausel **mittlerweile genügen** (*BAG* 19.9.2012 EzA § 4 TVG Ausschlussfristen Nr. 201; EzA § 4 TVG Ausschlussfristen Nr. 202; EzA § 4 TVG Ausschlussfristen Nr. 203; dazu *v. Medem* NZA 2013, 345 ff. und *Sievers* JurisPR-ArbR 2013, 89; *BAG* 24.9.2014 § 4 TVG Ausschlussfristen Nr. 209). Betroffen ist auch der nach Ende der Bestandsstreitigkeit entstandene Verzugslohn (*LAG Nbg.* 12.11.2014 ZTR 2015, 144). Bestimmt eine zweistufige tarifliche Verfallklausel, dass die Ausschlussfrist für das Geltendmachen von Ansprüchen, deren Bestand vom Ausgang eines Kündigungsschutzprozesses abhängig ist, erst mit dem rechtskräftigen Abschluss des Kündigungsschutzprozesses beginnt, kann der Arbeitnehmer solche Ansprüche bereits **vor** diesem Zeitpunkt fristwahrend geltend machen (**aA** *BAG* 22.10.1980 EzA § 4 TVG Ausschlussfristen Nr. 44). Bei einer an die »Beendigung« des Arbeitsverhältnisses anknüpfenden Frist ist das Feststehen der **rechtlichen Beendigung** Voraussetzung für den Fristbeginn; die Beendigung muss also entweder unstreitig oder rechtskräftig geklärt sein (*BAG* 11.2.2009 EzA § 4 TVG Ausschlussfristen Nr. 195). Die fristwahrende Wirkung einer Bestandsschutzklage für vom Ausgang eines Rechtsstreits abhängige Ansprüche entfällt nicht mit formeller Rechtskraft des Urteils, wenn dieses auf eine Restitutionsklage hinaufgehoben wird (*BAG* 24.9.2014 EzA-SD 2014, Nr. 25 S. 12). Sieht ein Tarifvertrag vor, dass die zunächst fristgerecht geltend gemachten Ansprüche verfallen, wenn sie nicht binnen einer **weiteren** Frist seit ihrer ausdrücklichen Ablehnung rechtshängig gemacht werden, so beginnt diese weitere Ausschlussfrist für vom Ausgang eines anhängigen Kündigungsprozesses abhängige Ansprüche des Arbeitnehmers nach Ansicht des *BAG* (4.5.1977 EzA § 4 TVG Ausschlussfristen Nr. 31) **nicht** schon damit, dass der **Arbeitgeber** die **Abweisung** der Kündigungsschutzklage beantragt. Es bedarf vielmehr einer unmittelbar auf die Ansprüche selbst bezogenen ausdrücklichen Ablehnungserklärung des Arbeitgebers (*BAG* 4.5.1977 EzA § 4 TVG Ausschlussfristen Nr. 31). Der vom Arbeitgeber im Kündigungsschutzprozess gestellte **Klageabweisungsantrag genügt** aber nach der Ansicht des *BAG* (13.9.1984 EzA § 4 TVG Ausschlussfristen Nr. 62 und 8.8.1985 AP Nr. 94 zu § 4 TVG Ausschlussfristen) **dann** für eine tarifrechtlich vorgeschriebene formlose »Ablehnung«, wenn mit einer derartigen tarifvertraglichen Regelung keine »verstärkte Warnfunktion« verbunden ist (der Sache nach verneint für den früheren **§ 70 BAT-O** betr. Rückforderungsansprüche aus Überzahlung für Zeit nach Beendigung des Arbeitsverhältnisses, *BAG* 19.1.1999 EzA § 4 TVG Ausschlussfristen Nr. 131). Eine tarifvertraglich vorgeschriebene Schriftform für die »Ablehnung« des Arbeitgebers wird dadurch gewahrt, dass der in einem Schriftsatz angekündigte Klageabweisungsantrag im Kündigungsschutzprozess dem Arbeitnehmer (bzw. seinen Prozessbevollmächtigten) fristgemäß zugeht (*BAG* 20.3.1986 EzA § 615 BGB Nr. 48; 26.4.2006 EzA § 4 TVG Ausschlussfristen Nr. 185; 26.4.2006 EzA § 4 TVG Ausschlussfristen Nr. 185). Ist in **AGB** geregelt, dass von der Gegenseite abgelehnte Ansprüche binnen einer Frist von drei Monaten einzuklagen sind, um deren Verfall zu verhindern, genügt die Erhebung der Kündigungsschutzklage, um das Erlöschen der vom Ausgang des Kündigungsrechtsstreits abhängigen Ausnahmeverzugsansprüche des Arbeitnehmers zu verhindern (*BAG* 19.3.2008 EzA § 307 BGB 2002 Nr. 34; dazu *Matthiessen* NZA 2008, 1165 ff.; *Zahn* AE 2008, 169 f.). Die Berufung des Arbeitgebers auf eine tarifvertragliche Ausschlussfrist kann uU einen Verstoß gegen Treu und Glauben (§ 242 BGB) darstellen (*BAG* 18.12.1984 EzA § 4 TVG Ausschlussfristen Nr. 63). Dies ist etwa dann der Fall, wenn der Arbeitgeber während des Laufes der Ausschlussfrist den Eindruck erweckt hatte, eine gerichtliche Erklärung sei entbehrlich (*BAG* 11.7.1985 – 2 AZR 108/84). Die Erhebung einer Kündigungsschutzklage hat nach der Ansicht des *BAG* (1.12.1983 EzA § 7 BUrlG Nr. 30) grds. nicht die Geltendmachung von Urlaubsansprüchen des Arbeitnehmers zum Inhalt. Der Ablauf von tariflichen Verfallfristen kann aber einem Arbeitnehmer nach Abschluss eines für ihn erfolgreichen Kündigungsschutzprozesses nicht entgegengehalten werden, wenn er unmittelbar nach seinem Obsiegen im Kündigungsrechtsstreit eine entsprechende Leistungsklage erhebt (*BAG* 1.12.1983 EzA § 7 BUrlG Nr. 30; vgl. allg. zu urlaubsrechtlichen Ansprüchen nach Ausspruch einer Kündigung *Weiler/Rath* NZA 1987, 337). Zur Frage der Wahrung tarifvertraglicher Ausschlussfristen durch die Kündigungsschutzklage s.a. KR-*Klose* § 4 KSchG Rdn 61 ff. Ein Anspruch wird nach der Auffassung des *BAG* (11.10.2000 EzA § 4 TVG Ausschlussfristen Nr. 134) auch dann iSe tariflichen Ausschlussklausel **schriftlich** erhoben, wenn dies in Form eines **Telefaxschreibens** oder per E-Mail (dazu *BAG* 7.7.2010 EzA § 4 TVG Tarifkonkurrenz Nr. 25) geschieht. Die Frist für ein **gerichtliches** Geltendmachen wird bereits durch die Einreichung der Klageschrift gewahrt, wenn die Zustellung »demnächst« erfolgt (§ 167 **ZPO**). Nach Auffassung des *BGH* (17.7.2008 BGHZ 177, 319) gilt dies auch, wenn **außergerichtliches** Geltendmachen vorgeschrieben ist, aber (gleich) geklagt wird (dazu *Nägele/Gertler* NZA 2010, 1377, 1379 f.). **Nicht** gilt dies jedoch für eine tarifvertraglich durch **einfaches Schreiben** einzuhaltende Ausschlussfrist (*BAG* 16.3.2016 EzA § 4 TVG Ausschlussfristen Nr. 123; zust. *Boemke* Anm. AP Nr. 208 zu § 4 TVG Ausschlussfristen).

24 Nach der Ansicht des *BAG* zum **alten Verjährungsrecht** (1.2.1960 EzA § 615 BGB Nr. 7; 29.5.1961 EzA § 209 BGB Nr. 1, sowie 7.11.1991 AP Nr. 6 zu § 209 BGB; 7.11.2002 EzA § 206 BGB 2002 Nr. 1) wurde durch die Klage eines Arbeitnehmers auf **Feststellung des Fortbestehens seines Arbeitsverhältnisses** die **Verjährung** seiner sich aus § 615 BGB ergebenden Zahlungsansprüche **nicht** unterbrochen. Im **Schrifttum** (vgl. *Becker/Bader* BB 1981, 1709, 1713 mwN) war **streitig**, ob in diesen Fällen die Vorschriften der §§ 202 ff. BGB aF über die Hemmung der Verjährung oder die Vorschrift des § 209 BGB aF über die Verjährungsunterbrechung entsprechend anzuwenden waren. Wegen der Vergleichbarkeit der in § 209 BGB aF geregelten Interessenkonstellation war es gerechtfertigt diese Vorschrift hinsichtlich solcher Ansprüche des Arbeitnehmers entsprechend anzuwenden, die ihrem Grunde oder der Höhe nach von dem Ausgang des Kündigungsrechtsstreits abhängig waren. Das *BAG* (7.11.1991 AP Nr. 6 zu § 209 BGB) hat diesen Ansatz diskutiert und mit beachtlichen Argumenten verworfen. Betroffen sind insbes. Zahlungsansprüche nach § 615 BGB, Entgeltfortzahlungsansprüche, Ansprüche auf Urlaubsentgelt bzw. -abgeltung, 13. Monatsgehalt, Tantiemen usw. Betrieb der Arbeitnehmer wegen einer vorgreiflichen Kündigungsschutzklage den Prozess auf Zahlung des Entgelts aus Annahmeverzug des Arbeitgebers im Hinblick auf weitere ausgesprochene und beim ArbG angegriffene Kündigungen trotz rechtskräftiger Erledigung der vorgreiflichen Kündigungsschutzklage auf eigenen Antrag nicht weiter, so endete damit auch nach hier vertretener Ansicht die Wirkung einer Verjährungsunterbrechung (§ 209 BGB aF). Mit dem Ende der Unterbrechung begann sofort und nicht erst zum Jahresende (§ 201 BGB aF) eine neue zweijährige Verjährungsfrist (*BAG* 29.3.1990 AP Nr. 11 zu § 196 BGB aF). Die auf Verfassungsbeschwerde eines Arbeitnehmers vom BVerfG aufgehobene – zunächst rechtskräftige – Abweisung einer Kündigungsschutzklage durch das BAG war als solche keine »**höhere Gewalt**« iSd § 203 Abs. 2 BGB aF und hemmte die Verjährungsfrist für die von der Kündigungssache abhängigen Nachzahlungsansprüche nicht, so der Kläger keine ihm möglichen Anstrengungen zur Wahrung der Frist unternommen hat (*BAG* 7.11.2002 EzA § 206 BGB 2002 Nr. 1).

25 Die Rspr. des BAG hat sich zum **neuen Verjährungsrecht nicht verändert**. Danach wird also die Verjährung von Zahlungsansprüchen des Arbeitnehmers etwa wegen Annahmeverzuges **nicht** nach § **204 Abs. 1 Nr. 1 BGB nF** gehemmt (*BAG* 24.6.2015 EzA § 204 BGB 2002 Nr. 2; zust. *Husemann/Weirauch* Anm. AP Nr. 1 zu § 204 BGB; *Hoffmann-Remy* NJW 2015, 3599; Unvereinbarkeit mit der Linie des BAG hinsichtlich der zweiten Stufe von Ausschlussfristen [s. Rdn 23] nimmt an *Stöhr* NZA 2016, 210, 211).

7. Ende des Annahmeverzuges

26 Der Annahmeverzug des Arbeitgebers **endet** nach rechtskräftiger Stattgabe der Kündigungsschutzklage spätestens mit der erneuten Arbeitsaufnahme durch den Arbeitnehmer. Wird der Arbeitnehmer vor dem rechtskräftigen Abschluss des Kündigungsrechtsstreits beschäftigt, so sind verschiedene Fallkonstellationen möglich. Erfolgt die Weiterbeschäftigung nach § 102 Abs. 5 BetrVG, so ist zu berücksichtigen, dass dieser gesetzliche Beschäftigungsanspruch keine unwirksame Kündigung voraussetzt (*BAG* 12.9.1985 EzA § 102 BetrVG 1972 Nr. 61). Liegen die nach § 102 Abs. 5 BetrVG erforderlichen Voraussetzungen vor, besteht das bisherige Arbeitsverhältnis kraft Gesetzes fort und wird nur auflösend bedingt durch die rechtskräftige Abweisung der Kündigungsschutzklage (*BAG* 12.9.1985 EzA § 102 BetrVG 1972 Nr. 61; *Richardi/Thüsing* § 102 Rn 233, 244; s.a. KR-*Rinck* § 102 BetrVG Rdn 286). Der Arbeitgeber gerät daher in Annahmeverzug, wenn er die Arbeitsleistung des Arbeitnehmers nicht annimmt, **selbst** wenn die **Kündigungsschutzklage** später rechtskräftig **abgewiesen** wird. Eine etwaige **Entbindung** von der **Weiterbeschäftigungspflicht** gem. **§ 102 Abs. 5 BetrVG** lässt die für die Zeit bis zur Entbindungsentscheidung angefallenen Vergütungsansprüche des Arbeitnehmers **unberührt** (*BAG* 7.3.1996 EzA § 102 BetrVG 1972 Nr. 9). Der allgemeine Beschäftigungsanspruch setzt demgegenüber das Fortbestehen des durch Vertrag begründeten Arbeitsverhältnisses voraus (*BAG* [GS] 27.2.1985 EzA § 611 BGB Beschäftigungspflicht Nr. 9). Fehlt diese Voraussetzung, wird sie nicht durch ein fehlerhaftes Urteil ersetzt, das dennoch zur Weiterbeschäftigung verurteilt (*BAG* 12.9.1985 EzA § 102 BetrVG 1972 Nr. 61). Wird die Kündigungsschutzklage rechtskräftig abgewiesen, so stehen dem Arbeitnehmer keine Ansprüche

nach § 615 BGB für den Zeitraum nach Ablauf der Kündigungsfrist zu. Ist der Arbeitnehmer trotz Vorliegens eines rechtskräftigen Beschäftigungsurteils während des Kündigungsrechtsstreits nicht weiterbeschäftigt worden, so ist der Arbeitgeber zum Schadensersatz verpflichtet, und zwar ohne Rücksicht darauf, ob er die Unmöglichkeit zu vertreten hat oder nicht (*BAG* 12.9.1985 EzA § 102 BetrVG 1972 Nr. 61; § 287 BGB: der Arbeitgeber ist mit der Erfüllung des Beschäftigungsanspruchs in Verzug). Wird ein gekündigter Arbeitnehmer während des Kündigungsschutzprozesses aufgrund eines Leistungsurteils, indem dem Arbeitnehmer ein allgemeiner Beschäftigungsanspruch zuerkannt worden ist, weiterbeschäftigt, ohne dass die Parteien das gekündigte Arbeitsverhältnis einvernehmlich fortsetzen, so hat er nach der Ansicht des *BAG* (10.3.1987 EzA § 611 BGB Beschäftigungspflicht Nr. 28; 1.3.1990 und 17.1.1991 AP Nr. 7 und 8 zu § 611 BGB Weiterbeschäftigung; **krit.** hierzu *Dütz* AuR 1987, 317) bei Wirksamkeit der Kündigung gegen den Arbeitgeber Anspruch auf Ersatz des **Werts** der geleisteten Arbeit (**§ 812 Abs. 1 S. 1, § 818 Abs. 2 BGB**). Der Wert der Arbeitsleistung bestimmt sich nach der Auffassung des *BAG* (10.3.1987 EzA § 611 BGB Beschäftigungspflicht Nr. 28) nach der »**üblichen Vergütung**«, zu der auch eine zeitanteilige Jahressonderzahlung gehöre, wenn diese nach dem Inhalt der für das beendete Arbeitsverhältnis maßgeblichen Tarifregelung als auf den Weiterbeschäftigungszeitraum entfallender Lohn anzusehen ist. Nicht gewährter Erholungsurlaub sei dem Arbeitnehmer in den Fällen der zuletzt genannten Art nicht zu ersetzen (so *BAG* 10.3.1987 EzA § 611 BGB Beschäftigungspflicht Nr. 28). In der **Literatur** wird demgegenüber teilweise angenommen, die Weiterbeschäftigung aufgrund eines Urteils, in dem Arbeitnehmer ein allgemeiner Weiterbeschäftigungsanspruch zuerkannt worden ist, begründe bei einer rechtskräftigen Feststellung der Unwirksamkeit der Kündigung ein **faktisches Arbeitsverhältnis** (vgl. *Bächle* NJW 1979, 1693, 1694; *Dütz* AuR 1987, 317; *Mayer-Maly* DB 1979, 1601, 1606; *Schäfer* DB 1982, 902; ebenso ArbG Hmb. 16.11.1987 DB 1988, 135). Dem *BAG* (10.3.1987 EzA § 611 BGB Beschäftigungspflicht Nr. 28 sowie 1.3.1990 AP Nr. 7 zu § 611 BGB Weiterbeschäftigung) ist **insofern** zuzustimmen, als in den Fällen der zuletzt erwähnten Art die Voraussetzungen für ein faktisches Arbeitsverhältnis mangels einer – wenn auch fehlerhaften – Willenseinigung zwischen den Arbeitsvertragsparteien nicht vorliegen. Wegen Vergleichbarkeit der Interessenlage (insbes. Schwierigkeiten der Rückabwicklung nach Bereicherungsrecht, vgl. *Ramrath* DB 1987, 92, 96) ist es aber geboten, die Grundsätze über faktische Arbeitsverhältnisse **entsprechend** anzuwenden (vgl. *Dütz* AuR 1987, 317).

Grundlage einer Weiterbeschäftigung des Arbeitnehmers während des Kündigungsrechtsstreits kann auch eine entsprechende vertragliche Vereinbarung zwischen den Arbeitsvertragsparteien sein (*BAG* 14.11.1985 DB 1986, 1978; 15.1.1986 EzA § 1 LohnFG Nr. 79). Sofern ein vom gekündigten Arbeitsverhältnis unabhängiges Arbeitsverhältnis (befristet oder auflösend bedingt) zustandegekommen ist, gerät der Arbeitgeber in Annahmeverzug, wenn er während der Dauer dieser vertraglichen Vereinbarung den arbeitsbereiten und arbeitsfähigen Arbeitnehmer nicht beschäftigt. Eine Weiterbeschäftigung des Arbeitnehmers während des Kündigungsrechtsstreits kann auch ohne vertragliche Vereinbarung erfolgen, und zwar zB in der Weise, dass der Arbeitgeber den gekündigten Arbeitnehmer nach Ablauf der Kündigungsfrist auffordert, seine Tätigkeit bis zur rechtskräftigen Entscheidung über die Wirksamkeit der Kündigung fortzusetzen. In derartigen Fällen ist idR davon auszugehen, dass das ursprüngliche Arbeitsverhältnis fortgesetzt werden soll, bis Klarheit darüber besteht, ob die Kündigung wirksam ist oder nicht (*BAG* 15.1.1986 EzA § 1 LohnFG Nr. 79; 4.9.1986 EzA § 611 BGB Beschäftigungspflicht Nr. 27). Bei einer rechtskräftigen Abweisung der Kündigungsschutzklage sind die Rechtsbeziehungen der Parteien nach den Grundsätzen des faktischen Arbeitsverhältnisses abzuwickeln (*BAG* 15.1.1986 EzA § 1 LohnFG Nr. 79; aA *Löwisch* DB 1986, 2433; *Ramrath* DB 1987, 92). Dem Arbeitnehmer verbleiben die für seine Arbeitsleistung gezahlten Vergütungen einschließlich der Entgeltfortzahlung bei Arbeitsunfähigkeit. Dies gilt ebenso für tarifvertragliche Jahressonderzahlungen mit Vergütungscharakter (*BAG* 4.9.1986 EzA § 611 BGB Beschäftigungspflicht Nr. 27).

Zahlt der zur Weiterbeschäftigung verurteilte Arbeitgeber den Arbeitslohn, ohne den Arbeitnehmer weiterzubeschäftigen, so erfüllt er dadurch nach Ansicht des *BAG* (17.1.1991 AP Nr. 8 zu § 611 BGB Weiterbeschäftigung) im Zweifel seine bei Unwirksamkeit der Kündigung bestehende

Verpflichtung aus § 615 S. 1 BGB. Eine Vereinbarung, nach der das gekündigte Arbeitsverhältnis auflösend bedingt durch Abweisung der Kündigungsschutzklage oder durch eine rechtsgestaltende Entscheidung nach § 9 KSchG fortgesetzt wurde oder eine andere Vereinbarung, kraft derer der Arbeitnehmer den nach wirksamer Beendigung des Arbeitsverhältnisses gezahlten Arbeitslohn behalten darf, hat danach der Arbeitnehmer darzulegen und zu beweisen (*BAG* 17.1.1991 AP Nr. 8 zu § 611 BGB Weiterbeschäftigung).

29 Wird der Arbeitnehmer während des Kündigungsrechtsstreits nicht weiterbeschäftigt, so kann der **Annahmeverzug** des Arbeitgebers aus verschiedenen Gründen **enden**. Die Annahmeverzugsfolgen enden insbes. durch den **Fortfall der Leistungsfähigkeit** (zB infolge krankheitsbedingter **Arbeitsunfähigkeit**, infolge eines **Kuraufenthaltes** oder infolge Eintritts der **Erwerbsunfähigkeit**, vgl. *LAG Hamm* 23.10.1987 DB 1988, 867) oder durch eine **fehlende Leistungsbereitschaft** des Arbeitnehmers. Eine einverständliche »**Kündigungsrücknahme**« (zB in Form eines außergerichtlichen oder gerichtlichen Vergleichs) – nicht aber eine einseitige *LAG Hamm* 12.9.1997 RzK I 13b Nr. 36 – **führt erst dann zur Beendigung des Annahmeverzuges, wenn der Arbeitgeber die ihm obliegende Mitwirkungshandlung vornimmt, dh einen funktionsfähigen Arbeitsplatz zur Verfügung stellt und dem Arbeitnehmer Arbeit zuweist** bzw. **die versäumte Arbeitsaufforderung nachholt** (*BAG* 19.1.1999 EzA § 615 BGB Nr. 93; 16.5.2012 EzA § 615 BGB 2002 Nr. 37) und im Falle der Veränderung von Arbeitsbedingungen dies rechtfertigt (*ArbG Hmb.* 31.1.2000 AE 2000, 110). Die Aufforderung genügt nicht, wenn der Kündigungsausspruch aufrechterhalten wird (*BAG* 7.11.2002 EzA § 615 BGB Nr. 1; *LAG RhPf* 5.3.1998 RzK I 13a Nr. 51; **aA** jetzt offenbar *BAG* 13.7.2005 AP Nr. 112 zu 615 BGB für den Fall, dass Arbeitnehmer die Arbeitsaufnahme vom Verzicht auf die Wirkung der Kündigung abhängig macht; eben dies ist sein gutes Recht und es stellt sich lediglich die Frage, ob § 615 S. 2 BGB erfüllt ist [krit. auch *Boemke* JuS 2006, 287, 288]; das *BAG* [17.8.2011 EzA-SD 2012, Nr. 1, S. 4] nimmt bei Nichtaufnahme einer vom Arbeitgeber angebotenen Beschäftigung sogar die Möglichkeit des Entfallens des Annahmeverzuges an sich an). Bei einer einverständlichen »Kündigungsrücknahme« gilt § 11 KSchG entsprechend (LSSW-*Spinner* Rn 3; *Bader/Bram-Suckow* Rn 6). Da eine einseitige »Kündigungsrücknahme« für den Arbeitgeber rechtlich nicht möglich ist (*BAG* 17.4.1986 EzA § 615 BGB Nr. 47), führt eine derartige Erklärung auch **nicht** zur Beendigung des Annahmeverzuges (aA *LAG Düsseld.* 6.8.1968 DB 1968, 2136), **es sei denn**, es handele sich um eine unter Verstoß gegen **§ 623 BGB** erklärte **formwirksame** Kündigung (vgl. *Schaub* Nachtrag zur 9. Aufl., Rn 10), die weder unter **Anwesenden** noch nach Maßgabe des § 130 Abs. 1 BGB unter **Abwesenden** wirksam werden **kann**. Das in der Kündigungsrücknahme liegende Angebot des Arbeitgebers auf Fortsetzung des Arbeitsverhältnisses bedarf vielmehr der **Annahme** seitens des Arbeitnehmers (vgl. *LAG Hamm* 29.9.1997 LAGE § 615 BGB Nr. 54). Dies gilt auch für die **nach** Erhebung einer Kündigungsschutzklage erklärte Kündigungsrücknahme. In der **Erhebung** der **Kündigungsschutzklage** kann auch idR **keine** vorweggenommene Zustimmung des Arbeitnehmers zur Rücknahme der Kündigung gesehen werden (*BAG* 19.8.1982 EzA § 9 KSchG nF Nr. 14; *LAG Frankf.* 16.1.1980 BB 1981, 122; LKB-*Linck* § 4 Rn 61; aA SPV-*Preis* Rn 156; *LAG Düsseld.* 26.5.1975 EzA § 9 KSchG nF Nr. 2; *LAG Hamm* 13.3.1982 DB 1982, 2706; *LAG Nbg.* 5.9.1980 BayAmbl. 1981, C 13). Eine derartige Wertung entspricht zumeist **nicht dem Willen** des **Arbeitnehmers**. Dies gilt insbes. dann, wenn der Arbeitnehmer aufgrund der objektiven Rechtslage eine **Auflösung** des **Arbeitsverhältnisses** nach § 9 KSchG begehren könnte. Der Annahmeverzug endet daher auch nach Erhebung der Kündigungsschutzklage immer erst dann, wenn der Arbeitnehmer das in der »Rücknahme« der Kündigung liegende Weiterbeschäftigungsangebot annimmt. Der Arbeitnehmer ist aber **keineswegs zur Annahme verpflichtet**. Er kann bei Vorliegen der Voraussetzungen des **§ 307 ZPO** auch auf dem Erlass eines **Anerkenntnisurteils** bestehen (*BAG* 29.1.1981 EzA § 9 KSchG nF Nr. 10). Zum Weiterbeschäftigungsangebot des Arbeitgebers während des Kündigungsrechtsstreits vgl. im Übrigen Rdn 8.

30 Der Erlass eines **klagestattgebenden Feststellungsurteils** führt **nicht zur Beendigung** des **Annahmeverzuges** des Arbeitgebers. Es ist vielmehr Sache des Arbeitgebers, den Arbeitnehmer zur Fortsetzung des Arbeitsverhältnisses aufzufordern. Der Arbeitnehmer braucht sich daher nicht von sich aus wieder zur Arbeitsaufnahme zu melden (*BAG* 19.9.1991 RzK I 13b Nr. 18).

Der Annahmeverzug des Arbeitgebers endet nicht bzw. wird im Fall einer **Betriebsübernahme** nicht 31 unterbrochen (*BAG* 21.3.1991 EzA § 615 BGB Nr. 68). Mit **Beendigung des Arbeitsverhältnisses** – aufgrund welchen Tatbestandes auch immer (etwa Vertragsaufhebung, Urteil des Gerichts gem. § 9 KSchG) – fallen die Voraussetzungen des Annahmeverzuges (ab dem Beendigungszeitpunkt) fort.

8. Anrechnung auf Urlaub

Der Arbeitgeber ist **nicht** berechtigt, die Zeit des Annahmeverzuges nachträglich auf den Urlaub 32 **anzurechnen** (davon zu unterscheiden ist die Frage, ob er nach Ausspruch einer Kündigung offenen Urlaub in die Kündigungsfrist zu legen berechtigt ist). Eine derartige Anrechnung verstößt gegen die Bestimmung des § 7 Abs. 4 BUrlG, wonach eine Abgeltung des Urlaubs nur im Falle der Beendigung des Arbeitsverhältnisses zulässig ist (vgl. *LAG Stuttg.* 28.3.1958 BB 1958, 667; *LAG Bln.* 4.2.1965 BB 1965, 788). Unzulässig ist auch eine entsprechende nachträgliche **Vereinbarung** zwischen den Arbeitsvertragsparteien. Dies ergibt sich aus dem **Unabdingbarkeitsgrundsatz** des § 13 BUrlG. Dagegen ist es zulässig, wenn sich die Arbeitsvertragsparteien darüber einigen, dass ein möglicher Annahmeverzug des Arbeitgebers durch die Gewährung von **Naturalurlaub** unterbrochen bzw. unter Anrechnung auf den Urlaub freigestellt (*BAG* 19.3.2002 EzA § 615 BGB Nr. 108) wird. Nach der Rechtsprechung des *BAG* (1.12.1983 EzA § 6 BUrlG Nr. 30 unter Aufgabe von *BAG* 9.1.1979 EzA § 7 BUrlG Nr. 21) muss der Arbeitnehmer auch während eines Kündigungsschutzprozesses in dem jeweiligen Urlaubsjahr seine Urlaubsansprüche gegenüber dem Arbeitgeber geltend machen. Kommt der Arbeitgeber einem entsprechenden Verlangen des Arbeitnehmers nicht nach, so gerät dieser in Verzug mit der Folge, dass dem Arbeitnehmer nach Ablauf des jeweiligen Urlaubsjahres wegen Eintritts der Unmöglichkeit ein **Schadensersatzanspruch** in Höhe des nicht erfüllten Urlaubsanspruchs zusteht (vgl. *BAG* 26.6.1986 BB 1986, 2270). Wird ein Arbeitsverhältnis aufgrund eines gerichtlichen Vergleichs im Kündigungsschutzprozess **rückwirkend** beendet, hindert dies nach der Ansicht des *BAG* (27.8.1986 DB 1987, 443) nicht das **Erlöschen** des **Urlaubsanspruchs** am Ende des Urlaubsjahres bzw. des Übertragungszeitraums. Wird ein gekündigter Arbeitnehmer während der Dauer des Kündigungsrechtsstreits nur wegen der vorläufig vollstreckbaren Verurteilung des Arbeitgebers weiterbeschäftigt, so hat er bei Wirksamkeit der Kündigung **keinen** Anspruch auf **Urlaubsabgeltung** (*BAG* 10.3.1987 EzA § 611 BGB Beschäftigungspflicht Nr. 28). Vgl. allgemein zum Anspruch auf Erholungsurlaub nach Ausspruch einer Kündigung *Weiler/Rath* NZA 1987, 337.

IV. Höhe des Nachzahlungsanspruches

Soweit der Nachzahlungsanspruch nach § 615 S. 1 BGB begründet ist, hat der Arbeitgeber den 33 Arbeitnehmer **so zu stellen, wie wenn er im Verzugszeitraum gearbeitet hätte**. Es gilt das **Lohnausfallprinzip** (*BAG* 18.9.2001 EzA § 615 BGB Nr. 105), wobei erforderlichenfalls nach § 287 Abs. 2 ZPO zu schätzen ist (*BAG* 18.9.2001 EzA § 615 BGB Nr. 105). Geschuldet ist im Verzugszeitraum damit lediglich im Ergebnis der Höhe nach auch der **Mindestlohn** nach MiLoG, obzwar keine Arbeit »erbracht« (§ 2 Abs. 1 S. 1 Nr. 2 MiLoG) wurde (ErfK-*Franzen* § 1 MiLoG Rn 20; *Lakies* AuR 2016, 14, 18). Denn für Zeiten ohne Arbeitsleistung begründet das MiLoG keine unmittelbare Anspruchsgrundlage (BAG 20.9.2017 EzA-SD 2017 Nr. 20, 4; 25.5.2016 EzA § 1 MiLoG Nr. 1). Für die Berechnung des Nachzahlungsanspruchs kommt es auf einen Vergleich zwischen der tatsächlich erzielten Brutto-Vergütung mit der vom früheren Arbeitgeber geschuldeten Brutto-Vergütung an (vgl. *KG* 30.10.1978 DB 1979, 170). Es ist ein sog. **Bruttovergleich** vorzunehmen (vgl. *Schaub* Annahmeverzug Rn 63). Der vom Arbeitgeber nachzuzahlende mutmaßliche Verdienst umfasst neben der **Grundvergütung** (zB Gehalt, Fixum, Akkord- oder Stundenlohn) auch **sonstige Leistungen mit Entgeltcharakter** (zB das 13. oder 14. Monatsgehalt, Provisionen [zur Bestimmung der Höhe bei Betriebsstilllegung *BAG* 11.8.1998 EzA-SD 1999, Nr. 7, 3], Tantiemen und vermögenswirksame Leistungen [BAG 19.9.2012 EzA § 4 TVG Ausschlussfristen Nr. 203]). Auch **Zulagen** sind nachzuzahlen, soweit sie **Entgeltcharakter** haben (so zB Sozialzulagen, Leistungszulagen und Zeitzuschläge; vgl. *BAG* 18.6.1958 AP Nr. 6 zu § 615 BGB). **Nicht zu berücksichtigen** sind dagegen Leistungen mit **Aufwendungscharakter** (zB Fahrtkostenersatz, Essenszuschüsse). Ein unabhängig von notwendigen Aufwendungen gezahltes Wegegeld hat Entgeltcharakter (vgl. *BAG* 11.2.1976 EzA § 2 LohnFG Nr. 8) und gehört daher zum nachzuzahlenden Zwischenverdienst. Dies gilt ebenso für eine »zur Anhebung des allgemeinen Lebensstandards« gezahlte Aufwandsentschädigung (*OLG Stuttg.* 1.8.1986 BB 1986, 2419). **Gratifikationen (zB Weihnachtsgeld, Treueprämien) sind ebenfalls während des Annahmeverzuges des Arbeitgebers weiterzuzahlen** (*BAG* 18.1.1963 EzA § 615 BGB Nr. 5; 11.7.1985 EzA § 615 BGB Nr. 52). Soweit »gekündigte Arbeitnehmer« von Gratifikationszahlungen ausgenommen werden, bezieht sich dieser Ausschluss nicht auf solche Arbeitnehmer, die in einem Kündigungsschutzprozess rechtskräftig obsiegt haben. Fortzuzahlen sind, je nach den Umständen, auch **Trinkgelder** (s. § 107 Abs. 3 S. 2 GewO) eines Kellners, die zu seinem Monatsverdienst ebenso gehören wie **Umsatzbeteiligungen** (*LAG Düsseld.* 18.2.1981 – 12 Sa 1534/80, nv). Nach der Ansicht des *BAG* allerdings (28.6.1995 EzA § 11 BUrlG Nr. 38) gehören sie bei Fehlen einer besonderen Abrede nicht zu dem bei Urlaub, Arbeitsunfähigkeit oder Betriebsratstätigkeit vom Arbeitgeber fortzuzahlenden Arbeitsentgelt. Maßgebend dürfte sein, ob der Kellner im Tronc- oder Serviersystem entlohnt wird (dann Arbeitseinkommen) oder es sich um »freiwillige« Bedienungsgelder des Gastes handelt (vgl. *Heinze* DB 1996, 2490, 2491, dort auch zur rechtlichen Einordnung der **Vergünstigungen aus Miles & More-Bonusprogrammen**). **Sachbezüge** gehören ebenfalls zu den vom Arbeitgeber nachzugewährenden Leistungen. Sie sind mit dem nach § 17 SGB IV iVm §§ 2, 3 Sozialversicherungsentgeltverordnung (SvEV-Verordnung über die sozialversicherungsrechtliche Beurteilung von Zuwendungen des Arbeitgebers als Arbeitentgelt, die für jedes Kalenderjahr geändert wird) iVm § 8 Abs. 2 EStG festgesetzten Satz abzugelten (**krit. zur Anwendung schadensersatzrechtlicher Tabellen** bei unberechtigtem Entzug einer zur Privatnutzung überlassenen Firmen-PKW *Meier* NZA 1999, 1083 ff.). Die Frage ist strittig (vgl. *Meier* NZA 1999, 1083). Für die Heranziehung steuer- und sozialversicherungsrechtlich maßgeblicher Bewertungsfaktoren *BAG* 27.5.1999 NZA 1999, 1083 (krit. auch hierzu *Meier* NZA 1999, 1083 ff.). »Sachbezüge« sind alle nicht in Geld bestehenden Einnahmen. Ob Barlöhne oder Sachbezüge vorliegen, entscheidet sich nach dem Rechtsgrund des Zuflusses, also danach, was der Arbeitnehmer vom Arbeitgeber beanspruchen kann. Es kommt nicht darauf an, auf welche Art und Weise der Arbeitgeber den Anspruch erfüllt und seinen Arbeitnehmer den zugesagten Vorteil verschafft. Ein Sachbezug liegt auch bei einer Zahlung unter Verwendungsbestimmung (Auflage) vor (*BFH* 11.11.2010 NJW 2011, 1472). **Verzugszinsen** für nachgezahlte Vergütung sind nur bei zu vertretendem Unterbleiben der Leistung zu entrichten (§ 286 Abs. 4 BGB, vgl. *Hess. LAG* 20.8.2013 – 13 Sa 117/13, n.rkr.).

34 In welchem zeitlichen Umfang der Arbeitgeber in Annahmeverzug geraten kann, richtet sich nach der **arbeitsvertraglich vereinbarten** oder – falls diese regelmäßig überschritten wird – nach der **tatsächlich praktizierten** Arbeitszeit (*BAG* 16.4.2014 EzA § 615 BGB 2002 Nr. 43; 24.9.2014 EzA-SD 2014, Nr. 23 S. 7). Sofern dem Arbeitnehmer einzelvertraglich oder tariflich im Verzugszeitraum ein Anspruch auf Erhöhung der Vergütung zusteht, gehört dies ebenfalls zum nachzuzahlenden Zwischenverdienst. Wird während der Dauer des Annahmeverzuges im Betrieb des gekündigten Arbeitnehmers rechtswirksam Kurzarbeit eingeführt, so führt dies zu einer entsprechenden Minderung des Nachzahlungsanspruches (vgl. *BAG* 7.4.1970 EzA § 615 BGB Nr. 13; entscheidend ist die Vergütung, die der Arbeitnehmer bei Weiterarbeit erzielt hätte). Fallen dagegen im Verzugszeitraum Überstunden an und wären diese auch von dem gekündigten Arbeitnehmer zu leisten gewesen, so erhöht sich der nachzuzahlende Zwischenverdienst um das Überstundenentgelt (einschl. der Zuschläge). Bei schwankenden Vergütungen (zB Provisionen) ist eine Schätzung erforderlich (vgl. *BAG* 19.8.1976 EzA § 611 BGB Beschäftigungspflicht Nr. 1).

35 Beruht der Nachzahlungsanspruch nicht auf § 615 S. 1 BGB, sondern auf anderen Vorschriften (zB § 3 EFZG, § 20 bzw. bis 31.12.2017 § 14 MuSchG), so richtet sich die Höhe des vom Arbeitgeber nachzuzahlenden Betrages nach den **hierfür** maßgeblichen Grundsätzen.

V. Rechtsnatur des Nachzahlungsanspruches

Soweit der Anspruch auf den entgangenen Zwischenverdienst auf § 615 S. 1 BGB beruht, handelt es sich um einen **Erfüllungsanspruch** bzw. handelt es sich bei der Norm um die den ursprünglichen Erfüllungsanspruch aufrechterhaltende Grundlage (*BAG* 24.9.2014 EzA-SD 2014, Nr. 25 S. 12), nicht um einen Schadensersatzanspruch (*BAG* 10.4.1963 EzA § 4 TVG Nr. 5). Die Vorschrift des § 254 **BGB** ist daher weder unmittelbar noch entsprechend anzuwenden (vgl. *BGH* 14.11.1966 AP Nr. 4 zu § 628 BGB; LSSW-*Spinner* Rn 7). Ist dem **Arbeitgeber** wegen Verletzung der Unterrichtungspflicht durch eine Schwangere Schadensersatzanspruch entstanden, umfasst nach strittiger Auffassung des *BAG* (13.11.2001 AP Nr. 37 zu § 242 BGB Auskunftspflicht Nr. 37) der zu ersetzende Schaden nicht das aufgrund Annahmeverzuges geschuldete Entgelt. Ein Schadensersatzanspruch wegen Verzögerung der Leistung (§ 280 Abs. 2 BGB) kann allerdings aus dem steuerlichen Nachteil infolge verspäteter Einmalzahlung auf den Nachzahlungsanspruch erwachsen, wenn **nach Maßgabe des § 286 BGB Schuldnerverzug** eingetreten ist (vgl. *BAG* 23.9.1999 – 8 AZR 791/98 – juris), wobei der **Arbeitgeber** aufgrund der Beweislastregel in § 286 Abs. 4 BGB die Voraussetzungen darzulegen und im Streitfall zu beweisen hat, aus denen auf die Berechtigung der Zahlungseinstellung geschlossen werden kann (zB weil aus seiner Sicht Kündigungsgründe vorlagen, die einen sorgfältig abwägenden Arbeitgeber zur Kündigung veranlassen konnten, so dass er auf die Wirksamkeit der Kündigung vertrauen durfte, *BAG* 23.9.1999 mwN, oder wenn die Kündigung auf einem **vertretbaren Rechtsstandpunkt** beruhte, *BAG* 13.6.2002 EzA § 15 KSchG nF Nr. 55). Rückständige Beträge sind unter dem Gesichtspunkt des **Schuldnerverzuges** zu **verzinsen**. Vermögenseinbußen durch Nichtanwendbarkeit von Steuerbefreiungstatbeständen (für Sonntags-, Feiertags- und Nachtarbeit nach § 3b EStG) können dabei dem Arbeitgeber regelmäßig schon nicht als zu ersetzender Schaden zugerechnet werden (*BAG* 19.10.2000 EzA § 286 BGB Nr. 1). Im Unterschied zur Abfindung hat der Nachzahlungsanspruch **Entgeltcharakter**. Er unterfällt daher den Bestimmungen der §§ 850 ff. ZPO über den **Lohnpfändungsschutz**. Eine **Aufrechnung** gegenüber dem Nachzahlungsanspruch ist gem. § 394 BGB nur insoweit möglich, als er der Pfändung unterworfen ist. Dies gilt gem. § 400 BGB entsprechend für die **Abtretung**. Das Aufrechnungsverbot des § 394 BGB iVm § 850c ZPO gilt auch zugunsten der Bundesagentur für Arbeit, soweit der Anspruch des arbeitslosen Arbeitnehmers auf Zahlung von Arbeitsentgelt nach § 115 Abs. 1 SGB X auf sie übergegangen ist (*BAG* 28.6.1984 AP Nr. 1 zu § 115 SGB X). Der **Haftung nach § 1a AEntG** unterliegt ein Anspruch aus § 615 S. 1 BGB nicht (*BAG* 12.1.2005 EzA Art. 12 GG Nr. 44). Erweist sich eine vom Insolvenzverwalter erklärte Kündigung, die das Arbeitsverhältnis spätestens zum ersten Termin beenden würde, zu dem der Verwalter nach Anzeige der Masseunzulässigkeit kündigen könnte, als rechtsunwirksam, gelten die Ansprüche aus Annahmeverzug für die Zeit nach diesem Termin gem. § 209 Abs. 2 Nr. 2, Abs. 1 Nr. 2 InsO als Neumasseverbindlichkeiten (*BAG* 22.2.2018 – 6 AZR 868/16 – juris). Die Ansprüche aus § 615 S. 1 BGB sind **abdingbar** (vgl. *BAG* 6.2.1964 EzA § 615 BGB Nr. 6 arg. e contrario § 619 BGB; nicht allerdings **formularmäßig** [*ArbG Braunschweig* 23.7.2004 AuR 2005, 75] und gem. § 11 Abs. 4 S. 2 HS 1 AÜG nicht im Leiharbeitsverhältnis). Der sich aus § 615 S. 1 BGB ergebende Nachzahlungsanspruch ist **steuerrechtlich** wie eine **Vergütungsforderung** zu behandeln. Im Gegensatz zur Abfindung (vgl. KR-*Vogt/Schult* §§ 24, 34 EStG Rdn 1 ff.) bestand (und besteht) für den sich aus § 615 S. 1 BGB ergebenden Nachzahlungsanspruch weder eine Steuerfreiheit noch eine Steuerermäßigung. In **sozialversicherungsrechtlicher** Hinsicht handelt es sich um **Arbeitsentgelt** mit der Folge, dass der Arbeitgeber die Sozialabgaben – ebenso wie bei sonstigen Lohnansprüchen – abzuführen hat (vgl. KR-*Link/Lau* SozR Rdn 209).

Die in Rdn 36 dargestellten Grundsätze gelten **entsprechend** für den Fall, dass der **Nachzahlungsanspruch** auf **anderen** Vorschriften (zB § 3 EFZG; § 14 MuSchG) beruht.

D. Anrechnung auf den entgangenen Zwischenverdienst

Um den Arbeitnehmer im Nachzahlungszeitraum vermögensmäßig weder besser noch schlechter zu stellen, sieht § 11 KSchG die Anrechnung von **wirklich erzielten** sowie von **hypothetischen**

Einkünften (zum Ausschluss von Doppelansprüchen bei unwirksamer Kündigung entsprechend auf Urlaub anzuwenden: *BAG* 21.2.2012 EzA § 6 BUrlG Nr. 5) vor. Zu den wirklich erzielten Einkünften gehören der Verdienst aus anderweitiger Arbeit (§ 11 Nr. 1 KSchG) sowie bestimmte im Nachzahlungszeitraum an den Arbeitnehmer geleistete öffentlich- rechtliche Beträge (§ 11 Nr. 3 KSchG). Als besondere Ausprägung des Grundsatzes von Treu und Glauben schreibt das Gesetz im Falle des böswilligen Unterlassens anderweitiger Erwerbsarbeit die Anrechnung fiktiver Einkünfte vor (§ 11 Nr. 2 KSchG). Im Unterschied zu § 615 S. 2 BGB, welcher Bestimmung § 11 KSchG als die **speziellere** Norm vorgeht (*BAG* 6.9.1990 EzA § 615 BGB Nr. 67; 24.9.2003 EzA § 615 BGB 2002 Nr. 4; 25.10.2007 EzA § 615 BGB Nr. 18; vgl. ErfK-*Preis* § 615 BGB Rn 84), schreibt § 11 KSchG nicht die Anrechnung desjenigen vor, was der Arbeitnehmer durch das Unterbleiben der Arbeitsleistung **erspart** (vgl. iE Rdn 59). Die Frage, ob bei einer **Freistellung** und Fortzahlung der Arbeitsvergütung eine Anrechnung in Betracht kommt, ist strittig (*LAG Bra.* 17.3.1998 RzK I 13a Nr. 52: **nein**; *LAG SchlH* 20.2.1997 RzK I 13a Nr. 50: **ja**; dafür wohl auch *Thür. LAG* 21.11.2000 LAGE § 615 BGB Nr. 62). Entscheidend dürfte die Auslegung der Parteiabrede sein: Wem die Freistellung unter Fortzahlung der Vergütung zugesagt ist, richtet sich im Zweifel nicht auf eine Anrechnung, zumindest nicht hypothetisch möglichen Verdienstes, ein.

I. Anrechnung anderweitigen Verdienstes

39 Auf den Nachzahlungsanspruch (vgl. Rdn 8–37) hat sich der Arbeitnehmer **anrechnen** zu lassen, was er durch anderweitige Arbeit verdient hat (§ 11 Nr. 1 KSchG). Ungeachtet des nicht völlig identischen Wortlauts **deckt** sich diese Anrechnungsregelung inhaltlich mit der **2. Alt.** des § 615 S. 2 BGB, wonach eine Anrechnung desjenigen vorgeschrieben ist, was der Dienstverpflichtete »durch anderweitige Verwendung seiner Dienste erwirbt«. Die unterschiedliche Terminologie ergibt sich zwangsläufig daraus, dass § 615 BGB seine Stellung im Rahmen des Dienstvertragsrechts des BGB hat, während § 11 KSchG die vergütungsrechtlichen Folgen einer sozialwidrigen Kündigung regelt.

40 Der anderweitige Arbeitsverdienst ist auf die vertragsgemäße Vergütung für die **gesamte** (von den Parteien zu bestimmende: *BAG* 16.5.2012 EzA § 615 BGB 2002 Nr. 37) **Dauer des Annahmeverzuges** und **nicht** nur auf denjenigen **Zeitabschnitt** anzurechnen, in dem der anderweitige Arbeitsverdienst erzielt worden ist (*BAG* 16.12.1982 – 6 AZR 1193/79 – juris; 1.3.1958 AP Nr. 1 zu § 9 KSchG 1951; 29.7.1993 AP Nr. 52 zu § 615 BGB; 22.11.2005 EzA § 615 BGB 2002 Nr. 10; 16.5.2012 EzA § 615 BGB 2002 Nr. 37; 24.2.2016 EzA § 615 BGB 2002 Nr. 50 [dazu *Boemke* JuS 2016, 1124 f.]; LSSW-*Spinner* Rn 10; *Maus* Rn 5b; *Bader/Bram-Suckow* Rn 32, 32a; Staudinger-*Richardi/Fischinger* § 615 BGB Rn 160; MünchArbR-*Tillmanns* § 76 Rn 68; *Schreiber* JURA 2009, 592, 596; aA *Boecken* NJW 1995, 3218, 3219 ff. sowie *Nübold* RdA 2004, 31, 32 ff.: Anwendung jeweils nur für den Zeitabschnitt, in dem dieser Verdienst erzielt worden und der entsprechende Teilanspruch entstanden ist (pro rata temporis); *Gumpert* BB 1964, 1301; RGRK-BGB/*Matthes* § 615 BGB Rn 86; *Nübold* RdA 2004, 31 ff.; *Nägele/Böhm* ArbRB 2006, 317, 318 f.; *ArbG Bln.* 5.5.2004 – 7 Ca 32770/03; *LAG Düsseld.* 1.9.2005 LAGE § 615 BGB 2002 Nr. 4; 6.5.2010 ZInsO 2010, 1952). Dies entbindet zur hinreichenden Bestimmung iSv § 253 Abs. 2 Nr. 2 ZPO nicht von der Aufschlüsselung in Einzelpositionen, wenn mehrere gem. § 615 S. 1 BGB aufrechterhaltene Vergütungsforderungen mit einer Gesamtforderung geltend gemacht werden (*BAG* 24.9.2014 EzA § 4 TVG Ausschlussfristen Nr. 209). Anrechnungszeitraum und Verzugszeitraum sind zeitlich deckungsgleich. **Unzulässig** ist daher eine Anrechnung nach einzelnen **Zeitabschnitten**. Zeiten, in denen der anderweitige Verdienst den Annahmeverzugslohn übersteigt, führen daher zu einer Minderung des Verzugslohns während der übrigen Zeit (MünchArbR-*Tillmanns* § 76 Rn 68; s.a. Rdn 62). Dies rechtfertigt sich daraus, dass das Gesetz nur auf »die Zeit nach der Entlassung« abstellt (so zutr. *Bader/Bram-Suckow* Rn 32). Soweit Einkünfte erst **nach Beendigung des Annahmeverzuges** erzielt werden, die auf Tätigkeiten im Verzugszeitraum **beruhen**, sind diese (ggf. **anteilig**) anzurechnen (*BAG* 16.6.2004 EzA § 615 BGB 2002 Nr. 7).

Der Umfang der Anrechnung bestimmt sich nach der für den Arbeitnehmer maßgebenden **Arbeits-** 41
zeit. Anzurechnen ist daher nur derjenige Verdienst, den der Arbeitnehmer durch die Verwendung **desjenigen** Teils der **Arbeitskraft** erzielt, den er sonst zur Erfüllung seiner Arbeitspflicht benötigt hätte (allg. Ansicht: vgl. LSSW-*Spinner* Rn 9; *BAG* 24.2.2016 EzA § 615 BGB 2002 Nr. 50; dazu *Boemke* JuS 2016, 1124 f.). Der anderweitige Erwerb muss **kausal** durch das Freiwerden der Arbeitskraft ermöglicht worden sein und darauf beruhen (*LKB-Linck* Rn 8). Der **teilzeitbeschäftigte** Arbeitnehmer muss sich also nicht jeden im Verzugszeitraum anderweitig erzielten Verdienst anrechnen lassen, sondern nur einen solchen, der **ursächlich** durch das Freiwerden der Arbeitskraft ermöglicht worden ist (*BAG* 6.9.1990 EzA § 615 BGB Nr. 67; zust. *Wertheimer* EWiR 1991, 397). Anhaltspunkte können sich sowohl aus objektiven als auch aus subjektiven Umständen ergeben (*BAG* 6.9.1990 EzA § 615 BGB Nr. 67; **krit**. zu der vom *BAG* zu Lasten des Arbeitgebers getroffenen Beweislastentscheidung *Ackmann* SAE 1991, 222). Handelt es sich bei dem **Nachzahlungsanspruch** – wie idR – um eine **Bruttoforderung**, ist **diese** das Anrechnungssubstrat. Ist der **anderweitige Verdienst** seinerseits **brutto** geschuldet, ist der **Bruttobetrag** anzurechnen, und zwar auch auf eine etwaige **Netto**-Nachforderung.

Als **anderweitige Arbeit** iSd § 11 Nr. 1 KSchG ist in erster Linie eine **Arbeitsleistung** im Rahmen 42
eines anderweitigen **Arbeits- oder Dienstverhältnisses** zu verstehen. Dabei ist es unerheblich, ob es sich hierbei um gleichartige oder andersartige Arbeit handelt. Einkünfte aus **Nebenbeschäftigungen** sind jedoch nur dann anzurechnen, wenn der Arbeitnehmer diese Tätigkeiten im Falle der Weiterbeschäftigung nicht hätte erbringen können (*BAG* 6.9.1990 NZA 1991, 221; Staudinger-*Richardi/Fischinger* § 615 BGB Rn 164; *Gumpert* BB 1964, 1300; LSSW-*Spinner* Rn 9; *LKB-Linck* Rn 8; wohl auch *Erman/Riesenhuber* § 615 BGB Rn 53). Anzurechnen sind auch Einkünfte aus **Gefälligkeitsarbeiten** (zB entgeltliche Dienstleistungen bei Verwandten oder Nachbarn), sofern der Arbeitnehmer diese Tätigkeiten nur infolge der Nichtbeschäftigung beim Arbeitgeber zeitlich verrichten konnte oder eine Beamtenbesoldung aus einem parallel zum Arbeitsverhältnis bestehenden Beamtenverhältnis (*LAG BW* 27.10.2017 – 12 Sa 28/17, juris). Auch eine **selbständige Gewerbe- oder Berufstätigkeit** fällt unter den Begriff der »anderweitigen Arbeit« (allg. Ansicht: vgl. etwa *Gumpert* BB 1964, 1300; LSSW-*Spinner* Rn 8; *LKB-Linck* Rn 10; *Bader/Bram-Suckow* Rn 29). Anzurechnen ist jedoch in dem zuletzt genannten Fall nicht der gesamte im Nachzahlungszeitraum erzielte Unternehmergewinn, sondern nur derjenige Anteil, der wertmäßig auf die im eigenen Unternehmen erbrachten Arbeitsleistungen entfällt, und zwar unter Zugrundelegung der für den Fall der Weiterbeschäftigung maßgeblichen Arbeitszeit (*LAG Düsseld.* 22.5.1968 DB 1968, 1182). Eine **kapitalmäßige Beteiligung** an einem **Unternehmen** – ohne jegliche eigene Mitarbeit – stellt dagegen **keine** »anderweitige Arbeit« iSd § 11 KSchG dar. Es kann jedoch uU ein widersprüchliches Verhalten und damit eine unzulässige Rechtsausübung vorliegen, wenn der Arbeitnehmer durch die **Verwaltung** seines **eigenen Vermögens voll ausgefüllt** ist und gleichwohl vom Arbeitgeber die Nachzahlung des entgangenen Verdienstes verlangt (*BAG* 27.3.1974 EzA § 615 BGB Nr. 22).

Eine Anrechnung ist nur dann möglich, wenn der Arbeitnehmer durch die anderweitige Arbeit 43
einen **Verdienst** erzielt. Unter diesen Begriff fallen **alle Leistungen mit Entgeltcharakter** (zB Gehalt, Fixum, Akkord- oder Stundenlohn, Prämien sowie Leistungszulagen). Auch Provisionen (vgl. *LAG Düsseld.* 5.3.1970 DB 1970, 1277) und die von einem anderen Arbeitgeber erbrachte Urlaubsabgeltung (*LAG Hamm* 25.11.1996 ZTR 1997, 97) sind anzurechnen. Nicht anzurechnen sind alle Arbeitsleistungen, die unentgeltlich (zB als Familien- oder Nachbarschaftshilfe) vom Arbeitnehmer im Nachzahlungszeitraum erbracht wurden. Dies gilt ebenso, wenn der Arbeitnehmer seine Arbeitskraft im eigenen Haushalt einsetzt (vgl. *LAG Düsseld.* 25.10.1955 BB 1956, 305, sowie *Gumpert* BB 1964, 1300).

Als Verdienst ist nur derjenige Betrag anzusehen, der dem Vermögen des Arbeitnehmers unter **Ab-** 44
zug der notwendigen **Aufwendungen zufließt** (*BAG* 2.10.2018 EzA § 11 KSchG Nr. 11). Hierzu zählen insbes. Kosten für die Fahrt zur anderen Arbeitsstätte sowie für die Anschaffung von Werkzeugen und sonstigen Arbeitsmitteln sowie die Qualifikation **erhaltende** (nicht: erhöhende)

Fortbildungskosten (*BAG* 2.10.2018 aaO). Zur Frage der Anrechnung von ersparten Aufwendungen vgl. Rdn 59.

45 Da der Arbeitgeber idR keinen Einblick in die Lebens- und Vermögensverhältnisse des Arbeitnehmers hat, ist er zumeist außerstande, über den anderweitigen Verdienst Angaben zu machen. Dem Arbeitgeber steht daher über die **Höhe** eines anderweitigen Verdienstes ein **Auskunftsanspruch** gegenüber dem Arbeitnehmer zu. Dies folgt auf einer entsprechenden Anwendung des § 74c Abs. 2 HGB (vgl. *BAG* 27.3.1974 EzA § 615 BGB Nr. 22; 19.7.1978 EzA § 242 BGB Auskunftspflicht Nr. 1). Zu beauskunften sind auch von der **Agentur für Arbeit** und dem **Jobcenter** unterbreitete Vermittlungsvorschläge (*BAG* 27.5.2020 NZA 2020, 113; *Kolbe* Anm. AP Nr. 158 zu § 615 BGB). Der Auskunftsanspruch ist **selbständig einklagbar** und kann in dem Verzugsprozess vom Arbeitgeber **widerklagend** geltend gemacht werden (*BAG* 27.5.2020 NZA 2020, 1113; 29.7.1993 AP Nr. 52 zu § 615 BGB). Besteht Grund zu der Annahme, dass die Angaben des Arbeitnehmers über die Höhe seines Zwischenverdienstes unvollständig sind, hat der Arbeitgeber gegen den Arbeitnehmer einen **Anspruch auf Abgabe einer eidesstattlichen Versicherung** (*BAG* 29.7.1993 AP Nr. 52 zu § 615 BGB; § 260 Abs. 2 BGB analog). Zuständig ist das **Amtsgericht** als Gericht der freiwilligen Gerichtsbarkeit (§§ 23a Abs. 1 Nr. 2 GVG, § 10 Nr. 1 FamFG). **Kritisch** zu dieser Entscheidung *Gravenhorst* Anm. EzA § 615 BGB Nr. 79. Da sich die Auskunftspflicht des Arbeitnehmers nur auf die **Höhe** eines anderweitigen Verdienstes bezieht, ist der Arbeitgeber für die **sonstigen** Voraussetzungen des § 615 S. 2 BGB in vollem Umfange **darlegungs- und beweispflichtig** (vgl. *BAG* 14.8.1974 EzA § 615 BGB Nr. 26; 19.7.1978 EzA § 242 BGB Auskunftspflicht Nr. 1; 6.9.1990 AP Nr. 47 zu § 615 BGB; *LAG Bln.* 3.8.1983 BB 1984, 1097; **aA** *Gravenhorst* Anm. EzA § 615 BGB Nr. 79; *Koller* SAE 1979, 136, 137; *Klein* NZA 1998, 1208; *Thür. LAG* 21.11.2000 LAGE § 615 BGB Nr. 62 m. zust. Anm. *Gravenhorst*). Hat der Arbeitnehmer anrechenbare Einkünfte aus selbständiger unternehmerischer Tätigkeit erzielt, so genügt er dem Auskunftsanspruch, wenn er **anbietet**, seinen **Einkommensteuerbescheid** vorzulegen. Einsicht in die **Bilanz** nebst **Gewinn- und Verlustrechnung** kann der Arbeitgeber dagegen **nicht** verlangen (*BAG* 25.2.1975 EzA § 74c HGB Nr. 15). Auf einen entsprechenden **Beweisantrag** des Arbeitgebers können **Steuerunterlagen** des Arbeitnehmers nur dann beigezogen werden, wenn der Arbeitnehmer das **Finanzamt** von der Verpflichtung zur Wahrung des Steuergeheimnisses **entbindet** (*BAG* 14.8.1974 AP Nr. 3 zu § 13 KSchG 1969). Solange der Arbeitnehmer die geschuldete Auskunft nicht erteilt hat, kann der Arbeitgeber Entgeltfortzahlungen aus Annahmeverzug **verweigern** (BAG 27.2.2019 EzA § 74c HGB Nr. 37). Ist die Auskunft nur unvollständig, kommt nur die Verpflichtung des Arbeitnehmers zur Abgabe einer eidesstattlichen Versicherung in Betracht. Eine Verurteilung **Zug um Zug** scheidet aus (vgl. *BAG* 19.7.1978 EzA § 242 BGB Auskunftspflicht Nr. 1; 29.7.1993 AP Nr. 52 zu § 615 BGB; 19.3.2002 EzA § 615 BGB Nr. 108). Denn der Umfang der Leistungspflicht des Arbeitgebers ist ohne die vorherige Auskunft des Arbeitnehmers nicht **bestimmbar** (vgl. MünchArbR-*Tillmanns* § 76 Rn 70). Hat der Arbeitgeber in Unkenntnis eines anderweitigen Verdienstes die volle Vergütung nachgezahlt, so steht ihm gem. § 812 Abs. 1 BGB ein Bereicherungsanspruch zu (vgl. allg. zur Rückzahlung von Arbeitsentgelt in zivil-, steuer- und sozialversicherungsrechtlicher Sicht *Groß* ZIP 1987, 5). Dies gilt auch dann, wenn der Arbeitgeber zur Zahlung der Vergütung aus § 615 S. 1 BGB bereits rechtskräftig verurteilt ist und erst jetzt von anrechenbarem Zwischenverdienst erfährt (*BAG* 29.7.1993 AP Nr. 52 zu § 615 BGB; wie hier *Knorr/Bichlmeier/Kremhelmer* Kap. 14 Rn 182; LSSW-*Spinner* Rn 11; **aA** *Gravenhorst* Anm. EzA § 615 BGB Nr. 79; *Bader/Bram-Suckow* Rn 36; *LKB-Linck* R. 18). Nach der **Gegenmeinung** ist die Auffassung des *BAG* nicht mit § 767 Abs. 2 ZPO in Einklang zu bringen. **Gegen sie spricht** jedoch, dass Streitgegenstand der Vollstreckungsgegenklage nach § 767 ZPO nach hM die Unzulässigkeit der Zwangsvollstreckung aus dem Titel (die Beseitigung seiner Vollstreckbarkeit) ist (vgl. *Thomas/Putzo-Seiler* § 767 Rn 3), worum es bei der klageweisen Verfolgung des Bereicherungsanspruches jedoch nicht geht. Mangels Anwendbarkeit des § 767 ZPO auf den in Rede stehenden Sachverhalt ist es übrigens auch unerheblich, ob die »Anrechnung« nach Abs. 2 ZPO jener Vorschrift, ähnlich wie bei einer Aufrechnung (zum Streitstand bei der Aufrechnung *Thomas/Putzo-Seiler* § 767 Rn 22a) – wie nicht – präkludiert wäre. Die vollständige Anrechnung des gesamten

anderweitigen Erwerbs setzt regelmäßig die **Beendigung** des Annahmeverzugs voraus. Dauert der Annahmeverzug zur Zeit der Entscheidung über eine Vergütungsklage des Arbeitnehmers noch an, kann der Arbeitgeber **nur Auskunft** über die Höhe des anderweitigen Verdienstes aus den Zeitabschnitten verlangen, für die der Arbeitnehmer fortlaufend seit Beginn des Annahmeverzuges Entgelt geltend gemacht hat (*BAG* 24.8.1999 EzA § 615 BGB Nr. 96).

Wird der Arbeitnehmer nach Ausspruch einer Kündigung unter Fortzahlung der vereinbarten Vergütung bis zum Ablauf der Kündigungsfrist **beurlaubt**, ohne die Anrechnungsfrage mitzuregeln (dazu *BAG* 6.9.2006 EzA § 615 BGB 2002 Nr. 16; **krit.** zu dieser Entscheidung *Nägele* NZA 2008, 1039 ff.), muss er sich innerhalb dieses Zeitraums anderweitig erzielten Verdienst anrechnen lassen, weil der Arbeitgeber insoweit lediglich die Folgen des Annahmeverzuges auf sich nehmen will (*BAG* 6.2.1964 AP Nr. 24 zu § 615 BGB; MünchArbR-*Tillmanns* § 76 Rn 65; **aA** *LAG Hamm* 27.2.1991 LAGE § 615 BGB Nr. 26; *LAG Köln* 21.8.1991 NZA 1992, 123). Etwas anderes gilt bei einer einvernehmlichen Freistellung, weil Anspruchsgrundlage dann § 611 BGB und nicht § 615 BGB ist und demgemäß nichts nach § 615 S. 2 BGB anzurechnen ist (vgl. *BAG* 19.3.2002 EzA § 615 BGB Nr. 108). 46

II. Anrechnung hypothetischer Einkünfte

Der Arbeitnehmer hat sich auf den Nachzahlungsanspruch auch dasjenige anrechnen zu lassen, was er hätte verdienen **können**, wenn er es nicht **böswillig** unterlassen hätte, eine ihm zumutbare Arbeit anzunehmen (§ 11 Nr. 2 KSchG). Von der allgemeinen Anrechnungsbestimmung des § 615 S. 2 3. Alt. BGB **unterscheidet** sich die Vorschrift lediglich durch die Verwendung des **Zumutbarkeitsmerkmals**. Hierin liegt aber **kein sachlicher Unterschied**, da auch im Rahmen des § 615 S. 2 BGB zu prüfen ist, ob dem Arbeitnehmer nach Treu und Glauben (§ 242 BGB) sowie unter Beachtung des Grundrechts auf freie Arbeitsplatzwahl (Art. 12 GG) die Aufnahme einer anderweitigen Arbeit zumutbar ist (allg. Ansicht; vgl. etwa *LKB-Linck* Rn 19; *Schaub* Annahmeverzug Rn 77 f.; *BAG* 18.6.1965 AP Nr. 2 zu § 615 BGB Böswilligkeit; 17.11.2011 EzA § 615 BGB 2002 Nr. 35). Monographisch *Wildhagen* mit Fallgruppen (S. 183 ff.: Eigenanstrengungen des Arbeitnehmers, S. 283 ff.: Unterlassen eines Erwerbs beim bisherigen Arbeitgeber, S. 369 ff.: sonstige Fallgruppen). 47

Da das Gesetz eine Anrechnung von hypothetischen Einkünften nur im Falle eines **böswilligen Unterlassens** anderweitiger Arbeitsaufnahme anordnet, ist davon auszugehen, dass der Arbeitnehmer während der Dauer des Kündigungsrechtsstreits grds. **nicht** dazu verpflichtet ist, sich um einen anderweitigen Dauerarbeitsplatz zu bemühen (MüKo-BGB/*Henssler* § 615 BGB Rn 83). Dagegen ist er idR gehalten, sich unverzüglich bei der zuständigen **Agentur für Arbeit** als **Arbeitsuchender** zu melden, es sei denn, er hat zB die Absicht, während des Kündigungsrechtsstreits eine selbständige Berufs- oder Erwerbstätigkeit auszuüben (vgl. *Erman/Riesenhuber* § 615 BGB Rn 58; MüKo-BGB/*Hergenröder* § 11 KSchG Rn 20; ErfK-*Kiel* Rn 8; APS-*Biebl* Rn 23; Schwarze/Eylert/Schrader-*Schwarze* Rn 24; vgl. auch *Lüderitz/Pawlak* NZA 2011, 313, 315; **aA** *LAG Brem.* 4.11.1964 DB 1965, 74). Die **gegenteilige** Ansicht nunmehr auch des *BAG* (16.5.2000 EzA § 615 BGB Nr. 99; **zust.** *Glatzel* AR-Blattei ES 80 Nr. 52; *Koppenfels* SAE 2001, 140, 141 ff.; **abl.** *Oppolony* Anm. AP Nr. 7 zu § 615 BGB Böswilliges Unterlassen; wohl auch *Spirolke* NZA 2001, 707, 712; **abw.** auch *LAG Köln* 26.6.2002 LAGE § 935 ZPO 2002 Nr. 1 i. R. eines nicht rechtsmittelfähigen Beschlusses im Verfahren über den Erlass einer einstweiligen Verfügung auf Zahlung von Arbeitsentgelt nach Ablauf der Kündigungsfrist), wonach keine Obliegenheit zu Eigenanstrengungen bestehe, überzeugt deshalb nicht, weil das Gericht selbst auf das Untätigbleiben des Arbeitnehmers als Anrechnungsvoraussetzung abstellt; eben darum geht es aber. Gegenteiliges lässt sich auch nicht aus Art. 12 GG begründen, weil die Meldung (oder ein Antrag auf Arbeitslosengeld) nicht zur Nutzung einer nachgewiesenen Arbeitsmöglichkeit zwingen (s.a. Rdn 50). Die Rspr. könnte durch die Meldepflicht und die Folgen ihrer Verletzung nach §§ 37b, 140 SGB III aF, 38 Abs. 1 SGB, 159 Abs. 1 S. 2 Nr. 2 SGB III nF überholt sein (*Linck/Heffner* AuA 2003, 24; *Bayreuther* NZA 2003, 1365, 1366 ff.; HWK-*Krause* § 615 BGB Rn 101; *Bader/Bram-Suckow* Rn 40a; *LKB-Linck* Rn 31; **aA** *Opolony* BB 2004, 1386, 1388; *Ricken* NZA 2005, 323, 327: keine arbeitsrechtliche Obliegenheit, 48

Relevanz erst bei Beendigung des Arbeitsverhältnisses). Ein böswilliges Unterlassen liegt idR dann vor, wenn dem Arbeitnehmer ein Vorwurf dahin gemacht werden kann, dass er während des Annahmeverzuges trotz Kenntnis aller objektiven Umstände – Arbeitsmöglichkeit, Zumutbarkeit und Nachteilsfolgen für den Arbeitgeber – vorsätzlich untätig geblieben ist oder die Arbeitsaufnahme verhindert hat (*BAG* 23.2.2021 EzA-SD 2021 Nr. 13,7; 18.6.1965 AP Nr. 2 zu § 615 BGB Böswilligkeit; 24.10.1972 EzA § 75d HGB Nr. 5; *LAG Frankf.* 17.1.1980 BB 1980, 1050; *LKB-Linck* Rn 20; *Maus* Rn 7; *Monjau/Heimeier* Rn 3). Eine **Schädigungsabsicht** ist **nicht** erforderlich (*BAG* 24.9.2003 EzA § 615 BGB 2002 Nr. 4; 18.10.1958 EzA § 615 BGB Nr. 2; LSSW-*Spinner* Rn 12; *LKB-Linck* Rn 20; aA *Maus* Rn 8); es reicht aus, wenn der Arbeitnehmer in dem Bewusstsein einer Schadenszufügung eine zumutbare anderweitige Arbeit ablehnt (jedenfalls **vorsätzlich** handelt, *LKB-Linck* Rn 20). Eine auf Fahrlässigkeit beruhende Unkenntnis von den objektiven Umständen (Arbeitsmöglichkeit, Zumutbarkeit der Arbeit und Nachteilsfolgen für den Arbeitgeber) genügt nicht. Bei der Frage der Böswilligkeit ist auch zu berücksichtigen, ob ein Arbeitnehmer bei Begründung eines anderweitigen Dauerarbeitsverhältnisses voraussichtlich sein **Amt als Betriebsratsmitglied** verlieren würde (vgl. *LAG Frankf.* 17.1.1980 BB 1980, 1050; *Schaub* Annahmeverzug Rn 78). Wird dem Arbeitnehmer (zB während der Kündigungsfrist) vom Arbeitgeber unter **Überschreitung** des **Direktionsrechts** eine Arbeit zugewiesen, so unterlässt der Arbeitnehmer nicht böswillig die anderweitige Verwendung seiner Arbeitskraft, wenn er es ablehnt, diese Arbeit zu verrichten (*BAG* 3.12.1980 EzA § 615 BGB Nr. 39; aA jetzt *BAG* 7.2.2007 EzA § 615 BGB 2002 Nr. 19 für die Ablehnung einer vertraglich nicht geschuldeten Arbeitsleistung, die der Arbeitgeber von ihm in einem unstreitig bestehenden Arbeitsverhältnis verlangt; dazu *von Hoff* SAE 2008, 201 ff.). Erst recht nicht, wenn ihn der Arbeitgeber im unbestritten fortbestehenden Arbeitsverhältnis einseitig freistellt (*LAG Köln* 27.4.2005 LAGE § 615 BGB 2002 Nr. 3). Ein vorübergehender **Auslandsaufenthalt** stellt noch kein böswilliges Unterlassen dar. Es muss vielmehr hinzukommen, dass in dieser Zeit zumutbare Arbeitsmöglichkeiten vorhanden gewesen sind, die wegen des Auslandsaufenthaltes nicht genutzt werden konnten (*BAG* 11.7.1985 EzA § 615 BGB Nr. 52; zum Annahmeverzug des Arbeitgebers bei Auslandsaufenthalt des Arbeitnehmers vgl. auch *LAG Bln.* 19.12.1983 NZA 1983, 125; *LAG Hamm* 18.10.1985 DB 1986, 1394). Der Annahme eines böswilligen Unterlassens kann entgegenstehen, dass der Arbeitnehmer während des Annahmeverzuges vorbereitende Arbeiten für eine selbständige Berufsausübung aufnimmt (*BAG* 16.6.2004 EzA § 615 BGB 2002 Nr. 7).

49 Die Annahme einer anderweitigen Arbeitsmöglichkeit setzt voraus, dass der Arbeitnehmer aufgrund seiner persönlichen und fachlichen Eignung eine sichere Aussicht auf Erhalt einer anderweitigen Arbeitsstelle hatte. Erforderlich ist weiterhin das Vorliegen eines ernsthaften Arbeitsangebots (vgl. *Maus* Rn 7). Der allgemeine Hinweis des Arbeitgebers, es seien für den Arbeitnehmer auf dem Arbeitsmarkt freie Stellen vorhanden, reicht **nicht** aus. Ein Arbeitnehmer ist im Übrigen grds. berechtigt, an Stelle der Aufnahme einer anderweitigen abhängigen Tätigkeit den Aufbau eines eigenen Unternehmens zu versuchen (*BAG* 18.1.1963 EzA § 615 BGB Nr. 5; 16.6.2004 EzA § 615 BGB 2002 Nr. 7). Ein **Unterlassen** der Aufnahme einer selbständigen Tätigkeit vorgeworfen werden kann aber nur, wenn sie sich aufgedrängt hat und der Arbeitnehmer subjektiv und objektiv dazu in der Lage ist (also bspw. über die berufsrechtlichen Voraussetzungen – Arzt, Rechtsanwalt – verfügt; zur Berechnung der Einkünfte: *Reufels/Schmülling* ArbRB 2004, 88, 89 f.). Die Vorschrift des § 615 S. 2 BGB ist zwar in erster Linie auf Dienstleistungen zugeschnitten, die **nicht** beim bisherigen Arbeitgeber erbracht werden sollen. Nach Sinn und Zweck der Vorschrift kann es aber keinen rechtlichen Unterschied machen, ob die Möglichkeit zur (zumutbaren) anderen Tätigkeit bei einem Dritten oder bei dem **bisherigen** Arbeitgeber bestanden hat (*BAG* 21.5.1981 EzA § 615 BGB Nr. 40; 7.11.2002 EzA § 615 BGB 2002 Nr. 1). **Bietet** der seitherige Arbeitgeber dem Arbeitnehmer für die Dauer des Kündigungsrechtsstreits ein **befristetes** oder ein **auflösend bedingtes Arbeitsverhältnis** an, so kann die Ablehnung eines solchen Angebots durch den Arbeitnehmer uU ein böswilliges Unterlassen iSd § 615 S. 2 BGB darstellen (*BAG* 14.11.1985 EzA § 615 BGB Nr. 46; nach *BAG* 13.7.2005 AP Nr. 112 zu § 615 BGB soll es dann schon an der **Leistungsbereitschaft** des Arbeitnehmers fehlen, wenn dieser die Arbeitsaufnahme von einem Verzicht auf die Wirkungen der Kündigung abhängig macht (krit. *Meyer* NZA-RR 2012, 337 ff.). Den Abschluss

einer schriftlichen Vereinbarung über die Befristung [§ 14 Abs. 4 TzBfG] kann der Arbeitnehmer nicht verweigern, *LAG Nds.* 30.9.2003 AuA 2004, 50). **Entsprechendes** gilt, wenn der Arbeitnehmer **einerseits** die **vorläufige Weiterbeschäftigung** zu den bisherigen Bedingungen verlangt oder beantragt, andererseits aber das entsprechende Angebot des Arbeitgebers ablehnt (*LAG Köln* 14.12.1995 AP Nr. 6 zu § 615 BGB Böswilligkeit = LAGE § 615 BGB Nr. 45; *LAG München* 9.5.2001 LAGE § 615 BGB Nr. 63), dass sich auf einen erstrittenen Prozessbeschäftigungsanspruch beziehen kann (*BAG* 24.9.2003 EzA § 615 BGB 2002 Nr. 4; krit. *Wank* Anm. AP Nr. 4 zu § 11 KSchG 1969: schon kein Annahmeverzug). **Vertragswidrige** Arbeit ist nicht ohne Weiteres mit **unzumutbarer** Arbeit gleichzusetzen (*BAG* 17.11.2011 EzA § 615 BGB 2002 Nr. 35). **Nicht** muss der Arbeitnehmer einen **Weiterbeschäftigungstitel** vollstrecken (*BAG* 22.2.2000 EzA § 615 BGB Nr. 97). Bei einem **Widerspruch** gegen den Übergang des Arbeitsverhältnisses bei **Betriebsinhaberwechsel** muss ggf. der beim Erwerber erzielbar gewesene Lohn angerechnet werden (*BAG* 19.3.1998 EzA § 613a BGB Nr. 163).

Die Frage, ob dem Arbeitnehmer die Annahme einer bestimmten anderweitigen Arbeit **zumutbar** 50 ist, richtet sich nach den **Umständen** des **Einzelfalles**. Bei der Prüfung sind das dem Arbeitnehmer gem. Art. 12 GG zustehende Grundrecht der freien Arbeitsplatzwahl sowie der Grundsatz von Treu und Glauben zu beachten (*BAG* 7.2.2007 EzA § 615 BGB 2002 Nr. 19; 3.12.1980 EzA § 615 BGB Nr. 39; 18.10.1958 EzA § 615 BGB Nr. 2). Abgelehnt ohne Begründung hat es das *BAG* (7.2.2007 EzA § 615 BGB 2002 Nr. 19), auf die Zumutbarkeitskriterien des § 121 SGB III (jetzt: § 140 SGB III; zumutbare Beschäftigungen einer arbeitslosen Person) abzustellen (vgl. demgegenüber *Fritz/Erren* NZA 2009, 1242, 1245 ff. zu den Möglichkeiten der Heranziehung der Wertungen jener Vorschrift). Die Unzumutbarkeit kann sich – abstrakt gesprochen – aus der **Person des Arbeitgebers**, der **Art der Arbeit** oder **sonstigen Arbeitsbedingungen** ergeben (*BAG* 7.2.2007 EzA § 615 BGB 2002 Nr. 19; 19.3.1998 NZA 1998, 750). Es ist dem Arbeitnehmer idR nicht zuzumuten, sich während des Kündigungsrechtsstreits um die Begründung eines anderweitigen **Dauerarbeitsverhältnisses** zu bemühen, das ihm die Rückkehr an den bisherigen Arbeitsplatz erschweren könnte (*BAG* 18.6.1965 BB 1965, 1970; *LAG Frankf.* 17.1.1980 BB 1980, 1050). Dies gilt insbes. dann, wenn er sich durch die Vereinbarung langer Kündigungsfristen **binden** müsste (vgl. *A. Hueck* Anm. zu *BAG* AP Nr. 2 zu § 615 BGB Böswilligkeit). Auch wird nicht zum Vorwurf gemacht werden können, dass bei Kündigung mit **unzureichender Frist** bis zum Ablauf der wirklichen Frist anderweitige Arbeitsaufnahme abgelehnt wird, insbes. wenn sich der Arbeitnehmer dem Vorwurf **unerlaubten Wettbewerbes** aussetzen könnte. Dies gilt auch bei Streit um die **Wirksamkeit** der Kündigung. Unzumutbar ist dem Arbeitnehmer weiterhin die Aufnahme einer **geringerwertigen Beschäftigung** oder die **Übernahme** einer **weitaus schlechter bezahlten Arbeit** (vgl. MüKo-BGB/ *Henssler* § 615 Rn 83) oder ein Akzeptieren deutlich schlechterer Arbeitsbedingungen überhaupt (*BAG* 11.10.2006 EzA § 615 BGB 2002 Nr. 18). Die Unzumutbarkeit kann sich auch aus einer **Statusverschlechterung** ergeben. Ein Angestellter kann daher die Übernahme einer Arbeitertätigkeit ablehnen. Die Ausübung einer **Aushilfstätigkeit** ist dem Arbeitnehmer dagegen idR dann **zumutbar**, wenn er in der Vergangenheit bereits wiederholt in einer derartigen Weise erwerbstätig war (zB als Mitarbeiter von Zeitarbeitsunternehmen). Eine **teilweise Beschäftigung** muss wegen § 266 BGB nicht angenommen werden (LSSW-*Spinner* Rn 14). **Die Unzumutbarkeit kann sich im Übrigen aus den folgenden Umständen ergeben:** Unterschied in der Vergütungsform (zB Akkord- und Zeitlohnvergütung) – nicht aber, wenn verminderte Vergütung im Wege der **Änderungskündigung** angesonnen und eben darüber gestritten wird (vgl. *BAG* 16.6.2004 EzA § 615 BGB 2002 Nr. 7; für Einzelfallprüfung bei Verdiensteinbußen *LAG Nds.* 18.1.2006 NZA-RR 2006, 349); Dauer und Lage der Arbeitszeit; Umfang der anfallenden Über- oder Mehrarbeit; Ort der Tätigkeit (zB Notwendigkeit eines Umzuges; Fahrzeiten – dazu *LAG Hamm* 24.5.2007 NZA-RR 2008, 175); Art und Umfang der Sozialleistungen, Größe des Unternehmens; Gefährlichkeit der Arbeit. **Zumutbar** ist in Sonderheit im Falle eines Betriebsüberganges die Weiterarbeit am selben Arbeitsplatz mit derselben Tätigkeit und zu denselben Arbeitsbedingungen (vgl. *BAG* 19.3.1998 NZA 1998, 750). Unter Umständen kann insoweit sogar die Abgabe von eigenen Angeboten erwartet werden (vgl. *BAG* 22.3.2017 EzA-SD 2017, Nr. 15, 5). Die Arbeit bei dem **bisherigen** Arbeitgeber soll nach *BAG* 11.1.2006 (EzA § 615 BGB 2002 Nr. 11) nur zumutbar sein, wenn sie auf den Erwerb von Zwischenverdienst gerichtet ist; auf eine dauerhafte Änderung des Arbeitsvertrages brauche sich der Arbeitnehmer nicht einzulassen (nach *LAG Düsseld.* 11.5.2012 – 6 Sa 1345/11 auch nicht auf eine geringerwertige Tätigkeit). Allerdings kann der Arbeitnehmer die Annahme einer zumutbaren Arbeit allein dadurch böswillig unterlassen, dass er ein in Zusammenhang mit einer Kündigung erklärtes **Änderungsangebot** nicht nach § 2 KSchG unter **Vorbehalt annimmt** (*BAG* 26.9.2007 EzA § 615 BGB 2002 Nr. 21). **Nicht** zugemutet werden kann die Erwartung von **Schikanen** oder die Hinnahme einer **rechtswidrigen** (etwa **ohne Beteiligung** des Betriebsrates erfolgten) **Versetzung** (vgl. *BAG* 7.11.2002 EzA § 615 BGB 2002 Nr. 1).

III. Anrechnung öffentlich-rechtlicher Leistungen

51 Hat der Arbeitnehmer im Nachzahlungszeitraum infolge Arbeitslosigkeit **öffentlich-rechtliche Leistungen** aus der Sozialversicherung, der Arbeitslosenversicherung, der Sicherung des Lebensunterhaltes nach dem SGB II (bis 31.12.2004: Arbeitslosenhilfe; s. Fußnote zum Text des § 11 KSchG am Anfang dieser Kommentierung) – Arbeitslosengeld II, Sozialgeld – oder der Sozialhilfe erhalten, so sind diese Beträge auf den Nachzahlungsanspruch anzurechnen (§ 11 Nr. 3 KSchG). Zur Bedeutung des § 11 Nr. 3 KSchG für den **Beitragsausgleich** vgl. *KR-Link/Lau* SozR Rdn 238 gegen *BAG* 9.4.1981 EzA § 11 KSchG Nr. 3, welches auch den Abzug von **Beiträgen** zulässt, obzwar dies keine »Leistungen« sind. Zu **verzinsen** ist lediglich der um gezahltes Arbeitslosen- oder Unterhaltsgeld einschließlich der durch die **Bundesagentur für Arbeit** gezahlten Arbeitnehmeranteile zur Sozialversicherung geminderte Vergütungsanspruch (*BAG* 13.6.2002 AP Nr. 97 zu § 615 BGB). Anzurechnen ist der »**Nettobetrag**« des Arbeitslosengeldes (*BAG* 24.9.2003 EzA § 615 BGB Nr. 3). Bezieht der Arbeitnehmer während des Annahmeverzuges des Arbeitgebers Arbeitslosengeld **und unterlässt er zugleich einen ihm zumutbaren Erwerb**, hat eine **proportionale Zuordnung** der Anrechnung nach § 11 S. 1 Nr. 2 **und** 3 KSchG zu erfolgen (*BAG* 11.1.2006 EzA § 615 BGB 2002 Nr. 10).

52 Als anzurechnende Leistungen aus der Sozialversicherung, die »**infolge Arbeitslosigkeit**« gewährt worden sind, kommen insbes. die vorgezogene Altersrente wegen Arbeitslosigkeit oder Altersteilzeitarbeit (§ 237 SGB VI) und die wegen Arbeitslosigkeit erhöhte Rente aus der gesetzlichen Unfallversicherung (§ 58 SGB VII) in Betracht. Für diese beiden Leistungsarten fehlte bis zum Inkrafttreten des § 115 Abs. 1 SGB X (1.7.1983) ein spezieller gesetzlicher Forderungsübergang (vgl. *Gagel* Anm. zu *BAG* AP Nr. 1 zu § 11 KSchG 1969), so dass der Arbeitgeber im Falle eines klagestattgebenden Feststellungsurteils nach § 11 Nr. 3 S. 2 KSchG verpflichtet war, dem zuständigen Leistungsträger die erbrachten Leistungen zu erstatten. Seit 1.7.1983 sieht § 115 Abs. 1 SGB X in allen Fällen, in denen der Arbeitgeber den Anspruch des Arbeitnehmers auf Arbeitsentgelt nicht erfüllt und deshalb ein Leistungsträger Sozialleistungen erbracht hat, einen Übergang des Anspruchs des Arbeitnehmers gegen den Arbeitgeber auf den Leistungsträger bis zur Höhe der erbrachten Sozialleistungen vor. Seitdem kommt der Anrechnungs- und damit der Erstattungsregelung des § 11 Nr. 3 S. 1 und 2 KSchG **praktisch keine selbständige Bedeutung mehr zu** (vgl. *KR-Link/Lau* SozR Rdn 243, 244), was der Gesetzgeber aber nicht zum Anlass einer Korrektur genommen hat (vgl. *Bader/Bram-Suckow* Rn 43). Methodisch führt der Wandel der Normsituation nicht ohne Weiteres zur Nichtanwendbarkeit der Norm (zu dem Satz »cessante ratione legis cessat lex ipsa« und dessen Herkunft *Larenz* Methodenlehre, S. 351 mN). Nicht »infolge Arbeitslosigkeit« gewährt ist infolge einer **Erkrankung** gezahltes Krankengeld.

53 § 140 Abs. 1 SGB III aF bewirkte eine Anrechnung von Entlassungsentschädigungen auf das Arbeitslosengeld bereits dann, wenn die Entschädigung lediglich zu **beanspruchen** war. Da eine Klärung der Anspruchsberechtigung uU erst nach rechtskräftigem Abschluss des Kündigungsrechtsstreits möglich war, wäre es unbillig gewesen, wenn der Arbeitnehmer bis zu diesem Zeitpunkt kein Arbeitslosengeld erhalten hätte. Um diese Folge zu vermeiden, bestimmte § 140 Abs. 4 S. 1 SGB III aF, dass Arbeitslosengeld auch in der Zeit gewährt wird, in der der Arbeitslose die Entlassungsentschädigung tatsächlich nicht erhält. Diese Zahlungen führten aber nicht zu einer

Entlastung des Arbeitgebers, weil nach § 115 SGB X, auf den § 140 Abs. 4 S. 2 SGB III verwies, ein gesetzlicher Forderungsübergang zu Gunsten der (jetzt:) **Bundesagentur für Arbeit** in Höhe des an den arbeitslosen Arbeitnehmer gewährten Arbeitslosengeldes eintritt. Nach der übergangsweise fortgeltenden Regelung in § 117 AFG (zu Voraussetzungen und Umfang der Fortgeltung s. KR-*Spilger* § 10 KSchG Rdn 94) galt Entsprechendes für die Zeit, für die der Arbeitslose Arbeitsentgelt erhält bzw. zu beanspruchen hat, was zum Ruhen des Anspruches auf Arbeitslosengeld führte (vgl. *Gitter* NJW 1985, 1125), § 117 Abs. 1, Abs. 4 S. 1 AFG aF. Dem § 117 AFG aF entsprach mit einigen Änderungen **mit Wirkung ab 1.4.1999** die Vorschrift des **§ 143a SGB III** aF und entspricht seit 1.4.2012 diejenige des § 158 SGB III (s. KR-*Spilger* § 10 KSchG Rdn 100). Sie betrifft – anders als der aufgehobene § 140 SGB III, der sich nur auf die **Anrechnung** von Entlassungsentschädigungen auf das Arbeitslosengeld bezog – auch den Nachzahlungsanspruch iSd § 11 KSchG insoweit, als der Anspruch auf Arbeitslosengeld **ruht**.

Die in Rdn 53 dargestellten Grundsätze gelten entsprechend für die früher nach § 190 SGB III aF (bis 31.12.1997: § 134 AFG) zu gewährende Arbeitslosenhilfe. Der gesetzliche Forderungsübergang erfolgte in diesem Falle aber zugunsten des **Bundes** (§ 204 SGB III aF, bis 31.12.1997: § 141 AFG). Die **Bundesagentur für Arbeit** war berechtigt und verpflichtet, die Ansprüche für den **Bund** geltend zu machen. 54

§ 115 SGB X gilt auch zugunsten der Träger der Leistungen zur Sicherung des Lebensunterhaltes nach dem SGB II, also das **Arbeitslosengeld II** (§§ 19 ff. SGB II) und das **Sozialgeld** (§§ 28 ff. SGB II), § 33 Abs. 4 SGB II. Bei Leistungen der Grundsicherung für Arbeitsuchende an Mitglieder einer Bedarfsgemeinschaft nach dem SGB II ist der Grundsatz der Personenidentität durchbrochen. Erbringt eine ARGE (jetzt: Jobcenter) Leistungen an den nicht getrennt lebenden Ehegatten, den Lebenspartner des Hilfebedürftigen und an dessen unverheiratete Kinder unter 25 Jahren, weil der Arbeitgeber die Vergütung an den Arbeitnehmer nicht zahlt, geht dessen Vergütungsanspruch nach der in § 34b SGB II enthaltenen Sonderregelung auch in Höhe der an diese Personen erbrachten Leistungen auf den Träger der Grundsicherung über (*BAG* 21.3.2012 NZA 2012, 729). 55

Erfüllt der Arbeitnehmer nicht die gesetzlichen Voraussetzungen für die Gewährung von Leistungen aus der Renten- oder Arbeitslosenversicherung, so steht ihm nach Maßgabe der Bestimmungen des SGB XII ein Anspruch auf **Sozialhilfe** zu. Diese Leistungen muss sich der Arbeitnehmer auf den Nachzahlungsanspruch anrechnen lassen. Der Arbeitgeber ist seinerseits dazu verpflichtet, die an den Arbeitnehmer im Nachzahlungszeitraum gewährten Leistungen dem Träger der Sozialhilfe zu erstatten (§ 11 Nr. 3 S. 2 KSchG). § 115 SGB X gilt auch für die Leistungen der Sozialhilfe (§ 93 Abs. 4 SGB XII). 56

Ebenso wie in dem Falle eines anderweitigen Verdienstes (vgl. Rdn 45) steht dem Arbeitgeber wegen der Vergleichbarkeit der Interessenlage auch hinsichtlich der dem Arbeitnehmer im Nachzahlungszeitraum gewährten öffentlich-rechtlichen Leistungen ein **Auskunftsanspruch** zu (MünchArbR-*Tillmanns* § 76 Rn 70; aA *Bader/Bram-Suckow* Rn 43 mit dem Argument, es gehe nicht um eine Einwendung des Arbeitgebers, sondern die vom Arbeitnehmer darzulegende Aktivlegitimation; aA auch *LKB-Linck* Rn 39, wonach der Arbeitnehmer schlüssig darzulegen habe, dass er hinsichtlich der geltend gemachten Forderung aktivlegitimiert sei). 57

Die dem Arbeitgeber nach § 11 Nr. 3 S. 2 KSchG obliegende Erstattungspflicht, die mit einem bislang (seit der Geltung des § 115 Abs. 1 SGB X, s. Rdn 52) nicht beseitigten (s. Rdn 52) **eigenständigen Erstattungsanspruch** (weswegen die Forderungen **nicht** wegen des Ablaufes etwaiger tarifvertraglicher Ausschlussfristen untergehen; die praktische Irrelevanz der Vorschrift [Rdn 52] ergibt sich daraus, dass aufgrund Forderungsüberganges nach § 115 SGB X nichts Anrechenbares mehr vorhanden ist, was allein die Erstattungspflicht gem. § 11 Nr. 3 S. 2 KSchG auslösen könnte) korrespondiert (*Schaub* Annahmeverzug Rn 87; vgl. ErfK-*Kiel* Rn 12 mN), ändert nichts an der **Rechtsnatur** des Nachzahlungsanspruches (vgl. *BAG* 17.4.1986 EzA § 615 BGB Nr. 47 sowie Rdn 36, 37). Dies gilt ebenso für die Fälle, in denen kraft Gesetzes (vgl. § 115 SGB X, § 33 Abs. 4 SGB II, § 93 Abs. 4 SGB XII) die Forderung auf die jeweils zuständige öffentliche Stelle übergeht. 58

Der Arbeitgeber ist daher dazu berechtigt, den öffentlichen Stellen alle **Einwendungen** und **Einreden entgegenzusetzen**, die ihm gegenüber dem **Arbeitnehmer** zustanden (§§ 412, 404 BGB). Auch eine **Aufrechnung** ist dem Arbeitgeber im Rahmen der §§ 412, 406 BGB möglich. Hat der Arbeitgeber in Unkenntnis der an den Arbeitnehmer gewährten öffentlich-rechtlichen Leistungen die gesamte Vergütung nachgezahlt, so wird er gem. §§ 412, 407 BGB von der ihm obliegenden Erstattungspflicht **befreit**. Um diese Rechtsfolgen auszuschließen, bedarf es einer entsprechenden Überleitungsanzeige seitens der zuständigen Leistungsträger. Zahlt der Arbeitgeber trotz Vorliegens einer Überleitungsanzeige dem Arbeitnehmer versehentlich die volle Vergütung aus, so steht ihm gem. § 812 Abs. 1 BGB ein Bereicherungsanspruch gegenüber dem Arbeitnehmer zu (vgl. *Maus* Rn 12 sowie allgemein zur Rückzahlung von Arbeitsentgelt *Groß* ZIP 1987, 5).

IV. Keine Anrechnung von ersparten Aufwendungen

59 Im Unterschied zu § 615 S. 2 BGB sieht § 11 KSchG keine Anrechnung von ersparten **Aufwendungen** vor (vgl. zur Kritik an der uneinheitlichen Rechtslage: *LKB-Linck* Rn 34. Der Ausschluss der Geltung des § 11 KSchG für gekündigte Arbeitnehmer eines **Kleinbetriebes** durch § 23 Abs. 1 S. 2 und 3 KSchG dürfte nach Andeutungen des *BVerfG* [3. Kammer des 1. Senats 24.6.2010 – EzA § 615 BGB 2002 Nr. 32 – zu unzulässiger Richtervorlage *LAG Nbg.* 9.3.2010 – LAGE § 615 BGB 2002 Nr. 11 –] mit Art. 3 Abs. 1 GG vereinbar sein: Berücksichtigung der Interessen des typischerweise finanziell weniger leistungsstarken Arbeitgebers eines Kleinbetriebes). Es handelt sich hierbei um solche Aufwendungen, die dem Arbeitnehmer im Falle der Weiterarbeit entstanden wären (zB Fahrtauslagen, Kosten für die Reinigung von Arbeitskleidung, Mehraufwand für Verpflegung, Telefonkosten). Im Hinblick auf die **Geringfügigkeit** der in Betracht kommenden Beträge hat der Gesetzgeber davon abgesehen, diese Ersparnisse des Arbeitnehmers für anrechnungspflichtig zu erklären (vgl. zur Entstehungsgeschichte RdA 1950, 64, sowie RdA 1951, 64; vgl. auch ErfK-*Kiel* Rn 11). Dem steht nicht entgegen, dass tatsächlich enstandene Aufwendungen zur Erzielung anderweitigen Verdienstes abzugsfähig sind (vgl. Rdn 44; *BAG* 2.10.2018 EzA § 11 KSchG Nr. 11).

E. Verfahrensrechtliche Fragen

I. Form der Geltendmachung

60 Sofern nicht tarifliche Ausschlussfristen eine frühere gerichtliche Geltendmachung erforderlich machen (vgl. Rdn 23) und nicht die Gefahr eines Anspruchsverlustes infolge Verjährung (§ 195 BGB) besteht, kann der Arbeitnehmer zunächst den Ausgang des Kündigungsrechtsstreits abwarten und sodann den Nachzahlungsbetrag, sofern mit dem Arbeitgeber keine gütliche Einigung zu erzielen ist, gesondert einklagen. Dabei ist zu beachten, dass nach der Ansicht des *BAG* zum **alten** Verjährungsrecht (1.2.1960 und 29.5.1961 EzA § 209 BGB Nr. 2 und 1; 7.11.1991 AP Nr. 6 zu § 209 BGB) die Kündigungsschutzklage den Lauf der Verjährungsfrist nicht unterbricht (aA *Becker/Bader* BB 1981, 1709, 1713 mwN sowie **hier** Rdn 24). Soweit Tarifverträge Ausschlussfristen für die gerichtliche Geltendmachung von Ansprüchen vorsehen, werden diese Fristen durch die Erhebung einer Kündigungsschutzklage nicht gewahrt (*BAG* 4.5.1977 EzA § 4 TVG Ausschlussfristen Nr. 31; 22.2.1978 EzA § 4 TVG Ausschlussfristen Nr. 33; 18.12.1984 EzA § 4 TVG Ausschlussfristen Nr. 63; aA *Becker/Bader* BB 1981, 1710, sowie **hier** Rdn 24). Nach der vorzitierten Rechtsprechung des BAG ist der Arbeitnehmer beim Vorliegen entsprechender tariflicher Regelungen oder bei drohender Verjährung dazu gezwungen, Entgeltansprüche aus Annahmeverzug uU **vor** dem rechtskräftigen Abschluss des Kündigungsrechtsstreits im Wege einer objektiven Klagenhäufung gerichtlich geltend zu machen. Wegen des nur schwer vorauszusehenden Umfanges der Anrechnung erfordert der zuletzt genannte prozessuale Weg eine **fortlaufende Anpassung** an die materielle Rechtslage (zB mittels Klageerweiterung bzgl. der jeweiligen Vergütungsabschnitte oder ggf. mittels teilweiser Klagerücknahme in den Fällen eines nachträglich bekannt gewordenen Anrechnungspostens).

61 Diese prozessualen Besonderheiten bestehen ebenfalls bei einer vor rechtskräftigem Abschluss des Kündigungsrechtsstreits erhobenen gesonderten Leistungsklage. Bei Vorliegen der **Voraussetzungen**

des § 259 ZPO kann auch Klage auf künftige Lohnzahlungen erhoben werden (vgl. *BAG* 26.6.1959 und 29.7.1960 AP Nr. 1 und 2 zu § 259 ZPO; *Vossen* DB 1985, 385 und 439). Bei noch nicht fälligen Lohnansprüchen kann auch gem. § 256 ZPO eine Feststellungsklage erhoben werden. Die Zulässigkeit einer Klage nach § 259 ZPO schließt das **Rechtsschutzbedürfnis** für eine Feststellungsklage nach § 256 ZPO nicht aus (ebenso iE *Thomas/Putzo-Seiler* § 259 Rn 6). War die Feststellungsklage zum Zeitpunkt der Klageerhebung zulässig, so braucht der Arbeitnehmer auch **nicht** später zur **Leistungsklage** überzugehen (vgl. *BGH* LM Nr. 5 zu § 256 ZPO). Einer Klage nach § 259 ZPO, die sich auf § 615 BGB stützt, steht auch nicht entgegen, dass sich **Leistungswille** und **Leistungsfähigkeit** im Allgemeinen nur für Zeiträume feststellen ließen, die **vor** der letzten mündlichen Verhandlung über Ansprüche aus § 615 BGB liegen (so aber *BAG* 18.12.1974 AP Nr. 30 zu § 615 BGB; 20.12.1976 AP Nr. 1 zu § 18 SchwbG). **Anderenfalls** wäre die **Tragweite der gesetzgeberischen Entscheidung** des § **259 ZPO** verkannt (*Zeuner* RdA 1997, 6 ff.). Aus kostenrechtlichen Gründen (vgl. Rdn 67, 68) empfiehlt es sich, möglichst zunächst das Ergebnis des Kündigungsrechtsstreits abzuwarten und die Vergütungsansprüche erst bei Eingreifen von tariflichen Ausschlussfristen oder bei drohender Verjährung einzuklagen. Durch eine schriftliche **Lohnabrechnung**, die der Arbeitgeber innerhalb einer tariflichen Ausschlussfrist erteilt, werden die abgerechneten Lohnforderungen des Arbeitnehmers **streitlos** gestellt. Der Arbeitnehmer braucht **diese** Lohnforderungen nicht noch einmal mündlich oder schriftlich geltend zu machen (*BAG* 20.10.1982 EzA § 4 TVG Ausschlussfristen Nr. 53). Zu den tarifvertraglichen Verfallfristen vgl. auch *Fenski* BB 1987, 2293 und hier Rdn 23.

Es bedarf grds. **keiner Aussetzung** der auf die Zahlung von Vergütung gerichteten Leistungsklage **62** bis zur rechtskräftigen Entscheidung des Kündigungsrechtsstreits (*LAG Düsseld.* 23.12.1982 EzA § 148 ZPO Nr. 13; *LAG Hamm* 18.4.1985 BB 1985, 1735; *LAG Köln* 21.11.1985 NZA 1986, 140; 17.12.1985 DB 1986, 440; *LAG Nürnberg* 9.7.1986 NZA 1987, 211; *Schaub* Annahmeverzug Rn 70; **aA** *Beiersmann* NZA 1987, 196, und *LAG Frankf.* 4.9.1987 BB 1988, 276). Der *Große Senat* des *BAG* (27.2.1985 EzA § 611 BGB Beschäftigungspflicht Nr. 9) hat zu Recht klargestellt, dass eine Aussetzung des Verfahrens über die **Beschäftigungsklage** bis zur rechtskräftigen Entscheidung des Kündigungsschutzprozesses gem. § 148 ZPO nicht geboten sei. Wegen der vergleichbaren Interessenlage gilt dieser Grundsatz **entsprechend** für Leistungsklagen, die auf die Zahlung von Vergütung (zB gem. § 615 BGB) gerichtet sind. Lassen die Parteien den Zahlungsrechtsstreit auf Antrag des Arbeitnehmers mit Blick auf eine Folgekündigung ruhen, so beginnt **sofort nach rechtskräftiger Entscheidung** der die vorgreifliche Kündigung betreffenden Kündigungsschutzklage der Verjährungsrest (§ 204 Abs. 2 S. 2, § 209 BGB; zum alten Recht *BAG* 29.3.1990 AP Nr. 11 zu § 196 BGB). Zur **Hemmung der Verjährung** bei **Verhandlungen** s. jetzt § 203 BGB.

In den Fällen einer aller Wahrscheinlichkeit nach unwirksamen Kündigung kann der Arbeitnehmer **63** vor rechtskräftigem Abschluss des Kündigungsrechtsstreits auch mittels einer **einstweiligen Verfügung** (§ 940 ZPO) vom Arbeitgeber **Abschlagszahlungen** auf die ihm zustehenden Vergütungsansprüche verlangen, und zwar in Höhe des **Existenzminimums** (Einzelheiten *Walker* Einstweiliger Rechtsschutz Rn 701–704 mwN). Hierzu ist allerdings Voraussetzung, dass der Arbeitnehmer auf die Vergütung dringend zur Bestreitung seines Unterhalts angewiesen ist. Dies ist zB dann der Fall, wenn er **weder** einen Anspruch auf Arbeitslosengeld **noch** auf Leistungen der Sicherung des Lebensunterhaltes nach SGB II (Arbeitslosengeld II, Sozialgeld) hat (vgl. *LAG Kiel* 26.8.1958 AP Nr. 1 zu § 940 ZPO; *LAG Köln* 22.9.1961 AP Nr. 4 zu § 940 ZPO; *LAG Frankf.* 28.2.1970 BB 1970, 1256; *LAG Hmb.* 6.5.1986 DB 1986, 1620; *Vossen* DB 1985, 439; *ders.* RdA 1991, 216 mzN). Wegen der **Subsidiaritätsklausel** in § **2 Abs. 1 SGB XII** ist es **nicht** möglich, eine Notlage des Arbeitnehmers mit der Begründung zu **verneinen**, dieser könne Sozialhilfe in Anspruch nehmen (*Walker* Einstweiliger Rechtsschutz Rn 703).

II. Aktivlegitimation

Die Aktivlegitimation des Arbeitnehmers bezieht sich nur auf den Betrag, der sich nach Abzug der **64** gem. § 11 KSchG anzurechnenden (wirklichen und fiktiven) Einkünfte ergibt. **Es bedarf daher** keiner Aufrechnung oder Widerklage seitens des Arbeitgebers, um die Anrechnung herbeizuführen (vgl. *Palandt/Weidenkaff* § 615 Rn 18; zu § 326 Abs. 2 S. 2 BGB vgl. entspr. MüKo-BGB/*Ernst* § 326 BGB Rn 88). Sie vollzieht sich automatisch kraft Gesetzes, also »ipso iure« (Schwarze/Eylert/Schrader-*Schwarze* Rn 26) und ohne »Anrechnungserklärung« (*BAG* 2.10.2018 EzA § 11 KSchG Nr. 11; 24.9.2003 EzA § 615 BGB 2002 Nr. 4; vgl. *Herschel* Anm. zu *BAG* AP Nr. 16 zu § 242 BGB Auskunftspflicht *Fritz/Erren* NZA 2009, 1242, 1243). Freilich müssen die zur Feststellung der Anrechnung notwendigen Tatsachen **eingewendet** werden (vgl. *Bader/Bram-Suckow* Rn 33). **Ungefragt** muss der Arbeitnehmer anrechenbare Beträge nicht offenlegen, sofern die Anrechenbarkeit nicht offensichtlich gegeben ist (etwa anderweitiger Verdienst, Bezug öffentlich-rechtlicher Leistungen; denn er muss sich iSd § 74c HGB nur auf »Erfordern« erklären). Wegen der fehlenden Aktivlegitimation kann der Arbeitnehmer auch nicht den Arbeitgeber auf Zahlung zugunsten der öffentlichen Leistungsträger in Anspruch nehmen. Es bedarf hierzu vielmehr einer **Bevollmächtigung** seitens des jeweils zuständigen öffentlichen Leistungsträgers (zB *Bundesagentur für Arbeit*). Die Kürzung findet **ohne Rücksicht** auf die in den §§ 850 ff. ZPO festgelegten Pfändungsgrenzen statt, weil der Arbeitnehmer die Leistungen bereits **erhalten** hat (Staudinger-*Richardi/Fischinger* § 615 BGB Rn 151).

III. Darlegungs- und Beweislast

65 Die **Darlegungs-** und **Beweislast** für die tatsächlichen **Voraussetzungen** des **Annahmeverzuges** – Bestehen eines Arbeitsverhältnisses, Angebot und Nichtannahme – trifft den **Arbeitnehmer**, während der **Arbeitgeber** seinerseits **darlegungs-** und **beweispflichtig** für fehlendes Leistungsvermögen oder fehlende Leistungsbereitschaft sowie für die **Voraussetzungen** der **Anrechnungspflicht** (einschließl. der Kausalität des anderweitigen Erwerbs durch das Freiwerden von der bisherigen Arbeitsleistung) ist (vgl. *BAG* 19.7.1978 EzA § 242 BGB Auskunftspflicht Nr. 1; 26.10.1971 EzA Art. 9 GG Nr. 7; 14.8.1974 EzA § 615 BGB Nr. 26; 18.10.1958 u. 18.6.1965 AP Nr. 1 u. 2 zu § 615 BGB Böswilligkeit; 6.9.1990 AP Nr. 47 zu § 615 BGB; krit. *Gravenhorst* Anm. EzA § 615 BGB Nr. 79; LSSW-*Spinner* Rn 9; MüKo-BGB/*Henssler* § 615 BGB Rn 131 f.). Dem Arbeitgeber steht aber gegenüber dem Arbeitnehmer ein **Auskunftsanspruch** entspr. § 74 Abs. 2 HGB hinsichtlich der anzurechnenden Beträge zu, sofern er nicht aufgrund eigener Erkenntnisquellen dazu in der Lage ist, das Vorliegen anrechnungspflichtiger Einkünfte im Einzelnen darzulegen (vgl. Rdn 45 und 57). Die sich allein auf die Höhe eines etwaigen Zwischenverdienstes beziehende Auskunftspflicht des Arbeitnehmers entbindet den Arbeitgeber **nicht** davon, geeignete Tatsachen vorzutragen und ggf. zu beweisen, die für das Vorliegen eines anderweitigen Verdienstes sprechen (vgl. *BAG* 14.8.1974 EzA § 615 BGB Nr. 26; 19.7.1978 EzA § 242 BGB Auskunftspflicht Nr. 1; 6.9.1990 AP Nr. 47 zu § 615 BGB). In den Fällen eines anrechenbaren fiktiven Zwischenverdienstes muss der Arbeitgeber die **Böswilligkeit** iSv § 615 S. 2 BGB **dartun und beweisen** (*BAG* 18.10.1958 AP Nr. 1 zu § 615 BGB Böswilligkeit; 26.10.1971 EzA Art. 9 GG Nr. 7; 11.7.1985 EzA § 615 BGB Nr. 52; Einzelheiten *Sievers* JM 2018, 194 ff.). Solange der Arbeitnehmer die geschuldete Auskunft hinsichtlich der Höhe eines anrechenbaren Zwischenverdienstes verweigert, kann der Arbeitgeber eine entsprechende Zahlung verweigern. Eine Verurteilung **Zug um Zug** scheidet in einem derartigen Fall aus (*BAG* 19.7.1978 EzA § 242 BGB Auskunftspflicht Nr. 1; 29.7.1993 AP Nr. 52 zu § 615 BGB). Vielmehr ist die uneingeschränkte Zahlungsklage als **derzeit** unbegründet abzuweisen (*BAG* 19.7.1978 AP Nr. 16 zu § 242 BGB Auskunftspflicht; krit. *LKB-Linck* Rn 15). Im Rahmen des § 74c Abs. 2 HGB steht dem Arbeitgeber bei der Zahlung der Karenzentschädigung ebenfalls ein Leistungsverweigerungsrecht zu (vgl. *BAG* 12.1.1978 EzA § 74c HGB Nr. 19).

IV. Streitwert

66 Werden im Kündigungsrechtsstreit zugleich Ansprüche auf Arbeitsentgelt für die Zeit nach Ausspruch der Kündigung erhoben, so wird der **Streitwert** teilweise nach dem Wert der Summe der Entgeltansprüche, sofern dieser den mit dem Betrag des Arbeitsentgelts eines Vierteljahres anzusetzenden Wert des Feststellungsanspruches übersteigt, bestimmt (*BAG* 16.1.1968 AP Nr. 17 zu

§ 12 ArbGG 1953; *LAG BW* 8.11.1985 DB 1986, 1080; GWBG-*Waas* § 12 Rn 31; GMP/*Germelmann/Künzl* § 12 Rn 115; *Schumann* BB 1983, 505; **aA** *LAG Frankf.* 18.10.1965 AP Nr. 13 zu § 12 ArbGG 1953; *LAG Bln.* 2.1.1968 DB 1968, 180; *Wenzel* BB 1984, 1494). **Gegen** die Ansicht des *BAG* (16.1.1968 AP Nr. 17 zu § 12 ArbGG 1953) werden insofern Bedenken erhoben, als Kündigungsschutzklage und Zahlungsklage unterschiedliche Streitgegenstände betreffen. Die Inkonsequenz dieser Auffassung zeigt sich dann, wenn Kündigungsschutzklage und Zahlungsklage getrennt erhoben und nicht miteinander verbunden werden. Hier ist (auch nach Auffassung des *BAG* bzgl. mehrerer in unterschiedlichen Verfahren angegriffener Kündigungen [19.10.2010 EzA-SD 2011, Nr. 7, 15] grds. für jedes Verfahren der Wert zu berechnen. Nach der Gegenansicht ist daher eine **Kumulation** der Teil-Streitwerte anzunehmen, und zwar mit der Maßgabe, dass sich der Teil-Streitwert für die Kündigungsschutzklage nach § 42 Abs. 2 S. 1 GKG richtet, während der Teil-Streitwert für die Zahlungsklage nach § 3 ZPO zu bestimmen ist. Die LAG lehnen die Ansicht des *BAG* (16.1.1968 AP Nr. 17 zu § 12 ArbGG 1953) nahezu **einhellig** ab und nehmen eine uneingeschränkte Streitwertaddition vor (**umfassend** zu dem Fragenkreis mwN GK-ArbGG/*Schleusener* § 12 Rn 282 ff.). Allgemein zum Streitwert im Kündigungsrechtsstreit vgl. *BAG* 24.3.1980 EzA § 64 ArbGG 1979 Nr. 3; 10.6.1977 EzA § 12 ArbGG Nr. 5; 30.11.1984 EzA § 12 ArbGG 1979 Streitwert Nr. 36; *LAG Hamm* 3.4.1986 DB 1986, 1184. Zum Streitwert einer Klage auf Zahlung künftig fälligen Arbeitsentgelts vgl. *Vossen* DB 1986, 326; zum Streitwert bei mehreren Kündigungen vgl. *LAG Bln.* 2.12.1986 DB 1987, 2664 und *BAG* 19.10.2010 EzA-SD 2001, Nr. 7, 15. Der »Streitwertkatalog für die Arbeitsgerichtsbarkeit« idF vom 9.2.2018 (auffindbar im Internet) nimmt in Abschn. I unter Nr. 6 wirtschaftliche Identität zwischen Bestandsstreit und Annahmeverzug an; nach § 45 Abs. 1 S. 3 GKG finde keine Wertaddition statt, der höhere Wert sei maßgeblich. Dies dürfte nicht im Einklang mit dem Additionsgebot des § 39 Abs. 1 GKG stehen und erweitert den Anwendungsbereich des § 42 Abs. 2 S. 1 GKG, der lediglich Bestandsschutzstreitigkeiten privilegiert (so auch *St. Müller* FA 2014, 262, 263).

V. Kosten

Obsiegt der Arbeitnehmer im Falle einer objektiven Klagenhäufung sowohl im Kündigungsrechtsstreit als auch im Streit über die Nachzahlung der Entgeltansprüche, so hat der Arbeitgeber gem. **§ 91 ZPO** die **Kosten** des **Rechtsstreits** in vollem Umfange zu tragen. Unterliegt der Arbeitnehmer in einem derartigen Fall dagegen ganz oder teilweise hinsichtlich der Zahlungsansprüche, so richtet sich die **Kostenentscheidung** nach **§ 92 ZPO**. Es ist also – ausgehend vom **Maß des Obsiegens** bzw. **Unterliegens jeder Partei** gemessen am **Gesamtstreitwert** – zu **quoteln**. 67

Hat der Arbeitnehmer die Entgeltansprüche gesondert im Wege einer Leistungsklage geltend gemacht, so hat er im Falle des Unterliegens gem. § 91 ZPO die Kosten des Rechtsstreits zu tragen. Obsiegt er dagegen in vollem Umfange im Nachzahlungs-Rechtsstreit, so trifft den Arbeitgeber gem. § 91 ZPO die volle Kostenlast. Bei einem Teilobsiegen des Arbeitnehmers richtet sich die Kostenentscheidung nach § 92 ZPO. 68

VI. Berufungs- und revisionsrechtliche Fragen

In den Fällen einer objektiven Klagenhäufung muss sich die **Revisionsbegründung** nach § 551 Abs. 3 ZPO grds. mit allen angegriffenen Teilen des angefochtenen Urteils befassen (*BAG* 7.7.1955 AP Nr. 2 zu § 554 ZPO). Hat das Berufungsgericht sowohl der Kündigungsschutzklage als auch der Zahlungsklage stattgegeben, so ist der Pflicht zur erschöpfenden Begründung der Revision regelmäßig genügt, wenn die Revisionsbegründung sich mit der **Kündigungsschutzklage** befasst. Die Revisionsbegründung braucht nicht noch ausdrückliche Gründe dafür anzuführen, weshalb sie auch die Abweisung der damit in unmittelbarem Zusammenhang stehenden **Zahlungsklage** erstrebt (*BAG* 16.6.1976 EzA § 626 BGB nF Nr. 47; **so auch zur entsprechenden Problemlage der Abhängigkeit des Weiterbeschäftigungsbegehrens von der Kündigungsschutzklage***BAG* 3.4.1987 NZA 1988, 37; **aA** aber *BAG* 13.6.1985 NZA 1986, 600). Dies gilt auch für den umgekehrten Fall der Abweisung beider Klagen durch das **Berufungsgericht**. Vorstehendes gilt auch für die 69

Begründung der **Berufung** gegen ein mehrere Streitgegenstände betreffendes Endurteil bzgl. eines **abhängigen** Streitpunktes (MüKo-ZPO/*Rimmelspacher* § 520 Rn 45).

F. Verhältnis zu anderen Vorschriften

I. Verhältnis zu § 13 KSchG

70 Die Bestimmung des § 11 KSchG findet gem. **§ 13 Abs. 1 S. 5 KSchG** auf den Fall einer innerhalb der dreiwöchigen Klagefrist des § 4 KSchG angegriffenen **außerordentlichen** Kündigung entsprechend Anwendung (und **nicht:** § 615 S. 2 BGB, *BAG* 24.9.2003 AP Nr. 9 zu § 615 BGB Böswilligkeit). Im Unterschied zu den Fällen einer sozialwidrigen Kündigung (vgl. Rdn 9, 10) **beginnt** der **Nachzahlungszeitraum** bereits mit dem Zugang der außerordentlichen (fristlosen) Kündigung und nicht erst nach Ablauf der Kündigungsfrist, es sei denn, die Voraussetzungen für den Nachzahlungszeitraum liegen zu diesem Zeitpunkt noch nicht vor (zB fehlende Arbeitsbereitschaft des Arbeitnehmers im Falle einer eigenmächtigen Urlaubsgewährung oder -verlängerung). Die Anrechnungsbestimmung des § 11 KSchG gilt daher bei einer außerordentlichen Kündigung grds. bereits während der für eine ordentliche Kündigung geltenden Kündigungsfrist. Aus welchen Gründen das Gericht die außerordentliche Kündigung für unwirksam hält (zB aus § 626 Abs. 1 oder Abs. 2 BGB, § 102 Abs. 1 BetrVG, § 17 MuSchG) ist für die Anwendung des § 11 KSchG **ohne Belang** (*BAG* 19.7.1978 EzA § 242 BGB Auskunftspflicht Nr. 1). Auch für den Fall, dass der Arbeitgeber die außerordentliche Kündigung im Einvernehmen mit dem Arbeitgeber »zurücknimmt« und den Arbeitnehmer weiterbeschäftigt, ist § 11 KSchG entsprechend anzuwenden (vgl. Rdn 8).

71 Gem. **§ 13 Abs. 2 KSchG** gilt § 11 KSchG entsprechend für den Fall einer gerichtlich festgestellten **sittenwidrigen** Kündigung. Die Voraussetzung, dass der Arbeitnehmer die Sittenwidrigkeit innerhalb der dreiwöchigen Klagefrist des § 4 KSchG geltend gemacht hat, ist mit § 13 Abs. 2 KSchG nF entfallen. Nimmt der Arbeitgeber die sittenwidrige Kündigung zurück und beschäftigt den Arbeitnehmer weiter, so gilt § 11 KSchG entsprechend.

II. Verhältnis zu § 12 KSchG

72 Die Regelung des § 11 KSchG findet nach **§ 12 S. 5 KSchG** entsprechend Anwendung auf den Fall, dass der Arbeitnehmer nach Obsiegen im Kündigungsrechtsstreit sich fristgemäß für die **Fortsetzung** eines inzwischen eingegangenen **anderen Arbeitsverhältnisses** entscheidet (vgl. iE KR-*Spilger* § 12 KSchG Rdn 37). Hat der Arbeitnehmer nach erfolgreichem Kündigungsschutzprozess durch Erklärung gegenüber seinem alten Arbeitgeber die Fortsetzung des Arbeitsverhältnisses verweigert, weil er zwischenzeitlich ein neues Arbeitsverhältnis eingegangen ist (§ 12 S. 1 und 3 KSchG), so kommt nur für die Zeit eine Anrechnung anderweitigen Arbeitsverdienstes in Betracht, für die der Arbeitnehmer nach § 12 S. 4 KSchG entgangenen Verdienst vom bisherigen Arbeitgeber beanspruchen kann (*BAG* 19.7.1978 AP Nr. 16 zu § 242 BGB Auskunftspflicht) oder, bei Begrenzung des Anspruchs, beanspruchen will (*BAG* 27.3.1974 AP Nr. 15 zu § 242 BGB Auskunftspflicht).

III. Verhältnis zu § 9 KSchG

73 Die Vorschrift des § 11 KSchG findet **keine** Anwendung, wenn das Arbeitsverhältnis gem. **§ 9 KSchG aufgelöst** wird. Befand sich der Arbeitnehmer bis zum Auflösungszeitpunkt in Annahmeverzug, so richtet sich die Anrechnung anderweitiger Einkünfte nach **§ 615 S. 2 BGB** (ebenso LSSW-*Spinner* Rn 1).

§ 12 KSchG Neues Arbeitsverhältnis des Arbeitnehmers; Auflösung des alten Arbeitsverhältnisses

¹Besteht nach der Entscheidung des Gerichts das Arbeitsverhältnis fort, ist jedoch der Arbeitnehmer inzwischen ein neues Arbeitsverhältnis eingegangen, so kann er binnen einer Woche nach der Rechtskraft des Urteils durch Erklärung gegenüber dem alten Arbeitgeber die Fortsetzung des Arbeitsverhältnisses bei diesem verweigern. ²Die Frist wird auch durch eine vor ihrem Ablauf zur Post gegebene schriftliche Erklärung gewahrt. ³Mit dem Zugang der Erklärung erlischt das Arbeitsverhältnis. ⁴Macht der Arbeitnehmer von seinem Verweigerungsrecht Gebrauch, so ist ihm entgangener Verdienst nur für die Zeit zwischen der Entlassung und dem Tage des Eintritts in das neue Arbeitsverhältnis zu gewähren. ⁵§ 11 findet entsprechende Anwendung.

Übersicht

	Rdn		Rdn
A. Entstehungsgeschichte	1	3. Beendigung des neuen Arbeitsverhältnisses	18
B. Sinn und Zweck der Regelung	2	4. Kündigungsrechtliche Befugnisse des alten Arbeitgebers	19
C. Wahlrecht	5	5. Vergütungsfragen	22
I. Voraussetzungen	5		
1. Klagestattgebendes Feststellungsurteil	6	III. Rechtslage bei Beendigung des alten Arbeitsverhältnisses	24
2. Begründung eines neuen Arbeitsverhältnisses	9	1. Verweigerungsrecht gegenüber dem alten Arbeitgeber	24
3. Zeitpunkt der Begründung eines neuen Arbeitsverhältnisses	11	a) Rechtsnatur	25
		b) Erklärungsfrist	26
II. Rechtslage bei Fortsetzung des alten Arbeitsverhältnisses	15	c) Auflösungszeitpunkt	31
1. Ausübung des Wahlrechts	15	2. Vergütungsfragen	34
2. Inhalt des neuen Arbeitsvertrages	17		

A. Entstehungsgeschichte

Die Bestimmung geht auf entsprechende Regelungen in § 89 BRG und in § 60 AOG zurück. Danach stand dem Arbeitnehmer für den Fall, dass er mit der Kündigungs-Widerrufsklage obsiegt, das Recht zu, die Weiterarbeit bei dem alten Arbeitgeber zu verweigern, sofern er inzwischen ein neues Arbeitsverhältnis eingegangen war. Das KSchG 1951 übernahm in § 10 im Wesentlichen den Regelungsgehalt dieser Bestimmungen (vgl. Reg.-Begr. RdA 1951, 64). Durch das Erste Arbeitsrechtsbereinigungsgesetz v. 14.8.1969 (BGBl. I S. 1106) wurde die Vorschrift inhaltlich nicht geändert. Auch die weiteren Änderungen des KSchG haben § 12 unberührt gelassen. 1

B. Sinn und Zweck der Regelung

Während der Dauer des Kündigungsrechtsstreits befindet sich der Arbeitnehmer, sofern er nicht aufgrund einer Vereinbarung mit dem Arbeitgeber (vgl. *BAG* 21.5.1981 EzA § 615 BGB Nr. 40; 14.11.1985 EzA § 615 BGB Nr. 46; 15.1.1986 EzA § 1 LohnFG Nr. 79; *Löwisch* DB 1986, 2433; *Ramrath* DB 1987, 92), aufgrund des kollektiven Weiterbeschäftigungsanspruches (§ 102 Abs. 5 BetrVG) oder aufgrund des arbeitsvertraglichen Weiterbeschäftigungsanspruches (*BAG* [GS] 27.2.1985 EzA § 611 BGB Beschäftigungspflicht Nr. 9) bis zur Rechtskraft des Kündigungsurteils weiterbeschäftigt wird, in einer Interessen- und **Pflichtenkollision**. Er ist einerseits dazu verpflichtet, sich um eine zumutbare anderweitige Arbeit zu bemühen (vgl. KR-*Spilger* § 11 KSchG Rdn 38–50; *BAG* 14.11.1985 EzA § 615 BGB Nr. 46; 24.9.2003 EzA § 615 BGB 2002 Nr. 4; 13.7.2005 AP § 611 BGB Weiterbeschäftigung Nr. 17; vgl. auch *BAG* 5.11.2009 NZA 2010, 272; APS-*Biebl* Rn 1), andererseits muss er damit rechnen, dass er im Falle der Klagestattgabe seine Arbeitskraft wieder seinem alten Arbeitgeber zur Verfügung zu stellen hat. Zur Lösung dieses Interessenkonflikts gewährt § 12 KSchG dem Arbeitnehmer, der zwischenzeitlich ein neues Arbeitsverhältnis eingegangen ist, das Recht, die Weiterbeschäftigung durch Erklärung gegenüber dem seitherigen Arbeitgeber zu verweigern. Es handelt sich hierbei um ein **fristgebundenes Sonderkündigungsrecht** (s. Rdn 15, 2

16, 26), nicht um ein bloßes Leistungsverweigerungsrecht (ErfK-*Müller-Glöge* § 623 Rn 3b; KPK-*Bengelsdorff* Rn 1). Im Rahmen des neuen Arbeitsverhältnisses steht dem Arbeitnehmer dagegen kein entsprechendes Sonderkündigungsrecht zu (s. Rdn 18).

3 Der Regelungsgehalt des § 12 KSchG bezieht sich weiterhin auf die Frage, für welchen Zeitraum dem Arbeitnehmer **entgangener Verdienst** zu gewähren ist, wenn er die Weiterbeschäftigung bei dem alten Arbeitgeber wegen des inzwischen eingegangenen neuen Arbeitsverhältnisses verweigert (vgl. iE Rdn 35–37). Durch die Schaffung einer von der **allgemeinen Bestimmung** des § 615 BGB abweichenden **Sonderregelung** hat der Gesetzgeber versucht, der besonderen Interessenlage der seitherigen Arbeitsvertragsparteien Rechnung zu tragen.

4 Die Begrenzung der entgangenen Vergütungsansprüche bis zum Zeitpunkt der Neubegründung eines anderen Arbeitsverhältnisses kann sich zum Nachteil des Arbeitnehmers auswirken, wenn er beim neuen Arbeitgeber eine geringere Vergütung erhält oder nur jeweils kurzfristig (zB in Form von Aushilfsarbeitsverhältnissen) beschäftigt worden ist. Da das Arbeitsverhältnis bei fristgemäßer Abgabe der Nichtfortsetzungserklärung erst mit deren Zugang endet, stünde dem Arbeitnehmer ohne die Sonderregelung des § 12 S. 4 KSchG – bei Vorliegen der sonstigen gesetzlichen Voraussetzungen – gem. § 615 BGB auch für den Zeitraum einer anderweitigen Beschäftigung ein Anspruch auf Zahlung der Vergütungsdifferenz zu. Verfassungsrechtliche Bedenken gegen die Regelung bestehen dennoch nicht (so auch *Bader/Bram-Suckow* Rn 32 »rechtspolitisch unbefriedigend, wenn auch verfassungsrechtlich nicht zu beanstanden«). Es müssen hier entsprechende Erwägungen gelten wie zur Verfassungsmäßigkeit der §§ 9, 10 KSchG (vgl. dazu KR-*Spilger* § 9 KSchG Rdn 14; *BVerfG* 29.1.1990 EzA § 9 KSchG nF Nr. 34). Die Auflösung des Arbeitsverhältnisses zum Kündigungszeitpunkt führt dort in vergleichbarer Weise zum Verlust von Ansprüchen aus Annahmeverzug. § 12 KSchG schränkt den Kündigungsschutz nicht ein. Das KSchG gewährt überhaupt erst den entsprechenden Schutz, diesen dann aber in der Ausgestaltung des Gesetzes, wozu die Regelung des § 12 KSchG gehört. Im Übrigen ist das Sonderkündigungsrecht allein im Interesse des Arbeitnehmers geschaffen; es steht ihm frei, davon keinen Gebrauch zu machen und durch andere rechtliche Gestaltungsmittel das Arbeitsverhältnis zu einem späteren Zeitpunkt aufzulösen (s. Rdn 36). Eine analoge Anwendung des § 12 S. 4 KSchG auf andere Beendigungstatbestände scheidet allerdings aus (*BAG* 6.11.1986 RzK I 13b Nr. 4).

C. Wahlrecht

I. Voraussetzungen

5 Im Falle eines klagestattgebenden Feststellungsurteils steht dem zwischenzeitlich anderweitig beschäftigten Arbeitnehmer insofern ein Wahlrecht zu, als er sich innerhalb einer Erklärungsfrist von einer Woche nach Rechtskraft des Urteils entweder für die Fortsetzung oder für die Beendigung des alten Arbeitsverhältnisses entscheiden kann.

1. Klagestattgebendes Feststellungsurteil

6 Zu den **gesetzlichen Voraussetzungen** des Wahlrechts gehört zunächst das Vorliegen eines **klagestattgebenden Feststellungsurteils**, in dem festgestellt wird, dass das Arbeitsverhältnis durch die mit der Klage angegriffene arbeitgeberseitige (ordentliche oder außerordentliche) Kündigung nicht aufgelöst worden ist. Die Anwendbarkeit des § 12 KSchG auf eine unwirksame außerordentliche Arbeitgeberkündigung ergibt sich aus der in § 13 Abs. 1 S. 3, 2. Hs. KSchG enthaltenen Verweisung auf § 12 KSchG. Zur Anwendung des § 12 KSchG in den Fällen des § 13 Abs. 3 KSchG s. Rdn 39. Zur Voraussetzung der Anwendung des § 12 S. 2 bis 4 KSchG im Falle des § 16 S. 1 KSchG s. dort sowie KR-*Kreft* § 16 KSchG. Soweit keine anderweitigen Beendigungsgründe (zB erneute Kündigung, spätere Anfechtung oder Zeitablauf) in Betracht kommen, genügt zur Entstehung des Wahlrechts, dass der Kündigungsschutzklage des Arbeitnehmers stattgegeben wird. Der Arbeitnehmer kann aber auch die Kündigungsschutzklage mit einer Feststellungsklage nach § 256 ZPO verbinden und auf diese Weise erreichen, dass nicht nur über die Unwirksamkeit der

arbeitgeberseitigen (außerordentlichen oder ordentlichen) Kündigung entschieden, sondern das Fortbestehen des Arbeitsverhältnisses zum Zeitpunkt der letzten mündlichen Verhandlung festgestellt wird (s. iE KR-*Klose* § 4 KSchG Rdn 305 ff.). Ein derartiges prozessuales Vorgehen ist dann geboten, wenn nach Ablauf der Kündigungsfrist oder nach Zugang einer fristlosen Kündigung anderweitige Beendigungstatbestände seitens des Arbeitgebers geltend gemacht werden. In den Fällen der zuletzt genannten Art entsteht das Wahlrecht nur dann, wenn nicht nur über die Kündigungsschutzklage, sondern auch über die Feststellungsklage iSd § 256 ZPO zugunsten des Arbeitnehmers entschieden worden ist (so auch *Bader/Bram-Suckow* Rn 6; HaKo-KSchR/*Nägele-Berkner* Rn 10).

Das Wahlrecht steht dem Arbeitnehmer auch dann zu, wenn das Gericht den von ihm gestellten **Auflösungsantrag** zurückgewiesen hat (APS-*Biebl* Rn 26; *Bader/Bram-Suckow* Rn 6; HK-*Dorndorf* Rn 6; *LKB-Linck* Rn 12; LSSW-*Spinner* Rn 3; vgl. auch *BAG* 19.10.1972 AP Nr. 1 zu § 12 KSchG 1969). Das Sonderkündigungsrecht nach § 12 KSchG hat nämlich geringere Voraussetzungen als die gerichtliche Auflösung des Arbeitsverhältnisses nach § 9 KSchG. Es bedarf insbes. keiner Zumutbarkeitsprüfung. Die unterschiedliche Ausgestaltung beider Lösungsmöglichkeiten ist dadurch gerechtfertigt, dass der Arbeitnehmer im Falle einer Beendigung des Arbeitsverhältnisses nach § 12 KSchG keine Abfindung erhält. Es liegt daher auch kein zum Verlust des Sonderkündigungsrechts führendes widersprüchliches Verhalten vor, wenn der Arbeitnehmer zunächst versucht, eine Auflösung des Arbeitsverhältnisses gegen Zahlung einer Abfindung zu erreichen und nach rechtskräftiger Abweisung des Auflösungsantrages die Beendigung des Arbeitsverhältnisses nach § 12 KSchG herbeiführt. Ein Verzicht auf die Rechte aus § 12 KSchG liegt grds. auch nicht in der gerichtlichen Geltendmachung eines Weiterbeschäftigungsanspruchs beim alten Arbeitgeber (*Dänzer-Vanotti* DB 1985, 2610, 2611). 7

Für die Anwendung des § 12 KSchG ist dagegen dann kein Raum, wenn das Gericht das Arbeitsverhältnis gem. **§ 9 KSchG auflöst**. Dabei ist es rechtlich ohne Belang, ob dies auf Antrag des Arbeitnehmers oder des Arbeitgebers oder aufgrund beiderseitigen Antrags erfolgt ist. Mit der zu dem durch die Kündigung vorgesehenen Beendigungszeitpunkt erfolgenden gerichtlichen Auflösung des Arbeitsverhältnisses entfällt die Verpflichtung des Arbeitnehmers zur Arbeitsleistung bei dem seitherigen Arbeitgeber, so dass es keiner gesonderten Lösungsmöglichkeit bedarf. Eine vorsorglich abgegebene Nichtfortsetzungserklärung (s. Rdn 31) wird gegenstandslos (APS-*Biebl* Rn 25; HK-*Dorndorf* Rn 6; *LKB-Linck* Rn 12; KPK-*Bengelsdorff* Rn 6). 8

2. Begründung eines neuen Arbeitsverhältnisses

Weitere Voraussetzung des Wahlrechts ist, dass der Arbeitnehmer inzwischen dh **vor der Rechtskraft** des klagestattgebenden Feststellungsurteils ein **neues Arbeitsverhältnis eingegangen** ist. Begründet der Arbeitnehmer erst nach diesem Zeitpunkt ein Arbeitsverhältnis mit einem anderen Arbeitgeber, so findet § 12 KSchG keine Anwendung (ebenso *Bader/Bram-Suckow* Rn 8; *LKB-Linck* Rn 3; LSSW-*Spinner* Rn 2; DDZ-*Callsen* Rn 7). Nur das rechtzeitige Eingehen eines neuen Arbeitsverhältnisses begründet für den Arbeitnehmer ein Sonderkündigungsrecht gegenüber dem ursprünglichen Arbeitgeber. Als »neue Arbeitsverhältnisse« iSd Satz 1 kommen sowohl befristete als auch solche auf unbestimmte Zeit in Betracht. Es kann sich auch um Probe-, Aushilfs- oder Leiharbeitsverhältnisse handeln. Auch für Teilzeitarbeitsverhältnisse kann nichts anderes gelten (zust. HK-*Dorndorf* Rn 8). Es ist nicht gerechtfertigt, das Sonderkündigungsrecht davon abhängig zu machen, ob der Arbeitnehmer das zwischenzeitlich begründete Teilzeitarbeitsverhältnis (insbes. aus arbeitszeitrechtlichen sowie aus wettbewerbsrechtlichen Gründen) in Form einer Nebenbeschäftigung fortführen kann (so jetzt auch DDZ-*Callsen* Rn 6). Abgesehen davon, dass eine solche Feststellung wegen der damit verbundenen Einzelfallentscheidung zu erheblicher Rechtsunsicherheit führt, muss die Entscheidung, ob er allein das Teilzeitarbeitsverhältnis fortsetzen will, dem Arbeitnehmer vorbehalten bleiben. Die praktische Bedeutung der Streitfrage dürfte gering sein, da der Arbeitnehmer dann, wenn er die (neue) Teilzeitbeschäftigung unbeschadet neben der Tätigkeit aus dem bisherigen Arbeitsverhältnis ausüben kann, regelmäßig kein Interesse an der Ausübung des Sonderkündigungsrechts hat, weil dieses zum teilweisen Verlust der Ansprüche aus Annahmeverzug führte (s. dazu Rdn 4 und Rdn 36). 9

10 Wegen der Gleichheit der Interessenlage ist § 12 KSchG auf das Eingehen eines Dienstverhältnisses eines **Organs** einer juristischen Person (zB GmbH-Geschäftsführer oder Vorstandsmitglieder einer AG oder GmbH) entsprechend anzuwenden (APS-*Biebl* Rn 5; HK-*Dorndorf* Rn 8; *LKB-Linck* Rn 2; DDZ-*Callsen* Rn 6; LSSW-*Spinner* Rn 5; *Bauer* BB 1993, 2444). Dies gilt ebenso für die zwischenzeitliche Begründung eines Berufsausbildungsverhältnisses (KPK-*Bengelsdorff* Rn 8; *LKB-Linck* Rn 2). Eine entsprechende Anwendung ist auch dann geboten, wenn der Arbeitnehmer inzwischen – ohne Verstoß gegen ein Wettbewerbsverbot – eine **selbständige Gewerbe- oder Berufstätigkeit** (etwa als Handelsvertreter) aufgenommen hat (so auch HK-*Dorndorf* Rn 8; DDZ-*Callsen* Rn 6; *Knorr/ Bichlmeier/Kremhelmer* Kap. 11 Rn 133; *Diller* RdA 2008, 299, 300). Die jetzt auch vom **BAG** vertretene **Gegenmeinung** (*BAG* 25.10.2007 EzA § 12 KSchG Nr. 3; APS-*Biebl* Rn 5; *Bader/Bram-Suckow* Rn 10; *Brill* DB 1983, 2519; ErfK-*Kiel* Rn 3; HaKo-KSchR/*Nägele-Berkner* Rn 14; MüKo-BGB/*Hergenröder* § 12 KSchG Rn 7; LSSW-*Spinner* Rn 5; *LKB-Linck* Rn 2; SPV-*Preis* Rn 23; TRL-*Rambach* Rn 9; offen gelassen von KPK-*Bengelsdorff* Rn 8) verkennt, dass sich der Arbeitnehmer in diesem Fall in einer ähnlichen Interessen- und Pflichtkollision wie bei der zwischenzeitlichen Begründung eines Arbeitsverhältnisses befindet (vgl. auch *Schier* BB 2006, 2578, 2579). Die stark auf den Wortlaut abstellende Argumentation des **BAG** (25.10.2007 EzA § 12 KSchG Nr. 3) **überzeugt nicht**. Danach dürfte auch der angestellte Organvertreter nicht als Arbeitnehmer angesehen werden (so aber etwa auch APS-*Biebl* Rn 5; *LKB-Linck* Rn 2). Dass die Eingehung eines Arbeitsverhältnisses und die Aufnahme einer selbstständigen Tätigkeit typischerweise auf unterschiedlichen Motiven beruhen und der Arbeitnehmer typischerweise bei Beginn einer selbstständigen Tätigkeit erhebliche Investitionen machen muss, erscheint nicht zwingend. Gerade im Dienstleistungsbereich muss dies durchaus nicht so sein; Gleiches gilt für den selbstständigen Handelsvertreter, der sich oft ohnehin nur graduell vom abhängigen Handelsvertreter unterscheidet. Besonders deutlich wird das beim Selbstständigen, der als arbeitnehmerähnliche Person anzusehen ist, s. § 5 Abs. 1 S. 2 ArbGG. Vom Arbeitnehmer, der trotz Obsiegens im Kündigungsschutzprozess seine selbstständige Position aufrechterhalten will, zu verlangen, dass er sein Arbeitsverhältnis mit Beginn der selbstständigen Tätigkeit kündigt (so *BAG* 25.10.2007 EzA § 12 KSchG Nr. 3), ist kaum gerechtfertigt. Das gilt insbes. unter Berücksichtigung des Umstandes, dass der gekündigte Arbeitnehmer häufig nicht aus »Überzeugung« eine selbstständige Tätigkeit aufnimmt, sondern durch die Arbeitsmarktlage in die selbstständige Tätigkeit gedrängt wird. Folgt man entgegen der hier vertretenen Auffassung dem *BAG* (25.10.2007 EzA § 12 KSchG Nr. 3), liegt es allerdings nahe, eine danach unzulässige Berufung auf § 12 KSchG als eine ordentliche Kündigung des alten Arbeitsverhältnisses zum nächsten zulässigen Zeitpunkt umzudeuten (ErfK-*Kiel* Rn 2; s.a. Rdn 13 u. 28). **Dagegen genügt eine kapitalmäßige Beteiligung** an einem Wirtschaftsunternehmen **nicht** (ebenso APS-*Biebl* Rn 5; *LKB-Linck* Rn 2; DDZ-*Callsen* Rn 6).

3. Zeitpunkt der Begründung eines neuen Arbeitsverhältnisses

11 Das Wahlrecht steht dem Arbeitnehmer nur dann zu, wenn er das neue Arbeitsverhältnis »**inzwischen**«, dh **spätestens vor Rechtskraft** des klagestattgebenden Feststellungsurteils eingegangen ist. Der Zeitpunkt der Rechtskraft ist nach den einschlägigen Bestimmungen des Prozessrechts zu bestimmen (vgl. *Bader/Bram-Suckow* Rn 13; *v. Hoyningen-Huene/Linck* Rn 3; LSW-*Wertheimer* Rn 5). Bei Streitigkeiten über die Kündigung eines Arbeitsverhältnisses, die § 12 KSchG notwendigerweise zugrunde liegen, ist die Berufung gem. § 64 Abs. 2c ArbGG immer zulässig, ohne dass es auf den Beschwerdewert (über 600 Euro) oder auf die Zulassung durch das Gericht ankommt (§ 64 Abs. 2a und c ArbGG). Bei zulässiger Berufung wird das erstinstanzliche Urteil mit Ablauf der Berufungsfrist rechtskräftig, sofern es nicht mit der Berufung angegriffen wird. Versäumnisurteile werden mit Ablauf der Einspruchsfrist rechtskräftig, wenn kein Einspruch eingelegt wird. Ein zweitinstanzliches Urteil, gegen das die Revision zulässig ist, wird mit Ablauf der Revisionsfrist rechtskräftig, sofern keine Revision eingelegt wird. Hat das LAG die Revision nicht zugelassen, so tritt die Rechtskraft mit Ablauf der Beschwerdefrist (§ 72a Abs. 2 ArbGG) ein, sofern keine Nichtzulassungsbeschwerde erhoben wird (*BAG* 6.11.1986 RzK I 13b Nr. 4). Wird die Nichtzulassungsbeschwerde als unzulässig verworfen oder als unbegründet zurückgewiesen, so wird das zweitinstanzliche Urteil mit Zustellung des entsprechenden Beschlusses an den Beschwerdeführer

rechtskräftig. Urteile des BAG werden, sofern keine Zurückverweisung des Rechtsstreits an das LAG erfolgt, mit der Verkündung rechtskräftig.

Frühestmöglicher Zeitpunkt für die Begründung des Wahlrechts ist das Eingehen eines neuen 12 Arbeitsverhältnisses nach Zugang der Kündigung. Der Arbeitnehmer kann zwar rechtlich wirksam bereits vor Zugang der Kündigung oder nach Rechtskraft des klagestattgebenden Feststellungsurteils ein neues Arbeitsverhältnis eingehen (vgl. auch *BAG* 5.11.2009 NZA 2011, 277). Hierdurch erwächst dem Arbeitnehmer aber kein Wahlrecht. Unter dem Begriff der »**Eingehung**« eines neuen Arbeitsverhältnisses ist der **Abschluss** eines neuen Arbeitsvertrages zu verstehen (allg. Ansicht: vgl. etwa *Bader/Bram-Suckow* Rn 11; *LKB-Linck* Rn 3; LSSW-*Spinner* Rn 5; *Bauer* BB 1993, 2444). Vertragsverhandlungen reichen daher nicht aus (*LKB-Linck* Rn 3). Zu welchem Zeitpunkt der Arbeitnehmer die Arbeit bei dem neuen Arbeitgeber aufnehmen soll, ist für das Entstehen des Wahlrechts ohne Bedeutung. Der andere Arbeitsvertrag muss jedoch rechtswirksam zustande gekommen sein, da nur in diesem Fall die für die Begründung des Wahlrechts erforderliche Pflichtenkollision für den Arbeitnehmer besteht (so auch HK-*Dorndorf* Rn 8). Für die Anwendbarkeit des KSchG ist es dagegen rechtlich ohne Belang, ob der Arbeitnehmer das neue Arbeitsverhältnis kurzfristig (zB durch Anfechtung oder eine außerordentliche Kündigung) oder nur langfristig (zB durch eine ordentliche Kündigung) beenden kann.

Trotz zwischenzeitlicher Begründung eines neuen Arbeitsverhältnisses steht dem Arbeitnehmer aber 13 dann kein Wahlrecht zu, wenn dieses zum Zeitpunkt der Rechtskraft des klagestattgebenden Feststellungsurteils bereits sein Ende gefunden hat (zB durch Zeitablauf oder Kündigung; zust. *Bauer* BB 1993, 2444). Ist dagegen das neue Arbeitsverhältnis zu diesem Zeitpunkt lediglich gekündigt, so führt dies nicht zum Verlust des Wahlrechts, wenn dieses hier auch wegen des Wegfalls potentieller Annahmeverzugsansprüche wenig sinnvoll sein dürfte (s. Rdn 35; vgl. im Übrigen zu »taktischen Fragen« *Reufels* AnwBl. 2010, 167). Hat der Arbeitnehmer den neuen Arbeitsvertrag unter der auflösenden Bedingung des Obsiegens im Kündigungsrechtsstreit abgeschlossen, so erlischt das neue Arbeitsverhältnis mit Eintritt der Rechtskraft des klagestattgebenden Feststellungsurteils. In dem zuletzt genannten Fall kann er nicht die Arbeitsleistung bei dem alten Arbeitgeber gem. § 12 KSchG verweigern. Eine gleichwohl abgegebene **Nichtfortsetzungserklärung** kann aber bei Vorliegen der übrigen Voraussetzungen des § 140 BGB in eine ordentliche Kündigung des Arbeitnehmers **umgedeutet** werden, da hiermit weniger einschneidende Rechtsfolgen (keine zeitliche Begrenzung der Annahmeverzugsfolgen bis zur Eingehung eines anderen Arbeitsverhältnisses) verbunden sind (HK-*Dorndorf* Rn 12; LSSW-*Spinner* Rn 7; SPV-*Preis* Rn 23; *LAG Bln.* 15.10.1999 MDR 2000, 281; zum Schriftformerfordernis s. Rdn 27). Die **Umdeutung** einer unwirksamen (außerordentlichen oder ordentlichen) Kündigung des Arbeitnehmers in eine Nichtfortsetzungserklärung iSd § 12 KSchG ist dagegen wegen der weitreichenderen Rechtsfolgen für den Arbeitnehmer ausgeschlossen (vgl. HK-*Dorndorf* Rn 12; SPV-*Preis* Rn 24).

In den Fällen der entsprechenden Anwendung des § 12 KSchG (vgl. Rdn 9) ist ebenfalls der Zeit- 14 punkt maßgeblich, in dem sich der Arbeitnehmer anderweitig vertraglich gebunden hat (zB durch den Abschluss eines Werk- oder Handelsvertretervertrages).

II. Rechtslage bei Fortsetzung des alten Arbeitsverhältnisses

1. Ausübung des Wahlrechts

Entscheidet sich der Arbeitnehmer trotz zwischenzeitlicher Begründung eines neuen Arbeitsverhält- 15 nisses für die Weiterarbeit bei dem **alten Arbeitgeber**, so bedarf es hierzu nicht der Abgabe einer entsprechenden Erklärung. Der Arbeitnehmer kann vielmehr in diesem Fall sein **Wahlrecht** in der Weise **ausüben**, dass er innerhalb der einwöchigen Ausschlussfrist des Abs. 1 keine Erklärung gegenüber dem alten Arbeitgeber abgibt. Es steht ihm aber frei, dem alten Arbeitgeber ausdrücklich seine Bereitschaft zur Weiterarbeit mitzuteilen. Dies kann der Arbeitnehmer bereits während der Dauer des Kündigungsrechtsstreits tun. Ob in der Fortsetzungserklärung zugleich ein Verzicht auf die Ausübung des Sonderkündigungsrechts liegt, ist durch Auslegung (§ 133 BGB) zu ermitteln.

Nach *Sächs. LAG* (19.5.2004 – 5 Sa 873/03) ist der Arbeitnehmer, der innerhalb der Wochenfrist keine Erklärung abgibt und vom alten Arbeitgeber zur Arbeitsaufnahme aufgefordert wird, verpflichtet, diesen über die maßgeblichen (Kündigungs-)Fristen zur Auflösung des neuen Arbeitsverhältnisses zu informieren. Unterlässt er dies trotz mehrfacher Aufforderung und kündigt ihm der alte Arbeitgeber daraufhin wegen Leistungsverweigerung, kann er sich nach Auffassung des LAG nicht darauf berufen, dass ihm noch die Möglichkeit einzuräumen ist, das neu begründete Arbeitsverhältnis unter Einhaltung der Kündigungsfrist aufzulösen (so auch HaKo-KSchR/*Nägele-Berkner* Rn 27).

16 Trotz entgegenstehender Willensrichtung ist der Arbeitnehmer aber dann zur Fortsetzung des alten Arbeitsverhältnisses verpflichtet, wenn er die einwöchige Erklärungsfrist (vgl. hierzu iE Rdn 27–31) versäumt (s. jetzt auch *BAG* 23.5.2013 NZA 2013, 1197). In diesem Falle kann er lediglich versuchen, durch den Abschluss eines Aufhebungsvertrages vorzeitig aus dem seitherigen Arbeitsverhältnis auszuscheiden. Kommt eine derartige Einigung nicht zustande, so kann er ordentlich kündigen. Das Sonderkündigungsrecht aus § 12 KSchG steht ihm dagegen nicht zu.

2. Inhalt des neuen Arbeitsvertrages

17 Der Arbeitnehmer ist nicht dazu verpflichtet, durch eine entsprechende **inhaltliche Ausgestaltung des neuen Arbeitsvertrages** (zB Abschluss unter der auflösenden Bedingung des Obsiegens im Kündigungsrechtsstreit) eine jederzeitige Rückkehr zum alten Arbeitgeber sicherzustellen. Bei einer langfristigen Bindung (zB durch die Vereinbarung von übermäßig langen Kündigungsfristen oder durch den Abschluss eines mehrjährigen Zeitvertrages) läuft er allerdings Gefahr, dass er nicht innerhalb einer angemessenen Frist oder nur unter Vertragsbruch an den alten Arbeitsplatz zurückkehren kann (zu den kündigungsrechtlichen Folgen s. Rdn 19, 20).

3. Beendigung des neuen Arbeitsverhältnisses

18 Bei einer Fortsetzung des alten Arbeitsverhältnisses ist der Arbeitnehmer verpflichtet, das neue Arbeitsverhältnis zum frühestmöglichen Zeitpunkt zu beenden. Hierbei handelt es sich um eine arbeitsvertragliche Nebenverpflichtung. Das Obsiegen des Arbeitnehmers im Kündigungsrechtsstreit sowie seine Bereitschaft, das alte Arbeitsverhältnis fortzusetzen, berechtigen den Arbeitnehmer **nicht zum Ausspruch einer außerordentlichen Kündigung** nach § 626 BGB gegenüber dem neuen Arbeitgeber (*LKB-Linck* Rn 4; *Bauer* BB 1993, 2444; *LAG Köln* 23.11.1994 LAGE § 12 KSchG Nr. 2). Ein fristgebundenes Sonderkündigungsrecht steht dem Arbeitnehmer gem. § 12 KSchG nur gegenüber dem alten Arbeitgeber zu. Sofern der neue Arbeitgeber nicht in eine vorzeitige **Beendigung des neuen Arbeitsverhältnisses** einwilligt, kommt für den Arbeitnehmer idR nur die ordentliche Kündigung in Betracht. Um eine baldmöglichste Rückkehr auf seinen alten Arbeitsplatz sicherzustellen, ist er gehalten, das neue Arbeitsverhältnis unverzüglich zu kündigen (LSSW-*Spinner* Rn 12; *LAG Köln* 23.11.1994 LAGE § 12 KSchG Nr. 2). Er muss also regelmäßig die nächste Kündigungsmöglichkeit ausnutzen.

4. Kündigungsrechtliche Befugnisse des alten Arbeitgebers

19 Der **alte Arbeitgeber** ist grds. nicht dazu berechtigt, das Arbeitsverhältnis ordentlich oder außerordentlich zu **kündigen**, wenn der Arbeitnehmer nicht sofort nach Ablauf der einwöchigen Erklärungsfrist (§ 12 S. 1 KSchG) seine Arbeit bei ihm wiederaufnimmt. Da die Begründung eines anderen Arbeitsverhältnisses wegen der damit verbundenen Anrechnung des Zwischenverdienstes (vgl. KR-*Spilger* § 11 KSchG Rdn 39–46) regelmäßig im Interesse des alten Arbeitgebers liegt, ist der Arbeitnehmer seinerseits dazu berechtigt, das neue Arbeitsverhältnis ordnungsgemäß abzuwickeln (*LAG Köln* 23.11.1994 LAGE § 12 KSchG Nr. 2). Dies gilt insbes. für die Frage der Einhaltung der für ihn maßgebenden Kündigungsfrist. Mangels Verschuldens gerät der Arbeitnehmer grds. nicht in Schuldnerverzug (ebenso *LKB-Linck* Rn 4; LSSW-*Spinner* Rn 12; *Bauer* BB 1993, 2444). Zum Annahmeverzug des Arbeitgebers s. Rdn 22.

Ist der Arbeitnehmer allerdings eine **langfristige Bindung** mit dem **neuen Arbeitgeber** eingegangen 20
(zB durch die Vereinbarung überlanger Kündigungsfristen oder durch den Abschluss eines mehrjährigen Zeitvertrages) und gelingt es ihm nicht, das Arbeitsverhältnis vorzeitig zu beenden, hängt es von den Umständen des Einzelfalles ab, ob hierin für den Arbeitgeber ein Kündigungsgrund iSd § 1 Abs. 2 KSchG liegt (vgl. APS-*Biebl* Rn 11; HK-*Dorndorf* Rn 17; *LKB-Linck* Rn 4; *Bauer* BB 1993, 2445; HaKo-KSchR/*Nägele-Berkner* Rn 29). In diesen Fällen kann eine ordentliche Kündigung uU auch durchdringende betriebliche Erfordernisse iSd § 1 Abs. 2 KSchG sozial gerechtfertigt sein. Dies ist zB dann anzunehmen, wenn die Frist bis zur Wiederaufnahme der Arbeit unter Berücksichtigung von Treu und Glauben nicht mehr als angemessen bezeichnet werden kann, und der alte Arbeitgeber dringend auf die sofortige Mitarbeit des Arbeitnehmers angewiesen ist (etwa wegen unaufschiebbarer Terminarbeiten). Zuvor hat der alte Arbeitgeber jedoch zu prüfen, ob nicht die Möglichkeit besteht, durch die Einstellung einer Aushilfskraft oder durch Mehrarbeit der übrigen Arbeitnehmer den Zwischenzeitraum zu überbrücken (zust. HK-*Dorndorf* Rn 19).

Nach der **Beendigung** des **neuen Arbeitsverhältnisses** ist der Arbeitnehmer verpflichtet, unverzüglich seine Arbeit beim alten Arbeitgeber wiederaufzunehmen. Nimmt er trotz ausdrücklichen 21
Verlangens des alten Arbeitgebers seine Arbeit nicht oder verspätet auf, so rechtfertigt dies – je nach den Umständen des Einzelfalles – eine ordentliche oder gar außerordentliche Kündigung (iE auch DDZ-*Callsen* Rn 17; LSSW-*Spinner* Rn 13).

5. Vergütungsfragen

Für die Zeit bis zur Beendigung des neuen Arbeitsverhältnisses steht dem Arbeitnehmer gegenüber 22
dem neuen Arbeitgeber der vertragliche **Vergütungsanspruch** (§ 611 BGB) zu. Ist dieser höher als die vom alten Arbeitgeber gem. § 615 S. 1 BGB geschuldete Vergütung, so wird der alte Arbeitgeber von seiner Zahlungspflicht befreit. Im umgekehrten Fall ist der geringere anderweitige Verdienst gem. § 11 KSchG auf die vom alten Arbeitgeber zu zahlende Vergütung anzurechnen (vgl. KR-*Spilger* § 11 KSchG Rdn 39 ff.; LSSW-*Spinner* Rn 12). Das gilt auch für die Zeit, in der der Arbeitnehmer in angemessener Frist (s. Rdn 19, 20) noch das Arbeitsverhältnis mit dem neuen Arbeitgeber abwickelt. Der Gläubigerverzug des alten Arbeitgebers entfällt nicht etwa gem. § 297 BGB, weil der Arbeitnehmer nicht in der Lage ist, seinerseits die Leistung zu bewirken. Da der Arbeitgeber durch seine unberechtigte Kündigung die Leistungsunfähigkeit des Arbeitnehmers herbeigeführt hat, kann er sich gem. § 242 BGB nicht auf § 297 BGB berufen (so auch ErfK-*Kiel* Rn 8; HaKo-KSchR/*Nägele-Berkner* Rn 33; HK-*Dorndorf* Rn 19; so im Ergebnis auch LSSW-*Spinner* Rn 12).

Beschäftigt der alte Arbeitgeber trotz – jetzt streitlosem – Fortbestand des Arbeitsverhältnisses 23
den Arbeitnehmer nicht, bleibt er zur Fortzahlung des Arbeitsentgeltes verpflichtet. Er kann dem Arbeitnehmer die Aufgabe des zwischenzeitlich begründeten Arbeitsverhältnisses regelmäßig nicht als böswilliges Unterlassen von Zwischenverdienst entgegenhalten (*LAG Köln* 7.4.2005 LAGE § 615 BGB 2002 Nr. 3).

III. Rechtslage bei Beendigung des alten Arbeitsverhältnisses

1. Verweigerungsrecht gegenüber dem alten Arbeitgeber

Bei Vorliegen der für die Entstehung des Wahlrechts erforderlichen gesetzlichen Voraussetzungen 24
(s. Rdn 5–14) ist der Arbeitnehmer berechtigt, die Fortsetzung des Arbeitsverhältnisses mit dem alten Arbeitgeber binnen einer Woche nach Rechtskraft des klagestattgebenden Feststellungsurteils zu verweigern (§ 12 S. 1 KSchG).

a) Rechtsnatur

Entgegen dem Gesetzeswortlaut handelt es sich nicht um ein Leistungsverweigerungsrecht, sondern 25
um ein **fristgebundenes Sonderkündigungsrecht** (BAG 17.12.2015 EzA **§ 623** BGB 2002 Nr. 11). Die kündigungsrechtliche Natur der Verweigerungserklärung ergibt sich eindeutig aus § 12 S. 3 KSchG. Danach **erlischt** das **alte Arbeitsverhältnis mit Zugang** der fristgemäß abgegebenen

Verweigerungserklärung. Das Sonderkündigungsrecht hat somit die Wirkungen einer fristlosen Kündigung (ähnlich *Bader/Bram-Suckow* Rn 4; HK-*Dorndorf* Rn 22; HaKo-KSchR/*Nägele-Berkner* Rn 4; *LKB-Linck* Rn 5; ErfK-*Müller-Glöge* § 623 BGB Rn 3b; ErfK-*Kiel* Rn 1). Das Sonderkündigungsrecht nach KSchG sowie das außerordentliche Kündigungsrecht nach § 626 BGB schließen sich nicht gegenseitig aus; beide Kündigungsbefugnisse bestehen vielmehr unabhängig voneinander (s. Rdn 33, 34). Das alte Arbeitsverhältnis erlischt ausnahmsweise nicht mit Zugang der Verweigerungserklärung, wenn zu diesem Zeitpunkt die Kündigungsfrist für die vom alten Arbeitgeber erklärte und vom Gericht rechtskräftig für unwirksam befundene ordentliche Kündigung noch nicht abgelaufen ist. Es endet dann zu dem Zeitpunkt, zu dem die Kündigung des Arbeitgebers wirken sollte (ErfK-*Kiel* Rn 4; HK-*Dorndorf* Rn 22; DDZ-*Callsen* Rn 14 **aA** APS-*Biebl* Rn 12; *Bader/Bram-Suckow* Rn 16). Derartige Fallkonstellationen treten idR nur bei Arbeitnehmern mit langen Kündigungsfristen auf. Richtig ist allerdings, dass während noch laufender Kündigungsfrist die Begründung eines neuen Arbeitsverhältnisses unerlaubt sein kann (*Bader/Bram-Suckow* Rn 16). Ausnahmen sind aber – insbes. bei Freistellung – denkbar. Zu den Besonderheiten bei Kündigung eines an eine baugewerbliche Arbeitsgemeinschaft abgestellten Arbeitnehmers vgl. *Knigge* DB 1982, Beil. 4, S. 16. Trotz ihrer kündigungsrechtlichen Wirkung ist die Verweigerungserklärung nicht als »vom Arbeitgeber veranlasste« Eigenkündigung anzusehen. Der Arbeitnehmer hat also keinen Anspruch auf Abfindung aus einem entsprechend formulierten Sozialplan (*LAG RhPf* 6.11.2008 – 10 Sa 288/08; SPV-*Preis* Rn 24).

b) Erklärungsfrist

26 Zur Ausübung des Sonderkündigungsrechts steht dem Arbeitnehmer gem. § 12 S. 1 KSchG eine **Erklärungsfrist** von **einer Woche** zu. Die Frist **beginnt** mit Rechtskraft des klagestattgebenden Feststellungsurteils. Der Zeitpunkt der Rechtskraft ist nach den einschlägigen Bestimmungen des Prozessrechts zu bestimmen (vgl. Rdn 11). Der Arbeitnehmer muss sich ggf. beim entscheidenden Gericht nach dem Eintritt der Rechtskraft erkundigen (*Bader/Bram-Suckow* Rn 18). Die Gefahr einer Fristversäumung vermeidet eine vorsorgliche Erklärung (s. Rdn 31). Bei der Fristberechnung ist der Tag, an dem das Urteil rechtskräftig wird, nicht mitzurechnen (§ 187 Abs. 1 BGB). Die Erklärungsfrist **endet** mit dem Ablauf desjenigen Tages der folgenden Woche, der durch seine Benennung dem Tag des Eintritts der Rechtskraft entspricht (§ 188 Abs. 2 BGB). Fällt dieser Tag auf einen Sonntag, einen am Erklärungsort staatlich anerkannten allgemeinen Feiertag oder einen Sonnabend, so läuft die Erklärungsfrist erst am nächsten Wochentag ab (§ 193 BGB).

27 § 12 KSchG schreibt zwar keine bestimmte **Form** für die Verweigerungserklärung vor. Da es sich aber um die Ausübung eines gesetzlichen Sonderkündigungsrechts handelt (s. Rdn 26), ist die Erklärung als Kündigungserklärung anzusehen und unterliegt als solche nunmehr dem **Schriftformerfordernis des § 623 BGB** (*BAG* 17.12.2015 EzA § 623 BGB 2002 Nr. 11; ErfK-*Kiel* Rn 4; ErfK-*Müller-Glöge* § 623 BGB Rn 3b; HaKo-KSchR/*Nägele-Berkner* Rn 19; *LKB-Linck* Rn 9; LSSW-*Spinner* Rn 7; *Müller-Glöge/von Senden* AuA 2000, 199; *Preis/Gotthardt* NZA 2000, 350; *Richardi/Annuß* NJW 2000, 1232; SPV-*Preis* Rn 23; SPV-*Vossen* Rn 2052; **aA** *Bader/Bram-Bader* § 623 BGB Rn 12; s. allgemein zu den Erfordernissen der Schriftform KR-*Spilger* § 623 BGB Rdn 99 ff.). Dagegen könnte zwar sprechen, dass es einer Warnfunktion hier nicht bedarf, weil der Arbeitnehmer bereits ein neues Arbeitsverhältnis eingegangen ist. Es bleibt aber die mit § 623 BGB auch bezweckte Klarstellungs- und Beweisfunktion (dazu s. KR-*Spilger* § 623 BGB Rdn 70). Mangels eindeutiger Regelung der Zulässigkeit einer mündlichen Erklärung kann § 12 KSchG nicht als das jetzt eingeführte allgemeine Schriftformerfordernis des § 623 BGB verdrängende speziellere Regelung verstanden werden (zutr. *Preis/Gotthardt* NZA 2000, 250). Dies gilt auch unter Berücksichtigung des Umstands, dass § 12 KSchG (§ 10 KSchG aF) an entsprechende Vorschriften im BRG 1920 (§ 89) und im AOG (§ 60) anknüpft, die eine mündliche Erklärung ausdrücklich ausreichen ließen (vgl. RegE zum KSchG, Begr. zu § 10 KSchG RdA 1951, 64; s.a. Rdn 1); eine entsprechende Festlegung wurde gerade nicht vorgenommen. Wählt der Arbeitnehmer den Weg der brieflichen Mitteilung, so genügt es zur Fristwahrung, wenn der Arbeitnehmer den Brief vor Fristablauf bei der Post aufgibt (§ 12 S. 2 KSchG). Bei direktem Einwurf in den Hausbriefkasten gilt § 130 BGB (zu

Recht LSSW-*Spinner* Rn 7). Zu welchem Zeitpunkt dem Arbeitgeber in diesem Fall die Verweigerungserklärung zugeht, ist für die wirksame Ausübung des Sonderkündigungsrechts unbeachtlich (vgl. LSSW-*Spinner* Rn 7). Beruht ein verzögerter Zugang aber auf einem Verschulden des Arbeitnehmers (zB durch Angabe einer unrichtigen oder unvollständigen Anschrift), so haftet der Arbeitnehmer dem Arbeitgeber, sofern diesem hierdurch ein Schaden entsteht, wegen Verletzung einer arbeitsvertraglichen Sorgfaltspflicht auf Schadensersatz (vgl. *LKB-Linck* Rn 9; KPK-*Bengelsdorff* Rn 12). Bedient sich der Arbeitnehmer zur Übermittlung der Verweigerungserklärung eines Boten (zB eines Arbeitskollegen), so ist die Frist nur dann gewahrt, wenn die Erklärung dem Arbeitgeber vor Fristablauf zugeht (ebenso *LKB-Linck* Rn 9). Diese Grundsätze gelten auch in den Fällen der rechtsgeschäftlichen oder gesetzlichen Stellvertretung.

Bei der einwöchigen Erklärungsfrist handelt es sich um eine **materiellrechtliche Ausschlussfrist**. Bei der Versäumung der Frist kann dem Arbeitnehmer daher keine Wiedereinsetzung in den vorigen Stand gewährt werden (ebenso APS-*Biebl* Rn 14; *LKB-Linck* Rn 11; *Hümmerich* DB 1999, 1265). Die Nichteinhaltung der einwöchigen Ausschlussfrist führt zum Erlöschen des Sonderkündigungsrechts (APS-*Biebl* Rn 14; *LKB-Linck* Rn 8; MüKo-BGB/*Hergenröder* § 12 KSchG Rn 13; Bader/Bram-*Suckow* Rn 21; s.a. Rdn 34). Es ist eine Frage der Auslegung, ob in der verspäteten Abgabe der Verweigerungserklärung ein Antrag auf Abschluss eines Aufhebungsvertrages oder eine (außerordentliche bzw. ordentliche) Kündigung zu sehen ist (*Brill* DB 1983, 2520). 28

Durch Auslegung ist weiterhin zu ermitteln, ob eine innerhalb der Wochenfrist des § 12 S. 1 KSchG abgegebene Beendigungserklärung des Arbeitnehmers als Nichtfortsetzungserklärung iSd § 12 KSchG oder als (außerordentliche oder ordentliche) Kündigung anzusehen ist. Eine Nichtfortsetzungserklärung ist trotz anderer Bezeichnung (zB Kündigung) jedenfalls dann anzunehmen, wenn sich aus der fristgemäßen Erklärung des Arbeitnehmers eindeutig entnehmen lässt, dass er an seinem neuen Arbeitsverhältnis festhalten und daher das alte Arbeitsverhältnis nicht mehr fortsetzen will (vgl. *LAG Düsseld.* 13.6.1979 EzA § 12 KSchG Nr. 2 = DB 1979, 1516; KPK-*Bengelsdorf* Teil H § 12 Rn 16; LSSW-*Spinner* Rn 7; s.a. *BAG* 16.12.1982 – 6 AZR 1193/79 – nv). Ist eine Nichtfortsetzungserklärung (zB wegen Nichteinhaltung der wöchentlichen Erklärungsfrist) unwirksam, so kann sie bei Vorliegen der sonstigen Voraussetzungen des § 140 BGB in eine ordentliche Kündigung umgedeutet werden (s. Rdn 13). 29

Der Arbeitnehmer kann die **Verweigerungserklärung** auch bereits **vor Rechtskraft** des **klagestattgebenden Feststellungsurteils abgeben** und **daneben** den Antrag auf Auflösung des Arbeitsverhältnisses nach § 9 KSchG verfolgen (vgl. *BAG* 29.10.1972 EzA KSchG Nr. 1; vgl. ErfK-*Kiel* Rn 5; *LKB-Linck* Rn 8 u. 12; LSSW-*Spinner* Rn 3; vgl. *Bader/Bram-Suckow* Rn 19; *Hümmerich* DB 1999, 1265). Der Erlass eines rechtskräftigen klagestattgebenden Feststellungsurteils gehört zu den zwingenden gesetzlichen Voraussetzungen einer wirksamen Nichtfortsetzungserklärung. Eine vorzeitig abgegebene Nichtfortsetzungserklärung erfüllt daher noch nicht die vom Gesetz vorgeschriebene Rechtsbedingung und ist daher nicht dazu geeignet, das Arbeitsverhältnis mit Zugang beim Arbeitgeber mit sofortiger Wirkung zu beenden. Sofern nicht eine vorherige Rücknahme seitens des Arbeitnehmers erfolgt, entfaltet die vor Fristbeginn abgegebene Nichtfortsetzungserklärung **erst mit Eintritt der Rechtskraft** des klagestattgebenden Feststellungsurteils ihre gestaltende Wirkung. Wegen der einschneidenden Rechtsfolgen für den Arbeitnehmer (zeitliche Begrenzung der Annahmeverzugsfolgen bis zum Zeitpunkt der Eingehung eines anderen Arbeitsverhältnisses) sind jedoch strenge Anforderungen an die Annahme einer vor Fristbeginn abgegebenen Nichtfortsetzungserklärung zu stellen, so mann sie überhaupt für zulässig erachtet (HK-*Dorndorf* Rn 12; s.a. *BAG* 16.12.1982 – 6 AZR 1193/79 – nv, krit. dazu *Bader/Bram-Suckow* Rn 19). Im Einzelfall ist durch Auslegung zu ermitteln, ob der Arbeitnehmer nur eine kündigungsrechtlich unverbindliche Absichtserklärung oder bereits eine – lediglich noch vom Erlass eines rechtskräftigen klagestattgebenden Feststellungsurteils abhängige – rechtsverbindliche Nichtfortsetzungserklärung abgeben wollte. Ist der Arbeitnehmer bereits während des Laufs der Kündigungsfrist ein anderes Arbeitsverhältnis eingegangen, so kann er die Nichtfortsetzungserklärung bereits vor Ablauf der Kündigungsfrist abgeben (s. Rdn 26). Eine vor Fristbeginn abgegebene Verweigerungserklärung führt aber dann nicht 30 bei Vorliegen eines rechtskräftigen klagestattgebenden Feststellungsurteils zur Beendigung des alten Arbeitsverhältnisses, wenn das neue Arbeitsverhältnis vor Ablauf der einwöchigen Erklärungsfrist bereits wieder beendet worden ist. In diesem Fall fehlt es an der für das Wahlrecht erforderlichen Voraussetzung einer vertraglichen Doppelbindung (s. Rdn 9).

c) **Auflösungszeitpunkt**

31 Das **alte Arbeitsverhältnis** endet grds. mit Zugang der fristgemäß abgegebenen Verweigerungserklärung (§ 12 S. 3 KSchG). Hiervon ist aber dann eine Ausnahme zu machen, wenn der Arbeitnehmer die Verweigerungserklärung bereits vor Fristbeginn abgegeben hatte (s. Rdn 31). In diesem Fall endet das alte Arbeitsverhältnis erst mit Eintritt der Rechtskraft des klagestattgebenden Feststellungsurteils, sofern zu diesem Zeitpunkt die gesetzlichen Voraussetzungen für die Entstehung des Wahlrechts (s. Rdn 5–14) noch vorliegen. Tritt die Rechtskraft ausnahmsweise vor Ablauf der Kündigungsfrist ein, endet das Arbeitsverhältnis erst zu dem Zeitpunkt, zu dem die Kündigung wirken sollte (s. Rdn 26).

32 Der Arbeitnehmer ist keineswegs dazu gezwungen, bei Vorliegen der gesetzlichen Voraussetzungen von dem Sonderkündigungsrecht des KSchG Gebrauch zu machen (vgl. auch *Bauer* BB 1993, 2445). Er kann vielmehr das alte Arbeitsverhältnis auch **anderweitig beenden.** Es steht ihm insbes. frei, anstelle des Sonderkündigungsrechts das alte Arbeitsverhältnis ordentlich zu kündigen, es sei denn, das ordentliche Kündigungsrecht ist für einen bestimmten Zeitraum vertraglich ausgeschlossen. Er muss dann aber bei entsprechender Aufforderung des alten Arbeitgebers an sich bis zum Ablauf der Kündigungsfrist die Arbeit wiederaufnehmen (s. Rdn 34). Eine außerordentliche Kündigung kann er dagegen nur dann wirksam aussprechen, wenn die gesetzlichen Voraussetzungen des § 626 BGB vorliegen. Die zwischenzeitliche Begründung eines neuen Arbeitsverhältnisses stellt aber **keinen wichtigen Grund** iSd § 626 Abs. 1 BGB dar (allg. Ansicht: vgl. statt aller *LKB-Linck* Rn 4). Der Arbeitnehmer kann weiterhin versuchen, mit dem alten Arbeitgeber einen Auflösungsvertrag abzuschließen. In Zweifelsfällen ist durch Auslegung zu ermitteln, welches dieser Gestaltungsmittel dem erklärten Parteiwillen des Arbeitnehmers entspricht (s.a. Rdn 29).

33 Versäumt der Arbeitnehmer die einwöchige **Ausschlussfrist, so erlischt das Sonderkündigungsrecht** (s. Rdn 29). In diesem Falle kann der Arbeitnehmer das alte Arbeitsverhältnis nur anderweitig beenden (zB durch Anfechtung, ordentliche oder außerordentliche Kündigung oder Aufhebungsvertrag). Bis zur anderweitigen Beendigung des alten Arbeitsverhältnisses ist der Arbeitnehmer zur Wiederaufnahme seiner Arbeit beim alten Arbeitgeber verpflichtet. Bei Nichterfüllung dieser Pflicht (zB wegen Weiterarbeit bei dem neuen Arbeitgeber) gerät der alte Arbeitgeber mangels Leistungsbereitschaft des Arbeitnehmers nicht in Annahmeverzug (§ 615 Abs. 1 BGB). Der Arbeitnehmer kann sich schadenersatzpflichtig machen (*Brill* DB 1983, 2521). Der Arbeitgeber kann den Arbeitnehmer grds. auch auf Erbringung der Arbeitsleistung verklagen; ein stattgebendes Urteil ist aber nach § 888 Abs. 3 ZPO nicht vollstreckbar. Andererseits ist der alte Arbeitgeber verpflichtet, sofern die Voraussetzungen des Annahmeverzuges (§ 615 S. 1 BGB) gegeben sind, dem Arbeitnehmer bis zur Rechtskraft des klagestattgebenden Feststellungsurteils die Vergütung unter Beachtung der Anrechnungsregelung des § 11 KSchG nachzuzahlen. Macht der Arbeitnehmer weder von seinem Wahlrecht nach § 12 S. 1 KSchG noch von der Möglichkeit einer anderweitigen Beendigung (zB durch ordentliche Kündigung) Gebrauch, so kann der Arbeitgeber nach vorheriger Abmahnung dem Arbeitnehmer wegen Verletzung der Arbeitspflicht aus verhaltensbedingten Gründen ordentlich kündigen (APS-*Biebl* Rn 18; LSSW-*Spinner* Rn 13). Eine außerordentliche Kündigung kommt dagegen nur in Ausnahmefällen (zB bei dem betrieblich bedingten Erfordernis der sofortigen Besetzung des Arbeitsplatzes) in Betracht.

2. Vergütungsfragen

34 Für den Fall, dass der Arbeitnehmer fristgemäß von seinem Verweigerungsrecht Gebrauch macht, enthält § 12 S. 4 KSchG eine von § 615 BGB abweichende **Sonderregelung.** Danach hat der alte Arbeitgeber den **entgangenen Verdienst** (entweder gem. § 615 S. 1 BGB oder aus §§ 326 Abs. 2

S. 1 mit § 275 Abs. 3 BGB; § 12 S. 4 KSchG ist nicht selbst Anspruchsgrundlage!) nur für die Zeit zwischen der Entlassung und dem Tag des Eintritts in das neue Arbeitsverhältnis zu gewähren. Während der Arbeitnehmer bei Anwendung des § 615 S. 1 BGB bis zum Zugang der Nichtfortsetzungserklärung einen Vergütungsanspruch hätte, begrenzt § 12 S. 4 KSchG den **Anspruchszeitraum** auf die Zeit zwischen der tatsächlichen Beendigung des alten Arbeitsverhältnisses bis zum Tag des Eintritts in das neue Arbeitsverhältnis (vgl. *BAG* 19.7.1978 EzA § 242 BGB Auskunftspflicht Nr. 1; *LAG RhPf* 30.11.2007 DB 2008, 512). Diese Regelung gilt unabhängig von der Vergütungshöhe im neuen Arbeitsverhältnis.

Der **Beginn** des **Nachzahlungszeitraums** richtet sich nach den für § 11 KSchG geltenden Grundsätzen (vgl. KR-*Spilger* § 11 KSchG Rdn 9). Die Abweichung gegenüber der Bestimmung des § 615 BGB besteht lediglich in der Vorverlegung des **Endzeitpunktes**. Als »Tag des Eintritts in das neue Arbeitsverhältnis« ist grds. der **Tag der tatsächlichen Arbeitsaufnahme** zu verstehen (allg. Ansicht vgl. statt aller *LKB-Linck* Rn 7). Ist der Arbeitnehmer an der Arbeitsaufnahme beim neuen Arbeitgeber (zB infolge Krankheit) gehindert, so ist der zwischen den Parteien vereinbarte Tag des Arbeitsantritts maßgeblich für die Bestimmung des Endzeitpunktes. Der Tag des Arbeitsvertragsschlusses ist dagegen grds. unbeachtlich, es sei denn, er fällt mit dem Tag der tatsächlichen Arbeitsaufnahme zusammen. Hierin liegt ein gewichtiger Unterschied gegenüber der Bestimmung des § 12 S. 1 KSchG. Danach kommt es für die Entstehung des Wahlrechts auf den Zeitpunkt des Vertragsschlusses an (s. Rdn 11–14). Aufgrund der unterschiedlichen zeitlichen Anknüpfungspunkte kann es vorkommen, dass der Arbeitnehmer den Arbeitsvertrag zwar bereits vor Zugang der Verweigerungserklärung abgeschlossen hatte, die Arbeitsaufnahme aber erst zu einem späteren Zeitpunkt erfolgen soll. Da das alte Arbeitsverhältnis gem. § 12 S. 3 KSchG mit Zugang der Verweigerungserklärung erlischt, können dem Arbeitnehmer auch **nur bis zu diesem Zeitpunkt Vergütungsansprüche** gegenüber dem alten Arbeitgeber zustehen (ebenso ErfK-*Kiel* Rn 6; HaKo-KSchR/*Nägele-Berkner* Rn 24; DDZ-*Callsen* Rn 18; LSSW-*Spinner* Rn 10 mit dem Hinweis auf einen eventuellen Schadenersatzanspruch des Arbeitnehmers aus positiver Vertragsverletzung bei entsprechendem Verschulden des Arbeitgebers; KPK-*Bengelsdorff* Teil H Rn 26; aA *LKB-Linck* Rn 7; *Bader/Bram-Suckow* Rn 30; *Hümmerich* DB 1999, 1266; diff. je nach Voraussehbarkeit der Lücke HK-*Dorndorf* Rn 24). Die Begründung der Gegenansicht, wonach der Arbeitnehmer bei einer Nichtgewährung eines Vergütungsanspruchs gegenüber dem alten Arbeitgeber durch die sozialwidrige Kündigung geschädigt werde, verkennt, dass die Beendigung des alten Arbeitsverhältnisses allein auf einer Gestaltungserklärung des Arbeitnehmers beruht. Dem Arbeitnehmer steht es zudem frei, durch andere rechtliche Gestaltungsmittel (zB durch eine fristgemäße Kündigung) einen späteren Auflösungszeitpunkt des alten Arbeitsverhältnisses zu erreichen, um auf diese Weise die Zeit bis zum Arbeitsantritt beim neuen Arbeitgeber zu überbrücken (so auch *Bauer* BB 1993, 2445, der anerkennt, dass das KSchG dem Arbeitnehmer nur ein Gestaltungsrecht gewährt, ihm aber keine Pflicht zur Nutzung dieses Rechts auferlegt). Bis zur Beendigung des alten Arbeitsverhältnisses hat der Arbeitnehmer auf Verlangen des alten Arbeitgebers die Arbeit wiederaufzunehmen. Lehnt der Arbeitnehmer die Weiterarbeit unter Berufung auf das bereits eingegangene neue Arbeitsverhältnis ab, so entfällt mangels Leistungsbereitschaft der Vergütungsanspruch (so auch *LKB-Linck* Rn 7).

Beruht die Beendigung des Arbeitsverhältnisses auf einer rechtswirksamen Ausübung des Sonderkündigungsrechts, so findet die **Anrechnungsregelung** des § 11 KSchG auf den dem Arbeitnehmer gegenüber dem alten Arbeitgeber zustehenden Vergütungsanspruch entsprechend Anwendung (**§ 12 S. 5 KSchG**). Durch diese Verweisung ist die Anwendbarkeit des § 615 S. 2 BGB ausgeschlossen. Wegen des Umfanges der Anrechnung vgl. iE KR-*Spilger* § 11 KSchG Rdn 38–59. Zeiten, in denen der Anspruch auf Arbeitsentgelt nach § 12 S. 4 KSchG entfällt, sind nicht Zeiten eines Arbeitsverhältnisses iSv § 141b Abs. 1 S. 1 AFG bzw. § 183 Abs. 1 S. 1 SGB III (*BSG* 18.12.2003 SozR 4-4100 § 141b Nr. 1 im Anschluss an *EuGH* 15.5.2003 »Mau« EuGHE I 2003, 4791).

Der Arbeitnehmer kann seine Vergütungsansprüche (zB nach § 615 BGB, § 616 Abs. 2 BGB, § 63 HGB, § 133c GewO) bereits während des Kündigungsrechtsstreits entweder im Wege der objektiven **Klagenhäufung** oder in einem **gesonderten Zahlungsrechtsstreit** einklagen. Dies gilt auch für eine Vergütungsdifferenz für die Zeit ab Begründung eines neuen Arbeitsverhältnisses, da die Vergütungsansprüche ebenso fällig werden wie bei einem tatsächlich durchgeführten Arbeitsverhältnis (*BAG* 1.2.1960 EzA § 615 BGB Nr. 7). Der arbeitsrechtliche Beschleunigungsgrundsatz verbietet in solchen Fällen regelmäßig eine Aussetzung des Zahlungsrechtsstreits bis zum rechtskräftigen Abschluss des Kündigungsrechtsstreits. Etwas anderes kann nur bei Vorliegen besonderer Umstände gelten, die ausnahmsweise das schützenswerte Interesse des Arbeitnehmers an einer auch vorläufigen Existenzsicherung überwiegen (*BAG* 16.4.2014 EzA § 148 ZPO Nr. 2). Hat der Arbeitnehmer bereits aufgrund eines vollstreckbaren Leistungsurteils des ArbG oder des LAG die Vergütungsdifferenz für die Zeit ab Begründung eines neuen Arbeitsverhältnisses zwangsweise beigetrieben und macht er fristgemäß von dem Sonderkündigungsrecht Gebrauch, so ist das Zahlungsurteil durch das im Instanzenzug höhere Gericht aufzuheben und die Leistungsklage für die Zeit ab Eingehung eines neuen Arbeitsverhältnisses als unbegründet abzuweisen. Die **Rückabwicklung** richtet sich nach § 717 ZPO. Ist das Leistungsurteil bereits rechtskräftig, kommt eine Vollstreckungsgegenklage nach § 767 ZPO in Betracht (*Bader/BramSuckow* Rn 35).

38 Die Begrenzung des Nachzahlungszeitraumes bis zum Zeitpunkt der Neubegründung eines anderen Arbeitsverhältnisses gilt nur dann, wenn das Arbeitsverhältnis durch eine fristgerecht abgegebene Nichtfortsetzungserklärung des Arbeitnehmers beendet wird. Eine vor Fristbeginn abgegebene Nichtfortsetzungserklärung (s. Rdn 31) entfaltet ebenfalls diese Rechtswirkung. Da in § 12 S. 4 KSchG **sonstige Beendigungsgründe** (zB Aufhebungsvertrag, Zeitablauf, außerordentliche oder ordentliche Kündigung seitens des Arbeitgebers oder Arbeitnehmers, Anfechtung, auflösende Bedingung, Tod des Arbeitnehmers) nicht erwähnt werden, bleibt es in den sonstigen Fällen bei der uneingeschränkten Anwendbarkeit des § 615 BGB. Die Kürzungsbestimmung des § 12 S. 4 KSchG **kann nicht analog angewendet werden, wenn der Arbeitnehmer nach Ablauf der Wochenfrist des § 12 S. 1 KSchG das alte Arbeitsverhältnis kündigt** oder mit dem Arbeitgeber einen Aufhebungsvertrag schließt (*BAG* 6.11.1986 – 2 AZR 744/85, nv).

39 Nach Ansicht des *BAG* (19.7.1978 EzA § 242 BGB Auskunftspflicht Nr. 1 = AP Nr. 16 zu § 242 BGB Auskunftspflicht m. Anm. *Herschel* = SAE 1979, 135 m. krit. Anm. *Koller*) kommt § 12 S. 1 auch dann zur Anwendung, wenn die Kündigung (gemeint ist wohl: nur) **aus anderen als in § 1 Abs. 1 und 2 KSchG genannten Gründen unwirksam ist** (im Ergebnis zust. hier KR-*Treber/Rennpferdt* § 13 KSchG Rdn 130, 132; HaKo-KSchR/*Nägele-Berkner* Rn 2; LSSW-*Spinner* Rn 9; *Wilhelm* NZA 1986 Beil. 3 S. 18, 22; *Koller* DB 1979; 1458; abl. HK-*Dorndorf* Rn 36). Dem ist jedenfalls **nach der Neuregelung der §§ 4 bis 7, 13 Abs. 3 KSchG zum 1.1.2004 zuzustimmen** (jetzt wohl auch ErfK-*Kiel* Rn 2). Der Wortlaut des § 13 Abs. 3 KSchG scheint dem zwar entgegenzustehen, da dort nur die §§ 4 bis 7 als anwendbar genannt sind. Sinn und Zweck der Regelungen lässt aber eine entsprechende Auslegung des § 13 Abs. 3 KSchG zu. Die Regelung knüpft unmittelbar an die Entscheidung des Gerichts nach § 4 KSchG an. Nach § 4 KSchG müssen aber jetzt alle Unwirksamkeitsgründe geltend gemacht werden ohne Unterschied, ob es um die Sozialwidrigkeit oder einen anderen Grund geht. Die Interessenlage bei obsiegendem Kündigungsschutzurteil, der § 12 KSchG gerecht werden will, ist also in jedem Fall die gleiche. Wollte man dies anders sehen, müsste man wohl – ähnlich wie beim Auflösungsantrag nach § 9 KSchG – dem Arbeitnehmer das Recht einräumen, im Kündigungsschutzverfahren selbst oder aber im Verfahren über die Wirksamkeit seiner Erklärung nach § 12 KSchG klären zu lassen, ob die Kündigung auch sozialwidrig ist (insoweit konsequent AnwK-ArbR/*Dreher* § 13 Rn 28). Folgt man der hier vertretenen Auffassung, wonach § 12 KSchG auch bei einer nur aus anderen Gründen unwirksamen Kündigung anzuwenden ist, ergibt sich folgerichtig dann auch die Anwendung von § 12 S. 4 und § 5 KSchG (vom *BAG* 19.7.1978 EzA § 242 BGB Auskunftspflicht Nr. 1 offengelassen, da die Regelung ohnehin einem allgemeinen Grundsatz entspreche).

§ 13 KSchG Außerordentliche, sittenwidrige und sonstige Kündigungen

(1) ¹Die Vorschriften über das Recht zur außerordentlichen Kündigung eines Arbeitsverhältnisses werden durch das vorliegende Gesetz nicht berührt. ²Die Rechtsunwirksamkeit einer außerordentlichen Kündigung kann jedoch nur nach Maßgabe des § 4 Satz 1 und der §§ 5 bis 7 geltend gemacht werden. ³Stellt das Gericht fest, dass die außerordentliche Kündigung unbegründet ist, ist jedoch dem Arbeitnehmer die Fortsetzung des Arbeitsverhältnisses nicht zuzumuten, so hat auf seinen Antrag das Gericht das Arbeitsverhältnis aufzulösen und den Arbeitgeber zur Zahlung einer angemessenen Abfindung zu verurteilen. ⁴Das Gericht hat für die Auflösung des Arbeitsverhältnisses den Zeitpunkt festzulegen, zu dem die außerordentliche Kündigung ausgesprochen wurde. ⁵Die Vorschriften der §§ 10 bis 12 gelten entsprechend.

(2) Verstößt eine Kündigung gegen die guten Sitten, so finden die Vorschriften des § 9 Abs. 1 Satz 1 und Abs. 2 und der §§ 10 bis 12 entsprechende Anwendung

(3) Im Übrigen finden die Vorschriften dieses Abschnitts mit Ausnahme der §§ 4 bis 7 auf eine Kündigung, die bereits aus anderen als den in § 1 Abs. 2 und 3 bezeichneten Gründen rechtsunwirksam ist, keine Anwendung.

Übersicht	Rdn			Rdn
A. Einleitung	1	E.	Weitere Unwirksamkeitsgründe	
I. Entwicklung	1		(§ 13 Abs. 3 KSchG)	66
II. Zweck der Regelung	3	I.	Grundsatz	66
B. Die außerordentliche Kündigung		II.	Bedeutung der Grundrechte	67
(§ 13 Abs. 1 KSchG)	5	III.	Besondere gesetzliche Kündigungs-	
I. Anwendungsbereich	5		schutzvorschriften	71
II. Geltendmachung der »Rechtsunwirksamkeit« (Abs. 1 S. 2)	10		1. Einleitung	71
1. Grundsatz	10		2. Altersteilzeitgesetz	72
2. Persönlicher Geltungsbereich	12		3. Arbeitsgerichtsgesetz und Deutsches Richtergesetz	73
3. Gerichtliche Geltendmachung	17		4. Arbeitsschutzgesetz	74
III. Auflösungsantrag des Arbeitnehmers			5. Arbeitssicherheitsgesetz	75
(Abs. 1 S. 3 und S. 4)	18		6. Bergmannversorgungsscheingesetze	77
1. Grundsatz	18		7. Betriebsverfassungsgesetz	79
2. Auflösungszeitpunkt	20		8. Bundesdatenschutzgesetz	81
3. Die Höhe der Abfindung			9. Bundesimmissionsschutzgesetz	85
(§ 10 KSchG)	21		10. Gemeindeordnungen	86
IV. Fortbestehendes Arbeitsverhältnis	22		11. Gleichstellungsgesetze	88
1. Anrechnung auf entgangenen Zwischenverdienst (§ 11 KSchG)	22		12. Kreislaufwirtschaftsgesetz	90
			13. Mitbestimmungsgesetze	91
2. Auflösung des Arbeitsverhältnisses			14. Sozialgesetzbuch IV	93
(§ 12 KSchG)	24		15. Sozialgesetzgesetzbuch VI	94
C. Umdeutung der außerordentlichen			16. Sozialgesetzgesetzbuch IX	95
Kündigung	25		17. Sprecherausschussgesetz	98
I. Voraussetzungen	25		18. Teilzeit- und Befristungsgesetz	99
II. Auflösungsantrag	37		19. Wasserhaushaltsgesetz	101
III. Umdeutung in ein Auflösungsvertragsangebot	39		20. Weitere Benachteiligungsverbote	102
		IV.	Tariflich, betrieblich und vertraglich vereinbarte Kündigungsbeschränkungen	106
D. Die sittenwidrige Kündigung (Abs. 2)	40			
I. Grundsatz	40		1. Tarifliche Erweiterung des Kündigungsschutzes	106
II. Sittenwidrigkeit einer Kündigung	42			
III. Beispiele für die Sittenwidrigkeit und fehlende Sittenwidrigkeit einer Kündigung	50		2. Betrieblich vereinbarte Kündigungsbeschränkungen	113
			3. Vertragliche Kündigungsbeschränkungen	114
IV. Folgen der sittenwidrigen Kündigung	57	V.	Wirksamkeit der Kündigungserklärung	119
V. Darlegungs- und Beweislast	64		1. Kündigung ohne Vorlage der Vollmachtsurkunde	119
VI. Umdeutung einer sittenwidrigen außerordentlichen Kündigung	65			

	Rdn		Rdn
2. Vertretung ohne Vertretungsmacht (§ 180 BGB)	135	2. Verwirkung des Klagerechts	148
3. Fehlende oder beschränkte Geschäftsfähigkeit des Empfängers	142	3. Klageart	151
		4. Darlegungs- und Beweislast	152
		5. Nichtanwendbarkeit der §§ 9 bis 12 KSchG	153
4. Wegfall der Kündigungsbefugnis	145		
5. Bestimmtheit der Kündigungserklärung	146	a) Auflösungsantrag des Arbeitgebers	153
VI. Materiell- und verfahrensrechtlichen Folgen	147	b) Auflösungsantrag des Arbeitnehmers	154
1. Grundsatz	147		

A. Einleitung

I. Entwicklung

1 Eine der ersten »Vorgängerregelungen« im weiteren Sinne war § 84 Abs. 2 BRG. Arbeitnehmer konnten bei fristloser Kündigung Einspruch erheben, der nach § 84 Abs. 1 BRG im Falle der ordentlichen Kündigung innerhalb von fünf Tagen nach der Kündigung bei Vorliegen von bestimmten Einspruchsgründen erfolgen musste (zu den weiteren Vorgängerregelungen in § 61 AOG und den Kündigungsschutzgesetzen der Länder s. KR-*Klose* § 6 KSchG Rdn 1 f.). § 13 KSchG in der bis 31.12.2003 geltenden Fassung entsprach im Wesentlichen § 11 KSchG in der am 13.8.1951 in Kraft getretenen ursprünglichen Fassung des KSchG (Kündigungsschutzgesetz vom 10.8.1951, BGBl. I S. 499; s. BT-Drucks. I/2090, S. 13). Mit Art. 1 Nr. 9 des Ersten Gesetzes zur Bereinigung arbeitsrechtlicher Vorschriften (Arbeitsrechtsbereinigungsgesetz, vom 14.8.1969, BGBl. I S. 1106) wurde § 11 Abs. 2 KSchG 1951 gestrichen. Die Vorschrift enthielt in Satz 1 die widerlegbare Vermutung, dass eine unwirksame fristlose Kündigung nicht als Kündigung für den nächsten zulässigen Kündigungszeitpunkt gilt (ausf. noch KR 11. Aufl. Rn 7 ff.). Auf Grund der Ermächtigung im Arbeitsrechtsbereinigungsgesetz wurde das KSchG neu bekannt gemacht (KSchG 1969, vom 25.8.1969, BGBl. I 1317). Aus § 11 KSchG wurde nunmehr § 13 KSchG.

2 Mit dem **Gesetz zu Reformen am Arbeitsmarkt** vom 24.12.2003 (BGBl. I S. 3002; Materialien BT-Drucks. 15/1204, S. 14, 15/1587, S. 31; dazu etwa *Bader* NZA 2004, 65), das am 1.1.2004 in Kraft getreten ist, wurde mit Art. 3 Nr. 6 die Vorschrift des § 13 neu gefasst: Die Überschrift wurde in »Außerordentliche, sittenwidrige und sonstige Kündigungen« geändert. Der Text des § 13 Abs. 2 zur sittenwidrigen Kündigung wurde verkürzt. In § 13 Abs. 3 KSchG aF, der die Kündigungen regelte, die weder unter das KSchG fielen noch unter § 626 BGB noch sittenwidrig iSd § 138 BGB waren, wurden nach dem Wort »Abschnitts« die Wörter »mit Ausnahme der §§ 4–7« eingefügt.

II. Zweck der Regelung

3 § 13 KSchG befasst sich mit Kündigungen, die nicht sozialwidrig sind. Es geht dabei um die außerordentliche (Abs. 1), die sittenwidrige (Abs. 2) und die aus anderen Gründen (Abs. 3) unwirksame Kündigung. Dabei werden die § 4 S. 1 und §§ 5–7 KSchG für anwendbar erklärt (zur vorangegangenen Diskussion s. APS-*Biebl* Rn 4 mwN). Die jetzige Fassung der Vorschrift dient vor allem der weitgehenden **Vereinheitlichung** der **dreiwöchigen Klagefrist** für fast alle Unwirksamkeitsgründe, darunter auch die Treuwidrigkeit und die Sittenwidrigkeit, die bisher nicht von der Regelung in § 4 S. 1 KSchG erfasst wurden (s. KR-*Bader/Kreutzberg-Kowalczyk* § 23 KSchG Rdn 8, 10). Ausgenommen ist ein Verstoß der Kündigungserklärung gegen die Schriftform des § 623 BGB.

4 § 13 Abs. 2 KSchG befasst sich mit der **sittenwidrigen Kündigung**. Die Unwirksamkeit der sittenwidrigen Kündigung ist innerhalb der Dreiwochenfrist geltend zu machen. Der Arbeitnehmer – und nur er – hat zudem das Recht, einen Auflösungsantrag zu stellen, § 9 Abs. 1 S. 1 KSchG, nicht aber der Arbeitgeber, da § 9 Abs. 1 S. 2 KSchG von der Verweisung ausgenommen ist. § 13 Abs. 3 KSchG stellt die **Kündigungen, die aus anderen Gründen als der Sozial- oder der Sittenwidrigkeit**

unwirksam sind, bis auf die §§ 4–7 KSchG außerhalb der Regeln des KSchG. Arbeitnehmer und Arbeitgeber können einen Auflösungsantrag nach § 9 KSchG nur stellen, wenn die Kündigung sozial nicht gerechtfertigt war (Rdn 155).

B. Die außerordentliche Kündigung (§ 13 Abs. 1 KSchG)

I. Anwendungsbereich

§ 13 Abs. 1 S. 1 KSchG bestimmt, dass die Vorschriften über das Recht zur außerordentlichen Kündigung durch das KSchG nicht berührt werden (zur Unabdingbarkeit des Rechts zur außerordentlichen Kündigung KR-*Fischermeier/Krumbiegel* § 626 BGB Rdn 64 ff.). § 13 Abs. 1 KSchG erfasst nach seinem Wortlaut jede außerordentliche Kündigung, also die Kündigung aus wichtigem Grund, namentlich nach § 626 Abs. 1 S. 1 BGB. Ebenfalls dem Abs. 1 unterfällt die außerordentliche Kündigung mit **sozialer Auslauffrist** (KR-*Fischermeier/Krumbiegel* § 626 BGB Rdn 29 ff.). 5

§ 13 Abs. 1 S. 1 KSchG gilt nicht für die **Kündigung nach § 113 InsO**. Diese Vorschrift ermöglicht es zwar dem Insolvenzverwalter, das Arbeitsverhältnis ohne Rücksicht auf eine vereinbarte Vertragsdauer oder einen vereinbarten Ausschluss der ordentlichen Kündigung mit einer Frist von drei Monaten zum Monatsschluss zu kündigen, wenn nicht eine kürzere Frist maßgeblich ist. Es handelt sich gleichwohl um eine ordentliche Kündigung (s. KR-*Spelge* § 113 InsO Rdn 36; LSSW-*Spinner* Rn 9). 6

Die **entfristete Kündigung** fällt nicht unter § 13 Abs. 1 S. 1 KSchG. Es handelt sich um eine ordentliche Kündigung, bei der eine Kündigungsfrist nicht gegeben ist (*BAG* 4.6.1987 – 2 AZR 416/86). Eine solche kann zulässig für den Aushilfsarbeitnehmer des § 622 Abs. 5 S. 1 Nr. 1 BGB vereinbart werden. In Tarifverträgen können nach § 622 Abs. 4 S. 1 BGB entfristete ordentliche Kündigungen vorgesehen werden (vgl. dazu KR-*Spilger* § 622 BGB Rdn 244). 7

Eine Kündigung nach § 22 Abs. 2 Nr. 1 BBiG fällt in den Anwendungsbereich des § 13 Abs. 1 KSchG. Dagegen ist die **Kündigung während der Probezeit** nach § 22 Abs. 1 BBiG eine entfristete ordentliche Kündigung (*BAG* 10.11.1988 – 2 AZR 26/88; 19.11.2009 – 6 AZR 800/08, Rn 13). 8

Auch die **außerordentliche Änderungskündigung** aus wichtigem Grund iSd § 626 Abs. 1 BGB muss innerhalb der Dreiwochenfrist mit der Änderungsschutzklage des § 4 S. 2 KSchG angegriffen werden (*BAG* 17.5.1984 – 2 AZR 161/83; s. KR-*Fischermeier/Krumbiegel* § 626 BGB Rdn 215). Zur Vermeidung der Rechtsfolgen des § 7 KSchG genügt es, wenn der Arbeitnehmer innerhalb der Klagefrist eine Klage nach § 4 S. 1, § 13 Abs. 1 S. 2 KSchG erhebt und den Antrag später entsprechend § 4 S. 2 KSchG fasst (*BAG* 21.5.2019 – 2 AZR 26/19). Bei der nach § 55 Abs. 2 Unterabs. 1 S. 2, Unterabs. 2 S. 1 BAT zugelassenen Änderungskündigung handelte es sich um eine **befristete außerordentliche Änderungskündigung aus wichtigem Grund** iSd § 54 BAT, § 626 Abs. 1 BGB (*BAG* 17.5.1984 – 2 AZR 161/83). Trotz § 34 Abs. 2 S. 1 TVöD, nach dem der besondere tarifvertragliche Kündigungsschutz nunmehr einheitlich für Arbeiter und Angestellte geregelt ist und der Arbeitgeber die Möglichkeit der außerordentlichen Kündigung nach § 626 BGB hat, gibt Satz 2 den Beschäftigten Bestandsschutz, »soweit« sie am 30.9.2005 unkündbar waren, so dass die an sich entfallene Änderungskündigungsmöglichkeit für den bestandsgeschützten Personenkreis erhalten bleibt (vgl. *Bröhl* ZTR 2006, 174, 175, 178). 9

II. Geltendmachung der »Rechtsunwirksamkeit« (Abs. 1 S. 2)

1. Grundsatz

Seit der Neuregelung zum 1.1.2004 erfasst die »Geltendmachung der Rechtsunwirksamkeit« alle Unwirksamkeitsgründe, die innerhalb der **Dreiwochenfrist des § 4 S. 1 KSchG** durch eine Kündigungsschutzklage geltend gemacht werden müssen. Eine Begrenzung auf das Fehlen eines wichtigen Grundes oder die Einhaltung der Zweiwochenfrist des § 626 Abs. 2 BGB, wie sie unter dem alten Rechtszustand gegeben war, ist entfallen (allg. Auff., etwa APS-*Biebl* Rn 18 f.). Mit der Fristenregelung des § 13 Abs. 1 S. 2 iVm § 4 S. 1 KSchG soll eine schnelle und endgültige Klärung der 10

§ 13 KSchG Außerordentliche, sittenwidrige und sonstige Kündigungen

Wirksamkeit auch der außerordentlichen Arbeitgeberkündigung herbeigeführt werden. Außerdem sind die §§ 5–7 KSchG anzuwenden. Damit gelten die Vorschriften über die nachträgliche Zulassung nach § 5 KSchG, über die Geltendmachung von Unwirksamkeitsgründen außerhalb der Dreiwochenfrist (§ 6 KSchG) und über das Wirksamwerden der Kündigung bei fehlender fristgerechter Geltendmachung nach § 7 KSchG.

11 Zwar erfasst § 13 Abs. 1 S. 1 KSchG auch die Arbeitnehmerkündigung. Die Geltendmachung der Unwirksamkeit durch eine Feststellungsklage des Arbeitgebers ist allerdings nicht an die dreiwöchige Klagefrist gebunden, wie auch § 13 Abs. 1 S. 2 KSchG zeigt (*BAG* 9.9.1992 – 2 AZR 142/92; zur Feststellungsklage des Arbeitgebers gegen eine ordentliche Arbeitnehmerkündigung vgl. *BAG* 1.10.2020 – 2 AZR 214/20, Rn 10; APS-*Biebl* Rn 5, 9).

2. Persönlicher Geltungsbereich

12 Ebenso wie bei der ordentlichen Kündigung greift die Klagefrist unabhängig von der **Betriebsgröße** und der **Dauer des Arbeitsverhältnisses** ein. Die Voraussetzungen des § 1 KSchG (anders nach der alten Rechtslage, *BAG* 17.8.1972 – 2 AZR 415/71) und des § 23 KSchG müssen nicht gegeben sein. Nach dem erkennbaren Willen des Gesetzgebers soll sich die Klagefrist auf alle Arten der Kündigung und auf alle Unwirksamkeitsgründe erstrecken (*BAG* 28.6.2007 – 6 AZR 873/06, Rn 10 f.; s.a. KR-*Klose* § 7 Rdn 4). Für Mitarbeiter von Kleinbetrieben ergibt sich das aus der Neufassung des § 23 KSchG. In § 23 Abs. 1 S. 2 KSchG wurden die Wörter »mit Ausnahme der §§ 4 bis 7 und des § 13 Abs. 1 S. 1 und 2« aufgenommen mit der Folge, dass § 13 Abs. 1 S. 2 KSchG und damit § 4 S. 1 KSchG, also die Dreiwochenfrist gelten.

13 Leitende Angestellte müssen die Dreiwochenfrist beachten, soweit sie **nicht Organmitglieder** iSd § 14 Abs. 1 KSchG und deshalb ausdrücklich von den Vorschriften des ersten Abschnittes des KSchG ausgenommen sind (*BAG* 28.6.2007 – 6 AZR 873/06, Rn 11; 23.2.2017 – 6 AZR 665/15, Rn 34, 21.9.2017 – 2 AZR 865/16, Rn 12 ff.; KR-*Kreutzberg-Kowalczyk* § 14 KSchG Rdn 61).

14 Auch **Auszubildende** haben bei einer Kündigung aus wichtigem Grund iSd § 22 Abs. 2 BBiG die Dreiwochenfrist einzuhalten. Dies gilt allerdings nicht, wenn ein Schlichtungsausschuss nach § 111 Abs. 2 ArbGG besteht (dazu ausf. KR-*Weigand* §§ 21–23 BBiG Rdn 122). Insoweit enthält § 111 Abs. 2 ArbGG eine eigenständige Verfahrensregelung, die die des KSchG verdrängt; es gelten allein die Grenzen der Verwirkung. (*BAG* 23.7.2015 – 6 AZR 490/14, Rn 23).

15 Die Klagefrist gilt auch für die außerordentliche (Änderungs-)Kündigung bei einem **befristeten Arbeitsverhältnis** (*BAG* 13.4.1967 – 2 AZR 180/66; 8.6.1972 – 2 AZR 336/71).

16 Auch ein **Betriebsratsmitglied**, dem unter den Voraussetzungen des § 15 Abs. 1 KSchG, § 103 BetrVG, sowie ein **Personalratsmitglied**, dem nach § 15 Abs. 2 KSchG iVm den einschlägigen Bestimmungen des betreffenden Personalvertretungsrechts (etwa § 47 BPersVG) außerordentlich gekündigt worden ist, hat die in § 13 Abs. 1 S. 2 iVm § 4 S. 1 KSchG vorgeschriebene Klagefrist von drei Wochen einzuhalten, wenn es die Unwirksamkeit dieser außerordentlichen Kündigung geltend machen will (s. KR-*Kreft* § 15 KSchG Rdn 67 f. mwN). Das gilt auch, wenn die Kündigung ohne ein ordnungsgemäßes Zustimmungsverfahren erfolgt ist. Auch ein solcher Unwirksamkeitsgrund ist rechtzeitig geltend zu machen (dazu KR-*Kreft* § 15 KSchG Rdn 64 f. mwN). Entsprechendes gilt für **Wahlvorstandsmitglieder** und **Wahlbewerber**, denen nach § 15 Abs. 3 KSchG iVm § 103 BetrVG bzw. iVm den einschlägigen Bestimmungen des betreffenden Personalvertretungsrechts außerordentlich gekündigt worden ist, sowie für **Wahlinitiatoren** nach einer außerordentlichen Kündigung gemäß § 15 Abs. 3a und 3b KSchG.

3. Gerichtliche Geltendmachung

17 Nach § 13 Abs. 1 S. 2 KSchG ist die Rechtsunwirksamkeit einer außerordentlichen Kündigung (Rdn 5 ff.) **nach Maßgabe des § 4 S. 1 KSchG und der §§ 5 bis 7 KSchG** geltend zu machen (s. nur *BAG* 26.9.2013 – 2 AZR 682/12, Rn 26; 18.12.2014 – 2 AZR 163/14, Rn 16). Insoweit wird auf die Kommentierungen zu diesen Vorschriften verwiesen (s. insbes. KR-*Klose* § 4 KSchG Rdn 14 ff.,

139 ff., 262 ff.; KR-*Kreft* § 5 KSchG Rdn 6 ff.; KR-*Klose* § 6 KSchG; KR-*Klose* § 7 KSchG). Wird die Unwirksamkeit der außerordentlichen Kündigung nicht während der Ausschlussfrist des § 4 S. 1 KSchG oder nach Maßgabe des § 4 S. 4 KSchG oder der §§ 5, 6 KSchG geltend gemacht, gilt die außerordentliche Kündigung als von Anfang an wirksam. Zur materiellen Rechtskraft und Präklusionswirkung der Entscheidung über die Wirksamkeit einer außerordentlichen Kündigung KR-*Klose* § 4 KSchG Rdn 288 ff., 330 ff.

III. Auflösungsantrag des Arbeitnehmers (Abs. 1 S. 3 und S. 4)

1. Grundsatz

Nach § 13 Abs. 1 S. 3 KSchG hat das Gericht auf Antrag des Arbeitnehmers im Falle der Unwirksamkeit der außerordentlichen Kündigung das Arbeitsverhältnis aufzulösen und den Arbeitgeber zur Zahlung einer angemessenen Abfindung zu verurteilen, wenn dem Arbeitnehmer die Fortsetzung des Arbeitsverhältnisses nicht zuzumuten ist. Damit hat der Gesetzgeber § 9 Abs. 1 KSchG mit der Maßgabe für anwendbar erklärt, dass **nur der Arbeitnehmer, nicht aber der Arbeitgeber** den Antrag auf Auflösung des Arbeitsverhältnisses gegen Zahlung einer Abfindung stellen kann. Ist die außerordentliche Kündigung unwirksam, ist nicht schon allein deshalb dem Arbeitnehmer die Fortsetzung des Arbeitsverhältnisses unzumutbar. **Es bedarf vielmehr zusätzlicher, vom Arbeitnehmer darzulegender Umstände.** Diese müssen im Zusammenhang mit der Kündigung oder dem Kündigungsschutzprozess stehen und können sich demnach aus den Modalitäten der Kündigung als solcher und aus weiteren Handlungen des Arbeitgebers ergeben, die mit der Kündigung einhergehen (*BAG* 18.1.1962 – 2 AZR 179/59; 24.9.1992 – 8 AZR 557/91; 11.7.2013 – 2 AZR 241/12, Rn 15; vgl. ausf. KR-*Spilger* § 9 KSchG Rdn 45 ff., 51 ff.). 18

Die unberechtigte außerordentliche Kündigung sieht der Gesetzgeber als besonders schwerwiegend an und verweigert deshalb dem Arbeitgeber die Möglichkeit, seinerseits den Auflösungsantrag zu stellen (so schon die Begr. zum Entwurf eines KSchG BT-Drucks. I/2090, S. 15). Hat der Arbeitgeber aber vorsorglich ordentlich gekündigt, so kann er für den Fall einer sich ergebenden Sozialwidrigkeit der vorsorglich erklärten ordentlichen Kündigung die Auflösung des Arbeitsverhältnisses zum Ablauf der Kündigungsfrist nach § 9 Abs. 1 S. 2 KSchG beantragen. Entsprechendes gilt nach der Rechtsprechung und der ganz herrschenden Ansicht im Schrifttum im Fall der Sozialwidrigkeit einer im Wege der Umdeutung anzunehmenden ordentlichen Kündigung (*BAG* 26.10.1979 – 7 AZR 752/77; 21.5.2008 – 8 AZR 623/07, Rn 30; 24.5.2018 – 2 AZR 72/18, Rn 42; ErfK-*Kiel* § 9 KSchG Rn 10; MHdBArbR-*Waskow*, aA *für die Umdeutung LBK-Bayreuther* Rn 38, dazu Rdn 38.). § 13 Abs. 1 S. 3 Hs. 2 KSchG nimmt der Sache nach § 9 Abs. 1 S. 1 KSchG auf. § 13 Abs. 1 S. 5 KSchG verweist hinsichtlich der Höhe der Abfindung auf § 10 KSchG. 19

2. Auflösungszeitpunkt

Mit § 13 Abs. 1 S. 4 KSchG ist nunmehr eindeutig geregelt, dass das Gericht bei einer außerordentlichen fristlosen Kündigung auf Antrag des Arbeitnehmers die Auflösung des Arbeitsverhältnisses **auf den Zeitpunkt** festzusetzen hat, **zu dem die außerordentliche Kündigung erklärt wurde**. Auflösungszeitpunkt ist danach der Zugang der außerordentlichen Kündigung oder bei befristeter außerordentlicher Kündigung der in der Kündigungserklärung vorgesehene Endtermin. Dabei kann es sich um eine außerordentliche Kündigung mit sozialer Auslauffrist handeln oder um eine außerordentliche Kündigung eines vor ordentlicher Kündigung geschützten Arbeitnehmers, weil in diesem Falle die längste Kündigungsfrist einzuhalten ist, die gelten würde, wenn die ordentliche Kündigung nicht ausgeschlossen wäre (vgl. KR-*Fischermeier/Krumbiegel* § 626 BGB Rdn 321). 20

3. Die Höhe der Abfindung (§ 10 KSchG)

Für die **Höhe der Abfindung** sind nach § 13 Abs. 1 S. 5 KSchG die Maßstäbe des § 10 KSchG maßgebend (s. KR-*Spilger* § 10 KSchG Rdn 28 ff.). Außerdem ist zu berücksichtigen, dass als Zeitpunkt der Beendigung des Arbeitsverhältnisses nicht der Ablauf einer ordentlichen Kündigungsfrist, 21 sondern der Zeitpunkt des Zugangs der Kündigung festzusetzen ist. Bei der Bemessung der Höhe der Abfindung ist das dem Arbeitnehmer in der Kündigungsfrist entgangene Arbeitsentgelt einzubeziehen.

IV. Fortbestehendes Arbeitsverhältnis

1. Anrechnung auf entgangenen Zwischenverdienst (§ 11 KSchG)

22 Nach § 13 Abs. 1 S. 5 KSchG ist § 11 KSchG, der die **Anrechnung auf entgangenen Zwischenverdienst** regelt, entsprechend anwendbar. Die entsprechende Geltung des § 11 KSchG ist nicht nur für den Fall des Auflösungsantrags angeordnet. § 11 KSchG gilt auch im Falle einer unwirksamen außerordentlichen Kündigung, wenn der Arbeitnehmer keinen Auflösungsantrag gestellt hat, das Arbeitsverhältnis aber durch eine vorsorglich ausgesprochene ordentliche oder durch die in eine wirksame ordentliche Kündigung umgedeutete außerordentliche Kündigung endet (*BAG* 9.4.1981 – 6 AZR 787/78).

23 Hat der Arbeitnehmer im Rechtsstreit über die Unwirksamkeit einer außerordentlichen Kündigung einen Antrag auf Auflösung des Arbeitsverhältnisses gem. § 13 Abs. 1 S. 3 KSchG nicht gestellt oder den **Antrag später** zurückgenommen oder war der gestellte Antrag unzulässig oder unbegründet, wird dadurch nicht der Annahmeverzug des Arbeitgebers ausgeschlossen, sofern der Arbeitnehmer seine Arbeitsleistung ordnungsgemäß angeboten hatte. Die rechtsgestaltende Wirkung des Auflösungsantrags tritt erst mit der formellen Rechtskraft eines Urteils ein, das dem Auflösungsantrag stattgibt. Bis zu diesem Zeitpunkt ist das Arbeitsverhältnis nicht aufgelöst. Es besteht vielmehr mit allen Rechten und Pflichten fort, bis es durch das rechtskräftige Urteil – ggf. rückwirkend – aufgelöst wird (*BAG* 14.12.2017 – 2 AZR 86/17, Rn 37). Es entspricht nicht der Interessenlage eines zu Unrecht gekündigten Arbeitnehmers und demzufolge auch nicht seinem erkennbaren Parteiwillen, mit einem Auflösungsantrag zum Ausdruck zu bringen, er wolle seine Dienste dem Arbeitgeber künftig nicht mehr anbieten. Er behält seinen Anspruch auf Arbeitsvergütung nach § 615 BGB, § 11 KSchG (*BAG* 18.1.1963 – 5 AZR 200/62).

2. Auflösung des Arbeitsverhältnisses (§ 12 KSchG)

24 Gem. § 13 Abs. 1 S. 5 KSchG ist im Falle einer unbegründeten außerordentlichen Kündigung auch § 12 KSchG anwendbar. Wird der Klage stattgegeben, steht fest, dass die Kündigung unwirksam ist und das Arbeitsverhältnis nicht aufgelöst hat. Der Arbeitnehmer kann dann seinerseits, wenn er ein anderes Arbeitsverhältnis eingegangen ist, einen Auflösungsantrag nicht gestellt oder diesen zurückgenommen hatte oder dieser unzulässig oder unbegründet war, und er in diesem neuen Arbeitsverhältnis verbleiben möchte, **die Fortsetzung des alten Arbeitsverhältnisses** durch Erklärung – sog. **Beendigungserklärung** – binnen einer Woche nach Rechtskraft des Urteils **verweigern** (vgl. KR-*Spilger* § 12 KSchG Rdn 5 ff.).

C. Umdeutung der außerordentlichen Kündigung

I. Voraussetzungen

25 § 11 Abs. 2 KSchG 1951, der durch Art. 1 Nr. 9 Arbeitsrechtsbereinigungsgesetz vom 14.8.1969 (BGBl. I S. 1106) gestrichen wurde, sah in Satz 1 vor, dass eine unwirksame fristlose Kündigung im Zweifel nicht als (ordentliche) Kündigung für den nächsten zulässigen Kündigungszeitpunkt gilt. Satz 2 bestimmte die Anwendung der Vorschriften der §§ 1 bis 10 KSchG (jetzt §§ 1 bis 12 KSchG), wenn die fristlose Kündigung gleichwohl als Kündigung für den nächsten zulässigen Kündigungszeitpunkt anzusehen ist. Die unbegründete außerordentliche Kündigung sollte im Zweifel nichtig sein. Die Rechtsprechung sah dies als **gesetzliche widerlegbare Vermutung** an (*BAG* 7.10.1954 – 2 AZR 6/54; ausf. KR 11. Aufl. Rn 68).

26 Nach Aufhebung des § 11 Abs. 2 KSchG 1951 ist **allein § 140 BGB** dafür **maßgebend**, ob eine unwirksame außerordentliche in eine ordentliche Kündigung umgedeutet werden kann. Das ist

der Fall, wenn die Erklärung einer ordentlichen Kündigung nach den gegebenen Umständen dem mutmaßlichen Willen des Arbeitgebers entspricht und dieser Wille dem Arbeitnehmer erkennbar geworden ist (*BAG* 25.10.2012 – 2 AZR 700/11, Rn 21 mwN). Eine Umdeutung kommt nicht in Betracht, wenn sich im Wege der – **vorrangigen** – **Auslegung** (§§ 133, 157 BGB) ergibt, dass der Arbeitgeber neben der außerordentlichen hilfsweise eine ordentliche Kündigung erklärt hat (*LKB-Bayreuther* Rn 12).

Die Umdeutung voraus, dass der Arbeitgeber bei Kenntnis der Unwirksamkeit der außerordentlichen Kündigung eine ordentliche Kündigung gewollt hätte. Da die außerordentliche Kündigung regelmäßig den dem Arbeitnehmer erkennbaren Willen enthält, das Arbeitsverhältnis in jedem Fall zu beenden, ist **im Zweifel davon auszugehen**, dass bei einer unberechtigten außerordentlichen Kündigung jedenfalls eine ordentliche Kündigung zum nächst zulässigen Termin gewollt ist (*BAG* 15.11.2001 – 2 AZR 310/00; *Schaub/Linck* § 123 Rn 66; ErfK-*Kiel* Rn 5; APS-*Biebl* Rn 37; LSSW-*Spinner* Rn 30; *LKB-Bayreuther* Rn 13) Besondere Umstände des Einzelfalls können dazu führen, dass ein Wille des Arbeitgebers, das Arbeitsverhältnis in jedem Falle zu beenden, nicht vorliegt (*BAG* 12.5.2010 – 2 AZR 845/08, Rn 42). Das kann der Fall sein, wenn sich der Grund, der zur fristlosen Entlassung den **einzigen** Anlass gegeben hat, als unzutreffend erweist. 27

Nicht nur der Erklärende muss bei Kenntnis der Nichtigkeit der erklärten außerordentlichen Kündigung die ordentliche Kündigung mutmaßlich gewollt haben. Vielmehr muss für die Umdeutung hinzutreten, dass dieser hypothetische Wille des Erklärenden, das Arbeitsverhältnis solle in jedem Falle beendet werden, dem Erklärungsempfänger **im Zeitpunkt des Zuganges erkennbar war** (*BAG* 25.10.2012 – 2 AZR 700/11, Rn 21). Für den mutmaßlichen Parteiwillen sind in erster Linie die subjektiven Vorstellungen der Parteien zu berücksichtigen (*BAG* 12.7.1984 – 2 AZR 320/83). 28

Nach § 140 BGB setzt die Umdeutung voraus, dass das umzudeutende, nichtige oder wirkungslose Rechtsgeschäft den Erfordernissen eines anderen Rechtsgeschäfts entspricht. Dies bedeutet, dass hinsichtlich des Ersatzgeschäfts sämtliche Wirksamkeitsvoraussetzungen erfüllt sein müssen (Palandt/*Ellenberger* § 140 Rn 5). Eine Beendigung des Arbeitsverhältnisses durch eine im Wege der Umdeutung anzunehmende ordentliche Kündigung setzt damit voraus, dass die ordentliche Kündigung sämtliche Wirksamkeitsvoraussetzungen erfüllt. Das ist nicht der Fall, wenn eine ordentliche Kündigung nicht sozial gerechtfertigt wäre (*BAG* 25.10.2012 – 2 AZR 700/11, Rn 20; 20.11.2014 – 2 AZR 651/13, Rn 36), wenn eine ordentliche Kündigung durch Gesetz (zB § 22 BBiG; § 15 Abs. 1 bis 3 KSchG iVm § 103 BetrVG; § 9 MuSchG), Tarifvertrag (zB § 34 Abs. 2 TVöD) oder Vertrag (befristetes Arbeitsverhältnis ohne ordentliche Kündigungsmöglichkeit oder Unkündbarkeitsklausel) ausgeschlossen ist (vgl. *BAG* 27.6.2019 – 2 AZR 50/19, Rn 30) oder wenn eine ordentliche Kündigung mangels ordnungsgemäßer Beteiligung des Personalrats unwirksam wäre (vgl. *BAG* 27.6.2019 – 2 AZR 28/19, Rn 23; 27.2.2020 – 2 AZR 570/19, Rn 49). Eine außerordentliche Kündigung gegenüber einem schwerbehinderten Menschen kann nicht in eine wirksame ordentliche Kündigung umgedeutet werden, wenn nur die Zustimmung zur außerordentlichen Kündigung beantragt und erteilt war (*BAG* 23.1.2014 – 2 AZR 372/13, Rn 25 ff.; 24.5.2018 – 2 AZR 72/18, Rn 42; vgl. auch KR-*Gallner* § 174 SGB IX Rdn 14). Dagegen soll die Unwirksamkeit einer ordentlichen Kündigung nach der Rechtsprechung (vgl. *BAG* 26.10.1979 – 7 AZR 752/77; 26.8.1993 – 2 AZR 159/93; 21.5.2008 – 8 AZR 623/07, Rn 30) und der herrschenden Ansicht im Schrifttum (APS/*Biebl* § 9 KSchG Rn 15; ErfK/*Kiel* § 13 KSchG Rn 5; LSSW-*Spinner* Rn 28, 36; MHdB ArbR/*Waskow* § 132 Rn 19, aA *LKB-Bayreuther* Rn 14) der Umdeutung nicht entgegenstehen, soweit es die Fiktionswirkung nach §§ 4,7 KSchG (s. Rdn 32) und den Auflösungsantrag nach § 9 KSchG (s. Rdn 37 f) betrifft. Dies steht nicht mit § 140 BGB im Einklang. 29

Die Umdeutung einer nicht wegen Formverstoßes iSd § 623 BGB, sondern aus anderen Gründen unwirksamen außerordentlichen Kündigung in eine ordentliche Kündigung bleibt trotz der **Formvorschrift des § 623 BGB** möglich (*BAG* 24.6.2004 – 2 AZR 656/02; KR-*Spilger* § 623 Rdn 193). Die Angabe, ob es sich um eine außerordentliche oder um eine ordentliche Kündigung handelt, ist zur Formwahrung nicht erforderlich. 30

§ 13 KSchG Außerordentliche, sittenwidrige und sonstige Kündigungen

31 Ob auf der Grundlage der feststehenden Tatsachen eine kraft Gesetzes eintretende (*BAG* 27.6.2019 – 2 AZR 28/19, Rn 21) Umdeutung der außerordentlichen Kündigungserklärung in Betracht kommt, haben die Gerichte **von Amts wegen zu prüfen** (*BAG* 15.11.2001 – 2 AZR 310/00; 21.2.2008 – 8 AZR 157/07, Rn 30). Eines ausdrücklichen Vorbringens – »berufen« – oder eines »Antrags auf Umdeutung« bedarf es nicht. Die Umdeutung eines Rechtsgeschäfts ist Bestandteil der richterlichen Rechtsfindung. Die Parteien sind auf eine mögliche Umdeutung hinzuweisen. Nur wenn keine Tatsachen vorliegen, aus denen auf eine Umdeutung geschlossen werden kann, hat sie zu unterbleiben (*BAG* 15.11.2001 – 2 AZR 310/00; APS-*Biebl* Rn 40; *LKB*-*Bayreuther* Rn 13). Der Arbeitgeber kann sich **auch noch in der Berufungsinstanz** Tatsachen für eine Umdeutung vorbringen, soweit § 67 ZPO dies zulässt. Bei feststehendem Sachverhalt ist eine Umdeutung auch noch in der Revisionsinstanz möglich (*BAG* 25.10.2012 – 2 AZR 700/11, Rn 21).

32 Geht man mit der Rechtsprechung davon aus, dass eine Umdeutung einer außerordentlichen Kündigung in eine ordentliche Kündigung auch in Betracht kommt, wenn die ordentliche Kündigung nicht sozial gerechtfertigt oder aus anderen Gründen unwirksam ist, muss der Arbeitnehmer die Unwirksamkeit der ordentlichen Kündigung fristgerecht gerichtlich geltend machen, um den Eintritt der Fiktionswirkung zu verhindern (§§ 4, 7 KSchG). Der Arbeitnehmer kann sich auf die Unwirksamkeit der ordentlichen Kündigung – auch noch in zweiter Instanz – berufen, wenn er die außerordentliche Kündigung innerhalb der Dreiwochenfrist angegriffen hat. Ein gegen eine außerordentliche Kündigung gerichteter Kündigungsschutzantrag gem. § 4 S. 1 KSchG umfasst in der Regel »automatisch« auch das Begehren festzustellen, das Arbeitsverhältnis ende nicht aufgrund einer ggf. nach § 140 BGB eintretenden Umdeutung der außerordentlichen Kündigung in eine ordentliche (*BAG* 27.6.2019 – 2 AZR 28/19, Rn 21). Ob sich der Arbeitgeber, wenn eine außerordentliche Kündigung rechtskräftig für unwirksam erklärt worden ist, in einem späteren Prozess auf deren mögliche Umdeutung stützen kann s. KR-*Fischermeier/Krumbiegel* § 626 BGB Rdn 412.

33 Genießt der Arbeitnehmer **keinen allgemeinen Kündigungsschutz** iSd KSchG, führt die Umdeutung ohne Weiteres – mit Ausnahme der treuwidrigen Kündigung (s. KR-*Bader/Kreutzberg-Kowalczyk* § 23 Rdn 85 ff.) – zur Beendigung des Arbeitsverhältnisses zum Ablauf der Kündigungsfrist (*LAG Köln* 21.3.2006 – 9 Sa 1450/05). Hat der Kläger seinen **entsprechend § 4 KSchG formulierten Klageantrag** aufrechterhalten und ist dieser auch gegen die ordentliche Kündigung gerichtet, hat das Gericht festzustellen, dass das Arbeitsverhältnis nicht durch die außerordentliche Kündigung geendet hat, und im Übrigen die Klage abzuweisen. Hat der Arbeitnehmer zu erkennen gegeben, dass er die **ordentliche Kündigung hinnehme**, hat das Gericht darauf hinzuwirken, dass der Klageantrag entsprechend präzisiert wird oder es hat ihn dahin auszulegen, dass er diese Beschränkung enthält. Dann ist der Klage stattzugeben und im Urteil auszusprechen, dass das Arbeitsverhältnis nicht durch die außerordentliche Kündigung geendet hat.

34 Genießt der Arbeitnehmer **Kündigungsschutz** iSd ersten Abschnitts des KSchG und lässt er die in eine ordentliche Kündigung umgedeutete außerordentliche Kündigung nicht gelten, sondern beruft sich darauf, dass diese sozial ungerechtfertigt ist, hat das Gericht zu **prüfen**, ob die **Kündigung als ordentliche** aufgrund der festgestellten Tatsachen gem. § 1 KSchG wirksam ist (vgl. *BAG* 14.11.1980 – 7 AZR 655/78).).

35 Für den Fall einer möglichen Umdeutung ist seitens des Gerichts gem. § 139 ZPO **auf sachdienliche Anträge des Klägers hinzuwirken** (APS-*Biebl* Rn 41). Das kann außerhalb des KSchG dadurch geschehen, dass dann, wenn der Kläger sich nur gegen die außerordentliche Kündigung wendet, der Beklagte mit einer Eventualwiderklage sich auf die Wirksamkeit der in der außerordentlichen Kündigung liegenden ordentlichen Kündigung beruft (vgl. *BGH* 14.2.2000 – II ZR 285/97–).

36 Hat der **Kläger beantragt** festzustellen, dass sein Arbeitsverhältnis **weder durch die außerordentliche noch durch die in ihr enthaltene ordentliche Kündigung** aufgelöst ist oder wird ergibt sich diese Auslegung anhand seines Vorbringens (vgl. KR-*Klose* § 4 KSchG Rdn 294 ff.), sollte auch im **Tenor** zum Ausdruck gebracht werden, dass die sich im Wege der Umdeutung gegebene ordentliche Kündigung unwirksam ist. Dies kann aber auch nur in den **Urteilsgründen** erfolgen.

II. Auflösungsantrag

Auch im Falle der möglichen Umdeutung kann der Arbeitnehmer die **Auflösung des Arbeitsverhältnisses** gem. § 13 Abs. 1 S. 3 KSchG verlangen. Ist die ordentliche Kündigung wirksam, in die die außerordentliche Kündigung umzudeuten war, hat der Auflösungsantrag des Arbeitnehmers nach § 13 Abs. 1 S. 3 KSchG nur wenig Bedeutung. Einmal wird genau zu prüfen sein, ob dem Arbeitnehmer die Weiterarbeit nicht wenigstens bis zum Ablauf der ordentlichen Kündigungsfrist zumutbar ist, zum anderen steht ihm aller Regel keine höhere Abfindung zu als sein Arbeitsentgelt vom Zeitpunkt des Zugangs der außerordentlichen Kündigung bis zum Ablauf der ordentlichen Kündigungsfrist. Geht man mit der Rechtsprechung (vgl. *BAG* 26.10.1979 – 7 AZR 752/77; 26.8.1993 – 2 AZR 159/93; 21.5.2008 – 8 AZR 623/07, Rn 30) und der herrschenden Ansicht im Schrifttum (APS/*Biebl* § 9 KSchG Rn 15; ErfK/*Kiel* § 13 KSchG Rn 5; LSSW-*Spinner* Rn 28, 36; MHdB ArbR/*Waskow* § 132 Rn 19) davon aus, dass die Unwirksamkeit der ordentlichen Kündigung der Umdeutung nicht entgegensteht, hat der Arbeitnehmer die Wahl hinsichtlich des Auflösungszeitpunkts, wenn die außerordentliche Kündigung und die in ihr liegende ordentliche Kündigung unwirksam sind. Der Arbeitnehmer kann den Antrag nach § 9 Abs. 1 KSchG (Auflösung zum Ablauf der Kündigungsfrist, § 9 Abs. 2 KSchG) oder den nach § 13 Abs. 1 S. 3 KSchG (Auflösung zum Zeitpunkt des Ausspruchs der außerordentlichen Kündigung, § 13 Abs. 1 S. 4 KSchG) stellen (*BAG* 21.5.2008 – 8 AZR 623/07, Rn 30). Bei der Auflösung des Arbeitsverhältnisses bezogen auf die fristgerechte Kündigung ist nach § 9 Abs. 2 KSchG der Zeitpunkt festzusetzen, zu dem die objektiv zutreffende Kündigungsfrist geendet hätte. Dies gilt auch dann, wenn der Arbeitgeber sie nicht eingehalten und der Arbeitnehmer dies im Rechtsstreit nicht gerügt hat (*BAG* 21.6.2012 – 2 AZR 694/11, Rn 36). Hält man dagegen die Umdeutung einer außerordentlichen in eine ordentliche Kündigung für ausgeschlossen, wenn diese nicht wirksam wäre, kann der Arbeitnehmer nur einen Auflösungsantrag nach § 13 Abs. 1 S. 3 KSchG (Auflösung zum Zeitpunkt des Ausspruchs der außerordentlichen Kündigung, § 13 Abs. 1 S. 4 KSchG) stellen (so *LKB-Bayreuther* Rn 25).

Bei einer außerordentlichen Kündigung kann der Arbeitgeber keinen Auflösungsantrag stellen. Hat der Arbeitgeber zugleich hilfsweise eine ordentliche Kündigung erklärt, ist er für die Fall, dass die ordentliche Kündigung allein aufgrund ihrer Sozialwidrigkeit und nicht aus anderen Gründen rechtsunwirksam ist, berechtigt, nach Maßgabe des § 9 Abs. 1 S. 2 KSchG die Auflösung des Arbeitsverhältnisses zum Ablauf der Kündigungsfrist zu beantragen. Gleiches gilt nach der Rechtsprechung (*BAG* 26.10.1979 – 7 AZR 752/77; 26.8.1993 – 2 AZR 159/93; 21.5.2008 – 8 AZR 623/07, Rn 30) und der herrschenden Ansicht im Schrifttum (APS/*Biebl* § 9 KSchG Rn 15; ErfK/*Kiel* § 13 KSchG Rn 5; LSSW-*Spinner* Rn 28, 36; MHdB ArbR/*Waskow* § 132 Rn 19) dann, wenn eine im Wege der Umdeutung anzunehmende ordentliche Kündigung sozialwidrig und nicht aus anderen Gründen rechtsunwirksam ist (*BAG* 26.10.1979- 7 AZR 752/77). Hiergegen wird zu Recht eingewandt, dass eine Umdeutung die Wirksamkeit des Ersatzrechtsgeschäfts voraussetzt und dass auf diesem Weg dem Arbeitgeber, der nur eine außerordentliche Kündigung ausgesprochen hat, entgegen der in § 13 Abs. 1 KSchG zum Ausdruck kommenden Wertung ein Auflösungsantrag ermöglicht wird (*LKB-Bayreuther* Rn 14, 29).

III. Umdeutung in ein Auflösungsvertragsangebot

Eine unwirksame außerordentliche Kündigung kann **in ein Angebot auf Abschluss eines Aufhebungsvertrags mit sofortiger Wirkung umgedeutet** werden, das der Arbeitnehmer angenommen haben kann. Dabei ist die **Schriftform** des § 623 BGB zu wahren. Der Arbeitnehmer muss allerdings die Unwirksamkeit der außerordentlichen Kündigung erkannt und sich gleichwohl erkennbar mit der Beendigung des Arbeitsverhältnisses einverstanden erklärt haben (*BAG* 13.4.1972 – 2 AZR 243/71; *Schaub/Linck* § 123 Rn 65). Erklärt der Arbeitnehmer einen **Klageverzicht**, kann dies als Annahme eines Antrags auf Abschluss eines Aufhebungsvertrags zu verstehen sein (*BAG* 25.9.2014 – 2 AZR 788/13, Rn 27). Das setzt aber – neben der Schriftform – einen **zeitlichen und sachlichen Zusammenhang mit der Kündigung** voraus, der die Annahme rechtfertigt, Kündigung und Klageverzicht seien gemeinsam nur ein anderes Mittel, um das Arbeitsverhältnis in Wirklichkeit im gegenseitigen Einvernehmen zu lösen (*BAG* 19.4.2007 – 2 AZR 208/06, Rn 25 ff.). Allein die zeitliche Nähe zwischen Klageverzicht und Erhalt der Kündigung vermag den erforderlichen Zusammenhang nicht zu begründen (*BAG* 6.9.2007 – 2 AZR 722/06, Rn 28; 25.9.2014 – 2 AZR 788/13, Rn 28).

D. Die sittenwidrige Kündigung (Abs. 2)

I. Grundsatz

40 Ein Rechtsgeschäft ist nach § 138 BGB nichtig, wenn es gegen die guten Sitten verstößt. Das KSchG hat mit § 13 Abs. 2 (§ 11 Abs. 3 S. 1 KSchG 1951) anerkannt, dass eine Kündigung **sittenwidrig** sein kann. Nach dieser Bestimmung finden die Vorschriften des § 9 Abs. 1 S. 1 und Abs. 2 und der §§ 10–12 KSchG entsprechende Anwendung, wenn eine Kündigung gegen die guten Sitten verstößt (anders noch *Hueck/Nipperdey* I, 3. bis 5. Aufl., S. 305 f. mwN in Fn 22: als einseitige Willenserklärung sei die Kündigung »wertfrei«; ausf. zur historischen Entwicklung KR 11. Aufl. Rn 102 ff., zur Rspr. Rn 109 ff.). Die Vorschrift hat in der Praxis nur eine geringe Bedeutung erlangt, auch weil ein Teil der Fälle von § 612a BGB erfasst wird (*BAG* 2.4.1987 – 2 AZR 227/86), der als Sonderfall der Sittenwidrigkeit anzusehen ist (*BAG* 22.5.2003 – 2 AZR 426/02; 14.2.2007 – 7 AZR 95/06, Rn 21; 21.9.2011 – 7 AZR 150/10, Rn 31), und diskriminierende Kündigungen bereits nach § 7 AGG iVm. § 134 BGB nichtig sind (Bader/Bram-*Klug* Rn 44).

41 Die Vorschrift des § 138 BGB gewährleistet neben § 242 BGB den in Art. 30 GRC geregelten Schutz von Arbeitnehmern, die vom Geltungsbereich des KSchG nicht erfasst werden (*BAG* 8.12.2011 – 6 AZN 1371/11 [ausdrücklich nur im LS]).

II. Sittenwidrigkeit einer Kündigung

42 Nach Inkrafttreten des KSchG 1969 hat das Bundesarbeitsgericht eine sittenwidrige Kündigung unter folgenden Voraussetzungen angenommen: »Sittenwidrig ist eine Kündigung nur dann, wenn sie auf einem **verwerflichen Motiv** des Kündigenden beruht, wie insbes. Rachsucht oder Vergeltung, oder wenn sie aus anderen Gründen **dem Anstandsgefühl aller billig und gerecht Denkenden widerspricht**« (*BAG* 19.7.1973 – 2 AZR 464/72; vgl. ferner *BAG* 24.4.1997 – 2 AZR 268/96; 21.2.2001 – 2 AZR 15/00; 5.12.2019 – 2 AZR 107/19, Rn 11). Es gilt ein strenger Maßstab (*BAG* 16.9.2004 – 2 AZR 511/03, Rn 33: Einhaltung eines »ethischen Minimums«). Dabei ist zu berücksichtigen, dass sich § 138 BGB als Generalklausel am Maßstab der Wertvorstellungen zu konkretisieren ist, die sich aus den Grundsatzentscheidungen der Verfassung ergeben (*BVerfG* 19.10.1993 – 1 BvR 567/89 ua.; 27.1.1998 – 1 BvL 15/87; *BAG* 15.11.2012 – 6 AZR 339/11, Rn 15; 28.10.2010 – 2 AZR 392/08, Rn 37; 19.10.2017 – 8 AZR 845/15, Rn 20; 5.12.2019 – 2 AZR 107/19, Rn 13). Bei der Beurteilung einer etwaigen Sittenwidrigkeit ist es unerheblich, ob der Arbeitnehmer vom Geltungsbereich des KSchG erfasst wird oder nicht (APS-*Biebl* Rn 48).

43 Allein die **Schwere der Folgen einer Kündigung** kann ein derart missbilligendes Werturteil wie dasjenige der Sittenwidrigkeit noch **nicht** rechtfertigen (*BAG* 19.7.1973 – 2 AZR 464/72). Bei der Prüfung, ob eine Kündigung nach § 138 BGB nichtig ist, dürfen nicht nur einzelne Tatsachenkomplexe, sondern es müssen die **gesamten Umstände des Falls** gewürdigt werden (*BAG* 23.11.1961 – 2 AZR 301/61; 24.4.1997 – 2 AZR 268/96).

44 Auf Grund der unterschiedlichen Rechtsfolgen einer »nur« sozialwidrigen und einer sittenwidrigen Kündigung bedarf es der **Abgrenzung**. Die Sittenwidrigkeit kann nicht mit Erfolg auf Umstände gestützt werden, die in den Schutzbereich des KSchG fallen; § 138 BGB ist nur anwendbar, wenn die Sittenwidrigkeit aus anderen Gründen als die Sozialwidrigkeit iSd § 1 KSchG hergeleitet werden kann (*BAG* 28.9.1972 – 2 AZR 469/71; 21.2.2001 – 2 AZR 15/00; 5.12.2019 – 2 AZR 107/19, Rn 19). Das ist schon deswegen richtig, weil sonst den Arbeitnehmern, die nicht unter das KSchG fallen (§ 1 KSchG iVm § 23 KSchG), auf dem Umweg über § 138 BGB ein dem KSchG entsprechender allgemeiner Kündigungsschutz verschafft werden würde (s.a. APS-*Biebl*

Rn 49 mwN). Der durch die Generalklauseln vermittelte Schutz darf nicht dazu führen, dass dem Kleinunternehmen praktisch die im KSchG vorgegebenen Maßstäbe der Sozialwidrigkeit auferlegt werden (*BVerfG* 27.1.1998 – 1 BvL 15/87).

Die Rechtsprechung geht davon aus, dass eine Kündigung **nicht sittenwidrig** ist, wenn sie auf Tatsachen gestützt wird, die an sich geeignet sind, eine ordentliche Kündigung nach Maßgabe des § 1 Abs. 2 und 3 KSchG oder des § 626 BGB zu rechtfertigen (*BAG* 16.2.1989 – 2 AZR 347/88; 28.4.1994 – 2 AZR 726/93; 24.4.1997 – 2 AZR 268/96). 45

Zwar ist es denkbar, dass eine **Kündigung zur Unzeit** unter Umständen erfolgt, die dem Anstandsgefühl aller billig und gerecht Denkenden in einem Maße widerspricht, dass sie als sittenwidrig anzusehen ist (*BAG* 5.4.2001 – 2 AZR 185/00). Dies setzt aber neben der Unzeit der Kündigung weitere Umstände voraus, etwa dass der Arbeitgeber absichtlich oder unter Missachtung der persönlichen Belange des Arbeitnehmers einen Kündigungszeitpunkt wählt, der den Arbeitnehmer besonders belastet. Ist der festgestellte Sachverhalt schon nicht geeignet, eine Treuwidrigkeit der Kündigung zu begründen, reicht er nicht für die Annahme aus, die Arbeitgeberkündigung sei sittenwidrig (*BAG* 5.4.2001 – 2 AZR 185/00). 46

§ 612a BGB schützt die Willensfreiheit des Arbeitnehmers. Der Arbeitgeber darf einen Arbeitnehmer nicht deshalb bei einer Maßnahme benachteiligen, weil letzterer in zulässiger Weise seine Rechte ausübt (*BAG* 22.5.2003 – 2 AZR 426/02). Als »Maßnahmen« iSd § 612a BGB kommen auch Kündigungen in Betracht (*BAG* 20.4.1989 – 2 AZR 498/88; Einzelheiten KR-*Treber/Schlünder* § 612a BGB Rdn 1 ff.). Soweit das Bundesarbeitsgericht ausgeführt hat, die Norm betreffe einen »**Sonderfall der Sittenwidrigkeit**« (*BAG* 22.5.2003 – 2 AZR 426/02; 14.2.2007 – 7 AZR 95/06, Rn 21; 21.9.2011 – 7 AZR 150/10, Rn 31), kann diese Formulierung nicht dahin verstanden werden, es liege bei einer Verletzung des § 612a BGB stets zugleich ein Fall der Sittenwidrigkeit iSd § 138 BGB vor. 47

Ein **verwerfliches Motiv** oder eine **verwerfliche Gesinnung** sind dem Kündigenden nur dann anzulasten, wenn er sich derjenigen Tatsachen bewusst ist, die seine Kündigung zu einem sittenwidrigen Vorgehen machen. Dabei gilt § 166 Abs. 1 BGB, wonach auch auf die Kenntnis oder das Kennen müssen gewisser Umstände durch den **Vertreter** abzustellen ist, auch im Rahmen des § 138 BGB. Wenn es um die Sittenwidrigkeit einer Kündigung geht, kommt es grds. nur auf die Kenntnis des kündigungsberechtigten Vertreters an. Dagegen ist eine **verwerfliche Gesinnung von Hilfspersonen** unschädlich, die den Kündigenden oder seine Vertreter nur intern beraten. 48

Die Darlegungs- und Beweislast des Arbeitnehmers für die Sittenwidrigkeit der Kündigung erstreckt sich auch auf die subjektiven Voraussetzungen der Sittenwidrigkeit. Den damit verbundenen Schwierigkeiten ist durch den Grundsatz der abgestuften Darlegungs- und Beweislast Rechnung zu tragen (s. dazu im Einzelnen Rdn 64)). 49

III. Beispiele für die Sittenwidrigkeit und fehlende Sittenwidrigkeit einer Kündigung

Eine fristgemäße Kündigung, die vom Arbeitgeber vor Ablauf der ersten sechs Monate des Arbeitsverhältnisses, also in der **Wartezeit** nach § 1 KSchG, ausgesprochen wird, kann gem. § 138 BGB (Sittenwidrigkeit) unwirksam sein (*BAG* 28.9.1972 – 2 AZR 469/71). Dies wird jedoch nur in **besonders krassen Fällen** der Fall sein (*BAG* 5.4.2001 – 2 AZR 185/00; 12.9.2013 – 6 AZR 121/12, Rn 39). 50

Als sittenwidrig hat das BAG eine Kündigung eines öffentlichen Arbeitgebers in der Wartezeit angesehen, die auf **die wahrheitswidrige Beantwortung einer unspezifizierten Frage nach eingestellten Ermittlungsverfahren** gestützt wurde. An einer derartigen Informationsbeschaffung besteht grds. kein berechtigtes Interesse des potenziellen Arbeitgebers, wie sich aus den Wertentscheidungen des § 53 BZRG ergibt. Die Kündigung verstößt gegen die objektive Wertordnung des Grundgesetzes (*BAG* 15.11.2012 – 6 AZR 339/11, Rn 14 ff.). 51

52 Das *LAG SchlH* (22.6.2011 – 3 Sa 95/11) hat angenommen, eine Kündigung des Arbeitgebers sei sittenwidrig, wenn ein Arbeitgeber einen bei ihm im Wege der Arbeitnehmerüberlassung eingesetzten Arbeitnehmer in Kenntnis von dessen Ehe mit einer in China lebenden chinesischen Staatsangehörigen nicht als Sicherheitsrisiko einordnet, abwirbt und sodann das Arbeitsverhältnis in der Wartezeit des § 1 KSchG wegen dieser persönlichen Verhältnisse kündigt.

53 Eine Kündigung ist nicht allein deshalb sittenwidrig, weil sich der Arbeitgeber bei einer Kündigung auf eine im Arbeitsvertrag vereinbarte zweitägige Kündigungsfrist gestützt hat, wenn es an weiteren Umständen, wie etwa einer bewussten und irreführenden Vorspiegelung seitens des Arbeitgebers fehlt, diese Frist sei wirksam (*LAG Hamm* 30.1.2015 – 1 Sa 1666/14, Rn 34).

54 Die Kündigung in der Wartezeit wegen **ungepflegten Erscheinungsbildes**, das wegen seiner Außenwirkung als relevant angesehen wurde, ist nach erfolglosen Gesprächen deswegen nicht sittenwidrig. Der Kündigung liegen sachliche Erwägungen zugrunde (*ArbG Köln* 25.3.2010 – 4 Ca 10458/09).

55 Die Kündigung des Berufsausbildungsverhältnisses während der Probezeit nach § 22 BBiG ist nicht sittenwidrig, wenn der Ausbilder die Auszubildende auf Grund eines Sachverhaltes als ungeeignet für den Beruf der Verwaltungsfachangestellten angesehen hat (**eigenmächtige verspätete Aufnahme der Ausbildung**), der die negative Eignungsbeurteilung als nicht sachfremd erscheinen lässt (*LAG Bln.-Bra.* 12.5.2010 – 23 Sa 127/10, Rn 26 ff.).

56 Es führt nicht zur Sittenwidrigkeit einer Kündigung, wenn der Arbeitgeber an ihn durch einen Dritten herangetragene Kündigungsgründe nicht weiter aufklärt (*LAG Bln.-Bra.* 15.3.2018 – 10 Sa 1300/17, Rn 48).

IV. Folgen der sittenwidrigen Kündigung

57 § 13 Abs. 2 KSchG ermöglicht bei einer gegen die guten Sitten verstoßenden Kündigung einen **Auflösungsantrag des Arbeitnehmers**, wie der Verweis auf § 9 Abs. 1 S. 1 und Abs. 2 KSchG sowie auf die §§ 10 bis 12 KSchG zeigt. Diese Regelung ist wegen § 13 Abs. 3 KSchG erforderlich. Die Vorschrift verweist für Kündigungen, die aus anderen Rechtsgründen unwirksam sind, nicht auf § 9 KSchG.

58 Aus § 13 Abs. 1 S. 2 KSchG ergibt sich, dass der Arbeitnehmer unabhängig davon, ob er Kündigungsschutz iSd KSchG hat, auch die Nichtigkeit einer sittenwidrigen Kündigung innerhalb der **Dreiwochenfrist** des § 4 S. 1 KSchG mit einer Feststellungsklage iSd § 4 KSchG geltend zu machen hat.

59 Der Arbeitnehmer kann im Fall einer sittenwidrigen Arbeitgeberkündigung seinerseits zu einer fristlosen Kündigung berechtigt sein und dann **Schadenersatz nach § 628 Abs. 2 BGB verlangen** (*LKB/Bayreuther* Rn 36; LSSW-*Spinner* Rn 48).

60 Nach § 13 Abs. 2 KSchG sind die §§ 9 Abs. 1 S. 1, 9 Abs. 2 und 10 bis 12 KSchG entsprechend anwendbar. Dies gilt aber nur, wenn dem Arbeitnehmer **Kündigungsschutz nach dem KSchG zusteht**, was bei Arbeitnehmern von Kleinbetrieben und bei Arbeitnehmern in der Wartezeit nicht der Fall ist (*LKB/Bayreuther* Rn 38; APS-*Biebl* Rn 52; *Bader/Bram-Klug* Rn 44; HaKo-KSchR/*Gieseler* Rn 59).

61 § 13 Abs. 2 KSchG ist auf die sittenwidrige außerordentliche Kündigung entsprechend anwendbar, so dass dem Arbeitnehmer ein Auflösungsantrag gem. § 13 Abs. 1 S. 3 KSchG möglich ist (HaKo-KSchR/*Gieseler* Rn 59; *Bader/Bram-Klug* Rn 44a). Eine analoge Anwendung des § 13 Abs. 2 KSchG wird allerdings in der Regel nicht erforderlich sein. Ist die außerordentliche Kündigung mangels wichtigen Grunds unwirksam, kann die Auflösung unmittelbar nach § 13 Abs. 1 S. 3 KSchG beantragt werden (*Bader/Bram-Klug* § 13 Rn 44a).

62 Der Arbeitnehmer kann nach § 9 Abs. 1 S. 1 und Abs. 2 KSchG die **Auflösung des Arbeitsverhältnisses** und die Zahlung einer Abfindung verlangen kann, wenn ihm die Fortsetzung des Arbeitsverhältnisses nicht zuzumuten ist. Bei einer sittenwidrigen Kündigung dürfte dem Arbeitnehmer

das weitere Verbleiben bei dem Arbeitgeber in aller Regel unzumutbar sein (s. zB *LAG SchlH* 22.6.2011 – 3 Sa 95/11). Ebenso wie bei der außerordentlichen Kündigung (§ 13 Abs. 1 S. 3 KSchG, dazu Rdn 18) steht dem Arbeitgeber bei sittenwidriger Kündigung nicht das Recht zu, seinerseits die Auflösung des Arbeitsverhältnisses unter Zahlung einer Abfindung zu verlangen. § 13 Abs. 2 KSchG verweist nicht auf § 9 Abs. 1 S. 2 KSchG (APS-*Biebl* Rn 53; *Bader/Bram-Klug* Rn 44a). Die **Höhe der Abfindung** richtet sich nach dem ebenfalls für anwendbar erklärten § 10 KSchG (dazu KR-*Spilger* § 10 KSchG Rdn 28 ff.). Die **Anrechnung etwaigen Zwischenverdienstes** des Arbeitnehmers bestimmt sich nach § 11 KSchG (dazu KR-*Spilger* § 11 KSchG Rdn 38 ff.). Der Arbeitnehmer kann auch nach § 12 KSchG verfahren und die Fortsetzung des alten Arbeitsverhältnisses ablehnen (vgl. KR-*Spilger* § 12 KSchG Rdn 5 ff.).

Das Vorgehen nach § 13 Abs. 2 KSchG iVm § 9 Abs. 1 S. 1 KSchG ist gegenüber dem auf § 628 BGB gestützten **Schadensersatzanspruch** für den Arbeitnehmer deswegen vorteilhaft, weil der Anspruch auf die **Abfindung** nicht an den Nachweis gebunden ist, dass schuldhaft treuwidriges Verhalten des Arbeitgebers Anlass der Kündigung war, ein Schaden entstanden ist und ein ursächlicher Zusammenhang zwischen Kündigung und Schaden besteht. Selbst wenn man der Auffassung folgt, dass der Arbeitnehmer, der dartun kann, dass ihm eine Abfindung nach §§ 9, 10 KSchG zugestanden hätte, auch dafür im Rahmen des § 628 Abs. 2 BGB Schadensersatz im mutmaßlichen Umfang verlangen kann (so KR-*Weigand* § 628 BGB Rdn 44; *BAG* 26.7.2001 – 8 AZR 739/00), kann ein zB schuldhaft unterlassener Erwerb auch ohne Böswilligkeit anzurechnen sein (s. KR-*Weigand* § 628 BGB Rdn 46). 63

V. Darlegungs- und Beweislast

Der **Arbeitnehmer**, der sich auf die Sittenwidrigkeit einer Kündigung beruft, ist für diesen Ausnahmetatbestand einer sittenwidrigen Kündigung **darlegungs- und beweispflichtig** (st. Rspr. des BAG, zB *BAG* 19.7.1973 – 2 AZR 464/72; 16.2.1989 – 2 AZR 347/88; 21.2.2001 – 2 AZR 15/00). Der Arbeitnehmer wird regelmäßig keine näheren Kenntnisse des Motivs für die Kündigung haben, zumal die Kündigung nicht begründet werden muss. Den damit verbundenen Darlegungsschwierigkeiten ist zur Sicherung des durch Art. 12 Abs. 1 GG gewährleisteten Mindestbestandsschutzes durch die Grundsätze der abgestuften Darlegungslast Rechnung zu tragen (*LKB/Bayreuther* Rn 35). Der Arbeitnehmer hat die (objektiven) Tatsachen vorzutragen, die die Sittenwidrigkeit der Kündigung indizieren. Der Arbeitgeber muss sich auf diesen Vortrag nach § 138 Abs. 2 ZPO qualifiziert einlassen, um ihn zu entkräften. Kommt er dieser sekundären Darlegungslast nicht nach, gilt der schlüssige Vortrag des Arbeitnehmers nach § 138 Abs. 3 ZPO als zugestanden. Lässt der Arbeitgeber sich substantiiert ein, muss der Arbeitnehmer diese Einlassung widerlegen (vgl. zur Darlegung der Treuwidrigkeit einer Kündigung *BAG* 16.9.2004 – 2 AZR 511/03, Rn 29; 24.1.2008 – 6 AZR 96/07, Rn 29). 64

VI. Umdeutung einer sittenwidrigen außerordentlichen Kündigung

Die Umdeutung einer sittenwidrigen außerordentlichen Kündigung in eine ordentliche Kündigung ist nicht möglich, da der Vorwurf der Sittenwidrigkeit sich gegen den gesamten Gehalt des Rechtsgeschäfts richtet. Da eine Umdeutung den sittenwidrig Handelnden vom Risiko der Nichtigkeitsfolge befreite, können sittenwidrige Rechtsgeschäfte grundsätzlich nicht umgedeutet werden (*BGH* 28.4.1986 – II ZR 254/86 unter 4; HaKo-KSchR/*Gieseler* Rn 60; LSSW-*Spinner* Rn 45; aA Voraufl.; *LAG Bln.* 3.10.1988 – 9 Sa 61/88). 65

E. Weitere Unwirksamkeitsgründe (§ 13 Abs. 3 KSchG)

I. Grundsatz

Nach § 13 Abs. 3 KSchG in der bis zum 31.12.2003 geltenden Fassung fanden die Vorschriften des ersten Abschnitts des Kündigungsschutzgesetzes auf eine Kündigung, die bereits aus anderen als den in § 1 Abs. 2 und 3 KSchG unwirksam waren, keine Anwendung. Der Arbeitnehmer konnte daher diese Unwirksamkeitsgründe außerhalb der Dreiwochenfrist des § 4 Satz 1 KSchG geltend machen 66

(*BAG* 28.2.1974 – 2 AZR 455/73). Entsprechendes galt für die Änderungskündigung (*BAG* 28.5.1998 – 2 AZR 615/97). Die Klagefrist des § 4 S. 1 KSchG ist nunmehr auf alle Unwirksamkeitsgründe erstreckt. Mit der Neuregelung in § 13 Abs. 3 KSchG soll klargestellt werden, dass für die aus sonstigen Gründen unwirksame Kündigung die Regelungen zur Klagefrist (§§ 4 bis 7 KSchG), nicht aber die sonstigen Vorschriften des ersten Abschnitts des Kündigungsschutzgesetzes gelten. Daher müssen weder die Wartezeit des § 1 Abs. 1 KSchG noch die Anforderungen des § 23 Abs. 1 KSchG erfüllt sein. Weiterhin finden in einem solchen Fall die Vorschriften über die gerichtliche Auflösung eines Arbeitsverhältnisses nach §§ 9, 10 KSchG keine Anwendung (Rdn 155). Das gilt im Grundsatz auch für die **sittenwidrige Kündigung**, nur hat der Gesetzgeber für den Fall der sittenwidrigen Kündigung in § 13 Abs. 2 KSchG dem Arbeitnehmer die Möglichkeit eröffnet, die Auflösung des Arbeitsverhältnisses und Zahlung einer Abfindung zu verlangen (dazu Rdn 60 ff.).

II. Bedeutung der Grundrechte

67 Als gesetzliche Verbote, deren Verletzung gem. § 134 BGB zur Nichtigkeit einer Kündigung führt, wurden in der früheren Rechtsprechung auch die Grundrechte angesehen (s. *BAG* 3.12.1954 – 1 AZR 150/54; 30.11.1956 – 1 AZR 260/55; 15.7.1971 – 2 AZR 232/70; 28.9.1972 – 2 AZR 469/71; 23.9.1976 – 2 AZR 309/75; 26.5.1977 – 2 AZR 135/76).

68 Die Rechtsprechung nahm zunächst an, dass bestimmte **Verfassungsvorschriften unmittelbar auf den Privatrechtsverkehr anzuwenden** sind (*BAG* 3.12.1954 – 1 AZR 150/54: Art. 3 Abs. 3, Art. 5 GG; 30.11.1956 – 1 AZR 260/55: Art. 3 Abs. 3 GG; 10.5.1957 – 1 AZR 249/56: Art. 6 Abs. 1 GG; 28.9.1972 – 2 AZR 469/71: Art. 3 Abs. 3 GG). Allerdings wurde die unmittelbare Drittwirkung nicht dahinhingehend verstanden, dass Rechtspositionen des Arbeitgebers als nachrangig eingestuft oder als stets zurückgedrängt angesehen wurden, sondern es fand vielmehr eine Abwägung statt.

69 Nunmehr geht die Rechtsprechung des BAG u.a. im Anschluss an die »Handelsvertreterentscheidung« des *BVerfG* (7.2.1990 – 1 BvR 26/84; zur »Kleinbetriebsklausel« *BVerfG* 27.1.1998 – 1 BvL 15/87; zu Kündigungen während der »Wartezeit« *BVerfG* 21.6.2006 – 1 BvR 1659/04) von einer **Schutzpflichtfunktion der Grundrechte** aus (grdl. *BAG* 25.2.1998 – 7 AZR 641/96). Diese verpflichtet die Gerichte, vertraglichen oder kollektivrechtlichen Regelungen die Durchsetzung zu verweigern, die eine unangemessene Beschränkung der grundrechtlichen Freiheitsrechte zur Folge haben und von einem angemessenen Ausgleich nicht mehr gesprochen werden kann (*BAG* 21.2.2017 – 1 AZR 292/15, Rn 18; 25.1.2018 – 2 AZR 382/17, Rn 35; 17.4.2019 – 7 AZR 410/17, Rn 30; 3.7.2019 – 10 AZR 300/18, Rn 17 f.; 19.12.2019 – 6 AZR 563/18, Rn 21 ff.; s.a. KR-*Rachor* § 1 KSchG Rdn 15 ff.; KR-*Kreft* § 2 KSchG Rdn 95 f.; KR-*Kreutzberg-Kowalczyk* ArbNÄhnl. Pers. Rdn 35, 37). Die grundrechtlichen Wertungen sind, soweit sie nicht bereits in spezialgesetzlichen Regelungen ihren Ausdruck gefunden haben, im privatrechtlichen Rechtsverkehr im Rahmen arbeitsrechtlicher oder allgemeiner Generalklauseln zu berücksichtigen (s. nur ausf. APS-*Preis* Grdl. J Rn 63 ff. mwN).

70 Eine Ausnahme bildet das Grundrecht der Koalitionsfreiheit nach Art. 9 Abs. 3 GG. Nach Art. 9 Abs. 3 S. 2 GG kommt der **Koalitionsfreiheit unmittelbare Drittwirkung** zu. Dieser umfassende Schutz der Koalitionsfreiheit bewirkt auch im Privatrechtsverkehr – über § 134 BGB – die Nichtigkeit rechtsgeschäftlicher Maßnahmen (*BAG* 5.3.1987 – 2 AZR 187/86; 28.3.2000 – 1 ABR 16/99; APS-*Preis* Grdl. J Rn 63). Daraus folgt, dass eine Kündigung, die nur wegen einer zulässigen gewerkschaftlichen Betätigung erfolgt, wegen Verstoßes gegen Art. 9 Abs. 3 S. 2 GG unwirksam ist. Dies gilt auch für eine Kündigung, die wegen Zugehörigkeit zu einer Gewerkschaft ausgesprochen wurde (*BAG* 2.6.1987 – 1 AZR 651/85; 28.3.2000 – 1 ABR 16/99).

III. Besondere gesetzliche Kündigungsschutzvorschriften

1. Einleitung

71 Die Bestimmungen des ersten Abschnitts des KSchG finden nach § 13 Abs. 3 KSchG mit Ausnahme der §§ 4 bis 7 KSchG keine Anwendung auf eine Kündigung, die aus anderen als den in § 1 Abs. 2 und Abs. 3 KSchG genannten Gründen unwirksam ist. Die möglichen **Unwirksamkeitsgründe**

können sich aus einer Vielzahl gesetzlicher Bestimmungen ergeben. Zu nennen sind insbes. die Anhörung des Betriebsrats nach § 102 BetrVG und dessen Zustimmung zur Kündigung der in § 103 BetrVG genannten Arbeitnehmerkreise (dazu KR-*Rinck* §§ 102, 103 BetrVG), die Mitwirkungsrechte des Personalrats (dazu iE KR-*Rinck* §§ 72, 79, 108 Abs. 2 BPersVG), der Verstoß gegen gesetzliche Verbote (s. nur KR-*Gallner* § 17 MuSchG, §§ 168 und 174 SGB IX, KR-*Treber/Waskow* PflegeZG, FPflZG; KR-*Kreft* § 15 KSchG), wie das Maßregelungsverbot des § 612a BGB (KR-*Treber/Schlünder* § 612a BGB), das Verbot der Kündigung aufgrund eines Betriebsübergangs nach § 613a Abs. 4 BGB (KR-*Treber/Schlünder* § 613a BGB) oder das Verbot der unzulässigen Benachteiligung nach dem AGG (zur unmittelbaren Anwendung des AGG bei Kündigungen iE KR-*Treber/Plum* § 2 AGG Rdn 6 ff., § 7 AGG Rdn 4, 8). Weiterhin kann der Grundsatz von Treu und Glauben, § 242 BGB, das Kündigungsrecht beschränken (KR-*Lipke/Schlünder* § 242 BGB). Kündigungsbeschränkungen ergeben sich darüber hinaus für Abgeordnete (KR-*Weigand* ParlKSch) und nach dem ArbPlSchG (KR-*Weigand* ArbPlSchG). Weitere ausgewählte gesetzliche Bestimmungen sind nachstehend dargestellt.

2. Altersteilzeitgesetz

§ 8 Abs. 1 ATG (v. 23.7.1996, BGBl. I S. 1078, idF des Gesetzes v. 20.12.1999, BGBl. I S. 2494) bestimmt, dass die Möglichkeit eines Arbeitnehmers, **Altersteilzeitarbeit in Anspruch zu nehmen**, weder einen Kündigungsgrund iSd § 1 Abs. 2 KSchG darstellt (vgl. *BAG* 27.4.2017 – 2 AZR 67/16, Rn 18) noch zum Nachteil des Arbeitnehmers bei der sozialen Auswahl nach § 1 Abs. 3 S. 1 KSchG berücksichtigt werden darf (KR-*Rachor* § 1 KSchG Rdn 752; anders bei Vereinbarungen nach § 41 S. 1 SGB VI, s. Rdn 94). Die Regelung soll verhindern, dass auf den Arbeitnehmer Druck ausgeübt wird, eine Altersteilzeitvereinbarung einzugehen. Damit ist sind sowohl Beendigungs- wie auch Änderungskündigungen, die auf den Anspruch auf des Arbeitnehmers auf Altersteilzeitarbeit gestützt sind, verboten (APS-*Greiner* § 8 ATG Rn 3). Der Arbeitnehmer darf nicht gegen seinen Willen durch Änderungskündigung zu einer Altersteilzeit gezwungen werden (s.a. *BAG* 16.12.2010 – 2 AZR 576/09, Rn 42). § 8 Abs. 1 ATG verbietet zugleich die kündigungsrechtliche Schlechterstellung eines künftigen oder bereits in der Altersteilzeit befindlichen Arbeitnehmers (*LAG Düsseld*. 27.5.2003 – 16 Sa 1439/02; zur gleichwohl möglichen verhaltensbedingten Kündigung, etwa wegen Diebstahls *LAG Hamm* 3.4.2009 – 10 Sa 1565/08; *LAG SchlH* 18.1.2005 – 2 Sa 413/04; zur Kündigung in der Freistellungsphase KR-*Rachor* § 1 KSchG Rdn 616). Darüber hinaus dürfte eine Kündigung des Arbeitgebers wegen der Nichtinanspruchnahme von Altersteilzeit durch den Arbeitnehmer wegen Verstoßes gegen § 612a BGB unwirksam sein (*BAG* 2.4.1987 – 2 AZR 227/86; vgl. auch *Stück* NZA 2000, 749, 750).

72

3. Arbeitsgerichtsgesetz und Deutsches Richtergesetz

§ 45 Abs. 1a S. 3 DRiG verbietet ausdrücklich die Kündigung eines Arbeitsverhältnisses wegen der Übernahme oder der Ausübung des Amtes **als ehrenamtlicher Richter** (dazu *Schmidt-Räntsch* NVwZ 2005, 166, 168; s.a. *Gäntgen* RdA 2015, 201, 205; zu einer Verbesserung des Kündigungsschutzes *Priewe/Priewe* AuR 2012, 389). Nach § 45 Abs. 1a S. 4 DRiG bleiben weitergehende landesrechtliche Regelungen unberührt (dazu *Bader/Hohmann/Klein* Die ehrenamtlichen Richterinnen und Richter in der Arbeits- und Sozialgerichtsbarkeit 13. Aufl. 2012, X Rn 9). Art. 110 Abs. 1 S. 2 der Verfassung des Landes Brandenburg verbietet jegliche ordentliche Kündigung von ehrenamtlichen Richtern für die Dauer ihrer Amtszeit (dazu *BVerfG* 11.4.2000 – 1 BvL 2/00; *LAG Bln.-Bra*. 21.12.2009 – 10 Sa 2193/09 u.a.; *Wolmerath* jurisPR-ArbR 11/2010 Anm. 3; ausf. *Eylert* FS Bepler, 2012, S. 145 ff.). Es kommt nicht darauf an, ob sich die Kündigung auf einen Umstand bezieht, der mit der ehrenamtlichen Richtertätigkeit in Zusammenhang steht (*LAG Bra*. 17.6.2004 – 4 Sa 71/04 ua.). Die Vorschrift gilt allerdings nur für die Kündigung von Arbeitsverhältnissen, sie erfasst nicht die Kündigung des Anstellungsverhältnisses eines GmbH-Geschäftsführers, der nicht auf der Grundlage eines Arbeitsvertrags tätig wird (*BAG* 11.6.2020 – 2 AZR 374/19, Rn 20). Sie gilt auch nicht, wenn sich weder der Sitz bzw. der Wohnsitz von Arbeitgeber oder Arbeitnehmer noch der Arbeitsort in Brandenburg befinden (*LAG Bln.-Bra*. 10.12.2015 – 14 Sa 1204/15, Rn 30). Auf die

73

Benachteiligungsverbote des § 26 ArbGG und des § 20 SGG dürfte es im Zusammenhang mit Kündigungen nicht mehr ankommen.

4. Arbeitsschutzgesetz

74 Nach § 17 Abs. 2 S. 1 ArbSchG können sich die Beschäftigten an die zuständige Behörde wenden, wenn sie aufgrund konkreter Anhaltspunkte der Auffassung sind, dass die vom Arbeitgeber getroffenen Maßnahmen und bereitgestellten Mittel nicht ausreichen, um die Sicherheit und den Gesundheitsschutz bei der Arbeit zu gewährleisten, und der Arbeitgeber darauf gerichteten Beschwerden der Arbeitnehmer nicht abhilft (ausf. jüngst *Wiebauer* NZA 2015, 22; s.a. *Aligbe* ArbR 2014, 242). Hierdurch dürfen den Beschäftigten keine Nachteile entstehen (Satz 2). Das Verbot der Nachteilszufügung erfasst die auch Kündigungen (LAG Frankf. 12.2.1987 – 12 Sa 1249/86). Das Erfordernis der **Vorschaltung einer erfolglosen Beschwerde** im Bereich des Arbeitsschutzes (zu Anzeigen gegen den Arbeitgeber auch aus anderen Gründen KR-*Rachor* § 1 KSchG Rdn 462 f.; KR-*Fischermeier/Krumbiegel* § 626 BGB Rdn 424; BAG 15.12.2016 – 2 AZR 42/16, Rn 14) ist mit der Richtlinie 89/391/EWG (Rahmenrichtlinie Arbeitsschutz, v. 12.6.1989 ABlEG Nr. L 183, S. 1, idF v. 22.10.2008 ABlEG L 311, S. 1) vereinbar (vgl. Art. 11 Abs. 6: »Die Arbeitnehmer [...] haben das Recht, sich **gemäß den nationalen Rechtsvorschriften bzw. Praktiken** an die für die Sicherheit und den Gesundheitsschutz am Arbeitsplatz zuständige Behörde zu wenden«; APS-*Greiner* § 17 ArbSchG Rn 9; ErfK-*Wank* § 17 ArbSchG Rn 2; aA MHdB ArbR/*Kothe* § 176 Rn 70; offen gelassen BAG 3.6.2003 – 1 ABR 19/02; vgl. zur bis zum 17.12.2021 umzusetzenden Richtlinie 2019/1937/EU zum Schutz von Personen, die Verstöße gegen das Unionsrecht melden, etwa *Buchwald* ZESAR 2021, 69; *Degenhart/Dziuba* BB 2021, 570).

5. Arbeitssicherheitsgesetz

75 Dem **Betriebsarzt** und der **Fachkraft für Arbeitssicherheit** (§ 5 ASiG) wird durch das in § 8 Abs. 1 S. 2 ASiG enthaltene Benachteiligungsverbot ein **relativer Kündigungsschutz** gewährt. Eine Beendigungskündigung ist nach § 8 Abs. 1 S. 2 ASiG iVm § 134 BGB unwirksam, wenn sie »wegen der Erfüllung der ihnen übertragenen Aufgaben« erfolgt (BAG 24.3.1988 – 2 AZR 369/87; LAG Hamm 14.6.2005 – 19 Sa 287/05; LAG Nds. 29.10.2015 – 4 Sa 951/14; APS-*Greiner* § 9 ASiG Rn 14; zur Kündigung eines Vertrags nach § 627 Abs. 1 BGB BGH 13.11.2014 – III ZR 101/14, dazu *Zwade* jurisPR-BGHZivilR 1/2015 Anm. 3). Einer betriebsbedingten Kündigung, die nicht im Zusammenhang mit der Amtsausübung steht, steht § 8 Abs. 1 S. 2 ASiG nicht entgegen (BAG 24.3.1988 – 2 AZR 369/87).

76 Nach § 9 Abs. 3 ASiG bedarf ua. die **Abberufung eines Betriebsarzts** und einer **Fachkraft für Arbeitssicherheit** der **Zustimmung des Betriebsrats**. Nimmt der Arbeitgeber eine Abberufung vor, ohne die Zustimmung des Betriebsrats einzuholen, und kündigt er das Arbeitsverhältnis, ist die Kündigung jedenfalls dann wegen der Umgehung des Mitbestimmungsrechts als unwirksam anzusehen, wenn die Kündigung auf Gründe gestützt wird, die sachlich mit der Tätigkeit der Fachkraft für Arbeitssicherheit in untrennbarem Zusammenhang stehen, d.h. eine Bewertung dieser Tätigkeit beinhalten (BAG 24. März 1988 – 2 AZR 369/87; APS-*Greiner* § 9 ASiG Rn 15 f. mwN zu den abw. Auff.; aA *Bloesinger* NZA 2004, 467: Abberufung unwirksam, Entlassungsschutz analog §§ 17, 18 KSchG bis zum Vorliegen der Zustimmung des Betriebsrats oder deren Ersetzung durch die Einigungsstelle; LAG Nds. 29.10.2015 – 4 Sa 951/14).

6. Bergmannversorgungsscheingesetze

77 In NRW darf nach §§ 10 ff. des Gesetzes über einen Bergmannsversorgungsschein (**BVSG NRW** v. 20.12.1983, GVBl. 635, zuletzt geändert durch Gesetz v. 12.5.2009, GVBl. 299) und nach § 11 des gleichlautenden Gesetzes im Saarland (**BVSG Saarl.** v. 11.7.1962, Amtsbl. S. 605, idF v. 16.10.1981, Amtsbl. S. 825, zuletzt geändert durch Gesetz v. 18.11.2010, Amtsbl. S. 475, 1420) einem Inhaber eines Bergmannsversorgungsscheins nur **mit Zustimmung der Zentralstelle ordentlich gekündigt werden**. Das folgt aus § 10 Abs. 1 S. 1 BVSG NRW und aus § 11 Abs. 1 S. 1

iVm Abs. 2 BVSG Saarl. (APS-*Vossen* BVSG Saarland Rn 1). Die außerordentliche Kündigung bedarf keiner Zustimmung. Zielsetzung der Gesetze ist die Eingliederung in das Arbeitsleben, vor allem durch den besonderen Kündigungsschutz (*BAG* 16.3.2010 – 3 AZR 594/09, Rn 50). Die ohne Zustimmung der Zentralstelle gegenüber einem Bergmannversorgungsscheininhaber ausgesprochene ordentliche Kündigung verstößt gegen ein gesetzliches Verbot und ist daher nach § 134 BGB nichtig. Allerdings hat nach § 10 Abs. 4 BVSG NW oder § 11 Abs. 4 BVSG Saarland die Zentralstelle ihre Entscheidung bis zur Entscheidung eines Kündigungszustimmungsverfahrens nach dem SGB IX auszusetzen, wenn der Inhaber des Bergmannsversorgungsscheins zugleich Schwerbehinderter ist. Wird der Kündigung zugestimmt, so darf die Zentralstelle nur aus gewichtigen Gründen abermals entscheiden.

Das Gesetz über einen Bergmannsversorgungsschein im Lande **Niedersachsen** (vom 6.1.1949, GVBl. Sb I S. 741), welches die Inhaber eines Versorgungsscheins einem schwerbehinderten Menschen gleichstellte, wurde durch Art. 3 Abs. 2 Nr. 4 des Gesetzes vom 11.12.2003 (Nieders. GVBl. I S. 419) zum 20.12.2003 aufgehoben.

78

7. Betriebsverfassungsgesetz

Neben den kommentierten Regelungen des § 102 BetrVG (KR-*Rinck* § 102 BetrVG) und § 103 BetrVG (dazu KR-*Rinck* § 103 BetrVG) können weitere Vorschriften des BetrVG für eine Kündigung von Bedeutung sein. Nach § 20 Abs. 1 BetrVG darf niemand die Wahl des Betriebsrats behindern; insbesondere darf kein Arbeitnehmer in der Ausübung des aktiven und passiven Wahlrechts beschränkt werden. Die Vorschrift gilt auch für Kündigungen, soweit § 15 KSchG nicht eingreift (dazu KR-*Kreft* § 15 KSchG Rdn 15). § 20 Abs. 1 BetrVG ist ein **gesetzliches Verbot iSd § 134 BGB** (GK-BetrVG/*Kreutz* § 20 Rn 49; *Richardi/Thüsing* § 20 Rn 30). Eine Kündigung zu dem Zweck, die aktive oder passive Beteiligung des Arbeitnehmers bei der Betriebsratswahl oder die Durchführung der Wahl zu verhindern, ist nach § 20 Abs. 1 BetrVG iVm § 134 BGB nichtig. Der durch § 20 Abs. 1 BetrVG vermittelte relative Kündigungsschutz (*LAG München* 30.4.2008 – 5 Sa 661/07) ist nicht von der Erfüllung der Wartezeit nach § 1 KSchG abhängig. Wegen versuchter Behinderung kann eine Kündigung auf Grund des unmittelbaren zeitlichen Zusammenhangs nichtig sein – etwa wenn der Arbeitnehmer sich weigert, die ihm vom Arbeitgeber vorgelegte Erklärung zu unterschreiben, wonach die Mitarbeiter keinen Betriebsrat wollen, und der Arbeitgeber im Anschluss an diese Weigerung kündigt (*ArbG München* 26.5.1987 – 15 Ca 3024/87). § 20 Abs. 1 BetrVG schützt den Arbeitnehmer nur bei rechtmäßigem Verhalten; die Verletzung arbeitsvertraglicher oder gesetzlicher Pflichten ist durch das Behinderungsverbot nicht gedeckt (*BAG* 13.10.1977 – 2 AZR 387/76). Der Arbeitnehmer hat die Tatsachen, die für diesen relativen Kündigungsschutz stehen sollen, darzulegen und im Bestreitensfalle zu beweisen (*LAG München* 30.4.2008 – 5 Sa 661/07).

79

Nach § 78 S. 2 BetrVG dürfen die in § 78 S. 1 genannten Amtsträger (Mitglieder des Betriebsrats, des Gesamtbetriebsrats, des Konzernbetriebsrats, der Jugend- und Auszubildendenvertretung, der Gesamt-Jugend- und Auszubildendenvertretung, der Konzern-Jugend- und Auszubildendenvertretung, des Wirtschaftsausschusses, der Bordvertretung, des Seebetriebsrats, der in § 3 Abs. 1 genannten Vertretungen der Arbeitnehmer, der Einigungsstelle, einer tariflichen Schlichtungsstelle (§ 76 Abs. 8) und einer betrieblichen Beschwerdestelle (§ 86) sowie Auskunftspersonen (§ 80 Abs. 2 S. 4)) nicht wegen ihrer Tätigkeit benachteiligt werden. Eine Benachteiligung iSv § 78 S. 2 BetrVG ist jede Schlechterstellung im Vergleich zu anderen Arbeitnehmern, die nicht auf sachlichen Gründen, sondern auf der Amtstätigkeit beruht. Eine Benachteiligungsabsicht ist nicht erforderlich; es genügt die objektive Schlechterstellung gegenüber anderen Arbeitnehmern (*BAG* 20.1.2010 – 2 ABR 68/08, Rn 11). § 78 S. 2 BetrVG ist ein gesetzliches Verbot iSv. § 134 BGB; Rechtsgeschäfte, die gegen das **Benachteiligungsverbot des § 78 S. 2 BetrVG** verstoßen, sind nach § 134 BGB nichtig (*BAG* 21.3.2018 – 7 AZR 590/16, Rn 16; *Fitting* § 78 Rn 21). Dies gilt auch für Kündigungen. Hier ist allerdings der besondere Kündigungsschutz für Mitglieder von Betriebsverfassungsorganen nach § 15 KSchG vorrangig zu beachten, da § 15 KSchG gegenüber § 78 BetrVG als Sondervorschrift

80

anzusehen ist (GK-BetrVG/*Kreutz* § 78 Rn 68; *BAG* 18.2.1993 – 2 AZR 526/92). Der relative Kündigungsschutz nach § 78 S. 2 BetrVG hat daher letztlich nur für den durch **§ 15 KSchG und § 103 BetrVG nicht erfassten Personenkreis** (Mitglieder von Vertretungen, Gremien, Vertretungen nach § 3 Abs. 1 Nr. 3, 4, 5 BetrVG nF, einer Einigungsstelle nach § 76 BetrVG, einer tarifvertraglichen Schlichtungsstelle gem. § 76 Abs. 8 BetrVG, des Wirtschaftsausschusses, Ersatzmitglieder des Betriebsrats vor einem Nachrücken oder einer Stellvertretung) Bedeutung. Eine zur Unwirksamkeit der Kündigung führende Benachteiligung iSv. § 78 S. 2 BetrVG liegt etwa vor, wenn der Arbeitgeber von mehreren Arbeitnehmern, die bei einer Prämienabrechnung nicht korrekt gehandelt haben, lediglich den Betriebsratsmitgliedern kündigt und ihr Verhalten wegen der Zugehörigkeit zum Betriebsrat mit einem strengeren Maßstab misst (*BAG* 22.2.1979 – 2 AZR 115/78; zur Nichtverlängerung eines befristeten Arbeitsvertrags eines Betriebsratsmitglieds BAG 25.6.2014 – 7 AZR 847/12, Rn 28 ff.). Die für Betriebsratsmitglieder geltenden Schutzvorschriften sind auch auf in Deutschland beschäftigte Mitglieder des Betriebsrats einer Europäischen Gesellschaft (SE) und auf Mitglieder des Betriebsrats einer Europäischen Genossenschaft (SCE) anzuwenden. § 42 S. 1 SEBG und § 44 S. 1 SCEBG sehen für diese den gleichen Schutz und die gleichen Sicherheiten vor, wie sie die Arbeitnehmervertreter nach den Gesetzen und Gepflogenheiten des Mitgliedsstaats, in dem sie beschäftigt sind, genießen.

8. Bundesdatenschutzgesetz

81 Für **Beauftragte für den Datenschutz** sehen sowohl die DSGVO [vom 27.4.2016, ABl. 119 vom 4.5.2016, S. 1] als auch das BDSG (idF vom 30.6.2017, BGBl. I S. 2097) einen **Abberufungs- und Kündigungsschutz** vor. Nach Art. 38 Abs. 3 S. 2 DSGVO [vom 27.4.2016, ABl. 119 vom 4.5.2016, S. 1]) darf der Datenschutzbeauftragte nicht »wegen der Erfüllung seiner Aufgaben abberufen oder benachteiligt werden«. Art. 38 Abs. 3 S. 2 DSGVO gilt für alle Datenschutzbeauftragten im Anwendungsbereich der DSVGO. Das BDSG sieht für Datenschutzbeauftragte öffentlicher Stellen und Datenschutzbeauftragten nichtöffentlicher Stellen unterschiedliche Bestimmungen vor. Nach § 6 Abs. 3 S. 3 BDSG dürfen Datenschutzbeauftragte öffentlicher Stellen wegen der Erfüllung ihrer Aufgaben nicht abberufen oder benachteiligt werden. Nach § 6 Abs. 4 BDSG ist ihre Abberufung und Kündigung nur bei Vorliegen eines wichtigen Grundes zulässig. Gleiches gilt für die Kündigung im ersten Jahr nach der Abberufung. Für Datenschutzbeauftragte nichtöffentlicher Stellen gilt gemäß § 38 Abs. 2 BDSG der Abberufungs- und Kündigungsschutz nach § 6 Abs. 4 BDSG entsprechend, wenn die Benennung eines Datenschutzbeauftragten verpflichtend ist.

82 Die Bestellung zum Datenschutzbeauftragten – das Amtsverhältnis – ist, wenn ein Beschäftigter zum Datenschutzbeauftragten berufen wird, vom zugrundeliegenden Arbeitsverhältnis zu trennen (APS-*Greiner* DSGVO Art. 38 Rn 12). Der Arbeitsvertragsinhalt ändert sich durch die Bestellung (*BAG* 23.3.2011 – 10 AZR 562/09, Rn 30; 13.3.2007 – 9 AZR 612/05, Rn 23). Art. 38 Abs. 3 S. 2 DSGVO verbietet die Abberufung, wenn sie wegen der Amtstätigkeit erfolgt (**tätigkeitsbezogenes Abberufungsverbot**). § 6 Abs. 4 S. 1 BDSG bestimmt weitergehend, dass die Abberufung eines Datenschutzbeauftragten einer öffentlichen Stelle einen **wichtigen Grund** voraussetzt. Da die DSGVO keinen wichtigen Grund zur Abberufung verlangt, hat das Bundesarbeitsgericht sich nach Art. 267 AEUV mit der Frage an den Europäischen Gerichtshof gewandt, ob neben der Regelung in Art. 38 Abs. 3 S. 2 DSGVO mitgliedstaatliche Normen anwendbar sind, die – wie § 38 Abs. 2 iVm. § 6 Abs. 4 S. 1 BDSG – die Möglichkeit der Abberufung eines Datenschutzbeauftragten gegenüber den unionsrechtlichen Regelungen einschränken (*BAG* 27.4.2021 – 9 AZR 383/19 (A)). Wird die Bestellung wirksam widerrufen, ist die Tätigkeit des Beauftragten für den Datenschutz nicht mehr Bestandteil der arbeitsvertraglich geschuldeten Leistung; eine Teilkündigung ist nicht erforderlich (23.3.2011 – 10 AZR 562/09, Rn 30).

83 Art. 38 Abs. 3 S. 2 DSGVO sieht ferner ein **tätigkeitsbezogenes Benachteiligungsverbot vor,** das auch für **Kündigungen** gilt. Eine Benachteiligung ist jede Schlechterstellung im Vergleich zu anderen Arbeitnehmern in vergleichbarer Position, die nicht auf sachlichen Gründen, sondern auf der Tätigkeit als Datenschutzbeauftragter beruht. Eine Benachteiligungsabsicht ist nicht erforderlich. Eine Benachteiligung kann auch in einer Kündigung zu sehen sein. Das Benachteiligungsverbot erfasst ordentliche und

außerordentliche Kündigungen sowie Änderungskündigungen (APS-*Greiner* DSGVO Art. 38 Rn 22). § 6 Abs. 4 Satz 2 und Satz 3 BDSG sieht einen **weitergehenden Sonderkündigungsschutz** vor. Danach ist die Kündigung eines Arbeitsverhältnisses des Datenschutzbeauftragten einer öffentlichen Stelle während seiner Amtszeit und im ersten Jahr nach Tätigkeitsende unzulässig, es sei denn, dass Tatsachen vorliegen, welche die öffentliche Stelle zur Kündigung aus wichtigem Grund ohne Einhaltung einer Kündigungsfrist berechtigen. Das Arbeitsverhältnis des Datenschutzbeauftragten einer öffentlichen Stelle kann nur außerordentlich aus wichtigem Grund gekündigt werden. Dies gilt – anders als nach § 38 Abs. 3 DSGVO – auch dann, wenn die Kündigung nicht mit der Erfüllung der Aufgaben in Zusammenhang steht. Im Schrifttum ist streitig, ob § 6 Abs. 4 Satz 2 und Satz 3 BDSG unionsrechtskonform ist (bejahend EuArbRK/*Franzen* VO 2016/679/EU Art. 38 Rn 1; verneinend *Kühling/Sackmann* in Kühling/Buchner DS-GVO/BDSG § 38 BDSG Rn 20). Das Bundesarbeitsgericht hat den Europäischen Gerichtshof nach Art. 267 AEUV um Beantwortung der Frage ersucht, ob Art. 38 Abs. 3 Satz 2 DSGVO dahin auszulegen ist, dass er einer Bestimmung des nationalen Rechts, wie hier § 6 Abs. 4 Satz 2 BDSG, entgegensteht, die die ordentliche Kündigung des Arbeitsverhältnisses des Datenschutzbeauftragten durch den Verantwortlichen, der sein Arbeitgeber ist, für unzulässig erklärt, unabhängig davon, ob sie wegen der Erfüllung seiner Aufgaben erfolgt (*BAG* 30.7.2020 – 2 AZR 225/20 (A)).

Nach § 38 Abs. 2 BDSG gilt § 6 Abs. 4 S. 2 und 3 BDSG für Datenschutzbeauftragte nichtöffentlicher 84 Stellen, wenn der Arbeitgeber zur Bestellung eines Datenschutzbeauftragten verpflichtet ist. Nicht erfasst wird der freiwillig bestellte Datenschutzbeauftragte; für diesen gilt lediglich das allgemeine Benachteiligungsverbot nach Art. 38 Abs. 3 DSVGO (APS-*Greiner* DSGVO Art. 38 Rn 36). Beruft allerdings eine Stelle, die der Bestellpflicht unterliegt, mehr interne Datenschutzbeauftragte als erforderlich, können diese alle Sonderkündigungsschutz nach § 38 Abs. 2 iVm § 6 Abs. 4 BDSG erwerben (vgl. zur Vorgängerregelung in § 4f Abs. 1 BDSG in der bis zum 24.5.2018 geltenden Fassung *BAG* 27.7.2017 – 2 AZR 812/16, Rn 13; dazu *Kielkowski* jurisPR-ArbR 14/2018, Anm. 1). Endet die Pflicht zur Bestellung eines Datenschutzbeauftragten wegen Absinkens der Beschäftigtenzahl unter den Schwellenwert des § 38 Abs. 1 S. 1 BDSG, endet gleichzeitig der Sonderkündigungsschutz des Datenschutzbeauftragten nach § 38 Abs. 2 iVm § 6 Abs. 4 S. 2 BDSG. Gleichzeitig beginnt der nachwirkende Sonderkündigungsschutz nach § 38 Abs. 2 iVm § 6 Abs. 4 S. 3 BDSG (vgl. zur Vorgängerregelung in § 4f Abs. 3 BDSG in der bis zum 24.5.2018 geltenden Fassung *BAG* 5.12.2019 – 2 AZR 223/19, Rn 43).

9. Bundesimmissionsschutzgesetz

§ 58 Abs. 1 BImSchG enthält ein allgemeines **Benachteiligungsverbot zugunsten des Immissions-** 85 **schutzbeauftragten**. Abs. 2 der Vorschrift etabliert einen **Sonderkündigungsschutz**: Die Kündigung eines Beauftragten, zu dessen Bestellung der Betreiber verpflichtet ist, ist unzulässig, es sei denn, ein Fall des § 626 BGB liegt vor (den Sonderkündigungsschutz wollen *Möller/Starek* ArbR 2017, 161, im Wege einer »teleologischen Reduktion« verneinen, wenn der Beauftragte nicht die erforderliche Fachkunde iSd § 55 Abs. 2 S. 1 BImSchG besitze). Nach einer Abberufung (*BAG* 22.7.1992 – 2 AZR 85/92), für die ein wichtiger Grund nicht vorliegen muss (*LAG Hamm* 9.2.2012 – 16 Sa 1195/11), besteht ein Kündigungsverbot für ein Jahr, es sei denn, die Voraussetzungen für eine außerordentliche Kündigung iSd § 626 BGB liegen vor. Eine gleichwohl ausgesprochene Kündigung verstößt gegen ein gesetzliches Verbot, § 134 BGB (APS-*Greiner* § 58 BImSchG Rn 17). Ein zum Immissionsschutzbeauftragten bestellter Arbeitnehmer kann dieses Amt durch einseitige Erklärung ohne Zustimmung des Arbeitgebers auch dann niederlegen, wenn er arbeitsvertraglich zur Fortführung des Amtes verpflichtet ist. Der **nachwirkende Kündigungsschutz** gem. § 58 Abs. 2 S. 2 BImSchG scheidet aber aus, wenn der Arbeitgeber durch sein Verhalten hierzu keinen Anlass gegeben hat (*BAG* 22.7.1992 – 2 AZR 85/92). § 58 BImSchG gilt für den **Störfallbeauftragten** nach § 58d BImschG entsprechend.

10. Gemeindeordnungen

In einigen Kommunalgesetzen ist ein besonderer **Kündigungsschutz für Mitglieder von Ausländer-** 86 **beiräten** vorgesehen. In Hessen besteht für Mitglieder des Ausländerbeirats wegen der Verweisung in § 86 Abs. 6 HessGO auf § 35a Abs. 2 HessGO außerhalb der Probezeit derselbe besondere

Kündigungsschutz wie für Gemeindevertreter oder Stadtverordnete. Das gilt aber nur für außerhalb des öffentlichen Dienstes beschäftigte Ausländerbeiratsmitglieder (§ 86 Abs. 6 S. 2 iVm § 35a Abs. 1 S. 4 HessGO). § 35a HessGO gilt außerdem nur für die Arbeitnehmer, deren Arbeitgeber ihren Sitz in Hessen haben. Die räumliche Geltung der HessGO beschränkt sich auf das Bundesland (HessLandtag Drs. 11/6933).

87 Wegen der Verweisung in § 27 Abs. 7 GONW auf § 44 Abs. 1 S. 3 GONW, »Kündigungen oder Entlassungen aus Anlass der Bewerbung, Annahme oder Ausübung eines Mandats sind unzulässig«, enthält die GONW eine kündigungsschutzrechtliche Regelung, die im Rahmen der konkurrierenden Gesetzgebungszuständigkeit des Landes gem. Art. 74 Nr. 12 GG die bundesrechtlichen Vorschriften ergänzt sowie außerhalb deren Anwendungsbereich jedenfalls für Mitglieder des Integrationsrates einen eigenständigen Kündigungsschutz konstituiert (vgl. *BVerfG* 11.4.2000 – 1 BvL 2/00)).

11. Gleichstellungsgesetze

88 Die meisten Frauengleichstellungsgesetze und Gleichstellungsgesetze des Bundes und der Länder (Überblick bei *Eckertz-Höfer* AuR 1997, 470) bestimmen, dass die in Arbeitsverhältnissen beschäftigten Frauenbeauftragten oder Gleichstellungsbeauftragten (zum Begriff *I. A. Mayer* NVwZ 1994, 1182, 1183) einen Schutz vor Kündigungen wie ein Personalratsmitglied haben (zB § 28 Abs. 4 BGleiG, für den Bereich des Bundes; § 18 Abs. 5 S. 4 ChancenG BW v. 23.2.2016 »Beauftragte für Chancengleichheit«; Art. 16 Abs. 5 BayGlG; § 16 Abs. 4 S. 2 BerlGG; § 24 Abs. 4 LGG Brandenburg; § 15 Abs. 3 LGlStG Bremen; § 19 Abs. 3 GlG M-V; § 20 Abs. 3 LGGRhPf; § 22 Abs. 8 LGG Saarland, auch nachwirkender Kündigungsschutz; dazu krit. *Knapp* SKZ 1996, 218, 238 f., mit unberechtigten Zweifeln an der Gesetzgebungskompetenz des Landes; § 19 Abs. 3 SächsFrFG, dazu *BAG* 23.11.2000 – 2 AZR 617/99; § 17 Abs. 10 FrFGSA für ehrenamtliche Gleichstellungsbeauftragte; § 17 Abs. 4 S. 5 ThürGlG, ebenso für die Vertrauensperson iSd § 15 Abs. 1 ThürGlG nach § 17 Abs. 4 S. 6 ThürGlG). Vertreterinnen haben den Schutz eines Personalratsmitglieds bzw. eines stellvertretenden Personalratsmitglieds (s. § 24 Abs. 3, § 28 Abs. 4 BGleiG, Art. 16 Abs. 5 BayGlG; § 24 Abs. 4 LGG Brandenburg; § 15 Abs. 3 letzter LGlG Bremen).

89 Gem. **§ 21 Abs. 4 HessGlG** idF v. 20.12.2015 besteht neben der nach § 15 Abs. 2 KSchG erforderlichen Zustimmung des Personalrats außer einem allgemeinen Benachteiligungsverbot auch ein Zustimmungserfordernis der für den Widerspruch der Frauenbeauftragten zuständigen Stelle iSd § 19 Abs. 3 HessGlG. Das **GStG SchlH** lässt mit § 18 Abs. 5 S. 4 nur die außerordentliche Kündigung nach § 626 BGB zu, was nach Satz 5 auch für ehemalige Gleichstellungsbeauftragte gilt, wenn seit Beendigung der Bestellung weniger als zwei Jahre verstrichen sind. Das gilt nach Abs. 7 entsprechend für die Vertreterin der Gleichstellungsbeauftragten. Andere Länder sehen nur ein Benachteiligungsverbot vor (§ 19 Gleichstellungsgesetz HH; § 22 Abs. 6 NGG [nach § 19 Abs. 2 S. 2 Widerruf der Bestellung nur aus wichtigem Grund]; § 16 Abs. 3 LGG NRW;). Das Benachteiligungsverbot schafft einen relativen Kündigungsschutz gegen Kündigungen gerade wegen der Tätigkeit als Gleichstellungsbeauftragte. Eine unter Verstoß gegen das Benachteiligungsverbot ausgesprochene Kündigung ist nach § 134 BGB nichtig. Außerdem gilt nach einigen Gesetzen der nachwirkende Kündigungsschutz nach § 15 Abs. 2 S. 2 KSchG. Zur außerordentlichen Kündigung ist nach einigen Gesetzen die Zustimmung des Personalrats erforderlich (aus der Rspr. zB *BayVGH* 30.11.2010 – 18 P 10.1924). Verweigert der Personalrat seine Zustimmung (und ist die Zustimmungsverweigerung beachtlich [dazu *BAG* 19.6.2007 – 2 AZR 58/06, Rn 20 ff., *Matthes* jurisPR-ArbR 49/2007 Nr. 5]), hat der Arbeitgeber die Möglichkeit, das Zustimmungsersetzungsverfahren beim VG durchzuführen (Einzelheiten bei *Wankel/Horstkötter* SDHSVW Rn 1594 ff.).

12. Kreislaufwirtschaftsgesetz

90 Nach § 60 Abs. 3 des Gesetzes zur Förderung der Kreislaufwirtschaft und Sicherung der umweltverträglichen Beseitigung von Abfällen (KrWG) findet auf das Verhältnis zwischen dem zur

Bestellung Verpflichteten und dem bestellten **Abfallbeauftragten** (vgl. Bestellung *Bergwitz* NZA 2021, 542, 543; s. auch *BAG* 26.3.2009 – 2 AZR 633/07, Rn 18 f. zur Vorgängerregelung in § 55 Abs. 3 KrW-/AbfG) u.a. § 58 Abs. 2 BImSchG Anwendung. Danach ist einem als Arbeitnehmer tätigen Abfallbeauftragten gegenüber ausgesprochene ordentliche Kündigung (Beendigungs- oder Änderungskündigung) während seiner Amtszeit ausgeschlossen; eine gleichwohl ausgesprochene Kündigung ist nach § 134 BGB nichtig. Der Sonderkündigungsschutz gilt schon während der Wartezeit des § 1 Abs. 1 KSchG. Es ist nur eine außerordentliche Kündigung des Arbeitsverhältnisses aus wichtigem Grund iSv § 626 BGB zulässig. Der Sonderkündigungsschutz gilt auch im ersten Jahr nach der Abberufung, so dass eine ordentliche Kündigung erst nach Ablauf eines Jahres seit der Beendigung der Bestellung unter Einhaltung der Kündigungsfrist erfolgen kann (*Bergwitz* NZA 2021, 542, 544).

13. Mitbestimmungsgesetze

§ 20 Abs. 1 MitbestG 1976, § 10 Abs. 1 DrittelbG und § 10i MontanMitbestErg enthalten jeweils ein **Behinderungsverbot hinsichtlich der Wahlen**. Eine Kündigung ist nichtig (§ 134 BGB), wenn sie nur deswegen erfolgt, um den Arbeitnehmer wegen der Wahl oder der Vorbereitung zur Wahl zu maßregeln. Es gilt das zu § 20 BetrVG Ausgeführte (Rdn 79; so auch BT-Drucks. 7/172).

91

Ein allgemeines **Behinderungs- und Benachteiligungsverbot** für die **Arbeitnehmervertreter im Aufsichtsrat**, welches gegenüber jedermann gilt, ist in § 26 MitbestG geregelt. Gleiches gilt nach § 9 DrittelbG. Eine Kündigung ist wegen Verstoßes gegen die Verbote unwirksam, wenn sie nur deswegen erfolgt ist, um die weitere Ausführung des Amtes zu verhindern oder den Arbeitnehmer wegen ordnungsgemäßer Tätigkeit zu maßregeln (offen gelassen in *BAG* 4.4.1974 – 2 AZR 452/73). Aus § 26 S. 2 MitbestG ergibt sich ähnlich wie aus § 78 S. 2 BetrVG ein **relativer Kündigungsschutz** der unternehmensangehörigen Aufsichtsratsmitglieder. Ein dem § 15 KSchG und § 103 BetrVG entsprechender Kündigungsschutz besteht nicht. Eine analoge Anwendung scheidet mangels Regelungslücke aus (s. nur APS-*Greiner* § 26 MitbestG Rn 11; jew. mwN auch zu den abw. Auff.; verneint für § 76 BetrVG 1952 aF in *BAG* 4.4.1974 – 2 AZR 452/73; s.a. KR-*Rinck* § 103 BetrVG Rdn 24). Dies gilt auch für Arbeitnehmervertreter im Aufsichts- oder Verwaltungsrat einer Europäischen Gesellschaft (SE) oder einer Europäischen Genossenschaft (SCE). § 42 S. 1 SEBG und § 44 SCEBG sehen für diese Arbeitnehmergruppen den gleichen Schutz und die gleichen Sicherheiten vor, wie die die Arbeitnehmervertreter nach en Gesetzen und Gepflogenheiten des Mitgliedsstaats genießen, in dem sie beschäftigt sind.

92

14. Sozialgesetzbuch IV

Nach § 7 Abs. 1b SGB IV gilt die Möglichkeit eines Arbeitnehmers zur **Vereinbarung flexibler Arbeitszeiten** nicht als eine die Kündigung des Arbeitsverhältnisses durch den Arbeitgeber begründende Tatsache iSd § 1 Abs. 2 S. 1 KSchG. Der Arbeitnehmer wird davor geschützt, dass die Möglichkeit zur Vereinbarung flexibler Arbeitszeiten im Kündigungsschutz zu seinem Nachteil berücksichtigt wird. Damit ist auch die Kündigung wegen der Weigerung, an flexiblen Arbeitszeitmodellen teilzunehmen, verboten (*Diller* BB 1998, 844, 845 mwN). Zweifelhaft ist, ob nur Beendigungskündigungen verboten oder auch Änderungskündigungen erfasst sind, die für erforderlich angesehen werden, wenn sich Arbeitnehmer weigern, an flexiblen Arbeitszeiten teilzunehmen (so *Diller* BB 1998, 845). Allerdings dürfte in Anbetracht der Voraussetzungen für eine Änderungskündigung, die durch § 7 Abs. 1b SGB IV nicht gemindert werden, allein bei der Möglichkeit flexibler Arbeitszeiten in der Praxis eine solche nicht möglich sein.

93

15. Sozialgesetzgesetzbuch VI

Nach § 41 S. 1 SGB VI idF v. 19.2.2002 (BGBl. I S. 754) ist der **Anspruch des Versicherten auf Altersrente** nicht als Grund für eine Kündigung anzusehen. Damit ist die personenbedingte Kündigung wegen eines Anspruchs auf Altersrente verboten. Dieser Bestimmung hätte es nicht bedurft. Allein das Erreichen eines bestimmten Alters rechtfertigt keine Kündigung (*Schaub/Linck* § 131

94

Rn 19). Sollte nur und wegen des Anspruchs des Arbeitnehmers auf Altersrente gekündigt worden sein, ist § 41 S. 1 SGB VI als Fall des § 13 Abs. 3 KSchG anzusehen. Allerdings kann die Möglichkeit eines Bezugs von Regelaltersrente im Rahmen der Sozialauswahl – anders als im Anwendungsbereich des § 8 ATG (Rdn 72) – berücksichtigt werden (*BAG* 27.4.2017 – 2 AZR 67/16, Rn 16; dazu *Polzer* EWiR 2017, 701 f.).

16. Sozialgesetzgesetzbuch IX

95 Die **Vertrauenspersonen der schwerbehinderten Menschen** hat nach § 179 Abs. 3 SGB IX gegenüber dem Arbeitgeber den gleichen Kündigungsschutz wie ein Mitglied des Betriebs- oder Personalrats, das stellvertretende Mitglied besitzt während der Dauer der Vertretung und der Heranziehung nach § 178 Abs. 1 S. 4 und 5 die gleiche persönliche Rechtsstellung wie die Vertrauensperson, im Übrigen die gleiche Rechtsstellung wie Ersatzmitglieder des Betriebs- oder Personalrats.

96 Nach § 178 Abs. 2 S. 3 SGB IX führt die **unterlassene oder fehlerhafte Anhörung der Schwerbehindertenvertretung** zur Unwirksamkeit der Kündigung eines schwerbehinderten Menschen. Mit Kündigung »eines schwerbehinderten Menschen« ist diejenige seines Arbeitsvertrags gemeint. Von der Unwirksamkeitsanordnung werden ggf. alle Kündigungen erfasst, die zur Beendigung des Arbeitsverhältnisses führen können, also sämtliche Beendigungs- und Änderungskündigungen, nicht aber Teilkündigungen. Das gilt auch für Kündigungen in der Wartezeit des § 1 Abs. 1 KSchG. Es ist nicht erforderlich, dass die Kündigung im Zusammenhang mit der Behinderung steht (*BAG* 13.12.2018 – 2 AZR 378/18, Rn 12). Die Unwirksamkeitsfolge des § 178 Abs. 2 Satz 3 SGB IX tritt nicht ein, wenn der Arbeitgeber die Schwerbehindertenvertretung vor Ausspruch der Kündigung entsprechend den für die Beteiligung des Betriebsrats geltenden Grundsätzen anhört (*BAG* 13.12.2018 – 2 AZR 378/18, Rn 15 ff.). § 178 Abs. 2 Satz 3 SGB IX ist ein anderer Grund iSd § 13 Abs. 3 iVm § 4 S. 1 KSchG, die Dreiwochenfrist ist einzuhalten.

97 *(unbelegt)*

17. Sprecherausschussgesetz

98 Nach § 2 Abs. 3 S. 2 SprAuG dürfen die Mitglieder des Sprecherausschusses in der Ausübung ihrer Tätigkeit nicht gestört oder behindert und wegen ihrer Tätigkeit nicht benachteiligt werden. Das **Behinderungs- und Benachteiligungsverbot** vermittelt einen **relativen Kündigungsschutz**. Erfolgt eine Kündigung wegen der Ausübung der Tätigkeit, ist die Kündigung nach § 134 BGB nichtig; der Verstoß gegen § 2 Abs. 3 SprAuG muss innerhalb der Frist des § 4 S. 1 KSchG geltend gemacht werden (ErfK-*Oetker* § 2 SprAuG Rn 9; HWK-*Annuß* § 2 SprAuG Rn 11).

18. Teilzeit- und Befristungsgesetz

99 Nach § 11 S. 1 TzBfG ist die Kündigung eines Arbeitsverhältnisses wegen der Weigerung eines Arbeitnehmers von einem Vollzeit- in ein Teilzeitarbeitsverhältnis oder umgekehrt zu wechseln, unwirksam. Dabei handelt es sich um ein besonderes, eigenständiges Kündigungsverbot, das unabhängig von den Voraussetzungen des KSchG gilt (ErfK-*Preis* § 11 TzBfG Rn 1).

100 Nach § 13 Abs. 2 S. 1 TzBfG ist die Kündigung des **Job-sharing-Arbeitsverhältnisses** durch den Arbeitgeber wegen des Ausscheidens des Partners unwirksam. Diese Bestimmung enthält ein absolutes Kündigungsverbot und gilt unabhängig von den Voraussetzungen des KSchG (HWK-Schmalenberg § 13 TzBfG Rn 11). Es handelt sich um ein gesetzliches Verbot iSd § 134 BGB (ErfK-*Müller-Glöge* § 13 TzBfG Rn 11). Eine Kündigung unter Missachtung des § 13 Abs. 2 S. 1 TzBfG ist ein anderer Grund iSd § 13 Abs. 3 iVm § 4 S. 1 KSchG, wobei die Dreiwochenfrist einzuhalten ist (APS-*Greiner* § 13 TzBfG Rn 6).

19. Wasserhaushaltsgesetz

Die ordentliche Kündigung eines als **Gewässerschutzbeauftragten** tätigen Arbeitnehmers ist nach § 66 WHG, der u.a. auf § 58 BImSchG verweist, nach den dortigen Maßstäben unzulässig (Rdn 85). Eine gleichwohl ausgesprochene Kündigung verstößt gegen ein gesetzliches Verbot, § 134 BGB.

20. Weitere Benachteiligungsverbote

Nach § 5 Abs. 6 S. 1 TierSchVersVG darf ein **Tierschutzbeauftragter** (dazu *Brandhuber* NJW 1988, 1952, 1955) »wegen der Erfüllung seiner Aufgaben nicht benachteiligt werden«. Eine Kündigung gerade wegen der Amtsführung ist wegen Verstoßes gegen diese Bestimmung unwirksam.

Nach § 32 Abs. 3 GenTSV darf der als Arbeitnehmer des Betreibers beschäftigte **Beauftragte für die Biologische Sicherheit** wegen der Erfüllung der ihm übertragenen Aufgaben nicht benachteiligt werden.

Ein **Strahlenschutzbeauftragter** darf nach § 70 Abs. 6 S. 1 StrlSchG (idF v. 27.6.2017, BGBl. I S. 1966, zuletzt geändert durch Gesetz v. 25.2.2021, BGB. I 306) bei der Erfüllung seiner Pflichten nicht behindert und wegen deren Erfüllung nicht benachteiligt werden. Nach § 70 Abs. 6 S. 2 und S. 3 StrlSchG ist die Kündigung eines Arbeitsverhältnisses des Strahlenschutzbeauftragten während seiner Amtszeit und im ersten Jahr nach Tätigkeitsende unzulässig, es sei denn, dass Tatsachen vorliegen, welche den Strahlenschutzverantwortlichen zur Kündigung aus wichtigem Grund ohne Einhaltung einer Kündigungsfrist berechtigen. Die Regelung schließt die ordentliche Kündigung (Beendigung- und Änderungskündigung) aus.

Der **Sicherheitsbeauftragte** nach § 22 Abs. 3 SGB VII darf ebenfalls wegen der Erfüllung der ihm übertragenen Aufgaben nicht benachteiligt werden. Eine Kündigung gerade wegen der Tätigkeit als Sicherheitsbeauftragter verstößt gegen das Benachteiligungsverbot und ist nach § 134 BGB nichtig (APS-*Greiner* § 22 SGB VII Rn 1, 10).

IV. Tariflich, betrieblich und vertraglich vereinbarte Kündigungsbeschränkungen

1. Tarifliche Erweiterung des Kündigungsschutzes

Der gesetzliche Kündigungsschutz bildet nur einen Mindeststandard, der durch tarifliche Regelungen zugunsten des Arbeitnehmers erweitert werden kann. Namentlich der **Ausschluss der ordentlichen Kündigung** bei betrieblich bedingten Gründen nach einer bestimmten Anzahl von Beschäftigungsjahren, ggf. kombiniert mit dem Erreichen eines bestimmten Lebensalters, ist in der Praxis anzutreffen (etwa § 34 Abs. 2 TVöD: Vollendung des 40. Lebensjahres und eine Beschäftigungszeit von mehr als fünfzehn Jahren, wenn die Beschäftigungsbedingungen des Tarifgebiets West anwendbar sind, dazu *Lindner* PersR 2017, Nr. 10, S. 22 ff.). Der Ausschluss des Rechts zur ordentlichen Kündigung durch Tarifvertrag ist grds. zulässig (*BAG* 5.6.2008 – 2 AZR 907/06, Rn 31; 20.6.2013 – 2 AZR 295/12, Rn 50). Zu beachten sind allerdings die **Diskriminierungsverbote des AGG**, in der Sache das Verbot der unmittelbaren (Lebensalter) oder jedenfalls mittelbaren (Beschäftigungszeit) Diskriminierung wegen des Alters. Das kann dann der Fall sein, wenn der tarifvertraglich geschützte Arbeitnehmer nach sozialen Gesichtspunkten weniger schutzbedürftig scheint als ein tariflich nicht geschützter Arbeitnehmer und keine Gründe vorliegen, die eine Herausnahme des tariflich geschützten Arbeitnehmers gem. § 1 Abs. 3 S. 2 KSchG rechtfertigen können. Die Begünstigung älterer Arbeitnehmer verfolgt indes ein iSv § 10 S. 1 AGG iVm Art. 6 Abs. 1 der RL 2000/78/EG legitimes Ziel, weil die Chancen älterer Arbeitnehmer auf dem Arbeitsmarkt signifikant geringer sind. Eine Grenze der tariflichen Regelungsbefugnis soll allerdings dann erreicht sein, wenn durch die Anwendung der tariflichen Kündigungsschutzregelung die **Sozialauswahl grob fehlerhaft würde** (*BAG* 5.6.2008 – 2 AZR 907/06, Rn 31; 20.6.2013 – 2 AZR 295/12, Rn 50 mwN). Auch wenn die tarifvertragliche Bestimmung ein solche Anwendungsgrenze nicht ausdrücklich vorsieht, kann sie im Wege der – gesetzeskonformen – Auslegung erreicht werden (s.a. KR-*Rachor* § 1 KSchG Rdn 723).

107 Ein tariflicher Kündigungsschutz ist nicht durch rückwirkenden Gewerkschaftsbeitritt erreichbar (*BAG* 22.11.2000 – 4 AZR 688/99). Der tarifliche Sonderkündigungsschutz kann **durch die Tarifvertragsparteien modifiziert werden**, auch wenn der Arbeitnehmer die tariflichen Voraussetzungen bereits erreicht hatte (*BAG* 27.11.2008 – 2 AZR 757/07, Rn 20 ff.). Vertrauensgesichtspunkte können allerdings dem vollständigen Wegfall eines bereits erlangten tariflichen Sonderkündigungsschutzes entgegenstehen (*BAG* 17.10.2007 – 4 AZR 812/06, Rn 27; *LAG BW* 12.5.2011 – 21 Sa 131/10, zu einem unzulässigen Eingriff in den Bestandsschutz durch einen Sanierungstarifvertrag).

108 Ein tariflicher Ausschluss ordentlicher Kündigungen gilt im Zweifel auch für ordentliche **Änderungskündigungen**. Erforderlich wäre dann eine außerordentliche Änderungskündigung, für die ein wichtiger Grund erforderlich ist (s. *BAG* 28.10.2010 – 2 AZR 688/09, Rn 31 f.; 20.10.17 – 2 AZR 783/16 (F), Rn 39).

109 In einigen Bereichen werden Einrichtung und Tätigkeit gewerkschaftlicher Vertrauensleute tarifvertraglich abgesichert und erleichtert. Neben Benachteiligungsverboten und Bestimmungen, dass deren Pflichten aus dem Arbeitsverhältnis unberührt bleiben, sehen Tarifverträge einen **zusätzlichen Kündigungsschutz** vor. **Tarifliche Regelungen eines besonderen Kündigungsschutzes für gewerkschaftliche Vertrauensleuten** sind nach älteren Entscheidungen (*ArbG Kassel* 5.8.1976 -1 Ca 217/76; *LAG Düsseld*. 25.8.1995 – 17 Sa 324/95; offen gelassen von *BAG* 8.10.1997 – 4 AZR 87/96) und der überwiegenden Ansicht im Schrifttum zulässig (DKW-*Berg* § 2 BetrVG Rn 137; MünchArbR-*Boemke* § 289 Rn 22; GK-BetrVG/*Franzen* § 2 Rn 104; einschränkend *Fitting* BetrVG § 2 Rn 90: nur für personen- und verhaltensbedingte, nicht aber betriebsbedingte Kündigungen; aA Richardi/*Richardi*/*Maschmann* BetrVG § 2 Rn 176).

110 Durch tarifliche Regelungen kann die **Wartezeit** nach § 1 KSchG verkürzt (*BAG* 20.2.2014 – 2 AZR 859/11, Rn 44 mwN) oder für »**Kleinbetriebe**« iSd § 23 Abs. 1 KSchG die Geltung des KSchG vereinbart werden (KR-*Rachor* § 1 KSchG Rdn 39). Eine **Änderungskündigung** kann tarifvertraglich beschränkt und etwa an im Vergleich zu § 1 Abs. 2, § 2 KSchG strengere Voraussetzungen geknüpft werden (vgl. *BAG* 13.10.1982 – 7 AZR 428/80).

111 Die Unwirksamkeit der tarifwidrigen Kündigung muss nach §§ 4 ff KSchG rechtzeitig prozessual geltend gemacht werden (*BAG* 8.11.2007 – 2 AZR 314/06, Rn 17).

112 Eine **Umdeutung** gem. § 140 BGB einer ordentlichen tarifwidrigen Kündigung in eine außerordentliche Kündigung scheitert daran, dass das Ersatzrechtsgeschäft, zu dem die Umdeutung führen soll, in seinen Wirkungen nicht über diejenigen des ursprünglich beabsichtigten Rechtsgeschäfts hinausgehen darf (*BAG* 12.9.1974 – 2 AZR 535/73; 27.2.1987 – 7 AZR 722/85; *LAG RhPf* 8.3.2012 – 2 Sa 737/11). Allerdings können bei der Auslegung auch die außerhalb des Erklärungsakts liegenden Begleitumstände berücksichtigt werden (*LAG RhPf* 29.9.2005 – 1 Sa 283/05: hier dem Kündigungsschreiben beigefügte Stellungnahme des Betriebsrats, aus der eine beabsichtigte außerordentliche Kündigung erkennbar wird).

2. Betrieblich vereinbarte Kündigungsbeschränkungen

113 Sieht eine **Betriebsvereinbarung** zulässigerweise – also namentlich ohne Verstoß gegen den Tarifvorbehalt des § 77 Abs. 3 BetrVG (s. *BAG* 18.3.2010 – 2 AZR 337/08, Rn 25 ff.; 26.1.2017 – 2 AZR 405/16, Rn 15 ff.)) – den Ausschluss der ordentlichen Kündigung vor, ist eine gleichwohl erklärte ordentliche Kündigung unwirksam (s.a. KR-*Rachor* § 1 KSchG Rdn 40).

3. Vertragliche Kündigungsbeschränkungen

114 Durch **einzelvertragliche Vereinbarung** kann die ordentliche Kündigung ganz oder für einen bestimmten Zeitraum ausgeschlossen werden (*BAG* 2.11.1978 – 2 AZR 74/77; 22.7.1992 – 2 AZR 84/92; 7.3.2002 – 2 AZR 173/01). Möglich ist es auch, ein vertragliches Kündigungsverbot mit Erlaubnisvorbehalt vorzusehen (Kündigung nur mit Zustimmung eines weiteren Organs der Gesellschaft zulässig *BAG* 28.4.1994 – 2 AZR 730/93).

Bei einer **Anstellung auf Lebenszeit** (ausf. zur Dauer- oder Lebensstellung KR-*Krumbiegel* § 624 BGB Rdn 9 f.) ist das Arbeitsverhältnis auf bestimmte Dauer geschlossen. Es gelten die § 620 Abs. 1, § 624 BGB mit der Folge, dass das Arbeitsverhältnis durch den Arbeitgeber nur aus wichtigem Grund außerordentlich gekündigt werden kann (*BAG* 25.3.2004 – 2 AZR 153/03: Vereinbarung der Beendigung des Arbeitsverhältnisses erst mit dem Tode des Arbeitgebers unter Ausschluss der ordentlichen Kündigung). Der Arbeitnehmer kann das Arbeitsverhältnis nach Ablauf von fünf Jahren mit einer Kündigungsfrist von sechs Monaten kündigen, § 624 S. 2 BGB. Dabei handelt es sich um eine Höchstkündigungsfrist, die eine überlange Bindung an das Rechtsverhältnis verhindern soll (vgl. dazu *BAG* 22.2.2018 – 6 AZR 50/17, Rn 23 f.). Eine Kündigung, die bereits vor dem Ablauf von fünf Jahren ausgesprochen wird, ist nicht unwirksam, sondern setzt die Kündigungsfrist mit Beginn des sechsten Vertragsjahrs in Lauf (dazu KR-*Krumbiegel* § 624 BGB Rdn 27 mwN). 115

Ist die ordentliche Kündigung für einen **bestimmten Zeitraum ausgeschlossen**, kann eine innerhalb dieses Zeitraums ausgesprochene Kündigung zum nächst zulässigen Termin wirken. 116

Einzelvertragliche Vereinbarungen über den Ausschluss oder die Verkürzung der Wartezeit und über die Anrechnung von Vorbeschäftigungszeiten bei demselben oder einem anderen Arbeitgeber sind grundsätzlich zulässig (*BAG* 20.6.2013 – 2 AZR 790/11, Rn 14; 20.2.2014 – 2 AZR 859/11, Rn 44). Die Bestimmungen über die **Sozialauswahl** nach § 1 Abs. 3 KSchG stehen solchen Vereinbarungen grds. nicht entgegen (*BAG* 2.6.2005 – 2 AZR 480/04, Rn 34: Anrechnung früherer Beschäftigungszeiten; KR-*Rachor* § 1 KSchG Rdn 731). 117

Auch der arbeitsvertragliche Ausschluss der ordentlichen Kündigung zählt zu den Unwirksamkeitsgründen einer vom Arbeitgeber ausgesprochenen ordentlichen Kündigung und muss gem. § 4 S. 1 KSchG rechtzeitig geltend gemacht werden (*BAG* 8.11.2007 – 2 AZR 314/06, Rn 17). 118

V. Wirksamkeit der Kündigungserklärung

1. Kündigung ohne Vorlage der Vollmachtsurkunde

Nach § 174 BGB ist eine Kündigung, die ein Bevollmächtigter einem anderen gegenüber vornimmt, unwirksam, wenn der Bevollmächtigte eine **Vollmachtsurkunde nicht im Original** vorlegt und der Kündigungsempfänger die **Kündigung aus diesem Grunde unverzüglich zurückweist**. Die Vorlage des Originals ist erforderlich, weil der Erklärungsempfänger nur dann die Möglichkeit zur Überprüfung der Bevollmächtigung des Vertreters zum Zeitpunkt der Abgabe der Erklärung hat. § 174 BGB ermöglicht dem Kündigungsgegner die **Schaffung klarer Verhältnisse** (*BAG* 24.9.2015 – 6 AZR 492/14, Rn 24). Der Erklärungsempfänger ist zur Zurückweisung der Kündigung berechtigt, wenn er keine Gewissheit darüber hat, dass der Erklärende tatsächlich bevollmächtigt ist und sich der Arbeitgeber dessen Erklärung deshalb zurechnen lassen muss. Der Empfänger einer einseitigen Willenserklärung soll nicht nachforschen müssen, welche Stellung der Erklärende hat und ob damit das Recht zur Kündigung verbunden ist oder üblicherweise verbunden zu sein pflegt (*BAG* 25.9.2014 – 2 AZR 567/13, Rn 19; 24.9.2015 – 6 AZR 492/14, Rn 25). Ist der Arbeitnehmer bzgl. einer Person vom Vollmachtgeber nicht von deren Bevollmächtigung in Kenntnis gesetzt worden, ist die Kündigung allein deswegen unabhängig vom Bestehen einer Vollmacht und ohne die Möglichkeit einer Heilung oder Genehmigung unwirksam, wenn der Arbeitnehmer wegen der fehlenden Vollmachtsvorlage die Kündigung unverzüglich zurückweist (*BAG* 25.9.2014 – 2 AZR 567/13, Rn 12). 119

§ 174 BGB gilt für das Handeln eines Vertreters aufgrund einer durch Rechtsgeschäft erteilten Vertretungsmacht. Dagegen gilt § 174 BGB nicht, wenn sich die Vertretungsmacht aus einer **gesetzlichen Grundlage** ergibt (*BAG* 5.12.2019 – 2 AZR 147/19, Rn 36; 18.1.1990 – 2 AZR 358/89: besonderer Vereinsvertreter iSd § 30 BGB, dem durch Satzung Kündigungsbefugnis erteilt ist; *Hess. LAG* 18.7.2006 – 1 Sa 361/06; *LAG Bln.-Bra.* 9.12.2010 – 25 Sa 1801/10, zu § 9 Abs. 1 Berliner Betriebegesetz; *LAG RhPf* 27.8.2008 – 8 Sa 154/08: besonderer Vertreter nach § 26 Abs. 2 BGB; *LAG MV* 20.3.2018 – 5 Sa 125/17: gesetzliche Vertretungsbefugnis nach dem Wasserverbandsgesetz). Die gesetzliche Vertretungsmacht beruht nicht auf einer Willensentscheidung des Vertretenen 120 und kann daher nicht durch eine »Vollmachtsurkunde« nachgewiesen werden. Dem Erklärungsempfänger wird die mit der Inanspruchnahme gesetzlicher Vertretungsmacht verbundene Unsicherheit über das Bestehen der behaupteten Vertretungsmacht zugemutet (*BAG* 5.12.2019 – 2 AZR 147/19, Rn 36). Auch im Fall der **organschaftlichen Vertretung** ist § 174 BGB grundsätzlich nicht anzuwenden (*BAG* 5.12.2019 – 2 AZR 147/19, Rn 37). Die organschaftliche Vertretungsmacht beruht auf der Bestellung des Vertreters zum Organ einer juristischen Person, die nur durch ihre Organe am Rechtsverkehr teilnehmen kann. Der Unsicherheit über die in Anspruch genommene organschaftliche Vertretungsmacht wirkt die grundsätzlich vorgeschriebene Eintragung des Vertreters als Organ in ein öffentliches Register entgegen, (vgl. § 67 BGB, §§ 33, 34, 106, 107, 162 HGB, § 81 Abs. 1 AktG, § 39 Abs. 1 GmbHG, § 28 Satz 1 GenG).

121 § 174 BGB ist entsprechend anzuwenden, wenn im Fall einer **Gesamtvertretung** nur einer der Vertreter die Kündigungserklärung unterschreibt und lediglich eine interne Bevollmächtigung vorliegt (*BAG* 18.12.1980 – 2 AZR 980/78; *LAG RhPf* 24.3.2010 – 8 Sa 597/09).

122 § 174 BGB ist ebenfalls analog anzuwenden auf einseitige Rechtsgeschäfte, die ein abweichend von der gesetzlichen Grundregel der §§ 709, 714 BGB allein vertretungsberechtigter Gesellschafter im Namen einer Gesellschaft bürgerlichen Rechts vornimmt (*BAG* 5.12.2019 – 2 AZR 147/19, Rn 39). Daher kann ein Empfänger einer **im Namen einer GbR** von einem alleinvertretungsberechtigten Gesellschafter abgegebene einseitige empfangsbedürftige Willenserklärung zurückweisen, wenn ihr weder eine Vollmacht der anderen Gesellschafter noch der Gesellschaftsvertrag oder eine Erklärung der anderen Gesellschafter beigefügt ist, aus der sich die Befugnis des erklärenden Gesellschafters zur alleinigen Vertretung der GbR bei der Kündigung ergibt.

123 Die Vorschrift des § 174 S. 1 BGB ist auch **für den öffentlichen Dienst heranzuziehen** (*BAG* 29.6.1989 – 2 AZR 482/88; 20.9.2006 – 6 AZR 82/06, Rn 34). Die Ungewissheit, ob ein einseitiges Rechtsgeschäft von einem Bevollmächtigten ausgeht und der Vertretene dieses Rechtsgeschäft gegen oder für sich gelten lassen muss, besteht in gleichem Maße (*BAG* 12.1.2006 – 2 AZR 179/05, Rn 33). Die Beamtenstellung im höheren Verwaltungsdienst ist nicht generell mit einer Vertretungsmacht für Kündigungen verbunden (*LAG BW* 6.7.2010 – 22 Sa 74/09: Verwaltungsreferent der schulaufsichtsführenden Behörde). Führt die Übertragung einer Unterschriftsbefugnis nach der einschlägigen Gemeindeordnung nur zu einer rechtsgeschäftlichen Vertretungsmacht, ist grds. die Vollmachtsurkunde der Kündigungserklärung beizufügen (*LAG Hamm* 26.4.2007 – 17 Sa 1914/06, Rn 144; s.a. *LAG MV* 10.5.2007 – 1 Sa 374/06, Rn 29: Vertretungsbefugnis auf Grund der Geschäftsordnung einer Anstalt). Der fehlenden Vorlage einer Vollmacht steht das Fehlen eines vorgeschriebenen **Dienstsiegels** nach der einschlägigen Gemeindeordnung gleich. Die Kündigung kann in entsprechender Anwendung des § 174 S. 1 BGB unverzüglich aus diesem Grunde zurückgewiesen werden (*BAG* 29.6.1988 – 7 AZR 180/87).

124 Erforderlich ist die **Vorlage des Originals** der Vollmachtsurkunde oder eine diese ersetzende Ausfertigung. Abschriften oder Fotokopien sowie Faxkopien reichen nicht (*BAG* 14.4.2011 – 6 AZR 727/09, Rn 31). Das Original bzw. eine diese ersetzende Ausfertigung muss dem Empfänger zugehen; es genügt nicht, das Original oder eine beglaubigte Abschrift – etwa bei einer sog. Schriftsatzkündigung – zu den Gerichtsakten zu reichen. Aus dem Schutzzweck des § 174 folgt zwingend die zeitgleiche Vorlage der Originalurkunde. Im anderen Fall bliebe ungewiss, ob die Vollmacht zum Zeitpunkt der Übergabe oder des Zugangs der schriftlichen Kündigungserklärung noch besteht oder durch Rückforderung der Originalurkunde entzogen wurde (*Lohr* MDR 2000, 620, 621 f.; *Diller* FA 1999, 106). Die nachfolgende Aufforderung zur Einsichtnahme in die beim Bevollmächtigten vorliegende Vollmachtsurkunde verhilft der Kündigung nicht zur Wirksamkeit.

125 Aus der Vollmachtsurkunde muss sich auch die **Berechtigung zur Kündigung** ergeben. Einer Nichtvorlage einer Vollmachtsurkunde steht es gleich, wenn der Bevollmächtigte zwar eine Vollmachtsurkunde vorlegt (zB eine allg. Prozessvollmacht), diese aber nur zur vertretungsweisen Vornahme von anderen Rechtshandlungen, nicht aber zur Vornahme einer bestimmten Kündigung berechtigt (*BAG* 31.8.1979 – 7 AZR 674/77). Die im Abmahnungsprozess erteilte Prozessvollmacht

ermächtigt den Prozessbevollmächtigten des Arbeitgebers regelmäßig zur schriftlichen Erklärung der Kündigung (*LAG Hamm* 7.12.1999 – 4 Sa 327/99).

Die **Zurückweisung muss ohne schuldhaftes Zögern erfolgen** (§ 121 Abs. 1 BGB). Dazu ist nicht ein sofortiges Handeln des Kündigungsempfängers erforderlich; ihm steht eine **gewisse Zeit zur Überlegung und zur Einholung rechtskundigen Rats zur Verfügung**. Für die Länge der für die Zurückweisung der Kündigung einzuhaltenden Frist sind die Umstände des Einzelfalles maßgebend (*BAG* 8.12.2011 – 6 AZR 354/10, Rn 32; 5.12.2019 – 2 AZR 147/19, Rn 48). Die Frist beginnt mit der tatsächlichen Kenntnis des Empfängers von der Kündigung und der fehlenden Vorlegung der Vollmachtsurkunde (§ 121 Abs. 1 Satz 1 BGB; *BAG* 8.12.2011 – 6 AZR 354/10, Rn 33; 5.12.2019 – 2 AZR 147/19, Rn 48). Die Zurückweisung der Kündigung innerhalb von drei Tagen bzw. von fünf Tagen, wenn ein Wochenende dazwischenliegt, gerechnet ab Zugang der Kündigungserklärung, ist »unverzüglich« iSd § 174 S. 1 BGB (*BAG* 11.7.1991 – 2 AZR 107/91; 20.8.1997 – 2 AZR 518/96). Eine Woche zwischen Zugang der Vollmachtsurkunde und der Zurückweisung ist unter normalen Umständen ausreichend, um die Entscheidung über die Zurückweisung zu treffen. Daher ist Zurückweisung einer Kündigungserklärung nach einer Zeitspanne von mehr als einer Woche ohne Vorliegen besonderer Umstände des Einzelfalls nicht mehr unverzüglich iSd. § 174 Satz 1 BGB (*BAG* 13.12.2012 – 6 AZR 608/11, Rn 67; 5.12.2019 – 2 AZR 147/19, Rn 48). Eine unverzügliche Zurückweisung iSd § 174 BGB liegt nicht mehr vor, wenn eine Frist von mehr als vierzehn Tagen überschritten worden ist (*BAG* 11.3.1999 – 2 AZR 427/98) oder wenn sie erst in einer fristgerechten Kündigungsschutzklage erklärt wird, die nach Ablauf der Dreiwochenfrist des § 4 S. 1 KSchG dem Arbeitgeber zugestellt wird (*LAG Köln* 20.2.1997 – 10 Sa 1027/96). Grundsätzlich verspätet ist die Zurückweisung dann, wenn sie erst in einem weiteren Schriftsatz nach Ablauf der dreiwöchigen Klagefrist erreicht wird (*BAG* 11.3.1999 – 2 AZR 427/98).

126

Die Kündigung muss **wegen der fehlenden Vorlage der Vollmachtsurkunde** zurückgewiesen werden (*BAG* 15.12.2011 – 8 AZR 220/11, Rn 34 f.). Es reicht aber aus, wenn sich dies erkennbar aus den Umständen der Zurückweisung ergibt (*BAG* 18.12.1980 – 2 AZR 980/78; *LAG Nbg.* 10.8.1992 – 7 Sa 18/92; bestätigt durch *BAG* 18.2.1993 – 2 AZR 482/92; *LAG Hamm* 2.12.2010 – 15 Sa 1247/10; Zurückweisung »aus formellen Gründen« nicht eindeutig genug). Die Zurückweisung der Kündigung wegen fehlender Vollmacht schließt die Zurückweisung der Kündigung wegen fehlender Vollmachtsurkunde ein.

127

Erklärt ein **Rechtsanwalt** für seinen Auftraggeber eine Kündigung, ohne die Vollmachtsurkunde im Original vorzulegen, handelt er pflichtwidrig und ist **schadenersatzpflichtig**, wenn er mit der Möglichkeit rechnen muss, dass dem Mandanten nicht unerhebliche Nachteile entstehen, zB dadurch, dass nicht bewiesen werden kann, den Kündigungsempfänger vorher von der Bevollmächtigung des Rechtsanwalts in Kenntnis gesetzt zu haben (*BGH* 10.2.1994 – IX ZR 109/93).

128

Die Zurückweisung kann selbst unter den Voraussetzungen des § 174 BGB **zurückgewiesen werden** (*BAG* 8.12.2011 – 6 AZR 354/10, Rn 27). Dies muss ebenfalls »unverzüglich« erfolgen. Das ist nicht der Fall, wenn die Erklärung erst in der Berufungsbegründung erfolgt (*BAG* 8.12.2011 – 6 AZR 354/10, Rn 27).

129

Die Zurückweisung der Kündigung ist ausgeschlossen, wenn der **Arbeitgeber den Arbeitnehmer von der Bevollmächtigung vorher in Kenntnis gesetzt** hatte. Die zufällige Kenntniserlangung durch Dritte (*LAG Nds.* 25.6.2010 – 10 Sa 46/10) reicht ebenso wenig wie eine Information durch den Bevollmächtigten (*LAG Köln* 3.5.2002 – 4 Sa 1285/01) oder andere Personen (*LAG RhPf* 8.6.2011 – 8 Sa 612/10). Es genügt eine Mitteilung des Vollmachtgebers, die sich – ua. – an den (späteren) Erklärungsempfänger richtet (*BAG* 24.9.2015 – 6 AZR 492/14, Rn 27; 5.12.2019 – 2 AZR 147/19, Rn 52). Die Inkenntnissetzung muss einen gleichwertigen Ersatz für die Vorlage der Vollmachturkunde bilden (*BAG* 5.12.2019 – 2 AZR 147/19, Rn 52). Für das Inkenntnissetzen ist keine Form vorgeschrieben (*BAG* 24.9.2015 – 6 AZR 492/14, Rn 27). Eine konkludente Mitteilung genügt, die Erlangung der Kenntnis auf anderem Wege dagegen nicht (*BAG* 12.1.2006 – 2 AZR 179/05,

130

Rn 36). Hauptanwendungsfall ist die Tätigkeit des Kündigungserklärenden in einer Position, die üblicherweise mit dem Kündigungsrecht verbunden ist, etwa durch **Bestellung zum Prokuristen, Generalbevollmächtigten oder Leiter der Personalabteilung** (*BAG* 5.12.2019 – 2 AZR 147/19, Rn 52; zur Kündigungsbefugnis s.a. *Steinhauser/Lingemann* NJW 2018, 840 ff.). Dabei reicht die interne Übertragung einer solchen Funktion nicht aus. Erforderlich ist, dass sie auch nach außen im Betrieb ersichtlich oder eine sonstige Bekanntmachung erfolgt ist (*BAG* 9.9.2010 – 2 AZR 582/09, Rn 27 f.; 14.4.2011 – 6 AZR 727/09, Rn 25; 5.12.2019 – 2 AZR 147/19, Rn 52). Eine Kundgabe der »Bevollmächtigung« und der Person des »Bevollmächtigten« durch den »Vollmachtgeber« selbst ist nur bei entsprechender Publizität des Handelsregisters entbehrlich. Eine **Eintragung im Handelsregister** muss der Arbeitnehmer nach § 15 Abs. 2 S. 1 HGB nach fünfzehn Tagen seit der Bekanntmachung gegen sich gelten lassen (*BAG* 25.9.2014 – 2 AZR 567/13, Rn 21). Dies gilt auch, wenn die Kündigungserklärung entgegen § 51 HGB nicht mit einem die Prokura andeutenden Zusatz unterzeichnet ist (*BAG* 11.7.1991 – 2 AZR 107/91; 21.5.2008 – 8 AZR 84/07, Rn 14;). Anders verhält es sich, wie § 54 Abs. 1 HGB zeigt, bei einer Handlungsvollmacht, denn sie bringt nicht generell eine Stellung im Betrieb mit sich, mit der das Kündigungsrecht üblicherweise verbunden ist (*LAG Nds.* 25.6.2010 – 10 Sa 46/10). Die von einem Gesamtprokuristen iSd § 48 Abs. 2 HGB und einem Angestellten, der nicht (Gesamt-)Prokurist ist, unterschriebene Kündigung kann nach § 174 S. 1 BGB zurückgewiesen werden, wenn eine entsprechende Vollmachtsurkunde nicht beigefügt war. Ist der kündigende Gesamtprokurist aber zugleich Personalleiter, scheidet eine Zurückweisung der Kündigung nach § 174 S. 2 BGB aus. Es genügt, dass der Kündigungsempfänger aufgrund der – ihm bekannten – Stellung des Kündigenden als Personalleiter von einer ordnungsgemäßen Bevollmächtigung zum alleinigen Ausspruch von Kündigungen ausgehen muss. Ob der Personalleiter zugleich eine ausreichende Vertretungsmacht als (Gesamt-)Prokurist besitzt, ist grundsätzlich ohne Belang (*BAG* 25.9.2014 – 2 AZR 567/13, Rn 24). Gegen ein Kündigungsrecht des **Leiters der Personalabteilung** – die regelmäßig als gegeben anzunehmen ist (s. nur *BAG* 29.10.1992 – 2 AZR 460/92; 25.9.2014 – 2 AZR 567/13, Rn 24; dazu *Eufinger* BB 2015, 376, *Simon/Rein* DB 2015, 807 f.; für den öffentlichen Dienst *LAG Bln.-Bra.* 11.2.2016 – 16 Sa 43/15) – spricht nicht, dass der Arbeitgeber den Arbeitnehmer selbst eingestellt hatte, die Kündigung aber vom Leiter der Personalabteilung ausgesprochen wird. Einen Erfahrungssatz, dass die Befugnis zur Einstellung und zur Entlassung zusammenfallen, gibt es nicht (*BAG* 29.6.1989 – 2 AZR 482/88, 14.4.2011 – 6 AZR 727/09, Rn 35). Führt der Gesamtvollstreckungsverwalter den Betrieb längere Zeit fort und beschäftigt den bisherigen Personalleiter in gleicher Funktion weiter, so ist bei einer Kündigung durch den Personalleiter die Vorlage einer Vollmachtsurkunde nicht erforderlich (*BAG* 22.1.1998 – 2 AZR 267/97). Ein Personalleiter darf das Arbeitsverhältnis eines Abteilungsleiters, der hierarchisch auf derselben Ebene steht wie er selbst, kündigen (*LAG Nds.* 19.9.2003 – 16 Sa 694/03). Auch **Niederlassungsleiter** eines Unternehmens können gegenüber gewerblichen Arbeitnehmern kündigungsberechtigt sein (*Hess. LAG* 20.6.2000 – 9 Sa 1899/99). Entscheidend sind aber die Umstände im Einzelfall (verneinend etwa *LAG Nbg.* 13.11.2007 – 2 Sa 838/06: örtlicher Betriebsleiter in einem Hotel mit insgesamt 17 Beschäftigten; *LAG Bln.* 28.6.2006 – 15 Sa 632/06: Niederlassungsleiter, dem 23 Arbeitnehmer unterstehen, wenn das Unternehmen eine Personalabteilung hat). Diese Funktion muss für die Arbeitnehmer erkennbar sein (*LAG MV* 28.2.2012 – 2 Sa 290/11: abgelehnt für einen »Contact Center Manager«, da nicht ersichtlich war, dass damit die Niederlassungsleitung verbunden war. Zudem war der Arbeitsvertrag durch den »Facility Director« unterschrieben.). Die Kündigungserklärung eines Sachbearbeiters einer Personalabteilung, die ohne Vorlage einer Vollmacht abgegeben wird, kann der Kündigungsempfänger zurückweisen (*BAG* 30.5.1978 – 2 AZR 633/76).

131 Der **Referatsleiter innerhalb der Personalabteilung einer Behörde** und sonstige **Personalsachbearbeiter eines öffentlichen Dienstherrn** gehören nicht ohne weiteres zu dem Personenkreis, der nach § 174 S. 2 BGB – wie der Personalabteilungsleiter – als Bevollmächtigter des Arbeitgebers gilt (*BAG* 29.6.1989 – 2 AZR 482/88; 20.8.1997 – 2 AZR 518/96: lediglich praktizierte Verwaltungsregelung). Bei größeren Gemeinden ist die ordentliche Kündigung gegenüber »einfachen Büro- bzw. Reinigungskräften« ein »Geschäft der laufenden Verwaltung«. Daher ist der beauftragte

Amtsleiter kündigungsbefugt, wenn die Gemeinde den Arbeitnehmer ausreichend über die Bevollmächtigung des Amtsleiters zum Ausspruch einer ordentlichen Kündigung in Kenntnis gesetzt hatte (*BAG* 7.11.2002- 2 AZR 493/01). Das Beifügen des Dienstsiegels ersetzt die Vorlage einer Vollmacht jedenfalls dann nicht, wenn das Kündigungsschreiben ohne Angabe der Amtsbezeichnung unterschrieben wurde (*BAG* 20.8.1997 – 2 AZR 518/96). Ein veröffentlichter Runderlass des Innenministeriums, nach welchem mit einer bestimmten Funktion die Kündigungsbefugnis verbunden ist, schließt die Zurückweisung der Kündigung nur aus, wenn der Erklärungsempfänger von der Person des Stelleninhabers in Kenntnis gesetzt ist. Dazu bedarf es eines zusätzlichen Handelns des Vertretenen, etwa einer Aufforderung an den Arbeitnehmer, sich über die Organisationsstruktur etwa aus dem ihm zugänglichen Intranet zu informieren, wenn dieses Inhalte und Aussagen darüber enthält, wer die mit der Vertretungsmacht verbundene Funktion konkret bekleidet (*LAG Hamm* 15.12.2011 – 15 Sa 1236/11).

Für ein **Inkenntnissetzen iSd § 174 S. 2 BGB** reicht der bloße abstrakte Hinweis im Arbeitsvertrag, der jeweilige Inhaber einer bestimmten Funktion sei kündigungsbefugt (etwa: Objektleiter, Niederlassungsleiter), nicht aus. Erforderlich ist ein zusätzliches Handeln, das es dem Erklärungsempfänger vor Zugang der Kündigungserklärung ermöglicht, die Person des Kündigenden der berechtigenden Funktion zuzuordnen, sei es durch namentliche Benennung oder durch Hinweis auf einen zumutbaren Weg zu dieser Information (etwa Aushang, Veröffentlichung im Intranet; ausf. *BAG* 14.4.2011 – 6 AZR 727/09, Rn 29 f.). Eine Kündigung scheitert nicht an der fehlenden Vorlage einer Vollmachtsurkunde, wenn der Arbeitgeber die Mitarbeiter bei der Vorstellung des Angestellten auf die Kündigungsbefugnis hinweist; das gilt auch für die Arbeitnehmer, die an der Amtseinführung nicht teilgenommen haben (*LAG Köln* 7.7.1993 – 2 Sa 280/93). Allerdings wurde ein Aushang über die Bevollmächtigten für Kündigungen am schwarzen Brett nicht ohne Weiteres als ausreichend iSd § 174 S. 2 BGB angesehen (*LAG Köln* 3.5.2002 – 4 Sa 1285/01). 132

Die sich durch die rechtzeitige Zurückweisung ergebende Unwirksamkeit der Kündigung ist als anderer Unwirksamkeitsgrund iSd § 13 Abs. 3 KSchG innerhalb der **Dreiwochenfrist des § 4 S. 1 KSchG** geltend zu machen. Anders als bei § 180 BGB (Rdn 135) betrifft § 174 BGB nicht die wirksame Bevollmächtigung, sondern deren Nachweis durch Vorlage der Vollmachtsurkunde. § 174 BGB hat keine mängelbehaftete Erklärung zum Inhalt (*Bender/J. Schmidt* NZA 2004, 358, 362; im Ergebnis auch *Bayreuther* ZfA 2005, 391, 393; wohl auch *Löwisch* BB 2004, 154, 158; aA *Ulrici* DB 2004, 250, 251, der darauf abstellt, für den Arbeitnehmer sei nicht erkennbar, ob der Vertreter mit oder ohne Vertretungsmacht handele. Allerdings hat es der Arbeitnehmer in der Hand, die Unwirksamkeit der Kündigung durch unverzügliche Zurückweisung der Kündigungserklärung herbeizuführen). 133

In diesen Zusammenhang gehört die **Kündigung durch den »falschen« Arbeitgeber.** Es handelt sich um die unbeachtliche Kündigung eines Nichtberechtigten. In einem solchen Fall findet § 13 Abs. 3 KSchG iVm § 4 S. 1 KSchG keine Anwendung, weil es an der Kündigung durch den »richtigen« Arbeitgeber fehlt und ihm die Kündigungserklärung nicht zugerechnet werden kann (*BAG* 26.3.2009 – 2 AZR 403/07, Rn 18). 134

2. Vertretung ohne Vertretungsmacht (§ 180 BGB)

Die Kündigung als einseitiges empfangsbedürftiges Rechtsgeschäft durch einen **Vertreter ohne Vertretungsmacht** ist nach § 180 S. 1 BGB **unzulässig** (*BAG* 16.12.2010 – 2 AZR 485/08, Rn 13, 10.4.2014 – 2 AZR 684/13, Rn 32; für eine erforderliche Gesamtvertretung *LAG Bln.-Bra.* 21.6.2017 – 17 Sa 180/17). Hat der Arbeitnehmer allerdings die von dem Vertreter behauptete Vertretungsmacht bei der Kündigung nicht beanstandet, finden gem. § 180 S. 2 BGB die Vorschriften über Verträge entsprechende Anwendung. Das bedeutet u.a., dass das Rechtsgeschäft nach § 177 Abs. 1 BGB genehmigt werden kann (*BAG* 16.12.2010 – 2 AZR 485/08, Rn 13; 10.4.2014 – 2 AZR 684/13, Rn 32). Die Beanstandung der fehlenden Vertretungsmacht muss **unverzüglich nach Zugang der Kündigung** erfolgen (*BAG* 16.12.2010 – 2 AZR 485/08, Rn 13), und zwar muss die fehlende Vertretungsmacht ausdrücklich gerügt werden und nicht etwa das Fehlen 135 der Originalvollmacht (*BAG* 24.9.2015 – 6 AZR 492/14, Rn 25; *Spelge* RdA 2016, 309, 311). Eine unverzügliche Rüge liegt nicht vor, wenn sie nicht unmittelbar gegenüber dem Vertretenen oder dem Vertreter erfolgt, sondern nur in der Klageschrift, die dem Arbeitgeber zwei Wochen nach Kündigungsausspruch zugestellt wurde (*BAG* 16.12.2010 – 2 AZR 485/08, Rn 13).

136 Die **fehlende Vertretungsmacht** kann sich aus vielerlei Gründen ergeben (etwa *BAG* 9.9.2010 – 2 AZR 582/09, Rn 19: Ermächtigung durch das Kuratorium einer Klinik). Ist der Gesellschafter einer GmbH zugleich deren Arbeitnehmer, kann arbeitsvertraglich die Kündigung von der Zustimmung der Gesellschafterversammlung abhängig gemacht werden; fehlt sie, ist die gleichwohl ausgesprochene Kündigung unwirksam (vgl. *BAG* 28.4.1994 – 2 AZR 730/93). Das gilt auch für eine entsprechende gesellschaftsvertragliche Beschränkung der Befugnisse des Geschäftsführers. Die fehlende Zustimmung der Gesellschafterversammlung ist ein sonstiger Unwirksamkeitsgrund iSv § 13 Abs. 3 KSchG (*BAG* 11.3.1998 – 2 AZR 287/97; s.a. *Sitzenfrei/Tischer* DB 2008, 1307). Auch im öffentlichen Dienst sind die Vertretungsverhältnisse zu beachten (*LAG Nbg.* 1.2.1985 – 6 Sa 25/83: mangelnde Vertretungsmacht des Oberbürgermeisters wegen fehlenden Beschlusses des Personal- und Organisationsausschusses der Gemeinde; anders in *BAG* 18.5.1994 – 2 AZR 930/93: keine Mitwirkung des Kreistages erforderlich; *VGH Mannheim* 28.11.1995 – PL 15 S 2169/94; zur Kündigungsberechtigung nach Bayerischem Sparkassenrecht *BAG* 21.1.1999 – 2 AZR 132/98).

137 Eine für einen Kündigungsschutzprozess erteilte **Prozessvollmacht des § 81 ZPO** umfasst auch die Erklärung oder Entgegennahme einer erneuten Kündigung (»Schriftsatzkündigung«), wenn sie den Streitgegenstand betrifft. Davon ist auszugehen bei der Abgabe einer Kündigungserklärung, die im Fall ihrer Wirksamkeit die gemäß § 256 Abs. 1 ZPO vom Arbeitnehmer erstrebte Feststellung des Fortbestands eines Arbeitsverhältnisses im Zeitpunkt der letzten mündlichen Verhandlung in den Tatsacheninstanzen hinderte und deshalb zur Abwehr seines Feststellungsbegehrens durch den Arbeitgeber dient. Im gleichen Umfang, in dem die Vollmacht zur Vornahme von Prozesshandlungen berechtigt, ist der Bevollmächtigte auch befugt, Prozesshandlungen des Gerichts oder des Gegners entgegenzunehmen (*BAG* 1.10.2020 – 2 AZR 247/20, Rn 48; 1.12.2020 – 9 AZR 102/20, Rn 59).

138 Wird das Kündigungsschreiben mit dem Zusatz »i.A.« unterschrieben, kann dies bedeuten, dass der Unterzeichnende nicht als Vertreter, sondern als **Bote** gehandelt hat. In diesem Fall fehlt es an der Schriftform des § 623 BGB (*BAG* 13.12.2007 – 6 AZR 145/07, Rn 14; Einzelheiten s. KR-*Spilger* § 623 BGB Rdn 107; vgl. zur Schriftform nach § 14 Abs. 4 TzBfG *BAG* 12.4.2017 – 7 AZR 446/15, Rn 17). Zur Zeichnung »i. A.« statt »i. V.« bei Handlungsbevollmächtigten iSd §§ 54, 57 HGB *Sasse/Göhmann* ArbRB 2007, 73 mwN). Bei der Auslegung ist indes zu berücksichtigen, dass im allgemeinen Sprachgebrauch nicht stets zwischen »Auftrag« und »Vertretung« unterschieden wird. Oftmals werden Zusätze »i. V.« und »i. A.« nur verwendet, um unterschiedliche Hierarchieebenen auszudrücken (*BAG* 13.12.2007 – 6 AZR 145/07, Rn 15; 12.4.2017 – 7 AZR 446/15, Rn 18). Deshalb ist vielmehr auf die Gesamtumstände abzustellen, aus denen sich ergeben kann, dass von dem **Handeln eines Vertreters** auszugehen ist. Hat der Kündigungserklärungsempfänger Zweifel an einer wirksamen Bevollmächtigung, kann er die Kündigung gem. § 174 BGB zurückweisen. Dann scheidet auch eine nachträgliche Genehmigung nach §§ 180 S. 2, 177 BGB aus (*BAG* 11.12.1997 – 8 AZR 699/96; 13.12.2007 – 6 AZR 145/07, Rn 15).

139 Wird durch den Kündigungsempfänger die fehlende Vertretungsmacht nicht unverzüglich beanstandet, so gelten §§ 177 bis 179 BGB. Der Kündigungsberechtigte kann die **Kündigung rückwirkend genehmigen**, § 180 S. 2, § 184 S. 1 BGB (*BAG* 6.9.2012 – 2 AZR 858/11, Rn 14); bei einer außerordentlichen Kündigung allerdings nur innerhalb der Frist des § 626 Abs. 2 S. 1 BGB (*BAG* 26.3.1986 – 7 AZR 585/84). Der gekündigte Arbeitnehmer kann den Arbeitgeber zur Genehmigung auffordern (§ 177 Abs. 2 BGB). Die Kündigung ist dann unwirksam, wenn die Genehmigung nicht innerhalb von zwei Wochen nach der Aufforderung ihm gegenüber erteilt wird. Die Genehmigung kann nach § 182 BGB dem Arbeitnehmer gegenüber, aber auch dem Vertreter gegenüber abgegeben werden. Schlüssiges Handeln reicht aus. Von einer konkludenten Genehmigung ist auszugehen, wenn der Arbeitgeber die Rechtmäßigkeit der Kündigung verteidigt (*BAG*

16.12.2010 – 2 AZR 485/08, Rn 13; 10.4.2014 – 2 AZR 684/13, Rn 33). Damit lässt der Arbeitgeber erkennen, dass er die Kündigung gegen sich gelten lassen will. Die Genehmigung ist von der Prozessvollmacht gedeckt.

Wird die fehlende Vertretungsmacht bei Vornahme der Kündigung beanstandet, ist die Kündigung 140 unwirksam. Die Dreiwochenfrist nach § 4 S. 1 KSchG ist indes nicht einschlägig. Die Frist ist nur bei einer dem Arbeitgeber zurechenbaren Kündigung anwendbar (BAG 26.3.2009 – 2 AZR 403/07, Rn 18).

Die **Klagefrist** nach § 4 S. 1 KSchG beginnt im Fall der Kündigung durch einen Vertreter ohne 141 Vertretungsmacht erst **mit Zugang der Genehmigung** (BAG 6.9.2011 – 2 AZR 858/11, Rn 14).

3. Fehlende oder beschränkte Geschäftsfähigkeit des Empfängers

Soll das Arbeitsverhältnis eines **Geschäftsunfähigen oder beschränkt Geschäftsfähigen** gekündigt 142 werden, kann die Kündigung grundsätzlich nur gegenüber dem **gesetzlichen Vertreter** wirksam erklärt werden, § 131 BGB (BAG 28.10.2010 – 2 AZR 794/09, Rn 24 f.; 8.12.2011 – 6 AZR 354/10, Rn 19). Der Zugang beim gesetzlichen Vertreter setzt voraus, dass die Willenserklärung nicht nur zufällig in dessen Herrschaftsbereich gelangt ist, sondern auch an ihn gerichtet oder zumindest für ihn bestimmt ist (BAG 28.10.2010 – 2 AZR 794/09, Rn 24 m. umfangr. Nachw. zum Diskussionsstand; ebenso bei Kündigung gegenüber einem minderjährigen Auszubildenden bereits BAG 25.11.1976 – 2 AZR 751/75). Fehlt es am Zugang, scheidet auch eine Bestätigung iSd § 141 BGB aus (BAG 25.11.1976 – 2 AZR 751/75). Das gilt auch dann, wenn zu einem späteren Zeitpunkt eine Betreuung angeordnet wurde. Ein rückwirkendes Wirksamwerden ist nach § 131 Abs. 1 BGB nicht möglich (ArbG Mannheim 5.9.1991 – 1 Ca 593/90). Die Willenserklärung wird nicht automatisch mit dem Ende der Geschäftsunfähigkeit wirksam (BAG 28.10.2010 – 2 AZR 794/09, Rn 39). Bei **Gesamtvertretung** (zB § 1629 BGB, Vertretung durch beide Eltern) reicht der Zugang an einen Gesamtvertreter aus (§ 1629 Abs. 1 S. 1 2. BGB; BAG 8.12.2011 – 6 AZR 354/10, Rn 23).

Mangelnde Geschäftsfähigkeit eines Kündigungsberechtigten führt zur Nichtigkeit der Kündigung 143 (§ 105 BGB). **Beschränkte Geschäftsfähigkeit eines Kündigungsberechtigten** führt nach § 111 S. 1 BGB zur Unwirksamkeit der Kündigung, wenn sie ohne Einwilligung, also vorherige Zustimmung des gesetzlichen Vertreters erfolgt (BAG 22.2.2018 – 6 AZR 50/17, Rn 13). Nach § 111 S. 2 BGB ist die Kündigung trotz Einwilligung des gesetzlichen Vertreters unwirksam, wenn der Minderjährige die Einwilligung nicht in schriftlicher Form vorlegt und der Kündigungsempfänger die Kündigung aus diesem Grunde unverzüglich zurückweist (zur Zurückweisung Rdn 119 ff.). Nach § 111 S. 3 BGB ist die Zurückweisung dann ausgeschlossen, wenn der gesetzliche Vertreter den Kündigungsgegner von der Einwilligung in Kenntnis gesetzt hatte. Die wegen fehlender Einwilligung oder wegen wirksamer Zurückweisung unwirksame Kündigung kann nicht durch nachträgliche Genehmigung des gesetzlichen Vertreters geheilt werden. In der Genehmigung des gesetzlichen Vertreters liegt allenfalls eine Neuvornahme der Kündigung durch ihn selbst (§ 141 BGB). Treffen der Minderjährige und der Erklärungsempfänger eine Vereinbarung darüber, dass die Wirksamkeit des empfangsbedürftigen einseitigen Rechtsgeschäfts von der Genehmigung des gesetzlichen Vertreters abhängig sein soll, so sind die §§ 108, 109 BGB entsprechend anwendbar (MüKo-BGB/*Schmitt* § 111 Rn 8 mwN). Das gilt dann auch für die Kündigung.

Die mangelnde Geschäftsfähigkeit des Kündigenden oder des Kündigungsgegners wird von § 13 144 Abs. 3 KSchG iVm § 4 S. 1 KSchG nicht erfasst (*Bender/J. Schmidt* NZA 2004, 356, 362; *Ulrici* DB 2004, 250, 252 Fn 10; *LAG Hamm* 23.5.2005 – 16 Sa 2470/04; aA *Bayreuther* ZfA 2005, 391, 393 m. Fn 3).

4. Wegfall der Kündigungsbefugnis

Fällt die Rechtsstellung als Arbeitgeber und damit die aus dieser Rechtsstellung folgende Kündi- 145 gungsbefugnis zwischen Abgabe und Zugang der Kündigungserklärung weg, so hat dies die Unwirksamkeit der Kündigung zur Folge. Bei Rechtsgeschäften, die sich – wie eine Kündigung – in einer Willenserklärung erschöpfen, muss die Verfügungsbefugnis – also bei der Kündigung die Kündigungsberechtigung – im Zeitpunkt des Zugangs, nicht bloß zum Zeitpunkt ihrer Abgabe bestehen (vgl. *BGH* 30.5.1958 – V ZR 295). § 130 Abs. 2 BGB ist nicht anwendbar (*LAG Bln.* 6.8.1991 – 11 Sa 34/91; aA *Ulrici* jurisPR-ArbR 37/2009 Anm. 2: entsprechende Anwendung § 130 Abs. 2 BGB).

5. Bestimmtheit der Kündigungserklärung

146 Eine Kündigungserklärung unterliegt zwar nicht der Transparenzkontrolle nach § 307 Abs. 1 S. 2 BGB. Sie muss aber als empfangsbedürftige Willenserklärung so bestimmt sein, dass der Empfänger Klarheit über die Absichten des Kündigenden erhält (*BAG* 20.1.2016 – 6 AZR 782/14, Rn 14 f.). Der Empfänger muss erkennen können, dass das Arbeitsverhältnis beendet werden soll. Daran kann es fehlen, wenn nur von »vorübergehender Ausstellung« die Rede ist. Der **Beendigungswille** kommt auch nicht hinreichend klar zum Ausdruck, wenn die Kündigung mit einer auflösenden Bedingung versehen ist (*BAG* 15.3.2001 – 2 AZR 705/99: »Die Kündigung wird gegenstandslos, wenn der auslaufende Bewachungsauftrag neu erteilt wird«). Ferner muss für den Kündigungsempfänger der beabsichtigte **Beendigungszeitpunkt** erkennbar sein. Daher muss sich aus der Kündigungserklärung oder den Umständen ergeben, ob eine fristgemäße oder eine fristlose Kündigung gewollt ist (*BAG* 10.4.2014 – 2 AZR 647/13, Rn 14). Bei einer außerordentlichen Kündigung muss der Wille, aus wichtigem Grund zu kündigen, erkennbar werden (*BAG* 15.12.2005 – 2 AZR 148/05, Rn 25; 21.9.2017 – 2 AZR 57/17, Rn 50; 26.10.2017 – 6 AZR 158/16, Rn 13). Im Fall einer ordentlichen Kündigung genügt regelmäßig die Angabe des Kündigungstermins oder der Kündigungsfrist. Eine Kündigung ist allerdings nicht auslegungsfähig und damit nicht hinreichend bestimmt, wenn in der Erklärung mehrere Termine für die Beendigung des Arbeitsverhältnisses genannt werden und für den Erklärungsempfänger nicht erkennbar ist, welcher Termin gelten soll (*BAG* 10.4.2014 – 2 AZR 647/13, Rn 18; zur Auslegbarkeit einer ordentlichen Kündigung mit fehlerhafter Kündigungsfrist vgl. *BAG* 15.5.2013 – 5 AZR 130/12, Rn 16 f.). Eine Kündigung »**zum nächstzulässigen Termin**« genügt dem Bestimmtheitsgebot, wenn dem Erklärungsempfänger die Dauer der Kündigungsfrist bekannt oder für ihn bestimmbar ist (*BAG* 20.6.2013 – 6 AZR 805/11, Rn 20). Die maßgeblichen Kündigungsfrist kann sich aus Angaben im Kündigungsschreiben (*BAG* 20.06.2013 – 6 AZR 805/11, Rn 15: Hinweis auf die maßgeblichen gesetzlichen oder tariflichen Regelungen; 22.9.2016 – 2 AZR 276/16, Rn 62: durch den Zusatz »dies ist nach unserer Berechnung der (Datum)«) oder aus einer vertraglich in Bezug genommenen tariflichen Regelung ergeben (*BAG* 20.1.2016 – 6 AZR 782/14, Rn 16). Eine nicht hinreichend bestimmte Kündigung ist unwirksam. Es handelt sich dabei um einen Rechtsunwirksamkeitsgrund, der nicht von § 13 Abs. 3 KSchG iVm § 4 S. 1 KSchG erfasst wird und daher außerhalb der Dreiwochenfrist erfolgreich geltend gemacht werden kann.

VI. Materiell- und verfahrensrechtlichen Folgen

1. Grundsatz

147 Auf alle sonstigen Unwirksamkeitsgründe iSd § 13 Abs. 3 KSchG ist das **KSchG mit Ausnahme der §§ 4 bis 7 KSchG nicht anzuwenden**. Die Unwirksamkeit der Kündigung ist nach der Neuregelung durch das Gesetz zu Reformen am Arbeitsmarkt grds. nach § 4 S. 1 KSchG innerhalb der Dreiwochenfrist mittels Feststellungsantrag nach § 4 S. 1 2. Hs. KSchG beim ArbG geltend zu machen (zur Erhebung einer Kündigungsschutzklage in der Berufungsinstanz s. *BAG* 14.12.2017 – 2 AZR 86/17, Rn 16; zur Erhebung einer Kündigungsschutzklage im Wege der Anschlussberufung s. *BAG* 10.12.2020 – 2 AZR 308/20, Rn 16 ff.). Die Einbeziehung nahezu aller Unwirksamkeitsgründe in die Verpflichtung, das ArbG binnen der Dreiwochenfrist anzurufen, ist die wichtigste Konsequenz des § 13 Abs. 3 KSchG in der ab 1.1.2004 geltenden Fassung.

2. Verwirkung des Klagerechts

Für die Erhebung einer Klage gegen eine aus Gründen unwirksame Kündigung, die nicht von § 13 Abs. 3 KSchG iVm § 4 S. 1 KSchG erfasst sind, ist eine Klagefrist nicht vorgeschrieben. Das betrifft insbes. Fälle der formunwirksamen, weil nicht dem Schriftformgebot des § 623 BGB entsprechenden Kündigungserklärung. Gleichwohl kann das **Recht zur Geltendmachung der Unwirksamkeit** einer Kündigung nach § 242 BGB – Treu und Glauben – **verwirken** (»Prozessverwirkung«). Es handelt sich dabei um einen Sonderfall der unzulässigen Rechtsausübung, der ausschließen soll, dass Rechte illoyal verspätet geltend gemacht werden (*BAG* 25.3.2004 – 2 AZR 295/03; 25.11.2010 – 2 AZR 323/09, Rn 20; bei der Eigenkündigung des Arbeitnehmers *BAG* 21.9.2017 – 2 AZR 57/17, Rn 29). Dies ist dann der Fall, wenn (1) seit der Möglichkeit, das Recht in Anspruch zu nehmen, längere Zeit verstrichen ist (**Zeitmoment**), (2) besondere Umstände hinzutreten, die die verspätete Inanspruchnahme als Verstoß gegen Treu und Glauben erscheinen lassen (**Umstandsmoment**), und (3) der Verpflichtete im Vertrauen auf das Verhalten des Berechtigten in seinen Vorkehrungen und Maßnahmen so eingerichtet haben, dass ihm durch die verspätete Durchsetzung des Rechts ein unzumutbarer Nachteil entstehen würde (**Zumutsbarkeitsmoment**). Das Umstandsmoment liegt dann vor, wenn der Verpflichtete bei objektiver Betrachtung aus dem Verhalten des Berechtigten entnehmen durfte, dass dieser sein Recht nicht mehr geltend machen werde; der Berechtigte muss unter Umständen untätig geblieben sein, unter denen vernünftigerweise etwas zur Wahrung des Rechts unternommen zu werden pflegt (s. etwa *BAG* 25.1.2018 – 8 AZR 524/16, Rn 29; 21.8.2008 – 8 AZR 201/07, Rn 32 ff.: Rücknahme einer zunächst eingelegten Kündigungsschutzklage; grdl. *BVerfG* 26.1.1972 – 2 BvR 255/67 – BVerfGE 32, 305; umfangreiche Nachw. zur Rspr. bei KR-*Klose* § 7 KSchG Rdn 36 ff.).

Dabei ist die Verwirkung nicht auf materiell-rechtliche Rechtspositionen beschränkt, sondern umfasst auch die **Möglichkeit zur gerichtlichen Rechtskontrolle** (*BAG* 2.11.1961 – 2 AZR 66/61; 6.11.1997 – 2 AZR 162/97; 24.5.2006 – 7 AZR 365/05, Rn 20). Das kann auch dann noch der Fall sein, wenn ein bereits rechtshängiges Verfahren über längere Zeit nicht fortbetrieben wurde (*BAG* 26.3.1987 – 8 AZR 54/86; 25.11.2010 – 2 AZR 323/09, Rn 21). Bei einer Verwirkung des Klagerechts ist im Hinblick auf Art. 19 Abs. 4 GG allerdings darauf zu achten, dass der Weg zu den Gerichten nicht in unzumutbarer, aus Sachgründen nicht mehr zu rechtfertigenden Weise erschwert wird. Dies ist bei den an das Zeit- und Umstandsmoment zu stellenden Anforderungen zu berücksichtigen. Im anhängigen Rechtsstreit kann der Verlust des Klagerechts nur in begrenzten Ausnahmefällen in Betracht kommen (*BAG* 24.5.2006 – 7 AZR 365/05, Rn 20; 25.11.2010 – 2 AZR 323/09, Rn 22 mwN). Bei der **Änderungskündigung** gilt dies entsprechend, und zwar auch dann, wenn sie unter Vorbehalt angenommen wurde (*BAG* 28.5.1998 – 2 AZR 615/97; zur Verwirkung des Klagerechts bei analoger Anwendung des § 4 Abs. 4 KSchG auf eine Bedingungskontrollklage *BAG* 9.2.2011 – 7 AZR 221/10, Rn 13).

Die Beseitigung der Ungewissheit über den Bestand oder Nichtbestand einer ausgesprochenen Kündigung in absehbarer Zeit ist nicht nur für den unmittelbar betroffenen Arbeitgeber und Arbeitnehmer von Bedeutung, sondern auch für **Dritte**, die Ansprüche aus abgeleitetem Recht geltend machen wollen (zB § 616 Abs. 2 BGB, § 3 EFZG iVm § 115 SGB X) und sich dabei ebenfalls auf die Unwirksamkeit einer Kündigung berufen können soll (*BAG* 29.11.1978 – 5 AZR 457/77).

3. Klageart

Da § 4 S. 1 KSchG eingreift, handelt es sich um eine **Feststellungsklage iS dieser Bestimmung**. Die punktuelle Streitgegenstandstheorie – Angriff auf die eine bestimmte Kündigung – ist auf die von § 13 Abs. 3 KSchG erfassten Fälle ausgedehnt worden. Für eine Feststellungsklage iSd § 256 ZPO bleiben nur noch die wenigen Fälle, die von § 13 Abs. 3 KSchG iVm § 4 S. 1 KSchG nicht erfasst sind (s. iE KR-*Klose* § 4 KSchG Rdn 36 ff., 47 ff.).

4. Darlegungs- und Beweislast

152 Beruft sich der Arbeitnehmer auf andere Rechtsunwirksamkeitsgründe iSd § 13 Abs. 3 KSchG iVm § 4 S. 1 KSchG, so verbleibt es grds. bei der **allgemeinen Darlegungs- und Beweislast**, dass derjenige, der eine günstige Rechtsfolge für sich in Anspruch nimmt, die Tatsachen, die diese Rechtsfolge voraussetzt, behaupten und notfalls beweisen muss. Der Arbeitnehmer hat grds. die Voraussetzungen des besonderen Kündigungsschutzes, von vertraglichen Kündigungsbeschränkungen oder anderen Tatsachen, die die Unwirksamkeit der Kündigung begründen, darzulegen und ggf. zu beweisen (BAG 28.9.1972 – 2 AZR 469/71; 12.9.1985 – 2 AZR 501/84). Dem Arbeitnehmer stehen allerdings die Grundsätze der abgestuften Darlegungs- und Beweislast (BAG 21.2.2001 – 2 AZR 15/00; 26.6.2008 – 2 AZR 264/07, Rn 17 ff.; 23.10.2008 – 2 AZR 131/07, Rn 29 f.; 2.3.2017 – 2 AZR 427/16, Rn 12) zur Seite (zur Ausnahme iRd Betriebsratsanhörung nach § 102 BetrVG KR-*Rinck* § 102 BetrVG Rdn 252 ff. mwN).

5. Nichtanwendbarkeit der §§ 9 bis 12 KSchG

a) Auflösungsantrag des Arbeitgebers

153 Nach dem Wortlaut des § 13 Abs. 3 KSchG ergibt sich die generelle Nichtanwendbarkeit der §§ 9 bis 12 KSchG auf die aus anderen Gründen rechtsunwirksame Kündigung. Das betrifft zunächst den Auflösungsantrag des Arbeitgebers. Er kann die Auflösung des Arbeitsverhältnisses nur verlangen, wenn die Kündigung nur sozialwidrig ist. Ist die Kündigung **nicht nur sozialwidrig, sondern auch aus anderen Gründen nichtig**, so kann der **Arbeitgeber nicht die Auflösung** des Arbeitsverhältnisses begehren (BAG 9.10.1979 – 6 AZR 1059/77; 28.8.2008 – 2 AZR 63/07, Rn 27 ff.; 24.11.2011 – 2 AZR 429/10 – Rn 19, die eingelegte Verfassungsbeschwerde wurde nicht zur Entscheidung angenommen, BVerfG 28.6.2014 – 1 BvR 1157/12; 22.9.2016 – 2 AZR 700/15, Rn 34; 13.12.2018 – 2 AZR 378/18, Rn 35; aA *Auffarth* DB 1969, 528 Fn. 5; SPV-*Vossen* Rn 2098 ff.; KR-*Spilger* § 9 KSchG Rdn 31 ff.). Das gilt nur dann nicht, wenn die Norm, aus der die Unwirksamkeit der Kündigung folgt, nicht den Zweck verfolgt, dem Arbeitnehmer einen zusätzlichen Schutz zu verschaffen, sondern allein der Wahrung der Interessen Dritten dient. In diesem Fall ist es nicht einzusehen, dass die Vergünstigung eines Auflösungsantrages nach § 9 KSchG in einem solchen Fall dem Arbeitgeber bei sozialwidriger Kündigung verwehrt sein soll (BAG 10.11.1994 – 2 AZR 207/94; 28.8.2008 – 2 AZR 63/07, Rn 27 ff. mwN zu den abw. Auff.; 28.5.2009 – 2 AZR 949/07, Rn 15; 13.12.2018 – 2 AZR 378/18, Rn 35).

b) Auflösungsantrag des Arbeitnehmers

154 Der Arbeitnehmer ist nach überwiegender Auffassung **gehindert**, im Falle der Unwirksamkeit der Kündigung (lediglich) aus anderen Gründen einen **Auflösungsantrag zu stellen**. Er kann bei Vorliegen der Voraussetzungen des § 626 BGB seinerseits außerordentlich fristlos kündigen und bei schuldhaftem Handeln des Arbeitgebers nach § 628 Abs. 2 BGB Schadensersatz verlangen (MüKo-BGB/*Hergenröder* § 13 KSchG Rn 64; HaKo-KSchR/*Gieseler* Rn 91).

155 Das hat zur Folge, dass die §§ 9–12 KSchG nur dann anwendbar sind, wenn die Kündigung **zumindest auch sozialwidrig** ist oder es am wichtigen Grund für eine außerordentliche Kündigung ermangelt (§ 13 Abs. 1 KSchG), wobei im letzteren Fall nach ausdrücklicher Vorschrift des § 13 Abs. 1 S. 3 KSchG nur der Arbeitnehmer einen Auflösungsantrag stellen kann (BAG 29.1.1981 – 2 AZR 1055/78; 26.8.1993 – 2 AZR 159/93; 16.9.1993 – 2 AZR 267/93; anders noch *Friedrich/Treber* KR 11. Aufl., Rn 249 f.).

156 Dem Arbeitnehmer bleibt es unbenommen, neben einer Unwirksamkeit der Kündigung iSd Abs. 3 auch deren Sozialwidrigkeit oder die Voraussetzungen nach Abs. 1 oder Abs. 2 geltend zu machen, um einen Auflösungsantrag stellen zu können. Ist einer solcher Grund gegeben, kann er einen Auflösungsantrag nach § 9 Abs. 1 KSchG (BAG 29.1.1981 – 2 AZR 1055/78; 20.3.1997 – 8 AZR 769/95) oder nach § 13 Abs. 1 S. 3 bzw. § 13 Abs. 2 iVm § 9 Abs. 1 KSchG stellen (HaKo-KSchR/*Gieseler* Rn 66).

§ 14 KSchG Angestellte in leitender Stellung

(1) Die Vorschriften dieses Abschnitts gelten nicht
1. in Betrieben einer juristischen Person für die Mitglieder des Organs, das zur gesetzlichen Vertretung der juristischen Person berufen ist,
2. in Betrieben einer Personengesamtheit für die durch Gesetz, Satzung oder Gesellschaftsvertrag zur Vertretung der Personengesamtheit berufenen Personen.

(2) ¹Auf Geschäftsführer, Betriebsleiter und ähnliche leitende Angestellte, soweit diese zur selbständigen Einstellung oder Entlassung von Arbeitnehmern berechtigt sind, finden die Vorschriften dieses Abschnitts mit Ausnahme des § 3 Anwendung. ²§ 9 Abs. 1 Satz 2 findet mit der Maßgabe Anwendung, daß der Antrag des Arbeitgebers auf Auflösung des Arbeitsverhältnisses keiner Begründung bedarf.

Übersicht	Rdn			Rdn
A. Sinn und Zweck der Regelung	1	II.	Eingeschränkte Geltung des Ersten Abschnitts des KSchG	46
B. Ausgenommene Personengruppen (§ 14 Abs. 1 KSchG)	6	1.	Ausschluss des § 3 KSchG	47
I. Gesetzliche Vertreter von juristischen Personen	6	2.	Modifizierung des § 9 Abs. 1 S. 2 KSchG	49
II. Organschaftliche Vertreter von Personengesamtheiten	23	III.	Besonderheiten bei der Anwendung des Allgemeinen Kündigungsschutzes (§§ 1–13 KSchG)	59
C. Leitende Angestellte (§ 14 Abs. 2 KSchG)	30	IV.	Bürgerlich-rechtliche Unwirksamkeitsgründe	60
I. Begriff	30			
1. Gesetzestechnik	31	V.	Massenkündigungsschutz (§ 17 Abs. 3 Nr. 3 KSchG)	62
2. Merkmale des Oberbegriffs des leitenden Angestellten	33	VI.	Kollektiver Kündigungsschutz	63
3. Begriff des »Geschäftsführers« und des »Betriebsleiters«	34	VII.	Besonderer Kündigungsschutz	68
		1.	Sonderkündigungsschutz nach § 15 KSchG	68
4. Begriff des »ähnlichen leitenden Angestellten«	35	2.	Schwerbehinderten-Kündigungsschutz	72
5. Kapitäne und die übrigen leitenden Angestellten der Besatzungen von Seeschiffen, Binnenschiffen und Luftfahrzeugen (§ 24 Abs. 5 KSchG)	40	3.	Mutterschutzrechtlicher Kündigungsschutz	73
		4.	Sonderkündigungsschutz nach § 18 BEEG und § 5 PflegeZG	74
6. Risikoträger iSd. Institutsvergütungsverordnung (§ 25a Abs. 5a KWG)	41	VIII.	Kündigungsfristen	75
		IX.	Befristung	76

A. Sinn und Zweck der Regelung

§ 14 KSchG, der seine jetzige Fassung durch das **Erste Arbeitsrechtsbereinigungsgesetz** vom 14.8.1969 (BGBl. I S. 1106) erhalten hat (s. zur Entstehungsgeschichte *Rost* KR 11. Aufl., § 14 KSchG Rn 1 ff.; zur geschichtlichen Entwicklung des Kündigungsschutzes für leitende Angestellte vgl. auch *Hromadka* FS 50 Jahre BAG S. 396 f.; *Rumler* S. 5. ff.; *Schipp* S. 49 ff.; *BAG* 18.10.2000 – 2 AZR 465/99, zu II 2 b aa der Gründe), enthält eine **Ausnahmeregelung**, die dem besonderen Status der in dieser Norm genannten Personengruppen Rechnung trägt (Bader/Bram-*Suckow* Rn 1, 3). § 14 Abs. 1 KSchG klammert Organmitglieder juristischer Personen und Vertreter von Personengesamtheiten aus dem Anwendungsbereich des allgemeinen Kündigungsschutzes aus, unabhängig von dem der organschaftlichen Stellung zugrundeliegenden Rechtsverhältnis. Die Gesetzesüberschrift »Angestellte in leitender Stellung« ist insofern zu eng, als die in § 14 Abs. 1 Nr. 1 und Nr. 2 KSchG erwähnten Personengruppen idR nicht in einem persönlichen Abhängigkeitsverhältnis zum Arbeitgeber stehen und daher keine Arbeitnehmer sind. Die Bestimmung hat insofern nur **klarstellende Bedeutung** (*BAG* 21.9.2017 – 2 AZR 865/16, Rn 19; 17.1.2002 – 2 AZR 719/00, zu II

1

1a der Gründe mwN; DDZ-*Deinert/Callsen* Rn 1; LSSW-*Wertheimer* Rn 1; Bader/Bram-*Suckow* Rn 3). Ausgestaltet ist die Vorschrift des § 14 Abs. 1 KSchG als **negative Fiktion** (*BAG* 21.9.2017 – 2 AZR 865/16, Rn 12; 23.2.2017 – 6 AZR 665/15, Rn 34; 17.1.2002 – 2 AZR 719/00, zu II 1a der Gründe mwN; *Zaumseil* NZA 2020, 1448; aA *LKB-Bayreuther* Rn 2) und knüpft allein an die **organschaftliche Stellung** des dort erwähnten Personenkreises an; und zwar unabhängig davon, ob das der organschaftlichen Stellung zugrunde liegende Vertragsverhältnis als unentgeltlicher Auftrag (§§ 662 ff. BGB), als Dienstvertrag (§§ 611, 675 BGB) oder als Arbeitsverhältnis iSd § 611a BGB zu qualifizieren ist (*BAG* 23.2.2017 – 6 AZR 665/15, Rn 37; 25.10.2007 – 6 AZR 1045/06, Rn 22; 17.1.2002 – 2 AZR 719/00, zu II 1 a der Gründe mwN; LSSW-*Wertheimer* Rn 1; abw. *Groß* S. 342, der den Kündigungsschutz auf weisungsgebundene GmbH-Geschäftsführer erstrecken will). Maßgebend dafür ist die Erwägung, dass der gesetzliche Vertreter das Willensorgan der juristischen Person oder Personengesamtheit ist, durch das sie handelt, das für sie damit auch die Arbeitgeberfunktionen ausüben muss und deshalb in jedem Falle von dem allgemeinen Kündigungsschutz ausgeschlossen sein soll (*BAG* 17.1.2002 – 2 AZR 719/00, zu II 1 a der Gründe mwN; *Boemke* RdA 2018, 1, 17; *Reinfelder* RdA 2016, 87, 93; zur »Arbeitgeberähnlichkeit« des Fremdgeschäftsführers einer GmbH siehe *BAG* 21.1.2019 – 9 AZB 23/18, Rn 39; krit. zu dieser Entscheidung des BAG *Lunk* NJW 2019, 1565, 1566 f.). Hinzu kommt, dass die Organmitgliedschaft ein besonderes Vertrauen von Seiten der Gesellschaft voraussetzt. Fehlt das für eine Beibehaltung der Organstellung notwendige Vertrauen, entfällt regelmäßig auch die Basis für eine Fortsetzung des zugrundeliegenden Anstellungsverhältnisses. Der der Organstellung zugrundeliegende Anstellungsvertrag soll daher, selbst wenn es sich dabei um ein Arbeitsverhältnis handelt, ohne das Erfordernis der sozialen Rechtfertigung iSd § 1 Abs. 2 KSchG gekündigt werden können (*BAG* 21.9.2017 – 2 AZR 865/16, Rn 30). Da der verfassungsrechtlich gebotene Mindestschutz des Arbeitsplatzes vor Verlust durch private Disposition (*BVerfG* 27.1.1998 – 1 BvL 15/87, zu B I 3 b cc der Gründe) durch den Ausschluss des ersten Abschnitts des KSchG nicht berührt wird, ist diese **Regelung mit Art. 12 Abs. 1 GG vereinbar** (*BAG* 21.9.2017 – 2 AZR 865/16, Rn 28 ff. für § 14 Abs. 1 Nr. 1 KSchG; vgl. a. *LKB-Bayreuther* Rn 3). Dient die Bestellung eines Arbeitnehmers zum Organ (zB zum Geschäftsführer einer GmbH) ausschließlich dazu, diesen alsbald ohne Kündigungsschutz kündigen zu können, kann im Einzelfall die **das Berufen auf die Organstellung rechtsmissbräuchlich** sein (vgl. *BAG* 21.9.2017 – 2 AZR 865/16, Rn 35; *LAG München* 9.12.2019 – 4 Sa 398/19, Rn 45, juris; 12.6.2019 – 20 Sa 1689/18, Rn 65, juris).

2 Dagegen sind die in § 14 Abs. 2 KSchG genannten **leitenden Angestellten** Arbeitnehmer iSd § 611a BGB. Für sie gilt – im Gegensatz zur Rechtslage bis zum Inkrafttreten des Ersten Arbeitsrechtsbereinigungsgesetzes vom 14.8.1969 (s. iE *BAG* 18.10.2000 – 2 AZR 465/99) – der allgemeine Kündigungsschutz nach den §§ 1–13 KSchG mit Ausnahme des § 3 KSchG. Zudem wird der Schutz vor sozial ungerechtfertigten Kündigungen zum **bloßen Abfindungsschutz** (vgl. auch die Überlegungen zur Abschaffung des Kündigungsschutzes für »Spitzenverdiener« von *Aldenhoff* NZA 2010, 800, 802; krit. zum ganzen Konzept auch *Bauer/von Medem* NZA 2013, 1233 sowie *Bayreuther* NZA 2013, 1238 – beide mit Überlegungen zu rechtlichen Sonderregelungen für »unternehmerähnliche Arbeitnehmer«) abgeschwächt, weil der Arbeitgeber in den Fällen einer – nach hL allerdings nur (s. Rdn 51 f.) – sozialwidrigen Kündigung stets die Auflösung des Arbeitsverhältnisses durchsetzen kann, ohne hierfür eine Begründung geben zu müssen (§ 14 Abs. 2 S. 2 KSchG). Ausschlaggebend für diese Regelung war für den Gesetzgeber die Erwägung (vgl. BT-Drucks. V/3913 zu Art. 1 Nr. 9), dass die leitenden Angestellten wegen ihrer sozialen Schutzbedürftigkeit zwar grds. dem allg. Kündigungsschutz unterstellt werden sollen, der Arbeitgeber aber wegen der **besonderen Vertrauensstellung** der leitenden Angestellten idR ein verstärktes Interesse an einer Auflösung des Arbeitsverhältnisses habe (APS-*Biebl* Rn 4, 29; Bader/Bram-*Suckow* Rn 24; MüKo-BGB/*Hergenröder* Rn 2; zur Kritik an diesem Merkmal vgl. *Martens* Das Arbeitsrecht der leitenden Angestellten, 1982, S. 195 f.). Diese Annahme trifft nur auf solche Fälle zu, in denen einem leitenden Angestellten wegen Fortfalls der Vertrauensgrundlage gekündigt wird (vgl. auch HK-*Dorndorf* Rn 31; KPK-*Bengelsdorf* Teil H § 14 Rn 2; s.a. Rdn 49). Liegen die Kündigungsgründe dagegen nicht im Vertrauensbereich (zB Kündigung aus Rationalisierungsgründen, Krankheit), so besteht an sich

kein Anlass, dem Arbeitgeber eine leichtere Lösungsmöglichkeit einzuräumen (vgl. schon *Herschel* DB 1961, 67; s.a. *Hromadka* FS 50 Jahre BAG, S. 400: Vorschlag eines gespaltenen Kündigungsschutzes; *ders.* ZfA 2002, 397 ff.; zum Ganzen *Rost* FS Wißmann, S. 62 f.). Wie wenig tragfähig im Übrigen der Vertrauensgesichtspunkt ist, ergibt sich daraus, dass in der Praxis des Arbeitslebens zahlreiche Arbeitnehmer (zB Buchhalter, Kassierer, Kontrolleure, Prüfer) Vertrauensstellungen innehaben, ohne dass sie zum Kreis der in § 14 Abs. 2 KSchG genannten leitenden Angestellten gehören. Ein besonders enges Vertrauensverhältnis gehört auch nicht zu den konstitutiven Merkmalen eines leitenden Angestellten iSd § 5 Abs. 3 BetrVG (*BAG* 29.1.1980 – 1 ABR 45/79). Das entsprechende Tatbestandsmerkmal in § 4 Abs. 2 lit. c BetrVG 1952 ist durch § 5 Abs. 3 BetrVG aufgegeben worden (vgl. hierzu BT-Drucks. VI/1806 S. 36).

Die **gesetzliche Differenzierung** zwischen Organvertretern von juristischen Personen sowie Vertretern von Personengesamtheiten (§ 14 Abs. 1 Nr. 1 und Nr. 2 KSchG) und Geschäftsführern, Betriebsleitern und ähnlichen leitenden Angestellten (§ 14 Abs. 2 KSchG) **verstößt** – auch soweit es sich bei den Organvertretern um Arbeitnehmer handelt – **nicht gegen den allgemeinen Gleichheitssatz des Art. 3 Abs. 1 GG** (für § 14 Abs. 1 Nr. 1 KSchG *BAG* 21.9.2017 – 2 AZR 865/16, Rn 32 ff.). Den die Differenzierung rechtfertigenden Sachgrund für die Herausnahme der Organvertreter juristischer Personen (§ 14 Abs. 1 Nr. 1 KSchG) aus dem allg. Kündigungsschutz sieht das *BAG* in der mit ihrem Amt verbundenen Rechtsstellung. Durch die gesetzlichen und nach außen nicht beschränkbaren Vertretungsbefugnisse (etwa § 37 Abs. 2 GmbHG, § 82 Abs. 1 AktG oder § 27 Abs. 2 S. 1 GenG) unterscheidet sich der Organvertreter juristischer Personen grundlegend von anderen leitenden oder nichtleitenden Arbeitnehmern (*BAG* 21.9.2017 – 2 AZR 865/16, Rn 34; zur »Arbeitgeberähnlichkeit« des Fremdgeschäftsführers einer GmbH siehe *BAG* 21.1.2019 – 9 AZB 23/18, Rn 39). Dem ist zuzustimmen. Zwar sind nicht alle gesetzlichen Organvertreter juristischer Personen mit gesetzlich nach außen unbeschränkbaren Vertretungsbefugnissen ausgestattet. So kann bspw. nach § 26 Abs. 1 S. 3 BGB der Umfang der Vertretungsmacht des Vereinsvorstands durch die Satzung mit Wirkung gegen Dritte beschränkt werden. Jedoch ist auch diese Beschränkungsmöglichkeit ihrerseits nicht unbegrenzt. Vielmehr muss der Vereinsvorstand als gesetzlicher Vertreter (§ 26 Abs. 2 S. 1 BGB) innerhalb des Vereinszwecks stets – jedenfalls unter Beachtung satzungsmäßiger Bindungen wie zB der vorherigen Zustimmung der Mitgliederversammlung – Rechte und Pflichten für den Verein begründen können (MüKo-BGB/*Arnold* § 26 BGB Rn 13). Die gleichen Erwägungen gelten hinsichtlich der Vertreter von Personengesamtheiten (§ 14 Abs. 1 Nr. 2 KSchG), die – sollten sie ausnahmsweise Arbeitnehmer sein – nur dann vom allgemeinen Kündigungsschutz ausgenommen sind, wenn sie nicht von der Vertretung ausgeschlossen sind (s. Rdn 24, 26; s.a. APS/*Biebl* Rn 7). Die Geltung des KSchG kann allerdings individualvertraglich vereinbart werden (*BGH* 10.5.2010 – II ZR 70/09, Rn 8; *BAG* 21.9.2017 – 2 AZR 865/16, Rn 34; *Boemke* RdA 2018, 1, 17, 21; *Stagat* NZA-RR 2011, 617; *ders.* NZA 2010, 975; s.a. Rdn 49).

Die Entscheidung des *EuGH* vom 11.11.2010 (– C-232/09 [Danosa]), wonach Arbeitnehmerschutz iSd Richtlinie 92/85/EWG des Rates v. 19.10.1992 auch für eine schwangere Geschäftsführerin gewährt wird, wenn sie faktisch abhängig – nämlich nach Weisung oder unter Aufsicht eines anderen Organs der Gesellschaft – beschäftigt ist, hat große »Unruhe« in der arbeitsrechtlichen wie gesellschaftsrechtlichen Literatur hervorgerufen (dazu nur *Commandeur/Kleinebrink* NZA-RR 2017, 449; *Reinfelder* RdA 2016, 87; *Preis/Sagan* ZGR 2013, 26; *Schubert* ZESAR 2013, 5; *Fischer* NJW 2011, 2329; *Forst* GmbHR 2012, 821; *Junker* NZA 2011, 950; *Lunk/Rodenbusch* GmbHR 2012, 188; *Oberthür* NZA 2011, 253; *Reiserer* DB 2011, 2262 ff.; *Wank* RdA 2011, 178). Für noch größere »Unruhe« (so *Reinfelder* RdA 2016, 87, 94) hat die Entscheidung des *EuGH* vom 9.7.2015 (– C-229/14 [Balkaya]) zur Massenentlassungs-RL 98/59/EG gesorgt, die unmittelbar das deutsche Recht betraf. Der *EuGH* kam zu dem Ergebnis, dass der in Frage stehende Fremd-Geschäftsführer einer (kleinen) GmbH als Arbeitnehmer iSd Massenentlassungs-RL anzusehen sei (krit. etwa *Morgenbrodt* ZESAR 2017, 17; *Giesen* ZfA 2016, 47; *Hohenstatt/Naber* EuZA 2016, 22; *Lunk* NZA 2015, 917; *Lunk/Hildebrand* NZA 2016, 129; *Weber* NZA 2016, 727; *Weber/Zimmer* EuZA 2016, 224; *Ulrici* jurisPR-ArbR 35/2015; zust. *Lindemann* EWiR 2015, 553 f.; erläuternd *Boemke* RdA 2018, 1, *Commandeur/Kleinebrink* NZA-RR 2017, 449; *Reinfelder* RdA 2016, 87; *Sittad/Köllmann* jM 2016, 458). Diese Entscheidungen warfen u.a. die Frage auf, ob und inwieweit **arbeitsrechtliche Schutzvorschriften auch auf »Arbeitnehmer-Fremdgeschäftsführer« anzuwenden** sind, ob die derzeitigen nationalen Gesetze einer entsprechenden richtlinienkonformen Auslegung zugänglich sind und ob nicht überhaupt der nationale Arbeitnehmerbegriff von dem weiteren **unionsrechtlichen Arbeitnehmerbegriff** (dazu iE KR-*Kreutzberg-Kowalczyk* ArbNähnl. Pers. Rdn 18 mwN; dazu auch *Boemke* RdA 2018, 1 [5 ff.]) abgelöst wird. Letztere Frage hat der nationale Gesetzgeber beantwortet, indem er sich mit dem implizit in § 611a BGB geregelten Arbeitnehmerbegriff – entgegen der Forderung einzelner Stimmen in der Literatur (zB *Lunk* NZA 2015, 917) – gegen die Übernahme des unionsrechtlichen Arbeitnehmerbegriffs in das nationale Recht entschieden hat. Der Entscheidung des *EuGH* in der Rechtssache Danosa hat der nationale Gesetzgeber durch die seit dem 1.1.2018 geltende Neufassung des MuSchG (Gesetz zum Schutz von Müttern bei der Arbeit, in der Ausbildung und im Studium, BGBl. I S. 1228), dessen Geltungsbereich auch Frauen erfasst, die wegen ihrer wirtschaftlichen Unselbständigkeit als arbeitnehmerähnliche Personen anzusehen sind (§ 1 Abs. 2 Nr. 7 MuSchG nF), Rechnung getragen (vgl. BT-Drucks. 230/16 S. 33 ff., 53 f.).

5 Die gebotene Einbeziehung von Arbeitnehmer-Geschäftsführern im unionsrechtlichen Sinn in den Arbeitnehmerbegriff des § 17 KSchG (s. Rdn 62) sowie in weitere arbeitsrechtliche Schutzvorschriften – wie etwa das MuSchG, das AGG, das BUrlG – wirft die Frage auf, ob nicht das **KSchG insgesamt** anzuwenden ist. Dass dies wegen der Ähnlichkeit der sozialen Stellung insbesondere mit den vom KSchG gem. § 14 Abs. 2 KSchG erfassten leitenden Angestellten rechtspolitisch geboten sei, ist eine schon wiederholt gestellte Forderung. Die derzeitige Gesetzeslage lässt dies aber nicht zu (vgl. auch LSSW-*Wertheimer* Rn 1 – die Bereichsausnahme habe weiter Bestand). § 14 Abs. 1 KSchG nimmt Organvertreter ohne Ausnahme vom Anwendungsbereich des Ersten Abschnitts des KSchG aus. Unionsrechtliche Überlegungen können diese Gesetzeslage nicht überwinden. Der mit dem KSchG eingeräumte allg. Kündigungsschutz setzt keine entsprechenden Richtlinien um (s.a. *Commandeur/Kleinebrink* NZA-RR 2017, 449, 459; *Klasen* BB 2013, 1849, 1853; *LKB-Bayreuther* Rn 8; vgl. a. *Lunk* NZA 2015, 917, 920; *BAG* 21.9.2017 – 2 AZR 865/16, Rn 22 – dient auch nicht der überschießenden Umsetzung des Unionsrechts; zust. *Werner* jM 2019, 12, 18). Es gibt (noch) keinen allg. unionsrechtlichen Kündigungsschutz (*Meyer* NZA 2014, 993, 994; EUArbR/*Schubert* Art. 30 GRC Rn 18, 25). Die mitgliedstaatlichen Regelungen im eigenen Kompetenzbereich sind auch nicht am Maßstab des Art. 30 GRC, nach dem jede Arbeitnehmerin und jeder Arbeitnehmer nach dem Unionsrecht und den einzelstaatlichen Rechtsvorschriften und Gepflogenheiten Anspruch auf Schutz vor ungerechtfertigter Entlassung hat, zu prüfen (*Meyer* NZA 2014, 993, 994 ff.; EUArbR/*Schubert* Art. 30 GRC Rn 25; vgl. *BAG* 21.9.2017 – 2 AZR 865/16, Rn 21; 8.12.2011 – 6 AZN 1371/11, Rn 12). Es ist also nicht vom unionsrechtlichen, sondern vom nationalen Arbeitnehmerbegriff auszugehen (s. aber zu § 17 KSchG KR-*Weigand/Heinkel* Rdn 53 ff.). Soweit aus Art. 30 GRC gefolgert wird, dass die Mitgliedstaaten einen Mindestschutz gegen Entlassungen von Arbeitnehmern vorsehen müssen (vgl. etwa *Fischer* NJW 2011, 2332), wäre dieser Mindestschutz gewährleistet (EUArbR/*Schubert* Art. 30 GRC Rn 25); dies einerseits dadurch, dass in jedem Fall zu prüfen ist, ob die Kündigung gegen die guten Sitten oder gegen Treu und Glauben verstößt. Hinzu kommt ein beachtlicher Schutz, der sich aus einzelnen Gesetzen ergibt, für die vom unionsrechtlichen Arbeitnehmerbegriff auszugehen ist, so etwa aus § 17 MuSchG nF (s. Rdn 4; s.a. *Boemke* RdA 2018, 1 [17 ff.]; bereits zu § 9 MuSchG aF vgl. nur *Gallner* KR 11. Aufl., § 9 MuSchG Rn 25; ErfK-*Schlachter* § 1 MuSchG Rn 3) oder aus dem Diskriminierungsschutz des AGG (zur Anwendung des AGG vgl. nur ErfK-*Schlachter* § 6 AGG Rn 1, 6; *Schleusener/Suckow/Plum* § 6 AGG Rn 32; *Preis/Sagan* ZGR 2013, 26 ff. – alle mwN).

B. Ausgenommene Personengruppen (§ 14 Abs. 1 KSchG)

I. Gesetzliche Vertreter von juristischen Personen

6 Der allgemeine Kündigungsschutz gilt nach § 14 Abs. 1 Nr. 1 KSchG nicht für **gesetzliche Vertreter** von **juristischen Personen**. Maßgeblich für den Ausschluss dieser Personengruppe aus dem kündigungsrechtlichen Bestands- und Abfindungsschutz ist deren organschaftliche Stellung, die sie

zum Repräsentanten der von ihnen vertretenen juristischen Personen macht. Die Ausnahmeregelung bezieht sich nach bisheriger Rspr. nur auf **unmittelbare Organvertreter** (vgl. *BAG* 15.4.1982 – 2 AZR 1101/79; **anders aber zu § 5 ArbGG** *BAG* 20.8.2003 – 5 AZB 79/02; s. iE Rdn 15 und 16). Wegen der Ausgestaltung der Bestimmung iS einer negativen gesetzlichen Fiktion fallen organschaftliche Vertreter einer juristischen Person selbst dann unter diese Ausnahmeregelung, wenn ihr Rechtsverhältnis zur juristischen Person ausnahmsweise nicht als freies Dienstverhältnis, sondern als Arbeitsverhältnis zu qualifizieren ist (für eine teleologische Reduktion bei »unzweifelhafter Arbeitnehmereigenschaft« aber *Groß* S. 341 ff., 367 ff.; dagegen *Henssler* RdA 1992, 293; s.a. Rdn 1, 14). In der Regel wird es aber bei dem betreffenden Personenkreis an der für das Arbeitsverhältnis charakteristischen persönlichen Abhängigkeit fehlen, so dass der Bestimmung des § 14 Abs. 1 Nr. 1 KSchG im Normalfall nur eine klarstellende Funktion zukommt (s. Rdn 1). Dies gilt ebenso für die in § 14 Abs. 1 Nr. 2 KSchG genannten Vertreter von Personengesamtheiten. Die negative Fiktion des § 14 Abs. 1 KSchG betrifft nur **das der Organstellung zugrundeliegende Vertragsverhältnis** und nicht etwa ein daneben auch noch bestehendes Vertragsverhältnis wie zB ein ruhendes Arbeitsverhältnis (*Zaumseil* NZA 2020, 1448, 1450; *Werner* jM 2019, 12, 15 mwN; *Reufels/Volmari* GmbHR 2018, 937; vgl. *BAG* 9.5.1985 – 2 AZR 330/84; 27.6.1985 – 2 AZR 425/84). Für das Arbeitsverhältnis besteht bei einer derartigen Konstellation Kündigungsschutz. Will sich der gekündigte Organvertreter darauf berufen, es hätten zwei schuldrechtliche Rechtsverhältnisse bestanden, hat er iE die Tatsachen darzulegen, aus denen sich ergeben soll, dass eine klar unterscheidbare und trennbare Doppelstellung vorlag (*BAG* 25.10.2007 – 6 AZR 1045/06, Rn 15; vgl. auch *Zaumseil* NZA 2020, 1448, 1451). Die **gegenständliche Beschränkung der gesetzlichen Vertretungsmacht** steht der Anwendung des § 14 Abs. 1 Nr. 1 KSchG **nicht entgegen**. Das Gesetz stellt nur auf die Organstellung und die gesetzliche Vertretungsmacht, nicht auf deren Umfang ab (*BAG* 17.1.2002 – 2 AZR 719/00, für Werksleiter des Eigenbetriebs einer bayerischen Gemeinde, der die Gemeinde kraft Gesetzes nur in den laufenden Geschäften vertritt; anders aber zu § 5 ArbGG *BAG* 17.12.2008 – 5 AZB 69/08, Rn 10 für den Werkleiter eines Eigenbetriebes nach der GO Brandenburg). Entsprechend wird auch der besondere Vertreter eines rechtsfähigen Vereins nach § 30 BGB als Organ angesehen (s. Rdn 19). Das *BAG* (17.1.2002 – 2 AZR 719/00, zu II 1 c der Gründe) hat offengelassen, ob auch die Übertragung von lediglich ganz unwesentlichen Teilaufgaben ausreicht, was zu verneinen sein dürfte.

Maßgeblicher Zeitpunkt für das Bestehen einer organschaftlichen Stellung ist grds. der Zugang der Kündigung (*BAG* 21.9.2017 – 2 AZR 856/16, Rn 14; 23.2.2017 – 6 AZR 665/15, Rn 34 mwN). Hat zum Zeitpunkt des Zugangs der Kündigung die Organstellung bestanden, führt ein **späterer Wegfall** nicht zur Anwendbarkeit des ersten Abschnitts des KSchG. § 14 Abs. 1 Nr. 1 KSchG greift – ausgehend vom Gesetzeszweck (s. Rdn 1) – auch bei **Beendigung der Organstellung vor Zugang der Kündigung**, wenn das zu kündigende Vertragsverhältnis schuldrechtliche Grundlage für die Organstellung ist oder ggf. war und solange es um die Kündigung allein dieses Vertragsverhältnisses geht (so auch *Reufels/Volmari* GmbHR 2018, 937, 939; für mit dem Gesetzeswortlaut vereinbar gehalten, aber offengelassen *BAG* 21.9.2017 – 2 AZR 856/16, Rn 17 mit insoweit zust. Anmerkung von *Arnold* ArbRAktuell 2018, 127; **aA** *Rost* KR 11. Aufl., § 14 KSchG Rn 10; ErfK-*Kiel* Rn 4; *Zaumseil* NZA 2020, 1448, 1449). Unanwendbar ist § 14 Abs. 1 Nr. 1 KSchG hingegen dann, wenn nach Beendigung der organschaftlichen Funktion konkludent oder ausdrücklich ein neues oder inhaltlich verändertes Arbeitsverhältnis begründet und anschließend gekündigt wird (s. dazu *BAG* 24.11.2005 – 2 AZR 614/04). Die negative Fiktion des § 14 Abs. 1 KSchG gelangt auch dann nicht zur Anwendung, wenn ein Arbeitnehmer **zum Organvertreter bestellt** wurde, das Arbeitsverhältnis aber nur zum Ruhen gebracht wurde und nach Beendigung der Organstellung eine Kündigung des (ruhenden) Arbeitsverhältnisses ausgesprochen wird. Die Annahme eines derart ruhenden Arbeitsverhältnisses wird jedoch regelmäßig nicht in Betracht kommen (ausf. dazu *Zaumseil* NZA 2020, 1448, 1450 ff.). In den Fällen der zuletzt genannten Art war allerdings nach **früherer Ansicht des BAG** (9.5.1985 – 2 AZR 330/84; vgl. auch *BAG* 18.1.1989 – 7 ABR 62/87; 2.3.1989 – 2 AZR 320/88) im Zweifel anzunehmen, dass das bisherige Arbeitsverhältnis suspendiert und nicht beendet ist. Schon in seiner Entscheidung vom 7.10.1993 (– 2

AZR 260/93) hatte das *BAG* jedenfalls für den Fall, dass ein für eine spätere Anstellung als GmbH-Geschäftsführer vorgesehener Arbeitnehmer zunächst in einem Arbeitsverhältnis beschäftigt wird, die umgekehrte Vermutung aufgestellt, im Zweifel sei anzunehmen, dass das ursprüngliche Arbeitsverhältnis mit Abschluss des Geschäftsführervertrags beendet sei. Es hatte noch offengelassen, ob nicht in Abweichung von der früheren Rspr. (insbes. *BAG* 9.5.1985 – 2 AZR 330/84) generell eher eine Vermutung dafürspricht, dass die Parteien im Zweifel den Arbeitsvertrag aufheben wollten, dabei aber zu erkennen gegeben, dass im **Normalfall wohl von einer solchen automatischen Vertragsumwandlung** auszugehen sei. In der Entscheidung v. 28.9.1995 (– 5 AZB 4/95) hatte das *BAG* angenommen, dass im Zweifel das bisherige Arbeitsverhältnis aufgehoben wird, wenn der Arbeitnehmer eines Vereins zum Vorstandsmitglied bestellt und im Hinblick darauf ein Dienstvertrag mit höheren Bezügen abgeschlossen wird (in diesem Sinne auch *BAG* 18.12.1996 – 5 AZB 25/96; vgl. aber auch *BAG* 20.10.1995 – 5 AZB 5/95, keine Aufhebung des Arbeitsverhältnisses mit der Obergesellschaft bei Bestellung eines Arbeitnehmers zum Geschäftsführer einer konzernabhängigen Gesellschaft). Diese Linie hat das *BAG* in der Entscheidung vom 8.6.2000 (– 2 AZR 207/99) unter ausdrücklicher teilweiser Korrektur des Urt. v. 8.6.1985 (– 2 AZR 330/84) fortgeführt und geht seither davon aus, dass in dem Abschluss eines Geschäftsführer-Dienstvertrags durch einen angestellten Mitarbeiter **im Zweifel die konkludente Aufhebung des bisherigen Arbeitsverhältnisses** liegt. Nicht entscheidend ist, ob der Arbeitnehmer den Dienstvertrag mit einer anderen Gesellschaft oder unmittelbar mit seinem Arbeitgeber abschließt. Nach dem Willen der vertragsschließenden Parteien soll regelmäßig neben dem Dienstverhältnis nicht noch ein Arbeitsverhältnis ruhend fortbestehen. Dem Arbeitnehmer muss im Regelfall klar sein, dass er, wenn anderes nicht vereinbart wird, mit dem Abschluss eines Geschäftsführer-Dienstvertrags seinen Status als Arbeitnehmer aufgibt. Die vertraglichen Beziehungen werden auf eine neue Grundlage gestellt, die bisherige Grundlage verliert ihre Bedeutung. Eine **andere Auslegung kommt nur in Ausnahmefällen in Betracht**, für die zumindest deutliche Anhaltspunkte vorliegen müssen. Hierzu zählt etwa die nur für eine kurze Zeit befristete Übertragung der Geschäftsführerstellung bei sonst unveränderten Vertragsbedingungen. Dagegen spricht zB die Verbesserung der Vergütung in dem Geschäftsführerverhältnis gegen ein ruhend gestelltes Arbeitsverhältnis. Ebenso können die Hoffnung auf eine günstige wirtschaftliche Entwicklung oder ein erhöhtes Sozialprestige den Entschluss zum endgültigen Wechsel in eine Geschäftsführerposition tragen (*BAG* 24.11.2005 – 2 AZR 614/04, Rn 21; 14.6.2006 – 5 AZR 592/05, Rn 18; 19.7.2007 – 6 AZR 774/06, Rn 15; 5.6.2008 – 2 AZR 754/06, Rn 22).

8 Der von der Rechtsprechung vollzogenen Wende zur **Annahme einer konkludenten Aufhebungsvereinbarung** ist hinsichtlich der Auslegung der Parteierklärungen an sich zuzustimmen (s. dazu auch *Bauer* BB 1994, 857; *Bauer/Baeck/Lösler* ZIP 2003, 1821; *Bauer/Arnold* DB 2008, 353; *Boemke* ZfA 1998, 234; ErfK-*Kiel* Rn 5; HK-*Dorndorf* Rn 8; *Hümmerich* NJW 1995, 1177; *Jaeger* NZA 1998, 964; *Kaiser* AR-Blattei SD 70.2 Rn 68, 69; *Kauffmann-Lauven* NJW 2000, 799; *Kamanabrou* DB 2002, 148; *Kitzinger* S. 47; *Knott/Schröter* GmbHR 1996, 238; *LKB-Bayreuther* Rn 11; *Müller-Glöge* FS Hromadka S. 261 f.; *Reiserer* DB 1994, 1825; vgl. auch *Henssler* RdA 1992, 298; *Grunsky* ZIP 1988, 78; aA *Zaumseil* NZA 2020, 1448, 1450 ff.). **Bedenken** gegen die Wirksamkeit einer konkludenten Aufhebungsvereinbarung könnten sich jedoch seit dem 1.5.2000 **aus § 623 BGB** ergeben. Danach bedarf die Beendigung von Arbeitsverhältnissen durch Auflösungsvertrag der **Schriftform**. Eine lediglich konkludente Aufhebung scheidet demzufolge an sich aus (ErfK-*Müller-Glöge* § 623 BGB Rn 5; *Bauer* GmbHR 2000, 767; *Boemke* Jus 2001, 201; *Naegele* BB 2001, 308; *Oetker* EWiR 2000, 246; allg. *Müller-Glöge/von Senden* AuA 2000, 200; *Preis/Gotthardt* NZA 2000, 355; *Reiserer* DB 2006, 1787; einschränkend *Baeck/Hopfner* DB 2000, 1914; *Bauer/Baeck/Lösler* ZIP 2003, 1821; *Kamanabrou* DB 2002, 150; *Niebler/Schmiedl* NZA-RR 2001, 281; offengelassen *BAG* 24.11.2005 – 2 AZR 614/04, Rn 25; s. dann aber *BAG* 19.7.2007 – 6 AZR 774/06, Rn 15 sowie sogleich Rdn 9; allg. zu Rechtsfolgen des Formverstoßes *Caspers* RdA 2001, 28; s. zum Ganzen auch KR-*Spilger* § 623 BGB Rdn 148 ff.).

9 Das **Schriftformgebot schließt die Annahme einer konkludenten Statusänderung jedenfalls dann aus**, wenn die Parteien keinen der Bestellung zum Geschäftsführer zugrundeliegenden schriftlichen Geschäftsführer-Dienstvertrag geschlossen haben. Allein der Bestellungsakt begründet nach der im

deutschen Recht geltenden **Trennungstheorie** noch kein der Organstellung zugrundeliegendes Vertragsverhältnis (dazu etwa mwN *Reufels/Volmari* GmbHR 2018, 937). Soweit es dazu nur **mündliche Abreden** gibt oder man eine in dem anschließenden Tätigwerden konkludente Vertragsänderung sehen wollte, wäre diese wegen fehlender Schriftform unwirksam. Das bestehende Arbeitsverhältnis bestünde fort; entweder **ruhend** neben einem mündlich oder konkludent geschlossenen Geschäftsführer-Dienstvertrag (etwa *Werner* jM 2019, 12, 16; *Reufels/Volmari* GmbHR 2018, 937, 940 f.; *BAG* 15.3.2011 – 10 AZB 32/10, Rn 13 ff.) oder der Arbeitsvertrag wäre schuldrechtliche Grundlage der Organstellung, wenn man davon ausgeht, dass die Parteien bei der Bestellung den Willen hatten, dass es nur einen Vertrag als Grundlage der Geschäftsführertätigkeit geben soll und sich ansonsten keinerlei Gedanken um die vertragliche Grundlage gemacht haben (so *Zaumseil* NZA 2020, 1448, 1451 mwN). Allenfalls in Ausnahmefällen könnte es dem Arbeitnehmer, der zum Geschäftsführer berufen wird, und nach dem Willen der Parteien einen Statuswechsel vollzieht, ohne dass die Schriftform eingehalten ist, ein Berufen auf den Formverstoß nach § 242 BGB verwehrt ist (*Werner* jM 2019, 12, 16; vgl. auch *BAG* 16.9.2004 – 2 AZR 659/03, zu B I 2 der Gründe). Anders verhält es sich bei Abschluss eines **schriftlichen Geschäftsführer-Dienstvertrags**. Auch wenn dieser keine ausdrückliche Regelung über die Aufhebung des Arbeitsverhältnisses enthält, wird vermutet, dass das bis dahin bestehende Arbeitsverhältnis mit Beginn des Geschäftsführer-Dienstverhältnisses einvernehmlich beendet wird, soweit nicht klar und eindeutig vertraglich etwas anderes vereinbart worden ist. Mit der in der Rspr. vertretenen **Andeutungstheorie**, die verlangt, dass der zunächst aus den Umständen außerhalb der Urkunde ermittelte Wille in der Urkunde selbst einen, wenn auch unvollkommenen, Ausdruck gefunden hat (*Palandt/Heinrichs* § 133 BGB Rn 19), wird man regelmäßig eine Wahrung des **Schriftformerfordernis des § 623 BGB für den (konkludenten) Auflösungsvertrag** annehmen können (*BAG* 24.10.2013 – 2 AZR 1078/12, Rn 24; 15.3.2011 – 10 AZB 32/10, Rn 12 mwN zur Rechtsprechung des Zweiten, Fünften und Sechsten Senats; zust. APS-*Biebl* Rn 11; ErfK-*Kiel* Rn 5; ErfK-*Müller-Glöge* § 623 BGB Rn 5a u. 6; *Zaumseil* NZA 2020, 1448, 1449; *Werner* jM 2019, 12, 16; *Müller-Glöge* FS Hromadka S. 267; krit. *LKB-Bayreuther* Rn 14 [Einzelfallprüfung mit mehr Aufmerksamkeit auf die durch § 623 BGB intendierte Beweiswirkung]). Voraussetzung ist allerdings, dass die Parteien des Geschäftsführerdienstvertrags und des Arbeitsvertrags identisch sind. Andernfalls gibt es kein schriftliches Rechtsgeschäft zwischen Arbeitgeber und Arbeitnehmer über die Aufhebung des Arbeitsverhältnisses (*BAG* 24.10.2013 – 2 AZR 1078/12, Rn 24). Das *BAG* weist zu Recht darauf hin, dass der mit § 623 BGB verfolgten Warnfunktion und dem Übereilungsschutz hinreichend genüge getan ist, wenn dem bisherigen Arbeitnehmer mit dem schriftlichen Dienstvertrag verdeutlicht wird, dass die vertragliche Beziehung auf eine neue rechtliche Grundlage gestellt wird. Zur Vermeidung späterer Streitigkeiten **kann trotzdem nur empfohlen werden**, eine **ausdrückliche schriftliche Regelung** über eine beabsichtigte endgültige Aufhebung des bisherigen Arbeitsverhältnisses zu treffen (*Bauer/Baeck/Lösler* ZIP 2003, 1821; *Naegele* BB 2001, 308; *Stück* AuA 2006, 77). Damit ist nicht nur die Schriftform gesichert, sondern vor allem auch in der ersten Stufe – nämlich der Ermittlung des wirklichen Parteiwillens – für die Vertragspartner Klarheit geschaffen. Die Abberufung von Geschäftsführern unterfällt nach § 46 Nr. 5 GmbHG der Bestimmung der Gesellschafter. Dies gilt auch für die mit der Abberufung zusammenhängende Kündigung oder Aufhebung des Anstellungsvertrags (*BAG* 23.2.2017 – 6 AZR 665/15, Rn 41 mwN; *Bauer/Arnold* DB 2008, 350, 354 [Annex-Kompetenz der Gesellschafterversammlung, aber Empfehlung vorsorglicher Vertretung auch durch Geschäftsführer]; so auch *Zaumseil* NZA 2020, 1448, 1450). Zur Notwendigkeit eines Gesellschafterbeschlusses für die Wirksamkeit der Kündigung eines Arbeitsverhältnisses s.a. *Sitzenfrei/Tischer* DB 2008, 1307.

Geht man davon aus, dass es sich bei dem Anstellungsvertrag eines Organvertreters materiellrechtlich wegen entsprechender Weisungsabhängigkeit – wenn auch nur in extremen Ausnahmefällen (vgl. *BAG* 21.1.2019 – 9 AZB 23/18, Rn 24; *Hess. LAG* 28.2.2020 – 10 Ta 434/19, Rn 58, juris; *LAG Köln* 18.1.2018 – 7 Sa 292/17, Rn 31, juris) – auch um ein Arbeitsverhältnis handeln kann (vgl. etwa *Zaumseil* NZA 2020, 1448, 1451; *Kamanabrou* DB 2002, 146; *Wank* FS Wiedemann, 2002, S. 587; s.a. *BAG* 26.5.1999 – 5 AZR 664/98; 17.1.2002 – 2 AZR 719/00; vgl. Rdn 14), könnte man erwägen, dass § 623 BGB in diesem Fall nicht greift, weil es jetzt nur um die Änderung eines Arbeitsvertrages geht. Eine konkludente Änderung des Vertrags wäre formfrei möglich, das alte Arbeitsverhältnis daher im Zweifel abgelöst. Diese Lösung ist jedoch nicht überzeugend. Der Organvertreter gilt aufgrund seiner förmlichen Position entweder nicht als Arbeitnehmer bzw. fällt nicht mehr unter den Schutz eines bestimmten Gesetzes. Er verliert danach also wesentliche Arbeitnehmerrechte unbeschadet der Tatsache, dass er vom Schutzbedürfnis an sich Arbeitnehmer bleibt. Gerade vor dem inhaltlichen Verlust der Arbeitnehmerstellung will aber die Schriftform des § 623 BGB (auch) schützen. Insoweit muss es für die Anwendung des § 623 BGB **ausreichen, dass der jetzige Organvertreter kraft Fiktion seinen Arbeitnehmerstatus verliert** (vgl. auch MüKoBGB-*Henssler* § 623 Rn 28 mwN auch zur Gegenauffassung; *LAG BW* 21.3.2011 – 11 Ta 4/11, Rn 21 mwN, juris).

11 Das Gesetz stellt darauf ab, ob der jeweilige **Betrieb** von einer juristischen Person geführt wird. Dabei ist es ohne Belang, ob die juristische Person einen oder mehrere Betriebe führt. Ausgeschlossen von dem allg. Kündigungsschutz sind die Mitglieder des Organs, das zur gesetzlichen Vertretung der juristischen Person berufen ist. Maßgeblich ist dabei die materielle Rechtslage und nicht der Inhalt des Handelsregisters. Die im § 14 Abs. 1 KSchG enthaltene Anknüpfung an den Begriff des »Betriebs« lässt – im Unterschied zu der insoweit eindeutigen Regelung des § 23 Abs. 1 S. 1 KSchG – offen, ob darunter allein Betriebe zu verstehen sind, die von einer **juristischen Person des Privatrechts** geführt werden. In den von **juristischen Personen des öffentlichen Rechts** geführten Betrieben sind ebenfalls organschaftliche Vertreter tätig, die ähnliche Funktionen wie in der Privatwirtschaft wahrnehmen. Wegen der Vergleichbarkeit der Interessenlage ist davon auszugehen, dass § 14 Abs. 1 Nr. 1 KSchG auch für die nicht beamteten **organschaftlichen Vertreter der juristischen Personen** des **öffentlichen Rechts** (zB Gemeinden, Gemeindezweckverbände, Kreise, Kirchengemeinden, Handwerksinnungen, Berufsgenossenschaften) gilt (*BAG* 17.1.2002 – 2 AZR 719/00; ErfK-*Kiel* Rn 3; APS-*Biebl* Rn 6; HK-*Dorndorf* Rn 4; *LKB-Bayreuther* Rn 5; DDZ-*Deinert/Callsen* Rn 10; LSSW-*Wertheimer* Rn 6; s. aber *BAG* 17.12.2008 – 5 AZB 69/08, Rn 42; s. dazu Rdn 6).

12 Gesetzliche Vertreter bei der **Aktiengesellschaft** sind gem. § 78 Abs. 1 AktG alle Mitglieder des Vorstands, und zwar unabhängig davon, ob ein Vorstandsvorsitzender bestellt ist (§ 84 Abs. 2 AktG). Die Mitglieder des Aufsichtsrats fallen nicht unter die Bestimmung des § 14 Abs. 1 Nr. 1 KSchG, da der Aufsichtsrat – abgesehen von dem Ausnahmefall des § 112 AktG kein Vertretungsorgan ist. Für die **Arbeitnehmervertreter** im **Aufsichtsrat** gilt daher der allg. Kündigungsschutz grds. uneingeschränkt (LSSW-*Wertheimer* Rn 4). Gehört der Arbeitnehmervertreter im Aufsichtsrat aber zum Kreis der in § 14 Abs. 2 KSchG genannten leitenden Angestellten, so kommen die in dieser Bestimmung enthaltenen Einschränkungen zur Anwendung. Die Arbeitnehmervertreter im Aufsichtsrat haben in dieser Eigenschaft keinen dem § 15 KSchG entsprechenden besonderen Kündigungsschutz (vgl. *BAG* 4.4.1974 – 2 AZR 452/73; für eine analoge Anwendung der §§ 15 KSchG, 103 BetrVG aber *Naendrup* AuR 1979, 204; s. iE Rdn 68). Im Übrigen steht die Aktionärseigenschaft der Begründung eines Arbeitsverhältnisses mit der Aktiengesellschaft nicht entgegen. Befindet sich die Aktiengesellschaft in der Abwicklung (§ 264 AktG), so sind die Abwickler gem. § 269 AktG die gesetzlichen Vertreter. Sofern nicht durch Satzung oder einen Beschluss der Hauptversammlung andere Personen als Abwickler bestimmt werden, haben die Vorstandsmitglieder die Abwicklung zu besorgen (§ 265 AktG).

13 Die **Kommanditgesellschaft auf Aktien** wird durch die persönlich haftenden Gesellschafter gesetzlich vertreten (§ 278 Abs. 2 AktG iVm §§ 161 Abs. 2, 125 HGB). Die Kommanditaktionäre sind von der gesetzlichen Vertretung ausgeschlossen (§ 278 Abs. 2 AktG iVm § 170 HGB). Sofern sich die Kommanditaktionäre in einem Arbeitsverhältnis zur **KG aA** befinden, so gelten hinsichtlich ihrer kündigungsrechtlichen Stellung keine Besonderheiten. Die von der Geschäftsführung ausgeschlossenen persönlich haftenden Gesellschafter (§ 278 Abs. 2 AktG iVm § 125 HGB) können ebenfalls Arbeitnehmer der **KG aA** sein mit der Folge, dass das KSchG auf sie Anwendung findet. Die Abwicklung besorgen alle persönlich haftenden Gesellschafter und eine oder mehrere von der Hauptversammlung gewählte Personen als Abwickler, wenn die Satzung nichts anderes bestimmt (§ 290 Abs. 1 AktG).

Gesetzliche Vertreter der **Gesellschaft mit beschränkter Haftung** sind gem. § 35 Abs. 1 GmbHG die Geschäftsführer. Umstritten ist, ob der Organstellung als GmbH-Geschäftsführer ausschließlich ein auf die Geschäftsbesorgung durch Ausübung des Geschäftsführeramts gerichteter freier Dienstvertrag (§§ 611, 675 BGB) – bzw. im Falle der Unentgeltlichkeit ein Auftrag (§ 662 BGB) – zugrunde liegen kann oder ob dies auch ein Arbeitsvertrag (§ 611a BGB) sein kann (s. zum Streitstand jeweils mwN *Boemke* RdA 2018, 1, 2 ff.; *Reinfelder* RdA 2016, 87, 91 ff.; Bader/Bram-Suckow Rn 13 ff.; MüKo-BGB/*Spinner* § 611 BGB Rn 39 ff.; *ders.* FS Hromadka S. 256 f.). Der **BGH** nimmt in st. Rspr. und in Übereinstimmung mit einem Teil des Schrifttums an, dass das Anstellungsverhältnis der Mitglieder juristischer Vertretungsorgane kein Arbeitsverhältnis sein könne (etwa *BGH* 7.12.2020 – AnwZ (Brfg) 17/20 – Rn 8 mwN; 10.5.2010 – II ZR 70/09, Rn 7 mwN; so auch schon 9.2.1978 – II ZR 189/76; ebenso etwa *Hueck* ZfA 1985, 25; LSSW-*Wertheimer* Rn 1; Lutter/Hommelhoff-*Kleindieck* Anh. § 6 Rn 3 f.; *Baumbach/Hueck-Zöllner/Noack* § 35 Rn 174; *Bauer/Arnold* DB 2008, 350; *Boemke* ZfA 1998, 209, 213; *ders.* Anm. zu *BAG* AP Nr. 10 zu § 35 GmbHG). **Demgegenüber geht das BAG** – ebenso wie ein Teil des Schrifttums – davon aus, dass der Bestellung als Geschäftsführer zwar regelmäßig ein freier Dienstvertrag zugrunde liege. Jedoch könne dies – insbes. bei sog. **Fremdgeschäftsführern** – bei einer im Einzelfall bestehenden persönlichen Abhängigkeit trotz der organschaftlichen Stellung auch ein Arbeitsverhältnis sein (etwa *BAG* 25.10.2007 – 6 AZR 1045/06, Rn 15; 24.11.2005 – 2 AZR 614/04, Rn 18; 26.5.1999 – 5 AZR 664/98, m. abl. Anm. *Boemke* in AP Nr. 10 zu § 35 GmbHG; *Müller* BB 1977, 723 u. ZIP 1981, 578; *Scholz/Schneider* § 35 Rn 130 f.; *Busch/Schönhöft* DB 2007, 2652; *Sitzenfrei/ Tischer* DB 2008, 1307; krit. zur bisherigen Differenzierung *Wank/Maties* NZA 2007, 353; zum GmbH-Geschäftsführer als arbeitnehmerähnliche Person *Boemke* RdA 2018, 1 [3 ff.]; hingegen zur »Arbeitgeberähnlichkeit« des Fremdgeschäftsführers einer GmbH siehe *BAG* 21.1.2019 – 9 AZB 23/18, Rn 39). Da die **negative Fiktion** des § 14 Abs. 1 KSchG allein an die **organschaftliche Stellung** des dort erwähnten Personenkreises anknüpft, und zwar ohne Rücksicht auf die Rechtsnatur des der organschaftlichen Stellung zugrunde liegenden Vertragsverhältnisses (s. iE Rdn 1), ist dieser Streit hinsichtlich der Anwendbarkeit des KSchG jedenfalls dann ohne Auswirkung, wenn zum Zeitpunkt des Zugangs der Kündigung (s. dazu aber Rdn 7) die organschaftliche Stellung noch bestand und es um die Kündigung des dieser organschaftlichen Stellung zugrunde liegenden Vertragsverhältnisses geht. Nach Ansicht des *BAG* (9.5.1985 – 2 AZR 330/84 u. 27.6.1985 – 2 AZR 425/ 84) ist die Anwendung des KSchG nur dann zu bejahen, wenn zwischen dem **Geschäftsführer** und **der GmbH zwei Rechtsverhältnisse** bestehen, von denen eines ein dienstlich abgrenzbares Arbeitsverhältnis ist (zB Wahrnehmung einer Buchhaltertätigkeit neben den organschaftlichen Aufgaben). Auf das Arbeitsverhältnis – und nur auf dieses – findet dann das KSchG Anwendung. Das KSchG gilt auch dann, wenn die GmbH nach Beendigung der Organstellung als Geschäftsführer (zB durch Abberufung oder Zeitablauf) konkludent oder ausdrücklich ein Arbeitsverhältnis begründet, dieses kündigt und der nunmehrige Arbeitnehmer diese Kündigung angreift (vgl. *BAG* 24.11.2005 – 2 AZR 614/04). Auch kann im Anstellungsvertrag des Geschäftsführers einer GmbH vereinbart werden, dass die materiellen Regeln des KSchG zu Gunsten des Organmitglieds gelten sollen. In einem solchen Fall ist durch Auslegung des Vertrags festzustellen, ob sich die Gesellschaft in Anlehnung an die §§ 9, 10 KSchG gegen Abfindung aus dem Vertrag lösen kann (*BGH* 10.5.2010 – II ZR 70/09, Rn 8 ff.; APS-*Biebl* KSchG Rn 5; vgl. dazu auch MüKo-BGB/*Hergenröder* Rn 7 mwN zur Gegenansicht). Zur Frage, ob dann, wenn der Geschäftsführer vor seiner Bestellung in einem Arbeitsverhältnis zur GmbH gestanden hat, dieses endgültig aufgehoben wird oder nur ruht s. Rdn 7 ff. Zur Abberufung eines GmbH-Gesellschafter-Geschäftsführers vgl. *BAG* 23.2.2017 – 6 AZR 665/ 15, Rn 41 mwN und *BGH* 27.10.1986 – II ZR 240/85. Zu Einzelproblemen bei der Beendigung des Geschäftsführerverhältnisses vgl. *Reinfelder* RdA 2016, 87; *Boemke* ZfA 1998, 209; *Jaeger* NZA 1998, 961; *Schwab* NZA 1987, 842. Ist die Arbeitnehmereigenschaft des »Geschäftsführers« im Rahmen eines rechtskräftig abgeschlossenen Kündigungsschutzverfahrens festgestellt, bindet dies bei unverändertem Sachverhalt auch in einem neuen Verfahren (*BAG* 10.11.2005 – 2 AZR 623/04, Rn 30). Die nicht zu Geschäftsführern bestellten Minderheitsgesellschafter können ein Arbeitsverhältnis zur GmbH begründen (*BAG* 17.9.2014 – 10 AZB 43/14, Rn 22; *LAG Hamm* 19.3.1985 – 7 Sa 2015/84). Als Arbeitnehmer unterliegen sie dann den Bestimmungen des KSchG. In den

§ 14 KSchG Angestellte in leitender Stellung

Fällen der Auflösung der GmbH – außer dem Fall des Insolvenzverfahrens – erfolgt die Liquidation durch die Geschäftsführer, wenn nicht durch den Gesellschaftsvertrag oder durch den Beschluss der Gesellschafter andere Personen zu Liquidatoren bestimmt werden (§ 66 Abs. 1 GmbHG).

15 Die negative Fiktion des § 14 Abs. 1 KSchG gilt auch für **Geschäftsführer** der **Komplementär-GmbH** einer GmbH & Co. KG (LSSW-*Wertheimer* Rn 9; vgl. *LKB-Bayreuther* Rn 5 u. 7, der allerdings nicht von einer negativen Fiktion ausgeht). Nach bisheriger Rspr. zu § 14 KSchG ist allerdings zu unterscheiden, welche Vertragsbeziehungen der organschaftlichen Stellung zugrunde liegen. Besteht lediglich ein Anstellungsvertrag mit der Komplementär-GmbH, so gehört der Geschäftsführer ohne weiteres zu dem in § 14 Abs. 1 Nr. 1 KSchG erwähnten Personenkreis. Der Geschäftsführer der Komplementär-GmbH kann aber auch in einem Vertragsverhältnis zur Kommanditgesellschaft stehen (*BAG* 9.5.1985 – 2 AZR 330/84; 12.3.1987 – 2 AZR 336/86; vgl. auch 13.7.1995 – 5 AZB 37/94). Kündigt die Kommanditgesellschaft dieses Vertragsverhältnis, so findet nach bisheriger Rspr. des BAG § 14 Abs. 1 KSchG keine Anwendung (*BAG* 15.4.1982 – 2 AZR 1101/79; vgl. auch *BAG* 13.7.1995 – 5 AZB 37/94; zust. *Zaumseil* NZA 2020, 1448, 1449; *Bauer* BB 1994, 858; MüKo-BGB/*Hergenröder* Rn 6; Bader/Bram-*Suckow* Rn 21; DDZ-*Deinert/Callsen* Rn 6; ErfK-*Kiel* Rn 3; im Ergebnis zust. auch *Baums* S. 397; aA APS-*Biebl* Rn 10 [§ 14 Abs. 1 Nr. 2 KSchG findet Anwendung]; *LKB-Bayreuther* Rn 5 u. 7 [§ 14 Abs. 1 Nr. 2 KSchG findet Anwendung]; *Kaiser* AR-Blattei SD 70.2 Rn 71; *Kitzinger* S. 81; LSSW-*Wertheimer* Rn 9; *Moll* RdA 2002, 226; offengelassen von *Reiserer* S. 129).

16 **Demgegenüber geht das BAG nunmehr unter Aufgabe der bisherigen Rspr.** zu § 5 Abs. 1 S. 3 ArbGG davon aus, dass der Geschäftsführer der Komplementär-GmbH einer Kommanditgesellschaft nach § 5 Abs. 1 S. 3 ArbGG **in keinem Fall** als Arbeitnehmer gilt, auch wenn das Anstellungsverhältnis nicht mit der GmbH, sondern der Kommanditgesellschaft besteht (*BAG* 20.8.2003 – 5 AZB 79/02). Das *BAG* stellt dabei vor allem auf Sinn und Zweck des § 5 Abs. 1 S. 3 ArbGG ab, einen Streit im »Arbeitgeberlager« nicht vor die Arbeitsgerichte zu bringen. Der Geschäftsführer einer Komplementär-GmbH verkörpere aber unabhängig davon, ob der Dienstvertrag mit der GmbH selbst oder der Kommanditgesellschaft abgeschlossen wurde, eine arbeitgebergleiche Person (im Ergebnis so auch schon *OLG München* 10.4.2003 – 7 W 656/03; *OLG Hamm* 27.3.1998 – 10 Sa 1737/97). Es bleibt abzuwarten, ob diese Wendung auch für die Beurteilung des § 14 KSchG nachvollzogen wird. § 14 Abs. 1 KSchG bestimmt allerdings nicht, dass die dort genannten Personen »nicht als Arbeitnehmer gelten«, sondern nimmt nur diese Personengruppe vom Geltungsbereich des ersten Abschnitts des Kündigungsschutzgesetzes aus. Der Fünfte Senat des *BAG* (20.8.2003 – 5 AZB 79/02) hat deshalb auch eine vorlagepflichtige Divergenz zur bisherigen Rspr. des Zweiten Senats des *BAG* zu § 14 KSchG (*BAG* 15.4.1982 – 2 AZR 1101/79) verneint. Für eine **Übertragung der Rechtsprechung zu § 5 Abs. 1 S. 3 ArbGG auf § 14 Abs. 1 KSchG** spricht allerdings der Normzweck (GA-*Eylert* Rn 16; vgl. a. ErfK-*Kiel* 18. Aufl. Rn 4; v. Hoyningen-Huene/Linck 15. Aufl. Rn 17a; LSSW-*Wertheimer* Rn 9; *Müller-Glöge* FS Hromadka, S. 260; *Zimmer/Rupp* GmbHR 2006, 572; aA noch an dieser Stelle in der 12. Aufl.; APS-*Biebl* 5. Aufl. Rn 10; HaKo-KSchR/*Pfeiffer* Rn 6; § 14 Abs. 1 Nr. 2 KSchG für einschlägig haltend *LKB-Bayreuther* Rn 5; ebenso APS-*Biebl* Rn 10; zum Ganzen auch *Rost* FS Wißmann, S. 63 f.). Ist das Vertragsverhältnis zwischen dem Geschäftsführer der Komplementär-GmbH und der Kommanditgesellschaft kein Arbeitsverhältnis, sondern als freies Dienstverhältnis (§§ 611, 675 BGB) zu qualifizieren, so besteht nach keiner der vorstehenden Auffassungen der allg. Kündigungsschutz nach dem KSchG, da dieses nun eben das Bestehen eines Arbeitsverhältnisses voraussetzt (vgl. *Zaumseil* NZA 20220, 1448, 1449; vgl. auch *Bauer* BB 1994, 858). Das organschaftliche Anstellungsverhältnis des Geschäftsführers einer GmbH mutiert durch deren Umwandlung in eine GmbH & Co. KG und seine Bestellung zum Geschäftsführer der Komplementär-GmbH nicht in ein dem KSchG unterliegendes Arbeitsverhältnis (*BGH* 8.1.2007 – II ZR 267/05, Rn 6; ebenso ErfK-*Kiel* Rn 3).

17 Bei der bisherigen Rspr. zu § 14 Abs. 1 KSchG sollte es jedenfalls dann bleiben, wenn die von dem Organ vertretene juristische Person lediglich eine andere Konzerngesellschaft ist. Der **Geschäftsführer einer konzernabhängigen Gesellschaft**, der dieser gegenüber nicht als Arbeitnehmer gilt, kann

in einem Arbeitsverhältnis zur Konzernobergesellschaft stehen (*BAG* 21.2.1994 – 2 AZB 28/93; 20.10.1995 – 5 AZB 5/95; 25.10.2007 – 6 AZR 1045/06, Rn 15; *LKB-Bayreuther* Rn 10; APS-*Biebl* Rn 9; *Werner* jM 2019, 12, 17; *Reufels/Volmari* GmbHR 2018, 937, 941; LSSW-*Wertheimer* Rn 20; MüKo-BGB/*Hergenröder* Rn 6; Bader/Bram-*Suckow* Rn 21; s.a. *Müller-Glöge* FS Hromadka S. 259). In diesem Arbeitsverhältnis genießt er Kündigungsschutz. Wird ein Arbeitnehmer der Konzernobergesellschaft zum Geschäftsführer der Tochtergesellschaft bestellt, liegt darin allein idR noch keine Aufhebung dieses Arbeitsverhältnisses (*BAG* 20.10.1995 – 5 AZB 5/95). Geht das die Grundlage der Geschäftsführertätigkeit bildende Arbeitsverhältnis allerdings gem. § 613a BGB auf die konzernabhängige Gesellschaft über, findet § 14 Abs. 1 Nr. 1 KSchG Anwendung (*BAG* 25.10.2007 – 6 AZR 1045/06, Rn 18).

Bei der **Genossenschaft** ist der Vorstand das zur Vertretung berechtigte Organ (§ 24 Abs. 1 GenG). **18** Die Eigenschaft als Genosse steht der Begründung eines Arbeitsverhältnisses mit der Genossenschaft nicht entgegen. Dies gilt ebenso für die Mitglieder des Aufsichtsrats. Die Liquidation erfolgt durch den Vorstand, wenn nicht dieselbe durch das Statut oder durch Beschluss der Generalversammlung anderen Personen übertragen wird (§ 83 Abs. 1 GenG).

Der **rechtsfähige Verein** wird durch den **Vorstand** gesetzlich vertreten (§ 26 Abs. 2 BGB) und zwar **19** unabhängig davon, ob es sich um einen nichtwirtschaftlichen (§ 21 BGB) oder wirtschaftlichen Verein (§ 22 BGB) handelt. Zu den organschaftlichen Vertretern iSd § 14 Abs. 1 Nr. 1 KSchG gehören auch die **besonderen Vertreter nach § 30 BGB** (*BAG* 17.1.2002 – 2 AZR 719/00; so auch zu § 5 Abs. 1 S. 3 ArbGG *BAG* 5.5.1997 – 5 AZB 35/96; *Röcken* MDR 2020, 1221, 1225 [zudem ausf. zur Bestellung und rechtlichen Stellung des besonderen Vertreters]; APS-*Biebl* Rn 5; *Kelber* NZA 2013, 988; insges. zum Kündigungsschutz des besonderen Vertreters eines Vereines *Lochfeld* 2005); dies selbst dann, wenn sie nur eine gesetzliche – satzungsgemäße – Vertretungsmacht für bestimmte Geschäfte besitzen und damit den Verein – anders als der Vorstand iSd § 26 BGB – auch ohne satzungsgemäße Beschränkungen nicht umfassend nach außen vertreten. Denn nicht die Reichweite der Vertretungsmacht, sondern schon die mit der Aufgabenstellung verbundene Berechtigung, die juristische Person kraft Gesetzes bzw. Satzung wirksam zu vertreten, schließt die Anwendung des Kündigungsschutzgesetzes aus (*LAG Hamm* 7.3.2013 – 8 Sa 1523/12, zu I der Gründe m. Anm. *Kohte/Paschke* jurisPR-ArbR 1/2014 Anm. 3). Im Falle der Liquidation sind die Liquidatoren – idR die bisherigen Vorstandsmitglieder (§ 48 Abs. 1 BGB) – die gesetzlichen Vertreter. Die nicht zum Kreis der organschaftlichen Vertreter gehörenden Vereinsmitglieder können ein Arbeitsverhältnis mit dem Verein begründen.

Der **Versicherungsverein auf Gegenseitigkeit** wird durch den Vorstand gesetzlich vertreten (§ 188 **20** Abs. 1 S. 2 VAG iVm § 78 AktG). Mitglieder des Aufsichtsrats sind keine gesetzlichen Vertreter iSd § 14 Abs. 1 Nr. 1 KSchG. Die Mitglieder des Versicherungsvereins auf Gegenseitigkeit können zugleich in einem Arbeitsverhältnis zu diesem stehen. Gesetzliche Vertreter während der Liquidation sind gem. § 204 VAG die Liquidatoren.

Die **bergrechtliche Gewerkschaft** hat als gesetzliches Vertretungsorgan den Repräsentanten oder **21** den aus mehreren Personen bestehenden Grubenvorstand (§§ 117 ff. ABG). Die Arbeitnehmervertreter im Aufsichtsrat fallen nicht unter die Bestimmung des § 14 Abs. 1 Nr. 1 KSchG.

Auf **Stiftungen** finden die Vertretungsgrundsätze des Vereinsrechts (s. Rdn 19) entsprechende Anwendung (§ 86 BGB). **22**

II. Organschaftliche Vertreter von Personengesamtheiten

Ausgenommen von dem allg. Kündigungsschutz sind weiterhin solche Personen, die in Betrieben einer **Personengesamtheit** durch Gesetz, Satzung oder Gesellschaftsvertrag zur Vertretung der Personengesamtheit berufen sind (§ 14 Abs. 1 Nr. 2 KSchG). Die Herausnahme dieses Personenkreises aus dem allg. Kündigungsschutz ergibt sich auch hier regelmäßig schon aus der fehlenden Arbeitnehmereigenschaft dieser Personen. Wegen der gesetzestechnischen Ausgestaltung der Bestimmung iS einer negativen gesetzlichen Fiktion greift der gesetzliche Ausschluss aber gerade auch **23** dann ein, wenn der Vertreter der Personengesamtheit weisungsgebunden ist. Im Normalfall fehlt es aber an einer Weisungsgebundenheit der organschaftlichen Vertreter der Personengesamtheit, so dass sich dieser Personenkreis in aller Regel in einem freien Dienstverhältnis befindet. Abgesehen von dem Ausnahmefall einer nur formalen organschaftlichen Vertretung hat die Bestimmung des § 14 Abs. 1 Nr. 2 KSchG daher regelmäßig nur klarstellende Bedeutung.

24 Die von der Vertretung der Personengesamtheit ausgeschlossenen Mitglieder (zB der gem. § 125 HGB von der Vertretung ausgeschlossene Gesellschafter einer offenen Handelsgesellschaft) können sich bei Vorliegen einer persönlichen Abhängigkeit durchaus in einem Arbeitsverhältnis zur Personengesamtheit befinden. Ob dies der Fall ist, hängt von den Umständen des Einzelfalls ab.

25 Die nicht organschaftlichen Vertreter der Personengesamtheit (zB die Prokuristen, Generalbevollmächtigten, Handlungsbevollmächtigten) fallen nicht unter die Bestimmung des § 14 Abs. 1 Nr. 2 KSchG (ebenso ErfK-*Kiel* Rn 6; APS-*Biebl* Rn 8; GA-*Eylert* Rn 14; HK-*Dorndorf* Rn 16;). Ihre Vertretungsmacht beruht nämlich nicht auf Gesetz, Satzung oder Gesellschaftsvertrag, sondern auf einer gesonderten rechtsgeschäftlichen Bevollmächtigung.

26 Bei der **offenen Handelsgesellschaft** gehören grds. alle Gesellschafter zu den in § 14 Abs. 1 Nr. 2 KSchG genannten Vertretern von Personengesamtheiten, es sei denn, dass ihnen durch Gesellschaftsvertrag die Vertretungsmacht (§ 125 HBG) entzogen ist. Die zuletzt genannten Personen fallen aber nur dann unter den allg. Kündigungsschutz, wenn sie sich in einem Arbeitsverhältnis zur offenen Handelsgesellschaft befinden.

27 Die für die offene Handelsgesellschaft aufgezeigten Grundsätze (s. Rdn 26) gelten entsprechend bei der **Kommanditgesellschaft** (§ 161 Abs. 2 HBG). Da die Kommanditisten gem. § 170 HBG von der Vertretung ausgeschlossen sind, gehören sie nicht zu den in § 14 Abs. 1 Nr. 2 KSchG genannten Personen. Ihre Kommanditisteneigenschaft steht der Begründung von Arbeitsverhältnissen zur Kommanditgesellschaft nicht entgegen (vgl. BAG 11.5.1978 – 3 AZR 21/77; vgl. auch BFH 11.12.1980 – IV R 91/76).

28 Gesetzliche Vertreter der **Gesellschaft des bürgerlichen Rechts** sind grds. alle Gesellschafter (§ 714 BGB). Sofern ihnen jedoch durch Gesellschaftsvertrag die Vertretungsmacht entzogen ist, fallen sie nicht unter die Ausschlussregelung des § 14 Abs. 1 Nr. 2 KSchG.

29 Für den **nicht rechtsfähigen Verein** gelten die für den rechtsfähigen Verein aufgezeigten Grundsätze (s. Rdn 19) entsprechend.

C. Leitende Angestellte (§ 14 Abs. 2 KSchG)

I. Begriff

30 Im Unterschied zu den in § 14 Abs. 1 KSchG genannten »arbeitgeberähnlichen« Personen sind die leitenden Angestellten nach § 14 Abs. 2 KSchG mit den sich aus dieser Bestimmung ergebenden Besonderheiten in den allg. Kündigungsschutz einbezogen (vgl. zur Entstehungsgeschichte *Rost* KR 11. Aufl., § 14 KSchG Rn 1–3; zur geschichtlichen Entwicklung des Kündigungsschutzes für leitende Angestellte vgl. auch *Hromadka* FS 50 Jahre BAG S. 396 f.; *Rumler* S. 5 ff.; *Schipp* S. 49 ff.; BAG 18.10.2000 – 2 AZR 465/99, zu II 2 b aa der Gründe; krit. zum gesamten Konzept *Bauer/von Medem* NZA 2013, 1233 sowie *Bayreuther* NZA 2013, 1238 – beide mit Überlegungen zu rechtlichen Sonderregelungen für »unternehmerähnliche Arbeitnehmer«).

1. Gesetzestechnik

31 Die Bestimmung des § 14 Abs. 2 KSchG verwendet den Begriff des »**leitenden Angestellten**«, ohne im Einzelnen seinen Inhalt festzulegen. Im **Unterschied** zu § 5 Abs. 3 BetrVG bedient sich der Gesetzgeber in § 14 Abs. 2 KSchG der typologischen Methode, indem er als Beispiele den Geschäftsführer und den Betriebsleiter nennt und sodann den Bezug zu diesen rechtstatsächlichen Prototypen des leitenden Angestellten durch das Merkmal der »Ähnlichkeit« herstellt (s.a. *Diringer*

NZA 2003, 895). Nur diejenigen Personen, die eine ähnliche leitende Funktion wie ein Geschäftsführer oder Betriebsleiter haben, sind leitende Angestellte iS dieser Bestimmung. Als definitorisches Element enthält § 14 Abs. 2 S. 1 KSchG noch das Erfordernis, dass Geschäftsführer, Betriebsleiter und ähnlich leitende Angestellte die Berechtigung zur selbständigen Einstellung oder Entlassung haben müssen (s. dazu Rdn 35 f.).

Der Begriff des »leitenden Angestellten« iSd § 14 Abs. 2 KSchG ist nicht deckungsgleich mit dem 32 Begriff des »leitenden Angestellten« in anderen gesetzlichen Bestimmungen (MünchArbR-*Temming* § 20 Rn 7). Für die Geltung des allg. Kündigungsschutzes ist es daher ohne Bedeutung, ob der Arbeitnehmer, der kein leitender Angestellter iSd § 14 Abs. 2 KSchG ist, etwa nach anderen gesetzlichen Bestimmungen (zB § 5 Abs. 3 BetrVG; § 3 Abs. 1 MitbestG; § 22 Abs. 2 Nr. 2 ArbGG; § 16 Abs. 4 Nr. 4 SGG; § 2 Abs. 2 Nr. 2 der 2. DVO zum ArbNErfG) als leitender Angestellter anzusehen ist (vgl. zur Sonderstellung der leitenden Angestellten nach anderen Gesetzen neben der einschlägigen Kommentarliteratur etwa *v. Hoyningen-Huene* NZA 1994, 481; *Hromadka* DB 1988, 753; *Meents* DStR 1995, 1353; *G. Müller* AuR 1985, 315; *Reiserer/Schulte* BB 1996, 2162; *Richardi* AuR 1991, 33). Entgegen der Ansicht von *Eichenhofer* (ZfA 1981, 219; *ders.* »Leitende Angestellte« als Begriff des Unternehmensrechts, 1980, S. 139 ff.) ist es de lege lata nicht möglich, einen für alle Rechtsgebiete geltenden unternehmensrechtlichen Begriff des leitenden Angestellten zu prägen (vgl. *Becker* ZIP 1981, 1169 f.; *Kaiser* AR-Blattei SD 70.2 Rn 5; MünchArbR-*Temming* § 20 Rn 7 f.; *Richardi* AuR 1991, 34; *Rumler* S. 19 ff.; *Vogel* NZA 2002, 313; zum Chefarzt als leitenden Angestellten *Debong* FS Löwisch S. 98; *Diringer* NZA 2003, 890; s. iE *Rost* FS Wißmann, S. 71 f.). Vgl. allgemein zur Stellung der leitenden Angestellten mit Hinweisen auch auf prozentuale Anteile an den Arbeitnehmergruppen in den einzelnen Wirtschaftsbereichen *Sieg* FS Richardi S. 777, 779 f.

2. Merkmale des Oberbegriffs des leitenden Angestellten

Der in § 14 Abs. 2 KSchG verwendete Begriff des leitenden Angestellten wird durch die exemplari- 33 sche Aufzählung des »Geschäftsführers« sowie des »Betriebsleiters« typisiert und durch das Erfordernis der Berechtigung zur selbständigen Einstellung oder Entlassung näher präzisiert. Zur Ausfüllung des als **unbestimmter Rechtsbegriff** zu verstehenden Begriffs des leitenden Angestellten kann an die vom *BAG* zu § 5 Abs. 3 BetrVG aufgestellten Grundsätze angeknüpft werden, wobei aber immer zu berücksichtigen ist, dass die Begriffe nicht deckungsgleich sind (für eine jedenfalls de lege ferenda wünschenswerte Gleichstellung der Begriffe mit beachtlichen Gründen *Bauer/von Medem* NZA 2013, 1233; *Bayreuther* NZA 2013, 1238, 1243, s. dazu auch schon Rdn 3). Da die Neufassung von § 5 Abs. 3 BetrVG zum 1.1.1989 (unverändert auch idF des Gesetzes v. 23.7.2001) im Wesentlichen eine Präzisierung der Begriffe unter Bestätigung der Rspr. des *BAG*, nicht aber eine grds. Neudefinition verfolgte (Begr. zum RegE BT-Drucks. 11/2503 S. 24, 30), hat auch die Rspr. zu § 5 Abs. 3 BetrVG aF ihre Bedeutung behalten (vgl. etwa *BAG* 29.1.1980 – 1 ABR 45/79; 11.3.1982 – 6 AZR 136/79; 23.1.1986 – 6 ABR 51/81; s.a. KR-*Rinck* § 105 BetrVG Rdn 3 ff.; iE ist zum Begriff des leitenden Angestellten iSd § 5 Abs. 3 BetrVG auf die einschlägige betriebsverfassungsrechtliche Kommentarliteratur zu verweisen). Einen Anhaltspunkt können im Zweifel auch für den leitenden Angestellten iSd § 14 Abs. 2 KSchG die Auslegungsregeln des § 5 Abs. 4 BetrVG abgeben, wenn diese unmittelbar Bedeutung auch nur für den Begriff des leitenden Angestellten iSd § 5 Abs. 3 Nr. 3 BetrVG haben (*Schipp* S. 103; vgl. auch *Rumler* S. 50 ff.). Im Beschluss v. 29.1.1980 hat das *BAG* (– 1 ABR 45/79) unter Aufgabe seiner früheren Rspr. (vgl. etwa *BAG* 19.11.1974 – 1 ABR 20/73) die Auffassung vertreten, dass in § 5 Abs. 3 Nr. 3 BetrVG die Abgrenzungsmerkmale enthalten seien, die das *BAG* früher als Teile eines ungeschriebenen »**Oberbegriffs**« der leitenden Angestellten verstanden hat (vgl. auch *Fischer* DB 1980, 1988; *G. Müller* DB 1981, Beil. Nr. 23; *Wiesner* BB 1982, 949). Zu den wesentlichen Abgrenzungsmerkmalen gehören nunmehr: die Wahrnehmung von unternehmerischen (Teil-)Tätigkeiten (= Aufgaben mit besonderer Bedeutung für den Betrieb und die Entwicklung des Betriebs) sowie wesentliche Eigenverantwortung (= Vorhandensein eines erheblichen Entscheidungsspielraumes). Aus der Wahrnehmung von unternehmerischen (Teil-)Funktionen ergibt sich nach der Ansicht des *BAG* (29.1.1980 – 1 ABR

45/79) zwangsläufig ein mehr oder weniger ausgeprägter, unmittelbarer oder mittelbarer Gegnerbezug. Dessen Feststellung im Einzelfall ist daher nicht erforderlich.

3. Begriff des »Geschäftsführers« und des »Betriebsleiters«

34 Die für die Auslegung des § 5 Abs. 3 BetrVG maßgeblichen Merkmale (Wahrnehmung von unternehmerischen [Teil-]Funktionen sowie wesentliche Eigenverantwortung) sind auch für die in § 14 Abs. 2 S. 1 KSchG beispielhaft aufgezählten Tätigkeiten eines »**Geschäftsführers**« oder »**Betriebsleiters**« charakteristisch. Der Begriff des »Geschäftsführers« ist dabei nicht iSd GmbH-Rechts zu verstehen, sondern stellt eine Umschreibung für solche Personen dar, denen allein oder im Zusammenwirken mit anderen Mitarbeitern die Führung eines Unternehmens obliegt (s. a. *Rinsdorf/ Kiedrowski* NZA 2012, 183). Die von den Parteien gewählte Bezeichnung ist dabei nur von untergeordneter Bedeutung. Entscheidend für die Einstufung als »Geschäftsführer« oder »Betriebsleiter« iSd § 14 Abs. 2 S. 1 KSchG ist die Wahrnehmung von unternehmerischen (Teil-)Aufgaben (*LKB-Bayreuther* Rn 22; LSSW-*Wertheimer* Rn 28; vgl. auch BAG 21.9.2017 – 2 AZR 865/16, Rn 27). Nur wenn der Angestellte kraft seiner leitenden Funktion maßgeblichen Einfluss auf die wirtschaftliche, technische, kaufmännische, organisatorische, personelle oder wissenschaftliche Führung des Unternehmens oder eines Betriebs ausübt, entspricht er den gesetzlichen Leitbildern eines »Geschäftsführers« oder »Betriebsleiters« (vgl. BAG 25.11.1993 – 2 AZR 517/93, für den Leiter eines einzelnen Restaurants einer Restaurantkette; 22.2.1994 – 7 ABR 32/93, Ressortleiter einer Tageszeitung kann je nach dem konkreten Zuschnitt leitender Angestellter iSv § 5 Abs. 3 BetrVG sein; 18.10.2000 – 2 AZR 465/99, mit krit. Anm. *Bengelsdorff* in EzA § 14 KSchG Nr. 5 – Regionaldirektor einer Versicherung; 27.9.2001 – 2 AZR 176/00, zum Leiter des zentralen Marketings; 10.10.2002 – 2 AZR 598/01, zum Leiter einer Planungsabteilung; 18.11.1999 – 2 AZR 903/98, Chefarzt in einem Krankenhaus ist kein leitender Angestellter; s. zum Chefarzt als leitenden Angestellten allg. *Diringer* NZA 2003, 890; *Eufinger* MedR 2016, 506; LSSW-*Wertheimer* Rn 33). Das gesetzliche Merkmal der **selbständigen Einstellungs- oder Entlassungsberechtigung** (s. Rdn 35 ff.) muss bei »Geschäftsführern« oder »Betriebsleitern« ebenfalls vorliegen (so BAG 18.10.2000 – 2 AZR 465/99; 27.9.2001 – 2 AZR 176/00; 14.4.2011 – 2 AZR 167/10, Rn 12 f.; 19.4.2012 – 2 AZR 186/11, Rn 38; HK-*Dorndorf* Rn 23; DDZ-*Deinert/Callsen* Rn 22; wohl ErfK-*Kiel* Rn 11; aA APS-*Biebl* Rn 23; *Kaiser* AR-Blattei SD 70.2 Rn 36 ff.; LSSW-*Wertheimer* Rn 38; MüKo-BGB/ *Hergenröder* Rn 18 – bedenklich; *Bengelsdorff* FS 50 Jahre BAG, S. 331 f.; *Rumler* S. 28 ff.; *Vogel* NZA 2002, 315; s. zum Ganzen krit. *Hromadka* FS 50 Jahre BAG S. 404 ff.; *Bauer/von Medem* NZA 2013, 1233,1236). Dafür spricht schon der Wortlaut der Vorschrift, aber auch ihre auf § 12 Abs. 2 BRG 1920 zurückgehende Entstehungsgeschichte (s. dazu iE BAG 18.10.2000 – 2 AZR 465/99). Zur Anwendung von § 14 Abs. 2 KSchG, wenn der bei der Muttergesellschaft angestellte Arbeitnehmer als Geschäftsführer oder in sonst leitender Funktion (Betriebsleiter) eines Tochterunternehmens eingesetzt wird, s. *Rinsdorf/Kiedrowski* (NZA 2012, 183) – die Voraussetzungen des § 14 Abs. 2 müssen danach gegenüber der Muttergesellschaft als Vertragsarbeitgeberin erfüllt sein.

4. Begriff des »ähnlichen leitenden Angestellten«

35 Die in § 14 Abs. 2 S. 1 KSchG genannten »**ähnlichen leitenden Angestellten**« müssen eine dem »Geschäftsführer« oder »Betriebsleiter« vergleichbare Funktion ausüben. Sie müssen daher ebenfalls unternehmensbezogene Aufgaben wahrnehmen, einen eigenen erheblichen Entscheidungsspielraum besitzen und sich in einem funktional bedingten Interessensgegensatz zu den übrigen Arbeitnehmern befinden (vgl. *LAG RhPf* 28.10.2010 – 2 Sa 342/10, zu III der Gründe; *LAG Bln*. 18.8.1986 – 12 Sa 55/86). Das zuletzt genannte Merkmal der sog. Interessenpolarität wird in § 14 Abs. 2 S. 1 KSchG durch das Erfordernis der Vorgesetztenstellung präzisiert. Danach sind nur solche leitende Angestellte mit den gesetzlichen Leitbildern des »Geschäftsführers« oder »Betriebsleiters« vergleichbar, die »zur selbständigen Einstellung oder Entlassung von Arbeitnehmern berechtigt sind«. Während § 5 Abs. 3 Nr. 1 BetrVG die **Erfordernisse der selbständigen Einstellung und Entlassung als kumulative Voraussetzung** einer Vorgesetztenstellung enthält, genügt nach § 14 Abs. 2 S. 1 KSchG eine **alternative Wahrnehmung** einer dieser **Funktionen**.

Die Berechtigung zur selbständigen Einstellung oder Entlassung muss nicht unternehmens- oder 36
betriebsbezogen sein (zB beim Personalleiter). Es genügt, wenn der im Übrigen unternehmerische
(Teil-)Aufgaben wahrnehmende Angestellte in zumindest einer Betriebsabteilung zur selbständigen
Einstellung oder Entlassung von Arbeitnehmern berechtigt ist (vgl. *LKB-Bayreuther* Rn 23). Es
genügt auch, wenn sich die selbständige Einstellungs- oder Entlassungsbefugnis nur auf Arbeiter
oder Angestellte oder auf eine bestimmte Gruppe von Arbeitnehmern (zB auf kaufmännische Angestellte) bezieht (allg. Ansicht; vgl. *v. LKB-Bayreuther* Rn 23; *Kaiser* AR-Blattei SD 70.2 Rn 59;
LSSW-*Wertheimer* Rn 36). Der Angestellte muss eigenverantwortlich über die Einstellung oder
Entlassung einer bedeutenden Anzahl von Arbeitnehmern des Betriebs entscheiden können (*BAG*
19.4.2012 – 2 AZR 186/11, Rn 31 mwN). Die Personalbefugnis des Angestellten muss allerdings
nicht gegenüber allen Arbeitnehmern des Betriebs bzw. der Betriebsabteilung bestehen. Ausreichen
kann vielmehr auch eine Personalkompetenz gegenüber einem qualitativ bedeutsamen Personenkreis sein. Die Voraussetzungen des § 14 Abs. 2 S. 1 KSchG können deshalb auch erfüllt sein, wenn
sich die personellen Entscheidungskompetenzen des Angestellten zumindest auf eine abgeschlossene Gruppe beziehen, die für das Unternehmen, insbes. für dessen unternehmerischen Erfolg,
wesentlich ist (*BAG* 19.4.2012 – 2 AZR 186/11, Rn 31 mwN; *Kaiser* AR-Blattei SD 70.2 Rn 59).
Das ist insbes. anzunehmen, wenn diese Mitarbeiter ihrerseits die ihnen nachgeordneten Arbeitnehmer selbständig einstellen und entlassen können (*BAG* 27.9.2001 – 2 AZR 176/00, »Kaskaden-
modell«: Leiter des Bereichs zentraler Kundendienst mit vier nachgeordneten leit. Angestellten).
Keine selbständige Einstellungsbefugnis liegt vor, wenn diese dem Angestellten nur intern, nicht
aber auch im Außenverhältnis zusteht (*BAG* 18.11.1999 – 2 AZR 903/98, für einen Chefarzt;
s. a. *BAG* 14.4.2011 – 2 AZR 167/10). Ein Sachbearbeiter, der lediglich über die Einstellung oder
Entlassung einer Sekretärin selbständig entscheiden kann, fällt daher nicht unter § 14 Abs. 2 S. 1
KSchG. Wegen der fehlenden Wahrnehmung von unternehmerischen (Teil-)Aufgaben gehören zB
Werkmeister, Poliere und Lagerverwalter nicht zu dem Personenkreis des § 14 Abs. 2 S. 1 KSchG,
und zwar selbst dann nicht, wenn ihnen gegenüber einer nicht ganz geringen Zahl von Arbeitnehmern die Befugnis zur selbständigen Einstellung oder Entlassung zusteht (so auch APS-*Biebl* Rn 19;
v. Hoyningen-Huene/Linck 15. Aufl. Rn 24).

Das Merkmal der selbständigen Einstellungs- oder Entlassungsberechtigung ist unter Beachtung des 37
Sinns und Zweckes der gesetzlichen Regelung dahin zu verstehen, dass der Angestellte nicht nur im
Außenverhältnis eine entsprechende Vertretungsmacht (zB Prokura oder Generalvollmacht) hat.
Er muss vielmehr auch im **Innenverhältnis** gegenüber dem Arbeitgeber selbständig und eigenver-
antwortlich über die Einstellung oder die Entlassung einer bedeutenden Anzahl von Arbeitnehmern
entscheiden können (vgl. *BAG* 19.4.2012 – 2 AZR 186/11, Rn 32 mwN; *LKB-Bayreuther* Rn 24;
LSSW-*Wertheimer* Rn 35; *Martens* Das Arbeitsrecht der leitenden Angestellten, 1982, S. 202; *Re-
wolle/Bader* Anm. 4). Der sog. Titular-Prokurist ist daher nicht als leitender Angestellter iSd § 14
Abs. 2 S. 1 KSchG anzusehen (ErfK-*Kiel* Rn 11; *Rumler* S. 31 f.; vgl. zu § 5 Abs. 3 Nr. 2 BetrVG
auch *BAG* 11.1.1995 – 7 ABR 33/94). Nicht ausreichend ist eine sich aus einer Generalprozess-
vollmacht ergebende Einstellungs- und Entlassungsbefugnis (vgl. *BAG* 28.9.1961 – 2 AZR 428/
60). Durch die **vorübergehende selbständige Wahrnehmung** von **Einstellungs-** oder **Entlassungsfunktionen** (zB für die Dauer der Erkrankung des Personalleiters) wird ein Arbeitnehmer noch
nicht zum leitenden Angestellten iSd § 14 Abs. 2 S. 1 KSchG (ebenso für § 5 Abs. 3 Nr. 3 BetrVG
BAG 23.1.1986 – 2 AZR 428/60; *LKB-Bayreuther* Rn 22; LSSW-*Wertheimer* Rn 38). Selbst eine
generelle Vertretungsregelung für jeweils einen Zeitraum von vier Monaten im Jahr stellt nach der
Ansicht des *BAG* (23.1.1986 – 6 ABR 51/81) noch einen vorübergehenden Zeitraum dar. Ist dagegen ein **ständiger Vertreter** für den mit selbständigen Einstellungs- oder Entlassungsaufgaben
betrauten leitenden Angestellten bestellt, so kann dieser bei einer wesentlichen Ausübung dieser
Befugnisse uU ebenfalls leitender Angestellter iSd § 14 Abs. 2 S. 1 KSchG sein (ErfK-*Kiel* Rn 11).

Das Vorliegen von **Einstellungs-** und **Entlassungsrichtlinien** iSd § 95 BetrVG oder von arbeit- 38
geberseitig erlassenen allg. **Auswahlregeln** steht der Annahme einer selbständigen Einstellungs-
oder Entlassungsbefugnis nicht entgegen. Der notwendige eigene Entscheidungsspielraum ist aber
dann nicht mehr gewahrt, wenn der Arbeitgeber sich die Genehmigung zu den Einstellungen oder

Entlassungen vorbehält oder durch fortlaufende Einzelanweisungen maßgeblich auf die Personalentscheidungen Einfluss nimmt (vgl. *BAG* 27.9.2001 – 2 AZR 176/00).

39 Die selbständige Wahrnehmung von Einstellungs- oder Entlassungsfunktionen muss einen **wesentlichen Teil** der **Tätigkeit** des Angestellten ausmachen, dh die Tätigkeit des Angestellten muss durch diese unternehmerischen Funktionen schwerpunktmäßig bestimmt werden (*BAG* 18.10.2000 – 2 AZR 465/99; 23.1.1986 – 6 ABR 51/81, mwN zur Auslegung des § 5 Abs. 3 BetrVG; *LKB-Bayreuther* Rn 20; *DDZ-Deinert/Callsen* Rn 25; krit. *Rumler* S. 33; vgl. zu § 5 BetrVG *BAG* 5.6.2014 – 2 AZR 615/13, Rn 51). Es genügt nicht, dass die Angestellten zwar aufgrund ihrer Dienststellung und ihres Arbeitsvertrages dazu befugt sind, selbständig und eigenverantwortlich über die Einstellung oder Entlassung von Arbeitnehmern zu entscheiden, im Innenverhältnis aber keinen entsprechenden Entscheidungsspielraum haben. Die Personalkompetenz darf also nicht »nur auf dem Papier stehen«, sondern muss tatsächlich ausgeübt werden (*BAG* 19.4.2012 – 2 AZR 186/11, Rn 33 mwN).

5. Kapitäne und die übrigen leitenden Angestellten der Besatzungen von Seeschiffen, Binnenschiffen und Luftfahrzeugen (§ 24 Abs. 5 KSchG)

40 Der allg. Kündigungsschutz der §§ 1–13 KSchG gilt mit den in § 14 Abs. 2 KSchG enthaltenen Besonderheiten auch für **Kapitäne** und die **übrigen leitenden Angestellten** der Besatzungen von Seeschiffen, Binnenschiffen und Luftfahrzeugen (APS-*Biebl* Rn 24; vgl. hierzu iE KR-*Bader/Kreutzberg-Kowalczyk* § 24 KSchG Rdn 41).

6. Risikoträger iSd. Institutsvergütungsverordnung (§ 25a Abs. 5a KWG)

41 Eine – wenn auch nur faktische – Erweiterung hat der § 14 Abs. 2 S. 2 KSchG durch die mit dem Brexit-StBG eingeführte und am 29.3.2019 (urspr. Brexit-Datum) in Kraft getretene Regelung des § 25a Abs. 5a KWG erfahren (ausf. dazu *Bonanni* ArbRB 2019, 79). Danach findet § 9 Abs. 1 S. 2 KSchG auch auf **Risikoträger bedeutender Institute**, deren jährliche fixe Vergütung das Dreifache der Beitragsbemessungsgrenze in der allgemeinen Rentenversicherung im Sinne des § 159 SGB VI überschreitet und die keine Geschäftsführer, Betriebsleiter und ähnliche leitende Angestellte sind, die zur selbständigen Einstellung oder Entlassung von Arbeitnehmern berechtigt sind, also nicht schon dem § 14 Abs. 2 KSchG unterfallen, mit der Maßgabe Anwendung, dass der Antrag des Arbeitgebers auf Auflösung des Arbeitsverhältnisses keiner Begründung bedarf. Der Gesetzgeber begründet diese **Gleichstellung von Risikoträgern und leitenden Angestellten** iSd. § 14 Abs. 2 KSchG mit dem besonderen Vertrauensverhältnis der beiden Mitarbeitergruppen zu ihrem jeweiligen Arbeitgeber und damit, dass diese (kleine) Mitarbeitergruppe besondere Bedeutung nicht nur für ihren Arbeitgeber, sondern generell für die Systemstabilität des Finanzsystems insgesamt habe (BT-Drs. 19/7377, 25).

42 § 25a Abs. 5a S. 1 KWG erfasst **Risikoträger** iSd. InstitutsVergV, also Mitarbeiter und Mitarbeiterinnen, deren berufliche Tätigkeit sich wesentlich auf das Risikoprofil eines Instituts auswirkt (§ 2 Abs. 8 S. 1 InstitutsVergV). Maßgeblich ist nach der Auslegungshilfe der BaFin zu § 2 Abs. 8 InstVergV das Gesamtrisikoprofil des Instituts (Schwennicke/Auerbach-*Langen/Donner* § 25a KWG Rn 155). Die Eigenschaft als Risikoträger haben die Institute nach § 25a Abs. 5b KWG aufgrund einer schriftlich oder elektronisch zu dokumentierenden und regelmäßig zu aktualisierenden **Risikoanalyse**, bei der quantitative (Höhe der Vergütung) und qualitative (insbesondere die dem Mitarbeiter zugewiesenen Aufgaben) Kriterien zu berücksichtigen sind, **eigenverantwortlich** zu ermitteln (vgl. dazu auch ErfK-*Kiel* Rn 14; *Baeck/Winzer/Abend* NZG 2019, 462, 463). Die Norm entspricht der Regelung in § 18 Abs. 2 InstitutsVergV. Insofern können die Erläuterungen der BaFin in der Auslegungshilfe zu § 18 Abs. 2 entsprechend für Abs. 5b herangezogen werden (Schwennicke/Auerbach-*Langen/Donner* § 25a KWG Rn 156). Diese Selbstbestimmung wird kritisiert, weil so der Arbeitgeber über das Bestandsschutzniveau – anders als bei leitenden Angestellten iSd. § 14 Abs. 2 KSchG, deren Stellung von den Gerichten voll überprüfbar ist – disponieren könnte (ErfK-*Kiel* Rn 14).

Zudem erfasst § 25a Abs. 5a S. 1 KWG nur solche Risikoträger, deren **jährliche fixe Vergütung** 43
das Dreifache der Beitragsbemessungsgrenze in der allgemeinen Rentenversicherung im Sinne
des § 159 SGB VI überschreitet (im Jahr 2021 in den alten Bundesländern 255.000 Euro und in
den neuen Bundesländern 241.200 Euro). Nicht definiert ist, wie sich die jährliche fixe Vergütung
bemisst. Zu ihr zählen neben der Grundvergütung sämtliche Gehaltsbestandteile einschließlich
eines 13. Monatsgehalts sowie tatsächlich gezahlter oder zu erwartender Provisionen und Bonuszahlungen, die der Risikoträger aufgrund seines Arbeitsvertrags beanspruchen kann (ErfK-*Kiel* Rn 14;
krit. zu der Anknüpfung an die Vergütungshöhe *LKB-Bayreuther* Rn 27b).

Schließlich muss es sich um Risikoträger **bedeutender Institute** handeln. Das sind nach § 25n 44
Abs. 2 KWG alle Institute, deren Bilanzsumme im Durchschnitt zu den jeweiligen Stichtagen der
letzten drei abgeschlossenen Geschäftsjahre 15 Mrd. Euro erreicht hat, die auf Grundlage der VO
(EU) Nr. 1024/2013 (SSM-Verordnung) von der EZB beaufsichtigt werden oder potenziell systemgefährdend sind (*Baeck/Winzer/Abend* NZG 2019, 462, 463; ErfK-*Kiel* Rn 15). Überdies kann
die BaFin nach § 25n Abs. 3 KWG Institute auch als bedeutend einstufen.

Mit § 25a Abs. 5a S. 1 KWG werden Risikoträger den leitenden Angestellten iSd. § 14 Abs. 2 45
KSchG kündigungsschutzrechtlich insoweit gleichgestellt, als § 9 Abs. 1 S. 2 KSchG mit der
Maßgabe Anwendung findet, dass der Antrag des Arbeitgebers auf Auflösung des Arbeitsverhältnisses keiner Begründung bedarf. Der Bestandsschutz wird damit – jedenfalls bei ausschließlich
sozialwidrigen Kündigungen – auf einen reinen Abfindungsschutz reduziert (siehe ausf. zu den
Rechtsfolgen Rdn 49 ff.). Fraglich ist, ob § 25a Abs. 5a S. 1 KWG dem Arbeitgeber – wie auch
sonst im Rahmen des § 9 KSchG (dazu Rdn 51) – lediglich das Risiko der Sozialwidrigkeit
abnimmt, also eine Auflösung auf Antrag des Arbeitgebers dann ausscheidet, wenn sich die
Kündigung (auch) aus sonstigen Gründen als unwirksam erweist (so *Baeck/Winzer/Abend* NZG
2019, 462, 463; ErfK-*Kiel* Rn 14). Nach der hier in Bezug auf leitende Angestellte vertretenen
Auffassung (siehe ausf. Rdn 52) ist es **ausreichend, dass die Kündigung auch – und nicht nur
– sozialwidrig ist.**

II. Eingeschränkte Geltung des Ersten Abschnitts des KSchG

Für die in § 14 Abs. 2 S. 1 KSchG genannten leitenden Angestellten gilt der Erste Abschnitt des 46
KSchG nicht uneingeschränkt. Die **gesetzlichen Ausnahmeregelungen** sehen einen Ausschluss des
§ 3 KSchG sowie eine inhaltliche Modifizierung des § 9 Abs. 1 S. 2 KSchG vor.

1. Ausschluss des § 3 KSchG

Der in § 14 Abs. 2 S. 1 KSchG angeordnete **Ausschluss des § 3 KSchG**, wonach dem Arbeitneh- 47
mer ein **Einspruchsrecht gegenüber dem Betriebsrat** zusteht, trägt dem Umstand Rechnung, dass
die leitenden Angestellten iSd Kündigungsschutzrechts wichtige Teilfunktionen des Arbeitgebers
im Bereich der personellen Angelegenheiten wahrnehmen und dadurch in einer Interessenpolarität
zu der übrigen Belegschaft stehen.

Die gesetzliche Regelung ist gesetzestechnisch insofern verfehlt, als sie nicht berücksichtigt, dass der 48
kündigungsschutzrechtliche Begriff des leitenden Angestellten nicht in vollem Umfang demjenigen
des Betriebsverfassungsrechts (§ 5 Abs. 3 BetrVG) entspricht (vgl. hierzu *BAG* 9.12.1975 – 1 ABR
80/73; 10.2.1976 – 1 ABR 61/74; 1.6.1976 – 1 ABR 118/74). Nach § 5 Abs. 3 Nr. 1 BetrVG
muss der Angestellte sowohl die Befugnis zur selbständigen Einstellung als auch zur Entlassung
haben, während nach **§ 14 Abs. 2 S. 1 KSchG** eine **alternative Entscheidungskompetenz** genügt.
Auch die beiden weiteren in § 5 Abs. 3 Nr. 2 und Nr. 3 BetrVG geregelten Fallgruppen sind nicht
deckungsgleich mit der Regelung des § 14 Abs. 2 S. 1 KSchG. Da die leitenden Angestellten iSd
§ 5 Abs. 3 BetrVG nicht durch den Betriebsrat repräsentiert werden, ist es sachgerecht, allein diesen
Personenkreis aus dem Geltungsbereich des § 3 KSchG herauszunehmen. Eine derartige **berichtigende Auslegung** des § 14 Abs. 2 S. 1 KSchG entspricht sowohl dem Sinn und Zweck des Gesetzes
als auch der Interessenlage. Angestellten, die zwar zu dem in § 14 Abs. 2 S. 1 KSchG genannten

Personenkreis gehören, nicht aber als leitende Angestellte iSd § 5 Abs. 3 BetrVG angesehen werden können, steht daher das Einspruchsrecht nach § 3 KSchG zu (ErfK-*Kiel* Rn 12; vgl. auch APS-*Biebl* Rn 28; HK-*Dorndorf* Rn 30; LSSW-*Wertheimer* Rn 40). Da der Betriebsrat den betroffenen Arbeitnehmer, soweit dies erforderlich erscheint, bereits während des Anhörungsverfahrens nach § 102 Abs. 2 S. 4 BetrVG anhören soll, kommt der Regelung des § 3 KSchG im Übrigen kaum eine praktische Bedeutung zu (anders, aber ohne überzeugende Argumente *Möhn* NZA 1995, 113). Deshalb besteht auch kein Bedürfnis nach einer analogen Anwendung des § 3 KSchG dahingehend, dass dem leitenden Angestellten ein entsprechendes Einspruchsrecht beim Sprecherausschuss eingeräumt wird (s. iE KR-*Klose* § 3 KSchG Rdn 31).

2. Modifizierung des § 9 Abs. 1 S. 2 KSchG

49 Eine weitaus bedeutsamere gesetzliche Sonderregelung enthält § 14 Abs. 2 S. 2 KSchG. Danach findet § 9 Abs. 1 S. 2 KSchG auf die in § 14 Abs. 2 S. 1 KSchG genannten leitenden Angestellten mit der Maßgabe Anwendung, dass der **Antrag des Arbeitgebers auf Auflösung** des Arbeitsverhältnisses keiner Begründung bedarf (vgl. zur Gerichtswirklichkeit der Regelung *Sieg* FS Etzel, S. 368). Wird die Anwendung des KSchG in einem Geschäftsführerdienstvertrag vereinbart, erfasst dies idR auch die Anwendung des § 14 Abs. 2 S. 2 KSchG (*BGH* 10.5.2010 – II ZR 70/09, Rn 15 mwN, s. dazu auch Rdn 3). Der sachliche Grund für die leichtere Lösbarkeit des Arbeitsverhältnisses ist nach der Vorstellung des Gesetzgebers darin zu sehen, dass der leitende Angestellte idR eine besondere Vertrauensstellung innehabe (vgl. BT-Drucks. V/3913 zu Art. 1 Nr. 9). Dieser Gesichtspunkt ist eigentlich nur dann rechtlich tragend, wenn die Kündigung entweder den Vertrauensbereich betrifft (s. Rdn 2) oder während des Kündigungsschutzprozesses dem Arbeitgeber Tatsachen bekannt werden, die den Vertrauensbereich berühren (krit. zur geltenden Rechtslage auch HK-*Dorndorf* Rn 31). Kündigungsschutz wird hier nicht als Bestandschutz, sondern nur in Form finanziellen Ausgleichs gewährt (zur verfassungsrechtlichen Bewertung eines Kündigungsschutzes durch »Abfindungsschutz« s. *BVerfG* 27.1.1998 – 1 BvL 15/87).

50 Die Abweichung gegenüber der Regelung des § 9 Abs. 1 S. 2 KSchG bezieht sich sowohl auf die **Darlegungs-** als auch auf die **Beweisebene** (unrichtig *Säcker* RdA 1976, 98, der ohne Begründung von einer Darlegungslast des Arbeitgebers ausgeht). Während der Arbeitgeber nach der Neufassung des § 9 Abs. 1 S. 2 KSchG (vgl. KR-*Spilger* § 9 KSchG Rdn 4, 5, 74, 75) in vollem Umfange darlegungs- und beweispflichtig für das Vorliegen der Gründe ist, die einer künftigen gedeihlichen Zusammenarbeit entgegenstehen, befreit § 14 Abs. 2 S. 2 KSchG den Arbeitgeber davon, dem Gericht Auflösungstatsachen zu unterbreiten. Dies hat zur Folge, dass das Gericht keinerlei Prüfungskompetenz hinsichtlich der materiellen Berechtigung eines vom Arbeitgeber in zulässiger Weise gestellten Auflösungsantrages hat. Das Gericht hat daher in den Fällen einer sozialwidrigen Kündigung dem Auflösungsantrag des Arbeitgebers selbst dann stattzugeben, wenn seiner Überzeugung nach keinerlei Störung des Vertrauensverhältnisses zwischen den Parteien vorliegt (die Kündigung zB. allein aus krankheitsbedingten Gründen erfolgte).

51 Die Rspr. des *BAG* stellt an die Begründung des Auflösungsantrages des Arbeitsgebers nach § 9 Abs. 1 S. 2 KSchG sehr strenge Anforderungen (dazu etwa *BAG* 24.5.2018 – 2 AZR 73/18, Rn 16 ff.; 29.8.2013 – 2 AZR 419/12, Rn 18 mwN; auch zur Verfassungskonformität *BAG* 19.11.2015 – 2 AZR 217/15, Rn 60 ff.). Hieran gemessen, stellt der in § 14 Abs. 2 S. 2 KSchG vorgesehene Verzicht auf die Begründung des Auflösungsantrags eine erhebliche Erleichterung für den Arbeitgeber dar. Dies darf aber nicht darüber hinwegtäuschen, dass die Beendigung des Arbeitsverhältnisses mit einem leitenden Angestellten auf diesem Wege kein »Selbstläufer« ist. Die **übrigen Voraussetzungen nach den §§ 9, 10 KSchG müssen nämlich unverändert vorliegen**. Das bedeutet vor allem, dass die Sozialwidrigkeit der Kündigung feststehen muss. Dabei genügt es nach der st. Rspr. des *BAG* nicht, dass die Kündigung auch sozialwidrig ist. Anders als für den Auflösungsantrag des Arbeitnehmers verlangt das *BAG* für den Antrag des Arbeitgebers, dass die **Kündigung nur wegen Sozialwidrigkeit** iSv § 1 KSchG und nicht aus anderen Gründen iSd § 13 Abs. 3 KSchG unwirksam ist (grundlegend *BAG* 9.10.1979 – 6 AZR 1059/77; s.a. *BAG*

24.5.2018 – 2 AZR 73/18, Rn 37; 22.9.2016 – 2 AZR 700/15, Rn 34; 31.7.2014 – 2 AZR 434/ 13, Rn 44 mwN; 28.11.2008 – 2 AZR 63/07, Rn 27 ff. mwN).

Überträgt man dieses Erfordernis auch auf die Auflösung des Arbeitsvertrags nach § 14 Abs. 2 S. 2 iVm. § 9 Abs. 1 S. 2 KSchG, führt das zu einer **Einschränkung des dem Arbeitgeber eingeräumten Privilegs**. Natürlich kann und wird die Kündigung eines leitenden Angestellten häufig auch an anderen Mängeln leiden, da sie grds. als normale Kündigung eines Arbeitsverhältnisses allen sonstigen materiellen und formellen Anforderungen unterliegt. Die Frage allerdings, ob der Auflösungsantrag Sozialwidrigkeit als alleinigen Unwirksamkeitsgrund voraussetzt, ist schon im Rahmen des § 9 KSchG nach wie vor heftig umstritten. Mit beachtlichen Gründen wird eingewandt, eine solche Beschränkung sei weder aus dem Wortlaut noch aus Sinn und Zweck der Regelung abzuleiten (s. KR-*Spilger* § 9 KSchG Rdn 31 ff.; APS-*Biebl* § 9 KSchG Rn 11; SPV-*Vossen* Rn 2098 f.). Auch wenn man der st. Rspr. des *BAG* für den »normalen« Auflösungsantrag nach § 9 Abs. 1 S. 2 KSchG folgt, bleibt doch zu überlegen, ob nicht die **Modifizierung des § 14 Abs. 2 S. 2 KSchG für den Bereich des leitenden Angestellten eine andere Lösung gebietet** (s.a. die Lösungsvorschläge bei *Bauer/von Medem* NZA 2013, 1233, 1236; *Bayreuther* NZA 2013, 1243; vgl. auch *Horn* NZA 2012, 186). Der Gesetzgeber hat mit dem Verzicht auf Auflösungsgründe deutlich gemacht, dass dem Interesse des Arbeitgebers, sich von einem leitenden Angestellten zu trennen, dem gegenüber er eine sozialwidrige Kündigung ausgesprochen hat, der Vorrang gebührt vor einer Fortführung des Arbeitsverhältnisses. Er soll nicht an einen Arbeitnehmer gebunden sein, der in einer besonders sensiblen Vertrauensstellung unternehmerische Funktionen wahrnimmt. Dieser Sinn und Zweck der erleichterten Auflösungsmöglichkeit würde negiert, wenn man die Privilegierung davon abhängig macht, dass die Kündigung allein sozialwidrig ist und nicht (zugleich) noch an anderen Mängeln leidet. Es ist hier in der Tat »nicht einzusehen« (APS-*Biebl* § 9 KSchG Rn 11), warum dann das vom Gesetz in besonderer Weise respektierte Auflösungsbedürfnis zurücktreten soll. Die besseren Gründe sprechen also dafür, es jedenfalls bei **dem nach § 14 Abs. 2 S. 1 KSchG privilegierten Auflösungsantrag des Arbeitgebers ausreichen zu lassen, dass die Kündigung auch – und nicht allein – sozialwidrig ist** (aA aber LSSW-*Wertheimer* Rn 43). 52

Der Auflösungsantrag des Arbeitgebers nach § 9 Abs. 1 S. 2 KSchG kann **abzuweisen** sein, wenn der Arbeitgeber selbst oder Personen, für deren Verhalten er im Rahmen des Arbeitsverhältnisses einzustehen hat, die Gründe **treuwidrig herbeigeführt** oder provoziert hat, um damit eine den Betriebszwecken dienliche weitere Zusammenarbeit als aussichtslos darstellen zu können (s. KR-*Spilger* § 9 KSchG Rdn 56 u. 72; vgl. BAG 10.3.2002 10.10.2002, zu B II 2 b der Gründe; LKB-*Linck* § 9 KSchG Rn 54; ErfK-*Kiel* Rn 19). Da der Arbeitgeber nach § 14 Abs. 1 S. 2 KSchG für seinen Auflösungsantrag keiner Gründe bedarf, kann er solche an sich auch nicht rechtsmissbräuchlich herbeiführen. Insoweit kommt eine Zurückweisung seines Antrags wegen provozierter Auflösungsgründe nicht in Betracht. Der Gedanke des Rechtsmissbrauchs ist aber grds. in allen Rechtslagen zu berücksichtigen (s. allg. zu den Voraussetzungen dieses Rechtsinstituts Staudinger/ *Looschelders/Olzen* § 242 BGB Rn 216). Deshalb kann an eine Abweisung des Antrags des Arbeitgebers **auch gegenüber dem leitenden Angestellten als rechtsmissbräuchlich** gedacht werden, wenn der Arbeitgeber ohne jeden Anlass eine – dann natürlich offenkundig sozialwidrige – Kündigung ausspricht, nur um sich im Kündigungsschutzverfahren die Möglichkeit einer Auflösung zu »erschleichen«. Der Gesetzgeber geht offensichtlich von der Überlegung aus, dass die Fortsetzung des Arbeitsverhältnisses dem Arbeitgeber nach einem kontrovers geführten Streit um eine Kündigung und die Stichhaltigkeit der vorgebrachten Gründe nicht zugemutet werden sollte. Andernfalls hätte er dem Arbeitgeber eine Auflösungsmöglichkeit ohne den »komplizierten« Umweg über ein Kündigungsschutzverfahren zur Verfügung stellen können. Der Gedanke des Rechtsmissbrauchs kann als allgemeiner Rechtsgedanke daher ausnahmsweise auch im Rahmen des § 14 Abs. 2 S. 2 KSchG zu einer Abweisung des Auflösungsantrags führen. Die **Darlegungs- und Beweislast** für ein solch rechtsmissbräuchliches Verhalten liegt allerdings **beim leitenden Angestellten**. 53

Für den **Auflösungsantrag des leitenden Angestellten** selbst besteht keine Erleichterung. Der Angestellte muss also Gründe darlegen und beweisen, die ihm die Fortsetzung des Arbeitsverhältnisses 54 unzumutbar machen, § 9 Abs. 1 S. 1 KSchG. Dabei wird sicher die besondere Vertrauensstellung bei Beurteilung der Zumutbarkeit auch aus Sicht des Arbeitnehmers eine erhebliche Rolle spielen. Trotzdem stellt sich die Frage, ob nicht aus **Gründen der Waffengleichheit auch dem leitenden Angestellten** eine erleichterte Auflösungsmöglichkeit eingeräumt werden sollte. *Bauer* (Arbeitsrechtliche Aufhebungsverträge II, 120; *ders.* FS Hanau, 1999, S. 151, 157) weist zu Recht darauf hin, dass es sich bei dem besonderen Vertrauensverhältnis nicht um eine »Einbahnstraße« handele. Dem leitenden Angestellten wird die Zusammenarbeit mit dem Arbeitgeber, der ihm gegenüber eine unwirksame Kündigung ausgesprochen und seine Trennungsabsicht deutlich gemacht hat, gerade wegen seiner Vertrauensstellung kaum noch zumutbar sein. Zwar wird in solchen Fällen idR der Arbeitgeber den Antrag nach § 9 Abs. 1 S. 2 iVm § 14 Abs. 2 S. 2 KSchG stellen. Das Gericht kann dann das Arbeitsverhältnis schon auf den Arbeitgeberantrag hin auflösen, ohne die vom leitenden Angestellten für seinen Antrag vorgebrachten Auflösungsgründe noch prüfen zu müssen. Dies muss aber nicht so sein. Der Arbeitgeber könnte zB darauf spekulieren, dass der Arbeitnehmer nach einer unwirksamen Kündigung von sich aus »das Handtuch wirft«, ohne dass es zu einer Abfindungszahlung kommt. In solchen Fällen könnte dem Arbeitnehmer die Möglichkeit eines nicht zu begründenden Auflösungsantrags durchaus eine Hilfe sein. Die geltende **Regelung ist aber insoweit eindeutig**. Es kann angesichts der doch unterschiedlichen Ausgangslagen für Arbeitgeber und Arbeitnehmer wohl auch **nicht von einer verfassungswidrigen Ungleichbehandlung** gesprochen werden. Man wird den berechtigten Interessen des Arbeitnehmers also nur im Rahmen der Zumutbarkeitsprüfung nach § 9 Abs. 1 S. 1 KSchG Rechnung tragen können. De lege ferenda sollte jedoch die Einführung eines Rechts auch des leitenden Angestellten erwogen werden, bei sozialwidriger Kündigung die Auflösung des Arbeitsverhältnisses ohne Begründung verlangen zu können (so auch *Bauer* Arbeitsrechtliche Aufhebungsverträge II, 120).

55 Spricht der Arbeitgeber eine **Änderungskündigung** aus und nimmt der leitende Angestellte das Änderungsangebot gem. § 2 KSchG unter Vorbehalt an, kommt eine **Auflösung nicht in Betracht** (*BAG* 24.10.2013 – 2 AZR 320/13, Rn 8 ff.; s. iE KR-*Kreft* § 2 KSchG Rdn 263 ff.; so für die Auflösung des Arbeitsverhältnisses »im Ganzen« auch *Rumler* S. 121; aA *Bauer/Krets* DB 2002, 1937, 139). Dies gilt auch für eine Ablösung nur der besseren Arbeitsbedingungen (s. KR-*Kreft* § 2 KSchG Rdn 268; LSSW-*Wertheimer* Rn 49; aA *Rumler* S. 123, die für leitende Angestellte insoweit eine ausfüllungsbedürftige Gesetzeslücke annimmt).

56 In den Fällen eines **beiderseitigen Auflösungsantrags** kann das Gericht aus Gründen der Prozessökonomie das Arbeitsverhältnis auf den Antrag des Arbeitgebers hin auflösen, ohne die vom leitenden Angestellten vorgebrachten Auflösungstatsachen prüfen zu müssen. Zur Rechtslage bei den übrigen Arbeitnehmern vgl. KR-*Spilger* § 9 KSchG Rdn 80–82.

57 Auch bei den in § 14 Abs. 2 S. 1 KSchG genannten leitenden Angestellten kann das Gericht eine Auflösung nur gegen Zahlung einer **angemessenen Abfindung** aussprechen. Dies folgt aus der uneingeschränkten Geltung des § 9 Abs. 1 S. 1 KSchG (vgl. hierzu die Stellungnahme des Bundesrats, BT-Drucks. V/3913, S. 14 sowie die Gegenäußerung der Bundesregierung, BT-Drucks. V/3913, S. 15). Neben dem in § 9 Abs. 1 S. 1 KSchG festgelegten Grundsatz der Angemessenheit der Abfindung gelangt auch § 10 KSchG uneingeschränkt zur Anwendung (vgl. hierzu KR-*Spilger* § 10 KSchG Rdn 28–67). Bei der Festsetzung der Abfindung ist dabei dem Umstand, ob für den leitenden Angestellten der Verlust des Arbeitsplatzes gleichbedeutend ist mit einer beruflichen Existenzvernichtung, besondere Bedeutung beizumessen (vgl. *Wagner* BB 1975, 1407; zu weitgehend *Popp* DB 1993, 736 wonach regelmäßig die Höchstabfindungssumme herangezogen werden soll; zust. aber APS-*Biebl* Rn 30). Auch die Art der Kündigungsgründe sowie das Maß der Sozialwidrigkeit sind wichtige Umstände bei der Bemessung der Abfindung (vgl. *LAG Hamm* 17.8.2020 – 8 Sa 1271/18, zu II 2 b der Gründe; für eine Berücksichtigung der Auflösungstatsachen bei der Höhe der Abfindung LSSW-*Wertheimer* Rn 44). Da der Auflösungsantrag keiner Begründung bedarf, kann das Fehlen eines entsprechenden Vortrags des Arbeitgebers allein nicht der Anlass sein, die höchstmögliche Abfindungssumme festzusetzen (so zu Recht *Rumler* S. 104). Das Gericht hat auch hier eine Ermessensentscheidung zu treffen, wobei aber die Festsetzung einer Abfindungssumme im oberen

Bereich idR nicht zu beanstanden ist. Umgekehrt kann allerdings das Vorliegen triftiger Auflösungsgründe, die dem leitenden Angestellten zuzurechnen sind, bei Bemessung der Abfindungssumme zu seinen Lasten berücksichtigt werden (HK-*Dorndorf* Rn 33; LSSW-*Wertheimer* Rn 44; *Rumler* S. 104; s.a. *Bütter* BB 2003, 2418). Es liegt also im eigenen Interesse des Arbeitgebers, evtl. vorhandene Auflösungsgründe dem Gericht auch ohne eine entsprechende Verpflichtung vorzutragen.

Die grundsätzliche Anwendung des Ersten Abschnitts des Kündigungsschutzgesetzes eröffnet dem Arbeitgeber auch die **Abfindungslösung nach § 1a KSchG**. Insoweit gilt für **leitende Angestellte keine Besonderheit**. Es kann auch nicht gesagt werden, dass der Arbeitgeber an einer solchen vorgeschalteten Auflösungsmöglichkeit kein Interesse habe, weil er in jedem Fall mit einer Auflösung gem. § 14 Abs. 2 S. 2 KSchG rechnen kann. Abgesehen davon, dass er die zeitliche und finanzielle Belastung durch ein Kündigungsschutzverfahren auf sich nehmen muss, scheitert der Auflösungsantrag unter Umständen daran, dass die Kündigung aus anderen Gründen als der Sozialwidrigkeit unwirksam ist, wenn man denn insoweit der st. Rspr. des *BAG* folgt (s. Rdn 51). Auch dürfte eine vom Gericht auf einen entsprechenden Antrag des Arbeitgebers festgesetzte Abfindung idR höher sein und häufig die Grenzen ausschöpfen, während § 1a KSchG von 0,5 Monatsgehältern als Regelabfindung ausgeht. Dies wird umgekehrt allerdings auch den leitenden Angestellten eher bewegen, ein Angebot nach § 1a KSchG nicht anzunehmen, weil er sich die Option auf den Gewinn des Kündigungsschutzverfahrens und/oder eine höhere Abfindung vorbehalten will. Der Arbeitgeber wird deshalb – wenn er eine Abfindungslösung anstrebt und diese nicht mit seinem leitenden Angestellten ohne Ausspruch einer Kündigung einvernehmlich regeln kann – in seinem Angebot nach § 1a KSchG im Zweifel eine höhere als die gesetzlich vorgesehene Abfindung anbieten. 58

III. Besonderheiten bei der Anwendung des Allgemeinen Kündigungsschutzes (§§ 1–13 KSchG)

Neben den in § 14 Abs. 2 KSchG enthaltenen Sonderregelungen ist grds. von einer **uneingeschränkten Geltung des Ersten Abschnitts des KSchG** auszugehen. Eine über die gesetzliche Einschränkung hinausgehende kündigungsschutzrechtliche Sonderbehandlung von leitenden Angestellten ist mit der derzeitigen Ausgestaltung des individuellen Kündigungsschutzes nicht in Einklang zu bringen. Es gelten daher dieselben Grundsätze wie bei den übrigen Arbeitnehmern (vgl. auch *Sieg* FS Etzel, S. 361; *Vogel* NZA 2002, 314; *Diringer* AuA 2006, 22 f.). Dies schließt allerdings nicht aus, im Rahmen der Prüfung der sozialen Rechtfertigung (insbes. bei der **Interessenabwägung**) den jeweiligen Besonderheiten des Einzelfalls gebührend Rechnung zu tragen. So können zB die jeweilige Aufgabenstellung sowie die damit verbundenen besonderen Pflichten bei der Prüfung der Sozialwidrigkeit entsprechend berücksichtigt werden. 59

IV. Bürgerlich-rechtliche Unwirksamkeitsgründe

Die sich aus dem **bürgerlichen Recht** ergebenden **Unwirksamkeitsgründe** (zB §§ 138, 242, 125, 174, 180, 623 BGB) gelten uneingeschränkt auch für Kündigungen von leitenden Angestellten. Dies gilt ebenso für **schuldrechtliche Kündigungsbeschränkungen**, nach denen das ordentliche Kündigungsrecht ausgeschlossen ist. Derartige Kündigungsbeschränkungen können sich auch ohne besondere Vereinbarung aus den Umständen ergeben, und zwar insbes. bei leitenden Angestellten (*BAG* 12.10.1954 – 2 AZR 267/54). 60

Alle Unwirksamkeitsgründe können nach der zum 1.1.2004 in Kraft getretenen Neuregelung des § 4 KSchG, die auch für leitende Angestellte gilt, grds. nur noch innerhalb von drei Wochen nach Zugang der schriftlichen Kündigung geltend gemacht werden (s. dazu iE KR-*Klose* § 4 KSchG Rdn 192 ff.; KR-*Klose* § 7 KSchG Rdn 4 bis 6). 61

V. Massenkündigungsschutz (§ 17 Abs. 3 Nr. 3 KSchG)

Vom **Massenkündigungsschutz** sind die in § 14 Abs. 2 KSchG genannten leitenden Angestellten an sich ausgenommen (§ 17 Abs. 5 Nr. 3 KSchG) ebenso wie die in § 14 Abs. 1 KSchG genannten 62

Personen (§ 17 Abs. 5 Nr. 1 und Nr. 2 KSchG). Der generelle Ausschluss kann nach den Entscheidungen des *EuGH* vom 11.11.2010 (– C-232/09 [Danosa]) und vom 9.7.2015 (– C-229/14 [Balkaya]) nicht aufrecht gehalten werden. Soweit Personen ausgenommen werden, die zwar nicht dem nationalen Arbeitnehmerbegriff unterfallen, jedoch Arbeitnehmer iSd Unionsrechts sind, verstößt der Ausschluss gegen die **Massenentlassungs-RL 98/59/EG** (ErfK-*Kiel* § 17 KSchG Rn 6; *Spelge* NZA-Beil. 2017, 108, 111; APS-*Moll* § 17 KSchG Rn 15; *Commandeur/Kleinebrink* NZA-RR 2017, 449, 459). § 17 KSchG setzt unionsrechtliche Vorgaben um. Danach ist der **unionsrechtliche Arbeitnehmerbegriff** anwendbar (s. iE Rdn 4, 5 mwN; ErfK-*Kiel* § 17 KSchG Rn 6; s.a. KR-*Kreutzberg-Kowalczyk* ArbNähnl. Pers. Rdn 18 mwN; KR-*Weigand/Heinkel* § 17 KSchG Rdn 53 ff.). Die gebotene Einbeziehung von Arbeitnehmern iSd Unionsrechts in den Arbeitnehmerbegriff des § 17 KSchG dürfte im Wege einer **teleologische Reduktion des § 17 Abs. 5 KSchG** möglich sein (s.a. *Morgenbrodt* ZESAR 2017, 17, 22 ff. mwN; *Klein* AuR 2016, 77, 79; *Spelge* NZA-Beil. 2017, 108, 111; EUArbR/*Spelge* RL 98/59/EG Art. 1 Rn 12, 50; aA APS-*Moll* 17 KSchG Rn 15 mwN; *Hohenstatt/Naber* NJW 2014, 2678, 2682). Zwar ist diese Norm älter als die Massenentlassungsrichtlinie. Jedoch ging der Gesetzgeber davon aus, mit § 17 KSchG einen richtlinienkonformen Zustand geschaffen zu haben (s. BT-Drucks. 8/1041, S. 4).

VI. Kollektiver Kündigungsschutz

63 Das **kollektive Kündigungsschutzrecht** des **BetrVG** (§§ 102, 103 BetrVG) findet auf solche Arbeitnehmer keine Anwendung, die zu den leitenden Angestellten iSd § 5 Abs. 3 BetrVG gehören. Diesem Personenkreis steht daher auch **kein vorläufiger Weiterbeschäftigungsanspruch** nach § 102 Abs. 5 BetrVG zu (vgl. *Säcker* RdA 1976, 98; *Martens* Das Arbeitsrecht der leitenden Angestellten, 1982, S. 241; *Rumler* S. 197; *Schipp* S. 219; **aA** *Wagner* BB 1975, 1401, der in der Aberkennung eines vorläufigen Weiterbeschäftigungsanspruchs einen Verstoß gegen Art. 3 Abs. 1 GG sieht). Nach § 105 BetrVG hat der Arbeitgeber dem Betriebsrat die beabsichtigte Kündigung rechtzeitig mitzuteilen. Zur Beteiligung des Sprecherausschusses s. Rdn 69.

64 Auf diejenigen Arbeitnehmer, die lediglich nach § 14 Abs. 2 KSchG, nicht dagegen nach § 5 Abs. 3 BetrVG leitende Angestellte sind, findet das kollektive Kündigungsschutzrecht des BetrVG dagegen uneingeschränkt Anwendung (ebenso *Wagner* BB 1975, 1402). Dies gilt auch für den bestandsunabhängigen **Weiterbeschäftigungsanspruch** nach § 102 Abs. 5 BetrVG. Ein arbeitsvertraglicher Weiterbeschäftigungsanspruch während des Kündigungsprozesses steht dem leitenden Angestellten iSd § 14 Abs. 2 S. 1 KSchG nur so lange zu, bis der Arbeitgeber einen Auflösungsantrag nach § 14 Abs. 2 S. 2 iVm § 9 Abs. 1 S. 2 KSchG gestellt hat. Bis zur Stellung des arbeitgeberseitigen Auflösungsantrags gelten die vom Großen Senat des *BAG* (27.2.1985 – GS 1/84) aufgestellten Grundsätze (*Rumler* S. 114 ff.; **aA** LSSW-*Wertheimer* Rn 45; *Kaiser* AR-Blattei SD 70.2 Rn 91a; KPK-*Bengelsdorf* Teil H Rn 39, nach denen der Arbeitgeber überhaupt nicht zur Weiterbeschäftigung während des Kündigungsrechtsstreits verpflichtet sein soll). Scheitert der Auflösungsantrag aber, weil die Kündigung nicht nur sozialwidrig, sondern auch noch aus einem anderen Rechtsgrund unwirksam ist, bleibt es bei dem grds. Weiterbeschäftigungsanspruch während des noch laufenden Kündigungsrechtsstreits (zu Recht *Rumler* S. 169; ähnlich wohl auch *Schipp* S. 206 ff.; zur Abbedingung des Weiterbeschäftigungsanspruchs s. *Fischer* NZA 2006, 236). Bei der Abwägung, ob überwiegende Interessen des Arbeitgebers gegen die Weiterbeschäftigung sprechen, kann allerdings die besondere Stellung des leitenden Angestellten berücksichtigt werden.

65 Im Rahmen des **Kündigungsrechtsstreits** ist bei Streit über die Rechtsstellung des Arbeitnehmers als **Vorfrage** zu klären, ob ein Arbeitnehmer leitender Angestellter nach § 5 Abs. 3 BetrVG gewesen ist und der Arbeitgeber deshalb den Betriebsrat nicht nach § 102 Abs. 1 BetrVG anzuhören brauchte. Dabei trägt der Arbeitgeber die **Darlegungs- und Beweislast** dafür, dass die von ihm einzuleitende Anhörung des Betriebsrats nach § 102 Abs. 1 BetrVG deswegen unterbleiben durfte, weil es um die Kündigung eines leitenden Angestellten iSd § 5 Abs. 3 BetrVG geht, bei dem eine Verletzung der Mitteilungspflicht nach § 105 BetrVG nicht zur Unwirksamkeit der Kündigung führt (*BAG* 19.8.1975 – 1 AZR 613/74).

Der von der Rspr. des *BAG* aufgestellte Grundsatz (vgl. *BAG* 28.2.1974 – 2 AZR 455/73), wonach 66
in der Mitteilung der Kündigungsabsicht regelmäßig die Aufforderung des Arbeitgebers an den
Betriebsrat liegt, zu der beabsichtigten Kündigung Stellung zu nehmen, gilt dann nicht, wenn die
Beteiligten sich im Unklaren sind, ob der Arbeitnehmer, dem gekündigt werden soll, leitender
Angestellter iSd § 5 Abs. 3 BetrVG ist. In diesen Fällen muss der Arbeitgeber dem Betriebsrat eindeutig zu erkennen geben, dass er nicht nur eine Mitteilung nach § 105 BetrVG bezweckt, sondern
zugleich – zumindest vorsorglich – auch das Anhörungsverfahren nach § 102 Abs. 1 BetrVG einleiten will (*BAG* 26.5.1977 – 2 AZR 135/76). Es ist aber nicht erforderlich, dass der Arbeitgeber
den Betriebsrat wörtlich zur Stellungnahme nach Maßgabe des § 102 BetrVG auffordert (*BAG*
7.12.1979 – 7 AZR 1063/77).

Die Anwendbarkeit von **tarifvertraglichen Kündigungsbeschränkungen** (zB Rationalisierungsschutz- 67
Abkommen) auf leitende Angestellte hängt davon ab, ob der betreffende Personenkreis in den persönlichen Geltungsbereich des Tarifvertrags einbezogen ist. Dies ist ggf. durch Auslegung der entsprechenden Tarifnorm zu ermitteln (s.a. *Vogel* NZA 2002, 317).

VII. Besonderer Kündigungsschutz

1. Sonderkündigungsschutz nach § 15 KSchG

Nach Ansicht des *BAG* haben leitende Angestellte im Aufsichtsrat in dieser Eigenschaft **keinen** 68
dem § 15 KSchG entsprechenden **besonderen Kündigungsschutz** (*BAG* 4.4.1974 – 2 AZR 452/
73; ebenso die hM im Schrifttum, vgl. *Wißmann/Kleinsorge/Schubert* § 26 Rn 18; *Ulmer/Habersack/
Henssler* § 26 Rn 13; *DDZ-Deinert/Callsen* Rn 9; *Martens* Das Arbeitsrecht der leitenden Angestellten, 1982, S. 224 f.; *Raiser/Veil/Jacobs* § 26 Rn 8; *Schipp* S. 153 ff.; *Vogel* NZA 2002, 317; **aA**
die **analoge Anwendung** des § 15 KSchG bejahend *Naendrup* AuR 1979, 204; *Reich/Lewerenz* AuR
1976, 362). Als **Mitglied** des **Sprecherausschusses** gehören leitende Angestellte auch nicht zu dem
durch § 15 KSchG geschützten Personenkreis. Eine analoge Anwendung der zuletzt genannten
Vorschriften ist mangels Vorliegens einer Regelungslücke abzulehnen (vgl. *Martens* Das Arbeitsrecht der leitenden Angestellten, 1982, S. 224 f.; *Sieg* FS Richardi S. 787).

Vor jeder Kündigung eines leitenden Angestellten ist aber der **Sprecherausschuss zu hören**, § 31 69
Abs. 2 SprAuG. Eine ohne Anhörung erfolgte Kündigung ist gem. § 31 Abs. 2 S. 3 SprAuG unwirksam (*BAG* 27.9.2001 – 2 AZR 176/00; *Diringer* AuA 2006, 22; *Vogel* NZA 2002, 317; s. iE
Sieg FS Etzel, S. 363 ff.).

Die Unwirksamkeit der Kündigung gegenüber einem leitenden Angestellten im Aufsichtsrat kann sich 70
aber aus dem gesetzlichen **Benachteiligungsverbot** des § 26 MitbestG ergeben (vgl. *Wißmann/Kleinsorge/Schubert* § 26 Rn 32; *Raiser/Veil/Jacobs* § 26 Rn 8, 14; *Schipp* S. 156). Eine (außerordentliche
oder ordentliche) Kündigung ist daher unwirksam, wenn sie allein wegen oder im Zusammenhang
mit der Tätigkeit im Aufsichtsrat erfolgt. Nur wenn dem leitenden Angestellten zugleich eine Verletzung der arbeitsvertraglichen Pflichten vorgeworfen werden kann, ist eine (außerordentliche oder
ordentliche) Kündigung möglich. Die Mitgliedschaft im Aufsichtsrat stellt aber einen Umstand dar,
der im Rahmen der Interessenabwägung zugunsten des leitenden Angestellten zu berücksichtigen ist
(ebenso *Wißmann/Kleinsorge/Schubert* § 26 Rn 22; *Raiser/Veil/Jacobs* § 26 Rn 8; *Martens* Das Arbeitsrecht der leitenden Angestellten, 1982, S. 224 f.; **aA** *Hoffmann/Lehmann/Weinmann* § 26 Rn 19).

Von der Geltung des § 15 KSchG nicht ausgenommen sind dagegen solche leitenden Angestellten 71
iSd § 14 Abs. 2 KSchG, die nicht zugleich leitende Angestellte nach § 5 Abs. 3 BetrVG sind, sofern
sie zu den in § 15 KSchG genannten betriebsverfassungsrechtlichen Funktionsträgern gehören.

2. Schwerbehinderten-Kündigungsschutz

Der in §§ 168 SGB IX nF (zuvor §§ 85 ff. SGB IX aF) geregelte **besondere Kündigungsschutz** für 72
schwerbehinderte Menschen gilt auch für leitende Angestellte iSd § 14 Abs. 2 KSchG (allg. Ansicht; vgl. etwa *Gröninger/Thomas* § 15 Rn 3). Die in § 14 Abs. 1 KSchG genannten Organvertreter

fallen dagegen nicht unter den besonderen Kündigungsschutz der §§ 168 ff. SGB IX. Dies gilt auch unter Berücksichtigung des unionsrechtlichen Arbeitnehmerbegriffs (ErfK-*Rolfs* § 168 SGB IX Rn 3; KR-*Gallner* vor §§ 168–173 SGB IX Rdn 21 – dürfte nicht geboten sein; s. iE Rdn 6, 7). Auf Arbeitnehmer, die zwar nichtleitende Angestellte iSd § 14 Abs. 2 KSchG sind, denen aber ein entsprechender Rechtsstatus nach anderen Bestimmungen (zB § 5 Abs. 3 BetrVG, § 1 Abs. 2 AZO) zukommt, gelangt der besondere Kündigungsschutz der §§ 168 ff. SGB IX nF ebenfalls zur Anwendung. Allgemein zur Frage der Einbeziehung der leitenden Angestellten in den Schwerbehindertenschutz vgl. *Bayer* DB 1990, 933.

3. Mutterschutzrechtlicher Kündigungsschutz

73 Arbeitnehmerinnen, die gem. § 14 Abs. 2 KSchG, § 5 Abs. 3 BetrVG oder nach § 1 Abs. 2 AZO als leitende Angestellte anzusehen sind, unterliegen dem **mutterschutzrechtlichen Kündigungsschutz** nach § 17 MuSchG (allg. Ansicht: vgl. etwa *Bulla/Buchner* § 1 Rn 25 sowie *Gröninger/Thomas* § 1 Rn 9). Auch soweit die in § 14 Abs. 1 Nr. 1 und Nr. 2 KSchG genannten Personen im Rahmen eines selbständigen Dienstverhältnisses nicht dagegen im Rahmen eines Arbeitsverhältnisses tätig sind, findet auf sie der mutterschutzrechtliche Kündigungsschutz Anwendung, wenn sie den unionsrechtlichen Arbeitnehmerbegriff erfüllen (s. iE Rdn 6, 7). Dem hat der Gesetzgeber mit der seit dem **1.1.2018 geltenden Neufassung des MuSchG** (Gesetz zum Schutz von Müttern bei der Arbeit, in der Ausbildung und im Studium, BGBl. I S. 1228) Rechnung getragen, indem er ausdrücklich Frauen, die wegen ihrer wirtschaftlichen Unselbstständigkeit als arbeitnehmerähnliche Person anzusehen sind, dem MuSchG unterstellt (§ 1 Abs. 2 Nr. 7 MuSchG nF).

4. Sonderkündigungsschutz nach § 18 BEEG und § 5 PflegeZG

74 Der in § 18 BEEG geregelte **besondere Kündigungsschutz für Erziehungsurlaubsberechtigte** (vgl. hierzu KR-*Bader/Kreutzberg-Kowalczyk* § 18 BEEG Rdn 22 ff.) gilt auch für leitende Angestellte iSd § 14 Abs. 2 S. 1 KSchG. Entsprechendes gilt auch für den **Sonderkündigungsschutz nach § 5 PflegeZG** (vgl. dazu etwa *Preis/Nehring* NZA 2008, 729; *Freihube/Sasse* DB 2008, 1320; *Müller* BB 2008, 1058; iE s. hier KR-*Treber/Waskow* §§ 1–8 PflegeZG) und – gem. **§ 2 Abs. 3 FPfZG** – auch für den Sonderkündigungsschutz wegen Inanspruchnahme von **Familienpflegezeit** (s. KR-*Treber/Waskow* FPfZG).

VIII. Kündigungsfristen

75 Mit der zum 15.10.1993 in Kraft getretenen Neuregelung der Kündigungsfristen durch das KündFG v. 7.10.1993 (BGBl. I S. 1668) sind die Fristen für Arbeiter und Angestellte vereinheitlicht worden (zur vorhergehenden Rechtslage s. 11. Aufl. Rn 61, 62). Als Grundkündigungsfrist gilt seither eine Frist von vier Wochen zum 15. des Monats oder zum Monatsende; § 622 Abs. 1 BGB. An die Stelle der verlängerten Kündigungsfristen des AngKSchG sind die Fristen des § 622 Abs. 2 BGB getreten. Diese Fristen sind auf die Beschäftigungsverhältnisse lediglich **wirtschaftlich abhängiger Organvertreter, die keine Arbeitnehmer sind, nicht – auch nicht analog – anzuwenden.** Es gelten die Fristen des § 621 BGB (ausf. u. mwN dazu KR-*Kreutzberg-Kowalczyk* ArbNähnl. Pers. Rdn 49 und 72 ff.; aA KR-*Spilger* § 622 BGB Rdn 79 mwN).

IX. Befristung

76 Seit dem Inkrafttreten des TzBfG (1.1.2001) **gelten auch für die leitenden Angestellten die Befristungsregelungen der §§ 14 ff. TzBfG** (iE s. Erl. zu § 14 TzBfG). Die zuvor streitige Frage, ob das Arbeitsverhältnis eines leitenden Angestellten ohne sachlichen Grund wirksam befristet werden konnte, wenn er beim Ausscheiden einen finanziellen Ausgleich erhielt, der einer Abfindung nach den §§ 9, 10 zumindest gleichwertig war (s. dazu *Rost* KR 11. Aufl., § 14 KSchG Rn 83), ist damit hinfällig. Soweit sich die in § 14 Abs. 1 KSchG erwähnten **organschaftlichen Vertreter** in einem freien Dienstverhältnis (§§ 611, 675 BGB) befinden, unterliegen Zeitverträge keiner richterlichen Befristungskontrolle (vgl. *Baumbach/Hueck-Zöllner* § 35 Rn 114; ausf. siehe KR-*Kreutzberg-Kowalczyk* ArbNähnl. Pers. Rdn 58 ff.).

Zweiter Abschnitt: Kündigungsschutz im Rahmen der Betriebsverfassung und Personalvertretung

§ 15 KSchG Unzulässigkeit der Kündigung

(1) ¹Die Kündigung eines Mitglieds eines Betriebsrats, einer Jugend- und Auszubildendenvertretung, einer Bordvertretung oder eines Seebetriebsrats ist unzulässig, es sei denn, dass Tatsachen vorliegen, die den Arbeitgeber zur Kündigung aus wichtigem Grund ohne Einhaltung einer Kündigungsfrist berechtigen, und dass die nach § 103 des Betriebsverfassungsgesetzes erforderliche Zustimmung vorliegt oder durch gerichtliche Entscheidung ersetzt ist. ²Nach Beendigung der Amtszeit ist die Kündigung eines Mitglieds eines Betriebsrats, einer Jugend- und Auszubildendenvertretung oder eines Seebetriebsrats innerhalb eines Jahres, die Kündigung eines Mitglieds einer Bordvertretung innerhalb von sechs Monaten, jeweils vom Zeitpunkt der Beendigung der Amtszeit an gerechnet, unzulässig, es sei denn, dass Tatsachen vorliegen, die den Arbeitgeber zur Kündigung aus wichtigem Grund ohne Einhaltung einer Kündigungsfrist berechtigen; dies gilt nicht, wenn die Beendigung der Mitgliedschaft auf einer gerichtlichen Entscheidung beruht.

(2) ¹Die Kündigung eines Mitglieds einer Personalvertretung, einer Jugend- und Auszubildendenvertretung oder einer Jugendvertretung ist unzulässig, es sei denn, dass Tatsachen vorliegen, die den Arbeitgeber zur Kündigung aus wichtigem Grund ohne Einhaltung einer Kündigungsfrist berechtigen, und dass die nach dem Personalvertretungsrecht erforderliche Zustimmung vorliegt oder durch gerichtliche Entscheidung ersetzt ist. ²Nach Beendigung der Amtszeit der in Satz 1 genannten Personen ist ihre Kündigung innerhalb eines Jahres, vom Zeitpunkt der Beendigung der Amtszeit angerechnet, unzulässig, es sei denn, dass Tatsachen vorliegen, die den Arbeitgeber zur Kündigung aus wichtigem Grund ohne Einhaltung einer Kündigungsfrist berechtigen; dies gilt nicht, wenn die Beendigung der Mitgliedschaft auf einer gerichtlichen Entscheidung beruht.

(3) ¹Die Kündigung eines Mitglieds eines Wahlvorstands ist vom Zeitpunkt seiner Bestellung an, die Kündigung eines Wahlbewerbers vom Zeitpunkt der Aufstellung des Wahlvorschlags an, jeweils bis zur Bekanntgabe des Wahlergebnisses unzulässig, es sei denn, dass Tatsachen vorliegen, die den Arbeitgeber zur Kündigung aus wichtigem Grund ohne Einhaltung einer Kündigungsfrist berechtigen, und dass die nach § 103 des Betriebsverfassungsgesetzes oder nach dem Personalvertretungsrecht erforderliche Zustimmung vorliegt oder durch eine gerichtliche Entscheidung ersetzt ist. ²Innerhalb von sechs Monaten nach Bekanntgabe des Wahlergebnisses ist die Kündigung unzulässig, es sei denn, dass Tatsachen vorliegen, die den Arbeitgeber zur Kündigung aus wichtigem Grund ohne Einhaltung einer Kündigungsfrist berechtigen; dies gilt nicht für Mitglieder des Wahlvorstands, wenn dieser durch gerichtliche Entscheidung durch einen anderen Wahlvorstand ersetzt worden ist.

(3a) ¹Die Kündigung eines Arbeitnehmers, der zu einer Betriebs-, Wahl- oder Bordversammlung nach § 17 Abs. 3, § 17a Nr. 3 Satz 2, § 115 Abs. 2 Nr. 8 Satz 1 des Betriebsverfassungsgesetzes einlädt oder die Bestellung eines Wahlvorstands nach § 16 Abs. 2 Satz 1, § 17 Abs. 4, § 17a Nr. 4, § 63 Abs. 3, § 115 Abs. 2 Nr. 8 Satz 2 oder § 116 Abs. 2 Nr. 7 Satz 5 des Betriebsverfassungsgesetzes beantragt, ist vom Zeitpunkt der Einladung oder Antragstellung an bis zur Bekanntgabe des Wahlergebnisses unzulässig, es sei denn, dass Tatsachen vorliegen, die den Arbeitgeber zur Kündigung aus wichtigem Grund ohne Einhaltung einer Kündigungsfrist berechtigen; der Kündigungsschutz gilt für die ersten sechs in der Einladung oder die ersten drei in der Antragstellung aufgeführten Arbeitnehmer. ²Wird ein Betriebsrat, eine Jugend- und Auszubildendenvertretung, eine Bordvertretung oder ein Seebetriebsrat nicht gewählt, besteht der Kündigungsschutz nach Satz 1 vom Zeitpunkt der Einladung oder Antragstellung an drei Monate.

(3b) ¹Die Kündigung eines Arbeitnehmers, der Vorbereitungshandlungen zur Errichtung eines Betriebsrats oder einer Bordvertretung unternimmt und eine öffentlich beglaubigte Erklärung mit dem Inhalt abgegeben hat, dass er die Absicht hat, einen Betriebsrat oder eine Bordvertretung zu errichten, ist unzulässig, soweit sie aus Gründen erfolgt, die in der Person oder in dem Verhalten des Arbeitnehmers liegen, es sei denn, dass Tatsachen vorliegen, die den Arbeitgeber zur Kündigung aus wichtigem Grund ohne Einhaltung einer Kündigungsfrist berechtigen. ²Der Kündigungsschutz gilt von der Abgabe der Erklärung nach Satz 1 bis zum Zeitpunkt der Einladung zu einer Betriebs-, Wahl- oder Bordversammlung nach § 17 Absatz 3, § 17a Nummer 3 Satz 2, § 115 Absatz 2 Nummer 8 Satz 1 des Betriebsverfassungsgesetzes, längstens jedoch für drei Monate.

(4) Wird der Betrieb stillgelegt, so ist die Kündigung der in den Absätzen 1 bis 3a genannten Personen frühestens zum Zeitpunkt der Stilllegung zulässig, es sei denn, dass ihre Kündigung zu einem früheren Zeitpunkt durch zwingende betriebliche Erfordernisse bedingt ist.

(5) ¹Wird eine der in den Absätzen 1 bis 3a genannten Personen in einer Betriebsabteilung beschäftigt, die stillgelegt wird, so ist sie in eine andere Betriebsabteilung zu übernehmen. ²Ist dies aus betrieblichen Gründen nicht möglich, so findet auf ihre Kündigung die Vorschrift des Absatzes 4 über die Kündigung bei Stilllegung des Betriebs sinngemäß Anwendung.

Übersicht	Rdn		Rdn
A. Einleitung	1	I. Kündigungsverbot während der Amtszeit des geschützten Personenkreises	80
I. Entstehungsgeschichte	1		
II. Zweck der Vorschrift	12	II. Kündigungsverbot nach Ablauf der Amtszeit des geschützten Personenkreises	82
B. Betrieblicher und persönlicher Geltungsbereich	14		
C. Beginn des besonderen Schutzes	18	1. Allgemeines	82
I. Organmitglieder iSv § 15 Abs. 1, 2 KSchG	18	2. Beendigung der Amtszeit (Mitglieder von Arbeitnehmervertretungen)	85
II. Mitglieder des Wahlvorstands	19	3. Ersatzmitglieder	92
III. Wahlbewerber	20	4. Bekanntgabe des Wahlergebnisses (Wahlvorstand, Wahlbewerber)	100
IV. Initiatoren der Wahl einer Arbeitnehmervertretung	22	III. Beendigung des nachwirkenden Kündigungsschutzes	104
D. Begrenzung und Erstreckung des Schutzes auf alle Arten von Kündigungen	32	IV. Ausnahmen vom Kündigungsverbot	105
		G. Kündigung bei Betriebsstilllegung	109
E. Zulässigkeit einer außerordentlichen Kündigung	40	I. Begriff der Betriebsstilllegung	109
I. Zustimmung des Betriebsrats bzw. Personalrats oder ihre gerichtliche Ersetzung	40	II. Weiterbeschäftigungsmöglichkeiten in einem anderen Betrieb	125
		III. Mitwirkung des Betriebsrats bzw. Personalrats	130
II. Der »wichtige« Kündigungsgrund	42	IV. Erklärung der Kündigung	133
III. Erklärungsfrist des § 626 Abs. 2 BGB	61	1. Zeitpunkt der Kündigung	133
IV. Der Kündigungsschutzprozess	64	2. Kündigungsfrist	135
1. Mängel der Kündigung	64	3. Kündigungstermin	136
2. Nachschieben von Kündigungsgründen	70	a) Grundsatz	136
		b) »Zwingende betriebliche Erfordernisse«	140
a) Gründe, die dem Arbeitgeber vor Erklärung der Kündigung bekannt waren	71	c) Freigestellte Betriebsrats- oder Personalratsmitglieder	145
b) Gründe, die dem Arbeitgeber erst nach Erklärung der Kündigung bekannt werden	73	V. Der Kündigungsschutzprozess	147
		1. Mängel der Kündigung	147
c) Neue Kündigung	77	2. Nachschieben von Kündigungsgründen	149
3. Darlegungs- und Beweislast	78	3. Darlegungs- und Beweislast	150
F. Unzulässigkeit der ordentlichen Kündigung	80	VI. Weiterbeschäftigung und Amtsausübung nach Ablauf der Kündigungsfrist	151

	Rdn			Rdn
VII.	Amtszeit der Betriebsrats- bzw. Personalratsmitglieder 154	J.	Nachwirkender Schutz für Initiatoren einer Betriebsratswahl	175
H.	Kündigung bei Stilllegung einer Betriebsabteilung 155	I.	Dauer des besonderen Schutzes.......	175
		II.	Schutz gegen ordentliche	
I.	Begriff der Betriebsabteilung......... 156		Kündigungen	177
II.	Stilllegung einer Betriebsabteilung 159	K.	Unabdingbarkeit des Kündigungs-	
III.	Übernahme in eine andere Betriebsabteilung 162		schutzes	179
		L.	§ 15 KSchG als Schutzgesetz	181
IV.	Zulässigkeit der Kündigung 170	M.	Konkurrierender Kündigungsschutz	
I.	Wiedereröffnung des Betriebs oder der Betriebsabteilung 174		nach anderen Vorschriften	182

A. Einleitung

I. Entstehungsgeschichte

Das **KSchG vom 10.8.1951** (BGBl. I S. 499) sah in seinem § 13 nur einen besonderen Kündigungsschutz für Betriebsratsmitglieder vor. Er bestand darin, dass eine **ordentliche** Kündigung während der Amtszeit des Betriebsratsmitglieds grds. **unzulässig** war und nur bei einer Betriebsstilllegung oder Stilllegung einer Betriebsabteilung unter bestimmten Voraussetzungen zugelassen wurde. Für die außerordentliche Kündigung gegenüber Betriebsratsmitgliedern stellte das Gesetz keine anderen Voraussetzungen auf als für die außerordentliche Kündigung gegenüber anderen Arbeitnehmern. 1

Aufgrund des **Ersten Arbeitsrechtsbereinigungsgesetzes vom 14.8.1969** und der damit verbundenen Neufassung des KSchG vom 25.8.1969 (BGBl. I S. 1317) wurde § 13 nunmehr § 15. Abs. 1 der Bestimmung wurde durch den Hinweis auf § 626 BGB (Kündigung aus wichtigem Grund) der neuen Rechtslage angepasst, im Übrigen blieb aber § 15 KSchG nF gegenüber § 13 aF seinem sachlichen Inhalt nach unverändert. 2

Im Zusammenhang mit der Reform des BetrVG schlug der **Deutsche Gewerkschaftsbund** in seinem **im März 1970 vorgelegten Gesetzentwurf zum BetrVG** vor, in § 15 KSchG den persönlichen Geltungsbereich auf Mitglieder der Jugendvertretung zu erstrecken und den Kündigungsschutz in zeitlicher Hinsicht bis zur Dauer von einem Jahr nach Beendigung der Amtszeit eines Mitglieds des Betriebsrats oder der Jugendvertretung auszudehnen. Die Notwendigkeit der Zustimmung des Betriebsrats zur außerordentlichen Kündigung eines seiner Mitglieder oder eines Mitglieds der Jugendvertretung war in § 66 des DGB-Entwurfs zum BetrVG vorgesehen. 3

In dem vom Bundesministerium für Arbeit und Sozialordnung erarbeiteten Entwurf eines neuen BetrVG, der Ende 1970 veröffentlicht wurde (RdA 1970, 357), und in dem darauf beruhenden **Gesetzentwurf der Bundesregierung** vom 29.1.1971 (BT-Drucks. VI/1786) wurde in § 124 Nr. 3 der Kündigungsschutz in § 15 KSchG auf Mitglieder des Betriebsrats, der Jugendvertretung, der Bordvertretung, des Seebetriebsrats, des Wahlvorstands und auf Wahlbewerber in dem noch heute geltenden Umfang ausgedehnt. Der nachwirkende Kündigungsschutz wurde auf die Dauer von einem Jahr nach Beendigung der Amtszeit erweitert. Davon ausgenommen wurden die Mitglieder der Bordvertretung, bei ihnen blieb es bei sechs Monaten. In der Amtlichen Begründung der Bundesregierung heißt es hierzu, die Ausdehnung des Kündigungsschutzes über den Kreis der Betriebsratsmitglieder hinaus auf Mitglieder der Jugendvertretung, der Bordvertretung und des Seebetriebsrats erfolge, weil sich bei diesen Arbeitnehmern mit ihren betriebsverfassungsrechtlichen Aufgaben Interessenkonflikte mit dem Arbeitgeber in gleicher Weise ergeben könnten wie bei Betriebsratsmitgliedern. Die Ausdehnung des materiellen Kündigungsschutzes auf ein Jahr nach Beendigung der Mitgliedschaft solle es den ehemaligen Mitgliedern des Betriebsrats, der Jugendvertretung oder des Seebetriebsrats insbes. ermöglichen, ohne Sorge um ihren Arbeitsplatz wieder den beruflichen Anschluss zu erlangen. Außerdem diene der nachwirkende Kündigungsschutz einer »Abkühlung« der während der Amtszeit möglicherweise aufgetretenen Kontroversen mit dem Arbeitgeber. Der 4

§ 15 KSchG Unzulässigkeit der Kündigung

Kündigungsschutz für Mitglieder des Wahlvorstands und für Wahlbewerber bezwecke eine Erleichterung der Durchführung der Betriebsratswahlen, weil nunmehr Arbeitnehmer eher geneigt sein dürften, sich als Mitglieder des Wahlvorstands zur Verfügung zu stellen oder sich für ein Amt als Betriebsrat zu bewerben. Der Kündigungsschutz für Wahlbewerber solle außerdem verhindern, dass der Arbeitgeber ihm nicht genehme Bewerber durch ordentliche Kündigung von der Wahl ausschließe. Die Ausdehnung des Kündigungsschutzes über den Zeitpunkt der Bekanntgabe des Wahlergebnisses hinaus solle auch hier eine »Abkühlung« der während der Wahl möglicherweise aufgetretenen Kontroversen herbeiführen. Die Regelungen über die Zulässigkeit von ordentlichen Kündigungen bei Stilllegungen von Betrieben oder Betriebsabteilungen in § 15 Abs. 4 KSchG sollten nach den Gesetzentwürfen des Bundesministeriums für Arbeit und Sozialordnung und der Bundesregierung inhaltlich unverändert bleiben, aber neu gefasst werden, um diese Regelungen auch auf den durch § 15 KSchG neu geschützten Personenkreis zu erstrecken.

5 In einem Gesetzentwurf der CDU/CSU-Fraktion vom 5.2.1971 (BT-Drucks. VI/1806) war lediglich eine Ausdehnung des Kündigungsschutzes für Betriebsratsmitglieder auf die Dauer von einem Jahr nach Beendigung der Amtszeit vorgesehen, nicht hingegen eine Erweiterung des geschützten Personenkreises.

6 Der Bundestagsausschuss für Arbeit und Sozialordnung übernahm die Regelung des Regierungsentwurfs in seinem Bericht, verkürzte allerdings den nachwirkenden Kündigungsschutz für Mitglieder der Bordvertretung von einem Jahr auf die Dauer von sechs Monaten nach Beendigung der Amtszeit; damit werde der nachwirkende Kündigungsschutz der Mitglieder der Bordvertretung ihrer kürzeren Amtszeit (ein Jahr) angepasst (zu BT-Drucks. VI/2729).

7 Der so geänderte Entwurf der Bundesregierung wurde Bestandteil des BetrVG vom 15.1.1972 (BGBl. I S. 13) und trat als neuer § 15 KSchG am 19.1.1972 in Kraft.

8 Durch das **Bundespersonalvertretungsgesetz** vom 15.3.1974 (BGBl. I S. 693) wurde in § 15 KSchG ein neuer Abs. 2 eingefügt und der bisherige Abs. 2 (jetzt Abs. 3) ergänzt. Diese Neuregelung führte für Arbeitnehmer mit personalvertretungsrechtlichen Ämtern im Bereich des öffentlichen Dienstes den gleichen Kündigungsschutz herbei wie gem. § 15 Abs. 1 KSchG idF vom 15.1.1972 für Arbeitnehmer mit betriebsverfassungsrechtlichen Ämtern im Bereich der privaten Wirtschaft.

9 Durch Gesetz zur Bildung von **Jugend- und Auszubildendenvertretungen** in den Betrieben und in den Verwaltungen vom 13.7.1988 (BGBl. I S. 1034, 1037) sind an die Stelle der bisherigen Jugendvertretungen nunmehr Jugend- und Auszubildendenvertretungen getreten. Dies hat zu einer entsprechenden Änderung von § 15 Abs. 1 und 2 KSchG geführt.

10 Durch das Betriebsverfassungs-Reformgesetz (BetrV-ReformG) vom 23.7.2001 (BGBl. I S. 1852) ist in § 15 KSchG ein neuer Abs. 3a eingefügt worden, der nunmehr auch **Initiatoren einer Betriebsratswahl** gegen ordentliche Kündigungen schützt.

11 Das »Gesetz zur Förderung der Betriebsratswahlen und der Betriebsratsarbeit in einer digitalen Arbeitswelt« (Betriebsrätemodernisierungsgesetz) vom 14.6.2021 (BGBl. I S. 1762) hat in Abs. 3a den Schutz für die Initiatoren einer Betriebsratswahl personell **erweitert** und hat deren Schutz durch die Einfügung eines neuen Abs. 3b zeitlich **vorverlegt**.

II. Zweck der Vorschrift

12 Der Zweck des besonderen Kündigungsschutzes des § 15 KSchG ist ein doppelter: Einmal sollen Arbeitnehmer mit bestimmten betriebsverfassungsrechtlichen Aufgaben nicht aus Furcht vor Entlassung davor zurückschrecken, ihre Aufgaben im Interesse der von ihnen zu vertretenden Arbeitnehmer ordnungsgemäß wahrzunehmen oder sich um solche Aufgaben (als Wahlbewerber) zu bemühen, auch wenn die Aufgabe darin bestehen kann, einem Konflikt mit dem Arbeitgeber nicht auszuweichen, sondern ihn auszutragen (*BAG* 27.6.2019 – 2 AZR 38/19, EzA § 15 KSchG nF Nr. 75; 29.8.2013 – 2 AZR 410/12, EzA § 9 KSchG nF Nr. 65; vgl. ferner *u. LKB* § 15 Rn 1). Dem Zweck, die Furcht des Arbeitnehmers vor evtl. **Repressalien des Arbeitgebers** wegen der

betriebsverfassungsrechtlichen Tätigkeit des Arbeitnehmers weiter abzubauen, dient auch die Ausdehnung des Kündigungsschutzes über die Beendigung des betriebsverfassungsrechtlichen oder personalvertretungsrechtlichen Amtes hinaus; es soll – wie es in der Amtlichen Begründung des Regierungsentwurfs heißt (BT-Drucks. VI/1786, S. 60) – »eine Abkühlung evtl. aufgetretener Kontroversen mit dem Arbeitgeber« erreicht werden. Ferner soll der nachwirkende Kündigungsschutz es den ehemaligen Amtsträgern ermöglichen, »ohne Sorge um ihren Arbeitsplatz wieder den beruflichen Anschluss zu erlangen« (vgl. Rdn 4).

Der weitere Zweck des Kündigungsschutzes des § 15 KSchG liegt darin, die **Stetigkeit der Arbeit** 13 der jeweiligen Arbeitnehmervertretung dadurch zu sichern, dass diese für die Dauer ihrer Wahlperiode in ihrer personellen Zusammensetzung möglichst unverändert erhalten bleibt (*BAG* 27.6.2019 – 2 AZR 38/19, EzA § 15 KSchG nF Nr. 75; 21 6.2012 – 2 AZR 343/11, EzA § 15 KSchG nF Nr. 71; vgl. zum alten Recht vor Inkrafttreten des BetrVG 1972 *BAG* 24.4.1969 EzA § 13 KSchG Nr. 2). Das wird insbes. dadurch gewährleistet, dass während der Amtszeit des Arbeitnehmers eine außerordentliche Kündigung nur mit Zustimmung des Betriebsrats bzw. Personalrats zulässig ist, der Arbeitgeber also weder durch eine ordentlich noch durch eine außerordentliche Kündigung den Arbeitnehmer zunächst einmal (bis zum Ende des Kündigungsschutzprozesses) aus dem Betrieb herausdrängen und ihn dadurch der Arbeitnehmerschaft **entfremden** kann. Bei einer Kündigung ohne vorherige Zustimmung des Betriebsrats oder deren rechtskräftige gerichtliche Ersetzung kann der Arbeitnehmer durch einstweilige Verfügung sowohl seine Weiterbeschäftigung (s. KR-*Rinck* § 103 BetrVG Rdn 155 f.) als auch Zutritt zum Betrieb zur Wahrnehmung seiner betriebsverfassungsrechtlichen Aufgaben (s. KR-*Rinck* § 103 BetrVG Rdn 162) erreichen. Aus beiden Gründen also sollen die geschützten Personen grundsätzlich von der Möglichkeit einer Bedrohung durch ordentliche Kündigungen ausgenommen sein (*BAG* 27.6.2019 – 2 AZR 38/19, EzA § 15 KSchG nF Nr. 75).

B. Betrieblicher und persönlicher Geltungsbereich

Gem. § 23 Abs. 1 S. 1 KSchG gilt der Zweite Abschnitt des Gesetzes – zu dem § 15 zählt – in **allen** 14 **Betrieben und Verwaltungen** des privaten und öffentlichen Rechts. § 15 KSchG gilt deshalb auch in **Kleinbetrieben** iSv § 23 Abs. 1 S. 2, 3 KSchG. Allerdings müssen diese nach § 1 Abs. 1 BetrVG betriebsratsfähig sein, dh mindestens fünf wahlberechtigte Arbeitnehmer beschäftigen, von denen drei wählbar sind. § 15 KSchG gilt auch in **Tendenzbetrieben** iSv § 118 Abs. 1 BetrVG.

Im **Bereich der privaten Wirtschaft** deckt sich der Kündigungsschutz nach § 15 Abs. 1, 3 KSchG in 15 persönlicher Hinsicht weitgehend mit dem Kündigungsschutz nach **§ 103 BetrVG**. Der nach § 103 Abs. 1 BetrVG geschützte Personenkreis wird auch durch § 15 Abs. 1, 3 KSchG und bei **Heimarbeitern** durch die mit § 15 KSchG übereinstimmende Vorschrift des § 29a HAG geschützt. Darüber hinaus werden nach § 15 Abs. 3a, Abs. 3b KSchG **Initiatoren einer Betriebsratswahl** gegen ordentliche Kündigungen geschützt (s. Rdn 23 ff.). Deren außerordentliche Kündigung bedarf aber, weil sie (noch) nicht Mitglieder des Gremiums sind oder ein Betriebsrat noch gar nicht existiert, keiner Zustimmung des Betriebsrats nach § 103 Abs. 1 BetrVG. In Betracht kommt aber eine analoge Anwendung des § 103 Abs. 2 auf diesen Personenkreis (vgl. Rdn 31). Soweit § 103 BetrVG im Übrigen bestimmte Arbeitnehmergruppen mit betriebsverfassungsrechtlichen Aufgaben nicht schützt, fallen sie auch nicht unter § 15 KSchG; auf die Ausführungen bei KR-*Rinck* § 103 BetrVG Rdn 11 ff. wird verwiesen. Für **Tendenzträger** in einem Tendenzunternehmen, die Mitglied eines der genannten Organe sind, gelten keine Ausnahmen. Auch gegenüber diesen Organmitgliedern ist eine ordentliche Kündigung unzulässig und nur in den Fällen des § 15 Abs. 4 und 5 KSchG möglich (ebenso *LKB* § 15 Rn 14; *DDZ-Deinert* § 15 Rn 26; *LSW-Wertheimer* § 15 Rn 8; *Bauer/Lingemann* NZA 1995, 818; *Schwarze/Eylert/Schrader* § 15 Rn 12; aA *Hanau* AR-Blattei Anm. zu Betriebsverfassung IX: Entsch. 55 bei tendenzbedingten Kündigungsgründen; s. hierzu KR-*Rinck* § 103 BetrVG Rdn 23). Allerdings ist bei einer außerordentlichen Kündigung aus tendenzbedingten Gründen weder die Zustimmung des Betriebsrats noch eine sie ersetzende gerichtliche Entscheidung, sondern nur die Anhörung des Betriebsrats erforderlich (s. KR-*Rinck* § 103 BetrVG Rdn 22).

16 Für den **Bereich des öffentlichen Dienstes** gilt Entsprechendes: Der Kündigungsschutz nach § 15 Abs. 2, 3 KSchG für Arbeitnehmer des öffentlichen Dienstes deckt sich in persönlicher Hinsicht mit dem Kündigungsschutz nach § 47 BPersVG und anderen Vorschriften des BPersVG, die § 47 BPersVG für entsprechend anwendbar erklärt haben. Der danach geschützte Personenkreis wird auch durch § 15 Abs. 2, 3 KSchG geschützt; soweit bestimmte Arbeitnehmergruppen mit personalvertretungsrechtlichen Aufgaben keinen Kündigungsschutz nach § 47 BPersVG genießen, fallen sie auch nicht unter § 15 Abs. 2 KSchG. Auf die Ausführungen bei KR-*Rinck* § 47 BPersVG Rdn 2 ff. wird verwiesen.

17 Darüber hinaus gilt § 15 Abs. 2, 3 KSchG auch für Mitglieder von Betriebsvertretungen, die **bei den alliierten Streitkräften** für deutsche Arbeitnehmer nach Art. 56 Abs. 9 des Zusatzabkommens zum NATO-Truppenstatut gebildet worden sind (*BAG* 29.1.1981 EzA § 15 KSchG nF Nr. 26 m. Anm. *Schwerdtner*; vgl. auch *LAG Nbg*. 10.3.1994 LAGE § 15 KSchG Nr. 10; s.a. KR-*Weigand* NATO-ZusAbk Rdn 35). Insoweit findet auch § 47 BPersVG Anwendung (vgl. KR-*Weigand* NATO-ZusAbk Rdn 49). Die Vorschriften kommen gem. § 179 Abs. 3 SGB IX 2018 ferner zugunsten der **Schwerbehindertenvertretung** bei privaten Betrieben und öffentlichen Dienststellen zur Anwendung. § 15 Abs. 1, 3 bis 5 KSchG gilt wegen § 40 Abs. 1 EBRG ferner für die im Inland beschäftigten Mitglieder eines **Europäischen Betriebsrats**.

C. Beginn des besonderen Schutzes

I. Organmitglieder iSv § 15 Abs. 1, 2 KSchG

18 Der volle besondere Kündigungsschutz nach § 15 Abs. 1 S. 1 KSchG beginnt für Mitglieder des Betriebsrats und der übrigen dort aufgeführten Gremien mit dem Beginn ihrer Amtszeit. Dies ist entweder der Zeitpunkt der **Bekanntgabe des Wahlergebnisses** oder – wenn zu diesem Zeitpunkt dessen Amtszeit noch andauert – mit dem **Ende der Amtszeit** des Vorläufergremiums. Der Schutz erstreckt sich – weil auch sie notwendig Mitglieder einer örtlichen Arbeitnehmervertretung sind – automatisch auf die Mitglieder der überörtlichen Gremien, etwa des Gesamt- oder des Konzernbetriebsrats. Für die Mitglieder von personalvertretungsrechtlichen Arbeitnehmervertretungen nach § 15 Abs. 2 S. 1 KSchG gilt Entsprechendes. Darauf, ob die Betriebsratswahl **angefochten** wurde, kommt es für das Entstehen des Sonderkündigungsschutzes nicht an, solange sie nicht **nichtig** ist. Eine nur anfechtbare, aber nicht nichtige Wahl hindert das Bestehen von Sonderkündigungsschutz bis zu dem Zeitpunkt nicht, zu welchem ihre Unwirksamkeit rechtskräftig festgestellt wurde. Eine Rückwirkung auf den Zeitpunkt der Wahl kommt der Entscheidung, in der ihre (bloße) Unwirksamkeit festgestellt wurde – anders als einer ihre Nichtigkeit feststellenden Entscheidung –, nicht zu (*BAG* 12.3.2009 – 2 ABR 24/08, EzTöD 100 § 34 Abs. 2 TVöD-AT Arbeitnehmervertreter Nr. 1; *LAG Hamm* 5.3.2008 – 10 TaBV 63/07). In einer (nur) anfechtbaren Wahl gewählte Organmitglieder genießen deshalb den Schutz des § 15 KSchG, § 103 BetrVG zunächst uneingeschränkt (*Hess. LAG* 24.7.2020 – 14 Sa 264/19).

II. Mitglieder des Wahlvorstands

19 Mitglieder des Wahlvorstands fallen unter den Schutz des § 15 Abs. 3 S. 1 KSchG vom Zeitpunkt ihrer »**Bestellung**« an. »Bestellt« sind sie im Fall des § 16 Abs. 1 S. 1 BetrVG mit dem Zustandekommen des betreffenden **Beschlusses des Betriebsrats** – bzw. des Gesamt- oder Konzernbetriebsrats im Fall des § 16 Abs. 3 BetrVG. Wird der Wahlvorstand in einem betriebsratslosen Betrieb nach § 17 Abs. 1 BetrVG vom Gesamt- oder Konzernbetriebsrat bestellt, gilt das Gleiche. Wird er nach § 17 Abs. 2 S. 1 BetrVG von der Mehrheit der anwesenden Arbeitnehmer in einer **Betriebsversammlung** »gewählt«, ist er mit der Bekanntgabe des **Wahlergebnisses** »bestellt«. Um beurteilen zu können, ob die Anzahl der abgegebenen »Ja«-Stimmen die Mehrheit der anwesenden Arbeitnehmer ausmacht, ist die Anzahl der auf der Betriebsversammlung anwesenden Arbeitnehmer unbedingt zuvor festzustellen; die Mehrheit der abgegebenen Stimmen genügt nicht (vgl. *BAG* 31.7.2014 EzA § 15 KSchG nF Nr. 73). Wird der Wahlvorstand nach § 16 Abs. 2 BetrVG – ggf. iVm. § 17 Abs. 4 BetrVG – vom **Arbeitsgericht** bestellt, so ist er »bestellt« und beginnt der besondere Schutz iSv § 15 Abs. 3 S. 1 BetrVG nach mündlicher Erörterung schon mit der **Verkündung**, nicht erst mit der Rechtskraft des gerichtlichen Einsetzungsbeschlusses (*BAG* 23.11.2016 EzA § 16 BetrVG

2001 Nr. 2; 26.11.2009 EzA § 15 KSchG nF Nr. 65). Insbesondere der durch § 15 Abs. 3 KSchG beabsichtigte Schutz der Mitglieder des Wahlvorstands vor möglichen Repressalien des Arbeitgebers erfordert es, von einer »Bestellung« in dem Zeitpunkt auszugehen, zu dem erstmals eine nach außen verlautbarte, nach geltendem Verfahrensrecht wirksam zustande gekommene gerichtliche Entscheidung vorliegt, der zufolge der Arbeitnehmer als Mitglied des Wahlvorstands eingesetzt wird (*BAG* 26.11.2009 EzA § 15 KSchG nF Nr. 65).

III. Wahlbewerber

Wahlbewerber stehen unter dem Schutz des § 15 Abs. 3 S. 1 KSchG vom Zeitpunkt der **Aufstellung des Wahlvorschlags** an. Der Wahlvorschlag ist iSd Gesetzes »aufgestellt«, sobald ein Wahlvorstand für die Wahl bestellt ist und für den – passiv wahlberechtigten, dh spätestens im Zeitpunkt der Betriebsratswahl wählbaren – Kandidaten ein Wahlvorschlag vorliegt, der die nach dem Betriebsverfassungsgesetz erforderliche Mindestzahl von **Stützunterschriften** aufweist. Auf dessen Einreichung beim Wahlvorstand kommt es nicht an (*BAG* 19.4.2012 – 2 AZR 299/11, NZA 2013, 112; 7.7.2011 EzA § 15 KSchG nF Nr. 68; 5.12.1980 EzA § 15 KSchG nF Nr. 25, m. Anm. *Löwisch/Arnold*; 13.10.1977 EzA § 74 BetrVG 1972 Nr. 3; 4.3.1976 EzA § 15 KSchG nF Nr. 8). Die Ansicht des BAG ist im Schrifttum weitgehend auf Zustimmung gestoßen (vgl. Bader/Bram-Dörner § 15 Rn 13; ErfK-*Kiel* § 15 Rn 15; Fitting § 103 BetrVG Rn 10a; GK-BetrVG/*Raab* § 103 Rn 22; HaKo-KSchR/*Nägele-Berkner* § 15 Rn 24; DDZ-*Deinert* § 15 Rn 16; LSW-*Wertheimer* § 15 Rn 47; MüKo-BGB/*Hergenröder* § 15 KSchG Rn 37; *Eylert* in Schwarze/Eylert/Schrader § 15 Rn 41; SPV-*Vossen* Rn 1687; **aA** – »Aufstellung« erst mit Eingang eines gültigen Wahlvorschlags beim Wahlvorstand – LKB § 15 Rn 23; *Richardi/Thüsing* § 103 BetrVG Rn 19). Dafür, dass bei Zugang der Kündigung ein Wahlvorschlag mit der erforderlichen Anzahl von Stützunterschriften tatsächlich schon vorlag, ist im Fall des Bestreitens der Arbeitnehmer darlegungs- und beweispflichtig (*BAG* 7.7.2011 EzA § 15 KSchG nF Nr. 68).

Die Bereitschaft eines Arbeitnehmers, für das Amt des **Wahlvorstands** auf einer Betriebsversammlung iSv § 17 Abs. 2, Abs. 3 BetrVG zu »**kandidieren**« oder in einen an das Arbeitsgericht gerichteten Antrag iSv § 16 Abs. 2 oder § 17 Abs. 4 BetrVG als Vorschlag aufgenommen zu werden, macht den Arbeitnehmer nicht zu einem »Wahlbewerber« iSd § 15 Abs. 3 S. 1 KSchG (*BAG* 31.7.2014 – 2 AZR 505/13, EzA § 15 KSchG nF Nr. 73). Weder lässt sich die Bestellung durch den Betriebsrat als »Wahl« eines »Bewerbers« verstehen, noch »bewirbt« sich Kandidat für das Amt des Wahlvorstands im Rahmen von § 17 Abs. 2, Abs. 3 BetrVG. Systematische und teleologische Gesichtspunkte sprechen überdies durchgreifend gegen ein anderes Verständnis (vgl. *BAG* 31.7.2014 – 2 AZR 505/13, EzA § 15 KSchG nF Nr. 73). Sollte der Arbeitgeber mit der Kündigung eines Arbeitnehmers das Ziel verfolgen, dessen Bestellung oder Wahl zum Mitglied des Wahlvorstands zu verhindern, stellte dies eine verbotene **Wahlbehinderung** dar, die zur Nichtigkeit der Kündigung nach § 20 Abs. 1 BetrVG iVm § 134 BGB führen würde.

IV. Initiatoren der Wahl einer Arbeitnehmervertretung

In betriebsratslosen Betrieben und in Betrieben, in denen der Betriebsrat zur Bestellung des Wahlvorstands nicht tätig wird, können einzelne Arbeitnehmer die **Initiative** zur Durchführung einer Betriebsratswahl ergreifen. Solchen Arbeitnehmern wird durch § 15 Abs. 3a KSchG – in Kraft getreten am 28.7.2001 mit dem Betriebsverfassungs-Reformgesetz vom 23.7.2001 (BGBl. I S. 1852), erweitert durch das am 18.6.2021 in Kraft getretene Betriebsrätemodernisierungsgesetz vom 14.6.2021 (BGBl. I S. 1762) – ein besonderer Kündigungsschutz gewährt.

Es handelt sich um Arbeitnehmer, die zu einer Betriebs-, Wahl- oder Bordversammlung nach § 17 Abs. 3, § 17a Nr. 3 S. 2 oder § 115 Abs. 2 Nr. 8 BetrVG einladen, auf der ein **Wahlvorstand gewählt** werden soll, sowie um Arbeitnehmer, die beim **Arbeitsgericht** die Bestellung eines Wahlvorstands nach § 16 Abs. 2 S. 1, § 17 Abs. 4, § 17a Nr. 4, § 63 Abs. 3, § 115 Abs. 2 Nr. 8 S. 2 oder § 116 Abs. 2 Nr. 7 S. 5 BetrVG beantragen. Sofern die Einladung zur Betriebs-, Wahl- oder Bordversammlung durch mehr als sechs (bis zum 17.6.2021: mehr als drei) wahlberechtigte Arbeitnehmer erfolgt oder

§ 15 KSchG Unzulässigkeit der Kündigung

der Antrag auf Bestellung eines Wahlvorstands von mehr als drei wahlberechtigten Arbeitnehmern gestellt wird, gilt der besondere Kündigungsschutz nur für **die ersten sechs** in der **Einladung** bzw. **die ersten drei** in der **Antragstellung** aufgeführten Arbeitnehmer (§ 15 Abs. 3a S. 1 2. Hs. KSchG). Damit begrenzt der Gesetzgeber den Kündigungsschutz zwar weiterhin auf die Zahl der Arbeitnehmer, die ausreichen, um einen wirksamen Antrag auf Bestellung eines Wahlvorstands stellen zu können, geht aber mit der Änderung durch das Betriebsrätemodernisierungsgesetz mittlerweile über die Anzahl der Arbeitnehmer hinaus, die nötig sind, um wirksam zu den einzelnen Versammlungen einladen zu können. Nach der Begründung des RegE zum Betriebsrätemodernisierungsgesetz (BT-Drucks. 19/28899) soll es diese Regelung mehr Arbeitnehmerinnen und Arbeitnehmern als bisher ermöglichen, sich offen für die Betriebsratswahl zu engagieren. Oft stellten die Einladenden später auch den dreiköpfigen Wahlvorstand. Erkranke aber eine einladende Person oder gebe sie ihr Engagement auf, könne das bei der bisherigen Anzahl von nur drei Geschützten dazu führen, dass es an Personen fehle, die bereit seien, sich offen für die Wahlvorbereitung zu engagieren und sich als Wahlvorstand zur Verfügung zu stellen. Der besondere Kündigungsschutz für den genannten Personenkreis soll dazu beitragen, dass Arbeitnehmer eher bereit sind, insbes. in betriebsratslosen Betrieben die Initiative für die Wahl von Betriebsräten zu ergreifen (Begr. RegE BT-Drucks. 14/5741). Begrenzungen nach Art des Gesetzes wiederum sind nötig. Ohne sie könnte ggf. die gesamte Belegschaft in den Genuss des besonderen Schutzes nach § 15 Abs. 3a S. 1 KSchG kommen. Für den Bereich des **öffentlichen Dienstes** gibt es eine entsprechende Vorschrift mangels eines sachlichen Erfordernisses nicht. Dort hat – so nach Maßgabe von §§ 20- 23 BPersVG für die Bundesbehörden – ggf. der Dienststellenleiter selbst tätig zu werden, um einen Wahlvorstand zu bilden.

24 Für die Arbeitnehmer, die zu einer Betriebs-, Wahl- oder Bordversammlung einladen (s. Rdn 23), beginnt der besondere Kündigungsschutz im **Zeitpunkt der Einladung**. Die Einladung muss den Zeitpunkt, den Ort, den Gegenstand der Betriebsversammlung sowie die Einladenden (mindestens drei wahlberechtigte Arbeitnehmer) angeben und so bekannt gemacht werden, dass alle Arbeitnehmer des Betriebes von ihr Kenntnis nehmen können und dadurch die Möglichkeit erhalten, an der Versammlung teilzunehmen (GK-BetrVG/*Kreutz* § 17 Rn 28). Sind diese Voraussetzungen nicht erfüllt, liegt keine **ordnungsgemäße** Einladung vor. Die Initiatoren einer Betriebsratswahl müssen allen Arbeitnehmern zumindest die Chance einräumen, einen demokratisch legitimierten Wahlvorstand zu wählen (*BAG* 26.2.1992 EzA § 17 BetrVG 1972 Nr. 6). Ohne ordnungsgemäße Einladung durch mindestens drei wahlberechtigte Arbeitnehmer kann der Kündigungsschutz für die einladenden Arbeitnehmer nicht beginnen (in diesem Sinne auch *Löwisch* DB 2002, 1503). Der Hinweis darauf, dass bis zum Ende der Wahlversammlung Wahlvorschläge zur Wahl des Betriebsrats gemacht werden können, ist dabei keine Voraussetzung einer ordnungsgemäßen Einladung im vereinfachten Wahlverfahren für Kleinbetriebe (§ 14a BetrVG). Das Fehlen dieses Hinweises führt deshalb nicht zum Ausschluss des besonderen Kündigungsschutzes der zu der Versammlung einladenden Arbeitnehmer (*ArbG Frankf./M.* 9.4.2002 RzK II 1i Nr. 1).

25 Ist zu einer Betriebs-, Wahl- oder Bordversammlung im angeführten Sinne (s. Rdn 23) nicht ordnungsgemäß eingeladen worden, kann von (ggf. denselben) drei wahlberechtigten Arbeitnehmern **jederzeit erneut**, nunmehr ordnungsgemäß eingeladen werden, so dass damit die betreffenden Arbeitnehmer den Kündigungsschutz des § 15 Abs. 3a KSchG erlangen. Ist bereits eine ordnungsgemäße Einladung ergangen – etwa durch eine im Betrieb vertretene Gewerkschaft –, sind andere Einladungen unzulässig (*LAG Köln* 6.10.1989 LAGE § 2 BetrVG 1972 Nr. 7; GK-BetrVG/*Kreutz* § 17 Rn 30), so dass Kündigungsschutz nach § 15 Abs. 3a KSchG nicht mehr entstehen kann.

26 Für diejenigen Arbeitnehmer, die die Bestellung eines Wahlvorstands beim Arbeitsgericht beantragen (s. Rdn 23), beginnt der Kündigungsschutz mit der **Antragstellung**. Der Antrag ist in dem Zeitpunkt gestellt, in dem er beim Arbeitsgericht eingeht. Der Antrag ist nur zulässig, wenn er von mindestens drei wahlberechtigten Arbeitnehmern gestellt wird (s. Rdn 23); wird der Antrag von weniger als drei wahlberechtigten Arbeitnehmern gestellt, erlangen diese keinen besonderen Kündigungsschutz (*Richardi/Thüsing* Anh. zu § 103 BetrVG Rn 2; *Löwisch* DB 2002, 1503).

Das Betriebsrätemodernisierungsgesetz hat durch den neuen **Abs. 3b** den Schutz vor ordentlichen **person- und verhaltensbedingten** Kündigungen auf Arbeitnehmer erstreckt, die **Vorbereitungshandlungen** zur Errichtung eines Betriebsrats oder einer Bordvertretung unternehmen und eine **öffentlich beglaubigte Erklärung** mit dem Inhalt abgegeben haben, dass sie beabsichtigen, einen Betriebsrat oder eine Bordvertretung zu errichten. Diese zeitliche Vorverlegung des Schutzes beruht laut Begründung des RegE (BT-Drucks. 19/28899) auf der Befragung hauptamtlicher Gewerkschafter aus dem Jahr 2019, der zufolge es bei 15,6 Prozent der erstmaligen Betriebsratswahlen zu Behinderungsversuchen durch den Arbeitgeber kam; dabei wiederum habe es sich in 69 Prozent der Fälle um die Einschüchterung möglicher Kandidatinnen und Kandidaten für den Betriebsrat, in 66 Prozent der Fälle um eine Verhinderung der Bestellung eines Wahlvorstands gehandelt. Mit § 15 Abs. 3b KSchG haben nunmehr die Initiatoren einer Betriebsratswahl, die in der Regel schon vor der förmlichen Einladung zur Wahlversammlung mit nach außen erkennbaren Vorbereitungen für die Betriebsratswahl beginnen, einen Schutz vor person- und verhaltensbedingten Kündigungen schon während dieser Zeitspanne erhalten. Voraussetzung ist, dass sie eine öffentlich beglaubigte Erklärung des Inhalts abgegeben haben, sie beabsichtigten, einen Betriebsrat zu gründen, und sie entsprechende Vorbereitungshandlungen **tatsächlich unternommen** haben. **Betriebsbedingte** ordentliche Kündigungen sind auch in diesem Zeitraum weiterhin ohne Einschränkung möglich. 27

Laut Begründung zum RegE ist unter einer Vorbereitungshandlung jedes **für Dritte erkennbare Verhalten** zu verstehen, das zur Vorbereitung einer Betriebsratswahl bzw. Wahl einer Bordvertretung geeignet ist. Gemeint sind etwa Gespräche mit anderen Arbeitnehmern, um die Bereitschaft zur Unterstützung einer Wahl eines Betriebsrats zu eruieren, Gespräche mit Kollegen über das Für und Wider einer Betriebsratsgründung oder über Maßnahmen, die für Planung und Durchführung einer Betriebsratswahl vonnöten sein können. Gemeint ist auch eine mögliche Kontaktaufnahme zu einer Gewerkschaft, etwa um Informationen über die Durchführung einer Betriebsratswahl oder Wahl einer Bordvertretung zu erhalten. 28

Die neben solchen Aktivitäten erforderliche **öffentlich beglaubigte Erklärung** muss den Anforderungen des **§ 129 BGB** genügen. Die Erklärung, er beabsichtige tätig zu werden, damit ein Betriebsrat oder eine Bordvertretung errichtet werde, kann folglich vom Arbeitnehmer **selbst verfasst** werden, wenn anschließend ein Notar die **Unterschrift** des Erklärenden **beglaubigt**. Die Erklärung sollte laut Gesetzesbegründung neben dieser Absichtsbekundung die folgenden Angaben enthalten: Name, Geburtsdatum und Adresse des Erklärenden sowie die genaue Bezeichnung des betreffenden Unternehmens und des fraglichen Betriebs bzw. Schiffs, in dem die Wahl eines Betriebsrats bzw. einer Bordvertretung angestrebt werde. Die notarielle Beglaubigung ist kostenpflichtig nach Nummer 25100 des Kostenverzeichnisses zum Gerichts- und Notarkostengesetz (Anlage 1.2.5.1 zum GNotKG); die betreffende Gebühr beläuft sich auf einen Betrag zwischen 20 Euro und 70 Euro zzgl. Umsatzsteuer. 29

Für den Kündigungsschutz kommt es nicht darauf an, in welcher **Reihenfolge** die beiden Voraussetzungen erfüllt werden. Zeitlich **beginnt** der Schutz jedoch erst mit der Beglaubigung der Unterschrift unter der Absichtserklärung. Er endet mit dem Zeitpunkt der Einladung zu einer Betriebs-, Wahl- oder Bordversammlung nach § 17 Absatz 3, § 17a Nummer 3 Satz 2, § 115 Absatz 2 Nummer 8 Satz 1 BetrVG, spätestens jedoch **drei Monate** nach dem Zeitpunkt der Beglaubigung. Dieser eindeutig bestimmbare Zeitraum soll für alle Beteiligten Klarheit schaffen. Kommt es zu einer Einladung, folgt der fortdauernde Kündigungsschutz von da an aus § 15 Abs. 3a KSchG. Für den Schutz nach § 15 Abs. 3b KSchG ist es dagegen nicht etwa erforderlich, dass auch der allgemeine Kündigungsschutz nach Maßgabe von § 1, § 23 Abs. 1 S. 2 KSchG eingreift; das ist für die Geltung von § 15 KSchG als Teil der Vorschriften des Zweiten Abschnitts wegen § 23 Abs. 1 S.1, S. 2 der Regelungen gerade nicht der Fall (vgl. Rdn 13; unrichtig deshalb *Grambow* NJW 2021, 2074, 2075). 30

Erklärt der Arbeitgeber während der Vorbereitungsphase eine person- oder verhaltensbedingte ordentliche Kündigung, muss der Arbeitnehmer rechtzeitig **Klage** erheben und dabei zum einen seine öffentliche beglaubigte Erklärung vorlegen sowie zum anderen darlegen – ggf. beweisen –, dass und welche Vorbereitungshandlungen er schon vor Abgabe der Kündigungserklärung ergriffen hatte. 31

Darauf, ob dem Arbeitgeber die Vornahme dieser – objektiv für Dritte erkennbaren – Handlungen **tatsächlich bekannt** war, kommt es nach dem Gesetzeswortlaut nicht an.

31.1 Durch das Betriebsrätemodernisierungsgesetz wurde in § **103 BetrVG** ein neuer **Abs. 2a** eingefügt, demzufolge »Absatz 2 ... entsprechend (gilt), wenn im Betrieb kein Betriebsrat besteht«. Damit ist nunmehr gesetzlich klargestellt, dass die außerordentliche Kündigung des in § 103 Abs. 1 BetrVG genannten Personenkreises der vorherigen »Zustimmung« durch das Arbeitsgericht auch dann bedarf, wenn ein Betriebsrat (noch) nicht gebildet worden ist, etwa bei einer erstmaligen Wahl. Das BAG hat in diesen Fällen § 103 Abs. 2 BetrVG bislang analog angewendet (*BAG* 16.12. 1982 – 2 AZR 76/81, EzA § 103 BetrVG 1972 Nr. 29; 30.5.1978 – 2 AZR 637/76, EzA § 102 BetrVG 1972 Nr. 34). In § 103 Abs. 1 BetrVG wiederum sind zwar auch Mitglieder des Wahlvorstands und Wahlbewerber aufgeführt, nicht aber die Initiatoren einer Betriebsratswahl nach § 15 Abs. 3b KSchG und auch nicht die Einladenden nach § 15 Abs. 3a KSchG. Bei diesem Personenkreis bedarf die außerordentliche Kündigung deshalb nach dem Gesetzeswortlaut keiner vorhergehenden gerichtlichen Gestattung. Die Begründung des RegE (BT-Drucks. 19/28899, S. 25) enthält zu der Differenzierung keinerlei Ausführungen. Das Problem siedelt freilich auch weniger in dem neuen Abs. 2a als vielmehr in der Aufzählung der geschützten Personen in § 103 Abs. 1 BetrVG. Weshalb diese im Jahr 2001 nicht um die Einladenden nach § 15 Abs. 3a KSchG erweitert wurde, ist schon der Begründung des RegE zum BetrVG 2001 (BT-Drucks. 14/5741, S. 55) nicht zu entnehmen. Anlässlich der Erweiterung von § 15 KSchG um den neuen Abs. 3b ist es dabei geblieben. Umso mehr ist es einer genauen Prüfung wert, ob § 103 Abs. 1, Abs. 2 BetrVG nicht **analog** auch auf **Einladende** und **Wahlinitiatoren** iSv. § 15 Abs. 3a, Abs. 3b KSchG anzuwenden ist. Ein klar entgegenstehender gesetzgeberischer Wille, den die Gerichte nicht übergehen dürften, ist jedenfalls nicht ersichtlich. Auch fehlt es an der Gleichheit der Interessenlage nicht etwa deshalb, weil Initiatoren und Einladende nicht Mitglieder des – noch gar nicht existenten – Betriebsratsgremiums sind. Das gilt für Mitglieder des Wahlvorstands und Wahlbewerber gleichermaßen. Der Schutzzweck des § 15 Abs. 3a, Abs. 3b KSchG, § 103 Abs. 1 bis Abs. 2a BetrVG dürfte deshalb durchaus für eine solche Analogie sprechen.

D. Begrenzung und Erstreckung des Schutzes auf alle Arten von Kündigungen

32 Der Schutz der Organ- und Gremienmitglieder iSd § 15 KSchG besteht nur gegenüber **Kündigungen** des Arbeitgebers. Die Kündigung ist eine einseitige, empfangsbedürftige Erklärung, durch die der Wille, das Arbeitsverhältnis für die Zukunft aufzuheben, zum Ausdruck gebracht wird (s. KR-*Rachor* § 1 KSchG Rdn 169).

33 Wird das Arbeitsverhältnis auf **andere Weise** als durch Kündigung des Arbeitgebers beendet – etwa durch den Ablauf eines wirksam befristeten Arbeitsvertrags, durch den Ablauf der Ausbildungszeit eines Berufsausbildungsverhältnisses (§ 21 Abs. 1 BBiG; insoweit greift § 78a BetrVG ein – s. KR-*Weigand* Erl. zu § 78a BetrVG), durch Auflösungsvertrag (vgl. APS-*Linck* § 15 Rn 15), durch Kündigung von Seiten des Arbeitnehmers, dadurch, dass der Arbeitgeber sich auf die Nichtigkeit des Arbeitsvertrags beruft, durch erfolgreiche Anfechtung des Arbeitsvertrags – greift der Schutz des § 15 KSchG nicht ein (vgl. *McHardy* RdA 1994, 101). Das gilt auch dann, wenn das Arbeitsverhältnis aufgrund einer Tarifnorm oder aufgrund einer Betriebsvereinbarung mit Erreichung des 65. Lebensjahrs des Arbeitnehmers automatisch enden soll (*LKB* § 15 Rn 73); ist nach Vollendung des 65. Lebensjahrs die Möglichkeit einer Fortsetzung des Arbeitsverhältnisses mit Zustimmung des Betriebsrats vorgesehen, entspricht dies einer Neueinstellung (vgl. *BAG* 10.3.1992 EzA § 99 BetrVG 1972 Nr. 104). Auch wenn in diesen Fällen die Beendigung des Arbeitsverhältnisses nicht mitbestimmungspflichtig ist, kann das Sich-Berufen des Arbeitgebers auf die Beendigung oder die einseitige Ausübung eines Gestaltungsrechts (Anfechtung), ggf. auch im Hinblick auf das betriebsverfassungsrechtliche oder personalvertretungsrechtliche Amt des Arbeitnehmers, als **unzulässige Rechtsausübung** darstellen (*Wolf/Gangel* AuR 1982, 276). Das Sich-Berufen des Arbeitgebers auf die Befristung eines Arbeitsvertrags kann jedoch nicht allein deshalb als unzulässige Rechtsausübung angesehen werden, weil der Arbeitnehmer während der Laufzeit des befristeten Arbeitsvertrags in

ein betriebsverfassungsrechtliches oder personalvertretungsrechtliches Amt (Betriebsrat, Personalrat usw.) gewählt worden ist (vgl. *BAG* 5.12.2012 EzA § 14 TzBfG Nr. 89; 17.2.1983 EzA § 620 BGB Nr. 64). Etwas anderes gilt, wenn Arbeitnehmer zwar erst während der Laufzeit eines befristeten Arbeitsvertrags in den Betriebsrat gewählt worden sind, aber während ihrer Amtszeit im Anschluss an die Erstbefristung erneut nur befristet weiterbeschäftigt werden. Wegen der möglichen **Umgehung** des Sonderschutzes des § 15 KSchG sind hier an den die zweite Befristung rechtfertigenden sachlichen Grund besonders strenge Anforderungen zu stellen (*BAG* 5.12.2012 EzA § 14 TzBfG Nr. 89; 23.1.2002 § 620 BGB Nr. 185; 17.2.1983 EzA § 620 BGB Nr. 64; *LKB* § 15 Rn 72). Die befristete Verlängerung des befristeten Arbeitsvertrags eines Betriebsratsmitglieds (zB bis zum Ablauf der Amtszeit des Betriebsrats) ist zulässig, wenn sie zur Sicherung der personellen Kontinuität der Betriebsratsarbeit geeignet und erforderlich ist (*BAG* 23.1.2002 EzA § 620 BGB Nr. 185).

§ 15 KSchG schließt auch eine **Auflösung** des Arbeitsverhältnisses nach § 9 Abs. 1 S. 2 KSchG auf Antrag des Arbeitgebers im Zusammenhang mit einer Kündigung aus, die in dem geschützten Zeitraum erklärt wird. Stellt das Gericht fest, dass eine in diesem Zeitraum erklärte außerordentliche Kündigung unwirksam ist, steht die Möglichkeit, eine Auflösung des Arbeitsverhältnisses zu beantragen, nach § 13 Abs. 1 S. 3 KSchG ohnehin ausschließlich dem Arbeitnehmer zu. Der Arbeitgeber kann die Auflösung des Arbeitsverhältnisses lediglich im Zusammenhang mit einer unwirksamen ordentlichen Kündigung und auch insoweit nur beantragen, wenn die Kündigung nicht aus anderen Gründen als der Sozialwidrigkeit unwirksam ist (*BAG* 30.9.2010 EzA § 9 KSchG nF Nr. 61). Hat der Arbeitgeber **vor Eintritt** des Sonderkündigungsschutzes eine – sozial nicht gerechtfertigte – ordentliche **Kündigung** erklärt und hierauf bezogen einen **Auflösungsantrag** gestellt und hat der Sonderkündigungsschutz im Zeitpunkt der Entscheidung über den Auflösungsantrag bereits wieder geendet, kommt eine – entsprechende – Anwendung von § 15 Abs. 1 oder Abs. 3 KSchG, § 103 BetrVG nicht in Betracht (*BAG* 29.8.2013 EzA § 9 KSchG nF Nr. 65). Das BAG hat offengelassen, ob etwas anderes zu gelten hat, wenn der Sonderkündigungsschutz zu dem nach § 9 Abs. 2 KSchG festzusetzenden Auflösungszeitpunkt, also bei Ablauf der Kündigungsfrist noch bzw. schon bestand. Wird dagegen der Auflösungsantrag im Zusammenhang mit einer vor Eintritt von Sonderkündigungsschutz erklärten Kündigung auf einen Sachverhalt gestützt, der erst **nach Eintritt** des Sonderkündigungsschutzes entstanden ist, kann dem Antrag nur stattgegeben werden, wenn der fragliche Sachverhalt auch eine **außerordentliche Kündigung** rechtfertigen könnte; andernfalls würde § 15 KSchG umgangen (*BAG* 7.12.1972 – 2 AZR 235/72, BAGE 24, 468). Vieles spricht dafür, dass es aus demselben Grund für die Auflösung zudem der Zustimmung des übrigen Gremiums nach § **103 BetrVG** bedarf (vgl. dazu KR-*Spilger* § 9 KSchG Rdn 76; ErfK-*Kiel* § 9 KSchG Rn 20).

34

Der Schutz des § 15 KSchG gilt ebenso wenig gegenüber **sonstigen personellen Maßnahmen** des Arbeitgebers, die nicht auf die Beendigung des Arbeitsverhältnisses gerichtet sind, zB bei Versetzungen oder sog. Teilkündigungen – sofern solche überhaupt zulässig sind (s. KR-*Kreft* § 2 Rdn 84; KR-*Rinck* § 102 BetrVG Rdn 44) –, die nicht auf die Beendigung des Arbeitsverhältnisses, sondern auf die Beseitigung bestimmter Arbeitsbedingungen zielen. § 15 KSchG schützt nicht vor der Ausübung eines Widerrufsvorbehalts (zB für bestimmte Zulagen). Aussperrungen sind gegenüber Amtsträgern iSd § 15 KSchG nicht verboten, aber nur mit suspendierender Wirkung zulässig (vgl. *BAG* 21.4.1971 EzA Art. 9 GG Nr. 6), führen also nicht zur Beendigung des Arbeitsverhältnisses und fallen deshalb auch nicht unter den Schutz des § 15 KSchG. Trotz ähnlicher Wirkung steht einer Kündigung auch nicht gleich die Entlassung nach beamtenrechtlichen Vorschriften, wie sie zB bei Dienstordnungs-Angestellten möglich ist. Die beamtenrechtlichen Vorschriften gewähren ausreichenden Schutz (*BAG* 5.9.1986 AP Nr. 27 zu § 15 KSchG 1969 m. zust. Anm. *Stutzky*). **Abmahnungen**, die ggf. eine ordentliche Kündigung nach Ablauf der Schutzfrist vorbereiten sollen, können auch während des Kündigungsschutzzeitraums zulässig sein *LKB* § 15 Rn 81 mwN).

35

§ 15 KSchG schützt gegen **alle Arten** von Kündigungen des Arbeitgebers, die auf die Beendigung des Arbeitsverhältnisses gerichtet sind. Dabei ist der Kündigungsschutz für ordentliche und außerordentliche Kündigungen unterschiedlich ausgestaltet (s. einmal Rdn 40 ff., das andere Mal Rdn 105 ff.).

36

37 Der Schutz des § 15 KSchG erstreckt sich auch auf Kündigungen in der **Insolvenz** des Arbeitgebers, so dass einem Betriebsratsmitglied auch nicht im Rahmen eines Interessenausgleichs ordentlich gekündigt werden kann, wenn keine Betriebsstilllegung (§ 15 Abs. 4 KSchG) oder Stilllegung einer Betriebsabteilung (§ 15 Abs. 5 KSchG) vorliegt (*BAG* 17.11.2005 EzA § 1 KSchG Soziale Auswahl Nr. 64; *Eylert/Sänger* RdA 2010, 26). Er gilt auch für **Änderungskündigungen**, gleichgültig ob sie als ordentliche oder als außerordentliche Kündigung ausgesprochen werden oder es sich um betriebsbedingte Änderungskündigungen handelt (vgl. *BAG* 12.3.2009 § 15 KSchG nF Nr. 63).

38 Das gilt auch für außerordentliche und ordentliche **Massen- oder Gruppenänderungskündigungen**, durch die die Arbeitsbedingungen aller Arbeitnehmer des Betriebs oder doch derjenigen Arbeitnehmergruppe, der der durch § 15 KSchG geschützte Arbeitnehmer angehört, geändert werden sollen. § 15 KSchG enthält insoweit keine Einschränkung des Kündigungsschutzes. Ein Verstoß gegen das **Begünstigungsverbot des § 78 BetrVG** für Betriebsratsmitglieder etc. liegt nicht vor. § 15 KSchG als die speziellere Vorschrift geht § 78 BetrVG vor. Im Übrigen rechtfertigt der Zweck des § 15 KSchG, dem Betriebsratsmitglied eine von der Furcht um den Bestand des Arbeitsplatzes ungestörte Amtsausübung zu ermöglichen, einen besonderen Schutz auch bei Massenänderungskündigungen. Die Betriebsratsarbeit und die Arbeit der übrigen Arbeitnehmervertretungen muss darüber hinaus nach Möglichkeit von Streitigkeiten über die Arbeitsbedingungen eines Betriebsratsmitglieds freigehalten werden. Zum einen belasten sie die Betriebsratsarbeit in besonderem Maße, zum anderen ist nicht auszuschließen, dass das betroffene Betriebsratsmitglied in der Hoffnung, von einer drohenden Massen- oder Gruppenänderungskündigung verschont zu werden, bei der Wahrnehmung seiner Betriebsratsaufgaben zu Fehlverhalten und Fehlentscheidungen zu Lasten der Arbeitnehmer verleitet wird. Die Bevorzugung von Arbeitnehmern mit betriebsverfassungsrechtlichen oder personalvertretungsrechtlichen Aufgaben ist hier um der ordnungsgemäßen Arbeit der jeweiligen Arbeitnehmervertretung willen sachlich gerechtfertigt und geboten (*BAG* 7.10.2004 EzA § 15 KSchG nF Nr. 57 m. abl. Anm. *Löwisch/Kraus* = AP Nr. 56 zu § 15 KSchG 1969 m. abl. Anm. *Schiefer/Poppel*; 2.4.1992 RzK II 1c Nr. 2; 9.4.1987 EzA § 15 KSchG nF Nr. 37; DDZ-*Deinert* § 103 BetrVG Rn 4; *Bröhl* S. 47; *Eylert/Sänger* RdA 2010, 26; *LKB* § 15 Rn 68 f.; *Hilbrandt* NZA 1997, 468; *Richardi/Thüsing* § 78 Rn 27 ff.; gegen *BAG Schwerdtner* Anm. EzA § 15 KSchG nF Nr. 26; LSW-*Wertheimer* § 15 Rn 76; *Fitting* § 15 Rn 12; *Hilbrandt* NZA 1998, 1258, missversteht die neuere BAG-Rechtsprechung – s. Rdn 42 und Rdn 107 – dahin, dass Änderungs- und Beendigungskündigungen im Zusammenhang mit generellen Umstrukturierungsmaßnahmen nicht vom Schutzzweck des § 15 KSchG, § 103 BetrVG erfasst werden). Ordentliche Änderungskündigungen gegenüber Amtsträgern iSv § 15 KSchG sind deshalb – von den Ausnahmefällen des § 15 Abs. 4–5 KSchG abgesehen – ausgeschlossen. Stattdessen können unter Umständen außerordentliche Änderungskündigungen mit notwendiger Auslauffrist aus betriebsbedingten Gründen gerechtfertigt sein, etwa wenn ohne Änderung der vertraglich vereinbarten Arbeitsbedingungen diese sinnlos gewordenen Vertragsbedingungen über einen erheblichen Zeitraum mit wirtschaftlich unzumutbaren Folgen für den Arbeitgeber fortgesetzt werden müssten. Ob diese Voraussetzungen gegeben sind, bedarf allerdings genauer Prüfung (*BAG* 17.3.2005 EzA § 15 KSchG nF Nr. 59; 7.10.2004 EzA § 15 KSchG nF Nr. 57; 21.6.1995 EzA § 15 KSchG nF Nr. 43; s. ferner KR-*Fischermeier/Krumbiegel* § 626 BGB Rdn 212 ff.; aA *Wroblewski* AiB 2005, 400).

39 Die Sachgründe, die die Unzulässigkeit von ordentlichen Massen- oder Gruppenänderungskündigungen gegenüber den Amtsträgern des § 15 KSchG gebieten, wirken auch nach Beendigung der Amtszeit noch fort. Deshalb sind nach dem Sinn und Zweck des Gesetzes ordentliche Massen- oder Gruppenänderungskündigungen auch **im Nachwirkungszeitraum** (s. Rdn 82 ff.) gegenüber ehemaligen betriebsverfassungsrechtlichen und personalvertretungsrechtlichen Amtsträgern **unzulässig** (vgl. *BAG* 7.10.2004 EzA § 15 KSchG nF Nr. 57, das eine teleologische Reduktion von § 15 KSchG in diesem Punkt ablehnt; 9.4.1987 EzA § 15 KSchG nF Nr. 37; **aA** *Schlaeper* Anm. AP Nr. 19 zu § 15 KSchG 1969).

E. Zulässigkeit einer außerordentlichen Kündigung
I. Zustimmung des Betriebsrats bzw. Personalrats oder ihre gerichtliche Ersetzung

Die außerordentliche Kündigung gegenüber einem durch § 15 Abs. 1, Abs. 2, Abs. 3 KSchG geschützten Arbeitnehmer ist **während seiner Amtszeit** bzw. (bei Wahlvorstandsmitgliedern und Wahlbewerbern) von der Bestellung bzw. von der Aufstellung des Wahlvorschlags bis zur **Bekanntgabe des Wahlergebnisses** nur zulässig, wenn der Betriebsrat gem. § 103 BetrVG bzw. der Personalrat gem. den personalvertretungsrechtlichen Vorschriften (zB § 47 Abs. 1 BPersVG) vor Ausspruch der Kündigung dieser zugestimmt hat oder seine Zustimmung durch rechtskräftige gerichtliche Entscheidung ersetzt ist (vgl. TRL-*Thüsing* § 15 Rn 80 f. mwN). Der besondere Kündigungsschutz muss im Zeitpunkt des **Zugangs der Kündigungserklärung** bestehen (*BAG* 27.9.2012 EzA § 626 BGB 2002 Nr. 42; *LKBLKB* § 15 Rn 64; HaKo-KSchR/*Nägele-Berkner* § 15 Rn 99; KR/*Rinck* § 103 BetrVG Rdn 63). Unter welchen Voraussetzungen die Zustimmung des Betriebsrats oder statt ihrer die gerichtliche Ersetzung einzuholen ist und Einzelheiten des Zustimmungsverfahrens sowie des gerichtlichen Zustimmungsersetzungsverfahrens sind bei KR-*Rinck* § 103 BetrVG Rdn 27 ff. erörtert. Diese Ausführungen gelten weitgehend auch für die Zustimmung des Personalrats und ihre gerichtliche Ersetzung zu außerordentlichen Kündigungen gegenüber Arbeitnehmern des öffentlichen Dienstes, die durch § 15 KSchG geschützt sind (s. KR-*Rinck* §§ 55, 127 BPersVG Rdn 5 ff.). Für die Zustimmung **zuständig** ist der Personalrat, dem der betreffende Bedienstete als Mitglied angehört. Unerheblich ist, welche Dienststelle für den Ausspruch der Kündigung zuständig ist (*LAG Chemnitz* 21.10.1992 RzK II 2 Nr. 6; s. im Übrigen KR-*Rinck* §§ 47, 108 BPersVG Rdn 7 f.).

40

Nach **Beendigung** des besonderen Kündigungsschutzes iSd § 103 BetrVG bzw. der entsprechenden personalvertretungsrechtlichen Vorschriften ist die **außerordentliche** Kündigung gegenüber ehemaligen betriebsverfassungsrechtlichen oder personalvertretungsrechtlichen Amtsträgern iSd § 15 Abs. 1, Abs. 2 KSchG und gegenüber dem durch § 15 Abs. 3 geschützten Personenkreis bereits nach bloßer **Anhörung** der zuständigen Arbeitnehmervertretung (vgl. § 102 BetrVG bzw. personalvertretungsrechtliche Vorschriften) unter denselben Voraussetzungen zulässig wie gegenüber anderen Arbeitnehmern – und den nach § 15 Abs. 3a, Abs. 3b KSchG geschützten Personen – auch. War das Anhörungsverfahren bereits durchgeführt und ist ein Zustimmungsersetzungsverfahren noch anhängig, muss die Kündigung nunmehr **unverzüglich** erklärt werden (*BAG* 1.10.2020 – 2 AZR 238/20, EzA § 103 BetrVG 2001 Nr. 14; KR-*Rinck* § 103 BetrVG Rdn 137). Die ehemaligen Amtsträger genießen nur gegenüber **ordentlichen** Kündigungen noch einen nachwirkenden Kündigungsschutz (s. Rdn 82 ff.). Bei ehemaligen personalvertretungsrechtlichen Amtsträgern ist in diesem Fall die Personal- bzw. Stufenvertretung der Dienststelle zuständig, die die Kündigung ausspricht (vgl. § 82 Abs. 1 BPersVG).

41

II. Der »wichtige« Kündigungsgrund

Wenn § 15 KSchG die Kündigung für den Fall zulässt, dass Tatsachen vorliegen, die den Arbeitgeber zur Kündigung aus wichtigem Grund ohne Einhaltung einer Kündigungsfrist berechtigen, wird damit auf die außerordentliche Kündigung aus wichtigem Grund Bezug genommen, die in § 626 BGB geregelt ist. Daher sind die in § 626 BGB enthaltenen und aus dieser Vorschrift abgeleiteten allgemeinen Regeln zur Wirksamkeit einer (außerordentlichen) Kündigung aus wichtigem Grund auch bei einer außerordentlichen Kündigung gegenüber einem Amtsträger iSd § 15 KSchG anzuwenden (*Richardi/Thüsing* Anh. zu § 103 Rn 15; *v. Hoyningen- Huene/Linck* § 15 Rn 94). Nach § 626 Abs. 1 BGB kann der Arbeitgeber das Arbeitsverhältnis aus wichtigem Grund ohne Einhaltung einer Kündigungsfrist kündigen, wenn Tatsachen vorliegen, aufgrund derer ihm unter Berücksichtigung aller Umstände des Einzelfalls und unter Abwägung der Interessen beider Vertragsteile die **Fortsetzung** des Arbeitsverhältnisses selbst bis zum Ablauf der Kündigungsfrist oder bis zu der vereinbarten Beendigung des Arbeitsverhältnisses **nicht zugemutet** werden kann.

42

§ 15 KSchG Unzulässigkeit der Kündigung

43 Bei einer außerordentlichen **Änderungskündigung** muss die alsbaldige Änderung der Vertragsbedingungen für den Arbeitgeber unabweisbar notwendig und müssen die neuen Vertragsbedingungen dem Arbeitnehmer zumutbar sein; dabei kommt es auf die Zumutbarkeit dann nicht an, wenn es sich um die einzige Möglichkeit zur Weiterbeschäftigung handelt (*BAG* 27.9.2001 EzA § 15 KSchG nF Nr. 54; vgl. auch *BAG* 21.6.1995 EzA § 15 KSchG nF Nr. 43; *Schwarze/Eylert/Schrader* § 15 Rn 73); es gelten insoweit gegenüber der ordentlichen Änderungskündigung gem. § 2 KSchG erheblich verschärfte Anforderungen (*BAG* 2.3.2006 EzA § 2 KSchG Nr. 58; unzutreffend *Hilbrandt* NZA 1997, 465, der meint, nach den vom *BAG* – 21.6.1995 EzA § 15 KSchG nF Nr. 43 – aufgestellten Anforderungen unterscheide sich der Prüfungsmaßstab des § 15 KSchG im Ergebnis nicht mehr von dem des § 2 KSchG; vgl. auch KR-*Kreft* § 2 KSchG Rdn 53). Stehen mehrere Möglichkeiten der Änderung der Arbeitsbedingungen zur Verfügung, hat der Arbeitgeber nach dem Verhältnismäßigkeitsgrundsatz dem Arbeitnehmer diejenige beiden Vertragsparteien zumutbare Änderung anzubieten, die den Gekündigten am wenigsten belastet (*BAG* 17.3.2005 EzA § 15 KSchG nF Nr. 59 m. abl. Anm. *Bernstein*). Änderungskündigungen zur **Lohnsenkung**, um eine Gleichbehandlung mit anderen Arbeitnehmern zu erreichen, erfüllen die Voraussetzungen des § 626 Abs. 1 BGB nicht (*BAG* 20.1.2000 EzA § 15 KSchG nF Nr. 49 = AP Nr. 40 zu § 103 BetrVG 1972 m. abl. Anm. *Neumann*). Soweit danach eine außerordentliche Änderungskündigung überhaupt zulässig ist, ist im Allgemeinen dem Arbeitnehmer eine der fiktiven Kündigungsfrist entsprechende Auslauffrist einzuräumen (s. Rdn 44). Wegen weiterer Einzelheiten s. KR-*Fischermeier* § 626 BGB Rdn 212 ff.

44 Bei der Anwendung des § 626 Abs. 1 BGB gegenüber einem durch § 15 KSchG geschützten Arbeitnehmer sind folgende Besonderheiten zu beachten:

1. Falls das Arbeitsverhältnis nicht befristet ist, ist gem. § 626 Abs. 1 BGB zu prüfen, ob dem Arbeitgeber die Fortsetzung des Arbeitsverhältnisses bis zum Ablauf der Kündigungsfrist oder bis zur vereinbarten Beendigung des Dienstverhältnisses zumutbar ist. Beide Voraussetzungen können bei Amtsträgern iSv § 15 Abs. 1–3 KSchG nicht eintreten. Wegen des Ausschlusses der ordentlichen Kündigung besteht für sie keine Kündigungsfrist. Auch eine Vereinbarung über die Beendigung des Arbeitsverhältnisses wird bei ihnen nicht getroffen. Das Gesetz enthält insoweit eine Regelungslücke. Diese ist nach Sinn und Zweck des Gesetzes auszufüllen. Der Gesetzgeber gesteht nach § 626 Abs. 1 BGB einer Vertragspartei das Recht, das Dienstverhältnis einseitig fristlos aufzulösen, dann zu, wenn die Einhaltung der sonstigen Regeln zur Beendigung des Arbeitsverhältnisses (Kündigung mit Kündigungsfrist, Ende einer vereinbarten Dauer) zu einer im Verhältnis zum Kündigungsgrund zu langen Belastung des Kündigenden führt. Bei einem Betriebsratsmitglied ist der frühestmögliche Zeitpunkt der ordentlichen Beendigung des Arbeitsverhältnisses der Ablauf der Kündigungsfrist bei Zugang einer ordentlichen Kündigung ein Jahr nach Ablauf seiner Amtszeit; bis zum Ablauf dieses Jahres genießt das Betriebsratsmitglied Schutz vor ordentlichen Kündigungen. Daran hat die Zumutbarkeitsprüfung jedoch nicht anzuknüpfen. Der Arbeitgeber ist vielmehr zur außerordentlichen Kündigung eines Betriebsratsmitglieds aus wichtigem Grund auch bei noch längerem Ausschluss einer ordentlichen Kündigung **nur** berechtigt, wenn Tatsachen vorliegen, aufgrund derer ihm die Fortsetzung des Arbeitsverhältnisses schon bis zum Ablauf der einschlägigen **Frist für eine (fiktive) ordentliche Kündigung** unzumutbar ist. Für die Beurteilung, ob Tatsachen vorliegen, die den Arbeitgeber aus wichtigem Grund iSv § 15 Abs. 1 KSchG, § 626 Abs. 1 BGB zur Kündigung des Arbeitsverhältnisses eines Mandatsträgers aus Gründen in seinem **Verhalten** berechtigen, ist auf die Unzumutbarkeit einer Weiterbeschäftigung bis zum Ablauf der **fiktiven** ordentlichen Kündigungsfrist abzustellen. Ist eine Beschäftigung bis dahin **zumutbar**, ist die außerordentliche Kündigung unwirksam (*BAG* 21.6.2012 EzA § 15 KSchG nF Nr. 71; HaKo-KSchR/*Nägele-Berkner* § 15 Rn 161). Der Arbeitgeber kann sich nicht darauf berufen, die Fortsetzung bis zur **realen** ersten Möglichkeit einer Beendigung des Arbeitsverhältnisses durch eine ordentliche Kündigung sei ihm gerade nicht mehr zuzumuten (so aber noch *Etzel* KR 10. Aufl.). Andernfalls würde der **Mandatsträger schlechter** als ein Arbeitnehmer mit ordentlich kündbarem Arbeitsverhältnis gestellt. Es reicht auch nicht, dem Mandatsträger die Kündigungsfrist, die ohne den besonderen Kündigungsschutz für ihn gälte, als notwendige **Auslauffrist** einzuräumen, wenn denn dem Arbeitgeber die Weiterbeschäftigung bis zum Ablauf dieser (fiktiven) Kündigungsfrist

zuzumuten ist. Die Zulassung einer auf Gründe im Verhalten gestützten außerordentlichen Kündigung mit Auslauffrist gegenüber dem nach § 15 KSchG geschützten Personenkreis kommt nicht in Betracht. Sie würde die kündigungsrechtlichen Grenzen zwischen den kündbaren und den geschützten Arbeitsverhältnissen verwischen. Sie führte in Fällen, in denen dem Arbeitgeber die Fortsetzung des Arbeitsverhältnisses zwar bis zum Ablauf der fiktiven Kündigungsfrist, nicht aber bis zum Auslaufen des Sonderkündigungsschutzes zumutbar ist, zur Zulässigkeit einer Kündigung, die im Ergebnis der – ausgeschlossenen – **ordentlichen** Kündigung gleichkäme. Sie stellte für diese Fälle das gesetzlich besonders geschützte Mitglied des Betriebsrats mit dem nicht besonders geschützten Arbeitnehmer gleich. Sinn des Gesetzes ist es dagegen, das Betriebsratsmitglied mit Rücksicht auf seine besondere Stellung – abgesehen von den Fällen des § 15 Abs. 4, Abs. 5 KSchG – von der Bedrohung durch eine ordentliche Kündigung auszunehmen. Bei Zulassung einer verhaltensbedingten außerordentlichen Kündigung mit Auslauffrist würde sich gerade **die Gefahr realisieren**, der der Gesetzgeber durch die Schaffung des § 15 KSchG begegnen wollte (*BAG* 21.6.2012 EzA § 15 KSchG nF Nr. 71; 17.1.2008 EzA § 15 KSchG nF Nr. 62; vgl. auch *Bröhl* S. 45; im Ergebnis ebenso KR-*Fischermeier* § 626 BGB Rn 133; HaKo-KSchR/*Nägele-Berkner* § 15 Rn 161 ff.; APS-*Linck* § 15 Rn 129b; *Eylert/Sänger* RdA 2010, 24, 28; **aA** HWK-*Quecke* § 15 Rn 43). Die durch § 15 KSchG bezweckte Sicherung der Unabhängigkeit der Mandatsträger und der Kontinuität der Betriebsratsarbeit erfordert bei verhaltensbedingten Kündigungen den vollen Schutz nach § 15 Abs. 1 S. 1 KSchG (vgl. APS-*Linck* § 15 Rn 129b). § 15 Abs. 1 S. 1 KSchG verlangt das Vorliegen von Gründen, die zur Kündigung ohne Einhaltung einer Kündigungsfrist berechtigen. Dies schließt es aus, bei der Zumutbarkeitsprüfung einen anderen Maßstab anzulegen und statt auf die Dauer der Kündigungsfrist auf die voraussichtlich verbleibende Amtszeit des Betriebsratsmitglieds – nebst Nachwirkungszeitraum – abzustellen (*BAG* 21.6.2012 EzA § 15 KSchG nF Nr. 71; im Ergebnis ebenso *BAG* 17.1.2008 EzA § 15 KSchG nF Nr. 62 = AiB 2010, 129 m. zust. Anm. *Rudolph*; 18.2.1993 EzA § 15 KSchG nF Nr. 40; 17.3.1988 EzA § 626 BGB nF Nr. 116 m. zust. Anm. *Kraft*). Außerordentlich – und dann regelmäßig fristlos – kann das Arbeitsverhältnis mit einem Mandatsträger deshalb nur gekündigt werden, wenn dem Arbeitgeber die Weiterbeschäftigung selbst bis zum Ablauf der (fiktiven) ordentlichen Kündigungsfrist objektiv nicht zuzumuten ist (*BAG* 19.7.2012 EzA § 15 KSchG nF Nr. 72; 21.6.2012 EzA § 15 KSchG nF Nr. 71; 10.2.1999 EzA § 15 KSchG nF Nr. 47; vgl. auch *BAG* 27.4.2006 EzA § 626 BGB 2002 Unkündbarkeit Nr. 11; zur Möglichkeit der »Gleichwohl-Gewährung« einer sozialen Auslauffrist vgl. *BAG* 13.5.2015 EzA § 626 BGB 2002 Nr. 50).

2. Etwas anderes gilt bei **betriebsbedingten Massenänderungskündigungen**. Sie wären sonst gegenüber Betriebsratsmitgliedern selbst bei für den Arbeitgeber unabweisbar notwendigen und dem Arbeitnehmer zumutbaren Änderungen kaum möglich. Das wiederum würde im Hinblick auf eine auch nach § 15 KSchG zulässige außerordentliche Änderungskündigung zu einer insoweit sachlich nicht begründbaren **Besserstellung** von Betriebsratsmitgliedern gegenüber der übrigen Belegschaft führen (*BAG* 21.6.1995 EzA § 15 KSchG nF Nr. 43 m. zust. Anm. *Bernstein* und zust. Anm. *Oetker* = AP Nr. 36 zu § 15 KSchG 1969 m. abl. Anm. *Preis*). Auch gegenüber Betriebsratsmitgliedern ist deshalb eine außerordentliche Änderungskündigung aus betrieblichen Gründen möglich, wenn eine der fiktiven ordentlichen Kündigungsfrist entsprechende **Auslauffrist** eingehalten wird und ihnen das Änderungsangebot unter Verhältnismäßigkeitsgesichtspunkten zumutbar ist (*BAG* 21.6.1995 EzA § 15 KSchG nF Nr. 43; 6.3.1986 EzA § 15 KSchG nF Nr. 34). Das Gesetz zeigt in § 15 Abs. 4, Abs. 5 KSchG, dass der Sonderkündigungsschutz im Fall betriebsbedingter Umstände von vornherein eingeschränkt ist. Das beruht darauf, dass das Betriebsratsmitglied von solchen Umständen nicht allein und nur als solches betroffen ist. Dagegen realisiert sich bei Gründen im Verhalten nicht das – alle Betriebsangehörigen gleich treffende – Betriebsrisiko, sondern es verwirklichen sich auf die einzelne Person bezogene Gefährdungen des Vertragsverhältnisses (*BAG* 21.6.2012 EzA § 15 KSchG nF Nr. 71; 17.1.2008 EzA § 15 KSchG nF Nr. 62). 45

Eine außerordentliche Beendigungs- und Änderungskündigung aus betriebsbedingten Gründen dürfte dabei nur in **Ausnahmefällen** in Betracht kommen (arg. § 15 Abs. 4, Abs. 5 KSchG; s. Rdn 43). Umstände, die in die Sphäre des Betriebsrisikos des Arbeitgebers fallen, sind – wie bei 46 anderen Arbeitnehmern – idR nicht als wichtige Gründe für eine außerordentliche Kündigung geeignet (*BAG* 6.3.1986 EzA § 15 KSchG nF Nr. 34; 25.10.1984 – 2 AZR 455/83).

47 3. Die **Eigenschaft als Amtsträger** iSd § 15 KSchG verändert nicht das Gewicht einer Pflichtverletzung des Arbeitnehmers und darf daher grds. weder zu seinen Gunsten noch zu seinen Ungunsten berücksichtigt werden (*BAG* 2.4.1981 – 2 AZR 1025/78; *LKB* § 15 Rn 94; HaKo-KSchR/ *Nägele-Berkner* § 15 Rn 169). Lediglich in **Grenzfällen**, wenn die Umstände, die die Fortsetzung des Arbeitsverhältnisses als unzumutbar erscheinen lassen, und die Umstände, die für eine Zumutbarkeit der Fortsetzung des Arbeitsverhältnisses sprechen, in etwa gleiches Gewicht haben, kann im Rahmen der Interessenabwägung ein objektiv anzuerkennendes Interesse der Belegschaft an der Fortführung des Amtes durch den betreffenden Arbeitnehmer berücksichtigt werden, zB wenn ein kenntnisreiches und erfahrenes Betriebsratsmitglied nur schwer zu ersetzen ist (ähnlich *LKB* § 15 Rn 96).

48 a) Verletzt ein Betriebsratsmitglied oder ein sonst durch § 15 KSchG geschütztes Mitglied einer Arbeitnehmervertretung seine **Amtspflicht**, so gibt dies dem Arbeitgeber allenfalls das Recht, gem. § 23 BetrVG oder einer entsprechenden Vorschrift (zB § 28 BPersVG) beim ArbG bzw. (für Arbeitnehmer des öffentlichen Dienstes) beim Verwaltungsgericht den Ausschluss der betreffenden Person aus der jeweiligen Arbeitnehmervertretung wegen grober Verletzung seiner Amtspflichten zu beantragen (*BAG* 19.7.2012 EzA § 15 KSchG nF Nr. 72; 12.5.2010 EzA § 15 KSchG nF Nr. 67; 16.10.1986 EzA § 626 BGB nF Nr. 105; *Hohmeister/Baron* BuW 1996, 369; SPV-*Vossen* Rn 1734). Das Gleiche gilt, wenn ein Betriebsratsmitglied nicht als Arbeitnehmer, sondern als solches im Auftrag des Betriebsrats eine Pflichtverletzung begeht (*ArbG Marburg* 12.11.2010 LAGE § 23 BetrVG 2001 Nr. 6). Ist der Amtsträger rechtskräftig gem. § 23 Abs. 1 BetrVG aus der Arbeitnehmervertretung **ausgeschlossen** worden, entfällt für ihn auch der nachwirkende Kündigungsschutz (§ 15 Abs. 1 S. 2 Hs. 2 KSchG); damit ist eine ordentliche Kündigung ihm gegenüber wieder möglich (*LKB* § 15 Rn 98). Hingegen kann die Amtspflichtverletzung allein keinen wichtigen Grund zur Kündigung abgeben (*BAG* 19.7.2012 EzA § 15 KSchG nF Nr. 72; 12.5.2010 EzA § 15 KSchG nF Nr. 67; *Richardi/Thüsing* Anh. zu § 103 Rn 20; *LKB* § 15 Rn 98).

49 b) Ein wichtiger Grund zur Kündigung kann dann gegeben sein, wenn in der Amtspflichtverletzung **zugleich** eine schwere Verletzung der Pflichten aus dem **Arbeitsvertrag** liegt (*BAG* 19.7.2012 EzA § 15 KSchG nF Nr. 72; 12.5.2010 EzA § 15 KSchG nF Nr. 67; aA *Bieback* RdA 1978, 84 ff. und *Weber* NJW 1973, 790). Dabei ist an die Annahme einer zur Kündigung berechtigenden schweren Verletzung des Arbeitsvertrags ein strenger Maßstab anzulegen, da zunächst ein Antrag auf Ausschluss des Arbeitnehmers aus seinem Amt in Betracht zu ziehen ist (*BAG* 11.12.1975 EzA § 15 KSchG nF Nr. 6). Der tatsächlich vorhandenen, besonderen Situation ist Rechnung zu tragen (ErfK-*Kiel* § 15 Rn 24; Bader/Bram-*Dörner* § 15 Rn 47). Diese Grundsätze gelten auch für einen Jugendvertreter (*BAG* 11.12.1975 EzA § 15 KSchG nF Nr. 6).

50 Wenn das *BAG* (12.5.2010 EzA § 15 KSchG nF Nr. 67 = BB 2011, 127 m. abl. Anm. *Weller;* 5.11.2009 EzA § 15 KSchG nF Nr. 64; 16.10.1986 EzA § 626 BGB nF Nr. 105) ausführt, bei einer gleichzeitigen Verletzung von Amts- und Vertragspflichten sei an die Annahme einer schweren Verletzung des Arbeitsvertrags ein **strenger Maßstab** anzulegen, so ist damit nicht eine materiellrechtlich höhere Hürde iSv § 626 Abs. 1 BGB gemeint als sie bei einem Arbeitnehmer besteht, der nicht Amtsträger iSd § 15 KSchG ist. Die Vertragspflichtverletzung eines Amtsträgers iSd § 15 KSchG wiegt nicht weniger schwer als die gleiche Pflichtverletzung eines anderen Arbeitnehmers; dies liefe andernfalls auf eine sachlich nicht gerechtfertigte und daher verbotene Begünstigung (§ 78 BetrVG) des Amtsträgers hinaus (ebenso: *Leuze* DB 1993, 2590, 2592). Vielmehr geht es lediglich darum, nicht aus dem Auge zu verlieren, dass der Amtsträger möglicherweise gerade und allein durch die **Ausübung seines Amtes** in Konflikt mit seinen arbeitsvertraglichen Pflichten geraten ist. Das BAG hat klargestellt, dass nur die Beachtung dieses Gesichtspunkts im Rahmen der Interessenabwägung gemeint ist, wenn es für diese Fälle auf einen »strengeren« Maßstab verwiesen hat (*BAG* 19.7.2012 EzA § 15 KSchG nF Nr. 72).

c) Beim **Zusammentreffen** von Amts- und Vertragspflichtverletzung ist zunächst nur der Ausschluss 51
des Arbeitnehmers von seinem Amt gem. § 23 BetrVG zu erwägen. Dieser Ausschluss kommt nur
bei einer »groben Verletzung« der Amtspflichten in Frage, die sich zudem in der laufenden Amtsperiode ereignet haben muss (*Bender* DB 1982, 1273). Wenn danach die Interessen des Arbeitgebers
durch einen Ausschluss des Arbeitnehmers von seinem Amt ausreichend gewahrt werden können,
wenn also nach einem vom Arbeitgeber zu betreibenden Ausschluss vom Amt dem Arbeitgeber
die Fortsetzung des Arbeitsverhältnisses als solches zumutbar ist (zB weil nun ähnliche Pflichtverletzungen des Arbeitnehmers aus dem Arbeitsvertrag nicht mehr zu erwarten sind), dann besteht
kein Grund zur Kündigung.

Genügt hingegen der **Ausschluss** aus dem Amt **nicht**, um die Weiterbeschäftigung des Arbeitneh- 52
mers für den Arbeitgeber zumutbar zu machen, besteht kein Anlass, den Amtsträger bei der Prüfung des § 626 Abs. 1 BGB besser zu stellen als einen anderen, nicht mandatierten Arbeitnehmer
(im Ergebnis ebenso *Richardi/Thüsing* Anh. zu § 103 Rn 21). So stellt die vorsätzliche Falschaussage eines Betriebsratsmitglieds in einem den eigenen Arbeitgeber betreffenden Beschlussverfahren
nicht nur eine Verletzung von Amtspflichten, sondern auch eine Vertragspflichtverletzung dar, die
als wichtiger Grund iSd § 626 Abs. 1 BGB »an sich« in Frage kommt (*BAG* 5.11.2009 EzA § 15
KSchG nF Nr. 64; 16.10.1986 EzA § 626 BGB nF Nr. 105; *Klein* ZBVR 2000, 37; *Weber/Lohr*
BB 1999, 2354).

Besondere Konfliktsituationen, in die ein Betriebsratsmitglied geraten ist, können im Rahmen der 53
Interessenabwägung berücksichtigt werden, zB wenn einem Betriebsratsmitglied, das zugleich gewerkschaftlicher Vertrauensmann ist, wegen Ausübung seiner gewerkschaftlichen Funktionen (Verteilung eines Flugblatts mit kritischen Äußerungen über den Arbeitgeber) außerordentlich gekündigt werden soll (*ArbG Bamberg* 12.1.1989 AiB 1989, 156).

d) Die angeführten Grundsätze gelten im Interesse einer ungestörten Amtsausübung auch für **Mit-** 54
glieder der Schwerbehindertenvertretung, obwohl dem Arbeitgeber gem. § 94 Abs. 7 SGB IX
nicht das Recht eingeräumt ist, den Ausschluss einer Vertrauensperson aus ihrem Amt wegen gröblicher Verletzung seiner Pflichten zu beantragen (*BAG* 19.7.2012 EzA § 15 KSchG nF Nr. 72: *Oetker* BB 1983, 1671).

4. a) Als **wichtige Gründe**, die den Arbeitgeber zur außerordentlichen Kündigung gegenüber einem 55
Amtsträger iSd § 15 KSchG berechtigen können, kommen zB in Betracht: **Arbeitsverweigerung**
nach mehrmaliger Abmahnung (*LAG Hamm* 6.3.1985 – Ta BV 74/84); Arbeitsversäumnis unter
Vorspiegelung von Betriebsratsarbeit (*LAG Hamm* 31.10.1984 – 3 Sa 624/84); **Aufforderung** zum
vorzeitigen Verlassen der Arbeitsplätze vor Arbeitsende (vgl. *BAG* 23.10.1969 EzA § 13 KSchG
Nr. 3) oder zu sonstigem vertragswidrigen Verhalten; vorsätzlich zu Lasten des Arbeitgebers begangene Vermögensdelikte, zB **Spesenbetrug** (vgl. *BAG* 22.8.1974 EzA § 103 BetrVG 1972 Nr. 6),
Veruntreuung oder Unterschlagung von Geldern des Arbeitgebers (*BAG* 22.8.1974 EzA § 103
BetrVG 1972 Nr. 6), **Betrugsversuch** zu Lasten eines Kunden (*ArbG Frankf./M.* 14.2.2007 – 7
BV 190/06); strafrechtlich bewehrte **Pfandkehr** (*BAG* 16.12.2004 EzA § 626 BGB 2002 Nr. 7),
Manipulation von Tankbelegen (*LAG Hamm* 20.4.1983 – 3 Sa 1606/82); uU Verdacht einer Kassenmanipulation (*BAG* 21.3.1991 – 2 ABR 64/90), umfangreiche, unerlaubt und heimlich geführte **Privattelefonate** auf Kosten des Arbeitgebers (*BAG* 4.3.2004 EzA § 103 BetrVG 2001 Nr. 3);
unerlaubte private **Internetnutzung** in erheblichem Umfang (vgl. *BAG* 27.4.2006 EzA § 626 BGB
2002 Unkündbarkeit Nr. 11); **vorsätzlich falsche Zeugenaussage** oder Abgabe einer vorsätzlich
falschen eidesstattlichen Versicherung in einem Verfahren gegen den Arbeitgeber (*BAG* 9.11.2009
EzA § 15 KSchG nF Nr. 64); **unwahre** Tatsachenbehauptungen in der Öffentlichkeit über betriebliche Arbeitsbedingungen, wenn die Behauptungen den Arbeitgeber zugleich verunglimpfen
und eine nachhaltige Störung des Betriebsfriedens verursachen (vgl. *ArbG Mannheim* 19.8.2008
EzA-SD 2009, Nr. 2, S. 14): bewusst unrichtige Information der Presse oder wahrheitswidrige
Beantwortung der Fragen nach einer Presseinformation in einer bedeutsamen betrieblichen Angelegenheit (*BAG* 23.10.1969 EzA § 13 KSchG Nr. 3); **grobe Beleidigungen** und **Tätlichkeiten**
unter Betriebsmitgliedern – auch im Betriebsratsbüro – (*LAG Köln* 27.10.2005 ZTR 2006, 342);

§ 15 KSchG Unzulässigkeit der Kündigung

Tätlichkeiten oder ehrverletzende Angriffe gegen Arbeitgeber und Betriebsrat (*BAG* 30.11.1978 – 2 AZR 130/77); **bewusst wahrheitswidrige, ehrenrührige Tatsachenbehauptungen** über einen Vorgesetzten (*BAG* 25.5.1982 – 7 AZR 155/80); fortgesetzte **Störung des Betriebsfriedens** (*OVG Greifswald* 7.1.2004 NZA-RR 2004, 671; *LAG Köln* 28.11.1996 LAGE § 15 KSchG Nr. 14), zB durch Werbeaktivitäten für die Scientology-Organisation (*ArbG Ludwigshafen* 26.5.1993 DB 1994, 944); **dringender Verdacht** einer schwerwiegenden **Vertragsverletzung** (*BAG* 12.3.2009 AP Nr. 59 zu § 103 BetrVG 1972; *LAG Bln.* 3.8.1998 LAGE § 15 KSchG Nr. 17), oder gar einer **Straftat** zu Lasten des Arbeitgebers (*LAG Nds.* 20.3.2009 LAGE § 626 BGB 2002 Verdacht strafbarer Handlung Nr. 6); **dringender Verdacht** der **sexuellen Belästigung** einer Arbeitskollegin (*BAG* 8.6.2000 EzA § 15 KSchG nF Nr. 50; *LAG Hamm* 25.5.2007 LAGE § 626 BGB 2002 Nr. 11a); **Alkoholgenuss im Betrieb** trotz wiederholter Abmahnung; **Rauchen trotz Rauchverbots** in einer Möbelfabrik. Eine **mehrjährige Freistellung von der Arbeit** zur Wahrnehmung eines gewerkschaftlichen Wahlamts kann auch ein bisher freigestelltes Betriebsratsmitglied nicht ohne Weiteres beanspruchen, so dass eine außerordentliche Kündigung in Betracht kommt, wenn der Arbeitnehmer das gewerkschaftliche Wahlamt annimmt und der Arbeit fernbleibt (*LAG Bln.* 16.10.1995 LAGE § 15 KSchG Nr. 13 = AiB 1996, 683 m. abl. Anm. *Kreuder*).

56 b) Ferner kann die **parteipolitische** Betätigung im Betrieb, durch die der Betriebsfrieden gestört wird, einen wichtigen Grund zur außerordentlichen Kündigung bilden (vgl. 13.1.1956 AP Nr. 4 zu § 13 KSchG; wohl auch SPV-*Vossen* Rn 1735). Allgemeine politische Meinungsäußerungen und politische Betätigungen können eine außerordentliche Kündigung allenfalls dann rechtfertigen, wenn hierdurch das Arbeitsverhältnis konkret gestört wird (vgl. KR-*Fischermeier* § 626 BGB Rdn 123 ff.).

57 c) Im Übrigen ist das Grundrecht auf **Meinungsfreiheit** (Art. 5 Abs. 1 GG) zu beachten. Es gilt auch in der betrieblichen Arbeitswelt grds. uneingeschränkt. Es ist allerdings begrenzt durch die allg. Gesetze und das Recht der persönlichen Ehre (Art. 5 Abs. 2 GG). Es muss deshalb regelmäßig zurücktreten, wenn sich die Äußerung als Angriff auf die Menschenwürde oder als eine Formalbeleidigung oder eine Schmähung darstellt (*BAG* 24.11.2005 EzA § 626 BGB 2002 Nr. 13). Dies wiederum ist zu **verneinen** bei lediglich polemischen und überzogenen Äußerungen eines Betriebsratsmitglieds gegenüber dem Arbeitgeber auf einer Betriebsversammlung im Rahmen einer erregten Auseinandersetzung (*BAG* 16.5.1991 RzK II 3 Nr. 19), bei einem Leserbrief gegen vom Arbeitgeber in der Presse erhobene Vorwürfe (*LAG Hamm* 21.1.1987 RzK II 1b Nr. 3), wenn ein Arbeitnehmer versucht, durch eine Internetanimation, die den Arbeitskollegen zugänglich ist, den Betrachter durch bestimmte Bilder (Atompilz, Leichenberge, Guillotine) in Aufregung zu versetzen, um diese Aufregung sodann auf das Thema »Trennungsgespräche« zu lenken, mit denen der Arbeitgeber einen Personalabbau durch Aufhebungsverträge erreichen will (*BAG* 24.11.2005 EzA § 626 BGB 2002 Nr. 13), und wenn ein Betriebsratsmitglied satirisch überspitzten zeichnerischen Darstellungen wortspielerisch verfremdete Textzeilen hinzufügt und beides als Antwort auf einen offenen Brief von Führungskräften an den Betriebsrat eben diesen Absendern anonym zukommen lässt (*Hess. LAG* 18.3.2005 LAGE § 103 BetrVG 2001 Nr. 4). Zur **Problematik** des Verhältnisses von **Meinungsfreiheit** und vertraglicher Pflicht zur **Rücksichtnahme** auf die Belange des Arbeitgebers im Allgemeinen vgl. *BAG* 18.12.2014 EzA Art. 5 GG Nr. 29; 31.7.2014 EzA § 15 KSchG nF Nr. 73; 29.8.2013 EzA § 9 KSchG nF Nr. 65).

58 d) Als Störungen des Arbeitsverhältnisses, die idR eine außerordentliche **Kündigung nicht rechtfertigen**, sind angesehen worden häufige **krankheitsbedingte** Fehlzeiten oder eine lang andauernde Krankheit (*BAG* 18.2.1993 EzA § 15 KSchG nF Nr. 40 = EWiR 1944, 177 m. zust. Anm. *Otto*; *ArbG Hagen* 5.8.1993 EzA § 103 BetrVG 1972 Nr. 35); selbst bei dauerhafter Arbeitsunfähigkeit des Arbeitnehmers ist es dem Arbeitgeber im Allgemeinen zumutbar, das Ende des nachwirkenden Kündigungsschutzes abzuwarten, um dann ggf. fristgerecht kündigen zu können (*BAG* 15.3.2001 RzK II 1h Nr. 14); **Schlechtleistungen** (*LAG SA* 13.2.1996 – 8 Sa 46/95); **Wahlwerbung** von etwa 30 Minuten während der Arbeitszeit (*LAG Köln* 1.2.1991 LAGE § 15 KSchG Nr. 7); bloße Anwesenheit eines Betriebsratsmitglieds bei einem kurzen – rechtswidrigen – **Warnstreik** (*LAG*

Hamm 10.4.1996 AiB 1996, 736 m. zust. Anm. *Mittag*). Ebenso wenig ist eine außerordentliche Kündigung deshalb gerechtfertigt, weil ein Betriebsratsmitglied regelmäßig die Bestellung zum **Beisitzer in Einigungsstellen** anderer Betriebe des Arbeitgebers annimmt (*BAG* 13.5.2015 EzA § 626 BGB 2002 Nr. 51).

e) Offenbart ein Amtsträger ein **Betriebs- oder Geschäftsgeheimnis**, über das er nach § 79 BetrVG Stillschweigen zu wahren hat, begeht er eine Amtspflichtverletzung, die seinen Ausschluss aus dem Amt nach § 23 Abs. 1 BetrVG rechtfertigen kann. Der Geheimnisbruch berechtigt den Arbeitgeber jedoch nicht ohne Weiteres zur fristlosen Entlassung. Wird allerdings dem Arbeitgeber durch den Geheimnisbruch großer Schaden zugefügt und weiß dies der Amtsträger, so liegt in dem Geheimnisbruch zugleich eine schwere Verletzung der Pflichten aus dem Arbeitsvertrag, die eine außerordentliche Kündigung rechtfertigen kann. 59

f) Der Arbeitgeber **verwirkt** sein Kündigungsrecht **nicht** dadurch, dass er selbst zunächst nur eine Verwarnung beabsichtigt und sich erst aufgrund einer Forderung des Betriebsrats nach schärferen Maßnahmen zu einer außerordentlichen Kündigung entschließt (*BAG* 28.1.1982 – 2 AZR 776/79). Bei der Prüfung der Frage, ob die Fortsetzung des Arbeitsverhältnisses dem Arbeitgeber unzumutbar ist, ist ein **objektiver Maßstab** anzulegen und nicht auf den (ursprünglichen) subjektiven Standpunkt des Kündigungsberechtigten abzustellen (s. KR-*Fischermeier/Krumbiegel* § 626 BGB Rdn 117). 60

III. Erklärungsfrist des § 626 Abs. 2 BGB

1. Fraglich ist, ob und inwieweit die Ausschlussfrist des § 626 Abs. 2 BGB auf außerordentliche Kündigungen gegenüber Betriebsratsmitgliedern angewendet werden kann. Nach § 626 Abs. 2 BGB kann eine außerordentliche Kündigung nur innerhalb von zwei Wochen, nachdem der Kündigungsberechtigte von den für die Kündigung maßgebenden Tatsachen Kenntnis erlangt hat, erklärt werden. Eine **unmittelbare Anwendung des § 626 Abs. 2 BGB** ist dann möglich, wenn der Betriebsrat bzw. Personalrat innerhalb der ihm zur Verfügung stehenden Frist (3 Tage/Arbeitstage; s. KR-*Rinck* § 103 BetrVG Rdn 81 f., §§ 55, 127 BPersVG Rdn 10) der Kündigung **zugestimmt** hat. Dann kann der Arbeitgeber die Kündigung noch innerhalb der Frist des § 626 Abs. 2 BGB aussprechen, wenn er entsprechend frühzeitig um Zustimmung zur Kündigung beim Betriebsrat bzw. Personalrat gebeten hat. Teilt der Betriebsrat dem Arbeitgeber seine Zustimmung zur Kündigung nicht innerhalb der dreitägigen Äußerungsfrist, aber noch innerhalb der zweiwöchigen Ausschlussfrist des § 626 Abs. 2 BGB mit, muss der Arbeitgeber bis zum Ablauf der Frist des § 626 Abs. 2 BGB die Kündigung aussprechen. Ist dies nicht möglich, weil zB die Zustimmung des Betriebsrats dem Arbeitgeber erst wenige Stunden vor Ablauf der Frist des § 626 Abs. 2 BGB zugeht, ist es erforderlich, aber auch ausreichend, dass der Arbeitgeber unverzüglich nach Zugang der Zustimmung des Betriebsrats die Kündigung erklärt (Rechtsgedanke des § 174 Abs. 5 SGB IX). 61

2. Stimmt der Betriebsrat bzw. Personalrat der Kündigung **nicht** innerhalb der zweiwöchigen Ausschlussfrist des § 626 Abs. 2 BGB zu und muss der Arbeitgeber deshalb das gerichtliche **Zustimmungsersetzungsverfahren** einleiten, kann er die Ausschlussfrist des § 626 Abs. 2 BGB nicht einhalten, wenn man die Vorschrift wörtlich anwenden wollte. Dies hat zur Folge, dass § 626 Abs. 2 BGB in folgender Weise anzuwenden ist: Der Arbeitgeber muss **innerhalb** der Frist des § 626 Abs. 2 BGB beim Betriebsrat bzw. Personalrat die Zustimmung zur Kündigung beantragen und dann ebenfalls noch innerhalb der Frist entweder – bei Zustimmungserteilung – die Kündigung aussprechen oder – bei Verweigerung der Zustimmung – das gerichtliche Zustimmungsersetzungsverfahren einleiten (zuletzt *BAG* 1.10.2020 – 2 AZR 238/20, EzA § 103 BetrVG 2001 Nr. 14; 16.11.2017 EzA § 103 BetrVG 2001 Nr. 11; 24.11.2011 EzA § 88 SGB IX Nr. 2; 2.2.2006 EzA § 626 BGB Ausschlussfrist Nr. 1; vgl. auch *Richardi/Thüsing* § 103 BetrVG Rn 59 f. mwN). Ein unzulässiger Zustimmungsersetzungsantrag (s. KR-*Rinck* § 103 BetrVG Rdn 88) wahrt nicht die Frist (*BAG* 7.5.1986 EzA § 103 BetrVG 1972 Nr. 31). Das bedeutet, dass der Arbeitgeber spätestens zehn Tage, nachdem er von den Kündigungsgründen Kenntnis erlangt hat, die Zustimmung des Betriebsrats bzw. Personalrats zur Kündigung beantragen muss, damit sowohl der Betriebsrat bzw. Personalrat die ihm zustehende Äußerungsfrist ausnutzen als auch der Arbeitgeber noch 62

innerhalb der Frist des § 626 Abs. 2 BGB die Kündigung dem Arbeitnehmer zukommen lassen bzw. das gerichtliche Zustimmungsersetzungsverfahren einleiten kann (nach *Herschel* EzA Anm. zu § 103 BetrVG 1972 Nr. 20, *Gamillscheg* FS BAG, S. 126 und *Leipold* AP Anm. zu Nr. 18 zu § 103 BetrVG 1972 soll zur Fristwahrung der Antrag des Arbeitgebers beim Betriebsrat auf Zustimmung zur Kündigung genügen; nach der Stellungnahme des Betriebsrats habe der Arbeitgeber unverzüglich die Kündigung auszusprechen oder das Zustimmungsersetzungsverfahren einzuleiten). Erlangt der Arbeitnehmer nach Beteiligung des Betriebsrats, aber noch vor Ablauf der Ausschlussfrist des § 626 Abs. 2 BGB den besonderen Kündigungsschutz des § 15 KSchG, hat der Arbeitgeber den Betriebsrat **erneut** zu beteiligen, damit dieser die beabsichtigte Kündigung im Lichte des besonderen Kündigungsschutzes beurteilen kann. Die zweiwöchige Ausschlussfrist des § 626 Abs. 2 BGB beginnt in diesem Fall mit der erstmaligen Kenntnis des Arbeitgebers vom Eingreifen des besonderen Kündigungsschutzes – als insofern neuer Tatsache – erneut zu laufen (vgl. auch *VG Frankfurt/M.* 28.8.2000 ZTR 2001, 46). Kommt es zum gerichtlichen Zustimmungsersetzungsverfahren, muss der Arbeitgeber grds. die **formelle Rechtskraft** einer gerichtlichen Entscheidung, die die Zustimmung zur Kündigung ersetzt, abwarten, bevor er kündigt; dann wiederum muss er die Kündigung unverzüglich nach Eintritt der Rechtskraft aussprechen (*BAG* 1.10.2020 – 2 AZR 238/20, EzA § 103 BetrVG 2001 Nr. 14; 16.11.2017 EzA § 103 BetrVG 2001 Nr. 11). § 15 Abs. 1 S. 1, Abs. 2 S. 1 KSchG verlangen, dass die Zustimmung der betreffenden Arbeitnehmervertretung »ersetzt ist«. Diese Formulierung spricht für den Willen des Gesetzgebers, die Kündigung erst bei endgültig feststehender Ersetzung zu ermöglichen. Solange die gerichtliche Entscheidung noch mit dem Risiko einer Abänderung im Instanzenzug behaftet ist, kann noch nicht die Rede davon sein, dass die Zustimmung des Personalrats ersetzt »ist« (*BAG* 24.11.2011 EzA § 15 KSchG nF Nr. 70; 18.8.1977 EzA § 103 BetrVG 1072 Nr. 20; ferner *Richardi/Thüsing* § 103 BetrVG Rn 63; s.a. KR-*Rinck* § 103 BetrVG Rdn 139 ff.).

63 3. Der Arbeitgeber ist nicht gezwungen, die außerordentliche Kündigung aus wichtigem Grund als fristlose Kündigung auszusprechen. Er kann dem Arbeitnehmer eine Frist bis zur Beendigung des Arbeitsverhältnisses gewähren (sog. **Auslauffrist**), muss aber dann gegenüber dem Arbeitnehmer erkennbar zum Ausdruck bringen, dass er gleichwohl keine ordentliche, sondern eine außerordentliche Kündigung aus wichtigem Grund erklären will (vgl. für den Fall des tariflichen Ausschlusses der ordentlichen Kündigung *BAG* 13.5.2015 EzA § 626 BGB 2002 Nr. 50; s.a. KR-*Fischermeier* § 626 BGB Rdn 31; *LKB/Linck* § 15 Rn 93 mwN; zum Erfordernis der Eindeutigkeit einer außerordentlichen Kündigung *BAG* 10.4.2014 EzA § 622 BGB 2002 Nr. 10; 13.1.1982 EzA § 626 BGB nF Nr. 81).

IV. Der Kündigungsschutzprozess

1. Mängel der Kündigung

64 Folgende **Mängel** können auftreten:

a) Der Arbeitgeber hat das **Zustimmungsverfahren** beim Betriebsrat bzw. Personalrat **nicht ordnungsgemäß abgewickelt**; die Kündigung ist unheilbar nichtig (s. KR-*Rinck* § 103 BetrVG Rdn 103 ff., 111). Sie gilt auch nicht als Kündigung zu dem Termin, zu dem sie erstmals wieder ohne Zustimmung des Betriebsrats bzw. Personalrats ausgesprochen werden kann; vielmehr ist nach dem Wegfall des Zustimmungserfordernisses eine erneute Kündigung erforderlich.

65 b) Hat der Arbeitgeber die Kündigung ausgesprochen, **bevor** der Betriebsrat die **Zustimmung** erteilt hat oder seine Zustimmung durch gerichtliche Entscheidung rechtskräftig ersetzt ist, ist die Kündigung unheilbar nichtig. Die Kündigung des Arbeitsverhältnisses eines durch § 15 Abs. 1 bis 3 KSchG geschützten Gremienmitglieds kann in Fällen, in denen es auf die **gerichtliche Ersetzung** der Zustimmung des Betriebsrats ankommt, wirksam erst nach Eintritt der formellen **Rechtskraft** einer entsprechenden gerichtlichen Entscheidung erfolgen (für Betriebsrats- und Personalratsmitglieder *BAG* 24.11.2011 EzA § 15 KSchG nF Nr. 70; für Mitglieder des Wahlvorstands *BAG* 16.11.2017 EzA § 103 BetrVG 2001 Nr. 11; s.a. KR-*Rinck* § 103 BetrVG Rdn 111; vgl. Rdn 62).

c) Räumt der Arbeitgeber dem Arbeitnehmer bei der Kündigung eine **Auslauffrist** bis zur Beendigung des Arbeitsverhältnisses ein, **ohne** zu erkennen zu geben, dass er eine außerordentliche Kündigung aus wichtigem Grunde aussprechen will, handelt es sich nicht um eine außerordentliche Kündigung. Deshalb ist die Kündigung unwirksam. § 15 Abs. 1 und 2 KSchG lässt nur eine außerordentliche Kündigung zu (vgl. Rdn 63). 66

d) Hat der Arbeitgeber nach erteilter **Zustimmung** des Betriebsrats die Kündigung nicht innerhalb der zweiwöchigen Ausschlussfrist des § 626 Abs. 2 BGB erklärt, hat er sie nach rechtskräftiger Ersetzung der Zustimmung des Betriebsrats nicht unverzüglich ausgesprochen oder ist trotz Zustimmung des Betriebsrats kein wichtiger Grund zur Kündigung gegeben, ist die außerordentliche Kündigung unwirksam. 67

e) Gem. **§ 13 Abs. 1 S. 2** KSchG muss auch der Amtsträger gegen eine außerordentliche Kündigung innerhalb von **drei Wochen** nach deren Zugang **Kündigungsschutzklage** nach § 4 S. 1 KSchG erheben; andernfalls ist die Kündigung wirksam (§ 7 KSchG). Auch der Amtsträger kann gem. § 13 Abs. 1 S. 3 KSchG die gerichtliche **Auflösung** des Arbeitsverhältnisses und die Verurteilung des Arbeitgebers zur Zahlung einer Abfindung verlangen, falls die Kündigung mangels wichtigen Grundes unwirksam ist (*LKB* § 15 Rn 149 mwN; TRL-*Thüsing* § 15 Rn 120); dem Arbeitgeber steht kein solches Recht zu (s. KR-*Spilger* § 9 KSchG Rdn 76; **aA** *Lelley* FA 2007, 76; vgl. Rdn 34). 68

f) Hat der **Betriebsrat** der außerordentlichen Kündigung zugestimmt, sind die **Gerichte** bei der Beurteilung der Wirksamkeit der außerordentlichen Kündigung an die Bewertungen des Betriebsrats **nicht gebunden**. Sie haben in eigener Zuständigkeit zu entscheiden, ob die Voraussetzungen einer außerordentlichen Kündigung erfüllt sind. Hat aber ein Gericht für Arbeitssachen bzw. ein Gericht der Verwaltungsgerichtsbarkeit die Zustimmung des Betriebsrats bzw. Personalrats zur Kündigung rechtskräftig ersetzt, steht aufgrund der **Präjudizwirkung** dieser Entscheidung für den individuellen Kündigungsschutzprozess bindend fest, dass im Zeitpunkt der letzten Tatsachenverhandlung des Beschlussverfahrens zur Zustimmungsersetzung die außerordentliche Kündigung gerechtfertigt war. Infolge der spezifischen Bindungswirkung einer rechtskräftigen Entscheidung im Zustimmungsersetzungsverfahren kann sich der in diesem Verfahren nach § 83 Abs. 3 ArbGG beteiligte Arbeitnehmer im späteren, die außerordentliche Kündigung betreffenden Kündigungsschutzverfahren für das Nicht-Vorliegen eines wichtigen Grundes iSv. § 626 BGB nur auf solche Tatsachen berufen, die er im Zustimmungsersetzungsverfahren nicht geltend gemacht hat und auch nicht hätte geltend machen können (BAG 1.10.2020 – 2 AZR 238/20, EzA § 103 BetrVG 2001 Nr. 14; 25.4.2018 – 2 AZR 401/17, EzA § 103 BetrVG 2001 Nr. 12; 16.11.2017 – 2 AZR 14/17, EzA § 103 BetrVG 2001 Nr. 11). Die **Bindungswirkung** ist die Folge des von § 103 Abs. 2 BetrVG vorgegebenen engen Zusammenhangs zwischen dem Zustimmungsersetzungsverfahren und dem nachfolgenden Kündigungsschutzprozess. Bezogen auf dieselben Kündigungsgründe ist letzterer nur eine inhaltliche Fortsetzung des rechtskräftig abgeschlossenen Vorprozesses (BAG 25.04.2018 – 2 AZR 401/17, EzA § 103 BetrVG 2001 Nr. 12; 16.11.2017 – 2 AZR 14/17, EzA § 103 BetrVG 2001 Nr. 11). Darüber darf sich das ArbG im Kündigungsschutzprozess nicht hinwegsetzen, so dass die Kündigungsschutzklage des Arbeitnehmers im Allgemeinen unbegründet ist. Wegen weiterer Einzelheiten zur Präjudizwirkung des Zustimmungsersetzungsverfahrens s. KR-*Rinck* § 103 BetrVG Rdn 144 ff.; vgl. auch v. *LKB* § 15 Rn 151 ff. mwN. Zur Zulässigkeit einer Kündigungsschutzklage nach rechtskräftig ersetzter Zustimmung des Betriebsrats zur Kündigung s. KR-*Rinck* § 103 BetrVG Rdn 142 ff. 69

2. Nachschieben von Kündigungsgründen

Hat der Arbeitgeber nach (ersetzter) Zustimmung des Betriebsrats die außerordentliche Kündigung erklärt, richtet sich die Zulässigkeit des Nachschiebens von Kündigungsgründen im Kündigungsschutzprozess nach den Grundsätzen, die für das Anhörungsverfahren nach § 102 BetrVG gelten (s. KR-*Rinck* § 102 BetrVG Rdn 239 ff.). Hierbei sind folgende Fallgestaltungen zu unterscheiden: 70

§ 15 KSchG   Unzulässigkeit der Kündigung

a) Gründe, die dem Arbeitgeber vor Erklärung der Kündigung bekannt waren

71 Kündigungsgründe, die dem Arbeitgeber erst nach Erteilung der Zustimmung bzw. nach deren gerichtlicher Ersetzung, aber noch **vor Zugang** der Kündigung bekannt werden, kann er in den späteren individuellen Kündigungsschutzprozess **einführen**, wenn er **auch wegen dieser Gründe** den Betriebsrat angehört und um **Zustimmung** ersucht hat. Der Zustimmung als solcher bzw. ihrer Ersetzung bedarf es dagegen nicht, weil eine solche **schon vorliegt** und von Gesetzes wegen nicht einzelnen Kündigungsgründen, sondern der Kündigung als solcher (gerichtlich) zugestimmt wird (s. KR-*Rinck* § 103 BetrVG Rdn 129; offen gelassen in *BAG* 12.5.2010 EzA § 15 KSchG nF Nr. 67). Hatte der Betriebsrat der Kündigung **nicht zugestimmt**, kann der Arbeitgeber im noch laufenden gerichtlichen Zustimmungsersetzungsverfahren Gründe allemal nachschieben (vgl. zur Problematik auch *BAG* 27.1.2011 § 103 BetrVG 2001 Nr. 8; s. KR-*Rinck* § 103 BetrVG Rdn 123 ff.).

72 Ein Nachschieben von Kündigungsgründen, die dem Arbeitgeber zwar schon bei Einleitung des Anhörungsverfahrens nach § 102 Abs. 1, § 103 Abs. 1 BetrVG bzw. vor Abschluss des Ersetzungsverfahrens nach § 103 Abs. 2 BetrVG bekannt waren, von denen er dem Betriebsrat aber vor Erteilung bzw. Ersetzung der Zustimmung **keine Mitteilung** gemacht hat, ist dagegen unzulässig. Dies folgt aus Sinn und Zweck des Anhörungsverfahrens. Dem Betriebsrat soll Gelegenheit gegeben werden, vor Erklärung der Kündigung auf den Kündigungsentschluss des Arbeitgebers im Hinblick auf die diesem bekannten und deshalb seine Absicht beeinflussenden Umstände einzuwirken. Diesem Zweck widerspräche es, dem Arbeitgeber zu gestatten, sich im späteren Kündigungsschutzprozess auf »neue« Gründe zu berufen, die seinen Kündigungsentschluss womöglich mit beeinflusst haben und hinsichtlich derer er dem Betriebsrat gleichwohl keine Gelegenheit zur Stellungnahme gegeben hatte (*BAG* 18.6.2015 EzA § 102 BetrVG 2001 Nr. 33). Eine Nachholung der Anhörung vermag daran nichts mehr zu ändern. Das hat zur Folge, dass diese Gründe im **laufenden** Kündigungsschutzprozess aus **kollektivrechtlichen** Gründen keine Berücksichtigung finden können.

b) Gründe, die dem Arbeitgeber erst nach Erklärung der Kündigung bekannt werden

73 Kündigungsgründe, die dem Arbeitgeber bei Zugang der Kündigungserklärung **noch nicht bekannt** waren, können im individuellen Kündigungsschutzprozess **nachgeschoben** werden, wenn der Arbeitgeber vor ihrer Einführung in den Prozess den **Betriebsrat** dazu angehört und um Zustimmung ersucht hat (vgl. KR-*Rinck* § 102 BetrVG Rdn 248). Eine Anhörung des Betriebsrats zu den neu bekannt gewordenen Kündigungsgründen ist **ausnahmsweise** entbehrlich, wenn der Betriebsrat aufgrund der zunächst mitgeteilten Kündigungsgründe der Kündigung ausdrücklich zugestimmt hatte oder seine Zustimmung durch rechtskräftige gerichtliche Entscheidung ersetzt wurde, die Kündigung aufgrund der nachgeschobenen Kündigungsgründe nicht in einem »neuen Licht« erscheint und der Arbeitgeber die ursprünglich geltend gemachten Kündigungsgründe nach wie vor verfolgt (vgl. KR-*Rinck* § 102 BetrVG Rdn 249).

74 Die Durchführung eines gerichtlichen **Zustimmungsersetzungsverfahrens** nach § 103 Abs. 2 BetrVG hinsichtlich der nachzuschiebenden Kündigungsgründe ist auch in diesem Fall **nicht geboten**. Das Erfordernis eines solchen Verfahrens soll betriebsverfassungsrechtliche Amtsträger vor willkürlichen Kündigungen durch den Arbeitgeber schützen. Hat aber der Betriebsrat der Kündigung schon wegen der zunächst mitgeteilten Kündigungsgründe zugestimmt oder ist seine Zustimmung durch gerichtliche Entscheidung rechtskräftig ersetzt worden, gibt das Gesetz dem Arbeitgeber den Weg zur Kündigung frei. Der Zweck des Zustimmungsersetzungsverfahrens – den Mandatsträger ggf. vor willkürlichen Kündigungen zu schützen – kann nicht mehr erreicht werden, weil die Kündigung zulässigerweise bereits erklärt ist (vgl. Rdn 71).

75 Hat der Arbeitgeber die Kündigung erklärt, **ohne** dass die **Zustimmung des Betriebsrats** oder ihre rechtskräftige gerichtliche Ersetzung vorgelegen hätte, ist die Kündigung wegen nicht ordnungsgemäßer Beteiligung des Betriebsrats unheilbar nichtig. Der mit § 15 KSchG bezweckte Schutz der betriebsverfassungsrechtlichen Amtsträger vor unberechtigten Kündigungen seitens des Arbeitgebers erfordert es, dass im Zeitpunkt des Zugangs der Kündigung die betriebsverfassungsrechtlichen

Voraussetzungen für ihre Wirksamkeit erfüllt sind. Der Verstoß gegen betriebsverfassungsrechtliche Vorschriften kann deshalb **nicht dadurch geheilt** werden, dass neu bekannt gewordene Kündigungsgründe – und sei es mit Zustimmung des Betriebsrats – **nachgeschoben** werden. Vielmehr muss der Arbeitgeber in einem solchen Fall – ggf. nach Durchführung des Zustimmungsersetzungsverfahrens gem. § 103 Abs. 2 BetrVG – eine neue Kündigung erklären.

Ist die Kündigung wegen der ursprünglichen Kündigungsgründe deshalb unwirksam, weil der Arbeitgeber sie nach Erteilung der Zustimmung seitens des Betriebsrats nicht innerhalb der **zweiwöchigen Ausschlussfrist** des § 626 BGB Abs. 2 BGB bzw. nach rechtskräftiger Ersetzung der Zustimmung des Betriebsrats nicht **unverzüglich** erklärt hat, ist das Nachschieben von neu bekannt gewordenen Kündigungsgründen in den laufenden Kündigungsschutzprozess nach erneuter Anhörung des Betriebsrats ggf. auch ohne Durchführung eines (weiteren) Zustimmungsersetzungsverfahrens zulässig. Durch die ursprüngliche Zustimmung des Betriebsrats bzw. ihre rechtskräftige gerichtliche Ersetzung war der Weg zur Kündigung bereits eröffnet. 76

c) Neue Kündigung

Dem Arbeitgeber ist es unbenommen, weitere Kündigungsgründe nicht durch Nachschieben in einen bereits rechtshängigen Kündigungsschutzprozess, sondern durch Erklärung einer **weiteren** (vorsorglichen) **Kündigung** geltend zu machen. In diesem Fall sind das Verfahren auf Ersuchen um Zustimmung beim Betriebsrat nach § 102 Abs. 1, § 103 Abs. 1 BetrVG und ggf. das gerichtliche Zustimmungsersetzungsverfahren nach § 103 Abs. 2 BetrVG abermals durchzuführen; auch die zweiwöchige Ausschlussfrist des § 626 Abs. 2 BGB ist insoweit zu beachten. 77

3. Darlegungs- und Beweislast

a) Die ordnungsgemäße Einleitung des Zustimmungs- und ggf. Zustimmungsersetzungsverfahrens, die vor Zugang der Kündigung erteilte Zustimmung des Betriebsrats oder ihre rechtskräftige gerichtliche Ersetzung, die Einhaltung der zweiwöchigen Ausschlussfrist des § 626 Abs. 2 BGB sowie das Vorliegen eines wichtigen Grundes sind Wirksamkeitsvoraussetzungen für eine außerordentliche Kündigung gegenüber einem Amtsträger iSv § 15 KSchG. Insoweit trägt deshalb der **Arbeitgeber** im Kündigungsschutzprozess die Darlegungs- und Beweislast. Infolge der spezifischen **Bindungswirkung** einer rechtskräftigen Entscheidung im **Zustimmungsersetzungsverfahren** nach § 103 Abs. 2 BetrVG kann sich allerdings der in diesem Verfahren beteiligte Arbeitnehmer im späteren, die außerordentliche Kündigung betreffenden **Kündigungsschutzverfahren** bzgl. des Vorliegens eines **wichtigen Grundes** iSv § 626 BGB nur auf solche Tatsachen berufen, die er im Zustimmungsersetzungsverfahren nicht geltend gemacht hat und auch nicht hätte geltend machen können. Es widerspräche zwar nicht im strengen Sinne der materiellen Rechtskraft eines gerichtlichen Ersetzungsbeschlusses nach § 103 Abs. 2 BetreVG, wohl aber dem Sinn und Zweck des Zustimmungsersetzungsverfahrens – eine vorgezogene Prüfung durchzuführen, ob die vom Arbeitgeber angeführten Gründe eine außerordentliche Kündigung nach § 626 BGB rechtfertigen *(vgl. dazu BT-Drs. 6/1786 S. 53)* –, wenn das Gericht in einem nachfolgenden Kündigungsschutzprozess hinsichtlich derselben Gründe zu einem anderen Ergebnis kommen könnte. Das Verfahren nach § 103 Abs. 2 BetrVG soll Klarheit über die Zulässigkeit der außerordentlichen Kündigung gegenüber dem Amtsträger schaffen (*BAG* 25.4.2018 EzA § 103 BetrVG 2001 Nr. 12; 16.11.2017 EzA § 103 BetrVG 2001 Nr. 11; 18.9.1997 EzA § 15 KSchG nF Nr. 46, m. Anm. *Kraft*). Der Mandatsträger ist deshalb in gleicher Weise mit dem Einwand **präkludiert**, der Arbeitgeber habe die **Erklärugsfrist des § 626 Abs. 2 BGB** für den Antrag nach § 103 Abs. 2 S. 1 BetrVG versäumt (*BAG* 25.4.2018 EzA § 103 BetrVG 2001 Nr. 12). 78

b) Geht es darum, ob der Arbeitnehmer überhaupt den Sonderkündigungsschutz des § 15 KSchG genießt, ist zB streitig, ob er als Ersatzmitglied an einer Sitzung des Betriebsrats teilgenommen hat, ist dafür der **Arbeitnehmer** darlegungs- und beweispflichtig (*LAG Brem.* 5.9.2008 – 4 Sa 110/08 [PKH]). 79

F. Unzulässigkeit der ordentlichen Kündigung

I. Kündigungsverbot während der Amtszeit des geschützten Personenkreises

80 Die **ordentliche** Kündigung gegenüber dem durch § 15 Abs. 1 bis Abs. 3a KSchG geschützten Personenkreis ist – abgesehen von den in § 15 Abs. 4, Abs. 5 KSchG angeführten Ausnahmen – **unzulässig**. Das ergibt sich zwar nicht völlig eindeutig aus dem Wortlaut der Bestimmungen, die nur von »Kündigung« sprechen und deshalb zu der Auffassung verleiten könnten, es sei auch eine ordentliche Kündigung zulässig, wenn nur ein wichtiger Grund vorliege. Ein solches Verständnis würde aber dem Sinn des § 15 KSchG nicht gerecht.

81 In § 15 Abs. 1 bis Abs. 3a KSchG wird die Kündigung nur für den Fall zugelassen, »dass Tatsachen vorliegen, die den Arbeitgeber zur Kündigung aus wichtigem Grund ohne Einhaltung einer Kündigungsfrist berechtigen«. Bei einer Kündigung »aus wichtigem Grund« handelt es sich – wie ein Vergleich mit § 626 Abs. 1 BGB zeigt – im Zweifel um eine **außerordentliche** Kündigung. Die Auffassung, dass § 15 Abs. 1 bis Abs. 3a KSchG nur die außerordentliche Kündigung zulässt, wird bestätigt durch die nach § 15 Abs. 1 bis Abs. 3 KSchG für die Kündigung erforderliche Zustimmung gem. § 103 BetrVG bzw. den einschlägigen Vorschriften des Personalvertretungsrechts. Dort wiederum ist nur die Rede von der Zustimmung zur außerordentlichen Kündigung. Die außerordentliche Kündigung ist dadurch gekennzeichnet, dass der Kündigende erkennbar zum Ausdruck bringt, er wolle von der sich aus § 626 Abs. 1 BGB ergebenden besonderen Kündigungsbefugnis Gebrauch machen; dazu kann die Verwendung des Ausdrucks »fristlos« ausreichen (vgl. *BAG* 10.4.2014 EzA § 622 BGB 2002 Nr. 10). Gewährt der Kündigende bis zur Beendigung des Arbeitsverhältnisses eine **Auslauffrist**, möglicherweise sogar die ordentliche Kündigungsfrist – was auch bei einer außerordentlichen Kündigung durchaus zulässig ist (*BAG* 13.5.2015 EzA § 626 BGB 2002 Nr. 50) –, muss er deutlich machen, dass er die Kündigung gleichwohl als außerordentliche aus wichtigem Grund ausspricht; andernfalls gilt die Kündigung als ordentliche Kündigung, die nach § 15 Abs. 1 bis Abs. 3a KSchG unzulässig ist. Die ordentliche Kündigung ist selbst dann nichtig, wenn ein wichtiger Grund für eine außerordentliche Kündigung objektiv vorliegt (*BAG* 23.4.1981 – 2 AZR 1112/78; 5.7.1979 EzA § 15 KSchG nF Nr. 22).

II. Kündigungsverbot nach Ablauf der Amtszeit des geschützten Personenkreises

1. Allgemeines

82 Für einen bestimmten Zeitraum nach Beendigung der Amts- bzw. Tätigkeitszeit bleibt die **ordentliche Kündigung** gegenüber dem durch § 15 Abs. 1 bis Abs. 3a KSchG geschützten Personenkreis in demselben Umfang wie während der Amtszeit **unzulässig** (»nachwirkender« Kündigungsschutz, s. Rdn 83). Das gilt auch für ordentliche (Einzel-)Änderungskündigungen (*BAG* 26.4.1990 RzK II 1h Nr. 9). Allenfalls ordentliche **Gruppen-** oder **Massenänderungskündigungen** können im Nachwirkungszeitraum auch gegenüber ehemaligen Amtsträgern iSd § 15 KSchG ausgesprochen werden (s. Rdn 39). Die außerordentliche Kündigung bedarf im Nachwirkungszeitraum allerdings **nicht** mehr der **Zustimmung** des Betriebsrats nach § 103 BetrVG, sondern nur noch der **Anhörung** nach § 102 BetrVG. Da die geschützten Personen **keine Mandatsträger** mehr sind, fallen die personelle Kontinuität und Integrität des jeweiligen betriebsverfassungs-/personalvertretungsrechtlichen Gremiums als Schutzgüter weg; gerade um ihretwillen aber bedarf es für außerordentliche Kündigungen während der Amts- und Tätigkeitszeiten des § 15 Abs. 1, Abs. 2 KSchG bzw. § 15 Abs. 3 KSchG der Zustimmung des Betriebs-/Personalrats. Bei außerordentlichen Kündigungen im Nachwirkungszeitraum ist insbes. zu prüfen, ob es dem Arbeitgeber nicht zumutbar ist, das Ende des nachwirkenden Kündigungsschutzes abzuwarten und sodann ordentlich zu kündigen, dies dürfte zB bei dauernder krankheitsbedingter Arbeitsunfähigkeit anzunehmen sein (*BAG* 15.3.2001 EzA § 15 KSchG nF Nr. 52).

83 Im Einzelnen erstreckt sich der nachwirkende Kündigungsschutz auf folgende Zeiträume:
 a) **ein Jahr nach Beendigung der Amtszeit** für Mitglieder eines Betriebsrats, einer Jugend- und Auszubildendenvertretung, einer Personalvertretung, eines Seebetriebsrats (§ 15 Abs. 1 S. 2, Abs. 2 S. 2 KSchG).

b) **sechs Monate nach Beendigung der Amtszeit** für Mitglieder einer Bordvertretung (§ 15 Abs. 1 S. 2 KSchG).
c) **sechs Monate nach Bekanntgabe des Wahlergebnisses** für Mitglieder eines Wahlvorstands, erfolglose Wahlbewerber (§ 15 Abs. 3 S. 2 KSchG).
d) **drei Monate nach letztlich ergebnisloser Betriebsversammlung** oder **Antragstellung** etwa iSv § 17 Abs. 3, Abs. 4 BetrVG für die Initiatoren der Gremienwahl (§ 15 Abs. 3a S. 2 KSchG).

Für die **Berechnung der Fristen** gelten die §§ 187, 188 BGB. Deshalb ist der Tag, an dem die Amtszeit endet oder das Wahlergebnis bekannt gemacht wird, bei der Fristberechnung nicht mitzuzählen. 84

2. Beendigung der Amtszeit (Mitglieder von Arbeitnehmervertretungen)

a) Der Begriff »Beendigung der Amtszeit« erfasst zunächst alle Fälle, in denen **entweder** das Gesetz ihn ausdrücklich verwendet (zB in § 21 BetrVG) **oder** sich doch, sei es aus dem Gesetz selbst, sei es aus allgemeinen Rechtsgrundsätzen ergibt, dass das betreffende Gremium die ihm obliegenden Aufgaben auf Dauer nicht mehr wahrnehmen darf (zB mit Eintritt der Rechtskraft einer gerichtlichen Entscheidung, durch die der Betriebsrat aufgelöst wird; vgl. § 13 Abs. 2 Nr. 5 BetrVG). Die Amtszeit kann enden durch **Zeitablauf** (vgl. § 21 S. 1, 3, 4 BetrVG) oder mit **Bekanntgabe des Wahlergebnisses** für ein neu gewähltes Gremium (vgl. § 21 S. 5, § 22 BetrVG). So hat der zurückgetretene Betriebsrat die Geschäfte bis zur Bekanntgabe des Wahlergebnisses für den neu zu wählenden Betriebsrat fortzuführen (§ 22 BetrVG), ist also bis zu diesem Zeitpunkt im Amt und seine Mitglieder genießen bis zur Bekanntgabe des Wahlergebnisses den besonderen Kündigungsschutz für Amtsträger iSd § 15 Abs. 1 S. 1 KSchG; danach tritt der nachwirkende Kündigungsschutz des § 15 Abs. 1 S. 2 KSchG ein (*Richardi/Thüsing* § 22 Rn 6; *Fitting* § 103 Rn 55; *LKB* § 15 Rn 50). Unterbleibt die in § 18 S. 1 WO vorgesehene förmliche Bekanntgabe des Wahlergebnisses nach einer Betriebsratswahl, so endet die Amtszeit des geschäftsführenden Betriebsrats spätestens mit der **konstituierenden Sitzung** des neu gewählten Gremiums iSv § 29 Abs. 1 BetrVG, auch wenn die reguläre Amtszeit zu diesem Zeitpunkt noch nicht abgelaufen ist (*BAG* 5.11.2009 EzA § 15 KSchG nF Nr. 64). Das BAG hat bislang offengelassen, ob als »Bekanntgabe des Wahlergebnisses« iSv § 22 BetrVG, § 18 S. 1 WO auch ein Aushang der gesamten Wahlniederschrift iSv § 16 Abs. 1 WO anzusehen ist, weil in ihr nach Abs. 1 Nr. 6 der Bestimmung immerhin die Namen der gewählten Bewerber festzustellen sind (vgl. *BAG* 5.11.2009 EzA § 15 KSchG nF Nr. 64). 85

b) Der rechtsgeschäftliche **Betriebsübergang** führt nach § 613a Abs. 1 BGB zum Übergang der Arbeitsverhältnisse auf den Betriebserwerber. Die Betriebsübernahme führt deshalb nicht zu einer Beendigung der Amtszeit des Betriebsrats (*Fitting* § 21 Rn 34). Widerspricht ein Betriebsratsmitglied dem Betriebsübergang, bleibt sein Arbeitsverhältnis zum Betriebsveräußerer bestehen (*BAG* 7.4.1993 EzA § 1 KSchG Soziale Auswahl Nr. 36). Es verliert damit sein Betriebsratsamt, weil der Betrieb (einschließlich des amtierenden Betriebsrats) auf den Betriebserwerber übergegangen ist. Beim rechtsgeschäftlichen Übergang eines (kleineren) **Betriebsteils** verliert das Betriebsratsmitglied sein Amt, wenn es dem übergehenden Betriebsteil angehört; der Betriebsrat bleibt beim (größeren) Restbetrieb des Veräußerers im Amt. Widerspricht das Betriebsratsmitglied dem Übergang seines Arbeitsverhältnisses, bleibt es Mitglied der Belegschaft des Restbetriebs und damit im Amt. Der Auffassung von *Feudner* (DB 1994, 1572), dem Betriebsratsmitglied, das zur Erhaltung des Betriebsratsamts dem Betriebsteilübergang widerspreche, könne vom Betriebsveräußerer ordentlich gekündigt werden, kann nur für den Fall zugestimmt werden, dass die Voraussetzungen des § 15 Abs. 5 BetrVG vorliegen (s. hierzu Rdn 161). Bei einer **Betriebsspaltung** (in zwei oder mehr einigermaßen gleich große Teile) iSd § 21a Abs. 1 BetrVG verliert der bisherige Betrieb seine Identität und damit der Betriebsrat sein Mandat: Er wurde für diesen, nun nicht mehr existenten Betrieb gewählt. Er bleibt gleichwohl auf der Grundlage des in § 21a Abs. 1 BetrVG gesetzlich angeordneten **Übergangsmandats** längstens sechs Monate kommissarisch im Amt und führt die Geschäfte für die ihm bislang zugeordneten Betriebsteile weiter, soweit diese über die für eine Betriebsratswahl erforderliche Arbeitnehmerzahl (§ 1 BetrVG) verfügen und nicht in einen Betrieb eingegliedert wurden, 86 in dem bereits ein Betriebsrat besteht. Das Übergangsmandat endet, sobald in den Betriebsteilen neue Betriebsräte gewählt sind und das Wahlergebnis bekannt gegeben ist, spätestens sechs Monate nach Wirksamwerden der Betriebsspaltung (zum Übergangsmandat des Betriebsrats bei der Zusammenfassung von Betriebsteilen s. KR-*Rinck* § 102 BetrVG Rdn 25). Verliert ein Betriebsratsmitglied im Zusammenhang mit einem Betriebsübergang, dem Übergang eines Betriebsteils oder einer Betriebsspaltung sein Betriebsratsamt, erlangt es den nachwirkenden Kündigungsschutz nach § 15 Abs. 1 S. 2 KSchG (s. Rdn 87 ff.; *LKB* § 15 Rn 79).

87 c) Unter »Beendigung der Amtszeit« iSv § 15 KSchG sind nicht nur die Fälle zu verstehen, in denen die Amtszeit des Gremiums als ganzen endet. Vielmehr liegt eine »Beendigung der Amtszeit« auch dann vor, wenn die **Mitgliedschaft des Amtsträgers** in dem Gremium schon vor diesem Zeitpunkt endet, etwa durch Amtsniederlegung (*Haas* FA 2011, 226). Nach der Terminologie des BetrVG wird zwar der Begriff »Amtszeit« nur für den Betriebsrat – und andere Organe – als Gremium verwendet, während bei dem Ausscheiden eines einzelnen Mitglieds aus dem Betriebsrat vom »Erlöschen der Mitgliedschaft« die Rede ist. Wegen dieser terminologischen Unterschiede im Ausscheiden eines einzelnen Mitglieds aus dem Betriebsrat keine »Beendigung der Amtszeit« zu sehen, widerspräche aber der Entstehungsgeschichte und dem Sinn und Zweck des Gesetzes.

88 aa) Im **Regierungsentwurf** zu § 15 Abs. 1 S. 2 KSchG (BT-Drucks. VI/1786, S. 28) hieß es: »Innerhalb eines Jahres nach Beendigung der Mitgliedschaft ist die Kündigung unzulässig.« Dieser Satz wurde vom Bundestagsausschuss für Arbeit und Sozialordnung zur heutigen Gesetzesfassung umformuliert, weil nicht mehr – wie in dem Regierungsentwurf noch vorgesehen – alle Amtsträger für die Dauer eines ganzen Jahres nachwirkenden Kündigungsschutz erhalten sollten; für Mitglieder der Bordvertretung sollte der nachwirkende Schutz auf die Dauer von sechs Monaten verkürzt werden. Das allein war der Grund für die Änderung des Regierungsentwurfs. Die Materialien ergeben dagegen keinen Anhaltspunkt dafür, dass mit der Ersetzung des Wortes »Mitgliedschaft« durch »Amtszeit« eine materielle Änderung des Regierungsentwurfs einhergehen sollte. Gegen eine solche Absicht spricht auch, dass die Ausnahmeregelung in § 15 KSchG Abs. 1 S. 2 2. Hs. des Regierungsentwurfs beibehalten wurde, die den nachwirkenden Kündigungsschutz bei einer »Beendigung der Mitgliedschaft« aufgrund gerichtlicher Entscheidung ausschließt (ebenso: GK-BetrVG/*Oetker* § 24 Rn 75 mwN). Den nachwirkenden Kündigungsschutz hätte der Gesetzgeber für diesen Fall nicht gesondert ausschließen müssen, wenn bei einem Ausscheiden vor Ablauf der Amtszeit des Gremiums ohnehin kein nachwirkender Kündigungsschutz einträte (*Gamillscheg* ZfA 1977, 266).

89 bb) Auch **Sinn und Zweck** des § 15 KSchG sprechen für dieses Verständnis. Der nachwirkende Kündigungsschutz soll u. a. der »Abkühlung« möglicher Kontroversen des Mandatsträgers mit dem Arbeitgeber dienen (RegE, BT-Drucks. VI/1786, S. 60). Dieser Schutz gebührt einem Betriebsratsmitglied, das vor Beendigung der Amtszeit des gesamten Gremiums aus dem Betriebsrat ausscheidet, gleichermaßen. Andernfalls würde zB einem Betriebsratsmitglied, das nach einer Amtstätigkeit von drei Jahren und elf Monaten einen Monat vor Beendigung der Amtszeit des gesamten Gremiums durch Rücktritt aus dem Betriebsrat ausschiede, nachwirkender Kündigungsschutz versagt, während er entsprechend dem klaren Wortlaut des Gesetzes dem für das ausgeschiedene Mitglied in den Betriebsrat nachgerückten Ersatzmitglied, das nur einen Monat amtierte und dann mit dem Ende der Amtszeit des Gremiums aus dem Betriebsrat ausschiede, zu gewähren wäre. Das entspräche nicht dem Sinn und Zweck des Gesetzes (allg. Meinung, *BAG* 5.7.1979 EzA § 15 KSchG nF Nr. 22; 9.11.1977 EzA § 15 KSchG nF Nr. 13; *Matthes* DB 1980, 1169; *Richardi/Thüsing* § 25 Rn 31; *Fitting* § 103 Rn 58; *Gamillscheg* ZfA 1977, 266; *LKB* § 15 Rn 51).

90 cc) Das BAG hat die Frage aufgeworfen, aber offengelassen, ob der nachwirkende Schutz für ausgeschiedene Betriebsratsmitglieder auf sechs Monate zu **verkürzen** ist, wenn sie ihr Amt schon im **ersten Jahr** ihrer Amtstätigkeit niederlegen (*BAG* 5.7.1979 EzA § 15 KSchG nF Nr. 22 und 23.4.1981 – 2 AZR 1112/78). Das BAG meint, aus der Dauer des nachwirkenden Kündigungsschutzes – sechs Monate – für Mitglieder der Bordvertretung, deren Amtszeit nur ein Jahr betrage, ergebe sich immerhin, dass nach den Vorstellungen des Gesetzgebers offenbar ein angemessenes

Verhältnis zwischen der Amtszeit und der Befristung des nachwirkenden Schutzes bestehen solle. Diese Schlussfolgerung ist zu weitgehend. Aus der kürzeren Dauer des nachwirkenden Kündigungsschutzes für Mitglieder der Bordvertretung lässt sich nur schließen, dass die Dauer der regulären Amtszeit des Gremiums und die Dauer des nachwirkenden Schutzes seiner Mitglieder in einem angemessenen Verhältnis stehen sollen. Das folgt auch aus der Dauer des nachwirkenden Kündigungsschutzes für Mitglieder des Wahlvorstands und für Wahlbewerber (§ 15 Abs. 3 S. 2 KSchG). Dagegen besagen die Regelungen über die Dauer des nachwirkenden Kündigungsschutzes für Mitglieder der Bordvertretung, des Wahlvorstands und für Wahlbewerber nach der ihnen zugrundeliegenden Wertung nicht, dass der nachwirkende Kündigungsschutz auch für solche Gremienmitglieder verkürzt werden muss, deren Amtszeit regulär vier Jahre beträgt, die aber bereits nach kurzer Amtstätigkeit zurücktreten. Die Betriebsratstätigkeit ist auf vier Jahre ausgelegt. Der Betriebsrat kann langfristig planen. Er kann gerade zu Beginn seiner Amtstätigkeit die Konfrontation mit dem Arbeitgeber suchen, um günstige Regelungen für die Belegschaft zu erreichen. Das einzelne Betriebsratmitglied wird in der Gewissheit eines vierjährigen Amtsschutzes – jedenfalls zu Beginn der Amtszeit – eher geneigt sein, seine Meinung gegenüber dem Arbeitgeber freimütig zu äußern als das Mitglied eines Organs, dessen Amtszeit nur ein Jahr beträgt. Wenn dann ein Betriebsratsmitglied sich – aus welchen Gründen auch immer – zum Rücktritt entschließt, verdient es den nachwirkenden Kündigungsschutz, der an eine vierjährige Amtszeit geknüpft ist (im Ergebnis ebenso *Fitting* § 103 BetrVG Rn 57; HaKo-KSchR/*Nägele-Berkner* § 15 Rn 90; *LKB* § 15 Rn 53).

dd) Der nachwirkende Kündigungsschutz ist einem zurückgetretenen Betriebsratsmitglied nur 91 dann zu versagen, wenn die Berufung hierauf **rechtsmissbräuchlich** ist (*BAG* 5.7.1979 EzA § 15 KSchG nF Nr. 22; *LKB* § 15 Rn 54; abl. Bader/Bram-*Dörner* Rn 65). Dieser Fall kann etwa dann gegeben sein, wenn das Betriebsratsmitglied durch seinen Rücktritt einer Beendigung der Mitgliedschaft durch gerichtliche Entscheidung (s. Rdn 98) zuvorkommen will und das gerichtliche Verfahren tatsächlich zu einer Beendigung der Mitgliedschaft geführt hätte. Das *LAG Nds.* (15.5.1991 DB 1991, 2248) bejaht im Übrigen auch noch nach dem Rücktritt sämtlicher Betriebsratsmitglieder ein Rechtsschutzbedürfnis für die Fortführung eines Wahlanfechtungsverfahrens, so dass dieses Verfahren zum Wegfall des nachwirkenden Kündigungsschutzes führen kann.

3. Ersatzmitglieder

Der **nachwirkende Kündigungsschutz** steht auch einem **Ersatzmitglied** zu, das für ein vorüber- 92 gehend verhindertes Mitglied in das Gremium eingerückt und nach Beendigung des Vertretungsfalls wieder aus dem Gremium ausgeschieden ist (*BAG* 27.9.2012 EzA § 626 BGB 2002 Nr. 42; 8.9.2011 EzA § 25 BetrVG 2001 Nr. 3; 17.3.1988 EzA § 626 BGB nF Nr. 116 m. zust. Anm. *Kraft*; DDZ-*Deinert* § 103 Rn 22; *Fitting* § 25 Rn 10; GK-BetrVG/*Oetker* § 25 Rn 80; *LKB* § 15 Rn 55; ErfK-*Kiel* § 15 Rn 15; *Matthes* DB 1980, 1171).

a) Ersatzmitglieder vertreten ordentliche Mitglieder des Betriebsrats nicht nur in einzelnen Amts- 93 geschäften. Sie **rücken** gem. § 25 Abs. 1 S. 2 BetrVG für die Dauer der Verhinderung eines ordentlichen Betriebsratsmitglieds in den Betriebsrat **nach**. Der Eintritt des Ersatzmitglieds vollzieht sich dabei automatisch mit Beginn des Verhinderungsfalls. Er hängt nicht davon ab, dass die Verhinderung des ordentlichen Mitglieds dem Ersatzmitglied, dem Betriebsratsvorsitzenden oder dem Arbeitgeber bekannt ist (*BAG* 8.9.2011 EzA § 25 BetrVG 2001 Nr. 3).

b) **Während des Vertretungsfalls** steht das Ersatzmitglied einem regulären Betriebsratsmitglied völ- 94 lig gleich. Das bedeutet, dass es gegenüber einer (außerordentlichen) Kündigung geschützt ist nach Maßgabe des § **15 Abs.** 1 S. 1 **KSchG** (*BAG* 27.9.2012 EzA § 626 BGB 2002 Nr. 42; 8.9.2011 EzA § 25 BetrVG 2001 Nr. 3). Sein Arbeitsvertrag kann nur außerordentlich aus wichtigem Grund und nach Zustimmung des Betriebsrats oder deren rechtskräftiger gerichtlicher Ersetzung gekündigt werden. Dieser Schutz ist regelmäßig nicht auf Zeiten beschränkt, in denen Betriebsratstätigkeit tatsächlich anfällt. Er scheitert jedenfalls dann nicht an der Kurzzeitigkeit einer Verhinderung, wenn dem ordentlichen Betriebsratsmitglied für die Dauer eines Arbeitstags Erholungsurlaub bewilligt worden ist und dieses nicht von vornherein seine Bereitschaft erklärt hatte, trotz des Urlaubs Betriebsratsaufgaben wahrzunehmen (*BAG* 8.9.2011 EzA § 25 BetrVG 2001 Nr. 3). Der sich daraus ergebenden Gefahr eines **Rechtsmissbrauchs** zu Gunsten des Ersatzmitglieds kann mit Hilfe von § 242 BGB begegnet werden. Danach kann die Berufung auf den besonderen Kündigungsschutz im Einzelfall ausgeschlossen sein. Davon ist etwa auszugehen, wenn ein Verhinderungsfall im kollusiven Zusammenwirken mit einem ordentlichen Betriebsratsmitglied zu dem Zweck herbeigeführt wurde, dem Ersatzmitglied den besonderen Kündigungsschutz zu verschaffen (*BAG* 8.9.2011 EzA § 25 BetrVG 2001 Nr. 3).

95 Das Ersatzmitglied kann während der Dauer des Vertretungsfalls wie jedes reguläre Mitglied in **Konflikte** mit dem Arbeitgeber geraten. Es bedarf deshalb auch des nachwirkenden Kündigungsschutzes nach § 15 Abs. 1 S. 2 KSchG, wenn es nach Beendigung des Vertretungsfalls aus seinem Amt ausscheidet; seine »Amtszeit« ist damit iSd § 15 KSchG (zumindest vorläufig) beendet. Auf die Dauer der Vertretungstätigkeit kommt es nicht an (*BAG* 8.9.2011 EzA § 25 BetrVG 2001 Nr. 3; 18.5.2006 EzA § 69 ArbGG 1969 Nr. 5; 6.9.1979 EzA § 15 KSchG nF Nr. 23; HaKo-KSchR/*Nägele-Berkner* § 15 Rn 93; aA *Hanau* AR-Blattei, Anm. zu Betriebsverfassung IX: Entsch. 46, der bei Vertretungstätigkeiten bis zu einem Jahr den nachwirkenden Schutz auf sechs Monate begrenzen will; ähnlich *Schulin* Anm. EzA § 15 KSchG nF Nr. 36; noch weitergehend *Uhmann* NZA 2000, 581 und AuA 2001, 223, der bei besonders kurzer Vertretungszeit einen Nachwirkungszeitraum von drei Monaten genügen lässt). Das bedeutet, dass das Ersatzmitglied nach Beendigung eines auch nur kurzfristigen Vertretungsfalls für die Dauer von einem Jahr bzw. – bei Mitgliedern des Wahlvorstands (s. Rdn 100) oder der Bordvertretung – von sechs Monaten nachwirkenden Kündigungsschutz genießt. Tritt während dieses Zeitraums **erneut** ein Vertretungsfall ein, beginnt der Nachwirkungszeitraum für das Ersatzmitglied nach Beendigung des Vertretungsfalls ein weiteres Mal in voller Länge.

96 Wenn das Ersatzmitglied an einer **Betriebsratssitzung** teilgenommen hat, ist es unerheblich, ob zu dieser Sitzung ordnungsgemäß geladen worden war. Entscheidend ist, dass auch auf diese Weise Betriebsratstätigkeit angefallen ist (HaKo-KSchR/*Nägele-Berkner* § 15 Rn 94; HK-*Dorndorf* § 15 Rn 36; aA *LAG Hamm* 21.8.1986 LAGE § 15 KSchG Nr. 5; *Uhmann* NZA 2000, 580 und AuA 2001, 222). Auch die **Vorbereitung** auf eine Betriebsratssitzung stellt schon Betriebsratstätigkeit dar (*LAG Bra.* 25.10.1993 LAGE § 15 KSchG Nr. 9). Der nachwirkende Schutz tritt auch dann ein, wenn das Ersatzmitglied zwar wegen **eigener** objektiver **Verhinderung** – etwa aufgrund einer Kündigung durch den Arbeitgeber, über deren Wirksamkeit noch nicht rechtskräftig entschieden ist – vom Vorsitzenden nicht zur Betriebsratssitzung hätte geladen werden dürfen, aber gleichwohl geladen wurde und tatsächlich an der Sitzung teilgenommen hat (*LAG Hamm* 15.4.2016 – 13 Sa 1364/15).

97 c) Nachwirkender Kündigungsschutz iSd § 15 Abs. 1 S. 2 KSchG entsteht für das Ersatzmitglied nur dann **nicht**, wenn es während der gesamten Dauer des Vertretungsfalls entweder selbst an der Amtsausübung verhindert war oder aus sonstigen Gründen faktisch **keinerlei Betriebsratstätigkeiten** ausgeübt hat, etwa weil keinerlei Aufgaben anfielen. Übt das Ersatzmitglied keine Betriebsratstätigkeit aus, erlangt es zwar während der Dauer des Vertretungsfalls gleichwohl den vollen Kündigungsschutz nach § 15 Abs. 1 S. 1 KSchG eines Vollmitglieds (s. KR-*Rinck* § 103 BetrVG Rdn 49). Nach Beendigung des Vertretungsfalls entfällt bei dieser Sachlage aber ein nachwirkender Kündigungsschutz. Mangels jeglicher Betriebsratstätigkeit des Ersatzmitglieds konnte es während des Vertretungsfalls zu keinen Konflikten mit dem Arbeitgeber kommen. Ebenso wenig ist das Ersatzmitglied durch eine Amtsausübung in seiner beruflichen Entwicklung zurückgeworfen worden. Damit ist kein sachlicher Grund ersichtlich, diesem Ersatzmitglied nachwirkenden Kündigungsschutz zu gewähren und ist eine entsprechende **teleologische Reduzierung** des § 15 Abs. 1 S. 2 KSchG geboten (*BAG* 19.4.2012 – 2 AZR 233/11, NZA 2012, 1449; 6.9.1979 EzA § 15 KSchG nF Nr. 23; *Nickel* SAE 1980, 336; SPV-*Vossen* Rn 1694; *Uhmann* AuA 2001, 222). Hingegen reichen schon geringfügige Amtstätigkeiten aus, um den nachwirkenden Kündigungsschutz entstehen zu lassen (vorausgesetzt in *BAG* 20.3.2014 EzA § 626 BGB 2002 Krankheit Nr. 4; HaKo-KSchR/*Nägele-Berkner* § 15 Rn 94).

d) Der nachwirkende Kündigungsschutz für Ersatzmitglieder hängt **nicht** davon ab, ob **dem Arbeit-** 98
geber bei Ausspruch einer ordentlichen Kündigung **bekannt** war, dass das Ersatzmitglied in den
letzten zwölf Monaten ersatzweise als Mitglied des Betriebsrats amtiert hat (*BAG* 18.5.2006 EzA
§ 69 ArbGG 1979 Nr. 5; 5.9.1986 EzA § 15 KSchG nF Nr. 36; *LKB* § 15 Rn 56; in diesem Sinne
auch: *Kraft* Anm. EzA § 15 KSchG nF Nr. 23). Dem Arbeitgeber ist aufgrund des Ergebnisses der
Betriebsratswahlen bekannt, welche Arbeitnehmer zu Ersatzmitgliedern des Betriebsrats berufen
sind. Will er einem dieser Arbeitnehmer kündigen und weiß er nicht, ob und ggf. wann der betreffende Arbeitnehmer letztmals als Ersatzmitglied des Betriebsrats tätig geworden ist, ist es seine
Sache, sich beim Betriebsrat entsprechend zu **erkundigen** (vgl. *BAG* 5.9.1986 EzA § 15 KSchG nF
Nr. 36; aA *Uhmann* NZA 2000, 581, der eine Unterrichtungspflicht des Ersatzmitglieds annimmt,
wenn es außerhalb von Betriebsratssitzungen als Betriebsratstätigkeiten wahrnimmt. Der Betriebsrat ist aufgrund des Gebots der vertrauensvollen Zusammenarbeit (§ 2 Abs. 1 BetrVG) zu einer
wahrheitsgemäßen Auskunft verpflichtet.

e) Die ehemaligen Amtsträger iSd § 15 KSchG genießen nur dann **keinen** nachwirkenden Kün- 99
digungsschutz, wenn die Beendigung ihrer Mitgliedschaft auf einer **gerichtlichen Entscheidung**
beruht (§ 15 Abs. 1 S. 2, 2. Hs., § 15 Abs. 2 S. 2, 2. Hs., § 15 Abs. 3 S. 2 2. Hs. KSchG; s. hierzu *LKB* § 15 Rn 60 f. mwN). Die Gesetzesbegründung (BT-Drucks. VI/1789, 59 f.) spricht zwar
nur den Fall des § 23 Abs. 1 BetrVG an, aus dem **Wortlaut** der Bestimmung ergibt sich eine entsprechende Einschränkung aber nicht. Der nachwirkende Kündigungsschutz entfällt folglich auch
dann, wenn die Wahl des Gremiums erfolgreich **angefochten** ist (vgl. § 19, § 13 Abs. 2 Nr. 4
BetrVG; APS-*Linck* § 15 Rn 143; aA LSW-*Wertheimer* § 15 Rn 25; *Lerch/Sparchholz* AiB 2007,
594; *Matthes* DB 1980, 1170); mit Rechtskraft der der Anfechtung stattgebenden Entscheidung
verliert das Gremium das Recht, sein Amt weiter wahrzunehmen (vgl. *Richardi/Thüsing* § 19 Rn 63;
Fitting § 19 Rn 49 ff.). Bei einer **nichtigen** Wahl besteht für die »Gewählten« von vornherein kein
besonderer Kündigungsschutz iSd § 15 KSchG (s. KR-*Rinck* § 103 BetrVG Rdn 25). Es kommt
damit zwar kein nachwirkender Kündigungsschutz nach Beendigung einer Amtszeit, wohl aber ein
nachwirkender Kündigungsschutz als **Wahlbewerber** (s. Rdn 100) in Betracht (ebenso APS-*Linck*
Rn 143). Verliert der Arbeitnehmer den nachwirkenden Kündigungsschutz eines Amtsträgers,
schließt das nicht aus, dass er den nachwirkenden Kündigungsschutz eines Wahlbewerbers behält
(*Gamillscheg* ZfA 1977 266). Der nachwirkende Kündigungsschutz entfällt ferner, wenn das Gremium durch rechtskräftige gerichtliche Entscheidung **aufgelöst** oder das einzelne Mitglied aus dem
Gremium **ausgeschlossen** wird (vgl. § 23, § 13 Abs. 2 Nr. 5 BetrVG). Ein solcher Ausschluss ist nur
wegen einer Pflichtverletzung aus der **laufenden Amtsperiode** zulässig (*BAG* 27.7.2016 EzA § 23
BetrVG 2001 Nr. 9; 29.4.1969 EzA § 23 BetrVG Nr. 2; *Bender* DB 1982, 1271 mwN). Auch bei
einer gerichtlich festgestellten **Nichtwählbarkeit** (§ 24 Abs. 1 Nr. 6 BetrVG) entsteht kein nachwirkender Kündigungsschutz. Für den **Wahlvorstand** sieht das Gesetz eine gerichtliche Auflösung
nur in der Weise vor, dass der bisherige Wahlvorstand durch einen neuen ersetzt wird (§ 18 Abs. 1
S. 2 BetrVG); diesen Fall erfasst § 15 Abs. 3 S. 2 Hs. 2 KSchG.

4. Bekanntgabe des Wahlergebnisses (Wahlvorstand, Wahlbewerber)

a) Mitglieder des Wahlvorstands und Wahlbewerber genießen den besonderen Kündigungsschutz 100
für Amtsträger iSd § 15 KSchG bis zur **Bekanntgabe des Wahlergebnisses**. Danach tritt für sie für
die Dauer von sechs Monaten nachwirkender Kündigungsschutz ein (§ 15 Abs. 3 KSchG). Unter
»Bekanntgabe des Wahlergebnisses« ist der Aushang zu verstehen, durch den der Wahlvorstand die
Namen der Gewählten bekanntmacht (vgl. § 18 WahlO). Am ersten Tag des Aushangs ist das Wahlergebnis iSv § 15 KSchG »bekannt gegeben«. Der nachwirkende Kündigungsschutz ist den ehemaligen Wahlvorstandsmitgliedern und Wahlbewerbern auch dann zuzugestehen, wenn die sodann
erfolgte Wahl **nichtig** war. Voraussetzung ist nur, dass sie ordnungsgemäß bestellt bzw. auf einem
ordnungsgemäßen Wahlvorschlag aufgeführt waren. Ist die förmliche Bekanntgabe des Wahlerge-
nisses unterblieben, der Betriebsrat jedoch zu seiner konstituierenden Sitzung zusammengetreten,
endet der Schutz des Wahlbewerbers nach § 15 Abs. 3 S. 1 KSchG mit diesem Zeitpunkt (*BAG*
5.11.2009 EzA § 15 KSchG nF Nr. 64). Für Mitglieder des Wahlvorstands gilt das Gleiche.

§ 15 KSchG Unzulässigkeit der Kündigung

101 b) **Mitglieder des Wahlvorstands und Wahlbewerber**, die **vor Bekanntgabe** des Wahlergebnisses aus ihrem Amt ausscheiden bzw. als Bewerber zurücktreten, verlieren mit dem Amt bzw. ihrer Funktion den besonderen Kündigungsschutz für Amtsträger iSv § 15 Abs. 3 S. 1 KSchG (so auch HaKo-KSchR/*Nägele-Berkner* § 15 Rn 91). Es fehlt in diesen Fällen die sachliche Berechtigung, ihnen den besonderen Kündigungsschutz für Amtsträger bis zur Bekanntgabe des Wahlergebnisses weiterhin zuzubilligen, wie der Wortlaut des § 15 Abs. 3 S. 1 KSchG nahelegen könnte. Der besondere Kündigungsschutz für Amtsträger soll verhindern, dass der geschützte Personenkreis durch willkürliche außerordentliche Kündigungen aus dem Betrieb entfernt und er dadurch an der Wahrnehmung seiner betriebsverfassungsrechtlichen Aufgaben gehindert wird. Dieser Zweck geht bei solchen Personen ins Leere, deren betriebsverfassungsrechtliche Aufgaben – wie bei ausgeschiedenen Wahlvorstandsmitgliedern und Wahlbewerbern – beendet sind. Ihnen steht daher der besondere Kündigungsschutz für Amtsträger nicht mehr zu. Sie erlangen ab dem Zeitpunkt ihres Ausscheidens aus ihrem Amt bzw. ihrer Funktion für die Dauer von sechs Monaten den **nachwirkenden Kündigungsschutz** des § 15 Abs. 3 S. 2 KSchG (HaKo-KSchR/*Nägele-Berkner* § 15 Rn 91; für Wahlvorstandsmitglieder *BAG* 9.10.1986 EzA § 15 KSchG nF Nr. 35 = SAE 1987, 315 m. zust. Anm. *Hammen* = AP Nr. 23 zu § 15 KSchG 1969 m. abl. Anm. *Glaubitz*; DDZ-*Deinert* § 103 BetrVG Rn 17). Mögliche Kontroversen mit dem Arbeitgeber im Zusammenhang mit der Wahl einer Arbeitnehmervertretung gebieten es, den Wahlvorstandsmitgliedern und Wahlbewerbern den nachwirkenden Kündigungsschutz zu gewähren, auch wenn sie vorzeitig aus dem Wahlvorstand ausscheiden bzw. die Wahlbewerbung hinfällig wird. Dafür spricht ferner § 15 Abs. 3 S. 2 Hs. 2 KSchG. Nur in dem dort genannten Fall (gerichtliche Ersetzung des bisherigen Wahlvorstands durch einen neuen Wahlvorstand) entfällt der nachwirkende Kündigungsschutz (ebenso *LKB* § 15 Rn 58 f., 61; **aA** – generell kein nachwirkender Schutz bei vorzeitigem Ausscheiden –: *Richardi/Thüsing* Anh. zu § 103 Rn 11; LSW-*Wertheimer* § 15 Rn 53).

102 c) Eine **vorzeitige Beendigung** des Amtes als Mitglied des **Wahlvorstands** tritt ein durch gerichtliche Ersetzung des bisherigen Wahlvorstands durch einen neuen (§ 18 Abs. 1 S. 2 BetrVG), durch Ausscheiden aus dem Betrieb (Verlust der Wahlberechtigung) oder durch Niederlegung des Amtes, die jederzeit möglich ist. Im ersten Fall **entfällt** kraft gesetzlicher Vorschrift (§ 15 Abs. 3 S. 2 Hs. 2 KSchG) der nachwirkende Kündigungsschutz; im zweiten Fall entfällt ein nachwirkender Kündigungsschutz, weil er gegenstandslos wäre; im dritten Fall steht dem Wahlvorstandsmitglied, das sein Amt niedergelegt hat, der nachwirkende Kündigungsschutz zu (*BAG* 9.10.1986 EzA § 15 KSchG nF Nr. 35; Bader/Bram-*Dörner* § 15 Rn 70).

103 d) **Wahlbewerber** verlieren ihre Funktion vor Bekanntgabe des Wahlergebnisses, wenn die Wahlbewerbung **vorzeitig**, dh schon vor der Bekanntgabe des Wahlergebnisses, **wegfällt**. Das ist der Fall, wenn der entsprechende Wahlvorschlag vor der Wahl hinfällig wird, zB weil vom Wahlvorstand beanstandete Mängel nicht fristgerecht beseitigt werden und der Wahlvorschlag damit endgültig ungültig wird (vgl. § 8 Abs. 2 WahlO) oder weil der Wahlbewerber seine Bewerbung zurückzieht (vgl. APS-*Linck* Rn 106). Die bisherigen Wahlbewerber erhalten den **nachwirkenden Kündigungsschutz** des § 15 Abs. 3 S. 2 KSchG (*BAG* 9.10.1986 EzA § 15 KSchG nF Nr. 35; *Bichler/Bader* DB 1983, 342; *LKB* § 15 Rn 59 mwN; aA *Löwisch/Arnold* Anm. EzA § 15 KSchG nF Nr. 25; s.a. KR-*Rinck* § 103 BetrVG Rdn 42).

III. Beendigung des nachwirkenden Kündigungsschutzes

104 Der Kündigungsschutz für Amtsträger iSd § 15 KSchG wird **stufenweise** abgebaut. Während ihrer Amtszeit genießen sie einen verstärkten Kündigungsschutz (s. Rdn 63 ff., 80), danach – für die Dauer von einem Jahr bzw. sechs Monaten – den nachwirkenden Schutz vor ordentlichen Kündigungen (s. Rdn 80). **Nach Ablauf** auch des **nachwirkenden** Kündigungsschutzes stehen sie wieder jedem anderen Arbeitnehmer ohne betriebsverfassungsrechtliches Amt gleich; der Arbeitgeber kann ihre Arbeitsverträge unter denselben Voraussetzungen wie bei jedem anderen Arbeitnehmer kündigen (*BAG* 14.2.2002 EzA § 611 BGB Arbeitgeberhaftung Nr. 10). Eine ordentliche Kündigung, die dem Arbeitnehmer **nach Ablauf** des Nachwirkungszeitraums **zugeht**, unterfällt nicht mehr dem

Kündigungsverbot des § 15 KSchG, selbst wenn der Arbeitgeber das Kündigungsschreiben noch im Nachwirkungszeitraum abgesandt hatte. Die Kündigung kann auch auf Pflichtverletzungen des Arbeitnehmers gestützt werden, die dieser **während** des Nachwirkungszeitraums begangen hat (*BAG* 13.6.1996 EzA § 15 KSchG nF Nr. 44); die Kündigung ist jedoch gem. § 78 S. 2 BetrVG iVm § 134 BGB unwirksam, wenn sie sich als nachträgliche Maßregelung des Arbeitnehmers wegen seiner Amtstätigkeit darstellt (GK-BetrVG/*Kreutz* § 78 Rn 62; vgl. ferner *BAG* 29.8.2013 EzA § 9 KSchG nF Nr. 65).

IV. Ausnahmen vom Kündigungsverbot

Bei einer **Betriebsstilllegung** oder der Stilllegung einer **Betriebsabteilung** ist nach Maßgabe des § 15 Abs. 4, 5 KSchG eine Kündigung gegenüber dem durch § 15 KSchG geschützten Personenkreis schon während seiner Amtszeit und ebenso nach deren Ablauf während der Dauer des nachwirkenden Kündigungsschutzes zulässig. Nach dem Sinn und Zweck von § 15 Abs. 4, 5 KSchG kann damit nur eine **ordentliche Kündigung** gemeint sein. Die Bestimmungen senken nicht etwa die Anforderungen an eine außerordentliche Kündigung ab. Sie erklären vielmehr unter bestimmten Voraussetzungen eine **ordentliche Kündigung** für **zulässig** (*BAG* 23.1.2014 EzA § 626 BGB 2002 Unkündbarkeit Nr. 21; 21.6.2001 EzA § 15 KSchG nF Nr. 53; ErfK-*Kiel* § 15 Rn 40). Der Wortlaut der Regelung ist zwar nicht eindeutig, weil auch hier nur von »Kündigung« die Rede ist. Wollte man aber das Wort »Kündigung« in § 15 Abs. 4, 5 KSchG wie in den vorangegangenen Absätzen als außerordentliche Kündigung verstehen (vgl. Rdn 80 f.), käme man zu ungereimten Ergebnissen. Zum einen wäre es denkbar, in § 15 Abs. 4, Abs. 5 KSchG Regelungen darüber zu sehen, wann im Falle einer Betriebsstilllegung oder Stilllegung einer Betriebsabteilung eine außerordentliche Kündigung frühestens zulässig wäre, ohne dass im Übrigen die Anforderungen an die Zulässigkeit einer außerordentlichen Kündigung verändert würden. Dann wäre bei einer Betriebsstilllegung oder Stilllegung einer Betriebsabteilung eine Kündigung vor Ablauf des nachwirkenden Kündigungsschutzes allerdings schwerlich überhaupt je möglich, weil Betriebsstilllegungen und Stilllegungen einer Betriebsabteilung im Allgemeinen keinen wichtigen Grund für eine außerordentliche Kündigung darstellen (*BAG* 28.3.1985 EzA § 626 nF BGB Nr. 96). Dieses Ergebnis wiederum wäre sinnwidrig, weil Amtsträger iSd § 15 KSchG – von Ausnahmen abgesehen (s. KR-*Rinck* § 102 BetrVG Rdn 24) – in einem stillgelegten Betrieb keine (Amts-)Aufgaben mehr zu erfüllen haben und auch nicht beschäftigt werden können (*LKB* § 15 Rn 164 f.; im Ergebnis ebenso *Richardi/Thüsing* Anh. zu § 103 Rn 30; *Fitting* § 103 Rn 14; *Müller* ZfA 1990, 610).

105

Zum anderen könnten § 15 Abs. 4, Abs. 5 KSchG so auszulegen sein, dass sie zu den dort genannten Kündigungsterminen stets die außerordentliche Kündigung zulassen (so *Bader* BB 1978, 616; vgl. auch Bader/Bram-*Dörner* § 15 Rn 5). Darin aber läge eine sachlich nicht gerechtfertigte Benachteiligung gegenüber den übrigen Arbeitnehmern, deren Arbeitsverträge bei einer Betriebsstilllegung oder der Stilllegung einer Betriebsabteilung nur ordentlich, dh unter Einhaltung der maßgeblichen Kündigungsfristen, gekündigt werden können.

106

Aus diesen Gründen ist § 15 Abs. 4 und Abs. 5 KSchG dahin auszulegen, dass unter den dort genannten Voraussetzungen eine **ordentliche Kündigung** zulässig ist. Damit kann den nach § 15 KSchG geschützten Personen bei einer Betriebsstilllegung und der Stilllegung einer Betriebsabteilung grds. in der gleichen Weise gekündigt werden **wie anderen Arbeitnehmern**. Das ist auch sachlich gerechtfertigt (*LKB* § 15 Rn 164 f.). Sie bedarf deshalb nicht der Zustimmung, sondern nur der **Anhörung** des Betriebsrats nach § 102 BetrVG (*BAG* 23.2.2010 – 2 AZR 656/08, EzA § 15 KSchG nF Nr. 66; 18.9.1997 EzA § 15 KSchG nF Nr. 46 m. zust. Anm. *Kraft* = AP Nr. 35 zu § 103 BetrVG 1972 m. zust. Anm. *Hilbrandt* = SAE 1999, 136 m. zust. Anm. *Eckert*; zust. auch *Klein* ZBVR 2000, 41). Sollte auch eine Kündigung wegen Betriebsstilllegung oder Stilllegung einer Betriebsabteilung ausnahmsweise – etwa wegen entsprechender tariflicher Regelungen – nur außerordentlich aus **wichtigem Grund** möglich sein ist eine solche außerordentliche Kündigung nur unter Einhaltung einer der ordentlichen Kündigung entsprechenden **Auslauffrist** nach Maßgabe von § 15 Abs. 4, Abs. 5 KSchG zulässig. Sie bedarf auch nicht der Zustimmung, sondern

107

§ 15 KSchG Unzulässigkeit der Kündigung

nur der **Anhörung** des Betriebsrats nach § 102 BetrVG. Dies stellt – entgegen der Auffassung von *Hilbrandt* (NZA 1998, 1258) und *Weber/Lohr* (BB 1999, 2351) – keine Reduzierung des Schutzzwecks des § 15 KSchG, § 103 BetrVG dar, sondern ist die Konsequenz aus einer Rechtsprechung, die bei ordentlich unkündbaren Arbeitnehmern ausnahmsweise eine außerordentliche Kündigung aus betriebsbedingten Gründen unter Gewährung einer Auslauffrist zulässt (s. KR-*Fischermeier/ Krumbiegel* § 626 BGB Rdn 165, 321).

108 Ordentliche Kündigungen gegenüber den durch § 15 KSchG geschützten Personen sind ferner zulässig, soweit aufgrund der Vorschrift des **§ 25 KSchG** in Situationen des Arbeitskampfs die Bestimmung des § 15 KSchG unanwendbar ist (s. KR-*Bader* Erl. zu § 25 KSchG).

G. Kündigung bei Betriebsstilllegung

I. Begriff der Betriebsstilllegung

109 Ordentliche Kündigungen, die vom Arbeitgeber auf § 15 Abs. 4 KSchG gestützt werden, sind Kündigungen aufgrund **dringender betrieblicher Erfordernisse** iSv. § 1 Abs. 2 und Abs. 3 KSchG (*BAG* 27.6.2019 – 2 AZR 38/19, EzA § 15 KSchG nF Nr. 75; 14.10.1982 EzA § 15 KSchG nF Nr. 29). Sie sind, obwohl ordentliche Kündigungen, im Fall der **Betriebsschließung** ausnahmsweise zulässig. Der Gesetzgeber hat sie als »unverdächtig« angesehen, weil es dem Arbeitgeber bei einer Betriebsschließung in der Regel nicht darum geht, sich auf diese Weise vom Betriebsrat als ganzem oder doch von unliebsamen Betriebsratsmitgliedern zu trennen (*BAG* 27.6.2019 – 2 AZR 38/19, EzA § 15 KSchG nF Nr. 75). Ein **Betrieb** ist die **organisatorische Einheit**, innerhalb derer ein Arbeitgeber/Unternehmer allein oder mit seinen Arbeitnehmern mit Hilfe von sächlichen und immateriellen Mitteln bestimmte arbeitstechnische Zwecke fortgesetzt verfolgt. Dazu müssen die in der Betriebsstätte vorhandenen materiellen und immateriellen Betriebsmittel zusammengefasst, geordnet und gezielt eingesetzt und die menschliche Arbeitskraft von einem **einheitlichen Leitungsapparat** gesteuert werden (st. Rspr., vgl. nur *BAG* 23.11.2016 § 1 BetrVG 2001 Nr. 11; 9.12.2009 EzA § 1 BetrVG 2001 Nr. 8; *Richardi/Richardi* § 1 Rn 22 ff.; GK-BetrVG/*Franzen* § 1 Rn 28; *Fitting* § 1 Rn 63 mwN). Ein einheitlicher Betrieb liegt nach § 1 Abs. 1 S. 2, Abs. 2 BetrVG auch dann vor, wenn **mehrere Unternehmen** ihn als **Gemeinschaftsbetrieb** führen. Dafür ist Voraussetzung, dass die in einer Betriebsstätte vorhandenen materiellen und immateriellen Betriebsmittel für (einen oder mehrere) arbeitstechnische Zwecke zusammengefasst, geordnet und gezielt eingesetzt werden und der Einsatz der menschlichen Arbeitskraft von einem einheitlichen Leitungsapparat gesteuert wird. Dazu wiederum müssen die Funktionen des Arbeitgebers in den sozialen und personellen Angelegenheiten des Betriebsverfassungsgesetzes institutionell einheitlich für die beteiligten Unternehmen wahrgenommen werden. Das verlangt nach einem arbeitgeberübergreifenden Betriebsmittel- wie Personaleinsatz, der charakteristisch für den normalen Betriebsablauf ist; der bloße Abschluss einer Führungsvereinbarung genügt nicht (vgl. *BAG* 20.2.2018 EzA § 87 BetrVG 2001 Betriebliche Lohngestaltung Nr. 44; 13.2.2013 EzA § 1 BetrVG 2001 Nr. 10; 18.1.2012 EzA § 1 BetrVG 2001 Nr. 9). Als eigenständige Betriebe sind bloße **Betriebsteile** anzusehen, wenn sie iSv **§ 4 Abs. 1 BetrVG** als selbständige Betriebe gelten (s. Rdn 157).

110 § 15 Abs. 4 KSchG ist für Arbeitsverhältnisse von **Zivilangestellten der alliierten Streitkräfte** mit der Maßgabe anzuwenden, dass an die Stelle der Betriebsstilllegung die **Auflösung der Dienststelle** tritt. Für die Qualifizierung einer organisatorischen Einheit als »Dienststelle« kommt es nach Art. 56 Abs. 9 ZA-NTS auf die Festlegungen der jeweiligen Streitkräfte an. Die hinsichtlich ihrer Dienststellen autonom getroffenen Festlegungen der Stationierungsstreitkräfte sind grundsätzlich bindend. In deren Bereich sind demnach die den Dienststellenbegriff nach **§ 6 BPersVG** im Allgemeinen kennzeichnenden Merkmale nicht maßgeblich. Die **autonome** Bestimmung der Dienststellen durch die Entsendestaaten mit Wirkung für das Personalvertretungsrecht ist völkerrechtlich vorgegeben. Sie ist grundsätzlich auch für das Kündigungsschutzgesetz beachtlich (*BAG* 27.7.2017 2 AZR 476/16, EzA § 1 KSchG Soziale Auswahl Nr. 90; 26.1.2017 – 2 AZR 61/16; 22.9.2005 EzA § 1 KSchG Betriebsbedingte Kündigung Nr. 141).

a) Für eine **Betriebsstilllegung** in der privaten Wirtschaft ist entscheidend, dass die **Arbeits- und** 111 **Produktionsgemeinschaft** zwischen Unternehmer und Belegschaft – bzw. im öffentlichen Dienst die Verwaltungseinheit – aufgelöst wird und dies auf einem ernstlichen Willensentschluss des Arbeitgebers beruht. Die Auflösung darf nicht für eine nur unerhebliche und vorübergehende, sondern muss für eine erhebliche oder unbestimmte Dauer geplant sein. Danach ist eine Betriebsstilllegung die Einstellung der betrieblichen Aktivitäten unter Auflösung der Produktionsgemeinschaft entweder für unabsehbare Zeit – Stilllegung für immer oder doch auf unbestimmte Dauer – oder für eine im Voraus zwar begrenzte, aber dennoch relativ lange Zeit – Stilllegung von bestimmter Dauer (*BAG* 18.7.2017 EzA § 113 BetrVG 2001 Nr. 12; 21.5.2015 EzA § 613a BGB 2002 Nr. 165; 20.6.2013 EzA § 622 BGB 2002 Nr. 9; 18.10.2012 EzA § 1 KSchG Betriebsbedingte Kündigung Nr. 170; 14.10.1982 EzA § 15 KSchG nF Nr. 29). Die **Auflösung der Arbeits- und Produktionsgemeinschaft** zwischen Unternehmer und Belegschaft kann vom Unternehmer herbeigeführt werden durch die Aufgabe des Betriebszwecks, die nach außen zum Ausdruck kommt in der Auflösung der betrieblichen Organisation, zB durch Einstellung der Produktion und Kündigung der im Betrieb beschäftigten Arbeitnehmer (*BAG* 21.6.2001 EzA § 15 KSchG nF Nr. 53), oder den Entschluss des Arbeitgebers, ab sofort keine neuen Aufträge mehr anzunehmen und allen Arbeitnehmern zum nächstmöglichen Kündigungstermin zu kündigen (*BAG* 16.2.2012 – 8 AZR 693/10; 26.5.2011 EzA BGB 2002 § 613a Nr. 125; 18.1.2001 EzA § 1 KSchG Betriebsbedingte Kündigung Nr. 109), oder durch eine nicht unerhebliche räumliche Verlegung des Betriebs mit Auflösung der alten und Aufbau einer neuen Betriebsgemeinschaft (vgl. *Fitting* § 103 Rn 15; *LKB* § 15 Rn 155, 161). Ein Fall der Betriebsschließung liegt auch vor, wenn eines der an einem **gemeinsamen Betrieb** beteiligten Unternehmen seinen Betriebsanteil bei Zugang der Kündigung bereits stillgelegt hatte oder feststeht, dass dieser jedenfalls bei Ablauf der Kündigungsfrist stillgelegt sein wird (*BAG* 27.6.2019 – 2 AZR 38/19, EzA § 15 KSchG nF Nr. 75). Eine betriebsverfassungsrechtliche Organisationseinheit nach § 3 Abs. 1 Nr. 1 bis Nr. 3 BetrVG ist freilich kein gemeinsamer Betrieb im allgemeinen, gesetzlichen Sinn. Diese nach § 3 Abs. 5 S. 1 BetrVG nur **betriebsverfassungsrechtlich** als Betrieb zu fingierende Einheit ist auch nicht als »Betrieb« iSv. **§ 15 Abs. 4 KSchG** anzusehen. Andernfalls läge ein Bruch mit dem allgemeinen Prinzip vor, dass keine »Verdrängung« von Arbeitnehmern über die Grenzen ihres Beschäftigungsbetriebs hinweg stattfindet (*BAG* 27.6.2019 – 2 AZR 38/19, EzA § 15 KSchG nF Nr. 75). Auf den Grund der Auflösung kommt es nicht an (*Narreter* NZA 1995, 55). An einem **endgültigen Entschluss** zur Betriebsstilllegung fehlt es aber, wenn der Arbeitgeber im Zeitpunkt der Kündigung noch in **Verhandlungen** über eine Veräußerung des Betriebs steht (*BAG* 21.5.2015 EzA § 613a BGB 2002 Nr. 165; 16.2.2012 – 8 AZR 693/10; 29.9.2005 EzA KSchG § 1 Betriebsbedingte Kündigung Nr. 140). Gleiches gilt, wenn der Arbeitgeber sich im Zeitpunkt der Kündigung noch um neue Aufträge bemüht (*BAG* 21.5.2015 EzA § 613a BGB 2002 Nr. 165; 16.2.2012 – 8 AZR 693/10). Ist im Zeitpunkt des Zugangs der Kündigung die Betriebsstilllegung zwar endgültig geplant und bereits eingeleitet, behält sich der Arbeitgeber aber die Betriebsveräußerung vor, falls sich eine entsprechende Chance bietet, und gelingt zeitlich nach dem Zugang der Kündigung – noch vor Ablauf der Kündigungsfrist – tatsächlich die Veräußerung des Betriebs, bleibt es zwar bei der sozialen Rechtfertigung der Kündigung (*BAG* 16.2.2012 – 8 AZR 693/10; 4.5.2006 EzA BGB 2002 § 613a Nr. 51; 29.9.2005 EzA KSchG § 1 Betriebsbedingte Kündigung Nr. 140), hat das Betriebsratsmitglied aber – wie die übrigen Arbeitnehmer auch – grds. einen Anspruch auf **Wiedereinstellung** gegenüber dem Erwerber (*BAG* 25.9.2008 EzA § 613a BGB 2002 Nr. 98; 27.2.1997 EzA § 1 KSchG Wiedereinstellungsanspruch Nr. 1; zu Einzelheiten vgl. KR-*Treber* § 613a BGB Rdn 135 f.; s.a. Rdn 174).

b) Die Aufgabe und nicht bloße Änderung des Betriebszwecks muss auf einem **Willensentschluss** 112 **des Arbeitgebers** (Unternehmers) beruhen; die Bestimmung (und damit auch die Aufgabe) des Betriebszwecks hängt allein von ihm ab (*Richardi/Annuß* § 111 Rn 59; *LKB* Rn 156). Es muss sich um eine **völlige Aufgabe** des Betriebszwecks handeln. Wird nur ein Teil des bisherigen Betriebszwecks aufgegeben (zB ein Elektrogeräte-Verkaufs- und Reparaturgeschäft beschränkt sich auf den Verkauf von Waschmaschinen), liegt keine Betriebsstilllegung, sondern allenfalls die Stilllegung einer **Betriebsabteilung** (s. Rdn 156 ff.) vor (*BAG* 21.5.2015 EzA § 613a BGB 2002 Nr. 165).

113 c) Die Aufgabe des Betriebszwecks muss in der **Auflösung der Betriebsorganisation** zum Ausdruck kommen. Die Änderung des Betriebszwecks unter Beibehaltung der Betriebsorganisation genügt für eine Betriebsstilllegung nicht (*LKB* Rn 159). Die Auflösung der bisherigen Betriebsorganisation kann auch darin bestehen, sämtliche Arbeitnehmer zu entlassen und die bisherigen betrieblichen Aktivitäten mit – echten – **freien Mitarbeitern** fortzusetzen; dies ist eine nur auf Willkür überprüfbare Unternehmerentscheidung (vgl. *BAG* 13.3.2008 EzA § 1 KSchG Betriebsbedingte Kündigung Nr. 159; 9.5.1996 EzA § 1 KSchG Betriebsbedingte Kündigung Nr. 85). Wird der weitaus überwiegende Teil der Belegschaft im Zusammenhang mit der Änderung des Betriebszwecks ausgewechselt, ist das eine Auflösung der bisherigen Betriebsorganisation und damit eine Betriebsstilllegung. Die Weiterbeschäftigung einiger weniger Leute der bisherigen Belegschaft mit Abwicklungs- oder Aufräumungsarbeiten für kurze Zeit steht der Annahme einer Betriebsstilllegung nicht entgegen (*BAG* 14.10.1982 EzA § 15 KSchG nF Nr. 29; s. iE Rdn 138).

114 d) Wird dagegen etwa ein Reparaturdienst in ein Verkaufsgeschäft umgewandelt, liegt zwar eine **Änderung des Betriebszwecks** vor. Werden die bisher dort beschäftigten Arbeitnehmer aber in das Verkaufsgeschäft in der Weise mit übernommen, dass der Geschäftsführer des bisherigen Reparaturdienstes Geschäftsführer des Verkaufsgeschäfts wird, und sind ihm die ihm bisher als Handwerker unterstellten Hilfskräfte nunmehr als Verkäufer(innen) unterstellt, liegt keine Änderung der **Betriebsorganisation** und damit keine Betriebsstilllegung vor.

115 e) Wenn ein Betrieb derart in einem anderen Betrieb aufgeht, dass er seine **Selbständigkeit verliert**, liegt darin zwar die Auflösung der bisherigen Betriebsorganisation – der Betrieb und die Betriebsgemeinschaft haben ihre Identität verloren –, es liegt aber keine Betriebsstilllegung vor, die zur Kündigung berechtigte. Dasselbe gilt, wenn zwei Betriebe durch Verschmelzung ihre Selbständigkeit zugunsten eines einheitlichen neuen Betriebs verlieren.

116 f) Eine Betriebsstilllegung liegt auch dann vor, wenn der bisherige Betriebszweck zwar weiterverfolgt wird, aber eine nicht ganz unerhebliche **räumliche Verlegung** des Betriebs, verbunden mit der Auflösung der alten Betriebsgemeinschaft und dem Aufbau einer im Wesentlichen neuen Belegschaft vorgenommen wird. Dann fehlt die Identität zwischen alter und neuer Betriebsgemeinschaft und damit die Identität zwischen altem und neuem Betrieb (APS-*Linck* Rn 165; *LKB* § 15 Rn 161). Dabei ist es unerheblich, ob die bisherigen Belegschaftsangehörigen verpflichtet oder berechtigt waren, in die neue Betriebsstätte überzuwechseln. Entscheidend ist, ob die Belegschaft in tatsächlicher Hinsicht und aufs Ganze gesehen die gleiche geblieben ist. Ist das zu bejahen, bedeutet eine Betriebsverlegung unter Beibehaltung des bisherigen Betriebszwecks keine Betriebsstilllegung, auch wenn bisherige und neue Betriebsstätte räumlich weit voneinander entfernt sind.

117 g) Die **Veräußerung oder Verpachtung** des Betriebs ist **keine Betriebsstilllegung**, Betriebsveräußerung und Betriebsstilllegung schließen sich systematisch aus (*BAG* 21.5.2015 EzA § 613a BGB 2002 Nr. 165; *Richardi/Annuß* § 111 Rn 67; *Fitting* § 103 Rn 17; vgl. auch *LKBLKB*§ 15 Rn 162). Der Erwerber tritt vielmehr gem. § 613a BGB in die Arbeitsverhältnisse mit dem bisherigen Betriebsinhaber ein, die Identität des Betriebs bleibt damit gewahrt. Soweit Belegschaftsangehörige dem Übergang ihrer Arbeitsverhältnisse auf den Betriebserwerber fristgerecht widersprechen, verhindern sie damit zwar den Übergang ihrer Arbeitsverhältnisse. Eine Betriebsstilllegung liegt darin aber selbst bei massenhaften Widersprüchen der Belegschaft nicht. Sie setzt einen hierauf gerichteten Willen **des Unternehmers** voraus (*BAG* 24.5.2012 § 1 KSchG Betriebsbedingte Kündigung Nr. 168). Der Betriebsveräußerer kann die Widersprüche der Arbeitnehmer allerdings zum Anlass nehmen, den möglicherweise aus den widersprechenden Arbeitnehmern bestehenden Rest- oder Rumpfbetrieb nunmehr stillzulegen (zur Veräußerung einer Betriebsabteilung s. Rdn 161).

118 Der **Betriebserwerber** ist nicht verpflichtet, den Betrieb fortzuführen; führt er ihn nicht fort, liegt nunmehr in seiner Entscheidung eine Betriebsstilllegung, nicht aber schon in der vorhergehenden Betriebsveräußerung. Ebenso wenig bedeutet die **Eröffnung des Insolvenzverfahrens** eine Betriebsstilllegung, weil der Betrieb vom Insolvenzverwalter weitergeführt werden kann (vgl. auch *LKB*

§ 15 Rn 160). Entschließt dieser sich, den Betrieb nicht fortzuführen, liegt erst in seiner Entscheidung die Betriebsstilllegung.

Bei einer **Teilung** oder **Aufspaltung** eines bisher einheitlichen Betriebs in mehrere Teile und deren anschließender Veräußerung gehen die Arbeitsverhältnisse nach § 613a BGB auf die Erwerber der Betriebsteile über. Der bisherige einheitliche Betrieb verliert – anders als bei einer bloßen Abspaltung eines (kleineren) Betriebsteils – seine Identität und geht unter, so dass die bisherigen betriebsverfassungsrechtlichen Ämter – abgesehen von einem Übergangs- und ggf. Restmandat (§ 21a, § 21b BetrVG) – enden. 119

h) Die Betriebsstilllegung muss für eine zeitlich **nicht nur unerhebliche, vorübergehende Dauer** geplant sein; andernfalls kann nicht von einer Betriebsstilllegung, sondern nur von einer Betriebspause oder Betriebsunterbrechung die Rede sein (vgl. *Richardi/Annuß* § 111 Rn 61; *Fitting* § 103 Rn 18; *LKBLKB*§ 15 Rn 157), so etwa bei einer vorübergehenden witterungsbedingten Betriebseinstellung (vgl. *LAG Nds*. 13.10.1997 DB 1998, 1139). Indessen ist nicht erforderlich, dass es sich um eine endgültige Stilllegung oder um eine solche von zeitlich zumindest unbestimmter Dauer handelt (*Richardi/Annuß* § 111 Rn 61). Es genügt die Einstellung der betrieblichen Arbeit für einen **relativ langen Zeitraum**, dessen Überbrückung mit Vergütungszahlungen dem Arbeitgeber nicht zugemutet werden kann (*BAG* 21.6.2001 EzA § 15 KSchG nF Nr. 53). Es ist deshalb mit dem Begriff der Betriebsstilllegung vereinbar, dass der Unternehmer beabsichtigt, den Betrieb nach Wegfall des aktuellen Stilllegungsgrundes, zB einer wirtschaftlichen Notlage, größerer Umbauarbeiten oder der Folgen eines Brandes, wieder zu eröffnen. Der Annahme einer Betriebsstilllegung steht es nicht entgegen, dass der Stilllegungsgrund aufgrund unvorhersehbarer Umstände schon kurze Zeit nach der Stilllegung überraschend wegfällt und der Betrieb alsbald wiedereröffnet wird (*LAG Frankf*. 4.6.1982 BB 1983, 378; *Richardi/Annuß* § 111 Rn 61; *LKBLKB*§ 15 Rn 157). Bei einer alsbaldigen Wiedereröffnung des Betriebs spricht allerdings eine tatsächliche Vermutung gegen eine ernsthafte Stilllegungsabsicht des Arbeitgebers (*LKBLKB*§ 15 Rn 157; aA *Wank* SAE 1986, 156, weil dies nicht der gesetzlichen Beweisregelung entspreche). 120

i) Bei **Saisonbetrieben** (zB Hotel in einem Fremdenverkehrsort, Ziegeleiwerk) hängt es von der Dauer der Betriebseinstellung ab, ob von einer Betriebsstilllegung iSv § 15 Abs. 4 KSchG gesprochen werden kann oder nicht. Mit Blick auf den Begriff »vorübergehend« in § 622 Abs. 5 Nr. 1 BGB wird man folgende Unterscheidung treffen können: 121

aa) Schließt der Betrieb aus **saisonbedingten** Gründen für einen Zeitraum von bis zu **drei Monaten**, handelt es sich um eine relativ kurze Zeit und liegt deshalb keine Betriebsstilllegung vor. Das Gleiche gilt bei einer witterungsbedingten Produktionseinstellung (vgl. *LAG Nds*. 13.10.1997 DB 1998, 1139). Der Arbeitgeber ist folglich nicht berechtigt, das Arbeitsverhältnis mit Amtsträgern iSv § 15 KSchG zu **kündigen**. Ihm ist allenfalls das Recht zuzubilligen, das Arbeitsverhältnis mit Zustimmung des Betriebsrats unter Wegfall der Vergütung bis zur Wiedereröffnung des Betriebs zu **suspendieren**. Die Zustimmung des Betriebsrats kann durch gerichtliche Entscheidung – notfalls durch einstweilige Verfügung – ersetzt werden (vgl. KR-*Rinck* § 103 BetrVG Rdn 153). Das betriebsverfassungsrechtliche Amt besteht trotz der Suspendierung fort. War das Arbeitsverhältnis des Amtsträgers zulässigerweise auf die Dauer der Saison befristet, endet zwar mit Saisonende sowohl das Arbeitsverhältnis als auch das betriebsverfassungsrechtliche Amt, der frühere Amtsträger hat jedoch bei Beginn der nächsten Saison gem. § 78 S. 2 BetrVG, § 280 Abs. 2, § 823 Abs. 2, § 249 Abs. 1 BGB einen Anspruch auf **Wiedereinstellung**, wenn diese gerade im Hinblick auf seine frühere betriebsverfassungsrechtliche Tätigkeit abgelehnt wird (*BAG* 25.6.2014 EzA § 768 BetrVG 2001 Nr. 4; vgl. Rdn 27). 122

bb) Schließt der Betrieb aus **saisonbedingten** Gründen für einen **längeren** Zeitraum als drei Monate, handelt es sich um eine Betriebsstilllegung iSv § 15 KSchG, die zur ordentlichen Kündigung von Amtsträgern berechtigt (so bei zehnmonatiger Schließung auch *LAG Bln*. 17.11.1986 LAGE § 1 KSchG Betriebsbedingte Kündigung Nr. 9). Auch in diesem Fall ist den Amtsträgern bei Beginn der nächsten Saison ein Anspruch auf **Wiedereinstellung** zuzubilligen, wenn diese gerade im 123

Hinblick auf die frühere betriebsverfassungsrechtliche Amtstätigkeit abgelehnt wird (§ 78 BetrVG; s. Rdn 115). Der Arbeitnehmer trägt hierfür im Streitfall die Beweislast, doch kommen ihm die Grundsätze des Beweises des ersten Anscheins zugute, wenn bei Saisonbeginn alle oder fast alle früheren Arbeitnehmer wiedereingestellt werden.

124 j) Der Unternehmer hat bei einer Betriebsstilllegung **die Mitwirkungsrechte des Betriebsrats** nach §§ 111, 112 BetrVG zu beachten. Zur Vermeidung von Ansprüchen betroffener Arbeitnehmer auf Nachteilsausgleich nach § 113 Abs. 3 BetrVG hat er, bevor er den endgültigen Entschluss zur Betriebsstilllegung fasst, den Betriebsrat und unter Umständen die Einigungsstelle nach § 112 BetrVG einzuschalten. Letztlich können aber weder Betriebsrat noch Einigungsstelle eine Betriebsstilllegung verhindern. Es ist unerheblich, aus welchem Grund der Arbeitgeber sich zur Betriebsstilllegung entschließt, darauf kommt es nicht an (*LKB* Rn 158). Die Schließung eines Saisonbetriebs bis zum Beginn der nächsten Saison kann zwar als Betriebsstilllegung iSv § 15 KSchG zu qualifizieren sein, ist aber keine Betriebsänderung (Betriebsstilllegung) iSv § 111 BetrVG (hM; vgl. *Richardi/Annuß* § 111 Rn 62; *Reinfeld* AR-Blattei SD 1390 Rn 303). Zu beachten hat der Arbeitgeber bei einer **Massenentlassung** iSd § 17 Abs. 1 KSchG außerdem das Recht des Betriebsrats auf **Beratung nach § 17 Abs. 2 S. 2 KSchG**. Hält er das dort geregelte Konsultationsverfahren oder das Verfahren der **Anzeigeerstattung nach § 17 Abs. 3 KSchG** nicht ein, ist die gleichwohl erklärte Kündigung unwirksam (BAG 22.9.2016 EzA § 17 KSchG Nr. 39; 26.2.2015 EzA § 17 KSchG Nr. 33; 21.3.2013 EzA § 17 KSchG Nr. 30 m. krit. Anm. *Moll*; 22.11.2012 EzA § 17 KSchG Nr. 28).

II. Weiterbeschäftigungsmöglichkeiten in einem anderen Betrieb

125 1. Die **Betriebsstilllegung** rechtfertigt grds. die **ordentliche Kündigung** von Amtsträgern iSv § 15 KSchG. Weitere kündigungsschutzrechtliche Anforderungen werden nach dem Wortlaut des § 15 Abs. 4 KSchG an die Kündigung nicht gestellt. § 15 Abs. 4, Abs. 5 KSchG enthalten hinsichtlich des KSchG für den Bereich des individuellen Kündigungsschutzes (nicht für §§ 17 ff. KSchG) eine **abschließende Regelung** darüber, unter welchen Voraussetzungen gegenüber einem durch § 15 KSchG geschützten Arbeitnehmer eine ordentliche Kündigung zulässig ist (vgl. *SPV-Vossen* Rn 1700, 1724). Für eine Anwendung des § 1 KSchG ist daneben **kein Raum** (LAG Nbg. 27.11.2007 LAGE § 15 KSchG Nr. 21; HaKo-KSchR/*Nägele-Berkner* Rn 8; aA *Windbichler* SAE 1984, 146 f.). Andernfalls hätte die Regelung in § 15 Abs. 4, Abs. 5 KSchG unterbleiben können oder müsste aus ihr eindeutig hervorgehen, dass sie den Kündigungsschutz nach § 1 KSchG nur ergänzen soll. Dafür besteht kein Anhaltspunkt. Allerdings enthält § 1 KSchG seinem Wortlaut nach einen weitergehenden Schutz als § 15 Abs. 4, Abs. 5 KSchG. Nach § 1 Abs. 2 KSchG ist eine Kündigung sozial ungerechtfertigt, wenn der Arbeitnehmer in einem anderen Betrieb des Unternehmens weiterbeschäftigt werden kann. Man kann nicht davon ausgehen, dass der Gesetzgeber für diesen Fall einem durch § 15 Abs. 4, Abs. 5 KSchG geschützten Arbeitnehmer einen derartigen Einwand und Schutz versagen wollte. Vielmehr ist die Frage der Möglichkeit der Weiterbeschäftigung in einem anderen Betrieb vom Gesetzgeber bei der Regelung des § 15 Abs. 4, Abs. 5 KSchG offensichtlich nicht bedacht worden; das Gesetz enthält insoweit einen Wertungswiderspruch und damit eine Lücke. Der Widerspruch kann nicht dadurch beseitigt werden, dass § 1 KSchG förmlich neben § 15 Abs. 4, Abs. 5 KSchG anwendet wird, soweit es um die Weiterbeschäftigung in einem anderen Betrieb geht. Das würde den Intentionen des Gesetzgebers, der in 15 Abs. 1 bis 3a iVm Abs. 4 und Abs. 5 KSchG den Schutz gegen eine ordentliche Kündigung für den fraglichen Personenkreis abschließend regeln wollte, nicht gerecht. Der Widerspruch muss deshalb durch eine **ergänzende Auslegung des § 15 Abs. 4, Abs. 5 KSchG** beseitigt werden. Die ordentliche Kündigung ist auch nach diesen Vorschriften nur zulässig, dh sozial gerechtfertigt, wenn – über die angeführten Voraussetzungen (s. Rdn 109 ff.) hinaus – eine **Weiterbeschäftigung** in einem anderen Betrieb des Arbeitgebers nach den zu § 1 Abs. 2 KSchG entwickelten Grundsätzen (s. dazu KR-*Rachor* § 1 KSchG Rdn 228 ff., 855 ff.) **nicht möglich** ist (im Ergebnis ebenso: BAG 27.6.2019 – 2 AZR 38/19, EzA § 15 KSchG nF Nr. 75; 22.9.2005 EzA § 1 KSchG Betriebsbedingte Kündigung Nr. 141; 13.8.1992 EzA § 15 KSchG nF Nr. 39 = EWiR 1993, 75 m. zust. Anm. *Däubler*; APS-*Linck* § 15 Rn 171; *Bernstein* NZA 1993, 733; DDZ-*Deinert* § 15 Rn 83; *LKB* § 15 Rn 166; *Nerreter* NZA 1995, 56; *Schwarze*/

Eylert/Schrader Rn 90; *Windbichler* SAE 1984, 146 f.; aA LSW-*Wertheimer* Rn 99: Sozialauswahl erforderlich, wenn sich auch nicht nach § 15 KSchG geschützte Arbeitnehmer des Betriebs auf die Weiterbeschäftigungsmöglichkeit im anderen Betrieb berufen). Das bedeutet, dass im anderen Betrieb ein passender Arbeitsplatz **frei** sein muss, und bedeutet zugleich, dass der Arbeitgeber nicht verpflichtet ist, in dem anderen Betrieb einen Arbeitsplatz für einen geschützten Amtsträger **freizukündigen** (*BAG* 27.6.2019 – 2 AZR 38/19, EzA § 15 KSchG nF Nr. 75; APS-*Linck* § 15 Rn 172; *Haas* FA 2011, 98; *Maiß* ArbR 2010, 413). Ebenso wenig kann der Arbeitgeber darauf verwiesen werden, den Amtsträger im Betrieb eines anderen **Konzernunternehmens** zu beschäftigen (so auch LSW-*Wertheimer* § 15 Rn 100; *Nerreter* NZA 1995, 56). Die mögliche Weiterbeschäftigung in einem anderen Betrieb ist freilich mit dem **Verlust des Mandats** verbunden.

Der Schutz des § 15 Abs. 1 KSchG kommt wegen § 3 Abs. 5 S. 2 BetrVG auch den Mitgliedern **126** einer nach **§ 3 Abs. 1 Nrn. 1 bis 3 BetrVG** gebildeten Arbeitnehmervertretung zugute. Im Rahmen von **§ 15 Abs. 4 KSchG** gilt allerdings nicht die nach § 3 Abs. 5 S. 1 BetrVG fingierte Einheit als »Betrieb«, sondern der **Beschäftigungsbetrieb** im allgemeinen, gesetzlichen Sinn des § 23 KSchG. Wird dieser insgesamt stillgelegt, handelt es sich also nicht um die Stilllegung nur einer Betriebsabteilung iSv. § 15 Abs. 5 KSchG. Die Fiktion des § 3 Abs. 5 S. 1 BetrVG hat kündigungsschutzrechtlich keine Folgen, hier bleibt es beim Betriebsbegriff iSv. § 23 Abs. 1 KSchG (*BAG* 27.6.2019 – 2 AZR 38/19, EzA KSchG § 15 nF Nr. 75 = AP § 15 KSchG 1969 Nr. 78 mit insoweit kritischer Anm. *Deinert*). Falls der Vertragsarbeitgeber neben dem stillzulegenden Beschäftigungsbetrieb noch weitere Betriebe führt, ist das Betriebsratsmitglied ggf. nach § 1 Abs. 2 S. 2 Nr. 1 Buchst. b) KSchG – unter Verlust seines Mandats – dorthin zu übernehmen (s. Rdn 108, 109).

2. Die Grundsätze über die **soziale Auswahl** (§ 1 Abs. 3 KSchG) finden Anwendung, wenn nur **127** **ein Teil** der nach § 15 KSchG geschützten Personen weiterbeschäftigt werden kann (vgl. *BAG* 16.9.1982 EzA § 1 KSchG Betriebsbedingte Kündigung Nr. 18 m. zust. Anm. *Herschel*). Die **aktiven** Mandatsträger genießen dabei zwecks Sicherung der Stetigkeit der Betriebsratsarbeit Vorrang vor dem übrigen, nur nachwirkend geschützten Personenkreis, zB Ersatzmitgliedern, erfolglosen Wahlbewerbern und zurückgetretenen Betriebsratsmitgliedern (*BAG* 2.3.2006 EzA § 1 KSchG Betriebsbedingte Kündigung Nr. 145; aA *LAG RhPf* 10.9.1996 ZTR 1997, 333).

3. Die vorstehenden Erwägungen gelten entsprechend für den Bereich der **Personalverfassung**, in **128** dem an die Stelle des »Betriebs« die »Dienststelle« tritt (vgl. LSW-*Wertheimer* Rn 33). Dienststelle ist die kleinste organisatorisch abgrenzbare Verwaltungseinheit, die mit einem selbständigen Aufgabenbereich und mit organisatorischer Selbständigkeit innerhalb der öffentlichen Verwaltung ausgestattet ist (*Lorenzen/Faber* § 6 Rn 8). Dienststellen sind die einzelnen Behörden, Verwaltungsstellen, Betriebe von öffentlich-rechtlichen Verwaltungen sowie die Gerichte (vgl. **§ 6 Abs. 1 BPersVG**).

4. Ob im Fall der Betriebsschließung die analoge Anwendung von § 15 Abs. 4 KSchG auf den **129** **Datenschutzbeauftragten** (dazu bejahend *Dzida/Kröpelin* BB 2010 1026, verneinend APS-*Greiner* DSGVO Art. 38 Rn 30) und/oder auf den **Geldwäsche-Beauftragten** (dazu verneinend *Kleinmann/Fündling* NZA 2020, 991) vom Gleichheitssatz des Art. 3 Abs. 1 GG geboten ist, hat das BAG bislang ebenso offen lassen können wie die Frage, ob eine außerordentliche betriebsbedingte Kündigung dieser Amtsträger in Frage kommt, falls die analoge Anwendung von § 15 Abs. 4 KSchG – und damit die Möglichkeit der ordentlichen Kündigung – ausscheidet (vgl. *BAG* 23.1.2014 – 2 AZR 372/13 – EzA § 626 BGB 2002 Unkündbarkeit Nr. 21). Das LAG Düsseldorf als Vorinstanz hatte die analoge Anwendung von § 15 Abs. 4 KSchG abgelehnt (*LAG Düsseld*. 23.7.2012 – 9 Sa 593/12, ZD 2013, 357). Die analoge Anwendung der Vorschrift auf leitende Angestellte iSv. § 14 Abs. 2 KSchG im Aufsichtsrat hat mit der hM im Schrifttum auch das BAG verneint (*BAG* 4.4.1974 – 2 AZR 452/73, EzA § 15 KSchG nF Nr. 1; KR-*Kreutzberg-Kowalczyk* § 14 KSchG Rdn 68 mwN).

III. Mitwirkung des Betriebsrats bzw. Personalrats

1. Der Arbeitgeber hat den Betriebsrat wie bei jeder anderen **ordentlichen** Kündigung (nur) gem. **130** § 102 BetrVG **anzuhören**; dies gilt selbst in **Eilfällen** (*BAG* 29.3.1977 EzA § 102 BetrVG 1972

Nr. 27; *LKB* § 15 Rn 169; **aA** *Müller* ZfA 1990, 611, der eine weitergehende Beratungspflicht des Arbeitgebers annimmt – für sie fehlt die gesetzliche Grundlage). Da es sich nicht um eine außerordentliche Kündigung handelt (s. Rdn 105 ff.), ist die **Zustimmung** des Betriebsrats nach § 103 BetrVG **nicht** erforderlich (*BAG* 18.9.1997 EzA § 15 KSchG nF Nr. 46 m. zust. Anm. *Kraft*; 20.1.1984 EzA § 15 KSchG nF Nr. 33; *Richardi/Thüsing* § 103 Rn 25; *Fitting* § 103 Rn 14; *Bernstein* NZA 1993, 729; **aA** *Bader* BB 1978, 616). Eine analoge Anwendung des § 103 BetrVG auf ordentliche Kündigungen ist abzulehnen, weil außerordentliche Kündigungen einschneidender sind und deshalb einen größeren Schutz der betriebsverfassungsrechtlichen Amtsträger rechtfertigen (**aA** *Belling* NZA 1985, 484 ff.; *Schlüter/Belling* SAE 1985, 183). Bei einer Kündigung wegen Betriebsstillegung ist dem Betriebsrat grds. auch der voraussichtliche Stillegungstermin mitzuteilen (*LAG Köln* 13.1.1993 LAGE § 102 BetrVG 1972 Nr. 34 = EWiR 1993, 545 m. zust. Anm. *Reichold*; s.a. KR-*Rinck* § 102 BetrVG Rdn 82).

131 2. Im Anhörungsverfahren nach § 102 BetrVG kommt ein rechtserhebliches **Widerspruchsrecht** des Betriebsrats insbes. dann in Betracht, wenn die Weiterbeschäftigung in einem anderen Betrieb oder – bei einer Kündigung zu einem früheren Termin als dem Zeitpunkt der Stillegung (s. Rdn 140 ff.) – die Weiterbeschäftigung auf einem anderen Arbeitsplatz im selben Betrieb (§ 102 Abs. 3 Nr. 3 BetrVG) möglich ist (vgl. *Gamillscheg* ZfA 1977, 276; **aA** *LAG Düsseld.* 20.11.1980 EzA § 102 BetrVG 1972 Beschäftigungspflicht Nr. 8). An den Inhalt des Widerspruchs des Betriebsrats sind keine geringeren Anforderungen zu stellen als an einen Widerspruch gegen eine vom Arbeitgeber beabsichtigte Kündigung von Arbeitnehmern ohne Betriebsratsamt (*LAG Frankf.* 8.6.1984 AuR 1985, 60).

132 3. Der **Personalrat** wirkt nach den einschlägigen personalvertretungsrechtlichen Vorschriften für ordentliche Kündigungen mit (s. KR-*Rinck* Erl. zu §§ 72, 79, 108 Abs. 2 BPersVG). Zuständig ist stets der Personalrat bzw. die Stufenvertretung der Dienststelle, die die Kündigung ausspricht (vgl. § 82 Abs. 1 BPersVG). Das gilt auch für Mitglieder einer Stufenvertretung. Wird einem Mitglied der Stufenvertretung wegen Schließung der örtlichen Dienststelle vom örtlichen Dienststellenleiter gekündigt, ist zunächst nur der örtliche Personalrat zu beteiligen (*LAG Düsseld.* 11.3.1992 PersR 1992, 347).

IV. Erklärung der Kündigung

1. Zeitpunkt der Kündigung

133 Sind die Voraussetzungen des § 15 Abs. 4 KSchG erfüllt, kann der Arbeitgeber jederzeit nach ordnungsgemäßer Anhörung des Betriebsrats die Kündigung unter Einhaltung der maßgebenden Kündigungsfrist zu dem zulässigen Kündigungstermin (s. Rdn 136 ff.) erklären. Die Kündigung kann bereits vor dem Zeitpunkt der Betriebsstillegung oder dem Wegfall der Beschäftigungsmöglichkeit erklärt werden (vgl. *BAG* 20.11.2014 EzA § 1 KSchG Betriebsbedingte Kündigung Nr. 182; 18.1.2001 EzA § 1 KSchG Betriebsbedingte Kündigung Nr. 109; *LKB* § 15 Rn 174). Das ist idR sogar erforderlich, wenn die Kündigungsfrist für den frühest zulässigen Kündigungstermin eingehalten werden soll. Unerlässlich ist aber, dass im Zeitpunkt des Ausspruchs der Kündigung ein **ernstlicher und endgültiger Entschluss** des Arbeitgebers zur Betriebsstillegung vorliegt (*BAG* 20.11.2014 EzA § 1 KSchG Betriebsbedingte Kündigung Nr. 182; 31.7.2014 EzA § 1 KSchG Betriebsbedingte Kündigung Nr. 181), dh, dass schon bei Kündigungszugang die **Prognose** sachlich gerechtfertigt ist, es werde bis zum Ablauf der einzuhaltenden Kündigungsfrist zur Betriebsstillegung gekommen sein (*BAG* 20.11.2014 EzA § 1 KSchG Betriebsbedingte Kündigung Nr. 182; 31.7.2014 EzA § 1 KSchG Betriebsbedingte Kündigung Nr. 181; MünchArbR-*Kreft* 5. Aufl. § 115 Rn 121 ff.).

134 Die Erklärung der Kündigung ist auch schon **früher** zulässig, als dies zur Einhaltung der Kündigungsfrist für den beabsichtigten Kündigungstermin erforderlich gewesen wäre. Erforderlich ist nur, dass die Kündigung zu einem Termin ausgesprochen wird, der nicht vor dem frühest zulässigen Kündigungstermin liegt (vgl. *LKB* § 15 Rn 174).

2. Kündigungsfrist

Wie bei jeder anderen ordentlichen Kündigung muss der Arbeitgeber die im Einzelfall maßgebende **135** Kündigungsfrist einhalten, wie sie sich aus **Arbeitsvertrag, Tarifvertrag oder Gesetz** ergibt (*LKB* § 15 Rn 171). Im **Insolvenzverfahren** des Arbeitgebers beträgt die Kündigungsfrist drei Monate zum Monatsende, wenn nicht eine kürzere Frist maßgeblich ist (§ 113 Abs. 1 InsO). Die Notwendigkeit, eine unter Umständen lange Kündigungsfrist einzuhalten, oder ein später Entschluss des Arbeitgebers zur Betriebsstilllegung können dazu führen, dass die Kündigung erst zu einem Zeitpunkt nach der Betriebsstilllegung ausgesprochen werden kann. Ist das Arbeitsverhältnis des Betriebsratsmitglieds auch aus individualrechtlichen Gründen **ordentlich nicht mehr kündbar** (etwa aufgrund einer Tarifnorm oder einer einzelvertraglichen Abrede), kommt bei Betriebsstilllegungen oder der Stilllegung einer Betriebsabteilung eine **außerordentliche Kündigung** in Betracht (*BAG* 20.6.2013 EzA § 626 BGB 2002 Unkündbarkeit Nr. 19). Da diese Kündigung an die Stelle einer Kündigung nach § 15 Abs. 4, Abs. 5 KSchG tritt, ist hierfür nicht die Zustimmung des Betriebsrats nach § 103 BetrVG, sondern nur eine Anhörung nach § 102 BetrVG erforderlich (*BAG* 18.9.1997 EzA § 15 KSchG nF Nr. 46 m. zust. Anm. *Kraft*; aA *ArbG Stuttg.* 8.8.1997 BB 1997, 2170). Bei der Erklärung der Kündigung hat der Arbeitgeber notwendig die für eine ordentliche Kündigung geltende Kündigungsfrist als **Auslauffrist** einzuhalten (*BAG* 20.6.2013 EzA § 626 BGB 2002 Unkündbarkeit Nr. 19; 5.2.1998 EzA § 626 BGB Unkündbarkeit Nr. 2).

3. Kündigungstermin

a) Grundsatz

Der **Zeitpunkt der (geplanten) Betriebsstilllegung** ist grds. der früheste Termin, zu dem der Arbeit- **136** geber das Arbeitsverhältnis kündigen kann. Ist zu diesem Zeitpunkt eine Kündigung rechtlich nicht möglich, darf der Arbeitgeber erst zum nächstmöglichen Termin nach Betriebsstilllegung kündigen. Wird der Betrieb am 31. Juli stillgelegt, kann einem Arbeitnehmer mit einer Kündigungsfrist von sechs Wochen zum Vierteljahresschluss frühestens zum 30. September gekündigt werden; eine Kündigung zum 31. Juli ist rechtlich unzulässig.

Wird die Belegschaft **in Etappen abgebaut**, dürfen die nach § 15 KSchG geschützten Personen **137** grds. erst mit der letzten Gruppe entlassen werden (*Fitting* § 103 Rn 19; *LKB* § 15 Rn 171). Kann hierbei von **mehreren** Betriebsratsmitgliedern nur ein Teil noch einige Zeit weiterbeschäftigt werden, hat der Arbeitgeber bei der Auswahl der zu Kündigenden die Grundsätze über die soziale Auswahl nach § 1 Abs. 3 KSchG zu beachten (vgl. *BAG* 16.9.1982 EzA § 1 KSchG Betriebsbedingte Kündigung Nr. 18; s.a. MünchArbR-*Kreft* 5. Aufl. § 115 Rn 178). Dabei ist den aktiven Mandatsträgern Vorrang vor dem nur nachwirkend geschützten Personenkreis einzuräumen (s. Rdn 162).

Der Annahme einer Betriebsstilllegung steht die Weiterbeschäftigung einiger weniger Arbeitneh- **138** mer mit **Abwicklungs- oder Aufräumarbeiten** für kurze Zeit nicht entgegen (*BAG* 21.6.2001 EzA § 15 KSchG nF Nr. 53; 14.10.1982 EzA § 15 KSchG nF Nr. 29; *LAG Bln.-Bra.* 11.6.2015 – 18 Sa 2237/14; *LKB* § 15 Rn 156). Werden also alle Arbeitnehmer bis auf einige wenige, die noch für einige Wochen Aufräumungsarbeiten leisten sollen, zu einem bestimmten Zeitpunkt entlassen, können auch die durch § 15 KSchG geschützten Personen zu diesem Zeitpunkt entlassen werden; sie können nicht ihre Weiterbeschäftigung mit Aufräumungsarbeiten verlangen (vgl. *LKB* § 15 Rn 156), sofern die Auswahlentscheidung des Arbeitgebers bezüglich der weiterzubeschäftigenden Arbeitnehmer nicht billigem Ermessen widerspricht (*ArbG Solingen* 10.5.1996 ZIP 1996, 1389). Es darf sich bei den nach der Betriebsstilllegung verbleibenden Arbeiten nur um Aufräumarbeiten für einige wenige Arbeitnehmer für nur noch kurze Zeit – (*LAG Bln.-Bra.* 11.6.2015 – 18 Sa 2237/14: für idR nicht mehr als drei Monate) – handeln, die kurzfristig erledigt werden können. Wird hingegen eine letzte Gruppe von – und sei es nur wenigen – Arbeitnehmern zB. noch ein Vierteljahr mit Abbrucharbeiten beschäftigt, tritt die Betriebsstilllegung erst mit der Entlassung dieser letzten Gruppe ein; bis zu diesem Zeitpunkt sind die nach § 15 KSchG geschützten Personen weiterzubeschäftigen (*BAG* 26.10.1967 EzA § 66 BetrVG 1952 Nr. 7; *Kleinebrink* FA 2009, 194; vgl. auch

LAG Nbg. 27.11.2007 – 7 Sa 119/06). Die **Abgrenzung** kann im Einzelfall schwierig sein. Sie hängt von den Umständen des Einzelfalls ab. Es dürfte zutreffen, dass bei einer Beschäftigung von mehr als 20 Arbeitnehmern mit Abwicklungs-, Aufräum- oder Abbrucharbeiten von einer Betriebsstilllegung noch nicht die Rede sein kann (in diesem Sinne auch *BAG* 21.11.1985 – 2 AZR 33/85).

139 Wenn sich die geplante Betriebsstilllegung unvorhersehbar **verzögert**, tritt automatisch eine **Verlängerung** des schon gekündigten Arbeitsverhältnisses des Mandatsträgers bis zum nächstzulässigen Termin nach der tatsächlichen Betriebsschließung ein (*BAG 23.4 1980* EzA § 15 KSchG nF Nr. 24; *LKB* § 15 Rn 174). Das entspricht dem Grundsatz, dass eine nicht fristgerechte Kündigung idR zum nächstzulässigen Kündigungstermin wirkt. Unterbleibt die Betriebsstilllegung völlig, ist die Kündigung wirkungslos, weil der Entlassungstermin (Betriebsstilllegung) nicht eingetreten ist; das Arbeitsverhältnis besteht unverändert weiter. Wird der Betrieb nach der Kündigung nicht stillgelegt, sondern **veräußert**, geht das Arbeitsverhältnis gem. § 613a BGB in ungekündigtem Zustand auf den Erwerber über (*BAG* 23.4.1980 EzA § 15 KSchG nF Nr. 24).

b) »Zwingende betriebliche Erfordernisse«

140 Zu einem früheren Zeitpunkt als dem der Betriebsstilllegung dürfen durch § 15 Abs. 1 bis 3 KSchG geschützte Personen dann entlassen werden, wenn die Entlassung zu dem früheren Zeitpunkt durch »**zwingende**« betriebliche Erfordernisse bedingt ist (§ 15 Abs. 4 2. Hs. KSchG. An solche »zwingenden« Erfordernisse sind **strenge Anforderungen** zu stellen (*Fitting* § 103 Rn 19), damit die Stetigkeit der Betriebsratsarbeit nicht gerade in der häufig besonders arbeitsintensiven Zeit der Stilllegung gestört wird. Ein zwingendes betriebliches Erfordernis ist allenfalls dann anzunehmen, wenn für die geschützte Person keinerlei Beschäftigungsmöglichkeit mehr vorhanden ist und sie mangels Eignung auch nicht mit anderer Arbeit beschäftigt werden kann (vgl. *LKB* § 15 Rn 172; *APS-Linck* § 15 Rn 151; *DDZ-Deinert* § 15 Rn 76).

▶ Beispiel:

141 In einem chemischen Industriebetrieb ist ein Fabrikmaurer beschäftigt. Der Betrieb soll stillgelegt werden, deshalb werden alle Maurerarbeiten eingestellt. Der Fabrikmaurer kann nach seinen Fähigkeiten in keiner anderen Abteilung eingesetzt werden. Deshalb kann sein Arbeitsverhältnis, selbst wenn er Betriebsratsmitglied ist, mit ordentlicher Kündigungsfrist zum Zeitpunkt der Einstellung der Maurerarbeiten, der vor dem Zeitpunkt der Betriebsstilllegung liegt, gekündigt werden. Allerdings ist auch in einem solchen Fall zu prüfen, ob nicht dem Arbeitgeber die »Überbrückung« bis zum endgültigen Zeitpunkt der Betriebsschließung zuzumuten ist.

142 Besteht die Möglichkeit, den Mandatsträger auf einem anderen, aber besetzten Arbeitsplatz bis zur Stilllegung weiterzubeschäftigen, hat der Arbeitgeber diesen Arbeitsplatz um der Kontinuität der Betriebsratsarbeit willen **freizukündigen**, es sei denn, die soziale Schutzbedürftigkeit des betreffenden Arbeitnehmers gehe diesem kollektiven Belang deutlich vor (so a. *APS-Linck* § 15 Rn 151; s.a. Rdn 162).

143 Soweit der Arbeitgeber in diesem Fall die Weiterbeschäftigung des durch § 15 KSchG geschützten Arbeitnehmers auf einem anderen Arbeitsplatz kraft seines **Direktionsrechts** anordnen kann, hat er hiervon Gebrauch zu machen, muss aber die **Mitwirkungsrechte** des Betriebsrats nach § 95 Abs. 3, § 99 ff. **BetrVG** (Versetzung) beachten. Nach einer Versetzung ist der Arbeitnehmer zur Arbeitsleistung auf dem neu zugewiesenen Arbeitsplatz verpflichtet. Kann der Arbeitgeber dem durch § 15 KSchG geschützten Arbeitnehmer den anderen Arbeitsplatz **nicht kraft Direktionsrechts** zuweisen, bedarf es eines entsprechenden **Einverständnisses** des Mandatsträgers. Willigt er in die andere Beschäftigung nicht ein, kann der Arbeitgeber das Arbeitsverhältnis auch schon vor der Betriebsstilllegung unter Einhaltung der ordentlichen Kündigungsfrist kündigen – frühestens aber zu dem Zeitpunkt, zu dem der bisherige Arbeitsplatz des Mandatsträgers wegfällt.

144 Hat der Arbeitgeber **gegen eine Vereinbarung mit dem Betriebsrat** oder Personalrat (zB in einem Interessenausgleich) über den Abbau der Belegschaft in Etappen **verstoßen** und ist hierdurch die Beschäftigungsmöglichkeit für einen Amtsträger iSd § 15 KSchG entfallen, kann der Arbeitgeber

sich nur dann auf »zwingende betriebliche Erfordernisse« für die Kündigung berufen, wenn er triftige Gründe geltend machen kann, die es als schlechthin unzumutbar erscheinen lassen, ihn an der Vereinbarung mit dem Betriebsrat festzuhalten (vgl. *Richardi/Annuß* § 113 Rn 13).

c) Freigestellte Betriebsrats- oder Personalratsmitglieder

Die Frage nach einer Weiterbeschäftigung bis zum Zeitpunkt der Betriebsstilllegung stellt sich nicht für Betriebsrats- oder Personalratsmitglieder, die ständig von der Arbeit freigestellt sind. Sie bleiben bis zur Betriebsstilllegung von der Arbeit freigestellt, ihnen kann also **stets frühestens zum Zeitpunkt der Betriebsstilllegung** gekündigt werden (APS-*Linck* § 15 Rn 151; *Fitting* § 103 Rn 19; HaKo-KSchR/*Nägele-Berkner* § 15 Rn 143; *LKB* § 15 Rn 173). Das gilt grds. selbst dann, wenn bei einem Abbau der Belegschaft in Etappen die Zahl der idR beschäftigten Arbeitnehmer so sinkt, dass nach den einschlägigen Staffeln (zB in § 38 Abs. 1 BetrVG, § 46 Abs. 4 BPersVG) weniger Mitglieder des Betriebsrats oder Personalrats freizustellen wären als bisher. Gerade im Zusammenhang mit einer in Etappen durchgeführten Betriebsstilllegung ist regelmäßig von besonders viel anfallenden Betriebsrats- bzw. Personalratsaufgaben auszugehen (Sozialauswahl bei Kündigungen, Sozialplan etc.). Sollte dies im Einzelfall nicht zutreffen, ist es Sache des Arbeitgebers, eine Vereinbarung mit dem Betriebs- bzw. Personalrat oder eine rechtskräftige gerichtliche Entscheidung – ggf. im Wege der einstweiligen Verfügung – herbeizuführen, durch die die Zahl der freizustellenden Betriebsrats- bzw. Personalratsmitglieder herabgesetzt wird. Solange das nicht geschehen ist, bleiben die bisher freigestellten Mitglieder der jeweiligen Arbeitnehmervertretung weiterhin von der Arbeit freigestellt. 145

Wird ein nach § 15 KSchG geschützter Arbeitnehmer vor der Beendigung des Arbeitsverhältnisses individualrechtlich zulässigerweise von der Arbeit freigestellt, bleibt sein betriebsverfassungsrechtliches bzw. personalvertretungsrechtliches **Amt** hiervon **unberührt**. Die aus diesem Amt folgenden Aufgaben darf und muss er sogar bis zur Beendigung des Arbeitsverhältnisses – und uU darüber hinaus (s. Rdn 154) – wahrnehmen; zu diesem Zweck hat ihm der Arbeitgeber Zutritt zum Betrieb zu gewähren. 146

V. Der Kündigungsschutzprozess

1. Mängel der Kündigung

Die Kündigung durch den Arbeitgeber ist unwirksam, wenn die **Voraussetzungen** des § 15 Abs. 4 KSchG (Betriebsstilllegung bzw. zwingende betriebliche Erfordernisse für früher wirkende Kündigung) nicht erfüllt sind oder der **Betriebsrat nicht** ordnungsgemäß nach § 102 BetrVG **angehört** wurde. Die Unwirksamkeit der Kündigung folgt nicht aus § 1 KSchG, sondern aus § 15 KSchG bzw. § 102 Abs. 1 BetrVG. Es handelt sich um eine Unwirksamkeit »aus anderen Gründen« iSv § 4 S. 1 KSchG, die das Gremienmitglied innerhalb von drei Wochen nach Zugang der – schriftlichen – Kündigung durch Klage beim Arbeitsgericht geltend machen muss. 147

Eine gerichtliche Auflösung des Arbeitsverhältnisses unter Zahlung einer Abfindung an den Arbeitnehmer gem. §§ 9, 10 KSchG kommt nicht in Betracht (§ 13 Abs. 3 KSchG). Auch der Arbeitnehmer kann keinen Auflösungsantrag stellen (vgl. auch KR-*Spilger* § 9 KSchG Rdn 76). 148

2. Nachschieben von Kündigungsgründen

Ein **Nachschieben** von Kündigungsgründen im Kündigungsschutzprozess kommt auch bei einer auf § 15 Abs. 4 KSchG gestützten ordentlichen Kündigung in Betracht, wenn der Arbeitgeber weitere Umstände vortragen will, die etwa für einen Nachweis der Stilllegungsabsicht oder für die »zwingenden betrieblichen Erfordernisse« iSv § 15 Abs. 4 BetrVG von Bedeutung sind. Zu der nachgeschobenen Kündigungsgründe ist zuvor der **Betriebsrat** nach § 102 BetrVG anzuhören. Waren die nachträglich vorgebrachten Gründe dem Arbeitgeber bei der **vorangegangenen Anhörung** schon bekannt und hatte er gleichwohl den Betriebsrat zu ihnen nicht angehört, ist eine neuerliche Anhörung unzulässig und ein wirksames Nachschieben im Prozess nicht möglich (*BAG* 18.6.2015 EzA § 102 BetrVG 2001 Nr. 33; vgl. Rdn 66). 149

3. Darlegungs- und Beweislast

150 Der Tatbestand des § 15 Abs. 4 KSchG, das Fehlen einer Weiterbeschäftigungsmöglichkeit in einem anderen Bereich des Unternehmens und die ordnungsgemäße Anhörung des Betriebsrats sind **Wirksamkeitsvoraussetzungen** einer Kündigung nach § 15 Abs. 4 KSchG. Für sie trägt der **Arbeitgeber** die **Darlegungs- und Beweislast**. Hinsichtlich der Unmöglichkeit einer Weiterbeschäftigung genügt der Arbeitgeber zunächst seiner Darlegungslast, wenn er vorträgt, in einem anderen Betrieb des Unternehmens gebe es keinen der bisherigen Tätigkeit des Betriebsratsmitglieds entsprechenden Arbeitsplatz. Es ist dann Sache des Betriebsratsmitglieds vorzutragen, wie er sich im Hinblick auf seine Qualifikationen seine Weiterbeschäftigung vorstellt. Diesem Vortrag muss der Arbeitgeber entgegentreten und nun seinerseits substantiiert darlegen und ggf. beweisen, dass ein entsprechender Arbeitsplatz nicht vorhanden ist, das Betriebsratsmitglied ihn zumindest nicht ausfüllen könnte oder ein schutzwürdigerer Arbeitnehmer auf dem Arbeitsplatz beschäftigt ist (vgl. *BAG* 23.2.2010 – 2 AZR 656/08, EzA § 15 KSchG nF Nr. 66; *LAG Bln.* 27.6.1986 LAGE § 15 KSchG Nr. 4).

VI. Weiterbeschäftigung und Amtsausübung nach Ablauf der Kündigungsfrist

151 Ein Anspruch auf Weiterbeschäftigung nach Ablauf der Kündigungsfrist und vor der Beendigung eines Kündigungsrechtsstreits kommt dann in Betracht, wenn die **Kündigung offensichtlich unwirksam** ist (vgl. *BAG* 26.5.1977 EzA § 611 BGB Beschäftigungspflicht Nr. 2) oder ein (noch nicht rechtskräftiges) Urteil vorliegt, in dem die Rechtsunwirksamkeit der Kündigung festgestellt wird (vgl. *BAG* 27.2.1985 EzA § 611 BGB Beschäftigungspflicht Nr. 9). Wegen der Einzelheiten s. KR-*Rinck* § 102 BetrVG Rdn 357 ff.

152 Ferner kann der Arbeitnehmer einen Weiterbeschäftigungsanspruch nach Ablauf der Kündigungsfrist auf § **102 Abs. 5 BetrVG** stützen, wenn der Betriebsrat der Kündigung frist- oder ordnungsgemäß widersprochen hat (s. Rdn 130 f. und KR-*Rinck* § 102 BetrVG Rdn 184 ff.) und er – der Arbeitnehmer – Klage auf Feststellung erhoben hat, dass das Arbeitsverhältnis durch die Kündigung nicht aufgelöst worden ist (ebenso: *Matthes* DB 1980, 1168). Diese Klage ist als Klage »nach dem Kündigungsschutzgesetz« iSv § 102 Abs. 5 BetrVG anzusehen, da die Unwirksamkeit der Kündigung auf die sich aus § 15 KSchG ergebende Sozialwidrigkeit gestützt wird (aA *LAG Düsseld.* 20.11.1980 EzA § 102 BetrVG 1972 Beschäftigungspflicht Nr. 8; vgl. auch SPV-*Vossen* Rn 1723). Zumindest ist eine entsprechende Anwendung des § 102 Abs. 5 BetrVG geboten, weil ein berechtigter Widerspruch des Betriebsrats iSv § 102 Abs. 3 BetrVG zur Unwirksamkeit der Kündigung nach § 15 KSchG führt und es sich bei dieser um eine sozialwidrige Kündigung handelt (s. Rdn 125, 131).

153 Sofern dem Betriebsratsmitglied ein Weiterbeschäftigungsanspruch zusteht, **behält es sein betriebsverfassungsrechtliches Amt** bis zur rechtskräftigen Entscheidung des Kündigungsschutzprozesses (*LAG Hamm* 17.1.1996 LAGE § 25 BetrVG 1972 Nr. 4; *ArbG Elmshorn* 10.9.1996 AiB 1997, 173), auch wenn es auf die Durchsetzung seines Weiterbeschäftigungsanspruchs verzichtet (s. KR-*Rinck* § 103 BetrVG Rdn 163). Zur Amtsausübung kann es vom Arbeitgeber den Zutritt zum Betrieb verlangen. Dieser Anspruch kann, falls erforderlich, durch einstweilige Verfügung im Beschlussverfahren gegen den Arbeitgeber durchsetzbar sein (*ArbG Elmshorn* 10.9.1996 AiB 1997, 173; s.a. KR-*Rinck* § 103 BetrVG Rdn 162 mwN).

VII. Amtszeit der Betriebsrats- bzw. Personalratsmitglieder

154 Betriebsratsmitglieder, deren Arbeitsverhältnis wegen der auf die Betriebsstilllegung gestützten Kündigung endet, bleiben trotz des Vertragsendes und des mit der Stilllegung verbundenen Untergangs des Betriebs aufgrund des gesetzlichen **Restmandats** so lange im Amt, wie dies zur Wahrnehmung der mit der **Betriebsstilllegung im Zusammenhang stehenden** Mitwirkungs- und Mitbestimmungsrechte erforderlich ist (§ 21b BetrVG). Wenn für sämtliche Betriebsrats- bzw. Personalratsmitglieder (einschließlich der Ersatzmitglieder) eine Beschäftigungsmöglichkeit schon vor dem Zeitpunkt der Betriebsstilllegung entfallen und auch kein Betriebsrats- bzw. Personalratsmitglied freigestellt ist, kann der Arbeitgeber zwar deren Arbeitsverträge schon zu diesem früheren Termin, dh vor der tatsächlichen

Betriebsstilllegung kündigen und damit die Arbeitsverhältnisse beenden. Der Betriebs-/Personalrat bzw. die Gremienmitglieder behalten jedoch auch in diesem Fall ihr Mandat, das allemal bis zur **tatsächlichen Betriebsstilllegung** dauert. Es besteht darüber hinaus so lange fort, wie im Zusammenhang mit der Betriebsstilllegung stehende mitwirkungspflichtige Angelegenheiten (zB die Aufstellung eines Sozialplans) noch nicht endgültig geregelt und mögliche Ansprüche des Betriebsrats gegen den Arbeitgeber (zB Kostenerstattungsansprüche nach § 40 BetrVG) noch nicht erledigt sind. Bis zur endgültigen Regelung dieser Angelegenheiten behält der Betriebsrat bzw. Personalrat ein Restmandat nach § 21b BetrVG (*BAG* 11.10.2016 EzA § 21b BetrVG 2001 Nr. 4; 8.12.2009 EzA § 21b BetrVG 2001 Nr. 1; 14.10.1982 EzA § 15 KSchG nF Nr. 29), selbst wenn hierbei das kalendarische Ende seiner Wahlperiode überschritten wird (vgl. *LAG Hamm* 23.10.1975 EzA § 112 BetrVG 1972 Nr. 10). Die Zeit, die Betriebsratsmitglieder nach Beendigung des Arbeitsverhältnisses für Betriebsratsaufgaben aufwenden, ist ihnen in entsprechender Anwendung des § 37 Abs. 3 BetrVG wie Arbeitszeit zu **vergüten** (ebenso: *BAG* 14.10.1982 EzA § 15 KSchG nF Nr. 29); gegen ihren evtl. neuen Arbeitgeber wird man ihnen einen Anspruch auf unbezahlte Freizeit zubilligen müssen, soweit dies zur Ausübung von Abwicklungsarbeiten im alten Betriebsrat erforderlich ist.

H. Kündigung bei Stilllegung einer Betriebsabteilung

Wird nicht der gesamte Betrieb, sondern nur eine **Betriebsabteilung** stillgelegt, so ist ein Betriebsratsmitglied, das in der stillgelegten Betriebsabteilung beschäftigt war, grds. in eine **andere Betriebsabteilung** zu übernehmen (§ 15 Abs. 5 KSchG). Im öffentlichen Dienst tritt an die Stelle der Betriebsabteilung die Dienststellenabteilung. 155

I. Begriff der Betriebsabteilung

1. Eine Betriebsabteilung ist ein **räumlich, personell und organisatorisch abgegrenzter Teil eines Betriebs**, der eine personelle Einheit erfordert, dem eigene technische Betriebsmittel zur Verfügung stehen und der eigene Betriebszwecke verfolgt, die Teil des arbeitstechnischen Zwecks des Gesamtbetriebs sind (zB die Stepperei einer Schuhfabrik) oder in einem bloßen Hilfszweck für den arbeitstechnischen Zweck des Gesamtbetriebs bestehen können (zB die Buchdruckerei in einer chemischen Fabrik, die Kartonageabteilung einer Zigarettenfabrik; vgl. *BAG* 30.10.2019 – 10 AZR 177/18, EzA § 4 TVG Bauindustrie Nr. 163 mwN; 23.2.2010 – 2 AZR 656/08, EzA § 15 KSchG nF Nr. 66; 2.3.2006 EzA § 1 KSchG Betriebsbedingte Kündigung Nr. 145; 20.1.1984 EzA § 15 KSchG nF Nr. 33; *LKB* § 15 Rn 178 f.; *Bernstein* NZA 1993, 730 f.). Eine **Betriebsabteilung** gem. § 15 Abs. 5 KSchG muss einen **eigenen Betriebszweck** verfolgen, für einen **Betriebsteil** iSv § 613a Abs. 1 BGB ist dies nicht erforderlich (*LAG Bra.* 12.10.2001 – 5 Sa 603/00, NZA-RR 2002, 520). Auch braucht ein Betriebsteil nicht notwendig über eigene Betriebsmittel zu verfügen. So sind etwa die in einer Stadt zerstreut liegenden Filialen eines Lebensmittelgeschäfts zwar Betriebsteile, aber keine Betriebsabteilungen. Werden jedoch in einer Filiale nur Fische verkauft, während in den übrigen Filialen sonstige Lebensmittel angeboten werden, ist die Filiale »Fischverkauf« eine Betriebsabteilung. Besteht ein Betrieb aus mehreren räumlich nah beieinanderliegenden Betriebsteilen und befinden sich in diesen Betriebsteilen organisatorisch abgrenzbare Arbeitseinheiten, die jeweils denselben Betriebszweck verfolgen, sollen diese Arbeitseinheiten nach *BAG* (20.1.1984 EzA § 15 KSchG nF Nr. 33; zust. HaKo-KSchR/*Nägele-Berkner* § 15 Rn 110; LSW-*Wertheimer* § 15 Rn 94), jeweils gemeinsam eine Betriebsabteilung bilden. Diese Auffassung ist **nicht unproblematisch** (abl. *Schlüter/Belling* SAE 1985, 164). Organisatorisch abgrenzbare Arbeitseinheiten eines Betriebsteils sind jeweils eigene Betriebsabteilungen. Wenn mehrere organisatorisch abgrenzbare Arbeitseinheiten und damit mehrere Leiter dieser Einheiten vorhanden sind, ist es nicht möglich, diese Einheiten organisatorisch zusammenzufassen, wenn es an einer entsprechenden Organisation (zB der Bestellung nur eines Leiters) fehlt. 156

2. Soweit für **Betriebsteile** ein **eigener Betriebsrat** besteht, gelten sie iSv. § 15 Abs. 4, Abs. 5 KSchG nicht als Betriebsabteilungen, sondern als **selbständige Betriebe** (vgl. § 4 Abs. 1 S. 1 BetrVG). Bei einer **Stilllegung** eines dieser Betriebsteile/Betriebe ist demnach nur § **15 Abs. 4 KSchG** anwendbar (*BAG* 4.11.2004 – 2 AZR 96/04, EzA § 15 KSchG nF Nr. 58; *LAG Bln.* 6.12.2005 LAGE § 102 157

BetrVG 2001 Nr. 5; *Fitting* § 103 BetrVG Rn 20). § 15 Abs. 5 KSchG soll die Funktionsfähigkeit des Betriebsrats sichern. Dieses Ziel kann mit einer Übernahme in eine andere Abteilung nicht erreicht werden. Die Mitglieder des Betriebsrats im betriebsverfassungsrechtlich selbständigen Betriebsteil würden mit dem Abteilungswechsel allemal ihr Mandat verlieren, da sie für die anderen Betriebsteile/Abteilungen oder den Hauptbetrieb nicht gewählt worden sind. Es bleibt freilich für die Wirksamkeit der Kündigung auch mit Blick auf sie bei den Voraussetzungen des § 1 Abs. 2, Abs. 3 KSchG – bezogen auf den sämtliche Betriebsteile/Betriebsabteilungen umfassenden, kündigungsschutzrechtlich einheitlichen Betrieb. Falls die Belegschaft des Betriebsteils den Betriebsrat des Hauptbetriebs mitgewählt hat (§ 4 Abs. 1 S. 2 BetrVG), ist dieser Betriebsteil als **Betriebsabteilung** iSv § 15 Abs. 5 KSchG anzusehen. Entscheidend ist, dass der Betriebsrat dann auch diesen Betriebsteil repräsentiert und deshalb die Weiterbeschäftigung eines Betriebsratsmitglieds nach Stilllegung seiner Betriebsabteilung seine Mitgliedschaft zum Betriebsrat nicht berührt. Das entspricht dem Ziel des § 15 Abs. 5 KSchG, die Weiterbeschäftigung des Betriebsratsmitglieds in einem anderen Teil des Betriebs unter Aufrechterhaltung der Mitgliedschaft im Betriebsrat zu sichern.

158 3. Soweit **Kleinstbetriebe** dem Hauptbetrieb zuzuordnen sind, also idR weniger als fünf ständige wahlberechtigte Arbeitnehmer oder weniger als drei wählbare Arbeitnehmer beschäftigen (§ 4 Abs. 2 iVm § 1 BetrVG), sind sie ebenfalls als **Betriebsabteilungen** iSv § 15 Abs. 5 KSchG anzusehen; auch sie werden vom Betriebsrat mitrepräsentiert.

II. Stilllegung einer Betriebsabteilung

159 1. Der Ausdruck »Stilllegung« einer Betriebsabteilung ist wie der der »Stilllegung« des Betriebs zu bestimmen. Danach ist entscheidend, dass die **Arbeits- und Produktionsgemeinschaft** zwischen Unternehmer und Belegschaft der Betriebsabteilung **aufgelöst** wird und dies auf einem ernstlichen und endgültigen **Willensentschluss** des Arbeitgebers beruht. Die Auflösung darf auch hier nicht nur für eine zeitlich unerhebliche und vorübergehende, dh sie muss auch hier für eine zeitlich erhebliche oder unbestimmte Dauer geplant sein. Wegen der Einzelheiten gelten die Ausführungen zur Betriebsstilllegung entsprechend (s. Rdn 111 ff.).

160 2. Von der Stilllegung einer Betriebsabteilung zu unterscheiden sind die **Stilllegung von Betriebsteilen**, die **keine** Betriebsabteilungen sind (zB die Filiale eines Lebensmittelgeschäftes), und bloße **Betriebseinschränkungen**, zB die Außerbetriebnahme einzelner Maschinen oder die Vergabe einzelner Aufträge an Subunternehmer. In diesen Fällen kann von der Stilllegung einer Betriebsabteilung keine Rede sein, so dass eine Kündigung nach § 15 Abs. 5 KSchG nicht in Betracht kommt (*LAG Brandenburg* 12.10.2001 – 5 Sa 603/00, NZA-RR 2002, 520). Im Streitfall muss der Arbeitgeber darlegen und beweisen, dass es sich um einen räumlich und organisatorisch abgegrenzten Teil des Betriebs handelt (vgl. *LAG Köln* 26.6.2006 NZA-RR 2006, 575).

161 3. Wird eine **Betriebsabteilung** – die zugleich einen Betriebsteil iSv § 613a Abs. 1 BGB darstellt – nach einer Abspaltung **veräußert**, geht das Arbeitsverhältnis eines dort beschäftigten Betriebsratsmitglieds gem. § 613a Abs. 1 BGB auf den Erwerber über; das Betriebsratsamt (im alten Betrieb) erlischt damit. Widerspricht das Betriebsratsmitglied dem Übergang des Arbeitsverhältnisses, kann der Veräußerer die mit den widersprechenden Arbeitnehmern verbleibende Rumpf-Betriebsabteilung stilllegen und damit die Voraussetzungen für eine Anwendung des § 15 Abs. 5 KSchG schaffen. Das BAG geht davon aus, dass dieser Sachverhalt von § 15 Abs. 4 und 5 KSchG erfasst werde (*BAG* 18.9.1997 EzA § 15 KSchG nF Nr. 46; abl. *Trümner* AiB 1998, 619). Einer analogen Anwendung des § 15 Abs. 5 KSchG bedürfe es nicht (ebenso *LAG Düsseld.* 25.11.1997 LAGE § 15 KSchG Nr. 16; *Annuß* DB 1999, 798; *Gerauer* BB 1990, 1127; HaKo-KSchR/*Nägele-Berkner* § 15 Rn 127; *Weber/Lohr* BB 1999, 2352). Bei der **Veräußerung von Betriebsteilen** – die nicht zugleich eine Betriebsabteilung darstellen – geht das Arbeitsverhältnis des dort beschäftigten Betriebsratsmitglieds ebenfalls auf den Erwerber über, wenn es dem Übergang nicht widerspricht. Bei einem Widerspruch bleibt das Arbeitsverhältnis mit dem Veräußerer bestehen, ohne dass die Voraussetzungen des § 15 Abs. 5 KSchG vorlägen; das Betriebsratsmitglied muss also weiterbeschäftigt werden (*Annuß* DB 1999, 798, befürwortet insoweit eine **analoge Anwendung** des § 15

Abs. 5 KSchG mit der Maßgabe, dass der Arbeitgeber keinen anderen Arbeitsplatz freikündigen müsse, weil dem Betriebsratsmitglied kein sachlicher Grund für einen Widerspruch gegen den Übergang seines Arbeitsverhältnisses zur Seite stehe).

III. Übernahme in eine andere Betriebsabteilung

1. Bei der Stilllegung einer Betriebsabteilung hat der Arbeitgeber dort beschäftigte und nach § 15 KSchG geschützte Arbeitnehmer in eine **andere Betriebsabteilung** zu **übernehmen** (*BAG* 27.6.2019 – 2 AZR 38/19, EzA § 15 KSchG nF Nr. 75). § 15 Abs. 5 KSchG dient auf diese Weise der Kontinuität der Betriebsratsarbeit und dem Schutz vor einer personellen Auszehrung des Gremiums. Ist die Übernahme in eine andere Betriebsabteilung aus betrieblichen Gründen nicht möglich, ist das Betriebsratsmitglied nach § 1 Abs. 2 S. 2 Nr. 1 Buchst. b) KSchG – unter Verlust des Mandats – auf einen (passenden) freien Arbeitsplatz in einem **anderen Betrieb** des Unternehmens (s. Rdn 125 f.) zu **übernehmen.** Das gilt auch, wenn er die verbleibenden Betriebsabteilungen und Betriebe veräußert und damit das Arbeitsverhältnis des geschützten Arbeitnehmers nach einer Umsetzung gem. § 613a Abs. 1 BGB auf den Betriebserwerber übergeht (*LAG SA* 16.3.1999 BB 1999, 1875). Eine »Übernahme« des Arbeitnehmers in eine andere Betriebsabteilung oder einen anderen Betrieb bedeutet, dass der Arbeitgeber den Arbeitnehmer dort auf einem **gleichwertigen Arbeitsplatz** beschäftigen muss; das Angebot eines geringerwertigen Arbeitsplatzes mit geringerer Entlohnung beim Vorhandensein eines gleichwertigen Arbeitsplatzes genügt nicht (*LKB* § 15 Rn 182). Sind geeignete freie Arbeitsplätze in einer anderen Betriebsabteilung vorhanden, sind diese dem geschützten Arbeitnehmer – ggf. im Wege der **Änderungskündigung** – zunächst anzubieten; zum Freikündigen eines örtlich näher gelegenen Arbeitsplatzes ist der Arbeitgeber in diesem Fall nicht verpflichtet (*BAG* 28.10.1999 EzA § 15 KSchG nF Nr. 48 = AiB 2000, 581 m. abl. Anm. *Backmeister*; zust. ErfK-*Kiel* § 15 KSchG Rn 44). Sind in einer anderen Betriebsabteilung zwar ein oder mehrere gleichwertige Arbeitsplätze vorhanden, sind diese aber mit anderen Arbeitnehmern besetzt, muss der Arbeitgeber versuchen, einen dieser Arbeitsplätze durch Umsetzung, **notfalls durch Kündigung** für den durch § 15 KSchG geschützten Arbeitnehmer – auch für einen Wahlbewerber (*BAG* 12.3.2009 EzA § 15 KSchG nF Nr. 63) - **freizumachen** (*BAG* 23.2.2010 – 2 AZR 656/08, EzA § 15 KSchG nF Nr. 66; 13.6.2002 EzA § 15 KSchG nF Nr. 55 m. zust. Anm. *Pallasch* = AP Nr. 97 zu § 615 BGB m. zust. Anm. *Koppenfels-Spies*; 18.10.2000 EzA § 15 KSchG nF Nr. 51 m. zust. Anm. *Auer* = AP Nr. 49 zu § 15 KSchG 1969 m. zust. Anm. *Schleusener* = RdA 2002, 52 m. zust. Anm. *Krause* = SAE 2002, 1 m. abl. Anm. *Wank* = AiB 2002, 321 m. zust. Anm. *Hayen*; *Eylert* AuR 2014, 300, 309; *Breschendorf* BB 2007, 663; aA *Leuchten* NZA 2007, 585 und *Schleusener* DB 1998, 2368, die eine Freikündigungspflicht des Arbeitgebers verneinen). Hierbei sind jedoch die **sozialen Belange** des von der Kündigung betroffenen Arbeitnehmers und die berechtigten betrieblichen Interessen an dessen Weiterbeschäftigung auf der einen Seite gegen die Interessen der Belegschaft und des durch § 15 KSchG geschützten Arbeitnehmers an seiner Weiterbeschäftigung auf der anderen Seite abzuwägen (*LAG Düsseld.* 25.11.1997 LAGE § 15 KSchG Nr. 16; *Fitting* § 103 Rn 21; *LKB* § 15 Rn 183; *Schleusener* Anm. AP Nr. 49 zu § 15 KSchG 1969; in diesem Sinne auch *Auer* Anm. EzA § 15 KSchG nF Nr. 51; *Herschel* Anm. EzA § 15 KSchG nF Nr. 27; *Bröhl* RdA 2010, 174; offen gelassen in *BAG* 18.10.2000 EzA § 15 KSchG nF Nr. 51; aA HaKo-KSchR/*Nägele-Berkner* § 15 Rn 134; LSW-*Wertheimer* § 15 Rn 91; *Fischer* DB 2004, 2753 f., *Matthes* DB 1980, 1168 f., MünchArbR-*Berkowsky* § 153 Rn 73 f. und *Peter* AiB 2007, 593, die beim Fehlen freier Arbeitsplätze eine Pflicht des Arbeitgebers zur Freikündigung generell bejahen; offen gelassen von *BAG* 12.3.2009 EzA § 15 KSchG nF Nr. 63).

162

Darauf, ob der Arbeitnehmer, der entlassen werden müsste, um einen Arbeitsplatz für den durch § 15 KSchG geschützten Arbeitnehmer freizumachen, von der Kündigung sozial härter betroffen würde als der durch § 15 KSchG geschützte Arbeitnehmer, kommt es nicht entscheidend an (*ArbG Mainz* 4.12.1985 DB 1986, 754). Zu berücksichtigen ist vielmehr auf Seiten der durch § 15 KSchG geschützten Person neben sozialen Gesichtspunkten das Interesse der Belegschaft an der Fortführung ihres Amtes und im Nachwirkungszeitraum das Interesse des geschützten Arbeitnehmers, durch Erhaltung seines Arbeitsplatzes wieder Anschluss in seinem Beruf zu finden, auf Seiten des ggf. zu entlassenden Arbeitnehmers die möglichen berechtigten betrieblichen Interessen an seiner Weiterbeschäftigung

163

(vgl. § 1 Abs. 3 S. 2 BetrVG). Das kann einerseits dazu führen, dass ein 30jähriges lediges Wahlvorstandsmitglied, das nur noch nachwirkenden Kündigungsschutz genießt, nicht die Entlassung eines gleichaltrigen Familienvaters mit drei minderjährigen Kindern verlangen kann, um dessen Arbeitsplatz einzunehmen (zust. *Auer* Anm. EzA § 15 KSchG nF Nr. 51; damit wird den Bedenken von *Gamillscheg* ZfA 1977, 276 Rechnung getragen). Andererseits wird ein Betriebsratsmitglied, das als einziges in einem mehrköpfigen Betriebsrat mehrere Wahlperioden amtiert hat, besonders kenntnisreich ist und umfassende Erfahrungen in der Betriebsratstätigkeit besitzt, unter Umständen sogar die **Entlassung** eines **schwerbehinderten** Arbeitnehmers verlangen können, wenn – insbes. bei ständigen Konflikten mit dem Arbeitgeber – ein anzuerkennendes dringendes Interesse der Belegschaft daran besteht, dass er als Vertreter ihrer betrieblichen Belange weiter amtiert (*Auer* Anm. EzA § 15 KSchG nF Nr. 51). Im Allgemeinen wird allerdings selbst eine durch § 15 KSchG geschützte Person die Entlassung eines Schwerbehinderten nicht verlangen können (vgl. *Fitting* § 103 Rn 21; *LKB* § 15 Rn 183; *Bernstein* NZA 1993, 733). Das Freikündigen eines Arbeitsplatzes, der mit einem **ordentlich unkündbaren** Arbeitnehmer besetzt ist, kommt nicht in Betracht, da für die dann allein mögliche außerordentliche Kündigung ein wichtiger Grund (Unzumutbarkeit der Weiterbeschäftigung) fehlt.

164 2. **Kann nur ein Teil** der nach § 15 KSchG **geschützten Arbeitnehmer**, die in der stillzulegenden Betriebsabteilung beschäftigt sind, weiterbeschäftigt werden, ist unter diesen nach den Grundsätzen des § 1 Abs. 3 KSchG eine soziale Auswahl zu treffen. Zur Sicherung der Stetigkeit der Betriebsratsarbeit kommt den aktiven Mandatsträgern der Vorrang vor dem übrigen Personenkreis (zB Ersatzmitglieder, erfolglose Wahlbewerber, zurückgetretene Betriebsratsmitglieder) zu (BAG 2.3.2006 EzA § 1 KSchG Betriebsbedingte Kündigung Nr. 145; *Haas* FA 2011, 102). Reicht das Direktionsrecht des Arbeitgebers zur Versetzung/Übernahme des Mandatsträgers auf einen anderen Arbeitsplatz nicht aus und ist es auch nicht zu einer einvernehmlichen Regelung gekommen, muss der Arbeitgeber die mögliche Weiterbeschäftigung im Rahmen einer **Änderungskündigung** anbieten (BAG 12.3.2009 EzA § 15 KSchG nF Nr. 63 = AiB 2010, 273 m. zust. Anm. *Rudolph*; *Eylert/Sänger* RdA 2010, 28).

165 3. Wenn in einer **anderen Betriebsabteilung** für einen durch § 15 KSchG geschützten Arbeitnehmer kein gleichwertiger Arbeitsplatz vorhanden ist oder freigemacht werden kann, aber ein **geringerwertiger Arbeitsplatz** zur Verfügung steht, der dem Arbeitnehmer nach seinen Fähigkeiten und seiner Stellung im Betrieb zugemutet werden kann, wird man den Arbeitgeber für verpflichtet halten müssen, dem Arbeitnehmer diesen Arbeitsplatz anzubieten oder ihn auf diesen Arbeitsplatz – notfalls im Wege einer Änderungskündigung – zu **versetzen**. Das folgt aus dem Sinn des § 15 Abs. 5 KSchG, die Weiterbeschäftigung des Arbeitnehmers nach Möglichkeit sicherzustellen (ebenso HaKo-KSchR/ *Nägele-Berkner* Rn 136). Zumutbar in diesem Sinne dürfte es zB sein, dass ein Vorarbeiter in einer anderen Betriebsabteilung unter einem anderen Vorarbeiter, der nicht entlassen werden kann, als Arbeiter eingesetzt wird. Könnte der betriebsverfassungsrechtliche Amtsträger zwar in einer anderen Betriebsabteilung weiterbeschäftigt werden, ist ihm aber der betreffende Arbeitsplatz bei objektiver Betrachtung nicht zumutbar, braucht der Arbeitgeber diesen Arbeitsplatz dem Amtsträger nicht von sich aus anzubieten, muss diesen jedoch auf dessen eigenes Verlangen dort weiterbeschäftigen; dies erfordert der Zweck des § 15 KSchG, das Arbeitsverhältnis des Amtsträgers nach Möglichkeit aufrechtzuerhalten (vgl. auch § 102 Abs. 3 Nr. 5 BetrVG). Hingegen besteht kein Anspruch des Betriebsratsmitglieds auf Weiterbeschäftigung auf einem **höherwertigen Arbeitsplatz**, auch wenn eine Weiterbeschäftigung auf einem anderen (gleichwertigen oder geringerwertigen) Arbeitsplatz nicht möglich ist (BAG 23.2.2010 – 2 AZR 656/08, EzA § 15 KSchG nF Nr. 66 mwN; zust. *Lingemann/ Groneberg* AP Nr. 66 zu § 15 KSchG 1969; *Maties* SAE 2011, 165; *Houben* NZA 2008, 855).

166 4. Kommt die Weiterbeschäftigung in einer **anderen Betriebsabteilung** mangels geeigneten Arbeitsplatzes nicht in Betracht, hat der Arbeitgeber den Mandatsträger ggf. auf einen geeigneten **freien Arbeitsplatz** in einem **anderen Betrieb** zu versetzen oder ihm diesen Arbeitsplatz im Rahmen einer Änderungskündigung anzubieten. Das **Freikündigen** eines geeigneten Arbeitsplatzes im anderen Betrieb ist dagegen sachlich nicht zu rechtfertigen, weil mit einem Wechsel des Betriebs der Mandatsverlust verbunden und deshalb die Kontinuität der Betriebsratsarbeit ohnehin nicht zu bewirken ist (im Ergebnis ebenso ErfK-*Kiel* § 15 Rn 42).

5. Soll im Zusammenhang mit der Stilllegung einer Betriebsabteilung **der restliche Betrieb veräu-** 167
ßert werden, hat der Betriebsveräußerer die durch § 15 KSchG geschützten Arbeitnehmer zuvor in
die zu veräußernden Abteilungen zu **versetzen**. Geschieht dies nicht, gehen die Arbeitsverhältnisse
der betreffenden Amtsträger in entsprechender Anwendung von § 613a Abs. 1 BGB gleichwohl **auf
den Betriebserwerber** über, weil dies der »Übernahme« in eine andere Betriebsabteilung iSv § 15
Abs. 5 S. 1 KSchG entspricht. Ist dort eine Weiterbeschäftigung aus betrieblichen Gründen nicht
möglich, kann auch der Betriebserwerber das Arbeitsverhältnis in Anwendung von § 15 Abs. 5
KSchG kündigen (*Fitting* § 103 Rn 23; TRL-*Thüsing* Rn 126).

6. Soweit sie möglich ist, hat der Arbeitgeber die Weiterbeschäftigung des Arbeitnehmers in einer 168
anderen Betriebsabteilung unter Beachtung der **Mitwirkungsrechte des Betriebsrats nach § 99 ff.
BetrVG** (Versetzung) kraft seines Direktionsrechts anzuordnen. Reicht das Direktionsrecht dafür
nicht hin, hat der Arbeitgeber dem Arbeitnehmer die Weiterbeschäftigungsmöglichkeit erforderlichenfalls im Wege der **Änderungskündigung** anzubieten. Lehnt der Arbeitnehmer ein zumutbares
Änderungsangebot schon vor der Erklärung einer Änderungskündigung endgültig und vorbehaltlos
ab, kann der Arbeitgeber eine »reine« Beendigungskündigung aussprechen (s. KR-*Kreft* § 2 KSchG
Rdn 22) und das Arbeitsverhältnis unter Einhaltung der ordentlichen Kündigungsfrist zum Zeitpunkt der Stilllegung der Betriebsabteilung, bei früherem Wegfall der Beschäftigungsmöglichkeit
auch schon zu diesem Zeitpunkt kündigen (§ 15 Abs. 5 iVm Abs. 4 KSchG).

7. Ist eine Weiterbeschäftigung des Arbeitnehmers in einer anderen Betriebsabteilung zwar aus be- 169
trieblichen Gründen nicht unmöglich, beruft sich der Arbeitgeber aber auf **persönliche Gründe** zur
Beendigung des Arbeitsverhältnisses, kann dies nach Wortlaut und Sinn des Gesetzes im Rahmen
des § 15 Abs. 5 S. 2 KSchG **nicht berücksichtigt** werden (aA *Herschel* Anm. EzA § 15 KSchG nF
Nr. 27). Vielmehr ist dann, falls die Voraussetzungen des § 15 Abs. 1 bis Abs. 3 KSchG iVm § 626
BGB, § 103 BetrVG vorliegen, nur eine außerordentliche Kündigung möglich.

IV. Zulässigkeit der Kündigung

1. Ist nach den dargelegten Grundsätzen eine Übernahme des Mandatsträgers in eine andere Be- 170
triebsabteilung oder die Weiterbeschäftigung in einem anderen Betrieb nicht möglich, kann der
Arbeitgeber das Arbeitsverhältnis unter Einhaltung der maßgebenden Kündigungsfrist ordentlich
kündigen, aber frühestens zum **Zeitpunkt der Stilllegung der Betriebsabteilung, § 15 Abs. 5 S. 2
KSchG**. Entfällt schon vor diesem Zeitpunkt jedwede Beschäftigungsmöglichkeit für den Arbeitnehmer, kann der Arbeitgeber das Arbeitsverhältnis unter Einhaltung der maßgebenden Kündigungsfrist auch schon zu einem Zeitpunkt vor der Stilllegung der Betriebsabteilung kündigen (§ 15
Abs. 5 S. 2 iVm Abs. 4 Hs. 2 KSchG, frühestens aber zum **Zeitpunkt des Wegfalls der Beschäftigungsmöglichkeit** (vgl. *LKB* § 15 Rn 186; wegen weiterer Einzelheiten s. Rdn 140 ff.).

Der Arbeitgeber hat den Betriebsrat/Personalrat vor Ausspruch der ordentlichen Kündigung nur 171
nach **§ 102 Abs. 1 BetrVG** zu hören. Ein rechtserhebliches Widerspruchsrecht des Betriebsrats
nach § 102 Abs. 3 BetrVG kommt insbes. bei einer anderweitigen Weiterbeschäftigungsmöglichkeit in Betracht (s. Rdn 131).

2. Hinsichtlich des **Kündigungstermins** gelten die Ausführungen zur Betriebsstilllegung entspre- 172
chend (s. Rdn 136 ff.). Eine Entlassung zu einem früheren Termin als dem Termin der Stilllegung
der Betriebsabteilung (s. Rdn 159 f.) ist nur zulässig, wenn nicht nur in der Betriebsabteilung, in
der der Arbeitnehmer zurzeit beschäftigt ist, sondern auch in einer anderen Betriebsabteilung eine
Beschäftigungsmöglichkeit nicht besteht (vgl. Rdn 140 ff.). Die Ausführungen zur Amtszeit der
Betriebsrats- bzw. Personalratsmitglieder (s. Rdn 154) gelten dabei nur für den – seltenen – Fall,
dass sämtliche Betriebsrats- bzw. Personalratsmitglieder einschließlich aller Ersatzmitglieder in der
stillzulegenden Betriebsabteilung beschäftigt sind und eine Übernahme in eine andere Betriebsabteilung für keinen von ihnen möglich ist. Zur Zulässigkeit, dem Zeitpunkt und den **Rechtsfolgen**
der Kündigung s. Rdn 133 bis Rdn 146 verwiesen werden.

173 3. Hinsichtlich der **Mängel der Kündigung** und der **Darlegungs- und Beweislast** im Kündigungsschutzprozess gelten die Ausführungen zur Betriebsstilllegung ebenfalls entsprechend (s. Rdn 150). Hierbei muss der Arbeitgeber nach einem entsprechenden Hinweis des Arbeitnehmers das Fehlen einer Weiterbeschäftigungsmöglichkeit in einer anderen Betriebsabteilung und einem anderen Betrieb des Unternehmens so **substantiiert darlegen**, dass der Schluss gerechtfertigt ist, eine Übernahme sei tatsächlich unmöglich (*BAG* 25.11.1981 EzA § 15 KSchG nF Nr. 27 m. zust. Anm. *Herschel*). Hierzu gehört die Darlegung der Arbeiten, die in den übrigen Betriebsabteilungen noch anfallen, und der Gründe, weshalb es auch durch eine Kündigung der Arbeitsverträge anderer – nicht besonders geschützter – Arbeitnehmer und die Umverteilung der vorhandenen Arbeit unter den verbleibenden Arbeitnehmern nicht möglich war, das Betriebsratsmitglied in wirtschaftlich vertretbarer Weise einzusetzen (vgl. *LAG Hmb.* 26.3.2008 – 5 Sa 91/06, EzA-SD 2008, Nr. 26, S. 3). Zum Weiterbeschäftigungsanspruch nach Ablauf der Kündigungsfrist s. Rdn 151 f.

I. Wiedereröffnung des Betriebs oder der Betriebsabteilung

174 Wurde ein betriebsverfassungsrechtlicher Amtsträger wegen Stilllegung des Betriebs oder einer Betriebsabteilung nach § 15 KSchG wirksam entlassen, besteht bei einer Wiedereröffnung des Betriebs oder der Betriebsabteilung grds. **kein Anspruch** auf **Wiedereinstellung**, es sei denn der Arbeitgeber hätte seine Stilllegungsentscheidung schon vor Ablauf der Kündigungsfrist wieder rückgängig gemacht (s. hierzu KR-*Rachor* § 1 KSchG Rdn 830 ff.). **Lehnt** der Arbeitgeber eine Wiedereinstellung jedoch gerade im Hinblick auf die frühere **Amtstätigkeit ab**, ist ein Anspruch auf Wiedereinstellung zu **bejahen**. Das folgt aus § 78 BetrVG. Die Rechtslage ist die gleiche wie bei einem ursprünglich befristet beschäftigten Betriebsratsmitglied. Lehnt der Arbeitgeber wegen dessen Tätigkeit als Betriebsrat den Abschluss eines Folgevertrags ab, hat das frühere Mitglied gem. § 78 S. 2 BetrVG iVm § 280 Abs. 1, § 823 Abs. 2, § 249 Abs. 1 BGB Anspruch auf Schadensersatz. Dieser ist im Wege der Naturalrestitution auf den Abschluss des verweigerten Folgevertrags gerichtet (*BAG* 25.6.2014 EzA § 78 BetrVG 2001 Nr. 4). Für einen solchen Ausnahmetatbestand trägt der Arbeitnehmer im Streitfall die Darlegungs- und Beweislast; hierbei können ihm die Grundsätze des Beweises des ersten Anscheins zur Seite stehen, wenn der Arbeitgeber alle oder doch fast alle früheren Arbeitnehmer wiedereinstellt (s.a. Rdn 122 f.).

J. Nachwirkender Schutz für Initiatoren einer Betriebsratswahl

I. Dauer des besonderen Schutzes

175 Der besondere Kündigungsschutz der Wahlinitiatoren **beginnt** mit der Einladung oder der Antragstellung bei Gericht und **endet** – sowohl für die zu der Versammlung Einladenden als auch für die Antragsteller beim Arbeitsgericht (s. Rdn 23) – **mit der Bekanntgabe des Wahlergebnisses** durch den Wahlvorstand. Ein Nachwirkungszeitraum ist gesetzlich nicht vorgesehen.

176 Wird ein Betriebsrat, eine Jugend- und Auszubildendenvertretung, eine Bordvertretung oder ein Seebetriebsrat trotz der Einladung zur Betriebsversammlung oder des Antrags auf gerichtliche Bestellung eines Wahlvorstands **nicht gewählt** bzw. bestellt, **endet** der Kündigungsschutz für die Einladenden bzw. Antragsteller **drei Monate** nach dem Zeitpunkt der Einladung oder Antragstellung (§ 15 Abs. 3a S. 2 KSchG). Hat in diesem Zeitpunkt zwar noch keine Wahl stattgefunden, ist sie aber durch den Wahlvorstand **eingeleitet** und auch **nicht abgebrochen** worden, besteht nach dem Zweck des Kündigungsschutzes trotz des unklaren Wortlauts der besondere Kündigungsschutz weiter bis zur Bekanntgabe des Wahlergebnisses – oder doch bis zu dem Zeitpunkt, in dem feststeht, dass eine Wahl nicht stattfindet. Entsprechendes gilt, wenn nach einer ordnungsgemäßen Antragstellung das gerichtliche Bestellungsverfahren drei Monate nach der Antragstellung noch nicht abgeschlossen ist; in diesem Fall besteht der Kündigungsschutz zumindest bis zum Abschluss des Verfahrens fort (ebenso *Nägele/Nestel* BB 2002, 357). Endet das gerichtliche Verfahren mit der rechtskräftigen Bestellung eines Wahlvorstands, besteht der Kündigungsschutz weiter bis zur Bekanntgabe des Ergebnisses der Betriebsratswahl oder des Zeitpunkts, in dem feststeht, dass eine Wahl nicht stattfindet. Endet das gerichtliche

Bestellungsverfahren ohne Bestellung eines Wahlvorstands, zB bei Rücknahme des Antrags, erlischt damit auch der besondere Kündigungsschutz für die Initiatoren der Betriebsratswahl.

II. Schutz gegen ordentliche Kündigungen

1. Gegenüber den geschützten Initiatoren zur Wahl eines Betriebsrats, einer Jugend- und Auszubildendenvertretung, einer Bordvertretung oder eines Seebetriebsrats (s. Rdn 23) sind während der Zeit des besonderen Kündigungsschutzes **ordentliche Kündigungen** unzulässig. **Außerordentliche Kündigungen**, die den Arbeitgeber zur Kündigung aus wichtigem Grund ohne Einhaltung einer Kündigungsfrist berechtigen, sind möglich. Insoweit besteht der gleiche Kündigungsschutz wie für Betriebsratsmitglieder nach § 15 Abs. 1 KSchG (s. hierzu Rdn 42 ff.). Anders als bei den Amtsträgern und Wahlbewerbern nach § 15 Abs. 1 bis 3 KSchG ist zur außerordentlichen Kündigung durch den Arbeitgeber mangels Einflusses auf die Zusammensetzung des mandatierten Gremiums **keine Zustimmung des Betriebsrats** nach § 103 BetrVG bzw. des Personalrats nach den Bestimmungen der Personalvertretungsgesetze **erforderlich**. Auch ein **nachwirkender Kündigungsschutz** nach Bekanntgabe des Wahlergebnisses, wie er für Mitglieder eines Wahlvorstands und Wahlbewerber vorgesehen ist (§ 15 Abs. 3 S. 2 KSchG), **besteht nicht**. 177

2. Gegenüber dem durch § 15 Abs. 3a KSchG geschützten Personenkreis ist nach dem Wortlaut der § 15 Abs. 4, 5 KSchG eine ordentliche Kündigung auch dann nicht möglich, wenn nach der Einladung oder Antragstellung der **Betrieb** oder eine **Betriebsabteilung stillgelegt** wird. Nach der Stellung des § 15 Abs. 3a KSchG im Gesetz (noch vor § 15 Abs. 4, 5 KSchG) und der ausdrücklichen Einbeziehung des Personenkreises des § 15 Abs. 3a KSchG in die Regelung des § 16 KSchG ist insoweit von einem **Redaktionsversehen** auszugehen und sind die Kündigungsmöglichkeiten nach § 15 Abs. 4, 5 KSchG auch auf den Personenkreis des § 15 Abs. 3a KSchG zu erstrecken (ebenso *BAG* 4.11.2004 EzA § 15 KSchG nF Nr. 58 = AiB 2005, 446 m. zust. Anm. *Rudolph*). 178

K. Unabdingbarkeit des Kündigungsschutzes

Die Vorschrift des § 15 KSchG ist als kündigungsschutzrechtliche Vorschrift **zwingend** (*LKB* Rn 3; SPV-*Vossen* Rn 1668). Sie kann weder durch Einzelvertrag noch durch Betriebsvereinbarung oder Tarifvertrag ausgeschlossen oder eingeschränkt werden. 179

Ein **im Voraus** erklärter **Verzicht** des betroffenen Arbeitnehmers auf den Kündigungsschutz nach § 15 KSchG ist unwirksam. **Nach Zugang** der Kündigungserklärung kann er sich mit der Kündigung einverstanden erklären und auf den Kündigungsschutz des § 15 KSchG verzichten, ebenso wie er jederzeit ein Angebot des Arbeitgebers auf Abschluss eines schriftlichen **Auflösungsvertrags** annehmen und damit das Arbeitsverhältnis beenden kann (vgl. *LKB* § 15 Rn 3; SPV-*Vossen* Rn 1668). Wegen der Tragweite eines Verzichts auf Kündigungsschutz ist eine unmissverständliche und eindeutige Erklärung des Arbeitnehmers zu verlangen. Eine solche Erklärung kann in einem ausdrücklich erklärten Einverständnis mit der Kündigung, kann aber auch in einer eindeutig formulierten und auch mit Blick auf § 307 BGB wirksamen Ausgleichsquittung liegen (*BAG* 6.4.1977 EzA § 4 KSchG nF Nr. 12). Hat der Arbeitnehmer durch eindeutige Erklärung nach Zugang der Kündigung auf den Kündigungsschutz nach § 15 KSchG und weitere mögliche Einwendungen gegen die Kündigung verzichtet, endet das Arbeitsverhältnis zu dem in der Kündigung vorgesehenen Termin. Mit der Beendigung des Arbeitsverhältnisses verliert der Arbeitnehmer zugleich sein betriebsverfassungsrechtliches Amt (*LKB* § 15 Rn 3; SPV-*Vossen* Rn 1668; zur Unwirksamkeit eines nachträglichen Klageverzichts vgl. *BAG* 12.3.2015 EzA § 307 BGB 2002 Nr. 68; 25.9.2014 EzA § 307 BGB 2002 Nr. 65). 180

L. § 15 KSchG als Schutzgesetz

§ 15 KSchG dient nicht dem Schutz der persönlichen Interessen des von § 15 KSchG erfassten Personenkreis, sondern dient dem **kollektiven Interesse** der Belegschaft an der unabhängigen und nicht durch willkürliche Maßnahmen des Arbeitgebers bedrohten Amtsführung des jeweiligen Amtsträgers (s. Rdn 12 f.). § 15 KSchG ist deshalb **kein Schutzgesetz** iSd § 823 Abs. 2 BGB zugunsten 181 der von § 15 KSchG erfassten Arbeitnehmer (*LKB* § 15 Rn 2; vgl. auch SPV-*Vossen* Rn 1669). Aus einer Verletzung des § 15 KSchG durch den Arbeitgeber kann der betroffene Arbeitnehmer deshalb keine Schadensersatzansprüche nach § 823 Abs. 2 BGB gegen diesen herleiten.

M. Konkurrierender Kündigungsschutz nach anderen Vorschriften

182 1. § 15 KSchG enthält für den Geltungsbereich des KSchG eine **in sich geschlossene** Regelung des individuellen Kündigungsschutzes für den durch ihn geschützten Personenkreis. Die Vorschrift schließt damit für ihren Geltungsbereich die Anwendung des Ersten Abschnitts des KSchG (§§ 1 bis 14) grundsätzlich aus (vgl. aber Rdn 125). Dennoch muss auch der durch § 15 KSchG geschützte Arbeitnehmer die Unwirksamkeit einer Kündigung innerhalb von **drei Wochen** nach Zugang der schriftlichen Kündigung durch Klage beim Arbeitsgericht geltend machen (§ 13 Abs. 1 S. 2 iVm § 4 S. 1 KSchG; s. Rdn 63 ff.); andernfalls gilt die Kündigung als von Anfang an rechtswirksam (§ 7 KSchG).

183 Die Regelungen in § 1 ff. KSchG sind im Übrigen neben § 15 Abs. 4, Abs. 5 KSchG unanwendbar (s. aber Rdn 125). Hingegen sind die Vorschriften des **§ 17 bis § 22 KSchG** bei anzeigepflichtigen Entlassungen neben § 15 Abs. 4, 5 KSchG anwendbar, da sie (auch) arbeitsmarktpolitische Ziele verfolgen (vgl. KR-*Weigand* § 17 KSchG Rdn 45 f.; *LKB* § 15 Rn 176), die von der Regelung des § 15 Abs. 4, 5 KSchG unberührt bleiben (vgl. APS-*Linck* § 15 Rn 176; ErfK-*Kiel* § 15 Rn 35).

184 Die **kündigungsschutzrechtlichen Vorschriften** außerhalb des KSchG sind neben § 15 KSchG **voll anwendbar**, also insbes. §§ 168 ff. [§§ 85 ff. aF] SGB IX, § 17 [§ 9 aF] MuSchG, § 2 ArbPlSchG (*BAG* 23.1.2014 EzA § 626 BGB 2002 Unkündbarkeit Nr. 21). Der Arbeitgeber muss bei der Kündigung einer durch § 15 KSchG geschützten Person also auch die sonstigen kündigungsschutzrechtlichen Vorschriften beachten und ggf. eine erforderliche Zustimmung des Integrationsamtes (bei Schwerbehinderten) oder der zuständigen Arbeitsschutzbehörde (bei Frauen mit Mutterschutz) einholen (vgl. auch KR-*Gallner* § 174 SGB IX Rdn 36). Der betroffene Arbeitnehmer kann im Kündigungsschutzprozess die Unwirksamkeit der angegriffenen Kündigung allein auf die Verletzung des § 15 KSchG oder ausschließlich auf die Verletzung anderer kündigungsschutzrechtlicher Vorschriften (zB 174 [§ 91 aF] SGB IX, § 2 ArbPlSchG), aber auch auf alle Unwirksamkeitsgründe stützen (vgl. *LKB* § 15 Rn 176). Dies folgt aus einem Umkehrschluss aus § 6 KSchG (vgl. dazu *BAG* 20.6.2013 EzA § 611 BGB 2002 Persönlichkeitsrecht Nr. 14).

§ 16 KSchG Neues Arbeitsverhältnis; Auflösung des alten Arbeitsverhältnisses

[1]Stellt das Gericht die Unwirksamkeit der Kündigung einer der in § 15 Abs. 1 bis 3b genannten Personen fest, so kann diese Person, falls sie inzwischen ein neues Arbeitsverhältnis eingegangen ist, binnen einer Woche nach Rechtskraft des Urteils durch Erklärung gegenüber dem alten Arbeitgeber die Weiterbeschäftigung bei diesem verweigern. [2]Im übrigen finden die Vorschriften des § 11 und des § 12 Satz 2 bis 4 entsprechende Anwendung.

Übersicht	Rdn		Rdn
A. Zweck der Vorschrift	1	C. Rechtslage ohne gerichtliche Entscheidung	5
B. Rechtslage nach gerichtlicher Entscheidung	3		

A. Zweck der Vorschrift

1 § 16 KSchG hat durch das BetrVG 1972 und das BetrVG 2001 nur insoweit eine Änderung erfahren, als sein Anwendungsbereich entsprechend der Neufassung des § 15 KSchG auf alle jetzt in § 15 KSchG genannten Personen erstreckt wurde.

2 § 16 KSchG gewährt den durch § 15 KSchG geschützten Personen, wenn sie nach Zugang einer Kündigung ein neues Arbeitsverhältnis eingegangen sind, nach rechtskräftigem Obsiegen im

Kündigungsschutzprozess das **Recht zu wählen**, ob sie in den alten Betrieb zurückkehren oder das neue Arbeitsverhältnis unter sofortiger Beendigung des alten Arbeitsverhältnisses aufrechterhalten wollen. Das Betriebsrätemodernisierungsgesetz vom 14.6.2021 hat Arbeitnehmer, die Handlungen zur Vorbereitung einer Betriebsratswahl vornehmen, gemäß dem neuen § 15 Abs. 3b KSchG in den Schutz vor person- und verhaltensbedingten Kündigungen einbezogen und das Wahlrecht in § 16 KSchG konsequenterweise auf sie erstreckt. Die durch § 15 KSchG geschützten Personen sollen damit den sonstigen Arbeitnehmern gleichgestellt werden, die gem. § 12 KSchG ein entsprechendes Wahlrecht haben.

B. Rechtslage nach gerichtlicher Entscheidung

Die Anwendbarkeit von § 16 S. 1 KSchG setzt die rechtskräftige gerichtliche Feststellung voraus, dass die **Kündigung unwirksam** oder – was dasselbe ist (vgl. *v. LKB* § 4 Rn 26) – das Arbeitsverhältnis durch die Kündigung nicht aufgelöst ist. Der Antrag, dies festzustellen, muss Streitgegenstand des Prozesses gewesen sein; nur dann erwächst die gerichtliche Feststellung in Rechtskraft (vgl. KR-*Klose* § 4 KSchG Rdn 325). 3

Liegt die rechtskräftige gerichtliche Feststellung vor, dass die Kündigung unwirksam oder das Arbeitsverhältnis durch die Kündigung nicht aufgelöst ist, treten die Rechtsfolgen ein, die für andere Arbeitnehmer nach rechtskräftiger Feststellung der Sozialwidrigkeit der Kündigung in den §§ 11, 12 KSchG vorgesehen sind (§ 16 S. 1, 2 KSchG). Dazu wird auf die Erläuterungen bei KR-*Spilger* zu § 11 und § 12 KSchG verwiesen. 4

C. Rechtslage ohne gerichtliche Entscheidung

Hat der durch § 15 KSchG geschützte Arbeitnehmer die Unwirksamkeit der Kündigung nicht innerhalb der dreiwöchigen Klagefrist des § 4 KSchG geltend gemacht, gilt die Kündigung als von Anfang an rechtswirksam (§ 7 KSchG). Das Arbeitsverhältnis ist beendet, der bisherige Arbeitgeber kann den Arbeitnehmer nicht mehr zur Weiterarbeit auffordern. **Nimmt** der bisherige Arbeitgeber die **Kündigung** schon vor Ablauf der dreiwöchigen Klagefrist oder während des rechtzeitig eingeleiteten Kündigungsschutzprozesses **zurück** und fordert er den Arbeitnehmer zur Weiterarbeit auf, kann dieser **frei entscheiden**, ob er das in der Rücknahme der Kündigung liegende Angebot auf Fortsetzung des Arbeitsverhältnisses annehmen oder den Kündigungsschutzprozess fortführen will. Lehnt er das Angebot ab, das Arbeitsverhältnis fortzusetzen, wird das gerichtliche Verfahren fortgeführt. Der Arbeitnehmer ist nicht ohne Weiteres zur vorläufigen Weiterarbeit verpflichtet. **Nimmt** er das Angebot zur **Fortsetzung** des Arbeitsverhältnisses **an**, besteht dieses fort und er ist zur Wiederaufnahme der Arbeit verpflichtet. Ist er inzwischen ein neues Arbeitsverhältnis eingegangen, braucht der Arbeitnehmer – ohne dass ihm das als Arbeitsvertragsverletzung vorgeworfen werden könnte – bis zum Ablauf der Frist für eine ordentliche Kündigung des neuen Arbeitsverhältnisses die Arbeit beim bisherigen Arbeitgeber nicht wiederaufzunehmen. Der Hinderungsgrund »neues Arbeitsverhältnis« kann ihm nicht als schuldhaftes Verhalten zugerechnet werden, vielmehr durfte er mit Rücksicht auf § 11 KSchG, § 615 S. 2 BGB und das wohlverstandene Interesse des bisherigen Arbeitgebers das neue Arbeitsverhältnis durchaus eingehen (vgl. *v. LKB* § 16 Rn 4). Hält der Arbeitnehmer beim neuen Arbeitgeber nur die Frist einer frühestmöglichen und zum frühestmöglichen Zeitpunkt erklärten Kündigung ein, erscheint es auch mit Blick auf Ansprüche aus Annahmeverzug nicht angemessen anzunehmen, er sei nicht willig, seinen Verpflichtungen gegenüber dem alten Arbeitgeber nachzukommen (**aA** offenbar LSW-*Wertheimer* § 16 Rn 3). 5

Lehnt der Arbeitnehmer die **Fortsetzung** des Arbeitsverhältnisses beim alten Arbeitgeber **ab**, kann er ab dem Zeitpunkt, zu welchem er die Arbeit bei dem bisherigen Arbeitgeber wieder aufnehmen sollte, aber bei dem neuen Arbeitgeber weiter tätig bleibt, vom bisherigen Arbeitgeber **keine Vergütung wegen Annahmeverzugs** (§ 615 BGB) verlangen, weil er insoweit als nicht mehr leistungswillig anzusehen ist (so TRL-*Thüsing* § 16 Rn 7). Bis zu dem Zeitpunkt, zu welchem er die Arbeit beim alten Arbeitgeber wiederaufnehmen soll, steht dem Arbeitnehmer dagegen, wenn die Voraussetzungen des Annahmeverzugs vorliegen, gegen den bisherigen Arbeitgeber ein Anspruch auf Fortzahlung der Vergütung unter Anrechnung der bei dem neuen Arbeitgeber erzielten Vergütung zu 6

§ 17 KSchG Anzeigepflicht

(§ 615 BGB, § 11 KSchG). Dieser Anspruch ist nicht – wie im Falle des § 12 S. 4 KSchG – auf die Zeit bis zum Eintritt in das neue Arbeitsverhältnis beschränkt (ebenso: TRL-*Thüsing* § 16 Rn 7). Für die Anwendung des § 12 KSchG ist nur Raum, wenn die Unwirksamkeit der Kündigung oder das Fortbestehen des Arbeitsverhältnisses durch gerichtliche Entscheidung rechtskräftig festgestellt worden ist. Bis zur Aufforderung zur Arbeitsaufnahme durch den bisherigen Arbeitgeber besteht – sofern nicht konkrete Anhaltspunkte für das Gegenteil vorliegen – kein Anlass zur Annahme, dass der Arbeitnehmer leistungsunwillig und zur unverzüglichen Arbeitsaufnahme nicht bereit ist.

Dritter Abschnitt Anzeigepflichtige Entlassungen

§ 17 KSchG Anzeigepflicht

(1) ¹Der Arbeitgeber ist verpflichtet, der Agentur für Arbeit Anzeige zu erstatten, bevor er
1. in Betrieben mit in der Regel mehr als 20 und weniger als 60 Arbeitnehmern mehr als 5 Arbeitnehmer,
2. in Betrieben mit in der Regel mindestens 60 und weniger als 500 Arbeitnehmern 10 vom Hundert der im Betrieb regelmäßig beschäftigten Arbeitnehmer oder aber mehr als 25 Arbeitnehmer,
3. in Betrieben mit in der Regel mindestens 500 Arbeitnehmern mindestens 30 Arbeitnehmer

innerhalb von 30 Kalendertagen entlässt. ²Den Entlassungen stehen andere Beendigungen des Arbeitsverhältnisses gleich, die vom Arbeitgeber veranlaßt werden.

(2) ¹Beabsichtigt der Arbeitgeber, nach Absatz 1 anzeigepflichtige Entlassungen vorzunehmen, hat er dem Betriebsrat rechtzeitig die zweckdienlichen Auskünfte zu erteilen und ihn schriftlich insbesondere zu unterrichten über
1. die Gründe für die geplanten Entlassungen,
2. die Zahl und die Berufsgruppen der zu entlassenden Arbeitnehmer,
3. die Zahl und die Berufsgruppen der in der Regel beschäftigten Arbeitnehmer,
4. den Zeitraum, in dem die Entlassungen vorgenommen werden sollen,
5. die vorgesehenen Kriterien für die Auswahl der zu entlassenden Arbeitnehmer,
6. die für die Berechnung etwaiger Abfindungen vorgesehenen Kriterien.

²Arbeitgeber und Betriebsrat haben insbesondere die Möglichkeiten zu beraten, Entlassungen zu vermeiden oder einzuschränken und ihre Folgen zu mildern.

(3) ¹Der Arbeitgeber hat gleichzeitig der Agentur für Arbeit eine Abschrift der Mitteilung an den Betriebsrat zuzuleiten; sie muss zumindest die in Absatz 2 Satz 1 Nr. 1 bis 5 vorgeschriebenen Angaben enthalten. ²Die Anzeige nach Absatz 1 ist schriftlich unter Beifügung der Stellungnahme des Betriebsrates zu den Entlassungen zu erstatten. ³Liegt eine Stellungnahme des Betriebsrates nicht vor, so ist die Anzeige wirksam, wenn der Arbeitgeber glaubhaft macht, dass er den Betriebsrat mindestens zwei Wochen vor Erstattung der Anzeige nach Absatz 2 Satz 1 unterrichtet hat, und er den Stand der Beratungen darlegt. ⁴Die Anzeige muss Angaben über den Namen des Arbeitgebers, den Sitz und die Art des Betriebes enthalten, ferner die Gründe für die geplanten Entlassungen, die Zahl und die Berufsgruppen der zu entlassenden und der in der Regel beschäftigten Arbeitnehmer, den Zeitraum, in dem die Entlassungen vorgenommen werden sollen und die vorgesehenen Kriterien für die Auswahl der zu entlassenden Arbeitnehmer. ⁵In der Anzeige sollen ferner im Einvernehmen mit dem Betriebsrat für die Arbeitsvermittlung Angaben über Geschlecht, Alter, Beruf und Staatsangehörigkeit der zu entlassenden Arbeitnehmer gemacht werden. ⁶Der Arbeitgeber hat dem Betriebsrat eine Abschrift der Anzeige zuzuleiten. ⁷Der Betriebsrat kann gegenüber der Agentur für Arbeit weitere Stellungnahmen abgeben. ⁸Er hat dem Arbeitgeber eine Abschrift der Stellungnahme zuzuleiten.

(3a) ¹Die Auskunfts-, Beratungs- und Anzeigepflichten nach den Absätzen 1 bis 3 gelten auch dann, wenn die Entscheidung über die Entlassungen von einem den Arbeitgeber beherrschenden

Unternehmen getroffen wurde. ²Der Arbeitgeber kann sich nicht darauf berufen, dass das für die Entlassungen verantwortliche Unternehmen die notwendigen Auskünfte nicht übermittelt hat.

(4) Das Recht zur fristlosen Entlassung bleibt unberührt. Fristlose Entlassungen werden bei Berechnung der Mindestzahl der Entlassungen nach Absatz 1 nicht mitgerechnet.

(5) Als Arbeitnehmer im Sinne dieser Vorschrift gelten nicht
1. in Betrieben einer juristischen Person die Mitglieder des Organs, das zur gesetzlichen Vertretung der juristischen Person berufen ist,
2. in Betrieben einer Personengesamtheit die durch Gesetz, Satzung oder Gesellschaftsvertrag zur Vertretung der Personengesamtheit berufenen Personen,
3. Geschäftsführer, Betriebsleiter und ähnliche leitende Personen, soweit diese zur selbständigen Einstellung oder Entlassung von Arbeitnehmern berechtigt sind.

Übersicht	Rdn
A. Einleitung in die Bestimmungen des Dritten Abschnittes des KSchG	1
I. Entstehungsgeschichte	1
1. Stilllegungs VO, AOG	1
2. KSchG 1951	3
3. EG-Richtlinie von 1975	4
4. EG-Richtlinie von 1992	6
5. EG-Richtlinie von 1998	16
II. Sinn und Zweck der Regelung	17
III. Überblick: Rechtliche Schritte vor der Massenentlassung (vor der Kündigungserklärung)	21
B. Anwendungsbereich des § 17 KSchG	27
I. Betrieblicher Geltungsbereich	29
1. Maßgeblicher Begriff des Betriebes	29
a) Bisheriger nationaler Betriebsbegriff	29
b) Unionsrechtliche Begriffsbestimmung	31
2. Kleinbetriebe	40
3. Saison- und Kampagnebetriebe	41
4. Betriebe der öffentlichen Hand	42
5. Seeschiffe, Binnenschiffe, Luftfahrzeuge	43
6. Baustellen	45
II. Im Betrieb beschäftigte Arbeitnehmer	46
1. In der Regel beschäftigte Arbeitnehmer	46
2. Maßgebender Zeitpunkt	47
3. Arbeitnehmer mit Sonderkündigungsschutz	48
a) Einzelfälle des Sonderkündigungsschutzes	49
b) Zählweise bei Kündigungswellen	50
4. Betriebsstilllegung	52
5. Maßgeblicher unionsrechtlicher Arbeitnehmerbegriff	53
a) Einzelfälle	54
b) Geschäftsführer, leitende Angestellte	56
III. Entlassungen und gleichstehende Beendigungen	59
1. Allgemeine Begriffsbestimmung	59
2. Als Entlassung gilt die Kündigungserklärung	60
3. Fristlose Entlassungen	63
4. Entfristete Entlassungen	64
5. Außerordentliche Kündigung mit Auslauffrist	65
6. Außerordentliche Kündigung aus wirtschaftlichen Gründen	66
7. Kündigung durch den Insolvenzverwalter	67
8. Änderungskündigung	68
9. Vom Arbeitgeber veranlasste Beendigungen (§ 17 Abs. 1 S. 2 KSchG)	70
a) Allgemeines	70
b) Eigenkündigung des Arbeitnehmers	73
c) Aufhebungsvertrag	75
d) Rente und vorläufige Weiterbeschäftigung	79
10. Beendigung infolge Befristung oder Bedingung	81
11. Anfechtung, faktisches Vertragsverhältnis	82
12. Kampfkündigung	83
IV. Grund der Entlassung	84
V. Neueinstellung von Arbeitnehmern	88
VI. Maßgebende Größenordnung für die Anzeigepflicht	89
1. Die Zahl der Arbeitnehmer	89
2. Zeitraum der Entlassungen	90
C. Das Konsultationsverfahren mit dem Betriebsrat	96
I. Rechtsgrundlagen	96
II. Die Unterrichtungs- und Beratungspflicht gegenüber dem Betriebsrat gem. § 17 Abs. 2 KSchG	107
1. Funktion, Form, Frist	107
2. Inhalt der Unterrichtung	112
3. Beratung mit dem Betriebsrat	119
4. Folgen	123
III. Unterrichtungspflichten nach betriebsverfassungsrechtlichen Vorschriften	128
1. Einzeltatbestände	128

	Rdn		Rdn
2. Zusammentreffen mehrerer Unterrichtungspflichten	132	a) Wirksamkeitsvoraussetzung	161
		b) Inhalt der Stellungnahme	166
IV. Sonstige Unterrichtungspflichten (Europäischer Betriebsrat)	134	c) Fehlende Stellungnahme des Betriebsrats	167
D. Das Anzeigeverfahren	136	4. Unterrichtungspflichten über die Anzeige zwischen Betriebsrat und Arbeitgeber	170
I. Anzeigepflichtiger	138		
II. Form und Adressat der Anzeige	139		
III. Zeitpunkt der Massenentlassungsanzeige	145	E. Konzernklausel gem. § 17 Abs. 3a KSchG	172
1. Vorsorgliche Anzeige	148	F. Rechtsfolgen der Anzeige	175
2. Rücknahme der Anzeige	149	I. Wirksame Anzeige	175
IV. Inhalt der Anzeige	150	II. Fehlerhaftes oder unterlassenes Konsultations- oder Anzeigeverfahren	180
1. Mussinhalt	150		
a) Mindestangaben	151	1. Kündigung unwirksam	180
b) Folgen eines Verstoßes	153	2. Keine Heilungsmöglichkeit	183
2. Sollinhalt der Anzeige	154	3. Klagefrist für den Arbeitnehmer	186
a) Sinn der Regelung	154	4. Beweislast für die Konsultations- und Anzeigepflicht	187
b) Bindung des Arbeitgebers an Sollangaben	156		
3. Stellungnahme des Betriebsrats	161		

A. Einleitung in die Bestimmungen des Dritten Abschnittes des KSchG

I. Entstehungsgeschichte

1. StilllegungsVO, AOG

1 Der Dritte Abschnitt des KSchG regelt die sog. anzeigepflichtigen Entlassungen oder – wie es in der bis zur Neufassung durch das Erste Arbeitsrechtsbereinigungsgesetz (BGBl. I S. 1106) am 1.9.1969 geltenden Überschrift lautete – den »Kündigungsschutz bei Massenentlassungen«. Das Bemühen um die aus arbeitsmarktpolitischen Gründen wünschenswerte Erfassung und Steuerung einer auf einmal oder in kurzen zeitlichen Abständen erfolgenden, gemessen an der Betriebsgröße erheblichen Zahl von Entlassungen hatte seinen ersten gesetzgeberischen Niederschlag in der VO betreffend Maßnahmen gegenüber Betriebsabbrüchen und Stilllegungen v. 8.11.1920 (RGBl. S. 1901) idF der VO über Betriebsstilllegungen und Arbeitsstreckung v. 15.10.1923 (RGBl. I S. 983; **StilllegungsVO**) gefunden. Nach §§ 1, 2 der StilllegungsVO waren anzuzeigende Entlassungen innerhalb einer Frist von vier Wochen nach Anzeige nur mit Zustimmung der Demobilmachungsbehörde wirksam. Erfasst wurden allerdings allein Entlassungen, welche im Zusammenhang mit Betriebsstilllegungen erfolgten (vgl. zur StilllegungsVO *Senk* Anm. AP BGB § 613a BGB Nr. 480; *Pierro* Die Entwicklung des arbeitsrechtlichen Kündigungsschutzes am Beispiel der Massenentlassung unter besonderer Berücksichtigung der §§ 17, 18 KSchG, 2015, S. 11 ff.).

2 Die Regelungen der StilllegungsVO wurden abgelöst durch **§ 20 AOG** (RGBl. I S. 45), wobei die Beschränkung auf mit Betriebsstilllegungen verbundene Entlassungen aufgegeben wurde. Gem. § 20 AOG hatte der Unternehmer eines Betriebes dem Treuhänder der Arbeit schriftlich Anzeige zu erstatten, bevor er in Betrieben mit idR weniger als 100 Beschäftigten mehr als 9 Beschäftigte, in Betrieben mit idR mindestens 100 Beschäftigten 10 vH der im Betrieb regelmäßig Beschäftigten oder aber mehr als 50 Beschäftigte innerhalb von vier Wochen entließ. Innerhalb eines Zeitraums von vier Wochen nach Eingang der Anzeige wurden alsdann Entlassungen nur mit Genehmigung des Treuhänders der Arbeit wirksam. Diese Frist konnte auf zwei Monate verlängert werden, die Genehmigung konnte allerdings auch rückwirkend erteilt werden (vgl. die Darstellung bei *Pierro* S. 15 ff.).

2. KSchG 1951

3 Diese Regelungen des AOG wurden von den **§§ 15 ff. KSchG 1951** (BGBl. I S. 499; Einzelheiten bei *Pierro* S. 21 ff.) aufgegriffen, denen der fast unverändert übernommene Regierungsentwurf (BT-Drucks. 1/2090) zugrunde lag. Durch das am 1.9.1969 in Kraft getretene

Erste Arbeitsrechtsbereinigungsgesetz v. 14.8.1969 (BGBl. I S. 1106) wurde die Bezifferung der §§ 15 ff. KSchG in §§ 17 ff. KSchG abgeändert. Zugleich wurde die bis dahin geltende Überschrift des Dritten Abschnitts »Kündigungsschutz bei Massenentlassungen« ersetzt durch die jetzige Überschrift »Anzeigepflichtige Entlassungen«. Eine sachliche Änderung war damit nicht verbunden (*LKB-Bayreuther* KSchG § 17 Rn 1; *Pierro* S. 24).

3. EG-Richtlinie von 1975

Mit der **Richtlinie 75/129/EWG des Rates der Europäischen Gemeinschaften** v. 17.2.1975 zur Angleichung der Rechtsvorschriften der Mitgliedstaaten über **Massenentlassungen** (ABlEG 1975, Nr. L 48, S. 29) sollte ausweislich ihrer Erwägungsgründe ein einheitliches Schutzniveau zugunsten der Arbeitnehmer geschaffen werden. Diese Entwicklung war politisch stark beeinflusst durch eine Entscheidung des AKZO-Konzerns in den Jahren 1972/73, entgegen ursprünglicher Pläne aufgrund geringerer Kosten Massenentlassungen in Belgien anstatt in Deutschland und den Niederlanden durchzuführen (ausführlich dazu *Hinrichs* Kündigungsschutz, S. 22 f.). Die Angleichung des nationalen Rechts der Mitgliedstaaten an die in der Richtlinie festgehaltenen Grundsätze hatte binnen zwei Jahren zu erfolgen (*Becker* NJW 1976, 2057). Dies geschah in Deutschland durch das Zweite Gesetz zur Änderung des KSchG v. 27.4.1978, in Kraft seit dem 30.4.1978 (BGBl. I S. 550). Der Gesetzesänderung lag ein Regierungsentwurf v. 18.10.1977 (BT-Drucks. 8/1041) zugrunde, der im Wesentlichen unverändert (s. Rdn 154) übernommen wurde (zur Entwicklung und zum Inhalt der Massenentlassungsrichtlinie *Hinrichs* Kündigungsschutz, S. 23 ff., zur Zielsetzung *dies.* S. 69 ff.). 4

Die Neufassung durch das Zweite Gesetz zur Änderung des KSchG führte insbes. zu einer Abänderung der Messzahlen (s. Rdn 89) sowie zu einer ausführlichen Regelung über Form und Inhalt der Anzeige (s. Rdn 138 ff.) und die Beteiligung des Betriebsrats (s. Rdn 96 ff.). Darüber hinaus ist in § 17 KSchG der für die Zahl der zusammenzurechnenden Entlassungen maßgebliche Zeitraum von vier Wochen auf 30 Kalendertage erhöht worden (s. Rdn 90). 5

4. EG-Richtlinie von 1992

Im Hinblick auf die Erfahrungen aufgrund der EG-Richtlinie 75/129/EWG (vgl. Rdn 4) sowie die Zunahme von grenzüberschreitenden Umstrukturierungen insbes. auch unter den Voraussetzungen des europäischen Binnenmarktes ab dem 1.1.1993 erließ der Rat der europäischen Gemeinschaften die **Richtlinie 92/56/EWG** v. 24.6.1992 zur Änderung der Richtlinie 75/129/EWG zur Angleichung der Rechtsvorschriften der Mitgliedstaaten über Massenentlassungen. Sie diente der Konkretisierung des Aktionsprogramms zur Umsetzung der Gemeinschaftscharta der sozialen Grundrechte der Arbeitnehmer. Hinsichtlich ihrer Umsetzung sah Art. 2 Abs. 1 vor, innerhalb von zwei Jahren die erforderlichen Rechts- und Verwaltungsvorschriften zu erlassen oder sich zu vergewissern, dass die Sozialpartner im Vereinbarungsweg die erforderlichen Maßnahmen treffen (ABlEG Nr. L 245, S. 3). Soweit von einer Massenentlassung betroffenen Arbeitnehmern ein Schaden erwächst, weil die Richtlinie nicht oder nicht rechtzeitig in nationales Recht umgesetzt ist, können sie Schadensersatz von der nationalen Regierung verlangen (st. Rspr., *EuGH* 28.7.2016 – C-168/15 – Rn 18 ff.; 25.11.2010 – C-429/09 – [Fuß] Rn 45 ff.). 6

Die Regelungen der **Richtlinie 92/56/EWG** sahen folgendes vor: Informations- und Beratungsrechte sowie Recht des Betriebsrats auf Interessenausgleich (§§ 111 ff. BetrVG), Anspruch des Betriebsrats auf Hinzuziehung eines Sachverständigen, Pflicht des Arbeitgebers zu zweckdienlichen Auskünften, Mitteilungspflichten des Arbeitgebers gegenüber dem Betriebsrat über die Gründe der geplanten Entlassungen, Zahl und Kategorien der regelmäßig beschäftigten und der zu entlassenden Arbeitnehmer sowie den Zeitraum der Entlassungen, Auswahlkriterien für die zu entlassenden Arbeitnehmer sowie schließlich die Berechnungsmethode etwaiger Abfindungen (insoweit werden die Mitteilungspflichten gem. § 17 Abs. 2 KSchG erweitert). Abgesehen vom letzten Punkt sind die Daten auch der AfA mitzuteilen. Diese Informations-, Beratungs- und Meldepflichten des Arbeitgebers gelten, unabhängig davon, ob die Entscheidung über die Massenentlassung vom Arbeitgeber oder einem ihn beherrschenden Unternehmen getroffen wurde, auch, wenn sich dessen 7

Entscheidungszentrale außerhalb des Mitgliedsstaates des Arbeitgebers befindet. Der Arbeitgeber kann sich nicht darauf berufen, das beherrschende Unternehmen habe die notwendigen Informationen nicht übermittelt. Mit dieser Konzernregelung soll der zunehmenden multinationalen Verflechtung von Unternehmungen Rechnung getragen werden.

8 Neu für die Berechnung der Zahl der Entlassungen war die Gleichstellung solcher – also auch anderer als durch ordentliche Kündigung veranlasster – Beendigungsformen des Arbeitsverhältnisses, die auf Veranlassung des Arbeitgebers und aus einem oder mehreren Gründen, die nicht in der Person des Arbeitnehmers lagen, erfolgten, sofern die Zahl der Entlassungen mindestens fünf betrug. Die damit verbundene Erweiterung des **Massenentlassungsbegriffs** (krit. dazu wegen der definitorischen Unschärfe *Weiss* RdA 1992, 367) ging jedenfalls über den Rahmen der Rechtslage in Deutschland nicht hinaus (vgl. insbes. zur Eigenkündigung des Arbeitnehmers Rdn 62 f., zum Ausscheiden aufgrund von Aufhebungsverträgen vgl. Rdn 75, 77 und § 112a Abs. 1 aE BetrVG).

9 Mit dem Gesetz zur Anpassung arbeitsrechtlicher Bestimmungen an das EG-Recht v. 20.7.1995 (BGBl. I S. 946), in Kraft getreten am 28.7.1995, ist die Richtlinie 92/56/EWG in deutsches Recht umgesetzt worden (*Ermer* NJW 1998, 1288; zu Problemen der Umsetzung *Wißmann* RdA 1998, 221). Dabei ist § 17 KSchG wie folgt geändert worden:

10 Abs. 1 ist durch die Einbeziehung »anderer vom Arbeitgeber veranlasster Beendigungen des Arbeitsverhältnisses« ergänzt worden. Allerdings wurde dabei an die bestehende Rspr. des *BAG*, soweit die **Eigenkündigung des Arbeitnehmers** betroffen war (Nachw. Rdn 62), und die Regelung in § 112a BetrVG angeknüpft, soweit Arbeitnehmer aufgrund von **Aufhebungsverträgen** ausscheiden (vgl. Rdn 75 f.). Unerheblich wie bei den Entlassungen ist bei diesen sonstigen vom Arbeitgeber veranlassten Beendigungsformen, ob der Grund dafür in der Person des Arbeitnehmers liegt.

11 **Abs. 2 S. 1** ist neu gefasst worden. Die **Unterrichtungspflicht des Arbeitgebers** gegenüber dem Betriebsrat ist hinsichtlich der einzelnen Anforderungen gem. den Nrn. 1 bis 6 verdeutlicht worden. Die Notwendigkeit, über die für die Berechnung etwaiger Abfindungen vorgesehenen Kriterien trotz der Vorschriften gem. §§ 112 f. BetrVG zu informieren (Nr. 6), wird insbes. dann sinnfällig, wenn eine Massenentlassung iSd § 17 Abs. 1 KSchG nicht zugleich eine die Sozialplanpflicht auslösende Maßnahme zur Folge hat.

12 **Abs. 3 S. 1** ist neu gefasst worden und stellt sicher, dass die Auskünfte gem. dem Katalog im Abs. 2 S. 1 der AfA auch dann übermittelt werden, wenn ein **Betriebsrat nicht vorhanden** ist. Insoweit ist der Gesetzeswortlaut im Zusammenhang mit den Änderungen im Abs. 2 S. 1 lediglich angepasst worden.

13 Die Einfügung der **Konzernklausel** in Abs. 3a stellte klar, dass die Verpflichtung des Arbeitgebers, den Betriebsrat zu informieren und mit ihm die vorgesehenen Beratungen durchzuführen sowie Entlassungen anzuzeigen, nicht dadurch entfällt oder eingeschränkt wird, dass der Arbeitgeber in einem Konzernverbund steht und die Entscheidung über die Entlassungen von dem herrschenden Unternehmen getroffen wird (Begr. zum Gesetzentwurf, BT-Drucks. 13/668, S. 8 ff., 14; *EuGH* 7.12.1995 – C-449/93 – [Rockfon]).

14 Mit dem Anpassungsgesetz v. 20.7.1995 ist § 22a KSchG aufgehoben worden. Diese Übergangsvorschrift hatte sich durch Zeitablauf erledigt.

15 Durch das Dritte Gesetz für moderne Dienstleistungen am Arbeitsmarkt v. 23.12.2003 (BGBl. I S. 2848) sind in Abs. 1 und 3 die Wörter »dem Arbeitsamt« durch die Wörter der »Agentur für Arbeit« (AfA) ersetzt worden.

5. EG-Richtlinie von 1998

16 Mit der Neukodifikation des Massenentlassungsschutzes in der Richtlinie **98/59/EG** des Rates vom 20.7.1998 zur Angleichung der Rechtsvorschriften der Mitgliedstaaten über Massenentlassungen (Massenentlassungs-Richtlinie, künftig **MERL**; ABlEG 1998 Nr. L 225, S. 16) hat der Unionsgesetzgeber die Regelungen der bisherigen Richtlinien ohne wesentliche inhaltliche Änderung

zusammengefasst. Nach ihrer Präambel dient der Erlass der MERL Gründen der Übersichtlichkeit, Klarheit, der **Stärkung des Schutzes der Arbeitnehmer** sowie der Überwindung von Unterschieden zum Zwecke des Funktionierens des Binnenmarktes. Neben kleinen redaktionellen Abweichungen zur Richtlinie 92/56/EWG betreffen die Änderungen hauptsächlich folgende Punkte: Die **MERL** gilt auch für Massenentlassungen, die aufgrund einer auf einer gerichtlichen Entscheidung beruhenden Einstellung der Tätigkeit eines Betriebes erfolgen (Erwägung 9); die Arbeitnehmervertreter können Sachverständige hinzuziehen (Erwägung 10); die Informations-, Konsultations- und Meldepflichten des Arbeitgebers bestehen auch, wenn die Entscheidung über Massenentlassungen von einem den Arbeitgeber beherrschenden Unternehmen getroffen wird (Erwägung 11); die Mitgliedstaaten haben administrative und gerichtliche Verfahren für die Durchsetzung der vorgenannten Verpflichtungen zur Verfügung zu stellen (Erwägung 12). Damit sind die Richtlinien 75/129/EWG und 92/56/EWG aufgehoben (ABlEU 1998 Nr. L 225, S. 20, Anh. I Teil A). Weiterer Anpassungsbedarf für den nationalen Gesetzgeber ergibt sich jedoch nicht zuletzt aufgrund der Rspr. des EuGH zum Entlassungsbegriff (vgl. Rdn 18 ff., 21) sowie zur Einbeziehung von abhängigen Fremdgeschäftsführern, Praktikanten und leitenden Angestellten in den Massenentlassungsschutz. Die **§§ 17 ff. KSchG** sind mittlerweile geprägt aus einem **unübersichtlichen Nebeneinander** von Regelungen, die die MERL umsetzen, und solchen, die sich ohne Entsprechung im Unionsrecht noch aufgrund der ursprünglichen arbeitsmarktpolitischen Zielsetzung im Gesetz finden. Durch die Rechtsprechung können hier stets nur punktuelle Klärungen abhängig von den im konkreten Einzelfall aufgeworfenen Rechtsfragen erfolgen. Eine umfassende gesetzliche Neuregelung unter Berücksichtigung der Änderungen, denen die Lebenswirklichkeit seit Inkrafttreten der MERL unterworfen war, ist Aufgabe des Unions- sowie des nationalen Gesetzgebers. Bis dahin werden sich die Rechtsanwender auf den derzeitigen Stand einstellen müssen. Vor diesem Hintergrund ist es nachvollziehbar, wenn unter Berufung auf das Gebot der Normenklarheit die Rechtmäßigkeit zB des Nebeneinanders einer Vielzahl zu beachtender Betriebsbegriffe im Rahmen einer Massenentlassung angezweifelt wird (vgl. die Verfassungsbeschwerden gegen die Entscheidungen des BAG vom 13.2.2020 – 6 AZR 146/19 – BAGE 169, 362 und vom 27.2.2020 – 8 AZR 215/19 –, die vom BVerfG allerdings nicht zur Entscheidung angenommen wurden, vgl. BVerfG 5.1.2021 – 1 BvR 1771/20 ua. –). Zur Geschichte der Massenentlassungsrichtlinien und der Rspr. des EuGH *Alber* FS Wißmann S. 507.

II. Sinn und Zweck der Regelung

Die Regelungen gem. §§ 17 ff. KSchG dienen sowohl nach ihrer ratio legis als auch im Verständnis ihrer richtlinienkonformen Auslegung gem. der MERL dem Schutz der Arbeitnehmer vor den Folgen von Massenentlassungen. Der Wortlaut und die Systematik der **§§ 17 ff. KSchG** zielen primär auf arbeitsmarktliche Maßnahmen, die von Massenentlassung betroffene Arbeitnehmer letztlich vor Arbeitslosigkeit bewahren sollen wie durch Maßnahmen gem. §§ 44, 45, 88–94, 110, 111 SGB III (vgl. KR-*Weigand/Heinkel* § 18 KSchG Rdn 7), und verfolgen damit **arbeitsmarktpolitische Zwecke**. Diese Zweckbestimmung entspricht dem ursprünglichen Willen des deutschen Gesetzgebers, der bspw. im ersten Arbeitsrechtsbereinigungsgesetz 1969 die Überschrift des Dritten Abschnitts von vormals »Kündigungsschutz bei Massenentlassungen« in »Anzeigepflichtige Entlassungen« änderte. Dem arbeitsmarktpolitischen Zweck – der AfA Zeit für Vermittlungsbemühungen einzuräumen – diente die Entlassungssperre (nunmehr § 18 KSchG). Davon unberührt blieben Regelungen zum individuellen Schutz der von der (Massen-)Entlassung betroffenen Arbeitnehmer, insbes. die §§ 1 ff. KSchG, 111 ff. BetrVG (vgl. RdA 1951, 58, 65; zur Entstehungsgeschichte *Senk* Anm. AP BGB § 613a Nr. 480 unter II 1 b). Im Übrigen wird eine besondere Verantwortung von Arbeitgebern und Arbeitnehmern für den Arbeitsmarkt auch gem. den Regelungen in § 2 SGB III verlangt.

Die Regelungen der **MERL** zielen hingegen gem. der Erwägungsgründe 2 und 7 darauf, »den Schutz der Arbeitnehmer bei Massenentlassungen zu verstärken«, denn »die Verwirklichung des Binnenmarktes muss zu einer Verbesserung der Lebens- und Arbeitsbedingungen der Arbeitnehmer in der EG führen.« Danach hat das Unionsrecht nicht nur die Belastungen für den Arbeitsmarkt durch die Massenentlassung im Blick, sondern eindeutig auch den **individuellen Schutz** der von

Massenentlassungen betroffenen Arbeitnehmer (*ArbG Bln.* 30.4.2003 ZIP 2003, 1265, m. Verweis auf *Wißmann* RdA 1998, 222 f.; *Opolony* NZA 1999, 792; APS-*Moll* KSchG vor § 17 Rn 10 ff.; *Hinrichs* S. 108 ff.). Eingebettet ist dieser Schutz, wie der Erwägungsgrund 4 der MERL belegt, in das Bestreben, die mit einer Massenentlassung für Unternehmen verbundenen Belastungen innerhalb der Union anzugleichen und so einen Unterbietungswettbewerb zu unterbinden (*EuGH* 11.11.2015 – C-422/14 – [Pujante Rivera] Rn 53; 30.4.2015 – C-80/14 – [USDAW und Wilson] Rn 62). Folgerichtig können die Mitgliedstaaten gem. Art. 5 MERL für die Arbeitnehmer günstigere Regelungen erlassen, sofern diese der MERL nicht ihre praktische Wirksamkeit nehmen. Die MERL enthält maW nur einen Mindestschutz (*EuGH* 21.12.2016 – C-201/15 – [AGET Iraklis] Rn 32, 36; *BAG* 20.1.2016 – 6 AZR 601/14 – Rn 33, BAGE 154, 53). Die **Regelungszwecke der MERL** hat der nationale Gesetzgeber in seinen Willen aufgenommen (BT-Drs. 8/1041, 4), so dass sie **auch für § 17 KSchG maßgeblich** sind (MünchArbR-*Spelge* § 121 Rn 100).

19 Die Belastungen des Arbeitsmarktes können zwar auch durch das Ziel der Konsultationen zwischen Arbeitgebern und den Arbeitnehmervertretungen gem. Art. 2 Abs. 2 MERL, Massenentlassungen zu vermeiden oder zu beschränken, verringert werden. Doch sollen gleichzeitig die Folgen der Massenentlassung durch soziale Begleitmaßnahmen zugunsten der Arbeitnehmer gemildert werden. Erst wenn trotz der Konsultationen die Massenentlassungen nicht zu vermeiden sind und soziale Maßnahmen beraten wurden, ist der Arbeitgeber nach Erstattung der Massenentlassungsanzeige an die Behörde (AfA) befugt, das einzelne Arbeitsverhältnis zu kündigen. Insofern bleibt das einzelne Arbeitsverhältnis bis zum Abschluss dieser Verfahren gegen alle vom Arbeitgeber veranlasste Vertragsauflösungen, die nicht in der Person des Arbeitnehmers begründet liegen, geschützt. **Der individuelle Schutz** der Arbeitnehmer vor Massenentlassungen wird somit nur **mittelbar** zum einen durch das **kollektiv** zugunsten der betroffenen Arbeitnehmer als Gesamtheit ausgestaltete Konsultationsverfahren **vermittelt**. Zum anderen kommt auch das Anzeigeverfahren nur insoweit zum Tragen, als sich Entlassungen sozioökonomisch auswirken (vgl. *EuGH* 16.7.2009 – C-12/08 – [Mono Car Styling] Rn 42; *BAG* 13.2.2020 – 6 AZR 146/19 – Rn 66, BAGE 169, 362; 22.1.2017 – 6 AZR 442/16 – Rn 26, BAGE 158, 104; 13.12.2012 – 6 AZR 752/11 – Rn 61). Der Massenentlassungsschutz ist damit nach wie vor **kein individuelles Recht** (*BAG* 9.6.2016 – 6 AZR 405/15 – Rn 33, BAGE 155, 245).

20 Die Bestimmungen des Dritten Abschnitts sind **zwingender Natur** (ErfK-*Kiel* KSchG § 17 Rn 4; *Hueck/Nipperdey* I, S. 69; *Maus* vor § 17 Rn 17). Auf ihre Einhaltung können die Arbeitsvertragsparteien nicht im Voraus verzichten. Entgegenstehende Vereinbarungen sind unwirksam (§ 134 BGB), und zwar auch kollektivrechtliche Regelungen in einem Tarifvertrag oder in einer Betriebsvereinbarung. Insoweit gilt nichts anderes als für die sonstigen Bestimmungen des KSchG (vgl. § 1 KSchG).

III. Überblick: Rechtliche Schritte vor der Massenentlassung (vor der Kündigungserklärung)

21 Wenn der Arbeitgeber Massenentlassungen beabsichtigt, hat er die Beteiligungsrechte der Organe der Betriebsverfassung, die Meldepflichten gegenüber der AfA sowie die individual-arbeitsrechtlichen Schritte bzgl. der einzelnen betroffenen Arbeitsverhältnisse zu koordinieren.

22 Sofern ein **Betriebsrat** besteht, obliegt dem Arbeitgeber (nach den Voraussetzungen der einzelnen Vorschriften)
   – die Unterrichtung und Beratung über die Personalplanung (§ 92 BetrVG), vgl. Rdn 128
   – die Unterrichtung des Wirtschaftsausschusses (§ 106 BetrVG), vgl. Rdn 112
   – die Unterrichtung und Beratung über geplante Betriebsänderungen (§ 111 BetrVG), vgl. Rdn 113
   – der Versuch eines Interessenausgleichs und ggf. die Vereinbarung eines Sozialplans (§ 112 BetrVG), vgl. Rdn 101 ff.
   – die Anhörung vor jeder einzelnen Kündigung eines Arbeitsvertrages (§ 102 BetrVG), vgl. Rdn 111
   – die rechtzeitige schriftliche Unterrichtung über die Gründe für die Massenentlassung, sowie die Erteilung weiterer zweckdienlicher Auskünfte gem. § 17 Abs. 2 S. 1 KSchG, vgl. Rdn 96 ff., 112 f.

- die Beratung der Möglichkeiten, Kündigungen zu vermeiden oder einzuschränken und ihre Folgen zu mildern (§ 17 Abs. 2 S. 2 KSchG), vgl. Rdn 96 ff., 119 f.
- die Einholung der Stellungnahme des Betriebsrates zu den Entlassungen zur Vorlage an die AfA gem. § 17 Abs. 3 KSchG, vgl. Rdn 124, 161 ff.
- Zuleitung einer Abschrift der Massenentlassungsanzeige an den Betriebsrat gem. § 17 Abs. 3 S. 6 KSchG, vgl. Rdn 170.
- die Gewährleistung der Mitbestimmungsrechte gem. § 87 Abs. 1 Nr. 3 BetrVG, falls Kurzarbeit gem. § 19 Abs. 1 KSchG eingeführt wird, vgl. § 19 KSchG Rdn 30 ff.

Die vorgenannten **Beteiligungsrechte des Betriebsrates** überschneiden sich teilweise und können **vom Arbeitgeber insoweit auch zusammengefasst** werden. Der Arbeitgeber muss jedoch dokumentieren, welche Pflicht er im Einzelnen erfüllt, schon um unerwünschte Rechtsfolgen zu vermeiden (zB Unwirksamkeit der Kündigungen wegen Nichtbeachtung von § 102 BetrVG oder § 17 Abs. 2 KSchG; Ordnungswidrigkeit gem. § 121 Abs. 1 BetrVG wegen mangelnder Unterrichtung gem. §§ 92 Abs. 1 S. 1, 106 Abs. 2, 111 BetrVG). Im Übrigen muss für den Betriebsrat ersichtlich sein, in welchen Fristen er seine Beteiligungsrechte ausüben kann. Zu den einzelnen betriebsverfassungsrechtlichen Unterrichtungspflichten vgl. auch Rdn 128 ff.

23

Gegenüber den von der Massenentlassung betroffenen Arbeitnehmern hat der Arbeitgeber die Kündigungen der Arbeitsverhältnisse form- und fristgerecht zu erklären. Möglich sind auch andere Beendigungsformen wie zB der Auflösungsvertrag. **Vor Erklärung der Kündigung** hat der Arbeitgeber gem. den Vorgaben des § 1 KSchG die Möglichkeiten eines anderweitigen Einsatzes der betroffenen Arbeitnehmer oder geänderter Arbeitsbedingungen zu prüfen und die Grundsätze der sozialen Auswahl (§ 1 Abs. 3 KSchG) zu beachten. Ebenso hat er die kündigungsschutzrechtlichen Vorschriften für besondere Arbeitnehmergruppen einzuhalten. Die Kündigungen dürfen erst nach der Unterrichtung des und nach der Beratung mit dem Betriebsrat sowie nach Erstattung der Massenentlassungsanzeige erklärt werden und erst nach Ablauf der Sperrfrist gem. § 18 Abs. 1 und 2 KSchG zur tatsächlichen Beendigung des Arbeitsverhältnisses führen. Kurzarbeit darf nur nach Zulassung gem. § 19 KSchG durchgeführt werden.

24

Die **Pflichten des Arbeitgebers** (im Falle der Insolvenz die Pflichten des Insolvenzverwalters) **gegenüber der AfA** bestehen in
- der Anzeige gem. § 17 Abs. 1 KSchG unter Beifügung der Mitteilung über die Entlassungen an den Betriebsrat, die mindestens die in Abs. 2 S. 1 Nr. 1 bis 5 vorgeschriebenen Angaben enthalten muss, sowie dessen Stellungnahme dazu gem. § 17 Abs. 3 KSchG (Vordrucke sind bei den AfA erhältlich, vgl. Rdn 136)
- der Auskunfterteilung und Stellungnahme im Rahmen der Anhörung vor dem Ausschuss gem. § 20 Abs. 1 und 2 KSchG entweder durch den Arbeitgeber selbst oder seinen Vertreter bzw. ggf. in schriftlicher Form.

25

Der **Betriebsrat** kann gegenüber der AfA direkt weitere Stellungnahmen über diejenigen hinaus abgeben, die er bereits an den Arbeitgeber geleitet hat. Allerdings hat er davon eine Abschrift an den Arbeitgeber zu leiten (§ 17 Abs. 3 S. 7 und 8 KSchG). Im Übrigen hat der Betriebsrat wie der Arbeitgeber für die Anhörung vor dem Massenentlassungsausschuss zur Verfügung zu stehen (§ 20 Abs. 1 und 2 KSchG).

26

B. Anwendungsbereich des § 17 KSchG

Ausschlaggebend für das Eingreifen des Massenentlassungsschutzes ist die Zahl der in einem Betrieb innerhalb von 30 Tagen erfolgenden Entlassungen im Verhältnis zur Zahl der idR in diesem Betrieb beschäftigten Arbeitnehmer (Rdn 46 f.). Die danach maßgebenden Tatbestandsmerkmale »Arbeitnehmer«, »Arbeitgeber«, »Betrieb« und »Entlassung« werden **allein vom EuGH** einheitlich und autonom sowie ungeachtet ihres nationalen Begriffsverständnisses **ausgelegt** (*EuGH* 23.3.1982 – 53/81 – Rn 11; 22.10.2009 – C-116/08 – [Meerts] Rn 41; zum Entlassungsbegriff *EuGH* 12.10.2004 – C-55/02 – [Kommission/Portugal] Rn 45; zum Arbeitnehmerbegriff *EuGH*

27

9.7.2015 – C-229/14 – [Balkaya] Rn 33; zum Betriebsbegriff *EuGH* 30.4.2015 – C-80/14 – [USDAW und Wilson] Rn 45; *BAG* 13.2.2020 – 6 AZR 146/19 – Rn 32, BAGE 169, 362). Für die zu konsultierende »Arbeitnehmervertretung« verweist Art. 1 Abs. 1 Buchst. b MERL hingegen auf die Rechtsvorschriften oder die Praxis der Mitgliedstaaten. Daher ergibt sich die nach § 17 Abs. 2 KSchG zuständige Arbeitnehmervertretung grundsätzlich aus der Kompetenzzuweisung des BetrVG. Die Frage nach der Eröffnung des Anwendungsbereichs der MERL bzw. des § 17 KSchG ist strikt getrennt von der Frage nach der zuständigen Arbeitnehmervertretung zu beantworten (*BAG* 13.2.2020 – 6 AZR 146/19 – Rn 61, BAGE 169, 362).

28   Die für das Recht der Massenentlassung autonome Begriffsbestimmung des EuGH hat zwei für die Praxis **bedeutsame Konsequenzen**, deren Beachtung immer wieder Schwierigkeiten bereitet. Zum einen sind die unionsrechtlichen Begriffe »Arbeitnehmer«, »Arbeitgeber« und »Betrieb« in ihrem eigenständigen Verständnis des EuGH nicht vollständig deckungsgleich mit ihrer Auslegung nach **nationalem Recht** (§§ 23 KSchG, 1, 4, 111 ff. BetrVG, 613a BGB). Soweit sich im Einzelnen **Abweichungen** ergeben, ist für den Bereich des Massenentlassungsschutzes auch der §§ 17 ff. KSchG aber **allein die unionsrechtliche Auslegung durch den EuGH maßgeblich** (*BAG* 13.2.2020 – 6 AZR 146/19 – Rn 32, BAGE 169, 362). Zum anderen sind gleiche Begriffe auch innerhalb des Unionsrechts in unterschiedlichen Regelungszusammenhängen nicht zwingend gleich auszulegen. Augenfällig wird dies bspw. in dem Fall, dass eine wirtschaftliche Einheit zwar einen Betrieb iSd. MERL darstellt, mangels funktioneller Autonomie jedoch keine übergangsfähige Einheit iSd. Richtlinie 2001/23/EG zum Betriebsübergang ist. Der **Betriebsbegriff der MERL** ist deutlich **weiter als** derjenige der **Betriebsübergangsrichtlinie** (*BAG* 14.5.2020 – 6 AZR 235/19 – Rn 120; 27.2.2020 – 8 AZR 215/19 – Rn 177; 13.2.2020 – 6 AZR 146/19 – Rn 49, BAGE 169, 362). Die Praxis hat, will sie eine Massenentlassung wirksam durchführen, diese Konsequenzen trotz der mit ihnen verbundenen Schwierigkeiten insb. im Hinblick auf die Frage, wer als Arbeitnehmer zu berücksichtigen ist oder welche Organisationseinheit im Falle von Betriebsteilen, Gemeinschaftsbetrieben, Sparten- oder Matrixstrukturen den Betrieb iSd. MERL darstellt, zu berücksichtigen.

I. Betrieblicher Geltungsbereich

1. Maßgeblicher Begriff des Betriebes

a) Bisheriger nationaler Betriebsbegriff

29   Der **Begriff des Betriebs** in § 17 KSchG entsprach nach nationalem Verständnis dem in §§ 1, 23 KSchG verwandten Begriff, der im Wesentlichen auf §§ 1 und 4 BetrVG beruht (vgl. *BAG* 25.4.2013 – 6 AZR 49/12, EzTöD 100 § 34 Abs. 1 TVöD-AT Beteiligung Arbeitnehmervertretung Nr. 5 mwN Rn 150). Danach ist unter einem Betrieb die organisatorische Einheit von persönlichen, sachlichen und immateriellen Mitteln zur Erreichung eines bestimmten arbeitstechnischen Zweckes zu verstehen (KR-*Rachor* KSchG § 1 Rdn 140 ff.; Rspr. zum BetrVG s. *BAG* 25.11.1980 EzA § 1 BetrVG 1972 Nr. 2, dazu *Körnig* SAE 1982, 284; *Kraft* Anm. AP Nr. 2 zu § 1 BetrVG 1972, *Löwisch* AR-Blattei »Betrieb« Entsch. 9). Eine organisatorische Einheit setzt eine einheitliche wirtschaftliche und technische Leitung, die räumliche Einheit, das Vorhandensein gemeinsamer Betriebseinrichtungen, die Verbundenheit durch das Arbeitsverfahren und die Identität des Betriebsinhabers voraus. Auch **zwei selbständige Unternehmen** können im kündigungsrechtlichen Sinne einen **einheitlichen Betrieb** bilden, wenn sie diesen gemeinschaftlich führen. Voraussetzung hierfür ist ein gemeinschaftlicher Leitungsapparat, der in der Lage ist, die Gesamtheit der für die Erreichung der arbeitstechnischen Zwecke eingesetzten personellen, technischen und immateriellen Mittel zu lenken. Zugrunde liegen muss eine entsprechende rechtliche Vereinbarung über die einheitliche Leitung, die sich aber auch konkludent aus den gesamten Umständen des Einzelfalles ergeben kann (*BAG* 7.8.1986 EzA § 4 BetrVG 1972 Nr. 5; 29.1.1987 EzA § 1 BetrVG 1972 Nr. 5; 5.3.1987 EzA § 15 KSchG nF Nr. 38).

30   **Betriebsteile** sind zwar räumlich und/oder organisatorisch vom Hauptbetrieb abgrenzbar. Sie sind vom Hauptbetrieb organisatorisch nicht unabhängig, können also als Betrieb nicht allein bestehen. Der in ihnen verfolgte Zweck ist regelmäßig nur Hilfszweck gegenüber dem arbeitstechnischen

Zweck des Hauptbetriebes (GK-BetrVG/*Franzen* § 4 Rn 4). Denkbar sind diese Voraussetzungen etwa bei der Kraftfahrzeugwerkstatt eines Busunternehmens, der Druckerei eines Zeitungsbetriebes, der Kartonagenabteilung einer Schokoladenfabrik. Als selbständiger Betrieb zu sehen ist der Betriebsteil zum einen, wenn er durch Aufgabenbereich und Organisation eigenständig ist. Eigenständigkeit der Organisation verlangt idR eine eigene Leitung auf der Ebene des Betriebsteils. Diese eigene Leitung braucht und kann nicht die gesamte Betriebsleitung erfassen, da dann ein selbständiger Nebenbetrieb vorläge. Sie muss aber insbes. im sozialen Bereich bestehen, in dem der Betriebsrat vor allem Beteiligungsrechte hat. Ohne Rücksicht auf Eigenständigkeit von Aufgaben und Organisation ist der Betriebsteil als selbständiger Betrieb anzusehen, wenn er räumlich weit vom Hauptbetrieb entfernt ist. Dabei kommt es nicht so sehr und nicht allein auf die kilometermäßige Entfernung an. Entscheidend ist vielmehr die Frage, ob der Kontakt zwischen Betriebsrat und Belegschaft, aber auch zwischen den Betriebsratsmitgliedern, wenn diese teils im Hauptbetrieb, teils im Betriebsteil beschäftigt sind, durch die räumliche Entfernung so erschwert ist, dass eine ordnungsgemäße Durchführung der Betriebsratsarbeit nicht mehr gewährleistet ist. Dabei ist auf die tatsächlichen Lebensverhältnisse, insbes. auf die Verkehrsverbindungen (evtl. Werksverkehr) abzustellen (GK-BetrVG/*Franzen* § 4 Rn 12; LSSW-*Wertheimer* KSchG § 17 Rn 17). Gem. § 4 BetrVG gelten **Betriebsteile** als selbständige Betriebe, wenn sie die Voraussetzungen des § 1 BetrVG erfüllen und entweder räumlich weit vom Hauptbetrieb entfernt oder durch Aufgabenbereich und Organisation eigenständig sind (*BAG* 13.4.2000 EzA § 17 KSchG Nr. 9).

b) **Unionsrechtliche Begriffsbestimmung**

Für den Bereich des Massenentlassungsrechts verbietet sich nach der Rspr. des EuGH ein Rückgriff auf die dargestellten Begriffsbestimmungen in §§ 1, 23 KSchG, 1, 4 BetrVG. Das hat das BAG unter Fortentwicklung früherer Rechtsprechung (vgl. etwa *BAG* 25. April 2013 – 6 AZR 49/12 – Rn 149; 13. Dezember 2012 – 6 AZR 608/11 – Rn 85; 13. Dezember 2012 – 6 AZR 348/11 – Rn 84, BAGE 144, 125; anders bereits *BAG* 26. Januar 2017 – 6 AZR 442/16 – Rn 21, BAGE 158, 104) zu Recht anerkannt (*BAG* 13.2.2020 – 6 AZR 146/19 – Rn 32, BAGE 169, 362). Der in der MERL selbst nicht definierte Begriff »Betrieb« ist unionsrechtlicher Natur. Sein Inhalt ist in der **Unionsrechtsordnung autonom und einheitlich** (vgl. nur EuGH 13. Mai 2015 – C-392/13 – [Rabal Cañas] Rn 42) **allein vom Gerichtshof** und damit **losgelöst von den Rechtsvorschriften der Mitgliedstaaten** zu bestimmen (vgl. *EuGH* 13.5.2015 – C-182/13 – [Lyttle ua.] Rn 26; 13.5.2015 – C-392/13 – [Rabal Cañas] Rn 42; 30.4.2015 – C-80/14 – [USDAW und Wilson] Rn 45; in diesem Sinne schon *EuGH* 7.12.1995 – C-449/93 – [Rockfon] Rn 25). Zwar dürfte in einer Vielzahl von Fällen, insbesondere wenn der Arbeitgeber nur einen Betrieb hat, die Begriffsbestimmung aus unionsrechtlicher sowie aus nationaler Sicht eindeutig sein und zu übereinstimmenden Ergebnissen führen. Wo Abweichungen bestehen, setzt sich aber allein das Verständnis des Gerichtshofs durch. Organisationseinheiten, die sich an **betriebsverfassungsrechtlich geprägten Arbeitnehmervertretungsstrukturen** orientieren (zB. §§ 3 Abs. 1, 117 Abs. 2 BetrVG), sind für die MERL unerheblich. Ebenso wenig ist der besondere Betriebsbegriff für den **Luftverkehr** in § 24 Abs. 2 KSchG für den Massenentlassungsschutz anzuwenden. Das folgt bereits aus der Gesetzessystematik des KSchG selbst. Nach § 23 Abs. 1 Satz 1, § 24 Abs. 1 KSchG gilt der besondere Betriebsbegriff nur für die Vorschriften des Ersten und Zweiten, hingegen nicht des Dritten Abschnitts des KSchG. Der Massenentlassungsschutz gilt für Luftverkehrsbetriebe gem. § 23 Abs. 2 KSchG uneingeschränkt. Eine Sonderregelung enthält § 24 Abs. 5 KSchG allein für die Besatzungen von Seeschiffen (*BAG* 13.2.2020 – 6 AZR 146/19 – Rn 56 ff., BAGE 169, 362). Dazu auch Rdn 43.

Der Gerichtshof legt dem Betrieb iSd. MERL ein **weites Begriffsverständnis** ohne hohe organisatorische Anforderungen an die erforderliche Leitungsstruktur zugrunde (*Brams* Unionsrechtliche Impulse für das Recht der Massenentlassung S. 60; *Junker* ZfA 2018, 73, 76). Kennzeichnend für ein Arbeitsverhältnis sei im Wesentlichen die Verbindung zwischen dem Arbeitnehmer und dem Unternehmensteil, dem er zur Erfüllung seiner Aufgabe angehört. Bei der unionsrechtlichen Auslegung des Betriebsbegriffs wird sprachlich an den Terminus der **Einheit** iSv Entität (frz. l'entité) angeknüpft. Danach ist unter dem Begriff »**Betrieb**« iSd. MERL nach Maßgabe der Umstände die

Einheit zu verstehen, der die von der Entlassung betroffenen Arbeitnehmer zur Erfüllung ihrer Aufgaben angehören. Wesentlich für die unionsrechtskonforme Auslegung des Betriebsbegriffs ist das Merkmal der wirtschaftlichen Einheit der Organisation. Darunter ist eine unterscheidbare Einheit von einer gewissen Dauerhaftigkeit und Stabilität zu verstehen, die zur Erledigung einer oder mehrerer bestimmter Aufgaben bestimmt ist und über eine Gesamtheit von Arbeitnehmern sowie über technische Mittel und eine organisatorische Struktur (einschließlich Leitung) zur Erfüllung dieser Aufgaben verfügt (st. Rspr. *EuGH* 13.5.2015 – C-392/13 – [Rabal Cañas] Rn 44 f.; 30.4.2015 – C-80/14 – [USDAW und Wilson] Rn 47, 49; 15.2.2007 – C-270/05 – [Athinaïki Chartopoiïa] Rn 27; 7.12.1995 – C-449/93 – [Rockfon] Rn 31 f.). Eine bestimmte räumliche Entfernung ist nicht erforderlich (*EuGH* 15.2.2007 – C-270/05 – [Athinaïki Chartopoiïa] Rn 29).

33 Eine Einheit »**verfügt**« immer dann über eine Gesamtheit von Arbeitnehmern sowie über technische Mittel und eine organisatorische Struktur, wenn diese der betreffenden Einheit **rein tatsächlich** zur Erfüllung ihrer Aufgaben zugeordnet sind (vgl. die englische Sprachfassung der Entscheidung *EuGH* 15.2.2007 – C-270/05 – [Athinaïki Chartopoiïa] Rn 27 ff., 31; *BAG* 13.2.2020 – 6 AZR 146/19 – Rn 39, 41, BAGE 169, 362; *Brams* Unionsrechtliche Impulse für das Recht der Massenentlassung S. 61).

34 Ob die fragliche Einheit eine **Leitung** hat, die selbständig Massenentlassungen vornehmen kann, ist für die Definition des Begriffs »Betrieb« ebenso wenig entscheidend, wie Merkmale einer rechtlichen, wirtschaftlichen, finanziellen, verwaltungsmäßigen oder technologischen **Autonomie** der betrieblichen Einheit. Der Sinn und Zweck der MERL zielt auf die sozioökonomischen Auswirkungen, die Massenentlassungen in einem bestimmten örtlichen Kontext und einer bestimmten sozialen Umgebung hervorrufen können (st. Rspr. *EuGH* 13. Mai 2015 – C-392/13 – [Rabal Cañas] Rn 44, 47; 30. April 2015 – C-80/14 – [USDAW und Wilson] Rn 51; 15. Februar 2007 – C-270/05 – [Athinaïki Chartopoiïa] Rn 28; *BAG* 13.2.2020 – 6 AZR 146/19 – Rn 33, BAGE 169, 362; *Alber* FS Wißmann S. 2). Der EuGH lässt eine Leitung ausreichen, die die ordnungsgemäße Durchführung der Arbeit und die Kontrolle des Gesamtbetriebs der Einrichtungen der Einheit sowie die Lösung technischer Probleme iSe Aufgabenkoordinierung sicherstellt (*EuGH* 13.5.2015 – C-392/13 – [Rabal Cañas] Rn 50; 15.2.2007 – C-270/05 – [Athinaïki Chartopoiïa] Rn 31; *BAG* 13.2.2020 – 6 AZR 146/19 – Rn 33, 49, BAGE 169, 362). Dies ist bereits dann gegeben, wenn eine stabile Organisationsstruktur besteht, die einen reibungslosen Betriebsablauf vor Ort sicherstellt. Disziplinarische oder sonstige eigenständige Weisungsrechte in Bezug auf personelle Maßnahmen sind nicht erforderlich. Unerheblich ist es, dass die Leitung aus mehreren Personen besteht oder für mehrere Betriebe gleichzeitig verantwortlich ist (*BAG* 13.2.2020 – 6 AZR 146/19 – Rn 53, BAGE 169, 362). Aufgrund des fehlenden Erfordernisses einer rechtlichen, wirtschaftlichen, finanziellen, verwaltungsmäßigen oder technologischen Autonomie steht es dem Vorliegen einer Einheit zudem nicht entgegen, wenn sie keinen eigenständigen Teilzweck erfüllen bzw. nicht autark agieren kann. Das Verständnis des **EuGH** ist damit deutlich **offener und weiter** als das nationale betriebsverfassungsrechtliche (*BAG* 13.2.2020 – 6 AZR 146/19 – Rn 49, BAGE 169, 362).

35 Auch wenn dem EuGH die Deutungshoheit über die Auslegung des Betriebsbegriffs zukommt, ist es Sache des **nationalen Gerichts** festzustellen, ob eine Einheit nach **Maßgabe der Umstände im konkreten Einzelfall** dessen Voraussetzungen erfüllt. Die **Subsumtion** im jeweils zu entscheidenden Fall liegt damit in der Hand der nationalen Gerichte (*EuGH* 13.5.2015 – C-182/13 – [Lyttle ua.] Rn 52; 30.4.2015 – C-80/14 – [USDAW und Wilson] Rn 70; *BAG* 14.5.2020 – 6 AZR 235/19 – Rn 117; 13.2.2020 – 6 AZR 146/19 – Rn 34, BAGE 169, 362).

36 Die Begriffe »**Betrieb**« und »**Unternehmen**« werden unionsrechtlich unterschieden. Für die MERL ist allein entscheidend, welche Einheit einen Betrieb in ihrem Sinn darstellt (*EuGH* 30.4.2015 – C-80/14 – [USDAW und Wilson] Rn 49 f.; 7.12.1995 – C-449/93 – [Rockfon] Rn 29). Wiewohl normalerweise der Betrieb Teil eines Unternehmens ist, so kann beides zusammenfallen, wenn bspw. ein Unternehmen nicht über mehrere unterscheidbare betriebliche Einheiten iSd. MERL verfügt (st. Rspr. *EuGH* 13.5.2015 – C-182/13 – [Lyttle ua.] Rn 31; 30.4.2015 – C-80/14 – [USDAW

und Wilson] Rn 47 ff, mwN). Es handelt sich dann um einen Betrieb iSd. MERL und der §§ 17 ff. KSchG. Besteht ein Unternehmen – wie üblicherweise – aus mehreren Betrieben, so ist allein anhand der Begriffsdefinition des EuGH (Rdn 32 ff.) zu prüfen, an welche der verschiedenen Einheiten für die Schwellenwerte gem. § 17 Abs. 1 KSchG anzuknüpfen ist. Erfüllen die einzelnen Betriebe des Unternehmens die Voraussetzungen der Begriffsdefinition, ist Betrieb iSd. §§ 17 ff. KSchG die Einheit, der die von der Entlassung betroffenen Arbeitnehmer angehören (*EuGH* 13.5.2015 – C-182/13 – [Lyttle ua.] Rn 33). Ebenso ist bei **Betriebsteilen** (unabhängig davon, ob sie § 4 Abs. 1 BetrVG unterfallen oder nicht) und **Kleinstbetrieben** (§ 4 Abs. 2 BetrVG) vorzugehen, soweit sie unterscheidbare wirtschaftliche Einheiten iSd unionsrechtlichen Auslegung darstellen (Rdn 32 ff.; *Kleinebrink/Commandeur* NZA 2015, 853; *dies.* FA 2017, 290). Für jede der einzelnen Einheiten (egal ob Unternehmen, Betrieb, Betriebsteil oder Kleinstbetrieb), die die Voraussetzungen der Begriffsdefinition des EuGH erfüllt, müssen die Schwellenwerte gesondert überschritten sein, um die Verfahren gem. § 17 Abs. 2 und 3 KSchG auszulösen (*BAG* 15.12.2011 EzA § 613a BGB 2002 Nr. 132 Rn 74). Bilden mehrere Unternehmen einen **Gemeinschaftsbetrieb** mit einem gemeinschaftlichen Leitungsapparat (Rdn 29), so ist hinsichtlich der Bezugsgrößen und Schwellenwerte auch hier an die wirtschaftlich unterscheidbare Einheit anzuknüpfen. Diese wird meist, da der Gemeinschaftsbetrieb eine Führungsvereinbarung der beteiligten Unternehmen voraussetzt, mit dem Gemeinschaftsbetrieb übereinstimmen. Zwingend ist das aber nicht (a.A. MünchArbR-*Spelge* § 121 Rn 15, die stets auf den Gemeinschaftsbetrieb abstellt). Der Betrieb iSd MERL bzw. § 17 Abs. 1 KSchG wird folglich von der Einheit gebildet, der die von den geplanten Kündigungen betroffenen Arbeitnehmer zur Erfüllung ihrer Aufgabe angehören und bei der die Zahl der beabsichtigten Entlassungen getrennt von denen zu berücksichtigen sind, die in anderen Betrieben desselben Unternehmens vorgenommen werden sollen (*EuGH* 13.5.2015 – C-392/13 – *[Rabal Cañas]* Rn 49 mwN). Insbesondere bei räumlich entfernt liegenden unterscheidbaren Einheiten wird so auch sichergestellt, dass der jeweilige örtliche Betriebsrat, der mit den Verhältnissen am ehesten vertraut ist, in das Konsultations- und das Anzeigeverfahren einbezogen wird. Darüber hinaus wird in entsprechenden Fällen vermieden, dass sich eine AfA mit arbeitsmarktpolitischen Fragen einer fremden Region auseinandersetzen muss. Zur für die Massenentlassungsanzeige örtlich zuständigen AfA bzw. den Rechtsfolgen der Anzeige bei einer örtlich unzuständigen AfA s. Rdn 141.

Die unionsrechtliche Begriffsbestimmung kann bei **kleinteiligen Strukturen** dazu führen, dass von vielen einzelnen »Betrieben« auszugehen ist, denen jeweils nicht mehr als 20 Arbeitnehmer zugeordnet sind. Deren Arbeitnehmer werden vom Massenentlassungsschutz nicht erfasst (so entließ bspw. die insolvente Filialkette Woolworth 4.500 Beschäftigte ohne Massenentlassungsschutz, *EuGH* 30.4.2015 – C-80/14 – [USDAW und Wilson] Rn 30; Schlussantrag GA Wahl – C-80/14 – Fn 27; vgl. auch die Sachverhalte bei *BAG* 13.12.2012 – 6 AZR 752/11 – und – 6 AZR 348/11 – BAGE 144, 125). Mit den Zielen der MERL steht dies dennoch in Einklang. Sie betrifft die sozioökonomischen Auswirkungen, die Massenentlassungen in einem bestimmten örtlichen Kontext und einer bestimmten sozialen Umgebung hervorrufen können (*EuGH* 13. Mai 2015 – C-392/13 – [Rabal Cañas] Rn 47; 13. Mai 2015 – C-182/13 – [Lyttle ua.] Rn 32; 30. April 2015 – C-80/14 – [USDAW und Wilson] Rn 51; *BAG* 13.2.2020 – 6 AZR 146/19 – Rn 54, BAGE 169, 362). Der **örtliche Arbeitsmarkt** wird aber typischerweise nicht belastet, wenn in kleinteiligen Strukturen Entlassungen erfolgen. Davon durfte der Normgeber im Rahmen seiner Einschätzungsprärogative und Typisierungsbefugnis ausgehen. Folglich fallen in einem Unternehmen Massenentlassungen, die die jeweiligen Schwellenwerte unternehmensbezogen überschreiten und damit anzeigepflichtig würden, bei einer Aufspaltung des Unternehmens in eine Vielzahl kleiner Betriebe aus dem Geltungsbereich der Massenentlassungsvorschriften heraus (*Weber* NJW 2016, 727). Wird ein Unternehmen allerdings bewusst in kleinste Einheiten »atomisiert« (dazu *Maschmann* EuZA 2015, 488, 495), um den Massenentlassungsschutz zu umgehen, ist dieser Gestaltungsoption im Rahmen einer **Rechtsmissbrauchs**kontrolle im Einzelfall nach dem Rechtsgedanken des § 162 BGB die rechtliche Anerkennung zu verweigern (vgl. *BAG* 13.2.2020 – 6 AZR 146/19 – Rn 54, BAGE 169, 362; MünchArbR-*Spelge* § 121 Rn 11).

38 Für den Fall einer durch **Kollektivvertrag** geschaffenen **betriebsverfassungsrechtlichen Organisationseinheit** gem. § 3 Abs. 1 Nr. 1 bis 3 BetrVG befürworten *Busch* (DB 1992, 1474), *DDZ-Callsen* (KSchG § 17 Rn 8) und *LSSW-Wertheimer* (KSchG § 17 Rn 9, 21) deren Geltung auch gegenüber der AfA. Dies mag zwar für die betriebliche Praxis bei Massenentlassungen das Verfahren vereinfachen. Die dergestalt gebildeten betriebsverfassungsrechtlichen Organisationseinheiten gelten aber nur im Rahmen des BetrVG als Betrieb (§ 3 Abs. 5 Satz 1 BetrVG). Zudem widerspricht diese Annahme nicht nur den aus der ratio legis den zuständigen einzelnen AfA aus der Anzeige erwachsenden Aufgaben im jeweiligen AfA-Bezirk (s. Rdn 17), sondern vor allem dem Umstand, dass § 17 KSchG nicht tarifdispositiv ist (s. Rdn 20), und ein gem. § 3 Abs. 1 Nr. 1 bis 3 BetrVG geschaffener Betrieb idR nicht dem unionsrechtlichen Betriebsbegriff entspricht. Im Bereich des Massenentlassungsschutzes ist aber allein dieser maßgeblich (*BAG* 13.2.2020 – 6 AZR 146/19 – Rn 32, BAGE 169, 362; *Oetker* FS 100 Jahre Betriebsverfassungsrecht, 2020, 557, 566).

39 Soweit die Auslegung des Betriebsbegriffs in anhängigen Verfahren entscheidungserheblich ist, kommt die Gewährung von **Vertrauensschutz** in die Anwendung des **Betriebsbegriffs** der §§ 1, 4 BetrVG im Bereich des Massenentlassungsrechts nicht in Betracht. In seinen jeweils zu mehreren Parallelsachen führenden Entscheidungen vom 13.2.2020 – 6 AZR 146/19 – Rn 32, BAGE 169, 362), 27.2.2020 (– 8 AZR 215/19 – Rn 171) und 14.5.2020 (– 6 AZR 235/19 – Rn 115) hat das BAG klargestellt (*C. Schubert* EWiR 2020, 509, 510 sowie *Senk* Anm. AP BGB § 613a Nr. 480 unter II 1 b betrachten dies als überfällig; kritisch *Moll* RdA 2021, 49, 51), dass ausschließlich vom unionsrechtlichen Betriebsbegriff auszugehen ist, den der EuGH autonom und einheitlich sowie losgelöst von nationalen Rechtsverständnissen bestimmt. Auch zuvor schied ein Vertrauensschutz aus. Diesen könnte, da der Betriebsbegriff unionsrechtlich determiniert ist, **allein der EuGH gewähren** (*BAG* 13.2.2020 – 6 AZR 146/19 – Rn 113, BAGE 169, 362; 14.5.2020 – 6 AZR 235/19 – Rn 148; allgemein zum Vertrauensschutz im Anwendungsbereich des Unionsrechts *BVerfG* 10.12.2014 – 2 BvR 1549/07 – Rn 27 f. sowie die st. Rspr. des *BAG*, vgl. 29.9.2020 – 9 AZR 266/20 (A) – Rn 24; 19.2.2019 – 9 AZR 423/16 – Rn 30, BAGE 165, 376; 25.10.2018 – 8 AZR 501/14 – Rn 116, BAGE 164, 117; 17.11.2015 – 1 AZR 938/13 – Rn 33, BAGE 153, 234). Entscheidungen gemäß Art. 267 AEUV wirken grundsätzlich ex tunc. Nur der Gerichtshof selbst kann unter Heranziehung der unionsrechtlichen Grundsätze der Rechtssicherheit und des Vertrauensschutzes die Geltung der von ihm vorgenommenen Auslegung einer Norm in zeitlicher Hinsicht ausnahmsweise einschränken (vgl. *EuGH* 13. Dezember 2018 – C-385/17 – [Hein] Rn 57; 22. September 2016 – C-110/15 – [Microsoft Mobile Sales International ua.] Rn 60 mwN; *BAG* 29.9.2020 – 9 AZR 266/20 (A) – Rn 24; 27.2.2020 – 8 AZR 215/19 – Rn 192). Schweigt er in einem Vorabentscheidungsverfahren hierzu, ist von einer zeitlich unbeschränkten Geltung auszugehen. Auch das nationale Gericht kann dann nicht aus Gründen des Vertrauensschutzes nach nationalem Recht die unionsrechtskonforme Auslegung innerstaatlicher Normen auf einen Zeitpunkt nach dem Inkrafttreten des Unionsrechts verschieben (vgl. *BVerfG* 10.12.2014 – 2 BvR 1549/07 – Rn 40; st. Rspr. des *BAG* vgl. 29.9.2020 – 9 AZR 266/20 (A) – Rn 25; 26.5.2020 – 9 AZR 259/19 – Rn 22; 19.2.2019 – 9 AZR 423/16 – Rn 34, BAGE 165, 376). Darüber hinaus halten sich die Entscheidungen des BAG aus Februar und Mai 2020 im Rahmen einer vorhersehbaren Entwicklung (dazu *BVerfG* 18.10.2012 – 1 BvR 2366/11 – Rn 15; 16.5.2011 – 2 BvR 1230/10 – Rn 15), deren Grundzüge sich bereits in Entscheidungen aus den Jahren 2012 und 2013 (vgl. zB *BAG* 13.12.2012 – 6 AZR 348/11 – Rn 85; 25.4.2013 – 6 AZR 49/12 – Rn 151) sowie 2017 (*BAG* 26.1.2017 – 6 AZR 442/16 – Rn 21, 31, BAGE 158, 104) finden (*BAG* 14.5.2020 – 6 AZR 235/19 – Rn 149).

2. Kleinbetriebe

40 §§ 17 ff. KSchG finden keine Anwendung auf Betriebe, die »in der Regel« (vgl. dazu Rdn 46) nicht mehr als 20 Arbeitnehmer beschäftigen. Das ergibt sich aus § 17 Abs. 1 Nr. 1 KSchG, wonach in die erste Stufe der anzeigepflichtigen Betriebe solche mit mehr als 20 und weniger als 60 Arbeitnehmern einbezogen sind. Entlassungen in **Kleinbetrieben** sind also nicht anzeigepflichtig, und zwar

auch dann nicht, wenn sie in einem Umfang erfolgen, der in anderen Betrieben anzeigepflichtig wäre (also zB mehr als 5 Arbeitnehmer, vgl. § 17 Abs. 1 Nr. 1 KSchG).

3. Saison- und Kampagnebetriebe

Nicht erfasst sind weiterhin **Saison- und Kampagnebetriebe**, soweit es sich um Entlassungen handelt, die durch die Eigenart der Betriebe bedingt sind, § 22 KSchG. Diese Regelung widerspricht nicht der MERL. Sie findet gem. Art. 1 Abs. 2a keine Anwendung auf Arbeitsverträge, die für eine bestimmte Zeit oder Tätigkeit geschlossen werden, es sei denn, die Massenentlassung erfolgt vor Ablauf oder Erfüllung dieser Verträge (*Opolony* NZA 1999, 791, 793). 41

4. Betriebe der öffentlichen Hand

Betriebe der öffentlichen Hand unterfallen den §§ 17 ff. KSchG nur dann, wenn sie **wirtschaftliche Zwecke** verfolgen. Solche liegen vor, wenn die von der öffentlichen Verwaltung betriebene Einrichtung wie der privatwirtschaftliche Betrieb wirtschaftlichen Bedürfnissen zu dienen bestimmt ist, mag auch im Einzelfall kein Gewinn erzielt werden (*BAG* 21.5.1970 AP Nr. 11 zu § 15 KSchG 1951 mwN). Es geht also um Aufgaben, die an sich auch von einer Privatperson durchgeführt werden könnten, § 23 Abs. 2 S. 1 KSchG (vgl. KR-*Bader/Kreutzberg-Kowalczyk* KSchG § 23 Rdn 97). Im Übrigen sieht die MERL gem. Art. 1 Abs. 2b vor, dass sie auf Arbeitnehmer öffentlicher Verwaltungen oder von Einrichtungen des öffentlichen Rechts keine Anwendung findet (krit. *Alber* FS Wißmann S. 507). Das gilt somit auch für die **zivile Belegschaft einer Militärbasis** unabhängig davon, ob es sich um nationale Streitkräfte oder solche eines anderen Staates handelt; denn bei der Landesverteidigung erfolgt die Tätigkeit in Ausübung hoheitlicher Befugnisse (*EuGH* 18.10.2012 – C-583/10, ZESAR 2013, 235; zust. Anm. *Hagemeister* EuZA 2013, 340). Der Begriff der Einrichtung des öffentlichen Rechts ist im Rahmen der Ausnahmevorschrift gem. § 23 Abs. 2 S. 1 KSchG eng auszulegen (*EuGH* 29.3.2012 – C-185/10, ABlEU 2012 Nr. C 151, 3, 4). Keine Einrichtung des öffentlichen Rechts liegt vor, wenn sie satzungsgemäß nach Leistungs-, Effizienz- und Wirtschaftlichkeitskriterien eingerichtet und in einem wettbewerblich geprägten Umfeld tätig wird, auch wenn sie keine Gewinnerzielungsabsicht verfolgt (*EuGH* 21.5.2001 – C-223/99, C-260/99; *LAG Bln.* 27.5.2005 NZA-RR 2005, 516 im Falle einer Gesellschaft, die als Verwaltungshelfer tätig war). 42

5. Seeschiffe, Binnenschiffe, Luftfahrzeuge

Die §§ 17 ff. KSchG sind **ohne Einschränkung** auf Schifffahrts- und Luftverkehrsbetriebe **anzuwenden**. Bereits 1978 hat der Gesetzgeber die Bereichsausnahme für Besatzungen von Binnenschiffen und Luftverkehrsfahrzeugen gestrichen (Art. 1 Nr. 4 des Zweiten Gesetzes zur Änderung des KSchG v. 27.4.1978, BGBl. I 550, 551). In Umsetzung von Art. 4 der RL (EU) 2015/1794 vom 16.10.2015 (ABlEU 2015 L 263, 1), der die ursprüngliche Herausnahme der Besatzungen von Seeschiffen in Art. 1 Abs. 2c der MERL aufhob, hat der nationale Gesetzgeber durch Streichung von § 23 Abs. 2 Satz 2 KSchG (Anwendungsfall bei LAG Schleswig-Holstein 13.9.2016 – 1 Sa 14/16 –) diese Arbeitnehmer seit 10.10.2017 in den Anwendungsbereich des Massenentlassungsschutzes einbezogen (Art. 4 Nr. 1 Gesetz zur Verbesserung der Leistungen bei Renten wegen verminderter Erwerbsfähigkeit und zur Änderung anderer Gesetze – EM-Leistungsverbesserungsgesetz v. 17.7.2017, BGBl. I 2509, 2511). Für die Beschäftigten der Landbetriebe von Seeschifffahrtsunternehmen galt die Bereichsausnahme ohnehin nicht. Sonderregelungen für die Besatzungen von Seeschiffen enthält § 24 Abs. 5 KSchG nur in Bezug auf die Beteiligung des Seebetriebsrats anstelle des Betriebsrats sowie die für die Massenentlassungsanzeige zuständige Behörde bei Seeschiffen, die unter der Flagge eines anderen Mitgliedstaats der EU fahren (*BAG* 13.2.2020 – 6 AZR 146/109 – Rn 57, BAGE 169, 362). 43

Soweit der Gesetzgeber in **§ 24 Abs. 2 KSchG** einen **eigenständigen Betriebsbegriff** für Betriebe der Schifffahrt und des Luftverkehrs definiert, beansprucht dieser schon nach nationalem Recht **keine Geltung** für das im Dritten Abschnitt des KSchG enthaltene **Massenentlassungsrecht** (*BAG* 13.2.2020 – 6 AZR 146/109 – Rn 56 ff., BAGE 169, 362). Vgl. auch Rn 33. Daher gilt auch hier die Begriffsdefinition des EuGH, was unionsrechtlich auch dann der Fall wäre, wenn die Fiktion 44 des § 24 Abs. 2 KSchG für alle Abschnitte des KSchG anzuwenden wäre. Anhand dieser Definition ist im Einzelfall zu klären, ob schon das einzelne Verkehrsmittel als Betrieb anzusehen ist. Dies dürfte bei Seeschiffen, die häufig über längere Zeit mit einer fest zugeordneten Besatzung unterwegs sind (zur Frage eines Betriebsteils iSd § 613a BGB *BAG* 18.3.1997 – 3 AZR 729/95 – zu I 1 a bb der Gründe, BAGE 85, 291; 2.3.2006 – 8 AZR 147/05 – Rn 17 ff. Forschungsschiff), eher zu bejahen sein als bei einem Flugzeug, das auf wechselnden Strecken mit wechselnder Besatzung nach einer zentralen Einsatzplanung fliegt (MünchArbR-*Spelge* § 121 Rn 20).

6. Baustellen

45 § 21 Abs. 3 KSchG 1951 nahm ursprünglich aus dem Anwendungsbereich des Dritten Abschnitts auch Entlassungen heraus, die auf **Baustellen aus Witterungsgründen** vorgenommen wurden. Diese Ausnahmeregelung wurde bei Einführung des Schlechtwettergeldes durch das Gesetz über Maßnahmen zur Förderung der ganzjährigen Beschäftigung in der Bauwirtschaft v. 7.12.1959 (BGBl. I S. 705) aufgehoben. Allerdings sind Arbeitsstellen wie zB **Bau- und Montagestellen**, die nur einem einmaligen oder vorübergehenden Zweck dienen, keine selbständigen Betriebe.

II. Im Betrieb beschäftigte Arbeitnehmer

1. In der Regel beschäftigte Arbeitnehmer

46 Auszugehen ist von der Zahl der im Betrieb idR beschäftigten Arbeitnehmer. Der Begriff »**in der Regel**« entspricht dem in § 23 Abs. 1 S. 2 KSchG verwandten Begriff (*BAG* 24.2.2005 – 2 AZR 207/04 – unter B II 1 b der Gründe, EzA § 17 Nr. 14 m. Anm. *Brehm*; Anm. *Bauer* DB 2005, 1570). Er ist nicht iS einer Durchschnittsberechnung zu verstehen (*BAG* 24.2.2005 – 2 AZR 207/04 – unter B II 1 b der Gründe, EzA § 17 Nr. 14; DDZ-*Callsen* KSchG § 17 Rn 14; LKB-*Bayreuther* KSchG § 17 Rn 54; *BSG* 4.9.1979 SozR 7820 § 17 Nr. 2). Entscheidend ist die **Beschäftigtenzahl bei regelmäßigem Gang des Betriebes**. Zeiten außergewöhnlichen Geschäftsanfalls – zB Weihnachtsgeschäft, Jahresabschlussarbeiten – sind hinsichtlich beschäftigter **Aushilfskräfte** ebenso wenig ausschlaggebend wie Zeiten kurzfristiger Geschäftsdrosselung – zB in Ferienzeiten oder in der Nachsaison (vgl. *BAG* 16.11.2017 – 2 AZR 90/17 – Rn 17 ff., BAGE 161, 81; 24.2.2005 – 2 AZR 207/04 – unter B II 1 b der Gründe, EzA § 17 Nr. 14; ErfK-*Kiel* KSchG § 17 Rn 11; KR-*Bader/Kreutzberg-Kowalczyk* KSchG § 23 Rdn 52 ff.; s.a. HWGNRH-*Rose* § 1 Rn 71; GK-BetrVG/*Franzen* § 1 Rn 103 f.; *Tschöpe* BB 1983, 1416). Anhaltspunkte können die **bisherige und die zu erwartende zukünftige Personalentwicklung** darstellen (*BAG* 31.1.1991 EzA § 23 KSchG Nr. 11; 8.6.1989 EzA § 17 KSchG Nr. 4; DDZ-*Callsen* KSchG § 17 Rn 14; *Schaub/Linck* § 142 Rn 12). Wenn der Arbeitgeber regelmäßig Arbeitnehmer **befristet** beschäftigt, sind diese nach Köpfen mitzuzählen (*EuGH* 11.11.2015 – C-422/14 – [Pujante Rivera] Rn 31 ff., EzA EG-Vertrag 1999 RL 98/59 Nr. 8). Im Übrigen sind befristete Arbeitsverhältnisse gem Art. 1 Abs. 2 lit a der MERL generell vom Anwendungsbereich der RL ausgenommen (st. Rspr. *EuGH* 13.5.2015 – C-392/13, EzA EG-Vertrag 1999 RL 98/59 Nr. 6). Für **Leiharbeitnehmer** geht der EuGH davon aus, dass sie in einem »doppelten« Arbeitsverhältnis sowohl zum Entleiher als »nichtvertraglichem« (*EuGH* 21.10.2010 – C-242/09 – Rn 20 [Albron Catering]) als auch zum Verleiher als Vertragsarbeitgeber stehen (*EuGH* 11.4.2013 – C-290/12 – Rn 40 [Della Rocca]). Für die Ermittlung der Betriebsgröße sollen Leiharbeitnehmer als gem. § 14 Abs. 1 AÜG dem verleihenden Betrieb zugehöriges Personal dennoch nicht zu den regelmäßig beschäftigten Arbeitnehmern im Entleiherbetrieb zählen (*LAG Düsseld.* 8.9.2016 – 11 Sa 705/15; EUArbR/*Spelge* RL 98/59/EG Art. 1 Rn 30 f.; AR-*Leschnig* KSchG § 17 Rn 9; *Lembke/Ludwig* FA 2015, 350, 352 f.; *Mückl/Vielmeier* NJW 2017, 2936; *Kleinebrink/Commandeur* FA 2017, 290; *Lingemann/Steinhäuser* NJW 2017, 2245). Die gegenteilige Meinung (ErfK-*Kiel* KSchG § 17 Rn 11; *Holler* ZESAR 2018, 74, 76; *Naber* ZESAR 2018, 222; *Fuhlrott/Fabritius* NZA 2014, 122; *Fuhlrott* GWR 2013, 332) verweist auf die geänderte Rspr des BAG (*BAG* 13.3.2013 – 7 ABR 69/11 – Rn 21 ff., BAGE 144, 340 zu § 9 BetrVG; 24.1.2013 – 2 AZR 140/12 – Rn 11 ff., BAGE 144, 222 zu § 23 Abs. 1 S. 3 KSchG; 18.10.2011 – 1 AZR 335/10 – Rn 14 ff., BAGE 139, 342 zu § 111 BetrVG), nach der nicht mehr

das Vorliegen eines Arbeitsverhältnisses verlangt werde, sondern die tatsächliche Beschäftigung mitzählbar sei (zuneigend *Bayreuther* NZA 2016, 1304; offen *Freckmann/Hendricks* BB 2018, 1205). Dieser Auffassung ist entgegenzuhalten, dass das BAG Leiharbeitnehmer nur dann berücksichtigt, wenn dies nach dem Schutzweck der maßgeblichen Norm gerechtfertigt ist (*BAG* 13.3.2013 – 7 ABR 69/11 – Rn 21, 28 ff., BAGE 144, 340; 24.1.2013 – 2 AZR 140/12 – Rn 20 ff., BAGE 144, 222; 8.10.2011 – 1 AZR 335/10 – Rn 18 f., BAGE 139, 342). Die Schutzzwecke der MERL gebieten eine Berücksichtigung der Leiharbeitnehmer zur Ermittlung der Betriebsgröße nicht (EUArbR/ *Spelge* RL 98/59/EG Art. 1 Rn 31). Die sozioökonomischen Auswirkungen auf den Arbeitsmarkt, deren Bewältigung die MERL bezweckt, und der Schutzbedarf der entlassenen Arbeitnehmer hängen von der Anzahl der entlassenen Arbeitnehmer ab. Irrelevant ist hierfür hingegen die Größe der Organisationseinheit, der diese Arbeitnehmer angehörten. Das BAG hat in seinem Vorlagebeschluss (16.11.2017 – 2 AZR 90/17 – Rn 24 ff., BAGE 161, 81) an den EuGH (Az. EuGH C-57/ 18) mit dem Konstrukt der sog. gespaltenen Berücksichtigung von Leiharbeitnehmern dennoch an die Rspr. zu § 23 Abs. 1 S. 3 KSchG, §§ 9, 111 BetrVG angeknüpft. Die Rechtsfrage ist allerdings nach Streichung des Verfahrens beim EuGH ohne Entscheidung wegen Rücknahme der Revision beim BAG **unionsrechtlich** weiterhin **ungeklärt**. In **Altersteilzeit** beschäftigte Arbeitnehmer, die ihre Arbeitsleistung im Blockzeitmodell im Voraus erbracht haben und sich in der Freistellungsphase befinden, sind nicht mitzuzählen (*LKB-Bayreuther* KSchG § 17 Rn 23).

2. Maßgebender Zeitpunkt

Maßgebender **Zeitpunkt für die Bestimmung der Beschäftigtenzahl** ist der Zeitpunkt der **Entlassung**, 47 also des **Zugangs der Kündigungserklärung**. An diesen knüpft der Arbeitnehmerschutz bei Massenentlassungen an (vgl. *BAG* 13.6.2019 – 6 AZR 459/18 – Rn 34, BAGE 167, 102; 26.1.2017 – 6 AZR 442/16 – Rn 23, BAGE 158, 104 unter Bezugnahme auf *EuGH* 27.1.2005 – C-188/03 – Rn 39 [Junk]; auch schon *BAG* 23.3.2006 – 2 AZR 343/05 – Rn 20, BAGE 117, 281; ErfK-*Kiel* KSchG § 17 Rn 11; MünchArbR-*Spelge* § 121 Rn 56; *LKB-Bayreuther* KSchG § 17 Rn 30 ff., 55; SPV-*Vossen* Rn 1638; vgl. auch Rdn 60). Dabei bestimmt das jeweilige nationale Recht, wann die Kündigung zugeht (*EuGH* 21.12.2016 – C-201/15 – Rn 29 ff., Rn 33 [AGET Iraklis]). Als einseitige empfangsbedürftige Willenserklärung geht die Kündigung dem Empfänger zu, wenn sie derart in seinen Machtbereich gerät, dass dieser nach allgemeinen Umständen von ihr Kenntnis erlangen kann (**§ 130 Abs. 1 BGB**; *BAG* 13.6.2019 – 6 AZR 459/18 – Rn 34, BAGE 167, 102; vgl. bei Anwesenden *LAG Rheinland-Pfalz* 5.2.2019 – 8 Sa 251/18 – unter II 2 der Gründe). Es kommt somit zu einem Gleichlauf mit dem Prüfungszeitpunkt für die materielle Wirksamkeit, dh. Rechtmäßigkeit der Kündigung (dazu *BAG* 27.2.2020 – 8 AZR 215/19 – Rn 70; 26.1.2017 – 2 AZR 61/16 – Rn 33; 18.10.2012 – 6 AZR 41/11 – Rn 66). Wählt der Arbeitgeber im Rahmen einer Massenentlassung verschiedene Arten der Übermittlung der Kündigung (persönliche Übergabe, Postversand) mit der Folge, dass die Kündigungen zu unterschiedlichen Terminen zugehen, verletzt dies Art. 3 Abs. 1 GG nicht (*BAG* 13.6.2019 – 6 AZR 459/18 – Rn 36, BAGE 167, 102).

3. Arbeitnehmer mit Sonderkündigungsschutz

Beabsichtigt der Arbeitgeber im Rahmen einer Massenentlassung auch die Entlassung von **Arbeit-** 48 **nehmern mit Sonderkündigungsschutz**, kann er bei Einleitung des Konsultationsverfahrens, das selbstverständlich diese Arbeitnehmer berücksichtigen muss (es sei denn, die unternehmerische Entscheidung nimmt von vornherein Arbeitnehmer mit Sonderkündigungsschutz aus der geplanten Massenentlassung aus, vgl. die Konstellation *BAG* 9.6.2016 – 6 AZR 638/15 –), in der Regel nicht absehen, ob und wann die behördliche Zustimmung erfolgt. **Kündigt der Arbeitgeber später** nach erteilter Zustimmung, lässt sich erst zu diesem Zeitpunkt beurteilen, ob diese Kündigung im Hinblick auf die 30-Tage-Frist des § 17 Abs. 1 S. 1 KSchG noch von der ursprünglichen Massenentlassung erfasst wird, evtl. Teil einer neuen Massenentlassung ist oder gar nicht dem Massenentlassungsschutz unterfällt. Der Schutzweck der **MERL** gebietet es **nicht**, Entlassungen von Arbeitnehmern mit Sonderkündigungsschutz, die wegen des behördlichen Zustimmungserfordernisses außerhalb des

30-Tages-Zeitraums erfolgen, als **Teil der vorherigen Massenentlassung** der übrigen Arbeitnehmer anzusehen (*BAG* 22.1.2017 – 6 AZR 442/16 – Rn 25 f., BAGE 158, 104). Dieses Verständnis des § 17 KSchG verstößt aber gegen Art. 3 Abs. 1 iVm. Art. 6 GG sowie gegen Art. 3 Abs. 3 S. 1 in seiner Verstärkung durch Art. 3 Abs. 2 GG (*BVerfG* 8.6.2016 – 1 BvR 3634/13 – Rn 15, 21; kritisch dazu MünchArbR-*Spelge* § 121 Rn 84 ff.; *Moll* FS Willemsen 2018, 319, 325 ff.). Erfordert die Kündigung des Arbeitnehmers eine behördliche Zustimmung, ist nach den bindenden **verfassungsrechtlichen Vorgaben** des BVerfG (8.6.2016 – 1 BvR 3634/13 – Rn 15 ff.) daher nicht auf den Zugang der Kündigungserklärung, sondern den **Eingang des Zustimmungsantrags** abzustellen, sofern das behördliche Verfahren keinen dem Massenentlassungsschutz gleichwertigen Schutz bietet (*BAG* 22.1.2017 – 6 AZR 442/16 – Rn 29, 35, BAGE 158, 104). Erreicht es ein gleichwertiges Schutzniveau, verbleibt es bei dem in Rdn 47 dargestellten Entlassungsbegriff als Zugang der Kündigungserklärung.

a) **Einzelfälle des Sonderkündigungsschutzes**

49 In welchen Fällen von einem gleichwertigen Schutzniveau auszugehen ist, ist noch nicht abschließend geklärt. Für **§ 18 BEEG** hat das BVerfG diese Frage verneint, da im Falle einer Betriebsstilllegung die Kündigung regelhaft für zulässig erklärt werde (*BVerfG* 8.6.2016 – 1 BvR 3634/13 – Rn 18; vgl. auch *BAG* 20.1.2005 – 2 AZR 500/03 – Rn 14). Verallgemeinert man dies, ist der Sonderkündigungsschutz dann dem Massenentlassungsschutz nicht gleichwertig, wenn die Kündigung trotz des Sonderkündigungsschutzes regelhaft möglich ist (MünchArbR-*Spelge* § 121 Rn 87). Dies ist bei Arbeitnehmern in Elternzeit in den in Nr. 2 der Allgemeinen Verwaltungsvorschrift zum Kündigungsschutz bei Elternzeit vom 3.1.2007 (BAnz 2007 Nr. 5, 247) genannten Fällen (wozu ua die Betriebsstilllegung zählt) anzunehmen. Allerdings ist auch bei Vorliegen eines besonderen Falles iSd § 18 Abs. 1 S. 2 BEEG stets noch eine Ermessensentscheidung der Behörde darüber erforderlich, ob das Arbeitgeberinteresse erheblich überwiegt (Nr. 3 der Allgemeinen Verwaltungsvorschrift, vgl. dazu MünchArbR-*Heinkel* § 192 Rn 39). Bei **(Familien-)Pflegezeit** ist das Gleiche anzunehmen, da § 2 Abs. 3 FPfZG den § 5 PflegeZG für entsprechend anwendbar erklärt und letzterer sich an § 18 BEEG anlehnt (BT-Drs. 16/7439, 93; vgl. auch BR-DRs. 718/07, 224). Auch im Anwendungsbereich des **§ 17 Abs. 2 MuSchG** wird die Kündigung im Falle einer Betriebsstilllegung ohne Weiterbeschäftigungsmöglichkeit regelmäßig für zulässig erklärt (vgl. *BVerwG* 18.8.1977 – V C 8.77 – unter 2 b der Gründe; dazu auch MünchArbR-*Heinkel* § 190 Rn 62). Auch bei der Kündigung **schwerbehinderter oder gleichgestellter Menschen** ist danach zu differenzieren, ob das Integrationsamt die Zustimmungsentscheidung nach freiem Ermessen (dann gleichwertiges Schutzniveau wie § 17 KSchG) trifft oder nicht. Kein freies bzw. ein stark eingeschränktes Ermessen besteht in den Fällen des § 172 SGB IX, so insbes. bei Betriebsstilllegungen und -änderungen sowie in der Insolvenz des Arbeitgebers. Bei Betriebsstilllegungen sowie im Insolvenzfall wird die Zustimmung uU sogar fingiert (§ 171 Abs. 5 SGB IX). Das Integrationsamt entscheidet bei einer Betriebsstilllegung oder -änderung jedoch wieder nach freiem Ermessen, wenn die Weiterbeschäftigung nach Maßgabe des § 172 Abs. 1 Satz 3 SGB IX möglich und zumutbar ist. Das Integrationsamt erteilt die Zustimmung zur Kündigung nach alledem nur dann regelhaft, wenn bei einer Betriebsstilllegung keine Weiterbeschäftigungsmöglichkeit besteht sowie bei Insolvenz des Arbeitgebers. In diesen Fällen fehlt ein gleichwertiges Schutzniveau und es ist auf den Zeitpunkt des Antragseingangs beim Integrationsamt abzustellen. In allen anderen Fällen der Kündigung eines schwerbehinderten oder gleichgestellten Menschen bietet das SGB IX einen dem Massenentlassungsschutz gleichwertigen Schutz (so zu Recht differenzierend MünchArbR-*Spelge* § 121 Rn 91; für gleichwertiges Schutzniveau auch *LAG Hamm* 26.11.2020 – 15 Sa 497/20 – Rn 83 ff, insbes. Rn 85 [die hiergegen unter Az. 2 AZR 124/21 eingelegte Revision ist durch Vergleich erledigt], mit zust. Anm. *Schäfer*, jurisPR-ArbR 18/2021 Nr. 3; ErfK-*Kiel* KSchG § 17 Rn 17a; *LKB-Bayreuther* KSchG § 17 Rn 34; aA Schaub ArbR-Hdb/*Linck* § 142 Rn 13; *Karcher/Bachmann* BB 2020, 2484).

b) Zählweise bei Kündigungswellen

Baut der Arbeitgeber in mehreren **Kündigungswellen** Arbeitsplätze ab, ist zur Vermeidung einer Doppelzählung in einem **ersten Schritt** unter Zugrundelegung des Entlassungsbegriffs der MERL zu prüfen, ob die Entlassung des Arbeitnehmers mit **Sonderkündigungsschutz** – bezogen auf den **Zugang der Kündigungserklärung** beim Arbeitnehmer – in den 30-Tages-Zeitraum einer früheren oder späteren Welle fällt und bereits deswegen dem Massenentlassungsschutz unterliegt. Ist das, wenn auch erst durch Hinzurechnung der Kündigung des Arbeitnehmers mit Sonderkündigungsschutz (was zum Eingreifen des § 17 KSchG für alle Arbeitnehmer der entsprechenden Welle führt), der Fall, bedarf es keiner verfassungskonformen Auslegung des § 17 KSchG. Dem betreffenden Arbeitnehmer wird der Massenentlassungsschutz nicht wegen des behördlichen Zustimmungserfordernisses entzogen. Führt diese Betrachtung hingegen nicht zur Anwendbarkeit des § 17 KSchG, ist unter Zugrundelegung des Entlassungsverständnisses des BVerfG (Abstellen auf den **Eingang des Zustimmungsantrags**) in einem **zweiten Schritt** zu überprüfen, ob dann die Schwellenwerte des § 17 Abs. 1 KSchG bei Berücksichtigung des Arbeitnehmers mit Sonderkündigungsschutz überschritten werden. Ist das zu verneinen, bedarf es der verfassungskonformen Auslegung ebenfalls nicht. Keiner der neben dem Arbeitnehmer mit Sonderkündigungsschutz in der gleichen Welle entlassenen Arbeitnehmer kann sich auf den Massenentlassungsschutz berufen, so dass eine Ungleichbehandlung nicht vorliegt. Einzig in dem Fall, dass das verfassungskonforme Verständnis zum Erreichen der Schwellenwerte des § 17 Abs. 1 KSchG führt, maW der Arbeitnehmer **allein wegen seines Sonderkündigungsschutzes** den **Massenentlassungsschutz einbüßt**, erfolgt für ihn anhand des Eingangs des Zustimmungsantrags bei der betreffenden Behörde die Zuordnung zu einer der Kündigungswellen. Die vorstehenden Ausführungen gelten im Falle mehrerer Arbeitnehmer mit Sonderkündigungsschutz entsprechend.

Entscheidet sich der Arbeitgeber wegen der dargestellten Schwierigkeiten **bewusst**, den **Zustimmungsantrag außerhalb der 30-Tages-Frist** zu stellen, umgeht er damit nicht in treuwidriger Weise den Massenentlassungsschutz (MünchArbR-*Spelge* § 121 Rn 92; *Hangarter* FA 2017, 130, 132), sondern macht von einer rechtlich zulässigen Gestaltungsoption Gebrauch (vgl. dazu BAG 27.11.2008 – 6 AZR 632/08 – Rn 28 f., BAGE 128, 317), die dem Zweck der **MERL nicht widerspricht** (Rdn 48). Das LAG Hessen hat in einer solchen Konstellation vor dem Hintergrund der Entscheidung des BVerfG vom 8.6.2016 (– 1 BvR 3634/13 –) jedoch einen Verstoß gegen **Art. 3 GG** angenommen (LAG Hessen 23.9.2019 – 17 Sa 1564/18 – juris Rn 275; 4.11.2019 – 17 Sa 1570/18 juris Rn 202; die hiergegen erhobenen Revisionen hat der Insolvenzverwalter zurückgenommen). Erfährt der Arbeitgeber von dem Sonderkündigungsschutz hingegen erst dadurch, dass sich der Arbeitnehmer auf diesen zur Verteidigung gegen eine als Teil einer Massenentlassung ausgesprochene Kündigung zur Wehr setzt, nimmt er daraufhin diese erste Kündigung zurück und kündigt – nunmehr mit behördlicher Zustimmung, aber nicht als Teil einer neuen Massenentlassung – nach, kann der Arbeitnehmer den bezüglich der ersten Kündigung gegebenen Massenentlassungsschutz nicht auf die zweite Kündigung erstrecken (aA LAG Hessen 23.9.2019 – 17 Sa 1564/18 – juris Rn 273). Der Sonderkündigungsschutz hat sich gerade realisiert und das Arbeitsverhältnis hat länger bestanden. Dies und nicht die bewusste Entscheidung des Arbeitgebers, den Zustimmungsantrag außerhalb der 30-Tages-Frist zu stellen, führt dazu, dass der Arbeitnehmer aus dem Anwendungsbereich des § 17 KSchG herausfällt. **Sofern** die **Frage des Gleichheitsverstoßes** bei einem **Antrag außerhalb der 30-Tages-Frist** (durch den Arbeitgeber bewusst oder als Folge des erstmaligen Berufens des Arbeitnehmers auf seinen Sonderkündigungsschutz) erneut Gegenstand einer **verfassungsrechtlichen Kontrolle** sein sollte, dürfte – bei Bejahung der Frage – eine mögliche **Vorlage an den EuGH** zu beachten sein mit dem Ziel, zu klären, ob ein derartiges Verständnis des Entlassungsbegriffs gegen die MERL verstößt (vgl. MünchArbR-*Spelge* § 121 Rn 93). Das Massenentlassungsrecht darf jedenfalls nicht dazu führen, dass eine Kündigung praktisch unmöglich wird (EuGH 21.12.2016 – C-201/15 – Rn 35 ff. [AGET Iraklis]).

4. Betriebsstilllegung

52 Von dem nach Rdn 47 ff. zu bestimmenden Zeitpunkt ausgehend bedarf es, da die »in der Regel« Beschäftigten maßgeblich sind, grds. eines Rückblicks auf die bisherige personelle Stärke, aber auch einer Zukunftsprognose (*BAG* 16.11.2017 – 2 AZR 90/17 (A) – Rn 17). Im Falle einer **Betriebsstilllegung** bleibt allerdings nur der Rückblick (*BAG* 24.2.2005 – 2 AZR 207/04 – Rn 23). Dieser kann zeitlich nicht auf einen festen Zeitraum begrenzt werden (*LAG Hamm* 30.11.1981 LAGE § 17 KSchG Nr. 1 geht von zwei Monaten aus). Entscheidend ist vielmehr, wann der Arbeitgeber noch eine regelmäßige Betriebstätigkeit entwickelt und wie viele Arbeitnehmer er dafür benötigt hat (*BAG* 9.6.2016 – 6 AZR 638/15, EzA § 17 KSchG Nr. 38). Beabsichtigte er zunächst nur eine **Betriebseinschränkung** und entschloss er sich erst dann zu einer Stilllegung, ist für die Stilllegung auf die eingeschränkte Arbeitnehmerzahl abzustellen. Dies gilt auch im Fall mehrerer aufeinander folgender Personalreduzierungen ohne einen einheitlichen Stilllegungsbeschluss. Beruht die spätere Massenentlassung auf einer **neuen Planung**, ist die nach jedem Abbau bestehende Arbeitnehmerzahl für die nachfolgende Personalreduzierung dann die normale und den Betrieb kennzeichnende Belegschaftsstärke. Ging der Arbeitgeber hingegen von vornherein von einer **einheitlichen Stilllegung** aus, welche in Stufen durchgeführt werden sollte, so stellt der im Zeitpunkt der Beschlussfassung über die Stilllegung und nicht der spätere, verringerte Personalbestand die für die Anzeigepflicht maßgebende regelmäßige Arbeitnehmerzahl dar (Zeitpunkt der letzten »normalen Betriebstätigkeit«, st. Rspr. *BAG* 14.5.2020 – 6 AZR 235/19 – Rn 130; 9.6.2016 – 6 AZR 638/15- Rn 14; 24.2.2005 – 2 AZR 207/04 – Rn 23; zu § 111 BetrVG *BAG* 17.3.2016 – 2 AZR 182/15 – Rn 30, BAGE 154, 303). Der im Zeitpunkt des Stilllegungsbeschlusses vorhandene Personalbestand bleibt auch dann für die Anzeigepflicht gem. § 17 Abs. 1 KSchG maßgebend, wenn der Arbeitgeber zunächst allen Arbeitnehmern zu dem vorgesehenen Stilllegungstermin kündigt und später er oder an seiner Stelle der Insolvenzverwalter wegen zwischenzeitlich eingetretenen Vermögensverfalls zum selben Termin vorsorglich nochmals kündigt (*BAG* 8.6.1989 EzA § 17 KSchG Nr. 4, m. Anm. *Plander* EWiR 1990, 283).

5. Maßgeblicher unionsrechtlicher Arbeitnehmerbegriff

53 Bei der Bestimmung des Arbeitnehmerbegriffs gehen den nationalen gesetzlichen Vorgaben wie zB gem. § 17 Abs. 5 KSchG die **unionsrechtlichen Merkmale** bei der Auslegung des **Arbeitnehmerbegriffs** gem. Art. 1 Abs. 1 lit. a der MERL vor. Bei dieser Auslegung wird die ratio legis des spezifischen Arbeitnehmerschutzes im Rahmen der MERL zugrunde gelegt; denn im Übrigen kann der Arbeitnehmerbegriff bei anderen Regelungsgegenständen unionsrechtlich durchaus mit anderen Ausprägungen ausgelegt werden (*Rebhahn* EuZA 2012, 3). Ausgehend vom Zweck dieser Richtlinie, mit der Harmonisierung der Regelungen zur Massenentlassung in den Mitgliedsstaaten der EU einen vergleichbaren Schutz der Arbeitnehmer und vergleichbare Belastungen für die Arbeitgeber herzustellen, soll der Arbeitnehmerbegriff innerhalb der Unionsrechtsordnung autonom und einheitlich anhand objektiver Kriterien, die das Arbeitsverhältnis im Hinblick auf die Rechte und Pflichten der Arbeitsvertragsparteien kennzeichnen, ausgelegt werden (st. Rspr. *EuGH* 9.7.2015 – C-229/14 – Rn 33 f. [Balkaya]). Dabei gilt es nach der Rspr. des **EuGH** ausweislich des zweiten Erwägungsgrundes der MERL, den **Arbeitnehmerschutz dadurch zu verstärken**, dass der **Arbeitnehmerbegriff nicht zu eng auszulegen** sei (*EuGH* 9.7.2015 – C-229/14 – Rn 44 [Balkaya]; 14.10.2010 – C-428/09 – Rn 22 [Union syndicale Solidaires Isère]; 15.2.2007 – C-270/05 – Rn 25 f. [Athinaïki Chartopoiïa]). Die wesentlichen Bestimmungsmerkmale des Arbeitnehmerbegriffs bestehen in einer Leistungserbringung während einer bestimmten Zeit für eine andere Person nach deren Weisungen gegen eine Vergütung (*EuGH* 9.7.2015 – C-229/14 – Rn 34 [Balkaya]). Zu prüfen sind im Einzelfall allerdings die kennzeichnenden Besonderheiten eines Abhängigkeits- bzw. Unterordnungsverhältnisses zwischen den Beteiligten im Hinblick auf die Geltung der MERL (*EuGH* 9.7.2015 – C-229/14 – Rn 37 [Balkaya]; 11.11.2010 – C-232/09 – Rn 46 [Danosa]). Unerheblich ist die Art oder Bezeichnung der Rechtsbeziehung zwischen den Parteien des Leistungsverhältnisses (*EuGH* 9.7.2015 – C-229/14 – Rn 36 [Balkaya]; 11.11.2010 – C-232/09 – Rn 40 [Danosa]), auch wenn nach dem nationalen Recht bei dem entsprechenden Beschäftigungsverhältnis nicht von einer Arbeitnehmerschaft ausgegangen wird (*EuGH* 9.7.2015 – C-229/14 – Rn 35 [Balkaya]; 20.9.2007 – C-116/06 – Rn 26 mwN [Kiiski]).

a) Einzelfälle

Zu berücksichtigen sind Arbeitnehmer unabhängig vom Lebensalter und der Dauer der Betriebszugehörigkeit, folglich auch die noch in der **Wartezeit** gem. § 1 Abs. 1 KSchG befindlichen Arbeitnehmer. Dabei kommt es nicht darauf an, ob es sich um **Voll- oder Teilzeitbeschäftigte** handelt, die alle unabhängig von der Anzahl der zu leistenden Arbeitszeit ausnahmslos mitzuzählen sind (ErfK-*Kiel* KSchG § 17 Rn 8; *LKB-Bayreuther* KSchG § 17 Rn 23; *Fuhlrott* FA 2012, 329). Mitzuzählen sind **Auszubildende** und **Volontäre** (ErfK-*Kiel* KSchG § 17 Rn 8; LSSW-*Wertheimer* KSchG § 17 Rn 23; EUArbR/*Spelge* RL 98/59 EG Art. 1 Rn 104), **Praktikanten** (soweit das Praktikum nicht Bestandteil schulischer Ausbildung ist) auch dann, wenn das Praktikum ohne Vergütung durch den Arbeitgeber, sondern mit Finanzierung der staatlichen Arbeitsmarktförderung durchgeführt wird (*EuGH* 9.7.2015 – C-229/14, EzA EG-Vertrag 1999 RL 98/59 Nr. 7) sowie **Umschüler** und Kurzarbeiter. Bei den vorgenannten Arbeitnehmern ist besonders zu bedenken, dass sie nur berücksichtigt werden, wenn sie »in der Regel« beschäftigt sind. **Mitarbeitende Familienangehörige** sind dann zu berücksichtigen, wenn sie aufgrund eines Arbeitsvertrages mitarbeiten, nicht aufgrund lediglich familienrechtlicher Mitarbeitspflichten. Mitzuzählen sind Arbeitnehmer in der **Probezeit** wie auch solche, die nur vorübergehend wegen Auftragsmangel nicht beschäftigt werden. Bei der Zählung der zu entlassenden Personen gem. § 17 Abs. 1 S. 1 KSchG sind Arbeitnehmer, bei denen zum Zeitpunkt der Massenentlassungsanzeige noch **nicht feststeht**, ob sie in eine **Transfergesellschaft** iSv § 110 SGB III **wechseln** und damit der Arbeitsvermittlung der AfA möglicherweise nur verzögert bzw. nicht zur Verfügung stehen, mitzuzählen (*BAG* 28.6.2012 – 6 AZR 780/10 – Rn 44 f., BAGE 142, 202). Dafür spricht der eindeutige Wortlaut des § 17 Abs. 1 S. 2 KSchG (ErfK-*Kiel* KSchG § 17 Rn 14; DDZ-*Callsen* KSchG § 17 Rn 28; *Niklas/Köhler* NZA 2010, 913). Ob dies auch Arbeitnehmer betrifft, bei denen der **Wechsel** in eine Transfergesellschaft vor Ausspruch der Kündigung **feststeht**, wenn der Abschluss des dreiseitigen Vertrags auf Veranlassung des Arbeitgebers erfolgte, ist noch nicht abschließend geklärt. Das BAG hat auf den Wortlaut sowohl von § 17 Abs. 1 S. 2 KSchG, als auch Art. 1, 3 MERL, sowie darauf hingewiesen, dass nach Art. 3 Abs. 1 S. 1 MERL alle »beabsichtigten« Massenentlassungen anzeigepflichtig seien. Im frühen Stadium der »Absicht« sei aber sowohl für Arbeitnehmer, denen gekündigt werden solle, als auch für diejenigen, die aufgrund einer gleichgestellten Beendigung ausschieden, unklar, ob und ggf. wann eine Anschlussbeschäftigung gefunden werde. Im Ergebnis musste das BAG diese Frage aber nicht entscheiden (*BAG* 19.3.2015 – 8 AZR 119/14 – Rn 50; vgl. auch *BAG* 28.6.2012 – 6 AZR 780/10 – Rn 43 ff, 49, BAGE 142, 202; für eine Einbeziehung *LAG BW* 23.10.2013 – 10 Sa 32/13 – Rn 37 ff., NZA-RR 2014, 192 mit zust. Anm. *Müller* NZA-RR 2014, 195; ErfK-*Kiel* KSchG § 17 Rn 14; DDZ-*Callsen* KSchG § 17 Rn 28; *Dimsic* NJW 2016, 901). Im Schrifttum wird eine Einbeziehung der Arbeitnehmer, die in eine Transfergesellschaft wechseln, unter Verweis auf Sinn und Zweck der Anzeigepflicht teilweise verneint. Diese Arbeitnehmer seien nicht arbeitslos und benötigten den Massenentlassungsschutz nicht. Sozioökonomische Auswirkungen auf dem Arbeitsmarkt träten durch sie nicht oder jedenfalls erst zu einem späteren Zeitpunkt (bei Ausscheiden aus der Transfergesellschaft) ein (MünchArbR-*Spelge* § 121 Rn 76; Preis/Sagan/*Naber/Sittard* Rn 14.49; vgl. auch *Lingemann/Otte* DB 2015, 2640, 2641). Eine **endgültige Klärung** kann nur durch den **EuGH** erfolgen. Nach dessen Rspr. verstößt allerdings die Herausnahme einer bestimmten Gruppe von Arbeitnehmern – und sei es zeitweilig – bei der Berechnung der Beschäftigtenzahl gegen Art. 1 Abs. 1a MERL (*EuGH* 18.1.2007 – C-385/05 – Rn 49 [Confédération générale du travail]). Nicht einzubeziehen sind bereits früher gekündigte Arbeitnehmer, deren **Kündigungsschutzverfahren** zwar **anhängig** ist, die aber nicht mehr im Betrieb beschäftigt sind (EUArbR/*Spelge* RL 98/59 EG Art. 1 Rn 28; aA *Aschmoneit* FA 2016, 194).

54

Nach der Rspr. des EuGH zum Begriff des Arbeitnehmers iSd Massenentlassungsrichtlinie sind auch Beschäftigte zu berücksichtigen, die im Rahmen einer praktischen Vorbereitung für die Ausübung eines Berufes in einem Entgeltverhältnis bei einem Arbeitgeber nach dessen Weisungen tätig sind, auch wenn deren Produktivität, Arbeitszeit und Vergütung reduziert sind und die Vergütung vollständig oder teilweise aus staatlichen Mitteln zB der Arbeitsmarktförderung finanziert wird (*EuGH* 9.7.2015 – C-229/14, Rn 50 f. mwN). Dazu dürften auch Arbeitnehmer zählen, die aufgrund von

55

Eingliederungsmaßnahmen gem. §§ 88 ff. SGB III und ähnlicher öffentlich finanzierter Beschäftigungsförderungsmaßnahmen in Betrieben eingesetzt werden. In **Altersteilzeit** beschäftigte Arbeitnehmer, die im Rahmen einer Blockzeit die Arbeitsleistung im Voraus erbracht haben und sich in der Freistellungsphase befinden, sind nicht mitzuzählen. Nicht als Arbeitnehmer anzusehen sind **Franchisenehmer** des Betriebes (ErfK-*Kiel* KSchG § 17 Rn 8), es sei denn, es handelt sich um Scheinselbständige. Leiharbeitnehmer zählen zu den Arbeitnehmern des Verleihbetriebes (s. Rdn 46).

b) Geschäftsführer, leitende Angestellte

56 Entgegen dem Wortlaut gem. § 17 Abs. 5 KSchG gilt ein **Mitglied der Unternehmensleitung** einer Kapitalgesellschaft nach der unionsrechtlichen Begriffsbestimmung dann als Arbeitnehmer, wenn es seine Tätigkeit nach Weisung und Aufsicht eines anderen Organs dieser Gesellschaft gegen Entgelt ausübt, selbst keine Anteile an dieser Gesellschaft besitzt und jederzeit ohne Einschränkung von seinem Amt abberufen werden kann. Nach der Rspr. des EuGH zu einem Vorlagebeschluss des *ArbG Verden* vom 6.5.2014 (LAGE § 17 KSchG Nr. 11) im Fall eines **Fremdgeschäftsführers** einer GmbH steht das Mitglied einer Unternehmensleitung zur Gesellschaft – gleichsam einem Arbeitnehmer – in einem Unterordnungsverhältnis unbeschadet seines unternehmerischen Ermessensspielraums und seiner Befugnisse den Arbeitnehmern gegenüber (*EuGH* 9.7.2015 – C-229/14 – Rn 35 ff. [Balkaya], bezugnehmend auf *EuGH* 11.11.2010 – C-232/09 – [Danosa]). Wiewohl nach dieser Rspr. die Arbeitnehmereigenschaft eines Mitglieds der Unternehmensleitung jeweils anhand der **angegebenen Merkmale im Einzelnen zu prüfen** ist, birgt die stereotype undifferenzierte Bestimmung des Arbeitnehmerbegriffs im Rahmen der Massenentlassungsrichtlinie angesichts der Prärogativen, ihn nicht eng und vorzugsweise iSd Verstärkung des Arbeitnehmerschutzes auszulegen (st. Rspr. *EuGH* 9.7.2015 – C-229/14 – Rn 44 [Balkaya]; 14.10.2010 – C-428/09 – Rn 22 [Union syndicale Solidaires Isère]; 15.2.2007 – C-270/05 – Rn 25 f. [Athinaïki Chartopoiïa]), die Gefahr, einzelnen Anforderungen des Massenentlassungsverfahrens zuwider zu laufen. Die Gründe der Entscheidung des *EuGH* vom 9.7.2015 (– C-229/14) sind **kritisch zu hinterfragen**, weil die Merkmale eines gesellschaftsrechtlichen Organverhältnisses selektiv auf Elemente reduziert werden, die dem weiten, aber wenig konturierten Auslegungsrahmen zum Arbeitnehmerbegriff entsprechen können (krit. auch EUArbR/*Spelge* RL 98/59 EG Art. 1 Rn 97). Die Subsumtion eines Organmitglieds unter den Arbeitnehmerbegriff verkennt zudem, dass für diesen Personenkreis keine Vertretung eingerichtet ist, die seine Interessen in einem Beratungsverfahren gemäß Art. 2 der MERL wahrnehmen könnte (*Preis/Sagan* ZGR 2013, 26, 49 f.; *Hohenstatt/Naber* NZA 2014, 637; *Wank* EuZA 2008, 172, 184; *Lunk/Hildebrand* NZA 2016, 129; zur differenzierenden Rspr. des BGH und des gesellschaftsrechtlichen Schrifttums, die den Anstellungsvertrag des Geschäftsführers als freien Dienstvertrag ansehen, vgl. *Reinfelder* RdA 2016, 87). Im Übrigen treffen diese Organe idR selbst teilweise oder vollständig die Entscheidungen über Massenentlassungen gegenüber den Arbeitnehmern des Betriebes und führen entsprechende Verhandlungen mit den Arbeitnehmervertretungen (*Zwarg/Alles* DB 2014, 2287 mwN). Den Schutz vor den Auswirkungen einer Massenentlassung, den die MERL gewährleisten soll, muss der Geschäftsführer im Hinblick auf seine Person nicht sich selbst realisieren. Es kommt zu einer Interessenkonfusion (*Ulrici* jurisPR-ArbR 35/2015 Anm 3; *Junker* EuZA 2016, 428, 433). Als gestaltender Akteur der Massenentlassung kann das Gesellschaftsorgan nicht zugleich deren Schutzobjekt sein (Preis/Sagan/*Naber/Sittard* Rn 14.21; *Hohenstatt/Naber* EuZA 2016, 22, 25). Diese Erwägungen bleiben in den Entscheidungen des EuGH unberücksichtigt. Ungeachtet der vorstehenden Bedenken ist die Rechtsprechung des **EuGH aber** der Einordnung des Fremdgeschäftsführers **zugrunde zu legen**. § 17 Abs. 5 Nr. 1 KSchG ist daher teleologisch zu reduzieren (ErfK-*Kiel* KSchG § 17 Rn 10; EUArbR/*Spelge* RL 98/59/EG Art. 1 Rn 98; *Morgenbrodt* ZESAR 2017, 17, 23 f.; *Lunk/Hildebrand* NZA 2016, 129, 132; aA Preis/Sagan/*Naber/Sittard* Rn 14.22; *LKB-Bayreuther* KSchG § 17 Rn 29). Beim Fremdgeschäftsführer einer GmbH kommt es beim Tatbestandsmerkmal der Entlassung gem. § 17 KSchG nicht auf dessen Abberufung gem. § 38 GmbHG, sondern die Kündigung seines Anstellungsvertrages an (EUArbR/*Spelge* RL 98/59/EG Art. 1 Rn 71; *Hohenstatt/Naber* EuZA 2016, 22, 30, 33). Die Einordnung eines Fremdgeschäftsführers als Arbeitnehmer iSd **§ 23 KSchG** (Ermittlung der

Betriebsgröße) hat das LAG München (9.7.2020 – 7 Sa 444/20 – juris Rn 37 ff.) verneint. Die hiergegen gerichtete Revision hat das BAG am 27.4.2021 (– 2 AZR 540/20 –) zurückgewiesen.

Bei **leitenden Angestellten** handelt es sich auch nach nationalem Recht um Arbeitnehmer, sie unterfallen – mit gewissen Modifikationen (vgl. § 14 Abs. 2 KSchG) – dem Kündigungsschutz des Ersten Abschnitts. Nach der Rspr. des EuGH sind sie ebenso als Arbeitnehmer bei Massenentlassungsverfahren anzusehen (*Kleinebrink/Commandeur* FA 2017, 290). Das gilt auch, soweit sie zur selbständigen Einstellung und Entlassung von Arbeitnehmern berechtigt sind (vgl. EuGH 13.2.2014 – C-596/12 – Rn 22 ff. zum »dirigenti« im italienischen Recht). Der im Falle des Geschäftsführers iSd § 17 Abs. 5 Nr. 1 KSchG dargestellte Interessenkonflikt tritt bei den von § 17 Abs. 5 Nr. 3 KSchG erfassten Personen nicht in gleichem Maße auf. Sie sind nicht Gesellschaftsorgan, sondern Arbeitnehmer. Das gilt auch für Geschäftsführer iSd Nr. 3, bei denen es sich um Arbeitnehmer mit Leitungsfunktionen und nicht um ausschließlich von Nr. 1 erfasste Mitglieder der Vertretungsorgane handelt (vgl. zum wortlautgleichen § 14 Abs. 2 KSchG ErfK-*Kiel* KSchG § 14 Rn 8 ff.). § 17 Abs. 5 Nr. 3 KSchG ist teleologisch zu reduzieren, so dass alle leitenden Angestellten Arbeitnehmer iSd Massenentlassungsrechts sind (ErfK-*Kiel* KSchG § 17 Rn 10; EUArbR/*Spelge* RL 98/59/EG Art. 1 Rn 101; *Hohenstatt/Naber* EuZA 2016, 22, 30; aA *LKB-Bayreuther* KSchG § 17 Rn 29; Preis/Sagan/*Naber/Sittard* Rn 14.22). 57

Geschäftsführer mit einem **Mehrheitsanteil** an der Gesellschaft sowie Vorstandsmitglieder einer AG fallen prima vista nicht unter den unionsrechtlichen Arbeitnehmerbegriff (*Lunk* NZA 2015, 917; *Hohenstatt/Naber* EuZA 2016, 22, 27). Bei **Minderheitsgesellschafter-Geschäftsführern** bedarf es stets der **Prüfung des Einzelfalles** anhand der **Auslegungsmerkmale des EuGH**: Konditionen der Bestellung der Mitglieder des Leitungsorgans, Art und Ausführungsmodalitäten der übertragenen Aufgaben, Umfang der Befugnisse sowie der unterworfenen Kontrolle durch Gesellschaftsorgane und schließlich die Bedingungen einer Abberufung (*EuGH* 9.7.2015 – C-229/14, Rn 37, 38 mit jeweils weiteren Nachweisen). Wenn die Einflussmöglichkeiten des Gesellschafter-Geschäftsführers (vgl § 6 Abs. 3 GmbHG) auf das Verwaltungsorgan der Gesellschaft (Gesellschafterversammlung) »nicht unerheblich« sind (mehr als 50 % der Stimmrechte), wird nach der Rspr. des EuGH nicht von einem Unterordnungsverhältnis und damit nicht vom Arbeitnehmerstatus ausgegangen (*EuGH* 10.9.2015 – C-47/14 – Rn 45, 47 [Holterman Ferho Exploitatie]). In diesem Sinne entschied auch das BAG im Falle eines Alleingesellschafters und alleinigen Geschäftsführers (*BAG* 17.1.2017 – 9 AZR 76/16, EzA § 1 AÜG Nr. 21). 58

III. Entlassungen und gleichstehende Beendigungen

1. Allgemeine Begriffsbestimmung

Der **Begriff der Entlassung** (bzw. **Massenentlassung**) ist weder in den §§ 17 ff. KSchG noch in der MERL iE ausdrücklich definiert. Nach der Rspr. des EuGH ist der Begriff der Entlassung in der gesamten Gemeinschaft autonom und einheitlich auszulegen (sog. gemeinschaftsrechtliche Bedeutung), wobei diese Auslegung unter Berücksichtigung des Regelungszusammenhangs und des mit der Regelung verfolgten Zweckes zu ermitteln ist (*EuGH* 12.10.2004 – C-55/02, NZA 2004, 1265). Nach dieser einheitlich zu treffenden Begriffsbestimmung und gem. Art. 1 Abs. 1a der MERL ist unter Entlassung jede vom Arbeitnehmer nicht gewollte, also ohne seine Zustimmung erfolgte Beendigung des Arbeitsvertrages zu verstehen (s. a. Rdn 86). Es ist nicht erforderlich, dass die Gründe, auf denen die Beendigung beruht, dem Willen des Arbeitgebers entsprechen. Diese umfassende Begriffsbestimmung wird auch durch den Sinn und Zweck der Richtlinie, den Schutz der Arbeitnehmer bei Massenentlassungen zu verstärken, begründet (*EuGH* 12.10.2004 – C-55/02, NZA 2004, 1265). 59

2. Als Entlassung gilt die Kündigungserklärung

Anzuzeigen sind gem. § 17 KSchG ab einer gewissen Größenordnung Entlassungen. Als Entlassung iSd §§ 17 ff. KSchG gilt nach der Entscheidung des EuGH vom 27.1.2005, der das BAG seither in st. Rspr. folgt, die Kündigungserklärung des Arbeitgebers (*EuGH* 27.1.2005 – C-188/ 60

03 – Rn 39 [Junk]; Umsetzung in *BAG* 23.3.2006 – 2 AZR 343/05 – BAGE 117, 281; zuletzt *BAG* 13.6.2019 – 6 AZR 459/18 – Rn 22, BAGE 167, 102; 26.1.2017 – 6 AZR 442/16 – Rn 23, BAGE 158, 104; 20.2.2014 – 2 AZR 346/12 – Rn 31, BAGE 147, 237; 21.5.2008 – 8 AZR 84/07 – Rn 45). Der Zeitpunkt der Entlassung ist damit der (nach nationalem Recht zu bestimmende) Zugang der Kündigungserklärung (*BAG* 13.6.2019 – 6 AZR 459/18 – Rn 34, BAGE 167, 102; 26.1.2017 – 6 AZR 442/16 – Rn 23, BAGE 158, 104; näher Rdn 47). Zur Erweiterung dieses Entlassungsbegriffs für Arbeitnehmer, deren Kündigung der vorherigen behördlichen Zustimmung bedarf, vgl. Rdn 48 ff. Gemäß dieser **richtlinienkonformen Auslegung** der Vorschriften über Massenentlassungen darf der Arbeitgeber Massenentlassungen erst nach dem Ende des Konsultationsverfahrens mit dem Betriebsrat und nach Anzeige der Entlassungen bei der AfA vornehmen.

61 Die **richtlinienkonforme Auslegung der Massenentlassungsvorschriften** folgt nach der Entscheidung des EuGH v. 27.1.2005 aus dem Sinn und Zweck der MERL und aus dem begrifflichen und systematischen Zusammenhang einzelner Regelungen. Zunächst sei der »Schutz der Arbeitnehmer bei Massenentlassungen zu verstärken« (Erwägungsgrund 2) zur »Verwirklichung des Binnenmarktes« (Erwägungsgrund 7) durch »Unterrichtung, Anhörung und Mitwirkung der Arbeitnehmer« (Erwägungsgrund 17; vgl. zur ratio legis gem. EuGH auch Rdn 18). Die Begriffe der »beabsichtigten Massenentlassung« in Art. 2 Abs. 1 und Art. 3 Abs. 1 der MERL zeigten an, dass nach diesem Tatbestandsmerkmal vom Arbeitgeber noch keine Entscheidung über Kündigungen getroffen sein könnten. Sowohl diese Begriffe als auch das Ziel der RL gem. Art. 2 Abs. 2, Massenentlassungen zu vermeiden oder zu beschränken, indizierten, dass »die Konsultations- und Anzeigepflichten vor einer Entscheidung des Arbeitgebers zur Kündigung von Arbeitsverträgen entstehen und zu beenden sind« (*EuGH* 27.1.2005 EzA § 17 KSchG Nr. 13, Anm. 37, 45). Ebenso kann nach der Auslegung der RL durch den EuGH das Ziel gem. Art. 4 Abs. 2 der MERL, Lösungen für die durch die beabsichtigten Massenentlassungen aufgeworfenen Probleme zu suchen, aus zeitlichen Gründen nur erreicht werden, wenn der Arbeitgeber die Kündigung von Arbeitsverträgen erst nach Erstattung der Anzeige beim AfA erklären darf.

62 Auch wenn die **richtlinienkonforme Auslegung** iSd Rspr. des EuGH v. 27.1.2005 kritisiert worden ist (vgl. dazu KR-*Weigand* 12. Aufl. KSchG § 17 Rn 54 f. mit umfangreichen Nachweisen zum Streitstand), ist das unionsrechtliche Begriffsverständnis der Entlassung iS von Kündigungserklärung und dessen dogmatische Umsetzung im nationalen Recht durch die vom BAG seit 2006 in st. Rspr. vorgenommene richtlinienkonforme Auslegung des § 17 KSchG von den **Arbeitgebern zu beachten**, wollen sie eine Massenentlassung rechtskonform durchführen. Der **Gesetzgeber** sollte nicht zuletzt im Hinblick auf das Gebot der Rechtsklarheit seiner **Aufgabe** gerecht werden und die §§ 17 ff. KSchG der unionalen **Rechtslage anpassen** (so schon *Kliemt* FS 25 Jahre ARGE Arbeitsrecht S. 1237, 1253; *Bauer/Krieger/Powietzka* DB 2005, 445; *dies.* BB 2006, 2023; *Löwisch* GPR 2006, 150 mit Formulierungsvorschlag; *Mückl/Vielmeier* NJW 2017, 2956 aE; *Müller* NZA 2016, 727; *Temming* NZA 2016, 599; *v. Steinau-Steinbrück/Bertz* NZA 2017, 145). Nur so können die für die Praxis bestehenden Widersprüchlichkeiten möglichst rechtssicher beseitigt werden.

3. Fristlose Entlassungen

63 Bei der Zahl der Entlassungen werden **fristlose Entlassungen** durch den Arbeitgeber nicht eingerechnet, § 17 Abs. 4 S. 2 KSchG. Das Gesetz spricht zwar anders als bspw. in § 13 Abs. 1 KSchG nicht von außerordentlichen Kündigungen. Trotzdem sind unter fristlosen Entlassungen in diesem Sinne nur Entlassungen aufgrund einer außerordentlichen Kündigung des Arbeitgebers gem. § 626 BGB oder einer entsprechenden spezialgesetzlichen Norm (zB § 22 Abs. 2 Nr. 1 BBiG) zu verstehen (ErfK-*Kiel* KSchG § 17 Rn 16; DDZ-*Callsen* KSchG § 17n 24; LSSW-*Wertheimer* KSchG § 17 Rn 41; LKB-*Bayreuther* KSchG § 17 Rn 39; *Nikisch* I, S. 841, FN 7; *Bauer/Röder* NZA 1985, 202). Hier hat die Ausnahmeregelung des § 17 Abs. 4 KSchG ihren guten Sinn. Die arbeitsmarktpolitischen Interessen treten zurück hinter den anzuerkennenden Interessen des Arbeitgebers, sich von einem Arbeitnehmer zu trennen, dessen weitere Beschäftigung unzumutbar ist. Dies gilt auch, wenn der Arbeitgeber zwar eine außerordentliche Kündigung iSd § 626 BGB erklärt, er aber eine

soziale Auslauffrist einräumt, denn hier besteht kein Grund, den Arbeitgeber wegen seines Entgegenkommens zu benachteiligen (ErfK-*Kiel* KSchG § 17 Rn 16). Allerdings ist eine Entlassung dann mitzuzählen, wenn der Arbeitgeber fristgemäß kündigt, obwohl ein wichtiger Grund zur fristlosen Kündigung vorliegt. Der AfA steht keine Prüfungskompetenz über die Berechtigung oder Rechtmäßigkeit einer fristlosen Entlassung zu.

4. Entfristete Entlassungen

Keine fristlose Entlassung iSd § 17 Abs. 4 S. 2 KSchG ist insbes. die aufgrund einer **entfristeten Kündigung** erfolgte Entlassung. Darunter ist die auf eine ordentliche – im Unterschied zur außerordentlichen – Kündigung des Arbeitgebers zurückgehende Beendigung des Arbeitsverhältnisses zu verstehen, bei der – ausnahmsweise – aufgrund tarifvertraglicher Bestimmung oder einzelvertraglicher Bezugnahme auf diese (§ 622 Abs. 4 BGB) eine Kündigungsfrist nicht einzuhalten ist (APS-*Moll* KSchG § 17 Rn 45). Zwar kann man dem Wortlaut nach auch hier von einer fristlosen Entlassung sprechen. Es besteht aber kein vernünftiger Anlass, diese aufgrund ordentlicher Kündigung erfolgende Entlassung anders zu behandeln als eine Entlassung, die unter Einhaltung einer – oft nur unwesentlich längeren – Kündigungsfrist erfolgt. 64

5. Außerordentliche Kündigung mit Auslauffrist

Ist die entfristete ordentliche Entlassung nicht von der Anzeigepflicht befreit, bleibt umgekehrt die auf außerordentlicher Kündigung beruhende Entlassung auch dann unberührt, wenn der Arbeitgeber dem Arbeitnehmer eine sog. **soziale Auslauffrist** einräumt (ErfK-*Kiel* KSchG § 17 Rn 16; APS-*Moll* KSchG § 17 Rn 42; LSSW-*Wertheimer* KSchG § 17 Rn 41; *LKB-Bayreuther* KSchG § 17 Rn 39; aA *Bauer/Röder* NZA 1985, 202, FN 7; zum Begriff KR-*Fischermeier/Krumbiegel* BGB § 626 Rdn 29). Der Arbeitgeber soll nicht für sein sozial begrüßenswertes Entgegenkommen gestraft werden. Anders ist es, wenn die ordentliche Kündigung (einzel- oder tarif-) vertraglich ausgeschlossen ist. Die stattdessen erklärte außerordentliche Kündigung mit **notwendiger Auslauffrist** ist nur Ersatz für die nicht mögliche ordentliche Kündigung und stellt die Kündigungsmöglichkeit wieder her. Eine solche Kündigung wird von § 17 Abs. 4 S. 2 KSchG nicht erfasst (MünchArbR-*Spelge* § 121 Rn 60; APS-*Moll* KSchG § 17 Rn 46). Auch wenn der Arbeitgeber lediglich ordentlich kündigt, obwohl der Kündigungsgrund zur Begründung einer außerordentlichen Kündigung ausreichte, bleibt die Entlassung anzeigepflichtig (*LKB-Bayreuther* KSchG § 17 Rn 30; *Nikisch* I, S. 841, FN 8). 65

6. Außerordentliche Kündigung aus wirtschaftlichen Gründen

Die MERL, die zwar verhaltens- und personenbedingte, nicht aber außerordentliche Kündigungen als solche aus ihrem Anwendungsbereich ausnimmt (Art. 1 Abs. 1 Buchst. a MERL; vgl. auch EuGH 12.10.2004 – C-55/02 – Rn 66 [Kommission/Portugal]), verlangt weiter eine Einschränkung des § 17 Abs. 4 S. 2 KSchG dahin, dass aufgrund außerordentlicher Kündigung ausgesprochene fristlose Entlassungen dann anzeigepflichtig sind, wenn der wichtige Grund seine Ursache in wirtschaftlichen Schwierigkeiten hat (sog. **außerordentliche betriebsbedingte Kündigung**, MünchArbR-*Spelge* § 121 Rn 61; LSSW-*Wertheimer* KSchG § 17 Rn 41; Anwendungsfälle bei *BAG* 27.6.2019 – 2 AZR 50/19 – Rn 13 f, 18 f.). Ein solcher Fall dürfte allerdings selten sein, da wirtschaftliche Gründe in aller Regel keinen wichtigen Grund zur außerordentlichen Kündigung abgeben (vgl. KR-*Fischermeier/Krumbiegel* BGB § 626 Rdn 162 ff.). Sollte dies doch einmal der Fall sein, gewinnt das Interesse der Arbeitsverwaltung, über Entlassungen in einem Not leidenden Betrieb rechtzeitig informiert zu werden, ein solches Gewicht, dass hier eine unionsrechtskonforme Auslegung des § 17 Abs. 4 S. 2 KSchG geboten ist. Ein weitergehendes Verständnis der Norm wäre unionsrechtswidrig. 66

7. Kündigung durch den Insolvenzverwalter

Anzeigepflichtig sind die vom Insolvenzverwalter gem. § 113 InsO beabsichtigten Kündigungen (*BSG* 5.12.1978 – 7 Rar 32/78 –, SozR 4100 § 8 Nr. 1; DDZ-*Callsen* KSchG § 17 Rn 26; *LKB-Bayreuther* KSchG § 17 Rn 42; SPV-*Vossen* Rn 1644; *Nikisch* I, S. 841, FN 8); denn auch der 67

Insolvenzverwalter unterliegt uneingeschränkt allen Rechten und Pflichten nach § 17 KSchG (st. Rspr. *BAG* 21.3.2012 EzA § 17 KSchG Nr. 25, Rn 13 mwN). Die Kündigungen erfolgen nicht fristlos, sondern unter Einhaltung der gem. § 113 InsO maßgeblichen Kündigungsfrist bzw. der insolvenzspezifischen Höchstfrist. Es kommt daher auf die Frage nicht an, ob es sich bei ihnen materiell um außerordentliche Kündigungen handelt (vgl. dazu *Hueck/Nipperdey* I, S. 614, FN 7). Die Anzeigepflicht besteht auch dann, wenn bei **Insolvenz** die Arbeitnehmer unmittelbar in eine **Beschäftigungsgesellschaft** überführt werden.

8. Änderungskündigung

68 Keine grds. Besonderheiten gelten für **Änderungskündigungen.** Anzeigepflichtig ist nach der Rspr. des EuGH (*EuGH* 11.11.2015 – C-422/14, EzA EG-Vertrag 1999 RL 98/59 Nr. 8; 21.9.2017 – C-149/16, NZA 2017, 1323; *Franzen* NZA 2016, 26) und des BAG (Rdn 60) die beabsichtigte Entlassung. Bei ordentlichen Änderungskündigungen handelt es sich um Entlassungen iSv § 17 Abs. 1 KSchG. Sie enthalten neben dem **Angebot zu einer Fortsetzung** des Arbeitsverhältnisses unter **geänderten** vertraglichen **Bedingungen** stets **auch** die auf **Beendigung** des Arbeitsverhältnisses gerichtete Kündigungserklärung (*BAG* 21.5.2019 – 2 AZR 26/19 – Rn 30, BAGE 167, 22; 30.8.2017 – 4 AZR 95/14 – Rn 53, BAGE 160, 87). Insofern sind Änderungskündigungen, unabhängig davon, ob der Arbeitnehmer das ihm unterbreitete Änderungsangebot bei oder nach Zugang der Kündigung mit oder ohne Vorbehalt angenommen hat, beabsichtigt und anzeigepflichtig iSv § 17 Abs. 1 KSchG. Überdies weiß der Arbeitgeber im maßgeblichen Zeitpunkt des Zugangs der (Änderungs-)Kündigung in der Regel noch nicht, ob der Arbeitnehmer das Änderungsangebot annehmen und das Arbeitsverhältnis fortsetzen wird oder dieses endet. Durch die spätere Annahmeerklärung des Arbeitnehmers entfällt auch weder die Anzeigepflicht rückwirkend noch wird eine erfolgte Anzeige gegenstandslos (*BAG* 20.2.2014 – 2 AZR 346/12 – Rn 36 ff., BAGE 147, 237; APS-*Moll* KSchG § 17 Rn 26a; *Gerstner* ArbR 2010, 355; *Hützen* ZInsO 2012, 1802; *Schrader/Thoms* Anm. AP Nr. 46 zu § 17 KSchG 1969). Damit wird dem unionsrechtlich besonders betonten Sinn und Zweck des Arbeitnehmerschutzes (vgl. Rdn 18) durch das Konsultationsverfahren (Rdn 119 ff.) der Massenentlassungsrichtlinie genügt, zumal da im Fall von Änderungskündigungen die Konsultationen mit dem Betriebsrat der möglichen Auflösung des Arbeitsverhältnisses wie auch möglichen signifikanten wirtschaftlichen Einschnitten aufgrund des Änderungsangebotes ebenso vorbeugen oder deren Folgen lindern können wie bei der reinen Beendigungskündigung. Änderungskündigungen sind daher für die **Ermittlung der Schwellenwerte** des § 17 Abs. 1 KSchG zu berücksichtigen. Von einer Änderungskündigung betroffene Arbeitnehmer können sich auf **Fehler** im Massenentlassungsverfahren **berufen.** Angesichts dieser Rechtslage nach deutschem Recht ist die vom **EuGH** (21.9.2017 – C-149/16 – Rn 26 [Socha]; 11.11.2015 – C-422/14 – Rn 55 [Pujante Rivera]) vorgenommene **Differenzierung** zwischen erheblichen Änderungen wesentlicher Vertragsbedingungen einerseits und unerheblichen Änderungen wesentlicher bzw. erheblichen Änderungen unwesentlicher Vertragsteile andererseits nicht relevant (so auch *Weber* EuZA 2018, 492, 501; *Temming/Duit* jurisPR-ArbR 5/2019 Anm. 1). Die uneingeschränkte Gleichstellung von Änderungskündigungen mit Beendigungskündigungen durch das BAG (20.2.2014 – 2 AZR 346/12 – Rn 38 ff., BAGE 147, 237) ist im Vergleich zur unionalen Rechtslage in ihrem Verständnis durch den EuGH günstiger (Art. 5 MERL; MünchArbR-*Spelge* § 121 Rn 64).

69 Zur **Massenänderungskündigung** gegenüber dem Personenkreis des § 15 KSchG (**Betriebsratsmitglieder** usw.) s. *BAG* 7.10.2004 – 2 AZR 81/04 – unter II der Gründe, BAGE 112, 148 mwN (Schutz bleibt grds. erhalten) und 21.6.1995 – 2 ABR 28/94 – BAGE 80, 185 (außerordentliche Massenänderungskündigung aus betriebsbedingten Gründen möglich) sowie KR-*Kreft* § 2 KSchG Rdn 286 f., § 15 KSchG Rdn 38 f.; *Hilbrandt* NZA 1997, 465.

9. Vom Arbeitgeber veranlasste Beendigungen (§ 17 Abs. 1 S. 2 KSchG)

a) Allgemeines

Die **MERL** definiert in ihrem Art. 1 Abs. 1 UABs. 1 Buchst. a Massenentlassungen als »Entlassungen, die ein Arbeitgeber ... vornimmt« und bei denen bestimmte **Schwellenwerte** überschritten werden. **Nur für diese Berechnung** werden durch Art. 1 Abs. 1 UABs. 2 MERL **Beendigungen** des Arbeitsvertrags **auf Veranlassung** des Arbeitgebers diesen **Entlassungen gleichgestellt**, sofern die Zahl der Entlassungen mindestens 5 beträgt. Der Massenentlassungsschutz greift damit unionsrechtlich auch bei einer Vielzahl von Beendigungen erst ein, wenn sich darunter mindestens 5 »echte« Entlassungen, dh solche iSd Art. 1 Abs. 1 UABs. 1 Buchst. a MERL befinden (*EuGH* 11.11.2015 – C-422/14 – Rn 43 ff. [Pujante Rivera]). Dieser Wille des Unionsgesetzgebers ist aufgrund der Richtlinienhistorie eindeutig und damit zu respektieren (EUArbR/*Spelge* RL 98/59/EG Art. 1 Rn 80). Hieraus ist aber weitergehend zu schlussfolgern, dass **auf Veranlassung** des Arbeitgebers **ausgeschiedene Arbeitnehmer selbst** dem **Massenentlassungsschutz nicht** unterfallen (*EuGH* 21.9.2017 – C-149/16 – Rn 28 [Socha]) und sich auf Fehler in diesem Verfahren nicht berufen können. Der Arbeitnehmer kann maW seinen Aufhebungsvertrag nicht unter Verweis auf eine unterbliebene oder fehlerhafte Massenentlassungsanzeige anfechten. Da im Zeitpunkt der Einleitung des Konsultationsverfahrens idR die auf Veranlassung des Arbeitgebers erfolgte Beendigung (Eigenkündigung, Aufhebungsvertrag) noch nicht vorliegt, wirkt sich die dargestellte Unterscheidung praktisch nur im Anzeigeverfahren aus. Das Konsultationsverfahren ist bezüglich aller beabsichtigten Entlassungen durchzuführen, auch wenn davon betroffene Arbeitnehmer später selbst kündigen oder einen Aufhebungsvertrag schließen (EUArbR/*Spelge* RL 98/59/EG Art. 1 Rn 82).

Die von der Richtlinie vorausgesetzte **Mindestzahl** von 5 »echten« Entlassungen zur Berechnung der Schwellenwerte findet sich in **§ 17 Abs. 1 S. 2 KSchG nicht**. Da diese bewusste Entscheidung des deutschen Gesetzgebers für die betroffenen Arbeitnehmer uneingeschränkt **günstiger** ist, hält sie sich im Rahmen des von Art. 5 MERL Erlaubten und ist **wirksam** (*BAG* 19.3.2015 – 8 AZR 119/14 – Rn 42 f.). Das Massenentlassungsverfahren ist nach deutschem Recht daher auch bei weniger als 5 Arbeitgeber-Kündigungen durchzuführen, solange die Schwellenwerte bei Hinzurechnung der vom Arbeitgeber veranlassten Beendigungen (Eigenkündigungen, Aufhebungsverträge) überschritten werden (zB 2 Kündigungen und 4 Aufhebungsverträge, vgl. *BAG* 19.3.2015 – 8 AZR 119/14 –). Wie bei § 17 Abs. 1 S. 1 KSchG ist dabei der Grund für die Beendigung (betriebsbedingt, personenbedingt, verhaltensbedingt) irrelevant. Dem KSchG lässt sich allerdings **nicht** entnehmen, dass der deutsche Gesetzgeber die auf Veranlassung des Arbeitgebers durch **Eigenkündigung oder Aufhebungsvertrag** ausgeschiedenen Arbeitnehmer dem **Schutz des Massenentlassungsverfahrens unterstellen** wollte. Eine solche Abweichung vom Unionsrecht ist dem KSchG nicht immanent. Daher führen nach deutschem Recht vom Arbeitgeber veranlasste Beendigungen iSd. § 17 Abs. 1 S. 2 KSchG uU zum Eingreifen des Massenentlassungsverfahrens, ohne dass sich die auf diese Art und Weise ausgeschiedenen Arbeitnehmer selbst auf dessen Schutz berufen können (MünchArbR-*Spelge* § 121 Rn 72; aA *Weber* EuZA 2018, 492, 498 f., 501; *Johnson* BB 2019, 1909, 1910, 1912).

Nach der Rechtsprechung des **EuGH** liegt allerdings keine Beendigung iSv Art. 1 Abs. 1 UABs. 2 MERL bzw. § 17 Abs. 1 S. 2 KSchG, sondern eine »echte« **Entlassung** vor, wenn eine **wirksame einseitige Verschlechterung der Arbeitsvertragsbedingungen** durch den Arbeitgeber, die nicht aus personenbedingten Gründen erfolgt, **ursächlich für die Eigenkündigung** des Arbeitnehmers **oder den Aufhebungsvertrag** war (*EuGH* 11.11.2015 – C-422/15 – Rn 15, 50 ff., 54 [Pujante Rivera]). In diesen Fällen ist es nach der Vorstellung des EuGH nur unter dem Druck schlechterer Arbeitsbedingungen zu der (auch) vom Arbeitnehmer gewollten Beendigung gekommen. Diesen Arbeitnehmern steht der **volle Schutz** des Massenentlassungsrechts zur Verfügung. Diese Ausnahme ist im Rahmen des nationalen Rechts zu beachten. Eine wirksame einseitige Verschlechterung ist in folgenden Konstellationen denkbar (vgl. EUArbR/*Spelge* RL 98/59/EG Art. 1 Rn 70): wirksamer formularmäßiger (§§ 305 ff. BGB; dazu *BAG* 24.1.2017 – 1 AZR 774/14 – Rn 17 ff.) **Widerrufsvorbehalt**, wirksame **Versetzungsklausel**, einseitige Änderungsmöglichkeit aufgrund eines

70

71

72

Sanierungstarifvertrags (nicht, wenn der Tarifvertrag selbst die Arbeitsbedingungen verschlechtert oder dies der Zustimmung der Gewerkschaft bzw. des Betriebsrats bedarf).

b) **Eigenkündigung des Arbeitnehmers**

73 Da es sich bei Entlassungen um Beendigungen des Arbeitsverhältnisses aufgrund einer Kündigung durch den Arbeitgeber handelt, erfasst § 17 Abs. 1 S. 1 KSchG nicht die aufgrund einer Kündigung des Arbeitnehmers erfolgte Beendigung des Arbeitsverhältnisses. Allerdings stehen den Entlassungen diejenigen Beendigungen des Arbeitsverhältnisses gleich, die **vom Arbeitgeber veranlasst** worden sind (§ 17 Abs. 1 S. 2 KSchG). Hier ist der Arbeitnehmer mit dem Ablauf des Arbeitsverhältnisses einverstanden (EuGH 12.10.2004 – C-55/02 – Rn 56 [Kommission/Portugal]). Dies ist zB dann der Fall, wenn der Arbeitnehmer einer **sonst erforderlichen betriebsbedingten Arbeitgeberkündigung zuvorkommt** und nur deshalb kündigt, weil der Arbeitgeber erklärt hat, er werde zum selben Zeitpunkt kündigen, komme der Arbeitnehmer seinerseits der Aufforderung zur Kündigung nicht nach (*BAG* 19.3.2015 – 8 AZR 119/14 – Rn 46; 28.6.2012 – 6 AZR 780/10 – Rn 48, BAGE 142, 202; 6.12.1973 – 2 AZR 10/73 – unter II 2 der Gründe, BAGE 25, 430 = AP Nr. 1 zu § 17 KSchG 1969 m. zust. Anm. *G. Hueck*; *Bauer/Röder* NZA 1985, 203; *LKB-Bayreuther* KSchG § 17 Rn 44; DDZ-*Callsen* KSchG § 17 Rn 27; ErfK-*Kiel* KSchG § 17 Rn 12; krit. *Dzida/Hohenstatt* DB 2006, 1897, 1900; vgl. auch die Rspr. *EuGH* 11.11.2015 – C-422/14 – Rn 15, 50 ff., 54 [Pujante Rivera]). Veranlasst ist die Arbeitnehmerkündigung vom Arbeitgeber noch **nicht**, wenn dieser auf die **wirtschaftlich unsichere Lage** des Unternehmens und die nicht auszuschließende Möglichkeit von Kündigungen **hinweist**, sondern er setzt die Veranlassung erst dadurch, dass er dem Arbeitnehmer mitteilt, er habe für ihn nach der Betriebsänderung keine Beschäftigungsmöglichkeit mehr (st. Rspr. *BAG* 25.3.2003 EzA § 112 BetrVG 2001 Nr. 6; LSSW-*Wertheimer* KSchG § 17 Rn 33). Kausal für die Beendigung des Arbeitsverhältnisses ist auch in diesem Fall der Arbeitgeber. Wollte man allein auf die gewählte Form der Beendigung abstellen, könnte dies zu einer Umgehung des mit §§ 17 ff. KSchG verfolgten Schutzzweckes führen. Die Folgen bleiben gleich, unabhängig davon, ob der Arbeitgeber selbst die Kündigung ausgesprochen hat oder die ausgeschiedenen Arbeitnehmer zur Eigenkündigung veranlasst hat (s. zur vergleichbaren Problematik im Rahmen des § 111 BetrVG *Fitting* § 111 Rn 78; HWGNRH-*Hess* § 112a Rn 18; *Scherer* NZA 1985, 786; *Wlotzke* NZA 1984, 221; s. a. *Heither* ZIP 1985, 518).

74 Die vom Arbeitgeber veranlassten **Eigenkündigungen** sind bei der Ermittlung der **Schwellenwerte** des § 17 Abs. 1 S. 1 KSchG zu **berücksichtigen**, wenn sie innerhalb des 30-Tages-Zeitraums **zugehen** (MünchArbR-*Spelge* § 121 Rn 73). Bei deren Überschreiten, auch wenn dies erst durch Hinzurechnung der Eigenkündigungen zutrifft, ist das Massenentlassungsverfahren durchzuführen. Durch dieses sind allerdings die Arbeitnehmer, die eine Eigenkündigung ausgesprochen haben, nicht geschützt. Auf **Fehler im Massenentlassungsverfahren** können sie sich zur Begründung der Unwirksamkeit ihrer eigenen Kündigung **nicht berufen** (Rdn 71). Dies gilt nicht in dem Ausnahmefall, dass nach der Rechtsprechung des EuGH die Eigenkündigung einer »echten« Entlassung gleichsteht (Rdn 72).

c) **Aufhebungsvertrag**

75 Die Beendigung des Arbeitsverhältnisses aufgrund eines **Aufhebungsvertrages** zwischen Arbeitnehmer und Arbeitgeber stellt eine andere Beendigungsart gem. § 17 Abs. 1 S. 2 KSchG insbes. dann dar, wenn das Arbeitsverhältnis durch Arbeitgeberkündigung zum selben Zeitpunkt aufgelöst worden wäre (s. Rdn 73), die **Beendigung** also **vom Arbeitgeber veranlasst** ist und der Arbeitnehmer ausdrücklich zugestimmt hat (*BAG* 19.3.2015 – 8 AZR 119/14 – Rn 46 mwN). Auch wenn dies mit einer Abfindung verbunden ist, steht die vom Arbeitgeber veranlasste einvernehmliche Vertragsauflösung einer Entlassung iSd § 17 Abs. 1 S. 1 KSchG gleich. Dies gilt insbes. auch für Teilnehmer von sog. **Freiwilligenprogrammen**, mit denen der beabsichtigte Personalabbau einvernehmlich mit Arbeitnehmern herbeigeführt werden soll, um betriebsbedingte Kündigungen zu vermeiden (*Meyer/Röger* NZA-RR 2011, 393). Aufhebungsverträge zählen auch

dann zu den gem. § 17 Abs. 1 S. 2 KSchG zu berücksichtigenden Beendigungen, wenn nach der Beendigung eine freiberufliche Tätigkeit nahtlos folgt (*BAG* 19.3.2015 – 8 AZR 119/14 – Rn 51; zu einer möglichen teleologischen Reduktion des § 17 Abs. 1 S. 2 KSchG für Fälle, in denen feststeht, dass der Arbeitnehmer keiner Arbeitsvermittlung bedarf siehe Rdn 54). Ebenso wenig kann der Arbeitnehmer durch ausdrückliche Erklärung in der Auflösungsvereinbarung auf den Schutz gem. § 17 KSchG verzichten, indem er sich verpflichtet, die Überprüfung der Wirksamkeit des Aufhebungsvertrages zu unterlassen. Das *BAG* (11.3.1999 EzA § 17 KSchG Nr. 8, Anm. *Wertheimer* EWiR 1999, 853 ff.) hält allerdings einen solchen Verzicht dann für wirksam, wenn er nach Abschluss des Aufhebungsvertrages vom Arbeitnehmer wirksam erklärt wird (*Bauer/Powietzka* DB 2000, 1073). Der Aufhebungsvertrag darf nicht zur Umgehung des mit §§ 17 ff. KSchG verfolgten Schutzes führen und den Arbeitgeber von seiner gesetzlichen Anzeigepflicht befreien (*Bauer/Röder* NZA 1985, 205; *BAG* 13.3.1969 EzA § 15 KSchG Nr. 1 [unter 2d der Gründe]; *Böhm* BB 1974, 283, FN 13).

Wie bei der Eigenkündigung gilt auch im Falle einer vom Arbeitgeber veranlassten Beendigung 76 durch **Aufhebungsvertrag**: Die betreffenden Arbeitnehmer sind bei den **Schwellenwerten** des § 17 Abs. 1 S. 1 KSchG zu **berücksichtigen**, können sich aber selbst **nicht auf Fehler** im Massenentlassungsverfahren **berufen** und auf deren Grundlage den Aufhebungsvertrag bspw. anfechten. Maßgeblicher Zeitpunkt für die Frage des 30-Tage-Zeitraums ist im Falle des Aufhebungsvertrags die **Abgabe** der zum Vertragsschluss führenden **Annahmeerklärung** (*LKB-Bayreuther* KSchG § 17 Rn 45; *Johnson* BB 2019, 1909, 1911 f.; *Seidel/Wagner* BB 2018, 692, 694).

Die Regelung gem. § 17 Abs. 1 S. 2 KSchG findet ihre Entsprechung in § 112a **BetrVG** bzgl. des 77 erzwingbaren Sozialplans bei Personalabbau. Gem. § 112a Abs. 1 S. 2 BetrVG gilt als Entlassung iS dieser Bestimmung auch das vom Arbeitgeber aus Gründen der Betriebsänderung veranlasste Ausscheiden von Arbeitnehmern aufgrund von Aufhebungsverträgen (*Fitting* § 111 BetrVG Rn 78; s. Rdn 62).

Keine Rolle spielt insoweit, ob der Arbeitnehmer eine **Abfindung** erhalten hat (*Bauer/Röder* NZA 78 1985, 203; *LKB-Bayreuther* KSchG § 17 Rn 45; LSSW-*Wertheimer* KSchG § 17 Rn 33; aA wohl *G. Hueck* Anm. zu *BAG* AP Nr. 1 zu § 17 KSchG 1969). Die Abfindung beseitigt nicht die Arbeitslosigkeit. Die Anzeigepflicht entfällt auch nicht, wenn sich Arbeitnehmer und Arbeitgeber nach Ausspruch der Kündigung – zB im Laufe eines Kündigungsschutzverfahrens – darauf einigen, dass es bei der Kündigung bleibt (*Bauer/Röder* NZA 1985, 202).

d) Rente und vorläufige Weiterbeschäftigung

Bezieht ein ausgeschiedener Arbeitnehmer nahtlos **Rente**, ist er im Rahmen des § 17 Abs. 1 KSchG 79 nicht zu berücksichtigen, auch wenn dies im zeitlichen Zusammenhang mit einer Entlassung oder vom Arbeitgeber veranlassten Beendigung geschieht. Anders ist es, wenn der einvernehmlich ausgeschiedene Arbeitnehmer zwischenzeitlich der Arbeitsvermittlung zur Verfügung steht (Veranlassung iSd § 17 Abs. 1 S. 2 KSchG). Im Falle des Wechsels in die passive Phase der **Altersteilzeit** besteht das Arbeitsverhältnis fort. Er zählt daher bei § 17 Abs. 1 KSchG nicht mit (MünchArbR-*Spelge* § 121 Rn 74). Nicht anzeigepflichtig ist auch das Ausscheiden aufgrund von **Vorruhestandsvereinbarungen**. Der Arbeitnehmer steht hier dem Arbeitsmarkt nicht mehr zur Verfügung (*Bauer/Röder* NZA 1985, 203; APS-*Moll* KSchG § 17 Rn 29; LSSW-*Wertheimer* KSchG § 17 Rn 34; *LKB-Bayreuther* KSchG § 17 Rn 47; *Vogt* BB 1985, 1142).

Unberührt bleibt die Anzeigepflicht auch von einer **vorläufigen Weiterbeschäftigung** im Rahmen 80 des § 102 Abs. 5 BetrVG (*LKB-Bayreuther* KSchG § 17 Rn 52; DDZ-*Callsen* KSchG § 17 Rn 21; aA *LAG Hmb.* 20.9.2002 6 Sa 95/01; APS-*Moll* KSchG § 17 Rn 27). Die Weiterbeschäftigung ist nur vorläufig. Die Interessen des Arbeitsmarktes sind insoweit berührt, als jederzeit mit dem endgültigen Ausscheiden zu rechnen ist und der vorläufig weiterbeschäftigte Arbeitnehmer wegen der Ungewissheit des Fortbestehens seines Arbeitsverhältnisses durchaus schon ein Interesse an einem neuen Arbeitsplatz haben, der Arbeitsmarkt also zusätzlich belastet sein kann. Maßgebender Zeitpunkt bleibt der vorgesehene Entlassungstermin. Wird die Weiterbeschäftigung nach § 102 Abs. 5

BetrVG erst nach bereits erfolgtem Ausscheiden aus dem Arbeitsverhältnis geltend gemacht, können an der Anzeigepflicht Zweifel ohnehin nicht bestehen. Entsprechendes gilt für eine vorläufige Weiterbeschäftigung nach den Grundsätzen der Entscheidung des Großen Senats des *BAG* zum Weiterbeschäftigungsanspruch während des laufenden Kündigungsschutzverfahrens v. 27.2.1985 (EzA § 611 BGB Beschäftigungspflicht Nr. 9). Hier wird die Wiederaufnahme der Tätigkeit ohnehin idR erst nach einer Unterbrechung erfolgen. Soweit dies bei langen Kündigungsfristen einmal anders sein sollte, ändert sich im Ergebnis nichts.

10. Beendigung infolge Befristung oder Bedingung

81 Keine anzeigepflichtige Entlassung ist die Beendigung des Arbeitsverhältnisses infolge **Befristung, Zweckerreichung, Eintritt einer auflösenden Bedingung** (zur Begriffsbestimmung vgl. § 620 BGB). Befristete Arbeitsverhältnisse unterfallen auch nicht unter dem Aspekt einer möglichen inzidenten Überprüfung ihrer Rechtmäßigkeit der Regelung gem. § 17 KSchG bzw. der MERL (*EuGH* 13.5.2015 – C-392/13 – Rn 67 [Rabal Cañas]). Auch hier gilt jedoch, dass die gewählte besondere Beendigungsform nicht zur **Umgehung der §§ 17 ff. KSchG** führen darf. Ein solcher Fall kann anzunehmen sein, wenn die auflösende Bedingung gerade in der Betriebsstilllegung besteht (LSSW-*Wertheimer* KSchG § 17 Rn 37; *LKB-Bayreuther* KSchG § 17 Rn 46; APS-*Moll* KSchG § 17 Rn 35; *Nikisch* I S. 841, FN 6; *LAG Düsseld.* 23.2.1976 DB 1976, 1019).

11. Anfechtung, faktisches Vertragsverhältnis

82 Keine Entlassung ist die Beendigung des Arbeitsverhältnisses aufgrund einer **Anfechtung wegen Irrtums oder arglistiger Täuschung** (vgl. KR-*Fischermeier/Krumbiegel* BGB § 626 Rdn 45 ff.). Gleiches gilt für die Beendigung eines **faktischen Arbeitsverhältnisses**.

12. Kampfkündigung

83 Vom Geltungsbereich der §§ 17 ff. KSchG sind schließlich kraft ausdrücklicher gesetzlicher Regelung Entlassungen ausgenommen, welche lediglich als **Arbeitskampfmaßnahmen** in wirtschaftlichen Kämpfen zwischen Arbeitgebern und Arbeitnehmern vorgenommen werden, § 25 KSchG (vgl. iE KR-*Bader/Kreutzberg-Kowalczyk* KSchG § 25 Rdn 7 ff.).

IV. Grund der Entlassung

84 Unerheblich für die Frage der Anzeigepflicht ist nach deutschem Recht der Grund, aus dem die Kündigung bzw. die andere vom Arbeitgeber veranlasste Beendigung des Arbeitsverhältnisses erfolgt. Es fallen also nicht nur auf **betriebsbedingte, sondern auch auf personen- oder verhaltensbedingte Gründe** zurückgehende Massenentlassungen unter § 17 KSchG (vgl. *BAG* 8.6.1989 – 2 AZR 624/88 – unter III 4 b der Gründe; ferner *LKB-Bayreuther* KSchG § 17 Rn 35; Bader/Bram-*Suckow* KSchG § 17 Rn 32; LSSW-*Wertheimer* KSchG § 17 Rn 40; *Bauer/Röder* NZA 1985, 202). Das rechtfertigt sich aus dem Zweck der Anzeigepflicht. Die Belastung des Arbeitsmarktes durch eine plötzliche größere Zahl von arbeitsuchenden Arbeitnehmern wird nicht deshalb geringer, weil diese – alle oder zum Teil – aus verhaltensbedingten Gründen entlassen worden sind.

85 Ausnahmsweise ist der Grund der Kündigung dann zu beachten, wenn es sich um eine **fristlose Kündigung** handelt infolge einer auf **wirtschaftlichen Gründen** beruhenden außerordentlichen Kündigung, welche bei richtlinienkonformer Auslegung des § 17 Abs. 4 KSchG anzeigepflichtig ist (s. Rdn 66).

86 Mit der **Loslösung der Anzeigepflicht vom Entlassungsgrund** entsprechen die Regelungen des KSchG nicht der Begriffsbestimmung gem. Art. 1 Abs. 1 UAbs. 1 Buchst. a der MERL. Nach ihr sind Massenentlassungen nur Kündigungen, welche ein Arbeitgeber aus einem oder mehreren Gründen vornimmt, die nicht in der Person des Arbeitnehmers liegen. Gleiches gilt für vom Arbeitgeber veranlasste Beendigungen gemäß Art. 1 Abs. 1 UAbs. 2 der MERL. Der Arbeitgeber ist frei in seiner Entscheidung darüber, ob er Massenentlassungen vornimmt (*EuGH* 7.9.2006 – C-188/05,

NZA 2006, 1087, Rn 35 mwN). Die Entlassungsgründe müssen nicht aus dem Willen des Arbeitgebers resultieren (*EuGH* 12.10.2004 – C-55/02, NJW 2004, 1265 für den Fall einer Massenentlassung aufgrund einer auf gerichtlicher Entscheidung beruhenden Einstellung der Betriebstätigkeit). Eine Anregung des Ausschusses für Wirtschaft zum Regierungsentwurf des Zweiten Gesetzes zur Änderung des KSchG, die Anzeige auf solche Entlassungen zu beschränken, die nicht in der Person oder dem Verhalten des Arbeitnehmers begründet sind, fand keinen Eingang in das Gesetz (BT-Drucks. 8/1546, S. 7). Der Gesetzgeber ist daher **bewusst über die Richtlinienvorgaben hinausgegangen**, weshalb eine teleologische Reduktion des § 17 Abs. 1 KSchG insoweit ausscheidet. Im Verhältnis zur MERL handelt es sich um eine uneingeschränkt günstigere und damit wirksame nationale Abweichung (**Art. 5 MERL**).

In der Praxis dürften allerdings auch im Geltungsbereich des KSchG Massenentlassungen ihre Ursache idR in wirtschaftlichen Gegebenheiten haben, also Gründen, die nicht in der Person der Arbeitnehmer liegen. **Relevant** wird die Erweiterung aber, wenn bspw. der Arbeitgeber innerhalb des 30-Tages-Zeitraums nicht nur **betriebsbedingte** Kündigungen **knapp unterhalb der Schwellenwerte** des § 17 Abs. 1 KSchG, sondern **daneben auch personen- oder verhaltensbedingte Kündigungen** erklärt, die in der Addition zum Eingreifen des Massenentlassungsschutzes führen. Wenn die **Gründe** für die Entlassungen auch keine Rolle spielen für die Frage der Anzeigepflichtigkeit, sind sie dennoch sowohl dem **Betriebsrat** als auch der **AfA mitzuteilen**, § 17 Abs. 2 u. Abs. 3 KSchG (s. iE Rdn 107 ff.). 87

V. Neueinstellung von Arbeitnehmern

Die Anzeigepflicht entfällt nicht deshalb, weil der Arbeitgeber im gleichen Zeitraum **Neueinstellungen** durchführt, selbst wenn diese die Zahl der Entlassenen erreichen oder gar übersteigen (*BAG* 13.3.1969 EzA § 15 KSchG Nr. 1 [zu 2c der Gründe]; *BayLSG* 11.3.1957 BayAmBl. 1957, B 131; APS-*Moll* KSchG § 17 Rn 53; ErfK-*Kiel* KSchG § 17 Rn 13; *Berscheid* ZIP 1987, 1513; zweifelnd *Nikisch* I, S. 841, 842 FN 9; aA LSSW-*Wertheimer* KSchG § 17 Rn 45). Es findet **keine Saldierung mit Neueinstellungen** statt. Richtig ist zwar, dass sich die Gesamtzahl der Arbeitslosen nicht oder nicht in dem durch die Entlassungen vorgegebenen Umfang erhöht (*Nikisch* I, S. 841, 842 FN 9). Trotzdem muss die AfA Vermittlungsbemühungen ergreifen. Um diese Aufgabe rechtzeitig angehen zu können, bedarf die Arbeitsverwaltung auch hier der Anzeige. Allerdings kann die Tatsache von Neueinstellungen für die AfA Anlass sein, die Sperrfrist bzgl. der durchgeführten Entlassungen abzukürzen (s. KR-*Weigand/Heinkel* § 18 KSchG Rdn 15 ff.). 88

VI. Maßgebende Größenordnung für die Anzeigepflicht

1. Die Zahl der Arbeitnehmer

Gemäß § 17 Abs. 1 S. 1 KSchG ist der Arbeitgeber anzeigepflichtig, bevor er in Betrieben mit idR (vgl. Rdn 46 f.) 21 bis 59 Arbeitnehmern mindestens sechs Arbeitnehmer, in Betrieben mit 60 bis 499 Arbeitnehmern mindestens 10 % der regelmäßig beschäftigen oder mindestens 26 Arbeitnehmer und in Betrieben ab 500 regelmäßig beschäftigten Arbeitnehmern mindestens 30 Arbeitnehmer innerhalb von 30 Kalendertagen entlässt. Prozentuale Resultate sind auf volle Zahlen aufzurunden: Wenn zB in der Regel 123 Arbeitnehmer beschäftigt werden, hat der Arbeitgeber Anzeige zu erstatten, wenn er innerhalb von 30 Tagen mindestens 13 Arbeitnehmer (10 % = 12,3) kündigen will. Bei der Berechnung der **Schwellenwerte für Massenentlassungen** ist auf den Zugangszeitpunkt der Kündigungserklärung (st. Rspr. *BAG* 13.6.2019 – 6 AZR 459/18 – Rn 34 mwN, BAGE 167, 102) abzustellen (zum maßgeblichen Zeitpunkt bei Eigenkündigung siehe Rdn 74, bei Aufhebungsvertrag Rdn 76). Es entscheidet sich grds. erst im Zeitpunkt des Zugangs der Kündigung und damit aus der ex-post-Perspektive, ob tatsächlich eine Massenentlassung erfolgt ist und der gekündigte Arbeitnehmer sich auf diesen Schutz berufen kann (st. Rspr. *BAG* 26.1.2017 – 6 AZR 442/16, EzA § 17 KSchG Nr. 40). Zum Arbeitnehmerbegriff vgl. Rdn 53 ff. 89

2. Zeitraum der Entlassungen

90 Maßgebend ist die Zahl der beabsichtigten Entlassungen (s. Rdn 59 ff.). Berücksichtigt werden nicht nur die zum selben Zeitpunkt durchgeführten Entlassungen. Vielmehr ist abzustellen auf die Gesamtzahl der **innerhalb von 30 Kalendertagen** zu kündigenden oder auf andere Weise auf Veranlassung des Arbeitgebers freizusetzenden Arbeitnehmer (*BAG* 20.1.2016 – 6 AZR 601/14, EzA § 17 KSchG Nr. 35). Dabei kann, ausgehend von der konkret zu prüfenden Entlassung (idR Kündigung), weder ausschließlich auf die Zeit vor noch nach dieser abgestellt werden. Vielmehr bildet ein **beliebiger zusammenhängender Zeitraum** von 30 Kalendertagen, in dem die beanstandete Einzelentlassung erfolgt ist und in dem der Arbeitgeber die meisten Arbeitnehmer aus einem oder mehreren Gründen, die nicht in der Person der Arbeitnehmer liegen, entlassen hat, den Referenzzeitraum (*EuGH* 11.11.2020 – C-300/19 – Rn 28 ff. [Marclean Technologies]). Diese Auslegung des EuGH ist für die Mitgliedstaaten maßgebend, da die Berechnungsmodalitäten für die Schwellenwerte und damit die Schwellenwerte selbst nicht zu deren Disposition stehen (*EuGH* 11.11.2020 – C-300/19 – Rn 27 [Marclean Technologies]). Soweit der EuGH nur auf Entlassungen aus Gründen, die nicht in der Person der Arbeitnehmer liegen, abstellt, ist im Rahmen des § 17 KSchG zu beachten, dass dieser als günstigere Regelung auch Entlassungen aus anderen als betriebsbedingten Gründen einbezieht (Rdn 84 ff.). Im Ergebnis ist somit ausgehend von der beanstandeten Entlassung zu prüfen, ob es innerhalb eines Zeitfensters von 59 Kalendertagen (jeweils die 29 Kalendertage vor und nach der Entlassung zzgl. der Tag der Entlassung) einen zusammenhängenden Zeitraum von 30 Kalendertagen gibt, in dem Entlassungen in dem von § 17 Abs. 1 KSchG geforderten Umfang erfolgt sind.

91 Auf diese Weise wird verhindert, dass der Arbeitgeber durch **sukzessive Kündigungen** die ratio legis der §§ 17 ff. KSchG aushöhlt, indem er innerhalb kurzer Zeit Kündigungen in einem für sich jeweils knapp unter der Grenze des § 17 KSchG liegenden, insgesamt aber weit darüber hinaus gehenden Umfang durchführt (SPV-*Vossen* Rn 1645). Allerdings ist der Arbeitgeber nicht gehindert, bewusst nach Ablauf der vorgenannten Frist und knapp unterhalb der Bemessungsgrenzen Kündigungen vorzunehmen. Darin liegt keine unzulässige Umgehung der Anzeigepflicht gem. § 17 KSchG, sondern eine aus arbeitsmarktpolitischer Sicht eher verträgliche Verteilung der Kündigungen über einen längeren Zeitraum (EUArbR/*Spelge* RL 98/59/EG Art. 1 Rn 133; zust. *Opolony* NZA 1999, 791; APS-*Moll* KSchG § 17 Rn 49c; vgl. auch *LKB-Bayreuther* KSchG § 17 Rn 33, 55). Aus Sicht der MERL haben solche Entlassungen weder Auswirkungen auf den Arbeitsmarkt, noch verzerren sie den Wettbewerb zwischen den Mitgliedstaaten (vgl. *EuGH* 30.4.2014 – C-80/14 – Rn 64 [USDAW und Wilson]). Für Arbeitnehmer, die außerhalb des 30 Tage-Zeitraums gekündigt werden, gilt folglich der gesetzliche Massenentlassungsschutz nicht, weil bei diesem Sachverhalt keine Massenentlassung vorliegt (*BAG* 26.1.2017 – 6 AZR 442/16, EzA § 17 KSchG Nr. 40). Besonderheiten gelten bei Arbeitnehmern mit Sonderkündigungsschutz, wenn die Einholung der erforderlichen vorherigen behördlichen Zustimmung dazu führt, dass die Kündigung außerhalb des 30-Tage-Zeitraums zugeht, der Zustimmungsantrag aber innerhalb dieses Zeitraums erfolgte. Bietet das behördliche Verfahren dem Arbeitnehmer keinen dem Massenentlassungsschutz gleichwertigen Schutz, ist in verfassungskonformer Auslegung des § 17 KSchG auf den Eingang des Zustimmungsantrags bei der zuständigen Behörde innerhalb des 30-Tage-Zeitraums abzustellen (*BVerfG* 8.6.2016 – 1 BvR 3634/13 –; *BAG* 26.1.2017 – 6 AZR 442/16 – Rn 28 ff., BAGE 158, 104). Den Entscheidungen des BAG und BVerfG lag der Sachverhalt einer vollständigen Betriebsstilllegung zugrunde, bei der die Zustimmung der Behörde zur Kündigung gemäß § 18 Abs. 1 S. 4 BEEG regelmäßig zu erwarten und damit der intendierte Sonderkündigungsschutz reduziert sei. Zu den Einzelheiten und Folgeproblemen siehe Rdn 48 ff.

92 Die Zusammenfassung der jeweils innerhalb von 30 Tagen entlassenen Arbeitnehmer kann dazu führen, dass zunächst ordnungsgemäß durchgeführte Kündigungen **nachträglich anzeigepflichtig** werden, weil der Arbeitgeber gegen **Ende des Berechnungszeitraums Kündigungen** vornimmt, mit denen unter Hinzuziehung der bereits erklärten Kündigungen die **kritische Grenze erreicht** wird. Dann müssen alle Kündigungen angezeigt werden, nicht etwa nur die zuletzt durchgeführten. Mit jeder Kündigung beginnt die 30-Tage-Frist neu zu laufen. Vor jeder Kündigung, die Teil einer

Massenentlassung ist, muss für alle von dieser Entlassung erfassten Arbeitnehmer eine Anzeige erfolgen. Ist die Kündigungserklärung schon abgegeben, kann eine wirksame Anzeige nicht mehr erstattet werden. Für jede weitere Kündigung innerhalb der 30-Tage-Frist ist vor ihrer Erklärung eine eigenständige Anzeige bei der AfA zu erstatten; denn auch die Nachkündigung eines einzelnen Arbeitnehmers ist anzeigepflichtig (*BAG* 20.1.2016 – 6 AZR 601/14, EzA § 17 KSchG Nr. 35). Unterbleibt die Anzeige, sind sämtliche Kündigungen gem. § 134 BGB unwirksam (s. iE KR-*Weigand/Heinkel* § 18 KSchG Rdn 41, 42).

Beginn und Ende des 30-Tage-Zeitraums sind, anders als noch in der Vorauflage (KR-*Weigand* KSchG § 17 Rn 81) vertreten, gemäß **§ 187 Abs. 1, § 188 Abs. 1 BGB** zu berechnen (EUArbR/*Spelge* RL 98/59/EG Art. 1 Rn 135; MünchArbR-*Spelge* § 121 Rn 81 mit Berechnungsbeispiel; TRL-*Lembke/Oberwinter* KSchG § 17 Rn 87; aA *BAG* 25.4.2013 – 6 AZR 49/12 – Rn 155; ErfK-*Kiel* KSchG § 17 Rn 17; LKB-*Bayreuther* KSchG § 17 Rn 55 – Anwendung von § 187 Abs. 2, § 188 Abs. 1 BGB). Maßgebend für den Fristbeginn ist die **Entlassung**, dh. der Zugang der Kündigungserklärung, der Eingang des Zustimmungsantrags bei der Behörde oder der Zugang der Annahmeerklärung des Aufhebungsvertrags (siehe Rdn 60, 74, 48, 76). Das ist ein in den **Lauf eines Tages fallender Zeitpunkt** und nicht mehr – wie nach dem bis 2006 geltenden Entlassungsbegriff – mit dem Ablauf der Kündigungsfrist ein mit Beginn eines Tages maßgebender Zeitpunkt. Für die Frage, ob die Entlassung eines Arbeitnehmers dem Massenentlassungsschutz unterfällt, ist daher zu prüfen, ob in den 30 Tagen vor (zur analogen Anwendung des § 187 Abs. 1 BGB im Falle von Rückwärtsfristen vgl. *BAG* 12.12.1985 – 2 AZR 82/85 – unter II 4 der Gründe; *Palandt/Ellenberger* § 187 BGB Rn 4) oder nach dem Tag, an dem die Kündigung zugegangen, der Zustimmungsantrag eingegangen oder der Aufhebungsvertrag abgeschlossen worden ist, eine den Werten des § 17 Abs. 1 KSchG entsprechende Anzahl an Entlassungen erfolgt(e).

93

Nach den Entscheidungen des *BAG* 22.5.1979 EzA § 111 BetrVG 1972 Nr. 6 und 7 kann auch ein bloßer **Personalabbau** unter Beibehaltung der sächlichen Betriebsmittel eine **Betriebseinschränkung** iSd § 111 BetrVG sein. Erforderlich ist eine erhebliche Personalausdünnung. Dabei können die Zahlen- und Prozentangaben in § 17 Abs. 1 KSchG über die Anzeigepflicht bei Massenentlassungen, jedoch ohne den dort festgelegten Zeitraum von 30 Kalendertagen als Maßstab gelten. Damit ist die arbeitsmarktpolitischen Zwecken dienende Vorschrift des § 17 KSchG (s. Rdn 17) auch für den Bereich der Betriebsverfassung bedeutsam. Kündigungen in der Größenordnung des § 17 KSchG haben für den einzelnen Betrieb erhebliche Bedeutung und lösen die Sozialplanpflicht aus. An dieser Auffassung hat das *BAG* in st. Rspr. festgehalten (*BAG* 7.8.1990 EzA § 111 BetrVG 1972 Nr. 27; 2.8.1983 EzA § 111 BetrVG 1972 Nr. 16), obwohl es im Schrifttum vielfach kritisiert worden ist (*Birk* Anm. AP Nr. 3, 4 und 5 zu § 111 BetrVG 1972; *Bohn* SAE 1980, 228; *Fabricius/Cottmann* Anm. EzA § 111 BetrVG 1972 Nr. 11; *Hunold* BB 1980, 1750; *Kreutz* SAE 1982, 224; *Löwisch/Röder* Anm. EzA § 111 BetrVG 1972 Nr. 9 und Anm. AP Nr. 7 zu § 111 BetrVG 1972; *Löwisch/Schiff* Anm. EzA § 111 BetrVG 1972 Nr. 7; *Reuter* SAE 1980, 96; *Seiter* Anm. AP Nr. 6 und Nr. 8 zu § 111 BetrVG 1972; *Vogt* DB 1981, 1823). Für **Großbetriebe** hat das *BAG* allerdings die Staffel des § 17 KSchG dahin abgeändert, dass von der Entlassung mindestens fünf vH der Belegschaft betroffen sein müssen (st. Rspr. *BAG* 9.11.2010 – 1 AZR 708/09, EzA § 111 BetrVG 2001 Nr. 6; *Fitting* § 111 Rn 74).

94

Diese Rspr. ist insoweit durch den Gesetzgeber bestätigt worden, als **§ 112a BetrVG** als Betriebsänderung iSd § 111 BetrVG ausdrücklich den Fall regelt und damit anerkennt, dass die **Änderung nur in der Entlassung** von Arbeitnehmern bestehen kann (*Fitting* § 111 Rn 73; HWGNRH-*Hess* § 112a Rn 2; *Vogt* BB 1985, 2328; *LAG Düsseld.* 14.5.1986 LAGE § 111 BetrVG 1972 Nr. 4). Die in § 112a BetrVG geregelte und von § 17 KSchG abweichende Staffelung der jeweils maßgeblichen Zahl der Entlassungen hat Bedeutung aber nur für die Frage des **erzwingbaren Sozialplans** (*Fitting* § 112 Rn 101 ff.; *Vogt* BB 1985, 2328). Für die sonstige Anwendung der §§ 111, 112 BetrVG – zB Unterrichtung des Betriebsrats oder Beratung mit ihm nach § 111 BetrVG oder Verhandlungen über einen Interessenausgleich – bleibt die bisherige Rspr. des BAG mit ihrer Anlehnung an die Größenordnungen des § 17 KSchG maßgebend (*Vogt* BB 1985, 2331).

95

C. Das Konsultationsverfahren mit dem Betriebsrat

I. Rechtsgrundlagen

96 Wenn der Arbeitgeber beabsichtigt, anzeigepflichtige Entlassungen nach Maßgabe des § 17 Abs. 1 KSchG zu erklären, ist er gem. § 17 Abs. 2 S. 1 KSchG verpflichtet, dem **Betriebsrat rechtzeitig zweckdienliche Auskünfte** zu erteilen und nach Maßgabe des Abs. 2 S. 1 Nr. 1 bis 6 **schriftlich zu unterrichten**. Insbesondere haben beide Betriebsparteien die Möglichkeiten zu **beraten**, Entlassungen zu vermeiden oder einzuschränken und ihre Folgen zu mildern (§ 17 Abs. 2 S. 2 KSchG). Die Vorschrift des § 17 Abs. 2 KSchG enthält mit dem Konsultationsverfahren ein **eigenständiges**, gleichwertig neben den gem. § 17 Abs. 1, 3 KSchG geregelten Verpflichtungen stehendes **Wirksamkeitserfordernis**, dessen Nichtbeachtung zur Fehlerhaftigkeit der Massenentlassungsanzeige und damit Unwirksamkeit der Kündigung führt (st. Rspr. *BAG* 13.2.2020 – 6 AZR 146/19 – Rn 30 mwN, BAGE 169, 362; 13.6.2019 – 6 AZR 459/18 – Rn 40, BAGE 167, 102; s.a. Rdn 123). Gemäß Art. 2 der **MERL** trifft den Arbeitgeber im Falle beabsichtigter Massenentlassungen die Pflicht, die Arbeitnehmervertreter rechtzeitig zu konsultieren. Im Verlauf der Konsultation hat der Arbeitgeber die gleichen Unterrichtungspflichten wie gem. § 17 Abs. 2 KSchG zu erfüllen (Art. 2 Abs. 3 MERL). Ebenso trifft den Arbeitgeber die Pflicht zur Beratung mit den gleichen Zielen wie gem. § 17 Abs. 2 KSchG in Form sozialer Begleitmaßnahmen, die insbes. Hilfen für eine anderweitige Verwendung oder Umschulung der entlassenen Arbeitnehmer ermöglichen sollen. Neben diesen Beteiligungspflichten aus den nationalen und den europarechtlichen Massenentlassungsvorschriften bestehen bei Vorliegen der Voraussetzungen für die einzelnen Vorschriften noch betriebsverfassungsrechtliche Unterrichtungs-, Anhörungs- und weitere Beteiligungspflichten gegenüber dem Betriebsrat (s. Rdn 128 ff.). Zum Teil können Unterrichtungs- und Beratungspflichten aus massenentlassungs- und betriebsverfassungsrechtlichen Vorschriften zusammentreffen und in einem Akt erfüllt werden (s. Rdn 132 f.).

97 **Zentraler Bezugspunkt** auch für das nationale Massenentlassungsrecht ist der unionsrechtliche **Betriebsbegriff** in seiner vom EuGH autonom und einheitlich für alle Mitgliedstaaten (vgl. *EuGH* 13.5.2015 – C-182/13 – Rn 26 [Lyttle ua.]; 13.5.2015 – C-392/13 – Rn 42 [Rabal Cañas]; 30.4.2015 – C-80/14 – Rn 45 [USDAW und Wilson]; in diesem Sinne schon *EuGH* 7.12.1995 – C-449/93 – Rn 25 [Rockfon]) vorgenommenen Auslegung (vgl. *BAG* 14.5.2020 – 6 AZR 235/19 – Rn 114; 13.2.2020 – 6 AZR 146/19 – Rn 31, BAGE 169, 362; zum Begriffsverständnis im Einzelnen Rdn 31 ff.). Dieser kann, muss aber nicht mit dem Betriebsbegriff des BetrVG übereinstimmen. Im Konfliktfall ist für die §§ 17 ff. KSchG allein der unionsrechtliche Betriebsbegriff ausschlaggebend (*BAG* 13.2.2020 – 6 AZR 146/19 – Rn 32, BAGE 169, 362; vgl. auch Rdn 31). Dies führt im Konsultationsverfahren immer dann zu **Problemen**, wenn sich die nach unionsrechtlichem Verständnis als »Betrieb« iSd MERL anzusehende Organisationseinheit nicht mit derjenigen deckt, für die »Arbeitnehmervertreter« (Art. 2 MERL), dh. nach deutschem Recht der »Betriebsrat« (§ 17 Abs. 2 KSchG) gewählt sind, wenn also maW für den **Betrieb iSd MERL kein eigenes Arbeitnehmervertretungsgremium** besteht. Diesen Konflikt löst die MERL, wie ihr Art. 1 Abs. 1 UAbs 1 Buchst. b zeigt, **zugunsten der nationalen Rechtsvorschriften**. Es ist daher strikt zwischen dem Geltungsbereich der MERL bzw. des § 17 KSchG, der sich nach dem unionsrechtlichen Betriebsbegriff des Massenentlassungsrechts richtet, auf der einen Seite und der Bestimmung der zuständigen Arbeitnehmervertretung, was nach nationalem Recht geschieht, auf der anderen Seite zu **trennen** (*BAG* 13.2.2020 – 6 AZR 146/19 – Rn 61, BAGE 169, 362). Die **Konsultationen** sind infolgedessen mit dem Repräsentations**organ** durchzuführen, das nach **nationalem Recht** (auch) die **Interessen** der von der Massenentlassung **betroffenen Arbeitnehmer** gegenüber dem Arbeitgeber **vertritt** (*BAG* 13.2.2020 – 6 AZR 146/19 – Rn 61, BAGE 169, 362). Die Alternative, trotz Überschreitens der Schwellenwerte im Betrieb iSd. MERL mangels eigenständiger Arbeitnehmervertretung ein Konsultationsverfahren und damit ein wesentliches Element des Massenentlassungsschutzes von vornherein nicht durchzuführen, verbietet der effet utile (vgl. *EuGH* 8.6.1994 – C-383/92 – Rn 19, 23 [Kommission/Vereinigtes Königreich]).

Im **deutschen Recht** ist zu berücksichtigen, dass das **Konsultationsverfahren** ungeachtet seiner Normierung im KSchG vom Inhalt her **betriebsverfassungsrechtlich geprägt** ist (*BAG* 22.9.2016 – 2 AZR 276/16 – Rn 37, BAGE 157, 1). Daher ist, soweit § 17 Abs. 2 KSchG für das deutsche Recht die Konsultation des »Betriebsrats« anordnet, die **zuständige Arbeitnehmervertretung** grundsätzlich entsprechend den einschlägigen Regelungen des **BetrVG** zu bestimmen (*BAG* 13.2.2020 – 6 AZR 146/19 – Rn 61, BAGE 169, 362; 7.7.2011 – 6 AZR 248/10 – Rn 30 f., BAGE 138, 301). Ausgehend von der Kompetenzverteilung des BetrVG ist grundsätzlich der **örtliche Betriebsrat** zu konsultieren. Dies gilt gleichermaßen für Betriebsteile iSd. § 4 Abs. 1 BetrVG, die als selbständige Betriebe gelten, es sei denn, die Arbeitnehmer haben an der Wahl des Betriebsrats im Hauptbetrieb teilgenommen und werden von diesem repräsentiert (§ 4 Abs. 1 S. 2–5 BetrVG). Betrifft die Massenentlassung einen **Betriebsteil**, der betriebsverfassungsrechtlich dem Hauptbetrieb zugeordnet ist, oder einen Kleinstbetrieb nach § 4 Abs. 2 BetrVG, ist entsprechend des Repräsentationsgedankens der Betriebsrat des Hauptbetriebs zu konsultieren. Für einen **Gemeinschaftsbetrieb** oder betriebsverfassungsrechtliche Organisationseinheiten mit abweichenden Arbeitnehmervertretungsstrukturen gemäß **§ 3 BetrVG** ist ebenso zu verfahren und ausgehend von dem Betriebsbegriff der MERL zu prüfen, welche Arbeitnehmervertretung die von der Massenentlassung betroffenen Arbeitnehmer repräsentiert (vgl. zum Ganzen *BAG* 13.2.2020 – 6 AZR 146/19 – Rn 62, BAGE 169, 362). 98

Besteht für den Betrieb iSd. MERL **kein Betriebsrat** (weil nicht betriebsratsfähig – hier werden aber idR auch die Schwellenwerte des § 17 Abs. 1 KSchG nicht erreicht sein – oder betriebsratsfähig, aber kein Betriebsrat gewählt) und werden dessen Arbeitnehmer **auch nicht** durch ein anderes, von ihnen mitgewähltes Gremium oder durch den Gesamtbetriebsrat nach § 50 Abs. 1 S. 1 HS. 2 BetrVG (Rdn 101) **mitrepräsentiert**, entfällt die **Beteiligung** des Betriebsrates. Das ist unionsrechtlich nicht zu beanstanden (vgl. *LKB-Bayreuther* KSchG § 17 Rn 67; *EUArbR/Spelge* RL 98/59/EG Art. 1 Rn 139). Die MERL verbietet nur nationale Regelungen, nach denen die Beteiligung einer (vorhandenen) Arbeitnehmervertretung in das Belieben des Arbeitgebers gestellt wird. Wählen die Arbeitnehmer aber keinen Betriebsrat, obwohl sie das könnten, respektiert das die MERL. Sie verlangt für betriebsratslose Betriebe nicht, dass eine rechtlich mögliche Wahl auch tatsächlich durchgeführt wird. In diesem Sinne sind auch die Ausführungen des EuGH in der Rechtssache Kommission/Vereinigtes Königreich (8.6.1994 – C-383/92 – Rn 19, 23) zu verstehen (*EUArbR/Spelge* RL 98/59/EG Art. 1 Rn 139). Bei nichtiger Betriebsratswahl schadet die fehlende Konsultation des Betriebsrats nicht; dieser hat im Rechtssinne nie existiert (*BAG* 22.4.2010 – 6 AZR 948/08 – Rn 17, BAGE 134, 176). Beabsichtigt der Arbeitgeber, einen zunächst noch betriebsratslosen Betrieb stillzulegen und wird dann ein Betriebsrat gewählt, so ist der Arbeitgeber zu allen gesetzlichen Beteiligungsformen (§§ 111 ff. BetrVG) und der Unterrichtung gem. § 17 KSchG verpflichtet, wenn bis zum Zeitpunkt der Konstituierung des Betriebsrats noch nicht alle zur Stilllegung des Betriebs notwendigen Rechtshandlungen vorgenommen sind (*LAG BW* 14.3.1990 LAGE § 98 ArbGG 1979 Nr. 20). 99

Wird die Entscheidung über die Massenentlassung nicht in dem betroffenen Betrieb, sondern in einer für Einstellungen und Entlassungen zuständigen gesonderten Einheit getroffen, ändert dies nichts an der Unterrichtungspflicht des Arbeitgebers (*EuGH* 7.12.1995 EzA § 17 KSchG Nr. 5). 100

Die Unterrichtungs- und Beratungspflicht kann nach Maßgabe des § 50 BetrVG auch gegenüber dem **Gesamtbetriebsrat** bestehen (*BAG* 13.2.2020 – 6 AZR 146/19 – Rn 62, BAGE 169, 362; 13.12.2012 – 6 AZR 752/11 – Rn 44; vgl. auch 20.9.2012 – 6 AZR 155/11 – Rn 41, 42 ff., BAGE 143, 150). Sie muss mit dem Gesamtbetriebsrat durchgeführt werden, wenn dieser gem. § 50 Abs. 1 BetrVG **originär** zuständig ist, weil die beabsichtigte Massenentlassung auf der Grundlage eines unternehmenseinheitlichen Konzepts durchgeführt werden soll und mehrere Betriebe betroffen sind (*BAG* 13.12.2012 – 6 AZR 752/11 – Rn 44; in diesem Sinn auch *BAG* 20.9.2012 – 6 AZR 155/11 – Rn 42 ff., BAGE 143, 150; *LAG Düsseldorf* 15.10.2020 – 11 Sa 799/19 – unter A II 3 der Gründe, die erhobene Nichtzulassungsbeschwerde wurde durch Vergleich erledigt; nach *LAG Hamm* 16.8.2019 – 18 Sa 232/19 – unter II 1 d bb) der Gründe reicht die Stilllegung aller Betriebe eines Unternehmens nicht, wenn keine betriebsübergreifenden Abhängigkeiten bestehen). 101

§ 17 KSchG   Anzeigepflicht

Nur im Rahmen seiner originären Zuständigkeit vertritt der Gesamtbetriebsrat auch die Arbeitnehmer betriebsratsloser Betriebe. Liegen die Voraussetzungen hierfür nicht vor (zB Stilllegung nur des betriebsratslosen Betriebs), ist der Gesamtbetriebsrats nicht ersatzweise zuständig und das Konsultationsverfahren entfällt. Neben § 50 Abs. 1 BetrVG kommt aber auch eine **Auftragszuständigkeit** des Gesamtbetriebsrats nach § 50 Abs. 2 BetrVG in Betracht, wobei sich die Delegation durch die einzelnen Betriebsräte auf die Konsultation nach § 17 Abs. 2 KSchG beziehen muss. Darum reicht es nicht, nur die Befugnis zu Interessenausgleichsverhandlungen zu delegieren, wenn nicht zugleich zum Ausdruck gebracht wird, dass sich dies auf die Konsultation gem. § 17 Abs. 2 KSchG erstreckt (*Hützen* ZInsO 2012, 1801, 1804; aA *Salamon* BB 2015, 1653, 1658).

102 Ob der **Konzernbetriebsrat** im Verfahren gem. § 17 KSchG zu beteiligen ist, wenn die Massenentlassung Betriebe mehrerer Unternehmen eines Konzerns betrifft (§ 58 Abs. 1 BetrVG), ist **streitig** (dafür in der Vorauflage KR-*Weigand* KSchG § 17 Rn 87; Preis/Sagan/*Naber/Sittard* Rn 14.73; APS-*Moll* KSchG § 17 Rn 74d; dagegen EUArbR/*Spelge* RL 98/59/EG Art. 1 Rn 141; LKB-*Bayreuther* KSchG § 17 Rn 63; wohl auch ErfK-*Kiel* KSchG § 17 Rn 19b; offen gelassen von BAG 22.11.2012 – 2 AZR 371/11 – Rn 23). **Gegen** eine solche Zuständigkeit spricht, dass die MERL – wie nicht zuletzt ihr Art. 2 Abs. 4 zeigt – den **Vertragsarbeitgeber** als denjenigen ansieht, der die Informations-, Konsultations- und Anzeigepflichten zu **erfüllen** hat (*EuGH* 10.9.2009 – C-44/08 – Rn 57, 62, 57 ff. [Akavan Erityisalojen Keskusliitto]). Dem folgt § 17 KSchG. Der Vertragsarbeitgeber ist aber nicht Ansprechpartner des Konzernbetriebsrats; das ist allein die Konzernspitze (vgl. BAG 18.7.2017 – 1 AZR 546/15 – Rn 35). Diese Bedenken bestehen im Fall einer **Auftragszuständigkeit** gem. § 58 Abs. 2 BetrVG nicht, sofern man davon ausgeht, dass Verhandlungs- sowie ggf. Vertragspartner dann nicht die Konzernleitung, sondern der (die) jeweils betroffene(n) konzernangehörige(n) Arbeitgeber ist(sind) (so BAG 17.3.2015 – 1 ABR 49/13 – Rn 16; 12.11.1997 – 7 ABR 78/96 – unter B 2 c und 3 a der Gründe; aA GK-BetrVG/*Franzen* § 58 Rn 49 f. mwN). Zu beachten ist, dass die Beauftragung durch den Gesamtbetriebsrat (Ausnahme: § 54 Abs. 2 BetrVG) zu erfolgen hat, dh. wiederum dessen Zuständigkeit voraussetzt. Im Falle der Beauftragung des Gesamtbetriebsrats durch einen/mehrere Betriebsräte nach § 50 Abs. 2 BetrVG bedarf eine Weiterdelegation an den Konzernbetriebsrat der Zustimmung des Betriebsrats, es sei denn, diese ist bereits von der Beauftragung ausdrücklich gedeckt (GK-BetrVG/*Franzen* § 58 Rn 47 mwN).

103 Art. 1 Abs. 1 UAbs. 1 Buchst. b der MERL spricht allgemein von »**Arbeitnehmervertreter**« und unterscheidet dabei nicht danach, auf welcher rechtlichen Grundlage diese errichtet sind. Daher erfasst er auch solche, deren **Grundlage ein Kollektivvertrag** ist (zB § 3 Abs. 1, 2, § 117 Abs. 2 BetrVG). Auch diese sind Arbeitnehmervertreter iSd. MERL (BAG 13.2.2020 – 6 AZR 146/19 – Rn 63, BAGE 169, 362). Sind zusätzliche betriebsverfassungsrechtliche Gremien (Arbeitsgemeinschaften) nach § 3 Abs. 1 Nr. 4 BetrVG oder zusätzliche betriebsverfassungsrechtliche Vertretungen der Arbeitnehmer nach § 3 Abs. 1 Nr. 5 BetrVG errichtet, sind nicht diese, sondern der bestehende Betriebsrat zu beteiligen. Sie sind kein den Betriebsrat ersetzendes Gremium, sondern bestehen allenfalls zusätzlich zu diesem und setzen ihn voraus (vgl. GK-BetrVG/*Franzen* § 3 Rn 25, 30). Ist in **Betrieben** iSd. MERL (zB öffentlicher Dienst, § 130 BetrVG; karitative und erzieherische Einrichtungen von Religionsgemeinschaften, § 118 Abs. 2 BetrVG) oder für bestimmte Beschäftigtengruppen, die Arbeitnehmer iSd MERL sind (zB leitende Angestellte, § 5 Abs. 3 BetrVG), das **BetrVG nicht anzuwenden** und deswegen kein Betriebsrat gewählt, besteht aber ein dem Betriebsrat **vergleichbares Interessenvertretungsgremium**, ist in unionsrechtskonformer Auslegung des § 17 Abs. 2 KSchG dieses Gremium **zu beteiligen** (BAG 13.2.2020 – 6 AZR 146/19 – Rn 63, BAGE 169, 362). Der durch Art. 1 Abs. 1 UAbs. 1 Buchst. b der MERL den Mitgliedstaaten gewährte Spielraum betrifft nur das »Wie« der Bestellung der Arbeitnehmervertretung, nicht aber das »Ob« der Beteiligung einer (anstelle des Betriebsrats) bestehenden Interessenvertretung (*EuGH* 8.6.1994 – C-383/92 – Rn 19 [Kommission/Vereinigtes Königreich]). Das gebietet der Grundsatz des effet utile (*Schubert/Schmitt* ZESAR 2020, 53, 55).

Für **leitende Angestellte** hat der Arbeitgeber seine Unterrichtungs- und Beratungspflichten daher entsprechend der Regelung gem. § 17 Abs. 2 KSchG **gegenüber dem Sprecherausschuss gem. §§ 31, 32 SprAuG** wahrzunehmen (vgl. *BAG* 13.2.2020 – 6 AZR 146/19 – Rn 69, BAGE 169, 362), wenn ein solcher errichtet ist. Diese analoge Anwendung gebietet einmal die Vorgabe aus der MERL, zum anderen hat der deutsche Gesetzgeber dieses nationale Regelungsdefizit offenbar versehentlich noch nicht behoben (ErfK-*Oetker* SprAuG § 25 Rn 6; *LKB-Bayreuther* KSchG § 17 Rn 69; EUArbR/*Spelge* RL 98/59/EG Art. 1 Rn 144; *Schubert/Schmitt* ZESAR 2020, 53, 55; *Wißmann* RdA 1998, 221, 224; aA für Beteiligung des Betriebsrates: DDZ- *Callsen* KSchG § 17 Rn 38; APS-*Moll* KSchG § 17 Rn 57; *Kleinbrink* FA 2000, 366). Für die Beteiligung des Sprecherausschusses nach den in § 17 Abs. 2 KSchG vorgeschriebenen Maßgaben spricht auch die gegenüber dem gleichen Gremium bestehende Verpflichtung des Arbeitgebers gem. § 31 Abs. 2 SprAuG zur Anhörung bei Einzelkündigungen. Aus den gleichen unionsrechtlichen Überlegungen heraus ist in Betrieben der öffentlichen Hand mit wirtschaftlichen Zwecken (Rdn 42) der **Personalrat** und bei **kirchlichen Arbeitgebern**, die keine Körperschaften des öffentlichen Rechts sind (vgl. § 23 Abs. 2 S. 1 KSchG, Art. 1 Abs. 2 Buchst. b der MERL), eine bestehende **Mitarbeitervertretung** im Massenentlassungsverfahren zu beteiligen (ErfK-*Kiel* KSchG § 17 Rn 19e; MünchArbR-*Spelge* § 121 Rn 117, 113 mwN). Auch soweit **Fremdgeschäftsführer** Arbeitnehmer iSd. MERL sind (dazu *EuGH* 9.7.2015 – C-229/14 – Rn 35 ff. [Balkaya]; siehe auch Rdn 56 ff.), ist für sie nach deutschem Recht kein dem Betriebsrat vergleichbares Interessenvertretungsgremium vorgesehen. Für sie gilt das BetrVG nicht (§ 5 Abs. 2 Nr. 1 BetrVG). Sie werden weder vom Betriebsrat noch vom Sprecherausschuss repräsentiert. Für sie ist daher **kein Konsultationsverfahren** durchzuführen. Das ist unionsrechtskonform (vgl. MünchArbR-*Spelge* § 121 Rn 112; EUArbR/*Spelge* RL 98/59/EG Art. 1 Rn 147 f.; zweifelnd *Weber/Zimmer* EuZA 2016, 224, 242). 104

Die **Schwerbehindertenvertretung** ist, obwohl gesetzliches Organ der Verfassung des Betriebs (*BAG* 21.9.1989 – 1 AZR 465/88 – unter I 2 der Gründe, BAGE 62, 382), kein dem Betriebsrat entsprechendes Interessenvertretungsgremium. Ihre **Konsultation** fordern **weder die MERL noch** § 17 Abs. 2 KSchG (*BAG* 13.2.2020 – 6 AZR 146/19 – Rn 64, BAGE 169, 362; *Ludwig/Kemna* NZA 2019, 1547, 1551; aA *LAG Berlin-Brandenburg* 11.7.2019 – 21 Sa 2100/18 – unter II 1 a dd der Gründe, die hiergegen erhobene Revision wurde zurückgenommen). Welche von mehreren in Betracht kommenden Arbeitnehmervertretungen zu beteiligen sind, überlässt die MERL den Mitgliedstaaten. Deren in diesem Punkt bestehender Spielraum endet erst, wenn die nationale Regelung dem Schutzniveau der MERL nicht mehr gerecht wird (*BAG* 13.2.2020 – 6 AZR 146/19 – Rn 65, BAGE 169, 362). Dieses erfordert aber keine »doppelte Repräsentanz« einzelner Arbeitnehmergruppen (*Schubert/Schmitt* ZESAR 2020, 53, 56). Die MERL will den Problemen begegnen, die sich für alle betroffenen Arbeitnehmer gleichermaßen aus dem Umstand ergeben, dass viele Arbeitnehmer gleichzeitig auf dem lokalen Arbeitsmarkt zu vermitteln sind. Sinn und Zweck gebieten daher **nicht**, bereits im Konsultationsverfahren die **Partikularinteressen** der Gruppe der schwerbehinderten oder der diesen gleichgestellten Menschen gesondert zu berücksichtigen. Das Konsultationsverfahren vermittelt für die Gemeinschaft der betroffenen Arbeitnehmer einen kollektiven präventiven Kündigungsschutz (vgl. *EuGH* 16.7.2009 – C-12/08 – Rn 42 [Mono Car Styling]; *BAG* 7.7.2011 – 6 AZR 248/10 – Rn 27, BAGE 138, 301), noch bevor sich die Kündigungsabsicht des Arbeitgebers auf bestimmte Arbeitnehmer konkretisiert (*BAG* 13.2.2020 – 6 AZR 146/19 – Rn 66, BAGE 169, 362). Erst wenn diese Konkretisierung stattgefunden hat und das Konsultationsverfahren abgeschlossen ist, greifen zum Schutz der Partikularinteressen nachgelagerte Beteiligungsverfahren wie § 102 BetrVG oder § 178 Abs. 2 SGB IX, der Art. 5 der RiL 2000/78/EG umsetzt (*BAG* 13.2.2020 – 6 AZR 146/19 – Rn 66, 68, BAGE 169, 362; Oetker/Preis/*Schubert/Schmitt* EAS B 8300 Rn 594; *Schubert/Schmitt* ZESAR 2020, 53, 56). Auch das nationale Recht in Gestalt des **§ 178 Abs. 2 SGB IX** verpflichtet den Arbeitgeber nicht dazu, (auch) die Schwerbehindertenvertretung zu konsultieren (*BAG* 13.2.2020 – 6 AZR 146/19 – Rn 68, BAGE 169, 362; aA *LAG Berlin-Brandenburg* 11.7.2019 – 21 Sa 2100/18 – unter II 1 a dd (2) und (3) der Gründe, die hiergegen erhobene Revision wurde zurückgenommen). Die darin vorgesehene Unterrichtung scheidet aus, wenn die Angelegenheit die Belange schwerbehinderter oder gleichgestellter Menschen in keiner anderen Weise berührt als die 105 der anderen Arbeitnehmer. Das ist zumindest so lange der Fall, wie das Konsultationsverfahren noch nicht abgeschlossen ist. Entscheidungen iSd. § 178 Abs. 2 SGB IX sind lediglich einseitige Willensakte des Arbeitgebers, wozu das Konsultationsverfahren nicht zählt (*BAG* 13.2.2020 – 6 AZR 146/19 – Rn 68, BAGE 169, 362 mwN). **Sofern kein Betriebsrat** besteht, wird dieser für das Konsultationsverfahren **nicht durch** eine bestehende **Schwerbehindertenvertretung**, die wiederum nicht die Gesamtbelegschaft repräsentieren würde, **ersetzt**. Die Schwerbehindertenvertetung ist kein »Mini-Betriebsrat« (*Zöllner* SAE 2019, 139, 144).

106 Der Arbeitgeber kann sich der Situation ausgesetzt sehen, dass in dem Betrieb iSd. MERL **mehrere Arbeitnehmervertretungen für unterschiedliche Beschäftigtengruppen** bestehen und zu konsultieren sind. Denkbar ist das insbesondere, wenn solche auf tarifvertraglicher Grundlage errichtet werden (§ 3 Abs. 1, § 117 Abs. 2 BetrVG) oder neben dem Betriebsrat ein Sprecherausschuss gewählt ist. Dabei dürfte es in der Regel so sein, dass die Konsultationsverfahren aufgrund **differierender Interessen** der Beschäftigtengruppen, auch wenn sie der Arbeitgeber zeitgleich einleitet, nicht synchron ablaufen und zum gleichen Zeitpunkt enden. Allerdings **beeinflussen sich** die mehreren Verfahren **gegenseitig**. Im Rahmen der Air Berlin-Insolvenz kam bspw. eine (eingeschränkte) Fortsetzung des Flugbetriebs als Ergebnis der Konsultationen mit der PV Kabine für das Kabinenpersonal rein faktisch nicht mehr in Betracht, nachdem mehrere Wochen vor dessen Abschluss bereits das Konsultationsverfahren mit der PV Cockpit für das Cockpitpersonal abgeschlossen war mit der Folge, dass alle Piloten eine Kündigung erhielten. Dennoch ist der **Arbeitgeber nicht gehalten**, ein einheitliches Konsultationsverfahren mit allen Vertretungen **gemeinsam** durchzuführen **oder** auch nur die mehreren Verfahren zeitlich **synchron** einzuleiten, durchzuführen und abzuschließen (*BAG* 13.2.2020 – 6 AZR 146/19 – Rn 69, BAGE 169, 362; *Schubert/Schmitt* ZESAR 2020, 53, 57). Der Arbeitgeber muss **aber** nach § 17 Abs. 2 S. 1 KSchG **zweckdienliche Auskünfte** erteilen und über den **Stand der Beratungen** mit dem anderen Gremium **rechtzeitig unterrichten**, **soweit** hierzu **Veranlassung** besteht. Hierzu gehört, im laufenden Konsultationsverfahren neu erlangte Informationen mitzuteilen oder erteilte Auskünfte zu vervollständigen, soweit diese relevant oder zur ordnungsgemäßen Unterrichtung erforderlich sind (vgl. *EuGH* 10.9.2009 – C-44/08 – Rn 53 [Akavan Erityisalojen Keskusliitto ua.]; *BAG* 26.2.2015 – 2 AZR 955/13 – Rn 29, BAGE 151, 83). Anzunehmen ist dies jedenfalls dann, wenn der Arbeitgeber eines der mehreren Verfahren **abschließt** oder aufgrund der Erörterungen seine **Planungen überarbeitet** (*BAG* 13.2.2020 – 6 AZR 146/19 – Rn 69, BAGE 169, 362).

II. Die Unterrichtungs- und Beratungspflicht gegenüber dem Betriebsrat gem. § 17 Abs. 2 KSchG

1. Funktion, Form, Frist

107 Die Pflicht zur Unterrichtung des Betriebsrates dient dazu, diesen in die Lage zu versetzen, »**konstruktive Vorschläge unterbreiten** zu können« (Art. 2 Abs. 3 1. Hs. MERL; *BAG* 13.6.2019 – 6 AZR 459/18 – Rn 27, BAGE 167, 102; im Hinblick auf die Beratungsziele vgl. Rdn 17 f., 119). Die Beratungen mit dem Betriebsrat müssen sich nicht auf die Vermeidung oder Beschränkung der Massenentlassungen (dazu *BAG* 20.9.2012 – 6 AZR 155/11 – Rn 60, BAGE 143, 150) beziehen, sondern können auch Maßnahmen zur sozialen Verträglichkeit wie anderweitige Verwendungs- oder Umschulungsmaßnahmen iSd Richtlinienziele betreffen (*EuGH* 3.3.2011 – C-235/10 bis C-239/10 – Rn 56 [Claes ua.]; *BAG* 13.12.2012 EzA § 17 KSchG Nr. 29). Das **Unterrichtungs- und Beratungsverfahren** ist daher auch im Falle einer **Betriebsstilllegung** nicht entbehrlich (*EuGH* 3.3.2011 – C-235/10 bis C-239/10 – Rn 33, 43 [Claes ua.]; *BAG* 13.2.2020 – 6 AZR 146/19 – Rn 30, BAGE 169, 362; 22.9.2016 – 2 AZR 276/16 – Rn 22, BAGE 157, 1).

108 Für die **Unterrichtung** ist die **Schriftform** (§ 126 BGB) vorgeschrieben (§ 17 Abs. 2 S. 1 KSchG). Gemäß Art. 2 Abs. 3 lit. b der MERL hat die Mitteilung »in jedem Fall schriftlich« zu erfolgen. Die Wahrung der **Textform** gem. § 126b BGB **reicht aus** (*BAG* 13.6.2019 – 6 AZR 459/18 – Rn 47, BAGE 167, 102; 22.9.2016 – 2 AZR 276/16 – Rn 42, BAGE 157, 1). Die Verletzung des gesetzlichen Schriftformerfordernisses ist dann geheilt, wenn der Betriebsrat in seiner abschließenden Stellungnahme deutlich macht, er halte sich – aufgrund des, wenn auch nicht unterzeichneten,

Textes – für ausreichend unterrichtet (*BAG* 9.6.2016 – 6 AZR 405/15, EzA § 17 KSchG Nr. 37) und wolle die Zweiwochenfrist des § 17 Abs. 3 S. 3 KSchG nicht ausschöpfen (*BAG* 20.9.2012 EzA § 17 KSchG Nr. 27 mwN zur Unionsrechtskonformität; vgl. iÜ Rdn 127).

Die **Unterrichtung** hat **rechtzeitig** vor den beabsichtigten Kündigungen zu erfolgen. Der Gesetzgeber hat nicht näher festgelegt, was rechtzeitig in diesem Sinne ist. Ausgehend vom Wortlaut gem § 17 Abs. 2 S. 1 KSchG (»rechtzeitig zweckdienliche Auskünfte«) und Art. 2 Abs. 1 und 2 der MERL (»rechtzeitig zu konsultieren ...auf die Möglichkeit, Massenentlassungen zu vermeiden oder zu beschränken«) soll das Merkmal der Rechtzeitigkeit bezwecken, auf die unternehmerische Entscheidung seitens des **Betriebsrates Einfluss nehmen** zu können (vgl. *BAG* 13.6.2019 – 6 AZR 459/18 – Rn 47, BAGE 167, 102; 26.1.2017 – 6 AZR 442/16 – Rn 25, BAGE 158, 104). Während der Planungsphase auf der Arbeitgeberseite besteht noch keine Unterrichtungspflicht. Sobald der unternehmerische Meinungsbildungsprozess für die betriebliche Maßnahme abgeschlossen ist, aber noch keine Maßnahmen zur organisatorischen, betriebswirtschaftlichen oder rechtlichen Umsetzung (zB Beteiligung anderer gesellschaftsrechtlicher Organe) ergriffen worden sind, setzt das Erfordernis der Rechtzeitigkeit der Unterrichtung und Beratung ein. Wiewohl der Arbeitgeber bis zu diesem Zeitpunkt noch keine unumkehrbaren Maßnahmen getroffen haben darf, ist er jedoch nicht gehindert, bereits während der Konsultationsphase mit dem Betriebsrat organisatorische Schritte zur Umsetzung seiner unternehmerischen Entscheidung einzuleiten (zB Verkaufsverhandlungen über Betriebsmittel ohne rechtliche Verbindlichkeiten einzugehen); denn die Beteiligungsrechte des Betriebsrates betreffen nicht das unternehmerische Konzept selbst, sondern den modus operandi, um in der Folge Entlassungen zu vermeiden, die Anzahl gering zu halten und die Folgen zu mildern. Im Übrigen ist das Merkmal der Rechtzeitigkeit gem. Art. 2 Abs. 1 der MERL dahingehend auszulegen, dass das Entstehen der Verpflichtung des Arbeitgebers, Konsultationen über die beabsichtigten Massenentlassungen aufzunehmen zwar mit seinen Erwägungen oder seinem Plan für Massenentlassungen einsetzt, aber **nicht** voraussetzt, dem Betriebsrat **schon zu Beginn** des Verfahrens **alle Auskünfte** gem. Art. 2 Abs. 3 Unterabs. 1 Buchst. b) der MERL zu erteilen (*EuGH* 10.9.2009 – C-44/08 – Rn 52 f. [Akavan Erityisalojen Keskusliitto]; *BAG* 13.6.2019 – 6 AZR 459/18 – Rn 41, BAGE 167, 102; 26.2.2015 – 2 AZR 955/13 – Rn 29, BAGE 151, 83). Eine flexible Handhabung der Unterrichtungspflicht kann praktikabel sein, weil die Auskünfte erst zu unterschiedlichen Zeitpunkten zur Verfügung stehen. Allerdings bleibt der Arbeitgeber verpflichtet, die Auskünfte im Laufe des Verfahrens bis zum Ende der Konsultationen zu **vervollständigen** (st. Rspr. *BAG* 26.2.2015 EzA § 17 KSchG Nr. 33; 20.9.2012 EzA § 17 KSchG Nr. 27; *EuGH* 10.9.2009 – C-44/08, EzA Richtlinie 98/59 EG-Vertrag 1999 Nr. 3). Mit der Vorlage eines Entwurfs für einen Interessenausgleich mit dem Angabenkatalog gem § 17 Abs. 2 KSchG kann die rechtzeitige Unterrichtung erfolgt sein, sofern der Betriebsrat klar erkennen kann, dass dies (auch) der Erfüllung der Konsultationspflicht aus § 17 Abs. 2 Satz 2 KSchG dienen soll (*BAG* 13.6.2019 – 6 AZR 459/18 – Rn 42, BAGE 167, 102; 9.6.2016 – 6 AZR 405/15 – Rn 21, BAGE 155, 245). 109

Die **Stellungnahme des Betriebsrats** (Rdn 161 ff.) ist Wirksamkeitsvoraussetzung für die Anzeige (§ 17 Abs. 3 S. 2 KSchG). Nach § 17 Abs. 3 S. 3 KSchG ist die Anzeige jedoch auch dann wirksam, wenn eine Stellungnahme des Betriebsrats zwar nicht vorliegt, der Arbeitgeber aber glaubhaft machen kann, dass er den Betriebsrat mindestens zwei Wochen vor Erstattung der Anzeige nach § 17 Abs. 2 KSchG unterrichtet hat. Daraus lässt sich folgern, dass eine Unterrichtung idR mindestens zwei Wochen vor den beabsichtigten Kündigungen zu erfolgen hat, soll sie rechtzeitig sein (vgl. *BAG* 13.6.2019 – 6 AZR 459/18 – Rn 50, BAGE 167, 102; 13.12.2012 EzA § 17 KSchG Nr. 29; *DDZ-Callsen* KSchG § 17 Rn 39; vgl. auch *LKB-Bayreuther* KSchG § 17 Rn 92). Der Betriebsrat ist zwar nicht gehindert, schneller zu reagieren, und sollte dies nach Möglichkeit tun. Der Arbeitgeber muss sich aber darauf einstellen, dass der Betriebsrat schweigt, er also die Zweiwochenfrist abwarten muss. 110

Eine Durchschrift der **Mitteilung an den Betriebsrat** hat der Arbeitgeber **gleichzeitig der AfA zuzuleiten**, § 17 Abs. 3 S. 1 KSchG. Die Abschrift für die AfA hat mindestens die in § 17 Abs. 2 S. 1 Nrn. 1 bis 5 vorgeschriebenen Angaben zu enthalten. Gleichzeitig heißt hier »gleichzeitig mit 111 der Unterrichtung des Betriebsrats«, nicht gleichzeitig mit der Anzeige (MünchArbR-*Spelge* § 121 Rn 191). Für die gegenteilige Auffassung gibt schon der Gesetzeswortlaut keinen Anhaltspunkt. Sie setzt zudem den zwischenzeitlich überholten Entlassungsbegriff voraus. Die gleichzeitig mit der Unterrichtung erfolgende Information der AfA hat auch einen guten Sinn, da auf diese Weise bereits vor der dann erfolgenden Anzeige die AfA frühzeitig über zu erwartende Änderungen auf dem Arbeitsmarkt unterrichtet wird und ggf. sozialrechtliche Maßnahmen zur Milderung der Folgen der Massenentlassung vorbereiten kann. Im Übrigen vermag die Zuleitung an die AfA die Glaubhaftmachung der Mitteilung an den Betriebsrat zu erleichtern (ErfK-*Kiel* KSchG § 17 Rn 28). Gleichzeitig meint nicht uno actu, sondern **zeitnah**, was ein Auseinanderfallen von einigen wenigen Tagen toleriert (MünchArbR-*Spelge* § 121 Rn 191; aA ErfK-*Kiel* KSchG § 17 Rn 28 – grds. derselbe Tag). Erfolgt die Zuleitung nicht gleichzeitig mit der Mitteilung an den Betriebsrat oder unterlässt der Arbeitgeber diese ganz, führt dies nur dann zu einer Unwirksamkeit der Kündigung, wenn § 17 Abs. 3 S. 1 KSchG Verbotsgesetz iSv § 134 BGB ist (dies verneinend bei unterlassener Zuleitung *BAG* 30.3.2004 – 1 AZR 7/03 – Rn 24, BAGE 110, 122 [obiter dictum]; *LAG Niedersachsen* 24.2.2021 – 17 Sa 890/20 – unter II a der Gründe, Revision eingelegt unter 6 AZR 155/21; *LAG Hamm* 13.1.2015 – 7 Sa 900714 – unter II A 4 b der Gründe; Anm. *Schrader* ArbR 2015, 157; verneinend bei geringfügig verspäteter Zuleitung ErfK-*Kiel* KSchG § 17 Rn 36). Diese sowie die Frage einer eventuellen Vorlage an den EuGH ist höchstrichterlich noch nicht geklärt.

2. Inhalt der Unterrichtung

112 Welche Auskünfte der Arbeitgeber dem Betriebsrat zu erteilen hat, richtet sich – wie schon der Wortlaut des § 17 Abs. 2 S. 1 KSchG (»zweckdienlich«) zeigt – nach Sinn und Zweck des Konsultationsverfahrens: Der Betriebsrat soll die Willensbildung des Arbeitgebers beeinflussen können. Dazu muss der Betriebsrat durch die Unterrichtung in die Lage versetzt werden, sich selbst einen umfassenden Eindruck von der geplanten Maßnahme zu verschaffen, um sodann Vorschläge zur ihrer Vermeidung, Einschränkung oder Milderung unterbreiten zu können (§ 17 Abs. 2 S. 2 KSchG). Die hierzu erforderlichen Informationen können von Fall zu Fall verschieden sein. Sie werden insbesondere vom bereits vorhandenen Kenntnisstand des Betriebsrats beeinflusst. Verfügt dieser schon über ausreichende Vorkenntnisse (zB durch Interessenausgleichsverhandlungen), können auch schlagwortartige Informationen genügen (*BAG* 13.6.2019 – 6 AZR 459/18 – Rn 41, BAGE 167, 102). Gem. § 17 Abs. 2 S. 1 Nrn. 1–6 KSchG ist der Arbeitgeber verpflichtet, neben allgemein zweckdienlichen Auskünften den Betriebsrat insbes. schriftlich zu unterrichten über (1.) die Gründe für die geplanten Entlassungen, (2.) die Zahl und die Berufsgruppen der zu entlassenden Arbeitnehmer, (3.) die Zahl und die Berufsgruppen der idR beschäftigten Arbeitnehmer, (4.) den Zeitraum, in dem die Entlassungen vorgenommen werden sollen, (5.) die vorgesehenen Kriterien für die Auswahl der zu entlassenden Arbeitnehmer, (6.) die für die Berechnung etwaiger Abfindungen vorgesehenen Kriterien. Dieser Katalog entspricht den Mitteilungspflichten gem. Art. 2 Abs. 3 der MERL und weicht kaum ab von den Unterrichtungspflichten des Arbeitgebers aus betriebsverfassungsrechtlichen Normen, wenn er einen Personalabbau beabsichtigt (zum Zusammentreffen mehrerer Unterrichtungspflichten s. Rdn 132 f.), sowohl bei kollektiven Maßnahmen (zB § 92, §§ 111 ff. BetrVG) als auch bei Einzelmaßnahmen (§ 102 BetrVG). Insofern geht die gesetzliche Neuregelung v. 20.7.1995 in § 17 Abs. 2 S. 1 KSchG über die bereits bestehenden Unterrichtungspflichten des Arbeitgebers gegenüber dem Betriebsrat nicht hinaus.

113 Der Arbeitgeber hat gem. **Nr. 1** über die **Gründe** für die geplanten Entlassungen zu unterrichten. Für die Unterrichtung gem. § 17 Abs. 2 S. 1 KSchG ist es unerheblich, ob es sich um betriebs-, personen- oder verhaltensbedingte Gründe für die Massenentlassung handelt (Rdn 84, 152). Der Arbeitgeber hat im Einzelnen den Sachverhalt darzulegen, der ihn zu den Entlassungen veranlasst (ErfK-*Kiel* KSchG § 17 Rn 22). Dabei ist auf die zu § 111 BetrVG entwickelten Grundsätze zurückzugreifen (MünchArbR-*Spelge* § 121 Rn 137; ErfK-*Kiel* KSchG § 17 Rn 22; APS-*Moll* KSchG § 17 Rn 64; *Salamon* NZA 2015, 789). Das Konsultationsverfahren vermittelt für die Gemeinschaft der betroffenen Arbeitnehmer einen kollektiven präventiven Kündigungsschutz (vgl. *EuGH* 16.7.2009 – C-12/08 – Rn 42 [Mono Car Styling]; *BAG* 7.7.2011 – 6 AZR 248/10 – Rn 27,

BAGE 138, 301), noch bevor sich die Kündigungsabsicht des Arbeitgebers auf bestimmte Arbeitnehmer konkretisiert (*BAG* 13.2.2020 – 6 AZR 146/19 – Rn 66, BAGE 169, 362). Dazu passt, anders als noch in der Vorauflage vertreten, der Maßstab des § 102 BetrVG (hierfür Bader/Bram-*Suckow* KSchG § 17 Rn 56; allgemein zu § 102 BetrVG KR-*Rinck* BetrVG § 102 Rdn 83 ff.) nicht. Will der Arbeitgeber im Falle einer Stilllegung vorsorglich nachkündigen, reicht der Hinweis auf das Festhalten an der Stilllegungsabsicht (*BAG* 22.9.2016 – 2 AZR 276/16 – Rn 40, BAGE 157, 1). Ändern sich die Planungen des Arbeitgebers, muss er nicht erneut nach § 17 Abs. 2 S. 1 KSchG schriftlich unterrichten, sondern hat diesen Umstand in die Beratungen mit dem Betriebsrat einzuführen. Die Mitteilung wirtschaftlicher Hintergründe wie zB »konzerninterne Kalkulationen« im Zusammenhang mit der Auftragslage braucht der Arbeitgeber nicht mitzuteilen (*BAG* 9.6.2016 – 6 AZR 405/15, EzA § 17 KSchG Nr. 37; 26.10.2017 – 2 AZR 563/16).

Ferner ist gem. Nr. 2 über die Zahl und die **Berufsgruppen** (die MERL spricht von »Kategorien«) der zu entlassenden Arbeitnehmer (zu leitenden Angestellten s. Rdn 100) zu unterrichten. Bei der Anzahl ist zu beachten, dass neben den Kündigungen auch die anderen vom Arbeitgeber veranlassten Beendigungen der Arbeitsverhältnisse zu berücksichtigen sind (§ 17 Abs. 1 S. 2 KSchG). Die Angabe der Berufsgruppen erfolgt wegen des Zweckes der Regelungen zur Massenentlassung im KSchG (Rdn 17 f.) sinnvollerweise gem. der oder in Anlehnung an die Datenbank für Ausbildungs- und Tätigkeitsbeschreibungen der BA, die im Internet unter *www.berufenet.de* zu finden ist (*Klump/Holler* NZA 2018, 408, 409 f.; Oetker/Preis/*Schubert/Schmitt* EAS B 8300 Rn 572; aA MünchArbR-*Spelge* § 121 Rn 138, die wegen der unterschiedlichen Zwecke von Konsultations- und Anzeigeverfahren berufsfachliche Angaben bereits im Konsultationsverfahren als nicht sinnvoll ansieht und stattdessen als notwendig erachtet anzugeben, welche Arbeitnehmergruppen von der geplanten Massenentlassung erfasst werden sollen). Nach der Systematik der Berufsbereiche (1) Pflanzenbauer, Tierzüchter, Fischereiberufe; (2) Bergleute, Mineralgewinner; (3) Fertigungsberufe; (4) Technische Berufe; (5) Dienstleistungsberufe werden unter 19 Berufsklassen und -abschnitten die bekannten Berufe gegliedert und im Einzelnen beschrieben. Gemäß dem von der BA vorgegebenen Formular »Entlassungsanzeige« (BA-KSchG 1 06/2017) sollen neben den Berufsgruppen zur Unterstützung der Vermittlungsaktivitäten auch die Berufsklassen nach den ersten fünf Ziffern der DEÜV-Nr. (m. Verw. auf die KldB 2010) angegeben werden (vgl instruktiv *Klumpp/Holler* NZA 2018, 408). Eine unterbliebene Unterrichtung über die Berufsgruppen ist unschädlich, wenn der Betriebsrat durch eine abschließende Stellungnahme (ggf. auch im Rahmen eines Interessenausgleichs) zum Ausdruck bringt, dass er wegen der offenkundigen Betroffenheit aller Berufsgruppen seinen Beratungsanspruch als erfüllt und das Konsultationsverfahren als beendet ansieht. Der Unterrichtungsfehler wird nicht kausal und wirkt sich dann nicht zu Lasten der Arbeitnehmer aus, weil der Betriebsrat aufgrund seiner Kenntnisse in der vom Gesetz vorgesehenen Weise am Konsultationsverfahren mitwirken konnte (*BAG* 13.6.2019 – 6 AZR 459/18 – Rn 46, BAGE 167, 102; 9.6.2016 – 6 AZR 405/15 – Rn 30, BAGE 155, 245, wobei in dieser Entscheidung in Rn 32 missverständlich noch von einer Heilung die Rede ist).

Die Unterrichtung über die **Zahl und die Berufsgruppen der idR beschäftigten Arbeitnehmer** (Nr. 3) erfolgt ebenso nach den vorgenannten Grundsätzen (s. Rdn 114).

Die Angabe des **Zeitraums** gem. Nr. 4, in dem die Entlassungen vorgenommen werden sollen, bezieht sich auf diejenigen Daten, zu denen die Arbeitsverhältnisse gekündigt bzw. auf andere Weise beendet werden sollen (vgl. auch KR-*Rinck* § 102 BetrVG Rdn 79 ff.). Im Konsultationsverfahren kann der Arbeitgeber jedoch noch nicht angeben, wann welche Kündigungen zugegangen sind. Ob und wieviele Arbeitnehmer gekündigt werden, ist gerade Gegenstand der Beratungen mit dem Betriebsrat. Darum genügt der Arbeitgeber seiner Unterrichtungspflicht durch die Angabe, wann die Kündigungen nach seinem jetzigen Planungsstand erklärt werden sollen und die Mitteilung der geltenden Kündigungsfristen der betroffenen Arbeitnehmer (*BAG* 28.5.2009 – 8 AZR 273/08 – Rn 57; MünchArbR-*Spelge* § 121 Rn 140 und APS-*Moll* KSchG § 17 Rn 67 halten die Angabe der Kündigungsfrist für entbehrlich).

117 Bei den **Kriterien gem. Nr. 5**, die der Arbeitgeber für die **Auswahl der zu entlassenden Arbeitnehmer** vorsieht, stehen fachliche, persönliche, soziale und betriebliche Gesichtspunkte im Vordergrund. Bei den persönlichen und sozialen Belangen werden Lebensalter, besondere Schutzbedürftigkeit zB gem. §§ 168 ff. SGB IX für schwerbehinderte Menschen oder nach dem Mutterschutzrecht (*EuGH* GA-Schlussanträge zu C-103/16 Anm. *Müller-Werner* AuR 2017, 468), Dauer der Betriebszugehörigkeit und persönliche Vermögenssituation, bei den fachlichen Belangen die Kompetenz bzw. Erforderlichkeit der Arbeitnehmer für das Unternehmen von Bedeutung sein. Hierzu kann auf die Grundsätze zur sozialen Auswahl bei betriebsbedingten Kündigungen gem. § 1 Abs. 3 KSchG sowie die Grundsätze zu den Auswahlrichtlinien gem. § 95 BetrVG (vgl. GK-BetrVG/*Raab* § 95 Rn 44 ff.) verwiesen werden. Die Angabe nach Nr. 5 erübrigt sich, wenn alle Arbeitnehmer entlassen werden sollen (*BAG* 13.6.2019 – 6 AZR 459/18 – Rn 46, BAGE 167, 102; 28.5.2009 – 8 AZR 273/08 – Rn 57).

118 Gem. Nr. 6 hat der Arbeitgeber die für die **Berechnung etwaiger Abfindungen vorgesehenen Kriterien** anzugeben. § 17 Abs. 2 S. 1 Nr. 6 KSchG ist in das Gesetz aufgenommen worden, weil nicht jede Massenentlassung iSd § 17 Abs. 1 KSchG zugleich einen die Sozialplanpflicht auslösenden Personalabbau zur Folge haben muss (BT-Drucks. 13/668 S. 14). Liegt allerdings eine sozialplanpflichtige Betriebsänderung vor, genügt der Arbeitgeber seiner Unterrichtungspflicht, wenn er wegen der Kriterien für die Berechnung von Abfindungen lediglich bezugnehmend auf § 112 Abs. 5 S. 1 BetrVG auf den noch abzuschließenden Sozialplan hinweist (*BAG* 18.9.2003 – 2 AZR 79/02, BAGE 107, 328). Dies entspricht der Vorgabe gem. Art. 2 Abs. 3b vi der MERL, wonach die Auskunftspflicht des Arbeitgebers unter dem Vorbehalt steht, dass ihm nach innerstaatlichen Rechtsvorschriften und/oder Praktiken die Zuständigkeit über die Berechnungsmethoden für Abfindungen zusteht. Da er dafür nicht die alleinige Kompetenz hat, sondern die Einigungsstelle gem. § 112 Abs. 4 und 5 BetrVG darüber entscheidet, ist der Arbeitgeber insoweit von seiner Auskunftspflicht entbunden (*BAG* 30.3.2004 – 1 AZR 7/03, BAGE 110, 122; *Franzen* ZfA 2006, 437). Will der Arbeitgeber keine Abfindungen zahlen, bringt er dies durch ein Schweigen in der Unterrichtung gegenüber dem Betriebsrat hinreichend zum Ausdruck (*BAG* 13.6.2019 – 6 AZR 459/18 – Rn 46, BAGE 167, 102). Sollen Abfindungen gezahlt werden, können als Anhaltspunkt die Grundsätze, wie sie zur Abfindungsberechnung gem. § 10 KSchG entwickelt wurden (vgl. KR-*Spilger* KSchG § 10 Rdn 50 ff.), in Betracht kommen.

3. Beratung mit dem Betriebsrat

119 Die **Beratungspflicht** von Arbeitgeber und Betriebsrat bezieht sich auf Möglichkeiten, Entlassungen zu vermeiden, einzuschränken, in ihren Auswirkungen zu mildern (§ 17 Abs. 2 S. 2 KSchG). Infrage kommen können soziale Begleitmaßnahmen, die insbes. Hilfen für eine anderweitige Verwendung oder Umschulung der zu kündigenden Arbeitnehmer zum Ziel haben (Art. 2 Abs. 2 der MERL). Der Betriebsrat soll durch die Beratung (MERL: »Konsultation«) auf die vom Arbeitgeber geplanten Massenentlassungen Einfluss nehmen und die Folgen für die betroffenen Arbeitnehmer mildern können. Denkbar sind zB Vorschläge zur Beschäftigungssicherung (§ 92a BetrVG), anderweitige Beschäftigung und Qualifizierungsmaßnahmen (*Krieger/Fischinger* NJW 2007, 2289). Im Rahmen von Verhandlungen muss dem Betriebsrat klar sein, dass es sich um Beratungen iSv § 17 Abs. 2 S. 2 KSchG handelt (*BAG* 26.2.2015 EzA § 17 KSchG Nr. 33). Soweit die Voraussetzungen gem. § 111 S. 2 BetrVG vorliegen, kann der Betriebsrat einen Berater hinzuziehen (Art. 2 Abs. 2 S. 2 der MERL).

120 Die Beratung hat rechtzeitig zu erfolgen. Der Arbeitgeber hat seine **Beratungspflicht** erfüllt, wenn er mit ernsthaftem Willen, zu einer Einigung zu gelangen (Art. 2 Abs. 1 der MERL; vgl. auch § 74 Abs. 1 S. 2 BetrVG), die Verhandlungsgegenstände gem. § 17 Abs. 2 S. 2 KSchG und Art. 2 Abs. 2 S. 1 der MERL mit dem Betriebsrat erörtert und sich mit dessen Vorschlägen auseinandergesetzt hat (*BAG* 13.6.2019 – 6 AZR 459/18 – Rn 48, BAGE 167, 102; 22.9.2016 – 2 AZR 276/16 – Rn 50, BAGE 157, 1; 26.2.2015 – 2 AZR 955/13 – Rn 26, BAGE 151, 83). Merkmale für von ernsthaftem Willen getragene Verhandlungen bieten die Regelungen gem. § 92a Abs. 2 S. 2

und 3 BetrVG. Auch ein vor Entlassung abgeschlossener Interessenausgleich gem. § 112 BetrVG kann der Beratungspflicht genügen, er ist aber nicht erforderlich. Zwar sieht die Regelung gem. Art. 2 Abs. 1 der MERL die Beratungspflicht vor, »um zu einer Einigung zu gelangen«. Es besteht aber **kein Zwang zur Einigung** oder gar zur Übernahme der Vorstellungen des Betriebsrats (*BAG* 13.6.2019 – 6 AZR 459/18 – Rn 48, BAGE 167, 102; 22.9.2016 – 2 AZR 276/16 – Rn 50, BAGE 157, 1). Auch eine Mindestverhandlungsdauer ist nicht vorgeschrieben, wiewohl der Arbeitgeber die Frist gem § 17 Abs. 3 S. 3 KSchG zu beachten hat (st. Rspr. *BAG* 13.6.2019 – 6 AZR 459/18 – Rn 51, BAGE 167, 102; 22.9.2016 – 2 AZR 276/16 – Rn 50, BAGE 157, 1; *Grau/Sittard* BB 2011, 1845; *Franzen* ZfA 2006, 437 mwN; *Bauer/Krieger/Powietzka* BB 2006, 2023; *Lembke/Oberwinter* NJW 2007, 721; *Weber* FS Richardi S. 461); zumal da auch nur Möglichkeiten der Vermeidung von Kündigungen bzw. der Milderung der Folgen zu beraten sind.

Das »**Ende des Konsultationsverfahrens**« (vgl. 2. Leitsatz *EuGH* 21.1.2005, s. Rdn 18 ff.) ist begrifflich nicht iS eines prozessualen Verfahrensabschlusses, sondern als Erfüllung der Beratungspflicht ohne Zeitvorgabe (Rdn 120) zu verstehen. Weder aus § 17 Abs. 2 S. 2 KSchG noch aus Art. 2 der MERL ergibt sich das Erfordernis eines formalen Abschlusses der Verhandlungen (*Klumpp* NZA 2006, 703; *Mückl/Vielmeier* NJW 2017, 2956; EUArbR/*Spelge* RL 98/59/EG Art. 2 Rn 38, 49). Der EuGH unterstreicht selbst, »dass Art. 2 eine Verpflichtung zu Verhandlungen begründet« (*EuGH* 27.1.2005 EzA § 17 KSchG Nr. 13, Anm. 43), eine Verpflichtung zu einer Einigung wird nicht verlangt. Somit kann das Ergebnis der Verhandlungen sowohl in einer Übereinkunft als auch im Scheitern liegen. Nach Wortlaut, Systematik und Zweck der MERL steht die **Beurteilungskompetenz** bzgl. des Scheiterns der Verhandlungen dem **Arbeitgeber** zu (*BAG* 14.5.2020 – 6 AZR 235/19 – Rn 143; 22.9.2016 – 2 AZR 276/16 – Rn 50, 53, BAGE 157, 1; *Franzen* ZfA 2006, 437); denn er bleibt frei in seiner Entscheidung, ob er Massenentlassungen durchführen will (*Franzen* ZfA 2006, 437 m. Nachw. der EuGH-Rspr.). Soweit der Arbeitgeber seinen Unterrichtungspflichten gem § 17 Abs. 2 S. 1 KSchG genügt hat und er die »erbetene Reaktion« (so BAG) auf die »finale – den Willen zu möglichen weiteren Verhandlungen erkennen lassende – Unterrichtung« (so BAG) nicht binnen zumutbarer Frist erhalten hat (*BAG* 26.2.2015 – 2 AZR 955/13, EzA § 17 KSchG Nr. 33) und der Betriebsrat keine Bereitschaft zu sachbezogenen Verhandlungen erkennen lässt, kann er den Beratungsanspruch des Betriebsrates als erfüllt ansehen (*BAG* 22.9.2016 – 2 AZR 276/16 – Rn 50, 53, BAGE 157, 1). Reagiert der **Betriebsrat** auf die Unterrichtung durch den Arbeitgeber seinerseits mit Fragen oder **fordert er Informationen nach**, obliegt es dem Arbeitgeber zu entscheiden, ob er darauf eingeht. Hält er die dahinterstehenden Überlegungen des Betriebsrats nach Abwägung mit seinen eigenen, der geplanten Massenentlassung zugrundeliegenden Vorstellungen für nicht zielführend oder lässt sich der Betriebsrat nicht auf vom Arbeitgeber aufgrund seiner unternehmerischen Freiheit gestellte Grundbedingungen ein, kann dieser das Ansinnen des Betriebsrats zurückweisen. Wird hinterher vor Gericht darüber gestritten, ob die vom Betriebsrat nachgeforderten Anworten und Informationen als zweckdienliche Auskünfte zu erteilen waren, sind diese Vorstellungen bzw. Bedingungen des Arbeitgebers aufgrund seiner Beurteilungskompetenz zu berücksichtigen (*BAG* 14.5.2020 – 6 AZR 235/19 – Rn 143).

Nicht erforderlich für das »Ende des Konsultationsverfahrens« vor Massenentlassungen ist die Durchführung eines **Einigungsstellenverfahrens** gem. § 112 Abs. 4 BetrVG; denn dieses ersetzt die – gescheiterten – Verhandlungen und endet in einer – europarechtlich nicht vorgesehenen – Zwangseinigung (*BAG* 30.3.2004 EzA § 113 BetrVG 2001 Nr. 4; 18.9.2003 EzA § 17 KSchG Nr. 11; 20.11.2001 – 1 AZR 97/01, BAGE 99, 377; *Giesen* SAE 2006, 135; *Nicolai* NZA 2005, 206; *Franzen* ZfA 2006, 437 mwN; *Kleinebrink* FA 2005, 130; *Leuchten/Lipinski* NZA 2003, 1361; *Dzida/Hohenstatt* DB 2006, 1897; 1900; *Ferne/Lipinski* NZA 2006, 937; *Reinhard* RdA 2007, 207, 213 m. dem zutreff. Hinw. auf den eindeutigen Wortlaut der englischsprachigen Fassung der RL 98/59/EG; aA *ArbG Bln.* 21.2.2006 – 79 Ca 22399/05 – [Vorlagebeschluss an den EuGH, das Vorlageverfahren C-115/06 ist durch Rücknahme der Vorlage erledigt, vgl. Beschluss *ArbG Bln.* 26.7.2006 – 37 Ca 8899/06]; *Wolter* AuR 2005, 135; *Hinrichs* S. 160 ff.). Bedenken dagegen erhebt das *BVerfG* (25.2.2010 – 1 BvR 230/09, EzA KSchG § 17 Nr. 21, m. Anm. *Thüsing/Pötters/Traut* NZA 2010, 930) insoweit, als es von der nationalen Rspr. (BAG) nicht ausreichend geklärt sieht, ob angesichts »der möglicherweise europarechtlich gebotenen Reihenfolge von Konsultationsverfahren und Anzeige der beabsichtigten Massenentlassungen« die Konsultationen des Arbeitgebers mit dem Betriebsrat vor der Anzeige bei der AfA – »wenn auch nicht durch Abschluss von Interessenausgleich und Sozialplan« – abgeschlossen sein müssen.

4. Folgen

123 Die Durchführung der Unterrichtung des Betriebsrates und des Beratungsverfahrens mit dem Betriebsrat sind eine **Voraussetzung** sowohl für die **Erstattung der Massenentlassungsanzeige** gem. § 17 Abs. 1 und 3 KSchG als auch für die Kündigung der Arbeitsverhältnisse. Massenentlassungen dürfen vom Arbeitgeber erst ausgesprochen werden, wenn das Beratungsverfahren mit dem Betriebsrat durchgeführt (*EuGH* 27.1.2005 EzA § 17 KSchG Nr. 13, Anm. 45) und die Anzeige an die AfA wirksam erstattet (vgl. Rdn 175) ist. Das folgt aus dem Sinn und Zweck sowie einer richtlinienkonformen Auslegung der Massenentlassungsvorschriften (s. Rdn 60 ff.). Die Vorschrift des § 17 Abs. 2 KSchG enthält ein eigenständiges, gleichwertig neben den in § 17 Abs. 3 KSchG geregelten Verpflichtungen stehendes Formerfordernis gegenüber der AfA (*BAG* 13.2.2020 – 6 AZR 146/19 – Rn 30, BAGE 169, 362; 13.6.2019 – 6 AZR 459/18 – Rn 40, BAGE 167, 102). Zu den Folgen einer erklärten Kündigung, wenn das Beratungsverfahren noch nicht durchgeführt s. Rdn 180 ff. Ergeben sich während des Konsultationsverfahrens nachträglich wesentliche Änderungen an dem zugrundeliegenden Sachverhalt, so ist der Betriebsrat erneut gem. dem Katalog in Abs. 2 S. 1 zu unterrichten (*Grau/Sittard* BB 2011, 1845).

124 Die Erstattung der Massenentlassungsanzeige setzt voraus, dass das **Beratungsverfahren** zwischen Arbeitgeber und Betriebsrat **abgeschlossen** ist. Nur dann sind Umfang und Zeitpunkt der Entlassungen durch eine Konkretisierung auf einzelne Arbeitnehmer so klar, dass die AfA in bezug auf diese Vermittlungsbemühungen entwickeln kann (*EuGH* 10.9.2009 – C-44/08 – Rn 70 [Akavan Erityisalojen Keskusliitto]; 27.1.2005 – C-188/03 – Rn 45, 53 [Junk]; *BAG* 21.3.2013 – 2 AZR 60/12 – Rn 26; unklar noch *BAG* 18.9.2003 – 2 AZR 79/02 – Rn 47, BAGE 107, 318). Erforderlich ist die Durchführung von Konsultationen bis zur Stellungnahme des Betriebsrates bzw. die Einhaltung der Zwei-Wochen-Frist gem. § 17 Abs. 3 S. 3 KSchG durch den Arbeitgeber (s.a. Rdn 120 ff.). Wirksam erstattet ist die Anzeige gem. § 17 Abs. 3 KSchG, wenn der AfA eine Abschrift der Mitteilung an den Betriebsrat gem. § 17 Abs. 2 vorliegt und der Arbeitgeber schriftlich die Angaben gem. Abs. 1 unter Beifügung der Stellungnahme des Betriebsrates zu den beabsichtigten Kündigungen eingereicht hat. Die Anzeige ist aber auch dann wirksam erstattet, wenn keine Stellungnahme des Betriebsrates vorliegt, der Arbeitgeber aber glaubhaft macht (s. Rdn 168), dass er mindestens zwei Wochen vor Erstattung der Anzeige den Betriebsrat gem. Abs. 2 S. 1 unterrichtet hat, und der AfA auch den Stand der Beratung darlegt. Darlegung des Beratungsstandes bedeutet, über angebotene, vereinbarte und durchgeführte Beratungstermine zu berichten. Die Beratungen müssen aber noch nicht abgeschlossen sein, um die Massenentlassungsanzeige wirksam erstatten zu können. Damit wird möglichen sachwidrigen Verhandlungstaktiken entgegengewirkt, die dem Verhandlungszweck zuwiderlaufen würden, sei es durch die Arbeitnehmerseite, die versucht sein könnte, durch Verzögerungen der Beratungen die Massenentlassungen hinauszuschieben, sei es durch den Arbeitgeber, der bestrebt sein könnte, die Verhandlungen zum Zwecke einer kurzfristigen Massenentlassungsanzeige unangemessen kurz zu halten (*Giesen* SAE 2006, 135; *Löwisch* GPR 2005, 150, 152).

125 Zur Durchsetzung der Verpflichtung zu Konsultationen des Arbeitgebers mit dem Betriebsrat gem. Art. 2 Abs. 1 der MERL haben die Mitgliedsstaaten der EU gem. dem 12. Erwägungsgrund der RL dafür Sorge zu tragen, dass administrative und/oder gerichtliche Verfahren zur Verfügung gestellt werden. Aus den Regelungen der MERL geht aber nicht hervor, dass der nationale Gesetzgeber gehalten wäre, für jeden Fall einer Massenentlassung Maßnahmen zur Milderung ihrer Folgen zwingend vorzusehen. Insofern verstößt § 112a Abs. 2 S. 1 BetrVG mit dem **befristeten Ausschluss der Erzwingbarkeit eines Sozialplans** nicht gegen Art. 2 der MERL (*BAG* 27.6.2006 EzA § 112a BetrVG 2001 Nr. 2).

Sanktionen gegen Pflichtverletzungen müssen nach materiellen und Verfahrensvorschriften geahndet werden, die denjenigen für vergleichbare Verstöße gegen nationales Recht entsprechen, und sie müssen wirksam, verhältnismäßig und abschreckend sein (*EuGH* 8.6.1994 – Rs C 383/92 –[Komm. ./. UK], Slg. 1994, I 2479, 2494). Der deutsche Gesetzgeber sieht entsprechend diesen Vorgaben procedural und materiellrechtlich angemessene Sanktionen vor: Einerseits werden bei der Verletzung von Unterrichtungs- und Beratungsrechten des Betriebsrates bei Betriebsänderungen iSd § 111 BetrVG, wie sie regelmäßig Massenentlassungen zugrunde liegen, den betroffenen Arbeitnehmern gem. § 113 BetrVG Ansprüche auf Ausgleich der Nachteile (anders als bei der Mitbestimmung gem. § 87 BetrVG) eröffnet. Kommt ein **Nachteilsausgleich** in Frage, kann dieser auf etwaige Sozialplanansprüche angerechnet werden (*Leuchten/Lipinski* NZA 2003, 1361; krit. *Wißmann* RdA 1998, 226; *Löwisch* RdA 1997, 84; aA *LAG Hmb.* 20.9.2002 – 6 Sa 95/01). Angesichts dieser Sanktion aus dem BetrVG ist für einen Unterlassungsanspruch des Betriebsrates, im Wege einer einstweiligen Verfügung alle auf eine Umsetzung der Massenentlassung gerichteten Maßnahmen gerichtlich untersagen zu lassen, kein Raum (*Leuchten/Lipinski* NZA 2003, 1361; ähnl. *Fitting* § 111 BetrVG Rn 131 ff. mwN zum Streitstand; aA *LAG Hmb.* 20.9.2002 – 6 Sa 95/01). Im Übrigen wird auf die Rechtsfolge der Unwirksamkeit der Kündigungen in der Folge der richtlinienkonformen Auslegung der §§ 17 ff. KSchG verwiesen (s. Rdn 180 ff.). 126

§ 17 Abs. 3 S. 3 KSchG verlangt eine Unterrichtung nach § 17 Abs. 2 S. 1 KSchG – also eine schriftliche Unterrichtung (s.a. Rdn 108). Die Pflicht, der AfA eine Durchschrift der Mitteilung an den Betriebsrat zuzuleiten (§ 17 Abs. 3 S. 1 KSchG), kann der Arbeitgeber auch erfüllen, in dem er zB einen Interessenausgleich einreicht, aus dem die AfA die ordnungsgemäße Unterrichtung des (Gesamt-)Betriebsrates entnehmen kann, weil die gem. § 17 Abs. 3 S. 1 2. HS KSchG erforderlichen Angaben. enthalten sind (*BAG* 20.9.2012 EzA § 17 KSchG Nr. 27; *Moll/Katerndahl* RdA 2013, 159). Die AfA kann aber bei ihrer Entscheidung über eine etwaige Verkürzung oder Verlängerung der Sperrfrist nach § 18 KSchG dieses Verhalten des Arbeitgebers berücksichtigen. Darüber hinaus hat die rechtzeitige Unterrichtung der AfA Bedeutung auch für die dem Arbeitgeber ggf. obliegende Glaubhaftmachung gem. § 17 Abs. 3 S. 3 KSchG (s. Rdn 168). 127

III. Unterrichtungspflichten nach betriebsverfassungsrechtlichen Vorschriften

1. Einzeltatbestände

Eine **Unterrichtungspflicht** des Arbeitgebers gegenüber dem Betriebsrat über geplante Kündigungen kann sich auch **aus betriebsverfassungsrechtlichen Normen** ergeben. Gem. § 92 Abs. 1 BetrVG hat der Arbeitgeber den Betriebsrat über die Personalplanung, insbes. über den gegenwärtigen und künftigen Personalbedarf sowie über die sich daraus ergebenden personellen Maßnahmen anhand von Unterlagen rechtzeitig und umfassend zu unterrichten. Er hat mit dem Betriebsrat über Art und Umfang der erforderlichen Maßnahmen und über die Vermeidung von Härten zu beraten (§ 92 Abs. 1 S. 2 BetrVG). 128

Gem. **§ 102 Abs. 1 BetrVG** hat der Arbeitgeber den Betriebsrat vor Ausspruch einer Kündigung zu hören unter Mitteilung der Gründe für die Kündigung (die Anhörungsfrist verlängert sich auch bei einer Massenentlassung grds. nicht, *BAG* 14.8.1986 EzA § 102 BetrVG 1972 Nr. 69; s. iE § 102 BetrVG). Im Falle der anzeigepflichtigen Eigenkündigung des Arbeitnehmers (s. Rdn 62) entfällt die Anhörung des Betriebsrats nach § 102 BetrVG. 129

Besteht in dem Betrieb ein **Wirtschaftsausschuss** nach § 106 BetrVG, kann auch insoweit eine Unterrichtungspflicht in Frage kommen. Der Arbeitgeber hat den Wirtschaftsausschuss rechtzeitig und umfassend über die wirtschaftlichen Angelegenheiten des Unternehmens zu unterrichten sowie die sich daraus ergebenden Auswirkungen auf die Personalplanung, § 106 Abs. 2 BetrVG. Unter diese Angelegenheiten können Massenentlassungen fallen (*BAG* 14.2.1978 EzA § 102 BetrVG 1972 Nr. 33 [Nr. 5 der Gründe]). 130

131 Eine weitere Unterrichtungspflicht bestimmt § 111 BetrVG. In Betrieben mit idR mehr als 20 wahlberechtigten Arbeitnehmern hat der Arbeitgeber den Betriebsrat über geplante Betriebsänderungen, die wesentliche Nachteile für die Belegschaft oder erhebliche Teile der Belegschaft zur Folge haben können, rechtzeitig und umfassend zu unterrichten und die geplanten Änderungen mit dem Betriebsrat zu beraten, § 111 S. 1 BetrVG. Als **Betriebsänderungen** in diesem Sinne gelten (1.) Einschränkungen und Stilllegung des ganzen Betriebs oder von wesentlichen Betriebsteilen, (2.) Verlegung des ganzen Betriebs oder von wesentlichen Betriebsteilen, (3.) Zusammenschluss mit anderen Betrieben oder die Spaltung von Betrieben, (4.) grundlegende Änderungen der Betriebsorganisation, des Betriebszwecks oder der Betriebsanlagen, (5.) Einführung grundlegend neuer Arbeitsmethoden und Fertigungsverfahren, (6.) Personalabbau ohne Verringerung der sächlichen Betriebsmittel in der Größenordnung der Zahlen- und Prozentangaben des § 17 Abs. 1 KSchG ohne Beschränkung auf 30 Kalendertage (*BAG* 22.5.1979 EzA § 111 BetrVG 1972 Nr. 6 und 7; s. Rdn 82). Insbesondere Einschränkungen und Stilllegungen des Betriebes sind idR notwendigerweise mit Entlassungen verbunden, so dass die Anwendung der §§ 17 ff. KSchG in Frage steht. Das kann aber auch für die anderen in § 111 S. 2 BetrVG genannten Tatbestände gelten (vgl. *BAG* 14.2.1978 EzA § 102 BetrVG 1972 Nr. 33).

2. Zusammentreffen mehrerer Unterrichtungspflichten

132 **Trifft die Unterrichtungspflicht** des § 17 Abs. 2 KSchG mit einer der vorstehend genannten Pflichten **zusammen**, ist nicht zwingend erforderlich, dass der Arbeitgeber jeweils **getrennte** Verfahren gegenüber dem Betriebsrat einhält (vgl. auch im Verhältnis zu den kapitalmarktrechtlichen Informationspflichten *Forst* NZA 2009, 294). Zulässig und aus Zweckmäßigkeitsgründen häufig angebracht ist die **Verbindung** der einzelnen Verfahren (*BAG* 14.5.2020 – 6 AZR 235/19 – Rn 140; 13.6.2019 – 6 AZR 459/18 – Rn 42, BAGE 167, 102; 9.6.2016 – 6 AZR 405/15 – Rn 21, BAGE 155, 245; 26.2.2015 – 2 AZR 955/13 – Rn 17, BAGE 151, 83; 20.9.2012 – 6 AZR 155/11 – Rn 47, BAGE 143, 150; 18.1.2012 – 6 AZR 407/10 – Rn 34, BAGE 140, 261; *Schramm/Kuhnke* NZA 2011, 1071). Allerdings muss das gleiche betriebsverfassungsrechtliche Gremium betroffen sein (*Mückl/Vielmeier* NJW 2017, 2956). Eine Unterrichtung über geplante Kündigungen kann sowohl den Tatbestand des § 17 Abs. 2 KSchG als auch einen der genannten betriebsverfassungsrechtlichen Tatbestände erfüllen (Begr. zum RegE, BT-Drucks. 8/1041, S. 5; *Marschall* DB 1978, 982; ähnliche Problematik *BAG* 3.11.1977 AP Nr. 1 zu § 75 BPersVG). Ebenso kann die Unterrichtungs- und Beratungspflicht im Rahmen eines Interessenausgleichs zwischen Insolvenzverwalter und Gesamtbetriebsrat gem. § 125 Abs. 2 InsO erfüllt werden (*BAG* 7.7.2011 – 6 AZR 248/10, NZA 2011, 1108; zust. *Schramm/Kuhnke* NZA 2011, 1071). Die Verbindung des betriebsverfassungsrechtlichen Verfahrens gem. § 111 BetrVG mit der Unterrichtung des (Gesamt-)Betriebsrates gem. § 17 Abs. 2 S. 1 KSchG verletzt nicht unionsrechtliche Vorgaben (*BAG* 20.9.2012 EzA § 17 KSchG Nr. 27 m. Verweis auf die st. Rspr. des EuGH). **Der Arbeitgeber muss allerdings in jedem Fall klar zu erkennen geben, welche Pflichten er im Einzelnen mit seiner Unterrichtung erfüllen will** (st. Rspr. *BAG* 13.6.2019 – 6 AZR 459/18 – Rn 42, BAGE 167, 102; 9.6.2016 – 6 AZR 405/15 – Rn 21, BAGE 155, 245; 26.2.2015 – 2 AZR 955/13 – Rn 17, BAGE 151, 83; 20.9.2012 – 6 AZR 155/11 – Rn 47, BAGE 143, 150; 18.1.2012 – 6 AZR 407/10 – Rn 34, BAGE 140, 261); denn die Beteiligungsrechte des Betriebsrates gem. § 17 KSchG einerseits und gem. §§ 111 ff. BetrVG andererseits sind nach den gesetzlichen Voraussetzungen, ihren Funktionen und den Rechtsfolgen grds. nebeneinander gestaltet (*BAG* 14.5.2020 – 6 AZR 235/19 – Rn 140; *Reinhard* RdA 2007, 207, 213). Wenn z. B. der Betriebsrat nicht erkennen kann, dass er gem. § 17 Abs. 2 KSchG unterrichtet wird, vermag er weder die Vollständigkeit der Angaben gem. § 17 Abs. 2 S. 1 Nrn. 1 bis 6 zu prüfen noch seiner Möglichkeit einer Stellungnahme für die AfA gem. § 17 Abs. 3 S. 2 zu genügen (anders *LAG RhPf* 15.1.2008 – 3 Sa 634/07, m. Verw. auf § 133 BGB). Wenn dem Unterrichtungs-und Beratungsverfahren gem. § 17 Abs. 2 KSchG bereits gescheiterte Interessenausgleichsverhandlungen gem. § 111 BetrVG vorangegangen sind, entbindet dies den Arbeitgeber nicht davon, erneut das Verfahren gem. § 17 Abs. 2 KSchG zu betreiben, da es eine eigenständige Wirksamkeitsvoraussetzung für die Massenentlassungen darstellt.

Zu berücksichtigen ist ferner, dass die Unterrichtung ggf. verschiedenen **inhaltlichen Anforderungen** unterliegen kann. Die Anhörung nach § 102 BetrVG erfolgt zu bestimmten Kündigungen eines namentlich zu benennenden Arbeitnehmers. Erforderlich sind individuelle Hinweise (vgl. KR-*Rinck* BetrVG § 102 Rdn 74 ff.), die bei § 17 Abs. 2 KSchG nicht vorausgesetzt werden, dort genügt zunächst die Zahl der zu Entlassenden, ohne dass die Personen festgelegt werden müssten. 133

IV. Sonstige Unterrichtungspflichten (Europäischer Betriebsrat)

Die Verpflichtungen des Arbeitgebers gegenüber dem Betriebsrat zur Unterrichtung und Beratung über beabsichtigte Massenentlassungen gem. § 17 Abs. 2 KSchG bestehen neben etwaigen Pflichten gegenüber einem **Europäischen Betriebsrat**. Nach dem Europäischen Betriebsräte-Gesetz (EBRG) v. 28.10.1996 (BGBl. I S. 1548; idF der Bekanntmachung v. 7.12.2011 BGBl. I S. 2650), mit dem die Richtlinie 94/45/EG v. 22.9.1994 (ABlEG L 254 v. 30.9.1994, S. 64) umgesetzt wurde, bestehen **Unterrichtungs- und Anhörungspflichten** des Arbeitgebers gegenüber dem Europäischen Betriebsrat im Falle von Massenentlassungen. Diese Pflichten bestehen für gemeinschaftsweit tätige Unternehmen mit Sitz im Inland und für gemeinschaftsweit tätige Unternehmensgruppen mit Sitz des herrschenden Unternehmens im Inland (vgl. § 2 Abs. 1 EBRG mit weiteren Merkmalen für den Begriff der zentralen Leitung in Abs. 2) in zweifacher Hinsicht: Zum einen hat die zentrale Leitung den Europäischen Betriebsrat einmal im Kalenderjahr über die Entwicklung der Geschäftslage und die Perspektiven des gemeinschaftsweit tätigen Unternehmens oder der gemeinschaftsweit tätigen Unternehmensgruppe unter rechtzeitiger Vorlage der erforderlichen Unterlagen – insbes. auch über Massenentlassungen – zu unterrichten und ihn anzuhören (§ 32 Abs. 1 iVm Abs. 2 Nr. 10 EBRG). Zum anderen hat die zentrale Leitung die Verpflichtung zur rechtzeitigen Unterrichtung unter Vorlage der erforderlichen Unterlagen und zur Anhörung des Europäischen Betriebsrates im Falle von Massenentlassungen, weil diese gem. § 33 Abs. 1 Nr. 3 EBRG als außergewöhnliche Umstände mit erheblichen Auswirkungen auf die Interessen der Arbeitnehmer qualifiziert werden. Gemäß § 35 Abs. 1 EBRG hat der Europäische Betriebsrat den Betriebsräten in den Betrieben zu berichten. 134

Wenn die Unterrichtung gem. § 33 Abs. 1 EBRG nicht, nicht richtig, nicht vollständig oder nicht rechtzeitig erfolgt, handelt der Arbeitgeber **ordnungswidrig** (§ 45 EBRG sieht bei Ordnungswidrigkeiten eine Geldbuße in Höhe von bis zu 15.000 Euro vor). 135

D. Das Anzeigeverfahren

Der Arbeitgeber hat die Massenentlassung der AfA gemäß § 17 Abs. 1, Abs. 3 KSchG anzuzeigen, bevor er sie durchführt. Das Anzeigeverfahren dient vornehmlich, aber nicht nur beschäftigungspolitischen Zwecken. Die Arbeitsverwaltung soll durch die rechtzeitige Unterrichtung seitens des Arbeitgebers in die Lage versetzt werden, sich auf zeitlich nahe beieinanderliegende Entlassungen bestimmter Größenordnungen (§ 17 Abs. 1 Satz 1 KSchG) vorzubereiten und ihre Vermittlungsbemühungen darauf einzustellen (*EuGH* 27.1.2005 – C-188/03 – Rn 47, 51 [Junk]; *BAG* 13.6.2019 – 6 AZR 459/18 – Rn 28, 31, BAGE 167, 102). Sie soll für eine möglichst nahtlose anderweitige Beschäftigung sorgen (*BAG* 22.9.2016 – 2 AZR 276/16 – Rn 24, BAGE 157, 1). Dies kann die AfA aber nur dann erfolgreich tun, wenn sie bereits im Vorfeld der Entlassungen Kenntnis davon hat, wie viele und welche Arbeitnehmer konkret betroffen sind. Dem dient die Massenentlassungsanzeige und die darin vom Arbeitgeber mitzuteilenden Angaben (§ 17 Abs. 3 Sätze 2, 4 KSchG). Anders als das Konsultationsverfahren mit dem Betriebsrat dient das Anzeigeverfahren nicht dazu, dass die AfA den Willensentschluss des Arbeitgebers beeinflusst (*BAG* 13.6.2019 – 6 AZR 459/18 – Rn 28, BAGE 167, 102; *Holler* NZA 2019, 291, 293). Es geht vielmehr darum, dessen sozioökonomische Auswirkungen auf den Arbeitsmarkt frühzeitig abschätzen und abfedern zu können. Das Anzeigeverfahren setzt den Willensentschluss des Arbeitgebers somit voraus (*BAG* 13.6.2019 – 6 AZR 459/18 – Rn 28, 31, BAGE 167, 102). 136

Ergänzend zu den nachfolgenden Erläuterungen der Vorschriften gem. § 17 Abs. 1 und Abs. 3 KSchG wird zur Erleichterung der Durchführung des Anzeigeverfahrens auf die Hinweise und 137

Formulare der Bundesagentur für Arbeit, die auf deren Internetseite unter dem Suchwort »Anzeigepflichtige Entlassungen« (Stand Oktober 2021) zugänglich sind, verwiesen.

I. Anzeigepflichtiger

138 Zur Erstattung der Anzeige gem. § 17 Abs. 1 KSchG ist der **Arbeitgeber** verpflichtet (*BAG* 14.5.2020 – 6 AZR 235/19 – Rn 133). Dies ist bei natürlichen Personen der Betriebsinhaber bzw. ein von ihm bevollmächtigter Vertreter (*LAG Hamm* 21.5.1985 ZIP 1986, 246). Bei juristischen Personen obliegt die Anzeigepflicht den gesetzlichen, satzungsmäßigen bzw. gesellschaftsvertraglich bestimmten Vertretern. Im Falle eines Betriebsübergangs iSd § 613a BGB hat eine vom ehemaligen Betriebsinhaber erstattete Anzeige auch für den Betriebserwerber Bestand. Im Fall der Insolvenz ist der Insolvenzverwalter zur Erstattung der Anzeige verpflichtet (*BAG* 20.9.2012 EzA § 17 KSchG Nr. 27 mwN; Anm. *Wank* EWiR 2013, 85). Demgegenüber sind Dritte wie zB der Betriebsrat nicht berechtigt, der AfA die Entlassungsanzeige zu erstatten (*BSG* 14.8.1980 AP Nr. 2 zu § 17 KSchG 1969 [LS 1]). Auch durch eine Meldung der Arbeitnehmer bei der AfA als arbeitssuchend wird der Arbeitgeber nicht von seinen Pflichten enthoben. Werden im Zuge einer geplanten Betriebsstilllegung alle Arbeitnehmer zunächst freigestellt und melden sich daraufhin arbeitssuchend, macht dies die Massenentlassungsanzeige nicht entbehrlich (*BAG* 14.5.2020 – 6 AZR 235/19 – Rn 133).

II. Form und Adressat der Anzeige

139 Die Anzeige ist **schriftlich** zu erstatten, § 17 Abs. 3 S. 2 KSchG. Eine lediglich mündliche oder telefonische Anzeige ist unwirksam (ErfK-*Kiel* KSchG § 17 Rn 28; LSSW-*Wertheimer* KSchG § 17 Rn 60). In entsprechender Anwendung der zur Einlegung von Rechtsmitteln entwickelten Grundsätze wird man die Anzeige per Telefax als ausreichend erachten können (so auch LSSW-*Wertheimer* KSchG § 17 Rn 60; APS-*Moll* KSchG § 17 Rn 97; vgl. auch *BAG* 24.9.1986 EzA § 594 ZPO Nr. 4). Fotokopien bedürfen der eigenhändigen Unterschrift des Arbeitgebers. Sieht man die Anzeige als rechtsgeschäftsähnliche Handlung an, reicht die Einhaltung der Textform des § 126b BGB und eine Übermittlung per E-Mail (ErfK-*Kiel* KSchG § 17 Rn 28). Es gilt dann nichts anderes als bei der Unterrichtung des Betriebsrats nach § 17 Abs. 2 KSchG (Rdn 108). Gleichwohl ist den Arbeitgebern bis zu einer endgültigen Klärung der Rechtsfrage die Übermittlung der Anzeige schriftlich oder per Fax unter Verwendung des von der AfA vorgesehenen Formulars »Entlassungsanzeige« zu empfehlen.

140 Dabei ist jedoch zu beachten, dass Wirksamkeitsvoraussetzung auch die Beifügung der **Stellungnahme des Betriebsrats** (§ 17 Abs. 3 Satz 2 KSchG) ist. Besteht ein Betriebsrat, dürfte die telegrafische Anzeige daher wenig nützen, da erst mit Vorlage der Stellungnahme des Betriebsrats die Anzeige als erhoben angesehen werden kann (s. Rdn 161 ff.).

141 Die Anzeige ist bei der »**zuständigen Behörde**« zu erheben (Art. 3 Abs. 1 der MERL). Welche Behörde das ist, obliegt der Ausgestaltung durch die Mitgliedstaaten in den Grenzen des effet utile (Art. 6 der MERL; vgl. *EuGH* 16.7.2019 – C-12/08 – Rn 34, 36 [Mono Car Styling]). In Deutschland ist dies gemäß § 17 Abs. 1 KSchG die »**Agentur für Arbeit**«. Die örtliche Zuständigkeit ergibt sich aus Ziff. 2.2.3. der Fachlichen Weisungen KSchG der Bundesagentur für Arbeit (Stand 10.10.2017). Nach dieser Verwaltungsvorschrift ist die Anzeige bei der für den **Sitz des Betriebs** (iSd MERL) örtlich zuständigen AfA zu erheben. Das ist unionsrechtskonform und steht im Einklang mit dem Zweck der Anzeige. Am Betriebssitz bzw. in dessen räumlicher Nähe treten typischerweise die zu bewältigenden sozioökonomischen Auswirkungen auf, da die Arbeitnehmer nach der Vorstellung der MERL dort wohnen, sich arbeitssuchend melden und den Arbeitsmarkt belasten. Ein etwaig vom Betriebssitz abweichender **Sitz des Unternehmens** ist **ohne Bedeutung** (*BAG* 13.2.2020 – 6 AZR 146/19 – Rn 78, BAGE 169, 362). Dieser AfA liegt zudem idR bereits die Abschrift der Mitteilung an den Betriebsrat gem. § 17 Abs. 3 S. 1 KSchG vor (vgl. Rdn 111). Da der Betriebsbegriff der MERL in seiner Auslegung durch den EuGH auch für das Anzeigeverfahren zugrunde zu legen ist, entscheidet der Sitz des Betriebs iSd MERL über die örtlich zuständige AfA

auch in den Fällen, in denen die Massenentlassung in einem (nach deutschen Verständnis) Betriebsteil, Betrieb iSd § 3 BetrVG, Gemeinschaftsbetrieb oder innerhalb eines Konzern erfolgt. Eine von den Fachlichen Weisungen KSchG abweichende gesetzliche Sonderzuständigkeit der Zentrale der Bundesagentur für Arbeit besteht allerdings in den Fällen des § 21 KSchG (Betriebe im Geschäftsbereich der Bundesministerien für Verkehr oder Post und Telekommunikation).

Ist die betriebliche Einheit durch **Stilllegung** bereits untergegangen und erklärt der Arbeitgeber **vorsorglich Nachkündigungen** in dem von § 17 Abs. 1 KSchG vorausgesetzten Umfang, kann er die Anzeige zugleich und mit sofortiger Wirkung bei **sämtlichen für die frühere Betriebsstätte zuständigen AfA** einreichen, wenn er auf den infolge Stilllegung weggefallenen Betriebssitz hinweist und mitteilt, im Zuständigkeitsbereich welcher Agentur zuletzt die meisten der zu entlassenden Arbeitnehmer beschäftigt waren. In einem solchen Fall ist es Sache der angegangenen Behörden, sich über die Zuständigkeit abzustimmen (*BAG* 22.9.2016 – 2 AZR 276/16 – Rn 70, BAGE 157, 1). Hierzu kann auf § 2 SGB X zurückgegriffen werden (vgl. MünchArbR-*Spelge* § 121 Rn 165), wonach ggf. die Aufsichtsbehörde die Zuständigkeitsbestimmung vornimmt. Die Anzeige ist mit Zugang bei der gewählten bzw. bestimmten AfA wirksam und der Arbeitgeber kann kündigen. **142**

Die Zuständigkeit der für den Betriebssitz örtlich zuständigen AfA kann im Falle einer sich über mehrere oder alle Betriebe eines Unternehmens erstreckenden Massenentlassung dazu führen, dass der Arbeitgeber eine Vielzahl an Massenentlassungsanzeigen an regional unterschiedlichen Standorten zu erstatten hat. Denn die MERL unterscheidet zwischen Betrieb und Unternehmen (*BAG* 13.2.2020 – 6 AZR 146/19 – Rn 55, BAGE 169, 362; vgl. auch Rdn 36). Ziff. 2.2.3. Abs. 4 und 5 der Fachlichen Weisungen KSchG der Bundesagentur für Arbeit bieten in solchen Fällen jedoch die Möglichkeit, bei der für den **Hauptsitz des Unternehmens örtlich zuständigen AfA** eine **Sammelanzeige** zu erstatten. Diese nimmt die Sammelanzeige entgegen, prüft für die einzelnen Betriebe die Anzeigepflicht und erledigt das Verfahren abschließend. Die für die einzelnen Betriebe zuständigen Agenturen für Arbeit sind hinsichtlich der angezeigten Entlassungen zu informieren und bei Bedarf zur Beurteilung der regionalen Arbeitsmarktlage zu beteiligen. Die örtliche AfA erfährt so rechtzeitig von etwaigen Belastungen des örtlichen Arbeitsmarkts. Aus diesem Grund ist die Möglichkeit der Sammelanzeige unionsrechtskonform (*BAG* 13.2.2020 – 6 AZR 146/19 – Rn 89, BAGE 169, 362). Sie steht auch im Einklang mit nationalem Verfahrensrecht (*BAG* 13.2.2020 – 6 AZR 146/19 – Rn 90, BAGE 169, 362). Eine Sammelanzeige **reduziert** für den Arbeitgeber das **Risiko der Unwirksamkeit** der erklärten Kündigungen aufgrund einer fehlerhaften Ermittlung der örtlich zuständigen AfA (*BAG* 10.9.2020 – 6 AZR 139/19 (A) – Rn 23). Will der **Arbeitgeber** die Möglichkeit der Sammelanzeige in Anspruch nehmen, hat er dies allerdings mit seiner Anzeige **hinreichend deutlich zum Ausdruck zu bringen** (*BAG* 13.2.2020 – 6 AZR 146/19 – Rn 91, BAGE 169, 362). Er kann dies bspw. durch entsprechende Ausführungen in einem Begleitschreiben tun. Ausreichend dürfte auch die Übersendung jeweils eines Formulars »Entlassungsanzeige gemäß § 17 Kündigungsschutzgesetz (KSchG)«, das die Bundesagentur für Arbeit ua auf ihren Internetseiten zur Verfügung stellt, für jeden einzelnen Betrieb sein, sofern daraus für die für den Hauptsitz des Unternehmens zuständige AfA ersichtlich ist, dass es sich um mehrere Betriebe eines deutschlandweit tätigen Unternehmens handelt. Unzureichend ist aber die Aufschlüsselung nach Standorten, Filialen oä in einer Anlage, wenn der Arbeitgeber vom Vorliegen nur eines Betriebs ausgeht und dementsprechend eine Einzelanzeige erstattet (*BAG* 13.2.2020 – 6 AZR 146/19 – Rn 91, BAGE 169, 362). **143**

Eine bei der **örtlich unzuständigen AfA** erhobene **Anzeige** ist **unwirksam** (*BAG* 13.2.2020 – 6 AZR 146/19 – Rn 102, BAGE 169, 362; ErfK-*Kiel* KSchG § 17 Rn 29; APS-*Moll* KSchG § 17 Rn 96; noch offengelassen von *BAG* 14.3.2013 – 8 AZR 153/12 – Rn 47). Die MERL will – wie ihr Erwägungsgrund 2 verdeutlicht – den Arbeitnehmerschutz verstärken. Auch das Anzeigeverfahren hat mittelbar individualschützende Funktion. In diesem Sinn will der Gesetzgeber § 17 KSchG verstanden wissen (*BAG* 13.2.2020 – 6 AZR 146/19 – Rn 103, BAGE 169, 362). Zeigt der Arbeitgeber die Massenentlassung bei der unzuständigen AfA an, werden Maßnahmen, welche die sozioökonomischen Auswirkungen vermeiden oder abmildern sollen, erschwert bzw. zumindest – bei Weiterleitung der Anzeige an die zuständige AfA – verzögert. Der Arbeitgeber kommt seinen Pflichten nicht nach **144** und missachtet den Normbefehl des § 17 Abs. 1 Satz 1 KSchG. Da die praktische Wirksamkeit der MERL (vgl. dazu *EuGH* 21.12.2016 – C-201/15 – Rn 36 [AGET Iraklis]) nicht beeinträchtigt werden darf, ist § 17 Abs. 1 KSchG als Verbotsgesetz iSd. § 134 BGB anzusehen (*BAG* 13.2.2020 – 6 AZR 146/19 – Rn 104, BAGE 169, 362; vgl. auch *EuGH* 27.1.2005 – C-188/03 – Rn 53 [Junk]). Die Verschiebung der Entlassungssperre des § 18 KSchG stellt hingegen keine ausreichende Sanktion iSd. effet utile dar (*BAG* 13.2.2020 – 6 AZR 146/19 – Rn 105, BAGE 169, 362). Die Anzeige wird **wirksam erst** mit dem **Eingang bei der örtlich zuständigen AfA** (ErfK-*Kiel* KSchG § 17 Rn 29; Bader/Bram-*Suckow* KSchG § 17 Rn 65; *Dornbusch/Wolff* BB 2005, 885). Das gilt auch, sofern man eine unzuständige AfA als verpflichtet ansieht (vgl. § 16 Abs. 2 SGB I; Ziff. 2.2.3. Abs. 3 der Fachlichen Weisungen KSchG), die Anzeige an die zuständige AfA **weiterzuleiten** (dazu ErfK-*Kiel* KSchG § 17 Rn 29; MünchArbR-*Spelge* § 121 Rn 223; gegen eine solche Pflicht *Schubert/Schmitt* ZESAR 2020, 53 60 f.; offengelassen von *BAG* 13.2.2020 – 6 AZR 146/19 – Rn 85, BAGE 169, 362). Erst mit Eingang bei dieser wird die Anzeige wirksam. Zu einer Information des Arbeitgebers oder Nachfragen bei Zweifeln ist die unzuständige AfA hingegen nicht verpflichtet (MünchArbR-*Spelge* § 121 Rn 223; aA ErfK-*Kiel* KSchG § 17 Rn 29; offengelassen von *BAG* 13.2.2020 – 6 AZR 146/19 – Rn 84, BAGE 169, 362). Gegebenenfalls kann die AfA die Sperrfrist abkürzen, insbes. dann, wenn das Versehen des Arbeitgebers entschuldbar ist (KR-*Weigand/Heinkel* § 18 KSchG Rdn 11, 12). Im Übrigen sind erklärte Kündigungen gem. § 134 BGB unwirksam, wenn die Anzeige vor Zugang der Kündigung lediglich bei der örtlich nicht zuständigen AfA vorliegt (*BAG* 13.2.2020 – 6 AZR 146/19 – Rn 102, BAGE 169, 362; ErfK-*Kiel* KSchG § 17 Rn 29).

III. Zeitpunkt der Massenentlassungsanzeige

145 Die Anzeige über beabsichtigte Massenentlassungen (Kündigungen) iSd § 17 Abs. 1 KSchG kann der Arbeitgeber frühestens **nach Unterrichtung und nach Beratung mit dem Betriebsrat**, aber er muss sie **vor Erklärung, dh Zugang der beabsichtigten Kündigungen** erstatten. Der Zeitpunkt **nach** der Unterrichtung und **nach** Beratungen mit den Arbeitnehmervertretern ergibt sich aus der Regelung gem. § 17 Abs. 3 KSchG und Art. 3 Abs. 1 S. 3 der MERL; denn die erforderlichen Angaben über die Konsultationen mit dem Betriebsrat vermag der Arbeitgeber gegenüber der AfA nur zu machen, wenn sie stattgefunden haben. Da die Zweiwochenfrist gem. § 17 Abs. 3 S. 3 KSchG nicht entsprechend in der MERL vorgesehen ist, wird sich der Arbeitgeber im Einzelfall nur dann auf sie berufen können, wenn er substantiiert die Unterrichtung und Beratung des Betriebsrates im erforderlichen Umfang belegen kann; denn die Kündigung ist vor der Konsultation mit dem Betriebsrat, wofür die Zweiwochenfrist nach nationaler Rechtslage einen Anhaltspunkt darstellt, unwirksam (Rdn 180; *Salamon* NZA 2015, 789). Zeitlich hat nach Abschluss (s.a. Rdn 124) der ersten Phase, in der die Unterrichtung und Konsultation des Arbeitgebers mit dem Betriebsrat stattzufinden hat, die zweite Phase zu folgen, die im Anzeigeverfahren gegenüber der AfA besteht (Schlussanträge *GA* v. 30.9.2004, Slg. 2005 S. I-637 Rn 61). Wenn dem Arbeitgeber eine Stellungnahme des Betriebsrates gem. § 17 Abs. 3 S. 2 KSchG nicht vorliegt, reicht es aus, wenn er gegenüber der AfA glaubhaft macht, mindestens zwei Wochen vor der Anzeige den Betriebsrat unterrichtet zu haben und die Beratungen bzw. Beratungsangebote dokumentiert. Schließlich sieht die RL vor, dass Konsultationen über den Akt der Anzeigenerstattung hinaus trilateral zwischen Arbeitgeber, Betriebsrat und AfA während der Frist gem. Art. 4 Abs. 1 der MERL andauern können; denn nach Art. 3 Abs. 2 der MERL hat der Arbeitgeber dem Betriebsrat eine Abschrift der Anzeige zu überlassen und der Betriebsrat kann sich im direkten Kontakt mit der AfA in das Verfahren zur Lösung der mit der Massenentlassung aufgeworfenen Probleme einschalten (*Franzen* ZfA 2006, 437).

146 Die **Anzeige** über beabsichtigte Massenentlassungen an die AfA hat der Arbeitgeber **vor** Erklärung, dh. Zugang der beabsichtigten **Kündigung**en zu erstatten (*EuGH* 27.1.2005 EzA § 17 KSchG Nr. 13; *BAG* 13.6.2019 – 6 AZR 459/18 – Rn 22, 34, BAGE 167, 102; 28.5.2009 EzA § 17 KSchG Nr. 20; 23.3.2006 EzA § 17 KSchG Nr. 16; s. Rdn 18 ff.). Gemäß der Entscheidung des EuGH und dieser folgend des BAG ist die Kündigungserklärung des Arbeitgebers das Ereignis, das als Entlassung gilt (s. Rdn 60 ff.). Sowohl aus dem Wortlaut in § 17 Abs. 1 S. 1 KSchG (Anzeige »bevor er ... entlässt«) und in Art. 3 Abs. 1 der MERL (»Beabsichtigte Massenentlassungen«)

als auch aus der ratio legis Art. 3 der Richtlinie (vgl. Rdn 17) folgt, dass vor der Anzeige zwar der Entschluss des Arbeitgebers über Kündigungen gefallen sein muss, die Kündigungserklärung aber noch nicht zugegangen sein darf (*BAG* 13.6.2019 – 6 AZR 459/18 – Rn 22 ff., BAGE 167, 102). Demgemäß hat der Arbeitgeber dafür Sorge zu tragen, dass das von ihm ggf. schon vor Eingang der Massenentlassungsanzeige unterzeichnete Kündigungsschreiben dem Arbeitnehmer erst nach diesem Zeitpunkt zugeht (*BAG* 13.2.2020 – 6 AZR 146/19 – Rn 73, BAGE 169, 362; 13.6.2019 – 6 AZR 459/18 – Rn 23, 33 ff., BAGE 167, 102).

Führt der Arbeitgeber **stufenweise Kündigungen** durch und werden bereits durchgeführte Kündigungen **nachträglich anzeigepflichtig**, weil die nach § 17 Abs. 1 KSchG anzeigepflichtige Zahl erst im Laufe der 30 Kalendertage erreicht wird, werden die ursprünglich wirksamen Kündigungen nunmehr unwirksam. Der Arbeitgeber hat auch für diese Kündigungen das Beratungs- und Anzeigeverfahren durchzuführen und ist dann berechtigt, die Kündigungen nochmals zu erklären. Er hat auch die Unterrichtung des Betriebsrates gem. § 17 Abs. 2 KSchG durchzuführen, obwohl er bzgl. der ursprünglich wirksamen Kündigungen den Betriebsrat bereits gem. § 102 Abs. 1 BetrVG angehört haben wird. Die Anzeige nachträglich nach der Erklärung der Kündigung zuzulassen (vgl. KR 8. Aufl. Rn 76), ist nicht möglich (*Hinrichs* S. 123 ff. *Dornbusch/Wolff* BB 2005, 885; *Bauer/Krieger/Powietzka* DB 2005, 445 halten bei »formalen Mängeln« ein Nachbessern der Anzeige für möglich). 147

1. Vorsorgliche Anzeige

Die Anzeige kann auch **vorsorglich** erstattet werden (*BAG* 3.10.1963 AP Nr. 9 zu § 15 KSchG; APS-*Moll* KSchG § 17 Rn 127; LSSW-*Wertheimer* KSchG § 17 Rn 67; *Nikisch* I, S. 843, FN 16). Das wird insbes. in Betracht kommen, wenn der Arbeitgeber – gerade unter Berücksichtigung der 30 Kalendertage – noch nicht übersehen kann, ob die kritische Grenze des § 17 Abs. 1 KSchG erreicht wird. 148

2. Rücknahme der Anzeige

Keine Bedenken bestehen gegen eine **Rücknahme der Anzeige** (Bader/Bram-*Suckow* KSchG § 17 Rn 69; LSSW-*Wertheimer* KSchG § 17 Rn 68; APS-*Moll* KSchG § 17 Rn 128; LKB-*Bayreuther* KSchG § 17 Rn 121). Allerdings ist für eine solche Rücknahme kaum ein Bedürfnis zu erkennen. Bleibt die Zahl der zunächst beabsichtigten Kündigungen unter der Anzahl der tatsächlich erklärten Kündigungen und unter der Grenze des § 17 Abs. 1 KSchG, entfaltet die erfolgte Anzeige keinerlei Wirkung. Insbesondere läuft keine Sperrfrist iSd § 18 KSchG für die noch durchgeführten Kündigungen an. Es steht im Belieben des Arbeitgebers, die Zahl der beabsichtigten Kündigungen so zu senken, dass er unter der Grenze des § 17 Abs. 1 KSchG bleibt und die Kündigungen ohne weiteres – unbeschadet des individuellen Kündigungsschutzes – vornehmen kann. Ein solches Verhalten ist nicht etwa eine Umgehung der Bestimmungen des Dritten Abschnitts. Die Erfassung aller Kündigungen innerhalb von 30 Kalendertagen will vielmehr gerade auch erreichen, dass die Kündigungen zeitlich auseinandergezogen werden, damit die stoßweise Belastung des Arbeitsmarktes entschärft wird (*BAG* 6.12.1973 EzA § 17 KSchG Nr. 1 [unter II 2a der Gründe]). 149

IV. Inhalt der Anzeige

1. Mussinhalt

Der **Inhalt der Anzeige** war vor dem Zweiten Gesetz zur Änderung des KSchG nicht näher festgelegt. Allgemein anerkannt war aber schon damals, dass zu den Mindesterfordernissen entsprechend dem Zweck der Anzeige die Angabe der Größe des Betriebes, der Zahl der zu entlassenden Arbeitnehmer und der Gründe der Entlassung gehörte (*Nikisch* I, S. 842). Auch insoweit hat das Zweite Gesetz zur Änderung des KSchG in Anpassung an die EG-Richtlinie Klarheit gebracht, indem es die Voraussetzungen für die Wirksamkeit der Anzeige abschließend aufzählt. Als sachdienlich empfiehlt sich die Verwendung der von der Bundesagentur für Arbeit angebotenen und via Internet zugänglichen Formulare unter »Anzeigepflichtige Entlassungen« (krit *Wolff/Köhler* BB 2017, 1078). 150

§ 17 KSchG   Anzeigepflicht

a) Mindestangaben

151 Die Anzeige hat gem. § 17 Abs. 3 S. 4 KSchG die folgenden Angaben zu enthalten:

Name des Arbeitgebers, Sitz und Art des Betriebes, die Gründe für die geplanten Entlassungen, die Zahl und **die Berufsgruppen** und – nicht zwingend – die Berufsklassen (vgl *Wolff/Köhler* BB 2017, 1078) der zu entlassenden und **der idR beschäftigten Arbeitnehmer, den Zeitraum, in dem die Entlassungen vorgenommen werden sollen** und **die vorgesehenen Kriterien für die Auswahl der zu entlassenden Arbeitnehmer.**

152 Die Angabe auch der **Gründe** für die beabsichtigten **Entlassungen** spielt zwar keine unmittelbare Rolle insoweit, als die Anzeigepflicht sich allgemein auf alle ordentlichen Kündigungen bezieht und nicht etwa die in der Person des Arbeitnehmers begründeten Kündigungen ausnimmt (Rdn 84). Wenn der Arbeitgeber trotzdem zur Angabe der Gründe für die vorgesehenen **Entlassungen** verpflichtet ist, erscheint dies unter dem Gesichtspunkt sinnvoll, der Arbeitsverwaltung einen umfassenden Überblick zu geben etwa im Hinblick darauf, welche Maßnahmen zur Verhinderung der Massenentlassungen in Frage kommen, aber auch zur schnelleren Entscheidung über eine Abkürzung oder Verlängerung der Sperrfrist.

b) Folgen eines Verstoßes

153 Fehlt einer der in § 17 Abs. 3 S. 4 KSchG aufgeführten Punkte, ist die **Anzeige unwirksam.** § 17 Abs. 3 S. 4 KSchG ist **zwingend**, wie schon sein Wortlaut zeigt (*BAG* 13.2.2020 – 6 AZR 146/19 – Rn 108, BAGE 169, 362; ErfK-*Kiel* KSchG § 17 Rn 4, 29b, 35a f.). Der Arbeitgeber kann die unterlassene Angabe nachholen. Die AfA sollte ihn auf die Unvollständigkeit der Anzeige hinweisen. Erst mit der Vervollständigung ist die Anzeige wirksam erhoben, läuft also auch die Sperrfrist des § 18 KSchG. **Vor dem Zeitpunkt der wirksamen Erstattung der Anzeige darf keine Kündigung erklärt werden.** Eine dennoch erklärte Kündigung ist nichtig (§ 134 BGB; *BAG* 13.2.2020 – 6 AZR 146/19 – Rn 108, BAGE 169, 362; 28.6.2012 – 6 AZR 780/10 – Rn 50, BAGE 142, 202). Die AfA kann Härten insbes. bei entschuldbarem Versehen des Anzeigenden ausgleichen, indem sie die Sperrfrist abkürzt (KR-*Weigand/Heinkel* § 18 KSchG Rdn 20). Auch die auf einer **Verkennung des Betriebsbegriffs** beruhende **falsche Angabe** der im Betrieb **regelmäßig beschäftigten Arbeitnehmer** führt zur Unwirksamkeit der Anzeige, da jeder Fehler bei den Muss-Angaben die der AfA obliegende Prüfung beeinflusst und – aus objektiver Sicht – die Bearbeitung durch Verzögerungen erschwert (*BAG* 13.2.2020 – 6 AZR 146/19 – Rn 109, BAGE 169, 362; ErfK-*Kiel* KSchG § 17 Rn 36). Anders ist es bei lediglich **geringfügigen Abweichungen**, wenn die AfA in ihrer sachlichen Prüfung nicht beeinflusst wurde (*BAG* 28.6.2012 EzA § 17 KSchG Nr. 26; offen gelassen von *BAG* 13.2.2020 – 6 AZR 146/19 – Rn 109, BAGE 169, 362). Davon kann ausgegangen werden, wenn die angegebene Zahl der zu Entlassenden die der tatsächlich beabsichtigten oder ausgesprochenen Kündigungen geringfügig übersteigt (*LAG BW* 16.9.2010 – 9 Sa 33/10, LAGE § 17 KSchG Nr. 7). Wenn allerdings mit der Angabe von 20 Beschäftigten die AfA davon ausgehen muss, eine Pflicht zur Anzeige bestehe nicht, in dem Betrieb aber tatsächlich 22 Arbeitnehmer beschäftigt sind, so wird sie in ihrer sachlichen Prüfung durch die falsche Angabe beeinflusst mit der Folge, dass eine wirksame Anzeige nicht vorliegt (*LAG RhPf* 26.8.2011 – 7 Sa 672/10). Unzureichend mit der Folge ihrer Unwirksamkeit ist die Anzeige auch, wenn der Arbeitgeber lediglich eine einem Sozialplan beigefügte Namensliste vorlegt, aus der sich zwar das Ergebnis, aber nicht die erforderlichen Kriterien für das Ergebnis der Sozialauswahl erschließen (*LAG Düsseld.* 26.9.2013 LAGE § 17 KSchG Nr. 10).

2. Sollinhalt der Anzeige

a) Sinn der Regelung

154 Neben die Mussangaben des § 17 Abs. 3 S. 4 KSchG treten die **Sollangaben** des § 17 Abs. 3 S. 5 KSchG. In der Anzeige sollen für die Arbeitsvermittlung im Einvernehmen mit dem Betriebsrat Angaben über **Geschlecht, Alter, Beruf** und **Staatsangehörigkeit** der zu entlassenden Arbeitnehmer (BA-Vordruck »KSchG 3« sollte verwendet werden) gemacht werden, um den AfA die Einleitung

individueller Maßnahmen nach dem SGB III zu ermöglichen. Die Aufnahme dieser Bestimmung in das KSchG durch das Zweite Gesetz zur Änderung des KSchG war umstritten. Der Ausschuss für Wirtschaft hatte die ersatzlose Streichung der Vorschrift befürwortet (BT-Drucks. 8/1546, S. 7). Diese Empfehlung ist nicht angenommen worden. Um den Bedenken Rechnung zu tragen, wurde der Regierungsentwurf dahin erweitert, dass die Sollangaben im **Einvernehmen mit dem Betriebsrat** zu erfolgen haben (Bericht des Ausschusses für Arbeit und Sozialordnung, BT-Drucks. 8/1546, S. 8).

Fehlen die in § 17 Abs. 3 S. 5 KSchG geforderten Angaben, führt das nicht zur Unwirksamkeit der Anzeige. Der Gesetzgeber hat die hier normierte Anzeigepflicht als **Sollbestimmung** gestaltet mit Rücksicht darauf, dass der Arbeitgeber unter Umständen nähere Angaben noch nicht machen kann (vgl. Begr. zum RegE BT-Drucks. 8/1041, S. 5). Die AfA kann allerdings in diesem Fall bei der Anhörung nach § 20 KSchG (s. KR-*Weigand/Heinkel* § 20 KSchG Rdn 41 ff.) die unterlassenen Angaben erfragen und bei ungenügender Klärung ggf. die Sperrfrist verlängern. 155

b) Bindung des Arbeitgebers an Sollangaben

Enthält die Anzeige die in § 17 Abs. 3 S. 5 KSchG aufgeführten Sollangaben oder ggf. sogar noch darüberhinausgehende Angaben, stellt sich die Frage, ob und inwieweit der Arbeitgeber hierdurch **gebunden** ist, sich bei den dann durchzuführenden Kündigungen in diesem Rahmen zu halten. Das *BAG* hat insoweit noch zu § 15 KSchG aF den Standpunkt vertreten, dass in der Anzeige zwar nicht gesagt zu werden brauche, ob nur Arbeiter und Angestellte oder beide Arten von Arbeitnehmern gekündigt werden sollen. Wenn sich aber die Anzeige nur auf eine Gruppe von Arbeitnehmern erstrecke, dürfe der Arbeitgeber die andere Gruppe nicht in die Massenentlassung einbeziehen (*BAG* 6.10.1960 AP Nr. 7 zu § 15 KSchG m. zust. Anm. *Herschel*, dem BAG folgend *v. Hoyningen-Huene/Linck* KSchG § 17 Rn 95; *Nikisch* I, S. 842, FN 12). Zur Begründung hat das BAG darauf verwiesen, dass so die Aufmerksamkeit und die Vorkehrungen der AfA nur in eine Richtung gelenkt werden und der Arbeitgeber verhindere, dass die AfA sich auch auf Kündigungen von Arbeitnehmern anderer Art einstelle. Auch der Zweck der Beratung mit dem Betriebsrat verliere seine Bedeutung, wenn der Arbeitgeber nachträglich ganz andere Gruppen von Arbeitnehmern entlassen könne. Wolle der Arbeitgeber eine solche Bindung verhindern, könne er den zusätzlichen Angaben hinzufügen, dass er durch sie nicht gebunden sein wolle, weil sich der vorläufige Plan für die Kündigungen noch ändern könne (*BAG* 6.10.1960 AP Nr. 7 zu § 15 KSchG). 156

Diese Rspr. hat auch nach der Neuregelung des KSchG ihre Bedeutung nicht verloren. Soweit es sich um die in § 17 Abs. 3 S. 5 KSchG enthaltenen Sollangaben handelt, sind diese **nicht Wirksamkeitsvoraussetzung** der Anzeige. Der Arbeitgeber kann die Anzeige ohne sie erstatten. Die Sachlage ist damit durchaus vergleichbar dem der Entscheidung des BAG zugrundeliegenden Sachverhalt. Der Gesetzgeber hat die Bestimmung lediglich als Sollbestimmung geschaffen, um den Fällen gerecht zu werden, in denen eine genaue Festlegung der zu nennenden Daten noch nicht erfolgen kann. 157

Legt sich der Arbeitgeber bei der Anzeige dennoch auf bestimmte Arbeitnehmergruppen fest, ohne einen entsprechenden Vorbehalt zu machen, muss die AfA aus den vorstehenden Erwägungen heraus darauf vertrauen dürfen, dass sie auch nur mit Arbeitslosen dieses Bereichs konfrontiert wird und sich entsprechend einstellen kann. Diese **Bindung** betrifft nicht nur das Verhältnis zwischen Arbeitern und Angestellten, sondern gilt auch für andere Fälle, in denen qualitativ andere **Gruppen von Arbeitnehmern** gekündigt werden, also zB die Kündigung von Facharbeitern angezeigt, aber die Kündigung von Hilfsarbeitern, oder die Kündigung von Frauen angezeigt, aber die Kündigung von Männern vollzogen wird (*Herschel* Anm. zu *BAG* 6.10.1960 AP Nr. 7 zu § 15 KSchG; vgl. auch *v. Hoyningen-Huene/Linck* KSchG § 17 Rn 96; DDZ-*Callsen* KSchG § 17 Rn 56; aA APS-*Moll* KSchG § 17 Rn 108; *Löwisch* NJW 1978, 1237; *Berscheid* AR-Blattei, SD 1020.2, Rn 212). Voraussetzung ist jedoch in jedem Fall eine nicht völlig unbedeutende Abweichung von der ursprünglichen Anzeige. Hat der Arbeitgeber die Kündigung von 30 weiblichen Arbeitnehmerinnen angezeigt, kündigt er aber schließlich nur 29 weibliche und einen männlichen Arbeitnehmer, dürften die Belange der Arbeitsverwaltung nicht ernstlich berührt werden. 158

159 Dem Arbeitgeber muss auch das Recht zustehen, wenn er schon der Sollvorschrift nachkommt, in Zweifelsfällen seine Angaben mit einem **Vorbehalt** zu versehen (*BAG* 6.10.1960 AP Nr. 7 zu § 15 KSchG; APS-*Moll* KSchG § 17 Rn 109). Es obliegt der AfA dann im Anhörungsverfahren vor der endgültigen Entscheidung zu klären, welche Arten von Arbeitnehmern nun endgültig gekündigt werden sollen. Verzögerungen durch den Arbeitgeber gehen letztlich zu seinen Lasten, da die AfA die Sperrfrist verlängern kann.

160 **Keine Bindung** aus den nicht auf bestimmte einzelne Arbeitnehmer, sondern auf Gruppen von Arbeitnehmern zugeschnittenen Sollangaben wird man hingegen für die Kündigung eines bestimmten Arbeitnehmers herleiten dürfen. Eine solche Bindung ergibt sich insbes. nicht aus der einvernehmlichen Mitteilung der Daten an die AfA. Die Mitteilung der Sollangaben hat allein den Zweck, die Arbeitsvermittlung zu erleichtern. In ihr ist nicht ohne weiteres zugleich eine Vorentscheidung auch über die Individualmaßnahme zu sehen (LSSW-*Wertheimer* KSchG § 17 Rn 64; *Löwisch* NJW 1978, 1238). Der Arbeitgeber ist also gegenüber dem Betriebsrat nicht gebunden, bestimmte Arbeitnehmer zu kündigen und überhaupt Arbeitnehmer zu kündigen. Der Betriebsrat ist umgekehrt nicht gehindert, einzelnen durchzuführenden Kündigungen zu widersprechen.

3. Stellungnahme des Betriebsrats

a) Wirksamkeitsvoraussetzung

161 Der Anzeige beizufügen ist die **Stellungnahme des Betriebsrats**, der gem. § 17 Abs. 2 KSchG rechtzeitig vorher zu unterrichten war und mit dem die Möglichkeiten zu beraten waren, Kündigungen zu vermeiden oder einzuschränken und ihre Folgen zu mildern. Die wirksame Anzeige setzt voraus, dass Beratungen über die beabsichtigten Kündigungen zwischen Arbeitgeber und Betriebsrat (»Konsultationen« iSd Art. 2 Abs. 2 der MERL) stattgefunden haben (s. Rdn 107 ff.). Die Beifügung der Stellungnahme ist **Wirksamkeitsvoraussetzung für die Anzeige** (*BAG* 21.3.2013 – 2 AZR 60/12 – Rn 31 ff., BAGE 144, 366; 13.12.2012 – 6 AZR 772/11; LSSW-*Wertheimer* KSchG § 17 Rn 61; *LKB-Bayreuther* KSchG § 17 Rn 114; ErfK-*Kiel* KSchG § 17 Rn 30; *Bieback* AuR 1986, 162; *LAG Hamm* 6.6.1986 LAGE § 17 KSchG Nr. 2). § 17 Abs. 3 S. 3 KSchG bestätigt dies ausdrücklich, wenn es dort heißt, dass die Anzeige wirksam ist, wenn trotz Fehlens der Stellungnahme der Arbeitgeber die rechtzeitige Unterrichtung des Betriebsrats glaubhaft macht. Hat der Betriebsrat in seiner Stellungnahme der Kündigung der gesamten Belegschaft zugestimmt, so bedarf es bei weiteren Massenentlassungen keiner erneuten Stellungnahme (*LAG Hamm* 10.8.1982 DB 1983, 49). Gleichwohl ist der Betriebsrat nicht an dem Sozialgerichtsverfahren beteiligt, das über die Entscheidung der AfA aufgrund der §§ 18 ff. geführt wird (*BSG* 14.8.1980 AP Nr. 2 zu § 17 KSchG 1960 = SozR 1500 § 54 Nr. 44; s.a. KR-*Weigand/Heinkel* § 20 KSchG Rdn 69 ff.). Wohl aber ist der Betriebsrat vor der Entscheidung des Massenentlassungsausschusses anzuhören (§ 20 Abs. 3; s. KR-*Weigand/Heinkel* § 20 KSchG Rdn 41 ff.). In der MERL wird eine Stellungnahme der Arbeitnehmervertretung nicht vorgeschrieben.

162 Ein wirksamer **Interessenausgleich**, in dem zu kündigende Arbeitnehmer namentlich bezeichnet sind (§ 1 Abs. 5 KSchG), **ersetzt die Stellungnahme des Betriebsrats** (st. Rspr. *BAG* 18.1.2012 – 6 AZR 407/10, Rn 41 ff.; 7.7.2011 – 6 AZR 248/10, EzA § 26 BetrVG 2001 Nr. 3; *LAG Bln.-Bra.* 3.6.2010 – 26 Sa 263/10, LAGE § 17 KSchG Nr. 6), nicht aber die Anhörung des Betriebsrates zur Kündigung gem. § 102 Abs. 1 S. 1 BetrVG (s. KR-*Rachor* KSchG § 1 Rdn 801; *Bader* NZA 1996, 1125, 1133; *Löwisch* RdA 1997, 82) und ebenso wenig lediglich das Protokoll über gescheiterte Interessenausgleichsverhandlungen (*Hess. LAG* 25.7.2011 – 17 Sa 123/11) oder Verlautbarungen des Betriebsrats, die nicht in einem unmittelbaren Zusammenhang mit der Massenentlassungsanzeige stehen (*LAG BW* 21.7.2010 13 – Sa 20/10). Die Vorlage des Interessenausgleichs mit Namensliste ersetzt die Stellungnahme des Betriebsrates auch dann, wenn dieser im Interessenausgleich zu den beabsichtigten Entlassungen nicht ausdrücklich Stellung bezieht (*BAG* 28.6.2012 EzA § 17 KSchG Nr. 26). Eine in einem Interessenausgleich ohne Namensliste integrierte Stellungnahme des Betriebsrats genügt den Anforderungen des § 17 Abs. 3 S. 2 KSchG, wenn der Betriebsrat damit zur

beabsichtigten Massenentlassung abschließend Stellung genommen hat (*BAG* 21.3.2012 EzA § 17 KSchG Nr. 25; zust. Anm. *Moll/Katerndahl* RdA 2013, 159).

Die erforderliche Stellungnahme des Betriebsrates wird ebenso im Fall gem. § 125 Abs. 2 InsO ersetzt, wenn im Rahmen einer Betriebsänderung (§ 111 BetrVG) ein **Interessenausgleich zwischen Insolvenzverwalter und Betriebsrat** zustande kommt, in dem die zu kündigenden Arbeitnehmer namentlich bezeichnet sind (*BAG* 21.3.2012 EzA § 17 KSchG Nr. 25); denn nach § 17 Abs. 3 S. 2 KSchG wird keine Stellungnahme des Betriebsrates in einem eigenständigen Dokument verlangt. Auch wenn in § 125 Abs. 2 InsO der Fall nicht ausdrücklich vorgesehen ist, so lässt es die ratio legis dieser Vorschrift zu, dass bei einer betriebsübergreifenden Betriebsänderung ein mit dem Gesamtbetriebsrat abgeschlossener Interessenausgleich mit Namensliste die Stellungnahmen der örtlichen Betriebsräte nach § 17 Abs. 3 S. 2 KSchG ersetzt (*BAG* 20.9.2012 EzA § 17 KSchG Nr. 27 m. Anm *Sittard/Knoll* BB 2013, 2035; 7.7.2011 EzA § 26 BetrVG 2001 Nr. 3). 163

Gibt der Betriebsrat seine **Stellungnahme** nicht gegenüber dem Arbeitgeber ab, sondern direkt gegenüber der AfA, kann der Arbeitgeber sie der Anzeige nicht beifügen. Das führt jedoch nicht zwingend zur Unwirksamkeit der Anzeige. Bei ordnungsgemäßer schriftlicher Unterrichtung ergibt sich das schon aus § 17 Abs. 3 S. 3 KSchG, wonach bei fehlender Stellungnahme die Glaubhaftmachung der rechtzeitigen Information des Betriebsrates ausreicht (der Arbeitgeber kann durch seinen Sachvortrag und der Vorlage von Unterlagen wie die Kopie der Mitteilung an den Betriebsrat die entsprechende Empfangsbestätigung, Zeugenaussagen etc. die Unterrichtung glaubhaft machen; s.a. Rdn 167). Aber auch bei nur mündlicher Information des Betriebsrats kann nichts anderes gelten. Der darin liegende Verstoß gegen das Formerfordernis des § 17 Abs. 2 KSchG wird geheilt, wenn der Betriebsrat eine Stellungnahme abgibt (s. Rdn 124). Es wäre Formalismus, wenn der Stellungnahme des Betriebsrats nur deshalb diese Wirkung versagt würde, weil der Betriebsrat sie fälschlich direkt gegenüber der AfA abgibt (*LAG Hamm* 6.6.1986 LAGE § 17 KSchG Nr. 2 gegen *ArbG Rheine* 16.10.1985 DB 1986, 387). Voraussetzung ist allerdings, dass es sich wirklich um die erste Stellungnahme des Betriebsrates auf die Information des Arbeitgebers handelt und der Betriebsrat nicht lediglich eine weitere Stellungnahme iSd § 17 Abs. 3 S. 7 KSchG abgeben wollte (*LAG Hamm* 6.6.1986 LAGE § 17 KSchG Nr. 2). Etwaige Zweifel gehen zu Lasten des Arbeitgebers. Im Übrigen verbleibt in diesem Fall dem Arbeitgeber die Verpflichtung, der AfA gegenüber den Stand der Beratungen darzulegen (§ 17 Abs. 3 S. 3 KSchG). 164

Die fehlende Stellungnahme des Betriebsrats kann nachgereicht werden. Dagegen hegt das *BVerfG* (25.2.2010 EzA § 17 KSchG Nr. 21) aus europarechtlicher Sicht Bedenken (vgl. Rdn 120). Zwar wird verschiedentlich davor gewarnt, auf den Fortbestand der Möglichkeit des **Nachreichens der Stellungnahme** des Betriebsrates bis zu einer Entscheidung des EuGH zu vertrauen (*Krieger/Ludwig* NZA 2010, 919; *Niklas/Koehler* NZA 2010, 913; *Grau/Sittard* BB 2011, 1845), doch würde eine Änderung der bisherigen Praxis auf einen reinen Formalismus hinauslaufen; denn einerseits ist den Konsultationen die zeitliche Grenze der Zwei-Wochen-Frist gem. § 17 Abs. 3 S. 3 KSchG gesetzt, innerhalb derer auch nur das Nachreichen von rechtlicher Bedeutung ist, andererseits beginnt der Lauf der Fristen gem. § 18 KSchG erst in dem Augenblick, in dem die Anzeige als wirksam erhoben – also vollständig – angesehen werden kann (*BAG* 28.5.2009 – 8 AZR 273/08, EzA § 17 KSchG Nr. 20; 21.5.2008 – 8 AZR 84/07, FA 2008, 342 LS = NZA 2008, 753; ähnlich *LKB-Bayreuther* KSchG § 18 Rn 3; s. aber auch Rdn 167 ff.). Wenn die Massenentlassungsanzeige auch insofern wirksam vorliegt, als die erforderliche Stellungnahme des Betriebsrats in Form des präsentierten Dokuments vom Ausschuss als ausreichend angesehen wird, stimmt die AfA den angezeigten Entlassungen zu einem bestimmten Zeitpunkt durch bestandskräftigen Verwaltungsakt zu. Fehlt die Stellungnahme bei der Massenentlassungsanzeige, kann die Unwirksamkeit der Anzeige auch nicht durch einen VA der AfA geheilt werden (vgl. Rdn 176). 165

b) Inhalt der Stellungnahme

Über den erforderlichen **Inhalt der Stellungnahme des Betriebsrats** trifft das Gesetz in § 17 Abs. 3 S. 2 KSchG keine Regelung. Es liegt aber auf der Hand, dass der Betriebsrat möglichst umfassend 166 auf die geplanten Maßnahmen eingehen sollte, insbes. auf die vom Arbeitgeber in die schriftliche Unterrichtung gem. § 17 Abs. 2 KSchG aufzunehmenden Informationen, die auch der AfA vorliegen (vgl. *Hohn* DB 1978, 159, 160 mit Mustern). Bloße Ablehnung oder Zustimmung genügen zwar formal den Anforderungen einer Stellungnahme iSd § 17 Abs. 3 KSchG. Sie entsprechen idR aber nicht dem Sinn der Vorschrift, der AfA möglichst frühzeitig einen Überblick über die Interessenlage der Beteiligten zu geben und auf der Basis der betriebsinternen Verhandlungen zur Vermeidung von Entlassungen nach arbeitsmarktlichen Auswegen und Perspektiven zu suchen. Nach der Rspr. des BAG muss die Stellungnahme des Betriebsrates eine abschließende Meinungsäußerung zu den beabsichtigten Kündigungen enthalten, wobei auch die eindeutige Äußerung, nicht Stellung nehmen zu wollen, ausreichend ist (*BAG* 28.6.2012 EzA § 17 KSchG Nr. 26). Lässt sich der Stellungnahme eine abschließende Meinungsäußerung des Betriebsrates wie zB im Fall eines Protokolls der Einigungsstellensitzung nicht entnehmen, so entspricht dies nach der Rspr. des gleichen Senats (*BAG* 13.12.2012 – 6 AZR 772/11) nicht den Anforderungen des § 17 Abs. 3 S. 3 KSchG mit der Folge der Unwirksamkeit der Massenentlassungsanzeige. Der Betriebsrat müsse sich in einer Weise äußern, die erkennen lasse, dass er seine Beteiligungsrechte als gewahrt ansieht (*BAG* 26.2.2015 EzA § 17 KSchG 33). Inwieweit der Arbeitgeber die Stellungnahme des Betriebsrates in diesem Sinne beeinflussen kann, wird im Einzelfall Probleme aufwerfen, wenn davon letztlich die Wirksamkeit der Anzeige abhängen soll. Schließlich kann er gezwungen sein, von der Regelung gem. § 17 Abs. 3 S. 3 KSchG Gebrauch zu machen, insbes. wenn der Betriebsrat eine Stellungnahme verweigert oder selbige nicht den Anforderungen gem § 17 Abs. 3 S. 2 KSchG genügt (*BAG* 26.2.2015 – 2 AZR 955/13, EzA § 17 KSchG Nr. 33).

c) Fehlende Stellungnahme des Betriebsrats

167 Fehlt die Stellungnahme des Betriebsrats, so ist eine Anzeige nach § 17 Abs. 1 KSchG doch wirksam, wenn der Arbeitgeber **glaubhaft** macht, dass er den Betriebsrat **mindestens zwei Wochen vor Erstattung der Anzeige** nach § 17 Abs. 2 KSchG **unterrichtet hat** und den Stand der Beratungen (»Konsultationen«) darlegt (*LKB-Bayreuther* KSchG § 17 Rn 94a, 114). Damit ist eine feste zeitliche Grenze gesetzt (die übrigens in der MERL nicht vorgesehen ist), über die hinaus das Verfahren nicht verzögert werden kann (*Reinhard* RdA 2007, 207, 213 f.). Umgekehrt muss sich der Arbeitgeber darauf einstellen, dass der Betriebsrat schweigt und er – der Arbeitgeber – daher die Zweiwochenfrist des § 17 Abs. 3 S. 3 KSchG vor Erstattung der Anzeige abzuwarten hat. Er wird daher den Betriebsrat tunlichst so frühzeitig über die geplanten Entlassungen unterrichten (vgl. Rdn 109), dass eine derartige Verzögerung des gesamten Verfahrens bis zu zwei Wochen unschädlich ist im Hinblick auf die einzuhaltenden Sperrfristen und die anschließende Freifrist, binnen derer die Entlassungen durchgeführt werden müssen (§ 18 Abs. 4 KSchG; vgl. KR-*Weigand/Heinkel* § 18 Rdn 40).

168 Der Arbeitgeber muss gegenüber der AfA **glaubhaft** machen (§ 17 Abs. 3 S. 3 KSchG), dass er den Betriebsrat fristgemäß schriftlich unterrichtet hat und er muss den Stand der Beratungen mit dem Betriebsrat darlegen. Wie das im Einzelnen zu geschehen hat, führt das Gesetz nicht näher aus. Ein gewichtiges Indiz für die rechtzeitige Unterrichtung ist der Eingang der Durchschrift bei der AfA gem. § 17 Abs. 3 S. 1 KSchG. Im Übrigen ist zu denken etwa an die Vorlage einer **Empfangsbestätigung** des Betriebsratsvorsitzenden (*BAG* 28.5.2009 EzA § 17 KSchG Nr. 20 Rn 61) oder – in Anlehnung an § 294 ZPO – auch an die Vorlage einer eidesstattlichen Versicherung über die rechtzeitige Unterrichtung (*Löwisch* NJW 1978, 1238; DDZ-*Callsen* KSchG § 17 Rn 58; APS-*Moll* KSchG § 17 Rn 118). Beigefügt werden können auch Sitzungsprotokolle und Zeugenaussagen. Über die Glaubhaftmachung entscheidet der Entscheidungsträger (§ 20 Abs. 1 KSchG). Die Entscheidung ist schriftlich zu begründen. Stellt sich trotz Glaubhaftmachung später heraus, dass der Betriebsrat **nicht ordnungsgemäß unterrichtet** war, ist der Arbeitgeber nicht zur Kündigung berechtigt. Bereits erklärte Kündigungen sind unwirksam. Zu den Folgen vgl. Rdn 180 ff.

169 Anforderungen an die **Darlegung des Beratungsnstandes** durch den Arbeitgeber gem. § 17 Abs. 3 S. 3 KSchG aE sind ausgehend vom Zweck des Anzeigeverfahrens insoweit zu stellen, als die AfA

beurteilen können muss, ob der **Arbeitgeber und der Betriebsrat** auf der **Grundlage ausreichender Informationen** tatsächlich über die geplanten Massenentlassungen und insbes. deren Vermeidung bzw die Milderung von deren Folgen **beraten** haben. Daneben soll die AfA **Kenntnis** von einer – eventuell für den Arbeitgeber ungünstigen – **Sichtweise des Betriebsrats** erlangen (*BAG* 14.5.2020 – 6 AZR 235/19 – Rn 136; 21.3.2013 – 2 AZR 60/12 – Rn 44, BAGE 144, 366; 28.6.2012 – 6 AZR 780/10 – Rn 53, BAGE 142, 202; 21.3.2012 – 6 AZR 596/10 – Rn 21 f.). Unzureichend ist die Darlegung und die Anzeige damit unwirksam, wenn sie **irreführend** in einer Weise erfolgt, die geeignet ist, eine für den Arbeitgeber günstige Entscheidung der AfA zu erwirken (*BAG* 22.9.2016 – 2 AZR 276/16 – Rn 24, BAGE 157, 1). Entsprechend des dargestellten Zwecks des Anzeigeverfahrens ist der Arbeitgeber **nicht** gezwungen, die Beratungen mit dem Betriebsrat in allen **Einzelheiten** zu schildern. Fordert der **Betriebsrat** im Konsultationsverfahren die Beantwortung weiterer **Fragen** oder die **Nachreichung von Unterlagen**/Informationen, lehnt er unter Verweis darauf weitere Beratungen ab und erklärt der Arbeitgeber daraufhin das Konsultationsverfahren für gescheitert, ist dies der nach § 17 Abs. 3 Satz 3 KSchG darzulegende Beratungsstand. Der **Arbeitgeber** hat daher **anzugeben**, dass, wann und mit welchen Argumenten der Betriebsrat weitere Beratungen abgelehnt sowie, dass, wann und wie er das Konsultationsverfahren für gescheitert erklärt hat (*BAG* 14.5.2020 – 6 AZR 235/19 – Rn 139). Hierzu reicht es nicht aus, wenn der Arbeitgeber lediglich den Ablauf und das Ergebnis der Verhandlungen über einen Interessenausgleich und Sozialplan darstellt, ohne zugleich für die AfA erkennbar anzugeben, dass – entsprechend der tatsächlichen Verhältnisse – das Interessenausgleichs- und das Konsultationsverfahren miteinander verbunden worden sind (*BAG* 14.5.2020 – 6 AZR 235/19 – Rn 140). Dies führt **nicht** dazu, dass der **Betriebsrat** die Durchführung der Massenentlassung **beliebig verzögern** kann. Im Konsultationsverfahren hat der Arbeitgeber nach Maßgabe der in Rdn 121 dargestellten Grundsätze in eigener Kompetenz zu beurteilen, ob er gestellte Fragen beantwortet bzw. Informationen nachreicht oder dies ablehnt. Im Anzeigeverfahren hat er aber sodann ausgehend von dem tatsächlichen Ablauf der Konsultationen den Stand der Beratungen darzulegen. Lehnt der Betriebsrat – egal, ob berechtigt oder nicht – weitere Beratungen unter Hinweis auf eine unzureichende Unterrichtung ab, entspricht dies dem Beratungsstand. Gleiches gilt, wenn sich der Arbeitgeber entscheidet, Nachfragen zu beantworten oder Informationen nachzureichen, oder dies ablehnt (*BAG* 14.5.2020 – 6 AZR 235/19 – Rn 143 f.).

4. Unterrichtungspflichten über die Anzeige zwischen Betriebsrat und Arbeitgeber

Eine **Abschrift der Anzeige** an die AfA hat der Arbeitgeber dem **Betriebsrat zuzuleiten**, § 17 Abs. 3 S. 6 KSchG. Dieser kann gegenüber der AfA **weitere Stellungnahmen** abgeben, § 17 Abs. 3 S. 7 KSchG. Er braucht also nicht zu warten, bis er im Rahmen des Anhörungsverfahrens gem. § 20 KSchG ggf. von der AfA zur Stellungnahme aufgefordert wird. 170

§ 17 Abs. 3 S. 6 und 7 KSchG wurde in Anpassung an die EG-Richtlinie in das Gesetz aufgenommen. Auch der Betriebsrat hat dem Arbeitgeber eine **Abschrift seiner Stellungnahme** gegenüber der AfA zuzuleiten, § 17 Abs. 3 S. 8 KSchG. 171

E. Konzernklausel gem. § 17 Abs. 3a KSchG

Seinen Pflichten gegenüber dem Betriebsrat zur rechtzeitigen Erteilung zweckdienlicher Auskünfte und schriftlichen Mitteilung der Angaben gem. § 17 Abs. 2 S. 1 Nrn. 1–6 KSchG, zur Beratung zum Zwecke der Vermeidung von Entlassungen bzw. Milderung der Folgen sowie seinen Pflichten gegenüber der AfA zur Anzeige und Unterrichtung gem. § 17 Abs. 3 KSchG kann sich der Arbeitgeber nicht dadurch entziehen, dass nicht er selbst, sondern das ihn beherrschende Unternehmen die Entlassungsentscheidung getroffen hat. Der Arbeitgeber kann sich insb. nicht darauf berufen, das für die Kündigungen verantwortliche Unternehmen habe ihm die notwendigen Auskünfte nicht übermittelt. Erfolgt die Unterrichtung durch das beherrschende Unternehmen an den Arbeitgeber je nach den Erfordernissen des Einzelfalles nicht rechtzeitig und ausreichend, kann dies wegen der Fehlerhaftigkeit des Konsultationsverfahrens zur Unwirksamkeit der Kündigung führen (s.a. 172

Rdn 174). Diese »**Konzernregelung**« ist mit dem EG-Anpassungsgesetz v. 20.7.1995 als Abs. 3a in die Vorschrift des § 17 KSchG aufgenommen worden.

173 Bezüglich des Begriffs des beherrschenden Unternehmens ist zunächst an die Regelung gem. §§ 17, 18 AktG anzuknüpfen (krit. *Forst* NZA 2010, 144; anders Vorlage an den EuGH des *LAG Bln-Bra* 24.11.2016 – 10 Sa 490/16, BB 2017, 52). Entscheidend ist der Abhängigkeitstatbestand, der erfüllt ist, wenn ein rechtlich selbständiges Unternehmen aus seiner Sicht dem beherrschenden Einfluss eines anderen Unternehmens unmittelbar oder mittelbar ausgesetzt ist. Die Möglichkeit der Einflussnahme kann genügen, soweit sie beständig und gesellschaftsrechtlich abgesichert ist (*Forst* ZESAR 2017, 431). Von einem in Mehrheitsbesitz stehenden Unternehmen wird vermutet, dass es von dem an ihm mit Mehrheit beteiligten Unternehmen abhängig ist (§ 17 Abs. 2 AktG). Der **Konzernbegriff** gem. § 18 Abs. 1 AktG setzt ein herrschendes und ein oder mehrere abhängige Unternehmen voraus, die unter der einheitlichen Leitung des herrschenden Unternehmens zusammengefasst sind. Von einem abhängigen Unternehmen wird vermutet, dass es mit dem herrschenden Unternehmen einen Konzern bildet (§ 18 Abs. 1 S. 3 AktG). Nach der Entscheidung des EuGH vom 7.8.2018 (C-61/17) wird der Begriff des beherrschenden Unternehmens weit gefasst und betrifft Unternehmen, die zur »gleichen Gruppe« gehören oder die wegen der Beteiligung am Gesellschaftskapital über eine Stimmenmehrheit in der Gesellschafterversammlung bzw. der Entscheidungsorgane des Arbeitgebers verfügen und daher diesen zu Massenentlassungen zwingen können. Dagegen reichen gemeinsame Vermögensinteressen des Arbeitgebers und des anderen Unternehmens oder bloße vertragliche Beziehungen nicht aus (so die Vorlagefragen des *LAG Bln-Bra* 24.11.2016 – 10 Sa 284/16). Bei einer beabsichtigten Massenentlassung trifft in einem Konzern die Pflicht zur Konsultation des Betriebsrats die betroffene Konzerntochter, die die Arbeitgebereigenschaft hat, erst, wenn sie von der Konzernleitung ausdrücklich benannt worden ist (*EuGH* 10.9.2009 EzA EG-Vertrag 1999 RL 98/59 Nr. 3; *Forst* NZA 2010, 144).

174 Der Arbeitgeber muss – auch wenn er von einem anderen Unternehmen beherrscht wird – gegenüber dem Betriebsrat und der AfA seinen **Auskunfts-, Beratungs- und Anzeigepflichten** nachkommen (*EuGH* 7.12.1995 EzA § 17 KSchG Nr. 5). Versäumt er dies, treten die Folgen einer unterlassenen Anzeige ein (s. Rdn 178). Im Übrigen bleiben auch die Bestimmungen des § 18 KSchG und die dort genannten Fristen, die an die Anzeige durch den Arbeitgeber anknüpfen, von der Entscheidung durch das herrschende Unternehmen unberührt (Begr. zum Entwurf des EG-AnpassungsG v. 20.7.1995, BT-Drucks. 13/668, S. 8 ff., 14).

F. Rechtsfolgen der Anzeige

I. Wirksame Anzeige

175 Unmittelbar nach dem Ende des Konsultationsverfahrens mit dem Betriebsrat gem. Art. 2 der MERL bzw. nach Unterrichtung und Beratung gem. § 17 Abs. 2 KSchG und nach Erstattung der Massenentlassungsanzeige bei der AfA iSd Art. 3 und 4 der MERL bzw. § 17 Abs. 1 und 3 KSchG darf der Arbeitgeber die Entlassungen vornehmen, dh. die Kündigungen gegenüber den betroffenen Arbeitnehmern erklären (*EuGH* 27.1.2005 EzA § 17 KSchG Nr. 13, Anm. 54; *BAG* 28.5.2009 EzA § 17 KSchG Nr. 20; vgl. Rdn 18 ff., 123 f., 145 f.). **Erstattet ist die Massenentlassungsanzeige, wenn sie bei der AfA eingegangen ist** (s. Rdn 141) und wenn alle Angaben gem. § 17 Abs. 3 vollständig enthalten sind. Von diesem Zeitpunkt an beginnt die Frist gem. § 18 Abs. 1 zu laufen und es dürfen die Kündigungen erklärt werden, dh. den Arbeitnehmern zugehen (dazu Rdn 47). Dieser Zeitpunkt wird in Anm. 41 (Arbeitgeber darf nicht kündigen, bevor er diese beiden Verfahren »eingeleitet hat«) und Anm. 53 (»dass die Art. 3 und 4 RL der Kündigung von Arbeitsverträgen während des durch sie eingeführten Verfahrens nicht entgegenstehen, sofern diese Kündigung nach der Anzeige der beabsichtigten Massenentlassung bei der zuständigen Behörde erfolgt«) der Entscheidung des EuGH v. 27.1.2005 beschrieben und v. *BAG* (23.3.2006 EzA § 17 KSchG Nr. 16 unter B II 2a bb/cc) ausdrücklich bestätigt.

Die Kündigungsberechtigung des Arbeitgebers setzt voraus, dass er eine wirksame Massenentlassungsanzeige erstattet hat. Wirksam ist die Anzeige, wenn auch eine Stellungnahme des Betriebsrates iSv § 17 Abs. 3 S. 2 KSchG beigefügt ist, es sei denn, es liegt ein Fall gem. § 17 Abs. 3 S. 3 vor. Nicht mehr gefolgt werden kann der Rspr. des BAG (*BAG* 28.5.2009 EzA § 17 KSchG Nr. 20). Danach habe es keinen Einfluss auf die Wirksamkeit der Massenentlassungsanzeige, wenn der Arbeitgeber der Anzeige an die AfA eine Darlegung des Standes der Beratungen zwischen ihm und dem Betriebsrat nicht beifüge und die AfA nachträglich zu erkennen gebe, dass sie sich mit den ihr vorliegenden Angaben ein ausreichendes Bild von den geplanten Maßnahmen machen und die erforderlichen Arbeitsmarktinstrumente ergreifen konnte; denn damit werde der arbeitsmarktpolitischen Zielsetzung der §§ 17 ff. KSchG genügt. Schon nach dem Wortlaut des § 17 Abs. 3 S. 3 KSchG setzt die **Wirksamkeit der Anzeige** die Darlegung der Beratungen mit dem Betriebsrat durch den Arbeitgeber voraus (vgl. Rdn 161). Insbes. wegen der Folgen einer wirksamen Massenentlassungsanzeige würde es im Hinblick auf die individuelle Schutzfunktion der Massenentlassungsvorschriften gem. der MERL und §§ 17 ff. KSchG (vgl. Rdn 18) dem Gesetzeszweck entgegenstehen, das Vorliegen der Voraussetzungen einer wirksamen Anzeige contra legem in das Ermessen der AfA zu stellen. Insbes. angesichts der Rspr. des *EuGH* v. 27.1.2005 (EzA § 17 KSchG Nr. 13) kann an der bisherigen Rspr. des BAG nicht mehr festgehalten werden. 176

Folglich sind die Gerichte für Arbeitssachen nicht an einen **bestandskräftigen VA** der AfA gem. § 20 KSchG gebunden (vgl. KR-*Weigand/Heinkel* § 20 Rn 74 f.), wenn sie im Rahmen eines Kündigungsschutzverfahrens die Voraussetzungen der wirksamen Massenentlassungsanzeige zu prüfen haben (*BAG* 13.2.2020 – 6 AZR 146/19 – Rn 111, BAGE 169, 362; 22.9.2016 – 2 AZR 276/16 – Rn 33, BAGE 157, 1; 13.12.2012 – 6 AZR 752/11 – Rn 66; aA Hess. *LAG* 25.7.2011 – 17 Sa 123/11; 31.10.2011 – 17 Sa 761/11; 31.10.2011 – 17 Sa 1665/10; *Mückl* ArbR 2011, 238). Einerseits widerspräche es dem unions- (vgl. Art. 6 der MERL) und grundrechtlichen Effektivitätsprinzip, den durch die Massenentlassungsvorschriften gewährten individuellen Kündigungsschutz durch eine möglicherweise fehlerhafte Entscheidung der AfA zu vereiteln (*BAG* 13.2.2020 – 6 AZR 146/19 – Rn 111, BAGE 169, 362; 13.12.2012 – 6 AZR 752/11 – Rn 68; ausführlich *BAG* 28.6.2012 – 6 AZR 780/10 – Rn 76 ff., BAGE 142, 202). Andererseits können sich betroffene Arbeitnehmer gegen die Entscheidung der Verwaltung nicht durch ein Rechtsmittel wehren, da sie am Verfahren gem. § 17 KSchG nicht beteiligt sind (*LAG Düsseld.* 15.9.2010 ZInsO 2011, 1167; *Reinhard* RdA 2007, 214; aA *BAG* 3.7.1996 EzA § 84 ArbGG 1979 Nr. 1). Maßgeblich ist jedoch, dass der Entscheidungsträger der AfA gem. § 20 Abs. 1 KSchG über das Vorliegen der Voraussetzungen einer wirksamen Anzeige allenfalls nur als Vorfrage (aA *Mückl* ArbR 2011, 238) entscheidet. Sie gehört nicht zum Regelungsinhalt eines solchen VA und wird von dessen Bestandskraft nicht erfasst (*BAG* 13.2.2020 – 6 AZR 146/19 – Rn 111, BAGE 169, 362; 13.12.2012 – 6 AZR 752/11 – Rn 67; ausführlich *BAG* 28.6.2012 – 6 AZR 780/10 – Rn 70 ff., BAGE 142, 202). Die AfA trifft ihre Entscheidung im Wesentlichen unter Berücksichtigung der – einer rechtlichen Überprüfung kaum zugänglichen – Interessenlage gem. § 20 Abs. 4 KSchG als arbeitsmarktpolitische Einrichtung, und zwar mit »Stimmenmehrheit« gem. Abs. 2 S. 2. Eine solche **Bindung** scheidet erst recht aus, wenn die AfA – wie häufig – lediglich den »ordnungsgemäßen Eingang« der Massenentlassungsanzeige bestätigt. Dies stellt mangels Regelungscharakters schon keinen VA dar (*BAG* 13.2.2020 – 6 AZR 146/19 – Rn 111, BAGE 169, 362; zu den Voraussetzungen eines VA *BAG* 28.6.2012 – 6 AZR 780/10 – Rn 65 ff., BAGE 142, 202). 177

Die weiteren Rechtsfolgen einer wirksamen Anzeige der Kündigungen ergeben sich aus §§ 18 ff. KSchG. Gem. § 18 Abs. 1 KSchG werden die Kündigungen vor Ablauf eines Monats nach Eingang der Anzeige bei der AfA nur mit Zustimmung der AfA wirksam. Unter »**wirksam werden**« ist der Zeitpunkt der tatsächlichen Entlassung nach Ablauf der Sperrfrist bzw. der Kündigungsfrist zu verstehen. Die Zustimmung kann rückwirkend bis auf den Tag der Stellung eines entsprechenden Antrags erteilt werden, § 18 Abs. 1 2. Hs. KSchG; die Sperrfrist kann aber auch verlängert werden bis auf höchstens zwei Monate, § 18 Abs. 2 KSchG. Eine Abkürzung der Sperrzeit könnte im Einzelfall 178 infrage kommen, wenn zB die individuelle Kündigungsfrist kürzer als einen Monat bemessen ist; denn gem. Art. 4 Abs. 1 S. 1 aE bleiben im Fall der Einzelkündigung für die Kündigungsfrist geltende Bestimmungen unberührt (*Dornbusch/Wolff* BB 2005, 805).

179 Die durch eine ordnungsgemäße Massenentlassungsanzeige gem. § 17 KSchG eröffnete **Kündigungsmöglichkeit** wird mit der Erklärung dieser Kündigung **verbraucht**. Wenn der Arbeitgeber nach einer ordnungsgemäßen Anzeige an die AfA einem Arbeitnehmer die Kündigung erklärt hat, ist anschließend der Insolvenzverwalter folglich nicht berechtigt, dieses Arbeitsverhältnis ohne erneute Massenentlassungsanzeige innerhalb der Freifrist (§ 18 Abs. 4 KSchG) noch einmal zu kündigen, wenn diese zweite Kündigung im zeitlichen Zusammenhang von 30 Tagen mit einer weiteren Massenentlassung erklärt wird (*BAG* 22.4.2010 EzA § 17 KSchG Nr. 22). Das gilt auch im Fall einer Nachkündigung, wenn die zunächst angezeigte und erklärte Kündigung im Einvernehmen mit dem Arbeitnehmer zurückgenommen worden ist (*BAG* 20.1.2016 – 6 AZR 601/14, EzA § 17 KSchG Nr. 35).

II. Fehlerhaftes oder unterlassenes Konsultations- oder Anzeigeverfahren

1. Kündigung unwirksam

180 Führt der Arbeitgeber das Unterrichtungs- und Beratungsverfahren oder das Anzeigeverfahren gar nicht oder wegen Fehlerhaftigkeit (zB weil die Anzeige verspätet erstattet wurde) nicht wirksam durch, ist der Arbeitgeber nicht zu Kündigungen im Rahmen einer Massenentlassung berechtigt (*EuGH* 27.1.2005 EzA § 17 KSchG Nr. 13). Trotzdem erklärte **Kündigungen sind** wegen Verstoßes gegen ein gesetzliches Verbot **unwirksam**, § 134 BGB (*BAG* 14.5.2020 – 6 AZR 235/19 – Rn 121 ff.; 13.2.2020 – 6 AZR 146/19 – Rn 100 ff., BAGE 169, 362; 20.2.2014 – 2 AZR 346/12, NZA 2014, 1069; 21.3.2013 EzA § 17 KSchG Nr. 30 Anm. *Moll*; 22.11.2012 EzA § 17 KSchG Nr. 31; *Riesenhuber/Domröse* NZA 2005, 568; *Osnabrügge* NJW 2005, 1093; *Wolter* AuR 2005, 135; *Klumpp* NZA 2006, 703; *Lembke/Oberwinter* NJW 2007, 721; *Weber* FS Richardi S. 461; *Reinhard* RdA 2007, 207, 211; *Nicolai* NZA 2005, 2006; *dies.* relativierend SAE 2006, 72; wohl auch *Bauer/Krieger/Powietzka* DB 2005, 445; aA *Mauthner* S. 171 ff.; *Kleinebrink* FA 2005, 130; *Feme/Lipinski* ZIP 2005, 593 diff. in den Rechtsfolgen bei fehlender und fehlerhafter Anzeige). Diese Rechtsfolge wird dem Regelungszweck gerecht und entspricht dem unionsrechtlichen Grundsatz des »effet utile« für den beabsichtigten Arbeitnehmerschutz. Soweit geringfügige Ungenauigkeiten in der Anzeige gekündigte Arbeitsverhältnisse nicht betreffen und keine Auswirkungen auf die behördliche Prüfung haben, kann im Einzelfall von der Unwirksamkeitsfolge abgesehen werden (ErfK/*Kiel* KSchG § 17 Rn 36; *v. Bernuth* DB 2017, 1027). Haben Arbeitgeber und Betriebsrat einen Interessenausgleich abgeschlossen, werden Verstöße gegen die Unterrichtungspflicht des § 17 Abs. 2 Satz 1 KSchG grundsätzlich nicht durch die bloße Erklärung des Betriebsrats im Interessenausgleich, rechtzeitig und vollständig unterrichtet worden zu sein, unbeachtlich (*BAG* 13.6.2019 – 6 AZR 459/18 – Rn 41, BAGE 167, 102; 9.6.2016 – 6 AZR 405/15 – Rn 32, BAGE 155, 245).

181 Für den Massenentlassungsschutz gem. § 17 KSchG stellen die gem. Abs. 2 normierte Pflicht zur **Unterrichtung und Beratung** des Betriebsrates einerseits und die in den Abs. 1 und 3 geregelte **Anzeige**pflicht gegenüber der AfA andererseits jeweils getrennt durchzuführende Verfahren mit den vorgegebenen Wirksamkeitsvoraussetzungen dar. Entsprechend ist die **Wirksamkeit** einer im Rahmen einer Massenentlassung erklärten Kündigung jeweils **getrennt anhand beider Verfahrensvoraussetzungen** zu prüfen (*BAG* 9.6.2016 – 6 AZR 405/15, EzA § 17 KSchG Nr. 37).

182 Aus der Rspr. des EuGH (27.1.2005 – C-188/03, EzA § 17 KSchG Nr. 13) folgt, dass Kündigungen, die vor der Anzeige der Massenentlassung ausgesprochen werden, unwirksam sind (*BAG* 28.5.2009 – 8 AZR 273/08, EzA § 17 KSchG Nr. 20). Wenn der Begriff der Entlassung nach der EuGH-Entscheidung als Kündigungserklärung zu verstehen ist, lässt sich die **Nichtigkeitsfolge** bereits aus § 18 Abs. 1 KSchG entnehmen. Im Übrigen folgt die Unwirksamkeit der vor der Anzeige erklärten Kündigung aus dem Gebot der effektiven Durchsetzung der gemeinschaftsrechtlichen

Vorgaben. § 17 KSchG dient der Umsetzung der MERL, wonach das Anzeigeverfahren auch dem individuellen Schutz des Arbeitnehmers dienen soll (*BAG* 21.3.2013 EzA § 17 KSchG Nr. 30; APS-*Moll* KSchG vor § 17 Rn 12; s.a. Rdn 18). Insofern ist § 17 Abs. 2 KSchG als Verbotsgesetz iSv § 134 BGB zu verstehen.

2. Keine Heilungsmöglichkeit

Wenn die Massenentlassungsanzeige und folglich auch die Kündigung unwirksam sind, besteht auch keine **Heilungsmöglichkeit** (*BAG* 21.3.2013 EzA § 17 KSchG Nr. 30; 28.6.2012 – 6 AZR 780/10, m. Anm. *Sittard/Knoll* BB 2013, 2037; noch offen gelassen *BAG* 22.4.2010 EzA § 17 KSchG Nr. 22), auch durch einen bestandskräftigen Verwaltungsakt der AfA gem. §§ 18 Abs. 1, 20 KSchG nicht (st. Rspr. *BAG* 13.2.2020 – 6 AZR 146/19 – Rn 111, BAGE 169, 362; 26.2.2015 – 2 AZR 955/13, EzA § 17 KSchG Nr. 33, vgl. Rdn 177), wenn diese von einer wirksamen Anzeige ausgeht. Andernfalls würde die ratio legis des Art. 6 der MERL untergraben. Ein derartiger Verwaltungsakt begründet keinen Vertrauensschutz zugunsten des Arbeitgebers (*BAG* 13.12.2012 – 6 AZR 772/11). In diesem Fall ist der Arbeitgeber darauf verwiesen, das Verfahren gem. § 17 ff. KSchG zu befolgen und dann erneut zu kündigen. Damit beginnt die Kündigungsfrist erneut zu laufen.

183

Ansprüche auf **Nachteilsausgleich** gem. § 113 Abs. 3 BetrVG bestehen im Falle eines Verstoßes des Arbeitgebers gegen seine Anzeigepflichten nicht (*BAG* 30.3.2004 EzA § 113 BetrVG 2001 Nr. 4; s.a. Rdn 108).

184

Ein Verstoß gegen die Anzeigepflicht ist nicht mit **Bußgeld** bedroht. Soweit die arbeitsmarktpolitische Zielsetzung der Massenentlassungsvorschriften betroffen ist, kann zwar von einer öffentlichen Obliegenheit bei der Anzeigepflicht gesprochen werden, aber die Anzeige kann von der AfA nicht erzwungen werden (vgl. auch 9. Aufl. Rn 11 f.). Insoweit sind weder in den §§ 17 ff. KSchG noch in der MERL Sanktionen seitens der Behörde vorgesehen. Sanktional betroffen ist der Arbeitgeber durch die Rechtsfolgen aufgrund der Unwirksamkeit der Kündigungen.

185

3. Klagefrist für den Arbeitnehmer

Wenn der gekündigte Arbeitnehmer die Unwirksamkeit der Kündigung durch Feststellungsklage geltend machen will, hat er die **Klagefrist des** § 4 S. 1 KSchG einzuhalten. Auf die Unwirksamkeit der Kündigung wegen Verfahrensmängeln bei der Konsultation gem. § 17 Abs. 2 KSchG oder bei der Anzeige gegenüber der AfA gem. § 17 Abs. 2 und 3 KSchG kann sich der Arbeitnehmer gem. § 6 KSchG bis zum Schluss der mündlichen Verhandlung in erster Instanz berufen. Rügt er erstinstanzlich lediglich den Mangel einer der beiden Verfahrensvoraussetzungen, ist er hinsichtlich weiterer Verfahrensrügen in der zweiten Instanz präkludiert (*BAG* 20.1.2016 – 6 AZR 601/14, EzA § 17 KSchG Nr. 35). Sollte der Arbeitnehmer die Frist des § 4 S. 1 KSchG versäumt haben, weil er verspätet erfuhr, dass die Kündigung im Rahmen einer Massenentlassung erfolgte, bleibt ihm der Antrag auf Zulassung verspäteter Klagen nach den Voraussetzungen des § 6 KSchG (*Nicolai* NZA 2006, 206).

186

4. Beweislast für die Konsultations- und Anzeigepflicht

Die **Beweislast** für die tatsächlichen Voraussetzungen der Konsultations- und Anzeigepflicht gem. § 17 KSchG, also die Anzahl der idR beschäftigten Arbeitnehmer und die Anzahl der von der beabsichtigten (Massen-)Entlassung betroffenen Arbeitnehmer, trägt nach Rspr. des BAG der Arbeitnehmer (st. Rspr. *BAG* 26.1.2017 – 6 AZR 442/16 – Rn 27, BAGE 158, 104; 18.1.2012 EzA § 6 KSchG Nr. 4, Rn 31; 24.2.2005 EzA § 17 KSchG Nr. 14 mwN, m. Anm. *Brehm*, Anm. *Bauer* DB 2005, 1570). Danach sollen allerdings keine überzogenen Anforderungen an die Darlegungslast des Arbeitnehmers gestellt werden. Die schlüssige Darlegung »äußerer Umstände« für das Erreichen der Schwellenwerte solle ausreichen. Steht die Anzeigepflicht fest, hat der Arbeitgeber auf die diesbezügliche Rüge des Arbeitnehmers die ordnungsgemäße Durchführung des Verfahrens darzulegen und zu beweisen (*BAG* 18.1.2012 – 6 AZR 407/10; ErfK-*Kiel* KSchG § 17 Rn 40).

187

Auf die substantiierte Darlegung des Arbeitgebers hin reicht es im nächsten Schritt nicht aus, wenn der Arbeitnehmer pauschal die Ordnungsmäßigkeit des Verfahrens bestreitet; vielmehr muss er sich vollständig über den vom Arbeitgeber vorgetragenen Sachverhalt erklären und mögliche Fehler iE rügen (*BAG* 13.12.2012 EzA § 17 KSchG Nr. 29 mwN). Diesen Regeln einer **abgestuften Darlegungs- und Beweislast** ist zuzustimmen. Zwar könnte dem Arbeitgeber aus Gründen der größeren Sachnähe die Beweislast a priori treffen, denn der Arbeitnehmer hat idR keine genauen Kenntnisse der Tatsachen, insbes. der gem. § 17 Abs. 1 KSchG maßgeblichen Anzahl von Arbeitnehmern. Doch im Unterschied zur Beweislastverteilung zu § 23 Abs. 1 S. 2 KSchG (vgl. KR-*Bader/Kreutzberg-Kowalczyk* KSchG § 23 Rdn 79 ff.) handelt es sich bei den Voraussetzungen für die Konsultations- und Anzeigepflichten gem. § 17 KSchG nicht um einen Ausnahmetatbestand (*BAG* 24.2.2005 EzA § 17 KSchG Nr. 14). Unwirksamkeitsgründe für die ordnungsgemäße Durchführung des Verfahrens nach § 17 KSchG hat allerdings das Arbeitsgericht auch ohne Rüge des Arbeitnehmers dann zu berücksichtigen, wenn der Arbeitgeber zu dem von ihm durchgeführten Massenentlassungsverfahren Tatsachen vorträgt oder Unterlagen einreicht, aus denen eindeutig ersichtlich ist, dass den Anforderungen des § 17 KSchG nicht genügt ist (*BAG* 13.12.2012 EzA § 17 KSchG Nr. 29).

§ 18 KSchG Entlassungssperre

(1) Entlassungen, die nach § 17 anzuzeigen sind, werden vor Ablauf eines Monats nach Eingang der Anzeige bei der Agentur für Arbeit nur mit deren Zustimmung wirksam; die Zustimmung kann auch rückwirkend bis zum Tage der Antragstellung erteilt werden.

(2) Die Agentur für Arbeit kann im Einzelfall bestimmen, daß die Entlassungen nicht vor Ablauf von längstens zwei Monaten nach Eingang der Anzeige wirksam werden.

(3) (aufgehoben)

(4) Soweit die Entlassungen nicht innerhalb von 90 Tagen nach dem Zeitpunkt, zu dem sie nach den Absätzen 1 und 2 zulässig sind, durchgeführt werden, bedarf es unter den Voraussetzungen des § 17 Abs. 1 einer erneuten Anzeige.

Übersicht	Rdn		Rdn
A. Einleitung	1	2. Kriterien für die Rückwirkung	20
I. Entstehungsgeschichte	1	3. Rückwirkende Zustimmung im Baugewerbe	21
II. Frühere Regelungen	4		
III. Entlassung als Kündigungserklärung	5	4. Rückwirkung bei stufenweisen Kündigungen	22
IV. Sinn und Zweck der Regelung	7		
B. Die Sperrfrist	10	V. Verlängerung der Frist	24
I. Lauf der Frist	10	VI. Die Entscheidung der Agentur für Arbeit	29
1. Beginn mit wirksamer Anzeige	10	C. Die Unwirksamkeit der Kündigungen während der Sperrfrist	34
2. Anwendung der §§ 187 ff. BGB	13		
II. Normale Dauer der Frist	14	I. Hemmung der Wirksamkeit	34
III. Zustimmung vor Ablauf der Frist	15	II. Die Stellung des Arbeitnehmers	37
1. Antrag des Arbeitgebers	15	III. Besonderheiten bei stufenweisen Entlassungen	38
2. Bekanntgabe gegenüber dem Arbeitnehmer	18	D. Die Freifrist (§ 18 Abs. 4)	40
IV. Rückwirkende Zustimmung	19	E. Rechtswirkungen bei unterbliebener Anzeige	41
1. Rückwirkung bis zum Tag der Antragstellung	19		

A. Einleitung

I. Entstehungsgeschichte

1 § 18 Abs. 1, 2 und 4 KSchG war als § 16 Bestandteil der ursprünglichen Fassung des KSchG. Er ging zurück auf § 16 des RegE v. 23.1.1951, der inhaltlich übernommen wurde (abgedr. RdA

1951, 58 ff.). § 248 des **Arbeitsförderungsgesetz**es v. 25.6.1969 (BGBl. I S. 582) erweiterte den damaligen § 16 KSchG um den heutigen Abs. 3, der systematisch eher § 20 KSchG zuzuordnen war. Durch das **Erste Arbeitsrechtsbereinigungsgesetz** wurde die Bezifferung des § 16 KSchG in § 18 KSchG abgeändert. Eine inhaltliche Änderung war damit nicht verbunden.

Durch Art. 50 des Arbeitsförderungs-Reformgesetzes (AFRG) v. 24.3.1997 (BGBl. I S. 594) ist die Zuständigkeit für Entscheidungen bei anzeigepflichtigen Entlassungen vom damaligen Landesarbeitsamt auf das Arbeitsamt (heute Agentur für Arbeit) verlagert worden. Abs. 3 wurde wegen der Nichtübernahme von § 8 AFG in das SGB III aufgehoben. In Abs. 4 wurden die Wörter »eines Monats« durch die Wörter »von 90 Tagen« ersetzt. Diese Änderungen traten am 1. Januar 1998 in Kraft.

Zuletzt ist durch das Dritte Gesetz für moderne Dienstleistungen am Arbeitsmarkt v. 23.12.2003 (BGBl. I S. 2848) jeweils in Abs. 1 und 2 die Bezeichnung »Arbeitsamt« in »**Agentur für Arbeit**« (**AfA**) geändert worden.

II. Frühere Regelungen

Schon nach §§ 1 und 2 der Verordnung betreffend Maßnahmen gegenüber Betriebsabbrüchen und -stilllegungen v. 8.11.1920 idF der Verordnung über Betriebsstilllegungen und Arbeitsstreckung v. 15.10.1923 waren anzuzeigende Entlassungen innerhalb einer Frist von vier Wochen nach Anzeige nur mit Zustimmung der Demobilmachungsbehörde wirksam. Eine entsprechende Regelung traf § 20 Abs. 2 AOG. Der danach für die Genehmigung von Entlassungen vor Ablauf der Sperrfrist von vier Wochen zuständige Treuhänder der Arbeit konnte die Genehmigung mit rückwirkender Kraft erteilen. Dabei war die Rückwirkung nicht beschränkt auf den Tag der Antragstellung (Rdn 19). Der Treuhänder der Arbeit konnte weiter anordnen, dass die Sperrfrist auf insgesamt zwei Monate verlängert wurde.

III. Entlassung als Kündigungserklärung

Die Entscheidung des EuGH in der Rs. Junk (27.1.2005 – C-188/03 –) und die darauf beruhende richtlinienkonforme Auslegung der Massenentlassungsvorschriften durch das BAG (grundlegend *BAG* 23.3.2006 – 2 AZR 343/05 – BAGE 117, 281; zuletzt *BAG* 13.6.2019 – 6 AZR 459/18 – Rn 22, BAGE 167, 102) hat zu Änderungen des Verfahrens bei anzeigepflichtigen Entlassungen geführt. Im Unterschied zum vorherigen Verständnis ist die Kündigungserklärung des Arbeitgebers als das Ereignis zu werten, das als Entlassung gilt. Kündigungen sind erst nach dem Ende der Beratungen (»Konsultation«) mit dem Betriebsrat und nach Erstattung der Massenentlassungsanzeige bei der AfA zulässig (s.a. KR-*Weigand/Heinkel* § 17 KSchG Rdn 59 ff.).

Nach diesem Verständnis können Kündigungen, die unmittelbar nach Erstattung der Anzeige erklärt werden dürfen, frühestens mit dem Ablauf der Entlassungssperre zum Ausscheiden der Arbeitnehmer führen (*BAG* 25.4.2013 – 6 AZR 49/12 – Rn 153). Nur bei Kündigungen unter einem Monat (bei der Regelsperrfrist von einem Monat) und bei Kündigungsfristen zwischen einem und unter zwei Monaten (bei Sperrfristverlängerung auf zwei Monate) bewirkt § 18 Abs. 1 und 2 KSchG mittelbar eine Mindestkündigungsfrist. Ist die individuelle Kündigungsfrist länger als die Sperrfrist, hat § 18 KSchG keine Wirkung mehr (*BAG* 13.2.2020 – 6 AZR 146/19 – Rn 105, BAGE 169, 362).

IV. Sinn und Zweck der Regelung

Die Bestimmungen über Massenentlassungen dienen **arbeitsmarktpolitischen Zielen und dem individuellen Schutz der betroffenen Arbeitnehmer** (s.a. KR-*Weigand/Heinkel* § 17 KSchG Rdn 17 ff.). Der AfA soll nach einer in jeder Hinsicht wirksamen Massenentlassungsanzeige (*BAG* 22.11.2012 EzA § 17 KSchG Nr. 31) Gelegenheit gegeben werden, rechtzeitig Maßnahmen zur anderweitigen Vermittlung bzw. Verwendung der freiwerdenden Arbeitskräfte zu treffen (vgl. schon Begr. zum RegE v. 23.1.1951 RdA 1951, 65) oder in der Ausdrucksweise gem. Art. 4 Abs. 2 der MERL »nach Lösungen für die durch die beabsichtigten Massenentlassungen aufgeworfenen Probleme zu suchen.«

Zum Beispiel werden Arbeitnehmer durch die Teilnahme an Transfermaßnahmen gem. §§ 110, 111 SGB III gefördert, um ihre Eingliederungschancen zu verbessern, sie in ein Anschlussarbeitsverhältnis zu vermitteln oder in die Selbstständigkeit zu begleiten (*BAG* 30.3.2004 EzA § 112 BetrVG 2001 Nr. 10; *LAG Hmb.* 7.9.2005 – 5 Sa 4/05; *Stück* MDR 2005, 361, 362; *Sieg* NZA Beil. 1/2005, 9, 10; *Gaul/Otto* NZA 2004, 1301, 1302). Denkbar sind auch Maßnahmen zur Aktivierung und beruflichen Eingliederung (§ 45 SGB III) sowie Förderungen zur Anbahnung oder Aufnahme einer Beschäftigung bzw. Selbstständigkeit (§§ 44, 88 bis 94 SGB III). § 18 KSchG ordnet daher eine Sperrfrist von idR einen Monat an, innerhalb derer Entlassungen nur mit Zustimmung der AfA wirksam werden. Diese Frist soll die AfA nutzen, um sich auf die zu erwartenden Arbeitslosen einzustellen und rechtzeitig Maßnahmen zu deren anderweitiger Vermittlung zu ergreifen. Um den Gegebenheiten des Einzelfalles besser begegnen zu können, kann die AfA diese Frist sowohl abkürzen als auch verlängern, allerdings nicht über zwei Monate hinaus. Damit werden ihr Mittel an die Hand gegeben, die eine bewegliche Anpassung an die jeweiligen Umstände zulassen.

8 Der **Zweck der Sperrfrist** liegt zunächst – auch historisch bedingt (vgl. MüHdbArbR-*Spelge* § 121 Rn 194) – im öffentlichen Interesse (*Reinhard* RdA 2007, 207, 210). Der Individualschutz des einzelnen Arbeitnehmers ist aber insoweit berührt, als sozialrechtliche Möglichkeiten gemäß SGB III ausgeschöpft werden sollen. Im Übrigen wird auf Art. 4 Abs. 2 der MERL verwiesen.

9 Die Novellierung des § 18 KSchG durch Art. 50 des AFRG v. 24.3.1997 (Rdn 2) diente in erster Linie der **Verfahrensvereinfachung** und **Entscheidungsbeschleunigung**. Die Zuständigkeit für Entscheidungen bei anzeigepflichtigen Entlassungen liegt nunmehr bei der AfA, weil sie die Arbeitsmarktsituation vor Ort und die Situation des Betriebes besser kennt. Sie leistete auch vorher schon die Sachaufklärung und Vorbereitung der Entscheidung des vormals zuständigen Landesarbeitsamtes.

B. Die Sperrfrist

I. Lauf der Frist

1. Beginn mit wirksamer Anzeige

10 Entlassungen, die nach § 17 KSchG anzuzeigen sind, werden (im Einklang mit Art. 4 Abs. 1 der MERL) **vor Ablauf eines Monats** nach Eingang der Anzeige bei der AfA nur mit deren Zustimmung wirksam (§ 18 Abs. 1 1. Hs. KSchG). Grundsätzlich kann bspw. eine Kündigung schon unmittelbar nach dem Eingang der Anzeige bei der AfA erklärt werden. Allerdings entfaltet bis zum Ablauf der Frist des § 18 Abs. 1 1. HS KSchG die vom Arbeitgeber erklärte Kündigung keine Wirkung iSd des tatsächlichen Ausscheidens des Arbeitnehmers, wenn die Kündigungsfrist kürzer als einen Monat bemessen ist (Rdn 34 ff.). Mit der **Sperrfrist** wird nicht die Rechtswirksamkeit der Kündigung bzw. Entlassung in Frage gestellt (*BAG* 18.9.2003 – 2 AZR 537/02 – Rn 72), sondern deren Wirksamwerden iS ihres Vollzugs verzögert. Das »Wirksamwerden« der Kündigung bezieht sich auf den Eintritt ihrer Rechtsfolgen, die mit dem Ablauf eintreten. Insofern beschreibt die Sperrfrist eine Mindestkündigungsfrist, die zwischen der wirksamen Erstattung der Anzeige und der tatsächlichen Beendigung des Arbeitsverhältnisses liegen muss (*BAG* 28.5.2009 EzA § 17 KSchG Nr. 20).

11 Die Frist beginnt mit dem **Eingang der Anzeige** bei der AfA. Es kommt nicht auf den Tag der Absendung an. Das entspricht allg. Grundsätzen für das Wirksamwerden von Willenserklärungen gegenüber Behörden (§ 130 Abs. 3 BGB). Voraussetzung ist eine **rechtswirksame** Anzeige iSd § 17 KSchG (s.a. KR-*Weigand/Heinkel* § 17 KSchG Rdn 175 f.). Insbes. muss die Anzeige vollständig sein. Andernfalls liefe die Sperrfrist bereits an, ohne dass die AfA mangels entsprechender Unterlagen in der Lage wäre zu prüfen, ob eine Abkürzung oder Verlängerung der Frist in Frage kommt. Ist zunächst eine unvollständige Anzeige eingereicht worden mit der Folge, dass die Sperrfrist noch nicht ausgelöst wird, kann die AfA nach Eingang der ordnungsgemäßen Anzeige ggf. eine entsprechende Abkürzung der Frist ins Auge fassen – ein Antrag des Arbeitgebers vorausgesetzt (s. Rdn 15). Daran ist insbes. zu denken, wenn dem anzeigenden Arbeitgeber ein entschuldbares Versehen unterlaufen war.

Die Anzeige muss bei **der örtlich zuständigen AfA** eingehen. Das ist die AfA, in deren Bezirk der 12
Betrieb seinen Sitz hat (s.a. KR-*Weigand/Heinkel* § 17 KSchG Rdn 141 ff.). Wird sie bei der unzuständigen AfA erhoben, läuft die Frist erst an mit Eingang bei der zuständigen AfA (ErfK-*Kiel* KSchG § 17 Rn 27; *LKB-Bayreuther* KSchG § 18 Rn 3; APS-*Moll* KSchG § 18 Rn 8; *Hueck/Nipperdey* I, S. 598; LSSW-*Wertheimer* KSchG § 18 Rn 3). Auch hier gilt, dass die AfA die verspätet anlaufende Sperrfrist ggf. abkürzen kann, wenn die versehentliche Anzeige an die örtlich unzuständige AfA entschuldbar ist. Zu denken ist etwa an verständliche Unsicherheiten in der Beurteilung, welche AfA bei Nebenbetrieben zuständig ist (LSW-*Wertheimer* Rn 3 weist umgekehrt auf die Möglichkeit einer entsprechenden Verlängerung der Sperrfrist hin). Die Anzeige eines privaten Luftfahrtunternehmens ist nicht gem. § 21 S. 3 KSchG an die Zentrale der BA zu richten, sondern an die örtlich zuständige AfA (*BAG* 4.3.1993 – 2 AZR 451/92 –, BAGE 72, 310).

2. Anwendung der §§ 187 ff. BGB

Der **Lauf** der Frist bemisst sich nach §§ 187 ff. BGB (§ 26 SGB X). Der Tag des Eingangs der Anzeige wird bei der Berechnung der Frist nicht mitgerechnet, § 187 Abs. 1 BGB. Die Monatsfrist 13
des § 18 Abs. 1 1. Hs. KSchG endet gem. § 188 Abs. 2 BGB mit dem Ablauf desjenigen Tages des folgenden Monats, der durch seine Zahl oder seine Benennung dem Tage entspricht, an dem die Anzeige erstattet wurde. Ging die Anzeige am 31. Januar ein, endet die Frist am 28. Februar, in Schaltjahren am 29. Februar (§ 188 Abs. 3 BGB). Macht die AfA von ihrem Recht der Abkürzung oder Verlängerung der Sperrfrist Gebrauch, wird sie im Zweifelsfall das Datum des Ablaufes der Frist fixieren. Stimmt sie der Kündigung innerhalb der Sperrfrist zu, ohne ein Datum festzusetzen, läuft die Frist mit Bekanntgabe der Entscheidung an den Arbeitgeber ab (s.a. KR-*Weigand/Heinkel* § 20 KSchG Rdn 68).

II. Normale Dauer der Frist

Die **normale Dauer** der Frist beträgt **einen Monat**. Äußert sich die AfA entweder nicht oder bestätigt sie lediglich den Eingang der Anzeige, ohne eine Entscheidung zu treffen, wird die Kündigung 14
nach Ablauf des Monats wirksam, wenn nicht eine längere individualvertragliche Kündigungsfrist den Zeitraum bis zur tatsächlichen Beendigung verlängert. Da die AfA eine Verkürzung der Sperrfrist nur auf Antrag des Arbeitgebers vornehmen kann (Rdn 15), greift die einmonatige Sperrfrist vor allem dann ein, wenn ein entsprechender Antrag fehlt und keine triftigen Gründe für eine Verlängerung vorliegen.

III. Zustimmung vor Ablauf der Frist

1. Antrag des Arbeitgebers

Die AfA kann dem Antrag auf Verkürzung **der Sperrfrist zustimmen**. Hierbei handelt es sich um 15
einen **begünstigenden Verwaltungsakt** (s.a. KR-*Weigand/Heinkel* § 20 KSchG Rdn 64). Die Entscheidung setzt daher einen entsprechenden **Antrag** des Arbeitgebers voraus (KR-*Weigand/Heinkel* § 20 KSchG Rdn 19; ErfK-*Kiel* KSchG § 18 Rn 4; LSSW-*Wertheimer* KSchG § 18 Rn 7; *LKB-Bayreuther* KSchG § 18 Rn 12; vgl. auch § 18 SGB X). § 18 Abs. 1 2. Hs. KSchG spricht folgerichtig aus, dass die Zustimmung auch rückwirkend bis zum Tage der Antragstellung ausgesprochen werden kann. Praktische Auswirkung entfaltet die Abkürzung der Sperrfrist allerdings nur, wenn die individuelle Kündigungsfrist die verkürzte Sperrfrist nicht überschreitet. Die Insolvenz des Arbeitgebers allein (*LSG Hessen* 25.4.1997 – L 10 AR 894/94 –) oder sein Interesse, eine eingeräumte Kreditlinie nicht zu gefährden (vgl. *BSG* 21.3.1978 – 7/12 Rar 6/77 –, BSGE 46, 99), rechtfertigen die Sperrzeitverkürzung nicht. Ob nach Unionsrecht eine Verkürzung voraussetzt, dass die Massenentlassung auf unvorhersehbaren Ereignissen beruht und der Arbeitgeber bei Fortzahlung der Gehälter für die Dauer der normalen Sperrfrist in wirtschaftliche Schwierigkeiten gerät (vgl. EuArbR-*Spelge* RL 98/59/EG Art. 4 Rn 2 ff.; idS wohl auch ErfK-*Kiel* KSchG § 18 Rn 4), kann nur der EuGH im Rahmen eines Vorlageverfahrens abschließend klären.

16 Ein Verkürzungsantrag liegt **nicht** ohne weiteres in der **Anzeige** der Massenentlassung, wenn auch deren Auslegung ergeben kann, dass sie ein entsprechendes Ersuchen um Zustimmung zur Durchführung der angezeigten Entlassungen vor Ablauf der Sperrfrist enthält (ErfK-*Kiel* KSchG § 18 Rn 4; APS-*Moll* KSchG § 18 Rn 13). Der Antrag sollte jedenfalls tunlichst ausdrücklich zugleich mit der Anzeige der Massenentlassung gestellt werden. Er kann nach Eingang der Anzeige eingereicht werden.

17 Stimmt die AfA der Wirkung der Kündigungserklärung vor Ablauf der Sperrfrist lediglich zu, ohne ein Datum zu nennen, läuft die Sperrfrist frühestens mit dem Tage der Bekanntmachung an den Arbeitgeber ab. Die Abkürzung kann in der Weise erfolgen, dass die Zustimmung für einen nach Bekanntgabe, aber noch vor Ablauf des Monats liegenden Termin erteilt wird.

2. Bekanntgabe gegenüber dem Arbeitnehmer

18 Die Entscheidung der AfA wird idR nur dem **Arbeitgeber bekannt gegeben** (vgl. KR-*Weigand/Heinkel* § 20 KSchG Rdn 68). Der Arbeitgeber ist daher gehalten, dem Arbeitnehmer mit der Erklärung der Kündigung mitzuteilen, dass das tatsächliche Ende des Arbeitsverhältnisses mit Ablauf der individuellen Kündigungsfrist von der Entscheidung der AfA darüber abhängt, ob die Sperrfrist abgekürzt wird. Kann das Arbeitsverhältnis wegen einer Ablehnung des Antrages auf Sperrzeitabkürzung erst nach Ablauf der regulären oder ggf. sogar verlängerten Sperrfrist beendet werden, verlängert sich die Kündigungsfrist bis zum Ende der Sperrfrist.

IV. Rückwirkende Zustimmung

1. Rückwirkung bis zum Tag der Antragstellung

19 Die Zustimmung kann **rückwirkend** erteilt werden, § 18 Abs. 1 2. Hs. KSchG. Die Rückwirkung ist allerdings begrenzt durch den **Tag der Antragstellung**. Das wird idR der Tag der Anzeige der beabsichtigten Kündigungen, kann aber auch bei separater Antragstellung ein danach – nicht davor – liegender Termin sein (s. Rdn 15 ff.). Insoweit unterscheidet sich § 18 KSchG von der entsprechenden Regelung des AOG, die eine vergleichbare Beschränkung nicht kannte (s. Rdn 4). Die nur begrenzte Rückwirkung wurde auf übereinstimmenden Wunsch der Sozialpartner schon in § 16 KSchG aF aufgenommen (Begr. zum RegE v. 23.1.1951 RdA 1951, 65).

2. Kriterien für die Rückwirkung

20 Ob dem Antrag auf rückwirkende Zustimmung entsprochen wird, hängt von den **Umständen des Einzelfalles** ab. Über die dabei vom Entscheidungsträger zu berücksichtigenden Interessen vgl. KR-*Weigand/Heinkel* § 20 KSchG Rdn 58 ff. Für die rückwirkende Zustimmung kann sprechen, dass die Ereignisse, welche die Kündigungen verursachen, unvorhersehbar waren.

3. Rückwirkende Zustimmung im Baugewerbe

21 Bei der Beratung des Regierungsentwurfs war insbes. von den Verbänden des **Baugewerbes** geltend gemacht worden, die Einhaltung längerer Sperrfristen sei unbillig, wenn mit öffentlichen Mitteln finanzierte Bauvorhaben kurzfristig stillgelegt werden müssten, weil die Bereitstellung der Mittel versagt werde (Begr. zum RegE, RdA 1951, 65). Dieses Argument dürfte über das Baugewerbe hinaus von Bedeutung sein. Werden Massenentlassungen durch staatliche Entscheidungen veranlasst, können die arbeitsmarktpolitischen Folgen solcher Maßnahmen nicht ohne weiteres auf die Betriebe abgewälzt werden. In solchen Fällen spricht daher einiges für die rückwirkende Zustimmung zu den erforderlich werdenden Kündigungen.

4. Rückwirkung bei stufenweisen Kündigungen

22 Werden zunächst wirksam erklärte Kündigungen durch **hinzutretende weitere Kündigungen** innerhalb von 30 Kalendertagen anzeigepflichtig (s. Rdn 38, 39), gewinnt die rückwirkende Zustimmung besondere Bedeutung. Allerdings bleibt auch in diesem Fall die Rückwirkung beschränkt auf

den Tag der Antragstellung. Dieser liegt notwendigerweise zeitlich später als die zunächst erklärten Kündigungen. Der eindeutige Gesetzeswortlaut des § 18 Abs. 1 2. Hs. KSchG steht einer Auslegung entgegen, die Rückwirkung hier ausnahmsweise bis auf den Tag der Kündigung, soweit dieser vor dem Tag der Antragstellung liegt, zuzulassen.

Geht man – zu Recht – davon aus, dass bei **stufenweisen Kündigungen** die zunächst durchgeführten Kündigungen von der nachträglichen Unwirksamkeit ergriffen werden (s. KR-*Weigand/Heinkel* § 17 KSchG Rdn 147), ist dieses Ergebnis folgerichtig und in seinen Konsequenzen auch nicht so unhaltbar, dass deshalb eine vom Wortlaut des Gesetzes abweichende Lösung gefunden werden müsste. Der Arbeitgeber sollte regelmäßig überschauen können, ob im Laufe eines so kurzen Zeitraumes weitere Entlassungen notwendig werden. Durch den Zwang der Einhaltung von Kündigungsfristen beschränkt sich der Übersichtszeitraum ohnehin auf nur etwa zwei Wochen. 23

V. Verlängerung der Frist

Die AfA kann im **Einzelfall** bestimmen, dass die Kündigungen nicht vor Ablauf von längstens zwei Monaten nach Eingang der Anzeige bei der AfA wirksam werden, § 18 Abs. 2 KSchG. Sie kann also die Sperrfrist bis auf **zwei Monate verlängern**. Hierzu bedarf es natürlich keines Antrags des Arbeitgebers. Die zweimonatige Frist ist die Höchstfrist. Länger als zwei Monate kann die AfA die Wirkung der Kündigungen, dh das tatsächliche Ende der Arbeitsverhältnisse, nicht hinauszögern. Andererseits ist sie nicht gehalten, diese Frist bei Verlängerung voll auszuschöpfen. Sie kann die Sperrfrist auf jeden beliebigen Zeitpunkt zwischen einem und zwei Monaten verlängern. 24

Eine Verlängerung der Sperrfrist kann nur im **Einzelfall** erfolgen. Der nach § 20 KSchG zuständige Entscheidungsträger hat also für jede Anzeige gesondert zu prüfen, ob die Verlängerung erforderlich ist, um den arbeitsmarktpolitischen Zweck des § 18 Abs. 2 KSchG zu erreichen (*SG Frankf./ M.* 29.1.1988 – S/14/Ar 681/84) oder um »Lösungen für die durch die beabsichtigten Massenentlassungen aufgeworfenen Probleme zu suchen« (Art. 4 Abs. 2 der MERL). Er kann nicht eine generelle Anhebung der Sperrfrist für alle Betriebe oder etwa Betriebe einer bestimmten Größenordnung verfügen. 25

Die Verlängerung kommt nur in Betracht **vor** Ablauf der einmonatigen Frist des § 18 Abs. 1 1. Hs. KSchG. Die erst danach dem Arbeitgeber zugehende Entscheidung des Entscheidungsträgers ist wirkungslos. Die einmal abgelaufene Frist kann nicht nachträglich verlängert werden (APS-*Moll* KSchG § 18 Rn 31; *LKB-Bayreuther* KSchG § 18 Rn 7; *Nikisch* I, S. 846; *ArbG Hmb.* BB 1954, 872; Runderlass des Präsidenten der BA v. 12.2.1953 ANBA 1953, 44). 26

Ob die Voraussetzungen für eine Verlängerung der Sperrfrist vorliegen, hat der Ausschuss unter sorgfältiger Abwägung aller **Umstände des Einzelfalles** nach pflichtgemäßem Ermessen zu prüfen (ErfK-*Kiel* KSchG § 18 Rn 5; über die dabei zu berücksichtigenden Kriterien vgl. KR-*Weigand/ Heinkel* § 20 KSchG Rdn 58 ff.). Nicht ausreichend ist die fiskalische Erwägung, die Arbeitslosenversicherung um einen weiteren Monat von der Zahlung von Arbeitslosengeld zu entlasten (*Nikisch* I, S. 846; *LSG Bayern* 8.8.1985 – L 09/Al 133/83, NZA 1986, 654 verlangt das Vorliegen atypischer Besonderheiten). 27

Die Kündigung, die der Arbeitgeber mit einer Kündigungsfrist erklärt, die vor der Frist des § 18 Abs. 1 1. Hs. KSchG abläuft, weil er mit einer positiven Entscheidung über eine Verkürzung der Sperrfrist rechnete, entfaltet ihre Wirksamkeit erst zum Ende der Sperrfrist. 28

VI. Die Entscheidung der Agentur für Arbeit

Die Entscheidung der AfA nach § 18 Abs. 1 und Abs. 2 KSchG trifft deren Geschäftsführung oder ein bei ihr nach Maßgabe des § 20 KSchG zu bildender **Ausschuss** (**Entscheidungsträger**; wegen der Einzelheiten wird auf die Erl. zu § 20 KSchG verwiesen). Der Entscheidungsträger kann die Verlängerung oder Abkürzung der Sperrfrist auf bestimmte Gruppen der zu kündigenden Arbeitnehmer beschränken. Er kann die Zustimmung zu vorzeitiger Kündigung von bestimmten 29

§ 18 KSchG Entlassungssperre

Voraussetzungen abhängig machen, zB der Zahlung einer Abfindung an die betreffenden Arbeitnehmer oder dem Gebot an den Arbeitgeber, mit dem Arbeitnehmer eine Wiedereinstellung für den Fall einer Änderung der wirtschaftlichen Lage des Betriebes zu vereinbaren (ErfK-*Kiel* KSchG § 18 Rn 4; *LKB-Bayreuther* KSchG § 18 Rn 14; DDZ-*Callsen* KSchG § 18 Rn 13; *Nikisch* I, S. 845; wohl auch APS-*Moll* KSchG § 18 Rn 25; aA KPK-*Schiefer* Teil H § § 17–22 Rn 119; BBDK-*Dörner* Rn 13 – Ablehnung von Auflagen aus Gründen der Rechtssicherheit). Es handelt sich dabei verwaltungsrechtlich gesehen um den Erlass eines Verwaltungsaktes unter einer **aufschiebenden Bedingung**. Gegen die Zulässigkeit des Verfahrens bestehen keine Bedenken. Verwaltungsakte, auf die keine volle Einräumungsberechtigung besteht, sondern die von der Ausübung des pflichtgemäßen Ermessens abhängen, können mit Nebenbestimmungen – also auch Bedingungen – versehen werden (vgl. § 32 SGB X). Die bedingte Erteilung einer Zustimmung bietet sich vor allem dann an, wenn andernfalls der Antrag vollständig zurückgewiesen werden müsste. Die Grenze liegt dort, wo der Ermessensspielraum infolge der besonderen Umstände des Einzelfalles so eingeschränkt ist, dass jede andere Entscheidung als die unbedingte Erteilung der Zustimmung sich als ermessensfehlerhaft darstellt (*Wolff/Bachof/Stober* VerwR Bd. 2 § 47 II 2).

30 Der Arbeitgeber ist **nicht verpflichtet**, die Bedingungen zu erfüllen (APS-*Moll* KSchG § 18 Rn 24). Er kann stattdessen die einmonatige Frist des § 18 Abs. 1 1. Hs. KSchG verstreichen lassen und die Kündigungen zu einem Zeitpunkt, der danach liegt, wirksam werden lassen. Die AfA hat kein Mittel in der Hand, den Arbeitgeber zur Zahlung von Abfindungen oder zur späteren Wiedereinstellung von Arbeitnehmern zu zwingen. Ist der Arbeitgeber der Auffassung, die lediglich bedingte Zustimmung zur vorzeitigen Entlassung sei ermessensfehlerhaft, steht ihm der Weg zu den Sozialgerichten offen (vgl. *Weigand/Heinkel* § 20 KSchG Rn 69 ff.).

31 Die AfA kann umgekehrt die **Verlängerung** einer Sperrfrist in ihrem Bestand **auflösend** von der Erfüllung bestimmter Bedingungen abhängig machen. Gegen die Zulässigkeit einer gegenüber der unbedingten Verlängerung weniger weitgehenden Verknüpfung der Verlängerung mit einer auflösenden Bedingung bestehen gleichfalls keine rechtlichen Bedenken. Der Arbeitgeber hat es dann in der Hand, zB durch Zahlung einer Abfindung an die zu Kündigenden, die Sperrfrist vorzeitig enden zu lassen und die Kündigungen entsprechend wirksam werden zu lassen. Auch hier gilt, dass er zur Erfüllung der Bedingungen nicht verpflichtet ist, sondern stattdessen den Ablauf der verlängerten Sperrfrist abwarten kann. Ist er der Meinung, dass die – wenn auch auflösend bedingte – Verlängerung der Sperrfrist überhaupt unangemessen ist, steht ihm der Rechtsweg zu den Sozialgerichten offen.

32 Hat der Arbeitgeber Massenentlassungen angezeigt, **ohne** dass die Voraussetzungen des § 17 KSchG vorlagen, ist er unabhängig von einer Entscheidung der AfA jederzeit zur Durchführung der Kündigungen berechtigt. Geht die AfA nach ordnungsgemäßer Anzeige **irrtümlich** davon aus, die Voraussetzungen des § 17 KSchG seien **nicht** erfüllt, und teilt dies dem Arbeitgeber mit, wirkt diese Mitteilung (**Negativattest**) wie eine zum selben Zeitpunkt erteilte Zustimmung zur vorzeitigen Entlassung. Der Arbeitgeber darf sich auf diese Mitteilung verlassen. Dies gilt allerdings nicht in einem Kündigungsschutzverfahren mit dem entlassenen Arbeitnehmer. Eine Bindung der Arbeitsgerichte im Hinblick etwa auf die Frage des Vorliegens einer Massenentlassung besteht nicht. Auch vermag das Negativattest – ebenso wenig wie sonstige Bescheide der Arbeitsverwaltung (s. im Einzelnen KR-*Weigand/Heinkel* KSchG § 17 Rdn 177) – Fehler des Arbeitgebers im Massenentlassungsverfahren zu heilen. Die Kündigung ist daher, sofern Fehler im Massenentlassungsverfahren vorliegen, ungeachtet des Negativattests unwirksam (*ArbG Bochum* 17.3.2005 – 3 Ca 307/04 – Rn 90 ff.; ErfK-*Kiel* KSchG § 20 Rn 4, 6; MüHdbArbR-*Spelge* § 121 Rn 235; aA *BAG* 22.9.2005 – 2 AZR 544/04 – Rn 56; 21.5.1970 – 2 AZR 294/96 –, BAGE 22, 336; APS-*Moll* KSchG § 18 Rn 29). Hat der Arbeitgeber seine Pflichten nach § 17 KSchG ordnungsgemäß erfüllt, wirkt sich der Irrtum der AfA hingegen nicht aus.

33 In jedem Fall kann der Arbeitgeber trotz erstatteter Anzeige davon absehen, alle Kündigungen vorzunehmen. Er kann sich auf eine Zahl unterhalb der nach § 17 KSchG maßgeblichen Grenze beschränken und diese Kündigungen innerhalb eines Zeitraums von 30 Kalendertagen ungehindert durchführen.

C. Die Unwirksamkeit der Kündigungen während der Sperrfrist

I. Hemmung der Wirksamkeit

Die nach § 17 KSchG anzuzeigenden **Kündigungen** werden, was ihr tatsächliches Ende mit Ablauf 34
der Kündigungsfrist angeht, **erst mit Ablauf der Sperrfrist** oder mit **Zustimmung der AfA** wirksam
(*BAG* 28.5.2009 EzA § 17 KSchG Nr. 20). Insofern kann unter § 18 Abs. 1 1. Hs. KSchG auch die
Anordnung einer aufschiebend bedingten Kündigung verstanden werden (*BAG* 13.7.2006 EzA § 17
KSchG Nr. 17). **Kündigungen, deren Kündigungsfrist vor dem Zeitpunkt gem. § 18 Abs. 1 KSchG
ablaufen, sind** nicht endgültig unwirksam. Sie bleiben als Rechtsgeschäft grds. wirksam, sind aber in
ihrem Vollzug **gehemmt** (*BAG* 6.11.2008 EzA § 18 KSchG Nr. 1; DDZ-*Callsen* KSchG § 18 Rn 23;
APS-*Moll* KSchG § 18 Rn 33; *Nikisch* DB 1960, 1275; SPV-*Vossen* Rn 1661; *Bissels* jurisPR-ArbR
17/2009 Nr. 2 mwN), bis die Sperrfrist abgelaufen bzw. die Zustimmung erteilt ist (*BAG* 22.3.2001
EzA Art. 101 GG Nr. 5). Vorbehaltlich der behördlichen Abkürzung oder Verlängerung der Sperrfrist wirkt die Regelung gem. § 18 Abs. 1 bei kürzeren als vierwöchigen Kündigungsfristen wie eine
Mindestkündigungsfrist (*BAG* 13.2.2020 – 6 AZR 146/19 – Rn 105, BAGE 169, 362; *LAG BW*
12.3.2008 LAGE § 18 KSchG Nr. 3; *LAG SA* 29.10.2007 – 10 Sa 664/06). Die Regelungen gem.
§§ 17 ff. KSchG bestimmen damit – vor allem im öffentlichen Interesse, aber auch im Interesse
des einzelnen Arbeitnehmers –, dass die Kündigungsfrist auch einer sonst privatrechtlich wirksamen
Kündigung durch privatrechtsgestaltenden Verwaltungsakt der AfA festgelegt wird (*BAG* 18.9.2003
EzA § 1 KSchG Soziale Auswahl Nr. 53; 13.4.2000 EzA § 17 KSchG Nr. 9). Das Ende der Sperrfrist
und das Ausscheiden des Arbeitnehmers können dann zusammenfallen.

Seit den Entscheidungen des EuGH 2005 und des BAG 2006 (vgl. KR-*Weigand/Heinkel* § 17 35
KSchG Rdn 59 ff.) gilt als Entlassung iSd §§ 17, 18 KSchG die Kündigungserklärung des Arbeitgebers. Das bedeutet aber nicht, dass das Wirksamwerden der Kündigung gem. der Formulierung
in § 18 Abs. 1 KSchG nicht den Ablauf der Kündigungsfrist (vgl. Rdn 34), sondern die Wirksamkeit der Kündigung als Rechtsgeschäft betreffen soll. Nähme man dies an, würde die Regelung
gem. § 18 Abs. 1 KSchG als aufschiebende Rechtsbedingung im Hinblick auf die Kündigung wirken mit der Folge, dass die Kündigungsfrist erst mit dem Ende der Sperrfrist zu laufen beginnen
würde (*LAG Brem.* 21.5.2008 – 2 Sa 199/07; *LAG Bln.-Bra.* 23.2.2007 LAGE § 18 KSchG Nr. 1
und 21.12.2007 LAGE § 18 KSchG Nr. 2 mit der Begründung, sonst würde die Freifristenregelung gem. § 18 Abs. 4 KSchG leerlaufen; ebenso *Ferme/Lipinski* NJW 2006, 937; *Kliemt* FS
DAV, S. 1248; **aA** *LAG SA* 29.10.2007 – 10 Sa 665/06). Eine solche Auslegung entspricht nicht
dem Sinn und Zweck der Sperrfristenregelung, die eine Mindestkündigungsfrist gewährleisten soll
(Rdn 7 und 34), um den arbeitsmarktpolitischen Zielen der Massenentlassungsschutzregelungen
gerecht zu werden (Art. 4 Abs. 2 der MERL; *BAG* 6.11.2008 – 2 AZR 935/07 – Rn 24 f., 27 f.,
BAGE 128, 256). Im Übrigen veranschaulichen die Rspr. des EuGH und des BAG, dass nicht
primär der Wortlaut, sondern die ratio legis unter Berücksichtigung der MERL der Auslegung zugrunde zu legen ist (*Dornbusch/Wolff* BB 2007, 2297).

Ist die Kündigung nur zu einem **bestimmten Termin** möglich (zB Monatsende) und ist zu einem **in** 36
der Sperrfrist liegenden solchen Termin fristgerecht gekündigt worden, läuft das Arbeitsverhältnis
gleichfalls mit **Ablauf der Sperrfrist** aus und nicht erst zum nächsten Kündigungstermin (LSSW-
Wertheimer KSchG § 18 Rn 14; *Bauer/Powietzka* DB 2001, 383; aA *LAG Frankf./M* 16.3.1990
DB 1991, 658; DDZ-*Callsen* KSchG § 18 Rn 23; *Berscheid* ZIP 1987, 1516 ff.). Eine erweiternde
Auslegung dahin, die Entlassung erst zum Ablauf des nächsten Kündigungstermins nach Ablauf der
Sperrfrist wirksam werden zu lassen, ist weder vom Wortlaut des § 18 KSchG gedeckt noch vom
Sinngehalt der Regelung. Wird die Kündigung allerdings erst zu einem **nach Ablauf** der Sperrfrist
liegenden Zeitpunkt ausgesprochen, muss der Kündigungstermin (zB Monatsende) eingehalten
werden (APS-*Moll* KSchG § 18 Rn 34).

II. Die Stellung des Arbeitnehmers

37 Andererseits ist der **Arbeitnehmer nicht verpflichtet**, über den Zeitpunkt der fristgerechten Kündigung hinaus weiterzuarbeiten, wenn er dies nicht will. Nach dem zwischen ihm und dem Arbeitgeber allein maßgebenden Arbeitsvertrag ist dies der Termin, zu dem er ohne weiteres aus dem Vertragsverhältnis ausscheiden kann. In dieses Recht greifen die §§ 17 ff. KSchG nicht ein. Die Bestimmungen über die anzeigepflichtigen Entlassungen richten sich **allein an den Arbeitgeber**. Er wird in seinem Recht, Kündigungen fristgerecht durchzuführen, eingeschränkt, ihm werden Anzeigepflichten auferlegt. Eine dem Arbeitnehmer aus arbeitsmarktpolitischen Gründen auferlegte Verpflichtung, über den Zeitpunkt der fristgerechten Kündigung hinaus bis zum Ablauf der Sperrfrist am Arbeitsverhältnis festzuhalten, begegnet schon Bedenken aus dem Gesichtspunkt des Art. 12 Abs. 2 GG, wonach niemand zu einer bestimmten Arbeit gezwungen werden darf, es sei denn im Rahmen einer herkömmlichen, allgemeinen, für alle gleichen öffentlichen Dienstleistungspflicht. Es besteht daher Einigkeit, dass der **Arbeitnehmer** nach Ablauf der Kündigungsfrist **ungehindert** von einem etwaigen Verstoß des Arbeitgebers gegen §§ 17 ff. KSchG aus dem Arbeitsverhältnis **ausscheiden** kann. Insbes. kann der Arbeitgeber nicht unter Berufung auf die von ihm selbst veranlasste Unwirksamkeit der **Kündigung** am Arbeitsverhältnis festhalten (ErfK-*Kiel* KSchG § 18 Rn 6). Wird der Arbeitnehmer über den Ablauf der kürzeren Kündigungsfrist hinaus nicht bis zum Ende der Sperrfrist beschäftigt, hat er konsequenterweise keinen Anspruch auf Annahmeverzugsvergütung. § 615 BGB setzt ein Synallagma von Arbeit und Entgelt voraus (*BAG* 19.8.2015 – 5 AZR 975/13 – Rn 22, BAGE 152, 213). Der Arbeitgeber kann nur dann mit der Annahme der Dienste in Verzug geraten, wenn der Arbeitnehmer (noch) zur Arbeitsleistung verpflichtet ist (vgl. MüHdbARbR-*Spelge* § 121 Rn 195; aA bei einem Arbeitsangebot APS-*Moll* KSchG § 18 Rn 36; TRL-*Lembke/Oberwinter* KSchG § 18 Rn 7). Da ebenso ein Arbeitslosengeldanspruch sowie eine Gleichwohlgewährung (§ 157 Abs. 3 SGB III) ausscheiden, ist die Lücke durch eine analoge Anwendung von § 615 Satz 3 BGB zu schließen. Der Arbeitgeber trägt das Beschäftigungsrisiko und bleibt zur Entgeltzahlung verpflichtet (MüHdbArbR-*Spelge* § 121 Rn 196).

III. Besonderheiten bei stufenweisen Entlassungen

38 Gem. § 18 werden von der **Unwirksamkeit vor Ablauf der Sperrfrist** alle nach § 17 KSchG anzuzeigenden Kündigungen erfasst, nicht nur die über der Grenze des § 17 Abs. 1 KSchG liegende Zahl. Das ist unstreitig, wenn es sich um Kündigungen handelt, die zusammen angezeigt werden. Dem Arbeitgeber kann kein Bestimmungsrecht darüberzustehen, welche der Entlassungen (Kündigungen) als unter der Schwelle liegend und damit durchführbar und welche als darüber liegend angesehen werden sollen.

39 Gem. § 17 Abs. 1 KSchG ist jedoch bei der Zahl der anzeigepflichtigen Entlassungen abzustellen auf einen **Zeitraum von 30 Kalendertagen**. Die in dieser Zeit beabsichtigten Kündigungen sind jeweils zusammenzurechnen. Denkbar ist also – insbes. bei kurzen Kündigungsfristen –, dass Kündigungen zunächst in einer nicht anzeigepflichtigen Größenordnung wirksam erklärt werden. Folgen diesen Kündigungen innerhalb von 30 Kalendertagen weitere Kündigungen nach, so dass unter Zusammenrechnung aller Kündigungen eine nach § 17 Abs. 1 KSchG erhebliche Zahl erreicht wird, werden die Kündigungen insgesamt anzeigepflichtig (s. KR-*Weigand/Heinkel* § 17 KSchG Rdn 92). Da § 18 Abs. 1 KSchG auf Kündigungen abstellt, die nach § 17 KSchG anzuzeigen sind, werden die zunächst nicht angezeigten **Kündigungen** nunmehr **anzeigepflichtig** und können erst mit Ablauf der Sperrfrist wirksam werden. Die eindeutige Regelung des § 17 KSchG lässt keine andere Deutung zu. Der Gesetzgeber hat bewusst auf einen Zeitraum von 30 Kalendertagen abgestellt, innerhalb dessen die **Kündigungen** als **Einheit** betrachtet werden.

D. Die Freifrist (§ 18 Abs. 4)

40 Nach Ablauf der – sei es einmonatigen, sei es verlängerten, sei es verkürzten – Sperrfrist bleiben 90 Tage Zeit, in der »Entlassungen« durchzuführen sind. Dem Begriff der »Entlassung« gem. § 17 Abs. 1 KSchG kommt gem. der richtlinienkonformen Auslegung die Bedeutung der

»Kündigungserklärung« zu (KR-*Weigand/Heinkel* § 17 Rdn 59 ff.). Die Kündigung darf gem. § 17 Abs. 1 KSchG vom Arbeitgeber erst nach der Erstattung der Massenentlassungsanzeige bei der AfA ausgesprochen werden. Vor diesem begrifflichen Hintergrund ist unter der »**Durchführung der Entlassung**« gem. § 18 Abs. 4 KSchG die Kündigungserklärung zu verstehen (*BAG* 9.6.2016 – 6 AZR 638/15, EzA § 17 KSchG Nr. 38; 23.2.2010 EzA § 18 KSchG Nr. 2; 6.11.2008 EzA § 18 KSchG Nr. 1; aA *Holler* SAE 2017, 65, 70 f. – tatsächliche Beendigung). Danach ist der Arbeitgeber gem. § 18 Abs. 4 KSchG dann erneut zur Erstattung einer Anzeige an die AfA verpflichtet, wenn er von der Möglichkeit des Ausspruchs der Kündigung bis zum Ablauf der Freifrist keinen Gebrauch gemacht hat. Sog. »**Vorratsanzeigen**« können dadurch verhindert werden, die dem Gesetzeszweck zuwiderlaufen, der AfA einen Überblick über tatsächliche Freisetzungen zu verschaffen (*BAG* 23.2.2010 EzA KSchG § 18 Nr. 2 m. zust. Anm. *Clemenz*; APS-*Moll* KSchG § 18 Rn 38; ErfK-*Kiel* KSchG § 18 Rn 7). Nicht zu folgen ist der Annahme, die **individuelle Kündigungsfrist** werde erst mit Ablauf der Sperrfrist in Gang gesetzt, weil in der Regelung des § 18 KSchG eine aufschiebende Rechtsbedingung bzw. eine schwebende Unwirksamkeit der Kündigung zu sehen sei (*LAG Bln.-Bra.* 23.2.2007 – 6 Sa 21 52/06, BB 2007, 2296; *Wolter* AuR 2005, 135; *Feme/Lipinski* NZA 2006, 937). Der Sinn und Zweck der Sperrfrist liegt nicht in der Verlängerung der individualrechtlichen Kündigungsfrist, sondern in der Einräumung eines angemessenen Zeitraums für zu treffende arbeitsmarktpolitische Maßnahmen durch die AfA (*BAG* 6.11.2008 EzA § 18 KSchG Nr. 1; 23.2.2010 EzA § 18 KSchG Nr. 2). Nicht zulässig ist eine **zweite Kündigung** des Arbeitsverhältnisses im Zusammenhang mit der 30-Tage-Frist gem. § 17 Abs. 1 KSchG innerhalb der Freifrist gem. § 18 Abs. 4, wenn dieses Arbeitsverhältnis bereits einmal nach einer ordnungsgemäßen Massenentlassungsanzeige gem. § 17 KSchG gekündigt worden ist (*BAG* 20.1.2016 – 6 AZR 601/14 – Rn 28, BAGE 154, 53; 22.4.2010 – 6 AZR 948/08 –, BAGE 134, 176).

E. Rechtswirkungen bei unterbliebener Anzeige

Hat der Arbeitgeber nach § 17 Abs. 1 KSchG anzeigepflichtige Entlassungen durchgeführt, ohne eine Anzeige zu erstatten, sind die Kündigungen unwirksam (s. KR-*Weigand/Heinkel* § 17 KSchG Rdn 180 ff.). Anzeigepflichtige Kündigungen werden grds. erst einen Monat nach Erstattung der Anzeige wirksam. Unterbleibt die Anzeige, kann die Frist bis zum Eintritt der Wirksamkeit gar nicht erst zu laufen beginnen (*LKB-Bayreuther* KSchG § 18 Rn 1, 3; APS-*Moll* KSchG § 18 Rn 9). Der **Begriff der Unwirksamkeit** unterscheidet sich nicht von der Unwirksamkeit der ordnungsgemäß angezeigten, aber vor Ablauf der Sperrfrist wirksamen Kündigungen. Der Unterschied liegt allein darin, dass die Wirksamkeit der Kündigung, deren Frist vor Ablauf der Sperrfrist endet, gehemmt ist, während die Unwirksamkeit der überhaupt nicht angezeigten Entlassungen zeitlich unbegrenzt ist (APS-*Moll* KSchG § 18 Rn 43 mit Kritik in Rn 46). Auch hier gilt allerdings, dass der Arbeitnehmer sich auf die Unwirksamkeit berufen muss. 41

Die Anzeige einer anzeigepflichtigen Kündigung muss vor dem Kündigungstermin erfolgen, wie sich schon aus § 17 Abs. 1 KSchG ergibt. Die **nachträgliche Anzeige** der unwirksamen Entlassung geht ins Leere (*BAG* 24.10.1996 EzA § 17 KSchG Nr. 6; 31.7.1986 EzA § 17 KSchG Nr. 3; *LKB-Bayreuther* KSchG § 18 Rn 11, 19; DDZ-*Callsen* KSchG § 18 Rn 20; SPV-*Vossen* Rn 1657; *Berscheid* ZIP 1987, 1514; *Nikisch* I, S. 850 verlangt eine unverzügliche Nachholung der Anzeige). Eine Heilung durch rückwirkende Zustimmung der AfA scheidet aus, weil diese nur auf den Tag der – verspäteten – Anzeige bzw. Antragstellung wirken könnte (DDZ-*Callsen* KSchG § 18 Rn 21; APS-*Moll* KSchG § 18 Rn 49; *Bauer/Powietzka* DB 2000, 1073; *dies.* modifizierend DB 2001, 383). Der Arbeitgeber muss also in diesem Fall erneut kündigen und – soweit wiederum die Voraussetzungen des § 17 KSchG vorliegen – eine ordnungsgemäße Anzeige erstatten. 42

§ 19 KSchG Zulässigkeit von Kurzarbeit

(1) Ist der Arbeitgeber nicht in der Lage, die Arbeitnehmer bis zu dem in § 18 Abs. 1 und 2 bezeichneten Zeitpunkt voll zu beschäftigen, so kann die Bundesagentur für Arbeit zulassen, daß der Arbeitgeber für die Zwischenzeit Kurzarbeit einführt.

(2) Der Arbeitgeber ist im Falle der Kurzarbeit berechtigt, Lohn oder Gehalt der mit verkürzter Arbeitszeit beschäftigten Arbeitnehmer entsprechend zu kürzen; die Kürzung des Arbeitsentgelts wird jedoch erst von dem Zeitpunkt an wirksam, an dem das Arbeitsverhältnis nach den allgemeinen gesetzlichen oder den vereinbarten Bestimmungen enden würde.

(3) Tarifvertragliche Bestimmungen über die Einführung, das Ausmaß und die Bezahlung von Kurzarbeit werden durch die Absätze 1 und 2 nicht berührt.

Übersicht

	Rdn		Rdn
A. Einleitung	1	2. Rechtsform der Entscheidung	15
I. Entstehungsgeschichte	1	III. Umfang der Ermächtigung	17
II. Frühere Regelungen	2	IV. Bedeutung der Ermächtigung für das Arbeitsverhältnis	20
III. Sinn und Zweck der Vorschrift	3		
B. **Die Zulassung von Kurzarbeit durch die Bundesagentur für Arbeit**	6	V. Verhältnis zu tarifvertraglichen Bestimmungen	22
I. Voraussetzungen für die Zulassung der Kurzarbeit	6	VI. Mitwirkung des Betriebsrats	29
		1. Bestehende Betriebsvereinbarungen	29
1. Anzeigepflichtige Entlassungen	6	2. Mitwirkung im Einzelfall	30
2. Unmöglichkeit der vollen Beschäftigung	7	VII. Kurzarbeitergeld	34
		C. **Durchführung der Kurzarbeit**	36
3. Maßgebender Zeitpunkt	9	I. Wahlrecht des Arbeitgebers	36
4. Antragstellung	11	II. Ankündigung der Kurzarbeit	38
II. Entscheidung der Bundesagentur für Arbeit	12	III. Entgeltzahlungspflicht	40
		1. Grundsatz	40
1. Zuständige Behörde	12	2. Einzuhaltende Fristen	41
		3. Gekürztes Arbeitsentgelt	45

A. Einleitung

I. Entstehungsgeschichte

1 § 19 KSchG war als § 17 bereits Bestandteil der ursprünglichen Fassung des KSchG. Die Bestimmung geht zurück auf § 17 des Regierungsentwurfs vom 23.1.1951 (RdA 1951, 58 ff.; s. BT-Drucks. I/2090). § 17 RegE sah allerdings vor, dass der Arbeitgeber von sich aus zur Einführung von Kurzarbeit berechtigt sein sollte, wenn eine volle Beschäftigung der Arbeitnehmer während der Sperrfrist nicht möglich war. Er wich damit vom früheren Recht ab (s. Rdn 2). Diese Regelung konnte bei den anschließenden Beratungen im Bundestag nicht durchgesetzt werden. Die Zulässigkeit der Kurzarbeit wurde daher an die ausdrückliche Entscheidung der BA geknüpft. Durch das **Erste Arbeitsrechtsbereinigungsgesetz** wurde der bisherige § 17 KSchG ohne inhaltliche Änderung zum jetzigen § 19 KSchG. Durch das Dritte Gesetz für moderne Dienstleistungen am Arbeitsmarkt vom 23.12.2003 (BGBl. I S. 2848) wurden die Wörter »das Landesarbeitsamt« durch die Wörter »die Bundesagentur für Arbeit« (BA) ersetzt.

II. Frühere Regelungen

2 Die nach § 19 KSchG eingeräumte Möglichkeit zur zeitweiligen Kurzarbeit im Zusammenhang mit Massenentlassungen war bereits dem früheren Recht bekannt. Schon die Verordnung betreffend Maßnahmen gegenüber Betriebsabbrüchen und -stilllegungen vom 8.11.1920 (RGBl. S. 1901) idF der Verordnung über die Betriebsstilllegungen und Arbeitsstreckung vom 15.10.1923 (RGBl. I S. 983) gestattete die Anordnung einer Verkürzung der Arbeitszeit (Streckung der Arbeit) durch die **Demobilmachungsbehörde** für die Dauer der Sperrfristen, wenn der Arbeitgeber nicht in der Lage war, die Arbeitnehmer während dieser Fristen voll zu beschäftigen. Die Wochenarbeitszeit durfte aber nicht unter 24 Stunden herabgesetzt werden. Der Arbeitgeber war zu entsprechender Kürzung des Lohnes oder des Gehalts berechtigt, allerdings erst von dem Zeitpunkt an, in dem

das Arbeitsverhältnis nach den allgemeinen gesetzlichen oder vertraglichen Bestimmungen enden würde. Eine entsprechende Regelung traf § 20 Abs. 3 AOG.

III. Sinn und Zweck der Vorschrift

Massenentlassungen stehen zwar nicht notwendig, aber doch idR im Zusammenhang mit wirtschaftlichen Schwierigkeiten, insbes. einer schlechten Auftragslage, welche die Entlassungen erst bedingen. Wird der Arbeitgeber durch die gem. § 18 KSchG einzuhaltende Sperrfrist zur verlängerten Aufrechterhaltung der Arbeitsverhältnisse gezwungen, können sich für den ohnehin Not leidenden Betrieb Schwierigkeiten ergeben, die Arbeitnehmer noch voll zu beschäftigen. Die Einführung von Kurzarbeit, also der **vorübergehenden Herabsetzung der betriebsüblichen Arbeitszeit** (zum Begriff *Farthmann* RdA 1974, 69; *Hueck/Nipperdey* I, S. 123; *Nikisch* I, S. 642), ist gegenüber dem einzelnen Arbeitnehmer nicht ohne weiteres zulässig. Der Arbeitnehmer hat grds. Anspruch auf volle Beschäftigung und entsprechende volle Bezahlung. Um dieses Recht einzuschränken, bedarf es entweder einer einzelvertraglichen oder kollektivrechtlichen Regelung. Fehlt es an einer solchen Regelung, kommt eine einseitige Änderung der Arbeitsbedingungen – als solche stellt sich die Kurzarbeit dar – nur im Wege einer **Änderungskündigung** gem. § 2 KSchG in Betracht. Diese unterliegt in vollem Umfang der Nachprüfung ihrer sozialen Rechtfertigung. Zudem läuft der Arbeitgeber Gefahr, dass der Arbeitnehmer die Annahme der angebotenen Änderung ablehnt, und zwar auch die Annahme unter dem Vorbehalt der Überprüfung ihrer sozialen Rechtfertigung. Dann aber führt die Änderungskündigung zu einer anzeigepflichtigen Entlassung, welche während der Sperrfrist nicht ausgeführt werden könnte.

§ 19 KSchG gibt dem Arbeitgeber die Möglichkeit, während des Laufes der Sperrfrist einseitig **Kurzarbeit** einzuführen. Die infolge der Einhaltung von Sperrfristen auftretenden Härten für den Betrieb können auf diesem Wege gemildert werden. Das Ziel des § 18 KSchG, die Arbeitslosigkeit einer größeren Zahl von Arbeitnehmern mit Rücksicht auf die Lage des Arbeitsmarktes hinauszuschieben, wird dadurch nicht beeinträchtigt. Während der Kurzarbeit bleiben die alten Arbeitsverhältnisse aufrechterhalten. Allerdings können finanzielle Lasten auf die Arbeitsverwaltung zukommen, wenn nämlich die Voraussetzung für den Bezug von Kurzarbeitergeld nach dem SGB III gegeben sind (s. Rdn 34).

Die Möglichkeit der Einführung von Kurzarbeit gem. § 19 KSchG führt nur teilweise zu einer **Entlastung des Arbeitgebers**. In jedem Fall ist zunächst das volle Arbeitsentgelt für die Zeit der allgemeinen gesetzlichen oder vereinbarten Fristen zu zahlen, zu denen das Arbeitsverhältnis beendet werden könnte. Da vor allem bei langfristig beschäftigten Arbeitnehmern diese Kündigungsfristen häufig gar nicht vor Ablauf der Sperrfrist enden, der Arbeitgeber also auf jeden Fall zur vollen Fortzahlung des Entgelts verpflichtet ist, geht die Einführung von Kurzarbeit hier ins Leere (*Nikisch* I, S. 852). Daher und angesichts der Weitergeltung tariflicher Bestimmungen (s. Rdn 22 ff.) und der Mitbestimmungsrechte des Betriebsrates (s. Rdn 30 ff.) bleibt die praktische Bedeutung der Regelung gem. § 19 KSchG insgesamt gering.

B. Die Zulassung von Kurzarbeit durch die Bundesagentur für Arbeit

I. Voraussetzungen für die Zulassung der Kurzarbeit

1. Anzeigepflichtige Entlassungen

§ 19 Abs. 1 KSchG nimmt Bezug auf die Sperrfristen des § 18 KSchG. § 18 KSchG verweist wiederum auf § 17 KSchG. Die Einführung von Kurzarbeit gem. § 19 KSchG kommt daher nur in Frage, wenn die **Voraussetzungen einer Massenentlassung** gegeben sind, also eine ordnungsgemäße Anzeige der beabsichtigten Entlassung einer Zahl von Arbeitnehmern in einer nach § 17 Abs. 1 KSchG erheblichen Größenordnung. Ist der Tatbestand des § 17 KSchG nicht erfüllt, scheidet eine Bewilligung von Kurzarbeit durch die BA aus (APS-*Moll* KSchG § 19 Rn 3; § 17 Rn 1; LSSW-*Wertheimer* KSchG § 19 Rn 5 f.; *Nikisch* I, S. 851).

2. Unmöglichkeit der vollen Beschäftigung

7 Der Arbeitgeber muss außerstande sein, die Arbeitnehmer bis zu dem in § 18 Abs. 1 und Abs. 2 KSchG bestimmten Zeitpunkt voll zu beschäftigen. Damit ist nicht die objektive **Unmöglichkeit der Vollbeschäftigung** gemeint. Nach dem Sinn der Vorschrift, dem Betrieb während des Ablaufs der Sperrfrist eine Entlastung zu ermöglichen, ist als ausreichend – aber auch erforderlich – anzusehen, dass die Vollbeschäftigung dem Betrieb aus wirtschaftlichen Gründen nicht zuzumuten ist (LSSW-*Wertheimer* KSchG § 19 Rn 6; *LKB-Bayreuther* KSchG § 19 Rn 7; DDZ-*Callsen* KSchG § 19 Rn 3; *Rumpff/Dröge* S. 53). Denkbar ist also die Zulassung von Kurzarbeit, obwohl Möglichkeiten für eine volle Beschäftigung bestehen. Andererseits kann die BA die Ermächtigung verweigern, obwohl die volle Beschäftigung nicht mehr gewährleistet ist. Das kommt unter Umständen in Frage, wenn die wirtschaftliche Lage des Betriebes die volle Entgeltzahlung zulässt. Als Grund für die Verweigerung ausreichen zu lassen, dass die schlechte Beschäftigungslage auf ein **Verschulden** des Arbeitgebers zurückzuführen ist, erscheint bedenklich (APS-*Moll* KSchG § 19 Rn 13; anders *LKB-Bayreuther* KSchG § 19 Rn 7; *Hueck/Nipperdey* I, S. 702). Es ist nicht Aufgabe der BA, eine schlechte Unternehmensführung zu ahnden. Eine Überprüfung unternehmerischer Entscheidungen ist dem KSchG auch im Übrigen grds. fremd (krit. *Maus* Rn 3, FN 1).

8 Die Entscheidung der BA darüber, ob die Voraussetzungen für die Zulassung der Kurzarbeit vorliegen, kann jeweils nur aufgrund der **Umstände des Einzelfalles** ergehen. Die BA kann die Kurzarbeit zulassen, die Entscheidung liegt also im **pflichtgemäßen Ermessen** der Behörde. Nicht erforderlich ist, dass dem Arbeitgeber die volle Beschäftigung aller Arbeitnehmer unmöglich ist. Es reicht aus, dass er die Arbeitnehmer, deren Entlassungen angezeigt sind, nicht mehr voll beschäftigen kann. Die BA hat entsprechend zu berücksichtigen, in welchem Umfang sie Kurzarbeit zulassen will (s. Rdn 17).

3. Maßgebender Zeitpunkt

9 Der **Zeitpunkt**, bis zu dem die volle Beschäftigung unmöglich ist, ergibt sich aus § 18 KSchG. Entscheidend ist das **Ende der Sperrfrist**. In Frage kommt die Einführung von Kurzarbeit vor allem bei einer Verlängerung der Sperrfrist gem. § 18 Abs. 2 KSchG, ohne dass dies eine zwingende Voraussetzung ist. Zeigt der Arbeitgeber die Massenentlassungen an, ohne eine Verkürzung der Sperrfrist zu beantragen, und sieht die Geschäftsführung der AfA bzw. der Massenentlassungsausschuss von einer Verlängerung ab, so dass die Sperrfrist mit Ablauf eines Monats nach Eingang der Anzeige endet, kann durchaus Anlass für die Zulassung von Kurzarbeit bestehen.

10 Zumindest theoretisch ist auch bei einer **Abkürzung** der Sperrfrist auf entsprechenden Antrag des Arbeitgebers die Einführung von Kurzarbeit zulässig. § 19 KSchG enthält in seiner Verweisung auf § 18 Abs. 1 und Abs. 2 KSchG insoweit keine Einschränkung. Denkbar wäre etwa, dass die Geschäftsführung der AfA bzw. der Massenentlassungsausschuss die Sperrfrist auf drei Wochen abkürzt, einen Zeitraum, der immer noch über dem vom Arbeitgeber einzuhaltenden Zeitraum für die volle Lohnzahlung liegen und somit eine Entlastung bringen kann. Allerdings dürfte die Zulassung der Kurzarbeit in diesen Fällen praktisch selten vorkommen, da dem Betrieb die Weiterbeschäftigung der Arbeitnehmer über einen so kurzen Zeitraum idR zuzumuten sein wird. Wie sich aus den vorstehenden Überlegungen ergibt, ist die Entscheidung der Geschäftsführung der AfA bzw. des Massenentlassungsausschusses über die Abänderung der Sperrfrist weder Voraussetzung für die Zulassung der Kurzarbeit durch die BA noch schließt die Entscheidung der Geschäftsführung der AfA bzw. des Ausschusses eine Entscheidung der BA aus. Um zu wirtschaftlich sinnvollen Lösungen zu kommen, sollten der Entscheidungsträger gem. § 20 KSchG und die BA ihre Entscheidungen jedoch aufeinander abstimmen (s. Rdn 14).

4. Antragstellung

11 Weitere Voraussetzung für die Zulassung von Kurzarbeit während der Sperrfrist nach § 18 KSchG ist ein entsprechender Antrag. Dieser ersetzt im Übrigen nicht die Anzeige des Arbeitsausfalls gem. §§ 95 ff. SGB III bei der AfA, in deren Bezirk der Betrieb liegt.

II. Entscheidung der Bundesagentur für Arbeit

1. Zuständige Behörde

Die Entscheidung über die Zulassung der Kurzarbeit trifft **die BA** im Rahmen ihres pflichtgemäßen Ermessens. Während § 20 KSchG die der AfA zustehenden Entscheidungen gem. § 18 Abs. 1 und Abs. 2 KSchG der Geschäftsführung der AfA bzw. einem bei der AfA zu bildenden besonderen Ausschuss zuweist, fehlt eine entsprechende Regelung für § 19 KSchG. Es entscheidet also die BA selbst. 12

§ 19 KSchG enthält keine Delegationsmöglichkeit der Zulassungsentscheidung über Kurzarbeit auf die AfA (LSSW-*Wertheimer* KSchG § 19 Rn 4; APS-*Moll* KSchG § 19 Rn 8). 13

Es mag dahingestellt bleiben, ob die **Zweispurigkeit** der im Rahmen der Massenentlassung zu treffenden Entscheidungen glücklich ist. Der Gesetzgeber hat es bei der ursprünglichen Regelung belassen (in der Begr. des RegE v. 23.1.1951 war noch ausgeführt worden, es werde zu prüfen sein, ob nach Errichtung einer BA die Entscheidungsbefugnis den Organen der BA zu übertragen sei, vgl. RdA 1951, 65 zu §§ 18, 19). Ausschuss bzw. AfA und BA sollten jedenfalls bei ihren Entscheidungen zusammenarbeiten und ihre Entscheidungen über die Verlängerung oder Abkürzung der Sperrfrist einerseits und die Zulassung von Kurzarbeit andererseits aufeinander abstimmen (RdErl. Präs. BA v. 12.2.1953 ANBA 1953, 44 VI 1). 14

2. Rechtsform der Entscheidung

Die Entscheidung der BA ist ihrer Rechtsform nach ein **Verwaltungsakt** (ErfK-*Kiel* KSchG § 19 Rn 3). Es handelt sich um die Regelung eines Einzelfalles auf einem öffentlich-rechtlichen Gebiet, die von einer Behörde getroffen wird und die auf unmittelbare Rechtswirkung nach außen gerichtet ist (vgl. die Begriffsbestimmung des Verwaltungsakts in § 31 SGB X, der hier gem. § 1 SGB X iVm Art. II § 1 Nr. 2 SGB I zumindest analoge Anwendung findet [s. KR-*Weigand/Heinkel* § 20 KSchG Rdn 41] und mit § 35 VwVfG wörtlich sowie nach allg. Ansicht inhaltlich übereinstimmt; vgl. ferner KR-*Weigand/Heinkel* § 20 KSchG Rdn 64; *v. Stebut* RdA 1974, 344). Der Arbeitgeber wird durch diesen Verwaltungsakt begünstigt, da ihm ein einseitiges Gestaltungsrecht eingeräumt wird: Er kann Kurzarbeit einführen. Der **Begünstigung des Arbeitgebers** entspricht eine **Belastung** der betroffenen **Arbeitnehmer**. Sie müssen einen Eingriff in ihre vertraglichen Rechte hinnehmen. Da dieser Eingriff unmittelbar erfolgt, ist es gerechtfertigt, von einem **Verwaltungsakt mit Doppelwirkung** zu sprechen (*v. Stebut* RdA 1974, 344; zweifelnd APS-*Moll* KSchG § 19 Rn 10; zum Begriff allgemein *Wolff/Bachof/Stober* VerwR Bd. 2 § 46 VII Rn 24). Richtigerweise müsste der sie belastende Verwaltungsakt den Arbeitnehmern durch die BA in geeigneter Form bekannt gegeben werden (§ 39 Abs. 1 SGB X; *v. Stebut* RdA 1974, 344; aA APS-*Moll* KSchG § 19 Rn 10). Wirksam wird er allerdings bereits mit der Bekanntgabe an den Begünstigten, also den Arbeitgeber. Die Interessen der Arbeitnehmer sind insoweit gewahrt, als eventuelle Rechtsmittelfristen grds. vor einer ordnungsgemäßen Bekanntmachung auch an sie nicht anlaufen (*Wolff/Bachof/Stober* VerwR Bd. 2 § 46 VII Rn 26). Im Übrigen erfährt der Arbeitnehmer spätestens dann von der Entscheidung der BA, wenn der Arbeitgeber die Kurzarbeit ankündigt. Er hat dann die Möglichkeit, gegen sie vorzugehen (zur Frage, ob nach sicherer Kenntniserlangung dem Arbeitnehmer nach Treu und Glauben unter Umständen verwehrt ist, sich darauf zu berufen, dass die Entscheidung ihm nicht ordnungsgemäß amtlich mitgeteilt wurde, *Wolff/Bachof* VerwR Bd. 2 § 46 VII Rn 26; BVerwG 25.1.1974 NJW 1974, 1260). Solange der Arbeitgeber von der Ermächtigung keinen Gebrauch macht, berührt sie zumindest faktisch die Interessen des Arbeitnehmers nicht. 15

Als für den Arbeitgeber **begünstigender Verwaltungsakt** setzt die Entscheidung der BA einen **Antrag** voraus (DDZ-*Callsen* KSchG § 19 Rn 3; LKB-*Bayreuther* KSchG § 19 Rn 2). Sie sollte regelmäßig schriftlich, kann aber auch mündlich ergehen. Sie ist grds. zu **begründen** (§ 35 SGB X), da sie – bei Zurückweisung des Antrags – entweder den Arbeitgeber oder – bei stattgebender Entscheidung – die betroffenen Arbeitnehmer belastet (KR-*Weigand/Heinkel* § 20 KSchG Rdn 67). Die Wirksamkeit der Entscheidung kann im **sozialgerichtlichen Verfahren** geprüft werden (LSSW-*Wertheimer* KSchG 16

§ 19 Rn 11; KR-*Weigand/Heinkel* § 20 KSchG Rdn 69). Mit Rücksicht auf §§ 84, 66 SGG bedarf sie gem. § 36 SGB X einer Rechtsbehelfsbelehrung. **Klageberechtigt** ist nicht nur der Arbeitgeber, sondern auch der Arbeitnehmer, da hier – im Unterschied zu den Entscheidungen des Ausschusses gem. § 20 KSchG – unmittelbar in seine Rechte eingegriffen wird (*Rohwer-Kahlmann* BB 1952, 352; s.a. KR-*Weigand/Heinkel* § 20 KSchG Rdn 71; aA APS-*Moll* KSchG § 19 Rn 42; LSSW-*Wertheimer* KSchG § 19 Rn 11, da der Arbeitnehmer regelmäßig nicht beschwert sei). Ändern sich während des Ablaufs der Sperrfrist die Voraussetzungen für die Zulassung der Kurzarbeit, kann die BA die getroffene Verfügung wieder aufheben oder abändern (LSSW-*Wertheimer* KSchG § 19 Rn 7).

III. Umfang der Ermächtigung

17 Das Gesetz bestimmt lediglich, dass die BA den Arbeitgeber zur **Einführung von Kurzarbeit** ermächtigen kann. Mindestanforderungen, denen diese Kurzarbeit genügen muss, werden nicht aufgestellt. Insbesondere fehlt die in früheren Regelungen enthaltene Bestimmung, wonach die wöchentliche Mindestarbeitszeit nicht unter 24 Stunden herabgesetzt werden durfte. Die BA ist also in ihrer Entscheidung, inwieweit sie die Kurzarbeit zulassen will, frei bzw. insoweit nach pflichtgemäßem Ermessen gebunden, als sie Kurzarbeit in einem Umfang zuzulassen hat, den die jeweilige betriebliche Lage erfordert.

18 Sie kann bspw. die Kurzarbeit für den **gesamten Betrieb** zulassen – also auch für die Arbeitnehmer, die nicht entlassen werden sollen – oder nur für einen **Teil der Beschäftigten**. Die Kurzarbeit kann sich beschränken auf **bestimmte Abteilungen, bestimmte Gruppen** von Arbeitnehmern, etwa Arbeiter oder Angestellte (DDZ-*Callsen* KSchG § 19 Rn 8; APS-*Moll* KSchG § 19 Rn 17). Die BA ist frei in der Festlegung einer wöchentlichen **Mindestarbeitszeit**, muss sie aber stets bestimmen, weil das Gesetz eine Untergrenze nicht mehr vorschreibt (*LKB-Bayreuther* KSchG § 19 Rn 9; APS-*Moll* KSchG § 19 Rn 16). Die Zulassung braucht nicht die **gesamte Sperrfrist** zu umfassen (ErfK-*Kiel* KSchG § 19 Rn 3; LSSW-*Wertheimer* KSchG § 19 Rn 7; *LKB-Bayreuther* KSchG § 19 Rn 9).

19 Hat die BA die Zulassung der Kurzarbeit zeitlich nicht auf einen vor Ablauf der Sperrfrist liegenden Termin begrenzt, **endet** die Ermächtigung des Arbeitgebers ohne weiteres mit **Ablauf der Sperrfrist** (LSSW-*Wertheimer* KSchG § 19 Rn 7; *LKB-Bayreuther* KSchG § 19 Rn 18; DDZ-*Callsen* KSchG § 19 Rn 9). Das ergibt sich schon aus dem Wortlaut des § 19 Abs. 1 KSchG, wonach der Arbeitgeber für die **Zwischenzeit** Kurzarbeit einführen kann, wenn bis zum **Ende** der Sperrfrist die Vollbeschäftigung nicht möglich ist. Nach Ablauf der Sperrfrist hat der Arbeitgeber die Arbeitnehmer, die entweder überhaupt nicht entlassen werden sollen, und diejenigen, die entlassen werden sollen, bei denen aber die Kündigungsfrist noch nicht abgelaufen ist, normal weiterzubeschäftigen und vor allen Dingen zu entlohnen. Kurzarbeit kann jetzt wieder nur unter den allgemeinen Voraussetzungen eingeführt werden, also zB nach Änderungskündigung oder aufgrund einzelvertraglicher oder kollektivrechtlicher Regelung.

IV. Bedeutung der Ermächtigung für das Arbeitsverhältnis

20 Im Verhältnis zwischen Arbeitgeber und Arbeitnehmer gibt die Entscheidung der BA dem Arbeitgeber ein **einseitiges Recht**, Kurzarbeit einzuführen. Er braucht von diesem Recht keinen Gebrauch zu machen; die BA ordnet nicht Kurzarbeit an, sie lässt nur ihre Einführung zu. Greift er jedoch darauf zurück, muss der Arbeitnehmer diese Entscheidung hinnehmen. Hierin liegt die Besonderheit der Regelung des § 19 KSchG (s. Rdn 3).

21 Dem Arbeitnehmer, der nicht verkürzt arbeiten will, bleibt nur die Möglichkeit, **seinerseits das Arbeitsverhältnis zu beenden**. Dazu bedarf es regelmäßig einer Kündigung und der Einhaltung der Kündigungsfrist. Die zulässige Einführung von Kurzarbeit durch den Arbeitgeber stellt für den Arbeitnehmer idR **keinen wichtigen Grund** zur Kündigung dar (ErfK-*Kiel* KSchG § 19 Rn 8; LSSW-*Wertheimer* KSchG § 19 Rn 13). Das gilt umso mehr, als der Arbeitgeber verpflichtet bleibt, dem Arbeitnehmer für die Dauer der üblichen Kündigungsfrist den Lohn bzw. das Gehalt

fortzuzahlen (s. Rdn 40 ff.). Der Arbeitnehmer kann also bei Ankündigung der Kurzarbeit (s. Rdn 38), seinerseits fristgerecht kündigen. Er ist dann nicht gezwungen, gegen seinen Willen bei vermindertem Entgeltanspruch zu arbeiten. Die von ihm einzuhaltende Kündigungsfrist entspricht nämlich der allgemeinen gesetzlichen oder vereinbarten Kündigungsfrist, die der Arbeitgeber für die Fortzahlung des Entgelts nach § 19 Abs. 2 KSchG zu beachten hat.

V. Verhältnis zu tarifvertraglichen Bestimmungen

Die Ermächtigung der BA geht zwar den individualrechtlichen Bestimmungen des Arbeitsvertrages 22
vor, indem sie dem Arbeitgeber ein einseitiges Gestaltungsrecht einräumt, das ohne Zustimmung des Arbeitnehmers den Arbeitsvertrag ändert. Die Entscheidungsbefugnis der BA findet ihre Grenze aber in **tarifvertraglichen Regelungen**. Trifft ein Tarifvertrag Bestimmungen über die Einführung, das Ausmaß und die Bezahlung von Kurzarbeit, werden diese durch § 19 Abs. 1 und 2 KSchG nicht berührt (§ 19 Abs. 3 KSchG).

Der Vorrang gilt einmal für die **Voraussetzungen**, unter denen Kurzarbeit überhaupt eingeführt 23
werden kann. Wird die Einhaltung bestimmter Fristen oder eines bestimmten Verfahrens verlangt, tritt die Ermächtigung der BA dahinter zurück. Dass ein Tarifvertrag die Einführung von Kurzarbeit **überhaupt verbietet**, wird kaum vorkommen. Sollte dies jedoch der Fall sein, ginge auch diese Regelung der Ermächtigung der BA vor, dh, die Einführung von Kurzarbeit wäre ausgeschlossen.

Das **Ausmaß** der Kurzarbeit unterliegt gleichfalls dem Vorrang der tarifvertraglichen Regelung. 24
Hat die BA Kurzarbeit bis zu einer wöchentlichen Mindestarbeitszeit von 20 Stunden zugelassen, während der Tarifvertrag als wöchentliche Mindestarbeitszeit 25 Arbeitsstunden vorsieht, ist die Einführung von Kurzarbeit nur im tariflichen Rahmen möglich. Liegt umgekehrt die von der BA festgesetzte Grenze über der nach dem Tarifvertrag zulässigen Grenze, so kann der Arbeitgeber – vorausgesetzt, die sonstigen tariflichen Voraussetzungen für die Einführung von Kurzarbeit sind erfüllt – Kurzarbeit in dem tarifvertraglich erweiterten Umfang anordnen. Dazu bedarf es allerdings keines Rückgriffs auf § 19 Abs. 3 KSchG. Vielmehr folgt dieses Ergebnis schon daraus, dass die Ermächtigung der BA **keine Sperrwirkung** bezüglich weitergehender kollektivrechtlicher und/oder einzelvertraglicher Möglichkeiten zur Einführung von Kurzarbeit entwickelt.

Der Vorrang des Tarifvertrages gilt auch für die **Bezahlung** der Kurzarbeit (ErfK-*Kiel* KSchG § 19 25
Rn 5). Damit ist zB die Regelung des § 19 Abs. 2 KSchG berührt, wonach der Arbeitgeber trotz Kurzarbeit für den Zeitraum der allgemeinen Beendigungsfrist das Entgelt zahlen muss. Gestattet der Tarifvertrag sofortige Herabsetzung des Entgelts, so scheidet bei gleichzeitig erteilter Ermächtigung der BA eine Entgeltzahlung aus (s. aber Rdn 26). Die Regelung des Tarifvertrages braucht also nicht unbedingt **günstiger** für den Arbeitnehmer zu sein. Trifft der Tarifvertrag Bestimmungen über das Verhältnis der Entgeltkürzung zur Arbeitszeitkürzung, haben diese gleichfalls Vorrang.

Abzustellen ist allerdings auf die **Gesamtheit der tarifvertraglichen Bestimmungen** über die Kurz- 26
arbeit. Enthält der Tarifvertrag Regelungen über die Voraussetzungen für die Einführung von Kurzarbeit und die Entgeltzahlung während der Kurzarbeit, so kann der Arbeitgeber sich nicht etwa nur auf tariflich für ihn günstigere – weil etwa von § 19 Abs. 2 KSchG abweichende – Entgeltregelungen als vorrangig berufen. Vielmehr ist dann auch die Einführung von Kurzarbeit von den tariflichen Voraussetzungen abhängig.

Zu prüfen ist darüber hinaus, ob die Bestimmungen des Tarifvertrages die gem. § 19 KSchG durch 27
die BA eingeräumte Ermächtigung zur Kurzarbeit aus ihrem **Regelungsbereich ausnehmen**, sei es ausdrücklich, sei es – das allerdings eindeutig erkennbar – konkludent (*LKB-Bayreuther* KSchG § 19 Rn 5; LSSW-*Wertheimer* KSchG § 19 Rn 9). Will der Tarifvertrag für diesen Fall der Kurzarbeit keine Regelungen treffen, ist der Arbeitgeber nicht gehindert, von der Ermächtigung der BA Gebrauch zu machen und Kurzarbeit nach Maßgabe des § 19 Abs. 1 und Abs. 2 KSchG einzuführen.

28 Der Vorrang des Tarifvertrages gilt nur, soweit die **tarifvertraglichen Regelungen** im Betrieb überhaupt zur **Anwendung** kommen. Tarifliche Bestimmungen über die Einführung, das Ausmaß und die Bezahlung von Kurzarbeit sind ihrem Wesen nach **Inhaltsnormen** iSd § 4 Abs. 1 S. 1 TVG. Sie regeln den Umfang der zu leistenden Arbeit und das zu zahlende Entgelt und damit den Inhalt des Arbeitsverhältnisses (*Nikisch* I, S. 647; *v. Stebut* RdA 1974, 334; als betriebliche Normen iSd § 3 Abs. 2 TVG hingegen sehen derartige Bestimmungen an *Farthmann* RdA 1974, 71; *Simitis/Weiss* DB 1973, 1249). Als Inhaltsnormen gelten sie gem. § 4 Abs. 1 S. 1 TVG grds. nur zwischen **tarifgebundenen Parteien**. Tarifgebunden sind gem. § 3 Abs. 1 TVG die Mitglieder der Tarifvertragsparteien und der Arbeitgeber, der selbst Tarifvertragspartei ist. Tarifliche Regelungen über Kurzarbeit iSd § 19 Abs. 3 KSchG gehen der aufgrund der Ermächtigung der BA zulässigen Kurzarbeit also nur insoweit vor, als **der Arbeitgeber und die Arbeitnehmer tarifgebunden** sind (wer tarifliche Regelungen dieser Art als betriebliche Regelungen iSd § 3 Abs. 2 TVG ansieht, muss für die Anwendung des § 19 Abs. 3 TVG demgegenüber die Tarifbindung allein des Arbeitgebers ausreichen lassen). Gegenüber den **nicht tarifgebundenen** Arbeitnehmern kann Kurzarbeit nach Maßgabe der Ermächtigung der BA eingeführt werden (*Hueck/Nipperdey* I, S. 703; LSSW-*Wertheimer* KSchG § 19 Rn 9). Das führt zwar unter Umständen zu einer unliebsamen Differenz zwischen organisierten und nichtorganisierten Arbeitnehmern im Betrieb. Dennoch kann nicht generell gesagt werden, dass eine Aufspaltung praktisch unmöglich sei. Es ist Sache des Arbeitgebers, den Ablauf der Kurzarbeit so zu gestalten, dass etwa eine Vollbeschäftigung der organisierten Arbeitnehmer möglich ist, während die nichtorganisierten Arbeitnehmer kurzarbeiten. Lässt sich dies tatsächlich nicht durchführen, kann er von der ihm eingeräumten Befugnis eben keinen – oder nur einen entsprechend eingeschränkten – Gebrauch machen. Im Übrigen besteht für die BA die Möglichkeit, die Ermächtigung ggf. dem tariflichen Recht anzupassen und damit Diskrepanzen zwischen tarifgebundenen und nichtgebundenen Arbeitnehmern zu vermeiden. Das gilt jedenfalls insoweit, als der Umfang der Kurzarbeit betroffen ist, während die Entgeltzahlung während der Kurzarbeit der Regelungskompetenz der BA entzogen ist.

VI. Mitwirkung des Betriebsrats
1. Bestehende Betriebsvereinbarungen

29 § 19 Abs. 3 KSchG räumt nur **tariflichen Regelungen** eine Vorrangstellung gegenüber der Ermächtigung der BA ein. Daraus folgt im Umkehrschluss, dass Regelungen unterhalb dieser Ebene der Zulassung von Kurzarbeit nach § 19 Abs. 1 und Abs. 2 KSchG nicht entgegenstehen. Das gilt für einzelvertragliche Abmachungen, es gilt aber auch für **Betriebsvereinbarungen** über Kurzarbeit. Anders ist die ausdrückliche Hervorhebung der tarifvertraglichen Bestimmungen in § 19 Abs. 3 KSchG nicht zu verstehen (APS-*Moll* KSchG § 19 Rn 23; *Säcker* ZfA 1972 Sonderheft S. 49; *v. Stebut* RdA 1974, 344). Soweit also in bestehenden Betriebsvereinbarungen zulässigerweise Regelungen über die Einführung, das Ausmaß und die Bezahlung von Kurzarbeit enthalten sind, treten diese hinter die Ermächtigung der BA zurück. Dies hat Bedeutung wiederum vor allem für den Fall, dass die Zulassung von Kurzarbeit durch die BA den nach der Betriebsvereinbarung zulässigen Rahmen überschreitet. Geht umgekehrt die Möglichkeit der Einführung von Kurzarbeit nach der Betriebsvereinbarung über die Ermächtigung der BA hinaus, entfaltet die Entscheidung auch hier keine Sperrwirkung (s. Rdn 24).

2. Mitwirkung im Einzelfall

30 Gem. § 87 Abs. 1 Nr. 3 BetrVG hat der Betriebsrat ein **Mitbestimmungsrecht** bei vorübergehender Verkürzung oder Verlängerung der betriebsüblichen Arbeitszeit. Darunter fällt die Einführung von Kurzarbeit (*Fitting* § 87 Rn 130 f., 150 ff.; GK-BetrVG/*Wiese/Gutzeit* § 87 Rn 374 ff.). Grundsätzlich kann der Arbeitgeber Kurzarbeit also im konkreten Fall nur mit Zustimmung des Betriebsrats einführen, soweit eine gesetzliche oder tarifvertragliche Regelung nicht besteht (§ 87 Abs. 1 1. Hs. BetrVG). Problematisch ist, ob die Ermächtigung durch die BA zur Einführung von Kurzarbeit eine gesetzliche Regelung in diesem Sinn darstellt. Dabei ist zu trennen zwischen der

Frage, ob eine bestehende Betriebsvereinbarung über Voraussetzung, Ausmaß und Bezahlung von Kurzarbeit vorrangig gegenüber der Ermächtigung der BA ist (s. Rdn 29) und ob **im Einzelfall** die Einführung von Kurzarbeit der Mitbestimmung des Betriebsrats bedarf (*v. Stebut* RdA 1974, 339; *Farthmann* RdA 1974, 69, 70).

Richtiger Ansicht nach **besteht ein Mitbestimmungsrecht** des Betriebsrats gem. § 87 Abs. 1 Nr. 3 BetrVG auch bei Einführung von Kurzarbeit aufgrund einer konkreten Ermächtigung gem. § 19 Abs. 1 und Abs. 2 KSchG (*Farthmann* RdA 1974, 69; *Fitting* § 87 Rn 155; ErfK-*Kiel* KSchG § 19 Rn 4; GK-BetrVG/*Wiese/Gutzeit* § 87 Rn 417; Wlotzke/Preis-*Bender* § 87 Rn 76; *Bieback* AuR 1986, 162; *Jahnke* ZfA 1984, 69, 97; *v. Stebut* RdA 1974, 344 ff.; DDZ-*Callsen* KSchG § 19 Rn 14; aA *Böhm* BB 1974, 284; *Hanau* BB 1972, 500; LSSW-*Wertheimer* KSchG § 19 Rn 10; *LKB-Bayreuther* KSchG § 19 Rn 13 und *Löwisch* FS Wiese, S. 249, 258 räumen nur ein Mitbestimmungsrecht hinsichtlich der Verteilung der Kurzarbeit ein (Wie); KPK-*Schiefer* § 17–22 Rn 135; APS-*Moll* KSchG § 19 Rn 24 ff.; *Säcker* ZfA 1972, Sonderheft S. 49; *BAG* 5.3.1974 EzA § 87 BetrVG 1972 Nr. 3). Durch die Ermächtigung der BA wird die Kurzarbeit nicht **zwingend** eingeführt. Vielmehr wird dem Arbeitgeber lediglich ein **Gestaltungsrecht** an die Hand gegeben, das ihn zur einseitigen Vertragsänderung berechtigt. Er muss davon keinen Gebrauch machen. Insoweit unterscheidet sich das ihm eingeräumte Recht nicht grds. von einer einzelvertraglichen Befugnis zur Einführung von Kurzarbeit. Da § 19 KSchG die Einführung von Kurzarbeit dem Arbeitgeber sowohl dem Grunde als auch dem Umfang nach überlässt, ist es nicht gerechtfertigt, von einer **gesetzlichen Regelung** iSd § 87 Abs. 1 1. Hs. BetrVG zu sprechen. Die Einräumung einer **bloßen rechtlichen Gestaltungsmöglichkeit** ist keine gesetzliche Regelung eines Mitbestimmungstatbestandes in diesem Sinne (*BAG* 13.3.1973 AP Nr. 1 zu § 87 BetrVG 1972 Werksmietwohnungen m. Anm. *Richardi*; *v. Stebut* RdA 1974, 344). 31

Es kann auch nicht gesagt werden, dass das hinter der Entscheidung der BA stehende **arbeitsmarktpolitische Interesse** beeinträchtigt werde. Die Durchsetzung dieses Interesses hat die BA ohnehin nicht in der Hand, da sie die Einführung von Kurzarbeit nicht erzwingen kann. Die öffentlichen Interessen sind durch die vom Arbeitgeber in jedem Fall einzuhaltenden Sperrfristen gewahrt. Nicht überzeugend ist auch das Argument, die Zulassung der Kurzarbeit stelle lediglich eine **Milderung** der an sich bestehenden Möglichkeit zur Genehmigung der Verkürzung der Sperrfrist dar (*Böhm* BB 1974, 284). Das wäre dann zutreffend, wenn von der Kurzarbeit jeweils nur die Arbeitnehmer betroffen wären, die entlassen werden sollen. Die Ermächtigung der BA kann sich aber auf sämtliche Arbeitnehmer des Betriebs erstrecken, also auch auf diejenigen, deren Entlassung nicht vorgesehen ist und denen gegenüber eine Sperrfrist nicht in Frage kommt. Gerade die Möglichkeit der umfassenden Einführung von Kurzarbeit im Betrieb zeigt deutlich, dass hier ein Interesse an der Einschaltung auch des Betriebsrats besteht, andernfalls würde in den besonders brisanten Fällen das Mitbestimmungsrecht nicht eingreifen. 32

Der Betriebsrat hat mitzubestimmen über die **Einführung** der Kurzarbeit überhaupt sowie den **Umfang**, in dem von der Ermächtigung der BA Gebrauch gemacht werden soll. Er wird dabei sorgfältig die Interessen des Betriebes und der gesamten Belegschaft insbes. unter dem Gesichtspunkt zu überprüfen haben, ob bei Verweigerung der Zustimmung eine volle Weiterbeschäftigung aller Arbeitnehmer einschließlich der zu entlassenden nicht zu einer für den Bestand des Betriebes gefährlichen Belastung führt. Dabei sollte das Urteil der BA Gewicht haben, wonach dem Arbeitgeber die volle Beschäftigung aller Arbeitnehmer bis zum Ablauf der Sperrfrist aus der Sicht der Behörde jedenfalls nicht möglich ist. 33

VII. Kurzarbeitergeld

Die Zulassung von Kurzarbeit durch die BA bedeutet nicht, dass ohne weiteres auch **Kurzarbeitergeld** iSd §§ 95 ff. SGB III gewährt wird. Vielmehr müssen die besonderen Voraussetzungen nach den §§ 96 bis 98 SGB III erfüllt sein (DDZ-*Callsen* KSchG § 19 Rn 18). Gem. § 95 SGB III haben Arbeitnehmer Anspruch auf Kurzarbeitergeld, wenn ein erheblicher Arbeitsausfall 34

(§ 96 SGB III) mit Entgeltausfall vorliegt (*Nielebock* AiB 1998, 361; *Eckhardt* AuB 2000, 100). Hinsichtlich der Vermeidbarkeit des Arbeitsausfalls ist zu beachten, dass außer in den Fällen von § 96 Abs. 4 Satz 3 SGB III zunächst Arbeitszeitguthaben aufzulösen sind (§ 96 Abs. 4 SGB III).

35 Der Anspruch auf strukturelles Kurzarbeitergeld in einer betriebsorganisatorisch eigenständigen Einheit (vgl. KR 6. Aufl. Rn 34) ist entfallen und mit Wirkung vom 1.1.2004 durch das neue Instrument des Transferkurzarbeitergeldes ersetzt worden (Gesetz vom 23.12.2003, s. Rdn 1). Im Gegensatz zu der früheren Regelung (ehemals § 175 SGB III) wird eine Erheblichkeit des Arbeitsausfalles iSd § 96 SGB III nicht mehr gefordert. Ein dauerhafter Arbeitsausfall ist anzunehmen, wenn unter Berücksichtigung der Gesamtumstände des Einzelfalles davon auszugehen ist, dass der betroffene Betrieb in absehbarer Zeit die aufgebauten Arbeitskapazitäten nicht mehr im bisherigen Umfang benötigt. Regelmäßig wird ein Arbeitsausfall unvermeidbar sein. Er ist aber insbes. dann vermeidbar, wenn aufgrund offensichtlicher Umstände lediglich ein vorübergehender Personal(mehr)bedarf anzunehmen war und gleichwohl Arbeitskapazitäten auf Dauer aufgebaut wurden. Auf das bisherige Merkmal der Strukturkrise, die eine Betriebsänderung nach sich ziehen musste, wird nunmehr verzichtet. Damit wird allein auf die betriebliche Ebene abgestellt und das Instrument zur Begleitung aller betrieblichen Restrukturierungsprozesse geöffnet. Für das Transferkurzarbeitergeld gilt eine Höchstbezugsdauer von 12 Monaten (§ 111 Abs. 1 S. 2 SGB III).

C. Durchführung der Kurzarbeit

I. Wahlrecht des Arbeitgebers

36 Dem Arbeitgeber bleibt es überlassen, **ob und in welchem Umfang** er von der ihm eingeräumten Ermächtigung Gebrauch machen will. Er kann ganz auf ihre Einführung verzichten. Das wird er im Zweifel dann tun, wenn infolge der fortbestehenden Verpflichtung zur Entgeltzahlung gem. § 19 Abs. 2 KSchG eine finanzielle Entlastung nicht eintritt (s. Rdn 40). Er kann die Kurzarbeit erst ab einem späteren als in der Ermächtigung vorgesehenen Zeitpunkt anlaufen lassen. Insoweit bietet sich die Anordnung von Kurzarbeit erst dann an, wenn der Arbeitgeber auch zur Kürzung des Entgelts berechtigt ist. Der Arbeitgeber kann die Kurzarbeit in einem gegenüber der Ermächtigung eingeschränkten Umfang einführen, also etwa die betriebsübliche Arbeitszeit auf 30 und nicht, wie von der BA zugelassen, 20 Stunden wöchentlich vermindern. Es steht ihm auch frei, nur einen kleineren Teil der Arbeitnehmer verkürzt arbeiten zu lassen. Zu denken ist etwa daran, dass er Kurzarbeit gegenüber denjenigen anordnet, denen gegenüber er auch zur Entgeltkürzung berechtigt ist, während er Arbeitnehmer mit Kündigungsfristen, die erst nach dem Ende der Sperrfristen ablaufen und daher dem Arbeitnehmer den vollen Entgeltanspruch belassen, auch voll weiterarbeiten lässt.

37 Gleichfalls frei ist der Arbeitgeber grds. hinsichtlich der Gestaltung **der gekürzten Arbeitszeit**. Er kann also bei zulässiger Kürzung auf wöchentlich 20 Stunden täglich vier Stunden arbeiten lassen. Es bestehen aber auch keine Bedenken gegen die Aufteilung in der Weise, dass an einzelnen Tagen überhaupt nicht gearbeitet wird. Selbst die Überschreitung einer betriebsüblichen Arbeitszeit von täglich acht Stunden bis zur Grenze der nach dem Arbeitszeitgesetz höchstzulässigen Arbeitszeit ist durch die Entscheidung der BA nicht verwehrt (LSSW-*Wertheimer* KSchG § 19 Rn 14; *Nikisch* I, S. 852, FN 46). Bei der Aufteilung der Arbeitszeit sind die Rechte des **Betriebsrats** gem. § 87 Abs. 1 zu beachten (*LKB-Bayreuther* KSchG § 19 Rn 15).

II. Ankündigung der Kurzarbeit

38 Die Entscheidung der BA führt nicht von selbst zur Einführung von Kurzarbeit. Will der Arbeitgeber von der ihm durch die BA eingeräumten Befugnis Gebrauch machen, muss er dies dem Arbeitnehmer **ankündigen** und Kurzarbeit **anordnen**. Das geschieht durch eine einseitige Willenserklärung des Arbeitgebers. Es handelt sich dabei **nicht um eine Kündigung** (ErfK-*Kiel* KSchG § 19 Rn 7; LSSW-*Wertheimer* KSchG § 19 Rn 12; *LKB-Bayreuther* KSchG § 19 Rn 14; *Nikisch* I,

S. 851). Der Arbeitgeber braucht daher bei Ankündigung der Kurzarbeit auch **keine Kündigungsfristen** einzuhalten. Die Einhaltung einer Frist kann allerdings zweckmäßig sein in der Weise, dass der Beginn der Kurzarbeit zum Ablauf der Kündigungsfrist angekündigt wird als dem Zeitpunkt, von dem ab die Kürzung des Lohnes oder des Gehalts gem. § 19 Abs. 2 KSchG zulässig ist (iE s. Rdn 41).

Da es sich nicht um eine Kündigung handelt, kann der Arbeitnehmer gegen die Ankündigung auch **keine Kündigungsschutzklage** erheben. Er muss allerdings die Möglichkeit haben, in einem Arbeitsrechtsstreit überprüfen zu lassen, ob die Einführung von Kurzarbeit durch den Arbeitgeber zu Recht erfolgt. Die Überprüfung durch das ArbG hat sich darauf zu beschränken, ob der Tatbestand des § 19 KSchG insoweit erfüllt ist, als überhaupt eine positive Entscheidung der BA über die Zulassung von Kurzarbeit vorliegt und ob die BA zu Recht die Voraussetzungen einer anzeigepflichtigen Entlassung als gegeben angesehen hat. An den sachlichen Inhalt der Entscheidung der BA ist hingegen das ArbG gebunden. Es kann also nicht prüfen, ob die BA ihr Ermessen richtig ausgeübt hat (vgl. iE KR-*Weigand/Heinkel* § 20 KSchG Rdn 72). 39

III. Entgeltzahlungspflicht

1. Grundsatz

Da der Arbeitnehmer während der Durchführung der Kurzarbeit eine **verminderte Arbeitsleistung** erbringt, führt dies im Synallagma von Arbeitsleistung und Arbeitsentgelt zu einer entsprechenden **Minderung des Anspruchs auf Arbeitslohn**. § 19 Abs. 2 1. Hs. KSchG räumt dem Arbeitgeber denn auch ausdrücklich das Recht ein, Lohn oder Gehalt der mit verkürzter Arbeitszeit beschäftigten Arbeitnehmer entsprechend zu kürzen. Eine uneingeschränkte Durchführung dieses Grundsatzes würde jedoch für die betroffenen Arbeitnehmer zu Härten führen. Der Arbeitgeber könnte die Arbeitszeit von einem Tag zum anderen herabsetzen und damit eine Entgeltminderung herbeiführen, ohne dass der Arbeitnehmer sich dagegen zur Wehr setzen könnte. Um gegenüber dem einseitigen Recht des Arbeitgebers die Interessen des Arbeitnehmers angemessen zu schützen, lässt § 19 Abs. 2 2. Hs. KSchG daher die Kürzung des Arbeitsentgelts erst **von dem Zeitpunkt an** wirksam werden, an dem das Arbeitsverhältnis nach den **allgemeinen gesetzlichen oder vertraglichen Bestimmungen** enden würde. Der Arbeitgeber kann demnach zwar ohne Einhaltung einer Frist Kurzarbeit einführen, muss aber trotzdem grds. zunächst das volle Entgelt weiterzahlen. Da die danach zu beachtenden Fristen unter Umständen über den Ablauf der Sperrfrist hinausreichen, wird die dem Arbeitgeber durch die BA eingeräumte Befugnis in diesen Fällen leerlaufen (s. Rdn 5). 40

2. Einzuhaltende Fristen

Die **Frist**, während derer das volle Entgelt zu zahlen ist, **läuft grds. an** mit der Ankündigung der Kurzarbeit durch den Arbeitgeber. Ihr Lauf ist nicht davon abhängig, dass tatsächlich schon verkürzt gearbeitet wird. Der Arbeitgeber kann vielmehr die Kurzarbeit für einen künftigen Zeitpunkt ankündigen (APS-*Moll* KSchG § 19 Rn 30). Er wird – soweit dies möglich ist – diesen Zeitpunkt so wählen, dass er sich mit der einzuhaltenden Frist für die Entgeltfortzahlung deckt. Dann kann er die Arbeitnehmer bis dahin voll arbeiten lassen und anschließend Kurzarbeit bei entsprechender Kürzung des Arbeitsentgelts einführen (LSSW-*Wertheimer* KSchG § 19 Rn 16 f.; LKB-*Bayreuther* KSchG § 19 Rn 14, 16). Unerheblich für den Lauf der Frist ist, ob der Arbeitgeber zugleich eine Kündigung ausspricht. Hatte der Arbeitgeber allerdings bereits vor der Ankündigung der Kurzarbeit eine Kündigung erklärt, deren Frist vor Ablauf der Sperrfrist und vor dem Zeitpunkt abläuft, zu dem – gerechnet vom Tage der Ankündigung der Kurzarbeit an – die allgemeine gesetzliche Kündigungsfrist ablaufen würde, so ist der Arbeitgeber vom Ablauf dieser Kündigungsfrist an zur Lohn- oder Gehaltskürzung berechtigt. Zwar wird diese Kündigung wirksam erst mit Ablauf der Sperrfrist. Das beruht aber allein auf § 18 KSchG. Nach dem individuellen Arbeitsvertrag wäre das Arbeitsverhältnis vorher beendet. Dem Schutz des Arbeitnehmers ist mit der Einhaltung der normalen Kündigungsfrist durch den Arbeitgeber Genüge getan. Daher ist es gerechtfertigt, nach Ablauf der Kündigungsfrist sofort die Einführung von Kurzarbeit mit gleichzeitiger Herabsetzung 41 des Entgelts zuzulassen. Die AfA könnte weitergehend die Sperrfrist überhaupt abkürzen mit der Folge, dass der Arbeitnehmer nach Ablauf der Kündigungsfrist ganz ausscheidet und auch nicht die Gelegenheit zu Kurzarbeit hätte, die unter Umständen für ihn **attraktiver** sein kann als ein – mögliches – sofortiges Ausscheiden aus dem Arbeitsverhältnis nach fristgerechter Kündigung (*Nikisch* I, S. 852).

42 Das Recht zur Kürzung des Lohnes oder des Gehalts **endet** wie das Recht zur Einführung von Kurzarbeit von selbst auf jeden Fall **mit dem Ablauf der Sperrfrist** (LSSW-*Wertheimer* KSchG § 19 Rn 21; Rdn 19). Von nun an hat der Arbeitgeber die weiterbeschäftigten Arbeitnehmer wieder voll zu bezahlen und voll zu beschäftigen, es sei denn, er ist zur erneuten Einführung von Kurzarbeit aufgrund einzelvertraglicher oder kollektivrechtlicher Regelung ermächtigt.

43 Die Frist zur Fortzahlung des Lohnes oder Gehalts bemisst sich – mangels einer entgegenstehenden einzelvertraglichen Regelung, die stets Vorrang hat – nach den **allgemeinen gesetzlichen Bestimmungen**, die für alle Arbeitnehmer gelten, dh. § 622 BGB. Die Anknüpfung an die allgemeinen Bestimmungen lässt deutlich erkennen, dass eine einheitliche Regelung für alle betroffenen Arbeitnehmer gewollt ist. Damit scheidet die Anwendung jeglicher **Sondertatbestände**, welche die Beendigung des Arbeitsverhältnisses überhaupt oder durch verlängerte Fristen erschweren, aus. Nur besonders vereinbarte Beendigungsbestimmungen sollen Bestand haben (§ 19 Abs. 2 2. Hs. aE KSchG).

44 Unbeachtlich sind **Sonderkündigungsschutzbestimmungen**. Das ergibt sich schon daraus, dass eine Kündigung gar nicht ausgesprochen wird (s. Rdn 38). Kurzarbeit mit entsprechender Kürzung des Arbeitsentgelts kann also unter Einhaltung der allgemeinen gesetzlichen oder vertraglich vereinbarten Fristen eingeführt werden etwa auch gegenüber Schwerbehinderten, Betriebsratsmitgliedern oder Schwangeren (APS-*Moll* KSchG § 19 Rn 28; LSSW-*Wertheimer* KSchG § 17 Rn 18; *v. Stebut* RdA 1974, 344; *BAG* 7.4.1970 EzA § 615 BGB Nr. 13 [unter 12b]; 1.2.1957 AP Nr. 1 zu § 32 SchwbBeschG).

3. Gekürztes Arbeitsentgelt

45 Die Kürzung des Lohnes oder Gehalts nach Ablauf der gem. § 19 KSchG zu beachtenden Fristen erfolgt **im Verhältnis** der Kürzung der Arbeitszeit, insoweit gelten keine Besonderheiten. **Erkrankt** ein Arbeiter während der Kurzarbeit, richtet sich sein Anspruch auf **Entgeltfortzahlung** nach § 4 Abs. 3 EFZG (LSSW-*Wertheimer* KSchG § 19 Rn 23). Danach ist für die Dauer der Kurzarbeit die verkürzte Arbeitszeit als regelmäßige Arbeitszeit anzusehen mit der Folge, dass der Arbeitnehmer eine entsprechend gekürzte Entgeltfortzahlung erhält. Dies entspricht nur dem Grundsatz, dass er durch die Entgeltfortzahlung so gestellt werden soll, als sei er arbeitsfähig gewesen (Lohnausfallprinzip). Neben dem Anspruch auf Entgeltfortzahlung kommt unter Umständen ein Anspruch auf Krankengeld in Frage in Höhe des Kurzarbeitergeldes, wenn der Arbeitnehmer im Falle der Arbeitsfähigkeit Kurzarbeitergeld erhalten hätte, §§ 44 ff., 47b Abs. 3 SGB IV.

46 Fällt in die Zeit der Kurzarbeit ein gem. § 2 EFZG auszugleichender **Feiertag**, so bemisst sich das Feiertagsentgelt gleichfalls nach dem gekürzten Arbeitsentgelt als dem Arbeitsverdienst, den der Arbeitnehmer ohne den Arbeitsausfall durch den Feiertag erhalten hätte, § 2 Abs. 1 EFZG. Fällt ein gesetzlicher Feiertag in eine Kurzarbeitsperiode und wäre deshalb die Arbeit an diesem Tage ohnehin ausgefallen, so schuldet der Arbeitgeber Feiertagsvergütung nur in Höhe des Kurzarbeitergeldes, das der Arbeitnehmer ohne den Feiertag bezogen hätte (so zu den inhaltlich unverändert in das EFZG übernommenen Regelungen des FeiertagslohnzG *BAG* 5.7.1979 EzA § 1 FeiertagslohnzahlungsG Nr. 19; *Ammermüller* DB 1975, 2373). § 2 Abs. 1 EFZG gilt auch dann, wenn der Arbeitnehmer, der an sich Kurzarbeitergeld erhält, an dem Feiertag zusätzlich arbeitsunfähig erkrankt ist (§ 4 Abs. 2 EFZG). § 4 Abs. 3 EFZG verweist insoweit ausdrücklich auf § 2 Abs. 2 EFZG.

Nimmt der Arbeitnehmer während der Kurzarbeit **Urlaub** – das kann Resturlaub sein, soweit es 47
sich um einen nach Ablauf der Sperrfrist ausscheidenden Arbeitnehmer handelt, aber auch normaler Urlaub, soweit es sich um einen kurzarbeitenden, aber nicht zur Entlassung anstehenden Arbeitnehmer handelt –, so bemisst sich sein Urlaubsentgelt nach dem **normalen Arbeitsentgelt** (LSSW-*Wertheimer* KSchG § 19 Rn 25; APS-*Moll* KSchG § 19 Rn 35). Gem. ausdrücklicher Bestimmung des § 11 BUrlG berechnet sich das Urlaubsentgelt nach dem durchschnittlichen Arbeitsentgelt des Arbeitnehmers in den letzten 13 Wochen; **Verdienstkürzungen**, die im Berechnungszeitraum **wegen Kurzarbeit** eingetreten sind, **bleiben außer Betracht** (§ 11 Abs. 1 S. 3 BUrlG; *Dersch/Neumann* § 11 BUrlG Rn 48 ff. und § 3 BUrlG Rn 48), so dass die Frage der Rückzahlung zuviel gezahlten Urlaubsentgelts nicht auftritt.

§ 20 KSchG Entscheidungen der Agentur für Arbeit

(1) ¹Die Entscheidungen der Agentur für Arbeit nach § 18 Abs. 1 und 2 trifft deren Geschäftsführung oder ein Ausschuß (Entscheidungsträger). ²Die Geschäftsführung darf nur dann entscheiden, wenn die Zahl der Entlassungen weniger als 50 beträgt.

(2) ¹Der Ausschuß setzt sich aus dem Geschäftsführer, der Geschäftsführerin oder dem oder der Vorsitzenden der Geschäftsführung der Agentur für Arbeit oder einem von ihm oder ihr beauftragten Angehörigen der Agentur für Arbeit als Vorsitzenden und je zwei Vertretern der Arbeitnehmer, der Arbeitgeber und der öffentlichen Körperschaften zusammen, die von dem Verwaltungsausschuss der Agentur für Arbeit benannt werden. ²Er trifft seine Entscheidungen mit Stimmenmehrheit.

(3) ¹Der Entscheidungsträger hat vor seiner Entscheidung den Arbeitgeber und den Betriebsrat anzuhören. ²Dem Entscheidungsträger sind, insbesondere vom Arbeitgeber und Betriebsrat, die von ihm für die Beurteilung des Falles erforderlich gehaltenen Auskünfte zu erteilen.

(4) Der Entscheidungsträger hat sowohl das Interesse des Arbeitgebers als auch das der zu entlassenden Arbeitnehmer, das öffentliche Interesse und die Lage des gesamten Arbeitsmarktes unter besonderer Beachtung des Wirtschaftszweiges, dem der Betrieb angehört, zu berücksichtigen.

Übersicht	Rdn		Rdn
A. Einleitung	1	3. Abberufung des Mitgliedes	29
I. Entstehungsgeschichte	1	4. Freiwilliges Ausscheiden	32
II. Frühere Regelungen	5	V. Strafrechtlicher Schutz gegen die Verletzung von Betriebs- und Geschäftsgeheimnissen sowie gegen aktive und passive Bestechung	33
III. Sinn und Zweck der Regelungen	6		
B. Die Entscheidungsträger	8		
I. Übersicht	8		
II. Die Geschäftsführung der Agentur für Arbeit	9	C. Die Zuständigkeit des Ausschusses	38
		D. Das Verfahren des Ausschusses	41
III. Der Ausschuss und seine Mitglieder	11	I. Gesetzlich vorgeschriebene Anhörung	41
1. Die gesetzliche Regelung	11	II. Einholung von Auskünften	45
2. Die Organstellung des Ausschusses	12	III. Formaler Verfahrensablauf	47
3. Persönliche Voraussetzungen für das Amt des Ausschussmitgliedes	15	1. Durchführung der Sitzung	47
		2. Beschlussfähigkeit	51
4. Benennung der Mitglieder	20	3. Beschlussfassung	53
5. Vorschlagsrecht der Verbände	21	E. Die Entscheidung des Ausschusses	54
6. Vertreter	22	I. Entscheidungsinhalt	54
7. Amtszeit	23	II. Entscheidungsgrundlage	58
IV. Ablehnung der Beisitzer und Verhinderung der Beisitzer aus persönlichen Gründen	24	III. Rechtsnatur der Entscheidung	64
		IV. Form der Entscheidung	66
		V. Sozialgerichtliche Überprüfung	69
1. Ablehnung wegen Befangenheit	24	VI. Bindung des ArbG an die Entscheidung	72
2. Ausschluss des Mitgliedes	27		

A. Einleitung

I. Entstehungsgeschichte

1 § 20 KSchG war als § 18 Bestandteil der ursprünglichen Fassung des KSchG. Die Vorschrift geht zurück auf § 18 des **Regierungsentwurfs vom 23.1.1951** (RdA 1951, 58 ff.; s. BT-Drucks. I/2090). Nicht übernommen aus dem Entwurf wurde vor allem eine Regelung über die Ablehnung von Ausschussmitgliedern wegen Besorgnis der Befangenheit oder aus Wettbewerbsgründen (iE s. Rdn 24 ff.). Darüber hinaus sah der Entwurf die Bildung lediglich eines fünfköpfigen Ausschusses vor, bestehend aus dem Präsidenten des Landesarbeitsamts und jeweils zwei Vertretern der Arbeitgeber und der Arbeitnehmer.

2 Durch das **Erste Arbeitsrechtsbereinigungsgesetz** wurde der bisherige § 18 KSchG ohne inhaltliche Änderung zum § 20 KSchG. Art. 287 Nr. 76 des Einführungsgesetzes zum StGB vom 2.3.1974 (BGBl. I S. 469) setzte die bis dahin in § 20 Abs. 2 S. 2 KSchG für die nichtbeamteten Ausschussmitglieder enthaltene ausdrückliche Verweisung auf die Verordnung gegen Bestechung und Geheimnisverrat nichtbeamteter Personen idF vom 22.5.1943 (RGBl. I S. 351) außer Kraft; der entsprechende strafrechtliche Schutz wird nunmehr durch das StGB selbst gewährt (iE s. Rdn 33 ff.). Das **Zweite Gesetz zur Änderung des KSchG vom 27.4.1978** (BGBl. I S. 551), in Kraft seit dem 30.4.1978, erhöhte schließlich die Grenze der Betriebsgröße, bis zu der die Aufgaben des Ausschusses, der bis zum 31.12.1997 beim Landesarbeitsamt ressortierte, auf einen beim örtlich zuständigen Arbeitsamt zu bildenden Ausschuss übertragen werden können.

3 Durch das am 27.3.1997 verkündete Gesetz zur Reform der Arbeitsförderung (**Arbeitsförderungs-Reformgesetz – AFRG**) vom 24.3.1997 (BGBl. I S. 594) ist § 20 KSchG neu gefasst worden. Gemäß den Zielsetzungen des AFRG soll die Effektivität und Effizienz der Bundesanstalt für Arbeit erhöht werden. Zur Erreichung dieser Ziele werden Aufgaben dezentralisiert und dort angesiedelt, wo Sachnähe und Verwaltungsvereinfachung die Verfahren verkürzen und Entscheidungen zielgenauer getroffen werden können. Entscheidungen des Arbeitsamtes über anzeigepflichtige Entlassungen gem. § 18 KSchG werden nunmehr bei einer Zahl von weniger als 50 Entlassungen von der Geschäftsführung der Agentur für Arbeit, ab 50 Entlassungen vom Ausschuss gem. § 20 Abs. 2 KSchG getroffen. Die Zusammensetzung dieses Ausschusses entspricht strukturell derjenigen, die vor der Geltung des AFRG bereits bestand (vgl. KR 5. Aufl. § 20 KSchG Rn 6 ff.). Auch die neuen Vorschriften gem. § 20 Abs. 3 und 4 KSchG entsprechen im Wesentlichen den Fassungen der entsprechenden Regelungen, die bis zum 31.12.1997 galten.

4 Mit dem **Dritten Gesetz für moderne Dienstleistungen am Arbeitsmarkt vom 23.12.2003** (BGBl. I S. 2848) sowie dem **Gesetz über den Arbeitsmarktzugang im Rahmen der EU-Erweiterung vom 23.4.2004** (BGBl. I S. 602) sind in den Abs. 1 und 2 die Begriffe »Arbeitsamt« und »Direktor« durch »Agentur für Arbeit«, »Geschäftsführung« und »dem oder der Vorsitzenden der Geschäftsführung« ersetzt worden. Durch das Gesetz vom 19.7.2007 (BGBl. I S. 1457) sind die Bezeichnungen »dem Geschäftsführer, der Geschäftsführerin« in Abs. 2 S. 1 eingefügt worden.

II. Frühere Regelungen

5 § 20 KSchG hat **kein Vorbild** in dem vor 1951 geltenden Recht. Die Entscheidungen im Rahmen der Massenentlassung nach dem AOG traf der **Treuhänder der Arbeit**, § 20 Abs. 2 iVm § 18 AOG. Die Entscheidungen nach der Verordnung betreffend Maßnahmen gegenüber Betriebsabbrüchen und -stilllegungen vom 8.11.1920 (RGBl. 1901) idF der Verordnung über Betriebsstilllegungen und Arbeitsstreckung vom 15.10.1923 (RGBl. I S. 983) oblagen der sog. **Demobilmachungsbehörde.** Beides waren vom Staat eingesetzte Organe, an deren Bildung Arbeitnehmer und Arbeitgeber nicht beteiligt waren.

III. Sinn und Zweck der Regelungen

In Anlehnung an § 14 des vom **Wirtschaftsrat** am 20.7.1949 beschlossenen, aber nicht in Kraft 6
getretenen KSchG (*A. Hueck* RdA 1949, 336 unter IV, 5) übertrug § 18 KSchG aF – also der
jetzige § 20 KSchG – die dem Landesarbeitsamt bei der Massenentlassung zukommenden Entscheidungen einem paritätisch besetzten Ausschuss. Damit sollte die »maßgebliche Beteiligung der Sozialpartner iSd Selbstverwaltung und Selbstverantwortung« erreicht werden (vgl. Begr. zum RegE v. 23.1.1951 zu §§ 18, 19 RdA 1951, 65). Bei der Entscheidung über die gem. § 18 Abs. 1 und 2 KSchG zu treffenden Aufgaben durch einen besonderen Ausschuss ist es geblieben, obwohl auch die Organe der BA ihrerseits drittelparitätisch besetzte Selbstverwaltungsorgane sind.

§ 20 KSchG regelt zunächst die Verteilung der Entscheidungskompetenz zwischen der Geschäfts- 7
führung der AfA und dem Ausschuss für anzeigepflichtige Entlassungen. Weiterhin werden die
Zusammensetzung des Ausschusses und das **Verfahren** geregelt sowie Bestimmungen über die zu beachtenden **Entscheidungskriterien** getroffen. Die Regelung bedarf zur praktischen Handhabung einiger Ergänzungen, die teils allgemeinen Rechtsgrundsätzen, teils den Bestimmungen des SGB X und des SGB III entnommen werden können.

B. Die Entscheidungsträger
I. Übersicht

Die Träger der Entscheidung der AfA nach § 18 Abs. 1 und 2 KSchG sind entweder die Geschäfts- 8
führung der AfA, wenn die Zahl der Entlassungen weniger als 50 beträgt, oder der **Ausschuss für anzeigepflichtige Entlassungen** (§ 20 Abs. 1). Der Ausschuss setzt sich aus dem vorsitzenden Mitglied der Geschäftsführung der AfA oder einem von ihm beauftragten Angehörigen der AfA als Vorsitzenden und je zwei Vertretern der Arbeitnehmer- und Arbeitgeberseite sowie den öffentlichen Körperschaften zusammen (§ 20 Abs. 2).

II. Die Geschäftsführung der Agentur für Arbeit

Die Geschäftsführung nimmt für die Entscheidungsträger der AfA für Entscheidungen nach § 18 9
Abs. 1 und 2 KSchG zwei unterschiedliche Kompetenzen wahr. Einmal trifft sie in ihrer Funktion als **Geschäftsführung der AfA** die Entscheidung, wenn die Zahl der Entlassungen weniger als 50 beträgt, zum anderen fällt ihr kraft Amtes die Stellung des oder der Vorsitzenden des Ausschusses zu, der bei 50 und mehr Entlassungen die Entscheidungen zu treffen hat. Sie kann den Ausschussvorsitz auch auf einen Angehörigen der AfA übertragen. An besondere Voraussetzungen ist diese Übertragung nicht geknüpft. Unzulässig ist die Beauftragung eines Angehörigen einer anderen AfA. Der dienstrechtliche Status des Beauftragten ist unerheblich. Er muss nicht Beamter sein. Die Geschäftsführung der AfA kann die Beauftragung jederzeit rückgängig machen und den Vorsitz selbst übernehmen.

Zu den Aufgaben des **Vorsitzenden des Ausschusses** gehört die Einberufung und Leitung der Aus- 10
schusssitzungen. Das entspricht allgemeinen Grundsätzen des Verfahrens von Kollegialorganen, wie sie zB in §§ 88 ff. VwVfG ihren Niederschlag gefunden haben (das VwVfG findet auf das Verfahren vor dem Ausschuss keine unmittelbare Anwendung, da es sich hier um Angelegenheiten handelt, über die gem. § 51 SGG die Gerichte der Sozialgerichtsbarkeit entscheiden, § 2 Abs. 2 Nr. 4 VwVfG; s. a. Rdn 71). Das hindert jedoch nicht, die in dem VwVfG zum Ausdruck kommenden allgemeinen Rechtsgrundsätze, soweit sie nicht im SGB X geregelt sind, auch auf das Verfahren vor dem Ausschuss zu übertragen.

III. Der Ausschuss und seine Mitglieder
1. Die gesetzliche Regelung

Über die **Berufung** der sechs **Mitglieder** sowie über die von ihnen zu verlangenden **persönlichen** 11
Voraussetzungen schweigt sich das Gesetz fast völlig aus. § 20 Abs. 2 S. 1 KSchG sagt lediglich,

dass die Vertreter der Arbeitnehmer, der Arbeitgeber und der öffentlichen Körperschaften von dem Verwaltungsausschuss der AfA benannt werden. Der Verwaltungsausschuss der AfA ist Organ der BA, s. § 371, § 374 SGB III, welches sich selbst wiederum zu je einem Drittel aus Vertretern der Arbeitnehmer, der Arbeitgeber und der öffentlichen Körperschaften zusammensetzt (§ 371 Abs. 5 SGB III). Weitere Einzelheiten enthält das KSchG nicht.

2. Die Organstellung des Ausschusses

12 Es muss daher auf in anderen Gesetzen zum Ausdruck kommende **vergleichbare Rechtsgedanken** und insbes. auf **Bestimmungen des SGB III** selbst zurückgegriffen werden. Der Ausschuss des § 20 KSchG ist keines der in § 371 ff. SGB III abschließend aufgezählten Organe der BA (*BSG* 30.10.1959 AP Nr. 1 zu § 18 KSchG; *LKB-Bayreuther* KSchG § 20 Rn 3). Dazu gehören der Verwaltungsrat, der Vorstand, die Regionaldirektionen und die AfA, §§ 373, 381, 374 SGB III.

13 Deshalb erscheint es nicht gerechtfertigt, die organisatorischen Vorschriften der §§ 377 ff. SGB III **unmittelbar** auf die Ausschüsse des § 20 KSchG zu übertragen (*LKB-Bayreuther* KSchG § 20 Rn 4 meint, die Einzelheiten richteten sich nach den §§ 374 ff. SGB III »entsprechend«).

14 Andererseits ist nicht zu übersehen, dass der Ausschuss Aufgaben der **AfA** wahrnimmt. Das ergibt sich schon aus dem Gesetzeswortlaut, wonach §§ 17–19 KSchG zunächst nur von den Entscheidungen der AfA sprechen und erst § 20 KSchG die als AfA zu entscheidende Stelle näher bestimmt. Nimmt der Ausschuss aber Aufgaben der AfA in eigener und nur ihm zugewiesener Zuständigkeit wahr, kann also die AfA nur durch den Ausschuss handeln, ist es gerechtfertigt, ihn zumindest **materiell-rechtlich als Organ** anzusehen (*BSG* 30.10.1959 AP Nr. 1 zu § 18 KSchG; *Maus* FS Bogs, S. 181). Das erlaubt es aber, sich bzgl. der Voraussetzungen, welche an die Ausschussmitglieder als **Organwalter** zu stellen sind, grds. an den Bestimmungen zu orientieren, welche nach dem SGB III für die Organwalter der dort genannten Organe gelten.

3. Persönliche Voraussetzungen für das Amt des Ausschussmitgliedes

15 Die **persönlichen Voraussetzungen** für die Benennung als Ausschussmitglied richten sich nach § 378 Abs. 1 SGB III in analoger Anwendung (vgl. Rundschreiben des Präs. der BA v. 30.9.1997 – I a 3–5570 [4]). Voraussetzung ist daher die Eigenschaft als **Deutscher** iSd Art. 116 GG sowie das passive Wahlrecht zum Deutschen Bundestag (§ 378 SGB III; zu den Einzelheiten vgl. Art. 116 GG, § 15 BWG). Damit ist gewährleistet, dass die Organwalter **geschäftsfähig** sind. Mit dem Ersten Gesetz zur Umsetzung des Spar-, Konsolidierungs- und Wachstumsprogramms – 1. SKWPG – vom 21.12.1993 (BGBl. I S. 2353) ist auch eine **Berufung von Ausländern** in Selbstverwaltungsorgane der BA zugelassen worden, sofern sie die allgemein geforderten persönlichen Voraussetzungen – abgesehen von der deutschen Staatsangehörigkeit – erfüllen. Insbes. müssen Ausländer ihren gewöhnlichen Aufenthalt rechtmäßig im Bundesgebiet haben und die Voraussetzungen des § 15 BundeswahlG mit Ausnahme der deutschen Staatsangehörigkeit erfüllen (§ 378 Abs. 1 SGB III).

16 Besondere **fachliche Qualifikationen** sind nicht zu erfüllen (*LKB-Bayreuther* KSchG § 20 Rn 4; *APS-Moll* KSchG § 20 Rn 14). Es muss darauf vertraut werden, dass der Verwaltungsausschuss – selbst Organ der Selbstverwaltung – und die beteiligten Verbände hinreichend qualifizierte Vertreter vorschlagen (*Maus* FS Bogs, S. 175).

17 Mit Wirkung vom 1.1.2004 weggefallen ist die Regelung gem. § 391 Abs. 1 S. 2 SGB III, wonach die Mitglieder des Verwaltungsausschusses mindestens **sechs Monate** in dem Bezirk wohnen oder tätig sein sollen. Im Interesse einer entsprechenden Sachnähe der an der Entscheidung des Ausschusses beteiligten Personen sollten jedoch vorzugsweise Personen gewählt werden, die auch eine räumliche Beziehung zu dem jeweiligen Bezirk der AfA oder wenigstens der Regionaldirektion haben.

Eine **Inkompatibilitätsregelung** enthält das KSchG nicht. Es ist daher nicht ausgeschlossen, dass 18
Mitglieder des Verwaltungsausschusses als Mitglieder des Ausschusses gem. § 20 KSchG benannt
werden. Andererseits ist es nicht nötig, dass dem Ausschuss die gleichen Vertreter angehören wie
beim Verwaltungsausschuss der AfA (Rundschreiben Präsident BA v. 30.9.1997 – I a 3–5570 (4);
LKB-Bayreuther KSchG § 20 Rn 4).

§ 378 Abs. 2 SGB III untersagt die Mitgliedschaft von Beamten und Arbeitnehmern der BA in 19
deren Organen. Dieser Grundsatz ist für den Ausschuss nach § 20 KSchG schon insoweit durchbrochen, als das vorsitzende Mitglied der Geschäftsführung der AfA oder ein sonst von ihm beauftragter Angehöriger der AfA den Vorsitz des Ausschusses innehat. Zu berücksichtigen ist weiter, dass
§ 378 Abs. 2 SGB III Interessenkollisionen verhindern soll. Solche Interessenkollisionen sind aber
bei der nur eingeschränkten Kompetenz des Ausschusses nach § 20 KSchG nicht zu befürchten.
Daher scheidet eine Anwendung des § 378 Abs. 2 SGB III aus.

4. Benennung der Mitglieder

Die **Benennung** der Mitglieder erfolgt durch den Verwaltungsausschuss der AfA kraft ausdrück- 20
licher Regelung des § 20 Abs. 1 S. 1 KSchG. Die Geschäftsführung oder deren Beauftragter beruft alsdann im Rahmen der laufenden Geschäftsführung die benannten Personen (Rundschreiben
Präsident BA v. 30.9.1997 – I a 3–5570 (4). Ein besonderes Verfahren ist auch insoweit nicht
vorgesehen.

5. Vorschlagsrecht der Verbände

In entsprechender Anwendung des § 379 SGB III wird man den jeweiligen Verbänden ein **Vor-** 21
schlagsrecht für die zu benennenden Mitglieder des Ausschusses einräumen müssen (*Maus* FS Bogs,
S. 172). Das entspricht vergleichbaren anderen Regelungen (vgl. § 5 TVG iVm § 1 der Verordnung
zur Durchführung des TVG für die Beisitzer des Tarifausschusses; § 20 ArbGG für die ehrenamtlichen Richter; § 4 Abs. 4 HAG für die Mitglieder der Heimarbeitsausschüsse; §§ 103 ff. SGB IX für
die dort genannten Ausschüsse). Wegen der Einzelheiten wird auf § 379 SGB III verwiesen. Bezüglich der Vertreter der öffentlichen Körperschaften kommt die entsprechende Anwendung von § 379
Abs. 2 SGB III in Betracht, da es sich bei dem Ausschuss um ein bei der AfA zu bildendes Organ
handelt. Im Rahmen des Vorschlagsrechts haben die Verbände und die öffentlichen Körperschaften
gem. § 377 Abs. 2 Satz 2 SGB III eine geschlechtergerechte Besetzung vorzunehmen.

6. Vertreter

Zugleich mit den Mitgliedern sollte eine ausreichende Zahl von **Stellvertretern** für jede Gruppe 22
berufen werden, um im Falle der Verhinderung einzelner Mitglieder keine Verzögerung in den Entscheidungen eintreten zu lassen oder die Rechtmäßigkeit der Entscheidungen nicht zu gefährden
(vgl. Rundschreiben des Präs. BA v. 30.9.1997 – I a 3–5570 [4]). Die Vertretung des ausfallenden
Mitglieds erfolgt in der Reihenfolge der vom Verwaltungsausschuss der AfA benannten Stellvertreter.

7. Amtszeit

Eine feste **Amtszeit** ist gesetzlich nicht vorgesehen. Sie kann beliebig bestimmt werden. § 375 23
Abs. 1 SGB III, wonach die Amtsdauer der dort genannten Organmitglieder sechs Jahre beträgt,
kann analog auf die Mitglieder des Massenentlassungsausschusses übertragen werden. Auf jeden
Fall sollte im Interesse einer gewissen Kontinuität der zu treffenden Entscheidungen eine längere
Zugehörigkeit der Ausschussmitglieder angestrebt werden.

IV. Ablehnung der Beisitzer und Verhinderung der Beisitzer aus persönlichen Gründen

1. Ablehnung wegen Befangenheit

24 Der Regierungsentwurf vom 23.1.1951 sah für den Arbeitgeber das Recht vor, ein Mitglied des Ausschusses wegen Besorgnis der **Befangenheit** oder aus Wettbewerbsgründen abzulehnen (Rdn 1). Über die Ablehnung sollte der Präsident des Landesarbeitsamtes entscheiden. Die Bestimmung wurde nicht in die endgültige Fassung des KSchG übernommen.

25 Trotzdem ist ein **Recht** des Arbeitgebers als Antragsteller – nicht jedoch des Betriebsrats – auf **Ablehnung** eines Mitgliedes des Ausschusses wegen Besorgnis der Befangenheit zu **bejahen** (Rundschreiben des Präs. BA v. 30.9.1997 – I a 3-5570 (4); APS-*Moll* KSchG § 20 Rn 22; *LKB-Bayreuther* KSchG § 20 Rn 5; *DDZ-Callsen* KSchG § 20 Rn 8; *Nikisch* I, S. 847; vgl. auch § 17 SGB X). Der Antragsteller hat ein Recht auf eine unparteiische Entscheidung. Bestehen objektive Gründe, die dieses Recht gefährdet erscheinen lassen – ein Ausschussmitglied ist zB Angehöriger eines Konkurrenzunternehmens, es bestehen persönliche Verfeindungen mit dem Antragsteller – so sprechen allgemeine rechtsstaatliche Überlegungen dafür, den Antragsteller nicht erst auf den Weg der sozialgerichtlichen Überprüfung zu verweisen, sondern ihm die Möglichkeit der Ablehnung des betroffenen Mitgliedes von vornherein einzuräumen (RdErl. Präsident BA v. 12.2.1953, ANBA 1953, S. 41, II 7). Im Einzelnen gelten die §§ 16, 17 SGB X.

26 Über die Ablehnung entscheidet gem. §§ 16 Abs. 4, 17 Abs. 2 SGB X der **Ausschuss** selbst unter Ausschluss des vom Ablehnungsantrag betroffenen Mitgliedes, für den ein Stellvertreter hinzuzuziehen ist (ähnlich *LKB-Bayreuther* KSchG § 20 Rn 5). Wird die Ablehnung als begründet angesehen, rückt der Stellvertreter für die Dauer der Entscheidung über den konkreten Antrag endgültig nach. Kein Ablehnungsrecht haben der am Verfahren nicht unmittelbar beteiligte Betriebsrat und die betroffenen Arbeitnehmer.

2. Ausschluss des Mitgliedes

27 Dem Recht des Arbeitgebers auf Ablehnung eines Mitgliedes entspricht ein Recht des Mitgliedes, sich in diesen Fällen **selbst abzulehnen** (*LKB-Bayreuther* KSchG § 20 Rn 5).

28 In entsprechender Anwendung des § 16 SGB X (s. dazu Rdn 41) sind die dort bezeichneten Personen als **Ausschussmitglieder** in dem Verfahren nach § 20 KSchG **von Amts wegen ausgeschlossen**. Da allein der Arbeitgeber (nicht etwa der Betriebsrat oder die von der Massenentlassung betroffenen Arbeitnehmer) am Verfahren beteiligt ist, ist bei den Ausschlussgründen auf diesen abzustellen. Demnach dürfen als Mitglieder des Ausschusses nicht tätig werden: der Arbeitgeber selbst und seine Angehörigen iSd § 16 Abs. 5 SGB X (Verlobte, Ehegatte, Verwandte und Verschwägerte gerader Linie, Geschwister, deren Ehegatten und Kinder, Geschwister der Ehegatten und der Eltern sowie Pflegeeltern und Pflegekinder). Ausgeschlossen sind ferner gesetzliche oder bevollmächtigte Vertreter und Beistände des Arbeitgebers und deren Angehörige, die Arbeitnehmer des Betriebs, Mitglieder des Vorstands, des Aufsichtsrats oder eines gleichartigen Organs sowie Personen, die in der Angelegenheit als Gutachter oder sonst (zB als Betriebsratsmitglied) tätig geworden sind. Hält sich ein Ausschussmitglied für ausgeschlossen oder bestehen insoweit Zweifel, ist dies dem Ausschuss mitzuteilen, der hierüber zu entscheiden hat. Der Betroffene darf an der Entscheidung nicht mitwirken. Für ihn wird ein Vertreter tätig. Ein ausgeschlossenes Mitglied darf bei der Beratung und Beschlussfassung des Ausschusses nicht zugegen sein, § 16 Abs. 4 SGB X.

3. Abberufung des Mitgliedes

29 Schließlich ist in entsprechender Anwendung des § 377 Abs. 3 SGB III dem Verwaltungsausschuss als berufene Stelle das Recht einzuräumen, ein Mitglied des Ausschusses bei Vorliegen der dort benannten Gründe vorzeitig **abzuberufen**. Danach sind Organmitglieder einmal abzuberufen, wenn eine Voraussetzung für ihre Berufung entfällt oder sich nachträglich herausstellt, dass sie nicht

vorgelegen hat. Das wäre zB der Fall, wenn ein Ausschussmitglied geschäftsunfähig wird oder schon bei der Berufung geschäftsunfähig war (s. Rdn 15).

Des Weiteren ist ein Mitglied abzuberufen, wenn es seine Amtspflicht grob verletzt, § 377 Abs. 3 Nr. 2 SGB III. In Frage kommen dürfte etwa parteiisches Verhalten oder wiederholter Bruch der Verschwiegenheitspflicht. 30

Räumt man den jeweiligen Organisationen ein Vorschlagsrecht in entsprechender Anwendung des § 379 SGB III ein (s. Rdn 21), muss diesem Vorschlagsrecht die Pflicht entsprechen, ein Mitglied dann abzuberufen, wenn die vorschlagende Stelle dies beantragt, § 377 Abs. 3 SGB III. Dabei ist allerdings zu beachten, dass eine Abberufung auf Antrag der vorschlagenden Arbeitnehmer- oder Arbeitgeberorganisation nur erfolgen kann, wenn das Ausschussmitglied aus der jeweiligen Organisation ausgeschlossen worden oder ausgetreten ist. Vor der Entscheidung über eine Abberufung ist dem betreffenden Organmitglied Gelegenheit zur Stellungnahme zu geben. 31

4. Freiwilliges Ausscheiden

Die Mitglieder können gem. § 377 Abs. 3 Nr. 4 SGB III ihr Amt **freiwillig** ohne Angabe von Gründen **niederlegen**. 32

V. Strafrechtlicher Schutz gegen die Verletzung von Betriebs- und Geschäftsgeheimnissen sowie gegen aktive und passive Bestechung

Die Mitglieder des Ausschusses nehmen bei ihrer Tätigkeit notwendigerweise Einblick in **betriebs- und geschäftsinterne Bereiche**. § 20 Abs. 3 KSchG besagt ausdrücklich, dass insbes. Arbeitgeber und Betriebsrat dem Ausschuss die für die Beurteilung des Falles erforderlichen Auskünfte zu erteilen haben. Das verlangt einen Schutz gegen Verletzungen von Geschäfts- und Betriebsgeheimnissen durch Ausschussmitglieder (zum Schutz der Sozialdaten vgl. §§ 67 ff. SGB X). 33

Nach Aufhebung der Verordnung gegen Bestechung und Geheimnisverrat nichtbeamteter Personen idF vom 22.5.1943 (RGBl. I S. 351) durch das Einführungsgesetz zum StGB vom 2.3.1974 (BGBl. I S. 469) mit Wirkung ab 1.1.1975 bestimmt sich die Strafbarkeit von Amtsträgern wegen Verletzung von Privatgeheimnissen seither nach § 203 StGB. Gem. § 203 Abs. 2 S. 1 StGB wird bestraft, wer unbefugt ein fremdes Geheimnis, namentlich ein zum persönlichen Lebensbereich gehörendes Geheimnis oder ein Betriebs- oder Geschäftsgeheimnis offenbart, das ihm u. a. als Amtsträger anvertraut worden oder sonst bekannt geworden ist. Desgleichen macht sich gem. § 353b StGB strafbar, wer ein Geheimnis, das ihm als Amtsträger anvertraut worden oder sonst bekannt geworden ist, unbefugt offenbart und dadurch wichtige öffentliche Interessen gefährdet. 34

Amtsträger iSd StGB ist gem. § 11 Abs. 1 Nr. 2 StGB, wer nach deutschem Recht Beamter oder Richter ist, in einem sonstigen öffentlich-rechtlichen Amtsverhältnis steht oder sonst dazu bestellt ist, bei einer Behörde oder bei einer sonstigen Stelle oder in deren Auftrag Aufgaben der öffentlichen Verwaltung wahrzunehmen. Die nichtbeamteten Ausschussmitglieder erfüllen die Voraussetzungen gem. § 11 Abs. 1 Nr. 2c StGB. 35

Die Benennung durch den Verwaltungsausschuss als sonstige Stelle ist als Bestellung iSd dieser Vorschrift anzusehen. Die Aufgaben des Ausschusses sind Aufgaben öffentlicher Verwaltung (Beispiele bei *Eser/Hecker* in *Schönke/Schröder* § 11 StGB Rn 20 ff., 25 ff.). Einer Verpflichtung gem. § 1 Abs. 1 Nr. 1 des Gesetzes über die förmliche Verpflichtung nichtbeamteter Personen (Verpflichtungsgesetz) vom 2.3.1974 (BGBl. I S. 469) bedarf es daher nicht. Es erfasst nur solche Personen, die nicht Amtsträger iSd § 11 Abs. 1 Nr. 2 StGB sind. 36

Auch die Vorschriften über **aktive und passive Bestechung** gehen aus von dem Begriff des Amtsträgers (§§ 331 ff. StGB). Damit ist ein umfassender strafrechtlicher Schutz gewährleistet. 37

C. Die Zuständigkeit des Ausschusses

38 § 20 Abs. 1 S. 1 KSchG umgrenzt die sachliche **Zuständigkeit** des Ausschusses. Der Ausschuss ist zuständig für die Entscheidungen der AfA über die Verkürzung oder Verlängerung der Sperrfrist nach § 18 Abs. 1 und 2 KSchG.

39 Im Rahmen dieser Entscheidungen ist der Ausschuss befugt und verpflichtet zur Prüfung der **Vorfrage**, ob der Tatbestand einer anzeigepflichtigen Entlassung überhaupt vorliegt, also insbes. die gem. § 17 KSchG erforderliche Zahl von Entlassungen erreicht ist und/oder es sich bei dem Betrieb nicht etwa um einen Ausnahmebetrieb iSd § 22 KSchG handelt. Hingegen kann der Ausschuss keine abstrakte Feststellung etwa darüber treffen, dass ein bestimmter, in seinem Bezirk liegender Betrieb die Voraussetzungen eines Saisonbetriebes iSd § 22 KSchG erfüllt. Diese Frage kann nur von Fall zu Fall als Vorfrage der Entscheidung nach § 18 Abs. 1 und 2 KSchG geklärt werden (*Falkenroth* BB 1956, 1110).

40 Der Ausschuss kann seine Zuständigkeit nicht auf andere Stellen übertragen. Ihm können – es sei denn durch Gesetz – keine zusätzlichen Kompetenzen zugewiesen werden. **Nicht** der Zuständigkeit des Massenentlassungsausschusses unterliegt die **Genehmigung** von **Kurzarbeit** gem. § 19 KSchG. Diese Entscheidung ist in § 20 Abs. 1 S. 1 KSchG nicht erwähnt (s. KR-*Weigand/Heinkel* § 19 KSchG Rdn 12).

D. Das Verfahren des Ausschusses

I. Gesetzlich vorgeschriebene Anhörung

41 Wie hinsichtlich der Zusammensetzung des Ausschusses schweigt das Gesetz im Wesentlichen zu den Einzelheiten des **Verfahrens** vor dem Ausschuss. Auch hier ist daher auf allgemeine Rechtsgrundsätze und auf die einschlägigen Bestimmungen des SGB X zurückzugreifen (s. Rdn 12 ff.; RdErl. des Präs. der BA v. 12.2.1953, ANBA 1953, 40 ff.). Nach § 1 SGB X gelten seine Vorschriften für die öffentlich-rechtliche Verwaltungstätigkeit der nach dem SGB zuständigen Behörden. Entsprechendes muss für den Ausschuss des § 20 KSchG gelten. Zwar sind die §§ 17 ff. KSchG nicht ausdrücklich in den Regelungsbereich des SGB einbezogen, das insoweit eine Regelungslücke enthält. Der Ausschuss nimmt aber Aufgaben der AfA wahr, die auf dem Gebiet der Sozialverwaltung liegen, und ist zumindest materiell-rechtlich als Organ der BA anzusehen (Rdn 14). Das rechtfertigt jedenfalls die entsprechende Anwendung des SGB X auf das Verfahren des Massenentlassungsausschusses.

42 Ausdrücklich geregelt ist in § 20 KSchG die Pflicht des Ausschusses, vor seiner Entscheidung den Arbeitgeber und den Betriebsrat **anzuhören**, § 20 Abs. 3 KSchG. Eine bestimmte Form der Anhörung ist nicht vorgeschrieben. Sie kann mündlich oder schriftlich erfolgen (APS-*Moll* KSchG § 20 Rn 24; LSSW-*Wertheimer* KSchG § 20 Rn 7; *LKB-Bayreuther* KSchG § 20 Rn 7; DDZ-*Callsen* KSchG § 20 Rn 12). Bei der Anhörung können sich Arbeitgeber und der Betriebsrat durch Verbands- bzw. Gewerkschaftsvertreter vertreten lassen (§ 13 Abs. 5 S. 2 SGB X iVm § 73 Abs. 6 S. 3 SGG; LSSW-*Wertheimer* KSchG § 20 Rn 7; *LKB-Bayreuther* KSchG § 20 Rn 7). Das ergibt sich aus der allgemeinen Überlegung, dass sich grds. jeder vor Gericht oder einer Verwaltungsbehörde vertreten lassen kann, soweit dies nicht ausdrücklich ausgeschlossen worden ist (§ 17 VwVfG).

43 Die Pflicht zur Anhörung entfällt nicht deshalb, weil dem Ausschuss ggf. eine entsprechende **Stellungnahme** des Betriebsrats und eine ausführliche Anzeige des Arbeitgebers gem. § 17 Abs. 3 KSchG vorliegen (*LKB-Bayreuther* KSchG § 20 Rn 7, ErfK-*Kiel* KSchG § 20 Rn 2; DDZ-*Callsen* KSchG § 20 Rn 12; APS-*Moll* KSchG § 20 Rn 24; LSSW-*Wertheimer* KSchG § 20 Rn 7, wonach die Anzeige als Anhörung ausreichen kann, wenn sie die erforderliche Aufklärung enthält; in diesem Sinne auch RdErl. Präsident BA v. 12.2.1953, ANBA 1953, 41 III 1).

44 Daran hat sich nach der Neufassung des § 17 KSchG durch das Zweite Gesetz zur Änderung des KSchG vom 27.4.1978 nichts geändert. Zwar zählt § 17 Abs. 3 KSchG nunmehr ausdrücklich eine Reihe von Angaben auf, welche die Anzeige zwingend enthalten muss. Der Ausschuss wird

daher regelmäßig bereits aufgrund der Anzeige einen Überblick über die Umstände haben. Der Gesetzgeber hat trotzdem an der Anhörung des Arbeitgebers und des Betriebsrats gem. § 20 Abs. 1 S. 2 KSchG ohne Einschränkungen festgehalten. Das wäre nicht verständlich, sollte die Anhörung entfallen können, wenn dem Ausschuss die Angaben der Anzeige ausreichend erscheinen. § 20 Abs. 1 S. 2 KSchG wäre damit praktisch überflüssig. Die ausdrücklich vorgeschriebene Anhörung ist vielmehr in dem Sinne zu verstehen, dass einmal der Ausschuss selbst Gelegenheit haben und auch nehmen soll, mit den unmittelbar Betroffenen die Problematik zu erörtern. Andererseits soll diesen Betroffenen das Recht eingeräumt werden, vor dem unparteiischen Ausschuss ihre Auffassung unmittelbar vorzutragen. Unterlässt der Ausschuss die Anhörung des Arbeitgebers oder des Betriebsrats, führt das zur Anfechtbarkeit der Entscheidung.

II. Einholung von Auskünften

Neben der zwingenden Anhörung des Betriebsrats bleibt es dem Ausschuss unbenommen, **weitere Personen anzuhören**. In Frage kommen zB Sachverständige, aber auch Arbeitnehmer des Betriebes. Das ergibt sich aus § 20 Abs. 2 KSchG. Danach sind dem Ausschuss die von ihm für die Beurteilung des Falles erforderlich gehaltenen Auskünfte zu erteilen, und zwar insbes. vom Arbeitgeber und Betriebsrat. Die Verwendung des Wortes insbes. zeigt, dass andere Personen oder Institutionen vom Ausschuss zur Auskunftserteilung herangezogen werden können. In Frage kommen neben Arbeitgeber und Betriebsrat letztlich alle Personen, die in die wirtschaftliche Lage des Betriebes Einblick haben, also vor allem Geschäftsführer und Betriebsleiter. Der Umfang der einzuholenden Auskünfte und damit auch der Kreis der möglichen Auskunftspersonen bestimmt sich nach den von dem Ausschuss zu berücksichtigenden Entscheidungsmaßstäben, die in § 20 Abs. 3 KSchG umschrieben sind: das Interesse des Arbeitgebers und der zu entlassenden Arbeitnehmer, das öffentliche Interesse und die Lage des gesamten Arbeitsmarktes unter besonderer Beachtung des einschlägigen Wirtschaftszweiges. 45

Zwar sollen die Beteiligten bei der Ermittlung des Sachverhalts mitwirken, insbes. ihnen bekannte Tatsachen und Beweismittel angeben. Dem Ausschuss sind aber keine Mittel an die Hand gegeben, eine Auskunft zu erzwingen (§ 21 Abs. 2 SGB X). Er kann lediglich aus einer verweigerten Auskunft Schlüsse für seine Entscheidungen ziehen. Eine Weigerung des Arbeitgebers, bestimmte Fragen zu beantworten, kann ggf. zur Abweisung seines Antrages auf Abkürzung der Sperrfrist oder zu einer Verlängerung der Frist führen (*LKB-Bayreuther* KSchG § 20 Rn 8; LSSW-*Wertheimer* KSchG § 20 Rn 8). Allerdings darf dies nicht als Maßregelung des Arbeitgebers verstanden werden. Sind dem Ausschuss die vom Arbeitgeber verweigerten Auskünfte aus anderen Quellen bekannt oder zugänglich, bleibt das Schweigen des Arbeitgebers insoweit ohne Folgen. Entscheidend sind jeweils die Umstände des Einzelfalles. 46

III. Formaler Verfahrensablauf

1. Durchführung der Sitzung

Für den **formalen Ablauf** des Verfahrens enthält das Gesetz keine Bestimmung. Der Ausschuss ist also an sich in der Verfahrensgestaltung frei. Als **Kollegialorgan** hat er jedoch gewisse Grundvoraussetzungen des Verfahrens zu beachten (*Wolff/Bachof* VerwR II § 75 III d sowie die in §§ 88 ff. VwVfG getroffenen Regelungen). Der Ausschuss gibt sich eine Geschäftsordnung, die von mindestens drei Vierteln der Mitglieder zu beschließen ist (§ 371 Abs. 3 SGB III). 47

Erforderlich ist danach idR eine **ordnungsgemäße Ladung** sämtlicher Mitglieder unter Mitteilung einer **Tagesordnung**. Dringende Angelegenheiten können nachträglich auf die Tagesordnung gesetzt werden. In Eilfällen oder wenn es wegen der eingegangenen Anzeigen aus anderen Gründen zweckmäßig ist, kann ohne Sitzung im schriftlichen Verfahren abgestimmt werden. Die Geschäftsführung der AfA kann ein derartiges Umlaufverfahren aber nur durchführen, wenn keine Abkürzung der Sperrfrist beantragt ist, keine Anträge nach § 22 KSchG und keine Anträge auf Anerkennung des Ersatztatbestandes gem. § 17 Abs. 3 KSchG (Glaubhaftmachung) vorliegen. Allerdings muss auch 48 hier vor der Entscheidung des Ausschusses die Anhörung des Arbeitgebers und des Betriebsrats erfolgen, so dass regelmäßig wohl auch Zeit für die Anberaumung einer Sitzung sein sollte.

49 Die Sitzungen selbst sind **nicht öffentlich** (§ 383 Abs. 3 SGB III aF bis 31.12.2003).

50 Über die Sitzung sollte regelmäßig ein schriftliches **Protokoll** geführt werden. Der Geschäftsführung der AfA obliegt es, die Entscheidungen des Ausschusses zu bescheiden (Rundschreiben Präs. BA v. 30.9.1997 – I a 3–5570 [4]). Dies wie die vorstehend behandelten Einzelheiten können im Einzelnen in einer **Geschäftsordnung** festgelegt werden, welche sich der Ausschuss geben kann (§ 371 Abs. 3 SGB III analog).

2. Beschlussfähigkeit

51 Das Gesetz schweigt über die Voraussetzungen für die **Beschlussfähigkeit** des Ausschusses. Überwiegend wird der Ausschuss nur in voller Besetzung als beschlussfähig angesehen (LSSW-*Wertheimer* KSchG § 20 Rn 4; *LKB-Bayreuther* KSchG § 20 Rn 6; so auch RdErl. des Präs. der BA v. 12.2.1953, ANBA 1953, S. 40, II 5; Rundschreiben des Präs. der BA v. 30.9.1997 – I a 3–5570 [4]).

52 Dem kann **nicht** gefolgt werden. Es reicht aus, wenn sämtliche Mitglieder ordnungsgemäß geladen sind und die Mehrheit der Mitglieder anwesend ist. Das entspricht dem Regelfall im Verfahren eines Kollegialorgans (§ 90 VwVfG; vgl. auch § 4 Abs. 3 HAG; § 106 Abs. 2 SGB IX; eine allerdings ausdrücklich geregelte Ausnahme gilt für den Tarifausschuss des § 5 TVG; vgl. § 2 Abs. 2 der Verordnung zur Durchführung des TVG v. 20.2.1970 idF der Bek. v. 16.1.1989 BGBl. I S. 76, zuletzt geändert 18.7.2017, BGBl. I S. 2745). Allerdings sollte für ein fehlendes Mitglied möglichst ein Stellvertreter aus der betreffenden Gruppe (Rdn 22) herangezogen werden, um die Anfechtbarkeit der Entscheidung zu vermeiden.

3. Beschlussfassung

53 Der Ausschuss trifft seine Entscheidungen mit **Stimmenmehrheit,** § 20 Abs. 2 S. 2 KSchG. Mangels näherer Qualifikationen genügt die **einfache** Mehrheit der abgegebenen Stimmen. Verlangt man für die Beschlussfähigkeit des Ausschusses dessen volle Besetzung, beträgt die Stimmenmehrheit vier Stimmen. Lässt man die Anwesenheit der Mehrheit der Mitglieder ausreichen, beträgt die Stimmenmehrheit nicht weniger als drei Stimmen (da mindestens vier Mitglieder anwesend sein müssen).

E. Die Entscheidung des Ausschusses

I. Entscheidungsinhalt

54 Entsprechend der nur eingeschränkten Zuständigkeit des Ausschusses (s. Rdn 38) kommen grds. folgende **Entscheidungen** in Betracht: Der Ausschuss kann die Entlassung vor Ablauf der Sperrfrist genehmigen, § 18 Abs. 1 S. 1 KSchG. Diese Entscheidung bedarf eines besonderen Antrages des Arbeitgebers (vgl. KR-*Weigand/Heinkel* § 18 KSchG Rdn 14 f.).

55 Hält der Ausschuss den Antrag des Arbeitgebers auf Verkürzung der Sperrfrist nicht für gerechtfertigt, weist er ihn zurück. Er kann die Sperrfrist zugleich gem. § 18 Abs. 2 KSchG verlängern. Die Verlängerung der Sperrfrist ist unabhängig von einem Antrag des Arbeitgebers (s. KR-*Weigand/Heinkel* § 18 KSchG Rdn 26).

56 Zeigt der Arbeitgeber lediglich die Massenentlassung gem. § 17 KSchG an, ohne eine Verkürzung der Sperrfrist zu beantragen, und will der Ausschuss die Sperrfrist nicht gem. § 18 Abs. 2 KSchG verlängern, sollte dem Arbeitgeber zur Klarstellung mitgeteilt werden, dass nach Ablauf der Sperrfrist die Entlassungen erfolgen können. Eine echte Entscheidung ist dies allerdings nicht, da sich diese Folge schon aus dem Gesetz ergibt.

In jedem Fall hat der Ausschuss zu prüfen, ob überhaupt die Voraussetzungen einer Massenent- 57
lassung vorliegen, damit auch die Voraussetzungen für sein Tätigwerden (s. Rdn 72). Kommt der
Ausschuss zu der Auffassung, die einschlägigen Voraussetzungen seien nicht erfüllt, teilt er dies dem
Arbeitgeber mit (**Negativattest**). Diese Mitteilung gibt dem Arbeitgeber das Recht, die Entlassungen nunmehr durchzuführen, selbst wenn tatsächlich die Auffassung des Ausschusses unrichtig
ist (s. dazu Rdn 65; KR-*Weigand/Heinkel* § 18 KSchG Rdn 32). Beruft sich der Arbeitnehmer in
einem Kündigungsschutzverfahren auf die Unwirksamkeit der Kündigung wegen eines Verstoßes
gegen § 17 KSchG, kann sich der Arbeitgeber aber nicht mit Erfolg auf ein in der Sache unrichtiges Negativattest berufen. Eine Bindung der Arbeitsgerichte im Hinblick etwa auf die Frage des
Vorliegens einer Massenentlassung besteht nicht. Auch vermag das Negativattest – ebenso wenig
wie sonstige Bescheide der Arbeitsverwaltung (s. im Einzelnen KR-*Weigand/Heinkel* KSchG § 17
Rdn 177) – Fehler des Arbeitgebers im Massenentlassungsverfahren zu heilen. Die Kündigung ist
ungeachtet des Negativattests unwirksam (*ArbG Bochum* 17.3.2005 – 3 Ca 307/04 – Rn 90 ff.;
ErfK-*Kiel* KSchG § 20 Rn 4, 6; MüHdbArbR-*Spelge* § 121 Rn 235; aA *BAG* 22.9.2005 – 2 AZR
544/04 – Rn 56; 21.5.1970 – 2 AZR 294/96 –, BAGE 22, 336; APS-*Moll* KSchG § 18 Rn 29).

II. Entscheidungsgrundlage

Das Gesetz gibt dem Ausschuss in § 20 Abs. 3 KSchG einige **Entscheidungskriterien** an die Hand. 58
Danach hat er sowohl das Interesse des Arbeitgebers als auch das Interesse der Arbeitnehmer, das
öffentliche Interesse und die Lage des gesamten Arbeitsmarktes zu berücksichtigen. Bei der Entscheidung sind auch wirtschaftliche Gesichtspunkte wie zB allgemeine rückläufige Entwicklungen
im betroffenen Wirtschaftszweig zu bedenken. Der Ausschuss darf also nicht allein auf die Individualinteressen der betroffenen Arbeitnehmer und Arbeitgeber oder allein auf die öffentlichen
arbeitsmarktpolitischen Interessen abstellen, sondern muss nach pflichtgemäßem Ermessen eine
umfassende Interessenabwägung vornehmen. Da die verschiedenen Interessen im Zweifel nicht
übereinstimmen, gilt es, einen für alle Betroffenen annehmbaren Kompromiss zu finden.

Die Interessen des **Arbeitgebers** werden bestimmt durch die betrieblichen Verhältnisse, welche die 59
Entlassungen überhaupt erst veranlassen. Der Arbeitgeber wird im Zweifel an einer Verkürzung
der Sperrfrist interessiert sein, um die Lohnkosten gering zu halten. Insoweit hat der Ausschuss zu
prüfen, ob der Betrieb eine bei verlängerter Sperrfrist anfallende Kostenbelastung wirtschaftlich
überhaupt tragen kann.

Die Interessen der **Arbeitnehmer** sprechen für eine Verlängerung der Sperrfrist. Maßgebend ist 60
allerdings nicht allein das Interesse am ungeschmälerten Arbeitseinkommen, zumal dadurch für die
Leistungen der Arbeitslosenversicherung eine gewisse Absicherung besteht. Von Bedeutung ist vor
allem auch die Aussicht, einen neuen Arbeitsplatz zu erhalten.

Das wiederum hängt zusammen mit der vom Ausschuss gleichfalls in seine Interessenabwägung ein- 61
zubeziehenden Lage des **gesamten Arbeitsmarktes**. Abzustellen ist nicht allein auf den besonderen
Wirtschaftszweig, dem der die Entlassungen anstrebende Betrieb angehört. Eine Verkürzung der
Sperrfrist ist eher zu rechtfertigen, wenn die Entlassungen durch besondere Konjunkturentwicklungen in dem betroffenen Wirtschaftszweig veranlasst sind, der Arbeitsmarkt im Übrigen aber
aufnahmefähig ist und die zu entlassenden Arbeitnehmer von der Qualifikation her ohne größere
Schwierigkeiten in andere Bereiche vermittelt werden können.

Das **öffentliche Interesse** schließlich ist darauf gerichtet, die Arbeitslosigkeit so gering wie möglich 62
zu halten. Da die Entlassungen durch § 18 KSchG nur verzögert, nicht verhindert werden können,
ist zu prüfen, inwieweit ein Hinausschieben der Arbeitslosigkeit für den Arbeitsmarkt vorteilhaft
ist. Dabei sollte die Lage des Betriebes allerdings nicht außer Acht gelassen werden. Ein öffentliches
Interesse kann auch darin bestehen, einen angeschlagenen Betrieb nicht durch längere Sperrfristen
weiter zu belasten und damit unter Umständen den Verlust von noch mehr Arbeitsplätzen hervorzurufen (darauf weisen zu Recht hin *LKB-Bayreuther* KSchG § 20 Rn 12 iVm § 18 Rn 8; APS-*Moll*
KSchG § 20 Rn 35; *Nikisch* I, S. 847, FN 31; RdErl. des Präs. der BA v. 12.2.1953, ANBA 1953,

S. 42 IV 2). Fiskalische Erwägungen zugunsten der BA sollen keine Berücksichtigung finden (*LSG Bayern* 8.8.1985 – L 09/Al 133/83, NZA 1986, 654).

63 Die Entscheidung kann jeweils nur aufgrund aller Umstände des **Einzelfalles** getroffen werden, welche der Ausschuss nach pflichtgemäßem **Ermessen** abzuwägen hat (*BSG* 21.3.1978 BSGE 46, 99; 5.12.1978 DB 1979, 1238; LSSW-*Wertheimer* KSchG § 20 Rn 10). Es ist ihm unbenommen, unabhängig von der zu treffenden rechtlichen Entscheidung sich vermittelnd einzuschalten, wenn sich Lösungswege zeigen, welche – unter Umständen mit Hilfe anderer öffentlicher Stellen – die Entlassung überhaupt verhindern könnten.

III. Rechtsnatur der Entscheidung

64 Soweit der Ausschuss eine Regelung trifft, also die Sperrfrist verkürzt, verlängert oder einen Antrag auf Verkürzung der Sperrfrist abweist, stellt seine Entscheidung einen **Verwaltungsakt** dar. Es handelt sich um die Regelung eines Einzelfalles auf einem öffentlich-rechtlichen Gebiet, die von einer Behörde getroffen wird und die auf unmittelbare Rechtswirkung nach außen gerichtet ist (§ 31 SGB X; s.a. Rdn 42 sowie *BSG* 30.10.1959 AP Nr. 1 zu § 18 KSchG; LSSW-*Wertheimer* KSchG § 20 Rn 14).

65 Soweit der Ausschuss lediglich feststellt und dem Arbeitgeber mitteilt, dass die Voraussetzungen einer Massenentlassung nicht gegeben sind (s. Rdn 57), fehlt dieser Mitteilung der Regelungscharakter. Ein solches **Negativattest** ist demnach **kein Verwaltungsakt** und darum nicht als solcher angreifbar. Das gilt in gleicher Weise für die bloße Mitteilung, die Entlassungen könnten mit Ablauf der Sperrfrist vorgenommen werden (s. Rdn 56).

IV. Form der Entscheidung

66 Als Verwaltungsakt unterliegt die Entscheidung den grundsätzlichen Anforderungen, die an einen Verwaltungsakt allgemein zu stellen sind (§§ 31 ff. SGB X). Dazu gehören insbes. die folgenden Grundsätze: Die Entscheidung sollte regelmäßig **schriftlich** erfolgen, auch wenn Schriftform nicht vorgeschrieben ist. Eine bloß mündliche – ggf. vorläufige – Mitteilung wird dann in Frage kommen, wenn aus Zeitgründen die schriftliche Mitteilung zu spät käme (vgl. APS-Moll KSchG § 20 Rn 37). Der Arbeitgeber kann aber in diesem Fall eine schriftliche Bestätigung verlangen (§ 33 Abs. 2 SGB X).

67 Ein schriftlicher oder schriftlich bestätigter Verwaltungsakt (s. Rdn 66) ist **schriftlich** zu begründen, § 35 Abs. 1 SGB X (Ausnahmen in § 35 Abs. 2 und 3 SGB X). Der betroffene Arbeitgeber muss erkennen können, warum seinem Antrag auf eine Abkürzung der Sperrfrist nicht stattgegeben oder warum diese verlängert wurde, damit er die Aussichten eines möglichen Rechtsbehelfs abwägen kann. Von einer Begründung kann zB dann abgesehen werden, wenn dem Arbeitgeber die Auffassung des Ausschusses bekannt ist (§ 35 Abs. 2 Nr. 2 SGB X). Zu denken ist dabei insbes. an den Fall, dass eine mündliche Anhörung erfolgt ist und der Ausschuss bei dieser Gelegenheit die späteren Entscheidungsgrundlagen bereits klargestellt hat. Auf jeden Fall ist die schriftliche Entscheidung mit einer **Rechtsbehelfsbelehrung** zu versehen, § 36 SGB X (s. Rdn 69).

68 Die Entscheidung wird **wirksam** mit Bekanntgabe an den Arbeitgeber, § 39 SGB X, es sei denn, dass der Verwaltungsakt gemäß § 40 SGB X nichtig ist, dh offenkundig an einem besonders schwerwiegenden Mangel leidet. Für die Bekanntgabe gilt § 37 SGB X; wegen der Bekanntgabe an den Arbeitnehmer s. KR-*Weigand/Heinkel* § 18 KSchG Rdn 18.

V. Sozialgerichtliche Überprüfung

69 Für Streitigkeiten über die von dem Ausschuss erlassenen Entscheidungen ist der Rechtsweg zu den **Sozialgerichten** gegeben. Es handelt sich um öffentlich-rechtliche Streitigkeiten in Angelegenheiten der »übrigen Aufgaben« der BA, § 51 Abs. 1 Nr. 4 SGG. Vor Klageerhebung ist zunächst ein sog. Vorverfahren einzuhalten, §§ 78 ff. SGG. Der Arbeitgeber hat innerhalb eines Monats nach

Bekanntgabe des belastenden Verwaltungsaktes **Widerspruch** gem. § 84 SGG einzulegen. Diese Frist läuft nur, wenn die Entscheidung des Ausschusses gem. § 36 SGB X mit einer **Rechtsbehelfsbelehrung** versehen ist, § 66 Abs. 1 SGG. Der Widerspruch ist beim Ausschuss einzulegen. Der Widerspruchsbescheid ist schriftlich zu erlassen, zu begründen und den Beteiligten zuzustellen, § 85 Abs. 3 SGG. Dabei hat eine Belehrung über die Zulassung einer Klage, die einzuhaltende Frist sowie den Sitz des zuständigen Gerichts zu erfolgen. Innerhalb eines Monats nach Zustellung des Bescheides kann der Arbeitgeber dann gegen die Entscheidung des Ausschusses **Klage** erheben gem. § 54 Abs. 1 SGG mit dem Ziel, entweder die Entscheidung aufzuheben, abzuändern oder die Verurteilung zum Erlass des abgelehnten Verwaltungsaktes zu erreichen. Zulässig ist die Klage dann, wenn der Arbeitgeber behauptet, durch die Entscheidung des Ausschusses **beschwert** zu sein, § 54 Abs. 1 S. 2 SGG. Beschwert ist der Arbeitgeber dann, wenn die Entscheidung rechtswidrig ist. Da es sich bei der Entscheidung des Ausschusses um eine **Ermessensentscheidung** handelt, ist Rechtswidrigkeit auch gegeben, wenn die gesetzlichen Grenzen dieses Ermessens überschritten sind oder von dem Ermessen in einer dem Zweck der Ermächtigung nicht entsprechenden Weise Gebrauch gemacht ist, § 54 Abs. 2 SGG.

Eine Klage kommt für den Arbeitgeber also immer dann in Betracht, wenn der Ausschuss seinem Antrag auf Abkürzung der Sperrfrist nicht oder nicht in vollem Umfang entsprochen hat oder wenn er die Sperrfrist verlängert hat. 70

Die Klage ist zu **richten** gegen die **BA**, nicht gegen den Ausschuss, es sei denn, diesem ist landesrechtlich die Fähigkeit zugesprochen worden, Verfahrensbeteiligter zu sein, § 70 Nr. 3 SGG (*BSG* 9.12.1958 AP Nr. 3 zu § 15 KSchG; 30.10.1959 AP Nr. 1 zu § 18 KSchG; 21.3.1978 BSGE 46, 99; *LKB-Bayreuther* KSchG § 20 Rn 12 iVm § 18 Rn 21; *LSSW-Wertheimer* KSchG § 20 Rn 18; *APS-Moll* KSchG § 20 Rn 39). **Örtlich** zuständig ist dasjenige Sozialgericht, in dessen Bezirk der Kläger im Zeitpunkt der Klageerhebung seinen Sitz oder Wohnsitz hat, § 57 Abs. 1 SGG. **Klageberechtigt** ist nur der **Arbeitgeber**. Kein Klagerecht hat der Arbeitnehmer (krit. *LAG Hmb.* 20.9.2002 – 6 Sa 95/01, nv, m. Hinw. auf Art. 6 der MERL; aA *Boeddinghaus* AuR 2005, 389). Die Vorschriften über die Massenentlassung bezwecken nicht unmittelbar einen individuellen Kündigungsschutz. Der Arbeitnehmer ist also durch die Entscheidungen des Ausschusses nur mittelbar betroffen (*Schaub/Linck* § 142 Rn 40). Auch der Betriebsrat hat als nicht unmittelbar am Verfahren Beteiligter kein Klagerecht (*BSG* 14.8.1980 AP Nr. 2 zu § 17 KSchG 1969 = SozR 1500 § 54 Nr. 44). 71

VI. Bindung des ArbG an die Entscheidung

Der Ausschuss prüft die Frage, ob überhaupt eine **anzeigepflichtige Massenentlassung** vorliegt, nur als **Vorfrage**. Eine vom konkreten Anlass losgelöste Feststellung etwa dahin, dass ein bestimmter Betrieb als Ausnahmebetrieb iSd § 22 KSchG anzusehen ist, kann der Ausschuss nicht treffen (s. Rdn 39). Als Entscheidung lediglich über eine Vorfrage bindet die Auffassung des Massenentlassungsausschusses, die Voraussetzungen des § 17 Abs. 1 KSchG seien erfüllt bzw. nicht erfüllt, das in einem Individualrechtsstreit zwischen Arbeitnehmer und Arbeitgeber angerufene Arbeitsgericht nicht. Die Bescheinigung der AfA vermag mögliche Fehler der Massenentlassungsanzeige nicht zu heilen; denn der Bescheid betrifft nicht die Wirksamkeit der Massenentlassungsanzeige (*BAG* 13.2.2020 – 6 AZR 146/19 – Rn 111, BAGE 169, 362; 28.6.2012 EzA § 17 KSchG Nr. 26; Anm. *Sittard/Knoll* BB 2013, 2037). Das Arbeitsgericht hat nachzuprüfen, ob der Tatbestand einer anzeigepflichtigen Massenentlassung einschließlich einer in allen Teilen wirksamen Anzeige vorliegt oder nicht; denn auch das Konsultationsverfahren nach § 17 Abs. 2 KSchG stellt neben den anderen Anzeigeerfordernissen gem. § 17 Abs. 1 iVm Abs. 3 KSchG eine eigenständige Wirksamkeitsvoraussetzung für eine Kündigung dar (*BAG* 21.3.2013 EzA § 17 KSchG Nr. 30). Entzogen ist dem ArbG allerdings die Nachprüfung des sachlichen Inhalts der Entscheidung über die Verlängerung oder Abkürzung der Sperrfrist selbst. Der rechtskräftige Verwaltungsakt der AfA wie auch dessen Negativtest (s. Rdn 64, 65) binden die Arbeitsgerichte (*BAG* 13.4.2000 EzA § 17 KSchG Nr. 9; im Hinblick auf Art. 6 der 72

MERL zweifelnd das *LAG Hmb.* 20.9.2002 – 6 Sa 95/01). Stimmt das Gericht mit dem Ausschuss darin überein, dass anzeigepflichtige Entlassungen vorliegen, hat es eine vom Ausschuss angeordnete Sperrfrist zu beachten. Über die Bedeutung einer Mitteilung des Ausschusses an den Arbeitgeber, die Voraussetzungen einer Massenentlassung seien nicht gegeben, vgl. Rdn 57, 65; KR-*Weigand/Heinkel* § 18 KSchG Rdn 34.

73 Im Übrigen sind die Arbeitsgerichte grds. verpflichtet, einen Verwaltungsakt (s. Rdn 64), der nicht richtig, dh offensichtlich mit schweren Fehlern behaftet ist, als gültig anzuerkennen, solange er nicht von Amts wegen oder auf einen Rechtsbehelf in dem dafür vorgesehenen Verfahren (s. Rdn 69 f.) aufgehoben worden ist (BAG 13.4.2000 EzA § 17 KSchG Nr. 9; 23.7.1993 RzK I 4a Nr. 57). Das gilt für den Inhalt (zB Verkürzung oder Verlängerung der Sperrfrist) der in dem Verwaltungsakt getroffenen Regelung (BAG 3.7.1996 EzA § 84 ArbGG 1979 Nr. 1 zur Bindung an Entscheidungen der Verwaltungsgerichte). Vgl. KR-*Weigand/Heinkel* § 17 KSchG Rdn 176.

§ 21 KSchG Entscheidungen der Zentrale der Bundesagentur für Arbeit

¹Für Betriebe, die zum Geschäftsbereich des Bundesministers für Verkehr oder des Bundesministers für Post und Telekommunikation gehören, trifft, wenn mehr als 500 Arbeitnehmer entlassen werden sollen, ein gemäß § 20 Abs. 1 bei der Zentrale der Bundesagentur für Arbeit zu bildender Ausschuß die Entscheidungen nach § 18 Abs. 1 und 2. ²Der zuständige Bundesminister kann zwei Vertreter mit beratender Stimme in den Ausschuß entsenden. ³Die Anzeigen nach § 17 sind in diesem Falle an die Zentrale der Bundesagentur für Arbeit zu erstatten. ⁴Im übrigen gilt § 20 Abs. 1 bis 3 entsprechend.

1 *Die Vorschrift des § 21 KSchG ist zurzeit ohne praktische Bedeutung, weil die Betriebe, die zum Geschäftsbereich des Bundesministeriums für Verkehr oder des Bundesministeriums für Post und Telekommunikation gehören, überwiegend privatisiert wurden. Für den Eisenbahnbereich erfolgte dies gem. dem Gesetz über die Gründung einer Deutsche Bahn Aktiengesellschaft (Art. 2 des Gesetzes zur Neuregelung des Eisenbahnwesens vom 27.12.1993 BGBl. I S. 2378, 2386). Die Bundeswasserstraßen, Bundesautobahnen und -fernstraßen gehören in ihrer Betriebsform als Verkehrsanstalten des öffentlichen Rechts zum Geschäftsbereich des Bundesministeriums für Verkehr und nehmen am wirtschaftlichen Leben nach Maßgabe des bürgerlichen Rechts teil. Private Verkehrsunternehmen bedürfen zwar für ihr Betreiben der Genehmigung des Bundesministers für Verkehr (zB Luftverkehrsunternehmen, Privatbahnen), werden aber nicht von der Regelung gem. § 21 KSchG erfasst. Im Postbereich wurden gem. des Gesetzes zur Umwandlung der Unternehmen der Deutschen Bundespost in die Rechtsform der Aktiengesellschaft (Art. 3 des Gesetzes zur Neuordnung des Postwesens und der Telekommunikation vom 14.9.1994 BGBl. I S. 2325, 2339) die Deutsche Post AG, die Deutsche Postbank AG und die Deutsche Telekom AG gegründet. Die vorgenannten Aktiengesellschaften treffen Entscheidungen iSd §§ 17 ff. KSchG in eigener Kompetenz. Sie fallen zwar in den allgemeinen Zuständigkeitsbereich der entsprechenden Ministerien, unterliegen aber nicht deren Dienstaufsicht und stellen somit keinen Betrieb iSd § 21 KSchG mehr dar (BAG 4.3.1993 EzA § 21 KSchG Nr. 1). Das Bundesministerium für Post und Telekommunikation wurde mit Wirkung zum 1.1.1998 aufgelöst. Durch das Dritte Gesetz für moderne Dienstleistungen am Arbeitsmarkt vom 23.12.2003 (BGBl. I S. 2848) ist die »Hauptstelle der Bundesanstalt« in »Zentrale der Bundesagentur« umbenannt worden.*

2 § 21 KSchG – bis zur Neuregelung des KSchG durch das Erste Arbeitsrechtsbereinigungsgesetz § 19 KSchG – schränkt die Zuständigkeit des Ausschusses nach § 20 KSchG ein, indem er unter gewissen Voraussetzungen an seine Stelle einen bei der **Zentrale der BA** gebildeten Ausschuss treten lässt. Sollen in Betrieben, die zum Geschäftsbereich der dort genannten Ministerien gehören, mehr als 500 Arbeitnehmer entlassen werden, trifft die Entscheidung nach § 18 Abs. 1 und Abs. 2 KSchG ein bei der Zentrale der BA zu bildender Ausschuss, § 21 S. 1 KSchG. Entlassungen dieses Umfangs in den angesprochenen Bereichen haben regelmäßig überregionale Bedeutung.

Die Verlagerung der Zuständigkeiten von den ehemals Landesarbeitsämtern weg auf einen bei der Zentrale zu bildenden Ausschuss soll gewährleisten, dass die Entscheidungen auch aus einem entsprechenden überregionalen Blickwinkel getroffen werden. Angesichts der arbeitsmarktpolitischen Zwecksetzung der Regelungen des Dritten Abschnitts des KSchG vermag die Zentrale der BA eher als eine AfA dazu beitragen, eventuell vorhandene Strukturprobleme eines Bundeslandes in einem anderen aufzufangen.

Zum **Geschäftsbereich** der Bundesminister für **Verkehr** bzw. **Post** und **Telekommunikation** gehören Betriebe dann, wenn das Ministerium als oberste Dienstbehörde über sie die Rechts-, Fach- und Dienstaufsicht ausübt. Es muss sich um ein Unterstellungsverhältnis unter das Ministerium handeln (§ 15 der Hattenheimer Entschließungen der Sozialpartner zum KSchG, RdA 1950, 63), so dass **Entlassungen aufgrund ministerialer Weisungen** erfolgen können. Für den Betrieb iSd § 21 KSchG reicht es nicht aus, wenn das Ministerium lediglich für ihn zuständig ist, zB für die Erteilung der Genehmigung zur Durchführung von Flugdiensten (*BAG* 4.3.1993 EzA § 21 KSchG Nr. 1 zust. Anm. *Schaub* EWiR 1993, 805). Folglich ist die Massenentlassungsanzeige nicht an die Zentrale der BA zu richten, sondern an die örtlich zuständige AfA (*BAG* 4.3.1993 EzA § 21 KSchG Nr. 1; KR-*Weigand/Heinkel* § 18 KSchG Rdn 12). § 21 KSchG erfasst nur solche **Betriebe** aus dem Geschäftsbereich des Bundesministers für Verkehr bzw. Post und Telekommunikation, welche **wirtschaftliche Zwecke** verfolgen (§ 23 Abs. 2 KSchG). Wirtschaftliche Zwecke im Unterschied etwa zu hoheitlichen Zwecken liegen dann vor, wenn der Betrieb Aufgaben verfolgt, welche ein Privatunternehmer in gleicher Weise wahrnehmen könnte (s. zu den Einzelheiten KR-*Bader/Kreutzberg-Kowalczyk* KSchG § 23 Rdn 97). 3

Die Zahl der zu entlassenden Arbeitnehmer muss **500 übersteigen**, es müssen also mindestens 501 Arbeitnehmer sein. 4

Der **Betrieb** ist wie im übrigen Sprachgebrauch des Dritten Abschnitts des KSchG nach Maßgabe der Umstände als die Einheit zu verstehen, der die von der Entlassung betroffenen Arbeitnehmer zur Erfüllung ihrer Aufgaben angehören. Erforderlich ist eine unterscheidbare Einheit von einer gewissen Dauerhaftigkeit und Stabilität, die zur Erledigung einer oder mehrerer bestimmter Aufgaben bestimmt ist und über eine Gesamtheit von Arbeitnehmern sowie über technische Mittel und eine organisatorische Struktur (einschließlich Leitung) zur Erfüllung dieser Aufgaben verfügt (vgl. KR-*Weigand/Heinkel* § 17 KSchG Rdn 31 ff.). § 21 KSchG erfasst den Fall, dass aus **einem** Betrieb aus dem Geschäftsbereich des Bundesministers für Verkehr oder Post und Telekommunikation mehr als 500 Arbeitnehmer entlassen werden sollen. 5

Bei der Bemessung der für § 21 KSchG maßgebenden Zahl von mehr als 500 Arbeitnehmern sind Entlassungen in **mehreren Betriebseinheiten** im jeweiligen Geschäftsbereich innerhalb des maßgebenden Zeitraums des § 17 Abs. 1 KSchG nicht zusammenzurechnen (*LKB-Bayreuther* KSchG § 21 Rn 3; ErfK-*Kiel* KSchG § 21 Rn 1; APS-*Moll* KSchG § 21 Rn 8; aA noch die Vorauflage KR-*Weigand* 12. Aufl. KSchG § 21 Rn 5 ff. sowie DDZ-*Callsen* KSchG § 21 Rn 3). Dies folgt bereits aus der unionsrechtlichen Begriffsbestimmung. 6

Der Ausschuss ist bei der **Zentrale** der BA zu bilden. Seine Zusammensetzung entspricht § 20 Abs. 1 KSchG. **Vorsitzender** ist der Vorsitzende des Vorstandes der BA oder ein von ihm beauftragter Angehöriger der Zentrale, nicht einer Regionaldirektion oder einer AfA. Die Beisitzer werden vom Verwaltungsrat der BA ernannt. 7

Der zuständige **Bundesminister** kann zwei Vertreter mit beratender Stimme entsenden, § 21 S. 2 KSchG. Die Anzeige der beabsichtigten Entlassungen ist an die Zentrale der BA zu erstatten. Im Übrigen gelten für das Verfahren keine Besonderheiten. 8

§ 22 KSchG Ausnahmebetriebe

(1) Auf Saisonbetriebe und Kampagne-Betriebe finden die Vorschriften dieses Abschnitts bei Entlassungen, die durch diese Eigenart der Betriebe bedingt sind, keine Anwendung.

(2) ¹Keine Saisonbetriebe oder Kampagne-Betriebe sind Betriebe des Baugewerbes, in denen die ganzjährige Beschäftigung nach dem Dritten Buch Sozialgesetzbuch gefördert wird. ²Das Bundesministerium für Arbeit und Soziales wird ermächtigt, durch Rechtsverordnung Vorschriften zu erlassen, welche Betriebe als Saisonbetriebe oder Kampagne-Betriebe im Sinne des Absatzes 1 gelten.

Übersicht	Rdn			Rdn
A. Entstehungsgeschichte	1	I.	Geltung des Ersten Abschnitts des KSchG	12
B. Sinn und Zweck der Regelung	6			
C. Begriffsbestimmungen	8	II.	Geltung des Zweiten Abschnitts des KSchG	13
I. Saisonbetrieb	9			
II. Kampagne-Betrieb	11	III.	Nichtgeltung des Dritten Abschnitts des KSchG	14
D. Regelungsgehalt der Ausnahmebestimmung (§ 22 Abs. 1 KSchG)	12	E.	Verfahrensrechtliche Fragen	19

A. Entstehungsgeschichte

1 Die Vorschrift des § 22 Abs. 1 KSchG 1969 (§ 20 Abs. 1 KSchG 1951) entspricht nach ihrem Regelungsgehalt weitgehend der Bestimmung des **§ 20 Abs. 4 AOG**. Der Gesetzeswortlaut der zuletzt genannten Vorschrift war aber insofern umfassender, als er Legaldefinitionen der Begriffe »Saison- und Kampagne-Betriebe« enthielt. Danach waren als **Saisonbetriebe** solche Betriebsstätten anzusehen, »die regelmäßig in einer Jahreszeit verstärkt arbeiten«. Als Kampagne-Betriebe kamen dagegen solche Betriebsstätten in Betracht, »die regelmäßig nicht mehr als drei Monate im Jahr arbeiten«.

2 Der **Hattenheimer Entwurf** übernahm in § 16 in vollem Umfang den Regelungsgehalt des § 20 Abs. 4 AOG (RdA 1950, 65). Der Regierungsentwurf hielt in § 20 ebenfalls an diesem Wortlaut fest (RdA 1951, 60). Das KSchG 1951 brachte insofern eine Abkehr von dem ursprünglichen Wortlaut der Regelung, als es unter Verzicht auf Legaldefinitionen den Bundesminister für Arbeit ermächtigte, durch Rechtsverordnung zu bestimmen, welche Betriebe als Saison- oder Kampagne-Betriebe iSd § 20 Abs. 1 KSchG 1951 anzusehen sind. Von dieser Ermächtigung hat der Bundesminister für Arbeit und Soziales bislang noch keinen Gebrauch gemacht, so dass es dem Schrifttum und der Rspr. obliegt, die Begriffe »Saison- und Kampagne-Betriebe« näher zu bestimmen.

3 Durch das **BeschFG vom 26.4.1985** (BGBl. I S. 710) wurde die Vorschrift des § 22 Abs. 2 S. 1 KSchG eingefügt. Sie dient der Klarstellung, dass Betriebe des Baugewerbes, in denen die ganzjährige Beschäftigung gem. §§ 101 ff. SGB III gefördert wird, keine Saison- oder Kampagne-Betriebe sind (s. Rdn 9).

4 Das am 27.3.1997 verkündete **Gesetz zur Reform der Arbeitsförderung (Arbeitsförderungs-Reformgesetz – AFRG –)** vom 24.3.1997 (BGBl. I S. 594) gliederte nach dessen Art. 1 das neue Arbeitsförderungsrecht zum 1.1.1998 als **SGB III** in das SGB ein und löste dabei das AFG vom 25.6.1969 ab. Folglich war in § 22 Abs. 2 S. 1 KSchG die zitierte Verweisungsvorschrift aus dem früheren AFG an das SGB III anzupassen. Durch die Achte ZustAnpVO vom 25.11.2003 (BGBl. I S. 2304) ist die Bezeichnung »Bundesministerium für Wirtschaft und Arbeit«, durch die Neunte ZustAnpVO vom 31.10.2006 (BGBl. I S. 2407, 2433) die Bezeichnung Bundesministerium für »Arbeit und Soziales« angepasst worden.

5 Die Herausnahme der Saison- und Kampagne-Betriebe widerspricht nicht den Regelungen der **MERL** (vgl. KR-*Weigand/Heinkel* § 17 KSchG Rdn 41).

B. Sinn und Zweck der Regelung

Die Ausklammerung der Saison- und Kampagne-Betriebe aus dem betrieblichen Geltungsbereich 6
des Dritten Abschnitts des KSchG trägt dem Umstand Rechnung, dass die Beschäftigtenzahl dieser Betriebe regelmäßig starken Schwankungen unterworfen ist. Um diesen Betrieben die Möglichkeit einer raschen Anpassung an den in periodischer Wiederkehr sich verändernden Personalbedarf zu gewährleisten, befreit sie das Gesetz von den Vorschriften über den Massenentlassungsschutz. Die Ausklammerung aus dem betrieblichen Geltungsbereich des Dritten Abschnitts des KSchG ist aber gegenständlich auf solche Massenentlassungen beschränkt, »**die durch die Eigenart des Betriebes bedingt sind**«. Durch die zuletzt genannte Formulierung soll ausgeschlossen werden, dass sich Saison- oder Kampagne-Betriebe aus Gründen, denen auch andere Unternehmen in gleichem Maße ausgesetzt sind (zB solche konjunktureller, struktureller oder wirtschaftspolitischer Art), den Vorschriften des Massenentlassungsschutzes entziehen. Die gegenständliche Beschränkung des betrieblichen Geltungsbereiches auf saison- oder kampagnebedingte Massenentlassungen entspricht dem verfassungsrechtlichen Gleichheitssatz (Art. 3 Abs. 1 GG).

Da es sich bei der Bestimmung des § 22 Abs. 1 KSchG um eine den betrieblichen Geltungsbereich 7
regelnde Vorschrift handelt, wäre es aus systematischen Gründen angebracht gewesen, die Regelung in den vierten Abschnitt des KSchG zu übernehmen.

C. Begriffsbestimmungen

Da das KSchG die Saison- und Kampagne-Betriebe in kündigungsschutzrechtlicher Hinsicht 8
gleichbehandelt, bedarf es an sich insoweit keiner scharfen begrifflichen Abgrenzung. Von Bedeutung ist dagegen die begriffliche Grenzziehung gegenüber den sonstigen Betrieben (vgl. allgemein zum Betriebsbegriff KR-*Weigand/Heinkel* § 17 KSchG Rdn 31 ff.), so dass es erforderlich ist, die Saison- und Kampagne-Betriebe in ihren Besonderheiten zu erfassen.

I. Saisonbetrieb

Unter dem **Begriff des Saisonbetriebes** ist ein Betrieb iSd MERL zu verstehen, in dem zwar das ganze 9
Jahr hindurchgearbeitet wird, dessen Beschäftigtenzahl aber regelmäßigen saisonalen Schwankungen unterworfen ist. Geringfügige Schwankungen des Personalbestandes verleihen einem Betrieb jedoch noch nicht den Charakter eines Saisonbetriebes. Vielmehr ist vorauszusetzen, dass der Personalbedarf in der »Saison« erheblich vermehrt ist, wobei die Zahlenverhältnisse des § 17 Abs. 1 KSchG dafür einen Anhalt geben (*LSG Bln.* 10.4.1981 – L 4 Ar 60/79, nv). Für das Vorliegen eines Saisonbetriebes ist es rechtlich unbeachtlich, auf welchen Gründen die periodisch wiederkehrenden Schwankungen des Personalbedarfs beruhen (vgl. *Gumpert* BB 1961, 645). Als derartige Gründe kommen insbes. witterungsbedingte, absatzbedingte und standortbedingte Ursachen in Betracht. Als Saisonbetriebe können daher zB die folgenden Betriebe anzusehen sein: Steinbrüche, Kies- und Sandgruben, Hotels und Gaststätten und andere dem Fremdenverkehr dienende Betriebe in Kur- und Erholungsgebieten, Spielzeugfabriken usw. (zum Begriff *Richardi* § 1 Rn 121 f.; LSSW-*Wertheimer* KSchG § 22 Rn 2; *LKB-Bayreuther* KSchG § 22 Rn 6; *Berscheid* AR-Blattei SD 1020.2 Rn 42). Sog. **Mischbetriebe** fallen hinsichtlich derjenigen Belegschaft unter die Bestimmung des § 22 KSchG, die in einem saisonabhängigen Teil des Betriebes beschäftigt ist (Rdn 17).

Nicht zu den Saison- oder Kampagne-Betrieben iSd § 22 KSchG zählen die **Betriebe des Bau-** 10
gewerbes, in denen die ganzjährige Beschäftigung gem. §§ 101 ff. SGB III gefördert wird (§ 22 Abs. 2 Satz 1 KSchG). Entlassungen in diesen Betrieben unterliegen also der Anzeigepflicht. Auf die Frage, ob sie nach allgemeinen Kriterien als Saison- oder Kampagne-Betriebe anzusehen sind, kommt es dabei nicht an. Ausgenommen sind die Betriebe, in denen die ganzjährige Beschäftigung nicht gefördert wird (vgl. dazu iE § 2 BaubetriebeVO v. 28.10.1980 zuletzt geändert durch Art. 37 des Gesetzes v. 20.12.2011, BGBl. I S. 2854). Soweit sie als Saison- oder Kampagne-Betriebe geführt werden, gilt für sie § 22 Abs. 1 KSchG; sie unterfallen dann nicht der Anzeigepflicht.

II. Kampagne-Betrieb

11 **Kampagne-Betriebe** sind solche Betriebe iSd. MERL, in denen regelmäßig nur einige Monate im Jahr gearbeitet wird, weil nach der Betriebsstruktur die Beschäftigung wegen Beendigung der Zufuhr von Rohstoffen und deren Verarbeitung endet. Der Charakter als Kampagne-Betrieb wird nicht dadurch ausgeschlossen, dass während der Ruhezeiten Stammarbeitnehmer weiterbeschäftigt werden (zB zur Instandhaltung der Maschinen). Auf die Dauer der Arbeitsphasen kommt es dabei nicht mehr entscheidend an, nachdem § 22 Abs. 1 KSchG im Unterschied zu § 20 Abs. 4 AOG nicht mehr darauf abstellt, dass nur solche Betriebe als Kampagne-Betriebe anzusehen sind, die regelmäßig nicht mehr als drei Monate im Jahr arbeiten (zum Begriff LSSW-*Wertheimer* KSchG § 22 Rn 3; *LKB-Bayreuther* KSchG § 22 Rn 6; *Wolterek/Lewerenz* Saison- und Kampagnearbeit, AR-Blattei D, Saisonarbeit I, A I). Ebenso wie bei den Saisonbetrieben ist es rechtlich ohne Belang, aus welchen Gründen der Betrieb nur vorübergehend im Jahr arbeiten kann (*Gumpert* BB 1961, 645 sowie *LKB-Bayreuther* KSchG § 22 Rn 6). Als Kampagne-Betriebe kommen daher zB die folgenden Betriebe in Betracht: Zuckerfabriken, Gemüse- und Obstkonservenfabriken, die fischverarbeitende Industrie, Freibäder, Hotels und Gaststätten sowie Freizeitzentren.

D. Regelungsgehalt der Ausnahmebestimmung (§ 22 Abs. 1 KSchG)

I. Geltung des Ersten Abschnitts des KSchG

12 Die Ausnahmebestimmung des § 22 Abs. 1 KSchG schränkt den betrieblichen Geltungsbereich nur hinsichtlich des Dritten Abschnitts des KSchG ein. Da es an einer entsprechenden Einschränkung für die ersten beiden Abschnitte des Gesetzes fehlt, finden sowohl der allgemeine Kündigungsschutz (§§ 1–14 KSchG) als auch der für betriebsverfassungsrechtliche Funktionsträger geltende besondere Kündigungsschutz (§§ 15, 16 KSchG) auf Saison- und Kampagne-Betriebe grds. uneingeschränkte Anwendung (*Wolterek/Lewerenz* Saison- und Kampagnearbeit, AR-Blattei D, Saisonarbeit I, B III). Aus der Eigenart dieser Betriebe ergeben sich aber auch insoweit gewisse Besonderheiten. So ist bei der Frage, ob ein Saison- oder Kampagne-Betrieb als **Kleinbetrieb** iSd § 23 Abs. 1 KSchG anzusehen ist, auf die regelmäßige Anzahl der Arbeitnehmer (ausschließlich der Auszubildenden) während der Saison oder der Kampagne abzustellen (*Wolterek/Lewerenz* AR-Blattei D, Saisonarbeit, B III 1). Auf die **sechsmonatige Wartezeit** des § 1 Abs. 1 KSchG wird eine seitherige Beschäftigungszeit dann angerechnet, wenn das neue Arbeitsverhältnis in einem engen sachlichen Zusammenhang mit dem früheren steht (*BAG* 6.12.1976 EzA § 1 KSchG Nr. 36). Die Zeit der Unterbrechung ist dagegen nur dann anzurechnen, wenn dies zwischen den Arbeitsvertragsparteien gesondert vereinbart ist oder eine entsprechende kollektivvertragliche Anrechnungsregelung besteht. Der **allgemeine Kündigungsschutz** (§§ 1–14 KSchG) findet im Übrigen uneingeschränkt Anwendung. Ein saisonal oder kampagne-bedingter Fortfall des Arbeitsplatzes begründet jedoch idR die Betriebsbedingtheit der Kündigung iSd § 1 Abs. 2 KSchG. Eine Sozialwidrigkeit der ordentlichen Kündigung kann sich in derartigen Fällen jedoch aus einem Fehler in der sozialen Auswahl ergeben (§ 1 Abs. 3 KSchG), sofern nur ein Teil der Belegschaft aus saisonalen oder kampagnebedingten Gründen entlassen wird (*Gumpert* BB 1961, 646; *Wolterek/Lewerenz* AR-Blattei D, Saisonarbeit, B III 3b). Bei personen- und verhaltensbedingten Kündigungen iSd § 1 Abs. 2 KSchG gelten dagegen keine Besonderheiten, da hier die Eigenart der Betriebe keine gesonderte rechtliche Behandlung erfordert. Dies gilt ebenso für die außerordentliche Kündigung. Wegen der Zulässigkeit von befristeten Arbeitsverträgen aus saisonalen oder kampagnebedingten Gründen vgl. KR-*Lipke/Bubach* § 14 TzBfG Rdn 209 ff.

II. Geltung des Zweiten Abschnitts des KSchG

13 Der **Zweite Abschnitt des KSchG** (§§ 15, 16 KSchG) gilt in vollem Umfange auch für die in Saison- oder Kampagne-Betrieben beschäftigten betriebsverfassungsrechtlichen Funktionsträger (vgl. zum besonderen Kündigungsschutz iE KR-*Kreft* § 15 KSchG). Lehnt der Arbeitgeber (zB nach vorheriger Befristung des Arbeitsvertrages) die Wiedereinstellung von

betriebsverfassungsrechtlichen Funktionsträgern bei Beginn der Saison oder Kampagne ohne sachlichen Grund ab, so steht diesen nach Treu und Glauben ein **Wiedereinstellungsanspruch** zu (LSSW-*Wertheimer* KSchG § 22 Rn 9; *Wolterek/Lewerenz* Saison- und Kampagnearbeit, AR-Blattei D, Saisonarbeit I, G VI).

III. Nichtgeltung des Dritten Abschnitts des KSchG

In vollem Umfange aus dem betrieblichen Geltungsbereich des **Dritten Abschnitts des KSchG** herausgenommen sind zunächst solche Saison- oder Kampagne-Betriebe, in denen idR weniger als 20 Arbeitnehmer beschäftigt werden. Dies ergibt sich aus der Regelung des § 17 Abs. 1 KSchG, die auch auf Saison- und Kampagne-Betriebe Anwendung findet. Bei derartigen Kleinbetrieben ist es rechtlich ohne Belang, ob die Massenentlassungen ihre Ursache in der Eigenart des Betriebes haben oder nicht. Bei der Bestimmung der regelmäßigen Arbeitnehmerzahl ist auf den normalen Beschäftigtenstand des Betriebes abzustellen; die nur vorübergehend (während der Saison oder der Kampagne) beschäftigten Arbeitnehmer sind daher nicht mitzuzählen (KR-*Weigand/Heinkel* § 17 KSchG Rdn 46). 14

Bei Saison- und Kampagne-Betrieben, in denen idR mehr als 20 Arbeitnehmer beschäftigt werden, gelangt der Dritte Abschnitt des KSchG nur hinsichtlich solcher Massenentlassungen nicht zur Anwendung, die durch die **Eigenart der Betriebe** bedingt sind. Es muss somit ein kausaler Zusammenhang zwischen der Eigenart des Betriebes und dem Ausspruch von Massenentlassungen vorliegen. Dies ist stets dann der Fall, wenn die Massenentlassungen wegen der Beendigung der Kampagne oder des Ablaufs der Saison ausgesprochen werden. Massenentlassungen während der Saison oder während der Kampagne (zB aus konjunkturellen oder strukturellen Gründen) sind dagegen bei Erreichen der gesetzlichen Grenzen anzeigepflichtig (LSSW-*Wertheimer* KSchG § 22 Rn 8; *LKB-Bayreuther* KSchG § 22 Rn 9). 15

Beruhen die Massenentlassungen sowohl auf der Eigenart des Betriebes als auch auf sonstigen »dringenden betrieblichen Erfordernissen« iSd § 1 Abs. 2 KSchG (zB auf konjunkturell bedingten Absatzschwierigkeiten), so besteht nur eine Anzeigepflicht hinsichtlich derjenigen Massenentlassungen, für die keine in der Eigenart des Betriebes liegenden Gründe maßgeblich waren. Ist eine exakte Trennung der Kündigungsursachen nicht möglich, gelangen die Vorschriften des Dritten Abschnitts des KSchG zur Anwendung. 16

In sog. **Mischbetrieben** sind Massenentlassungen dann nicht anzeigepflichtig, wenn hiervon allein solche Arbeitnehmer betroffen sind, die in einem saison- oder kampagneabhängigen Teil des Betriebes beschäftigt sind, sofern die Massenentlassungen durch die Eigenart des Betriebsteils bedingt sind. 17

Die Frage, ob den aus saisonalen oder kampagnebedingten Gründen entlassenen Arbeitnehmern – auch beim Fehlen einer entsprechenden arbeitsvertraglichen oder kollektivrechtlichen Regelung – ein **Wiedereinstellungsanspruch** zusteht, ist streitig (*Wolterek/Lewerenz* Saison- und Kampagnearbeit, AR-Blattei D, Saisonarbeit I, B IV). Das KSchG enthält keinen Wiedereinstellungsanspruch für Saison- oder Kampagnearbeiter. Allein aus der Regelung gem. § 22 Abs. 1 KSchG, dass die Vorschriften des Dritten Abschnitts über anzeigepflichtige Entlassungen keine Anwendung auf Saison- und Kampagne-Betriebe finden, lässt sich weder für noch gegen die Zulässigkeit von Befristungen etwas entnehmen (BAG 29.1.1987 EzA § 620 BGB Nr. 87). Ein Wiedereinstellungsanspruch kann sich aber aus dem Grundsatz von Treu und Glauben ergeben. Dies ist bspw. dann anzunehmen, wenn der Arbeitgeber zu Beginn der Saison oder der Kampagne einzelnen Arbeitnehmern willkürlich die Wiedereinstellung verweigert (BAG 29.1.1987 EzA § 620 BGB Nr. 87). Zum Wiedereinstellungsanspruch von betriebsverfassungsrechtlichen Funktionsträgern vgl. Rdn 13. 18

E. Verfahrensrechtliche Fragen

19 Beruft sich der Arbeitgeber auf die Ausnahmevorschrift des § 22 KSchG, trägt er die Darlegungs- und Beweislast für das Vorliegen ihrer tatsächlichen Voraussetzungen (*LKB-Bayreuther* KSchG § 22 Rn 11; ErfK-*Kiel* KSchG § 22 Rn 3). Unter anderem wird er monatlich gegliedert die Entwicklung der Beschäftigung in den letzten drei Jahren und im laufenden Jahr darzulegen haben. Im Rahmen des Verfahrens gemäß § 18 KSchG hat der Entscheidungsträger zunächst zu prüfen, ob ein Betrieb als Saison- oder Kampagne-Betrieb iSd § 22 KSchG anzusehen ist. Bejaht er diese Frage, so hat er weiterhin darüber zu befinden, ob die Massenentlassungen durch die Eigenart des Betriebes bedingt sind (*BSG* 20.10.1960 AP Nr. 1 zu § 20 KSchG). Entscheidungen sind immer nur für den Einzelfall zu treffen. Die Entscheidung über die Qualifizierung als Ausnahmebetrieb ist dem Arbeitgeber mitzuteilen.

Vierter Abschnitt Schlussbestimmungen

§ 23 KSchG Geltungsbereich

(1) ¹Die Vorschriften des Ersten und Zweiten Abschnitts gelten für Betriebe und Verwaltungen des privaten und des öffentlichen Rechts, vorbehaltlich der Vorschriften des § 24 für die Seeschiffahrts-, Binnenschiffahrts- und Luftverkehrsbetriebe. ²Die Vorschriften des Ersten Abschnitts gelten mit Ausnahme der §§ 4 bis 7 und des § 13 Abs. 1 Satz 1 und 2 nicht für Betriebe und Verwaltungen, in denen in der Regel fünf oder weniger Arbeitnehmer ausschließlich der zu ihrer Berufsbildung Beschäftigten beschäftigt werden. ³In Betrieben und Verwaltungen, in denen in der Regel zehn oder weniger Arbeitnehmer ausschließlich der zu ihrer Berufsbildung Beschäftigten beschäftigt werden, gelten die Vorschriften des Ersten Abschnitts mit Ausnahme der §§ 4 bis 7 und des § 13 Abs. 1 Satz 1 und 2 nicht für Arbeitnehmer, deren Arbeitsverhältnis nach dem 31. Dezember 2003 begonnen hat; diese Arbeitnehmer sind bei der Feststellung der Zahl der beschäftigen Arbeitnehmer nach Satz 2 bis zur Beschäftigung von in der Regel zehn Arbeitnehmern nicht zu berücksichtigen. ⁴Bei der Feststellung der Zahl der beschäftigten Arbeitnehmer nach den Sätzen 2 und 3 sind teilzeitbeschäftigte Arbeitnehmer mit einer regelmäßigen wöchentlichen Arbeitszeit von nicht mehr als 20 Stunden mit 0,5 und nicht mehr als 30 Stunden mit 0,75 zu berücksichtigen.

(2) Die Vorschriften des Dritten Abschnitts gelten für Betriebe und Verwaltungen des privaten Rechts sowie für Betriebe, die von einer öffentlichen Verwaltung geführt werden, soweit sie wirtschaftliche Zwecke verfolgen.

Übersicht	Rdn		Rdn
A. Entstehungsgeschichte	1	2. Sonderregelung für Seeschifffahrts-, Binnenschifffahrts- und Luftverkehrsbetriebe (§ 23 Abs. 1 S. 1 iVm § 24 KSchG)	39
B. Sinn und Zweck der Regelung	10		
I. Geltungsumfang	10		
II. Begründung der Kleinbetriebsklausel	16		
III. Zur Verfassungsmäßigkeit und Europarechtskonformität der Kleinbetriebsklausel	17	3. Ausnahmeregelung für Kleinbetriebe (§ 23 Abs. 1 Sätze 2 bis 4 KSchG)	40
C. Geltungsbereich des Ersten und Zweiten Abschnitts des Gesetzes	22	a) Schwellenwert	40
I. Geltung im Inland	23	aa) Regelung für vor dem 1.1.2004 begonnene Arbeitsverhältnisse (§ 23 Abs. 1 S. 2)	42
II. Persönlicher Geltungsbereich	26		
III. Gegenständlicher Geltungsbereich	28		
IV. Betrieblicher Geltungsbereich (§ 23 Abs. 1 KSchG)	30	bb) Regelung für nach dem 31.12.2003 begonnene Arbeitsverhältnisse (§ 23 Abs. 1 S. 3)	45
1. Grundsätzliche Abgrenzung (§ 23 Abs. 1 S. 1 KSchG)	30		

cc) Konsequenzen für die
    Praxis 47
b) Berücksichtigung der Teilzeit-
    beschäftigten
    (§ 23 Abs. 1 S. 4) 49
c) Regelmäßige
    Beschäftigtenzahl 52
d) Berücksichtigung einzelner
    Beschäftigtengruppen 56
e) Besondere Betriebs- und Be-
    schäftigungsarten 62
f) Betriebsübergang 74
g) § 323 Abs. 1 UmwG 77

h) Darlegungs- und Beweislast 78
   aa) Allgemein 78
   bb) Ausnahmetatbestand
       Kleinbetrieb 79
i) Kündigungsschutz in Kleinbetrieben unterhalb des Schwellenwertes 85
D. **Geltungsbereich des Dritten Abschnitts
   des Gesetzes** 90
I. Einbezogene Betriebe und
   Verwaltungen 91
II. Ausgenommene Betriebe und
    Verwaltungen 95

A. Entstehungsgeschichte

Die Kündigungsschutzvorschriften des **BRG 1920** galten nur für Betriebe mit idR mindestens 20 **1**
Arbeitnehmern. Das **AOG** sah als Grenze für den betrieblichen Geltungsbereich eine Beschäftigtenzahl von mindestens 10 Arbeitnehmern vor. Die **landesrechtlichen Kündigungsschutzgesetze** (zB
das BRG des Landes Hessen v. 31.5.1948 sowie das BRG des Landes Bremen v. 10.1.1949) enthielten ebenfalls Beschränkungen des betrieblichen Geltungsbereiches, und zwar für Betriebe mit
weniger als fünf Arbeitnehmern (vgl. iE *A. Hueck* RdA 1951, 281).

Während der **Entwurf des KSchG 1951** lediglich solche Kleinbetriebe aus dem betrieblichen Gel- **2**
tungsbereich herausnehmen wollte, in denen idR drei oder weniger Arbeitnehmer, ausschließlich
der Lehrlinge, beschäftigt werden (vgl. RdA 1951, 60 f.), erklärte **§ 21 Abs. 1 S. 2 KSchG 1951** die
Bestimmungen des Ersten Abschnitts für solche Betriebe und Verwaltungen für unanwendbar, in
denen idR fünf oder weniger Arbeitnehmer ausschließlich der Lehrlinge beschäftigt wurden (zum
Gesetzgebungsverfahren vgl. *BAG* 19.4.1990 – 2 AZR 487/89). Zur historischen Entwicklung der
Kleinbetriebsklausel im allgemeinen Kündigungsschutzrecht wird verweisen auf die umfassende
Darstellung von *Weigand* FS Etzel (2011) S. 437 ff.

Eine weitere (früher in § 21 Abs. 3 KSchG 1951) enthaltene Einschränkung des betrieblichen **3**
Geltungsbereiches sah vor, dass die Vorschriften des Dritten Abschnitts keine Anwendung finden sollten, wenn Entlassungen auf Baustellen aus Witterungsgründen vorgenommen wurden.
Diese Bestimmung wurde mit Wirkung vom 1.12.1959 durch das Zweite Änderungsgesetz
zum AVAVG vom 7.12.1959 (BGBl. I S. 705) aufgehoben. Der Massenkündigungsschutz der
§§ 17 ff. KSchG gilt seit diesem Zeitpunkt auch bei witterungsbedingten Entlassungen in der
Bauwirtschaft.

Durch das **Erste Arbeitsrechtsbereinigungsgesetz** vom 14.8.1969 (BGBl. I S. 1106) trat inhaltlich **4**
keine Änderung des früheren § 21 KSchG 1951 – jetzt § 23 KSchG – ein. Dagegen wurde der
Geltungsbereich des Dritten Abschnitts des KSchG durch Art. 1 Nr. 4 des »**Zweiten Gesetzes zur
Änderung des KSchG**« vom 27.4.1978 (BGBl. I S. 550) insofern erweitert, als nunmehr auch Bin-
nenschiffe und Luftfahrzeuge den Vorschriften des Dritten Abschnitts unterfallen (s.a. KR-*Bader/
Kreutzberg-Kowalczyk* § 24 KSchG Rdn 42).

Eine weitere Änderung des § 23 KSchG erfolgte durch Art. 3 Nr. 2 des **Beschäftigungsförde-** **5**
rungsgesetzes 1985 – BeschFG 1985 – vom 26.4.1985 (BGBl. I S. 710). Die entsprechenden
Gesetzesänderungen traten am 1.5.1985 in Kraft (Art. 16 BeschFG 1985). Durch Art. 3 Nr. 2a
BeschFG 1985 wurde in § 23 Abs. 1 S. 2 das Wort »**Lehrlinge**« durch die Worte »**zu ihrer Berufsbildung Beschäftigten**« ersetzt. Die aufgrund Art. 3 Nr. 2b BeschFG 1985 erfolgte Einfügung
der Sätze 3 und 4 in § 23 Abs. 1 KSchG hatte zur Folge, dass **Teilzeitarbeitnehmer**, deren regelmäßige Arbeitszeit wöchentlich zehn Stunden oder monatlich 45 Stunden nicht überstieg, bei
der zur Bestimmung des betrieblichen Geltungsbereiches maßgeblichen Arbeitnehmerzahl nicht
berücksichtigt wurden.

§ 23 KSchG Geltungsbereich

6 Die erste einschneidende Änderung des Geltungsbereichs des KSchG seit seiner ersten Fassung vom 10.8.1951 (vgl. Rdn 2) nahm der Gesetzgeber durch das Arbeitsrechtliche Gesetz zur Förderung von Wachstum und Beschäftigung (**Arbeitsrechtliches Beschäftigungsförderungsgesetz**) vom 25. September 1996 (BGBl. I S. 1476) mit Wirkung vom 1.10.1996 vor. Der **Schwellenwert** für sog. Kleinbetriebe, in denen die Vorschriften des Ersten und Zweiten Abschnitts des KSchG keine Anwendung finden, wurde von **fünf** auf **zehn Arbeitnehmer** angehoben. Die Berechnung dieses Schwellenwerts erforderte nunmehr gem. § 23 Abs. 1 S. 3, die Teilzeitbeschäftigten entsprechend ihrer Arbeitszeit anteilig zu berücksichtigen. Bei der Prüfung des Schwellenwertes wurde folglich nunmehr auf das Gesamtarbeitsvolumen abgestellt. In den Gesetzentwurf der Fraktionen der CDU/CSU und FDP wurde erst nach den parlamentarischen Beratungen im Ausschuss für Arbeit und Sozialordnung (11. Ausschuss-Drucks. 13/5107) in § 23 Abs. 1 S. 4 eine Besitzstandsklausel für diejenigen Arbeitnehmer eingefügt, die bis zum 30. September 1996 gegenüber ihrem Arbeitgeber Rechte aus der bis dahin geltenden Fassung der Sätze 2 bis 4 iVm dem Ersten Abschnitt des KSchG hätten herleiten können. Deren Rechtsstellung wurde damit vom Arbeitsrechtlichen Beschäftigungsförderungsgesetz 1996 nicht berührt.

7 Aufgrund eines Wahlversprechens und in großer Eile hat der 1998 neu gewählte Gesetzgeber mit dem »Gesetz zu Korrekturen in der Sozialversicherung und zur Sicherung der Arbeitnehmerrechte« vom 19.12.1998 (BGBl. I S. 3843) die Änderungen in den Regelungen des § 23 KSchG von 1996 im Wesentlichen wieder rückgängig gemacht (vgl. *Bader* NZA 1999, 64; *U. Preis* RdA 1999, 311). Der Schwellenwert für Kleinbetriebe, in denen der erste Abschnitt des KSchG keine Anwendung findet, wurde mit Wirkung vom 1.1.1999 von **zehn** auf die schon bis zum 30.9.1996 geltende Anzahl von **fünf** Arbeitnehmern verringert. Bei der dabei quotalen Berücksichtigung von Teilzeitbeschäftigten wurden die Arbeitnehmer mit bis zu zehn Stunden der regelmäßigen wöchentlichen Arbeitszeit nicht mehr wie bisher mit dem Faktor **0,25**, sondern bereits mit dem Faktor **0,5** angerechnet, der auch für die Arbeitnehmer mit nicht mehr als 20 Stunden regelmäßiger wöchentlicher Arbeitszeit galt. Im Übrigen blieb die Regelung in Satz 3, nach der beim Schwellenwert teilzeitbeschäftigte Arbeitnehmer entsprechend der Dauer ihrer Arbeitszeit berücksichtigt werden, bestehen. Die in der vorherigen Fassung des Abs. 1 S. 4 getroffene Übergangsregelung zur Besitzstandswahrung wurde mit der Rücknahme der Erhöhung des Schwellenwertes gegenstandslos und fiel weg.

8 Durch das Gesetz zu Reformen am Arbeitsmarkt vom 24.12.2003 (BGBl. I S. 3002) – ausführlich dazu etwa *Bader* NZA 2004, 65 – ist **§ 23 Abs.** 1 erneut geändert worden: In **Satz 2** ist aus der Kleinbetriebe betreffenden Ausnahmeregelung die dreiwöchige Klagefrist gem. §§ 4 bis 7 und 13 Abs. 1 S. 1 und 2 herausgenommen worden. Somit erstreckt sich diese Klagefristregelung nunmehr grds. auf alle Unwirksamkeitsgründe (vgl. § 4 S. 1 KSchG in der aktuellen Fassung und dazu näher KR-*Klose* § 4 KSchG Rdn 17 sowie die Erläuterungen zu § 4 KSchG im Übrigen). Eingefügt wurde **Satz 3**, nach dem seit dem 1.1.2004 der **Schwellenwert**, bis zu dem der Erste Abschnitt des KSchG mit Ausnahme der Regelung zur Klagefrist (s. dazu im vorstehenden Satz) keine Anwendung findet, auf **zehn Arbeitnehmer** angehoben ist. Damit wird im Wesentlichen an den Schwellenwert des Arbeitsrechtlichen Beschäftigungsförderungsgesetzes vom 25.9.1996 (s. Rdn 6) angeknüpft. Der Gesetzentwurf der CDU/CSU-Fraktion vom 18.6.2003 (BT-Drucks. 15/1182) hatte noch vorgesehen, Betriebe mit bis zu 20 neu eingestellten Arbeitnehmern vom Geltungsbereich des Ersten Abschnitts des KSchG auszunehmen; im Gesetzentwurf der FDP-Fraktion v. 12.2.2003 (BT-Drucks. 15/430) war vom selben Schwellenwert ausgegangen worden, allerdings ohne das Kriterium der Neueinstellungen. Fallengelassen war im Vermittlungsausschuss die im Beschluss des Bundestages v. 26.9.2003 (BR-Drs. 676/03) enthaltene Regelung, wonach bei der Berechnung des auf fünf Arbeitnehmer festgelegten Schwellenwertes bis zu fünf weitere Arbeitnehmer mit befristetem Arbeitsvertrag nicht zu berücksichtigen gewesen wären, wenn die befristeten Arbeitsverhältnisse nach dem 31.12.2003 begonnen hätten. **Satz 4** (vormals Satz 3) wurde wegen der Einfügung des Satzes 3 redaktionell angepasst, blieb ansonsten aber inhaltlich unverändert. Dazu, ob die Regelung zu den Kleinbetrieben, dh zu deren Herausnahme aus dem allgemeinen Kündigungsschutz, dem **Verfassungsrecht** und dem **Europarecht** entspricht, vgl. Rdn 17 bis 21.

Art. 4 des Gesetzes zur Verbesserung der Leistungen bei Renten wegen verminderter Erwerbs- 9
fähigkeit und zur Änderung anderer Gesetze – EM-Leistungsverbesserungsgesetz – v. 17.7.2017
(BGBl. I S. 2509) hat mit Wirkung vom 10.10.2017 (Art. 8 Nr. 2 des Gesetzes v. 17.7.2017) den
bisherigen Satz 2 des Abs. 2 gestrichen. Nach der bisherigen Regelung galten die Vorschriften des
Dritten Abschnitts (§§ 17 – 22a KSchG) nicht für Seeschiffe und deren Besatzungen (zur Historie
Rdn 98). Diese Regelung war zu streichen, da nach Art. 4 Nr. 1 der EU-Richtlinie 2015/1794
v. 6.10.2015 zur Änderung der Richtlinien 2008/94/EG, 2009/38/EG und 2002/14/EG sowie der
Richtlinien 98/59/EG und 2002/23/EG in Bezug auf Seeleute (ABl. L 263 v. 8.10.2015, S. 1 –
5) die entsprechende Einschränkung des Anwendungsbereichs der Richtlinie 98/59/EG (Massenentlassungsrichtlinie) entfällt (BR-Drs. 156/17 S. 20). § 24 Abs. 5 KSchG trifft nun – ebenfalls
mit Wirkung vom 10.10.2017 – Regelungen für die Anwendung des Dritten Abschnitts auf Besatzungen von Seeschiffen.

B. Sinn und Zweck der Regelung

I. Geltungsumfang

§ 23 KSchG regelt trotz seiner allgemeinen Überschrift nur den betrieblichen Geltungsbereich der 10
einzelnen Abschnitte des Gesetzes. Aber auch insofern hat die Bestimmung keinen abschließenden Charakter, da das KSchG noch eine Reihe von Sonderbestimmungen über den **betrieblichen
Geltungsbereich** enthält (vgl. §§ 17 Abs. 1, 22, 24 Abs. 1 KSchG). Der **persönliche Geltungsbereich** ist demgegenüber in den §§ 1 Abs. 1, 14 u. 17 Abs. 5 sowie 24 Abs. 3 KSchG geregelt.
Vorschriften über den **gegenständlichen Geltungsbereich** enthalten die §§ 1, 2, 13, 15, 17 Abs. 2
und 25 KSchG.

Aussagen trifft § 23 in Abs. 1 zur Geltung des Ersten und Zeiten Abschnitts des KSchG, in Abs. 2 11
zur Geltung des Dritten Abschnitts des KSchG:
- **Abs. 1 Satz 1:** Geltung des Ersten und des Zweiten Abschnitts des KSchG für **Betriebe und
Verwaltungen des privaten und des öffentlichen Rechts** (vorbehaltlich der Regelungen in § 24
für Besatzungen von Seeschiffen, Binnenschiffen und Luftfahrzeugen – dazu *Bader/Kreutzberg-
Kowalczyk* § 24 KSchG; vgl. hier Rdn 30 ff.);
- **Abs. 1 Satz 2 bis 4:** Einschränkung der Geltung des Ersten Abschnitts, d. h. Ausklammerung
der **Kleinbetriebe** (dazu Rdn 40 ff.), wobei aber die §§ 4 bis 7 und § 13 Abs. 1 S. 1 und 2 allgemein gelten (vgl. dazu auch KR-*Klose* § 4 KSchG Rdn 17 ff.; s.a. Rdn 41);
- **Abs. 2:** Geltung des Dritten Abschnitts des KSchG für **Betriebe und Verwaltungen des privaten
Rechts** sowie für **Betriebe**, die von einer öffentlichen Verwaltung geführt werden, soweit sie
wirtschaftliche Zwecke verfolgen (dazu näher Rdn 90 ff.). Satz 2 ist mit Wirkung v. 10.10.2017
gestrichen (s. Rdn 9.).

Die Regelung des § 23 Abs. 1 S. 1 KSchG stellt klar, dass die Vorschriften des Ersten und Zweiten 12
Abschnitts des Gesetzes nicht nur für Betriebe und Verwaltungen des privaten Rechts, sondern auch
für Betriebe und Verwaltungen des öffentlichen Rechts gelten, womit im Ergebnis praktisch das gesamte Arbeitsleben in Deutschland einbezogen ist (*Bader/Bram-Suckow* § 23 KSchG Rn 3), wenngleich durch Abs. 1 S. 2 bis 4 wieder wesentlich eingeschränkt (vgl. dazu Rdn 40 ff. und Rdn 17
bis 21). Es bleibt unklar, was eine Verwaltung des privaten Rechts in Abgrenzung zum Betrieb sein
soll (wohl zB Verbände, privatrechtliche Stiftungen, Hausverwaltungen, Gesamthafenbetriebe), was
aber im Ergebnis unschädlich ist, da das KSchG insgesamt für alle abhängigen Arbeitsverhältnisse
gelten soll (*BAG* 23.4.1998 – 2 AZR 489/97; *Bader/Bram-Suckow* § 23 KSchG Rn 5 mwN; s.a.
Rdn 35). Durch die Einbeziehung des **öffentlichen Dienstes** (hierzu *Denecke* RdA 1955, 404; weiter Rdn 35 ff.) geht der **betriebliche Geltungsbereich** des Gesetzes über den des BetrVG hinaus.

Die **Nichtberücksichtigung** der »zu ihrer Berufsbildung Beschäftigten« bei der nach § 23 Abs. 1 13
S. 2 u. 3 KSchG maßgeblichen Beschäftigtenzahl beruht auf **ausbildungspolitischen Zielsetzungen**. Nach der amtlichen Begründung des Gesetzentwurfes (RdA 1951, 63) soll hierdurch vermieden werden, dass die Einstellung von »Lehrlingen« in der seinerzeitigen Terminologie nur deshalb

unterbleibt, um nicht unter den betrieblichen Geltungsbereich des Gesetzes zu fallen (zur Entstehungsgeschichte auch *BAG* 9.6.1983 – 2 AZR 494/81; 21.6.1983 – 7 AZR 11/83).

14 Aufgrund der Neuregelungen durch das Arbeitsrechtliche Beschäftigungsförderungsgesetz 1996, wiederum geändert durch das »Korrekturgesetz« (Rdn 7), finden **alle Teilzeitarbeitnehmer anteilig entsprechend ihrer Arbeitszeit** bei der für den betrieblichen Geltungsbereich maßgeblichen Arbeitnehmerzahl Berücksichtigung. Damit wird unabhängig von der Verteilung der Arbeitszeit – als Vollarbeitszeit oder Teilarbeitszeit – auf das **Gesamtarbeitsvolumen des Betriebes** abgestellt (iE Rdn 49 ff.), die vorherige wettbewerbsverzerrende Ungleichbehandlung der Betriebe wird beseitigt (zur Zwecksetzung Rdn 51).

15 Die Ausnahmeregelung des § 23 Abs. 2 S. 2 KSchG nahm **Seeschiffe** und deren Besatzung von der Geltung des Dritten Abschnitts des Gesetzes aus. Mit Wirkung vom 10.10.2017 ist § 23 Abs. 2 S. 2 indes aufgehoben (Rdn 9). Damit gelten die Bestimmungen des Dritten Abschnitts nach Maßgabe der Regelungen in § 24 Abs. 5 KSchG nunmehr auch für Seeschiffe und deren Besatzungen. Zur Anwendung des Gesetzes auf Betriebe der Schifffahrt und des Luftverkehrs vgl. im Übrigen KR-*Bader/Kreutzberg-Kowalczyk* § 24 KSchG Rdn 11 ff., 42 f.

II. Begründung der Kleinbetriebsklausel

16 Auf die Arbeitsverhältnisse in sog. **Kleinbetrieben** ist der Erste Abschnitt des KSchG mit Ausnahme der §§ 4 bis 7 und des § 13 Abs. 1 S. 1 und 2 (dazu Rdn 11) **nicht anzuwenden**. Dies gilt gem. § 23 Abs. 1 S. 2 und 3 KSchG für Betriebe und Verwaltungen, in denen **idR fünf – seit 1.1.2004 zehn – oder weniger Arbeitnehmer** ausschließlich der zu ihrer Berufsbildung Beschäftigten beschäftigt werden. Die Erhöhung des Schwellenwertes auf zehn betrifft lediglich diejenigen Arbeitnehmer, deren Arbeitsverhältnis nach dem 31.12.2003 begonnen hat. Das *BAG* – und ihm folgend auch der Gesetzgeber des Arbeitsrechtlichen Beschäftigungsförderungsgesetzes 1996 – hat in seiner Entscheidung vom 19.4.1990 (– 2 AZR 487/89; im Übrigen zur BAG-Rspr, Rdn 17) den Schwellenwert von seinerzeit fünf Arbeitnehmern als Messzahl für Kleinbetriebe, in denen der Betriebsinhaber noch eng mit seinen Mitarbeitern zusammenarbeitet, als gerechtfertigt angesehen. Zur **Begründung** führt das BAG in dieser Entscheidung an, die Inhaber kleiner Betriebe hätten Schwierigkeiten bei der Anwendung des komplizierten Kündigungsrechts, so dass sie teilweise schon aus diesem Grund von Einstellungen Abstand nähmen. Diese Betriebe würden zudem durch langwierige Kündigungsschutzverfahren bzw. zur Abwendung dieser Verfahren geleistete Abfindungen wirtschaftlich erheblich mehr belastet als die Inhaber größerer Betriebe. Kleinbetriebe könnten häufig kaum Reserven bilden und müssten deshalb in die Lage versetzt werden, Schwankungen der Auftragslage durch größere personalwirtschaftliche Flexibilität auszugleichen. Daher sollten im Interesse der Funktionsfähigkeit des Betriebes sowie des Betriebsfriedens notwendige Entlassungen leichter möglich sein. Insbesondere in der Existenzgründungsphase sollten Kleinbetriebe zu zusätzlichen Einstellungen ermuntert und von tatsächlich und psychologisch einstellungshemmenden Vorschriften nicht zu sehr eingeschränkt werden. Für diese Erwägungen sind empirische Befunde oder wissenschaftliche Plausibilitäten allerdings nicht dokumentiert (so auch *U. Preis* NZA 1997, 1073). Allgemein zur »(Schein-)Rationalität« der Schwellenwerte vgl. *Junker* NZA 2003, 1057.

III. Zur Verfassungsmäßigkeit und Europarechtskonformität der Kleinbetriebsklausel

17 Nach der Rspr. des BVerfG und des BAG (vgl. *BAG* 21.9.2006 – 2 AZR 840/05, Rn 35; 28.10.2010 – 2 AZR 392/08, Rn 25; 24.1.2013 – 2 AZR 140/12, Rn 20; 2.3.2017 – 2 AZR 427/16, Rn 26) **ist die Kleinbetriebsklausel mit dem GG vereinbar**. Gemäß der Entscheidung des *BVerfG* vom 27.1.1998 (– 1 BvL 15/87; bestätigend 24.6.2010 – 1 BvL 5/10) hat der Gesetzgeber mit dieser Regelung in § 23 Abs. 1 KSchG im Rahmen seines weiten Gestaltungsspielraumes einen **verfassungskonformen Ausgleich** zwischen den gem. Art. 12 Abs. 1 GG geschützten Interessen des Arbeitnehmers an der Erhaltung seines Arbeitsplatzes und des Arbeitgebers an seiner personellen Dispositionsfreiheit einschließlich des Kündigungsrechts getroffen – im Hinblick auf Art. 3 Abs. 1 GG, Art. 12 Abs. 1 GG, Art. 14 Abs. 1 GG sowie das Sozialstaatsprinzip (vgl. dazu auch *Heinze*

BT-Ausschuss-Drucks. 13/650, S. 12 ff.; ausf. *M. Neuhausen* Diss. 1999). Den Arbeitnehmern in Kleinbetrieben sei das größere rechtliche Risiko eines Arbeitsplatzverlustes angesichts der schwerwiegenden und grundrechtlich geschützten Belange der Arbeitgeber zuzumuten, zumal diesen Arbeitnehmern der durch Art. 12 Abs. 1 GG gebotene Mindestschutz aufgrund der zivilrechtlichen Generalklauseln (§§ 138, 242 BGB) gewährleistet sei. Mit der Festlegung der maßgeblichen Betriebsgröße durch die Zahl der dort vollbeschäftigten Arbeitnehmer habe der Gesetzgeber eine typisierende Regelung getroffen, die den dafür geltenden verfassungsrechtlichen Maßstäben genüge. Die weiteren wesentlichen Entscheidungsgründe des BVerfG und des BAG (grundlegend *BAG* 19.4.1990 – 2 AZR 487/89, m. Anm. *Wank* in EzA § 23 KSchG Nr. 8) beruhen auf der **gesetzgeberischen Tradition** und auf **mittelstandspolitischen Erwägungen.** Sachliche Unterscheidungskriterien gegenüber größeren Betrieben seien zunächst die engen persönlichen Beziehungen des Kleinbetriebinhabers zu seinen Arbeitnehmern, auf die sich ein gesetzlicher Kündigungsschutz hinderlich auswirken könnte, weiterhin die geringe verwaltungsmäßige und wirtschaftliche Belastbarkeit der Kleinbetriebe und schließlich die Gewährleistung größerer »arbeitsmarktpolitischer Freizügigkeit« (personeller Flexibilität) des Kleinbetrieb-Unternehmers iS eines Mittelstandsschutzes – der letztgenannte Aspekt tritt in den jüngeren BAG-Entscheidungen zurück (s. *BAG* 28.10.2010 – 2 AZR 392/08; 24.1.2013 – 2 AZR 140/12; krit. dazu LSW-*Löwisch* § 23 KSchG Rn 3). Soweit geboten werde dann im Wege einer **verfassungskonformen Auslegung** geholfen (dazu iE Rdn 66, 67; s.a. Rdn 24). Ein Teil der Lit. stimmt mit der Rspr. des BVerfG, des BAG und des EuGH (vgl. dazu Rdn 18) überein. Zur Vereinbarkeit der Ausnahmeregelung des § 23 Abs. 1 S. 2 u. nunmehr S. 3 KSchG mit dem GG insbes. mit Bezugnahme auf die Begründung gem. *BAG* 19.4.1990 (– 2 AZR 487/89, dazu auch bereits Rdn 16) vgl. APS-*Moll* § 23 KSchG Rn 74 ff. mwN; *Bader/Bram-Suckow* § 23 KSchG Rn 9 mwN; LSSW-*Löwisch* § 23 KSchG Rn 2 f.; DDZ-*Deinert* § 23 KSchG Rn 11; HaKo-KSchR/*Pfeiffer* § 23 KSchG Rn 22; *Heinze* BT-Ausschuss-Drucks. 13/650, S. 12; *Löwisch* NZA 1996, 1009; *ders.* BB 2004, 154; *Wank* Anm. zu *BAG* 19.4.1990 – 2 AZR 487/89; seinerzeit auch *Bader* NZA 1996, 1125 und NZA 2004, 65 (zu abw. Meinungen s. Rdn 19).

Nach der Rspr. des EuGH stellt die Befreiung der Kleinbetriebe durch die **Ausnahmeregelung des** 18 **§ 23 Abs. 1 S. 2 bis 4 KSchG keine Beihilfe iSv Art. 92 Abs. 1 EWG-Vertrag** dar. Sie sei nicht als staatliche oder aus staatlichen Mitteln gewährte Beihilfe gleich welcher Art zu werten, die durch Begünstigung bestimmter Unternehmen oder Produktionszweige den Wettbewerb im Binnenmarkt verfälsche oder zu verfälschen drohe, Art. 92 Abs. 1 EWG-Vertrag (*EuGH* 30.11.1993 – C-189/91). Im Gegensatz zu Zinszuschüssen (dazu *EuGH* 8.3.1988 – C-62 u. 72/87), Nichteintreiben von Forderungen durch staatliche Stellen (Entscheidung der Kommission Nr. 91/144/EWG v. 2.5.1990 ABlEG L 73/27, 28) oder Steuerbefreiungen (Entscheidung der Kommission Nr. 86/593/EWG v. 29.7.1986 ABlEG L 342/32, 33) stelle die Befreiung einer Gruppe von Unternehmen von Schutzregelungen des Ersten Abschnitts des KSchG keine unmittelbare oder mittelbare Übertragung staatlicher Mittel auf die Unternehmen dar, sondern sei lediglich Ausdruck des Willens des Gesetzgebers, für die arbeitsrechtlichen Beziehungen zwischen Arbeitgebern und Arbeitnehmern in Kleinbetrieben einen besonderen rechtlichen Rahmen zu erstellen, der verhindere, dass diesen finanziellen Lasten auferlegt werden, die ihre Entwicklung behindern können (*EuGH* 30.11.1993 – C-189/91; ebenso APS-*Moll* § 23 KSchG Rn 73). Eine **mittelbare Diskriminierung von Frauen** liegt danach gleichfalls nicht vor (*EuGH* 30.11.1993 – C-189/91; APS-*Moll* § 23 KSchG Rn 73; *Bader/Bram-Suckow* § 23 KSchG Rn 10 mwN; *Bader* NZA 2004, 65; vgl. freilich auch *Bepler* AuR 1997, 54). Durch die derzeitige Fassung des § 23 KSchG hat sich an dieser unionsrechtlichen Bewertung nichts geändert (*BAG* 28.10.2010 – 2 AZR 392/08). Im Übrigen ist § 23 Abs. 1 S. 2 bis 4 KSchG vereinbar mit **Art. 30 GRC** (APS-*Moll* § 23 KSchG Rn 73 mwN; *Hanau* NZA 2010, 1; *Meyer* NZA 2014, 993; *Willemsen/Sagan* NZA 2011, 258; vgl. auch ausf. *Brose* ZESAR 2008, 221, die Vereinbarkeit skeptisch sehend; *Zachert* NZA 2001, 1041 sieht die Grundsätze des Art. 30 GRC offenbar durch die bundesdeutsche Rechtsprechung zum Kündigungsschutz außerhalb des Kündigungsschutzgesetzes als gewahrt an). Der EuGH hat sich für die Beantwortung einer Vorlagefrage aus Frankreich danach, ob die Herausnahme bestimmter Arbeitsverhältnisse aus dem Kündigungsschutz europarechtswidrig sei, für offensichtlich unzuständig erklärt hat (*EuGH*

16.1.2008 – C-361/07; *Thüsing* RdA 2008, 52 hatte das Vorlageverfahren als Verfahren mit potentieller Sprengkraft bezeichnet), mit der Begründung, es fehle an einem Rechtsakt iSd Art. 151 und 153 AEUV. Das bedeutet zwar nicht automatisch, dass die GRC keine Bedeutung für das deutsche Kündigungsrecht hat (*Meyer* NZA 2014, 993), doch kann Art. 30 GRC insoweit nur dann Bedeutung gewinnen, wenn es um die Durchführung von Unionsrecht gem. Art. 51 Abs. 1 GRC geht, woran es derzeit fehlt (s. BAG 8.12.2011 – 6 AZN 1371/11, Rn 12 betr. §§ 138, 242 BGB; BAG 21.9.2017 – 2 AZR 865/16, Rn 22; s. dazu KR-*Kreutzberg-Kowalczyk* § 14 KSchG Rdn 5).

19 **Verfassungsrechtliche Bedenken gegen die Ausnahmeregelung für Kleinbetriebe** gem. § 23 Abs. 1 S. 2 bis 4 KSchG ergeben sich dennoch, und zwar in erster Linie aus **Art. 3 Abs. 1 GG** (vgl. auch *ArbG Reutlingen* 11.12.1986 – 1 Ca 397/86; *ArbG Brem.* 26.8.1992 und 14.9.1994 – 5 Ca 5072/92; *Bepler* AuA 1997, 325; *Blanke* AuR 2003, 401; *Buschmann* AuR 1996, 285; *ders.* AuR 2004, 1; *Däubler* BetrR 1997, 1; *Kraushaar* AuR 1988, 137; *U. Preis* NZA 1997, 1073; *ders.* NJW 1996, 3369; *Ramm* AuR 1991, 257; *Seifert* RdA 2004, 200; *Wlotzke* BB 1997, 414; *Weigand* DB 1997, 2484; vgl. weiter ausf. *Fröhlich* S. 102 ff. sowie *Weigand* FS Etzel [2011] S. 454 ff.; jedenfalls rechtspolitisch hinterfragend *Kreft* Beil. NZA 2/2012, 58). Dabei muss man auch im Blick haben, dass der Schutz über die §§ 134, 138, 242 BGB außerhalb des Geltungsbereichs des allgemeinen Kündigungsschutzes ein nicht sonderlich scharfes Schwert ist (vgl. dazu Rdn 85 ff.; *Bader/Bram-Klug* § 13 KSchG Rn 41 ff., 63 ff.) – dies auch wegen der Darlegungs- und Beweislast, die dabei grds. beim Arbeitnehmer liegt (auch wenn insoweit mit einer abgestuften Darlegungslast geholfen wird: BAG 25.4.2001 – 5 AZR 360/99; 22.5.2003 – 2 AZR 426/02, Rn 28; s. dazu etwa *Bader/Bram-Klug* § 13 KSchG Rn 47; Art. 30 GRC [dazu Rdn 18 aE] ist nicht geeignet, zu einer weitergehenden Verlagerung der Darlegungslast auf die Arbeitgeberseite zu führen). Weiter ist mit zu berücksichtigen, dass mit dem derzeitigen Schwellenwert von zehn Arbeitnehmern eine keineswegs unbeträchtliche Zahl von Betrieben und Arbeitnehmern vom allgemeinen Kündigungsschutz ausgenommen bleibt (s. etwa *Höland/Kahl/Ullmann/Zeibig* WSI-Mitteilung 2004, 245; *Zundel* NJW 2006, 3467; vgl. weiter *Pfarr/Bothfeld/Kaiser* REGAM-Studie BB 2003, 2061; *Buschmann* AuR 2004, 1; *Weigand* FS Etzel [2011] S. 458 u. 460 f.) – man wird davon ausgehen müssen, dass bei dem jetzigen Schwellenwert von 10 Arbeitnehmern jedenfalls etwa 80 % aller Unternehmen und etwa 20 % aller Arbeitnehmer nicht vom allgemeinen Kündigungsschutz nach dem Ersten Abschnitt des KSchG erfasst werden (*Weigand* FS Etzel [2011] S. 465 f. mwN). Nach st. Rspr. des BVerfG zu Art. 3 Abs. 1 GG darf eine Gruppe von Normadressaten im Vergleich zu einer anderen Gruppe nur dann anders behandelt werden, wenn zwischen ihnen Unterschiede von solcher Art und solchem Gewicht bestehen, dass sie die ungleiche Behandlung rechtfertigen können (*BVerfG* 16.11.1982 – 1 BvL 16/75). Soweit Unterschiede zwischen Kleinbetrieben einerseits und mittleren und großen Betrieben andererseits im Hinblick auf die Frage der Anwendbarkeit der Regelungen des KSchG erkennbar sind, rechtfertigt der vom Gesetzgeber und vom BAG dargelegte Normzweck des § 23 Abs. 1 S. 2 bis 4 KSchG (mittelstandspolitische Erwägungen) trotzdem nicht die Ungleichbehandlung sowohl für die Arbeitgeber- als auch für die Arbeitnehmerseite. Naturgemäß gibt es Unterschiede zwischen kleinen und größeren Einheiten. Es ist jedoch zu prüfen, ob und inwieweit der Normzweck der Kleinbetriebsklausel mit dem vom Kündigungsschutz intendierten Zweck korreliert. Der allgemeine Kündigungsschutz, wie er in den §§ 1 bis 14 KSchG geregelt ist, stellt einen Ausgleich zwischen dem Interesse an der Kündigungsfreiheit als Ausfluss der Vertragsfreiheit gem. Art. 1, 2, 12, 14 GG einerseits und dem Interesse am Bestandsschutz als Ausfluss des gem. Art. 12, 20 Abs. 1 GG gebotenen Sozialschutzes andererseits dar (*Hueck/Nipperdey* I, S. 617 ff.), er soll insbes. vor willkürlichen und grundlosen Kündigungen schützen (vgl. KR-*Rachor* § 1 KSchG Rdn 18 ff.). Die Begründungen des *BVerfG* (27.1.1998 – 1 BvL 15/87), des BAG (19.4.1990 – 2 AZR 487/89, m. Anm. *Wank* in EzA § 23 KSchG Nr. 8) und des Gesetzgebers (s. Rdn 16) für die Regelung gem. § 23 Abs. 1 S. 2 bis 4 KSchG rechtfertigen nicht die Ungleichbehandlung von Arbeitgebern und -nehmern in Betrieben einerseits mit zehn oder weniger Beschäftigten und andererseits mit mehr als zehn Beschäftigten. **Verfassungsrechtlich signifikante Unterschiede** iS sachlicher Gründe zur Ungleichbehandlung nach Art. 3 Abs. 1 GG zur Begründung der Kleinbetriebsklausel sind in ihnen weder auf empirischer Basis nachgewiesen noch anhand von wissenschaftlich verifizierbaren

Plausibilitäten dargelegt worden (vgl. dazu auch *Fröhlich* S. 102 ff., S. 210 ff., weiter a. S. 464 ff.). Im Unterschied dazu können Kleinbetriebsklauseln in anderen Vorschriften (vgl. zB § 1 BetrVG, § 622 Abs. 5 Nr. 2 BGB, § 2 Abs. 3 ArbPlSchG, § 154 SGB IX; weitere Bsp. *Junker/Dietrich* NZA 2003, 1057; *Koller* Arbeitsrechtliche Schwellenwerte, 2005) aufgrund ihres spezifischen Normzwecks durchaus berechtigt sein (vgl. *Canaris* RdA 1997, 267). Aber auch wenn »die Unterscheidung zwischen Groß- und Kleinbetrieben ein durchgehender Zug unseres Arbeitsrechts ist« (*Hanau* FS Universität zu Köln, S. 184, 191), bedarf sie in jedem Einzelfall der Prüfung der sachlichen Begründung im Hinblick auf Normzweck und -folgen (vgl. *Wank* Anm. zu *BAG* 19.4.1990 in EzA § 23 KSchG Nr. 8, IV 3b).

Soweit das *BAG* (19.4.1990 EzA § 23 KSchG Nr. 8 m. Anm. *Wank*) **historische Gründe** anhand der gesetzgeberischen Tradition zur Rechtfertigung der Kleinbetriebsklausel anführt, vernachlässigt es rechtstatsächliche Entwicklungen der Gegenwart; denn es wird von einem nicht mehr zeitgemäßen Unternehmerpersönlichkeitsbild ausgegangen (vgl. *Weigand* DB 1997, 2484). Auch **betriebswirtschaftliche Argumente** der geringeren verwaltungsmäßigen und wirtschaftlichen Belastbarkeit können die Kleinbetriebsklausel verfassungsrechtlich nicht begründen; denn angesichts zunehmender wettbewerbsbedingter Rationalisierungen und damit verbundener steigender Anlageinvestitionen werden Umsatz und wirtschaftliches Leistungsvermögen eines Betriebes im Hinblick auf den Normzweck des § 23 Abs. 1 S. 2 bis 4 KSchG zu wesentlich zuverlässigeren Indikatoren (*Ramm* AuR 1991, 257). Im Übrigen werden Kleinbetriebe aus Gründen der wirtschaftlichen Belastung auch nicht von kostenträchtigen Verpflichtungen aus Gesetzen zB des Umwelt- oder Arbeitssicherheitsrechts befreit. Wenig überzeugend ist auch das Argument der wirtschaftlichen Belastung **wegen zu zahlender Abfindungen**; denn diese fallen idR nur an, wenn die Kündigung sozial ungerechtfertigt ist. Im Übrigen kann im Falle der Verurteilung des Arbeitgebers zur Zahlung einer Abfindung gem. §§ 9, 10 KSchG auch dessen wirtschaftliche Lage vom Gericht berücksichtigt werden (vgl. KR-*Spilger* § 10 KSchG Rdn 66 f.). Soweit der Arbeitgeber Abfindungen zur Vermeidung eines arbeitsgerichtlichen Verfahrens (vgl. Rdn 16) zu zahlen bereit ist, kann diese auf Freiwilligkeit beruhende Leistung nicht gleichzeitig zur Begründung dafür genommen werden, eine gesetzliche Regelung zu vermeiden, die den Arbeitgeber zu dieser Leistung nur und erst im Falle einer sozial ungerechtfertigten Kündigung verpflichten würde (*Weigand* DB 1997, 2484). Sehr fragwürdig als Sachargument iSd Art. 3 Abs. 1 GG ist schließlich, Kleinbetriebinhaber seien deshalb aus dem Anwendungsbereich des allgemeinen Kündigungsschutzes auszunehmen, weil sie Schwierigkeiten bei der Anwendung des **komplizierten und unübersichtlichen Kündigungsrechts** hätten; denn Befreiungen von der Anwendung anderer Rechtsvorschriften wie zB dem nicht weniger unübersichtlichen Steuerrecht hat der Gesetzgeber nicht vorgesehen (*Weigand* DB 1997, 2484). Hinsichtlich der gewünschten mittelstandspolitischen Privilegierungen durch **personelle Flexibilität** ist auch die in den verschiedenen Vorschriften zum Wirtschaftsrecht und zur Wirtschaftsförderung anspruchsbegründende Definition von kleinen und mittleren Unternehmen (KMU) zu beachten, wonach als Merkmale neben der Anzahl der Beschäftigten auch die Umsatz- und Bilanzsummen vorausgesetzt werden (vgl. Art. 1 des Anhangs zur Definition der KMU durch die EU-Kommission, ABlEG L 107/8 v. 30.4.1996). Danach greift das Anknüpfungskriterium gem. § 23 Abs. 1 S. 2 bis 4 KSchG zu kurz (vgl. *Weigand* DB 1997, 2484). Zu ökonomischen und sozialen Faktoren der Arbeitsbeziehungen in kleinen und den mittelgroßen Betrieben vgl. im Übrigen *Bögenhold* AiB 2000, 89. Soweit das BAG im Rahmen seiner Erwägungen zur **gesetzgeberischen Gestaltungsfreiheit** zur Festlegung der Betriebsgröße für die Ausnahmeregelung gem. § 23 Abs. 1 S. 2 bis 4 KSchG einerseits auf den Einmannbetrieb abstellt, kann es nicht andererseits die numerische Abwägung zur Betriebsgröße ohne erkennbare Kriterien der **Beliebigkeit einer Anzahl** von drei, fünf oder zehn Arbeitnehmern überlassen. Den Erwägungen des BAG kommt der Regelungsvorschlag im Hattenheimer Entwurf (vgl. Rdn 2) mit einem Schwellenwert von drei Arbeitnehmern noch am nächsten. Soweit das BVerfG im Hinblick auf die Festlegung der Betriebsgröße eines Kleinbetriebes in § 23 Abs. 1 KSchG einen zulässigen Fall einer **typisierenden Regelung** durch den Gesetzgeber erkennt, verweist es dennoch auf das Fehlen von vergleichendem Zahlenmaterial. Das BVerfG hat bereits bzgl. des § 23 Abs. 1 S. 3 KSchG in der bis zum 30.9.1996 geltenden Fassung, wonach bei der Feststellung der Zahl der beschäftigten Arbeitnehmer nur diejenigen zu berücksichtigen sind, deren regelmäßige Arbeitszeit wöchentlich zehn Stunden oder monatlich 45 Stunden übersteigt, die Vereinbarkeit mit Art. 3 Abs. 1 GG nur nach eingeschränkter Auslegung des Gesetzeswortlautes nach Maßgabe der Anrechnungsmodalität des Satzes 3 in der seit dem 1.10.1996 geltenden und seit dem 1.1.1999 leicht modifizierten Fassung von § 23 Abs. 1 KSchG bejaht (*BVerfG* 27.1.1998 – 1 BvL 22/93).

21 Die Kleinbetriebsklausel des § 23 Abs. 1 S. 2 bis 4 KSchG stößt schließlich selbst dann auf verfassungsrechtliche Bedenken, wenn die mittelstandspolitischen Erwägungen des BAG (vgl. Rdn 20) schlüssig wären; denn der **Normzweck könnte auch in anderer Art und Weise** verfolgt werden, die dem sozialen Schutzbedürfnis der in Kleinbetrieben Beschäftigten angemessener als bisher Rechnung trägt. Angesichts des vom Gesetzgeber angestrebten Interessenausgleichs zwischen Kündigungsfreiheit und Bestandsschutz sowie den Anforderungen an wettbewerbsfähige Kleinbetriebe entspräche es dem **Grundsatz der Verhältnismäßigkeit**, die spezifischen betriebswirtschaftlichen Belange des betroffenen Kleinbetriebes im Rahmen der **Prüfung der Voraussetzungen der ordnungsgemäßen Sozialauswahl (§ 1 Abs. 3 S. 1 KSchG)** sowie insbes. der Ausnahmemerkmale, die **berechtigte Interessen des Betriebes beschreiben (§ 1 Abs. 3 S. 2 KSchG)**, angemessen zu berücksichtigen. Eine am Einzelfall orientierte Würdigung der Besonderheiten von Kleinbetrieben entsprechend ihrer betriebsorganisatorischen Eigenheiten, ihrer wirtschaftlichen Leistungskraft sowie ihrer Branchenspezifika wird dem Gedanken des Mittelstandschutzes – als flexible Regelung angesichts der Bedingungen im Strukturwandel – adäquater gerecht, als dies eine starre Regelung wie die gem. § 23 Abs. 1 S. 2 KSchG es ermöglicht. Soweit betriebspsychologische Aspekte der **engen persönlichen Beziehungen** des Kleinbetriebinhabers zu seinen Arbeitnehmern der besonderen Würdigung bedürfen, böte sich **de lege ferenda eine der Vorschrift des § 14 Abs. 2 S. 2 KSchG entsprechende Regelung** für Arbeitnehmer in Kleinbetrieben an (so auch *Becker* KR 3. Aufl., § 23 KSchG Rn 7). Die grds. Anwendbarkeit des 1. Abschnitts des KSchG auch auf Arbeitsverhältnisse in Kleinbetrieben würde betroffenen Arbeitnehmern ein faires und transparentes Prozedere bei einer einseitig erklärten Vertragsbeendigung sichern. Dies entspräche den Grundsätzen der Rspr. des *BVerfG* zum Schutzbereich des Art. 12 Abs. 1 GG (zB 24.4.1991 – 1 BvR 1341/90; 10.3.1992 – 1 BvR 454/91; 21.2.1995 – 1 BvR 1397/93), wonach ein Kernbestand eines Arbeitsplatzschutzes gewährleistet wird (*Dieterich* RdA 1995, 129; *ders.* NZA 1996, 673). Diesen Kernbestand bestimmt das *BVerfG* (28.1.1998 – 1 BvL 15/87) mit Blick auf die zivilrechtlichen Generalklauseln und greift dabei auch einzelne Voraussetzungen für die soziale Rechtfertigung einer Kündigung, wie sie in § 1 Abs. 2 und 3 KSchG vorgesehen sind (vgl. Rdn 85 ff.), auf.

C. Geltungsbereich des Ersten und Zweiten Abschnitts des Gesetzes

22 In § 23 Abs. 1 KSchG wird nur der **betriebliche Geltungsbereich** hinsichtlich der Anwendbarkeit des Ersten und Zweiten Abschnitts des Gesetzes festgelegt (s. Rdn 30 ff.). Der persönliche (s. Rdn 26, 27) und gegenständliche Geltungsbereich (s. Rdn 28, 29) wird in anderen Vorschriften bestimmt (vgl. hierzu auch *Wank* ZIP 1986, 206). Zur Geltung des KSchG für im Inland liegende Betriebe s. Rdn 23.

I. Geltung im Inland

23 Für die Anwendbarkeit des Ersten Abschnitts des KSchG (diese Frage ist getrennt von der Frage der Anwendbarkeit deutschen Kündigungsrechts zu sehen: APS-*Moll* § 23 KSchG Rn 72) ist es nach der Rechtsprechung des BAG grds. erforderlich, dass die Voraussetzungen gem. § 23 Abs. 1 S. 2 und 3 KSchG im **Betrieb im Inland** vorliegen (sofern nicht eine verfassungskonforme Auslegung des KSchG eine andere Auslegung gebietet: BAG 29.8.2013 – 2 AZR 809/12, Rn 32 ff.), wenngleich seit 2008 nun nicht mehr wie in der früheren Rechtsprechung auf das Territorialitätsprinzip abgestellt wird, sondern darauf, dass der in § 23 Abs. 1 KSchG verwendete Begriff des »Betriebs« nur in Deutschland gelegene Betriebe bezeichnet (st. Rspr.: BAG 8.10.2009 – 2 AZR 654/08, Rn 13; 26.3.2009 – 2 AZR 883/07, Rn 13; 17.1.2008 – 2 AZR 902/06, Rn 18; 3.6.2004 – 2 AZR 386/

03; 9.10.1997 – 2 AZR 64/97; zust. zur BAG-Rspr. etwa: APS-*Moll* § 23 KSchG Rn 68; ErfK-*Kiel* § 23 KSchG Rn 6; HaKo-KSchR/*Pfeiffer* § 23 Rn 4; SPV-*Preis* Rn 849; TLL-*Thüsing* § 23 KSchG Rn 9; *Otto/Mückl* BB 2008, 1231 und BB 2009, 1924; krit. zur Rspr. des BAG etwa: detailliert und ausführlich DDZ-*Deinert* § 23 KSchG Rn 29 ff.; HWK-*Quecke* § 23 KSchG Rn 2; *Baumann* DZWiR 1997, 464; *Deinert* RIW 2008, 148; *A. C. Gravenhorst* RdA 2007, 283; *W. Gravenhorst* FA 2005, 34; *W. Gravenhorst* Juris-PR-ArbR 2008 Nr. 31 Anm. 1; *Junker* RiW 2001, 94, 104 f. mwN; *ders.* FS Konzen, S. 367, 375 [auf Begr. aus dem Internationalen Privatrecht abstellend]; *Mauer* FS Leinemann, S. 733, 740; *Schütte* ArbR 2010, 67; *Straube* DB 2009, 1406 [abstellend auf Art. 30 BGBEG]; *G. Wisskirchen/Bissels* DB 2007, 340, 346; s.a. ausf. KR-*Weigand/Horcher* Int. ArbvertragsR Rdn 97 ff.; vgl. weiter Rdn 25 zu Überlegungen de lege ferenda). Nach der Begründung in der nunmehr grundlegenden Entscheidung des BAG v. 17.1.2008 (BAG 17.1.2008 – 2 AZR 902/06) ist auf den aus dem BetrVG abgeleiteten Betriebsbegriff abzustellen (grds. zum **Betriebsbegriff** vgl. Rdn 31 ff., speziell Rdn 33), nach dem nur die **in Deutschland liegenden organisatorischen Einheiten** erfasst seien (**verfassungsrechtlich** grds. **unbedenklich**: BVerfG 12.3.2009 – 1 BvR 1250/08; vgl. dazu weiter Rdn 24). Dieser Betriebsbegriff ist dann auch maßgebend für eine zu treffende **Sozialauswahl** gem. § 1 Abs. 3 KSchG (vgl. KR-*Weigand/Horcher* Int. ArbvertragsR Rdn 105). Daneben sprechen nach dem BAG auch der systematische Zusammenhang (Anwendungsvorbehalt für typischerweise von Auslandsberührung betroffenen wirtschaftlichen Einheiten gem. § 23 Abs. 1 S. 1, § 24 Abs. 1 S. 2 KSchG) und die Entstehungsgeschichte des KSchG für den Inlandsbezug der Voraussetzungen des § 23 KSchG (BAG 17.1.2008 – 2 AZR 902/06). Hinsichtlich des Betriebsbegriffs (vgl. auch Rdn 31 ff., 65 ff.) ist bei der Regelung gem. § 23 Abs. 1 S. 2 und 3 KSchG von der Unterscheidung zwischen Betrieb und Unternehmen gem. § 1 Abs. 1 KSchG auszugehen; denn gem. dem KSchG ist der Kündigungsschutz **regelmäßig nicht unternehmensbezogen** und damit nicht arbeitgeberbezogen ausgestaltet (BAG 19.7.2016 – 2 AZR 468/15, Rn 20), es sei denn, mehrere Unternehmen sind unter einem einheitlichen betriebsbezogenen Leitungsapparat zusammengefasst (BAG 3.6.2004 – 2 AZR 386/03; vgl. auch Rdn 31 ff. und 64 ff.). Dem ist auf dem Boden der geltenden Gesetzeslage (vgl. Rdn 25 de lege ferenda) schon aus Gründen der Rechtsklarheit und Rechtssicherheit zu folgen. Es muss also zunächst **im Inland** ein **Betrieb** bestehen (BAG 17.1.2008 – 2 AZR 902/06, Rn 18, 21 ff.), und insofern können für die maßgeblichen Beschäftigtenzahlen **ausländische Arbeitnehmer** nicht mit berücksichtigt werden, jedenfalls dann nicht, wenn sie nicht dem **deutschen Arbeitsrecht** unterliegen (BAG 17.1.2008 – 2 AZR 902/06, Rn 35; vgl. auch LAG Hamm 24.5.2007 – 8 Sa 328/07; *Schmidt* NZA 1998, 169; APS-*Moll* § 23 KSchG Rn 68: unerheblich ob die Arbeitsverträge ausländischem oder deutschem Recht unterliegen; s.a. KR-*Weigand/Horcher* Int. ArbvertragsR Rdn 97 ff.; s. weiter BAG 17.1.2008 – 2 AZR 902/06, u. dazu AR-*Leschnig* § 23 KSchG Rn 2). Weiter gilt: Bilden mehrere Unternehmen einen **gemeinsamen Betrieb**, so findet der Erste Abschnitt des KSchG gem. § 23 Abs. 1 S. 2 und 3 damit keine Anwendung, wenn der maßgebliche Schwellenwert nicht durch die Anzahl der in dem inländischen Betrieb beschäftigten Arbeitnehmer erreicht wird, sondern erst durch die Addition mit dem im ausländischen Betriebsteil beschäftigten Arbeitnehmer (BAG 9.10.1997 – 2 AZR 64/97; ErfK-*Kiel* § 23 KSchG Rn 6; aA DDZ-*Deinert* § 23 KSchG Rn 31), jedenfalls dann nicht, wenn ihr Arbeitsverhältnis nicht deutschem Recht unterliegt (BAG 26.3.2009 – 2 AZR 883/07, Rn 22; LAG Bln.-Bra. 16.11.2010 – 7 Sa 1354/10; vgl. weiter APS-*Moll* § 23 KSchG Rn 70 mwN aus der Rspr. der Landesarbeitsgerichte; HaKo-KSchR/*Pfeiffer* § 23 KSchG Rn 4; zum Meinungsstand s.a. KR-*Weigand/Horcher* Int. ArbvertragsR Rdn 102 mwN). Es kann nicht an Sachverhalte im Ausland angeknüpft und es können diese nicht dem inländischen Unternehmen mit der Folge der Anwendbarkeit des KSchG zugerechnet werden, wenn im Inland lediglich eine Briefkastenfirma mit Arbeitsverträgen ohne betriebliche Struktur besteht (BAG 3.6.2004 – 2 AZR 386/03). Ebenso sind bei einem ausländischen Unternehmen, das über einen Zweigbetrieb in Deutschland verfügt, die im Ausland beschäftigten Arbeitnehmer hinsichtlich des gem. § 23 Abs. 1 S. 2–4 maßgeblichen Schwellenwertes im deutschen Betrieb nicht zu berücksichtigen (LAG SchlH 14.11.2007 – 3 Sa 299/07), es sei denn, deren Arbeitsverhältnisse unterliegen aufgrund entsprechenden Rechtswahl dem deutschen Recht deutschen Recht (ErfK-*Kiel* § 23 KSchG Rn 6; dazu a. *Gumnior/Benjamin-Pfaffenberger* NZA 2019, 1326). Nach dem Hess. LAG steht der Annahme eines Betriebes in Deutschland nicht entgegen, dass keine einheitliche Leitung der in Deutschland tätigen Arbeitnehmer vorhanden ist, sondern die Leitung der einzelnen Abteilungen außerhalb Deutschlands angesiedelt ist, solange ein Mindestmaß an Organisation in Deutschland gegeben ist (*Hess. LAG* 13.4.2011 – 8 Sa 922/10; dagegen Rev. eingelegt unter 2 AZR 655/11, die indes zurückgenommen ist).

24 Bei der Berechnung des Schwellenwertes sind die lediglich vorübergehend **in das Ausland entsandten Arbeitnehmer** des Betriebes mit zu berücksichtigen (vgl. KR-*Weigand/Horcher* Int. Arb-VertragsR Rdn 99 u. Rdn 126; APS-*Moll* § 23 KSchG Rn 69; ErfK-*Kiel* § 23 KSchG Rn 6; s.a. *Gimmy/Hügel* NZA 2013, 764). Im Übrigen kann bei **verfassungskonformer Auslegung** (vgl. dazu *BVerfG* 27.1.1998 – 1 BvL 15/87) des Betriebsbegriffs, die am Schutzzweck des § 23 Abs. 1 KSchG orientiert ist, unter Würdigung des konkreten Einzelfalls etwas von dem in Rdn 23 Dargestellten Abweichendes gelten. Das kann zB der Fall sein, wenn sich die Betriebsleitung zwar im Ausland befindet, die Arbeitsleistung von mehr als zehn Arbeitnehmern iSd § 23 Abs. 1 S. 3 KSchG, die den Betrieb im Übrigen bilden, aber in Deutschland erbracht wird (BVerfG 12.3.2009 – 1 BvR 1250/08; *BAG* 17.1.2008 – 2 AZR 902/06; vgl. dazu auch *Otto/Mückl* BB 2008, 1231).

25 Wiewohl auch die Rspr. des *EuGH* (30.11.1993 – C-189/91 [Kirsammer-Hack]) davon ausgeht, dass es sich bei § 23 Abs. 1 S. 2 und 3 KSchG um eine nationale Sonderbestimmung handelt, deren Geltungsbereich auf die Bundesrepublik Deutschland beschränkt ist und damit die Rspr. des BAG (Rdn 23) stützt, ist jedenfalls de lege ferenda zu fragen, ob es nicht sinnvoll wäre, die undifferenzierte Anbindung des Betriebsbegriffs im KSchG an die entsprechende Begrifflichkeit im BetrVG, die an der kollektiven Zweckbestimmung des BetrVG ausgerichtet ist, aufzugeben (vgl. dazu etwa *A. C. Gravenhorst* RdA 2007, 283; 287; *Mauer* FS Leinemann, S. 733, 760; *G. Wisskirchen/Bissels* DB 2007, 340, 345). Ein de lege ferenda am Schutzzweck des KSchG ausgerichteter eigenständiger Betriebsbegriff könnte überdies der zunehmenden internationalen Unternehmensverflechtung und der fortschreitenden europäischen Integration gerecht werden (angesprochen in *BAG* 7.11.1996 – 2 AZR 648/95) und eine Reihe von offenen, nachstehend angerissenen Fragen beantworten, die die derzeitige Rspr. nicht so ganz befriedigend zu beantworten vermag: Nach LSSW-*Löwisch* Vor § 1 Rn 47 kann die Anwendbarkeit des allgemeinen Kündigungsschutzes nur einheitlich entschieden werden durch Einbeziehung aller Arbeitnehmer mit deutschem Arbeitsvertragsstatut in in- und ausländischen Betriebsteilen (bis hin zur Sozialauswahl: LSSW-*Löwisch* Vor § 1 Rn 46 [dazu s.a. Rdn 23]), was auch Bedeutung gewinnt bei einem konzern- und weltweiten Beschäftigungsanspruch wie in *BAG* 21.1.1999 – 2 AZR 648/97 m. Anm. *Franzen* IPRax 2000, 506 und von *Kraft* SAE 1999, 272 angesprochen [*Franzen* und *Kraft* decken berechtigt den Widerspruch zur Rspr. des *BAG* zB 9.10.1997 – 2 AZR 64/97auf; *Franzen* bejaht nach allg. kollisionsrechtlicher Auffassung die Rspr. vom 21.1.1999]). Entsprechend sollen nach LSSW-*Löwisch* Vor § 1 Rn 47 Arbeitnehmer, die ausländischem Arbeitsrecht unterstehen, bei der Bestimmung der Betriebsgröße nach § 23 Abs. 1 S. 2 bis 4 KSchG nicht mitgezählt werden. Nach *Deinert* (DDZ § 23 KSchG Rn 31) sind die Arbeitnehmer des ausländischen Teils eines gemeinsamen Betriebs im In- und Ausland beim Schwellenwert mitzuzählen (ebenso *Gragert/Kreutzfeld* NZA 1998, 567); denn sonst würden die Regelungen des IPR bedeutungslos werden (vgl. auch *Deinert* RIW 2008, 148; s. zum Ganzen a. KR-*Weigand/Horcher* Int. ArbvertragsR Rdn 97 ff.).

II. Persönlicher Geltungsbereich

26 Der **persönliche Geltungsbereich** betrifft die Frage, für welche Arbeitnehmer die einzelnen Kündigungsschutzbestimmungen gelten, dh wer den Kündigungsschutz in Anspruch nehmen kann. Für den Ersten Abschnitt, den allgemeinen Kündigungsschutz, ist dies in den §§ 1 Abs. 1, 14 u. 17 Abs. 5 KSchG geregelt. Anknüpfungspunkt für den persönlichen Geltungsbereich ist im Bereich des Zweiten Abschnitts die Stellung als betriebsverfassungsrechtlicher Funktionsträger (vgl. § 15 KSchG).

27 Die Regelungen des Ersten Abschnitts gelten uneingeschränkt auch für **Teilzeitkräfte** (vgl. KR-*Rachor* § 1 KSchG Rdn 74 f.), sofern sie die gesetzliche Wartezeit von sechs Monaten (§ 1 Abs. 2

KSchG) zurückgelegt haben und in einem Betrieb beschäftigt werden, in dem idR mehr als fünf bzw. zehn Arbeitnehmer ausschließlich der zu ihrer Berufsbildung Beschäftigten beschäftigt werden (§ 23 Abs. 1 S. 2 u. 3; s.a. Rdn 49). Dies gilt auch für solche Teilzeitarbeitnehmer, die ihre Arbeit in Form einer **Nebenbeschäftigung** oder einer **Mehrfachbeschäftigung** erbringen, und zwar ohne Rücksicht auf die jeweilige Dauer ihrer Arbeitszeit.

III. Gegenständlicher Geltungsbereich

Der **gegenständliche** oder **sachliche Geltungsbereich** des Ersten Abschnitts ist in den §§ 1, 2, 13 u. 25 KSchG festgelegt. 28

Der Zweite Abschnitt des Gesetzes bezieht sich gegenständlich auf die folgenden Fragen: 29
- Ausschluss von ordentlichen Kündigungen gegenüber bestimmten betriebsverfassungsrechtlichen Funktionsträgern (§ 15 Abs. 1–3a KSchG, teilw. iVm § 103 BetrVG);
- Zulassung von ordentlichen Kündigungen gegenüber den in § 15 Abs. 1 – 3a KSchG genannten betriebsverfassungsrechtlichen Funktionsträgern in den Fällen der Stilllegung des Betriebes oder einer Betriebsabteilung (§ 15 Abs. 4 u. 5 KSchG).

IV. Betrieblicher Geltungsbereich (§ 23 Abs. 1 KSchG)

1. Grundsätzliche Abgrenzung (§ 23 Abs. 1 S. 1 KSchG)

Der **betriebliche Geltungsbereich** wird für den Ersten und Zweiten Abschnitt in § 23 Abs. 1 S. 1 KSchG dahin festgelegt, dass unter diese Bestimmung **Betriebe und Verwaltungen des privaten und des öffentlichen Rechts** fallen (vgl. dazu a. Rdn 10). Es bestehen jedoch **Ausnahmeregelungen** für Seeschifffahrts-, Binnenschifffahrts- und Luftverkehrsbetriebe (§ 23 Abs. 1 S. 1 iVm § 24 KSchG) sowie für Kleinbetriebe (§ 23 Abs. 1 Sätze 2 bis 4 KSchG). 30

Der **Begriff des Betriebes** in § 23 Abs. 1, an dem das Gesetz unverändert festgehalten hat (Kritik daran zB bei *Richardi* DB 2004, 486), ist im KSchG nicht definiert, er kann jedenfalls aufgrund der Terminologie des KSchG nicht mit dem Begriff »Unternehmen« gleichgesetzt werden (*BAG* 2.3.2017 – 2 AZR 427/16, Rn 15; 19.7.2016 – 2 AZR 468/15, Rn 12; 28.10.2010 – 2 AZR 392/08, Rn 19 ff.; ErfK-*Kiel* § 23 KSchG Rn 3; s.a. Rdn 33). **Ein Betrieb stellt die organisatorische Einheit von Arbeitsmitteln dar, mit deren Hilfe der Arbeitgeber allein oder in Gemeinschaft mit seinen Arbeitnehmern mit Hilfe von technischen und immateriellen Mitteln einen bestimmten arbeitstechnischen Zweck fortgesetzt verfolgt, der nicht nur in der Befriedigung von Eigenbedarf liegt** (aktuell etwa *BAG* 11.6.2020 – 2 AZR 660/19, Rn 12; 27.6.2019 – 2 AZR 38/19, Rn 21; 2.3.2017 – 2 AZR 427/16, Rn 15; zum Betriebsbegriff iE vgl. KR-*Rachor* § 1 KSchG Rdn 140 ff.; grds. auch *U. Preis* RdA 2000, 257; zu den Besonderheiten bei dezentraler Betriebsorganisation s.a. Rdn 66 ff.; *Kania/Gilberg* NZA 2000, 678; *Hanau* ZfA 1990, 119; vgl. zur Abgrenzung des **Eigenbedarfs** *ArbG Münster* 3.2.2011 – 1 Ca 43/10; zum **Privathaushalt** Rdn 38). Die Regelung gem. § 23 Abs. 1 KSchG differenziert nicht zwischen Betrieb und **Betriebsteil**, der lediglich nach § 4 Abs. 1 BetrVG als selbständiger Betriebsteil gilt (vgl. *BAG* 3.6.2004 – 2 AZR 577/03; ebenso *BAG* 7.7.2011 – 2 AZR 476/10: keine räumliche Einheit nötig, dieses Kriterium ist kündigungsschutzrechtlich ohne Bedeutung; s.a. *LAG RhPf* 5.12.2012 – 8 Sa 269/12; 8.11.2012 – 10 Sa 224/12), arbeitstechnisch aber nur Teilfunktionen wahrnimmt, über keinen eigenen Leitungsapparat verfügt und daher iSd § 23 Abs. 1 S. 2 als Einheit mit dem Betrieb anzusehen ist (*BAG* 15.3.2001 – 2 AZR 151/00; 20.8.1998 – 2 AZR 84/98, m. Anm. *Thüsing* in EzA § 2 KSchG Nr. 31). Ob es sich um mehrere selbständige Betriebe oder nur um unselbständige Teile eines einheitlichen Betriebes handelt, richtet sich nach der Einheit der auf die Verfolgung der arbeitstechnischen Zwecke gerichteten Organisation, die die Einheit des Betriebes und damit diesen selbst bestimmt (§ 3 BetrVG ist nicht maßgebend: DDZ-*Deinert* § 23 KSchG Rn 6). Die Einheit der Organisation liegt dann vor, wenn ein einheitlicher Organisationsapparat vorhanden ist, der die Gesamtheit der für die Erreichung des arbeitstechnischen Gesamtzweckes eingesetzten Mittel lenkt und der Kern der Arbeitgeberfunktionen in personellen und sozialen Angelegenheiten von derselben institutionalisierten Leitung im 31

§ 23 KSchG Geltungsbereich

Wesentlichen selbständig ausgeübt wird (st. Rspr. *BAG* 31.5.2007 – 2 AZR 276/06, Rn 20 mwN zu Rspr. und Lit.; 27.6.2019 – 2 AZR 38/19, Rn 14; zur **Leitungsmacht des Betriebs** s.a. *BAG* 2.3.2017 – 2 AZR 427/16, Rn 15; s. weiter ErfK-*Kiel* § 23 KSchG Rn 3; ebenso APS-*Moll* § 23 KSchG Rn 21 mwN). § 4 Abs. 2 BetrVG findet keine Anwendung (APS-*Moll* § 23 KSchG Rn 16).

32 An diesem Betriebsbegriff hat auch das *BVerfG* (27.1.1998 – 1 BvL 15/87) für den Bereich des KSchG ausdrücklich festgehalten. Soweit allerdings unter diesen Betriebsbegriff auch solche selbständige Teile größerer Unternehmen fallen, die aus numerischen Gründen von dem Ausnahmetatbestand gem. § 23 Abs. 1 Sätze 2 bis 4 KSchG (sog. Kleinbetriebsklausel, vgl. Rdn 40 ff.) erfasst würden, ist der **Betriebsbegriff »im Wege verfassungskonformer Auslegung auf die Einheiten zu beschränken, für deren Schutz die Kleinbetriebsklausel allein bestimmt ist«** (*BVerfG* 27.1.1998 – 1 BvL 15/87). Die Anwendbarkeit der Ausnahmeregelung gem. § 23 Abs. 1 S. 2 bis 4 KSchG in kleinen Teileinheiten von Unternehmen setzt demnach voraus, dass der **zugunsten des Kleinunternehmers beabsichtigte Schutzgedanke dieser Regelung für diese Einheit zutrifft und die kündigungsschutzrechtliche Benachteiligung der betroffenen Arbeitnehmer sachlich begründet ist** (*BVerfG* 27.1.1998 – 1 BvL 15/87). Diese Auslegung des Betriebsbegriffs ist am Sinn und Zweck der Kleinbetriebsklausel ausgerichtet (vgl. *Joost* S. 337 ff., 344 mwN) und modifiziert im Ergebnis partiell die bisherige Rspr. des BAG, wonach der Betriebsbegriff des KSchG demjenigen des BetrVG folgt (*BAG* 18.1.1990 – 2 AZR 355/89; so auch *Ascheid* Rn 174; *Bader* NZA 1996, 1125; wohl auch *Fischermeier* NZA 1997, 1089; insgesamt näher dazu s. Rdn 66, 67). Zu **besonderen Betriebsarten** vgl. Rd. 37 ff.

33 Das BAG hält wie schon angesprochen in seiner Rspr. am allgemeinen arbeitsrechtlichen Begriff des Betriebes und der Betriebsbezogenheit des KSchG fest (*Joost* S. 338 ff. kritisiert die keineswegs einheitliche Rspr. zu § 21 KSchG 1951 und § 23 KSchG 1969). Der Betriebsbegriff werde in der durch das BetrVG geprägten Bedeutung in den §§ 1, 15 und 17 KSchG (vgl. zu § 17 KSchG indes dort Rdn 97, dort anders als für § 23 Abs. 1 [s. dazu Rdn 31]) verwendet und im gesamten KSchG einheitlich gebraucht. Da in § 1 Abs. 1 KSchG zwischen »Betrieb« und »Unternehmen« unterschieden werde, könne auch in § 23 Abs. 1 KSchG der Betriebsbegriff nicht mit dem des Unternehmens gleichgesetzt werden (*BAG* 2.3.2017 – 2 AZR 427/16, Rn 15; 19.7.2016 – 2 AZR 468/15, Rn 12; 17.1.2008 – 2 AZR 902/06, Rn 15 f. mwN zur bish. st. Rspr. und zur Lit.). An dieser Rspr. des BAG zur Bestimmung des Betriebsbegriffs wird in Rspr. und Lit. Kritik geübt (vgl. dazu auch Rdn 25; vgl. auch zu den Stimmen, die auf den Arbeitgeber und/oder das Unternehmen abstellen wollen, die Nachw. bei APS-*Moll* § 23 KSchG Rn 8). Diese Kritik war auch in gewisser Weise vom *BVerfG* (27.1.1998 – 1 BvL 15/87) aufgegriffen worden (dazu Rdn 32 sowie Rdn 66, 67).

34 Der betriebliche Geltungsbereich des allgemeinen Kündigungsschutzes kann durch eine **arbeitsvertragliche Vereinbarung** auch **auf solche Kleinbetriebe ausgedehnt** werden, deren regelmäßige Beschäftigtenzahl unter der in § 23 Abs. 1 S. 2 bis 4 KSchG genannten Grenze liegt (ErfK-*Kiel* § 23 KSchG Rn 13; HaKo-KSchR/*Pfeiffer* § 23 Rn 35; LSSW-*Löwisch* § 23 KSchG Rn 7). Nach der zutreffenden Ansicht des *BAG* (16.1.2003 – 2 AZR 609/01; 8.6.1972 – 2 AZR 285/71; 18.2.1967 – 2 AZR 114/66) kann durch Parteivereinbarung der allgemeine Kündigungsschutz auch schon auf Arbeitsverhältnisse, die noch nicht sechs Monate bestanden haben, ausgedehnt werden. Wegen Vergleichbarkeit der Interessenlage sind die vom *BAG* (16.1.2003 – 2 AZR 609/01; 8.6.1972 – 2 AZR 285/71) zur Frage der arbeitsvertraglichen Erweiterung des persönlichen Geltungsbereiches aufgestellten Grundsätze beim betrieblichen Geltungsbereich entsprechend anzuwenden (*Löwisch* BB 1997, 782, 792; *Hetzel* S. 173 ff.; s.a. *BAG* 17.1.2008 – 2 AZR 902/06: danach muss eine solche Vereinbarung ergeben, dass das KSchG gerade unabhängig von § 23 Abs. 1 S. 2–4 KSchG anwendbar sein soll; vgl. weiter LSSW-*Löwisch* § 23 KSchG Rn 7). Eine arbeitsvertragliche Erweiterung des betrieblichen Geltungsbereiches des allgemeinen Kündigungsschutzes kann nicht nur ausdrücklich, sondern auch stillschweigend (zB durch die Zusage einer Dauerstellung) getroffen werden – eine solche Annahme muss auf einer sorgfältigen Abwägung und Würdigung aller Umstände beruhen. Ebenso können Vorschriften zum Kündigungsschutz in betriebsratsfähigen Kleinbetrieben durch freiwillige Betriebsvereinbarungen (§ 88 BetrVG) zur Geltung gebracht werden

(vgl. GK-BetrVG/*Gutzeit* § 88 Rn 11). Auch über den allgemeinen Kündigungsschutz hinausgehende Regelungen sind **kollektivrechtlich** für Kleinbetriebe, die gem. § 23 Abs. 1 nicht von den Vorschriften des Ersten Abschnitts betroffen sind, vereinbarungsfähig (s. KR-*Rachor* § 1 KSchG Rdn 39 mwN; APS-*Moll* § 23 KSchG Rn 78; TLL-*Thüsing* § 23 KSchG Rn 25; aA LSSW-*Löwisch* § 23 KSchG Rn 7, mit dem Argument, eine solche Norm würde § 23 widersprechen, was so aber der Tarifautonomie nicht gerecht wird).

Die Bestimmung des § 23 Abs. 1 S. 1 KSchG stellt klar, dass neben den Betrieben (vgl. zum **Betriebsbegriff** iE KR-*Rachor* § 1 KSchG Rdn 140 ff.; zu den Besonderheiten bei dezentraler Betriebsorganisation s.a. *Hanau* ZfA 1990, 119 ff.) auch **Verwaltungen des privaten und des öffentlichen Rechts** den Vorschriften des Ersten und Zweiten Abschnitts unterliegen (zutr. krit. zu dieser Differenzierung BAG 23.4.1998 – 2 AZR 489/97; vgl. dazu auch Rdn 12 mit weiteren Ausführungen). Die Vorschriften des Ersten und des Zweiten Abschnitts gelten somit – vorbehaltlich der Regelungen in § 23 Abs. 1 S. 2 bis 4 und in § 24 – für den gesamten Bereich der **Privatwirtschaft** und für den **gesamten öffentlichen Dienst** (*BAG* 23.4.1998 – 2 AZR 489/97; dazu s. Rdn 36 f.). 35

Die Bestimmung des § 23 Abs. 1 S. 2 KSchG stellt für den Bereich des **öffentlichen Dienstes** nicht auf die Zahl der beschäftigten Arbeitnehmer der Dienststelle ab, sondern auf die der **Verwaltung** (*BAG* 23.4.1998 – 2 AZR 489/97; *LAG Köln* 23.2.1996 – 11 (13) Sa 888/95). Zwar ist der Begriff der Verwaltung hier gesetzlich nicht definiert, doch kann insoweit auf die Regelung gem. § 1 Abs. 2 S. 2 Nr. 2b KSchG zurückgegriffen werden, die zwischen den Begriffen der Verwaltung und der Dienststelle unterscheidet (APS-*Moll* § 23 KSchG Rn 38; vgl. auch KR-*Rachor* § 1 KSchG Rdn 153). Diese Bestimmung wurde durch das BPersVG 1974 in das KSchG eingefügt und hat insoweit den gleichen Wortlaut wie § 79 Abs. 1 S. 2 Nr. 3 BPersVG. Da sich aus den Gesetzesmaterialien nichts anderes ergibt, wird davon ausgegangen, dass der Gesetzgeber den Begriffen »Dienststelle« und »Verwaltung« in beiden Gesetzen die jeweils gleiche Bedeutung beigemessen hat. Gem. den §§ 1, 6 BPersVG wird zwischen »**Dienststelle**« und »**Verwaltung**« unterschieden. »Verwaltung« ist danach bei Mehrstufigkeit nicht jeweils die einzelne Behörde oder Verwaltungsstelle, sondern deren Gesamtheit. Der Begriff bezieht sich auf die Organisation, in der mehrere Dienststellen zu einer administrativen Hierarchie zusammengefasst werden (*BAG* 16.9.1999 – 2 AZR 712/98; vgl. auch ErfK-*Kiel* § 23 KSchG Rn 7 mwN), also auf organisatorische Einheiten der Exekutive (APS-*Moll* § 23 KSchG Rn 38). Mithin ist eine Verwaltung jedenfalls eine Einheit, die als Arbeitgeber eine eigene Rechtspersönlichkeit aufweist (*BAG* 21.2.2001 – 2 AZR 579/99; 5.11.2009 – 2 AZR 383/08, Rn 13). Verwaltung iSd § 23 Abs. 1 S. 2 KSchG ist dementsprechend bei Arbeitsverhältnissen mit einer **Anstalt des öffentlichen Rechts** die Anstalt insgesamt (*LAG Köln* 23.2.1996 – 11 (13) Sa 888/95). Die »Italienischen Kulturinstitute« in Deutschland, die sämtlich dem Außenministerium Italiens zuzuordnen sind, bilden als Gesamtheit eine Verwaltung iSd § 23 Abs. 1 S. 1 KSchG, so dass der 1. Abschnitt des KSchG auch anzuwenden ist, wenn in der einzelnen Dienststelle der Schwellenwert gem. § 23 Ab. 1 S. 2 bis 4 unterschritten wird (*BAG* 23.4.1998 – 2 AZR 489/97). Ob die Figur des Gemeinschaftsbetriebs (dazu Rdn 68) iS einer **Gemeinschaftsverwaltung** auf den öffentlichen Dienst übertragen werden kann, hat das BAG nach wie vor offengelassen (*BAG* 21.2.2001 – 2 AZR 579/99; 5.11.2009 – 2 AZR 383/08, Rn 15; abl. zu einer konkludenten Führungsvereinbarung durch Zusammenarbeit zweier öffentlich-rechtlicher Gebietskörperschaften *LAG BW* 25.1.2008 – 9 Sa 42/07). Eine solche Figur der Gemeinschaftsverwaltung im öffentlich-rechtlichen Bereich wird jedoch im Hinblick auf das Erfordernis klarer Zuständigkeiten und klarer Verantwortlichkeiten nicht zu akzeptieren sein (aA *Bader/Bram-Suckow* § 23 KSchG Rn 36: keine Privilegierung öffentlicher Arbeitgeber). 36

Zu den in § 23 Abs. 1 S. 1 KSchG genannten **öffentlichen Betrieben** gehören insbes. solche, deren Inhaber eine juristische Person des öffentlichen Rechts (zB Körperschaft, Stiftung, Anstalt) ist und die von dieser unmittelbar geleitet und betrieben werden (vgl. bereits *Denecke* RdA 1955, 404; APS-*Moll* § 23 KSchG Rn 22). Als öffentliche Betriebe sind hingegen nicht solche anzusehen, deren Inhaber zwar eine juristische Person (zB AG oder GmbH) oder ein Personenverband (zB oHG, KG) des Privatrechts ist, bei denen aber die öffentliche Hand durch eine entsprechende 37

§ 23 KSchG Geltungsbereich

kapitalmäßige Beteiligung maßgeblichen Einfluss hat (APS-*Moll* § 23 KSchG Rn 40; HWK-*Quecke* § 23 KSchG Rn 4; **aA** *Weigand* KR 9. Aufl., § 23 KSchG Rn 30). Auch auf **Religionsgemeinschaften** finden die Bestimmungen des Ersten und Zweiten Abschnitts Anwendung (vgl. KR-*Rachor* § 1 KSchG Rdn 142; st. Rspr. *BAG* 21.2.2001 – 2 AZR 579/99; 16.9.1999 – 2 AZR 712/98; *BVerfG* 4.6.1985 – 2 BvR 1703/83; LSSW-*Löwisch* § 23 KSchG Rn 9). Eine **Kirchengemeinde** ist als Gebietskörperschaft des öffentlichen Rechts eine eigenständige juristische Person mit weitgehenden Kompetenzen insbes. in der Personalgestaltung und stellt daher als Arbeitgeberin eine Verwaltung iSd § 23 Abs. 1 KSchG dar (für eine katholische Gemeinde: *BAG* 21.2.2001 – 2 AZR 579/99; 16.9.1999 – 2 AZR 712/98; für eine evangelische Gemeinde: *BAG* 12.11.1998 – 2 AZR 459/97, m. Anm. *Jacobs* in EzA § 23 KSchG Nr. 20, m. Anm. *Gragert/Kreutzfeldt* in AP Nr. 20 zu § 23 KSchG sowie m. Anm. *Weigand* in AuR 1999, 322). Nicht statthaft ist ein sog. »Berechnungsdurchgriff« auf übergeordnete Verwaltungen, wenn die Kündigung zwar der kirchenaufsichtlichen Genehmigung bedarf, aber der Kündigungsentschluss von der einzelnen Kirchengemeinde getroffen wurde. Dies gilt auch in dem Fall, dass sich mehrere rechtlich selbständige Verwaltungsträger zur Bildung einer einheitlichen Verwaltung rechtlich verbinden, aber der Kern der Arbeitgeberfunktionen, insbes. das arbeitgeberseitige Weisungsrecht hinsichtlich der Arbeitspflichten der abhängigen Arbeitnehmer, bei der Kirchengemeinde bleibt (*BAG* 21.2.2001 – 2 AZR 579/99; 12.11.1998 – 2 AZR 459/97, m. Anm. *Jacobs* in EzA § 23 KSchG Nr. 20; vgl. auch *BAG* 16.1.2003 – 2 AZR 609/01: aus der Zusammenarbeit der Einrichtung mit anderen Organisationen, verschiedenen Einrichtungen des Caritasverbandes und katholischen Kirchengemeinden folgt noch nichts für die Annahme eines Gemeinschaftsbetriebes). Betreffend Einrichtungen der **Stationierungsstreitkräfte** vgl. *BAG* 21.5.1970 – 2 AZR 294/69; 9.12.1971 – 2 AZR 118/71.

38 Für die Abgrenzungen im Bereich der **privaten Wirtschaft** gilt: § 23 Abs. 1 S. 1 erfasst nach ganz überwiegender Ansicht nicht den **Privathaushalt**, da dieser arbeitsrechtlich nicht als Betrieb anzusehen ist (APS-*Moll* § 23 KSchG Rn 12; ErfK-*Kiel* § 23 KSchG Rn 3; HaKo-KSchR/*Pfeiffer* § 23 KSchG Rn 15; LSSW-*Löwisch* § 23 KSchG Rn 10; ausf. *Steinke* RdA 2018, 232; auch *LAG Düsseld.* 10.5.2016 – 14 Sa 82/16, m. abl. Anm. *Gravenhorst* jurisPR-ArbR 31/2016 Anm. 4). Das ist mit **höherrangigem Recht vereinbar** (ausf. dazu *Steinke* RdA 2018, 232, 236 ff.; *LAG Düsseld.* 10.5.2016 – 14 Sa 82/16; vgl. auch – allerdings zu § 622 BGB – *BAG* 11.6.2020 – 2 AZR 660/19, Rn 16 ff.; krit. *Gravenhorst* jurisPR-ArbR 31/2016 Anm. 4). Die in einem Privathaushalt beschäftigten Arbeitnehmer zählen nur dann bei der Berechnung des Schwellenwertes mit und genießen selbst allg. Kündigungsschutz, wenn sie nach dem Arbeitsvertrag auch außerhalb des Privathaushalts in einer Organisationseinheit eingesetzt werden, die den Anforderungen eines Betriebs genügt (ErfK-*Kiel* § 23 KSchG Rn 3). Eine **Häuserverwaltung** stellt indes einen Betrieb iSd § 23 Abs. 1 KSchG dar (*BAG* 14.3.1985 – 2 AZR 115/84; 9.9.1982 – 2 AZR 253/80). Dies gilt auch für den **Gesamthafenbetrieb** (LSSW-*Löwisch* § 23 KSchG Rn 17). Im Gegensatz dazu ist die Verwaltung des gemeinschaftlichen Eigentums durch die Wohnungseigentümer und den Verwalter iSd §§ 20 ff. WEG kein (einheitlicher) Betrieb iSd §§ 1 ff. KSchG; die Beschäftigten der Wohnungseigentümer und die des Verwalters sind nicht gem. § 23 Abs. 1 S. 2 KSchG zusammenzurechnen (*LAG Köln* 6.11.1991 – 7 Sa 627/91; s. a. das dazugehörige Revisionsverf. *BAG* 2.4.1992 – 2 AZR 574/91, Rn 23).

2. Sonderregelung für Seeschifffahrts-, Binnenschifffahrts- und Luftverkehrsbetriebe (§ 23 Abs. 1 S. 1 iVm § 24 KSchG)

39 Für die **Seeschifffahrts-, Binnenschifffahrts-** und **Luftverkehrsbetriebe** verweist § 23 Abs. 1 S. 1 KSchG hinsichtlich der Geltung des Ersten und des Zweiten Abschnitts auf die Sonderregelung des § 24 KSchG. Die zuletzt genannte Bestimmung trägt den Besonderheiten der Schifffahrts- und Luftverkehrsbetriebe Rechnung (vgl. iE *Bader/Kreutzberg-Kowalczyk* § 24 KSchG Rdn 11 ff.).

3. Ausnahmeregelung für Kleinbetriebe (§ 23 Abs. 1 Sätze 2 bis 4 KSchG)

a) Schwellenwert

Ausgenommen von dem betrieblichen Geltungsbereich des **Ersten Abschnitts** sind nach § 23 Abs. 1 S. 2 und 3 KSchG diejenigen **Kleinbetriebe** (vgl. zum Begriff des Betriebes Rdn 31 f., 64 ff. und KR-*Rachor* § 1 KSchG Rdn 140 ff.) und **Verwaltungen** (vgl. zum Begriff der Verwaltung Rdn 35 f.), in denen die Anzahl der beschäftigten Arbeitnehmer einen bestimmten Schwellenwert nicht überschreitet (s. Rdn 42–47). Bei der Berechnung dieses **Schwellenwertes** kommt es auf die Anzahl der regelmäßig beschäftigten Arbeitnehmer an (s. Rdn 52 ff.). Auf sonstige Merkmale (zB auf einen bestimmten arbeitstechnischen Zweck) kommt es nach dem Gesetz nicht an. Zur Bestimmung der Anzahl der regelmäßig beschäftigten Arbeitnehmer sind auch **Teilzeitbeschäftigte** anteilig ihrer individuellen Arbeitszeit zu berücksichtigen. Es wird dann an das zu ermittelnde Gesamtarbeitsvolumen im Betrieb angeknüpft (vgl. Rdn 49). Bis zum 31.12.2003 waren diejenigen Kleinbetriebe vom Geltungsbereich des Ersten Abschnitts des KSchG ausgenommen, in denen idR fünf oder weniger Arbeitnehmer ausschließlich der zu ihrer Berufsbildung Beschäftigten beschäftigt waren (s. Rdn 42 bis Rdn 43). Mit Wirkung vom 1.1.2004 gilt für die Ausnahmeregelung als neuer Schwellenwert die Anzahl von zehn oder weniger Arbeitnehmern (s. Rdn 45 bis Rdn 46). Allerdings behalten diejenigen Arbeitnehmer, die bereits am 31.12.2003 Schutz nach dem KSchG in Anspruch nehmen konnten, diese Privilegierung über dieses Datum unbegrenzt hinaus, es sei denn, auch in Betrieben dieser »Altfälle« sinkt die Beschäftigtenzahl auf fünf oder weniger Arbeitnehmer (s. Rdn 43). Zur Rationalität und Verfassungsmäßigkeit der Kleinbetriebsklausel vgl. Rdn 16 ff. 40

Von der **Ausnahmeregelung für Kleinbetriebe ausgenommen** sind im Ersten Abschnitt des KSchG die Vorschriften gem. §§ 4 bis 7 und § 13 Abs. 1 S. 1 und 2 KSchG. Mit Wirkung vom 1.1.2004 gilt eine **einheitliche Klagefrist von drei Wochen**. Unabhängig vom gesetzlichen Schwellenwert und der Anzahl der Beschäftigten in einem Betrieb sowie auch unabhängig von der Wartefrist des § 1 Abs. 1 KSchG hat der Arbeitnehmer **bei schriftlicher Kündigung** grds. eine Klagefrist von drei Wochen einzuhalten. Diese Klagefrist gilt für die Geltendmachung sowohl der Sozialwidrigkeit gem. § 1 KSchG als auch grds. für die Geltendmachung aller anderen Unwirksamkeitsgründe (zB § 102 BetrVG, § 613a BGB, § 17 MuSchG, § 18 BEEG, § 168 SGB IX, § 138 BGB, § 242 BGB – für die Einzelheiten und etwaige Ausnahmen vgl. die Kommentierung zu § 4 KSchG). Nicht vorgeschrieben ist die dreiwöchige Klagefrist bei der Geltendmachung von Verletzungen des Schriftformerfordernisses gem. § 623 BGB; denn die Dreiwochenfrist beginnt erst zu laufen, wenn die schriftliche Kündigung zugegangen ist (§ 4 S. 1 KSchG; vgl. Beschlussempfehlung des Ausschusses für Wirtschaft und Arbeit, BT-Drucks. 15/1587 S. 9, 27). 41

aa) Regelung für vor dem 1.1.2004 begonnene Arbeitsverhältnisse (§ 23 Abs. 1 S. 2)

Arbeitnehmer, deren Arbeitsverhältnisse bereits **am 31.12.2003** in Betrieben und Verwaltungen mit **mehr als fünf Arbeitnehmern** ausschließlich der zu ihrer Berufsbildung Beschäftigten (dazu Rdn 59) bestanden haben, können den **allgemeinen Kündigungsschutz** nach dem Ersten Abschnitt des KSchG beanspruchen (Abs. 1 S. 2). Jeder dieser Arbeitnehmer behält diesen **über den 1.1.2004 hinaus zeitlich unbegrenzt** weiter (*Löwisch* BB 2004 154; *Preis* DB 2004, 70), **solange** in dem Betrieb die Anzahl dieser Anspruchsberechtigten den **Schwellenwert von fünf Arbeitnehmern** übersteigt (dazu weiter Rdn 43). Bei der Berechnung des Schwellenwertes von mehr als fünf Arbeitnehmern werden diejenigen Arbeitsverhältnisse nicht berücksichtigt, die nach dem 31.12.2003 begonnen haben (2. Hs. des Abs. 1 S. 3 – eine etwas unglücklich formulierte Regelung). Dies gilt auch dann, wenn für ausgeschiedene »Alt-Arbeitnehmer« andere Arbeitnehmer eingestellt worden sind, möglicherweise sogar ohne zeitliche Zäsur (s.a. BAG 23.10.2008 – 2 AZR 131/07, Rn 23). Eine solche »Ersatzeinstellung« reicht nach Wortlaut sowie Sinn und Zweck der Besitzstandsregelung des § 23 Abs. 1 S. 2 KSchG für deren Anwendung nicht aus (BAG 21.9.2006 – 2 AZR 840/05, Rn 17; APS-*Moll* § 23 KSchG Rn 50 mwN; *Bader/Bram-Suckow* § 23 KSchG Rn 32 mwN; s.a. SPV-*Preis* Rn 861). Zur Berücksichtigung von in **Elternzeit** befindlichen Personen s. § 21 Abs. 7 S. 1 u. 2 BEEG (dazu *LAG Köln* 18.1.2006 – 7 Sa 844/05; vgl. a. *LAG RhPf* 5.2.2004 – 6 Sa 1226/ 42

03; s.a. Rdn 55). Arbeitnehmer, deren Arbeitsverhältnis am 31.12.2003 in einem Betrieb mit mehr als fünf Arbeitnehmern bestanden hat, behalten den allgemeinen Kündigungsschutz auch dann, wenn ihre **Wartezeit** gem. § 1 Abs. 1 KSchG bis zum 31.12.2003 noch nicht abgelaufen war (*BAG* 23.10.2008 – 2 AZR 131/07, Rn 22; *Bader* NZA 2004, 65; *Löwisch* BB 2004, 154; APS-*Moll* § 23 KSchG Rn 54).

43 In Betrieben mit einer **Beschäftigtenzahl von mindestens 5,25 und höchstens 10** kann es nach den Regelungen in § 23 Abs. 1 S. 2 u. 3 für die einzelnen Arbeitnehmer zu Unterschieden hinsichtlich der Anwendbarkeit des allgemeinen Kündigungsschutzes kommen (vgl. Rdn 47). Die Arbeitnehmer, deren Arbeitsverhältnis vor dem 1.1.2004 begonnen hat, behalten den Schutz nach Maßgabe des § 23 Abs. 1 S. 2 (s. Rdn 42). Sobald die Anzahl der bereits vor dem 1.1.2004 beschäftigten Arbeitnehmer auf fünf oder weniger absinkt, endet für den gesamten Kreis dieser Arbeitnehmer der allgemeine Kündigungsschutz (*BAG* 21.9.2006 – 2 AZR 840/05, Rn 16 ff.; *Willemsen/Annuß* NJW 2004, 177). Scheidet zB von sechs am 31.12.2003 Beschäftigten ein Arbeitnehmer aus, verlieren alle übrigen ihren Kündigungsschutzanspruch gem. § 23 Abs. 2 S. 2 endgültig (APS-*Moll* § 23 KSchG Rn 57 mwN). Diese Arbeitnehmer können erst wieder den Schutz gem. dem Ersten Abschnitt geltend machen, wenn der Schwellenwert gem. § 23 Abs. 1 S. 3 überschritten ist (dazu Rdn 45). Die besitzstandswahrende Regelung des § 23 Abs. 1 S. 2 KSchG verliert also ihre Wirkung, wenn im maßgebenden Zeitpunkt des Kündigungszugangs wegen des Wegfalls berücksichtigungsfähiger »Alt-Arbeitnehmer« der Schwellenwert des S. 2 nicht allein durch »Alt-Arbeitnehmer« erreicht wird. Der zunächst unbefristete Bestandsschutz gilt nur solange, wie der am 31.12.2003 bestanden habende »Altbetrieb« nicht auf fünf oder weniger Arbeitnehmer absinkt (*BAG* 21.9.2006 – 2 AZR 840/05, Rn 17 mwN; ebenso *BAG* 23.10.2008 – 2 AZR 131/07, Rn 22 f.; verfassungsrechtlich ist dies unbedenklich: *BAG* 27.11.2008 – 2 AZR 790/07, Rn 15 ff.). Das Ausgeführte gilt auch, wenn die **Arbeitszeit** der Altarbeitnehmer ganz oder teilweise **absinkt** und damit der alte Schwellenwert nicht mehr überschritten wird (*LAG Nds.* 23.1.2006 – 17 Sa 1652/05; APS-*Moll* § 23 KSchG Rn 61; *Kock* MDR 2007, 1109). Haben die Altarbeitnehmer am Stichtag des 3.12.2003 den alten Schwellenwert nicht überschritten und ergeben sich für sie nach dem Stichtag **Arbeitszeiterhöhungen**, so dass nunmehr der alte Schwellenwert (von mehr als fünf Arbeitnehmern) überschritten wäre, kommen sie hingegen nicht in den Genuss des allgemeinen Kündigungsschutzes: der alte Kündigungsschutz hat nur Bestandschutz, kann aber nicht nachträglich erworben werden (ebenso APS-*Moll* § 23 KSchG Rn 61, stellt diese Konstellation einer Neueinstellung gleich; **aA** insoweit *Kock* MDR 2007,1109; DDZ-*Deinert* § 23 KSchG Rn 42).

44 Ein Arbeitnehmer kann auch dann unter Abs. 1 S. 2, S. 3 Hs. 2 fallen, wenn es nach dem 31.12.2003 zwar **rechtliche Unterbrechungen** des zuvor begründeten Arbeitsverhältnisses gegeben hat, der Arbeitnehmer aber – natürlich zusammen mit einer ausreichenden Anzahl anderer »Alt-Arbeitnehmer« – **ununterbrochen** in den Betrieb **eingegliedert** war (*BAG* 23.5.2013 – 2 AZR 54/12, Rn 19 ff.), darin auch zum Betriebsübergang und zu sonstigen Arbeitgeberwechseln). Hierzu wird an die Rechtsprechung zu § 1 Abs. 1 KSchG (dazu KR-*Rachor* § 1 KSchG Rdn 115 ff.) angeknüpft, auch hinsichtlich der Frage, inwieweit rechtliche Unterbrechungen insoweit außer Betracht bleiben können.

bb) Regelung für nach dem 31.12.2003 begonnene Arbeitsverhältnisse (§ 23 Abs. 1 S. 3)

45 Mit **Wirkung vom 1.1.2004** – die Stichtagsregelung ist verfassungsgemäß (*BAG* 27.11.2008 – 2 AZR 790/07, Rn 15 ff.) – sind diejenigen Betriebe und Verwaltungen von dem betrieblichen Geltungsbereich des Ersten Abschnitts mit Ausnahme der §§ 4 bis 7 und des § 13 Abs. 1 S. 1 und 2 **ausgeschlossen**, in denen idR **zehn oder weniger Arbeitnehmer** ausschließlich der zu ihrer Berufsbildung Beschäftigten beschäftigt sind. Die Anwendbarkeit des Ersten Abschnitts setzt also im Blick auf Abs. 1 S. 4 eine Beschäftigtenzahl von mindestens 10,25 voraus. Zum Gesetzgebungsverfahren zur Erhöhung dieses Schwellenwertes vgl. Rdn 8.

46 Solange der Schwellenwert von zehn Arbeitnehmern in einem Betrieb nicht überschritten ist, gilt der allgemeine Kündigungsschutz nicht für Arbeitnehmer, deren Arbeitsverhältnis nach dem

31.12.2003 begonnen hat. Unter Beginn ist nicht die tatsächliche Arbeitsaufnahme, sondern der **rechtliche Beginn des Arbeitsverhältnisses** zu verstehen (vgl. insoweit KR-*Rachor* § 1 KSchG Rdn 106; aA *Bader/Bram-Suckow* § 23 KSchG Rn 31 mwN: Arbeitsaufnahme). Die Vereinbarung über den rechtlichen Beginn kann schon vor dem 1.1.2004 getroffen worden sein (*Bader* NZA 2004, 65, 67).

cc) **Konsequenzen für die Praxis**

Die Neuregelung des Schwellenwertes kann bei den einzelnen Arbeitnehmern je nachdem, ob es sich um »Altfälle« gem. § 23 Abs. 1 S. 2 oder um Neueinstellungen gem. Satz 3 handelt, in demselben Betrieb zu Unterschieden bei der Anwendbarkeit des Ersten Abschnitts des KSchG führen. Bei den »Altfällen« (Rdn 42, 43) bleibt der Kündigungsschutz nach dem 31.12.2003 ohne zeitliche Grenze erhalten, solange die Zahl der »Altfälle« nicht auf fünf oder weniger Arbeitnehmer sinkt. Bei den zusätzlich nach dem 31.12.2003 begonnenen sechsten bis zehnten Arbeitsverhältnissen (Gesamtarbeitsvolumen, vgl. Rdn 49) besteht kein Kündigungsschutz. Erst mit Erreichen des Gesamtbeschäftigungsvolumens von 10,25 genießen auch der sechste bis zehnte neu eingestellte Arbeitnehmer Kündigungsschutz. Sinkt die Zahl der »Altfälle« auf fünf oder weniger und steigt das Gesamtarbeitsvolumen durch Neueinstellungen auf bis zu zehn an, kann keiner der Arbeitnehmer den allgemeinen Kündigungsschutz beanspruchen (vgl. die Berechnungsbeispiele bei *Wolff* FA 2004, 40; *Bauer/Krieger* DB 2004, 651). Soweit der Arbeitgeber in rechtsmissbräuchlicher Weise »Alt-Arbeitnehmer« kündigt, um sie mit dem Ziel der »Verjüngung« der Belegschaft durch andere Arbeitnehmer auszutauschen, damit der Kündigungsschutz entfällt, könnte ein Fall gem. § 162 Abs. 2 BGB mit der Folge der Unbeachtlichkeit der Kündigung gegeben sein (*BAG* 21.9.2006 – 2 AZR 840/05, Rn 22). Insbes. **in Fällen des Schwankens des Gesamtarbeitsvolumens** (dazu s.a. Rdn 49) über und unter den Schwellenwert von zehn Arbeitnehmern empfiehlt sich wegen des Nebeneinanders der »Altfälle« und der Neueinstellungen, in Kleinbetrieben mindestens die »Altfälle« zum Stichtag 31.12.2003 als Anspruchsberechtigte für den Kündigungsschutz zu dokumentieren. Da es sich bei der Kleinbetriebsklausel um eine Ausnahmeregelung zur Anwendbarkeit des allgemeinen Kündigungsschutzes zugunsten des Arbeitgebers handelt, trägt er die **Beweislast** für das Vorliegen des Ausnahmetatbestandes (vgl. Rdn 78 ff.).

Es kann sich wie schon in Rdn 48 angesprochen die Situation ergeben, dass in einem Betrieb Arbeitnehmer vorhanden sind, die von § 23 Abs. 1 S. 2 profitieren, und daneben Arbeitnehmer, die im Hinblick auf § 23 Abs. 1 S. 3 keinen allgemeinen Kündigungsschutz genießen. Bei einer vorzunehmenden **Sozialauswahl** sind dann die Arbeitnehmer ohne allgemeinen Kündigungsschutz vorab zu kündigen (DDZ-*Deinert* § 23 KSchG Rn 44).

b) **Berücksichtigung der Teilzeitbeschäftigten (§ 23 Abs. 1 S. 4)**

Bei der Feststellung der Anzahl der im Betrieb beschäftigten Arbeitnehmer sind nach § 23 Abs. 1 S. 4 **sämtliche Teilzeitbeschäftigten** zu berücksichtigen, und wenn der Betrieb insgesamt die erforderliche Beschäftigtenzahl aufweist, unterfallen alle Teilzeitbeschäftigten unabhängig von ihrem jeweiligen Tätigkeitsumfang dem Ersten Abschnitt des KSchG (s.a. Rdn 27). Im Einzelnen werden Teilzeitarbeitsverhältnisse mit einer regelmäßigen wöchentlichen Arbeitszeit von **nicht mehr als 20 Stunden mit 0,5 Anteilen**, von **nicht mehr als 30 Stunden mit 0,75 Anteilen** und von **mehr als 30 Stunden mit 1,0** berücksichtigt. Bei der Bestimmung dieser Anteilswerte wird weder auf eine spezifische betriebliche noch auf eine individuelle Wochenarbeitszeit abgestellt, sondern es wird aus Gründen der Praktikabilität einheitlich von einer Arbeitszeit von 40 Wochenstunden ausgegangen, mag dies auch nicht mehr der Realität entsprechen. Das sich aus der **Addition aller Anteilswerte ergebende Gesamtarbeitsvolumen ist der maßgebliche Wert für die Anzahl der im Betrieb beschäftigten Arbeitnehmer**. Nach § 23 Abs. 1 S. 3 KSchG findet der Erste Abschnitt des KSchG also Anwendung, wenn ein Gesamtarbeitsvolumen in Höhe von mindestens **10,25** gezählt wird. Für »Altfälle« nach Satz 2 (vgl. Rdn 42 f.) muss mindestens ein Gesamtvolumen von **5,25** gegeben sein. Ansonsten können sich **Änderungen der Arbeitszeit** in der Summe auf das Bestehen des Kündigungsschutzes nach dem Ersten Teil des KSchG auswirken (*Bader/Bram-Suckow* § 23 KSchG Rn 33), soweit damit die regelmäßige Beschäftigtenzahl tangiert wird (s.a. Rdn 43).

50 Maßgeblicher Anknüpfungspunkt für die Bemessung der »**regelmäßigen Arbeitszeit**« ist grds. die im Arbeitsvertrag individuell vereinbarte Wochen- oder Monatsarbeitszeit (Neuregelungen »greifen« erst ab rechtswirksamer Umsetzung: *LAG RhPf* 5.2.2004 – 6 S 1226/03). Unterscheidet sich die regelmäßige Arbeitszeit in tatsächlicher Hinsicht von der arbeitsvertraglichen Regelung, so ist die tatsächlich geleistete regelmäßige Arbeitszeit maßgeblich (Jahresdurchschnitt maßgebend; vgl. auch APS-*Moll* § 23 KSchG Rn 52; HaKo-KSchR/*Pfeiffer* § 23 KSchG Rn 26). Regelmäßig ist eine Arbeitszeit dann, wenn der Arbeitnehmer nicht nur vorübergehend, sondern auf Dauer eine bestimmte Wochen- oder Monatsarbeitszeit einhält (HaKo-KSchR/*Pfeiffer* § 23 KSchG Rn 26; DDZ-*Deinert* § 23 KSchG Rn 36; TLL-*Thüsing* § 23 KSchG Rn 24). Kurzfristige Arbeitsschwankungen (zB infolge des Ausfalls anderer Arbeitnehmer wegen Krankheit oder Urlaubs) sind unbeachtlich (APS-*Moll* § 23 KSchG Rn 52), und in Freizeit abgegoltene Überstunden bleiben außer Betracht (*LAG Köln* 12.3.2012 – 2 Sa 998/11). Bei **Bedarfsarbeitsverhältnissen** iSd §§ 12, 13 TzBfG ist gleichfalls auf die im Jahresdurchschnitt geleistete Arbeitszeit abzustellen, **§ 12 Ab. 1 S. 3 TzBfG** findet insoweit keine Anwendung (APS-*Moll* § 23 KSchG Rn 53; TLL-*Thüsing* § 23 KSchG Rn 24; aA *LKB-Bayreuther* § 23 KSchG Rn 32: Auffangtatbestand für den Fall, dass sich nicht feststellen lässt, dass sie in Wirklichkeit über einen längeren Zeitraum mehr als 30 Stunden gearbeitet haben).

51 Die **proportionale Berücksichtigung** von Teilzeitbeschäftigten in der Regelung gem. § 23 Abs. 1 S. 2 KSchG ist angemessen. Diese Neuregelung dient der Förderung der Teilzeitbeschäftigung und soll vermeiden, dass Betriebe mit einem hohen Anteil von Teilzeitbeschäftigten aus dem Geltungsbereich des Ersten Abschnitts des KSchG ausgenommen bleiben, obwohl sie den Charakter eines Kleinbetriebes verloren haben (*Schwedes* BB Beil. 17/1996, S. 2). Mit der seit dem 1.1.1999 geltenden Fassung, die bei allen Beschäftigungsverhältnissen mit einer Arbeitszeit von bis zu 20 Stunden in der Woche den Anrechnungsfaktor 0,5 vorsieht, wird auch der Ausweitung geringfügiger Beschäftigungsverhältnisse entgegengewirkt.

c) Regelmäßige Beschäftigtenzahl

52 Das Gesetz stellt auf die **regelmäßige** Beschäftigtenzahl ab. Dies folgt aus der in § 23 Abs. 1 S. 2 KSchG enthaltenen Formulierung »**in der Regel**«. Diese Formulierung fand sich bereits in § 1 BRG 1920, §§ 5, 20, 56 AOG; sie ist heute noch in § 17 Abs. 1 KSchG, in den §§ 1, 9, 111 Abs. 1 S. 1 BetrVG enthalten. Angesichts des insofern identischen Wortlauts sind diese Bestimmungen einheitlich auszulegen (allg. Ansicht; vgl. zB APS-*Moll* § 23 KSchG Rn 47). Festzustellen ist die regelmäßige, dh die **normale Beschäftigtenzahl** eines Betriebes zum **Zeitpunkt des Zugangs der Kündigung** (st. Rspr. *BAG* 24.2.2005 – 2 AZR 373/03, Rn 21mwN; 17.1.2008 – 2 AZR 902/06, Rn 13; TLL-*Thüsing* § 23 KSchG Rn 17), nicht zum Zeitpunkt der Beendigung des Arbeitsverhältnisses (*BAG* 31.1.1991 – 2 AZR 356/90; ebenso *Bader/Bram-Suckow* § 23 KSchG Rn 19; HaKo-KSchR/*Pfeiffer* § 23 Rn 30). Der Begriff »**in der Regel**« bedeutet nicht die jahresdurchschnittliche Beschäftigtenzahl, sondern die regelmäßig vorhandenen Arbeitsplätze aufgrund eines Stellenplans bzw. der Personalplanung im Betrieb (*LAG Hamm* 3.4.1997 – 4 Sa 693/96). Maßgebend ist die Zahl der idR beschäftigten **ständigen Arbeitnehmer**. Die zufällige tatsächliche Beschäftigtenzahl zum Zeitpunkt des Kündigungszugangs ist unbeachtlich (*BAG* 24.2.2005 – 2 AZR 373/03, Rn 21 mwN; 24.1.2013 – 2 AZR 140/12, Rn 24). Eine vorübergehende Erhöhung oder Verminderung der Beschäftigtenzahl ist ohne Belang (*Bader* NZA 1999, 64; vgl. auch APS-*Moll* § 23 KSchG Rn 47, der von nachhaltiger Betriebsgröße spricht; ErfK-*Kiel* § 23 KSchG Rn 9; vgl. auch *BAG* 28.3.2006 – 1 ABR 5/05, Rn 28 ff. sowie 8.10.2009 – 2 AZR 654/08, Rn 15: zum Aspekt der einheitlichen unternehmerischen Planung [s. auch Rdn 53]; dazu auch *Bader/Bram- Suckow* § 23 KSchG Rn 19; *BAG* 24.1.2013 – 2 AZR 140/12, Rn 24). Es bedarf daher bei der Feststellung der regelmäßigen Beschäftigtenzahl zur Ermittlung der für den Betrieb

im allgemeinen kennzeichnenden regelmäßigen Beschäftigtenzahl – bezogen auf den Kündigungszeitpunkt – eines Rückblicks auf die bisherige personelle Situation und einer Einschätzung der zukünftigen Entwicklung (*BAG* 24.1.2013 – 2 AZR 140/12, Rn 24; vgl. auch Rdn 54 zur Frage der Berücksichtigung zeitweilig Beschäftigter mwN), wobei Zeiten außergewöhnlich hohen oder niedrigen Geschäftsanfalls nicht zu berücksichtigen sind (*BAG* 24.1.2013 – 2 AZR 140/12, Rn 24; 24.2.2005 – 2 AZR 373/03, Rn 21 mwN). War bislang der Schwellenwert überschritten, genießen die Arbeitnehmer den allgemeinen Kündigungsschutz, auch wenn der Arbeitgeber künftig und beginnend mit einer konkreten Kündigung die Beschäftigtenzahl absenken will (*BAG* 8.10.2009 – 2 AZR 654/08, Rn 15; 22.1.2004 – 2 AZR 237/03, Rn 14, m. zust. Anm. *Otto* RdA 2005, 185; etwas erweiternd HWK-*Quecke* § 23 KSchG Rn 16; vgl. weiter Rdn 53). Nur vorübergehend oder willkürlich herbeigeführte Unterschreitungen des Schwellenwertes beseitigen jedoch nicht die Anwendbarkeit des Ersten Abschnitts des KSchG. Arbeitnehmer zählen für die Bestimmung der Betriebsgröße iSd § 23 Abs. 1 S. 3 KSchG allerdings nur mit, wenn sie **in die betriebliche Struktur eingebunden** sind, sie also ihre Tätigkeit für den Betrieb erbringen und die Weisungen zu ihrer Durchführung im Wesentlichen von dort erhalten (*BAG* 19.7.2016 – 2 AZR 468/15, Rn 15; s.a. Rdn 60).

Lassen **Rückblick** und **Vorschau** erkennen, dass die bei Zugang der Kündigung tatsächlich gegebene Beschäftigtenzahl nicht dem regelmäßigen Personalstand entspricht, so ist im Fall der **zukünftig auf Dauer verringerten Belegschaftsstärke** darauf abzustellen, wann der Arbeitgeber noch eine regelmäßige Betriebstätigkeit entwickelt und wie viele Arbeitnehmer er hierfür eingesetzt hat. Wird der Betrieb stillgelegt, bleibt nur der Rückblick. Bei der Betriebseinschränkung ist die bisherige Beschäftigtenzahl maßgeblich (*BAG* 22.1.2004 – 2 AZR 237/03; zust. *Gragert/Keilich* NZA 2004, 776; vgl. auch zur vergleichbaren Regelung der »in der Regel« Beschäftigtenanzahl gem. § 17 KSchG: KR-*Weigand/Heinkel* § 17 KSchG Rdn 47). Bei der Berechnung des Schwellenwertes ist der gekündigte Arbeitnehmer folglich mit zu berücksichtigen, wenn der Kündigungsgrund die unternehmerische Entscheidung ist, den betreffenden Arbeitsplatz nicht mehr zu besetzen; denn im Kündigungszeitpunkt ist für den Betrieb noch die bisherige Belegschaftsstärke kennzeichnend (*BAG* 22.1.2004 – 2 AZR 237/03, gegen Vorinstanz *LAG Köln* 22.11.2002 – 11 Sa 342/02; vgl. auch Rdn 52). 53

Aushilfsarbeitnehmer sind dann **nicht mitzuzählen**, wenn sie nur **vorübergehend** – etwa aus Anlass eines vermehrten Arbeitsanfalls (zB Inventur, Ausverkauf, Weihnachtsgeschäft) – in dem Betrieb arbeiten. Dann hat ihre Beschäftigung nämlich keinen Einfluss auf die regelmäßige Betriebsgröße. Anders liegt es, wenn eine bestimmte Anzahl von Aushilfskräften **regelmäßig** beschäftigt worden ist und mit einer derartigen Beschäftigung auch in Zukunft gerechnet werden kann (vgl. *BAG* 12.10.1976 – 1 ABR 1/76; dabei wird anders als in der zitierten Entscheidung, die § 9 BetrVG betrifft, nicht darauf abzustellen sein, ob die Beschäftigung sechs Monate im Jahr umfasst hat: DDZ-*Deinert* § 23 KSchG Rn 22; TLL-*Thüsing* § 23 KSchG Rn 22 [nur Richtwert, nicht zwingend]; aA APS-*Moll* § 23 KSchG Rn 49). Eine vorübergehende Erhöhung der Personalstärke zum Zeitpunkt des Kündigungszugangs zB infolge außergewöhnlichen Arbeitsanfalls hat dabei ebenso außer Betracht zu bleiben wie eine vorübergehende Verringerung der Belegschaft zB wegen eines zeitweiligen Arbeitsrückgangs. Bei einem reinen **Kampagnebetrieb** (zum Begriff KR-*Weigand/Heinkel* § 22 KSchG Rdn 11) ist die Anzahl der regelmäßig Beschäftigten iSd § 23 Abs. 1 S. 2 KSchG auf die Dauer der Kampagne zu beziehen (*BAG* 16.11.2004 – 1 AZR 642/03; *LAG Hamm* 6.2.2003 – 8 Sa 1614/02; vgl. Rdn 62). Anders liegt es bei **Saisonbetrieben** (zum Begriff KR-*Weigand/Heinkel* § 22 KSchG Rdn 9 f.). Hier kommt es für die Frage der regelmäßigen Beschäftigung darauf an, wie viele Arbeitnehmer normalerweise während des größten Teils des Jahres beschäftigt werden; die für die Zeiten erhöhten Arbeitskräftebedarfs zusätzlich vorübergehend eingestellten Arbeitnehmer zählen nicht zu den in der Regel Beschäftigten (*BAG* 16.11.2004 – 1 AZR 642/03; APS-*Moll* § 23 KSchG Rn 49; aA LSSW-*Löwisch* § 23 KSchG Rn 31 unter Bezugnahme auf *BAG* 12.10.1976 – 1 ABR 1/76: während der Saison beschäftigte Arbeitnehmer nur mitzuzählen, wenn ihre Beschäftigung für mindestens sechs Monate im Jahr zu erfolgen pflegt). Unbeachtlich bleiben kurzfristige Probearbeitsverhältnisse, weil sich dadurch die Zahl der Regelarbeitsplätze nicht erhöht (*BAG* 54

13.6.2002 – 2 AZR 327/01). Zur Bewertung eines Pools von Aushilfskräften *ArbG Oldenburg* 10.2.2010 – 3 Ca 554/09. Generell gilt: Werden Arbeitnehmer nicht ständig, sondern lediglich **zeitweilig beschäftigt**, kommt es für die Frage der regelmäßigen Beschäftigung darauf an, ob sie **normalerweise während des größten Teils des Jahres** beschäftigt werden (*BAG* 16.11.2004 – 1 AZR 642/03; APS-*Moll* § 23 KSchG Rn 49). Das gilt auch, wenn die Personen ständig wechseln (LSSW-*Löwisch* § 23 KSchG Rn 30).

55 Für **Vertretungsfälle** hat man von dem Grundsatz auszugehen, dass keine »**Doppelzählung**« stattfinden soll. Eine »Doppelzählung« findet damit auch bei doppelter Besetzung des Arbeitsplatzes nicht statt, wenn die Ersatzkraft eingearbeitet oder für einen ausscheidenden Mitarbeiter eingestellt wird (*LAG Köln* 13.1.2005 – 5 Sa 1237/04; ErfK-*Kiel* § 23 KSchG Rn 11; APS-*Moll* § 23 KSchG Rn 50). Darüber hinaus gilt als **allgemein** gültiger Rechtsgedanke die Regelung gem. § 21 Abs. 7 BEEG (so auch *LAG Hamm* 3.4.1997 – 4 Sa 693/96; vgl. auch *BAG* 31.1.1991 – 2 AZR 356/90; zu § 21 Abs. 7 BEEG iE KR-*Lipke/Bubach* § 21 BEEG Rdn 76 ff.): »Wird im Rahmen arbeitsrechtlicher Gesetze oder Verordnungen auf die Zahl der beschäftigten Arbeitnehmer und Arbeitnehmerinnen abgestellt, so sind bei der Ermittlung dieser Zahl Arbeitnehmer und Arbeitnehmerinnen, die sich in Elternzeit befinden oder zur Betreuung eines Kindes freigestellt sind, nicht mitzuzählen, solange für sie ... ein Vertreter oder eine Vertreterin eingestellt ist. Dies gilt nicht, wenn der Vertreter oder die Vertreterin nicht mitzuzählen ist.« Dadurch soll sichergestellt werden, dass bei der Ermittlung der Anzahl der beschäftigten Arbeitnehmer nur der Beurlaubte, derjenige, dessen Arbeitsverhältnis ruht bzw. der aus sonstigen Gründen Vertretene oder die für ihn eingestellte Ersatzkraft mitgezählt wird (*BAG* 31.1.1991 – 2 AZR 356/90; s. weiter: *LAG Köln* 22.5.2009 – 4 Sa 1024/08; *LAG Köln* 18.1.2006 – 7 Sa 844/05; *LAG RhPf* 5.2.2004 – 6 Sa 1226/03).

d) Berücksichtigung einzelner Beschäftigtengruppen

56 Zur regelmäßigen Beschäftigungszahl gehören die **Arbeitnehmer** (vgl. allgemein zum Arbeitnehmerbegriff KR-*Kreutzberg-Kowalczyk* ArbNähnl.Pers. Rdn 17 ff.; **Selbständige** einschließlich **arbeitnehmerähnlicher Personen** werden mithin nicht erfasst – zur Scheinselbständigkeit noch unten), die in einem **Arbeitsverhältnis zum Inhaber des Betriebs** stehen (LSSW-*Löwisch* § 23 KSchG Rn 23; APS-*Moll* § 23 KSchG Rn 45). Doch differenziert die Rspr. des BAG (*BAG* 24.1.2013 – 2 AZR 140/12, Rn 11) nicht mehr grds. zwischen eigenen Arbeitnehmern und **Leiharbeitnehmern**. Diese Auffassung wird auf Sinn und Zweck des § 23 Abs. 1 S. 2 u. 3 KSchG und auch auf verfassungsrechtliche Überlegungen gestützt. Danach sind sämtliche für den Betriebsinhaber weisungsgebunden tätigen und in den Betrieb eingegliederten Arbeitnehmer mitzuzählen, soweit mit diesen ein regelmäßiger Beschäftigungsbedarf abgedeckt wird, also ggf. auch Leiharbeitnehmer (weiter dazu Rdn 57). Nicht zu berücksichtigen sind Personen, die zur Erfüllung echter **werkvertraglicher Verpflichtungen** in dem Betrieb arbeiten (DDZ-*Deinert* § 23 KSchG Rn 34) – sei es, dass sie selbst Partner des Werkvertrags sind oder ihrerseits Arbeitnehmer eines Unternehmens, das im Rahmen eines Werkvertrags tätig wird. Liegt jedoch ein **Schein-Werkvertrag** vor und handelt es sich bei der betreffenden Person tatsächlich um einen Arbeitnehmer, ist diese Person mitzuzählen. Dasselbe gilt für Fälle sog. **Schein-Selbständigkeit**, etwa bei Personen, die als freie Mitarbeiter »firmieren«, die aber in Wahrheit weisungsgebundene Arbeitnehmer sind (zu Selbständigen schon oben). Keine Berücksichtigung finden **Heimarbeiter** und Hausgewerbetreibende sowie organschaftliche Vertreter einer juristischen Person oder eines Personenverbandes (vgl. auch Rdn 58). **Ein-Euro-Jobs** (MAE-Kräfte) iSd § 16d SGB II sind gleichfalls nicht einzurechnen, hierbei handelt es sich nicht um Arbeitsverhältnisse (s. KR-*Bader/Kreutzberg-Kowalczyk* § 23 TzBfG Rdn 16; APS-*Moll* § 23 KSchG Rn 45; s.a. *BAG* 19.3.2008 – 5 AZR 435/07 für Fälle von Leistungen zu Eingliederung gem. **§ 16 SGB II**). **Familienangehörige** sind dagegen dann mitzuzählen, wenn sie sich in einem Arbeitsverhältnis zum Inhaber des Betriebs befinden (vgl. hierzu *LAG RhPf* 16.2.1996 – 3 Sa 870/95; *LAG Bln.* 26.6.1989 – 9 Sa 41/89; DDZ-*Deinert* § 23 KSchG Rn 24; APS-*Moll* § 23 KSchG Rn 45; *Schwerdtner* DB 1986, 1074), allerdings nicht bei Beschäftigung in einem Privathaushalt (vgl. näher Rdn 38).

Bei der Berechnung der regelmäßigen Beschäftigtenzahl des Entleihers schieden nach früherer Be- 57
trachtungsweise unabhängig von der Ent- bzw. Verleihdauer (*LAG Hamm* 15.7.2011 – 10 TaBV
1/11) **Leiharbeitnehmer** aus, sofern sie dem Inhaber des Betriebes im Rahmen eines wirksamen
Arbeitnehmerüberlassungsvertrages zur Verfügung gestellt worden sind (*LAG RhPf* 21.1. – 10
TaBV 37/09) – sie zählten nach dieser Sichtweise als Arbeitnehmer des Verleihers, sofern nicht
ein fingiertes Arbeitsverhältnis zum Entleiher gem. § 10 Abs. 1 S. 1 AÜG gegeben war. Nach der
neueren Rspr. des BAG gilt jedoch: Bei der Bestimmung der Betriebsgröße iSd § 23 Abs. 1 S. 3
sind im Betrieb beschäftigte Leiharbeitnehmer zu berücksichtigen, wenn ihr Einsatz auf einem
»**in der Regel**« **vorhandenen Personalbedarf** beruht, nicht aber dann, wenn die Leiharbeitnehmer
nur zur Vertretung von Stammkräften oder zur Abdeckung von Auftragsspitzen eingesetzt sind
(*BAG* 24.1.2013 – 2 AZR 140/12, Rn 11; zust. APS-*Moll* § 23 KSchG Rn 45; DDZ-*Deinert* § 23
KSchG Rn 23, darin auch zu den Auswirkungen der neuen Rspr. auf betriebsbedingte Kündigungen und Sozialauswahl; TLL-*Thüsing* § 23 KSchG Rn 19; aA *Wolf* AuA 2013, 160). Diese Auffassung wird wie schon angesprochen auf Sinn und Zweck des § 23 Abs. 1 S. 2 u. 3 KSchG und auch
auf verfassungsrechtliche Überlegungen gestützt; danach sind sämtliche für den Betriebsinhaber
weisungsgebunden tätigen und in den Betrieb eingegliederten Arbeitnehmer mitzuzählen, soweit
mit diesen ein regelmäßiger Beschäftigungsbedarf abgedeckt wird. Diese Sichtweise stößt allerdings
teilweise auf mit beachtlichen Gründen vorgetragene Kritik (LSSW-*Löwisch* § 23 KSchG Rn 23),
wobei auch nicht zu Unrecht gefragt wird, ob eine Neujustierung der Stellung der Leiharbeitnehmer im Gesamtgefüge nicht Aufgabe des Gesetzgebers wäre (vgl. a. *Rieble* NZA 2012, 485).

Bei der nach § 23 Abs. 1 S. 2 bis 4 KSchG maßgeblichen Arbeitnehmerzahl sind auch **leitende An-** 58
gestellte iSd § **14 Abs. 2 KSchG** (dazu *Kreutzberg-Kowalczyk* § 14 KSchG Rdn 30 ff.) zu berücksichtigen, da ihnen ebenfalls Arbeitnehmereigenschaft zukommt (allg. Ansicht: statt aller APS-*Moll*
§ 23 KSchG Rn 45; LSSW-*Löwisch* § 23 KSchG Rn 27). Dies gilt auch für solche Arbeitnehmer,
die nach anderen gesetzlichen Bestimmungen (zB § 5 Abs. 3 BetrVG) als leitende Angestellte anzusehen sind. Die für die Berücksichtigung von Teilzeitarbeitnehmern maßgebliche Arbeitszeitgrenze
des § 23 Abs. 1 S. 4 KSchG gilt auch für leitende Angestellte. Hingegen zählt der von § **14 Abs. 1**
KSchG (dazu *Kreutzberg-Kowalczyk* § 14 KSchG Rdn 6 ff.) erfasste Personenkreis nicht mit (APS-
Moll § 23 KSchG Rn 45; *LAG München* 9.7.2020 – 7 Sa 444/20, Rn 22, juris; vgl. auch Rdn 56).

Zu ihrer **Berufsbildung Beschäftigte** und damit nicht zu berücksichtigen sind alle Personen, die 59
unter § **1 Abs. 1 BBiG** fallen (APS-*Moll* § 23 KSchG Rn 46). Diese Bestimmung umfasst die Berufsausbildungsvorbereitung, die Berufsausbildung, die berufliche Fortbildung und die berufliche
Umschulung (dazu KR-*Weigand* §§ 21–23 BBiG Rdn 8). Insbes. werden damit die **Auszubildenden**
iSd §§ 10 ff. BBiG erfasst. Soweit eine **Umschulung** freilich im Rahmen eines Arbeitsverhältnisses
erfolgt, sind die Umschüler wegen ihrer Arbeitnehmereigenschaft bei der Ermittlung der nach § 23
Abs. 1 S. 2 KSchG maßgeblichen Arbeitnehmerzahl zu berücksichtigen (*Bader/Bram-Suckow* § 23
KSchG Rn 16; bereits früher *BAG* 7.9.1983 – 7 AZR 101/82). Dies gilt ebenso für Anlernlinge,
Praktikanten und Volontäre, sofern ihnen die erforderlichen beruflichen Kenntnisse, Fertigkeiten
oder Erfahrungen im Rahmen eines Arbeitsverhältnisses vermittelt werden sollen (vgl. § 26 BBiG).
Dies ist dann der Fall, wenn die Leistung von Arbeit den Schwerpunkt des Vertragsverhältnisses
darstellt, während der Ausbildungszweck nur von untergeordneter Bedeutung ist (ErfK-*Kiel* § 23
KSchG Rn 10; APS-*Moll* § 23 KSchG Rn 46; für Redaktionsvolontäre vgl. *Pahde-Syrbe* AuR 1997,
195). Ein Indiz für das Vorliegen eines Arbeitsverhältnisses kann auch die Höhe der Vergütung sein
(zB Zahlung des für Arbeitnehmer vorgesehenen Tariflohnes). Betriebspraktika, die nicht in einem
Arbeitsverhältnis abgeleistet werden, sind folglich bei der Berechnung des Schwellenwertes gem.
§ 23 Abs. 1 KSchG nicht zu berücksichtigen (*BAG* 22.1.2004 – 2 AZR 237/03).

Selbstverständlich zählen zu den Arbeitnehmern des Betriebs auch Arbeitnehmer, die dem Betrieb 60
zugehören und in die Betriebsorganisation **eingegliedert** sind, auch wenn sie räumlich nicht in dem
Betrieb arbeiten (ErfK-*Kiel* § 23 KSchG Rn 8; s.a. *Gimmy/Hügel* NZA 2013, 767). Dazu zählen
zB **Montagearbeiter** oder **Außendienstmitarbeiter** sowie Personen, die ganz oder teilweise von zu

Hause aus (**Home-Office**) für den Betrieb arbeiten, insbes. mit elektronischen Medien (s. zu Telearbeit etc. im Ausland KR-*Weigand/Horcher* Int. ArbvertragsR Rdn 82).

61 Problematisch kann es sein, Arbeitnehmer bei **Fehlen eines Aufenthaltstitels zur Beschäftigung** im Rahmen des § 23 Abs. 1 S. 2 – 4 mitzuzählen (dafür *Deinert* NZA 2018, 71, 74). Zwar ist der Arbeitsvertrag ohne einen derartigen Aufenthaltstitel grds. nicht nichtig, es liegt aber dann im Ergebnis eine Suspendierung der vertraglichen Pflichten vor (*Deinert* NZA 2018, 71, 72 f. mwN). Angesichts dieser fragilen Rechtsstellung sprechen die besseren Argumente dafür, solche illegal Beschäftigten hier unberücksichtigt zu lassen.

e) Besondere Betriebs- und Beschäftigungsarten

62 Auf **Kampagnebetriebe** (vgl. zum Begriff KR-*Weigand/Heinkel* § 22 KSchG Rdn 11), deren Geschäfts- oder Produktionstätigkeit auf bestimmte Zeiträume beschränkt ist, findet der Erste Abschnitt des Gesetzes dann Anwendung, wenn in ihnen während der Betriebszeit mehr als fünf Arbeitnehmer ausschließlich der zu ihrer Berufsbildung Beschäftigten (vgl. hierzu Rdn 59) beschäftigt werden (s.a. Rdn 54).

63 Für **Saisonbetriebe** (vgl. zum Begriff KR-*Weigand/Heinkel* § 22 KSchG Rdn 9 f.) gelten die einschlägigen Ausführungen in Rdn 54.

64 **Führt ein Arbeitgeber mehrere Betriebe**, zB selbständige Filialen, die zwar bei Einzelbetrachtung den Schwellenwert gem. § 23 Abs. 1 S. 2 bis 4 KSchG unterschreiten, in denen aber insgesamt eine solche Anzahl von Arbeitnehmern beschäftigt ist, dass dieser Wert überschritten wird, so kann der Erste Abschnitt des KSchG auf alle Arbeitnehmer aller Betriebe dieses Arbeitgebers anwendbar sein. Das folgt aus der verfassungskonformen Auslegung des Betriebsbegriffes gem. § 23 Abs. 1 KSchG (vgl. iE Rdn 66, 67 sowie Rdn 32).

65 Selbst bei einer **Mehrheit von Unternehmen** (dabei gibt es grds. keinen »Berechnungsdurchgriff«: APS-*Moll* § 23 KSchG Rn 10 mwN; *Bader/Bram-Suckow* § 23 KSchG Rn 14 mwN; vgl. auch Rdn 33, 70) kann uU ein einheitlicher Betrieb iSd § 23 Abs. 1 S. 2 bzw. 3 KSchG vorliegen. Für den Geltungsbereich der betriebsverfassungsrechtlichen wie der kündigungsschutzrechtlichen Vorschriften ist das BAG bislang durchgehend von dem betriebsverfassungsrechtlichen Betriebsbegriff ausgegangen (zB *BAG* 2.3.2017 – 2 AZR 427/16, Rn 15; *Bader/Bram-Suckow* § 23 KSchG Rn 12 ff.; vgl. weiter Rdn 31 ff.). Ein **einheitlicher Betrieb mehrerer Unternehmen** (dazu auch § 1 Abs. 2 BetrVG) setzt speziell einen gemeinsam genutzten Betrieb, einen einheitlichen arbeitstechnischen Zweck und einen einheitlichen Leitungsapparat voraus, eine bloße Zusammenarbeit reicht dabei nicht aus (*BAG* 10.4.2014 – 2 AZR 647/13, Rn 30; 24.10.2013 – 2 AZR 1057/12, Rn 51; 9.6.2011 – 6 AZR 132/10, Rn 16 mwN; *Annuß* FA 2005, 293 mwN; ErfK-*Kiel* § 23 KSchG Rn 5; ausf. dazu APS-*Moll* § 23 KSchG Rn 19 ff. mwN). Vgl. weiter iE Rdn 68 bis 72.

66 Das *BVerfG* hat an dem vom BAG aus dem BetrVG abgeleiteten Betriebsbegriff (dazu näher Rdn 31 ff.) in seiner Entscheidung vom 27.1.1998 (– 1 BvL 15/87) ausdrücklich festgehalten. Soweit allerdings unter diesen Betriebsbegriff auch solche selbständigen Teile größerer Unternehmen fallen, die aus numerischen Gründen von dem Ausnahmetatbestand gem. § 23 Abs. 1 KSchG erfasst würden, ist der Betriebsbegriff im Wege verfassungskonformer Auslegung auf die Einheiten zu beschränken, für deren **Schutz die Kleinbetriebsklausel allein bestimmt** ist (*BVerfG* 27.1.1998 – 1 BvL 15/87; vgl. dazu auch Rdn 32). Die Anwendbarkeit der Ausnahmeregelung gem. § 23 Abs. 1 S. 2 u. 3 KSchG in kleinen Teileinheiten von Unternehmen setzt demnach voraus, dass der zugunsten des Kleinunternehmers beabsichtigte Schutzgedanke dieser Regelung für diese Einheit zutrifft und die kündigungsschutzrechtliche Benachteiligung der betroffenen Arbeitnehmer sachlich begründet ist (*BVerfG* 27.1.1998 – 1 BvL 15/87). Diese Auslegung, die auch für die aktuelle Fassung des § 23 Abs. 1 gilt (etwa *BAG* 2.3.2017– 2 AZR 427/16, Rn 27; 19.7.2016 – 2 AZR 468/15, Rn 20; ErfK-*Kiel* § 23 KSchG Rn 4), berücksichtigt Elemente des Normzwecks der Kleinbetriebsklausel und modifiziert insoweit die bis dahin vorhandene Rechtsprechung des *BAG* zum Betriebsbegriff (18.1.1990 – 2 AZR 355/89). Trotzdem versteht das BAG die Erwägung des

BVerfG dahingehend, dass unter den erwähnten »Einheiten« »nicht etwa auch solche mit eigener Rechtspersönlichkeit, dh (Konzern-)Unternehmen« gemeint seien, »sondern ausgehend vom betriebsverfassungsrechtlichen Betriebsbegriff organisatorische Einheiten, innerhalb derer der Arbeitgeber bestimmte arbeitstechnische Zwecke« verfolge.

Eine verfassungskonforme Auslegung von § 23 Abs. 1 S. 2 u. 3 KSchG verlangt freilich keineswegs, den Betriebsbezug des Schwellenwerts stets dann zu durchbrechen, wenn das Unternehmen zwar in mehrere kleine, organisatorisch verselbständigte Einheiten aufgegliedert ist, insgesamt aber mehr als zehn Arbeitnehmer beschäftigt sind (*BAG* 2.3.2017 – 2 AZR 427/16, Rn 27; 19.7.2016 – 2 AZR 468/15, Rn 20; 28.10.2010 – 2 AZR 293/08, Rn 24; aA *Gragert/Kreutzfeldt* NZA 1998, 567, 569; *Kittner* NZA 1998, 731). Das liefe – so das BAG schon in der eben zitierten Entscheidung v. 28.10.2010 – auf die vom Gesetzgeber gerade nicht beabsichtigte generelle Gleichsetzung von Betrieb und Unternehmen hinaus, auch würde damit nicht hinreichend beachtet, dass das BVerfG lediglich von Einzelfällen ausgegangen ist, die dem gesetzgeberischen Leitbild nicht entsprächen. Nach der Entscheidung *BAG* v. 28.10.2010 (– 2 AZR 293/08, Rn 25) gilt weiter: Die Anwendung der Kleinbetriebsklausel setzt nicht voraus, dass die als »Betrieb« im kündigungsschutzrechtlichen Sinne zu verstehende Einheit sämtliche vom BVerfG als charakteristisch benannten Merkmale eines Kleinbetriebs erfüllt. Vielmehr hat das BVerfG nur beispielhaft Gesichtspunkte angeführt, die für einen Kleinbetrieb bezeichnend sind, ohne dass diese wie die tatbestandlichen Voraussetzungen einer Norm zu behandeln wären. Maßgeblich ist vielmehr eine alle Umstände des Einzelfalls einbeziehende, wertende Gesamtbetrachtung dahingehend, ob die Anwendung der Kleinbetriebsklausel nach Maßgabe des allgemeinen Betriebsbegriffs unter Berücksichtigung der tatsächlichen Verhältnisse dem mit ihr verbundenen Sinn und Zweck (**noch**) hinreichend gerecht wird. Ein »Berechnungsdurchgriff« auf andere betriebliche Einheiten kommt nur in Betracht, wenn angesichts der vom Arbeitgeber geschaffenen konkreten Organisation die gesetzgeberischen Erwägungen für die Privilegierung des Kleinbetriebs bei verständiger Betrachtung ins Leere gehen und die Bestimmung des Betriebsbegriffs nach herkömmlicher Definition unweigerlich zu einer sachwidrigen Ungleichbehandlung betroffener Arbeitnehmer führen würde (entsprechend *BAG* 2.3.2017 – 2 AZR 427/16, Rn 27; vgl. weiter APS-*Moll* 23 KSchG Rn 76; *Falder* NZA 1998, 1254).

67

Das Vorliegen eines **gemeinsamen Betriebs** ist dann anzunehmen, wenn mehrere Unternehmer so eng miteinander zusammenarbeiten, dass sie **gemeinsam einen einheitlichen Betrieb führen** (**Gemeinschaftsbetrieb**; dazu auch bereits Rdn 65). Dabei ist jedoch zu beachten, dass zwei oder mehrere Unternehmer allein dadurch, dass sie eine betriebliche Tätigkeit in den gleichen Räumen und mit etwa den gleichen sachlichen Mitteln entwickeln, noch nicht notwendig einen gemeinsamen einheitlichen Betrieb führen; auch unter diesen Umständen bleiben die Betriebe dann selbständig, wenn jeder der beteiligten Unternehmer seinen eigenen Betriebszweck unabhängig von dem der anderen verfolgt, also keine gemeinsame Betriebsleitung zustande kommt. Auch die gemeinsame Nutzung der sächlichen und personellen Betriebsmittel spricht nicht zwingend für eine Vereinbarung zur Führung eines Gemeinschaftsbetriebes (*BAG* 13.6.2002 – 2 AZR 327/01). Die in einer Betriebsstätte vorhandenen materiellen und immateriellen Betriebsmittel müssen für einen **einheitlichen arbeitstechnischen Zweck** zusammengefasst sein (das ist zB bei einem sog. Praxismanagementvertrag zwischen Arztpraxen nicht der Fall, *LAG* BW 8.9.2008 – 4 Sa 10/08) sowie geordnet und gezielt eingesetzt werden (*BAG* 15.12.2011 – 8 AZR 692/10). Zudem muss der Einsatz der menschlichen Arbeitskraft von einem **einheitlichen Leitungsapparat** betriebsbezogen gesteuert werden. Die beteiligten Unternehmen müssen sich zumindest stillschweigend zu einer gemeinsamen Führung rechtlich verbunden haben, so dass der **Kern der Arbeitgeberfunktion im sozialen und personellen Bereich von derselben institutionellen Leitung** ausgeübt wird (*BAG* 10.4.2014 – 2 AZR 647/13, Rn 30; 24.10.2013 – 2 AZR 1057/12, Rn 51; 9.6.2011 – 6 AZR 132/10, Rn 16 mwN). Das ist jedoch nicht schon dann der Fall, wenn Unternehmen unternehmerisch zusammenarbeiten (*BAG* 10.4.2014 – 2 AZR 647/13, Rn 30; 24.5.2012 – 2 AZR 62/11, Rn 20; 5.11.2009 – 2 AZR 383/08, Rn 14 mwN); etwa auf der Grundlage von Organ- und Beherrschungsverträgen (*Hess. LAG* 11.9.2013 – 18 Sa 296/13). Es ist zwischen konzernrechtlicher

68

§ 23 KSchG Geltungsbereich

Weisungsbefugnis (s. Rdn 70) und betrieblichem Leitungsapparat zu unterscheiden. Vielmehr muss auch die (ggf. stillschweigende) **Vereinbarung auf eine einheitliche Leitung** für die Aufgaben gerichtet sein, die vollzogen werden müssen, um die in der organisatorischen Einheit zu verfolgenden arbeitstechnischen Zwecke erfüllen zu können. Eine BGB-Gesellschaft kann dabei vorliegen, muss dies aber nicht. Nach der Entsch. des *LAG SchlH* v. 22.4.1997 (– 1 Sa 384/96) genügt es bei Personenidentität der Geschäftsführer zweier Gesellschaften für die Annahme eines gemeinsamen Betriebes iSd § 23 Abs. 1 S. 2 KSchG, dass – wenn es an einer ausdrücklichen Führungsvereinbarung fehlt – der Kern der Arbeitgeberfunktionen im sozialen und personellen Bereich von derselben institutionellen Leitung ausgeübt wird.

69 Wird einer der den Gemeinschaftsbetrieb bildenden Teile stillgelegt, bedeutet das idR die Beendigung der gemeinsamen Leitung und damit des Gemeinschaftsbetriebs (*BAG* 24.2.2005 – 2 AZR 214/04, darin auch zum Ausnahmefall einer fortbestehenden gemeinsamen Leitung). Wird in einem der beteiligten Gemeinschaftsbetriebe die unternehmerische Entscheidung zur Stilllegung getroffen und wird diese durch sofortige Suspendierung aller Arbeitnehmer umgesetzt, ist damit bereits der Gemeinschaftsbetrieb aufgelöst (*BAG* 13.9.1995 – 2 AZR 954/94). Fällt auf diese Weise schon vor Ausspruch der Kündigung die Anzahl der beschäftigten Arbeitnehmer im verbliebenen Betrieb unter den Schwellenwert gem. § 23 Abs. 1 S. 2 und 3 KSchG, findet der Erste Abschnitt des KSchG keine Anwendung (*BAG* 17.1.2002 – 2 AZR 57/01).

70 Vom Gemeinschaftsbetrieb klar abzugrenzen sind die Strukturen eines **Konzerns**. Soweit nicht im Konzern die Voraussetzungen eines Gemeinschaftsbetriebs vorliegen (s. Rdn 67), zeichnet sich der Konzern zwar durch die Weisungsmacht bis zur Betriebsebene aus, doch ist Adressat von konzernrechtlichen Weisungen das Leitungsorgan der abhängigen Tochter. Die konzernrechtliche Weisungsmacht erzeugt jedoch für sich gesehen noch keinen betriebsbezogenen Leitungsapparat (*BAG* 29.4.1999 – 2 AZR 352/98; 13.6.2002 – 2 AZR 327/01; *Rost* FS Schwerdtner S. 169). Ein weitergehender kündigungsschutzrechtlicher »Berechnungsdurchgriff im Konzern« ist auch verfassungsrechtlich nicht geboten (*BAG* 13.6.2002 – 2 AZR 327/01 mwN; 16.1.2003 – 2 AZR 609/01; *ErfK-Kiel* § 23 KSchG Rn 5; **aA** *Bepler* AuR 1997, 54; *ders*. AuA 1997 329; *Buschmann* AuR 1998, 210; *Kittner* NZA 1999, 731 – insoweit weiter Rdn 71). Dies gilt auch, wenn nur einer der Gesichtspunkte nicht zutrifft, die nach der Rspr. des *BVerfG* (27.1.1998 – 1 BvL 15/87) einen Ausschluss des Kündigungsschutzes für die betroffenen Arbeitnehmer rechtfertigen (enge persönliche Zusammenarbeit, geringe Finanz- und Verwaltungskapazität). Insbesondere kann eine reichhaltige Finanzausstattung einer Konzernholding nicht zur Anwendbarkeit des Ersten Abschnitts des KSchG führen (*BAG* 13.6.2002 – 2 AZR 327/01). Im Übrigen hat das *BVerfG* (27.1.1998 – 1 BvL 15/87) die Anwendbarkeit des Ersten Abschnitts des KSchG auf konzernverbundene Kleinbetriebe nicht bejaht (vgl. auch *Gragert/Kreutzfeld* NZA 1998, 567; so auch *Falder* NZA 1998, 1254).

71 Demgegenüber schließt *Bepler* aus der ratio legis auf eine »die Gesetzesintention überschießende Wirkung« des § 23 Abs. 1 S. 2 KSchG, wenn diese Vorschrift zu einer »Privilegierung von Arbeitgebern führt, bei denen die Größe des Beschäftigungsbetriebes keinen Hinweis auf ihren Privilegierungsbedarf gibt« (*Bepler* AuA 1997, 329; *ders*. AuR 1997, 54). Die Vorschrift sei dann teleologisch zu reduzieren (das geht über die zu Rdn 66 u. Rdn 67 dargestellten Grundsätze einer verfassungsgemäßen Interpretation hinaus), so dass der Schwellenwert auch dann überschritten sein könnte, wenn sich die gesetzlich erforderliche Anzahl von Beschäftigten erst aus der Addition aller Arbeitnehmer eines Arbeitgebers, der mehrere Betriebe unterhält, ergibt. Diese gelte entsprechend bei juristisch verselbständigten Kleinbetrieben im Konzernverbund, soweit sie von abhängigen und fremd geführten Tochterunternehmen unterhalten werden (*Bepler* AuA 1997, 329; *ders*. AuR 1997, 54; zust. *U. Preis* NZA 1997, 1073; ähnl. *Buschmann* AuR 1998, 210; *Kittner* NZA 1998, 731). Das *LAG Nds*. – sogar grenzüberschreitend – (9.7.1997 – 6 Sa 94/97) und das *ArbG Hmb*. (10.3.1997 – 27 Ca 192/96) sind dieser Argumentation *Beplers* gefolgt.

Ein gemeinsamer Betrieb kann sich auch ergeben, wenn die beteiligten Rechtsträger nach einer **Spaltung** oder **Teilübertragung** die erforderlichen Voraussetzungen hierfür (dazu s. Rdn 68 f.) schaffen. Vgl. zu § 323 Abs. 1 UmwG Rdn 77. § 323 Abs. 2 UmwG beschränkt im Übrigen die Überprüfung der Betriebszuordnung bei namentlicher Zuordnung im Rahmen eines Interessenausgleichs (APS-*Moll* § 23 KSchG Rn 66). 72

Befindet sich ein Arbeitnehmer zu **mehreren Arbeitgebern** in einem **einheitlichen Arbeitsverhältnis** so ist für die Ermittlung der Mindestbeschäftigtenzahl auf die Gesamtbelegschaft derjenigen Betriebe abzustellen, in denen der Arbeitnehmer regelmäßig beschäftigt wird (zum Begriff sowie zu den Voraussetzungen eines einheitlichen Arbeitsverhältnisses vgl. *BAG* 27.3.1981 – 7 AZR 523/78 – zu I 2 b der Gründe; krit. hierzu *Schwerdtner* ZIP 1982, 900; auch *BAG* 19.4.2012 – 2 AZR 186/11, Rn 16 mwN; hingegen *BAG* 5.12.2019 – 2 AZR 147/19, Rn 14: »Es kann dahinstehen, ob zwischen einem Arbeitnehmer und mehreren Gesellschaften, die sich nicht ihrerseits zu einem neuen Rechtssubjekt zusammengeschlossen haben, das alleiniger Arbeitgeber geworden ist, ein – einheitliches – Arbeitsverhältnis bestehen kann oder ob es zwischen verschiedenen Rechtssubjekten so viele Rechtsbeziehungen geben muss, wie – auf derselben Seite – Rechtspersönlichkeiten beteiligt sind, und deshalb allenfalls mehrere Arbeitsverhältnisse – in einem jeweils durch Auslegung zu ermittelnden Umfang – voneinander abhängig gemacht werden können«). Ein einheitliches Arbeitsverhältnis mit mehreren rechtlich selbständigen Unternehmen kommt insbes. bei einer konzernbezogenen Beschäftigung von Arbeitnehmern in Betracht. Bei der Anstellung eines **Hausmeisters** ist ein einheitliches Arbeitsverhältnis jedenfalls dann zu verneinen, wenn der Vertragsarbeitgeber (Hauseigentümer) die Ausübung der Arbeitgeberfunktion einem Dritten (zB einer Hausverwaltungsgesellschaft) überträgt (vgl. *BAG* 9.9.1982 – 2 AZR 253/80). Wenn ein Arbeitgeber die für Reinigungsarbeiten erforderlichen Arbeitskräfte nicht selbst einstellt, sondern seine Hausmeister anweist, im eigenen Namen auf fremde Rechnung und nach bestimmten Richtlinien Arbeitsverträge mit Reinigungskräften zu schließen, so liegt hierin ein Missbrauch der Rechtsform des **mittelbaren Arbeitsverhältnisses** (vgl. *BAG* 20.7.1982 – 3 AZR 446/80) sowie eine **Umgehung** des § 23 KSchG. 73

f) Betriebsübergang

Beim **Übergang** von **Betrieben** ist die Vorschrift des **§ 613a Abs. 4 S. 1 BGB** zu beachten (vgl. iE KR-*Treber/Schlünder* § 613a BGB Rdn 118 ff.), die nach der zutreffenden Ansicht des *BAG* (bereits 31.1.1985 – 2 AZR 530/83; s.a. KR-*Treber/Schlünder* § 613a BGB Rdn 121 ff. mwN) ein **eigenständiges Kündigungsverbot** iSd § 13 Abs. 3 KSchG, § 134 BGB darstellt. 74

Für die **Voraussetzungen und Rechtsfolgen** des Kündigungsverbots wird Bezug genommen auf KR-*Treber/Schlünder* § 613a BGB Rdn 89 ff. 75

Nicht erfasst von den Besitzstandsregelungen gem. § 613a BGB wird beim Betriebsübergang der Status des Erreichens des maßgeblichen Schwellenwertes des § 23 Abs. 1 KSchG; denn dieser Status und der dadurch entstehende Kündigungsschutz sind kein Recht iSd § 613a BGB. Das Erreichen des Schwellenwertes ist lediglich eine Tatbestandsvoraussetzung für ein Recht, das bei Verringerung der idR beschäftigten Arbeitnehmer jederzeit wieder entfallen kann (parallel s. KR-*Treber/Schlünder* § 613a BGB). Das Schutzniveau ist auch unter Berücksichtigung des Art. 3 Abs. 1 der Richtlinie 77/187/EWG kein übergangsfähiges Recht. Führt also ein Betriebsübergang zu einem Absinken der Beschäftigtenzahl unter den maßgeblichen Schwellenwert gem. § 23 Abs. 1 KSchG, so entfällt der allgemeine Kündigungsschutz. Gem. § 613a Abs. 5 Nr. 3 BGB sind die betroffenen Arbeitnehmer allerdings über die Änderung des kündigungsschutzrechtlichen Status vom bisherigen Arbeitgeber oder dem neuen Betriebsinhaber zu unterrichten (*BAG* 15.2.2007 – 8 AZR 397/06, Rn 28 ff., m. Anm. *Melot de Beauregard* BB 2007, 1455; *Müller-Bonanni* RdA 2008, 114). § 323 Abs. 1 UmwG findet auch analog keine Anwendung (*BAG* 15.2.2007 – 8 AZR 397/06, Rn 50 mwN; AR-*Leschnig* § 23 KSchG Rn 14; aA *Buschmann* AuR 1996, 285; *Däubler* RdA 1995, 136). 76

g) § 323 Abs. 1 UmwG

77 Gem. **§ 322 Abs. 1 UmwG** wird die **kündigungsrechtliche Stellung** des Arbeitnehmers durch eine Spaltung oder Teilübertragung iSd Umwandlungsgesetzes **für die Dauer von zwei Jahren nicht verschlechtert.** Das gilt fraglos für den **Schwellenwert** des § 23 Abs. 1 S. 2 ff. KSchG. Wird also durch die Spaltung oder Teilübertragung der Betrieb so aufgespalten, dass der Arbeitnehmer sich danach in einem Betrieb wiederfindet, in dem der maßgebliche Schwellenwert gem. § 23 Abs. 2 S. 2 bis 4 KSchG nicht überschritten erreicht wird, während sein Betrieb zuvor den Schwellenwert überschritten hatte, behält er den allgemeinen Kündigungsschutz nach dem ersten Abschnitt des KSchG für weitere zwei Jahre (allg. Meinung: für alle APS-*Moll* § 23 KSchG Rn 65 mwN), soweit er ohne die Umwandlung fortbestanden hätte (AR-*Leschnig* § 23 KSchG Rn 13; HaKo-KSchR/*Pfeiffer* § 23 KSchG Rn 33; LSSW-*Löwisch* § 23 KSchG Rn 15). § 323 Abs. 2 UmwG beschränkt im Übrigen die Überprüfung der Betriebszuordnung bei namentlicher Zuordnung im Rahmen eines Interessenausgleichs (APS-*Moll* § 23 KSchG Rn 66). Zu der umstrittenen Frage, ob § 323 Abs. 1 UmwG auch für die Möglichkeit der **Weiterbeschäftigung** und die **Sozialauswahl** von Bedeutung ist, vgl. APS-*Moll* § 23 KSchG Rn 65 mwN zum Meinungsstand. Diese Frage ist zu verneinen, da sie lediglich indirekte Vorteile betrifft, die sich allein aus der tatsächlichen Situation im Ursprungsbetrieb ergeben haben (BAG 22.9.2005 – 6 AZR 526/04; ebenso APS-*Moll* § 23 KSchG Rn 65). Die kündigungsrechtliche Stellung des Arbeitnehmers ist auch nicht betroffen im Hinblick auf § 17 KSchG oder § 111 BetrVG (s. KR-*Treber*/*Schlünder* § 613a BGB).

h) Darlegungs- und Beweislast

aa) Allgemein

78 Die **Darlegungs- und Beweislast** für die **Anwendbarkeit des Ersten** und auch des **Zweiten Abschnitts des KSchG** trifft grds. den **Arbeitnehmer** (ErfK-*Kiel* § 23 KSchG Rn 13). Der Arbeitnehmer hat also darzulegen und erforderlichenfalls nachzuweisen, dass er in einem **Betrieb** oder einer **Verwaltung** iSd § 23 Abs. 1 S. 1 KSchG tätig ist (APS-*Moll* § 23 KSchG Rn 83; ErfK-*Kiel* § 23 KSchG Rn 13; *M. Neuhausen* S. 181). Dasselbe gilt für die Frage, ob mehrere Unternehmen einen **gemeinsam geführten Betrieb** iSd § 23 Abs. 2 S. 2 bzw. S. 3 KSchG bilden (APS-*Moll* § 23 KSchG Rn 85; ErfK-*Kiel* § 23 KSchG Rn 13). Doch dürfen dabei nach der zutreffenden Rspr. des BAG keine zu strengen Anforderungen gestellt werden (vgl. iE Rdn 83). Uneingeschränkt darlegungs- und beweispflichtig ist der **Arbeitnehmer** für das Vorliegen einer **arbeitsvertraglichen Vereinbarung**, durch die der allgemeine Kündigungsschutz auch auf einen Kleinbetrieb iSd § 23 Abs. 1 S. 2 bzw. S. 3 KSchG ausgedehnt wird (dazu Rdn 34).

bb) Ausnahmetatbestand Kleinbetrieb

79 Die **Beweislast** für den Tatbestand, dass die **Ausnahmeregelungen für Kleinbetriebe** gem. § 23 Abs. 1 S. 2 und 3 KSchG greifen, weil idR zehn bzw. fünf (vgl. Rdn 40 bis Rdn 47) oder weniger Arbeitnehmer ausschließlich der zu ihrer Berufsbildung Beschäftigten in dem Betrieb beschäftigt werden, trägt der **Arbeitgeber** (LAG Bln. 28.10.1994 – 6 Sa 95/94; LAG Bln.-Bra. 28.4.2016 – 10 Sa 887/15; LAG Hamm 6.2.2003 – 8 Sa 1614/02, m. zust. Anm. *Gravenhorst* LAGE § 23 KSchG Nr. 22; *Bader/Bram-Bader* Einf. Rn 83; GMP-*Prütting* § 58 ArbGG Rn 91; SPV-*Preis* Rn 864; LSSW-*Löwisch* § 23 KSchG Rn 32; *Ascheid* Beweislastfragen S. 48 f.; *Bader* NZA 1997, 905; *ders*. NZA 1999, 64; *Bepler* AuR 1997, 56; *Berkowsky* MDR 1998, 82; *ders*. DB 2009, 1126 ff.; *Gravenhorst* FA 2007, 201; *Lakies* NJ 1997, 121; *Mittag* AuR 2003, 394; *Müller* DB 2005, 2022; *M. Neuhausen* S. 176 ff.; *Reinecke* NZA 1989, 577; *Quecke* RdA 2004, 86, 105; **aA** insbes. st. Rspr. des BAG s. dazu weiter iE Rdn 82).

80 Diese Beweislastverteilung auf den Arbeitgeber folgt aus dem sprachlichen Aufbau des **Regel-Ausnahme-Schemas** in § 23 Abs. 1 S. 1 und 2 bzw. 3 KSchG (*M. Neuhausen* S. 177 ff.; *Reinecke* NZA 1989, 577; so auch die vergleichbare Regel bei der Berufung auf die als Ausnahme im

Arbeitsleben geltende Befristung von Arbeitsverhältnissen – dazu s. KR-*Lipke/Bubach* § 14 TzBfG Rdn 755). Nach der Grundregel gem. Satz 1 ist sodann in Satz 2 die Ausnahme »mit negativer Wendung formuliert, dass Teile des KSchG nicht gelten« (*Prütting* S. 327; grds. dazu a. *Prütting* RdA 1999, 107), wenn der Schwellenwert unterschritten wird. Der Ausnahmecharakter der Regelung gem. § 23 Abs. 1 S. 2 bzw. S. 3 wird im Übrigen durch die Rspr. des *BVerfG* (27.1.1998 – 1 BvL 15/87) zur Kleinbetriebsklausel verdeutlicht (*LAG Hamm* 6.2.2003 – 8 Sa 1614/02).

Zudem entspricht diese Beweislastverteilung dem **beweisrechtlichen Sphärendenken**, nachdem die Sachnähe des Arbeitgebers bzgl. der Tatsachen zur Gestaltung der Rechtsverhältnisse sowie der wöchentlichen und monatlichen Arbeitszeiten in seinem Betrieb seine Beweismöglichkeiten bedingen (vgl. *M. Neuhausen* S. 180 f.). In der Regel verfügt der Arbeitnehmer nicht über Detailkenntnisse über die betrieblichen Strukturen (vgl. hierzu Rdn 73 f.) und über die arbeitszeitrechtliche Gestaltung bei allen übrigen Arbeitnehmern. Dies gilt umso mehr, als mit der proportionalen Berücksichtigung Teilzeitbeschäftigter bei der Feststellung des Gesamtarbeitsvolumens (§ 23 Abs. 1 S. 4) arbeitnehmerseitig exakte Kenntnisse kaum noch erwartet werden können. Diese Beweislastverteilung auf den Arbeitgeber ist zusätzlich durch die mit Wirkung vom 1.1.2004 geltende Regelung für Arbeitnehmer, die bereits vor diesem Stichtag allgemeinen Kündigungsschutz beanspruchen konnten (vgl. Rdn 42 u. 43), zu begründen, weil exakte Kenntnisse insbes. nach gewisser Zeit über das im Betrieb verbliebene erforderliche Gesamtarbeitsvolumen unter Berücksichtigung von Teilzeitkräften nur in der Arbeitgebersphäre vorhanden sind (vgl. Rdn 47). Der Klarheit wegen ist an dieser Verteilung der Darlegungs- und Beweislast festzuhalten, auch wenn das Problem partiell durch das Arbeiten des BAG mit abgestufter Darlegungslast (dazu Rdn 82) entschärft wird (dazu auch ErfK-*Kiel* § 23 KSchG Rn 13; SPV-*Preis* Rn 865). Gelöst ist das Problem durch die abgestufte Darlegungslast nicht, da jedenfalls das Risiko des »non liquet« beim Arbeitnehmer bleibt (*M. Neuhausen* S. 180). 81

Nach der **Gegenmeinung (st. Rspr. des BAG**: etwa *BAG* 2.3.2017 – 2 AZR 427/16, Rn 12; 19.7.2016 – 2 AZR 468/15, Rn 13; 23.10.2008 – 2 AZR 131/07, Rn 29; 26.6.2008 – 2 AZR 264/07, Rn 17 ff.; 24.2.2005 – 2 AZR 373/03, Rn 22 f.; aus d. Lit. APS-*Moll* § 23 KSchG Rn 84 mwN; Bader/Bram-*Suckow* § 23 KSchG Rn 25; ErfK-*Kiel* § 23 KSchG Rn 13; HaKo-KSchR/ *Pfeiffer* § 23 KSchG Rn 40 f.; LKB-*Bayreuther* § 23 KSchG Rn 33; TLL-*Thüsing* § 23 KSchG Rn 28 f.; *Bender/Schmidt* NZA 2004, 358; *Krügermeyer-Kalthoff* MDR 2006, 130; *Zundel* NJW 2006, 3467), **gelten die Grundsätze der abgestuften Darlegungslast**. Angesichts der Sachnähe des Arbeitgebers zum Umfang und zur Struktur der Mitarbeiterschaft und ihrer arbeitsvertraglichen Vereinbarungen treffe den Arbeitnehmer zunächst nur eine Darlegungslast, auf die der Arbeitgeber nach Maßgabe des § 138 Abs. 2 ZPO zu erwidern habe. Allerdings dürften angesichts des Stellenwerts der Grundrechte (hier: Art. 12 GG) auch bzgl. der Darlegungs- und Beweislastverteilung **keine unzumutbar strengen Anforderungen** gestellt werden (grundlegend *BAG* 24.2.2005 – 2 AZR 373/03, Rn 21 f.; *LAG RhPf* 9.12.2011 – 9 Sa 512/11). Der Fall des »non liquet« geht nach der Rspr. des BAG zu Lasten des Arbeitnehmers (APS-*Moll* § 23 KSchG Rn 84; dazu a. Rdn 84). **Im Einzelnen folgt aus der Rspr. des BAG** (dazu a. *Schrader* NZA 2000, 401): Der Arbeitnehmer muss regelmäßig zumindest – ggf. durch konkrete Beschreibung der Person – angeben, welche mehr als fünf bzw. zehn Arbeitnehmer zum Kündigungszeitpunkt im Betrieb beschäftigt sind. Eine bloße Behauptung einer bestimmten Zahl kann allenfalls ausnahmsweise ausreichen, wenn der Arbeitnehmer tatsächlich über keine eigenen hinreichenden Kenntnismöglichkeiten verfügt (ErfK-*Kiel* 18. Aufl. § 23 KSchG Rn 21). Dabei ist der Arbeitnehmer aber nicht zu außergerichtlichen Nachfragen bei potentiellen Zeugen verpflichtet (ErfK-*Kiel* 18. Aufl. § 23 KSchG Rn 21). Liegt ausreichender Vortrag des Arbeitnehmers vor, ist es Sache des Arbeitgebers substantiiert zu erwidern und iE darzulegen (ggf. unter vorsorglichem Beweisantritt [ErfK-*Kiel* 18. Aufl. § 23 KSchG Rn 21], worauf der Arbeitnehmer dann ggf. zurückgreifen kann), dass bzw. in welchen Punkten der Arbeitnehmervortrag nichtzutreffend ist (*BAG* 23.10.2008 – 2 AZR 131/07, Rn 30; 26.6.2008 – 2 AZR 264/07, Rn 17; 26.6.2008 – 2 AZR 264/07, Rn 18; s.a. *BAG* 17.1.2008 – 2 AZR 512/06, Rn 23). Geht es um schwankende Zahlen von Beschäftigten, gilt: Sind im Kündigungszeitpunkt mehr als fünf bzw. zehn Arbeitnehmer tätig und ist dies unstreitig oder vom Arbeitnehmer substantiiert 82 dargelegt worden, erfordert es der Grundsatz der abgestuften Darlegungslast, dass nunmehr der sachnähere Arbeitgeber erwidern und dazu die Tatsachen und Umstände substantiiert darlegen muss, aus denen sich ergeben soll, dass dieses Ergebnis zufällig ist und regelmäßig – bezogen auf die Vergangenheit und vor allem für die Zukunft – weniger Beschäftigte im Betrieb tätig waren bzw. wieder sein werden. Zu einem entsprechenden substantiierten Sachvortrag des Arbeitgebers im Rahmen einer abgestuften Darlegungslast gehört dabei insbes. eine Darstellung über das – zukünftige – betriebliche Beschäftigungskonzept (*BAG* 24.2.2005 – 2 AZR 373/03, Rn 23). Entsprechendes zur abgestuften Darlegungslast gilt nach dem BAG hinsichtlich des **Eingreifens der Besitzstandsregelung in Abs. 1 S. 2** (*BAG* 23.5.2013 – 2 AZR 54/12, Rn 35; DDZ-*Deinert* § 23 KSchG Rn 50). Danach genügt der Arbeitnehmer seiner Darlegungslast zunächst, wenn er schlüssige Anhaltspunkte für die erforderliche Zahl von Alt-Arbeitnehmern vorträgt.

83 Die **Darlegungs- und Beweislast** für einen **Gemeinschaftsbetrieb** mehrerer Unternehmen iSv § 23 Abs. 1 S. 2 bzw. S. 3 KSchG hat der Arbeitnehmer darzulegen und ggf. zu beweisen (*BAG* 10.4.2014 – 2 AZR 647/13, Rn 31; 24.10.2013 – 2 AZR 1057/12, Rn 52; 24.5.2012 – 2 AZR 62/11, Rn 21; *Prütting* S. 328; *Reinecke* NZA 1989, 577; *Schmädicke/Glaser/Altmüller* NZA-RR 2005, 393; LSSW-*Löwisch* § 23 KSchG Rn 32). Da der Arbeitnehmer jedoch idR keine oder nur ungenaue Kenntnisse vom Inhalt der zwischen den beteiligten Unternehmen getroffenen vertraglichen Vereinbarungen hat, dürfen insoweit **keine strengen Anforderungen an seine Darlegungslast** gestellt werden. Es gilt auch hier nach der Rechtsprechung des BAG eine **abgestufte Darlegungslast**. Ausreichend ist die schlüssige Darlegung der Umstände für die Annahme eines gemeinsamen Betriebes unter einheitlicher Leitung anhand von Merkmalen wie der gemeinsamen Nutzung der technischen und immateriellen Betriebsmittel, der gemeinsamen räumlichen Unterbringung, der personellen, technischen und organisatorischen Verknüpfung der Arbeitsabläufe, einer unternehmensübergreifenden Leitungsstruktur zur Durchführung der arbeitstechnischen Zwecke, insbes. zur Wahrnehmung der sich aus dem Direktionsrecht des Arbeitgebers ergebenden Weisungsbefugnisse. Wurden derartige Umstände vom Arbeitnehmer schlüssig dargelegt, so hat der Arbeitgeber hierauf gem. § 138 Abs. 2 ZPO im Einzelnen zu erwidern, welche rechtserheblichen Umstände (zB vertragliche Vereinbarungen) gegen die Annahme eines einheitlichen Betriebes sprechen (so zutr. bereits *BAG* 18.1.1990 – 2 AZR 355/89; weitergeführt etwa in *BAG* 10.4.2014 – 2 AZR 647/13, Rn 31 mwN).

84 Erforderlichenfalls wird das **Gericht** den Arbeitnehmer auf die nach Auffassung des BAG geltenden Grundsätze der abgestuften Darlegungslast und darauf, dass sich der Arbeitnehmer der vom sekundär darlegungspflichtigen Arbeitgeber benannten Beweismittel bedienen kann, gem. **§ 139 ZPO hinzuweisen** haben (s. *BAG* 26.6.2008 – 2 AZR 264/07, Rn 28; ErfK-*Kiel* § 23 KSchG Rn 13). Ein »non liquet« wird man nur dann annehmen dürfen, wenn es trotz ordnungsgemäßer Hinweise und etwaiger entsprechender Auflagen verblieben ist (ErfK-*Kiel* § 23 KSchG Rn 13 mwN).

i) Kündigungsschutz in Kleinbetrieben unterhalb des Schwellenwertes

85 Die Ausnahmeregelung für Kleinbetriebe erstreckt sich auf den Ersten Abschnitt des KSchG mit Ausnahme der §§ 4 bis 7 und des § 13 Abs. 1 S. 1 und 2. In Betrieben mit einer Beschäftigtenzahl, die unterhalb des Schwellenwertes liegt, müssen bei der arbeitgeberseitigen Kündigung insbes. die Voraussetzungen zur sozialen Rechtfertigung gem. § 1 Abs. 2 und 3 nicht vorliegen. Zu beachten ist von Arbeitnehmern, die **in Kleinbetrieben** beschäftigt sind, die **dreiwöchige Klagefrist** (vgl. dazu die Kommentierungen zu §§ 4 und § 13 KSchG) für die Geltendmachung (nahezu) **aller** Fälle der Rechtsunwirksamkeit einer schriftlichen Arbeitgeberkündigung, also auch wegen Verstoßes gegen die §§ 138, 242 BGB oder wegen Diskriminierung.

86 Wenn de lege lata Kleinbetriebe iSd § 23 Abs. 1 S. 2 und 3 vom Geltungsbereich insbes. des § 1 KSchG ausgenommen sind, können Arbeitnehmer aus Kleinbetrieben nach der Rspr. des BVerfG dennoch den »**verfassungsrechtlich gebotenen Mindestschutz** des Arbeitsplatzes vor Verlust durch private Disposition« in Anspruch nehmen: »Wo Bestimmungen des KSchG nicht greifen, sind die Arbeitnehmer durch die zivilrechtlichen Generalklauseln vor einer sitten- oder treuwidrigen Ausübung des Kündigungsrechts des Arbeitgebers geschützt« (*BVerfG* 27.1.1998 – 1 BvL 15/87).

In dieser Entscheidung zur Verfassungsmäßigkeit der Kleinbetriebsklausel (vgl. Rdn 17) hat das BVerfG eine Kombination aus Elementen zivilrechtlicher Generalklauseln und von Teilen der Erfordernisse der sozialen Rechtfertigung gem. § 1 Abs. 2 und 3 KSchG als Maßstab zur Begrenzung der Kündigungsfreiheit des Arbeitgebers in Kleinbetrieben gesetzt. Als Begründung wird in dieser Entscheidung darauf verwiesen, Arbeitnehmer seien vor willkürlichen oder auf sachfremden Motiven beruhenden Kündigungen zu schützen. Im Wesentlichen wird auf die zivilrechtlichen Generalklauseln zur **sitten-** (ausf. KR-*Treber/Rennpferdt* § 13 KSchG Rdn 40 ff.) und **treuwidrigen** (KR-*Lipke/Schlünder* § 242 BGB) Ausübung des Kündigungsrechts und das aus dem Verfassungsrecht abgeleitete »**gewisse Maß an sozialer Rücksichtnahme**« abgestellt. Allerdings darf dieser durch die zivilrechtlichen Generalklauseln »vermittelte« Schutz nicht dazu führen, dass dem Kleinunternehmer praktisch die im KSchG vorgesehenen Maßstäbe der Sozialwidrigkeit auferlegt werden. Der Bestandsschutz zugunsten der Arbeitnehmer wirkt »um so schwächer, je stärker die mit der Kleinbetriebsklausel geschützten Grundrechtspositionen des Arbeitgebers im Einzelfall betroffen sind« (*BVerfG* 27.1.1998 – 1 BvL 15/87). Insofern sind diesen Erwägungen nach Gesetzeszweck und -systematik des Kündigungsschutzrechts enge Grenzen gesetzt (so im Ergebnis auch *Bader* NZA 1996, 1125; *Löwisch* BB 1997, 782; LSSW-*Löwisch* § 23 KSchG Rn 33 ff.). Wie weit der Schutz der Arbeitnehmer anhand dieser Maßstäbe im Einzelnen geht, hat das BVerfG ausdrücklich der Entscheidungspraxis der Arbeitsgerichte überlassen. Das BAG hat diese Maßstäbe in einer ersten Grundsatzentscheidung dazu aufgegriffen (*BAG* 21.2.2001 – 2 AZR 15/00, mwN; zust. Anm. *Oetker* EzA § 242 BGB Kündigung Nr. 1; Anm. *v. Hoyningen-Huene* SAE 2001, 324; zust. *Otto* RdA 2002, 103; *Dieterich* AR-Blattei ES 1020 Nr. 361; *Holtkamp* AuA 2001, 472; dagegen *Annuß* BB 2001, 1898; *Richardi/Kortstock* Anm. zu AP § 242 BGB Kündigung Nr. 12; vgl. dazu auch die Diss. von *Braun* 2001, *K. Gamillscheg* 2000, *Krenz* 2000 u. *Stelljes* 2002). Diese Rspr. ist in der Folgezeit fortgeführt worden und in den nachfolgenden Ausführungen aufgegriffen (weiter zB *BAG* 28.10.2010 – 2 AZR 392/08).

Neben §§ 138, 242 BGB (s. ausf. KR-*Treber/Rennpferdt* § 13 KSchG Rdn 40 ff. sowie KR-*Lipke/Schlünder* Kommentierung zu § 242 BGB) kann sich die Unwirksamkeit einer Kündigung außerhalb des Geltungsbereichs des KSchG auch aus dem Aspekt der **Diskriminierung** ergeben. Das BAG hat sich zu Recht auf den Standpunkt gestellt, dass eine **ordentliche Kündigung**, die einen Arbeitnehmer, auf das Kündigungsschutzgesetz (noch) keine Anwendung findet, aus einem der in § 1 AGG genannten Gründen **diskriminiert, nach § 134 BGB iVm § 7 Abs. 1, §§ 1, 3 AGG unwirksam** ist (*BAG* 23.7.2015 – 6 AZR 457/14, Rn 23; 19.12.2013 – 6 AZR 190/12, Rn 14; ebenso *Sächs. LAG* 9.5.2014 – 3 Sa 695/13). § 2 Abs. 4 AGG steht dem nicht entgegen. Denn der Diskriminierungsschutz des AGG geht den Generalklauseln der §§ 138, 242 BGB vor und verdrängt sie; ordentliche Kündigungen während der Wartezeit des § 1 Abs. 1 KSchG und in Kleinbetrieben sind deshalb unmittelbar am Maßstab des Allgemeinen Gleichbehandlungsgesetzes und nicht an den Generalklauseln zu messen (grundlegend *BAG* 19.12.2013 – 6 AZR 190/12, Rn 14 ff. unter ausf. Auseinandersetzung mit den Auffassungen zum Stellenwert des § 2 Abs. 4 AGG). Diese Rechtsfolge ergibt sich freilich nicht unmittelbar aus dem AGG, sondern aus § 134 BGB (*BAG* 19.12.2013 – 6 AZR 190/12, Rn 14; s.a. *Düwell* jurisPR-ArbR 47/2006 Anm. 6). Hinsichtlich der weiteren Einzelheiten zur Bedeutung des AGG für den Bestandsschutz s. KR-*Treber/Plum* Kommentierung zum AGG. 87

Soweit für besonders sozial schutzbedürftige Arbeitnehmer ein **besonderer Kündigungsschutz** besteht (zB gem. § 168 SGB IX; § 17 MuSchG; § 18 BEEG), gilt dieser auch für Arbeitnehmer in Kleinbetrieben. **§ 102 BetrVG** gelangt in solchen Kleinbetrieben zur Anwendung, in denen idR mindestens fünf ständige wahlberechtigte Arbeitnehmer einschließlich der zu ihrer Berufsbildung Beschäftigten tätig sind, von denen drei wahlberechtigt sind (vgl. §§ 1, 5 BetrVG), und in denen ein Betriebsobmann gewählt ist. Eine ohne Anhörung des Betriebsobmannes erklärte Kündigung ist daher gem. § 102 Abs. 1 S. 3 BetrVG unwirksam. 88

Der **Zweite Abschnitt** des Gesetzes gilt auch für die nach § 1 BetrVG **betriebsratsfähigen Kleinbetriebe** (allg. Ansicht: etwa APS-*Moll* § 23 KSchG Rn 7; ErfK-*Kiel* § 23 KSchG Rn 10; DDZ-*Deinert* § 23 Rn 16). Es handelt sich hierbei um Betriebe mit idR mindestens fünf ständigen 89

§ 23 KSchG   Geltungsbereich

wahlberechtigten Arbeitnehmern, von denen drei wählbar sein müssen (zum Begriff des ständig beschäftigten Arbeitnehmers vgl. die Kommentierungen zu § 1 BetrVG), wobei dann der Betriebsrat aus einer Person besteht (§ 9 BetrVG), dem Betriebsobmann. Als Arbeitnehmer iSd BetrVG sind dabei auch die zu ihrer Berufsbildung Beschäftigten (vgl. § 5 Abs. 1 S. 1 BetrVG) anzusehen. Der besondere Kündigungsschutz für betriebsverfassungsrechtliche Mandatsträger (§§ 15, 16 KSchG) gilt mithin insbes. auch für die in betriebsratsfähigen Kleinbetrieben (§ 1 BetrVG) beschäftigten Betriebsobmänner und Wahlbewerber (nicht aber Bewerber für das Amt des Wahlvorstands: *BAG* 31.7.2014 – 2 AZR 505/13, Rn 18).

D. Geltungsbereich des Dritten Abschnitts des Gesetzes

90 Die Bestimmung des § 23 Abs. 2 KSchG enthält – unabhängig von der Geltung des Ersten und Zweiten Abschnitts (APS-*Moll* § 23 KSchG Rn 79) – nur eine **unvollständige Regelung** des **betrieblichen** Geltungsbereichs hinsichtlich des Dritten Abschnitts des Gesetzes (**anzeigepflichtige Entlassungen**). Weitere Vorschriften über den betrieblichen Geltungsbereich des Gesetzes insoweit sind in §§ 17 Abs. 1 und 22 KSchG enthalten.

I. Einbezogene Betriebe und Verwaltungen

91 Einbezogen in den betrieblichen Geltungsbereich des Dritten Abschnitts des Gesetzes sind nach § 23 Abs. 2 S. 1 BetrVG **Betriebe** (vgl. zum Begriff KR-*Weigand/Heinkel* § 17 KSchG Rdn 29 ff.; hier gilt der betriebsverfassungsrechtliche Betriebsbegriff: s. *BAG* 15.12.2011 – 8 AZR 692/10, Rn 36) und **Verwaltungen** des **privaten Rechts** (vgl. zum Begriff Rdn 35 ff. u. Rdn 12). Im Unterschied zu § 23 Abs. 1 S. 1 KSchG gelten die Bestimmungen des Dritten Abschnitts des Gesetzes damit nicht für den gesamten öffentlichen Dienst (APS-*Moll* § 23 KSchG Rn 79; unanwendbar ist der Dritte Abschnitt also insbes. für die eigentliche hoheitliche Verwaltung und die weiten Bereiche der Kultur und der Daseinsvorsorge – s. dazu Rdn 97), sondern ausschließlich für solche **öffentliche Betriebe** (korrekt: Betriebe, die von einer öffentlichen Verwaltung geführt werden), die **wirtschaftliche** Zwecke verfolgen (vgl. auch KR-*Weigand/Heinkel* § 17 KSchG Rdn 42) – damit soll die öffentliche Verwaltung nicht anders behandelt werden als die Privatwirtschaft (*BAG* 15.12.2016 – 2 AZR 867/15, Rn 25). Es handelt sich hierbei insbes. um die sog. Eigen- oder Regiebetriebe der öffentlichen Hand (zB Gas-, Wasser- und Elektrizitätswerke, Verkehrsbetriebe, Sportstätten, Stadthallen, Sparkassen, Hotels, Müllabfuhrbetriebe und Hafenbetriebe). Die Ansicht, dass auch die in Form einer selbständigen juristischen Person (zB AG, GmbH) betriebenen öffentlichen Betriebe den Vorschriften des Dritten Abschnitts des Gesetzes unterliegen, sofern sie wirtschaftliche Zwecke verfolgten (etwa *Denecke* RdA 1955, 404) ist abzulehnen, da juristische Personen des Privatrechts bereits als Betriebe und Verwaltungen des privaten Rechts von § 23 Abs. 2 S. 1 erfasst werden, ohne dass es auf das Zusatzkriterium der Verfolgung wirtschaftlicher Zwecke ankäme (ebenso *Bader/Bram-Suckow* § 23 KSchG Rn 44; HWK-*Quecke* § 23 KSchG Rn 19; LSSW-*Löwisch* § 23 KSchG Rn 51; APS-*Moll* § 23 KSchG Rn 79; aA ErfK-*Kiel* § 23 KSchG Rn 12, unter Berufung auf *BAG* 24.8.2006 – 8 AZR 317/05). Die Verfolgung eines wirtschaftlichen Zwecks setzt voraus, dass die öffentliche Verwaltung sich wie ein privatwirtschaftlich geführter Betrieb am Wirtschaftsleben beteiligt, wobei es allerdings rechtlich ohne Belang ist, ob sie dabei in Gewinnerzielungsabsicht handelt oder nicht (ErfK-*Kiel* § 23 KSchG Rn 12). Liegt ein öffentlicher Betrieb vor, verfolgt er aber keine wirtschaftlichen Zwecke (etwa Kindererziehung), ist der Dritte Abschnitt des KSchG nicht anwendbar (*BAG* 6.7.2006 – 2 AZR 442/05, worin aber auch der Aspekt der Gewinnerzielung angesprochen ist; s. weiter Rdn 97).

92 Zu den öffentlichen Betrieben mit wirtschaftlicher Zwecksetzung iSv § 23 Abs. 2 S. 1 zählen auch Betriebe von **Stationierungsstreitkräften**, soweit sie – etwa als Wäschereien oder chemische Reinigungen – Dienstleistungen für die Angehörigen der Streitkräfte erbringen (*BAG* 21.5.1970 – 2 AZR 294/69). Anders ist es zu sehen, wenn zB durch eine Druckerei Leistungen ausschließlich für den internen Bereich der Streitkräfte erbracht werden, mit interner Verrechnung (*BAG* 22.9.2005 – 2

AZR 544/04; s.a. *BAG* 15.12.2016 – 2 AZR 867/15, Rn 30). Es ist also jeweils exakt zu prüfen, ob wirklich wie vom Gesetz gefordert eine Beteiligung am Wirtschaftsleben erfolgt.

Die in § 23 Abs. 2 S. 1 KSchG bezeichneten Betriebe und Verwaltungen fallen aber nur dann unter die Vorschriften des Dritten Abschnitts des Gesetzes, wenn in ihnen idR mehr als 20 Arbeitnehmer beschäftigt werden (§ 17 Abs. 1 S. 1 Nr. 1 KSchG). Auf § 323 Abs. 1 UmwG kommt es in diesem Zusammenhang nicht an (APS-*Moll* § 23 KSchG Rn 80). 93

Die in § 17 Abs. 1 S. 1 Nr. 1 KSchG genannte **gesetzliche Mindestbeschäftigtenzahl** galt auch schon bisher für die **Landbetriebe** der **Seeschifffahrt**, die dem Dritten Abschnitt als Betriebe des privaten Rechts unterfielen. Es handelt sich hierbei insbes. um die Verwaltungen dieser Unternehmen, Reparatur- und Wartungsbetriebe (zB Docks), Werften sowie Lagerhäuser. Da die Ausnahmeregelung des § 23 Abs. 2 S. 2 KSchG jedoch entfallen ist (Rdn 9), kommt es auf diese Abgrenzung insoweit nicht mehr an. 94

II. Ausgenommene Betriebe und Verwaltungen

Vom betrieblichen Geltungsbereich des Dritten Abschnitts des Gesetzes **ausgenommen** sind alle **Kleinbetriebe**, in denen idR weniger als 20 Arbeitnehmer beschäftigt werden (vgl. KR-*Weigand/Heinkel* § 17 KSchG Rdn 40; hier Rdn 93). 95

Auf **Saison-** und **Kampagne-Betriebe** finden gem. § 22 Abs. 1 KSchG die Bestimmungen des Dritten Abschnitts des Gesetzes bei Entlassungen dann keine Anwendung, wenn diese durch die Eigenart der Betriebe bedingt sind (vgl. iE KR-*Weigand/Heinkel* § 22 KSchG Rdn 9 ff.; APS-*Moll* § 23 KSchG Rn 81). 96

Öffentliche Betriebe, die **keine wirtschaftlichen Zwecke** verfolgen, unterliegen nach § 23 Abs. 2 S. 1 KSchG ebenfalls nicht den Vorschriften des Dritten Abschnitts des Gesetzes. Hierzu zählen speziell sämtliche öffentliche Einrichtungen mit rein ideeller (insbes. kultureller oder karitativer) Zielsetzung (zB Kindergärten [vgl. dazu *BAG* 6.7.2006 – 2 AZR 442/05], beschützende Werkstätten, Forschungs- und Kunstinstitute, Einrichtungen der Wohlfahrtspflege sowie Museen). Ebenso zählt dazu eine GmbH, deren Alleingesellschafterin die Bundesrepublik Deutschland ist und die als Verwaltungshelferin bei der Erfüllung staatlicher Aufgaben tätig wird (*LAG Bln.* 27.5.2005 – 6 Sa 1499/04). Die öffentlichen Versorgungsbetriebe sind demgegenüber in den betrieblichen Geltungsbereich des Dritten Abschnitts einbezogen (Rdn 91; vgl. LSSW-*Löwisch* § 23 KSchG Rn 43). Die eigentliche hoheitliche Verwaltung zählt ohnehin nicht zu den öffentlichen Betrieben (vgl. Rdn 36 u. Rdn 91). Zum hoheitlichen Bereich zählen auch die Sozialversicherungsträger, die gem. § 29 Abs. 1 SGB IV rechtsfähige Körperschaften des öffentlichen Rechts mit Selbstverwaltung sind – in dieser allen in §§ 19 ff. SGB IV genannten Sozialversicherungsträgern gemeinsamen Organisationsform erfüllen sie teils hoheitliche, teils im Gemeininteresse liegende Aufgaben (s.a. LSSW-*Löwisch* § 23 KSchG Rn 43). Dasselbe gilt für Schulen und Universitäten (LSSW-*Löwisch* § 23 KSchG Rn 43). 97

Nicht in die Geltung des Dritten Abschnitts des Gesetzes fielen bislang gem. § 23 Abs. 2 S. 2 KSchG **Seeschiffe** und ihre **Besatzung**. Diese Ausnahmeregelung hatte ihren Vorläufer in § 4 Abs. 3 AOG, wonach die Besatzungen der Seeschiffe, Binnenschiffe und Luftfahrzeuge in vollem Umfang vom Kündigungsschutz ausgenommen waren. Die Landbetriebe der Seeschifffahrtsunternehmen waren von dieser Ausnahmeregelung nicht betroffen (vgl. auch Rdn 94). Die Ausklammerung der **Binnenschiffe** und **Luftfahrzeuge** aus dem Geltungsbereich des Dritten Abschnitts des KSchG war bereits durch Art. 1 Nr. 4 des »Zweiten Gesetzes zur Änderung des KSchG« vom 27.4.1978 (BGBl. I S. 550) beseitigt worden. Nun ist auch § 23 Abs. 2 S. 2 gestrichen worden (Rdn 9; vgl. weiter KR-*Bader/Kreutzberg-Kowalczyk* § 24 KSchG Rdn 42 f.). 98

§ 24 KSchG Anwendung des Gesetzes auf Betriebe der Schifffahrt und des Luftverkehrs

(1) Die Vorschriften des Ersten und Zweiten Abschnitts finden nach Maßgabe der Absätze 2 bis 4 auf Arbeitsverhältnisse der Besatzung von Seeschiffen, Binnenschiffen und Luftfahrzeugen Anwendung.

(2) Als Betrieb im Sinne dieses Gesetzes gilt jeweils die Gesamtheit der Seeschiffe oder der Binnenschiffe eines Schifffahrtsbetriebs oder der Luftfahrzeuge eines Luftverkehrsbetriebs.

(3) Dauert die erste Reise eines Besatzungsmitglieds eines Seeschiffes oder eines Binnenschiffes länger als sechs Monate, so verlängert sich die Sechsmonatsfrist des § 1 Absatz 1 bis drei Tage nach Beendigung dieser Reise.

(4) ¹Die Klage nach § 4 ist binnen drei Wochen zu erheben, nachdem die Kündigung dem Besatzungsmitglied an Land zugegangen ist. ²Geht dem Besatzungsmitglied eines Seeschiffes oder eines Binnenschiffes die Kündigung während der Fahrt des Schiffes zu, ist die Klage innerhalb von sechs Wochen nach dem Dienstende an Bord zu erheben. ³Geht dem Besatzungsmitglied eines Seeschiffes die Kündigung während einer Gefangenschaft aufgrund von seeräuberischen Handlungen oder bewaffneten Raubüberfällen auf Schiffe im Sinne von § 2 Nummer 11 oder 12 des Seearbeitsgesetzes zu oder gerät das Besatzungsmitglied während des Laufs der Frist nach Satz 1 oder 2 in eine solche Gefangenschaft, ist die Klage innerhalb von sechs Wochen nach der Freilassung des Besatzungsmitglieds zu erheben; nimmt das Besatzungsmitglied nach der Freilassung den Dienst an Bord wieder auf, beginnt die Frist mit dem Dienstende an Bord. ⁴An die Stelle der Dreiwochenfrist in § 5 Absatz 1 und § 6 treten die hier in den Sätzen 1 bis 3 genannten Fristen.

(5) ¹Die Vorschriften des Dritten Abschnitts finden nach Maßgabe der folgenden Sätze Anwendung auf die Besatzungen von Seeschiffen. ²Bei Schiffen nach § 114 Absatz 4 Satz 1 des Betriebsverfassungsgesetzes tritt, soweit sie nicht als Teil des Landbetriebs gelten, an die Stelle des Betriebsrats der Seebetriebsrat. ³Betrifft eine anzeigepflichtige Entlassung die Besatzung eines Seeschiffes, welches unter der Flagge eines anderen Mitgliedstaates der Europäischen Union fährt, so ist die Anzeige an die Behörde des Staates zu richten, unter dessen Flagge das Schiff fährt.

Übersicht	Rdn		Rdn
A. Entstehungsgeschichte	1	I. Verlängerung der sechsmonatigen Wartezeit des § 1 Abs. 1 KSchG (§ 24 Abs. 3 KSchG)	26
B. Sinn und Zweck der Regelung	8		
C. Geltungsbereich des Ersten und Zweiten Abschnitts des Gesetzes (§ 24 Abs. 1 KSchG)	11	II. Klagefrist (§ 24 Abs. 4 KSchG)	31
I. Persönlicher Geltungsbereich	11	III. Zuständigkeit	40
II. Betrieblicher Geltungsbereich (§ 24 Abs. 2 KSchG)	18	IV. Kündigungsschutz für Kapitäne und übrige leitende Angestellte	41
III. Gegenständlicher Geltungsbereich	24	E. Geltungsbereich des Dritten Abschnitts des Gesetzes (Abs. 5)	42
D. Besonderheiten bei der Anwendung des Ersten und Zweiten Abschnitts des Gesetzes	26		

A. Entstehungsgeschichte

1 Das **BRG 1920** erstreckte sich nicht auf Besatzungen von Seeschiffen, Binnenschiffen und Luftfahrzeugen. Diese Regelung wurde durch § 4 Abs. 3 AOG übernommen. Durch die 22. DVO zum AOG vom 30.3.1943 (RGBl. I S. 174) wurden lediglich die Besatzungen der Binnenschiffe in den Kündigungsschutz einbezogen. Die Landbetriebe der Schifffahrt und des Luftverkehrs unterlagen demgegenüber in vollem Umfang dem Kündigungsschutz.

Das **KSchG 1951** beseitigte mit dem seinerzeitigen § 22 diese Ungleichbehandlung, indem es den Ersten und Zweiten Abschnitt des Gesetzes grds. auch für die Besatzungen von Seeschiffen, Binnenschiffen und Luftfahrzeugen für anwendbar erklärte. Um den besonderen Verhältnissen der Schifffahrt und des Luftverkehrs Rechnung zu tragen, enthielt § 22 KSchG 1951 Sonderregelungen hinsichtlich der Wartefrist des § 1 Abs. 1 KSchG sowie der Klagefrist des § 3 KSchG 1951. In Abweichung zu § 12 KSchG 1951 sah § 22 Abs. 5 KSchG eine Anwendung des Ersten Abschnitts des Gesetzes auf Kapitäne und sonstige leitende Angestellte iSd § 12 KSchG 1951 vor. Die Einbeziehung dieser Arbeitnehmergruppe ging auf den übereinstimmenden Wunsch der Spitzen- und Fachverbände der Schifffahrt und der Luftfahrt zurück (vgl. Amtl. Begr. RdA 1951, 65). Das KSchG 1951 hielt dagegen insofern an der alten Rechtslage fest, als es die Vorschriften des Dritten Abschnitts des Gesetzes für Besatzungen der Seeschiffe, Binnenschiffe und Luftfahrzeuge für unanwendbar erklärte (§ 21 Abs. 2 S. 2 KSchG 1951). 2

Durch das Erste Arbeitsrechtsbereinigungsgesetz vom 14.8.1969 (BGBl. I S. 1106) trat sachlich keine Änderung des früheren § 22 KSchG 1951 ein. Die Norm wurde als **§ 24 KSchG** weitergeführt, wobei die Absätze 3 und 4 redaktionell der Neufassung des § 4 KSchG angepasst wurden. Übersehen wurde hierbei, die Bestimmung des § 24 Abs. 5 KSchG an die Neufassung des § 14 KSchG anzupassen. 3

Mit Wirkung vom **1.8.2013** ist **§ 24 KSchG neu gefasst** worden, durch Art. 3 Abs. 2 des Gesetzes zur Umsetzung des Seearbeitsübereinkommens 2006 der Internationalen Arbeitsorganisation vom 20.4.2013 (BGBl. I S. 868), das mit dem 1.8.2013 das Seemannsgesetz außer Kraft gesetzt (Art. 7 Abs. 4 des Gesetzes) und durch das in Art. 1 des Gesetzes enthaltene **Seearbeitsgesetz** (SeeArbG) abgelöst hat. Für die Kündigung und sonstige Beendigung des Heuerverhältnisses (§ 28 SeeArbG: Heuervertrag) gelten gem. §§ 65 ff. SeeArbG Spezialbestimmungen (dazu s. *Weigand* SeeArbG; *Bader/Bram-Bader* § 622 BGB Rn 105 ff.; *Bader/Bram-Kreutzberg-Kowalczyk* § 626 BGB Rn 12 ff.). 4

Mit der Neufassung des § 24 sind die **früheren Regelungen** in Abs. 4 (**Zuständigkeit** – dazu *Bader* KR 10. Aufl., § 24 KSchG Rn 31 f.; zur geschichtlichen Entwicklung *Dersch/Volkmar* § 2 Rn 154) u. in Abs. 5 (betreffend **Kapitäne und übrige leitende Angestellte**) ersatzlos **entfallen**. Der Zweck von Abs. 5 hatte ursprünglich darin bestanden, in Abweichung von der Regelung des § 12 Buchst. c KSchG 1951 Kapitäne und die übrigen leitenden Angestellten der Besatzung in den persönlichen Geltungsbereich des Ersten Abschnitts des Gesetzes einzubeziehen (s.a. Rdn 2). Mit der durch das Erste Arbeitsrechtsbereinigungsgesetz vom 14.8.1969 (BGBl. I S. 1106) erfolgten Neufassung des § 14 Abs. 2 KSchG, wonach sämtliche leitende Angestellte mit den in dieser Bestimmung genannten Besonderheiten in den persönlichen Geltungsbereich des Ersten Abschnitts des Gesetzes einbezogen worden sind, hatte Abs. 5 seine ursprüngliche Bedeutung verloren. 5

Art. 4 des Gesetzes zur Verbesserung der Leistungen bei Renten wegen verminderter Erwerbsfähigkeit und zur Änderung anderer Gesetze – EM-Leistungsverbesserungsgesetz – vom 17.7.2017 (BGBl. I S. 2509) hat mit Wirkung v. 10.10.2017 (Art. 8 Nr. 2 des Gesetzes vom 17.7.2017) dem § 24 einen neuen Abs. 5 angefügt. Damit werden nun Regelungen für die Anwendung des Dritten Abschnitts auf **Besatzungen von Seeschiffen** getroffen, die bisherige Ausnahmebestimmung des § 23 Abs. 2 S. 2 KSchG ist entfallen (KR-*Bader/Kreutzberg-Kowalczyk* § 23 KSchG Rdn 9). Abs. 5 S. 3 setzt die Vorgabe des Art. 4 Nr. 2 der EU-Richtlinie 2015/1794 (dazu KR-*Bader/Kreutzberg-Kowalczyk* § 23 KSchG Rdn 9) um, entsprechend der Rechtsetzungskompetenz der EU beschränkt auf EU-Mitgliedstaaten (BR-Drs. 156/17 S. 21). 6

Durch Art. 2 Nr. 1 und 2 des Vierten Gesetzes zur Änderung des Seearbeitsgesetzes und anderer Gesetze vom 14. Oktober 2020 (BGBl. I S. 2112, 2878), das durch Artikel 12f des Gesetzes vom 11. Februar 2021 (BGBl. I S. 154) geändert worden ist (**SeeArbGÄndG** 4), ist der 4. Absatz des § 24 KSchG mit Wirkung zum 26.12.2020 um einen neuen 3. Satz ergänzt worden. Satz 3 wurde zu Satz 4 umnummeriert und sprachlich angepasst (s. Rdn 37). 7

B. Sinn und Zweck der Regelung

8 Die Hauptzielsetzung der Regelung besteht in einer Beseitigung der historisch bedingten Ausklammerung der Besatzungen von Seeschiffen, Binnenschiffen und Luftfahrzeugen aus dem Geltungsbereich des Kündigungsschutzrechts (dazu KR-*Bader/Kreutzberg-Kowalczyk* § 23 KSchG Rdn 98). Das Schutzbedürfnis ist hier ebenso gegeben (vgl. APS-*Moll* § 24 KSchG Rn 2). Die **grds. rechtliche Gleichstellung** erstreckte sich allerdings zunächst lediglich auf die Bestimmungen des Ersten und Zweiten Abschnitts des Gesetzes, erfasst nunmehr indes grds. auch den Dritten Abschnitt (dazu s. Rdn 42 f.), nachdem § 23 Abs. 2 S. 2 KSchG gestrichen worden ist (KR-*Bader/Kreutzberg-Kowalczyk* § 23 KSchG Rdn 9).

9 Um eine Abgrenzung von den Land- und Bodenbetrieben zu ermöglichen, enthält **§ 24 Abs. 2** KSchG einen **eigenständigen Betriebsbegriff** (*BAG* 13.2.2020 – 6 AZR 146/19, Rn 57; ErfK-*Kiel* § 24 KSchG Rn 2). Diese Abgrenzung hat allein kündigungsrechtliche Bedeutung, wie der Wortlaut von Abs. 2 ausweist. Aus dem systematischen Zusammenhang folgt, dass sich § 24 Abs. 2 KSchG – trotz dem missverständlichen Wortlaut – nur auf den Ersten und Zweiten Abschnitt des KSchG bezieht (*BAG* 13.2.2020 – 6 AZR 146/19, Rn 56 ff.; ErfK-*Kiel* § 24 KSchG Rn 2a; *Moll* RdA 2021, 49, 54; APS-*Moll* § 24 KSchG Rn 7; aA aber noch APS-*Moll* 5. Aufl. § 24 KSchG Rn 7). Für das Recht der Massenentlassungen nach dem Dritten Abschnitt des KSchG beansprucht er keine Geltung. Dort gilt allein der unionsrechtliche Betriebsbegriff (*BAG* 13.2.2020 – 6 AZR 146/19, Rn 56 ff.; ErfK-*Kiel* § 24 KSchG Rn 2a; *Moll* RdA 2021, 49, 54; s. zum Betriebsbegriff iSd. Massenentlassungsschutzes KR-*Weigand/Heinkel* § 17 Rdn 29 ff.). Im Bereich des Betriebsverfassungsrechts gelten die Sonderregelungen der §§ 114–117 BetrVG. Es besteht kein Anlass, § 114 Abs. 4 S. 2 BetrVG im Rahmen des § 24 entsprechend anzuwenden (LSSW-*Löwisch* § 24 KSchG Rn 3; weiter Rdn 21).

10 Der Regelungsgehalt der **Absätze 3 u. 4** zielt von der gesetzgeberischen Intention her darauf ab, insbesondere den Besonderheiten der Schifffahrt Rechnung zu tragen, ohne sich darauf zu beschränken (s. Abs. 4 S. 1 – dazu Rdn 31). Die gesetzliche Regelung orientiert sich dabei erkennbar primär an den besonderen Verhältnissen in der Seeschifffahrt. Da die Verhältnisse bei der Binnenschifffahrt zumindest dann ähnlich gelagert sind, wenn sie nicht allein auf nationalen Wasserstraßen betrieben wird, bestehen gegen eine kündigungsschutzrechtliche Gleichbehandlung dieser beiden Arbeitnehmergruppen keine durchgreifenden Bedenken. **Abs. 5** betrifft den Geltungsbereich des Dritten Abschnitts des Gesetzes (dazu Rdn 42 f.).

C. Geltungsbereich des Ersten und Zweiten Abschnitts des Gesetzes (§ 24 Abs. 1 KSchG)

I. Persönlicher Geltungsbereich

11 Für Arbeitnehmer der **Land- und Bodenbetriebe** bestehen im Bereich der Schifffahrt und des Luftverkehrs keine speziellen Einschränkungen des persönlichen Geltungsbereichs. Die uneingeschränkte Geltung bezieht sich dabei auf sämtliche Abschnitte des KSchG (APS-*Moll* § 24 KSchG Rn 3; vgl. auch *BAG* 28.12.1956 – 2 AZR 207/56; *LAG Bln.-Bra.* 16.10.2010 – 7 Sa 1354/10). Zum Begriff des Land- und Bodenbetriebs s. Rdn 20–22.

12 Auf die Mitglieder der **Besatzungen** von **Seeschiffen, Binnenschiffen und Luftfahrzeugen** finden dagegen lediglich die Vorschriften des Ersten und Zweiten Abschnitts des Gesetzes Anwendung (zum **Internationalen Seearbeitsrecht** vgl. KR-*Weigand* SeeArbG Rdn 8 ff.), und zwar nach Maßgabe der in § 24 Abs. 2–4 KSchG enthaltenen Sonderregelungen. Die Unanwendbarkeit des Dritten Abschnitts des Gesetzes auf Seeschiffe und deren Besatzungen folgte bislang aus § 23 Abs. 2 S. 2 KSchG (vgl. Rdn 42), woraus sich zugleich ergab, dass der Dritte Abschnitt des Gesetzes auf Binnenschiffe und deren Besatzungen sowie auf Luftfahrzeuge und deren Besatzungen anwendbar war (vgl. *BAG* 24.10.1996 – 2 AZR 895/95; APS-*Moll* § 24 KSchG Rn 3). Mit Wirkung vom 1.10.2017 gilt jedoch der neue Abs. 5 der Vorschrift (dazu Rdn 42 f.).

Wer zur **Besatzung** eines **Seeschiffs** gehört, ist in § 3 SeeArbG geregelt. Diese Bestimmung lautet auszugsweise: 13

»(1) Seeleute im Sinne dieses Gesetzes sind alle Personen, die an Bord des Schiffes tätig sind, unabhängig davon, ob sie vom Reeder oder einer anderen Person beschäftigt werden oder als Selbständige tätig sind, einschließlich der zu ihrer Berufsbildung Beschäftigten (Besatzungsmitglieder).

...

(3) Keine Besatzungsmitglieder im Sinne des Absatzes 1 sind

1. Lotsinnen oder Lotsen sowie Personen, die im Auftrag des Bundes, eines Landes oder einer anderen öffentlich-rechtlichen Körperschaft Beratungs- oder Kontrolltätigkeit an Bord ausüben,

2. Personen, die im Auftrag einer Werft oder eines Anlagenherstellers zur Ausführung von Gewährleistungsarbeiten oder Garantiearbeiten oder anderen an Bord notwendigen Arbeiten oder zur Einweisung der Besatzung in der Regel nicht länger als 96 Stunden an Bord tätig sind,

3. Personen, die zur Ausführung von unaufschiebbaren Reparaturen oder Wartungsarbeiten, die von den Besatzungsmitgliedern nicht selbst ausgeführt werden können oder dürfen, in der Regel nicht länger als 96 Stunden an Bord tätig sind,

4. Reederei- und Ladungsinspektorinnen oder -inspektoren, die auf der Grundlage der Reiseplanung in der Regel nicht länger als 72 Stunden an Bord tätig sein sollen,

5. Künstlerinnen oder Künstler, die zur Unterhaltung der Fahrgäste nicht länger als 72 Stunden an Bord tätig sind,

6. Wissenschaftlerinnen oder Wissenschaftler, die vorübergehend an Bord von Schiffen tätig sind,

7. Personen, die sich auf einem Schiff befinden, um von dort aus besondere Tätigkeiten zur Errichtung, zur Änderung oder zum Betrieb von Bauwerken, künstlichen Inseln oder sonstigen Anlagen auf See durchzuführen,

8. Fachschülerinnen oder -schüler und Hochschul- oder Fachhochschulstudentinnen oder -studenten, die an nach Landesrecht eingerichteten Ausbildungsstätten ausgebildet werden und zu diesem Zweck eine praktische Ausbildung und Seefahrtszeit auf einem Schiff durchführen,

9. Schülerinnen oder Schüler, die im Rahmen von landesrechtlichen Vorschriften ein Praktikum an Bord leisten,

10. Schülerinnen oder Schüler, denen durch Vermittlung des Verbandes Deutscher Reeder auf vertraglicher Grundlage während der Schulferien Einblick in die Praxis der Seefahrtberufe gewährt wird, ohne dass diese Personen an Bord tätig sind,

11. Kanalsteurer auf dem Nord-Ostsee-Kanal und

12. Sicherheitskräfte privater nach der Gewerbeordnung zugelassener Bewachungsunternehmen.

Abweichend von Satz 1 Nummer 2 oder 3 genehmigt die Berufsgenossenschaft auf Antrag des anderen Arbeitgebers oder des Reeders, dass eine zu diesen Personengruppen gehörende Person über den jeweils dort genannten Zeitraum hinaus an Bord tätig sein kann, ohne Besatzungsmitglied zu sein, soweit

1. die Tätigkeit auf einer bestimmten Schiffsreise erfolgt oder erfolgen soll,

2. eine über den in Satz 1 Nummer 2 oder 3 genannten Zeitraum hinausgehende Tätigkeit an Bord für die Erfüllung einer bestimmten Aufgabe erforderlich ist, die von den nach den schiffssicherheitsrechtlichen Vorschriften an Bord tätigen Besatzungsmitgliedern nicht selbst ausgeführt werden kann oder darf, und

3. der vorgesehene Einsatz drei Wochen nicht überschreitet.

Die Genehmigung ist auf den für die Tätigkeit voraussichtlich erforderlichen Zeitraum zu beschränken, der drei Wochen nicht überschreiten darf. Eine Kopie der Genehmigung ist an Bord mitzuführen.«

14 Zu den Besatzungsmitgliedern gehören in erster Linie die vom Reeder (§ 4 SeeArbG) beschäftigten Personen (§ 3 Abs. 1 SeeArbG – vorbehaltlich § 3 Abs. 3 SeeArbG). Auch in den Fällen der Zeitcharter mit Employment-Klausel ist der Reeder als Arbeitgeber anzusehen (vgl. *Martens* S. 33 ff.). Gem. § 3 SeeArbG mit seiner **Legaldefinition** in Abs. 1 zählt zur Besatzung selbstredend der **Kapitän** (§ 5 Abs. 1 SeeArbG), daneben zählen dazu insbes. die **Schiffsoffiziere** (§ 6 SeeArbG: Besatzungsmitglieder des nautischen oder des technischen Dienstes, die eines staatlichen Befähigungszeugnisses bedürfen, sowie die Schiffsärztinnen und Schiffsärzte, die Seefunkerinnen und Seefunker, die Schiffselektrotechnikerinnen und Schiffselektrotechniker sowie die Zahlmeisterinnen und Zahlmeister), das technische Personal, das Küchenpersonal, Stewards und das Sanitätspersonal.

15 Auch wer nicht vom Reeder beschäftigt wird, sondern von einer **anderen Person**, zählt zur Besatzung (§ 3 Abs. 1 SeeArbG), sofern nicht der Ausnahmekatalog des § 3 Abs. 3 SeeArbG eingreift. Ebenfalls zur Besatzung rechnen **Selbständige** (§ 3 Abs. 1 SeeArbG), zB selbständige Fotografen, Friseure oder Betreiber von Verkaufsgeschäften (s. aber Abs. 3 Nr. 5 u. 6 für Künstler und Wissenschaftler). Für diese gelten der Erste und Zweite Abschnitt des KSchG jedoch nicht, da § 24 Abs. 1 KSchG ausdrücklich nur **Arbeitsverhältnisse** erfasst (ErfK-*Kiel* § 24 KSchG Rn 4 u. TRL-*Thüsing* § 24 KSchG Rn 4 kommen zum selben Ergebnis über § 148 Abs. 2 Nr. 1 Buchst. e SeeArbG). Beschäftigen Selbständige freilich ihrerseits Arbeitnehmer, sind diese gleichfalls Besatzungsmitglieder (§ 3 Abs. 1 SeeArbG: von einer anderen Person beschäftigt), und für diese greift § 24 KSchG ein.

16 Die **Besatzung** eines **Binnenschiffes** umfasst alle auf dem Schiff tätigen Personen, soweit sie sich in einem Arbeitsverhältnis zum Schiffseigner befinden. Hierzu zählt auch der angestellte Schiffer (Kapitän). Ist der Schiffer dagegen zugleich Schiffseigner, so ist er der Arbeitgeber der auf dem Binnenschiff beschäftigten Arbeitnehmer. Folglich bleibt der Kapitän bei der gem. § 23 Abs. 1 KSchG maßgeblichen Beschäftigtenzahl unberücksichtigt, wenn er zugleich persönlich haftender Gesellschafter der Reederei ist (*ArbG Hmb.* 3.11.1994 – S 14 Ca 178/94, nv). Außer dem (angestellten) Schiffer gehören insbes. die folgenden Personen zur Besatzung: Steuerleute, Bootsleute, Matrosen, Maschinisten, Heizer und Schiffsjungen (vgl. § 21 des Binnenschifffahrtsgesetzes, das zuletzt mit Gesetz vom 5.7.2016 [BGBl. I S. 1578] geändert worden ist).

17 Zur **Besatzung** von **Luftfahrzeugen** gehört das sog. fliegende oder Bordpersonal. Hierzu zählen insbes. Flugzeugführer (Flugkapitäne und Copiloten), Flugingenieure, Bordmechaniker, Flugnavigatoren, Flugfunker, Flugbegleiter (Stewards und Stewardessen, Purser) sowie Fluglehrer (APS-*Moll* § 24 KSchG Rn 4).

II. Betrieblicher Geltungsbereich (§ 24 Abs. 2 KSchG)

18 Um eine Abgrenzung gegenüber den Land- und Bodenbetrieben der Schifffahrt und des Luftverkehrs zu ermöglichen, enthält § 24 Abs. 2 KSchG einen **eigenständigen Betriebsbegriff**. Als Betrieb iSd KSchG – aus dem systematischen Zusammenhang folgt, dass sich § 24 Abs. 2 KSchG nur auf den Ersten und Zweiten Abschnitt des KSchG bezieht (s. mwN Rdn 9) – gilt danach die Gesamtheit der Seeschiffe oder der Binnenschiffe eines Schifffahrtsunternehmens (einschl. der Partenschiffe und der Schiffe, die der Reeder als Vertragsreeder betreut: LSSW-*Löwisch* § 24 KSchG Rn 6) oder der Luftfahrzeuge eines Luftverkehrsunternehmens (*LAG Bln.-Bra.* 26.3.2015 – 26 Sa 1513/14). Von den Regelungen der §§ 114–117 BetrVG unterscheidet sich die Bestimmung des § 24 Abs. 1 S. 2 KSchG insofern, als das Betriebsverfassungsrecht lediglich im Bereich der Seeschifffahrt (nicht: Binnenschifffahrt!) einen derartigen Betriebsbegriff kennt (vgl. § 114 Abs. 3 BetrVG). Im Bereich der Luftfahrt gilt dagegen die Gesamtheit der Luftfahrzeuge nicht als ein einheitlicher Betrieb iSd BetrVG, weil es im § 117 BetrVG keine Parallelbestimmung zu § 114 Abs. 3 BetrVG gibt.

19 Da § 24 Abs. 2 KSchG rechtstechnisch als **gesetzliche Fiktion** – aber nur für den Bereich des KSchG (nur für den Ersten und Zweiten Abschnitt, s. Rdn 9, 18), nicht den Bereich des BetrVG

(APS-*Moll* § 24 KSchG Rn 7) – ausgestaltet ist, kommt es nicht darauf an, ob die einzelnen Schiffe oder Luftfahrzeuge in arbeitstechnischer und organisatorischer Hinsicht eine einheitliche Organisation darstellen (*LAG Bln.-Bra.* 26.3.2015 – 26 Sa 1513/14, für den Luftverkehrsbetrieb: Anknüpfungspunkt in Deutschland gleichgültig, sofern nur deutsches Recht Anwendung findet). Auf die Zahl der Wasser- oder Luftfahrzeuge kommt es nicht an (*Bader/Bram-Suckow* § 24 KSchG Rn 7). Die gesetzliche Regelung schließt es nicht aus, die Gesamtheit der Schiffe oder Luftfahrzeuge bei entsprechender organisatorischer Ausgestaltung des Unternehmens in einzelne **Betriebsabteilungen** aufzugliedern (etwa nach Einsatzarten, Schiffs- oder Flugzeugtypen). Die Frage, ob im Einzelfall eine derartige Betriebsabteilung vorliegt, ist insbes. bei der Anwendung des § 15 Abs. 5 KSchG von Bedeutung (*Bader/Bram-Suckow* § 24 KSchG Rn 8; HWK-*Quecke* § 24 KSchG Rn 3).

Die gesetzliche Regelung des § 24 Abs. 2 KSchG hat zur Folge, dass die **Land-** und **Bodenbetriebe** der Schifffahrts- und Luftfahrtunternehmen in kündigungsrechtlicher Hinsicht stets einen eigenständigen Betrieb iSd § 1 Abs. 1 KSchG bilden (*BAG* 28.12.1956 – 2 AZR 207/56; LSSW-*Löwisch* § 24 KSchG Rn 5; HWK-*Quecke* § 24 KSchG Rn 3; DDZ-*Deinert* § 24 KSchG Rn 2), und zwar unabhängig davon, ob sie nach allgemeinen Grundsätzen selbständige Betriebe wären (*LAG Bln.-Bra.* 16.11.2010 – 7 Sa 1354/10; zum Ausnahmefall eines gemeinsamen Betriebs von Landbetrieb einerseits und Gesamtheit der Luftfahrzeuge/Schiffe andererseits vgl. APS-*Moll* § 24 KSchG Rn 6; *BAG* 28.2.1991 – 2 AZR 517/90). Die Arbeitnehmer der Land- und Bodenbetriebe sind bei der Berechnung der **Mindestbeschäftigtenzahl** im Rahmen des § 24 Abs. 2 KSchG (vgl. KR-*Bader/Kreutzberg-Kowalczyk* § 23 KSchG Rdn 40 ff.) nicht zu berücksichtigen (vgl. *BAG* 28.12.1956 – 2 AZR 207/56; 28.2.1991 – 2 AZR 517/90; s.a. *LAG Bln.-Bra.* 16.11.2010 – 7 Sa 1354/10, zur Berücksichtigung ausl. Arbeitnehmer in einem gemeinschaftlichen Betrieb). 20

Zu den **Landbetrieben** eines **Schifffahrtsunternehmens** gehören insbes. Werften, Speditionen, Lagerhäuser, Reparaturwerkstätten, Stauereien, Kaibetriebe sowie die kaufmännische Verwaltung. Ebenfalls zu den Landbetrieben zählen solche Schiffe, die **Hafentransportverkehr** betreiben, da diese sich praktisch nicht vom Landbetrieb lösen (LSSW-*Löwisch* § 24 KSchG Rn 3 mwN; ErfK-*Kiel* § 24 KSchG Rn 2) und auf diese die Ratio der Absätze 2 bis 4 des § 24 KSchG nicht zutrifft. Als Kriterium für die Landbezogenheit eines Schiffes kann indes anders als bisher hier vertreten nicht auf die Regelung in § 114 Abs. 4 S. 2 BetrVG zurückgegriffen werden (LSSW-*Löwisch* § 24 KSchG Rn 3; aA LKB-*Bayreuther* § 24 KSchG Rn 3; ErfK-*Kiel* § 24 KSchG Rn 2). Nach § 114 Abs. 4 S. 2 BetrVG gelten Schiffe, die idR binnen 24 Stunden nach dem Auslaufen an den Sitz eines Landbetriebes zurückkehren, als Teil des Landbetriebs des Seeschifffahrtsunternehmens. Ein Zurückgreifen auf diese Bestimmung im Rahmen des § 24 KSchG verstieße gegen die klare gesetzliche Regelung in § 24 Abs. 2 KSchG. Als Teil des Landbetriebes sind auch solche Schwimmkörper anzusehen, die mit dem Festland ständig vertäut sind (zB Gaststättenschiffe). Einen selbständigen Betrieb stellen die Gesamthafenbetriebe dar (vgl. das GesamthafenbetriebsG v. 3.8.1950 BGBl. I S. 352). 21

Zu den **Bodenbetrieben** der **Luftfahrtunternehmen** zählen insbes. die kaufmännische Verwaltung, der flugtechnische und meteorologische Dienst, Reparaturwerkstätten sowie Reisebüros. Dabei hängt es von der jeweiligen Organisationsstruktur eines Luftfahrtunternehmens ab, ob die einzelnen Bodenbetriebe in kündigungsrechtlicher Hinsicht einen Betrieb oder jeweils nur eine Betriebsabteilung darstellen. Es gelten insoweit die allgemeinen Grundsätze (vgl. KR-*Bader/Kreutzberg-Kowalczyk* § 23 KSchG Rdn 64 ff.). 22

Die **Abgrenzung** gegenüber den Land- und Bodenbetrieben der Schifffahrts- und Luftfahrtunternehmen war kündigungsrechtlich insofern von **Bedeutung**, als davon die Anwendbarkeit des Dritten Abschnitts des Gesetzes abhing (vgl. die aufgehobene Bestimmung des § 23 Abs. 2 S. 2 KSchG; dazu KR-*Bader/Kreutzberg-Kowalczyk* § 23 KSchG Rdn 9 u. hier Rdn 42 f.). Bedeutsam ist die Abgrenzung weiterhin für die Frage der Anwendbarkeit der in § 24 Abs. 3–5 KSchG enthaltenen Sonderregelungen, die lediglich für die Besatzungen der Seeschiffe, der Binnenschiffe sowie – bezogen auf Abs. 4 S. 1 (Rdn 31) – der Luftfahrzeuge gelten. Von der Abgrenzung des Betriebsbegriffs hängen weiterhin die folgenden Fragen ab (s.a. LSSW-*Löwisch* § 24 KSchG Rn 7): das Vorliegen von dringenden betrieblichen Erfordernissen iSd § 1 Abs. 2 KSchG; die Sozialauswahl (APS-*Moll* 23

§ 24 KSchG Rn 7; vgl. dazu auch Rdn 24); das Vorhandensein von berechtigten betrieblichen Bedürfnissen iSd § 1 Abs. 3 S. 2 KSchG; das Vorliegen eines Kleinbetriebes iSd § 17 Abs. 1 Nr. 1 KSchG oder iSd § 23 Abs. 1 S. 2 KSchG.

III. Gegenständlicher Geltungsbereich

24 Abgesehen von den in § 24 Abs. 2–5 KSchG enthaltenen Besonderheiten bestimmt sich der gegenständliche Geltungsbereich des **Ersten Abschnitts** des Gesetzes nach allgemeinen Grundsätzen (vgl. KR-*Bader/Kreutzberg-Kowalczyk* § 23 KSchG Rdn 28). Aus der besonderen Struktur der Schiffahrts- und Luftfahrtunternehmen können sich jedoch Auswirkungen auf die Beurteilung der Sozialwidrigkeit einer Kündigung ergeben. Praktische Schwierigkeiten treten insbes. bei der sozialen Auswahl (§ 1 Abs. 3 KSchG) der zu kündigenden Besatzungsmitglieder auf (vgl. *ArbG Hmb.* 11.1.1973 SeeAE Nr. 2 zu § 24 KSchG; LSSW-*Löwisch* § 24 KSchG Rn 7).

25 Der **Zweite Abschnitt** des Gesetzes gilt in gegenständlicher Hinsicht mit den folgenden Besonderheiten: Der besondere Kündigungsschutz nach § 15 KSchG steht sowohl den Mitgliedern der Bordvertretung (§ 115 Abs. Abs. 1 S. 2 BetrVG) als auch den Mitgliedern des Seebetriebsrates (§ 116 Abs. 1 S. 2 BetrVG) zu. Betreffend § 117 Abs. 2 BetrVG in der **Luftfahrt** wird verwiesen auf KR-*Rinck* § 103 BetrVG Rdn 13 mwN.

D. Besonderheiten bei der Anwendung des Ersten und Zweiten Abschnitts des Gesetzes

I. Verlängerung der sechsmonatigen Wartezeit des § 1 Abs. 1 KSchG (§ 24 Abs. 3 KSchG)

26 Die allgemeine Wartezeit für den Erwerb des allgemeinen Kündigungsschutzes beträgt nach § 1 Abs. 1 KSchG sechs Monate. Diese Frist gilt grds. auch für die Besatzungsmitglieder von Seeschiffen, Binnenschiffen und Luftfahrzeugen. Von der **grds. Geltung** der **allgemeinen Wartezeit** macht § 24 Abs. 3 KSchG dann eine **Ausnahme**, wenn die **erste Reise** (auch auf mehreren Schiffen: ASP-*Moll* § 24 KSchG Rn 8; LSSW-*Löwisch* § 24 KSchG Rn 8) eines Besatzungsmitgliedes eines **Seeschiffes** oder eines **Binnenschiffes** (nicht: eines Luftfahrzeugs!) **länger als sechs Monate** dauert. In einem derartigen Fall verlängert sich die Sechsmonatsfrist bis **drei Tage nach Beendigung dieser Reise**, und zwar unabhängig davon, ob die Reise zu Beginn des Arbeitsverhältnisses oder erst später angetreten wird (APS-*Moll* § 24 KSchG Rn 8), solange der Reiseantritt nur noch innerhalb der ersten sechs Monate liegt (ErfK-*Kiel* § 24 KSchG Rn 3; vgl. Rdn 28).

27 Der Sinn der **verlängerten Wartezeit** besteht darin, es dem Arbeitgeber zu ermöglichen, bei seiner Entscheidung über die weitere Zusammenarbeit mit dem Arbeitnehmer dessen Bewährung bei der ersten Reise zu berücksichtigen (*Bader/Bram-Suckow* § 24 KSchG Rn 10). Es soll weiterhin im Interesse der Erhaltung des Betriebsfriedens verhindert werden, dass der Kapitän in den Fällen der Nichtbewährung Kündigungen während der ersten Reise ausspricht (vgl. Amtl. Begr. RdA 1951, 65). Da der Entwurf des KSchG 1951 lediglich eine allgemeine Wartezeit von drei Monaten vorsah, war es zudem angebracht, speziell angesichts der besonderen Verhältnisse der Seeschifffahrt eine Verlängerung dieser Wartezeit in den Fällen von längeren Seereisen vorzusehen. Angesichts der jetzigen Regelung in § 1 Abs. 1 KSchG sowie aufgrund der verkehrstechnischen Entwicklung der Seeschifffahrt wird der Regelung des § 24 Abs. 3 KSchG keine sehr große praktische Bedeutung mehr zukommen. Dies gilt umso mehr für den Bereich der Binnenschifffahrt (*Bader/Bram-Suckow* § 24 KSchG Rn 11).

28 Die verlängerte Wartezeit gilt nur für die **neu eingestellten Besatzungsmitglieder**. Für diejenigen Besatzungsmitglieder, die bereits länger als sechs Monate anderweitig bei dem Schifffahrtsunternehmen beschäftigt waren, gelangt die Bestimmung des § 24 Abs. 3 KSchG selbst dann nicht zur Anwendung, wenn ihre erste Reise länger als sechs Monate dauert (ebenso LSSW-*Löwisch* § 24 KSchG Rn 9; ErfK-*Kiel* § 24 KSchG Rn 3; vgl. Rdn 26). Nach § 1 Abs. 1 KSchG zählt nämlich die Unternehmenszugehörigkeit bei der Dauer der Wartezeit mit.

Die **dreitägige Überlegungsfrist** beginnt mit dem Tage, der auf die Beendigung der Reise folgt 29
(§ 187 Abs. 1 BGB); fällt der letzte Tag der Frist (§ 188 BGB) auf einen Samstag, Sonntag oder
einen gesetzlichen Feiertag, so verlängert sich die Frist bis zum Ablauf des nächsten Werktages
(§ 193 BGB). Die Beurteilung der Frage, wann eine **Reise beendet** ist, richtet sich nach den tatsächlichen Umständen des Einzelfalles. Nicht erforderlich ist die Rückkehr an den Sitz des Schifffahrtsunternehmens. Es genügt vielmehr die Rückkehr an einen deutschen Hafen oder Liegeplatz,
sofern es sich hierbei um den bestimmungsmäßigen Endpunkt der Reise handelt (TRL-*Thüsing*
§ 24 KSchG Rn 4; ähnlich *LKB-Bayreuther* § 24 KSchG Rn 11; aA etwa ErfK-*Kiel* § 24 KSchG
Rn 3: Rückkehr zum Sitz des Landbetriebs der Reederei oder, wenn ein solcher nicht vorhanden ist,
zum Heimathafen erforderlich; LSSW-*Löwisch* § 24 KSchG Rn 8: Rückkehr zum Sitz des Betriebs
nötig; APS-*Moll* § 24 KSchG Rn 8 spricht von Rückkehr an den Heimatort).

Da die drei Tage nach der gesetzlichen Regelung noch zur **Wartezeit** zählen, kann in dieser Zeit 30
noch ohne Eingreifen des allgemeinen Kündigungsschutzes gekündigt werden, worin auch nicht
per se ein Missbrauch des Kündigungsrechts liegt (LSSW-*Löwisch* § 24 KSchG Rn 10; ErfK-*Kiel*
§ 24 KSchG Rn 3).

II. Klagefrist (§ 24 Abs. 4 KSchG)

Die **dreiwöchige Klagefrist** gem. § 4 S. 1 KSchG – der Wortlaut von Abs. 4 S. 1 ist da etwas unpräzise – (ebenso: gem. § 4 S. 2 für den Fall der **Änderungskündigung**; gem. § 13 Abs. 1 S. 2 iVm 31
§ 4 S. 1 KSchG für den Fall der **außerordentlichen Kündigung**) gilt nach der modifizierenden Regelung in § 24 Abs. 4 S. 1 KSchG für die Besatzungen von **Seeschiffen, Binnenschiffen und Luftfahrzeugen** (Luftfahrzeuge sind hier anders als in Abs. 3 und in Abs. 4 S. 2 nicht ausgeklammert;
so auch APS-*Moll* § 24 KSchG Rn 10; aA TRL-*Thüsing* § 24 KSchG Rn 5; ErfK-*Kiel* § 24 KSchG
Rn 5; DDZ-*Deinert* § 24 KSchG Rn 9) nur dann, wenn und sobald ihnen die **Kündigung an Land
zugeht**. Wo das der Fall ist, ist gleichgültig. Insbesondere wird die Frist des § 4 S. 1 KSchG auch bei
einem Zugang an Land im Ausland (auch bei einem Zwischenstopp) in Gang gesetzt (aA APS-*Moll*
§ 24 KSchG Rn 10: nur bei Zugang der Kündigung an Land im Inland), ebenso dann, wenn sich
sogleich eine neue Reise anschließt (ErfK-*Kiel* § 24 KSchG Rn 5).

Da Abs. 4 S. 1 auch für Besatzungen von **Luftfahrzeugen** gilt (s. Rdn 31), insoweit aber keine Re- 32
gelung für eine Kündigung während des Fluges vorhanden ist (anders als für die Schiffsbesatzungen in Abs. 4 S. 2), geht der Gesetzgeber offenbar davon aus, dass eine Kündigung während des
Fluges nicht oder kaum vorkommen wird. Dies wird in aller Regel auch so sein. Sollte dennoch
eine Kündigung **während eines Fluges** übergeben werden, wird man dem Schutzzweck des Abs. 4
S. 1 nur gerecht werden können, wenn man einen **Zugang erst mit der Landung** annimmt. Jedenfalls ist für diese Fälle keine verlängerte Klagefrist als notwendig angesehen worden (BR-Drs. 456/
12 S. 196).

Abs. 4 S. 1 erfasst auch die **Änderungskündigung** (s. Rdn 31; ErfK-*Kiel* § 24 KSchG Rn 5), doch 33
wird eine Regelung zu § 2 S. 2 KSchG nicht getroffen. Im Gesamtkontext ist in den Fällen der
Rdn 32 davon auszugehen, dass der für § 2 S. 2 KSchG maßgebende Zugang ebenfalls erst mit der
Landung gegeben ist. Nur so ist eine stimmige Lösung zu erreichen.

Wird die **Kündigung** jedoch gegenüber einem Besatzungsmitglied eines **Seeschiffes** oder eines 34
Binnenschiffes während der Fahrt des Schiffes erklärt (also keine Geltung bei einem Besatzungsmitglied eines Luftfahrzeugs!), ist der Zugang während der Fahrt nicht fristauslösend, es
gilt dann auch nicht die Frist von drei Wochen. Vielmehr ist dann die **Klage innerhalb von sechs
Wochen nach dem Dienstende an Bord** zu erheben (Abs. 4 S. 2). Im Grunde geht das Gesetz
damit, ohne dies ausdrücklich anzusprechen, von einem fiktiven Kündigungszugang mit dem
Dienstende an Bord aus und verdoppelt dann die Klagefrist des § 4 S. 1 KSchG. Dies ist unabhängig davon, wann das Besatzungsmitglied an Land zurückkehrt (*Bader/Bram-Suckow* § 24
KSchG Rn 16).

35 Das Dienstende an Bord ist dann gegeben, wenn das Besatzungsmitglied den **Dienst an Bord tatsächlich beendet** hat (BR-Drs. 456/12 S. 196). Worauf die Beendigung beruht, ist gleichgültig (LSSW-*Löwisch* § 24 KSchG Rn 13). Der Zeitpunkt der Dienstbeendigung an Bord ist in der Dienstbescheinigung gem. § 33 Abs. 2 Nr. 4 SeeArbG zu bescheinigen, so dass das Besatzungsmitglied den entsprechenden Nachweis im Hinblick auf die Fristberechnung führen kann. Auch wenn die Beendigung des Dienstes an Bord weit entfernt von Deutschland erfolgt, gewährt die Frist von sechs Wochen ausreichend Zeit, die Klage vorzubereiten und einzureichen.

36 Abs. 4 S. 2 erfasst auch die **Änderungskündigung** (s. Rdn 31; ErfK-*Kiel* § 24 KSchG Rn 5; APS-*Moll* § 24 KSchG Rn 12; LSSW-*Löwisch* § 24 KSchG Rn 16), doch wird eine Regelung zu § 2 S. 2 KSchG nicht getroffen. Im Gesamtkontext ist in den Fällen des Abs. 4 S. 2 davon auszugehen, dass der für § 2 S. 2 KSchG maßgebende Zugang ebenfalls erst mit dem Dienstende an Bord gegeben ist und dass Frist für die Erklärung des Vorbehalts nicht maximal drei Wochen beträgt (so § 2 S. 2 KSchG), sondern entsprechend der eingeräumten großzügigeren Klagefrist sechs Wochen. Die vorhandene Regelungslücke ist auf diese Weise zu schließen (ebenso APS-*Moll* § 24 KSchG Rn 12). Nur so ist eine stimmige und dem Schutzzweck der Regelung Rechnung tragende Lösung zu erreichen (aA ErfK-*Kiel* § 24 KSchG Rn 5: Vorbehalt ist binnen drei Wochen ab Kündigungszugang zu erklären; LSSW-*Löwisch* § 24 KSchG Rn 16).

37 Der durch Art. 2 Nr. 1 und 2 SeeArbGÄndG 4 mit Wirkung zum 26.12.2020 in den Abs. 4 neu eingefügte S. 3 (s. Rdn 7) enthält eine gesonderte Regelung für die Frist zur Erhebung der Klage nach § 4 KSchG im Falle der Gefangenschaft infolge seeräuberischer Handlungen oder bewaffneter Raubüberfälle auf Schiffe, da es dem Besatzungsmitglied in solchen Fällen nicht möglich ist, eine entsprechende Klage vorzubereiten und einzureichen. Dies gilt zum einen in Fällen, in denen die Kündigung während der Gefangenschaft wirksam zugeht. Zum anderen auch für den Fall, dass das Besatzungsmitglied während des Laufs der Frist nach § 24 Abs. 4 S. 1 oder 2 KSchG in Gefangenschaft gerät und diese daher nicht vollständig nutzen kann. Die Frist zur Erhebung der Klage nach § 4 KSchG beginnt dann grundsätzlich mit der Freilassung des Besatzungsmitglieds. Der letzte Halbsatz, wonach die Frist mit dem Dienstende an Bord beginnt, betrifft insbesondere Fälle, in denen das Besatzungsmitglied nach der Freilassung seinen Dienst an Bord wiederaufnimmt und zunächst seine Arbeitsleistung auf dem Schiff erbringt (z.B. aufgrund der Anwendung von § 66 Abs. 5 SeeArbG). In diesen Fällen soll die Frist erst mit dem Dienstende an Bord – entsprechend § 24 Abs. 4 S. 2 KSchG – beginnen (BT-Drucks. 19/19383 S. 10).

38 Versäumt das Besatzungsmitglied die für ihn maßgebliche **Klagefrist**, so findet die Bestimmung des **§ 5 KSchG** über die nachträgliche Zulassung verspäteter Klagen Anwendung. Insoweit wird die Frist von drei Wochen in § 5 Abs. 1 S. 1 KSchG durch die Fristen des Abs. 4 S. 1 bis 3 ersetzt (§ 24 Abs. 4 S. 4 KSchG). Dasselbe gilt für die Frist von drei Wochen in **§ 6 KSchG**. Zur Verwirkung vgl. *BAG* 28.7.1960 – 2 AZR 105/59.

39 Die Sonderregelungen des § 24 Abs. 4 KSchG über die Klagefrist gelangen auch dann zur Anwendung, wenn auf der Gesamtheit der Schiffe oder Luftfahrzeuge idR nicht mehr als zehn Arbeitnehmer beschäftigt werden, wie sich aus § 23 Abs. 1 S. 2 ergibt (vgl. dazu KR-*Bader/Kreutzberg-Kowalczyk* § 23 KSchG Rdn 11). Wird die gesetzliche Mindestbeschäftigtenzahl des § 23 Abs. 1 S. 2 – 4 KSchG jedoch nicht erreicht, so entfällt der **Allgemeine Kündigungsschutz**. Die Arbeitnehmer der Land- und Bodenbetriebe (vgl. zum Begriff Rdn 20–21) sind bei der Berechnung der **Mindestbeschäftigtenzahl** (vgl. KR-*Bader/Kreutzberg-Kowalczyk* § 23 KSchG Rdn 40 ff.) nicht zu berücksichtigen (vgl. *BAG* 28.12.1956 – 2 AZR 207/56; 28.2.1991 – 2 AZR 517/90).

III. Zuständigkeit

40 Die Zuständigkeitsregelungen des § 24 Abs. 4 S. 1 u. 2 KSchG aF sind ersatzlos entfallen (Rdn 5). Es gilt die Zuständigkeit der **Gerichte für Arbeitssachen**. Gleichfalls mit Wirkung vom 1.8.2013 sind die Worte »oder Kapitäne und Besatzungsmitglieder im Sinne der §§ 2 und 3

Seemannsgesetz« in § 101 Abs. 2 S. 1 ArbGG gestrichen (Art. 3 Abs. 1 des Gesetzes zur Umsetzung des Seearbeitsübereinkommens 2006 der Internationalen Arbeitsorganisation vom 20.4.2013 [BGBl. I S. 868]).

IV. Kündigungsschutz für Kapitäne und übrige leitende Angestellte

Bereits mit der Neufassung des § 14 Abs. 2 KSchG durch das Erste Arbeitsbereinigungsgesetz vom 14.8.1969 (BGBl. I S. 1106) hatte die Bestimmung des § 24 Abs. 5 KSchG aF ihren Sinn verloren (Rdn 5). Sie ist mit Wirkung vom 1.8.2013 ersatzlos entfallen. **Kapitäne und die übrigen leitenden Angestellten** (dazu LSSW-*Löwisch* § 24 KSchG Rn 18) der Besatzungen von Seeschiffen, Binnenschiffen und Luftfahrzeugen (iSd BetrVG ist in der Seeschifffahrt nur der Kapitän leitender Angestellter: § 114 Abs. 6 S. 2 BetrVG) unterfallen grds. dem Ersten und Zweiten Abschnitt des KSchG (§ 24 Abs. 1 KSchG), und es gelten für sie ohne Besonderheiten die sich aus **§ 14 Abs. 2 KSchG** ergebenden Regelungen. Die Tatbestandsmerkmale des § 14 Abs. 2 sind jeweils zu prüfen. 41

E. Geltungsbereich des Dritten Abschnitts des Gesetzes (Abs. 5)

Der Dritte Abschnitt des Gesetzes fand gem. § 23 Abs. 2 S. 2 KSchG nur auf die Land- und Bodenbetriebe der Seeschifffahrtsunternehmen Anwendung, doch ist diese Bestimmung mit Wirkung vom 10.10.2017 aufgehoben worden (Rdn 6). Damit ist der Dritte Abschnitt des Gesetzes jetzt auch im Bereich der **Seeschifffahrt** grds. insgesamt anwendbar (vgl. KR-*Bader/Kreutzberg-Kowalczyk* § 23 KSchG Rdn 98), für die **Besatzungen** von Seeschiffen allerdings nach Maßgabe der Sätze 2 u. 3 von § 24 Abs. 5. 42

Der Dritte Abschnitt des Gesetzes, also die §§ 17–22a KSchG, findet grds. Anwendung, wenn es um die Besatzung von Seeschiffen geht (Abs. 5 S. 1). Abs. 5 S. 2 sieht vor, dass an die Stelle des Betriebsrats der **Seebetriebsrat** (§ 116 BetrVG) tritt. Dieser ist also insbes. nach § 17 Abs. 2–3a KSchG zu beteiligen. Doch gilt das nur für Seeschiffe, die unter deutscher Flagge fahren (§ 114 Abs. 4 S. 1 BetrVG) und nicht regelmäßig binnen 24 Stunden nach dem Auslaufen an den Sitz des Landbetriebs zurückkehren und damit als Teil des Landbetriebs gelten (§ 114 Abs. 4 S. 2 BetrVG). Abs. 5 S. 3 (dazu Rdn 6) betrifft Anzeigen gem. § 17 KSchG in Bezug auf **Seeschiffe unter der Flagge anderer EU-Staaten**. 43

§ 25 KSchG Kündigung in Arbeitskämpfen

Die Vorschriften dieses Gesetzes finden keine Anwendung auf Kündigungen und Entlassungen, die lediglich als Maßnahmen in wirtschaftlichen Kämpfen zwischen Arbeitgebern und Arbeitnehmern vorgenommen werden.

Übersicht	Rdn		Rdn
A. Entstehungsgeschichte	1	1. Rechtmäßiger Streik	9
B. Ursprünglicher Sinn der Regelung	3	2. Rechtswidriger Streik	12
C. Heutiger Stellenwert der Norm	5	III. Sonderkonstellationen	17
D. Kündigungen während eines Arbeitskampfs	7	1. Bei gemeinsam ausgeübtem Zurückbehaltungsrecht	17
I. Durch den Arbeitnehmer	7	2. Massenänderungskündigung	19
II. Durch den Arbeitgeber	9		

A. Entstehungsgeschichte

Die Bestimmung des § 25 KSchG geht auf § 6b der **Stilllegungsverordnung** vom 8.12.1920 idF v. 15.10.1923 zurück. Der **Hattenheimer Entwurf** enthielt in § 18 bereits die noch heute geltende Fassung der Vorschrift (vgl. RdA 1950, 65). Das **KSchG 1951** übernahm diese Regelung unverändert in § 23. 1

2   Im Verlauf des Gesetzgebungsverfahrens zum **Ersten Arbeitsrechtsbereinigungsgesetz** war zwischen den Sozialpartnern die Weitergeltung der Bestimmung umstritten. Während der DGB die Streichung der Vorschrift unter Hinweis auf die neuere Entwicklung des Arbeitskampfrechts forderte, widersetzte sich die Arbeitgeberseite dieser Forderung. Die Bestimmung des § 23 KSchG 1951 wurde schließlich abermals unverändert als § 25 KSchG in das aufgrund des Ersten Arbeitsrechtsbereinigungsgesetzes neu verkündete Kündigungsschutzgesetz übernommen.

B. Ursprünglicher Sinn der Regelung

3   Die Vorschrift ist Ausdruck der zur Zeit der Verabschiedung des KSchG 1951 herrschenden **individuellen Arbeitskampftheorie**, die bereits unter der Geltung des BRG 1920 entwickelt worden war (vgl. *Hueck/Nipperdey* 3.–5. Aufl. 1932, Bd. 1, S. 169, 336 ff., 341; Bd. 2, S. 499 und S. 661 ff.). Danach handelte ein Arbeitnehmer dann vertragswidrig, wenn er sich an einem Streik beteiligte, ohne zuvor fristgerecht gekündigt zu haben. Der Arbeitgeber konnte in diesem Fall die streikenden Arbeitnehmer fristlos wegen (rechtswidriger, schuldhafter) beharrlicher Arbeitsverweigerung entlassen. Auch der Arbeitgeber konnte Kampfkündigungen nur unter Einhaltung der jeweils geltenden Kündigungsfrist gegenüber der Belegschaft aussprechen. Fristlose Kampfkündigungen durch den Arbeitgeber lösten nach damaligem Arbeitskampfverständnis die Verzugsfolgen aus, und zwar mit der Maßgabe, dass der Arbeitgeber den Arbeitnehmer bis zum Ablauf der Kündigungsfrist die Vergütung weiterzuzahlen hatte (§ 615 BGB). Auf diesem **Modell** eines **Kündigungsarbeitskampfes** basiert die Bestimmung des § 25 KSchG (vgl. *Säcker* Gruppenparität und Staatsneutralität als verfassungsrechtliche Grundprinzipien des Arbeitskampfrechts, 1973, S. 124: er bezeichnet die Norm als eine »materiell-arbeitskampfrechtliche Folgenorm«).

4   Der **ursprüngliche Sinngehalt** der Vorschrift bestand darin, im Interesse der staatlichen Neutralität und der **Arbeitskampfparität** für arbeitskampfbedingte Kündigungen und Entlassungen (vgl. zum Begriff der Entlassung KR-*Weigand/Heinkel* § 17 KSchG Rdn 59 ff.) den **Grundsatz der Kündigungsfreiheit** zur Geltung zu bringen. Eine ähnliche gesetzgeberische Zielvorstellung lag bereits der Vorschrift des § 6b StilllegungsVO vom 15.10.1923 zugrunde. Auch diese Bestimmung wurde als Ausdruck **staatlicher Neutralität** gegenüber Arbeitskämpfen verstanden (vgl. *Göppert* Komm. z. StilllegungsVO 1929, S. 137).

C. Heutiger Stellenwert der Norm

5   Der ursprüngliche Sinngehalt der Vorschrift (vgl. Rdn 4) ist durch die Entwicklung der Arbeitskampfrechtsprechung praktisch überholt (AR-*Leschnig* § 25 KSchG Rn 1; BeckOK AR-*Volkening* § 25 KSchG Rn 1; LSSW-*Löwisch* § 25 KSchG Rn 1: nur klarstellend; ebenso HaKo-KSchR/*Pfeiffer* § 25 KSchG Rn 2; weiter Rdn 6). Der Große Senat des *BAG* hat bereits in dem grundlegenden Beschluss vom 28.1.1955 (AP Art. 9 GG Arbeitskampf Nr. 1) die bis zu diesem Zeitpunkt herrschende individuelle Arbeitskampftheorie verworfen und sich für eine kollektivrechtliche Betrachtungsweise des Arbeitskampfes ausgesprochen. Nach der sog. **kollektiven Arbeitskampftheorie** dürfen bei einem gewerkschaftlich geführten Streik, der nicht gegen tarifvertragliche oder allgemeine Verhaltenspflichten verstößt, die Arbeitnehmer die Arbeit ohne vorherige Kündigung einstellen, dh sie begehen keinen Vertragsbruch, weil infolge des Streiks die Arbeitspflicht suspendiert ist. Die bestreikten Arbeitgeber sind daher in diesem Falle nicht dazu berechtigt, einem einzelnen Arbeitnehmer oder mehreren Arbeitnehmern wegen der Teilnahme an dem Streik unter dem Gesichtspunkt der Vertragsverletzung außerordentlich oder ordentlich zu kündigen (*Kissel* Arbeitskampfrecht § 23 Rn 25). Der zitierte Beschluss des Großen Senats des BAG eröffnete der Arbeitgeberseite aber die Möglichkeit, im Wege der kollektiven Abwehraussperrung die Arbeitsverhältnisse der streikenden Arbeitnehmer fristlos zu lösen. Die Wiedereinstellung der Arbeitnehmer nach Beendigung des Arbeitskampfes stand danach – beim Fehlen einer Wiedereinstellungsklausel – im Ermessen des

Arbeitgebers, das jedoch nicht offensichtlich missbräuchlich ausgeübt werden durfte. Die Entscheidung ging im Übrigen von der grundsätzlichen Zulässigkeit einer Angriffsaussperrung aus.

Durch den Beschluss des Großen Senats des *BAG* vom 21.4.1971 (– GS 1/68) wurden die **Grund-** **sätze** der **kollektiven Arbeitskampftheorie** (zu deren Grundzügen *Bader* KR 10. Aufl., § 25 KSchG Rn 8 ff. mwN) weiter **modifiziert**. Dies gilt insbes. für die Frage der Zulässigkeit einer lösenden Aussperrung sowie für die damit zusammenhängende Frage der Wiedereinstellung (vgl. zur heutigen Bewertung etwa BeckOK AR-*Waas* Art. 9 GG Rn 157; ErfK-*Linsenmaier* Art. 9 GG Rn 236 ff.). In dem Beschluss vom 21.4.1971 (aaO, zu III D 2 der Gründe) ist die insbes. von *Säcker* (DB 1969, 1890 ff., 1940 ff.) vertretene Ansicht, die Bestimmung des § 25 KSchG enthalte eine legislative Festschreibung der arbeitgeberseitigen Kampfkündigung, unter Hinweis auf die durch das Erste Arbeitsrechtsbereinigungsgesetz nicht erfolgte Neufassung der Vorschrift abgelehnt worden. Damit habe – so der Große Senat – der Gesetzgeber der Rechtsprechung freien Raum gegeben, durch gesetzesvertretendes Richterrecht die rechtliche Ausformung der Arbeitskampfmittel sowie deren rechtliche Folgen festzulegen (so auch *BVerfG* 26.6.1991 – 1 BvR 779/85). Dies ist durch den Beschluss des Großen Senats des *BAG* vom 21.4.1971 (– GS 1/68) iSd **Fortentwicklung der kollektiven Arbeitskampftheorie** geschehen, so dass damit die Bestimmung des § 25 KSchG **in der Praxis weitgehend gegenstandslos** geworden ist (*BAG* 10.6.1980 – 1 AZR 168/79: § 25 KSchG **beschränkt unmittelbar nur den Geltungsbereich des KSchG, keine generelle Ermächtigung zur »Kündigungsaussperrung«**; *BAG* 26.4.1988 – 1 AZR 399/86: u.a. § 25 KSchG enthält **keine Grundsätze des Arbeitskampfrechts**; ebenso die ganz überwiegende Sichtweise, dafür etwa neben den in Rdn 5 zitierten Stimmen: APS-*Moll* § 25 KSchG Rn 2 f. mwN; *Beuthien* JZ 1969, 630; *Däubler* JuS 1972, 647; *Herschel* DB 1970, 254; *ders.* RdA 1984, 215; *Löwisch* Arbeitskampf Rn 1; LSSW-*Löwisch* § 25 KSchG Rn 3; *Randerath* S. 16 ff.). Die Gegenmeinung (vgl. *Rüthers* Rechtsprobleme der Aussperrung, 1980, S. 44; *Säcker* Gruppenparität und Staatsneutralität als verfassungsrechtliche Grundprinzipien des Arbeitskampfrechts, 1973, S. 124 unter Aufgabe seiner früheren Ansicht in DB 1969, 1942; *Seiter* Streikrecht und Aussperrungsrecht, 1975, S. 320 ff.; *Seiter* JA 1979, 338; *Söllner* RdA 1980, 19) steht demgegenüber auf dem Standpunkt, § 25 KSchG enthalte eine positive Aussage über die Zulässigkeit von arbeitgeberseitigen Arbeitskampfkündigungen (dazu auch *v. Hoyningen-Huene/Linck* 15. Aufl. § 25 KSchG Rn 15). Im Ergebnis besteht eine klare Trennung zwischen dem **Arbeitskampf** und den diversen Kampfmitteln (einschl. der suspendierenden Stilllegung eines bestreikten Betriebs – dazu LSSW-*Löwisch* § 25 KSchG Rn 2 mwN; ErfK-*Linsenmaier* Art. 9 GG Rn 217 ff.; allg. zum Arbeitskampf ErfK-*Linsenmaier* Art. 9 GG Rn 94 ff., speziell zur Aussperrung in Rn 236 ff. sowie in Rn 271 ff. zu atypischen Kampfmitteln) und den **individualrechtlichen Möglichkeiten** der Kündigung, der Änderungskündigung und der außerordentlichen Kündigung (dazu Rdn 7 ff.). Dementsprechend gibt es auch keine sog. **aussperrungsersetzende Massenkündigung**, die § 25 KSchG unterfällt (*BAG* 29.11.1983 – 1 AZR 469/82; 21.4.1971 – GS 1/68; *Engel* RdA 1965, 88; *Kittner* BB 1974, 1488). Es bleibt auch insoweit bei der Anwendung des KSchG. Wird eine Kündigung als **Arbeitskampfmittel** eingesetzt, ist sie bereits wegen des Verstoßes gegen das Arbeitskampfrecht per se unwirksam (LSSW-*Löwisch* § 25 KSchG Rn 1).

D. Kündigungen während eines Arbeitskampfs

I. Durch den Arbeitnehmer

Der Arbeitnehmer hat während und aufgrund eines rechtmäßigen Streiks grds. keinen Anlass für eine ordentliche oder außerordentliche Kündigung. Sein Arbeitsverhältnis besteht fort, die Arbeitspflicht ist suspendiert (Rdn 5; zum Entgeltanspruch *BAG* 22.3.1994 – 1 AZR 622/93; vgl. a. *BAG* 17.7.2012 – 1 AZR 563/11 zum Fall der Streikteilnahme nach unberechtigter außerordentlicher Kündigung; s. weiter zur Abgrenzung *BAG* 26.7.2005 – 1 AZR 133/04). Nebenpflichten bestehen indes weiter (*Bader/Bram-Suckow* § 25 KSchG Rn 5).

Während einer das Arbeitsverhältnis **suspendierenden Aussperrung** (s. Rdn 12) kann der Arbeitnehmer das Arbeitsverhältnis **fristlos lösen** (sog. Recht zur Abkehr; dazu *BAG GS* 21.4.1971 – GS

1/68). Dogmatisch handelt es sich hierbei um ein Sonderkündigungsrecht, das ebenso wie die (außerordentliche und ordentliche) Kündigung Gestaltungscharakter hat (vgl. *Seiter* Streikrecht und Aussperrungsrecht, 1975, S. 366). Daneben steht es dem Arbeitnehmer natürlich frei, ordentlich zu kündigen. Ist die Aussperrung **rechtswidrig**, kommt eine **außerordentliche Kündigung** von Seiten des Arbeitnehmers in Betracht (ErfK-*Linsenmaier* Art. 9 GG Rn 267).

II. Durch den Arbeitgeber

1. Rechtmäßiger Streik

9   Ist ein **Streik rechtmäßig**, so kann die **Teilnahme** eines Arbeitnehmers an einer derartigen Arbeitskampfmaßnahme **nicht** als **rechtswidrige Vertragsverletzung** angesehen werden (Rdn 5), unabhängig davon, ob es sich um Mitglieder der zum Streik aufrufenden Gewerkschaft handelt oder nicht (*Bader/Bram-Suckow* § 25 KSchG Rn 5). Der Arbeitgeber ist daher in diesem Falle weder zu einer außerordentlichen noch zu einer ordentlichen Kündigung berechtigt (allg. Ansicht: vgl. etwa *BAG* 17.12.1976 – 1 AZR 605/75). Dieser Grundsatz gilt entsprechend für die Beteiligung eines Arbeitnehmers an rechtmäßigen Boykottmaßnahmen (vgl. *BAG* 19.10.1976 – 1 AZR 611/75). Rechtswidrig können allerdings einzelne Streikmaßnahmen (**Exzesse**) sein, auch wenn diese die Rechtmäßigkeit des Streiks nicht insgesamt in Frage stellen – in diesem Fall kann mit einer außerordentlichen oder ordentlichen Kündigung gegenüber den Beteiligten reagiert werden (ErfK-*Linsenmaier* Art. 9 GG Rn 235).

10 **Unabhängig vom Streik** können jedoch **anderweitige Umstände** eine außerordentliche oder ordentliche Kündigung nach den normalen Kriterien rechtfertigen. Dabei darf aber die Kündigung nicht als Arbeitskampfmittel eingesetzt werden (Rdn 6 aE; ErfK-*Linsenmaier* Art. 9 GG Rn 212 mit dem Beispiel einer Kündigung des streikenden Arbeitnehmers im Hinblick auf die unbefristete Einstellung einer Ersatzkraft für einen bestreikten Arbeitsplatz). Hingegen wird eine betriebsbedingte Kündigung während des Arbeitskampfes akzeptiert, wenn der Arbeitskräftebedarf nach Beendigung des Arbeitskampfes reduziert werden soll, mit der Kündigungserklärung nicht bis zum Ende des Arbeitskampfes zu warten (ErfK-*Linsenmeier* Art. 9 GG Rn 212 mwN, a. zu zT weitergehenden Auffassungen). Die §§ 4 u. 17 ff. KSchG gelten für derartige Kündigungen ohne Einschränkungen (LSSW-*Löwisch* § 25 KSchG Rn 2).

11 Der **Betriebsrat** ist bei einer Kündigung wegen anderweitiger Umstände (Rdn 10) – also unabhängig vom Streik – nach den üblichen Grundsätzen zu beteiligen (etwa *BAG* 6.3.1979 – 1 AZR 866/77; weiter APS-*Koch* § 102 BetrVG Rn 14 mwN; ErfK-*Linsenmaier* Art. 9 GG Rn 157 f.). Dasselbe gilt bei der Kündigung wegen etwaiger Exzesse bei Arbeitskampfmaßnahmen (Rdn 9; aA APS-*Koch* § 102 BetrVG Rn 15), da insoweit nicht die Gefahr besteht, dass sich die Betriebsratsbeteiligung auf das Arbeitskampfgeschehen auswirkt (*BAG* 13.12.2011 – 1 ABR 2/10, näher zu dieser Entscheidung Rdn 16). Nach dem Ende des Arbeitskampfes gilt § 102 BetrVG ohnedies ohne Einschränkung, auch wenn sich die Kündigungsgründe während des Arbeitskampfes ergeben haben (APS-*Koch* § 102 Rn 15 mwN). Wird allein wegen der Teilnahme an einem rechtmäßigen Streik gekündigt (Rdn 9), ist der Betriebsrat gleichfalls anzuhören (*BAG* 17.12.1976 – 1 AZR 605/75). Der besondere Kündigungsschutz der §§ 15, 16 KSchG gilt grds. auch im Arbeitskampf (LSSW-*Löwisch* § 25 KSchG Rn 4 mwN); Kündigungen gegenüber den in § 15 KSchG erwähnten betriebsverfassungsrechtlichen Funktionsträgern können daher nur bei Vorliegen der in dieser Vorschrift genannten Voraussetzungen (und ggf. unter Beachtung des § 103 BetrVG) ausgesprochen werden (*BAG* 14.2.1978 – 1 AZR 54/76, zur Situation bei einem rechtswidrigen Streik Rdn 16). Auch die Streikteilnahme eines Betriebsratsmitglieds führt nämlich nur zur einer Suspendierung des Arbeitsverhältnisses (*BAG* GS 21.4.1971 – GS 1/68; s. a. *BVerfG* 19.2.1975 – 1 BvR 418/71), und der Betriebsrat bleibt grds. auch während des Arbeitskampfs funktionsfähig (*BAG* 14.2.1978 – 1 AZR 76/76 [entgegen früherer Rspr.]; 25.10.1988 – 1 AZR 368/87: auch unabhängig von der Beteiligung einzelner Betriebsratsmitglieder am Arbeitskampf; parallel *BAG* 10.12.2002 – 1 ABR 7/02, darin mwN zu Einschränkungen einzelner Mitbestimmungsrechte im Hinblick auf den Arbeitskampf).

2. Rechtswidriger Streik

In den Fällen eines **rechtswidrigen Streiks** (etwa zur Regelung oder Durchsetzung betriebsverfassungsrechtlicher Streitfragen – dazu *BAG* 17.12.1976 – 1 AZR 772/7) steht dem Arbeitgeber nach dem BAG, soweit es sich nicht um ganz kurze Arbeitsniederlegungen handelt oder die Rechtmäßigkeit des Streiks zweifelhaft ist, ein **Wahlrecht** zwischen der lösenden Aussperrung und dem Ausspruch von **außerordentlichen oder ordentlichen Kündigungen** zu, ohne dass dem § 25 KSchG entgegenstünde (so *BAG* 29.11.1983 – 1 AZR 469/82; 21.4.1971 – GS 1/68; aA insbes. *Seiter* Streikrecht und Aussperrungsrecht, 1975, S. 363 u. 372 ff.; s. a. ErfK-*Linsenmaier* Art. 9 GG Rn 237: im Ergebnis heute grds. nur noch die suspendierende Aussperrung zulässig; zur suspendierenden Abwehraussperrung *BVerfG* 26.6.1991 – 1 BvR 779/85; *BAG* 11.8.1992 – 1 AZR 103/92; 12.3.1985 – 1 AZR 636/82). Nach der Ansicht des *BAG* (28.1.1955 – GS 1/54; 21.4.1971 – GS 1/68) setzt die lösende Aussperrung, soweit man sie (in Ausnahmefällen) als zulässig ansieht, begrifflich voraus, dass der aussperrende Arbeitgeber den Willen zur Wiedereinstellung nach Kampfbeendigung oder jedenfalls die Absicht hat, nach Ende des Arbeitskampfes mit den ausgesperrten Arbeitnehmern zu verhandeln.

12

Die Teilnahme an einem rechtswidrigen Streik stellt einen **Vertragsbruch** dar, der den Arbeitgeber dazu berechtigt eine ordentliche oder uU auch eine außerordentliche Kündigung zu erklären (*BAG* 21.4.1971 – GS 1/68; 29.11.1983 – 1 AZR 469/82; ebenso bereits *Herschel* RdA 1984, 216; *Randerath* S. 74 ff; weiter: zB LSSW-*Löwisch* § 25 KSchG Rn 5 mwN). Da es sich bei rechtswidrigen Arbeitsniederlegungen um Störungen im Leistungsbereich handelt, muss der Arbeitgeber freilich im Regelfall vor Ausspruch einer Kündigung aus wichtigem Grund oder auch vor Ausspruch einer ordentlichen Kündigung eine **Abmahnung** aussprechen (*BAG* 17.12.1976 – 1 AZR 772/75; vgl. zum Begriff der Abmahnung KR-*Rachor* § 1 KSchG Rdn 435 f.; KR-*Fischermeier/Krumbiegel* § 626 BGB Rdn 267 ff.). Die Wirksamkeit einer außerordentlichen Kündigung wegen Teilnahme an einem rechtswidrigen Streik unterliegt dem gesetzlichen Überprüfungsmaßstab des **§ 626 BGB**. Es ist daher eine sorgfältige **einzelfallbezogene Interessenabwägung** erforderlich, die insbes. auch den Grad der Beteiligung des Arbeitnehmers an dem Streik und die Erkennbarkeit der Rechtswidrigkeit des Streiks in den Blick nimmt, aber auch den Aspekt der Solidarität und etwaiges vorausgegangenes rechtswidriges Verhalten des Arbeitgebers (*BAG* 29.11.1983 – 1 AZR 469/82; 14.2.1978 – 1 AZR 103/76; ebenso *Herschel* RdA 1984, 217; aA *Randerath* S. 79). Auf eine ordentliche Kündigung, die auf eine Teilnahme an einem rechtswidrigen Streik gestützt ist, findet § 1 KSchG in vollem Umfange Anwendung. Auch hier bedarf es einer einzelfallbezogenen Interessenabwägung im Rahmen der Prüfung, ob die Kündigung aus verhaltensbedingten Gründen iSd § 1 Abs. 1 KSchG sozial gerechtfertigt ist (*BAG* 29.11.1983 – 1 AZR 469/82). Beteiligen sich Arbeitnehmer an einem von einer unzuständigen Gewerkschaft geführten Streik, so rechtfertigt dies nach Ansicht des *BAG* (29.11.1983 – 1 AZR 469/82) auch dann nicht ohne Weiteres eine fristlose oder fristgemäße Kündigung, wenn die Arbeitnehmer mit der Möglichkeit rechnen mussten, dass die Gewerkschaft für ihren Betrieb nicht zuständig ist und der Streik deshalb rechtswidrig war. Gegebenenfalls gelangt der **Massenentlassungsschutz** (§§ 17 ff. KSchG) zur Anwendung (ebenso LSSW-*Löwisch* § 25 KSchG Rn 5 iVm 4).

13

Zulässig ist nach der Rechtsprechung des *BAG* (21.10.1969 – 1 AZR 93/68; 17.12.1976 – 1 AZR 772/75) in den Fällen der Teilnahme eines Arbeitnehmers an einer rechtswidrigen Arbeitskampfmaßnahme (insbes. Streik und Boykott) auch eine sog. **herausgreifende Kündigung** (zust. LSSW-*Löwisch* § 25 KSchG Rn 5; *Randerath* S. 81; aA *Herschel* RdA 1984, 217), sofern sie sich nicht uU aus anderen Gründen – etwa wegen einer Diskriminierung – als unwirksam erweist. Hierunter versteht man eine (außerordentliche oder ordentliche) Kündigung, die der Arbeitgeber im Falle eines rechtswidrigen Streiks gegenüber einzelnen Arbeitnehmern ausspricht, wenn diese trotz wiederholter Aufforderung die Arbeit nicht aufnehmen. Im Schrifttum ist die Zulässigkeit der sog. herausgreifenden Kündigung umstritten (vgl. die krit. Stellungnahmen von *Kittner* BB 1974, 1490; *Lieb* SAE 1970, 232; *Rüthers* Anm. zu BAG AP Nr. 41 zu Art. 9 GG Arbeitskampf; *Schmidt* BB

14

1973, 432; *Seiter* ZfA 1970, 358; *ders.* Streikrecht und Aussperrungsrecht, 1975, S. 381 f.). Da das *BAG* (21.4.1971 – GS 1/68, zu D 3 der Gründe) selbst für den Fall, dass der Arbeitgeber auf einen rechtswidrigen Streik mit einer lösenden Abwehraussperrung reagiert, lediglich solchen Arbeitnehmern einen Wiedereinstellungsanspruch versagt, die sich trotz Kenntnis oder fahrlässiger Unkenntnis von der Rechtswidrigkeit des Streiks in diesem »hervorgetan oder ihn sogar angezettelt« haben, müsste das BAG konsequenterweise die Zulässigkeit einer herausgreifenden Kündigung auf die sog. Rädelsführer beschränken (vgl. *Seiter* Streikrecht und Aussperrungsrecht, 1975, S. 381 ff.; weitergehend *Kittner* BB 1974, 1492, der nur in den Fällen der Beteiligung an strafbaren Handlungen – zB Sachbeschädigungen, Beleidigungen usw. – eine sog. herausgreifende Kündigung für zulässig hält). Auf eine sog. herausgreifende Kündigung finden das KSchG sowie § 626 BGB selbstverständlich Anwendung (s. Rdn 15; aA *Randerath* S. 79).

15 Hat der Arbeitgeber als Abwehrmaßnahme auf einen rechtswidrigen Streik individualrechtlich – also durch den Ausspruch von außerordentlichen oder ordentlichen Kündigungen – reagiert, so haben die Arbeitnehmer die dreiwöchige **Klagefrist** des § 4 S. 1 KSchG zu beachten (DDZ-*Deinert* § 25 KSchG Rn 2; *Bader/Bram-Suckow* § 25 KSchG Rn 13). Dies gilt unabhängig davon, ob dem Arbeitgeber auch die Möglichkeit einer lösenden oder jedenfalls suspendierenden Aussperrung zu Gebote gestanden hätte. Die Einzelkündigungen unterliegen in vollem Umfange den Vorschriften des **KSchG** bzw. ggf. des **§ 626 BGB** (vgl. *BAG* 29.11.1983 – 1 AZR 469/82; *Bader/Bram-Suckow* § 25 KSchG Rn 13 f.; *Herschel* RdA 1984, 216; LSSW-*Löwisch* § 25 KSchG Rn 4 f.; aA *Randerath* S. 78 ff.).

16 Der Arbeitgeber hat wie schon angesprochen (Rdn 11) auch während des Arbeitskampfes **grundsätzlich die §§ 102, 103 BetrVG** sowie die **§§ 15, 16 KSchG** zu beachten (s. *Herschel* RdA 1984, 216; ausf. zum Meinungsstand *Seiter* Streikrecht und Aussperrungsrecht, 1975, S. 370 f. sowie *Heinze* DB 1982, Beil. Nr. 23). Wegen der dem Betriebsrat nach § 74 Abs. 2 S. 1 BetrVG obliegenden Neutralitätspflicht bleibt er auch während eines Arbeitskampfes das für die Anhörung bei Kündigungen zuständige betriebsverfassungsrechtliche Repräsentationsorgan der Belegschaft (*BAG* 13.12.2011 – 1 ABR 2/10, Rn 25). Ein Ruhen der in § 102 BetrVG geregelten Beteiligungsrechte kann daher nicht mit der Annahme begründet werden, der Betriebsrat sei während des Arbeitskampfes nicht in der Lage, insoweit mitzuwirken (so noch *BAG* 26.10.1971 – 1 AZR 113/68; wie hier: *Herschel* RdA 1984, 216; s. jetzt auch *BAG* 13.12.2011 – 1 ABR 2/10, Rn 25). Dennoch wird weitgehend angenommen, **§ 102 BetrVG** sei im Hinblick auf den Arbeitskampf **einschränkend auszulegen** (*BAG* 14.2.1978 – 1 AZR 76/76; HaKo-KSchR/*Pfeiffer* § 25 KSchG Rn 3; LSSW-*Löwisch* § 25 KSchG Rn 5). Das *BAG* (14.2.1978 – 1 AZR 76/76) hat dazu ausgeführt: »Kampfkündigungen von Arbeitnehmern unterliegen trotz grundsätzlich weiter bestehender Funktionsfähigkeit des Betriebsrats während eines Arbeitskampfes nicht dem Beteiligungsrecht des Betriebsrats gemäß § 102 BetrVG; insbesondere braucht der Betriebsrat vor derartigen Kündigungen nicht gehört zu werden, und zwar unabhängig von der Frage, ob der Betriebsrat selbst an der Arbeitsniederlegung teilgenommen hat oder nicht. Im Hinblick auf die Konfrontation zwischen Arbeitnehmerschaft und Arbeitgeber infolge der Arbeitsniederlegung ist der Betriebsrat rechtlich gehindert, personelle Beteiligungsrechte bei Maßnahmen auszuüben, die der Arbeitgeber als Gegenmaßnahme auf eine rechtswidrige Arbeitsniederlegung trifft.«. Dem kann nicht gefolgt werden. Bereits der Begriff »Kampfkündigung« führt in die Irre, da es insoweit nicht um Kampf, sondern allein um die individualrechtliche Reaktion auf vertragswidriges Verhalten geht (Rdn 13 u. Rdn 6). Im Übrigen geht das BAG nunmehr von folgenden grds. zutreffenden Erwägungen aus (*BAG* 13.12.2011 – 1 ABR 2/10, Rn 27 mwN): »Eine Einschränkung der Mitbestimmungsrechte des Betriebsrats während eines Arbeitskampfs hat zu erfolgen, wenn bei deren uneingeschränkter Aufrechterhaltung die ernsthafte Gefahr besteht, dass der Betriebsrat eine dem Arbeitgeber sonst mögliche Arbeitskampfmaßnahme verhindert und dadurch zwangsläufig zu dessen Nachteil in das Kampfgeschehen eingreift. ... Eine ernsthafte Beeinträchtigung der Kampffähigkeit des Arbeitgebers besteht, wenn die Wahrung der Mitbestimmungsrechte des Betriebsrats dazu führt, dass der Arbeitgeber an der Durchführung einer beabsichtigten kampfbedingten Maßnahme zumindest vorübergehend gehindert ist und auf diese Weise zusätzlich

Druck auf ihn ausgeübt wird. Diese Anforderungen sind ... erfüllt, wenn die Mitbestimmungsrechte die Rechtmäßigkeit des vom Arbeitgeber beabsichtigten Handelns an die Einhaltung einer Frist oder ein positives Votum des Betriebsrats und ggf. dessen Ersetzung durch die Einigungsstelle knüpfen.« (ebenso *BAG* 20.3.2018 – 1 ABR 70/16, Rn 36 f.). Legt man diese Kriterien zugrunde, wobei allerdings die Fristen des § 102 Abs. 2 S. 1 u. 3 BetrVG nicht wie gefordert zu einer ernsthaften Beeinträchtigung der Arbeitskampffähigkeit des Arbeitgebers führen können, steht die Erforderlichkeit der Beteiligung des Betriebsrats nach § 102 BetrVG nicht in Frage. Vor dem Hintergrund der Entscheidung *BAG* 13.12.2011 (– 1 ABR 2/10) ist es allerdings zutreffend, dass eine außerordentliche Kündigung gegenüber Betriebsratsmitgliedern wegen Teilnahme an einem rechtswidrigen Arbeitskampf keiner Zustimmung des Betriebsrates gem. § 103 Abs. 1 BetrVG bedarf, wobei jedoch in entsprechender Anwendung des § 103 Abs. 2 BetrVG die Zustimmung des ArbG erforderlich ist (*BAG* 14.2.1978 – 1 AZR 76/76; krit. hierzu *Mayer-Maly* BB 1979, 1312).

III. Sonderkonstellationen

1. Bei gemeinsam ausgeübtem Zurückbehaltungsrecht

Eine gemeinsame Arbeitsniederlegung ohne Beteiligung der Gewerkschaft ist dann nicht als rechtswidriger Streik anzusehen (zur Abgrenzung s.a. *BAG* 14.2.1978 – 1 AZR 76/76: Dem Zurückbehaltungsrecht liegt eine Rechtsfrage zugrunde, der Arbeitsniederlegung eine Regelungsstreitigkeit), wenn den betroffenen Arbeitnehmern nach §§ 273, 320 BGB ein **Zurückbehaltungsrecht** zusteht (*BAG* 20.12.1963 – 1 AZR 428/62; 14.2.1978 – 1 AZR 76/76; so auch die hM im Schrifttum, etwa *Söllner* ZfA 1973, 1 ff. mwN). Erforderlich ist aber, dass die Voraussetzungen des gemeinsam ausgeübten Zurückbehaltungsrechts in der Person des Arbeitnehmers vorliegen. Die gemeinsame Ausübung muss nach der Ansicht des *BAG* (20.12.1963 – 1 AZR 428/62; 14.2.1978 – 1 AZR 76/76) »in einer jeden Zweifel ausschließenden Weise« erfolgen, dh die Arbeitnehmer müssen dem Arbeitgeber insbes. Gründe nennen, wegen derer sie ihre Arbeitsleistung zurückhalten (zur Kritik an dem Erfordernis der zweifelsfreien Erklärung vgl. *Seiter* Streikrecht und Aussperrungsrecht, 1975, S. 432 f.). 17

Ein Zurückbehaltungsrecht steht den Arbeitnehmern dann zu, wenn der Arbeitgeber fällige Leistungsansprüche aus dem Arbeitsverhältnis nicht erfüllt, oder wenn er die ihm obliegenden arbeitsvertraglichen Nebenpflichten (zB hinsichtlich der Person oder der Gesundheit des Arbeitnehmers) verletzt (*BAG* 25.10.1984 – 2 AZR 417/83). Liegen diese Voraussetzungen vor, so kann der Arbeitgeber wegen der gemeinsamen Arbeitsniederlegung weder kollektivrechtliche noch kündigungsrechtliche Maßnahmen ergreifen. Ein Recht zur (außerordentlichen oder ordentlichen) **Kündigung** steht ihm nur gegenüber solchen Arbeitnehmern zu, in deren Person nicht die Voraussetzungen des Zurückbehaltungsrechts vorliegen (vgl. *Seiter* Streikrecht und Aussperrungsrecht, 1975, S. 441 sowie *BAG* 14.2.1978 – 1 AZR 76/76). 18

2. Massenänderungskündigung

Im Unterschied zum gemeinsam ausgeübten Zurückbehaltungsrecht (vgl. Rdn 17 f.; *Kalb* HzA Teilbereich 3 Arbeitskampf Rn 1259 ff.) dient die sog. **Massenänderungskündigung** der Durchsetzung arbeitsvertraglicher Regelungsziele. Auch die Massenänderungskündigung enthält alle Elemente einer individuellen Änderungskündigung (vgl. zum Begriff KR-*Kreft* § 2 KSchG Rdn 57). Die Besonderheit der arbeitgeberseitigen Massenänderungskündigung besteht darin, dass sie gleichzeitig gegenüber mehreren Arbeitnehmern ausgesprochen wird, und zwar mit dem Ziel, die bestehenden Arbeitsbedingungen zu ändern (vgl. *BAG* 18.10.1984 – 2 AZR 543/83; LSSW-*Löwisch* § 25 KSchG Rn 6 zur Abgrenzung zwischen Massenänderungskündigung und Aussperrung). Die arbeitgeberseitige Massenänderungskündigung stellt auch dann keine von den Vorschriften des KSchG befreite Kampfmaßnahme iSd § 25 KSchG dar, wenn sie vom Arbeitgeber während eines Arbeitskampfes erklärt wird (*Herschel* RdA 1984, 218; MünchArbR-*Ricken* § 265 Rn 23; 19

§ 26 KSchG Inkrafttreten

DDZ-*Deinert* § 25 KSchG Rn 3; LSSW-*Löwisch* § 25 KSchG Rn 6; aA *Randerath* S. 102; diff. *Seiter* Streikrecht und Aussperrungsrecht, 1975, S. 423 ff.).

20 Die arbeitgeberseitige Massenänderungskündigung zur Durchsetzung arbeitsvertraglicher Regelungsziele stellt nach der zutreffenden Rechtsprechung des *BAG* (bereits 1.2.1957 – 1 AZR 521/54) keine kollektivrechtlich zu bewertende Kampfmaßnahme dar. Es handelt sich vielmehr um eine nach **kündigungsrechtlichen Maßstäben** (§ 2 KSchG, § 626 BGB) **zu beurteilende individualrechtliche Maßnahme** (so auch die hM im Schrifttum; vgl. etwa *Herschel* RdA 1984, 217 f.; MünchArbR-*Ricken* § 265 Rn 23; MünchArbR-*Rennpferdt* § 117 Rn 22; LSSW-*Löwisch* § 25 KSchG Rn 6; ErfK-*Kiel* 20. Aufl. § 25 KSchG Rn 3; *Zöllner* RdA 1969, 250; aA insbes. *Ramm* BB 1964, 1174 und *Weller* AuR 1967, 76 ff., die von einer tatbestandlichen Identität von Aussperrung und arbeitgeberseitigen Massenänderungskündigungen ausgehen). Beide Rechtsinstitute unterscheiden sich jedoch sowohl in ihrer Funktion als auch in ihrer Wirkungsweise. Während die Aussperrung der kampfweisen Durchsetzung kollektivrechtlicher Regelungsziele dient, bezweckt die arbeitgeberseitige Massenänderungskündigung die arbeitsvertragliche Neugestaltung bestimmter Arbeitsbedingungen (vgl. zur Abgrenzung iE *Säcker* Gruppenautonomie und Übermachtkontrolle im Arbeitsrecht, 1972, S. 385 ff. sowie *Seiter* Streikrecht und Aussperrungsrecht, 1975, S. 399 ff.). In ihrer Wirkungsweise unterscheiden sich beide Rechtsinstitute darin, dass die Aussperrung nach der Ansicht des *BAG* (21.4.1971 – GS 1/68) entweder auf eine Suspendierung der beiderseitigen Hauptpflichten oder auf eine – idR nur vorübergehende – Beendigung der Arbeitsverhältnisse zielt. Bei der arbeitgeberseitigen Massenänderungskündigung hängt es dagegen vom Willen der betroffenen Arbeitnehmer ab, ob sie dazu bereit sind, zu den angebotenen neuen Arbeitsbedingungen weiterzuarbeiten oder nicht.

21 Auf die arbeitgeberseitige Massenänderungskündigung finden auch die Bestimmungen der **§§ 17 ff.** **KSchG** entsprechend Anwendung (ebenso *BAG* 1.2.1957 – 1 AZR 521/54; 8.2.1957 – 1 AZR 169/55; LSSW-*Löwisch* § 25 KSchG Rn 6; MünchArbR-*Rennpferdt* § 117 Rn 23). Der Arbeitgeber ist weiterhin dazu verpflichtet, den Betriebsrat nach den §§ 102 ff. BetrVG zu beteiligen. Da es sich bei einer arbeitgeberseitigen Massenänderungskündigung zugleich um eine »Allgemeine personelle Angelegenheit« iSd **§§ 92 ff. BetrVG** handelt, hat der Arbeitgeber auch die dem Betriebsrat nach diesen Vorschriften zustehenden Beteiligungsrechte zu beachten. Ordentliche Massenänderungskündigungen sind gegenüber dem unter **§ 15 KSchG** fallenden Personenkreis unzulässig (vgl. *BAG* 29.1.1981 – 2 AZR 778/78; ebenso *Randerath* S. 107).

§ 25a KSchG Berlin-Klausel

Dieses Gesetz gilt nach Maßgabe des § 13 Abs. 1 des Dritten Überleitungsgesetzes auch im Lande Berlin. Rechtsverordnungen, die auf Grund dieses Gesetzes erlassen werden, gelten im Land Berlin nach § 14 des Dritten Überlassungsgesetzes.

1 Die **Berlin-Klausel** ist mit der im Zuge der Wiedervereinigung Deutschlands am 3.10.1990 erfolgten Beendigung des alliierten Sonderstatus Berlins **gegenstandslos** geworden. § 13 Abs. 1 und § 14 des Dritten Überleitungsgesetzes sind aufgrund des § 4 Abs. 1 Nr. 2 des Sechsten Überleitungsgesetzes vom 25.9.1990 (BGBl. I S, 2106) zum genannten Zeitpunkt aufgehoben worden.

2 Hinsichtlich der Geltung der Berlin-Klausel und der Geltung des KSchG sowie der Änderungen des KSchG in Berlin wird verwiesen auf *Bader* KR 10. Aufl., § 25a KSchG Rn 1–3.

§ 26 KSchG Inkrafttreten

Dieses Gesetz tritt am Tage nach seiner Verkündung in Kraft.

1 Die Vorschrift betrifft das seinerzeitige Inkrafttreten des KSchG idF vom 10.8.1951 (BGBl. I S. 499). Das **KSchG 1951** ist am 13.8.1951 verkündet worden und ist demgemäß am 14.8.1951 in Kraft getreten (zur Entstehungsgeschichte KR-*Rachor* § 1 KSchG Rdn 6–9). Zum gleichen

Zeitpunkt sind alle landesrechtlichen Vorschriften über den Schutz der Arbeitnehmer gegen sozialwidrige Kündigungen und über den Kündigungsschutz der Betriebsratsmitglieder außer Kraft getreten (§ 26 Abs. 2 KSchG 1951). Eine sich auf den Massenentlassungsschutz beziehende Übergangsvorschrift (§ 26 Abs. 3 KSchG 1951) ist durch das Erste Arbeitsrechtsbereinigungsgesetz vom 14.8.1969 (BGBl. I S. 1106; dazu weiter Rdn 5) gestrichen worden.

In **Berlin** galt zunächst das KSchG vom 20.5.1950 (VBl. Berlin S. 173) weiter. Mit Gesetz vom 22.12.1952 (GVBl. 1952 S. 1197) übernahm Berlin ab 1.1.1953 das KSchG des Bundes (zur weiteren Entwicklung *Bader* KR 10. Aufl., § 25a KSchG Rn 1–3 sowie KR-*Bader/Kreutzberg-Kowalczyk* § 25a KSchG Rdn 1). 2

Im **Saarland** galt vor der Eingliederung in die Bundesrepublik Deutschland das Gesetz Nr. 432 vom 7.7.1954 (ABl. 1954 S. 878). Durch Art. 7 des Gesetzes Nr. 628 vom 18.6.1958 (ABl. 1958 S. 1249) wurde das KSchG des Bundes mit Wirkung vom 1.1.1959 übernommen, und zwar mit der Maßgabe, dass der Kündigungsschutz bereits mit Vollendung des 18. Lebensjahres gegolten hat (vgl. Rdn 5). 3

Auf dem **Gebiet der ehemaligen DDR** galt das KSchG als DDR-Gesetz mit Wirkung vom 1.7.1990 bis zum Zeitpunkt der Wiedervereinigung am 3.10.1990. Ab diesem Tage ist das KSchG auch dort unmittelbar geltendes Recht. 4

Durch das **Erste Arbeitsrechtsbereinigungsgesetz** vom 14.8.1969 (BGBl. I S. 1106) wurden zahlreiche Vorschriften des KSchG 1951 mit Wirkung vom 1.9.1969 geändert (dazu KR-*Rachor* § 1 KSchG Rdn 10). Nach der Überleitungsvorschrift des Art. 6 Abs. 1 des Ersten Arbeitsrechtsbereinigungsgesetzes blieben für Kündigungen, die vor dem Inkrafttreten des Ersten Arbeitsrechtsbereinigungsgesetzes zugegangen waren, die bisherigen Vorschriften maßgebend. Hinsichtlich der Anrechnung der Lehrzeit auf die Frist des § 1 Abs. 1 KSchG enthielt Art. 6 Abs. 3 Erstes Arbeitsrechtsbereinigungsgesetz die folgende Übergangsvorschrift: 5

»*(3) § 1 Abs. 1 des Kündigungsschutzgesetzes gilt bis zum 31. Dezember 1972 mit der Maßgabe, dass auf die Frist von sechs Monaten Zeiten aus einem Lehrverhältnis nur dann angerechnet werden, wenn der Arbeitnehmer im Zeitpunkt der Kündigung das 20. Lebensjahr vollendet hat. Dies gilt nicht im Saarland.*«

Durch das **Betriebsverfassungsgesetz** vom 15.1.1972 (BGBl. I S. 13) wurden mit Wirkung vom 19.1.1972 die §§ 1, 15 u. 16 KSchG neu gefasst (vgl. § 123 BetrVG 1972, BGBl. I S. 41). 6

Eine Änderung des KSchG trat durch das **Rentenreformgesetz** vom 16.10.1972 (BGBl. I S. 1965) ein. Mit Art. 4 § 2 dieses Gesetzes wurde § 10 Abs. 2 S. 2 KSchG neu gefasst. Von wesentlicher Bedeutung für den Bereich des Allgemeinen Kündigungsschutzes war die Übergangsbestimmung des Art. 6 § 5 Rentenreformgesetz, die wie folgt lautete: 7

»*(1) Die Tatsache, dass ein Arbeitnehmer berechtigt ist, vor Vollendung des 65. Lebensjahres Altersruhegeld der gesetzlichen Rentenversicherung zu beantragen, ist nicht als ein die Kündigung des Arbeitsverhältnisses durch den Arbeitgeber bedingender Grund iSd § 1 Abs. 2 Satz 1 des Kündigungsschutzgesetzes anzusehen; sie kann auch nicht bei der sozialen Auswahl nach § 1 Abs. 3 Satz 1 des Kündigungsschutzgesetzes zum Nachteil des Arbeitnehmers berücksichtigt werden.*

(2) Eine Vereinbarung, die die Beendigung des Arbeitsverhältnisses eines Arbeitnehmers ohne Kündigung zu einem Zeitpunkt vorsieht, in dem der Arbeitnehmer vor Vollendung des 65. Lebensjahres Altersruhegeld der gesetzlichen Rentenversicherung beantragen kann, gilt dem Arbeitnehmer gegenüber als auf die Vollendung des 65. Lebensjahres abgeschlossen, es sei denn, dass dieser die Vereinbarung innerhalb der letzten drei Jahre vor dem Zeitpunkt, in dem er erstmals den Antrag stellen könnte, schriftlich bestätigt.«

Abs. 1 findet sich nunmehr in modifizierter Form in **§ 41 S. 1 SGB VI**. Abs. 2 ist jetzt in **§ 41 S. 2 SGB VI** enthalten (dazu s. KR-*Bader/Kreutzberg-Kowalczyk* § 23 TzBfG Rdn 21 ff.).

§ 26 KSchG Inkrafttreten

8   Durch Art. 287 Nr. 76 des **Einführungsgesetzes zum Strafgesetzbuch** vom 2.3.1974 (BGBl. I S. 469) wurde § 20 Abs. 2 S. 2 KSchG 1969 mit Wirkung vom 1.1.1975 aufgehoben.

9   Das **Bundespersonalvertretungsgesetz** vom 15.3.1974 (BGBl. I S. 693) brachte in § 114 Änderungen der §§ 1, 2, 15 u. 16 KSchG. Die Neuregelung ist am 1.4.1974 in Kraft getreten.

10 Das »**Gesetz zur Änderung des Kündigungsschutzgesetzes**« vom 5.7.1976 (BGBl. I S. 1769) ließ mit Art. 1 die bis dahin in § 1 KSchG 1969 enthaltene Altersgrenze entfallen (hierzu iE *Becker* NJW 1976, 1486). Die Neufassung des § 1 Abs. 1 KSchG ist am 9.7.1976 in Kraft getreten. Für Kündigungen, die vor dem Zeitpunkt des Inkrafttretens zugegangen waren, galt die frühere Fassung des § 1 Abs. 1 KSchG.

11 Das »**Zweite Gesetz zur Änderung des Kündigungsschutzgesetzes**« vom 27.4.1978 (BGBl. I S. 550) passte das deutsche Recht über den Massenkündigungsschutz durch Änderung des § 17 Abs. 1 KSchG und durch Einführung der neuen Abs. 2 und 3 in § 17 dem Gemeinschaftsrecht an (dazu *Becker* NJW 1976, 2057; *Löwisch* NJW 1978, 1237). In § 20 Abs. 4 Satz 1 wurde die Zahl »100« durch die Zahl »500« ersetzt. Die gesetzlichen Neuregelungen sind am 30.4.1978 in Kraft getreten.

12 Durch Art. 3 des **Beschäftigungsförderungsgesetzes 1985** – BeschFG 1985 – v. 26.4.1985 (BGBl. S. 710) wurden die §§ 22 und 23 KSchG neu gefasst. Außerdem wurde als § 25a KSchG die übliche Berlin-Klausel eingefügt (dazu *Bader* KR 10. Aufl., § 25a KSchG Rn 1 u. 4). Die Neuregelungen auf Grund des Art. 3 BeschFG 1985 sind am 1.5.1985 in Kraft getreten (vgl. Art. 16 BeschFG 1985). Die Neuregelung in § 22 Abs. 2 S. 1 KSchG stellte klar, dass Betriebe des Baugewerbes, in denen die ganzjährige Beschäftigung gem. § 76 Abs. 2 AFG gefördert wird, keine Saisonbetriebe oder Kampagne-Betriebe sind. In § 23 Abs. 1 S. 2 KSchG wurde das Wort »Lehrlinge« durch die Worte »zu ihrer Berufsbildung Beschäftigten« ersetzt. Die seinerzeit in § 23 Abs. 1 KSchG eingefügten Sätze 3 und 4 bezogen sich auf Teilzeitarbeitnehmer, deren regelmäßige Arbeitszeit wöchentlich zehn Stunden oder monatlich 45 Stunden nicht übersteigt.

13 Das **Gesetz zur Bildung von Jugend- und Auszubildendenvertretungen in Betrieben** vom 13.7.1988 (BGBl. I S. 1034) hat in § 15 Abs. 1 KSchG lediglich zur redaktionellen Anpassung an die neue Terminologie geführt, in dem jeweils das Wort »Jugendvertretung« durch die Worte »Jugend- und Auszubildendenvertretung« ersetzt wurde. Für den Bereich der öffentlichen Verwaltung wurde durch das **Gesetz zur Bildung von Jugend- und Auszubildendenvertretungen in den Verwaltungen** vom 13.7.1988 (BGBl. I S. 1037) in § 15 Abs. 2 KSchG nach dem Wort »Personalvertretung« ein Komma und nach dem Komma die Worte »einer Jugend- und Auszubildendenvertretung« eingefügt.

14 Durch das **Gesetz zur Reform der gesetzlichen Rentenversicherung** vom 18.12.1989 (BGBl. I S. 2261 – RRG 1992) wurden in § 10 Abs. 2 S. 2 KSchG die Worte »§ 1248 Abs. 5 der Reichsversicherungsordnung, § 25 Abs. 5 des Angestelltenversicherungsgesetzes oder § 48 Abs. 5 des Reichsknappschaftsgesetzes« durch die Worte »der Vorschrift des Sechsten Buches Sozialgesetzbuch über die Regelaltersrente« ersetzt.

15 Durch die **Fünfte Zuständigkeitsanpassungsverordnung** vom 26.2.1993 (BGBl. I S. 278) wurden in § 21 S. 1 KSchG die Wörter »das Post- und Fernmeldewesen« durch die Wörter »Post- und Telekommunikation« ersetzt.

16 Mit dem **Gesetz zur Anpassung arbeitsrechtlicher Bestimmungen an das EG-Recht** vom 20.7.1995 (BGBl. I S. 946), in Kraft getreten am 28.7.1995, ist die Richtlinie des Rates der Europäischen Gemeinschaften vom 24.6.1992 in deutsches Recht umgesetzt worden. Mit dem Anpassungsgesetz ist § 17 KSchG wie folgt geändert worden: § 17 Abs. 1 wurde durch die Einbeziehung »anderer vom Arbeitgeber veranlasster Beendigungen des Arbeitsverhältnisses« ergänzt (§ 17 Abs. 1 S. 2). In § 17 Abs. 2 S. 1 wurde die Unterrichtungspflicht des Arbeitgebers gegenüber dem Betriebsrat hinsichtlich der einzelnen Anforderungen gem. den Ziffern 1 bis 8 verdeutlicht. § 17 Abs. 3 S. 1 wurde neu gefasst und stellte sicher, dass die Auskünfte gem. dem Katalog im § 17 Abs. 2 S. 1 dem Arbeitsamt

auch dann übermittelt werden, wenn ein Betriebsrat nicht vorhanden ist. Die Einfügung der Konzernklausel in § 17 Abs. 3a stellte klar, dass die Verpflichtung des Arbeitgebers, den Betriebsrat zu informieren und mit ihm die vorgesehenen Beratungen durchzuführen sowie Entlassungen anzuzeigen, nicht dadurch entfällt oder eingeschränkt wird, dass der Arbeitgeber in einem Konzernverbund steht und die Entscheidung über die Entlassungen von dem herrschenden Unternehmen getroffen wird. Mit dem **Anpassungsgesetz** vom 20.7.1995 ist auch die Übergangsvorschrift des § 22a KSchG aufgehoben worden.

Durch das **Arbeitsrechtliche Gesetz zur Förderung von Wachstum und Beschäftigung (Arbeitsrechtliches Beschäftigungsförderungsgesetz)** vom 25.9.1996 (BGBl. I S. 1476), in Kraft getreten am 1.10.1996, wurden im KSchG die Vorschriften der §§ 1 und 23 geändert bzw. ergänzt (dazu a. KR-*Rachor* § 1 KSchG Rdn 13 mwN): In § 1 Abs. 3 S. 1 sind die Wörter »soziale Gesichtspunkte« durch die Wörter »die Dauer der Betriebszugehörigkeit, das Lebensalter und die Unterhaltspflichten« ersetzt worden. Durch die Neufassung des Satzes 2 wurde deutlicher als bisher geregelt, dass die Auswahl nach sozialen Gesichtspunkten bei den Arbeitnehmern entfällt, deren Weiterbeschäftigung im berechtigten betrieblichen Interesse liegt. § 1 Abs. 4 und 5 wurden angefügt und beschränkten die gerichtliche Überprüfbarkeit der Sozialauswahl auf die grobe Fehlerhaftigkeit, wenn kollektivvertraglich bzw. in Betrieben oder Verwaltungen ohne gewählte Arbeitnehmervertretung mit Zustimmung von mindestens zwei Dritteln der Arbeitnehmer des Betriebes oder der Dienststelle Kriterien für die Sozialauswahl festgelegt sind oder die zu kündigenden Arbeitnehmer in einem Interessenausgleich namentlich genannt sind. Der Schwellenwert gem. § 23 Abs. 1 S. 2, bis zu dem das KSchG keine Anwendung findet, ist von fünf auf zehn Arbeitnehmer angehoben worden. Gem. § 23 Abs. 1 S. 3 wurden nunmehr Teilzeitbeschäftigte bei der Berechnung des Gesamtarbeitsvolumens des Betriebes entsprechend ihrer Arbeitszeit anteilig berücksichtigt. In § 23 Abs. 1 S. 4 wurde für Arbeitnehmer, die bis zum 30. September 1996 gegenüber ihrem Arbeitgeber Rechte aus der bis dahin geltenden Fassung der Sätze 2 bis 4 iVm §§ 1 bis 14 KSchG hätten herleiten können, eine Besitzstandsklausel mit Wirkung bis zum 30. September 1999 festgeschrieben.

Durch das **Gesetz zur Reform der Arbeitsförderung (Arbeitsförderungs-Reformgesetz – AFRG)** vom 24.3.1997 (BGBl. I S. 594), in Kraft getreten am 1.1.1998, wurden die Vorschriften gem. **§§ 18, 20 und 22 KSchG** geändert. Aus Gründen der Sachnähe wurde die Zuständigkeit für Entscheidungen bei anzeigepflichtigen Entlassungen vom Landesarbeitsamt auf das Arbeitsamt verlagert worden. Daher wurden in **§ 18 Abs. 1** die Wörter »mit Zustimmung des Landesarbeitsamtes« durch die Wörter »mit dessen Zustimmung« ersetzt. In **§ 18 Abs. 2** wurde das Wort »Landesarbeitsamt« durch das Wort »Arbeitsamt« ersetzt und nach den Wörtern »nach Eingang der Anzeige« die »beim Arbeitsamt« gestrichen. Da § 8 AFG nicht in das SGB III übernommen wurde, ist § 18 **Abs. 3 KSchG** aufgehoben worden. In **§ 18 Abs.** 4 wurden die Wörter »eines Monats« durch die Wörter »von 90 Tagen« ersetzt. die Neufassung des § 20 KSchG regelte die Aufteilung der Entscheidungskompetenz zwischen dem Direktor des Arbeitsamtes und dem Ausschuss für anzeigepflichtige Entlassungen. Im Übrigen wurden die Auskunfts- und Beratungspflichten gegenüber dem Entscheidungsträger sowie dessen Pflichten zur Berücksichtigung der unterschiedlichen Interessenlagen bei der Entscheidungsfindung mit geringen redaktionellen Anpassungen der bis zum 31.12.1997 geltenden Fassung der Abs. 2 und 3 in die neuen Abs. 3 und 4 des § 20 KSchG übernommen. In **§ 22 Abs. 2 KSchG** wurden lediglich die Worte »gemäß § 76 Abs. 2 des Arbeitsförderungsgesetzes« durch die Worte »nach dem Dritten Buch Sozialgesetzbuch« ersetzt.

Gemäß Art. 6 des Gesetzes zu Korrekturen in der Sozialversicherung und zur Sicherung der Arbeitnehmerrechte vom 19.12.1998 (BGBl. I S. 3843), in Kraft getreten am 1.1.1999, sind die **§§ 1 und 23 KSchG** geändert worden. Die in Rdn 17 dargestellten Änderungen wurden damit weitestgehend wieder rückgängig gemacht (s.a. KR-*Rachor* § 1 KSchG Rdn 13 mwN). Hinsichtlich der Kriterien der sozialen Auswahl sind in **§ 1 Abs. 3 S.** 1 die Wörter »die Dauer der Betriebszugehörigkeit, das Lebensalter und die Unterhaltspflichten des Arbeitnehmers« durch die Wörter »soziale Gesichtspunkte« ersetzt worden. Die Regelung der der sozialen Auswahl entgegenstehenden betrieblichen Belange in **Abs. 3 S. 2** ist wieder auf diejenige Formulierung, die vor dem 1. Oktober 1996 gegolten

§ 26 KSchG Inkrafttreten

hatte, zurückgeführt worden. Damit galt in diesem Zusammenhang das Kriterium der Sicherung einer ausgewogenen Personalstruktur nicht weiter. Der geänderte Wortlaut des **Abs. 4** berücksichtigte die Modifikation des **Abs. 3 S. 1**. Demgemäß unterlagen nunmehr nach **Abs. 4** tarifliche oder in einer Betriebsvereinbarung festgelegte Auswahlrichtlinien sowohl hinsichtlich des Inhalts der Auswahlkriterien als auch ihrer Gewichtung im Verhältnis zueinander nur der eingeschränkten gerichtlichen Überprüfbarkeit auf grobe Fehlerhaftigkeit. Weggefallen war die Möglichkeit, Auswahlrichtlinien in Betrieben ohne Arbeitnehmervertretung mit Zustimmung von zwei Dritteln der Arbeitnehmer zu erlassen. **Abs. 5** wurde aufgehoben. In **§ 23 Abs. 1 S. 2** ist der Schwellenwert für die Anwendbarkeit des Ersten Abschnitts des KSchG von zehn Arbeitnehmern auf fünf Arbeitnehmer verringert worden. In **Abs. 1 S. 3** ist die Berücksichtigung der Teilzeitbeschäftigten mit einer wöchentlichen Arbeitszeit von nicht mehr als zehn Stunden vom Faktor 0,25 auf den Faktor 0,5 angehoben worden. Im Übrigen ist die Bestandsschutzregelung gem. **§ 23 Abs. 1 S. 4** insbes. wegen der Änderung in Satz 2 gegenstandslos geworden und weggefallen.

20 Weiter hat der Deutsche Bundestag in seiner Sitzung am 10.12.1998 beschlossen, dass der in der Entschließung vom 28.6.1996 (BT-Drucks. 13/5107) bis zum 31.12.2000 geforderte Bericht der Bundesregierung über Kündigungspraxis und Kündigungsschutz in der Bundesrepublik Deutschland nicht vorzulegen ist, da sich auf Grund der Rücknahme der Änderungen des KSchG die Vorlage des Berichts zu dem vorgesehenen Zeitpunkt erübrige (BT-Drucks. 14/151).

21 Durch das Gesetz zur Vereinfachung und Beschleunigung des arbeitsgerichtlichen Verfahrens (Arbeitsgerichtsbeschleunigungsgesetz) vom 30.3.2000, das am 1.5.2000 in Kraft getreten ist (BGBl. I S. 333), ist **§ 5 Abs. 4 S. 1 KSchG** neu gefasst worden.

22 Durch das **Gesetz zur Reform des BetrVG** vom 23.7.2001 (BGBl. I S. 1864) ist in **§ 15 KSchG** der **Abs. 3a** eingefügt worden. Damit haben Arbeitnehmer, die zu einer Betriebs-, Wahl- oder Bordversammlung einladen oder die Bestellung eines Wahlvorstandes beantragen, einen besonderen Kündigungsschutz erhalten. Mit der Einfügung des Abs. 3a ist die entsprechende Angabe in § 16 S. 1 redaktionell angepasst worden.

23 Mit Art. 169 der **Achten Zuständigkeitsanpassungsverordnung** vom 25.11.2003 (BGBl. I S. 2304, 2323) ist in § 22 Abs. 2 S. 2 KSchG die Bezeichnung »Der Bundesminister für Arbeit und Sozialordnung« in »Das Bundesministerium für Wirtschaft und Arbeit« geändert worden. Nunmehr lautet die Bezeichnung »**Bundesministerium für Arbeit und Soziales**« (aufgrund des Art. 218 der **Neunten Zuständigkeitsanpassungsverordnung** vom 31.10.2006 [BGBl. I S. 2407] – s. Rdn 29).

24 Das **Dritte Gesetz für moderne Dienstleistungen am Arbeitsmarkt** vom 23.12.2003 (BGBl. I S. 2848) führte anlässlich der Reformen in der Arbeitsverwaltung zu redaktionellen Anpassungen bei ihren verschiedenen Organen in den Vorschriften des Dritten Abschnitts des KSchG. In den §§ 17 bis 21 KSchG wurden die Bezeichnungen »Arbeitsamt« durch »Agentur für Arbeit«, »Landesarbeitsamt« durch »Bundesagentur für Arbeit«, »Direktor des Arbeitsamts« durch »Geschäftsführung« bzw. »vorsitzendes Mitglied der Geschäftsführung« und »Hauptstelle der Bundesanstalt« durch »Zentrale der Bundesagentur« ersetzt.

25 Durch das **Vierte Gesetz für moderne Dienstleistungen am Arbeitsmarkt** vom 24.12.2003 (BGBl. I S. 2954, 2992) ist in **§ 11 Nr. 3 KSchG** das Wort »Arbeitslosenhilfe« durch die Wörter »Sicherung des Lebensunterhalts nach dem Zweiten Buch Sozialgesetzbuch« ersetzt worden.

26 Durch das **Gesetz zu Reformen am Arbeitsmarkt** vom 24.12.2003 (BGBl. I S. 3002) sind die §§ 1, 4, 5, 6, 7, 13 und 23 KSchG geändert und § 1a in das KSchG eingefügt worden. Damit sind im Wesentlichen die durch das Arbeitsrechtliche Beschäftigungsförderungsgesetz vom 25.12.1996 (dazu Rdn 17) herbeigeführten Änderungen wiederhergestellt (s.a. KR-*Rachor* § 1 KSchG Rdn 14 mwN). In § 1 Abs. 3 S. 1 ist der Katalog der Kriterien für die Sozialauswahl um die »Schwerbehinderung« ergänzt und in S. 2 die Voraussetzungen für die Berücksichtigung von Leistungsträgern geändert worden. Die Änderung des § 1 Abs. 4 ergibt sich als Folge der Änderung des Abs. 3 S. 1. Der neu eingefügte Abs. 5 entspricht der bereits mit Gesetz vom

25.12.1996 (Rdn 17) geltenden Regelung, die mit Gesetz vom 19.12.1998 (Rdn 19) aufgehoben worden war. § 1a KSchG ist neu eingefügt worden. Mit § 4 KSchG ist eine einheitliche Klagefrist für die Geltendmachung der Rechtsunwirksamkeit der Arbeitgeberkündigung eingeführt worden. § 5 Abs. 1 KSchG ist ergänzt worden. Die Änderungen in den §§ 6, 7 und 13 KSchG sind eine Folge der Vereinheitlichung der Klagefrist für alle Kündigungen. In § 23 Abs. 1 S. 2 sind die Wörter »mit Ausnahme der §§ 4 bis 7 und des § 13 Abs. 1 S. 1 und 2« eingefügt worden. Eingefügt wurde auch der Satz 3, nach dem der Schwellenwert für die Ausnahmeregelung seit dem 1.1.2004 auf zehn Arbeitnehmer angehoben ist. Satz 4 wurde wegen der Einfügung des Satzes 3 redaktionell angepasst.

Durch das Gesetz über den Arbeitsmarktzugang im Rahmen der EU-Erweiterung v. 23.4.2004 (BGBl. I S. 602) ist in § 20 Abs. 2 S. 1 KSchG der Begriff des Arbeitsamtes durch die Formulierung »Agentur für Arbeit« ersetzt worden (Nachtrag zu den begrifflichen Anpassungen wie in Rdn 24 angesprochen).

27

Durch Art. 6 des Vierten Gesetzes zur Änderung des Dritten Buches Sozialgesetzbuch und anderer Gesetze vom 19.11.2004 (BGBl. I S. 2902) sind in § 17 Abs. 3 S. 7 und in der Überschrift zu § 20 die Worte »dem Arbeitsamt« durch die Worte »der Agentur für Arbeit« und in der Überschrift zu § 21 die Worte »Hauptstelle der Bundesanstalt für Arbeit« durch die Worte »Zentrale der Bundesagentur für Arbeit« ersetzt worden.

28

Aufgrund des Art. 218 der **Neunten Zuständigkeitsanpassungsverordnung** vom 31.10.2006 (BGBl. I S. 2407, 2433) heißt es in § 22 Abs. 2 S. 2 KSchG »**Bundesministerium für Arbeit und Soziales**«.

29

Durch das Gesetz zur Anpassung des Dienstrechts in der Bundesagentur für Arbeit vom 19.7.2007 (BGBl. I S. 1457) sind auch die Leitungsstrukturen der Agenturen für Arbeit flexibilisiert worden. Als Folge der Änderung des § 383 SGB III sind gem. Art. 3 des vorgenannten Gesetzes in § 20 Abs. 2 S. 1 KSchG nach den Worten »setzt sich aus« die Worte »dem Geschäftsführer, der Geschäftsführerin oder« eingefügt worden.

30

Durch das **Gesetz zur Änderung des SGG und des ArbGG** vom 26.3.2008 (BGBl. I S. 444) ist zur Vereinfachung des arbeitsgerichtlichen Verfahrens Abs. 4 durch die Abs. 4 und 5 in § 5 KSchG ersetzt worden. Das frühere separate Verfahren der nachträglichen Zulassung ist abgeschafft worden, das Verfahren über den Antrag auf nachträgliche Zulassung ist jetzt mit dem Verfahren über die Klage zu verbinden (§ 5 Abs. 4 S. 1 KSchG).

31

Mit Wirkung vom 1.8.2013 ist **§ 24 KSchG neu gefasst** worden, durch Art. 3 Abs. 2 des Gesetzes zur Umsetzung des Seearbeitsübereinkommens 2006 der Internationalen Arbeitsorganisation vom 20.4.2013 (BGBl. I S. 868).

32

Zuletzt ist das KSchG durch Art. 4 des Gesetzes zur Verbesserung der Leistungen bei Renten wegen verminderter Erwerbsfähigkeit und zur Änderung anderer Gesetze (**EM-Leistungsverbesserungsgesetz**) vom 17.7.2017 (BGBl. I S. 2509) mit Wirkung vom 10.10.2017 geändert worden. § 24 KSchG hat damit einen neuen Abs. 5 bekommen (dazu KR-*Bader/Kreutzberg-Kowalczyk* § 24 KSchG Rdn 6), und in § 23 Abs. 2 KSchG ist der bisherige Satz 2 gestrichen (KR-*Bader/Kreutzberg-Kowalczyk* § 23 KSchG Rdn 9).

33

Durch Art. 2 Nr. 1 und 2 des Vierten Gesetzes zur Änderung des Seearbeitsgesetzes und anderer Gesetze vom 14. Oktober 2020 (BGBl. I S. 2112, 2878), das durch Artikel 12f des Gesetzes vom 11. Februar 2021 (BGBl. I S. 154) geändert worden ist (**SeeArbGÄndG 4**) ist der 4. Absatz des § 24 KSchG mit Wirkung zum 26.12.2020 um einen neuen 3. Satz ergänzt worden. Satz 3 wurde zu Satz 4 umnummeriert und sprachlich angepasst (s. KR-*Bader/Kreutzberg-Kowalczyk* § 24 KSchG Rdn 37)

34

Gesetz über befristete Arbeitsverträge mit Ärzten in der Weiterbildung (ÄArbVtrG)

Vom 15. Mai 1986 (BGBl. I S. 742).

Zuletzt geändert durch Art. 3 des Gesetzes zur Reform der Psychotherapeutenausbildung vom 15. November 2019 (BGBl. I S. S. 1604).

§ 1 ÄArbVtrG Befristung von Arbeitsverträgen

(1) Ein die Befristung eines Arbeitsvertrages mit einem Arzt rechtfertigender sachlicher Grund liegt vor, wenn die Beschäftigung des Arztes seiner zeitlich und inhaltlich strukturierten Weiterbildung zum Facharzt oder dem Erwerb einer Anerkennung für einen Schwerpunkt oder dem Erwerb einer Zusatzbezeichnung, eines Fachkundenachweises oder einer Bescheinigung über eine fakultative Weiterbildung dient.

(2) Die Dauer der Befristung des Arbeitsvertrages bestimmt sich im Rahmen der Absätze 3 und 4 ausschließlich nach der vertraglichen Vereinbarung; sie muss kalendermäßig bestimmt oder bestimmbar sein.

(3) [1]Ein befristeter Arbeitsvertrag nach Absatz 1 kann auf die notwendige Zeit für den Erwerb der Anerkennung als Facharzt oder den Erwerb einer Zusatzbezeichnung, höchstens bis zur Dauer von acht Jahren, abgeschlossen werden. [2]Zum Zweck des Erwerbs einer Anerkennung für einen Schwerpunkt oder des an die Weiterbildung zum Facharzt anschließenden Erwerbs einer Zusatzbezeichnung, eines Fachkundenachweises oder einer Bescheinigung über eine fakultative Weiterbildung kann ein weiterer befristeter Arbeitsvertrag für den Zeitraum, der für den Erwerb vorgeschrieben ist, vereinbart werden. [3]Wird die Weiterbildung im Rahmen einer Teilzeitbeschäftigung abgeleistet und verlängert sich der Weiterbildungszeitraum hierdurch über die zeitlichen Grenzen der Sätze 1 und 2 hinaus, so können diese um die Zeit dieser Verlängerung überschritten werden. [4]Erfolgt die Weiterbildung nach Absatz 1 im Rahmen mehrerer befristeter Arbeitsverträge, so dürfen sie insgesamt die zeitlichen Grenzen nach den Sätzen 1, 2 und 3 nicht überschreiten. [5]Die Befristung darf den Zeitraum nicht unterschreiten, für den der weiterbildende Arzt die Weiterbildungsbefugnis besitzt. [6]Beendet der weiterzubildende Arzt bereits zu einem früheren Zeitpunkt den von ihm nachgefragten Weiterbildungsabschnitt oder liegen bereits zu einem früheren Zeitpunkt die Voraussetzungen für die Anerkennung im Gebiet, Schwerpunkt, Bereich sowie für den Erwerb eines Fachkundenachweises oder einer Bescheinigung über eine fakultative Weiterbildung vor, darf auf diesen Zeitpunkt befristet werden.

(4) Auf die jeweilige Dauer eines befristeten Arbeitsvertrages nach Absatz 3 sind im Einvernehmen mit dem zur Weiterbildung beschäftigten Arzt nicht anzurechnen:
1. Zeiten einer Beurlaubung oder einer Ermäßigung der Arbeitszeit um mindestens ein Fünftel der regelmäßigen Arbeitszeit, die für die Betreuung oder Pflege eines Kindes unter 18 Jahren oder eines pflegebedürftigen sonstigen Angehörigen gewährt worden sind, soweit die Beurlaubung oder die Ermäßigung der Arbeitszeit die Dauer von zwei Jahren nicht überschreitet,
2. Zeiten einer Beurlaubung für eine wissenschaftliche Tätigkeit oder eine wissenschaftliche oder berufliche Aus-, Fort- oder Weiterbildung im Ausland, soweit die Beurlaubung die Dauer von zwei Jahren nicht überschreitet,
3. die Elternzeit nach § 15 Abs. 1 des Bundeselterngeld- und Elternzeitgesetzes und Zeiten eines Beschäftigungsverbots nach den §§ 3 bis 6, 10 Abs. 3, § 13 Abs. 1 Nummer 3 und § 16 Mutterschutzgesetzes, soweit eine Beschäftigung nicht erfolgt ist,
4. Zeiten des Grundwehr- und Zivildienstes und
5. Zeiten einer Freistellung zur Wahrnehmung von Aufgaben in einer Personal- oder Schwerbehindertenvertretung, soweit die Freistellung von der regelmäßigen Arbeitszeit mindestens ein Fünftel beträgt und die Dauer von zwei Jahren nicht überschreitet.

(5) Die arbeitsrechtlichen Vorschriften und Grundsätze über befristete Arbeitsverträge sind nur insoweit anzuwenden, als sie den Vorschriften der Absätze 1 bis 4 nicht widersprechen.

(6) Die Absätze 1 bis 5 gelten nicht, wenn der Arbeitsvertrag unter den Anwendungsbereich des Wissenschaftszeitvertragsgesetzes fällt.

(7) Die Absätze 1 bis 6 gelten auch für die Beschäftigung eines Psychotherapeuten im Rahmen einer zeitlich und inhaltlich strukturierten Weiterbildung zum Fachpsychotherapeuten.

§ 2 ÄArbVtrG Berlin-Klausel

(Gegenstandslos)

§ 3 ÄArbVtrG Inkrafttreten

Dieses Gesetz tritt am Tage nach der Verkündung in Kraft.

Übersicht	Rdn		Rdn
A. Allgemeines	1	IV. Verhältnis zu anderen Befristungsmöglichkeiten	10
I. Gesetzeszweck	1	V. Zitiergebot und Schriftform	13
1. Grundsatz	1	B. Weiterbildung als sachlicher Grund	15
2. Entfristung des Gesetzes	3	I. Gegenstand der Weiterbildung	15
3. Gesetzesänderungen seit 1997	4	II. Befristungsdauer	17
II. Geltungsbereich	7	III. Bestimmbarkeit	24
1. Persönlicher	7	IV. Unterbrechungen	26
2. Sachlicher	8	C. Rechtsfolgen bei Gesetzesverstößen	30
III. Verfassungsrechtliche Zulässigkeit	9	D. Prozessuales	31

A. Allgemeines

I. Gesetzeszweck

1. Grundsatz

1 Das Gesetz über befristete Arbeitsverträge mit Ärzten in der Weiterbildung (ÄArbVtrG, v. 15.5.1986, BGBl. I, S. 742) steht im Zusammenhang mit dem Vierten Gesetz zur Änderung der Bundesärzteordnung (BÄO). In diesem hatte der Gesetzgeber eine – mittlerweile nicht mehr bestehende (s. Rdn 7) – zweijährige Praxisphase (Arzt im Praktikum – AiP) als Teil der ärztlichen Ausbildung eingeführt (BT-Drucks. 10/3559 S. 3; s. dazu auch *BAG* 24.6.1996 – 7 AZR 428/95 – EzA § 620 BGB Hochschulen Nr. 8; 14.11.2001 – 7 AZR 576/00 – EzA § 620 BGB Hochschulen Nr. 32). Um die Krankenhäuser in die Lage zu versetzen, diese Praxisphase kostenneutral umzusetzen und eine höhere Fluktuation der Ärzte zu fördern, sollte ihnen ermöglicht werden, einen Teil der für die Weiterbildung zur Verfügung stehenden Stellen in gewissen Zeitabständen jeweils neu zu besetzen. Dazu wurde der **Abschluss befristeter Arbeitsverträge für Ärzte in der Weiterbildung** erleichtert (zu diesem Hintergrund *Baumgarten* ZTR 1987, 112; *Heinze* NJW 1987, 2278; *Schiller* MedR 1985, 490).

2 Der Gesetzgeber hat für den in § 1 Abs. 1 ÄArbVtrG genannten Personenkreis einen eigenständigen gesetzlichen **Sachgrund der ärztlichen Weiterbildung** für eine Befristung geschaffen, der nach den sonstigen Regelungen nur unter engen Voraussetzungen als Befristungsgrund hätte anerkannt werden können (*LAG Bln.* 22.4.1991 RzK I 9d Nr. 20; *Künzl* NZA 2008, 1101; APS-*Schmidt* Rn 8 f.; HaKo-TzBfG/*Mestwerdt* § 23 Rn 8). Die Befristung ist an einen Zeitrahmen gebunden (s. Rdn 17 ff.). Die gesetzliche Regelung sieht jetzt eine **bundeseinheitliche Höchstbefristung** für die ärztliche Weiterbildung vor. Nach Auffassung des Gesetzgebers ist dies **zur Wahrung der Rechtseinheit im gesamtstaatlichen Interesse** unabdingbar (Art. 72 Abs. 2 GG), um Rechtsunsicherheiten zu vermeiden, die sich aus unterschiedlicher Ausgestaltung bzw. Nichtregelung auf Länderebene

ansonsten ergeben könnten (BT-Drucks. 13/8668, S. 5). Im Übrigen sind die **Gesetzgebungszuständigkeiten** im Bereich des **Arztrechts** zwischen Bund und Ländern verteilt (*Laufs/Kern* Handbuch des Arztrechts § 5 Rn 3 f., 7).

2. Entfristung des Gesetzes

Das Gesetz sah in seiner zunächst bis zum 31.12.1997 befristeten Geltungsdauer eine Höchstbefristungsdauer von acht (s. Rdn 17 ff.), längstenfalls zehn Jahren zur Weiterbildung vor (APS-*Schmidt* Rn 3). Die Befristungsdauer wurde dabei nicht an die in landesgesetzlichen Ausbildungsordnungen geregelten Beschäftigungszeiten geknüpft (BT-Drucks. 10/3559, S. 3), sondern unterlag unabhängig von dem Weiterbildungsziel ausschließlich arbeitsvertraglicher Vereinbarung, die auf mehrere befristete Arbeitsverträge aufgeteilt werden konnte (§ 1 Abs. 2 ÄArbVtrG aF). Das **ÄArbVtrG gilt seit dem 20.12.1997 unbefristet fort** (Erstes Gesetz zur Änderung des Gesetzes über befristete Arbeitsverträge mit Ärzten in der Weiterbildung v. 16.12.1997 BGBl. I S. 2994). Der Gesetzgeber sah weiterhin Bedarf für eine befristete ärztliche Weiterbildung, um die Qualität der medizinischen Versorgung der Bevölkerung kontinuierlich zu sichern und darüber hinaus den approbierten Ärzten den Zugang zur vertragsärztlichen Versorgung zu erhalten. Durch den ab 1.1.1994 in Kraft getretenen § 95a SGB V (idF vom 2.12.2007) wird **für die vertragsärztlichen Tätigkeiten** der Abschluss einer allgemeinmedizinischen **Weiterbildung** oder einer Weiterbildung in einem anderen Fachgebiet **zwingend vorausgesetzt** (Art. 1 Nr. 52 Gesundheitsstrukturgesetz v. 21.12.1992 BGBl. I S. 2266; GKV-Gesundheitsreformgesetz v. 22.12.1999 BGBl. I S. 2626). Das Gesundheitsstrukturgesetz hat auch § 3 der Zulassungsordnung für Vertragsärzte (vom 28.12.2011, BGBl. I S. 3016) geändert. Nach dessen Abs. 2 Buchst. b kann eine Zulassung erfolgen, wenn eine Weiterbildung in der Allgemeinmedizin oder einem anderen Fachgebiet mit der Befugnis zum Führen einer entsprechenden Gebietsbezeichnung erworben wurde. Damit hat nach dem 1.1.1994 grds. jeder Arzt, der eine vertragsärztliche Tätigkeit aufnehmen will, eine abgeschlossene Weiterbildung von mindestens drei Jahren nachzuweisen (BT-Drucks. 13/8668, S. 5; *BSG* 25.11.1998 SozR 3–2500 § 95 Nr. 19; 6.11.2002 SGb 2003, 525). 3

3. Gesetzesänderungen seit 1997

Zu den Änderungen der Gesetzeslage ab dem 20.12.1997 (Rdn 3) zählen **begriffliche Anpassungen** an die geänderte Terminologie für die ärztliche Weiterbildung (aus »Gebietsarzt« wird »Facharzt«; aus »Teilgebiet« »Schwerpunkt«; Aufnahme der Begriffe »Fachkundenachweis«, »Bescheinigung über eine fakultative Weiterbildung«) und **Einschränkungen der Befristungsmöglichkeiten** in der Weiterbildung durch Hinzufügen von Satz 5 und 6 in § 1 Abs. 3 ÄArbVtrG. Die Neuregelung soll willkürlich bemessene Befristungen verhindern, die in der Praxis anzutreffen waren (*Schiller* MedR 1995, 489; *Dreher* DB 1999, 1397) und selbst dann als zulässig angesehen wurden, wenn feststand, dass in dieser Zeit das Weiterbildungsziel nicht erreicht werden konnte (vgl. *LAG Bln.* 22.4.1991 RzK I 9d Nr. 20). Nunmehr darf die Dauer der Befristung den Zeitraum nicht unterschreiten, für den der in der Weiterbildung stehende Arzt die Weiterbildungsbefugnis besitzt. 4

Befristete Verträge mit Ärzten zum Zwecke der Weiterbildung sind ihrer **Dauer nach am Erreichen des Weiterbildungsziels** zu orientieren (APS-*Schmidt* Rn 14). Eine davon unabhängige »Stückelung« befristeter Arbeitsverträgen in der ärztlichen Weiterbildung ist demnach unzulässig (HK-*Höland* Anh D Rn 111; DDZ-*Däubler/Wroblewski* Rn 14; ErfK-*Müller-Glöge* Rn 7; *Arnold/Gräfl/Imping* § 23 TzBfG Rn 91). Im Gegenzug erlaubt das Gesetz allerdings eine kürzere einmalige Neubefristung, soweit das Weiterbildungsziel schon zu einem früheren Zeitpunkt erreicht werden kann (BT-Drucks. 13/8668, S. 6). 5

Durch das **5. HRGÄndG vom 16.2.2002** wurde das ÄArbVtrG an das neu geregelte Befristungsrecht im HRG für das wissenschaftliche und ärztliche Personal angepasst. Das *BVerfG* hat mit Urteil vom 27.7.2004 (BVerfGE 111, 226) das gesamte 5. HRGÄndG für nichtig erklärt (dazu s. KR-*Treber/Waskow* § 1 WissZeitVG Rdn 10 mwN). Durch das HdaVÄndG (v. 27.12.2004 BGBl. I S. 3835) wurde die Rechtslage durch das 5. HRGÄndG wiederhergestellt und § 1 Abs. 6 entsprechend geändert. 6

Art. 3 des WissArbG (v. 12.4.2007 BGBl. I S. 506) passt Abs. 6 an das Inkrafttreten des WissZeitVG an. Durch Art. 6 Abs. 12 des **Gesetzes zur Neuregelung des Mutterschutzgesetzes** vom 23.5.2017 (BGBl. I S. 1228, s.a. KR-*Gallner* § 17 MuSchG Rdn 2 ff.) wurde § 1 Abs. 4 Nr. 3 ÄArbVtrG zum 1.1.2018 an die geänderten Bestimmungen des MuSchG angepasst. Mit dem Gesetz zur Reform der Psychotherapeutenausbildung vom 15.11.2019 (BGBl. I S. 1604) wurde das ÄArbVrtG auf Zeitverträge von Psychotherapeuten in der Weiterbildung erstreckt.

II. Geltungsbereich

1. Persönlicher

7   Das ÄArbVtrG umfasst vom persönlichen Geltungsbereich ausschließlich **approbierte Ärzte** (*BAG* 14.6.2017 – 7 AZR 597/15 – EzA § 620 BGB 2002 Ärzte Nr. 1 Rn 12; 14.11.2001 – 7 AZR 576/00 – EzA § 620 BGB Hochschulen Nr. 32; ErfK-*Müller-Glöge* Rn 2). Weder wurden früher Ärzte im Praktikum erfasst (s. Rdn 1, diese Personalkategorie ist durch Gesetz zur Änderung der Bundesärzteordnung [BÄO] und anderer Gesetze v. 21. Juli 2004 [BÄOuaÄndG 2004] BGBl. I S. 1776, zum 1.10.2004 entfallen) noch unterfallen **Zahnärzte und Tierärzte** dem Geltungsbereich des Gesetzes (*LAG SA* 10.7.1997 LAGE § 620 BGB Nr. 52; Zahnarzt, »Weiterbildungsassistentin«; ErfK-*Müller-Glöge* Rn 2; aA *Bruns* AnwZert ArbR 15/2012 Anm. 2). Für sie gelten die allgemeinen Befristungsregeln des **TzBfG** und insbes. tarifliche Regelungen des öffentlichen Dienstes (§ 30 TVöD, § 30 TV-L). Zum 1.9.2020 sind durch das Gesetz zur Reform der Psychotherapeutenausbildung vom 15.11.2019 (BGBl. I S. 1604) approbierte Psychotherapeuten in den persönlichen Geltungsbereich des ÄArbVtrG einbezogen worden, soweit sie eine zeitl. und inhaltl. strukturierte Weiterbildung zum Fachpsychotherapeuten absolvieren (vgl. ErfK-*Müller-Glöge* Rn 2).

Demgegenüber unterliegt das **Hochschulpersonal mit ärztlichen Aufgaben** allein den Befristungsregeln des WissZeitVG (vgl. KR-*Treber/Waskow* § 1 WissZeitVG Rdn 48 f., 85; zum HRG aF *OVG NRW* 30.7.2003 PersV 2004, 107: sog. Arzt im Praktikum als wissenschaftlicher Mitarbeiter in einem Universitätsklinikum). Die **Facharztqualifikation** kann an Hochschulen in einer Beschäftigung als wissenschaftlicher Mitarbeiter in den zeitlich gezogenen Grenzen des § 57b Abs. 1 HRG (so ausdr. die Gesetzesbegründung BT-Drucks. 14/6853 S. 31; BT-Drucks. 15/4132 S. 18), nunmehr nach denen des § 2 Abs. 1 WissZeitVG (vgl. KR-*Treber/Waskow* § 2 WissZeitVG Rdn 23 ff.; *Dörner* Befr. Arbeitsvertrag Rn 674; aA *Zimmerling* öAT 2012, 9) erreicht werden. § 1 Abs. 6 regelt diese Abgrenzung.

2. Sachlicher

8   Der sachliche Geltungsbereich beschränkt sich auf die **ärztliche Weiterbildung außerhalb von Hochschulen und Forschungseinrichtungen** (*BAG* 14.11.2001 – 7 AZR 576/00 – EzA § 620 BGB Hochschulen Nr. 32; *Arnold/Gräfl/Imping* § 23 TzBfG Rn 85; *Dörner* Befr. Arbeitsvertrag, Rn 641; s. bereits *Heinze* NJW 1987, 2280; *Baumgarten* ZTR 1987, 114; abw. *Kuhla/Schleusener* MedR 1999, 24). Rechtlich verselbständigte Universitätskliniken ohne eigenen Forschungsbetrieb können daher die Befristungsmöglichkeiten des Gesetzes nutzen (APS-*Schmidt* Rn 5). Der **klassische Anwendungsbereich** des ÄArbVtrG ist allerdings die ärztliche Weiterbildung in Krankenhäusern kommunaler, kirchlicher oder freier Träger (*Dörner* Befr. Arbeitsvertrag Rn 666; ErfK-*Müller-Glöge* Rn 2).

III. Verfassungsrechtliche Zulässigkeit

9   Die Bestimmungen des ÄArbVtrG sind **zweiseitig zwingendes Recht**, von denen selbst tarifvertraglich nicht zugunsten der Arbeitnehmer abgewichen werden kann (ErfK-*Müller-Glöge* Rn 10; APS-*Schmidt* Rn 10). Ob die Beeinträchtigung der **Tarifautonomie** aus Art. 9 Abs. 3 GG hier gleichermaßen verfassungsrechtlich gerechtfertigt ist wie im Hochschul- und Forschungsbereich (vgl. KR-*Treber/Waskow* § 1 WissZeitVG Rdn 22 ff.), kann durchaus hinterfragt werden. Der Gesetzgeber kann sich vorliegend nicht auf das Grundrecht des Art. 5 Abs. 3 GG stützen. Als grundrechtlich geschützten Belang kann indes die Gesundheitsversorgung der Bevölkerung herangezogen werden,

die zugleich eine nach Art. 12 Abs. 1 GG zulässige, weil erforderliche und zumutbare subjektive Berufszulassungsregelung ermöglicht (*Dörner* Befr. Arbeitsvertrag Rn 667; APS-*Schmidt* Rn 11). Vor diesem Hintergrund und der eingeschränkten Kapazität an Weiterbildungsstellen kann die Befristung der Arbeitsverhältnisse zum Zwecke einer geordneten Weiterbildung begründet werden (APS-*Schmidt* Rn 11). Gemessen am Prüfungsmaßstab des Gleichheitssatzes des Art. 3 Abs. 1 GG ist das ÄArbVtrG mit Blick auf seine erweiterten Befristungsmöglichkeiten verfassungsrechtlich unbedenklich (dazu *BVerfG* 8.2.1990 – 1 BvR 1593/89).

IV. Verhältnis zu anderen Befristungsmöglichkeiten

Der Sachgrund des § 1 Abs. 1 bis 5 ÄArbVtrG greift nicht ein, wenn der **Anwendungsbereich des WissZeitVG** maßgebend ist (Abs. 6, s.a. Rdn 8). Für Befristungsvereinbarungen mit dem ärztlichen Personal an der Hochschule oder an Forschungseinrichtungen sind die Vorschriften des WissZeitVG allerdings nur dann maßgebend, wenn es sich um wissenschaftliche Mitarbeiter handelt (vgl. KR-*Treber/Waskow* § 1 WissZeitVG Rdn 48 f.; zu den sich daraus ergebenden tarifrechtlichen Fragestellungen *Zimmerling* öAT 2012, 9). Dabei ist zu berücksichtigen, dass nach § 53 Abs. 1 S. 2 HRG auch Aufgaben in der Krankenversorgung zu den wissenschaftlichen Dienstleistungen zählen (vgl. KR-*Treber/Waskow* § 1 WissZeitVG Rdn 49).   10

Eine befristete **sachgrundlose Beschäftigung** von Ärzten zum Zwecke der Weiterbildung nach § 14 Abs. 2 und 3 TzBfG ist ausgeschlossen. Insoweit ist für Weiterbildungszwecke das ÄArbVtrG auf Grund der vorgesehenen Mindestbefristungsbestimmungen eine gesetzliche Sonderregelung. Eine im Anwendungsbereich des ÄArbVtrG vereinbarte Befristung kann daher nicht auf § 14 Abs. 2 TzBfG gestützt werden, wenn in dem Arbeitsvertrag vereinbart ist, dass die Beschäftigung des Arztes der Weiterbildung zu einem der in § 1 Abs. 1 ÄArbVtrG genannten Weiterbildungsziele dienen soll (*BAG* 14.6.2017 – 7 AZR 597/15 – EzA § 620 BGB 2002 Ärzte Nr. 1; *LAG* Nbg. 22.12.2005 GesR 2016, 426; *LAG Hamm* 2.10.2008 – 17 Sa 817/08; *Dörner* Befr. Arbeitsvertrag Rn 674; *Schiller* MedR 1995, 490; aA. *Kuhla/Schleusener* MedR 1999, 24). Die befristete Anstellung ausgebildeter Ärzte ist dagegen **außerhalb der Weiterbildung** (*LAG Köln* 2.11.2000 LAGE § 1 BeschFG 1996 Nr. 30a) nach § 14 TzBfG durchaus möglich (ebenso ErfK-*Müller-Glöge* Rn 3; APS-*Schmidt* Rn 8; *Dörner* Befr. Arbeitsvertrag, Rn 674).   11

Der Anwendungsvorrang des ÄArbVtrG sperrt nicht eine **Sachgrundbefristung nach § 14 Abs. 1 TzBfG**, soweit es dabei nicht um ärztliche Weiterbildung geht (*Dörner* Befr. Arbeitsvertrag, Rn 674). Die befristete Anstellung ausgebildeter Ärzte außerhalb einer Weiterbildung (dazu *LAG Köln* 2.11.2000 LAGE § 1 BeschFG 1996 Nr. 30a), zB in einer größeren Arztpraxis nach § 14 Abs. 1, 2 und 2a TzBfG, ist durchaus möglich (ebenso APS-*Schmidt* Rn 8; MHH-TzBfG/*Herms* Rn 29). Sie kann etwa dazu dienen, einen Arbeitnehmer bis zu zwei Jahren zu »erproben«, soweit eine Weiterbildung bei einem anderen Arbeitgeber erfolgt ist (§ 14 Abs. 2 S. 2 TzBfG, zu den möglichen Ausnahmen nach der Entscheidung des *BVerfG* 6.6.2018 NZA 2018, 774 s. KR-*Lipke* § 14 TzBfG Rdn 568 ff.). Bei einer nach ÄArbVtrG unwirksamen Befristung ist zu prüfen, ob die **Befristung aus sonstigen Gründen gerechtfertigt** sein kann (*BAG* 6.11.1996 – 7 AZR 126/96 – EzA § 620 BGB Hochschulen Nr. 9). In Betracht kommt eine Sachgrundbefristung zur Vertretung (§ 14 Abs. 1 Nr. 3 TzBfG, § 21 BEEG) oder zur Erleichterung des Übergangs in eine Anschlussbeschäftigung (§ 14 Abs. 1 Nr. 2 TzBfG, vgl. auch *BAG* 21.2.2001 EzA § 1 BeschFG 1985 Nr. 24 für das Verhältnis von HRG und BeschFG 1985/1996), soweit dadurch die Zielsetzungen des ÄArbVtrG nicht gefährdet werden (APS-*Schmidt* Rn 8; MHH-TzBfG/*Herms* § 23 TzBfG Rn 55). Im Geltungsbereich des TVöD/TV-L sind darüber hinaus die tariflichen Bestimmungen zu beachten (s. dazu KR-*Bader* § 30 TVöD Rdn 8 ff.), die allerdings aufgrund der »Tarifsperre« (s. Rdn 9) nur außerhalb des Anwendungsbereichs des ÄArbVtrG Befristungsmöglichkeiten schaffen können (APS-*Schmidt* Rn 9).   12

V. Zitiergebot und Schriftform

Die Befristung eines Arbeitsvertrags nach § 1 Abs. 1 ÄArbVtrG erfordert nicht, dass der danach erforderliche Befristungsgrund im Arbeitsvertrag genannt ist. Die Vorschrift enthält – anders als § 2   13

Abs. 4 WissZeitVG – **kein Zitiergebot**. Das Zitiergebot in § 2 Abs. 4 Satz 1 WissZeitVG ist nicht entsprechend heranzuziehen (*BAG* 14.6.2017 – 7 AZR 597/15 – EzA § 620 BGB 2002 Ärzte Nr. 1 Rn 15; ErfK-*Müller-Glöge* Rn 5; APS-*Schmidt* Rn 15; *Arnold/Gräfl/Imping* § 23 TzBfG Rn 87) Dennoch ist – soweit nicht tarif- oder arbeitsvertragliche Formvorschriften bereits dazu veranlassen – aus Gründen der Beweissicherung eine entsprechende Klarstellung im Arbeitsvertrag unter Bezugnahme auf die gesetzliche Grundlage anzuraten (s. nur *LAG SA* 10.7.1997 LAGE § 620 BGB Nr. 52). Fehlen konkrete arbeitsvertragliche Angaben, so ist ein sich aus den Umständen ergebender, sachgrundbezogener Weiterbildungszweck ggf. über eine Auslegung des Vertrages (§§ 133, 157 BGB) zu ermitteln (APS-*Schmidt* Rn 15; *LAG Köln* 2.11.2000 LAGE § 1 BeschFG 1996 Nr. 30a). Auch die vom Arbeitgeber geforderte **Weiterbildungsplanung muss im Arbeitsvertrag nicht aufgeführt werden** (*BAG* 14.6.2017 – 7 AZR 593/15 – EzA § 620 BGB 2002 Ärzte Nr. 1 Rn 19).

14 Die Befristungsabrede bedarf nach § 14 Abs. 4 TzBfG der **Schriftform**, die über § 1 Abs. 5 des Gesetzes heranzuziehen ist (*BAG* 13.6.2007 – 7 AZR 700/06 – EzA § 14 TzBfG Nr. 40; dazu *Pallasch* Anm. AP § 14 TzBfG Nr. 39; *Marschner* Anm. EzTöD 120 § 30 Abs. 1 TVöD-K Ärzte Nr. 1; s. dazu auch *Hoentzsch* RdA 2008, 170, *Lorenz* AuR 2008, 68; APS-*Schmidt* Rn 15). Fehlt die schriftliche Befristungsabrede, entsteht ein unbefristetes Arbeitsverhältnis. Allerdings gilt dies nur dann, wenn die mangelnde Schriftform innerhalb der (ggf. nach § 17 S. 2 TzBfG iVm. § 6 KSchG verlängerten) dreiwöchigen Klagefrist nach § 17 S. 1 TzBfG gerügt wird.

B. Weiterbildung als sachlicher Grund

I. Gegenstand der Weiterbildung

15 Zur Weiterbildung iSd ÄArbVtrG zählen nach der von den Landesärztekammern in den Weiterbildungsordnungen übernommener Begriffsbildung die **zeitlich und inhaltlich strukturierte Weiterbildung zum Facharzt**, Erwerb einer **Anerkennung für einen Schwerpunkt**, der Erwerb einer **Zusatzbezeichnung**, eines **Fachkundenachweises** oder einer Bescheinigung über eine **fakultative Weiterbildung** (§ 1 Abs. 1 ÄArbVtrG; s. BT-Drucks. 13/8668, S. 5 f.). Nicht mehr ausreichend ist – anders als nach der bis zum 20.12.1997 geltenden Rechtslage – eine bloße Förderung der Ausbildung (dazu *BAG* 24.4.1996 – 7 AZR 428/95 – EzA § 620 BGB Hochschulen Nr. 8). Danach genügt eine gelegentliche oder beiläufige Förderung der Weiterbildung während der Befristung nicht (*BAG* 14.6.2017 – 7 AZR 597/15 – EzA § 620 BGB 2002 Ärzte Nr. 1; *LAG Bln.-Bra.* 10.10.2006 – 12 Sa 606/06, ZTR 2007, 158 [LS]; *Arnold/Gräfl/Imping* § 23 TzBfG Rn 89; in Abgrenzung zu *LAG Köln* 2.11.2000 LAGE § 1 BeschFG 1996 Nr. 30a).

16 Die **Weiterbildung** muss demnach der befristeten Tätigkeit des Arztes das Gepräge geben, was die Übernahme anderer Aufgaben nicht gänzlich ausschließt. Sie muss – wie es auch der Wortlaut in Abs. 1 verdeutlicht – **zeitlich und inhaltlich strukturiert sein** (*BAG* 14.6.2017 – 7 AZR 597/15 – EzA § 620 BGB 2002 Ärzte Nr. 1; *LAG Bln.-Bra.* 16.10.2009 – 9 Sa 1242/09). Dies erfordert eine auf den konkreten Weiterbildungsbedarf zugeschnittene Planung der zu vermittelnden Weiterbildungsinhalte und einer zum Zeitpunkt des Arbeitsvertragsschlusses vorgenommenen Prognose über deren Erreichen (*BAG* 14.6.2017 – 7 AZR 597/15 – EzA § 620 BGB 2002 Ärzte Nr. 1; zur Vorinstanz *Krapohl* juris-medizinR 2/2016 Anm. 4). Hierzu muss der Arbeitgeber **keinen detaillierten Weiterbildungsplan** bereits bei Vertragsschluss vorlegen; erforderlich ist aber, dass er eine entsprechende, auf Tatsachen basierende **Planung auf der Grundlage der anwendbaren Weiterbildungsordnung** vorgenommen hat (*BAG* 14.6.2017 – 7 AZR 597/15 – EzA § 620 BGB 2002 Ärzte Nr. 1 Rn 19). Das verlangt die Prüfung, welche Anforderungen für die angestrebte Weiterbildung gelten, welcher Weiterbildungsbedarf in Anbetracht bereits zurückgelegter Weiterbildungsabschnitte besteht und welche danach erforderlichen Weiterbildungsinhalte in welchem zeitlichen Rahmen vermittelt werden sollen (*BAG* 14.6.2017 – 7 AZR 597/15 – EzA § 620 BGB 2002 Ärzte Nr. 1 Rn 26). Die in § 1 Abs. 1 ÄArbVtrG genannte »strukturierte Weiterbildung« erfasst alle dort genannten Weiterbildungsziele. Der Gesetzgeber wollte nicht nur für die Weiterbildung zum Facharzt die Anforderungen für den Ausnahmetatbestand einer möglichen Befristung genauer festlegen, sondern für alle Weiterbildungstatbestände (s. BT-Drucks. 13/8668 S. 6; sowie *BAG* 14.6.2017 – 7 AZR

597/15 – EzA § 620 BGB 2002 Ärzte Nr. 1). Mehrere Befristungen zu ein und demselben Weiterbildungszweck sind nicht statthaft (BT-Drucks. 13/8668 S. 5). Ausgangspunkt sind die **Verhältnisse bei Vertragsschluss**; eine davon abweichende Vertragsdurchführung setzt Zweifel an der mit der Befristung bezweckten Weiterbildung (APS-*Schmidt* Rn 14). Die bei Vertragsschluss bestehenden Planungen und Prognoseüberlegungen hat der Arbeitgeber im Rechtsstreit anhand konkreter Tatsachen darzulegen und im Bestreitensfall zu beweisen. Nachträglich während der Vertragslaufzeit eintretende Abweichungen können nur ein Indiz dafür sein, dass die Prognose unzutreffend war und der Sachgrund für die Befristung nur vorgeschoben ist (*BAG* 14.6.2017 – 7 AZR 597/15 – EzA § 620 BGB 2002 Ärzte Nr. 1 Rn 20).

II. Befristungsdauer

Nach § 1 Abs. 3 S. 1 kann eine vertragliche **Befristung zur Weiterbildung** abweichend von § 2 Abs. 1 S. 2 WisszeitVG **höchstens acht Jahre** betragen, sofern die Weiterbildung der Anerkennung als Facharzt oder dem Erwerb einer Zusatzbezeichnung dient (*LAG Köln* 2.11.2000 LAGE § 1 BeschFG 1996 Nr. 30a). Die Befristungshöchstdauer ist auch bei einem Arbeitgeberwechsel zu beachten oder wenn ein früheres Arbeitsverhältnis, welches den genannten Weiterbildungszwecken diente, nach dem WissZeitVG (s. Rdn 9) befristet gewesen war (*Dörner* Befr. Arbeitsvertrag Rn 670; ErfK-*Müller-Glöge* Rn 8). Abs. 3 S. 5 bestimmt ferner, dass die Befristungsdauer des ersten Vertrages **den Zeitraum nicht unterschreiten darf, für den der weiterbildende Arzt die Befugnis zur Weiterbildung** besitzt. Die Befristung kann nicht mehr »scheibchenweise« erfolgen, sondern ist »am Stück« zu vereinbaren (*BAG* 13.6.2007 – 7 AZR 700/06 – EzA § 14 TzBfG Nr. 40). Abs. 3 S. 5 steht nach dem vorgenannten Schutzzweck einem befristeten Arbeitsvertrag, der die Weiterbildungsbefugnis des weiterbildenden Arztes überschreitet, nicht entgegen (*BAG* 13.6.2007 – 7 AZR 700/06 – EzA § 14 TzBfG Nr. 40). Dieselben Vertragsparteien können nach dem Ende desjenigen befristeten Vertrages, dessen Dauer der Weiterbildungsbefugnis des weiterbildenden Arztes entsprochen hat, weitere befristete Verträge unter Beachtung von Abs. 3 S. 6 schließen (*BAG* 13.6.2007 – 7 AZR 700/06 – EzA § 14 TzBfG Nr. 40, mit insoweit zust. Anm. *Hoentzsch* RdA 2008, 170, 173; *Künzl* NZA 2008, 104 f.; ErfK-*Müller-Glöge* Rn 7).

Darüber hinaus ist eine **weitere Befristung** zum Zwecke des Erwerbs einer Anerkennung für einen Schwerpunkt oder des an die Weiterbildung zum Facharzt anschließenden Erwerbs einer Zusatzbezeichnung, eines Fachkundenachweises oder einer Bescheinigung über eine fakultative Weiterbildung **nicht mehr an einen Zweijahreszeitraum gebunden**. Seit der Neuregelung im Jahre 1997 ist die zusätzliche Befristung für den gesetzlich nicht näher bezeichneten Zeitraum gestattet, der für den Erwerb vorgeschrieben ist (Abs. 3 S. 2). Damit stellt das Gesetz auf die geändernden Weiterbildungszeiten im Anschluss an die Gebietsweiterbildung (zB Weiterbildung in chirurgischen Schwerpunkten) ab, die sich nach den Weiterbildungsordnungen der Landesärztekammern teilweise von zwei auf drei Jahre erhöht haben (vgl. Beschlussempfehlung und Bericht des Ausschusses für Gesundheit; BT-Drucks. 13/8862, S. 7; vgl. APS-*Schmidt* Rn 18). Wird eine Weiterbildung abgeschlossen und strebt der Arzt eine **neue Weiterbildung** auf einem völlig anderen Gebiet an, so kann erneut auf die Befristungsmöglichkeiten des ÄArbVtrG zurückgegriffen werden (*Baumgarten* ZTR 1987, 114; APS-*Schmidt* Rn 19). Dagegen eröffnet der **Wechsel der Weiterbildungsstelle** bei gleichbleibendem Weiterbildungsziel nicht eine neue gesetzlich zugelassene Befristung nach § 1 ÄArbVtrG (schon zur alten Rechtslage: *LAG Bln.* 22.4.1991 ZTR 1991, 337; wie hier ErfK-*Müller-Glöge* Rn 8). Bei einer vorangehenden befristeten Beschäftigung zu Weiterbildungszwecken an einer Hochschule wird diese auf die Höchstbefristungsdauer des § 1 Abs. 3 ÄArbVtrG angerechnet (*Baumgarten* ZTR 1987, 114); im umgekehrten Fall ist dies nunmehr in § 1 Abs. 3 S. 2 WissZeitVG geregelt.

§ 1 Abs. 3 S. 3 ÄArbVtrG legt für eine **Weiterbildung im Wege der Teilzeitbeschäftigung** fest, dass die gesetzlichen Höchstfristen um Zeiten überschritten werden dürfen, um die sich der Weiterbildungszeitraum durch die Teilzeitbeschäftigung bedingt verlängert (ErfK-*Müller-Glöge* Rn 9). Dadurch ist eine Befristung zur Weiterbildung möglich, die bspw. auf eine Verdoppelung des gesetzlichen Höchstbefristungsrahmens hinauslaufen kann (DDZ-*Däubler/Wroblewski* Rn 15).

Entgegenstehende Regelungen in den Weiterbildungsordnungen der Landesärztekammern, die eine Einschränkung der Teilzeitweiterbildung bei einer Anrechnung auf den Höchstzeitrahmen vorsehen, sind nach § 1 Abs. 5 ÄArbVtrG **unwirksam** (*Baumgarten* ZTR 1987, 113). Im Unterschied zu § 2 WissZeitVG bleibt nach dem Wortlaut der Bestimmungen die verlängernde Wirkung einer Weiterbildung in Teilzeitbeschäftigung auf den Anwendungsbereich des ÄArbVtrG beschränkt. Es ist durchaus fragwürdig, warum Ärzten – angesichts der verfassungsrechtlichen Gleichheits-, Gleichberechtigungs- und einfachrechtlichen Gleichbehandlungsgrundsätze (Art. 3 Abs. 1 bis 3 GG; § 4 Abs. 1 TzBfG; §§ 1, 7 AGG) – eine verlängerte Weiterbildung über den gesetzlichen Höchstbefristungsrahmen hinaus nur außerhalb der Hochschule gestattet wird, im Falle der wissenschaftlichen oder künstlerischen Qualifizierung an Hochschulen und Forschungseinrichtungen dagegen nur im engen Rahmen von bis zu 2 Jahren nach § 2 Abs. 5 Nr. 3 WissZeitVG). Eine Anpassung hatte bereits durch das 4. HRGÄndG v. 20.8.1998 (BGBl. I S. 2190, zu § 57c Abs. 6 Nr. 3 HRG aF) nicht stattgefunden (vgl. *BAG* 3.3.1999 – 7 AZR 672/97 – EzA § 620 BGB Hochschulen Nr. 16).

20 Die zusätzlich in Abs. 3 S. 5 und 6 aufgenommenen Vorschriften beschränken eine Befristung zu Weiterbildungszwecken, indem sie die **Befristung zur Erfüllung des Weiterbildungszwecks** zur Regel machen. Das Gesetz zeigt hierzu zwei voneinander unabhängige Befristungsmöglichkeiten in Satz 1 und Satz 2 des § 1 Abs. 3 auf. Danach kann zunächst eine Befristungsvereinbarung für die Facharztausbildung und sodann die Befristung für eine zusätzliche Weiterbildung in einem Schwerpunkt getroffen werden (ErfK-*Müller-Glöge* Rn 8). Davon wird eine Ausnahme zu machen sein, wenn sich das Weiterbildungsziel des Arztes grundlegend ändert (vgl. *LAG Bln.* 22.4.1991 RzK I 9d Nr. 20 = ZTR 1991, 337). In einem solchen Fall muss es möglich sein, die Befristung auf das neue Weiterbildungsziel einzustellen.

21 **Die Regelung in § 1 Abs. 3 S. 6 ist klärungsbedürftig.** Im Gesetzgebungsverfahren hatte sich der Bundesrat für eine andere Fassung ausgesprochen. Danach sollte, im Interesse der Rechtssicherheit und des Schutzes der betreffenden Arbeitnehmer in der Weiterbildung **eine nachträglich verkürzte Vertragsbefristung** für den Fall **vermieden werden**, dass sich erst im Laufe der Weiterbildung eine frühere Erreichung des Weiterbildungsziels abzeichnet (BR-Drs. 606/97). Der Bundestag ist dieser Anregung nicht gefolgt und hat an der ursprünglichen Fassung des Regierungsentwurfs insoweit festgehalten. Demnach ist eine **einmalige nachträgliche Korrektur zur Befristungsdauer** zulässig, falls das Weiterbildungsziel vom Arzt vorzeitig erreicht wird. Im Wege der »Neubefristung« darf dann einmalig und einvernehmlich das Fristende vorverlegt werden (ErfK-*Müller-Glöge* Rn 9). Abweichend von den sonst üblichen Befristungsgrundsätzen kommt es hierbei nicht auf die Umstände bei Abschluss des Zeitvertrages an (aA *Boewer* § 23 TzBfG Rn 49).

22 Die **nachträgliche Abkürzung der Befristung** mag sinnvoll sein, um die Weiterbildungsstelle für einen anderen zur Weiterbildung anstehenden Arzt freizumachen. Gleichwohl ist die Regelung **dogmatisch nicht gelungen**, da in § 1 Abs. 2 ÄArbVtrG weiterhin die kalendermäßige Bestimmung oder Bestimmbarkeit der Befristung bei Abschluss des Arbeitsvertrages festgelegt und die Befristungsdauer der vertraglichen Parteivereinbarung überlassen bleibt. Es hätte sich hier empfohlen, das »Weiterbildungsverhältnis« nach dem Muster des § 21 Abs. 2 BBiG mit dem Erreichen des Weiterbildungsziels enden zu lassen. Einen weiteren Weg eröffnet § 15 Abs. 3 TzBfG. Danach wäre eine ordentliche Kündigung vor Ablauf der Befristung möglich, soweit dies arbeitsvertraglich vorgesehen ist. Der Ausweg einer Zweckbefristung (s. Rdn 24 f.) eröffnet sich hier nicht.

23 Das Recht zur vorzeitigen Beendigung des befristeten Arbeitsverhältnisses im Wege der **außerordentlichen Kündigung** nach § 626 BGB bleibt für beide Seiten unberührt. Für eine ordentliche Kündigung vor Ablauf der Befristung bedarf es einer Vereinbarung nach § 15 Abs. 3 TzBfG (ErfK-*Müller-Glöge* Rn 10). Soweit vertreten wird, dass es dem Arbeitnehmer freistehen muss, die Weiterbildung ungeachtet einer entsprechenden Vereinbarung durch **ordentliche Kündigung** zu beenden (DDZ-*Däubler/Wroblewski* Rn 20), ist zu berücksichtigen, dass es sich bei der Aufgabe einer Facharztausbildung oder ärztlichen Weiterbildung regelmäßig um einen **wichtigen Grund zur Beendigung** des Arbeits-/Weiterbildungsverhältnisses (Rechtsgedanke des § 22 Abs. 2 Nr. 2 BBiG) handelt. Die außerordentliche Kündigung ist dann mit Auslauffrist zu erklären.

III. Bestimmbarkeit

Das Gesetz hält in § 1 Abs. 2 ÄArbVtrG an der bisherigen Regelung fest, dass die Dauer des befristeten Arbeitsvertrages **kalendermäßig bestimmt oder bestimmbar** sein muss. Die Vorschrift entspricht § 21 Abs. 3 BErzGG aF, die zum 1.10.1996 geändert wurde. Während die nunmehr vom Wortlaut erweiterte Fassung des § 21 Abs. 3 BEEG auch Zweckbefristungen erlaubt, hatte das BAG zuvor angesichts des abw. Wortlauts der früheren Gesetzesfassung **Zweckbefristungen als unzulässig** angesehen (*BAG* 9.11.1994 – 7 AZR 243/94 – EzA § 21 BErzGG Nr. 1). 24

Demnach ist ein **kalendermäßig fixiertes Enddatum** festzulegen oder das Befristungsende muss anhand der angegebenen **Befristungszeitspanne** (zB drei Jahre) bestimmbar sein. Die Bestimmbarkeit anhand des Kalenders kann sich auch aus den bei Arbeitsvertragsschluss vorliegenden Angaben ergeben (*BAG* 14.8.2002 – 7 AZR 266/01 – EzA § 620 BGB Ärzte Nr. 1; 13.6.2007 – 7 AZR 700/06 – EzA § 14 TzBfG Nr. 40). **Zweckbefristungen** – etwa eine Beendigung mit Erwerb der Qualifikation – bleiben im Unterschied zum Anwendungsbereich des § 21 Abs. 3 BEEG unzulässig (*BAG* 14.8.2002 – 7 AZR 266/01 – EzA § 620 BGB Ärzte Nr. 1; 13.6.2007 – 7 AZR 700/06 – EzA § 14 TzBfG Nr. 40; APS-*Schmidt* Rn 24; ErfK-*Müller-Glöge* Rn 6; *Dörner* Befr. Arbeitsvertrag Rn 668; aA *Bruns* AnwZert ArbR 15/2012 Anm. 2), selbst wenn das Problem einer nachträglichen Verkürzung der Befristung (§ 1 Abs. 3 S. 6 ÄArbVtrG; s. Rdn 24) sich hierüber besser lösen ließe. **Ausgeschlossen sind auflösende Bedingungen** (§ 21 TzBfG), da sie den Besonderheiten des § 1 ÄArbVtrG widersprechen (Abs. 5; *Arnold/Gräfl/Imping* § 23 TzBfG Rn 88; APS-*Schmidt* Rn 24). Enthält der Arbeitsvertrag eine Doppelbefristung in Form einer **kombinierten Zweck- und Zeitbefristung**, hat die Unwirksamkeit der ersteren keinen Einfluss auf die Gültigkeit der letzteren (*BAG* 13.6.2007 – 7 AZR 700/06 – EzA § 14 TzBfG Nr. 40). 25

IV. Unterbrechungen

§ 1 Abs. 4 ÄArbVtrG gewährt einen **Anspruch auf Abschluss eines Arbeitsvertrages für die Dauer der anrechenbaren Unterbrechungszeiten** eines nach § 1 Abs. 3 ÄArbVtrG befristeten Arbeitsverhältnisses (s.a. Rdn 19). Die **Unterbrechungstatbestände** nach § 1 Abs. 4 entsprechen inhaltlich denen des § 2 Abs. 5 WissZeitVG (dazu KR-*Treber/Waskow* § 2 WissZeitVG Rdn 74 ff.). Der Arbeitgeber unterliegt insoweit einem **Kontrahierungszwang**, wenn einer der fünf Unterbrechungstatbestände des § 1 Abs. 4 ÄArbVtrG gegeben ist. Dagegen verlängert sich das befristete Arbeitsverhältnis, anders als nach § 2 Abs. 5 WissZeitVG (s. dazu KR-*Treber/Waskow* § 2 WissZeitVG Rdn 78), nicht von selbst um die Unterbrechungszeiten. Bereits unter Geltung des § 57b Abs. 4 HRG idF des 5. HRGÄndG hat der Gesetzgeber nur eine redaktionelle Überarbeitung vorgenommen, indessen vom Verfahren her eine selbstständige Verlängerung des befristeten Arbeitsvertrages um die Ausfallzeiten im ÄArbVtrG nicht vorgesehen (BT-Drucks. 14/6853 S. 34; vgl. KR-*Treber/Waskow* § 2 WissZeitVG Rdn 78; *Sievers* Anh. 6 Rn 7; s. dazu auch Rdn 20). Die Sicherung des Beschäftigungsanspruchs nach § 1 Abs. 4 ÄArbVtrG erfolgt vielmehr durch den Abschluss eines um die anrechenbare Zeit befristeten Arbeitsvertrages im Anschluss an die Vertragslaufzeit oder – bei einer darüber hinaus fortdauernden Unterbrechung – im Anschluss an den Unterbrechungszeitraum (*BAG* 24.4.1996 – 7 AZR 428/95 – EzA § 620 BGB Hochschulen Nr. 8). Die »**verlängernde« Nichtanrechnung** kann **nur im Einvernehmen** mit dem in der Weiterbildung stehenden Arzt erfolgen (DDZ-*Däubler/Wroblewski* Rn 17). Der Anspruch entsteht schon vor Ablauf des Zeitvertrages (APS-*Schmidt* Rn 21). Bei Weigerung des Arbeitgebers, sich im Anschluss an eine Unterbrechung auf ein ergänzendes befristetes Arbeitsverhältnis einzulassen, hat der Arbeitnehmer im Wege der Leistungsklage (*BAG* 12.1.2000 – 7 AZR 764/98 – Rzk I 9d Nr. 70) auf Abschluss eines befristeten Arbeitsvertrages und nicht auf Feststellung eines fortbestehenden Arbeitsverhältnisses zu klagen (*BAG* 24.4.1996 – 7 AZR 428/95 – EzA § 620 BGB Hochschulen Nr. 8; ErfK-*Müller-Glöge* Rn 9). 26

Der **Anspruch** besteht auch dann noch, wenn der in der Weiterbildung stehende Arzt die nach der jeweiligen Weiterbildungsordnung vorgeschriebenen Beschäftigungszeiten bereits vor Beginn des Unterbrechungszeitraums zurückgelegt und damit sein **Weiterbildungsziel erreicht hat** (*BAG* 24.4.1996 – 7 AZR 428/95 – EzA § 620 BGB Hochschulen Nr. 8, noch zur alten Rechtslage; APS-*Schmidt* Rn 21). 27

Dafür könnte zwar die neu geschaffene Möglichkeit, bei vorzeitigem Erreichen des Weiterbildungsziels die Befristung nachträglich abzukürzen angeführt werden (§ 1 Abs. 3 S. 6 ÄArbVtrG, s. Rdn 23 ff.). Dem Arzt ist allerdings nach wie vor die Möglichkeit einzuräumen, entsprechend dem Regelungszweck seine praktischen Kenntnisse und Fähigkeiten zu erweitern. Es ist deshalb nicht zwingend geboten, auch in diesem Fall einen Anspruch auf Abschluss eines verlängernden Arbeitsvertrages zu gewähren, um den ursprünglichen Befristungsrahmen voll ausschöpfen zu können (APS-*Schmidt* Rn 21, die den Fortsetzungsanspruch bis zum Ablauf des Zeitvertrages für berechtigt hält).

28 Die **Verlängerungshöchstgrenze** beträgt in den Fällen der Nrn. 1, 2 und 5 maximal zwei Jahre. Sie weicht – anders als nach dem § 57b Abs. 4 S. 2 HRG – von der Regelung im WissZeitVG ab. Nach dem dortigen § 2 Abs. 5 S. 2 »soll« die Verlängerung den Zeitraum von zwei Jahren nicht überschreiten (dazu KR-*Treber/Waskow* § 2 WissZeitVG Rdn 101).

29 Kommt es zu einer **Verlängerung** des befristeten Arbeitsvertrages infolge von Unterbrechungszeiten nach Abs. 4, so ist für die inhaltliche **Befristungskontrolle der ursprüngliche bzw. der letzte nicht aufgrund eines Verlängerungsanspruchs zustande gekommene Vertrag** und nicht der Verlängerungsvertrag maßgebend (*BAG* 3.3.1999 – 7 AZR 672/97 – EzA § 620 BGB Hochschulen Nr. 16; 23.2.2000 – 7 AZR 825/98 – EzA § 620 BGB Hochschulen Nr. 25; ErfK-*Müller-Glöge* Rn 5). Da eine Verlängerungsvereinbarung erforderlich ist, muss die gleichzeitig zu treffende Befristungsabrede der **Schriftform** des § 14 Abs. 4 TzBfG genügen.

C. Rechtsfolgen bei Gesetzesverstößen

30 Bei einem Verstoß gegen das Verbot der Zweckbefristung entsteht ein **unbefristetes Arbeitsverhältnis** (*BAG* 14.8.2002 – 7 AZR 266/01 – EzA § 620 BGB Ärzte Nr. 1). Gleiches gilt, wenn das Gebot, die Dauer des befristeten Arbeitsverhältnisses am Zeitraum der Weiterbildungsbefugnis des ausbildenden Arztes auszurichten aus § 1 Abs. 3 S. 5 ÄArbVtrG verletzt oder die Höchstfrist überschritten wird (APS-*Schmidt* Rn 25; ErfK-*Müller-Glöge* Rn 6; aA wohl *Schiller* MedR 1995, 491). Das folgt aus § 16 TzBfG, der auch Unwirksamkeitsgründe jenseits des Anwendungsbereichs des TzBfG erfasst. Eine **teleologische Reduktion** der Unwirksamkeitsfolgen auf die rechtswirksame Befristungsdauer nach der zum Erreichen des Weiterbildungsziels erforderlichen Zeitspanne kommt **nicht in Betracht**. Das ÄArbVtrG dient zwar dem besonderen Schutz der Ärzte im Rahmen und für die Dauer ihrer Weiterbildung, es soll dabei aber zugleich vor sachlich nicht gerechtfertigten Befristungen schützen (s. Rdn 17; APS-*Schmidt* Rn 25). Auch aus § 1 Abs. 5 kann keine Sperre gefolgert werden. Dem Arbeitgeber verbleibt dann die durch § 16 S. 1 Hs. 2 TzBfG eröffnete Möglichkeit der ordentlichen Kündigung (APS-*Schmidt* Rn 26; vgl. hierzu KR-*Lipke/Bubach* § 16 TzBfG Rdn 8 ff.). Wird das Arbeitsverhältnis über das Datum der gesetzeskonformen vertraglichen Befristung zu Weiterbildungszwecken stillschweigend, und sei es auch nur für einen Tag, fortgesetzt, so gilt das ehemals befristete Arbeitsverhältnis nunmehr als ein auf unbestimmte Zeit eingegangenes Arbeitsverhältnis iSv § 15 Abs. 5 TzBfG (§ 625 BGB; *Heinze* NJW 1987, 2281).

D. Prozessuales

31 Hält der Beschäftigte die Befristung zu Weiterbildungszwecken für unwirksam, hat er die **dreiwöchige Klagefrist** des § 17 S. 1 TzBfG zu beachten, die regelmäßig nach dem vereinbarten Ende des befristeten Arbeitsvertrages zu laufen beginnt. Die allgemeinen Vorschriften des TzBfG gelten für alle befristeten Arbeitsverträge (BT-Drucks. 14/4374 S. 21; vgl. hier KR-*Lipke/Bubach* § 17 TzBfG Rdn 4). Versäumt der Arbeitnehmer die Klagefrist, so gilt die Befristung als von Anfang an rechtswirksam. Für das Vorliegen eines Sachgrundes nach § 1 ÄArbVtrG ist der Arbeitgeber darlegungs- und beweispflichtig (ausf. s. KR-*Lipke/Bubach* § 14 TzBfG Rdn 755 ff.). Dies erfasst auch die Planung und die Prognose hinsichtlich der strukturierten Weiterbildung (*BAG* 14.6.2017 – 7 AZR 597/15 – EzA § 620 BGB 2002 Ärzte Nr. 1). Diese Voraussetzung ist erfüllt, wenn der Weiterbildungszweck innerhalb der Höchstbefristungsspanne gegeben war. Für das Überschreiten der Höchstbefristungsdauer ist hingegen der Arbeitnehmer darlegungs- und beweisbelastet (APS-*Schmidt* Rn 27).

Allgemeines Gleichbehandlungsgesetz (AGG)

Vom 14. August 2006 (BGBl. I S. 2745).
Zuletzt geändert durch Art. 8 des SEPA-Begleitgesetzes vom 3. April 2013 (BGBl. I S. 610).
– Auszug –

Abschnitt 1 Allgemeiner Teil

§ 1 AGG Ziel des Gesetzes

Ziel des Gesetzes ist, Benachteiligungen aus Gründen der Rasse oder wegen der ethnischen Herkunft, des Geschlechts, der Religion oder Weltanschauung, einer Behinderung, des Alters oder der sexuellen Identität zu verhindern oder zu beseitigen.

Übersicht	Rdn		Rdn
A. Grundlagen	1	II. Benachteiligung aus Gründen der Rasse und ethnischen Herkunft	17
I. Entstehungsgeschichte und unionsrechtliche Vorgaben	1	III. Benachteiligung wegen des Geschlechts	23
II. Das AGG im System der Gleichbehandlungsregelungen und Diskriminierungsverbote	6	IV. Benachteiligung wegen der Religion oder Weltanschauung	25
B. Gesetzeszweck	12	V. Benachteiligung wegen einer Behinderung	30
C. Die einzelnen Diskriminierungsmerkmale	15	VI. Benachteiligung wegen des Alters	36
I. Grundsatz	15	VII. Benachteiligung wegen der sexuellen Identität	37

A. Grundlagen

I. Entstehungsgeschichte und unionsrechtliche Vorgaben

Das Allgemeine Gleichbehandlungsgesetz (AGG) ist als **Art. 1 des Gesetzes zur Umsetzung europäischer Richtlinien zur Verwirklichung des Grundsatzes der Gleichbehandlung** (v. 14.8.2006 BGBl. I S. 1897) am 17.8.2006 in Kraft getreten (Gesetzesmaterialien s. insb. BR-Drs. 329/06; BT-Drucks. 16/1780, 16/1852, 16/2022). Die bis zur Verabschiedung andauernden Diskussionen haben sich im Inhalt des zunächst verabschiedeten Gesetzes dergestalt niedergeschlagen, dass zwar in § 2 Abs. 4 AGG für Kündigungen ausschließlich die Geltung der Bestimmungen des allgemeinen und besonderen Kündigungsschutzes vorgesehen war und ist (zu dieser Vorschrift s. KR-*Treber/Plum* § 2 AGG Rdn 4 ff.), aber neben § 2 Abs. 1 Nr. 2 AGG enthielt **§ 10 Nr. 6 und 7 AGG aF** Rechtfertigungsgründe mit kündigungsschutzrechtlicher Bedeutung (zur Bedeutung der Streichung s. KR-*Rachor* § 1 KSchG Rdn 719 ff.). Durch Art. 8 des Zweiten Gesetzes zur Änderung des Betriebsrentengesetzes (v. 2.12.2006 BGBl. I S. 2742, in Kraft getreten am 12.12.2006; s. dazu BT-Drucks. 16/3007) wurden neben offensichtlichen Redaktionsversehen in § 20 AGG und § 11 Abs. 1 GG beide Regelungen **ersatzlos gestrichen.** Änderungen erfolgten in § 23 Abs. 2 S. 1 AGG (durch Art. 19 Abs. 10 des Gesetzes v. 12.12.2007, BGBl. I S. 2840) – Streichung des Satzteils »in denen eine Vertretung durch Anwälte und Anwältinnen nicht gesetzlich vorgeschrieben ist« – und eine redaktionelle Anpassung in § 26 Abs. 3 S. 1 Nr. 2 AGG (durch Art. 15 Abs. 66 des Gesetzes v. 5.2.2009, BGBl. I S. 160). Durch Art. 8 des SEPA-Begleitgesetzes (vom 3.4.2013 BGBl. I S. 610) wurde § 20 Abs. 2 S. 1 AGG aufgehoben und § 33 durch einen Abs. 5 ergänzt (beide Vorschriften bleiben hier unkommentiert) 1

Das AGG bildet den Kern der arbeitsrechtlichen Regelung der unzulässigen Benachteiligung und hat für die geschlechtsbezogene Benachteiligung § 611a BGB ersetzt. Die Vorschrift wurde durch 2

das AGG aufgehoben. Es dient in seinem **arbeitsrechtlichen Teil** der **Umsetzung von drei Antidiskriminierungsrichtlinien** der EU, und zwar (zur Aufhebung einzelner Richtlinien durch die Richtlinie 2006/54/EG s. Rdn 4):
- der Richtlinie 76/207/EWG des Rates v. 9.2.1976 zur Verwirklichung des Grundsatzes der Gleichberechtigung von Männern und Frauen hinsichtlich des Zugangs zur Beschäftigung, zur Berufsausbildung und zum beruflichen Aufstieg sowie in Bezug auf die Arbeitsbedingungen (ABlEG L 39/40 v. 14.2.1976, geändert durch die Richtlinie 2002/73 des Europäischen Parlaments und des Rates v. 23.9.2002 ABlEG L 269/25 v. 5.10.2002, »Genderrichtlinie«),
- der Richtlinie 2000/43/EG des Rates v. 29.11.2000 zur Anwendung des Gleichbehandlungsgrundsatzes ohne Unterschied der Rasse oder der ethnischen Herkunft (ABlEG L 180/22 v. 19.7.2000, »Antirassismusrichtlinie«),
- der Richtlinie 2000/78/EG des Rates zur Festlegung eines allgemeinen Rahmens für die Verwirklichung der Gleichbehandlung in Beschäftigung und Beruf (ABlEG L 303/16 v. 2.12.2000, »Rahmenrichtlinie«).

Des Weiteren wurde durch das AGG in seinem zivilrechtlichen Teil die Richtlinie 2004/113/EG des Rates v. 13.12.2004 zur Verwirklichung des Grundsatzes der Gleichbehandlung von Männern und Frauen beim Zugang zu und bei der Versorgung mit Gütern und Dienstleistungen (ABlEG L 373/37 v. 21.12.2004) umgesetzt.

3   Die **Umsetzungsfrist** für zwei der drei arbeitsrechtlichen Richtlinien war zum Zeitpunkt des Inkrafttretens des AGG bereits **abgelaufen** (RL 2000/43/EG zum 19.7.2003, RL 2002/73/EG zum 5.10.2005; RL 2000/78/EG zum 2.12.2003). Die Bundesregierung hatte in Bezug auf die RL 2000/78/EG die Möglichkeit einer nach Art. 18 Abs. 2 RL 2000/78/EG möglichen Zusatzfrist von drei Jahren zur Umsetzung der Richtlinie hinsichtlich der Diskriminierung wegen Alters und wegen Behinderung in Anspruch genommen (s. dazu *BAG* 18.5.2004 EzA § 4 TVG Luftfahrt Nr. 9; 14.10.2008 EzA § 4 TVG Altersteilzeit Nr. 29). Hinsichtlich der Umsetzung im Übrigen hat der *EuGH* eine **Vertragsverletzung** durch die Bundesrepublik Deutschland festgestellt (23.2.2006 EuZW 2006, 216). Gleiches hatte der *EuGH* bereits zuvor in Bezug auf die nicht fristgemäße Umsetzung der RL 2000/43/EG entschieden (28.4.2004 EuZW 2005, 444). Ein aus dem Unionsrecht abgeleiteter **Staatshaftungsanspruch** (dazu *EuGH* 19.11.1991 NJW 1992, 165; 5.3.1996 NJW 1996, 1267; 8.10.1996 DB 1996, 2218) wird abgelehnt, weil das durch die Richtlinien vorgeschriebene Ziel der Verleihung von Rechten an den Einzelnen nicht allein aus den Richtlinien bestimmt werden könne (*KG* 6.2.2009 NVwZ 2009, 1445; *OVG NRW* 7.10.2019 NWVBl 2020, 200).

4   Seit dem 15.8.2008 (Ablauf der Umsetzungsfrist) ist – als konsolidierte Neufassung – die **Richtlinie 2006/54/EG** des Europäischen Parlaments und Rates v. 5.7.2006 zur Verwirklichung des Grundsatzes der Chancengleichheit und Gleichbehandlung von Männern und Frauen in Arbeits- und Beschäftigungsfragen (Neufassung – »**Gleichbehandlungsrichtlinie**«, ABlEG L 204/23 v. 26.7.2006) maßgebend, die nach ihrem Anhang I, Teil A (ABlEG L 204/34) die RL 76/207/EWG, die RL 2002/73/EG sowie die RL 97/80/EG des Rates vom 15.12.1997 über die Beweislast bei Diskriminierung aufgrund des Geschlechts (ABlEG L 14/6 v. 20.1.1998) aufgehoben hat.

5   Ein umfassender Diskriminierungsschutz ist **primärrechtlich in Art. 21 Abs. 1 GrCh** verankert. Die Grundrechtecharta gilt seit dem Inkrafttreten des Vertrages von Lissabon am 1.12.2009 (BGBl. II 2009, 1223) nach Art. 6 AEUV als Primärrecht im gleichen Rang wie die Verträge.

»Art. 21 GrCh
Nichtdiskriminierung

(1) Diskriminierungen, insbesondere wegen des Geschlechts, der Rasse, der Hautfarbe, der ethnischen oder sozialen Herkunft, der genetischen Merkmale, der Sprache, der Religion oder der Weltanschauung, der politischen oder sonstigen Anschauung, der Zugehörigkeit zu einer nationalen Minderheit, des Vermögens, der Geburt, einer Behinderung, des Alters oder der sexuellen Ausrichtung, sind verboten.

(2) *Im Anwendungsbereich des Vertrags zur Gründung der Europäischen Gemeinschaft und des Vertrags über die Europäische Union ist unbeschadet der besonderen Bestimmungen dieser Verträge jede Diskriminierung aus Gründen der Staatsangehörigkeit verboten.«*

Die Charta gilt nach Art. 51 Abs. 1 GrCh u.a. für die Mitgliedstaaten, jedoch »ausschließlich bei der Durchführung des Rechts der Union«. **Konkretisiert** werden die Rechte nach der Grundrechtecharta u.a. **durch die Richtlinien der EU** (s. nur *EuGH* 8.9.2011 EzA Richtlinie 2000/78 EG-Vertrag 1999 Nr. 21, unter Bezugnahme auf *EuGH* 19.1.2010 EzA Richtlinie 2000/78 EG-Vertrag 1999 Nr. 14; 13.9.2011 EzA Richtlinie 2000/78 EG-Vertrag 1999 Nr. 22; 26.9.2013 EzA Richtlinie 2000/78 EG-Vertrag 1999 Nr. 34; 13.11.2014 NVwZ 2015, 427; 7.2.2019 NZA 2019, 241; 27.2.2020 NVwZ 2020, 944; *BAG* 13.10.2010 ZTR 2011, 94, 15.11.2011 ZTR 2012, 291; 19.12.2013 EzA § 125 InsO Nr. 12; 26.3.2015 EzA § 1 KSchG Soziale Auswahl Nr. 88; 16.10.2018 EzA § 1 BetrAVG Nr. 98 dazu auch *Klimpe-Auerbach* PersR 2012, 156), die wiederum den Grundrechten der Charta entsprechen müssen. Dies trägt auch dem in Art. 5 Abs. 2 EUV normierten Grundsatz der begrenzten Einzelermächtigung Rechnung (*Lenaerts* EuR 2012, 3). Bei der Auslegung des nationalen Rechts ist, soweit es in den Anwendungsbereich des Unionsrechts fällt (dazu grdl. *EuGH* 18.6.1991 JZ 1992, 682; s.a. *Huber* NJW 2011, 2386 f.; sehr weitgehend *EuGH* 26.2.2013 EzA Art. 51 EG-Vertrag 1999 Grundrechtecharta Nr. 1 »Åkerberg Fransson«, für den Fall, dass das Unionsrecht nur »beiläufig betroffen ist«, krit. *Rabe* NJW 2013, 1407; anders wohl *Winter* NZA 2013, 473: Sog- und Ausstrahlungswirkung; weiterhin *EuGH* 26.2.2013 »Melloni«; s. aber *BVerfG* 24.2.2013 BVerfGE 133, 277: nicht jeder sachliche Bezug einer Regelung zum bloß abstrakten Anwendungsbereich des Unionsrechts reiche aus, da anderenfalls ein Ultra-vires-Akt gegeben sei; s.a. *v. Dannwitz* EuGRZ 2013, 253; zurückhaltender jetzt *EuGH* 6.3.2014 NVwZ 2014, 575: »ob eine nationale Regelung ... eine Durchführung einer Bestimmung des Unionsrechts bezweckt«; 10.7.2014 NZA 2014, 1325; 22.1.2020 EAS Teil C RL 1999/70/EG § 4 Nr. 18), der Inhalt des Art. 21 Abs. 1 GrCh zu beachten. Die Regelung zur Nichtdiskriminierung aus Gründen des Geschlechts, der Rasse, der ethnischen Herkunft, der Religion, der Weltanschauung, der Behinderung, des Alters oder der sexuellen Ausrichtung in **Art. 19 AEUV** (ex-Art. 13 EGV) begründet kein unmittelbar geltendes Individualrecht, sondern stellt eine **Kompetenznorm** dar. Die EU hat u.a. auf der Grundlage des Art. 13 EGV die dem AGG zugrundeliegenden Richtlinien (s. Rdn 2) erlassen.

II. Das AGG im System der Gleichbehandlungsregelungen und Diskriminierungsverbote

Zweck der arbeitsrechtlichen Regelungen des AGG ist, den in den zugrundeliegenden Richtlinien zum maßgebenden Rechtsprinzip erhobenen **Grundsatz des Verbots der Benachteiligung** beim Zugang zur Berufsausbildung, zur Beschäftigung, zum beruflichen Aufstieg sowie in Bezug auf **Arbeitsbedingungen** und soziale Sicherheit zu verwirklichen (s. etwa Art. 1 Abs. 1 RL 76/207/EWG). Neben dem Benachteiligungsverbot aus den in § 1 AGG genannten Gründen sind auf anderen Rechtsgründen beruhende Diskriminierungsverbote und vor allem Gleichbehandlungsgebote gleichermaßen zu beachten (s. etwa *BAG* 19.1.2011 EzA § 1 BetrAVG Gleichberechtigung Nr. 14: Unionsrecht und Art. 3 Abs. 2 GG als Prüfungsmaßstab einer mittelbaren Diskriminierung wegen des Geschlechts; 8.12.2010 EzA § 1 TVG Betriebsnormen Nr. 5: Art. 3 Abs. 1 GG und § 1 AGG). Die Vorschrift des § 2 Abs. 3 S. 1 AGG stellt ebenso wie § 32 AGG klar, dass Benachteiligungsverbote oder Gleichbehandlungsgebote, die auf anderen Rechtsvorschriften beruhen, unberührt bleiben. Das gilt auch für öffentlich-rechtliche Schutzvorschriften zu Gunsten bestimmter Personengruppen (BT-Drucks. 16/1780 S. 32). 6

Dabei ist zunächst die EMRK von Bedeutung (zur innerstaatlichen Beachtung zB *BVerfG* 2.6.2018 BVerfGE 148, 296; 6.11.2019 BVerfGE 152, 152), auf die sich auch der EuGH in seiner Rechtsprechung bezieht und die Gewährleistungen der Konvention berücksichtigt (*EuGH* 11.4.2013 EzA Richtlinie 2000/78 EG-Vertrag 1999 Nr. 31 » Ring, Skouboe Werge«; 18.3.2014 EzA Richtlinie 2006/54 EG-Vertrag 1999 Nr. 3 »Z./A Government Departement u.a.«, 1.12.2016 ZESAR 2017, 505 »Daouidi«; s. dazu auch *Schlachter* SR 2017, 111, 113 f.). Der in Art. 6 Abs. 2 S. 1 7

§ 1 AGG Ziel des Gesetzes

EUV festgelegte Beitritt der EU zur EMRK (s. etwa *Reufels/Blöchl* KSzW 2014, 235) bedarf allerdings noch der Umsetzung (zur Unvereinbarkeit des EU-Beitritts zur EMRK mit dem Unionsrecht *EuGH* 18.12.2014 Gutachten 2/13; dazu krit. *Wendel* NJW 2015, 921). In der Folge eines Beitritts sind nach Art. 6 Abs. 3 EUV dann die Grundrechte, wie sie in der EMRK und wie sie sich aus den gemeinsamen Verfassungsüberlieferungen der Mitgliedstaaten ergeben, als allgemeine Grundsätze Teil des Unionsrechts. Einschlägig ist vor allem das **Diskriminierungsverbot nach Art. 14 EMRK**. Im hiesigen Zusammenhang ist auch die durch **Art. 9 EMRK geschützte Religionsfreiheit** von Bedeutung, die in der gerichtlichen Praxis auch mit den Gewährleistungen des Art. 8 EMRK – Recht auf Achtung des Privat- und Familienlebens – eng verbunden ist (*EGMR* 3.2.2011 EzA § 611 BGB 2002 Kirchliche Mitarbeiter Nr. 17; 23.10.2010 NZA 2011, 277; 23.9.2010 NZA 2011, 279; 8.9.2011 NJW 2012, 1099, dazu *Fahrig/Stenslik* EuZA 2012, 184; weiterhin *BAG* 24.9.2014 EzA § 611 BGB 2002 Kirchliche Arbeitnehmer Nr. 33; s.a. KR-*Fischermeier/Krumbiegel* § 626 BGB Rdn 148 f.). Die Europäische Konvention zum Schutz der Menschenrechte und der Grundfreiheiten (v. 3.9.1953 BGBl. 1954 II S. 14, idF der Bek. v. 17.5.2002 BGBl. II S. 1054) gilt nach der Ratifizierung durch die Bundesrepublik Deutschland als einfaches innerstaatliches Recht.

8   In der Rechtssache »**Mangold**« hat die Erwähnung völkerrechtlicher Vorgaben sowie der mitgliedsstaatlichen Verfassungstraditionen im ersten und vierten Erwägungsgrund der RL 2000/78/EG und den Umstand, dass diese Richtlinie lediglich einen allgemeinen Rahmen für die Verwirklichung des Gleichbehandlungsgrundsatzes (und nicht etwa dessen Geltung anordnet), dahingehend gedeutet, dass das **Verbot der Altersdiskriminierung** einen **allgemeinen Rechtsgrundsatz des Unionsrechts** darstelle (*EuGH* 22.11.2005 EzA § 14 TzBfG Nr. 21; ausf. s. KR-*Lipke/Bubach* § 14 TzBfG Rdn 651 ff.) und diesen in der Entscheidung »Kücükdeveci« bestätigt (*EuGH* 19.1.2010 EzA EG-Vertrag 1999 Richtlinie 2000/78 Nr. 14; dazu etwa *Preis/Temming* NZA 2010, 189 ff.; ebenso betont in der Entscheidung »Prigge«, *EuGH* 13.9.2011 EzA EG-Vertrag 1999 Richtlinie 2000/78 Nr. 22). In der Folge bedeutet dies, dass das nationale Gericht eine in den Anwendungsbereich des Unionsrechts fallende **nationale Bestimmung**, die es mit dem Verbot der Altersdiskriminierung für unvereinbar hält und die einer unionsrechtskonformen Auslegung nicht zugänglich ist, **unangewendet** lassen muss, um die volle Wirksamkeit des primärrechtlichen Verbots der Altersdiskriminierung zu gewährleisten (*EuGH* 12.1.2010 NJW 2010, 587). Das BVerfG hat in der »Honeywell-Entscheidung« entgegen vielfach geäußerter Kritik im Rahmen einer Verfassungsbeschwerde gegen die Entscheidung des BAG zur sachgrundlosen Altersbefristung nach § 14 Abs. 3 S. 4 TzBfG aF (*BAG* 26.4.2006 EzA § 14 TzBfG Nr. 28; dazu s. KR-*Lipke/Bubach* § 14 TzBfG Rdn 655) die Rechtsprechung des EuGH nicht als »ausbrechenden Rechtsakt« eingeordnet. Die Voraussetzungen einer **Ultra-vires-Kontrolle** durch das BVerfG lagen bei der Entscheidung »Mangold« nicht vor (*BVerfG* 6.7.2010 EzA TzBfG Nr. 66). Die **primärrechtliche Herleitung** des Verbots der Altersdiskriminierung könnte jedenfalls bei diskriminierenden Maßnahmen mit unionsrechtlichem Bezug (dazu *EuGH* 23.9.2008 EzA EG-Vertrag 1999 Richtlinie 2000/78 Nr. 7) gleichermaßen auf andere in der RL 2000/78/EG genannte Kriterien übertragen werden, so dass – jedenfalls in der Logik der »Mangold«-Entscheidung des EuGH – auch insoweit von weiteren ungeschriebenen Rechtsgrundsätzen des Unionsrechts ausgegangen werden könnte (*Preis/Temming* NZA 2010, 190 f.; *Kupfer/Weishaupt* EuZA 2011, 240). Allerdings hat der EuGH in den Rechtssachen »Palacios« (*EuGH* 16.10.2007 EzA EG Vertrag 1999 Richtlinie 2000/78 Nr. 3), »Bartsch« (*EuGH* 23.9.2008 EzA EG-Vertrag 1999 Richtlinie 2000/78 Nr. 7) sowie »Age of Concern« (*EuGH* 5.2.2009 EzA EG-Vertrag 1999 Richtlinie 2000/78 Nr. 9) nicht auf eine primärrechtliche Verankerung des Verbots der Altersdiskriminierung abgestellt. Anders verhält es sich in der zeitlich nachfolgenden Rechtssache »Kücükdeveci«, auch weil hier die Vorschrift des § 662 Abs. 2 S. BGB wegen ihres eindeutigen Wortlauts einer unionskonformen Auslegung nicht zugänglich ist (*EuGH* 19.1.2010 EzA EG-Vertrag 1999 Richtlinie 2000/78 Nr. 14).

9   **Verfassungsrechtlich** beachtlich ist die Gleichheitsgarantie des Art. 3 Abs. 1 GG, die ihre besondere arbeitsrechtliche Ausprägung im **arbeitsrechtlichen Gleichbehandlungsgrundsatz** erfahren hat. Diskriminierungsverbote enthalten ferner die speziellen Gleichheitsrechte in Art. 3 Abs. 2 und 3 GG (zum Verbot der Benachteiligung behinderter Menschen *BVerfG* 10.12.2008

BVerfGK 14, 492; zur Benachteiligung auf Grund des Geschlechts *BVerfG* 14.4.2010 BVerfGE 126, 29), deren Bedeutung für das AGG u.a. darin liegt, dass dessen Vorschriften zugleich das aus Art. 3 Abs. 2 GG hergeleitete verfassungsrechtliche Gebot tatsächlicher Gleichstellung der Geschlechter (*BVerfG* 28.1.1992 BVerfGE 85, 191, 206) verwirklichen soll (dazu *Reichold* ZfA 2006, 257). Schließlich ist die durch Art. 4 GG geschützte Religionsfreiheit zu beachten (vgl. nur *BAG* 24.2.2011 EzA § 1 KSchG Personenbedingte Kündigung Nr. 28; s.a. KR-*Fischermeier/Krumbiegel* § 626 BGB Rdn 148 f.). Soweit es um die **geschlechtsbezogene Ungleichbehandlung** geht, wird der arbeitsrechtliche Gleichbehandlungsgrundsatz durch den Gleichbehandlungsgrundsatz des Art. 3 Abs. 2 GG und das Benachteiligungsverbot des Art. 3 Abs. 3 GG (*BVerfG* 18.6.2008 BVerfGE 121, 241) inhaltlich geprägt.

Die Benachteiligung **Teilzeitbeschäftigter** untersagt § 4 TzBfG. Bei der Ungleichbehandlung von 10
Teilzeitbeschäftigten, wobei es sich in der Praxis vornehmlich um Frauen handelt, konkurriert das Verbot (mittelbarer) geschlechtsbezogener Diskriminierung im AGG mit dem **Diskriminierungsverbot für Teilzeitbeschäftigte in § 4 TzBfG**. Die unionsrechtliche Vorgabe für ein Benachteiligungsverbot von Teilzeitbeschäftigten enthält § 4 des Anhangs zur Richtlinie 1999/70/EG des Rates zu der EGB-UNICE-CEEP-Rahmenvereinbarung über befristete Arbeitsverträge (AB1EG L 175/43 v. 10.7.1999).

Ferner gehört die Überwachung des Gleichbehandlungsprinzips zu den Aufgaben von Arbeitgeber 11
und **Betriebsrat nach § 75 Abs. 1 BetrVG**, der durch Art. 3 Abs. 3 des Gesetzes zur Umsetzung europäischer Richtlinien zur Verwirklichung des Grundsatzes der Gleichbehandlung mit Inkrafttreten des AGG durch die ausdrückliche Aufnahme einzelner unzulässiger Diskriminierungsmerkmale neu gefasst wurde (BT-Drucks. 16/1780 S. 28). Bei den Sprecherausschüssen ist insofern § 27 **SprAuG** maßgebend und für die Personalvertretungen **§ 67 Abs. 1 S. 1 BPersVG** im Bereich des Bundes, entsprechende Regelungen bestehen in den Personalvertretungsgesetzen der Länder.

B. Gesetzeszweck

§ 1 AGG legt das **Ziel des Gesetzes** fest, die Verhinderung und Beseitigung von Benachteiligungen 12
aus den abschließend aufgezählten Benachteiligungsgründen. Allerdings enthält § 1 AGG entgegen der insoweit etwas missverständlichen Überschrift nicht nur eine Zielbestimmung des Gesetzes, die dem Anwender zugleich eine **Auslegungshilfe** an die Hand gibt, sondern normiert auch die für eine Benachteiligung maßgebenden Gründe und bestimmt mit anderen Vorschriften des AGG zugleich den **sachlichen Anwendungsbereich** des Gesetzes. Die Benachteiligungsgründe werden in anderen Vorschriften vorausgesetzt (§ 2 Abs. 1 AGG, § 7 Abs. 1 AGG). Durch das AGG und die in § 1 AGG genannten Gründe wird der gesetzliche Schutz nicht abschließend bestimmt, wie schon § 2 Abs. 3 AGG zeigt (s. zu den einzelnen Rechtsgrundlagen Rdn 10 ff.). Nach der Gesetzesbegründung (BT-Drucks. 16/1780, S. 30) sollen nicht »**bestimmte Gruppen**« besonders geschützt werden (ausf. ErfK-*Schlachter* Rn 1; s.a. KR-*Treber/Plum* § 3 AGG Rdn 10).

Das Gesetz selbst ist in **sieben Abschnitte** gegliedert. Neben den allgemeinen Bestimmungen des 13
Abschnitts 1 (§§ 1 bis 5 AGG), die auch für den Schutz vor Benachteiligungen im Zivilrechtsverkehr gelten (Abschnitt 3, §§ 19 bis 21 AGG), sind vor allem die **arbeitsrechtlichen Bestimmungen des Abschnitts 2**, die sich mit dem Schutz der Beschäftigten vor Benachteiligung befassen (§§ 6 bis 18 AGG), vorliegend von Bedeutung. Zu berücksichtigen ist ferner die **Beweislastregelung** des § 22 AGG, die im Vierten Abschnitt des Gesetzes geregelt sind. Dem Zweck des Gesetzes entsprechend sind die Vorschriften des AGG **zwingend und nicht abdingbar** (§ 31 AGG). Kommentiert werden hier diejenigen Bestimmungen, die für Anwendung des »Kündigungsschutzgesetzes und ... der sonstigen kündigungsschutzrechtlichen Vorschriften« von Bedeutung sind.

Unterliegt das betreffende Rechtsverhältnis dem deutschen Recht, ist das AGG anwendbar. Dies 14
bestimmt sich nach der Art. 3 ff. Rom I-VO. Bei arbeitsrechtlichen **Fallgestaltungen mit einer sog. Auslandsberührung** sind vor allem Art. 8 und Art. 9 Rom I-VO maßgebend (s. KR-*Weigand/Horcher* Int. ArbvertragsR Rdn 50 ff., 34 ff.). Nach Art. 8 Abs. 1 S. 2 Rom I-VO darf bei einer **Rechtswahl**

§ 1 AGG   Ziel des Gesetzes

einer ausländischen Rechtsordnung dem Arbeitnehmer nicht derjenige Schutz entzogen werden, der nach Art. 8 Abs. 2 bis 4 Rom I-VO durch das Recht gegeben ist, welches anzuwenden wäre, wenn keine Rechtswahl stattgefunden hätte. Bei einer Inlandsbeschäftigung ist regelmäßig das AGG als dasjenige Recht maßgebend, welches am Ort der Vertragserfüllung gelten würde, Art. 8 Abs. 2 S. 1 Rom I-VO. Haben die Vertragsparteien das Recht eines anderen EU-Staates gewählt, der die Richtlinien (s. Rdn 2 f.) bereits umgesetzt hat, ist der erforderliche Mindestschutz gewahrt und die Rechtswahl zu akzeptieren (MHH-AGG Einl. Rn 44, HaKo-AGG/*Däubler* Einl. Rn 271; ErfK-*Schlachter* Vorbem. § 1 AGG Rn 6). Bei **Entsendungsfällen** in die Bundesrepublik Deutschland sind nach § 2 Nr. 7 AEntG die »Nichtdiskriminierungsbestimmungen« zwingend zu beachten (ausf. *Lüttringhaus* S. 216 ff., 247 f.; HaKo-AGG/*Däubler* Einl. Rn 268; MHH-AGG Einl. Rn 45; ErfK-*Schlachter* Vor § 1 AGG Rn 6; aA *Junker* NZA 2008, Beil 2, S. 6; zum grenzüberschreitenden Rechtsschutz *Lüttringhaus* S. 329 ff.).

C. Die einzelnen Gründe iSv § 1 AGG

I. Grundsatz

15 Die Vorschrift des § 1 AGG regelt weder ein umfassendes allgemeines Benachteiligungsverbot noch kann ihr ein allgemeines Gleichbehandlungsgebot entnommen werden. Einschlägig sind allein die **abschließend genannten acht Benachteiligungsgründe** (s. KR-*Treber/Plum* § 3 AGG Rdn 3 ff.). Allerdings ist bei Benachteiligungen wegen eines anderen als in § 1 AGG genannten Grundes zu prüfen, ob dieser Grund mit einem in § 1 AGG genannten Grund **in einem untrennbaren Zusammenhang** steht. Das ist etwa der Fall bei einer Schwangerschaft, wie § 3 Abs. 1 S. 2 AGG schon zeigt (s. KR-*Treber/Plum* § 3 AGG Rdn 15 ff.), oder es kann bei Leistungen gegeben sein, die Personen vorbehalten sind, die eine Ehe geschlossen haben, nicht aber den in einer Lebenspartnerschaft stehenden zuteilwerden sollen (s. Rdn 38).

16 Eine **Erweiterung auf andere Benachteiligungsgründe** kommt im Rahmen des AGG ebenso wenig in Betracht wie bei den Richtlinien selbst (*EuGH* 18.12.2014 – C-354/13 [FOA], Rn 36; 17.7.2008 – C-303/06 [Coleman], Rn 46; 11.7.2006 – C-13/05 [Chacón Navas], Rn 56; *BAG* 23.11.2017 – 8 AZR 372/16, Rn 51 zur Benachteiligung »wegen der Sprache«; *LAG Düsseld.* 16.9.2011 – 6 Sa 909/11, zu A II 2 b cc zur Benachteiligung »wegen des Vermögens«). Deshalb wird etwa eine Kündigung wegen Adipositas oder Krankheit als solcher nicht von den Benachteiligungsgründen der Richtlinie 2000/78/EG und damit auch des AGG, namentlich dem der Behinderung erfasst (*EuGH* 18.12.2014 – C-354/13 [FOA], Rn 31 ff.; 11.7.2006 – C-13/05 [Chacón Navas], Rn 53 ff.). Die Benachteiligungsgründe des § 1 AGG sind ebenfalls nicht einschlägig, wenn bei der Einstellung eine Körpermindestgröße vorausgesetzt wird (*VG Düsseld.* 2.10.2007 – 2 K 2070/07), es sei denn, diese ist so gewählt, dass eine mittelbare Benachteiligung naheliegt (*LAG Köln* 25.6.2014 LAGE § 15 AGG Nr. 21: tarifvertraglich festgelegte Körpermindestgröße für Pilotenausbildung; abl. *Vielmeier* ZTR 2015, 9; s.a. KR-*Treber/Plum* § 3 AGG Rdn 40).

II. Benachteiligung aus Gründen der Rasse und ethnischen Herkunft

17 Ziel des AGG ist nach § 1 AGG u.a. Benachteiligungen aus Gründen der Rasse oder der ethnischen Herkunft zu verhindern oder zu beseitigen. Damit dient das AGG der Umsetzung der RL 2000/43/EG. Die Begriffe »Rasse« und »ethnische Herkunft« sind darin nicht definiert. Sie finden sich als solche auch in Art. 19 Abs. 1 AEUV (ex-Art. 13 Abs. 1 EGV). Beide Begriffe sind **unionsrechtlich und weit auszulegen**. Dabei kann auf Art. 14 EMRK und auf das im 3. Erwägungsgrund der RL 2000/43/EG genannte Internationale Übereinkommen zur Beseitigung jeder Form von Rassendiskriminierung (Convention for the Elimination of All Forms of Racial Discrimination – CERD) vom 7.3.1966 (BGBl. 1969 II, S. 961) zurückgegriffen werden (BT-Drucks. 16/1780, S. 30 f.; *EuGH* 16.7.2015 – C-83/14 [CHEZ Razpredelenie Bulgaria], Rn 73; *BAG* 21.6.2012 – 8 AZR 364/11, Rn 31, BAGE 142, 158; *BGH* 1.6.2017 – I ZR 272/15, Rn 23).

Der Begriff »Rasse« ist problematisch und schon bei Entstehung der RL 2000/43/EG kontrovers 18
diskutiert worden. Er scheint die Existenz unterschiedlicher menschlicher »Rassen« im biologischen Sinne vorauszusetzen, die tatsächlich nicht bestehen. Im 6. Erwägungsgrund der RL 2000/43/EG weist die EU deshalb Theorien zurück, die versuchen, deren Existenz nachzuweisen. Die Mitgliedstaaten und die EU-Kommission haben gleichwohl an dem Begriff »Rasse« festgehalten, weil er den sprachlichen Anknüpfungspunkt zu dem Begriff »Rassismus« bildet und die hiermit verbundene Signalwirkung – nämlich die konsequente Bekämpfung rassistischer Tendenzen – genutzt werden soll. Davon geht auch der Gesetzgeber aus (BT-Drucks. 16/1780, S. 30 f.; s.a. *LAG SA* 17.9.2010 – 3 TaBV 2/10, zu B 1 a; *Barskanmaz* KJ 2008, 296). Deshalb hat (auch) er in Abweichung zu Art. 3 Abs. 3 GG (s. dazu auch BT-Drucks. 16/1780, S. 31; SSP-*Schleusener* Rn 46) nicht die Formulierung »wegen seiner Rasse«, sondern »aus Gründen der Rasse« in den Gesetzestext aufgenommen.

Eine Benachteiligung erfolgt »aus Gründen der Rasse« (s. etwa *OLG Köln* 19.1.2010 – 24 U 51/ 19
09, zu II), wenn sie auf den Kriterien Rasse, Hautfarbe, Abstammung, nationaler oder ethnischer Ursprung beruht (Art. 1 Abs. 1 CERD, s. dazu Rdn 17; BT-Drucks. 16/1780, S. 31; *EuGH* 16.7.2015 – C-83/14 [CHEZ Razpredelenie Bulgaria], Rn 73; *BAG* 21.6.2012 – 8 AZR 364/11, Rn 31, BAGE 142, 158; *BGH* 1.6.2017 – I ZR 272/15, Rn 23). Sie kann etwa bei rassistisch motivierter Belästigung gem. § 3 Abs. 3 AGG (s. KR-*Treber/Plum* § 3 AGG Rdn 48 f.) gegeben sein. Eine Benachteiligung kann auch dann vorliegen, wenn scheinbar auf die Staatsangehörigkeit oder Religion abgestellt wird, in der Sache aber die ethnische Zugehörigkeit gemeint ist (BT-Drucks. 16/1780, S. 31; *BAG* 21.6.2012 – 8 AZR 364/11, Rn 31, BAGE 142, 158; *BGH* 1.6.2017 – I ZR 272/15, Rn 23).

Auch der Begriff »**ethnischen Herkunft**« ist in einem weiten Sinne zu verstehen (BT-Drucks. 16/ 20
1780, S. 30 f.; *BAG* 15.12.2016 – 8 AZR 418/15, Rn 37; 21.6.2012 – 8 AZR 364/11, Rn 31, BAGE 142, 158; *BGH* 1.6.2017 – I ZR 272/15, Rn 23). Hierunter fallen alle Benachteiligungen, die sich durch Zuordnung eines Menschen zu einer durch besondere Merkmale verbundenen Gemeinschaft ergeben (dazu ausf. anhand des britischen Rechts *Dreyer* Race Relations Act 1976 und Rassendiskriminierung in Großbritannien, 2000). Der Begriff beruht auf dem Gedanken, dass gesellschaftliche Gruppen insbes. durch eine Gemeinsamkeit der Staatsangehörigkeit, der Religion, der traditionellen Herkunft und der Lebensumgebung gekennzeichnet sind, ohne dass diese Kriterien abschließend sind oder eines allein ausschlaggebend ist (*EuGH* 6.4.2017 – C-668/ 15 [Jyske Finans], Rn 17 ff.; 16.7.2015 – C-83/14 [CHEZ Razpredelenie Bulgaria], Rn 46; *BAG* 23.11.2017 – 8 AZR 372/16, Rn 36 f.; 15.12.2016 – 8 AZR 418/15, Rn 37; *BGH* 25.4.2019 – I ZR 272/15, Rn 33). Unter einer ethnischen Gruppierung können dementsprechend Bevölkerungsteile verstanden werden, die durch gemeinsame Herkunft, eine lange gemeinsame Geschichte, Kultur oder Zusammengehörigkeitsgefühl verbunden sind (*BAG* 21.6.2012 – 8 AZR 364/11, Rn 31, BAGE 142, 158; *BGH* 1.6.2017 – I ZR 272/15, Rn 23). Die Zugehörigkeit ist räumlich, zeitlich sowie kulturell und weniger nach persönlichen Merkmalen zu bestimmen. Hierzu zählen Benachteiligungen aufgrund der Hautfarbe, der Abstammung, des nationalen oder ethnischen Ursprungs (vgl. auch Art. 1 Abs. 1 CERD, s. dazu Rdn 17; BT-Drucks. 16/1780, S. 31; *BAG* 21.6.2012 – 8 AZR 364/11, Rn 31, BAGE 142, 158; *BGH* 1.6.2017 – I ZR 272/15, Rn 23), nicht unmittelbar jedoch die davon zu unterscheidende Benachteiligung wegen der Staatsangehörigkeit (13. Erwägungsgrund und Art. 3 Abs. 2 RL 2000/43/EG; *EuGH* 6.4.2017 – C-668/15 [Jyske Finans], Rn 24; *BAG* 23.11.2017 – 8 AZR 372/16, Rn 37; 21.6.2012 – 8 AZR 364/11, Rn 31, BAGE 142, 158; *BGH* 25.4.2019 – I ZR 272/15, Rn 33; 1.6.2017 – I ZR 272/15, Rn 23: s. aber auch Rdn 19 und Rdn 21 am Ende) oder der Religionszugehörigkeit.

Gleichgültig ist, ob die **ethnische Unterscheidung positiv oder negativ definiert** ist. Erfasst wer- 21
den damit sowohl Fälle, in denen die Benachteiligung eine bestimmte ethnische Herkunft, etwa ein bestimmter Volksstamm und je nach den Umständen eine bestimmte Nation (zumindest verkürzend *LAG Hamm* NZA-RR 2009, 13, m. krit. Anm. *Hunold*; Spanier als Angehöriger eines anderen »fremden Volkes«), betrifft, als auch solche, in denen die Benachteiligung allein daran

anknüpft, dass der Betroffene nichtdeutscher Herkunft ist (*BAG* 21.6.2012 – 8 AZR 364/11, Rn 31, BAGE 142, 158; *BGH* 1.6.2017 – I ZR 272/15, Rn 23). Ausreichend ist es, wenn die andere ethnische Gruppe als »fremd« oder »anders« wahrgenommen und daher eine Gemeinschaft subjektiv als prägend und objektiv als identitätsstiftend wahrgenommen wird (ErfK-*Schlachter* Rn 4a, DDZ-*Zwanziger* Rn 21, mit dem treffenden Beispiel der Apartheid; aA *Adomeit/Mohr* Rn 52). Die Äußerung, keine marokkanischen Monteure einstellen zu wollen, kann gleichfalls den Tatbestand einer unmittelbaren Benachteiligung wegen der ethnischen Herkunft erfüllen (*EuGH* 10.7.2008 EzA Richtlinie 2000/43 EG-Vertrag 1999 Nr. 1; s. KR-*Treber/Plum* § 3 AGG Rdn 10). Eine Benachteiligung wegen einer ethnischen Herkunft kann auch dann vorliegen, wenn ein **anderes Merkmal lediglich vorgeschoben wird** (etwa die Staatsangehörigkeit), letztlich aber die Zugehörigkeit zu einer ethnischen Gruppe das maßgebende Differenzierungskriterium darstellt (*Schiek* AuR 20003, 46; *Thüsing* NZA 2004, Beil. zu Heft 22, S. 9; SSP-*Schleusener* Rn 47, 49; ErfK-*Schlachter* Rn 4a, u.a. unter Hinw. auf *ArbG Wuppertal* 10.12.2003 LAGE § 626 BGB 2002 Nr. 2a).

22 Allein die Anknüpfung an bestimmte **Bundesländer oder Landesteile** stellt keine Benachteiligung wegen der ethnischen Herkunft dar, auch wenn hier bestimmte objektive Merkmale wie Dialekt oder Traditionen aufgegriffen werden sollten (SSP-*Schleusener* Rn 48; *Thüsing* Rn 181; grds. auch *Bauer/Krieger/Günther* Rn 22). Eine unterschiedliche ethnische Herkunft kann innerhalb Deutschlands vorliegen, soweit an eine **landsmannschaftliche Zugehörigkeit** angeknüpft wird und diese zugleich Ausdruck einer ethnischen Besonderheit ist. Die Suche einer bayrischen Anwaltskanzlei nach einem Juristen bayrischer Herkunft (*BAG* 5.2.2004 EzBAT § 8 BAT Gleichbehandlung Nr. 62) ist keine ethnische Benachteiligung, weil ihr kein ethnisches Merkmal zugrunde liegt; vielmehr sollen in aller Regel Mandantenkontakt und -akquise durch entsprechendes Lokalkolorit erleichtert werden. Dagegen ist die allein als Folge der deutschen Teilung auftretende Unterscheidung von »**Ossis**« und »**Wessis**« nicht ethnisch begründet (*ArbG Stuttg.* 15.4.2010 NZA-RR 2010, 344; *ArbG Würzburg* 21.9.2009 AE 2009, 275; SSP-*Schleusener* Rn 48; Schaub-*Linck* § 36 Rn 6; MüKo-BGB/*Thüsing* Rn 21), so dass sie, für sich genommen, nicht unter den Begriff »ethnische Herkunft« fällt.

III. Benachteiligung wegen des Geschlechts

23 Eine ausdrückliche Regelung zum **Verbot der Benachteiligung wegen des Geschlechts** galt seit Inkrafttreten des § 611a BGB aF im Jahre 1980. Die zum früheren § 611a BGB aF gewonnenen Erkenntnisse dienen nicht nur als Richtschnur für die Auslegung der entsprechenden Tatbestände im AGG. Soweit Parallelprobleme, die von der geschlechtsbezogenen Benachteiligung bekannt sind, auch bei anderen Gründen iSv. § 1 AGG vorliegen, können diese Einsichten auch dort entsprechend herangezogen werden. Der **Begriff des Geschlechts** erfasst die objektive Zuordnung zu einer Geschlechtsgruppe – **männlich, weiblich und intersexuell**. Intersexualität, die auch als Zwischengeschlechtlichkeit bezeichnet wird, liegt bei Menschen vor, bei denen die männlichen oder weiblichen Geschlechtsmerkmale nicht eindeutig ausgeprägt sind (s.a. *BVerfG* 10.10.2017 – 1 BvR 2019/16, Rn 37 ff., BVerfGE 147, 1; HWK-*Rupp* Rn 4). Nicht erfasst werden die sexuelle Orientierung oder sexuelle Identität, welche wiederum eigenständig geschützt werden (s. Rdn 37 f.). Von der Intersexualität zu unterscheiden ist die **Transsexualität** (Transgender). Sie liegt vor, wenn ein Mensch zwar körperlich eindeutig einem Geschlecht zuzuordnen ist, sich jedoch psychisch als Angehöriger des anderen Geschlechts empfindet (*BVerfG* 11.1.2011 BVerfGE 128, 109; *BAG* 17.12.2015 – 8 AZR 421/14, Rn 32). Die Transsexualität hat der Gesetzgeber der »sexuellen Identität« zugeordnet (BT-Drucks. 16/1780 S. 31; *Schaub/Linck* § 36 Rn 7; ErfK-*Schlachter* Rn 6; aA SSP-*Schleusener* Rn 51; s. aber auch die Fallgestaltung in *EuGH* 30.4.1996 NZA 1996, 696 »P./S.«; angenommene Benachteiligung wegen des Geschlechts bei erfolgter Geschlechtsumwandlung). Die Transsexualität gehört als solche keinem der beiden Gründe an. Sie kann aber für eine Benachteiligung in Bezug auf einen der beiden von Bedeutung sein. Eine Benachteiligung wegen des Geschlechts kann vorliegen, wenn die transsexuelle Person nicht als »ihrem« Geschlecht zugehörig wahrgenommen wird (*BAG* 17.12.2015 – 8 AZR 421/14, Rn 30 ff.).

Eine unmittelbare Benachteiligung »**wegen des Geschlechts**« liegt vor, wenn der Benachteiligungsgrund **ausschließlich für ein Geschlecht** gilt, nicht aber dann, wenn er alle Geschlechter treffen kann. Dabei kommt es nicht darauf an, dass die fragliche Regelung oder Maßnahme die Geschlechtszugehörigkeit selbst zum Unterscheidungskriterium macht. Ausreichend ist es, wenn an Merkmale angeknüpft wird, die ausschließlich bei einem Geschlecht vorkommen (s. KR-*Treber/Plum* § 3 AGG Rdn 2, 15 f.). 24

IV. Benachteiligung wegen der Religion oder Weltanschauung

Eine Benachteiligung **wegen der Religion und wegen der Weltanschauung** erfasst die Bereiche des Glaubens und des Bekenntnisses. Eine nähere Inhaltsbestimmung ergibt sich weder aus den Richtlinien noch aus dem AGG. Beide Begriffe sind unionsrechtlich und weit auszulegen. Zur näheren Inhaltsbestimmung kann auf Art. 9 Abs. 1 EMRK und Art. 10 Abs. 1 GrCh, die dazu ergangene Rechtsprechung des EGMR und des EuGH sowie die gemeinsamen Verfassungsüberlieferungen der Mitgliedstaaten zurückgegriffen werden (*EuGH* 14.3.2017 – C-157/15 [G4S Secure Solutions], Rn 25 ff.; 14.3.2017 – C-188/15 [Bougnaoui und ADDH], Rn 27 ff.; *BAG* 27.8.2020 – 8 AZR 62/19, Rn 40; 25.10.2018 – 8 AZR 501/14, BAGE 164, 117, Rn 57 f.). Die Vorschriften normieren das Recht auf Gedanken-, Gewissens- und Religionsfreiheit. Dieses Recht umfasst die Freiheit, seine Religion oder Weltanschauung zu wechseln, und die Freiheit, seine Religion oder Weltanschauung einzeln oder gemeinsam mit anderen öffentlich oder privat durch Gottesdienst, Unterricht oder Praktizieren von Bräuchen und Riten zu bekennen. 25

Unter Religion oder Weltanschauung versteht die Rechtsprechung eine mit der Person des Menschen verbundene **Gewissheit über bestimmte Aussagen** zum Weltganzen sowie zur Herkunft und zum Ziel des menschlichen Lebens. Die Religion legt eine den Menschen überschreitende und umgreifende (»transzendente«) Wirklichkeit zugrunde, während sich die Weltanschauung auf innerweltliche (»immanente«) Bezüge beschränkt (s. nur *BAG* 22.3.1995 EzA GG Art. 140 Nr. 26, mwN zur verfassungsgerichtlichen Rechtsprechung). 26

Für das Merkmal **Religion** ist danach die Geltung von Lehr- oder Glaubenssätzen mit **transzendentalem Inhalt** oder Bezug prägend, deren Inhalt Gewissheit über bestimmte Aussagen zum Weltganzen sowie zur mit der Person des Menschen verbundenen Herkunft und zum Ziel des menschlichen Lebens verheißt. Außerdem hat die Rechtsprechung stets verlangt, dass die entsprechende Gemeinschaft dem äußeren Erscheinungsbild nach eine Religion darstellen muss. Die bloße Behauptung eines Personenzusammenschlusses, eine Religion darzustellen, reicht nicht; maßgebend sind vielmehr insbesondere die aktuelle Lebenswirklichkeit, die Kulturtradition sowie das allgemeine, aber auch das religionswissenschaftliche Verständnis (*BVerfG* 5.2.1991 BVerfGE 83, 341; *BAG* 22.3.1995 EzA Art. 140 GG Nr. 26). Das bedeutet aber nicht, dass die Religion nur gemeinsam mit anderen öffentlich oder im Kreise von Personen desselben Glaubens bekannt werden muss. Der Begriff »Religion« umfasst sowohl das »forum internum«, dh den Umstand, Überzeugungen zu haben, als auch das »forum externum«, dh die Bekundung des religiösen Glaubens in der Öffentlichkeit (*EuGH* 22.1.2019 – C-193/17 [Cresco Investigation], Rn 58; 14.3.2017 – C-157/15 [G4S Secure Solutions], Rn 28; 14.3.2017 – C-188/15 [Bougnaoui und ADDH], Rn 30; *BAG* 27.8.2020 – 8 AZR 62/19, Rn 40; 30.1.2019 – 10 AZR 299/18 [A], BAGE 165, 233, Rn 53). Die Religionsausübung kann daher auch allein und privat erfolgen (*EGMR* 13.4.2006 NJW 2006, 1401). Allerdings schützt die Religionsfreiheit nicht jede religiös begründete oder inspirierte Handlung absolut (*EGMR* 13.4.2006 NJW 2006, 1401; ErfK-*Schlachter* Rn 7). Erfasst werden auch die innerhalb einer Religion **bestehenden Konfessionen** (*BVerfG* 19.10.1971 BVerfGE 32, 98). 27

Anders als eine Religion wird eine **Weltanschauung durch innerweltlich begründete oder hergeleitete Merkmale** konstituiert. Allein die **politische Einstellung oder Überzeugung** begründet für sich genommen noch keine Weltanschauung und ist durch das AGG nicht geschützt (BT-Drucks. 16/2020, S. 13; s.a. *BAG* 20.6.2013 EzA § 1 AGG Nr. 1: »Sympathie mit der Volksrepublik China«). Als Weltanschauung können daher diejenigen Lehren gelten, die gleich einer Religion, wenn auch ohne transzendentalen Bezug, Antworten mit universellem Geltungsanspruch auf die 28

Grundfragen menschlicher Existenz zu geben behaupten und in ähnlicher Weise wie eine Religion äußerlich verfestigt sind. Es ist die mit der Person des Menschen verbundene Gewissheit über bestimmte Aussagen zum Weltganzen sowie zur Herkunft und zum Ziel menschlichen Lebens, die auf innerweltliche Bezüge beschränkt ist und die allgemeine politische Gesinnung gerade nicht erfasst (BT-Drucks. 16/2022, S. 13; s.a. *BAG* 22.3.1995 EzA Art. 140 GG Nr. 26; krit. zur Übereinstimmung des deutschen Begriffs der Weltanschauung mit Art. 1 RL 2000/78/EG im Hinblick auf die anderen sprachlichen Fassungen der Richtlinie, die den – weiteren – Begriff der »Überzeugung« zugrunde legen HaKo-AGG/*Däubler* Rn 62 ff.).

29 Keine Religion oder Weltanschauung liegt vor, wenn religiöse oder weltanschauliche Ziele lediglich vorgegeben werden, um unter diesem **Deckmantel andere Zwecke**, etwa rein wirtschaftlicher Art, zu verfolgen. Letzteres hat die Rechtsprechung im Falle von Scientology angenommen (*BAG* 22.3.1995 EzA Art. 140 GG Nr. 26; anders die Rechtsprechung in Frankreich s. *Röder/Krieger* FA 2006, 200; *Wiedemann/Thüsing* DB 2002, 466; *DDZ-Zwanziger* Rn 23; s.a. *Wiedemann/ Thüsing* DB 2002, 466). Allerdings hat der EGMR die abgelehnte Registrierung der Scientology-Gemeinschaft in Russland als Verstoß gegen Art. 9 und Art. 11 EMRK bewertet (*EGMR* 5.4.2007 NJW 2008, 495). Über die Auslegung wird letztlich der EuGH zu befinden haben. Dagegen könnte sprechen, dass die subjektive Weltsicht des Einzelnen das bestimmende Kriterium für die Weltanschauung darstellt (*Thüsing* ZfA 2001, 405; s.a. HWK-*Rupp* Rn 6).

V. Benachteiligung wegen einer Behinderung

30 Nach der Gesetzesbegründung soll der **Begriff »Behinderung«** den sozialrechtlich entwickelten gesetzlichen Definitionen in § 2 Abs. 1 S. 1 SGB IX und in § 3 BGG entsprechen: Nach diesen, insoweit übereinstimmenden Vorschriften sind Menschen behindert, »wenn ihre körperliche Funktion, geistige Fähigkeit oder seelische Gesundheit mit hoher Wahrscheinlichkeit länger als sechs Monate von dem für das Lebensalter typischen Zustand abweicht und daher ihre Teilhabe am Leben in der Gesellschaft beeinträchtigt ist« (BT-Drucks. 16/1780 S. 31; s. dazu auch *BAG* 19.12.2013 EzA § 1 AGG Nr. 2).

31 Dem kann nur als Ausgangspunkt für die Bestimmung des Begriffs der Behinderung zugestimmt werden. Das Merkmal der Behinderung ist im Hinblick auf die **unionsrechtskonforme Auslegung** des AGG zunächst »europäisch-autonom« auszulegen (*EuGH* 11.6.2006 EzA EG-Vertrag 1999 Richtlinie 2000/78 Nr. 1; dazu krit. *Domröse* NZA 2006, 1320). Das Verständnis des deutschen Transformationsgesetzgebers, der den »sozialrechtlich entwickelten Begriff« heranzieht (BT-Drucks. 16/1780 S. 31), kann allein nicht den Ausschlag geben (s.a. MüKo-BGB/*Thüsing* Rn 81). Der Begriff der Behinderung ist nicht mit dem der Schwerbehinderung iSd § 2 SGB IX gleichzusetzen (*BAG* 26.6.2014 EzA § 22 AGG Nr. 12; s.a. KR-*Gallner* Vor §§ 168–175 SGB IX Rdn 4 ff.), sondern weiter als dieser gefasst (*BAG* 3.4.2007 EzA § 81 SGB IX Nr. 15; 22.10.2009 EzA AGG § 15 Nr. 4; unklar in 7.4.2011 EzA § 15 AGG Nr. 13; s. aber auch *BAG* 7.6.2011 EzA § 112 BetrVG 2001 Nr. 45: die Gesetzesbegründung stehe im Einklang mit der Rechtsprechung des EuGH). Auf einen bestimmten Grad der Behinderung – wie etwa beim Benachteiligungsverbot iSd § 164 Abs. 2 S. 1 SGB IX – kommt es nicht an.

32 Nach der **Rechtsprechung des EuGH** soll die RL 2000/78/EG Diskriminierungen bestimmter Art in Beschäftigung und Beruf bekämpfen. Im Jahre 2006 hat der EuGH dazu ausgeführt: »In diesem Zusammenhang ist der Begriff »Behinderung« so zu verstehen, dass er eine Einschränkung erfasst, die insbesondere auf physische, geistige oder psychische Beeinträchtigungen zurückzuführen ist und die ein Hindernis für die Teilhabe des Betreffenden am Berufsleben bildet« (*EuGH* 11.6.2006 EzA EG-Vertrag 1999 Richtlinie 2000/78 Nr. 1, Rn 43). Damit wird zugleich deutlich, dass die **Teilhabe am Berufsleben** der maßgebende Bezugspunkt des Benachteiligungsverbotes ist. Vor dem Hintergrund der Genehmigung der UN-BRK durch den Rat im Namen der Europäischen Gemeinschaft (*Beschluss* 2010/48/EG v. 26.11.2009, ABlEU L 23 S 35 [v. 27.1.2010]) hat der EuGH unter Hinweis auf Buchst. e der Präambel der UN-BRK seine Rechtsprechung weiterentwickelt. Der Begriff der »**Behinderung« iSd RL 2000/78/EG** erfasst auch einen Zustand, »der

durch eine ärztlich diagnostizierte heilbare oder unheilbare Krankheit verursacht wird, wenn diese Krankheit eine Einschränkung mit sich bringt, die insbes. auf physische, geistige oder psychische Beeinträchtigungen zurückzuführen ist, die in Wechselwirkung mit verschiedenen Barrieren den Betreffenden an der vollen und wirksamen **Teilhabe am Berufsleben**, gleichberechtigt mit den anderen Arbeitnehmern, hindern können, und wenn diese Einschränkung von langer Dauer ist.« (*EuGH* 11.4.2013 EzA Richtlinie 2000/78 EG-Vertrag 1999 Nr. 31 »Ring«, m. Anm. *Stiebert/ Pötters*; weiterhin *EuGH* 18.12.2014 EzA Richtlinie 2000/78 EG-Vertrag 1999 Nr. 38 »FOA«; 4.7.2013 AblEU 2013, Nr. C 245, S. 2).

Demgegenüber ist der **Begriff der Behinderung des AGG** enger zu verstehen, als er eine Abweichung von dem für das Lebensalter typischen Zustand – alterstypische Einschränkungen sind danach nicht stets eine Behinderung – und eine bereits eingetretene Beeinträchtigung der Teilhabe verlangt. Er erfasst aber, weil er nicht nur auf die Teilhabe im Berufsleben begrenzt ist, auch die **Beeinträchtigung der gesellschaftlichen Teilhabe**. Eine Behinderung könne auch – so der Sechste Senat des BAG – erst durch das »Behindern« eines Menschen durch seine Umwelt entstehen. Zudem sind nach nationalem Verständnis Abweichungen schon dann als langfristig anzusehen, wenn sie wahrscheinlich länger als sechs Monate andauern, während nach dem Unionsrecht eine Prüfung im Einzelfall erforderlich ist. Da Art. 8 Abs. 1 RL 2000/78/EG nur Mindestanforderungen nennt, ist es dem nationalen Gesetzgeber aber nicht verwehrt, günstigere Regelungen zu normieren (*BAG* 19.12.2013 EzA § 1 AGG Nr. 2 mwN). Das führt allerdings in der Rechtsprechung des BAG zu einer »gespaltenen Auslegung« des Begriffs der Behinderung: Derjenige des AGG sei »maßgeblich, soweit das nationale Recht von einem weiteren Behindertenbegriff als das supranationale Recht ausgeht. Im Übrigen ist ... Unionsrecht zugrunde zu legen«. (*BAG* 19.12.2013 EzA § 1 AGG Nr. 2 mwN; **aA** *Stiebert/Pötters* Anm. zu EzA Richtlinie 2000/78 EG-Vertrag 1999 Nr. 31). 33

Zunächst ist davon ausgehen, dass **nicht jede Krankheit** eine Behinderung ist (*EuGH* 11.4.2013 EzA Richtlinie 2000/78 EG-Vertrag 1999 Nr. 31 »Ring«; 11.6.2006 EzA EG-Vertrag 1999 Richtlinie 2000/78 Nr. 1; *BAG* 19.12.2013 EzA § 1 AGG Nr. 2; 3.4.2007 EzA § 81 SGB IX Nr. 15; 22.10.2009 EzA § 15 AGG Nr. 4). Die Begriffe »Behinderung« und »Krankheit« lassen sich nicht gleichsetzen. Die RL 2000/78/EG verwendet mit dem Begriff der »Behinderung« in Art. 1 der Richtlinie bewusst ein Wort, das sich von dem der Krankheit unterscheidet. Damit die krankheitsbedingte Einschränkung unter den Begriff Behinderung fällt, muss daher wahrscheinlich sein, dass sie von langer Dauer ist (*EuGH* 11.6.2006 EzA EG-Vertrag 1999 Richtlinie 2000/78 Nr. 1; s.a. KR-*Rachor* § 1 KSchG Rdn 338, mwN). Deshalb sind krankheitsbedingte Kündigungen nach dem AGG nicht untersagt und allein der Umstand, dass sie gegenüber einem behinderten Menschen ausgesprochen wurde, lässt ohne weitere Anhaltspunkte nicht den Schluss zu, die »Behinderung« sei Beweggrund gewesen (*BAG* 28.4.2011 EzA § 22 AGG Nr. 4; 22.9.2009 EzA § 15 AGG Nr. 4; s.a. KR-*Rachor* § 1 KSchG Rdn 338). Ob die Anknüpfung an eine **Drogensucht** eine Benachteiligung aufgrund einer Behinderung darstellen kann (zu § 2 SGB X *BAG* 14.1.2004 ZTR 2004, 368), wird sich nur nach den Umständen im einzelnen Fall beantworten lassen (*Wendeling-Schröder/Stein* Rn 53; abl. MüKo-BGB/*Thüsing* Rn 51). Gleiches gilt für die Beurteilung einer **Adipositas** (*EuGH* 18.12.2014 EzA Richtlinie 2000/78 EG-Vertrag 1999 Nr. 38 »FOA«, dazu etwa *Bauschke* öAT 2015, 67 ff; *Lingscheid* NZA 2015, 147; *Sittard* NJW 2015, 393). 34

Indem das BAG auch eine Beeinträchtigung der gesellschaftlichen Teilhabe berücksichtigt (Rdn 33), sollen »**Vorurteile und Stigmatisierungen** seiner Umwelt« einen Arbeitnehmer trotz uneingeschränkter Leistungsfähigkeit zu einem Behinderten »machen« können (*BAG* 19.12.2013 EzA § 1 AGG Nr. 2: symptomlose HIV-Infektion). Dies ist jeweils im Einzelfall zu prüfen. Da sowohl Stigmatisierungen bei »interpersonellen Beziehungen und bei der Arbeit« berücksichtigt werden, kann je nach Umfeld eine Behinderung vorliegen oder nicht. Dabei blieb – da nicht entscheidungserheblich – offen, ob die Beeinträchtigung in beiden Bereichen vorliegen muss (krit. zu diesem Ansatz *Günther/Frey* NZA 2014, 584, 587; *Stenslik* Anm. AP Nr. 3 zu § 2 AGG). 35

VI. Benachteiligung wegen des Alters

36 Der Schutz vor Diskriminierungen **wegen des Alters** ist primärrechtlich in Art. 21 GrCh verankert und wird durch die Richtlinien der EU näher konkretisiert (s. Rdn 8). Der Benachteiligungsgrund schützt vor einer Benachteiligung, die an das Lebensalter anknüpft. Es geht also nicht ausschließlich um den Schutz älterer Menschen vor Benachteiligung (s. nur zur altersabhängigen Steigerung des Urlaubsanspruch nach § 26 Abs. 1 S. 2 TVöD: *BAG* 20.3.2012 EzA § 10 AGG Nr. 5; zur lebensaltersbezogenen Grundvergütung nach dem BAT s. *EuGH* 8.9.2011 EzA EG-Vertrag 1999 Richtlinie 2000/78 Nr. 21; sowie *BAG* 6.11.2011 ZTR 2012, 38; 8.11.2011 NZA 2012, 275), wenngleich diese nach Auffassung des Gesetzgebers ein Schwerpunkt im Anwendungsbereichs des Merkmals sein wird (BT-Drucks. 16/1780 S. 31). Das Benachteiligungsverbot greift in »beide Richtungen«, was sich mittelbar auch an Art. 6 Abs. 1 S. 2 Buchst. b RL 2000/78/EG zeigt, der von der Rechtfertigung eines Mindestalters handelt (iE KR-*Treber/Plum* § 3 AGG Rdn 22 ff.).

VII. Benachteiligung wegen der sexuellen Identität

37 Der Begriff der **sexuellen Identität** erfasst nach der Gesetzesbegründung homosexuelle Männer und Frauen ebenso wie bisexuelle, transsexuelle oder zwischengeschlechtliche Menschen (BT-Drucks. 16/1780 S. 31). Geschützt ist allerdings auch die **heterosexuelle** Neigung (ErfK-*Schlachter* Rn 14; DDZ-*Zwanziger* Rn 29). Anders als Art. 1 RL 2000/78/EG verwendet das AGG nicht den Begriff der sexuellen Ausrichtung, sondern wie in § 75 BetrVG den der sexuellen Identität. Wegen des durch den EuGH zugrunde gelegten abstrakten Diskriminierungsbegriffs kommt es nicht darauf an, ob ein Heterosexueller etwa gegenüber einem Homosexuellen benachteiligt wurde oder umgekehrt. Vielmehr ist **jede Anknüpfung an die sexuelle Identität** bereits unzulässig, so dass eine Benachteiligung etwa dann zu bejahen ist, wenn der Arbeitgeber einen Homosexuellen gegenüber einem anderen benachteiligt, weil dieser sich offen hierzu bekennt. Mit der sexuellen Identität ist die für die jeweilige Person **identitätsstiftende sexuelle Ausrichtung** erfasst, nicht aber lediglich sexuelle Praktiken, Vorlieben oder Neigungen (SSP-*Schleusener* Rn 83; ErfK-*Schlachter* Rn 14; DDZ-*Zwanziger* Rn 30; HWK-*Rupp* Rn 12; aA *Annuß* BB 2006, 1630 f.). **Nicht geschützt** werden sexuelle Ausrichtungen, die gesetzlich **zum Schutz höherrangiger Rechtsgüter** untersagt sind, wie die Sodomie, Pädophilie (§ 176 StGB) oder Negrophilie (§ 168 StGB). Das entspricht Art. 2 Abs. 5 RL 2000/78/EG.

38 Nach der 22. Begründungserwägung der RL 2000/78/EG bleiben zwar einzelstaatliche Rechtsvorschriften »über den Familienstand und davon abhängige Leistungen unberührt«. Gleichwohl sind die Mitgliedstaaten gehalten, bei der Ausgestaltung des nationalen Rechts die Diskriminierungsverbote zu beachten (*EuGH* 1.4.2008 EzA Richtlinie 2000/78 EG-Vertrag 1999 Nr. 4). Deshalb kann eine Regelung, die an den Bestand einer Ehe anknüpft, aber **eingetragene Lebenspartnerschaften** ausklammert, eine unmittelbare Diskriminierung wegen der sexuellen Identität darstellen. Das gilt jedenfalls dann, wenn die Lebenspartnerschaften nach dem nationalen Recht bezogen auf den Regelungsgegenstand mit der Situation einer Ehe vergleichbar sind (*EuGH* 10.5.2011 EzA EG-Vertrag 1999 Richtlinie 2000/78 Nr. 19, dazu *Brors* EuZA 2012, 67; 1.4.2008 EzA Richtlinie 2000/78 EG-Vertrag 1999 Nr. 4; *BAG* 15.9.2009 EzA § 2 AGG Nr. 5; 14.1.2009 EzA § 2 AGG Nr. 3; s.a. *BVerfG* 7.7.2009 EzA EG-Vertrag 1999 Richtlinie 2000/78 Nr. 13: Verstoß gegen Art. 3 Abs. 3 GG).

§ 2 AGG Anwendungsbereich

(1) Benachteiligungen aus einem in § 1 genannten Grund sind nach Maßgabe dieses Gesetzes unzulässig in Bezug auf:
1. die Bedingungen, einschließlich Auswahlkriterien und Einstellungsbedingungen, für den Zugang zu unselbstständiger und selbstständiger Erwerbstätigkeit, unabhängig von Tätigkeitsfeld und beruflicher Position, sowie für den beruflichen Aufstieg,
2. die Beschäftigungs- und Arbeitsbedingungen einschließlich Arbeitsentgelt und Entlassungsbedingungen, insbesondere in individual- und kollektivrechtlichen Vereinbarungen und

Maßnahmen bei der Durchführung und Beendigung eines Beschäftigungsverhältnisses sowie beim beruflichen Aufstieg,
3. den Zugang zu allen Formen und allen Ebenen der Berufsberatung, der Berufsbildung einschließlich der Berufsausbildung, der beruflichen Weiterbildung und der Umschulung sowie der praktischen Berufserfahrung,
4. die Mitgliedschaft und Mitwirkung in einer Beschäftigten- oder Arbeitgebervereinigung oder einer Vereinigung, deren Mitglieder einer bestimmten Berufsgruppe angehören, einschließlich der Inanspruchnahme der Leistungen solcher Vereinigungen,
5. den Sozialschutz, einschließlich der sozialen Sicherheit und der Gesundheitsdienste,
6. die sozialen Vergünstigungen,
7. die Bildung,
8. den Zugang zu und die Versorgung mit Gütern und Dienstleistungen, die der Öffentlichkeit zur Verfügung stehen, einschließlich von Wohnraum.

(2) ¹Für Leistungen nach dem Sozialgesetzbuch gelten § 33c des Ersten Buches Sozialgesetzbuch und § 19a des Vierten Buches Sozialgesetzbuch. ²Für die betriebliche Altersvorsorge gilt das Betriebsrentengesetz.

(3) ¹Die Geltung sonstiger Benachteiligungsverbote oder Gebote der Gleichbehandlung wird durch dieses Gesetz nicht berührt. ²Dies gilt auch für öffentlich-rechtliche Vorschriften, die dem Schutz bestimmter Personengruppen dienen.

(4) Für Kündigungen gelten ausschließlich die Bestimmungen zum allgemeinen und besonderen Kündigungsschutz.

Übersicht	Rdn		Rdn
A. Gesetzeszweck	1	I. Genese der Regelung	4
B. Entlassungsbedingungen (§ 2 Abs. 1 Nr. 2 AGG)	2	II. Diskussionsstand	6
		III. Anwendbarkeit der Benachteiligungsverbote bei Kündigungen	11
C. »Bereichsausnahme« für das Kündigungsrecht (§ 2 Abs. 4 AGG)	4	IV. Weitere Folgerungen	16

A. Gesetzeszweck

Die Vorschrift bestimmt den **sachlichen Anwendungsbereich** des AGG. Für das Arbeitsrecht sind § 2 Abs. 1 Nr. 1 bis 4 AGG und § 2 Abs. 4 AGG von Bedeutung sowie im hiesigen Zusammenhang – neben der Klarstellung in § 2 Abs. 3 S. 1 AGG – § 2 Abs. 1 Nr. 2 AGG (s. Rdn 2 f.) sowie § 2 Abs. 4 AGG (s. Rdn 4 ff.). Die Regelungen in § 2 Abs. 1 Nr. 1 bis 4 AGG entsprechen wörtlich weithin Art. 3 Abs. 1 Buchst. a bis d der RL 2000/43/EG, RL 2000/78/EG RL 76/207/EWG (vgl. auch BT-Drucks. 16/1780 S. 31). Zur »Klarstellung« hat der Gesetzgeber in § 2 Abs. 1 Nr. 2 AGG einen Hinweis auf individual- und kollektivrechtliche Vereinbarungen hinzugefügt (BT-Drucks. 16/1780 S. 31). 1

B. Entlassungsbedingungen (§ 2 Abs. 1 Nr. 2 AGG)

Das AGG gilt gem. der Auflistung in § 2 Abs. 1 Nr. 2 AGG für Beschäftigungs- und Arbeitsbedingungen einschließlich Arbeitsentgelt und **Entlassungsbedingungen**. Das steht in einem gewissen Widerspruch zu § 2 Abs. 4 des Gesetzes hinsichtlich der dort vorgesehenen Bereichsausnahme für Kündigungen (s. aber sogleich Rdn 4 ff.). 2

Der Begriff »Entlassungsbedingungen« ist **unionsrechtlich und weit auszulegen** (*EuGH* 12.9.2013 – C-614/11 [Kuso], Rn 36; 21.7.2005 – C-207/04 [Vergani], Rn 27; 26.2.1986 – C-152/84 [Marshall/Southampton and South-West Hampshire Area Health Authority], Rn 34; 26.2.1986 – C-262/84 [Beets-Proper/Van Lanschot Bankiers], Rn 36; 16.2.1982 – C-19/81 [Burton/British Railways Board], Rn 9). Darunter fallen alle Umstände, die das »Ob« und das »Wie« der Beendigung eines Beschäftigungsverhältnisses betreffen (*BAG* 17.3.2016 – 8 AZR 677/14, Rn 26; 6.4.2011 – 7 3

AZR 524/09, Rn 14). Erfasst werden damit alle Maßnahmen und Regelungen bei und zur Beendigung eines Beschäftigungsverhältnisses. Dazu gehören zunächst alle **Beendigungstatbestände** (*BAG* 17.3.2016 – 8 AZR 677/14, Rn 26; 6.4.2011 – 7 AZR 524/09, Rn 14; 6.11.2008 – 2 AZR 523/07, Rn 36, BAGE 128, 238). Hierunter fallen neben **Kündigungen** (*EuGH* 11.7.2006 – C-13/05 [Chacón Navas], Rn 36 f.; *BAG* 17.3.2016 – 8 AZR 677/14, Rn 26; 6.4.2011 – 7 AZR 524/09, Rn 14; 6.11.2008 – 2 AZR 523/07, Rn 36, BAGE 128, 238; *BGH* 26.3.2019 – II ZR 244/17, Rn 15, BGHZ 221, 325) insbes. auch die Anfechtung eines Arbeitsvertrages, die Berufung auf dessen Nichtigkeit, der Abschluss eines Aufhebungsvertrages (*EuGH* 16.2.1982 Slg. 1982, I-554; 21.7.2005 Slg 2005, I-7453 = EAS Teil C EG-Vertrag [1999] Art. 141 Nr. 13; *BAG* 25.2.2010 EzA § 10 AGG Nr. 3 mwN), der Abschluss lediglich **befristeter Verträge** (*BAG* 17.3.2016 – 8 AZR 677/14, Rn 26; 6.4.2011 – 7 AZR 524/09, Rn 14; 21.6.2012 EzA § 22 AGG Nr. 6) oder auflösender bedingter und schließlich Regelungen über vorgezogene oder an der gesetzlichen Regelaltersgrenze orientierte **Altersgrenzen** (*EuGH* 13.9.2011 EzA EG-Vertrag 1999 Richtlinie 2000/78 Nr. 22; 21.7.2011 EzA EG-Vertrag 1999 Richtlinie 2000/78 Nr. 20; *BAG* 18.1.2012 EzA § 17 TzBfG Nr. 16, mwN). Darüber hinaus werden auch alle Regelungen zu Kündigungsfristen (*EuGH* 19.1.2010 – C-557/07 [Kücükdeveci], Rn 25 f.; *BAG* 24.10.2019 – 2 AZR 158/18, Rn 52, BAGE 168, 238; 18.9.2014 – 6 AZR 636/13, Rn 9, BAGE 149, 125) und Kündigungsgründen (*BAG* 20.2.2019 – 2 AZR 746/14, Rn 12, BAGE 166, 1) erfasst.

C. »Bereichsausnahme« für das Kündigungsrecht (§ 2 Abs. 4 AGG)

I. Genese der Regelung

4 Nach § 2 Abs. 4 AGG gelten für Kündigungen ausschließlich **die Bestimmungen des allgemeinen und besonderen Kündigungsschutzes**. Das scheint im offensichtlichen Widerspruch zum Unionsrecht zu stehen. Nach dem jeweiligen Art. 3 Abs. 1 Buchst. c RL 2000/43/EG, RL 2000/78/EG und RL 2002/73/EG erfasst der **Geltungsbereich der Richtlinien** »Beschäftigungs- und Arbeitsbedingungen **einschließlich der Entlassungsbedingungen**« (abgedr. als Anlage zu dieser Kommentierung). Die Europäische Kommission hat deshalb auch gerügt, die Bundesrepublik sei ihren Verpflichtungen aus den Richtlinien nicht nachgekommen (s.a. KR-*Treber/Plum* § 1 AGG Rdn 3).

5 Nach der **Gesetzesbegründung** dient Abs. 4 der Präzisierung, »dass für Kündigungen ausschließlich die Bestimmungen zum allgemeinen und besonderen Kündigungsschutz Anwendung finden. Dies erscheint sachgerechter, weil diese Regelungen speziell auf Kündigungen zugeschnitten sind« (BT-Drucks. 16/2022, S. 12). Im ursprünglichen **Regierungsentwurf** hieß es noch, dass für Kündigungen »vorrangig« die Bestimmungen des Kündigungsschutzgesetzes gelten sollen (dazu krit. *Preis* NZA 2006, 409). Andererseits werden nach § 2 Abs. 1 Nr. 2 AGG auch die »Entlassungsbedingungen« dem sachlichen Geltungsbereich des AGG zugeordnet (s. Rdn 2 f.). Diese Bereichsausnahme nach § 2 Abs. 4 AGG (zur systematisch verfehlten Stellung im allgemeinen Teil des Gesetzes s. MüKo-*Thüsing* Rn 16) hat schon vor der Verabschiedung des Gesetzes Diskussionen über die Vereinbarkeit mit dem Unionsrecht hervorgerufen (s. nur Plenarprot. 16/43, S. 4029, 4032, 4034 bis 4048, 4151 f.).

II. Diskussionsstand

6 In der Literatur werden die **Folgerungen kontrovers diskutiert**. Dabei lassen sich – bei allen Differenzierungen im Detail (ausf. Darstellung bei *v. Medem* S. 166 ff.) – folgende Grundlinien ausmachen: Zum einen wird angenommen, da die Vorschrift die Anwendbarkeit des AGG auf Kündigungen ausschließe und angesichts des klaren Wortlauts eine unionsrechtskonforme Auslegung nicht möglich sei, dass – den Vorgaben des EuGH in der Rechtssache »Mangold« folgend, wonach der nationale Richter verpflichtet sei, unionrechtswidriges nationales Recht aus eigener Zuständigkeit unangewendet zu lassen (*EuGH* 22.11.2005 EzA § 14 TzBfG Nr. 21; s.a. *BAG* 26.4.2006 EzA § 14 TzBfG Nr. 28) – **§ 2 Abs. 4 AGG wegen eines Verstoßes gegen das Unionsrecht** durch die nationalen Gerichte **nicht angewendet** werden könne (HaKo-AGG/*Däubler* Rn 292 ff., § 7 Rn 237; *Bayreuther* DB 2006, 1843; *Freckmann* BB 2007, 1050 f.; HaKo-KSchR/*Nägele* § 2 Abs. 4 AGG

Rn 6; *Sagan* NZA 2006, 1259; *Wenckebach* AuR 2008, 70; anders *Hamacher/Ulrich* NZA 2007, 659 f.: teilweise Unionsrechtswidrigkeit, aber Anwendung der Bereichsausnahme), mit der Folge, dass sich die Unwirksamkeit einer benachteiligenden Kündigung aus § 7 AGG ergebe.

Zum anderen wird vertreten, dass sich angesichts der eindeutigen Aussage des Gesetzgebers in § 2 Abs. 4 AGG der durch die Richtlinien vorgesehene Diskriminierungsschutz mittels einer **unionsrechtskonformen Auslegung** der Regelungen des Kündigungsschutzgesetzes sowie § 626 BGB oder – soweit das Kündigungsschutzgesetz nicht eingreife – durch entsprechende Auslegung der Generalklauseln der §§ 138, 242 BGB **unter Rückgriff auf die unionsrechtlichen Regelungen** erreichen lasse (ErfK-*Schlachter* Rn 17 f.; *Wendeling-Schröder/Stein* Rn 39 ff.). Dabei wird die Bereichsausnahme des § 2 Abs. 4 AGG zum Teil auch auf diejenigen Kündigungen begrenzt, die dem Kündigungsschutzgesetz unterfallen (HaKo-KSchR/*Mayer* § 1 KSchG Rn 146 ff.; *Sprenger* S. 164), oder wenn die Bestimmungen des allgemeinen und besonderen Kündigungsschutzes, wozu die §§ 138, 242 BGB nicht zählten, anwendbar sind (DDZ-*Zwanziger* Rn 65). 7

Gleichwohl verbleibt der Einwand der **fehlenden transparenten Umsetzung** der Richtlinie durch den nationalen Gesetzgeber (hierzu *EuGH* 19.9.1996 Slg. 1996, I-4459; 10.5.2001 NJW 2001, 224), da Generalklauseln – korrigierend – ausgelegt werden müssen (*Oberthür* NZA 2011, 257; APS-*Preis* Grundlagen J Rn 71f; HaKo-AGG/*Däubler* Rn 295; *Kamanabrou* RdA 2007, 205; *v. Medem* S. 194 ff.; aA *Willemsen/Schweibert* NJW 2006, 2884). 8

Allerdings kann nicht angenommen werden, die Regelung in § 2 Abs. 4 AGG könne so zu verstehen sein, dass ein Umsetzungsdefizit nicht bestehe, weil in dem vor Inkrafttreten des AGG **geltenden Kündigungsschutzrecht** die durch §§ 1, 3, 7 AGG vorgesehenen **Benachteiligungsverbote bereits unionsrechtskonform umgesetzt** seien und daher ein Tätigwerden des Gesetzgebers nicht erforderlich gewesen sei, weil über die Anwendung des § 1 KSchG oder § 242 BGB dem Diskriminierungsschutz hinreichend Rechnung getragen werden könne (*Bayreuther* DB 2006, 1843; *Hanau* ZIP 2006, 2192; *Löwisch* BB 2006, 2189 f.; *Willemsen/Schweibert* NJW 2006, 2584; *Hamacher/Ulrich* NZA 2007, 659; wohl auch *Bauer/Krieger/Günther* Rn 59a, jedenfalls hinsichtlich der Überprüfung der Kündigung, anders in Bezug auf die Anwendung von § 15 Abs. 2 AGG). Dabei wird nicht ausreichend berücksichtigt, dass nach dem KSchG ein objektiver Kündigungsgrund vorliegen muss, während bei einer Benachteiligung schon das dahingehende Motiv ausreichend ist (*Bauer/Krieger/Günther* § 7 Rn 10; HaKo-AGG/*Däubler* § 1 Rn 18 ff., § 7 Rn 5; *Sagan* NZA 2006, 1257). Der Kündigungsschutz nach dem KSchG ist zudem tatbestandlich enger gefasst als die Benachteiligungsverbote nach den in § 1 AGG genannten Gründen (*Schlachter* ZESAR 2006, 393; *Schiek* NZA 2004, 878; diese Bedenken äußert auch *Wendeling-Schröder/Stein* Rn 59 f.). 9

Einen anderen Weg hat der **Zweite Senat des BAG** in seiner Entscheidung vom 6.11.2008 (EzA KSchG § 1 Sozial Auswahl Nr. 82 m. Anm. *Jacobs/Krois* [bestätigt etwa in *BAG* 20.6.2013 EzA § 626 BGB 2002 Unkündbarkeit Nr. 20]; dazu *Adomeit/Mohr* NJW 2009, 2255; *Benecke* AuR 2009, 326; *Gaul/Niklas* NZA-RR 2009, 457; *von Hoff* SAE 2009, 293; *Lingemann/Beck* NZA 2009, 577; *Stemslik* Anm. AP KSchG 1969 § 1 Betriebsbedingte Kündigung Nr. 182; die Begründung abl. APS-*Preis* Grundlagen J Rn 71c ff.; *Bauer/Krieger/Günther* Rn 59; sowie *BAG* 8.9.2011 EzA § 611 BGB 2002 Kirchliche Arbeitnehmer Nr. 21) im Rahmen des Kündigungsschutzes nach dem KSchG gewählt. Eine **unionsrechtskonforme Auslegung von § 2 Abs. 4 AGG** steht der Anwendung der materiellen Diskriminierungsverbote in ihrer Ausgestaltung durch das AGG nicht entgegen. Die **Diskriminierungsverbote des AGG** einschließlich der im AGG vorgesehenen Rechtfertigungen für unterschiedliche Behandlungen sind bei der Auslegung der unbestimmten Rechtsbegriffe des Kündigungsschutzgesetzes in der Weise zu beachten, als sie **Konkretisierungen des Begriffs der Sozialwidrigkeit** darstellen. Der Wortlaut des § 2 Abs. 4 AGG bildet den Sinn der Vorschrift nicht vollständig ab. § 2 Abs. 1 Nr. 2 AGG zeigt, dass der Gesetzgeber auch hinsichtlich der Entlassungsbedingungen von der Unzulässigkeit von Benachteiligungen aus den in § 1 AGG genannten Gründen ausgehe und auch die Rechtfertigungsmöglichkeiten nach § 10 S. 3 Nr. 1 AGG auf diese erstrecke. Der Zweck von § 2 Abs. 4 AGG besteht darin, die Etablierung eines »**zweiten Kündigungsrechts**« neben dem bestehenden durch das AGG zu verhindern. Dementsprechend ist 10

§ 2 AGG Anwendungsbereich

die Streichung von § 10 S. 3 Nr. 6 und Nr. 7 AGG aF konsequent, weil die Kriterien im Rahmen der Prüfung der Sozialwidrigkeit angewendet werden. Durch eine solche Auslegung des § 2 Abs. 4 AGG werde auch die **erforderliche »Verzahnung«** der auf derselben gesetzeshierarchischen Ebene stehenden **Vorschriften des AGG mit dem nationalen Kündigungsrecht** erreicht, dessen Rechtsfolgen – die Unwirksamkeit der Kündigung – als ausreichend angesehen werden. Durch die Anordnung der ausschließlichen Geltung des allgemeinen und besonderen Kündigungsschutzes in § 2 Abs. 4 AGG bleiben die Regelungen über die Feststellung der Unwirksamkeit einer Kündigung unangetastet und es wird nicht daneben eine »Diskriminierungsklage« eingeführt. Anders verhält es sich bei der Überprüfung **tariflicher Kündigungsregeln** anhand der Bestimmungen des AGG, der § 2 Abs. 4 AGG nicht entgegensteht (*BAG* 20.6.2013 EzA § 626 BGB 2002 Unkündbarkeit Nr. 20).

III. Anwendbarkeit der Benachteiligungsverbote bei Kündigungen

11   Diese vom Zweiten Senat vorgenommene Auslegung des § 2 Abs. 4 AGG gestattet die **Anwendung der materiellen Vorschriften des AGG** zum Schutz vor einer Benachteiligung aus den in § 1 AGG genannten Gründen, ohne ein eigenständiges »Kündigungsschutznebenrecht« auf Grundlage des AGG zu etablieren. Allerdings kann das Ergebnis der Anwendung der Diskriminierungsverbote des AGG nicht so begründet werden, wie dies der Dritte Senat des BAG für das Betriebsrentenrecht § 2 Abs. 2 AGG als Kollisionsregelung gedeutet hat. Diese führt zu einem Vorrang des Betriebsrentenrechts, wenn und soweit das BetrAVG hinsichtlich bestimmter Unterscheidungen Aussagen enthält, die einen Bezug zu den in § 1 AGG erwähnten Gründen haben (*BAG* 11.12.2007 EzA § 2 AGG Nr. 1; 15.11.2011 ZTR 2012, 291). Dem steht der von § 2 Abs. 2 S. 2 AGG abweichende Wortlaut des § 2 Abs. 4 AGG entgegen. Gleichwohl liegt hier keine Auslegung gegen einen eindeutigen gesetzgeberischen Willen vor (so aber *Temming* Anm. zu AP KSchG 1969 § 1 Betriebsbedingte Kündigung Nr. 182). Dass der Gesetzgeber die Benachteiligungsmerkmale im Rahmen der Überprüfung von Kündigungen nicht angewendet wissen will, ist schon im Hinblick auf die Regelung in § 2 Abs. 1 Nr. 2 AGG mehr als fraglich. Er hat, wie diese Vorschrift verdeutlicht, durchaus gesehen, dass durch das Kündigungs(schutz)recht nicht alle diskriminierungsrechtlich relevanten Fragen gelöst sind.

12   Durch § 2 Abs. 4 AGG wird die **Prüfung der Merkmale iSd § 1 AGG in das Kündigungsschutzrecht verlagert**. Die Unzulässigkeit der Benachteiligung aus einem in § 1 AGG genannten Grund in Bezug auf Entlassungsbedingungen ergibt sich, wenn nicht bereits aus § 2 Abs. 1 Nr. 2 AGG, jedenfalls in Anwendung der besonderen Generalklauseln des § 1 KSchG und § 626 BGB (etwa in *BAG* 25.4.2013 EzA § 611 BGB 2002 Kirchliche Arbeitnehmer Nr. 26: Kündigung wegen Kirchenaustritt) sowie der allgemeinen Generalklauseln der §§ 134, 138, 242, 612a BGB. Die in § 1 AGG genannten Gründe können bei der Prüfung der Sozialwidrigkeit einer Kündigung herangezogen werden. Das entspricht auch der gesetzgeberischen Intention, diejenigen Regelungen heranzuziehen, die »speziell auf Kündigungen zugeschnitten sind« (s. Rdn 7), ohne dass die Gründe iSv. § 1 AGG unbeachtet bleiben. Diesem geschuldeten Verständnis von § 2 Abs. 4 AGG, das zur Anwendung der Benachteiligungsverbote des AGG im Kündigungsrechtsstreit führt, können allein Beiträge in der parlamentarischen Debatte im Deutschen Bundestag (Nachw. Rdn 5), die von der Notwendigkeit einer unionsrechtskonformen Auslegung ausgehen, nicht entscheidend entgegengehalten werden. Für die Anwendung des nationalen Rechts streitet auch die Verpflichtung der nationalen Gerichte, das nationale Gesetzesrecht so weit wie möglich anhand des Wortlauts und des Zweckes der Richtlinie auszulegen, um zu einem Ergebnis zu gelangen, das mit dem von der Richtlinie verfolgten Ziel vereinbar ist (*EuGH* 5.10.2004 EzA EG-Vertrag 1999 Richtlinie 93/104 Nr. 1; s.a. APS-*Preis* Grundlagen J Rn 71d f.). Im Rahmen der Anwendung des § 9 KSchG, der einen Auflösungsantrag des Arbeitgebers nicht vorsieht, wenn eine Kündigung nicht nur sozialwidrig, sondern auch aus anderen Gründen unwirksam ist (s. KR-*Spilger* § 9 KSchG Rdn 31 ff.), wird man allerdings die in § 7 AGG angeordnete Unwirksamkeitsfolge benachteiligender Maßnahmen zu berücksichtigen haben (s. dazu auch HaKo-KSchR/*Nägele* § 2 Abs. 4 AGG Rn 6). Ebenso ist der Beweislastregelung des § 22 AGG im Rahmen des Kündigungsschutzprozesses bei

der Geltendmachung von Benachteiligungen Rechnung zu tragen (s.a. HaKo-KSchR/*Gieseler* § 13 KSchG Rn 78; dazu Rdn 25 f.). Der Schutz des AGG greift damit auch bei Kündigungen ein. Es ist nicht erforderlich, das Ergebnis durch eine unionsrechtskonforme Auslegung abzuleiten (so auch im Hinblick auf § 2 Abs. 2 AGG *BAG* 11.12.2007 EzA § 2 AGG Nr. 1).

Diese Überlegungen können in gleicher Weise für **Kündigungen** herangezogen werden, **für die** 13 **das Kündigungsschutzgesetz nicht gilt** – sei es, dass die Wartezeit noch nicht abgelaufen oder der betriebliche Geltungsbereich nach § 23 KSchG nicht einschlägig ist. § 2 Abs. 4 AGG kann nicht einschränkend dahingehend ausgelegt werden, die Vorschrift greife nur dann ein, wenn speziell auf Kündigungen zugeschnittene Vorschriften anwendbar sind (so aber DDZ-*Zwanziger* Rn 65; s. Rdn 7) oder das Kündigungsschutzgesetz nicht eingreift (HaKo-KSchR/*Mayer* Rn 148; *Benecke* AuR 2007, 231; *Sprenger* S. 164; s. dazu auch KR-*Rachor* § 1 KSchG Rdn 27).

Eine **Differenzierung je nach den anzuwendenden Normen** (§§ 134, 138 BGB einerseits, Kün- 14 digungsschutzbestimmungen wie die genannten andererseits) ist zwar nach dem Gesetzeswortlaut nicht naheliegend (s. aber Rdn 15). In der Gesetzesbegründung (s. Rdn 6) ist unisono von »Kündigungen« die Rede (ebenso *v. Medem* S. 181 f.). Zudem erscheint es fraglich, ob vor dem Hintergrund der Rechtsprechung des BVerfG und des BAG zum Kündigungsschutz außerhalb des Anwendungsbereichs des KSchG (s. KR-*Bader/Kreutzberg-Kowalczyk* § 23 KSchG Rdn 85 ff., mwN) tatsächlich davon ausgegangen werden kann, die §§ 134, 138 und 242 BGB zählten nicht zum Bestand des »allgemeinen Kündigungsschutzes« (so auch *v. Medem* S. 183 f.; so aber DDZ-*Zwanziger* Rn 65).

Demgegenüber will der Sechste Senat des BAG den Anwendungsbereich des § 2 Abs. 4 AGG **im** 15 **Wege der teleologischen Reduktion** auf »Kündigungen, für die das Kündigungsschutzgesetz, speziell auf Kündigungen zugeschnittene Vorschriften des Bürgerlichen Gesetzbuches oder besondere Kündigungsschutzbestimmungen gelten« begrenzen. Zu den Normen des »allgemeinen Kündigungsschutzes« iSd § 2 Abs. 4 AGG zählen etwa § 613a BGB, § 622 BGB und § 626 BGB, nicht aber die §§ 134, 138 BGB. Dies seien – in der Einordnung zutreffend – keine auf Kündigungen zugeschnittenen Bestimmungen (*BAG* 23.7.2015 – 6 AZR 457/14, Rn 23, BAGE 152, 134; 26.3.2015 – 2 AZR 237/14, Rn 32, BAGE 151, 189; 19.12.2013 EzA § 1 AGG Nr. 2; *BGH* 26.3.2019 – II ZR 244/17, Rn 16, BGHZ 221, 325; abl. *Stenslik* Anm. AP Nr. 3 zu § 2 AGG). In der Konsequenz ist dann eine gegen das AGG verstoßende Kündigung nach § 134 BGB iVm § 7 Abs. 1, §§ 1, 3 AGG nichtig (für eine Kündigung im Kleinbetrieb *BAG* 23.7.2015 EzA § 134 BGB 2002 Nr. 5; dazu *Bauer/von Medem* NJW 2016, 210; sowie abl. *Urban-Crell* Anm. BAG AP Nr. 7 zu § 7 AGG). § 15 AGG und § 22 AGG finden dann unmittelbar Anwendung.

IV. Weitere Folgerungen

In unionsrechtskonformer Auslegung ergibt sich weiterhin, die Ausnahmebestimmung des **§ 2** 16 **Abs. 4 AGG auf** die Frage der **Wirksamkeit einer Kündigung zu beschränken**. Allein dieser Aspekt soll den speziellen Regelungen der allgemeinen und besonderen Kündigungsschutzbestimmungen vorbehalten bleiben (*Wendeling-Schröder/Stein* Rn 40 ff., 45; aA *Hamacher/Ulrich* NZA 2007, 660). Hierfür spricht auch die nach Inkrafttreten des Gesetzes erfolgte Streichung von § 10 S. 2 Nr. 6 und 7 AGG aF (s. KR-*Treber/Plum* § 1 AGG Rdn 1), die sich mit Fragen der Wirksamkeit der Kündigung befassen, während § 2 Abs. 1 Nr. 2 AGG – die Geltung der Benachteiligungsverbote für Entlassungsbedingungen – beibehalten wurde. Andere Regelungen des AGG – namentlich die Schadensersatzpflicht nach § 15 AGG (hierfür auch *Deinert* RdA 2007, 277) und ggf. die Beweislastregel des § 22 AGG (s. Rdn 25 f.) – können für Kündigungstatbestände herangezogen werden. Bei Anwendung dieser Vorschriften des AGG besteht nicht die Gefahr, dass die Diskriminierungsverbote als eigenständige Unwirksamkeitsnormen für Kündigungstatbestände angewendet werden (dazu *BAG* 6.11.2008 EzA KSchG § 1 Sozial Auswahl Nr. 82 m. Anm. *Jacobs/Krois*).

Soweit die Anwendung der **Schadensersatzvorschrift des § 15 Abs. 1 AGG** im Raum steht, kann 17 es nicht zu einem »zweiten Kündigungsrecht« in Anwendung des AGG kommen. Zwar fordern die zugrundeliegenden Richtlinien nicht zwingend diese Sanktion (s. KR-*Treber/Plum* § 15 AGG

Rdn 2; so auch die Argumentation bei *Hanau* ZIP 2006, 2192; *Willemsen/Schweibert* NJW 2006, 2585). Zu berücksichtigen ist aber, dass nach der Konzeption des AGG bei allen anderen Benachteiligungstatbeständen iSd §§ 1, 3 AGG neben der Unwirksamkeitsfolge nach § 7 Abs. 1 und 2 AGG (s. KR-*Treber/Plum* § 7 AGG Rdn 6 ff. und 10 ff.) ein weiter gehender Schadensersatz- und Entschädigungsanspruch nach § 15 Abs. 1 und 2 AGG gerade nicht ausgeschlossen ist. Eine Differenzierung in Bezug auf Kündigungen erscheint unionsrechtlich zumindest nicht unproblematisch (vgl. auch *EuGH* 22.4.1997 EzA § 611a BGB Nr. 12).

18 Dabei sind **zwei Fallgestaltungen** zu unterscheiden: Der Arbeitnehmer greift die Wirksamkeit der Kündigung durch eine rechtzeitig erhobene Kündigungsschutzklage an. Im Rahmen dieser oder einer weiteren Klage macht er weiterhin neben der Unwirksamkeit der Kündigung zusätzlich Schadensersatzansprüche geltend (s. Rdn 20). Im anderen Fall erfolgt keine oder eine verspätete Kündigungsschutzklage, gleichwohl werden Schadensersatzansprüche geltend gemacht (s. Rdn 23).

19 Stellt sich im Kündigungsschutzprozess die Unwirksamkeit der Kündigung (auch) aufgrund einer Benachteiligung wegen eines der in § 1 AGG genannten Grundes heraus, ist die Kündigung unwirksam. Die **Unwirksamkeit der Kündigung** stellt regelmäßig eine **hinreichende Sanktion** dar (so wohl auch APS-*Preis* Grundlagen J Rn 71g). Nach Art. 15 RL 2000/43/EG legen die Mitgliedstaaten die Sanktionen fest, die bei einem Verstoß gegen die einzelstaatlichen Vorschriften zur Anwendung dieser Richtlinie zu verhängen sind. Diese müssen wirksam, verhältnismäßig sowie abschreckend sein und »können« auch Schadensersatzleistungen an die Opfer umfassen. Danach ist eine zusätzliche finanzielle Entschädigung, die sich allein auf die Unwirksamkeit der Kündigung stützt, regelmäßig nicht erforderlich (APS-*Preis* Grundlagen J Rn 71e; *Willemsen/Schweibert* NJW 2006, 2584; *Sagan* NZA 2006, 1260; *v. Medem* S. 383 ff.; aA *Kamanabrou* RdA 2007, 204; *Wendeling-Schröder/Stein* Rn 52 ff., wobei allerdings offenbleibt, welche Schadensersatzansprüche iSd § 15 Abs. 1 AGG ausgeschlossen sein sollten; *Deinert* RdA 2007, 275: Annahmeverzug allein reiche nicht aus; abl. wohl auch BeckOK AR-*Roloff* Rn 28). Aus der Rechtsprechung des EuGH ergeben sich keine weiter gehenden Erfordernisse. Die finanzielle Wiedergutmachung im Falle einer diskriminierenden Entlassung ist angemessen, wenn die tatsächlich entstandenen Schäden ausgeglichen werden können. Dieser Schadensersatzanspruch darf nicht durch Obergrenzen und durch den Ausschluss eines Zinsanspruchs begrenzt (*EuGH* 2.8.1993 EuZW 1993, 706) oder im Fall der Gewährung einer Entschädigung auf einen symbolischen Betrag beschränkt werden, sondern muss in einem angemessenen Verhältnis zum erlittenen Schaden stehen (*EuGH* 10.4.1984 EzA § 611a BGB Nr. 1; s.a. *Treber* DZWiR 1998, 177 ff.). Durch eventuelle Annahmeverzugsansprüche nach § 615 BGB ist eine ausreichende Kompensation gewährleistet. Die Geltendmachung darüberhinausgehender Schadensersatzansprüche, die sich durch die Benachteiligung als solche ergeben haben könnten und die auf § 15 Abs. 1 AGG gestützt werden, werden nicht ausgeschlossen. Nicht anders ist im Übrigen auch in einem Kündigungsschutzprozess zu entscheiden, in welchem weitere Schadensersatzansprüche auf (andere) Pflichtverletzungen gestützt werden (zum Verschuldenserfordernis s. KR-*Treber/Plum* § 15 AGG Rdn 9 ff.).

20 Greift der von einer benachteiligenden Kündigung Betroffene diese nicht binnen der Drei-Wochen-Frist des § 4 KSchG, gilt die **Kündigung nach der Fiktion des § 7 KSchG als wirksam** (s. KR-*Klose* § 7 KSchG Rdn 29 f.). Ein Schadensersatzanspruch nach § 15 Abs. 1 AGG, der sich auf die Unwirksamkeit der Kündigung wegen eines Verstoßes gegen ein Benachteiligungsverbot nach dem AGG stützt, muss daher die fehlende Rechtswirksamkeit der Kündigung rechtzeitig nach § 4 KSchG durch Kündigungsschutzklage geltend machen (§§ 4 S. 1, 7 KSchG). Es reicht nicht aus, lediglich den Schadensersatzanspruch in den zeitlichen Grenzen der §§ 4 S. 1, 7, 13 Abs. 1 S. 2 KSchG geltend zu machen (so SSP-*Schleusener* Rn 38, allerdings unter Maßgabe, dass § 2 Abs. 4 AGG wegen Verstoßes gegen die unionsrechtlichen Grundlagen unanwendbar ist). Die rückwirkende Heilung der Unwirksamkeit einer Kündigung nach § 7 KSchG (s. KR-*Klose* § 7 KSchG Rdn 8 ff., 29 f.) und die damit verbundene Fiktionswirkung ergreifen allerdings nicht den Diskriminierungsvorwurf als solchen (so MHH-AGG Rn 65, § 15 Rn 22; aA zu Recht *Wendeling-Schröder/Stein* Rn 52). Gleichwohl wird durch die Fiktion des § 7 KSchG all denjenigen Schadensersatzansprüchen die

§ 2 AGG Anwendungsbereich

Grundlage entzogen, die auf der Beendigung des Arbeitsverhältnisses beruhen, namentlich also einer Naturalrestitution oder der Geltendmachung von Entgeltausfall ab Ablauf der Kündigungsfrist (ähnlich HaKo-KSchR/*Mayer* § 1 KSchG Rn 162). Anderweitig begründete Schadensersatzansprüche, die auf der Benachteiligung beruhen und nicht von der Beendigungswirkung gem. § 7 KSchG (s. KR-*Klose* § 7 KSchG Rdn 29) erfasst werden, können nicht durch die Folgewirkungen der Fiktion ausgeschlossen werden.

Gegen das Erfordernis, die dreiwöchige **Ausschlussfrist nach § 4 KSchG** zu wahren, bestehen 21
unionsrechtlich keine Bedenken (*Wendeling-Schröder/Stein* Rn 62; *v. Medem* S. 414 f.; **aA** *Ruste/ Falke/Bertelsmann* Rn 267 ff). Diese Fristen sind nicht ungünstiger als bei ähnlichen Klagen (vgl. *EuGH* 10.7.1997 EuZW 1997, 538; s.a. *EuGH* 2.8.1993 EuZW 1993, 706). Sie machen auch die Ausübung eines Rechts nicht praktisch unmöglich oder erschweren es übermäßig (dazu *EuGH* 8.7.2010 EzA § 15 AGG Nr. 8; s.a. *BAG* 1.9.2010 EzA § 4 KSchG nF Nr. 90).

Problematisch kann sich die dreiwöchige Klagefrist nach § 4 KSchG unter dem Gesichtspunkt 22
des unionsrechtlichen Effektivitätsgrundsatzes allerdings dann erweisen, wenn der Arbeitnehmer **von der Benachteiligung erst nach ihrem Ablauf Kenntnis** erlangt (HaKo-AGG/*Däubler* § 7 Rn 336 ff.; HaKo-AGG/*Deinert* § 15 Rn 124; *Rust/Falke/Bertelsmann* Rn 269; *v. Medem* S. 415 ff.; *Sprenger* AuR 2005, 176 f.; zu § 15 Abs. 4 S. 2 AGG s. KR-*Treber/Plum* § 15 AGG Rdn 47 f.). Allein die unzutreffende Beurteilung der Erfolgsaussichten einer Klage rechtfertigt nicht deren nachträgliche Zulassung gem. § 5 KSchG (s. KR-*Kreft* § 5 KSchG Rdn 41 ff.). Bei einer arglistigen Täuschung wird man nach den schon jetzt für § 5 KSchG geltenden Grundsätzen einem Antrag auf nachträgliche Zulassung der Klage stattzugeben haben (s. KR-*Kreft* § 5 KSchG Rdn 42). In anderen Fällen einer nachträglichen Kenntniserlangung ist in unionsrechtskonformer Auslegung des § 5 KSchG im Grundsatz eine nachträgliche Zulassung möglich (HaKo-AGG/*Däubler* § 7 Rn 339 f.; *Rust/Falke/Bertelsmann* Rn 269; *v. Medem* S. 419). Allerdings ist auch hier vom Arbeitnehmer die Anwendung der zuzumutenden Sorgfalt zu verlangen (s. zu den Maßstäben *Raab* RdA 2004, 327).

Unabhängig von der Geltendmachung einer Kündigungsschutzklage sind **Entschädigungsansprü-** 23
che nach § 15 Abs. 2 AGG wegen immaterieller Schäden durch § 2 Abs. 4 AGG nicht ausgeschlossen (*BAG* 21.4.2016 – 8 AZR 402/14, Rn 13, BAGE 155, 61; 12.12.2013 EzA § 15 AGG Nr. 23 m. abl. Anm. *Adam*; zust. *Däubler* Anm. AP Nr. 17 zu § 15 AGG; offen gelassen in *BAG* 28.4.2011 EzA § 22 AGG Nr. 4; so bereits *Jacobs* RdA 2009, 196; MHH-AGG Rn 66, § 15 Rn 55; *Wendeling-Schröder/Stein* Rn 50 ff.; *Wenckebach* AuR 2010, 501 f.; **aA** *Bauer* FS v. Hoyningen-Huene, 2014, S. 29 ff.; *Bauer/Krieger/Günther* Rn 69 ff., unter Hinweis auf § 2 Abs. 4 AGG, wenngleich unter der Voraussetzung, dass eine Kündigung, die sozial gerechtfertigt ist, nicht deshalb unwirksam wird, weil daneben ein diskriminierendes Motiv bestanden habe; dagegen zu Recht APS-*Preis* Grundlagen J Rn 71g; **aA** auch *LAG Köln* 1.9.2009 LAGE § 15 AGG Nr. 10; *Sagan* NZA 2006, 1257; *Adomeit/Mohr* NJW 2099, 2257). Eine Benachteiligung wegen eines der in § 1 AGG genannten Gründe kann neben Schadensersatzansprüchen nach § 15 Abs. 1 AGG auch zu Entschädigungsansprüchen nach § 15 Abs. 2 AGG führen, etwa wenn die Umstände der diskriminierenden Kündigung mit einer Persönlichkeitsrechtsverletzung einhergehen. Allein die Unwirksamkeit einer Kündigung als solches wird hierfür allerdings nicht ausreichen (s.a. *BAG* 21.4.2008 EzA § 611 BGB 2002 Persönlichkeitsrecht Nr. 8). Eine Anwendung des § 15 Abs. 2 AGG ist auch nicht systemwidrig. Schon bisher sind auf § 823 Abs. 1 BGB gestützte Entschädigungsansprüche in solchen Fällen nicht ausgeschlossen gewesen (*Wendeling-Schröder/Stein* Rn 50; s.a. *BAG* 21.4.2008 EzA § 611 BGB 2002 Persönlichkeitsrecht Nr. 8).

Von der Bereichsausnahme des § 2 Abs. 4 AGG werden **Abmahnungen nicht erfasst** (*Wendeling-* 24
Schröder/Stein Rn 67; iE auch *Kleinebeck* FA 2007, 230). Allein der Umstand, dass eine Abmahnung regelmäßig Voraussetzung einer ordentlichen verhaltensbedingten Kündigung oder einer außerordentlichen Kündigung ist (s. KR-*Fischermeier/Krumbiegel* § 626 BGB Rdn 270 ff.), führt nicht dazu, dass die eng auszulegende Bereichsausnahme auf sie erstreckt werden kann. Das ist nach dem Begründungszusammenhang von § 2 Abs. 4 AGG (s. Rdn 5, 10) auch nicht geboten.

25 Unionsrechtliche Bedenken verbleiben allerdings hinsichtlich des durch § 2 Abs. 4 AGG bewirkten **Ausschlusses der Beweislastregelung nach § 22 AGG** in Kündigungsrechtsstreitigkeiten. Denkbar ist eine **teleologische Reduktion** von § 2 Abs. 4 AGG, soweit es um den Beweis einer unmittelbaren oder mittelbaren Benachteiligung aus den in § 1 AGG genannten Gründen im Rahmen eines Kündigungsschutzprozesses geht (erwogen bei *Kamanabrou* RdA 2007, 205; aA *Sagan* NZA 2006, 1258). Dem Gesetzgeber ging es darum, dass »ausschließlich die Bestimmungen zum allgemeinen und besonderen Kündigungsschutz Anwendung finden« sollen (s. Rdn 5). Ob er die Beweislastregelung in § 22 AGG bei der letztendlichen Formulierung der Bereichsausnahme des § 2 Abs. 4 AGG bedacht hat und auch diese trotz der insoweit eindeutigen unionsrechtlichen Vorgaben (s.a. die Gesetzesbegründung BT-Drucks. 16/1780 S. 47) von der Anwendung ausschließen wollte, kann mit gutem Grund in Frage gestellt werden (ähnlich auch *Kamanabrou* RdA 2007, 205). Systematische Bedenken, § 22 AGG insoweit anzuwenden, wenn es um den Nachweis eines Verstoßes gegen das Benachteiligungsverbot des § 7 Abs. 1 AGG geht, bestehen jedenfalls nicht. Ein »zweites Kündigungsrecht« wird damit nicht etabliert.

26 Anderenfalls können die **zivilprozessualen Beweislastregelungen in richtlinienkonformer Auslegung** in den genannten Fallgestaltungen (s. Rdn 23) angewendet werden (vgl. KR-*Rachor* § 1 KSchG Rdn 760, 776, 781; APS-*Preis* Grundlagen J Rn 71k; *Wendeling-Schröder/Stein* Rn 61; iE auch AR-*Kappenhagen* § 22 Rn 18; HWK-*Rupp* Rn 13: die bestehende Beweislastverteilung entspreche § 22 AGG). Bei den Grundsätzen zur abgestuften Darlegungs- und Beweislast handelt es sich um eine ausfüllungsbedürftige Generalklausel, die durch Heranziehung der Richtlinienvorgaben zur Beweislast (s. KR-*Treber/Plum* § 22 AGG Rdn 6) unionsrechtskonform angewendet werden kann (s.a. KR-*Rachor* § 1 KSchG Rdn 760, mwN).

§ 3 AGG Begriffsbestimmungen

(1) ¹Eine unmittelbare Benachteiligung liegt vor, wenn eine Person wegen eines in § 1 genannten Grundes eine weniger günstige Behandlung erfährt, als eine andere Person in einer vergleichbaren Situation erfährt, erfahren hat oder erfahren würde. ²Eine unmittelbare Benachteiligung wegen des Geschlechts liegt in Bezug auf § 2 Abs. 1 Nr. 1 bis 4 auch im Falle einer ungünstigeren Behandlung einer Frau wegen Schwangerschaft oder Mutterschaft vor.

(2) Eine mittelbare Benachteiligung liegt vor, wenn dem Anschein nach neutrale Vorschriften, Kriterien oder Verfahren Personen wegen eines in § 1 genannten Grundes gegenüber anderen Personen in besonderer Weise benachteiligen können, es sei denn, die betreffenden Vorschriften, Kriterien oder Verfahren sind durch ein rechtmäßiges Ziel sachlich gerechtfertigt und die Mittel sind zur Erreichung dieses Ziels angemessen und erforderlich.

(3) Eine Belästigung ist eine Benachteiligung, wenn unerwünschte Verhaltensweisen, die mit einem in § 1 genannten Grund in Zusammenhang stehen, bezwecken oder bewirken, dass die Würde der betreffenden Person verletzt und ein von Einschüchterungen, Anfeindungen, Erniedrigungen, Entwürdigungen oder Beleidigungen gekennzeichnetes Umfeld geschaffen wird.

(4) Eine sexuelle Belästigung ist eine Benachteiligung in Bezug auf § 2 Abs. 1 Nr. 1 bis 4, wenn ein unerwünschtes, sexuell bestimmtes Verhalten, wozu auch unerwünschte sexuelle Handlungen und Aufforderungen zu diesen, sexuell bestimmte körperliche Berührungen, Bemerkungen sexuellen Inhalts sowie unerwünschtes Zeigen und sichtbares Anbringen von pornographischen Darstellungen gehören, bezweckt oder bewirkt, dass die Würde der betreffenden Person verletzt wird, insbesondere wenn ein von Einschüchterungen, Anfeindungen, Erniedrigungen, Entwürdigungen oder Beleidigungen gekennzeichnetes Umfeld geschaffen wird.

(5) ¹Die Anweisung zur Benachteiligung einer Person aus einem in § 1 genannten Grund gilt als Benachteiligung. ²Eine solche Anweisung liegt in Bezug auf § 2 Abs. 1 Nr. 1 bis 4 insbesondere vor, wenn jemand eine Person zu einem Verhalten bestimmt, das einen Beschäftigten oder eine Beschäftigte wegen eines in § 1 genannten Grundes benachteiligt oder benachteiligen kann.

Übersicht

	Rdn		Rdn
A. Grundsatz	1	C. Mittelbare Benachteiligung	26
B. Unmittelbare Benachteiligung (Abs. 1)	3	I. Grundsatz	26
I. Grundsatz	3	II. Benachteiligende Wirkung	28
II. Behandlung	4	1. Bildung von Vergleichsgruppen	28
III. Benachteiligung	6	2. Nachweis einer mittelbaren Benachteiligung	30
IV. Einzelfälle	12	III. Fehlende Rechtfertigung	34
1. Benachteiligung wegen des Geschlechts	12	IV. Einzelfälle	37
a) Allgemeines	12	1. Benachteiligung aus Gründen der Rasse und ethnischen Herkunft	37
b) Insbesondere: Schwangerschaft und Mutterschaft (Abs. 1 S. 2)	15	2. Benachteiligung wegen des Geschlechts	39
2. Benachteiligung wegen der Rasse oder der Ethnie	19	3. Benachteiligung wegen der Religion oder Weltanschauung	43
3. Benachteiligung wegen der Religion oder der Weltanschauung	20	4. Benachteiligung wegen einer Behinderung	45
4. Benachteiligung wegen einer Behinderung	21	5. Benachteiligung wegen des Alters	46
5. Benachteiligung wegen des Alters	22	D. Belästigung	48
6. Benachteiligung wegen der sexuellen Orientierung	25	E. Sexuelle Belästigung	50
		F. Anweisung zur Benachteiligung	53

A. Grundsatz

Die nach dem AGG unzulässigen Verhaltensweisen werden durch § 3 AGG näher bestimmt. Die Definitionen entsprechen wörtlich fast denjenigen in den zugrundeliegenden Richtlinien (Art. 2 Abs. 2 bis 4 RL 2000/43/EG, RL 7000/78/EG, RL 76/207/EWG und Art. 2 Buchst. a bis d RL 2004/113/EG). Ergänzungen dienen der »Klarstellung« (BT-Drucks. 16/1780 S. 32). Gesetzlich erstmals legal definiert werden die Formen der **unmittelbaren** (Abs. 1; s. Rdn 3 ff.) und der **mittelbaren Benachteiligung** (Abs. 2; s. Rdn 26 ff.). Erweitert wird der Begriff der Benachteiligung durch die Ergänzungen in Abs. 3 und Abs. 4 (s. Rdn 48 f. und Rdn 50 ff.). Benachteiligungen »sind« (hierzu krit. *Bauer/Krieger/Günther* Rn 1: »Kunstgriff«) danach auch **Belästigungen** und als besondere Form **sexuelle Belästigungen**, die bisher als Verbotstatbestand im aufgehobenen BeschäftigtenschutzG (Art. 4 des Gesetzes zur Umsetzung europäischer Richtlinien zur Verwirklichung des Grundsatzes der Gleichbehandlung) enthalten waren. Der Begriff der **Anweisung** in Abs. 5 (s. Rdn 53) dient der Umsetzung der Art. 2 Abs. 4 RL 2000/78/EG und RL 2000/53/EG. 1

§ 3 Abs. 1 S. 2 AGG setzt Art. 2 Abs. 7 RL 76/207/EWG um und erstreckt die **unmittelbare Benachteiligung** wegen des Geschlechts entsprechend der Rechtsprechung des *EuGH* (8.11.1990 EzA § 611a BGB Nr. 7) für den in § 2 Abs. 1 Nr. 1 bis 4 AGG geregelten Anwendungsbereich auf Fälle, in denen an eine **Schwangerschaft oder Mutterschaft** angeknüpft wird. Eine Unterscheidung nach diesen Kriterien kann nur Frauen nachteilig betreffen (s. ausf. Rdn 15 ff.). Nach der Gesetzesbegründung soll klargestellt werden, dass eine unmittelbare Benachteiligung auch dann vorliegt, wenn die Unterscheidung wegen eines Merkmals erfolgt, das mit einem in § 1 AGG genannten Grund in untrennbarem Zusammenhang steht (BT-Drucks. 16/1780 S. 32). Hieraus kann man eine allgemeine Regel für den Tatbestand der unmittelbaren Benachteiligung ableiten (HWK-*Rupp* Rn 5), wie sie etwa in Bezug auf den Grund der Behinderung vorliegt, wenn an den Bezug einer Erwerbsunfähigkeitrente angeknüpft wird (*BAG* 14.1.2015 – 7 AZR 880/13, zu § 33 Abs. 2 TVöD; 7.6.2011 EzA § 112 BetrVG 2001 Nr. 45). 2

B. Unmittelbare Benachteiligung (Abs. 1)

I. Grundsatz

§ 3 Abs. 1 S. 1 AGG **definiert die unmittelbare Benachteiligung.** Sie liegt vor, wenn eine Person eine **weniger günstige Behandlung** erfährt, als sie eine andere Person – als »Nicht-Merkmalsträger« 3

– in einer vergleichbaren Situation erfährt, erfahren hat oder erfahren würde (so auch für das Unionsrecht *EuGH* 10.11.2011 EzA EG-Vertrag 1999 Richtlinie 2000/78 Nr. 19; 18.12.2010 EzA EG-Vertrag 1999 Richtlinie 2000/78 Nr. 8; 1.4.2008 EzA EG-Vertrag 1999 Richtlinie 2000/78 Nr. 4; sowie *BAG* 21.9.2011 EzA § 620 BGB 2002 Altersgrenze Nr. 12; 28.4.2011 EzA § 22 AGG Nr. 4; 19.8.2010 EzA § 15 AGG Nr. 12). Nicht erforderlich ist eine identische, sondern »nur« eine **vergleichbare Situation** (*EuGH* 10.5.2011 EzA EG-Vertrag 1999 Richtlinie 2000/78 Nr. 19; 30.9.2010 NZA 2010, 1281; dazu *Dahm* EuZA 2011, 396; s. a. *BAG* 7.4.2011 EzA § 15 AGG Nr. 13). Ob eine solche vorliegt, ist situativ unter Berücksichtigung des Zwecks der Maßnahme zu ermitteln. Darüber hat das nationale Gericht in Anwendung der Grundsätze des EuGH zu befinden (*EuGH* 1.4.2008 EzA EG-Vertrag 1999 Richtlinie 2000/78 Nr. 4; *BAG* 7.6.2011 EzA § 112 BetrVG 2001 Nr. 45). Erfasst werden damit alle Fälle, in denen eine Handlung oder Entscheidung an eines der Benachteiligungskriterien als Tatbestandsmerkmal einer ungünstigeren Behandlung anknüpft. Eine Rechtfertigung ist nur nach den in §§ 8 bis 10 AGG sowie in § 5 AGG (s. KR-*Treber/Plum* § 5 AGG Rdn 2) genannten Gründen möglich. Schon mit Blick auf die unterschiedlichen Rechtfertigungsmöglichkeiten ist vorrangig zu prüfen, ob eine unmittelbare Benachteiligung vorliegt (*BAG* 18.9.2014 EzA § 3 AGG Nr. 10; s. a. *EuGH* 20.10.2011 ZESAR 2013, 78, dazu *Rust* ZESAR 2013, 89 ff.).

II. Behandlung

4   Erforderlich ist zunächst eine **Behandlung** durch den Arbeitgeber oder – wie § 12 AGG zeigt – durch einen Dritten. Das AGG will jede Behandlung des Arbeitnehmers und damit sämtliche in Betracht kommenden Benachteiligungen rechtlicher oder tatsächlicher Art erfassen (§ 3 Abs. 1 AGG). Eine »Behandlung« des Arbeitnehmers kann sowohl bei einer **Handlung** als auch bei einem **Unterlassen** (BT-Drucks. 16/1780 S. 32) vorliegen. Als Handlung kommt damit jedes Verhalten in Betracht, das eine zur Benachteiligung führende Kausalkette auslöst, wie dies etwa bei der in § 3 Abs. 5 AGG genannten **Anweisung** (s. Rdn 53) zur Benachteiligung der Fall ist. Die Handlung kann sich u.a. auf eine Kündigung beziehen. Bei einer **Druckkündigung** wird es aber idR, wenn weitere Umstände nicht hinzutreten, bezogen auf den Arbeitgeber an dem weiteren Erfordernis der Anknüpfung an einen der in § 1 AGG genannten Gründe fehlen (s. a. KR-*Rachor* § 1 KSchG Rdn 626, *Deinert* RdA 2007, 280). Zu den kündigungsrechtlich relevanten Maßnahmen gehört insbes. die **Abmahnung** (s. KR-*Treber/Plum* § 2 AGG Rdn 24; *BAG* 12.8.2010 ZTR 2011, 177; 20.8.2008 EzA § 611 BGB 2002 Abmahnung Nr. 4: Tragen eines Kopftuchs oder einer dem angenäherten Kopfbedeckung, dazu abl. *Stein* Anm. AP Art. 4 GG Nr. 6; ausf. *Kleinebeck* FA 2007, 230 ff.). Bei Vereinbarungen kommt es nicht darauf an, ob sie rechtlich Wirkungen zu Lasten des Arbeitnehmers entfalten, weil bereits faktische ausreichen (s. *EuGH* 8.11.1983 Slg. 1983, 3431, 3447: zur Anwendung der RL 76/207/EWG auf rechtlich nicht bindende Tarifverträge in Großbritannien).

5   Eine Behandlung iS eines Unterlassens kann es sein, wenn ein Arbeitgeber ein **befristetes Arbeitsverhältnis** der Arbeitnehmerin nicht verlängert (*LAG Düsseld.* 20.3.1992 LAGE § 611a BGB Nr. 8: Schwangerschaft; *ArbG Bochum* 12.7.1991 EzA § 611a BGB Nr. 7; s. a. *BAG* 21.6.2012 EzA § 22 AGG Nr. 6; aA *LAG Hamm* 6.6.1991 BB 1991, 1865, m. krit. Anm. *Mauer*) oder – was bereits nach § 9 MuSchG unzulässig ist (*BAG* 6.11.1996 EzA § 620 BGB Nr. 146) – wegen der Schwangerschaft nur zum Abschluss eines befristeten Arbeitsverhältnisses bereit ist (*LAG Köln* 26.5.1994 LAGE § 620 BGB Nr. 37).

III. Benachteiligung

6   Zentrales Merkmal ist die **Benachteiligung**. Eine Benachteiligung setzt eine weniger günstige Behandlung der betreffenden Person im Vergleich zu einer anderen voraus. Dabei muss die Benachteiligung **objektiv** aus der Sicht eines verständigen Dritten vorliegen (*Wisskirchen* DB 2006, 1491; DDZ-*Zwanziger* Rn 36; MHH-AGG Rn 4). Nicht jede unterschiedliche Behandlung oder eine spezielle Betroffenheit ist zugleich eine Benachteiligung. Werden ältere Arbeitnehmer von einem

Personalabbau ausgenommen, der durch freiwillige Aufhebungsverträge unter Zahlungen von Abfindungen erfolgt, liegt darin unter Berücksichtigung der Gründe des unionsrechtlichen Verbots der Altersdiskriminierung – allen voran der Schutz und die Integration älterer Menschen – keine Benachteiligung dieses Personenkreises iSv § 3 Abs. 1 AGG (*BAG* 25.2.2010 EzA § 10 AGG Nr. 3). Bei einer **negativen Auswahlentscheidung** reicht es aus, wenn sie nicht ohne völlige Zurückstellung eines in § 1 AGG genannten Grundes stattgefunden hat. Eine Benachteiligung tritt nicht nur dann ein, wenn eine Auswahl unter Einbeziehung anderer Arbeitnehmer nicht stattgefunden hat (so aber *Bauer/Krieger/Günther* Rn 14; *Diller/Krieger/Arnold* NZA 2006, 891).

Die weniger günstige Behandlung muss **tatsächlich eingetreten** sein. Allein eine möglicherweise drohende Gefahr reicht entgegen der Gesetzesbegründung (BT-Drucks. 16/1780 S. 32) nicht aus. Der dort angeführte Wortlaut des Art. 2 aus den einschlägigen Richtlinien – »erfährt, erfahren hat oder erfahren würde« – bezieht sich nicht auf eine nur drohende Benachteiligung, sondern (lediglich) auf den zulässigen hypothetischen Vergleich, wenn es an einer existierenden Vergleichsperson fehlt (ausf. MüKo-BGB/ *Thüsing* Rn 11 f.; weiterhin ErfK-*Schlachter* Rn 5; HWK-*Rupp* Rn 2). 7

Schließlich ist erforderlich, dass die betreffende Person eine weniger günstige Behandlung erfahren hat als eine in **einer vergleichbaren Situation** befindliche Person, bei der der Grund iSv § 1 AGG nicht vorliegt. Dafür reicht es nicht aus, allein darauf abzustellen, ob die Vergleichsperson die gleichen oder wesentlich gleichen Tätigkeiten wie der (vermeintlich) Benachteiligte ausübt. Vielmehr bedarf es einer »situativen Betrachtung« (*EuGH* 10.5.2011 EzA Richtlinie 2000/78 EG-Vertrag 1999 Nr. 19 »Römer«; 18.11.2010 EzA Richtlinie 76/207 EG-Vertrag 1999 Nr. 8 »Kleist«; 1.4.2008 EzA Richtlinie 2000/78 EG-Vertrag 1999 Nr. 4 »Maruko«; *BAG* 14.1.2015 EzTöD 100 § 33 TVöD-AT Erwerbsminderungsrente Nr 12: auflösende Bedingung bei Bezug einer Erwerbsunfähigkeitsrente; 19.8.2010 § 15 AGG Nr. 12; 18.3.2010 EzA § 15 AGG Nr. 3). Sie kann sich auch aus einem Vergleich mit einer vergangenen Maßnahme ergeben (»erfahren hat«). Möglich ist auch ein **hypothetischer Vergleich** (»erfahren würde«), etwa wenn es an der entsprechenden Vergleichsperson in der Gegenwart oder der Vergangenheit fehlt (*Bauer/Krieger/Arnold* NZA 2006, 892). 8

Die unmittelbare Benachteiligung setzt nicht voraus, dass der Grund iSv § 1 AGG bei der benachteiligten Person selbst vorliegt. Es kann es ausreichen, wenn die Benachteiligung auf einen in § 1 AGG genannten Grund zurückgeht, der bei einem Dritten gegeben ist – »**drittbezogene Diskriminierung**« (*EuGH* 17.7.2008 EzA EG-Vertrag 1999 Richtlinie 2000/78 Nr. 6 »*Coleman*«; zust. *Lindner* NJW 2008, 2751 f.; krit. *Sprenger* BB 2008, 2048; *Bayreuther* NZA 2008, 987). Deshalb konnte sich die Klägerin des Ausgangsverfahrens auf das Verbot der unmittelbaren Diskriminierung wegen Behinderung berufen, wenn sie wegen der Behinderung ihres Sohnes eine weniger günstige Behandlung erfahren hat als ein anderer Arbeitnehmer. Welche **Art von Beziehung** zwischen dem Benachteiligten und dem »Merkmalsträger« bestehen muss, hat der EuGH nicht näher ausgeführt, sondern nur auf die Behinderung des eigenen Kindes der Klägerin abgestellt. Gleichwohl wird man auch für andere rechtlich verfestigte Beziehungen, wie die zum Ehegatten oder Lebenspartner, eine unmittelbare Diskriminierung für möglich halten können (*Bayreuther* NZA 2007, 987). Dass gilt nach der Begründungslinie des EuGH auch für alle anderen Benachteiligungsgründe des § 1 AGG (*Bayreuther* NZA 2007, 987; *Lindner* NJW 2008, 2753; *Lingscheid* BB 2008, 1964; aA *Melot de Beauregard* RIW 2009, 21: Sonderstellung für das Merkmal der Behinderung). 9

Eine unmittelbare Benachteiligung kann auch dann vorliegen, wenn der Arbeitgeber eine bestimmte Personengruppe, bei der ein in § 1 AGG genannter Grund vorliegt, grundsätzlich nicht einstellen will und dies öffentlich äußert. Eine solche **unmittelbare Diskriminierung setzt nicht voraus**, dass eine **beschwerte Person**, die behauptet, Opfer einer derartigen Diskriminierung geworden zu sein, **identifizierbar ist** (*EuGH* 10.7.2008 EzA EG-Vertrag 1999 Richtlinie 2000/43 Nr. 1 »Feryn«; dazu *Bayreuther* NZA 2008, 988; *Lindner* NJW 2008, 2750; *Böhm* DB 2008, 2193). Damit wird der Diskriminierungsschutz auch auf öffentliche Äußerungen außerhalb eines konkreten Bewerbungsverfahrens – oder hier von Interesse: außerhalb der Vorbereitung und Durchführung einer Kündigung – erstreckt (zust. *Potz* ZESAR 2008, 495; s. a. *Sprenger* BB 2008, 2046; zu den Folgen für die Beweislastverteilung s. KR-*Treber/Plum* § 22 AGG Rdn 16 ff.). Auch muss der Urheber 10 von Äußerungen nicht zwingend die rechtlichen Befugnisse haben, Maßnahmen zu bestimmen oder den Arbeitgeber zu vertreten (*EuGH* 25.4.2013 EzA Richtlinie 2000/78 EG-Vertrag 1999 Nr. 32 »Asociatia ACCEPT«: homophobe Äußerungen; dazu *Benecke/Böglmüller* EuZW 2013, 474 f.; krit *Husemann* EuZA 2014, 241 ff.

11 Die benachteiligende Maßnahme muss durch einen (oder mehrere) der in § 1 AGG genannten Gründe motiviert sein oder der Benachteiligende muss bei seiner Handlung hieran anknüpfen. Eine solche **Kausalität** ist notwendig (*BAG* 22.4.2009 EzA § 15 AGG Nr. 1), aber auch ausreichend. Daran fehlt es aufgrund der durch § 22 AGG vorgesehenen Beweislastregel nicht schon dann, wenn der Arbeitgeber den ordnungsgemäß mitgeteilten Grund iSv § 1 AGG pflichtwidrig nicht zur Kenntnis genommen hat (*BAG* 16.9.2008 EzA § 81 SGB IX Nr. 17; dazu abl. *Joussen* Anm. AP § 81 SGB IX Nr. 15; aA *LAG Nbg.* 1.4.2004 AP SGB IX § 81 Nr. 6; zur Indizwirkung nach § 22 AGG *BAG* 26.9.2013 EzA § 22 AGG Nr. 11). Nicht erforderlich sind weitere subjektive Merkmale wie ein **schuldhaftes oder vorsätzliches Handeln** (aA allerdings *Adomeit/Mohr* NZA 2007, 179; zum Schadensersatz KR-*Treber/Plum* § 15 AGG Rdn 9 ff.). Bei einem **Motivbündel** reicht es für den erforderlichen Kausalzusammenhang aus, wenn ein Grund iSv § 1 AGG der Maßnahme mit zugrunde lag und die Entscheidung beeinflusst hat (vgl. BT-Drucks. 16/7680 S. 32; sowie *BAG* 21.6.2012 EzA § 22 AGG Nr. 6; 7.7.2011 EzA § 123 BGB 2002 Nr. 1; 18.3.2010 EzA § 15 AGG Nr. 7; 22.1.2009 EzA § 15 AGG Nr. 1; zu § 611a BGB aF *BVerfG* 16.11.1993 EzA § 611a BGB Nr. 9; s. aber *BVerfG* 21.6.2006 NZA 2006, 913: »maßgebliches Motiv«; s. a. KR-*Treber/Plum* § 4 AGG Rdn 3).

IV. Einzelfälle

1. Benachteiligung wegen des Geschlechts

a) Allgemeines

12 Eine **unterschiedliche Altersgrenze für Männer und Frauen** ist unzulässig und gemeinschaftswidrig (*EuGH* 17.5.1990 EzA Art. 119 EWG-Vertrag Nr. 4; 14.12.1993 EzA Art. 119 EWG-Vertrag Nr. 9; zum Verstoß gegen Art. 3 Abs. 2 GG s. *BVerfG* 28.1.1987 EzA Art. 3 GG Nr. 22 m. Anm. *Schlachter*; s. a. KR-*Lipke/Bubach* § 14 TzBfG Rdn 416).

13 Bei **kollektivvertraglichen Altersgrenzen** liegt ein Verstoß gegen § 7 AGG vor, wenn der Tarifvertrag oder die Betriebsvereinbarung für Frauen eine andere Altersgrenze vorsieht als für Männer (vgl. *BAG* 20.11.1987 EzA § 620 BGB Altersgrenze Nr. 1; s. a. *BAG* 12.10.1994 § 620 BGB Altersgrenze Nr. 5). Während sich rentenrechtlich eine niedrigere Altersgrenze für Frauen noch als vermeintliches Privileg darstellen konnte (vgl. *BAG* 12.10.1994 § 620 BGB Altersgrenze Nr. 5), führt arbeitsrechtlich jede Altersgrenze nach ihrer Wirkung zu einer Zwangspensionierung und damit zu einer unmittelbar an das Geschlecht anknüpfenden Benachteiligung. Gleiches gilt, wenn eine kollektivrechtliche Regelung eine erleichterte Beendigung des Arbeitsverhältnisses vorsieht, die an unterschiedliche Renteneintrittsalter für Männer und Frauen anknüpft (*EuGH* 18.11.2010 EzA Richtlinie 76/207 EG-Vertrag 1999 Nr. 8, dazu *Melzer-Azodanloo* EuZA 2011, 340 ff.).

14 Nichts anderes gilt, wenn die frühere Altersgrenze keine Zwangswirkung entfaltet, sondern als **Frühpensionierungsprivileg** zu Gunsten weiblicher Arbeitnehmer ausgestaltet ist, da hierin eine Männerbenachteiligung liegen kann (*EuGH* 18.10.1988 Slg. 1988, 6315). Zu beachten bleibt jedoch, dass die Ausgestaltung gesetzlicher rentenrechtlicher Bestimmungen selbst weder von § 7 AGG noch von der RL 76/207/EWG erfasst wird.

b) Insbesondere: Schwangerschaft und Mutterschaft (Abs. 1 S. 2)

15 Ungleichbehandlungen aufgrund einer Schwangerschaft oder Mutterschaft (zum Begriff der »Mutterschaft« *BAG* 18.9.2014 EzA § 3 AGG Nr. 10 mwN) sind, wie § 3 Abs. 1 S. 2 AGG klarstellt, Fälle **unmittelbarer Benachteiligung**. Das entspricht der Rechtsprechung des EuGH (*EuGH* 18.11.2004 NZA 2005, 399; 27.2.2003 EzA § 16 BErzGG Nr. 6; s. auch *BAG* 27.1.2011 EzA § 3 AGG Nr. 3). Gesetzliche, tarifvertragliche, betriebliche oder individuelle Regelungen oder

Maßnahmen, die dem Schutz von Schwangeren oder dem Mutterschutz dienen, sind indes nach Art. 2 Abs. 3 RL 76/207/EWG zulässig. Die Vorschrift soll dem Schutz der körperlichen Verfassung der Frau sowie ihrer besonderen Beziehung zum Kind dienen (*EuGH* 25.7.1991 EzA § 19 AZO Nr. 4; zur Anfechtung des Arbeitsvertrags wegen bestehender Schwangerschaft s. KR-*Gallner* § 17 MuSchG Rdn 180 ff.). Die Vorschrift erfasst weiterhin andere Fallgestaltungen – »auch« –, wenn eine Maßnahme ausschließlich ein Geschlecht betrifft (*BAG* 18.9.2014 EzA § 3 AGG Nr. 10, dazu *Winter* JbArbR 52 (2015) 51, 61 ff. ArbRG).

Die unzulässe Anknüpfung an die Schwangerschaft schließt eine **Benachteiligung wegen einer geplanten Schwangerschaft** ein, auch wenn sie durch künstliche Befruchtung herbeigeführt werden soll (*BAG* 26.3.2015 NZA 2015, 734, dazu *Meyer-Michaelis/Falter* DB 2015, 1353; zum Verstoß gegen § 612a s. KR-*Treber/Schlünder* § 612a BGB Rdn 12). Das gilt nach der Rechtsprechung des *EuGH* jedenfalls für einen Zeitpunkt zwischen der Follikelpunktion und der sofortigen Einsetzung der in vitro befruchteten Eizellen (*EuGH* 26.2.2008 EzA EG-Vertrag 1999 Richtlinie 92/85 Nr. 3). 16

Wegen der Belastungen, die sich für den Arbeitgeber aus Schwangerschaft und Mutterschutz und den dafür geltenden Schutzvorschriften ergeben, kann nicht gekündigt werden. Dagegen wird eine **krankheitsbedingte Kündigung**, soweit sie nach allgemeinen Grundsätzen zulässig ist (s. KR-*Rachor* § 1 KSchG Rdn 337 ff.), nicht in allen Fällen dadurch ausgeschlossen, dass die Erkrankung Folge einer Schwangerschaft ist. Aus der systematisch-teleologischen Auslegung der RL 76/207/EWG mit dem Kündigungsverbot des Art. 10 RL 92/85/EWG (vom 19.10.1992 ABlEG L 348/1, »Mutterschutzrichtlinie«, s. a. KR-*Gallner* § 17 MuSchG Rdn 22) folgt allerdings, dass bei einer krankheitsbedingten Kündigung **Fehlzeiten während einer Schwangerschaft** nicht berücksichtigt werden dürfen (*EuGH* 20.6.1997 DB 1997, 1282; s. a. *EuGH* 8.9.2005 EzA Art. 141 EG-Vertrag 1999 Nr. 18). Berücksichtigt werden dürfen allein die nach der Niederkunft und der Beendigung des Mutterschutzes eingetretenen Fehlzeiten (*EuGH* 30.6.1998 NZA 1998, 871; 8.9.2005 EzA Art. 141 EG-Vertrag 1999 Nr. 18). Soweit das Risiko einer Krankheit Männer und Frauen prinzipiell in gleicher Weise trifft, muss das mitgliedstaatliche Recht aber ausreichende Schutzfristen vorsehen, während derer die Arbeitnehmerin vor und nach der Entbindung von ihrer Arbeitspflicht freigestellt ist (*EuGH* 20.6.1997 DB 1997, 1282). Das ist für das deutsche Recht der Fall. 17

Das Benachteiligungsverbot kann auch **Abschluss eines befristeten Arbeitsvertrags** (zur grundsätzlichen Zulässigkeit der Befristung bei Schwangeren s. KR-*Lipke/Bubach* § 14 TzBfG Rdn 40, 77 ff.) eingreifen, wenn dieser anstelle eines unbefristeten wegen der bestehenden Schwangerschaft vereinbart wird (*ArbG Wiesbaden* 12.2.1992 RzK I 9a Nr. 70; *LAG Köln* 26.5.1994 LAGE § 620 BGB Nr. 37) und die **Nichtfortsetzung eines befristeten Arbeitsverhältnisses** aus diesem Grund erfolgt (*EuGH* 4.10.2001 EzA § 611a BGB Nr. 17; s. a. *Diller/Kern* FA 2007, 103; zu den Rechtsfolgen s. KR-*Treber/Plum* § 15 AGG Rdn 17 f.; s. a. KR-*Gallner* § 17 MuSchG Rdn 185; KR-*Lipke/Bubach* § 14 TzBfG Rdn 79; zur Nichtverlängerungsmitteilung nach dem NV Bühne *LAG Köln* 3.6.2014 LAGE § 110 ArbGG Nr. 1). 18

2. Benachteiligung aus Gründen der Rasse oder wegen der ethnischen Herkunft

Die Forderung des Arbeitgebers, **Deutschkenntnisse** zu verbessern, stellt keine unmittelbare Benachteiligung aus Gründen der Rasse oder wegen der ethnischen Herkunft dar. Die Beherrschung der deutschen Sprache ist nicht untrennbar mit diesen Gründen verbunden (*BAG* 2.6.2001 EzA § 3 AGG Nr. 5; 22.7.2010 EzA § 22 AGG Nr. 2; 18.3.2010 EzA § 8 AGG Nr. 2; 23.11.2017 NZA-RR 2018, 287; aA *ArbG Bln.* 11.2.2009 NZA-RR 2010, 16). 19

3. Benachteiligung wegen der Religion oder der Weltanschauung

Eine **Benachteiligung** wegen der Religion ist schon dann zu bejahen, wenn überhaupt **wegen der Religion nachteilige Folgen** gezogen werden. Das ist – bezogen auf Kündigungen – etwa dann der Fall, wenn einem katholischen Arbeitnehmer aufgrund einer nach kirchlichem Recht unauflöslichen Ehe im Fall der dann kirchenrechtlich unzulässigen Wiederverheiratung gekündigt wird (*BAG* 8.9.2011 EzA § 611 20

BGB 2002 Kirchliche Arbeitnehmer Nr. 21; nachfolgend *BVerfG* 22.10.2014 EzA § 611 BGB 2002 Kirchliche Arbeitnehmer Nr. 32, sowie das dann ergangene Vorabentscheidungsersuchen des Zweiten Senats: *BAG* 28.7.2016 EzA § 611 BGB 2002 kirchliche Arbeitnehmer Nr. 32a; dazu nun EuGH 11.9.2018 – C-68/17, »IR gegen JQ« S. in diesem Zusammenhang auch das Vorabentscheidungsersuchen des Achten Senat, *BAG*, 17.3.2016 BAGE 154, S. 285, und dazu die Entscheidung des *EuGH* 17.4.2018 NZA 2018, 569 »Egenberger«; dazu u. a. *Greiner*, jM 2018, S. 386 ff.; *Junker*, NJW 2018, S. 1850 ff.; *Klocke/Wolters*, BB 2018, S. 1460 ff. *Reichold/Beer*, NZA 2018, S. 681 ff; nachfolgend *BAG* 25.10.2018 – 8 AZR 501/14, BAGE 164, 117; 20.2.2019 – 2 AZR 746/14, BAGE 166, 1; zu einer etwaigen Rechtfertigung KR-*Treber/Plum* § 9 AGG Rdn 10 ff.).

4. Benachteiligung wegen einer Behinderung

21 Eine unmittelbare Benachteiligung wegen einer Behinderung liegt vor, wenn der Arbeitgeber aufgrund der Mitteilung des Arbeitnehmers, bei ihm sei die Parkinson'sche Krankheit diagnostiziert worden, die Kündigung des Arbeitsverhältnisses ausspricht (s. den Sachverhalt bei *Hess. LAG* 30.3.2006 – 5 Sa 1052/05; dazu zu Recht krit. *v. Medem* S. 163 f.). Die **Frage nach einer Schwerbehinderung** stellt gegenüber einem Arbeitnehmer, für welchen bereits der Kündigungsschutz nach den §§ 85 ff. SGB IX besteht, keine unmittelbare Benachteiligung dar, wenn sie dazu dient, dem Arbeitgeber ein rechtmäßiges Verhalten – etwa die behindertengerechte Beschäftigung (§ 81 Abs. 4 S. 1 SGB I) – oder die Erfüllung der mit einer Kündigung zusammenhängenden Pflichten zu ermöglichen, insbes. die nach §§ 85 ff. SGB IX (*BAG* 16.2.2012 DB 2012, 1042; ausf. zum Fragerecht bei Schwerbehinderung *Husemann* RdA 2014, 16 ff.; weiterhin *Giesen* RdA 2013, 48; zu Anfechtung bei Falschbeantwortung *BAG* 7.7.2011 EzA § 123 BGB 2002 Nr. 1). An einer unmittelbaren Benachteiligung fehlt es, wenn das Arbeitsverhältnis aufgrund des Bezugs einer Erwerbsunfähigkeitsrente endet, weil der voll erwerbsgeminderte Beschäftigte sich nicht in einer vergleichbaren Situation (Rdn 8) mit anderen Arbeitnehmern befindet (*BAG* 14.1.2015 EzTöD 100 § 33 TVöD-AT Erwerbsminderungsrente Nr. 12).

5. Benachteiligung wegen des Alters

22 Eine unmittelbare Benachteiligung wegen des Lebensalters ist bei einer **Höchstbefristung des Arbeitsvertrags** (es liegt keine auflösende Bedingung vor: *BAG* 19.11.2003 EzA § 620 BGB 2002 Altersgrenze Nr. 4; 14.8.2002 EzA § 620 BGB Altersgrenze Nr. 13; s. KR-*Lipke/Bubach* § 14 TzBfG Rdn 413) auf ein **bestimmtes Lebensalter** gegeben (zur möglichen Rechtfertigung s. KR-*Treber/Plum* § 10 AGG Rdn 17 ff.), wie es der Fall ist beim Kabinenpersonal von Fluggesellschaften mit einer Altersgrenze von 55 oder 60 Jahren (abgelehnt mangels eines rechtfertigenden Sachgrunds *BAG* 16.10.2008 EzA § 14 TzBfG Nr. 54; 23.6.2010 EzA § 620 BGB 2002 Altersgrenze Nr. 8; anders noch der Siebte Senat bei Flugingenieuren: *BAG* 2.6.2010 – 7 AZR 904/08 [A]) und bei den von der gesetzlichen Regelaltersgrenze **abweichenden tarifvertraglichen Altersgrenzen** für Piloten von 60 Jahren (*EuGH* 13.9.2011 EzA EG-Vertrag 1999 Richtlinie 2000/78 Nr. 22; *BAG* 18.1.2012 EzA § 620 BGB 2002 Altersgrenze Nr. 13; dazu ausf. KR-*Lipke/Bubach* § 14 TzBfG Rdn 431 ff.; zur Altersgrenze für öffentlich bestellte Sachverständige *BVerwG* 1.2.2012 NJW 2012, 1018). Gleiches gilt, wenn ein Ereignis herangezogen wird, das mit einem bestimmten Lebensalter verknüpft ist. Das gilt ebenso beim Erreichen der sich nach § 235 Abs. 2 SGB VI in den nächsten Jahren verändernden **gesetzlichen Regelaltersgrenze** für den Bezug von Altersruhegeld (ausf. s. KR-*Lipke/Schlünder* § 620 Rdn 44, 78 ff.; s. dazu *EuGH* 21.7.2011 EzA Richtlinie 2000/78 EG-Vertrag 1999 Nr. 20; 18.10.2010 EzA Richtlinie 2000/78 EG-Vertrag 1999 Nr. 18; 8.12.2010 EzA § 620 BGB 2002 Altersgrenze Nr. 9; *BAG* 21.9.2011 ZTR 2012, 88; zur Altersgrenzenregelung in einer Betriebsvereinbarung: *BAG* 5.3.2013 EzA § 77 BetrVG 2001 Nr. 35). Schließlich wird auch die Berücksichtigung des Lebensalters bei der **Sozialauswahl** erfasst (s. nur *BAG* 5.11.2009 EzA § 1 KSchG Interessenausgleich Nr. 20; 6.11.2008 EzA § 1 KSchG Soziale Auswahl Nr. 82; dazu ausf. s. KR-*Rachor* § 1 KSchG Rdn 632).

23 Eine unmittelbare Benachteiligung kommt auch in Betracht, wenn mit einem älteren Arbeitnehmer ein **befristeter Arbeitsvertrag** mit einer kürzeren Dauer als mit einem vergleichbaren jüngeren (*BAG* 6.4.2011 EzA § 620 BGB 2002 Hochschulen Nr. 7; krit *Hartmann* FS v. Hoyningen-Huene,

2014, S. 123 ff.) oder die Befristung bei älteren Beschäftigten erleichtert wird, wie es § 14 Abs. 3 TzBfG bestimmt (s. ausf. KR-*Lipke/Bubach* § 14 TzBfG Rdn 648 ff., 668 ff.).

Eine unmittelbare Benachteiligung wegen des Alters liegt auch vor, wenn sich die **Dauer der Kündigungsfrist** allein nach dem Lebensalter berechnet oder wie in § 622 Abs. 2 S. 2 BGB bestimmte Zeiten vor Vollendung eines bestimmten Alters unberücksichtigt bleiben (dazu und zu den Folgen der Entscheidung »Kücükdeveci« des EuGH [19.1.2010 EzA EG-Vertrag 1999 Richtlinie 2000/78 Nr. 14] ausf. KR-*Spilger* § 622 BGB Rdn 59 ff, mwN).   24

6. Benachteiligung wegen der sexuellen Orientierung

Die sexuelle Identität muss für die benachteiligende Maßnahme ursächlich sein. Daran fehlt es, wenn etwa überhaupt der Umstand einer Beziehung im Betrieb unabhängig von der sexuellen Orientierung des Beschäftigten das Motiv bildet (*ArbG Bln.* 27.1.2010 – 55 Ca 9120/09, ZTR 2010, 326 [LS]). Die Kündigung eines Arbeitnehmers wegen bestehender **Homosexualität** ist ein klarer Fall der unmittelbaren Benachteiligung (s. den Sachverhalt bei *BAG* 23.6.1994 EzA § 242 BGB Nr. 39 [Unwirksamkeit wegen Verstoßes gegen § 242 BGB], mit – nicht überzeugender – Anm. *v. Hoyningen-Huene*; s. a. KR-*Rachor* § 1 KSchG Rdn 136).   25

C. Mittelbare Benachteiligung

I. Grundsatz

Neben der unmittelbaren Benachteiligung nach § 3 Abs. 1 AGG wird in Abs. 2 der Vorschrift die **mittelbare Benachteiligung** in unionsrechtskonformer Weise **legal definiert**. Um eine solche handelt es sich, wenn dem Anschein nach neutrale Vorschriften, Kriterien oder Verfahren Personen wegen bestimmter Gründe iSv § 1 AGG gegenüber anderen Personen in besonderer Weise benachteiligen können, es sei denn, die betreffenden Vorschriften, Kriterien oder Verfahren sind durch ein rechtmäßiges Ziel sachlich gerechtfertigt und die Mittel zur Erreichung dieses Ziels angemessen und erforderlich (so auch *EuGH* 12.10.2010 EzA Richtlinie 2000/78 EG-Vertrag 1999 Nr. 17; *BVerfG* 14.4.2010 BVerfGE 126, 29). Das entspricht Art. 2 Abs. 2 RL 76/207/EWG, RL 2000/43/EG und RL 2000/78/EG (s. nur *BAG* 20.10.2010 EzA § 1 BetrAVG Hinterbliebenenversorgung Nr. 14; zu den Abweichungen gegenüber dem früheren Rechtszustand ausf. *Rebhahn/Kietaibl* RIW 2010, 373 ff.). Sprachlich abweichend bestimmt Art. 2 Abs. 2 der RL 97/80/EG, dass es eines »wesentlich höheren Anteils« bedarf.   26

Voraussetzung ist zunächst, dass dem Anschein nach **neutrale Vorschriften, Kriterien oder Verfahren** herangezogen werden, die keine Anknüpfung an einen der in § 1 AGG genannten Gründe enthalten. Die mittelbare Benachteiligung ist von den Fällen der **verdeckten, unmittelbaren Benachteiligung abzugrenzen** (Rdn 15). Das ist danach zu beurteilen, ob die erfassten Personengruppen sich hinsichtlich der in § 1 AGG genannten Gründe unterscheiden lassen können. Das Verbot der mittelbaren Diskriminierung richtet sich gegen solche Benachteiligungen, die sich in gruppenspezifisch **unterschiedlichen Ergebnissen** manifestieren (*EuGH* 27.10.1993 Slg. 1993, I-5435). Der Begriff der mittelbaren Benachteiligung ist **objektiv** zu bestimmen. Deshalb ist weder ein Benachteiligungsmotiv des Arbeitgebers erforderlich, noch kann es auf die Frage ankommen, ob der Arbeitgeber die gruppenspezifische Benachteiligungswirkung erkennt (*BAG* 20.11.1990 EzA Art. 119 EGV Nr. 2; *Wißmann* FS Wlotzke S. 807). Anders als bei der unmittelbaren Benachteiligung ist bereits **auf der Tatbestandsebene das Vorliegen von Rechtfertigungsgründen zu prüfen**. Liegen solche vor, fehlt es bereits an einer Benachteiligung und auf die speziellen Rechtfertigungsgründe der §§ 5, 8 bis 10 AGG kommt es nicht an (vorsichtiger die Gesetzesbegründung: »hauptsächlicher Anwendungsbereich«, BT-Drucks. 16/1780 S. 35).   27

II. Benachteiligende Wirkung

1. Bildung von Vergleichsgruppen

Ob eine Person gegenüber anderen in »besonderer Weise« benachteiligt wird, ist durch die **Bildung von Vergleichsgruppen** festzustellen (*BAG* 23.2.1994 EzA Art. 119 EWG-Vertrag   28

Nr. 18; 27.1.2011 EzA § 3 AGG Nr. 3). Das Problem kann dabei in der Bildung der richtigen Vergleichsgruppe bestehen. Die **Abgrenzung der Vergleichsgruppe** ergibt sich aus dem Anwendungsbereich der benachteiligenden Maßnahme, Vereinbarung oder Regelung (*EuGH* 6.12.2007 EzA Art 141 EG-Vertrag 1999 Nr. 21; 13.1.2004 DVBl 2004, 756; *Bauer/Krieger/ Günther* Rn 24; HWK-*Rupp* Rn 7; SSV-*Schleusener* Rn 81 ff.; MüKo-BGB/ *Thüsing* Rn 34 ff.; *Wißmann* FS Wlotzke, S. 809).

29 Auf die erwerbstätige Bevölkerung in Deutschland insgesamt abzustellen ist zulässig, wenn es sich um die unionsrechtliche Überprüfung deutschen Gesetzesrechts handelt (so iE *BAG* 5.3.1997 EzA § 37 BetrVG 1972 Nr. 136; ebenso *EuGH* 6.12.2007 EzA Art 141 EG-Vertrag 1999 Nr. 21). Bei tarifvertraglichen Regelungen ergibt sich die Vergleichsgruppe regelmäßig aus dem Geltungsbereich des Tarifvertrages oder der fraglichen tarifvertraglichen Regelung (*BAG* 16.10.2014 EzA § 3 AGG Nr. 9). Auch bei Betriebsvereinbarungen sind die hiervon erfassten Arbeitnehmer heranzuziehen. Bei **Auswahlentscheidungen** sind die potenziell einbezogenen Personen mit derjenigen Personengruppe zu vergleichen, die durch zusätzliche Kriterien bestimmt werden muss (SSP-*Plum* Rn 107), was sich im Einzelfall problematisch gestalten kann. Hier ist zu überprüfen, ob die ausgewählte Personengruppe im Vergleich zu derjenigen Gruppe, die sich bei Heranziehung objektiver und abstrakter Kriterien ergeben würde, durch bestimmte Auswahlkriterien zum Nachteil der ersteren verändert wurde (HWK-*Rupp* Rn 7).

2. Nachweis einer mittelbaren Benachteiligung

30 Nach der Rechtsprechung des EuGH und des BAG zur mittelbaren geschlechtsspezifischen Diskriminierung vor Inkrafttreten des AGG konnte die Benachteiligung eines Geschlechts nur im Vergleich mit dem durch die Maßnahme des Arbeitgebers vermeintlich begünstigten Geschlecht festgestellt werden (*BAG* 18.2.2003 EzA § 611a BGB 2002 Nr. 2; 19.3.2002 EzA Art. 141 EG-Vertrag 1999 Nr. 9). Das erfolgte durch einen statistischen Vergleich (*BAG* 8.6.2005 EzA § 611 BGB 2002 Kirchliche Arbeitnehmer Nr. 6; 18.2.2003 EzA § 611a BGB 2002 Nr. 2; unter Hinweis auf *EuGH* 27.10.1993 EzA Art. 119 EWG-Vertrag Nr. 20; 15.12.1994 EzA Art. 199 EWG-Vertrag Nr. 24), wobei die Bestimmung der Berechnungsmethode ebenso wenig vollständig geklärt war wie das erforderliche Maß einer signifikanten Abweichung des zahlenmäßigen Verhältnisses zwischen beiden Gruppen (s. die 11. Aufl. Rn 43 ff., mwN).

31 Der Wortlaut von § 2 Abs. 3 AGG setzt ebenso wie die zugrunde liegenden Richtlinien – und anders als Art. 2 Abs. 2 RL 97/80 EG – einen statistischen Nachweis nicht mehr voraus (SSP-*Plum* Rn 108; *Bauer/Krieger/Günther* Rn 26a; ErfK-*Schlachter* Rn 12; DDZ-*Zwanziger* Rn 38; *Wendeling-Schröder/Stein* Rn 24; *Schiek* NZA 2004, 875; einschränkend MüKo-BGB/ *Thüsing* Rn 28 ff., insb. Rn 31; so jetzt auch *BAG* 18.8.2009 EzA § 17 AGG Nr. 1; 27.1.2011 EzA § 3 AGG Nr. 3; 22.4.2010 ZTR 2010, 466, dazu *Adomeit/Mohr* RdA 2010, 102 ff.; aA MHH-AGG Rn 21), gleichwohl bleibt ein solcher möglich (*BAG* 28.9.2017 NZA2018, 519; 16.10.2014 EzA § 3 AGG Nr. 9), wobei allerdings stets geprüft werden muss, ob die angeführte Statistik geeignet ist, eine Benachteiligung oder wenigstens eine dahingehende Vermutung iSd. § 22 AGG begründen zu können (*BAG* 28.9.2017 NZA2018, 519) oder eine unterschiedliche Gruppenzusammensetzung überhaupt Rückschlüsse ermöglicht (*BAG* 27.1.2011 EzA § 611a BGB 2002 Nr. 7; 22.7.2010 EzA § 22 AGG Nr. 2: Frauenanteil in Führungspositionen; krit. *Bayreuther* NJW 2009, 808; s. a. *Frenzel* ZESAR 2010, 62 ff.). Die Formulierung »in besonderer Weise **benachteiligen können**« gestattet auch eine **hypothetische Betrachtung**. Auch der **15. Erwägungsgrund der RL 2000/43/EG** geht davon aus, dass die Mitgliedstaaten den Nachweis einer mittelbaren Diskriminierung »mit allen Mitteln, einschließlich statistischer Beweise« vorsehen können.

32 Bereits bei den Merkmalen Behinderung oder ethnische Herkunft dürfte sich dies schwieriger gestalten (s. die Ausführungen in *BAG* 21.6.2012 EzA § 22 AGG Nr. 6 mwN.) und bei den Merkmalen Religion, Weltanschauung und sexuelle Orientierung ist schon aus Datenschutzgründen (ErfK-*Schlachter* Rn 12) ein Nachweis tatsächlich nicht zu erbringen (*Waas* ZIP 2000, 2152; *v. Roetteken* NZA 2001, 417). Die Aussagekraft der (bisherigen) **Statistiken als Indiz** (*BAG* 22.7.2010 EzA § 22

AGG Nr. 2, dazu *Benecke* DB 2011, 934 ff.; sowie *BAG* 21.6.2012 EzA § 22 AGG Nr. 6) ist, auch weil in Bezug auf einzelne Gründe iSv § 1 AGG ein anderweitiges Verhalten des Arbeitgebers in der Vergangenheit nicht unmittelbar untersagt war, für eine Benachteiligung daher nicht zwingend.

Die **Darlegung einer besonderen Benachteiligung der »Merkmalsträger«** durch die Regelung oder Handlung ist ausreichend (*BAG* 27.1.2011 EzA § 3 AGG Nr. 3; 22.4.2010 ZTR 2010, 466). Allein eine **abstrakte Gefahr** genügt nicht. Soweit es in der Gesetzesbegründung heißt, es müsse eine **hinreichend konkrete Gefahr** bestehen, dass im Vergleich zu Angehörigen anderer Personengruppen ein besonderer Nachteil droht (BT-Drucks. 16/1780 S. 33), muss sich dies richtigerweise auf die Darlegungslast hinsichtlich der mittelbaren Benachteiligung beziehen (»benachteiligen können«), erweitert aber nicht den Schutz auf mögliche Gefährdungen (MüKo-BGB/*Thüsing* Rn 41; *Bauer/Krieger/Günther* Rn 26; anders wohl *Schmidt/Senne* RdA 2002, 83). 33

III. Fehlende Rechtfertigung

Der danach bestehende weite Anwendungsbereich der mittelbaren Benachteiligung wird bereits auf der Tatbestandsebene durch das **negative Merkmal der fehlenden Rechtfertigung** der Benachteiligung eingeschränkt. Sind die Vorschriften, Kriterien oder Verfahren durch ein legitimes Ziel sachlich gerechtfertigt und die Mittel zu dessen Erreichung angemessen und erforderlich, liegt eine mittelbare Benachteiligung nicht vor (*EuGH* 12.10.2010 EzA Richtlinie 2000/78 EG-Vertrag 1999 Nr. 17; *BAG* 15.2.2011 ZTR 2011, 557; 28.1.2010 EzA § 1 KSchG Personenbedingte Kündigung Nr. 24). Diese Anforderungen sind schwächer ausgestaltet als diejenigen, die § 8 AGG zur Rechtfertigung bei unmittelbaren Diskriminierungen voraussetzt. 34

Erforderlich ist ein **rechtmäßiges Ziel**, welches nicht auf die in Art. 6 Abs. 1 Richtlinie 2000/78 (vgl. *EuGH* 5.3.2009 EzA EG-Vertrag 1999 Richtlinie 2000/78 Nr. 9) oder § 10 S. 1 und 2 AGG genannten Ziele begrenzt ist (*BAG* 28.1.2010 EzA § 1 KSchG Personenbedingte Kündigung Nr. 24), und ein **nicht auf ein unzulässiges Merkmal bezogener sachlicher Grund** (*BAG* 15.2.2011 ZTR 2011, 557; EzA § 1 BetrAVG Hinterbliebenenversorgung Nr. 14; s. bereits *Franzen* ZEuP 1995, 811 f.). Der Prüfungsmaßstab ist jedoch nicht auf eine reine Willkürkontrolle beschränkt (s. nur *BAG* 23.1.1990 EzA § 1 BetrAVG Gleichberechtigung Nr. 6). Vielmehr müssen die Rechtfertigungsgründe einem **wirklichen Bedürfnis** des Arbeitgebers, der Tarifvertrags- oder der Betriebsparteien entsprechen (*BAG* 23.1.1990 EzA § 1 BetrAVG Gleichberechtigung Nr. 6; *EuGH* 13.5.1986 DB 1986, 1525). Das können neben unternehmerischen auch arbeitsmarkt- oder sozialpolitische Ziele sein (*EuGH* 26.9.2000 Slg. 2000, I-7505). Die Darlegungs- und Beweislast für eine Rechtfertigung trägt der Arbeitgeber (*BAG* 18.12.2016 EzA § 3 AGG Nr. 13). 35

Darüber hinaus müssen die Mittel **erforderlich und angemessen** sein. Daher ist es stets erforderlich, auf ein milderes Mittel zurückzugreifen, wenn es ebenso gut geeignet ist (s. etwa *LAG Bln.-Bra.* 4.12.2008 LAGE § 3 AGG Nr. 1; dazu *Fuerst* DB 2009, 2153; *Roßbruch* PflR 2009, 282). Gesetzliche Maßnahmen, welche zu einer mittelbaren Benachteiligung führen, müssen einem legitimen, sozialpolitischen Ziel dienen, der »nichts mit einer Diskriminierung [auf Grund des Geschlechts] zu tun hat« (*EuGH* 26.9.2000 NZA 2000, 1155). Die Beschränkung auf sozialpolitische Erwägungen ist nicht unmittelbar einsichtig. Auch aus anderen Politikfeldern kann sich eine taugliche Rechtfertigung mittelbarer Benachteiligungen ergeben (*Waas* EuR 1994, 97, 102 f.). So hat der EuGH etwa den eher wirtschafts- als sozialpolitisch einzuordnenden Gesichtspunkt des Schutzes von Kleinbetrieben als Rechtfertigungsgrund nach Art. 137 Abs. 2 EGV – nunmehr Art. 153 Abs. 2 AEUV – akzeptiert (*EuGH* 30.11.1993 EzA § 23 KSchG Nr. 13). Zu den wirtschaftlichen Bedürfnissen können auch **externe Vorgaben** gehören, denen der Arbeitgeber entsprechen möchte (s. etwa *BAG* 26.1.2005 EzA § 611 BGB 2002 Kirchliche Arbeitnehmer Nr. 5). Bei solchen »**Kundenwünschen**« ist aber darauf zu achten, dass diese nicht selbst gegen Benachteiligungsverbote verstoßen (zur Rechtfertigung s. KR-*Treber/Plum* § 8 AGG Rdn 6). 36

IV. Einzelfälle

1. Benachteiligung aus Gründen der Rasse und wegen der ethnischen Herkunft

37 Art. 45 Abs. 2 AEUV (ex-Art. 39 Abs. 2 EGV) verbietet innerhalb des Anwendungsbereichs des EG-Vertrags zu Gunsten von Angehörigen der Mitgliedstaaten jede Benachteiligung auf Grund der **Staatsangehörigkeit**. Dieses Verbot gilt auch bei von Privatpersonen festgelegten Arbeitsbedingungen (*EuGH* 6.6.2000 EzA Art. 39 EG-Vertrag 1999 Nr. 1). Eine Anknüpfung an die Staatsangehörigkeit kann zu einer mittelbaren Benachteiligung wegen der **ethnischen Herkunft** führen, wenn sie zugleich notwendig mit einer bestimmten Ethnie verbunden ist (BT-Drucks. 16/1780 S. 31).

38 Das Erfordernis bestimmter **Sprachkenntnisse** oder einer bestimmten **Sprachqualität** (in Betracht kommt dabei auch eine Benachteiligung wegen Behinderung, vgl. *Hinrichs/Stütze* NZA-RR 2011, 116; *LAG Köln* 26.1.2012 NZA-RR 2012, 216 [LS]) in Wort oder Schrift kann sich überproportional nachteilig für Angehörige einer bestimmten ethnischen Gruppe auswirken und deswegen mittelbar benachteiligen (*BAG* 2.6.2011 EzA § 3 AGG Nr. 5; 22.7.2010 EzA § 22 AGG Nr. 2; 18.3.2010 EzA § 8 AGG Nr. 2; *Wisskirchen* DB 2006, 1491; aA *ArbG Bln*.26.9.2007 LAGE AGG § 15 Nr. 1). Insbesondere die Anforderung »Muttersprache« ist typischerweise, weil auf den primären Spracherwerb abstellend, mittelbar mit der Herkunft verbunden (*BAG* 15.12.2016 – 8 AZR 418/15). Bei einem Anforderungsprofil, das die Beherrschung der deutschen Sprache verlangt und das in der Folge eine Kündigung rechtfertigen soll, kann eine mittelbare Benachteiligung vorliegen (so *BAG* 28.1.2010 EzA § 1 KSchG Personenbedingte Kündigung Nr. 24; anders. *Hunold* NZA-RR 2008, 17). Soweit das Erfordernis solcher Sprachkenntnisse durch die vorgesehene Tätigkeit veranlasst ist, ist eine Forderung nach deren Verbesserung regelmäßig sachlich gerechtfertigt. Es wird dann ein legitimer Zweck verfolgt und es ist eine geeignete Maßnahme gegeben (*BAG* 2.6.2011 EzA § 3 AGG Nr. 5 mwN; 28.1.2010 EzA § 1 KSchG Personenbedingte Kündigung Nr. 24, zust. *Mohr* Anm. zu AP § 3 AGG Nr. 4, *Natzel* SAE 2010, 248; nicht gerechtfertigt in *LAG Brem.* 29.6.2010 AuR 2010, 523; s. a. *Kohte/Rosendahl* jurisPR-ArbR 45/2010 Anm. 1; *Wenckebach* AuR 2010, 499 ff.; weitere Fallgestaltungen bei *Hinrichs/Stütze* NZA-RR 2011, 113 ff., 119 ff.; *Herbert/Oberath* NJ 2011, 8 ff.; jew. mwN).

2. Benachteiligung wegen des Geschlechts

39 Die Unterscheidung nach der **Dauer** der Betriebszugehörigkeit (Anciennität), die kündigungsrechtlich bei der Sozialauswahl gem. § 1 Abs. 3 KSchG und für die Höhe einer Abfindung nach § 10 KSchG relevant wird, bedarf idR keiner besonderen Rechtfertigung (s. KR-*Rachor* § 1 KSchG Rdn 730; ebenso im Zusammenhang mit Entgeltdiskriminierung *EuGH* 17.10.1989 Slg. 1989, 3199; aA *Horstkötter/Schiek* AuR 1998, 227). Allerdings ist zu bedenken, ob nicht Regelungen, die eine kontinuierliche Erwerbsbiographie anknüpfen, Frauen mittelbar diskriminieren können (vgl. *Stein* FS Pfarr, S. 285).

40 Die »**Körperkraft**« ist als Unterscheidungsmerkmal zulässig, wenn sie für eine Tätigkeit erforderlich ist (*LAG Hamm* 18.12.1987 LAGE § 612a BGB Nr. 1; *Lord Slynn of Hadley* RdA 1996, 79). Allerdings bedarf dieses Kriterium konkreter Prüfung und kann nicht zur Anwendung des bloßen Vorurteils geringerer weiblicher Körperkraft führen (*Schiek/Horstkötter* NZA 1998, 863; s. Rdn 21 sowie KR-*Treber/Plum* § 8 AGG Rdn 4 f.). Die Forderung nach einer **Körpermindestgröße** (vgl. *VG Düsseld.* 2.10.2007 – 2 K 2070/07) kann eine mittelbare Diskriminierung wegen des Geschlechts darstellen (*EuGH* 18.10.2017 EzA Richtlinie 76/207 EG-Vertrag 1999 Nr. 11 »Kalliri« [Polizeidienst]; dazu *Spitzlei* NVwZ 2018, 614 ff.; *Köhlert* ZESAR 2018, 64 ff. s. auch KR-*Treber/Plum* § 1 AGG Rdn 16, § 8 AGG Rdn 5).

41 Bei **betriebsbedingten Kündigungen** gehört es zu der im Rahmen des § 1 Abs. 2 KSchG nur eingeschränkt nachprüfbaren **unternehmerischen Entscheidung**, ob der Betriebsablauf den Einsatz von **Voll- oder Teilzeitkräften** erfordert oder ob eine Umwandlung von Teil- in Vollzeitarbeitsplätze erforderlich ist. Soweit danach zwischen Voll- und Teilzeitkräften differenziert wird, aber die Vorschriften des Kündigungsschutzrechts auf beide Gruppen gleichmäßig angewandt werden, liegt

jedenfalls keine unmittelbare Benachteiligung von Teilzeitkräften vor (*EuGH* 26.9.2000 EzA § 1 KSchG Soziale Auswahl Nr. 45).

Die **Berücksichtigung von Unterhaltspflichten** und Familieneinkommen im Rahmen der **Sozial-** 42 **auswahl** können sich mittelbar zu Lasten von erwerbstätigen Frauen auswirken. Dass Unterhaltspflichten ein wesentliches Sozialdatum im Rahmen des § 1 Abs. 3 KSchG darstellen, ist durch § 1 Abs. 3 KSchG ausdrücklich anerkannt. Unter dem Gesichtspunkt des Gleichbehandlungsgrundsatzes ist dies grds. unbedenklich. Zwar mag die Berücksichtigung von Unterhaltspflichten zu einer kündigungsrechtlichen Begünstigung männlicher Arbeitnehmer führen, weil diese, auch wenn sie unterhaltsberechtigte Kinder haben, häufiger ihre Berufstätigkeit uneingeschränkt und ohne Unterbrechung fortsetzen. Ebenso kann die Berücksichtigung von Unterhaltspflichten dann zu einer Benachteiligung von Frauen führen, wenn sie eine häufigere Entlassung alleinerziehender Mütter im Vergleich zu verheirateten männlichen Arbeitnehmern bewirkt, die nicht nur für ihre Kinder, sondern auch für ihre Ehefrauen unterhaltspflichtig sind. Eine mittelbare Frauendiskriminierung liegt hier aber regelmäßig nicht vor (s. KR-*Rachor* § 1 KSchG Rdn 738; **aA** *Horstkötter/Schiek* NZA 1998, 866; *v. Roetteken* NZA 2001, 417). Bei der Kündigung ist die Berücksichtigung der Unterhaltspflicht als Auswahlkriterium sozialstaatlich ebenso wie durch die Wertentscheidung der Art. 6 GG, Art. 12 EMRK vorgegeben.

3. Benachteiligung wegen der Religion oder Weltanschauung

Als äußerlich scheinbar neutrale Merkmale, die sich faktisch vornehmlich zum Nachteil bestimmter 43 Religionsangehöriger auswirken, kommen vor allem solche Maßgaben des Arbeitgebers in Betracht, die mit durch die Religion vorgesehenen Handlungen (Betzeiten, Meditationszeiten, Fastenzeiten, Bekleidungsvorschriften) in Widerspruch stehen (s. a. *Bauer/Krieger/Günther* Rn 38) und im Falle ihrer Einhaltung zu (vermeintlichen) arbeitsvertraglichen Pflichtverletzungen führen. Die Unterbrechung der Arbeit für eine nicht auf die Arbeitszeit anrechenbare Pause zur **Verrichtung von Gebeten** hat die Rechtsprechung dem Arbeitnehmer im Rahmen der §§ 626, 242 BGB und in den Grenzen der Rücksichtnahmepflicht gegenüber dem Arbeitgeber gestattet (*LAG SchlH* 22.6.2005 AuA 2005, 617), sofern der Arbeitnehmer das Gebet in nachvollziehbarer Weise als religiöse Pflicht ansieht. Abmahnungen können dann unzulässig sein (im konkreten Fall verneinend *LAG Hamm* 26.2.2002 NZA 2002, 1090). Allerdings schützt die Religionsfreiheit nicht jede religiös begründete oder inspirierte Handlung (*EGMR* 13.4.2006 NJW 2006, 1401). Betriebsablaufstörungen oder die berechtigten Interessen anderer Arbeitnehmer können eine Rechtfertigung darstellen.

Das **Tragen eines Kopftuchs** oder anderer Zeichen mit religiösem Bedeutungsgehalt aus religiösen 44 Gründen kann mit den Kleidervorschriften des Arbeitgebers (ausf. *Öztürk* Das Kopftuch, 2006; s. a. *Thüsing* JZ 2006, 223 ff.; *Fischer* FS Leinemann, 2006, S. 19 ff.) oder staatlichen Vorschriften über das Neutralitätsgebot an Schulen (dazu einerseits *BVerfG* 24.9.2003 BVerfGE 108, 242; *BAG* 12.8.2010 ZTR 2011, 177; 20.8.2008 EzA § 611 BGB 2002 Abmahnung Nr. 4; und andererseits *BVerfG* 27.1.2015 EzA Art. 4 GG Nr. 3; s. a. *BVerwG* 16.12.2008 ZTR 2009, 167) in Widerspruch geraten, die dann der Rechtfertigung bedürfen, um eine mittelbare Benachteiligung ausschließen zu können (im letzteren Fall bei der Prüfung einer Abmahnung bejaht durch *BAG* 12.8.2010 ZTR 2011, 177; 20.8.2008 EzA § 611 BGB 2002 Abmahnung Nr. 4; s. a. *BVerfG* 24.9.2003 BVerfGE 108, 282).

4. Benachteiligung wegen einer Behinderung

Stellenanforderungen können zu einer Benachteiligung von behinderten Menschen führen. Hier 45 ist jeweils zu überprüfen, ob sie einen legitimen Zweck verfolgen (*LAG Bln.-Bra.* 4.12.2008 LAGE § 3 AGG Nr. 1). Eine krankheitsbedingte Kündigung verstößt nicht gegen das Benachteiligungsverbot, wenn der Arbeitgeber nicht imstande ist, die bestehende Leistungsunfähigkeit des Arbeitnehmers durch angemessene Vorkehrungen zu beseitigen (*BAG* 20.11.2014 EzA § 1 KSchG Krankheit Nr. 60; eine krankheitsbedingten Kündigung stellt nicht untrennbar auf das Merkmal der Behinderung ab: *EUGH* 11.4.2013 EzA Richtlinie 2000/78 EG-Vertrag 1999 Nr. 31 »HK Danmark«; s. a. KR-*Treber/Plum* § 1 AGG Rdn 34).

5. Benachteiligung wegen des Alters

46 Bei der **unmittelbaren und der mittelbaren Altersdiskriminierung im Arbeitsrecht** besteht insofern eine Besonderheit, als nach § 10 AGG sachlich der gleiche Maßstab zur Rechtfertigung einer Ungleichbehandlung vorgesehen ist (anders bei den sonstigen Gründen iSv § 1 AGG). Auch die unmittelbare Benachteiligung wegen des Alters ist nach § 10 AGG bereits dann zulässig, »wenn sie objektiv und angemessen und durch ein legitimes Ziel gerechtfertigt ist. Die Mittel zur Erreichung dieses Ziels müssen angemessen und erforderlich sein«. Das entspricht den Maßstäben nach § 3 Abs. 2 AGG (s. Rdn 34 ff.) und Art. 6 Abs. 1 RL 2000/78/EG, der ein legitimes Ziel zur Ungleichbehandlung fordert (s. KR-*Treber/Plum* § 10 AGG Rdn 5 ff.).

47 Denkbar ist eine mittelbare Diskriminierung älterer Arbeitnehmer bei einer **krankheitsbedingten Kündigung** (s. etwa *Thüsing* NZA 2006, 777; *Domröse* NZA 2006, 1321; sowie *LAG BW* 18.6.2007 EEK 3342). Ob die Berücksichtigung der **Betriebszugehörigkeit** bei der Interessenabwägung im Rahmen einer ordentlichen verhaltensbedingten oder außerordentlichen Kündigung eine mittelbare Diskriminierung wegen des Alters darstellen kann, hat das BAG offen gelassen, weil sie jedenfalls durch ein legitimes Ziel und verhältnismäßige Mittel iSv Art. 2 Abs. 2 Buchst. b Unterabs. i RL 2000/78/EG – Herstellung eines angemessenen Ausgleichs zwischen dem jeweils nach Art. 12 Abs. 1 GG geschützten Bestandsschutzinteresse des Arbeitnehmers und dem Beendigungsinteresse des Arbeitgebers – objektiv gerechtfertigt sind (*BAG* 7.7.2011 EzA § 626 BGB 2002 Nr. 38).

D. Belästigung

48 § 3 Abs. 3 AGG definiert den Begriff »Belästigung« und stellt diese einer Benachteiligung vollständig gleich (krit. dazu [»systemwidrig«] MüKo-BGB/*Thüsing* Rn 55 ff.; *Bauer/Krieger/Günther* Rn 39). Nach der Rspr. des Achten Senats des BAG umschreibt der deutsche Gesetzgeber mit der darin enthaltenen **Legaldefinition** zudem den Begriff »**Mobbing**«, soweit dieses mit einem in § 1 AGG genannten Grund in Zusammenhang steht (*BAG* 22.7.2010 – 8 AZR 1012/08, Rn 90; 25.10.2007 – 8 AZR 593/06, Rn 58, BAGE 124, 295; s. a. KR-*Rachor* § 1 KSchG Rdn 528 ff.; KR-*Fischermeier/Krumbiegel* § 626 BGB Rdn 343, 432). § 3 Abs. 3 AGG schützt anders als § 3 Abs. 1 und Abs. 2 AGG und ebenso wie § 3 Abs. 4 AGG nicht vor einer Ungleichbehandlung wegen eines in § 1 AGG genannten Grundes, sondern vor einer **Verletzung der Würde** der belästigten Person durch ein Verhalten im Zusammenhang mit einem in § 1 AGG genannten Grund (vgl. BT-Drucks. 16/1780, S. 33; SSP-*Plum* Rn 174; MüKo-BGB/*Thüsing* Rn 56). Die Vorschrift dient der **Umsetzung** von Art. 2 Abs. 2 3. Spiegelstrich und Abs. 3 S. 1 RL 76/207/EWG, nunmehr Art. 2 Abs. 1 Buchst. c und Abs. 2 Buchst. a RL 2006/54/EG, Art. 2 Abs. 3 RL 2000/43/EG und RL 2000/78/EG und Art. 2 Buchst. c und Art. 4 Abs. 3 S. 1 RL 2004/113/EG.

49 Eine Belästigung iSv § 3 Abs. 3 AGG setzt unerwünschte Verhaltensweisen voraus, die mit einem in § 1 AGG genannten Grund in Zusammenhang stehen und bezwecken oder bewirken, dass die Würde der betreffenden Person verletzt und ein sog. feindliches Umfeld als Synonym für »ein von Einschüchterungen, Anfeindungen, Erniedrigungen, Entwürdigungen oder Beleidigungen gekennzeichnetes Umfeld« geschaffen wird (ausf. zu den einzelnen Voraussetzungen SSP-*Plum* Rn 176 ff.). Der Begriff »**Verhaltensweise**« erfasst dabei jedes Verhalten, also jedes Handeln oder Unterlassen (vgl. *BAG* 11.3.1986 – 1 ABR 12/84, BAGE 51, 217, zu B II 3 b; aA EuArbR/*Mohr* Art. 2 RL 2000/78/EG Rn 61: »ein Unterlassen ist grds. nicht geeignet«). Die **Unerwünschtheit** der Verhaltensweisen muss nicht bereits vorher ausdrücklich zum Ausdruck gebracht werden. Ausreichend ist, dass die belästigende Person aus Sicht eines objektiven Beobachters davon ausgehen kann, dass ihr Verhalten unter den gegebenen Umständen von der belästigten Person nicht erwünscht ist oder auch nicht akzeptiert wird (BT-Drucks. 16/1780, S. 33; *BAG* 4.9.2009 – 8 AZR 705/08, Rn 27). Wegen § 6 Abs. 1 und § 7 Abs. 1 AGG müssen die unerwünschten Verhaltensweisen negative Auswirkungen auf den Betrieb oder einen **Bezug zum Arbeitsverhältnis** haben (vgl. zum Verstoß eines Arbeitnehmers gegen seine Rücksichtnahmepflicht aus § 241 Abs. 1 BGB durch außerdienstlich begangene Straftaten *BAG* 10.4.2014 – 2 AZR 684/13, Rn 14). Der erforderliche **Zusammenhang mit einem in § 1 AGG genannten Grund** setzt keinen unmittelbaren Bezug zu seinem solchen

Grund voraus. Es reicht, wenn eine – auch noch so weite – Beziehung zu einem solchen Grund besteht (vgl. *BAG* 22.6.2011 – 8 AZR 48/10, Rn 44: »unmittelbarer oder mittelbarer Zusammenhang«; aA *Bauer/Krieger/Günther* Rn 42; ähnlich *Adomeit/Mohr* Rn 229). Darüber hinaus müssen sie – **kumulativ** (*BAG* 18.5.2017 – 8 AZR 74/16, BAGE 159, 159, Rn 97; 17.10.2013 – 8 AZR 742/12, Rn 41; 22.6.2011 – 8 AZR 48/10, BAGE 138, 166, Rn 43; 24.9.2009 – 8 AZR 705/08, Rn 29) – entweder bezwecken oder bewirken, dass die Würde der betreffenden Person verletzt und ein sog. feindliches Umfeld geschaffen wird. Die benannten Erfolge müssen also entweder lediglich angestrebt werden, ohne dass sie tatsächlich eintreten (»**bezwecken**«), oder tatsächlich eintreten, ohne dass sie angestrebt werden (»**bewirken**«). Die von § 3 Abs. 3 AGG erfassten Verhaltensweisen müssen zudem zum einen geeignet sein, die **Würde der betreffenden Person zu verletzen**. Damit scheiden geringfügige Eingriffe aus. Das Verhalten muss aber andererseits auch nicht die Qualität einer Verletzung der Menschenwürde iSd Art. 1 Abs. 1 GG erreichen (BT-Drucks. 16/1780, S. 33). Ausreichend ist die nicht unerhebliche Missachtung der körperlichen oder geistigen Unversehrtheit oder des allgemeinen Persönlichkeitsrechts der belästigten Person (ähnlich ErfK-*Schlachter* Rn 17). Zum anderen müssen die von § 3 Abs. 3 AGG erfassten Verhaltensweisen auch geeignet sein, ein sog. feindliches Umfeld zu schaffen. Dies erfordert idR eine gewisse Nachhaltigkeit und Dauer oder Intensität des unerwünschten Verhaltens, da ein einmaliges kurzfristiges oder unerhebliches unerwünschtes Verhalten regelmäßig zu keiner Änderung in ein sog. feindliches Umfeld führt (vgl. *BAG* 18.5.2017 – 8 AZR 74/16, BAGE 159, 159, Rn 98; 22.6.2011 – 8 AZR 48/10, BAGE 138, 166, Rn 45; 22.7.2010 – 8 AZR 1012/08, Rn 90). Die Belästigung iSv § 3 Abs. 3 AGG hat damit typischerweise prozesshaften Charakter (*BAG* 18.5.2017 – 8 AZR 74/16, BAGE 159, 159, Rn 95). Ein Umfeld ist dann »feindlich« gekennzeichnet, wenn Einschüchterungen, Anfeindungen, Erniedrigungen, Entwürdigungen oder Beleidigungen für das Umfeld charakteristisch oder typisch sind (*BAG* 24.9.2009 – 8 AZR 705/08, Rn 32). Ob dies im konkreten Einzelfall anzunehmen ist, hängt von einer wertenden Gesamtschau aller Umstände ab (vgl. *BAG* 18.5.2017 – 8 AZR 74/16, BAGE 159, 159, Rn 98; 17.10.2013 – 8 AZR 742/12, Rn 42; 28.10.2010 – 8 AZR 546/09, Rn 17; 24.9.2009 – 8 AZR 705/08, Rn 33).

E. Sexuelle Belästigung

§ 3 Abs. 4 AGG enthält eine **Legaldefintion** des Begriffs »**sexuelle Belästigung**« und stellt diese einer Benachteiligung teilweise gleich. § 3 Abs. 4 AGG schützt anders als § 3 Abs. 1 und Abs. 2 AGG und ebenso wie § 3 Abs. 3 AGG nicht vor einer Ungleichbehandlung wegen eines in § 1 AGG genannten Grundes. **Schutzgut** der Vorschrift ist die **sexuelle Selbstbestimmung**, die Art. 7 GrCh und Art. 2 Abs. 1 iVm Art. 1 Abs. 1 GG gewährleisten (zu § 3 Abs. 4 AGG *BAG* 29.6.2017 – 2 AZR 302/16, BAGE 159, 267, Rn 18; *Köhler/Koops* BB 2015, 2807, 2808; SSP-*Plum* Rn 190). § 3 Abs. 4 AGG dient der **Umsetzung** von Art. 2 Abs. 2 4. Spiegelstrich und Abs. 3 S. 1 RL 76/207/EWG, nunmehr Art. 2 Abs. 1 Buchst. d und Abs. 2 Buchst. a RL 2006/54/EG, und Art. 2 Buchst. d und Art. 4 Abs. 3 S. 1 RL 2004/113/EG. Der Begriff »sexuellen Belästigung« iSv. § 3 Abs. 4 AGG unterscheidet sich in mehrfacher Hinsicht von dem Begriff »Belästigung« iSv. § 3 Abs. 3 AGG (vgl. dazu im Einzelnen SSP-*Plum* § 3 Rn 192). Insbesondere stellt § 3 Abs. 4 AGG eine sexuelle Belästigung nur in Bezug auf § 2 Abs. 1 Nr. 1 bis Nr. 4 AGG einer Benachteiligung gleich. Der **Anwendungsbereich** der Vorschrift ist damit auf sexuelle Belästigungen beschränkt, die einen Bezug zu einem von § 2 Abs. 1 Nr. 1 bis Nr. 4 AGG erfassten Rechtsverhältnis haben (SSP-*Plum* Rn 193 f. auch zur Unionsrechtskonformität der Beschränkung; vgl. auch *Köhler/Koops* BB 2015, 2807, 2808; *Bauer/Krieger/Günther* Rn 50; ErfK-*Schlachter* Rn 20). 50

Eine sexuelle Belästigung iSv § 3 Abs. 4 AGG setzt ein unerwünschtes, sexuell bestimmtes Verhalten voraus, dass bezweckt oder bewirkt, dass die Würde der betreffenden Person verletzt wird (ausf. zu den einzelnen Voraussetzungen SSP-*Plum* Rn 195 ff.). Der Begriff »**Verhalten**« ist wir der Begriff »Verhaltensweise« in § 3 Abs. 3 AGG (weit) auszulegen (s. Rdn 49). Ob ein Verhalten **sexuell bestimmt** ist, hängt nicht vom subjektiv erstrebten Ziel der belästigenden Person ab. Insbesondere muss es nicht notwendig sexuell motiviert sein (*BAG* 29.6.2017 – 2 AZR 302/16, BAGE 159, 267, Rn 19; ErfK-*Schlachter* Rn 21; MHH-AGG Rn 43). Maßgeblich ist die Sicht eines objektiven Beobachters 51

(*BAG* 2.3.2017 – 2 AZR 698/15, Rn 36; *Köhler/Koops* BB 2015, 2807, 2809; MüKo-BGB/*Thüsing* Rn 69). Dementsprechend ist ein Verhalten ohne Weiteres sexuell bestimmt, wenn seine Sexualbezogenheit bereits objektiv, also allein gemessen an seinem äußeren Erscheinungsbild erkennbar ist. Daneben können aber auch andere – sog. ambivalente – Verhaltensweisen, die für sich betrachtet nicht ohne Weiteres einen sexuellen Charakter aufweisen, sexuell bestimmt sein. Die Sexualbezogenheit solcher Verhaltensweisen beurteilt sich nach dem Eindruck eines objektiven Betrachters, der alle Umstände des Einzelfalls kennt (vgl. *BAG* 2.3.2017 – 2 AZR 698/15, Rn 36; sowie zum Begriff »sexuelle Handlung« iSv § 184h Nr. 1 StGB *BGH* 6.6.2017 – 2 StR 452/16, Rn 8). Sie kann sich vor allem aufgrund einer mit ihnen verfolgten sexuellen Absicht oder aus ihrem Zusammenhang mit einem anderen (sexuell bestimmten) Verhalten ergeben (vgl. *BAG* 29.6.2017 – 2 AZR 302/16, BAGE 159, 267, Rn 18 und Rn 23 f.; 2.3.2017 – 2 AZR 698/15, Rn 36; *BVerwG* 6.4.2017 – 2 WD 13/16, Rn 83 zu § 3 Abs. 4 SoldGG). § 3 Abs. 4 AGG nennt – beispielhaft (BT-Drucks. 16/1780, S. 33) und nicht abschließend – Verhaltensweisen, die unter den Begriff »sexuell bestimmte Verhalten« fallen. Die **Unerwünschtheit** des sexuell bestimmten Verhaltens erfordert – anders als noch § 2 Abs. 2 S. 2 Nr. 2 BSchG – keine erkennbare Ablehnung durch die belästigte Person. Maßgeblich ist allein, ob sie objektiv erkennbar war (*BAG* 29.6.2017 – 2 AZR 302/16, BAGE 159, 267, Rn 21; 9.6.2011 – 2 AZR 323/10, Rn 19; zu § 3 Abs. 4 SoldGG *BVerwG* 7.5.2020 – 2 WD 13/19, Rn 26; 4.3.2020 – 2 WD 3/19, Rn 20; 6.4.2017 – 2 WD 13/16, Rn 85; zu § 3 Abs. 4 AGG *Köhler/Koops* BB 2015, 2807, 2809). Ein unerwünschtes, sexuell bestimmtes Verhalten ist nur dann eine sexuelle Belästigung iSv § 3 Abs. 4 AGG, wenn durch sie die Würde der betreffenden Person verletzt wird, insbes. ein sog. feindliches Umfeld als Synonym für ein von Einschüchterungen, Anfeindungen, Erniedrigungen, Entwürdigungen oder Beleidigungen gekennzeichnetes Umfeld geschaffen wird. Die Würdeverletzung muss also entweder lediglich angestrebt werden, ohne dass sie tatsächlich eintritt (»**bezwecken**«), oder tatsächlich eintreten, ohne dass sie angestrebt wird (»**bewirken**«). Die subjektive Sicht der belästigenden Person ist für das »Bewirken« somit unerheblich (*BAG* 29.6.2017 – 2 AZR 302/16, BAGE 159, 267, Rn 20; 20.11.2014 – 2 AZR 651/13, BAGE 150, 109, Rn 18; 9.6.2011 – 2 AZR 323/10, Rn 19 und Rn 24; zu § 3 Abs. 4 SoldGG *BVerwG* 7.5.2020 – 2 WD 13/19, Rn 26; 6.4.2017 – 2 WD 13/16, Rn 87). Das unerwünschte, sexuell bestimmten Verhalten muss zudem geeignet sein, die **Würde der betreffenden Person zu verletzten**. Dies ist angesichts des damit einhergehenden Angriffs auf die (körperliche und geistige) Integrität der belästigten Person regelmäßig der Fall (so ebenfalls *Köhler/Koops* BB 2015, 2807, 2809).

52 Eine sexuelle Belästigung iSv. § 3 Abs. 4 AGG ist nach § 7 Abs. 3 AGG eine Verletzung (arbeits-)vertraglicher Pflichten, die »an sich« als **wichtiger Grund iSv § 626 Abs. 1 BGB** geeignet ist (*BAG* 29.6.2017 – 2 AZR 302/16, BAGE 159, 267, Rn 15; 2.3.2017 – 2 AZR 698/15, Rn 36; 20.11.2014 – 2 AZR 651/13, BAGE 150, 109, Rn 15; 9.6.2011 – 2 AZR 323/10, Rn 16). Ob die sexuelle Belästigung im Einzelfall zur außerordentlichen Kündigung berechtigt, ist abhängig von den Umständen des Einzelfalls, u.a. von ihrem Umfang und ihrer Intensität (*BAG* 20.11.2014 – 2 AZR 651/13, BAGE 150, 109, Rn 15; 9.6.2011 – 2 AZR 323/10, Rn 16; s. zur ordentlichen oder außerordentlichen Kündigung wegen einer sexuellen Belästigung auch KR-*Rachor* § 1 KSchG Rdn 545 sowie KR-*Fischermeier/Krumbiegel* § 626 BGB Rdn 460).

F. Anweisung zur Benachteiligung

53 Nach § 3 Abs. 5 AGG gilt auch die **Anweisung zur Benachteiligung einer Person** aus einem in § 1 AGG genannten Grund als Benachteiligung. Die Vorschrift dient der **Umsetzung** von Art. 2 Abs. 4 RL 2000/43/EG, RL 2000/78/EG und RL 76/207/EWG, nunmehr Art. 2 Abs. 2 Buchst. b RL 2006/54/EG, sowie von Art. 4 Abs. 4 RL 2004/113/EG. Sie erfasst bestimmte Formen der **Beteiligung an einer Benachteiligung**. Sie gilt für alle Formen der Benachteiligung iSd § 3 Abs. 1 bis 2 AGG sowie die als Benachteiligungen geltenden Belästigungen nach § 3 Abs. 3 und Abs. 4 AGG (SSP-*Plum* Rn 208 und Rn 211). Die Weisung muss von demjenigen erteilt werden, der entweder rechtlich weisungsberechtigt oder zumindest tatsächlich in der Lage ist, sie zu erteilen (SSP-*Plum* Rn 213; DDZ-*Zwanziger* Rn 53). Nach der Gesetzesbegründung muss sie zudem **vorsätzlich** erfolgen. Dagegen ist danach nicht erforderlich, dass der Anweisende sich der Verbotswidrigkeit der

Handlung bewusst ist, denn das gesetzliche Benachteiligungsverbot erfasst alle Benachteiligungen, ohne dass ein Verschulden erforderlich ist. Für das Vorliegen einer Anweisung kommt es nicht darauf an, ob die angewiesene Person die Benachteiligung tatsächlich ausführt (BT-Drucks. 16/1780, S. 33).

§ 4 AGG Unterschiedliche Behandlung wegen mehrerer Gründe

Erfolgt eine unterschiedliche Behandlung wegen mehrerer der in § 1 genannten Gründe, so kann diese unterschiedliche Behandlung nach den §§ 8 bis 10 und 20 nur gerechtfertigt werden, wenn sich die Rechtfertigung auf alle diese Gründe erstreckt, derentwegen die unterschiedliche Behandlung erfolgt.

Übersicht	Rdn		Rdn
A. Grundlagen	1	C. Rechtsfolge	3
B. Tatbestand	2		

A. Grundlagen

§ 4 AGG hat ausschließlich **klarstellende Bedeutung.** Die Vorschrift berücksichtigt den Umstand, 1 dass bestimmte Personengruppen typischerweise der Gefahr der Benachteiligung aus mehreren Gründen iSv § 1 AGG ausgesetzt sind, und stellt klar, dass bei einer unterschiedlichen Behandlung wegen mehrerer in § 1 AGG genannter Gründe deren Rechtfertigung im Hinblick auf jeden betroffenen Grund iSv § 1 AGG gesondert zu prüfen ist (vgl. BT-Drucks. 16/1780, S. 33; auch *BAG* 23.11.2017 – 8 AZR 604/16, Rn 44; 26.11.2017 – 8 AZR 848/13, Rn 36; 15.12.2016 – 8 AZR 418/15, Rn 50). Sie betrifft damit die Problematik der sog. **Mehrfachdiskriminierung** (ausf. dazu SSP-*Plum* Rn 2; s. dazu auch *ArbG Wiesbaden* 18.12.2008 – 5 Ca 46/08, EzA-SD 2009, Nr. 2, S. 5 [Kurzwiedergabe]: Zuweisung eines anderen Arbeitsplatzes nach Rückkehr aus der Mutterschutzzeit und Benachteiligung wegen der ethnischen Herkunft; dazu auch *Frenzel* SF 2012, 7).

B. Tatbestand

Die Anwendung von § 4 AGG setzt voraus, dass eine **unterschiedliche Behandlung** wegen meh- 2 rerer der in § 1 AGG genannten Gründe erfolgt. Die Vorschrift erfasst damit **unmittelbare (§ 3 Abs. 1 AGG) und mittelbare (§ 3 Abs. 2 AGG) Benachteiligungen.** Auf **Belästigungen** iSv § 3 Abs. 3 AGG und **sexuelle Belästigungen** iSv. § 3 Abs. 4 AGG findet sie dagegen keine Anwendung. Auf **Anweisungen zur Benachteiligung** iSv § 3 Abs. 5 AGG ist sie nur anwendbar, wenn diese sich auf unmittelbare oder mittelbare Benachteiligungen iSv § 3 Abs. 1 und Abs. 2 AGG beziehen (ausf. SSP-*Plum* Rn 4). **Wegen mehrerer Gründe iSv § 1 AGG** erfolgt eine unterschiedliche Behandlung, wenn feststeht, dass nicht nur ein, sondern zumindest auch noch ein anderer Grund iSv § 1 AGG dazu geführt hat. Unerheblich ist, welche von mehreren Gründen iSv § 1 AGG dies waren und welcher von mehreren Gründen iSv § 1 AGG das wesentliche Motiv war (ausf. SSP-*Plum* Rn 5 und Rn 11 zur Darlegungs- und Beweislast).

C. Rechtsfolge

Ist § 4 AGG tatbestandlich einschlägig, kann die unterschiedliche Behandlung wegen mehrerer 3 Gründe iSv § 1 AGG nach den §§ 8 bis 10 und 20 AGG nur gerechtfertigt werden, wenn sich die Rechtfertigung auf alle diese Gründe erstreckt, derentwegen die unterschiedliche Behandlung erfolgt. Die Rechtfertigung der unterschiedlichen Behandlung ist also im Hinblick auf jeden betroffenen Grund iSv § 1 AGG anhand der einschlägigen **Rechtfertigungsgründe gesondert zu prüfen** (vgl. *BAG* 23.11.2017 – 8 AZR 604/16, Rn 44; 26.1.2017 – 8 AZR 848/13, Rn 36 f.; 15.12.2016 – 8 AZR 418/15, Rn 50; zur Darlegungs- und Beweislast SSP-*Plum* Rn 12). Auf das Gewicht der einzelnen Gründe iSv § 1 AGG innerhalb eines **Motivbündels** kommt es nicht an (vgl. zB *BAG* 19.11.2020 – 6 AZR 449/19, Rn 38; 27.8.2020 – 8 AZR 45/19, Rn 26; 27.8.2020 – 8 AZR

62/19, Rn 29, wonach die bloße Mitursächlichkeit für den erforderlichen Kausalzusammenhang zwischen der Benachteiligung iSv § 3 Abs. 1 AGG und einem Grund iSv § 1 AGG genügt; s.a. KR-*Treber/Plum* § 3 AGG Rdn 11; **aA** offenbar *Hamacher/Ulrich* NZA 2007, 657, 658; AR-*Kappenhagen* Rn 2). Für die Rechtfertigungsprüfung können neben §§ 8 bis 10 und 20 AGG bei einer unmittelbaren Benachteiligung iSv § 3 Abs. 1 Satz 1 AGG auch § 5 AGG und bei einer mittelbaren Benachteiligung iSv § 3 Abs. 2 Hs. 1 AGG auch § 3 Abs. 2 Hs. 2 und ebenfalls § 5 AGG herangezogen werden (allg. Meinung zu § 5 AGG, vgl. zB *Bauer/Krieger/Günther* Rn 4; HaKo-AGG/*Däubler* Rn 14; BeckOK AR-*Roloff* Rn 2; HWK-*Rupp* Rn 1; ErfK-*Schlachter* Rn 1). Ist eine unterschiedliche Behandlung wegen mehrerer Gründe iSv § 1 AGG im Hinblick auf einen, mehrere oder alle betroffenen Gründe iSv § 1 AGG nicht gerechtfertigt, liegt im Anwendungsbereich des AGG dennoch stets **nur ein Verstoß gegen das Benachteiligungsverbot des § 7 Abs. 1 Hs. 1 AGG** vor, der nur einen Anspruch auf Schadensersatz nach § 15 Abs. 1 AGG und/oder Entschädigung nach § 15 Abs. 2 AGG auslöst. Dass die unterschiedliche Behandlung im Hinblick auf mehrere Gründe iSv § 1 AGG nicht gerechtfertigt ist, ist aber bei der Bemessung der Höhe der angemessenen Entschädigung iSv § 15 Abs. 2 AGG zu berücksichtigen (vgl. BT-Drucks. 16/1780, S. 38; *BVerwG* 3.3.2011 – 5 C 16/10, BVerwGE 139, 135, Rn 35). Dagegen schafft § 4 AGG **keine neue Art der Benachteiligung**, die aus der Kombination mehrerer in § 1 AGG genannter Gründe resultiert und sich dann feststellen ließe, wenn eine Benachteiligung wegen dieser Gründe – einzeln betrachtet – nicht nachgewiesen ist (st.Rspr., *BAG* 23.11.2017 – 8 AZR 372/16, Rn 60; 23.11.2017 – 8 AZR 604/16, Rn 44; 26.1.2017 – 8 AZR 848/13, Rn 36; 15.12.2016 – 8 AZR 418/15, Rn 50; vgl. dazu auch *EuGH* 24.11.2016 – C-443/15 [Parris], Rn 79 ff.; SSP-*Plum* Rn 3 und Rn 10).

§ 5 AGG Positive Maßnahmen

Ungeachtet der in den §§ 8 bis 10 sowie in § 20 benannten Gründe ist eine unterschiedliche Behandlung auch zulässig, wenn durch geeignete und angemessene Maßnahmen bestehende Nachteile wegen eines in § 1 genannten Grundes verhindert oder ausgeglichen werden sollen.

Übersicht	Rdn		Rdn
A. Gesetzeszweck	1	C. Voraussetzungen	3
B. Verhältnis zu anderen Vorschriften	2		

A. Gesetzeszweck

1 Die Vorschrift **erklärt eine unterschiedliche Behandlung** über die in den §§ 8 bis 10 sowie § 20 AGG genannten Fällen hinaus **für zulässig**, wenn dadurch bestehende Nachteile tatsächlicher oder struktureller Art wegen eines in § 1 AGG genannten Grundes verhindert oder ausgeglichen werden sollen (BT-Drucks. 16/1780, S. 33 f.). § 5 AGG steht im Einklang mit Art. 2 Abs. 4 RL 76/207/EWG, Art. 5 RL 2000/43/EG, Art. 7 RL 2000/78/EG und Art. 6 RL 2004/113/EG (s. a. Art. 157 Abs. 4 AEUV = ex-Art 141 Abs. 4 EGV). **Maßnahmen zur »Gewährleistung der vollen Gleichstellung in der Praxis«** (s. etwa Art. 5 RL 2000/78/EG) sind zugunsten benachteiligter Gruppen trotz des prinzipiell geltenden individuellen Diskriminierungsverbots zulässig. Zweck dieser begrenzten Ausnahmeregelung ist es, benachteiligende Maßnahmen zuzulassen, soweit sie Nachteile tatsächlicher oder struktureller Art beseitigen wollen (zur Benachteiligung von Frauen s. *EuGH* 17.10.1995 EzA Art. 3 GG Nr. 47; 11.11.1997 EzA Art. 3 GG Nr. 69). Das Interesse an einer zielgerichteten Förderung benachteiligter Gruppen kann in diesem Fall dasjenige der davon nachteilig betroffenen einzelnen Person oder Personengruppe überwiegen.

B. Verhältnis zu anderen Vorschriften

2 Die Rechtfertigungsgründe nach §§ 8 bis 10 AGG stehen selbstständig neben denen nach § 5 AGG (»ungeachtet«). Regelungen über die **Unkündbarkeit älterer Arbeitnehmer** können aufgrund des mit ihnen regelmäßig zugleich verfolgten Zwecks des Schutzes langjähriger Beschäftigter auch anhand von § 10 SS. 1 und S. 2 AGG überprüft werden (s. KR-*Rachor* § 1 KSchG Rdn 719 ff.;

SSP-*Plum* Rn 11), wobei sich in der Sache wohl auch bei Zugrundelegung des § 5 AGG keine unterschiedlichen Ergebnisse ergeben werden. Bevorzugungen aus **anderen Rechtsgründen** werden durch das AGG nicht berührt (BT-Drucks. 16/1780, S. 34).

C. Voraussetzungen

Die Möglichkeit der »**umgekehrten Diskriminierung**« ist für alle Gründe iSv § 1 AGG möglich, sie muss aber nicht unmittelbar an ihnen ansetzen (ErfK-*Schlachter* Rn 1). Dabei schreiben die dem Gesetz zugrundeliegenden Richtlinien solche positiven Maßnahmen nicht vor, sondern überlassen die Umsetzung dem nationalen Gesetzgeber, ob und in welchem Umfang er hier aktiv werden möchte. 3

Die Vorschrift erfasst nicht nur **Maßnahmen des Gesetzgebers**, sondern auch diejenigen von **Tarifvertragsparteien** sowie den **Betriebsparteien** und schließlich die der **Arbeitsvertragsparteien** (BT-Drucks. 16/1780, S. 34). Eine solche Öffnungsklausel ist unionsrechtlich zulässig (*Bauer/Krieger/Günther* Rn 3; aA *Löwisch* DB 2006, 1730). Der Umstand, dass die Richtlinien die Mitgliedstaaten als Adressaten der Maßnahmen nennen, ist nicht dahingehend zu verstehen, dass nur die jeweiligen Gesetzgeber auf Bundes- oder Länderebene die entsprechenden Maßnahmen oder jedenfalls die Grundentscheidungen zu treffen hätten, unter welchen Voraussetzungen solche Maßnahmen möglich sind (so aber ErfK-*Schlachter* Rn 2; ebenfalls abl. *Kamanabrou* RdA 2006, 322; *Annuß* BB 2006, 1629; anders auch *BVerwG* 18.7.2002 DVBl 2003, 139). Eine solche Begrenzung des Zuständigkeitsbereichs des nationalen Gesetzgebers lässt sich den Richtlinien nicht entnehmen. Gegen ein derartiges Verständnis spricht, dass erforderliche differenzierende Regelungen wesentlich erschwert würden. Möglich sind auch Handlungen hinsichtlich regionaler oder gar betriebsspezifischer Benachteiligungen. 4

Der Begriff der **positiven Maßnahme** ist weit zu verstehen. Durch den Rechtfertigungsgrund nach § 5 AGG können alle Handlungen unabhängig von ihrer rechtlichen Grundlage erfasst werden, die Nachteile wegen eines in § 1 AGG genannten Grundes verhindern oder ausgleichen sollen. Dadurch werden sowohl vorbeugende Maßnahmen erfasst als auch Handlungen, die bestehende Nachteile ausgleichen sollen (ausf. anhand der einzelnen Gründe iSv § 1 AGG *Burg* S. 181 ff., 203 ff., 214 ff., 233 ff., 281 ff.). Die Maßnahmen müssen nach objektivem Maßstab **geeignet und angemessen** sein und bedürfen im konkreten Fall der Abwägung mit Rechtspositionen der von ihnen negativ Betroffenen (BT-Drucks. 16/1780 S. 34). Danach sind die Maßnahmen am Verhältnismäßigkeitsgrundsatz zu messen, auf dessen Kriterien zurückgegriffen werden kann. Neben den bereits genannten Maßstäben ist auch zu fordern, dass das **mildeste Mittel** zur Anwendung kommt, um Eingriffe in die Rechtspositionen Dritter auf ein Mindestmaß zu beschränken. Der Hinweis des Gesetzgebers auf die Entscheidung des EuGH in der Rechtssache »*Kalanke*« (*EuGH* 17.10.1995 EzA Art. 3 GG Nr. 47) verdeutlicht, dass ein **absoluter Vorrang der benachteiligten Gruppe** durch die Maßnahme **ausgeschlossen** sein soll (BT-Drucks. 16/1780 S. 34; s.a. Mitteilung der Kommission v. 30.10.2006 zu der RL 2000/43/EG, KOM [2006] 643 endg. S. 9.). 5

Abschnitt 2 Schutz der Beschäftigten vor Benachteiligung

Unterabschnitt 1 Verbot der Benachteiligung

§ 6 AGG Persönlicher Anwendungsbereich

(1) ¹Beschäftigte im Sinne dieses Gesetzes sind
1. Arbeitnehmerinnen und Arbeitnehmer,
2. die zu ihrer Berufsbildung Beschäftigten,
3. Personen, die wegen ihrer wirtschaftlichen Unselbstständigkeit als arbeitnehmerähnliche Personen anzusehen sind; zu diesen gehören auch die in Heimarbeit Beschäftigten und die ihnen Gleichgestellten

²Als Beschäftigte gelten auch die Bewerberinnen und Bewerber für ein Beschäftigungsverhältnis sowie die Personen, deren Beschäftigungsverhältnis beendet ist.

(2) ¹Arbeitgeber (Arbeitgeber und Arbeitgeberinnen) im Sinne dieses Abschnitts sind natürliche und juristische Personen sowie rechtsfähige Personengesellschaften, die Personen nach Absatz 1 beschäftigen. ²Werden Beschäftigte einem Dritten zur Arbeitsleistung überlassen, so gilt auch dieser als Arbeitgeber im Sinne dieses Abschnitts. ³Für die in Heimarbeit Beschäftigten und die ihnen Gleichgestellten tritt an die Stelle des Arbeitgebers der Auftraggeber oder Zwischenmeister.

(3) Soweit es die Bedingungen für den Zugang zur Erwerbstätigkeit sowie den beruflichen Aufstieg betrifft, gelten die Vorschriften dieses Abschnitts für Selbstständige und Organmitglieder, insbesondere Geschäftsführer oder Geschäftsführerinnen und Vorstände, entsprechend.

Übersicht	Rdn		Rdn
A. Grundlagen	1	C. Arbeitgeber	8
B. Beschäftigte	2		

A. Grundlagen

1   Den **persönlichen Anwendungsbereich** des Abschnitts 2 des AGG bestimmt § 6 AGG. Die Vorschrift wird ergänzt durch § 24 AGG, der den Anwendungsbereich auf die dort genannten und im hiesigen Zusammenhang nicht interessierenden öffentlich-rechtlichen Dienstverhältnisse erstreckt. Geschützt werden nach § 6 Abs. 1 Nr. 1 AGG alle **Beschäftigten** (s. Rdn 2 ff.). Für **Selbstständige und Organmitglieder** gilt der Abschnitt 2 des AGG nach § 6 Abs. 3 AGG nur hinsichtlich der Bedingungen für den Zugang zur Erwerbstätigkeit sowie den beruflichen Aufstieg (dazu *Eßer/Baluch* NZG 2007, 321). Den anderen Teil des Beschäftigungsverhältnisses – **Arbeitgeber** iSd Abschnitts 2 – bestimmt § 6 Abs. 2 AGG (s. Rdn 8).

B. Beschäftigte

2   Wer Beschäftigter iSd AGG ist, bestimmt **§ 6 Abs. 1 AGG**. Nach § 6 Abs. 1 S. 1 AGG sind dies – unabhängig vom Umfang und Inhalt des jeweiligen Beschäftigungsverhältnisses – Arbeitnehmer, die zu ihrer Berufsbildung Beschäftigten und arbeitnehmerähnlichen Personen einschließlich der in Heimarbeit Beschäftigten sowie die ihnen Gleichgestellten. Als Beschäftigte gelten nach § 6 Abs. 1 S. 2 AGG zudem auch Bewerber für ein Beschäftigungsverhältnis (vgl. zum maßgeblichen formalen Bewerberbegriff nur *BAG* 23.1.2020 – 8 AZR 484/18, Rn 16 ff.; 19.5.2016 – 8 AZR 470/14, Rn 62, BAGE 155, 149) und Personen, deren Beschäftigungsverhältnis beendet ist.

3   Die Begriffe »**Arbeitnehmerinnen und Arbeitnehmer**« in § 6 Abs. 1 S. 1 Nr. 1 AGG sind nicht nach rein nationalem Rechtsverständnis (ausf. zum nationalen Arbeitnehmerbegriff KR-*Kreutzberg-Kowalczyk* ArbNähnl. Pers. Rdn 1 ff., mwN), sondern **unionsrechtlich** in Übereinstimmung mit dem Arbeitnehmerbegriff der RL 2000/43/EG, 2000/78/EG und 2006/54/EG (weit) auszulegen (zu *BAG BGH* 26.3.2019 – II ZR 244/17, Rn 25, BGHZ 221, 325). »Arbeitnehmer« ist danach jeder, der eine tatsächliche und echte Tätigkeit ausübt, wobei Tätigkeiten außer Betracht bleiben, die einen so geringen Umfang haben, dass sie sich als völlig untergeordnet und unwesentlich darstellen. Das wesentliche Merkmal des Arbeitsverhältnisses besteht darin, dass eine Person während einer bestimmten Zeit für eine andere nach deren Weisung Leistungen erbringt, für die sie als Gegenleistung eine Vergütung erhält (st.Rspr., zB zur RL 2003/88/EG *EuGH* 16.7.2020 – C-658/18 [Governo della Repubblica italiana (Status der italienischen Friedensrichter)], Rn 93 f.; 21.2.2018 – C-518/15 [Matzak], Rn 28; zu Art. 45 AEUV 19.7.2017 – C-143/16 [Abercrombie & Fitch Italia], Rn 19; zu § 6 Abs. 1 S. 1 Nr. 1 AGG *BGH* 26.3.2019 – II ZR 244/17, Rn 31, BGHZ 221, 325). Diese Voraussetzungen erfüllt auch ein **Mitglied der Unternehmensleitung einer Kapitalgesellschaft**, das gegen Entgelt Leistungen gegenüber der Gesellschaft erbringt, die es bestellt hat und in die es eingegliedert ist, das seine Tätigkeit nach der Weisung oder unter der Aufsicht eines anderen

Organs dieser Gesellschaft ausübt und das jederzeit ohne Einschränkung von seinem Amt abberufen werden kann (st.Rspr., *EuGH* 9.7.2015 – C-229/14 [Balkaya], Rn 39 zur RL 98/59/EG; 10.9.2014 – C-270/13 [Haralambidis], Rn 41 zu Art. 45 AEUV; 11.11.2010 – C-232/09 [Danosa], Rn 51 zu RL 92/85/EG; zu § 6 Abs. 1 S. 1 Nr. 1 AGG *BGH* 26.3.2019 – II ZR 244/17, Rn 33, BGHZ 221, 325).

»Arbeitnehmerinnen und Arbeitnehmer« iSv § 6 Abs. 1 S. 1 Nr. 1 AGG sind daher neben Arbeitnehmerinnen und Arbeitnehmern iSd nationalen Arbeitnehmerbegriffs auch **Fremdgeschäftsführer einer GmbH**, soweit der sachliche Anwendungsbereich des AGG über § 2 Abs. 1 AGG und der persönliche Anwendungsbereich des Abschnitts 2 des AGG nicht bereits über § 6 Abs. 3 AGG eröffnet ist. Dieser unionsrechtskonformen Auslegung von § 6 Abs. 1 S. 1 Nr. 1 AGG steht § 6 Abs. 3 AGG nicht entgegen (ausf. *BGH* 26.3.2019 – II ZR 244/17, Rn 17 ff., BGHZ 221, 325; [im Ergebnis] auch *Fischer* NJW 2011, 2329; *Hohenstatt/Naber* ZIP 2012, 1989; *Junker* NZA 2011, 950; *Kort* NZG 2013, 601; *Lunk/Rodenbusch* GmbHR 2012, 188; *Paefgen* ZIP 2012, 1296; *Preis/Sagan* ZGR 2013, 26; *Reiserer* DB 2011, 226; *Stagat* NZA-RR 2011, 617; *Reufels/Molle* NZA-RR 2011, 281; *Wank* EWiR 2011, 27; *Wilsing/Meyer* DB 2011, 341, 342; BeckOK ArbR-*Roloff* Rn 9; ErfK-*Schlachter* Rn 6; MüKo-BGB/*Thüsing* Rn 11; aA *Bauer/Krieger/Günther* Rn 35a; jPK-*Kalb* Rn 23). 4

Zu »Arbeitnehmerinnen und Arbeitnehmern« iSv § 6 Abs. 1 S. 1 Nr. 1 AGG zählen weiterhin Personen, die in einem **faktischen Arbeitsverhältnis** (s. KR-*Rachor* § 1 KSchG Rdn 56) tätig geworden sind (SSP-*Schleusener* Rn 4). 5

Beschäftigte iSd AGG sind nach § 6 Abs. 1 S. 1 Nr. 2 AGG auch **die zu ihrer Berufsbildung Beschäftigten**. Dazu zählen nicht nur die zu ihrer Berufsausbildung Beschäftigten. Erfasst werden vielmehr alle Bereiche der **Berufsbildung iSv § 1 Abs. 1 BBiG** (*BAG* 24.9.2002 EzA § 5 ArbGG 1979 Nr. 37), also die Berufsausbildungsvorbereitung, die Berufsausbildung (zum Berufsausbildungsverhältnis s. KR-*Weigand* §§ 21–23 BBiG Rdn 9 ff.), die berufliche Fortbildung, die berufliche Umschulung (dazu KR-*Weigand* §§ 21–23 BBiG Rdn 12), sowie die in anderen Vertragsverhältnissen nach § 26 BBiG Beschäftigten. Dazu können auch **Praktikanten** und **Volontäre** gehören. Das zeigen auch Art. 3 Abs. 1b RL 2000/78/EG, RL 2000/43/EG und RL 2002/73/EG, die die »praktische Berufserfahrung« als Teil der Berufsausbildung erfassen. 6

Beschäftigte iSd AGG sind nach § 6 Abs. 1 S. 1 Nr. 3 AGG zudem Personen, die wegen ihrer wirtschaftlichen Unselbständigkeit als **arbeitnehmerähnliche Personen** anzusehen sind. Dafür müssen die Personen wirtschaftlich abhängig und ihrer gesamten sozialen Stellung nach einem Arbeitnehmer vergleichbar sozial schutzbedürftig sein (st.Rspr., zB *BAG* 11.6.2020 – 2 AZR 374/19, Rn 28; 9.4.2019 – 9 AZB 2/19, Rn 19; ausf. KR-*Kreutzberg-Kowalczyk* ArbNähnl. Pers. Rdn 6 ff., mit Bsp. aus der Rspr. Rdn 38 ff.). Zu diesem Personenkreis zählt der Gesetzgeber auch diejenigen Personen, denen aufgrund des SGB IX eine arbeitnehmerähnliche Stellung zukommt, insbes. die in Werkstätten für behinderte Menschen Beschäftigten und Rehabilitanden. Für diese sollen die Regelungen des AGG entsprechend anzuwenden sein (BT-Drucks. 16/3438, S. 34). Weiterhin werden in § 6 Abs. 1 S. 1 Nr. 3 AGG die in **Heimarbeit Beschäftigten** und die ihnen **Gleichgestellten** genannt (s. iE KR-*Kreutzberg-Kowalczyk* §§ 29, 29a HAG Rdn 5 ff., 14 ff.). 7

C. Arbeitgeber

Arbeitgeber sind nach § 6 Abs. 2 S. 1 AGG die **natürlichen oder juristischen Personen und rechtsfähigen Personengesellschaften**, die Personen nach Abs. 1 beschäftigen. Damit bestimmt sich der Begriff über die Person des Beschäftigten und unabhängig von der mit ihm bestehenden Rechtsgrundlage (neben dem Arbeitsvertrag etwa Werkvertrag oder Dienstvertrag, zu den Vertragstypen s. KR-*Kreutzberg-Kowalczyk* ArbNähnl. Pers. Rdn 11 ff.; zur Bestimmung des maßgebenden Arbeitgebers KR-*Klose* § 4 KSchG Rdn 116 ff.). Im Falle der gewerbsmäßigen wie der nicht gewerbsmäßigen Arbeitnehmerüberlassung nach § 1 Abs. 1 S. 2 oder Abs. 2 AÜG gilt der **Entleiher** als Arbeitgeber iSd Gesetzes (§ 6 Abs. 2 S. 2 AGG). Schließlich legt § 6 Abs. 2 S. 3 AGG fest, 8 dass für die in **Heimarbeit** Beschäftigten und die ihnen Gleichgestellten an die Stelle des Arbeitgebers der Auftraggeber oder Zwischenmeister tritt (s. iE KR-*Kreutzberg-Kowalczyk* §§ 29, 29a HAG Rdn 5 ff., 14 ff.).

§ 7 AGG Benachteiligungsverbot

(1) Beschäftigte dürfen nicht wegen eines in § 1 genannten Grundes benachteiligt werden; dies gilt auch, wenn die Person, die die Benachteiligung begeht, das Vorliegen eines in § 1 genannten Grundes bei der Benachteiligung nur annimmt.

(2) Bestimmungen in Vereinbarungen, die gegen das Benachteiligungsverbot des Absatzes 1 verstoßen, sind unwirksam.

(3) Eine Benachteiligung nach Absatz 1 durch Arbeitgeber oder Beschäftigte ist eine Verletzung vertraglicher Pflichten.

Übersicht	Rdn		Rdn
A. Grundsatz	1	C. Unwirksamkeit von Vereinbarungen	
B. Benachteiligungsverbot (Abs. 1)	6	(Abs. 2)	10
I. Allgemeines	6	I. Allgemeines	10
II. Fallgestaltungen	8	II. Fallgestaltungen	11

A. Grundsatz

1   § 7 Abs. 1 AGG bestimmt ein **umfassendes Benachteiligungsverbot** wegen der in § 1 AGG genannten Gründe und ist die **zentrale Verbotsvorschrift** des AGG (s. Rdn 6 f.). Sie soll den Gesetzeszweck, den Schutz vor Benachteiligungen, umsetzen. Die Tatbestandsvoraussetzungen ergeben sich durch andere Vorschriften des AGG – § 1 AGG bestimmt die zu beachtenden Benachteiligungsgründe, § 2 AGG den sachlichen, § 6 den persönlichen Anwendungsbereich und § 3 diejenigen Verhaltensweisen, die als Benachteiligungen gelten. Rechtfertigungen können sich schließlich aus §§ 5, 8 bis 10 AGG ergeben. § 7 Abs. 1 Hs. 2 AGG legt fest, dass eine Benachteiligung auch dann vorliegen kann, wenn der Benachteiligende einen Grund iSd § 1 AGG nur annimmt (Rdn 7).

2   Für **Vereinbarungen** regelt § 7 Abs. 2 AGG die **Rechtsfolgen** eines Verstoßes gegen das Benachteiligungsverbot (s. Rdn 10 ff.). Damit werden Art. 14 RL 2000/43/EG, Art. 16 RL 2000/78/EG und Art. 3 Abs. 2 RL 76/207/EWG, nunmehr Art. 23 Buchst. b RL 2006/54/EG, umgesetzt, wonach ein Verstoß gegen das Benachteiligungsverbot die **Nichtigkeit** der entsprechenden Klausel in Individual- oder Kollektivverträgen zur Folge hat. Die Vorschrift hat indes deklaratorischen Charakter, da sich die Rechtsfolge schon aus § 7 Abs. 1 AGG iVm § 134 BGB ergibt.

3   § 7 Abs. 3 AGG stellt klar, dass eine Benachteiligung bei Begründung, Durchführung und Beendigung eines Beschäftigungsverhältnisses eine **Verletzung vertraglicher Pflichten** darstellt. Dies gilt gleichermaßen für benachteiligende Handlungen des Arbeitgebers wie auch eines Beschäftigten (BT-Drucks. 16/1780, S. 34). Über § 32 AGG, der die Geltung des allgemeinen Schuldrechts des BGB vorsieht, können die Regelungen des vertraglichen Leistungsstörungsrechts herangezogen werden.

4   Das Benachteiligungsverbot des § 7 Abs. 1 AGG ist ein **Verbotsgesetz iSd § 134 BGB** (st.Rspr., vgl. zB *BAG* 27.2.2020 – 2 AZR 498/19, Rn 23; 20.3.2019 – 7 AZR 237/17, BAGE 166, 202, Rn 38 ff.; 23.7.2015 – 6 AZR 457/14, BAGE 152, 134, Rn 23; 26.3.2015 – 2 AZR 237/14, BAGE 151, 189, Rn 32; 19.12.2013 – 6 AZR 190/12, BAGE 147, 60, Rn 22). Das wird für Vereinbarungen durch § 7 Abs. 2 AGG nochmals klargestellt. Ebenso sind vom AGG abweichende Vereinbarungen, etwa seine Modifikation durch den Arbeitsvertrag, durch die Anordnung der Unabdingbarkeit in § 31 AGG unwirksam.

5   § 7 AGG stellt selbst **keine Anspruchsgrundlage** dar. Ansprüche können sich neben § 15 AGG aus vertraglichen Beziehungen oder aus dem Deliktsrecht ergeben. Ob § 7 AGG ein Schutzgesetz

iSd § 823 Abs. 2 BGB ist, ist umstritten (bejahend HaKo-AGG/*Däubler* Rn 26; aA *Bauer/Krieger/ Günther* Rn 7; HWK-*Rupp* Rn 1; offengelassen in *BAG* 21.6.2012 – 8 AZR 188/11, BAGE 142, 143, Rn 48), aber zu bejahen. Die Gesetzesbegründung spricht allgemein von § 823 BGB (BT-Drucks. 16/1780, S. 38). Das Verbot des § 7 Abs. 1 AGG richtet sich zwar primär an den Arbeitgeber, normiert aber auch zugleich Verhaltenspflichten für Dritte, die mit dem Benachteiligten nicht in unmittelbaren vertraglichen Beziehungen stehen und dem Arbeitgeber zugerechnet werden können.

B. Benachteiligungsverbot (Abs. 1)

I. Allgemeines

Die Vorschrift verbietet die Benachteiligung von Beschäftigten wegen eines in § 1 AGG genannten Grundes. Das Verbot benennt den Beschäftigten als zu schützende Person und richtet sich **neben dem Arbeitgeber auch gegen Dritte**. Dazu gehören nach der Gesetzesbegründung sowohl andere Arbeitnehmer als auch Kunden des Arbeitgebers (BT-Drucks. 16/1780, S. 34). Erfasst werden neben Rechtshandlungen auch alle tatsächlichen Handlungen (s. KR-*Treber/Plum* § 3 AGG Rdn 4 f.). 6

Die Benachteiligung muss **kausal** auf einen Grund iSv § 1 AGG beruhen (»wegen«). Dabei reicht es aus, wenn unter mehreren Motiven nur eines ursächlich war (zum »Motivbündel« s. KR-*Treber/Plum* § 3 AGG Rdn 11, § 4 AGG Rdn 3). Das Benachteiligungsverbot greift nach § 7 Abs. 1 Hs. 2 AGG auch ein, wenn sich der Benachteiligende nur vorgestellt hat, beim Beschäftigten liege ein Grund iSv § 1 AGG vor, und sich hiervon motivieren lässt (*BAG* 17.12.2015 – 8 AZR 421/14, Rn 20 f.; 17.12.2009 – 8 AZR 670/08, Rn 14: »Versuch am untauglichen Objekt«). 7

II. Fallgestaltungen

Auf **Kündigungen** ist § 7 Abs. 1 AGG infolge der Regelung in § 2 Abs. 4 AGG im dort beschriebenen Anwendungsbereich (KR-*Treber/Plum* § 2 AGG Rdn 6 ff.) regelmäßig **nicht anwendbar**. Anders verhält es sich nach der Rechtsprechung, wenn Kündigungen lediglich anhand von nicht auf Kündigungen zugeschnittenen Vorschriften zu messen sind; hier greift § 7 Abs. 1 AGG ein (*BAG* 23.7.2015 – 6 AZR 457/14, Rn 23, BAGE 152, 134; 26.3.2015 – 2 AZR 237/14, Rn 32, BAGE 151, 189; 19.12.2013 EzA § 1 AGG Nr. 2; *BGH* 26.3.2019 – II ZR 244/17, Rn 16, BGHZ 221, 325; s. KR-*Treber/Plum* § 2 AGG Rdn 11 ff.). 8

Gegen das Benachteiligungsverbot kann auch die **Anfechtung eines Arbeitsverhältnisses** verstoßen. Das gilt sowohl bei einem Irrtum über eine verkehrswesentliche Eigenschaft, die sich auf einen in § 1 AGG genannten Grund gründet, oder wenn über das Vorhandensein oder Fehlen eines Grundes iSv § 1 AGG eine Täuschung vorlag und in beiden Fällen eine Rechtfertigung zur Heranziehung des Grundes nach §§ 5, 8 bis 10 AGG nicht vorlag. 9

C. Unwirksamkeit von Vereinbarungen (Abs. 2)

I. Allgemeines

Die Unwirksamkeit von Vereinbarungen, die gegen Benachteiligungsverbote des AGG verstoßen, wird in § 7 Abs. 2 AGG klargestellt. Hierzu zählen auch kollektivvertragliche Abreden wie Tarifverträge (st.Rspr., zB *BAG* 19.11.2020 – 6 AZR 449/19, Rn 34; 25.8.2020 – 9 AZR 266/19, Rn 41; 27.5.2020 – 5 AZR 258/19, Rn 29; 24.10.2019 – 2 AZR 158/18, BAGE 168, 238, Rn 51) sowie Betriebsvereinbarungen, Sozialpläne und Interessenausgleiche, aber auch Regelungsabreden zwischen Arbeitgeber und Betriebsrat. Eine **geltungserhaltende Reduktion** individualvertraglicher Klauseln auf das noch zulässige Maß scheidet gegenüber der benachteiligten Person aus (HWK-*Rupp* Rn 4; anders dagegen bei nicht benachteiligten Dritten *BAG* 3.6.2020 – 3 AZR 226/19, Rn 54 ff.). Mangels einer Übergangsvorschrift werden auch Vereinbarungen erfasst, die bereits vor Inkrafttreten des AGG geschlossen wurden (*BAG* 20.2.2019 – 2 AZR 746/14, BAGE 166, 1, Rn 13 mwN). Deren Unwirksamkeit führt entgegen § **139 BGB** nicht zur Gesamtnichtigkeit der Vereinbarung, sondern vielmehr bleibt sie im Übrigen regelmäßig aufrechterhalten (*BAG* 3.6.2020 – 3 AZR 226/ 10

19, Rn 55; ErfK-*Schlachter* Rn 6; HWK-*Rupp* Rn 5; SSP-*Schleusener* Rn 65; aA bei Individualvereinbarungen *Bauer/Krieger/Günther* Rn 23; zu Tarifverträgen *Wiedemann* NZA 2007, 950 ff.). In der Sache gelten die allgemeinen Grundsätze (s. nur AR-*Löwisch* § 139 BGB Rn 1 f.).

II. Fallgestaltungen

11 Benachteiligende Vereinbarungen können sich bei einer **Befristungsabrede** ergeben, die von Seiten des Arbeitgebers aufgrund eines in § 1 AGG genannten Grundes beim Beschäftigten geschlossen wird. Solche Befristungen sind wegen einer unzulässigen Benachteiligung unwirksam (*BAG* 15.2.2012 NZA 2012, 866; 18.1.2012 EzA § 17 TzBfG Nr. 16).

12 Von der Vorschrift werden gleichfalls Aufhebungsverträge erfasst, da hier § 2 Abs. 4 AGG nicht eingreift (s. KR-*Spilger* AufhebungsV Rdn 44). Hier können Benachteiligungen wegen der in § 1 AGG genannten Regelungen zur deren Unwirksamkeit führen (SSP-*Schleusener* Rn 82; HaKo-AGG/ *Däubler* Rn 334). Ähnliches ist auch bei **Abwicklungsverträgen** denkbar. Ob eine Benachteiligung ausscheidet, wenn mit dem diskriminierenden Aufhebungsvertrag eine Kompensationsleistung zugesagt wird, erscheint fraglich (s. dazu auch SSP-*Schleusener* Rn 84 f.). Davon zu unterscheiden sind Aufhebungsverträge infolge einer Benachteiligung, die eine Entschädigungszahlung wegen der Benachteiligung vorsehen (zu den steuer- und sozialversicherungsrechtlichen Aspekten solcher Verträge *Cornelius/Lipinski* BB 2007, 496 ff.).

§ 8 AGG Zulässige unterschiedliche Behandlung wegen beruflicher Anforderungen

(1) Eine unterschiedliche Behandlung wegen eines in § 1 genannten Grundes ist zulässig, wenn dieser Grund wegen der Art der auszuübenden Tätigkeit oder der Bedingungen ihrer Ausübung eine wesentliche und entscheidende berufliche Anforderung darstellt, sofern der Zweck rechtmäßig und die Anforderung angemessen ist.

(2) Die Vereinbarung einer geringeren Vergütung für gleiche oder gleichwertige Arbeit wegen eines in § 1 genannten Grundes wird nicht dadurch gerechtfertigt, dass wegen eines in § 1 genannten Grundes besondere Schutzvorschriften gelten.

Übersicht	Rdn		Rdn
A. Grundsatz	1	I. Grundsatz	11
B. Voraussetzungen	3	II. Rasse und ethnische Herkunft	12
I. Grundsatz	3	III. Benachteiligung wegen des Geschlechts	14
II. Berufliche Anforderung	4	IV. Religion oder Weltanschauung	17
III. Wesentlich und entscheidend	7	V. Behinderung	18
IV. Rechtmäßiger Zweck	9	VI. Alter	20
V. Angemessenheit	10	VII. Sexuelle Identität	21
C. Einzelne Merkmale	11		

A. Grundsatz

1 Die Vorschrift des § 8 Abs. 1 AGG legt fest, unter welchen Voraussetzungen **wegen beruflicher Anforderungen** eine **unterschiedliche Behandlung** aus einem der in § 1 AGG genannten Gründen zulässig ist. Die Vorschrift ist neben anderen Rechfertigungsgründen (§§ 5, 9, 10 AGG) anwendbar. § 8 Abs. 2 AGG, der die bisher in § 612 Abs. 3 S. 2 BGB aF enthaltene Regelung der Entgeltgleichheit von Männern und Frauen aufgreift und auf alle in § 1 AGG genannten Gründe erstreckt, handelt von der hier nicht zu erörternden Entgeltdiskriminierung. Der **Anwendungsbereich** von § 8 Abs. 1 AGG betrifft Fälle der **unmittelbaren Benachteiligung**. Bei der mittelbaren Benachteiligung zählt die Rechtfertigung durch einen sachlichen Grund bereits zu den tatbestandlichen Voraussetzungen (s. KR-*Treber/Plum* § 3 AGG Rdn 27).

2 Die Regelung setzt Art. 4 Abs. 1 RL 2000/43/EG (und RL 2000/78/EG) sowie Art. 2 Abs. 6 RL 76/207/EWG um. Die Voraussetzungen für eine Benachteiligung entsprechen den Kriterien in den

beiden erstgenannten Richtlinienregelungen. § 8 Abs. 1 AGG schafft einen **einheitlichen Rechtfertigungsmaßstab** bzgl. aller in § 1 AGG genannter Gründe. Soweit in § 611a BGB aF das Geschlecht »unverzichtbare« Voraussetzung für die Tätigkeit sein musste, führt die jetzige Fassung des § 8 AGG nicht zu einer Absenkung des nationalen Schutzniveaus anlässlich der Umsetzung einer Richtlinie (vgl. Art. 8e Abs. 2 RL 76/207/EWG idF der RL 2000/73/EG). Die Tatbestandsmerkmale »unverzichtbar«, »unabdingbar« und »entscheidend« führen zu keinem unterschiedlichen Prüfungsmaßstab (*Bauer/Krieger/Günther* Rn 8; *Wiedemann/Thüsing* NZA 2002, 1237; SSP-*Schleusener* Rn 5; aA *Adomeit* NJW 2006, 2169). Davon geht auch der Gesetzgeber aus (BT-Drucks. 16/1780 S. 35).

B. Voraussetzungen

I. Grundsatz

Die unterschiedliche Behandlung wegen eines in § 1 AGG genannten Grundes ist zulässig, wenn die an den Beschäftigten gestellte Anforderung **wesentlich und entscheidend** ist sowie dem **Grundsatz der Verhältnismäßigkeit** zwischen beruflichem Zweck und Schutz vor Benachteiligung standhält. Dabei muss nicht der Grund iSv § 1 AGG, auf den die Ungleichbehandlung gestützt wird, sondern ein mit diesem Grund im Zusammenhang stehendes Merkmal eine wesentliche und entscheidende berufliche Anforderung darstellen (st.Rspr., zB *EuGH* 7.11.2019 – C-396/18 [Cafaro], Rn 59; 14.3.2017 – C-188/15 [Bougnaoui und ADDH], Rn 37; 15.11.2016 – C-258/15 [Salaberria Sorondo], Rn 33; *BAG* 27.8.2020 – 8 AZR 62/19, Rn 50; 19.12.2019 – 8 AZR 2/19, Rn 38; 26.1.2017 – 8 AZR 848/13, Rn 109). Bloße Zweckmäßigkeitserwägungen reichen nicht aus (BT-Drucks. 16/1780 S. 35; ebenso *BAG* 12.11.1998 EzA § 611a BGB Nr. 14). Im Hinblick auf den 23. Erwägungsgrund der Richtlinie 2000/78/EG, wonach die unterschiedliche Behandlung unter »sehr begrenzten Bedingungen« möglich sein soll, ist die **Bestimmung eng auszulegen** (st. Rspr., zB zu Art. 4 Abs. 1 RL 2000/78/EG *EuGH* 7.11.2019 – C-396/18 [Cafaro], Rn 67; 13.11.2014 – C-416/13 [Vital Pérez], Rn 47; 13.9.2011 – C-447/09 [Prigge u.a.], Rn 72; zu § 8 Abs. 1 AGG *BAG* 27.8.2020 – 8 AZR 62/19, Rn 49; 19.12.2019 – 8 AZR 2/19, Rn 37; 26.1.2017 – 8 AZR 848/13, Rn 109).

3

II. Berufliche Anforderung

Die berufliche Anforderung muss mit einem oder mehreren der in § 1 AGG genannten Gründe in Zusammenhang stehen. Berufliche Anforderungen können sich bereits daraus ergeben, dass sie **objektiv erforderlich** sind, um die **übertragene Tätigkeit ausüben zu können** (*BAG* 22.5.2014 EzA § 15 AGG Nr. 25; 28.5.2009 EzA § 8 AGG Nr. 1). Die Gründe können tatsächlicher Natur sein (*BAG* 22.5.2014 EzA § 15 AGG Nr. 25: besondere körperliche Fähigkeiten; vgl. auch *BAG* 10.10.2002 EzA § 1 KSchG Verhaltensbedingte Kündigung Nr. 58: das Tragen eines Kopftuches hindert nicht die Erbringung der Arbeitsleistung als Verkäuferin) oder sich aus **Rechtsvorschriften** ergeben, die aber ihrerseits wieder dem Benachteiligungsverbot entsprechen müssen (zum früheren Nachtarbeitsverbot für Frauen *BVerfG* 28.1.1992 EzA § 19 AZO Nr. 5; *BAG* 18.3.2010 EzA § 8 AGG Nr. 2: »Gleichstellungsbeauftragte«; ausf. *Krause* FS Pfarr, S. 392 ff.). Das können beispielsweise gesetzliche Altersgrenzen sein, die die Ausübung einer bestimmten Tätigkeit untersagen (so etwa die Altersgrenze bei der vertragsärztlichen Zulassung nach § 95 Abs. 7 S. 3 SGB V: *BVerwG* 6.2.2008 MedR 2008, 453; *BVerfG* 7.8.2007 BVerfGK 12, 26). Allerdings müssen diese Altersgrenzen als unmittelbare Benachteiligung wegen des Alters (s. KR-*Treber/Plum* § 1 AGG Rdn 36, § 3 AGG Rdn 17 ff.) wiederum selbst den Rechtfertigungsgründen des AGG genügen (zu öffentlich bestellten und vereidigten Sachverständigen *BVerwG* 1.2.2012 NJW 2012, 1018).

4

Darüber hinaus können sich die beruflichen Anforderungen aus der **Festlegung des Anforderungsprofils durch den Arbeitgeber** oder der Festlegung der Arbeitsorganisation ergeben. Ausgangspunkt ist dabei der vom Arbeitgeber bestimmte Unternehmens- und Betriebszweck (MHH-AGG Rn 11). Die Bestimmung des jeweiligen Arbeitsplatzprofils unterliegt im Grundsatz der freien unternehmerischen Entscheidung. Allerdings ist der Arbeitgeber, der diese Gründe anführt, auch gehalten, das Konzept konsequent durchzuführen (*Wiedemann/Thüsing* NZA 2002, 1237), wobei allerdings

5

unvermeidliche Durchbrechungen wie bei Krankheits- oder anderen Vertretungsfällen dem nicht entgegenstehen (*BAG* 18.3.2003 EzA § 4 TzBfG Nr. 4: zum unternehmerischen Konzept, das einem Teilzeitbegehren nach § 8 TzBfG als betrieblicher Belang entgegensteht). Einschränkungen ergeben sich aber auch insoweit, als sich das Anforderungsprofil an die jeweilige Tätigkeit mit den im Arbeitsleben herrschenden Verkehrsanschauungen grds. noch in Einklang befinden muss, um den Schutz des AGG nicht de facto zu beseitigen (*BAG* 14.11.2013 EzA § 7 AGG Nr. 3; 16.2.2012 EzA § 15 AGG Nr. 17, 19.8.2010 EzA § 15 AGG Nr. 12: objektive Eignung eines Bewerbers; zur tariflich geregelten Mindestkörpergröße für Pilotinnen *LAG Köln* LAGE § 15 AGG Nr. 21 [das Verfahren wurde durch einen Vergleich beendet], abl. *Vielmeier* ZTR 2015, 9 ff.

6 Berufliche Anforderungen können sich aus der **Berücksichtigung von Kundenwünschen** ergeben, wenn sie in ein unternehmerisches Konzept einfließen (SSP-*Schleusener* Rn 9 ff.; MHH-AGG Rn 15 f.). Hier bedarf es einer besonderen Darlegung der »wesentlichen und entscheidenden« Anforderung sowie der Verhältnismäßigkeitskontrolle (s. Rdn 7 f.). Ebenso können »**gruppenspezifische Vertrauensverhältnisse**« (HaKo-AGG/*Brors* Rn 41), namentlich bei Beratungstätigkeiten, einen Rechtfertigungsgrund für bestimmte Gründe iSv § 1 AGG darstellen.

III. Wesentlich und entscheidend

7 Die berufliche Anforderung und damit die Bestimmung des Anforderungsprofils durch den Arbeitgeber muss für die berufliche Tätigkeit wesentlich und entscheidend sein. **Entscheidend** ist die Anforderung, wenn die **Tätigkeit sonst nicht oder nicht ordnungsgemäß ausgeübt** werden kann (*BAG* 22.5.2014 EzA § 15 AGG Nr. 25; 18.3.2010 EzA § 8 AGG Nr. 2). Das Auswahlkriterium muss einen hinreichend engen Tätigkeitsbezug aufweisen (ErfK-*Schlachter* Rn 3; *Kamanabrou* RdA 2006, 327). Die »**Testfrage**« lautet, ob die Stelle unbesetzt geblieben wäre, wenn sich ein Beschäftigter ohne den Grund iSv § 1 AGG beworben hätte (*Thüsing* Rn 327). **Wesentlich** ist die Anforderung, wenn sie für den jeweiligen Beruf **prägend** ist. Der Grund iSv § 1 AGG darf nicht nur eine untergeordnete Rolle im Rahmen des Anforderungsprofils haben. So kann das Kriterium »Tragen schwerer Lasten« nicht zum generellen Ausschluss von Frauen oder älteren Personen herangezogen werden (*LAG Köln* 8.11.2000 LAGE § 611a BGB Nr. 4). Maßgebend ist die **nach objektiven Kriterien zu bestimmende Verkehrsanschauung**.

8 Die **Marktausrichtung** oder die **Kundenerwartungen** können das Vorhandensein oder die Abwesenheit bestimmter Merkmale nur unter besonderen Umständen rechtfertigen. Allein die Erwartung der Kunden, mit bestimmten Merkmalsträgern in Kontakt zu treten, ist nicht ausreichend (so auch die Wertung in *BAG* 10.10.2002 EzA § 1 KSchG Verhaltensbedingte Kündigung Nr. 58: Tragen eines Kopftuchs; offengelassen in *EuGH* 10.7.2008 EzA EG-Vertrag 1999 Richtlinie 2000/43 Nr. 1 »Feryn«). Gleiches gilt für sog. **kulturelle Erwartungen**. Kundenerwartungen oder -wünsche, die selbst diskriminierend sind, können keine wesentlichen und entscheidenden Anforderungen bilden. Das verdeutlicht § 12 Abs. 1 AGG, der den Arbeitgeber verpflichtet, den Beschäftigten auch gegenüber Benachteiligungen zu schützen, die von Kunden ausgehen. Eine unmittelbare Benachteiligung wird nur dann zulässig sein können, wenn der Bestand des Unternehmens oder Betriebs gefährdet (MüKo-BGB/*Thüsing* Rn 17; SSP-*Schleusener* Rn 17) oder für ein bestimmtes Marktsegment die **Beachtung des Merkmals »bestandswichtig«** ist (*Annuß* BB 2006, 1633; SSP-*Schleusener* Rn 17; ähnlich ErfK-*Schlachter* Rn 6; weitergehend *ArbG Bonn* 8.3.2001 NZA-RR 2002, 100; HWK-*Rupp* Rn 2; enger BeckOK AR-*Roloff* Rn 5: besonderes öffentliches oder sozialpolitisches Interesse an der optimalen Erfüllung der Aufgabe; ausf. *Krause* FS Adomeit S. 377 ff.). Hier kann man von einer Einschätzungsprärogative des Arbeitgebers ausgehen, die allerdings anhand nachvollziehbarer Fakten und Erfahrungen zu belegen ist.

IV. Rechtmäßiger Zweck

9 Die Unterscheidung nach einem in § 1 AGG genannten Grund muss einem **rechtmäßigen Zweck** entsprechen. Das entspricht der Terminologie der Richtlinien. Rechtswidrige oder rechtsmissbräuchliche Zwecke dürfen nicht verfolgt werden.

V. Angemessenheit

Über das weitere Tatbestandsmerkmal der Angemessenheit gilt der **Verhältnismäßigkeitsgrundsatz** 10 (BT-Drucks. 16/1780 S. 35, zu dessen Kriterien KR-*Treber/Plum* § 10 AGG Rdn 14 ff.). Das Merkmal fordert vom Arbeitgeber nicht, seine Arbeitsorganisation so einzurichten oder umzugestalten, dass eine Benachteiligung ausgeschlossen wird (*BAG* 28.5.2009 EzA § 8 AGG Nr. 1). So kann ein völliger Ausschluss von Arbeitnehmern einer geschützten Gruppe von einem bestimmten Vorteil dann unverhältnismäßig sein, wenn dies bei einem erheblichen Teil der Gruppenangehörigen gar nicht erforderlich ist, um das betreffende Ziel zu erreichen (*EuGH* 22.11.2005 EzA § 14 TzBfG Nr. 21).

C. Einzelne Merkmale

I. Grundsatz

Die unterschiedliche Behandlung wegen einer wesentlichen und entscheidenden beruflichen Anforderung ist in Rechtsprechung und rechtswissenschaftlicher Literatur vor allem beim **Zugang zur Beschäftigung** behandelt worden (Beispiele sogleich unter Rdn 12 ff.). Dies dürften in der Praxis auch die Hauptanwendungsfälle des Rechtfertigungsgrundes nach § 8 AGG sein. Gleichwohl ist es nicht ausgeschlossen, dass eine Änderung der unternehmerischen Ausrichtung oder die des Betriebszwecks dazu führt, dass sich die beruflichen Anforderungen ändern und Gegenstand einer personen- oder (ganz ausnahmsweise) verhaltensbedingten Kündigung sein können (s. nur *LG Frankf.* 7.3.2001 EzA § 138 BGB Nr. 26: Kündigung des Geschäftsführers, eines britischen Staatsangehörigen indischer Abstammung, nach Verstaatlichung einer Bank durch die Türkei; zur Änderung des Anforderungsprofils s. a. *BAG* 10.7.2008 EzA § 1 KSchG Betriebsbedingte Kündigung Nr. 163). Besonderheiten gelten für Arbeitnehmer, deren Arbeitsverhältnis nach § 613a BGB kraft Gesetzes auf einen kirchlichen Träger übergegangen ist. Die besonderen Loyalitätspflichten können ihnen nicht auferlegt werden, da es an der vertraglichen Abrede fehlt (*Joussen* ZMV 2006, 57 ff.; *ders.* NJW 2006, 1850 ff.; *Richardi* FS ARGE Arbeitsrecht im DAV, 2006, S. 673 ff.). 11

II. Rasse und ethnische Herkunft

Eine Benachteiligung kann dann gerechtfertigt sein, wenn – namentlich bei Film-, Fernseh- oder Theaterdarstellern – die **authentische Ausfüllung** einer Rolle eine bestimmte Hautfarbe oder die Zugehörigkeit zu einem bestimmten Phänotypus verlangt. Allein der Umstand, dass eine **Sprache als Muttersprache** beherrscht wird, begründet noch keine Rechtfertigung iSd § 8 AGG, Angehörige einer Ethnie bevorzugt als Dolmetscher einzustellen. Kommen aber weitere Umstände hinzu, etwa sich bei Verhandlungen so auszudrücken, wie es nur von einem Muttersprachler zu erwarten ist, kann ein anderes gelten (SSP-*Schleusener* Rn 41; weitergehend wohl *Bauer/Krieger/Günther* Rn 31). 12

Allein aus Gründen der **Kundenorientierung** können Arbeitnehmer bestimmter ethnischer Herkunft nicht bevorzugt eingestellt oder entlassen (*LG Frankf.* 7.3.2001 EzA § 138 BGB Nr. 26) werden. Klassische Beispiele sind hier Restaurants bestimmter Nationalität, die nur Bedienungspersonal aus eben diesen Ländern einstellen wollen (wie hier *Schiek* AuR 2003, 44; für zulässig halten dies *Thüsing* ZfA 2001, 397; *Adomeit/Mohr* Rn 42; MHH-AGG Rn 15). Hier sind weitere Anforderungen zu stellen (s. Rdn 9; ebenso SSP-*Schleusener* Rn 35 f.; generell abl. HaKo-AGG/ *Brors* Rn 39). Gleiches ist anzunehmen bei der Beratungstätigkeit zur Integration ausländischer Mitbürger (SSP-*Schleusener* Rn 43; MHH-AGG Rn 25; aA HaKo-AGG/*Brors* Rn 41). 13

III. Benachteiligung wegen des Geschlechts

Die **Bundesregierung** hatte der EG-Kommission infolge eines Vertragsverletzungsverfahrens (*EuGH* 21.5.1985 Slg. 1985, 1474) einen **Katalog** von Tätigkeiten vorgelegt, bei denen eine ausdrückliche Unterscheidung nach dem Geschlecht zugelassen sein soll (BABl. 11/1987 S. 40). Dort werden aufgeführt: 14
– Tätigkeiten, in denen die authentische Erfüllung einer Rolle geschlechtsabhängig ist (reproduzierende Sprech- und Gesangskünstler, Modelle, Mannequins);

- kirchliche Tätigkeiten mit Verkündungsauftrag;
- berufliche Tätigkeiten außerhalb der EG, soweit dort kraft Gesetzes oder kulturellen bzw. religiösen Brauchs nur ein Geschlecht akzeptiert wird;
- Betreuungstätigkeit in Frauenhäusern, soweit nach dem dortigen Konzept erforderlich;
- Tätigkeiten im Bereich der äußeren und inneren Sicherheit (Streitkräfte/Polizei/Vollzugsdienst) im Rahmen der jeweils einschlägigen Gesetzes- und Verwaltungsvorschriften.

Dieser Katalog stellt indes nicht mehr als eine – unverbindliche – Gesetzesauslegung der Exekutive dar. Zudem entsprechen die Einschränkungen im Sicherheitsbereich nicht mehr der heutigen Rechtslage und auch andere gesellschaftliche Anschauungen unterliegen durchaus einem Wandel.

15 Im Hinblick auf die Berücksichtigung arbeitsrechtlicher **Beschäftigungsverbote** ist allerdings zu beachten, dass diese Verbote sich **ihrerseits an den Vorgaben der Richtlinien messen** lassen müssen (*EuGH* 5.5.1994 EuZW 1994, 374; 25.7.1991 EzA § 19 AZO Nr. 4) und im Falle eines Benachteiligungseffekts nur bei objektiver Rechtfertigung mit diesen vereinbar sind.

16 Die **Erwartungen von Geschäftspartnern, Kunden und anderen Dritten** können allenfalls im Einzelfall, aber nicht generell die Benachteiligung eines Geschlechts rechtfertigen. Bloße kulturelle Vorgaben allein sind nicht ausreichend (*Thüsing* RdA 2001, 323 f.). Eine Rechtfertigung ist dann gegeben, wenn zur **Wahrung der Intimsphäre** ein Arbeitnehmer des gleichen Geschlechts bevorzugt wird. Dies ist immer dann der Fall, wenn Personen, die mit der Arbeitsleistung in Verbindung kommen, zur Wahrung ihrer Intimsphäre das andere Geschlecht zurückweisen (*LAG Köln* 19.7.1996 AR-Blattei ES 800 Nr. 128: Verkauf von Damenoberbekleidung einschließlich Badebekleidung. Deshalb kann die Stelle als Erzieherin in einem Mädcheninternat nur für eine Frau ausgeschrieben und von ihr besetzt werden, wenn ein nicht unerheblicher Teil der Arbeitszeit mit Nachtdienst (25 %) belegt ist, bei dem auch die Schlafräume, Waschräume und Toiletten der Internatsschülerinnen betreten werden müssen (*BAG* 28.5.2009 EzA § 8 AGG Nr. 1, dazu *Dornbusch* NJW 2009, 3678). Ein hoher Anteil männlicher Schüler an einer Schule rechtfertigt es aber nicht, bei der gebotenen Auswahlentscheidung ausschließlich auf das Geschlecht abzustellen (*BAG* 14.8.2007 EzA § 611a BGB 2002 Nr. 5). Das gilt auch, wenn das Pflegepersonal bei der nachoperativen Pflege muslimischer Patientinnen eingesetzt wird (*LAG Bln.* 16.5.2001 PflR 2001, 439).

IV. Religion oder Weltanschauung

17 Eine Differenzierung wegen der Religion oder der Weltanschauung wird vor allem nach § 9 AGG in Betracht kommen (s. § 9 AGG). Dass die Religion oder die Weltanschauung in anderen als in den in § 9 AGG genannten Betrieben eine wesentliche und entscheidende berufliche Anforderung darstellt, ist nur ausnahmsweise denkbar (s. etwa MüKo-BGB/*Thüsing* Rn 30). Unterscheidungen nach der Religion können gerechtfertigt sein, wenn außerhalb eines kirchlichen Arbeitsverhältnisses die Religionszugehörigkeit zur **authentischen Aufgabenwahrnehmung** erforderlich ist. Als wesentliche berufliche Anforderung in öffentlichen Schulen oder in Kinderbetreuungseinrichtungen kann auch die Untersagung der äußeren **Kundgabe einer religiösen Überzeugung** angesehen werden (*BAG* 12.8.2010 ZTR 2011, 177; 10.12.2009 ZTR 2010, 328; 20.8.2008 EzA § 611 BGB 2002 Abmahnung Nr. 4, abl. *Stein* Anm. AP Art. 6 GG Nr. 4; dazu auch *Berkowsky* ZfPR 2010, 177 ff.).

V. Behinderung

18 Unterschiedliche Behandlungen wegen einer Behinderung können gerechtfertigt sein, wenn diese die **Erfüllung bestimmter beruflicher Anforderungen** verhindert, die für die Tätigkeit wesentlich und entscheidend ist (s. dazu etwa [abl.] *BAG* 19.12.2013 EzA § 1 AGG Nr. 2). Das kommt namentlich in Betracht, wenn eine Behinderung der Verrichtung bestimmter körperlicher Arbeiten entgegensteht (*BAG* 22.5.2014 EzA § 15 AGG Nr. 25: besondere körperliche Fähigkeiten für die Kontrolle eines Badebetriebs und des Rettungsdienstes). Allein das Interesse des Arbeitgebers, die

Anzahl von krankheitsbedingten Arbeitsunfähigkeitszeiten möglichst gering zu halten, stellt noch keine solche berufliche Anforderung dar (*BAG* 3.4.2007 EzA § 81 SGB IX Nr. 15).

Allerdings ist zu berücksichtigen, dass der Arbeitgeber nach Art. 5 RL 2000/787/EG gehalten 19 ist, durch die Behinderung hervorgerufene Beeinträchtigungen bei der Ausübung der Tätigkeit durch **angemessene Vorkehrungen** auszugleichen (*EuGH* 11.7.2006 EzA EG-Vertrag 1999 Richtlinie 2000/78 Nr. 1). Diese Pflicht ist nach der Richtlinie durch das Verhältnismäßigkeitsprinzip begrenzt. Angemessen sind in jedem Fall solche Maßnahmen, die durch staatliche Zuschüsse kompensiert werden (HaKo-AGG/*Brors* Rn 33; SSP-*Schleusener* Rn 59; BeckOK AR-*Roloff* Rn 7). Nach § 164 Abs. 4 SGB IX greift diese Verpflichtung allerdings nur im bestehenden Arbeitsverhältnis und bei einer Schwerbehinderung iSd § 2 SGB IX. Im Kündigungsfall ist dem dadurch zu entsprechen, dass bei der Prüfung, ob eine Benachteiligung wegen einer Behinderung nach § 8 AGG gerechtfertigt ist, die gebotenen Vorkehrungen iSd Art. 5 RL 2000/78/EG iVm Art. 27 Abs. 1 S. 2 Buchst. i, Art. 2 Unterabs. 4 UN-BRK getroffen worden sind (*BAG* 22.5.2014 EzA § 15 AGG Nr. 25; 19.12.2013 EzA § 1 AGG Nr. 2; ebenso *EUGH* 11.4.2013 EzA Richtlinie 2000/78 EG-Vertrag 1999 Nr. 31 »Ring«).

VI. Alter

Eine wesentliche und entscheidende berufliche Anforderung können auch besondere **körperliche** 20 **Fähigkeiten** sein, die ab einem bestimmten Lebensalter abnehmen und deshalb eine Benachteiligung wegen des Alters rechtfertigen können (*EuGH* 13.9.2011 EzA EG-Vertrag 1999 Richtlinie 2000/78 Nr. 22; 12.1.2010 NJW 2010, 587; s.a. *EuGH* 12.1.2010 NVwZ 2010, 244). Der EuGH ist in der Rechtssache »Prigge« davon ausgegangen, dass für den Beruf des Verkehrspiloten das Vorhandensein besonderer körperlicher Fähigkeiten eine solche Anforderung darstellt (*EuGH* 13.9.2011 EzA EG-Vertrag 1999 Richtlinie 2000/78 Nr. 22; 12.1.2010 NJW 2010, 587 »Wolf« [Feuerwehrleute]; mit Recht anders für öffentlich bestellte und vereidigte Sachverständige *BVerwG* 1.2.2012 NJW 2012, 1018). Bei der Prüfung der Angemessenheit der tarifvertraglichen Altersgrenze von 60 Jahren für Verkehrspiloten unterzieht der EuGH die Tarifregelung einer **Kohärenzkontrolle** (dazu krit. *Heuschmid* jurisPR-ArbR 12/2010 Anm. 1) und gelangt zur Unverhältnismäßigkeit der tarifvertraglichen Altersgrenze. Denn nach nationalem und internationalen Recht besteht für Piloten auch nach Vollendung des 60. Lebensjahres die Möglichkeit, wenn auch unter Beschränkungen, ihre Tätigkeit weiter ausüben. Weshalb die unter den Tarifvertrag fallenden Piloten dazu nicht mehr in der Lage sein sollten, ging aus den Erklärungen, die dem EuGH vorlagen, nicht hervor (*EuGH* 13.9.2011 EzA EG-Vertrag 1999 Richtlinie 2000/78 Nr. 22; dazu *Temming* EuZA 2012, 205; krit. *Klein* jurisPR-ArbR 14/2012 Anm. 3; *Krieger* NJW 2011, 3214). Eine solche fehlende Kohärenz der Regelung hat der EuGH auch in der Entscheidung »Petersen« angemahnt. Die Festlegung eines Höchstalters für die Ausübung des Zahnarztes in der gesetzlichen Krankenversicherung (§ 95 Abs. 7 S. 3 SGB V aF.) kann nicht auf das legitime Ziel des Schutzes der Patienten gestützt werden, wenn diese Altersgrenze nicht für Zahnärzte außerhalb des Systems der gesetzlichen Krankenversicherung gilt (*EuGH* 12.1.2010 NJW 2010, 587; ähnlich in der Rechtssache »Georgiev«: Die Altersgrenze für Professoren sei dahingehend zu überprüfen, ob sie auch für andere Lehrkräfte gelte: *EuGH* 18.11.2010 EzA EG-Vertrag 1999 Richtlinie 2000/78 Nr. 18; s. dazu auch *Krois* EuZA 2011, 360). Durch den Prüfungsmaßstab der »inneren Kohärenz« wird allerdings der weite Spielraum, der den Tarifvertragsparteien eingeräumt sein soll (s. KR-*Treber/Plum* § 10 AGG Rdn 17 ff.), im Ergebnis in zweifacher Weise beschränkt: Zum einen werden deren Regelungen einer Kontrolle der inneren Stimmigkeit unterzogen und zum anderen – und bedeutender – diese zusätzlich an der bestehenden Gesetzeslage gemessen.

VII. Sexuelle Identität

Allenfalls ausnahmsweise kann die Berücksichtigung der sexuellen Identität gerechtfertigt sein. 21 Mögliche Vorbehalte oder **Erwartungen von Kunden** (Beispiele bei *Rust/Falke* Rn 52) rechtfertigen den Ausschluss von Merkmalsträgern grds. nicht (zu den besonderen Anforderungen s. Rdn 8).

§ 9 AGG Zulässige unterschiedliche Behandlung wegen der Religion oder Weltanschauung

(1) Ungeachtet des § 8 ist eine unterschiedliche Behandlung wegen der Religion oder der Weltanschauung bei der Beschäftigung durch Religionsgemeinschaften, die ihnen zugeordneten Einrichtungen ohne Rücksicht auf ihre Rechtsform oder durch Vereinigungen, die sich die gemeinschaftliche Pflege einer Religion oder Weltanschauung zur Aufgabe machen, auch zulässig, wenn eine bestimmte Religion oder Weltanschauung unter Beachtung des Selbstverständnisses der jeweiligen Religionsgemeinschaft oder Vereinigung im Hinblick auf ihr Selbstbestimmungsrecht oder nach der Art der Tätigkeit eine gerechtfertigte berufliche Anforderung darstellt.

(2) Das Verbot unterschiedlicher Behandlung wegen der Religion oder der Weltanschauung berührt nicht das Recht der in Absatz 1 genannten Religionsgemeinschaften, der ihnen zugeordneten Einrichtungen ohne Rücksicht auf ihre Rechtsform oder der Vereinigungen, die sich die gemeinschaftliche Pflege einer Religion oder Weltanschauung zur Aufgabe machen, von ihren Beschäftigten ein loyales und aufrichtiges Verhalten im Sinne ihres jeweiligen Selbstverständnisses verlangen zu können.

Übersicht	Rdn		Rdn
A. Grundsatz	1	2. Vereinigungen zur gemeinschaftlichen Pflege einer Religion oder Weltanschauung	8
B. Unterscheidung wegen der Religion oder der Weltanschauung (Abs. 1)	7	II. Gerechtfertigte berufliche Anforderung	10
I. Anwendungsbereich	7	1. Selbstbestimmungsrecht	10
1. Religionsgemeinschaften und ihnen zugeordnete Einrichtungen	7	2. Art der Tätigkeit	15
		C. Loyales und aufrichtiges Verhalten (Abs. 2)	16

A. Grundsatz

1   Die Vorschrift gestattet als besondere Ausnahmeregelung für Religionsgemeinschaften – einschließlich der ihnen zugeordneten Einrichtungen – und Vereinigungen, die sich die gemeinschaftliche Pflege einer Religion oder Weltanschauung zur Aufgabe machen, eine **unterschiedliche Behandlung wegen der Religion oder der Weltanschauung**. Die Achtung des Status, den diese Gemeinschaften nach innerstaatlichem Recht genießen, wird durch die Union auch nach Art. 17 Abs. 1 und Abs. 2 AEUV geachtet. § 9 AGG enthält nur für diesen Arbeitgeberkreis eine Ausnahme von dem in den §§ 1, 3 Abs. 1, 7 Abs. 1 AGG bestehenden Benachteiligungsverbot auf Grund der beiden Gründe. Danach können diese Arbeitgeber unabhängig von anderen Rechtfertigungsgründen des AGG und dabei namentlich dem des § 8 AGG, der sich mit den berufsbezogenen Anforderungen befasst (s. KR-*Treber/Plum* § 8 AGG Rdn 4 ff.), bei der Beschäftigung wegen der Religion (*BAG* 25.4.2013 EzA § 611 BGB 2002 Kirchliche Arbeitnehmer Nr. 26) oder der Weltanschauung differenzieren, wenn diese Merkmale im Hinblick auf ihr Selbstbestimmungsrecht oder nach der Art der Tätigkeit eine gerechtfertigte berufliche Anforderung darstellen (Abs. 1; s. Rdn 14 f.; s.a. *Pallasch* RdA 2014, 103, 106).

2   Die Regelung wird ergänzt durch Abs. 2, der es den Religions- oder Weltanschauungsgemeinschaften unabhängig von dem Verbot der Benachteiligung wegen der Religion oder der Weltanschauung gestattet, von ihren Beschäftigten ein **loyales und aufrichtiges Verhalten** zu verlangen. Es obliegt dabei den Kirchen und Weltanschauungsgemeinschaften, hierfür verbindliche innere Regelungen zu schaffen (BT-Drucks. 16/1780 S. 35 f.; s. Rdn 11 ff.). Damit wird der Rechtsprechung des BVerfG Rechnung getragen, welches ausdrücklich anerkannt hat, »dass die Kirchen der Gestaltung des kirchlichen Dienstes auch dann, wenn sie ihn auf der Grundlage von Arbeitsverträgen regeln, das besondere Leitbild einer christlichen Dienstgemeinschaft aller ihrer Mitglieder zugrunde legen können« (*BVerfG* 4.6.1985 EzA § 611 BGB Kirchliche Arbeitnehmer Nr. 24 mwN).

Eine **Ungleichbehandlung** erlaubt § 9 Abs. 1 AGG ausschließlich **nur in Bezug auf die Religion** 3
und die Weltanschauung, nicht aber hinsichtlich anderer in § 1 AGG genannter Gründe (*Bauer/
Krieger/Günther* Rn 5; MHH-AGG Rn 5; SSP-*Plum* Rn 10). In Bezug auf diese kann eine Rechtfertigung besonderer beruflicher Anforderungen unter Heranziehung von § 8 AGG erfolgen (*Bauer/
Krieger/Günther* Rn 5; SSP-*Plum* Rn 10). § 9 AGG und § 8 AGG stehen eigenständig nebeneinander (»ungeachtet des § 8«). Das ist bei Benachteiligungen auf Grund mehrerer Gründe iSd § 1
AGG (§ 4 AGG) zu beachten.

Die Regelung dient der **Umsetzung des Art. 4 Abs. 2 RL 2000/78/EG** (zur Entstehungsgeschichte 4
ausf. etwa *Thüsing* Rn 473 ff.; sowie *Fink-Jamann* S. 263 ff.). Diese ermöglicht es in Art. 4 Abs. 2
Unterabs. 1 den Mitgliedstaaten, bereits geltende Rechtsvorschriften und Gepflogenheiten beizubehalten, wonach eine Ungleichbehandlung wegen der Religion oder Weltanschauung keine Benachteiligung darstellt, wenn die Religion oder Weltanschauung einer Person nach der Art der Tätigkeit
oder der Umstände ihrer Ausübung angesichts des Ethos der Organisation eine wesentliche und
gerechtfertigte berufliche Anforderung darstellt (s. auch BT-Drucks. 16/1780 S. 35). Nach Art. 4
Abs. 2 S. 3 RL 2000/78/EG können die genannten Organisationen im Einklang mit den einzelstaatlichen verfassungsrechtlichen Bestimmungen und Rechtsvorschriften von den für sie arbeitenden Personen verlangen, dass sie sich loyal und aufrichtig iSd Ethos der Organisation verhalten.

Gegenüber der unionsrechtlichen Regelung des Art. 4 Abs. 2 RL 2000/78/EG enthält § 9 5
Abs. 1 AGG jedoch dahingehend eine **tatbestandliche Erweiterung**, als nicht nur die »Art der
Tätigkeit« die Unterscheidung rechtfertigen kann, sondern auch das **Selbstbestimmungsrecht**
der betreffenden Religionsgemeinschaft oder weltanschaulichen Vereinigung eine bestimmte Religion oder Weltanschauung als berufliche Anforderung festlegen kann. Die **unionsrechtliche Konformität** dieser vom Gesetzgeber im Hinblick auf das bundesdeutsche Verfassungsrecht bewusst geschaffenen Regelung (BT-Drucks. 16/1780 S. 35) ist umstritten (s.
Rdn 11 ff.).

Durch die Regelungen in § 9 AGG soll das durch Art. 140 GG iVm Art. 136 ff. WRV **verfas-** 6
sungsrechtlich geschützte Selbstbestimmungsrecht der Kirchen und der sonstigen Religionsgesellschaften sowie der Vereinigungen zur Pflege der Weltanschauung (Art. 137 Abs. 7 WRV) geschützt
werden (BT-Drucks. 16/1780 S. 35). Danach steht der Kirche die Regelungs- und Verwaltungsbefugnis nach Art. 137 Abs. 3 WRV nicht nur hinsichtlich ihrer körperschaftlichen Organisation und
ihrer Ämter zu, sondern auch hinsichtlich ihrer Vereinigungen, die sich nicht die allseitige, sondern
nur die partielle Pflege des religiösen Lebens ihrer Mitglieder zum Ziel gesetzt haben. Voraussetzung
dafür ist aber, dass der Zweck der Vereinigung gerade auf die Erreichung eines solchen Zieles gerichtet ist (BT-Drucks. 16/1780 S. 35).

B. Unterscheidung wegen der Religion oder der Weltanschauung (Abs. 1)

I. Anwendungsbereich

1. Religionsgemeinschaften und ihnen zugeordnete Einrichtungen

Die Vorschrift gilt für Religionsgemeinschaften und die ihnen zugeordneten Einrichtungen. Der Be- 7
griff der Religionsgemeinschaft entspricht dem der **Religionsgesellschaft iSd Art. 137 WRV**. Insofern kann auf die einschlägige verfassungsrechtliche Rechtsprechung verwiesen werden. Neben diesen werden auch die ihnen **zugeordneten Einrichtungen** unabhängig von ihrer Rechtsform erfasst.
Diese müssen nach kirchlichem Selbstverständnis ihrem Zweck oder ihrer Aufgabe entsprechend
berufen sein, ein Stück des Auftrags der Kirche wahrzunehmen und zu erfüllen (*BVerfG* 4.6.1985
EzA § 611 BGB Kirchliche Arbeitnehmer Nr. 24; zu den Voraussetzungen der Zuordnung HWK-*Rupp* Rn 2). Hierzu sind vor allem die Einrichtungen der Caritas und der Diakonie zu rechnen.
Allein eine wirtschaftliche Zielsetzung reicht nicht aus (ErfK-*Schlachter* Rn 2; *Rust/Falke/Stein*
Rn 149 ff., enger HaKo-AGG/*Wedde* Rn 25: bereits dann keine Anwendung der Regelung, wenn
der betriebswirtschaftliche Zweck hinter der religiösen Zielrichtung zurücktritt).

2. Vereinigungen zur gemeinschaftlichen Pflege einer Religion oder Weltanschauung

8 Weiterhin werden auch diejenigen Vereinigungen erfasst, »die sich die gemeinschaftliche Pflege einer Religion oder Weltanschauung zur Aufgabe machen«. Das sind diejenigen Zusammenschlüsse, die sich nur die **partielle Pflege des religiösen oder weltanschaulichen Lebens** ihrer Mitglieder zum Ziel gesetzt haben (s. dazu BVerfG 11.10.1977 BVerfGE 46, 73). Die erste Fallgestaltung betrifft vor allem mit den Kirchen organisatorisch oder institutionell verbundene Zusammenschlüsse wie kirchliche Orden oder Schwestergemeinschaften (*Adomeit/Mohr* Rn 11). Bei der Bestimmung des Adressatenkreises der Regelung ist die unionsrechtliche Vorgabe des Art. 4 Abs. 2 RL 2000/78/EG, der die Beibehaltung nationalstaatlicher Regelungen und Gepflogenheiten gestattet, zu beachten. Deshalb erscheint die Schaffung weiterer Ausnahmetatbestände, namentlich solcher, die auf eine rechtliche Zuordnung zur Kirche verzichten (s. Rdn 7), mit der Richtlinie nur schwer vereinbar und spricht insoweit für eine restriktive Auslegung der Vorschrift (s. auch HWK-*Rupp* Rn 3; ErfK-*Schlachter* Rn 2).

9 Weitere Adressaten der Vorschrift sind diejenigen Vereinigungen, die sich die gemeinsame Pflege einer Weltanschauung zur Aufgabe gemacht haben. Hintergrund dieser Regelung ist deren verfassungsrechtlicher Schutz durch Art. 140 GG iVm Art. 137 Abs. 7 WRV (zum Begriff der Weltanschauung s. KR-*Treber/Plum* § 1 AGG Rdn 28).

II. Gerechtfertigte berufliche Anforderung

1. Selbstbestimmungsrecht

10 Berufliche Anforderungen, die eine unterschiedliche Behandlung wegen der Religion oder der Weltanschauung rechtfertigen, können sich nach der ersten Fallgestaltung des § 9 Abs. 1 AGG aus dem **Selbstbestimmungsrecht** der Religions- oder Weltanschauungsgemeinschaft ergeben. Das entspricht der verfassungsgerichtlichen Rechtsprechung zur Selbstordnungs- und Selbstverwaltungsgarantie der Kirchen (*BVerfG* 4.6.1985 EzA § 611 BGB Kirchliche Arbeitnehmer Nr. 24 mwN; 22.10.2014 EzA § 611 BGB 2002 Kirchliche Arbeitnehmer Nr. 32; ausf. zum Selbstbestimmungsrecht der Kirchen bei der Personalauswahl *Richardi* Kirchliches Arbeitsrecht § 6 Rn 1 ff.). Danach obliegt es dem Selbstbestimmungsrecht der Kirchen, die Religion als berufliche Anforderung festzulegen, auch wenn der Bezug zur Religion nach der Art der Tätigkeit nicht erforderlich ist (*BVerfG* 22.10.2014 EzA § 611 BGB 2002 Kirchliche Arbeitnehmer Nr. 32). Demgegenüber lässt sich dem Wortlaut des Art. 4 Abs. 2 RL 2000/78/EG ein solches Alternativverhältnis von Selbstbestimmungsrecht einerseits und Art der Tätigkeit andererseits und damit ein genereller Vorbehalt zu Gunsten des Selbstbestimmungsrechts nicht unmittelbar entnehmen (s. nur ErfK-*Schlachter* Rn 3; *Kamanobrou* RdA 2006, 328; *Budde* AuR 2005, 356 ff.; *Belling* NZA 2004, 886 f.; *Däubler* RdA 2003, 208; iE auch *Schliemann* NZA 2003, 411; *ders.* FS Richardi S. 959 ff.; offen gelassen in *BAG* 25.4.2013 EzA § 611 BGB 2002 Kirchliche Arbeitnehmer Nr. 26).

11 Allerdings wird man in Anbetracht der Gesetzesbegründung nicht davon ausgehen können, der Gesetzgeber habe lediglich Art. 4 Abs. 2 RL 2000/78/EG umsetzen und nicht über diese Vorgaben hinausgehen wollen (so *BAG* 25.10.2018 – 8 AZR 501/14, Rn 26 ff.; HaKo-AGG/*Wedde* Rn 7 ff.). Er bezieht sich auf die einschlägige Rechtsprechung des BVerfG zum Selbstbestimmungsrecht der Kirchen (s. Rdn 2, 10) und in diesem Zusammenhang **ausdrücklich auf den Erwägungsgrund 24 der RL 2000/78/EG**, der klarstelle, dass die Europäische Union »den Status, den Kirchen und religiöse Vereinigungen oder Gemeinschaften in den Mitgliedstaaten nach deren Rechtsvorschriften genießen, achtet und ihn nicht beeinträchtigt und dass dies in gleicher Weise für den Status von weltanschaulichen Gemeinschaften gilt«. Weiter wird ausgeführt: »Der Erwägungsgrund lässt es deshalb zu, dass die Mitgliedstaaten in dieser Hinsicht spezifische Bestimmungen über die wesentlichen, rechtmäßigen und gerechtfertigten beruflichen Anforderungen beibehalten ...« (BT-Drucks. 16/1780 S. 35). Das verdeutlicht, dass der Gesetzgeber auch eine Unterscheidung wegen der Religion allein auf Grund des ausgeübten Selbstbestimmungsrechts der Kirchen zulassen wollte. Nach Art. 140 GG iVm Art. 137 Abs. 3 WRV obliegt es ihnen, »festzulegen, was die Glaubwürdigkeit

der Kirche und ihre Verkündigung erfordert, was spezifisch kirchliche Aufgaben sind, was Nähe zu ihnen bedeutet, welches die wesentlichen Grundsätze der Glaubens- und Sittenlehre sind, was als Verstoß gegen diese anzusehen ist und welches Gewicht diesem Verstoß aus kirchlicher Sicht zukommt« (*BVerfG* 22.10.2014 EzA § 611 BGB 2002 Kirchliche Arbeitnehmer Nr. 32). Für die Unionsrechtskonformität wird auch vertreten, dass die nach Art. 4 Abs. 2 RL 2000/78/EG wesentlichen beruflichen Anforderungen sich allein nach dem »**Ethos der Organisationen**« bestimmt werden können (*Mohr/v. Fürstenberg* BB 2008, 2124; aA *Fischermeier* FS Richardi, S. 884; *Schliemann* NZA 2003, 411). Weiterhin wird angenommen, Art. 4 Abs. 2 RL 2000/78/EG könne, auch im Hinblick auf die Erklärung Nr. 11 zum Vertrag von Amsterdam (BGBl. II 1998 S. 387) und den Erwägungsgrund Nr. 24 der RL 2000/78/EG, der sich auf diese bezieht, so ausgelegt werden, dass die Beibehaltung des Selbstbestimmungsrechts iSd deutschen Verfassungsverständnisses nicht unionsrechtswidrig ist (*Fischermeier* FS Richardi, S. 888; *ders.* ZMV-Sonderheft zur Fachtagung 2012, S. 30 ff.; *Joussen* NZA 2008, 678; s.a. *ders.* RdA 2003, 37; *Schoenauer* S. 136 f., 163 f.). Maßgebend – so die Folgerung – sei dann allein das nationale Staatskirchenrecht, in welches auch durch die Richtlinie nicht eingegriffen werden könne (*Schliemann* FS Richardi, S. 959, 970; aA *Deinert* EuZA 2009, 322, 336; *Pallasch* RdA 2014, 103, 107).

Im Hinblick auf den engeren Wortlaut von Art. 4 Abs. 2 RL 2000/78/EG wurde deshalb eine in Instanzrechtsprechung und Schrifttum **einschränkende unionsrechtskonforme Auslegung von § 9 Abs. 1 AGG** vertreten. Nach dem Wortlaut der Richtlinie, der die Verpflichtung der Mitgliedstaaten konkretisiert, sei es – auch unter Berücksichtigung des Erwägungsgrunds Nr. 24 RL 2000/78/EG – erforderlich, dass die Religion oder die Weltanschauung wegen der Art der Tätigkeit eine gerechtfertigte berufliche Anforderung darstellt (zuerst *ArbG Hmb.* 4.12.2007 AuR 2008, 109: es müsse sich um eine Beschäftigung im sog. verkündigungsnahen Bereich handeln; abl. *Theus/Eickmann* KHR 2008, 122; *Joussen* NZA 2008, 675; *Lelley* BB 2008, 1348; ebenso SSV-*Voigt* Rn 22 ff., insbes. Rn 24; HaKo-AGG/*Wedde* Rn 6 ff., 52; *v. Rotteken* Rn 41 f.; *Rust/Falke/Stein* Rn 111 ff.; iE auch *Bauer/Krieger/Günther* Rn 14 f.; aA *Fahrig/Stenslik* EuZA 2012, 200; *Fischermeier* FS Richardi, S. 883 ff.; *Schnabel* ZfA 2008, 413 ff.; *Mohr/v. Fürstenberg* BB 2008, 2122; *Richardi* ZfA 2008, 48 f.; ausf. auch *Fink-Jamann* S. 292 ff., 336, die allerdings meint, eine unionsrechtskonforme Auslegung sei nicht möglich). 12

Auf ein Vorabentscheidungsersuchen des Achten Senats des BAG zur **Auslegung von Art. 4 Abs. 2 RL 2000/78/EG** hatte der EuGH darüber zu befinden, ob die Kirche als Arbeitgeberin bzw. eine ihr zugeordnete Einrichtung verbindlich darüber bestimmen kann, ob »eine bestimmte Religion eines Bewerbers nach der Art der Tätigkeit oder der Umstände ihrer Ausübung eine wesentliche, rechtmäßige und gerechtfertigte berufliche Anforderung angesichts seines/ihres Ethos darstellt« (*BAG* 17.3.2016 BAGE 154, 285; dazu *Weis* EuZA 2017, 214 ff.; zum Verfahrensgang *Fuhlrott* NZA 2018, 573, 574). Weiterhin sollte in diesem Zusammenhang geklärt werden – entsprechend den Vorgaben des BVerfG zum Selbstbestimmungsrecht der verfassten Kirchen (*BVerfG* 22.10.2014 EzA § 611 BGB 2002 Kirchliche Arbeitnehmer Nr. 32) – ob allenfalls eine gerichtliche Plausibilitätskontrolle auf Grundlage des definierten kirchlichen Selbstverständnisses in Betracht kommt. Der Gerichtshof (*EuGH* 17.4.2018 EzA § 611 BGB 2002 Kirchliche Arbeitnehmer Nr. 41 »Egenbuerger«; dazu u.a. *Edenharter* DVBl. 2018, 867, *Fuhlrott* NZA 2018, 473; *Junker* NJW 2018, 1850; *Klocke/Wolters* BB 2018, 1460; *Reichold/Beer* NZA 2018, 681; abl. *Bauckhage-Hoffer* ZAT 2018, 70; krit. *Greiner* jM 2018, 233) verlangt bei Handlungen oder Entscheidungen der Kirche, die an eine bestimmte Religion anknüpfen, dass es sich um eine »**wesentliche, rechtmäßige und gerechtfertigte Anforderung**« für die Beschäftigung handeln muss, die mit dem Grundsatz der Verhältnismäßigkeit im Einklang steht und dies im Rahmen einer gerichtlichen Kontrolle geprüft werden kann. Art. 4 Abs. 2 RL 2000/78/EG, der auf die einzelstaatlichen Gepflogenheiten abstellt, kann – auch unter Berücksichtigung von Art. 47 GRC – nicht dahin verstanden werden, dass er den Mitgliedstaaten gestattet, die Einhaltung der Voraussetzungen nach dieser Bestimmung einer wirksamen gerichtlichen Kontrolle zu unterziehen. Zugleich betont der EuGH, dass **Art. 21 GRC** mit seinem Verbot einer Diskriminierung wegen der Religion oder der Weltanschauung als allgemeinem Grundsatz des Unionsrechts **zwingenden Charakter** hat und die nationalen Gerichte 13 erforderlichenfalls jede entgegenstehende nationale Vorschrift unangewendet bleiben muss. Ebenso gilt dies für den aus Art. 47 GRC erwachsenden Rechtsschutz. Damit stand die Unionsrechtskonformität von § 9 AGG insoweit auf dem Prüfstand, als das Selbstverständnis und das Selbstbestimmungsrecht der Kirche allein eine Rechtfertigung nach § 9 Abs. 1 Alt. 1 AGG nicht mehr begründen konnte (so *Bauschke* öAt 2018, 159, 160; *Junker* NJW 2018, 1850, 1982, *Reichold/Beer* NZA 2018, 681, 682 f.; *J. Schubert* NZA 2018, Heft 8, S. VI ff.; ebenso *Greiner* jm 2018, 223, 235, für den es allerdings »nicht fern liegt«, dass der EuGH »ultra vires« gehandelt habe. Unter Berücksichtigung von Art. 17 AEUV hätte der Gerichtshof Art. 4 RL 2000/78/EG dergestalt auslegen müssen, dass der Union die Kompetenz fehle, das gewachsene Staatskirchenrecht zu beschränken; ähnlich die Kritik bei *Bauckhage-Hoffer* ZAT 2018, 70; anders wohl *Fuhlrott* NZA 2018, 473, 475 »keine wesentlichen Auswirkungen«). Der Achte Senat des BAG hat daraufhin entschieden, dass § 9 Abs. 1 Alt. 1 AGG mit den unionsrechtlichen Vorgaben der Richtlinie 2000/78/EG nicht vereinbar ist und unangewendet bleiben muss. Die Vorschrift sei dahin auszulegen, dass es in dem Fall, dass eine Religionsgemeinschaft, kirchliche Einrichtung oder Vereinigung ihr Selbstbestimmungsrecht ausgeübt und die Zugehörigkeit zu einer Kirche als berufliche Anforderung bestimmt hat, für die Rechtfertigung einer Benachteiligung wegen der Religion weder auf die Art der Tätigkeit noch auf die Umstände ihrer Ausübung ankommt. In dieser Auslegung sei sie mit den unionsrechtlichen Vorgaben des Art. 4 Abs. 2 RL 2000/78/EG nicht vereinbar. Ihre unionsrechtskonforme Auslegung im Einklang mit Art. 4 Abs. 2 RL 2000/78/EG unter Beachtung der Rspr. des *EuGH* komme nicht in Betracht, weshalb sie unangewendet bleiben müsse (ausf. BAG 25.10.2018 – 8 AZR 501/14, BAGE 164, 117, Rn 24 ff.).

14 Mit einer weiteren Fragestellung zum kirchlichen Selbstbestimmungsrecht und zur Vereinbarkeit mit Art. 4 RL 2000/78/EG hat sich der EuGH aufgrund eines weiteres Vorabentscheidungsersuchens des Bundearbeitsgerichts befasst. Der Zweite Senat (BAG 28.7.2016 EzA § 611 BGB 2002 Kirchliche Arbeitnehmer Nr. 32a; dazu *Weis* EuZA 2017, 214; *Weirauch* ZESAR 2017, 176; *Gruber/Axtmann* ZMV 2017, 122) wollte geklärt wissen, ob Art. 4 Abs. 2 Unterabs. 2 RL 2000/79/EG dahingehend auszulegen ist, dass die Kirche für eine Einrichtung wie die Arbeitgeberin verbindlich bestimmen kann, bei dem **Verlangen nach loyalem Verhalten** zwischen Arbeitnehmern unterscheiden zu dürfen, je nachdem, ob sie der katholischen Kirche angehören oder nicht (s.a. Schlussantrag des *Gerneralanwalts Wathelet* v. 31.5.2018). Ausgangspunkt war die vom BVerfG aufgehobene Entscheidung des Senats (BAG 8.9.2011 EzA § 611 BGB 2002 Kirchliche Arbeitnehmer Nr. 21), der der Kündigungsschutzklage eines katholischen Chefarztes wegen einer Widerverheiratung stattgab, u.a. deshalb, weil gegenüber anderen, nicht-katholischen Chefärzten nach der kirchlichen Grundordnung keine solche Loyalitätsanforderung bestand. Geklärt werden sollte, in welchem Umfang die staatlichen Gerichte diese nach nationalem Verfassungsrecht zulässige Unterscheidung, die allein einer Plausibiltätskontrolle unterliegt (so *BVerfG* 22.10.2014 EzA § 611 BGB 2002 Kirchliche Arbeitnehmer Nr. 32), zu überprüfen haben und ob die autonome Bestimmung dessen, was ein loyales und aufrichtiges Verhalten iSd Ethos der Organisation darstellt, mit Art. 4 Abs. 2 Unterabs. 2 RL 2000/78/EG vereinbar ist. Der EuGH ist in seiner Entscheidung vom 11.9.2018 (C-68/17 »IR gegen JQ«) den Maßstäben in dem Urteil in Sachen »Egenberger« (Rdn 10) gefolgt.

2. Art der Tätigkeit

15 Eine unterschiedliche Behandlung wegen der Religion oder der Weltanschauung ist nach § 9 Abs. 1 Alt. 2 AGG zulässig, wenn eine bestimmte Religion oder Weltanschauung unter Beachtung des Selbstverständnisses der jeweiligen Religionsgemeinschaft oder Vereinigung nach Art der Tätigkeit eine **gerechtfertigte berufliche Anforderung** darstellt (zur beruflichen Anforderung s. KR-*Treber/Plum* § 8 AGG Rdn 3 ff.). Nach dem Wortlaut ist zwar anders als nach § 8 AGG nicht erforderlich, dass die berufliche Anforderung »wesentlich und entscheidend« ist. Nach der Rspr. des Achten Senats des BAG ist § 9 Abs. 1 Alt. 2 AGG aber unionsrechtskonform dahin auszulegen, dass eine unterschiedliche Behandlung wegen der Religion oder der Weltanschauung zulässig ist, wenn eine bestimmte Religion oder Weltanschauung unter Beachtung des Selbstverständnisses der jeweiligen Religionsgemeinschaft oder Vereinigung nach der Art der Tätigkeit oder den Umständen

ihrer Ausübung eine wesentliche, rechtmäßige und gerechtfertigte berufliche Anforderung darstellt. Damit hänge es von der »Art« der jeweiligen Tätigkeit oder den »Umständen ihrer Ausübung« ab, ob eine bestimmte Religion oder Weltanschauung eine zulässige berufliche Anforderung iSd. § 9 Abs. 1 Alt. 2 AGG darstellen könne. Erforderlich sei das objektiv überprüfbare Vorliegen eines direkten Zusammenhangs zwischen der beruflichen Anforderung und der jeweiligen Tätigkeit. »Wesentlich« sei die berufliche Anforderung, wenn sie aufgrund der Bedeutung der jeweiligen Tätigkeit für die Bekundung des Ethos des jeweiligen Arbeitgebers oder die Ausübung seines Rechts auf Autonomie notwendig erscheinen müsse. »Rechtmäßig« sei sie, wenn sie nicht zur Verfolgung eines sachfremden Ziels ohne Bezug zu diesem Ethos oder zur Ausübung dieses Rechts diene. »Gerechtfertigt« sei sie, wenn der jeweilige Arbeitgeber im Licht der tatsächlichen Umstände des Einzelfalls dartun könne, dass die Gefahr einer Beeinträchtigung seines Ethos oder seines Rechts auf Autonomie wahrscheinlich und erheblich sei, so dass sie sich als tatsächlich notwendig erweise. Schließlich müsse die berufliche Anforderung auch mit dem Grundsatz der Verhältnismäßigkeit im Einklang stehen (ausf. *BAG* 25.10.2018 – 8 AZR 501/14, BAGE 164, 117, Rn 62 ff.).

C. Loyales und aufrichtiges Verhalten (Abs. 2)

Nach § 9 Abs. 2 AGG berührt das Verbot unterschiedlicher Behandlung wegen der Religion oder der Weltanschauung nicht das Recht der Religionsgemeinschaften und der ihnen zugeordneten Einrichtungen oder der Vereinigungen, die sich die gemeinschaftliche Pflege einer Religion oder Weltanschauung zur Aufgabe machen, von ihren Beschäftigten ein **loyales und aufrichtiges Verhalten im Sinne ihres jeweiligen Selbstverständnisses verlangen** zu können. Die Vorschrift regelt die Zulässigkeit spezifischer Verhaltensanforderungen (*BAG* 24.9.2014 EzA § 611 BGB 2002 Kirchliche Arbeitnehmer Nr. 33: Tragen eines Kopftuchs als religiöse Bekundung in einer Einrichtung der Evangelischen Kirche, dazu *Glatzel* NZA-RR 2015, 293 ff.; krit. *Roßbruch* PflR 2015, 26 f.; zu Homosexualität als Kündigungsgrund *Pallasch* NZA 2013, 1176, 1179 ff.; zu Loyalitätspflichten infolge eines Betriebsübergangs KR-*Treber/Plum* § 8 AGG Rdn 11 mwN). Die genannten Gemeinschaften können die betreffenden Verhaltensanforderungen selbst festlegen (*BVerfG* 22.10.2014 EzA § 611 BGB 2002 Kirchliche Arbeitnehmer Nr. 32; *BAG* 25.4.2013 EzA § 611 BGB 2002 Kirchliche Arbeitnehmer Nr. 28; 21.2.2001 EzA § 611 BGB Kirchliche Arbeitnehmer Nr. 47). Dabei war es den staatlichen Gerichten auf Grundlage von Art. 140 GG iVm Art. 137 Abs. 3 WRV verwehrt, die eigene Einschätzung über die Nähe der von einem Arbeitnehmer bekleideten Stelle zum Heilsauftrag und die der auferlegten Loyalitätsobliegenheit im Hinblick auf Glaubwürdigkeit oder Vorbildfunktion innerhalb der Dienstgemeinschaft an die Stelle der durch die verfasste Kirche getroffenen Einschätzung zu stellen. Eine Gesamtabwägung nach dem Grundsatz der praktischen Konkordanz – Selbstbestimmung der Kirchen sowie Interessen und Grundrecht des Arbeitnehmers – war erst in einem zweiten Prüfungsschritt vorzunehmen (*BVerfG* 22.10.2014 EzA § 611 BGB 2002 Kirchliche Arbeitnehmer Nr. 32, dazu *Edenharter* NZA 2014, 1378 ff.; *Rixen* JZ 2015, 202 ff.; *Thüsing* ZAT 2014, 193 ff.; krit. *Schmitz-Scholemann* ZAT 2015, 43 f.; zur Abwägung s.a. *EGMR* 12.6.2014 NZA 2015, 533; krit. *Lörcher* AuR 2014, 430 f.). Nach der Rspr. des Zweiten Senats des *BAG* ist § 9 Abs. 2 AGG aber aufgrund unionsrechtlicher Vorgaben dahin auszulegen, dass der jeweilige Arbeitgeber nur dann das Recht hat, von seinen Beschäftigten ein loyales und aufrichtiges Verhalten im Sinne seines jeweiligen Selbstverständnisses zu verlangen, wenn die Religion oder Weltanschauung im Hinblick auf die Art der jeweiligen Tätigkeit oder die Umstände ihrer Ausübung eine berufliche Anforderung ist, die angesichts des Ethos des jeweiligen Arbeitgebers wesentlich, rechtmäßig und gerechtfertigt ist und dem Grundsatz der Verhältnismäßigkeit entspricht. Die Frage, ob diese Kriterien erfüllt sind, obliege dabei der wirksamen gerichtlichen Kontrolle (ausf. *BAG* 20.2.2019 – 2 AZR 746/19, BAGE 166, 1, Rn 17 ff.).

Die Regelung gestattet nach ihrem Wortlaut – »das Verbot unterschiedlicher Behandlung wegen der Religion oder der Weltanschauung berührt nicht« – nur **unterschiedliche Behandlungen wegen der Religion oder Weltanschauung** (*Kamanabrou* RdA 2006, 328, ErfK-*Schlachter* Rn 5; HaKo-AGG/ *Wedde* Rn 74; HWK-*Rupp* Rn 5; krit. *Thüsing* Rn 489: Verkürzung des kirchlichen Selbstbestimmungsrechts). § 9 Abs. 2 AGG ist damit hinsichtlich der Benachteiligungsgründe enger gefasst als

§ 10 AGG Zulässige unterschiedliche Behandlung wegen des Alters

Art. 4 Abs. 3 S. 3 RL 2000/78/EG, der hinsichtlich der Loyalitätsanforderungen Ausnahmen von allen Benachteiligungsgründen gestattet (*Kamanabrou* RdA 2006, 328; aA ErfK-*Schlachter* Rn 5, die Art. 4 Abs. 2 S. 2 aE RL auch auf S. 3 der Vorschrift bezieht).

18 Soweit eine **Benachteiligung aus anderen Gründen iSd § 1 AGG** im Raum steht, ist eine Rechtfertigung aus anderen Gründen erforderlich. Das können berufliche Anforderungen nach § 8 AGG sein (*Thüsing* Rn 490; *Link* GD Blomeyer, 2004, S. 687). Ein anderes könnte sich nur durch eine im Hinblick auf das kirchliche Selbstbestimmungsrecht (s.a. ErfK-*Schlachter* Rn 5, die bei anderen Gründen des § 1 AGG zu Recht einen Konflikt mit der grundrechtlich geschützten Kirchenautonomie sieht) extensive Auslegung des § 9 Abs. 2 AGG ergeben (dafür HWK-*Rupp* Rn 5; *Thüsing* Rn 490 f.).

§ 10 AGG Zulässige unterschiedliche Behandlung wegen des Alters

(1) ¹Ungeachtet des § 8 ist eine unterschiedliche Behandlung wegen des Alters auch zulässig, wenn sie objektiv und angemessen und durch ein legitimes Ziel gerechtfertigt ist. ²Die Mittel zur Erreichung dieses Ziels müssen angemessen und erforderlich sein. ³Derartige unterschiedliche Behandlungen können insbesondere Folgendes einschließen:
1. die Festlegung besonderer Bedingungen für den Zugang zur Beschäftigung und zur beruflichen Bildung sowie besonderer Beschäftigungs- und Arbeitsbedingungen, einschließlich der Bedingungen für Entlohnung und Beendigung des Beschäftigungsverhältnisses, um die berufliche Eingliederung von Jugendlichen, älteren Beschäftigten und Personen mit Fürsorgepflichten zu fördern oder ihren Schutz sicherzustellen,
2. die Festlegung von Mindestanforderungen an das Alter, die Berufserfahrung oder das Dienstalter für den Zugang zur Beschäftigung oder für bestimmte mit der Beschäftigung verbundene Vorteile,
3. die Festsetzung eines Höchstalters für die Einstellung auf Grund der spezifischen Ausbildungsanforderungen eines bestimmten Arbeitsplatzes oder auf Grund der Notwendigkeit einer angemessenen Beschäftigungszeit vor dem Eintritt in den Ruhestand,
4. die Festsetzung von Altersgrenzen bei den betrieblichen Systemen der sozialen Sicherheit als Voraussetzung für die Mitgliedschaft oder den Bezug von Altersrente oder von Leistungen bei Invalidität einschließlich der Festsetzung unterschiedlicher Altersgrenzen im Rahmen dieser Systeme für bestimmte Beschäftigte oder Gruppen von Beschäftigten und die Verwendung von Alterskriterien im Rahmen dieser Systeme für versicherungsmathematische Berechnungen,
5. eine Vereinbarung, die die Beendigung des Beschäftigungsverhältnisses ohne Kündigung zu einem Zeitpunkt vorsieht, zu dem der oder die Beschäftigte eine Rente wegen Alters beantragen kann; § 41 des Sechsten Buches Sozialgesetzbuch bleibt unberührt,
6. Differenzierungen von Leistungen in Sozialplänen im Sinne des Betriebsverfassungsgesetzes, wenn die Parteien eine nach Alter oder Betriebszugehörigkeit gestaffelte Abfindungsregelung geschaffen haben, in der die wesentlich vom Alter abhängenden Chancen auf dem Arbeitsmarkt durch eine verhältnismäßig starke Betonung des Lebensalters erkennbar berücksichtigt worden sind, oder Beschäftigte von den Leistungen des Sozialplans ausgeschlossen haben, die wirtschaftlich abgesichert sind, weil sie, gegebenenfalls nach Bezug von Arbeitslosengeld, rentenberechtigt sind.

Übersicht	Rdn		Rdn
A. Grundlagen	1	C. Beispielskatalog (S. 3)	15
B. Generalklausel (§ 10 S. 1 und S. 2 AGG)	4	I. Besondere Zugangs- und Beschäftigungsbedingungen (Nr. 1)	15
I. Legitimes Ziel	5	II. Beendigungsnormen wegen des Alters (Nr. 5)	17
II. Angemessenheit und Erforderlichkeit der Mittel zur Erreichung des legitimen Ziels	11	D. Weitere Fälle	21
		E. Darlegungs- und Beweislast	23

A. Grundlagen

Die Vorschrift regelt die **Rechtfertigung einer unterschiedlichen Behandlung wegen des Alters**. 1
Mit ihr wird Art. 6 RL 2000/78/EG unionsrechtskonform (*EuGH* 21.7.2011 EzA Richtlinie 2000/
78/ EG EG-Vertrag 1999 Nr. 20; 12.10.2010 EzA § 620 BGB 2002 Altersgrenze Nr. 9; *BAG*
21.9.2011 ZTR 2012, 88; 8.12.2010 EzA § 620 BGB 2002 Altersgrenze Nr. 10) umgesetzt (krit.
HaKo-AGG/*Brors* Rn 4 ff.). Die Vorschrift steht als eigenständige Regelung neben den anderen
möglichen Rechtfertigungsgründen nach §§ 5, 8 AGG (»ungeachtet«) oder der Rechtfertigung
einer mittelbaren Benachteiligung nach § 3 Abs. 2 AGG. Allerdings wird in § 10 AGG die Systematik der Richtlinie nicht vollständig beibehalten (krit. daher HaKo-AGG/*Brors* Rn 4; *Preis* NZA
2006, 406). § 10 S. 3 Nr. 4 AGG betreffend die betriebliche Altersversorgung wird anders als in
Art. 6 Abs. 2 RL 2000/78/EG nicht als eigenständige Regelung, sondern als weiteres Beispiel zur
Generalklausel des § 10 S. 1 AGG aufgeführt (s. auch SSP-*Plum* Rn 47). Die weiteren Beispielsfälle
in § 10 S. 3 Nr. 5 und Nr. 6 AGG gehen über die Richtlinientexte hinaus und haben in ihnen keine
Entsprechung. Die vormaligen Regelungen in § 10 S. 3 Nr. 6 und Nr. 7 AGG aF wurden unmittelbar nach Inkrafttreten des AGG ersatzlos aufgehoben (s. KR-*Treber/Plum* § 1 AGG Rdn 1).

Eine unmittelbare Anknüpfung an das Alter ist nach der **Generalklausel** in § 10 S. 1 und S. 2 AGG 2
zulässig, wenn sie objektiv und angemessen und durch ein legitimes Ziel gerechtfertigt ist. Die
Mittel zur Erreichung dieses Ziels müssen angemessen und erforderlich sein. Ergänzt wird die Generalklausel durch die in den **Nrn. 1 bis 6 genannten Beispiele**, die keinen abschließenden Katalog
enthalten (»insbesondere«, vgl. *BAG* 6.4.2011 EzA § 620 BGB Hochschulen Nr. 7; 22.1.2009 EzA
§ 15 AGG Nr. 1). Ein solcher ist unionsrechtlich nicht geboten (*EuGH* 5.3.2009 EzA EG-Vertrag
1999 Richtlinie 2000/78 Nr. 9; *BAG* 25.2.2010 EzA § 10 AGG Nr. 3 mwN).

Der Gesetzgeber hat es unterlassen, einzelne Regelungen des nationalen Rechts auf ihre Vereinbar- 3
keit mit dem Benachteiligungsverbot wegen des Alters und möglicher Rechtfertigung, namentlich
im Hinblick auf die in Art. 6 Abs. 1 RL 2000/78/EG genannten beschäftigungspolitischen Erwägungen sowie die arbeitsmarktpolitischen oder berufsbezogenen Gründe, zu überprüfen (krit.
Preis NZA 2006, 409; *Reichold/Hahn/Heinrich* NZA 2005, 1270; *Bertelsmann* ZESAR 2005, 242;
HaKo-AGG/*Brors* Rn 7). Dies führt dazu, dass eventuelle **Widersprüche des nationalen Rechts
mit den Regelungen des AGG** oder den zugrundeliegenden Richtlinien stets **im Einzelfall zu überprüfen** sind (ausf. KR-*Rachor* § 1 KSchG Rdn 732 ff.).

B. Generalklausel (§ 10 S. 1 und S. 2 AGG)

Die **Prüfung der Rechtfertigung** einer unterschiedlichen Behandlung wegen des Alters nach § 10 4
S. 1 und S. 2 AGG erfolgt **in drei Schritten**. Die unterschiedliche Behandlung muss erstens durch
ein legitimes Ziel gerechtfertigt sein (§ 10 S. 1 AGG). Die Mittel zur Erreichung dieses Ziels müssen zweitens angemessen und drittens erforderlich sein (§ 10 S. 2 AGG). Nach Art. 6 Abs. 1 Unterabs. 1 RL 2000/78/EG und § 10 S. 1 AGG muss die unterschiedliche Behandlung wegen des Alters
zudem objektiv und angemessen sein. Diese Voraussetzung hat bislang aber weder in der Rspr. des
EuGH noch des BAG eine eigenständige Bedeutung erlangt (dazu iE SSP-*Plum* Rn 16).

I. Legitimes Ziel

Eine unterschiedliche Behandlung wegen des Alters ist nach § 10 S. 1 AGG zunächst nur zulässig, 5
wenn sie durch ein »**legitimes Ziel**« gerechtfertigt ist. Für die Konkretisierung des Begriffs ist auf
Art. 6 Abs. 1 Unterabs. 1 RL 2000/78/EG zurückzugreifen (st.Rspr., zB *BAG* 11.12.2018 – 9 AZR
161/18, Rn 36; 27.4.2017 – 6 AZR 119/16, BAGE 159, 92, Rn 33; 11.8.2016 – 8 AZR 4/15,
BAGE 156, 71, Rn 103 f.). Legitime Ziele im Sinne dieser Vorschrift sind solche, die als geeignet
angesehen werden können, eine Ausnahme vom Grundsatz des Verbots von Diskriminierungen
aus Gründen des Alters zu rechtfertigen (st.Rspr., zB *EuGH* 6.11.2012 – C-286/12 [Kommission/
Ungarn], Rn 60; 13.9.2011 – C-447/09 [Prigge u.a.], Rn 81; *BAG* 26.1.2017 – 8 AZR 848/13,
Rn 111; 15.12.2016 – 8 AZR 454/15, BAGE 157, 296, Rn 70).

§ 10 AGG Zulässige unterschiedliche Behandlung wegen des Alters

6   Nach Art. 6 Abs. 1 Unterabs. 1 RL 2000/78/EG sind unter »legitimen Zielen« insbesondere rechtmäßige Ziele aus den Bereichen Beschäftigungspolitik, Arbeitsmarkt und berufliche Bildung zu verstehen. Diese Aufzählung ist zwar nicht abschließend (*EuGH* 13.9.2011 – C-447/09 [Prigge u.a.], Rn 80). Der EuGH und ihm folgend auch das BVerfG und das BAG leiten aus ihr aber dennoch ab, dass **nur sozialpolitische Ziele** wie solche aus den genannten Bereichen legitim iSv Art. 6 Abs. 1 Unterabs. 1 RL 2000/78/EG und § 10 S. 1 AGG sind (st.Rspr. zB *EuGH* 6.11.2012 – C-286/12 [Kommission/Ungarn], Rn 60; 13.9.2011 – C-447/09 [Prigge u.a.], Rn 81; *BVerfG* 21.4.2015 – 2 BvR 1322/12 u.a., BVerfGE 139, 19, Rn 64; 26.8.2013 – 2 BvR 441/13, Rn 29; 24.10.2011 – 1 BvR 1103/11, Rn 15; *BAG* 16.7.2019 – 1 AZR 842/16, Rn 30; 11.12.2018 – 3 AZR 400/17, Rn 26; 16.10.2018 – 3 AZR 520/17, Rn 34; 26.4.2018 – 3 AZR 19/17, Rn 35; 20.2.2018 – 3 AZR 43/17, BAGE 162, 36, Rn 26; 26.9.2017 – 3 AZR 72/16, BAGE 160, 255, Rn 49; 26.1.2017 – 8 AZR 848/13, Rn 111; im Ergebnis auch 3.6.2020 – 3 AZR 226/19, Rn 34; 19.12.2019 – 3 AZR 215/18, BAGE 165, 357, Rn 38). Es muss sich daher um **im Allgemeininteresse stehende Ziele** handeln, die sich von rein individuellen Beweggründen, die der Situation des Arbeitgebers eigen sind, wie Kostenreduzierung oder Verbesserung der Wettbewerbsfähigkeit, unterscheiden. Dies schließt freilich nicht aus, bei der Verfolgung solcher Ziele den Arbeitgebern einen gewissen Grad an Flexibilität einzuräumen (vgl. *EuGH* 21.7.2011 – C-159/10 u.a. [Fuchs und Köhler], Rn 52; 5.3.2009 – C-388/07 [Age Concern England], Rn 46; *BAG* 25.10.2017 – 7 AZR 632/15, Rn 48; 26.1.2017 – 8 AZR 848/13, Rn 111). Eine unabhängig von Allgemeininteressen verfolgte Zielsetzung eines einzelnen Arbeitgebers kann aber keine unterschiedliche Behandlung wegen des Alters nach § 10 S. 1 AGG rechtfertigen (*BAG* 26.1.2017 – 8 AZR 848/13, Rn 111; 15.12.2016 – 8 AZR 454/15, BAGE 157, 296, Rn 70; im Ergebnis wohl auch 24.1.2013 - 8 AZR 429/11, Rn 45; 22.1.2009 – 8 AZR 906/07, BAGE 129, 181, Rn 53, wonach auch gesetzlich anerkannte betriebs- und unternehmensbezogene Interessen legitime Ziele iSv § 10 S. 1 AGG sind). Gleiches gilt selbstverständlich für **rechtswidrige Ziele** (*BAG* 22.1.2009 – 8 AZR 906/07, BAGE 129, 181, Rn 44).

7   Welches konkrete Ziel aus dem Bereich der Arbeits- und Sozialpolitik mit einer unterschiedlichen Behandlung wegen des Alters verfolgt werden soll, muss **nicht ausdrücklich angegeben werden**. Es reicht aus, dass andere aus dem allgemeinen Kontext der betreffenden Maßnahme abgeleitete Anhaltspunkte die Feststellung des hinter ihr stehenden Ziels ermöglichen (st.Rspr. zB *EuGH* 13.11.2014 – C-416/13 [Vital Pérez], Rn 62; 6.11.2012 – C-286/12 [Kommission/Ungarn], Rn 58; *BAG* 3.6.2020 – 3 AZR 226/19, Rn 35; 16.7.2019 – 1 AZR 842/16, Rn 16; 19.2.2019 – 3 AZR 215/18, BAGE 165, 357, Rn 39; 22.1.2019 – 3 AZR 560/17, BAGE 165, 74, Rn 45; 11.12.2018 – 3 AZR 400/17, Rn 27). Die Mitgliedstaaten und die Sozialpartner, zu denen sowohl die Tarif- als auch die Betriebsparteien zählen (vgl. *EuGH* 6.12.2012 – C-152/11 [Odar], Rn 34, 38, 47 und 53; 8.9.2011 – C-297/10 u.a. [Hennigs und Mai], Rn 62 ff.; *BAG* 13.10.2015 – 1 AZR 853/13, BAGE 153, 46, Rn 20), verfügen zudem über einen **weiten Ermessensspielraum** bei der Entscheidung darüber, welches konkrete Ziel aus dem Bereich der Arbeits- und Sozialpolitik sie mit einer bestimmten unterschiedlichen Behandlung wegen des Alters verfolgen wollen (st.Rspr. vgl. etwa *EuGH* 2.4.2020 – C-670/18 [Comune di Gesturi]. Rn 42; 27.2.2020 – C-773/18 u.a. [Land Sachsen-Anhalt (Besoldung der Beamten und Richter)], Rn 42; 19.12.2018 – C-312/18 [Bedi], Rn 59; 14.3.2018, C-482/16 [Stollwitzer], Rn 45; 28.2.2018, C-46/17 [John], Rn 25; *BAG* 5.9.2019 – 6 AZR 533/18, BAGE 167, 382, Rn 26; 16.7.2019 – 1 AZR 842/16, Rn 32). Gleiches gilt für Ziele, die der Arbeitgeber mit einer arbeitsvertraglichen Regelung verfolgt (vgl. *EuGH* 26.9.2013 – C-476/11 [HK Danmark], Rn 61; *BAG* 25.10.2017 – 7 AZR 632/15, Rn 48; 9.12.2015 – 7 AZR 68/14, Rn 36; 21.10.2014 – 9 AZR 956/12, BAGE 149, 315, Rn 18). Im konkreten Einzelfall haben die **nationalen Gerichte** zu prüfen, welches konkrete Ziel eine unterschiedliche Behandlung wegen des Alters verfolgt (vgl. zB *EuGH* 21.7.2011 – C-159/10 u.a. [Fuchs und Köhler], Rn 71; *BAG* 27.4.2017 – 2 AZR 67/16, BAGE 159, 82, Rn 20). Ebenso obliegt ihnen die Prüfung, ob dieses Ziel legitim iSv § 10 S. 1 AGG und Art. 6 Abs. 1 Unterabs. 1 RL 2000/78/EG ist (vgl. zB *EuGH* 5.3.2009 – C-388/07 [Age Concern England], Rn 49; *BAG* 27.4.2017 – 2 AZR 67/16, BAGE 159, 82, Rn 20).

8   Bei der Prüfung der Legitimität eines Ziels ist zu berücksichtigen, dass sozialpolitische Ziele und die Mittel zu ihrer Erreichung im konkreten Einzelfall regelmäßig durch **administrative, politische,**

wirtschaftliche, soziale, demografische, arbeitsmarkt- oder haushaltsbezogene Erwägungen veranlasst sind (vgl. *EuGH* 5.7.2012 – C-141/11 [Hörnfeldt], Rn 28; 21.7.2011 – C-159/10 u.a. [Fuchs und Köhler], Rn 65; 12.10.2010 – C-45/09 [Rosenbladt], Rn 44; 16.10.2007 – C-411/05 [Palacios de la Villa], Rn 69.). Solche Erwägungen können deshalb Berücksichtigung finden. Sie müssen aber das allgemeine Verbot der Diskriminierung wegen des Alters beachten. Administrative und haushaltsbezogene Erwägungen können daher zwar sozialpolitischen Zielen zugrunde liegen und die Art oder das Ausmaß der Mittel zu ihrer Erreichung beeinflussen. Für sich allein sind sie aber keine legitimen Ziele iSv Art. 6 Abs. 1 Unterabs. 1 RL 2000/78/EG (*EuGH* 8.5.2019 – C-24/17 [Österreichischer Gewerkschaftsbund], Rn 40; 8.5.2019 – C-396/17 [Leitner], Rn 43; 28.1.2015 – C-417/13 [Starjakob], Rn 36; 11.11.2014 – C-530/13 [Schmitzer], Rn 41).

Schlussfolgerungen auf die Legitimität eines Ziels lässt die **Aufzählung von Tatbeständen**, die 9 eine zulässige unterschiedliche Behandlung wegen des Alters darstellen können, in Art. 6 Abs. 1 Unterabs. 2 RL 2000/78/EG und § 10 S. 3 AGG zu. Soweit darin **Ziele** genannt sind, ist davon auszugehen, dass diese Ziele legitim und grundsätzlich geeignet sind, eine unterschiedliche Behandlung wegen des Alters objektiv und angemessen zu rechtfertigen (vgl. *EuGH* 26.2.2015 – C-515/13 [Ingeniørforeningen i Danmark], Rn 23 f.; 13.11.2014 – C-416/13 [Vital Pérez], Rn 65). Soweit darin **Mittel zur Zielerreichung** genannt sind, ist grundsätzlich davon auszugehen, dass diese Mittel objektiv und angemessen und durch ein legitimes Ziel gerechtfertigt sind (vgl. zB *BAG* 19.2.2019 – 3 AZR 215/18, BAGE 165, 357, Rn 31; 22.1.2019 – 3 AZR 560/17, BAGE 165, 74, Rn 38; 11.12.2018 – 3 AZR 400/17, Rn 22; 16.10.2018 – 3 AZR 520/17, Rn 30; 26.4.2018 – 3 AZR 19/17, Rn 29).

Legitime Ziele iSv § 10 S. 1 AGG und Art. 6 Abs. 1 Unterabs. 1 RL 2000/78/EG sind zB (s. für 10 weitere Bsp. SSP-*Plum* Rn 22)
– die Förderung der beruflichen Eingliederung und der Schutz von Jugendlichen, älteren Beschäftigten und Personen mit Fürsorgepflichten (§ 10 Satz 3 Nr. 1 AGG; vgl. *EuGH* 19.7.2017 – C-143/16 [Abercrombie & Fitch Italia], Rn 38; 10.11.2016 – C-548/15 [de Lange], Rn 27; *BAG* 27.4.2017 – 6 AZR 119/16, BAGE 159, 92, Rn 34; 15.11.2016 – 9 AZR 534/15, Rn 19; zu Altersgrenzen Rdn 20);
– die Erleichterung und Förderung von Einstellungen bzw. des Eintritts in den Arbeitsmarkt, insbesondere jüngerer Menschen (vgl. *EuGH* 19.7.2017 – C-143/16 [Abercrombie & Fitch Italia], Rn 37 ff.; zu Altersgrenzen Rdn 20);
– die Hilfe bei der beruflichen Wiedereingliederung von Arbeitnehmern mit langer Betriebszugehörigkeit (*EuGH* 26.2.2015 – C-515/13 [Ingeniørforeningen i Danmark], Rn 22);
– der Schutz von Arbeitnehmern mit langer Betriebszugehörigkeit (*EuGH* 26.2.2015 – C-515/13 [Ingeniørforeningen i Danmark], Rn 22);
– die Herstellung einer ausgewogeneren Altersstruktur (*EuGH* 6.11.2012 – C-286/12 [Kommission/Ungarn], Rn 62; 21.7.2011 – C-159/10 u.a. [Fuchs und Köhler], Rn 50);
– die Berücksichtigung der vom Alter abhängenden Chancen auf dem Arbeitsmarkt (§ 10 Satz 3 Nr. 6 Alt. 1 AGG; vgl. *BAG* 23.02.2010 – 1 AZR 832/08, Rn 20; zur Sozialauswahl Rdn 21);
– die Berücksichtigung der wirtschaftlichen Absicherung von Beschäftigten (§ 10 Satz 3 Nr. 6 Alt. 2 AGG; vgl. *BAG* 23.02.2010 – 1 AZR 832/08, Rn 20);
– der Ausgleich oder die Milderung der wirtschaftlichen Nachteile der Arbeitnehmer infolge einer Betriebsänderung i.S.v. § 111 Satz 1 BetrVG (vgl. *EuGH* 6.12.2012 – C-152/11 [Odar], Rn 38 ff.).

II. Angemessenheit und Erforderlichkeit der Mittel zur Erreichung des legitimen Ziels

Die Mittel zur Erreichung des legitimen Ziels iSv § 10 S. 1 AGG und Art. 6 Abs. 1 Unterabs. 1 11 RL 2000/78/EG müssen angemessen und erforderlich sein. Der Prüfung ist jeweils das mit der unterschiedlichen Behandlung wegen des Alters **konkret verfolgte Ziel** zugrunde zu legen (vgl. *EuGH* 19.7.2017 – C-143/16 [Abercrombie & Fitch Italia], Rn 41 ff.; 5.5.2015 – C-20/13 [Unland], Rn 43; *BAG* 11.12.2018 – 9 AZR 161/18, Rn 35; 26.1.2017 – 8 AZR 848/13, Rn 112).

Die Mittel sind zur Erreichung des Ziels **angemessen**, wenn sie geeignet sind, das mit der unterschiedlichen Behandlung wegen des Alters verfolgte Ziel zu erreichen (vgl. *EuGH* 19.7.2017 – C-143/16 [Abercrombie & Fitch Italia], Rn 41; 10.11.2016 – C-548/15 [de Lange], Rn 29; *BAG* 26.04.2018 – 3 AZR 19/17, Rn 40; 26.1.2017 – 8 AZR 848/13, Rn 112). Dazu müssen sie dem Anliegen tatsächlich gerecht werden, dieses Ziel in kohärenter und systematischer Weise zu erreichen (*EuGH* 26.9.2013 – C-476/11 [HK Danmark], Rn 67; 21.7.2011 – C-159/10 u.a. [Fuchs und Köhler], Rn 85). Die Kohärenz können im konkreten Einzelfall Ausnahmeregelungen beeinträchtigen, insbesondere wenn sie wegen ihres Umfangs zu einem Ergebnis führen, das dem mit dem Mittel verfolgten Ziel widerspricht (vgl. *EuGH* 21.7.2011 – C-159/10 u.a. [Fuchs und Köhler], Rn 86). **Erforderlich** iSv § 10 S. 2 AGG und Art. 6 Abs. 1 Unterabs. 1 RL 2000/78/EG sind die Mittel, wenn sie weder über das hinausgehen, was zur Erreichung des verfolgten Ziels notwendig ist, noch zu einer übermäßigen Beeinträchtigung der legitimen Interessen der benachteiligten Personen führen (vgl *EuGH* 10.11.2016 – C-548/15 [de Lange], Rn 29, 34; 26.2.2015 – C-515/13 [Ingeniørforeningen i Danmark], Rn 25, 29 ff., 44; 6.11.2012 – C-286/12 [Kommission/Ungarn], Rn 66; *BAG* 26.04.2018 – 3 AZR 19/17, Rn 40 f.; 26.1.2017 – 8 AZR 848/13, Rn 112). Dabei sind sie in dem Kontext zu betrachten, in den sie sich einfügen, wobei sowohl die Nachteile, die sie für die Betroffenen bewirken können, als auch die Vorteile, die sie für die Gesellschaft im Allgemeinen und die diese bildenden Individuen bedeuten, zu berücksichtigen sind (vgl. *EuGH* 6.11.2012 – C-286/12 [Kommission/Ungarn], Rn 66; 5.7.2012 – C-141/11 [Hörnfeldt], Rn 38; 12.10.2010 – C-45/09 [Rosenbladt], Rn 73).

12 Die Mitgliedstaaten und die Sozialpartner, zu denen auch die Betriebsparteien zählen (vgl. *EuGH* 6.12.2012 – C-152/11 [Odar], Rn 34, 38, 47 und 53), verfügen auch bei der Festlegung der Mittel zur Erreichung eines konkreten Ziels aus dem Bereich der Arbeits- und Sozialpolitik über einen weiten **Ermessensspielraum** (st.Rspr., vgl. zB *EuGH* 2.4.2020 – C-670/18 [Comune di Gesturi]. Rn 42; 27.2.2020 – C-773/18 u.a. [Land Sachsen-Anhalt (Besoldung der Beamten und Richter)], Rn 42; 19.12.2018 – C-312/18 [Bedi], Rn 59; 14.3.2018, C-482/16 [Stollwitzer], Rn 45; 28.2.2018, C-46/17 [John], Rn 25; 5.5.2015 – C-20/13 [Unland], Rn 57; *BAG* 5.9.2019 – 6 AZR 533/18, BAGE 167, 382, Rn 26; 16.7.2019 – 1 AZR 842/16, Rn 32).Gleiches gilt für Ziele, die der Arbeitgeber mit einer arbeitsvertraglichen Regelung verfolgt (vgl. *EuGH* 26.9.2013 – C-476/11 [HK Danmark], Rn 61; *BAG* 25.10.2017 – 7 AZR 632/15, Rn 48; 9.12.2015 – 7 AZR 68/14, Rn 36). Dieser Ermessensspielraum schließt grundsätzlich die Befugnis zur **Generalisierung, Pauschalierung und/oder Typisierung** ein (vgl. zB *BAG* 15.11.2016 – 9 AZR 534/15, Rn 24; 22.10.2015 – 8 AZR 168/14, Rn 39.). Er darf aber nicht dazu führen, dass der Grundsatz des Verbots der Diskriminierung wegen des Alters ausgehöhlt wird (vgl. *EuGH* 26.2.2015 – C-515/13 [Ingeniørforeningen i Danmark], Rn 26; 13.11.2014 – C-416/13 [Vital Pérez], Rn 67).

13 **Schlussfolgerungen** auf die Angemessenheit und Erforderlichkeit eines Mittels lässt wiederum die **Aufzählung von Tatbeständen**, die eine zulässige unterschiedliche Behandlung wegen des Alters darstellen können, in Art. 6 Abs. 1 Unterabs. 2 RL 2000/78/EG und § 10 S. 3 AGG zu. Soweit darin Mittel zur Zielerreichung genannt sind, ist grundsätzlich davon auszugehen, dass diese Mittel durch ein legitimes Ziel iSv § 10 S. 1 AGG gerechtfertigt und zur Erreichung dieses Ziels angemessen und erforderlich i.S.v. § 10 S. 2 AGG sind (vgl. *BAG* 22.1.2019 – 3 AZR 560/17, BAGE 165, 74, Rn 49; 14.11.2017 – 3 AZR 781/16, BAGE 165, 56, Rn 37).

14 **C. Beispielskatalog (S. 3)**

I. Besondere Zugangs- und Beschäftigungsbedingungen (Nr. 1)

15 Zu den besonderen Bedingungen für den Zugang zur Beschäftigung iSd Nr. 1 zählt auch § 14 Abs. 3 S. 1 TzBfG, der über die Maßstäbe des § 14 Abs. 2 TzBfG hinaus eine **sachgrundlose Befristung bei älteren Arbeitnehmern** zulässt (*BAG* 28.4.2014 – 7 AZR 360/12, BAGE 148, 193, Rn 19 ff. auch zur Unionsrechtskonformität; ErfK-*Schlachter* Rn 4; MHH-AGG Rn 27; ausf. KR-*Lipke/Bubach* § 14 TzBfG Rdn 658 ff.).

Als besondere Bedingung für die Beendigung eines Beschäftigungsverhältnisses ist § 622 Abs. 2   16
BGB einzuordnen. Die darin vorgesehene **Staffelung der gesetzlichen Kündigungsfristen nach der Beschäftigungsdauer** verletzt nicht das in Art. 21 Abs. 1 GrCh normierte Verbot der Altersdiskriminierung, das durch die RL 2000/78/EG konkretisiert wird. Zwar bewirkt sie eine mittelbare Diskriminierung wegen des Alters iSv Art. 2 Abs. 2 Buchst. a RL 2000/78/EG. Deren Tatbestand entfällt aber nach Art. 2 Abs. 2 Buchst. b Ziff. i RL 2000/78/EG. Die Staffelung der Kündigungsfristen nach § 622 Abs. 2 BGB verfolgt das Ziel, länger beschäftigten und damit betriebstreuen, typischerweise älteren Arbeitnehmern durch längere Kündigungsfristen einen verbesserten Kündigungsschutz zu gewähren. Zur Erreichung dieses rechtmäßigen Ziels ist die Verlängerung auch in ihrer konkreten Staffelung angemessen und erforderlich iSv Art. 2 Abs. 2 Buchst. b Ziff. i RL 2000/78/EG (zu § 622 Abs. 2 S. 1 BGB aF *BAG* 18.9.2014 – 6 AZR 636/13, BAGE 149, 125, Rn 8 ff.; *Willemsen/Schweibert* NJW 2006, 2583, 2586; *Bauer/Krieger/Günther* Rn 27; MHH-AGG Rn 29a; SSP-*Plum* Rn 82; s. hierzu auch KR-*Spilger* § 622 BGB Rdn 57). Auch die **Staffelung tariflicher Kündigungsfristen nach der Beschäftigungsdauer** verstößt damit regelmäßig nicht gegen das Benachteiligungsverbot des § 7 Abs. 1 AGG. Die **Nichtberücksichtigung von Beschäftigungszeiten vor Vollendung des 25. Lebensjahres** bei der Berechnung der Beschäftigungsdauer nach § 622 Abs. 2 S. 2 BGB aF war dagegen unionsrechtswidrig und infolgedessen unanwendbar (*EuGH* 19.1.2010 – C-555/07 [Kücükdevici], Rn 18 ff.; *BAG* 29.9.2011 – 2 AZR 177/10, Rn 11; 30.9.2010 – 2 AZR 456/09, Rn 13 ff.; 9.9.2010 – 2 AZR 714/08, BAGE 135, 278, Rn 15 ff.; 1.9.2010 – 5 AZR 700/09, BAGE 135, 255, Rn 16 ff.; SSP-*Plum* Rn 83 f.; s. ausf. KR-*Spilger* § 622 BGB Rdn 60 ff.; zur Wartezeit nach § 1 KSchG s. KR-*Rachor* § 1 KSchG Rdn 28). Entsprechende tarifliche Regelungen verstoßen daher gegen das Benachteiligungsverbot des § 7 Abs. 1 AGG und sind infolgedessen nach § 7 Abs. 2 AGG unwirksam (ausf. *BAG* 29.9.2011 – 2 AZR 177/10, Rn 12 ff.).

II. Beendigungsnormen wegen des Alters (Nr. 5)

Die Vorschrift soll der Rechtssicherheit dienen und klarstellen, dass das **Alter bei der Beendi-**   17
gung von Arbeitsverhältnissen berücksichtigt werden kann (BT-Drucks. 16/1780, S. 36). In der RL 2000/78/EG findet sie keine Entsprechung. Sie ist aber mit dem Unionsrecht vereinbar (*EuGH* 12.10.2010 – C-45/09 [Rosenbladt], Rn 36 ff.; *BAG* 25.10.2017 – 7 AZR 632/15, Rn 46; 9.12.2015 – 7 AZR 68/14, Rn 34; 13.10.2015 – 1 AZR 853/13, BAGE 153, 46, Rn 19; 11.2.2015 – 7 AZR 17/13, BAGE 150, 366, Rn 42; 12.6.2013 – 7 AZR 917/11, Rn 33; 5.3.2013 – 1 AZR 417/12, Rn 41 f.; 21.9.2011 – 7 AZR 134/10, Rn 29 f.; 8.12.2010 – 7 AZR 438/09, BAGE 136, 270, Rn 41 ff.; aA *Bertelsmann* ZESAR 2005, 242, 250; s.a. KR-*Lipke/Bubach* § 14 TzBfG Rdn 414 ff., 419 ff.).

§ 10 S. 3 Nr. 5 Hs. 1 AGG führt keine zwingende Regelung des Eintritt in den Ruhestand ein,   18
sondern ermächtigt Arbeitgeber und Arbeitnehmer, einzel- oder kollektivvertraglich eine Art und Weise der Beendigung des Arbeitsverhältnisses zu vereinbaren, die unabhängig von einer Kündigung auf dem Alter beruht, von dem an eine Rente beantragt werden kann (*EuGH* 12.10.2010 – C-45/09 [Rosenbladt], Rn 39). Die Vorschrift gilt daher folgerichtig nur für **Vereinbarungen, die die Beendigung des Beschäftigungsverhältnisses ohne Kündigung vorsehen**. Solche Vereinbarungen können in Arbeits- und Tarifverträgen (dazu *Wank* FS Bepler, 2012, S. 585 ff.; *I. Schmidt* FS Bepler, 2012, S. 529 ff.) als auch in Betriebsvereinbarungen (vgl. zu Letzteren *BAG* 13.10.2015 – 1 AZR 853/13, BAGE 153, 46, Rn 19 f.; 5.3.2013 – 1 AZR 417/12, Rn 48; *Waltermann* SR 2014, 66). Auch in kirchliche Arbeitsrechtsregelungen können sie aufgenommen werden (*BAG* 12.6.2013 – 7 AZR 917/11, Rn 36). Für »**gesetzliche Altersgrenzen**« gilt § 10 S. 3 Nr. 5 Hs. 2 AGG nicht. Sie sind aber gleichwohl an den Maßstäben des Unionsrechts zu überprüfen (zur Versetzung von Staatsanwälten in den Ruhestand: *EuGH* 21.7.2011 EzA EG-Vertrag 1999 Richtlinie 2000/78 Nr. 20; *BVerwG* 21.12.2011 – 2 B 94/11; zum Beamtenrecht s. *Gärditz* GPR 2010, 17). Auch auf **Kündigungen** wegen eines Anspruchs auf eine Rente wegen Alters ist § 10 S. 3 Nr. 5 Hs. 1 AGG **nicht anwendbar** (*BAG* 23.07.2015 – 6 AZR 457/14, BAGE 152, 134, Rn 39; *BGH* 26.3.2019 – II ZR 224/17, BGHZ 221, 325, Rn 46).

19 § 10 S. 3 Nr. 5 Hs. 1 AGG gilt zudem nur für Vereinbarungen, die die Beendigung des Beschäftigungsverhältnisses ohne Kündigung **zu einem Zeitpunkt, zu dem der Beschäftigte eine Rente wegen Alters beantragen kann**, vorsehen. Soll dies der Zeitpunkt des Erreichens der Regelaltersgrenze für den Bezug einer Regelaltersrente sein, ist deren Anhebung nach § 235 Abs. 2 SGB VI zu beachten (vgl. zur Auslegung älterer, an die »Vollendung des 65. Lebensjahres« anknüpfender Vereinbarungen zB *BAG* 9.12.2015 – 7 AZR 68/14, Rn 15 ff.; 3.10.2015 – 1 AZR 853/13, BAGE 153, 46, Rn 21 ff.; ausf. zu Altersgrenzen KR-*Lipke/Bubach* § 14 TzBfG Rdn 412 ff.). Auf Vereinbarungen, die die Beendigung des Beschäftigungsverhältnisses ohne Kündigung zu einem anderen Zeitpunkt vorsehen, findet § 10 S. 3 Nr. 5 Hs. 1 AGG dagegen keine Anwendung. Die Vorschrift ist daher nicht auf bei oder nach Erreichen des Renteneintrittsalters getroffene Vereinbarungen über die befristete Fortsetzung des Arbeitsverhältnisses anwendbar (in diesem Sinne auch *EuGH* 28.2.2018 – C-46/17 [John], Rn 26; wohl aA *BAG* 11.2.2015 – 7 AZR 17/13, BAGE 150, 366, Rn 39 ff.). Gleiches gilt für während des Arbeitsverhältnisses getroffene Vereinbarungen, durch welche die mit dem Erreichen der Regelaltersgrenze vereinbarte Beendigung des Arbeitsverhältnisses, ggf. mehrfach, hinausgeschoben wird (§ 41 Satz 3 SGB VI). Auch Vereinbarungen, welche die Beendigung des Arbeitsverhältnisses ohne Kündigung bei Vollendung eines vom Erreichen der Regelaltersgrenze abweichenden Lebensalters vorsehen, wie zB eine an die Vollendung des 60. Lebensjahres anknüpfende tarifliche Altersgrenze für Piloten (vgl. dazu *EuGH* 13.9.2011 – C-447/09 [Prigge u.a.], Rn 37 ff.; *BAG* 18.1.2012 – 7 AZR 112/08, BAGE 140, 248, Rn 16 ff.), werden nicht erfasst. Sollten solche Vereinbarungen zu einer unmittelbaren Benachteiligung iSv § 3 Abs. 1 Satz 1 AGG wegen des Alters führen, was bei vor, bei oder nach Erreichen des Renteneintrittsalters getroffenen Vereinbarungen über die befristete Fortsetzung des Arbeitsverhältnisses zweifelhaft ist (dafür *BAG* 11.2.2015 – 7 AZR 17/13, BAGE 150, 366, Rn 40; **aA** zu Vereinbarungen iSv § 41 Satz 3 SGB VI *EuGH* 28.2.2018 – C-46/17 [John], Rn 26 ff.), beurteilt sich ihre Rechtfertigung aber freilich auch nach § 10 S. 1 und S. 2 AGG (vgl. *BAG* 11.2.2015 – 7 AZR 17/13, BAGE 150, 366, Rn 43 f.). Schließlich gilt § 10 S. 3 Nr. 5 Hs. 1 AGG auch nicht für vorverlegte Altersgrenzenregelungen, die alleine an die vermeintlich mangelnde Berufseignung älterer Arbeitnehmer anknüpfen. Sie sind vornehmlich an § 8 AGG – wesentliche und entscheidende berufliche Anforderung – zu messen (MHH-AGG Rn 80; HaKo-AGG/*Brors* Rn 99; *Bauer/Krieger/Günther* Rn 40; ErfK-*Schlachter* Rn 13 f.; dazu KR-*Treber/Plum* § 3 AGG Rdn 22 sowie KR-*Lipke/Bubach* § 14 TzBfG Rdn 431 ff.).

20 Die Nutzung der Ermächtigung des § 10 S. 3 Nr. 5 Hs. 1 AGG führt nur dann zu einer zulässigen unterschiedlichen Behandlung wegen des Alters, wenn die auf ihrer Grundlage **konkret getroffene Vereinbarung** nach Art. 6 Abs. 1 Unterabs. 1 RL 2000/78/EG bzw. § 10 Satz 1 und 2 AGG **gerechtfertigt** ist (vgl. *EuGH* 12.10.2010 – C-45/09 [Rosenbladt], Rn 52 f.; *BAG* 25.10.2017 – 7 AZR 632/15, Rn 47; 9.12.2015, 7 AZR 68/14, Rn 35). Dies ist aber regelmäßig der Fall. Vereinbarungen iSv § 10 S. 3 Nr. 5 Hs. 1 AGG verfolgen ein **legitimes Ziel** iSv Art. 6 Abs. 1 Unterabs. 1 RL 2000/78/EG und § 10 Satz 1 AGG. Sie stellen ein Instrument der nationalen Arbeits- und Sozialpolitik dar, mit dessen Hilfe durch eine bessere Beschäftigungsverteilung zwischen den Generationen der Zugang jüngerer Menschen zur Beschäftigung gefördert werden soll (vgl. *EuGH* 5.7.2012 – C-141/11 [Hörnfeldt], Rn 29; 12.10.2010 – C-45/09 [Rosenbladt], Rn 43, 45 und 62; *BAG* 25.10.2017 – 7 AZR 632/15, Rn 46). Vereinbarungen iSv. § 10 S. 3 Nr. 5 Hs. 1AGG sind auch regelmäßig **angemessen und erforderlich** iSv Art. 6 Abs. 1 Unterabs. 1 RL 2000/78/EG und § 10 Satz 2 AGG (vgl. *EuGH* 5.7.2012 – C-141/11 [Hörnfeldt], Rn 31 ff.; 12.10.2010 – C-45/09 [Rosenbladt], Rn 46 ff. und Rn 63 ff.; *BAG* 25.10.2017 – 7 AZR 632/15, Rn 47 ff.; 9.12.2015 – 7 AZR 68/14, Rn 35 ff.). Sie sind – insbesondere unter Berücksichtigung des weiten Ermessensspielraums der Mitgliedstaaten und der Sozialpartner – geeignet, den Zugang jüngerer Menschen zum Arbeitsmarkt und/oder ihren Verbleib auf diesem Markt zu erleichtern (vgl. *EuGH* 5.7.2012 – C-141/11 [Hörnfeldt], Rn 34; 12.10.2010 – C-45/09 [Rosenbladt], Rn 67 ff.). Auch gehen sie weder über das hinaus, was zur Erreichung dieses Ziels notwendig ist, noch führen sie zu einer übermäßigen Beeinträchtigung der legitimen Interessen der betroffenen Beschäftigten. Der Arbeitgeber kann die Beendigung des Beschäftigungsverhältnisses nicht einseitig herbeiführen, sondern nur durch Abschluss einer

einzel- oder kollektivvertraglichen Vereinbarung (vgl. *EuGH* 12.10.2010 – C-45/09 [Rosenbladt], Rn 49 f.). Diese Vereinbarung kann eine Beendigung des Beschäftigungsverhältnisses zudem frühestens bei Erreichen der Regelaltersgrenze vorsehen. Sie ermöglicht dem betroffenen Beschäftigten damit einerseits, zumindest bis zu diesem Zeitpunkt einer Beschäftigung nachzugehen und durch die bis dahin gezahlten Beiträge seinen Anspruch auf Rente wegen Alters zu erhöhen (vgl. *EuGH* 12.10.2010 – C-45/09 [Rosenbladt], Rn 39). Andererseits berücksichtigt sie auch, dass ihm nach Beendigung seines Beschäftigungsverhältnisses ein finanzieller Ausgleich durch einen Einkommensersatz in Gestalt einer Rente wegen Alters zusteht (vgl. *EuGH* 5.7.2012 – C-141/11 [Hörnfeldt], Rn 42; 12.10.2010 – C-45/09 [Rosenbladt], Rn 48; *BAG* 25.10.2017 – 7 AZR 632/15, Rn 49). Ausreichend ist dabei eine Rente in Form einer Grundversorgung (vgl. *EuGH* 5.7.2012 – C-141/11 [Hörnfeldt], Rn 44 f.). Unerheblich ist, dass die absolute Rentenhöhe aufgrund der für die Rentenversicherung geltenden Beitragsbemessungsgrenze begrenzt ist (vgl. *BAG* 9.12.2015 – 7 AZR 68/14, Rn 37). Auch hindert eine Vereinbarung iSv § 10 S. 3 Nr. 5 Hs. 1 AGG den betroffenen Beschäftigten nicht daran, auch nach dem Zeitpunkt, zu dem er eine Rente wegen Alters beantragen kann, einer Beschäftigung bei seinem bisherigen oder einem anderen Arbeitgeber nachzugehen (vgl. *EuGH* 5.7.2012 – C-141/11 [Hörnfeldt], Rn 40 f.; 12.10.2010 – C-45/09 [Rosenbladt], Rn 74 f.; *BAG* 25.10.2017 – 7 AZR 632/15, Rn 49; krit. dazu *Joussen* ZESAR 2011, 207; *Preis* NZA 2010, 1325).

D. Weitere Fälle

Die ursprüngliche Fassung des AGG enthielt in § 10 S. 3 Nr. 6 AGG aF Regelungen über die **Berücksichtigung des Alters bei der Sozialauswahl**. § 1 Abs. 3 S. 1 KSchG verstößt dadurch nicht gegen die **Vorgaben des Unionsrechts**. Zwar bewirkt die Berücksichtigung des Lebensalters bei der Sozialauswahl eine unmittelbare Diskriminierung jüngerer Arbeitnehmer iSv Art. 6 Abs. 1 Unterabs. 1 RL 2000/78/EG wegen des Alters. Die Berücksichtigung des Lebensalter ist aber durch das damit verfolgte legitime Ziel iSv Art. 6 Abs. 1 Unterabs. 1 RL 2000/78/EG, ältere Arbeitnehmer, die wegen ihres Alters typischerweise schlechtere Chancen auf dem Arbeitsmarkt haben, etwas besser zu schützen, gerechtfertigt, und darüber hinaus als Mittel zur Erreichung dieses Ziels auch angemessen und erforderlich iSv Art. 6 Abs. 1 Unterabs. 1 RL 2000/78/EG (ausf. *BAG* 15.12.2011 – 2 AZR 42/10, BAGE 140, 169, Rn 48 ff.; 6.11.2008 – 2 AZR 523/07, BAGE 128, 238, Rn 43 ff.; daran anschließend etwa 18.3.2010 – 2 AZR 468/08, Rn 16; 5.11.2009 – 2 AZR 676/08, Rn 25; 12.3.2009 – 2 AZR 418/07, Rn 39 ff.; sowie auch SSP-*Plum* Rn 71; KR-*Rachor* § 1 KschG Rdn 29 f., 729, 732). Entsprechendes gilt für die **Berücksichtigung der Regelaltersrentenberechtigung** bei der Sozialauswahl nach § 1 Abs. 3 S. 1 KSchG (ausf. *BAG* 27.4.2017 – 2 AZR 67/16, BAGE 159, 82, Rn 19 ff.; SSP-*Plum* Rn 77; KR-*Rachor* § 1 KschG Rdn 733). Auch die durch § 1 Abs. 3 S. 2 KSchG bzw. § 125 Abs. 1 Nr. 2 Hs. 2 InsO eröffnete Möglichkeit zur Sicherung bzw. zum Erhalt oder zur Schaffung einer ausgewogenen Personalstruktur die Sozialauswahl innerhalb von **Altersgruppen** vorzunehmen, verstößt nicht gegen die Vorgaben des Unionsrechts (*BAG* 26.3.2015 – 2 AZR 478/13, Rn 23; 19.12.2013 – 6 AZR 790/12, BAGE 147, 89, Rn 23 ff.; 24.10.2013 – 6 AZR 854/11, BAGE 146, 234, Rn 47; 19.7.2012 – 2 AZR 352/11, BAGE 142, 339, Rn 25; 28.6.2012 – 6 AZR 682/10, BAGE 142, 225, Rn 28 ff.; 15.12.2011 – 2 AZR 42/10, BAGE 140, 169, Rn 46 ff; SSP-*Plum* Rn 74 f.; ausf. dazu auch KR-*Rachor* § 1 KSchG Rdn 696). Zwar bewirkt die Bildung solcher Altersgruppen eine unmittelbare Benachteiligung (älterer Arbeitnehmer) iSv § 3 Abs. 1 AGG (vgl. *BAG* 19.12.2013 – 6 AZR 790/12, BAGE 147, 89, Rn 32). Sie verfolgt aber ein **legitimes Ziel** iSv § 10 S. 1 AGG. Die Bildung von Altersgruppen nach § 1 Abs. 3 S. 2 KSchG dient der Erhaltung einer ausgewogenen Personalstruktur, der Beteiligung aller Generationen und Lebensalter an notwendig gewordenen Kündigungen und der beruflichen Eingliederung jüngerer Arbeitnehmer (vgl. *BAG* 15.12.2011 – 2 AZR 42/10, BAGE 140, 169, Rn 61 ff.; 6.11.2008 – 2 AZR 523/07, BAGE 128, 238, Rn 52 ff.); die Bildung von Altersgruppen nach § 125 Abs. 1 S. 1 Nr. 2 Hs. 2 InsO darüber hinaus der Sanierung eines insolventen Unternehmens (vgl. *BAG* 19.12.2013 – 6 AZR 790/12, BAGE 147, 89, Rn 24 ff.; 28.6.2012, 6 AZR 682/10, BAGE 142, 225, Rn 31). Ob die Bildung von Altersgruppen zur Erreichung dieser Ziele **angemessen und erforderlich** iSv § 10 Satz 2 AGG ist, hängt von

§ 14 AGG Leistungsverweigerungsrecht

den betrieblichen Verhältnissen im konkreten Einzelfall ab und kann nicht abstrakt für alle denkbaren Fälle beschrieben werden. Dem Arbeitgeber/Insolvenzverwalter – bzw. den Betriebsparteien – steht dabei hinsichtlich des »Ob« und des »Wie« der Gruppenbildung ein Beurteilungs- und Gestaltungsspielraum zu (vgl. *BAG* 19.12.2013 – 6 AZR 790/12, BAGE 147, 89, Rn 33; 24.10.2013 – 6 AZR 854/11, Rn 53 f.; 19.7.2012 – 2 AZR 352/11, BAGE 142, 139, Rn 28).

22 Die vormalige Regelung in § 10 S. 3 Nr. 7 AGG aF befasste sich mit individual- oder kollektivrechtlichen Vereinbarungen zum **Ausschluss ordentlicher Kündigungen** von Beschäftigten eines bestimmten Alters und einer bestimmten Betriebszugehörigkeit sowie den Auswirkungen auf die Sozialauswahl. Eine solche Bestimmung knüpft unmittelbar und über das Kriterium der Beschäftigungsdauer mittelbar an das Alter an (zur Rechtfertigung einer tariflichen Regelung nach § 10 S. 1 und S. 2 AGG *BAG* 20.6.2013 – 2 AZR 295/12 BAGE 145, 296, Rn 46 ff.; sowie auch 5.6.2014 – 2 AZR 418/13, Rn 18; ausf. KR-*Rachor* § 1 KSchG Rdn 719 ff.). Zu den nach § 10 KSchG vorgesehenen erhöhten Obergrenzen für Abfindungen in Abhängigkeit von Alter und Betriebszugehörigkeit wird auf KR-*Spilger* § 10 KSchG Rdn 45 verwiesen.

E. Darlegungs- und Beweislast

23 Die Darlegungs- und Beweislast für das Vorliegen der in § 10 AGG genannten Voraussetzungen trägt der **Arbeitgeber** (*BAG* 26.1.2017 – 8 AZR 848/13, Rn 114; 15.12.2016 – 8 AZR 454/15, BAGE 157, 296, Rn 67; SSP-*Plum* Rn 89). Im Prozess hat er dazu **substantiierten Sachvortrag** zu leisten. Allgemeine und pauschale Behauptungen reichen nicht aus (vgl. *EuGH* 21.7.2011 – C-159/10 u.a. [Fuchs und Köhler], Rn 77; *BAG* 26.1.2017 – 8 AZR 848/13, Rn 113 f.; 27.4.2017 – 6 AZR 119/16, BAGE 159, 92, Rn 34 und Rn 43; 15.11.2016 – 9 AZR 534/15, Rn 20 und Rn 24). Der Arbeitgeber hat vielmehr konkret und nachvollziehbar darzutun, aufgrund welcher konkreten Umstände die unterschiedliche Behandlung wegen des Alters gerechtfertigt ist (vgl. *BAG* 15.11.2016 – 9 AZR 534/15, Rn 24; 18.10.2016 – 9 AZR 123/16, Rn 23; 22.1.2009 – 8 AZR 906/07, BAGE 129, 181, Rn 56; SSP-*Plum* Rn 90).

Unterabschnitt 2 Organisationspflichten des Arbeitgebers

§§ 11 und 12 AGG

– *hier nicht kommentiert* –

Unterabschnitt 3 Rechte der Beschäftigten

§ 13 AGG

– *hier nicht kommentiert* –

§ 14 AGG Leistungsverweigerungsrecht

¹Ergreift der Arbeitgeber keine oder offensichtlich ungeeignete Maßnahmen zur Unterbindung einer Belästigung oder sexuellen Belästigung am Arbeitsplatz, sind die betroffenen Beschäftigten berechtigt, ihre Tätigkeit ohne Verlust des Arbeitsentgelts einzustellen, soweit dies zu ihrem Schutz erforderlich ist. ²§ 273 des Bürgerlichen Gesetzbuchs bleibt unberührt.

Übersicht	Rdn		Rdn
A. Grundlagen	1	C. Rechtsfolgen	7
B. Tatbestand	2		

A. Grundlagen

Die Vorschrift ist § 4 Abs. 2 BSchG nachgebildet und berechtigt den Beschäftigten oder die Beschäftigte, die Tätigkeit ohne Verlust des Entgeltanspruchs einzustellen, wenn der Arbeitgeber bzw. Dienstvorgesetzte keine ausreichenden Maßnahmen zur Unterbindung einer Belästigung oder sexuellen Belästigung ergreift (BT-Drucks. 16/1780, S. 37). Anders als das **Leistungsverweigerungsrecht** nach § 273 BGB verfolgt dasjenige nach § 14 AGG andere Ziele: »§ 273 BGB soll einen Zwang zur Erfüllung einer Verbindlichkeit ausüben, während § 14 AGG dem **Schutz der Beschäftigten** vor weiteren Belästigungen oder sexuellen Belästigungen dient.« (BT-Drucks. 16/1780, S. 37). § 14 Satz 2 stellt das Verhältnis zum Leistungsverweigerungsrecht nach § 273 BGB klar.

B. Tatbestand

Das Leistungsverweigerungsrecht setzt eine **Belästigung oder sexuelle Belästigung** (§ 3 Abs. 3 und Abs. 4 AGG; s. KR-*Treber/Plum* § 3 AGG Rdn 48 f., 50 ff.) am Arbeitsplatz voraus. Andere Tatbestände nach § 3 Abs. 1, Abs. 2 oder Abs. 5 AGG bleiben unberücksichtigt und können auch nicht im Wege der entsprechenden Anwendung der Norm erfasst werden (unstr., etwa ErfK-*Schlachter* Rn 1; HWK-*Rupp* Rn 1). Eine aufgrund konkreter Tatsachen drohende Belästigung reicht dabei aus. Die (drohende) Belästigung muss objektiv vorliegen; auf die subjektive Vorstellung des Betroffenen kommt es nicht an (SSP-*Suckow* Rn 7).

Weiterhin muss der Arbeitgeber **keine oder offensichtlich ungeeignete Maßnahmen** zur Unterbindung der Belästigung ergriffen haben. Die Pflichten des Arbeitgebers, den Beschäftigten vor Benachteiligungen und damit auch Belästigungen (§ 3 Abs. 3 AGG) zu schützen, ergeben sich aus § 12 AGG (s. etwa zu § 12 Abs. 3 AGG *BAG* 29.6.2017 – 2 AZR 302/16, BAGE 159, 267, Rn 29; 20.11.2014 – 2 AZR 651/13, BAGE 150, 109, Rn 23; 9.6.2011 – 2 AZR 323/10, Rn 28 und Rn 40 zu § 12 Abs. 1 S. 1 AGG; 25.10.2007 – 8 AZR 593/06, BAGE 124, 295, Rn 67 f.). Ihnen kommt der Arbeitgeber etwa dann nicht nach, wenn er auf eine Beschwerde nicht ausreichend reagiert. Gleiches ist anzunehmen bei einer Belästigung oder sexuellen Belästigung durch den Arbeitgeber oder Dienstvorgesetzten selbst (BT-Drucks. 16/1780, S. 37).

Der Arbeitgeber hat bei der Reaktion auf etwaige Beschwerden sowohl einen **Beurteilungs- als auch einen Ermessensspielraum** (§ 12 Abs. 2 und Abs. 3 AGG; vgl. auch *BAG* 25.10.2007 – 8 AZR 593/06, BAGE 124, 295, Rn 68). Das Verhalten des Arbeitgebers kann darauf überprüft werden, ob es offensichtlich hinter dem zurückbleibt, wie ein verständiger und redlicher (gegenüber dem AGG gesetzestreuer) Arbeitgeber in einer vergleichbaren Situation gehandelt hätte. Das Mindestmaß möglicher Reaktionen besteht zunächst sicher darin, dass der Arbeitgeber bei vorgebrachten Beschwerden oder sonstiger Kenntnis von der Belästigung zunächst den Sachverhalt klären muss. Zeigt sich, dass eine Benachteiligung gegeben ist, muss der Arbeitgeber diejenigen Maßnahmen ergreifen, von denen er glauben darf, dass sie die Belästigung unverzüglich und effektiv beenden. Das kann eine Weisung oder Ermahnung an die belästigende Person sein, kann erforderlichenfalls organisatorische Maßnahmen (räumliche oder zeitliche Trennung der Arbeitnehmer umfassen) und bis zur Abmahnung (dazu *Kleinebeck* FA 2007, 231 f.) oder Kündigung der belästigenden Person reichen.

Darüber hinaus muss die Ausübung des Leistungsverweigerungsrechts **zum Schutz des Beschäftigten erforderlich** sein. Das ist nicht der Fall, wenn ein milderes Mittel zur Verhinderung (weiterer Belästigungen) zur Verfügung steht. Auf die Kenntnis des Beschäftigten von diesem kommt es nicht an (HWK-*Rupp* Rn 1; *Bauer/Krieger/Günther* Rn 2 und Rn 11). Sind weitere Belästigungen offensichtlich nicht zu erwarten, fehlt es an der Erforderlichkeit. Dabei wird man aber nicht so weit gehen können, dass der Beschäftigte zu gezielten Ausweichstrategien gegenüber der belästigenden Person verpflichtet ist (so offenbar *Bauer/Krieger/Günther* Rn 10: »Vermeidung von Vier-Augen-Situationen«). Bei der Erforderlichkeitsprüfung sind etwaige Interessen des Arbeitgebers oder eines Dritten an der Erbringung der Arbeitsleistung nicht mit einzubeziehen; lediglich in Notfällen kann das anders zu beurteilen sein (weitergehend SSP-*Suckow* Rn 18 f.). Eine vorherige Beschwerde nach

§ 13 AGG ist keine Voraussetzung für das Leistungsverweigerungsrecht (aA *Adomeit/Mohr* Rn 16), kann aber angezeigt sein, um die Kenntnis des Arbeitgebers von der Belästigung und damit die Pflichtenstellung nach § 12 AGG herbeizuführen.

6 Einer Verpflichtung zur **vorherigen Ankündigung**, das Leistungsverweigerungsrecht auszuüben, bedarf es nach dem Gesetz nicht. Eine solche folgt aber aus den arbeitsvertraglichen Nebenpflichten und dem Rücksichtnahmegebot (§ 241 Abs. 2 BGB), es sei denn, dem Beschäftigten ist nach den Umständen des betreffenden Einzelfalls eine Mitteilung nicht zumutbar (*Bauer/Krieger/Günther* Rn 12).

C. Rechtsfolgen

7 Der Beschäftigte kann bei Ausübung seines Leistungsverweigerungsrechts berechtigterweise seine »Arbeit einstellen«, ohne dass er den Anspruch auf die Gegenleistung verliert, wie § 14 AGG klarstellt. Ein Rückgriff auf § 615 BGB ist nicht erforderlich. Es gilt das Lohnausfallprinzip.

8 Kündigungsrechtlich ist das Leistungsverweigerungsrecht vor allem insofern von Bedeutung, als im Falle einer berechtigten Ausübung des Leistungsverweigerungsrechts (im erforderlichen Umfang) eine hieran anknüpfende **Abmahnung** oder **Kündigung unzulässig** ist (unstr., wie hier *Bauer/Krieger/Günther* Rn 14; SSP-*Suckow* Rn 30), weil die Nichterbringung der Arbeitsleistung nicht als Fehlverhalten des Arbeitnehmers bewertet werden darf (s. KR-*Rachor* § 1 KSchG Rdn 468, 473; s.a. KR-*Fischermeier/Krumbiegel* § 626 BGB Rdn 428, 486).

§ 15 AGG Entschädigung und Schadensersatz

(1) ¹Bei einem Verstoß gegen das Benachteiligungsverbot ist der Arbeitgeber verpflichtet, den hierdurch entstandenen Schaden zu ersetzen. ²Dies gilt nicht, wenn der Arbeitgeber die Pflichtverletzung nicht zu vertreten hat.

(2) ¹Wegen eines Schadens, der nicht Vermögensschaden ist, kann der oder die Beschäftigte eine angemessene Entschädigung in Geld verlangen. ²Die Entschädigung darf bei einer Nichteinstellung drei Monatsgehälter nicht übersteigen, wenn der oder die Beschäftigte auch bei benachteiligungsfreier Auswahl nicht eingestellt worden wäre.

(3) Der Arbeitgeber ist bei der Anwendung kollektivrechtlicher Vereinbarungen nur dann zur Entschädigung verpflichtet, wenn er vorsätzlich oder grob fahrlässig handelt.

(4) ¹Ein Anspruch nach Absatz 1 oder 2 muss innerhalb einer Frist von zwei Monaten schriftlich geltend gemacht werden, es sei denn, die Tarifvertragsparteien haben etwas anderes vereinbart. ²Die Frist beginnt im Falle einer Bewerbung oder eines beruflichen Aufstiegs mit dem Zugang der Ablehnung und in den sonstigen Fällen einer Benachteiligung zu dem Zeitpunkt, in dem der oder die Beschäftigte von der Benachteiligung Kenntnis erlangt.

(5) Im Übrigen bleiben Ansprüche gegen den Arbeitgeber, die sich aus anderen Rechtsvorschriften ergeben, unberührt.

(6) Ein Verstoß des Arbeitgebers gegen das Benachteiligungsverbot des § 7 Abs. 1 begründet keinen Anspruch auf Begründung eines Beschäftigungsverhältnisses, Berufsausbildungsverhältnisses oder einen beruflichen Aufstieg, es sei denn, ein solcher ergibt sich aus einem anderen Rechtsgrund.

Übersicht	Rdn		Rdn
A. Grundsatz	1	b) Anspruchsgegner	7
B. Schadensersatz und Entschädigung	4	c) Verstoß gegen das Benachteiligungsverbot	8
I. Schadensersatz (§ 15 Abs. 1 AGG)	4	d) Verschulden	9
1. Tatbestand	5	e) Verhaltenszurechnung	14
a) Anspruchsteller	6		

2. Rechtsfolge	15	a) Anspruch nach § 15 Abs. 1 oder Abs. 2 AGG	45
III. Entschädigung (§ 15 Abs. 2 AGG)	24		
1. Tatbestand	27	b) Schriftliche Geltendmachung innerhalb einer bestimmten Frist	46
a) Anspruchsteller und Anspruchsgegner	28	aa) Frist	46
b) Verstoß gegen das Benachteiligungsverbot	29	bb) Beginn der Frist	47
		cc) Berechnung der Frist	49
c) Keine weiteren Tatbestandsvoraussetzu.	31	cc) Schriftliche Geltendmachung innerhalb der Frist	50
2. Rechtsfolge	32	3. Rechtsfolge	51
IV. Entschädigung bei Anwendung kollektivrechtlicher Vereinbarungen (Abs. 3)	37	C. Ansprüche aus anderen Rechtsvorschriften (§ 15 Abs. 5 AGG)	52
V. Ausschlussfrist (Abs. 4)	41	D. Ausschluss eines Einstellungs- und Beförderungsanspruchs (Abs. 6)	53
1. Grundlagen	42		
2. Tatbestand	45		

A. Grundsatz

§ 15 AGG regelt ebenso wie §§ 13, 14 und 16 AGG die Rechte der Beschäftigten und die **Rechts-** **1** **folgen bei einem Verstoß gegen das Benachteiligungsverbot** des § 7 Abs. 1 AGG (BT-Drucks. 16/ 1780, S. 25). Die Vorschrift sieht als »zentrale Rechtsfolge« eines solchen Verstoßes in seinen ersten beiden Absätzen Ansprüche des Beschäftigten auf den Ersatz **materieller** (s. Rdn 4 ff.) **und immaterieller Schäden** (s. Rdn 24 ff.) vor (BT-Drucks. 16/1780, S. 38). Sie knüpft an § 611a Abs. 2 bis Abs. 5 BGB aF und § 81 Abs. 2 SGB IX aF an (vgl. BT-Drucks. 16/1780, S. 28, 38 und 57). Auf öffentlich-rechtliche Maßnahmen des Ordnungs- oder gar des Strafrechts wird verzichtet (dafür *Benecke/Kern* EuZW 2005, 363; *Kamanabrou* ZfA 2006, 337 f.; *Wank* FS Richardi, 2007, S. 454; s. bereits *Brüggemeier* ZEuP 1998, 765).

§ 15 AGG dient der **Umsetzung** von Art. 15 RL 2000/43/EG, Art. 17 RL 2000/78/EG sowie **2** Art. 6 (Abs. 2) und 8d RL 76/207/EWG, nunmehr Art. 18 und 25 RL 2006/54/EG sowie der dazu ergangenen Rspr. des EuGH (BT-Drucks. 16/1780, S. 38). Die Vorschriften verpflichten die Mitgliedstaaten, in ihrer innerstaatlichen Rechtsordnung **Sanktionen** bei einem Verstoß gegen die einzelstaatlichen Vorschriften zur Umsetzung der jeweiligen Richtlinie vorzusehen und sicherzustellen, dass diese Sanktionen tatsächlich gerichtlich geltend gemacht werden können (*EuGH* 10.7.2008 – C-54/07 [Feryn], Rn 37). Sie schreiben ihnen aber keine bestimmten Sanktionen vor, sondern belassen ihnen die **Auswahl unter verschiedenen Sanktionsmöglichkeiten** (*EuGH* 17.12.2015 – C-407/14 [Arjona Camacho], Rn 30; 10.7.2008 – C-54/07 [Feryn], Rn 37). Dafür kommen neben den in Art. 15 S. 2 RL 2000/43/EG, Art. 17 S. 2 RL 2000/78/EG und Art. 25 S. 2 RL 2006/ 54/EG beispielhaft genannten Schadensersatz- auch Entschädigungsleistungen in Betracht (*EuGH* 17.12.2015 – C-407/14 [Arjona Camacho], Rn 32; ausf. zu den Sanktionsmöglichkeiten SSP-*Plum* Rn 4). Die Sanktionen müssen nach den genannten Vorschriften aber jedenfalls **wirksam, verhältnismäßig und abschreckend** sein (vgl. dazu *EuGH* 17.12.2015 – C-407/14 [Arjona Camacho], Rn 30; 25.4.2013 – C-81/12 [Asociaţia ACCEPT], Rn 63 f.; 10.7.2008 – C-54/07 [Feryn], Rn 37; SSP-*Plum* Rn 5). Ob eine Sanktion im innerstaatlichen Recht diese Voraussetzungen erfüllt, haben die jeweils zuständigen nationalen Gerichte zu entscheiden (*EuGH* 25.4.2013 – C-81/12 [Asociaţia ACCEPT], Rn 69). Art. 18 RL 2006/54/EG geht über diese Vorgaben hinaus. Die Vorschrift schreibt den Mitgliedstaaten vor, in ihrer innerstaatlichen Rechtsordnung einen Ausgleich oder Ersatz für den einer Person durch eine **Benachteiligung wegen des Geschlechts entstandenen Schaden** vorzusehen (*EuGH* 17.12.2015 – C-407/14 [Arjona Camacho], Rn 39). Die konkrete Ausgestaltung überlässt freilich auch sie unter bestimmten Vorgaben den Mitgliedstaaten (*EuGH* 17.12.2015 – C-407/14 [Arjona Camacho], Rn 29 ff.; SSP-Plum Rn 6). Im Fall einer diskriminierenden Entlassung muss der Schadensausgleich oder -ersatz jedoch entweder die Wiedereinstellung der diskriminierten Person oder den vollständigen finanziellen Ausgleich bzw. Ersatz des ihr durch die diskriminierende Entlassung tatsächlich entstandenen Schadens vorsehen (vgl. *EuGH* 17.12.2015 – C-407/14 [Arjona Camacho], Rn 32 ff).

3 An der **Vereinbarkeit** von § 15 AGG mit den **Vorgaben des Unionsrechts** werden mit guten Gründen **Zweifel angemeldet** (s. dazu nur ErfK-*Schlachter* Rn 1 f.; *Kamanabrou* RdA 2006, 321; MHH-AGG Rn 3; *Stoffels* RdA 2009, 210; MüKo-BGB/*Thüsing* Rn 2 f., 32 f.). Das betrifft vor allem den von einem Verschulden abhängigen Schadensersatzanspruch nach § 15 Abs. 1 AGG (s. Rdn 10 ff.), die auf grobe Fahrlässigkeit begrenzte Haftung bei der Anwendung kollektivrechtlicher Regelungen (§ 15 Abs. 3 AGG; s. Rdn 37) und die Ausschlussfrist in § 15 Abs. 4 AGG (s. Rdn 44).

B. Schadensersatz und Entschädigung

I. Schadensersatz (§ 15 Abs. 1 AGG)

4 § 15 Abs. 1 AGG regelt den **Ersatz materieller Schäden** und übernimmt die Formulierung von § 280 Abs. 1 BGB (BT-Drucks. 16/1780, S. 38). Der Achte Senat des BAG und Teile des Schrifttums nehmen an, § 15 Abs. 1 AGG sei gegenüber § 280 Abs. 1 BGB eine speziellere Regelung und verdränge infolgedessen mögliche Ansprüche nach dieser Vorschrift (*BAG* 21.6.2012 – 8 AZR 188/11, BAGE 142, 143, Rn 43 ff.; HaKo-AGG/*Deinert* Rn 25, 145; aA MüKo-BGB/*Thüsing* Rn 23; s.a. Rdn 52).

1. Tatbestand

5 Der Schadensersatzanspruch nach § 15 Abs. 1 AGG steht dem Beschäftigten (s. Rdn 6) zu und richtet sich gegen den Arbeitgeber (s. Rdn 7). Tatbestandlich setzt er nach § 15 Abs. 1 S. 1 AGG einen Verstoß gegen das Benachteiligungsverbot (s. Rdn 8) und nach § 15 Abs. 1 S. 2 AGG ein Verschulden des Arbeitgebers (s. Rdn 9 ff.) voraus.

a) Anspruchsteller

6 Schadensersatz kann nach § 15 Abs. 1 AGG der **Beschäftigte** verlangen. Dies kommt zwar im Wortlaut des § 15 Abs. 1 AGG anders als in § 15 Abs. 2 AGG nicht zum Ausdruck, ergibt sich aber aus dem systematischen Zusammenhang und der Entstehungsgeschichte der Vorschrift. Es gilt § 6 Abs. 1 und Abs. 3 AGG (s. dazu KR-*Treber/Plum* § 6 AGG Rdn 2 ff.). Die Voraussetzungen der Aktivlegitimation decken sich daher insoweit mit den Voraussetzungen für die Eröffnung des persönlichen Anwendungsbereichs des AGG. Die Prüfung der Aktivlegitimation geht also regelmäßig in der Prüfung, ob dieser Anwendungsbereich eröffnet ist, auf (ausf. SSP-*Plum* Rn 27).

b) Anspruchsgegner

7 Der Schadensersatzanspruch nach § 15 Abs. 1 AGG richtet sich gegen den **Arbeitgeber**. Dies folgt anders als bei § 15 Abs. 2 AGG bereits aus dem Wortlaut der Vorschrift. Es gilt § 6 Abs. 2 AGG (s. dazu KR-*Treber/Plum* § 6 AGG Rdn 8). Auch insoweit decken sich also die Prüfung und die Voraussetzungen der Passivlegitimation und der Eröffnung des persönlichen Anwendungsbereichs des AGG (so letztlich auch *BAG* 23.8.2012 – 8 AZR 285/11, Rn 19; 21.6.2012 – 8 AZR 188/11, BAGE 142, 143, Rn 18; 21.6.2012 – 8 AZR 364/11, BAGE 142, 158, Rn 19; 19.8.2010 - 8 AZR 466/9, Rn 30). Bei der **Arbeitnehmerüberlassung** kann sich der Schadensersatzanspruch nach § 15 Abs. 1 AGG nicht nur gegen den Verleiher, sondern auch gegen den Entleiher richten (*BAG* 24.4.2018 – 9 AZB 62/17, Rn 11; 15.3.2011 – 10 AZB 49/10, BAGE 137, 215, Rn 10). Ein Schadensersatzanspruch gegen **Vorgesetzte oder Arbeitskollegen** als Handelnde – insbesondere in Fällen der Belästigung – wird in § 15 Abs. 1 AGG nicht begründet. Gleiches gilt für sonstige **Dritte**, wie zB Kunden oder Geschäftspartner des Arbeitgebers (vgl. *BAG* 23.1.2014 – 8 AZR 118/13, Rn 26 zu § 15 Abs. 2 AGG und einem Personalberatungsunternehmen; *LAG Nds.* 15.9.2008, zu 2.2.1; ausf. SSP-*Plum* Rn 28). Ansprüche gegen Dritte, die sich aus anderen Rechtsvorschriften ergeben, etwa aus § 823 Abs. 1 BGB iVm Art. 2 Abs. 1 GG, Art. 1 Abs. 1 GG wegen Verletzung des allgemeinen Persönlichkeitsrechts, bleiben freilich unberührt.

c) Verstoß gegen das Benachteiligungsverbot

Ein Schadensersatzanspruch nach § 15 Abs. 1 AGG setzt einen Verstoß gegen das Benachteiligungsverbot voraus. Dies folgt anders als bei § 15 Abs. 2 AGG bereits unmittelbar aus dem Wortlaut von § 15 Abs. 1 Satz 1 AGG. Das Benachteiligungsverbot regelt **§ 7 Abs. 1 AGG** (s. dazu KR-*Treber/Plum* § 7 AGG Rdn 1 ff. und Rdn 6 ff.)

d) Verschulden

Nach § 15 Abs. 1 S. 2 AGG gilt § 15 Abs. 1 S. 1 AGG nicht, wenn der Arbeitgeber die Pflichtverletzung nicht zu vertreten hat. Die Vorschrift übernimmt die Formulierung von § 280 Abs. 1 S. 2 BGB. Sie soll klarstellen, dass der Schadensersatzanspruch nach § 15 Abs. 1 AGG im Gegensatz zu dem Entschädigungsanspruch nach § 15 Abs. 2 AGG nur unter der darin genannten Voraussetzung entsteht und dass insoweit die §§ 276 bis 278 BGB gelten (BT-Drucks. 16/1780, S. 38). Gem. § 276 Abs. 1 BGB ist ein Verschulden mindestens in Form der Fahrlässigkeit erforderlich, wobei **leichte Fahrlässigkeit** genügt.

Die **Vereinbarkeit** des Verschuldenserfordernisses des § 15 Abs. 1 Satz 2 AGG mit den **Vorgaben des Unionsrechts** ist umstritten. In der Vergangenheit hat der EuGH wiederholt entschieden, dass die Richtlinie 76/207/EWG einer nationalen Regelung entgegenstehe, die eine zivilrechtliche Haftung wegen einer Diskriminierung aufgrund des Geschlechts von einem Verschulden abhängig mache (*EuGH* 22.4.1997 – C-180/95 [Draempaehl], Rn 17 ff.; 8.11.1990 – C-177/88 [Dekker], Rn 22 ff.). Nach überwiegender Auffassung im Schrifttum ist § 15 Abs. 1 Satz 2 AGG daher unionsrechtswidrig (vgl. jeweils mwN HaKo-AGG/*Deinert* Rn 31; BeckOK AR-*Roloff* Rn 2 f.; ErfK-*Schlachter* Rn 1). Das BVerwG und Teile des Schrifttums halten § 15 Abs. 1 Satz 2 AGG dagegen mit den Vorgaben des Unionsrechts vereinbar. Aufgrund des verschuldensunabhängigen Entschädigungsanspruchs nach § 15 Abs. 2 AGG bleibe ein Verstoß gegen das Benachteiligungsverbot des § 7 Abs. 1 AGG auch bei fehlendem Verschulden des Arbeitgebers nicht sanktionslos. Die Bindung der weiteren Sanktion in Form des Schadensersatzanspruchs nach § 15 Abs. 1 AGG an ein Verschuldenserfordernis entspreche daher dem Gebot der Verhältnismäßigkeit (grundlegend *BVerwG* 25.7.2013 – 2 C 12/11, BVerwGE 147, 244, Rn 57 f.; daran anschließend auch 6.4.2017 – 2 C 11/16, BVerwGE 158, 344, Rn 18; 30.4.2014 – 2 C 6/13, BVerwGE 150, 234, Rn 42; *Bauer/Krieger/Günther* Rn 15 mwN). Das BAG hat sich bisher keiner dieser beiden Auffassungen angeschlossen. Es hat die Unionsrechtskonformität von § 15 Abs. 1 Satz 2 AGG zuletzt aber unter Verweis auf die Rechtsprechung des EuGH in Zweifel gezogen (*BAG* 18.5.2017 – 8 AZR 74/16, BAGE 159, 159, Rn 53).

Diese Zweifel sind berechtigt (ebenfalls HaKo-AGG/*Deinert* Rn 31; *ders.* DB 2007, 399; MHH-AGG Rn 8 f.; *Schiek/Kocher* Rn 19 f.; *Wagner/Potsch* JZ 2006, 1091; ErfK-*Schlachter* Rn 1; aA *Bauer/Krieger/Günther* AGG Rn 15; *Bauer/Evers* NZA 2006, 893). Legt ein Mitgliedstaat als Sanktion bei einem Verstoß gegen die einzelstaatlichen Vorschriften zur Umsetzung der Richtlinien einen Ausgleich oder Ersatz des einer Person durch eine Diskriminierung tatsächlich entstandenen Schadens fest, muss dieser Schaden im vollen Umfang ausgeglichen oder ersetzt werden (vgl. zur RL 76/207/EWG und/oder RL 2006/54/EG *EuGH* 17.12.2015 – C-407/14 [Arjona Camacho], Rn 33 ff.; 11.10.2007 – C-460/06 [Paquay], Rn 46; 2.8.1993 – C-271/91 [Marshall], Rn 26). Der Schadensausgleich oder -ersatz darf zudem nicht von einem Verschulden abhängig gemacht werden (vgl. zur RL 76/207/EWG *EuGH* 22.4.1997 – C-180/95 [Draempaehl], Rn 17 ff.; 8.11.1990 – C-177/88 [Dekker], Rn 22 ff.). Diese Rspr. des EuGH ist zwar zu den Richtlinien 76/207/EWG und 2006/54/EG ergangen. Sie kann aber auf die Richtlinien 2000/43/EG und 2000/78/EG übertragen werden (MHH-AGG Rn 33 f.; vgl. auch *BAG* 18.5.2017 – 8 AZR 74/16, BAGE 159, 159, Rn 53). Der damit gebotene verschuldensunabhängige Schadensausgleich oder -ersatz wird auch nicht allein durch § 15 Abs. 2 AGG sichergestellt (so aber *BVerwG* 25.7.2013 – 2 C 12/11, BVerwGE 147, 244, Rn 58). Nach der Rspr. des EuGH muss der durch die Diskriminierung tatsächlich entstandene Schaden im vollen Umfang ausgeglichen oder ersetzt werden. Allein der Ersatz des immateriellen Schadens genügt dafür nicht.

12 Darüber hinaus ist das Verschuldenserfordernis für materielle Schäden im Hinblick auf das **Verschlechterungsverbot** nach Art. 8e Abs. 1 RL 76/207/EWG jedenfalls für eine Benachteiligung aufgrund einer Behinderung oder wegen des Geschlechts problematisch. Denn bisher sahen § 611a BGB aF und § 81 Abs. 2 SGB IX aF eine verschuldensunabhängige Haftung des Arbeitgebers (dazu *BAG* 12.9.2006 EzA § 81 SGB IX Nr. 14) sowohl für materielle als auch für immaterielle Schäden vor (ebenso HWK-*Rupp* Rn 3; HaKo-AGG/*Deinert* Rn 31; *Thüsing* NZA 2004, Beil. zu Heft 22, S. 16).

13 Eine **unionsrechtskonforme Auslegung** von § 15 Abs. 1 AGG kommt nicht in Betracht. Ihr stehen neben dem eindeutigen Wortlaut auch der systematische Zusammenhang und der der Vorschrift zugrundeliegende gesetzgeberische Wille entgegen (zutreffend *Stoffels* RdA 2009, 213; *Wagner/Potsch* JZ 2006, 1091; *Windel* RdA 2011, 195; HWK-*Annuß/Rupp* Rn 3; BeckOK AR-*Roloff* Rn 10; aA MHH-AGG Rn 35; wiederum anders HaKo-AGG/*Deinert* Rn 30; Unanwendbarkeit des unionsrechtswidrigen Rechts; s.a. MüKo-BGB/*Thüsing* Rn 24: Unanwendbarkeit des Verschuldenserfordernisses im Verhältnis zum Staat).

e) **Verhaltenszurechnung**

14 Die **Zurechnung des Verhaltens Dritter** ist weder in den Richtlinien noch im AGG geregelt. Bedient sich der Arbeitgeber bei der Stellenausschreibung oder Anbahnung eines Arbeitsverhältnisses eigener Mitarbeiter oder Dritter, trifft ihn nach der st.Rspr. des Achten Senats des BAG aber die volle Verantwortlichkeit für deren Verhalten (*BAG* 29.6.2017 – 8 AZR 402/15, BAGE 159, 334, Rn 56; 22.8.2013 – 8 AZR 563/12, Rn 37; 18.3.2010 – 8 AZR 1044/08, Rn 35; 17.12.2009 – 8 AZR 670/08, Rn 23; 5.2.2004 – 8 AZR 112/103, BAGE 109, 265, zu II 2 b bb [2]). Ob und unter welchen Voraussetzungen daneben oder darüber hinaus eine Zurechnung des Verhaltens Dritter in Betracht kommt, ist offen und umstritten (vgl. dazu zB *Bauer/Krieger/Günther* Rn 18 ff.; SSP-*Plum* Rn 58 ff.).

2. Rechtsfolge

15 Die Richtlinien gebieten nach dem Verständnis des EuGH grundsätzlich eine völlige Wiedergutmachung des durch eine diskriminierende Handlung entstandenen Schadens (vgl. zu Art. 6 RL 76/207/EWG *EuGH* 17.12.2015 – C-407/14 [Arjona Camacho], Rn 33; 11.10.2007 – C-460/06 [Paquay], Rn 46; 2.8.1993 – C-271/91 [Marshall], Rn 26). Für die Beurteilung der Frage, ob und in welcher Höhe ein ersatzfähiger Schaden eingetreten ist, geltend grds. die allgemeinen Regeln der §§ 249 ff. BGB (*BAG* 21.9.2011 – 7 AZR 150/10, Rn 26; 19.8.2010 – 8 AZR 530/09, Rn 75; *BVerwG* 6.4.2017 – 2 C 11/16, BVerwGE 158, 344, Rn 27). Geschuldet ist der **Erfüllungsschaden** (HWK-*Rupp* Rn 2, aA *Heyn/Meinel* NZA 2009, 22). § 15 Abs. 6 AGG schließt allerdings in den dort genannten Fällen eine Naturalrestitution nach § 249 Abs. 1 BGB aus (*BAG* 21.9.2011 – 7 AZR 150/10, Rn 26; 19.8.2010 – 8 AZR 530/09, Rn 75; s. auch Rdn 53 ff.).

16 Ist eine **Kündigung** (auch) aufgrund einer Benachteiligung wegen eines in § 1 AGG genannten Grundes unwirksam, greift § 15 Abs. 1 AGG (s. KR-*Treber/Plum* § 2 AGG Rdn 17) gleichfalls ein. Ist die benachteiligende Kündigung rechtsunwirksam (zur ausreichenden Sanktion s. KR-*Treber/Plum* § 2 AGG Rdn 19), scheiden Entgelteinbußen als Schadensersatzpositionen nach § 615 BGB regelmäßig aus (s. auch SSP-*Plum* Rn 37). Nicht ausgeschlossen sind eventuelle weitere materielle Schäden, die mit der Benachteiligung kausal verbunden sind. Demgegenüber scheiden Schadensersatzansprüche hinsichtlich der Anwaltskosten zur Durchsetzung der Rechte nach § 12a ArbGG aus (*Bauer/Evers* NZA 2006, 895; *v. Medem* S. 384, Fn. 523; SSP-*Plum* Rn 42; BeckOK AR-*Roloff* Rn 4; aA *Rust/Falke/Bertelsmann* Rn 26 ff.). Versäumt der Arbeitnehmer die **Klagefrist** nach § 4 KSchG, gilt die Kündigung als wirksam, mit der Folge, dass Schadensersatzansprüche, die auf die Beendigung des Arbeitsverhältnisses gestützt werden, ausscheiden (ausf. KR-*Treber/Plum* § 2 AGG Rdn 20 ff.).

17 Gleiches gilt in der Sache im Falle einer **unwirksamen, weil benachteiligenden Befristungsabrede** (dazu s. KR-*Treber/Plum* § 3 AGG Rdn 18, § 7 AGG Rdn 11). Die Unwirksamkeit der Befristung

ist wie die mangelnde Wirksamkeit der benachteiligenden Kündigung eine ausreichende Sanktion (s. Rdn 16). Allerdings ist der Arbeitnehmer auch hier gehalten, eine Feststellungsklage, wonach das Arbeitsverhältnis aufgrund der Befristung nicht beendet ist (§ 17 S. 1 TzBfG), rechtzeitig innerhalb der dreiwöchigen Klagefrist des § 17 S. 1 TzBfG zu erheben (zur nachträglichen Kenntnis von der Benachteiligung s. KR-*Treber/Plum* § 2 AGG Rdn 22). Anderenfalls gilt die Befristung als von Anfang an rechtswirksam (§ 17 S. 2 TzBfG iVm § 7 KSchG, s. KR-*Bader/Kreutzberg-Kowalczyk* § 17 TzBfG Rdn 56 f.). Für die auflösende Bedingung gilt nichts anderes.

Schwierigkeiten bei der Bestimmung der **Höhe des materiellen Schadensersatzes** ergeben sich ebenso wie im Falle des sog. bestqualifizierten Bewerbers (also desjenigen, der bei benachteiligungsfreier Auswahl die Arbeitsstelle erhalten hätte; dies muss, soweit nicht Art. 33 Abs. 2 GG eingreift, nicht die am »besten« qualifizierte Person sein; MüKo-BGB/*Müller-Glöge* 4. Aufl., § 611a Rn 72; ihm folgend HaKo-AGG/*Deinert* Rn 76) in dem Sonderfall, dass ein **Vertrag** zwar rechtswirksam befristet wurde, aber ausschließlich **wegen eines in § 1 AGG genannten Grundes nicht verlängert wird** und eine Fortsetzung des Arbeitsverhältnisses aus anderen Rechtsgründen ausscheidet (s. Rdn 57). Für den hier in Rede stehenden Anspruch auf Ersatz materieller Schäden des ohne Benachteiligung »entfristeten Arbeitnehmers« (weitergehend *Wagner* AcP 206 [2006] 395; *Wagner/Potsch* JZ 2006, 1095 f.; die auch im »Chancenverlust« – verstanden als Erwartungswert der entgangenen Chance – einen ausgleichsfähigen Vermögensschaden annehmen) gelten die gleichen Grundsätze wie bei der Verweigerung einer Einstellung (s. *EuGH* 4.10.2001 EzA § 611a BGB Nr. 17). Grundsätzlich ist eine »angemessene Entschädigung« in der Gewährung eines uneingeschränkten (»vollen«) Ersatzes der entstandenen Schäden nach Maßgabe der §§ 249 bis 252 BGB zu sehen. Dies folgt gleichermaßen aus dem Gebot der unionsrechtskonformen Auslegung wie aus der Leitbildfunktion der §§ 249–252 BGB (aA *Bauer/Evers* NZA 2006, 894; Beschränkung auf das Vertrauensinteresse; dagegen zu Recht ErfK-*Schlachter* Rn 4). **18**

Es kann jedoch weder davon ausgegangen werden, das verlängerte Arbeitsverhältnis hätte »ewig« (bis zum Eintritt einer Altersgrenze) angedauert (*Wagner/Potsch* JZ 2006, 1095 f.; so aber ohne nähere Begründung LAG Bln.-Bra. 26.11.2008 LAGE § 22 Nr. 1: zeitlich unbegrenzter Anspruch auf Zahlung der Vergütungsdifferenz bei unterbliebener Beförderung), noch ist es hilfreich, die Anspruchshöhe an den **Kündigungsfristen des § 622 Abs. 1 BGB** zu orientieren (so *Annuß* BB 2006, 1634; *Stoffels* RdA 2009, 212; *Kania/Merten* ZIP 2007, 14; *Bauer/Krieger/Günther* Rn 27; zu § 611a BGB aF für den bestqualifizierten Bewerber *Ehmann/Emmert* SAE 1997, 254, 260; *Hergenröder* JZ 1997, 1174, 1175; *Oetker* Das Dauerschuldverhältnis und seine Beendigung, 1994, S. 628 ff.; ausf. *Kandler* Sanktionsregeln für Verstöße gegen die EG-Gleichbehandlungsrichtlinie [76/207/EWG] im deutschen Recht, 2003, S. 195 ff.). Die letztgenannte Option unterstellt implizit einen hypothetischen Kausalverlauf, wonach das Arbeitsverhältnis sofort oder zumindest unmittelbar nach Beschäftigungsbeginn bzw. nach Fortsetzung ordentlich gekündigt worden wäre. Das übersieht im Befristungsfall bei einem mehr als sechs Monate andauernden Arbeitsverhältnis die Geltung des Kündigungsschutzgesetzes. Zudem kann ein Sonderkündigungsschutz nach dem MuSchG oder dem SGB IX eingreifen (infolgedessen gehen *Diller/Kern* FA 2007, 104 f., von einem Schadensersatzanspruch bis zum nächsten ordentlichen Kündigungstermin aus). Zudem liegt es mehr als nahe, dass die Gestaltungserklärung durch die Absicht, das Benachteiligungsverbot zu umgehen, motiviert ist (*Schiek/Kocher* Rn 14, 17; *Rust/Falke/Bücker* Rn 23; *Brüggemeier* ZEuP 1998, 760; *Treber* NZA 1998, 858). Deshalb kann im Ausspruch der Kündigung auch nicht ein rechtmäßiges Alternativverhalten gesehen werden (aA *Diller/Kern* FA 2007, 105; ebenso bei benachteiligten Bewerbern *Bauer/Krieger/Günther* Rn 28). **19**

Allein die **Heranziehung der §§ 9, 10 KSchG**, deren Anwendung erwogen wird (*Diller/Kern* FA 2007, 105; s. auch MHH-AGG Rn 44), passt aufgrund ihrer anders gelagerten Funktion (s. KR-*Spilger* § 9 KSchG Rdn 10) nicht (*Treber* NZA 1998, 858; offenlassend *Willemsen/Schweibert* NJW 2006, 2589). Zur Bestimmung des Schadens kann auch nur begrenzt ausschließlich auf § 287 ZPO zurückgegriffen werden (so *Brüggemeier* ZEuP 1998, 761; letztlich auch MüKo-BGB/*Thüsing* Rn 29). **20**

21 Letztlich erscheint ein **sinngemäßer Rückgriff** auf die zu § 628 Abs. 2 BGB entwickelten Grundsätze (s. KR-*Weigand* § 628 Rdn 38 ff.; s.a. *Treber* DZWiR 1998, 181; zweifelnd ErfK-*Schlachter* Rn 4, für den Bewerbungsfall) und ihre zweckentsprechende Anwendung sinnvoll. Danach ist das Entgelt bis zur nächsten ordentlichen Kündigungsmöglichkeit als materieller Schaden in jedem Fall zu berücksichtigen und kumulativ für die Nichtverlängerung des Arbeitsverhältnisses eine Entschädigung für den Verlust des arbeitsrechtlichen Bestandsschutzes zu berücksichtigen. Auch in der vorliegenden Fallgestaltung geht es um einen Verfrühungsschaden, da mit einer Beendigung des Arbeitsverhältnisses aus nicht benachteiligenden Gründen stets zu rechnen ist (*BAG* 22.4.2004 EzA § 628 BGB 2002 Nr. 4).

22 Die auf den reinen »Verfrühungsschaden« reduzierte Schadensersatzpflicht berücksichtigt allerdings nicht hinreichend, dass dem Arbeitnehmer die Möglichkeit genommen wurde, das Arbeitsverhältnis fortzusetzen. Ihn trifft ein weiterer wirtschaftlicher Verlust, für den er einen angemessenen Ausgleich verlangen kann. Hierfür kann **im Ansatz die Abfindungsregelung der §§ 9, 10 KSchG** herangezogen werden. Allerdings ist hierbei zu berücksichtigen, dass die Lage des nicht »entfristeten« Arbeitnehmers weder mit der des wegen schuldhafter Vertragspflichtverletzung des Arbeitgebers selbst kündigenden Arbeitnehmers noch mit derjenigen des Arbeitnehmers vergleichbar ist, demgegenüber der Arbeitgeber eine unberechtigte Kündigung ausgesprochen hat und der nun seinerseits einen Auflösungsantrag stellt, weil ihm die Fortsetzung des Arbeitsverhältnisses unzumutbar ist (s. KR-*Weigand* § 628 BGB Rdn 38; MüKo-BGB/*Thüsing* Rn 28, wenngleich mit anderen Konsequenzen: Ablehnung eines an §§ 9, 10 KSchG angelehnten Schadensersatzanspruchs; zur Vergleichbarkeit der beiden letzteren Fallgestaltungen *BAG* 22.4.2004 EzA § 628 BGB 2002 Nr. 4). Vielmehr fehlt es sowohl an einer Eigenkündigung des Arbeitnehmers als auch an einem von ihm gestellten Auflösungsantrag (darauf weist auch *BGH* 24.5.2007 NJW 2007, 2043, hin; insoweit auch zutreffend *LAG Bln.-Bra.* 26.11.2008 – 15 Sa 517/08). Hinzu kommt, dass es an einer längeren Beschäftigungsdauer und beim abgelehnten Bewerber überhaupt an einer solchen fehlen wird.

23 Deshalb können die »quantitativen« **Maßstäbe der §§ 9, 10 KSchG** nicht unmittelbar übertragen werden, sondern sind zugunsten des Arbeitnehmers **zu modifizieren**. Hier wird es sachgerecht sein, auf die durchschnittliche Beschäftigungsdauer innerhalb der Branche oder – wenn entsprechende Daten fehlen – innerhalb der jeweiligen Region, hilfsweise die der Gesamtbeschäftigtenstatistik (so der Vorschlag von *Wagner/Potsch* JZ 2006, 1096; *Wagner* AcP 206 [2006] 396), zurückzugreifen, die im Rahmen der Schadensschätzung nach § 287 ZPO einen Ansatzpunkt bilden kann (ebenfalls für diskussionswürdig hält dies HaKo-AGG/*Deinert* Rn 44 f.; krit. *Boemke/Danko* § 9 Rn 57).

III. Entschädigung (§ 15 Abs. 2 AGG)

24 § 15 Abs. 2 AGG regelt den **Ersatz immaterieller Schäden**. Der Anspruch auf Entschädigung soll die Forderungen der Richtlinien sowie der Rspr. des EuGH nach einer wirksamen und **verschuldensunabhängig ausgestalteten »Sanktion«** (dazu Rdn 3; ebenso *BAG* 26.6.2014 EzA § 22 AGG Nr. 12; 22.8.2013 EzA § 22 AGG Nr. 10; 7.7.2011 EzA § 123 BGB Nr. 1; 18.3.2010 EzA § 15 AGG Nr. 17) bei Verletzung des Benachteiligungsverbotes durch den Arbeitgeber erfüllen (BT-Drucks. 16/1780, S. 38; krit. offenbar *Walker* NZA 2009, 6: »klarer Systembruch«). Der aus § 611a Abs. 2 BGB aF bekannte Grundgedanke wird auf alle Benachteiligungen übertragen. Ein immaterieller Schaden wird nach Auffassung des Gesetzgebers regelmäßig bei einer ungerechtfertigten Benachteiligung aus den in § 1 AGG genannten Gründen vorliegen (BT-Drucks. 16/1780, S. 38).

25 Nach dieser gesetzgeberischen Wertung stellen Benachteiligungen wegen eines der in § 1 AGG genannten Gründe regelmäßig eine **Verletzung des allgemeinen Persönlichkeitsrechts** dar (HaKo-AGG/*Deinert* Rn 57; *Wagner/Potsch* JZ 2006, 1094; *Schiek/Kocher* Rn 32; ErfK-*Schlachter* Rn 8; so schon der Ansatz in *BAG* 14.3.1989 EzA § 611a BGB Nr. 4). Es handelt sich bei § 15 Abs. 2 AGG um eine Ausnahmebestimmung zu § 253 Abs. 2 BGB.

26 Fehlt es an einer konkreten **individuellen Benachteiligung**, scheidet ein Entschädigungsanspruch aus. Weder aus der Entscheidung des EuGH in der Rechtssache »Feryn« (*EuGH* 10.7.2008 EzA

EG-Vertrag 1999 Richtlinie 2000/43 Nr. 1) noch aus generalpräventiven Überlegungen kann ein individueller Entschädigungsanspruch abgeleitet werden (*BAG* 19.8.2010 EzA § 15 AGG Nr. 11).

1. Tatbestand

Der Entschädigungsanspruch nach § 15 Abs. 2 AGG steht dem Beschäftigten zu und richtet sich gegen den Arbeitgeber (s. Rdn 28). Tatbestandlich setzt er einen Verstoß gegen das Benachteiligungsverbot voraus (s. Rdn 29 f.). Weitere Tatbestandsvoraussetzungen bestehen nicht (s. Rdn 31). 27

a) Anspruchsteller und Anspruchsgegner

Eine angemessene Entschädigung in Geld kann nach § 15 Abs. 2 S. 1 AGG der **Beschäftigte** verlangen. Anspruchsverpflichtet ist der **Arbeitgeber**. Dies kommt zwar im Wortlaut des § 15 Abs. 2 AGG, anders als in § 15 Abs. 1 AGG nicht zum Ausdruck, folgt aber aus dem systematischen Zusammenhang, der Entstehungsgeschichte und dem Sinn und Zweck der Vorschrift (ausf. SSP-*Plum* Rn 47). Im Hinblick auf die Aktiv- und Passivlegitimation gelten für Ansprüche nach § 15 Abs. 1 und Abs. 2 AGG damit dieselben Voraussetzungen (s. dazu daher Rdn 6 und Rdn 7). Gleiches gilt für die **Zurechnung des Verhaltens Dritter** (s. dazu daher bereits Rdn 14). 28

b) Verstoß gegen das Benachteiligungsverbot

Der Anspruch auf Entschädigung setzt objektiv einen **Verstoß gegen das Benachteiligungsverbot des § 7 Abs. 1 AGG** voraus (st.Rspr., zB *BAG* 23.11.2017 – 8 AZR 604/16, Rn 19; 23.11.2017, 8 AZR 372/16, Rn 19; *BVerwG* 3.3.2011 – 5 C 16/10, Rn 13). Dies stellt der Wortlaut des § 15 Abs. 2 AGG zwar nicht ausdrücklich klar, ergibt sich aber im Wege der Auslegung aus dem systematischen Zusammenhang, der Entstehungsgeschichte sowie dem Sinn und Zweck der Vorschrift (vgl. bereits *BAG* 28.5.2009, 8 AZR 536/08, Rn 24; 22.1.2009 – 8 AZR 906/07, Rn 28; *BVerwG* 3.3.2011 – 5 C 16/10, Rn 14). Infolgedessen ist § 15 Abs. 2 AGG auch eine eigenständige Anspruchsgrundlage und keine bloße Rechtsfolgenregelung (widersprüchlich *BAG* 19.12.2013 – 6 AZR 190/12, Rn 11; 14.11.2013, 8 AZR 997/12, Rn 23; 22.8.2013 – 8 AZR 563/12, Rn 34; 24.1.2013 – 8 AZR 429/11, Rn 30). Eine **besondere Schwere** der Benachteiligung oder der mit ihr verbundenen Verletzung ist nicht erforderlich (*BAG* 22.1.2009 EzA § 15 AGG Nr. 1; ErfK-*Schlachter* Rn 8; *Diller* NZA 2007, 650; HaKo-AGG/*Deinert* Rn 60; *Bauer/Evers* NZA 2006, 896; MHH-AGG Rn 58; aA MüKo-BGB/*Thüsing* Rn 8 f.). Dieser Umstand ist bei der Bemessung der Entschädigungshöhe zu berücksichtigen. 29

Hingegen löst weder die **Verletzung von Schutzpflichten nach § 12 AGG** noch ein Verstoß gegen das Maßregelungsverbot des § 16 AGG einen Entschädigungsanspruch nach § 15 Abs. 2 AGG aus (*Willemsen/Schweibert* NJW 2006, 2591; SSV-*Voigt* Rn 46; HaKo-AGG/*Deinert* Rn 61; aA *Hoch* BB 2007, 1732; *Kock* VersR 2007, 290). Entschädigungs- oder Schadensersatzansprüche sind nur nach anderen Bestimmungen möglich (ausf. HaKo-AGG/*Deinert* Rn 143 ff.). 30

c) Keine weiteren Tatbestandsvoraussetzu

An weitere tatbestandliche Voraussetzungen als den Verstoß gegen das Benachteiligungsverbot des § 7 Abs. 1 AGG ist der Entschädigungsanspruch nach § 15 Abs. 2 AGG nicht geknüpft. Im Gegensatz zu einem Entschädigungsanspruch nach § 823 Abs. 1 BGB iVm Art. 2 Abs. 1 GG, Art. 1 Abs. 1 GG setzt der Entschädigungsanspruch nach § 15 Abs. 2 AGG tatbestandlich **keinen (schwerwiegenden) Eingriff in das allgemeine Persönlichkeitsrecht** der oder des Beschäftigten voraus. Es bedarf auch **keiner erheblichen Benachteiligung** (ausf. SSP-*Plum* Rn 55 f.). Auch erfordert er **kein Verschulden des Arbeitgebers** (HaKo-AGG/*Deinert* Rn 70; SSP-*Plum* Rn 57; *Walker* NZA 2009, 6; ErfK-*Schlachter* Rn 1). § 15 Abs. 1 S. 2 AGG gilt für den Entschädigungsanspruch nicht. Das entspricht auch den unionsrechtlichen Vorgaben (s. Rdn 11 f.; ebenso BT-Drucks. 16/1780 S. 38). Selbst wenn man im Hinblick auf den Gesetzeswortlaut, der dies nicht hinreichend deutlich machen soll (s. etwa ErfK-*Schlachter* Rn 1), annehmen wollte, bei § 15 Abs. 2 AGG handele 31 es sich um eine Rechtsfolgenverweisung (so *Thüsing* Rn 516; *Adomeit/Mohr* Rn 49; MHH-AGG Rn 54; aA mit Recht *Jacobs* RdA 2009, 196; *Willemsen/Schweibert* NJW 2006, 2589; eigenständige Anspruchsgrundlage), würde zumindest eine unionsrechtskonforme Auslegung zu einem solchen Ergebnis gelangen müssen (ebenso MHH-AGG Rn 56; *Bauer/Krieger/Günther* Rn 32; aA *Thüsing* Rn 516).

2. Rechtsfolge

32 Der Entschädigungsanspruch, der ausschließlich dem Ausgleich immaterieller Schäden dient, muss in der **Höhe angemessen** sein. Kriterien für die Bestimmung der Entschädigungshöhe sind weder dem Gesetzestext noch der Begründung zu entnehmen. Damit soll den Gerichten der notwendige Beurteilungsspielraum erhalten bleiben, um die Besonderheiten jedes einzelnen Falles berücksichtigen zu können (BT-Drucks. 16/1780 S. 38). Gegenüber der bisherigen Praxis ist zu berücksichtigen, dass nicht nur Fälle des Zugangs zur Beschäftigung und des beruflichen Aufstiegs erfasst werden und Vermögensschäden bereits umfassend durch § 15 Abs. 1 AGG kompensiert werden.

33 Hinsichtlich der **Entschädigung bei einer Nichteinstellung** hat der Gesetzgeber die vormalige Regelung in § 611a Abs. 3 S. 1 BGB aF jedenfalls für diese Fallgestaltung, nicht aber für den beruflichen Aufstieg beibehalten (ErfK-*Schlachter* Rn 11; SSP-*Plum* Rn 79; HaKo-AGG/*Deinert* Rn 77; für deren Heranziehung im Wege des »Erst-recht-Schlusses« HaKo-AGG/*Deinert* Rn 77, MHH-AGG Rn 72; anders *Wisskirchen* DB 2006, 1449: dreifacher monatlicher Differenzbetrag; zur Erstreckung der Drei-Monats-Grenze auf alle Benachteiligungstatbestände *Walker* NZA 2009, 9). Die **Anknüpfung an den Monatsverdienst** erscheint als Maßstab verfehlt, ist sie doch nicht geeignet, die Schwere der erlittenen Benachteiligung zu bemessen (MHH-AGG Rn 66; *Kamanabrou* ZfA 2006, 338; *Thüsing* Rn 522; *Wagner/Potsch* JZ 2006, 1094; ErfK-*Schlachter* Rn 9; HaKo-AGG/*Deinert* Rn 98).

34 Einen **Schwerpunkt** von Entschädigungsleistungen werden in der Praxis **Bewerbungs- und Beförderungsentscheidungen** bilden (s. nur aus der Rspr. *BAG* 7.7.2011 EzA § 123 BGB 2002 Nr. 19; 19.8.2010 EzA § 15 AGG Nr. 10). Doch sind **auch bei Kündigungen, Befristungsabreden** oder im Einzelfall bei Aufhebungsverträgen Benachteiligungen mit der Folge eines Entschädigungsanspruchs nicht ausgeschlossen. Allein die Rechtsfolge der Unwirksamkeit der Kündigung oder der Befristung führt nicht dazu, dass ein Nichtvermögensschaden von vornherein ausscheidet (*BAG* 12.12.2013 EzA § 15 AGG Nr. 23 m. abl. Anm. *Adam*, zust. *Däubler* Anm. AP Nr. 17 zu § 15 AGG; aA etwa *Bauer* FS v. Hoyningen-Huene, 2014, S. 29 ff.; s.a. KR-*Treber/Plum* § 2 AGG Rdn 23). Bei der Entschädigungsbemessung ist jedoch zu berücksichtigen, dass bereits die Unwirksamkeit der Maßnahme eine präventive Verhaltenssteuerung herbeiführt und eine hinreichende Sanktion darstellt (s. KR-*Treber/Plum* § 2 AGG Rdn 19). Gleichwohl werden damit immaterielle Beeinträchtigungen, namentlich in Vorsatzfällen (s. auch HaKo-AGG/*Deinert* Rn 81), nicht ausgeschlossen (*Wendeling-Schröder/Stein* § 2 Rn 50; ebenso *Walker* NZA 2009, 9, für den »bestqualifizierten« Bewerber).

35 Für die Höhe des Anspruchs kommt es auf eine **Abwägung der Einzelfallumstände** an (*BAG* 22.5.2014 EzA § 15 AGG Nr. 25; 19.8.2010 EzA § 15 AGG Nr. 10). Maßgebend sind dabei vor allem die Art und Schwere der Beeinträchtigung (zu § 81 Abs. 2 SGB IX aF: *BAG* 12.9.2006 EzA § 81 SGB IX Nr. 14; 16.9.2008 DB 2009, 177), namentlich der Grad eines Verschuldens (*BAG* 14.3.1989 EzA § 611a BGB Nr. 4), die Nachhaltigkeit und die Fortdauer der Interessenschädigung (*BAG* 12.9.2006 EzA § 81 SGB IX Nr. 14) sowie Anlass und Beweggründe des Handelns des Arbeitgebers (*LAG Nds.* 15.9.2008 NZA-RR 2009, 126; zur insofern vergleichbaren früheren Regelung BT-Drucks. 12/5468 S. 44; *BAG* 14.3.1989 EzA § 611a BGB Nr. 4). Zu einer höheren Entschädigung kann es etwa kommen, wenn **mehrere Benachteiligungsgründe** zusammentreffen (BT-Drucks. 16/1780 S. 38). Weiterhin ist der Sanktionszweck der Norm zu berücksichtigen. Der Entschädigung soll eine abschreckende Wirkung zukommen (*BAG* 19.8.2010 EzA § 15 AGG Nr. 10; 22.1.2009 EzA § 15 AGG Nr. 1), zugleich aber den Grundsatz der Verhältnismäßigkeit wahren (*EuGH* 25.4.2013 EzA Richtlinie 2000/78 EG-Vertrag 1999 Nr. 32 »Asociatia

ACCEPT«). Dabei kann auch zu berücksichtigen sein, ob es sich um eine unmittelbare oder eine mittelbare Diskriminierung handelt (*Thüsing* Rn 525). »Faustregeln« für die Entschädigungshöhe (so HaKo-AGG/*Deinert* Rn 86; jeweils für zwei Monatsverdienste) lassen sich nachvollziehbar kaum begründen (*Treber* NZA 1998, 858 m. Fn. 39).

Eine Berücksichtigung der **wirtschaftlichen Verhältnisse des Arbeitgebers** ist auch unter dem Aspekt der ausreichenden Sanktion und der Verhaltenssteuerung zulässig (HaKo-AGG/*Deinert* Rn 87; *Bauer/Krieger/Günther* Rn 36; MHH-AGG Rn 64), darf aber nicht zu einer mit dem Recht der EU unvereinbaren Wiedereinführung des abgeschafften Summenbegrenzungsverfahrens führen (*Zwanziger* DB 1998, 1330, 1331; s.a. SSP-*Plum* Rn 73). Bei der Bemessung des Nichtvermögensschadens kann auch das **spätere Verhalten des Arbeitgebers**, wie eine Entschuldigung (*Bauer/Krieger/Günther* Rn 36; SSP-*Plum* Rn 73) und ein eventuelles Mitverschulden nach § 254 BGB berücksichtigt werden (HaKo-AGG/*Deinert* Rn 80; *Thüsing* Rn 525). Allein der Umstand, dass es sich um eine verschuldensunabhängige Entschädigungspflicht handelt, steht dem nicht entgegen (so aber SSV-*Voigt* Rn 56).

36

IV. Entschädigung bei Anwendung kollektivrechtlicher Vereinbarungen (Abs. 3)

Nach § 15 Abs. 3 AGG ist der Arbeitgeber bei der Anwendung kollektivrechtlicher Vereinbarungen nur dann zur **Entschädigung verpflichtet**, wenn er **vorsätzlich oder grob fahrlässig** handelt. Nach Auffassung des Gesetzgebers ist diese **Beschränkung der Haftung des Arbeitgebers bei Anwendung kollektivvertraglicher Vereinbarungen**, die gegen das Benachteiligungsverbot des § 7 Abs. 1 AGG verstoßen, gerechtfertigt, weil diesen Vereinbarungen eine vermutete »höhere Richtigkeitsgewähr« zukomme und der Arbeitgeber für sie nicht allein verantwortlich sei (BT-Drucks. 16/1780, S. 38). Die **Vereinbarkeit** der Haftungsprivilegierung mit den Vorgaben des **Unionsrechts** ist umstritten. Das BAG hat die Frage bisher offengelassen (*BAG* 16.2.2012 – 8 AZR 697/10, Rn 64; 22.1.2009 – 8 AZR 906/07, BAGE 129, 181, Rn 68). Richtigerweise ist sie **zu verneinen** (ausf. SSP-*Plum* Rn 82; wie hier auch *Wagner/Potsch* JZ 2006, 1091; *Stoffels* RdA 2009, 210; HaKo-AGG/*Deinert* Rn 103; MHH AGG Rn 59; BeckOK AR-*Roloff* Rn 10; MüKo-BGB/*Thüsing* Rn 40; einschränkend auch ArbG Köln 28.11.2013 – 15 Ca 3879/13, zu I 3 a; aA *Bauer/Krieger/Günther* Rn 39). Der EuGH hat wiederholt entschieden, dass die Richtlinie 76/207/EWG einer nationalen Regelung entgegenstehe, die eine zivilrechtliche Haftung wegen einer Diskriminierung aufgrund des Geschlechts von einem Verschulden abhängig mache (*EuGH* 22.4.1997 – C-180/95 [Draempaehl], Rn 17 ff.; 8.11.1990 – C-177/88 [Dekker], Rn 22 ff.). Diese Rechtsprechung ist auch auf die Richtlinien 2000/43/EG und 2000/78/EG übertragbar (vgl. dazu *BAG* 18.5.2017 – 8 AZR 74/16, BAGE 159, 159, Rn 53). Eine unionsrechtskonforme Auslegung von § 15 Abs. 3 AGG kommt nicht in Betracht (zutreffend BeckOK AR-*Roloff* Rn 10; vgl. auch *Wagner/Potsch* JZ 2006, 1091). Ob § 15 Abs. 3 AGG infolgedessen unanwendbar ist, ist umstritten (dafür HaKo-AGG/*Deinert* Rn 108; MHH-AGG Rn 81 f.: dagegen BeckOK AR-*Roloff* Rn 10; differenzierend *Jacobs* RdA 2009, 198; MüKo-BGB/*Thüsing* Rn 40).

37

De Anwendung von § 15 Abs. 3 AGG setzt einen Verstoß des Arbeitgebers gegen das Benachteiligungsverbot des § 7 Abs. 1 AGG durch **Anwendung einer diskriminierenden kollektivrechtlichen Vereinbarung** voraus. Auf einen Verstoß durch (falsche) Anwendung einer nichtdiskriminierenden kollektivrechtlichen Vereinbarung ist die Vorschrift nicht anwendbar (*BAG* 16.2.2012 – 8 AZR 697/10, Rn 64). Sie gilt auch nicht im Wege des Erst-recht-Schlusses für Verstöße durch Anwendung diskriminierender Gesetze im materiellen Sinne (*OVG NRW* 7.10.2019 – 6 A 2170/16, zu B II 1 c; SSP-*Plum* Rn 83; dies dagegen erwägend: *OVG Lüneburg* – 5 LA 204/13, zu II 2). Kollektivrechtliche Vereinbarungen sind zunächst die **Tarifverträge, Betriebs- oder Dienstvereinbarungen**, an die der Arbeitgeber aufgrund kollektiven Arbeitsrechts unmittelbar gebunden ist. Nach Sinn und Zweck der Regelung zählen auch die kollektiven Regelungen kirchlichen Rechts dazu (str. wie hier HaKo-AGG/*Deinert* Rn 101; SSP-*Plum* Rn 84; MüKo-BGB/*Thüsing* Rn 36 f.). Ob Inklusionsvereinbarungen iSv § 166 SGB IX erfasst werden, hat das BAG offengelassen (vgl. zu Integrationsvereinbarungen iSv § 83 SGB IX aF *BAG* 16.2.2012 – 8 AZR 697/10, Rn 64). Die

38

Einschränkung der Entschädigungspflicht gilt grds. auch für Tarifverträge, die der Arbeitgeber aufgrund **arbeitsvertraglicher Bezugnahme oder Allgemeinverbindlicherklärung** anwendet (vgl. BT-Drs. 16/1780, S. 38; SSP-*Plum* Rn 86 f.).

39 Bei Vorliegen seiner tatbestandlichen Voraussetzungen schränkt § 15 Abs. 3 AGG ausschließlich die **Haftung des Arbeitgebers nach § 15 Abs. 2 AGG** ein. Schadensersatzansprüche nach § 15 Abs. 1 AGG und andere Ansprüche nach § 15 Abs. 5 AGG, insbesondere sog. »Primäransprüche«, betrifft sie dagegen nicht (vgl. BAG 20.3.2012 – 9 AZR 529/10, BAGE 141, 73, Rn 31; 10.11.2011 – 6 AZR 148/09, BAGE 140, 1, Rn 38; 10.11.2011 – 6 AZR 481/09, Rn 43; 14.1.2009 – 3 AZR 20/07, BAGE 129, 105, Rn 44; *Löwisch* DB 2006, 1731; HaKo-AGG/*Deinert* Rn 107; SSP-*Plum* Rn 89; *Schiek/Kocher* Rn 51; ErfK-*Schlachter* Rn 14; MüKo-BGB/*Thüsing* Rn 39; aA LAG Baden-Württemberg 23.10.2008 – 16 Sa 57/08 zu B II 3; *Annuß* BB 2006, 1635; *Jacobs* RdA 2009, 198; *Bauer/Krieger/Günther* Rn 45). Sie greift daher nicht ein, wenn es um die Beseitigung oder Unterlassung einer Beeinträchtigung durch einen Verstoß gegen das Benachteiligungsverbot geht oder die Rechtsunwirksamkeit einer Maßnahme (zB eine Kündigung oder eine Altersgrenzenregelung zu beurteilen ist).

40 Die Verschuldensregelung bezieht sich nicht auf die Anwendung der kollektivrechtlichen Regelung als solche, da diese stets »absichtlich« angewendet wird. Gemeint ist damit, dass die benachteiligende Wirkung dem Arbeitgeber **weder bekannt noch grob fahrlässig unbekannt** gewesen ist (*Kamanabrou* RdA 2006, 321). Das wird bei allgemeinverbindlichen Tarifverträgen kaum der Fall sein, da der Arbeitgeber von ihrer Rechtmäßigkeit ausgehen kann, sofern keine anderen Anhaltspunkte vorliegen. Ein anderes kann sich aber aus einer entsprechenden Rechtsprechung ergeben (HaKo-AGG/*Deinert* Rn 110; aA *Kamanabrou* ZfA 2006, 340), die nicht bereits »gefestigt« sein muss (so *Lingemann/Gotham* NZA 2007, 669). Dann wäre eher Vorsatz gegeben (HaKo-AGG/*Deinert* Rn 110).

V. Ausschlussfrist (Abs. 4)

41 Nach § 15 Abs. 4 S. 1 AGG muss ein Anspruch auf Schadensersatz nach § 15 Abs. 1 AGG oder auf Entschädigung nach § 15 Abs. 2 AGG innerhalb einer Frist von zwei Monaten schriftlich geltend gemacht werden, es sei denn, die Tarifvertragsparteien haben etwas anderes vereinbart. Die Frist beginnt nach § 15 Abs. 4 S. 2 AGG im Falle einer Bewerbung oder eines beruflichen Aufstiegs mit dem Zugang der Ablehnung und in den sonstigen Fällen einer Benachteiligung zu dem Zeitpunkt, in dem der Beschäftigte von der Benachteiligung Kenntnis erlangt.

1. Grundlagen

42 § 15 Abs. 4 AGG steht im unmittelbaren **Zusammenhang mit der Beweislastregelung des § 22 AGG**. Dem Arbeitgeber soll nicht zugemutet werden, bis zum Ablauf der regelmäßigen dreijährigen Verjährungsfrist dem Risiko einer Prozessführung ausgesetzt zu sein und deshalb etwa Dokumentationen über personelle Maßnahmen aufbewahren zu müssen (BT-Drucks. 16/1780, S. 38; *BAG* 18.5.2017 – 8 AZR 74/16, BAGE 159, 159, Rn 91; 22.5.2014 – 8 AZR 662/13, BAGE 148, 158, Rn 25). Die Vorschrift dient damit dem **Schutz des Arbeitgebers vor bürokratischem Aufwand** (BT-Drucks. 16/2022, S. 12) und seinem **Interesse an Rechtssicherheit und Rechtsklarheit** (*BAG* 22.8.2013 – 8 AZR 563/12, Rn 60; 21.6.2012 – 8 AZR 188/11, BAGE 142, 143, Rn 51; 15.3.2012 – 8 AZR 37/11, BAGE 141, 48, Rn 52; vgl. auch *BVerwG* 30.4.2014 – 2 C 6/13, BVerwGE 150, 234, Rn 49). Als Sonderregelung für Fälle, in denen § 22 AGG unmittelbar zur Anwendung gelangt (*BAG* 18.5.2017 – 8 AZR 74/16, BAGE 159, 159, Rn 91), ist sie eng auszulegen (*BAG* 11.2.2014 – 8 AZR 838/13, Rn 22).

43 Die Ausschlussfrist ist im Zusammenhang mit der **Klagefrist von drei Monaten nach § 61b ArbGG** zu sehen, die sich der schriftlichen Geltendmachung anschließt. Das Zusammenspiel der beiden Regelungen führt in der Sache zu einer **zweistufigen Ausschlussfrist** (HaKo-AGG/*Deinert* Rn 113; MHH-AGG Rn 85). Der Rechtsnatur nach handelt es sich um eine materielle Ausschlussfrist (so auch die Einordnung von § 611a Abs. 4 BGB aF). Ihre Einhaltung ist echte Anspruchsvoraussetzung,

die nicht nur auf Einrede des Arbeitgebers zu beachten ist. Eine Wiedereinsetzung in den vorigen Stand ist ausgeschlossen (MHH-AGG Rn 85; HaKo-AGG/*Deinert* Rn 114).

§ 15 Abs. 4 AGG ist – auch in Kombination mit der Klagefrist des § 61b Abs. 1 ArbGG – mit den **Vorgaben des Unionsrechts grds. vereinbar**. Die Schadensersatz- und Entschädigungsansprüche für Nichtvermögensschäden von der Wahrung einer zweimonatigen Ausschlussfrist abhängig zu machen, ist **unionsrechtlich zulässig** (*EuGH* 21.12.2016 EuZW 2017, 148; »Guitiérrez Naranjo«; 8.7.2010 EzA § 15 AGG Nr. 8 »Bulicke«; s.a. *BAG* 18.5.2017 EzA § 15 AGG Nr. 20; 21.6.2012 EzA § 15 AGG Nr. 20; 24.9.2009 EzA § 3 AGG Nr. 1). Solche Fristenregelungen sind auch in den zugrundeliegenden Richtlinien erwähnt (Art. 7 Abs. 3 RL 2000/43/EG, Art. 9 Abs. 3 RL 2000/78/EG, Art. 6 Abs. 4 RL 76/207/EWG iVm Art 1 RL 2002/73/EG). Erforderlich ist, dass die Frist nicht weniger günstig ist als diejenige für vergleichbare innerstaatliche Rechtsbehelfe, was von den nationalen Gerichten zu prüfen ist (so bereits *EuGH* 29.10.2009 EzA Richtlinie 92/85 EG-Vertrag 1999 Nr. 4: eine 15-tägige Ausschlussfrist offenbar nicht geeignet, den Grundsatz der Effektivität und der Gleichwertigkeit zu erfüllen; dazu *E Nebe* EuZA 2010, 382 ff.). Im Hinblick auf die dreiwöchigen Fristen in den §§ 4, 7 KSchG, § 17 KSchG (*EuGH* 8.7.2010 EzA § 15 AGG Nr. 8 »Bulicke«) sowie die Unterschiede bei der Beweislastverteilung und der Ausgestaltung der Anspruchsvoraussetzungen (ausf. *BAG* 18.5.2017 EzA § 15 AGG Nr. 20) ist ein Verstoß gegen das Äquivalenzprinzip nicht erkennbar. Aus der Entscheidung des *EuGH* in der Rechtssache »Peterbroek« (14.12.1995 DVBl. 1996, 249) ergibt sich kein anderes Ergebnis. Es handelte sich um eine 60-tägige Präklusionsfrist in einer besonderen Fallgestaltung und nicht lediglich eine schriftliche Geltendmachung (so auch iE *Wagner/Potsch* JZ 2006, 1092; *Jacobs* RdA 2009, 200 ff.; HaKo-AGG/*Deinert* Rn 117). Die unionsrechtliche Konformität der Frist wird allerdings in Hinblick auf das **Verschlechterungsverbot** (dazu zuletzt *EuGH* 24.6.2010 NZA 2010, 805; dazu *Greiner* EuZA 2011, 74; *Corazza* ZESAR 2011, 58) des Art. 8e Abs. 2 Richtlinie 2000/78/EG bezweifelt, weil vormals nach § 611a Abs. 4 BGB aF eine längere möglich war (mindestens zwei Monate bis zu sechs Monaten) und nach der Entscheidung des EuGH in Sachen »Mangold« (*EuGH* 22.11.2005 EzA § 14 TzBfG Nr. 21) »alle nationalen Maßnahmen (...), mit denen nach der eigentlichen Umsetzung die bereits erlassenen nationalen Rechtsvorschriften ergänzt oder geändert werden« als »Umsetzung« anzusehen sind (so *Fischinger* NZA 2010, 1048, 1048 f.; anders *Kolbe* EuZA 2011, 65, 72).

2. Tatbestand

a) Anspruch nach § 15 Abs. 1 oder Abs. 2 AGG

§ 15 Abs. 4 S. 1 AGG betrifft nach seinem Wortlaut nur **Ansprüche auf Schadensersatz nach § 15 Abs. 1 AGG und auf Entschädigung nach § 15 Abs. 2 AGG**. Auf andere Ansprüche auf **Schadensersatz oder Entschädigung**, die auf denselben Lebenssachverhalt wie die Ansprüche aus § 15 Abs. 1 oder Abs. 2 AGG gestützt werden, ist § 15 Abs. 4 AGG daher **nicht unmittelbar anwendbar**. Dies folgt auch aus § 15 Abs. 5 AGG und § 32 AGG (SSP-*Plum* Rn 98). Die Vorschrift findet auf solche Ansprüche auch **keine analoge Anwendung** (vgl. zu Ansprüchen wegen »Mobbing« *BAG* 18.5.2017 – 8 AZR 74/16, BAGE 159, 159, Rn 91; 11.12.2014 – 8 ZR 838/13, Rn 22; wie hier auch HaKo-AGG/*Deinert* Rn 112; *Thüsing* Rn 563; aA *BAG* 21.6.2012 – 8 AZR 188/11, BAGE 142, 143, Rn 48 ff. zu möglichen Ansprüchen aus § 823 Abs. 2 BGB iVm § 7 Abs. 1 AGG oder § 11 AGG; *Adomeit/Mohr* Rn 105; *Bauer/Krieger/Günther* Rn 67). Die Voraussetzungen für eine Rechtsfortbildung durch Analogie liegen nicht vor (ausf. SSP-*Plum* Rn 98)

b) Schriftliche Geltendmachung innerhalb einer bestimmten Frist

aa) Frist

Die Frist zur schriftlichen Geltendmachung beträgt nach § 15 Abs. 4 S. 1 Hs. 1 AGG grundsätzlich zwei Monate. Etwas anderes gilt nach § 15 Abs. 4 S. 1 Hs. 2 AGG nur dann, wenn die Tarifvertragsparteien dies vereinbart haben. § 611a Abs. 4 S. 3 BGB aF hatte für den Entschädigungsanspruch nach § 611a Abs. 2 Hs. 1 BGB aF noch eine Frist zur schriftlichen Geltendmachung von sechs Monaten vorgesehen, die nach § 611a Abs. 4 S. 2 BGB aF durch Tarifvertrag auf bis zu zwei Monate verkürzt werden konnte; für Entschädigungsansprüche nach § 81 Abs. 2 S. 2 Nr. 2 Halbs. 1 SGB IX aF betrug die Frist zur schriftlichen Geltendmachung nach § 81 Abs. 2 S. 2 Nr. 4 SGB IX dagegen zwei Monate.

bb) Beginn der Frist

47 Die zweimonatige Frist des § 15 Abs. 4 S. 1 Hs. 1 AGG beginnt in allen Fällen einer Benachteiligung mit dem **Zeitpunkt der Kenntniserlangung des Beschäftigten von der Benachteiligung.** Der Wortlaut von § 15 Abs. 4 S. 2 AGG legt zwar nahe, dass die Frist in Fällen einer Benachteiligung, die eine Bewerbung oder einen beruflichen Aufstieg zum Gegenstand hat, zu einem anderen Zeitpunkt beginnt als in Fällen einer Benachteiligung, die einen anderen Gegenstand hat. Die Entstehungsgeschichte der Vorschrift zeigt jedoch, dass ihr Wortlaut insoweit nicht mit dem gesetzgeberischen Willen übereinstimmt (vgl. dazu BT-Drucks. 16/1780, S. 38; 16/2022, S. 12). Sie ist daher – in Übereinstimmung mit dem Unionsrecht (vgl. dazu *EuGH* 8.7.2010 – C-246/09 [Bulicke], Rn 41) – dahin auszulegen, dass der Fristbeginn in allen Fällen einer Benachteiligung der Zeitpunkt der Kenntniserlangung des Beschäftigten von der Benachteiligung ist. In den Fällen einer Benachteiligung, die eine Bewerbung oder einen beruflichen Aufstieg zum Gegenstand hat, erlangt der Beschäftigte diese Kenntnis frühestens mit dem **Zugang der Ablehnung**. Der Zeitpunkt des Zugangs der Ablehnung ist in diesen Fällen damit der **frühestmögliche Zeitpunkt des Fristbeginns** (*BAG* 29.06.2017, 8 AZR 402/15, Rn 26 f.; 18.05.2017 – 8 AZR 74/16, Rn 56 f.; 15.03.2012 – 8 AZR 37/11, Rn 56 ff.) Die Frist beginnt daher auch in diesen Fällen trotz Zugangs der Ablehnung nicht, wenn der Beschäftigte zu diesem Zeitpunkt ausnahmsweise noch keine Kenntnis von der Benachteiligung erlangt hat. Die Ablehnung allein gibt darüber nämlich nicht in jedem Einzelfall zwingend Auskunft (*BAG* 22.05.2014 – 8 AZR 662/13, Rn 27; 21.06.2012 – 8 AZR 188/11, Rn 24; 15.03.2012 – 8 AZR 37/11, Rn 56).

48 Soweit die Frist des § 15 Abs. 4 Satz 1 AGG nach § 15 Abs. 4 Satz 2 AGG zu dem Zeitpunkt beginnt, in dem der Beschäftigte von der Benachteiligung Kenntnis erlangt, kann zur Bestimmung dieses Zeitpunktes auf die Maßstäbe des § 199 Abs. 1 Nr. 2 BGB mit der Maßgabe zurückgegriffen werden, dass wegen des Wortlauts von § 15 Abs. 4 Satz 2 AGG eine grob fahrlässige Unkenntnis nicht genügt (*BAG* 21.11.2017 – 9 AZR 141/17, Rn 45; 15.03.2012 – 8 AZR 37/11, Rn 62; 15.03.2012 – 8 AZR 160/11, Rn 60) Kenntnis von der Benachteiligung hat der Beschäftigte daher, wenn er Kenntnis von den anspruchsbegründenden Tatsachen hat (*BAG* 21.11.2017 – 9 AZR 141/17, Rn 45; 18.05.2017 – 8 AZR 74/16, Rn 96; 15.03.2012 – 8 AZR 37/11, Rn 62; *BVerwG* 30.04.2014 – 2 C 6/13, Rn 51). Dafür muss er selbst erkennen können, dass und in welchem Umfang er benachteiligt wurde, sodass er Ansprüche nach § 15 Abs. 1 oder Abs. 2 AGG geltend machen kann (vgl. *EuGH* 08.07.2010 – C-246/09 [Bulicke], Rn 40; *BAG* 18.05.2017 – 8 AZR 74/16, Rn 96). Die Kenntnis Dritter, z.B. von Arbeitskollegen oder Familienangehörigen, reicht regelmäßig nicht aus. Etwas anderes kann gelten, wenn der Beschäftigte sich in entsprechender Anwendung von § 166 Abs. 1 BGB die Kenntnis eines Wissensvertreters als eigenes Wissen zurechnen lassen muss (vgl. zur Zurechnung der Kenntnis eines Wissensvertreters *BGH* 05.11.2015 – I ZR 50/14, Rn 44; 04.07.2014 – V ZR 183/13, Rn 16; 23.01.2014 – III ZR 436/12, Rn 16).

cc) Berechnung der Frist

49 Für die Berechnung der Frist des § 15 Abs. 4 AGG gelten nach § 186 BGB die **§§ 187 bis 193 BGB** (vgl. *BAG* 21.6.2012 – 8 AZR 188/11, BAGE 142, 143, Rn 27; 15.3.2012 – 8 AZR 37/11, BAGE 141, 48, Rn 61; 15.3.2012 – 8 AZR 160/11, Rn 59; 17.8.2010 – 9 AZR 839/08, Rn 22; *BVerwG* 6.4.2017 – 2 C 11/16, NVwZ 2017, 1627, Rn 42).

cc) **Schriftliche Geltendmachung innerhalb der Frist**

Die Geltendmachung eines Anspruchs iSv § 15 Abs. 4 S. 1 AGG ist eine **rechtsgeschäftsähnliche** 50 **Handlung** (*BAG* 30.8.2017 – 7 AZR 524/15, BAGE 160, 117, Rn 31; 22.5.2014 – 8 AZR 662/13, BAGE 148, 158, Rn 21; 19.8.2010 – 8 AZR 530/09, Rn 44). Sie muss **gegenüber dem Arbeitgeber** (ausf. SSP-*Plum* Rn 113) und **schriftlich** erfolgen. Ausreichend ist Textform iSv § 126b BGB (grundlegend *BAG* 19.8.2010 – 8 AZR 530/09, Rn 42 ff.; vgl. auch 16.2.2012 – 8 AZR 697/10, Rn 27; 27.1.2011 – 8 AZR 580/09, Rn 24). Eine E-Mail (*BAG* 7.7.2010 - 4 AZR 549/08, BAGE 135, 80, Rn 88 ff. zu § 70 Abs. 1 BAT) oder ein Telefax (*BAG* 27.1.2011 – 8 AZR 580/09, Rn 24; 19.8.2010 – 8 AZR 530/09, Rn 47) können daher genügen. An den **Inhalt der Geltendmachung** sind **keine hohen Anforderungen** zu stellen. Der Anspruch muss nach dem Lebenssachverhalt individualisiert und der ungefähren Höhe nach angegeben werden (*BAG* 19.5.2016 – 8 AZR 477/14, Rn 70; 17.12.2015 – 8 AZR 421/14, Rn 40; 27.1.2011 – 8 AZR 580/09, Rn 23; *BVerwG* 16.4.2013 – 2 B 145/11, Rn 14). Es muss erkennbar sein, dass Entschädigungsansprüche im Zusammenhang mit einer Benachteiligung geltend gemacht werden. Die Nennung konkreter Anspruchsgrundlagen ist ebenso wenig erforderlich (*LAG Nds.* 15.9.2008 NZA-RR 2009, 126) wie die Bezifferung der begehrten Entschädigung (zu § 81 Abs. 2 SGB IX aF: *BAG* 15.2.2005 EzA § 81 SGB IX Nr. 6; 12.9.2006 EzA § 81 SGB IX Nr. 14; für das AGG ErfK-*Schlachter* Rn 16; HaKo-AGG/*Deinert* Rn 112; aA *Bauer/Krieger/Günther* Rn 56; *Adomeit/Mohr* Rn 123). Auch ist keine nähere Darlegung der Tatsachen erforderlich, aus denen der Umstand der Benachteiligung abgeleitet wird. Allein die Erhebung einer Befristungskontrollklage reicht allerdings nicht aus (*BAG* 21.2.2012 EzA § 15 AGG Nr. 21). Die Frist zur Geltendmachung wird auch durch die unmittelbare **Erhebung einer Klage** gewahrt. Ob § 167 ZPO auf § 15 Abs. 4 AGG Anwendung findet, ist umstritten (dafür *BAG* 22.5.2014 – 8 AZR 662/13, BAGE 148, 158, Rn 9 ff.; dazu *Bauer* NJW 2014, 2896; krit. *Boemke* jurisPR-ArbR 40/2014, Anm. 2; *Kolbe* Anm. AP Nr. 19 zu § 15 AGG; dagegen *BAG* 21.6.2012 – 8 AZR 188/11, BAGE 142, 143, Rn 27). Bei einer **fortlaufenden Benachteiligung** wegen eines in § 1 AGG genannten Grundes genügt die einmalige schriftliche Geltendmachung (*BVerwG* 16.11.2017 – 2 C 13/17, Rn 13; 6.4.2017 – 2 C 11/16, BVerwGE 158, 344, Rn 40; 30.4.2014 – 2 C 6/13, BVerwGE 150, 234, Rn 54).

3. Rechtsfolge

Die Frist des § 15 Abs. 4 Satz 1 AGG ist eine **materiell-rechtliche Ausschlussfrist** (*BAG* 51 22.5.2014 – 8 AZR 662/13, BAGE 148, 158, Rn 10; 26.9.2013 – 8 AZR 650/12, Rn 16; 21.6.2012 – 8 AZR 188/11, BAGE 142, 143, Rn 19; 15.3.2012 – 8 AZR 37/11, BAGE 141, 48, Rn 24; 15.3.2012 – 8 AZR 160/11, Rn 22). Ihre Einhaltung ist daher – wie bei tarifvertraglichen Ausschlussfristen – von Amts wegen zu beachten (*BAG* 21.6.2012 – 8 AZR 188/11, BAGE 142, 143, Rn 19; 15.3.2012 – 8 AZR 37/11, BAGE 141, 48, Rn 24; 15.3.2012 – 8 AZR 160/11, Rn 22). Ist die **Frist des § 15 Abs. 4 Satz 1 AGG gewahrt**, muss eine Klage auf Entschädigung nach § 15 Abs. 2 AGG nach § 61b Abs. 1 ArbGG innerhalb von drei Monaten, nachdem der Anspruch schriftlich geltend gemacht worden ist, erhoben werden. Die Frist gilt nicht für Schadensersatzansprüche nach § 15 Abs. 1 AGG (*BAG* 20.6.2013 – 8 AZR 482/12, Rn 32; noch offenlassend 22.7.2010 – 8 AZR 1012/08, Rn 46). Sie beginnt mit dem Zugang der schriftlichen Geltendmachung iSv § 15 Abs. 4 S. 1 AGG beim Arbeitgeber (GMP/*Schleusener* § 61b ArbGG Rn 7; GK-ArbGG/*Schütz* § 61b ArbGG Rn 17; Schwab/Weth/*Walker* § 61b ArbGG Rn 14); nicht erst mit dem Ablauf der zweimonatigen Frist des § 15 Abs. 4 AGG.

C. Ansprüche aus anderen Rechtsvorschriften (§ 15 Abs. 5 AGG)

Nach § 15 Abs. 5 AGG bleiben **Ansprüche** gegen den Arbeitgeber, die sich **aus anderen Rechtsvor-** 52 **schriften** ergeben, unberührt. Es gilt das Prinzip der Anspruchskonkurrenz. Das betrifft namentlich Ansprüche aus § 823 Abs. 1 BGB oder eventuell § 826 BGB. Darüber hinaus kommen auch Unterlassungsansprüche entsprechend § 1004 BGB in Betracht (BT-Drucks. 16/1780, S. 38), etwa in Fällen der Belästigung und sexuellen Belästigung nach § 3 Abs. 3 und Abs. 4 AGG. Anders verhält es sich nach dem Achten Senat des BAG und Teilen des Schrifttums in Bezug auf Schadensersatzansprüche nach § 280 BGB, der insoweit von § 15 Abs. 1 AGG als speziellerer Norm verdrängt werden soll (*BAG* 21.6.2012 – 8 AZR 188/11, BAGE 142, 143, Rn 43 ff.; HaKo-AGG/ *Deinert* Rn 25, 145; aA MüKo-BGB/*Thüsing* Rn 23).

D. Ausschluss eines Einstellungs- und Beförderungsanspruchs (Abs. 6)

53 Wird eine Einstellung aus diskriminierenden Gründen verweigert, so besteht **kein Einstellungsanspruch**, sofern dieser nicht aufgrund eines anderen Rechtsgrunds besteht (BT-Drucks. 16/1780 S. 38). Das wird in § 15 Abs. 6 AGG ausdrücklich klargestellt. Die Notwendigkeit einer solchen Klarstellung resultiert aus dem Umstand, dass sonst ein Einstellungsanspruch aus dem Prinzip der Naturalrestitution (§ 249 S. 1 BGB) folgen könnte. Dabei sind zwei Fallgestaltungen zu unterscheiden: Liegt eine diskriminierende Behandlung im Bewerbungsverfahren vor, die aber nicht ursächlich für die Nichteinstellung wurde, so greift zwar der Schadensersatzanspruch nach § 15 Abs. 2 AGG; ein Einstellungsanspruch kommt jedoch schon nach allgemeinen Grundsätzen nicht in Betracht. Denn eine schadensersatzrechtliche Naturalrestitution scheidet mangels Kausalität der Benachteiligung für die unterbliebene Einstellung aus. Dieses Ergebnis wird von § 15 Abs. 2 AGG als selbstverständlich vorausgesetzt. § 15 Abs. 1 AGG erfasst demgegenüber die Fälle, in denen die Benachteiligung kausal für die Nichteinstellung war, und schließt auch für diesen Fall einen Einstellungsanspruch aus.

54 Die Vorschrift knüpft an § 611a Abs. 2 und Abs. 5 BGB aF sowie § 81 Abs. 2 Satz 2 Nr. 2 Hs. 2 und Nr. 5 SGB IX aF an (vgl. BT-Drs. 16/1780, S. 38). Eine unionsrechtliche Entsprechung hat sie nicht. Gegen ihre **Vereinbarkeit mit dem Unionsrecht** bestehen jedoch keine Bedenken (*BAG* 10.12.2013 – 9 AZR 51/13, BAGE 146, 384, Rn 33). Die Richtlinien 2000/43/EG, 2000/78/EG und 2006/54/EG schreiben den Mitgliedstaaten nicht vor, eine Benachteiligung wegen der in ihnen genannten Gründe, durch einen Anspruch auf Begründung eines Beschäftigungs- oder Berufsausbildungsverhältnisses oder einen beruflichen Aufstieg zu sanktionieren, sondern belassen ihnen die Auswahl unter verschiedenen Sanktionsmöglichkeiten, zu denen auch Schadensersatz- und Entschädigungsansprüche zählen, wie § 15 Abs. 1 und Abs. 2 AGG sie vorsehen (vgl. zu Art. 6 RL 76/ 207/EWG *EuGH* 10.4.1984 -C-14/83 [von Colson und Kamann], Rn 18 f.; SSP-*Plum* Rn 132). Auch verfassungsrechtliche Bedenken bestehen nicht. (vgl. dazu *BVerfG* 16.11.1993 – 1 BvR 258/ 86, BVerfGE 89, 276, zu C I 2 a).

55 Nach seinem Wortlaut greift § 15 Abs. 6 AGG nur bei einem **Verstoß des Arbeitgebers gegen das Benachteiligungsverbot des § 7 Abs. 1 AGG** ein. Darüber hinaus soll er nach der Rechtsprechung des Siebten Senats des BAG aber auch auf Verstöße des Arbeitgebers gegen das Maßregelungsverbot des § 612a BGB entsprechende Anwendung finden (*BAG* 21.9.2011 – 7 AZR 150/10, Rn 44 f.); dagegen nicht auf Verstöße des Arbeitgebers gegen das Benachteiligungsverbot des § 78 Satz 2 BetrVG (*BAG* 25.6.2014 – 7 AZR 847/12, BAGE 148, 299, Rn 31 ff.; mit Recht krit. zur Analogie nach § 15 Abs. 6 AGG *Pallsch* RdA 2015, 108 ff.; s.a. *Horcher* RdA 2014, 93, 99 f.; für den arbeitsrechtlichen Gleichbehandlungsgrundsatz offen gelassen in *BAG* 13.8.2008 EzA § 14 TzBfG Nr. 52, dazu *Strecker* RdA 2009, 381).

56 Der Begriff »**Beschäftigungsverhältnis**« ist in Anlehnung an den Beschäftigtenbegriff des § 6 Abs. 1 Satz 1 AGG auszulegen (s. dazu KR-*Treber/Plum* § 6 AGG Rdn 2 ff.). Darunter fallen deshalb nicht nur Arbeits-, sondern auch Berufsbildungs-, arbeitnehmerähnliche Rechts-, Heimarbeits- und Werkstattverhältnisse. **Berufungsbildungsverhältnisse** sind sowohl Berufsausbildungsvorbereitungs-, Berufsausbildungs-, berufliche Fortbildungs- und berufliche Umschulungsverhältnisse als auch andere Vertragsverhältnisse iSv. § 26 BBiG (ausf. SSP-*Plum* Rn 134). **Beruflicher Aufstieg** bezeichnet eine Verbesserung der Stellung in der betrieblichen Hierarchie (vgl. zu § 611a Abs. 1 Satz 1 und Abs. 5 BGB aF BAG 23.9.1992 – 4 AZR 30/92, BAGE 71, 195, zu B II 2; SSP-*Plum* Rn 135).

§ 15 Abs. 6 AGG erfasst nach seinem Wortlaut allein **Ansprüche auf Begründung** eines Beschäftigungsverhältnisses. Dazu zählt auch der Wiedereinstellungsanspruch als Anspruch auf Wiederbegründung eines Arbeitsverhältnisses (*BAG* 20.10.2015 – 9 AZR 743/14, BAGE 153, 62, Rn 19 f.). Dagegen erstreckt sich die Vorschrift ihrem Wortlaut nach nicht auf Ansprüche auf Änderung, Beendigung oder Verlängerung eines Beschäftigungsverhältnisses. Nach wohl hM ist sie jedoch entsprechend auf sämtliche Ansprüche anzuwenden, die den Abschluss eines Vertrags zum Gegenstand haben, insbesondere solche, die auf die Änderung des Arbeitsvertrags im laufenden Arbeitsverhältnis abzielen, wie z.B. der Anspruch des Arbeitnehmers auf Verlängerung seiner Arbeitszeit nach § 9 TzBfG (vgl. zB *BAG* 18.7.2017 – 9 AZR 259/16, BAGE 159, 368, Rn 39 ff.; MüKo-BGB/*Thüsing* Rn 43; aA *Horcher* RdA 2014, 93, 97 f.; ErfK-*Schlachter* Rn 21; offenlassend *BAG* 25.2.2010 – 6 AZR 911/08, BAGE 133, 265, Rn 16). Verlangt ein **befristet beschäftigter Arbeitnehmer** nach Ablauf der vertraglich vereinbarten Befristungsdauer wegen eines Verstoßes seines Arbeitgebers gegen das Benachteiligungsverbot des § 7 Abs. 1 AGG den **Fortbestand seines Arbeitsverhältnisses**, ist zu differenzieren (ebenfalls *Horcher* RdA 2014, 93, 98 f.; *Bauer/Krieger/Günther* Rn 68; SSP-*Plum* Rn 136). Ist bereits die vertraglich vereinbarte Befristung wegen dieses Verstoßes nach § 7 Abs. 2 AGG unwirksam, so gilt der befristete Arbeitsvertrag nach § 16 Satz 1 Hs. 1 TzBfG als auf unbestimmte Zeit geschlossen. § 15 Abs. 6 AGG findet mangels Begründung eines Arbeitsverhältnisses keine (analoge) Anwendung (vgl. *BAG* 21.9.2011 – 7 AZR 150/10, Rn 46; 6.4.2011 – 7 AZR 524/09, Rn 34). Ist dagegen die vertraglich vereinbarte Befristung wirksam und verlängert der Arbeitgeber den befristeten Arbeitsvertrag wegen eines in § 1 AGG genannten Grundes nicht, gilt § 15 Abs. 6 AGG (vgl. *LAG Hamm* 26.2.2009 – 17 Sa 923/08). Es geht dann nicht bloß um die Verlängerung eines Arbeitsverhältnisses, sondern um dessen (Neu-)Begründung nach wirksamer Beendigung (vgl. *BAG* 28.5.2014 – 7 AZR 456/12, Rn 11). Hier können aber Ansprüche auf Schadensersatz und Entschädigung nach § 15 Abs. 1 und 2 AGG geltend gemacht werden (*ArbG Mainz* 2.9.2008 AuA 2008, 623).

Ein **Einstellungsanspruch aus anderen Rechtsgründen** wird durch § 15 Abs. 6 AGG nicht ausgeschlossen. Das kann im öffentlichen Dienst ausnahmsweise nach Art. 33 Abs. 2 GG der Fall sein. § 15 Abs. 6 AGG ist lediglich zu entnehmen, dass der bloße Umstand, ein Arbeitnehmer werde aus diskriminierenden Gründen nicht (unbefristet) eingestellt, nicht zu einem Einstellungsanspruch führt (vgl. *Zwanziger* BB 1995, 1404, 1405). Liegen demgegenüber qualifizierende weitere Umstände vor, auf Grund derer nach sonstigen Regeln ein Einstellungsanspruch ausnahmsweise bejaht werden kann, bildet § 15 Abs. 6 AGG für einen solchen Anspruch kein Hindernis.

Nach der Rechtsprechung des BAG kommen dabei die Fälle in Betracht, in denen der **Arbeitgeber** einen Arbeitnehmer zunächst befristet eingestellt hat und bei der Einstellung durch seine Erklärungen oder sein sonstiges Verhalten den **Eindruck erweckt hat**, er werde unter bestimmten, im Vorhinein mitgeteilten Voraussetzungen zur Umwandlung des befristeten Arbeitsverhältnisses in ein unbefristetes bereit sein (*BAG* 16.3.1989 EzA § 1 BeschFG 1985 Nr. 7; 17.10.1990 RzK I 9a Nr. 61). Dann soll ein Anspruch aus culpa in contrahendo (§§ 280 Abs. 1, 311a Abs. 2 BGB) bestehen, der im Wege der Naturalrestitution auf Begründung eines unbefristeten Arbeitsverhältnisses gerichtet ist (*BAG* 16.3.1989 EzA § 1 BeschFG 1985 Nr. 7; s. ferner KR-*Gallner* § 17 MuSchG Rdn 185), falls nicht bereits die Berufung auf die Befristung sich als rechtsmissbräuchlich herausstellt (s. KR-*Lipke/Bubach* § 14 TzBfG Rdn 361, 364 f. mwN).

§§ 16–21 AGG

– hier nicht kommentiert –

§ 22 AGG Beweislast

Wenn im Streitfall die eine Partei Indizien beweist, die eine Benachteiligung wegen eines in § 1 genannten Grundes vermuten lassen, trägt die andere Partei die Beweislast dafür, dass kein Verstoß gegen die Bestimmungen zum Schutz vor Benachteiligung vorgelegen hat.

§ 22 AGG Beweislast

Übersicht	Rdn		Rdn
A. Grundsatz	1	1. Grundsatz	8
B. Anwendungsbereich	5	2. Einzelne Vermutungstatbestände	14
C. Beweislast und Beweismaß	8	II. Anspruchsgegner	16
I. Anspruchsteller	8		

A. Grundsatz

1 Die Vorschrift regelt die **Beweislast** sowie das **Beweismaß** in Streitigkeiten über eine Benachteiligung wegen eines in § 1 AGG genannten Grundes. Für andere Benachteiligungsgründe bleibt es ebenso bei den allgemeinen Verfahrensgrundsätzen wie bei dem Nachweis einer Benachteiligung nach anderen gesetzlichen Regelungen (*Windel* RdA 2007, 8). Eine Beweislastumkehr ist mit der Vorschrift nicht verbunden. Mit der Vorschrift werden Art. 4 RL 97/80/EG (»Beweislastrichtlinie«, s. KR-*Treber/Plum* § 1 AGG Rdn 4) sowie die gleichlautenden Regelungen in Art. 8 RL 2000/43/EG und Art. 10 RL 2000/78/EG umgesetzt.

2 Der Gesetzgeber hat im Gegensatz zur Vorgängerregelung nach § 611 Abs. 1 S. 3 BGB aF (ebenso in § 82 Abs. 2 S. 1 Nr. 1 SGB IX aF) und der Formulierung im ursprünglichen Gesetzentwurf (BT-Drucks. 16/1780, S. 11) bewusst auf den **Begriff der »Glaubhaftmachung« verzichtet**, wie er in den zugrundeliegenden Richtlinien verwendet wird, und ihn durch »Indizien beweist« ersetzt (BT-Drucks. 16/2022, S. 13). Damit sollte vermieden werden, dass über dieses Tatbestandsmerkmal – verstanden iSd § 294 ZPO, der auch eine eidesstattliche Versicherung als Beweismittel zulässt – eine Beweislastumkehr zu Lasten der gegnerischen Partei ausgelöst wird (dazu schon *Boesche* EuZW 2005, 265; sowie *Grobys* NZA 2006, 900). Das hatte die Rechtsprechung aber auch schon auf Grundlage der vormaligen Bestimmungen nicht angenommen (*BAG* 5.2.2004 EzA § 611a BGB 2002 Nr. 3; s.a. *BAG* 3.4.2007 EzA § 81 SGB IX Nr. 15; grundl. *Prütting* S. 334 ff.; *ders.* RdA 1999, 111 f.).

3 Der **Regelungsgehalt der Beweislastregel** soll im Verhältnis zu den Vorgängerregelungen **nicht geändert werden** (BT-Drucks. 16/2022, S. 13; anders sieht dies *Wörl* S. 54 ff.). Das gilt auch für eine Absenkung des Beweismaßes (*Grobys* NZA 2006, 900; *Düwell* BB 2006, 1743; HaKo-AGG/*Bertzbach/Beck* Rn 9). Deshalb ist – zumindest bei unionsrechtskonformer Auslegung, die sich auf den Willen des Gesetzgebers stützen kann – nicht von einer unzureichenden Umsetzung der Richtlinien auszugehen (*Bauer/Krieger/Günther* Rn 3; *Hoentzsch* DB 2006, 2634; aA *Windel* RdA 2007, 1 f., 3, dort auch zur mangelnden Umsetzungstransparenz). Auch kann auf die Maßstäbe der Rechtsprechung zu § 611a BGB aF zurückgegriffen werden (dazu *BAG* 5.2.2004 EzA § 611a BGB 2002 Nr. 3; 12.9.2006 EzA § 81 SGB IX Nr. 14; *ArbG Bln.*12.11.2007 NJW 2008, 1401).

4 Mit der Beweislastregelung wird der in den Richtlinien niedergelegte und verfassungsrechtlich gebotene **effektive Rechtsschutz gewährleistet.** Denn der Durchsetzung grundrechtlich geschützter Positionen dürfen keine unüberwindlichen Hindernisse entgegengesetzt werden. Die Verteilung der Darlegungs- und Beweislast darf nicht dazu führen, dass der durch einfachrechtliche Normen bewirkte Schutz grundrechtlicher Positionen leerläuft (s. *BVerfG* 16.11.1993 EzA § 611a BGB Nr. 9; 22.10.2004 EzA § 9 KSchG Nr. 39; s.a. zur Kleinbetriebsklausel des § 23 KSchG *BVerfG* 27.1.1998 KSchG EzA § 23 KSchG Nr. 17; *BAG* 15.3.2001 EzA § 23 KSchG Nr. 23; 23.10.2008 EzA § 23 KSchG Nr. 33; sowie weiterhin *BVerfG* 6.10.1999 EzA Art. 13 Einigungsvertrag Nr. 12a, m. zust. Anm. *Brehm*). Bei der Handhabung der Beweislastregel sind schließlich im Hinblick auf das Gebot der richtlinienkonformen Auslegung die Beweislastrichtlinie RL 97/80/EG sowie die Beweislastvorschriften anderer Richtlinien (Art. 8 Richtl. 2000/43/EG, Art. 10 Richtl. 2000/78/EG) zu beachten.

B. Anwendungsbereich

Die Beweislastregelung gilt allen **Rechtsstreitigkeiten, die materiell eine Benachteiligung wegen den in § 1 AGG genannten Grundes** und damit einen Verstoß gegen die Bestimmungen zum Schutz vor Benachteiligungen **zum Gegenstand haben**. Das ist bei Klagen nach §§ 823 oder 1004 BGB mangels eines Bezugs zum Benachteiligungsverbot nicht unmittelbar der Fall (*BAG* 18.5.2017 – 8 AZR 74/16, BAGE 159, 159, Rn 41 ff.; 15.3.2012 EzA § 15 AGG Nr. 18 mwN; zum Streitstand *Grobys* NZA 2006, 899 f.; ErfK-*Schlachter* Rn 13; für eine Anwendung des § 22 AGG auf andere Ansprüche außerhalb des AGG, die sich auf eine Benachteiligung wegen eines in § 1AGG genannten Grundes stützen *Wörl* S. 22 ff., 26). Dem Wortlaut des § 22 AGG kann auch keine Beschränkung auf Ansprüche entnommen werden, die sich in Anwendung des AGG ergeben (MüKo-BGB/*Thüsing* Rn 5). 5

Das gilt auch im Rahmen eines **Kündigungsschutzprozesses**, wenn die Unwirksamkeit einer diskriminierenden Kündigung geltend gemacht wird, die sich wiederum auf eine Benachteiligung wegen eines in § 1 AGG genannten Grundes stützt (s. KR-*Treber/Plum* § 2 AGG Rdn 25 f.; so auch *Löwisch* BB 2006, 2190; im Wege der unionsrechtskonformen Auslegung *Kamanabrou* RdA 2007, 201; ErfK-*Schlachter* Rn 12; APS-*Preis* Grundlagen J Rn 71k; *Wendeling-Schröder/Stein* Rn 61; iE auch AR-*Kappenhagen* Rn 18). 6

§ 22 AGG ist nicht nur bei unmittelbaren Benachteiligungen, sondern auch bei **mittelbaren Benachteiligungen** iSd § 3 Abs. 2 AGG heranzuziehen (ErfK-*Schlachter* Rn 2; *Grobys* NZA 2006, 899; DDZ-*Zwanziger* Rn 78; *Wichert/Zange* DB 2007, 972). Soweit der Gesetzgeber in der Begründung zu § 3 Abs. 2 AGG ausgeführt hat, der weite Anwendungsbereich bedürfe einer Einschränkung (BT-Drucks. 16/1780, S. 33), hat dieses Verständnis im Wortlaut keinen Niederschlag gefunden (§ 3 Abs. 2 AGG: »es sei denn«). Der Rechtsprechung des EuGH kann ein solches Beweislastverständnis bei mittelbaren Diskriminierungen auch nicht entnommen werden (s. etwa *EuGH* 27.10.1993 EzA Art. 119 EWG-Vertrag Nr. 20). Zudem sollte die bisherige Rechtslage unverändert fortgeführt werden (s. Rdn 3). 7

C. Beweislast und Beweismaß

I. Anspruchsteller

1. Grundsatz

Nach allgemeinen zivilprozessualen Regeln hat derjenige, der sich auf eine anspruchsbegründende Norm stützt, deren einzelne Voraussetzungen darzulegen und zu beweisen. Hinsichtlich der anspruchshindernden und -vernichtenden Umstände trifft die Darlegungs- und Beweislast den Anspruchsgegner. § 22 AGG **modifiziert nur die Beweislastverteilung hinsichtlich der Kausalität der Benachteiligung** wegen eines in § 1 AGG genannten Grundes. Hier genügt es zunächst, dass der Anspruchsteller »Indizien beweist«, die eine unterschiedliche Behandlung wegen eines Grundes iSv § 1 AGG vermuten lassen. Es obliegt dann dem Anspruchsgegner, zu beweisen, dass keine unzulässige unterschiedliche Behandlung vorliegt. 8

Entgegen dem insofern missverständlichen Wortlaut der Vorschrift obliegt dem Anspruchsteller auch die Darlegungs- und Beweislast hinsichtlich des Vorliegens eines Nachteils. Allein die Darlegung von **Tatsachen, die die Vermutung eines Nachteils nahelegen, genügt nicht** (*BAG* 26.1.2017 EzA § 22 AGG Nr. 19; ErfK-*Schlachter* Rn 2; SSP-*Suckow* Rn 17; *Bauer/Krieger/Günther* Rn 6; *Wendeling-Schröder/Stein* Rn 12; *Willemsen/Schweibert* NJW 2006, 2591; aA HaKo-AGG/*Bertzbach/Beck* Rn 17 ff.; *Zwanziger* DB 1998, 1333; *Windel* RdA 2007, 2, mwN in Fn. 23). Dafür spricht der gesetzgeberische Wille (s. Rdn 2). Dieses Verständnis entspricht zudem der Rechtsprechung des *EuGH* (27.10.1993 EzA Art. 119 EWG-Vertrag Nr. 20; 31.5.1995 EzA Art. 119 EWG-Vertrag Nr. 28). Auch das BAG hat im Rahmen der Rechtsprechung zu § 611a BGB aF die Beweiserleichterung auf den Benachteiligungsgrund erstreckt (*BAG* 5.2.2004 EzA § 611a BGB 2002 Nr. 3; 21.6.2006 NZA 2006, 913). Zudem kann im Hinblick auf den Benachteiligungsgegenstand 9

§ 22 AGG Beweislast

– Berücksichtigung bei einer Kündigung, Befristung eines Arbeitsvertrages – der Arbeitnehmer ohne weiteres nachweisen, dass er zum benachteiligten Personenkreis gehört.

10 Der Anspruchsteller muss danach »**Indizien beweisen**«, die den ursächlichen Zusammenhang zwischen der geltend gemachten Benachteiligung und einem Grund iSv § 1 AGG »vermuten lassen«. Mit den »Indizien« sind jene (**Hilfs-)Tatsachen** gemeint, die einen mittelbaren Schluss auf die beweiserhebliche Tatsache, das diskriminierende Motiv, erlauben (*BAG* 26.1.2017 EzA § 22 AGG Nr. 19; 18.9.2014 EzA § 3 AGG Nr. 10; 23.8.2012 EzA § 7 AGG Nr. 2; zu § 611a BGB aF bereits: *BAG* 24.4.2008 EzA § 611a BGB 2002 Nr. 6; zu § 81 Abs. 2 SGB IX aF: *BAG* 21.7.2009 EzA § 81 SGB IX Nr. 1; ebenso *Windel* RdA 2011, 197; DDZ-*Zwanziger* Rn 89). Zwischen Indizien und »Vermutungstatsachen« (BT-Drucks. 16/2022, S. 13) ist nicht zu unterscheiden (*Windel* RdA 2007, 2). Ebenso ist es entgegen der an dieser Stelle wenig klaren Gesetzesbegründung (BT-Drucks. 16/2022, S. 13: »Anscheinsbeweis erbracht und ein Indiz für die vermutete Benachteiligung erwiesen«) nicht erforderlich, dass ein Anscheinsbeweis erbracht wird (SSP-*Suckow* Rn 20).

11 Der Anspruchsteller genügt seiner Darlegungslast, wenn er Tatsachen (Indizien) vorträgt, die eine **unzulässige Benachteiligung vermuten lassen** (st. Rspr. s. etwa *EuGH* 5.7.2008 EzA EG-Vertrag 1999 Richtlinie 2000/78 Nr. 6; sowie *BAG* 18.9.2014 EzA § 3 AGG Nr. 10 mwN). Dabei ist es ausreichend, dass ein in § 1 AGG genannter Grund **ein Beweggrund innerhalb eines Motivbündels** ist, ohne dass dies der ausschließliche oder wesentliche Grund für die Entscheidung gewesen ist (*BAG* 18.6.2015 – 8 AZR 848/13 (A) [dort auch zur Annahme, das Schutzniveau der benachteiligten Person sei dadurch sogar stärker als es die unionsrechtlichen Vorgaben vorsehen]; 18.9.2014 EzA § 3 AGG Nr. 10; 25.9.2013 EzA § 22 AGG Nr. 11; zur Vereinbarkeit mit den unionsrechtlichen Vorgaben *BAG* 26.6.2014 EzA § 22 AGG Nr. 12). Es ist nicht erforderlich, dass die Tatsachen einen zwingenden Indizienschluss auf eine Benachteiligung zulassen; vielmehr reicht es aus, wenn nach der allgemeinen Lebenserfahrung eine, und sei es nur leicht, überwiegende Wahrscheinlichkeit für eine Diskriminierung besteht. Das Gericht muss die **Überzeugung einer überwiegenden Wahrscheinlichkeit für die Kausalität** zwischen dem Grund iSv § 1 AGG und dem Nachteil gewinnen (*BAG* 7.7.2011 EzA § 123 BGB 2002 Nr. 1; 27.1.2011 EzA § 3 AGG Nr. 3; 20.5.2010 EzA § 22 AGG Nr. 1; zu § 611a BGB aF *BAG* 24.4.2008 EzA § 611a BGB 2002 Nr. 6).

12 Entgegen dem insoweit missverständlichen Wortlaut ist hinsichtlich der einzelnen **Indizien**, den (Hilfs-)Tatsachen, **kein Vollbeweis erforderlich** (*BAG* 7.7.2011 EzA § 123 BGB 2002 Nr. 1: »überwiegende Wahrscheinlichkeit«, »kein zu strenger Maßstab an die Vermutungswirkung«; 27.1.2011 EzA § 22 AGG Nr. 3; 17.8.2010 EzA § 81 SGB IX Nr. 21; 17.12.2009 EzA § 15 AGG Nr. 6). Eine Verschärfung der zu § 611a BGB aF geltenden Beweisregelung hatte der Gesetzgeber nicht beabsichtigt (s. Rdn 3). Ein anderes Verständnis würde zudem Art. 4 RL 97/80/EG (Beweislastrichtlinie) widersprechen. Danach müssen »Personen ... [lediglich] Tatsachen glaubhaft machen, die das Vorliegen einer unmittelbaren oder mittelbaren Diskriminierung vermuten lassen«. Ebensolches ergibt sich für die RL 2000/43/EG und die RL 2000/78/EG. Auch insoweit gilt ein **eingeschränktes Beweismaß**. Dies ist auch ausdrücklich Inhalt der Rechtsprechung des *EuGH* (17.7.2008 EzA EG-Vertrag 1999 Richtlinie 2000/78 Nr. 6; 10.7.2008 EzA EG-Vertrag 1999 Richtlinie 2000/43 Nr. 1) und wird auch in Entscheidungen des BAG so ausgeführt (*BAG* 12.9.2006 EzA § 81 SGB IX Nr. 14: »hat Tatsachen glaubhaft zu machen, die eine Benachteiligung wegen der Behinderung vermuten lassen«; wohl auch *BAG* 24.4.2008 EzA § 611a BGB 2002 Nr. 6; 5.2.2004 EzA § 611a BGB 2002 Nr. 3). Deshalb ist der Wortlaut unionsrechtskonform dahingehend auszulegen, dass auch hinsichtlich der Hilfstatsachen ein eingeschränktes Beweismaß gilt (MüKo-BGB/*Thüsing* Rn 2; MHH-AGG Rn 5; *Windel* RdA 2007, 4; aA *Hoentzsch* DB 2006, 2632; AR/Kappenhagen Rn 4; *Bauer/Krieger/Günther* Rn 6; *Schiefer* ZfA 2008, 498).

13 Ob eine solche Vermutung begründet ist, ist durch eine **Würdigung des gesamten Prozessstoffes** zu beurteilen (*BAG* 26.1.2017 EzA § 22 AGG Nr. 19; 26.6.2014 EzA § 22 AGG Nr. 12; 7.7.2011 EzA § 123 BGB Nr. 1; *EuGH* 25.4.2013 EzA Richtlinie 2000/78 EG-Vertrag 1999 Nr. 32 »Asociatia ACCEPT«; 19.4.2012 EzA § 22 AGG Nr. 5 »Meister«). Maßgebend zur Beurteilung der Beweiskraft sind die nationalen Regelungen (*EuGH* 21.7.2014 EzA Richtlinie 2000/78 EG-Vertrag 1999

Nr. 20). Dies obliegt nach § 286 Abs. 1 ZPO der freien Überzeugung des Tatsachengerichts, die revisionsrechtlich nur eingeschränkt überprüft werden kann. Dabei ist der gesamte Tatsachenstoff zu würdigen. Einzelne Anhaltspunkte dürfen (auch zu Wahrung ggf. grundrechtlich geschützter Positionen) nicht unberücksichtigt bleiben (*BVerfG* 16.11.1993 EzA § 611a BGB Nr. 9; 23.8.2000 NZA 2000, 1184; *BAG* 24.4.2008 EzA § 611a BGB 2002 Nr. 6). Reichen einzelne vorgetragene Hilfstatsachen für sich allein betrachtet nicht aus, die Vermutungswirkung herbeizuführen, ist eine **Gesamtbetrachtung** vorzunehmen, ob die **Hilfstatsachen im Zusammenhang** gesehen diese begründen können (*BAG* 27.1.2011 EzA § 611a BGB 2002 Nr. 7; 24.4.2008 EzA § 611a BGB 2002 Nr. 6). Ein **non liquet**, also wenn eine überwiegende Wahrscheinlichkeit für Tatsachen, die eine Benachteiligung wegen eines der in § 1 AGG genannten Grundes nicht besteht, geht zu Lasten der anspruchstellenden Partei (*ArbG Bln.* 12.11.2007 NJW 2008, 1401; *Schiefer* ZfA 2008, 498).

2. Einzelne Vermutungstatbestände

Eine Benachteiligung ist regelmäßig dann zu vermuten, wenn Tatsachen glaubhaft gemacht werden, aus denen sich ergibt, dass der Arbeitgeber objektiv feststellbar gegen gesetzliche Vorschriften verstoßen hat, welche bereits durch **Verfahrensregelungen der unberechtigten Benachteiligung bestimmter Arbeitnehmergruppen vorbeugen** oder entgegenwirken wollen (*BAG* 26.1.2017 EzA § 22 AGG Nr. 19; 24.4.2008 EzA § 611a BGB 2002 Nr. 6). Nach der Entscheidung des EuGH in der Rechtssache »Feryn« (s. KR-*Treber/Plum* § 3 AGG Rdn 10) ist die vorgesehene Beweislastregelung auch anzuwenden, wenn **öffentliche Äußerungen eines Arbeitgebers** über seine Einstellungspolitik das Vorliegen einer diskriminierenden Einstellungspolitik vermuten lassen (*EuGH* 10.7.2008 EzA EG-Vertrag 1999 Richtlinie 2000/43 Nr. 1; weiterhin *EuGH* 25.4.2013 EzA Richtlinie 2000/78 EG-Vertrag 1999 Nr. 32 »Asociatia ACCEPT«). 14

Der Umstand, dass in der eigenen **Person ein Grund iSv. § 1 AGG vorliegt** und der Beschäftigte von einer Maßnahme betroffen ist, begründet ohne Hinzutreten weiterer Umstände **keine Vermutungswirkung** iSd § 22 AGG (*BAG* 22.10.2009 EzA § 15 AGG Nr. 1; *LAG Hmb.* 9.11.2007 LAGE § 15 AGG Nr. 2; *LAG Köln* 13.12.2010 NZA-RR 2011, 175; *LAG Bln.-Bra.* 18.2.2011 NZR-RR 2011, 286). Anders kann es sich verhalten, wenn ein **zeitlicher Zusammenhang** zwischen der Mitteilung über eine Schwerbehinderung und einer Maßnahme besteht (zu § 611a BGB: *Mauer* BB 1991, 1867; aA *Diller/Kern* FA 2007, 103; offen gelassen in *BAG* 7.7.2011 § 123 BGB 2002 Nr. 1; 24.4.2008 EzA § 611a BGB 2002 Nr. 6). 15

II. Anspruchsgegner

Hat der Arbeitnehmer nach den genannten Voraussetzungen die überwiegende Wahrscheinlichkeit einer Benachteiligung wegen eines in § 1 AGG genannten Grundes dargetan und bewiesen (s. Rdn 12), trifft den **Arbeitgeber** die volle Darlegungs- und Beweislast für das Nichtvorliegen einer Diskriminierung (s. nur *EuGH* 16.7.2015 EuGRZ 2015, 482 »CHEZ Pazpredeleni Bulgaria«; 25.4.2013 EzA Richtlinie 2000/78 EG-Vertrag 1999 Nr. 32 »Asociatia ACCEPT«; *BAG* 18.5.2017 EzA § 15 AGG Nr. 29). Der Arbeitgeber kann seiner Beweislast entsprechen, indem er entweder die **Indiztatsachen** widerlegt oder indem er **weitere Tatsachen** darlegt und beweist, aus denen sich ergibt, dass trotz der Vermutungstatsachen der Tatbestand einer mittelbaren oder unmittelbaren Benachteiligung nicht erfüllt ist. Er kann seiner Beweislast auch genügen, indem er die **Voraussetzungen eines Rechtfertigungsgrundes** nachweist. 16

Allein der Nachweis, es liegen auch nicht benachteiligende Gründe für die Handlung oder Entscheidung vor, genügt nicht. Vielmehr muss der Arbeitgeber beweisen können, dass der **Grund iSv § 1 AGG keine Bedeutung hatte**, sondern ausschließlich andere, nicht in § 1 AGG genannte Gründe maßgebend waren, damit der Einfluss eines Grundes iSv § 1 AGG ausgeschlossen werden kann (*BAG* 19.8.2010 EzA § 15 AGG Nr. 10; 21.7.2009 EzA § 82 SGB IX Nr. 1; 18.6.2015 – 8 AZR 848/13 (A); zum Motivbündel s. KR-*Treber/Plum* § 3 AGG Rdn 11, § 4 AGG Rdn 3). 17

18 Zur **prozessualen Effektuierung** des Gleichheitsrechts aus Art. 3 Abs. 2 GG hält das *BVerfG* (16.11.1993 EzA § 611a BGB Nr. 9) eine Beschränkung der Befugnis des Arbeitgebers zum **Nachschieben von Rechtfertigungsgründen** im Prozess für erforderlich (ebenso *BAG* 5.2.2004 EzA § 611a BGB 2002 Nr. 3). Notwendig sei, »dass der Arbeitgeber eine glaubhaft gemachte Benachteiligung tatsächlich entkräften muss«. Ein nachträglich vorgebrachter Grund für die Bevorzugung des Bewerbers eines anderen Geschlechts könne daher nur dann als sachlich anerkannt werden, wenn besondere Umstände erkennen ließen, dass der Arbeitgeber diesen Grund nicht nur vorgeschoben habe. Ein solcher Umstand könne darin liegen, dass sich während der Einstellung die Aufgabenstellung geändert habe oder dass ein Bewerber ausgewählt worden sei, der für die Aufgabe derart prädestiniert sei, dass mit seiner Bewerbung zum Zeitpunkt der Ausschreibung nicht habe gerechnet werden dürfen (dazu krit. *Grobys* NZA 2006, 901; *Prütting* FS 50 Jahre BAG, 2005, S. 1319 f.; *Windel* RdA 2007, 7).

19 Der genannten Entscheidung des *BVerfG* (16.11.1993 EzA § 611a BGB Nr. 9) kann kein Verbot entnommen werden, wonach »der Arbeitgeber eine Auswahlentscheidung nicht mit Anforderungen rechtfertigen dürfe, die weder in der Ausschreibung noch während des Auswahlverfahrens formuliert« worden waren (so aber *Grobys* NZA 2006, 901; wie hier *BAG* 28.5.2009 EzA § 8 AGG Nr. 1). Die Entscheidung des BVerfG ist vor dem Hintergrund des damaligen Falles zu sehen. Die Ausschreibung enthielt den Hinweis auf die »Gelegenheit zur Einarbeitung«. In der Mitteilung des Beklagten an die Klägerin hieß es, Mitarbeiter hätten den Arbeitgeber überzeugt, dass die geforderte Tätigkeit eine Frau physisch überfordere. Erst im darauf angestrengten Prozess berief sich der Beklagte auf die weit überlegene Qualifikation und Berufserfahrung der Mitbewerber. In Anbetracht dieser Umstände und wenn »Anhaltspunkte für eine Diskriminierung glaubhaft gemacht wurden«, hat das BVerfG gefordert, dass **nachträglich vorgebrachte Gründe** »nur dann als sachlich iSd Vorschrift angesehen werden können, wenn besondere Umstände erkennen lassen, dass der Arbeitgeber diesen Grund nicht nur vorgeschoben hat«. Dem ist zuzustimmen.

20 Nachträglich vorgebrachte Gründe sind, wenn der Arbeitnehmer eine Benachteiligung bereits glaubhaft gemacht hat, dann genau zu überprüfen, wenn sie vorher weder bekannt gemacht wurden, als Grundlage für die Entscheidung oder Handlung nicht offensichtlich sind oder im Rahmen der Entscheidung nicht diese, sondern andere Gründe mitgeteilt wurden. In diesen Fallgestaltungen besteht die Möglichkeit, dass die jetzt angeführten Gründe nur »**vorgeschoben**« oder »**konstruiert**« (SSP-*Suckow* Rn 32) sind (MüKo-BGB/ *Thüsing* Rn 25; *Bauer/Krieger/Günther* Rn 13).

§ 23–33 AGG

– hier nicht kommentiert –

Arbeitnehmerähnliche Personen (ArbNähnl. Pers.)

Übersicht

	Rdn		Rdn
A. Die Rechtsverhältnisse arbeitnehmerähnlicher Personen	1	a) Freie Gestaltung der Tätigkeit und Arbeitszeit	84
I. Einleitung	1	b) Sonstige Abgrenzungskriterien	88
II. Begriffsbestimmung	6	2. Vermittlung oder Abschluss von Geschäften	91
1. Allgemeine Begriffsbestimmung	6	3. Tätigkeit auf Dauer	92
a) Gesetzliche Begriffsbestimmungen	6	III. Der arbeitnehmerähnliche Handelsvertreter	93
b) § 12a TVG	7	1. Arbeitnehmerähnliche Handelsvertreter iSd ArbGG	94
c) Folgerungen aus den gesetzlichen Definitionen	9	a) Sonderregelung im § 5 Abs. 3 ArbGG	94
2. Einzelmerkmale	11	aa) Abgrenzung nach Durchschnittseinkommen	97
a) Dienst- oder Werkvertrag	11	bb) Ein-Firmen-Vertreter	98
b) Kein Arbeitsverhältnis	17	b) Sonderregelung gegenüber § 5 Abs. 1 ArbGG	101
c) Wirtschaftliche Abhängigkeit	31	2. Arbeitnehmerähnliche Handelsvertreter im allgemeinen Sinn	104
d) Soziale Schutzbedürftigkeit	35	a) Abgrenzungskriterien	104
e) Verhältnis zum HAG und HGB	36	b) Anwendungsbereich, insbesondere § 2 BUrlG	106
f) Statusklage	37	IV. Fristgerechte Kündigung des Vertragsverhältnisses, § 89 HGB	107
3. Beispiele aus der Rechtsprechung für die Abgrenzung	38	1. Verhältnis der §§ 89, 89a HGB zu §§ 620 ff. BGB	107
a) Arbeitnehmerähnliche Personen	39	2. Kündigungsfristen	110
b) Arbeitnehmer	40	a) Regelfristen	110
c) Negative Statusfeststellung	41	b) Abänderung der Frist	112
III. Die Anwendung arbeitsrechtlicher Vorschriften auf die Rechtsverhältnisse arbeitnehmerähnlicher Personen	42	c) Gleichheit abgeänderter Fristen	113
1. Allgemeines	42	3. Keine Anwendung auf Handelsvertreter im Nebenberuf	115
2. Die Anwendung von Kündigungsschutzbestimmungen	46	4. Sonderkündigungsschutz	118
a) Unanwendbare Bestimmungen	47	a) Keine Anwendung arbeitsrechtlicher Bestimmungen	118
b) Anwendbare Bestimmungen	53	b) § 5 PflegeZG	119
IV. Beendigung der Rechtsverhältnisse arbeitnehmerähnlicher Personen, denen ein Dienstvertrag zugrunde liegt	57	c) § 8 ArbPlSchG	120
1. Aufhebungsvertrag	57	d) § 17 MuSchG	122
2. Befristeter Dienstvertrag	58	e) Betriebsverfassungsrechtliche Stellung	123
a) Zeitlich bestimmte Befristung	58	5. Entsprechende Anwendung arbeitsrechtlicher Bestimmungen	124
b) Befristung nach der Beschaffenheit oder dem Zweck der Dienste	60	a) Allgemeines	124
c) Rechtzeitige Ankündigung der Beendigung	65	b) § 624 BGB	125
3. Unbefristete Dienstverhältnisse	68	6. Geltendmachung der Unwirksamkeit der Kündigung	126
4. Außerordentliche Kündigung	75	V. Außerordentliche Kündigung des Vertragsverhältnisses, § 89a HGB	127
V. Beendigung arbeitnehmerähnlicher Rechtsverhältnisse, denen ein Werkvertrag zugrunde liegt	77	1. Allgemeines	127
VI. Geltendmachung der Unwirksamkeit der Kündigung	79	2. Kündigung als Willenserklärung und Begründung der Kündigung	128
B. Arbeitnehmerähnliche Handelsvertreter	80		
I. Einleitung und Übersicht	80		
II. Der Begriff des Handelsvertreters	83		
1. Selbständigkeit	83		

Rdn		Rdn
3. Begriff des wichtigen Grundes 129	VI.	Folgen aus der Beendigung des Vertragsverhältnisses 135
a) Allgemeine Definition 129		
b) Einzelheiten 130	1.	Anspruch auf Erteilung eines Zeugnisses 135
4. Frist zur Geltendmachung der Kündigungsgründe.............. 132	2.	Provisionsausgleichsanspruch 138
5. Kein Ausschluss der außerordentlichen Kündigung................ 133	3.	Wahrung von Betriebsgeheimnissen . 139
	4.	Wettbewerbsverbote............. 140
6. Schadenersatzansprüche 134		

A. Die Rechtsverhältnisse arbeitnehmerähnlicher Personen

I. Einleitung

1 Das Arbeitsrecht regelt die **Rechtsbeziehungen zwischen Arbeitgeber und Arbeitnehmer** (MünchArbR-*Richardi* § 1 Rn 1). Vertragliche Grundlage dieser Rechtsbeziehungen ist der **Arbeitsvertrag**. Mit Wirkung zum 1.4.2017 hat der Gesetzgeber durch das »Gesetz zur Änderung des Arbeitnehmerüberlassungsgesetzes und anderer Gesetze« (BGBl. I S. 258) vom 28.2.2017 in **§ 611a BGB** eine eigenständige Regelung über den Arbeitsvertrag als Unterfall des Dienstvertrags (§ 611 BGB) getroffen (krit. dazu *Richardi* NZA 2017, 36; *Wank* AuR 2017, 129). Ursprünglich sah der Gesetzesentwurf der Bundesregierung vom 20.7.2016 vor, den Begriff des Arbeitnehmers unter wörtlicher Wiedergabe der Leitsätze der höchstrichterlichen Rechtsprechung zu definieren (BT-Drucks. 18/9232, S. 12, 31). Allein aus gesetzessystematischen Gründen hat der Gesetzgeber auf die Beschlussempfehlung des Ausschusses für Arbeit und Soziales des Deutschen Bundestages vom 19.10.2016 (BT-Drucks. 18/10064, S. 17) nicht mehr auf den Arbeitnehmer, sondern auf den Arbeitsvertrag abgestellt (s. zur Entstehungsgeschichte *Wank* AuR 2017, 149). Nach § 611a S. 1 BGB wird der Arbeitnehmer durch den Arbeitsvertrag im Dienste eines anderen zur Leistung weisungsgebundener, fremdbestimmter Arbeit in persönlicher Abhängigkeit verpflichtet. Implizit geregelt ist damit der Arbeitnehmerbegriff als »Schlüssel für die Anwendung des Arbeitsrechts« (so ErfK-*Preis* § 611a BGB Rn 3). **Arbeitnehmer** ist danach – entsprechend der **st. Rspr. des BAG** (etwa 25.8.2020 – 9 AZR 373/19, Rn 20; 21.11.2017 – 9 AZR 117/17, Rn 23 mwN; s. iE dazu Rdn 17 ff.) – wer aufgrund eines privatrechtlichen Vertrags im Dienste eines anderen zur Leistung weisungsgebundener, fremdbestimmter Arbeit in **persönlicher Abhängigkeit** verpflichtet ist (s. dazu iE Rdn 2 und Rdn 17; zur der umfangreichen Literatur vor der gesetzlichen Kodifizierung s. *Rost* KR 11. Aufl., ArbNähnl. Pers. Rn 1). Wegen dieses vertraglich eingegangenen Freiheitsverzichts, der den Arbeitnehmer an einer anderweitigen, unternehmerischen Verwertung seiner Arbeitskraft hindert, bedarf er des Schutzes des Arbeitsrechts (*Deinert* RdA 2017, 69 mwN; auch *Schwarze* RdA 2020, 231; **aA** *Schlegel* NZA 2021, 310, der meint, das zwingende Arbeitnehmerschutzrecht gleiche eine erfahrungsgemäß strukturell schwächere Verhandlungsposition des Arbeitnehmers aus).

2 Die Problematik des Arbeitnehmerbegriffs liegt in erster Linie in der Abgrenzung gegenüber anderen soziologischen Erscheinungen. Das entscheidende Merkmal ist dabei die **persönliche Abhängigkeit**, in welcher der Dienstverpflichtete zum Dienstberechtigten stehen muss (so vor allem die **st. Rspr. des BAG**, etwa 25.8.2020 – 9 AZR 373/19, Rn 20; 21.11.2017 – 9 AZR 117/17, Rn 23 mwN; s. iE dazu Rdn 17 ff.). Gerade in diesem Merkmal unterscheidet sich von den Arbeitnehmern eine Personengruppe, die – insoweit den Unternehmern gleichstehend – ihre Dienste weitgehend in **persönlicher Unabhängigkeit** leistet, im Übrigen aber in ihrem Erscheinungsbild, insbes. wegen ihrer wirtschaftlichen Abhängigkeit, den Arbeitnehmern vergleichbar ist. Man spricht deshalb von den **arbeitnehmerähnlichen Personen** (zur rechtsgeschichtlichen Entwicklung s. *Hromadka* NZA 1997, 1249; *ders.* NZA 2007, 838, 840; *Pfarr* FS Kehrmann, S. 76 ff.).

3 Im Wesentlichen sind dabei **drei typische Gruppen** zu verzeichnen in Bereichen, in denen schon seit jeher die in größerer persönlicher Unabhängigkeit erbrachte Arbeitsleistung dem festen Arbeitsverhältnis vorgezogen wird: die **Heimarbeiter** (s. KR-*Kreutzberg-Kowalczyk* §§ 29, 29a HAG), die sog. **kleinen Handelsvertreter** (s. Rdn 80 ff.) und die sog. **freien Mitarbeiter** (regelmäßig in künstlerischen,

schriftstellerischen, journalistischen und Lehrberufen; vgl. auch MünchArbR-*Schneider* § 21 Rn 27 f.; MüKo-BGB/*Spinner* § 611a BGB Rn 130 ff.; *Kempen/Zachert/Stein* § 12a Rn 4; s. zu einer Strukturanalyse der sog. »Solo-Selbständigen« *Uffmann* RdA 2019, 360). Der Begriff des freien Mitarbeiters wird dabei allerdings auch für nicht arbeitnehmerähnliche Personen verwendet (vgl. *Heußner* DB 1975, 788; *Hueck* DB 1955, 384; *Woltereck* AuR 1973, 133). Darüber hinaus kann sich das Problem der Abgrenzung zu arbeitnehmerähnlichen Personen aber letztlich in allen Bereichen stellen, in denen Dienst- oder Werkleistungen erbracht werden (vgl. auch *Schubert* S. 55 ff.; s. zum **GmbH-Geschäftsführer als arbeitnehmerähnliche Person** *Boemke* RdA 2018, 1, 3 ff.; dagegen *BAG* 21.1.2019 – 9 AZB 23/18, Rn 39 »arbeitgeberähnliche Person«; krit. dazu wiederum *Lunk* NJW 2019, 1565, 1566 f.).

Da es sich bei diesen Gruppen wegen der fehlenden oder zumindest eingeschränkten persönlichen Abhängigkeit nicht um Arbeitnehmer handelt, finden auf die arbeitnehmerähnlichen Personen die für die Arbeitnehmer geltenden Gesetze grds. **keine direkte Anwendung** (vgl. ErfK-*Preis* § 611a BGB Rn 83; MünchArbR-*Schneider* § 21 Rn 4; *Hromadka* NZA 1997, 1254; *Schubert* S. 86). Der Gesetzgeber hat die lediglich wirtschaftlich abhängigen arbeitnehmerähnlichen Personen einem abweichenden – und zudem auch nicht einheitlichen – Schutzkonzept unterworfen (*Deinert* RdA 2017, 69, der rechtspolitischen Handlungsbedarf sieht). Die Anwendung arbeitsrechtlicher Schutzbestimmungen hat er lediglich punktuell angeordnet (etwa § 5 Abs. 1 S. 2 ArbGG, § 2 S. 2 BUrlG, §§ 1 Abs. 2 S. 2 Nr. 7, 2 Abs. 3 S. 3 MuSchG, § 2 Abs. 2 Nr. 3 ArbSchG, § 6 Abs. 1 S. 1 Nr. 3 AGG, § 7 Abs. 1 Nr. 3 PflegeZG, § 3 Nr. 12 Buchst. f GenDG, § 221 Abs. 1 und 3 SGB IX; § 26 Abs. 8 1 Nr. 6 BDSG, § 148 Abs. 2 Nr. 1 Buchst. d SeeArbG, § 12a TVG; s. auch Rdn 46 ff.) und nur insoweit diese Rechtsverhältnisse aneinander angeglichen. Besonders klar ist dies im Bereich der Heimarbeit und hier wiederum gerade der Kündigungsschutzbestimmungen zutage getreten (s. KR-*Kreutzberg-Kowalczyk* §§ 29, 29a HAG Rdn 69 ff.). Fraglich ist, inwieweit es aufgrund der mit Arbeitnehmern vergleichbaren wirtschaftlichen und sozialen Situation möglich und geboten ist, über die gesetzlich geregelten Fälle hinaus, in Teilbereichen – insbes. für die **Beendigung** der Rechtsverhältnisse arbeitnehmerähnlicher Personen – die für die Arbeitnehmer einschlägigen Bestimmungen entsprechend heranzuziehen (s. iE Rdn 70 ff.).

Die Entwicklung der Kommunikations- und Informationstechnik hat insbes. auf dem Sektor der Büroarbeit zu neuen Arbeitsformen geführt, bei denen die Arbeit außerhalb des Betriebs an Arbeitsplätzen geleistet wird, die mit dem Betrieb durch entsprechende elektronische Medien verbunden sind. Man spricht von der sog. **Telearbeit**, **Home Office** oder **mobilem Arbeiten** (vgl. aus der umfangreichen Literatur *Boemke* BB 2000, 147; *Collardin* Aktuelle Fragen der Telearbeit, 1995; *Fenski* S. 85 ff.; *Fitting* § 5 Rn 193 ff.; *Grafe* Die Telearbeit, 1991; *Günther/Böglmüller* NZA 2015, 1025; *Haupt/Wollenschläger* NZA 2001, 289; *Isenhardt* DB 2016, 1499; *Kamann* ArbR 2016, 75; *Kaumanns* Telearbeit im Internationalen Privatrecht, 2005; *Kramer* DB 2000, 1329; *Lammeyer* Telearbeit, 2007; *Lingemann/Otte* NZA 2015, 1042; *Linnenkohl* BB 1998, 45; MünchArbR-*Heenen* § 316; *Otten* Heim- und Telearbeit, 1995; *Peter* DB 1998, 573; *Preis* FS Hromadka, S. 262; *Schaub/Vogelsang* § 164 Rn 14 ff.; Schöllmann NZA-Beilage 2019, 81; *Schulze/Ratzesberger* ArbR 2016, 109; *Tillmanns* Die Telearbeit in Deutschland und Italien, 2004; *Wank* Arbeitnehmer und Selbständige, S. 290 ff.; ders. Telearbeit, 1997; ders. NZA 1999, 225; *Wedde* Telearbeit, 2002; *Wiese* RdA 2010, 342). Die digitale Transformation hat zudem auch zu neuen Arbeitsmethoden (**New Work Methoden**) wie der **agilen Arbeit**, **Scrum** und **Crowdworking** (dazu *Heise* NZA-Beilage 2019, 100; zum Crowdworking *Däubler/Klebe* NZA 2015, 1032; *Frank/Heine* NZA 2020, 292; *Fuhlrott/Oltmanns* NJW 2020, 958; *Fuhlrott/Bodendieck* ArbRAktuell 2020, 639; *Kocher/Hensel* NZA 2016, 984; *Martina* NZA 2021, 616; *Schaub/Vogelsang* § 8 Rn 40; *Schubert* RdA 2018, 200; *Thüsing/Hütter-Brungs* NZA-RR, 231) geführt. Solche Arbeitsformen und -methoden können im Rahmen eines **Arbeitsverhältnisses** umgesetzt werden (s. *BAG* 1.12.2020 – 9 AZR 102/20: Crowdworker, wenn er zur persönlichen Leistungserbringung verpflichtet ist, die geschuldete Tätigkeit ihrer Eigenart nach einfach gelagert und ihre Durchführungen inhaltlich vorgegeben sind sowie die Auftragsvergabe und die konkrete Nutzung der Online-Plattform im Sinne eines Fremdbestimmens durch den Crowdsourcer gelenkt wird; s. zutreffend krit. Anm. dazu *Thüsing/Hütter-Brungs* NZA-RR 2021, 231), aber auch auf der Grundlage eines freien Dienstvertrags oder eines Werkvertrags. Der **Status** des Beschäftigten hängt von der **jeweiligen Ausgestaltung** des konkreten Vertragsverhältnisses ab (s.a. *Heise* NZA-Beilage 2019, 100, 105; *Kempen/Zachert/Stein* § 12a Rn 23; *Schaub/Vogelsang* § 164 Rn 15 ff.). Es ist auf die allgemeinen Abgrenzungskriterien zurückzugreifen (s. Rdn 17 ff.). Für die Telearbeit gilt kein besonderer Arbeitnehmerbegriff (so auch MünchArbR-*Richardi* 3. Aufl. § 17 Rn 30; *Otten* C Rn 35). Daran hat auch die ausdrückliche Erwähnung der Telearbeit in § 5 Abs. 1 BetrVG nichts geändert (s. dazu nur *Fitting* § 5 Rn 170 ff.). Liegen die Voraussetzungen für den Arbeitnehmerstatus nicht vor, können Telearbeiter, Crowdworker etc. **arbeitnehmerähnliche Personen** sein (vgl. etwa *Otten* C Rn 90 ff.; *Schaub/Vogelsang* § 164 Rn 15 ff.; *Schubert* RdA 2020, 248, 253; *dies.* RdA 2018, 200; *Thüsing/Hütter-Brungs* NZA-RR 2021, 231, 235; *Wank* Telearbeit Rn 333 ff.) oder sogar **Heimarbeiter** iSd HAG (s. KR-*Kreutzberg-Kowalczyk* §§ 29, 29a HAG Rdn 9; s. auch *Waltermann* NZA 2021, 297, 300; *Martina* NZA 2021, 616, 618 f.; *ders.* NZA 2020, 988; *Fuhlrott/Oltmanns* NJW 2020, 958, 962; *Schubert* RdA 2020, 248, 253; *Otten* C Rn 69 ff.; *Wank* Telearbeit Rn 320 ff.).

II. Begriffsbestimmung

1. Allgemeine Begriffsbestimmung

a) Gesetzliche Begriffsbestimmungen

6 Eine allgemein verbindliche gesetzliche Definition des **Begriffes der arbeitnehmerähnlichen Person** fehlt. Immerhin sind in Einzelgesetzen, die in ihren Schutz die arbeitnehmerähnlichen Personen einbeziehen, Abgrenzungskriterien enthalten. So sind gem. § 5 Abs. 1 S. 1 ArbGG Arbeitnehmer iSd ArbGG auch alle sonstigen Personen, die wegen ihrer **wirtschaftlichen Unselbständigkeit** als arbeitnehmerähnliche Personen anzusehen sind. Mit der gleichen Formulierung erstrecken § 2 BUrlG, § 6 Abs. 1 Nr. 3 AGG sowie § 7 Abs. 1 Nr. 3 PflegeZG ihren Anwendungsbereich auf arbeitnehmerähnliche Personen (vgl. nunmehr auch § 1 Abs. 2 Nr. 7 MuSchG nF). Beschäftigte iSd ArbSchG sind gem. § 2 Abs. 2 Nr. 3 ArbSchG auch arbeitnehmerähnliche Personen iSd § 5 Abs. 1 ArbGG. § 221 Abs. 1 SGB IX nF (zuvor § 138 Abs. 1 SGB IX aF) fingiert für Behinderte im Arbeitsbereich anerkannter Werkstätten ein arbeitnehmerähnliches Rechtsverhältnis, wenn sie nicht Arbeitnehmer sind (vgl. dazu ErfK-*Preis* § 611a BGB Rn 180; *Gröninger/Thomas* § 54b Rn 6 ff.; *Pünnel* AuR 1996, 483; vgl. auch *BAG* 3.3.1999 – 5 AZR 162/98; s.a. Rdn 44).

b) § 12a TVG

7 Während diese »Definitionen« noch bei einem – allerdings entscheidenden – Merkmal stehen bleiben, dem der wirtschaftlichen Unselbständigkeit, enthält § 12a TVG, eingefügt durch das Gesetz zur Änderung des Heimarbeitsgesetzes und anderer arbeitsrechtlicher Vorschriften (HAÄndG) v. 29.10.1974 (BGBl. I S. 2879) eine weitergehende Legaldefinition:

> *»§ 12a TVG*
> *Arbeitnehmerähnliche Personen*
>
> *(1) Die Vorschriften dieses Gesetzes gelten entsprechend*
> 1. *für Personen, die wirtschaftlich abhängig und vergleichbar einem Arbeitnehmer sozial schutzbedürftig sind (arbeitnehmerähnliche Personen), wenn sie aufgrund von Dienst- oder Werkverträgen für andere Personen tätig sind, die geschuldeten Leistungen persönlich und im Wesentlichen ohne Mitarbeit von Arbeitnehmern erbringen und*
>   a) *überwiegend für eine Person tätig sind oder*
>   b) *ihnen von einer Person im Durchschnitt mehr als die Hälfte des Entgelts zusteht, das ihnen für ihre Erwerbstätigkeit insgesamt zusteht; ist dies nicht vorausschbar, so sind für die Berechnung, soweit im Tarifvertrag nichts anderes vereinbart ist, jeweils die letzten sechs Monate, bei kürzerer Dauer der Tätigkeit dieser Zeitraum, maßgebend,*
> 2. *für die in Nummer 1 genannten Personen, für die die arbeitnehmerähnlichen Personen tätig sind, sowie für die zwischen ihnen und den arbeitnehmerähnlichen Personen durch Dienst- oder Werkverträge begründeten Rechtsverhältnisse.*

(2) *Mehrere Personen, die für arbeitnehmerähnliche Personen tätig sind, gelten als eine Person, wenn diese mehreren Personen nach der Art eines Konzerns (§ 18 des Aktiengesetzes) zusammengefaßt sind oder zu einer zwischen ihnen bestehenden Organisationsgemeinschaft oder nicht nur vorübergehenden Arbeitsgemeinschaft gehören.*

(3) *Die Absätze 1 und 2 finden auf Personen, die künstlerische, schriftstellerische oder journalistische Leistungen erbringen, sowie auf Personen, die an der Erbringung, insbesondere der technischen Gestaltung solcher Leistungen unmittelbar mitwirken, auch dann Anwendung, wenn ihnen abweichend von Absatz 1 Nr. 1 Buchstabe b erster Halbsatz von einer Person im Durchschnitt mindestens ein Drittel des Entgelts zusteht, das ihnen für ihre Erwerbstätigkeit insgesamt zusteht.*

(4) *Die Vorschrift findet keine Anwendung auf Handelsvertreter im Sinne des § 84 des Handelsgesetzbuchs.«*

Ob die Klammerdefinition in § 12a Abs. 1 S. 1 TVG an der richtigen Stelle angebracht ist (bejahend *Lund* BABl. 1974, 683; verneinend *Kunze* UFITA 1974, S. 21; vgl. auch *Beuthien/Wehler* RdA 1978, 9 Fn 64; *Däubler/Reinecke/Rachor* § 12a Rn 30; *Kempen/Zachert/Stein* § 12a Rn 13; *Pfarr* FS Kehrmann, S. 85; *Schaub/Vogelsang* § 10 Rn 2; zum Ganzen auch *Neuvians* S. 50 ff.), kann dahingestellt bleiben. § 12a TVG setzt seinerseits die Unterscheidung zwischen Arbeitnehmern und arbeitnehmerähnlichen Personen voraus (MünchArbR-*Richardi* 3. Aufl. § 20 Rn 12). Es ist nicht Sinn der Vorschrift, etwa den Begriff des Arbeitnehmers zugunsten des Rechts der arbeitnehmerähnlichen Person zurückzudrängen (vgl. schon BAG 15.3.1978 EzA § 611 BGB Arbeitnehmerbegriff Nr. 17 unter II 3 a der Gründe; *Rosenfelder* S. 154). Die **Tarifvertragsparteien** sind allerdings **frei**, den unbestimmten Rechtsbegriff der arbeitnehmerähnlichen Person iSd § 12a TVG **auszufüllen**, wenn sie den Geltungsbereich von Tarifverträgen für diesen Personenkreis festlegen wollen, solange sie sich am **Leitbild des § 12a TVG orientieren** (BAG 15.2.2005 – 9 AZR 51/04, Rn 59, [dazu Anm. *Schubert* EzA § 12a TVG Nr. 3] unter Aufgabe von BAG 2.10.1990 – 4 AZR 106/90, s. zuvor schon BAG 19.10.2004 – 9 AZR 411/03; s.a. *Däubler/Reinecke/Rachor* § 12a Rn 28 ff.). Immerhin dürften zumindest die in § 12a TVG enthaltenen allgemeinen Kriterien (also die Merkmale in § 12a Abs. 1 Nr. 1 vor lit. a TVG) die auch im Übrigen anerkannten Begriffsmerkmale wiedergeben und können insoweit zur Abgrenzung herangezogen werden (vgl. auch *Beuthien/Wehler* RdA 1978, 9; *Hromadka* NZA 1997, 1254; *Heußner* DB 1975, 788; einschränkend *Neuvians* S. 52; das will wohl auch das BAG 15.3.1978 – 5 AZR 819/76 nicht ausschließen, wenn gesagt wird, dass § 12a TVG keine Kriterien für die Abgrenzung selbst liefert).

8

c) **Folgerungen aus den gesetzlichen Definitionen**

In Anlehnung daran und an die in § 5 ArbGG, § 2 BUrlG und § 12a TVG enthaltenen Umschreibungen lässt sich also allgemein der **Begriff der arbeitnehmerähnlichen Person** etwa wie folgt definieren: **Arbeitnehmerähnliche Person ist, wer, ohne Arbeitnehmer zu sein, aufgrund eines Dienst- oder Werkvertrages oder eines ähnlichen Rechtsverhältnisses in wirtschaftlicher Abhängigkeit Dienst- oder Werkleistungen persönlich und im Wesentlichen ohne Mitarbeit von Arbeitnehmern erbringt und vergleichbar einem Arbeitnehmer sozial schutzbedürftig ist** (ähnlich *Hromadka* NZA 1997, 1254, der hinsichtlich des Entgelts auf die Bezugsgrößen des § 18 SGB IV abstellen will – mindestens ein Drittel, höchstens 100 %; vgl. allgemein zur Stellung der arbeitnehmerähnlichen Personen aus der umfangreichen Literatur etwa *Appel/Frantzjoch* AuR 1998, 93; *Berger-Delhey/Alfmeyer* NZA 1991, 237; *Däubler* ZIAS 2000, 326; *ders.* AuR 2005, 3; *v. Einem* BB 1994, 60; *Hromadka* NZA 1997, 1254; *ders.* FS Söllner, S. 475; *ders.* NZA 2007, 841 zum Entwurf eines AVG von *Henssler/Preis* NZA 2007, Beil. 1; *v. Hase/Lembke* BB 1997, 1095; *Kunz/Kunz* DB 1993, 326; *Mayer* BB 1993, 1513; *Mikosch* FS Löwisch S. 191; *Neuvians* S. 174 ff.; *Oetker* FS ArbG Rheinland-Pfalz, S. 325; *Otten* C Rn 90 ff.; *Pfarr* FS Kehrmann S. 75; *Preis* FS Hromadka, S. 275, 284 f.; *Rosenfelder* S. 274 ff.; *Rost* NZA 1999, 113; *Schubert*, S. 23 ff.; *Wank* Arbeitnehmer und Selbständige S. 235 ff.; *ders.* DB 1992, 90; *Woltereck* AuR 1973, 129; *Willemsen/Müntefering* NZA 2008, 193; allgemein rechtsvergleichend *Rebhahn* RdA 2009, 236).

9

10 Das **BAG definiert arbeitnehmerähnliche Personen** in st. Rspr. **als Selbständige**, die – idR wegen ihrer fehlenden oder gegenüber Arbeitnehmern geringeren Weisungsgebundenheit, oft auch wegen fehlender oder geringerer Eingliederung in eine betriebliche Organisation – mangels oder aufgrund des wesentlich geringeren Grades an persönlicher Abhängigkeit keine Arbeitnehmer sind, bei denen jedoch an die Stelle der persönlichen Abhängigkeit das Merkmal der **wirtschaftlichen Abhängigkeit bzw. Unselbständigkeit** tritt und die zudem ihrem gesamten sozialen Status nach einem Arbeitnehmer vergleichbar schutzbedürftig sind (vgl. etwa *BAG* 21.1.2019 – 9 AZB 23/18, Rn 31 mwN zur st. Rspr.). Unzutreffend an dieser Begriffsbestimmung ist, dass bei einer arbeitnehmerähnlichen Person die wirtschaftliche Abhängigkeit – als Gegenbegriff zur persönlichen Abhängigkeit – »an deren Stelle tritt«. Vielmehr ist auch beim Arbeitnehmer regelmäßig – zusätzlich zur persönlichen Abhängigkeit – eine wirtschaftliche Abhängigkeit gegeben (ähnlich *Wank* AuR 2017, 144 ff.).

2. Einzelmerkmale

a) Dienst- oder Werkvertrag

11 Der dem Beschäftigungsverhältnis der arbeitnehmerähnlichen Person zugrundeliegende Vertrag kann vom Typ her ein **Dienstvertrag** sein (§ 611 BGB), wie er auch das Arbeitsverhältnis kennzeichnet (s. Rdn 1).

12 Der schuldrechtliche Vertrag kann aber auch ein **Werkvertrag** sein (§ 631 BGB). § 12a TVG dürfte insoweit bestehende Zweifel endgültig ausgeräumt haben, da dort ausdrücklich neben dem Dienstvertrag der Werkvertrag als gleichberechtigtes Rechtsverhältnis genannt ist (vgl. *Beuthien* RdA 1978, 9; *Däubler/Reinecke/Rachor* § 12a Rn 32; *Neumann/Fenski/Kühn* § 2 Rn 81; *Herschel* DB 1977, 1187; *Kunze* UFITA 74, 23; *Löwisch/Rieble* § 12a Rn 30; *Maus* RdA 1968, 372; *Stolterfoth* DB 1973, 1970, 1071; *Wiedemann/Wank* § 12a Rn 61; vgl. auch *Mikosch* FS Löwisch S. 201; auch das BAG geht offensichtlich von dieser Auffassung aus, vgl. etwa *BAG* 8.6.1967 – 5 AZR 461/66; s.a. *BAG* 2.10.1990 – 4 AZR 106/90). Zur Abgrenzung von Dienst- und Werkvertrag s. auch *BAG* 25.9.2013 (– 10 AZR 282/12, Rn 16 ff.).

13 Ein **Werkvertrag** im Unterschied zum Dienstvertrag liegt vor, wenn nicht die Dienstleistung des Verpflichteten als solche, sondern der **Erfolg** der Tätigkeit – also die Herstellung eines bestimmten Werkes – den Schwerpunkt der vertraglichen Beziehungen ausmacht (vgl. § 631 BGB; s. iE zur Abgrenzung zwischen Dienst- und Werkvertrag *Richardi* NZA 2017, 36, 37 f.). Als **Beispiel** mag genannt werden:
– etwa aus dem Bereich der Heimarbeit die Herstellung eines bestimmten Kleidungsstückes,
– aus dem Bereich der künstlerischen freien Mitarbeit die Erstellung eines Bühnenbildes, die Verfassung eines Drehbuches. Im Einzelnen sind die Grenzen fließend, so dass sich eine scharfe Trennung nicht immer vornehmen lässt (vgl. auch *BAG* 28.2.1962 – 4 AZR 141/61; 8.6.1967 – 5 AZR 461/66; *Falkenberg* DB 1969, 1409). Von Bedeutung sind aus dem Bereich der werkvertraglich strukturierten Vertragsverhältnisse in erster Linie Ketten von Verträgen mit dem Besteller (s. Rdn 77 ff.).

14 Problematisch erscheint, ob auch der **Werklieferungsvertrag**, also ein Vertrag, der die Lieferung herzustellender oder zu erzeugender beweglicher Sachen zum Gegenstand hat (§ 650 S. 1 BGB), als Vertragstyp für ein arbeitnehmerähnliches Rechtsverhältnis in Frage kommt. Da auf den Werklieferungsvertrag gem. § 650 BGB die Vorschriften über den Kauf anwendbar sind, wird das jedenfalls iRd für § 12a TVG teilweise verneint (*Wiedemann/Wank* § 12a Rn 63; *Wlotzke* DB 1974, 2258). Für die allgemeine Begriffsbestimmung erscheint es jedoch nicht gerechtfertigt, ein arbeitnehmerähnliches Rechtsverhältnis nur deshalb abzulehnen, weil der mit der Erstellung des Werks Beauftragte Material beschafft. Bezeichnenderweise wird gem. § 2 Abs. 1 S. 2 HAG die Eigenschaft als Heimarbeiter nicht davon beeinträchtigt, dass der Heimarbeiter Roh- und Hilfsstoffe selbst beschafft. Es ist daher davon auszugehen, dass ein arbeitnehmerähnliches Rechtsverhältnis auch durch einen Werklieferungsvertrag begründet werden kann (*Däubler/Reinecke/Rachor* § 12a Rn 35; *Kempen/Zachert/Stein* § 12a Rn 32; *Löwisch/Rieble* § 12a Rn 30; *Wlotzke* DB 1974, 2258, für die

allg. Begriffsbestimmung; zust. *Tiefenbacher* AR-Blattei SD 120 Rn 16; vgl. auch *Stolterfoth* DB 1973, 1071; wohl auch *Neumann/Fenski/Kühn* § 2 Rn 82).

Auch andere Vertragselemente wie etwa **Pacht- oder Lizenzverträge** schließen die Eigenschaft als arbeitnehmerähnliches Rechtsverhältnis jedenfalls dann nicht aus, wenn sie im Zusammenhang stehen mit dienst- oder werkvertraglichen Elementen (vgl. *Däubler/Reinecke/Rachor* § 12a Rn 38; *Wlotzke* DB 1974, 2258; *BAG* 13.9.1956 – 2 AZR 605/54; aA wohl *Löwisch/Rieble* § 12a Rn 30; zweifelnd *Wiedemann/Wank* § 12a Rn 62). Auch ein **Franchisenehmer** kann bei entsprechender Vertragsgestaltung arbeitnehmerähnliche Person sein (*BAG* 16.7.1997 – 5 AZB 29/96; *Däubler/ Reinecke/Rachor* § 12a Rn 37). 15

Erfolgt die Beschäftigung im Rahmen eines sog. **Ein-Euro-Jobs** – also im Rahmen einer Arbeitsleistung für zusätzliche im öffentlichen Interesse liegende Arbeiten gegen Mehraufwendungsersatz nach § 16d Abs. 7 SGB II – entsteht durch die Beschäftigung **kein Arbeitsverhältnis** (§ 16d Abs. 7 S. 2 SGB II). Es gelten allerdings kraft gesetzlicher Anordnung des BUrlG, die Arbeitsschutzbestimmungen und die Grenzen der Haftung in Arbeitsverhältnissen (§ 16d Abs. 7 S. 3 SGB II). **Streitig ist**, ob das Rechtsverhältnis zwischen dem nach SGB II Hilfebedürftigen und dem Maßnahmeträger als **privatrechtliches Rechtsverhältnis** anzusehen ist (so etwa *ArbG Bln.* 25.8.2005 – 75 Ca 10146/05; *Bieback* NZS 2005, 337, 342) oder als **öffentlich-rechtliches Verhältnis** (so etwa *Rixen/Pananis* NJW 2005, 2177; *LAG Bln.* 2.12.2005 – 8 Ta 1987/05, Rn 11, juris). Die besseren Gründe sprechen für die Annahme eines öffentlichrechtlichen Verhältnisses (s. insbes. *Zwanziger* AuR 2005, 8; *Rixen/Pananis* NJW 2005, 2177; so auch *BAG* 8.11.2006 – 5 AZB 36/06, dazu Anm. *Eichenhofer* AP Nr. 89 zu § 2 ArbGG 1979 sowie Anm. *Joussen* SAE 2007, 207; 20.2.2008 – 5 AZR 290/07, Rn 17). Dies entspricht auch der herrschenden Auffassung zu dem früheren § 19 Abs. 2 S. 1 BSHG, der Vorbild für Regelung in § 16d Abs. 7 SGB II war (vgl. BT-Drucks. 15/1516 S. 54). Der »**Ein-Euro-Jobber**« nach § 16d Abs. 7 SGB II ist danach **keine arbeitnehmerähnliche Person**, da Voraussetzung hierfür ein privatrechtliches Vertragsverhältnis ist. Geht man hingegen von einem privatrechtlichen Verhältnis aus, wäre der Hilfebedürftige regelmäßig als arbeitnehmerähnliche Person einzuordnen (*ArbG Bln.* 25.8.2005 – 75 Ca 10146/05; dies bejaht auch *Zwanziger* [AuR 2005, 8], der für etwaige zivilrechtliche Ansprüche des Hilfeberechtigten – zB aus Verletzung des Persönlichkeitsrechts – gegen den Maßnahmeträger den Rechtsweg zu den Arbeitsgerichten eröffnet sieht). Werden die gesetzlichen **Zulässigkeitsvoraussetzungen** nicht eingehalten, entsteht **daraus allein kein privatrechtliches Vertragsverhältnis**; das gilt auch bei bewusster Missachtung des Gesetzes (*BAG* 20.2.2008 – 5 AZR 290/07, Rn 19). Die Annahme eines Arbeitsverhältnisses setzt voraus, dass die beiderseitigen Erklärungen trotz der Heranziehung des Hilfebedürftigen auf den Abschluss eines privatrechtlichen Vertrages gem. § 611a BGB gerichtet sind. Das hat derjenige, der sich auf ein Arbeitsverhältnis beruft, darzulegen und im Streitfall zu beweisen. Der Vortrag des Hilfebedürftigen, er werde nicht mit zusätzlichen, sondern mit »regulären« Arbeiten beschäftigt, reicht hierfür nicht aus (*BAG* 20.2.2008 – 5 AZR 290/07, Rn 17 ff). Zur **betriebsverfassungsrechtlichen Stellung** des im Ein-Euro-Job Beschäftigten s. *Schulze* NZA 2005, 1322; *Richardi/Thüsing* § 5 Rn 132. 16

b) Kein Arbeitsverhältnis

Das Vertragsverhältnis der **arbeitnehmerähnlichen Person kann kein Arbeitsverhältnis** sein. Wesentliches **Merkmal des Arbeitnehmerbegriffs** ist nach st. Rspr. des *BAG* und der hL **die persönliche Abhängigkeit des Beschäftigten**. Durch dieses Merkmal unterscheidet sich der Arbeitnehmer von einem selbstständig Beschäftigten (zB freier Dienstnehmer oder Werkunternehmer). Arbeitnehmer ist nach der st. Rspr. des *BAG* (etwa 1.12.2020 – 9 AZR 102/20, Rn 31; 25.8.2020 – 9 AZR 373/19, Rn 20; 21.11.2017 – 9 AZR 117/17, Rn 23 mwN), wer aufgrund eines privatrechtlichen Vertrags im Dienste eines anderen zur Leistung **weisungsgebundener, fremdbestimmter Arbeit** in **persönlicher Abhängigkeit** verpflichtet ist. Das Merkmal der persönlichen Abhängigkeit ist dabei als Oberbegriff zur Weisungsgebundenheit und Fremdbestimmtheit zu sehen, wobei letzteres iSv Eingliederung, also der Notwendigkeit, auf Personal und Material des Vertragspartners 17 zurückgreifen zu müssen und – dies vor allem – in dessen Arbeitsorganisation eingegliedert zu sein, zu verstehen ist (*Wank* AuR 2017, 143 f.; vgl. auch MünchArbR-*Schneider* § 18 Rn 18; *Waltermann* NZA 2021, 297, 299; auch *BAG* 1.12.2020 – 9 AZR 102/20, Rn 30; aA *Preis* NZA 2018, 817, der das Merkmal der Fremdbestimmtheit mit einem Unterordnungsverhältnis gleichsetzen will; aA wohl auch *Uffmann* RdA 2019, 360, 366; *Heise* NZA-Beilage 2019, 100, 103 f.). Das Weisungsrecht kann – so das BAG (etwa 25.8.2020 – 9 AZR 373/19, Rn 20; 21.11.2017 – 9 AZR 117/17, Rn 23 mwN) – »Inhalt, Durchführung, Zeit, Dauer und Ort der Tätigkeit« betreffen. Hinsichtlich des in dieser Aufzählung aufgeführten Merkmals »Dauer«, weist *Wank* zutreffend darauf hin, dass damit lediglich ein untergeordneter Aspekt des Merkmals Zeit gemeint sein kann (zB Dauer des Urlaubs, Dauer angeordneter Überstunden oder Dauer der Sonntagsarbeit) und dieses Merkmal in der Definition überflüssig ist (*Wank* AuR 2017, 146). Arbeitnehmer ist derjenige Mitarbeiter, der nicht im Wesentlichen frei seine Tätigkeit gestalten und seine Arbeitszeit bestimmen kann. Dabei hat auch die Eigenart der jeweiligen Tätigkeit Einfluss auf den Grad der persönlichen Abhängigkeit. Diese von der Rspr. aufgestellten Grundsätze hat der Gesetzgeber nunmehr mit der **neu eingefügten Vorschrift des § 611a BGB kodifiziert** (s. Rdn 1; s.a. *Deinert* RdA 2017, 65). Der Gesetzgeber hat sich damit der st. Rspr. des *BAG* und der hL angeschlossen (krit. zur Definition des BAG und deren Übernahme *Wank* AuR 2017, 141) und zugleich gegen andere Arbeitnehmerbegriffe wie bspw. denjenigen von *Wank* entschieden (dazu *Preis* NZA 2018, 817; vgl. auch *Riesenhuber* RdA 2020, 226, 230), nach dem es für eine die Arbeitnehmereigenschaft ausschließende Selbständigkeit nicht auf die persönliche Abhängigkeit iS einer Weisungsgebundenheit ankommt, sondern eine Selbständigkeit nur bei freiwilliger Übernahme des Unternehmerrisikos und eigener unternehmerischer Organisation vorliegt (*Wank* Arbeitnehmer und Selbständige S. 23; *ders.* DB 1992, 90; *ders.* RdA 1999, 296; *ders.* FS Küttner S. 9 ff.; *Wank/Maties* NZA 2007, 353 f.; ähnlich *Neuvians* S. 47; s.a. *Kreuder* AuR 1996, 386; s. zur hL vor Inkrafttreten des § 611a BGB *Rost* KR 11. Aufl., ArbNähnl. Pers. Rn 17). Das Arbeitsverhältnis als Unterfall des Dienstverhältnisses, wie die gesetzliche Systematik zeigt, unterscheidet sich von einem Werkvertragsverhältnis neben dem Grad der persönlichen Abhängigkeit, in der die Leistung zu erbringen ist, zusätzlich dadurch, dass der Arbeitnehmer schlichtes Tätigwerden und der Werkunternehmer einen Erfolg, also ein bestimmtes Arbeitsergebnis, schuldet (ErfK-*Preis* § 611a BGB Rn 96; zur Abgrenzung eines Arbeitsvertrags von einem Werkvertrag *BAG* 25.9.2013 – 10 AZR 282/12, Rn 3).

18 Der nationale Gesetzgeber hat sich mit der Kodifizierung des Arbeitnehmerbegriffs in § 611a BGB – entgegen der Forderung einzelner Stimmen in der Literatur (zB *Lunk* NZA 2015, 917) – nicht für die Übernahme des **unionsrechtlichen Arbeitnehmerbegriffs iSv Art. 45 AEUV bzw. zuvor Art. 39 EG** entschieden (krit. dazu *Preis* NZA 2018, 817, 825; *Wank* EuZA 2018, 327, 329). Es handelt sich dabei um einen autonomen Begriff, der nicht eng auszulegen ist (etwa *EuGH* 19.7.2017 – C-143/16 [Abercrombie & Fitch Italia], Rn 19). Zwar nimmt der EuGH grds. an, der Begriff des Arbeitnehmers könne je nach dem Regelungsgehalt einer Richtlinie inhaltlich variieren (s. beispielhaft zu einzelnen Richtlinien *Boemke* RdA 2018, 1 [5 ff.]). Jedoch legt er seiner Rechtsprechung gleichwohl regelmäßig den Arbeitnehmerbegriff zugrunde, wie er von ihm im Rahmen der Arbeitnehmerfreizügigkeit definiert worden ist (so jeweils mwN zur Rspr. des *EuGH Commandeur/Kleinebrink* NZA-RR 2017, 449; *Lunk/Hildebrand* NZA 2016, 129, 130; krit. dazu *Hennsler/Pant* RdA 2019, 321, 325 ff.; *Wank* EuZW 2018, 21, 30). Der **EuGH** sieht es als wesentliches Merkmal der **Arbeitnehmereigenschaft iSd Unionsrechts**, dass eine Person während einer bestimmten Zeit für eine andere **nach deren Weisung** Leistungen erbringt, für die sie als Gegenleistung eine **Vergütung** erhält (*EuGH* 25.10.2018 – C-260/17 [Anodiki Services EPE], Rn 28; 19.7.2017 – C-143/16 [Abercrombie & Fitch Italia], Rn 19; 4.12.2014 – C-413/13 [FNV Kunsten Informatie en Media], Rn 34; 19.6.2014 – C-507/12 [Saint Prix], Rn 35; 3.5.2012 – C-337/10 [Neidel], Rn 23; 11.11.2010 – C-232/09 [Danosa], Rn 39; 20.9.2007 – C-116/06 [Kiiski], Rn 25; 13.1.2004 – C-256/01, [Allonby], Rn 67; dazu auch *BAG* 21.11.2017 – 9 AZR 117/17, Rn 48; 24.11.2016 – 7 AZR 625/15, Rn 44). Aus Sicht der zur Arbeitsleistung verpflichteten Person handelt es sich um ein **Unterordnungsverhältnis** (vgl. *EuGH* 9.7.2015 – C-229/14 [Balkaya], Rn 37; 11.11.2010 – C-232/09 [Danosa], Rn 46), bei dem sie nach Weisung ihres Arbeitgebers handelt,

insbes. was ihre Freiheit bei der Wahl von Zeit, Ort und Inhalt ihrer Arbeit angeht (vgl. *EuGH* 13.1.2004 – C-256/01 [Allonby], Rn 72). Sie ist weder an den **geschäftlichen Risiken** des Arbeitgebers beteiligt noch frei bzgl. des Einsatzes eigener **Hilfskräfte** (vgl. *EuGH* 14.12.1989 – C-3/87 [Agegate], Rn 36). Während der Dauer des Unterordnungsverhältnisses ist sie **in das Unternehmen des Arbeitgebers eingegliedert** (vgl. *EuGH* 16.9.1999 – C-22/98 [Becu u.a.], Rn 26; vgl. zum Ganzen auch *EuGH* 4.12.2014 – C-413/13 [FNV Kunsten Informatie en Media], Rn 36). Die Frage, ob im konkreten Fall ein Unterordnungsverhältnis vorliegt oder aber der Dienstnehmer seine Leistung im Rahmen eines freien Dienstverhältnisses erbringt, muss im Einzelfall anhand aller Gesichtspunkte und aller Umstände, die die Beziehungen zwischen den Beteiligten kennzeichnen, geprüft werden (vgl. *EuGH* 10.9.2015 – C-47/14 [Holterman Ferho Exploitatie u.a.], Rn 46; vgl. zum Ganzen auch *BAG* 20.10.2015 – 9 AZR 525/14, Rn 18). Der nationale und der unionsrechtliche Arbeitnehmerbegriff sind nicht deckungsgleich (vgl. *Hennsler/Pant* RdA 2019, 321; *Boemke* RdA 2018, 1, 6). Auch Beschäftigte, die nach nationalem Recht lediglich als arbeitnehmerähnliche Personen einzustufen sind, können Arbeitnehmer iSd Unionsrechts sein (vgl. dazu etwa *Temming* IPRax 2015, 509). Dem hat der Gesetzgeber bspw. bei der seit dem 1.1.2018 geltenden Neufassung des MuSchG (Gesetz zum Schutz von Müttern bei der Arbeit, in der Ausbildung und im Studium, BGBl. I S. 1228), dessen Geltungsbereich auch Frauen erfasst, die wegen ihrer wirtschaftlichen Unselbständigkeit als arbeitnehmerähnlich Personen anzusehen sind (§ 1 Abs. 2 Nr. 7 MuSchG nF), Rechnung getragen. Der Gesetzgeber wollte damit gerade den Geltungsbereich unionsrechtskonform unter Berücksichtigung des weiten unionsrechtlichen Arbeitnehmerbegriffs ausgestalten (vgl. BT-Drucks. 230/16 S. 33 ff., 53 f.).

Bei der Einordnung des Rechtsverhältnisses als Arbeitsvertrag oder arbeitnehmerähnliches Rechtsverhältnis kommt es nach der st. Rspr. des BAG auf den **wirklichen Geschäftsinhalt** und nicht auf die bloße Bezeichnung im Vertrag an (zu Statusvereinbarungen s. aber auch *Stoffels* NZA 2000, 690). Denn die zwingenden gesetzlichen Regelungen für Arbeitsverhältnisse können nicht dadurch abbedungen werden, dass die Parteien ihrem Arbeitsverhältnis eine andere Bezeichnung geben (*BAG* 21.11.2017 – 9 AZR 117/17, Rn 23; 27.6.2017 – 9 AZR 851/16, Rn 17; 17.1.2017 – 9 AZR 76/16, Rn 14; 9.4.2014 – 10 AZR 590/13, Rn 16 mwN). Das hat der Gesetzgeber mit § 611a Abs. 1 S. 6 BGB nunmehr ausdrücklich normiert (dazu *Schwarze* RdA 2020, 38, der meint, dass § 611a Abs. 1 S. 6 BGB auf dem arbeitsrechtliche Formenzwang beruhe und die Nutzung der rechtlichen Form des Arbeitsvertrags gebiete, wenn das Tätigkeitsverhältnis faktisch eine dem Arbeitsvertrag gleiche Verfügung des Auftraggebers über die Arbeitskraft des Tätigen erzeugt; zutreffend **krit.** zu dieser Auffassung, die mit rechtsgeschäftlichen Grundsätzen bricht *Riesenhuber* RdA 2020, 226). Danach kommt es auf die Bezeichnung im Vertrag nicht an, wenn die tatsächliche Durchführung des Vertragsverhältnisses zeigt, dass es sich um ein Arbeitsverhältnis handelt. Die neu eingefügte Vorschrift des § 611a BGB, die lediglich die vom BAG in st. Rspr. aufgestellten Rechtsgrundsätze kodifiziert hat (s. Rdn 1, 17), hat insoweit also keine Änderungen gebracht (vgl. *BAG* 21.11.2017 – 9 AZR 117/17, Rn 23; 27.6.2017 – 9 AZR 851/16, Rn 17). Der objektive Geschäftsinhalt ist den **ausdrücklich getroffenen Vereinbarungen** und der **praktischen Durchführung des Vertrags** zu entnehmen. Die praktische Vertragsdurchführung kann dabei zum einen zur **Auslegung der ausdrücklichen vertraglichen Vereinbarung** herangezogen werden, wenn diese nicht eindeutig erkennen lässt, welche Rechtsform die Vertragsparteien gewählt haben. Denn aus der praktischen Vertragsdurchführung – § 611a Abs. 1 S. 6 BGB spiegelt dies wider (vgl. *BAG* 21.5.2019 – 9 AZR 295/18, Rn 13 mwN) – lassen sich Rückschlüsse darauf ziehen, von welchen Rechten und Pflichten die Vertragsparteien ausgegangen sind, was sie also wirklich gewollt haben bzw. wollen (vgl. *BAG* 21.5.2019 – 9 AZR 295/18, Rn 13; 21.11.2017 – 9 AZR 117/17, Rn 23; 27.6.2017 – 9 AZR 851/16, Rn 17; 17.1.2017 – 9 AZR 76/16, Rn 14; 14.6.2016 – 9 AZR 305/15, Rn 15; 11.8.2015 – 9 AZR 98/14, Rn 16; 21.7.2015 – 9 AZR 484/14, Rn 20 mwN; vgl. auch *Riesenhuber* RdA 2020, 226, 227 f.; **aA** *Schwarze* RdA 2020, 38, 39; **anders nunmehr aber** *BAG* 1.12.2020 – 9 AZR 102/20, Rn 39 unter Hinweis auf *Schwarze* RdA 2020, 38, 41 f. und mit rechtsgeschäftlichen Grundsätzen brechend: »Der Widerspruch zwischen Vertragsbezeichnung und Vertragsdurchführung wird durch gesetzliche Anordnung zugunsten letzterer aufgelöst. [...] Damit wird dem zwingenden Charakter des Arbeitsrechts Rechnung getragen.«; s. Besprechungsaufsatz zu dieser Entscheidung des BAG *Martina* NZA 2021, 616; s. a. zutreffend krit. Besprechung *Thüsing/ Hütter-Brungs* NZA-RR 2021, 231; s. weiter Rdn 22). Folgt aus der ausdrücklichen Vereinbarung eindeutig, dass das Vertragsverhältnis kein Arbeitsverhältnis sein sollte, kann die praktische (arbeitsvertragsgleiche) Vertragsdurchführung ein **Indiz für ein Scheingeschäft** iSd § 117 BGB sein (vgl. *Riesenhuber* RdA 2020, 226, 227; *Tillmans* RdA 2015, 285; weitergehend [nicht nur Indiz] *Waltermann* NZA 2021, 297, 299; **krit.** *Schwarze* RdA 2020, 38, 39 f.; s. zu den arbeitsrechtlichen Folgen der aufgedeckten Scheinselbstständigkeit *Lampe* RdA 2002, 18). Überdies kann – haben die Vertragsparteien anfänglich keinen Arbeitsvertrag iSv § 611a BGB, sondern ein freies Mitarbeiterverhältnis vereinbart – durch die tatsächliche Handhabung ein **konkludenter Statuswechsel** vollzogen worden sein (vgl. dazu *BAG* 17.1.2017 – 9 AZR 76/16, Rn 17 ff.; 9.4.2014 – 10 AZR 590/13, Rn 26; 17.4.2013 – 10 AZR 272/12, Rn 13; *Riesenhuber* RdA 2020, 226, 227); etwa wenn erst im Laufe der Zeit durch die Erteilung von Weisungen iSv § 106 GewO bzw. § 611a Abs. 1 S. 2 BGB und deren Befolgung und ggf. weiteren Umständen, aus denen man auf einen Verzicht auf die Weisungsfreiheit schließen kann, stillschweigend Einverständnis darüber erzielt wird, dass eine Weisungsgebundenheit bestehen soll (vgl. *Riesenhuber* RdA 2020, 226, 228; krit. *Schwarze* RdA 2020, 38, 39 f.; s. aber auch Rdn 22). In einem solchen Fall bedarf es allerdings der Bestimmung, wann und aufgrund welcher Umstände ein solcher konkludenter Statuswechsel erfolgt ist (*Reinfelder* RdA 2016, 88 mwN zur Rspr. des BAG; auch *Deinert* RdA 2017, 68; ausf. zum Statuswechsel *Tillmans* RdA 2015, 285; zur Frage der **Rückabwicklung** und Verpflichtung zur Rückzahlung überzahlter Honorare s.: *BAG* 26.6.2019 – 5 AZR 178/18, Rn 23 ff.; 8.11.2006 – 5 AZR 706/05; *Lampe* RdA 2002, 18). Dabei sind einzelne Vorgänge der Vertragsabwicklung zur Feststellung eines von dem Vertragswortlaut abweichenden Geschäftsinhalts nur geeignet, wenn es sich nicht um untypische Einzelfälle, sondern um **beispielhafte Erscheinungsformen einer durchgehend geübten Vertragspraxis** handelt (*BAG* 21.1.2019 – 9 AZB 23/18, Rn 29; 14.6.2016 – 9 AZR 305/15, Rn 31; vgl. auch *BAG* 11.8.2015 – 9 AZR 98/14, Rn 33 mwN). Hingegen kann sich ein Wechsel vom (anfänglichen) Arbeitnehmerstatus hin zu einem Selbstständigen nicht konkludent vollziehen, da die damit verbundene Auflösung des Arbeitsvertrags nach § 623 BGB schriftlich erfolgen muss (vgl. *BAG* 25.1.2007 – 5 AZB 49/06, Rn 12; ausf. *Tillmans* RdA 2015, 285; s.a. *Deinert* RdA 2017, 68; *Reinfelder* RdA 2016, 88; s. aber auch Rdn 25). Nach allgemeinen Grundsätzen ist derjenige, der entgegen der formalen Vertragslage geltend macht, tatsächlich handle es sich bei einem Vertragsverhältnis um ein Arbeitsverhältnis, **darlegungs- und beweisbelastet** für die ihm günstigen Umstände (*Reinfelder* RdA 2016, 88 mwN zur Rspr. des BAG). Behauptet die darlegungs- und beweispflichtige Partei das Bestehen eines Arbeitsverhältnisses ohne weiteren Tatsachenvortrag und wird dies von der Gegenseite nicht bestritten, hat das Gericht vom Vorliegen eines Arbeitsverhältnisses als **Rechtstatsache** auszugehen, dh. den Vortrag als schlüssig und nicht beweisbedürftig anzusehen (*BAG* 26.6.2019 – 5 AZR 178/18, Rn 19).

20 Der maßgebliche **Grad der persönlichen Abhängigkeit** lässt sich jeweils nur im Einzelfall aufgrund einer **Gesamtwürdigung aller Umstände** feststellen (s. nur *BAG* 1.12.2020 – 9 AZR 102/20, Rn 38; 25.8.2020 – 9 AZR 373/19, Rn 20; 21.5.2019 – 9 AZR 295/18, Rn 13; 27.6.2017 – 9 AZR 851/16, Rn 17 mwN). Dabei spielt eine wesentliche Rolle die **Eigenart der jeweiligen Tätigkeit**, so dass allgemein gültige abstrakte Merkmale nicht aufgestellt werden können (vgl. schon *BAG* 15.3.1978 – 5 AZR 819/76; s.a. *BAG* 14.6.2016 – 9 AZR 305/15, Rn 15; 21.7.2015 – 9 AZR 484/14, Rn 20 mwN). Auch dies ist nunmehr in **§ 611a Abs. 1 S. 4 und 5 BGB** ausdrücklich normiert. Der Gesetzgeber hat an einen Typus angeknüpft, wie er ihn in der sozialen Wirklichkeit idealtypisch vorfindet. Insoweit erfolgt die **Feststellung der Arbeitnehmereigenschaft typologisch**. Es wird im Rahmen einer Gesamtbetrachtung eine Reihe von Merkmalen, die für den Typus kennzeichnend sind, iSv Indizien herangezogen, die jedoch nicht sämtlich vorliegen müssen, um die Arbeitnehmereigenschaft zu bejahen (vgl. *Deinert* RdA 2017, 66 f.; auch *Henssler* RdA 2017, 83, 85; **krit.** zu einem über dieses Verständnis hinausgehenden Verständnis der typologischen Methode ErfK-*Preis* § 611a BGB Rn 53; *ders.* NZA 2018, 817; s.a. *Richardi* NZA 2017, 38; *Wank* AuR 2017, 144 sowie *ders.* RdA 2020, 110, 114: »Geboten ist demgegenüber eine teleologische

Begriffsbildung, die sich an ebendiesem Schutzzweck [dem Schutzzweck arbeitsrechtlicher Normen] orientiert« sowie 117; ähnlich *BAG* 1.12.2020 – 9 AZR 102/20, Rn 38).

Mit dieser Einschränkung sind etwa folgende Kriterien für die Unterscheidung zwischen persönlich abhängigem Arbeitnehmer und arbeitnehmerähnlichem freien Mitarbeiter zu nennen: die **Bindung an Arbeitszeiten**, die tatsächliche **Eingliederung** in den Betrieb, der **Arbeitsort**, die Abhängigkeit von vom Auftraggeber zur Verfügung zu stellenden **Arbeitsmitteln**, der Umfang der **fachlichen Weisungsgebundenheit**, die Notwendigkeit zur **Unterordnung** unter andere im Dienst des Dienstberechtigten stehenden Personen (s. die Nachweise in Rdn 17 zur st. Rspr. des *BAG* u. zur Lit.). Freilich sind die faktische Eingliederung des Leistenden in den Betrieb und die faktische Notwendigkeit sich unterzuordnen und fremde Arbeitsmittel zu benutzen, keine Tatbestandsmerkmale des Arbeitsvertrags. Allerdings sind sie ein Indiz dafür, dass der Leistende nach dem Vertragsinhalt verpflichtet ist, sich in eine vorgegebene Organisation des Unternehmens zu fügen, bzw. und das Unternehmen berechtigt ist, den Leistenden in seine Organisation einzugliedern (*Heise* NZA-Beilage 2019, 100, 104; aA *Wank* RdA 2020, 110, 113). Die vorgenannten Kriterien sind ambivalent. Im **pädagogischen Bereich** (zur Rspr. der Arbeits- und Sozialgerichte zur Selbständigkeit von Lehrkräften *Brock* öAT 2020, 114) sind bspw. Bindungen an Ort und Zeit (Unterrichtsraum und Unterrichtsstunde) typisch und daher wenig aussagekräftig. Das gilt auch für allgemeine Lehrpläne oder sonstige allgemeine Arbeitsvorgaben wie etwa Therapiepläne im fürsorgerischen Bereich, wenn mit ihnen nur der Inhalt der Leistung bestimmt wird, nicht aber Einfluss auf den Unterricht oder die Durchführung der Therapie selbst genommen wird (vgl. *BAG* 21.11.2017 – 9 AZR 117/17, Rn 40; 27.6.2017 – 9 AZR 851/16; 29.5.2002 – 5 AZR 161/01; 12.9.1996 – 5 AZR 104/95; 26.7.1995 – 5 AZR 22/94; 24.6.1992 – 5 AZR 384/9; 13.11.1991 – 7 AZR 31/91; 30.10.1991 – 7 ABR 19/91). Auch begründet allein die **organisatorische Bindung an die Öffnungszeiten** kein ausreichendes zeitliches Weisungsrecht, wie es für Arbeitnehmer typisch ist, da es auch für freie Mitarbeiter üblich ist, dass sie ihre Dienstleistungen im Rahmen der organisatorischen Gegebenheiten des Auftraggebers zu erbringen haben. Entscheidend ist vielmehr, ob der »Auftragnehmer« entscheiden kann, ob er überhaupt und ggf. an welchen Tagen er eine Tätigkeit erbringt (für einen ärztlichen Gutachter *BAG* 21.7.2015 – 9 AZR 484/14, Rn 25; für einen Musikschullehrer *BAG* 21.11.2017 – 9 AZR 117/17, Rn 37). Allein die **Aufnahme in Dienstpläne** (einer Rundfunkanstalt) lässt noch nicht zwingend auf eine Arbeitnehmereigenschaft schließen; ihr kommt aber eine starke Indizwirkung zu, die bei der Gesamtbetrachtung zu berücksichtigen ist (*BAG* 20.9.2000 – 5 AZR 61/99, zu IV 3 der Gründe; s.a. 14.3.2007 – 5 AZR 499/06 –, Rn 28 mwN). Ein **programmgestaltender Rundfunkmitarbeiter wird noch nicht deshalb zum Arbeitnehmer**, weil er zur Herstellung seines Beitrages auf technische Einrichtungen und Personal der Rundfunkanstalt angewiesen ist und aus diesem Grunde in **Dispositions- und Raumbelegungspläne** aufgenommen wird (*BAG* 19.1.2000 – 5 AZR 644/98). Das Weisungsrecht muss sich auch **nicht zwingend auf die Arbeitszeit** erstrecken, sondern kann sich auf den Inhalt und die Durchführung der geschuldeten Tätigkeit beschränken (*BAG* 6.5.1998 – 5 AZR 347/97). Umgekehrt ist auch eine fachliche Weisungsgebundenheit nicht zwingend. Sie ist für **Dienste höherer Art** häufig gerade nicht typisch; dem Arbeitnehmer kann also unter Umständen ein großes Maß an Gestaltungsfreiheit und fachlicher Selbständigkeit verbleiben (*BAG* 13.11.1991 – 7 AZR 31/91; 30.11.1994 – 5 AZR 704/93; zur Arbeitnehmereigenschaft eines Chefarztes s. *Debong* FS Löwisch S. 89).

Für die **Feststellung einer Weisungsgebundenheit** iSv § 106 GewO bzw. § 611a Abs. 1 S. 2 BGB **auf der Grundlage der praktischen Vertragsdurchführung** genügt nicht allein die (einseitige) Bereitschaft des Beschäftigten, Aufträge zu übernehmen bzw. Tätigkeiten (ggf. an einem bestimmten Ort und zu einer bestimmten Zeit) auszuführen. Vielmehr kommt es darauf an, ob nach dem rechtsgeschäftlichen Willen beider Vertragsparteien der »Auftraggeber« die Möglichkeit haben sollte, dem »Auftragnehmer« einseitig, also unabhängig von seiner Bereitschaft, Aufgaben zuzuweisen und damit nach § 106 GewO den Inhalt (ggf. auch Ort und Zeit) der Arbeitsleistung näher zu bestimmen (*BAG* 14.6.2016 – 9 AZR 305/15, Rn 25; vgl. auch *BAG* 21.7.2015 – 9 AZR 484/14, Rn 25). Ebenso wenig wie ein Arbeitnehmer allein dadurch zum freien Mitarbeiter wird, dass der Arbeitgeber sein Weisungsrecht längere Zeit nicht ausübt (*BAG* 12.9.1996 – 5 AZR 1066/94), lässt allein der Umstand, dass der »Auftragnehmer« Arbeitsaufträge in der Vergangenheit nie abgelehnt hat, den Rückschluss auf eine für einen Arbeitnehmer typische persönliche Abhängigkeit zu (vgl. dazu *Riesenhuber* RdA 2020, 226; 230; *Schwarze* RdA 2020, 38,40), sondern kann auch Ausdruck einer lediglich bestehenden wirtschaftlichen Abhängigkeit sein, die allein keine Arbeitnehmereigenschaft begründet (vgl. *BAG* 1.12.2020 – 9 AZR 102/20, Rn 35; 14.6.2016 – 9 AZR 305/15, Rn 25; 21.7.2015 – 9 AZR 484/14, Rn 25). An seiner (vertraglichen) Freiheit, Aufträge nicht zu übernehmen, ändert das nichts. Allein wirtschaftliche Zwänge oder sonstige subjektive Umstände, die den »Auftragnehmer« veranlassen, Aufträge zu übernehmen und/oder Wünschen bzw. Vorgaben des der »Auftraggebers« in Bezug auf die Ausführung der Aufträge nachzukommen, begründet noch kein Weisungsrecht bzw. eine Rechtspflicht zur Befolgung von Weisungen. Insoweit ist es problematisch, wenn das BAG (1.12.2020 – 9 AZR 102/20, Rn 39) nunmehr unter Hinweis auf **§ 611a Abs. 1 S. 6 BGB** und den Beitrag von *Schwarze* (RdA 2020, 38, 41 f.; mit zutreffender Kritik von *Riesenhuber* RdA 226, 228 ff.), ausführt: »Der Widerspruch zwischen Vertragsbezeichnung und Vertragsdurchführung wird durch gesetzliche Anordnung zugunsten letzterer aufgelöst. [...] Damit wird dem zwingenden Charakter des Arbeitsrechts Rechnung getragen.« *Schwarze* bricht in seinem vom BAG in der vorgenannten Entscheidung in Bezug genommenen Beitrag mit rechtsgeschäftlichen Grundsätzen und vermengt den zwingenden Charakter von Schutznormen mit deren Anwendungsbereich. Denn zwingendes Arbeitsrecht entzieht die inhaltliche Gestaltung des Vertrags der Disposition der Parteien, verbietet aber nicht, selbständige Dienstverträge zu schließen (so zutreffend *Riesenhuber* RdA 2020, 226, 229; s. a. krit. Anm. zur Entscheidung des BAG *Thüsing/Hütter-Brungs* NZA-RR 2021, 231). Insoweit bleibt es dabei, dass nach rechtsgeschäftlichen Grundsätzen die tatsächliche Vertragsdurchführung so beschaffen sein muss, dass aus ihr ein Rückschluss auf den beiderseitigen rechtsgeschäftlichen Willen möglich ist. Zu beachten ist zudem, dass **auch ein Selbstständiger bei seiner Tätigkeit Weisungen seines Vertragspartners unterworfen** sein kann (*BAG* 14.6.2016 – 9 AZR 305/15, Rn 26; MünchArbR-*Schneider* § 18 Rn 25). Bspw. kann der Dienstberechtigte dem Dienstpflichtigen oder dessen Erfüllungsgehilfen im Rahmen eines freien Dienstvertrags Ausführungsanweisungen erteilen (vgl. *BAG* 10.10.2007 – 7 AZR 448/06, Rn 42). Auch bei einem Auftrag iSd §§ 662 ff. BGB unterliegt der Beauftragte Weisungen des Auftraggebers (§ 665 BGB; vgl. *BAG* 29.8.2012 – 10 AZR 499/11, Rn 17). Im Gegensatz dazu umfasst das in § 106 GewO normierte Weisungsrecht eines Arbeitgebers neben dem Inhalt der Tätigkeit auch deren Durchführung, Zeit, Dauer und Ort (*BAG* 14.6.2016 – 9 AZR 305/15, Rn 26). Sind Arbeitsvorgänge durch verbindliche Anweisungen vorstrukturiert, also beziehen sich nicht ausschließlich – was gerade auch ggü. Selbständigen regelmäßig möglich ist – auf das vereinbarte Arbeitsergebnis, spricht das für ein arbeitsvertragliches Weisungsrecht (*BAG* 1.12.2020 – 9 AZR 102/20, Rn 35). Kein Merkmal einer arbeitsvertraglichen Weisungsgebundenheit ist aber die Pflicht, öffentlich-rechtlichen Anordnungen einer Aufsichtsbehörde nachzukommen; sie trifft jedermann (*BAG* 25.5.2005 – 5 AZR 347/04, betr. Anordnungen im Jugendhilferecht gegenüber Leiterin einer sog. Außenwohngruppe – unter Aufgabe von *BAG* 6.5.1998 – 5 AZR 347/97). Bei Weisungsbindung müssen also solche Sachzwänge der Berufsausübung außer Betracht bleiben, denen auch ein Selbständiger unterliegen würde. Örtliche, zeitliche und inhaltliche Weisungsbindung sind nur dann zur Abgrenzung geeignet, wenn bei Selbstständigen eine Alternative bestünde (*Wank* RdA 2020, 110, 114 sowie 117).

23 Rein **formale Kriterien**, die früher gleichfalls herangezogen wurden, wie etwa die Zulässigkeit von Nebentätigkeiten, Art und Zahlungsweise der Vergütung, Übernahme von Steuern und Sozialversicherung (vgl. noch *BAG* 8.6.1967 – 5 AZR 461/66) werden demgegenüber heute zu Recht als wertneutral angesehen und **spielen für die Abgrenzung keine Rolle** (vgl. etwa *BAG* 27.6.2017 – 9 AZR 851/16, Rn 29; 21.7.2015 – 9 AZR 484/14, Rn 29; 9.3.1977; **krit.** *Deinert* RdA 2017, 67). **Nicht entscheidend** ist, ob der Dienstberechtigte über den einzelnen **Auftrag hinaus** über Arbeitszeit und Arbeitskraft des Mitarbeiters verfügen kann (*BAG* 15.3.1978 – 5 AZR 818/76, unter ausdrücklicher Aufgabe der in *BAG* 8.10.1975 – 5 AZR 430/74 vertretenen Auffassung; 30.11.1994 – 5 AZR 704/93). Allein der Umstand, dass eine Tätigkeit nicht nur in einem freien Dienstverhältnis iSd § 611 BGB, sondern auch in einem Arbeitsverhältnis iSd § 611a BGB ausgeübt werden kann,

spricht nicht für das Bestehen eines Arbeitsverhältnisses (vgl. *BAG* 21.7.2015 – 9 AZR 484/14, Rn 24; 3.6.1998 – 5 AZR 656/97, zu II 2 der Gründe). Daher ist es auch nicht von Bedeutung, ob andere Beschäftigte, die die gleichen Tätigkeiten verrichten, auf der Grundlage eines Arbeitsvertrags tätig sind. Maßgebend ist nicht die zu verrichtende Tätigkeit, sondern sind die **Umstände, unter denen die Tätigkeit zu erbringen ist** (vgl. *BAG* 21.11.2017 – 9 AZR 117/17, Rn 42; 27.6.2017 – 9 AZR 851/16, Rn 29; vgl. auch *Riesenhuber* RdA 2020, 226, 229 f.). Insoweit erweist es sich als problematisch, wenn das BAG meint, dass es Tätigkeiten gebe, die regelmäßig nur im Rahmen eines Arbeitsverhältnisses ausgeübt werden können und das Bestehen eines Arbeitsverhältnisses auch aus der Art der Tätigkeit folgen könne (*BAG* 16.7.1997 – 5 AZR 312/96, zu I der Gründe; 30.11.1994 – 5 AZR 704/93; 30.10.1991 – 7 ABR 19/91). Gleiches gilt für seine Ausführungen in der Crowdworker-Entscheidung vom 1.12.2020 (– 9 AZR 102/20, Rn 47), in der das BAG meint, dass der Umstand, dass Kleinstaufträge mit nur geringen Qualifikationsanforderungen, also einfach gelagerte Tätigkeiten, ausgeführt werden, ein Rechtsverhältnis schon deshalb in die Nähe eines Arbeitsverhältnisses rücken lasse (s. zutreffend krit. Anm. zu der Entscheidung des BAG *Thüsing/Hütter-Brungs* NZA-RR 2021, 231). Vielmehr kann jede Tätigkeit, die in einem Arbeitsverhältnis erbracht werden kann, auch auf der Grundlage eines freien Dienstverhältnisses erbracht werden (vgl. *Deinert* RdA 2017, 66; ErfK-*Preis* § 611a BGB Rn 53). Ein Arbeit- bzw. Dienstnehmer kann seine Tätigkeit auch gegenüber einem Arbeit- bzw. Dienstgeber nebeneinander auf der Grundlage eines Arbeits- und eines freien Dienstvertrags erbringen. Voraussetzung hierfür ist allerdings, dass das dem Arbeitgeber aufgrund des Arbeitsvertrags zustehende Weisungsrecht nicht für die Tätigkeiten gilt, die der Vertragspartner aufgrund des Dienstverhältnisses schuldet (*BAG* 27.6.2017 – 9 AZR 851/16, Rn 34). Insoweit kann auch der **Verkehrsauffassung** kein zu beachtendes Gewicht zukommen (aA KR-*Rost* 11. Aufl., ArbNähnl. Pers. Rn 24). Andersherum sind Vergütungshöhe, der Einsatz besonderen Know-Hows und die Verhandlungsstärke bei Vertragsschluss keine positiven Indizien für eine Selbständigkeit (so aber *Uffmann* RdA 2019, 360, 367 f.).

Nach einer älteren **Entscheidung des BAG** kann der Abschluss des Vertrags als freier Mitarbeiter anstelle eines Arbeitsvertrags auf Seiten des Auftraggebers unter Umständen **rechtsmissbräuchlich** sein, wenn das Angebot dieser Vertragsform bei bestehender Möglichkeit des Abschlusses auch eines Arbeitsvertrags nicht durch einen sachlichen Grund gerechtfertigt ist, sondern nur der Umgehung des Sozialschutzes dient, insbes. des Kündigungsschutzes. Der Dienstberechtigte müsse sich in diesem Fall so behandeln lassen, als liege ein Arbeitsverhältnis vor (*BAG* 14.2.1974 – 5 AZR 298/73, mit krit. Anm. von *Lieb* in AP Nr. 12 zu § 611 BGB Abhängigkeit; vgl. auch *Lieb* RdA 1975, 50). **Diese Auffassung ist abzulehnen.** Vielmehr sind beide Vertragsparteien aufgrund der verfassungsrechtlich verbürgten Vertragsfreiheit (Art. 2 Abs. 1, Art. 12 Abs. 1 GG) frei darin, sich für einen Vertragstyp zu entscheiden (vgl. dazu auch *Riesenhuber* RdA 2020, 226, 229 f.). Der Dienstgeber benötigt keinen sachlichen Grund dafür, nur ein freies Dienstverhältnis statt eines auch möglichen Arbeitsverhältnisses anzubieten. Es ist auch nicht zu beanstanden, dass der Dienstberechtigte allein deshalb ein freies Dienstverhältnis anbietet, weil er die sozialrechtlichen oder kündigungsschutzrechtlichen Folgen eines Arbeitsvertrags scheut. Im Gegenzug muss er dann jedoch in Kauf nehmen, dass der Dienstnehmer bei Vereinbarung eines freien Dienstverhältnisses statt eines Arbeitsverhältnisses nicht in persönlicher Abhängigkeit tätig wird, sondern im Wesentlichen frei seine Tätigkeit gestalten und seine Arbeitszeit bestimmen kann. Soweit das Vertragsverhältnis lediglich formal als freies Dienstverhältnis vereinbart wird und – davon abweichend – als Arbeitsverhältnis gelebt wird, handelt es sich ohnehin um ein Arbeitsverhältnis (s. iE Rdn 19; weitergehend *Schwarze* RdA 2020, 38, der meint, dass § 611a Abs. 1 S. 6 BGB auf dem arbeitsrechtliche Formenzwang beruhe und die Nutzung der rechtlichen Form des Arbeitsvertrags gebiete, wenn das Tätigkeitsverhältnis *faktisch* – also ohne Rechtspflicht – eine dem Arbeitsvertrag gleiche Verfügung des Auftraggebers über die Arbeitskraft des Tätigen erzeugt; zutreffend **krit.** zu dieser Auffassung, die mit rechtsgeschäftlichen Grundsätzen bricht *Riesenhuber* RdA 2020, 226). 24

Fraglich ist, ob ein Beschäftigter sein Recht, sich auf den Bestand eines Arbeitsverhältnisses zwischen den Parteien zu berufen, materiell **verwirken** kann bzw. ihm dies wegen **Rechtsmissbrauchs** verwehrt sein kann (§ 242 BGB). Zuletzt hat das *BAG* die Frage nach der Verwirkungsmöglichkeit 25 offengelassen (*BAG* 25.8.2020 – 9 AZR 373/19, Rn 41; 20.3.2018 – 9 AZR 508/17, Rn 25; 20.9.2016 – 9 AZR 735/15, Rn 47; zweifelnd *BAG* 18.2.2003 – 3 AZR 160/02, zu B II 2 a der Gründe; eine Verwirkung für möglich haltend *BAG* 30.1.1991 – 7 AZR 239/90, zu II 1 der Gründe; zur Prozessverwirkung s. Rdn 37). In einer Reihe älterer Entscheidungen hat es angenommen, dass ein Beschäftigter gegenüber seinem Vertragspartner nicht darauf berufen können soll, zu ihm in einem Arbeitsverhältnis zu stehen, wenn dies unter dem Gesichtspunkt des **widersprüchlichen Verhaltens rechtsmissbräuchlich** geschähe (*BAG* 17.4.2013 – 10 AZR 272/12, Rn 31; 8.11.2006 – 5 AZR 706/05, Rn 21; 4.12.2002 – 5 AZR 556/01, zu II 4 a der Gründe; 11.12.1996 – 5 AZR 708/95). Ein Dienstnehmer handele rechtsmissbräuchlich, wenn er sich **nachträglich darauf beruft**, Arbeitnehmer gewesen zu sein, obwohl er als freier Mitarbeiter tätig sein wollte und sich jahrelang allen Versuchen des Dienstgebers widersetzt hat, zu ihm in ein Arbeitsverhältnis zu treten (*BAG* 11.12.1996 – 5 AZR 708/95 – für die Übernahme von Sekretariats- und Sachbearbeiteraufgaben; vgl. auch *BAG* 8.11.2006 – 5 AZR 706/05, Rn 21 f.). Das gelte in gleicher Weise für einen Dienstnehmer, der **zunächst ein Urteil erstreitet**, durch das rechtskräftig festgestellt wird, dass er nicht freier Mitarbeiter, sondern Arbeitnehmer ist, **dann aber auf eigenen Wunsch mit dem Arbeitgeber das Arbeitsverhältnis aufhebt**, um wieder als freier Mitarbeiter tätig zu werden, später aber erneut die Feststellung begehrt, trotz des Aufhebungsvertrages habe ein Arbeitsverhältnis bestanden (*BAG* 11.12.1996 – 5 AZR 708/95). Nimmt ein Mitarbeiter die **Statusklage zurück**, stelle es idR eine **unzulässige Rechtsausübung** dar, wenn er sich **später** zur Begründung der Voraussetzungen tariflicher Unkündbarkeit **darauf beruft, er sei durchgehend Arbeitnehmer gewesen** (*BAG* 12.8.1999 – 2 AZR 632/98). Die Berufung auf den Arbeitnehmerstatus sei aber regelmäßig nicht schon dann rechtsmissbräuchlich, wenn der Arbeitnehmer einen Vertrag über »freie Mitarbeit« abgeschlossen und seiner vergütungsmäßigen Behandlung als freier Mitarbeiter nicht widersprochen, sondern deren Vorteile entgegengenommen hat (*BAG* 4.12.2002 – 5 AZR 556/01). **Problematisch** an dieser Auffassung ist, dass die Rechtsfolgen in Bezug auf einzelne Rechte und Pflichten, die aus einem Arbeitsverhältnis erwachsen – insbesondere öffentlich-rechtliche Pflichten, die vielfach nicht zur Disposition der Parteien stehen –, unklar bleiben. Zudem bedarf es regelmäßig einer Lösung über die Grundsätze des Rechtsmissbrauchs nicht, da vielfach auch eine **vertragsrechtliche Lösung** zu sachgerechten Ergebnissen führt. Denn durfte der Dienstberechtigte aufgrund des Verhaltens des Dienstverpflichteten berechtigt darauf vertrauen, dieser sei nicht in einem Arbeitsverhältnis, sondern in einem freien Dienstverhältnis tätig, wird dies auch dem wirklichen Geschäftsinhalt entsprechen. Als problematisch werden sich nur die Fälle erweisen, in denen ein anfänglich vereinbartes und auch zunächst so gelebtes Arbeitsverhältnis ohne eine der Schriftform (§ 623 BGB) entsprechende Vertragsänderung als ein freies Mitarbeiterverhältnis fortgeführt wird oder in ein solches hineingewachsen ist. Ein solcher Statuswechsel ist wegen der damit verbundenen Auflösung des Arbeitsverhältnisses grds. unwirksam (s. Rdn 19). Jedoch kann in derartigen Fällen entweder das formal fortbestehende Arbeitsverhältnis ruhen und daneben ein freies Dienstverhältnis vereinbart worden sein. Denkbar ist im Einzelfall auch, dass sich der Dienstberechtigte unter dem Gesichtspunkt des **widersprüchlichen Verhaltens** ausnahmsweise nicht auf den Formmangel (nicht hingegen auf den Arbeitnehmerstatus selbst) berufen kann (s. dazu iE KR-*Spilger* § 623 BGB Rdn 202 ff.; s.a. Staudinger/*Oetker* § 623 BGB Rn 134 mwN; APS-*Greiner* § 623 Rn 49 mwN) und damit das Arbeitsverhältnis trotz Nichteinhaltung der Schriftform aufgelöst und ein freies Dienstverhältnis begründet worden ist.

26 Besondere Probleme werfen die **Beschäftigungsverhältnisse im Medienbereich** auf, einem der klassischen Einsatzbereiche für freie Mitarbeiter. Das *BAG* hatte in st. Rspr. insbes. die **Mitarbeiter im Bereich Rundfunk und Fernsehen als Arbeitnehmer** der Anstalten angesehen, wenn sie in die Arbeitnehmerorganisation eingegliedert und deshalb persönlich abhängig waren. Als Kennzeichen der abhängigen und unselbständigen Arbeit wurde es u. a. betrachtet, dass der eingegliederte Mitarbeiter seine Arbeitskraft nicht nach selbst gesetzten Zielen und Bedürfnissen des Marktes in eigener Verantwortung verwirklichte, sondern sie zur Realisierung der Rundfunk- und Fernsehprogramme der Anstalten einsetzte (vgl. *BAG* 7.5.1980 – 5 AZR 293/78; 7.5.1980 AP Nr. 36 zu § 611 BGB Abhängigkeit m. gemeinsamer Anm. zu AP Nr. 34–36 zu § 611 BGB Abhängigkeit von *Otto*

und *Wank*; 23.4.1980 – 5 AZR 426/79; s. zum ganzen auch *Heilmann* AuA 1998, 190; *Rüthers* DB 1982, 1869; *Hilger* RdA 1981, 265; *Kewenig/Thomashausen* NJW 1981, 417; *Bezani* NZA 1997, 856; ausführlich *Wrede* NZA 1999, 1019). Durch Beschluss vom 13.1.1982 hat das BVerfG festgestellt, dass diese **Rechtsprechung nicht hinreichend den verfassungsrechtlich gewährleisteten Schutz der Freiheit des Rundfunks berücksichtige**, sondern einseitig die sozialen Belange der Mitarbeiter bevorzuge (*BVerfG* 13.1.1982 – 1 BvR 848/77; bestätigt durch *BVerfG* 28.6.1983 – 1 BvR 525/82; 18.2.2000 – 1 BvR 491/93; 19.7.2000 – 1 BvR 6/97). Nach Auffassung des BVerfG erstreckt sich der gem. Art. 5 Abs. 1 S. 2 GG in den Schranken der allgemeinen Gesetze gewährleistete verfassungsrechtliche Schutz der Freiheit des Rundfunks auf das **Recht der Anstalten** schon bei der **Auswahl, Einstellung und Beschäftigung der an der Programmgestaltung** beteiligten Mitarbeiter dem Gebot der Vielfalt der zu vermittelnden Programminhalte Rechnung zu tragen. Dies haben die Gerichte zu beachten bei der Einordnung der Rechtsbeziehungen eines solchen Mitarbeiters als Arbeitsverhältnis oder freies Dienstverhältnis. **Nicht ausreichend** ist es, den Anforderungen der **Rundfunkfreiheit** erst im Falle einer **Kündigung** Rechnung zu tragen; bereits die Feststellung eines unbefristeten Arbeitsverhältnisses kann sie beeinträchtigen. Rundfunkfreiheit einerseits und arbeitsrechtlicher Bestandsschutz andererseits müssen abgewogen werden, wobei der Rundfunkfreiheit ein hohes Gewicht beizumessen ist, welches dasjenige des Bestandsschutzes übersteigen kann. Das BAG hatte nach Auffassung des BVerfG diese verfassungsrechtliche Lage nicht erkannt und daher das Arbeitsrecht auch nicht im Lichte des Art. 5 Abs. 1 S. 2 GG ausgelegt. Seine **Rechtsprechung** führte daher zu einer **nicht verfassungsgemäßen einseitigen Berücksichtigung** der sozialen Verhältnisse der Mitarbeiter zu Lasten der Rundfunkfreiheit (vgl. iE *BVerfG* 28.6.1983 – 1 BvR 525/82).

Diesen Grundsätzen ist seither bei der Einordnung von **Beschäftigungsverhältnissen in der Programmgestaltung** Rechnung zu tragen. Die Entscheidung des BVerfG, insbes. auch der Hinweis auf die Schmälerung der beruflichen Chancen des Nachwuchses (vgl. dazu *BVerfG* 13.1.1982 – 1 BvR 848/77, zu C II 3 b der Gründe – s. aber auch das Sondervotum von *Heußner* S. 273), lässt sich auf andere Bereiche übertragen. 27

Hervorzuheben ist allerdings, dass der besondere verfassungsrechtliche **Schutz der Rundfunkfreiheit** sich in dem hier streitigen Zusammenhang der Auswahl, Einstellung und Beschäftigung des Personals auf solche **Mitarbeiter beschränkt**, die an Hörfunk- und Fernsehsendungen **gestaltend mitarbeiten** (*BVerfG* 13.1.1982 13.1.1982 – 1 BvR 848/77, zu C II 1 b der Gründe – nennt als Beispiel Regisseure, Moderatoren, Kommentatoren, Wissenschaftler und Künstler; bestätigt durch *BVerfG* 3.12.1992 – 1 BvR 1462/88, wonach im Einzelfall die Tätigkeit eines Rundfunksprechers nicht zu den programmgestaltenden Tätigkeiten gehören kann; s.a. *BVerfG* 18.2.2000 – 1 BvR 491/93; 19.7.2000 – 1 BvR 6/97; *BAG* 25.8.2020 – 9 AZR 373/19, Rn 23 f. m. Bsp. für programmgestaltende Mitarbeiter sowie mwN zur Rspr. d. *BAG*; vgl. zum Ganzen auch *Dörr* ZTR 1994, 355; *Bezani* NZA 1997, 857; *Wrede* NZA 1999, 1019; s.a. *Kempen/Zachert/Stein* § 12a Rn 16 ff.). Hingegen gehören das betriebstechnische und das Verwaltungspersonal sowie diejenigen, die zwar bei der Verwirklichung des Programms mitwirken, aber keinen inhaltlichen Einfluss darauf haben nicht zu den programmgestaltenden Mitarbeitern (*BAG* 25.8.2020 – 9 AZR 373/19, Rn 25). In diese Kategorie hat die Rechtsprechung zB Sprecher und Übersetzer von Nachrichten- und Kommentartexten (vgl. *BAG* 11.3.1998 – 5 AZR 522/96), Musikarchivare (vgl. *BAG* 8.11.2006 – 5 AZR 706/05), Cutter (vgl. *BAG* 17.4.2013 – 10 AZR 272/12) und Grafikdesigner (vgl. *BAG* 25.8.2020 – 9 AZR 373/19) eingeordnet und deshalb die Arbeitnehmereigenschaft anhand der allgemeinen Kriterien geprüft. Nicht programmgestaltende Mitarbeiter werden im Regelfall häufiger die Kriterien eines Arbeitnehmers erfüllen, als es bei programmgestaltenden Mitarbeitern zu erwarten ist (vgl. *BAG* 17.4.2013 – 10 AZR 272/12, Rn 17 und 19). 28

Das BAG interpretiert die **bindende Tragweite** der vom BVerfG aufgestellten Grundsätze dahin, dass sie auch für den Bereich der programmgestaltenden Mitarbeiter **nicht zur Entwicklung besonderer Kriterien** für die Abgrenzung des Arbeitsvertrages von einem Dienstvertrag zwingt, die mit dem allgemeinen Arbeitsrecht nicht übereinstimmen (*BAG* 13.1.1983 – 5 AZR 29

149/82; 30.11.1994 – 5 AZR 704/93; 22.4.1998 – 5 AZR 342/97; 22.4.1998 – 5 AZR 2/97; 22.4.1998 – 5 AZR 92/97; s. auch *BAG* 20.5.2009 – 5 AZR 31/08). Dem ist zuzustimmen (*Wrede* NZA 1999, 1026; s.a. *Hochrathner* NZA 2001, 562). Die Rundfunkfreiheit wird noch nicht durch die Einordnung eines Vertragsverhältnisses als Arbeitsvertrag oder freier Dienstvertrag berührt, sondern erst durch die Entscheidung über eine befristete oder unbefristete Anstellung eines Mitarbeiters (vgl. *BAG* 13.1.1983 – 5 AZR 156/82; insbes. 13.1.1983 – 5 AZR 149/82; bestätigt durch *BAG* 20.7.1994 – 5 AZR 627/93; 30.11.1994 – 5 AZR 704/93; 22.4.1998 – 5 AZR 342/97; wie das *BAG* etwa auch *Konzen/Rupp* Anm. *BAG* 13.1.1982 EzA Art. 5 GG Nr. 9; *Lieb* FS für Hilger/Stumpf S. 433, 435; *Otto* AuR 1982, 1, 4; *Wrede* NZA 1999, 1026; aA insbes. *Rüthers* DB 1982, 1869, 1877, der Auswirkungen auch für den Arbeitnehmerbegriff sieht; vgl. zur Problematik insgesamt weiter etwa *Biethmann* NJW 1983, 200; *Otto* RdA 1984, 262; *Rüthers* RdA 1985, 129; *Wank* RdA 1982, 363; zum Ganzen *Bruns* RdA 2008, 135; *Dörr* ZTR 1994, 355; *Bezani* NZA 1997, 857; *Hochrathner* NZA 2001, 561, 562; *Naumann* Die arbeitnehmerähnliche Person in Fernsehunternehmen, 2007; *Reitzel* Arbeitsrechtliche Aspekte der Arbeitnehmerähnlichen im Rundfunk, 2007).

30 Kein Arbeitsverhältnis wird durch die Ausübung **ehrenamtlicher Tätigkeit** begründet. Mit dem Arbeitsverhältnis ist typischerweise die Vereinbarung oder jedenfalls die berechtigte Erwartung einer angemessenen Gegenleistung für die versprochenen Dienste verbunden. Das geht aus §§ 611a, 612 BGB hervor. Demgegenüber ist die Ausübung eines Ehrenamtes Ausdruck einer inneren Haltung gegenüber Belangen des Gemeinwohls und den Sorgen und Nöten anderer Menschen (vgl. *BAG* 29.8.2012 – 10 AZR 499/11, Rn 21– ehrenamtlich tätiger Telefonseelsorger; *Jedlitschka* NZA-RR 2017, 514). Notwendige Voraussetzung für die Annahme eines Arbeitsverhältnisses ist nach § 611a Abs. 1 S. 1 BGB weiter, dass sich der Arbeitnehmer zur Leistung von Arbeit verpflichtet. Auch handelt es sich **nicht um ein arbeitnehmerähnliches Rechtsverhältnis**, da es an der wirtschaftlichen Abhängigkeit (s. Rdn 31 ff.) und an einer mit einem Arbeitnehmer vergleichbaren sozialen Schutzbedürftigkeit (s. Rdn 35) fehlen wird. Zur Arbeitnehmereigenschaft von **Hausangestellten** s. *Kocher* NZA 2013, 929. Zur Arbeit in persönlicher Abhängigkeit im Rahmen **vereinsrechtlicher Strukturen** s. *Mestwerdt* NZA 2014, 281 und ArbR 2017, 8.

c) Wirtschaftliche Abhängigkeit

31 Nur nach den Gesamtumständen zu beurteilen ist das Kriterium der **wirtschaftlichen Abhängigkeit**. Sie liegt vor allem dann vor, wenn der Beschäftigte im Wesentlichen für einen Auftraggeber tätig geworden ist und die hieraus fließende Vergütung seine **Existenzgrundlage** darstellt (vgl. schon *BAG* 18.2.1956 – 2 AZR 294/54; 2.10.1990 – 4 AZR 106/90; *Fohrbeck/Wiesand/Woltereck* S. 27; *Hromadka* NZA 1997, 1253; *Kunze* UFITA 74, 24; *Kempen/Zachert/Stein* § 12a Rn 27 ff.; *Wiedemann/Wank* § 12a Rn 41; auf die Höhe des Gesamteinkommens stellt ab: *Lieb* RdA 1974, 262, 263). Damit ist die Beschäftigung für mehrere Auftraggeber zugleich zwar nicht ausgeschlossen (*BAG* 8.11.1967 AP Nr. 7 zu § 611 BGB Abhängigkeit). Je größer aber deren Zahl und je breiter demzufolge die Streuung des Einkommens des Beschäftigten ist, desto weniger wird man von einer die Existenz berührenden Abhängigkeit sprechen können.

32 Gewisse Anhaltspunkte lassen sich insoweit auch **§ 12a TVG** entnehmen (s. auch *BAG* 2.10.1990 – 4 AZR 106/90; 15.2.2005 – 9 AZR 51/04; s.a. Rdn 9). In den Schutzbereich des Gesetzes einbezogen werden arbeitnehmerähnliche – also wirtschaftlich abhängige – Personen, die entweder überwiegend für eine Person tätig sind oder denen von einer Person mehr als die Hälfte des Entgelts – bei künstlerischen, schriftstellerischen und journalistischen Leistungen ein Drittel – zusteht, welches sie für ihre Erwerbstätigkeit insgesamt erhalten. Das Gesetz geht also davon aus, dass wirtschaftliche Abhängigkeit im hier maßgeblichen Sinne auch dann gegeben sein kann, wenn der Beschäftigte für mehrere Personen tätig ist und von einer dieser Personen wenigstens die Hälfte bzw. ein Drittel seines Gesamtentgelts bezieht (vgl. dazu mwN *Boemke* RdA 2018, 1, 4). Das muss jedenfalls für den Bereich des TVG als eine Konkretisierung dessen angesehen werden, was mit **im Wesentlichen für einen Auftraggeber** tätig werden umschrieben wird.

Als Sonderregelung kann § 12a TVG nicht ohne weiteres ausgeweitet werden. Das gilt umso mehr, als die im Einzelnen in § 12a Abs. 1 lit. a-c TVG aufgestellten Kriterien der Klammerdefinition des Begriffs der arbeitnehmerähnlichen Personen nachgestellt sind (vgl. Rdn 8). Immerhin sollten die Abgrenzungen des § 12a TVG Anlass sein, eher die Voraussetzungen der wirtschaftlichen Abhängigkeit auch bei Vorhandensein mehrerer Auftraggeber zu bejahen (vgl. schon *Beuthien/Wehler* RdA 1978, 9, die für eine generelle Übernahme der Maßstäbe des § 12a TVG sprechen; *Herschel* DB 1977, 1185; auch *Hromadka* NZA 1997, 1254, will in etwa an die Untergrenze des § 12a TVG anknüpfen; vgl. *ders* aber auch in NZA 2007, 841). Das würde auch der Regelung des HAG entsprechen, wonach die Beschäftigung durch nur einen Auftraggeber nicht zur Begriffsbestimmung des Heimarbeiters gehört. 33

Von einer wirtschaftlichen Abhängigkeit kann regelmäßig nur gesprochen werden bei Vorliegen einer gewissen **Dauerbeziehung** (*BAG* 6.12.1974 – 5 AZR 418/74; *Hromadka* NZA 1997, 1255; *ders.* NZA 2007, 841; *Kunze* UFITA 74, 26). Auch das Sozialversicherungsrecht verlangt in § 2 S. 1 Nr. 9 lit. b SGB VI für arbeitnehmerähnliche Personen eine Tätigkeit auf Dauer für einen Auftraggeber (s.a. *Hromadka* NZA 2007, 841). Die einmalige kurzfristige Erbringung einer Dienst- oder Werkleistung wird in aller Regel nicht ein Entgelt zur Gegenleistung haben, welches die wesentliche Existenzgrundlage des Beschäftigten darstellt. Ein gewisses Dauermoment ergibt sich schon aus dem Vergleich zum Arbeitsverhältnis, welches ebenfalls als Dauerschuldverhältnis gestaltet ist. Es soll allerdings nicht verkannt werden, dass auch kurzfristige (Aushilfs-)Arbeitsverhältnisse denkbar und nicht ungewöhnlich sind. Nicht entscheidend ist die Frage der **Voll-** oder **Teilzeitbeschäftigung**. Auch Teilzeitbeschäftigte mit geringem Beschäftigungsumfang können Arbeitnehmer sein und als solche den Schutz des KSchG genießen (s. KR-*Rachor* § 1 KSchG Rdn 74). Dies gilt auch für die sog. **Jobsharing-Arbeitsverhältnisse** (s. KR-*Rachor* § 1 KSchG Rdn 75). 34

d) Soziale Schutzbedürftigkeit

Das Begriffsmerkmal der einem **Arbeitnehmer vergleichbaren sozialen Schutzbedürftigkeit** bedarf zu seiner Ausfüllung gleichfalls einer Abwägung aller Umstände des jeweiligen Einzelfalles. Soziale Schutzbedürftigkeit in diesem Sinne liegt vor, wenn unter Berücksichtigung der gesamten Umstände des Einzelfalls und der Verkehrsanschauung das Maß der Abhängigkeit einen solchen Grad erreicht, wie er im Allgemeinen nur in einem Arbeitsverhältnis vorkommt, und die geleisteten Dienste nach ihrer sozialen Typik mit denen eines Arbeitnehmers vergleichbar sind (*BAG* 21.1.2019 – 9 AZB 23/18, Rn 36 mwN zur st. Rspr.). Soziale Schutzbedürftigkeit und wirtschaftliche Abhängigkeit sind nicht streng voneinander zu trennen. Abzustellen ist auf den **typischen Arbeitnehmer**, der wirtschaftlich unselbständig – die Definitionen des § 5 ArbGG, § 2 BUrlG treffen insoweit besser – und deshalb schutzbedürftig ist. Freie Beschäftigte mit sehr hohen Einkommen werden diese Voraussetzungen kaum erfüllen, da sie selbst zur wirtschaftlichen Lebenssicherung in der Lage sind (vgl. auch *BAG* 2.10.1990 – 4 AZR 106/90, wonach eine arbeitnehmertypische soziale Schutzbedürftigkeit bei einem Jahresverdienst von umgerechnet 140.000,- Euro und weiteren existenzsichernden Einkünften nicht mehr gegeben ist; zust. *Löwisch/Rieble* § 12a Rn 29; vgl. auch dagegen *Lunk* NJW 2019, 1565, 1566 f.; aA *Kempen/Zachert/Stein* § 12a Rn 31, wonach die Höhe des Einkommens unerheblich sein soll; so auch *Hromadka* NZA 1997, 1252; *v. Hase/Lembke* BB 1997, 1095, 1096; s. iE *Däubler/Reinecke/Rachor* § 12a Rn 51 ff.). Dabei sind auch weitere Einkünfte zu berücksichtigen, wobei nicht die Umsätze aus selbstständiger Tätigkeit maßgebend sind, sondern allein die – nach Abzug aller Kosten – verbleibenden Gewinne vor Steuern und privater Versicherungen (vgl. *BAG* 21.6.2011 – 9 AZR 820/09, Rn 34 mwN). Bei der Frage, ob eine einem Arbeitnehmer vergleichbare Schutzbedürftigkeit vorliegt, ist – besonders auch bezüglich der Art der geleisteten Dienste – auf die **Verkehrsauffassung** abzustellen (vgl. *Beuthien/Wehler* RdA 1978, 9; *Falkenberg* DB 1969, 1412; *Kunze* UFITA 74, 24, 25; *Lieb* RdA 1974, 262). Der – gescheiterte – Entwurf eines Arbeitsvertragsgesetzes von *Henssler/Preis* (NZA 2007 Beil. 1) ging in Anlehnung an eine Anregung *Hromadkas* (NZA 2007, 841; s. dazu schon Rdn 9) von dem dreifachen der Bezugsgröße gem. § 18 Abs. 1 SGB IV als Obergrenze aus (als vertretbar angesehen von *Willemsen/Müntefering* NZA 2008, 199; s. dazu auch *Preis* FS Hromadka, S. 225, 290). 35

An einer einem Arbeitnehmer vergleichbaren sozialen Schutzbedürftigkeit fehlt es regelmäßig auch bei einem **Fremdgeschäftsführer einer GmbH**, da dieser Arbeitgeberfunktionen wahrnimmt und daher nach der sozialen Typik eher mit dem Arbeitgeber als mit einem Arbeitnehmer vergleichbar ist (»arbeitgeberähnliche Person« *BAG* 21.1.2019 – 9 AZB 23/18, Rn 39; krit. zu dieser Entscheidung des BAG *Lunk* NJW 2019, 1565, 1566 f.).

e) Verhältnis zum HAG und HGB

36 Die **in Heimarbeit Beschäftigten** und die sog. **kleinen Handelsvertreter** sind Untergruppen der arbeitnehmerähnlichen Personen. Wer diesem Kreis zuzurechnen ist, bestimmt sich nach den Regelungen des HAG (s. die Kommentierung zu §§ 29, 29a HAG) und des HGB (s. Rdn 81 ff.).

f) Statusklage

37 Besteht zwischen Dienstberechtigtem und Dienstverpflichtetem Streit über die Rechtsnatur des Beschäftigungsverhältnisses, kann der Beschäftigte Klage auf Feststellung erheben, dass zwischen den Parteien ein Arbeitsverhältnis besteht (sog. **Statusklage**; s. dazu auch *Rosenfelder* S. 266 ff.). Diese Klage kann ohne Rücksicht darauf erhoben werden, ob bei Feststellung des Bestehens eines Arbeitsverhältnisses die einzelnen Bedingungen streitig oder unstreitig sind. Aus Gründen der Prozessökonomie ist es gerechtfertigt, zunächst die grds. Frage der Arbeitnehmereigenschaft zu klären, ohne diesen Prozess mit Einzelfragen zu belasten (vgl. *BAG* 19.10.2004 – 9 AZR 411/03, zu A der Gründe mwN; 20.7.1994 – 5 AZR 627/93, zu A II der Gründe). Ebenso kann eine Klage auch auf die Feststellung des Status als **arbeitnehmerähnliche Person** gerichtet sein (*BAG* 7.1.1971 – 5 AZR 221/70, zu 1 der Gründe; vgl. auch zur Statusklage in Bezug auf ein Heimarbeitsverhältnisses iSd HAG *BAG* 14.6.2016 – 9 AZR 305/15, Rn 40). Für eine ausschließlich vergangenheitsbezogene Statusklage ist ein Feststellungsinteresse allerdings nur dann gegeben, wenn sich aus der Feststellung Folgen für Gegenwart oder Zukunft ergeben (*BAG* 25.8.2020 – 9 AZR 373/19, Rn 14 mwN). Das Feststellungsbegehren kann sich auch auf die Feststellung richten, dass ein Tarifvertrag für arbeitnehmerähnliche Personen Anwendung findet, weil die entsprechenden Voraussetzungen gegeben sind (*BAG* 2.10.1990 – 4 AZR 106/90; zu den Anforderungen an die Bestimmtheit eines Klageantrags auf Feststellung der Anwendbarkeit eines bestimmten Tarifvertrags *BAG* 25.1.2017 – 4 AZR 517/15, Rn 16 ff.). Schließlich kann die Frage, ob es sich um ein Arbeitsverhältnis oder ein anderes Vertragsverhältnis handelt, auch im Rahmen einer Kündigungsschutzklage inzident zu überprüfen sein, da der Erfolg einer solchen Klage das Bestehen eines Arbeitsverhältnisses voraussetzt (*BAG* 14.6.2016 – 9 AZR 305/15, Rn 37; 11.8.2015 – 9 AZR 98/14, Rn 14 mwN). Zur Verwirkung des Recht, eine Klage zu erheben, mit der Folge, dass eine dennoch angebrachte Klage unzulässig ist (**Prozessverwirkung**) s. *BAG* 25.8.2020 – 9 AZR 373/19; Rn 16, 20.3.2018 – 9 AZR 508/17, Rn 20; 21.9.2017 – 2 AZR 57/17 Rn 29. Zur rechtsmissbräuchlichen Berufung des Dienstnehmers auf das Bestehen eines Arbeitsverhältnisses s. Rdn 24, 25.

3. Beispiele aus der Rechtsprechung für die Abgrenzung

38 Die Rechtsprechung hat sich häufig mit der **Abgrenzung** zwischen Arbeitnehmern und arbeitnehmerähnlichen Personen befassen müssen. Da regelmäßig die **Umstände des Einzelfalles** entscheiden, sind Fallgruppen kaum zu bilden. Die nachfolgenden alphabetisch geordneten Beispiele können und sollen daher nicht mehr als eine Übersicht geben über die in der höchstrichterlichen Rechtsprechung behandelten Tatbestände (s.a. *Hunold* NZA-RR 1999, 505). Wegen der Einzelfallbezogenheit ist dabei zu berücksichtigen, dass Tätigkeiten sowohl unter »Arbeitnehmerähnliche Personen« als auch unter »Arbeitnehmer« genannt werden können (zB Franchisenehmer, Reporter).

a) Arbeitnehmerähnliche Personen

39 Als **arbeitnehmerähnliche Personen** wurden angesehen:
– **Dozent** für gewerbliches Weiterbildungsinstitut, *BAG* 11.4.1997 – 5 AZB 33/96;
– Selbständiger **Erfinder**, *BAG* 13.9.1956 – 2 AZR 605/54;

- Franchisenehmer (»Eismann«), *BGH* 4.11.1998 – VIII ZB 12/98;
- Gästebetreuerin, *BAG* 29.11.1995 – 5 AZR 422/94;
- **Geschäftsführer einer Betriebskrankenkasse** kann im Verhältnis zum Arbeitgeber, mit dem er den Dienstvertrag geschlossen hat, arbeitnehmerähnliche Person sein, *BAG* 25.7.1996 – 5 AZB 5/96;
- Journalist bei der Arbeit für eine Rundfunksendung, *BAG* 17.10.1990 – 5 AZR 639/89;
- Kameramann, *BAG* 8.6.1967 – 5 AZR 461/66; 7.1.1971 – 5 AZR 221/70; 20.1.2004 – 9 AZR 291/02;
- Kürschnermeister, der Felle ausbesserte und dabei nicht an betriebliche Arbeitszeiten gebunden war, *BAG* 19.5.1960 – 2 AZR 197/58;
- Lehrbeauftragter an Hochschule, *BAG* 16.12.1957 – 3 AZR 92/55; vgl. aber auch *BAG* 27.6.1984 – 5 AZR 567/82 – öffentlich-rechtliches Dienstverhältnis, wenn der **Lehrauftrag** durch einseitige Maßnahme der Hochschule erteilt wird;
- **Leiterin einer Außenwohngruppe** nach § 45 SGB VIII, *BAG* 25.5.2005 – 5 AZR 347/04;
- **Motorradrennfahrerin** kann arbeitnehmerähnliche Person oder Arbeitnehmer sein, *BAG* 17.6.1999 – 5 AZB 23/98;
- Nachtwache, *BAG* 15.2.2005 – 9 AZR 51/04;
- **Rundfunkgebührenbeauftragter** kann arbeitnehmerähnliche Person sein, *BAG* 30.8.2000 – 5 AZB 12/00; s. aber auch *BAG* 26.5.1999 – 5 AZR 469/98;
- Strahlenphysiker, der von der Bundespost mit Messungen beauftragt war, *BAG* 28.2.1962 – 4 AZR 141/61;
- Student, der neben einer Teilzeitbeschäftigung als Arbeitnehmer als »freiberuflicher« Mitarbeiter in einem Amt für Familien- und Heimpflege tätig ist, *BAG* 13.2.1979 – 6 AZR 246/77;
- Theaterintendant, *BAG* 17.12.1968 – 5 AZR 86/68;
- Volkshochschuldozent, *BAG* 17.1.2006 – 9 AZR 61/05, idR kein Arbeitnehmer;

b) **Arbeitnehmer**

Als **Arbeitnehmer** wurden angesehen:

- Assessor, der halbtags in einer Anwaltskanzlei arbeitet, *BAG* 15.8.1975 – 5 AZR 217/75;
- **Archäologe** zur Fundstellenauswertung beschäftigt, s. dort auch zur Abgrenzung zwischen Werkvertrag und Dienstvertrag, *BAG* 25.9.2013 – 10 AZR 282/12;
- Außenrequisiteur bei Fernsehanstalten, *BAG* 2.6.1976 – 5 AZR 131/75;
- Bühnen- und Szenenbildner, *BAG* 3.10.1975 – 5 AZR 445/74;
- Chefarzt, *BAG* 27.7.1961 – 2 AZR 255/60;
- Co-Piloten von Verkehrsflugzeugen, *BAG* 16.3.1994 – 5 AZR 447/92;
- **CRO (Chief Restructuring Officer)**, zwar typischerweise kein Arbeitnehmer, hier aber aufgrund der Einzelfallumstände Arbeitnehmer, *BAG* 15.12.2016 – 6 AZR 430/15;
- **Crowdworker**, der zur persönlichen Leistungserbringung verpflichtet ist, die geschuldete Tätigkeit ihrer Eigenart nach einfach gelagert und ihre Durchführungen inhaltlich vorgegeben sind sowie die Auftragsvergabe und die konkrete Nutzung der Online-Plattform im Sinne eines Fremdbestimmens durch den Crowdsourcer gelenkt wird, *BAG* 1.12.2020 – 9 AZR 102/20;
- Cutterin nicht programmgestaltend bei Rundfunkanstalt tätig, *BAG* 17.4.2013 – 10 AZR 272/12;
- **Dozent in beruflicher Bildung**, wenn Schulträger Unterrichtsgegenstand, Zeit und Ort vorgibt, *BAG* 19.11.1997 – 5 AZR 21/97;
- **DRK-Geschäftsführer** eines Kreisverbandes, dessen Vertretungsbefugnis nicht auf Satzung beruht, (Arbeitnehmer oder arbeitnehmerähnliche Person) *BAG* 5.5.1997 – 5 AZB 35/96;
- **Familienhelferinnen** nach § 31 SGB VIII sind regelmäßig Arbeitnehmerinnen, *BAG* 6.5.1998 – 5 AZR 347/97;
- Fotoreporter einer Zeitschrift, die in Dienstpläne eingebunden sind, *BAG* 16.6.1998 – 5 AZN 154/98;
- **Frachtführer** als »Nahverkehrspartner« bei ausschließlicher Tätigkeit für ein Unternehmen, *BAG* 19.11.1997 – 5 AZR 653/96; s. aber auch *BAG* 30.9.1998 – 5 AZR 563/97;

40

ArbNähnl. Pers. Arbeitnehmerähnliche Personen

- **Franchise-Nehmer** – kann nach den Umständen des Einzelfalles Arbeitnehmer sein, *BAG* 16.7.1997 – 5 AZB 29/96;
- **Fußballspieler** als Vertragsamateure, wenn sie ihre Leistung aufgrund einer über die durch die Vereinsmitgliedschaft begründete Weisungsgebundenheit hinausgehenden persönlichen Abhängigkeit erbringen, *BAG* 10.5.1990 – 2 AZR 607/89;
- **Gesellschafter** (Minderheits-) einer GmbH, *BAG* 17.9.2014 – 10 AZB 43/14;
- **Grafikdesignerin** in Rundfunkanstalt, *BAG* 25.8.2020 – 9 AZR 373/19;
- **Kameraassistenten** sind in aller Regel Arbeitnehmer, *BAG* 22.4.1998 – 5 AZR 2/97;
- **»Kommissionär«** kann Arbeitnehmer oder arbeitnehmerähnliche Person sein, *BAG* 8.9.1997 – 5 AZB 3/97; s. aber auch *BAG* 4.12.2002 – 5 AZR 556/01; s.a. Rdn 41 unter Kommissionär;
- **Kundenberater**, die Kunden des Dienstherren nach dessen inhaltlichen Vorgaben zu unterweisen haben, *BAG* 6.5.1998 – 5 AZR 247/97;
- **Lehrer für jugendliche Untersuchungsgefangene** in Justizvollzugsanstalt, *BAG* 15.2.2012 – 10 AZR 301/10; **Lehrer an Abendgymnasium**, *BAG* 12.9.1996 – 5 AZR 1066/94; **Lehrer mit Lehrauftrag**, *BAG* 14.1.1982 – 2 AZR 254/81; **Lehrkraft** im Rahmen einer von der Arbeitsverwaltung finanzierten Berufsbildungsmaßnahme, *BAG* 28.5.1986 – 7 AZR 25/85; **Lehrkraft an allgemeinbildenden Schulen** idR Arbeitnehmer, *BAG* 20.1.2010 – 5 AZR 106/09; **Lehrkräfte an Volkshochschulen im Kurs »Haupt- u. Realschulabschluss«**, wenn in Schulbetrieb eingegliedert, *BAG* 26.7.1995 – 5 AZR 22/94; s. aber auch *BAG* 29.5.2002 – 5 AZR 161/01;
- **Liquidator** von Treuhand bestellt, kann auch Arbeitnehmer oder arbeitnehmerähnliche Person sein, *BAG* 29.12.1997 – 5 AZB 38/97;
- **Musiker im Orchester**, *BAG* 3.10.1975 – 5 AZR 427/74; **Musiker im Tanzorchester**, *BAG* 26.11.1975 – 5 AZR 337/74; **Musiker im Orchester als Aushilfe**, *BAG* 9.10.2002 – 5 AZR 405/01; vgl. auch *BAG* 22.8.2001 – 5 AZR 502/99;
- **Musikschullehrer** bei der Schulleitung vorbehaltenem Recht der einseitigen Bestimmung der Lage der Unterrichtsstunden oder umfassender Regelung des Dienstverhältnisses durch Dienstanweisungen, *BAG* 24.6.1992 – 5 AZR 384/91; **Teilzeitbeschäftigte Musiklehrer** an einer Jugendmusikschule, *BAG* 20.2.1986 – 2 AZR 212/85;
- **Nachrichtensprecher**, *BAG* 28.6.1973 – 5 AZR 19/73;
- **Programmmitarbeiter** beim Fernsehen, *BAG* 13.1.1983 – 5 AZR 149/82;
- **Redakteur/Moderator** beim Rundfunk, der in ohne vorherige Absprache erstellten Dienstplänen aufgeführt wird, *BAG* 16.2.1994 – 5 AZR 402/93;
- **Redakteur** und Chef vom Dienst bei Rundfunkanstalt, der nach einseitig vom Arbeitgeber aufgestellten Dienstplänen eingesetzt wird, *BAG* 20.7.1994 – 5 AZR 627/93;
- **Regisseurin**, *BAG* 15.3.1978 – 5 AZR 819/76;
- **Reporterin** beim Rundfunk, *BAG* 9.3.1977 – 5 AZR 110/76; **Reporter**, *BAG* 15.3.1978 – 5 AZR 819/76;
- **Hauptamtlich tätiges Mitglied der »Scientology-Kirche«**, *BAG* 22.3.1995 – 5 AZB 21/94;
- **Sprecher und Übersetzer** beim Rundfunk, *BAG* 3.10.1975 – 5 AZR 162/74; s.a. *BAG* 11.3.1998 – 5 AZR 522/96;
- **Stromableser** mit festem Ablesebezirk und Anweisung bzgl. der Arbeitsmodalitäten, *BFH* 24.7.1992 – VI R 126/88;
- **Tankwart**, *BAG* 12.6.1996 – 5 AZR 960/94;
- **Verwalter** von Grundbesitz, *BSG* 18.11.1980 – 12 RK 76/79;
- **Zeitungszusteller**, *BAG* 16.7.1997 – 5 AZR 312/96.

c) Negative Statusfeststellung

41 Die Eigenschaft als Arbeitnehmer oder als arbeitnehmerähnliche Person wurde verneint:
- **Ärztlicher Gutachter**, der seine gutachterliche Tätigkeit in den Räumlichkeiten des Dienstgebers erbrachte und organisatorisch an dessen Öffnungszeiten gebunden war, *BAG* 21.7.2015 – 9 AZR 484/14;
- **Betreiber von Pausen- und Getränkeständen** mit Hilfskräften, *BAG* 12.12.2001 – 5 AZR 253/00;

- **Betreuer** in Jugendfreizeitstätte, der über Art und zeitliche Lage seiner Tätigkeit mitbestimmen kann, *BAG* 9.5.1984 – 5 AZR 195/82;
- **Bildberichterstatter**, die einer Zeitungsredaktion monatlich eine bestimmte Zahl von Bildern gegen pauschale Bezahlung liefern, wenn sie bei der Übernahme der Fototermine frei sind, *BAG* 29.1.1992 – 7 ABR 25/91;
- **Besucherbetreuer** im Bundestag mit bloßer **Rahmenvereinbarung**, *BAG* 15.2.2012 – 10 AZR 111/11;
- **Bezirksstellenleiter** des Süd-Lotto-München, *BSG* 1.12.1977 – 12/3/12 RK 39/74;
- **Bildhauer** mit Lehrauftrag an Kunsthochschule, *BAG* 15.2.1965 – 5 AZR 358/63;
- **Buchhalter** bei Nebentätigkeit, *BAG* 9.2.1967 – 5 AZR 320/66;
- **Dozent** an einer Volkshochschule, der Sprachkurse leitet, *BAG* 23.9.1981 – 5 AZR 284/78 u. 25.8.1982 – 5 AZR 7/81; nebenberuflicher **Dozent** an einem Wirtschaftsinstitut, *BSG* 28.2.1980 – 8a RU 88/78; **Dozent** an einer Volkshochschule außerhalb schulischer Lehrgänge, *BAG* 29.5.2002 – 5 AZR 161/01;
- **Dirigent und Organisator** eines Kulturorchesters, *BAG* 20.1.2010 – 5 AZR 106/09;
- **DRK-Schwester**, *BAG* 18.2.1956 – 2 AZR 294/54 u. 20.2.1986 – 6 ABR 5/85; 6.7.1995 – 5 AZB 9/93; 21.2.2017 – 1 ABR 62/12 (aber Arbeitnehmer iSd Richtlinie 2008/104/EG);
- **Ehrenamtlich** tätiger Telefonseelsorger, *BAG* 29.8.2012 – 10 AZR 499/11;
- **Frachtführer**, wenn weder Dauer noch Ende der Arbeitszeit festgelegt ist und die Möglichkeit besteht, auch Transporte auf eigene Rechnung für andere Kunden auszuführen, *BAG* 30.9.1998 – 5 AZR 563/97; s.a. *BGH* 21.10.1998 – VIII ZB 54/97; s. aber auch *BAG* 19.11.1997 – 5 AZR 653/96;
- **Franchisenehmerin**, Arbeitnehmerin nach den Umständen des Einzelfalles, *BGH* 27.1.2000 – III ZB 67/99;
- **Fremdgeschäftsführer einer GmbH** ist keine arbeitnehmerähnliche Person, sondern eine arbeitgeberähnliche Person, da er Arbeitgeberfunktionen wahrnimmt, *BAG* 21.1.2019 – 9 AZB 23/18);
- **Geschäftsführer einer Kreishandwerkerschaft**, der diese kraft Satzung vertritt, *BAG* 11.4.1997 – 5 AZB 32/96;
- Dienstnehmer, der zum **Geschäftsführer** bestellt werden sollte, wird nicht dadurch zum Arbeitnehmer, dass **Bestellung unterbleibt**, *BAG* 25.6.1997 – 5 AZB 41/96;
- **Gesellschafter**: Mitarbeiter eines Zimmererunternehmens, die alle Gesellschafter einer GmbH und alle zu Geschäftsführern bestimmt sind, *BAG* 10.4.1991 – 4 AZR 467/90; mitarbeitende **Gesellschafter** einer Familien-GmbH, die jeder für sich über eine Sperrminorität verfügen, *BAG* 28.11.1990 – 4 AZR 198/90; **Gesellschafter** einer GmbH, dem mehr als 50 % der Stimmen zustehen, auch wenn er nicht Geschäftsführer ist, *BAG* 6.5.1998 – 5 AZR 612/97; s. aber auch *BAG* 17.9.2014 – 10 AZB 43/14 für den Minderheitsgesellschafter – Arbeitnehmereigenschaft möglich;
- **Handicapper** im Pferderennsport, *BAG* 13.12.1962 – 2 AZR 128/62;
- aufgrund eines Belegvertrages im Krankenhaus tätige **Hebamme**, *BAG* 21.2.2007 – 5 AZB 52/06;
- **Heimbetriebsleiter**, der eine Kantine der Bundeswehr bewirtschaftet, *BAG* 13.8.1980 – 4 AZR 592/78;
- **Industrieberatung**: Wissenschaftler und Ingenieure, die von einem Industrieberatungsunternehmen bei einem Auftraggeber eingesetzt werden, *BFH* 18.1.1991 – VI R 122/87;
- **Kommissionär** als Betreiber einer Backwarenfiliale, *BAG* 4.12.2002 – 5 AZR 667/01;
- Vertreter ausländischen **Kreditinstituts** nach § 53 Abs. 1 KWG, *BAG* 15.10.1997 – 5 AZB 32/97;
- **Künstler** auf einmaliger Jubiläumsveranstaltung, *BAG* 6.12.1974 – 5 AZR 418/74;
- **Kurierdienstfahrer**, *BAG* 27.6.2001 – 5 AZR 561/99;
- **Lehrbeauftragter** an einer Fachhochschule, *BSG* – 12 RK 26/79; **Lehrbeauftragter** an einer Hochschule im öffentlich-rechtlichen Dienstverhältnis eigener Art, *BAG* 18.7.2007 – 5 AZR 854/06;
- **Lehrkraft** an **Abendgymnasium**, *BAG* 14.12.1983 – 7 AZR 290/82; **Lehrkraft** an einer Bildungseinrichtung zur Förderung der beruflichen Bildung bei einzelvertraglicher Feststellung des Inhalts der Dienstleistung und der Arbeitszeiten, *BAG* 30.10.1991 – 7 ABR 19/91; **Lehrkraft** an

- **Musikschule**, die mit demselben Arbeitgeber zwei Vertragsverhältnisse hat (ein Arbeitsverhältnis und ein freies Dienstverhältnis) *BAG* 27.6.2017 – 9 AZR 851/16; **Musikschullehrer** *BAG* 21.11.2017 – 9 AZR 117/17, Rn 23;
- **Nachrichtensprecher** an verschiedenen Anstalten, *BAG* 18.6.1973 – 5 AZR 568/72;
- **Plakatierer** (»Moskito-Anschläger«) als Subunternehmer, *BAG* 13.3.2008 – 2 AZR 1037/06;
- **Programmierer im Home-Office** kein Arbeitnehmer aber Heimarbeiter iSd § 2 Abs. 1 S. 1 HAG, *BAG* 14.6.2016 – 9 AZR 305/15;
- **Psychologe** in der Behindertenfürsorge, der Zeit und Ort seiner Tätigkeit frei bestimmen kann, ist freier Mitarbeiter, *BAG* 9.9.1981 – 5 AZR 477/79;
- **Rechtsanwalt** als Sozietätspartner aufgrund eines § 705 BGB entsprechenden Gesellschaftsvertrages, *BAG* 15.4.1993 – 2 AZB 32/92; **Rechtsanwälte in Vermögensämtern** von Landkreisen können freie Mitarbeiter sein, *BAG* 3.6.1998 – 5 AZR 656/97;
- **Berufliche Rehabilitanden** iSd § 56 AFG sind keine Arbeitnehmer iSd § 5 Abs. 1 BetrVG, *BAG* 26.1.1994 – 7 ABR 13/92;
- **Rundfunkgebührenbeauftragter** bei einer Rundfunkanstalt, der über Umfang und Ablauf seines Arbeitseinsatzes selbst entscheidet, im Verlaufe eines Jahres 280.000, – DM verdienen kann und über anderweitige existenzsichernde Einnahmen verfügt, *BAG* 2.10.1990 – 4 AZR 106/90; s. aber auch *BAG* 30.8.2000 – VII ZB 36/14, kann auch arbeitnehmerähnliche Person sein;
- Programmgestaltender **Rundfunkmitarbeiter**, auch wenn er technische Einrichtungen des Dienstherren nutzt, *BAG* 19.1.2000 – 5 AZR 644/98;
- **Rundfunkreporter** bei nebenberuflicher Tätigkeit, auch wenn viele Jahre fortlaufend eingesetzt, *BAG* 22.4.1998 – 5 AZR 191/97; **Rundfunkreporter/-moderator** trotz Aufnahme in Dienstpläne, *BAG* 20.9.2000 – 5 AZR 61/99; **Rundfunkreporter/-moderator**, *BAG* 14.3.2007 – 5 AZR 499/06;
- **Sprachlehrer** einer privaten Sprachschule, der hinsichtlich Zeit und Dauer der Tätigkeit keinen Weisungen unterliegt, *BAG* 26.6.1996 – 7 ABR 52/95;
- **Studentischer Prorektor** bestellt auf hochschulrechtlicher Grundlage, *BAG* 9.4.2014 – 10 AZR 590/13;
- **Tankstellenbetreiber**, *BSG* 11.8.1966 – 3 RK 57/63; *BGH* 6.8.1997 – VIII ZR 150/96; 25.10.2000 – VIII ZB 30/00;
- **Theaterintendant** bei Ausübung nebenberuflicher Tätigkeit, *BAG* 16.8.1977 – 5 AZR 290/76; s. auch *BAG* 22.2.1999 – 5 AZB 56/98;
- **Verlagsmitarbeiter**, der Vorarbeiten für die Herausgabe einer Buchreihe an selbst gewähltem Ort und in selbst bestimmter Zeit erledigt, *BAG* 27.3.1991 – 5 AZR 194/90;
- Bestellter **Verwalter** einer **Wohnungseigentümergemeinschaft**, *BAG* 27.9.2012 – 2 AZR 838/11;
- Inhaber einer **Weindepot-Agentur** als Pächter eines Wein-Einzelhandelsgeschäftes, der selbst Arbeitnehmer beschäftigt, *BAG* 21.2.1990 – 5 AZR 162/89;
- **Wissenschaftlicher Mitarbeiter** an Universität im **öffentlich-rechtlichen** Dienstverhältnis eigener Art, *BAG* 14.9.2011 – 10 AZR 466/10;
- **Zirkusartisten** – Vereinbarung mit einer Artistengruppe, eine in einem Video dokumentierte Artistennummer darzubieten, *BAG* 11.8.2015 – 9 AZR 98/14.

III. Die Anwendung arbeitsrechtlicher Vorschriften auf die Rechtsverhältnisse arbeitnehmerähnlicher Personen

1. Allgemeines

42 Auf die Rechtsverhältnisse arbeitnehmerähnlicher Personen finden die für die Arbeitnehmer geltenden Gesetze grds. **keine direkte Anwendung**, da sie das Bestehen eines Arbeitsverhältnisses voraussetzen (vgl. ErfK-*Preis* § 611a BGB Rn 83; MünchArbR-*Schneider* § 21 Rn 4; *Hromadka* NZA 1997, 1254; *Schubert* S. 86). Der Gesetzgeber hat die lediglich wirtschaftlich abhängigen arbeitnehmerähnlichen Personen einem abweichenden – und zudem auch nicht einheitlichen – Schutzkonzept unterworfen (*Deinert* RdA 2017, 69, der rechtspolitischen Handlungsbedarf sieht)

und die Anwendung arbeitsrechtlicher Schutzbestimmungen lediglich punktuell angeordnet (s. iE Rdn 46 ff.); dies etwa in § 5 ArbGG, § 2 Abs. 2 Nr. 3 ArbSchG, § 2 BUrlG, § 6 Abs. 1 Nr. 3 AGG (s. dazu *Benecke* AuR 2007, 232; *Däubler* AiB 2007, 99, *Giesler/Güntzel* ZIP 2008, 11; *Martina* NZA 2021, 616, 618), § 12a TVG (s. Rdn 7, 8) und § 7 Abs. 1 und 2 S. 2 PflegeZG. Darüber hinaus beziehen weitere Gesetze einzelne Gruppen arbeitnehmerähnlicher Personen in ihren Schutz ein, und zwar insbes. die in Heimarbeit Beschäftigten (dazu s. KR-*Kreutzberg-Kowalczyk* §§ 29, 29a HAG Rdn 69 ff.), aber auch die arbeitnehmerähnlichen Handelsvertreter (vgl. § 8 ArbPlSchG). Für diese Gruppen bestehen ohnehin Sonderregelungen im HAG und in einzelnen Bestimmungen des HGB. Mit der seit dem 1.1.2018 geltenden Neufassung des MuSchG (Gesetz zum Schutz von Müttern bei der Arbeit, in der Ausbildung und im Studium, BGBl. I S. 1228) sind Frauen, die wegen ihrer wirtschaftlichen Unselbstständigkeit als arbeitnehmerähnliche Person anzusehen sind, kraft ausdrücklicher Regelung dem MuSchG unterstellt (§ 1 Abs. 2 Nr. 7 MuSchG nF).

Im Übrigen bestimmen sich die Rechtsverhältnisse arbeitnehmerähnlicher Personen grundsätzlich nach den für den jeweils zugrundeliegenden **Vertragstypus geltenden Vorschriften**, also den Bestimmungen über den Dienstvertrag (§§ 611 ff. BGB), den Werkvertrag (§§ 631 ff. BGB) oder den Werklieferungsvertrag (§ 650 BGB). Allerdings stellt sich die Frage, inwieweit die vergleichbare soziale Lage eine entsprechende Anwendung dieser arbeitsrechtlichen Bestimmungen erfordert und rechtfertigt (vgl. *Däubler* ZIAS 2000, 331; *Hromadka* NZA 1997, 1254 ff.; *ders.* FS Söllner, S. 475; *Oetker* FS ArbG Rheinland-Pfalz, S. 311; *Rost* NZA 1999, 119 ff.; *Schubert* S. 86, 87 und S. 257 ff.; *v. Einem* BB 1994, 60, 62; *Wank* Arbeitnehmer u. Selbständige, S. 245 ff.; krit. zur analogen Anwendung *Neuvians* S. 171, die stattdessen im Anschluss an *Wank* – s. Rdn 17 – für einen erweiterten Arbeitnehmerbegriff plädiert – s. dagegen *Griebeling* AuR 2003, 461; s.a. Rdn 72 ff. u. KR-*Kreutzberg-Kowalczyk* §§ 29, 29a HAG Rdn 69 ff.). 43

Soweit gem. § 221 SGB IX (§ 138 SGB IX aF und zuvor § 54b SchwbG aF; s.a. Rdn 6) **behinderte Menschen im Arbeitsbereich anerkannter Werkstätten** zu diesen in einem arbeitnehmerähnlichen Rechtsverhältnis stehen, wenn sie nicht Arbeitnehmer sind oder sich aus dem zugrunde liegenden Sozialversicherungsverhältnis etwas anderes ergibt, gelten für sie die für arbeitnehmerähnliche Personen allgemein maßgeblichen Bestimmungen an sich entsprechend (*Gröninger/Thomas* § 54b Rn 10, 11; ErfK-*Preis* § 611a BGB Rn 180). Anwendbar ist also § 2 Abs. 2 BUrlG. Hingegen stellt § 12a TVG besondere Anforderungen an den erfassten Personenkreis, die hier nicht in Betracht kommen dürften (so auch *Gröninger/Thomas* § 54b Rn 6). § 2 Abs. 1 Nr. 10 ArbGG eröffnet ausdrücklich den Weg zu den Arbeitsgerichten (s. dazu *Pünnel* AuR 1996, 483; *Gröninger/Thomas* § 54b Rn 10). Allerdings finden nur für Arbeitnehmer geltende Vorschriften keine unmittelbare Anwendung. Die entsprechende Anwendung kann aber in dem nach § 221 Abs. 3 SGB IX (§ 138 Abs. 3 SGB IX aF) vertraglich näher zu regelnden Inhalt des arbeitnehmerähnlichen Rechtsverhältnisses festgelegt werden (s. dazu auch die Gesetzesbegründung zu § 54b SchwbG aF BT-Drucks. 13/3904 S. 48; *Gröninger/Thomas* § 54b Rn 11 ff.). 44

Nach § 221 Abs. 6 SGB IX (§ 138 Abs. 8 SGB IX aF) kann der von einem volljährigen geschäftsunfähigen behinderten Menschen abgeschlossene Werkstattvertrag (s. dazu Abs. 5) nur unter den Voraussetzungen für gelöst erklärt werden, unter denen ein wirksamer Vertrag gekündigt werden kann. Nach Abs. 7 bedarf die **Lösungserklärung** – dazu gehört auch die Kündigung (*BAG* 17.3.2015 – 9 AZR 994/13, Rn 32 ff.) – durch den Träger einer Werkstatt der **schriftlichen Form** und ist zu **begründen**. Diese qualifizierte Schriftform ist **Wirksamkeitsvoraussetzung** (*BAG* 17.3.2015 – 9 AZR 994/13, Rn 31, 44; ErfK-*Preis* § 611a BGB Rn 180; aA *Rost* KR 11. Aufl., ArbNähnl. Pers. Rn 48; *Neumann/Pahlen/Majerski-Pahlen* § 138 SGB IX Rn 34a). 45

2. Die Anwendung von Kündigungsschutzbestimmungen

Die Ausführungen unter Rdn 42 zeigen, dass auch die besonderen arbeitsrechtlichen Bestimmungen über die **Beendigung** von Arbeitsverhältnissen keine Anwendung finden auf die Beendigung der Rechtsverhältnisse arbeitnehmerähnlicher Personen. Sie richtet sich grds. nach den jeweils 46 einschlägigen Bestimmungen des BGB. Eine Ausnahme gilt für den Sonderkündigungsschutz nach § 5 PflegeZG (s. dazu iE Rdn 53 sowie die Erl. zu §§ 5, 6 PflegeZG) und – seit dem 1.1.2018 – nach § 17 MuSchG nF (s. dazu Rdn 55). Zudem wird ein besonderer Kündigungsschutz teilweise über Tarifverträge gewährt (dazu *BAG* 20.9.2016 – 9 AZR 525/15).

a) Unanwendbare Bestimmungen

47 Das **KSchG** (zum pers. Geltungsbereich *BAG* 20.1.2004 – 9 AZR 291/02, zu B I 3 a der Gründe; HK-*Dorndorf* § 1 Rn 22; *v. Hoyningen-Huene/Linck* § 1 Rn 76; DDZ-*Deinert* § 1 KSchG Rn 14; vgl. KR-*Rachor* § 1 KSchG Rdn 46 ff.) setzt in seinem § 1 Abs. 1 voraus, dass es sich um die Kündigung eines Arbeitsverhältnisses gegenüber einem Arbeitnehmer handelt. Eine gewisse Ausnahme gilt für in Heimarbeit Beschäftigte, die Mitglied eines Betriebsverfassungsorgans sind. Insoweit übernimmt § 29a HAG den Schutz des § 15 KSchG (s. *BAG* 20.1.2004 – 9 AZR 291/02, zu B I 3 b der Gründe, lässt offen, ob § 15 KSchG auf arbeitnehmerähnliche Personen anwendbar ist, die Mitglied einer Personenvertretung sind/waren); zur Gewährung eines Mindestschutzes über §§ 138, 242 BGB s. aber Rdn 72 u. KR-*Kreutzberg-Kowalczyk* §§ 29, 29a HAG Rdn 70.

48 Unanwendbar sind auch die **Kündigungsschutzbestimmungen der einzelnen Sondergesetze** für schutzbedürftige Personen; §§ 168 SGB IX nF (§§ 85 ff. SGB IX aF, dazu *Neumann/Pahlen/Majerwski-Pahlen* § 85 Rn 26 mwN; Bader/Bram-*Klug* § 13 KSchG Rn 136; ErfK-*Rolfs* § 168 SGB IX Rn 3; *LAG Düsseld.* 11.11.2013 – 9 Sa 469/13; *LAG BW* 26.1.2009 – 9 Sa 60/08; *Hess. LAG* 20.6.2008 – 3 Ta 131/08), § 2 ArbPlSchG. Ausnahmen gelten wiederum für die in Heimarbeit Beschäftigten, auf deren Rechtsverhältnisse diese Regelungen kraft ausdrücklicher Verweisung Anwendung finden (s. KR-*Kreutzberg-Kowalczyk* §§ 29, 29a HAG Rdn 78 ff.) und teilweise auch für die arbeitnehmerähnlichen Handelsvertreter (s. Rdn 118 ff.). Allerdings ist zu beachten, dass die nationalen Gerichte nach der **Rechtsprechung des EuGH** (9.3.2017 – C-406/15 [Milkova]) stets zu prüfen haben, ob der Ausschluss von Menschen mit Behinderung vom besonderen Kündigungsschutz einen Verstoß gegen die Art. 7 Abs. 2 der RL 2000/78/EG des Rates vom 27.11.2000 im Lichte der UN-BRK iVm dem allgemeinen Gleichbehandlungsgrundsatz (Art. 20 und 21 GRC) darstellt. Ggf. sei eine Erweiterung des Anwendungsbereichs der nationalen Vorschriften erforderlich. Diese Entscheidung des EuGH betraf zwar das Verhältnis zwischen Arbeitnehmern und Beamten. Gleichwohl dürfte danach ein kategorischer Ausschluss bestimmter Beschäftigtengruppen aus dem Sonderkündigungsschutz nicht mehr in Betracht kommen (ebenso Bader/Bram-*Klug* § 13 KSchG Rn 136; s.a. *Schmitt* BB 2017, 2295).

49 § 622 BGB, der die besonderen **Kündigungsfristen** für Arbeitsverhältnisse regelt, ist ebenfalls nicht anwendbar (*BAG* 11.6.2020 – 2 AZR 374/19, Rn 42; s. zur Frage einer analogen Anwendung Rdn 72 ff.). Auch insoweit unterliegen die in Heimarbeit Beschäftigten einer Sonderregelung in § 29 HAG, welche weitgehend an § 622 BGB angelehnt ist.

50 Nicht anwendbar ist nach *BAG* (14.12.2004 – 9 AZR 23/04) **das Maßregelungsverbot des § 612a BGB** (aA für eine entspr. Anwendung KR-*Treber/Schlünder* § 612a BGB Rdn 7; ErfK-*Preis* § 612a Rn 4; MüKo-BGB/*Müller-Glöge* § 612a Rn 4). Das *BAG* beurteilt allerdings eine **Kündigung als sittenwidrig** gem. § 138 BGB, wenn sie allein deswegen erfolgt, weil eine arbeitnehmerähnliche Person ihr zustehende Ansprüche geltend macht (s. iE *BAG* 14.12.2004 – 9 AZR 23/04, zu B II 1 der Gründe).

51 **Keine Anwendung** finden – abgesehen von den Sonderregelungen für Heimarbeiter (s. KR-*Kreutzberg-Kowalczyk* §§ 29, 29a HAG Rdn 38) – **§§ 102, 103 BetrVG**. Arbeitnehmerähnliche Personen unterliegen nicht dem BetrVG (s. dazu und über die Möglichkeiten einer entsprechenden Anwendung der für die Heimarbeiter geltenden Bestimmungen *Rost* NZA 1999, 119). Etwas anderes folgt auch nicht aus der ausdrücklichen Erwähnung der Telearbeit im § 5 Abs. 1 BetrVG. Sie betrifft nur Arbeitnehmer in Telearbeit, nicht aber arbeitnehmerähnliche Personen (zu den unterschiedlichen Gestaltungsmöglichkeiten s. Rdn 5). Zur Anwendung der Bestimmungen des LPersVG Rheinland-Pfalz s. § 112 LPersVG (dazu s. *BAG* 20.1.2004 – 9 AZR 291/02).

Unanwendbar ist auch § 613a BGB. Gem. § 613a Abs. 4 BGB ist die wegen eines Betriebsübergangs 52 durch den bisherigen Arbeitgeber oder durch den neuen Betriebsinhaber ausgesprochene Kündigung eines Arbeitsverhältnisses eines Arbeitnehmers unwirksam. Die arbeitnehmerähnliche Person steht nicht in einem Arbeitsverhältnis. Eine direkte Anwendung scheidet schon deshalb aus. Die entsprechende Anwendung ist angesichts des eindeutigen Wortlauts nicht gerechtfertigt. Die arbeitnehmerähnliche Person genießt auch sonst keinen dem Arbeitnehmer vergleichbaren Kündigungsschutz. Die durch § 613a BGB bewirkte Überleitung der Haftung ist lediglich die Folge des Übergangs des Arbeitsverhältnisses und nicht einer bestimmten Haftungsmasse wie etwa bei dem früheren § 419 BGB oder § 25 HGB. Soweit für arbeitnehmerähnliche Personen das BetrVG Anwendung findet – nämlich für Heimarbeiter –, kann das gleichfalls nicht zu anderen Ergebnissen führen (s. *Kreutzberg-Kowalczyk* §§ 29, 29a HAG Rdn 83). § 613a BGB findet mithin auch **keine entsprechende** Anwendung auf arbeitnehmerähnliche Personen (*BAG* 3.7.1980 – 3 AZR 1077/78; 24.3.1998 – 9 AZR 218/97; 13.3.2003 – 8 AZR 59/02; *Heinze* DB 1980, 205, 210; *Lepke* BB 1979, 526, 530; *Schwerdtner* FS für Gerhard Müller, S. 562; ErfK-*Preis* § 613a BGB Rn 67; *Palandt/Weidenkaff* § 613a Rn 5; Staudinger/*Annuß* § 613a Rn 31; MüKo-BGB/*Müller-Glöge* § 613a Rn 80; **aA** KR-*Treber/Schlünder* § 613a BGB Rdn 9 – jedenfalls für Heimarbeiter; DDZ-*Zwanziger* § 613a Rn 19; *Gaul* BB 1979, 1666, 1668; *Tiefenbach* AR-Blattei SD 120 Rn 33 ff.; s.a. KR-*Kreutzberg-Kowalczyk* §§ 29, 29a HAG Rdn 83).

b) Anwendbare Bestimmungen

Arbeitnehmerähnliche Personen genießen den **Sonderkündigungsschutz nach § 5 PflegeZG** (s. 53 iE KR-*Treber/Waskow* PflegeZG Rdn 18). Gem. § 7 Abs. 1 Nr. 3 PflegeZG sind Beschäftigte iSd Gesetzes auch arbeitnehmerähnliche Personen einschließlich der Heimarbeiter und ihnen Gleichgestellte (als überraschend und systematisch verfehlt sehen dies an *Preis/Nehring* NZA 2008, 729, 730, 736; als »spektakulär« *Freihube/Sasse* DB 2008, 1320, 1322; als »gesetzessystematisch zweifelhaft« *Linck* BB 2008, 2738; s. weiter *Müller* BB 2008, 158). Immerhin waren schon bisher die in Heimarbeit Beschäftigten in den Sonderkündigungsschutz des MuSchG, des BEEG, des SGB IX und des ArbPlSchG einbezogen (s. KR-*Kreutzberg-Kowalczyk* §§ 29, 29a HAG Rdn 73 ff.). Allerdings sind hier erstmals alle arbeitnehmerähnlichen Personen kündigungsschutzrechtlich partiell den Arbeitnehmern in vollem Umfang gleichgestellt. Dieser Sonderkündigungsschutz gilt nach § 2 Abs. 3 FPfZG auch für die Inanspruchnahme von **Familienpflegezeit** (s. KR-*Treber/Waskow* FPfZG Rdn 9).

Eine Beschränkung des Anwendungsbereichs nur auf solche arbeitnehmerähnliche Personen, die 54 ihre Leistung persönlich erbringen – was ohnehin nur für in Heimarbeit Beschäftigte und ihnen Gleichgestellte Bedeutung hätte, da nach §§ 1, 2 HAG in gewissem Umfang dritte Personen eingesetzt werden können, während die allgemeine Definition der arbeitnehmerähnlichen Person die persönliche Dienstleistung voraussetzt –, ist dem Gesetz angesichts des klaren Wortlauts nicht zu entnehmen (*Preis/Nehring* NZA 2008, 732 gegen *Müller* BB 2008, 1058). Ob der Gesetzeszweck – nämlich die wirtschaftliche Existenz der Arbeitnehmerähnlichen durch eine notwendige Pflege nicht zu gefährden (vgl. Gesetzesbegründung BR-Drs. 718/07 S. 225) – erreicht werden kann, erscheint fraglich. Die arbeitnehmerähnliche Person wird idR aufgrund wechselnder Aufträge beschäftigt. Während der Pflegezeit wird eine Vergütung nicht gezahlt. Nach Beendigung des Sonderkündigungsschutzes ist ein unbefristetes Vertragsverhältnis ohnehin frei kündbar mit idR kurzen Fristen (vgl. *Preis/Nehring* NZA 2008, 722; *Freihube/Sasse* DB 2008, 1322). Da der Sonderkündigungsschutz bereits mit Ankündigung der Verhinderung bzw. der Pflegezeit beginnt, besteht die Gefahr, dass er schon vor der Freistellung unterlaufen wird, indem der Auftraggeber die Vergabe absenkt. Zu erwägen bleibt hier ein auf §§ 138, 242 BGB gestützter Anspruch, wenn man mit dem *BAG* (14.12.2004 – 9 AZR 23/04) davon ausgeht, dass § 612a BGB arbeitnehmerähnliche Personen nicht erfasst (s. näher KR-*Kreutzberg-Kowalczyk* §§ 29, 29a HAG Rdn 77).

Mit der der seit dem **1.1.2018 geltenden Neufassung des MuSchG** (Gesetz zum Schutz von Müt- 55 tern bei der Arbeit, in der Ausbildung und im Studium, BGBl. I S. 1228) sind Frauen, die wegen ihrer wirtschaftlichen Unselbstständigkeit als arbeitnehmerähnliche Person anzusehen sind, kraft ausdrücklicher Regelung dem MuSchG unterstellt (§ 1 Abs. 2 Nr. 7 MuSchG nF). Sie genießen damit den **besonderen Kündigungsschutz des § 17 MuSchG nF** (§ 9 MuSchG aF).

56 Schließlich gelten arbeitnehmerähnliche Personen gem. **§ 6 Abs. 1 Nr. 3 AGG** als Beschäftigte iS dieses Gesetzes. Sie genießen also denselben **Schutz vor Benachteiligungen iSd § 1 AGG** wie Arbeitnehmer. Gemäß § 2 Abs. 4 AGG gelten allerdings für **Kündigungen** ausschließlich die Bestimmungen des allgemeinen und besonderen Kündigungsschutzes (s. dazu KR-*Treber/Plum* § 2 AGG Rdn 4 ff. sowie § 6 AGG Rdn 7). Daher kann die Kündigung einer arbeitnehmerähnlichen Person mangels Anwendbarkeit des KSchG (s. Rdn 47) wegen Verstoßes gegen ein Diskriminierungsverbot nur gem. § 134 BGB iVm § 7 Abs. 1, §§ 1, 3 AGG unwirksam sein (vgl. *BAG* 23.7.2015 – 6 AZR 457/14, Rn 22 ff.; 18.12.2013 – 6 AZR 190/12, Rn 14 ff.; s. dazu auch KR-*Kreutzberg-Kowalczyk* §§ 29, 29a HAG Rdn 70; zu diskriminierenden Kündigungen außerhalb des KSchG vgl. *Günther/Frey* NZA 2014, 584).

IV. Beendigung der Rechtsverhältnisse arbeitnehmerähnlicher Personen, denen ein Dienstvertrag zugrunde liegt

1. Aufhebungsvertrag

57 Keine Besonderheiten gelten für die Beendigung des arbeitnehmerähnlichen Rechtsverhältnisses durch **Aufhebungsvertrag**. Wie das Arbeitsverhältnis kann auch das Dienstverhältnis des freien Mitarbeiters jederzeit einverständlich beendet werden. **Keine Anwendung findet allerdings § 623 BGB**, der nur Arbeitsverhältnisse erfasst (s. KR-*Kreutzberg-Kowalczyk* §§ 29, 29a HAG Rdn 23).

2. Befristeter Dienstvertrag

a) Zeitlich bestimmte Befristung

58 Ist das **Dienstverhältnis befristet**, endet es mit dem Ablauf der Zeit, für die es eingegangen ist (§ 620 Abs. 1 BGB). Einer Kündigung bedarf es nicht. Insoweit gilt für das Arbeitsverhältnis nichts anders. Für Arbeitsverträge, die auf bestimmte Zeit abgeschlossen wurden, gilt das TzBfG, § 620 Abs. 3 BGB (s. dazu iE die Erl. zum TzBfG). Das TzBfG hat die frühere Rechtsprechung abgelöst, wonach die Befristung – und zwar schon die einmalige, auf jeden Fall aber die mehrmalige – grds. nur zulässig war, wenn für sie ein sachlicher Grund bestand (grundlegend *BAG* 12.10.1960 – GS 1/59; vgl. iE KR-*Lipke/Schlünder* § 620 BGB Rdn 69, 90 ff.; s.a. KR-*Kreutzberg-Kowalczyk* §§ 29, 29a HAG Rdn 92 ff.). Auf diese Weise sollte insb. die Umgehung des Kündigungsschutzes verhindert werden. Mit der gesetzlichen Neuregelung des Befristungsrechts hat der Gesetzgeber die richterrechtliche Ankoppelung der Befristungskontrolle an das KSchG abgelöst und einen Paradigmenwechsel eingeleitet (*BAG* 6.11.2003 – 2 AZR 690/02, zu B I 2 a der Gründe, dazu Anm. *Maschmann* AP § 14 TzBfG Nr. 7 m.).

59 Auf arbeitnehmerähnliche Personen **findet das TzBfG keine Anwendung** (*BAG* 15.11.2005 – 9 AZR 626/04, Rn 30; Staudinger/*Preis* § 620 BGB Rn 7; vgl. für Heimarbeiter *BAG* 24.8.2016 – 7 AZR 625/15, Rn 37 ff. insbes. unter Berücksichtigung unionsrechtlicher Vorgaben; dazu auch 21.11.2017 – 9 AZR 117/17, Rn 45 ff.). Mangels eines entsprechenden Kündigungsschutzes fehlt es an sich an einem vergleichbaren Ansatzpunkt für die Übertragung der von der Rechtsprechung entwickelten Gedanken auf die Rechtsverhältnisse arbeitnehmerähnlicher Personen. Man wird demnach die wiederholte Befristung von Dienstverträgen in Folge als zulässig ansehen müssen (s. auch *BAG* 20.1.2004 – 9 AZR 291/02). Allerdings ist der Dienstberechtigte unter gewissen Voraussetzungen in solchen Fällen zur Einhaltung einer sog. **Ankündigungsfrist** verpflichtet, wenn er weitere befristete Aufträge nicht mehr erteilen will (s. dazu Rdn 65 ff.).

b) Befristung nach der Beschaffenheit oder dem Zweck der Dienste

60 Ist das Dienstverhältnis nicht zeitlich bestimmt befristet, so kann sich eine Dauer doch aus der **Beschaffenheit oder dem Zweck des Dienstes** ergeben (§ 620 Abs. 2 BGB). Es handelt sich dann

gleichfalls um einen befristeten Vertrag, der ohne Kündigung mit Zweckerreichung endet und insoweit dem zeitlich befristeten Vertrag gleichsteht. Als Beispiele mögen genannt sein etwa die Anstellung für die Dauer einer Messe, für die Dauer einer bestimmten Auktion, der Aufrechterhaltung einer Baustelle, als Aushilfe für einen erkrankten Mitarbeiter (vgl. Staudinger/*Preis* § 620 BGB Rn 24 ff.; KR-*Bader/Kreutzberg-Kowalczyk* § 3 TzBfG Rdn 21 ff.).

Erforderlich ist, dass die besondere Beschaffenheit oder Zweckbestimmung der Dienstleistung zum **Vertragsbestandteil** gemacht worden ist. Beide Partner müssen sich einig sein, dass die Beschäftigung zB nur bis zur Genesung der erkrankten Stammbesetzung währen soll. Geht nur einer von dieser besonderen Zweckbestimmung aus, bleibt sie unverbindlich; es kommt dann ein unbefristeter Dienstvertrag zustande, der zu seiner Beendigung einer Kündigung bedarf (vgl. KR-*Bader/Kreutzberg-Kowalczyk* § 3 TzBfG Rdn 25 ff.; Staudinger/*Preis* § 620 BGB Rn 25). 61

Die Zweckerreichung muss ferner **eindeutig und objektiv bestimmbar sein**. Das ergibt sich schon aus allgemeinen Rechtsgrundsätzen. Fehlt es an der Bestimmbarkeit, scheidet eine Anwendung des § 620 Abs. 2 BGB auch nach seinem Wortlaut aus, da die Dauer dann eben nicht aus der Beschaffenheit oder dem Zweck der Dienste zu entnehmen ist (s. KR-*Bader/Kreutzberg-Kowalczyk* § 3 TzBfG Rdn 25 ff.; Staudinger/*Preis* § 620 BGB Rn 25). 62

Ein weiterer – von dem zweckabhängigen Dienstverhältnis nicht immer scharf zu trennender – Unterfall des zeitlich befristeten Arbeitsverhältnisses ist das Dienstverhältnis unter einer **auflösenden Bedingung** (§ 158 BGB), eines Ereignisses also, welches nicht ohne weiteres in der Dienstleistung selbst seinen Ursprung haben muss (vgl. KR-*Lipke/Bubach* § 21 TzBfG Rdn 1 ff., 9 ff.). Das Dienstverhältnis endet mit Bedingungseintritt ohne Kündigung (§ 158 Abs. 2 BGB). Zu denken ist etwa an die Beschäftigung eines arbeitnehmerähnlichen Mitarbeiters für die Zeit, bis er eine andere Beschäftigung gefunden hat. 63

Auch hier gilt, dass die Bedingung **Vertragsinhalt** geworden sein muss und nicht lediglich ein stillschweigender Vorbehalt einer Partei gewesen sein darf; andernfalls kommt ein unbefristetes Dienstverhältnis zustande. 64

c) **Rechtzeitige Ankündigung der Beendigung**

Die Zweckerreichung oder der Eintritt der auflösenden Bedingung ist unter Umständen **allein dem Dienstberechtigten ersichtlich**. In solchen Fällen gebietet es die sich aus § 241 Abs. 2 BGB ergebende Rücksichtnahmepflicht, dass der Dienstherr angemessene Zeit vorher **auf das bevorstehende Ende der Vertragsbeziehungen aufmerksam macht** (vgl. *BAG* 8.6.1967 – 5 AZR 461/66; für Arbeitsverhältnisse *BAG* 26.3.1986 – 7 AZR 599/84; 12.6.1987 – 7 AZR 8/86). Unterlässt der Dienstherr eine solche Ankündigung innerhalb angemessener Zeit, kann das **Schadensersatzansprüche** des Beschäftigten gemäß § 280 Abs. 1 S. 1 BGB begründen. Der durch Nichteinhaltung der Ankündigungsfrist herbeigeführten Schaden (»hierdurch entstehenden Schaden«) folgt daraus, dass der Beschäftigte sich nicht rechtzeitig auf die Beendigung hat einstellen können. Regelmäßig wird dies entgangener Gewinn (§ 252 BGB) aus einer nicht mehr möglichen anderweitigen Verwertung seiner Arbeitskraft sein, wobei die Obergrenze regelmäßig die Vergütung für die Dauer der Kündigungsfrist darstellt (s. zur Schadensberechnung und der Darlegungs- und Beweiserleichterung des § 252 S. 2 BGB *BAG* 21.4.2016 – 8 AZR 753/14, Rn 44 ff.). 65

Gleiches kann im Einzelfall für die Einstellung der Vergabe von Folgeaufträgen gelten, wenn über einen langen Zeitraum hinweg Einzelaufträge erteilt worden sind und dadurch eine **Dauerrechtsbeziehung** entstanden ist (*BAG* 8.6.1967 – 5 AZR 461/66; bestätigt in: *BAG* 7.1.1971 – 5 AZR 221/70, m. Anm. *Gerhardt* in AP Nr. 8 zu § 611 BGB Abhängigkeit; vgl. auch *BAG* 14.2.1974 – 5 AZR 298/73; zust. etwa *Falkenberg* DB 1969, 1413; *Kunze* UFITA 74, 27; *Wlotzke* DB 1974, 2258, 2259; krit. zur Begr. *Lieb* RdA 1974, 265, 266 – Dauerverbindung mit gewissen Rechtswirkungen). Ein einheitliches Vertragsverhältnis kann durch übereinstimmendes schlüssiges Verhalten begründet werden, wenn die Parteien über einen rechtlich erheblichen Zeitraum einvernehmlich 66

Dienstleistung und Vergütung ausgetauscht haben (*BAG* 1.12.2020 – 9 AZR 102/20, Rn 53 mwN; vgl. auch *Schnorr* Anm. zu *BAG* 8.6.1967 AP Nr. 6 zu § 611 BGB Abhängigkeit; s.a. *BAG* 22.4.1998 – 5 AZR 770/98; 20.1.2004 – 9 AZR 291/02). Dann kann das Vertragsverhältnis nur unter Einhaltung der der Kündigungsfrist des § 621 BGB gekündigt werden. Ansonsten könnte unter dem Gesichtspunkt des Vertrauensschutzes die Einhaltung einer Mindestankündigungsfrist zum Schutz vor einer abrupten Entziehung der wirtschaftlichen Existenzgrundlage geboten sein.

67 Nach *BAG* (20.1.2004 – 9 AZR 291/02) können **die Tarifvertragsparteien** die Rechtsverhältnisse arbeitnehmerähnlicher Personen abweichend von § 620 BGB dahin regeln, dass eine Beendigung durch Zugang einer **Beendigungsmitteilung** bewirkt wird. Es entsteht dann über die einzelne Auftragsvergabe hinaus nach Auffassung des BAG ein Dauerrechtsverhältnis eigener Art. Die Beendigungsmitteilung ist **keine Kündigung**, so dass Bestandsschutzvorschriften, die vor einer Kündigung schützen sollen, keine Anwendung finden. Dem ist zuzustimmen für den vom BAG angenommenen Fall, dass ohne die tarifliche Regelung zwischen den Parteien jeweils nur auf die jeweiligen Einsatz bezogene befristete Rechtsverhältnisse entstanden wären, die arbeitnehmerähnliche Person nicht mit dauernden Einsätzen rechnen konnte und hierauf auch keinen Rechtsanspruch hatte (s.a. *BAG* 19.10.2004 – 9 AZR 411/03).

3. Unbefristete Dienstverhältnisse

68 Ist das Dienstverhältnis des arbeitnehmerähnlichen Mitarbeiters weder kalendermäßig noch zweckbestimmt befristet, so kann jeder Teil grds. nach Maßgabe des § 621 BGB **kündigen** (§ 620 Abs. 2 BGB). Eine unmittelbare Anwendung des § 622 BGB, auf den § 620 Abs. 2 BGB gleichfalls Bezug nimmt, scheidet aus (s.a. Rdn 49; für eine entsprechende Anwendung aber KR-*Rost* 11. Aufl., ArbNähnl. Pers. Rn 70 ff.). Die Kündigung bedarf keiner Form. § 623 BGB ist nur auf Arbeitsverträge anwendbar (vgl. auch KR-*Kreutzberg-Kowalczyk* §§ 29, 29a HAG Rdn 23, s. aber auch Rdn 45).

69 § 621 BGB sieht die Einhaltung von **Kündigungsfristen** vor. Die Fristen sind in Nr. 1–4 gestaffelt nach Zeitabschnitten, nach denen die **Vergütung** bemessen ist: An jedem Tag für den Ablauf des folgenden Tages, wenn die Vergütung nach Tagen bemessen ist (§ 621 Nr. 1 BGB); spätestens am ersten Werktag einer Woche für den Ablauf des folgenden Sonnabends, wenn die Vergütung nach Wochen bemessen ist (§ 621 Nr. 2 BGB); spätestens am 15. eines Monats für den Schluss des Kalendermonats, wenn die Vergütung nach Monaten bemessen ist (§ 621 Nr. 3 BGB); unter Einhaltung einer Frist von sechs Wochen für den Schluss eines Kalendervierteljahres, wenn die Vergütung nach Vierteljahren oder längeren Zeitabschnitten bemessen ist (§ 621 Nr. 4 BGB).

70 Das Gesetz knüpft damit die Länge der Kündigungsfrist an die Länge der vereinbarten Entlohnungsperioden, da dies dem mutmaßlichen Parteiwillen entspricht (Bader/Bram-*Bader* § 621 BGB Rn 23). Maßgeblich ist allein die vereinbarungsgemäße **Bemessung der Vergütung** und nicht die tatsächliche Zahlungsweise (Bader/Bram-*Bader* § 621 BGB Rn 23; MüKo-BGB/*Schwerdtner* § 621 Rn 11; Staudinger/*Preis* § 621 BGB Rn 19). Die Fristen gelten für **beide** Vertragspartner. Wird die Vergütung nicht nach Zeitabschnitten bemessen, kann das Dienstverhältnis jederzeit gekündigt werden, ohne dass es der Einhaltung einer Frist bedarf (§ 621 Nr. 5 1. Hs. BGB). Dies gilt jedoch dann nicht, wenn es sich um ein Dienstverhältnis handelt, welches die Erwerbstätigkeit des Dienstverpflichteten **vollständig oder hauptsächlich** in Anspruch nimmt (§ 621 Nr. 5 2. Hs. BGB). Dann ist eine Kündigungsfrist von zwei Wochen einzuhalten. Umstritten ist, ob die Erwerbstätigkeit des Dienstverpflichteten vollständig oder hauptsächlich in Anspruch genommen wird, wenn er im Rahmen des betreffenden Dienstverhältnisses mehr als die Hälfte der üblichen Arbeitszeit ableistet (so etwa Bader/Bram-*Bader* § 621 BGB Rn 34) oder wenn er mehr als die Hälfte seiner individuellen Arbeitszeit für dieses Dienstverhältnis aufwendet (Staudinger/*Preis* § 621 BGB Rn 28; ErfK-*Müller-Glöge* § 621 BGB Rn 11). Die Vorschrift ist von Bedeutung für die aufgrund eines Dienstvertrages tätig werdenden arbeitnehmerähnlichen Personen. Das dort verwendete Abgrenzungskriterium der vollständig oder hauptsächlich in Anspruch genommenen Erwerbstätigkeit berührt

sich mit dem zur Begriffsbestimmung der arbeitnehmerähnlichen Person gehörenden Merkmal der wirtschaftlichen Abhängigkeit. Wirtschaftliche Abhängigkeit ist regelmäßig verbunden mit der Beschränkung im Wesentlichen auf ein Dienstverhältnis (s. Rdn 31). § 621 Nr. 5 BGB ist also an sich einschlägig für eine Reihe arbeitnehmerähnlicher Mitarbeiter, deren Vergütung nicht in Zeitabschnitten bemessen, sondern in einmaliger Höhe oder nach Stückgelten festgesetzt oder etwa als Provision berechnet wird.

Die Bestimmungen der §§ 620, 621 BGB bieten den aufgrund eines Dienstvertrages tätig werdenden arbeitnehmerähnlichen Personen einen gewissen Schutz gegen eine unvermittelte Beendigung ihres Dienstverhältnisses. Sie gelten jedoch für den Dienstvertrag allgemein, also auch für Dienstverpflichtete, die weder wirtschaftlich abhängig noch einem Arbeitnehmer vergleichbar schutzbedürftig sind. Es fragt sich daher, ob und in welcher Weise den arbeitnehmerähnlichen Personen ein Beendigungsschutz gewährt werden kann, der ihrer dem Arbeitnehmer vergleichbaren Stellung besser Rechnung trägt (s.a. *Collardin* S. 31; *Däubler* ZIAS 2000, 330; *ders.* AuR 2005, 3; *ders.* AuR 2010, 144 – gravierende Schutzdefizite; *Hromadka* NZA 1997, 1255, 1256; *ders.* FS Söllner, S. 475; *Oetker* FS ArbG Rheinland-Pfalz, S. 326; *Pfarr* FS Kehrmann, S. 88). 71

Der Gesetzgeber hat den über die §§ 620, 621 BGB sowie über §§ 138, 242 BGB vermittelten und nach Art. 12 Abs. 1 GG auch gebotenen **Mindestkündigungsschutz** (*BVerfG* 27.1.1998 – 1 BvL 15/87, m. Anm. *Dieterich* in AR-Blattei ES 830 Nr. 18; s. dazu a. BAG 24.3.1998 – 9 AZR 218/97; 21.2.2001 – 2 AZR 15/00; DDZ-*Däubler* HAG Anh. Rn 8 ff; *Däubler* ZIAS 2000, 331; *ders.* AuR 2005, 3; *Mikosch* FS Löwisch S. 197; *Oetker* FS ArbG Rheinland-Pfalz S. 325 ff.; s. zu einzelnen Fallgestaltungen KR-*Treber/Rennpferdt* § 13 KSchG Rdn 50 ff.; KR-*Kreutzberg-Kowalczyk* §§ 29, 29a HAG Rdn 70) in verschiedenen gesetzlichen Regelungen für arbeitnehmerähnliche Personen oder zumindest für bestimmte als besonders schutzwürdig angesehene Teilgruppen der arbeitnehmerähnlichen Personen erweitert und damit **lediglich punktuell einen dem Bestandsschutz von Arbeitnehmern vergleichbaren Schutz geschaffen** (s. iE dazu Rdn 53 ff. sowie KR-*Kreutzberg-Kowalczyk* §§ 29, 29a HAG Rdn 77). Einen hinsichtlich der Kündigungsfristen dem Arbeitnehmer vergleichbaren Schutz genießt der in Heimarbeit Beschäftigte, der zu den arbeitnehmerähnlichen Personen zählt. Der durch das HAÄndG neu gefasste **§ 29 HAG** trifft eine an § 622 BGB angelehnte Regelung, wonach das Heimarbeitsverhältnis als Dauerrechtsverhältnis verstanden wird und nur unter Wahrung entsprechender Kündigungsfristen gekündigt werden kann (s. KR-*Kreutzberg-Kowalczyk* §§ 29, 29a HAG Rdn 24 ff.). Nur unter Einhaltung einer Kündigungsfrist beendet werden kann auch das Vertragsverhältnis der arbeitnehmerähnlichen Handelsvertreter (**§ 89 HGB**; s. Rdn 107 ff.). Die allgemeinen Regeln für die Beendigung des Dienstverhältnisses enthalten in § 621 Nr. 5 BGB eine gerade für die Rechtsverhältnisse arbeitnehmerähnlicher Personen – aber eben nicht für alle und nicht nur für diese – einschlägige Bestimmung, welche die Einhaltung einer früher dem Arbeitsverhältnis eines Arbeiters entsprechenden Kündigungsfrist fordert (s. Rdn 70). 72

Eine Einbeziehung der arbeitnehmerähnlichen Personen in die vorgenannten gesetzlichen Ausnahmetatbestände für arbeitnehmerähnliche Handelsvertreter und in Heimarbeit Beschäftigte iSd HAG mag zwar unter dem Gesichtspunkt der vergleichbaren Schutzbedürftigkeit und wegen der damit verbundenen Vereinheitlichung sinnvoll und politisch wünschenswert erscheinen. Sie entspricht aber nicht der geltenden Rechtslage. Insbesondere ist § 29 HAG – wie auch § 622 BGB – **für Vertragsverhältnisse mit arbeitnehmerähnlichen Personen**, die nicht unter den Geltungsbereich des HAG fallen, **nicht analog anwendbar** (*BAG* 8.5.2007 – 9 AZR 777/06, Rn 18 ff.; so auch *Boemke* RdA 2018, 1, 20 f.; Bader/Bram-*Bader* § 622 BGB Rn 25; *Küttner* 7. Beendigung der Rechtsverhältnisse arbeitnehmerähnlicher Personen Rn 19 f.; Staudinger/*Preis* § 621 BGB Rn 10; vgl. auch ErfK-*Müller-Glöge* § 622 BGB Rn 6; MüKo-BGB/*Hesse* § 622 Rn 9; aA *Rost* KR 11. Aufl., §§ 29, 29a HAG Rn 25 sowie ArbNähnl. Pers. Rn 78 ff.; *Hromadka* NZA 1997, 1250; *ders.* FS Söllner, S. 475; *Oetker* FS ArbG Rheinland-Pfalz, S. 326; *Schubert* S. 440 ff; s. dort auch zur Ableitung einer angemessenen Kündigungsfrist aus § 20 Abs. 1 und Abs. 2 GWB; *dies.* 73

Anm. zu *BAG* 5.8.2007 AP § 611 BGB Arbeitnehmerähnlichkeit Nr. 15; s.a. *Däubler* AuR 2005, 3; *ders.* AuR 2010, 144; wohl nur de lege ferenda *Buchner* NZA 1998, 1149). Es fehlt bereits an der für eine Analogie erforderlichen **planwidrigen Regelungslücke** (ebenso *Boemke* RdA 2018, 1, 21; s. auch *BAG* 11.6.2020 – 2 AZR 374/19, Rn 42, dazu Urteilsbesprechung *Stöhr* RdA 2021, 104). Für arbeitnehmerähnliche Personen, die auf der Grundlage eines Dienstvertrags beschäftigt sind, enthält das Gesetz in § 621 BGB eine Regelung. Zwar kann eine Regelungslücke auch vorliegen, wenn nur eine teleologische Lücke und keine Textlücke gegeben ist. Eine solche kann ausnahmsweise angenommen werden, wenn der Normgeber bei der Formulierung einer Vorschrift Sachverhalte unberücksichtigt gelassen hat, die nach dem verfolgten Normzweck und der dem negativen Gleichheitssatz zugrundeliegenden Erwägung, dass Ungleiches ungleich zu behandeln ist, eine Ausnahmeregelung erfordert hätten (sog. Ausnahmelücke; *Rüthers/Fischer/Birk* Rechtstheorie Rn 848; *Kramer* Juristische Methodenlehre S. 199 ff.; dazu auch *BAG* 14.9.2016 – 4 AZR 1006/13, Rn 24). Jedoch hat der Gesetzgeber mit § 622 BGB für Arbeitnehmer und mit § 29 HAG für die Gruppe der in Heimarbeit Beschäftigten Ausnahmeregelungen von § 621 BGB geschaffen. Zudem fehlt es an der für eine Analogie erforderlichen **planwidrigen Unvollständigkeit**. Indem der Gesetzgeber mit den Regelungen im HAG die Kündigungsfristen nur für die Gruppe der in Heimarbeit Beschäftigten an die für die Kündigung von Arbeitsverhältnissen geltenden Fristen angeglichen hat, hat er eine bewusste und eindeutige Entscheidung getroffen (ausf. *BAG* 8.5.2007 – 9 AZR 777/06, Rn 20 ff.), die die Gerichte nicht aufgrund eigener rechtspolitischer Vorstellungen verändern oder durch judikative Lösung ersetzen dürfen. Der Grundsatz der Gewaltenteilung (Art. 20 Abs. 2 GG) schließt es aus, dass die Gerichte Befugnisse beanspruchen, die die Verfassung dem Gesetzgeber übertragen hat, indem sie sich aus der Rolle des Normanwenders in die einer normsetzenden Instanz begeben und damit der Bindung an Recht und Gesetz entziehen (*BVerfG* 23.5.2016 – 1 BvR 2230/15, 1 BvR 2231/15, Rn 36 mwN; 26.9.2011 – 2 BvR 2216/06, 2 BvR 469/07, Rn 44 mwN). Dafür, dass der Gesetzgeber auch weiterhin nicht den Willen hat, die Kündigungsfristen des § 622 BGB bzw. § 29 HAG auf die Kündigung der Vertragsverhältnisse (aller) arbeitnehmerähnlichen Personen zu erstrecken, spricht auch, dass er in Kenntnis der höchstrichterlichen Rechtsprechung (*BAG* 8.5.2007 – 9 AZR 777/06) die Regelungen über die Kündigungsfristen unangetastet ließ, während er weiterhin punktuell den Bestandsschutz arbeitnehmerähnlicher Personen an denjenigen von Arbeitnehmern angeglichen hat (zB § 5 iVm § 7 Abs. 1 Nr. 3 PflegeZG oder seit dem 1.1.2018 § 1 Abs. 2 Nr. 7 iVm § 17 MuSchG nF). Auch hat sich der Gesetzgeber mit der Einführung des § 611a BGB gegen eine Erweiterung des Arbeitnehmerbegriffs entschieden (s. iE Rdn 17 f.).

74 Die Nichtanwendung des § 29 HAG wie auch des § 622 BGB auf sämtliche arbeitnehmerähnliche Personen führt allerdings zu einem **Wertungswiderspruch** (dazu *Boemke* jurisPR-ArbR 49/2007 Anm. 2) zu der Rechtsprechung des *BGH* (9.3.1987 – II ZR 132/86, zu 4 der Gründe; 26.3.1984 – II ZR 120/83, zu 3 b der Gründe), der für die Kündigung des Dienstverhältnisses eines GmbH-Geschäftsführers, soweit dieser nicht herrschender Gesellschafter ist, § 622 Abs. 1 BGB für analog anwendbar hält (für eine analoge Anwendung des § 622 Abs. 1 und 2 BGB auf GmbH-Geschäftsführer und andere vertretungsberechtigte Organmitglieder juristischer Personen Bader/Bram-*Bader* § 622 BGB Rn 27; aA m. zutr. Argumenten *Boemke* RdA 2018, 1, 21; auch *BAG* 11.6.2020 – 2 AZR 374/19, Rn 41 ff., dazu Urteilsbesprechung *Stöhr* RdA 2021, 104).

4. Außerordentliche Kündigung

75 Die **fristlose Beendigung des Dienstverhältnisses** einer arbeitnehmerähnlichen Person – sei es befristet, sei es unbefristet – richtet sich nach § 626 BGB. Das Beschäftigungsverhältnis kann demnach von jedem Vertragsteil ohne Einhaltung einer Kündigungsfrist gelöst werden, wenn Tatsachen vorliegen, aufgrund derer dem Kündigenden unter Berücksichtigung aller Umstände des Einzelfalles und unter Abwägung der Interessen beider Vertragsteile die Fortsetzung des Beschäftigungsverhältnisses bis zum Ablauf der Kündigungsfrist oder bis zu der vereinbarten Beendigung nicht zugemutet werden kann (§ 626 Abs. 1 BGB).

Dabei kann die Kündigung nur innerhalb von zwei Wochen erfolgen, nachdem der Kündigungsberechtigte von den für die Kündigung maßgeblichen Tatsachen erfahren hat (§ 626 Abs. 2 S. 1 BGB). Der Kündigende muss dem anderen Teil auf Verlangen den Kündigungsgrund unverzüglich schriftlich mitteilen (§ 626 Abs. 2 S. 2 BGB). Wegen der reichhaltigen Rechtsprechung zum Begriff des wichtigen Grundes und der dort entwickelten Fallgruppen vgl. die Erl. zu § 626 BGB.

V. Beendigung arbeitnehmerähnlicher Rechtsverhältnisse, denen ein Werkvertrag zugrunde liegt

Soweit dem arbeitnehmerähnlichen Rechtsverhältnis ein **Werkvertrag** zugrunde liegt, richtet sich seine Beendigung an sich nach den einschlägigen Bestimmungen der §§ 631 ff. BGB. Nach dem Vertragszweck ist der Vertrag beendet mit der Herstellung des Werkes und der Zahlung der Vergütung. Eine Befristung oder ein Abschluss auf unbestimmte Zeit ist begrifflich nicht möglich. Bis zur Vollendung des Werkes kann der Besteller den Vertrag jederzeit kündigen, bleibt aber zur Zahlung der vereinbarten Vergütung nach Maßgabe des § 648 BGB verpflichtet. Die Verpflichtung entfällt nach § 448a Abs. 5 BGB, wenn die Kündigung aus wichtigem Grund wegen eines den Vertragszweck gefährdenden Verhaltens des Unternehmers erfolgt (s. iE *Palandt/Sprau* § 448a Rn 14). Ein weiteres Sonderkündigungsrecht steht dem Besteller im Falle einer wesentlichen Überschreitung eines Kostenvoranschlages zu (§ 649 BGB). Umgekehrt kann der Unternehmer kündigen, wenn der Besteller eine Mitwirkungshandlung unterlässt (§ 643 BGB).

Diese für den einzelnen Werkvertrag geltenden Bestimmungen helfen jedoch nicht weiter in den Fällen, in denen der arbeitnehmerähnliche Werkleistende über einen längeren Zeitraum immer wieder Aufträge überwiegend für einen Besteller ausführt und aus dieser Tätigkeit im Wesentlichen seinen Lebensunterhalt bestreitet. Es kann sich dann in gleicher Weise wie bei einem arbeitnehmerähnlichen Dienstleistenden eine **Dauerrechtsbeziehung** entwickeln, welche die Einhaltung einer Ankündigungsfrist erforderlich macht für den Fall, dass der Besteller keine weiteren Aufträge mehr vergeben will (s. Rdn 66). Das Schutzbedürfnis des arbeitnehmerähnlichen Unternehmers vor einem plötzlichen Entzug seiner Erwerbsquelle ist nicht geringer als das des arbeitnehmerähnlichen Dienstleistenden. Auch das HAG macht insoweit keinen Unterschied nach der Art der in Heimarbeit ausgeübten Tätigkeit. Über die Generalklauseln §§ 138, 242 BGB ist auch hier ein grundgesetzlich gebotener Mindestkündigungsschutz zu gewährleisten (s. Rdn 72).

VI. Geltendmachung der Unwirksamkeit der Kündigung

Die **Unwirksamkeit einer Kündigung** kann der arbeitnehmerähnliche Beschäftigte im **Klageweg** geltend machen. **Rechtswegzuständig** für diese Klage sind nach ausdrücklicher gesetzlicher Regelung die **ArbG** (§ 2 Abs. 1 Nr. 3 lit. b iVm § 5 Abs. 1 S. 2 ArbGG). Der Beschäftigte kann Leistungsklage auf Zahlung des ihm für die Kündigungsfrist zustehenden Entgelts erheben. Soweit dieser Anspruch der einzige aus dem Beschäftigungsverhältnis ist, wird für eine Feststellungsklage daneben idR kein Raum sein (s. zum Arbeitsverhältnis KR-*Klose* § 7 KSchG Rdn 35). Hängen vom Beendigungszeitpunkt weitere Fragen ab – sei es privatrechtlicher Art, wie etwa die Höhe des Urlaubsanspruchs, sei es öffentlich-rechtlicher Art, wie steuerrechtliche oder versicherungsrechtliche Fragen –, wird man idR auch ein rechtliches Interesse an einer Feststellungsklage bejahen können, § 256 ZPO (vgl. zum Heimarbeitsverhältnis KR-*Kreutzberg-Kowalczyk* §§ 29, 29a HAG Rdn 84; zum Arbeitsverhältnis s. KR-*Klose* § 7 KSchG Rdn 34 ff. – die Beurteilung sollte großzügig gehandhabt werden). Der arbeitnehmerähnliche Beschäftigte kann, wenn lediglich die Einhaltung der Kündigungsfrist in Streit steht, klagen mit dem Antrag, **festzustellen, dass das Beschäftigungsverhältnis der Parteien bis zum ... fortbestanden hat**. Er kann aber auch Feststellungsklage erheben mit dem Antrag **festzustellen, dass das Beschäftigungsverhältnis der Parteien über den ... hinaus fortbesteht**, wenn er geltend machen will, dass die Kündigung – etwa wegen Verstoßes gegen § 5 PflegeZG oder § 17 MuSchG nF (zuvor § 9 MuSchG aF) – überhaupt unwirksam ist. Die

Dreiwochenfrist des § 4 KSchG findet keine Anwendung (s. iE KR-*Kreutzberg-Kowalczyk* §§ 29, 29a HAG Rdn 85). Das Recht, die Unwirksamkeit der Kündigung geltend zu machen, kann aber verwirken (s. iE KR-*Klose* § 7 KSchG Rdn 37 ff.).

B. Arbeitnehmerähnliche Handelsvertreter

I. Einleitung und Übersicht

80 Neben den arbeitnehmerähnlichen Beschäftigten im künstlerischen und Medienbereich sowie den in Heimarbeit Beschäftigten hebt sich als **dritte typische Gruppe die der arbeitnehmerähnlichen Handelsvertreter** heraus. Der Handelsvertreter ist nach gesetzlicher Definition **selbständiger Gewerbetreibender**, § 84 Abs. 1 S. 1 HGB. Ihm fehlt das den Arbeitnehmer kennzeichnende Merkmal der **persönlichen Abhängigkeit** (s. Rdn 2, 17). Der Handelsvertreter ist also kein Arbeitnehmer und unterfällt daher grds. nicht dem Arbeitsrecht.

81 Ob im Einzelfall **Arbeitnehmerähnlichkeit** des Handelsvertreters zu bejahen ist, bestimmt sich – wie bei anderen selbständigen Dienstleistenden – maßgebend danach, ob er sich in einer dem **Arbeitnehmer wirtschaftlich und sozial vergleichbar schutzbedürftigen Stellung** befindet. Der Gesetzgeber hat für Teilbereiche exakte Kriterien festgelegt, bei deren Vorliegen Arbeitnehmerähnlichkeit des Handelsvertreters zu bejahen ist, und zwar durch Art. 3 des Gesetzes zur Änderung des HGB (Recht der Handelsvertreter) v. 6.8.1953 BGBl. I S. 771 (im Folgenden HandelsvertreterG genannt), abgelöst durch § 5 Abs. 3 ArbGG (s. Rdn 98). Diese Definition gilt jedoch nicht für alle Rechtsgebiete, so etwa nicht für § 2 BUrlG (s. iE Rdn 106). Das führt zu dem wenig befriedigenden Ergebnis unterschiedlicher Inhalte des Begriffs des arbeitnehmerähnlichen Handelsvertreters je nach der anzuwendenden Rechtsnorm. Hier sollte der Gesetzgeber für eine Vereinheitlichung Sorge tragen.

82 Für die **Kündigung** der Dienstverhältnisse arbeitnehmerähnlicher Handelsvertreter gelten an sich keine Besonderheiten. Es finden grds. Anwendung die für Handelsvertreter geltenden Bestimmungen der §§ 89, 89a HGB. Die danach einzuhaltenden Fristen gewähren dem Handelsvertreter einen hinreichenden Schutz. Das eigentliche Problem liegt also weniger in der Abgrenzung zwischen arbeitnehmerähnlichem Handelsvertreter und normalem Handelsvertreter, als vielmehr zwischen selbständigem Handelsvertreter und unselbständigem Handelsvertreter, der gem. § 84 Abs. 2 HBG als Angestellter und damit Arbeitnehmer anzusehen ist. Auf ihn finden die allgemeinen arbeitsrechtlichen Vorschriften ohne Einschränkung Anwendung.

II. Der Begriff des Handelsvertreters

1. Selbständigkeit

83 **§ 84 Abs. 1 S. 1 HGB** enthält die **Legaldefinition des Handelsvertreters**. Danach ist **Handelsvertreter**, wer als selbständiger Gewerbetreibender ständig damit betraut ist, für einen anderen Unternehmer (Unternehmer) **Geschäfte zu vermitteln oder in dessen Namen abzuschließen**. Selbständig ist gem. § 84 Abs. 1 S. 2 HGB, wer im Wesentlichen **frei seine Tätigkeit gestalten und seine Arbeitszeit bestimmen kann**. Wer, ohne selbständig iSd Abs. 1 zu sein, ständig damit betraut ist, für einen Unternehmer Geschäfte zu vermitteln oder in dessen Namen abzuschließen, gilt als Angestellter (§ 84 Abs. 2 HGB).

a) Freie Gestaltung der Tätigkeit und Arbeitszeit

84 Entscheidendes Kriterium für die Abgrenzung zwischen freiem Handelsvertreter und angestelltem Handelsvertreter – also Arbeitnehmer – ist die **Selbständigkeit**, ausdrücklich hervorgehoben durch die Definition des § 84 Abs. 1 S. 2 HGB. Dieses Tatbestandsmerkmal spielt ganz allgemein für die Abgrenzung zwischen Arbeitnehmer und freiem Mitarbeiter eine wesentliche Rolle (s. Rdn 2, 17).

Die insoweit entwickelten Abgrenzungskriterien können auch für die Einordnung des Handelsvertreters herangezogen werden, wie umgekehrt die Definition des § 84 Abs. 1 HGB fruchtbar gemacht wurde für die allgemeine Abgrenzung zwischen freiem Mitarbeiter und Arbeitnehmer (vgl. dazu *BAG* 9.6.2010 – 5 AZR 332/09, Rn 19; 20.1.2010 – 5 AZR 106/09, Rn 18; 20.5.2009 – 5 AZR 31/08, Rn 19) und nunmehr in § 611a Abs. 1 S. 3 BGB in umgekehrter Form Eingang in die gesetzliche Definition des Arbeitsvertrags gefunden hat.

Die in § 84 Abs. 1 S. 2 HGB enthaltenen Kriterien sind **nicht abschließend**. **Freie Gestaltung der Tätigkeit** und **Bestimmung der Arbeitszeit** stellen zwar wichtige Gesichtspunkte dar bei der Prüfung, ob Selbständigkeit gegeben ist. Sie beziehen sich – wie § 611a Abs. 1 S. 3 BGB zeigt – jedoch nur auf das Merkmal der Weisungs(un)gebundenheit. Daneben ist aber auch die **fehlende Eingliederung** iS der Notwendigkeit, auf Personal und Material des Vertragspartners zurückgreifen zu müssen und in dessen Arbeitsorganisation eingegliedert zu sein (= Fremdbestimmtheit, vgl. *Wank* AuR 2017, 143 f.), von Bedeutung. Denn der Einsatz eigenen Betriebskapitals, die Unterhaltung einer eigenen Betriebsstätte, die Beschäftigung von Mitarbeitern, ist typisch für Selbstständige und das von ihnen zu tragende Unternehmerrisiko (s. iE Rdn 89). Die Hervorhebung der freien Arbeitszeit und der freien Gestaltung der Tätigkeit ist damit lediglich **beispielhaft** zu verstehen. Sie schließt die Berücksichtigung weiterer Kriterien nicht aus (*Baumbach/Hopt-Hopt* § 84 Rn 36; Staub-HGB/*Emde* § 84 Rn 24 ff.; EBJ-*Löwisch* § 84 Rn 17 ff.; *Heymann/Sonnenschein/Weitemeyer* § 84 Rn 7 ff.; GK-HGB/*Genzow* § 84 Rn 11 ff.; *Schlegelberger/Schröder* § 84 Rn 3; RvW-*Küstner* § 84 Rn 21 ff.; ausf. *Hopt* DB 1998, 863 ff.; *Oberthür/Lohr* NZA 2001, 131; 4.11.1998 NJW 1999, 219; *BAG* 20.8.2003 – 5 AZR 610/02; 15.12.1999 – 5 AZR 169/99; 15.12.1999 – 5 AZR 770/98; *BGH* 4.3.1998 – VIII ZB 25/97; s. iE Rdn 17 ff.). Das hat schon die Begründung zum Regierungsentwurf des HandelsvertreterG klargestellt, dessen § 84 unverändert übernommen wurde. Sie verweist ausdrücklich darauf, dass es wie bisher von der Würdigung aller einzelnen Umstände abhänge, ob Selbständigkeit vorliege, wenn trotz der gesetzlichen Festlegung der Begriffsmerkmale die Selbständigkeit zweifelhaft sei (vgl. Amtl. Begr. BT-Drucks. I/38–56, S. 15). Für eine Begrenzung auf die im Gesetz genannten Kriterien besteht kein ersichtlicher sachlicher Grund, zumal der Abgrenzung zwischen unselbständigem Arbeitnehmer und selbständigem Dienstleistenden eine solche Einschränkung gleichfalls fremd ist. Maßgebend für die Beurteilung der Selbständigkeit ist aber auch im Rahmen des § 84 HGB eine **Würdigung aller Umstände** (Staub-HGB/*Emde* § 84 Rn 20 ff.; GK-HGB/*Genzow* § 84 Rn 10 ff.; *Baumbach/Hopt-Hopt* § 84 Rn 36; *Schlegelberger/Schröder* § 84 Rn 3b; *BAG* 21.1.1966 – 3 AZR 183/65; vgl. auch *BGH* 4.12.1981 – I ZR 200/79). Macht ein Handelsvertreter geltend, er sei Arbeitnehmer, so ist er für den fehlenden Spielraum bei der Arbeitszeitgestaltung darlegungs- und beweisbelastet (*BAG* 20.8.2003 – 5 AZR 610/02).

85

Auszugehen ist von dem zwischen den Parteien bestehenden Vertragsverhältnis. Der von ihnen gewählte **Wortlaut**, die Bezeichnung der Tätigkeit, ist **nicht ausschlaggebend**, da die rechtliche Einordnung vom materiellen Gehalt der Tätigkeit und nicht ihrer Bezeichnung abhängt (vgl. Staub-HGB/*Emde* § 84 Rn 21; *Schlegelberger/Schröder* § 84 Rn 6a; *Baumbach/Hopt-Hopt* § 84 Rn 36; *BAG* 9.3.1977 – 5 AZR 110/76; s.a. Rdn 19).

86

Entscheidend kommt es auf die tatsächliche Ausgestaltung und Durchführung des Vertragsverhältnisses an. Soweit ein klares Ergebnis danach nicht zu erzielen ist, ist in zweiter Linie auf den **Parteiwillen** zurückzugreifen. Gegen eine Übernahme der vom *BAG* insoweit entwickelten Regeln auch auf die Abgrenzung zwischen selbständigem Handelsvertreter und unselbständigem Angestellten bestehen keine Bedenken (s. iE Rdn 19). Anhaltspunkt für den Parteiwillen wiederum kann die von den Parteien gewählte Bezeichnung sein, die unter diesem Aspekt doch Bedeutung erlangen kann.

87

b) Sonstige Abgrenzungskriterien

Nachfolgend werden **einzelne Kriterien** genannt, die bei der Abgrenzung zu berücksichtigen sind (vgl. den beispielhaften Fall *BAG* 21.1.1966 – 3 AZR 183/65; vgl. auch *BGH* 18.2.1982 – I ZR

88

20/80; 11.3.1982 – I ZR 27/80; s. im Übrigen die st.Rspr. des BAG zur allgemeinen Abgrenzung zwischen Arbeitnehmer und Selbständigem, Rdn 17 ff.; Staub-HGB/*Emde* § 84 Rn 24 ff.; *Baumbach/Hopt-Hopt* § 84 Rn 36; EBJ-*Löwisch* § 84 Rn 17 ff.; GK-HGB/*Genzow* § 84 Rn 11 ff.; *Schlegelberger/Schröder* § 84 Rn 3 ff.; RvW-*Küstner* § 84 Rn 27 ff.; *Hopt* DB 1998, 863 – alle mit zahlr. Nachw.). Eine erhebliche Rolle spielt die im Wesentlichen **freie Gestaltung der Tätigkeit** und die **freie Arbeitszeit**, § 84 Abs. 1 S. 2 HGB. Selbständig ist danach, wer **nur eingeschränkten Weisungen** unterliegt bei Ausübung der Tätigkeit, also den **Tagesablauf**, **die zu besuchenden Kunden**, die **Länge der täglichen Arbeitszeit** frei bestimmen kann (vgl. etwa *BAG* 21.1.1966 – 3 AZR 183/65, zu II 3 a der Gründe; *Schlegelberger/Schröder* § 84 Rn 6; *Baumbach/Hopt-Hopt* § 84 Rn 36). Dabei ist **nicht völlige Weisungsfreiheit** erforderlich. Auch der normale freie Dienstleistende ist nicht völlig ungebunden. Ähnliches gilt für den Beauftragten (vgl. §§ 675, 665 BGB). Eine begrenzte **Pflicht zur Berichterstattung** etwa über die abgeschlossenen Geschäfte (vgl. § 86 Abs. 2 HGB) steht einer Selbstständigkeit nicht entgegen. Informations- oder Rechenschaftspflichten gehen nicht zwingend mit einer eine Selbstständigkeit ausschließenden Weisungsbindung einher. Vielmehr handelt es sich dabei um typische Nebenpflichten, die eine Vielzahl von Vertragsverhältnissen kennzeichnen (vgl. *BAG* 20.10.2015 – 9 AZR 525/14, Rn 27). Auch die Anweisung, einen **bestimmten Kundenkreis** aufzusuchen, schließt eine Selbständigkeit iSd § 84 Abs. 1 HGB noch nicht aus, wenn nur dem Handelsvertreter in dem von dem Unternehmer gesetzten Rahmen ein genügend weiter Spielraum bleibt, insbes. bei der zeitlichen Abfolge der zu erledigenden Aufgaben (vgl. *BAG* 21.1.1966 – 3 AZR 183/65, zu II 3 b der Gründe; *Baumbach/Hopt-Hopt* § 84 Rn 38; *Schlegelberger/Schröder* § 84 Rn 3 ff.). Bezeichnenderweise spricht § 84 Abs. 1 HGB denn auch nur davon, dass die Tätigkeit **im Wesentlichen** müsse frei gestaltet werden können. Die Grenze liegt dort, wo dem Handelsvertreter ein echter Spielraum nicht mehr bleibt, sondern er etwa einen vom Unternehmer ausgearbeiteten Besuchsplan bei Einhaltung bestimmter Mindestzeiten zu erfüllen hat.

89 § 84 Abs. 1 HGB geht davon aus, dass der Handelsvertreter **Unternehmer** ist. Insoweit können die folgenden Umstände für die Bejahung der Selbständigkeit sprechen: Der Einsatz **eigenen Betriebskapitals**, die Unterhaltung einer **eigenen Betriebsstätte**, die **Beschäftigung von Mitarbeitern**, die Vergütung allein auf **Provisionsbasis** oder die **Übernahme von Geschäftsunkosten**, damit die Tragung des Unternehmerrisikos (vgl. *BAG* 21.1.1966 – 3 AZR 183/65, zu B II 5, 6 der Gründe; *Baumbach/Hopt-Hopt* § 84 Rn 36; Staub-HGB/*Emde* § 84 Rn 24 ff.; GK-HGB/*Genzow* § 84 Rn 11 ff.; *Schlegelberger/Schröder* § 84 Rn 5; *Hopt* DB 1998, 865; zur Abgrenzung nach dem Unternehmerrisiko vgl. insbes. *Wank* Arbeitnehmer und Selbständige, S. 261 ff.; ders. DB 1992, 91 f.). Die Bejahung eines oder mehrerer Tatbestandsmerkmale **zwingt** jedoch **nicht** zur Annahme von Selbständigkeit. Es sind auch nur auf Provisionsbasis beschäftigte angestellte Reisende denkbar, wie umgekehrt die Gewährung eines Fixums die Annahme eines Handelsvertreterverhältnisses nicht ausschließt. Entscheidend sind immer die Gesamtumstände.

90 Neben diesen **materiellen** Merkmalen der Tätigkeit sind formelle Umstände wie die Behandlung des Vertragsverhältnisses in **steuerrechtlicher** und **sozialversicherungsrechtlicher** Hinsicht, die **gewerbepolizeiliche Anmeldung**, die **Eintragung im Handelsregister** wenig aussagekräftig. Während sie früher noch für die Abgrenzung herangezogen wurden (vgl. noch *BAG* 8.6.1967 – 5 AZR 461/66; 21.1.1966 – 3 AZR 183/65), werden sie heute zu Recht als wertneutral angesehen und **spielen für die Abgrenzung keine Rolle** (vgl. etwa *BAG* 27.6.2017 – 9 AZR 851/16, Rn 29; 21.7.2015 – 9 AZR 484/14, Rn 29; s.a. *Deinert* RdA 2017, 67; *Baumbach/Hopt-Hopt* § 84 Rn 36; RvW-*Küstner* § 84 Rn 35; *Hopt* DB 1998, 865 u. 868; s. iE auch Rdn 23). Die von den Vertragspartnern gezogenen Konsequenzen etwa in steuerlicher oder sozialversicherungsrechtlicher Hinsicht können auf einer irrtümlichen Würdigung des tatsächlichen Sachverhaltes beruhen, sie können auch bewusst falsch etwa zur Umgehung von Steuergesetzen gewählt worden sein.

2. Vermittlung oder Abschluss von Geschäften

91 Neben dem für die Abgrenzung zum Arbeitnehmer entscheidenden Kriterium der Selbständigkeit gehört zum Begriff des Handelsvertreters, dass er **ständig damit betraut** ist, für einen anderen

Unternehmer **Geschäfte zu vermitteln oder in dessen Namen abzuschließen.** Vermittlung heißt, den Abschluss von Verträgen mit Dritten durch den Unternehmer vorzubereiten und zu ermöglichen, ist also mehr als bloßes Nachweisen einer Vertragsmöglichkeit (vgl. zu den Einzelheiten *Baumbach/Hopt-Hopt* § 84 Rn 22 ff.; Staub-HGB/*Emde* § 84 Rn 54; *Heymann/Sonnenschein/Weitemeyer* § 84 Rn 19; GK-HGB/*Genzow* § 84 Rn 21 ff.; *Schlegelberger/Schröder* § 84 Rn 16 ff.).

3. Tätigkeit auf Dauer

Seinem Charakter nach ist der Handelsvertretervertrag ein **Dienstvertrag**, und zwar in seiner Ausgestaltung als **Geschäftsbesorgungsvertrag**, §§ 611, 675 BGB (*Baumbach/Hopt-Hopt* § 86 Rn 1; *v. Gamm* NJW 1979, 2493; *Heymann/Sonnenschein/Weitemeyer* § 84 Rn 32; HK-*Ruß/Glanegger* § 84 Rn 9; GK-HGB/*Genzow* § 86 Rn 1; *Schlegelberger/Schröder* § 84 Rn 10b). Dieser Dienstvertrag muss **auf Dauer** gerichtet sein, dh der Handelsvertreter muss ständig mit der Vermittlung oder dem Abschluss von Geschäften betraut sein. Hierin **unterscheidet** sich der Handelsvertreter insbes. vom **Makler**. Handelsvertreter ist also nicht, wer nur einzelne oder nur gelegentlich Geschäfte vermittelt (*BGH* 1.4.1992 – IV ZR 154/91; *Baumbach/Hopt-Hopt* § 84 Rn 41, 42; Staub-HGB/*Emde* § 84 Rn 67; *Schlegelberger/Schröder* § 84 Rn 11). Der Handelsvertretervertrag ist daher ein **echtes Dauerschuldverhältnis** (vgl. *BAG* 21.4.2016 – 8 AZR 753/14, Rn 38). Das schließt nicht aus, dass er befristet ist. 92

III. Der arbeitnehmerähnliche Handelsvertreter

Wegen ihrer begriffsnotwendigen Selbständigkeit sind **Handelsvertreter keine Arbeitnehmer.** Sie unterfallen daher nicht dem Arbeitsrecht. Eine Annäherung zwischen Handelsvertreter und Arbeitnehmer erfolgt in der Erscheinungsform des arbeitnehmerähnlichen Handelsvertreters. Er stellt das Bindeglied zwischen beiden Gruppen dar. Die den Handelsvertreter auszeichnende **persönliche Selbständigkeit** trifft zusammen mit einer dem **Arbeitnehmer vergleichbaren wirtschaftlichen und sozialen Lage**. Der Begriff des arbeitnehmerähnlichen Handelsvertreters ist für einen Teilbereich fest umschrieben, für andere Bereiche entspricht er dem allgemeinen Begriff der arbeitnehmerähnlichen Person. 93

1. Arbeitnehmerähnliche Handelsvertreter iSd ArbGG

a) Sonderregelung im § 5 Abs. 3 ArbGG

Rechtsstreitigkeiten zwischen Handelsvertreter und Unternehmer aus dem Handelsvertreterverhältnis sind grds. vor den **ordentlichen Gerichten** auszutragen, da es sich nicht um Arbeitsverhältnisse handelt. Gem. § 5 Abs. 1 S. 2 ArbGG gelten jedoch als Arbeitnehmer iSd ArbGG auch solche Personen, die wegen ihrer wirtschaftlichen Unselbständigkeit als arbeitnehmerähnliche Personen anzusehen sind (vgl. Rdn 6). Hierunter können Handelsvertreter fallen. Wann dies der Fall ist, bestimmt sich allerdings nicht nach den allgemeinen Kriterien für arbeitnehmerähnliche Personen (s. Rdn 9 ff.). Der Gesetzgeber hat vielmehr den Kreis der von § 5 ArbGG erfassten Handelsvertreter genau abgegrenzt. 94

Gem. § 5 Abs. 3 ArbGG gelten Handelsvertreter nur dann als **Arbeitnehmer** iSd ArbGG, wenn sie zu dem Personenkreis gehören, für den nach § 92a HGB die untere Grenze der vertraglichen Leistungen des Unternehmers festgesetzt werden kann, und sie während der letzten sechs Monate des Vertragsverhältnisses, bei kürzerer Vertragsdauer während dieser, im Durchschnitt monatlich nicht mehr als: 1.000,00 Euro aufgrund des Vertragsverhältnisses an Vergütung einschließlich Provision und Ersatz für im regelmäßigen Geschäftsbetrieb entstandene Aufwendungen bezogen haben. § 92a HGB erfasst die sog. **Ein-Firmen-Vertreter**, dh Handelsvertreter, die vertraglich nicht für weitere Unternehmer tätig werden dürfen oder denen dies nach Art und Umfang der Tätigkeit nicht möglich ist. Liegen diese Merkmale vor, ist der Handelsvertreter **zwingend** als Arbeitnehmer iSd § 5 Abs. 3 ArbGG anzusehen. Rechtsstreitigkeiten aus seinem Vertragsverhältnis gehören vor die ArbG. 95

96 § 5 Abs. 3 ArbGG ist durch das Gesetz zur Beschleunigung und Bereinigung des arbeitsgerichtlichen Verfahrens v. 21.5.1979 (BGBl. I S. 545) eingefügt worden und seit dem 1.7.1979 in Kraft. Er ist an die Stelle der früheren Regelung in **Art. 3 HandelsvertreterG** getreten. Sachlich ist dabei nur insoweit eine Änderung erfolgt, als die Vergütungshöchstgrenze von 1.500,00 DM auf 2.000,00 DM – jetzt 1.000,00 Euro – heraufgesetzt wurde und für die Anpassung der Grenze an die jeweiligen Lohn- und Preisverhältnisse nunmehr neben dem Bundesministerium der Justiz und für Verbraucherschutz auch das Bundesministerium für Arbeit und Soziales zuständig ist, welche beide zusammen im Einvernehmen mit dem Bundesministerium für Wirtschaft und Energie entscheiden (die Grenze lag ursprünglich bei 500,00 DM, sie wurde durch VO v. 20.10.1967 BGBl. I S. 998 auf 1.000,00 DM und durch VO v. 18.12.1975 BGBl. I S. 3135 auf 1.500,00 DM angehoben). Im Übrigen entspricht § 5 Abs. 3 ArbGG der früheren Regelung des Art. 3 HandelsvertreterG, so dass auch auf die zu dieser Vorschrift ergangene Rechtsprechung und Literatur zurückgegriffen werden kann.

aa) Abgrenzung nach Durchschnittseinkommen

97 Voraussetzung für die Anerkennung des Handelsvertreters als Arbeitnehmer iSd ArbGG ist also einmal, dass eine gewisse **Vergütungshöchstgrenze** nicht überschritten wird. Maßgebend ist das **durchschnittliche Bruttoeinkommen** der letzten sechs Monate. Bei kürzerer Vertragsdauer ist diese zu berücksichtigen, wobei abzustellen ist entweder auf den Tag der Klageerhebung bei noch bestehendem Vertragsverhältnis oder auf den Tag der Beendigung des Vertragsverhältnisses (vgl. *Schlegelberger/ Schröder* Art. 3 Rn 3). Die Verdienstgrenze von 1.000,00 Euro im Durchschnitt der **letzten sechs Monate** des Vertragsverhältnisses ist **auch dann maßgebend**, wenn der Handelsvertreter in diesem Monat **nicht gearbeitet** und **nichts verdient** hat (*BAG* 15.2.2005 – 5 AZB 13/04, m. Anm. *Paul* in SAE 2007, 138). Entscheidend ist der **rechtliche Bestand** des Handelsvertreterverhältnisses (*OLG Stuttg.* 11.5.1966 – 13 U 22/66; *Schlegelberger/Schröder* Art. 3 Rn 3). Bei der **Höhe der Vergütung** sind neben einem evtl. gewährten Fixum insbes. zu berücksichtigen die Provisionen und die als Ersatz für im regelmäßigen Geschäftsbetrieb entstandenen Aufwendungen bezogenen Beträge. Dabei ist auszugehen von der **tatsächlich ausgezahlten** Vergütung, nicht den Vergütungsansprüchen. Dies wird schon durch die Verwendung des Wortes »bezogen« nach dem Gesetzeswortlaut nahegelegt, entspricht aber auch dem Schutzcharakter der Vorschrift (offen gelassen *BAG* 20.10.2009 – 5 AZB 30/09, Rn 10 f.; wie hier ErfK-*Koch* § 5 ArbGG Rn 12; GK-ArbGG/*Schleusener* § 5 Rn 160; GMPM-G/*Müller-Glöge* § 5 Rn 42; *Oberthür/Lohr* NZA 2001, 134; *Hess. LAG* 12.4.1995 – 7 Ta 127/95; aA *BGH* 21.10.2015 – VII ZB 8/15, Rn 19 mwN; *Grunsky/Waas/Benecke/Greiner* § 5 ArbGG Rn 33; *Schlegelberger/Schröder* Art. 3 Rn 3; *Baumbach/Hopt-Hopt* § 84 Rn 46; RvW-*Küstner* § 92a Rn 6). Einberechnet werden dürfen allerdings nur die endgültig dem Handelsvertreter zustehenden Provisionsansprüche. Der Anspruch des Handelsvertreters auf Provision entsteht **unbedingt** grds. erst mit Ausführung eines Geschäftes durch den Unternehmer oder – bei Nichtausführung – unter den Voraussetzungen des § 87a Abs. 3 HGB, wenn nämlich die Ausführung unterbleibt, ohne dass sie unmöglich geworden wäre oder dem Unternehmer die Ausführung unzumutbar geworden ist. Eine danach lediglich **bedingt** verdiente Provision ist außer Acht zu lassen, auch wenn entsprechende Vorschüsse geleistet worden sind, wobei unerheblich ist, ob ein Anspruch auf Zahlung von Vorschüssen bestand (*Baumbach/Hopt-Hopt* 84 Rn 46; GMPM-G/*Müller-Glöge* § 5 Rn 42; *Grunsky/ Waas/Benecke/Greiner* § 5 ArbGG Rn 33; *Schlegelberger/Schröder* Art. 3 Rn 3; *BGH* 21.10.2015 – VII ZB 8/15, Rn 19 und 24 mwN). Entfallen Provisionsansprüche nachträglich nach § 87a Abs. 2 HGB, weil feststeht, dass der Kunde nicht leistet, so können die darauf erbrachten Zahlungen von diesem Zeitpunkt an gleichfalls nicht mehr berücksichtigt werden (*BGH* 9.12.1963 AP Nr. 27 zu § 2 ArbGG 1953 Zuständigkeitsprüfung; *Schlegelberger/Schröder* Art. 3 Rn 3). Kraft ausdrücklicher gesetzlicher Regelung ist weiterhin der für den regelmäßigen Geschäftsbetrieb anfallende Aufwendungsersatz zu berücksichtigen. Außerordentliche Aufwendungen bleiben außer Ansatz. Die **Vergütungsgrenze** kann gem. § 5 Abs. 3 ArbGG durch das Bundesministerium der Justiz und für Verbraucherschutz und das Bundesministerium für Arbeit und Soziales im Einvernehmen mit dem Bundesministerium für Wirtschaft und Energie durch Rechtsverordnung, die nicht der Zustimmung des Bundesrates bedarf, den jeweiligen Lohn- und Preisverhältnissen angepasst werden.

bb) Ein-Firmen-Vertreter

§ 5 Abs. 3 ArbGG erfasst durch seine Verweisung auf § 92a HGB nur den sog. Ein-Firmen-Vertreter. Das ist der Handelsvertreter, der kraft ausdrücklicher vertraglicher Regelung nicht für weitere Unternehmer tätig werden darf oder dem dies nach Art und Umfang der von ihm verlangten Tätigkeit nicht möglich ist (vgl. *Baumbach/Hopt-Hopt* § 92a Rn 3; Staub-HGB/*Emde* § 92a Rn 8; GK-ArbGG/*Schleusener* § 5 Rn 156; GK-HGB/*Genzow* § 92a Rn 2; RvW-*Küstner* § 92a Rn 2; *Schlegelberger/Schröder* § 92a Rn 4).

Die Beschränkung des besonderen Schutzes gem. § 92a HGB auf den Ein-Firmen-Vertreter findet ihre Rechtfertigung gerade darin, dass er in seiner Stellung am stärksten einem Angestellten angenähert ist; der Ein-Firmen-Vertreter ist an einen bestimmten Unternehmer gebunden, für den er seine Arbeitskraft und -zeit einsetzen muss und von dem er dadurch wirtschaftlich völlig abhängig ist (*BGH* 18.7.2013 – VII ZB 45/12, Rn 23; vgl. BT-Drucks. 1/3856, S. 40). Er kann die sich aus einer anderweitigen Tätigkeit ergebenden Chancen nicht in gleicher Weise nutzen wie ein nicht in den Anwendungsbereich des § 92a Abs. 1 S. 1 HGB fallender Mehrfirmenvertreter (*BGH* 21.10.2015 – VII ZB 8/15, Rn 16 mwN). Nicht unter § 92a HGB fällt also der Handelsvertreter, der sich lediglich freiwillig auf die Vertretung eines Unternehmers beschränkt. Ebenso wenig ist ein selbstständiger Handelsvertreter, dem es verboten ist, für Konkurrenzunternehmer tätig zu sein, und der eine anderweitige Tätigkeit frühestens 21 Tage nach Eingang seiner Anzeige und Vorlage von Unterlagen über diese Tätigkeit aufnehmen darf, Ein-Firmen-Vertreter kraft Vertrags iSd § 92a Abs. 1 S. 1 Alt. 1 HGB (*BGH* 18.7.2013 – VII ZB 45/12). Verpflichtet sich der Handelsvertreter vertraglich gegenüber dem Unternehmer, »sein ganzes Wissen und Können und seine ganze Arbeitskraft zur Verfügung zu stellen«, ist dies in erster Linie eine qualitative Bestimmung des Arbeitseinsatzes und macht ihn nach *OLG Frankf.* (13.3.1979 – 5 U 141/78) nicht zum Ein-Firmen-Vertreter.

Kein Ein-Firmen-Vertreter ist auch der Handelsvertreter, der im Hauptberuf Arbeitnehmer ist und die Handelsvertretertätigkeit lediglich nebenberuflich ausübt. § 92a HGB spricht zwar von einer Tätigkeit für weitere **Unternehmer** und hat damit wohl vor allem eine weitere Tätigkeit als Handelsvertreter im Auge. Nach dem Sinn der Vorschrift soll aber nur der von **einem** Dienstberechtigten wirtschaftlich völlig abhängige und deshalb besonders schutzbedürftige Handelsvertreter erfasst werden. Diese Abhängigkeit ist bei Bestehen eines Arbeitsverhältnisses neben dem Handelsvertreterverhältnis in gleicher Weise gemindert, wie bei Bestehen mehrerer Handelsvertreterverhältnisse. § 92a HGB findet also auch in diesem Falle keine Anwendung (*LAG Frankf.* 6.8.1968 – 5 Sa 679/67).

b) Sonderregelung gegenüber § 5 Abs. 1 ArbGG

Liegen die Voraussetzungen des § 5 Abs. 3 ArbGG vor – Vergütung nicht über 1.000,00 Euro, Ein-Firmen-Vertreter –, ist der Handelsvertreter als **arbeitnehmerähnliche Person iSd ArbGG** anzusehen. Diese Regelung ist **zwingend**. Eine Prüfung sonstiger Umstände, die allgemein bei Arbeitnehmerähnlichkeit zu berücksichtigen sind – etwa die dem Arbeitnehmer vergleichbare Schutzbedürftigkeit – entfällt. Die Schutzbedürftigkeit wird in dem vom Gesetzgeber festgelegten Rahmen unwiderlegbar vermutet.

Nach der **allgemeinen Begriffsbestimmung** der arbeitnehmerähnlichen Person ist es denkbar, die Arbeitnehmerähnlichkeit eines Handelsvertreters zu bejahen, der die Voraussetzungen des § 5 Abs. 3 ArbGG nicht erfüllt, sei es, weil er eine möglicherweise nur geringfügig über 1000,00 Euro liegende Vergütung erhält, sei es, weil er für mehrere Unternehmer arbeitet, was anerkanntermaßen die Arbeitnehmerähnlichkeit nicht ausschließt (s. Rdn 33). Ein solcher arbeitnehmerähnlicher Handelsvertreter kann nicht aus den allgemeinen Erwägungen gem. § 5 ArbGG der Arbeitsgerichtsbarkeit unterfallen. Bereits **Art. 3 HandelsvertreterG wurde als Sondervorschrift gegenüber § 5 ArbGG** angesehen (*BAG* in st. Rspr., etwa 24.9.1958 – 2 AZR 216/58; 15.7.1961 – 5 AZR 472/60; 16.9.1963 – 5 AZR 314/62; s.a. GMPM-G/*Müller-Glöge* § 5

Rn 39; GK-ArbGG/*Schleusener*§ 5 Rn 162; *Kissel* § 13 Rn 153; *Schlegelberger/Schröder* Art. 3 Rn 1; *Tiefenbacher* AR-Blattei SD 120 Rn 97; *Grunsky/Waas/Benecke/Greiner* § 5 ArbGG Rn 32). Daran hat sich durch die Übernahme der Regelung nach § 5 Abs. 3 ArbGG nicht nur nichts geändert, die ausdrückliche Gegenüberstellung von § 5 Abs. 1 und Abs. 3 ArbGG unterstreicht vielmehr noch die Sonderstellung der arbeitnehmerähnlichen Handelsvertreter. Der Wortlaut ist im Übrigen eindeutig: »Handelsvertreter gelten nur dann als Arbeitnehmer iSd Gesetzes, wenn ...«. Er erlaubt keine andere Auslegung (s. auch *Oberthür/Lohr* NZA 2001, 135). § 5 Abs. 3 S. 1 ArbGG enthält eine in sich geschlossene Zuständigkeitsregelung und ist im Verhältnis zu § 5 Abs. 1 S. 2 ArbGG die vorgreifliche Sonderregelung, die es verbietet, Handelsvertreter iSd § 84 Abs. 1 HGB unter anderen als den in § 5 Abs. 3 S. 1 ArbGG genannten Voraussetzungen als Arbeitnehmer oder arbeitnehmerähnliche Personen iSd § 5 Abs. 1 S. 2 Alt. 2 ArbGG zu behandeln (*BGH* 18.7.2013 – VII ZB 45/12, Rn 18 mwN; GMPM-G/*Müller-Glöge* § 5 Rn 44; ErfK-*Koch* § 5 Rn 12; GK-ArbGG/*Schleusener* § 5 Rn 162; *LAG Nds.* 5.5.2003 – 13 Ta 79/03). Dass gewisse Härten auftreten mögen bei Handelsvertretern, die etwa die Verdienstgrenze nur unwesentlich überschreiten, muss wie immer in Kauf genommen werden, wenn der Gesetzgeber im Interesse der Rechtssicherheit eindeutige Abgrenzungskriterien verwendet. Gerade der Gesichtspunkt der Rechtsklarheit und Rechtssicherheit lässt die Regelung entgegen *Grunsky* (7. Aufl., § 5 Rn 22) als sinnvoll erscheinen auch unter Berücksichtigung der Tendenz des HandelsvertreterG – auf das § 5 ArbGG insoweit zurückgeht –, die Rechtsstellung des Handelsvertreters insgesamt zu verbessern.

103 Nicht glücklich ist allerdings die Konsequenz, dass Handelsvertreter in anderen Bereichen, in denen die Regelung des § 5 Abs. 3 ArbGG keine Anwendung findet, als arbeitnehmerähnliche Personen arbeitsrechtliche Ansprüche erwerben können, die dann vor den ordentlichen Gerichten geltend gemacht werden müssen. Das gilt vor allem für Ansprüche nach dem BUrlG (vgl. § 2 BUrlG; s. Rdn 106). Auch die Unwirksamkeit einer Kündigung wegen Verstoßes gegen § 17 MuSchG nF (s. dazu Rdn 55), § 5 PflegeZG (s. dazu Rdn 53, 54 sowie die Erl. zu §§ 5, 6 PflegeZG) bzw. gegen § 8 ArbPlSchG muss dann vor den ordentlichen Gerichten geltend gemacht werden. Umgekehrt kann es in Ausnahmefällen arbeitnehmerähnliche Handelsvertreter iSd ArbGG geben, denen keine Urlaubsansprüche zustehen, weil sie nicht arbeitnehmerähnlich im allgemeinen Sinne sind. Dies allein rechtfertigt aber noch nicht, sich über den eindeutigen Gesetzeswortlaut hinwegzusetzen.

2. Arbeitnehmerähnliche Handelsvertreter im allgemeinen Sinn

a) Abgrenzungskriterien

104 **Außerhalb** des Anwendungsbereichs des § 5 Abs. 3 ArbGG gelten für die Bestimmungen der arbeitnehmerähnlichen Handelsvertreter **die allgemeinen Begriffsmerkmale für arbeitnehmerähnliche Personen**. Es sind keine Besonderheiten zu vermerken, so dass in vollem Umfang auf die Erläuterungen in Rdn 11 ff. verwiesen werden kann. Die Kriterien des § 5 Abs. 3 ArbGG können für die Abgrenzung herangezogen werden, da ihr Vorliegen die Arbeitnehmerähnlichkeit indiziert. Zumindest theoretisch denkbar ist, dass ein Handelsvertreter, der arbeitnehmerähnlich iSd § 5 Abs. 3 ArbGG ist, nach allgemeinen Kriterien nicht arbeitnehmerähnlich ist, weil zB aus besonderen persönlichen Gründen die wirtschaftliche Abhängigkeit oder die soziale Schutzbedürftigkeit entfällt.

105 Die in **§ 12a TVG** genannten Kriterien können – soweit sie die allgemeinen Begriffsmerkmale wiedergeben (s. Rdn 7 ff.) – zur Abgrenzung gleichfalls herangezogen werden. § 12a TVG findet aber kraft ausdrücklicher Regelung auf Handelsvertreter keine Anwendung (§ 12a Abs. 4 TVG), und zwar auch nicht auf die dem Regelungsbereich des § 5 Abs. 3 ArbGG unterfallenden Handelsvertreter (als verfassungswidrig sehen den Ausschluss an *Wiedemann/Wank* § 12a Rn 53; *Kempen/Zachert/Stein* § 12a Rn 35; HWK-*Hennsler* Rn 15; *Preis* FS Hromadka, S. 275, 290 – bedenklich; *Wank* Arbeitnehmer und Selbständige, S. 267; aA *Däubler/Reinecke/Rachor* § 12a Rn 18; ErfK-*Franzen* § 12a TVG Rn 2; *Löwisch/Rieble* § 12a Rn 5 – verfassungskonform).

b) Anwendungsbereich, insbesondere § 2 BUrlG

Praktische Bedeutung hat die allgemeine Begriffsbestimmung des arbeitnehmerähnlichen Handelsvertreters vor allem für den Bereich des **BUrlG** gewonnen. Gem. § 2 BUrlG gelten als Arbeitnehmer iSd Gesetzes auch Personen, die wegen ihrer wirtschaftlichen Unselbständigkeit als arbeitnehmerähnliche Personen anzusehen sind. § 2 BUrlG stimmt insoweit mit dem Wortlaut des § 5 Abs. 1 S. 2 ArbGG überein. Die nach § 5 Abs. 3 ArbGG maßgebende Definition des arbeitnehmerähnlichen Handelsvertreters kann aber nicht auf das BUrlG erweitert werden. Der Wortlaut des § 5 Abs. 3 ArbGG ist insoweit eindeutig. Eine derartige Erweiterung widerspräche auch den gesetzgeberischen Intentionen. In dem Bericht des Ausschusses für Arbeit über den eingebrachten Entwurf eines BUrlG wird ausdrücklich hervorgehoben, dass die Beschränkung des – damaligen – Art. 3 HandelsvertreterG nicht übernommen werden sollte, da sie im Einzelfall zu Unbilligkeiten führen könne (BT-Drucks. IV/785, S. 2 unter III § 2). Für das BUrlG ist daher von dem allgemeinen Begriff der arbeitnehmerähnlichen Person auszugehen (s. vor allem ErfK-*Gallner* § 2 BUrlG Rn 2; *Leinemann/Linck* § 2 BUrlG Rn 43; *Neumann/Fenski/Kühn* § 2 BUrlG Rn 67 ff.). Wie aufgezeigt, kann das zu dem Ergebnis führen, dass der arbeitnehmerähnliche Handelsvertreter Urlaubsansprüche nach dem BUrlG vor den ordentlichen Gerichten geltend machen muss (s. Rdn 103).

106

IV. Fristgerechte Kündigung des Vertragsverhältnisses, § 89 HGB

1. Verhältnis der §§ 89, 89a HGB zu §§ 620 ff. BGB

Ist das Vertragsverhältnis des arbeitnehmerähnlichen Handelsvertreters auf bestimmte Zeit eingegangen, endet es mit dem Zeitablauf, § 620 BGB (s. iE die Erläut. bei § 620 BGB). Mangels eines dem Arbeitnehmer vergleichbaren Kündigungsschutzes (s. Rdn 118 ff.) bestehen gegen die Wirksamkeit einer derartigen – auch mehrfachen – Befristung aus dem Gesichtspunkt der Umgehung des Kündigungsschutzes idR keine Bedenken. Eine Ausnahme gilt nur insoweit, als die insbes. mehrfache Befristung nicht zur Umgehung des dem Handelsvertreter zustehenden eingeschränkten Schutzes bei Beendigung des Arbeitsverhältnisses dienen darf etwa nach § 89 HGB oder nach § 8 ArbPlSchG (s. dazu Rdn 120). In diesem Fall kann ausnahmsweise die Befristung unzulässig und die Annahme eines unbefristeten Vertragsverhältnisses gerechtfertigt sein (vgl. GK-HGB/*Genzow* §§ 89, 89a; *Schlegelberger/Schröder* § 89 Rn 6 sowie die gleich gelagerte Problematik des befristeten Heimarbeitsverhältnisses, KR-*Kreutzberg-Kowalczyk* §§ 29, 29a HAG Rdn 90 ff.).

107

Ist das Vertragsverhältnis hingegen auf unbestimmte Zeit eingegangen, kann es – wie jedes Dauerschuldverhältnis – einseitig nur durch Kündigung aufgelöst werden. § 89 HGB, der zurückgeht auf die Neuregelung des Handelsvertreterrechts durch das HandelsvertreterG und neu gefasst worden ist durch das Gesetz zur Durchführung der EG-Richtlinie zur Koordinierung des Rechts der Handelsvertreter v. 23.10.1989 (BGBl. I S. 1910 – in Kraft seit 1.1.1990), trifft Bestimmungen für die fristgerechte Kündigung, § 89a HGB für die außerordentliche Kündigung. Die allgemeinen Regelungen für die Kündigung von Dienstverhältnissen gelten für das Handelsvertreterverhältnis nur insoweit, als nicht der Anwendungsbereich des §§ 89, 89a HGB berührt ist. §§ 89, 89a HGB gehen im Verhältnis zu diesen Vorschriften vor (*Baumbach/Hopt-Hopt* § 89 Rn 6; *Schlegelberger/Schröder* § 89 Rn 19). Hinter §§ 89, 89a HGB treten also vor allem §§ 621, 626, 628 BGB zurück. **§ 622 BGB** findet schon deshalb keine Anwendung, weil er das Bestehen eines **Arbeitsverhältnisses** voraussetzt. Ob das in § 624 BGB dem Dienstverpflichteten bei Verträgen auf Lebenszeit oder für mehr als fünf Jahre eingegangenen Verträgen eingeräumte Sonderkündigungsrecht auch für den Handelsvertreter gilt, ist umstritten, für den arbeitnehmerähnlichen Handelsvertreter jedoch zu bejahen (s. Rdn 125). **Keine Anwendung findet § 623 BGB**, da es sich nicht um ein Arbeitsverhältnis handelt, s. Rdn 27 u. KR-*Kreutzberg-Kowalczyk* §§ 29, 29a HAG Rdn 23.

108

§§ 89, 89a HGB gelten grds. auch für die Vertragsverhältnisse arbeitnehmerähnlicher Handelsvertreter, da es sich bei ihnen um Handelsvertreter, nicht um Arbeitnehmer handelt. Eine Übernahme arbeitsrechtlicher Kündigungsvorschriften käme nur in Frage, wenn das besondere Schutzbedürfnis des arbeitnehmerähnlichen Handelsvertreters dies verlangte. Soweit die Einhaltung von

109

Kündigungsfristen in Frage steht, gewährt § 89 HGB einen – auch im Vergleich zu anderen Gruppen arbeitnehmerähnlicher Personen – **hinreichenden Kündigungsschutz**, so dass es einer Ausweitung nicht bedarf (s. Rdn 124).

2. Kündigungsfristen

a) Regelfristen

110 Nach der zum 1.1.1990 in Kraft getretenen Neufassung (Gesetz v. 23.10.1989, BGBl. I S. 1910; vgl. dazu etwa *Küstner/v. Manteuffel* BB 1990, 291; zum früheren Rechtszustand s. die 4. Aufl.) kann ein auf unbefristete Zeit eingegangenes Vertragsverhältnis – übrigens unabhängig vom Lebensalter bei Beginn der Beschäftigung – im ersten Jahr der Vertragsdauer mit einer Frist von einem Monat, im zweiten Jahr mit einer Frist von zwei Monaten und im dritten bis fünften Jahr mit einer Frist von drei Monaten gekündigt werden (§ 89 Abs. 1 HGB). Nach einer Vertragsdauer von fünf Jahren beträgt die Kündigungsfrist sechs Monate. Hierbei handelt es sich um Mindestfristen, die nicht weiter herabgesetzt werden können. Maßgeblich ist die Gesamtdauer des Vertragsverhältnisses, § 89 Abs. 3 HGB. Die Kündigung ist nur für den Schluss eines Kalendermonats zulässig; insoweit kann allerdings eine abweichende Vereinbarung getroffen werden, § 89 Abs. 1 S. 3 HGB. Der **Lauf der Kündigungsfrist** bestimmt sich nach §§ 187 ff. BGB. Keine Anwendung findet § 193 BGB. Die Sechswochenfrist muss in jedem Fall voll gewahrt sein. Die Kündigung ist nicht mehr am nachfolgenden Werktag möglich, wenn der letzte Tag vor Beginn der Kündigungsfrist ein Samstag, Sonntag oder gesetzlicher Feiertag ist (*Baumbach//Hopt-Hopt* § 89 Rn 14; *BAG* 5.3.1970 – 2 AZR 112/69; *BGH* 28.9.1972 – VII ZR 186/71; iE s. KR-*Spilger* § 622 BGB Rdn 154).

111 Für die Frage, ob die Kündigung **im ersten, zweiten oder dritten bis fünften Jahr** des Bestehens des Handelsvertreterverhältnisses erfolgt, ist grds. maßgebend der **Tag des Zugangs** der Kündigung, nicht der Tag, zu dem die Kündigung das Vertragsverhältnis auflöst. Der Tag, zu dem gekündigt wird, das Quartalsende oder Monatsende, kann **nach Ablauf** des jeweils maßgeblichen Zeitraumes liegen. Voraussetzung ist allerdings, dass der **letzte Tag vor Beginn der Kündigungsfrist** – an dem die Kündigung spätestens ausgesprochen werden muss – noch **vor Ablauf** des Jahreszeitraums liegt (ähnlich *Schlegelberger/Schröder* § 89 Rn 18; vgl. im Übrigen zu einer vergleichbaren Problematik etwa *BAG* 10.2.1967 – 2 AZR 73/66, m. zust. Anm. von *Schnorr von Carolsfeld* in AP Nr. 6 zu § 19 SchwbG; 21.4.1966 – 2 AZR 264/65).

b) Abänderung der Frist

112 Es fehlt eine § 622 Abs. 3 BGB entsprechende Regelung für eine weitere Herabsetzung der Kündigungsfrist durch **tarifliche Regelung**. Das ist selbstverständlich, da Handelsvertreter keine Arbeitnehmer sind, also auch keine tariffähige Arbeitnehmervereinigung bilden können. § 12a TVG, der die entsprechende Anwendung des TVG für arbeitnehmerähnliche Personen bestimmt, nimmt Handelsvertreter ausdrücklich von seinem Geltungsbereich aus (s. dazu aber Rdn 105).

c) Gleichheit abgeänderter Fristen

113 Die Kündigungsfristen können durch Vereinbarung (nur) verlängert werden, § 89 Abs. 2 S. 1 HGB. Die Frist darf für den Unternehmer nicht kürzer sein als diejenige für den Handelsvertreter; bei einem Verstoß gilt für beide die für den Handelsvertreter vereinbarte Frist. Dieser Regelung entspricht § 622 Abs. 6 BGB, der allerdings keine Regelung darüber enthält, welche Frist bei einem Verstoß gilt. Das *BAG* (2.6.2005 – 2 AZR 296/04) wendet insoweit § 89a HGB analog an. Die Vereinbarung einer längeren Frist für die Kündigung durch den Unternehmer ist zulässig (*Baumbach/Hopt-Hopt* § 89 Rn 29; *Küstner/v. Manteuffel* BB 1990, 297).

114 Auch wenn dies im Gesetzeswortlaut nicht ausdrücklich hervorgehoben ist, kann sich eine nach § 89 Abs. 2 HGB unzulässige Ungleichheit nicht nur aus der Länge der Frist, sondern auch aus der **Festlegung der Beendigungstermine** ergeben. Können also beide Vertragspartner unter Einhaltung einer Monatsfrist kündigen, der Handelsvertreter aber nur zum Quartalsende, der Unternehmer

hingegen zum Monatsende, so ist die Kündigungsmöglichkeit für den Handelsvertreter im Vergleich zum Unternehmer erschwert. Praktisch führt die Beschränkung auf einzelne Kündigungstermine zu einer Verlängerung der Frist. Es ist daher sachgerecht, auch diesen Fall unter § 89 Abs. 2 HGB einzuordnen. Maßgebend ist dann die Regelung, welche eingeschränktere Kündigungsmöglichkeiten enthält, im Beispielsfall die Möglichkeit der Kündigung mit Monatsfrist zum Quartalsende (wie hier *Baumbach/Hopt-Hopt* § 89 Rn 27; aA *Schlegelberger/Schröder* § 89 Rn 15).

3. Keine Anwendung auf Handelsvertreter im Nebenberuf

Gem. § 92b Abs. 1 S. 1 HGB findet § 89 HGB keine Anwendung auf den **Handelsvertreter im Nebenberuf** (§ 92a Abs. 1 S. 1 HGB). Ob der Handelsvertreter nur als Handelsvertreter im Nebenberuf tätig ist, bestimmt sich nach der **Verkehrsauffassung** (§ 92b Abs. 3 HGB). Die Regelung des § 92b HGB geht davon aus, dass der nebenberuflich tätige Handelsvertreter nicht des Schutzes der §§ 89, 89b HGB bedarf, weil seine wirtschaftliche Existenz nicht auf dieser Tätigkeit, sondern auf einer anderen Grundlage, insbes. einem vorrangig ausgeübten Hauptberuf, beruht (*BGH* 18.4.2007 – VIII ZR 117/06, Rn 23 mwN und unter Bezugnahme auf BT-Drucks. I/3856 S. 7, 42). Voraussetzung ist daher, dass der Handelsvertreter neben der Handelsvertretertätigkeit eine andere Tätigkeit ausübt, die nach Umfang oder Einkommen als Hauptberuf angesehen werden muss. Dabei braucht es sich **nicht** unbedingt um eine **Erwerbstätigkeit** zu handeln. Nebenberufliche Handelsvertreter iSd § 92b HGB kann zB auch ein Student sein. Denkbar ist ausnahmsweise auch, dass der nebenberufliche Handelsvertreter keinen eigentlichen Hauptberuf mehr ausübt, also etwa Rentner ist (vgl. iE *Baumbach/Hopt-Hopt* § 92b Rn 2; Staub-HGB/*Emde* § 92b Rn 6; RvW-*Küstner* § 92b Rn 3; *Baums* BB 1986, 891; *Küstner* BB 1966, 1212; GK-HGB/*Genzow* § 92b Rn 2; *Schlegelberger/Schröder* § 92b Rn 2a–d; vgl. auch *BGH* 18.4.2007 – VIII ZR 117/06, Rn 23). 115

Wegen der geringeren Schutzbedürftigkeit des nebenberuflichen Handelsvertreters gewährt § 92b HGB **erleichterte Kündigungsmöglichkeiten**. § 89 HGB ist nicht anwendbar. Das Vertragsverhältnis kann grds. mit einer Frist von **einem Monat zum Monatsende** gekündigt werden. **Abweichende Vereinbarungen** können getroffen werden, wobei die Kündigungsfrist für beide Teile gleich sein muss. Ein **Verstoß** hiergegen führt nicht wie bei § 89 Abs. 2 S. 2 HGB zur Wirksamkeit der längeren Frist. Mangels entsprechender gesetzlicher Regelung greift in diesem Fall vielmehr die **gesetzliche Frist** des § 92b Abs. 1 HGB ein (*Schlegelberger/Schröder* § 92b Rn 3; *Baumbach/Hopt-Hopt* § 92b Rn 7). 116

Auf die erleichterten Kündigungsmöglichkeiten kann sich der Unternehmer allerdings **nur** berufen, wenn er den Handelsvertreter **ausdrücklich als Handelsvertreter im Nebenberuf** mit der Vermittlung oder dem Abschluss von Geschäften **betraut** hat (§ 92b Abs. 2 HGB). Hat er dies nicht getan, kann er sie auch dann nicht für sich in Anspruch nehmen, wenn der Handelsvertreter tatsächlich nur nebenberuflich tätig ist. Umgekehrt kann sich der Handelsvertreter auch in diesem Fall nach Maßgabe des § 92b Abs. 1 HGB von dem Vertragsverhältnis trennen. § 92b Abs. 2 HGB verweigert nur dem Unternehmer die Berufung auf Abs. 1. Die ausdrückliche Einstellung als Handelsvertreter im Nebenberuf ist bedeutungslos, wenn der Handelsvertreter nach der Verkehrsauffassung die Voraussetzungen eines **hauptberuflichen Handelsvertreters** erfüllt. In diesem Fall bleibt es für Unternehmer und Handelsvertreter bei der allgemeinen Regelung des § 89 HGB. Der Handelsvertreter trägt allerdings die **Beweislast** dafür, dass er entgegen der ausdrücklichen Bezeichnung als nebenberuflicher Handelsvertreter im Hauptberuf ist (*Baumbach/Hopt-Hopt* § 92b Rn 3; *LAG Hamm* 12.1.1971 – 5 Sa 119/70). 117

4. Sonderkündigungsschutz

a) Keine Anwendung arbeitsrechtlicher Bestimmungen

Die Vertragsverhältnisse arbeitnehmerähnlicher Handelsvertreter unterliegen grds. **nicht den arbeitsrechtlichen Sonderkündigungsschutzregelungen**, soweit diese sie nicht ausdrücklich in ihren Schutzbereich einbeziehen. Es gelten also keine Besonderheiten gegenüber den sonstigen 118 arbeitnehmerähnlichen Personen. **Unanwendbar** sind danach das **KSchG** (s. Rdn 47), das **SGB IX** für schwerbehinderte Menschen als Handelsvertreter (s. Rdn 48). Unanwendbar ist auch **§ 613a BGB** (s. Rdn 52). Insoweit steht der arbeitnehmerähnliche Handelsvertreter hinter der Sondergruppe der Heimarbeiter zurück, die ausdrücklich in den Bereich des SGB IX einbezogen sind (s. Rdn 53).

b) § 5 PflegeZG

119 Arbeitnehmerähnliche Handelsvertreter iSd allgemeinen Definition genießen allerdings **Sonderkündigungsschutz gem. § 5 PflegeZG**. Der Gesetzgeber hat mit dieser zum 1.7.2008 in Kraft getretenen Regelung erstmals arbeitnehmerähnliche Personen hinsichtlich eines partiellen Sonderkündigungsschutzes den Arbeitnehmern generell gleichgestellt (vgl. dazu iE Rdn 53 sowie KR-*Kreutzberg-Kowalczyk* §§ 29, 29a HAG Rdn 77). Dieser Sonderkündigungsschutz gilt nach **§ 2 Abs. 3 FPfZG** auch für die Inanspruchnahme von **Familienpflegezeit**.

c) § 8 ArbPlSchG

120 Einen gewissen Schutz für Handelsvertreter – **und zwar allgemein**, nicht nur für den arbeitnehmerähnlichen Handelsvertreter – bietet hingegen § 8 ArbPlSchG. Gem. § 8 Abs. 1 ArbPlSchG wird das Vertragsverhältnis zwischen einem Handelsvertreter und dem Unternehmer **nicht** durch die Einberufung des Handelsvertreters zum Grundwehrdienst oder zu einer Wehrübung gelöst. Der Unternehmer darf das Vertragsverhältnis **aus Anlass der Einberufung zum Grundwehrdienst oder zu einer Wehrübung nicht kündigen** (§ 8 Abs. 4 ArbPlSchG). Im Unterschied zum Arbeitnehmer genießt also der Handelsvertreter keinen absoluten Schutz vor fristgerechten Kündigungen während der Wehrdienstzeit. Der Unternehmer darf nicht den Wehrdienst zum Anlass der Kündigung nehmen, aber zum Beispiel aus betrieblichen Gründen kündigen. Da § 8 ArbPlSchG keine dem § 2 Abs. 2 S. 3 ArbPlSchG entsprechende Regelung der **Beweislast** zu Lasten des Unternehmers enthält, ist davon auszugehen, dass nach allgemeinen Beweisgrundsätzen der Handelsvertreter die Beweislast trägt für die ihm günstige Behauptung, der Unternehmer habe aus Anlass des Wehrdienstes gekündigt. Bei einem unmittelbaren zeitlichen Zusammenhang zwischen Vorlage des Einberufungsbescheides oder der Einberufung selbst und der Kündigung können zugunsten des Handelsvertreters unter Umständen die Grundsätze des **Anscheinsbeweises** eingreifen.

121 Kein dringendes betriebliches Erfordernis für eine Kündigung idS ist allerdings die zeitweise Behinderung des Handelsvertreters an der Ausübung seiner Tätigkeit und die dadurch bedingte Notwendigkeit einer anderweitigen Betreuung seines Bezirks. § 8 Abs. 5 und 6 ArbPlSchG trifft gerade für diesen Fall besondere Regelungen. Danach kann der Unternehmer vom Handelsvertreter die Erstattung der ihm oder den von ihm beauftragten Angestellten oder anderen Handelsvertretern entstehenden Aufwendungen verlangen, die durch die Wahrnehmung der dem einberufenen Handelsvertreter obliegenden Aufgaben entstehen. **Obergrenze** ist die Vergütung des Handelsvertreters. Nach § 8 Abs. 6 ArbPlSchG ist der Unternehmer während des Wehrdienstes eines Handelsvertreters auch dann berechtigt, sich selbst oder durch andere um die Vermittlung oder den Abschluss von Geschäften zu bemühen, wenn der einberufene Handelsvertreter zum Alleinvertreter bestellt ist.

d) § 17 MuSchG

122 Mit der der seit dem **1.1.2018 geltenden Neufassung des MuSchG** (Gesetz zum Schutz von Müttern bei der Arbeit, in der Ausbildung und im Studium, BGBl. I S. 1228) sind Frauen, die wegen ihrer wirtschaftlichen Unselbstständigkeit als arbeitnehmerähnliche Person anzusehen sind, also auch die arbeitnehmerähnliche Handelsvertreterin, kraft ausdrücklicher Regelung dem MuSchG unterstellt (§ 1 Abs. 2 Nr. 7 MuSchG nF). Sie genießen damit den besonderen Kündigungsschutz des § 17 MuSchG nF (§ 9 MuSchG aF).

e) Betriebsverfassungsrechtliche Stellung

Keine Anwendung finden auf den arbeitnehmerähnlichen Handelsvertreter die Bestimmungen des **BetrVG**. Eine der in § 5 Abs. 1 S. 2 BetrVG für Heimarbeiter getroffene Regelung (s. KR-*Kreutzberg-Kowalczyk* §§ 29, 29a HAG Rdn 38) entsprechende ausdrückliche Einbeziehung auch der arbeitnehmerähnlichen Handelsvertreter in das BetrVG fehlt. Die Kündigung des Vertragsverhältnisses eines arbeitnehmerähnlichen Handelsvertreters bedarf also nicht der vorherigen Anhörung des Betriebsrats gem. § 102 BetrVG; s.a. Rdn 51.

5. Entsprechende Anwendung arbeitsrechtlicher Bestimmungen

a) Allgemeines

Die Bestimmung des § 89 HGB bietet dem arbeitnehmerähnlichen Handelsvertreter einen **begrenzten Schutz** vor Kündigungen durch den Unternehmer. Der arbeitnehmerähnliche Handelsvertreter steht bzgl. der Einhaltung von Kündigungsfristen **besser als vergleichbare andere arbeitnehmerähnliche Personen**. Einer entsprechenden Anwendung arbeitsrechtlicher Vorschriften, wie sie teilweise für arbeitnehmerähnliche Personen erwogen wird (etwa KR-*Rost* 11. Aufl., Rn 70 ff.), bedarf es daher nicht. Auch bzgl. der Anwendung von arbeitsrechtlichen Sonderkündigungsschutzbestimmungen ist der arbeitnehmerähnliche Handelsvertreter nicht schlechter gestellt als vergleichbare arbeitnehmerähnliche Personen, die Heimarbeiter ausgenommen. Angesichts der eindeutigen Regelung dieser Gesetze, insbes. der ausdrücklichen Hervorhebung gerade der in Heimarbeit Beschäftigten, ist eine – rechtspolitisch erwägenswerte – Ausweitung der Sonderkündigungsschutzbestimmungen auch auf arbeitnehmerähnliche Handelsvertreter nicht möglich (s.a. Rdn 42 ff.). Allerdings gelten auch für arbeitnehmerähnliche Handelsvertreter die Generalklauseln der §§ 138, 242 BGB, über die der nach Art. 12 Abs. 1 GG gebotene Mindestschutz zu gewähren ist; eine gegen das Diskriminierungsverbot des – gleichfalls anwendbaren – § 7 Abs. 1 AGG verstoßende Kündigung kann gem. § 134 BGB unwirksam sein (s. dazu iE Rdn 56 u. KR-*Kreutzberg-Kowalczyk* §§ 29, 29a HAG Rdn 70).

b) § 624 BGB

Anwendbar auf die Rechtsverhältnisse arbeitnehmerähnlicher Handelsvertreter ist allerdings § 624 BGB, wonach für die Lebenszeit einer Person oder für länger als fünf Jahre eingegangene Dienstverhältnisse von dem Verpflichteten nach Ablauf von fünf Jahren mit einer Kündigungsfrist von sechs Monaten gekündigt werden können. Dies wurde für die Rechtsverhältnisse der Handelsvertreter teilweise verneint mit Rücksicht auf den besonderen sozialen Schutzzweck des § 624 BGB, der auf den Handelsvertreter als solchen nicht zutreffe (vgl. *Boldt* BB 1962, 906; *Duden* NJW 1962, 1326; LG Hmb. 27.11.1962 – 22 O 137/61, m. zust. Anm. *Würdinger* in NJW 1963, 1550; OLG Stuttg. 16.6.1964 – 5 U 209/63, m. zust. Anm. *Rittner* in NJW 1964, 2255; vgl. auch Staub-HGB/*Emde* § 89 Rn 69). Demgegenüber wird heute überwiegend die Auffassung vertreten, dass § 624 BGB auch auf den Handelsvertreter anzuwenden ist, **wenn das dienstvertragliche (personale) Element vorherrscht** (APS-*Backhaus* § 624 BGB Rn 6; ErfK-*Müller-Glöge* § 624 BGB Rn 1; MüKo-BGB/*Hennsler* § 624 BGB Rn 4; Staudinger/*Preis* § 624 Rn 4; *Baumbach/Hopt-Hopt* § 89 Rn 7; KR-*Fischermeier/Krumbiegel* § 624 BGB Rdn 5; offen gelassen in BGH 9.6.1969 – KVR 6/68). Dem ist zuzustimmen. Jedenfalls ist § 624 BGB für **arbeitnehmerähnliche Handelsvertreter anwendbar** (so auch Bader/Bram-*Bader* § 624 BGB Rn 3; ähnlich wohl auch *Rittner* Anm. OLG Stuttg. 16.6.1964 – 5 U 209/63; unklar RvW-*Küstner* § 89 Rn 7). Dabei ist auszugehen von dem allgemein definierten Begriff der Arbeitnehmerähnlichkeit, nicht dem des § 5 Abs. 3 ArbGG.

6. Geltendmachung der Unwirksamkeit der Kündigung

Will der arbeitnehmerähnliche Handelsvertreter die **Unwirksamkeit einer Kündigung** geltend machen – insbes. die Nichteinhaltung der Kündigungsfrist – kann er dies im Wege der **Leistungsklage** oder der **Feststellungsklage** tun (s. iE Rdn 79 ff.). Liegen die Voraussetzungen des § 5 Abs. 3

ArbGG vor (s. iE Rdn 94), ist die Klage vor dem **ArbG** zu erheben, andernfalls vor den **ordentlichen Gerichten**, selbst wenn Arbeitnehmerähnlichkeit nach allgemeinen Gesichtspunkten zu bejahen ist. Die Klage ist an keine Frist gebunden. § 4 KSchG findet keine Anwendung. Das Recht des Beschäftigten, die Unwirksamkeit der Kündigung geltend zu machen, kann allerdings verwirken (s. dazu iE KR-*Klose* § 7 KSchG Rdn 37 ff.)

V. Außerordentliche Kündigung des Vertragsverhältnisses, § 89a HGB

1. Allgemeines

127 Gemäß § 89a HGB kann das Vertragsverhältnis des Handelsvertreters von jedem Teil **aus wichtigem Grund ohne Einhaltung einer Kündigungsfrist** gekündigt werden. § 89a HGB verdrängt als speziellere Regelung die Regelung über die außerordentliche Kündigung von Dienstverhältnissen in § **626 BGB** (st. Rspr. d. *BGH*, etwa 29.6.2011 – VIII ZR 212/08, Rn 19 mwN; s.a. Rdn 107). Ein **wesentlicher Unterschied** in der entscheidenden Frage des Begriffs des wichtigen Grundes besteht aber **nicht**. Es kann daher auf die zu § 626 BGB entwickelten Grundsätze zurückgegriffen werden (s. Rdn 129 ff.).

2. Kündigung als Willenserklärung und Begründung der Kündigung

128 Für die außerordentliche Kündigung als **Willenserklärung** gelten keine Besonderheiten gegenüber der außerordentlichen Kündigung eines Arbeitsverhältnisses. Sie bedarf jedoch **keiner Form**, da § **623 BGB keine Anwendung findet** (s. Rdn 42, 57, 68). § 626 Abs. 2 S. 3 BGB, wonach der Kündigende auf Verlangen dem anderen Teil unverzüglich den Kündigungsgrund schriftlich mitteilen muss, findet in § 89a HGB keine Entsprechung. Man wird dennoch annehmen müssen, dass der Unternehmer jedenfalls gegenüber dem arbeitnehmerähnlichen Handelsvertreter verpflichtet ist, **auf Verlangen die Kündigungsgründe mitzuteilen** (so auch *Baumbach/Hopt-Hopt* § 89a Rn 14; EBJ-*Löwisch* § 89a Rn 4; *Heymann/Sonnenschein/Weitemeyer* § 89a Rn 27; GK-HGB/*Genzow* § 89a Rn 8; RvW-*Küstner* § 89a Rn 6; *LG Köln* 11.9.1991 – 91 O 108/91, s. dort auch zum Inhalt des Anspruchs). Das wird über den Rahmen des § 626 Abs. 2 S. 3 BGB hinaus für das Arbeitsverhältnis dann anerkannt, wenn die Kündigung nicht ohne weiteres möglich ist, der Arbeitnehmer also etwa Kündigungsschutz genießt (vgl. APS-*Preis* Grundlagen D Rn 26). Begründet wird dies mit der den jeweiligen Vertragspartnern nach § 241 Abs. 2 BGB obliegenden Pflicht zur Rücksicht auf die Rechte, Rechtsgüter und Interessen des anderen Teils, die in § 626 Abs. 2 S. 3 BGB ihre Konkretisierung gefunden hat. Der Gekündigte hat ein berechtigtes Interesse daran, die Kündigungsgründe zu erfahren, da er erst dann beurteilen kann, ob die Kündigung wirksam ist. Wegen der Nähe des Verhältnisses des arbeitnehmerähnlichen Handelsvertreters zum Arbeitsverhältnis ist eine solche Begründungspflicht auf Verlangen des Gekündigten auch hier zu bejahen, und zwar nicht nur für den Unternehmer, sondern auch für den kündigenden Handelsvertreter. Dieser Schritt liegt umso näher, als § 626 Abs. 2 S. 3 BGB nicht auf Arbeitsverhältnisse beschränkt ist, sondern ganz allgemein für **Dienstverhältnisse** gilt, das Handelsvertreterverhältnis aber seiner rechtlichen Gestalt nach ein Dienstverhältnis ist (s. Rdn 92). Der arbeitnehmerähnliche Handelsverterter hat deshalb auch Anspruch nicht nur auf eine mündliche, sondern eine **schriftliche Begründung** (*Baumbach/Hopt-Hopt* § 89a Rn 14; EBJ-*Löwisch* § 89a Rn 83; RvW-*Küstner* § 89a Rn 6). Eine **Verletzung der Begründungspflicht** führt **nicht zur Unwirksamkeit** der Kündigung. Der Kündigende kann sich aber uU schadenersatzpflichtig machen (vgl. EBJ-*Löwisch* § 89a Rn 83; APS-*Preis* Grundlagen D Rn 27).

3. Begriff des wichtigen Grundes

a) Allgemeine Definition

129 § 89a HGB gibt **keine Aufzählung beispielhafter Tatbestände**, welche einen wichtigen Grund darstellen. Er enthält sich auch einer **abstrakten Definition** des Begriffs des wichtigen Grundes. Daher ist auf die **Legaldefinition in § 314 Abs. 1 S. 2 BGB** zurückzugreifen, wonach ein wichtiger Grund

für die Kündigung eines Dauerschuldverhältnisses vorliegt, wenn dem kündigenden Teil unter Berücksichtigung aller Umstände des Einzelfalls und unter Abwägung der beiderseitigen Interessen die Fortsetzung des Vertragsverhältnisses bis zur vereinbarten Beendigung oder bis zum Ablauf einer Kündigungsfrist nicht zugemutet werden kann (BAG 21.4.2016 – 8 AZR 753/14, Rn 38 mwN zur Rspr. des BGH; *Baumbach/Hopt-Hopt* § 89a Rn 6; auf die Definition des § 626 Abs. 1 BGB zurückgreifend GK-HGB/*Genzow* § 89a Rn 2 ff.; *Schlegelberger/Schröder* § 89a Rn 2, 4).

b) Einzelheiten

Entscheidend sind die Umstände des Einzelfalles. Wegen der Nähe zum Arbeitsverhältnis kann gerade für den arbeitnehmerähnlichen Handelsvertreter bzgl. der einzelnen Fallgruppen zunächst auf die Erläuterungen zu § 626 BGB verwiesen werden (s. KR-*Fischermeier/Krumbiegel* § 626 BGB Rdn 420 ff.), wobei zu beachten ist, dass sich die vertraglichen Pflichten schon wegen der fehlenden Weisungsgebundenheit iSd § 611a Abs. 1 S. 2 u. 3 BGB, § 106 GewO des Handelsvertreters unterscheiden. Hinsichtlich der **wichtigen Gründe für eine Kündigung durch den Unternehmer** wird zudem auf die ausf. Übersichten bei *Baumbach/Hopt-Hopt* § 89a Rn 16 ff.; EBJ-*Löwisch* § 89a Rn 63 ff. u. 73 ff.; Staub-HGB/*Emde* § 89 Rn 27; *Heymann/Sonnenschein/Weitemeyer* § 89a Rn 9 ff. sowie bei RvW-*Küstner* § 89a Rn 11 ff. (jeweils mN aus der Rspr.) verwiesen. 130

Hinsichtlich der **wichtigen Gründe**, die dem **arbeitnehmerähnlichen Handelsvertreter** ein Recht zur außerordentlichen Kündigung geben, kann gleichfalls auf § 626 BGB und die in den vorgenannten Übersichten zusammengestellten Fallgruppen verwiesen werden (s.a. iE KR-*Fischermeier/Krumbiegel* § 626 BGB Rdn 482 ff.). **Hervorzuheben** etwa sind hier die folgenden Gründe: **Trotz Abmahnung wiederholt unpünktliche Provisionszahlung oder Erteilung von Abrechnungen** durch den Unternehmer, **wiederholte grundlose Ablehnung von vermittelten Geschäften, Abwerben von Kunden in den Direktbezug, dauernde Schlechtlieferung** (vgl. auch *Baumbach/Hopt-Hopt* § 89a Rn 22 ff.; Staub-HGB/*Emde* § 89 Rn 27; GK-HGB/*Genzow* § 89a Rn 6; *Schlegelberger/Schröder* § 89a Rn 11). 131

4. Frist zur Geltendmachung der Kündigungsgründe

§ 89a enthält **keine** § 626 Abs. 2 S. 1 BGB vergleichbare Regelung, wonach die Kündigung **nur innerhalb von zwei Wochen** erfolgen kann, nachdem der Kündigungsberechtigte von den für die Kündigung maßgebenden Tatsachen Kenntnis erlangt hat. § 626 BGB wird von der spezielleren Regelung des § 89a HGB insgesamt verdrängt, weshalb § 626 Abs. 2 S. 1 BGB nicht – mangels einer Regelungslücke (vgl. dazu *BAG* 11.6.1992 – 8 AZR 537/91, zu A II b der Gründe) auch **nicht analog** – angewandt werden kann (*BGH* 29.6.2011 – VIII ZR 212/08, Rn 19 mwN; 27.1.1982 – VIII ZR 295/80, zu II 1 b der Gründe; Bader/Bram-*Kreutzberg-Kowalczyk* § 626 BGB Rn 13; ErfK-*Niemann* § 626 BGB Rn 203; *Baumbach/Hopt-Hopt* § 89a Rn 30; Staudinger/*Preis* § 626 BGB Rn 28; *Heymann/Sonnenschein/Weitemeyer* § 89a Rn 30; GK-HGB/*Genzow* § 89a Rn 8 ff.; *Schlegelberger/Schröder* § 89a Rn 13; *Börner/Hubert* BB 1989, 1633; MüKo-BGB/*Henssler* § 626 Rn 18; aA *Rost* KR 11. Aufl., ArbNähnl. Pers. Rn 148; allgemein für den Handelsvertreter bejaht die Anwendung *Kindler* BB 1988, 2051). Vielmehr ist § 314 Abs. 3 BGB anzuwenden, der eine allgemeine Regelung für die Kündigung von Dauerschuldverhältnissen aus wichtigem Grund enthält. Danach kann der Kündigungsberechtigte, nur innerhalb einer **angemessenen Frist** kündigen, nachdem er vom Kündigungsgrund Kenntnis erlangt hat. Da aber § 626 Abs. 2 S. 1 BGB Ausdruck dieses in § 314 Abs. 3 BGB normierten **allgemeinen Rechtsgedankens** ist, wonach der Kündigungsberechtigte mit dem Ausspruch der Kündigung nicht übermäßig lange warten darf, will er nicht sein Kündigungsrecht verwirken, wird man die Frist des § 626 Abs. 2 S. 1 BGB als Maßstab für den Zeitraum, den der Kündigungsberechtigte im Regelfall als angemessene Frist verstreichen lassen darf, verwenden können; dies insbes. beim arbeitnehmerähnlichen Handelsvertreter wegen der Nähe zum Arbeitsverhältnis. Wartet er länger als zwei Wochen, liegt die Annahme einer Verwirkung nahe (vgl. auch *BGH* 14.4.1983 – I ZR 37/81, zur Frage der fristlosen Kündigung eines Handelsvertretervertrages, wenn der Unternehmer die Kündigung nicht unverzüglich, sondern erst 132 nach einer zweimonatigen Überlegungsfrist erklärt; nach *BGH* 12.3.1992 – I ZR 117/90 – ist der Ausspruch einer fristlosen Kündigung mehr als vier Monate nach Eintritt des maßgeblichen Grundes verspätet; s. iE *Baumbach/Hopt-Hopt* § 89a Rn 30 ff.).

5. Kein Ausschluss der außerordentlichen Kündigung

133 Das Recht zur außerordentlichen Kündigung kann **nicht ausgeschlossen oder beschränkt werden**. § 89a Abs. 1 S. 2 HGB spricht aus, was für § 626 BGB auch ohne gesetzliche Regelung gleichermaßen anerkannt ist (s. KR-*Fischermeier/Krumbiegel* § 626 BGB Rdn 64 ff.; Bader/Bram-*Kreutzberg-Kowalczyk* § 626 BGB Rn 15 ff.). Unzulässig sind Vereinbarungen, welche das Recht zur außerordentlichen Kündigung ganz ausschließen, aber auch Vereinbarungen, wonach bestimmte Gründe die Kündigung nicht rechtfertigen. Nach der Rspr. des *BGH* können umgekehrt allerdings **bestimmte Gründe im Vertrag vereinbart** werden, die eine vorzeitige Vertragsbeendigung rechtfertigen; die Berechtigung zur außerordentlichen Kündigung soll dann nicht davon abhängen, dass zusätzlich noch besondere Umstände vorliegen, die ein Festhalten am Vertrag unzumutbar machen (*BGH* 7.7.1988 – I ZR 78/87; 12.3.1992 – I ZR 117/90; s. iE auch *Heymann/Sonnenschein/Weitemeyer* § 89a Rn 11; krit. zum *BGH Schwerdtner* DB 1989, 1757). Besondere Umstände können aber eine Ausübung des an sich gegebenen Kündigungsrechts als treuwidrig erscheinen lassen (*BGH* 7.7.1988 – I ZR 78/87). Dem kann – u. a. wegen der in § 89 HGB festgesetzten Mindestkündigungsfristen – **nur insoweit gefolgt werden**, als es um **Tatbestände geht, die an sich als wichtige Gründe geeignet sind**; der Festlegung entsprechender tatsächlicher Voraussetzungen ist dann im Rahmen der Gesamtabwägung Rechnung zu tragen (s.a. *Schwerdtner* DB 1989, 1757; zu § 626 BGB iE KR-*Fischermeier/Krumbiegel* § 626 BGB Rdn 75 ff.).

6. Schadenersatzansprüche

134 Wird die Kündigung des arbeitnehmerähnlichen Handelsvertreters durch ein Verhalten veranlasst, das der andere Teil zu vertreten hat, so ist dieser zum **Ersatz des durch die Aufhebung des Vertragsverhältnisses entstehenden Schadens** verpflichtet (§ 89a Abs. 2 HGB). Diese Bestimmung entspricht § 628 Abs. 2 BGB (s. dazu *BAG* 26.7.2001 – 8 AZR 739/00, m. Anm. *Krause* in EzA § 628 BGB Nr. 19). Der dort verwendete Begriff des **vertragswidrigen** Verhaltens ist inhaltsgleich mit dem Begriff des zu **vertretenden Verhaltens** (so auch *Baumbach/Hopt-Hopt* § 89a Rn 34; Staub-HGB/*Emde* § 89 Rn 59). Wegen der Einzelheiten kann daher auf Erläuterungen zu § 628 BGB verwiesen werden (s. KR-*Weigand* § 628 BGB Rdn 16 ff.).

VI. Folgen aus der Beendigung des Vertragsverhältnisses

1. Anspruch auf Erteilung eines Zeugnisses

135 Nach Beendigung des Vertragsverhältnisses hat der arbeitnehmerähnliche Handelsvertreter **Anspruch auf Erteilung eines Zeugnisses** gem. § 630 BGB. Das ist für den nicht arbeitnehmerähnlichen Handelsvertreter umstritten (vgl. iE *Schlegelberger/Schröder* § 89 Rn 33; Staudinger/*Preis* § 630 Rn 3 mwN). Der Anspruch wird teilweise verneint, da § 630 BGB trotz seines allgemeinen Wortlautes nur Dienstverhältnisse im Auge habe, die eine gewisse persönliche Abhängigkeit und Unterordnung begründen. Dieser Personenkreis bedürfe des Zeugnisses zur Erleichterung des Fortkommens in einer anderen dienenden Stellung (vgl. Staudinger/*Preis* § 630 Rn 3).

136 Ob dies allgemein zutreffend ist, mag dahingestellt bleiben (krit. *Schlegelberger/Schröder* § 89 Rn 33). Der **arbeitnehmerähnliche Handelsvertreter** befindet sich jedenfalls in einer dem Arbeitnehmer vergleichbaren Stellung, er ist für sein Fortkommen in gleicher Weise wie jener auf ein Zeugnis angewiesen. Dementsprechend wird sein **Anspruch auf Erteilung eines Zeugnisses** denn auch allgemein **anerkannt** (ErfK-*Müller-Glöge* § 630 BGB Rn 2; *Schlegelberger/Schröder* § 89 Rn 33; Staudinger/*Preis* § 630 Rn 3). Der Begriff des arbeitnehmerähnlichen Handelsvertreters bestimmt sich dabei hier wiederum nach den **allgemeinen Kriterien** (s. Rdn 104). Denkbar ist also,

dass der arbeitnehmerähnliche Handelsvertreter den Zeugnisanspruch vor den ordentlichen Gerichten durchsetzen muss (s. Rdn 103).

Der **Inhalt** des Zeugnisanspruchs richtet sich nach § 630 BGB. Das Zeugnis ist grds. über das Dienstverhältnis und dessen Dauer auszustellen. Auf Verlangen ist es auf die Leistung und die Führung im Dienst zu erstrecken. 137

2. Provisionsausgleichsanspruch

Nach Beendigung des Vertragsverhältnisses kann der arbeitnehmerähnliche Handelsvertreter unter Umständen nach Maßgabe des § 89b HGB einen **Provisionsausgleich** verlangen. Dies gilt allerdings nicht für den Handelsvertreter im Nebenberuf (§ 92b Abs. 1 S. 1 HGB). Voraussetzung für einen Provisionsausgleich ist, dass der Unternehmer aus der Geschäftsverbindung mit vom Handelsvertreter geworbenen Kunden auch nach Beendigung des Vertragsverhältnisses erhebliche Vorteile hat (§ 89b Abs. 1 Nr. 1 HGB), dass der Handelsvertreter wegen der Beendigung des Vertragsverhältnisses Ansprüche auf Provisionen verliert, die er bei Fortsetzung desselben aus bereits abgeschlossenen oder künftigen Geschäften mit den geworbenen Kunden hätte (§ 89b Abs. 1 Nr. 2 HGB), und dass die Zahlung eines Ausgleichs unter Berücksichtigung aller Umstände der Billigkeit entspricht (§ 89b Abs. 1 Nr. 3 HGB). Der Ausgleich beträgt höchstens eine Jahresprovision oder sonstige Jahresvergütung, berechnet nach dem Durchschnittseinkommen der letzten fünf Jahre bzw. der Dauer der Tätigkeit bei kürzerem Bestehen des Vertragsverhältnisses (§ 89b Abs. 2 HGB). Er entfällt bei Kündigungen durch den Handelsvertreter selbst, es sei denn, der Unternehmer hat durch sein Verhalten begründeten Anlass zur Kündigung gegeben oder die Fortsetzung des Vertragsverhältnisses ist dem Handelsvertreter wegen seines Alters oder Krankheit nicht zumutbar (§ 89b Abs. 3 Nr. 1 HGB). Der Anspruch entfällt weiter bei begründeter außerordentlicher Kündigung durch den Unternehmer wegen schuldhaften Verhaltens des Handelsvertreters (§ 89b Abs. 3 Nr. 2 HGB) oder wenn ein Dritter aufgrund einer Vereinbarung zwischen dem Unternehmer und dem Handelsvertreter anstelle des Handelsvertreters in das Vertragsverhältnis eintritt, wobei eine solche die Vereinbarung nicht vor Beendigung des Vertragsverhältnisses getroffen werden kann (§ 89b Abs. 3 Nr. 3 HGB; vgl. dazu *Baumbach/Hopt-Hopt* § 89b Rn 68; *Küstner/v. Manteuffel* BB 1990, 298). Der Provisionsausgleichsanspruch kann im Voraus nicht ausgeschlossen werden und ist innerhalb von drei Monaten nach Beendigung des Vertragsverhältnisses geltend zu machen. 138

3. Wahrung von Betriebsgeheimnissen

Der Handelsvertreter darf **nach Beendigung** des Vertragsverhältnisses **Betriebs- und Geschäftsgeheimnisse**, die ihm anvertraut oder als solche durch seine Tätigkeit für den Unternehmer bekannt geworden sind, nicht verwerten oder anderen mitteilen, soweit dies nach den gesamten Umständen der Berufsauffassung eines ordentlichen Kaufmanns widersprechen würde (§ 90 HGB). 139

4. Wettbewerbsverbote

Zwischen Unternehmer und arbeitnehmerähnlichem Handelsvertreter kann eine **Wettbewerbsabrede** für die Zeit nach Beendigung des Vertragsverhältnisses nach näherer Maßgabe des § 90a HGB getroffen werden. Eine solche Vereinbarung, die den Handelsvertreter in seiner gewerblichen Tätigkeit beschränkt, bedarf der Schriftform und der Aushändigung einer vom Unternehmer unterzeichneten Urkunde, welche die vereinbarten Bestimmungen enthält, an den Handelsvertreter. Sie kann längstens für zwei Jahre getroffen werden. Für die Dauer der Wettbewerbsbeschränkung hat der Unternehmer dem Handelsvertreter eine entsprechende Entschädigung zu zahlen (vgl. iE § 90a Abs. 1 HGB). Bis zum Ende des Vertragsverhältnisses kann der Unternehmer schriftlich auf die Wettbewerbsbeschränkung verzichten. Er wird dann mit Ablauf von sechs Monaten nach der Erklärung von der Verpflichtung zur Zahlung frei (§ 90a Abs. 2 HGB). Kündigt ein Teil des Vertragsverhältnis aus wichtigem Grund wegen schuldhaften Verhaltens des anderen Teils, kann er sich durch schriftliche Erklärung binnen einem Monat nach der Kündigung von der Wettbewerbsabrede 140 lossagen, § 90a Abs. 3 HGB. Diese durch Gesetz vom 22.6.1998 (BGBl. I 1474) bei gleichzeitiger Aufhebung von § 90a Abs. 2 S. 2 HGB aF erfolgte Neufassung von Abs. 3 hat die verfassungswidrige Ungleichbehandlung von Handelsvertreter und Unternehmer beseitigt (vgl. dazu KR 5. Aufl. Rn 230; s. *Baumbach/Hopt-Hopt* § 90a Rn 25; EBJ-*Löwisch* § 90a Rn 35). Von den Bestimmungen des § 90a HGB können abweichende Vereinbarungen zum Nachteil des Handelsvertreters nicht getroffen werden (§ 90a Abs. 4 HGB).

Gesetz über den Schutz des Arbeitsplatzes bei Einberufung zum Wehrdienst (ArbPlSchG)

In der Fassung der Bekanntmachung vom 16. Juli 2009 (BGBl. I S. 2055), zuletzt geändert durch Art. 2 Abs. 9 des Gesetzes vom 30. März 2021 (BGBl. I S. 402).

§ 2 ArbPlSchG Kündigungsschutz für Arbeitnehmer, Weiterbeschäftigung nach der Berufsausbildung

(1) Von der Zustellung des Einberufungsbescheides bis zur Beendigung des Grundwehrdienstes sowie während einer Wehrübung darf der Arbeitgeber das Arbeitsverhältnis nicht kündigen.

(2) ¹Im übrigen darf der Arbeitgeber das Arbeitsverhältnis nicht aus Anlaß des Wehrdienstes kündigen. ²Muß er aus dringenden betrieblichen Erfordernissen (§ 1 Abs. 2 des Kündigungsschutzgesetzes) Arbeitnehmer entlassen, so darf er bei der Auswahl der zu Entlassenden den Wehrdienst eines Arbeitnehmers nicht zu dessen Ungunsten berücksichtigen. ³Ist streitig, ob der Arbeitgeber aus Anlaß des Wehrdienstes gekündigt oder bei der Auswahl der zu Entlassenden den Wehrdienst zuungunsten des Arbeitnehmers berücksichtigt hat, so trifft die Beweislast den Arbeitgeber.

(3) ¹Das Recht zur Kündigung aus wichtigem Grunde bleibt unberührt. ²Die Einberufung des Arbeitnehmers zum Wehrdienst ist kein wichtiger Grund zur Kündigung; dies gilt im Falle des Grundwehrdienstes von mehr als sechs Monaten nicht für unverheiratete Arbeitnehmer in Betrieben mit in der Regel fünf oder weniger Arbeitnehmern ausschließlich der zu ihrer Berufsbildung Beschäftigten, wenn dem Arbeitgeber infolge Einstellung einer Ersatzkraft die Weiterbeschäftigung des Arbeitnehmers nach Entlassung aus dem Wehrdienst nicht zugemutet werden kann. ³Bei der Feststellung der Zahl der beschäftigten Arbeitnehmer nach Satz 2 sind teilzeitbeschäftigte Arbeitnehmer mit einer regelmäßigen wöchentlichen Arbeitszeit von nicht mehr als 20 Stunden mit 0,5 und nicht mehr als 30 Stunden mit 0,75 zu berücksichtigen. ⁴Eine nach Satz 2 zweiter Halbsatz zulässige Kündigung darf jedoch nur unter Einhaltung einer Frist von zwei Monaten für den Zeitpunkt der Entlassung aus dem Wehrdienst ausgesprochen werden.

(4) Geht dem Arbeitnehmer nach der Zustellung des Einberufungsbescheides oder während des Wehrdienstes eine Kündigung zu, so beginnt die Frist des § 4 Satz 1 des Kündigungsschutzgesetzes erst zwei Wochen nach Ende des Wehrdienstes.

(5) ¹Der Ausbildende darf die Übernahme eines Auszubildenden in ein Arbeitsverhältnis auf unbestimmte Zeit nach Beendigung des Berufsausbildungsverhältnisses nicht aus Anlaß des Wehrdienstes ablehnen. ²Absatz 2 Satz 3 gilt entsprechend. ³Der Arbeitgeber darf die Verlängerung eines befristeten Arbeitsverhältnisses oder die Übernahme des Arbeitnehmers in ein unbefristetes Arbeitsverhältnis nicht aus Anlass des Wehrdienstes ablehnen.

Übersicht	Rdn		Rdn
A. Vorbemerkungen	1	c) Verpflichtete nach dem Arbeitssicherstellungsgesetz	8
I. Inhalt und Zweck des ArbPlSchG	1	d) Sonstige Dienste	9
II. Geltungsbereich des ArbPlSchG	2	2. Persönlicher Geltungsbereich	10
1. Funktioneller Geltungsbereich des besonderen Kündigungsschutzes	2	3. Zeitlicher Geltungsbereich	11
a) Wehrdienstleistende	2	4. Räumlicher Geltungsbereich	13
b) Ausländische Wehrpflichtige	3	III. Ruhen des Arbeitsverhältnisses	14
aa) Staatsangehörige der Signatarstaaten der ESC	4	B. Erläuterungen	16
bb) Sonstige Ausländer	6	I. Kündigungsschutz für Arbeitnehmer (§ 2 ArbPlSchG)	16

§ 2 ArbPlSchG Kündigungsschutz für Arbeitnehmer, Weiterbeschäftigung nach der Berufsausbildung

	1.	Allgemeines	16	1.	Aus Anlass des Wehrdienstes (§ 2 Abs. 2 S. 1 ArbPlSchG) 33
	2.	Anwendbarkeit des KSchG	18		
II.		Kündigung während des Wehrdienstes ..	19	2.	Aus dringenden betrieblichen Gründen (§ 2 Abs. 2 S. 2 ArbPlSchG) 34
	1.	Ordentliche Kündigung (§ 2 Abs. 1 ArbPlSchG)	19		
	2.	Außerordentliche Kündigung aus wichtigem Grund (§ 2 Abs. 3 ArbPlSchG)	20	3.	Beweislastumkehr 36
				IV.	Auszubildende (§ 2 Abs. 5 ArbPlSchG) 39
		a) Betriebsstilllegung	22	V.	Kündigung von Handelsvertretern 40
		b) Einberufung zum Wehrdienst (§ 2 Abs. 3 ArbPlSchG)	24	VI.	Entlassung von Beamten und Richtern 41
				VII.	Kündigungsrecht des Arbeitnehmers .. 42
III.		Kündigung vor und nach dem Wehrdienst	32	VIII.	Klagefrist 43
				IX.	Auszug aus dem Eignungsübungsgesetz (§§ 1–3) 44

A. Vorbemerkungen

I. Inhalt und Zweck des ArbPlSchG

1 In Ausführung der Fürsorgeverpflichtung gem. § 31 SoldG werden im ArbPlSchG Regelungen zum Schutz von gem. dem WPflG zum Grundwehrdienst, ab dem 1. Juli 2011 dem freiwilligen Wehrdienst oder zu einer Wehrübung eingezogenen Arbeitnehmer, in Heimarbeit Beschäftigten, Handelsvertretern, Beamten und Richtern hinsichtlich ihrer bestehenden Arbeits- bzw Dienstverhältnisse getroffen. Anlässlich und während des Wehrdienstes sollen den Betroffenen keine beruflichen oder betrieblichen Nachteile entstehen. Die im **ArbPlSchG geregelten arbeitsrechtlichen Auswirkungen des Wehrdienstes** (vgl. auch AR-*Weigand* ArbPlSchG) betreffen das Ruhen des Arbeitsverhältnisses (§ 1), den Kündigungsschutz (§ 2), Bestandsschutz für Wohnraum und Sachbezüge (§ 3), die Weiterbeschäftigung nach der Wehrdienstzeit (§§ 2 Abs. 5, 6 Abs. 1), Ansprüche auf Anrechnung der Wehrdienstzeit auf die Berufs- und Betriebszugehörigkeit (§§ 6 Abs. 2 bis 4, 12, 13), Urlaubsansprüche (§ 4), Entgeltfortzahlungsansprüche bei Vorladung zur Erfassungs- bzw. Wehrersatzbehörde (§ 14), bevorzugte Einstellungsbedingungen in den öffentlichen Dienst (§ 11a), die Alters- und Hinterbliebenenversorgung (§§ 14a, b) sowie dem im Wesentlichen entsprechenden Sonderbedingungen für die og sonstigen Berufsgruppen. Die Regelungen des ArbPlSchG sind **zwingend** und stehen zulasten der Arbeitnehmer nicht zur Disposition der Arbeitsvertragsparteien.

II. Geltungsbereich des ArbPlSchG

1. Funktioneller Geltungsbereich des besonderen Kündigungsschutzes

a) Wehrdienstleistende

2 Bis zum Inkrafttreten des Wehrrechtsänderungsgesetzes am 1. Juli 2011 sind alle Männer vom vollendeten 18. Lebensjahr an, die Deutsche iSd Grundgesetzes sind und ihren ständigen Aufenthalt in der Bundesrepublik Deutschland haben (§ 1 Abs. 1 WehrpflG), wehrpflichtig gewesen. Ab dem 1. Juli 2011 ist die **allgemeine Wehrpflicht ausgesetzt** worden (WehrRÄndG 2011 v. 28.4.2011, BGBl. I S. 678). Stattdessen wird gem. § 58b SG ein »**Freiwilliger Wehrdienst**« für Frauen und Männer, die Deutsche iSd Grundgesetzes sind, eingeführt. Gem. § 58 f SG erhalten die freiwilligen Wehrdienstleistenden den gleichen soldatenrechtlichen Status wie die ehemals Wehrpflichtigen. Der Schutz des ArbPlSchG greift ein, wenn die freiwillig Wehrdienstleistenden zu ihrem Dienst herangezogen werden; denn das ArbPlSchG gilt auch im Falle des freiwilligen Wehrdienstes nach § 58b Abs. 1 SG mit der Maßgabe, dass die Vorschriften über den Grundwehrdienst anzuwenden sind (§ 16 Abs. 7 ArbPlSchG). Vom besonderen Kündigungsschutz gem. § 2 ArbPlSchG sind auch Soldaten auf Zeit, deren Dienstverpflichtung auf insgesamt nicht mehr als zwei Jahre festgesetzt ist (§ 16a Abs. 1 ArbPlSchG), erfasst. Zeitlich längerfristig dienstverpflichtete Soldaten und Berufssoldaten fallen nicht unter den Geltungsbereich des ArbPlSchG (*Kreizberg* AR-Blattei SD Wehr- und Zivildienst Rn 100).

b) Ausländische Wehrpflichtige

Das ArbPlSchG ist grds. nicht anwendbar auf die Arbeitsverhältnisse von ausländischen Arbeitnehmern in der Bundesrepublik Deutschland, wenn sie wegen der Einberufung zum Wehrdienst in die Armee ihres Heimatlandes den Arbeitsplatz in Deutschland verlassen müssen. Diese Differenzierung zwischen deutschen und ausländischen Arbeitnehmern ist sachlich gerechtfertigt, weil sie nicht die Nationalität des Arbeitnehmers, sondern die Nationalität der Armee zum Gegenstand hat. Das ArbPlSchG ist ein Nebengesetz zum deutschen WehrpflG und soll Benachteiligungen in privaten Arbeitsverhältnissen wegen des Dienstes in der Bundeswehr verhindern; es ist also nicht einschlägig für Einberufene nach den entsprechenden Gesetzen anderer Länder (*Schimana* BB 1978, 1017 und 1722 sowie *Riegel* BB 1978, 1422). Unabhängig von der Anwendbarkeit der Regelungen des ArbPlSchG auf **ausländische Wehrpflichtige** ist dieser Personenkreis gegenüber dem inländischen Arbeitgeber verpflichtet, unverzüglich den Zeitpunkt der Einberufung unter Vorlage des Bescheides mitzuteilen. Die Verletzung dieser arbeitsvertraglichen Nebenpflicht kann eine Kündigung rechtfertigen.

aa) Staatsangehörige der Signatarstaaten der ESC

Mit Gesetz vom 31.7.2008, in Kraft getreten am 9.8.2008 (BGBl. I S. 1629), können **Wanderarbeitnehmer**, die Staatsangehörige der Signatarstaaten der Europäischen Sozialcharta vom 18. Oktober 1961 (BGBl. 1964 II S. 1262) sind, zur Ableistung des **ausländischen Wehrdienstes** den Schutz der Vorschriften gem. § 1 Abs. 1, 3 und 4 sowie der §§ 2 bis 8 ArbPlSchG in Anspruch nehmen (§ 16 Abs. 6 ArbPlSchG). Vertragsparteien der ESC sind (mit Deutschland) – teilweise mit einzelnen Vorbehalten – Albanien, Andorra, Armenien, Aserbaidschan, Belgien, Bosnien und Herzegowina, Bulgarien, Dänemark, Estland, Finnland, Frankreich, Georgien, Griechenland, Irland, Island, Italien, Lettland, Litauen, Luxemburg, Malta, Moldau, Monaco, Montenegro, Niederlande, Norwegen, Österreich, Polen, Portugal, Rumänien, Russland, San Marino, Schweden, Serbien, Slowakei, Slowenien, Spanien, Tschechische Republik, Türkei, Ukraine, Ungarn, Vereinigtes Königreich und Zypern.

Voraussetzung für die Inanspruchnahme der Schutzregelungen des ArbPlSchG ist der rechtmäßige Aufenthalt des **Wanderarbeitnehmers** in Deutschland und seine Einziehung zum ausländischen Wehrdienst aufgrund der in seinem Heimatstaat bestehenden Wehrpflicht.

bb) Sonstige Ausländer

Das ArbPlSchG, das für die Dauer des Wehrdienstes das Ruhen des Arbeitsverhältnisses vorsieht, gilt nicht für Angehörige von Staaten, die nicht Vertragsparteien der ESC sind (aA *Gutmann* NZA 2017, 889, m. Verweis auf europarechtliche Diskriminierungsverbote bzw. Art. 10 ABR 1/80, wonach der Kündigungsschutz gem. § 2 Abs. 1 ArbPlSchG auf diejenigen Wehrdienstleistenden auszudehnen sei, mit deren Staaten Assoziierungsabkommen wie z.B. der Türkei gem. Art. 37 des Zusatzprotokolls zum ABR bestehen). Soweit jedoch Arbeitnehmer, die zum **ausländischen Wehrdienst** in ihre Heimatarmee außerhalb des Katalogs der ESC-Signatarstaaten einberufen werden, aus diesem Grunde vorübergehend (verkürzter Wehrdienst von wenigen Monaten wie ehemals im Falle türkischer Arbeitnehmer vgl. KR 8. Aufl. Rn 5) ihre Pflichten aus einem Arbeitsverhältnis mit einem Arbeitgeber im Geltungsbereich des ArbPlSchG nicht erfüllen können, steht diesen Arbeitnehmern ein **Leistungsverweigerungsrecht** für die Zeit **des verkürzten Wehrdienstes** zu (ohne Vergütungsanspruch nach § 616 BGB, keine entsprechende Anwendung des § 6 Abs. 2 ArbPlSchG; DDZ-*Brecht-Heitzmann* § 2 ArbPlSchG Rn 5; *Kreizberg* AR-Blattei SD Wehr- und Zivildienst Rn 32; MünchArbR-*Berkowsky* § 160 Rn 86). Dieses Recht ergibt sich aus einer objektiven Abwägung der bei einer Kollision zwischen der Wehrpflicht und der vertraglichen Arbeitspflicht zu berücksichtigenden schutzwürdigen beiderseitigen Interessen. Das Leistungsverweigerungsrecht wird vom BAG letztlich im Wege der Rechtsanalogie zu den Vorschriften des § 616 BGB, des § 72 HGB idF vom 18.4.1950 sowie den §§ 228, 904 BGB zuerkannt. Soweit der Ausfall des Arbeitnehmers nicht zu unzumutbaren Betriebsstörungen führt, kann das Bestehen des Arbeitgebers auf der Erfüllung der Arbeitspflicht als ein Verstoß gegen Treu und Glauben (§ 242 BGB) angesehen werden. Damit scheidet wegen der Ableistung eines verkürzten Wehrdienstes eine fristlose oder fistgerechte Kündigung aus. Die Androhung einer Kündigung, um den Arbeitnehmer zur Beendigung des Arbeitsverhältnisses zu veranlassen, mit der Folge einer Arbeitsvertragsauflösung durch den Arbeitnehmer, berechtigt diesen zur Anfechtung der Auflösungserklärung gem. § 123 BGB (*BAG* 22.12.1982 EzA § 123 BGB Nr. 20; zust. Anm. *Misera* SAE 1983, 271). **Sonderurlaub** für den Fall des verkürzten Wehrdienstes (*ArbG Bochum* 13.5.1981 – 3 GA 1/81, BB 1981, 1951) oder sogar **Erholungsurlaub** (*LAG Nbg.* 7.4.1982 – 3 Sa 73/81, AiB 1982, 112) sind ebenso möglich (aA *LAG Hamm* 14.4.1982 – 2 Sa 1604/81, zit. nach AiB 1982, 112) wie die Vereinbarung eines Auflösungsvertrages vor Antritt des Wehrdienstes verbunden mit der vertraglichen Zusage der Wiedereinstellung nach Ableistung des Wehrdienstes (*BAG* 22.12.1982 EzA § 123 BGB Nr. 20). Allerdings sind die ausländischen Arbeitnehmer, die den verkürzten Wehrdienst von wenigen Monaten ableisten müssen, verpflichtet, den Arbeitgeber unverzüglich über den Zeitpunkt der Einberufung zu unterrichten und ihm auf Verlangen eine amtliche Bescheinigung vorzulegen. Die Verletzung dieser arbeitsvertraglichen Nebenpflicht kann je nach den Umständen des Einzelfalles eine ordentliche oder eine fristlose Kündigung rechtfertigen (*BAG* 7.9.1983 EzA § 626 BGB nF Nr. 87).

7   Auf ein **Leistungsverweigerungsrecht** nicht berufen kann sich ein Ausländer, der zu einem zwölfmonatigen Wehrdienst einberufen ist (hier: nach – ehemals – Jugoslawien); denn sonst würde der nicht unter das nur für Deutsche (bzw Ausländer aus den Signatarstaaten der ESC, vgl. Rdn 4) geltende ArbPlSchG fallende Wehrpflichtige zu weitgehend dem deutschen Arbeitnehmer gleichgestellt. Der längere **ausländische Wehrdienst** kann einen **personenbedingten Kündigungsgrund** iSd § 1 Abs. 2 S. 1 KSchG darstellen (Staatsangehörigkeit als persönliche Eigenschaft) und zur Kündigung berechtigen, wenn die Fehlzeit des ausländischen Arbeitnehmers betriebliche Belange erheblich beeinträchtigt und nicht durch zumutbare Maßnahmen überbrückt werden kann (*BAG* 20.5.1988 EzA § 1 KSchG Personenbedingte Kündigung Nr. 3; MünchArbR-*Berkowsky* § 160 Rn 86; *Kreizberg* AR-Blattei SD Wehr- und Zivildienst Rn 33); denn im Falle der Generalklausel im § 1 Abs. 2 S. 1 KSchG bedarf es stets einer an den Umständen des Einzelfalles ausgerichteten Interessenabwägung. Bei der Abwägung der bei der Kollision von Arbeits- und Wehrpflicht zu berücksichtigenden schutzwürdigen Interessen von Arbeitgeber und Arbeitnehmer darf für den Arbeitgeber keine Zwangslage entstehen, erhebliche Betriebsablaufstörungen braucht er nicht hinzunehmen. Im Falle eines zwölfmonatigen Wehrdienstes bedarf es vor einer personenbedingten Kündigung der Prüfung, ob durch eine befristete Versetzung eines fachlich geeigneten Arbeitnehmers des Unternehmens die Weiterbeschäftigung des ausländischen Wehrpflichtigen hätte gewährleistet werden können (*BAG* 20.5.1988 EzA § 1 KSchG Personenbedingte Kündigung Nr. 3).

c) Verpflichtete nach dem Arbeitssicherstellungsgesetz

8   Die Vorschriften des § 1 Abs. 4 und 5, §§ 2, 3 und 4 Abs. 1 S. 1, Abs. 2–4, §§ 6, 12 Abs. 1, 13, 14a Abs. 3 und 6, 14b Abs. 1 und 5 ArbPlSchG gelten gem. § 15 Abs. 1 **Arbeitssicherstellungsgesetz** vom 9.7.1968 (BGBl. I S. 787, zuletzt geändert durch Art. 14 des Gesetzes v. 23.6.2021, BGBl. I S. 1858) entsprechend für Arbeitnehmer der privaten Wirtschaft, wenn sie nach den Vorschriften des ASistG als Wehrpflichtige für Zwecke der Verteidigung einschließlich des Schutzes der Zivilbevölkerung in ein Arbeitsverhältnis verpflichtet werden (§ 2 ASistG). Die genannten Vorschriften des ArbPlSchG gelten auch für Frauen vom vollendeten 18. bis zum vollendeten 55. Lebensjahr, die im zivilen Sanitäts- oder Heilwesen sowie in der ortsfesten militärischen Lazarettorganisation in ein Arbeitsverhältnis verpflichtet werden (§ 2 ASistG). Für Verpflichtete im öffentlichen Dienst bleibt das bisherige Arbeitsverhältnis bestehen. Die angeführten Vorschriften des ArbPlSchG gelten entsprechend.

d) Sonstige Dienste

9   Die Vorschriften des Arbeitsplatzschutzgesetzes gelten auch für die der **Grenzschutzdienstpflicht** unterliegenden Personen nach § 49 BDSG (§ 59 Abs. 1 BDSG). Teilnehmer am

Bundesfreiwilligendienst gem. dem BFDG v. 28. April 2011 (BGBl. I S. 687) fallen im Unterschied zu den bisherigen Zivildienstleistenden (vgl. KR 9. Aufl. Rn 6 ff.) **nicht** unter die Schutzbestimmungen des ArbPlSchG. Ebenso werden **Entwicklungshelfer** gem. Entwicklungshelfer-Gesetz v. 18.6.1969 (BGBl. I S. 549, zuletzt geändert durch Art. 6 Abs. 13 des Gesetzes v. 23.5.2017, BGBl. I S. 1228) nicht in den Schutzbereich des ArbPlSchG einbezogen.

2. Persönlicher Geltungsbereich

Das ArbPlSchG ist anzuwenden auf Wehrdienst leistende **Arbeitnehmer der privaten Wirtschaft.** 10 Hierzu zählen Arbeiter und Angestellte sowie die zu ihrer Berufsausbildung Beschäftigten (§ 15 Abs. 1 ArbPlSchG). Ebenso werden **Arbeitnehmer im öffentlichen Dienst** betroffen. Öffentlicher Dienst iS dieses Gesetzes ist die Tätigkeit im Dienste des Bundes, eines Landes, einer Gemeinde (eines Gemeindeverbandes) oder anderer Körperschaften, Anstalten und Stiftungen des öff. Rechts und der Verbände von solchen; ausgenommen ist die Tätigkeit bei öffentlichrechtlichen Religionsgemeinschaften oder ihren Verbänden (§ 15 Abs. 2 ArbPlSchG.) Es ist ebenso anzuwenden auf **Heimarbeiter** (§ 7 ArbPlSchG), die ihren Lebensunterhalt überwiegend aus der Heimarbeit beziehen. Es gelten die §§ 1–4 sowie § 6 Abs. 2 ArbPlSchG sinngemäß (zum Begriff des Heimarbeiters und zum Kündigungsschutz vgl. o. ArbNähnl. Pers.). Da Heimarbeiter nicht unter den Geltungsbereich des KSchG fallen (KR-*Rost/Kreutzberg-Kowalczyk* §§ 29, 29a HAG Rdn 69), findet die Regelung gem. § 2 Abs. 2 S. 2 ArbPlSchG keine Anwendung (darauf weist zu Recht *Fenski* HzA Gruppe 17 Rn 266 hin; anders *Schmidt/Koberski/Tiemann/Wascher* § 29 HAG Rn 129). Auch auf **Handelsvertreter** iSd § 84 Abs. 1 S. 1 HGB ist es anzuwenden (**§ 8 ArbPlSchG**). Danach ist Handelsvertreter, wer als selbständiger Gewerbetreibender ständig damit betraut ist, für einen anderen Unternehmer Geschäfte zu vermitteln oder in dessen Namen abzuschließen. Selbständig ist, wer im Wesentlichen frei seine Tätigkeit gestalten und seine Arbeitszeit bestimmen kann. Dazu zählen auch der Versicherungs- (§ 92 Abs. 1 HGB) und Bausparkassenvertreter (§ 92 Abs. 5 HGB). Wer, ohne selbständig zu sein, ständig damit betraut ist, für einen Unternehmer Geschäfte zu vermitteln oder in dessen Namen abzuschließen, gilt als Angestellter und unterfällt somit den Vorschriften über das Arbeitsverhältnis im ArbPlSchG. Nicht betroffen werden vom ArbPlSchG sog. Gelegenheitsvertreter oder Zivilagenten. **Beamte und Richter** werden für die Wehr- oder Zivildienstzeiten beurlaubt und werden durch das ArbPlSchG vor Entlassung und anderen Nachteilen geschützt (§ 9 ArbPlSchG). **Zivile Arbeitskräfte bei einer Truppe einer ausländischen Stationierungsstreitkraft** (vgl. dazu Art. 56 Abs. 1a des Zusatzabkommens zum Abkommen zwischen den Parteien des Nordatlantik-Vertrags über die Rechtsstellung ihrer Truppen hinsichtlich der in der Bundesrepublik Deutschland stationierten ausländischen Truppen vom 3.8.1959 [BGBl. 1961 II S. 1218] idF des Änderungsabkommens vom 18.3.1993 [BGBl. II 1994 S. 2598]) fallen auch unter den Anwendungsbereich des ArbPlSchG.

3. Zeitlicher Geltungsbereich

Das ArbPlSchG findet gem. § 1 Abs. 1 ArbPlSchG Anwendung auf den **freiwilligen Wehrdienst,** 11 der gem. § 58b Abs. 1 SG aus sechs Monaten freiwilligem **Grundwehrdienst** (Probezeit) und bis zu 17 Monaten anschließendem freiwilligem Wehrdienst sowie Dienstleistungen nach dem Vierten Abschnitt des Soldatengesetzes besteht. Soweit Wehrpflichtige vor dem Inkrafttreten des Wehrrechtsänderungsgesetzes ihrer Wehrpflicht Folge geleistet haben, findet das ArbPlSchG Anwendung auf den Grundwehrdienst und auf **Wehrübungen** einerseits gem. § 6 WehrpflG als Pflichtwehrübung, die höchstens drei Monate dauert, und andererseits gem. § 4 Abs. 3 S. 1 und 2 WehrpflG mit den Einschränkungen gem. § 10 ArbPlSchG. Demnach greift der Schutz der §§ 1–4, §§ 6–9, 14a und 14b ArbPlSchG bei freiwilligen Wehrübungen ein, wenn sie in einem Kalenderjahr bis zu sechs Wochen dauern (sei es als zusammenhängende Periode oder sei es in Form mehrerer Wehrübungen) oder länger dauern, aber in das jeweilige Kalenderjahr nur insgesamt sechs Wochen fallen. Zeitlich längere freiwillige Wehrübungen unterfallen nicht den Schutzregeln. Ebenso wird nicht jede freiwillige – bei mehreren – Wehrübung, die über die Periode von sechs Monaten hinausgeht, vom Schutz des ArbPlSchG erfasst. Zu den Wehrübungen iSd ArbPlSchG zählen auch

Alarmübungen und die Abend- und Wochenendübungen, zu denen die Angehörigen der Territorialreserve einberufen werden. Vgl. im Übrigen § 17 Abs. 5 ArbPlSchG.

12 Auf **Zeitsoldaten** findet das ArbPlSchG gem. § 16a Abs. 1 ArbPlSchG dann Anwendung, wenn die Dienstzeit zunächst auf sechs Monate festgesetzt ist oder die Dienstzeit endgültig auf nicht mehr als auf zwei Jahre festgesetzt ist. Das ArbPlSchG ist nicht anzuwenden auf Eignungsübungen, weil hierfür das Gesetz über den Einfluss von Eignungsübungen der Streitkräfte auf Vertragsverhältnisse der Arbeitnehmer und Handelsvertreter sowie auf Beamtenverhältnisse (**Eignungsübungsgesetz**) mit der Verordnung zum Eignungsübungsgesetz einschlägig ist. Allerdings entspricht der besondere Kündigungsschutz für den vorgenannten Personenkreis gem. § 2 Eignungsübungsgesetz im Wesentlichen dem gem. § 2 ArbPlSchG (die §§ 1–3 Eignungsübungsgesetz sind unter Rdn 44 abgedruckt).

4. Räumlicher Geltungsbereich

13 Das ArbPlSchG gilt für die private Wirtschaft und den öffentlichen Dienst im Geltungsbereich des Grundgesetzes der Bundesrepublik **Deutschland**. Das Gesetz hat keine Gültigkeit für Wehr- und Zivildienstpflichtige, die im Ausland bei einem ausländischen Arbeitgeber beschäftigt sind, gleichgültig, ob sie ihren ständigen Wohnsitz in der Bundesrepublik Deutschland oder im Ausland haben (insbes. sind hier die sog. **Grenzgänger** angesprochen). Die Nichtanwendbarkeit des ArbPlSchG auf ein im Ausland bestehendes Arbeitsverhältnis ist für sich allein kein Zurückstellungsgrund vom Wehrdienst. Allerdings sind die Zurückstellungsvoraussetzungen wegen besonderer Härte der Einberufung jedoch zu bejahen, wenn bereits die Einräumung einer angemessenen Zurückstellung geeignet ist, von dem außerhalb des Geltungsbereichs des ArbPlSchG beschäftigten Wehrpflichtigen vermeidbare Nachteile abzuwenden (*BVerwG* 16.7.1970 NJW 1971, 479).

III. Ruhen des Arbeitsverhältnisses

14 Durch die Einberufung zum Wehrdienst und zu Wehrübungen von länger als drei Tagen wird ein bestehendes Arbeitsverhältnis nicht automatisch beendet. Vielmehr ruht das Arbeitsverhältnis (§ 1 Abs. 1 ArbPlSchG). Die Betriebszugehörigkeit bleibt bestehen. Das **Ruhen des Arbeitsverhältnisses** bezieht sich vornehmlich auf die sog. Hauptpflichten aus dem Arbeitsverhältnis, die Arbeitspflicht des Arbeitnehmers sowie die Entgeltzahlungspflicht des Arbeitgebers. Gewisse Treue- und Fürsorgepflichten bleiben dagegen für beide Vertragspartner bestehen (*Nothoff* Das ruhende Arbeitsverhältnis als Schutz des Arbeitsplatzes wehrpflichtiger Arbeitnehmer, Diss. Münster 1972), zB sind die Verschwiegenheitspflicht oder das Wettbewerbsverbot während des Wehrdienstes zu beachten (*LAG Düsseld.* 23.11.2007 LAGE § 1 ArbPlSchG Nr. 1). Mit dem Beginn des Wehrdienstes bzw. der Wehrübung tritt das Ruhen des Arbeitsverhältnisses ein. Es endet mit Ablauf der im Einberufungsbescheid festgesetzten Wehrdienstzeit bzw. des durch Nachdienen verlängerten Wehrdienstes. Mit dem Ende des Ruhens leben die gegenseitigen Rechte und Pflichten aus dem Arbeitsverhältnis wieder auf; insbes. kann der Arbeitnehmer wieder Beschäftigung an seinem alten oder einem gleichwertigen Arbeitsplatz beanspruchen (Argument aus § 6 ArbPlSchG). Zu weiteren Einzelheiten des Benachteiligungsverbotes gem. § 6 ArbPlSchG vgl. AR-*Weigand* § 6 ArbPlSchG Rn 2. Befristete Arbeitsverhältnisse werden durch die Heranziehung zum Wehrdienst oder zu Wehrübungen nicht verlängert, sie enden also auch während des Dienstes, ohne dass es einer Kündigung bedarf. Wird der Arbeitnehmer während des Wehrdienstes arbeitsunfähig krank, so kann er Entgeltfortzahlung vom Arbeitgeber nicht beanspruchen (*ArbG Aachen* 27.3.1974 ARSt 1975, 12), vor allem, wenn der Arbeitnehmer nicht wieder in die Dienste des Arbeitgebers treten will (*ArbG Aachen* 10.10.1973 ARSt 1974, 190 f.).

15 Während der Teilnahme des sozialversicherten Arbeitnehmers an einer in die Beschäftigung bei demselben Arbeitgeber »**eingeschobenen**« Wehrübung (§ 5 Abs. 1 Nr. 3 WehrpflG iVm § 6 Abs. 1 WehrpflG) besteht das versicherungs- und beitragspflichtige Beschäftigungsverhältnis (§ 25 Abs. 2 SGB III) fort, wenn der Arbeitgeber das Arbeitsentgelt (ggf. als Urlaubsentgelt) weiterzahlt (Fortführung von BSGE 51, 234 = SozR 5745 § 3 Nr. 3). § 3 Abs. 1 Nr. 2 SGB VI (Versicherungspflicht

für Wehrdienstleistende) enthält einen nachrangigen Auffangtatbestand iS einer Mindestsicherung der Wehrdienstleistenden (*BSG* 14.9.1989 BB 1990, 216). Allerdings wird durch das Ruhen des Arbeitsverhältnisses während der Ableistung des Wehrdienstes der Insolvenzgeldzeitraum (§ 183 Abs. 1 S. 1 SGB III) nicht unterbrochen oder verschoben (*Sächs. LSG* 17.1.2002 – L 3 AL 199/00).

B. Erläuterungen

I. Kündigungsschutz für Arbeitnehmer (§ 2 ArbPlSchG)

1. Allgemeines

Der Sinn des ArbPlSchG, die ökonomische und soziale Sicherung des einberufenen Wehrdienstleistenden bzgl. bestehender Arbeits-, Dienst- und Beschäftigungsverhältnisse (vgl. Begr. zum 3. ÄndG des ArbPlSchG, BT-Drucks. VIII/855, S. 6), erfährt seine besondere Ausprägung in einem weitreichenden Kündigungsschutz im § 2. Zwar statuiert diese Vorschrift **kein absolutes Kündigungsverbot** für den Arbeitgeber, doch soll sie eine erhebliche Einschränkung der Kündigungsmöglichkeiten gewähren, eine Entlassung gerade anlässlich oder im Zusammenhang mit der Ableistung des Wehrdienstes verhindern. 16

Zunächst umfasst der relative Kündigungsschutz nach dem ArbPlSchG das **Verbot der ordentlichen Kündigung** während des Wehrdienstes und von der Zustellung des Einberufungsbescheids bis zur Beendigung des Wehrdienstes oder während der Wehrübung (Abs. 1). Unberührt davon bleibt das Recht des Arbeitgebers, den Arbeitnehmer in dieser Zeit bei Vorliegen eines wichtigen Grundes fristlos zu entlassen (Abs. 3). Vor und nach dem Wehrdienst bzw. der Wehrübung darf der Arbeitgeber den Arbeitnehmer nur aus dringenden betrieblichen Erfordernissen entlassen, wobei er die Einberufung zum Wehrdienst nicht zum Anlass der Kündigung nehmen darf (Abs. 2). Die Klagefrist im Falle einer Kündigung beginnt in jedem Fall erst zwei Wochen nach dem Ende des Wehrdienstes (Abs. 4). Gem. § 2 Abs. 5 S. 3 darf der Arbeitgeber »die Verlängerung eines **befristeten Arbeitsverhältnisses** oder die Übernahme des Arbeitnehmers in ein unbefristetes Arbeitsverhältnis nicht aus Anlass des Wehrdienstes ablehnen.« Im Streitfalle obliegt dem Arbeitgeber hierfür gem. § 2 Abs. 5 S. 2 iVm Abs. 2 S. 3 die Beweislast (*VG Saarland* 1.4.2010 – 2 L 274/10). 17

2. Anwendbarkeit des KSchG

Das KSchG bleibt auch anwendbar für den hier betroffenen Personenkreis, soweit das Arbeitsverhältnis den Voraussetzungen des § 1 Abs. 1 KSchG entspricht und soweit der Betrieb die Voraussetzungen des § 23 Abs. 1 KSchG erfüllt. Allerdings kann die **Anwendbarkeit des KSchG** nicht an der gem. § 1 Abs. 1 KSchG erforderlichen Dauer der Betriebs- oder Unternehmenszugehörigkeit wegen des Ruhens scheitern; denn während des Ruhens auch eines erst kurzfristig bestehenden Arbeitsverhältnisses wegen des Wehrdienstes bleibt der Arbeitnehmer Betriebsangehöriger. Sein Arbeitsverhältnis erfährt folglich während seiner Abwesenheit im Betrieb keine Unterbrechung, und der Schutz des KSchG bleibt bestehen (*Sahmer/Busemann* ArbPlSchG E § 2 Nr. 2). 18

II. Kündigung während des Wehrdienstes

1. Ordentliche Kündigung (§ 2 Abs. 1 ArbPlSchG)

Eine ordentliche Kündigung darf der Arbeitgeber während der Dauer der Wehrzeit oder -übung ab der Zustellung des Einberufungsbescheides bis zur Beendigung des Wehrdienstes nicht aussprechen. Im Fall der Einberufung zu einer Wehrübung gilt das Verbot der ordentlichen Kündigung nicht ab der Zustellung des Einberufungsbescheides, sondern vom Beginn der Wehrübung bis zu deren Ende. Die Kündigung eines zum Wehrdienst einberufenen Arbeitnehmers ist auch dann unzulässig, wenn sie während einer vereinbarten **Probezeit** ausgesprochen wird (*ArbG Verden* 22.3.1979 ARSt 1980, 27). Das **Verbot der ordentlichen Kündigung** gilt für alle Betriebe und Unternehmen der privaten Wirtschaft und des öffentlichen Rechts, auch für die Kleinbetriebe der in § 2 Abs. 3 ArbPlSchG genannten Größe und besteht während der gesamten Dauer des Ruhens 19 des Arbeitsverhältnisses (s. Rdn 14). Diese Vorschrift ist schon vom Wortlaut her **zwingend** und kann im Arbeitsvertrag nicht abbedungen werden. Ergeht dennoch eine Kündigung, so ist sie nichtig (§ 134 BGB). Insbesondere berechtigen dringende betriebliche Gründe wie die Betriebsstilllegung den Arbeitgeber nicht zu einer ordentlichen Kündigung; denn das würde contra legem das Kündigungsverbot des § 2 Abs. 1 ArbPlSchG durchlöchern (ErfK-*Kiel* Rn 1, 8; *Sahmer/Busemann* ArbPlSchG E § 2 Nr. 11). Wenn dem Arbeitgeber das Festhalten am Arbeitsverhältnis nicht zugemutet werden kann, weil die betrieblichen Verhältnisse es nicht zulassen, so kann er lediglich darauf verwiesen werden, das Ende des Ruhens des Arbeitsverhältnisses abzuwarten und dann aus betrieblichen Gründen eine ordentliche Kündigung auszusprechen (s.a. Rdn 22, 23).

2. Außerordentliche Kündigung aus wichtigem Grund (§ 2 Abs. 3 ArbPlSchG)

20 Das generelle Verbot der ordentlichen Kündigung gem. § 2 Abs. 1 ArbPlSchG lässt das Recht des Arbeitgebers unberührt, eine **außerordentliche Kündigung** aus wichtigem Grund auch während der Ableistung des Wehrdienstes oder der Wehrübung auszusprechen (*Sahmer/Busemann* ArbPlSchG E § 2 Nr. 12).

21 Ein **wichtiger Grund** (vgl. iE KR-*Fischermeier/Krumbiegel* zu § 626 BGB) ist immer dann gegeben, wenn Tatsachen vorliegen, aufgrund derer dem Kündigenden unter Berücksichtigung aller Umstände des Einzelfalles und unter Abwägung der Interessen beider Vertragsteilnehmer die Fortsetzung des Arbeitsverhältnisses bis zum Ablauf der Kündigungsfrist – oder, wenn eine ordentliche Kündigung ausgeschlossen ist, bis zum Wiedereintritt der Kündbarkeit oder der sonstigen Beendigung des Arbeitsverhältnisses – nicht zugemutet werden kann. Dabei ist im Falle der außerordentlichen Kündigung eines unkündbaren Arbeitnehmers wie dem einberufenen **Wehrpflichtigen** bei der Prüfung des Vorliegens eines wichtigen Grundes ein **besonders strenger Maßstab** anzulegen. Unerheblich für das Vorliegen eines wichtigen Grundes ist, dass er schon vor der Einberufung entstanden, aber erst während der Abwesenheit des Arbeitnehmers und dem Ruhen des Arbeitsverhältnisses entdeckt worden ist. Auch die Verletzung einer Nebenpflicht während des Ruhens des Arbeitsverhältnisses berechtigt zur fristlosen Kündigung, wenn ein wichtiger Grund nach den entwickelten arbeitsrechtlichen Grundsätzen vorliegt.

a) Betriebsstilllegung

22 Die **fristlose Kündigung aus wichtigem Grund** eines an sich unkündbaren Arbeitnehmers kann aus personen- oder verhaltensbedingten Gründen erfolgen, aber nicht aus betrieblichen Gründen, zB bei Arbeitsmangel (*ArbG Rheine* 17.2.1967 ARSt 1967, 108). Zwar ist es nach der Rechtsprechung (*ArbG Bochum* 17.12.1971 DB 1972, 441 f.) im Falle einer **Betriebsstilllegung** dem Arbeitgeber nicht verwehrt, zur Lösung auch unkündbarer Arbeitsverhältnisse auf das rechtliche Mittel der Kündigung aus wichtigem Grund zurückzugreifen, soweit ein Festhalten am Arbeitsvertrag für den Arbeitgeber unzumutbar ist. Das sei insbesondere dann der Fall, wenn der Arbeitgeber nach Beendigung des Wehrdienstes den Arbeitnehmer wegen der Liquidation des Betriebes nicht mehr weiterbeschäftigen kann. Begründet wird diese Entscheidung damit, dass der Sinn und Zweck des Kündigungsschutzes nach dem ArbPlSchG nicht leerlaufen würde, wenn der Arbeitgeber allen Arbeitnehmern wegen der Stilllegung des Betriebes kündigen muss.

23 Demgegenüber jedoch kann dem Arbeitgeber nach Sinn und Zweck der Vorschrift im Rahmen des ArbPlSchG bei der **Betriebsstilllegung** im Allgemeinen nicht das Recht zur **fristlosen Kündigung** aus wichtigem Grund zustehen (APS-*Dörner* Rn 15; MüKo-BGB/*Schwerdtner* § 622 Anh. Rn 699; DDZ-*Brecht-Heizmann* Rn 12). Wer die Vorschriften so eng interpretiert, dass der einberufene Wehrdienstleistende allein vor leichtfertiger Entlassung wegen des Dienstes geschützt werden soll (*ArbG Bochum* 17.12.1971 DB 1972, 441 f.) verkennt den allgemeinen Schutzgedanken des ArbPlSchG, insbesondere den Schutz vor verschiedensten Benachteiligungen wegen der Einberufung. Eine Betriebsstilllegung berechtigt idR zur ordentlichen Kündigung aus betrieblichen Gründen mit einer Kündigungsfrist. Die Kündigungsfrist soll dem Betroffenen Zeit geben, sich rechtzeitig um eine andere Beschäftigungsmöglichkeit zu bemühen, zumal da während des Laufens

der Kündigungsfrist dem Arbeitnehmer ein gesetzlicher Freistellungsanspruch (§ 629 BGB) zur Arbeitssuche zusteht. Dieser Anspruch kann nur verwirklicht werden, wenn dem Arbeitnehmer nach Beendigung des Wehrdienstes mindestens die gesetzliche Regelkündigungsfrist zur neuen Stellungssuche zur Verfügung steht. Folglich darf der Arbeitgeber im Falle der Betriebsstilllegung erst **nach Ablauf des Ruhens des Arbeitsverhältnisses** dem Arbeitnehmer ordentlich kündigen (ErfK-*Kiel* Rn 8). Sonst würde der Schutzzweck des ArbPlSchG und die intendierte Verhinderung von Benachteiligungen vereitelt, denn bei einer außerordentlichen Kündigung wird der Arbeitnehmer nach seiner Entlassung aus dem Wehrdienst sofort ohne Beschäftigungsverhältnis sein, somit benachteiligt gegenüber jenen Arbeitnehmern, denen unter Einhaltung der Kündigungsfrist ordentlich aus betrieblichen Gründen gekündigt wurde. Etwas anderes ergibt sich auch nicht aus dem Argument, dass auch dem in § 2 Abs. 3 S. 2 2. Hs. ArbPlSchG beschriebenen Personenkreis (vgl. Rdn 27 ff.) keine Kündigungsfrist verbleibt; weil es sich hierbei um einen genau eingegrenzten Personenkreis mit fest umrissenen persönlichen Daten handelt. Die Möglichkeit einer fristlosen Kündigung gegenüber dieser Gruppe ist nicht ausdehnbar auf andere wehrpflichtige Arbeitnehmer.

b) Einberufung zum Wehrdienst (§ 2 Abs. 3 ArbPlSchG)

Die Einberufung zum Wehrdienst oder einer Wehrübung ist **kein wichtiger Grund** für eine 24
außerordentliche Kündigung (§ 2 Abs. 3 S. 2 ArbPlSchG). Diese Vorschrift gilt allerdings nicht im Falle des Grundwehrdienstes von mehr als sechs Monaten – folglich auch im Falle des freiwilligen Wehrdienstes gem. § 54 WPflG – für unverheiratete Arbeitnehmer in Betrieben mit idR fünf oder weniger Arbeitnehmern ausschl. der zur Berufsausbildung Beschäftigten, wenn der Arbeitgeber infolge der Einstellung einer Ersatzkraft die Weiterbeschäftigung des Arbeitnehmers nach Entlassung aus dem Wehrdienst nicht zugemutet werden kann. Zu den Voraussetzungen dieses **Schwellenwertes**:

Der Arbeitgeber darf **idR nur fünf oder weniger Arbeitnehmer** beschäftigen, wenn er die **Aus-** 25
nahmeregelung in Anspruch nehmen will. Bei der Feststellung der Anzahl der Arbeitnehmer sind teilzeitbeschäftigte Arbeitnehmer mit einer regelmäßigen wöchentlichen Arbeitszeit von nicht mehr als 20 Stunden mit 0,5 und nicht mehr als 30 Stunden mit 0,75 zu berücksichtigen. Arbeitnehmer mit einer wöchentlichen Arbeitszeit von mehr als 30 Stunden werden den übrigen vollzeitbeschäftigten Arbeitnehmern gleichgestellt. Hinsichtlich der Berechnungswerte der Teilzeitbeschäftigten ist nicht von der im jeweiligen Betrieb im Einzelnen geltenden Vollarbeitszeit auszugehen, sondern die gesetzliche Neuregelung gem. § 2 Abs. 3 S. 3 ArbPlSchG schreibt die Prozentsätze für die Berücksichtigung von Teilzeitbeschäftigten pauschal vor. Zu Einzelheiten dieser Regelung des **Schwellenwertes** vgl. KR-*Bader/Kreutzberg-Kowalczyk* § 23 KSchG Rdn 49 ff.

Im Übrigen ist bei der Berechnung des **Schwellenwertes** im Wesentlichen auf die Disposition des 26
Betriebes abzustellen, der aus einem zahlenmäßig gleich bleibenden oder saisonal unterschiedlichen Belegschaftsstamm bestehen kann, wobei im letzteren Fall die Anzahl der während der Saison beschäftigten Arbeitnehmer zugrunde zulegen ist. Das Merkmal »in der Regel« (vgl. KR-*Bader/Kreutzberg-Kowalczyk* § 23 KSchG Rdn 52 ff.) umfasst nicht die zu außergewöhnlichen Zeiten zusätzlich eingestellten Arbeitskräfte (Inventar-, Stoß- und Saison-Geschäfte). Seit der Änderung des § 2 Abs. 3 durch das BeschFG 1985 ist der Kreis der nicht mitzuzählenden Beschäftigten erweitert worden: Die zur Ausbildung Beschäftigten (zB Volontäre, Praktikanten, Anlernlinge und andere kurzfristig Auszubildende) wurden nunmehr wie die Auszubildenden gem. BBiG bei der Zählung nicht mehr berücksichtigt. Das Recht zur Kündigung gem. § 2 Abs. 3 S. 2 ArbPlSchG besteht bei Einberufung zum Wehrdienst oder der Wehrübung von länger als sechs Monaten.

Unverheiratet ist der Arbeitnehmer, der keine gültige Ehe vor dem Standesbeamten (§ 1310 BGB) 27
geschlossen hat, geschieden oder verwitwet ist.

Eine **Ersatzkraft** eingestellt hat der Arbeitgeber nicht, wenn er lediglich eine innerbetriebliche Ver- 28
setzung vornimmt, sondern erforderlich ist die Eingliederung eines betriebsfremden Arbeitnehmers ausdrücklich zum Zwecke des Ersatzes für den einberufenen Arbeitnehmer.

29 Die **Weiterbeschäftigung** des aus dem Wehrdienst oder der Wehrübung entlassenen Arbeitnehmers ist dem Arbeitgeber dann unzumutbar, wenn er das Beschäftigungsverhältnis mit der Ersatzkraft nicht mehr lösen kann. Allerdings ist von dem Arbeitgeber zu erwarten, dass er von vornherein ein befristetes Arbeitsverhältnis mit der Ersatzkraft eingeht, so dass der Arbeitsplatz wieder rechtzeitig für den Wehrpflichtigen nach dessen Entlassung aus dem Wehrdienst oder Wehrübung frei wird. Ein Arbeitgeber, der schlüssig Tatsachen für fehlende Arbeit vortragen will, muss das Arbeitsvolumen iE insoweit darlegen, als die vorhandenen und die aufgrund des üblichen Auftragseingangs zum Zeitpunkt der Beendigung des Wehrdienstes des Arbeitnehmers zu erwartenden Aufträge zur Auslastung lediglich der gegenwärtigen sächlichen und personellen Kapazität des Betriebs führen, dagegen aber eine personelle Überkapazität entstünde, würde der den Wehrdienst ableistende Arbeitnehmer nach Beendigung des Wehrdienstes weiter beschäftigt werden müssen. Hierzu hat der Arbeitgeber Tatsachen in Form belastbarer Berechnungen vorzutragen, wie sich zum Kündigungszeitpunkt die Auftragslage und die Auslastung der Arbeitnehmer im voraufgegangenen Jahr dargestellt hat, und vergleichend die künftige Entwicklung spezifiziert darzustellen (*LAG Kiel* 31.10.1985 – 5 Sa 69/85, nv). Die Unzumutbarkeit muss noch im Zeitpunkt der letzten mündlichen Verhandlung vorliegen.

30 Als **Betrieb** ist hier jede organisatorische Einheit anzusehen, innerhalb derer ein Unternehmer in Gemeinschaft mit den Arbeitnehmern mit Hilfe von sächlichen und immateriellen Mitteln bestimmte arbeitstechnische Zwecke fortgesetzt verfolgt. Dazu gehören gerade im Hinblick auf den Zweck der Vorschrift, Kleinbetriebe zu entlasten, auch die Praxis eines Arztes, das Büro eines Rechtsanwalts, nicht aber der Haushalt. Auszunehmen ist die Verwaltung im Rahmen des öff. Dienstes, soweit hier der Entlastungsgedanke nicht zutrifft (*Sahmer/Busemann* ArbPlSchG E § 2 Nr. 14 Lit. f).

31 Der Arbeitgeber kann die Kündigung gem. § 2 Abs. 3 S. 2 ArbPlSchG **nur innerhalb eines bestimmten Zeitraums** aussprechen. Das Datum der Einstellung einer Ersatzkraft ist der früheste Zeitpunkt für eine Kündigung. Nach § 2 Abs. 3 S. 3 ArbPlSchG kann der Arbeitgeber bis zu zwei Monaten vor der Beendigung des Wehrdienstes spätestens die Kündigung erklären. Versäumt der Arbeitgeber diese bindende Frist, ist die Kündigung – auch bei Vorliegen aller anderen Voraussetzungen – unzulässig. Die Kündigung kann nur mit Wirkung zum Ende des Wehrdienstes oder der Wehrübung erfolgen.

III. Kündigung vor und nach dem Wehrdienst

32 Vor und nach dem Wehrdienst steht dem Arbeitgeber im Allgemeinen das Recht zur ordentlichen und außerordentlichen Kündigung des Arbeitsverhältnisses des Wehrpflichtigen zu. Hiervon sind im Gesetz zwei Ausnahmen vorgesehen:

1. Aus Anlass des Wehrdienstes (§ 2 Abs. 2 S. 1 ArbPlSchG)

33 Zunächst darf das Arbeitsverhältnis eines wehrpflichtigen Arbeitnehmers vor Beginn und nach Beendigung des Wehrdienstes nicht aus Anlass des Wehrdienstes gekündigt werden (§ 2 Abs. 1 S. 1 ArbPlSchG), weder ordentlich noch aus wichtigem Grund fristlos. Das gilt auch für die fristlose Entlassung unmittelbar nach Beendigung einer Wehrübung (*LAG Hamm* 26.5.1967 DB 1967, 1272). Aus **Anlass des Wehrdienstes** erfolgt jede **Kündigung**, für die der bestehende oder bereits abgeleistete Wehrdienst den Grund abgibt (vgl. auch die Erwägungen des *BAG* 5.2.1998 EzA § 8 EFZG Nr. 1). Dabei genügt es schon, wenn der Wehrdienst mitbestimmendes Motiv des Arbeitgebers ist (*Hess. LAG* 17.1.2014 – 3 Sa 232/13). Eine aus Anlass des Wehrdienstes erklärte Kündigung ist rechtsunwirksam (§ 134 BGB). Dieses Kündigungsverbot ist zeitlich nicht begrenzt (*Sahmer/Busemann* E § 2 Nr. 15).

2. Aus dringenden betrieblichen Gründen (§ 2 Abs. 2 S. 2 ArbPlSchG)

34 Weiterhin erfährt das Recht zur Kündigung eine Einschränkung durch die Bezugnahme in § 1 Abs. 2 S. 2 ArbPlSchG auf das KSchG bei denjenigen Arbeitsverhältnissen, die den Vorschriften

des KSchG unterliegen. Zwar darf der Arbeitgeber aus dringenden betrieblichen Erfordernissen Kündigungen gegenüber Wehrpflichtigen, die unmittelbar vor dem Dienst stehen oder ihn bereits abgeleistet haben, aussprechen, doch er darf bei der Auswahl der zu entlassenden Arbeitnehmer nicht die Einberufung des wehrpflichtigen Arbeitnehmers zum Wehrdienst zu dessen Ungunsten berücksichtigen. Demnach ist auch die Kündigung aus **Anlass des Wehrdienstes**, bei der sich der Arbeitgeber auf die **Auswahl nach sozialen Gesichtspunkten** gem. § 1 Abs. 3 KSchG beruft, unzulässig (*LAG Hamm* 26.5.1967 DB 1967, 1272). Bei einer Kündigung aus dringenden betrieblichen Erfordernissen ist ein zum Zeitpunkt er Kündigungserklärung unter den besonderen Schutz gem. § 2 Abs. 1 ArbPlSchG fallender Arbeitnehmer dann in die soziale Auswahl mit einzubeziehen, wenn dieser bes. Schutz vor Ablauf der Kündigungsfrist endet (*ArbG Hmb.* 23.4.1998 AiB 1999, 50).

Die Einberufung liegt zwar nach dem Wortlaut der Vorschrift nur mit dem Einberufungsbescheid 35 im technischen Sinne vor. Doch Sinn und Zweck des ArbPlSchG – Verhinderung beruflicher Nachteile – gebietet die Ausdehnung der Anwendung dieser Vorschrift auch auf den **Bereitstellungsbescheid**. Denn mit dem Bereitstellungsbescheid liegt die Einberufung unmittelbar im Bereich des möglichen. Da der Wehrpflichtige den Bereitstellungsbescheid dem Arbeitgeber auch vorlegen muss, wird dieser rechtzeitig gewarnt und könnte den Schutz des § 2 Abs. 2 S. 2 ArbPlSchG umgehen und die Kündigung vor dem Erlass des Einberufungsbescheides aussprechen (*ArbG Aalen* 8.3.1965 BB 1965, 791).

3. Beweislastumkehr

Das Vorliegen der Tatbestandsmerkmale der Kündigung »**aus Anlass des Wehrdienstes**« und die 36 »**Berücksichtigung der Einberufung**« bei Entlassungen aus dringenden betrieblichen Erfordernissen ist für einen betroffenen Arbeitnehmer schwer zu erkennen und nachzuweisen, weil sie nur Gegenstand eines möglicherweise nach außen hin nicht erkennbaren Entscheidungsfindungsprozesses des Arbeitgebers sein können. Nach den allgemeinen Beweisregeln würde dem Arbeitnehmer der **Beweis** dafür, dass der Arbeitgeber sein Arbeitsverhältnis gerade aus Anlass des Wehrdienstes gekündigt hat, obliegen.

Nach § 2 Abs. 2 S. 3 ArbPlSchG wird die **Beweislast** jedoch für diese Kündigungsgründe um- 37 gekehrt: Nur wenn der Arbeitnehmer behauptet, die Kündigung verstoße gegen die Kündigungsverbote gem. § 2 Abs. 2 S. 1 und 2 ArbPlSchG und der Arbeitgeber dies bestreitet, muss der **Arbeitgeber beweisen**, dass die Einberufung zum Wehrdienst seinen Entschluss zur Kündigung des Wehrpflichtigen nicht bestimmt hat. Entsprechendes gilt im Fall der Nichtübernahme eines **Auszubildenden** in ein Arbeitsverhältnis (s. Rdn 39). Hinsichtlich der Anforderungen an die Beweisführung muss mindestens verlangt werden, dass der Arbeitgeber Gründe dartut, die unabhängig von der Einberufung bei einem verständig denkenden Arbeitgeber ein Motiv für die Auflösung des Arbeitsverhältnisses darstellen können (*Hess. LAG* 17.1.2014 – 3 Sa 232/13; 7.3.1969 AP Nr. 1 zu § 2 ArbPlSchG); denn zunächst einmal spricht die gesetzliche Vermutung bei einer Kündigung des Arbeitgebers nach Kenntniserlangung von der Einberufung des Arbeitnehmers dafür, dass die Kündigung aus diesem Anlass erfolgte und daher gem. § 2 Abs. 2 S. 1 ArbPlSchG unwirksam ist (*LAG Brem.* 1.7.1964 NJW 1965, 12). Die gesetzliche Vermutung des § 2 Abs. 2 S. 3 ArbPlSchG, dass der Arbeitgeber aus Anlass der Einberufung zum Wehrdienst gekündigt hat, gilt auch dann, wenn der ursprüngliche Einberufungsbescheid wegen Ablegung der Abschlussprüfung zunächst zurückgenommen und die Einberufung aufgehoben wird, der Arbeitgeber jedoch alsdann vor der erneuten Einberufung kündigt (*LAG Köln* 6.10.1982 EzB § 2 ArbPlSchG Nr. 1). Zur Beweislast vgl. *Lorenz* DB 1978, 890 f.

Unabhängig von der Einberufung zum Wehrdienst kann die Kündigung jedoch auch noch aus 38 anderen Gründen unwirksam sein (zB sozial ungerechtfertigt gem. § 1 Abs. 2 KSchG oder Nichtberücksichtigung sozialer Gesichtspunkte gem. § 1 Abs. 3 KSchG). Hier gelten die sonst für den Kündigungsschutzprozess maßgeblichen Beweisregeln.

IV. Auszubildende (§ 2 Abs. 5 ArbPlSchG)

39 Das Ablehnungsverbot der Übernahme eines **Auszubildenden** iSv § 10 BBiG (gilt nicht für Ausbildungsverhältnisse nach § 26 BBiG) in ein Arbeitsverhältnis aus Anlass des Wehrdienstes gilt nur für **bestehende Berufsausbildungsverhältnisse** und hinsichtlich des bisherigen Ausbildungsbetriebes. Andere Arbeitgeber sind hiervon nicht betroffen (BT-Drucks. VI-II/855, S. 6). Zwar liegt in dem Ablehnungsverbot nicht explizit eine gesetzliche Pflicht zum Abschluss eines unbefristeten Arbeitsvertrages nach Beendigung des Ausbildungsverhältnisses, denn das widerspräche nach der Begründung zum ÄndG (BT-Drucks. VIII/855, S. 6) unserer freiheitlichen Wirtschaftsordnung. Doch kann der Gesetzeswortlaut nicht nur als einfacher Appell an den ausbildenden Arbeitgeber verstanden werden. Der Sinn und Zweck des ArbPlSchG besteht gerade darin, Benachteiligungen wegen der Einberufung zum Wehrdienst – insbesondere den Verlust des Arbeitsplatzes – zu verhindern. Wenn der Arbeitgeber aber trotzdem mit dem Auszubildenden ein Arbeitsverhältnis nicht eingeht – insbesondere wenn dies ursprünglich vorgesehen war –, ohne durch andere – betriebliche, persönliche oder verhaltensbedingte – Gründe dazu veranlasst worden zu sein, deren Vorliegen er auch zu **beweisen** hat (Rdn 37), würde dies dem gesetzlichen Verbot der Ablehnung des Arbeitsvertragsschlusses widersprechen (m. Verw. auf § 249 BGB im Ergebnis auch MünchArbR-*Berkowsky* § 160 Rn 106; aA DDZ-*Brecht-Heizmann* Rn 19). Zum Schutz von Arbeitnehmern in befristeten Arbeitsverhältnissen gem. § 2 Abs. 5 S. 3 ArbPlSchG vgl. Rdn 17. Von der Übernahmepflicht auszunehmen sind allerdings Arbeitgeber, deren Betrieb wirtschaftlich gefährdet wird, wenn er zum Abschluss eines Arbeitsvertrages gezwungen würde. In allen anderen Fällen berechtigt der Verstoß gegen die Pflicht zur Eingehung eines Arbeitsverhältnisses den Arbeitnehmer zur Geltendmachung von Schadensersatzansprüchen (APS-*Dörner* Rn 20; DDZ-*Brecht-Heizmann* Rn 20; *Sahmer/Busemann* ArbPlSchG E § 2 Nr. 26).

V. Kündigung von Handelsvertretern

40 § 8 Abs. 4 ArbPlSchG lautet: »Der Unternehmer darf das Vertragsverhältnis aus Anlass der Einberufung des Handelsvertreters zum Grundwehrdienst oder zu einer Wehrübung nicht kündigen.« Dieses **Kündigungsverbot** ist der Vorschrift des § 2 Abs. 2 S. 1 ArbPlSchG nachgebildet. Abweichend davon gilt das Verbot der ordentlichen und außerordentlichen Kündigung des § 8 Abs. 4 ArbPlSchG wegen seiner allgemeinen Fassung insgesamt für die Zeit vor, während und nach dem Wehrdienst. Allerdings besteht hier nicht die gesetzliche Vermutung des § 2 Abs. 2 S. 3 ArbPlSchG, so dass dem Handelsvertreter der **Beweis** der Tatsachen obliegt, aus denen sich ergibt, dass die Kündigung aus Anlass der Einberufung zum Wehrdienst erfolgt. Liegt dieser Anlass für die Kündigung vor, so ist sie wegen Verstoßes gegen § 8 Abs. 4 ArbPlSchG iVm § 134 BGB nichtig.

VI. Entlassung von Beamten und Richtern

41 § 9 Abs. 6 ArbPlSchG lautet: »Der Beamte darf aus Anlass der Einberufung zum Grundwehrdienst oder zu einer Wehrübung nicht entlassen werden.« Diese Vorschrift gilt für Richter gem. § 9 Abs. 11 ArbPlSchG entsprechend. Wegen der ohnehin beschränkten Möglichkeiten der Beendigung des Rechtsverhältnisses mit einem Beamten oder Richter kann dieses Entlassungsverbot praktisch nur bei Probe- und Widerrufsverhältnissen bedeutsam sein.

VII. Kündigungsrecht des Arbeitnehmers

42 Von den Vorschriften des § 2 ArbPlSchG bleibt das Recht des Arbeitnehmers zur Kündigung nach den allgemeinen arbeitsrechtlichen Grundsätzen unberührt.

VIII. Klagefrist

43 Geht dem Arbeitnehmer nach der Einberufung oder während des Wehrdienstes eine Kündigung zu, so beginnt – wenn er unter den Geltungsbereich des KSchG fällt – die **Dreiwochenfrist**, binnen derer Kündigungsschutzklage zu erheben ist, erst nach Ablauf von **zwei Wochen nach Beendigung des**

Wehrdienstes zu laufen (§ 2 Abs. 4 ArbPlSchG). Versäumt der Arbeitnehmer diese Frist, so bleibt ihm noch die Möglichkeit entweder der nachträglichen Zulassung durch das Gericht (§ 5 KSchG).

IX. Auszug aus dem Eignungsübungsgesetz (§§ 1–3)

Gesetz über den Einfluss von Eignungsübungen der Streitkräfte auf Vertragsverhältnisse der Arbeitnehmer und Handelsvertreter sowie auf Beamtenverhältnisse (Eignungsübungsgesetz)

Vom **20. Januar 1956** (BGBl. I S. 13); in der im BGBl. III, Glied. Nr. 53–5, veröff. Bereinigten Fassung, zuletzt geändert durch Art. 11a des Gesetzes vom 11.12.2018 (BGBl. I S. 2387).

§ 1
Arbeitsverhältnis bei Einberufung

(1) ¹*Wird ein Arbeitnehmer auf Grund freiwilliger Verpflichtung zu einer Übung zur Auswahl von freiwilligen Soldaten (Eignungsübung) einberufen, so ruht das Arbeitsverhältnis während der Eignungsübung bis zur Dauer von vier Monaten.* ²*Der Beginn der Eignungsübung ist dem Einzuberufenden und seinem Arbeitgeber mindestens vier Wochen vor Übungsbeginn mitzuteilen; die Frist kann mit Zustimmung des Einzuberufenden und seines Arbeitgebers verkürzt werden.*

(2) *Wird die Eignungsübung vorzeitig beendet und ergibt sich für den Arbeitgeber aus gesetzlichen oder tarifvertraglichen Bestimmungen die Pflicht, vorübergehend für zwei Personen am gleichen Arbeitsplatz Lohn oder Gehalt zu zahlen, so hat der Arbeitgeber Anspruch auf Erstattung der ihm hierdurch ohne sein Verschulden entstandenen Mehraufwendungen.*

(3) *Ein befristetes Arbeitsverhältnis wird durch die Einberufung zu einer Eignungsübung nicht verlängert; das gleiche gilt, wenn ein Arbeitsverhältnis aus sonstigen Gründen während der Eignungsübung geendet hätte.*

§ 2
Kündigungsverbot für den Arbeitgeber

(1) ¹*Der Arbeitgeber darf das Arbeitsverhältnis während der Eignungsübung nicht kündigen.* ²*Das Recht zur außerordentlichen Kündigung aus Gründen, die nicht in der Teilnahme des Arbeitnehmers an einer Eignungsübung liegen, bleibt unberührt.*

(2) ¹*Aus Anlaß der Teilnahme des Arbeitnehmers an einer Eignungsübung darf der Arbeitgeber das Arbeitsverhältnis während der Eignungsübung nicht kündigen.* ²*Muß der Arbeitgeber aus dringenden betrieblichen Erfordernissen (§ 1 Abs. 2 des Kündigungsschutzgesetzes) Arbeitnehmer entlassen, so darf bei der Auswahl der zu Entlassenden die Teilnahme eines Arbeitnehmers an einer Eignungsübung nicht zu dessen Ungunsten berücksichtigt werden.* ³*Kündigt der Arbeitgeber binnen sechs Monaten, nachdem er von der Meldung des Arbeitnehmers bei den Streitkräften zur Teilnahme an einer Eignungsübung Kenntnis erhalten hat, oder innerhalb von drei Monaten im Anschluß an die Eignungsübung, so wird vermutet, daß die Kündigung aus Anlaß der Teilnahme an einer Eignungsübung ausgesprochen und, sofern aus dringenden betrieblichen Erfordernissen Entlassungen erfolgen, bei der Auswahl des Arbeitnehmers seine Teilnahme an einer Eignungsübung zu seinen Ungunsten berücksichtigt worden ist.*

(3) *Die Vorschriften des Abs. 2 gelten auch, wenn der Arbeitgeber vor Inkrafttreten dieses Gesetzes dem Arbeitnehmer wegen einer beabsichtigten Teilnahme an einer Eignungsübung gekündigt hat.*

§ 3
Ende des Arbeitsverhältnisses

(3) ¹*Bleibt der Arbeitnehmer im Anschluß an die Eignungsübung als freiwilliger Soldat in den Streitkräften, so endet das Arbeitsverhältnis mit Ablauf der Eignungsübung.* ²*Die zuständige Dienststelle der Streitkräfte hat dem Arbeitgeber spätestens zwei Wochen vor dem Ende der Eignungsübung die beabsichtigte weitere Verwendung des Arbeitnehmers in den Streitkräften und das Ende der Eignungsübung unverzüglich mitzuteilen.*

§ 2 ArbPlSchG Kündigungsschutz für Arbeitnehmer, Weiterbeschäftigung nach der Berufsausbildung

(2) ¹*Setzt der Arbeitnehmer die Eignungsübung über vier Monate hinaus freiwillig fort, so endet das Arbeitsverhältnis mit Ablauf der vier Monate.* ²*Dies gilt nicht, wenn bis zum Ablauf der vier Monate die Eignung des Arbeitnehmers wegen Krankheit von mehr als vier Wochen nicht endgültig beurteilt worden ist und der Arbeitnehmer aus diesem Grunde die Eignungsübung freiwillig fortsetzt; in diesem Falle ruht das Arbeitsverhältnis höchstens weitere vier Monate.* ³*Es endet, wenn der Arbeitnehmer die Eignungsübung auch noch über diesen Zeitpunkt hinaus freiwillig fortsetzt.* ⁴*Abs. 1 S. 2 gilt entsprechend.*

Aufhebungsvertrag

Übersicht

		Rdn			Rdn
A.	Einleitung	1	I.	Begriff	50
B.	Aufhebungsvertrag	3	II.	Schriftform (§ 623 BGB)	51
I.	Begriff	3	III.	Geltung der Grundsätze für Aufhebungsverträge	52
II.	Aufklärungspflichten	5			
III.	Abschluss	9	IV.	Problematische Inhalte	53
IV.	Vertragspartner	13	V.	Nachträgliche Zulassung verspäteter Kündigungsschutzklage nach Beseitigung Abwicklungsvertrag? (§ 5 Abs. 1 KSchG)	54
V.	Stellvertretung	17			
VI.	Auflösungsgrund?	18			
VII.	Auflösungszeitpunkt	20			
VIII.	Bedingungen	23	D.	**Gestaltung von Aufhebungs- und Abwicklungsverträgen**	55
IX.	Beseitigung des Aufhebungsvertrages	26			
X.	AGB-Inhaltskontrolle	36	I.	Angabe einer Kündigung als Beendigungstatbestand	55
XI.	Aufhebungsvertrag anlässlich Betriebsüberganges (§ 613a Abs. 1 S. 1 BGB)	40	II.	Beendigungszeitpunkt	56
			III.	Vergütungsfragen	57
XII.	Massenaufhebung (§§ 17, 18 KSchG)/Diskriminierende Aufhebungsverträge	43	IV.	Aufhebungsfolgen	58
			V.	Gestaltung der Phase bis zum rechtlichen Ende des Arbeitsverhältnisses	60
XIII.	Beteiligung der Betriebs-, Personal- oder Schwerbehindertenvertretung?	45	VI.	Abfindung	63
XIV.	Prozessuales/Beseitigungsfolgen	46	VII.	Erledigungsklausel (Allgemeine Ausgleichsklausel)	67
C.	**Abwicklungsvertrag**	50			

A. Einleitung

Arbeitsrechtliche Aufhebungsverträge (vgl. *Bauer/Krieger/Arnold* Arbeitsrechtliche Aufhebungsverträge, *Bengelsdorf* Aufhebungsvertrag und Abfindungsvereinbarung, *Burkardt* Der arbeitsrechtliche Aufhebungsvertrag, *Franz* Der Abschluss des Aufhebungsvertrages, *Hjort* Aufhebungsvertrag und Abfindung; *Weber/Ehrich/Burmester/Fröhlich* Handbuch des arbeitsrechtlichen Aufhebungsverträge; weiter APS-*Rolfs* AufhebVtr; ErfK-*Müller-Glöge* § 620 BGB Rn 5 bis 15; SPV-*Preis* Rn 34 bis 52; DDZ-*Däubler* Aufhebungsvertrag) stellen ein **wichtiges personalwirtschaftliches Instrument** zur Beendigung von Arbeitsverhältnissen dar (vgl. ErfK-*Müller-Glöge* § 620 BGB Rn 5; statistische Angaben DDZ-*Däubler* Aufhebungsvertrag Rn 1). Da sich die beendigende Wirkung aus einer einvernehmlichen Abrede der Arbeitsvertragsparteien ergibt, ist – jedenfalls prinzipiell – keine Seite dem für arbeitsrechtliche Kündigungen geltenden Recht unterworfen. Bereits die Abgabe einer Kündigungserklärung (oder einer Anfechtungserklärung wegen Willensmängeln bei Arbeitsvertragsschluss) und deren Zugang sind entbehrlich. Die Notwendigkeit der Beteiligung einer **Betriebs- oder Personalvertretung** im Vorfeld der beabsichtigten Maßnahme entfällt prinzipiell (vgl. SPV-*Preis* Rn 34; aA *Keppeler* AuR 1996, 265 f.; s. Rdn 45). Der **Allgemeine Kündigungsschutz** nach Maßgabe der Vorschriften des Ersten Abschnitts des Kündigungsschutzgesetzes bezieht sich nicht auf arbeitsrechtliche Aufhebungsverträge, weshalb es keines Auflösungsgrundes bedarf (vgl. SPV-*Preis* Rn 34); Entsprechendes gilt für Anfechtungsgründe. Unbeachtet bleiben können auch spezifisch kündigungsrechtliche Vorschriften zugunsten **besonders schutzbedürftiger Arbeitnehmer** (vgl. SPV-*Preis* Rn 34) oder tarifliche Kündigungsverbote oder -erschwerungen. Zur Beendigung des Arbeitsverhältnisses bedarf es nicht der Beteiligung staatlicher Stellen (beispielsweise der Zustimmung des **Integrationsamtes** nach Maßgabe des Schwerbehindertenrechts oder des Dispenses einer für den Arbeitsschutz zuständigen obersten **Landesbehörde nach dem Mutterschutzgesetz**; zum **erweiterten Bestandsschutz** bei der Beendigung des Arbeitsverhältnisses **eines schwerbehinderten Menschen ohne** Kündigung bei Eintritt einer teilweisen Erwerbsminderung, der Erwerbsminderung auf Zeit, der Berufsunfähigkeit oder der Erwerbsunfähigkeit auf Zeit gelten allerdings die Vorschriften des 4. Kapitels des SGB IX über die Zustimmung zur ordentlichen Kündigung gem. § 175 SGB IX (bis 31.12.2017: § 92) entsprechend; zur **Massenaufhebung** s. aber Rdn 43). Eine **Kündigungsfrist**

ist nicht zu wahren (vgl. SPV-*Preis* Rn 34). Nach dem Grundsatz der **Vertragsfreiheit** kann der Arbeitsvertrag jederzeit durch einen Aufhebungsvertrag beendet werden (*BAG* 7.5.1987 EzA § 9 nF KSchG Nr. 21). Der Beendigungszeitpunkt kann – in Grenzen – beliebig gewählt werden, dh (im Falle eines außer Vollzug gesetzten Arbeitsverhältnisses) sogar in der Vergangenheit liegen oder (ohne wichtigen Grund iSd § 626 Abs. 1 BGB) die sofortige Auflösung des Arbeitsverhältnisses zur Folge haben. Entbehrlich sind damit auch behördliche oder/und gerichtliche Verfahren um die Zulässigkeit einer Arbeitsvertragsbeendigung. Insbesondere lassen sich Kündigungsrechtsstreitigkeiten vermeiden. Die Wirksamkeit der Aufhebung ist von der Zahlung einer Abfindung unabhängig (§§ 9, 10 KSchG gelten nicht, vgl. *BAG* 7.5.1987 EzA § 9 KSchG Nr. 21).

2 Allerdings hat sich mittlerweile ein eigenständiger Rechtsrahmen auch für arbeitsrechtliche Aufhebungsverträge entwickelt. Dieser wird im Wesentlichen geprägt durch höchstrichterliche Entscheidungen des Bundesarbeitsgerichts. Veranlasst sind diese vielfach von dem Ziel, es durch Aufhebungsverträge nicht zu einer **Umgehung zwingenden Rechts**, insbesondere des Kündigungsrechts (s. Rdn 23 ff.) oder des Befristungskontrollrechts (s. Rdn 20 ff.) kommen zu lassen. Veranlasst sind diese Entscheidungen aber auch durch die Entwicklung der Vertragspraxis. Diese geht dahin, anlässlich der Beendigung eines Arbeitsvertrages durch **Aufhebungsvereinbarung** mehr als nur die Beendigung des Arbeitsverhältnisses zu regeln. Entsprechende Vereinbarungen gehen zunehmend in die Richtung, immer mehr Gegenstände mitzuregeln, die aus der Beendigung eines Arbeitsverhältnisses resultieren oder – vorausschauend – resultieren könnten. Vorläufiger Abschluss dieser Entwicklung ist der sog. **Abwicklungsvertrag**, der sich jedenfalls aus Rechtsgründen nur noch mit den Folgen einer Arbeitsvertragsbeendigung beschäftigt, die wiederum Folge einer ausgesprochenen und hingenommenen Kündigung ist. Resultat dieser Entwicklung ist, dass sich zunehmend auch Fragen stellen, die aus der Gestaltung von Aufhebungsvereinbarungen und Abwicklungsverträgen durch Allgemeine Geschäftsbedingungen herrühren. Weitere Grenzen der Regelungsbefugnis der Vertragsparteien ergeben sich daraus, dass nicht in rechtlich zu missbilligender Weise Einfluss auf die freie Willensbildung oder -betätigung der Gegenseite genommen werden darf (vgl. §§ 119, 123 BGB; SPV-*Preis* Rn 34) oder grundrechtliche Schutzpflichten Anlass geben, im Rahmen der zivilrechtlichen Generalklauseln einer solchen Vereinbarung die gerichtliche Durchsetzung zu versagen (*BAG* 12.1.2000 EzA § 620 BGB Aufhebungsvertrag Nr. 33; 7.3.2002 EzA § 620 BGB Aufhebungsvertrag Nr. 40). Zu beachten sind auch stets die sozialversicherungs- und steuerrechtlichen Rahmenbedingungen (Vermeidung von Umgehungstatbeständen oder des Missbrauchs rechtlicher Gestaltungsformen).

B. Aufhebungsvertrag

I. Begriff

3 Unter einem (arbeitsrechtlichen) Aufhebungsvertrag versteht das *BAG* (28.11.2007 EzA § 123 BGB 2002 Nr. 7) eine **Vereinbarung über das vorzeitige Ausscheiden eines Arbeitnehmers aus einem Dauerarbeitsverhältnis** (ähnlich *BAG* 14.12.2016 EzA § 14 TzBfG **Nr. 126**). Er ist seinem Regelungsgehalt nach auf eine alsbaldige Beendigung der arbeitsvertraglichen Beziehungen gerichtet. Das bringen die Parteien idR durch die Wahl einer zeitnahen Beendigung, die sich häufig an der jeweiligen Kündigungsfrist orientiert, und weitere Vereinbarungen über Rechte und Pflichten aus Anlass der vorzeitigen Vertragsbeendigung zum Ausdruck (*BAG* 28.11.2007 EzA § 123 BGB 2002 Nr. 7). Als Vertrag begründet ein Aufhebungsvertrag mithin nach § 311 Abs. 1 BGB ein Schuldverhältnis mit den sich aus § 241 BGB ergebenden Pflichten. Ist er nur auf die Beendigung des Arbeitsverhältnisses gerichtet, kommt ihm (wenn auch nicht im sachenrechtlichen Sinne) quasi verfügender Charakter (*BAG* 16.10.1969 AP Nr. 20 zu § 794 ZPO: »quasi dinglicher Akt«) zu, weil sich die verabredete Rechtsfolge (Aufgabe des Arbeitsplatzes) gewissermaßen von selbst und uU sofort vollzieht. Nicht kommt der Abrede eine bloße Verpflichtung des Inhalts zu, eine beendigende Erklärung erst abzugeben. Die **Weigerung** eines Arbeitnehmers, einen Auflösungsvertrag abzuschließen, stellt nur dann einen Kündigungsgrund dar, wenn der Arbeitnehmer dadurch seine vertraglichen Pflichten rechtswidrig und schuldhaft verletzte; daraus folgt jedoch keine Pflicht, entgegen dem eigenen Willen an der Beendigung des eigenen Arbeitsverhältnisses mitzuwirken (vgl.

BAG 5.11.2009 EzA § 626 BGB 2002 Nr. 28). Aus dem **arbeitsrechtlichen Gleichbehandlungsgrundsatz** folgt **grds.** kein **Anspruch** des Arbeitnehmers **auf Abschluss** eines Aufhebungsvertrages (*BAG* 17.12.2009 EzA § 623 BGB 2002 Nr. 10; krit. *Boemke* jurisPR-ArbR 12/2010 Anm. 2. Ältere Arbeitnehmer, die ein Arbeitgeber generell von einem Personalabbau ausnimmt, werden grundsätzlich auch dann wieder iSv § 3 Abs. 1 Satz 1 AGG unmittelbar gegenüber jüngeren Arbeitnehmern benachteiligt, wenn der Personalabbau durch freiwillige Aufhebungsverträge unter Zahlung attraktiver Abfindungen erfolgen soll (*BAG* 25.2.2020nEzA § 10 AGG Nr. 3).

Für die beabsichtigte Rechtsfolge unerheblich ist die **Bezeichnung** des Vertrages. Häufig ist auch 4 von »Ausscheidensvereinbarungen« die Rede. Das Gesetz spricht in § 623 BGB von dem »Auflösungsvertrag«, wie dies auch in Tarifverträgen für den öffentlichen Dienst vorkommt. § 112a Abs. 1 S. 2 BetrVG kennt diese Abrede hingegen als »Aufhebungsvertrag«.

II. Aufklärungspflichten

Den Arbeitgeber können bei einer einvernehmlichen Auflösung des Arbeitsverhältnisses (im Arbeits- 5 vertrag - ggf. unter Berücksichtigung der §§ 305c Abs. 1 und 307 BGB - abdingbare) **Hinweis- und Aufklärungspflichten** treffen. Voraussetzungen und Umfang der Hinweis- und Aufklärungspflichten ergeben sich nach bisheriger Rechtsprechung aus dem Grundsatz von Treu und Glauben (§ 242 BGB). Sie beruhen auf den **besonderen Umständen des Einzelfalles** und sind das Ergebnis einer **umfassenden Interessenabwägung** (*BAG* 10.3.1988 EzA § 611 BGB Aufhebungsvertrag Nr. 6). Jeder Vertragspartner hat grundsätzlich selbst für die Wahrnehmung seiner Interessen zu sorgen (*BAG* 11.12.2001 EzA § 611 BGB Fürsorgepflicht Nr. 62). Der jeder Partei zuzubilligende Eigennutz findet seine Grenze jedoch an dem schutzwürdigen Lebensbereich des Vertragspartners (*BAG* 13.11.1984 EzA § 611 BGB Fürsorgepflicht Nr. 36). Die erkennbaren Informationsbedürfnisse des Arbeitnehmers einerseits und die Beratungsmöglichkeiten des Arbeitgebers andererseits sind stets zu beachten (vgl. u. a. *BAG* 13.12.1988 EzA BAT § 8 BAT Fürsorgepflicht Nr. 19). Gesteigerte Hinweispflichten können den Arbeitgeber vor allem dann treffen, wenn der Aufhebungsvertrag auf **seine Initiative** hin und in **seinem Interesse** zustande kommt (vgl. *BAG* 3.7.1990 EzA § 611 BGB Aufhebungsvertrag Nr. 7; 22.4.2004 EzA § 312 BGB 2002 Nr. 2). Durch das Angebot eines Aufhebungsvertrages kann der Arbeitgeber auch den Eindruck erwecken, er werde bei der vorzeitigen Beendigung des Arbeitsverhältnisses auch die Interessen des Arbeitnehmers wahren und ihn nicht ohne ausreichende Aufklärung erheblichen, **atypischen Versorgungsrisiken** aussetzen (vgl. *BAG* 17.10.2000 EzA § 611 BGB Fürsorgepflicht Nr. 59; 22.2.2004 EzA § 313 BGB 2002 Nr. 2). Eine Belehrungspflicht entsteht bei einer Beendigung des Arbeitsverhältnisses auf Veranlassung des Arbeitgebers nach der Rechtsprechung des BAG schließlich dann, wenn der Arbeitnehmer wegen besonderer Umstände darauf vertrauen durfte, der Arbeitgeber werde sich um die **Versorgung** kümmern, oder wenn er darauf vertrauen darf, der Arbeitgeber werde bei der vorzeitigen Beendigung des Arbeitsverhältnisses auch den Interessen des Arbeitnehmers an einer **optimalen Versorgung** Rechnung tragen (*BAG* 13.11.1984 EzA § 611 BGB Fürsorgepflicht Nr. 36). Grundlage von Hinweis- und Aufklärungspflichten dürfte seit der Schuldrechtsreform die sich aus § 241 Abs. 2 BGB ergebende **Rücksichtspflicht** sein, ohne dass sich dadurch sachliche Änderungen gegenüber dem früheren Rechtszustand ergäben.

Rechtsfolge der Verletzung einer im konkreten Fall festzustellenden Aufklärungs- oder Hinweis- 6 pflicht kann unter den Voraussetzungen des § 123 BGB (arglistige Täuschung durch Unterlassen, s. etwa *BAG* 22.4.2004 EzA § 312 BGB 2002 Nr. 2) zur **Anfechtbarkeit** der auf Abschluss des Aufhebungsvertrages gerichteten Erklärung führen oder einen **Schadensersatzanspruch** wegen Verletzung einer Pflicht gem. § 241 Abs. 2, § 280 Abs. 1 BGB (etwa Ausgleich eines Versorgungsschadens) begründen. Letzterenfalls geht aber die Art des nach § 249 Abs. 1 BGB zu leistenden Schadensersatzes nicht auf Beseitigung des Aufhebungsvertrages bzw. bleibt die auf den Vertragsschluss gerichtete rechtsgeschäftliche Willenserklärung **unberührt** (vgl. *BAG* 10.3.1988 EzA § 611 BGB Aufhebungsvertrag Nr. 6; 24.2.2004 EzA § 611 BGB 2002 Aufhebungsvertrag Nr. 8). Dieses Ergebnis lässt sich nur unter den Voraussetzungen des § 123 BGB durch Anfechtung erreichen. **Zu Ausnahmefällen** wegen des **Verstoßes gegen das Gebot fairen Verhandelns** vgl. Rdn 30 aE.

7 Die vorstehenden Grundsätze gelten erst recht, wenn der Arbeitgeber dem Arbeitnehmer **Auskünfte** erteilt. Dann müssen sie richtig und vollständig sein (st.Rspr. des *BAG*, zB 12.12.2002 EzBAT § 8 BAT Fürsorgepflicht Nr. 41).

8 Teilt der Arbeitgeber einem Arbeitnehmer, der von sich aus darum bittet, das Arbeitsverhältnis gegen Zahlung einer Abfindung aufzuheben, mit, dass mit einer **Sperrzeit** zu rechnen sei, über deren Dauer die Agentur für Arbeit entscheidet, so hat er seine Unterrichtungspflicht erfüllt. Ein Arbeitnehmer, der trotz dieses Hinweises den Auflösungsvertrag schließt, ohne sich bei der Agentur für Arbeit über die Auswirkungen zu erkundigen, die dieser Schritt nach Arbeitslosenversicherungsrecht hat, kann von dem Arbeitgeber keinen Schadensersatz dafür verlangen, dass der Anspruch auf Arbeitslosengeld durch die Bedingungen des Auflösungsvertrages beeinträchtigt wird (*BAG* 10.3.1988 EzA § 611 BGB Aufhebungsvertrag Nr. 6). Ein etwaiger Irrtum über die sich aus dem Abschluss eines Aufhebungsvertrages ergebenden Nachteile wie den Eintritt einer Sperrfrist für den Bezug von Arbeitslosengeld ist als bloßer Motiv- bzw. Rechtsfolgenirrtum unbeachtlich (*BAG* 14.2.1996 EzA § 611 BGB Aufhebungsvertrag Nr. 21), begründet also auch keine Anfechtbarkeit wegen Inhaltsirrtums gem. § 119 Abs. 1 BGB. Unterlässt der Arbeitgeber den nach **§ 2 Abs. 2 S. 2 Nr. 3 SGB III** gebotenen Hinweis an den Arbeitnehmer über dessen Pflicht, sich vor der Beendigung des Arbeitsverhältnisses unverzüglich bei der Agentur für Arbeit suchend zu melden, so begründet dies keinen Schadensersatzanspruch des Arbeitnehmers gegen den Arbeitgeber (*BAG* 29.9.2005 EzA § 280 BGB 2002 Nr. 1). Schadensersatzansprüche können sich insbesondere ergeben bei – pflichtwidrig – unterlassener Aufklärung über den Verlust einer **höheren Übergangsversorgung** (*BAG* 12.12.2002 EzBAT § 8 BAT Fürsorgepflicht Nr. 41), über **drohende Versorgungsschäden** (*BAG* 3.7.1990 EzA § 611 BGB Aufhebungsvertrag Nr. 7; 17.10.2000 EzA § 611 BGB Fürsorgepflicht Nr. 59) oder die Auswirkungen der Aufhebung auf eine **betriebliche Altersversorgung** (*BAG* 11.12.2001 EzA § 611 BGB Fürsorgepflicht Nr. 62). Ein etwaiges Mitverschulden ist nach § 254 Abs. 2 BGB von Amts wegen zu berücksichtigen, sofern eine Partei die entsprechenden Tatsachen vorträgt oder diese unstreitig sind (*BAG* 12.12.2002 EzBAT § 8 BAT Fürsorgepflicht Nr. 41).

III. Abschluss

9 Der Aufhebungsvertrag bedarf als Auflösungsvertrag iSd **§ 623 BGB** zu seiner Wirksamkeit der **Schriftform**. Wegen der Einzelheiten wird auf die Kommentierung zu § 623 BGB verwiesen (s. KR-*Spilger* § 623 BGB Rdn 73 ff., 95 ff., 148 ff, 178 ff., 200 ff., 212 ff., 237 ff. 246 ff.). Ein mündlich geschlossener Aufhebungsvertrag ist mithin nicht rechtswirksam (nichtig gem. § 125 S. 1 BGB, weswegen das Arbeitsverhältnis mit allen Rechten und Pflichten fortbesteht, SPV-*Preis* Rn 46). Möglich ist allerdings nach wie vor der Abschluss eines Aufhebungsvertrages durch schlüssiges Verhalten. Entscheidend ist nur, dass eben dieses Verhalten unter Wahrung des gesetzlichen Schriftformerfordernisses dem Geschäftssinne nach einen Aufhebungsvertrag darstellt. Insofern kann nach Lage der Dinge durchaus auch das Einverständnis mit einer vorangegangenen Kündigung oder die Unterzeichnung einer Ausgleichsquittung im Ergebnis einen Aufhebungsvertrag darstellen, wenn sich der Wille zur Vertragsbeendigung aus den Umständen ergibt und dem gesetzlichen Schriftformerfordernis genügt ist (also nicht beispielsweise nur der Arbeitnehmer unterzeichnet).

10 Aufgrund der vorgeschriebenen Schriftform bedürfen auch **Änderungen und Ergänzungen** des Aufhebungsvertrages dieser Form, nicht hingegen die **Aufhebung** des Aufhebungsvertrages. Bei lediglich mündlich zustande gekommenem Aufhebungsvertrag kann sich das Berufen auf den Formmangel nach Maßgabe des **§ 242 BGB** als rechtsmissbräuchlich darstellen (Einzelheiten s. KR-*Spilger* § 623 BGB Rdn 202 ff., 206 ff.). Bei Abschluss eines mehrseitigen Vertrages hat dieser dem Schriftformerfordernis insgesamt zu genügen.

11 Die Begründung eines **Geschäftsführer- oder Vorstandsanstellungsverhältnisses** mit einem Arbeitnehmer und seine Bestellung zum Organ(-Mitglied), auch einer dritten Gesellschaft, vermag seit Einführung des Schriftformzwangs für Auflösungsverträge nicht mehr »im Zweifel« zu einer

Aufhebung eines bisherigen Arbeitsverhältnisses führen (vgl. dazu *BAG* 14.6.2006 EzA § 5 ArbGG 1979 Nr. 40). Die – auch konkludente – Aufhebung kann allerdings durch den – allerdings eben schriftlich zu schließenden – Anstellungsvertrag bewirkt werden (*BAG* 24.10.2013 EzA-SD 2014, Nr. 9 S. 3; 15.3.2011 EzA § 5 ArbGG 1979 Nr. 44; 19.7.2007 EzA § 623 BGB 2002 Nr. 7; bei der GmbH besteht insoweit eine sich aus 46 Nr. 5 GmbHG ergebende Annexkompetenz der Gesellschafterversammlung, *BAG* 3.7.2018 ZIP 2018, 1629; Einzelheiten s. KR-*Spilger* § 623 BGB Rdn 244). Die **Begünstigung eines Betriebsratsmitglieds** durch Vereinbarungen in einem Aufhebungsvertrag (vgl. *LAG Saarl.* 22.6.2016 – 1 Sa 63/15, juris) kann die Nichtigkeit dieses Rechtsgeschäfts nach § 134 BGB wegen Verstoßes gegen § 78 S. 2 BetrVG (GK-BetrVG/*Kreutz* § 78 Rn 851) begründen (so auch *BAG* 21.3.2018 EzA § 78 BetrVG 2001 Nr. 8 mit Anm. *Fuhlrott* NZA-RR 2018, 472 in der dem *LAG Saarl.* nachfolgenden Entscheidung; allerdings werde das Betriebsratsmitglied durch den Abschluss eines Aufhebungsvertrages regelmäßig nicht begünstigt.

Durch einen **gerichtlichen Vergleich** nach § 278 Abs. 6 ZPO in der bis zum 31.8.2004 geltenden Fassung (nunmehr § 278 Abs. 6 S. 1 zweite und dritte Alt. ZPO) wird die für Aufhebungsverträge erforderliche Schriftform nach § 623 BGB gewahrt (*BAG* 23.11.2006 EzA § 278 ZPO 2002 Nr. 1). Näher KR-*Spilger* § 623 BGB Rdn 158. 12

IV. Vertragspartner

Minderjährige Partner eines Arbeitsvertrages, die vom gesetzlichen Vertreter ermächtigt waren, in 13 Arbeit zu treten, sind nach § 113 Abs. 1 S. 1 BGB teilgeschäftsfähig auch für die Aufhebung des Arbeitsverhältnisses einschließlich der Vertragsabwicklung und eines Vergleichsschlusses (*Palandt/ Ellenberger* § 113 BGB Rn 4). Für minderjährige **Auszubildende** gilt die Rechtsfolge des § 113 Abs. 1 S. 1 BGB für die Aufhebung des **Berufsausbildungsverhältnisses** ungeachtet der Regelung in § 10 Abs. 2 BBiG hingegen nicht (*BFH* 13.11.1986 BStBl. II 1987, 251; *Palandt/Ellenberger* § 113 BGB Rn 2 m. zahlr. Nachw.; aA offenbar *BAG* 22.1.2008 EzA § 10 BBiG Nr. 13), weil kein Eintritt in »Dienst« oder »Arbeit« sondern in Berufsbildung in Rede steht bzw. der Ausbildungszweck überwiegt.

Die Rechtsfähigkeit und die (bei einer natürlichen Person nach *BAG* 17.2.1994 NJW 1994, 2501 14 als Regelfall anzunehmende) Geschäftsfähigkeit unterliegt bei einem **Ausländer** nach Art. 7 Abs. 1 S. 1 EGBGB (IPR d. vertragl. Schuldverh.) dem Recht des Staates, dem die Person angehört. Auch wenn nach Art. 8 Rom I-VO für den Arbeitsvertrag nicht deutsches Recht anwendbar sein sollte, ist für die Form eines den Arbeitsvertrag aufhebenden Vertrages bei Vornahme des Vertragsschlusses in Deutschland für die Formgültigkeit nach Art. 11 Abs. 1 EGBGB jedenfalls auch Schriftform nach § 623 BGB ausreichend (zur vertragsrechtlichen Anknüpfung des Aufhebungsvertrages vgl. *Deinert* Intern. Arbeitsrecht § 13 Rn 17).

Bei **behinderten Personen** (hörbehinderte, sprachbehinderte und sehbehinderte [mit und ohne 15 schriftlicher Verständigungsmöglichkeit] oder schreibunfähige Personen) kann sich für die Wahrung der Form notarielle Beurkundung nach den Vorschriften in §§ 22 ff. BeurkG anbieten. Bei Blinden genügt eine in Brailleschrift errichtete und unterzeichnete Urkunde, wenn der Blinde diese Schrift umzusetzen in der Lage ist. Bei einem der **Schriftsprache Unkundigen** wird es ebenfalls auf die Verständnismöglichkeit vom Text der Aufhebungsvereinbarung ankommen, ohne dass allerdings eine Übersetzungspflicht seitens des Arbeitgebers besteht (vgl. für Ausgleichsquittung *LAG Hamm* 2.1.1976 EzA § 305 BGB Nr. 8; allgemein zum Arbeitsvertragsschluss mit sprachunkundigen Ausländern *Boemke/Schönfelder* NZA 2015, 1222). Die Unterzeichnung eines in deutscher Sprache abgefassten schriftlichen Vertrages arbeitsrechtlichen Inhalts darf der Arbeitgeber auch dann als Annahmeerklärung verstehen, wenn der Arbeitnehmer der deutschen Sprache nicht oder nicht ausreichend mächtig ist (vgl. *BAG* 19.3.2014 EzA § 305c BGB 2002 Nr. 25. Dies gilt auch für Aufhebungsverträge. Bei **schwerbehinderten Menschen** ist der erweiterte Bestandsschutz **in den Fällen des § 175 S. 1 SGB IX** (bis 31.12.2017: § 92 S. 1) nach Maßgabe der Vorschriften des 4. Kapitels des SGB IX über die Zustimmung des **Integrationsamtes** zur ordentlichen Kündigung zu beachten.

16 Der Arbeitnehmer kann als **Insolvenzschuldner** in der Verbraucherinsolvenz ohne Zustimmung des Treuhänders weiter über den Inhalt seines Arbeitsvertrages verfügen und insbes. auch einen Aufhebungsvertrag – auch im Rahmen eines gerichtlichen Vergleichs – schließen (*BAG* 12.8.2014 ZInsO 2014, 1983; 20.6.2013 ZInsO 2013, 1806).

V. Stellvertretung

17 Bei Unterzeichnung der Aufhebungsvereinbarung durch Dritte müssen beide Parteien organschaftlich bzw. rechtsgeschäftlich ordnungsgemäß vertreten sein. Es gelten die allgemeinen Regeln. Handelt der zur Geschäftsführung befugte Gesellschafter einer Gesellschaft bürgerlichen Rechts bei Abschluss eines arbeitsrechtlichen Aufhebungsvertrages mit der Vertragspartnerin in **kollusivem Zusammenwirken** zu Lasten der Gesellschaft und konnte oder musste die Vertragspartnerin dies erkennen, so kann sie sich auf die Wirksamkeit des Vertrages nicht berufen (*BAG* 29.1.1997 EzA § 123 BGB Nr. 47; vgl. zu einer unter solchen Umständen zustande gekommenen Abfindungsvereinbarung *BAG* 11.3.1987 – 5 AZR 577/85).

VI. Auflösungsgrund?

18 Gerade eines **Auflösungsgrundes** bedarf es für eine wirksame **Aufhebungsvereinbarung** nicht (auch der Grund für das Ansinnen eines Aufhebungsvertrages muss nicht genannt werden, vgl. SPV-*Preis* Rn 34). Als Ausnahme denkbar ist lediglich eine Situation, in welcher gerade das Fehlen eines Auflösungsgrundes die Nichtigkeit der Aufhebungsvereinbarung wegen Sittenwidrigkeit oder Wuchers nach § 138 BGB bedingt. Dies könnte etwa angenommen werden, wenn als »Vermögensvorteil« iSd § 138 Abs. 2 BGB im Rahmen einer Aufhebungsvereinbarung unter Ausbeutung der Zwangslage, der Unerfahrenheit, des Mangels an Urteilsvermögen oder der erheblichen Willensschwäche des Arbeitnehmers der Arbeitsplatz aufgegeben wird. Unerheblich ist es hingegen, wenn der Arbeitnehmer für die Aufgabe des Arbeitsplatzes keine Gegenleistung, insbesondere keine Abfindung erhält (s. bereits Rdn 1). Denn der Aufhebungsvertrag hat »verfügenden« Charakter (s. Rdn 3). Die Wirksamkeit der getroffenen Vereinbarung ist auch nicht vom Vorliegen eines sachlichen Grundes zur Beendigung abhängig (SPV-*Preis* Rn 34).

19 Ein Aufhebungsvertrag allerdings, der seinem Regelungsgehalt nach **nicht auf die alsbaldige Beendigung**, sondern auf eine **befristete Fortsetzung** des Arbeitsverhältnisses gerichtet ist, bedarf zu seiner Wirksamkeit eines sachlichen Grundes iSd Befristungskontrollrechts (*BAG* 12.1.2000 EzA § 611 BGB Aufhebungsvertrag Nr. 33; s.a. Rdn 20 und 21). In Rede stand eine Auslauffrist, die sich auf ein Vielfaches der Kündigungsfrist belief. Unerheblich ist es, ob der Arbeitnehmer allg. Kündigungsschutz nach den Vorschriften des Ersten Teils des KSchG (Wartezeit gem. § 1 Abs. 1, Betriebsgröße gem. § 23 KSchG) genießt (*Rennfels* ArbRB 2020, 57,58). Denn hiervon ist das Befristungskontrollrecht nicht abhängig.

VII. Auflösungszeitpunkt

20 Die Parteien eines Arbeitsverhältnisses können dieses durch Aufhebungsvertrag prinzipiell **zu jedem Zeitpunkt** auflösen. Auflösen können sie es auch rückwirkend, wenn es bereits **außer Vollzug** gesetzt worden war (*BAG* 10.12.1998 EzA § 613a BGB Nr. 175; ebenso auch für die Zeit nach Inkrafttreten des eine andere Lösung nahelegenden § 311a Abs. 1 BGB *BAG* 9.2.2011 EzA § 311a BGB 2002 Nr. 2 betr. einen Wiedereinstellungsanspruch; 17.12.2009 EzA § 623 BGB 2002 Nr. 10; diff. m. Hinw. auf Vertragsfreiheit sowie auf § 159 BGB *Ulrici/Schwenk* JURA 2011, 210 ff.: dgl. keine echte Rückwirkung; unechte Rückwirkung aber bei vollzogenen Arbeitsverhältnissen mit Vereinbarung des Inhalts, einander für die Vergangenheit so zu stellen, als habe kein Arbeitsverhältnis bestanden) oder sich die Parteien über den Inhalt des Vollzugs des ursprünglichen Arbeitsverhältnisses im Wege eines Tatsachenvergleichs verständigt haben (*LAG Hamm* 1.12.2017 FA 2018, 133). Ein Aufhebungsvertrag, der seinem Regelungsgehalt nach **nicht auf die alsbaldige Beendigung**, sondern auf eine **befristete Fortsetzung** des Arbeitsverhältnisses gerichtet ist, bedarf – wie bereits ausgeführt – zu seiner Wirksamkeit eines sachlichen Grundes iSd Befristungskontrollrechts (*BAG*

12.1.2000 EzA § 611 BGB Aufhebungsvertrag Nr. 33; vgl. KR-*Lipke* § 14 TzBfG Rdn 86; krit. Dörner Rn 130; SPV-*Preis* Rn 34).

Wird nach Zugang einer ordentlichen Arbeitgeberkündigung vor Ablauf der Klagefrist eine Beendigung des Arbeitsverhältnisses mit einer Verzögerung von zwölf Monaten vereinbart, so handelt es sich aber idR nicht um eine nachträgliche Befristung des Arbeitsverhältnisses, sondern um einen Aufhebungsvertrag, wenn nach der Vereinbarung keine Verpflichtung zur Arbeitsleistung bestehen soll (»Kurzarbeit null«) und zugleich Abwicklungsmodalitäten wie Abfindung, Zeugniserteilung und Rückgabe von Firmeneigentum geregelt werden (*BAG* 15.2.2007 EzA § 611 BGB 2002 Aufhebungsvertrag Nr. 6; zur Abgrenzung s. KR-*Bader* § 3 TzBfG Rdn 6). 21

Die Geschäftsgrundlage für einen betriebsbedingten Aufhebungsvertrag fällt nicht ohne Weiteres weg, wenn nach dessen Abschluss zum selben Auflösungszeitpunkt auch noch eine verhaltensbedingte ordentliche Kündigung ausgesprochen wird. Der Aufhebungsvertrag steht jedoch idR unter der **aufschiebenden Bedingung**, dass das Arbeitsverhältnis bis zum vereinbarten Auflösungszeitpunkt fortgesetzt wird. Löst dann eine **außerordentliche Kündigung** das Arbeitsverhältnis **vor** dem vorgesehenen Auflösungszeitpunkt auf, wird der Aufhebungsvertrag – einschließlich einer darin vereinbarten Abfindung – gegenstandslos (vgl. *BAG* 29.1.1997 EzA § 611 BGB Aufhebungsvertrag Nr. 27). Ergibt sich ein Abfindungsanspruch aus einem gerichtlichen Auflösungsvergleich und ist über die »überholende« Kündigung noch nicht (rechtskräftig) entschieden, bedarf es zur Abwehr einer daraus begonnenen Zwangsvollstreckung der Erhebung einer **Vollstreckungsgegenklage** gem. § 767 ZPO. 22

VIII. Bedingungen

Aufschiebend bedingte Aufhebungsverträge oder **unbedingte Aufhebungsverträge mit bedingter Wiedereinstellungszusage** können wegen **Umgehung** zwingenden Kündigungs- oder Kündigungsschutzrechts (§ 626 BGB, § 1 KSchG) unwirksam sein. So darf eine **Bedingung** nicht den Ausspruch einer **außerordentlichen Kündigung** (*BAG* 19.12.1974 EzA § 305 BGB Nr. 6; 5.12.1985 EzA § 620 BGB Bedingung Nr. 5) oder eine **nach § 1 KSchG auf ihre Sozialwidrigkeit zu überprüfende Kündigung** ersetzen (vgl. *BAG* 7.3.2002 EzA § 611 BGB Aufhebungsvertrag Nr. 40). Letzteres ist außerhalb des Anwendungsbereichs des betrieblichen Geltungsbereichs der Vorschriften des Ersten Abschnitts des KSchG – bei Beschäftigung in einem Kleinbetrieb iSv § 23 Abs. 1 S. 2 bis S. 4 KSchG – nicht der Fall (zur anderen Situation bei Befristungskontrolle s Rdn 19!). Denn allgemeinen Kündigungsschutz genießt der Arbeitnehmer dann nicht (zur vergleichbaren Situation eines aus diesem Grunde abgelehnten Wiedereinstellungsanspruch nach wirksamer Kündigung im Kleinbetrieb *BAG* 19.10.2017 EzA § 1 KSchG Wiedereinstellungsanspruch Nr. 14). 23

Deshalb ist eine einzelvertragliche Vereinbarung, nach welcher das Arbeitsverhältnis ohne Weiteres ende, wenn der Arbeitnehmer **nach dem Ende seines Urlaubs** die Arbeit an dem vereinbarten Tag nicht wiederaufnehme, unabhängig davon, welche Umstände die Fristversäumung veranlasst haben, **rechtsunwirksam** (*BAG* 19.12.1974 EzA § 305 BGB Nr. 6). Auch eine einzelvertragliche Vereinbarung, nach welcher ein Berufsausbildungsverhältnis ohne Weiteres ende, wenn das Zeugnis des Auszubildenden für das nächste Berufsschuljahr in einem von bestimmten in der Vereinbarung aufgeführten Fächern die **Note »mangelhaft«** ausweise, ist wegen Umgehung zwingenden Kündigungsrechts unwirksam (*BAG* 5.12.1985 EzA § 620 BGB Bedingung Nr. 5; s. KR-*Lipke/Bubach* § 21 TzBfG Rdn 7 ff.). Gleiches gilt für die Vereinbarung mit einem **alkoholgefährdeten Arbeitnehmer**, das Arbeitsverhältnis ende, wenn dieser Alkohol zu sich nehme (*LAG München* 29.10.1987 DB 1988, 506), oder eine Vereinbarung, wonach das Arbeitsverhältnis ohne Kündigung ende, wenn **krankheitsbedingte Fehlzeiten** des Arbeitnehmers innerhalb eines Jahres einen bestimmten Umfang überschritten (*LAG BW* 15.10.1990 LAGE § 611 BGB Aufhebungsvertrag Nr. 3). Sieht der Arbeitgeber die **sechsmonatige Probezeit** als nicht bestanden an, so kann er regelmäßig – ohne rechtsmissbräuchlich zu handeln – anstatt das Arbeitsverhältnis innerhalb der Frist des § 1 Abs. 1 KSchG mit der kurzen Probezeitkündigungsfrist zu beenden, dem Arbeitnehmer eine Bewährungschance geben, indem er mit einer überschaubaren, längeren Kündigungsfrist kündigt (4 Monate 24 zum Monatsende erscheinen überschaubar: *LAG Mecklenburg-Vorpommern* 24.6.2014 NZA-RR 2015, 72) und dem Arbeitnehmer für den Fall seiner Bewährung die Wiedereinstellung zusagt, welche Grundsätze auch für einen entsprechenden Aufhebungsvertrag gelten (*BAG* 7.3.2002 EzA § 611 BGB Aufhebungsvertrag Nr. 40; für eine Wiedereinstellungszusage zur Vermeidung eine Probezeitkündigung *LAG RhPf* 15.1.2019 – 6 Sa 249/18, juris). Zu einer Auflösung mit **Anschlussbefristung** zur Erprobung s.a. *LAG Bln.-Bra.* 8.5.2007 LAGE § 14 TzBfG Nr. 37.

25 Ein unbedingter Aufhebungsvertrag mit bedingter Wiedereinstellungszusage ist **nicht stets** einem auflösend bedingten Aufhebungsvertrag gleichzustellen (*BAG* 7.3.2002 EzA § 611 BGB Aufhebungsvertrag Nr. 40), der unwirksam sein kann. Entscheidend für die Beurteilung der Wirksamkeit ist es, ob ein **rechtfertigender Grund für die Beendigung** vorliegt (vgl. §§ 21, 14 Abs. 1 TzBfG). So ist etwa eine Vereinbarung, dass die Einstellung eines Arbeitnehmers unter dem **Vorbehalt seiner gesundheitlichen Eignung** erfolgt, grundsätzlich zulässig (*LAG Bln.* 16.7.1990 LAGE § 620 BGB Bedingung Nr. 2). Vereinbart der Arbeitgeber in einem Aufhebungsvertrag mit einem ausländischen Arbeitnehmer, dass dieser für den Fall der endgültigen Rückkehr in seine Heimat nach Beendigung des Arbeitsverhältnisses eine Abfindung erhalten soll (sog. »**Heimkehrklausel**«), so liegt darin keine Umgehung der §§ 9, 10 KSchG (*BAG* 7.5.1987 EzA § 9 nF KSchG Nr. 21).

IX. Beseitigung des Aufhebungsvertrages

26 Der Aufhebungsvertrag kann seinerseits durch Vertrag (**und zwar formfrei**, KR-*Spilger* § 623 BGB Rdn 98) wieder aufgehoben werden. Dann besteht das Arbeitsverhältnis im Zweifel ohne Unterbrechung fort, so sich aus der aufhebenden Abrede für den bis dahin zurückgelegten Zeitraum nichts anderes ergibt. Möglich ist auch nach § 117 BGB die Abstandnahme von einem Aufhebungsvertrag, der sich als **Scheingeschäft** erweist. Ein **Widerrufsrecht** besteht **nach Maßgabe des § 178 BGB** im Falle des Abschlusses des Aufhebungsvertrages durch einen Vertreter ohne Vertretungsmacht.

27 Eine **Rücktrittsmöglichkeit** kann sich **aus § 323 BGB** wegen nicht oder nicht vertragsgemäß erbrachter Leistung aus einem Aufhebungsvertrag dann ergeben, wenn der Vertragspflicht der Aufgabe des Arbeitsverhältnisses eine nicht oder nicht vertragsgemäß erbrachte Gegenleistung gegenübersteht, etwa die teilweise oder völlig unterbliebene Leistung einer verabredeten Abfindung (hM, s. etwa *Bauer* NZA 2002, 169, 170; MüKo-BGB/*Hesse* Vor §§ 620–630 Rn 34; iE ErfK-*Müller-Glöge* § 620 BGB Rn 15; HWK-*Kliemt* Anh. § 9 KSchG Rn 30; **vorausgesetzt** in BAG 10.11.2011 EzA § 323 BGB 2002 Nr. 1; **aA** APS-*Rolfs* AufhebVtr. Rn 64, der von einem konkludent abbedungenen Rücktrittsrecht ausgeht). Rücktritt nach Insolvenzantrag wegen unterbliebener Zahlung der vereinbarten Abfindung ist allerdings – wegen mangelnder Durchsetzbarkeit der Forderung – abzulehnen, wenn die Abfindungsforderung zur Insolvenzforderung geworden ist (*BAG* 10.11.2011 ZInsO 2012, 450; 11.7.2012 EzA § 123 BGB 2002 Nr. 12 für Abfindungsanspruch aus Vergleich) oder das Insolvenzgericht dem Arbeitgeber nach dem Antrag derartige Zahlungen gem. § 21 InsO untersagt hat (*BAG* 10.11.2011 EzA § 323 BGB 2002 Nr. 1; dazu *Greiner* EWiR § 323 BGB 1/12, 105; *Abele* NZA 2012, 487 ff., der alternative Gestaltungsmöglichkeiten erörtert; ebenso *Sperber* BB 2012, 1034 ff.). **Insoweit** (anders wenn nur das Ausscheiden vereinbart wäre, *BAG* 16.10.1969 AP Nr. 20 zu § 794 ZPO; *Germelmann* NZA 1997, 236, 240) ist ein Aufhebungsvertrag »**gegenseitiger Vertrag**« iSd § 323 Abs. 1 BGB (auch für einen Rücktritt von einem Prozessvergleich gem. § 323 Abs. 1 BGB bedarf es des Vorliegens eines gegenseitigen Vertrages, Beispielsfall *BAG* 27.8.2014 EzA § 323 BGB 2002 Nr. 2; 24.9.2015 EzA § 779 BGB 2002 Nr. 6). Dadurch kann sich für den Arbeitnehmer übrigens uU ein enormes Druckmittel ergeben, die Bewirkung der für die Vertragsaufhebung versprochenen Gegenleistung (insbesondere eine Abfindung) durchzusetzen. Denn zum einen kommt es – anders als nach § 326 BGB aF – für das Entstehen des Rücktrittsrechts aus § 323 BGB nicht auf ein Verschulden der Gegenseite an. Zum anderen befreit der – allerdings zu erklärende – Rücktritt den Arbeitnehmer nach § 346 Abs. 1 BGB von seinem Einverständnis der Aufgabe des Arbeitsvertrages. **Abwickeln** lässt sich dies nach § 346 BGB nur dadurch, dass der Arbeitsvertrag – und zwar mit Rückwirkung – als fortbestehend anzusehen ist

(wie hier *Schulze* dbr 2009, 14, 15; offen gelassen in *BAG* 10.11.2011 EzA § 323 BGB 2002 Nr. 1; umfassend zu den Lösungsmöglichkeiten *Reinfelder* NZA 2013, 62 [66]). Demgegenüber nehmen das *LAG Düsseld.* (19.3.2010 LAGE § 346 BGB 2002 Nr. 1 m. zust. Anm. *Roth* EWiR § 323 BGB 1/10, 449, 450) und das *ArbG Siegburg* (9.2.2010 ZIP 2010, 1101) sowie *Besgen/Velten* (NZA-RR 2010, 561, 562 f.) einen Wiedereinstellungsanspruch aus Rückgewähranspruch) an. Dies dürfte entspr. § 159 BGB allerdings auf rückwirkende Wiederbegründung des Arbeitsverhältnisses für die Zeit nach dem Aufhebungstermin gehen. Im Falle der Verletzung einer **Rücksichtspflicht** nach § 241 Abs. 2 BGB besteht unter den weiteren Voraussetzungen in § 324 BGB die Möglichkeit des Rücktritts nach jener Vorschrift. Neben der Gegenseitigkeit des Aufhebungsvertrages und der Rücksichtspflichtverletzung muss dem Gläubiger danach ein Festhalten am Vertrag nicht mehr zuzumuten sein.

Schließlich kommt ein **Rücktrittsrecht bei Störung der Geschäftsgrundlage** nach § 313 Abs. 1, Abs. 3 S. 1 BGB in Betracht, wenn eine Anpassung des Aufhebungsvertrages entweder nicht möglich oder einem Teil nicht zumutbar ist (Beispielsfall *BAG* 11.7.2012 EzA § 123 BGB 2002 Nr. 12). Zu denken ist etwa an den Wegfall einer angenommenen Kündbarkeit des Arbeitsvertrages, welche Annahme zum Abschluss des Aufhebungsvertrages geführt hat, bspw. Situationen, die bei wirksam betriebsbedingt gekündigten Arbeitnehmern einen Wiedereinstellungsanspruch begründet hätten (vgl. zu Letzterem aus jüngerer Zeit mwN *BAG* 19.10.2017 EzA-SD 2017, Nr. 23, 12). Nicht in Betracht kommt die Kündbarkeit aufgrund § 313 Abs. 3 S. 2 BGB. Diese ist nur für Dauerschuldverhältnisse vorgesehen, worum es sich bei einem Aufhebungsvertrag nicht handelt. 28

Darüber hinaus gibt es **kein Rücktritts- oder Widerrufsrecht**, so nicht etwa vertraglich (auch im Aufhebungsvertrag selbst) oder tarifvertraglich vorgesehen. Die Rechtsprechung hat immer betont, dass ein Aufhebungsvertrag auch nicht deshalb unwirksam ist, weil der Arbeitgeber dem Arbeitnehmer weder eine **Bedenkzeit** noch ein Rücktritts- bzw. Widerrufsrecht eingeräumt und ihm auch das Thema des beabsichtigten Gesprächs vorher nicht mitgeteilt hat (*BAG* 30.9.1993 EzA § 611 BGB Aufhebungsvertrag Nr. 13; 14.2.1996 EzA § 611 BGB Aufhebungsvertrag Nr. 21). Das BAG ist davon ausgegangen, dass es an der **strukturell ungleichen Verhandlungsstärke** des Arbeitnehmers als Voraussetzung der vom Bundesverfassungsgericht geforderten Inhaltskontrolle (vgl. *BVerfG* 23.11.2006 NJW 2007, 286) fehle, weil der Arbeitnehmer dem Ansinnen des Arbeitgebers, einen Aufhebungsvertrag zu schließen, ggf. nur ein schlichtes »Nein« entgegenzusetzen brauche (vgl. *BAG* 14.2.1996 EzA § 611 BGB Aufhebungsvertrag Nr. 21). **Rechtspolitisch** wäre ein anderes Ergebnis wünschenswert, weil allein die nach § 623 BGB einzuhaltende Schriftform vor unbedachtem Arbeitsplatzverlust nicht hinreichend schützt. 29

Ein **Widerrufsrecht** ergab sich bis 12.6.2014 auch nicht aus **§ 312 aF BGB** (Widerrufsrecht bei Haustürgeschäften). Zwar ist der Arbeitnehmer »**Verbraucher**« iSv § 13 BGB und ist der Arbeitsvertrag **Verbrauchervertrag** (iSv § 310 Abs. 3 BGB, *BAG* 25.5.2005 EzA § 307 BGB 2002 Nr. 3), **damit auch der den Arbeitsvertrag aufhebende Vertrag**. Allerdings stellte eine am Arbeitsplatz geschlossene arbeitsrechtliche Beendigungsvereinbarung kein »Haustürgeschäft« iSd § 312 Abs. 1 S. 1 Nr. 1 aF BGB dar, weshalb der Arbeitnehmer nicht zum Widerruf seiner Erklärung nach §§ 312, 355 BGB berechtigt war. Daran hat sich durch § 312g BGB (Widerrufsrecht bei außerhalb von Geschäftsräumen geschlossenen Verträgen und Fernabsatzverträgen) für die Zeit ab 13.6.2014 nichts geändert. Zudem gilt § 312g BGB nur für Verträge, die eine entgeltliche Leistung **des Unternehmens** zum Gegenstand haben (§ 312 Abs. 1 BGB); beim Arbeitsverhältnis hingegen steht die **vergütungspflichtige** (»entgeltliche«) Arbeitsleistung **des Arbeitnehmers** in Rede (vgl. zur alten Rechtslage *BAG* 27.11.2003 EzA § 312 BGB 2002 Nr. 1; 22.4.2004 EzA § 312 BGB 2002 Nr. 2). Die »Entgeltlichkeit« ergibt sich auch nicht aus der Verpflichtung zur Zahlung einer Abfindung. Denn die (Gegen-)Leistung in Form der Aufgabe des Arbeitsplatzes ist keine solche des Arbeitgebers (Unternehmens). Die **h.M.** ist gegen eine Anwendbarkeit des § 312g BGB auf arbeitsrechtliche Aufhebungsverträge (*BAG* 7.2.2019 EzA § 312 BGB 2004 Nr. 4; *LAG Nds.* 7.11.2017 ArbR 2018, 186 m. zust. Anm. *Laskawy/Lomb* DB 2018, 965; ErfK/*Müller-Glöge* § 620 BGB Rn 14; *Bauer/Arnold* NZA 2016, 450 ff.; *Kamanabrou* NZA 2016, 919 ff.; *Lembke* 30

BB 2016, 3125, 3126 ff.; *Overkamp* JM 2017, 64, 67; **diff.** danach, ob der Aufhebungsvertrag am Arbeitsplatz oder außerhalb der Geschäftsräume des Arbeitgebers geschlossen oder dort zumindest entscheidend vorbereitet wurde *Fischinger/Werthmüller* NZA 2016, 193 ff.; aA *Schulze* ArbR 2017, 105 ff.). In Ausnahmefällen soll ein Schadensersatzanspruch auf Rückgängigmachung des Aufhebungsvertrages gem. § 311 iVm §§ 241 Abs. 2, 249 Abs. 1 BGB wegen des **Verstoßes gegen das Gebot fairen Verhandelns** in Betracht kommen (vgl. *BAG* 7.2.2019 EzA § 312 BGB 2004 Nr. 4 m. Anm. *Adam*; *Fischinger* NZA 2019, 729 ff.; *Kamanabrou* RdA 2020, 201 ff.; St. *Müller* DB 2019, 1792 ff.; *LAG MV* 19.5.2020 NZA-RR 2020, 520; krit. hierzu *Fischinger* NZA-RR 2020, 516 ff. und ErfK/*Müller-Glöge* Rn 15; vgl. *BAG* 22.4.2004 EzA § 312 BGB 2002 Nr. 2; *BGH* 10.1.2006 BGHZ 165, 363; *Krause* Anm. EzA § 312 BGB 2002 Nr. 1; LAG Hamm LAGE § 123 BGB 2002 Nr. 8: kein Gebot, unter dem Gesichtspunkt der Waffengleichheit ohne Aufforderung des Arbeitnehmers einen Rechtsanwalt zu Aufhebungsgesprächen beizuziehen).

31 Wenn **Tarifverträge** ein Widerrufsrecht einräumen und eine verzichtbare Bedenkzeit vorsehen, darf der Verzicht bereits in die Urkunde über die Vertragsauflösung aufgenommen werden (*BAG* 24.1.1985 EzA § 4 TVG Einzelhandel Nr. 2).

32 Möglich ist eine Beseitigung eines Aufhebungsvertrages durch **Anfechtung wegen Irrtums** (§ 119 BGB) oder wegen **Täuschung oder Drohung** (§ 123 BGB). Die Unkenntnis einer Arbeitnehmerin von einer im Zeitpunkt des Abschlusses eines Aufhebungsvertrages bestehenden **Schwangerschaft** rechtfertigt aber idR keine Irrtumsanfechtung. Wegen Rechtsfolgenirrtums (Verlust des Sonderkündigungsschutzes nach Mutterschutzgesetz) fehlt es gerade wegen der Unkenntnis von der Schwangerschaft am Anfechtungsgrund; eine Anfechtung wegen **Eigenschaftsirrtums** nach § 119 Abs. 2 BGB scheitert daran, dass die Schwangerschaft im Rechtssinne keine »verkehrswesentliche Eigenschaft« der Frau ist (so jedenfalls *BAG* 6.2.1992 EzA § 119 BGB Nr. 16 für den Fall der Anfechtung einer Eigenkündigung durch eine werdende Mutter). Eine **Kündigungsandrohung**, die zum Abschluss eines Aufhebungsvertrages veranlassen soll, kann eine **Drohung** iSd § 123 Abs. 1 BGB darstellen (*BAG* 21.3.1996 EzA § 123 BGB Nr. 42; 15.12.2005 EzA § 123 BGB 2002 Nr. 6; 28.11.2007 EzA § 123 BGB 2002 Nr. 7). Der Drohende – bei dem es sich auch um einen **Dritten** handeln kann (*BAG* 15.12.2005 EzA § 123 BGB 2002 Nr. 6) – muss mit Nötigungswillen handeln (*BAG* 15.12.2005 EzA § 123 BGB 2002 Nr. 6). Auch muss die Drohung für die Erklärung des Bedrohten ursächlich gewesen sein (*BAG* 15.12.2005 EzA § 123 BGB 2002 Nr. 6). »**Widerrechtlich**« durch Drohung ist eine Kündigungsandrohung nach einer vom Bundesarbeitsgericht in den genannten Entscheidungen ständig verwendeten Formel, wenn der Arbeitgeber dem Arbeitnehmer mit einer außerordentlichen oder ordentlichen Kündigung droht, die ein »**verständiger**« **Arbeitgeber** nicht in Betracht gezogen hätte. Zu prüfen ist in diesem Zusammenhang die Rechtswidrigkeit des Zwecks oder des Mittels oder – bei Rechtmäßigkeit von Zweck und Mittel – die Rechtswidrigkeit der Zweck-Mittel-Relation (**Inadäquanz**, *BAG* 15.12.2005 EzA § 123 BGB 2002 Nr. 6). Dabei wird die Widerrechtlichkeit der Drohung nicht durch eine dem Arbeitnehmer vom Arbeitgeber eingeräumte **Bedenkzeit** beseitigt; ohne Hinzutreten weiterer Umstände ändert eine dem Arbeitnehmer eingeräumte Bedenkzeit auch nichts an der Ursächlichkeit der Drohung für den späteren Abschluss des Aufhebungsvertrages (*BAG* 28.11.2007 EzA § 123 BGB 2002 Nr. 7; aA *Adam* SAE 2000, 206 ff. [Kündigungsdrohung nie widerrechtlich]; *Benecke* RdA 2004, 149 ff. [widerrechtlich, wenn Arbeitnehmer unter Berücksichtigung der Begleitumstände zu einer überstürzten Entscheidung gezwungen wurde]; ähnlich Franz S. 476 ff.; *Singer* RdA 2003, 197 [stets widerrechtlich, wenn Kündigung unwirksam gewesen wäre]). Hinsichtlich der Ausschlussfrist des § 626 Abs. 2 BGB bei der **Drohung mit einer außerordentlichen Kündigung** kommt es darauf an, ob diese offenkundig versäumt war oder als möglicherweise noch laufend angesehen werden durfte (*BAG* 5.12.2002 EzA § 123 BGB 2002 Nr. 1). Entscheidend ist also nicht, ob der Kündigungsgrund als solcher und andere Wirksamkeitserfordernisse in einem (fiktiven) Kündigungsschutzprozess auf jeden Fall bejaht worden wären, sondern ob der Arbeitgeber unter Abwägung aller Umstände des Einzelfalls davon ausgehen musste, die angedrohte Kündigung werde im Fall ihrer Erklärung einer arbeitsgerichtlichen Überprüfung mit hoher Wahrscheinlichkeit nicht Stand halten (*BAG* 15.12.2005 EzA § 123 BGB 2002 Nr. 6; für hypothetische Prüfung der Erfolgsaussicht der

Kündigung *ArbG Bln.* 30.1.2015 – 28 Ca 12971/14). Beispiele: Drohung mit einer (Verdachts) Kündigung wegen angenommener sexueller Belästigung (*LAG RhPf* 10.3.2020), wegen Versendung vertraulicher Daten in 47 E-Mails an einem Tag an private E-Mail-Adresse (NZA-RR 2020, 400; *LAG RhPf* 1.8.2007 – 7 Sa 317/07, juris), wegen entdeckter Unterschlagungen von Werkzeug (*LAG RhPf* 24.1.2017 – 8 Sa 353/16, juris). Im Wesentlichen gleiche Grundsätze wie bei der Drohung mit einer Kündigung gelten bei der **Drohung mit einer Strafanzeige**. Es kommt darauf an, ob ein verständiger Arbeitgeber sie ernsthaft in Erwägung gezogen hätte (*BAG* 30.1.1986 NZA 1987, 91). Dass sich die anzuzeigende Straftat gegen Rechtsgüter des Arbeitgebers gerichtet hat ist unerheblich (*LAG Hamm* 25.10.2013 LAGE § 123 BGB 2002 Nr. 10). Eine Drohung darstellen kann auch Inaussichtstellen einer **Insolvenz** für den Fall, dass der Abschluss einer Ausscheidensvereinbarung verweigert werde oder die Ankündigung einer außerordentlichen Kündigung nach bereits erklärter ordentlicher Kündigung ohne vorherige Veränderung des Kündigungssachverhaltes (*LAG RhPf* 24.1.2014 LAGE § 123 BGB 2002 Nr. 11). Eine zulässige Drohung kann darstellen »in den Papieren« (Kündigung, Mitteilung an die Agentur für Arbeit) den Diebstahl von Materialien als Kündigungsgrund zu erwähnen (*LAG RhPf* 20.5.2008 – 3 Sa 14/08, juris; 10.4.2008 – 10 Sa 731/07, juris; *LAG Kln* 23.10.2006 AuA 2007, 240; *HessLAG* 22.3.2010 – 17 Sa 1303/09, juris), nicht hingegen die angekündigte Erwähnung in dem – da wohlwollend zu formulieren – Arbeitszeugnis (so wohl auch juris PK-BGB/*Moritz* § 123 Rn 185). Für die Anfechtung wegen Drohung ist es unerheblich, von welcher Person die Drohung stammt. Ausgehen kann sie auch von einer Hilfsperson des Arbeitgebers oder einem Dritten. »Dritter« sein kann auch das Gericht i. R. v. Verhandlungen über einen Ausscheidensvergleich (vgl. instruktiv *BAG* 12.5.2010 EzA § 123 BGB 2002 Nr. 9). Eine **Täuschung** kann sich – bei Offenbarungspflicht – auch aus dem Verschweigen von Tatsachen ergeben (*BAG* 11.7.2012 EzA § 123 BGB 2002 Nr. 12).

Liegt ein anfechtungsrelevanter Irrtum vor, muss die Anfechtung unverzüglich (§ 121 Abs. 1 BGB) nach Kenntnis des Anfechtungsgrundes (und zwar bei einem mehrseitigen Aufhebungsvertrag oder einer weiteren mit ihm verbundenen Abrede mit einem Dritten bei unmittelbarem zeitlichen Zusammenhang gegenüber sämtlichen Vertragspartnern: *BAG* 24.2.2011 EzA § 611 BGB 2002 Aufhebungsvertrag Nr. 8) erfolgen. Das BAG hat insoweit eine Anlehnung an die Zwei-Wochen-Frist des § 626 Abs. 2 BGB als Höchstfrist befürwortet. Jedoch dürfen auch innerhalb dieser Frist keine schuldhaften Verzögerungen erfolgen (*BAG* 21.12.1991 EzA § 123 BGB Nr. 35). Hat der Arbeitnehmer einen Aufhebungsvertrag wegen widerrechtlicher Drohung seitens des Arbeitgebers nach § 123 BGB wirksam angefochten, so kann das Recht des Arbeitnehmers, die Nichtigkeit des Aufhebungsvertrages klageweise geltend zu machen, im Hinblick auf den eigenen Verstoß des Arbeitgebers gegen Treu und Glauben nur unter ganz außergewöhnlichen Umständen **verwirken**. Bei der Prüfung des erforderlichen **Zeitmoments** ist zu berücksichtigen, dass der Gesetzgeber dem Bedrohten schon für die Anfechtung in § 124 BGB eine Überlegungsfrist von einem Jahr einräumt. Der Drohende muss sich deshalb nach Treu und Glauben regelmäßig damit abfinden, dass der Bedrohte die Nichtigkeit des Rechtsgeschäfts auch noch einige Monate nach der Anfechtung und Klageandrohung klageweise geltend macht (*BAG* 6.11.1997 EzA § 242 BGB Prozessverwirkung Nr. 2). 33

Unter welchen Umständen ein Rechtsgeschäft wegen eines Verstoßes gegen die guten Sitten gem. § 138 BGB nichtig sein kann, wenn neben der Sittenwidrigkeit auch eine Anfechtbarkeit des Rechtsgeschäfts nach § 123 BGB in Betracht kommt, ist seit der Entscheidung des *BGH* v. 7.6.1988 (AP Nr. 33 zu § 123 BGB) geklärt. Treten besondere Umstände zu der durch widerrechtliche Drohung oder arglistige Täuschung bewirkten Willensbeeinflussung hinzu, die das Geschäft nach seinem Gesamtcharakter als sittenwidrig erscheinen lassen, kann § 138 Abs. 1 BGB neben § 123 BGB anwendbar sein. Dabei gehört das Zustandekommen eines Vertrages nicht zum Regelungsbereich des § 138 BGB. Diese Vorschrift bezieht sich vielmehr auf die Sittenwidrigkeit des Rechtsgeschäfts selbst. Ob das Rechtsgeschäft seinem Gesamtcharakter nach sittenwidrig ist, kann nur aufgrund einer umfassenden Gesamtwürdigung unter Berücksichtigung aller Umstände beurteilt werden. Dabei kann **auch** die Art und Weise des Zustandekommens des Rechtsgeschäfts mitberücksichtigt werden. Dieser Rechtsprechung des Bundesgerichtshofs hat sich das Bundesarbeitsgericht angeschlossen (*BAG* 15.3.2005 EzA § 307 BGB 2002 Nr. 2), und zwar gerade auch im Zusammenhang 34 mit der Prüfung der Unwirksamkeit von Aufhebungsverträgen (*BAG* 29.1.1997 EzA § 123 BGB Nr. 47). Damit ist geklärt, dass die Sittenwidrigkeit eines Aufhebungsvertrages jedenfalls nicht allein aus der Art und Weise seines Zustandekommens folgen kann.

35 **Rechtsfolge** einer wirksamen Anfechtung des Aufhebungsvertrages ist nach § 142 Abs. 1 BGB die Nichtigkeit der auf Abschluss des Vertrages gerichteten angefochtenen Erklärung und damit des Vertrages selbst, und zwar von Anfang an (ex tunc; so auch *BAG* 24.2.2011 EzA § 611 BGB 2002 Aufhebungsvertrag Nr. 8). Die verabredete Arbeitsplatzaufgabe wird damit hinfällig. Eine dafür erfolgte Gegenleistung (zB Abfindung) ist nach den Vorschriften über die ungerechtfertigte Bereicherung gem. §§ 812 ff. BGB herauszugeben. Das Arbeitsverhältnis **besteht unverändert fort** (*Weber/Ehrich* DB 1995, 2369; *Ehrich* DB 1992, 2239).

X. AGB-Inhaltskontrolle

36 Eine Aufhebungsvereinbarung **als solche** unterliegt **keiner** Inhaltskontrolle nach § 307 BGB. Denn selbst wenn der Arbeitnehmer Verbraucher iSv § 13 BGB ist und auf die Verwendung des Textes der Beendigungsvereinbarung keinen Einfluss nehmen konnte (§ 310 Abs. 3 Nr. 2 BGB), findet eine Angemessenheitskontrolle nicht statt, weil die Beendigungsvereinbarung als solche keine Allgemeinen Geschäftsbedingungen enthält, durch die von Rechtsvorschriften abgewichen oder diese ergänzende Regelungen vereinbart worden sind. Nach **§ 307 Abs. 3 BGB** sind nur solche Allgemeinen Geschäftsbedingungen kontrollfähig, die von Rechtsvorschriften abweichende oder diese ergänzende Regelungen enthalten. Abreden über den **unmittelbaren Gegenstand** der Hauptleistung unterliegen aber aus Gründen der Vertragsfreiheit regelmäßig keiner Inhaltskontrolle. Ist die Beendigungsvereinbarung ein selbstständiges Rechtsgeschäft, bei dem die Hauptleistung die Beendigung des Arbeitsverhältnisses bzw. der Verzicht auf zukünftige Ansprüche ist, kann deshalb die Beendigung **als solche** keiner vertraglichen Inhaltskontrolle und einer entsprechenden Angemessenheitsprüfung unterzogen werden (*BAG* 7.2.2019 EzA § 312 BGB 2002 Nr. 4; *BAG* 22.4.2004 EzA § 312 BGB 2002 Nr. 2; *Schaub/Linck* § 122 Rn 13). Im Übrigen dürfte gerade die Aufhebungsklausel als solche idR **ausgehandelt** iSv § 305 Abs. 1 S. 3 BGB sein (SPV-*Preis* Rn 36). Der ohne Gegenleistung erklärte, formularmäßige **Verzicht** des Arbeitnehmers auf die **Erhebung der Kündigungsschutzklage** oder einseitige allein Ansprüche des Arbeitnehmers erfassende Ausgleichsklauseln stellen allerdings eine unangemessene Benachteiligung iSv § 307 Abs. 1 S. 1 BGB dar (*BAG* 6.9.2007 EzA § 307 BGB 2002 Nr. 29; betr. war allerdings eine Ausgleichsquittung; abl. zu Recht *Bauer/Günther* NJW 2008, 1617; *BAG* 21.6.2011 EzA § 307 BGB 2002 Nr. 53; 12.3.2015 EzA § 307 BGB 2002 Nr. 68 betr. Klageverzichtsklausel im Aufhebungsvertrag bei vorangegangener widerrechtlicher Drohung; 25.9.2014 EzA § 307 BGB 2002 Nr. 66 sogar für **Hauptabrede** über Klageverzicht i. R. eines eigenständigen Klageverzichts- oder Abwicklungsvertrages). Deshalb wird zur Vermeidung einer Angemessenheitskontrolle anstelle einer Klageverzichtsvereinbarung ein »echter« Aufhebungsvertrag vorgeschlagen (*St. Müller* BB 2011, 1653, 1654 f., 1656) oder die Aufnahme kompensatorischer Gegenleistungen (allg. zu den in Betracht zu ziehenden Kompensationsmöglichkeiten *Laws* MDR 2015, 1342, 1347 ff.). Ein Zeugnis mit überdurchschnittlicher Beurteilung ist ausreichend (*BAG* 14.9.2015 EzA § 307 BGB 2002 Nr. 71; aA *Hilgenstock* ArbRAktuell 2013, 254 ff., 256). Ein beiderseitiger Forderungsverzicht kann als solcher angemessen sein (*BAG* 24.2.2016 EzA § 307 BGB 2002 Nr. 75).

37 Für sonstige Regelungen durch Allgemeine Geschäftsbedingungen in Aufhebungsverträgen (**Nebenbestimmungen**, vgl. SPV-*Preis* Rn 36) gilt dies nicht (monografisch zur Inhalts- und Abschlusskontrolle s. *Giesen*, insbes. S. 102 ff.). Insofern gilt auch § 305c BGB betreffend überraschende und mehrdeutige Klauseln. Soweit nach § 310 Abs. 4 S. 2 BGB bei der Anwendung des Abschnitts über die Gestaltung rechtsgeschäftlicher Schuldverhältnisse durch Allgemeine Geschäftsbedingungen auf »Arbeitsverträge« die im Arbeitsrecht geltenden Besonderheiten angemessen zu berücksichtigen sind, wird man dies auch auf arbeitsrechtliche Aufhebungsverträge zu beziehen haben (*Bauer* NZA 2002, 169, 172; *Lingemann* NZA 2002, 181, 183; ErfK-*Müller-Glöge* § 620 Rn 15).

38 Ist eine Beendigungsvereinbarung in einem vom Arbeitgeber für eine Vielzahl von Fällen vorformulierten Vertrag enthalten (versteckt), kann es sich je nach den Umständen um eine **ungewöhnliche**

Bestimmung handeln, die gem. § 305c Abs. 1 BGB nicht Vertragsinhalt wird (*BAG* 15.2.2007 EzA § 611 BGB 2002 Aufhebungsvertrag Nr. 6). Einem Verstecken gleich steht eine Erklärung unter fehlender oder missverständlicher Überschrift bei fehlendem besonderen Hinweis oder drucktechnischer Hervorhebung (*BAG* 23.2.2005 EzA-SD 2005, Nr. 16 S. 15).

Weil der Arbeitnehmer »Verbraucher« iSd § 13 BGB ist, unterliegen vom Arbeitgeber vorformulierte Vertragsbedingungen (auch in einem Aufhebungsvertrag) gem. § 310 Abs. 3 Nr. 2 BGB auch dann der Kontrolle nach § 307 BGB, wenn sie nur zur **einmaligen** Verwendung bestimmt sind (*BAG* 18.3.2008 EzA § 307 BGB 2002 Nr. 36). 39

XI. Aufhebungsvertrag anlässlich Betriebsüberganges (§ 613a Abs. 1 S. 1 BGB)

Die Arbeitsvertragsparteien können ihr Rechtsverhältnis im Zusammenhang mit einem **Betriebsübergang** auch ohne Vorliegen eines sachlichen Grundes wirksam durch Aufhebungsvertrag auflösen, wenn die Vereinbarung auf das endgültige Ausscheiden des Arbeitnehmers aus dem Betrieb gerichtet ist (*BAG* 10.12.1998 EzA § 613a BGB Nr. 175; 18.8.2005 EzA § 613a BGB 2002 Nr. 40). Dies gilt auch dann, wenn eine Beschäftigungs- und Qualifizierungsgesellschaft zwischengeschaltet ist (*BAG* 18.8.2005 EzA § 613a BGB 2002 Nr. 40; *BAG* 25.10.2012 ZInsO 2013, 946; anders bei Begründung eines Arbeitsverhältnisses mit einer derartigen Gesellschaft für lediglich einen Tag: *LAG Nds.* 18.2.2010 ZInsO 2010, 1196). Hingegen ist ein Aufhebungsvertrag wegen objektiver Gesetzesumgehung nichtig, wenn er lediglich die **Beseitigung der Kontinuität** des Arbeitsverhältnisses bei gleichzeitigem Erhalt des Arbeitsplatzes bezweckt. Diesem Zweck dient der Abschluss eines Aufhebungsvertrages, wenn zugleich ein neues Arbeitsverhältnis zum Betriebsübernehmer vereinbart oder zumindest verbindlich in Aussicht gestellt wird (*BAG* 10.12.1998 EzA § 613a BGB Nr. 175; 18.8.2005 EzA § 613a BGB 2002 Nr. 40; 25.10.2012 ZInsO 2013, 946; 23.11.2006 EzA § 613a BGB 2002 Nr. 61; 18.8.2011 EzA § 613a BGB 2002 Nr. 128, m. zust. Anm. *Joost* EWiR 2012, 41; 27.9.2012 EzA § 613a BGB 2002 Nr. 139 für den Fall der Veranlassung zur vorherigen Eigenkündigung; 25.10.2012 ZInsO 2013, 946; **krit.** mit Blick auf die im Rahmen sog. übertragender Sanierungen geschlossener Aufhebungsverträge *Willemsen* NZA 2013, 242 ff.). 40

Wer im Zusammenhang mit einem Betriebsübergang aus dem Arbeitsverhältnis aufgrund eines Aufhebungsvertrages ausgeschieden ist, hat keinen **Fortsetzungsanspruch** gegen den Betriebsübernehmer, solange die Wirksamkeit des Aufhebungsvertrages nicht wegen Anfechtung, Wegfalls der Geschäftsgrundlage oder aus einem anderen Grund beseitigt worden ist (*BAG* 10.12.1998 EzA § 613a BGB Nr. 175). Kommt es auf Veranlassung des Arbeitgebers zur Vermeidung einer betriebsbedingten Kündigung zum Abschluss eines Aufhebungsvertrags, ist dieser Vertrag nach den Regeln über den Wegfall der Geschäftsgrundlage (§ 313 BGB) anzupassen, wenn sich in der Zeit zwischen dem Abschluss des Aufhebungsvertrags und dem vereinbarten Vertragsende unvorhergesehen eine Weiterbeschäftigungsmöglichkeit für den Arbeitnehmer ergibt. Die Vertragsanpassung kann dabei auch in einer Wiedereinstellung liegen (*BAG* 8.5.2008 EzA § 520 ZPO 2002 Nr. 6). Ein solcher Wiedereinstellungsanspruch lässt sich allerdings ausschließen (s. *Bonanni/Niklas* DB 2010, 1826, 1829). 41

Schließt der Insolvenzverwalter eines insolventen Betriebes mit sämtlichen Arbeitnehmern Aufhebungsverträge mit geringen Abfindungen (hier: 20 % eines Monatsgehalts) und werden die Arbeitnehmer unmittelbar im Anschluss an den vereinbarten Ausscheidenszeitpunkt von einem Betriebsübernehmer wiedereingestellt, ist die bisherige Betriebszugehörigkeit trotz des Aufhebungsvertrages im neuen Beschäftigungsverhältnis **anzurechnen** (*LAG Nbg.* 19.4.2005 LAGE § 622 BGB 2002 Nr. 1). 42

XII. Massenaufhebung (§§ 17, 18 KSchG)/Diskriminierende Aufhebungsverträge

Die mit einem Aufhebungsvertrag bezweckte Entlassung ist – bei Vorliegen der Voraussetzungen einer **Massenentlassung** – gem. §§ 17, 18 KSchG solange unwirksam, als nicht eine **formgerechte** 43

Massenentlassungsanzeige (§ 17 Abs. 3 KSchG) bei der Agentur für Arbeit eingereicht und deren Zustimmung eingeholt wird (*BAG* 11.3.1999 EzA § 17 KSchG Nr. 8; s. KR-*Weigand/Heinkel* § 17 KSchG Rdn 75 ff.; zum Aufhebungsvertrag bei Massenentlassung, Betriebsänderung und Betriebsübergang s. *Kleinebrink* FA 2008, 101 ff.). Dabei können Aufhebungsverträge bereits **bei Abschluss** als Entlassungen iSd § 17 Abs. 1 S. 2 KSchG zählen (vgl. *BAG* 19.3.2015 EzA § 17 KSchG Nr. 34; dazu *Lingemann/Otto* DB 2015, 2640 f.).

44 Arbeitsrechtliche Aufhebungsverträge werden nicht von der **Bereichsausnahme** des § 2 Abs. 4 AGG für **Kündigungen** erfasst und müssen sich ohne Rücksicht auf die Diskussion um die Rechtswirkung jener Regelung (s. etwa Darstellung bei ErfK-*Schlachter* § 2 AGG Rn 17 f.) an den Bestimmungen des AGG messen lassen (das AGG ist gem. dessen § 2 Abs. 1 Nr. 2 auch auf **Vereinbarungen** bei der **Beendigung** eines Beschäftigungsverhältnisses sachlich anwendbar). Bedeutung kann dieser Umstand gerade bei **Massenaufhebungen** erlangen, wenn es dabei etwa bei der Bemessung der Höhe von Abfindungen zur Diskriminierung wegen Alters oder Geschlechts kommt. Ältere Arbeitnehmer, die ein Arbeitgeber generell von einem Personalabbau ausnimmt, werden grds. auch dann nicht iSv § 3 Abs. 1 S. 1 AGG unmittelbar gegenüber jüngeren Arbeitnehmern benachteiligt, wenn der Personalabbau durch freiwillige Aufhebungsverträge unter Zahlung attraktiver Abfindungen erfolgen soll (*BAG* 25.2.2010 EzA § 10 AGG Nr. 3; **krit.** *Grünberger* EuZA 2011, 171, 177 ff. insbes. zu der Begründung des BAG, wonach der ältere Arbeitnehmer wegen des Erhalts seines Arbeitsplatzes keinen Nachteil erleide; krit. ebenfalls *Schlachter* Anm. AP Nr. 3 zu § 3 AGG). Ob, wann und wie ein älterer Arbeitnehmer einvernehmlich ausscheidet ist im übrigen durch die Vertragsfreiheit geschützt (*Bengelsdorf* FA 2020, 286 ff.). Entscheidungen zur unterschiedlichen Behandlung **rentennaher** und **behinderter** Arbeitnehmer betr. im Übrigen bislang lediglich die (mögliche) Diskriminierung bei Sozialplanabfindung (vgl. *BVerfG* 25.3.2015 EzA § 112 BetrVG 2001 Nr. 45a; *EuGH* 19.4.2016 EzA Richtlinie 2000/78 EG-Vertrag Nr. 40; dazu *Göpfert/Dornbusch* NZA 2015, 1172 ff.).

XIII. Beteiligung der Betriebs-, Personal- oder Schwerbehindertenvertretung?

45 Die Beteiligung einer Betriebs- oder Personalvertretung ist kein gesetzliches Wirksamkeitserfordernis für das Zustandekommen einer Aufhebungsvereinbarung (vgl. SPV-*Preis* Rn 34; aA *Keppeler* AuR 1996, 265 ff.). Aus **Landespersonalvertretungsrecht** kann sich uU das Erfordernis der Beteiligung des Personalrats ergeben (vgl. *LAG Hamm* 4.7.1996 RzK I 9 Nr. 46). Aus **§ 82 Abs. 2 S. 2 BetrVG** kann sich ein Anspruch des Arbeitnehmers auf Hinzuziehung eines Betriebsratsmitglieds zu einem Personalgespräch über den Abschluss eines Aufhebungsvertrages ergeben. Dabei besteht dieser Anspruch jedoch nicht in allen denkbaren Fallgestaltungen. Maßgeblich sind vielmehr die Umstände des Einzelfalles (*BAG* 16.11.2004 EzA § 82 BetrVG 2001 Nr. 1; wegen hierbei entstehender – im Urteilsverfahren auszutragender – Streitigkeiten s. *Fitting* § 82 Rn 14 f.). Kommen Arbeitgeber und Arbeitnehmer mündlich überein, dass zur Beendigung ihres Arbeitsverhältnisses eine Kündigung seitens des Arbeitgebers ausgesprochen und ein **Abwicklungsvertrag** geschlossen werden soll, ist die Kündigung **kein Scheingeschäft**. Der Betriebsrat **ist** zu ihr nach § 102 BetrVG anzuhören (*BAG* 28.6.2005 EzA § 102 BetrVG 2001 Nr. 14). Eine **systematische** Verletzung der Beteiligungsrechte des Betriebsrats kann das »**Bestrafungsverfahren**« nach § 23 Abs. 3 BetrVG nach sich ziehen. Zulässig ist es, in einem Sozialplan Anreize zum Abschluss von Aufhebungsverträgen zu vereinbaren (*BAG* 18.5.2010 EzA § 112 BetrVG 2001 Nr. 38). Die Unterrichtung des **Schwerbehindertenvertreters** bei Abschluss eines Aufhebungsvertrages hat – obzwar unverzüglich zu erfolgen – nicht vor Vertragsschluss zu liegen; eine Anhörung ist nicht vorgeschrieben (so zu § 95 Abs. 2 S. 1 Hs. 1 [ab 1.1.2018: § 178 Abs. 2 S. 1 Hs. 1] SGB IX *BAG* 14.3.2012 EzA § 95 SGB IX Nr. 4; zu den Rechtsfolgen unterbliebener Beteiligung *Bartl* AiB 2013, 90, 92 f.).

XIV. Prozessuales/Beseitigungsfolgen

46 Bei strittigem Aufhebungsvertrag kommt seitens des Arbeitnehmers (fristgebunden in den Grenzen der Verwirkung) Klage nach § 256 ZPO auf **Feststellung des Fortbestandes** des Arbeitsverhältnisses (über den Aufhebungszeitpunkt hinaus) in Betracht. Möglich ist auch eine **Beschäftigungsklage**

und, bei erstinstanzlich obsiegendem Urteil auf Feststellungsklage hin, auch ein Antrag auf **Prozessbeschäftigung** für die Dauer des Rechtsstreits (*BAG* 21.3.1996 EzA § 123 BGB Nr. 42). Möglich ist weiter **Entgeltklage**, ggf. auch als **Nachzahlungsanspruch** wegen Annahmeverzuges aus § 615 BGB. Zur Begründung des Annahmeverzuges muss der Arbeitnehmer aber seine Leistungswilligkeit ausdrücklich bekunden oder die Leistungswilligkeit muss vom Arbeitgeber aus einer entsprechenden Feststellungsklage des Arbeitnehmers entnommen werden können, wenn die Initiative zur Beendigung des Arbeitsverhältnisses von **ihm** ausgegangen ist. Geht ein später als unwirksam erkannter Aufhebungsvertrag auf Initiative des Arbeitgebers zurück, gerät dieser frühestens zu dem Zeitpunkt in Annahmeverzug, zu dem ihm der Arbeitnehmer durch das Geltendmachen der Unwirksamkeit seinen Leistungswillen dokumentiert (s. KR-*Spilger* § 11 KSchG Rdn 14; vgl. *BAG* 7.12.2005 EzA § 615 BGB 2002 Nr. 12). Hat der Arbeitgeber das Zustandekommen des Aufhebungsvertrages in einer **schadensersatzbegründenden** Weise herbeigeführt, ist zwar der – mangels Gläubigerverzugs – entfallende Arbeitsentgeltanspruch nicht ersatzfähig. Allerdings kann dieser unter den Voraussetzungen des **§ 326 Abs. 2 S. 1 Var. 1 bzw. Var. 2 BGB** mit der Anrechnungsmöglichkeit aus § 326 Abs. 2 S. 2 BGB **aufrechterhalten** bleiben (Einzelheiten und Fallgruppen *Spilger* NZA 2020, 357 f.). Zu denken ist auch an einen **Wiedereinstellungsanspruch** bei wirksamem Aufhebungsvertrag (etwa bei überraschendem Betriebsübergang nach Abschluss des Vertrages, *Bonanni* DB 2010, 1826, 1828 f.). Erforderlich ist jedoch stets, dass die Parteien bei dem Abschluss des Aufhebungsvertrages vorausgesetzt haben oder in redlicher Weise hätten voraussetzen müssen, eine Beendigung des Arbeitsverhältnisses sei mit dem Wegfall der Beschäftigungsmöglichkeit verbunden. Der Wiedereinstellungsanspruch dient nämlich als Korrektiv dafür, dass bereits ein prognostizierter Wegfall der Beschäftigungsmöglichkeit eine Kündigung rechtfertigen kann. Dann ist das Vertrauen des Arbeitnehmers darauf, das Arbeitsverhältnis werde fortgesetzt, wenn sich – bis zum Ende des Arbeitsverhältnisses oder ausnahmsweise auch danach – eine Weiterbeschäftigungsmöglichkeit ergibt, nach Maßgabe der in der Rechtsprechung dazu entwickelten Grundsätze schützenswert (*BAG* 22.4.2004 EzA § 312 BGB 2002 Nr. 2 mwN; s.a. Rdn 41). Grundlage für den Anspruch ist eine Vertragsanpassung wegen Wegfalls der Geschäftsgrundlage, § 313 BGB (*BAG* 8.5.2008 EzA § 520 ZPO 2002 Nr. 6). In **Kleinbetrieben** iSv § 23 Abs. 1 S. 2 bis 4 KSchG dürften diese Grundsätze allerdings nicht gelten (vgl. *BAG* 19.10.2017 EzA § 1 KSchG Wiedereinstellungsanspruch Nr. 14 für den Fall der Kündigung). Hat der Arbeitgeber einen Wechsel zu einem »Tochterunternehmen« veranlasst und dabei den Anschein erweckt, er werde »im Fall der Fälle« für eine Weiterbeschäftigung des Arbeitnehmers sorgen, so kann er im Falle der Insolvenz des Tochterunternehmens nach Treu und Glauben verpflichtet sein, seinen früheren Arbeitnehmer wiedereinzustellen (vgl. *BAG* 21.2.2002 EzA § 1 KSchG Wiedereinstellungsanspruch Nr. 7).

Die **Darlegungs- und Beweislast** für diejenigen Tatsachen, die einen Aufhebungsvertrag ergeben, trägt diejenige Partei, die sich auf die Wirksamkeit des Vertrages beruft. Die Rechtsprechung zu »**Vier-Augen-Gesprächen**« (vgl. etwa *BVerfG* 21.2.2001 NJW 2001, 2531; *BAG* 22.5.2007 EzA § 448 ZPO 2002 Nr. 1) ist seit Inkrafttreten des § 623 BGB wegen des darin vorgesehenen Schriftformerfordernisses für die Tatsache des Zustandekommens eines Auflösungsvertrages (nicht allerdings für die Behauptung einer Täuschung oder widerrechtlichen Bedrohung) **irrelevant**. Für Tatsachen, aus denen sich eine **Beseitigung** des Aufhebungsvertrages ergeben soll, trägt die Darlegungs- und Beweislast diejenige Partei, welche die Unwirksamkeit des Aufhebungsvertrages geltend macht (etwa infolge Anfechtung wegen Drohung, vgl. *BAG* 12.8.1999 EzA § 123 BGB Nr. 53 *Heinkel* ZTR 2020, 261, 263 [Anfechtung], 269 [Verstoß gegen Gebot fairen Verhandelns]). Hat – wie oft – ein Gespräch allein zwischen den Parteien oder allein zwischen dem klagenden Mitarbeiter und einem Zeugen stattgefunden, der sich zum Zeitpunkt des Gesprächs in »Parteistellung« befand (etwa Personalleiter), kann die für den Inhalt des Gesprächs beweisbelastete Partei **Beweis antreten**, indem sie ihre **eigene Anhörung** oder **Vernehmung** beantragt (*BAG* 19.11.2008 EzA § 448 ZPO 2002 Nr. 2; *Schmitt-Rolfes* NZA Beil. 2/2010, 81, 82). 47

Die verfahrensrechtliche Beseitigung der im Rahmen eines behauptetermaßen unwirksamen bzw. unwirksam gewordenen (etwa wegen Nichtigkeit oder wirksamen Rücktritts, vgl. *BAG* 24.9.2015 EzA § 779 BGB 2002 Nr. 6) **Prozessvergleichs** verabredeten Aufhebung bedarf aufgrund der 48

Doppelnatur (prozessual und materiell-rechtlich) eines Prozessvergleichs (s. etwa *Thomas/Putzo-Seiler* § 794 Rn 3) des Antrags (im **bisherigen** Rechtsstreit: *BAG* 24.4.2014 EzA § 313 BGB 2002 Nr. 5; 11.7.2012 EzA § 123 BGB 2002 Nr. 12; 12.5.2010 EzA § 123 BGB 2002 Nr. 9; 5.8.1982 EzA § 794 ZPO Nr. 6 unter Nachw. der Gegenansicht von BGH, BSG und BVerwG) auf Bestimmung eines (neuen) Prozesstermins. Dort ist mit dem ursprünglich angekündigten oder einmal gestellten Antrag zu verhandeln und zu begründen, dass und warum der Prozessvergleich (und die in seinem Rahmen verabredete Aufhebung) unwirksam sei. Die Gegenseite beantragt die Feststellung, dass der Rechtsstreit durch den Prozessvergleich erledigt ist, hilfsweise stellt sie den ursprünglich angekündigten oder bereits einmal gestellten Antrag. Die **Rechtshängigkeit** einer gegen eine vorangegangene Kündigung betriebenen Sache besteht bei Wegfall der erledigenden Wirkung des Vergleichs (etwa infolge Erklärung des vorbehaltenen Rücktritts) fort (vgl. *Weber/Ehrich* DB 1995, 2369). War die Kündigungsschutzklage wegen außergerichtlicher Aufhebung zurückgenommen, kommt uU eine nachträgliche Klagezulassung unter der Voraussetzung des § 5 KSchG in Betracht (*Weber/Ehrich* DB 1995, 2369, 2370 f.).

49 Bei den Bestimmungen eines Aufhebungsvertrages handelt es sich um **nicht typische Erklärungen**, deren Auslegung in der **Revisionsinstanz** nur eingeschränkt daraufhin überprüfbar ist, ob das Tatsachengericht gegen die Auslegungsregeln der §§ 133, 157 BGB, gegen Erfahrungssätze oder Denkgesetze verstoßen hat, ob die Verfahrensvorschriften eingehalten worden sind oder wesentliche Umstände unberücksichtigt gelassen hat. **Ausgleichsklauseln** in Aufhebungsverträgen sind nach der Rechtsprechung des *BAG* (19.11.2003 EzA § 611 BGB 2002 Aufhebungsvertrag Nr. 2) im Interesse klarer Verhältnisse grds. **weit** (s.a. *BAG* 19.3.2009 EzA § 305c BGB 2002 Nr. 17 m. krit. Anm. *Loritz* AP Nr. 1 zu § 611 BGB Arbeitgeberdarlehen) auszulegen. Für die nach Art. 17 Abs. 5 VollstrZustÜbk 1988 (Luganer Übereinkommen) zu bestimmende **internationale Zuständigkeit** handelt es sich bei einem arbeitsrechtlichen Aufhebungsvertrag um einen »individuellen Arbeitsvertrag« iS jener Regelung (*BAG* 8.12.2010 EzA § 38 ZPO 2002 Nr. 1).

C. Abwicklungsvertrag

I. Begriff

50 **Abwicklungsverträge** sind Vereinbarungen, die vor oder nach Ausspruch einer Kündigung die Folgen und das weitere Vorgehen der Parteien regeln. Sie beinhalten typischerweise die Hinnahme einer bereits erklärten oder einer noch auszusprechenden Kündigung (vgl. grundlegend *Hümmerich* BB 1999, 1868 mwN).

II. Schriftform (§ 623 BGB)

51 Abwicklungsverträge bedürfen wie Auflösungsverträge nach § 623 BGB ihrerseits der Schriftform nur dann, wenn sie selbst die Beendigung des Arbeitsvertrages bewirken (können). Dies ist nicht der Fall, wenn die beendende Wirkung Folge einer hingenommenen Kündigung ist, die **ihrerseits** der Schriftform nach § 623 BGB genügt. Bei einem unbehebbaren Kündigungsmangel, der auch nicht gem. § 7 KSchG heilbar ist (s. KR-*Spilger* § 623 BGB Rdn 51), bedarf der Abwicklungsvertrag mithin der Schriftform, weil dann nur durch ihn die Beendigung des Arbeitsvertrages bewirkt werden kann. Entsprechendes gilt wegen **§ 7 KSchG**, wenn bereits eine das Wirksamwerden der erklärten Kündigung hindernde Kündigungsschutzklage erhoben und noch rechtshängig ist. Klageverzichtsvereinbarungen, die im unmittelbaren zeitlichen und sachlichen Zusammenhang mit dem Ausspruch einer Kündigung getroffen werden, sind nach der Auffassung des *BAG* (19.4.2007 EzA § 611 BGB 2002 Aufhebungsvertrag Nr. 7) Auflösungsverträge iSd § 623 BGB und bedürfen daher der Schriftform.

III. Geltung der Grundsätze für Aufhebungsverträge

52 Soweit Abwicklungsverträge **aufhebungsbegründend** wirken, gelten für sie die in Rdn 3 bis 49 dargestellten Grundsätze für Aufhebungsverträge.

IV. Problematische Inhalte

Problematisch – nicht nur für Abwicklungs-, sondern auch für Aufhebungsverträge – sind Regelungen, mit denen **Vorschriften des Sozialversicherungs- oder des Steuerrechts umgangen werden sollen**, etwa durch wahrheitswidrige Rückdatierung. Neben etwaigen ordnungswidrigkeiten- oder/und strafrechtlichen Rechtsfolgen können Verstöße gegen zwingende Vorschriften des Sozialversicherungs- und/oder des Steuerrechts zur Nichtigkeit von Abreden nach § 134 oder § 138 BGB führen, wenn der Vertrag ohne diese Regelungen nicht geschlossen worden wäre (s. zB *LAG Hamm* 27.11.1997 – 11 Sa 1263/97). 53

V. Nachträgliche Zulassung verspäteter Kündigungsschutzklage nach Beseitigung Abwicklungsvertrag? (§ 5 Abs. 1 KSchG)

Eine Kündigungsschutzklage kann **verspätet** sein, wenn die Kündigung aufgrund eines Abwicklungsvertrages hingenommen und die Klagefrist des § 4 KSchG verstrichen ist (**die Kündigung bleibt in der Welt**, vgl. *LAG* Hmb. 7.4.1994 LAGE § 4 KSchG Nr. 29). Kommt es danach – aus welchen Gründen auch immer – zur Beseitigung des Abwicklungsvertrages, dürfte eine Kündigungsschutzklage **unter den Voraussetzungen des § 5 Abs. 1 KSchG** nachträglich zugelassen werden können. Daran ist insbesondere zu denken, wenn die Beseitigung Folge einer Irrtumsanfechtung wegen arglistiger Täuschung (§ 123 Abs. 1 BGB) ist (*Nebeling/Schmid* NZA 2002, 1310, 1312 f.; s.a. *Weber/Ehrich* DB 1995, 2369, 2370 f. für den Fall einer wieder zurückgenommenen Kündigungsschutzklage). 54

D. Gestaltung von Aufhebungs- und Abwicklungsverträgen

I. Angabe einer Kündigung als Beendigungstatbestand

Wird in einem Prozessvergleich zur Beendigung eines Kündigungsschutzrechtsstreits geregelt, dass das Arbeitsverhältnis aufgrund einer arbeitgeberseitigen Kündigung sein Ende finden wird, kann darin **kein Auflösungsvertrag** gesehen werden (*BAG* 16.9.1998 EzA § 611 BGB Aufhebungsvertrag Nr. 31). Dies kann arbeitsrechtliche Konsequenzen haben, wenn andere Vorschriften an einen bestimmten Beendigungstatbestand (an eine Kündigung oder an einen Aufhebungsvertrag) ausdrücklich anknüpfen (zB eine Rückzahlungsverpflichtung – etwa hinsichtlich einer Sonderzahlung – durch »Kündigung« des Arbeitsverhältnisses vor einem bestimmten Zeitpunkt ausgelöst wird oder der Beginn des Laufs von Ausschluss- oder Verfallsfristen davon abhängt). Ein Aufhebungsvertrag kann **arbeitslosenversicherungsrechtliche** Bedeutung wegen des **Ruhens des Anspruchs** auf Arbeitslosengeld bei Sperrzeit gem. § 159 SGB III gewinnen. Schließt ein Arbeitnehmer angesichts einer drohenden betriebsbedingten Kündigung einen Aufhebungsvertrag mit Abfindung, die sich **im Rahmen des § 1a KSchG** hält, so steht ihm ein wichtiger Grund zur Seite, der eine Sperrzeit ausschließt, es sei denn, es liegt eine Gesetzesumgehung (zB offenkundige Rechtswidrigkeit der beabsichtigten Kündigung) vor. Das gilt auch für einen ordentlich unkündbaren Arbeitnehmer, wenn ihm eine außerordentliche betriebsbedingte Kündigung droht (*BSG* 2.5.2012 SozR 4–4300 § 144 Nr. 23). **Einzelheiten** s. KR-*Link/Lau* § 159 SGB III Rdn 30–48). 55

II. Beendigungszeitpunkt

Der Beendigungszeitpunkt wird sich daran zu orientieren haben, ob noch Interesse – und ggf. wie lange – an weiterer Zusammenarbeit besteht. Arbeitslosenversicherungsrechtliche Bedeutung hat das Außerachtlassen von Kündigungsfristen im Hinblick auf das mögliche Ruhen des Anspruchs auf Arbeitslosengeld bei Entlassungsentschädigung nach **§ 158 SGB III**. Auf das Alter des Arbeitnehmers wegen der früheren Erstattungspflicht des Arbeitgebers für Arbeitslosengeld nach § 147a SGB III aF muss keine Rücksicht mehr genommen werden, weil diese Regelung aufgrund § 434l Abs. 3 SGB III aF nicht mehr für Ansprüche auf Arbeitslosengeld anzuwenden war, die nach dem 31.1.2006 entstehen, und zum 1.4.2012 entfallen ist. 56

III. Vergütungsfragen

57 Bei der Abwicklung (oder auch schon der Aufhebung) von Arbeitsverträgen geraten gelegentlich **nicht ständige** Vergütungsbestandteile wie **Tantiemen**, **Provisionen** oder **Gewinnbeteiligungen** aus dem Blick, an die es deshalb zu denken gilt (offene Zahlungen oder Rückforderung nicht ins Verdienen gebrachter vorschüssiger Leistungen etwa). Übersehen wird gelegentlich die Rechtsfolge des § 8 Abs. 1 S. 1 EFZG, wonach der Anspruch auf Fortzahlung des Arbeitsentgelts nicht dadurch berührt wird, dass der Arbeitgeber das Arbeitsverhältnis aus Anlass der Arbeitsunfähigkeit kündigt. Dieser Anspruch wird durch die **Aufhebung des Arbeitsvertrages** nach Arbeitgeberkündigung nicht berührt (*BAG* 20.8.1980 EzA § 6 LohnFG Nr. 18; 28.11.1979 EzA § 6 LohnFG Nr. 12) und auch nicht dadurch, dass der Arbeitgeber die Arbeitsunfähigkeit des Arbeitnehmers zum Anlass nimmt, mit diesem ohne vorherige Kündigung die einvernehmliche Beendigung des Arbeitsverhältnisses zu vereinbaren (*BAG* 20.8.1980 EzA § 6 LohnFG Nr. 16; abl. *Laws* FA 2018, 42, 47).

IV. Aufhebungsfolgen

58 Die möglichen zu bedenkenden Folgen der Aufhebung eines Arbeitsverhältnisses sind **mannigfach** (Vertragsmuster mit Erl. etwa bei *Bengelsdorf* S. 65–174 oder die Musterformulierungen bei *Lingemann/Groneberg* NJW 2012, 985). Hier eine **Auswahl**:

- **Abrechnung** hat bei Nachzahlungsanspruch aus § 615 S. 1 BGB auch S. 2 der Vorschrift bzw. § 11 Nr. 1 KSchG heranzuziehen (*BAG* 27.5.2020 EzA-SD 2000 Nr. 17,7),
- **Rückzahlungsvorbehalte** (zB Gratifikation, Sonderzahlung, »Weihnachts«geld o. a.)?,
- vorzeitige Rückzahlung **Darlehen** (Kündigung), § 488 Abs. 3 BGB? (Formulierungsbeispiel *Lingemann/Groneberg* NJW 2011, 2028, 2029),
- Erstattung von **Umzugs- oder Ausbildungskosten**?,
- **Arbeitszeugnis** (§ 630 BGB, § 109 GewO, Formulierung: dazu *Wiebauer* RdA 2020, 283 ff.) und sonstige **Arbeitspapiere** (Daten des Beschäftigungsverhältnisses),
- **Dienstwagen** (Herausgabe oder Privatnutzung? Widerruf der privaten Nutzung durch – zulässige [BAG 21.3.2012 EzA § 308 BGB 2002 Nr. 13] – Allgemeine Arbeitsbedingungen nachgelassen?),
- **Herausgabe von Arbeitsmitteln** (Werkzeug, Muster, Laptop),
- **Werkwohnung**,
- **Spesenvorschuss**,
- **Diensterfindung/Erfindervergütung** (Formulierungsbeispiel *Lingemann/Groneberg* NJW 2011, 2028 f., 2029 f.),
- **Wettbewerbsverbot** nach § 60 HGB (zur Konkurrenztätigkeit im zuvor gekündigten Arbeitsverhältnis s. *BAG* 28.1.2010 EzA § 626 BGB 2002 Nr. 30),
- **nachvertragliches Wettbewerbsverbot** (§§ 74 ff. HGB; Formulierungsbeispiel *Lingemann/Groneberg* NJW 2011, 2028, 2030),
- **Betriebliche Altersversorgung** (Formulierungsbeispiel *Lingemann/Groneberg* NJW 2011, 2937, 2938),
- **Rückdeckungsversicherung** (*Diller/Risse* DB 2016, **890 ff.**),
- **Firmenunterlagen/Verschwiegenheitspflichten** (Formulierungsbeispiele *Lingemann/Groneberg* NJW 2011, 2028, 2030 f.),
- **Ausschluss von Aufrechnung** (zB aus Schadenersatzforderung oder dem Ausgleichsanspruch wegen vorzeitiger Beendigung des Beschäftigungsverhältnisses aus § 9 Abs. 2 S. 1 aF FPfZG) **und Zurückbehaltungsrecht** (Formulierungsbeispiele *Lingemann/Groneberg* NJW 2011, 2937, 2939),
- **Schadensersatzansprüche**; Folgen für den Unfallverletzten, der Verdienstausfallschadensersatz vom Schädiger wegen Berufswechsels auch nach Aufhebungsvereinbarung verfolgt (*BGH* 14.11.2017 NJW 2018, 866); aus fehlerhafter Beratung im Zusammenhang mit dem Abschluss des Aufhebungsvertrages (*LAG BW* 5.11.2020 – 17 Sa 12/20, juris: unzutreffende Auskunft zu steuerrechtl. Fragen),

- **Sozial-, insbesondere arbeitslosenversicherungsrechtliche Konsequenzen** (für das Ruhen des Alg-Anspruches bei Entlassungsentschädigung bzw. bei Sperrzeit wegen Aufgabe des Arbeitsplatzes s. §§ 158, 159 SGB III und die Kommentierung hierzu),
- **Steuerrechtliche Konsequenzen** (für Abfindung s. Erl. zu §§ 24, 34 EStG),
- Beginn des Laufs von **Ausschlussfristen**, Hemmung wegen Vergleichsverhandlungen entspr. § 203 S. 1 BGB (*BAG* 20.6.2018 EzA § 4 TVG Ausschlussfristen Nr. 216)?
- **Freizeit zur Stellungssuche?** (§ 629 BGB);
- **Freistellung** gem. § 2 Abs. 2 Satz 2 Nr. 3 SGB III?, »Outplacement«-Beratung? (dazu *Howald* DB 2013, 698 ff.),
- **Zusammenwirken** von **Arbeitgebern und Arbeitnehmern** mit den **Agenturen für Arbeit** (§ 2 SGB III),
- **Ausschluss der Wiedereinstellung** (vgl. *LAG Düsseld.* 29.6.2007 LAGE § 611 BGB 2002 Aufhebungsvertrag Nr. 4); s. dazu *Bonanni* DB 2010, 1828, 1828 ff.,
- **Vereinbarung einer Wiedereinstellung** für den Fall sich verändernder Umstände (zu einer vorformulierten Klausel, die den Arbeitnehmer mit dem Führen eines Kündigungsrechtsstreits mit dem kündigenden neuen Arbeitgeber belastet s. *BAG* 9.2.2011 EzA § 311a BGB 2002 Nr. 2),
- **»Turbo-«** oder **»Sprinterklausel«**: Die Vereinbarung des Rechts des Arbeitnehmers zur vorzeitigen Beendigung des Arbeitsverhältnisses (mit oder ohne einer Ankündigungsfrist), vgl. *BAG* 17.12.2015 (EzA § **623** BGB 2002 **Nr. 11**); danach bedarf die Ausscheidenserklärung der Schriftform gem. § **623** BGB,
- **Rechtsanwaltsvergütung** im Zusammenhang mit Beratung und außergerichtlicher Vertretung bei Aufhebungsvertrag (Einzelheiten *Enders* JurBüro 2010, 561 ff., 617 ff.). Der »Streitwertkatalog für die Arbeitsgerichtsbarkeit« (auffindbar im Internet) sieht eine im Vergleich vereinbarte Abfindung nicht als streitwerterhöhend an (Katalog Abschn. I Nr. 1). Der Wert des Streits um das Zustandekommen eines Aufhebungsvertrages und daraus resultierend auf Zahlung einer Abfindung auf anderer Grundlage als §§ 9, 10 KSchG wird dabei nicht durch § 42 Abs. 2 S. 1 GKG auf einen Vierteljahresbezug des Arbeitnehmers begrenzt (*LAG RhPf* 27.4.2015 AE 2015, 178). Der Prozessbeschäftigungsanspruch wirkt sich nur aus, wenn lediglich für den Fall des Erfolges der Kündigungsschutzklage verfolgt (vgl. *BAG* 13.8.2014 EzA-SD 2014 Nr. 20 S. 16); Aufwendungen für eine arbeitsgerichtliche Streitigkeit stellen Werbungskosten dar (*BFH* 9.2.2012 BStBl. II 2012, S. 829),
- **Rechtsschutzversicherung**: Verhandlungen über den Aufhebungsvertrag können einen Rechtsschutzfall darstellen (verstoßabhängig, vgl. *OLG Frankf.* NJW 2015, 1184 f.; *AG Mchn* 25.7.2019 ArbRB 2020, 13).
- Verabredung einer **Widerruflichkeit**,
- Verzicht auf vereinbarte **Widerrufsmöglichkeit**,
- **Anrechnungs- und Erledigungsklauseln** (Gestaltungsvorschläge *Fuhlrott* NJW 2019, 3762 ff.).

Folgen kann der Aufhebungsvertrag auch für ein früheres Arbeitsverhältnis zu einem früheren Betriebsinhaber zeitigen, wenn im Zusammenhang mit dem Betriebsinhaberwechsel nicht den Vorgaben des § 613a Abs. 5 BGB entsprechend über den Betriebsübergang unterrichtet worden wäre. Zwar wäre dann nicht die Widerspruchsfrist des § 613a Abs. 6 S. 1 BGB in Gang gesetzt. Der Abschluss eines Aufhebungsvertrages mit dem Betriebserwerber stellt aber – als Disposition über das Arbeitsverhältnis – ein zur Verwirkung des Widerspruchsrechts führendes Umstandsmoment dar (*BAG* 23.7.2009 EzA § 613a BGB 2002 Nr. 113; 20.1.2010 AP Nr. 385 zu § 613a BGB; 9.12.2010 AP Nr. 393 zu § 613a BGB; 26.5.2011 AP Nr. 407 zu § 613a BGB; für Abwicklungsvertrag ebenso *LAG München* 14.1.2009 AuA 2009, 485; richtigerweise wird die Wahl zwischen zwei denkbaren Arbeitgebern – ein Wahlrecht [§§ 262, 263 BGB] – ausgeübt. Dazu *Rieble/Wiebauer* NZA 2009, 401, 404 f.). 59

V. Gestaltung der Phase bis zum rechtlichen Ende des Arbeitsverhältnisses

Die Gestaltung der Phase bis zum rechtlichen Ende des Arbeitsverhältnisses hat erforderlichenfalls rückblickend und -wirkend zu sein. Auch die Zukunft ist in den Blick zu nehmen. Zu denken ist etwa an **Freistellung, Urlaubserteilung, Auswirkung einer Freistellung** (widerruflich/ 60 unwiderruflich) **auf vorhandenes respektive noch zur Entstehung gelangendes Urlaubsguthaben, Urlaubsanrechnung** oder/und den **Verzicht auf Ausübung des Direktionsrechts**. Die Freistellung von der Arbeit allein ist keine Urlaubsgewährung (vgl. *BAG* 9.6.1998 EzA § 7 BUrlG Nr. 106; 16.7.2013 – 9 AZR 50/12) und begründet idR den Annahmeverzug (vgl. *BAG* 26.6.2013 EzA § 615 BGB 2002 Nr. 41). Wegen der arbeitslosenversicherungsrechtlichen **Folgen** einer **Freistellung** s. KR-*Link/Lau* § 159 SGB III Rdn 63–69; zur Beschäftigungslosigkeit im beitrags- und im leistungsrechtlichen Sinne bei Freistellung s. *BSG* 24.9.2008 SozR 4–2400 § 7 Nr. 9 für die Renten- und Arbeitslosenversicherung und – abw. für die Unfallversicherung – Besprechung *GKV-Spitzenverband* NZA 2011, 336; wird bei fortbestehendem Arbeitsverhältnis Arbeitslosengeld bezogen entsteht hieraus idR keine (neue) Anwartschaft: vgl. *BSG* 4.7.2012 SozR 4 – 4300 § 123 Nr. 6; das während der unwiderruflichen Freistellung gezahlte und abgerechnete Arbeitsentgelt ist in die Bemessung des Arbeitslosengeldes einzubeziehen, *BSG* 30.8.2018 SozR 4 – 4300 § 150 Nr. 5. Zur **Gestaltung** einer Freistellung von der Arbeit s. *Kramer* DB 2008, 2538 ff.

60.1 Bei verabredeter unwiderruflicher Freistellung unter Weiterzahlung der Vergütung muss sich der Arbeitnehmer anderweitigen Verdienst idR nicht anrechnen lassen (*BAG* 23.2.2021 NZA 2021, 778).

61 Lässt sich Restarbeitsvergütung noch nicht beziffern, erfolgt sinnvollerweise »Abrechnung unter Berücksichtigung etwaiger **Forderungsübergänge** und Auszahlung des sich nach Abrechnung ergebenden Nettobetrages«. Dadurch werden auch ungerechtfertigte Doppelzahlungen nach Anspruchsübergängen (**§ 115 SGB X**) vermieden.

62 Wird das **Ausfüllen und die Herausgabe der Arbeitspapiere** vereinbart, ist zu berücksichtigen, dass insoweit nach § 269 BGB eine »**Holschuld**« des Arbeitnehmers besteht. Soll ihm die Rückkehr in den Betrieb erspart werden, bietet sich eine Verabredung der **Versendung** der Papiere an.

VI. Abfindung

63 Bei der Vereinbarung einer Abfindungszahlung muss **Entstehenszeitpunkt** und **Fälligkeit** des Abfindungsanspruchs für den Fall bedacht werden, dass der Anspruchsinhaber verstirbt. Der in einem Aufhebungsvertrag vereinbarte Anspruch einer Abfindung entsteht jedenfalls dann **nicht** bereits mit **Abschluss des Vertrages**, sondern erst zum **vereinbarten Ausscheidenstermin**, wenn es sich um eine Frühpensionierung handelt und im Aufhebungsvertrag kein früherer Entstehenszeitpunkt bestimmt ist. Endet das Arbeitsverhältnis vorzeitig, etwa durch den **Tod des Arbeitnehmers**, kann der Anspruch nicht entstehen und von den Erben nicht durch Erbfolge erworben werden (*BAG* 26.8.1997 EzA § 611 BGB Aufhebungsvertrag Nr. 29). Ist in einem Aufhebungsvertrag vereinbart, dem Arbeitnehmer bei Inanspruchnahme des **vorgezogenen Altersruhegeldes** zur Milderung der Einkommenseinbuße eine Abfindung zu zahlen, so entsteht dieser Anspruch regelmäßig nur, wenn der Arbeitnehmer das vertraglich vereinbarte Ende des Arbeitsverhältnisses **erlebt** (*BAG* 16.5.2000 EzA § 611 BGB Aufhebungsvertrag Nr. 36). Ein in einem **Prozessvergleich** vereinbarter Abfindungsanspruch geht grundsätzlich auf die Erben über, wenn der Arbeitnehmer vor dem im Abfindungsvergleich festgelegten Auflösungszeitpunkt **verstirbt**. Etwas anderes gilt nur, wenn die Parteivereinbarung ergibt, dass das Erleben des vereinbarten Beendigungszeitpunkts Vertragsinhalt geworden ist. Fehlt eine derartige Vereinbarung, ist die im Vertrag verlautbarte Interessenlage der Parteien zu würdigen (*BAG* 22.5.2003 EzA § 611 BGB 2002 Aufhebungsvertrag Nr. 1). Ist in einem Abfindungsvergleich der Zeitpunkt der **Fälligkeit** für die Abfindung nicht bestimmt, so kann sich der Fälligkeitszeitpunkt aus den **Umständen** ergeben (§ 271 Abs. 1 BGB). Nach Auffassung des BAG entspricht die Fälligkeit einer in einem gerichtlichen Vergleich vereinbarten Abfindung zum Zeitpunkt der Beendigung des Arbeitsverhältnisses dem ganz überwiegenden Verständnis der Rechtsprechung und Literatur (*BAG* 15.7.2004 EzA § 271 BGB 2002 Nr. 1 mzN).

64 Für die im Rahmen einer Aufhebungsvereinbarung oder eines Abwicklungsvertrages vereinbarte Abfindung gilt die **regelmäßige Verjährungsfrist** (*BAG* 15.6.2004 NZA 2005, 295) von drei Jahren gem. § 195 BGB.

Bei einer Abfindung handelt es sich um »**Arbeitseinkommen**« iSd §§ 850 ff. ZPO (*BAG* 12.8.2014 65
EzA § 35 InsO Nr. 4), aber nicht um »**Arbeitsentgelt**« iSd § 14 Abs. 1 SGB IV. Sie ist mithin sozialversicherungsrechtlich beitragsfrei. Steuerlich handelte es sich bei Abfindungen um steuerfreie Einnahmen nach § 3 Nr. 9 EStG aF (hierzu Übergangsregelung § 52 Abs. 4a S. 1 EStG). Abfindungen stellen »außerordentliche Einkünfte« dar (§§ 24 Nr. 1a, 34 Abs. 1, Abs. 2 Nr. 2 EStG). Die Übernahme der Steuerlast durch den Arbeitgeber bedarf der besonderen Abrede (vgl. *LAG Köln* 20.9.1988 LAGE § 9 KSchG Nr. 9). Wegen der **arbeitslosenversicherungsrechtlichen** Konsequenzen einer Abfindung (Ruhen des Ausgleichs bei Entlassungsentschädigung) s. iE die Erl. zu § 158 SGB III. Wegen der steuerrechtlichen Behandlung s. Erl. zu §§ 24, 34 EStG.

Im Falle der Vereinbarung einer Abfindungszahlung muss ggf. eine aus einem anderen Rechtsgrund 66
(vor allem Sozialplan, auch tarifvertragliches Rationalisierungsschutzabkommen, Sozialtarifvertrag) geschuldete Abfindung (**Anrechnung**) berücksichtigt werden. Ggfs. sind die Regelungen der **InstitutsVergV** zu beachten. Nach § 5 Abs. 6 InstitutsVergV gelten Abfindungen als variable Vergütung und sind nach Maßgabe der Vorschrift der Höhe nach reguliert (dazu *Hinrichs/Kock/Langhans* DB 2018, 1921, 1926 f.).

VII. Erledigungsklausel (Allgemeine Ausgleichsklausel)

Sind sich die Parteien im Rahmen einer Aufhebungsvereinbarung darüber einig, dass sie aus dem 67
Arbeitsverhältnis und dessen Beendigung keine weitergehenden Ansprüche mehr gegeneinander haben und verabreden sie dies, ist in Rechnung zu stellen, dass eine derartige (idR **weit** auszulegende: *BAG* 19.3.2009 EzA § 305c BGB 2002 Nr. 17; dies gilt insbes. für den Fall, dass auch **unbekannte** Ansprüche erfasst sein sollen) **Ausgleichsklausel** nicht jedweden Anspruch erledigen kann. So ist der Anspruch auf den **Mindestlohn** nach Maßgabe des § 3 MiLoG (Verzicht auf den entstandenen Mindestlohnanspruch – »insoweit« – nur durch gerichtlichen Vergleich möglich: § 3 S. 2, S. 1 MiLoG; vorformulierte Verzichtserklärungen dürften wegen der in § 3 S. 1 MiLoG zum Ausdruck kommenden Ausnahme vom Verbot der geltungserhaltenden Reduktion im Übrigen – hinsichtlich der nicht sich aus dem MiLoG ergebenden Ansprüche – wirksam bleiben, vgl. ErfK-*Franzen* § 3 MiLoG Rn 1a mNd Gegenmeinungen; **demgegenüber** hat das *BAG* [18.9.2018 EzA § 307 BGB 2002 Nr. 87] entschieden, dass eine vom Arbeitgeber vorformulierte arbeitsvertragliche Verfallklausel, die ohne jede Einschränkung alle beiderseitigen Ansprüche aus dem Arbeitsverhältnis und damit auch den ab dem 1.1.2015 in § 1 MiLoG garantierten Mindestlohn erfasst, gegen das Transparenzgebot des § 307 Abs. 1 S. 2 BGB verstößt und – jedenfalls dann – **insgesamt** unwirksam ist, wenn der Arbeitsvertrag **nach dem** 31.12.2014 geschlossen wurde) und derjenige auf **Entgeltfortzahlung** nach § 12 EFZG unabdingbar. Gleiches gilt für **gesetzliche Urlaubsansprüche** nach § 13 Abs. 1 S. 3 BUrlG. Deshalb bewirkt beispielsweise die in einem Aufhebungsvertrag enthaltene Klausel, nach der alle gegenseitigen Forderungen erledigt sind, nicht das Erlöschen des gekürzten Vollurlaubsanspruchs nach § 5 Abs. 1 Buchst. c BUrlG (*BAG* 9.6.1998 EzA § 7 BUrlG Nr. 106). Der nach neuerer Rspr. als bloßer Geldanspruch bestehende Urlaubsabgeltungsanspruch ist durch § 13 Abs. 1 S. 3 BUrlG aber nicht (mehr) geschützt (vgl. *BAG* 14.5.2013 EzA § 13 BUrlG Nr. 63; *LAG Köln* 8.11.2015 – 7 Sa 767/12). Zu den »Ansprüchen aus dem Arbeitsverhältnis« gehören alle Ansprüche, die die Arbeitsvertragsparteien aufgrund ihrer durch den Arbeitsvertrag begründeten Rechtsbeziehungen gegeneinander haben. Hiervon abzugrenzen sind Ansprüche, die sich aus anderen, selbstständig neben den Arbeitsvertrag abgeschlossenen zivilrechtlichen Verträgen ergehen (z. B. Forderung an Werkmietverträgen, Kaufverträgen, Arbeitgeberdarlehen – Zins- und Rückzahlungspflichten hieraus; Herausgabeansprüche aus § 667 BGB [vgl. *BAG* 14.12.2011 EzA § 667 BGB 2002 Nr. 2]). **Diese** Ansprüche fallen regelmäßig nicht unter eine Ausgleichsklausel, die sich auf »Ansprüche aus dem Arbeitsverhältnis« bezieht (*BAG* 19.1.2011 EzA § 611 BGB 2002 Aufhebungsvertrag Nr. 9). Nicht verzichtet werden kann auf **entstandene tarifliche** (§ 4 Abs. 1 S. 1 TVG) oder durch **Betriebsvereinbarung eingeräumte** (§ 77 Abs. 4 S. 2 BetrVG) Rechte (zum Angebot eines Aufhebungsvertrages unter der Bedingung, dass der Betriebsrat einem Verzicht auf einen Sozialplananspruch gem. § 77 Abs. 4 S. 2 BetrVG zustimmt: *BAG* 15.10.2013 EzA § 77

BetrVG 2001 Nr. 37). Einem Vergleich über strittige **Tatsachen** stehen diese Vorschriften allerdings nicht im Wege.

68 Es besteht eine **Auslegungsregel**, wonach Allgemeine Ausgleichsklauseln im Zweifel Ansprüche auf **betriebliche Altersversorgung** wegen der großen Bedeutung von Versorgungsansprüchen im Regelfall nicht mit umfassen (*BAG* 17.10.2000 EzA § 1 BetrAVG Nr. 71, 20.4.2010 NZA 2010, 1333). Ob durch eine Ausgleichsklausel in einem gerichtlichen Vergleich ein **nachvertragliches Wettbewerbsverbot** und die Pflicht zur Zahlung einer **Karenzentschädigung** aufgehoben worden sind, ist durch Auslegung gem. den §§ 133, 157 BGB zu ermitteln (*BAG* 8.3.2006 EzA § 74 HGB Nr. 67; 22.10.2008 EzA § 74 HGB Nr. 70; vgl. auch *BAG* 20.10.1981 EzA § 74 HGB Nr. 39 und 31.7.2002 EzA § 74 HGB Nr. 63).

69 Auf das Ausfüllen und auf die Herausgabe von Arbeitspapieren wird idR durch eine **Allgemeine Ausgleichsklausel** nicht verzichtet werden sollen, wenn ein derartiger Verzicht wegen der **Bedeutung von Arbeitspapieren** für das berufliche und wirtschaftliche Fortkommen überhaupt für zulässig zu erachten ist (Anspruch auf **Arbeitszeugnis** daher idR unverzichtbar, *BAG* 16.9.1974 EzA § 630 BGB Nr. 5; aA *LAG Bln.-Bra.* 6.12.2011 – 3 Sa 1300/11).

70 Wird in einem Aufhebungsvertrag vom Arbeitnehmer zugleich der Erhalt der Arbeitspapiere bestätigt und im Anschluss an den Aufhebungsvertrag zusätzlich eine umfassende Ausgleichsquittung unterzeichnet, so erfasst diese idR auch den vertraglichen Anspruch des Arbeitnehmers auf ein **anteiliges 13. Monatsgehalt** (*BAG* 28.7.2004 EzA § 611 BGB 2002 Aufhebungsvertrag Nr. 4). Für eine Ausgleichsquittung **außerhalb** eines Aufhebungsvertrages gilt Entsprechendes allerdings nicht (s. *BAG* 7.11.2007 EzA § 397 BGB 2002 Nr. 2). **Vorstellungskosten** aus Anlass der Eingehung des Arbeitsverhältnisses werden, wenn sich aus den Umständen nichts anderes ergibt, von einer Ausgleichsklausel in einem gerichtlichen Vergleich erfasst, die eine Erledigung »aller eventueller finanzieller Ansprüche aus dem Arbeitsverhältnis und seiner Beendigung« vorsieht (*LAG Nbg.* 29.9.2003 NZA-RR 2004, 290). Eine Ausgleichsklausel, wonach sämtliche Ansprüche aus dem Arbeitsverhältnis und anlässlich seiner Beendigung abgegolten sind, erfasst grds. auch **Ansprüche aus Aktienoptionen**, wenn die Bezugsrechte vom Arbeitgeber eingeräumt wurden (*BAG* 28.5.2008 EzA § 307 BGB 2002 Nr. 35).

Berufsbildungsgesetz (BBiG)

IdF der Bekanntm. vom 4. Mai 2020 (BGBl. I S. 920).
Geändert durch Art. 16 des Gesetzes vom 28. März 2021 (BGBl. I S. 591).

§ 21 BBiG Beendigung

(1) ¹Das Berufsausbildungsverhältnis endet mit dem Ablauf der Ausbildungszeit. ²Im Falle der Stufenausbildung endet es mit Ablauf der letzten Stufe.

(2) Bestehen Auszubildende vor Ablauf der Ausbildungszeit die Abschlussprüfung, so endet das Berufsausbildungsverhältnis mit Bekanntgabe des Ergebnisses durch den Prüfungsausschuss.

(3) Bestehen Auszubildende die Abschlussprüfung nicht, so verlängert sich das Berufsausbildungsverhältnis auf ihr Verlangen bis zur nächstmöglichen Wiederholungsprüfung, höchstens um ein Jahr.

§ 22 BBiG Kündigung

(1) Während der Probezeit kann das Berufsausbildungsverhältnis jederzeit ohne Einhaltung einer Kündigungsfrist gekündigt werden.

(2) Nach der Probezeit kann das Berufsausbildungsverhältnis nur gekündigt werden
1. aus einem wichtigen Grund ohne Einhaltung einer Kündigungsfrist,
2. von Auszubildenden mit einer Kündigungsfrist von vier Wochen, wenn sie die Berufsausbildung aufgeben oder sich für eine andere Berufstätigkeit ausbilden lassen wollen.

(3) Die Kündigung muss schriftlich und in den Fällen des Absatzes 2 unter Angabe der Kündigungsgründe erfolgen.

(4) ¹Eine Kündigung aus einem wichtigen Grund ist unwirksam, wenn die ihr zugrundeliegenden Tatsachen dem zur Kündigung Berechtigten länger als zwei Wochen bekannt sind. ²Ist ein vorgesehenes Güteverfahren vor einer außergerichtlichen Stelle eingeleitet, so wird bis zu dessen Beendigung der Lauf dieser Frist gehemmt.

§ 23 BBiG Schadenersatz bei vorzeitiger Beendigung

(1) ¹Wird das Berufsausbildungsverhältnis nach der Probezeit vorzeitig gelöst, so können Ausbildende oder Auszubildende Ersatz des Schadens verlangen, wenn die andere Person den Grund für die Auflösung zu vertreten hat. ²Dies gilt nicht im Falle des § 22 Abs. 2 Nr. 2.

(2) Der Anspruch erlischt, wenn er nicht innerhalb von drei Monaten nach Beendigung des Berufsausbildungsverhältnisses geltend gemacht wird.

Übersicht	Rdn		Rdn
A. Vorbemerkungen	1	b) Fortbildungs- und Weiterbildungsverhältnisse	12
I. Übersicht zum BBiG	1	c) Anlernlinge, Volontäre und Praktikanten	13
1. Entwicklung und Gliederung des BBiG	1	2. Geltungsbereich	15
2. Das Berufsausbildungsverhältnis	3	a) Betrieblicher Geltungsbereich	15
3. Kündigungsvorschriften	6	b) Öffentlicher Dienst	16
II. Regelungs- und Geltungsbereich des BBiG	8	c) Ausbildung auf Schiffen	17
1. Regelungsbereich	8	d) Heilberufe	18
a) Berufsausbildungsverhältnisse	9		

	Rdn
III. Regelmäßige Beendigung des Berufsausbildungsverhältnisses	20
1. Ablauf der Ausbildungszeit (§ 21 Abs. 1 BBiG)	20
2. Vorzeitiges Bestehen der Abschlussprüfung (§ 21 Abs. 2 BBiG)	23
3. Verlängerung bis zur Wiederholungsprüfung (§ 21 Abs. 3 BBiG)	26
4. Verlängerung durch Wehrdienst	31
IV. Beendigung durch Aufhebungsvertrag	32
B. Erläuterungen zum Kündigungsrecht (§ 22 BBiG)	**34**
I. Kündigung des Berufsausbildungsverhältnisses	34
1. Keine ordentliche Kündigung	34
2. Kündigung vor Antritt der Ausbildung	36
3. Kündigung während der Probezeit (§ 22 Abs. 1 BBiG)	37
4. Kündigung aus wichtigem Grund (§ 22 Abs. 2 Nr. 1 BBiG)	43
a) Wichtiger Grund	44
b) Unzumutbarkeit	48
c) Einzelne Fallgruppen zum wichtigen Grund bei der Kündigung durch den Ausbildenden	49
aa) Verhalten des Auszubildenden im Betrieb	49
bb) Verhalten gegenüber der Person des Ausbildenden	61
cc) Leistungen des Auszubildenden im Betrieb	62
dd) Leistungen des Auszubildenden in der Berufsschule	63
ee) Gründe in der Person des Auszubildenden	64
ff) Kriminelles Verhalten	65
gg) Außerbetriebliches Verhalten	67
hh) Gründe im Betrieb des Ausbildenden	68
d) Einzelne Fallgruppen zum wichtigen Grund bei der Kündigung durch den Auszubildenden	74
aa) Ausbildungsmängel beim Ausbildenden oder im Betrieb	75
bb) Verstöße gegen Arbeitsschutzvorschriften	77
cc) Verhalten des Ausbildenden	78
dd) Betriebliche Gründe	79

	Rdn
ee) Gründe in der Person des Auszubildenden	81
e) Vereinbarung weiterer Tatbestände der Vertragsparteien als wichtiger Grund	82
5. Berufsaufgabe oder -wechsel (§ 22 Abs. 2 Nr. 2 BBiG)	83
a) Erklärung	84
b) Rechtsfolgen	85
c) Wahrheitspflicht	87
d) Wechsel der Ausbildungsstätte	88
e) Einzelfälle	90
6. Schriftliche Begründung der Kündigung (§ 22 Abs. 3 BBiG)	91
a) Schriftform (§ 22 Abs. 3 BBiG)	92
b) Angabe der Gründe	93
7. Kündigung innerhalb der Zweiwochenfrist (§ 22 Abs. 4 S. 1 BBiG)	95
a) Zeitpunkt der Kündigung	95
b) Ausschlussfrist	96
c) Lauf der Frist	97
d) Kündigungsverzicht, Verzeihung	102
8. Kündigungserklärung von und gegenüber Minderjährigen	104
a) Gesetzlicher Vertreter	105
b) Schriftform der Einwilligung	107
c) Kündigung durch den Ausbildenden	108
d) Nichtanwendbarkeit des § 113 BGB	109
II. Verfahren vor dem zuständigen Ausschuss gem. § 111 Abs. 2 ArbGG	110
1. Verfahren als Prozessvoraussetzung	110
2. Zuständigkeit des Ausschusses bei Kündigungsstreitigkeiten	111
3. Frist für die Anrufung des Ausschusses	114
4. Verfahren vor dem Schlichtungsausschuss	118
5. Nichtanrufung	120
6. Anfechtung des Schiedsspruches	121
III. Kündigungsschutzklage	122
IV. Folgen bei unberechtigter Kündigung	123
V. Einstweilige Verfügung auf Weiterbeschäftigung	124
VI. Nachträgliches Feststellungsinteresse	128
VII. Einzelne Folgen der Beendigung	129
1. Arbeitspapiere	129
2. Urlaubsanspruch	130
3. Arbeitslosenunterstützung	131
VIII. Schadensersatz bei vorzeitiger Beendigung des Berufsausbildungsverhältnisses	132

A. Vorbemerkungen

I. Übersicht zum BBiG

1. Entwicklung und Gliederung des BBiG

Mit dem Gesetz zur Reform der beruflichen Bildung (**Berufsbildungsreformgesetz** – BerBiRefG) 1 vom 23.3.2005 werden die Regelungen des BBiG vom 4.8.1969 (BGBl. I S. 1112) abgelöst. Das BerBiRefG soll den veränderten Anforderungen an die jungen Menschen beim Einstieg in die Berufswelt Rechnung tragen (vgl. iE Begr. zum GesetzE BT-Drucks. 15/3980, S. 38 ff.). Die Kernpunkte des BerBiRefG bestehen in der Möglichkeit, zeitlich begrenzte Abschnitte der Berufsausbildung im Ausland durchzuführen, Teile der Abschlussprüfung bereits während der Ausbildung abzulegen, Absolventen von vollzeitschulischen und sonstigen Berufsausbildungsgängen zur Kammerabschlussprüfung zuzulassen, Vorqualifikationen verbessert anrechnen zu lassen, neue Ausbildungs- und Prüfungsformen zu entwickeln und zu erproben (zur Entwicklung des BBiG vgl. auch 10. Aufl. Rn 1). Die Vorschriften über Beginn und Beendigung des Ausbildungsverhältnisses, die vormals in den §§ 13 bis 16 BBiG geregelt waren, befinden sich in den §§ 20 bis 23 BBiG nF und sind im Wesentlichen unverändert geblieben. Der Begriff des Auszubildenden (Lehrlings) wird vom Gesetzgeber aus Gründen der »sprachlichen Gleichstellung« in den Plural – »Auszubildende« – verändert (Begr. BT-Drucks. 15/3980, S. 38 ff.).

Das BBiG gliedert sich nach der Reform gem. dem **BerBiRefG** in sieben Teile. Nach den im ersten 2 Teil beschriebenen Zielen und Begriffen zählen zur Berufsbildung iSd BBiG die Berufsausbildungsvorbereitung, die Berufsausbildung, die berufliche Fortbildung und die berufliche Umschulung. Das BBiG gilt für die Berufsbildung, soweit sie nicht in berufsbildenden Schulen durchgeführt wird, die den Schulgesetzen unterstehen (§ 3). Es gilt nicht für die Berufsbildung im Rahmen von Studiengängen an den Hochschulen, nicht in öffentlich-rechtlichen Dienstverhältnissen und nicht auf Kauffahrteischiffen. Für die Berufsbildung in Berufen der HWO gelten Teile des BBiG nicht (vgl. § 3 Abs. 3 BBiG). Im zweiten Teil des BBiG werden die og Formen der Berufsbildung einschließlich derjenigen für behinderte Menschen geregelt. Die Teile drei bis sieben betreffen die für Berufsbildung zuständigen Stellen und Behörden, Forschung, Planung, Statistik, Bußgeld-, Übergangs- und Schlussvorschriften.

2. Das Berufsausbildungsverhältnis

Die Vorschriften über die Begründung, die Pflichten der Auszubildenden und Ausbildenden, die 3 Vergütung, Beginn und Beendigung des Berufsausbildungsverhältnisses befinden sich im 2. Teil, §§ 10–26 BBiG. Hier wird ausdrücklich die Anwendung der für den Arbeitsvertrag geltenden Vorschriften auf den Berufsausbildungsvertrag statuiert (§ 10 Abs. 2). Die **Vorschriften des 2. Teils sind unabdingbar**, dh sie dürfen zu Ungunsten des Auszubildenden einzel- oder kollektivvertraglich nicht abgeändert werden; diesen Mindestnormen entgegenstehende Vereinbarungen sind nichtig (§ 25). Mögliche günstigere Regelungen können nicht im Gesamtpaket verglichen werden, sondern jede einzelne Bestimmung bedarf des Vergleichs (*BAG* 8.10.1958 AP Nr. 2 zu § 10 UrlG Hamburg, AP Nr. 1 zu Art. 7 UrlG Bayern).

Das **Berufsausbildungsverhältnis** wird durch Vertrag begründet, dh es unterfällt den auch sonst für 4 Verträge geltenden Vorschriften des BGB. Insbesondere für die Eingehung des Berufsausbildungsverhältnisses ist zu beachten, dass die Ermächtigung des gesetzlichen Vertreters nach **§ 113 BGB nicht anwendbar** ist (vgl. Rdn 104 ff., insbes. 109; aA *Natzel* BBiG S. 101 f.). Nicht zur Formnichtigkeit des Berufsausbildungsvertrages führt die Nichteinhaltung der Schriftform des § 4 Abs. 1 S. 1 BBiG. Auch die Nachweisrichtlinie RL 91/533/EWG hat hierzu nichts geändert (*BAG* 21.8.1997 EzB § 4 BBiG Nr. 29). Ansonsten gelten für Berufsausbildungsverträge grds. die gleichen Voraussetzungen für die **Nichtigkeit** wie für Arbeitsverträge, insbesondere Verstoß gegen ein gesetzliches Verbot (§ 134 BGB) oder Beschränkung in der Geschäftsfähigkeit (vgl. Rdn 104 ff.). Unerheblich ist es, wenn der schriftliche Vertrag mit dem Begriff »Arbeitsvertrag« betitelt ist; denn es kommt auf den Parteiwillen auf Abschluss eines Ausbildungsvertrages an (*ArbG Solingen* 21.1.2014 LAGE

§ 10 BBiG 2005 Nr. 1). Der Ausbildungsvertrag ist auch nicht deshalb unwirksam, weil der Arbeitgeber bei Vertragsschluss keine Ausbildungsberechtigung besitzt. In diesem Fall kann der Auszubildende den Vertrag anfechten oder fristlos kündigen (vgl. Rdn 75) und Schadensersatz verlangen (s. Rdn 134). Wenn ein Berufsausbildungsvertrag ein Scheingeschäft darstellt, weil die Parteien die Erfüllung nicht beabsichtigen, ist er nichtig (*LAG Hamm* 24.10.2006 – 9 Sa 1033/05). Im Übrigen ergeben sich Nichtigkeitsgründe gem. § 12 BBiG:

»*§ 12 BBiG*
Nichtige Vereinbarungen

(1) *¹Eine Vereinbarung, die Auszubildende für die Zeit nach Beendigung des Berufsausbildungsverhältnisses in der Ausübung ihrer beruflichen Tätigkeit beschränkt, ist nichtig. ²Dies gilt nicht, wenn sich Auszubildende innerhalb der letzten sechs Monate des Berufsausbildungsverhältnisses dazu verpflichten, nach dessen Beendigung mit den Ausbildenden ein Arbeitsverhältnis einzugehen.*

(2) *Nichtig ist eine Vereinbarung über*
1. *die Verpflichtung Auszubildender, für die Berufsausbildung eine Entschädigung zu zahlen,*
2. *Vertragsstrafen,*
3. *den Ausschluss oder die Beschränkung von Schadenersatzansprüchen,*
4. *die Festsetzung der Höhe eines Schadenersatzes in Pauschbeträgen.*«

5   Für das Berufsausbildungsverhältnis gelten zwar die arbeitsrechtlichen Vorschriften, doch wird es durch seinen besonderen Charakter im Rahmen einer Berufsausbildung und Erziehung geprägt und ist daher **kein Arbeitsverhältnis im engeren Sinne** (HaKo-BBiG/*Banke* § 10 Rn 18). Der besondere Charakter zeigt sich auch in seiner **Befristung**, die vom Zweck her sachlich begründet ist, die aber eine Verkürzung oder Verlängerung des Ausbildungsvertrages zulässt (§ 21 Abs. 3, § 8, § 10). Das Berufsausbildungsverhältnis ist kein Arbeitsverhältnis iSd § 14 Abs. 2 TzBfG (*LAG BW* 9.10.2008 – 10 Sa 35/08). Wird im Rahmen des **Strafvollzuges** zwischen dem Träger der Vollzugsanstalt und einem Strafgefangenen ein Berufsausbildungsverhältnis begründet, so handelt es sich hierbei nicht um ein privatrechtliches, sondern um ein öffentlich-rechtliches Rechtsverhältnis. Für Rechtsstreitigkeiten aus einem solchen Rechtsverhältnis sind die Gerichte für Arbeitssachen nicht zuständig (*BAG* 18.11.1986 EzA § 2 ArbGG 1979 Nr. 8). Jugendliche, die aufgrund eines Förderprogramms des Bundes mit dem Träger eines überbetrieblichen Ausbildungszentrums einen Berufsausbildungsvertrag iSd § 10 BBiG abgeschlossen haben und in dessen Berufsausbildungsstätten nicht für den Eigenbedarf ausgebildet werden, sind Auszubildende iSd § 5 Abs. 1 BetrVG (*BAG* 26.11.1987 EzA § 5 BetrVG 1972 Nr. 46).

3. Kündigungsvorschriften

6   Das Berufsausbildungsverhältnis endet normalerweise durch **Ablauf der Ausbildungszeit** (§ 21 Abs. 1), ohne dass es einer besonderen Erklärung bedarf. Bereits vor diesem Zeitpunkt kann das Vertragsverhältnis gekündigt werden, und zwar während der Probezeit jederzeit ohne Kündigungsfrist (§ 22 Abs. 1), nach der Probezeit nur aus wichtigen Gründen fristlos (§ 22 Abs. 2 Nr. 1) und vom Auszubildenden wegen Berufsaufgabe oder -wechsels mit einer vierwöchigen Kündigungsfrist (§ 22 Abs. 2 Nr. 2). An diesen Regelungen hat sich mit dem Inkrafttreten des BerBiRefG 2005 materiell nichts geändert.

7   Diese Kündigungsregeln schließen eine ordentliche oder befristete Kündigung aus (zur Verfassungsmäßigkeit des Ausschlusses der ordentlichen Kündigung vgl. *Hartmann* AuR 1971, 46). Die **Einschränkung des Kündigungsrechts** gilt für alle Ausbildungsverhältnisse ohne Unterschied (*LAG Bln.* 24.5.1968 Entsch. Kal. 1968/II Fachreg. 4 S. 487). Im Übrigen gelten uneingeschränkt die sonstigen arbeitsrechtlichen **Kündigungsbeschränkungen und Kündigungsverbote** (vgl. auch die Kommentierungen zu § 9 MuSchG; § 2 ArbPlSchG; §§ 85–90 SGB IX). Da es sich beim Berufsausbildungsverhältnis nicht um ein Arbeitsverhältnis handelt, ist eine **gerichtliche Auflösung des Ausbildungsverhältnisses** gem. §§ 9, 10 KSchG nicht möglich (*LAG RhPf* 3.3.2015 – 8 Sa

362/14, EzB § 22 Abs. 1 BBiG Nr. 28b). Zum Weiterbeschäftigungsanspruch gem. § 78a BetrVG für Mitglieder der Betriebsvertretung s. § 78a BetrVG. Vor jeder Kündigung eines Berufsausbildungsverhältnisses – auch in der Probezeit – ist der **Betriebsrat** gem. § 102 Abs. 1 BetrVG bzw. der Personalrat gem. den jeweils einschlägigen bundes- bzw. landespersonalvertretungsrechtlichen Regelungen anzuhören; denn gem. § 5 Abs. 1 BetrVG gilt dieses Gesetz auch für Ausbildungsverhältnisse. Im Falle einer Kündigung während der Probezeit ist hinsichtlich der Anforderungen an eine ordnungsgemäße Anhörung des Betriebsrates zwischen Kündigungen, die auf substantiierbare Tatsachen gestützt werden, und solchen, die auf personenbezogenen Werturteilen beruhen, bei denen sich Tatsachen iE nicht belegen lassen, zu unterscheiden. In der letztgenannten Alternative reicht schon die Mitteilung des Werturteils an den Betriebsrat für eine ordnungsgemäße Anhörung aus (*BAG* 19.11.2015 – 6 AZR 844/14, EzA § 20 BBiG 2005 Nr. 2). Ebenso bedarf die Kündigung eines **schwerbehinderten Auszubildenden** der vorherigen Zustimmung des Integrationsamtes (*BAG* 10.12.1987 NZA 1988, 428).

II. Regelungs- und Geltungsbereich des BBiG

1. Regelungsbereich

Das BBiG regelt unter dem Oberbegriff der Berufsbildung die **Berufsausbildung (einschließlich** 8 **Vorbereitung), die berufliche Fortbildung** und die **berufliche Umschulung** (§ 1 Abs. 1 BBiG). Der Regelungsbereich erfasst allerdings nicht die Berufsbildung, soweit sie in berufsbildenden Schulen, die den Schulgesetzen der Länder unterstehen, durchgeführt wird (§ 3 Abs. 1 BBiG). Der Begriff der »Berufsbildung« im BBiG ist enger als der gem. §§ 5 Abs. 1, 60 Abs. 1 BetrVG (*BAG* 30.10.1991 EzA § 5 BetrVG 1972 Nr. 50).

a) Berufsausbildungsverhältnisse

Die Vorschriften über die Beendigung und Kündigung von Berufsausbildungsverhältnissen (§§ 21, 9 22 BBiG) befinden sich im 2. Teil des BBiG; der nicht die berufliche Fortbildung und Umschulung, sondern speziell nur das Berufsausbildungsverhältnis betrifft. Unter **Berufsausbildung** ist eine breit angelegte berufliche Grundbildung sowie die Vermittlung der für die Ausübung einer qualifizierten beruflichen Tätigkeit notwendigen fachlichen Fertigkeiten und Kenntnisse in einem geordneten Ausbildungsgang zu verstehen. Mit dem BerBiRefG 2005 sind die Begriffe der »Fertigkeiten und Kenntnisse« durch den Begriff der »Fähigkeiten« zum Merkmal der »beruflichen Handlungsfähigkeit« ergänzt worden. Damit sollen Anforderungen wie Team-, oder Kommunikationsfähigkeiten als Elemente eines modernen Berufsbildungssystems hervorgehoben werden (§ 1 Abs. 3 BBiG). Die Berufsausbildung zeichnet sich weiter durch ihre **Verknüpfung mit Betriebsarbeit** aus, dh durch ihre Eingliederung in den laufenden Produktions- und Dienstleistungsprozess (*BAG* 21.7.1993 EzA § 5 BetrVG 1972 Nr. 56; 16.10.1974 EzA § 5 BBiG Nr. 2). Die schulisch angelegte Ausbildung wird gem. § 3 Abs. 1 BBiG explizit aus dem Geltungsbereich des 1. und 2. Teils des BBiG ausgeklammert (*BAG* 16.10.1974 EzA § 5 BBiG Nr. 2 für die Pilotenausbildung in einer Verkehrsfliegerschule; vgl. *BAG* 24.2.1999 EzA § 5 ArbGG 1979 Nr. 32). Sie liegt vor, wenn die Ausbildung an einer eigenen Akademie des Unternehmens erfolgt und für die Zulassung Hochschulreife oder eine gleichwertige Vorbildung nötig ist. Ein solches – schulisches – Ausbildungsverhältnis kann so gestaltet sein, dass es wie ein Arbeitsverhältnis geregelt ist (*BAG* 20.1.1977 EzA § 611 BGB Ausbildungsverhältnis Nr. 8 im speziellen Fall der Ausbildung in einer Dienststelle der BA). Für die betriebsverfassungsrechtliche Arbeitnehmereigenschaft von Auszubildenden wird vorausgesetzt, dass die betrieblich-praktische Ausbildung überwiegt oder bei nicht rein quantitativer, sondern bei qualitativer Beurteilung der schulischen Ausbildung zumindestens gleichwertig ist (*BAG* 6.11.2013 EzA § 5 BetrVG 2001 Nr. 11).

Für die wirksame **Begründung** eines **Berufsausbildungsverhältnisses** (vgl. § 10 BBiG) ist der 10 Abschluss eines zunächst nicht der Schriftform bedürftigen Berufsausbildungsvertrages notwendig, dessen wesentlicher Inhalt aber spätestens noch vor dem Beginn der Berufsausbildung vom Ausbildenden schriftlich niederzulegen ist (§ 11 BBiG; vgl. HaKo-BBiG/*Banke* § 11 Rn 3). Die

Nichteinhaltung des Erfordernisses der **Schriftform** des § 11 Abs. 1 S. 1 BBiG führt zur Nichtigkeit des Berufsausbildungsvertrages. Hieran hat die Nachweisrichtlinie RL 91/533/EWG (NachweisG vom 25.7.1995 BGBl. I S. 946) nichts geändert (*BAG* 21.8.1997 EzA § 4 BBiG Nr. 1).

11 Im Einzelnen betrifft der 2. Teil (§§ 10 bis 26) des BBiG in seinem persönlichen Geltungsbereich sämtliche Personen, die gem. dem Verzeichnis der **anerkannten Ausbildungsberufe** (§§ 4 ff. BBiG) in einem Berufsausbildungsverhältnis stehen. Dazu zählen insbesondere die sog. Lehrverhältnisse früheren Rechts, auch Berufsausbildungsverhältnisse im Rahmen des Strafvollzugs, soweit diese gem. § 39 Abs. 1 StVollzG außerhalb der Vollzugsanstalt durchgeführt werden.

b) **Fortbildungs- und Weiterbildungsverhältnisse**

12 **Fortbildungs- und Weiterbildungsverhältnisse** (vgl. § 1 Abs. 4 BBiG sowie § 77 SGB III) werden grds. nicht von den Regelungen, die für Berufsausbildungsverhältnisse gelten, erfasst (*Natzel* BBiG S. 314), sondern finden ihre spezielle Regelung in den §§ 53–57 BBiG (*BAG* 15.3.1991 EzB § 47 aF BBiG Nr. 19). Dabei wird davon ausgegangen, dass die berufliche Fortbildung (*Natzel* BBiG S. 327 ff.) und Weiterbildung (wie auch in der Praxis üblich) im Rahmen bestehender Arbeitsverhältnisse durchgeführt wird (vgl. zB § 89 BetrVG), die den allgemeinen arbeitsrechtlichen Schutzvorschriften unterliegen. Soweit Maßnahmeteilnehmer als in der Ausbildung befindliche Arbeitnehmer von anderen Gesetzen erfasst werden (zB zu ihrer Berufsbildung Beschäftigte gem. § 23 Abs. 1 S. 2 KSchG, *BAG* 7.9.1983 EzA § 23 KSchG Nr. 6; *ArbG Köln* 12.2.1980 DB 1981, 700; zB (vormals) Umschüler in einem Berufsausbildungsverhältnis gem. § 5 Abs. 1 BetrVG, *BAG* 10.2.1981 EzA § 5 BetrVG 1972 Nr. 37) bedeutet dies lediglich, dass der Begriff des Ausbildungsverhältnisses in diesen Vorschriften weiter gefasst ist als er nach den §§ 10 ff. BBiG vorausgesetzt wird, die auf Ausbildungsverhältnisse der Weiterbildungsteilnehmer und der Teilnehmer an berufsvorbereitenden Maßnahmen für jugendliche Arbeitslose nicht anwendbar sind (*BAG* 10.2.1981 EzA § 5 BetrVG 1972 Nr. 37). Ein **Umschulungsverhältnis** konnte insoweit nur gem. § 626 BGB aus wichtigem Grund außerordentlich gekündigt werden (*BAG* 15.3.1991 EzB § 47 aF BBiG Nr. 19 sieht eine Vereinbarung nach der ein von der BA gefördertes Umschulungsverhältnis bei Wegfall der Förderung enden soll, insoweit als unwirksam an, als sie sich auf die Einstellung der Förderung aus jedem in der Person des Umschülers liegenden Grund bezieht und zwar ohne Rücksicht darauf, ob er eine außerordentliche Kündigung rechtfertigen könnte). Wenn ein Umschulungsverhältnis (zB durch Unterhaltsgeld von der AfA finanziert) nicht die Merkmale eines Arbeitsverhältnisses aufweist, bedarf seine Beendigung nicht der Schriftform gem. § 623 BGB (*BAG* 19.1.2006 EzA § 47 BBiG aF Nr. 2). Erfolgt die berufliche Fortbildung oder Weiterbildung insbesondere für einen anerkannten Ausbildungsberuf dagegen **im Rahmen isolierter Rechtsverhältnisse**, wie sie dem Berufsausbildungsverhältnis gem. den §§ 10 ff. BBiG (vgl. Rdn 5) entsprechen (§ 26 BBiG), so gelten auch für sie die Beendigungs- und Kündigungsregeln der §§ 21, 22 BBiG. Vertragsverhältnisse iSd § 26 BBiG liegen vor, wenn eine Einstellung zum Erwerb beruflicher Kenntnisse, Fertigkeiten oder Erfahrungen vorgenommen wird und der gem. § 26 iVm §§ 10 bis 23 BBiG zu schützende Vertragspartner durch ein Mindestmaß an Pflichtenbindung am Betriebszweck mitwirkt (*BAG* 17.7.2007 EzA § 19 BBiG Nr. 5). Umschüler gehörten zu den zu ihrer Berufsbildung Beschäftigten iSd § 23 Abs. 1 S. 1 KSchG, wenn sie im Rahmen eines mehrjährigen Vertragsverhältnisses zu einem anerkannten Ausbildungsberuf ausgebildet wurden (*BAG* 7.9.1983 EzA § 23 KSchG Nr. 6). Die Anwendung der besonderen Kündigungsregelung gem. § 22 BBiG gerade auf diese Vertragsverhältnisse (dagegen *ArbG Würzburg* 21.4.1983 EzB § 626 BGB Nr. 20) war gerechtfertigt auch im Lichte der besonderen Anstrengungen, denen sich die Fort- und Umschüler unterziehen, denn sie sind oft älter und familiär gebunden und verzichten auf ihr bisheriges Gehalt (so für Umschüler: *ArbG Reutlingen* 18.11.1975 BB 1976, 745; DDZ-*Däubler/Wroblewski* § 19 BBiG aF Rn 11). Sozialversicherungsrechtlich wurden Umschüler, die in einem geregelten Ausbildungsgang eine umfassende Fachausbildung erhalten, den Auszubildenden gleichgestellt (*BSG* 26.6.1985 – 12 RK 14/84, nv). Ebenso ist der Rechtsweg zu den Arbeitsgerichten bei Streitigkeiten um das Bestehen von Berufsausbildungs- und Weiterbildungsverhältnissen auch mit sonstigen Berufsbildungseinrichtungen gegeben, wenn das Rechtsverhältnis auf einem privatrechtlichen Vertrag beruht und

es sich nicht um schulische Berufsbildung handelt (*BAG* 21.5.1997 NZA 1997, 1013); so auch für Umschulungsverhältnisse *BAG* 24.9.2002 EzA § 5 ArbGG 1979 Nr. 37; 24.2.1999 EzA § 5 ArbGG 1979 Nr. 32.

c) Anlernlinge, Volontäre und Praktikanten

Ebenso können auch Anlernlinge, Volontäre und Praktikanten (zu den Begriffen *Natzel* BBiG S. 316 ff.; *Scherer* Verträge mit Praktikanten NZA 1986, 280) den Auszubildenden gleichgestellt sein und unterliegen somit nach § 26 BBiG den Kündigungsregelungen gem. §§ 21, 22 BBiG (*BAG* 1.12.2004 EzA BetrVG § 78a Nr. 1; 19.6.1974 EzA § 19 BBiG aF Nr. 1; 20.2.1975 EzA Art. 12 GG Nr. 12; HaKo-BBiG/*Pepping* § 26 Rn 10 ff.; überwieg. Teil der Lit., vgl. Nachw. bei *Fangmann* Die Rechtsstellung des Praktikanten AuR 1977, 201 ff.). Dann darf allerdings die **Einstellung nicht durch einen allgemeinen Arbeitsvertrag** erfolgen, an den allgemeines Arbeitsrecht anknüpft. Vielmehr müssen die Parteien einen besonderen Ausbildungsvertrag geschlossen haben, aufgrund dessen berufliche Kenntnisse, Fertigkeiten oder Erfahrungen vermittelt werden (DDZ-*Däubler/Wroblewski* § 26 BBiG Rn 3 ff.). Zwar handelt es sich hierbei ebenfalls um einen Arbeitsvertrag, doch steht im Unterschied zum oben genannten Arbeitsverhältnis der Ausbildungszweck im Vordergrund (*BAG* 17.7.2007 EzA § 19 BBiG Nr. 5; Rn 12). Die Ausbildung muss in ihrer betrieblich-praktischen Ausprägung gegenüber der schulisch-theoretischen überwiegen (für das in einem Kindergarten geleistete Berufspraktikum *LAG Hamm* 23.10.1980 ARSt 1982, 93). Vgl. auch die Legaldefinition des Praktikanten gem. § 22 Abs. 1 S. 3 MiLoG. Ein Anwendungsfall für das einem § 26 BBiG entsprechenden Vertragsverhältnisses ist die privatrechtliche Ausbildungsvereinbarung nach § 7 RettAssG (*BAG* 29.4.2015 – 9 AZR 78/14). Zur Erlangung der behördlichen Erlaubnis, den Titel des Rettungsassistenten gem. §§ 1 und 2 RettAssG zu führen und die Tätigkeit eines Rettungsassistenten gem. § 3 RettAssG auszuüben, bedarf es eines zwölfmonatigen Praktikums in einer zur Annahme von Praktikanten ermächtigten Einrichtung als zweiter Stufe einer zweistufigen Ausbildung (*LAG München* 19.11.2013 LAGE § 26 BBiG Nr. 1 mwN). Gem. § 26 BBiG wird das Rechtsverhältnis der Personen mit diesem Ausbildungsstatus, zB Anlernlinge, Volontäre und Praktikanten, durch die §§ 10 bis 26 geregelt und folglich von den genannten Beendigungs- und Kündigungsvorschriften betroffen. Dieses besondere Ausbildungsverhältnis erfährt Ausnahmen vom ordentlichen Berufsausbildungsverhältnis insofern, als die gesetzliche Probezeit abgekürzt, auf die Vertragsniederschrift verzichtet und bei vorzeitiger Lösung des Vertragsverhältnisses nach Ablauf der Probezeit abweichend von § 23 Abs. 1 S. 1 BBiG Schadenersatz nicht verlangt werden kann (§ 26 BBiG). Behinderte iSd § 97 SGB III können im Berufsbildungswerk zu ihrer Berufsausbildung Beschäftigte sein (*BAG* 13.5.1992 EzA § 5 BetrVG 1972 Nr. 54).

13

Keine Anwendung findet § 26 BBiG auf **Studenten**, die innerhalb ihres Studiums und als dessen Bestandteil ein Praktikum absolvieren (*BAG* 19.6.1974 EzA § 19 BBiG aF Nr. 1), so zB das Praktikum der Studenten einer Fachhochschule für Sozialwesen oder die gemäß der Approbationsordnung für Ärzte vom 28.10.1970 im Rahmen des Studiums zu absolvierende praktische Arbeit in Krankenanstalten während 12 Monaten, weil es sich hierbei um eine in das Gesamtstudium integrierte schulische Ausbildung handelt (*BAG* 25.3.1981 EzA § 19 BBiG aF Nr. 3; *LAG Bln.* 31.1.1978 AuR 1979, 29; *Natzel* BBiG S. 314). Ebenso betrifft der Vorbereitungsvertrag zur Einführung von Anwärtern auf eine Tätigkeit im Rahmen der Entwicklungshilfe kein Berufsausbildungsverhältnis, weil keine berufskundlichen Kenntnisse vermittelt werden (*BAG* 27.7.1977 AP Nr. 2 zu § 611 BGB Entwicklungshelfer). Nicht einschlägig im Rahmen des BBiG ist auch ein mit einer Privatschule über zwei Jahre geschlossener Unterrichtsvertrag (*OLG Frankf.* 12.5.1981 NJW 1981, 2760). Ebenso wenig gelten die Vorschriften des BBiG für die Ausbildung zum Gewerkschaftssekretär einer Einzelgewerkschaft (*LAG Stuttg.* 17.11.1983 – 11 Sa 148/83). Die Praktikanten des Modellstudienganges »Betriebswirtschaft mit Schwerpunkt Wirtschaftsinformatik« der Technischen Fachhochschule Berlin und die Praktikanten im berufspraktischen Studiensemester der Technischen Universität Berlin sind zur Berufsausbildung Beschäftigte iSd BetrVG (*BAG* 30.10.1991 EzA § 5 BetrVG 1972 Nr. 50), nicht aber iSd BBiG. Helfer im freiwilligen sozialen

14

Jahr sind weder Arbeitnehmer noch zu ihrer Berufsausbildung Beschäftigte iSd § 5 Abs. 1 BetrVG (*BAG* 12.10.1992 EzA § 5 BetrVG 1972 Nr. 53).

2. Geltungsbereich

a) Betrieblicher Geltungsbereich

15 Das BBiG gilt für die Berufsbildung in Betrieben der Wirtschaft, in vergleichbaren Einrichtungen außerhalb der Wirtschaft, insbes. des öffentlichen Dienstes, der Angehörigen freier Berufe und in Haushalten sowie in Berufsbildungseinrichtungen und berufsbildenden Schulen, soweit sie nicht den Schulgesetzen der Länder unterliegen (§ 2 Abs. 1 BBiG). Gem. § 2 Abs. 3 können Teile der Berufsausbildung im Ausland durchgeführt werden, wenn dies dem Ausbildungsziel dient. Zwar enthält die HandwO (§§ 21 ff.) noch Regelungen für die Ausbildung im handwerklichen Bereich, doch gelten die Vorschriften über die Beendigung und Kündigung im BBiG auch für Ausbildungsverhältnisse in Handwerksbetrieben unmittelbar.

b) Öffentlicher Dienst

16 Dem Geltungsbereich des BBiG entzogen ist einmal die Berufsausbildung von Personen, die in einem öffentlich-rechtlichen Dienstverhältnis stehen (§ 3 Abs. 2 Nr. 2 BBiG), dh Beamte, Richter und Soldaten, deren Dienstverhältnis kraft Verwaltungsaktes begründet wird. Der Beamtenbegriff ist hierbei umfassend zu verstehen. Ebenso sind die Beamtenanwärter, wenn sie ausdrücklich mit dem ausschließlichen Ziel einer späteren Verwendung als Beamter ausgebildet werden, dem Geltungsbereich des BBiG entzogen. Nicht ausgenommen sind dagegen Personen, die im öffentlichen Dienst aufgrund privatrechtlichen Dienstverhältnisses für die Tätigkeit als Arbeiter oder Angestellter ausgebildet werden (*LAG Frankf.* 27.10.1970 DB 1971, 1627). Durch den Abschluss eines **privatrechtlichen Ausbildungsvertrages** zum Zwecke der Ablegung der **Zweiten Staatsprüfung** für das Lehramt an öff. Schulen entsteht kein Berufsausbildungsverhältnis nach dem BBiG iSd § 9 BPersVG (*BAG* 23.8.1984 AP Nr. 1 zu § 9 BPersVG). Wird der Ausbildungsvertrag unter dem Vorbehalt der gesundheitlichen Eignung geschlossen und ergeben sich gesundheitliche Bedenken gegen die Eignung für den Ausbildungsberuf, so entfaltet die zulässige aufschiebende Bedingung rechtliche Wirkung (*LAG Hamm* 12.9.2006 – 9 Sa 2313/05).

c) Ausbildung auf Schiffen

17 Der Geltungsbereich des BBiG erfasst zum anderen nicht die Berufsausbildung auf Kauffahrteischiffen (§ 3 Abs. 2 Nr. 3 BBiG), die nach dem Flaggenrechtsgesetz vom 8.2.1951 idF v. 25.6.2004 (BGBl. I S. 1389) die Bundesflagge führen, soweit es sich nicht um kleine Hochsee- oder Küstenschiffe handelt, auf denen die Ausbildungsverhältnisse wiederum jenen zu Land ähnlicher sind. Für die Berufsausbildung auf Kauffahrteischiffen s. KR-*Weigand* SeeArbG Rdn 47–52.

d) Heilberufe

18 Nicht in den Geltungsbereich des BBiG fällt grds. die – **schulisch** geprägte – Berufsausbildung in Heil- und Heilhilfsberufen (*BAG* 17.3.1982 EzA § 14 BBiG Nr. 4), dh für den Hebammenberuf, den Beruf als Krankenschwester, -pfleger (die Krankenpflegeschule eines Stifts kann eine berufsbildende Schule iSd § 3 Abs. 1 BBiG entsprechend der landesgesetzlichen Regelung sein, *LAG Frankf.* 15.5.1977 AuR 1978, 219), Krankenpflegehelfer, Kinderkrankenschwester, medizinisch- und pharmazeutisch-technische Assistentin, Masseur und Krankengymnasten. Gem dem **Pflegeberufegesetz (PflBG)** vom 17.7.2017 (BGBl I S. 2581), das zuletzt durch Art 13a Gesetz v. 24. 2. 2021 BGBl I S. 274 geändert worden ist, endet das Arbeitsverhältnis mit dem Ablauf der Ausbildungszeit bzw. bei an Schulen stattfindenden Modellvorhaben nach § 63 Abs. 3c SGB V nach Ablauf der Ausbildungszeit (§ 21 Abs. 1 PflBG). Besteht der Schüler die staatliche Prüfung nicht oder legt er sie ohne eigenes Verschulden nicht ab, so verlängert sich das Ausbildungsverhältnis

auf schriftlichen Antrag bis zur nächstmöglichen Wiederholungsprüfung, höchstens jedoch bis zu einem Jahr (§ 14 Abs. 2 KrPflG).

Die Voraussetzungen zur Kündigung von Ausbildungsverhältnissen zur Pflegefachfrau und zum 19 Pflegefachmann sind in § 22 PflBG geregelt:

§ 22 Kündigung des Ausbildungsverhältnisses

(1) Während der Probezeit kann das Ausbildungsverhältnis von jedem Vertragspartner jederzeit ohne Einhaltung einer Kündigungsfrist gekündigt werden.

(2) Nach der Probezeit kann das Ausbildungsverhältnis nur gekündigt werden
1. von jedem Vertragspartner ohne Einhalten einer Kündigungsfrist bei Vorliegen eines wichtigen Grundes,
2. von der oder dem Auszubildenden mit einer Kündigungsfrist von vier Wochen.

(3) Die Kündigung muss schriftlich erfolgen. Bei einer Kündigung durch den Träger der praktischen Ausbildung ist das Benehmen mit der Pflegeschule herzustellen. In den Fällen des Absatzes 2 Nummer 1 sind die Kündigungsgründe anzugeben.

(4) Eine Kündigung aus einem wichtigen Grund ist unwirksam, wenn die ihr zugrunde liegenden Tatsachen der kündigungsberechtigten Person länger als 14 Tage bekannt sind. Ist ein vorgesehenes Güteverfahren vor einer außergerichtlichen Stelle eingeleitet, so wird bis zu dessen Beendigung der Lauf dieser Frist gehemmt.

III. Regelmäßige Beendigung des Berufsausbildungsverhältnisses
1. Ablauf der Ausbildungszeit (§ 21 Abs. 1 BBiG)

Nach § 21 Abs. 1 endet das Berufsbildungsverhältnis idR mit dem Ablauf der Ausbildungszeit, es 20 sei denn, es liegt einer der Ausnahmetatbestände gem. Abs. 2 oder 3 vor (*BAG* 23.9.2004 – 6 AZR 519/03, VjA-EzB BBiG § 14 Abs. 3 Nr. 24). Dabei geht das Gesetz davon aus, dass die Ausbildungszeit sich nach der Ausbildungsordnung oder – soweit vorhanden – nach einer einzelvertraglichen Abrede richtet. Das Berufsausbildungsverhältnis verlängert sich nicht automatisch über die vereinbarte Zeit hinaus bis zum Zeitpunkt der Bekanntgabe des Ergebnisses der Abschlussprüfung, wenn diese in den Zeitraum nach Vertragsende fällt (*BAG* 13.3.2007 EzA § 14 BBiG Nr. 14; vgl. auch Rdn 30). Im Rahmen der §§ 21 Abs. 3 und 8 Abs. 1 und 2 kann die Ausbildungszeit verkürzt oder verlängert werden (die Entscheidung des Arbeitgebers über die generelle Verkürzung bestimmter Ausbildungsberufe ist gem. § 98 Abs. 1 BetrVG mitbestimmungspflichtig, *BAG* 24.8.2004 EzA § 98 BetrVG 2001 Nr. 1) und endet gem. § 21 Abs. 1 mit Ablauf der veränderten Ausbildungsperiode. Auch wenn der Auszubildende nicht zur Abschlussprüfung zugelassen wird – etwa wegen fehlender Voraussetzungen gem. § 43 – oder er sie nicht ablegen will – ein Zwang besteht nicht (*LAG Brem.* 19.4.1960 DB 1960, 1131; weitere Nachw. bei *Natzel* S. 267) –, endet das Ausbildungsverhältnis mit Ablauf der vereinbarten Frist. Allerdings kann der Ausbildende in diesem Fall verpflichtet sein, eine Nachausbildungszeit zu vereinbaren (*ArbG Hamm* 20.5.1968 DB 1968, 1762). Wenn die Abschlussprüfung nach dem vereinbarten Ende der Ausbildungszeit stattfindet, gilt eine entsprechende Verlängerung idR nur dann als stillschweigend vereinbart, wenn die Ausbildung im Hinblick auf die Prüfung tatsächlich in der betrieblichen Ausbildungsstätte fortgesetzt wird. Allein der Besuch der Berufsschule nach dem vereinbarten Ablauf der Ausbildungszeit rechtfertigt die Vertragsverlängerung nicht (*BAG* 13.3.2007 – 9 AZR 494/06, EzB § 21 Abs. 1 BBiG Nr. 1). Eine ergänzende Auslegung des § 21 Abs. 3 BBiG, die eine Verlängerung des Berufsausbildungsverhältnisses bis zum Zeitpunkt der Bekanntgabe des Prüfungsergebnisses ermöglicht, erscheint auch dem BAG nicht geboten; denn das könne den Interessen des Auszubildenden an freier Zeitdisposition für die Prüfungsvorbereitungen zuwiderlaufen (*BAG* 14.1.2009 – 3 AZR 427/07, NZA 2009, 738). Im Übrigen könnte eine Vertragsverlängerung auch weder im Wege einer ergänzenden Vertragsauslegung noch auf Grund einer ergänzenden Auslegung des BBiG hergeleitet werden (*BAG* 13.3.2007 – 9 AZR 494/06, EzB § 21 Abs. 1 BBiG Nr. 1).

21 Erfolgt die Berufsausbildung in sachlich und zeitlich besonders gegliederten, aufeinander aufbauenden Stufen, so soll nach jeder Stufe ein Ausbildungsabschluss vorgesehen werden, der sowohl zu einer qualifizierten beruflichen Tätigkeit iSd § 1 Abs. 3 BBiG befähigt, als auch die Fortsetzung der Ausbildung in weiteren Stufen ermöglicht (§ 5 Abs. 2 Nr. 1 BBiG). Diese Stufenausbildung ist vertraglich nicht pro einzelner Stufe gesondert zu vereinbaren, sondern gilt als Regelfall der geordneten Berufsausbildung und wird über den gesamten Zeitraum in einem einheitlichen Vertrag zusammengefasst. Gemäß § 21 Abs. 1 S. 2 BBiG endet das Stufenausbildungsverhältnis mit Ablauf der letzten Stufe.

22 Eine während des Berufsausbildungsverhältnisses eingetretene **Schwangerschaft** (vgl. KR-*Gallner* § 17 MuSchG Rdn 40) hindert den Ausbildenden nicht, sich auf die durch den Fristablauf gegebene Beendigung des Ausbildungsverhältnisses zu berufen (*ArbG Hanau* 21.8.1969 ARSt 1970, 103, Nr. 104; HaKo-BBiG/*Pepping* § 21 Rn 7). Diese für das Berufsausbildungsverhältnis geltende Regelung wird aus gleichlautenden Grundsätzen für das befristete Arbeitsverhältnis (*BAG* 12.10.1960 EzA § 620 BGB Nr. 2) abgeleitet. Allerdings sind Auszubildende und Anlernlinge in den Mutterschutz gem. § 9 MuSchG (absoluter Kündigungsschutz) einbegriffen; denn Ausbildungsverhältnisse sind Arbeitsverhältnisse iSd § 1 MuSchG (Ausschussberatungen des BT zum MuSchG 1952, Bericht über die 180. Sitzung des BT v. 12.12.1951, S. 75, 19 C; *BVerwG* 26.8.1970 NJW 1970, 1328; *LAG Bln.* 1.7.1985 BB 1986, 62 m. Hinw. auf § 3 Abs. 2 BBiG). Die Berufung auf die Befristung ist dann ein unzulässiger Rechtsmissbrauch (*LAG Düsseld.* 23.2.1956 AP Nr. 2 zu § 620 BGB Probearbeitsverhältnis; *BAG* 28.11.1963 EzA § 620 BGB Nr. 5) und auch wegen Verstoßes gegen Art. 2 Gleichbehandlungsrichtlinie 76/207/EWG (*EuGH* 4.10.2001 EzA § 611a BGB Nr. 17) nichtig, wenn eine Verlängerung des Vertragsverhältnisses (in Betracht kommt die Übernahme in ein Arbeitsverhältnis oder eine Verlängerung der Ausbildungszeit) ausschließlich mit Rücksicht auf die Schwangerschaft abgelehnt wird (*Schaub* § 169 II 4; APS-*Biebl* § 21 BBiG Rn 8). Dies ist zu vermuten, wenn die Auszubildende sich bewährt hat und für eine Übernahme in ein unbefristetes Arbeitsverhältnis in Frage kam oder die Ausbildungsverträge vergleichbarer Auszubildender in Arbeitsverhältnisse umgewandelt wurden (*Hueck/Nipperdey* I § 69, III 9b, S. 732, FN 76; *Bulla* § 9 Rn 33). Wird die Auszubildende im Anschluss an das Berufsausbildungsverhältnis beschäftigt, ohne dass hierüber ausdrücklich etwas vereinbart worden ist (erscheint zB die Auszubildende zu dem der Beendigung des Ausbildungsverhältnisses folgenden Arbeitstag und wird sie auf Weisung oder auch nur mit Wissen des Ausbildenden oder seines Vertreters tätig [*LAG Hamm* 14.7.1976 ARSt 1978, 30, Nr. 1071], so gilt ein Arbeitsverhältnis auf unbestimmte Zeit als begründet [§ 24 BBiG]). Ausnahmen vom Kündigungsschutz sind nach § 9 Abs. 3 MuSchG nur mit vorheriger Einwilligung der zuständigen Landesbehörde zulässig (*LAG Hamm* 7.2.1979 Fredebeul Bd. 1, S. 191). Nach dem *VG Köln* (25.2.1992 EzB § 39 BBiG aF Nr. 15) kann eine Auszubildende, solange sie sich in Erziehungsurlaub befindet, ihre Ausbildungszeit nicht zurücklegen und kann ihre Ausbildungszeit in dieser Periode nicht enden iSd § 43 Abs. 1 Nr. 1 BBiG.

2. Vorzeitiges Bestehen der Abschlussprüfung (§ 21 Abs. 2 BBiG)

23 Bestehen Auszubildende vor dem regelmäßigen oder vereinbarten Ablauf der Ausbildungszeit die Abschlussprüfung, so **endet mit der Bekanntgabe des Ergebnisses durch den Prüfungsausschuss das Berufsausbildungsverhältnis** (§ 21 Abs. 2 BBiG). Dieser Zeitpunkt liegt erst vor, wenn das Prüfungsverfahren abgeschlossen ist und dem Auszubildenden das Ergebnis der Abschlussprüfung verbindlich mitgeteilt worden ist. Diese Regelung gem. BerBiRefG 2005 schreibt die st. Rspr. des *BAG* (16.6.2005 EzA § 14 BBiG aF Nr. 13; vgl. auch 7. Aufl. Rn 22) fest. Im Falle einer erforderlichen Ergänzungsprüfung tritt der Zeitpunkt mit der verbindlichen Mitteilung des Gesamtergebnisses ein (*BAG* 20.3.2018 9 AZR 479/17 EzB § 21 Abs. 2 BBiG Nr. 23). Damit wird die vormals gegebene Möglichkeit der Festlegung eines anderen Zeitpunktes im Rahmen einer von der zuständigen Stelle erlassenen Prüfungsordnung ausgeschlossen (vgl. KR 7. Aufl. Rn 22; ErfK-*Schlachter* § 21 BBiG Rn 3; anders *BFH* 14.9.2017 III R 19/16 EzB § 21 Abs. BBiG Nr. 21a). Wird in dem Berufsausbildungsvertrag in Abweichung von § 21 Abs. 2 BBiG die Beendigung des Berufsausbildungsverhältnisses zum Zeitpunkt des Bestehens der Abschlussprüfung für den Fall vereinbart, dass

der Auszubildende diese bereits vor Ablauf der vertraglichen Ausbildungszeit vereinbart, so endet das Vertragsverhältnis mit dem Ablauf des Tages der bestandenen Abschlussprüfung (*Hess. VGH* 28.1.2014 – 22 A 229/13.PV., EzB § 25 BBiG Nr. 26).

Arbeitet der Auszubildende nach Ablegung der Prüfung und vor Feststellung des Prüfungsergebnisses **weiter**, so hat er Anspruch auf den entsprechenden Gesellen- bzw. Facharbeiterlohn, wenn er entsprechend qualifizierte Arbeiten ausführt (*BAG* 16.6.2005 EzA BBiG § 14 aF Nr. 13; 25.7.1973 EzA § 611 BGB Ausbildungsverhältnis Nr. 3). Wenn der Auszubildende nach Abschluss der vorgeschriebenen Fachprüfung (nach § 21 Abs. 2 das Ende des Ausbildungsverhältnisses) beim ausbildenden Arbeitgeber weiterarbeitet, gilt damit nach § 24 BBiG ein Arbeitsverhältnis auf unbestimmte Zeit begründet, wenn im Ausbildungsvertrag nicht ausdrücklich das Gegenteil vereinbart worden ist (*BAG* 16.6.2005 VjA-EzB § 14 Abs. 2 BBiG aF Nr. 35). Wird ein **Arbeitsvertrag aus sozialen Gründen** abgeschlossen, um dem Arbeitnehmer nach Abschluss seiner Ausbildung bei der Überwindung von Übergangsschwierigkeiten zu helfen, so kann dies die Befristung eines solchen Vertrages sachlich rechtfertigen. Voraussetzung ist jedoch, dass gerade die sozialen Belange des Arbeitnehmers und nicht die Interessen des Betriebes für den Abschluss des Arbeitsvertrages ausschlaggebend gewesen sind. Hierfür ist der Arbeitgeber darlegungs- und beweispflichtig (im Anschluss an die Urteile des Siebten Senats des *BAG* 3.10.1984 sowie 26.4.1985 EzA § 620 BGB Nr. 73 und 74). Diese Befristungsmöglichkeit ist nunmehr gem. § 14 Abs. 1 Nr. 6 TzBfG geregelt und nach diesen Tatbestandsmerkmalen zulässig (vgl. KR-*Lipke/Bubach* § 14 TzBfG Rdn 370 ff.). Im Übrigen kann im Anschluss an die Ausbildung ein **befristetes Arbeitsverhältnis** gem. § 14 Abs. 1 Nr. 2 TzBfG zulässig sein (vgl. KR-*Lipke/Bubach* § 14 TzBfG Rdn 226 ff.). Das vor Abschluss des Berufsausbildungsverhältnisses vereinbarte befristete Arbeitsverhältnis beginnt an dem Tag, der auf die Beendigung des Ausbildungsverhältnisses folgt (*LAG Hamm* 16.2.2018 EzB § 21 Abs. 2 BBiG Nr. 22). Ein Arbeitsverhältnis auf unbestimmte Zeit gilt nicht nur dann als begründet, wenn der Auszubildende nach Beendigung des Ausbildungsverhältnisses auf Weisung tätig wird, sondern auch, wenn er lediglich mit Wissen des Ausbildenden oder eines Vertreters weiterarbeitet (*LAG Hamm* 14.7.1976 DB 1977, 127). Das BAG hält es nicht für zwingend geboten, die nach der hL für § 625 BGB geltenden Grundsätze ohne weiteres auf § 24 BBiG zu übertragen. Anders als im Falle des § 625 BGB geht es bei der Überleitung des Berufsausbildungsverhältnisses in ein Arbeitsverhältnis nicht um eine unveränderte Fortsetzung der bisherigen Tätigkeit. Mit der Beendigung der Ausbildung ist vielmehr für die Begründung eines Arbeitsverhältnisses zumeist die Zuweisung anderer Aufgaben erforderlich. Das könnte dafürsprechen, dass im Rahmen des § 24 BBiG grds. die Kenntnis des bisherigen Ausbilders von der Beendigung des Ausbildungsverhältnisses vorausgesetzt wird. Es kann dahingestellt bleiben, wie weit die gesetzliche Fiktion des § 24 BBiG reicht und ob ein mutmaßlicher Parteiwille erforderlich ist (*BAG* 5.4.1984 – 2 AZR 55/83). Ein Arbeitsverhältnis auf bestimmte Dauer wird nicht begründet, wenn der Ausbildende zuvor ausdrücklich erklärt hatte, sich nach Bestehen der Abschlussprüfung vom Auszubildenden trennen zu wollen (*LAG Frankf.* 14.6.1982 EzB § 14 Abs. 2 BBiG aF Nr. 13).

Bei **Nichtbestehen der Prüfung**, die bereits vor Vertragsende stattgefunden hat, wird die vereinbarte Dauer des Ausbildungsverhältnisses nicht berührt.

3. Verlängerung bis zur Wiederholungsprüfung (§ 21 Abs. 3 BBiG)

Wenn der Auszubildende die Abschlussprüfung nicht besteht, kann er verlangen, in der bisherigen Ausbildungsstätte weiter ausgebildet zu werden, und zwar bis zur – dem Auszubildenden (*Brill* BB 1978, 208, 209) – **nächstmöglichen Wiederholungsprüfung**, allerdings nur bis **höchstens ein Kalenderjahr**, nicht ein Ausbildungsjahr (*BAG* 7.10.1971 EzA § 14 BBiG Nr. 2; *LAG Hamm* 9.11.1978 BB 1979, 631). Für den Beginn des Verlängerungszeitraumes ist das Ende der ursprünglichen Ausbildungszeit maßgebend. Die Regelung gem. § 21 Abs. 3 BBiG dient der Verwirklichung der Berufsfreiheit (Art. 12 GG) des Auszubildenden (*BAG* 15.3.2000 EzA § 14 BBiG aF Nr. 11). Für die Verlängerung bedarf es keines entsprechenden Vertrages zwischen den Parteien oder eines privatrechtsgestaltenden Bescheides der zuständigen Stelle, denn sie tritt gem. § 21 Abs. 3 kraft

Gesetzes – ähnlich der Regelung gem. § 78a Abs. 2 S. 1 BetrVG – ein, ohne dass der Ausbildende dies verweigern könnte (*LAG Bln.* 25.2.2000 LAGE § 14 BBiG aF Nr. 4). Der Verlängerungsanspruch ist unverzichtbar (§ 25 BBiG). Bei einem dreijährigen Berufsausbildungsverhältnis stellt das Verlängerungsjahr bis zur Wiederholungsprüfung nicht ein viertes Ausbildungsjahr dar (*LAG Hamm* 14.7.1976 DB 1977, 126). Das Berufsausbildungsverhältnis verlängert sich auf Verlangen auch, wenn nicht zu erwarten ist, dass der Auszubildende die Wiederholungsprüfung besteht (*ArbG Emden* 19.12.1973 ARSt 1974, 62, Nr. 1045). Nimmt er an der nächsten Wiederholungsprüfung teil, endet das Ausbildungsverhältnis mit dem Datum der Mitteilung des Prüfungsergebnisses. Bleibt der Auszubildende auch bei seinem zweiten Prüfungsversuch erfolglos, so kann er sich zwar zum dritten Mal prüfen lassen (§ 37 Abs. 1 S. 2), jedoch gewährt § 21 Abs. 3 BBiG einen Anspruch auf Verlängerung des Ausbildungsverhältnisses nur bis zur zweiten Wiederholungsprüfung, wenn diese noch innerhalb der Höchstfrist von insgesamt einem Jahr (§ 21 Abs. 3 letzter Satzteil) abgelegt wird. Dies ergibt sich aus dem Sinn des § 21 Abs. 3 BBiG, dem Auszubildenden die erfolgreiche Beendigung des Berufsausbildungsverhältnisses zu ermöglichen (*BAG* 26.9.2001 VjA EzB § 14 Abs. 3 BBiG aF Nr. 23; 15.3.2000 EzA § 14 BBiG aF Nr. 10; *LAG Köln* 7.6.1996 EzB § 14 Abs. 3 BBiG aF Nr. 15a; *Natzel* S. 268; *Gedon/Hurlebaus* § 21 BBiG Rn 44 ff.; **aA** Vorinstanz *LAG Düsseld.* 9.6.1998 EzB § 14 Abs. 3 BBiG aF Nr. 17; APS-*Biebl* § 21 BBiG Rn 21, wonach der eindeutige Gesetzeswortlaut eine Verlängerung nicht zulasse). Für die Zeit der Ausbildung nach nicht bestandener Gesellenprüfung bis zur Wiederholungsprüfung besteht kein Anspruch auf die tarifliche Ausbildungsvergütung für das vierte Ausbildungsjahr. Die tarifliche Ausbildungsvergütung für ein viertes Ausbildungsjahr ist nur für die Ausbildungsberufe vorgesehen, die von vornherein eine längere als dreijährige Ausbildungszeit haben (*BAG* 8.2.1978 EzA § 10 BBiG aF Nr. 1). Insofern steht dem Auszubildenden bis zur Wiederholungsprüfung die Vergütung des dritten Lehrjahres zu. Wegen des arbeitsrechtlichen Gleichbehandlungsgrundsatzes darf er aber auch wegen des Nichtbestehens der Prüfung nicht schlechter gestellt werden als die übrigen Auszubildenden des dritten Ausbildungsjahres (*LAG RhPf* 21.8.2009 – 9 Sa 297/09). Die Vorschrift des § 21 Abs. 3 BBiG ist – analog – auch bei **entschuldigtem Fehlen** (zB wegen **Krankheit**) in der Abschlussprüfung anwendbar (*BAG* 30.9.1998 EzB § 14 Abs. 3 BBiG aF Nr. 18; HzA-*Taubert* Berufliche Bildung Rn 261; *Sarge* DB 1993, 1034; **aA** *ArbG Bln.* 15.12.1985 EzB § 29 Abs. 3 BBiG aF Nr. 3).

27 Der Anspruch auf Verlängerung des Berufsausbildungsverhältnisses nach § 21 Abs. 3 BBiG entsteht mit Kenntnis des Auszubildenden vom Nichtbestehen der Abschlussprüfung (*BAG* 23.9.2004 EzA § 14 BBiG aF Nr. 12). Das Verlangen der weiteren Ausbildung erfolgt durch Abgabe der entsprechenden **eindeutigen Willenserklärung** (*LAG Hamm* 14.7.1976 DB 1977, 126), mit deren Zugang beim Ausbildenden die Verlängerung – auch gegen dessen Willen – unmittelbar ausgelöst wird (HaKo-BBiG/*Pepping* § 21 Rn 25; **aA** *Natzel* S. 270). Im Übrigen ist **keine Form vorgeschrieben** (HzA-*Taubert* Berufliche Bildung Rn 263). Ist der Auszubildende noch minderjährig, so muss entsprechend den Regeln bezüglich der rechtsgeschäftlichen Handlungen beschränkt Geschäftsfähiger (§§ 106 ff. BGB) die schriftliche Einwilligung der gesetzlichen Vertreter der Verlangenserklärung beigelegt werden (vgl. Rdn 104 ff.). Wenn die Abschlussprüfung erst fünf Monate nach dem Ende der Ausbildungszeit abgelegt werden kann, ist es nicht arglistig, sich auf den Schutz des § 78a BetrVG zu berufen (*LAG Stuttg.* 13.10.1977 DB 1978, 548).

28 Eine **Frist** für die Geltendmachung des Anspruchs auf Verlängerung des Berufsausbildungsverhältnisses sieht das Gesetz nicht vor. Erklärt der Auszubildende **vor dem Ablauf der im Berufsausbildungsvertrag vereinbarten Ausbildungszeit** sein Verlangen auf Fortsetzung, verlängert sich das Vertragsverhältnis unabhängig davon, wie lange der Auszubildende vom Nichtbestehen der Prüfung Kenntnis hatte. Die Geltendmachung des Verlängerungsanspruchs ist insoweit **nicht fristgebunden** (ErfK-*Schlachter* § 21 BBiG Rn 4).

29 Aber auch **nach dem Ablauf der vereinbarten Ausbildungszeit** kann der Auszubildende die Fortsetzung der Ausbildung bis zur nächsten Prüfung noch verlangen. Allerdings tritt die Rechtsfolge gem. § 21 Abs. 3 BBiG nur ein, wenn er den Anspruch **unverzüglich** und damit ohne schuldhaftes Zögern (§ 121 BGB) geltend macht (*BAG* 23.9.2004 EzA § 14 BBiG aF Nr. 12). Dafür ist der

Auszubildende darlegungs- und beweispflichtig. Unverzüglich ist der Verlängerungsanspruch dem Ausbildenden gegenüber auch aus verfassungsrechtlichen Gründen zu erklären, weil die Rechtsfolge kraft Gesetzes aufgrund einseitiger Erklärung ohne jede Willenserklärung des Ausbildenden eintritt und damit in seine Berufs- und Handlungsfreiheit eingreift (Art. 12, 2 Abs. 1 GG). Ob die Vertragsverlängerung unverzüglich verlangt worden ist, bestimmt sich nach den Verhältnissen des Einzelfalls. Bei der Bemessung dieser Frist ist zu berücksichtigen, dass dem Auszubildenden eine angemessene Überlegungsfrist verbleibt, um sich nach dem Scheitern in der Prüfung über die weitere Gestaltung der Ausbildung und ggf. den Ausbildungsbetrieb Klarheit zu verschaffen. Geht dem Ausbildenden das Verlängerungsverlangen erst nach Ablauf des Vertragsverhältnisses zu, ohne dass die Gründe dafür der Risikosphäre des Auszubildenden zuzurechnen sind, so liegt nach der Rspr. des BAG kein schuldhaftes Zögern vor (*BAG* 23.9.2004 EzA § 14 BBiG aF Nr. 12). In welchem zeitlichen Rahmen eine Überlegungsfrist angemessen ist (zB 2 bis 4 Wochen nach HaKo-BBiG/*Pepping* § 21 Rn 25; DDZ-*Däubler/Wroblewski* § 21 BBiG Rn 16a; mehrere Wochen nach *BAG* 23.9.2004 EzA § 14 BBiG aF Nr. 12), lässt sich abstrakt nicht in Tagen oder Wochen beziffern. Die Interessenlagen des Ausbildenden (weitere Verfügbarkeit des Ausbildungsplatzes) und des Auszubildenden (zielstrebige Vorbereitung auf die Wiederholungsprüfung) sowie die – nachvertragliche – Treuepflicht des Auszubildenden gebieten des, dass dieser bereits nach wenigen Tagen nach der Prüfung dem Ausbildenden anzeigt, welchen Zeitraum er für seine Überlegungsfrist benötigen wird.

Findet die Abschlussprüfung erst nach dem vertraglich vereinbarten Ausbildungsende statt, so verlängert sich das Berufsausbildungsverhältnis weder automatisch noch auf Verlangen des Auszubildenden, sondern endet zum vereinbarten Zeitpunkt. Eine Analogie zur Regelung gem. § 21 Abs. 3 BBiG kann nicht hergestellt werden, da keine ergänzungsbedürftige Regelungslücke besteht (*BAG* 13.3.2007 – 9 AZR 494/06, EzB § 21 Abs. 1 BBiG Nr. 1; *LAG BW* 14.12.2005 10 Sa 51/05, EzA-SD Heft 14/06, S. 9; a**A** *ArbG Leipzig* 21.5.1998 EzB § 14 Abs. 3 BBiG aF Nr. 16). 30

4. Verlängerung durch Wehrdienst

Die Auswirkungen der Einberufung eines Auszubildenden zum Wehrdienst ergeben sich aus dem ArbPlSchG idF der Bekanntmachung vom 16.7.2009 (BGBl. I S. 2055), zuletzt geändert durch Art. 2 Abs. 9 Gesetz v 30.3.2021 (GVBl I 402). Einerseits ist es danach verboten, aus Anlass des Wehrdienstes das Ausbildungsverhältnis einseitig zu lösen (§ 2 ArbPlSchG). Andererseits wird gem. § 6 Abs. 3 ArbPlSchG vorgeschrieben, dass die Zeit des Wehrdienstes oder einer Wehrübung auf Probe- und Ausbildungszeiten nicht anzurechnen sind. Folglich verlängert sich automatisch die Ausbildungszeit um die Dauer der Fehlzeit, die der Auszubildende bei der Bundeswehr verbracht hat. Das gilt auch dann, wenn die Befristung des Ausbildungsverhältnisses nicht auf einen Zeitraum, sondern durch ein bestimmtes Datum, an dem die Ausbildungszeit ablaufen soll, vereinbart ist. Die Regelung gem. § 6 Abs. 3 ArbPlSchG geht insoweit vor. 31

IV. Beendigung durch Aufhebungsvertrag

Das Berufsausbildungsverhältnis kann im Wege einverständlicher Aufhebung beendet werden (*BAG* 10.11.1988 EzA § 15 BBiG aF Nr. 7; HaKo-BBiG/*Pepping* § 22 Rn 100). Der **Aufhebungsvertrag** bedarf gem. § 10 Abs. 2 BBiG iVm § 623 BGB zu seiner Wirksamkeit der Schriftform. Das Formerfordernis erfasst alle den Vertragsinhalt bestimmenden Abreden. Der Auflösungsvertrag muss vom Aussteller eigenhändig durch Namensunterschrift gem. § 126 Abs. 1 BGB unterzeichnet sein. Eine Änderung oder Ergänzung des über den Unterschriften stehenden Textes ist durch die Unterzeichnung insoweit gedeckt, als sie dem übereinstimmenden Willen der Vertragsparteien, der ggf. im Wege der Auslegung zu ermitteln ist, entspricht (*BAG* 19.7.2007 – 6 AZR 774/06, FA 2007, 345; *LAG RhPf* 17.3.2016 – 6 Sa 236/15, ArbR 2016, 438). Der Aufhebungsvertrag kann jederzeit, auch bereits vor Beginn der Ausbildung, abgeschlossen werden und beendet zum vereinbarten Zeitpunkt das Ausbildungsverhältnis. Ein minderjähriger Auszubildender bedarf zur Abgabe der erforderlichen Willenserklärung zum Aufhebungsvertrag der Zustimmung seines gesetzlichen Vertreters (vgl. Rdn 104 ff.). Übrige Beschränkungen bei der Beendigung des Berufsausbildungsverhältnisses 32 entfallen bei der Lösung durch Aufhebungsvertrag. Allerdings dürfen durch den Abschluss eines Aufhebungsvertrages zwingende Kündigungsschutzvorschriften nicht umgangen werden (vgl. auch *Große* BB 1993, 2081). Daher ist eine einzelvertragliche Vereinbarung, nach welcher ein Berufsausbildungsverhältnis ohne weiteres endet, wenn das Zeugnis des Auszubildenden für das nächste Berufsschulhalbjahr in einem von bestimmten in der Vereinbarung aufgeführten Fächern die Note »mangelhaft« aufweist, wegen Umgehung zwingenden Kündigungsrechts unwirksam (*BAG* 5.12.1985 EzA § 620 BGB Bedingung Nr. 5 im Anschluss an *BAG* 19.12.1974 EzA § 305 BGB Nr. 6). Ein Aufhebungsvertrag ist dann nicht anfechtbar, wenn die angedrohte Kündigung aus einem wichtigen Grund gerechtfertigt gewesen wäre (*ArbG Frankf./M.* 15.2.2006 VjA-EzB § 22 BBiG 2005 Nr. 2). Die Aufhebung eines **Umschulungsvertrages** bedarf nicht der Schriftform. § 623 BGB findet auch keine analoge Anwendung; denn ein Umschulungsverhältnis weist idR nicht die Merkmale eines Arbeitsverhältnisses auf (*BAG* 19.1.2006 EzA § 47 BBiG aF Nr. 2).

33 Ein in einem Ausbildungsverhältnis stehendes Mitglied in einem Betriebsverfassungsorgan kann auf den **Sonderschutz des § 78a BetrVG** auch durch Aufhebungsvertrag nur dann wirksam verzichten, wenn der Aufhebungsvertrag in den letzten drei Monaten des Ausbildungsverhältnisses abgeschlossen wird. Früher abgeschlossene Aufhebungsverträge sind gem. § 12 BBiG nichtig (*LAG Frankf.* 9.8.1974 BB 1975, 1205). Für die Behauptung der Aufhebung des Ausbildungsvertrages ist derjenige beweispflichtig, der sich darauf beruft (*BAG* 16.3.1972 EzA § 111 BBiG Nr. 1).

V. Beendigung durch Anfechtung

34 Ein Sachverhalt, der zur außerordentlichen Kündigung berechtigt, kann ebenso eine **Anfechtung gemäß § 123 BGB** begründen. Die Möglichkeit der außerordentlichen Kündigung verdrängt nicht das Recht zur Anfechtung. Vielmehr kann dem Berechtigten ein Wahlrecht zustehen. Soweit die Voraussetzungen gemäß § 123 BGB vorliegen (vgl KR-*Fischermeier/Krumbiegel* § 626 BGB Rdn 47), kann auch der Ausbildungsvertrag angefochten werden (BAG 23.8.2011 3AZR 579/09 FA 2012, 83). Das betrifft z.B. die Fälle der falschen Beantwortung von Fragen bei der Einstellung und wenn eine arglistige Täuschung für den Abschluss des Ausbildungsvertrages ursächlich und die Angaben für die Merkmale des Ausbildungsverhältnisses bei objektiver Betrachtung bedeutsam und erforderlich waren. Unzutreffende Angaben über gerichtliche Verurteilungen und schwebende Verfahren im Personalfragebogen begründen in der Regel eine Anfechtung nicht (*ArbG Bonn* 20.5.2020 LAGE § 123 BGB 2002 Nr. 19).

B. Erläuterungen zum Kündigungsrecht (§ 22 BBiG)

I. Kündigung des Berufsausbildungsverhältnisses

1. Keine ordentliche Kündigung

35 Abgesehen von der Kündigungsregelung für die Probezeit gem. § 22 Abs. 1 kann das Berufsausbildungsverhältnis nicht ordentlich, dh mit einer Frist und ohne besonderen Grund gekündigt werden (HaKo-BBiG/*Pepping* § 22 Rn 1). Dieser allgemeine, in § 22 Abs. 2 enthaltene Grundsatz gilt für alle Berufsausbildungsverhältnisse (*LAG Düsseld.* 22.1.1976 DB 1976, 1112). **Der Ausschluss der ordentlichen Kündigung** liegt im Interesse beider Vertragsparteien: Einmal soll der Auszubildende ohne die Sorge um eine willkürliche Kündigung seine Ausbildung geordnet absolvieren können, zum anderen wird mit Fortschreiten der Ausbildung die praktische Arbeit des Auszubildenden für den Betrieb wertvoller. Eine Gegenstimme (*Hartmann* AuR 1971, 46 f.), wonach § 22 Abs. 2 mit dem Grundsatz gem. Art. 12 Abs. 1 S. 1 GG unvereinbar sei, bleibt trotz gewichtiger Argumente im Ergebnis unpraktikabel: Der Ausschluss der ordentlichen Kündigung für den Auszubildenden verstoße gegen dessen Recht der Freiheit der Wahl des Arbeitsplatzes. *Dagegen spricht*, dass bei Ausbildungsmängeln ein wichtiger Grund zur fristlosen Kündigung (vgl. Rdn 75, 76) vorliegt und darüber hinaus die zuständigen Kontrollinstanzen (Industrie- und Handelskammer, Handwerkskammer) angerufen werden können. Die Eingliederung des Auszubildenden in den Produktionsbetrieb dient als notwendiger Bestandteil der Ausbildung, wobei einer Ausbeutung seiner Arbeitskraft nicht

durch die Zubilligung des ordentlichen Kündigungsrechts entgegengewirkt werden kann. Soweit die Beweismöglichkeiten für das Vorliegen eines wichtigen Grundes zur fristlosen Kündigung für den Auszubildenden ungünstiger sind, liegt es an der richterlichen Aufklärungspflicht (§ 53 Abs. 2 ArbGG iVm § 139 Abs. 1 ZPO), die intellektuellen und praktischen Unzulänglichkeiten des Auszubildenden in den Grenzen von Verhandlungsgrundsatz und richterlicher Unabhängigkeit durch entsprechende Hinweise und Hilfen zu kompensieren. Wegen der Formvorschriften für eine wirksame Kündigung (§ 22 Abs. 3 BBiG) ist eine entsprechende Rechtsbelehrung in jeder Niederschrift des Ausbildungsvertrages zu fordern.

Die Zulässigkeit der ordentlichen Kündigung kann auch nicht, was bei einem befristeten Rechtsverhältnis wie dem Berufsausbildungsverhältnis notwendig wäre, ausdrücklich vereinbart werden (vgl. den schriftlichen Bericht des Ausschusses für Arbeit, BT-Drucks. V/4660, zu § 15 Abs. 2 aF). Dies würde dem Charakter des Berufsausbildungsvertrages und der Befristung einer Probezeit auf höchstens vier Monate (§ 20 BBiG) widersprechen (*Monjau* DB 1968, 1066, 1067 mwN, FN 9; aA *RAG* 2.11.1932 ARS 16, 297); denn haben beide Vertragspartner diese Probezeit hinter sich gebracht, soll die Ausbildung dem Ziel – ungehindert einer ordentlichen Kündigung seitens des Ausbildenden – zugeführt werden (*LAG Düsseld.* 22.1.1976 DB 1976, 1112 m. Hinw. auf die ehemalige Gesetzgebung in § 77 Abs. 3 S. 1 HGB, § 127b Abs. 2 S. 1 GewO, § 25 Abs. 2 S. 1 HandwO). **Die vertragliche Vereinbarung einer ordentlichen Kündigung ist folglich gem. § 25 BBiG nichtig.** § 11 Abs. 1 Nr. 8 BBiG ist insoweit irreführend (*Natzel* DB 1970, 1321; demgegenüber *BAG* 22.5.1972 AP Nr. 1 zu § 611 BGB Ausbildungsverhältnis m. Anm. *Söllner*). Allerdings kann eine Kündigung aus wichtigem Grund nicht nur fristlos, sondern auch mit einer Auslauffrist erfolgen (*BAG* 16.7.1959 AP Nr. 31 zu § 626 BGB). 36

2. Kündigung vor Antritt der Ausbildung

Nach Abschluss des Berufsausbildungsvertrages und vor Antritt der Berufsausbildung selbst, dh noch vor der Probezeit, kann von beiden Vertragspartnern ordentlich entfristet gekündigt werden, wenn die Parteien keine abweichende Regelung vereinbart haben und sich der Ausschluss der **Kündigung vor Beginn der Ausbildung** für den Ausbilder auch nicht aus den konkreten Umständen (zB der Abrede oder dem ersichtlichen gemeinsamen Interesse, die Ausbildung jedenfalls für einen bestimmten Teil der Probezeit tatsächlich durchzuführen) ergibt (*BAG* 17.9.1987 DB 1988, 1454; *LAG Düsseld.* 16.9.2011 – 6 Sa 909/11; **aA** *Hirdina* NZA-RR 2010, 65). Da das BBiG den Fall der Kündigung vor Beginn des Berufsausbildungsverhältnisses nicht ausdrücklich regelt, ergibt sich diese **ordentliche Kündigungsmöglichkeit** aus allgemeinen arbeitsrechtlichen Grundsätzen (§ 10 Abs. 2 BBiG; DDZ-*Däubler/Wroblewski* § 22 BBiG Rn 13). Soweit keine Abrede zur Kündigungsbeschränkung besteht (damit aber nur Kündigungsausschluss für Ausbildenden, § 25 BBiG), ergibt sich die Berechtigung zur vorzeitigen Kündigung schon aus der Erwägung, dass gem. § 22 Abs. 1 BBiG bereits am ersten Tag unmittelbar nach Beginn der Ausbildung gekündigt werden kann, es sei denn, der Kündigung stehen die Grundsätze von Treu und Glauben entgegen (*LAG Düsseld.* 16.9.2011 – 6 Sa 909/11, NJW 2012, 8). Nichtig sind daher Klauseln in Berufsausbildungsverträgen, die eine Kostenerstattung für den Fall des Rücktritts vom Vertrag vor Beginn der Ausbildung vorsehen. Dem Ausbildenden stehen keine Schadenersatzansprüche zu, wenn der Auszubildende die Ausbildung ohne Kündigungserklärung nicht antritt (vgl. Rdn 132; *Taubert* HzA Berufliche Bildung Rn 383). 37

3. Kündigung während der Probezeit (§ 22 Abs. 1 BBiG)

Während der Probezeit kann das Berufsausbildungsverhältnis von beiden Vertragsparteien jederzeit ohne Einhaltung einer Kündigungsfrist gelöst werden (§ 22 Abs. 1 BBiG). Diese Regelung soll den Besonderheiten des Berufsausbildungsverhältnisses insofern Rechnung tragen, als während der Probezeit die Vertragsparteien sich gegenseitig (und der Auszubildende auch sich selbst) prüfen können, ob sich die geplanten Ausbildungsziele mit dem Partner realisieren lassen und ob der Auszubildende sich für den zu erlernenden Beruf überhaupt eignet (vgl. schriftlichen Bericht des Ausschusses für 38

Arbeit, BT-Drucks. V/4260, zu § 15 Abs. 1). Zur Anhörung des Betriebsrates bei einer Kündigung während der Probezeit vgl. Rdn 7. Das Absehen von einer Kündigungsfrist während der Probezeit gem. § 22 Abs. 1 BBiG ist mit Art. 3 Abs. 1 GG vereinbar (*BAG* 16.12.2004 VjA EzA § 15 Abs. 1 BBiG aF Nr. 28). Es bedarf auch nicht der Angabe eines Kündigungsgrundes (*BAG* 8.3.1977 DB 1977, 1322; *LAG SchlH* 17.2.1976 Fredebeul Bd. 1, S. 180; *ArbG Verden* 11.2.1970 ARSt 1970, 79, Nr. 1100; HaKo-BBiG/*Pepping* § 22 Rn 5), allerdings ist die Schriftform einzuhalten (§ 623 BGB, § 22 Abs. 3 BBiG). Jedoch kann die Kündigung gegen die Vorschriften der §§ 138, 242 BGB verstoßen und unwirksam sein, wenn sie aus den dort genannten, vom Gesetz missbilligten, Gründen erfolgt ist (*LAG Hamm* 22.8.1985 DB 1986, 812; zB bei Willkür; *Hirdina* NZA-RR 2010, 65 m. Auflistung rechtmäßiger Gründe für Arbeitgeberprobezeitkündigungen). Ein solcher Verstoß gegen die **zivilrechtlichen Generalklauseln** liegt nicht in einer Kündigung während der Probezeit, wenn eine Dienststelle des öffentlichen Dienstes eine Auszubildende als ungeeignet für den Beruf der Verwaltungsfachangestellten erachtet, weil sie eigenmächtig dem Dienst fernbleibt (*LAG Bln.-Bra.* 12.5.2010 – 23 Sa 127/10, EzB BBiG § 22 Abs. 1 Nr. 23; 25.5.2010 – 11 Sa 887/10). Ein **Verstoß gegen den Grundsatz von Treu und Glauben** (§ 242 BGB) kann zB in der Kündigung während der Probezeit liegen, wenn der Ausbildende dem Auszubildenden die Weiterbeschäftigung zugesagt hatte (*ArbG Bielefeld* 24.1.1991 EzB § 15 Abs. 1 BBiG aF Nr. 20). Ein klärendes Gespräch zwischen Ausbilder und den Eltern des Auszubildenden vor Ausspruch der Kündigung ist weder gesetzlich vorgesehen noch erforderlich (*LAG BW* 10.2.2010 – 13 Sa 68/09). Für Umstände, die die Treu- oder Sittenwidrigkeit einer Probezeitkündigung begründen, ist der Auszubildende **darlegungs- und beweispflichtig** (*LAG SA* 25.2.1997 EzB § 13 BBiG aF Nr. 26; für die arbeitnehmerseitige Darlegungs- und Beweispflicht nach st. Rspr. des *BAG* vgl. KR-*Treber/Rennpferdt* § 13 KSchG Rdn 64 ff.).

39 Die **Kündigung während der Probezeit** muss nicht fristlos erfolgen. Sie kann auch mit einer **Auslauffrist** verbunden sein; denn es handelt sich bei der Kündigung gem. § 22 Abs. 1 BBiG nicht um eine außerordentliche Kündigung, sondern um eine **entfristete ordentliche Kündigung**, sie bedarf grds. keines besonderen Kündigungsgrundes. Die Auslauffrist muss allerdings so bemessen sein, dass sie nicht zu einer unangemessen langen Fortsetzung des Berufsausbildungsvertrages führt, der nach dem endgültigen Entschluss des Kündigenden nicht bis zur Beendigung der Ausbildung durchgeführt werden soll (*BAG* 10.11.1988 EzB § 15 Abs. 1 BBiG aF Nr. 18). Vor einer Kündigung während der Probezeit ist der **Betriebsrat** unter Mitteilung der Kündigungsgründe **anzuhören**, § 102 Abs. 1 BetrVG. Da es sich um die Kündigung eines Arbeitsverhältnisses ohne bestehenden Kündigungsschutz handelt, ist die Substantiierungspflicht gegenüber dem Betriebsrat nicht an den objektiven Merkmalen der nicht erforderlichen Kündigungsgründe zu messen, sondern es reicht aus, die Umstände im Einzelnen oder die subjektiven Vorstellungen des Arbeitgebers mitzuteilen, die zum Kündigungsentschluss geführt haben (*LAG RhPf* 30.11.2011 – 8 Sa 408/11; vgl. auch KR-*Rinck* § 102 BetrVG Rdn 89 f.). Soweit landesgesetzlich die Zustimmung des Personalrats zur Kündigung vorgesehen ist und von diesem verweigert wird, ist dies unbeachtlich, wenn die vom Personalrat angegebene Begründung außerhalb seines Kompetenzbereiches liegt (*LAG Bln.-Bra.* 12.5.2010 – 23 Sa 127/10, EzB BBiG § 22 Abs. 1 Nr. 23). Allerdings kann die Kündigung wegen des landespersonalvertretungsrechtlich geltenden positiven Konsensprinzips erst nach Ablauf der Äußerungsfrist des Personalrats erklärt werden (*BAG* 19.11.2009 – 6 AZR 800/08). Die Kündigung kann auch am letzten Tag der Probezeit ausgesprochen werden (*LAG Bln.* 30.4.2004 VjA EzB § 15 Abs. 1 BBiG aF Nr. 27; *ArbG Verden* 9.1.1976 EzB § 15 Abs. 1 BBiG aF Nr. 3).

40 Der besondere **Kündigungsschutz einer werdenden Mutter** (vgl. Rdn 22) besteht auch während der Probezeit. Eine Anfechtung des Ausbildungsvertrages wegen arglistiger Täuschung scheidet grds. aus (*LAG Hamm* 7.2.1979 EzB § 13 BBiG aF Nr. 15). Im Wege der einstweiligen Verfügung (vgl. Rdn 123 f.) kann die Weiterbeschäftigung bis zum Beginn der Schutzfrist verlangt werden, wenn die Kündigung offensichtlich unzulässig war (*LAG Hamm* 7.2.1979 EzB § 15 Abs. 1 BBiG aF Nr. 12 im Ergebnis ebenso).

Zu Beginn des Ausbildungsverhältnisses ist die **Dauer der Probezeit** von den Vertragsparteien zu 41
vereinbaren (§ 11 Abs. 1 Nr. 5 BBiG). Aus dem Gesetz lassen sich Maßgaben für die Dauer der
Probezeit nicht entnehmen. Sie ist innerhalb des gesetzlichen Rahmens frei vereinbar. Eine Vereinbarung über die Verlängerung der Probezeit über die gesetzlich vorgeschriebene Höchstdauer von
vier Monaten hinaus ist nichtig (ebenso eine Verkürzung unter die Frist von einem Monat; § 20
BBiG), weil dadurch der Kündigungsschutz für das Berufsausbildungsverhältnis in der die drei Monate überschreitenden Zeit umgangen würde. Bei einer derartigen Vereinbarung ist entsprechend
dem mutmaßlichen Willen der Vertragspartner von der gesetzlich vorgesehenen Höchstdauer (vier
Monate) auszugehen (*Hueck/Nipperdey* I § 73, II 1, S. 750, mwN). Folgt die Regelung der Probezeit einem Formularausbildungsvertrag des Ausbildenden, so unterliegt die Vorschrift über die
Dauer der Probezeit der Kontrolle gem. §§ 307 ff. BGB (*BAG* 9.6.2016 – 6 AZR 396/15, EzA
§ 20 BBiG 2005 Nr. 3), nicht jedoch die Vereinbarung der Probezeit als solche, da sie zwingendes
Recht gem. § 20 S. 1 BBiG ist (*BAG* 12.2.2015 – 6 AZR 831/13, EzA § 20 BBiG 2005 Nr. 1).
Eine nach fünfeinhalb Monaten ausgesprochene Kündigung ohne wichtigen Grund ist unwirksam
(*LAG BW* 15.11.1975 EzB § 13 BBiG aF Nr. 5). Bei **Unterbrechungen der Ausbildung** – gleich
aus welchem Grunde – während der Probezeit verlängert sich die Probezeit nicht automatisch um
die Zeitspanne der Unterbrechung. Beträgt diese mehr als einen Monat, so können die Parteien des
Ausbildungsvertrages entweder bei Abschluss des Vertrages oder während der Probezeit grds. eine
Vereinbarung über die Verlängerung in solchen Fällen treffen, auch wenn dadurch die Viermonatsgrenze gem. § 20 S. 2 BBiG überschritten wird und die Verlängerung der Dauer der tatsächlichen
Unterbrechung entspricht (*BAG* 9.6.2016 – 6 AZR 396/15, EzA § 20 BBiG 2005 Nr. 3; *Hess LAG*
2.6.2015 – 4 Sa 1465/14, LAGE § 20 BBiG 2005 Nr. 1). Allerdings kann der Ausbildende sich
auf eine derartige Abrede nicht berufen, wenn er die Unterbrechung der Ausbildung selbst vertragswidrig herbeigeführt hat (*BAG* 15.1.1981 EzA § 13 BBiG aF Nr. 1). Durch die Verlängerung der
Probezeit verlängert sich jedoch nicht die Ausbildungszeit insgesamt (aA *Monjau* DB 1969, 1846).

Erfolgt die Berufsausbildung im Rahmen einer **Stufenausbildung** (§ 5 Abs. 2 Nr. 1 BBiG), so ist als 42
Beginn des Berufsausbildungsverhältnisses iSd § 20 S. 1 BBiG die Ausbildung in der ersten Stufe
anzusehen. Die **Probezeit** ist damit durch die in dieser Stufe vereinbarten Probezeit erfüllt. Die
Vereinbarung einer weiteren Probezeit in der Folgestufe weicht zu Ungunsten des Auszubildenden
von § 20 BBiG ab, da dem Ausbildenden die Möglichkeit einer erneuten entfristeten Kündigung
eröffnet wird. Sie ist daher insoweit nach § 25 BBiG unzulässig (*BAG* 27.11.1991 EzB § 13 BBiG
aF Nr. 23). Der Ausbildungsvertrag wird für den Gesamtzeitraum der Stufenausbildung vereinbart und endet gem. § 21 Abs. 1 Nr. 2 BBiG mit Ablauf der letzten Stufe (ErfK-*Schlachter* § 5
BBiG Rn 7).

Wird ein Auszubildender **vor der Berufsausbildung im Betrieb** des Ausbildenden beschäftigt, sei es 43
als Volontär, sei es als Praktikant oder sei es als Aushilfe, so können diese Vertragsverhältnisse idR
nicht als Teil der Berufsausbildung angesehen werden, weil sie den einzelnen Anforderungen einer
regulierten Ausbildung nicht entsprechen (*BAG* 19.11.2015 – 6 AZR 844/14, EzB § 20 BBiG
Nr. 26). Ebenso wenig finden Zeiten einer zunächst absolvierten Berufsfindungs- und anschließenden berufsvorbereitenden Bildungsmaßnahme eine Anrechnung auf die Probezeit; denn § 20 BBiG
knüpft an den rechtlichen Bestand des Ausbildungsverhältnisses an (*LAG Rh-Pf* 10.4.2018 EzB
§ 20 Nr. 27). Etwas anderes kann dann gelten, wenn der Beginn des Berufsausbildungsverhältnisses
mit allen rechtlichen und tatsächlichen Konsequenzen in den Zeitraum des vorgeschalteten Vertragsverhältnisses vorverlegt wird. Eine Berücksichtigung eines vorangegangenen Beschäftigungsverhältnisses kann auch dann in Frage kommen, wenn darin vermittelte Fertigkeiten und ausgeübte
Tätigkeiten mit dem Berufsausbildungsplan übereinstimmen; dies kann die Probezeit – allerdings
auf nicht weniger als einen Monat, § 20 BBiG – im gegenseitigen Einvernehmen verkürzen. Es
besteht aber kein Anspruch auf Verkürzung der Probezeit auf die Mindestfrist von einem Monat,
wenn dem Ausbildungs- ein Arbeitsverhältnis vorgeschaltet war. In diesem Fall ist die Vereinbarung
einer Probezeit von drei Monaten nach § 20 BBiG zulässig. Dies ergibt sich aus dem Zweck der
Probezeit (vgl. Rdn 37) hinsichtlich der Besonderheiten eines Berufsausbildungsverhältnisses (*BAG*
16.12.2004 EzA § 15 BBiG aF Nr. 14). Geht der Auszubildende im unmittelbaren Anschluss an

ein vorzeitig beendetes Berufsausbildungsverhältnis mit einem **anderen Ausbildungsbetrieb** ein neues Berufsausbildungsverhältnis (insbes. mit modifiziertem Ausbildungsziel) unter Anrechnung der bereits zurückgelegten Ausbildungszeit ein, so gilt eine erneute Probezeit (*LAG RhPf* 19.4.2001 VjA-EzB § 13 BBiG aF Nr. 29; *LAG SA* 25.2.1997 RzK IV 3a Nr. 31). Auch bei der Beibehaltung des Ausbildungsberufs darf selbst bei einem Ausbilderwechsel zu Beginn des dritten Ausbildungsjahres eine erneute Probezeit vereinbart werden (*LAG SchlH* 12.8.2010 – 4 Sa 120/10, EzB BBiG § 22 Abs. I Nr. 24). Eine Einstiegsqualifizierung iSv § 54a SGB III ist ebenso wenig wie eine in dieser Maßnahme absolvierte Probezeit auf die Probezeit der Berufsausbildung anzurechnen (*LAG Hmb.* 4.11.2015 – 5 Sa 31/15, EzB § 20 BBiG Nr. 25b).

4. Kündigung aus wichtigem Grund (§ 22 Abs. 2 Nr. 1 BBiG)

44 Nach Ablauf der Probezeit kann neben dem Sondertatbestand des Berufswechsels des Auszubildenden (gem. § 22 Abs. 2 Nr. 2 BBiG) nur noch durch eine Kündigung ohne Einhaltung einer Frist das Berufsausbildungsverhältnis beendet werden (§ 22 Abs. 2 Nr. 1 BBiG). Allerdings muss die Kündigung nicht unbedingt fristlos, sondern kann auch mit einer Auslauffrist erfolgen (*BAG* 16.7.1959 AP Nr. 31 zu § 626 BGB). Dafür bedarf es des Vorliegens eines **wichtigen Grundes**, der die Fortsetzung des Berufsausbildungsverhältnisses für den Kündigungserklärenden unzumutbar macht und das Ausbildungsverhältnis erheblich gefährdet (*LAG Bln-Bra* 17.12.2015 – 10 Sa 1300/15, EzB § 14 Abs. 1 Nr. 1 BBiG Nr. 26). Die Kündigung zielt im Ausbildungsverhältnis nicht auf einen Bestrafungscharakter, sondern soll ihrem Grunde nach pädagogisch auf die Zukunft gerichtet sein. Wegen der sich aus dem Zweck und Ziel des Berufsausbildungsverhältnisses ergebenden Besonderheiten ist bei der Prüfung der Wirksamkeit der außerordentlichen Kündigung eine **Verhältnismäßigkeitsprüfung** unter Abwägung aller Umstände des Einzelfalles vorzunehmen (*LAG Rh-Pf* 20.11.2018 EzB § 22 Abs. 3 BBiG Nr. 22). Bei Störungen im Leistungs-, Verhaltens- wie auch Vertrauensbereich muss der Kündigung bei steuerbarem Verhalten des vertragsverletzenden Auszubildenden eine **Abmahnung** durch eine abmahnungsberechtigte Person – idR der Ausbilder, Abteilungs- oder Personalleiter – vorausgehen (*BAG* 25.10.2012 EzA § 626 BGB 2002 Nr. 41; 1.7.1999 EzA § 15 BBiG Nr. 13; *Hess. LAG* 28.8.2007 – 17 Sa 518/07; 3.11.1997 RzK IV 3a Nr. 32; *ArbG Essen* 27.9.2005 VjA-EzB § 22 BBiG 2005 Nr. 1). Die Abmahnung muss auch einschlägig für das der Kündigung zugrundeliegende Verhalten sein. Abmahnungen aus anderen Verhaltensbereichen können für eine Kündigung unzureichend sein (*BAG* 9.6.2011 EzA § 626 BGB 2002 Nr. 36). Im Fall einer außerordentlichen fristlosen Kündigung durch den Auszubildenden zB wegen Vergütungsverzuges des Ausbildenden ist grds. eine vorherige Abmahnung erforderlich (*LAG BW* 24.7.2015 – 17 Sa 33/15; *ArbG Trier* 15.8.2013 LAGE § 22 BBiG 2005 Nr. 6; vgl. *KR-Fischermeier/Krumbiegel* § 626 Rdn 270). Bei minderjährigen Auszubildenden muss die Abmahnung dem gesetzlichen Vertreter zugehen (vgl. Rdn 108; *ArbG Siegen* 12.10.1979 EzB § 15 Abs. 2 Nr. 1 BBiG aF Nr. 37; *Taubert* HzA Berufliche Bildung Rn 291). Zu Ausnahmen vom Erfordernis einer Abmahnung vgl. Rdn 49. Kündigt ein Ausbildender das Ausbildungsverhältnis (wenige Tage vor Ablegung der Abschlussprüfung) zu Recht fristlos, so enden mit Ausspruch der fristlosen Kündigung die beiderseitigen Rechte und Pflichten aus dem Ausbildungsverhältnis. Der Ausbildende ist in diesem Fall nach Sinn und Zweck der einschlägigen Vorschriften des BBiG nicht verpflichtet, dem Auszubildenden kostenlos die Ausbildungsmittel zur Ablegung der Abschlussprüfung zur Verfügung zu stellen (*ArbG Bielefeld* 22.9.1983 AuR 1984, 254). Bei unberechtigter Kündigung vgl. zu den Folgen Rdn 123. Für die **Anhörung des Betriebsrates** gem. § 102 BetrVG gibt es bei der Kündigung eines Ausbildungsverhältnisses keine Besonderheiten (s. Rdn 7).

a) Wichtiger Grund

45 In Anlehnung an die Definition in § 626 Abs. 1 BGB ist ein **wichtiger Grund** immer dann gegeben, wenn Tatsachen vorliegen, aufgrund derer dem Kündigenden unter Berücksichtigung aller Umstände des Einzelfalles und unter Abwägung der Interessen beider Vertragsteile die Fortsetzung des Berufsausbildungsverhältnisses bis zum Ablauf der Ausbildungszeit nicht mehr zugemutet werden kann. Ein wichtiger Grund besteht bei erheblichen Vertragsverletzungen, wozu ein einzelner

Akt wie auch ein dauerhaftes Verhalten zählen kann. Allerdings muss es sich um einen zeitlich, örtlich und vom Hergang her exakt fixierbaren Tatbestand handeln. Bei der Beurteilung des wichtigen Grundes kann nicht von den Maßstäben ausgegangen werden, die bei einem Arbeitsverhältnis eines erwachsenen Arbeitnehmers anzulegen sind (*LAG Köln* 8.1.2003 LAGE § 15 BBiG aF Nr. 14; *ArbG Essen* 27.9.2005 VjA-EzB § 22 BBiG 2005 Nr. 1; *ArbG Gelsenkirchen* 20.3.1980 BB 1980, 679; *ArbG Solingen* 5.9.1990 EzB § 15 Abs. 2 Nr. 1 BBiG aF Nr. 74). Vielmehr muss der **Zweck des Berufsausbildungsverhältnisses,** nämlich die Ausbildung des Auszubildenden, in erster Linie berücksichtigt werden (*LAG BW* 21.3.1966 DB 1966, 747). Nicht jeder Vorfall, der zur Kündigung eines Arbeitnehmers berechtigt, kann als wichtiger Grund zur fristlosen Entlassung eines Auszubildenden dienen (*LAG München* 18.8.1964 ARSt 1965, Nr. 280; *LAG Düsseld.* 24.1.1968 DB 1968, 401; *ArbG Gelsenkirchen* 20.3.1980 BB 1980, 679); denn die Nachteile, die einen fristlos gekündigten Auszubildenden treffen, wiegen oft unverhältnismäßig schwerer als diejenigen, die der fristlos gekündigte Arbeitnehmer zu erwarten hat. Es sollte vornehmlich darauf abgestellt werden, inwieweit eine Verfehlung einer der Parteien die Fortsetzung des Berufsausbildungsvertrages von dessen Sinn und Zweck her unzumutbar (vgl. Rdn 48) macht (*BAG* 22.6.1972 EzA § 611 BGB Ausbildungsverhältnis Nr. 1). Dabei sind die Interessen der beiden Vertragspartner gegenüberzustellen und gegeneinander abzuwägen. Für den Ausbildungsbetrieb kann das Interesse an der Vermeidung des Risikos künftiger Störungen des Vertragsverhältnisses zum Tragen kommen (Sächs LAG 26.1.2016 EzB § 22 Abs. 2 Nr. 1 BBiG Nr. 78). Insbesondere gewinnen die Interessen des Auszubildenden an der Aufrechterhaltung des Berufsausbildungsverhältnisses in dem Ausmaß an Bedeutung, wie es an Dauer fortschreitet (*LAG Köln* 8.1.2003 LAGE § 15 BBiG aF Nr. 14; *LAG Düsseld.* 15.4.1993 EzB § 15 Abs. 2 Nr. 1 BBiG aF Nr. 76). Von daher ist eine fristlose Kündigung **kurz vor Abschluss der Ausbildung** kaum noch zulässig (in diesem Sinne *LAG Köln* 22.1.2013 – 11 Sa 783/12, EzB § 22 Abs. 2 Nr. 1 BBiG Nr. 72b; *LAG RhPf* 20.11.2018 – 8 Sa 24/18 EzB § 22 Abs. 3 BBiG Nr. 22; 29.5.1978 – 7 Sa 25/78, BB 1978, 1414; *BAG* 10.5.1973 EzA § 15 BBiG aF Nr. 2; *LAG Hamm* 7.11.1978 DB 1970, 606 f.; *LAG Köln* 26.6.1987 EzB § 15 Abs. 2 Nr. 1 BBiG aF Nr. 63; *ArbG Kiel* 30.12.2009 – 1 GA 34a/09, BeckRS 2010, 66185; DDZ-*Däubler/Wroblewski* § 22 BBiG Rn 16). Das *LAG Köln* (26.6.1987 EzB § 15 Abs. 2 Nr. 1 BBiG aF Nr. 63) beschränkt das Vorliegen eines wichtigen Grundes idR nur auf solche Umstände, die bei objektivierender Vorausschau ergeben, dass das Ausbildungsziel erheblich gefährdet oder nicht mehr zu erreichen ist. Allerdings finden die Interessen des Auszubildenden am Bestand des Ausbildungsverhältnisses ihre Grenzen, wenn beharrliche Pflichtverletzungen und häufige Bummeleien trotz mehrfacher pädagogischer und praktischer Hilfsangebote sowie mehrmaliger Abmahnungen nicht aufhören. Dann ist die Kündigung auch nach von zwei Dritteln der Ausbildungszeit zulässig (*ArbG Frankfurt a. M.* 24.2.1999 VjA EzB § 15 Abs. 1 Nr. 1 BBiG aF Nr. 85). Im Übrigen ist der Zweck einer außerordentlichen Kündigung zu berücksichtigen, das Risiko künftiger Störungen des Vertragsverhältnisses zu vermeiden (*BAG* 20.11. 2014 – 2 AZR 651/13; *Sächs LAG* 26.1.2016 – 3 Sa 588/15, EzB § 22 Abs. 2 Nr. 1 BBiG Nr. 78).

Daneben sind an das Vorliegen eines **wichtigen Grundes strengere Anforderungen** zu stellen, weil es sich beim Auszubildenden idR um einen in der geistigen, charakterlichen und körperlichen Entwicklung befindlichen Jugendlichen handelt (*LAG Köln* 8.1.2003 LAGE § 15 BBiG aF Nr. 14; *LAG BW* 31.10.1996 NZA-RR 1997, 288; keine fristlose Kündigung wegen eines »Jugendstreichs«, *ArbG Essen* 27.9.2005 VjA-EzB § 22 BBiG 2005 Nr. 1). Bei der Beurteilung fehlerhaften Verhaltens des Auszubildenden ist zu berücksichtigen, dass es gem. § 14 Abs. 1 Nr. 5 BBiG gerade zu den Pflichten des Ausbildenden gehört, den Auszubildenden auch charakterlich zu fördern (*ArbG Solingen* 6.12.1984 ARSt 1985, 98; im Zusammenhang mit den Eltern, *LAG Hannover* 5.6.1957 ARSt Bd XIX, Nr. 54) und ihn von sittlichen und körperlichen Gefährdungen fernzuhalten (§ 14 Abs. 1 Nr. 5 BBiG). Demnach können Pflichtverletzungen und Fehlverhalten nicht zur fristlosen Kündigung berechtigen, solange der Ausbildende nicht alle ihm zur Verfügung stehenden und zumutbaren Erziehungsmittel erschöpfend angewendet hat (*LAG Brem.* 30.8.1960 BB 1960, 1289). Erst nach dem Scheitern aller möglichen pädagogischen Maßnahmen sowie der erfolglosen Einschaltung des gesetzlichen Vertreters kommt eine **fristlose Kündigung als ultima ratio** in Frage, soll sie

46

als letztes Erziehungsmittel möglich sein (*LAG Mannheim* 18.8.1953 WA 1954, 35). Bei der Wahl der pädagogischen Maßnahmen kann von dem Ausbildenden verlangt werden, dass er nicht sofort zu den schärfsten Maßnahmen greift. Allerdings setzt die Rechtsprechung der Verpflichtung zur Nachsicht des Ausbildenden dort eine Grenze, wo er vom Auszubildenden eine stark abwertende Geringschätzung erfährt (Beschimpfung mit dem Götz-Zitat, *ArbG Emden* 5.6.1968 ARSt 1969, Nr. 1010). Diese strengen Anforderungen an das Vorliegen eines wichtigen Grundes, wonach dem Ausbildenden statt der Kündigung die Fortsetzung der Ausbildung mit verstärkten Erziehungsmaßnahmen zugemutet wird, will das *LAG Köln* (26.6.1987 EzB § 15 Abs. 2 Nr. 1 BBiG aF Nr. 63) nur zurückhaltend gelten lassen wegen der geänderten gesellschaftlichen Stellung der Jugendlichen und des oft fortgeschrittenen Lebensalters der Auszubildenden. Zu berücksichtigen sind allgemeine gesellschaftliche Entwicklungen mit Einfluss auf die sozialen und moralischen Wertmaßstäbe; denn oftmals sind Jugendliche diesen Trends ungeschützt ausgesetzt und passen sich ihnen an (*Opolony* BB 1999, 1706 hält daher frühere Entscheidungen insbes. zum Lebensstil des Auszubildenden nicht für übertragbar). Bei einem 16jährigen Lehrling bedarf es der Angabe genauer Dienstanweisungen und evtl. einer Wiederholung derselben in gewissen zeitlichen Abständen seitens des Lehrherrn, zumal da nicht jeder Jugendliche über die gleiche selbständige Überlegungskraft verfügt, um von sich aus das Erforderliche sofort zu veranlassen (*ArbG Wilhelmshaven* 16.5.1958 – Ca 657/57).

47 Zu differenzieren ist zwischen Auszubildenden, die am **Beginn ihrer Ausbildungszeit** stehen und in den beruflichen Fertigkeiten sowie in ihrer charakterlichen Disposition am Beginn eines Lernprozesses stehen, und **fortgeschrittenen Auszubildenden** (*BAG* 14.12.1983 – 2 AZR 547/83; 10.5.1973 AP Nr. 3 zu § 15 BBiG aF m. Anm. *Söllner*, der berufsspezifische Verfehlungen umso schwerer wiegend ansieht, je weiter die Ausbildung fortgeschritten ist; *ArbG Essen* 27.9.2005 VjA-EzB § 22 BBiG 2005 Nr. 1; *ArbG Gelsenkirchen* 20.3.1980 BB 1980, 679). An letztere wird man wohl höhere Anforderungen stellen können, was ihr Verhalten im Betrieb angeht (zur Abwägung des Zeitpunkts der Kündigung *LAG Hamm* 7.11.1978 DB 1970, 606 f.). Bei einem fast zwei Jahre bestehenden Ausbildungsvertrag ist die fristlose Beendigung des Vertrages das äußerste Mittel (*ArbG Wilhelmshaven* 16.5.1958 – Ca 657/57); so auch *ArbG Solingen* (5.9.1990 EzB § 15 Abs. 2 Nr. 1 BBiG aF Nr. 74) bzgl. einer Kündigung sechs Wochen vor der Abschlussprüfung. Ebenso kann das Lebensalter zu einer differenzierenden Betrachtung veranlassen, wobei zB einem älteren Umschüler der Ausbildende weniger Nachsicht entgegenzubringen braucht. Eigenmächtiger Urlaubsantritt kann auch noch kurz vor der Abschlussprüfung ein wichtiger Grund zur Kündigung sein (*ArbG Bielefeld* 22.9.1983 EzB § 6 Abs. 1 Nr. 3 BBiG aF Nr. 3). Das verspätete Zuleiten eines **ärztlichen Attestes** und das einmalige Fehlen ohne ärztliches Attest rechtfertigen nicht die fristlose Kündigung eines Lehrlings, dessen Lehrzeit gem. § 21 Abs. 3 BBiG wegen nicht bestandener Abschlussprüfung verlängert worden ist (*LAG SchlH* 9.12.1987 EzB § 15 Abs. 2 Nr. 1 BBiG aF Nr. 69). Ein Grund zur fristlosen Kündigung eines bereits weitgehend fortgeschrittenen Berufsausbildungsverhältnisses (knapp 2 Jahre) liegt vor, wenn der Auszubildende während der Arbeitszeit und mit Hilfe der ihm zur Verfügung gestellten Arbeits- bzw. Ausbildungsmittel wiederholt neonazistische Thesen (zB Infragestellen der Anzahl der in deutschen KZ ermordeten Juden) verbreitet und bei einem Personalgespräch jede Einsicht in die Tragweite seiner Aussagen vermissen lässt (*LAG Köln* 11.8.1995 LAGE § 15 Abs. 2 BBiG aF Nr. 10; vgl. Rdn 58 aE).

48 Schuldhafte Pflichtverletzungen einer Vertragspartei führen idR zu einer fristlosen Kündigung. Dies ist aber nicht notwendigerweise so, weil ein wichtiger Grund nicht in der Person des Betroffenen zu liegen braucht, so dass die Frage nach schuldhaftem Verhalten nicht zu stellen ist (*Natzel* BBiG S. 282 f.). **Verdachtskündigungen** sind im Berufsausbildungsverhältnis nur unter Berücksichtigung des besonderen Charakters und der Bedeutung der Ausbildungssituation im Hinblick auf die Entwicklung des Auszubildenden und die Fürsorgepflichten des Ausbildenden (vgl. Rdn 45) zuzulassen. Nach der Rspr. des BAG spricht die Parallelität des Verständnisses des wichtigen Grundes iSv § 22 Abs. 2 Nr. 1 BBiG und im iSv § 626 Abs. 1 BGB für die grds. Zulässigkeit der Verdachtskündigung auch im Berufsausbildungsverhältnis (*BAG* 12.2.2015 – 6 AZR 845/13; KR-*Fischermeier/Krumbiegel* § 626 BGB Rdn 242). Die von den Instanzgerichten und dem überw. Teil der Lit. für die Verdachtskündigung vorausgesetzte vertiefte Vertrauensbasis zwischen den

Vertragsparteien lehnt das BAG als untaugliches Kriterium, das allenfalls bei der Prüfung der Zumutbarkeit der Fortsetzung des Ausbildungsverhältnisses in die Interessenabwägung einzustellen sei, ab (*LAG Köln* 19.9.2006 LAGE § 22 BBiG 2005 Nr. 1; *LAG RhPf* 18.4.2013 – 2 Sa 490/12, EzB BBiG § 22 Abs. 2 Nr. 1; *Weigand* KR 10. Aufl. §§ 21–23 BBiG Rn 48; ErfK-*Schlachter* § 22 BBiG Rn 3; überwieg. Kommentarlit.). Wirksamkeitsvoraussetzung der Verdachtskündigung ist die vorherige Anhörung des Auszubildenden (*BAG* 25.4.2018 – 2 AZR 611/17 EzB § 22 Abs. 2 Nr. 1 BBiG Nr. 82c; KR-*Fischermeier/Krumbiegel* § 626 BGB Rdn 244 ff.). *Heinze* (AuR 1984, 237) sieht eine Rechtfertigung der Verdachtskündigung nur, wenn die Gefahr eines Misslingens im Dienstleistungsbereich des eigentlich auf Ausbildung gerichteten Vertrages besteht.

b) Unzumutbarkeit

Grundsätzlich ist der Ausbildende verpflichtet, den Ausbildungsvertrag so lange aufrecht zu erhalten, wie es ihm nach Treu und Glauben zugemutet werden kann (*LAG Düsseld.* 24.1.1968 DB 1968, 401). Allerdings sind bei der Frage der **Unzumutbarkeit** der Fortsetzung des Berufsausbildungsverhältnisses die gesamten Umstände des Einzelfalles zu würdigen, wobei die Entscheidung nicht nur vom Standpunkt eines der Vertragspartner und dessen subjektiver Einstellung zum Sachverhalt aus zu betrachten ist. Vielmehr müssen die berechtigten Interessen des anderen Teils (zB an der Fortsetzung des Berufsausbildungsverhältnisses) gebührend berücksichtigt werden. Die subjektive Empfindsamkeit eines Vertragspartners bleibt idR außer Betracht. Die Abwägung unter den divergierenden Standpunkten hat schließlich allein **nach objektiven Maßstäben** stattzufinden. Wird eine fristlose Entlassung auf mehrere Vorfälle gestützt, so ist zu prüfen, ob die festgestellten Verfehlungen in ihrer Gesamtheit dem Auszubildenden die Fortsetzung des Ausbildungsverhältnisses unzumutbar machen (*BAG* 4.8.1955 AP Nr. 31 zu § 626 BGB; *LAG Hmb.* 20.7.2010 – 2 Sa 24/10). 49

c) Einzelne Fallgruppen zum wichtigen Grund bei der Kündigung durch den Ausbildenden

aa) Verhalten des Auszubildenden im Betrieb

Oberster Grundsatz bei der Beurteilung des Vorliegens eines **wichtigen Grundes** wegen Fehlverhaltens oder Pflichtverletzung im Betrieb ist, dass einmalige oder seltene Vorkommnisse idR nicht zur fristlosen Kündigung ausreichen (*LAG SchlH* 5.8.1969 DB 1969, 2188). Erst bei Vorliegen einer **Kette von Pflichtwidrigkeiten** (vgl. auch Rdn 97), die für sich allein betrachtet noch kein wichtiger Grund sein muss, die aber den Schluss rechtfertigt, dass der Auszubildende das Ausbildungsziel nicht erreichen wird (*LAG Köln* 19.9.2006 LAGE § 22 BBiG 2005 Nr. 1) und Sinn und Zweck der Ausbildung in Frage stehen (*BAG* 22.6.1972 EzA § 611 BGB Ausbildungsverhältnis Nr. 1), kann eine fristlose Kündigung ausgesprochen werden. Dies gilt insbesondere dann, wenn der Auszubildende sein pflichtwidriges Verhalten ungeachtet strenger Abmahnungen (*ArbG Essen* 27.9.2005 VjA-EzB § 22 BBiG 2005 Nr. 1) und ungeachtet der Anwendung stärkerer Erziehungsmittel fortsetzt und sogar darüber hinaus die Pflichtwidrigkeiten graduell schwerer werden (*LAG Frankf.* 23.11.1954 WA 1955, 75, Nr. 141). Außerdem muss es unwahrscheinlich erscheinen, dass auf den Auszubildenden noch so eingewirkt werden kann, dass er sich der gegebenen Ordnung im Betrieb einfügt (mehrfaches **Zuspätkommen** zum Ausbildungsplatz und in die Berufsschule: *LAG Köln* 19.9.2006 LAGE § 22 BBiG 2005 Nr. 1; *LAG Hamm* 7.11.1978 DB 1979, 606; *LAG Frankf.* 23.11.1954 WA 1955, 75, Nr. 141). Einer vorherigen **Abmahnung** bedarf es nicht, wenn der Auszubildende bei einem vor Ausspruch der Kündigung geführten Personalgespräch, zu dessen Beginn ihm die Gefährdung des Ausbildungsverhältnisses klargemacht wird, jede Einsicht in die Tragweite seiner Aussagen und seines Verhaltens (Verbreitung neonazistischer Thesen vgl. Rdn 48 aE) vermissen lässt (*LAG Köln* 11.8.1995 LAGE § 15 Abs. 2 BBiG aF Nr. 10), die Möglichkeit einer positiven Prognose für das Ausbildungsverhältnis auszuschließen ist und der Auszubildende infolge seines fortgesetzten Fehlverhaltens das Ausbildungsziel nicht erreichen wird (*ArbG Hildesheim* 30.5.2001 LAGE § 15 BBiG aF Nr. 13; *Kleinebrink* FA 2003, 130). Auch bei Störungen im **Vertrauensbereich** kann eine Abmahnung dann entbehrlich sein, wenn die Pflichtverletzung besonders schwerwiegend ist und deren Rechtswidrigkeit dem Auszubildenden ohne weiteres erkennbar und deren 50

Hinnahme durch den Ausbildenden offensichtlich ausgeschlossen ist (bei **ausländerfeindlichem Verhalten** im Betrieb: *BAG* 1.7.1999 EzA § 15 BBiG aF Nr. 13).

51 Eine derartige **Kette von Pflichtwidrigkeiten** kann sich zusammensetzen aus **kleineren Verfehlungen** wie häufigem Zuspätkommen, unentschuldigtem Fernbleiben (vgl. Rdn 63), Nichteinhalten der Zeitkontrolle, wiederholtem Erschleichen und Übertreten des Urlaubs (*LAG Hamm* 7.11.1978 DB 1979, 606; *LAG Frankf.* 23.11.1954 WA 1955, 75, Nr. 141; *ArbG Hmb.* 16.6.1958 BB 1959, 669), keine oder verspätete Vorlage der **Berichtshefte** trotz Abmahnung (*LAG SchlH* 20.3.2002 VjA-EzB § 15 Abs. 2 Nr. 1 BBiG aF Nr. 87a; *Hess. LAG* 3.11.1997 RzK IV 3a Nr. 32), was auch für die Führung der Ausbildungsnachweise gilt, die gem. § 4 Nr. 7 Mustervertrag als privatrechtliche Leistungspflicht ausgewiesen ist (*Natzel* BBiG S. 286, FN 39). Die Kündigung wegen eines **Dauergrundes** setzt das fortlaufende Eintreten einzelner Vorgänge voraus, die für die Kündigung maßgebend sind (*Hess. LAG* 28.8.2007 – 17 Sa 518/07). Auch kann eine Gesamtschau von mangelnder Eignung für den Beruf des Physiotherapeuten und Leistungs- und Verhaltensmängeln gegenüber dem Lehrkörper, anderen Auszubildenden und Patienten eine Kündigung gem. § 22 Abs. 2 Nr. 1 BBiG rechtfertigen (*OVG HH* 30.3.2004 VjA-EzB § 15 Abs. 2 Nr. 1 BBiG aF Nr. 1). Zur Zweiwochenfrist gem. § 22 Abs. 4 bei einer Kette von Pflichtwidrigkeiten s. Rdn 97.

52 Allerdings stellen **geringer ins Gewicht fallende Verfehlungen** und Schwierigkeiten des jungen Auszubildenden wie Untätigkeit, Neugier, Unsauberkeit, Unaufmerksamkeit, Vergesslichkeit, schlechtes und störrisches Benehmen grds. **keinen wichtigen Grund** zur vorzeitigen Beendigung des Ausbildungsverhältnisses dar (*ArbG Herne* 12.3.1968 ARSt 1969, 15, Nr. 1013; *ArbG Heidelberg* 25.7.1966 ARSt 1966, 154, Nr. 1271; *ArbG Stade* 27.9.1957 ARSt Bd. XIX, 143, Nr. 372). Dies gilt umso mehr, wenn der Ausbildende seinerseits – zB durch die Nichtbefolgung gesetzlicher Vorschriften – ein schlechtes Beispiel gibt (*ArbG Herne* 12.3.1968 ARSt 1969, 15, Nr. 1013). Nur in seltenen **Ausnahmefällen** von Unzumutbarkeit der Verfehlung kann hierin ein wichtiger Grund liegen, wenn alle erforderlichen pädagogischen Maßnahmen und die Besprechung mit den Erziehungsberechtigten des Auszubildenden nicht zur Korrektur des Verhaltens führen (*ArbG Heidelberg* 25.7.1966 ARSt 1966, 154, Nr. 1271). So ist nach unterbliebener Verwarnung die Belastung für den Ausbildenden noch zumutbar, wenn der Auszubildende LSD-Tabletten selbst verbraucht und verkauft und dadurch andere Arbeitnehmer gefährdet (*LAG Bln.* 17.12.1970, zit. nach *Hurlebaus* GewArch. 1980, 14).

53 Soweit diese Gründe aber allein die **Eignung für den erwählten Beruf** betreffen (s. Beispielsfälle Rdn 64), sollen sie gerade während der Probezeit die Kündigung ermöglichen. Danach können derartige Gründe eine vorzeitige Entlassung nicht stützen (*ArbG Bln.* 25.5.1956 Entsch. Kal. 1956, III, 424; *ArbG Bln.* 2.11.1965 Entsch. Kal. 1966, 139).

54 Die **Verweigerung von Tätigkeiten**, die nicht unmittelbar mit der Ausbildung zusammenhängen, stellt nur in Ausnahmefällen einen **wichtigen Grund** dar. In der Regel kann der Auszubildende alle die Tätigkeiten verweigern, die laut Ausbildungsplan nicht der Vermittlung der fachlichen Fertigkeiten dienen und daher dem Sinn und Zweck des Ausbildungsverhältnisses zuwiderlaufen. So liegt ein wichtiger Grund nicht darin, dass ein 15jähriger Auszubildender für den Bäckerberuf sich weigert, 38 Zentner Briketts in den Keller zu schaffen, weil diese Verrichtung nicht zur Bedienung des Backofens gehört (*LAG Düsseld.* 8.8.1961 DB 1961, 1652). Ebenso sind grobe Reinigungsarbeiten, insbesondere solche außerhalb der Verkaufs- und Lagerräume bzw. auf der Straße grds. nicht mit der Ausbildung zum Einzelhandelskaufmann vereinbar. Allerdings kann die Treuepflicht gegenüber dem Ausbildenden im Notfall durchaus zu **Reinigungsarbeiten** verpflichten. Zum Aufräumen des eigenen Arbeitsplatzes und Sauberhalten der zu verkaufenden Ware und der Dekoration kann der Auszubildende angehalten werden. Sehr weit zieht das *ArbG Bielefeld* (29.1.1969 BB 1969, 405) den Rahmen der Verpflichtung zu Tätigkeiten neben den Ausbildungsinhalten im engeren Sinne, wenn es eine Verweigerung erst zulässt bei Besorgungen, die das Ausbildungsziel beeinträchtigen oder gar gefährden. Dabei definiert es das Wesen der Ausbildung nicht nur durch das entsprechende Berufsbild, sondern auch durch die Vermittlung von Einsichten, die sich aus dem Zusammenleben der Betriebsgemeinschaft und den berechtigten Belangen des Betriebes ergeben.

Ausbildung umfasse auch die Vermittlung von Wohlverhalten, in gewissen Situationen Nebenverpflichtungen zu übernehmen (29jähriger Buchdruck-Auszubildender weigerte sich, an einem Tag aushilfsweise die Getränkeversorgung für die Betriebsangehörigen zu übernehmen). Dem kann nicht in vollem Umfang zugestimmt werden, weil das Verlangen einer berufsfremden Tätigkeit während eines vollen Ausbildungstages aus dem Rahmen von Sinn und Zweck der Ausbildung für einen bestimmten Beruf fällt; bestenfalls kurzfristige Gefälligkeiten erscheinen angemessen. Unvereinbar mit den sachlichen Pflichten aus einem Ausbildungsverhältnis ist der Zwang zur Teilnahme an Betriebsausflügen und ähnlichen Veranstaltungen, weil dies den Grundrechten der freien Entfaltung der Persönlichkeit und der Menschenwürde widersprechen würde, die insoweit auch im Privatrechtsverkehr gelten (*ArbG Marburg* 27.11.1962 BB 1963, 514).

55 Weigert sich der Auszubildende, **Überstunden** zu leisten, so kann hierin ein wichtiger Grund zur fristlosen Kündigung liegen. Zwar hat sich die Heranziehung zu Mehrarbeit auf Ausnahmefälle zu beschränken, sie ist aber grds. nicht ausgeschlossen (*LAG Mannheim* 31.3.1953 BB 1953, 593; für gelegentliche Mehrbeschäftigung: *LAG Düsseld.* 27.1.1955 DB 1955, 292). Allerdings sind die Vorschriften des Arbeitszeitgesetzes (insbes. §§ 3 ff. ArbZG) bzw. des JArbSchG (§§ 8 ff.) vom Ausbildenden strikt einzuhalten. Die Verweigerung von erlaubter Mehrarbeit kann dann eine Kündigung nicht rechtfertigen, wenn absolut ausbildungsfremde Tätigkeiten verlangt werden (*ArbG Reutlingen* 22.1.1989 AuR 1986, 1837; *LAG Stuttg.* 15.5.1985 – 2 Sa 26/85, nv).

56 Wenn ein Auszubildender den Ausbildungsplatz trotz Ablehnung seiner entsprechenden Bitte vorzeitig verlässt (*LAG RhPf* 25.4.2013 LAGE § 22 BBiG 2005 Nr. 5) oder nur einen **Tag von der Ausbildung fernbleibt**, stellt dies keinen wichtigen Grund dar (ebenso wenig bei wenigen Tagen, *ArbG Solingen* 6.12.1984 EzB § 15 Abs. 2 Nr. 1 BBiG Nr. 55). Dieser ist erst gegeben bei **beharrlichem Leistungsverzug** und auch bei Fehlschlagen pädagogischer Maßnahmen im Benehmen mit dem Elternhaus (*ArbG Karlsruhe* 28.8.1957 ARSt Bd. XIX, 62, Nr. 180). Allerdings müssen auch hierbei alle Umstände des Einzelfalles berücksichtigt werden, die in besonderen Situationen zur Verschärfung der Anforderungen an den Ausbildenden führen können. Ob aber einem Umschüler, der einen Tag von einem Lehrgang unentschuldigt fernbleibt, fristlos gekündigt werden kann (*ArbG Husum* 14.4.1972 ARSt 1973, 7, Nr. 10), ist zweifelhaft, weil dadurch wohl kaum das Berufsausbildungsziel gefährdet wird. Im Übrigen liegt durch das Versäumnis der Nachteil in erster Linie beim Auszubildenden selbst, wenn er fernbleibt. Das Gericht verkennt, dass eine fristlose Entlassung nicht nur Sanktionsfunktion hat. Auch im Falle des unentschuldigten Fehlens einer Auszubildenden kurz vor der Abschlussprüfung ist die Kündigung nur ausnahmsweise gerechtfertigt (*LAG Köln* 22.1.2013 – 11 Sa 783/12, EzB § 22 Abs. 2 BBiG Nr. 72b; *LAG Rh-Pf* 20.11.2018 8 Sa 24/18 EzB § 22 Abs. 3 BBiG Nr. 22). Zum eigenmächtigen Urlaubsantritt vgl. Rdn 46. Das verspätete Zuleiten eines ärztlichen Attests und das einmalige **Fehlen ohne ärztliches Attest** rechtfertigen nicht die fristlose Kündigung eines Auszubildenden, dessen Lehrzeit gem. § 14 Abs. 3 BBiG wegen nicht bestandener Abschlussprüfung verlängert worden ist (*LAG SchlH* 9.12.1987 EzB § 15 Abs. 2 Nr. 1 BBiG Nr. 69). Verweigert der Auszubildende trotz Abmahnung die **Teilnahme an der berufspraktischen Ausbildung** nach dem vormittäglichen Berufsschulunterricht, kann die Kündigung gerechtfertigt sein (*LAG Bln-Bra* 13.10.2008 – 15 Sa 1608/08, MDR 2009, 209).

57 Wegen **unbefugten Fahrens eines Kfz** auf dem Betriebsgelände durch einen Auszubildenden im Kfz-Handwerk kann diesem fristlos gekündigt werden (*ArbG Passau* 10.2.1966 ARSt 1966, 84, Nr. 139), allerdings sollte angesichts des jugendlichen Drangs desjenigen, der sich für die Kfz-Ausbildung entscheidet, für das Autofahren und die starke Verführung dazu in der Kfz-Werkstatt berücksichtigt werden, so dass erst nach deutlicher Abmahnung eine fristlose Kündigung begründet ist, selbst dann, wenn es beim unbefugten Fahren zur Beschädigung von Kunden-KfZ gekommen ist (*Hess. LAG* 28.8.2007 – 17 Sa 518/07). Das *LAG Bln.* (9.6.1986 LAGE § 15 BBiG aF Nr. 2) verneint demgegenüber die fristlose Kündigung eines als Speditionskaufmann Auszubildenden, der nach Arbeitsschluss einen ihm anvertrauten Firmen-Pkw unerlaubt benutzt und schuldhaft einen Kfz-Unfall mit Sachschaden verursacht. Die **pflichtwidrige Nutzung** eines dem Auszubildenden zur Verfügung gestellten **Dienstcomputers** stellt zumindest ohne vorherige Abmahnung keinen

wichtigen Grund zur Kündigung dar (*ArbG Hildesheim* 30.5.2001 LAGE § 15 BBiG Nr. 13). Werden E-Mails mit betrieblichen Daten auf ein privates E-Mail-Fach übertragen, insbes. im Vorfeld eines Wechsels zu einem anderen Arbeitgeber, so kann dies wegen schwerwiegender Vertragsverletzung zur Kündigung berechtigen (LAG BB 16.5.2017 7 Sa 38/17 EzB § 22 Abs. 2 Nr. 1 BBiG Nr. 82). Ebenso werden die berechtigten Interessen des Arbeitgebers verletzt, wenn ein Personalgespräch vom Auszubildenden heimlich auf einen Tonträger aufgenommen wird (Hess LAG 23.8.2017 6 Sa 137/17 EzB § 22 Abs. 2 Nr. 1 BBiG Nr. 82a).

58 Soweit schwere **charakterliche Mängel** aber zu einem Fehlverhalten führen, das an der **Geeignetheit für den angestrebten Beruf** starke Zweifel aufkommen lässt, kann der Auszubildende fristlos gekündigt werden. So entschied das *ArbG Hildesheim* (1.11.1962 WA 1965, 23) bei einer Auszubildenden für den Beruf der Anwaltsgehilfin, die bewusst unerledigte Akten unter die erledigten sortierte und bei der Suche nach den betreffenden Akten das Auffinden hintertrieb. Hierbei handelte es sich nicht mehr um eine tolerierbare Unzuverlässigkeit, sondern um die Missachtung einer Vertrauensstellung bei einem Rechtsanwalt, da neben den Interessen des Ausbildenden auch die seiner Mandanten in Frage stehen. Für einen derartigen Sachverhalt knüpft das *LAG Köln* (21.8.1987 LAGE § 15 BBiG Nr. 5) an die Berechtigung der Kündigung die Voraussetzung, dass das Fehlverhalten eindeutig dem Verantwortungsbereich des Auszubildenden zuzuordnen ist.

59 **Gewerkschaftliche** und **politische Meinungsäußerung** und **Betätigung im Betrieb** sowie die **Mitgliedschaft** in einer entsprechenden Organisation rechtfertigen idR nicht eine fristlose Kündigung. Dem Auszubildenden stehen wie jedem anderen Arbeitnehmer diese Grundrechte zu, wobei in Übereinstimmung mit der ständigen Rechtsprechung des BAG von der sog. Drittwirkung dieser Grundrechte, also ihrer unmittelbaren Anwendbarkeit auch auf Arbeitsverhältnisse auszugehen ist. Allerdings kann etwas anderes gelten, wenn diese Aktivitäten das Arbeitsverhältnis deutlich beeinträchtigen (vgl. zusammenfassend: *BAG* 15.7.1971 EzA § 1 KSchG Nr. 19) und den Interessen des Arbeitgebers zuwidergehandelt wird (*BAG* 24.8.1972 KJ 1972, 409 ff.). Statthaft sind kritische Tatsachen- und **Meinungsdarstellungen über den Ausbildungsbetrieb**, soweit diese intern bleiben oder lediglich an eine mit den entsprechenden Problemen befasste Öffentlichkeit adressiert sind (zB Diskussion von Missständen im Rahmen der betrieblichen Ausbildung in der Berufsschule), weil gerade die freie Diskussion gemeinschaftswichtiger Fragen einen besonders weiten Schutz im Rahmen der Meinungsfreiheit des Art. 5 Abs. 1 GG genießt (*BGH* 21.6.1966 BGHZ 45, 296 ff., 308). Kritische, auch scharfe und überzogene Äußerungen (*BAG* 18.12.2014 2 AZR 265/14) gegenüber dem Ausbildenden, die Werturteile enthalten, fallen in den Schutzbereich des Art. 5 Abs. 1 GG und berechtigen idR nicht zu einer Kündigung (*LAG Rh-Pf* 2.2.2017 5 Sa 251/16 EzB § 22 Abs. 2 Nr. 1 BBiG Nr. 80 Rz 58). Etwas Anderes gilt bei bewusst unwahren Tatsachenbehauptungen und üblen Nachreden (*LAG Rh-Pf* 9.3.2017 Sa/Ga 2/17 EzB § 22 Abs. 2 Nr. 1 BBiG Nr. 81). Die sog. **Kollektivierung** von Auszubildenden stellt keinen wichtigen Grund zur fristlosen Kündigung eines Auszubildenden dar (*ArbG Bln.* 27.3.1969 Entsch. Kal. 1969, 563). Art. 9 Abs. 3 GG gewährleistet die Bildung von Kollektiven zur Wahrnehmung der Interessen im Betrieb (*ArbG Solingen* 16.9.1971 KJ 1971, 441 ff., 443), wobei es auch erlaubt ist, Resolutionen zu verfassen, sich außerhalb des Betriebes zu treffen und für die Vereinigung zu werben sowie Rundschreiben im Betrieb zu verbreiten (wenn sie sich auf betriebsinterne Probleme beziehen, *ArbG Bln.* 27.3.1969 Entsch. Kal. 1969, 563). Diese Rechte sind aber abzuwägen gegenüber den berechtigten Interessen des Arbeitgebers am Betriebsfrieden und der Wahrung der sich aus dem Berufsausbildungsvertrag ergebenden Pflichten. Ebenso kann einem Praktikanten wegen der Wahrnehmung seiner Rechte zu **jugendpolitischer Betätigung** nicht fristlos gekündigt werden (*LAG Hamm* 7.9.1972 AuR 1972, 383). Die Weigerung eines Auszubildenden im öffentlichen Dienst (Krankenpflegeschüler), sich von den Zielen und Absichten einer **verfassungsfeindlichen Partei** (weiland KBW) zu distanzieren und entsprechende Aktivitäten künftig zu unterlassen, ist keine Verletzung des Ausbildungsvertrages. Weder damit allein noch als letztes Glied einer Kette von Vertragsverletzungen ist eine fristlose Kündigung nach § 22 Abs. 2 Nr. 1 BBiG zu rechtfertigen (*LAG RhPf* 29.5.1978 AuR 1979, 61). Parteipolitische (hier: kommunistische) Agitation stellt einen Kündigungsgrund dar, wenn sie das Ausbildungsverhältnis tatsächlich beeinträchtigt und den **Betriebsfrieden** ernsthaft und schwer

gefährdet (*ArbG Kiel* 20.12.1974, zit. nach *Hurlebaus* GewArch 1980, 14). Als ein schwerwiegender Verstoß gegen vertragliche Pflichten und als nachhaltige Beeinträchtigung der Interessen des ausbildenden Betriebes ist die Kündigung des Auszubildenden gerechtfertigt, wenn er während der Arbeitszeit und mit Hilfe der ihm zur Verfügung gestellten Arbeits- bzw. Ausbildungsmittel **neonazistische Ansichten** verbreitet. In diesem vom *LAG Köln* (11.8.1995 LAGE § 15 Abs. 2 BBiG aF Nr. 10) entschiedenen Fall hatte der Auszubildende nicht lediglich Fragen aufgeworfen und zur Diskussion gestellt, sondern – offensichtlich falsche, längst widerlegte und deshalb nicht dem Schutz des Art. 5 Abs. 1 GG unterfallende – Behauptungen aufgestellt. Einen Kündigungsgrund, ohne dass es der vorherigen Abmahnung bedarf, stellen ausländerfeindliche und neonazistische und damit andere Auszubildende missachtende Verhaltensweisen dar, die auch geeignet sind, den Betriebsfrieden sowie das Ansehen und die Außenbeziehungen des ausbildenden Arbeitgebers zu gefährden (*BAG* 1.7.1999 EzA § 15 BBiG aF Nr. 13).

Die mit einer kurzfristigen **Arbeitsniederlegung** verbundene Teilnahme eines Auszubildenden an einer seine Ausbildungsprobleme betreffenden Kundgebung (Arbeitskampfmaßnahme) wird durch das in Art. 9 Abs. 3 GG verankerte Recht auf Vereinigungsfreiheit geschützt (*BAG* 12.9.1984 AP Nr. 31 zu Art. 9 GG Arbeitskampf; 29.1.1985 AP Nr. 83 zu Art. 9 GG Arbeitskampf; *ArbG Solingen* 16.9.1971 KJ 1971, 441; *Wohlgemuth* Zum Streikrecht des Auszubildenden, BB 1983, 1103) und stellt keinen wichtigen Grund zur fristlosen Kündigung dar. Nach der Entscheidung des *ArbG Solingen* (das sogar eine strenge Verwarnung für diesen Fall ablehnt) sind von derartigen Arbeitskampfmaßnahmen lediglich die materiellen Bedingungen des Ausbildungsverhältnisses wie Vergütung, Urlaub und Ausbildungszeit betroffen. Es spricht nichts dafür, dass die Beteiligung des Auszubildenden an einem Streik gerade und nur über die materiellen Bedingungen zu einer Beeinträchtigung des Fürsorge- und Treueverhältnisses führen müsste. Vielmehr handelt es sich insoweit neben dem Anspruch des Auszubildenden auf eine sachgerecht durchgeführte Ausbildung um gesetzlich anerkannte und gewährleistete Interessen (vgl. dazu *Lehmann* AuR 1973, 70). Es kann sogar den Grundsatz der Verhältnismäßigkeit verletzen, wenn ein Arbeitgeber einem Auszubildenden eine schriftliche Rüge verbunden mit der Androhung der fristlosen Kündigung deshalb erteilt, weil der Auszubildende an einem **gewerkschaftlich organisierten Warnstreik** teilgenommen hat. Eine solche Rüge muss der Arbeitgeber aus den Personalakten entfernen (*ArbG Stuttg.* 14.11.1979 AP Nr. 68 zu Art. 9 GG Arbeitskampf). 60

Ob in erheblichen **Verstößen gegen die in § 13 BBiG aufgelisteten Verhaltensmaximen** für die Berufsausbildung ein wichtiger Grund liegen kann, hängt vom Stand der Ausbildung, der Nichtbeachtung von Abmahnungen und den Umständen des Einzelfalls ab. § 13 BBiG lautet: 61

»*§ 13*
Verhalten während der Berufsausbildung

¹*Auszubildende haben sich zu bemühen, die berufliche Handlungsfähigkeit zu erwerben, die zum Erreichen des Ausbildungsziels erforderlich ist.* ²*Sie sind insbesondere verpflichtet,*
1. *die ihnen im Rahmen ihrer Berufsausbildung aufgetragenen Aufgaben sorgfältig auszuführen,*
2. *an Ausbildungsmaßnahmen teilzunehmen, für die sie nach § 15 freigestellt werden,*
3. *den Weisungen zu folgen, die ihnen im Rahmen der Berufsausbildung von Ausbildenden, von Ausbildern oder Ausbilderinnen oder von anderen weisungsberechtigten Personen erteilt werden,*
4. *die für die Ausbildungsstätte geltende Ordnung zu beachten,*
5. *Werkzeug, Maschinen und sonstige Einrichtungen pfleglich zu behandeln,*
6. *über Betriebs- und Geschäftsgeheimnisse Stillschweigen zu wahren,*
7. *einen schriftlichen oder elektronischen Ausbildungsnachweis zu führen.*«

bb) Verhalten gegenüber der Person des Ausbildenden

Grobe **Missachtung des Ausbildenden** berechtigt diesen idR zur fristlosen Kündigung (*LAG Frankf.* 23.11.1954 SAE 1955, 150), insbesondere wenn der Auszubildende seine abwertende Ansicht durch das Götz-Zitat und andere grobe Beleidigungen wie z. B. die Titulierung des ausbildenden 62

Arbeitgebers auf einer **Internet-Plattform** als »Menschenschinder« und »Ausbeuter« sowie die zu verrichtende Tätigkeit als »dämliche Scheiße« (*LAG Hamm* 10.10.2012 LAGE § 22 BBiG 2005 Nr. 4) zum Ausdruck bringt. Die Erziehungspflicht findet ihre Grenze, wenn es sich um einen »Flegel« handelt (*ArbG Emden* 5.6.1968 ARSt 1969, 14, Nr. 1010). Dagegen stellt die Äußerung eines Auszubildenden, der ihm vorgesetzte Ausbilder sei ein kleines Licht, keinen wichtigen Grund dar (*ArbG Emden* 5.12.1973 ARSt 1974, 47, Nr. 1027). Auch reicht die **Beleidigung** des Ausbildenden, er sei ein Ausbeuter erster Klasse und ein Volkszertreter, für eine Kündigung nicht aus (*ArbG Göttingen* 14.3.1976, zit. nach *Natzel* BBiG S. 287). Ebenso kann nicht wegen »schnippischer Antworten« entlassen werden, weil der Ausbildende mit Fehlern und menschlichen Unzulänglichkeiten bei jungen Menschen rechnen muss, die zunächst im Einvernehmen mit den Erziehungsberechtigten korrigiert werden sollten (*LAG Hannover* 5.6.1957 WA 1957, 173, Nr. 337). Soweit Äußerungen des Auszubildenden ein Werturteil enthalten und sich inbes. Tatsachen und Meinungen vermengen und durch Elemente einer Stellungnahme geprägt sind, fallen sie in den Schutzbereich des Art. 5 Abs. 1 GG und können dem allgemeinen Persönlichkeitsrecht des Ausbildenden vorangehen und stellen u.U. keine erhebliche Pflichtverletzung des Auszubildenden dar (*LAG RhPf* 2.3.2017 – 5 Sa 251/16, EzB § 22 Abs. 2 Nr. 1 BBiG Nr. 80). Ein Ausbildungsverhältnis kann dagegen außerordentlich gekündigt werden, wenn der Auszubildende in vorwerfbarer Weise eine Kündigung des Ausbilders »provoziert« (hier: schaffen »vollendeter Tatsachen«, um eine dem Auszubildenden günstige einseitige Vertragsänderung »durchzudrücken«, *LAG Frankf.* 21.3.1985 – 12 Sa 650/84). Die **Androhung von Gewalt** einem Vorgesetzten gegenüber kann einen Grund für die fristlose Kündigung des Berufsausbildungsverhältnisses darstellen, wenn die Drohung erkennbar ernst gemeint ist (*LAG Düsseld.* 13.2.1990 EzB § 15 Abs. 2 Nr. 1 BBiG Nr. 73). **Wutausbrüche** und Drohungen zu Tätlichkeiten gegenüber dem Ausbildenden berechtigen zur Kündigung gem. § 22 Abs. 1 Nr. 1 BBiG (*ArbG Frankf./M.* 15.2.2006 VjA-EzB § 22 BBiG 2005 Nr. 2). Eine ernstzunehmende Drohung, den Ausbildenden »abzustechen«, insbes. auch, wenn Schnittwerkzeuge in der Werkstatt herumliegen, beeinträchtigt den Betriebsfrieden und rechtfertigt die Kündigung des Auszubildenden (*ArbG Frankf./M.* 19.6.2008 – 22 Ca 9143/07). Vorhaltungen des Erziehungsberechtigten gegenüber dem Ausbildenden wegen Unzulänglichkeiten in der Ausbildung und Nichteinhaltung von Arbeitsschutzvorschriften berechtigen nicht zur fristlosen Entlassung des Auszubildenden, selbst wenn die Vorwürfe nicht voll zutreffen.

cc) Leistungen des Auszubildenden im Betrieb

63 Grundsätzlich darf ein Auszubildender nicht mit der Begründung fristlos entlassen werden, er werde wegen seiner Leistungen mit hoher Wahrscheinlichkeit in der bevorstehenden Prüfung versagen (*LAG RhPf* 25.4.2013 LAGE § 22 BBiG 2005 Nr. 5). Anders allerdings, wenn die Erfolgsaussichten so gering sind, dass die Mühewaltung des Ausbildenden nach Treu und Glauben in keinem mehr tragbaren Verhältnis zu den Erfolgsaussichten steht (*LAG Köln* 8.1.2003 LAGE § 15 BBiG Nr. 14; *ArbG Kiel* 14.5.1959 ARSt Bd. XXIII, 61, Nr. 170). Das kann sich aus einer gutachtlichen Auskunft der zuständigen Stelle (IHK, Handwerkskammer) oder der Nichtversetzung in die Oberstufe der Berufsschule ergeben (vgl. auch *Hoffmann* DB 1963, 1186). **Schlechte Leistungen** des Auszubildenden beim Absolvieren der Zwischenprüfung kommen bei einem Auszubildenden, der fast zwei Drittel der Ausbildungszeit absolviert hat, als wichtiger Grund zur fristlosen Kündigung des Berufsausbildungsverhältnisses nur dann in Frage, wenn feststeht, dass aufgrund der im Rahmen der Zwischenprüfung aufgetretenen Ausbildungslücken das Bestehen der Abschlussprüfung ausgeschlossen ist. Eine entsprechende negative Prognose ist regelmäßig erst dann gerechtfertigt, wenn der Auszubildende eine vorangegangene einschlägige Abmahnung missachtet (*ArbG Essen* 27.9.2005 EzA-SD 2006, Heft 4, S. 11). **Konzentrationsschwäche** stellt bei solchen Auszubildenden einen wichtigen Grund dar, denen zum Zweck der Ausbildung auch selbständige Verrichtungen übertragen werden müssen, zB im Kfz-Handwerk, wo erhebliche Gefahren für die Kunden entstehen können (*ArbG Emden* 10.6.1968 ARSt 1969, 15, Nr. 1011). **Flüchtigkeitsfehler**, die jedermann unterlaufen können, sind kein wichtiger Grund (Bankkaufmann, der falsch addiert: *LAG Düsseld.* 13.11.1970 Saarl ArbN 1971, 168). Allerdings kann die **mangelnde**

Befriedigung gestellter Anforderungen nach Ablauf der Hälfte der Ausbildungszeit nicht mehr als wichtiger Grund geltend gemacht werden (*ArbG Detmold* 30.4.1957 ARSt Bd. XVIII, 142, Nr. 419). Ein zur Ausbildung in einem technischen Beruf (Rundfunk- und Fernsehtechniker) Beschäftigter kann idR nicht fristlos entlassen werden, wenn der Ausbildende ihm eine dem Ausbildungsziel nicht dienende Tätigkeit (regelmäßiges Inkasso sehr hoher Geldbeträge bei der Kundschaft) übertragen hat, bei deren Erledigung es der Auszubildende alsdann an der zumutbaren und zu erwartenden Sorgfalt fehlen lässt (Ablieferung des Inkasso erst zwei Monate später auf Vorhalt des Ausbildenden, *LAG Stuttg.* 2.11.1979 5 Sa 96/79, nv).

dd) Leistungen des Auszubildenden in der Berufsschule

Entgegen früherer Entscheidungen (*LAG Düsseld.* 13.1.1958 BB 1959, 491; *ArbG Hildesheim* 23.8.1966 ARSt 1968, 15, Nr. 1021; *ArbG Hildesheim* 27.6.1967 ARSt 1968, 15, Nr. 1019; *LAG Bay.* 7.10.1969 ARSt 1971, 158, Nr. 1204) sind jedenfalls seit dem Inkrafttreten des BBiG am 1.9.1969 bez. des BerBiRefG vom 23.3.2005 **mangelhafte Berufsschulleistungen** kein wichtiger Grund für fristlose Entlassung. Die Erfüllung der Lernpflicht im Rahmen des Unterrichts in der Berufsschule wird in der Abschlussprüfung neben den praktischen, im Betrieb vermittelten Fertigkeiten und Kenntnissen gesondert geprüft (§ 38 BBiG) und kann in das privatrechtliche Arbeitsverhältnis, dem ein eigenständiger Ausbildungsplan zugrunde liegt (§ 11 BBiG), nur einwirken, wenn auch dieses durch die Mängel in seinem Erfolg gefährdet wird (vgl. *LAG Düsseld.* 24.2.1966 BB 1966, 822). Unwirksam ist wegen Umgehung zwingenden Kündigungsrechts auch eine einzelvertragliche Vereinbarung, nach der ein Berufsausbildungsverhältnis ohne weiteres endet, wenn das Zeugnis des Auszubildenden für das nächste Berufsschuljahr in einem von bestimmten in der Vereinbarung aufgeführten Fächern die Note »mangelhaft« aufweist (*BAG* 5.12.1985 EzB § 15 Abs. 2 Nr. 1 BBiG aF Nr. 64). Die Verletzung der Pflicht zum **Berufsschulbesuch** kann einen wichtigen Grund darstellen wegen der in § 14 Abs. 1 Nr. 4 BBiG statuierten Pflicht des Ausbildenden, den Auszubildenden zum Schulbesuch anzuhalten und ihn gem. § 15 BBiG dafür freizustellen (*LAG Köln* 19.9.2006 LAGE § 22 BBiG 2005 Nr. 1). Zwar handelt es sich um eine gesetzliche Pflicht, die unabhängig vom privatrechtlichen Ausbildungsverhältnis besteht (*ArbG Bielefeld* 5.3.1985 EzB § 15 Abs. 2 Nr. 1 BBiG aF Nr. 54), jedoch ist sie integraler Bestandteil des dualen Systems der Berufsausbildung (so im Ergebnis *LAG Düsseld.* 15.4.1993 EzB BBiG § 15 Abs. 2 Nr. 1, aF Nr. 76). Nach *LAG Bln.* 20.4.1988 – 7 Sa 15/88 – ist unentschuldigtes Fehlen in der Berufsschule als Pflichtverletzung dem unentschuldigten Fehlen im Betrieb gleichzustellen, da die Verpflichtung zum Besuch des Berufsschulunterrichts im Berufsausbildungsvertrag festgelegt sei; *ArbG Bamberg* 28.11.1985 – 1 Ca 535/85). **Unentschuldigtes Fehlen** beim Berufsschulunterricht rechtfertigt dann eine fristlose Kündigung, wenn dadurch die Ausbildung im Betrieb beeinträchtigt wird oder wenn der Auszubildende wahrheitswidrig das Vorliegen einer ärztlichen Arbeitsunfähigkeitsbescheinigung behauptet, um den Ausbildenden zu veranlassen, ihm die Ausbildungsvergütung fortzuzahlen bzw. zu belassen, obgleich er hierauf keinen Anspruch hatte (*ArbG Düsseld.* 3.12.1984 EzB § 15 Abs. 2 Nr. 1 BBiG aF Nr. 53; vgl. Rdn 65 aE). Einen wichtigen Grund für eine außerordentliche Kündigung stellt auch eine sich über elf Kalendertage erstreckende und voraussichtlich fortdauernde Abwesenheit vom Berufsschulunterricht ohne Information zum Abwesenheitsgrund und ohne arbeitsunfähig zu sein dar, zumal wenn der Auszubildende volljährig ist (*ArbG Magdeburg* 7.9.2011 – 3 Ca 1640/11, LAGE § 22 BBiG 2005 Nr. 3). Schlechte Leistungen des Auszubildenden beim Absolvieren der **Zwischenprüfung** kommen bei einem Auszubildenden, der fast zwei Drittel der Ausbildungszeit absolviert hat, als wichtiger Grund zur fristlosen Kündigung des Berufsausbildungsverhältnisses nur dann in Frage, wenn feststeht, dass auf Grund der im Rahmen der Zwischenprüfung aufgetretenen Ausbildungslücken das Bestehen der Abschlussprüfung ausgeschlossen ist (*ArbG Essen* 27.9.2005 VjA-EzB § 22 BBiG Nr. 1).

ee) Gründe in der Person des Auszubildenden

Mangelnde Eignung für den angestrebten Beruf trotz Erschöpfung aller Erziehungsmittel ist kein wichtiger Grund (anders *LAG München* 29.6.1955 WA 1956, 77, Nr. 164), weil sich die Parteien während der Probezeit ein Bild über die Geeignetheit machen sollen (*BAG* 29.10.1957 AP Nr. 10 zu § 611 BGB Lehrverhältnis; *LAG Stuttg.* 8.10.1951, BB 1952, 378). Langanhaltende Krankheit kann einen wichtigen Grund darstellen, wenn im Zeitpunkt des Kündigungsausspruchs ein Ende der **Krankheit** nicht absehbar ist (*ArbG Heidelberg* 23.5.1957 ARSt Bd. XIX, 19, Nr. 55) und dadurch die Verwirklichung des Ausbildungszieles unmöglich gemacht wird (*LAG Düsseld.* 24.1.1968 DB 1968, 401). Im Fall häufiger **Kurzerkrankungen** ist der Ausbildende auch bei negativer Gesundheitsprognose nicht zur fristlosen Kündigung berechtigt, weil er es dem Auszubildenden ermöglichen soll, innerhalb der Ausbildungszeit das Ausbildungsziel zu erreichen (*LAG Rh-Pf* 2.3.2017 5 Sa 251/16 EzB § 22 Abs. 2 Nr. 1 BBiG Nr. 80 Rz 52). Wenn ein Auszubildender sich von einer krankhaften **Trunksucht** durch den Aufenthalt in einer Heilstätte befreien konnte und nach erfolgter Rehabilitation der gute Wille des Auszubildenden zur Wiederholung der Ausbildung vorliegt, kann trotz längerer Abwesenheit das Ausbildungsverhältnis nicht fristlos gekündigt werden, sondern es ist dem Ausbildenden eine Wiederholung der Ausbildung zuzumuten (*BAG* 20.1.1977 EzA § 611 BGB Ausbildungsverhältnis Nr. 8). **Drogenkonsum** berechtigt erst nach Ausschöpfung von Therapiemaßnahmen und im Fall von Gefährdungen anderer Arbeitnehmer eine Kündigung. Zu differenzieren ist zwischen regelmäßigem Drogenkonsum und lediglich dem Probieren (*Taubert* HzA Berufliche Bildung Rn 1268; *LAG Bln.* 17.12.1970 EzB § 15 Abs. 2 Nr. 1 BBiG aF Nr. 31; *ArbG Wilhelmshaven* 16.4.1982 EzB § 15 Abs. 2 Nr. 1 BBiG aF Nr. 47). Die **Schwangerschaft** einer nichtverheirateten Auszubildenden ist kein wichtiger Grund (*ArbG Celle* 20.3.1968 ARSt 1968, 152, Nr. 177). Zur Heirat einer weiblichen Auszubildenden vgl. Rdn 90. Zu **üppige Haartracht** rechtfertigt im Allgemeinen keine fristlose Kündigung, allerdings kann bei hygienischer Gefährdung und aus Gründen der individuellen und betrieblichen Sicherheit etwas anderes gelten (*ArbG Essen* 17.5.1966 BB 1966, 861; *ArbG Bayreuth* 7.12.1971 BB 1972, 175). Kein wichtiger Grund ist das Anstoßnehmen von Kunden des Ausbildenden an der Beatle-Frisur. Der sog. »Irokesenschnitt« kann dem Erscheinungsbild eines Kaufmanns bzw. kfm. Angestellten widersprechen und braucht vom ausbildenden Betrieb nicht geduldet zu werden (*LAG BW* 11.7.1989 EzB § 15 Abs. 3 aF BBiG Nr. 33; *DDZ-Däubler* § 22 BBiG Rn 28). Nach einer Entscheidung des *LAG RhPf* 2.3.2017 – 5 Sa 251/16, EzB § 22 Abs. 2 Nr. 1 BBiG Nr. 80 soll eine Kündigung auch bei negativer Gesundheitsprognose ungerechtfertigt sein, weil es dem Ausbildenden zumutbar sei, dem Auszubildenden auch bei häufigen Kurzerkrankungen innerhalb der Ausbildungszeit die Möglichkeit eines erfolgreichen Ausbildungsabschlusses zu bieten.

ff) Kriminelles Verhalten

66 Nicht jedes kriminelle Verhalten rechtfertigt für sich eine außerordentliche Kündigung. Entscheidend sind die Umstände des Einzelfalles, die Schwere der Verfehlung sowie die Frage, ob alle denkbaren pädagogischen Mittel ausgeschöpft sind. Die **Entwendung** geringwertiger Verkaufsgegenstände wird sogar als nicht untypisch für jedes Ausbildungsverhältnis angesehen, soweit dies Verhalten wegen des Alters und der zurückgebliebenen persönlichen Reife noch korrigierbar erscheint. Anderes kann der Versuch der Entwendung von Baumaterial im Wert von ungefähr 40 € zu bewerten sein, wenn der Auszubildende aktiv versucht, seine Tat zu verwischen (*LAG MV* 5.4.2016 – 2 Sa 84/15, EzB § 22 Abs. 2 Nr. 1 BBiG Nr. 79). Die Wegnahme der Geldbörse eines Ausbildungskollegen kann noch kein wichtiger Grund sein (anders *ArbG Herne* 6.9.1967 ARSt 1968, 47, Nr. 1082), solange es sich um einen einmaligen Vorfall handelt und dem Ausbildenden noch die pädagogische Einwirkung obliegt, den Auszubildenden von seinen delinquenten Versuchungen zu einem sozial normgerechten Verhalten zu leiten. Allerdings kann etwas anderes gelten, wenn die Ausbildung die **Übertragung von besonderer Verantwortung** und Vertrauen erfordert, wie zB in einer Kfz-Reparaturwerkstatt. Entwendet hier der Auszubildende auch nur einen geringen Geldbetrag aus einem Kundenfahrzeug, so liegt darin ein wichtiger Grund, weil sonst die Gefahr des Vertrauensverlustes des Kunden in die Werkstatt dem Inhaber nicht zumutbar ist (*LAG Düsseld.* 6.11.1973 EzB BBiG § 15 Abs. 2 Nr. 1 aF, Nr. 17). Keinen wichtigen Grund zur Kündigung sieht das *LAG Nds.* (15.9.1989 – 15 Sa 801/89) im Fall eines mehrfachen »Berufsschulschwänzens«, das der Auszubildende bei der Berufsschule mit einem von ihm verfassten – und unbefugterweise mit einem

Stempelaufdruck des Ausbildungsbetriebes versehen – Schreibens entschuldigt hat. Das Gericht hält hier eine Abmahnung für ausreichend und dem Ausbildenden zumutbar. Nicht gefolgt werden kann dem *ArbG Braunschweig* (7.3.1989 EzB § 15 Abs. 1 BBiG aF Nr. 68), das einen wichtigen Grund zur außerordentlichen Kündigung darin erkennt, dass es ein Auszubildender billigend in Kauf nimmt, auch **Vergütung für unentschuldigte Fehltage** in der Berufsschule zu erhalten, für die ihm keine Vergütung zustand. Wegen dieses Fehlverhaltens ist zunächst eine Abmahnung auszusprechen (das *LAG Hannover* 15.9.1989 – 15 Sa 801/89; aA *Taubert* HzA Berufsbildungsrecht Gruppe 9 Rn 300 mwN).

Entwendet ein Auszubildender kurz vor Ableistung der Fachprüfung Arbeitsmaterial aus dem Betrieb, das er zu dieser Prüfung benötigt, so ist dies kein wichtiger Grund zur Entlassung. Zwar kann bei der Entnahme von Material die entsprechende Verbuchung verlangt werden, doch sind bei einem kurz vor der Prüfung stehenden jungen Menschen mildere Maßstäbe anzulegen (*ArbG Gelsenkirchen* 20.3.1980 BB 1980, 679 hinsichtlich einer Straftat nach zwei Dritteln der Ausbildungszeit). Auch bei **erheblichem kriminellen Verhalten** (zB Beteiligung an Bandendiebstählen) kann dem ausbildenden Arbeitgeber uU eine fristlose Kündigung verwehrt sein: Wenn die Fortsetzung des Ausbildungsverhältnisses entscheidend zur **Resozialisierung** eines – insbes. jungen – straffälligen Auszubildenden beiträgt, kann unter Abwägung aller Umstände des Einzelfalles der Ausbildende verpflichtet sein, die Ausbildung vertragsgemäß zu Ende zu führen (*ArbG Reutlingen* 20.5.1977 AP Nr. 5 zu § 15 BBiG aF; aA ErfK-*Schlachter* BBiG § 22 Rn 5). Wenn dem Ausbildenden erst nach einer sieben Monate ohne besondere Vorfälle verlaufenen Ausbildungszeit bekannt wird, dass der Auszubildende vorbestraft ist, stellt es keinen wichtigen Grund dar, wenn der Ausbildende vor Abschluss des Vertrages nicht danach gefragt hat (*ArbG Wilhelmshaven* 9.11.1972 ARSt 1974, 21, Nr. 28). Die Frage nach für das Ausbildungsverhältnis einschlägigen **Vorstrafen** und laufenden Verfahren bedeutet keinen unzulässigen Übergriff in die Privatsphäre.

67

gg) Außerbetriebliches Verhalten

Das **außerdienstliche Verhalten** des Auszubildenden kann grds. keinen Anlass zu irgendwelchen Maßnahmen des Ausbildenden geben. Wenn es allerdings direkt oder indirekt auf das Ausbildungsverhältnis zurückwirkt, erfordert dies erzieherische Maßnahmen zur Korrektur des fehlerhaften Verhaltens. In extremen Einzelfällen hat die Rechtsprechung auch eine fristlose Kündigung bejaht. Sog. »**liederlicher Lebenswandel**«, dh auf Dauer bezogene Verhaltensweise, die gegen die guten Sitten verstößt und »wiederholte Verletzung der Pflicht zum anständigen Benehmen« soll nach *ArbG Bln.* (11.2.1960 Entsch. Kal. 1960, IV, 199) eine fristlose Kündigung rechtfertigen, nicht dagegen eine einmalige Entgleisung. Dem ist entgegenzuhalten, dass es nicht dem Ausbildenden überlassen sein kann, die sich im dauernden Wandel befindlichen Maßstäbe für die guten Sitten zu definieren und derart auf das Privatleben des Auszubildenden Einfluss zu nehmen. So stellt nach einer Entscheidung aus dem Jahr 1997 die Veröffentlichung sog. »**softpornografischer Fotos**« in einer Zeitschrift keinen außerordentlichen Kündigungsgrund dar, es sei denn, das Zeitschriftenmaterial hat pornografischen Inhalt iSd strafrechtlichen Definition (*ArbG Passau* 11.12.1997 NZA 1998, 427 im Falle einer Umschülerin). Entgegen *ArbG Bln.* (11.2.1960 Entsch. Kal. 1960, IV, 199) besteht kein sachlicher Grund, wegen der »besonderen Notwendigkeit der sog. Reinheit des öffentlichen Dienstes in personeller Hinsicht« zwischen Auszubildenden zum Beamten und Angestellten im öffentlichen Dienst und handwerklichen Auszubildenden im öffentlichen Dienst zu differenzieren. Zwar kann von einem im öffentlichen Dienst stehenden Auszubildenden die Erfüllung staatsbürgerlicher Pflichten besonders erwartet werden, doch ist dessen Nichtbefolgung der Aufforderung zur **Wehrerfassung** kein wichtiger Grund zur fristlosen Kündigung wegen pflichtwidrigen Verhaltens, weil die Erfüllung dieser Pflichten durch gesetzliche Maßnahmen gesichert ist (Vorführung, Geldbuße – *LAG Kiel* 8.1.1960 BB 1960, 667). Aktivitäten des **krankgeschriebenen Auszubildenden** können einen wichtigen Grund zur fristlosen Kündigung darstellen, wenn dadurch der Heilungsprozess verzögert oder anders beeinträchtigt wird (zB Besuch eines Schwimmbades ohne zu baden, *ArbG Heide* 14.8.1969 ARSt 1969, 175, Nr. 1261) oder sich diese Aktivitäten in sonstiger Weise negativ auf das Ausbildungsverhältnis auswirken (Ableisten größerer Anzahl von Autofahrstunden lässt

68

nach *ArbG Stade* 16.10.1970 ARSt 1971, 31 schlechte Einstellung zur Arbeit erkennen, weil der Auszubildende entsprechend den Anordnungen des Arztes den Genesungsprozess durch Spaziergänge und dgl. zu fördern habe). Unwirksam ist auch die Kündigung des Berufsausbildungsverhältnisses wegen außerhalb des Betriebs begangener Straftaten (*ArbG Bochum* 9.8.1979 DB 1980, 214; vgl. auch Rdn 65, 66). Die fristlose Kündigung aufgrund einer **Straftat**, die mit dem Arbeitsverhältnis nicht in unmittelbarem Zusammenhang steht, ist nur dann gerechtfertigt, wenn sie sich auf das Arbeitsverhältnis in der Weise auswirkt, dass das wechselseitige Vertrauensverhältnis durch die Straftat erschüttert ist (*LAG Bln-Bra* 13.11.2009 – 13 Sa 1766/09, LAGE § 22 BBiG Nr. 2; *LAG MV* 30.8.2011 – 5 Sa 3/11, EzB § 22 Abs. 2 Nr. 1 BBiG Nr. 70). Außerhalb des Arbeitsverhältnisses begangene Straftaten bedeuten die Verletzung staatsbürgerlicher Pflichten, nicht aber in jedem Fall auch die Verletzung arbeitsrechtlicher Pflichten (*LAG Hmb.* 14.11.1983 – 4 Sa 86/83, nv). Bei Vergehen gegen das Betäubungsmittelgesetz vgl. *ArbG Wilhelmshaven* 16.4.1982 EzB § 15 Abs. 2 Nr. 1 BBiG aF Nr. 47.

hh) Gründe im Betrieb des Ausbildenden

69 Im Falle der **Insolvenz** mit einer damit verbundenen Stilllegung des Betriebs infolge wirtschaftlichen Rückgangs ist die vorzeitige Lösung des Ausbildungsverhältnisses ausnahmsweise gerechtfertigt. Das Recht zur Kündigung steht sowohl dem Insolvenzverwalter als auch dem Auszubildenden zu; denn nach der Interessenlage beider Parteien ist ein Festhalten am Vertrag unsinnig. Arbeitsmangel dagegen reicht nicht aus (*ArbG Heidelberg* 23.6.1956 ARSt Bd. XVIII, 23, Nr. 72 mwN; nach *LAG Nbg.* 25.11.1975 EzB § 15 Abs. 2 Nr. 1 aF, Nr. 38 reichen weder Arbeitsmangel noch Insolvenz zur fristlosen Kündigung gem. § 15 Abs. 2 Nr. 1 BBiG aF aus). Ebenso erscheint eine fristlose Kündigung gegenüber dem Auszubildenden mit dem Gesetz unvereinbar.

70 Im Falle der außerordentlichen Kündigung des Berufsausbildungsverhältnisses wegen **Insolvenz** ist als **Kündigungsfrist** eine Auslauffrist einzuhalten, die der dreimonatigen Höchstfrist zum Monatsende gem. § 113 Abs. 1 S. 2 InsO entspricht.

71 **Die Stilllegung des Betriebes** verunmöglicht die weitere Ausbildung und berechtigt zur Kündigung des Ausbildungsvertrages, weil die Fortsetzung dem Ausbildenden nicht mehr zumutbar ist (*LAG Bay.* 21.11.1958 WA 1961, 149; *LAG Hannover* 15.3.1950 AR-Blattei, Arbeitsausfall II, Betriebsstörung: Entsch, 24).

72 Neben der Stilllegung soll auch eine **wesentliche betriebliche Einschränkung** der Ausbildungsstätte die Kündigung ermöglichen (*ArbG Köln* 6.5.1965 BB 1965, 1110). Die Möglichkeit zur fristlosen Kündigung ist insoweit bedenklich, als dadurch auch ein fristloser Wegfall der Pflicht zur Zahlung der Vergütung eintreten würde. Das würde bedeuten, dass dadurch der Auszubildende ohne sachlichen Grund wesentlich schlechter gestellt würde als andere Arbeitnehmer (*Hueck/Nipperdey* I § 73, II 2a FN 12, S. 752), zumal für Auszubildende kein Anspruch auf Schadenersatz besteht, wenn sich die Notwendigkeit zur Stilllegung erst nach Abschluss des Vertrages aufgrund von Strukturveränderungen ergibt (*ArbG Köln* 6.5.1965 BB 1965, 1110).

73 **Die Verlegung der Ausbildungsstätte** stellt einen wichtigen Grund dar, wenn dadurch die Berufsausbildung unzumutbar wird, wobei in der Verlegung keine schuldhafte Verletzung des Berufsausbildungsvertrages liegt (*LAG Düsseld.* 15.7.1959 WA 1959, 162). Das Fehlen von fachlich geeignetem **Ausbildungspersonal** stellt keinen Kündigungsgrund dar. Insbesondere wenn der ausbildende Arbeitgeber zur Fortsetzung der Ausbildung verurteilt worden ist, ist er verpflichtet, einen anderen Ausbilder zu verpflichten und diesen mit der weiteren Ausbildung zu beauftragen (*ArbG Wilhelmshaven* 22.2.1977 ARSt 1978, 142, Nr. 1207).

74 Im Fall eines **Betriebsübergangs** gehen gem. § 613a Abs. 1 S. 1 BGB auch die Ausbildungsverhältnisse auf den Betriebserwerber über; denn gem. § 10 Abs. 2 BBiG sind in der Regel die für den Arbeitsvertrag geltenden Rechtsvorschriften und -grundsätze auf den Berufsausbildungsvertrag anzuwenden (*BAG* 13.7.2006 EzA § 613a BGB 2002 Nr. 57).

d) **Einzelne Fallgruppen zum wichtigen Grund bei der Kündigung durch den Auszubildenden**

Für die fristlose Kündigung durch den Auszubildenden gelten die gleichen Grundsätze wie für die Lossagung durch den Ausbilder vom Vertragsverhältnis, insbesondere bei der Beurteilung, ob ein **wichtiger Grund** gegeben ist. Es wird hier ebenso ein **strengerer Maßstab** angelegt als bei einem Arbeitsverhältnis (*ArbG Rosenheim* 28.2.1956 ARSt Bd. XVI, 100, Nr. 281), vgl. Rdn 44.

aa) **Ausbildungsmängel beim Ausbildenden oder im Betrieb**

Berufsrechtliche Mängel (zB **keine Ausbildungsbefugnis**, so dass die IHK oder Handwerkskammer die Eintragung in die Stammrolle ablehnt oder aus sonstigen Gründen die Anerkennung der Ausbildung ablehnt; Ausbildungsberuf nicht anerkannt; **Betrieb eignet sich nicht für die Ausbildung**; Überschreitung der betrieblichen Höchstzahl für Auszubildende gem. § 27 Abs. 1 Nr. 2 BBiG) sind Gründe zur fristlosen Kündigung des Ausbildungsverhältnisses (*LAG Stuttg.* 28.2.1955 DB 1955, 560), weil der Auszubildende nicht das Risiko für eine evtl. Fehlerhaftigkeit zu tragen braucht. Die Mängel führen nicht zur Nichtigkeit des Ausbildungsverhältnisses gem. § 134 BGB (*LAG Bln.* 4.1.1966 DB 1966, 747; aA *Reichel* DB 1955, 120 ff.), da die nicht beachtete Gesetzesvorschrift daraufhin zu untersuchen ist, ob die Verletzung die Rechtsfolge der Nichtigkeit erforderlich macht. Das gilt insbesondere bei Dauerschuldverhältnissen wie auch der betrieblichen Ausbildung. Der **Ausbildende haftet** dem Auszubildenden gegenüber wegen Verzögerungen in der Ausbildung auch, wenn er es unterlässt, den Auszubildenden trotz sich aufdrängender Zweifel auf das Risiko einer unzureichenden Berufsausbildung hinzuweisen. Ein **Schaden des Auszubildenden** kann auch die später als vorgesehen eintretende Erhöhung der Ausbildungsbeihilfe oder der später als vorgesehen eintretende Bezug des Facharbeiterlohnes sein (*LAG Bln.* 26.10.1978 AuR 1979, 284). Allerdings kann die fehlende Zeit auf das laufende Ausbildungsverhältnis und auch auf ein neues in einem anderen Betrieb angerechnet werden (*LAG Stuttg.* 28.2.1955 DB 1955, 560). Bei einem fehlerhaften kündbaren Ausbildungsverhältnis steht dem Auszubildenden zwar weiter die Ausbildungsvergütung zu, jedoch nicht ein etwa gem. § 612 BGB festzusetzendes Arbeitsentgelt, das ihm erst bei vertragswidriger, nicht ordnungsgemäßer Ausbildung, nämlich bei der Verwendung als Arbeitskraft, zusteht (*LAG Bln.* 26.10.1978 AuR 1979, 284). Auch bei nur kurzfristiger (hier dreiwöchiger) **Entziehung der Ausbildungsbefugnis** durch die Behörde kann der Auszubildende fristlos kündigen, weil bei jeder Entziehung die Grundlage für das Ausbildungsverhältnis entfallen ist (*ArbG Celle* 15.12.1971 ARSt 1972, 56, Nr. 65).

Weigert sich der Ausbildende, einen schriftlichen Ausbildungsvertrag abzuschließen, so kann der Auszubildende fristlos kündigen. Aber nicht eine einmalige Weigerung, sondern erst die Ausschöpfung aller Möglichkeiten, ihn dazu zu bewegen, begründen die Annahme eines wichtigen Grundes (*LAG Düsseld.* 10.8.1954 DB 1954, 932). Die **Verweigerung der weiteren Ausbildung** rechtfertigt die fristlose Kündigung und den Anspruch auf Ersatz des Schadens (*BAG* 11.8.1987 EzA § 16 BBiG Nr. 1 aF). Wenn der Ausbildende allgemein seine Pflichten nicht mehr erfüllen kann oder sie so stark vernachlässigt, dass die Ausbildung oder gar die **Gesundheit des Auszubildenden gefährdet** ist, liegt ein wichtiger Grund vor (*ArbG Augsburg* 14.2.1961 ARSt Bd. XXVII, 14, Nr. 40). Weist die **Ausbildung Mängel** auf, die das Erreichen des Ausbildungszieles in Frage stellen können, ist ein wichtiger Grund gegeben (Verletzung der Pflichten gem. § 14 Abs. 1 BBiG; Beschäftigung mit berufsfremden Tätigkeiten gem. § 14 Abs. 2 BBiG; *BAG* 10.6.1976 EzA § 6 BBiG aF Nr. 2; Vernachlässigung der Vermittlung von einschlägigen Buchhaltungskenntnissen bei der Ausbildung zum Industriekaufmann, *LAG Hmb.* 20.7.2010 - 2 Sa 24/10; zu Ausbildungspflichten der Betriebe allgemein vgl. *Bodewig* BB 1976, 982). Allerdings muss vorher eine erfolglose Abmahnung erfolgen (*LAG Düsseld.* 20.12.1960 DB 1961, 342). Auch die **unbegründete Verweigerung der Freistellung** nach § 15 BBiG kann einen wichtigen Grund darstellen. Die Teilnahme an Berufsschulveranstaltungen gem. § 15 BBiG umfasst auch Exkursionen und entsprechende Anlässe, die der Entwicklung des Gemeinschaftssinns dienen (*LAG Hmb.* 20.7.20102 - Sa 24/10).

bb) Verstöße gegen Arbeitsschutzvorschriften

78 Die **Verletzung von Arbeitsschutzbestimmungen** rechtfertigt generell die fristlose Auflösung des Ausbildungsverhältnisses durch den Auszubildenden: das JArbSchG, das ArbeitszeitG, LadenschlussG, ArbeitssicherheitsG, deren Normen in ihrem öffentlich-rechtlichen Charakter unverzichtbar sind (*ArbG Bln.* 26.11.1976 Entsch. Kal. 1977, III, S. 242; ErfK-*Schlachter* BBiG § 22 Rn 6; DDZ-*Däubler/Wroblewski* § 22 BBiG Rn 37).

cc) Verhalten des Ausbildenden

79 **Körperliche Züchtigungen** jeglicher Art des Auszubildenden durch den Ausbildenden stellen einen wichtigen Grund dar (*ArbG Emden* 3.5.1956 ARSt Bd. XVI, 218, Nr. 604; *ArbG Rheine* 10.8.1959 WissuWir 1960, 73; *ArbG Bln.* 2.11.1959 Berl. Wirt. 1960, 83, wegen mehrfachen Schlagens ins Gesicht, weil der Auszubildende eine Arbeit nicht verrichtete, zu der er laut Ausbildungsvertrag nicht verpflichtet war). Der wichtige Grund bei körperlicher Züchtigung entfällt auch deshalb nicht, weil es sich um eine Affekthandlung des Ausbildenden handelt; denn gerade seine Tätigkeit und Verantwortung setzt stärkere Selbstbeherrschung voraus (*LAG Bay.* 30.8.1961 ARSt Bd. XXVIII, 146, Nr. 302). Die Verführung zum **sexuellen Verkehr** einer (eines) Auszubildenden durch den Ausbildenden ist ein wichtiger Grund (*ArbG Bln.* 13.3.1957 Entsch. Kal. 1957 III, S. 353). Sexuelle Belästigungen (vgl. § 3 Abs. 4 AGG), auch wenn sie nicht aus strafbaren Handlungen bestehen, können als Verletzung der Intim- und Privatsphäre (Menschenwürde) die gem. § 28 BBiG erforderliche persönliche Geeignetheit eines Ausbilders infragestellen (*Bay. VGH* 12.8.2004 – 22 CS 04.1679, VjA-EzB § 24 HwO Nr. 9) und damit einen wichtigen Grund zur Kündigung darstellen. Die Frage des Leiters des Ausbildungsbetriebs nach gewissen Aktivitäten in der Freizeit (zB private Beziehungen zum Ausbilder, vgl. *ArbG Bamberg* 10.9.1976 ARSt 1977, 66, Nr. 62), stellt als Wahrnehmung »berechtigter Interessen« grds. noch keinen Grund zur fristlosen Kündigung durch die Auszubildende dar. Wenn der Auszubildende nicht zu den von der Innung vorgeschriebenen Fortbildungskursen fahren darf, kann hierin ein wichtiger Grund liegen (*ArbG Stade* 29.8.1969 ARSt 1970, 31, Nr. 1029). Abwertende Äußerungen eines Vertreters des Arbeitgebers berechtigen ohne vorherige Abmahnung grds nicht zur außerordentlichen Kündigung durch den Auszubildenden (*LAG Rh-Pf* 9.5.2018 2 Sa 427/17 EzB § 22 Abs. 2 Nr. 1 BBiG Nr. 82d).

dd) Betriebliche Gründe

80 Der interne Vorgang eines Gesellschafterwechsels im Ausbildungsbetrieb ist jedenfalls dann kein wichtiger Grund, wenn dadurch kein Wechsel in der Person des ausbildenden Meisters eingetreten ist (*ArbG Ulm* 14.6.1960 DB 1960, 1072). Wenn der **ausbildende Meister wechselt**, kann ein wichtiger Grund gegeben sein, wenn dadurch die Kontinuität der Ausbildung (auch in ihrer Qualität) beeinträchtigt wird (aA DDZ-*Däubler* § 39 BBiG Rn 39). Der Tod des Ausbildenden beendet das Berufsausbildungsverhältnis nicht. Es geht arbeitgeberseitig auf die Erben über (§ 1922 BGB; MünchArbR-*Wank* § 119 Rn 4 ff. bzgl. Arbeitsverhältnis) und ist fortzusetzen, es sei denn, die Erben wollen oder können es nicht fortsetzen (MünchArbR-*Natzel* § 171 Rn 255; *Grünberger* AuA 1996, 155). Allerdings kann es dann zum Ende des Berufsausbildungsverhältnisses kommen, wenn weder dessen Eltern noch der Auszubildende selbst den Vertrag fortsetzen wollen oder nicht können (*Hueck/Nipperdey* I, § 73 II 2b, aa, S. 752). Die Fortsetzung erfordert eine entsprechende vertragliche Abrede. Allerdings kann der Tod des Ausbildenden insbesondere für den Auszubildenden einen wichtigen Grund zur fristlosen Kündigung darstellen, weil die Kontinuität der Ausbildung nicht mehr gewährleistet ist.

81 Kein wichtiger Grund liegt vor, wenn dem Auszubildenden das Verhalten und die Wesensart der **Kollegen** nicht zusagen. Bei systematischem Meiden und Bloßstellen durch die Mitarbeiter allerdings kann etwas anderes gelten (*ArbG Marburg* 27.11.1962 PrAR HandwO §§ 21–29, Nr. 160).

ee) Gründe in der Person des Auszubildenden

Die Erklärung des beabsichtigten **Berufswechsels** (wozu persönliche Statusveränderungen wie eine Heirat mit Ortswechsel gehören können) gem. § 22 Abs. 2 Nr. 2 BBiG ist eine rechtsgestaltende Willenserklärung und ihrem Wesen nach ein besonders geregelter Fall des wichtigen Grundes (vgl. *LAG Mannheim* 17.9.1952 AR-Blattei, Rspr. 1447). Näheres vgl. Rdn 83 ff. Bei **Wohnsitzwechsel** des Erziehungsberechtigten steht dem Auszubildenden kein Recht zur fristlosen Kündigung zu. Vielmehr ist er zunächst verpflichtet, an seinem bisherigen Wohnsitz eine Unterkunftsmöglichkeit zu suchen (*ArbG Verden* 17.2.1964 ARSt 1964, 173, Nr. 340). Entwickeln sich beim Auszubildenden im Zusammenhang mit seiner Tätigkeit **Allergien**, liegt darin ein wichtiger Grund (*ArbG Solingen* 29.6.1956 ARSt Bd. XVII, 60, Nr. 182 bei einem Auszubildenden, der sich bei entblößten Füßen ekelt). Ein Auszubildender kann das Vertragsverhältnis fristlos kündigen, wenn ein **Familienangehöriger** infolge Krankheit seiner Hilfe zur Existenzsicherung bedarf und keine andere Hilfe zu erreichen ist (*ArbG Stade* 14.1.1948 ARSt Bd. I, 110 Nr. 387). Ein wichtiger Grund zur Kündigung des Ausbildungsverhältnisses wird nicht in einem seitens einer Justizvollzugsanstalt verfügten Ausschlusses des **Auszubildenden im Justizvollzug** von der weiteren Teilnahme an der externen Ausbildung als disziplinarischer Maßnahme gesehen; denn von einem »sinnentleerten Rechtsverhältnis« kann erst ausgegangen werden, wenn der Auszubildende seinen Ausschluss von der Ausbildung hinnimmt oder die dagegen eingelegten Rechtsmittel erfolglos geblieben sind (*ArbG Cottbus* 3.2.2010 – 7 Ca 529/09, EzB BBiG § 22 Abs. 2 Nr. I Entsch. Nr. 68a).

82

e) Vereinbarung weiterer Tatbestände der Vertragsparteien als wichtiger Grund

Durch einzelvertragliche Fixierung bestimmter Tatbestände das Recht zur Kündigung aus wichtigem Grunde iSv § 22 Abs. 2 Nr. 1 BBiG über das gesetzliche Maß hinaus zu erweitern, steht nicht im Belieben der Parteien des Berufsausbildungsverhältnisses (ErfK-*Schlachter* BBiG § 22 Rn 7). Dieser im Rahmen der Kündigung gem. § 626 Abs. 1 BBiG entwickelte Grundsatz (*BAG* 22.11.1973 EzA § 626 BGB nF Nr. 33 mwN) gilt auch für die fristlose Kündigung eines Berufsausbildungsverhältnisses (*LAG Bln.* 11.2.1960 Entsch. Kal. 1960, 199); denn sonst würde die durch die besonderen Eigenheiten des Ausbildungsverhältnisses bedingte Erschwernis der Kündigung und ihre Beschränkung auf wichtige Gründe iSd § 22 Abs. 2 BBiG hinfällig. Das Vorliegen eines wichtigen Grundes darf der gerichtlichen Kontrolle insoweit nicht entzogen werden, als die Vertragsparteien neben den gesetzlichen – von der Rechtsprechung konkretisierten – selbst (weitere) wichtige Gründe definieren. Allerdings können **einzelvertragliche Vereinbarungen** über das Vorliegen **wichtiger Gründe zur fristlosen Kündigung** eine gewisse rechtliche Bedeutung erlangen, wenn die Parteien solche Tatbestände, die ohnehin bei der im Berufsausbildungsverhältnis besonders gebotenen umfassenden Interessenabwägung als wichtige Gründe iSv § 22 Abs. 2 Nr. 1 BBiG anzuerkennen sind, näher bestimmen und sich damit verdeutlichen, welche Umstände ihnen unter Berücksichtigung der Eigenart des Ausbildungsverhältnisses besonders wichtig erscheinen (*BAG* 22.11.1973 EzA § 626 BGB nF Nr. 33).

83

5. Berufsaufgabe oder -wechsel (§ 22 Abs. 2 Nr. 2 BBiG)

Beabsichtigt der Auszubildende, die **Berufsausbildung aufzugeben** oder sich für eine **andere Berufstätigkeit ausbilden** zu lassen, so kann er auch nach der Probezeit das Arbeitsverhältnis lösen, und zwar mit einer Kündigungsfrist von vier Wochen (§ 22 Abs. 2 Nr. 2 BBiG). Dabei handelt es sich um eine Mindestkündigungsfrist. Der Auszubildende kann auch mit einer längeren Frist vorzeitig die Kündigung erklären, sofern er deren Endgültigkeit verdeutlicht (*BAG* 22.2.2018 – 6 AZR 50/17, EzB § 22 Abs. 2 Nr. 2 BBiG Nr. 3). Die Motive des Auszubildenden können sowohl in seinem Desinteresse für den jeweiligen Beruf als auch in seiner mangelnden Geeignetheit dafür liegen. In Anwendung des Art. 12 Abs. 1 GG soll der Auszubildende nicht zur Beendigung der Berufsausbildung gezwungen werden, wenn er sich für einen anderen Beruf oder Lebensweg entschieden hat (*LAG Nds.* 15.12.2016 – 6 Sa 808/16).

84

a) Erklärung

85 Die Erklärung der beabsichtigten Aufgabe oder des Wechsels der Berufsausbildung muss vom Auszubildenden selbst oder dessen gesetzlichem Vertreter abgegeben werden (vgl. Rdn 104 ff.). Sie muss schriftlich erfolgen (§ 22 Abs. 3 BBiG), und zwar mit Angabe des Willens zur Veränderung, nicht aber die Beschreibung der Motive für den Entschluss ist notwendig. Eine unvollständige Erklärung vermag die Beendigungswirkung nicht zu entfalten. Die bloße mündliche Mitteilung kann nur als Angebot zur vertraglichen Aufhebung des Ausbildungsverhältnisses angesehen werden. Auch das Nachschieben der Gründe vermag die Unvollständigkeit der Erklärung nicht zu heilen.

b) **Rechtsfolgen**

86 Wird die Frist von vier Wochen eingehalten, so endet das Berufsausbildungsverhältnis mit Ablauf dieser Frist. Die **Vierwochenfrist** beginnt an dem Tage zu laufen, der dem Tag des Zugangs der Erklärung beim Ausbildenden folgt. Soweit diese Frist nicht ausdrücklich benannt oder zu kurz bemessen ist, endet das Vertragsverhältnis ebenso erst nach Ablauf von vier Wochen. Wenn sich der Ausbildende allerdings mit einer kürzeren Frist einverstanden erklärt oder ihr auch nicht widerspricht, kann das Berufsausbildungsverhältnis bereits vor Ablauf von vier Wochen enden.

87 Mit Zugang der schriftlichen Erklärung ist die Kündigung wirksam geworden und kann nicht mehr einseitig zurückgenommen werden (*LAG Nds.* 15.12.2016 – 6 Sa 808/16). Wenn der Auszubildende also im Laufe der Kündigungsfrist oder später seine Absicht ändert und beim bisherigen Ausbildenden bleiben will, erfordert dies den Abschluss eines neuen Berufsausbildungsvertrages. Allerdings kann die bereits geleistete Ausbildungszeit insofern berücksichtigt werden, als gem. § 8 Abs. 1 BBiG eine Kürzung der Ausbildungszeit vorzunehmen ist, wenn erwartet werden kann, dass der Auszubildende das Ausbildungsziel in der gekürzten Zeit erreicht.

c) **Wahrheitspflicht**

88 Ob die erklärte Absicht zum **Berufswechsel** (oder der **-aufgabe**) der Wahrheit entsprechen muss (*Rohlfing/Kiskalt/Wolff* § 127e Anm. 5; *Friauf/Stahlhacke* § 127e Anm. 77; *Schlegelberger* § 78 Anm. 2) oder glaubhaft gemacht sein muss, kann kein Kriterium für die Wirksamkeit der Kündigung sein, weil sich dies im Zeitpunkt der Kündigung kaum nachprüfen lässt (*Hueck/Nipperdey* I, § 73 II 2b cc, S. 753; aA HaKo-BBiG/*Pepping* § 22 Rn 71; SPV-*Preis* Rn 579). Zwar bejaht das *LAG Brem.* (7.2.1961 AR-Blattei, Lehrvertrag – Lehrverhältnis: Entsch. 15) die Berechtigung des Ausbildenden, den Grund der Kündigung auf seine Richtigkeit, nicht aber auf seine Zweckmäßigkeit zu überprüfen, doch kann dies im Zweifel den Auszubildenden nicht daran hindern, die bisherige Ausbildung zu beenden. Denn das Interesse des Auszubildenden an der Erreichung seines Berufszieles steht beherrschend im Vordergrund, während das Interesse des Ausbildenden an der Gewinnung und Erhaltung einer – mit der Ausbildungsdauer zunehmend – wertvollen Arbeitskraft zurücktreten muss (*LAG Brem.* 7.2.1961 AR-Blattei, Lehrvertrag – Lehrverhältnis: Entsch. 15). Ebenso schwierig und zweifelhaft ist die Frage nach der Ernsthaftigkeit der Absicht des Auszubildenden. Der Missbrauch dieser dem Auszubildenden eingeräumten Möglichkeit der Kündigung gem. § 22 Abs. 2 Nr. 2 BBiG ist nicht auszuschließen, muss aber vor allem im Interesse des einzelnen und der Gesellschaft insgesamt an der richtigen Berufsfindung, der Rechte aus Art. 12 Abs. 1 GG sowie im Interesse des wahrheitsgemäß handelnden Auszubildenden in Kauf genommen werden.

d) Wechsel der Ausbildungsstätte

89 Der **Wechsel der Ausbildungsstätte im gleichen Ausbildungsberuf** wird durch § 22 Abs. 2 Nr. 2 BBiG nicht eingeräumt, bei einer Kündigung zur Fortsetzung der Ausbildung in einem Konkurrenzunternehmen macht sich der Auszubildende schadenersatzpflichtig (*BAG* 28.2.1966 ARSt 1967, 127, Nr. 1192). Dies gilt auch, wenn der Auszubildende kündigt, um von einem handwerklich produzierenden in einen industriell fertigenden Betrieb desselben Ausbildungsberufes zu wechseln. Wenn der Auszubildende einen wichtigen Grund (zB mangelhafte Ausbildung) zur Auflösung

des Vertragsverhältnisses hat, kann er fristlos kündigen (§ 22 Abs. 1 Nr. 1 BBiG) und sich in einem anderen Betrieb der gleichen Branche weiter ausbilden lassen. Ebenso bleibt die Möglichkeit der einverständlichen Auflösung des Berufsausbildungsverhältnisses (Rdn 32, 33).

Von diesen Grundsätzen wird insofern eine Ausnahme gemacht, als der Auszubildende zur Kündigung gem. § 22 Abs. 2 Nr. 2 BBiG berechtigt ist, wenn er bei gleichbleibendem Ausbildungsziel seine Ausbildung in einem Betrieb aufgeben will, um sie an einer entsprechenden **Fachschule** fortzusetzen. Der Besuch der Fachschule bedeutet nämlich nach Inhalt und Ergebnis grds. eine andere Art der Ausbildung (§ 22 Abs. 2 Nr. 2 BBiG) als jene in einem betrieblichen Ausbildungsverhältnis, weil das Absolvieren der Fachschule andere berufliche Möglichkeiten erschließt als die betriebliche Ausbildung (*LAG Düsseld.* 2.2.1972 EzB § 15 Abs. 2 Nr. 2 BBiG aF Nr. 1). Wird die Anerkennung eines Ausbildungsberufes aufgegeben, so kann der Vertrag gem. § 22 Abs. 2 Nr. 2 BBiG (arg. aus § 4 Abs. 4 BBiG) gekündigt werden. 90

e) Einzelfälle

Zur Kündigung berechtigt ist die Auszubildende, die (hier: im Ausland) heiraten und **Hausfrau** werden will (*LAG Brem.* 7.2.1961 AR-Blattei, Lehrvertrag – Lehrverhältnis: Entsch. 15, Rn 84: »Die Eheschließung ist ein höchstpersönliches Rechtsgeschäft, das von jedem persönlichen Zwang freigehalten werden muss«; *ArbG Bremerhaven* 5.8.1960 AuR 1961, 91), weil die **Verehelichung** und die damit verbundene Tätigkeit im Haus dem Berufswechsel gleichgestellt wird. Der Antritt einer **Stelle im Ausland** wird generell als Kündigungsgrund angesehen (*LAG Mannheim* 17.9.1952 AR-Blattei, Rspr. 1447). Abzulehnen ist die Entscheidung des *ArbG Kiel* (7.3.1958 ARSt Bd. XX, 60, Nr. 177), nach der die Auszubildende wegen der schwangerschaftshalber beabsichtigten Heirat die Auflösung des Vertrages zu vertreten habe, weil diese mit ihren Persönlichkeitsrechten nicht zu vereinbaren ist. 91

6. Schriftliche Begründung der Kündigung (§ 22 Abs. 3 BBiG)

Nach § 22 Abs. 3 BBiG muss die Kündigung **schriftlich** und in den Fällen einer fristlosen Kündigung aus wichtigem Grund sowie einer Aufgabe oder eines Wechsels der Berufsausbildung (Abs. 2) außerdem unter Angabe der **Kündigungsgründe** erfolgen. Ein Verstoß gegen diese Formerfordernisse (Schriftform, Begründung) hat die **Nichtigkeit der Kündigung** gem. § 125 BGB zur Folge (*BAG* 9.10.1979 EzA § 111 ArbGG 1979 Nr. 1; 22.2.1972 EzA § 15 BBiG aF Nr. 1; *LAG Hmb.* 30.9.1994 EzB § 15 Abs. 3 BBiG aF Nr. 34a). Nach Sinn und Zweck dieser Formvorschrift kann die Nichtigkeit einer Kündigung wegen fehlender oder nicht ausreichender Angabe der der Kündigung zugrundeliegenden Vorfälle durch eine spätere Nachholung der Begründung nicht geheilt werden (iE dazu *BAG* 22.2.1972 EzA § 15 BBiG aF Nr. 1 m. Anm. *Söllner*). Wenn es sich bei dem Kündigungs-Empfänger um einen ausländischen, der deutschen Sprache nicht vollkommen mächtigen Auszubildenden (bzw. dessen gesetzlichen Vertreter) handelt, gebietet es die Fürsorgepflicht des ausbildenden Arbeitgebers, diese wichtige rechtsgeschäftliche Erklärung in der jeweiligen Landessprache (evtl. neben der deutschen) abzufassen (zum **Sprachrisiko** *LAG Düsseld.* 2.11.1971 DB 1971, 2318). 92

a) Schriftform (§ 22 Abs. 3 BBiG)

Bereits gem. § 623 BGB bedarf die Kündigungserklärung zu ihrer Wirksamkeit der **Schriftform** (vgl. auch *Sander/Siebert* AuR 2000, 287). Zweck des Schriftformerfordernisses gem. § 22 Abs. 3 BBiG ist zum einen, die kündigende Vertragspartei vor Übereilung zu bewahren und zum anderen zur Rechtsklarheit und zur Beweissicherung beizutragen (BT-Drucks. V/4260). Der Kündigende muss die Erklärung eigenhändig durch Namensunterschrift unterzeichnet haben (§ 126 Abs. 1 BGB). Dabei genügen stattdessen weder Stempel noch eine faksimilierte Unterschrift. Erforderlich bei **Namensunterschrift** ist mindestens ein Familienname, bei Firmen entsprechend den jeweils geltenden handels- und gesellschaftsrechtlichen Vorschriften die Unterschrift vom Berechtigten. Der Ausbilder selbst braucht zur Wirksamkeit der Kündigungserklärung nicht eigenhändig zu 93 unterschreiben (*LAG Frankf.* 21.3.1985 – 12 Sa 650/84). Soweit ein **minderjähriger Auszubildender** die Kündigungserklärung abgibt, muss er gleichzeitig die schriftliche Einwilligung des gesetzlichen Vertreters dazu vorlegen (vgl. Rdn 104 ff.). Bei der Kündigung des Berufsausbildungsverhältnisses gegenüber einem Minderjährigen muss die Angabe der Kündigungsgründe – wie die Kündigungserklärung selbst – gegenüber den gesetzlichen Vertretern des Minderjährigen erfolgen (*LAG Nbg.* 21.6.1994 LAGE § 15 BBiG aF Nr. 8).

b) Angabe der Gründe

94 Weiterhin sind die **Kündigungsgründe** iE **schriftlich** anzugeben. Bewahrung vor Übereilung und Rechtsklarheit sowie Beweissicherung (BT-Drucks. V/4260) stehen hinter diesem Erfordernis. Demnach ist es idR unzulässig, im Arbeitsgerichtsprozess weitere Gründe nachzuschieben (*LAG Hmb.* 30.9.1994 LAGE § 15 BBiG aF Nr. 9; *LAG Bln.* 22.8.1977 DB 1978, 259; anders, wenn lediglich Erläuterung oder Ergänzung der schriftlich mitgeteilten Gründe vorgelegt wird, *LAG Köln* 21.8.1987 LAGE § 15 BBiG aF Nr. 5; denn an die Angabe der Kündigungsgründe im Kündigungsschreiben sind nicht die gleichen Anforderungen zu stellen wie an die Substantiierung im Prozess, *BAG* 17.6.1998 EzB § 15 Abs. 3 BBiG aF Nr. 37; 25.11.1976 EzA § 15 BBiG aF Nr. 3). Das **Nachschieben von Kündigungsgründen** ist selbst dann unzulässig, wenn die Gründe zum Zeitpunkt der Kündigungserklärung vorhanden waren, aber dem Auszubildenden erst nachträglich bekannt wurden (*LAG RhPf* 25.4.2013 LAGE § 22 BBiG 2005 Nr. 5). Der obligatorische Begründungszwang trifft beide Vertragspartner und dient auch den Interessen beider Vertragsteile. Dem Kündigungsempfänger soll deutlich erkennbar sein, worin der Grund für die Kündigung liegt, um ihm dadurch eine Überprüfung der Rechtswirksamkeit der Kündigung zu ermöglichen (*BAG* 22.2.1972 EzA § 15 BBiG aF Nr. 1). Deshalb reicht die Schriftform für die Kündigungserklärung allein nicht aus.

95 Die **Darstellung der Kündigungsgründe** erfordert im Einzelnen, dass die für die Kündigung maßgebenden Tatsachen genau angegeben werden. Pauschale Angaben reichen nicht aus (*LAG RhPf* 24.10.2013 EzB § 22 Abs. 2 Nr. 1 BBiG Nr. 76; 25.4.2013 LAGE § 22 BBiG 2005 Nr. 5; *LAG Köln* 8.1.2003 LAGE § 15 BBiG aF Nr. 14; *LAG BW* 11.7.1989 LAGE § 15 BBiG aF Nr. 6). So genügt zur Rechtfertigung der Kündigung nicht der pauschale Hinweis, der Auszubildende habe auf der betrieblichen IT-Anlage das Internet für private Zwecke genutzt, um sich Pornoseiten und sonstige private Seiten anzuschauen (*LAG RhPf* 24.10.2013 – 10 Sa 173/13, EzB § 22 Abs. 2 Nr. 1 BBiG Nr. 76). Ebenso wenig genügt die pauschale Formulierung, der Auszubildende habe das Leistungsziel in der praktischen Ausbildung bei weitem nicht erreicht (*LAG RhPf* 2.3.2017 – 5 Sa 251/16, EzB § 22 Abs. 2 Nr. 1 BBiG Nr. 80). Vielmehr hat der Arbeitgeber in derartigen Fällen die Einzelheiten der kündigungsrelevanten Verletzung arbeits- bzw ausbildungsrelevanter Pflichten zB entlang der Rspr. des BAG (*BAG* 27.4.2006 EzA § 626 BGB 2002 Unkündbarkeit Nr. 11) darzulegen (vgl. auch KR-*Rachor* § 1 KSchG Rdn 540; KR-*Fischermeier/Krumbiegel* § 626 BGB Rdn 434, 463). Vice versa hat auch der Auszubildende gleichermaßen die gem. § 22 Abs. 3 BBiG erforderliche Angabe der Gründe für die Kündigung gegenüber dem Ausbildenden iE mit den maßgebenden Tatsachen zu leisten (*LAG RhPf* 19.4.2017 4 Sa 307/16 EzB § 22 Abs. 3 BBiG Nr. 21). Zwar ist keine volle **Substantiierung** wie etwa im Falle der Regelung gem. § 102 Abs. 1 BetrVG gegenüber dem Betriebsrat zu verlangen, doch müssen die entsprechenden tatsächlichen Vorfälle so eindeutig geschildert sein, dass der Kündigungsempfänger sich darüber schlüssig werden kann, ob er die Kündigung anerkennen will oder nicht (*BAG* 22.2.1972 EzA § 15 BBiG aF Nr. 1; *LAG Düsseldorf.* 8.8.1980 – 4 Sa 663/80). Nicht erforderlich ist die vollständige Darstellung aller subjektiv erheblichen Kündigungsgründe bzw. -tatsachen, wenn der Arbeitgeber im Rechtsstreit nur diejenigen Gründe geltend macht, die er im Kündigungsschreiben angegeben hat (*LAG Hmb.* 29.8.1997 EzB § 15 Abs. 3 BBiG aF Nr. 36). Nicht ausreichend sind bloße Hinweise auf »Vorfälle in der Vergangenheit«, die allgemeine »Störung des Betriebsfriedens« oder die nur schlagwortartige Beschreibung der fraglichen Tatsachen (*BAG* 25.11.1976 EzA § 15 BBiG aF Nr. 3; *ArbG Bamberg* 21.4.1976 ARSt 1977, 18, Nr. 17). Nicht ausreichend ist auch die Bezugnahme im Kündigungsschreiben auf Erklärungen des Kündigenden gegenüber Dritten, wie zB eine Anzeige bei der Polizei

(*LAG Nbg.* 21.6.1994 LAGE § 15 BBiG aF Nr. 8, wo lediglich auf den »Tatbestand des Diebstahls« hingewiesen worden war). Ebenso genügt es nicht, wenn in dem Kündigungsschreiben lediglich auf bereits mündlich mitgeteilte Kündigungsgründe Bezug genommen wird oder nur Werturteile mitgeteilt werden (*LAG Frankf.* 31.1.1984 – 7 Sa 1339/83 – nv; *LAG Köln* 26.1.1982 EzA § 15 BBiG aF Nr. 5; *ArbG Marburg* 27.10.1970 DB 1971, 1627; aber auch *BAG* 17.6.1998 RzK IV 3a Nr. 30); denn damit ist der Formvorschrift des § 22 Abs. 3 BBiG nicht Genüge getan. Jede mündliche Erläuterung birgt die Gefahr der Rechtsunsicherheit in sich, der durch die im Gesetz zwingend vorgeschriebene Schriftform gerade vorgebeugt werden sollte. Dagegen ist dem Schriftformerfordernis gem. § 22 Abs. 3 BBiG Genüge getan, wenn die Kündigungsgründe in einer Anlage zum Kündigungsschreiben aufgeführt sind und darin selbst auf die Anlage verwiesen wird (*LAG Bra.* 10.10.1997 EzB § 111 ArbGG Nr. 25). Nicht ausreichend sind auch allgemeine Werturteile wie »mangelhaftes Benehmen« und »Störung des Betriebsfriedens« in einem Kündigungsschreiben an die gesetzlichen Vertreter und die nähere Erläuterung der Kündigungsgründe in einem späteren Schreiben an die minderjährige Auszubildende (*BAG* 25.11.1976 EzA § 15 BBiG aF Nr. 3). Dem Erfordernis der Klarheit der mitgeteilten Kündigungsgründe genügt der Hinweis auf »erneutes unentschuldigtes Fehlen« nicht, wenn der Arbeitgeber die Kündigung auf eine verspätete Vorlage von Arbeitsunfähigkeitsbescheinigungen stützt (*LAG Hmb.* 30.9.1994 LAGE § 15 BBiG aF Nr. 9).

7. Kündigung innerhalb der Zweiwochenfrist (§ 22 Abs. 4 S. 1 BBiG)

a) Zeitpunkt der Kündigung

Der wichtige Grund muss zum Zeitpunkt der Kündigung vorliegen, wobei die zugrundeliegenden Tatsachen schon **vor Beginn des Berufsausbildungsverhältnisses** entstanden sein können. Die **Kündigung** kann ausnahmsweise auch **bedingt** erfolgen, wenn der Eintritt der Bedingung allein vom Willen des Kündigungsempfängers abhängt (*BAG* 27.6.1968 EzA § 626 BGB nF Nr. 9).

96

b) Ausschlussfrist

Die Kündigung muss allerdings **innerhalb von zwei Wochen** nach dem Vorfall erklärt werden, der als wichtiger Grund für die Kündigung dient (§ 22 Abs. 4 S. 1; vgl. zur Zweiwochenfrist die allgemeinen Grundsätze Erl. zu § 626 BGB). Hierbei handelt es sich um eine **Ausschlussfrist**, dh nach Ablauf dieser Frist – die der Klärung des Sachverhalts und der Rechtslage sowie der Überlegung dient – kann jenes Ereignis nicht mehr als selbständiger Kündigungsgrund verwendet werden, weil der Berechtigte damit zu erkennen gibt, dass der vorliegende Sachverhalt für ihn keinen wichtigen Grund darstellt. Die Ausschlussfrist in § 22 Abs. 4 S. 1 BBiG ist weder durch TV noch durch einzelvertragliche Abrede (*BAG* 28.10.1971 EzA § 626 BGB nF Nr. 8; 19.1.1973 EzA § 626 BGB nF Nr. 24) verlängerbar oder abdingbar.

97

c) Lauf der Frist

Die Frist beginnt mit dem Zeitpunkt zu laufen, in dem der Kündigungsberechtigte (dh zB der Auszubildende selbst, Organe einer juristischen Person, der Ausbildungs- bzw. Personalleiter) **sichere Kenntnis der für die Kündigung entscheidenden Umstände** erlangt (grob fahrlässige Unkenntnis steht der Kenntnis nicht gleich; *BAG* 28.10.1971 EzA § 626 BGB nF Nr. 8). Handelt es sich dabei um einen dauernden Zustand (vgl. Rdn 49, 50), so beginnt die Frist mit der Beendigung des Zustandes zu laufen (*BAG* 11.8.1987 EzA § 16 BBiG aF Nr. 1; *LAG Frankf.* 23.11.1954 WA 1955, 75), wobei auch die länger zurückliegenden Verfehlungen als wichtiger Grund berücksichtigt werden können (*ArbG Emden* 20.2.1967 ARSt 1967, 95, Nr. 1131). Der letzte Kündigungsgrund muss das letzte Glied einer Kette sein und in einem inneren Zusammenhang mit den vorangegangen stehen (*Hess. LAG* 28.8.2007 17 Sa 518/07 als Bsp., bei dem ein Dauertatbestand nicht vorliegt), und sie sind dem gesamten Umfang nach im Kündigungsschreiben zu erwähnen (*LAG Bln.* 22.8.1977 ARSt 1978, 78, Nr. 1102). In Mobbing-Fällen setzt die letzte derartige Handlung die Frist in Gang (*BAG* 16.5.2007 8 AZR 709/06 EzB § 23 BBig Nr. 13a). Eine Reihe von vereinzelten Fehlleistungen und Fehlverhalten des Auszubildenden, die den Ausbildenden zur fristlosen

98

Kündigung veranlassen, stellen nicht regelmäßig einen **Dauertatbestand** dar. Sie können dann allenfalls zur Abrundung des Kündigungstatbestandes herangezogen werden, der sich innerhalb der Zweiwochenfrist ereignet hat (*LAG Düsseld.* 8.8.1980 – 4 Sa 663/80). Vom Dauergrund zu unterscheiden sind Tatbestände, die bereits abgeschlossen sind und die lediglich fortwirken (*Hess. LAG* 28.8.2007 – 17 Sa 519/07).

99 Die Verfehlungen oder **Fehlleistungen**, welche bereits **während der Probezeit** erkennbar waren (zB bei mangelnder Eignung: *ArbG Flensburg* 20.10.1955 ARSt Bd. XV, 221, Nr. 675) unterfallen nicht diesen zur Kündigung rechtfertigenden Dauertatbeständen (*ArbG Rheine* 21.4.1967 DB 1967, 2123).

100 Die **Zweiwochenfrist** kann auch solange nicht zu laufen beginnen, wie der Kündigungsberechtigte die zur Aufklärung des Sachverhalts nach pflichtgemäßem Ermessen notwendig erscheinenden Maßnahmen durchführt und darüber hinaus dem zu Kündigenden Gelegenheit zur Stellungnahme gibt (*BAG* 6.7.1972 EzA § 626 BGB nF Nr. 15; HaKo-BBiG/*Pepping* § 22 Rn 66); die Anhörung muss innerhalb einer Frist von höchstens einer Woche erfolgen, die wiederum den Lauf der Zweiwochenfrist hemmt (*BAG* 12.2.1973 EzA § 626 BGB nF Nr. 22). Allerdings hat der Kündigungsberechtigte Hinweisen, Verdachtsmomenten und Gerüchten über mögliche wichtige Gründe für eine fristlose Kündigung unverzüglich nachzugehen und nach angemessener Überlegungszeit (*LAG Düsseld.* 24.10.1958 BB 1959, 563) einen Entschluss zu fassen, um die Verwirkung dieser Kündigungsgründe zu vermeiden. Jedoch kann ein verwirkter Kündigungsgrund bei weiteren Verfehlungen zur Unterstützung eines neuen selbständigen Grundes herangezogen werden. Bei dem Verdacht einer strafbaren Handlung verwirkt der Ausbildende die Kündigungsmöglichkeit wegen der Zweiwochenfrist nicht, wenn er erst den Ausgang des Strafverfahrens abwarten will (*LAG Bln.* 11.2.1960 Entsch. Kal. 1960, 199).

101 Die **Fristberechnung** erfolgt gem. §§ 196 ff. BGB. Der Tag der sicheren Kenntniserlangung wird nicht mitgerechnet, so dass am darauf folgenden Tag die Frist zu laufen beginnt (§ 187 Abs. 1 BGB). Die Frist läuft ab mit dem Ende des Tages der zweiten Woche danach, der durch seine Benennung dem Tag entspricht, an dem die sichere Kenntnis von dem Kündigungsgrund erlangt wurde (es sei denn, dies ist ein Samstag, Sonntag oder staatlich anerkannter Feiertag, in diesem Fall endet die Frist mit Ablauf des ersten darauffolgenden Werktages, § 193 BGB). Für ihre Wirksamkeit muss die Kündigung an dem Tag des Fristablaufs dem Kündigungsgegner zugehen (§§ 130, 187 Abs. 1 BGB). Dem Ausbildenden ist es nicht verwehrt, die Kündigung gegenüber dem Auszubildenden erst am letzten Tag der Frist auszusprechen (*ArbG Verden* 9.1.1976 ARSt 1977, 14, Nr. 1004). Wenn innerhalb der Zweiwochenfrist ein Verfahren gem. § 111 Abs. 2 ArbGG (vgl. Rdn 110 ff.) eingeleitet wird, so hemmt der entsprechende Zeitraum des Verfahrens (vgl. § 205 BGB) bis zu dessen Beendigung den Lauf der Zweiwochenfrist (§ 22 Abs. 4 S. 2 BBiG).

102 Hat der Ausbildende die **zweiwöchige Kündigungsfrist versäumt**, so ist dadurch die Kündigung nicht rechtsunwirksam iSv § 13 Abs. 3 KSchG, der hier nicht gilt (*BAG* 6.7.1972 EzA § 626 BGB nF Nr. 15; 8.6.1972 EzA § 626 BGB nF Nr. 12).

d) Kündigungsverzicht, Verzeihung

103 Bereits während der Zweiwochenfrist kann der Kündigungsberechtigte auf das Recht der fristlosen Kündigung **verzichten**. Allerdings müssen ihm die Gründe und das Recht zur Kündigung bekannt sein. Er kann stillschweigend oder durch aktives Tun (zB lediglich Abmahnung) verzichten. Im Voraus kann ein Verzicht nicht erklärt werden.

104 Ebenso kann der Kündigungsberechtigte einen wichtigen Grund **verzeihen**, indem er zu erkennen gibt, den betreffenden Vorfall nicht mehr als wichtigen Grund zur fristlosen Entlassung ansehen zu wollen (vgl. KR-*Fischermeier/Krumbiegel* § 626 BGB Rdn 70).

8. Kündigungserklärung von und gegenüber Minderjährigen

Die Rechtswirksamkeit der Kündigungserklärung setzt grds. die volle **Geschäftsfähigkeit** sowohl beim Erklärenden als auch beim Erklärungsempfänger voraus. Mit Eintritt der Volljährigkeit bei Vollendung des 18. Lebensjahres ist der Auszubildende voll geschäftsfähig. Bis zur Vollendung des 18. Lebensjahres (vom 7. Lebensjahr an) ist er minderjährig und damit nur beschränkt geschäftsfähig (§ 106 BGB). 105

a) Gesetzlicher Vertreter

Beschränkt geschäftsfähige Auszubildende iSd § 106 BGB bedürfen zur rechtswirksamen Abgabe der eigenen und rechtswirksamen Entgegennahme der Kündigungserklärung des Ausbildenden der Einwilligung der gesetzlichen Vertreter (§ 111 BGB). Dabei ist die Mitwirkung beider Elternteile erforderlich (*ArbG Stade* 19.11.1965 ARSt 1966, 35, Nr. 56; *ArbG Ludwigshafen* 30.10.1973 ARSt 1974, 94, Nr. 1090); denn gesetzliche Vertreter sind bei bestehender Ehe Vater und Mutter (§ 1626 BGB). Allerdings braucht die Vertretung nicht gemeinschaftlich durch Vater und Mutter zu erfolgen. Ein Elternteil kann den anderen Teil gem. § 167 Abs. 1 BGB bevollmächtigen, auch in seinem Namen zu handeln (*LAG Bay.* 30.10.1961 AmtsblBAM 1962, C 4), wobei die Grundsätze der **Duldungs- und Anscheinsvollmacht** anwendbar sind (*LAG Düsseld.* 8.2.1966 FamRZ 1967, 47 ff.). Kommt es zu keiner Einigung zwischen den beiden Eltern, so kann zunächst nicht von einer wirksamen Vertretung ausgegangen werden, vielmehr gilt es, das Vormundschaftsgericht anzurufen (*Brill* BB 1975, 284; *Natzel* DB 1980, 1023). 106

In anderen Fällen ist die **gesetzliche Vertretung** folgendermaßen geregelt: Einem Elternteil kann vom Vormundschaftsgericht die Personenfürsorge übertragen sein, wenn die Ehegatten getrennt leben (§ 1672 BGB), die Ehe geschieden ist (§ 1671 BGB) oder ein Elternteil die elterliche Gewalt verwirkt hat (§ 1679 BGB). Der Mutter steht beim nichtehelichen Kind die elterliche Gewalt zu (§ 1705 Abs. 1 S. 1 BGB), beim Tode eines Elternteils steht sie dem jeweils anderen zu (§ 1681 BGB). Die Personensorge bei adoptierten Kindern liegt bei dem annehmenden oder bei beiden Ehegatten (§ 1757 BGB). In Fällen der Anordnung einer Vormundschaft gem. den §§ 1773 ff. BGB (zB Tod beider Eltern, Verwirkung der elterlichen Gewalt durch den überlebenden Elternteil, Entziehung der elterlichen Gewalt gem. § 1666 BGB) bedarf der Vormund nach § 1822 Nr. 6 BGB der Genehmigung des Vormundschaftsgerichts zum Abschluss eines Ausbildungsvertrages, der für eine längere Zeit als ein Jahr geschlossen wird. Diese Vorschrift ist auf die Kündigung von Ausbildungsverhältnissen entsprechend anzuwenden. Minderjährige, die im Rahmen der Freiwilligen Erziehungshilfe und der Fürsorgeerziehung betreut werden, unterliegen der gesetzlichen Vertretung des Landesjugendamtes (§ 69 Abs. 3 S. 3 SGB VIII). 107

b) Schriftform der Einwilligung

Bei einer Kündigung muss der Minderjährige die Einwilligung des gesetzlichen Vertreters in **schriftlicher Form** vorlegen, andernfalls die (mit Einwilligung in sonstiger Weise) erklärte Kündigung unwirksam ist (§ 111 S. 2 BGB). Die Kündigung ist nur genehmigungsfähig, wenn der ausbildende Arbeitgeber die mangelnde Vertretungsmacht nicht beanstandet hat. Bei Verweigerung der Genehmigung durch den gesetzlichen Vertreter ist die Kündigung endgültig rechtsunwirksam und deren Verweigerung kann nicht widerrufen werden (*RAG* 13.4.1935 ARSt 24, 3). 108

c) Kündigung durch den Ausbildenden

Kündigt der ausbildende Arbeitgeber dem minderjährigen Auszubildenden, so ist die schriftliche Erklärung mit Angabe der für die Kündigung maßgebenden Tatsachen (vgl. Rdn 91) ausdrücklich an den **gesetzlichen Vertreter** zu richten (*BAG* 25.11.1976 EzA § 15 BBiG aF Nr. 3; *LAG Nbg.* 21.6.1994 LAGE § 15 Abs. 3 BBiG aF Nr. 8; aA *LAG Hamm* 10.1.1975 BB 1975, 282), weil die Abgabe einer einseitigen, empfangsbedürftigen Willenserklärung einem beschränkt Geschäftsfähigen gegenüber nur wirksam an den gesetzlichen Vertreter erfolgen kann (*Wohlgemuth/Pieper* § 22 109

Rn 21). Die Kündigung ist nach § 131 Abs. 2 BGB erst dann wirksam, wenn sie dem gesetzlichen Vertreter zugeht, das bedeutet, an ihn gerichtet ist und tatsächlich in seinen Herrschaftsbereich gelangt, zB durch den Einwurf des Kündigungsschreibens in seinen Hausbriefkasten (st. Rspr. *BAG* 8.12.2011 – 6 AZR 354/10, EzB § 22 Abs. 1 BBiG Nr. 27; 28.10.2010 – 2 AZR 794/09, EzA § 131 BGB 2002 Nr. 1; 8.12.2011 – 6 AZR 354/10). Zur **Entgegennahme der Kündigungserklärung** ist **jeder Elternteil** berechtigt (*LAG Frankf.* 15.12.1975 EzB BBiG § 15 Abs. 3 aF, Nr. 13). Es reicht nicht aus für den Zugang der Willenserklärung, dass der gesetzliche Vertreter ihren Inhalt erfährt (*LAG Düsseld.* 14.5.1970 DB 1970, 1135). Allerdings kann der Arbeitgeber den Zugang der Kündigung bei den Eltern dadurch bewirken, dass er den Auszubildenden als seinen **Erklärungsboten** einsetzt (*LAG SchlH* 20.3.2008 LAGE § 130 BGB 2002 Nr. 6). Diese Grundsätze gelten auch für die **Abmahnung** vor Ausspruch einer Kündigung (vgl. Rdn 43). Eine Kündigung, die erkennbar nur dem beschränkt Geschäftsfähigen gegenüber abgegeben wird und ihm zugeht, gelangt damit nicht so in den Machtbereich des gesetzlichen Vertreters, dass er unter regelmäßigen Umständen davon Kenntnis nehmen kann (*LAG Düsseld.* 14.5.1970 DB 1970, 1135, unter Verweis auf RGZ 50, 194). Erfolgt die schriftliche Kündigung mit nur allgemeiner Begründung zwar an die gesetzlichen Vertreter, teilt aber der Ausbildende die für die Kündigung maßgeblichen Tatsachen schriftlich dem Auszubildenden mit, so ist die Kündigung wegen Formmangels unwirksam (*BAG* 25.11.1976 EzA § 15 BBiG aF Nr. 3). Nicht ausreichend ist die Bezugnahme im Kündigungsschreiben auf Erklärungen des Kündigenden gegenüber Dritten, wie zB eine Anzeige bei der Polizei (*LAG Nbg.* 21.6.1994 LAGE § 15 Abs. 3 BBiG aF Nr. 8). An dem Erfordernis des Zugangs der Kündigungserklärung an den gesetzlichen Vertreter ändert auch eine Heirat einer minderjährigen Auszubildenden insofern nichts, als eine Heirat nach § 1633 BGB lediglich zur Folge hat, dass sich die Personenfürsorge gegenüber der Tochter auf die Vertretung in den die Sorge für die Person betreffenden Angelegenheiten beschränkt. Dazu zählen aber alle Rechtsgeschäfte und -handlungen, die auf das Ausbildungsverhältnis Bezug haben; denn die Ausbildung des Minderjährigen zu einem bestimmten Beruf ist wesentlicher Teil der Personensorge (*ArbG Rheine* 31.5.1968 DB 1968, 1363). Die durch einen Bevollmächtigten erklärte Kündigung ist gem. § 174 BGB unwirksam, wenn der Erklärungsempfänger vom Vollmachtgeber nicht zuvor von der Bevollmächtigung in Kenntnis gesetzt wurde oder der Kündigung keine Vollmachtsurkunde im Original beigefügt ist (*LAG RhPf* 25.4.2013 LAGE § 22 BBiG 2005 Nr. 5) und der Erklärungsempfänger die Kündigung unverzüglich zurückweist. Nicht mehr unverzüglich gem. § 174 S. 1 BGB ist die Zurückweisung nach mehr als einer Woche, soweit nicht bes. Umstände vorliegen (*BAG* 8.12.2011 – 6 AZR 354/10, EzB § 22 Abs. 1 BBiG Nr. 27).

d) Nichtanwendbarkeit des § 113 BGB

110 Auf die Kündigung eines Berufsausbildungsverhältnisses ist § 113 BGB nicht anwendbar (*LAG SchlH* 22.12.1982 EzB § 15 Abs. 1 BBiG aF Nr. 14; *Natzel* BBiG S. 144; *Söllner* Anm. EzA § 15 BBiG Nr. 3; HaKo-BBiG/*Pepping* § 22 Rn 75; aA *Brill* DB 1975, 284 mwN, FN 50, 63, 64). Die bezüglich der Ermächtigung zur Eingehung von Dienst- oder Arbeitsverhältnissen (§ 113 BGB) entwickelten Grundsätze (*BAG* 3.7.1997 BB 2000, 567; 19.7.1974 EzA § 113 BGB Nr. 1) treffen wegen der besonderen Ausgestaltung des Berufsausbildungsverhältnisses für dessen Kündigung nicht zu. In diesem Bereich sind an die Wirksamkeit von rechtsgeschäftlichen Erklärungen wesentlich strengere Anforderungen zu stellen als beim gewöhnlichen Arbeitsverhältnis, einmal wegen der besonders starken Fürsorgepflichten des Ausbildenden gegenüber dem Auszubildenden, zum anderen wegen der besonderen Modalitäten bei der Begründung des Berufsausbildungsverhältnisses. § 4 Abs. 2 BBiG schreibt vor, dass die Niederschrift des Berufsausbildungsvertrages neben dem Ausbildenden und dem Auszubildenden auch von dessen gesetzlichem Vertreter zu unterzeichnen ist. Nach § 4 Abs. 3 BBiG hat der Ausbildende neben dem Auszubildenden auch dessen gesetzlichem Vertreter eine Ausfertigung der unterzeichneten Niederschrift unverzüglich auszuhändigen. Diese Vorschriften bezwecken, dass der gesetzliche Vertreter unmittelbaren Anteil und direkte Kontrollmöglichkeiten über die Ausgestaltung des Berufsausbildungsvertrages haben soll. Wenn er aber schon den Vertrag mitunterzeichnen muss, so erfordert dessen Auflösung ebenso eine direkte

Mitwirkung. Mit diesen Grundsätzen ist eine generelle Ermächtigung iSd § 113 BGB nicht vereinbar (ähnlich *LAG Düsseld*. 14.5.1970 DB 1970, 1135, wonach § 113 BGB nicht anwendbar ist, wenn der Arbeitgeber ausdrücklich fordert und dies für alle Beteiligten offenbar ist, dass für den minderjährigen Auszubildenden dessen gesetzlicher Vertreter handeln müsse).

II. Verfahren vor dem zuständigen Ausschuss gem. § 111 Abs. 2 ArbGG

1. Verfahren als Prozessvoraussetzung

Bei Streit um die Wirksamkeit der Kündigung des Berufsausbildungsverhältnisses gem. § 22 Abs. 2 BBiG muss nach § 111 Abs. 2 ArbGG vor der Klageerhebung (s. Rdn 118) zum ArbG das Verfahren vor dem **Ausschuss zur Beilegung von Streitigkeiten zwischen Ausbildenden und Auszubildenden** durchgeführt werden, sofern die zuständige Stelle (zB Handwerksinnung oder IHK) einen solchen Ausschuss gebildet hat (*BAG* 17.6.1998 EzB § 15 Abs. 3 BBiG aF Nr. 37; 18.9.1975 EzA § 111 ArbGG Nr. 1; HaKo-BBiG/*Pepping* § 22 Rn 90 ff.). Die Ablehnung des Ausschusses, das Verfahren zu eröffnen, ist ebenso zu behandeln, wie das Fehlen eines entsprechenden Ausschusses und berechtigt zur unmittelbaren Klageerhebung (*BAG* 22.2.2018 – 6 AZR 50/14, EzA § 22 BBiG 2005 Nr. 2). **Die Verhandlung vor dem Ausschuss ist Prozessvoraussetzung für die Klage** (§ 111 Abs. 2 S. 5 ArbGG). Eine vor Anrufung des Schlichtungsausschusses eingereichte Klage ist unzulässig. Sie wird zulässig, wenn das Schlichtungsverfahren beendet ist und der Spruch nicht anerkannt wird; denn bloßes Verhandeln vor dem Schlichtungsausschuss reicht als Zulässigkeitsvoraussetzung für die Klage nicht aus (*LAG RhPf* 25.4.2013 LAGE § 22 BBiG 2005 Nr. 5), es sei denn, die Verhandlung ist mangels einer Einigungsmöglichkeit als gescheitert anzusehen oder dem Ausschuss ist aus anderen Gründen ein Spruch nicht möglich (*BAG* 12.2.2015 – 6 AZR 845/13; HWK-*Kalb* § 111 ArbGG Rn 22) bzw. er die Durchführung des Verfahrens verweigert. Dies kann z.B. den Fall betreffen, in dem sich der Ausschuss für unzuständig erklärt, unabhängig davon, ob seine Rechtsauffassung zutrifft (*BAG* 17.9. 1987 2AZR 654/86 DB 1988, 803). Sinn und Zweck des Schlichtungsverfahrens liegt in der Rücksichtnahme auf das besondere Vertrauensverhältnis zwischen Ausbildenden und Auszubildenden, das es zu schützen und zu erhalten gilt (*BAG* 18.9.1975 EzA § 111 ArbGG Nr. 1). In dem durch seine Friedensfunktion bestimmten Verfahren geht es um einen »gerechten Ausgleich« zwischen Ausbilder und Auszubildenden (*VG Ansbach* 24.11.1977 GewArch. 1978, 199). Deshalb sollen nach Möglichkeit Streitigkeiten zwischen beiden Teilen vor paritätisch zusammengesetzten Ausschüssen beigelegt werden, um die Fronten nicht durch eine Auseinandersetzung vor Gericht zu verhärten, jedenfalls solange Ungewissheit über eine rechtswirksame Beendigung besteht (*BAG* 13.4.1989 EzA § 13 KSchG nF Nr. 4). Auf die Durchführung des Schlichtungsverfahrens kann nicht durch ausdrückliche Abrede oder rügeloses Verhalten durch die Parteien im gerichtlichen Verfahren verzichtet werden (*BAG* 17.6.1998 EzB § 15 Abs. 3 BBiG aF Nr. 37; 13.4.1989 EzA § 13 KSchG nF Nr. 4; BCF-*Friedrich* § 111 Rn 2; GMPM-G/*Müller-Glöge* § 111 Rn 20 f.; *Hauck* § 111 ArbGG Rn 3; aA *Schaub* Formularsammlung, § 82 I 3d; *Grunsky* ArbGG § 111 Rn 3; HzA-*Taubert* Berufliche Bildung Rn 363; GK-ArbGG/*Ascheid* § 111 Rn 12; HWK-*Kalb* ArbGG § 111 Rn 12; *Opolony* FA 2003, 133; *Brehm* Anm. zu *BAG* 13.4.1989 EzA § 13 KSchG nF Nr. 4). Deshalb ist das Schlichtungsverfahren keine die Zulässigkeit der Klage betreffende verzichtbare Rüge. § 295 ZPO ist auch nicht entsprechend anwendbar (*BAG* 26.1.1999 AP 43 zu § 4 KSchG 1969; 17.6.1998 EzB § 15 Abs. 3 BBiG aF Nr. 37; 13.4.1989 EzA § 13 KSchG nF Nr. 4). Die Anrufung des Schlichtungsausschusses ist als Prozessvoraussetzung der Klage vor dem ArbG von Amts wegen zu prüfen (*LAG RhPf* 25.4.2013 LAGE § 22 BBiG 2005 Nr. 5). Zum Verfahren des Schlichtungsausschusses vgl. *Ramrath* FA 2000, 45.

2. Zuständigkeit des Ausschusses bei Kündigungsstreitigkeiten

Gem. § 111 Abs. 2 S. 1 ArbGG wird für die Erforderlichkeit der Anrufung des Schlichtungsausschusses ein **bestehendes** Berufsausbildungsverhältnis vorausgesetzt. Es muss bis zum Ende des Schlichtungsverfahrens bestehen, wenn der Ausschuss zuständig sein soll. Nicht zuständig ist der Ausschuss, wenn das Berufsausbildungsverhältnis bereits beendet ist (*BAG* 13.3.2007 EzA § 14

BBiG Nr. 14). Entgegen der früher überwiegenden Meinung (*Dietz-Nikisch* § 111 Anm. 6; *Hueck/ Nipperdey* I, § 94 Abs. 1, S. 890, FN 4; *Rohlfing/Rewolle* § 111 Anm. 3; *Auffarth/Schönherr* § 111 Anm. 2; ebenso *LAG Bln.* 15.10.1974 DB 1975, 884; *LAG BW* 21.3.1966 DB 1966, 747) ist mit dem *BAG* (18.9.1975 EzA § 111 ArbGG Nr. 1) davon auszugehen, dass der Ausschuss »zur Beilegung von Streitigkeiten zwischen Ausbildenden und Auszubildenden aus einem bestehenden Berufsausbildungsverhältnis« (§ 111 Abs. 2 ArbGG) auch bei einem Streit über die **Wirksamkeit einer außerordentlichen Kündigung zuständig ist** und **anzurufen** ist (*BAG* 17.6.1998 EzB § 15 Abs. 3 BBiG aF Nr. 37; 13.4.1989 EzA § 13 KSchG nF Nr. 4; GMPM-G/*Müller-Glöge* § 111 Rn 17; HzA-*Taubert* Berufliche Bildung Rn 360; *Hurlebaus* BB 1975, 1533; *Herkert* § 102 Rn 4; *Etzel* AR-Blattei, Arbeitsgerichtsbarkeit V B, C; zum Streitstand mwN vgl. *Barwasser* DB 1976, 434; *Hurlebaus* BB 1975, 1533). Schon der Wortlaut spricht für diese Auffassung. Wenn Streitigkeiten aus einem beendeten Berufsausbildungsverhältnis nicht vor den Ausschuss gehören (zB Anspruch auf Schadenersatz wegen vorzeitigen Vertragsbruchs, *LAG Düsseld.* 26.5.1984 EzB § 16 BBiG aF Nr. 9), so lässt dies den Schluss zu, dass in den Streitfällen, die in das Bestehen des Vertrages fallen, der Ausschuss zuständig ist. Dann gehört dazu aber auch der Streit über das Bestehen des Berufsausbildungsverhältnisses selbst, dh die Wirksamkeit einer Kündigung. Denn das Vorliegen der Zuständigkeitsvoraussetzungen des Ausschusses ist nach den gleichen Grundsätzen zu prüfen wie beim ArbG. Für die sachliche Zuständigkeit der Gerichte ist der jeweilige Streitgegenstand maßgebend, wie er durch das Klagebegehren bestimmt wird. Beim Streit darüber, ob eine fristlose Kündigung das Berufsausbildungsverhältnis beendet hat oder es noch fortbesteht, handelt es sich ebenso um ein zuständigkeitsbegründendes Tatbestandsmerkmal, für das der Ausschuss ebenso berufen ist wie für Streitfragen zB über das Vorliegen eines Berufsausbildungsverhältnisses oder nur eines Schulverhältnisses (*Hurlebaus* BB 1975, 1533). Weiterhin kann allein die tatsächliche Beendigung des Berufsausbildungsverhältnisses nicht entscheidend für die Zuständigkeit des Ausschusses sein; denn sonst könnte jedes vor Ausspruch einer Kündigung eingeleitete Verfahren vor dem Ausschuss vereitelt werden, indem nun gekündigt wird, um somit nach der og überwiegenden Meinung die Zuständigkeit des Ausschusses nachträglich entfallen zu lassen (*BAG* 18.9.1975 EzA § 111 ArbGG Nr. 1). Schließlich entspricht es dem vom Gesetzgeber für das Berufsausbildungsverhältnis intendierten besonders starken Bestandsschutz (vgl. Rdn 34), wenn Streitigkeiten über das Fortbestehen zunächst vor dem Ausschuss auszutragen sind, weil dieses Verfahren gerade mit Rücksicht auf das besondere Vertrauensverhältnis zwischen den Parteien (und nicht zuletzt größerer Sachnähe) noch eher geeignet ist, der Auflösung des Ausbildungsverhältnisses entgegenzuwirken (*LAG Hmb.* 5.3.1975 BB 1976, 186, mit Verweis auf die parallele Argumentation des *BAG* 18.10.1961 AP Nr. 1 zu § 111 ArbGG 1953). Denn wenn die Parteien erst vor Gericht streiten, ist das Vertrauensverhältnis meist vollends zerstört und eine gütliche Einigung unwahrscheinlich (*Barwasser* DB 1976, 434).

113 Nur wenn beide Parteien davon ausgehen, dass das Berufsausbildungsverhältnis bereits beendet ist, trifft der Gesichtspunkt der Unzulässigkeit der Anrufung des Ausschusses zu, soweit noch Streitigkeiten aus dem aufgelösten Verhältnis verhandelt werden sollen (so zB im Fall des Ausscheidens des Auszubildenden im gegenseitigen Einvernehmen, *LAG Kiel* 25.8.1954 DB 1954, 956; *ArbG Bln.* 5.1.1958 Entsch. Kal. 1958, III, 265). Macht aber eine Partei das Fortbestehen geltend, muss der **Ausschuss zunächst angerufen werden** (*LAG Hmb.* 5.3.1975 BB 1976, 186; *Stein/Jonas/Schumann/ Leipold* § 253 Anm. VII 2 und Anm. 100; *Schaub* § 174, VII 6; *Dersch/Volkmar* § 111 Rn 9). Der Mangel, der in dem Fehlen dieser von Amts wegen zu beachtenden Prozessvoraussetzung liegt, kann bis zum Schluss der letzten mündlichen Verhandlung in der Berufungsinstanz geheilt werden (*BAG* 12.2.2015 6 AZR 845/13 EzB § 15 BBiG Nr. 18). Lehnt der bestehende Innungsausschuss nach nachträglicher Anrufung die Durchführung eines Schiedsverfahrens ab mit der Begründung, das Arbeitsverhältnis sei beendet, dann ist der Klageweg frei (*LAG Nbg.* 25.11.1975 BB 1976, 1076).

114 Dieses Ergebnis ergibt sich neben § 111 Abs. 2 ArbGG auch aus § 22 Abs. 4 S. 2 BBiG; denn nach dieser Vorschrift hemmt das Güteverfahren vor einer außergerichtlichen Stelle die Frist zur Geltendmachung der Kündigungsgründe. Diese Regel wäre unverständlich, wenn das ArbG ohne

Einschaltung des Schlichtungsausschusses angerufen werden könnte (*LAG Hmb.* 5.3.1975 BB 1976, 186).

3. Frist für die Anrufung des Ausschusses

Vom Gesetz nicht geregelt ist die Frage, ob und ggf. in welcher **Frist** der Ausschuss gem. § 111 Abs. 2 ArbG nach Auftreten des Streitfalles bzw. der Kündigung anzurufen ist. Nach der Rspr. des BAG hat die Anrufung des Ausschusses allein innerhalb der zeitlichen Grenzen der **Verwirkung** zu erfolgen. Nicht analog anzuwenden sind danach die Vorschriften des KSchG über die fristgebundene Klageerhebung gem. §§ 4 S. 1, 13 Abs. 1 S. 2, 7 KSchG. Für eine analoge Anwendung dieser Vorschriften fehle die planwidrige Regelungslücke. Die Drei-Wochen-Frist nach dem KSchG ist nur in dem Fall der gerichtlichen Kontrolle der außerordentlichen Kündigung durch den Auszubildenden einzuhalten, wenn kein Ausschuss nach § 111 Abs. 2 ArbGG gebildet ist (*BAG* 23.7.2015 – 6 AZR 490/14, EzA § 111 ArbGG 1979 Nr. 3 mwN). 115

Inwieweit die Voraussetzungen der **Verwirkung** (iE KR-*Klose* § 7 KSchG Rdn 38 ff.; KR-*Treber/Rennpferdt* § 13 KSchG Rdn 148 ff.) erfüllt sind, richtet sich nach den Umständen des Einzelfalles. Dabei kann wegen des Interesses insbes. auf der Arbeitgeberseite an einer schnellen Klärung der Rechtslage nach einer Kündigung des Ausbildungsverhältnisses eine Berücksichtigung der Drei-Wochen-Frist gem. § 4 KSchG in Betracht gezogen werden, ohne allerdings deren Geltung zur Regelmäßigkeit zu erheben (*BAG* 23.7.2015 – 6 AZR 490/14, EzA § 111 ArbGG 1979 Nr. 3). Wenn sich der Auszubildende nicht dem Risiko der mit Unwägbarkeiten verbundenen Verwirkung aussetzen will, bietet sich die Einhaltung der Drei-Wochen-Frist zur Anrufung des Ausschusses gem. § 111 ArbGG nach Zugang der Kündigung an (ErfK-*Biebl* § 111 ArbGG Rn 9). 116

Mit dieser Rspr. des BAG kann einer bisher vertretenen Ansicht, in entsprechender Anwendung der §§ 4 S. 1, 13 Abs. 1 S. 2, 7 KSchG sei auch bei der Anrufung des Schlichtungsausschusses eine Frist von drei Wochen einzuhalten (so in einer früheren Entscheidung *LAG Düsseld.* 3.5.1988 LAGE § 111 ArbGG 1979 Nr. 1; KR-*Weigand* Voraufl. Rn 114 ff.; HWK-*Kalb* ArbGG § 111 Rn 18; GMPM-G/*Müller-Glöge* § 111 Rn 22; *Hauck* ArbGG § 111 Rn 6; *Schaub* ArbGV § 11 Rn 6; *Natzel* BBiG S. 482; *Herkert* § 102 Rn 5; aA st. Rspr. *BAG* 13.4.1989 EzA § 13 KSchG n.F. Nr. 4 m. Anm. *Brehm*; krit. Anm. *Natzel* AP Nr. 21 zu § 4 KSchG 1969; *LAG Köln* 21.5.2014 – 5 Sa 76/14, EzB § 22 Abs. 3 BBiG Nr. 18; *LAG MV* 30.8.2011 – 5 Sa 3/11, EzB § 22 Abs. 2 Nr. 1 BBiG Nr. 70 und EzB § 111 ArbGG Nr. 51; *LAG Hamm* 19.6.1986 LAGE § 5 KSchG Nr. 24; DDZ-*Däubler/Wroblewski* § 22 BBiG Rn 50; *v. Hoyningen-Huene/Linck* KSchG § 13 Rn 29 f.). nicht gefolgt werden. 117

Angesichts der Rspr. des BAG bedarf es de lege ferenda einer gesetzlichen Klarstellung zur Frist der Anrufung des Schlichtungsausschusses iSv §§ 4 S. 1, 13 Abs. 1 S. 2, 7 KSchG, um zunächst dem Grundsatz der Rechtsklarheit (bedenklich die Rspr. *BAG* 23.7.2015 – 6 AZR 490/14, EzA § 111 ArbGG 1979 Nr. 3 Rn 62; *BVerfG* 4.7.2012 – 2 BvL 9/08 [B II 2 a bb 2]), aber auch der Beschleunigungsmaxime, wie sie für das Arbeitsgerichtsverfahren in § 9 Abs. 1 ArbGG sowie in der Verkürzung von Fristen wie in §§ 47 Abs. 1, 59 S. 1 und 60 Abs. 1 und 4 ArbGG und in den §§ 55 Abs. 1, 56 und vor allem § 61a ArbGG ihren Niederschlag gefunden hat, gerecht zu werden; denn für eine Herausnahme von Streitigkeiten aus Berufsbildungsverhältnissen aus dem Grundsatz des beschleunigten arbeitsgerichtlichen bzw. Schlichtungsverfahrens sind vernünftige Gründe nicht ersichtlich. 118

4. Verfahren vor dem Schlichtungsausschuss

Gemäß § 111 Abs. 2 ArbGG hat der Schlichtungsausschuss die Parteien **mündlich zu hören**. Allerdings kann ein Spruch auch ergehen, wenn die Parteien von der ihnen eingeräumten Möglichkeit der Anhörung nicht Gebrauch gemacht haben (GMPM-G/*Müller-Glöge* § 111 Rn 29) oder die Gegenpartei der Verhandlung unentschuldigt fernbleibt (*BAG* 18.10.1961 AP Nr. 1 zu § 111 ArbGG 1953). Ein **Versäumnisspruch** kann nur durch die Klage beim Arbeitsgericht angefochten 119 werden (GMPM-G/*Müller-Glöge* § 111 Rn 32). Wird ein vor dem Schlichtungsausschuss vereinbarter widerruflicher Vergleich fristgerecht widerrufen, so ist das Schlichtungsverfahren noch nicht abgeschlossen (*LAG RhPf* 4.8.2011 – 8 Ta 137/11).

120 Wiewohl es wegen der Funktion des Verfahrens in der Sache wenig sinnvoll erscheint, kann gem. § 11 Abs. 1 ArbGG eine **Vertretung durch Prozessbevollmächtigte** vor dem Schlichtungsausschuss erfolgen (GMPM-G/*Müller-Glöge* § 111 Rn 35). Allerdings besteht kein Anspruch auf die Beiordnung eines Rechtsanwaltes und auf Prozesskostenhilfe, weil § 11a ArbGG im Verfahren vor dem Schlichtungsausschuss nicht anwendbar ist (GMPM-G/*Müller-Glöge* § 111 Rn 69). Soweit die Zahlung von Gebühren gem. § 3 Abs. 6 IHKG bzw. § 73 Abs. 2 HandwO vorgesehen ist, sind diese an die Kammer bzw. Innung zu entrichten. Der **Spruch** des Schlichtungsausschusses ist **schriftlich** abzufassen, mit einer **Begründung** und **Rechtsbehelfsbelehrung** zu versehen, von allen Ausschussmitgliedern zu unterzeichnen und **den Parteien zuzustellen**.

5. Nichtanrufung

121 Der Mangel der Nichtanrufung des Schlichtungsausschusses kann **auch noch nach Klageerhebung geheilt werden**, wenn das Verfahren nach § 111 Abs. 2 ArbGG zwar nach Klageerhebung, aber noch vor der streitigen Verhandlung stattfindet (*BAG* 25.11.1976 EzA § 15 BBiG aF Nr. 3; BCF-*Friedrich* § 111 Rn 2), nach *LAG Nbg.* (25.11.1975 BB 1976, 1076) kann der Mangel bis zum Schluss der letzten mündlichen Verhandlung in der Berufungsinstanz geheilt werden (*Stein/Jonas/Pohle* vor § 300 ZPO Anm. III 1).

6. Anfechtung des Schiedsspruches

122 Wenn der Spruch des Schlichtungsausschusses nicht innerhalb von einer Woche von beiden Parteien anerkannt wird, kann er beim ArbG innerhalb von zwei Wochen angefochten werden (§ 111 Abs. 2 S. 3 ArbGG). Eine nicht unterschriebene Rechtsmittelbelehrung in dem Spruch des Schlichtungsausschusses ist nicht ordnungsgemäß iSd §§ 111 Abs. 2 S. 4, 9 Abs. 5 ArbGG (*BAG* 30.9.1998 EzB § 10 Abs. 1 BBiG aF Nr. 66) und setzt insofern den Lauf der **Anfechtungsfrist** nicht in Gang (HzA-*Taubert* Berufliche Bildung Rn 367). Versäumen es beide Parteien, gegen einen nicht anerkannten Spruch des Ausschusses innerhalb der Ausschlussfrist das ArbG anzurufen, so kommen diesem Versäumnis keine materiellrechtlichen Wirkungen zu, insbesondere nicht die Fiktion der Wirksamkeit einer formnichtigen Kündigung zum Nachteil des Auszubildenden (im Fall einer wegen Verletzung des Schriftformerfordernisses unwirksamen Kündigung *LAG Frankf.* 24.6.1977 BB 1977, 1507). § 111 Abs. 2 S. 3 ArbGG enthält lediglich eine prozessuale Ausschlussfrist. Wird gegen einen nicht anerkannten Spruch des Ausschusses nicht fristgemäß Klage beim ArbG erhoben, so hat dies nur die prozessuale Folge, dass der vor dem Ausschuss verhandelte Streitgegenstand von keiner Partei mehr vor die ArbG gebracht werden kann (*BAG* 9.10.1979 EzA § 111 ArbGG 1979 Nr. 1; Anm. *Herschel* AuR 1981, 324). Allerdings kann gem. §§ 233 ff. ZPO, § 46 Abs. 2 ArbGG die Wiedereinsetzung in den vorigen Stand beantragt werden. § 7 KSchG ist nicht entsprechend anwendbar.

III. Kündigungsschutzklage

123 Wenn das Verfahren vor dem Schlichtungsausschuss durchgeführt ist, kann dessen Spruch gem. § 111 Abs. 2 S. 3 ArbGG innerhalb einer Frist von zwei Wochen vor dem Arbeitsgericht angefochten werden (vgl. Rdn 119). Besteht bei der zuständigen Stelle (vgl. Rdn 110) kein Schlichtungsausschuss, so sind nach der Rspr. des BAG die Vorschriften des KSchG über **die fristgebundene Klageerhebung** (§ 4 Abs. 1, § 13 Abs. 1 S. 2, § 7 KSchG) auch auf außerordentliche Kündigungen von Berufsausbildungsverhältnissen anzuwenden (st. Rspr. *BAG* 23.7.2015 – 6 AZR 490/14, EzA § 111 ArbGG 1979 Nr. 3; 26.1.1999 EzA § 4 KSchG nF Nr. 58; 17.6.1998 RzK IV 3a Nr. 30; 5.7.1990 EzA § 4 KSchG nF Nr. 39 m. abl. Anm. *Vollkommer*; 13.4.1989 EzA § 13 KSchG nF Nr. 4 Anm. *Brehm*; *Bender/Schmidt* NZA 2004, 358, 362). Danach muss der Auszubildende innerhalb von **drei Wochen** nach Zugang der Kündigung Klage beim Arbeitsgericht erheben. Das gilt auch, wenn eine

Ausschussverhandlung nach § 111 Abs. 2 ArbGG nicht stattfinden muss (*LAG Köln* 10.3.2006 VjA-EzB § 111 ArbGG Nr. 38). Bei Versäumnis der Dreiwochenfrist kann sich der Auszubildende folglich nicht mehr darauf berufen, es habe kein wichtiger Grund iSd § 22 Abs. 2 Nr. 1 BBiG (Rdn 43 ff.) vorgelegen oder die für eine fristlose Kündigung erforderliche Zweiwochenfrist gemäß § 22 Abs. 4 S. 1 BBiG (vgl. Rdn 97 ff.) sei nicht eingehalten. Ebenso ist es ihm verwehrt, sich nach Ablauf der Dreiwochenfrist auf das Erfordernis der gem. § 22 Abs. 3 (Rdn 91 ff.) und der schriftlichen Angabe der Kündigungsgründe (vgl. Rdn 93 ff.) zu berufen (HzA-*Taubert* Berufliche Bildung Rn 370). Die schuldhafte Versäumung der Klagefrist durch seinen Prozessbevollmächtigten muss sich der Auszubildende nach § 85 Abs. 2 ZPO zurechnen lassen (*LAG Köln* 10.3.2006 LAGE § 111 ArbGG 1979 Nr. 4). Unzulässig ist die Kündigungsschutzklage, wenn der Kläger vor dem Schlichtungsausschuss einem Vergleich zustimmt und sich zur Rücknahme der erhobenen Klage verpflichtet hat (*LAG Nbg* 2.9.2009 – 4 Ta 85/09, EzB § 111 ArbGG Nr. 47).

IV. Folgen bei unberechtigter Kündigung

Nach Feststellung der Rechtsunwirksamkeit einer außerordentlichen Kündigung des Ausbildungsverhältnisses hat der Auszubildende grds. einen **Rechtsanspruch auf Weiterbeschäftigung** im Rahmen des Ausbildungsvertrages bis zu dessen fristgemäßer Beendigung in entsprechender Anwendung der für das Arbeitsverhältnis entwickelten Regeln (*LAG BW* 5.1.1990 EzA § 611 BGB Fürsorgepflicht Nr. 55). Bei unberechtigter Kündigung und Erteilung eines Hausverbots durch den Ausbildenden befindet sich dieser auch ohne ausdrückliches Angebot der Leistung durch den Auszubildenden in Annahmeverzug, wenn er diesem nicht den funktionsfähigen Ausbildungsplatz zur Verfügung stellt. Der Auszubildende hat in diesem Fall Anspruch auf die vereinbarte Vergütung bis zum Ende des Ausbildungsvertrages. Auf die geschuldete Vergütung hat er sich den erzielten Verdienst und sonstige Leistungen gem. § 615 S. 2 BGB anrechnen zu lassen.

124

V. Einstweilige Verfügung auf Weiterbeschäftigung

Wird einem Auszubildenden fristlos gekündigt, so kann er – soweit er gegen diese Maßnahme mit einer Kündigungsschutzklage angeht – vorläufigen Rechtsschutz insofern suchen, als er im Wege des Antrags auf Erlass einer **einstweiligen Verfügung** (§§ 935, 940 ZPO) beim ArbG verlangt, dass er bis zur Entscheidung in der Hauptsache vom Ausbildenden weiter ausgebildet und entsprechend dem Ausbildungsvertrag weiter beschäftigt wird (*Wohlgemuth/Pieper* § 22 Rn 35). Zwar hat der Gesetzgeber des BGB eine Beschäftigungspflicht des Arbeitgebers nicht im Gesetz vorgesehen, doch ist sie »aufgrund der gesellschaftlichen Entwicklung« anerkannt (*ArbG Hildesheim* 16.5.1975 BB 1976, 317 m. Hinw. auf *BAG* 17.2.1954 AP Nr. 1 zu § 611 BGB Beschäftigungspflicht; *BAG* 10.11.1955 EzA § 611 BGB Nr. 1; *Moritz* DB 1978, 1345 krit. zu *BAG* 26.6.1977 EzA § 611 BGB Beschäftigungspflicht Nr. 2; *Fabricius* ZfA 1972, 40 [47] mwN). Das Verfahren gem. § 111 Abs. 2 ArbGG vor dem Schlichtungsausschuss bleibt ohne Einfluss auf die Beurteilung der Zulässigkeit oder Begründetheit der einstweiligen Verfügung (*ArbG Gelsenkirchen* 5.1.1979 AuR 1979, 284; *Moritz* DB 1978, 1348 f.; der Beschäftigungsanspruch kann per einstweiliger Verfügung auch vor Anrufen des Schlichtungsausschusses geltend gemacht werden (*ArbG Hmb.* 4.7.1974 EzB § 15 Abs. 2 Nr. 1 BBiG Nr. 42; *ArbG Kiel* 30.12.2009 – 1 Ga 34a/09). Der Anspruch eines Auszubildenden auf Weiterbeschäftigung und Ausbildung kann nach Ausspruch einer Kündigung im Wege des einstweiligen Verfügungsverfahrens geltend gemacht werden, auch wenn eine Entscheidung erster Instanz über die Kündigungsschutzklage noch nicht vorliegt (*LAG Bln.* 22.2.1991 NZA 1991, 472).

125

Ein Anspruch auf **vorläufige Weiterbeschäftigung** besteht allerdings grds. nur dann, **wenn die Kündigung offensichtlich unwirksam ist** (*BAG* 11.8.1987 EzA § 16 BBiG aF Nr. 1 wegen Verletzung der Formvorschrift des § 22 Abs. 3 BBiG; *LAG Brem.* 26.10.1982 EzB § 611 BGB Beschäftigungsanspruch Nr. 18; *LAG RhPf* 29.5.1978 AuR 1979, 61: wegen der vorrangigen Bedeutung des Bestandsschutzes im Ausbildungsverhältnis und wenn Rechtsunwirksamkeit überwiegend wahrscheinlich ist, *LAG RhPf* 10.5.2005 – 5 Sa 177/05; nach *ArbG Kiel* 30.12.2009 – 1 Ga 34a/09, ist

126

im dritten Ausbildungsjahr der Maßstab für die vorläufige Beschäftigung bis zur Entscheidung im Kündigungsschutzprozess nicht eine »offenkundig unwirksame Kündigung«, sondern eine »überwiegend wahrscheinlich unwirksame Kündigung«; *ArbG Oldenburg* 3.12.1976 BetrR 1977, 259; nach *ArbG Gelsenkirchen* 5.1.1979 AuR 1979, 284 ist der Weiterbeschäftigungsanspruch schon anzuerkennen, auch wenn nur wahrscheinlich ist, dass die Kündigung nicht gerechtfertigt war; nach *ArbG Bamberg* 13.12.1977 ist auch bei fristloser Kündigung der Ausbildende zur Fortsetzung der Ausbildung verpflichtet; denn bis zur rechtskräftigen Feststellung der Berechtigung der Kündigung ist nicht erwiesen, ob diese begründet war) und der Auszubildende glaubhaft macht, dass ihm ein schwerwiegender Nachteil durch die Unterbrechung der Ausbildung während der Prozessdauer des Kündigungsschutzstreits droht (*ArbG Kassel* 3.11.1976 ARSt 1977, 82, Nr. 77; *Otto* RdA 1975, 71; *Löwisch* DB 1975, 352). Der Ausbildende ist verpflichtet, den Auszubildenden idR auch dann tatsächlich zu beschäftigen, wenn er eine außerordentliche, aber rechtsunwirksame Kündigung ausgesprochen hat (zB weil die Kündigungsgründe nicht schriftlich mitgeteilt wurden), es sei denn, die Weiterbeschäftigung ist ihm im Einzelfall unzumutbar (*LAG Hmb.* 15.8.1974 EzB § 15 Abs. 2 Nr. 1 BBiG aF Nr. 6).

127 Bei Ausbildungsverhältnissen kommt eine **gerichtliche Auflösung gegen Zahlung einer Abfindung nicht in Betracht** (*ArbG Bln.* 1.12.1972 AP Nr. 2 zu § 15 BBiG aF). § 13 Abs. 1 S. 3 und §§ 9, 10 KSchG sind auf das Berufsausbildungsverhältnis nicht anzuwenden, weil dies mit seinem Wesen und Zweck der Erreichung des Ausbildungsziels und der damit verbundenen besonders starken Bindung der Vertragsparteien nicht zu vereinbaren ist (st. Rspr. *BAG* 16.7.2013 EzA § 23 BBiG 2005 Nr. 1; 29.11.1984 EzA § 9 nF KSchG Nr. 19; s.a. KR-*Spilger* § 9 KSchG Rdn 17).

128 Bei der Prüfung der Begründetheit der Kündigung ist neben den eigentlichen Kündigungsgründen auch das Stadium der Ausbildung zu berücksichtigen; denn kurz vor Prüfungsbeginn ist die Kündigung eines Auszubildenden idR nicht mehr möglich (vgl. Rdn 44 aE). Im Rahmen des **einstweiligen Verfügungsverfahrens** sind bei der Beurteilung der Weiterbeschäftigungspflicht des Arbeitgebers immer die Interessen der beiden Kontrahenten gegeneinander abzuwägen (iE *ArbG Hildesheim* 16.5.1975 BB 1976, 317). Dies muss gerade auch im Hinblick darauf geschehen, dass die Stattgabe des Antrages faktisch die Erfüllung der im Hauptverfahren geltend gemachten Ansprüche bedeutet. Dies allerdings wird in der Rechtsentwicklung schon seit längerer Zeit durchaus in Kauf genommen, wenn es darum geht, Rechtsuchenden unter erleichterten Voraussetzungen in einem vorläufigen summarischen Verfahren zu einer richterlichen Entscheidung zu verhelfen, um ihnen dadurch wesentliche Nachteile zu ersparen. Denn einstweilige Verfügungen haben nicht mehr nur Sicherungsfunktion (*ArbG Hildesheim* 16.5.1975 BB 1976, 317; *Baumbach/Lauterbach/Albers/Hartmann* Grundz. § 916 Rn 3). Gerade im Hinblick auf die weit reichenden nachteiligen Konsequenzen, die eine Unterbrechung der Berufsausbildung für den Auszubildenden bringen kann, ist trotz der möglichen Gefahr einer Fehlentscheidung eine vorläufige Sicherung des geltend gemachten Anspruchs auf Weiterbeschäftigung und Weiterausbildung während der Dauer des Prozesses in der Hauptsache zu bejahen, wenn besondere Gründe zugunsten des Antragstellers sprechen. Der Weiterbeschäftigungsanspruch im Rahmen des § 102 Abs. 5 BetrVG bleibt von den gesetzlichen Regelungen des einstweiligen Rechtsschutzes nach den §§ 935, 940 ZPO unberührt.

VI. Nachträgliches Feststellungsinteresse

129 Die Klage eines Auszubildenden gegen seinen ehemaligen Ausbildenden, bei dem er während des Ausbildungsverhältnisses unter gegenseitigem Schuldvorwurf fristlos ausschied, auf Feststellung, der Ausbildende habe den Ausbildungsvertrag widerrechtlich gebrochen, ist nach der Rechtsprechung unzulässig (*LAG Düsseld.* 21.7.1959 WA 1960, 30). Gem. § 256 ZPO besteht ein Feststellungsinteresse nur, wenn das Rechtsverhältnis bis in die Gegenwart fortdauert. In der angeführten Entscheidung wird das Feststellungsinteresse auch verneint, weil die fristlose Entlassung sich für den Auszubildenden nicht weiter auswirke, da er sofort einen neuen Ausbildungsplatz gefunden habe und im Übrigen für das berufliche Fortkommen allein das spätere Prüfungsergebnis entscheide. Dem kann nicht zugestimmt werden. Bei einer Einstellung wird regelmäßig der berufliche

Werdegang überprüft. Von daher weckt ein brüskes Abbrechen der Ausbildung bei einem Ausbildenden oder sonstigen Arbeitgeber immer Argwohn, was sich für den Bewerber sehr nachteilig auswirken kann. Deshalb muss auch bei einer Feststellungsklage bezüglich eines bereits beendeten Ausbildungsverhältnisses das Feststellungsinteresse bejaht werden.

VII. Einzelne Folgen der Beendigung

1. Arbeitspapiere

Nach der Beendigung des Berufsausbildungsverhältnisses sind dem Auszubildenden die **Arbeitspapiere** herauszugeben. Der auszubildende Arbeitgeber hat kein Zurückbehaltungsrecht, hält er die Papiere zurück, macht er sich schadenersatzpflichtig. Allerdings ist der Auszubildende grds. verpflichtet, sich die Arbeitspapiere abzuholen. Nur bei außergewöhnlichem Anfahrtsweg trifft den Ausbildenden eine Schickschuld. 130

2. Urlaubsanspruch

Ein im Zeitpunkt fristloser Auflösung noch bestehender **Urlaubsanspruch** ist **abzugelten** (§ 19 Abs. 4 JArbSchG iVm § 7 Abs. 4 BUrlG). Bei Beendigung nach § 22 Abs. 2 Nr. 2 BBiG (Berufsaufgabe oder -wechsel) muss der Urlaub noch während der vierwöchigen Kündigungsfrist gewährt werden. Schließt ein Arbeitsverhältnis an ein Ausbildungsverhältnis beim gleichen Arbeitgeber an, ist die Abgeltung von nicht erfüllten Urlaubsansprüchen aus dem Berufsausbildungsverhältnis ausgeschlossen. Diese Urlaubsansprüche sind nach den für das Arbeitsverhältnis maßgebenden Vorschriften zu erfüllen (*BAG* 29.11.1984 EzA § 13 BUrlG Nr. 22). 131

3. Arbeitslosenunterstützung

Gem. § 25 Abs. 1 S. 2 SGB III stehen Auszubildende den Beschäftigten gleich und haben einen Anspruch auf Alg I gem. §§ 136 ff., 147, 149 ff. SGB III. § 158 Abs. 1 SGB III findet weder unmittelbar noch entsprechend auf die Beendigung von Berufsausbildungsverhältnissen Anwendung, da sie insoweit nicht als Arbeitsverhältnisse angesehen werden (*LSG München* 28.8.2008 – L 8 AL 268/07; DA 1 Abs. 1 S. 2 der BA zu § 143a SGB III: Stand 09/2009). 132

VIII. Schadensersatz bei vorzeitiger Beendigung des Berufsausbildungsverhältnisses

Der **Schadenersatzanspruch** gem. § 23 BBiG – der das allgemeine Schadensrecht unberührt lässt, § 10 Abs. 2 BBiG – geht dem gem. § 628 Abs. 2 BGB als lex specilis vor (*BAG* 16.7.2013 EzA § 23 BBiG 2005 Nr. 1; 8.5.2007 EzA § 23 BBiG Nr. 13). Er setzt voraus, dass das Berufsausbildungsverhältnis nach Ablauf der Probezeit durch einen Umstand, den der andere Teil zu vertreten hat, vorzeitig beendet wird (Abs. 1 S. 1). Folglich besteht kein Anspruch bei Lösung schon vor Antritt der Ausbildung (*LAG Hannover* 1.10.1954 RAW 1956, 325, Nr. 337; HaKo-BBiG/*Pepping* § 23 Rn 6) und bis zum Ende der Probezeit. Wird die Ausbildung vom Auszubildenden nicht angetreten, so kann der Ausbildende keinen Schadenersatz verlangen (*ArbG Celle* 23.2.1982 EzB § 16 BBiG aF Nr. 8). Unerheblich ist der Grund der Beendigung des Ausbildungsverhältnisses; denn ein wichtiger Grund kann zur fristlosen Kündigung gem. § 22 Abs. 2 Nr. 1 BBiG führen wie auch zur Aufhebung des Vertrages im gegenseitigen Einvernehmen. Bei letzterem muss der Schadenersatz ausdrücklich geregelt sein, sonst wird von einem stillschweigenden Verzicht ausgegangen werden müssen (*LAG Hamm* 22.12.2015 – 14 Ta 468/15; *ArbG Hmb*. 20.5.1980 ARSt 1960, 179). Nach Sinn und Zweck des § 23 Abs. 1 kommt es nicht darauf an, ob das Vertragsverhältnis in rechtlich zulässiger Weise beendet wurde. Es genügt die tatsächliche Beendigung, die auch im Ausscheiden unter Vertragsbruch liegen oder auch durch rechtswidrige und damit rechtlich unwirksame Kündigung erfolgen kann (*BAG* 17.7.2007 EzA § 16 BBiG Nr. 5; 17.8.2000 EzA § 16 BBiG aF Nr. 3 mwN). Auch die Anfechtung des Ausbildungsvertrages (§§ 119, 123 BGB) fällt unter das Merkmal der vorzeitigen Lösung iSv § 23 Abs. 1 BBiG. Der **Begriff des Lösens** ist weit zu verstehen und erfasst jeden Fall der tatsächlichen Beendigung des Berufsausbildungsverhältnisses vor dem regulären 133

Ende (*BAG* 17.7.2007 EzA § 16 BBiG Nr. 5). Dem Schadensersatzanspruch steht wohl nicht entgegen, wenn der Auszubildende eine außerordentliche Kündigung des Ausbildenden – angesichts der eintretenden Fiktionswirkung gem. § 4 S. 1, § 7 KSchG – gerichtlich nicht angreift (*LAG Hamm* 22.12.2015 – 14 Ta 468/15 EzB § 23 BBiG Nr. 25; anders die Vorinstanz). Ausgeschlossen ist der Schadenersatz bei einer Kündigung wegen Aufgabe der Ausbildung oder Wechsels des Berufszieles (§ 22 Abs. 2 Nr. 2 BBiG, *BAG* 22.5.1980 EzA § 249 BGB Nr. 13). **Nicht einschlägig** im Rahmen des § 23 BBiG sind **Schadenersatzansprüche aus dem laufenden** Ausbildungsverhältnis (im Übrigen gelten auch für Auszubildende die Grundsätze über die Beschränkung der Arbeitnehmerhaftung für alle Arbeiten, die durch den Betrieb veranlasst sind, *BAG GS* 12.6.1992 EzA § 611 Arbeitnehmerhaftung Nr. 58; *LAG Nbg.* 13.12.1981 EzB § 17 BBiG aF Nr. 13). Ebenso wenig umfassen Schadensersatzansprüche gem. § 23 Abs. 1 BBiG eine Abfindung entsprechend den §§ 9, 10 KSchG (st. Rspr. *BAG* 16.7.2013 EzA § 23 BBiG 2005 Nr. 1; Rdn 126). Zum Schadensersatzanspruch bei unwirksamem Ausbildungsvertrag vgl. *ArbG Wiesbaden* 8.8.1984 NZA 1985, 94.

134 Der **Schadensersatzanspruch kann im Voraus weder ausgeschlossen noch beschränkt werden** (§ 12 Abs. 2 Nr. 3 BBiG). **Nichtig** gem. § 12 Abs. 1 BBiG ist allerdings eine **Rückzahlungsvereinbarung**, nach der der Auszubildende verpflichtet ist, während der Ausbildungszeit angefallene, vom Arbeitgeber gezahlte Führerscheinkosten für den Fall des vorzeitigen Ausscheidens des Auszubildenden nach Beendigung der Ausbildungszeit ganz oder teilweise zurückzuzahlen (*LAG Köln* 7.3.1988 AiB 1988, 198). Ebenso **nichtig** sind **Klauseln über Kostenerstattung bei Rücktritt vom Berufsausbildungsvertrag** im Falle einer nach Abschluss des Vertrages, aber vor Beginn der Ausbildung ausgesprochenen schriftlichen Kündigung des Auszubildenden, der somit nicht schadensersatzpflichtig ist (Rdn 36).

135 Der Anspruchsgegner muss den Grund für die Beendigung zu vertreten haben (*BAG* 17.7.2007 EzA § 16 BBiG Nr. 5; 17.8.2000 EzA § 16 BBiG aF Nr. 3; 22.6.1972 EzA § 611 BGB Ausbildungsverhältnis Nr. 1), Abs. 1 S. 1, dh **schuldhaft** – vorsätzlich oder fahrlässig, § 276 Abs. 1 BGB – gehandelt haben (*Sächs LAG* 20.5.2015 – 4 Ta 29/15 [1], EzB § 23 BBiG Nr. 24; *LAG Kiel* 9.11.1984 EzB § 16 BBiG Nr. 10). Dabei ist dem Ausbildenden das Verschulden eines von ihm bestellten Ausbilders ebenso zuzurechnen wie sein eigenes, z.B. im Falle schuldhaft begangener Persönlichkeits- oder Gesundheitsverletzungen wie Mobbing eines Ausbilders gegenüber einem Auszubildenden (*BAG* 16.5.2007 8 AZR 709/06 EzB § 23 BBiG Nr. 13a). Der Ausbildende haftet auch auf Schadenersatz, wenn das Ausbildungsverhältnis beendet werden muss, weil kein geeigneter Ausbilder zur Verfügung steht (*LAG Frankf.* 6.2.1981 EzB § 16 BBiG aF Nr. 7; *ArbG Hamm* 18.7.2013 – 4 Ca 2365/12, EzB § 23 Nr. 22; ErfK-*Schlachter* BBiG § 23 Rn 2) bzw. die Ausbildung wegen erheblicher Mängel beim Ausbildenden (teilweise) in einem anderen Betrieb wiederholt werden muss (*ArbG Duisburg* 30.10.1972 EzB § 16 BBiG aF Nr. 2). Grundsätzlich setzt ein **Schadensersatzanspruch** des Auszubildenden gegen seinen Arbeitgeber wegen unzureichender Ausbildung einen gescheiterten Prüfungsversuch voraus. Da dies bei einem vorzeitigen Abbruch der Ausbildung nicht der Fall sein kann, obliegt es dem Auszubildenden substantiiert darzulegen und zu beweisen, dass er das vereinbarte Berufsziel bei hypothetischer Fortsetzung des Ausbildungsverhältnisses nicht erreicht hätte. § 23 Abs. 1 BBiG erfasst nur den Auflösungsschaden, nicht einen durch unzureichende Ausbildung verursachten Schaden (*LAG Köln* 30.10.1998 LS in EzB § 16 BBiG aF Nr. 17, NZA 1999, 317). Löst der Auszubildende das Berufsausbildungsverhältnis nach der Probezeit schuldhaft vorzeitig, so kann der Ausbildende Ersatz der Aufwendungen verlangen, die er nach den Umständen für erforderlich halten durfte. Dabei ist auf den Zeitpunkt abzustellen, zu dem die Maßnahme zu treffen war (*BAG* 17.8.2000 EzA § 16 BBiG aF Nr. 3 mwN). Ausnahmsweise ohne Verschulden ergibt sich eine Haftung auf Schadenersatz, wenn der Insolvenzverwalter das Berufsausbildungsverhältnis kündigt.

136 Bei **Betriebsstilllegung** besteht gegen den ausbildenden Arbeitgeber nur dann ein **Schadenersatzanspruch**, wenn gegen ihn der Vorwurf der Fahrlässigkeit beim Abschluss des Ausbildungsvertrages erhoben werden kann (Verschulden bei Betriebsaufgabe aus wirtschaftlichen Gründen wird generell verneint vom *LAG Kiel* 9.11.1984 EzB § 16 BBiG Nr. 10). So darf ein Arbeitgeber, der

Vertragsverhandlungen für ein Berufsausbildungsverhältnis eingeht, bestehende Umstände, gleich welcher Art, die die vollständige Durchführung des Ausbildungsverhältnisses in Frage stellen können, nicht verschweigen, soweit sie ihm bekannt sind oder sein müssen (prekäre wirtschaftliche Lage, *BAG* 8.3.1977 DB 1977, 1322 f.). Dies ist jedoch nicht möglich, wenn sich die Notwendigkeit für die Betriebsstilllegung erst nach Beginn der Ausbildung aufgrund der veränderten Strukturentwicklung des Marktes ergeben hat (*ArbG Köln* 6.5.1965 BB 1965, 1110).

Die **Höhe des Schadenersatzanspruchs** errechnet sich aus dem Vergleich des ordnungsgemäß erfüllten mit dem vorzeitig beendeten, schlecht erfüllten Ausbildungsverhältnis (*BAG* 17.7.2007 EzA § 16 BBiG Nr. 5 mwN). Der zu ersetzende Schaden ist also ein sog. **Verfrühungsschaden** (*BAG* 8.5.2007 EzA § 16 BBiG Nr. 4). Dabei kann Ersatz des gesamten materiellen Schadens verlangt werden (*BAG* 8.5.2007 EzA § 16 BBiG Nr. 4; *Hess. LAG* 2.3.2011 – 18 Sa 1203/10, EzB BBiG § 23 Nr. 17). Er wird nach den Grundsätzen der §§ 249 ff. BGB ermittelt (HaKo-BBiG/*Pepping* § 23 Rn 13). Bei der Schadensberechnung gem. § 23 Abs. 1 S. 1 BBiG iVm § 249 Abs. 1 BGB ist allerdings ein Vermögensvergleich anzustellen. Dabei ist zu berücksichtigen, ob im Zusammenhang mit dem schädigenden Ereignis ein vermögenswerter Vorteil durch anderweitigen Verdienst zugeflossen ist (Vorteilsausgleich; *BAG* 5.8.2007 EzA § 16 BBiG Nr. 4). Nach der modifizierten Netto-Lohn-Theorie soll der Geschädigte nicht bereichert werden. Der Auszubildende kann demnach die Differenz zwischen den erhaltenen Vergütungen und möglicher höherer Ausbildungsvergütungen (*LAG RhPf* 8.5.2014 – 2 Sa 33/13, EzB § 23 BBiG Nr. 23; *LAG Hamm* 24.3.1953 BB 1953, 770) sowie den Nettolohnbezügen, die er bei ordnungsgemäßer Beendigung erhalten hätte, verlangen; ebenso die entsprechenden Rentenbeiträge, die bei höherem Einkommen zu zahlen gewesen wären. Auch die Lohn- und Kirchensteuer ist zu ersetzen, wenn der Auszubildende sie entrichtet hat. Der Ausbildende kann auch verpflichtet sein, dem Auszubildenden die vereinbarte Vergütung bis zur Aufnahme einer neuen Ausbildung oder ggf. eines Arbeitsverhältnisses weiterzuzahlen (*BAG* 8.5.2007 EzA § 16 BBiG Nr. 4). Der Schadensersatzanspruch gem. § 23 Abs. 1 S. 1 BBiG umfasst auch die entzogene Ausbildungsvergütung, die dem Auszubildenden gem. § 17 Abs. 1 BBiG bei sittenwidriger Vereinbarung gem. § 138 BGB (*LAG RhPf* 30.1.2009 – 9 Sa 648/08) oder als angemessene Vergütung zugestanden hätte, wenn die vereinbarte Vergütung um mehr als 20 % unter der nach der Verkehrsanschauung angemessenen liegt. Es ist keine geltungserhaltende Reduktion der vertraglichen Vereinbarung bis zur Grenze dessen, was die Parteien gem. § 17 Abs. 1 BBiG hätten vereinbaren können, vorzunehmen. Nicht erfasst vom Schadensersatzanspruch wird eine Abfindung entsprechend den §§ 9, 10 KSchG (*BAG* 16.7.2013 EzA § 23 BBiG 2005 Nr. 1).

Zum **Schadenersatzanspruch** können Aufwendungen für die Begründung eines neuen Berufsausbildungsverhältnisses gehören; Mehrkosten, die durch die Ausbildung an einem anderen Ort verursacht werden, können auch dann erstattungsfähig sein, wenn sie bereits vor der rechtlichen Beendigung des alten Berufsausbildungsverhältnisses entstanden sind (*BAG* 16.7.2013 EzA § 23 BBiG 2005 Nr. 1; 17.7.2007 EzA § 16 BBiG Nr. 5; *LAG RhPf* 8.5.2014 – 2 Sa 33/13, EzB § 23 BBiG Nr. 23). Der Ausbildende kann Kosten für Zeitungsinserate verlangen, wenn dies für die Suche eines neuen Auszubildenden notwendig war (für Arbeitnehmer: *BAG* 30.6.1961 EzA § 249 BGB Nr. 1; 18.12.1969 EzA § 249 BGB Nr. 4). In Betracht kommt auch der Ersatz eines entgangenen Gewinns (§ 252 BGB). Nicht verlangen kann der ausbildende Arbeitgeber Schadensersatz von einem vertragsbrüchigen Auszubildenden dafür, dass dessen Tätigkeit nun von einem ausgebildeten Arbeitnehmer ausgeführt wird, weil das Berufsausbildungsverhältnis nicht den Produktionserfordernissen eines Betriebes dient (*BAG* 17.8.2000 EzA § 16 BBiG aF Nr. 3; *LAG Frankf.* 16.12.1967 ARST 1969, 191, Nr. 1286) und weil in seinem Rahmen auch keine ausbildungsfremdem Tätigkeiten zu verrichten sind (*LAG Hmb.* 10.12.2007 – 29 Ca 114/07, AuR 2008, 118) oder mit der Begründung, die vom Auszubildenden bis zur Kündigung erbrachte Leistung entspreche nicht der Ausbildungsvergütung (*LAG Düsseld.* 26.6.1984 EzB § 16 BBiG aF Nr. 9); denn der Ausbildungsvertrag sieht keine »leistungsorientierte Gewinnwirtschaftung« vor (*BAG* 17.8.2000 EzA § 16 BBiG aF Nr. 3). Aufwendungen des ausbildenden Arbeitgebers zur »Schließung der Lücke«, die der unberechtigt ausscheidende Auszubildende aus einem der Berufsausbildung vergleichbaren

Vertragsverhältnis auch im Hinblick auf seinen von beiden Seiten erwarteten zukünftigen Einsatz als Vertragsfußballspieler hinterlässt, können im Rahmen vereinbarter Abstandszahlungen in einem Auflösungsvertrag verlangt werden (*LAG MV* 15.9.2011 – 5 Sa 19/11, im Anschluss an *BAG* 17.8.2000 EzA § 16 BBiG aF Nr. 3).

139 Neben dem vorliegenden Schaden kann auf dem Wege der Feststellungsklage auch **künftiger Schaden** dem Grunde nach begehrt werden. In Frage kommt der Schaden für den Auszubildenden, wenn er erst verspätet zur Abschlussprüfung zugelassen wird und dadurch erst später einen höheren Lohn erhält (*Sächs. LAG* 20.5.2015 – 4 Ta 29/15 [1], EzB § 23 BBiG Nr. 24; *LAG Nds.* 14.8.2006 – 11 Sa 1899/05; *ArbG Hamm* 18.7.2013 – 4 Ca 2365/12, EzB BBiG § 23 Nr. 22). Der Ausbildende verletzt seine Vertragspflicht auch, wenn die Erreichung des Ausbildungsziels durch Umstände unmöglich wird, die zwar vom Ausbildenden nicht verschuldet sind, aber in seinen Risikobereich fallen und der Ausbildende nichts tut, um schädliche Folgen der vorzeitigen Beendigung für den Auszubildenden auszuschalten (*LAG RhPf* 15.8.1974, zit. nach *Hess/Löns* S. 56, FN 31).

140 Zu beachten ist ein **Mitverschulden des Geschädigten gem. § 254 Abs. 1 BGB** (*BAG* 29.9.1958 AP Nr. 17 zu § 64 ArbGG 1953). Bei der Höhe der Entschädigung infolge unbegründeter fristloser Entlassung des Auszubildenden ist zu berücksichtigen, inwieweit bei der Entstehung des Schadens auch ein Verschulden des Auszubildenden mitgewirkt hat (Bsp. Kürzung um 50 % *LAG Nds.* 14.8.2006 – 11 Sa 1899/05). Pflichtverletzungen des Auszubildenden, die eine fristlose Entlassung noch nicht rechtfertigen, mindern den Schadenersatzanspruch erheblich.

141 Die **Schadensverursachung** muss im Einzelnen von demjenigen bewiesen werden, der den Anspruch geltend macht. Verschweigt der ausbildende Arbeitgeber bei Vertragsabschluss Umstände (prekäre wirtschaftliche Lage des Unternehmens), die die Durchführung des Ausbildungsverhältnisses gefährden, so muss er in entsprechender Anwendung des Rechtsgedankens des § 282 BGB darlegen und ggf. **beweisen**, dass und warum ihn kein Verschulden hinsichtlich seiner Aufklärungspflichten vor und bei Abschluss der Ausbildungsverträge trifft; denn seine wirtschaftliche Lage mit ihren Folgen für die Auszubildenden gehören zum »Gefahrenkreis« des ausbildenden Arbeitgebers (*BAG* 8.3.1977 DB 1977, 1322 f.; Anm. *Sturn* Stbg 1979, 21).

142 Der **Schadenersatzanspruch** muss innerhalb einer Frist von drei Monaten nach Beendigung des Berufsausbildungsverhältnisses geltend gemacht werden (Abs. 2). Dabei handelt es sich um eine **Ausschlussfrist**, dh nach ihrem Ablauf erlischt der Anspruch. Die Frist beginnt mit dem Zeitpunkt der im Berufsausbildungsvertrag vereinbarten -rechtlichen- Beendigung des Berufsausbildungsverhältnisses zu laufen. Die Ausschlussfrist knüpft nach ihrem Wortlaut weder an die vorzeitige tatsächliche Beendigung der Ausbildung noch an die vorzeitige rechtliche Beendigung des Berufsausbildungsverhältnisses an (*BAG* 17.7.2007 9 AZR 103/07 EzA § 16 BBiG Nr. 5). Diese Regelung entspricht derjenigen zum Begriff der Beendigung gem. § 78a BetrVG. Diese Frist bezieht sich auf Ansprüche gem. § 23 Abs. 1 BBiG; für sonstige Schadenersatzansprüche gelten die allgemeinen Regeln der Verjährung und Verwirkung.

143 Hat der Auszubildende, ohne dazu vom Ausbildenden veranlasst zu sein, die Lehrstelle vor Ablauf der Ausbildungszeit verlassen und fordert daraufhin der Ausbildende den vereinbarten Schadensersatz, dann ist der Auszubildende für seine Behauptung **beweispflichtig**, das Ausbildungsverhältnis sei im gegenseitigen Einvernehmen beendet worden (*BAG* 16.3.1972 EzA § 111 BBiG aF Nr. 1).

§ 24 BBiG Weiterarbeit

Werden Auszubildende im Anschluss an das Berufsausbildungsverhältnis beschäftigt, ohne dass hierüber ausdrücklich etwas vereinbart worden ist, so gilt ein Arbeitsverhältnis auf unbestimmte Zeit als begründet.

Weiterarbeit **§ 24 BBiG**

Übersicht

	Rdn		Rdn
A. Vertragsfreiheit und Beschränkungen...	1	C. Vergütung und Urlaub	8
B. Fiktion eines unbefristeten Arbeitsverhältnisses durch Weiterbeschäftigung...	3	D. Kündigungsschutz	9
		E. Betriebliche Mitbestimmung	10

A. Vertragsfreiheit und Beschränkungen

Die Vertragsparteien des Berufsausbildungsverhältnisses sind nach Abschluss der Ausbildung **nicht** 1 **verpflichtet**, ein **Arbeitsverhältnis zu begründen** (*BAG* 5.4.1984 EzA § 17 BBiG Nr. 1; DDZ-*Wroblewski* Rn 14; LM-*Lakies* Rn 2; *Herkert/Töltl* Rn 3). Dies gilt grds. auch dann, wenn ein Tarifvertrag den Ausbildenden dazu verpflichtet, dem Auszubildenden innerhalb einer bestimmten Frist vor dem Ausbildungsende die Absicht mitzuteilen, ihn nicht in ein Arbeitsverhältnis zu übernehmen (*BAG* 5.4.1984 EzA § 17 BBiG Nr. 1; 30.11.1984 EzB § 17 BBiG Nr. 14a). Zu prüfen ist allerdings ggf., ob die Entscheidung, den Auszubildenden nicht zu übernehmen, den Grundsätzen von Recht und **Billigkeit** (§ 75 Abs. 1 BetrVG), dem **AGG** oder betrieblichen **Auswahlrichtlinien** (§ 95 BetrVG) widerspricht (*BAG* 20.11.2003 EzA § 611 BGB 2002 Arbeitgeberhaftung Nr. 1; 5.4.1984 EzA § 17 BBiG Nr. 1; *BVerfG* 19.5.1992 NJW 1992, 2409; s.a. KR-*Bader/Kreutzberg-Kowalczyk* § 3 TzBfG Rdn 50; DDZ-*Wroblewski* Rn 15). Die Abschlussfreiheit des Ausbildenden wird ferner gegenüber Auszubildenden, die Mitglied der Jugend- und Auszubildendenvertretung oder des Betriebsrats sind, durch **§ 78a BetrVG** beschränkt (vgl. dazu KR-*Rinck* § 78a BetrVG Rdn 1 ff.). Auch eine entsprechende **Zusage** im Ausbildungsvertrag, Tarifverträge oder freiwillige Betriebsvereinbarungen können den Ausbildenden verpflichten, dem Auszubildenden die Übernahme in ein Arbeitsverhältnis anzubieten (*BAG* 14.5.1997 EzA § 4 TVG Beschäftigungssicherung Nr. 1; HaKo-BBiG/ *Pepping* Rn 4 ff.; KR-*Bader/Kreutzberg-Kowalczyk* § 17 TzBfG Rdn 87, 90 mwN). Ist tarifvertraglich die Übernahme für bestimmte Zeit vorgesehen, schließt dies zugleich eine vorzeitige ordentliche Kündigung des Arbeitsverhältnisses aus (*BAG* 6.7.2006 EzA § 4 TVG Metallindustrie Nr. 133).

Vertragliche **Weiterarbeitsklauseln,** die eine automatische Begründung eines Arbeitsverhältnisses 2 nach Beendigung der Ausbildung vorsehen oder eine entsprechende Verpflichtung des Auszubildenden zum Abschluss eines Arbeitsvertrages begründen und damit den Auszubildenden in seiner Entscheidungsfreiheit beschränken, sind gem. § 12 Abs. 1 BBiG nichtig, soweit sie früher als sechs Monate vor der Beendigung des Berufsausbildungsverhältnisses vereinbart wurden (vgl. zur früheren Frist von drei Monaten *BAG* 31.1.1974 EzA § 5 BBiG Nr. 1). Dagegen ist eine in den letzten sechs Monaten vereinbarte Bindung des Auszubildenden wirksam und kann trotz § 12 Abs. 2 Nr. 2 BBiG auch durch die Verabredung einer **Vertragsstrafe** gesichert werden (*BAG* 23.6.1982 EzA § 5 BBiG Nr. 5; DDZ-*Wroblewski* Rn 17; [zur Unanwendbarkeit von § 309 Nr. 6 BGB und zur zulässigen Höhe vgl. *BAG* 4.3.2004 EzA § 307 BGB 2002 Nr. 1; s.a. *Leder/Morgenroth* NZA 2002, 952 ff.; *Lingemann* NZA 2002, 191 f.; aA *Herbert/Oberrath* NZA 2004, 125 f. mwN]). Eine in einer solchen ausdrücklichen Vereinbarung unter Beachtung der Schriftform gem. § 14 Abs. 4 TzBfG verabredete Befristung des Arbeitsverhältnisses ist gem. § 14 Abs. 1 Nr. 2 oder auch gem. § 14 Abs. 2 TzBfG grds. zulässig und geht § 24 BBiG vor (vgl. KR-*Lipke/Bubach* § 14 TzBfG Rdn 573). Die **Beweislast** für ausdrückliche, von der Regel des § 24 BBiG **abweichende Vereinbarungen** liegt bei demjenigen, der sich darauf beruft (*LAG Hamm* 13.8.1980 EzB § 17 BBiG Nr. 11; *Herkert/Töltl* Rn 41).

B. Fiktion eines unbefristeten Arbeitsverhältnisses durch Weiterbeschäftigung

Ebenso wie bei der Fortsetzung des Arbeitsverhältnisses durch die Vertragsparteien iSv § 625 BGB 3 oder § 15 Abs. 5 TzBfG handelt es sich bei der Weiterbeschäftigung gem. § 24 BBiG um einen Tatbestand schlüssigen Verhaltens kraft gesetzlicher Fiktion (*BAG* 20.3.2018, 9 AZR 479/17, EzA § 21 BBiG 2005 Nr. 1). **Arbeitet der Auszubildende** nach Ablegung der Prüfung und der Feststellung des Prüfungsergebnisses oder nach einer sonstigen Beendigung des Berufsausbildungsverhältnisses (zur stillschweigenden Verlängerung bis zur Prüfung bzw. bis zur Bekanntgabe des Prüfungsergebnisses vgl. KR-*Weigand* §§ 21–23 BBiG Rdn 20 und *Natzel* SAE 2009, 250 ff.) **mit Wissen und**

§ 24 BBiG   Weiterarbeit

Willen des Ausbildenden tatsächlich weiter, **ohne** dass für diesen Fall **ausdrückliche, dh** – sei es auch konkludent – **eindeutige** (*Benecke* NZA 2009, 823; HaKo-BBiG/*Pepping* Rn 28) **Abreden** getroffen wurden, so wird durch § 24 BBiG die **Begründung eines Vollzeitarbeitsverhältnisses auf unbestimmte Zeit fingiert.** Notwendig ist die Fortsetzung der betrieblichen Tätigkeit; dass der Auszubildende weiter die Berufsschule besucht, genügt nicht (*BAG* 13.3.2007 EzA § 14 BBiG Nr. 14; *Benecke* in: *Benecke/Hergenröder* Rn 6). Es gelten weitgehend die gleichen Grundsätze wie bei § 625 BGB (vgl. KR-*Krumbiegel* § 625 BGB Rdn 1 ff.; *Herkert/Töltl* Rn 2; DDZ-*Wroblewski* Rn 1). Anders als in den Fällen des § 625 BGB und § 15 Abs. 5 TzBfG ist der nach § 24 BBiG fingierte Geschäftswille jedoch nicht lediglich auf die Fortsetzung eines bereits begründeten Vertragsverhältnisses, sondern auf die Überleitung des Berufsausbildungsverhältnisses in ein Arbeitsverhältnis und damit auf die Begründung eines anderen Vertragstyps mit neuen Rechten und Pflichten gerichtet (*BAG* 20.3.2018, 9 AZR 479/17, EzA § 21 BBiG 2005 Nr 1; *Schaub/Vogelsang* § 174 Rn 127). Zudem ist § 24 BBiG, anders als § 625 BGB, **nicht generell abdingbar (§ 25 BBiG)**.

4   Der Fiktion der Begründung eines Arbeitsverhältnisses auf unbestimmte Zeit steht entgegen, wenn der Auszubildende nur **beschränkt geschäftsfähig** und nicht gem. § 113 BGB zur Eingehung eines Arbeitsverhältnisses ermächtigt ist, sofern die Weiterarbeit nicht mit Wissen seines gesetzlichen Vertreters erfolgt (vgl. KR-*Krumbiegel* § 625 BGB Rdn 9; *Benecke* NZA 2009, 824; aA *Herkert/Töltl* Rn 41; *Natzel* S. 309; LM-*Lakies* Rn 30; HaKo-BBiG/*Pepping* Rn 36).

5   Voraussetzung für die Begründung eines Arbeitsverhältnisses nach § 24 BBiG ist grds. die **positive Kenntnis des Ausbildenden oder eines zum Abschluss von Arbeitsverträgen berechtigten Vertreters** von der Beendigung des Ausbildungsverhältnisses und der Weiterbeschäftigung des Auszubildenden, weil es um die bewusste Beschäftigung »im Anschluss an das Berufsausbildungsverhältnis« geht (vgl. *BAG* 20.3.2018, 9 AZR 479/17, EzA § 21 BBiG 2005 Nr 1; APS/*Biebl* Rn 3; *Felder* FA 2000, 339; *Herkert/Töltl* Rn 34; *Lakies* AiB 2002, 676; *Taubert* Rn 14; HaKo-BBiG/*Pepping* Rn 22; *Schaub/Vogelsang* § 174 Rn 129; aA *Benecke* NZA 2009, 822 f.; nach ErfK-*Schlachter* Rn 3 soll fahrlässige Unkenntnis genügen). Endet das Berufsausbildungsverhältnis nach § 21 Abs. 2 BBiG mit Bekanntgabe des Ergebnisses durch den Prüfungsausschuss, weil der Auszubildende die **Abschlussprüfung vor Ablauf der Ausbildungszeit bestanden** hat, genügt die Kenntnis des Ausbildenden vom Bestehen der Abschlussprüfung. Es ist erforderlich und ausreichend, wenn er weiß, dass die vom Auszubildenden erzielten Prüfungsergebnisse zum Bestehen der Abschlussprüfung ausreichen. Der Auszubildende trägt die **Darlegungs- und Beweislast** dafür, dass der Ausbildende ihn in Kenntnis der bestandenen Abschlussprüfung weiterbeschäftigt hat. Es genügt zunächst der Vortrag eines Sachverhalts, der das Vorliegen einer entsprechenden Kenntnis des Ausbildenden indiziert (*BAG* 20.3.2018, 9 AZR 479/17, EzA § 21 BBiG 2005 Nr 1, auch zur Zurechnung der Kenntnis einer Ausbildungsleiterin bei unsachgemäßer Organisation des Betriebs).

6   Arbeitet der Auszubildende ohne Kenntnis des Ausbildenden (Arbeitgebers) oder seiner einstellungsberechtigten Vertreter weiter, wird er nicht iSv § 24 BBiG beschäftigt, sondern beschäftigt sich nur selbst (*BAG* 20.3.2018, 9 AZR 479/17, EzA § 21 BBiG 2005 Nr 1; *Benecke* NZA 2009, 822; *Herkert/Töltl* Rn 34). Erfährt der Ausbildende von der Weiterarbeit, kann und muss er **unverzüglich widersprechen**, wenn er den Eintritt der Fiktion des § 24 BBiG verhindern will (*Natzel* BBiG S. 310; *Taubert* Rn 14). Der **formlos mögliche Widerspruch** kann auch schon zeitnah vor dem Ende des Ausbildungsverhältnisses erfolgen (DDZ-*Wroblewski* Rn 5; *Lakies* AR-Blattei SD 400 Rn 791, 797; *Natzel* BBiG S. 310). Die bloße Erklärung des Ausbildenden, er wolle den Auszubildenden nur aus sozialen Gründen auf bestimmte Zeit weiterbeschäftigen, verhindert den Eintritt der Fiktion aber nicht (*LAG Düsseld.* 22.10.1985 EzB § 17 BBiG Nr. 15; *Herkert/Töltl* Rn 36). Trotz einer solchen Erklärung erfolgt nämlich in diesem Fall eine willentliche Weiterbeschäftigung durch den Ausbildenden (Arbeitgeber) und nach dem eindeutigen Wortlaut des § 24 BBiG bedürfte die Befristung einer ausdrücklichen Vereinbarung, die zudem gem. § 14 Abs. 4 TzBfG der Schriftform unterläge (im Ergebnis auch *Lakies* AR-Blattei SD 400 Rn 791, 797). Von einer gem. §§ 14, 21 TzBfG formbedürftigen Befristung oder Bedingung abgesehen können die Vertragsparteien das

Arbeitsverhältnis **nachträglich auch** durch **konkludente Abreden** modifizieren, ohne dass dem § 24 BBiG noch entgegenstünde.

Die tatsächliche Weiterarbeit muss, um die Fiktion des § 24 BBiG zu begründen, **ohne Unterbrechung** erfolgen (*Natzel* BBiG S. 310; LM-*Lakies* Rn 16). Ist der Auszubildende über den Zeitpunkt der rechtlichen Beendigung des Ausbildungsverhältnisses hinaus **arbeitsunfähig erkrankt** und nimmt er erst danach die Arbeit auf, so mag gegebenenfalls durch stillschweigende Vereinbarung ein Arbeitsverhältnis zustande kommen. Die Beschäftigung erfolgt aber jedenfalls nicht »im Anschluss« an das Berufsausbildungsverhältnis, weshalb sich der Auszubildende nicht auf § 24 BBiG berufen kann (*Lakies* AR-Blattei SD 400 Rn 786; *Herkert/Töltl* Rn 34; *Natzel* BBiG S. 310; **aA** *Benecke* NZA 2009, 821; HaKo-BBiG/*Pepping* Rn 20; DDZ-*Wroblewski* Rn 2; *Taubert* Rn 11). 7

C. Vergütung und Urlaub

In dem gem. § 24 BBiG zustande gekommenen Arbeitsverhältnis gilt hinsichtlich der Höhe des Arbeitsentgelts die für die verrichtete Tätigkeit **übliche Vergütung** als vereinbart, idR also der tarifliche Gesellen- bzw. Facharbeiterlohn (§ 612 Abs. 2 BGB; *BAG* 16.6.2005 EzA § 14 BBiG Nr. 13; APS-*Biebl* Rn 4; HaKo-BBiG/*Pepping* Rn 43 ff.). Entsprechendes gilt für den **Urlaub** (*Herkert/Töltl* Rn 47). Auch restliche Urlaubsansprüche aus dem Berufsausbildungsverhältnis sind nach den für das Arbeitsverhältnis maßgebenden Vorschriften zu erfüllen (*BAG* 29.11.1984 EzA § 13 BUrlG Nr. 22). Die Wartezeit des § 3 Abs. 3 EFZG für den Entgeltfortzahlungsanspruch bei **Krankheit** ist bereits durch das vorhergehende Berufsausbildungsverhältnis erfüllt und läuft nicht neu (*BAG* 20.8.2003 EzA § 3 EFZG Nr. 11). 8

D. Kündigungsschutz

Im betrieblichen Anwendungsbereich des Kündigungsschutzgesetzes (§ 23 KSchG) besteht für den weiterbeschäftigten Auszubildenden **sofort Kündigungsschutz** (*BAG* 23.9.1976 EzA § 1 KSchG Nr. 35; hM, s. KR-*Rachor* § 1 KSchG Rdn 114). 9

E. Betriebliche Mitbestimmung

Nach hM stellt die Begründung eines Arbeitsverhältnisses über § 24 BBiG eine **Einstellung** iSv § 99 BetrVG dar, und der Betriebsrat kann der weiteren tatsächlichen Beschäftigung gem. § 101 BetrVG entgegentreten (*LAG Hamm* 14.7.1982 EzB § 99 BetrVG Nr. 3; *Benecke* NZA 2009, 824; *Herkert/Töltl* Rn 50; DDZ-*Wroblewski* Rn 13; LM-*Lakies* Rn 32; HaKo-BBiG/*Pepping* Rn 40; wN bei *Fitting* § 99 Rn 52; **aA** *Natzel* BBiG S. 312; *Taubert* Rn 28). 10

Gesetz zum Elterngeld und zur Elternzeit (Bundeselterngeld- und Elternzeitgesetz – BEEG)

vom 5. Dezember 2006 (BGBl. I S. 2748), neugefasst durch Bekanntmachung vom 27. Januar 2015 (BGBl. I S. 33), zuletzt geändert durch Artikel 1 des Gesetzes vom 15. Februar 2021 (BGBl. I S. 239).

– Auszug –

§ 1 BEEG Berechtigte

(1) [1]Anspruch auf Elterngeld hat, wer
1. einen Wohnsitz oder seinen gewöhnlichen Aufenthalt in Deutschland hat,
2. mit seinem Kind in einem Haushalt lebt,
3. dieses Kind selbst betreut und erzieht und
4. keine oder keine volle Erwerbstätigkeit ausübt.

[2]Bei Mehrlingsgeburten besteht nur ein Anspruch auf Elterngeld.

(2) [1]Anspruch auf Elterngeld hat auch, wer, ohne eine der Voraussetzungen des Absatzes 1 Satz 1 Nummer 1 zu erfüllen,
1. nach § 4 des Vierten Buches Sozialgesetzbuch dem deutschen Sozialversicherungsrecht unterliegt oder im Rahmen seines in Deutschland bestehenden öffentlich-rechtlichen Dienst- oder Amtsverhältnisses vorübergehend ins Ausland abgeordnet, versetzt oder kommandiert ist,
2. Entwicklungshelfer oder Entwicklungshelferin im Sinne des § 1 des Entwicklungshelfer-Gesetzes ist oder als Missionar oder Missionarin der Missionswerke und -gesellschaften, die Mitglieder oder Vereinbarungspartner des Evangelischen Missionswerkes Hamburg, der Arbeitsgemeinschaft Evangelikaler Missionen e. V. oder der Arbeitsgemeinschaft pfingstlich-charismatischer Missionen sind, tätig ist oder
3. die deutsche Staatsangehörigkeit besitzt und nur vorübergehend bei einer zwischen- oder überstaatlichen Einrichtung tätig ist, insbesondere nach den Entsenderichtlinien des Bundes beurlaubte Beamte und Beamtinnen, oder wer vorübergehend eine nach § 123a des Beamtenrechtsrahmengesetzes oder § 29 des Bundesbeamtengesetzes zugewiesene Tätigkeit im Ausland wahrnimmt.

[2]Dies gilt auch für mit der nach Satz 1 berechtigten Person in einem Haushalt lebende Ehegatten oder Ehegattinnen.

(3) [1]Anspruch auf Elterngeld hat abweichend von Absatz 1 Satz 1 Nummer 2 auch, wer
1. mit einem Kind in einem Haushalt lebt, das er mit dem Ziel der Annahme als Kind aufgenommen hat,
2. ein Kind des Ehegatten oder der Ehegattin, in seinen Haushalt aufgenommen hat oder
3. mit einem Kind in einem Haushalt lebt und die von ihm erklärte Anerkennung der Vaterschaft nach § 1594 Absatz 2 des Bürgerlichen Gesetzbuchs noch nicht wirksam oder über die von ihm beantragte Vaterschaftsfeststellung nach § 1600d des Bürgerlichen Gesetzbuchs noch nicht entschieden ist.

[2]Für angenommene Kinder und Kinder im Sinne des Satzes 1 Nummer 1 sind die Vorschriften dieses Gesetzes mit der Maßgabe anzuwenden, dass statt des Zeitpunktes der Geburt der Zeitpunkt der Aufnahme des Kindes bei der berechtigten Person maßgeblich ist.

(4) Können die Eltern wegen einer schweren Krankheit, Schwerbehinderung oder Todes der Eltern ihr Kind nicht betreuen, haben Verwandte bis zum dritten Grad und ihre Ehegatten oder

Ehegattinnen Anspruch auf Elterngeld, wenn sie die übrigen Voraussetzungen nach Absatz 1 erfüllen und wenn von anderen Berechtigten Elterngeld nicht in Anspruch genommen wird.

(5) Der Anspruch auf Elterngeld bleibt unberührt, wenn die Betreuung und Erziehung des Kindes aus einem wichtigen Grund nicht sofort aufgenommen werden kann oder wenn sie unterbrochen werden muss.

(6) Eine Person ist nicht voll erwerbstätig, wenn ihre wöchentliche Arbeitszeit 32 Wochenstunden im Durchschnitt des Lebensmonats nicht übersteigt, sie eine Beschäftigung zur Berufsbildung ausübt oder sie eine geeignete Tagespflegeperson im Sinne des § 23 des Achten Buches Sozialgesetzbuch ist und nicht mehr als fünf Kinder in Tagespflege betreut.

(7) [1]Ein nicht freizügigkeitsberechtigter Ausländer oder eine nicht freizügigkeitsberechtigte Ausländerin ist nur anspruchsberechtigt, wenn diese Person
1. eine Niederlassungserlaubnis oder eine Erlaubnis zum Daueraufenthalt-EU besitzt,
2. eine Blaue Karte EU, eine ICT-Karte, eine Mobiler-ICT-Karte oder eine Aufenthaltserlaubnis besitzt, die für einen Zeitraum von mindestens sechs Monaten zur Ausübung einer Erwerbstätigkeit berechtigen oder berechtigt haben oder diese erlauben, es sei denn, die Aufenthaltserlaubnis wurde
   a) nach § 16e des Aufenthaltsgesetzes zu Ausbildungszwecken, nach § 19c Absatz 1 des Aufenthaltsgesetzes zum Zweck der Beschäftigung als Au-Pair oder zum Zweck der Saisonbeschäftigung, nach § 19e des Aufenthaltsgesetzes zum Zweck der Teilnahme an einem Europäischen Freiwilligendienst oder nach § 20 Absatz 1 und 2 des Aufenthaltsgesetzes zur Arbeitsplatzsuche erteilt,
   b) nach § 16b des Aufenthaltsgesetzes zum Zweck eines Studiums, nach § 16d des Aufenthaltsgesetzes für Maßnahmen zur Anerkennung ausländischer Berufsqualifikationen oder nach § 20 Absatz 3 des Aufenthaltsgesetzes zur Arbeitsplatzsuche erteilt und er ist weder erwerbstätig noch nimmt er Elternzeit nach § 15 des Bundeselterngeld- und Elternzeitgesetzes oder laufende Geldleistungen nach dem Dritten Buch Sozialgesetzbuch in Anspruch,
   c) nach § 23 Absatz 1 des Aufenthaltsgesetzes wegen eines Krieges in seinem Heimatland oder nach den §§ 23a, 24 oder § 25 Absatz 3 bis 5 des Aufenthaltsgesetzes erteilt,
3. eine in Nummer 2 Buchstabe c genannte Aufenthaltserlaubnis besitzt und im Bundesgebiet berechtigt erwerbstätig ist oder Elternzeit nach § 15 des Bundeselterngeld- und Elternzeitgesetzes oder laufende Geldleistungen nach dem Dritten Buch Sozialgesetzbuch in Anspruch nimmt,
4. eine in Nummer 2 Buchstabe c genannte Aufenthaltserlaubnis besitzt und sich seit mindestens 15 Monaten erlaubt, gestattet oder geduldet im Bundesgebiet aufhält oder
5. eine Beschäftigungsduldung gemäß § 60d in Verbindung mit § 60a Absatz 2 Satz 3 des Aufenthaltsgesetzes besitzt.

[2]Abweichend von Satz 1 Nummer 3 erste Alternative ist ein minderjähriger nicht freizügigkeitsberechtigter Ausländer oder eine minderjährige nicht freizügigkeitsberechtigte Ausländerin unabhängig von einer Erwerbstätigkeit anspruchsberechtigt.

(8) [1]Ein Anspruch entfällt, wenn die berechtigte Person im letzten abgeschlossenen Veranlagungszeitraum ein zu versteuerndes Einkommen nach § 2 Absatz 5 des Einkommensteuergesetzes in Höhe von mehr als 250 000 Euro erzielt hat. [2] Erfüllt auch eine andere Person die Voraussetzungen des Absatzes 1 Satz 1 Nummer 2 oder der Absätze 3 oder 4, entfällt abweichend von Satz 1 der Anspruch, wenn die Summe des zu versteuernden Einkommens beider Personen mehr als 300 000 Euro beträgt.

Der Text des § 1 BEEG in der bis zum 31.12.2014 geltenden Fassung lautete (vgl. dazu KR-*Bader/Kreutzberg-Kowalczyk* § 18 BEEG Rdn 12):

§ 1 Berechtigte

(1) Anspruch auf Elterngeld hat, wer
1. einen Wohnsitz oder seinen gewöhnlichen Aufenthalt in Deutschland hat,
2. mit seinem Kind in einem Haushalt lebt,
3. dieses Kind selbst betreut und erzieht und
4. keine oder keine volle Erwerbstätigkeit ausübt.

(2) ¹Anspruch auf Elterngeld hat auch, wer, ohne eine der Voraussetzungen des Absatzes 1 Nr. 1 zu erfüllen,
1. nach § 4 des Vierten Buches Sozialgesetzbuch dem deutschen Sozialversicherungsrecht unterliegt oder im Rahmen seines in Deutschland bestehenden öffentlich-rechtlichen Dienst- oder Amtsverhältnisses vorübergehend ins Ausland abgeordnet, versetzt oder kommandiert ist,
2. Entwicklungshelfer oder Entwicklungshelferin im Sinne des § 1 des Entwicklungshelfer-Gesetzes ist oder als Missionar oder Missionarin der Missionswerke und -gesellschaften, die Mitglieder oder Vereinbarungspartner des Evangelischen Missionswerkes Hamburg, der Arbeitsgemeinschaft Evangelikaler Missionen e. V., des Deutschen katholischen Missionsrates oder der Arbeitsgemeinschaft pfingstlich-charismatischer Missionen sind, tätig ist oder
3. die deutsche Staatsangehörigkeit besitzt und nur vorübergehend bei einer zwischen- oder überstaatlichen Einrichtung tätig ist, insbesondere nach den Entsenderichtlinien des Bundes beurlaubte Beamte und Beamtinnen, oder wer vorübergehend eine nach § 123a des Beamtenrechtsrahmengesetzes oder § 29 des Bundesbeamtengesetzes zugewiesene Tätigkeit im Ausland wahrnimmt.

²Dies gilt auch für mit der nach Satz 1 berechtigten Person in einem Haushalt lebende Ehegatten, Ehegattinnen, Lebenspartner oder Lebenspartnerinnen.

(3) ¹Anspruch auf Elterngeld hat abweichend von Absatz 1 Nr. 2 auch, wer
1. mit einem Kind in einem Haushalt lebt, das er mit dem Ziel der Annahme als Kind aufgenommen hat,
2. ein Kind des Ehegatten, der Ehegattin, des Lebenspartners oder der Lebenspartnerin in seinen Haushalt aufgenommen hat oder
3. mit einem Kind in einem Haushalt lebt und die von ihm erklärte Anerkennung der Vaterschaft nach § 1594 Abs. 2 des Bürgerlichen Gesetzbuchs noch nicht wirksam oder über die von ihm beantragte Vaterschaftsfeststellung nach § 1600d des Bürgerlichen Gesetzbuchs noch nicht entschieden ist.

²Für angenommene Kinder und Kinder im Sinne des Satzes 1 Nr. 1 sind die Vorschriften dieses Gesetzes mit der Maßgabe anzuwenden, dass statt des Zeitpunktes der Geburt der Zeitpunkt der Aufnahme des Kindes bei der berechtigten Person maßgeblich ist.

(4) Können die Eltern wegen einer schweren Krankheit, Schwerbehinderung oder Tod der Eltern ihr Kind nicht betreuen, haben Verwandte bis zum dritten Grad und ihre Ehegatten, Ehegattinnen, Lebenspartner oder Lebenspartnerinnen Anspruch auf Elterngeld, wenn sie die übrigen Voraussetzungen nach Absatz 1 erfüllen und von anderen Berechtigten Elterngeld nicht in Anspruch genommen wird.

(5) Der Anspruch auf Elterngeld bleibt unberührt, wenn die Betreuung und Erziehung des Kindes aus einem wichtigen Grund nicht sofort aufgenommen werden kann oder wenn sie unterbrochen werden muss.

(6) Eine Person ist nicht voll erwerbstätig, wenn ihre wöchentliche Arbeitszeit 30 Wochenstunden im Durchschnitt des Monats nicht übersteigt, sie eine Beschäftigung zur Berufsbildung ausübt oder sie eine geeignete Tagespflegeperson im Sinne des § 23 des Achten Buches Sozialgesetzbuch ist und nicht mehr als fünf Kinder in Tagespflege betreut.

(7) Ein nicht freizügigkeitsberechtigter Ausländer oder eine nicht freizügigkeitsberechtigte Ausländerin ist nur anspruchsberechtigt, wenn diese Person
1. eine Niederlassungserlaubnis besitzt,
2. eine Aufenthaltserlaubnis besitzt, die zur Ausübung einer Erwerbstätigkeit berechtigt oder berechtigt hat, es sei denn, die Aufenthaltserlaubnis wurde
   a) nach § 16 oder § 17 des Aufenthaltsgesetzes erteilt,
   b) nach § 18 Abs. 2 des Aufenthaltsgesetzes erteilt und die Zustimmung der Bundesagentur für Arbeit darf nach der Beschäftigungsverordnung nur für einen bestimmten Höchstzeitraum erteilt werden,
   c) nach § 23 Abs. 1 des Aufenthaltsgesetzes wegen eines Krieges in ihrem Heimatland oder nach den §§ 23a, 24, 25 Abs. 3 bis 5 des Aufenthaltsgesetzes erteilt,
   d) nach § 104a des Aufenthaltsgesetzes erteilt oder
3. eine in Nummer 2 Buchstabe c genannte Aufenthaltserlaubnis besitzt und
   a) sich seit mindestens drei Jahren rechtmäßig, gestattet oder geduldet im Bundesgebiet aufhält und
   b) im Bundesgebiet berechtigt erwerbstätig ist, laufende Geldleistungen nach dem Dritten Buch Sozialgesetzbuch bezieht oder Elternzeit in Anspruch nimmt.

(8) ¹Ein Anspruch entfällt, wenn die berechtigte Person im letzten abgeschlossenen Veranlagungszeitraum ein zu versteuerndes Einkommen nach § 2 Absatz 5 des Einkommensteuergesetzes in Höhe von mehr als 250 000 Euro erzielt hat. ²Ist auch eine andere Person nach den Absätzen 1, 3 oder 4 berechtigt, entfällt abweichend von Satz 1 der Anspruch, wenn die Summe des zu versteuernden Einkommens beider berechtigter Personen mehr als 500 000 Euro beträgt.

§ 4 BEEG Bezugsdauer, Anspruchsumfang

(1) ¹Elterngeld wird als Basiselterngeld oder als Elterngeld Plus gewährt. ²Es kann ab dem Tag der Geburt bezogen werden. ³Basiselterngeld kann bis zur Vollendung des 14. Lebensmonats des Kindes bezogen werden. ⁴Elterngeld Plus kann bis zur Vollendung des 32. Lebensmonats bezogen werden, solange es ab dem 15. Lebensmonat in aufeinander folgenden Lebensmonaten von zumindest einem Elternteil in Anspruch genommen wird. ⁵Für angenommene Kinder und Kinder im Sinne des § 1 Absatz 3 Satz 1 Nummer 1 kann Elterngeld ab Aufnahme bei der berechtigten Person längstens bis zur Vollendung des achten Lebensjahres des Kindes bezogen werden.

(2) ¹Elterngeld wird in Monatsbeträgen für Lebensmonate des Kindes gezahlt. ²Der Anspruch endet mit dem Ablauf des Lebensmonats, in dem eine Anspruchsvoraussetzung entfallen ist. ³Die Eltern können die jeweiligen Monatsbeträge abwechselnd oder gleichzeitig beziehen.

(3) ¹Die Eltern haben gemeinsam Anspruch auf zwölf Monatsbeträge Basiselterngeld. ²Ist das Einkommen aus Erwerbstätigkeit eines Elternteils in zwei Lebensmonaten gemindert, haben die Eltern gemeinsam Anspruch auf zwei weitere Monate Basiselterngeld (Partnermonate). ³Statt für einen Lebensmonat Basiselterngeld zu beanspruchen, kann die berechtigte Person jeweils zwei Lebensmonate Elterngeld Plus beziehen.

(4) ¹Ein Elternteil hat Anspruch auf höchstens zwölf Monatsbeträge Basiselterngeld zuzüglich der höchstens vier zustehenden Monatsbeträge Partnerschaftsbonus nach § 4b. ²Ein Elternteil hat nur Anspruch auf Elterngeld, wenn er es mindestens für zwei Lebensmonate bezieht. ³Lebensmonate des Kindes, in denen einem Elternteil nach § 3 Absatz 1 Satz 1 Nummer 1 bis 3 anzurechnende Leistungen oder nach § 192 Absatz 5 Satz 2 des Versicherungsvertragsgesetzes Versicherungsleistungen zustehen, gelten als Monate, für die dieser Elternteil Basiselterngeld nach § 4a Absatz 1 bezieht.

(5) ¹Abweichend von Absatz 3 Satz 1 beträgt der gemeinsame Anspruch der Eltern auf Basiselterngeld für ein Kind, das
1. mindestens sechs Wochen vor dem voraussichtlichen Tag der Entbindung geboren wurde: 13 Monatsbeträge Basiselterngeld;
2. mindestens acht Wochen vor dem voraussichtlichen Tag der Entbindung geboren wurde: 14 Monatsbeträge Basiselterngeld;
3. mindestens zwölf Wochen vor dem voraussichtlichen Tag der Entbindung geboren wurde: 15 Monatsbeträge Basiselterngeld;
4. mindestens 16 Wochen vor dem voraussichtlichen Tag der Entbindung geboren wurde: 16 Monatsbeträge Basiselterngeld.

²Für die Berechnung des Zeitraums zwischen dem voraussichtlichen Tag der Entbindung und dem tatsächlichen Tag der Geburt ist der voraussichtliche Tag der Entbindung maßgeblich, wie er sich aus dem ärztlichen Zeugnis oder dem Zeugnis einer Hebamme oder eines Entbindungspflegers ergibt. ³Im Fall von
1. Satz 1 Nummer 1
    a) hat ein Elternteil abweichend von Absatz 4 Satz 1 Anspruch auf höchstens 13 Monatsbeträge Basiselterngeld zuzüglich der höchstens vier zustehenden Monatsbeträge Partnerschaftsbonus nach § 4b,
    b) kann Basiselterngeld abweichend von Absatz 1 Satz 3 bis zur Vollendung des 15. Lebensmonats des Kindes bezogen werden und
    c) kann Elterngeld Plus abweichend von Absatz 1 Satz 4 bis zur Vollendung des 32. Lebensmonats des Kindes bezogen werden, solange es ab dem 16. Lebensmonat in aufeinander folgenden Lebensmonaten von zumindest einem Elternteil in Anspruch genommen wird;
2. Satz 1 Nummer 2
    a) hat ein Elternteil abweichend von Absatz 4 Satz 1 Anspruch auf höchstens 14 Monatsbeträge Basiselterngeld zuzüglich der höchstens vier zustehenden Monatsbeträge Partnerschaftsbonus nach § 4b,
    b) kann Basiselterngeld abweichend von Absatz 1 Satz 3 bis zur Vollendung des 16. Lebensmonats des Kindes bezogen werden und
    c) kann Elterngeld Plus abweichend von Absatz 1 Satz 4 bis zur Vollendung des 32. Lebensmonats des Kindes bezogen werden, solange es ab dem 17. Lebensmonat in aufeinander folgenden Lebensmonaten von zumindest einem Elternteil in Anspruch genommen wird;
3. Satz 1 Nummer 3
    a) hat ein Elternteil abweichend von Absatz 4 Satz 1 Anspruch auf höchstens 15 Monatsbeträge Basiselterngeld zuzüglich der höchstens vier zustehenden Monatsbeträge Partnerschaftsbonus nach § 4b,
    b) kann Basiselterngeld abweichend von Absatz 1 Satz 3 bis zur Vollendung des 17. Lebensmonats des Kindes bezogen werden und
    c) kann Elterngeld Plus abweichend von Absatz 1 Satz 4 bis zur Vollendung des 32. Lebensmonats des Kindes bezogen werden, solange es ab dem 18. Lebensmonat in aufeinander folgenden Lebensmonaten von zumindest einem Elternteil in Anspruch genommen wird;
4. Satz 1 Nummer 4
    a) hat ein Elternteil abweichend von Absatz 4 Satz 1 Anspruch auf höchstens 16 Monatsbeträge Basiselterngeld zuzüglich der höchstens vier zustehenden Monatsbeträge Partnerschaftsbonus nach § 4b,
    b) kann Basiselterngeld abweichend von Absatz 1 Satz 3 bis zur Vollendung des 18. Lebensmonats des Kindes bezogen werden und
    c) kann Elterngeld Plus abweichend von Absatz 1 Satz 4 bis zur Vollendung des 32. Lebensmonats des Kindes bezogen werden, solange es ab dem 19. Lebensmonat in aufeinander folgenden Lebensmonaten von zumindest einem Elternteil in Anspruch genommen wird.

Der Text des § 4 BEEG in der bis zum 31.8.2021 geltenden Fassung lautete:

§ 4 Art und Dauer des Bezugs

(1) [1]Elterngeld kann in der Zeit vom Tag der Geburt bis zur Vollendung des 14. Lebensmonats des Kindes bezogen werden. [2]Abweichend von Satz 1 kann Elterngeld Plus nach Absatz 3 auch nach dem 14. Lebensmonat bezogen werden, solange es ab dem 15. Lebensmonat in aufeinander folgenden Lebensmonaten von zumindest einem Elternteil in Anspruch genommen wird. [3]Für angenommene Kinder und Kinder im Sinne des § 1 Absatz 3 Satz 1 Nummer 1 kann Elterngeld ab Aufnahme bei der berechtigten Person längstens bis zur Vollendung des achten Lebensjahres des Kindes bezogen werden.

(2) [1]Elterngeld wird in Monatsbeträgen für Lebensmonate des Kindes gezahlt. [2]Es wird allein nach den Vorgaben der §§ 2 bis 3 ermittelt (Basiselterngeld), soweit nicht Elterngeld nach Absatz 3 in Anspruch genommen wird. [3]Der Anspruch endet mit dem Ablauf des Monats, in dem eine Anspruchsvoraussetzung entfallen ist. [4]Die Eltern können die jeweiligen Monatsbeträge abwechselnd oder gleichzeitig beziehen.

(3) [1]Statt für einen Monat Elterngeld im Sinne des Absatzes 2 Satz 2 zu beanspruchen, kann die berechtigte Person jeweils zwei Monate lang ein Elterngeld beziehen, das nach den §§ 2 bis 3 und den zusätzlichen Vorgaben der Sätze 2 und 3 ermittelt wird (Elterngeld Plus). [2]Das Elterngeld Plus beträgt monatlich höchstens die Hälfte des Elterngeldes nach Absatz 2 Satz 2, das der berechtigten Person zustünde, wenn sie während des Elterngeldbezugs keine Einnahmen im Sinne des § 2 oder des § 3 hätte oder hat. [3]Für die Berechnung des Elterngeld Plus halbieren sich:
1. der Mindestbetrag für das Elterngeld nach § 2 Absatz 4 Satz 1,
2. der Mindestgeschwisterbonus nach § 2a Absatz 1 Satz 1,
3. der Mehrlingszuschlag nach § 2a Absatz 4 sowie
4. die von der Anrechnung freigestellten Elterngeldbeträge nach § 3 Absatz 2.

(4) [1]Die Eltern haben gemeinsam Anspruch auf zwölf Monatsbeträge Elterngeld im Sinne des Absatzes 2 Satz 2. [2]Erfolgt für zwei Monate eine Minderung des Einkommens aus Erwerbstätigkeit, können sie für zwei weitere Monate Elterngeld im Sinne des Absatzes 2 Satz 2 beanspruchen (Partnermonate). [3]Wenn beide Elternteile in vier aufeinander folgenden Lebensmonaten gleichzeitig
1. nicht weniger als 25 und nicht mehr als 30 Wochenstunden im Durchschnitt des Monats erwerbstätig sind und
2. die Voraussetzungen des § 1 erfüllen,
    hat jeder Elternteil für diese Monate Anspruch auf vier weitere Monatsbeträge Elterngeld Plus (Partnerschaftsbonus).

(5) [1]Ein Elternteil kann höchstens zwölf Monatsbeträge Elterngeld im Sinne des Absatzes 2 Satz 2 zuzüglich der vier nach Absatz 4 Satz 3 zustehenden Monatsbeträge Elterngeld Plus beziehen. [2]Er kann Elterngeld nur beziehen, wenn er es mindestens für zwei Monate in Anspruch nimmt. [3]Lebensmonate des Kindes, in denen einem Elternteil nach § 3 Absatz 1 Satz 1 Nummer 1 bis 3 anzurechnende Leistungen oder nach § 192 Absatz 5 Satz 2 des Versicherungsvertragsgesetzes Versicherungsleistungen zustehen, gelten als Monate, für die dieser Elternteil Elterngeld im Sinne des Absatzes 2 Satz 2 bezieht.

(6) [1]Ein Elternteil kann abweichend von Absatz 5 Satz 1 zusätzlich auch die weiteren Monatsbeträge Elterngeld nach Absatz 4 Satz 2 beziehen, wenn für zwei Monate eine Minderung des Einkommens aus Erwerbstätigkeit erfolgt und wenn
1. bei ihm die Voraussetzungen für den Entlastungsbetrag für Alleinerziehende nach § 24b Absatz 1 und 3 des Einkommensteuergesetzes vorliegen und der andere Elternteil weder mit ihm noch mit dem Kind in einer Wohnung lebt,

2. mit der Betreuung durch den anderen Elternteil eine Gefährdung des Kindeswohls im Sinne von § 1666 Absatz 1 und 2 des Bürgerlichen Gesetzbuchs verbunden wäre oder
3. die Betreuung durch den anderen Elternteil unmöglich ist, insbesondere weil er wegen einer schweren Krankheit oder Schwerbehinderung sein Kind nicht betreuen kann; für die Feststellung der Unmöglichkeit der Betreuung bleiben wirtschaftliche Gründe und Gründe einer Verhinderung wegen anderweitiger Tätigkeiten außer Betracht.

²Ist ein Elternteil im Sinne des Satzes 1 Nummer 1 bis 3 in vier aufeinander folgenden Lebensmonaten nicht weniger als 25 und nicht mehr als 30 Wochenstunden im Durchschnitt des Monats erwerbstätig, kann er für diese Monate abweichend von Absatz 5 Satz 1 vier weitere Monatsbeträge Elterngeld Plus beziehen.

(7) ¹Die Absätze 1 bis 6 gelten in den Fällen des § 1 Absatz 3 und 4 entsprechend. ²Nicht sorgeberechtigte Elternteile und Personen, die nach § 1 Absatz 3 Satz 1 Nummer 2 und 3 Elterngeld beziehen können, bedürfen der Zustimmung des sorgeberechtigten Elternteils.

Der Text des § 4 BEEG in der bis zum 31.12.2014 geltenden Fassung lautete (vgl. dazu KR-*Bader/Kreutzberg-Kowalczyk* § 18 BEEG Rdn 12):

»*§ 4 Bezugszeitraum*

(1) ¹Elterngeld kann in der Zeit vom Tag der Geburt bis zur Vollendung des 14. Lebensmonats des Kindes bezogen werden. ²Für angenommene Kinder und Kinder im Sinne des § 1 Abs. 3 Nr. 1 kann Elterngeld ab Aufnahme bei der berechtigten Person für die Dauer von bis zu 14 Monaten, längstens bis zur Vollendung des achten Lebensjahres des Kindes bezogen werden.

(2) ¹Elterngeld wird in Monatsbeträgen für Lebensmonate des Kindes gezahlt. ²Die Eltern haben insgesamt Anspruch auf zwölf Monatsbeträge. ³Sie haben Anspruch auf zwei weitere Monatsbeträge, wenn für zwei Monate eine Minderung des Einkommens aus Erwerbstätigkeit erfolgt. ⁴Die Eltern können die jeweiligen Monatsbeträge abwechselnd oder gleichzeitig beziehen.

(3) ¹Ein Elternteil kann mindestens für zwei und höchstens für zwölf Monate Elterngeld beziehen. ²Lebensmonate des Kindes, in denen nach § 3 Abs. 1 oder 3 anzurechnende Leistungen zustehen, gelten als Monate, für die die berechtigte Person Elterngeld bezieht. ³Ein Elternteil kann abweichend von Satz 1 für 14 Monate Elterngeld beziehen, wenn eine Minderung des Einkommens aus Erwerbstätigkeit erfolgt und mit der Betreuung durch den anderen Elternteil eine Gefährdung des Kindeswohls im Sinne von § 1666 Abs. 1 und 2 des Bürgerlichen Gesetzbuchs verbunden wäre oder die Betreuung durch den anderen Elternteil unmöglich ist, insbesondere weil er wegen einer schweren Krankheit oder Schwerbehinderung sein Kind nicht betreuen kann; für die Feststellung der Unmöglichkeit der Betreuung bleiben wirtschaftliche Gründe und Gründe einer Verhinderung wegen anderweitiger Tätigkeiten außer Betracht. ⁴Elterngeld für 14 Monate steht einem Elternteil auch zu, wenn
1. *ihm die elterliche Sorge oder zumindest das Aufenthaltsbestimmungsrecht allein zusteht oder er eine einstweilige Anordnung erwirkt hat, mit der ihm die elterliche Sorge oder zumindest das Aufenthaltsbestimmungsrecht für das Kind vorläufig übertragen worden ist,*
2. *eine Minderung des Einkommens aus Erwerbstätigkeit erfolgt und*
3. *der andere Elternteil weder mit ihm noch mit dem Kind in einer Wohnung lebt.*

(4) Der Anspruch endet mit dem Ablauf des Monats, in dem eine Anspruchsvoraussetzung entfallen ist.

(5) ¹Die Absätze 2 und 3 gelten in den Fällen des § 1 Abs. 3 und 4 entsprechend. ²Nicht sorgeberechtigte Elternteile und Personen, die nach § 1 Abs. 3 Nr. 2 und 3 Elterngeld beziehen können, bedürfen der Zustimmung des sorgeberechtigten Elternteils.«

§ 15 BEEG Anspruch auf Elternzeit

▶ **Hinweis:**

Die §§ 1 und 4 BEEG sind hier ohne selbständige Kommentierung abgedruckt, weil sie im Rahmen der Erläuterungen der §§ 18, 19 und 20 BEEG von Bedeutung sind und weil diese Erläuterungen so besser verständlich sind. Speziell zu § 4 BEEG vgl. auch KR-*Bader/Kreutzberg-Kowalczyk* § 18 BEEG Rdn 12.

In § 4 Abs. 5 S. 3 sind mit Wirkung vom 11.04.2017 die Wörter »oder nach § 192 Abs. 5 Satz 2 des Versicherungsvertragsgesetzes Versicherungsleistungen« eingefügt. Mit Wirkung vom 1.1.2018 sind in Abs. 6 Satz 1 Nr. 1 die Wörter »§ 24b Absatz 1 und 2« durch die Wörter »§ 24b Abs. 1 und 3« ersetzt. Abgedruckt sind auch die Vorschriften in ihren bis zum 31.12.2014 geltenden Fassungen, da diese noch geraume Zeit von Bedeutung sind (vgl. KR-*Bader/Kreutzberg-Kowalczyk* § 18 BEEG Rdn 12).

Abschnitt 4 Elternzeit für Arbeitnehmerinnen und Arbeitnehmer

§ 15 BEEG Anspruch auf Elternzeit

(1) [1]Arbeitnehmerinnen und Arbeitnehmer haben Anspruch auf Elternzeit, wenn sie
1. a) mit ihrem Kind,
   b) mit einem Kind, für das sie die Anspruchsvoraussetzungen nach § 1 Absatz 3 oder 4 erfüllen, oder
   c) mit einem Kind, das sie in Vollzeitpflege nach § 33 des Achten Buches Sozialgesetzbuch aufgenommen haben, in einem Haushalt leben und
2. dieses Kind selbst betreuen und erziehen.

[2]Nicht sorgeberechtigte Elternteile und Personen, die nach Satz 1 Nummer 1 Buchstabe b und c Elternzeit nehmen können, bedürfen der Zustimmung des sorgeberechtigten Elternteils.

(1a) [1]Anspruch auf Elternzeit haben Arbeitnehmerinnen und Arbeitnehmer auch, wenn sie mit ihrem Enkelkind in einem Haushalt leben und dieses Kind selbst betreuen und erziehen und
1. ein Elternteil des Kindes minderjährig ist oder
2. ein Elternteil des Kindes sich in einer Ausbildung befindet, die vor Vollendung des 18. Lebensjahres begonnen wurde und die Arbeitskraft des Elternteils im Allgemeinen voll in Anspruch nimmt.

[2]Der Anspruch besteht nur für Zeiten, in denen keiner der Elternteile des Kindes selbst Elternzeit beansprucht.

(2) [1]Der Anspruch auf Elternzeit besteht bis zur Vollendung des dritten Lebensjahres eines Kindes. [2]Ein Anteil von bis zu 24 Monaten kann zwischen dem dritten Geburtstag und dem vollendeten achten Lebensjahr des Kindes in Anspruch genommen werden. [3]Die Zeit der Mutterschutzfrist nach § 3 Abs. 2 und 3 des Mutterschutzgesetzes wird für die Elternzeit der Mutter auf die Begrenzung nach den Sätzen 1 und 2 angerechnet. [4]Bei mehreren Kindern besteht der Anspruch auf Elternzeit für jedes Kind, auch wenn sich die Zeiträume im Sinne der Sätze 1 und 2 überschneiden. [5]Bei einem angenommenen Kind und bei einem Kind in Vollzeit- oder Adoptionspflege kann Elternzeit von insgesamt bis zu drei Jahren ab der Aufnahme bei der berechtigten Person, längstens bis zur Vollendung des achten Lebensjahres des Kindes genommen werden; die Sätze 2 und 4 sind entsprechend anwendbar, soweit sie die zeitliche Aufteilung regeln. [6]Der Anspruch kann nicht durch Vertrag ausgeschlossen oder beschränkt werden.

(3) [1]Die Elternzeit kann, auch anteilig, von jedem Elternteil allein oder von beiden Elternteilen gemeinsam genommen werden. [2]Satz 1 gilt in den Fällen des Absatzes 1 Satz 1 Nummer 1 Buchstabe b und c entsprechend.

(4) ¹Der Arbeitnehmer oder die Arbeitnehmerin darf während der Elternzeit nicht mehr als 32 Wochenstunden im Durchschnitt des Monats erwerbstätig sein. ²Eine im Sinne des § 23 des Achten Buches Sozialgesetzbuch geeignete Tagespflegeperson darf bis zu fünf Kinder in Tagespflege betreuen, auch wenn die wöchentliche Betreuungszeit 32 Stunden übersteigt. ³Teilzeitarbeit bei einem anderen Arbeitgeber oder selbstständige Tätigkeit nach Satz 1 bedürfen der Zustimmung des Arbeitgebers. ⁴Dieser kann sie nur innerhalb von vier Wochen aus dringenden betrieblichen Gründen schriftlich ablehnen.

(5) ¹Der Arbeitnehmer oder die Arbeitnehmerin kann eine Verringerung der Arbeitszeit und ihre Verteilung beantragen. ²Über den Antrag sollen sich der Arbeitgeber und der Arbeitnehmer oder die Arbeitnehmerin innerhalb von vier Wochen einigen. ³Der Antrag kann mit der schriftlichen Mitteilung nach Absatz 7 Satz 1 Nummer 5 verbunden werden. ⁴Unberührt bleibt das Recht, sowohl die vor der Elternzeit bestehende Teilzeitarbeit unverändert während der Elternzeit fortzusetzen, soweit Absatz 4 beachtet ist, als auch nach der Elternzeit zu der Arbeitszeit zurückzukehren, die vor Beginn der Elternzeit vereinbart war.

(6) Der Arbeitnehmer oder die Arbeitnehmerin kann gegenüber dem Arbeitgeber, soweit eine Einigung nach Absatz 5 nicht möglich ist, unter den Voraussetzungen des Absatzes 7 während der Gesamtdauer der Elternzeit zweimal eine Verringerung seiner oder ihrer Arbeitszeit beanspruchen.

(7) ¹Für den Anspruch auf Verringerung der Arbeitszeit gelten folgende Voraussetzungen:
1. Der Arbeitgeber beschäftigt, unabhängig von der Anzahl der Personen in Berufsbildung, in der Regel mehr als 15 Arbeitnehmer und Arbeitnehmerinnen,
2. das Arbeitsverhältnis in demselben Betrieb oder Unternehmen besteht ohne Unterbrechung länger als sechs Monate,
3. die vertraglich vereinbarte regelmäßige Arbeitszeit soll für mindestens zwei Monate auf einen Umfang von nicht weniger als 15 und nicht mehr als 32 Wochenstunden im Durchschnitt des Monats verringert werden,
4. dem Anspruch stehen keine dringenden betrieblichen Gründe entgegen und
5. der Anspruch wurde dem Arbeitgeber
   a) für den Zeitraum bis zum vollendeten dritten Lebensjahr des Kindes sieben Wochen und
   b) für den Zeitraum zwischen dem dritten Geburtstag und dem vollendeten achten Lebensjahr des Kindes 13 Wochen vor Beginn der Teilzeittätigkeit schriftlich mitgeteilt.

²Der Antrag muss den Beginn und den Umfang der verringerten Arbeitszeit enthalten. ³Die gewünschte Verteilung der verringerten Arbeitszeit soll im Antrag angegeben werden. ⁴Falls der Arbeitgeber die beanspruchte Verringerung oder Verteilung der Arbeitszeit ablehnen will, muss er dies innerhalb der in Satz 5 genannten Frist mit schriftlicher Begründung tun. ⁵Hat ein Arbeitgeber die Verringerung der Arbeitszeit
1. in einer Elternzeit zwischen der Geburt und dem vollendeten dritten Lebensjahr des Kindes nicht spätestens vier Wochen nach Zugang des Antrags oder
2. in einer Elternzeit zwischen dem dritten Geburtstag und dem vollendeten achten Lebensjahr des Kindes nicht spätestens acht Wochen nach Zugang des Antrags schriftlich abgelehnt,

gilt die Zustimmung als erteilt und die Verringerung der Arbeitszeit entsprechend den Wünschen der Arbeitnehmerin oder des Arbeitnehmers als festgelegt. ⁶Haben Arbeitgeber und Arbeitnehmerin oder Arbeitnehmer über die Verteilung der Arbeitszeit kein Einvernehmen nach Absatz 5 Satz 2 erzielt und hat der Arbeitgeber nicht innerhalb der in Satz 5 genannten Fristen die gewünschte Verteilung schriftlich abgelehnt, gilt die Verteilung der Arbeitszeit entsprechend den Wünschen der Arbeitnehmerin oder des Arbeitnehmers als festgelegt. ⁷Soweit der Arbeitgeber den Antrag auf Verringerung oder Verteilung der Arbeitszeit rechtzeitig ablehnt, kann die Arbeitnehmerin oder der Arbeitnehmer Klage vor dem Gericht für Arbeitssachen erheben.

§ 15 BEEG Anspruch auf Elternzeit

Der Text des § 15 BEEG in der bis zum 31.12.2014 geltenden Fassung lautete (vgl. dazu KR-*Bader/Kreurtzberg-Kowalczyk* § 18 Rdn 12):

§ 15 BEEG Anspruch auf Elternzeit

(1) ¹Arbeitnehmerinnen und Arbeitnehmer haben Anspruch auf Elternzeit, wenn sie
1. a) mit ihrem Kind,
   b) mit einem Kind, für das sie die Anspruchsvoraussetzungen nach § 1 Abs. 3 oder 4 erfüllen, oder
   c) mit einem Kind, das sie in Vollzeitpflege nach § 33 des Achten Buches Sozialgesetzbuch aufgenommen haben, in einem Haushalt leben und
2. dieses Kind selbst betreuen und erziehen.

²Nicht sorgeberechtigte Elternteile und Personen, die nach Satz 1 Nr. 1 Buchstabe b und c Elternzeit nehmen können, bedürfen der Zustimmung des sorgeberechtigten Elternteils.

(1a) ¹Anspruch auf Elternzeit haben Arbeitnehmer und Arbeitnehmerinnen auch, wenn sie mit ihrem Enkelkind in einem Haushalt leben und dieses Kind selbst betreuen und erziehen und
1. ein Elternteil des Kindes minderjährig ist oder
2. ein Elternteil des Kindes sich im letzten oder vorletzten Jahr einer Ausbildung befindet, die vor Vollendung des 18. Lebensjahres begonnen wurde und die Arbeitskraft des Elternteils im Allgemeinen voll in Anspruch nimmt.

²Der Anspruch besteht nur für Zeiten, in denen keiner der Elternteile des Kindes selbst Elternzeit beansprucht.

(2) ¹Der Anspruch auf Elternzeit besteht bis zur Vollendung des dritten Lebensjahres eines Kindes. ²Die Zeit der Mutterschutzfrist nach § 6 Abs. 1 des Mutterschutzgesetzes wird auf die Begrenzung nach Satz 1 angerechnet. ³Bei mehreren Kindern besteht der Anspruch auf Elternzeit für jedes Kind, auch wenn sich die Zeiträume im Sinne von Satz 1 überschneiden. ⁴Ein Anteil der Elternzeit von bis zu zwölf Monaten ist mit Zustimmung des Arbeitgebers auf die Zeit bis zur Vollendung des achten Lebensjahres übertragbar; dies gilt auch, wenn sich die Zeiträume im Sinne von Satz 1 bei mehreren Kindern überschneiden. ⁵Bei einem angenommenen Kind und bei einem Kind in Vollzeit- oder Adoptionspflege kann Elternzeit von insgesamt bis zu drei Jahren ab der Aufnahme bei der berechtigten Person, längstens bis zur Vollendung des achten Lebensjahres des Kindes genommen werden; die Sätze 3 und 4 sind entsprechend anwendbar, soweit sie die zeitliche Aufteilung regeln. ⁶Der Anspruch kann nicht durch Vertrag ausgeschlossen oder beschränkt werden.

(3) ¹Die Elternzeit kann, auch anteilig, von jedem Elternteil allein oder von beiden Elternteilen gemeinsam genommen werden. ²Satz 1 gilt in den Fällen des Absatzes 1 Satz 1 Nr. 1 Buchstabe b und c entsprechend.

(4) ¹Der Arbeitnehmer oder die Arbeitnehmerin darf während der Elternzeit nicht mehr als 30 Wochenstunden erwerbstätig sein. ²Eine im Sinne des § 23 des Achten Buches Sozialgesetzbuch geeignete Tagespflegeperson kann bis zu fünf Kinder in Tagespflege betreuen, auch wenn die wöchentliche Betreuungszeit 30 Stunden übersteigt. ³Teilzeitarbeit bei einem anderen Arbeitgeber oder selbstständige Tätigkeit nach Satz 1 bedürfen der Zustimmung des Arbeitgebers. ⁴Dieser kann sie nur innerhalb von vier Wochen aus dringenden betrieblichen Gründen schriftlich ablehnen.

(5) ¹Der Arbeitnehmer oder die Arbeitnehmerin kann eine Verringerung der Arbeitszeit und ihre Ausgestaltung beantragen. ²Über den Antrag sollen sich der Arbeitgeber und der Arbeitnehmer oder die Arbeitnehmerin innerhalb von vier Wochen einigen. ³Der Antrag kann mit der schriftlichen Mitteilung nach Absatz 7 Satz 1 Nr. 5 verbunden werden. ⁴Unberührt bleibt das Recht, sowohl die vor der Elternzeit bestehende Teilzeitarbeit unverändert während der Elternzeit fortzusetzen, soweit Absatz 4 beachtet ist, als auch nach der Elternzeit zu der Arbeitszeit zurückzukehren, die vor Beginn der Elternzeit vereinbart war.

(6) Der Arbeitnehmer oder die Arbeitnehmerin kann gegenüber dem Arbeitgeber, soweit eine Einigung nach Absatz 5 nicht möglich ist, unter den Voraussetzungen des Absatzes 7 während der Gesamtdauer der Elternzeit zweimal eine Verringerung seiner oder ihrer Arbeitszeit beanspruchen.

(7) [1]Für den Anspruch auf Verringerung der Arbeitszeit gelten folgende Voraussetzungen:
1. *Der Arbeitgeber beschäftigt, unabhängig von der Anzahl der Personen in Berufsbildung, in der Regel mehr als 15 Arbeitnehmer und Arbeitnehmerinnen,*
2. *das Arbeitsverhältnis in demselben Betrieb oder Unternehmen besteht ohne Unterbrechung länger als sechs Monate,*
3. *die vertraglich vereinbarte regelmäßige Arbeitszeit soll für mindestens zwei Monate auf einen Umfang zwischen 15 und 30 Wochenstunden verringert werden,*
4. *dem Anspruch stehen keine dringenden betrieblichen Gründe entgegen und*
5. *der Anspruch wurde dem Arbeitgeber sieben Wochen vor Beginn der Tätigkeit schriftlich mitgeteilt.*

[2]Der Antrag muss den Beginn und den Umfang der verringerten Arbeitszeit enthalten. Die gewünschte Verteilung der verringerten Arbeitszeit soll im Antrag angegeben werden. [3]Falls der Arbeitgeber die beanspruchte Verringerung der Arbeitszeit ablehnen will, muss er dies innerhalb von vier Wochen mit schriftlicher Begründung tun. [4]Soweit der Arbeitgeber der Verringerung der Arbeitszeit nicht oder nicht rechtzeitig zustimmt, kann der Arbeitnehmer oder die Arbeitnehmerin Klage vor den Gerichten für Arbeitssachen erheben.

§ 16 BEEG Inanspruchnahme der Elternzeit

(1) [1]Wer Elternzeit beanspruchen will, muss sie
1. für den Zeitraum bis zum vollendeten dritten Lebensjahr des Kindes spätestens sieben Wochen und
2. für den Zeitraum zwischen dem dritten Geburtstag und dem vollendeten achten Lebensjahr des Kindes spätestens 13 Wochen vor Beginn der Elternzeit schriftlich vom Arbeitgeber verlangen. [2]Verlangt die Arbeitnehmerin oder der Arbeitnehmer Elternzeit nach Satz 1 Nummer 1, muss sie oder er gleichzeitig erklären, für welche Zeiten innerhalb von zwei Jahren Elternzeit genommen werden soll. [3]Bei dringenden Gründen ist ausnahmsweise eine angemessene kürzere Frist möglich. [4]Nimmt die Mutter die Elternzeit im Anschluss an die Mutterschutzfrist, wird die Zeit der Mutterschutzfrist nach § 3 Absatz 2 und 3 des Mutterschutzgesetzes auf den Zeitraum nach Satz 2 angerechnet. [5]Nimmt die Mutter die Elternzeit im Anschluss an einen auf die Mutterschutzfrist folgenden Erholungsurlaub, werden die Zeit der Mutterschutzfrist nach § 3 Absatz 2 und 3 des Mutterschutzgesetzes und die Zeit des Erholungsurlaubs auf den Zweijahreszeitraum nach Satz 2 angerechnet. [6]Jeder Elternteil kann seine Elternzeit auf drei Zeitabschnitte verteilen; eine Verteilung auf weitere Zeitabschnitte ist nur mit der Zustimmung des Arbeitgebers möglich. [7]Der Arbeitgeber kann die Inanspruchnahme eines dritten Abschnitts einer Elternzeit innerhalb von acht Wochen nach Zugang des Antrags aus dringenden betrieblichen Gründen ablehnen, wenn dieser Abschnitt im Zeitraum zwischen dem dritten Geburtstag und dem vollendeten achten Lebensjahr des Kindes liegen soll. [8]Der Arbeitgeber hat dem Arbeitnehmer oder der Arbeitnehmerin die Elternzeit zu bescheinigen. [9]Bei einem Arbeitgeberwechsel ist bei der Anmeldung der Elternzeit auf Verlangen des neuen Arbeitgebers eine Bescheinigung des früheren Arbeitgebers über bereits genommene Elternzeit durch die Arbeitnehmerin oder den Arbeitnehmer vorzulegen.

(2) Können Arbeitnehmerinnen aus einem von ihnen nicht zu vertretenden Grund eine sich unmittelbar an die Mutterschutzfrist des § 3 Absatz 2 und 3 des Mutterschutzgesetzes anschließende Elternzeit nicht rechtzeitig verlangen, können sie dies innerhalb einer Woche nach Wegfall des Grundes nachholen.

(3) [1]Die Elternzeit kann vorzeitig beendet oder im Rahmen des § 15 Absatz 2 verlängert werden, wenn der Arbeitgeber zustimmt. [2]Die vorzeitige Beendigung wegen der Geburt eines weiteren Kindes oder in Fällen besonderer Härte, insbesondere bei Eintritt einer schweren Krankheit, Schwerbehinderung oder Tod eines Elternteils oder eines Kindes der berechtigten Person oder bei erheblich gefährdeter wirtschaftlicher Existenz der Eltern nach Inanspruchnahme der Elternzeit, kann der Arbeitgeber unbeschadet von Satz 3 nur innerhalb von vier Wochen aus dringenden betrieblichen Gründen schriftlich ablehnen. [3]Die Elternzeit kann zur Inanspruchnahme der Schutzfristen des § 3 des Mutterschutzgesetzes auch ohne Zustimmung des Arbeitgebers vorzeitig beendet werden; in diesen Fällen soll die Arbeitnehmerin dem Arbeitgeber die Beendigung der Elternzeit rechtzeitig mitteilen. [4]Eine Verlängerung der Elternzeit kann verlangt werden, wenn ein vorgesehener Wechsel der Anspruchsberechtigten aus einem wichtigen Grund nicht erfolgen kann.

(4) Stirbt das Kind während der Elternzeit, endet diese spätestens drei Wochen nach dem Tod des Kindes.

(5) Eine Änderung in der Anspruchsberechtigung hat der Arbeitnehmer oder die Arbeitnehmerin dem Arbeitgeber unverzüglich mitzuteilen.

Der Text des § 16 BEEG in der bis zum 31.12.2014 geltenden Fassung lautete (vgl. dazu KR-*Bader/Kreutzberg-Kowalczyk* § 18 Rdn 13):

§ 16 BEEG Inanspruchnahme der Elternzeit

(1) [1]Wer Elternzeit beanspruchen will, muss sie spätestens sieben Wochen vor Beginn schriftlich vom Arbeitgeber verlangen und gleichzeitig erklären, für welche Zeiten innerhalb von zwei Jahren Elternzeit genommen werden soll. [2]Bei dringenden Gründen ist ausnahmsweise eine angemessene kürzere Frist möglich. [3]Nimmt die Mutter die Elternzeit im Anschluss an die Mutterschutzfrist, wird die Zeit der Mutterschutzfrist nach § 6 Abs. 1 des Mutterschutzgesetzes auf den Zeitraum nach Satz 1 angerechnet. [4]Nimmt die Mutter die Elternzeit im Anschluss an einen auf die Mutterschutzfrist folgenden Erholungsurlaub, werden die Zeit der Mutterschutzfrist nach § 6 Abs. 1 des Mutterschutzgesetzes und die Zeit des Erholungsurlaubs auf den Zweijahreszeitraum nach Satz 1 angerechnet. [5]Die Elternzeit kann auf zwei Zeitabschnitte verteilt werden; eine Verteilung auf weitere Zeitabschnitte ist nur mit der Zustimmung des Arbeitgebers möglich. [6]Der Arbeitgeber hat dem Arbeitnehmer oder der Arbeitnehmerin die Elternzeit zu bescheinigen.

(2) Können Arbeitnehmerinnen und Arbeitnehmer aus einem von ihnen nicht zu vertretenden Grund eine sich unmittelbar an die Mutterschutzfrist des § 6 Abs. 1 des Mutterschutzgesetzes anschließende Elternzeit nicht rechtzeitig verlangen, können sie dies innerhalb einer Woche nach Wegfall des Grundes nachholen.

(3) [1]Die Elternzeit kann vorzeitig beendet oder im Rahmen des § 15 Abs. 2 verlängert werden, wenn der Arbeitgeber zustimmt. [2]Die vorzeitige Beendigung wegen der Geburt eines weiteren Kindes oder wegen eines besonderen Härtefalles im Sinne des § 7 Abs. 2 Satz 3 kann der Arbeitgeber nur innerhalb von vier Wochen aus dringenden betrieblichen Gründen schriftlich ablehnen. [3]Die Arbeitnehmerin kann ihre Elternzeit nicht wegen der Mutterschutzfristen des § 3 Abs. 2 und § 6 Abs. 1 des Mutterschutzgesetzes vorzeitig beenden; dies gilt nicht während ihrer zulässigen Teilzeitarbeit. [4]Eine Verlängerung kann verlangt werden, wenn ein vorgesehener Wechsel in der Anspruchsberechtigung aus einem wichtigen Grund nicht erfolgen kann.

(4) Stirbt das Kind während der Elternzeit, endet diese spätestens drei Wochen nach dem Tod des Kindes.

(5) Eine Änderung in der Anspruchsberechtigung hat der Arbeitnehmer oder die Arbeitnehmerin dem Arbeitgeber unverzüglich mitzuteilen.

▶ **Hinweis:**

Die §§ 15 und 16 BEEG sind hier ohne selbständige Kommentierung abgedruckt, weil sie im Rahmen der Erläuterungen der §§ 18, 19 und 20 BEEG von Bedeutung sind und weil diese Erläuterungen so besser verständlich sind.

Mit Wirkung vom 1.1.2018 sind in Abs. 1 S. 4, in Abs. 1 S. 5, in Abs. 2 und in Abs. 3 S. 3 des § 16 BEEG jeweils die Verweisungen auf das MuSchG aktualisiert. Dasselbe gilt für § 15 Abs. 2 S. 3 BEEG. Schließlich sind in § 15 Abs. 7 S. 4 BEEG die Wörter »von vier Wochen« durch die Wörter »der in Satz 5 genannten Frist« ersetzt, ebenfalls mit Wirkung vom 1.1.2018. Zum 1.9.2021 wurde § 15 ua. in Abs. 4 geändert (Heraufsetzung der Stundenzahl von 30 auf 32).

Abgedruckt sind auch die Vorschriften in ihren bis zum 31.12.2014 geltenden Fassungen, da diese noch geraume Zeit von Bedeutung sind (vgl. KR-*Bader/Kreutzberg-Kowalczyk* § 18 BEEG Rdn 12 f.).

§ 18 BEEG Kündigungsschutz

(1) ¹Der Arbeitgeber darf das Arbeitsverhältnis ab dem Zeitpunkt, von dem an Elternzeit verlangt worden ist, nicht kündigen. ²Der Kündigungsschutz nach Satz 1 beginnt
1. frühestens acht Wochen vor Beginn einer Elternzeit bis zum vollendeten dritten Lebensjahr des Kindes und
2. frühestens 14 Wochen vor Beginn einer Elternzeit zwischen dem dritten Geburtstag und dem vollendeten achten Lebensjahr des Kindes.

³Während der Elternzeit darf der Arbeitgeber das Arbeitsverhältnis nicht kündigen. ⁴In besonderen Fällen kann ausnahmsweise eine Kündigung für zulässig erklärt werden. ⁵Die Zulässigkeitserklärung erfolgt durch die für den Arbeitsschutz zuständige oberste Landesbehörde oder die von ihr bestimmte Stelle. ⁶Die Bundesregierung kann mit Zustimmung des Bundesrates allgemeine Verwaltungsvorschriften zur Durchführung des Satzes 4 erlassen.

(2) Absatz 1 gilt entsprechend, wenn Arbeitnehmer oder Arbeitnehmerinnen
1. während der Elternzeit bei demselben Arbeitgeber Teilzeitarbeit leisten oder
2. ohne Elternzeit in Anspruch zu nehmen, Teilzeitarbeit leisten und Anspruch auf Elterngeld nach § 1während des Zeitraums nach § 4 Absatz 1 Satz 2, 3 und 5 haben.

Der Text der Vorgängerregelung des § 18 BErzGG (geltend bis zum 31.12.2006 – vgl. dazu *Bader/Kreutzberg-Kowalczyk* § 18 BEEG Rdn 8) lautete:

§ 18 BEEG Kündigungsschutz

(1) ¹Der Arbeitgeber darf das Arbeitsverhältnis ab dem Zeitpunkt, von dem an Elternzeit verlangt worden ist, höchstens jedoch acht Wochen vor Beginn der Elternzeit, und während der Elternzeit nicht kündigen. ²In besonderen Fällen kann ausnahmsweise eine Kündigung für zulässig erklärt werden. ³Die Zulässigkeitserklärung erfolgt durch die für den Arbeitsschutz zuständige oberste Landesbehörde oder die von ihr bestimmte Stelle. ⁴Die Bundesregierung kann mit Zustimmung des Bundesrates allgemeine Verwaltungsvorschriften zur Durchführung des Satzes 2 erlassen.

(2) ¹Absatz 1 gilt entsprechend, wenn der Arbeitnehmer
1. *während der Elternzeit bei seinem Arbeitgeber Teilzeitarbeit leistet oder*
2. *ohne Elternzeit in Anspruch zu nehmen, Teilzeitarbeit leistet und Anspruch auf Erziehungsgeld hat oder nur deshalb nicht hat, weil das Einkommen (§ 6) die Einkommensgrenzen (§ 5 Abs. 3) übersteigt. ²Der Kündigungsschutz nach Nummer 2 besteht nicht, solange kein Anspruch auf Elternzeit nach § 15 besteht.*

§ 18 BEEG Kündigungsschutz

Der Text des § 18 BEEG in der bis zum 31.12.2014 geltenden Fassung lautete (vgl. dazu KR-*Bader/ Kreutzberg-Kowalczyk* § 18 BEEG Rdn 13):

§ 18 BEEG Kündigungsschutz

(1) ¹*Der Arbeitgeber darf das Arbeitsverhältnis ab dem Zeitpunkt, von dem an Elternzeit verlangt worden ist, höchstens jedoch acht Wochen vor Beginn der Elternzeit, und während der Elternzeit nicht kündigen.* ²*In besonderen Fällen kann ausnahmsweise eine Kündigung für zulässig erklärt werden.* ³*Die Zulässigkeitserklärung erfolgt durch die für den Arbeitsschutz zuständige oberste Landesbehörde oder die von ihr bestimmte Stelle.* ⁴*Die Bundesregierung kann mit Zustimmung des Bundesrates allgemeine Verwaltungsvorschriften zur Durchführung des Satzes 2 erlassen.*

(2) Absatz 1 gilt entsprechend, wenn Arbeitnehmer oder Arbeitnehmerinnen
1. *während der Elternzeit bei demselben Arbeitgeber Teilzeitarbeit leisten oder*
2. *ohne Elternzeit in Anspruch zu nehmen, Teilzeitarbeit leisten und Anspruch auf Elterngeld nach § 1 während des Bezugszeitraums nach § 4 Abs. 1 haben.*

▶ Hinweis:

Der bis zum 31.12.2014 einschließlich geltende Text bleibt angesichts der Übergangsvorschrift des § 27 BEEG aF (nunmehr § 28 BEEG abgedruckt in seiner bis zum 31.8.2021 geltenden Fassung sowie in der seit dem 1.9.2021 geltenden Fassung nach § 21 BEEG) noch für geraume Zeit von Bedeutung (vgl. KR-*Bader/Kreutzberg-Kowalczyk* § 18 BEEG Rdn 12).

Nachstehend ist vor der Kommentierung des § 18 die einschlägige Allgemeine Verwaltungsvorschrift abgedruckt.

§ 18 BEEG Kündigungsschutz

Allgemeine Verwaltungsvorschrift zum Kündigungsschutz bei Elternzeit (§ 18 Abs. 1 S. 4 des Bundeselterngeld- und Elternzeitgesetzes) vom 3. Januar 2007 (BAnz 2007, Nr. 5 vom 9. Januar 2007, S. 247)

Nach § 18 Abs. 1 Satz 4[1] des Bundeselterngeld- und Elternzeitgesetzes vom 5. Dezember 2006 (BGBl. I S. 2748) wird folgende allgemeine Verwaltungsvorschrift erlassen:

1 Aufgabe der Behörde

Die für den Arbeitsschutz zuständige oberste Landesbehörde oder die von ihr bestimmte Stelle (Behörde) hat zu prüfen, ob ein besonderer Fall gegeben ist. Ein solcher besonderer Fall liegt vor, wenn es gerechtfertigt erscheint, dass das nach § 18 Abs. 1 Satz 1[2] des Gesetzes als vorrangig angesehene Interesse des Arbeitnehmers oder der Arbeitnehmerin am Fortbestand des Arbeitsverhältnisses wegen außergewöhnlicher Umstände hinter die Interessen des Arbeitgebers zurücktritt.

2 Vorliegen eines besonderen Falles

2.1 Bei der Prüfung nach Maßgabe der Nummer 1 hat die Behörde davon auszugehen, dass ein besonderer Fall im Sinne des § 18 Abs. 1 Satz 2[3] des Gesetzes insbesondere dann gegeben ist, wenn

---

1 Nunmehr § 18 Abs. 1 S. 6 BEEG.
2 Nunmehr § 18 Abs. 1 S. 1–3 BEEG.
3 Nunmehr hier und im Folgenden § 18 Abs. 1 S. 4 BEEG.

2.1.1 der Betrieb, in dem der Arbeitnehmer oder die Arbeitnehmerin beschäftigt ist, stillgelegt wird und der Arbeitnehmer oder die Arbeitnehmerin nicht in einem anderen Betrieb des Unternehmens weiterbeschäftigt werden kann,

2.1.2 die Betriebsabteilung, in der der Arbeitnehmer oder die Arbeitnehmerin beschäftigt ist, stillgelegt wird und der Arbeitnehmer oder die Arbeitnehmerin nicht in einer anderen Betriebsabteilung des Betriebes oder in einem anderen Betrieb des Unternehmens weiterbeschäftigt werden kann,

2.1.3 der Betrieb oder die Betriebsabteilung, in denen der Arbeitnehmer oder die Arbeitnehmerin beschäftigt ist, verlagert wird und der Arbeitnehmer oder die Arbeitnehmerin an dem neuen Sitz des Betriebes oder der Betriebsabteilung und auch in einer anderen Betriebsabteilung oder in einem anderen Betrieb des Unternehmens nicht weiterbeschäftigt werden kann,

2.1.4 der Arbeitnehmer oder die Arbeitnehmerin in den Fällen der Nummern 2.1.1 bis 2.1.3 eine ihm vom Arbeitgeber angebotene, zumutbare Weiterbeschäftigung auf einem anderen Arbeitsplatz ablehnt,

2.1.5 durch die Aufrechterhaltung des Arbeitsverhältnisses nach Beendigung der Elternzeit die Existenz des Betriebes oder die wirtschaftliche Existenz des Arbeitgebers gefährdet wird,

2.1.6 besonders schwere Verstöße des Arbeitnehmers oder der Arbeitnehmerin gegen arbeitsvertragliche Pflichten oder vorsätzliche strafbare Handlungen des Arbeitnehmers oder der Arbeitnehmerin dem Arbeitgeber die Aufrechterhaltung des Arbeitsverhältnisses unzumutbar machen.

2.2 Ein besonderer Fall im Sinne des § 18 Abs. 1 Satz 2 des Gesetzes kann auch dann gegeben sein, wenn die wirtschaftliche Existenz des Arbeitgebers durch die Aufrechterhaltung des Arbeitsverhältnisses nach Beendigung der Elternzeit unbillig erschwert wird, so dass er in die Nähe der Existenzgefährdung kommt. Eine solche unbillige Erschwerung kann auch dann angenommen werden, wenn der Arbeitgeber in die Nähe der Existenzgefährdung kommt, weil

2.2.1 der Arbeitnehmer oder die Arbeitnehmerin in einem Betrieb mit in der Regel 5 oder weniger Arbeitnehmern und Arbeitnehmerinnen ausschließlich der zu ihrer Berufsbildung Beschäftigten beschäftigt ist und der Arbeitgeber zur Fortführung des Betriebes dringend auf eine entsprechend qualifizierte Ersatzkraft angewiesen ist, die er nur einstellen kann, wenn er mit ihr einen unbefristeten Arbeitsvertrag abschließt; bei der Feststellung der Zahl der beschäftigten Arbeitnehmerinnen und Arbeitnehmer sind teilzeitbeschäftigte Arbeitnehmerinnen und Arbeitnehmer mit einer regelmäßigen wöchentlichen Arbeitszeit von nicht mehr als 20 Stunden mit 0,5 und nicht mehr als 30 Stunden mit 0,75 zu berücksichtigen, oder

2.2.2 der Arbeitgeber wegen der Aufrechterhaltung des Arbeitsverhältnisses nach Beendigung der Elternzeit keine entsprechend qualifizierte Ersatzkraft für einen nur befristeten Arbeitsvertrag findet und deshalb mehrere Arbeitsplätze wegfallen müssten.

3 Ermessen

Kommt die Behörde zu dem Ergebnis, dass ein besonderer Fall im Sinne des § 18 Abs. 1 Satz 2 des Gesetzes gegeben ist, so hat sie im Rahmen ihres pflichtgemäßen Ermessens zu entscheiden, ob das Interesse des Arbeitgebers an einer Kündigung während der Elternzeit so erheblich überwiegt, dass ausnahmsweise die vom Arbeitgeber beabsichtigte Kündigung für zulässig zu erklären ist.

4 Form des Antrages

Die Zulässigkeitserklärung der Kündigung hat der Arbeitgeber bei der für den Sitz des Betriebes oder der Dienststelle zuständigen Behörde schriftlich oder zu Protokoll zu beantragen. Im Antrag sind der Arbeitsort und die vollständige Anschrift des Arbeitnehmers oder der Arbeitnehmerin, dem oder der gekündigt werden soll, anzugeben. Der Antrag ist zu begründen; etwaige Beweismittel sind beizufügen oder zu benennen.

5 Entscheidung; vorherige Anhörung

5.1 Die Behörde hat die Entscheidung unverzüglich zu treffen.

5.2 Die Behörde hat vor ihrer Entscheidung dem betroffenen Arbeitnehmer oder der betroffenen Arbeitnehmerin sowie dem Betriebs- oder Personalrat Gelegenheit zu geben, sich mündlich oder schriftlich zu dem Antrag nach Nummer 4 zu äußern.

6 Zulässigkeitserklärung unter Bedingungen

Die Zulässigkeit der Kündigung kann unter Bedingungen erklärt werden, z. B., dass sie erst zum Ende der Elternzeit ausgesprochen wird.

7 Form der Entscheidung

Die Behörde hat ihre Entscheidung (Zulässigkeitserklärung oder Ablehnung mit Rechtsbehelfsbelehrung) schriftlich zu erlassen, schriftlich zu begründen und dem Arbeitgeber sowie dem Arbeitnehmer oder der Arbeitnehmerin zuzustellen. Dem Betriebs- oder Personalrat ist eine Abschrift zu übersenden.

8 Zur Berufsbildung Beschäftigte, in Heimarbeit Beschäftigte

8.1 Die zu ihrer Berufsbildung Beschäftigten gelten als Arbeitnehmer oder Arbeitnehmerinnen im Sinne der vorstehenden Vorschriften.

8.2 Für die in Heimarbeit Beschäftigten und die ihnen Gleichgestellten (§ 1 Abs. 1 und 2 des Heimarbeitsgesetzes), soweit sie am Stück mitarbeiten, gelten die vorstehenden Vorschriften entsprechend mit der Maßgabe, dass an die Stelle des Arbeitgebers der Auftraggeber oder der Zwischenmeister tritt (vgl. § 20 des Gesetzes).

9 Inkrafttreten

Diese allgemeine Verwaltungsvorschrift tritt mit Wirkung vom 1. Januar 2007 in Kraft.

Übersicht

	Rdn			Rdn
A. Vorläufergesetz und Entstehungsgeschichte	1	II.	Ende des Kündigungsverbots	58
B. Sinn und Zweck	16	III.	Berufung auf das Kündigungsverbot – Verwirkung	61
C. Inhalt des Kündigungsverbots	24	F.	Behördliche Zulassung der Arbeitgeberkündigung	62
I. Rechtsnatur	24			
II. Gegenständliche Reichweite	25	I.	Grundsätzliches	62
III. Persönlicher Geltungsbereich	27	II.	Prüfung des besonderen Falles/Allgemeine Verwaltungsvorschriften	66
1. Grundsatz	27			
2. Grundtatbestand des Absatzes 1	33	III.	Verfahren	72
3. Leistung von Teilzeitarbeit (Abs. 2)	36	IV.	Darlegungs- und Beweislast	73
IV. Darlegungs- und Beweislast	43	G.	Verhältnis zu anderen Beendigungstatbeständen	74
D. Voraussetzungen des Kündigungsverbots	44	H.	Verhältnis zum Kündigungsrecht sowie zum Kündigungsschutzrecht	75
E. Dauer des Kündigungsverbots	47			
I. Beginn des Kündigungsverbots	47	I.	Verhältnis zum Kündigungsrecht	75
1. Grundsatz	47	II.	Verhältnis zum allgemeinen Kündigungsschutzrecht	77
2. Bedeutung des Beginns des Kündigungsschutzes	49			
3. Kündigungsschutz vor Beginn der Elternzeit	51	III.	Verhältnis zum besonderen Kündigungsschutz	80
4. Beginn der Elternzeit	53	IV.	Verhältnis zum kollektiven Kündigungsschutzrecht	82
5. Teilzeitbeschäftigung ohne Elternzeit	54	I.	Übergangsregelungen	83
6. Mehrfache Inanspruchnahme und Wechsel unter den Berechtigten	55			

A. Vorläufergesetz und Entstehungsgeschichte

In der **ursprünglichen Fassung** des § 18 Abs. 1 des Vorläufergesetzes, des BErzGG, war bestimmt, dass der **besondere Kündigungsschutz** nach dieser Vorschrift **nur während der Inanspruchnahme des Erziehungsurlaubs** gelten solle. Zwar hatte der Bundesrat in seiner Stellungnahme vom 27.9.1985 (BT-Drucks. 10/3926, S. 5) zum Regierungsentwurf (BT-Drucks. 10/3792) die Einfügung des folgenden Satzes 2 in Abs. 1 vorgeschlagen: »Der Arbeitgeber darf das Arbeitsverhältnis eines Arbeitnehmers, der Anspruch auf Erziehungsurlaub hat, von dem Zeitpunkt, in dem der Arbeitnehmer die nach § 16 Abs. 1 S. 1 erforderliche Erklärung abgibt, bis zum Ablauf von zwei Monaten nach Beendigung des Erziehungsurlaubs nicht kündigen.« Zur Begründung hatte der Bundesrat darauf hingewiesen, dass nach der im Regierungsentwurf vorgesehenen Fassung des Abs. 1 für den Vater das Kündigungsverbot erst mit dem Antritt des Erziehungsurlaubs beginne. Dieser Zeitpunkt sei zu spät, da der Arbeitgeber schon vor Beginn des Erziehungsurlaubs kündigen könne. Der Kündigungsschutz des Vaters sei daher dem des MuSchG nachzubilden. Dieser Vorschlag war jedoch zum damaligen Zeitpunkt nicht Gesetz geworden (BT-Drucks. 10/4148, S. 13).

Eine **zeitliche Vorverlegung** seines Beginns hat der Kündigungsschutz nach § 18 Abs. 1 BErzGG alsdann allerdings durch das am 1.1.1992 in Kraft getretene **BErzGG 1992 (2. Gesetz zur Änderung des BErzGG** und anderer Vorschriften v. 16.12.1991, BGBl. 1992 I S. 69) erfahren (»höchstens sechs Wochen vor Beginn des Erziehungsurlaubs«). Insbesondere für Väter, die vor Beginn des Kündigungsschutzes nach § 18 BErzGG nicht durch den Sonderkündigungsschutz nach § 9 MuSchG aF (nunmehr § 17 MuSchG) geschützt sein können, sollte insofern eine Ausweitung des Kündigungsschutzes erreicht werden (vgl. BT-Drucks. 12/1125, S. 9). Diese Regelung hat zugleich insofern eine erhebliche **Ausdehnung des Kündigungsschutzes** bewirkt, als mit der zeitlichen Erweiterung des Rahmens für die Inanspruchnahme des **Erziehungsurlaubs** bis zur Vollendung des **dritten Lebensjahres des Kindes** (§ 15 Abs. 2 S. 1 BErzGG 1992) eine entsprechende Verlängerung des Kündigungsschutzes einherging. Ebenso wurde durch die mit § 16 BErzGG 1992 geschaffene Möglichkeit, den Erziehungsurlaub **abschnittsweise** oder im **Wechsel** der Elternteile (nach dem BErzGG 2001 [s.a. Rdn 4] auch gemeinsam) zu beanspruchen, zugleich der Zugang zum besonderen Kündigungsschutz nach § 18 BErzGG erweitert. Ferner ging die ursprünglich dem Minister für Arbeit und Sozialordnung zustehende Befugnis zum Erlass von **Verwaltungsvorschriften** durch das BErzGG 1992 auf den Bundesminister für Familie und Senioren (heute: Bundesministerium für Familie, Senioren, Frauen und Jugend – BMFSFJ) über.

§ 18 Abs. 2 BErzGG wurde aufgrund der Beschlussempfehlung des Ausschusses für Jugend, Familie und Gesundheit (BT-Drucks. 10/4148, S. 13) eingefügt. Zur Begründung der Einfügung führte der Ausschuss folgendes aus: Der Kündigungsschutz nach § 18 Abs. 1 BErzGG gelte auch bei einer Reduzierung der Arbeitszeit auf eine zulässige Teilzeitarbeit. Diejenigen, die keinen Erziehungsurlaub in Anspruch nähmen, weil sie bereits vorher eine im Rahmen des § 2 Abs. 1 BErzGG zulässige Teilzeitarbeit bei ihrem Arbeitgeber ausgeübt hätten und diese weiter ausüben wollten, müssten gleichgestellt werden (vgl. zur Entstehungsgeschichte auch *Halbach* DB 1986, Beil. Nr. 1, S. 13).

Durch das am 1.1.2001 in Kraft getretene **BErzGG 2001 (3. Gesetz zur Änderung des BErzGG** vom 12.10.2000, BGBl. I S. 1426) ist der Beginn des Kündigungsschutzes nach § 18 Abs. 1 BErzGG **weiter zeitlich vorverlegt** worden, nunmehr auf höchstens acht Wochen vor Beginn des Erziehungsurlaubs. Ferner ist die Zuständigkeit zum Erlass allgemeiner Verwaltungsvorschriften vom Bundesministerium für Familie, Senioren, Frauen und Jugend auf die Bundesregierung übergegangen (§ 18 Abs. 1 S. 4 BErzGG). Durch Gesetz vom 30.11.2000 (BGBl. I S. 1638) wurde der Begriff »Erziehungsurlaub« in allen Vorschriften des BErzGG durch den Begriff »**Elternzeit**« ersetzt. Dies führte zur Neubekanntmachung des BErzGG vom 1.12.2000 (BGBl. I S. 1645).

5 Für die **vor dem 1.1.2001 geborenen Kinder** oder die vor diesem Zeitpunkt mit dem Ziel der Adoption in Obhut genommenen Kinder waren die Vorschriften des BErzGG in der bis zum 31.12.2000 geltenden Fassung weiter anzuwenden (§ 24 BErzGG). Soweit es hierbei um Abweichungen des § 18 BErzGG geht, wird auf die Kommentierung von *Etzel* in der 5. Aufl. dieses Kommentars verwiesen.

6 An **Änderungen** des **BErzGG in der Folgezeit**, die allerdings die §§ 18, 19 als solche nicht tangierten, sind zu nennen: Das Lebenspartnerschaftsgesetz v. 16.2.2001 (BGBl. I S. 266) und das Sechste Gesetz zur Änderung des Sozialgerichtsgesetzes v. 17.8.2001 (BGBl. I S. 2144). Zu der beabsichtigten Änderung des BErzGG durch das Zuwanderungsgesetz v. 20.6.2002 (BGBl. I. S. 1946) ist es seinerzeit nicht gekommen, da das BVerfG dieses Gesetz für verfassungswidrig erklärt hat. Weitere Änderungen haben sich durch das Vierte Gesetz für moderne Dienstleistungen am Arbeitsmarkt v. 24.12.2003 (BGBl. I. S. 2954), durch Art. 61 des Gesetzes v. 27.12.2003 (BGBl. I S. 3022) sowie mit Wirkung vom 1.1.2004 durch Art. 20 des **Haushaltsbegleitgesetzes 2004** v. 29.12.2003 (BGBl. I S. 3076, berichtigt 13.1.2004 BGBl. I S. 69; für die Details vgl. die teils krit. Darstellung von *Sowka* NZA 2004, 82) ergeben. Das Haushaltsbegleitgesetz 2004 hat, soweit dies in diesem Zusammenhang von Interesse ist, insbes. folgende Änderungen gebracht: § 15 Abs. 1 S. 1 Nr. 1 BErzGG wurde in lit. c) neu gefasst, wonach neben der bereits erfassten Adoptivpflege (§ 1744 BGB) auch Pflegeeltern im Rahmen einer Vollzeitpflege (§ 33 SGB VIII) Anspruch auf Elternzeit haben. § 15 Abs. 3 S. 1 BErzGG machte in der Neufassung deutlich, dass jeder der Elternteile die volle dreijährige Elternzeit ausnützen kann (*Sowka* NZA 2004, 82). Zugleich wurde der Personenkreis, für den Abs. 3 S. 1 entsprechend anwendbar war, erweitert (Abs. 3 S. 2 nF). Durch die Neuformulierung des § 16 Abs. 1 BErzGG wurde entsprechend der Absicht des Gesetzgebers klargestellt, dass die Frist von zwei Jahren des Abs. 1 S. 1 mit der Geburt des Kindes beginnt (*Sowka* NZA 2004, 82). Allerdings konnte die Elternzeit insgesamt nunmehr nur noch auf zwei Zeitabschnitte (pro Elternteil) verteilt werden; eine Verteilung auf weitere Zeitabschnitte war nur mit Zustimmung des Arbeitgebers möglich (§ 16 Abs. 1 S. 5 BErzGG nF; *Sowka* NZA 2004, 82). Schließlich stellte § 15 Abs. 2 S. 3 und 4, 2. Hs. BErzGG in der Neufassung sicher, dass die Übertragungsmöglichkeit (zuvor in § 15 Abs. 2 S. 1, 2. Hs. BErzGG, jetzt in § 15 Abs. 2 S. 4 BEEG) auch bei einer kurzen Geburtenfolge bzw. bei Mehrlingsgeburten möglich ist (iE *Sowka* NZA 2004, 82, 83). Danach wurde das BErzGG **mit Wirkung vom 1.1.2005** durch zwei Gesetze geändert: durch das Zuwanderungsgesetz 2004 v. 30.7.2004 (BGBl. I S. 1950) und durch Art. 2 des Gesetzes zum qualitätsorientierten und bedarfsgerechten Ausbau der Tagesbetreuung für Kinder vom 27.12.1004 (BGBl. I. S. 3852). Durch das zweitgenannte Gesetz ist insbes. in § 15 Abs. 4 BErzGG ein neuer Satz 2 (betreffend die Tagespflegeperson iSd § 23 SGB VIII) eingefügt worden, wodurch die bisherigen Sätze 2 und 3 des Abs. 4 zu Sätzen 3 und 4 wurden.

7 In den **neuen Bundesländern** galt das BErzGG nach dem Auslaufen sämtlicher Übergangsfristen ohne Einschränkungen (vgl. den Überblick über die Entwicklung der Rechtslage im Gebiet der ehemaligen DDR bei *Buchner/Becker* Einf. BEEG Rn 14 f.; vgl. auch *Buchner/Becker* § 18 BEEG Rn 4).

8 Am **1.1.2007** trat das **Gesetz zur Einführung des Elterngeldes** v. 5.12.2006 (BGBl. I. S. 2748) – vgl. dazu den Gesetzentwurf der Fraktionen der CDU/CSU und SPD vom 20.6.2006, BT-Drucks. 16/1889, und die Stellungnahme des Bundesrates vom 7.7.2006, BR-Drs. 426/06, sowie Beschlussempfehlung und Bericht des Ausschusses für Familie, Senioren, Frauen und Jugend vom 29.9.2006, BT-Drucks. 16/2785 – in Kraft (Art. 3 Abs. 1 dieses Gesetzes). Entsprechend trat der Zweite Abschnitt des BErzGG (§§ 15 bis 21) am 31.12.2006 außer Kraft (Art. 3 Abs. 2 S. 1 des Gesetzes zur Einführung des Elterngeldes), während das BErzGG im Übrigen am 31.12.2008 außer Kraft getreten ist (Art. 3 Abs. 2 S. 2 des Gesetzes zur Einführung des Elterngeldes). Art. 1 des Gesetzes zur Einführung des Elterngelds brachte als Nachfolgegesetz zum BErzGG das **Gesetz zum Elterngeld und zur Elternzeit** (Bundeselterngeld- und Elternzeitgesetz – **BEEG**), wobei § 18 BEEG weitestgehend § 18 BErzGG entsprach (vgl. den Text oben nach dem aktuellen Text der

Norm). Insoweit enthielt § 27 BEEG in der seinerzeitigen Fassung **Übergangsregelungen** (dazu *BAG* 20.5.2008 – 9 AZR 219/07, Rn 10; 15.12.2009 – 9 AZR 72/09, Rn 29; der Text des **§ 28 BEEG**, der nunmehr die Übergangsregelungen enthält, ist in seiner bis zum 31.8.2021 geltenden Fassung sowie in der seit dem 1.9.2021 geltenden Fassung nach § 21 BEEG abgedruckt). Zu den weiteren Änderungen des BEEG vgl. Rdn 10 ff.

Das BEEG soll der besseren Familienförderung dienen und durch das als **Entgeltersatzleistung** ausgestattete **Elterngeld** insbes. für die Frauen eine bessere Vereinbarkeit von Familie und Erwerbstätigkeit ermöglichen (BT-Drucks. 16/1889, S. 2 u. 33 f.). Das Elterngeld knüpft an das Erwerbseinkommen an (§ 2 BEEG). Der Zweite Abschnitt des BEEG übernahm ohne inhaltliche Änderungen (BT-Drucks. 16/1889 S. 54) im Wesentlichen wortgleich die Vorschriften der §§ 15 bis 21 BErzGG. Neu war die in **§ 16 Abs. 1 S. 1 BEEG** geregelte grundsätzliche Frist von **sieben Wochen**: Die Elternzeit muss spätestens sieben Wochen vor Beginn schriftlich vom Arbeitgeber verlangt werden, und gleichzeitig muss erklärt werden, für welche Zeiten innerhalb der ersten zwei Jahre die Elternzeit in Anspruch genommen werden soll. Damit wurde erreicht, dass die Anmeldefrist in vollem Umfang vom Kündigungsschutz des § 18 BEEG erfasst wird (BT-Drucks. 16/1889, S. 35). Korrespondierend zu der Regelung zu den Partnermonaten (vgl. § 4 Abs. 2 u. 3 BEEG) sah **§ 15 Abs. 7 S. 1 Nr. 3 BEEG** vor, dass der **Teilzeitanspruch** auch schon für einen Zeitraum von mindestens zwei Monaten geltend gemacht werden kann. 9

Das **BEEG** ist anschließend mehrmals **geändert** worden. Die erste kleine Änderung erfolgte durch Art. 6 Abs. 8 des Gesetzes zur Umsetzung aufenthalts- und asylrechtlicher Richtlinien der Europäischen Union vom 19. August 2007 (BGBl. I S. 1970) – dazu etwa *Huber* NVwZ 2007, 977 –, es wurde seinerzeit in § 1 Abs. 7 Nr. 2 die Regelung unter Buchst. d) eingefügt. Die zweite Änderung brachte das **Erste Gesetz zur Änderung des Bundeselterngeld- und Elternzeitgesetzes** vom 17.1.2008 (BGBl. I S. 61), das am 24. Januar 2009 in Kraft getreten ist (vgl. dazu den Entwurf der Fraktionen der CDU/CSU und SPD vom 3.6.2008, BT-Drucks. 16/9415). Damit wurde in § 4 Abs. 3 S. 1 eine Mindestbezugsdauer für das Elterngeld vorgesehen. Weiter war durch Änderungen des § 7 der Bezug des Elterngeldes flexibilisiert worden. Schließlich bekamen durch die Einfügung des neuen § 15 Abs. 1a die **Großeltern** nunmehr unter eng begrenzten Voraussetzungen die Möglichkeit, **Elternzeit** in Anspruch zu nehmen, jedoch nur für Zeiten, in denen keiner der Elternteile des Kindes selbst Elternzeit beansprucht (§ 15 Abs. 1a S. 2). § 15 Abs. 3 gilt freilich für die Großeltern nicht, und die Großeltern können grds. auch nicht Elterngeld beanspruchen (vgl. aber § 1 Abs. 4 BEEG). Eine weitere kleine Änderung erfolgte durch Art. 15 Abs. 94 des Dienstrechtsneuordnungsgesetzes vom 5. Februar 2009 (BGBl. I S. 160, 271), durch die in § 1 Abs. 2 Nr. 3 der Zusatz »oder § 29 des Bundesbeamtengesetzes« eingefügt wurde sowie durch Art. 10 des Gesetzes über das Verfahren des elektronischen Entgeltnachweises vom 28. März 2009 (BGBl. I S. 634), durch das § 2 Abs. 7 S. 4 eine neue Fassung erhielt. Weiter wurde das BEEG aufgrund des Haushaltsbegleitgesetzes 2011 vom 9. Dezember 2010 (BGBl. I S. 1895) mit Wirkung vom 1. Januar 2011 geändert (Änderungen in §§ 1, 8 und 10). Durch Art. 16 des Steuervereinfachungsgesetzes vom 1. November 2011 (BGBl. I S. 2131) ist mit Wirkung vom 5. November 2011 § 27 Abs. 1a eingefügt worden. Weiter ist durch das Gesetz zur Änderung des Beherbergungsstatistikgesetzes und des Handelsstatistikgesetzes sowie zur Aufhebung von Vorschriften zum Verfahren des elektronischen Entgeltnachweises vom 23. November 2011 (BGBl. I S. 2298) das BEEG mit Wirkung vom 3. Dezember 2011 geändert worden (Änderungen in § 2). 10

Durch Art. 1 des **Gesetzes zur Vereinfachung des Elterngeldvollzugs** vom 10.9.2012 (BGBl. I S. 1878) – in Kraft ab dem 18.9.2012 – sind diverse Bestimmungen des BEEG geändert bzw. eingefügt worden, die die Grundlagen und die Berechnung des Elterngelds betreffen. In § 15 Abs. 4 S. 1 BEEG sind die dort angesprochenen 30 Wochenstunden auf den Monatsdurchschnitt bezogen worden, und § 16 Abs. 3 BEEG mit den Regelungen zur vorzeitigen Beendigung der Elternzeit ist erweitert worden. Das **Gesetz zur Einführung eines Betreuungsgeldes** – Betreuungsgeldgesetz – vom 15.2.2013 (BGBl. I S. 254) – in Kraft ab dem 1.8.2013 – hat in das BEEG insbesondere 11 einen neuen Abschnitt 2 »Betreuungsgeld« (§§ 4a–4d BEEG) eingefügt und etliche Vorschriften des Gesetzes dem angepasst. Die §§ 15, 16 und 18 BEEG sind unberührt geblieben.

12 Am 1.1.2015 ist das **Gesetz zur Einführung des Elterngeld Plus mit Partnerschaftsbonus und einer flexibleren Elternzeit im Bundeselterngeld- und Elternzeitgesetz** vom 18.12.2014 (BGBl. I S. 2325) in Kraft getreten (zu den darin enthaltenen Neuerungen insgesamt *Düwell* jurisPR-ArbR 49/2014 Anm. 1; *Forst* DB 2015, 68; zur **Übergangsregelung** s. § 28 BEEG, abgedruckt nach § 21 BEEG – aus § 28 Abs. 1 BEEG in seiner bis zum 31.8.2021 geltenden Fassung folgte, dass die Neuregelungen einschließlich des neu gefassten § 18 BEEG weitestgehend erst für ab dem 1.7.2015 geborene oder zum Zwecke der Adoption aufgenommene Kinder gelten, und der neue § 1 gilt erst für ab dem 1.1.2015 geborene oder mit dem Ziel der Adoption aufgenommene Kinder; vgl. die **Bekanntmachung der Neufassung des BEEG** vom 27.1.2015 BGBl. I S. 33). Mit dem Elterngeld Plus und dem Partnerschaftsbonus sowie mit einer Flexibilisierung der Elternzeit sollen Eltern nach den Vorstellungen des Gesetzgebers zielgenauer darin unterstützt werden, ihre Vorstellungen einer **partnerschaftlichen Vereinbarkeit von Familie und Beruf** umzusetzen (BR-Drs. 355/14 S. 2). Für das Elterngeld bei **Mehrlingsgeburten** ist eine gesetzliche Klarstellung erfolgt (mit dem neuen Satz 2 des § 1 Abs. 1 BEEG – § 1 ist in seinem vollen aktuellen Text oben abgedruckt; vgl. auch § 2a Abs. 4 BEEG zum Mehrlingszuschlag). Zentral ist die Neuregelung des **§ 4 BEEG** (oben abgedruckt). Das, was bisher Elterngeld hieß, ist nun das **Basiselterngeld** (§ 4 Abs. 2 S. 2), und die Absätze 3 bis 6 strukturieren die bisherigen Regelungen neu und sehen neue Regelungselemente vor (dazu detailliert die Begr. des Gesetzentwurfs: BR-Drs. 355/14 S. 22–28): Das **Elterngeld Plus** ist in Abs. 3 als neue Gestaltungskomponente des Elterngeldes eingeführt. Abs. 4 regelt den Elterngeldanspruch der Eltern (einschließlich des **Partnerschaftsbonus**), Abs. 5 legt die individuelle Höchst- und Mindestbezugsdauer für das Elterngeld fest und Abs. 6 sieht besondere Möglichkeiten des **alleinigen Bezugs durch einen Elternteil** vor.

13 Die **§§ 15, 16 BEEG** sind in mehrfacher Hinsicht geändert und ergänzt worden. In § 15 ist Abs. 1a S. 1 Nr. 2 erweitert worden (dazu Rdn 16 aE). § 15 Abs. 2 vergrößert und erleichtert die Möglichkeiten zu einer Inanspruchnahme von Elternzeit auch nach dem dritten Lebensjahr, und § 15 Abs. 5–7 verbessert die Durchsetzung von Teilzeitarbeit entschieden. § 16 verstärkt weiter die Möglichkeiten einer flexiblen Inanspruchnahme von Elternzeit und führt für die Elternzeit vor und ab dem dritten Geburtstag des Kindes unterschiedliche Anmeldefristen ein. Der aktuelle Text der §§ 15 und 16 ist vor § 18 abgedruckt (dabei sind auch die weitestgehend redaktionellen Änderungen aus dem Jahr 2017 vermerkt). **§ 18 BEEG** ist gleichfalls geändert worden. Es bleibt natürlich dabei, dass vorbehaltlich einer ausnahmsweisen Zulässigkeitserklärung (§ 18 Abs. 1 S. 4–6) während der Elternzeit nicht gekündigt werden darf (§ 18 Abs. 1 S. 3). Ebenso darf nicht gekündigt werden ab dem Zeitpunkt des Verlangens der Elternzeit (§ 18 Abs. 1 S. 1), allerdings mit bestimmten Begrenzungen, die in § 18 Abs. 1 S. 2 geregelt sind und die mit § 16 Abs. 1 S. 1 korrespondieren: Der Kündigungsschutz des § 18 Abs. 1 S. 1 beginnt frühestens acht Wochen vor Beginn einer Elternzeit bis zum vollendeten dritten Lebensjahr des Kindes (also bis einschließlich des Tages vor dem dritten Geburtstag) und frühestens 14 Wochen vor Beginn einer Elternzeit zwischen dem dritten Geburtstag und dem vollendeten achten Lebensjahr (also einschließlich des Tages vor dem achten Geburtstag) des Kindes. Die Änderung in § 18 Abs. 2 Nr. 2 ist als Folgeänderung zur Einführung des Elterngeld Plus erfolgt (BR-Drs. 355/14 S. 37; dazu s. Rdn 41 u. 45).

14 Mit dem Gesetz für Maßnahmen im Elterngeld aus Anlass der **COVID-19-Pandemie** (BGBl. I 2020, S. 1061) hat der Gesetzgeber darauf reagiert, dass mit den Maßnahmen zur Eindämmung der COVID-19-Pandemie die Zahl von Eltern, die die Voraussetzungen für den Elterngeldbezug in seinen Varianten nicht mehr einhalten können, zugenommen hat. Eltern in systemrelevanten Berufen (etwa Pflegepersonal, Ärztinnen und Ärzte, Polizistinnen und Polizisten) können in der Pandemie vielfach weder über den Arbeitsumfang noch über die Arbeitszeit selbst bestimmen, weil sie an ihrem Arbeitsplatz dringend benötigt werden. Demgegenüber sind andere Berufsgruppen von Kurzarbeit oder Freistellungen betroffen und geraten in wirtschaftliche Notlagen. Betroffen sind Eltern, die während der Pandemie Elterngeld beziehen und in Teilzeit arbeiten, sowie werdende

Eltern, denen Nachteile bei der späteren Elterngeldberechnung durch die Corona-bedingte Kurzarbeit oder Freistellung drohen. Auf diese **besondere Situation** sind die Regelungen des BEEG nicht zugeschnitten, weshalb durch die Elterngeldregelungen für betroffene Familien **zeitlich befristet** angepasst wurden (BT-Drucks. 19/18698, S. 1). **§ 27 BEEG** eröffnet Eltern in systemrelevanten Branchen und Berufen die Möglichkeit, ihren **Elterngeldbezug aufzuschieben**. Damit soll ein Anreiz für Eltern im Elterngeldbezug oder vor Antritt des Elterngeldbezuges geschaffen werden, ihre Tätigkeit in diesen Bereichen wiederaufzunehmen oder weiterhin tätig zu bleiben, ohne einen Nachteil im Elterngeld zu erfahren (BT-Drucks. 19/18698, S. 8).

Zuletzt ist das BEEG durch Artikel 1 des Gesetzes vom 15.2.2021 (BGBl. I S. 239) mit **Wirkung zum 1.9.2021 geändert** worden. Mit den neuen Regelungen sollen Eltern zusätzliche und **flexiblere Angebote zur Nutzung des Elterngeldes** zur Verfügung gestellt werden (BR-Drs. 559/20 S. 1). Es sollen für Eltern Freiräume geschaffen werden, um den Anforderungen des Alltags mit kleinen Kindern und einer Berufstätigkeit besser begegnen zu können (BR-Drs. 559/20 S. 13). So wurde etwa die während des Elterngeldbezugs **zulässige Arbeitszeit von 30 auf 32 Stunden erhöht** (§ 15 Abs. 4 BEEG), um Eltern dabei zu unterstützen, einerseits das Familieneinkommen abzusichern und andererseits durch die Teilzeit mehr Zeit für die Familie zu haben (BR-Drs. 559/20 S. 1). Zudem wurden auch die Regelungen zum **Partnerschaftsbonus** in Bezug auf die Bezugsdauer (flexible Bezugsdauer zwischen zwei und vier Monaten) sowie den einen Anspruch eröffnenden Stundenkorridor (Erweiterung des Stundenkorridors von bisher 25 bis 30 Wochenstunden auf nunmehr 24 bis 32 Wochenstunden) flexibler gestaltet (BR-Drs. 559/20 S. 13, 28 ff.). 15

B. Sinn und Zweck

Die primäre Zielsetzung des BEEG mit der Einführung des Elterngeldes bestand und besteht darin, die Eltern in der **Frühphase der Elternschaft** zu unterstützen. Es soll so den Eltern ermöglicht werden, in dieser Frühphase **selbst für ihr Kind sorgen** zu können, abgesichert durch einen Schonraum ohne finanzielle Nöte (BT-Drucks. 16/1889 S. 2 u. 33 f.). Um dieses Ziel zu erreichen, gewährt das Gesetz unter bestimmten Voraussetzungen (§ 1 BEEG) Anspruch auf **Elterngeld**. Die gesetzgeberische Zielvorstellung soll weiterhin dadurch gefördert werden, dass gem. § 15 BEEG speziell Müttern und Vätern ein Anspruch auf **Elternzeit** eingeräumt wird (zu den Anspruchsvoraussetzungen iE die Kommentierungen zu § 15 BEEG; s. weiter die Kommentierungen zu § 16 BEEG hinsichtlich der Inanspruchnahme von Elternzeit). Zur gesetzgeberischen Konzeption gehört dabei insbes., dass das Arbeitsverhältnis während der Elternzeit nicht aufgelöst wird, sondern nur seine **Hauptpflichten ruhen** (vgl. nur *BAG* 15.4.2008 – 9 AZR 380/07, Rn 31; 19.4.2005 – 9 AZR 233/04, zu II 3 a aa der Gründe mwN; 15.4.2003 – 9 AZR 137/02, zu I 4 der Gründe; *Buchner/Becker* vor §§ 15–21 BEEG Rn 24 mwN, in Rn 25 zur Frage von etwaigen **Nebenpflichten**; vgl. auch HWK-*Gaul* Vor §§ 15–21 BEEG Rn 2 u. 3 mwN zu den Auswirkungen auf Betriebszugehörigkeit, Lohn, Gehalt und Sonderleistungen) – mit der Folge, dass es zu arbeitgeberseitigen Kündigungen kommen kann. Damit junge Familien in der Frühphase der Elternschaft sinnvoll entlastet und unterstützt werden können, können unter den Voraussetzungen des § 15 Abs. 1a (s. dazu bereits Rdn 10) jetzt auch **Großeltern** Elternzeit beanspruchen, wobei diese Möglichkeit mit Wirkung vom 1.1.2015 erweitert worden ist (dazu die Übergangsvorschrift in § 28 Abs. 1 S. 1 BEEG aF, abgedruckt nach § 21 BEEG), damit es bei sog. Teenagerschwangerschaften den jungen Eltern möglich ist, eine Ausbildung abzuschließen, um so die wirtschaftliche Existenz der jungen Familie für die Zukunft zu sichern (BR-Drs. 355/14 S. 33). 16

Als **flankierende Maßnahme** sieht § 18 Abs. 1 einen **besonderen Kündigungsschutz** vor (erweitert durch § 18 Abs. 2 – dazu s. Rdn 23), und zwar während der Elternzeit (Abs. 1 S. 3) sowie ab dem Zeitpunkt, von dem an Elternzeit verlangt worden ist, jedoch nunmehr für höchstens acht Wochen vor dem Beginn der Elternzeit, wenn es um eine Elternzeit bis zum vollendeten dritten Lebensjahr geht, und für höchstens vierzehn Wochen, wenn es um eine Elternzeit ab dem dritten Geburtstag bis zum vollendeten achten Lebensjahr geht (Abs. 1 S. 2). Nach der Aufhebung des § 9a MuSchG (zu dieser Vorschrift *Becker* KR 2. Aufl., § 9a MuSchG Rn 12 ff.) hat sich der Gesetzgeber für 17 eine Übernahme des dem jetzigen § 17 MuSchG zugrunde liegenden legislativen Modells entschieden: Die Kündigung ist iSd § **134 BGB** gesetzlich verboten (vgl. *BAG* 7.5.2020 – 2 AZR 692/19, Rn 57; 10.5.2016 – 9 AZR 145/15, Rn 13, 15; 12.5.2011 – 2 AZR 384/10, Rn 21; *Becker* ArbRAktuell 2020, 588), sofern nicht im Zeitpunkt des Zugangs der Kündigungserklärung eine **Zulässigkeitserklärung** gem. § 18 Abs. 1 S. 4 BEEG vorliegt (dazu iE Rdn 24 u. 72). Auf das Vorliegen von Kündigungsgründen kommt es nicht an (APS-*Rolfs* § 18 BEEG Rn 21; ErfK-*Gallner* § 18 BEEG Rn 1a). Am verfassungsrechtlichen Rang des mutterschutzrechtlichen Kündigungsschutzes (dazu s. KR-*Gallner* § 17 MuSchG Rdn 27 ff.) hat § 18 BEEG allerdings keinen Anteil (vgl. *BAG* 6.7.1995 – 8 AZR 487/93). Die Regelung im jetzigen Umfang ist auch im Hinblick auf die **grundrechtlichen Positionen des Arbeitgebers** und das **Gleichheitsgebot** vor dem Hintergrund des **Art. 6 Abs. 1 u. 2 GG** nicht zu beanstanden (*Buchner/Becker* § 18 BEEG Rn 2 mwN; krit. freilich etwa *Peters-Lange/Rolfs* NZA 2000, 685; *Reiserer/Lemke* MDR 2001, 244; *Sowka* BB 2001, 935; vgl. im Übrigen KR-*Gallner* § 17 MuSchG Rdn 27 ff.; zur Vereinbarkeit mit dem **Unionsrecht** s. Rdn 20). Dabei ist mit zu berücksichtigen, dass die Kündigung ja in besonderen Fällen für zulässig erklärt werden kann und dass § 21 BEEG (s. Rdn 22) den Abschluss befristeter Arbeitsverträge für die Zeit der Elternzeit zulässt (*Roos/Bieresborn-Graf* § 18 BEEG Rn 5).

18 Für **Mütter** bedeutet die Regelung des § 18 BEEG im Ergebnis eine Verlängerung des in § 17 MuSchG enthaltenen Kündigungsschutzes mit der Folge, dass von Beginn der Schwangerschaft bis zum Ende der Elternzeit eine – ggf. durch Arbeitszeiten unterbrochene – kündigungsschutzrechtliche Regelung gilt. Für andere Elternzeit berechtigte Personen (zB **Väter** oder **Adoptiveltern**) setzt der besondere Kündigungsschutz innerhalb der Höchstfristen von acht bzw. vierzehn Wochen vor Beginn der Elternzeit bereits mit der möglichen Geltendmachung des Anspruchs ein (§ 1 Abs. 1 S. 1 u. 2 BEEG). Der nach der früheren Fassung des BErzGG möglichen Bestandsgefährdung des Arbeitsverhältnisses (vgl. *Becker* KR 3. Aufl., § 9a MuSchG Rn 5) wird damit vorgebeugt.

19 Als **Kündigungsschutzvorschrift** zielt § 18 BEEG darauf, den Bestand des Arbeitsverhältnisses zu erhalten (vgl. zu Abfindungslösungen in anderen Rechtsordnungen *EuGH* 22.10.2009 – C-116/08 [Meerts]; dazu auch *Maties* EuZA 2010, 226 sowie ErfK-*Gallner* § 18 BEEG Rn 1a mwN). Demgegenüber handelt es sich um **keine Arbeitsplatzgarantie** (*Köster/Schiefer/Überacker* DB 1994, 2341), was sich als unionsrechtskonform darstellt (ErfK-*Gallner* § 18 BEEG Rn 2). Der Arbeitgeber ist durch § 18 BEEG nicht daran gehindert, dem Elternzeitberechtigten nach Beendigung der Elternzeit im Rahmen des nach allgemeinen Grundsätzen Zulässigen (§ 106 GewO), insbes. des nach dem Arbeitsvertrag Zulässigen, eine andere Beschäftigung oder einen anderen Tätigkeitsbereich zuzuweisen (vgl. für die Möglichkeiten der Arbeitnehmerinnen und Arbeitnehmer insoweit auch **§ 8 TzBfG**; vgl. a. Rdn 60).

20 Die in Abs. 1 S. 4 enthaltene **behördliche Zulässigkeitserklärung** für die Kündigung in **Ausnahmefällen** ist an das Vorliegen eines »besonderen Falles« geknüpft. Unionsrechtlich ist diese Regelung unbedenklich (dazu *EuGH* 11.11.2010 – C-232/09 [Danosa]; *BAG* 24.11.2011 – 2 AZR 429/10, Rn 22; ErfK-*Gallner* § 18 BEEG Rn 11). Dieser **unbestimmte Rechtsbegriff** des besonderen Falles (*Buchner/Becker* § 18 BEEG Rn 23; weiter dazu s. Rdn 62–72) sollte nach der Vorstellung des ursprünglichen Gesetzesvorschlags **eine wirtschaftliche Existenzgefährdung** des Arbeitgebers verhindern (vgl. BT-Drucks. 10/3792, S. 20). Dem lag zugrunde, dass der besondere Kündigungsschutz nach der ursprünglichen Vorschlagsfassung des § 18 BErzGG zeitlich und sachlich an die Inanspruchnahme des Erziehungsurlaubs geknüpft war und dass **personen- oder verhaltensbedingte Gründe**, die zur ausnahmsweisen Zulässigkeit einer Kündigung während des Erziehungsurlaubs führen könnten, während der Beurlaubung kaum zu Tage treten konnten. Dementsprechend hatte man insbes. solche betriebsbedingten Gründe im Auge, die den Arbeitgeber in die Nähe einer Existenzgefährdung bringen könnten. Nachdem in den Ausschussberatungen § 18 Abs. 2 BErzGG eingefügt wurde (s. Rdn 3) und mit BErzGG 1992 eine zeitliche Vorverlegung des Kündigungsschutzes erfolgt ist, war es geboten, ähnlich den im Rahmen des § 9 MuSchG aF (§ 17 MuSchG nF) anerkannten Ausnahmefällen auch bei § 18 BEEG personen- oder verhaltensbedingte Gründe anzuerkennen (vgl. *Gallner* § 17 MuSchG Rdn 156 f.). Dazu wird verwiesen auf Nr. 2.1.6 der

Allgemeinen Verwaltungsvorschrift (s. Rdn 21), wobei jedoch zu beachten ist, dass es dabei nicht um den Maßstab des § 626 Abs. 1 BGB geht (s. Rdn 67). Insgesamt ist ein besonderer Fall dann anzunehmen, wenn die vom Gesetz grds. als vorrangig angesehenen Interessen der Arbeitnehmerin/ des Arbeitnehmers in Elternzeit aufgrund außergewöhnlicher Umstände hinter die Interessen des Arbeitgebers zurückzutreten haben (*BVerwG* 30.9.2009 – 5 C 32/08, Rn 15; *BayVGH* 5.11.2019 – 12 ZB 19.1222, Rn 14 mwN, juris; ErfK-*Gallner* § 18 BEEG Rn 11).

Durch Abs. 1 S. 6 wird die Bundesregierung ermächtigt, mit Zustimmung des Bundesrates **allgemeine Verwaltungsvorschriften** zur Durchführung des Abs. 1 S. 4 zu erlassen. Von dieser Ermächtigung ist bereits zu Beginn des Jahres 2007 Gebrauch gemacht worden (vgl. zum Inhalt der Allgemeinen Verwaltungsvorschrift den vor Rdn 1 abgedruckten Text; zu deren Stellenwert s. Rdn 66–72). 21

Die **betrieblichen Belange des Arbeitgebers** hat der Gesetzgeber – neben der behördlichen Zulässigkeitserklärung von Kündigungen – auch insofern berücksichtigt, als § 21 BEEG den Abschluss befristeter Arbeitsverträge oder auch auflösend bedingter Arbeitsverträge mit Ersatzkräften für die Dauer der Elternzeit und die Zeit der mutterschutzrechtlichen Beschäftigungsverbote ermöglicht (vgl. hierzu KR-*Lipke/Bubach* § 21 BEEG Rdn 18–56). 22

In dem aufgrund der Ausschussberatungen (s. Rdn 3) eingefügten Abs. 2 wird das Kündigungsverbot des Abs. 1 auf **Teilzeitbeschäftigte** mit und ohne Elternzeit erstreckt. Die in Abs. 2 Nr. 1 geregelte Fallgruppe bezieht sich auf solche Arbeitnehmer, die während der Elternzeit ihre volle Arbeitszeit im Einvernehmen mit dem Arbeitgeber verkürzen. Um auch solche Arbeitnehmer in den besonderen Kündigungsschutz einzubeziehen, die keine Elternzeit in Anspruch nehmen, weil sie bereits vorher eine Teilzeitarbeit von nicht mehr als 30 (seit 1.9.2021 sind es 32) Wochenstunden im Durchschnitt des Monats bei ihrem Arbeitgeber leisten, bedurfte es in Abs. 2 Nr. 2 entsprechender Regelung, die textlich von der in § 18 Abs. 2 BErzGG abweicht und die mit Wirkung vom 1.1.2015 im Hinblick auf die Einführung des Elterngeld Plus geändert worden ist (BR-Drs. 355/ 14 S. 37; vgl. dazu Rdn 37, 41 u. 45). 23

C. Inhalt des Kündigungsverbots

I. Rechtsnatur

Das in Abs. 1 enthaltene **Kündigungsverbot mit Erlaubnisvorbehalt** (*BVerwG* 30.9.2009 – 5 C 32/ 08, Rn 15) bezieht sich auf alle Kündigungen, die der Arbeitgeber während der zeitlichen Dauer des durch die Elternzeit bedingten Kündigungsschutzes erklärt. Ohne vorherige Zulässigkeitserklärung der Behörde – zur **Darlegungs- und Beweislast** Rdn 73 – kann daher der Arbeitgeber in dieser Zeit nicht wirksam kündigen. Bei der Regelung des Abs. 1 S. 1 handelt es sich um ein gesetzliches Verbot iSd **§ 134 BGB** mit der Folge, dass eine **ohne vorherige behördliche Zulässigkeitserklärung ausgesprochene arbeitgeberseitige Kündigung nichtig** ist (vgl. *BAG* 7.5.2020 – 2 AZR 692/ 19, Rn 57; 10.5.2016 – 9 AZR 145/15, Rn 13, 15; 12.5.2011 – 2 AZR 384/10, Rn 21; *Becker* ArbRAktuell 2020, 588, s. weiter Rdn 72). Die Regelung begründet einen sonstigen Unwirksamkeitsgrund iSd **§ 13 Abs. 3 KSchG**, für dessen gerichtliche Geltendmachung **§ 4 KSchG** gilt (vgl. iE Rdn 78). Ein **vorheriger Verzicht** auf den Sonderkündigungsschutz ist unwirksam. Dies ergibt sich mittelbar aus der Unabdingbarkeit des Anspruchs auf Elternzeit (§ 15 Abs. 2 S. 6 BEEG). Ein **nachträglicher Verzicht** (dazu bzgl. § 17 MuSchG parallel KR-*Gallner* § 17 MuSchG Rdn 194) auf den besonderen Kündigungsschutz im Hinblick auf eine verbotswidrig erklärte Kündigung ist hingegen rechtlich zulässig (ebenso *Buchner/Becker* § 18 BEEG Rn 21; *Roos/Bieresborn-Graf* § 18 BEEG Rn 19: ausdrücklich oder sonst eindeutig). Zur **Verwirkung** s. Rdn 79. 24

II. Gegenständliche Reichweite

Der besondere Kündigungsschutz nach Abs. 1 u. 2 – zur **Darlegungs- und Beweislast** Rdn 43 – erfasst nur **Kündigungen des Arbeitgebers**. Er greift unabhängig davon ein, ob der Arbeitnehmer unter den allgemeinen Kündigungsschutz (§§ 1 ff., 23 Abs. 1 KSchG) fällt (ErfK-*Gallner* § 18 25

BEEG Rn 3). Unwirksam sind sowohl **ordentliche Beendigungs- und Änderungskündigungen** als auch **außerordentliche Beendigungs- und Änderungskündigungen** (bei der außerordentlichen Kündigung ist es auch belanglos, ob sie fristlos oder mit sozialer Auslauffrist ausgesprochen wird). Dabei ist es rechtlich ohne Relevanz, ob zB für eine ordentliche Kündigung ein personen-, verhaltens- oder betriebsbedingter Grund iSd § 1 Abs. 2 KSchG vorliegt. Hingegen hindert § 18 BEEG die Arbeitnehmerin oder den Arbeitnehmer nicht an einer eigenen Kündigung. Auch **andere Beendigungstatbestände** als die Arbeitgeberkündigung werden von § 18 nicht erfasst (*Buchner/Becker* § 18 BEEG Rn 6). **Befristungen**, **Aufhebungsverträge** oder **Anfechtungen** des Arbeitsvertrages werden damit durch die Vorschrift nicht eingeschränkt (vgl. *LAG Hamm* 4.5.1998 – 17 Sa 2270/97, zum Aufhebungsvertrag; *Hess. LSG* 2.9.2011 – L 9 AL 120/11 u. *LSG NRW* 16.11.2011 – L 9 AL 82/11: beide zur Sperrzeit bei Aufhebungsvertrag während der Elternzeit; vgl. dazu auch KR-*Bader/Kreutzberg-Kowalczyk* § 19 BEEG Rdn 23).

26 Das gesetzliche Kündigungsverbot des Abs. 1 ist im **Insolvenzverfahren** gleichfalls zu beachten (APS-*Rolfs* § 18 BEEG Rn 21; ErfK-*Gallner* § 18 BEEG Rn 3; s.a. *BAG* 18.10.2012 – 6 AZR 41/11, Rn 22; zur vom Insolvenzverwalter einzuhaltenden **Kündigungsfrist** gem. § 113 S. 2 InsO bei einer für zulässig erklärten Kündigung *BAG* 27.2.2014 – 6 AZR 301/12 [darin auch: Ablehnung einer Billigkeitskontrolle für die Kündigung des Insolvenzverwalters mit der verkürzten Frist; insoweit auch *LAG Nbg.* 11.1.2012 – 4 Sa 627/11] m. Anm. *Wagner* FA 2014, 205). Es gilt auch bei **Massenkündigungen** iSd §§ 17 ff. KSchG (s. insoweit a. Rdn 65 aE) sowie bei **Betriebsstilllegungen**. Unter das gesetzliche Kündigungsverbot fällt ebenso die Kündigung im Zusammenhang mit Arbeitskämpfen (dazu KR-*Bader/Kreutzberg-Kowalczyk* § 25 KSchG Rdn 7 ff.), nicht hingegen die (suspendierende) Aussperrung (HWK-*Gaul* § 18 BEEG Rn 1; dazu auch KR-*Bader/Kreutzberg-Kowalczyk* § 25 KSchG Rdn 12).

III. Persönlicher Geltungsbereich

1. Grundsatz

27 Der durch Elternzeit bedingte **Kündigungsschutz** nach § 18 BEEG kann nur zugunsten solcher Personen eingreifen, die **elternzeitberechtigt** iSd § 15 BEEG sind (*BAG* 17.2.1994 – 2 AZR 616/93, zu II 3 b der Gründe; *Buchner/Becker* § 18 BEEG Rn 8). Dabei ist zwischen dem **Grundtatbestand des Absatzes 1** (s. Rdn 33 ff.) und den Fällen zu differenzieren, in denen **während der Elternzeit Teilzeitarbeit** geleistet wird (Abs. 2: s. dazu Rdn 36–42). **Räumlich** werden alle unter den persönlichen Geltungsbereich des § 18 BEEG fallenden Personen erfasst, die in Deutschland beschäftigt sind, einschließlich derjenigen, die nur vorübergehend ins Ausland entsandt sind (APS-*Rolfs* § 18 BEEG Rn 5; vgl. weiter *BAG* 7.5.2020 – 2 AZR 692/19, Rn 54 ff. sowie *Hess. LAG* 16.11.1999 – 4 Sa 463/99, jew. mwN zur umstrittenen Frage, ob die §§ 15, 18 BEEG als **Eingriffsnormen** seinerzeit iSd Art. 34 EGBGB [jetzt: Art. 9 Abs. 1 der Rom I-VO] anzusehen sind; vgl. weiter das zugehörige Revisionsurteil *BAG* 12.12.2001 – 5 AZR 255/00 sowie *Buchner/Becker* § 18 BEEG Rn 21; vgl. a. *EuGH* 18.7.2007 – C-212/05 [Hartmann], zur Elterngeldberechtigung sog. Wanderarbeitnehmer iSd Verordnung (EWG) Nr. 1612/68 des Rates vom 15.10.1968 über die Freizügigkeit der Arbeitnehmer innerhalb der Gemeinschaft; parallel *EuGH* 18.7.2007 – C-213/05 [Geven], m. gemeinsamer Anm. *Devetzi* ZESAR 2008, 99).

28 Es muss sich dabei zunächst um **Arbeitnehmer** handeln (grds. dazu KR-*Kreutzberg-Kowalczyk* ArbNähnl. Pers. Rdn 17–30 mwN; bzgl. der **zur Berufsausbildung Beschäftigten** vgl. die Erläuterungen zu § 20 Abs. 1 BEEG). Art und Inhalt des Arbeitsverhältnisses sind grds. ohne Belang (vgl. aber Rdn 36–42 zu den Teilzeitarbeit Leistenden). Erfasst werden auch die in einem **Haushalt** Beschäftigten (APS-*Rolfs* § 18 BEEG Rn 4; ErfK-*Gallner* § 18 BEEG Rn 3). Elternzeitberechtigt sind auch die in **Heimarbeit** Beschäftigten und die ihnen Gleichgestellten, soweit sie am Stück mitarbeiten (§ 20 Abs. 2 S. 1 BEEG; vgl. dazu auch KR-*Kreutzberg-Kowalczyk* §§ 29, 29a HAG mwN; s.a. Rdn 31). Für diesen Personenkreis gilt daher ebenfalls das Kündigungsverbot des § 18 BEEG (nicht erfasst werden Organmitglieder juristischer Personen als solche, da insoweit nicht Arbeitnehmer, auch wenn unionsrechtlich gesetzliche Vertreter juristischer Personen unter bestimmten

Voraussetzungen während des Mutterschutzes entsprechend zu schützen sein können: *EuGH* 11.11.2010 – C-232/09 [Danosa]; vgl. jetzt direkt für das nationale Recht § 1 Abs. 2 S. 1 MuSchG; ErfK-*Galler* § 18 BEEG Rn 3 mwN, dort auch zum unionsrechtlich gewährleisteten **Elternurlaub**).

Für **Beamtinnen und Beamte, Richterinnen und Richter** sowie **Soldatinnen und Soldaten** gilt das BEEG nicht. Insoweit gilt für den **Bundesbereich** die Verordnung über den Mutterschutz für Beamtinnen des Bundes und die Elternzeit für Beamtinnen und Beamte des Bundes – Mutterschutz- und Elternzeitverordnung (MuSchEltZV) – vom 12.2.2009 (BGBl. I S. 320), die zuletzt durch Art. 6 des Gesetzes vom 15.2.2021 (BGBl. I S. 239) geändert worden ist, bzw. die Elternzeitverordnung für Soldatinnen und Soldaten (EltZSoldV) idF der Bek. vom 18.11.2004 (BGBl. I S. 2855), zuletzt geändert durch Art. 87 des Gesetzes vom 29.3.2017 (BGBl. I S. 626). Für die **Bundesländer** existieren jeweils entsprechende Regelungen, so etwa für Hessen die §§ 7 ff. der Hessischen Mutterschutz- und Elternzeitverordnung (HMuSchEltZVO) vom 8.12.2011 (GVBl. I S. 758) in ihrer aktuellen Fassung, die durch die Verordnung vom 19.6.2018 (GVBl. S. 278) mit Wirkung zum 1.1.2018 geändert wurde. 29

Weiterhin muss die in **§ 15 Abs. 1 S. 1 Nr. 1 BEEG** vorausgesetzte **Beziehung zum Kind** bestehen. Das Kind muss mit **in einem Haushalt** leben und von dem, der die Elternzeit in Anspruch nimmt, **selbst betreut und erzogen** werden (§ 15 Abs. 1 S. 1 Nr. 2 BEEG). Zusätzlich ist **§ 15 Abs. 1 S. 2 BEEG** zu beachten: Bei einem leiblichen Kind eines nicht sorgeberechtigten Elternteils und in den Fällen des § 15 Abs. 1 S. 1 Nr. 1 Buchst. b und c BEEG ist zusätzlich die Zustimmung des sorgeberechtigten Elternteils erforderlich. 30

Bei **Frauen** geht der persönliche Geltungsbereich insofern über den des § 17 MuSchG hinaus, als §§ 20 Abs. 2 S. 1, 18 Abs. 1 BEEG hinsichtlich der den in **Heimarbeit** Beschäftigten gleichgestellten Frauen eine dem § 17 Abs. 3 S. 2 MuSchG entsprechende Einschränkung nicht enthält. Da zu den Elternzeit berechtigten Personen nach § 15 BEEG nicht nur leibliche Mütter, sondern auch **Stiefmütter** sowie **Adoptivmütter** – unter Einschluss der Fälle der **Adoptionspflege** (§ 1744 BGB) und jetzt auch der **Vollzeitpflege** (§ 33 SGB VIII; s. Rdn 6) – gehören, fallen sie ebenfalls unter das Kündigungsverbot des § 18 Abs. 1 BEEG. Auch hierin liegt eine über den Anwendungsbereich des § 17 MuSchG hinausgehende Ausweitung des persönlichen Geltungsbereichs. 31

Im Unterschied zu § 17 MuSchG – diese Bestimmung kann naturgemäß für Männer nicht gelten – gilt § 18 Abs. 1 BEEG auch für **leibliche Väter, Stiefväter und Adoptivväter** (vgl. *BAG* 17.2.1994 – 2 AZR 616/93) sowie auch für Fälle von Vollzeitpflege (§ 15 Abs. 1 S. 1 Nr. 1 Buchst. c BEEG, § 33 SGB VIII; s. Rdn 6), soweit die übrigen Voraussetzungen erfüllt sind. Seit Inkrafttreten von Änderungen des BErzGG am 1.1.1992 können auch solche nicht sorgeberechtigten Elternteile Elternzeit beanspruchen, die mit ihrem leiblichen Kind in einem Haushalt leben, was insbes. zugunsten **nichtehelicher Väter** einen Anspruch auf Elternzeit begründen kann, selbst wenn von der Möglichkeit des gemeinsamen Sorgerechts (§ 1626a Abs. 1 Nr. 1 BGB) nicht Gebrauch gemacht wurde (beachte auch § 15 Abs. 1 S. 2 BEEG; s. dazu Rdn 30 aE). Schließlich können inzwischen (vgl. Rdn 10) auch **Großeltern** Elternzeit beanspruchen (zu den Voraussetzungen § 15 Abs. 1a BEEG; zu dessen Änderung mit Wirkung vom 1.1.2015 s. Rdn 16 aE) und so unter den Schutz des § 18 Abs. 1 BEEG fallen. 32

2. Grundtatbestand des Absatzes 1

Das Kündigungsverbot des § 18 Abs. 1 BEEG gilt für alle **vollzeitbeschäftigten und teilzeitbeschäftigten Arbeitnehmerinnen und Arbeitnehmer**, soweit sie **Elternzeit** (§ 15 BEEG) in Anspruch nehmen (Abs. 1 S. 3) oder diesen **Anspruch geltend gemacht** haben (Abs. 1 S. 1; insoweit unter Beachtung der in Abs. 1 S. 2 geregelten Höchstgrenzen von acht bzw. 14 Wochen vor Beginn einer Elternzeit – dazu s. Rdn 47; zur Geltendmachung unter einer **Bedingung** *BAG* 12.5.2011 – 2 AZR 384/10, Rn 35: bei wirksamer Ablehnung durch den Arbeitgeber vor dem voraussichtlichen Geburtstermin kein Eingreifen des § 18 Abs. 1 S. 1 BEEG). Die Vorschrift kommt potentiell beiden Elternteilen zugute, die die Elternzeit gem. § 15 Abs. 3 BEEG in vollem Umfang parallel oder 33 etwa auch abschnittsweise wechselnd nehmen können (vgl. ErfK-*Gallner* § 15 BEEG Rn 5; APS-*Rolfs* § 18 BEEG Rn 4; vgl. dazu auch Rdn 55–57).

34 Im **Zeitpunkt des Kündigungszugangs** müssen – ggf. noch – **sämtliche Anspruchsvoraussetzungen** für die Elternzeit vorliegen (*Buchner/Becker* § 18 BEEG Rn 8), also sowohl die Voraussetzungen von § 15 BEEG als auch die des § 16 BEEG (*BAG* 20.6.2008 – 2 AZR 23/07, Rn 23): Nur derjenige kommt mithin in den Genuss des besonderen Kündigungsschutzes nach § 18 BEEG, der sich berechtigterweise in Elternzeit befindet.

35 Kein Kündigungsschutz nach § 18 BEEG besteht, wenn lediglich **unbezahlter Sonderurlaub** vereinbart wird oder eine sonstige Freistellung vorliegt (ErfK-*Gallner* § 18 BEEG Rn 5). Insoweit kann die Kündigung allenfalls aus anderen Gründen rechtsunwirksam sein (*Meisel/Sowka* § 18 BErzGG Rn 7), sofern nicht die Anwendbarkeit des § 18 – dies ist möglich – **vereinbart** ist (*Buchner/Becker* § 18 BEEG Rn 9).

3. Leistung von Teilzeitarbeit (Abs. 2)

36 Sowohl Vollzeitbeschäftigte wie auch Teilzeitbeschäftigte haben die Möglichkeit, **während der Elternzeit erwerbstätig** zu sein. Diese Erwerbstätigkeit kann sich als selbständige Tätigkeit darstellen oder als Erwerbstätigkeit **bei einem anderen Arbeitgeber** (dazu s. Rdn 39); sie bedarf dann der Zustimmung des Arbeitgebers (§ 15 Abs. 4 S. 3 u. 4 BEEG). Sie kann natürlich auch **beim eigenen Arbeitgeber** erfolgen. In jedem Fall darf die vereinbarte **wöchentliche Arbeitszeit** für jeden Elternteil, der eine Elternzeit nimmt, **32 Stunden im Durchschnitt des Monats nicht übersteigen** (§ 15 Abs. 4 S. 1 BEEG in der seit dem 1.9.2021 geltenden Fassung: Elternzeit mit Teilzeit). Eine Ausnahme hiervon macht § 15 Abs. 4 S. 2 BEEG für die **Tagespflegeperson** iSd § 23 SGB VIII – diese darf die Grenze von (nunmehr) 32 Stunden pro Woche überschreiten (eine absolute Höchstgrenze ist insofern nicht angegeben), solange sie nur maximal fünf Kinder betreut. Wird die Teilzeitarbeit beim eigenen Arbeitgeber geleistet, kann es sich um die Weiterführung einer Teilzeitbeschäftigung aus der Zeit vor der Elternzeit handeln, soweit damit die eben angesprochene sich aus § 15 Abs. 4 S. 1 und 2 BEEG ergebende Höchstgrenze für die wöchentliche Arbeitszeit nicht überschritten wird (§ 15 Abs. 5 S. 4 BEEG). Ansonsten kann eine **Arbeitszeitreduzierung** (für die Zeit der Elternzeit: s. § 15 Abs. 5 S. 4 aE BEEG) **vereinbart** werden (vgl. § 15 Abs. 5 S. 2 BEEG). Kommt es nicht zu einer entsprechenden Vereinbarung, kann die Verringerung der Arbeitszeit gem. § 15 Abs. 5 S. 1 u. 3, Abs. 6 u. 7 BEEG **beansprucht** werden (dazu wird verwiesen auf die Kommentierungen des § 15 BEEG). Im Hinblick darauf regelt § 18 Abs. 2 BEEG, dass § 18 Abs. 1 BEEG in bestimmten Fällen derartiger Teilzeitarbeit entsprechend gilt, wobei es unschädlich ist, wenn das **Teilzeitarbeitsverhältnis** erst **während der Dauer der Elternzeit neu begründet** worden ist (*BAG* 27.3.2003 – 2 AZR 627/01; 11.3.1999 – 2 AZR 19/98). Der Sonderkündigungsschutz des § 18 BEEG erfasst auch ein Arbeitsverhältnis, das neben einem bei Geburt des Kindes schon bestehenden Arbeitsverhältnis begründet wird (*BAG* 2.2.2006 – 2 AZR 596/04; HWK-*Gaul* § 18 BEEG Rn 8; aA *Buchner/Becker* § 18 BEEG Rn 37; s. dazu a. Rdn 39). Ist zunächst nur die völlige Freistellung von der vertraglichen Arbeit (Elternzeit) in Anspruch genommen und keine Verringerung der Arbeitszeit (Elternteilzeit) beantragt worden, kann **im Laufe der Elternzeit** noch die **Verringerung der Arbeitszeit** nach § 15 Abs. 5 bis 7 BEEG (also beim eigenen Arbeitgeber) beantragt werden (*BAG* 19.4.2005 – 9 AZR 233/04; vgl. a. *BAG* 9.5.2006 – 9 AZR 278/05).

37 Das Kündigungsverbot des § 18 Abs. 1 BEEG gilt entsprechend für Arbeitnehmerinnen und Arbeitnehmer, die **während der Elternzeit bei demselben** (= ihrem/seinem [vgl. dazu auch *BAG* 27.3.2003 – 2 AZR 627/01]) **Arbeitgeber Teilzeitarbeit leisten** (Abs. 2 Nr. 1). Es gilt ebenfalls entsprechend für alle Arbeitnehmerinnen und Arbeitnehmer, die **Teilzeitarbeit** leisten und zwar **keine Elternzeit** in Anspruch nehmen, aber nach § 1 BEEG während des Zeitraums nach § 4 Abs. 1 S. 2, 3 u. 5 BEEG **Anspruch auf Elterngeld** haben (Abs. 2 Nr. 2 S. 2). § 18 Abs. 2 BEEG erfasst indes trotz des Wortlauts von Nr. 2 nicht Teilzeitbeschäftigungen bei einem anderen Arbeitgeber (dazu s. Rdn 39).

Voraussetzung ist allerdings stets, dass es sich um eine **nach dem BEEG zulässige Teilzeitarbeit** 38 handelt. § 18 Abs. 2 BEEG verweist zwar nicht ausdrücklich auf eine nach § 1 Abs. 1 Nr. 4 und Abs. 6 BEEG zulässige Teilzeitarbeit. Hieraus folgt aber nicht, dass das Kündigungsverbot bei Teilzeitbeschäftigten mit Elternzeit ohne Rücksicht darauf, ob die Wochenarbeitszeit 32 Stunden im Durchschnitt des Monats (die sonst in § 1 Abs. 6 BEEG genannten Voraussetzungen sind für die Teilzeitbeschäftigung beim selben Arbeitgeber, auf die allein es ankommt – vgl. Rdn 37 u. 39 –, ohne Relevanz) übersteigt oder nicht, zur Anwendung gelangt (so aber zur früheren Regelung *Halbach* DB 1986, Beil. Nr. 1, S. 14; *Schleicher* BB 1986, Beil. Nr. 1, S. 9). Die in § 18 Abs. 2 Nr. 1 BEEG angeordnete entsprechende Anwendung des § 18 Abs. 1 BEEG setzt voraus, dass der Teilzeitarbeitnehmer einen Anspruch auf Elternzeit hat (vgl. § 18 Abs. 2 Nr. 2 BEEG, der klar auf § 1 Abs. 6 BEEG Bezug nimmt, was dann selbstverständlich gleichermaßen für § 18 Abs. 2 Nr. 1 BEEG gelten muss; ebenso APS-*Rolfs* § 18 BEEG Rn 6). Ein derartiger Anspruch stand nach dem früheren § 15 Abs. 1 BErzGG 1991 nur solchen Teilzeitarbeitnehmern zu, die einen Anspruch auf Erziehungsgeld hatten. Dies war jedoch nur bei einer nach § 1 Abs. 1 Nr. 4 und § 2 Abs. 1 BErzGG aF zulässigen Teilzeitarbeit von weniger als 19 Wochenstunden der Fall. Zwar bestand seit Inkrafttreten des § 15 BErzGG 1992 der Anspruch auf Erziehungsurlaub (jetzt: Elternzeit) unabhängig vom Anspruch auf Erziehungsgeld; an der kündigungsschutzrechtlichen Voraussetzung einer zulässigen Teilzeitarbeit hatte sich durch diese Gesetzesneufassung aber nichts geändert (ebenso APS-*Rolfs* § 18 BEEG Rn 6; *Buchner/Becker* § 18 BEEG Rn 34; *Roos/Bieresborn-Graf* § 18 BEEG Rn 14; SPV-*Vossen* Rn 1457), und dies gilt nun auch für § 18 BEEG. Dies stellte auch die 1994 erfolgte und 2001 modifizierte Novellierung des **§ 15 Abs. 4 BErzGG** insoweit klar, als damit ausdrücklich der Umfang zulässiger Erwerbstätigkeit während der Elternzeit auf maximal 30 Wochenstunden – nach jetziger Fassung des § 15 BEEG 32 Wochenstunden im Durchschnitt des Monats – beschränkt wurde (nunmehr auch mit der Erweiterung für Tagespflegepersonen iSd § 23 SGB VIII – dazu s. Rdn 36). Das Kündigungsverbot des § 18 Abs. 1 BEEG gilt mithin nur für solche Teilzeitarbeitnehmer entsprechend, die während der Elternzeit **zulässige Teilzeitarbeit (Erwerbstätigkeit bis zu 32 Wochenstunden** im Durchschnitt des Monats – die Variante der Tätigkeit als Tagesbetreuungsperson iSd § 23 SGB VIII mit einer Betreuung von bis zu fünf Kindern ist für die Teilzeittätigkeit beim selben Arbeitgeber wie schon angesprochen ohne Relevanz) leisten (APS-*Rolfs* § 18 BEEG Rn 6; ErfK-*Gallner* § 18 BEEG Rn 6; DDZ-*Söhngen* § 18 BEEG Rn 15), wobei sich das **Kündigungsverbot** auch auf das **Teilzeitarbeitsverhältnis** erstreckt (*Sowka* NZA 2000, 1191; vgl. weiter Rdn 40; zum Teilzeitarbeitsverhältnis bei einem anderen Arbeitgeber Rdn 39). **Vorübergehende Überschreitungen der zulässigen Wochenarbeitszeit** (zB in Form von Überstunden infolge erhöhten Arbeitsanfalls an einzelnen Arbeitstagen) führen – im Gegensatz zu einer von vornherein schon nach ihrem vertraglich verabredeten Umfang unzulässigen Teilzeitarbeit – nicht zum Fortfall des besonderen Kündigungsschutzes (*Roos/Bieresborn-Graf* § 18 BEEG Rn 14; DDZ-*Söhngen* § 18 BEEG Rn 15; ebenso APS-*Rolfs* § 18 BEEG Rn 6; vgl. a. *Eylert/Sänger* RdA 2010, 24). Es muss sich aber in jedem Fall tatsächlich um ein Teilzeitarbeitsverhältnis im zulässigen Umfang handeln, bloße Schwankungen der Arbeitszeit reichen nicht aus (*LAG MV* 21.10.2009 – 2 Sa 204/08; HaKo-KSchR/*Böhm* § 18 BEEG Rn 16).

Verrichtet der Elternzeitberechtigte **bei einem anderen Arbeitgeber zulässige Teilzeitarbeit** (zur 39 Zulässigkeit s. Rdn 36), so ist hinsichtlich des **Adressaten des Kündigungsverbots** zu unterscheiden. Jedenfalls gilt das Kündigungsverbot gegenüber dem Elternzeit gewährenden eigenen Arbeitgeber (§ 18 Abs. 1 BEEG). **Gegenüber dem anderen Arbeitgeber des Teilzeitarbeitsverhältnisses** hingegen kann man den Kündigungsschutz nicht eingreifen lassen (vgl. Rdn 36 aE). Aus § 18 Abs. 2 Nr. 1 BEEG folgt ein solcher Kündigungsschutz jedenfalls nicht, denn dieser schützt nur vor Kündigungen, die der Elternzeit gewährende Arbeitgeber ausspricht. Nichts anderes gilt für § 18 Abs. 2 Nr. 2 BEEG. Das ergibt sich zunächst aus dem Wortlaut der Vorschrift, der Arbeitnehmer schützt, die Teilzeitarbeit verrichten, »ohne Elternzeit ... zu nehmen«. Für dieses Ergebnis spricht auch der Zweck des Gesetzes. Denn dieser ist darauf gerichtet, den von § 18 Abs. 2 Nr. 2 BEEG erfassten Personenkreis kündigungsrechtlich so zu stellen wie den durch § 18 Abs. 2 Nr. 1 BErzGG geschützten Personenkreis. Ein doppelter Kündigungsschutz gegen beide Arbeitgeber ginge über diesen Zweck hinaus (im Ergebnis ebenso *BAG* 2.2.2006 – 2 AZR 596/04, Rn 15 ff. a. unter Berufung auf Zweck und Materialien; APS-*Rolfs* § 18 BEEG Rn 11 mwN; *Buchner/Becker* § 18 BEEG Rn 34; DDZ-*Söhngen* § 18 BEEG Rn 15; *Köster/Schiefer/Überacker* DB 1992, Beil. 10, S. 7; aA *Glatzel* AR-Blattei SD 656 Rn 184). Handelt es sich um eine unter Verstoß gegen § 15 Abs. 4 S. 3 BEEG **ohne Zustimmung des Arbeitgebers** aufgenommene Teilzeitarbeit, gilt zwar im Prinzip nichts anderes: Der Sonderkündigungsschutz des § 18 Abs. 1 BEEG gilt entsprechend auch für Arbeitnehmer, die während der Elternzeit eine unzulässige Teilzeitarbeit bei einem anderen Arbeitgeber leisten (DDZ-*Söhngen* § 18 BEEG Rn 15; vgl. *Halbach* DB 1986, Beil. Nr. 1, S. 14; *Schleicher* BB 1986, Beil. Nr. 1, S. 9). In derartigen Fällen kann aber eine behördliche Zulassung der Kündigung in Betracht kommen (s. Rdn 68); außerdem besteht ein Unterlassungsanspruch. Beruht die Unzulässigkeit der Teilzeitarbeit bei einem anderen Arbeitgeber darauf, dass sie nach dem **Umfang** der arbeitsvertraglichen Verpflichtungen das Maß des **gesetzlich Zulässigen überschreitet** (vgl. § 15 Abs. 4 S. 1 BEEG sowie Rdn 36), so wird unmittelbar dem gesetzlichen Zweck der Elternzeit zuwider gehandelt mit der Folge, dass der Elternzeitberechtigte weder im einen noch im anderen Arbeitsverhältnis Kündigungsschutz genießt. Wird bei einem anderen Arbeitgeber zulässige Teilzeitarbeit verrichtet (zur Zulässigkeit s. Rdn 36) und fällt das bisherige Hauptarbeitsverhältnis weg, erfasst der Sonderkündigungsschutz nicht das nunmehr alleinige Teilzeitarbeitsverhältnis, da dies die gesetzgeberische Konzeption überschreiten würde (aA BeckOK AR-*Schrader* § 18 BEEG Rn 18; bei anderer Sichtweise als hier vertreten gilt Rdn 42 entsprechend).

40 In den Fällen, in denen ein **Vollzeitarbeitsverhältnis** während der Elternzeit **in ein nach § 15 Abs. 4 S. 1 BEEG zulässiges Teilzeitarbeitsverhältnis** (s. Rdn 36 u. 38) **umgewandelt wird**, bezieht sich der besondere Kündigungsschutz des § 18 Abs. 2 Nr. 1 BEEG auf das **gesamte Arbeitsverhältnis**, da Teilzeit- und Vollzeitarbeitsverhältnis eine Einheit bilden (*Buchner/Becker* § 18 BEEG Rn 35; SPV-*Vossen* Rn 1456; vgl. dazu auch *BAG* 23.4.1996 – 9 AZR 696/94; *Betz* NZA 2000, 248; s.a. BeckOK AR-*Schrader* § 18 BEEG Rn 11 [Ausnahme bei völliger Neuordnung der Rechtsbeziehungen]; aA *Ramrath* DB 1987 1785 [1787]; *Köster/Schiefer/Überacker* DB 1994, 2342 f.) – dies gilt auch bei einvernehmlicher Änderung der Arbeitsbedingungen (*Buchner/Becker* § 18 BEEG Rn 36; ErfK-*Gallner* § 18 BEEG Rn 7; aA *Meisel/Sowka* § 18 BErzGG Rn 16). Er bezieht sich also zunächst sowohl auf den **Bestand** als auch auf den **Inhalt des vereinbarten Teilzeitarbeitsverhältnisses**. Dies ergibt sich zum einen daraus, dass wie schon angesprochen das teilweise ruhende Arbeitsverhältnis und das Teilzeitarbeitsverhältnis ein einheitliches Arbeitsverhältnis darstellen. Es folgt zum anderen aus dem Zweck der Vorschrift, die Vereinbarkeit von Familie und Beruf zu erleichtern, der nur bei hinreichender Planungssicherheit erreicht wird. Der Arbeitgeber kann daher ohne behördliche Zustimmung während der Elternzeit weder eine Beendigungskündigung noch eine Änderungskündigung (zB mit dem Ziel der Verminderung der Arbeitszeit) erklären (*Buchner/Becker* § 18 BEEG Rn 35; aA *Köster/Schiefer/Überacker* DB 1994, 2341 [2342]; *Meisel/Sowka* § 18 BErzGG Rn 16: Teilkündigung der Teilzeitabrede ohne behördliche Genehmigung zulässig). Entsprechend ist auch die Vereinbarung einer **Teilkündigungsmöglichkeit** nicht zulässig (*Buchner/Becker* § 18 BEEG Rn 35; aA *Ramrath* DB 1987, 1786 f.; *Sowka* NZA 1998, 349; *Stichler* BB 1995, 356 fordert diesbezüglich eine gesetzliche Änderung). Der kündigungsschutzrechtliche Bestandsschutz des § 18 Abs. 2 Nr. 1 BEEG erstreckt sich auch auf das während der Elternzeit partiell suspendierte **Vollzeitarbeitsverhältnis** (vgl. APS-*Rolfs* § 18 BEEG Rn 7 mwN; *Halbach* DB 1986, Beil. Nr. 1, S. 15). Die für die Dauer der Elternzeit befristet geänderten Arbeitsbedingungen (insbes. Umfang und Lage der Arbeitszeit sowie Höhe der Vergütung) sind wie dargestellt durch einen besonderen Inhaltsschutz vor einseitigen Änderungen durch den Arbeitgeber geschützt. Dies gilt ebenso für die Arbeitsbedingungen, die bereits für das Vollzeitarbeitsverhältnis maßgeblich waren und für die Dauer des befristeten Teilzeitarbeitsverhältnisses fortgelten. Die befristet auf die Dauer der Elternzeit erfolgende Umwandlung eines Vollzeitarbeitsverhältnisses in ein Teilzeitarbeitsverhältnis ist durch die mit der Elternzeit vom Gesetzgeber verfolgten familienpolitischen Zwecke (vgl. Amtl. Begr. des RegE BT-Drucks. 10/3792, S. 19) dem Grunde und der Dauer nach sachlich gerechtfertigt (allg. zur Befristung einzelner Arbeitsbedingungen KR-*Lipke/Bubach* § 14 TzBfG Rdn 89 ff. mwN).

Nach § 18 Abs. 2 Nr. 2 BEEG werden auch **Teilzeitbeschäftigte** in den besonderen Kündigungs- **41** schutz einbezogen, **die keine Elternzeit in Anspruch nehmen.** Das Kündigungsverbot des § 18 Abs. 1 S. 1–3 BEEG gilt entsprechend auch für solche Arbeitnehmer, die ohne Elternzeit in Anspruch zu nehmen, **bei ihrem Arbeitgeber** (*BAG* 2.2.2006 – 2 AZR 596/04, zur früheren Formulierung des § 18 Abs. 2 BErzGG, wobei die Formulierungsänderung aber keine inhaltliche Änderung bewirkt hat [vgl. BT-Drucks. 16/1889 S. 27]; APS-*Rolfs* § 18 BEEG Rn 14; s.a. SPV-*Vossen* Rn 1457 f. mwN; aA offenbar BeckOK AR-*Schrader* § 18 BEEG Rn 15) Teilzeitarbeit leisten und Anspruch auf Elterngeld nach § 1 BEEG während des Zeitraums nach § 4 Abs. 1 S. 1 und 3 BEEG haben – so der neue Wortlaut, geltend seit dem 1.1.2015. Die Änderung ist als Folgeänderung zur Einführung des Elterngeld Plus erfolgt. Wie bisher gilt nach Abs. 2 Nr. 2 der Kündigungsschutz nach Abs. 1 entsprechend, wenn Arbeitnehmer oder Arbeitnehmerinnen ohne Elternzeit in Anspruch zu nehmen, Teilzeitarbeit leisten und **Anspruch auf Elterngeld** nach § 1 während des Zeitraums nach § 4 Abs. 1 S. 1 u. 3 BEEG aF hatten bzw. seit dem 1.9.2021 nach **§ 4 Abs. 1 S. 2, 3 u. 5 BEEG** haben (ein etwaiges Landeserziehungsgeld ist hier ohne Bedeutung: HaKo-KSchR/*Böhm* § 18 BBiG Rn 20). Das heißt, in den Fällen, in denen die Arbeitnehmerin oder der Arbeitnehmer mit maximal 32 Wochenstunden im Durchschnitt des Monats erwerbstätig ist und die übrigen Anspruchsvoraussetzungen erfüllt, besteht nach § 18 Abs. 2 Nr. 2 ein Kündigungsschutz bis zum 14. Lebensmonat des Kindes bzw. für angenommene Kinder und Kinder iSd § 1 Abs. 3 S. 1 Nr. 1 bis zu 14 Monate ab Aufnahme des Kindes bei der berechtigten Person, längstens jedoch bis zum vollendeten achten Lebensjahr des Kindes (BR-Drs. 355/14 S. 37; zur Tragweite dieser Begrenzung s. Rdn 45). § 4 Abs. 1 S. 2 BEEG aF bzw. S. 4 des § 4 Abs. 1 in der seit dem 1.9.2021 geltenden Fassung ist hier gerade nicht einbezogen, andernfalls gäbe es keine klaren Grenzen für den Kündigungsschutz nach § 18 Abs. 2 Nr. 2. Der besondere Kündigungsschutz besteht jedoch nicht, soweit kein **Anspruch auf Elternzeit** nach § 15 BEEG besteht (§ 18 Abs. 2 Nr. 2 BEEG). Diese gesetzliche Regelung bezieht sich auf Fälle, in denen Arbeitnehmer keine volle Erwerbstätigkeit iSd § 15 Abs. 4 S. 1, § 1 Abs. 1 Nr. 4 u. Abs. 6 BEEG ausüben, dh eine Teilzeitarbeit bis zu 32 Wochenstunden im Durchschnitt des Monats leisten (die Variante der geeigneten Tagespflegepersonen iSd § 23 SGB VIII mit Betreuung von nicht mehr als fünf Kinder in Tagespflege ist hier nicht relevant, da es wie oben angesprochen nur um die Teilzeittätigkeit beim selben Arbeitgeber gehen kann). Der gesetzgeberische Zweck der Vorschrift besteht darin, auch diesen Personenkreis, der trotz Anspruchs zwar keine Elternzeit in Anspruch nimmt, der aber im Interesse der Erziehung des kleinen Kindes auf eine umfangreichere Berufstätigkeit verzichtet, an dem Elternzeitkündigungsschutz teilhaben zu lassen (vgl. BT-Drucks. 10/4212, S. 6; *Buchner/Becker* § 18 BEEG Rn 38; ErfK-*Gallner* § 18 BEEG Rn 8). Im Ergebnis kommt damit eine Vielzahl von Teilzeitkräften automatisch in den Genuss des Kündigungsschutzes nach § 18 Abs. 2 Nr. 2 BEEG (*Sowka* BB 2001, 935).

Bei Teilzeitarbeitnehmern, die keine Elternzeit in Anspruch nehmen, aber gleichwohl unter den **42** besonderen Kündigungsschutz nach **§ 18 Abs. 2 Nr. 2 BEEG** fallen, hat der **Arbeitgeber idR keine Kenntnis von dem besonderen kündigungsschutzrechtlichen Status** der Teilzeitarbeitnehmer. Der Arbeitgeber kann bei Unkenntnis des objektiv bestehenden Sonderkündigungsschutzes nicht das Zustimmungsverfahren bei der zuständigen Landesbehörde durchführen. Damit wurde zum **Rechtszustand**, wie er **bis zum 31.12.2003** galt, zutreffend vertreten: Der Arbeitnehmer ist gehalten, sich **innerhalb von zwei Wochen nach Zugang der Kündigung** auf den besonderen Kündigungsschutz nach § 18 Abs. 2 Nr. 2 BErzGG zu berufen (vgl. *Etzel* KR 6. Aufl., § 18 BErzGG Rn 20). Denn wegen der – trotz stärkerer Schutzbedürftigkeit der werdenden Mutter zu bejahenden – Vergleichbarkeit der Interessenlage sollte die **zweiwöchige Mitteilungsfrist** des seinerzeitigen § 9 **Abs. 1 S. 1 MuSchG** als sachnächste gesetzliche Regelung **entsprechend** angewandt werden (ebenso *Meisel/Sowka* § 18 BErzGG Rn 19; *Glatzel* AR-Blattei SD 656 Rn 183; *Zmarzlik* AuR 1986, 108; großzügiger etwa *Halbach* DB 1986, Beil. Nr. 1, S. 14 f.: entsprechende Anwendung der seinerzeit in *BAG* 19.4.1979 – 2 AZR 469/78 – und 14.5.1982 – 7 AZR 1221/79 – aufgestellten Grundsätze zum Schwerbehindertenkündigungsschutz, wonach eine Regelfrist von einem Monat gilt). Seit dem **1.1.2004** gilt – anders als zuvor –, dass bei einer Arbeitgeberkündigung praktisch alle Unwirksamkeitsgründe mit einer **fristgerechten Klage** geltend zu machen sind (§§ 4 S. 1, 7, 13 Abs. 1

S. 2 KSchG und die einschlägigen Erläuterungen; weiter KR-*Gallner* § 17 MuSchG Rdn 214), also auch der Verstoß gegen § 18 BEEG. Wie nunmehr bei § 17 Abs. 1 MuSchG bestehen jedoch das angesprochene fristgebundene Mitteilungserfordernis und die Klagefrist nebeneinander, und beide sind zu beachten (entsprechend KR-*Gallner* § 17 MuSchG Rdn 214). Es besteht also trotz der Änderungen im KSchG kein Anlass, insoweit von der zum früheren Rechtszustand vertretenen Sichtweise abzurücken (ebenso etwa APS-*Rolfs* § 18 BEEG Rn 9 mwN; HWK-*Gaul* § 18 BEEG Rn 12; *Roos/Bieresborn-Graf* § 18 BEEG Rn 16; TLL-*Bodenstedt* § 18 BEEG Rn 5; *LAG MV* 21.10.2009 – 2 Sa 204/09; *LAG Bln.* 15.12.2004 – 17 Sa 1463/04; *LAG MV* 21.10.2009 – 2 Sa 204/09; ähnlich *Buchner/Becker* § 19 BEEG Rn 38, aber flexibler [angemessene Zeitspanne]; aA HaKo-MuSchG/BEEG/*Rancke* § 18 BEEG Rn 20: Frist des § 4 S. 1 KSchG). Ein Bedürfnis, eine unverzügliche Mitteilung in entsprechender Anwendung des § 16 Abs. 5 BEEG zu verlangen, besteht nicht (aA etwa *Bruns* BB 2008, 386, 389), da diese Norm einen anderen Schutzzweck verfolgt. Die dient dem Interesse des Arbeitgebers, sich auf die Rückkehr des Elternzeitarbeitnehmers an seinen Arbeitsplatz einstellen zu können, nicht hingegen den Belangen des Arbeitnehmers (APS-*Rolfs* § 18 BEEG Rn 9).

IV. Darlegungs- und Beweislast

43 Die **Darlegungs- und Beweislast** hinsichtlich aller Voraussetzungen für den Kündigungsschutz nach § 18 Abs. 1 S. 1–3 und Abs. 2 liegt beim **Arbeitnehmer** (APS-*Rolfs* § 18 BEEG Rn 33 f.; ErfK-*Gallner* § 18 BEEG Rn 16: einschl. der Elternzeitberechtigung und der fristgerechten Geltendmachung; vgl. auch *BAG* 25.3.2004 – 2 AZR 295/03).

D. Voraussetzungen des Kündigungsverbots

44 Mit Ausnahme der in **§ 18 Abs. 2 Nr. 2 BEEG** enthaltenen Sonderregelung für Teilzeitbeschäftigte ohne Elternzeit (s. Rdn 41 f.) ist Voraussetzung für den besonderen Kündigungsschutz, dass dem Arbeitnehmer ein Anspruch auf **Elternzeit** nach § 15 BEEG zusteht und er ihn **geltend gemacht oder angetreten** hat (s. Rdn 33 f. u. 45 f.; zur Darlegungs- und Beweislast Rdn 43). Hierbei ist zu beachten, dass der Arbeitnehmer nach Inanspruchnahme eines Teils der Elternzeit und einem **Wechsel des Arbeitsverhältnisses** auch beim neuen Arbeitgeber weitere Elternzeit beanspruchen kann (*BAG* 11.3.1999 – 2 AZR 19/98). Abweichend von der früheren Rechtslage reicht nach der jetzigen Fassung des § 18 BEEG schon die Geltendmachung der Elternzeit aus, um den besonderen durch die Elternzeit bedingten Kündigungsschutz – maximal aber acht bzw. 14 Wochen vor der Inanspruchnahme – beginnen zu lassen (*BAG* 17.2.1994 – 2 AZR 616/93, zu II 3 c aa der Gründe). Fehlt es an den gesetzlichen Voraussetzungen für die Gewährung der Elternzeit (zB fehlende Betreuung oder Erziehung des Kindes, Unterbringung des Kindes in einem anderen Haushalt), so handelt es sich bei einer gleichwohl vom Arbeitgeber gewährten Arbeitsfreistellung nicht um Elternzeit iSd § 15 BEEG mit der Folge, dass das Kündigungsverbot des § 18 Abs. 1 und Abs. 2 Nr. 1 BEEG nicht eingreift (vgl. *Halbach* DB 1986, Beil. Nr. 1, S. 15; s. Rdn 35). **Maßgeblich ist die objektive Rechtslage** (*LAG Bln.* 15.12.2004 – 17 Sa 1463/04, Rn 17, juris; ErfK-*Gallner* § 18 BEEG Rn 9). Es ist daher rechtlich unbeachtlich, wenn eine Arbeitsvertragspartei (zB der Arbeitgeber) oder beide Arbeitsvertragsparteien irrtümlich davon ausgegangen sind, dem Arbeitnehmer stehe ein Anspruch auf Gewährung von Elternzeit zu (zur möglichen Unwirksamkeit der Kündigung unabhängig von § 18 BEEG in diesen Fällen s. Rdn 35).

45 Die **Geltendmachung bzw. Inanspruchnahme der gesetzlich begründeten Elternzeit** ist wie dargelegt (Rdn 44) grds. Voraussetzung für das Eingreifen des Kündigungsverbots. Dies gilt sowohl für Vollzeitarbeitnehmer als auch für die von § 18 Abs. 2 Nr. 1 BEEG erfassten Arbeitnehmer, die während der Elternzeit bei ihrem bisherigen Arbeitgeber eine nach § 1 Abs. 1 Nr. 4 iVm Abs. 6 BEEG zulässige Teilzeitarbeit (bis zu 32 Wochenstunden im Durchschnitt des Monats) leisten. Für Teilzeitarbeitnehmer, die ohnehin bereits eine Wochenarbeitszeit von bis zu 32 Stunden im Durchschnitt des Monats haben und während einer an sich möglichen Elternzeit in diesem zeitlichen Umfang bei ihrem Arbeitgeber weiterarbeiten wollen, besteht keine Notwendigkeit, Elternzeit in

Anspruch zu nehmen. Bei dieser Gruppe von Teilzeitarbeitnehmern sieht daher § 18 Abs. 2 Nr. 2 BEEG davon ab, den besonderen Kündigungsschutz von der Inanspruchnahme von Elternzeit abhängig zu machen. Die Vorschrift knüpft zwar nach wie vor an den Anspruch auf Elterngeld an, was nicht sonderlich sinnvoll ist, da ansonsten Elterngeld und Elternzeit nicht mehr verknüpft sind (krit. dazu auch *Buchner/Becker* § 18 BEEG Rn 37; *Sowka* NZA 2000, 1191). Dessen zeitliche Begrenzung gem. § 4 Abs. 1 S. 1 u. 3 BEEG aF bzw. seit dem 1.9.2021 nach **§ 4 Abs. 1 S. 2, 3 u. 5 BEEG** ist aufgrund der nunmehrigen ausdrücklichen Nennung in § 18 Abs. 2 Nr. 2 indes auch **kündigungsrechtlich von Bedeutung** (BR-Drs. 355/14 S. 37; ebenso zum früheren Rechtszustand *Buchner/Becker* § 18 BEEG Rn 37; *LAG Bln.* 15.12.2004 – 17 Sa 1729/04; **aA** zum früheren Rechtszustand etwa *Bader* KR 10. Aufl., § 18 BEEG Rn 22; wie hier *Roos/Bieresborn-Graf* § 18 BEEG Rn 15; **aA** APS-*Rolfs* § 18 BEEG Rn 8 u. 14: Kündigungsschutz von 36 Monaten wegen ansonsten auftretender Wertungswidersprüche). Angesichts der eindeutigen gesetzlichen Regelung vor dem Hintergrund des bisherigen Diskussionsstandes kann man sich nicht darüber hinwegsetzen. Auch für diese Gruppe von Teilzeitarbeitnehmern greift der besondere Kündigungsschutz nur dann ein, wenn an sich ein Anspruch auf Elternzeit besteht (§ 18 Abs. 2 Nr. 2 BEEG; s. iE Rdn 39 f. u. Rdn 35).

Auch wenn die Elternzeit grds. schriftlich (dazu **§ 126 BGB**, nach dessen Abs. 3 hier auch die elektronische Form iSd § 126a BGB möglich ist) und ordnungsgemäß verlangt sein muss – das **schriftliche Verlangen**, das dem Empfänger auch zugehen muss, ist **Wirksamkeitsvoraussetzung** für die Inanspruchnahme der Elternzeit (*BAG* 10.5.2016 – 9 AZR 145/15, Rn 15; **aA** HWK-*Gaul* § 16 BEEG Rn 1: dient nur der Klarstellung) –, kann es **rechtsmissbräuchlich** sein, wenn der Arbeitgeber sich auf die fehlende Schriftform beruft, nämlich dann, wenn der Arbeitgeber eine Arbeitnehmerin bislang durchgehend wie eine Elternzeitberechtigte behandelt hat (zum umgekehrten Fall s. Rdn 61). Dann muss der Arbeitgeber auch die Vorschrift des § 18 Abs. 1 S. 1 BEEG gegen sich gelten lassen (*BAG* 26.6.2008 – 2 AZR 23/07, Rn 27; *LAG Hamm* 25.7.2012 – 3 Sa 386/12; vgl. a. *Eylert/Sänger* RdA 2010, 24). 46

E. Dauer des Kündigungsverbots

I. Beginn des Kündigungsverbots

1. Grundsatz

Maßgeblich für den Beginn des Kündigungsschutzes – abzustellen ist hier wie sonst auf den **Zeitpunkt des Zugangs der Kündigung** (ErfK-*Gallner* § 18 BEEG Rn 9; vgl. auch Rdn 50), so dass ein nachträglicher Wegfall der Voraussetzungen nicht schadet – ist jedenfalls der Beginn der jeweiligen Elternzeit im Fall des § 18 Abs. 1 S. 3 BEEG und ansonsten nach § 18 Abs. 1 S. 1 BEEG der **Tag der Geltendmachung** der Elternzeit (§ 16 Abs. 1 BEEG: **schriftlich**; zur nur mündlichen Geltendmachung und danach für längere Zeit mit Duldung des Arbeitgebers durchgeführten Elternzeit *LAG BW* 7.12.2006 – 3 Sa 25/06; vgl. weiter Rdn 46). Der Kündigungsschutz kann indes nicht beliebig früh ausgelöst werden, sondern ist gem. § 18 Abs. 1 S. 2 an bestimmte Fristen geknüpft, die sich an den Fristen des § 16 Abs. 1 S. 1 BEEG orientieren und zur Gewährleistung eines effektiven Kündigungsschutzes mit jeweils einer Woche »Zuschlag« versehen sind (BR-Drs. 355/14 S. 36; *BAG* 12.5.2011 – 2 AZR 384/10, Rn 25 ff.). Der Kündigungsschutz setzt frühestens **acht Wochen vor Beginn einer Elternzeit bis zum Ende des dritten Lebensjahrs**, dh bis zum Tag vor dem dritten Geburtstag, ein (vgl. *BAG* 17.2.1994 – 2 AZR 616/93, zu II 3 c der Gründe; 12.5.2011 – 2 AZR 384/10, Rn 30 ff.: als Endtermin der achtwöchigen Vorfrist des § 18 Abs. 1 S. 1 BEEG [jetzt: § 18 Abs. 1 S. 2 Nr. 1 BEEG] ist aus Gründen der Rechtssicherheit der Tag der prognostizierten Geburt maßgeblich, wenn dieser vor dem Tag der tatsächlichen Geburt liegt). Vor **Beginn einer Elternzeit ab dem dritten Geburtstag bis zur Vollendung des achten Lebensjahrs**, also bis zum Tag vor dem 8. Geburtstag, beginnt der Kündigungsschutz frühestens 14 **Wochen vor Beginn** dieser Elternzeit. Für den Fall, dass eine Elternzeit vor dem dritten Geburtstag begonnen wird und ohne Unterbrechung über den dritten Geburtstag hinaus andauert, muss ggf. der Kündigungsschutz für die beiden 47

Elternzeitanteile jeweils separat betrachtet werden (parallel BR-Drs. 355/14 S. 35 zur Geltendmachung gem. § 16 Abs. 1 S. 1 BEEG).

48 Ihrer Rechtsnatur nach ist die Geltendmachung eine **rechtsgestaltende empfangsbedürftige Willenserklärung**, die – bei Vorliegen der sonstigen gesetzlichen Voraussetzungen (ungeachtet der Motive: HWK-*Gaul* § 18 BEEG Rn 5; *LAG Nds.* 2.7.2004 – 16 Sa 440/04, zur Frage der Rechtsmissbräuchlichkeit) – unmittelbar das Ruhen des Arbeitsverhältnisses während der Elternzeit bewirkt (*Meisel/Sowka* § 16 BErzGG Rn 3). Sachlich bezieht sich das Gestaltungsrecht des Arbeitnehmers sowohl auf die Inanspruchnahme der Elternzeit als auch auf deren zeitliche Lage (*ArbG Hanau* 19.1.1995 DB 1995, 433). Soweit das Gesetz gleichwohl von einem Anspruch auf Elternzeit spricht (§ 15 BEEG), ist damit nicht ein Anspruch iSd § 194 BGB, sondern lediglich eine Inanspruchnahme im untechnischen Sinne gemeint (ebenso *Meisel/Sowka* § 16 BErzGG Rn 3). Allenfalls könnte noch insofern von Anspruch gesprochen werden, als der Arbeitgeber infolge der Gestaltungswirkung der Geltendmachung verpflichtet ist, die Inanspruchnahme der Elternzeit durch den Arbeitnehmer hinzunehmen und etwaige sich daraus ergebende Pflichten zu erfüllen. Aufgrund ihrer rechtsgestaltenden Wirkung ist der Geltendmachungserklärung **Bindungswirkung** mit der Folge beizumessen, dass sie nicht mehr einseitig widerrufen werden kann (*Meisel/Sowka* § 16 BErzGG Rn 3; *ArbG Hanau* 19.1.1995 – 2 Ca 272/94; vgl. indes *EuGH* 20.9.2007 – C-116/06 [Kiiski]); spätestens tritt nach der Interessenlage eine solche Bindungswirkung mit dem Erreichen der siebenwöchigen bzw. dreizehnwöchigen Vorfrist des § 16 Abs. 1 S. 1 BEEG ein (APS-*Rolfs* § 18 BEEG Rn 15; im Einvernehmen mit dem Arbeitgeber kann indes von der Inanspruchnahme der Elternzeit abgesehen werden; vgl. a. *BAG* 19.4.2005 – 9 AZR 233/04). Zum Antritt der Elternzeit bedarf es nach alledem – im Unterschied zum Erholungsurlaub (§ 7 BUrlG) – **auch keiner Zustimmungserklärung des Arbeitgebers** (*BAG* 12.5.2011 – 2 AZR 384/10, Rn 26; APS-*Rolfs* § 18 BEEG Rn 15 mwN). Bei Vorliegen der Anspruchsvoraussetzungen (§ 15 BEEG) sowie bei rechtzeitiger Geltendmachung (§ 16 BEEG) kann der Arbeitnehmer zu dem beantragten Zeitpunkt der Arbeit fernbleiben. Bleibt der Arbeitnehmer unzulässigerweise schon zuvor der Arbeit fern, so liegt darin eine Verletzung des Arbeitsvertrags. Soweit der Arbeitgeber darauf erst nach Beginn des Kündigungsschutzes nach § 18 BEEG mit einer Kündigung reagiert, ist § 18 BEEG gleichwohl anwendbar (*BAG* 17.2.1994 – 2 AZR 616/93; dazu *Köster/Schiefer/Überacker* DB 1994, 2341). Aus der Einordnung der Geltendmachung als Gestaltungsrecht folgt ferner, dass die Geltendmachung nur dann zur Begründung des Kündigungsschutzes führt, wenn eine nach § 16 BEEG **wirksame Geltendmachung** erfolgt ist (*BAG* 17.2.1994 – 2 AZR 616/93; zust. *Hönsch* SAE 1996, 167). Insbesondere ist der Anspruch nach § 16 Abs. 1 S. 1 BEEG spätestens sieben bzw. dreizehn Wochen vor Beginn der Elternzeit und – soweit erforderlich (§ 16 Abs. 1 S. 2 BEEG) – unter konkreter Nennung der Zeiträume der Inanspruchnahme innerhalb von zwei Jahren **schriftlich** (s. Rdn 46) geltend zu machen (*BAG* 17.2.1994 – 2 AZR 616/93; erforderlichenfalls muss das Elternzeitverlangen wirksam wiederholt oder ergänzt werden; vgl. weiter Rdn 46 u. Rdn 47 am Anfang). Allerdings führt eine verspätete Geltendmachung nicht zum Erlöschen des Elternzeitanspruchs, sondern nur zu einer Verschiebung des Elternzeitbeginns (*BAG* 17.2.1994 – 2 AZR 616/93; APS-*Rolfs* § 18 BEEG Rn 17; SPV-*Vossen* Rn 1449; dazu auch *Köster/Schiefer/Überacker* DB 1994, 2341); außerdem bleibt bei schuldloser Versäumung dieser Frist eine Nachholung nach § 16 Abs. 2 BEEG möglich, soweit dessen Voraussetzungen vorliegen (SPV-*Vossen* Rn 1449; auch Verzicht des Arbeitgebers auf die Einhaltung der seinem Schutz dienenden Ankündigungsfrist möglich). Da § 18 Abs. 1 BEEG hinsichtlich des Kündigungsschutzes zwischen dem **Kündigungsschutz vor Beginn und während der Elternzeit** unterscheidet, muss angenommen werden, dass die Kündigungsschutzwirkung des § 18 BEEG selbst dann nicht nachträglich ex tunc, sondern lediglich ex nunc wegfällt, wenn die Elternzeit – etwa wegen einer Abrede nach § 16 Abs. 3 BEEG – gar nicht in Anspruch genommen wird und sobald dies nach entsprechender Einigung mit dem Arbeitgeber feststeht (schon oben zur Bindungswirkung der Erklärung des § 16 Abs. 1 S. 1 BEEG und zur Beseitigung dieser Bindungswirkung).

2. Bedeutung des Beginns des Kündigungsschutzes

Bis zum Beginn des Kündigungsverbots des § 18 BEEG ist die Wirksamkeit einer arbeitgeberseitigen Kündigung nach allgemeinen kündigungsschutzrechtlichen Vorschriften (zB § 1 KSchG, § 626 BGB) zu beurteilen. Eine Bestandsschutzgefährdung tritt für das Arbeitsverhältnis bereits mit der Geltendmachung der Elternzeit (§ 16 Abs. 1 BEEG) ein. Zwar ist der Arbeitnehmer nach § 18 Abs. 1 S. 1 u. 2 BEEG vor dieser Gefährdung dadurch geschützt, dass bereits die Geltendmachung – die Frist hierfür liegt nunmehr bei acht Wochen bei einer Elternzeit bis zur Vollendung des dritten Lebensjahres, bei 14 Wochen bei einer Elternzeit zwischen dem dritten Geburtstag und der Vollendung des achten Lebensjahres – den Beginn des Kündigungsschutzes begründet (s. Rdn 47). Da der **Kündigungsschutz** aber **frühestens acht bzw. 14 Wochen vor Beginn der Elternzeit** einsetzt, bleiben als Gefährdungskonstellationen indessen die Fälle einer noch früheren und damit vorzeitigen Geltendmachung sowie die Fälle, in denen Elternzeit beantragt, dann aber abgelehnt wird (*BAG* 12.5.2011 – 2 AZR 384/10, Rn 35: § 18 Abs. 1 S. 1 BEEG setzt voraus, dass tatsächlich Elternzeit genommen wird; diese Voraussetzung ist nicht erfüllt, wenn der Arbeitnehmer die Elternzeit nur unter der Bedingung beansprucht, dass der Arbeitgeber Elternteilzeit gewährt, und der Arbeitgeber das Teilzeitbegehren vor dem prognostizierten Geburtstermin wirksam ablehnt – für die Schwebezeitraum zwischen Stellung und Ablehnung des bedingten Antrags sieht das Gesetz keinen Sonderkündigungsschutz vor). Eine wegen der begehrten, aber (noch) nicht angetretenen Elternzeit erklärte Kündigung ist zwar nicht nach § 18 Abs. 1 S. 1 BEEG unwirksam, wenn sie mehr als acht bzw. 14 Wochen vor dem begehrten Beginn der Elternzeit erfolgt. Sofern die Kündigung wegen der begehrten Elternzeit erklärt wird, ist sie wegen Verstoßes gegen **§ 612a BGB gem. § 134 BGB nichtig** (*BAG* 12.5.2011 – 2 AZR 384/10, Rn 38 f.; 17.2.1994 – 2 AZR 616/93; s. *Treber/Schlünder* § 612a BGB Rdn 21; *Becker* ArbRAktuell 2020, 588; *Halbach* DB 1986, Beil. Nr. 1, S. 15; vgl. weiter ErfK-*Gallner* § 18 BEEG Rn 9). Auf § 612a BGB können sich gegebenenfalls auch **Adoptiveltern** berufen, wenn für sie noch nicht der Schutz des § 18 BEEG greift (*LAG Nds.* 12.9.2005 – 5 Sa 396/05; ErfK-*Gallner* § 18 BEEG Rn 9). Dasselbe gilt für **Verlängerungsverlangen gem. § 16 Abs. 3. S. 1 BEEG** (zur Entscheidung des Arbeitgebers über die Zustimmung *BAG* 18.10.2011 – 9 AZR 315/10), soweit man – zutreffend – davon ausgeht, dass diese nicht dem Verlangen iSd § 16 Abs. 1 BEEG gleichstehen und daher nicht zum Kündigungsschutz nach § 18 Abs. 1 BEEG führen (ErfK-*Gallner* § 18 BEEG Rn 9; zur Reichweite des § 16 Abs. 3 S. 1 BEEG ErfK-*Gallner* § 16 BEEG Rn 4 u. 12 mwN; vgl. a. Rdn 56). Auch hier kann erforderlichenfalls § 612a BGB helfen (*LAG Bln.* 15.12.2004 – 17 Sa 1729/04). Als Verstoß gegen § 612a BGB ist es auch anzusehen, wenn der Arbeitgeber eine begehrte Elternzeit zum Nachteil des betreffenden Arbeitnehmers im Rahmen der **sozialen Auswahl** (§ 1 Abs. 3 KSchG) berücksichtigt. Zur Darlegungs- und Beweislast bei § 612a BGB vgl. KR-*Treber/Schlünder* § 612a BGB Rdn 26 f. Bei leiblichen Müttern kann sich eine Unwirksamkeit der Kündigung auch aus **§ 17 MuSchG** ergeben, sofern sie innerhalb von vier Monaten nach der Entbindung der Arbeitnehmerin zugeht (vgl. *Winterfeld* Rn 276; s.a. Rdn 80).

Mit Beginn des elternzeitbedingten Kündigungsschutzes (vgl. Rdn 47, 51 f.) bzw. ab dem frühesten Zeitpunkt einer möglichen Elternzeit (s. Rdn 54) darf der Arbeitgeber das Arbeitsverhältnis nicht kündigen, dh keine Kündigung erklären (zur Maßgeblichkeit des **Kündigungszugangs** s. Rdn 47). Dabei ist es rechtlich unbeachtlich, zu welchem Zeitpunkt die Kündigung wirksam werden soll (APS-*Rolfs* § 18 BEEG Rn 15). Daher sind auch solche Kündigungen gem. § 18 Abs. 1 S. 3 BEEG unwirksam, die zwar während der Geltung des Kündigungsverbots dem Arbeitnehmer **zugehen**, aber zu einem Zeitpunkt wirksam werden sollen, der nach dem Ende des besonderen Kündigungsschutzes liegt (vgl. *Winterfeld* Rn 275).

3. Kündigungsschutz vor Beginn der Elternzeit

Die in § 18 Abs. 1 BEEG geregelte Vorverlagerung des Kündigungsschutzes beginnt entweder mit Zugang der rechtzeitigen (§ 16 Abs. 1 BEEG: Abs. 1 S. 1 u., S. 2 sowie Abs. 2) Geltendmachungserklärung beim Arbeitgeber oder – im Falle des § 18 Abs. 1 S. 2 BEEG – um 0 Uhr **am ersten Tag der achten bzw. 14. Woche vor Beginn der Elternzeit** (Fristberechnung nach §§ 187 Abs. 2, 188

Abs. 2, 2. Fall BGB). Anknüpfungspunkt für die Fristberechnung ist in jedem Fall der Beginn der Elternzeit (*BAG* 17.2.1994 – 2 AZR 616/93, zu II 3 c bb der Gründe). Beginnt bspw. die Elternzeit bis zur Vollendung des dritten Lebensjahres an einem Freitag (ist also der letzte Tag der achtwöchigen Vorfrist ein Donnerstag), so beginnt der Kündigungsschutz an dem Freitag (0 Uhr), der acht Wochen vor Beginn der Elternzeit liegt. Für die Fälle mehrfacher Inanspruchnahme und des Wechsels unter den Berechtigten s. Rdn 55–56.

52 Soweit die Elternzeit von Müttern unmittelbar im Anschluss an die Schutzfrist nach der Entbindung (§ 3 Abs. 2 MuSchG) in Anspruch genommen wird, **überschneidet sich** der Kündigungsschutz nach **§ 18 BEEG** zeitlich mit dem Kündigungsschutz nach **§ 17 MuSchG**. Praktisch kommt die Vorverlegung des Beginns des Kündigungsschutzes nach § 18 BEEG daher insbesondere zum einen Vätern, zum anderen Stief- oder Adoptivmüttern zugute. Soweit es zu einer zeitlichen Überschneidung kommt, gelten beide Kündigungsverbote nebeneinander (dazu s. Rdn 80).

4. Beginn der Elternzeit

53 Der Beginn der Elternzeit ist für den Kündigungsschutz nach § 18 BEEG insofern maßgeblich, als der Kündigungsschutz nach § 18 Abs. 1 BEEG selbst im Falle frühzeitiger Geltendmachung **frühestens acht bzw. 14 Wochen vor Beginn der Elternzeit** einsetzt (*BAG* 12.5.2011 – 2 AZR 384/10, Rn 25). Die rechtzeitig geltend gemachte Elternzeit beginnt ihrerseits frühestens am Tage der Geburt. Im Unterschied zu der früheren Regelung des § 9a MuSchG muss die Elternzeit nicht (spätestens) in unmittelbarem Anschluss an die Schutzfrist seinerzeit des § 6 Abs. 1 MuSchG (jetzt: § 3 Abs. 2 MuSchG) angetreten werden. Sie kann vielmehr auch zu einem späteren Zeitpunkt beginnen, den die Berechtigten bestimmen können (*BAG* 17.10.1990 – 5 AZR 10/90), natürlich mit der Ankündigungsfrist des § 16 Abs. 1 S. 1 BEEG (APS-*Rolfs* § 18 BEEG Rn 17).

5. Teilzeitbeschäftigung ohne Elternzeit

54 Bei Teilzeitbeschäftigten ohne Elternzeit (§ 18 Abs. 2 Nr. 2 BEEG) beginnt der besondere Kündigungsschutz in dem Zeitpunkt, **zu dem die Elternzeit frühestens hätte angetreten werden können** (ebenso APS-*Rolfs* § 18 BEEG Rn 18; DDZ-*Söhngen* § 18 BEEG Rn 18). Die nach § 16 Abs. 1 S. 1 BEEG bestehende siebenwöchige bzw. dreizehnwöchige Frist für die Geltendmachung der Elternzeit ist für den Beginn des besonderen Kündigungsschutzes nach § 18 Abs. 2 Nr. 2 BEEG unbeachtlich (APS-*Rolfs* § 18 BEEG Rn 18).

6. Mehrfache Inanspruchnahme und Wechsel unter den Berechtigten

55 In § 16 Abs. 1 S. 5 BEEG aF war geregelt, dass die Elternzeit auf zwei Zeitabschnitte verteilt werden kann, und eine weitere Verteilung war nur mit Zustimmung des Arbeitgebers möglich. **§ 16 Abs. 1 S. 6 BEEG** sieht nunmehr pro Elternteil eine Verteilung der **Elternzeit auf drei Zeitabschnitte** vor, auf weitere Zeitabschnitte nur mit Zustimmung des Arbeitgebers, wobei der Arbeitgeber die Inanspruchnahme des dritten Zeitabschnitts gem. § 16 Abs. 1 S. 7 BEEG ablehnen kann, wenn der dritte Abschnitt in der Zeit vom dritten Geburtstag bis zur Vollendung des achten Lebensjahrs des Kindes liegt. Es bleibt dabei, dass bei der erstmaligen Geltendmachung der Elternzeit für den Zeitraum bis zur Vollendung des dritten Lebensjahrs des Kindes gleichzeitig zu erklären ist, für welche Zeiten innerhalb der ersten zwei Lebensjahre des Kindes die Elternzeit in Anspruch genommen wird (§ 16 Abs. 1 S. 2 BEEG; § 16 Abs. 3 S. 1 BEEG ist auf die Inanspruchnahme von Elternzeit für das dritte Jahr nach der Geburt eines Kindes im Anschluss an eine zunächst für zwei Jahre verlangte Elternzeit anwendbar), wobei natürlich auch gleich der Zeitraum im dritten Lebensjahr »verplant« werden kann (*BAG* 9.5.2006 – 9 AZR 278/05). Im Übrigen vergrößert die Neuregelung in **§ 15 Abs. 2 S. 2 BEEG** – nicht von einer Zustimmung des Arbeitgebers abhängig, und ohne einen Erklärungszwang wie in § 16 Abs. 1 S. 2 BEEG – die Flexibilität bei der Inanspruchnahme von Elternzeit.

Zum früheren Rechtszustand wurde hier vertreten (*Bader* KR 10. Aufl., § 18 BEEG Rn 27), dass 56
die Vorverlegung des Kündigungsschutzes nach § 18 Abs. 1 BEEG aF nur für den ersten Zeitraum
der Inanspruchnahme gelten könne, und für den zweiten oder weiteren späteren Zeitraum beginne
der Kündigungsschutz erst mit der Inanspruchnahme der Elternzeit selbst (ebenso etwa *Buchner/
Becker* § 18 BEEG Rn 13; *Meisel/Sowka* § 18 BErzGG Rn 2; *Sowka* NZA 1994, 102 [104]; aA zum
alten und zum derzeitigen Rechtszustand DDZ-*Söhngen* § 18 BEEG Rn 11: bei Anzeige mehrerer Abschnitte der Elternzeit von vornherein Geltung der vorgezogenen Schutzfrist auch für die
späteren Abschnitte; s.a. BeckOK AR-*Schrader* § 18 BEEG Rn 4; APS-*Rolfs* § 18 BEEG Rn 19;
zum Verlängerungsverlangen nach § 16 Abs. 3 S. 1 BEEG ErfK-*Gallner* § 16 BEEG Rn 4 mwN).
Ausgangspunkt hierfür war § 16 Abs. 1 S. 1 BEEG aF, dem recht klar zu entnehmen war, dass die
Vorschrift sich nur auf die erste Inanspruchnahme bezieht. Diese Klarheit ist bei § 16 Abs. 1 S. 1
BEEG in der aktuellen Fassung, der keine einheitliche Frist mehr kennt, nicht mehr gegeben. Die
Vorschrift lässt sich vielmehr durchaus so verstehen, dass jeder neue separate Elternzeitabschnitt,
der nicht nur eine Verlängerung (= ohne zeitliche Unterbrechung) eines bereits gegebenen Abschnitts darstellt, innerhalb der jeweils nach dem Lebensalter des Kindes einschlägigen angegebenen Frist geltend zu machen ist, auch wenn S. 2 den bisher in S. 1 enthaltenen Regelungsgehalt
fortführt. Der in der Gesetzesbegründung (BR-Drs. 355/14 S. 35) angesprochene Aspekt der Planungssicherheit in der Phase ab dem dritten Geburtstag spricht auch dafür, bei etwa zwei separaten
Elternzeitabschnitten, die zeitlich weit auseinanderliegen können, nach dem dritten Geburtstag des
Kindes die Frist von 13 Wochen für beide Abschnitte zur Anwendung zu bringen. § 16 Abs. 3 S. 1
u. 4 BEEG (dazu Rdn 49, dort auch zu den Auswirkungen auf § 18 Abs. 1 BEEG) bezieht sich
bei dieser Sichtweise nur auf die Fälle, in denen eine bereits gegebene Elternzeitphase ohne zeitliche Unterbrechung verlängert werden soll, und dies ist auch sinnvoll, da die Verlängerung ja die
ursprüngliche Planung des Arbeitgebers in Frage stellt und insoweit keine Ankündigungsfrist gilt
(ErfK-*Gallner* § 16 BEEG Rn 12). Dementsprechend ist § 18 Abs. 1 S. 1 u. 2 BEEG nF dahingehend zu interpretieren, dass die beiden Tatbestände des vorgezogenen Kündigungsschutzes sich auf
alle Fälle der Inanspruchnahme von separaten Teilphasen von Elternzeit beziehen (iE auch *Becker*
ArbRAktuell 2020, 588, 589 f. mwN sowie zum Meinungsstand und zu der Problematik, dass die
Behörde unter Hinweis auf die og. Rechtslage zu § 18 BEEG aF dazu raten, den Antrag auf Zulässigkeitserklärung zurückzunehmen). Damit ist eine klare, übersichtliche und sichere Rechtslage
gewonnen, die ohne unnötige Differenzierungen auskommt und die den Kündigungsschutz für
Elternzeitberechtigte erhöht.

Dabei gelten die vorstehenden Prinzipien im Falle des **Wechsels der Berechtigten** bzw. im Falle der 57
Addition von Berechtigungen für jeden Berechtigten unabhängig und nebeneinander. Das heißt
insbes., dass jeder Berechtigte während seines Elternzeit-Zeitraums (zur Tragweite von § 15 Abs. 3
S. 1 BEEG insoweit *Forst* DB 2015, 68: 3 Jahre Höchstrahmen für jeden Elternteil) gegenüber seinem Arbeitgeber Kündigungsschutz genießt und dass ferner jedem Berechtigten die Vorverlegung
des Kündigungsschutzes nach § 18 Abs. 1 S. 1 u. 2 BEEG zugutekommt. Unschädlich ist es dabei,
wenn ein späterer Abschnitt der Elternzeit in einem anderen Arbeitsverhältnis als in dem zur Zeit
der Geburt des Kindes bestehenden geltend gemacht wird (BAG 11.3.1999 – 2 AZR 19/98; *Buchner/Becker* § 18 BEEG Rn 16 mwN; aA *Weber* SAE 2000, 74; zur Übertragung des Teils einer früheren Elternzeit auf eine spätere Elternzeit nach § 15 Abs. 2 S. 4 1. Hs. BEEG aF *BAG* 21.4.2009 –
9 AZR 391/08, Rn 39; dazu auch *Buchner/Becker* § 18 BEEG Rn 13 aE). Für etwaige verbleibende
Zwischenzeiten kann bei jedem Berechtigten § 612a BGB (s. dazu bereits Rdn 49) zur Anwendung
kommen (vgl. KR-*Treber/Schlünder* § 612a BGB Rdn 21; *Meisel/Sowka* NZA 2004, 82).

II. Ende des Kündigungsverbots

Das Kündigungsverbot des § 18 Abs. 1 S. 3 BEEG **endet mit der Elternzeit** (hieran hat sich durch 58
die Neuregelungen mit Wirkung vom 1.1.2015 nichts geändert: *Forst* DB 2015, 68), die unter bestimmten Voraussetzungen (§ 15 Abs. 2 S. 2 u. 5 BEEG) bis zur Vollendung des achten Lebensjahres des Kindes genommen werden kann. Dabei ist es rechtlich unbeachtlich, zu welchem Zeitpunkt
die Elternzeit begonnen hat.

59 Auch ein **vorzeitiges Ende der Elternzeit** führt zum Fortfall des besonderen Kündigungsschutzes nach § 18 Abs. 1 S. 3 BEEG, wie umgekehrt eine wirksame Verlängerung der Elternzeit oder die Inanspruchnahme einer weiteren Phase der Elternzeit (zur Abgrenzung Rdn 56) den Kündigungsschutz verlängert. Ein vorzeitiges Ende der Elternzeit kann sich ebenso wie eine Verlängerung im Rahmen des § 15 Abs. 2 BEEG daraus ergeben, dass der Arbeitgeber einem entsprechenden Begehren des Arbeitnehmers zustimmt (**§ 16 Abs. 3 BEEG** mit den dort aufgeführten Varianten). Ferner führt der Tod des Kindes – mit einer Frist von drei Wochen – zum Ende der Elternzeit (**§ 16 Abs. 4 BEEG**; vgl. *ArbG Bonn* 15.12.2016 – 3 Ca 1935/16). Unerheblich ist es, wenn vor dem Ende der Elternzeit der Anspruch auf Elterngeld endet; nach § 15 BEEG ist **die Elternzeit unabhängig vom Elterngeldanspruch** geregelt. Ist für den Elternzeitberechtigten eine Ersatzkraft mit befristetem Arbeitsvertrag eingestellt, steht dieser Umstand nach dem BEEG einem vorzeitigen Ende der Elternzeit nicht mehr entgegen; der Arbeitgeber kann der Ersatzkraft unter den Voraussetzungen des § 21 Abs. 4 BEEG (s. KR-*Lipke/Bubach* § 21 BEEG Rdn 60–73) kündigen.

60 Einen **nachwirkenden Kündigungsschutz** über das Ende der Elternzeit hinaus enthält § 18 BEEG nicht. Eine Kündigung, die der Arbeitgeber allein wegen einer berechtigten Inanspruchnahme von Elternzeit erklärt, verstößt aber gegen das Benachteiligungsverbot des § 612a BGB (dazu weiter Rdn 49) und ist deshalb unwirksam (zur Frage einer unionsrechtskonformen Auslegung des § 1 Abs. 3 KSchG diesbezüglich DDZ-*Söhngen* § 18 BEEG Rn 13). Ist die Elternzeit beendet, gilt der Arbeitsvertrag mit seinen beiderseitigen Rechten und Pflichten wieder uneingeschränkt, soweit es nicht zu wirksamen Vertragsänderungen kommt (ErfK-*Gallner* § 18 BEEG Rn 2). Aus den vertraglichen Absprachen und aus etwaigen kollektivrechtlichen Regelungen ergibt sich, inwieweit der frühere Arbeitsplatz wieder eingenommen werden kann (*Buchner/Becker* § 18 BEEG Rn 15; weiter Rdn 19). Gegebenenfalls kann von **§ 8 TzBfG** Gebrauch gemacht werden (dazu wird auf die einschlägigen Kommentierungen verwiesen).

III. Berufung auf das Kündigungsverbot – Verwirkung

61 Das Recht, sich auf das Fehlen der behördlichen Zulässigkeitserklärung zu berufen, kann **verwirken** (§ 242 BGB: Fall **illoyaler Verspätung**; dazu *BAG* 25.3.2004 – 2 AZR 295/03, zu II 3 b der Gründe; näher diesbezügl. Rdn 79). Das Recht ist verwirkt, wenn der Arbeitnehmer mit der Geltendmachung des Unwirksamkeitsgrundes längere Zeit wartet (Zeitmoment), der Arbeitgeber deswegen darauf vertraut, nicht mehr mit der Geltendmachung der Unwirksamkeit rechnen zu müssen (Vertrauensmoment), und es dem Arbeitgeber damit nicht mehr zumutbar ist, sich noch auf die Rüge, § 18 Abs. 1 BEEG sei verletzt, einzulassen (Umstandsmoment; insgesamt iE dazu KR-*Klose* § 7 KSchG Rdn 37 ff. u. KR-*Treber/Rennpferdt* § 13 KSchG Rdn 148 ff.). Im Übrigen zu der Konstellation, dass der Arbeitgeber keine Kenntnis von den Tatsachen hat, die den Schutz des § 18 BEEG auslösen, Rdn 42.

F. Behördliche Zulassung der Arbeitgeberkündigung

I. Grundsätzliches

62 In Anlehnung an die in § 17 Abs. 2 MuSchG (dazu KR-*Gallner* § 17 MuSchG Rdn 116–161) enthaltene Regelung sieht § 18 Abs. 1 S. 4 BEEG eine **behördliche Zulassung** von **Arbeitgeberkündigungen** gegenüber den kündigungsschutzrechtlich besonders geschützten Elternzeitberechtigten vor. Die **für den Arbeitsschutz zuständige oberste Landesbehörde** oder die von ihr bestimmte Stelle (§ 18 Abs. 1 S. 5 BEEG; zur Zuständigkeit s. Rdn 64) kann **in besonderen Fällen ausnahmsweise** die Kündigung für zulässig erklären. Zur Rechtsnatur und Bedeutung der behördlichen Zulässigkeitserklärung kann grundsätzlich auf die Erläuterungen zu § 17 MuSchG (vgl. KR-*Gallner* § 17 MuSchG Rdn 116–161; vgl. auch hier Rdn 20–22) verwiesen werden (vgl. dazu auch *BAG* 3.7.2003 – 2 AZR 487/02). Die behördliche Zulässigkeitserklärung bezieht sich sowohl auf die Kündigungsverbote des § 18 Abs. 1 S. 1 u. 2 BEEG und des § 18 Abs. 1 S. 3 BEEG einerseits als auch andererseits auf das Kündigungsverbot des § 18 Abs. 2 BEEG. Hat die zuständige Behörde die Kündigung für zulässig erklärt, muss keine erneute Zulässigkeitserklärung beantragt werden, wenn

der Arbeitgeber nach einer ersten Kündigung, die nach § 174 S. 1 BGB zurückgewiesen worden ist, eine weitere Kündigung aussprechen will, der der gleiche Sachverhalt zugrunde liegt (*LAG Köln* 21.4.2006 – 11 Sa 143/06; ErfK-*Gallner* § 18 BEEG Rn 13 mit dem zutr. Hinweis, dass keine Parallele zur Betriebsratsanhörung gegeben sei).

Trotz des insoweit identischen Wortlauts des § 17 Abs. 2 S. 1 MuSchG und des § 18 Abs. 1 S. 4 BEEG können beide Vorschriften jeweils nur **unter Beachtung des jeweiligen Gesetzeszwecks** ausgelegt werden (*VG Ansbach* 23.9.2013 – AN 6 K 13,00290: unterschiedliche Maßstäbe, daher auch keine Umdeutung eines Antrags nach seinerzeit § 9 Abs. 3 S. 1 MuSchG in einen Antrag gem. § 18 Abs. 1 S. 4 BEEG; ebenso *VG Frankfurt/M.* 16.11.2001 – 7 E 5031/99 (3); DDZ-*Söhngen* § 18 BEEG Rn 25). Dies gilt speziell für die Frage, ob ein »**besonderer Fall**« vorliegt, der ausnahmsweise eine behördliche Zulässigkeitserklärung rechtfertigt (vgl. dazu *Halbach* DB 1986, Beil. Nr. 1, S. 17). Dabei ist insbes. zu beachten, dass § 9 MuSchG insofern über § 18 BEEG hinausgeht, als die durch Schwangerschaft und Niederkunft körperlich und seelisch belastete Arbeitnehmerin wegen ihrer physisch-psychischen Sondersituation in besonderem Maße vor einer Kündigung zu schützen ist (vgl. KR-*Gallner* § 17 MuSchG Rdn 148 ff.; s.a. Rdn 16). Beispielsweise wird es im Rahmen des § 17 MuSchG dem Vorliegen eines besonderen Falles regelmäßig entgegen stehen, wenn im Falle der Kündigung aufgrund psychosomatischer Störungen mit einer Gefährdung des ungeborenen Kindes zu rechnen ist, wohingegen bei § 18 BEEG eine vergleichbare Schranke nicht besteht (für Berücksichtigung der für leibliche Mütter erforderlichen Regenerationsphase bei § 18 BEEG jedoch *Buchner/Becker* 7. Aufl., § 18 BErzGG Rn 23; für Berücksichtigung der Tatsache, dass für den Arbeitnehmer regelmäßig keine besonderen Kosten entstehen DDZ-*Söhngen* § 18 BEEG Rn 22).

Die **Zuständigkeit** für die Zulässigkeitserklärung entspricht grds. derjenigen des § 17 MuSchG (vgl. KR-*Gallner* § 17 MuSchG Rdn 143; s.a. *Buchner/Becker* § 18 BEEG Rn 10; ErfK-*Gallner* § 18 BEEG Rn 15).

Hinsichtlich des Verwaltungsverfahrens wird auf Rdn 72 verwiesen. Für den **Ausspruch der Kündigung** sieht § 18 **keine Frist** vor. § 171 Abs. 3 SGB IX, der bei der Zustimmung des Integrationsamts zur Kündigung eines schwerbehinderten Menschen eine Frist von einem Monat bestimmt, ist für die Zulässigkeitserklärung nach § 18 Abs. 1 Satz 2 BEEG nicht entsprechend anzuwenden (zur Vorgängerregelung § 88 Abs. 3 SGB IX *BAG* 22.6.2011 – 8 AZR 107/10, Rn 24 ff.; ErfK-*Gallner* § 18 BEEG Rn 14; vgl. auch Rdn 81). Soweit bei einer außerordentlichen Kündigung die Frist des **§ 626 Abs. 2 BGB** einzuhalten ist, gelten dafür die Ausführungen von KR-*Gallner* § 17 MuSchG Rdn 112 u. 146 zur rechtzeitigen Beantragung und zum rechtzeitigen Ausspruch der Kündigung entsprechend (parallel TLL-*Bodenstedt* § 18 BEEG Rn 23; *Gorschak/Liemke* FA 2015, 2). Bei Arbeitnehmern in Elternzeit ist **Entlassung iSv § 17 KSchG** bereits der Eingang des Antrags auf Zustimmung bei der zuständigen Behörde (*BAG* 26.1.2017 – 6 AZR 442/16, Rn 29, auf der Grundlage von *BVerfG* 8.6.2016 – 1 BvR 3634/13, diese Entscheidung gilt auch ansonsten, wenn ein behördliches Verfahren vorgeschaltet ist, das keinen dem Massenentlassungsschutz gleichwertigen Schutz bietet).

II. Prüfung des besonderen Falles/Allgemeine Verwaltungsvorschriften

Aufgrund der jetzt in § 18 Abs. 1 S. 6 BEEG enthaltenen Ermächtigung hat die Bundesregierung eine »**Allgemeine Verwaltungsvorschrift zum Kündigungsschutz bei Elternzeit**« vom 3.1.2007 (BAnz 2007, 247, abgedr. vor den Erl. zu § 18 BEEG) erlassen. Durch diese Verwaltungsvorschrift, die nach Art. 85 Abs. 2 S. 1 GG verfassungsrechtlich zulässig sind, werden nur die zuständigen Verwaltungsbehörden, nicht dagegen die Gerichte gebunden (*Buchner/Becker* § 18 BEEG Rn 29; s.a. *BAG* 20.1.2005 – 2 AZR 500/03, Rn 18).

In § 2 dieser Allgemeinen Verwaltungsvorschrift ist eine **beispielhafte Aufzählung** (ErfK-*Gallner* § 18 BEEG Rn 11) von Tatbeständen enthalten, bei deren Vorliegen die Verwaltungsbehörde davon auszugehen hat, dass ein »**besonderer Fall**« iSd § 18 Abs. 1 S. 2 BEEG vorliegt (zur diesbezüglichen

Prüfung auch *Bruns* BB 2008, 386). Auf den eingangs abgedruckten Text wird verwiesen. Generell ist ein besonderer Fall dann anzunehmen, wenn die vom Gesetz grds. als vorrangig angesehenen Interessen der Arbeitnehmerin/des Arbeitnehmers in Elternzeit aufgrund außergewöhnlicher Umstände hinter die Interessen des Arbeitgebers zurückzutreten haben (*BVerwG* 30.9.2009 – 5 C 32/08, Rn 15; *BayVGH* 5.11.2019 – 12 ZB 19.1222, Rn 14, juris mwN; ErfK-*Gallner* § 18 BEEG Rn 11; *Becker* ArbRAktuell 2020, 588). Bei der Prüfung dieser Frage handelt es sich um **keine Ermessensentscheidung** (eine solche ist nur auf Ermessensfehler zu überprüfen: § 114 VwGO), sondern vielmehr um die Anwendung eines **unbestimmten Rechtsbegriffs** auf den Einzelfall, die in vollem Umfang von den Verwaltungsgerichten überprüft werden kann (s. parallel KR-*Gallner* § 17 MuSchG Rdn 154; keine Gleichsetzung mit dem wichtigen Grund iSd § 626 Abs. 1 BGB: *Buchner/Becker* § 18 BEEG Rn 24). Auch deswegen (vgl. bereits Rdn 66) kann die Verwaltungsvorschrift nicht als rechtlich verbindliche Konkretisierung des Merkmals »besonderer Fall« angesehen werden.

68 Auch **Verhaltensgründe** können im Einzelfall einen **besonderen Fall** iSd § 18 Abs. 1 S. 4 BEEG darstellen (vgl. 2.1.6 der Allgemeinen Verwaltungsvorschrift, abgedr. vor der Kommentierung des § 18). Es muss sich dabei wegen des Ausnahmecharakters der Norm um einen **besonders schweren Verstoß** gegen arbeitsvertragliche Pflichten (auch: Nebenpflichten) handeln, dessentwegen dem Arbeitgeber die Fortsetzung des Arbeitsverhältnisses im Ergebnis nicht zumutbar ist, auch wenn es wie bereits in Rdn 67 angesprochen nicht um einen wichtigen Grund iSd § 626 Abs. 1 BGB geht (ErfK-*Gallner* § 18 BEEG Rn 13; parallel zu seinerzeit § 9 MuSchG *BayVGH* 29.2.2012 – 12 C 12.264). Dies kann zB gegeben sein, wenn während der Elternzeit ohne Zustimmung des Arbeitgebers eine Teilzeittätigkeit bei einem anderen Arbeitgeber aufgenommen wird (*Buchner/Becker* § 18 BEEG Rn 26; vgl. auch Rdn 39). Ebenso können rufschädigende Äußerungen ausreichen (*BayVGH* 30.11.2004 – 9 B 03.2878), auch eine Konkurrenztätigkeit (*VG Augsburg* 25.9.2012 – Au 3 K 12.677), hingegen idR nicht ein bloßer Verdacht (*OVG NRW* 13.6.2013 – 12 A 1659/12; *VG Frankfurt/M.* 16.11.2001 – 7 E 5031/99 (3); TLL-*Bodenstedt* § 18 BEEG Rn 17).

69 Im Rahmen **betrieblicher Gründe** (dazu *Kittner* NZA 2010, 198) stellt vor allem eine endgültige **Betriebsstilllegung** einen **besonderen Fall** iSd § 18 Abs. 1 S. 4 BEEG dar, wenn kein Ersatzarbeitsplatz zur Verfügung steht bzw. keine Möglichkeit einer anderweitigen Weiterbeschäftigung besteht (*BAG* 27.2.2014 – 6 AZR 301/12, Rn 20; 20.1.2005 – 2 AZR 500/03, Rn 14 mwN; *BVerwG* 30.9.2009 – 5 C 32.08, Rn 17; s.a. *Wiebauer* BB 2013, 1784). Bei einer **Betriebsteilstilllegung** bzw. -**verlagerung** (Nr. 2.1.1, 2.1.2 und 2.1.3 der genannten Verwaltungsvorschrift) wird man lediglich nach strenger Prüfung des Fehlens einer anderweitigen Beschäftigungsmöglichkeit einen besonderen Fall annehmen dürfen (s.a. *BayVGH* 13.8.2014 – 12 ZB 14.1225, zur Zulassung einer Änderungskündigung wegen Schließung eines Betriebsteils). Ist streitig, ob ein Betriebsübergang vorliegt oder nicht, darf die Zulässigkeitserklärung nicht mit der Begründung versagt werden, es sei ein Betriebsübergang anzunehmen; vielmehr haben dies allein die Gerichte für Arbeitssachen zu entscheiden (*BAG* 18.10.2012 – 6 AZR 41/11, Rn 25; 22.6.2011 – 8 AZR 107/10, Rn 20; 20.1.2005 – 2 AZR 500/03, Rn 13 mwN; *OVG NRW* 21.3.2000 – 22 A 5137/99, Rn 3 [s. dazu auch Rdn 71]; *Buchner/Becker* § 18 BEEG Rn 23; ErfK-*Gallner* § 18 BEEG Rn 12 mwN; aA *OVG MV* 30.6.2000 – 1 L 209/99; aber Prüfung durch Behörde, ob der Arbeitsplatz weggefallen ist, wenn das KSchG nicht anwendbar ist: *VG Aachen* 21.12.2004 – 2 K 2511/03; dazu auch *Bruns* BB 2008, 386). Indes bleibt die Entscheidung betreffend eine Weiterbeschäftigungspflicht in Betrieb oder Unternehmen nicht den Gerichten für Arbeitssachen vorbehalten, wie Nr. 2 der zitierten Verwaltungsvorschrift zeigt (aA *Kittner* NJW 2010, 198; ErfK-*Gallner* § 18 BEEG Rn 12). Der *VGH BW* hat unter dem 20.2.2007 (– 4 S 2436/05) wie folgt entschieden: Ein besonderer Fall liegt vor, wenn die **Aufrechterhaltung des Arbeitsplatzes unbillig** erscheint oder dem Arbeitgeber **nicht mehr zugemutet** werden kann. Dies ist idR bei einer **Betriebsschließung** gegeben (ebenso *BVerwG* 30.9.2009 – 5 C 32.08, Rn 17). Dem steht der Fall gleich, dass ein Teilbetrieb nach einer Stilllegung und umfassenden Modernisierung unter Vergabe von Restarbeiten nach außen **ohne Personal weiter betrieben** wird (konkret: eine Tankstelle). Auch ein Fall einer Restrukturierung – Wegfall von 35 von 97 Arbeitsplätzen – wird einer Teilschließung gleichgestellt und als Fall des § 18 Abs. 1 S. 2 angesehen (*VG Oldenburg* 20.2.2012 – 13 A 451/11, Rn 30, juris), wenngleich die Richtigkeit

dieser Bewertung durchaus fraglich ist. Unzutreffend ist die Ansicht des *VG München* (24.7.2008 – M 15 K 07.1847, mwN aus der Rspr. der Verwaltungsgerichtsbarkeit), dass die Behörde für die Annahme einer Betriebsstilllegung die Löschung verlangen könne, um den Krankenversicherungsschutz zu erhalten – dies gehört jedoch nicht zum Schutzbereich des § 18 (*BAG* 27.2.2014 – 6 AZR 301/12, Rn 20; *BVerwG* 30.09.2009 – 5 C 32/08, Rn 14; ErfK-*Gallner* § 18 BEEG Rn 12).

Einen **besonderen Fall** iSd § 18 Abs. 1 S. 4 BEEG wegen eines **besonders schweren Vertragsverstoßes** könne grds. vorliegen, wenn eine Arbeitnehmerin der katholischen Kirche einen geschiedenen Mann heiratet, wobei es auf eine Interessenabwägung im Einzelfall ankomme (dazu *OLG Düsseld.* 17.10.1991 – 18 U 78/91, iE einen besonderen Fall verneinend; abl. zu einer Kündigung in diesem Falle ErfK-*Gallner* § 18 BEEG Rn 13; vgl. weiter *BayVGH* 8.10.2014 – 12 ZB 13.1087: zur Kündigung eines katholischen Kirchenmusikers wegen Wiederverheiratung). 70

Gelangt die Behörde zu dem Ergebnis, dass ein »besonderer Fall« iSd § 18 Abs. 1 S. 2 BEEG gegeben ist, so »**kann**« sie »ausnahmsweise« die Kündigung für zulässig erklären. Insoweit handelt es sich um eine behördliche **Ermessensentscheidung** (APS-*Rolfs* § 18 BEEG Rn 24; ErfK-*Gallner* § 18 BEEG Rn 13; *VG Hannover* 4.12.2007 – 3 A 1850/07; *VG München* 29.5.2008 – M 15 K 07.245). Zur Konkretisierung des behördlichen Ermessens schreibt Nr. 3 der Allgemeinen Verwaltungsvorschrift (abgedr. vor den Erl. zu § 18 BEEG) eine **Interessenabwägung** vor. Danach hat die Behörde insbesondere zu prüfen, ob das Interesse des Arbeitgebers an einer Kündigung gegenüber dem durch § 18 BEEG geschützten Bestand des Arbeitsverhältnisses ausnahmsweise erheblich überwiegt (*OLG Düsseld.* 17.10.1991 1991 – 18 U 78/91, Rn 14; zu möglicherweise einzubeziehenden Faktoren s.a. Rdn 63). Dies wird zB bei einer bereits erfolgten dauerhaften Betriebsstilllegung (vgl. Rdn 69) regelmäßig zu bejahen sein, wenn der Arbeitgeber keinen weiteren Betrieb führt (*OVG NRW* 21.3.2000 – 22 A 5137/99; *VG Saarlouis* 18.7.2003 – 4 K 233/01; dies billigend *BAG* 20.1.2005 – 2 AZR 500/03). Eine grundsätzliche Bindung des Ermessens in eine bestimmte Richtung ist freilich nicht anzunehmen (*OVG MV* 30.6.2000 – 1 L 209/99; *Buchner/Becker* § 18 BEEG Rn 23; möglicherweise weitergehend *BAG* 20.1.2005 – 2 AZR 500/03 u. ErfK-*Gallner* § 18 BEEG Rn 12; vgl. auch TLL-*Bodenstedt* § 18 BEEG Rn 20 f. mwN). Im Einzelfall kann es eine Rolle spielen, ob der Arbeitgeber unverzüglich reagiert hat oder ob eine längere Untätigkeit dafür spricht, dass die Angelegenheit dem Arbeitgeber nicht so wichtig erschien (APS-*Rolfs* § 18 BEEG Rn 30; ErfK-*Gallner* § 18 BEEG Rn 13). Eine derartige Interessenabwägung hat auch stattzufinden, wenn es um einen Pflichtverstoß kirchlicher Arbeitnehmer geht (*BayVGH* 8.10.2014 – 12 ZB 13.1087: zur Kündigung eines katholischen Kirchenmusikers wegen Wiederverheiratung; dies steht in Einklang mit der Rspr. des BVerfG: *BVerfG* 22.10.2014 – 2 BvR 661/12). Die Allgemeine Verwaltungsvorschrift v. 3.1.2007 (abgedr. hier vor der Kommentierung) erweitert jedenfalls nicht den Kündigungsschutz der betroffenen Arbeitnehmer; sie begründet insbes. nicht die Pflicht des Arbeitgebers, bei dem Ausspruch einer Kündigung wegen einer Betriebsstilllegung eine soziale Auslauffrist bis zum Ende der Elternzeit einzuräumen (*BAG* 20.1.2005 – 2 AZR 500/03, Rn 15; ErfK-*Gallner* § 18 BEEG Rn 12; vgl. KR-*Gallner* § 17 MuSchG Rdn 151 f.). 71

III. Verfahren

In den Nrn. 5–7 der Allgemeinen Verwaltungsvorschrift (abgedr. vor den Erl. zu § 18 BEEG) sind **Sonderregelungen** über das von der Behörde zu beachtende Verwaltungsverfahren enthalten (zur Frage einer evtl. erforderlichen **Wiederholung** der Zulässigkeitserklärung vgl. Rdn 62 am Ende; ErfK-*Gallner* § 18 BEEG Rn 13; *LAG Köln* 21.4.2006 – 11 Sa 143/06, zu I 2 a der Gründe). Im Übrigen wird ergänzend auf die für das behördliche Zustimmungsverfahren nach § 17 Abs. 2 MuSchG geltenden Grundsätze verwiesen (vgl. dazu KR-*Gallner* § 17 MuSchG Rdn 137–142). Das gilt auch für die Frage von **Nebenbestimmungen** (s. KR-*Gallner* § 17 MuSchG Rdn 151 f.; dazu auch *LAG Nds.* 18.3.2003 – 13 Sa 1471/02: Nebenbestimmungen können nur im Verwaltungsverfahren bzw. im verwaltungsgerichtlichen Verfahren überprüft werden; *OVG NRW* 26.11.2008 – 12 A 2553/07). Es wird teilweise angenommen, bei einer beabsichtigten Betriebsstilllegung könne die Zulässigkeitserklärung unter die Bedingung gestellt werden, dass die Stilllegung auch tatsächlich 72 vorgenommen werde (vgl. dazu *Wiebauer* NZA 2011, 177; distanziert ErfK-*Gallner* § 18 BEEG Rn 12: Hinweis auf Wiedereinstellungsanspruch bei fehlender Stilllegung bei Ablauf der Kündigungsfrist). Die Verweisung auf die Kommentierung des MuSchG gilt weiter insbes. auch zur Frage, ob ein **Widerspruch** gegen eine die Kündigung für zulässig erklärende Entscheidung **aufschiebende Wirkung** hat und einer Kündigung entgegensteht (s. KR-*Gallner* § 17 MuSchG Rdn 163 f. mwN). Liegt ein **bestandskräftiger** und nicht nichtiger **Verwaltungsakt** vor, sind die Gerichte für Arbeitssachen daran gebunden (*BAG* 20.1.2005 – 2 AZR 500/03, zu II 1 a der Gründe). Umgekehrt ist ein nichtiger oder rechtskräftig für unwirksam erklärter Verwaltungsakt keine Grundlage für eine Kündigung (vgl. *BAG* 20.1.2005 – 2 AZR 500/03, zu II 1 a der Gründe; TLL-*Bodenstedt* § 18 BEEG Rn 24). Liegt wie erforderlich im Zeitpunkt des **Kündigungszugangs** eine Zulässigkeitserklärung vor, muss diese freilich nach der Rspr. des BAG noch nicht bestandskräftig sein (etwa *BAG* 25.3.2004 – 2 AZR 295/03, zu II 2 der Gründe; weiter KR-*Gallner* § 17 MuSchG Rdn 164). Bis zur rechtskräftigen Entscheidung über den Widerspruch und die Anfechtungsklage ist die Kündigung **schwebend wirksam** (*Becker* ArbRAktuell 2020, 588, 589). Zum **Ausspruch der Kündigung** s. Rdn 65.

IV. Darlegungs- und Beweislast

73 Der Arbeitgeber muss im Arbeitsrechtsstreit um die Wirksamkeit einer Kündigung darlegen und im Bestreitensfall **beweisen**, dass eine **wirksame behördliche Zulässigkeitserklärung** (dazu Rdn 62 ff.) vorliegt (APS-*Rolfs* § 18 BEEG Rn 34; ErfK-*Gallner* § 18 BEEG Rn 16).

G. Verhältnis zu anderen Beendigungstatbeständen

74 Der besondere Kündigungsschutz des § 18 BEEG schützt den Arbeitnehmer während der Dauer der Elternzeit lediglich vor arbeitgeberseitigen Kündigungen, nicht dagegen vor einer anderweitigen Beendigung des Arbeitsverhältnisses. Hinsichtlich der Beendigung des Arbeitsverhältnisses aus anderen Gründen als durch Kündigung des Arbeitgebers kann auf die Erläuterungen KR-*Gallner* § 17 MuSchG Rdn 166–185 verwiesen werden.

H. Verhältnis zum Kündigungsrecht sowie zum Kündigungsschutzrecht

I. Verhältnis zum Kündigungsrecht

75 Eine unter Verstoß gegen das Kündigungsverbot des § 18 BEEG erklärte arbeitgeberseitige Kündigung kann darüber hinaus auch **aus anderen Gründen unwirksam** sein (zB wegen fehlender Vertretungsmacht oder wegen Verstoßes gegen § 623 BGB). Der Arbeitnehmer kann sich im Kündigungsrechtsstreit freilich darauf beschränken, die Unwirksamkeit der Kündigung nach § 18 BEEG geltend zu machen (zur späteren Berufung auf weitere Unwirksamkeitsgründe im Prozess vgl. § 6 KSchG und die Erl. dazu; dazu auch *BAG* 21.8.2019 – 7 AZR 563/17, Rn 52; 18.1.2012 – 6 AZR 407/10, Rn 12 ff.; 4.5.2011 – 7 AZR 252/10, Rn 16 ff.; *Bader* NZA 2004, 65; *Eylert* NZA 2012, 9, 10; *Raab* RdA 2004, 321, 329).

76 Eine mit Zustimmung der zuständigen Behörde (s. Rdn 64) vom Arbeitgeber erklärte Kündigung muss den kündigungsrechtlichen Vorschriften und Grundsätzen genügen. Dem Arbeitgeber obliegt es bspw., die jeweils maßgebliche **Kündigungsfrist** einzuhalten, zwingende **Formvorschriften** (insbes. **§ 623 BGB**) zu beachten sowie gesetzliche **Vertretungsregelungen** zu befolgen. Eine besondere Formvorschrift wie in § 17 Abs. 2 S. 2 MuSchG besteht hier nicht (SPV-*Vossen* Rn 1471). Zu § 17 KSchG für Arbeitnehmer in Elternzeit vgl. Rdn 65 aE.

II. Verhältnis zum allgemeinen Kündigungsschutzrecht

77 Eine nach § 18 BEEG unwirksame Arbeitgeberkündigung kann darüber hinaus auch nach § 1 KSchG unwirksam sein. Für das Verhältnis zum allgemeinen Kündigungsschutzrecht gelten grds. die Erläuterungen zu § 17 MuSchG entsprechend (vgl. KR-*Gallner* § 17 MuSchG Rdn 211–218).

Auf die Zulässigkeitserklärung des § 18 Abs. 1 S. 4 BEEG findet § 4 S. 4 KSchG grds. Anwendung 78
(etwa *BAG* 19.2.2009 – 2 AZR 286/07, Rn 27; 13.2.2008 – 2 AZR 864/06, Rn 48; zust. *Schmidt*
NZA 2004, 79; krit. etwa *Löwisch* BB 2004, 154; insgesamt näher dazu KR-*Klose* § 4 KSchG
Rdn 263–276, insbes. Rdn 265 ff.; aA noch *Bader* KR 9. Aufl., § 9 MuSchG Rn 172b). Dies setzt
allerdings voraus, dass der Arbeitgeber die den Sonderkündigungsschutz auslösenden Tatsachen bei
Kündigungszugang kennt – ist dies der Fall und hat der Arbeitgeber keine Zulässigkeitserklärung
beantragt, greift § 4 S. 4 KSchG ein (mit etwaiger Begrenzung des Klagerechts durch die Grundsätze der Verwirkung; dazu *Schmidt* NZA 2004, 79; *Eylert/Sänger* RdA 2010, 24; zur Verwirkung
a. Rdn 61 u. Rdn 79). Ist diese Kenntnis des Arbeitgebers bei Kündigungszugang hingegen nicht
gegeben – zB im Fall des § 18 Abs. 2 Nr. 2 BEEG –, ist § 4 S. 4 KSchG nicht anwendbar, es
bleibt bei der Klagefrist des § 4 S. 1 KSchG (APS-*Rolfs* § 18 BEEG Rn 9 u. 23; ErfK-*Gallner* § 18
BEEG Rn 9; vgl. insgesamt ausf. KR-*Gallner* § 17 MuSchG Rdn 215). Ebenso bleibt es bei § 4 S. 1
KSchG, wenn die Zulässigkeitserklärung zwar beantragt, aber verweigert ist (AP-*Rolfs* § 18 BEEG
Rn 23).

Trotz rechtzeitiger Klageerhebung kann es in extremen Ausnahmefällen zur **Verwirkung** des Rechts 79
kommen, sich auf die Unwirksamkeit der Kündigung gem. §§ 134 BGB, 18 BEEG zu berufen
(*BAG* 25.3.2004 – 2 AZR 295/03, in einem Fall, in dem sich die Arbeitnehmerin erst nach mehr
als fünf Jahren Verfahrensdauer erstmals auch auf den Verstoß gegen seinerzeit § 18 BErzGG gestützt hat, wobei die Klägerin zunächst den Eindruck erweckt hatte, die erforderliche Zulässigkeitserklärung gem. § 18 BErzGG liege vor; ebenso APS-*Rolfs* § 18 BEEG Rn 24; im Übrigen zur
Verwirkung Rdn 61).

III. Verhältnis zum besonderen Kündigungsschutz

Bei leiblichen Müttern kann es vorübergehend zu einer **Verdoppelung** des besonderen Kündigungs- 80
schutzes nach § 17 **MuSchG** und nach § **18 BEEG** kommen (krit. zur fehlenden Abstimmung
der beiden Vorschriften *Meisel/Sowka* § 18 BErzGG Rn 11). Dies ist etwa dann der Fall, wenn die
leibliche Mutter in unmittelbarem Anschluss an die (idR achtwöchige) Schutzfrist nach der Entbindung (§ 3 Abs. 2 S. 1 MuSchG) Elternzeit in Anspruch nimmt. Bis zum Ablauf von vier Monaten
nach der Entbindung gilt dann noch der besondere Kündigungsschutz nach § 17 Abs. 1 MuSchG
(DDZ-*Söhngen* § 18 BEEG Rn 25). Trotz der weitgehenden inhaltlichen Angleichung des § 18
BEEG und des § 17 MuSchG verfolgen beide Gesetze teilweise unterschiedliche Zielsetzungen
(vgl. Rdn 16–23 u. Rdn 63 sowie KR-*Gallner* § 17 MuSchG Rdn 27–34). Bei Vorliegen der gesetzlichen Voraussetzungen gelten daher beide Kündigungsverbote nebeneinander (*BAG* 31.3.1993 – 2
AZR 595/92; zust. *Kreitner* Anm. AP Nr. 20 zu § 9 MuSchG; APS-*Rolfs* § 18 BEEG Rn 26 mwN;
ebenfalls zust., aber krit. de lege ferenda *Hönsch* SAE 1994, 230; aA *Halbach* DB 1986, Beil. Nr. 1,
S. 17). Es müssen damit auch **zwei Zulässigkeitserklärungen** beantragt werden (*LAG* Bln.-Bra.
6.4.2011 – 15 Sa 2454/10) – insoweit zur Frage der Umdeutung s. Rdn 63.

Soweit für bestimmte Arbeitnehmergruppen ein **besonderer Kündigungsschutz** besteht (zB für 81
schwerbehinderte Menschen, betriebsverfassungsrechtliche Funktionsträger [dazu DDZ-*Söhngen*
§ 18 BEEG Rn 26], politische Mandatsträger; vgl. dazu die Erl. zu § 13 KSchG), gilt dieser neben
dem Kündigungsverbot des § 18 BEEG. Eine nach anderen Kündigungsvorschriften (zB § **186
SGB IX**) erforderliche behördliche Zustimmung ersetzt nicht die nach § 18 Abs. 1 S. 4 BEEG notwendige behördliche Zulässigkeitserklärung (HaKo-KSchR/*Böhm* § 18 BEEG Rn 2). Für das Verhältnis zu nunmehr § 171 Abs. 3 SGB IX gilt nach der begrüßenswerten Entscheidung des Bundesarbeitsgerichts v. 24.11.2011 (*BAG* 24.11.2011 – 2 AZR 429/10, Rn 25; ErfK-*Gallner* § 18 BEEG
Rn 14): Der vom Gesetzgeber in § 171 Abs. 3 SGB IX nicht hinreichend bedachten Möglichkeit,
dass die Kündigung des schwerbehinderten Menschen unter einem weiteren behördlichen Erlaubnisvorbehalt als dem des § 186 SGB IX steht, ist durch die Gerichte im Wege eines angemessenen
Ausgleichs der – jeweils grundrechtlich geschützten – Interessen des schwerbehinderten Arbeitnehmers und des Arbeitgebers Rechnung zu tragen. Dies führt im Fall des Zusammentreffens des
Zustimmungserfordernisses nach § 186 SGB IX mit dem Erfordernis einer Zulässigkeitserklärung

gem. § 18 Abs. 1 S. 4 BEEG dazu, dass in § 171 Abs. 3 SGB IX an die Stelle des Ausspruchs der Kündigung der Antrag auf Zulässigkeitserklärung durch die hierfür zuständige Stelle tritt. Geht dem Arbeitgeber die Zulässigkeitserklärung nach § 18 Abs. 1 S. 4 BEEG erst nach Ablauf der Monatsfrist des § 171 Abs. 3 SGB IX zu, kann er die Kündigung zumindest dann noch wirksam erklären, wenn er sie unverzüglich nach Erhalt der Zulässigkeitserklärung ausspricht.

IV. Verhältnis zum kollektiven Kündigungsschutzrecht

82 Der Arbeitgeber kann den **Betriebs- bzw. Personalrat** entweder vor oder nach der behördlichen Zulässigkeitserklärung wegen der beabsichtigten Kündigung nach § 102 BetrVG anhören bzw. nach § 79 BPersVG beteiligen (vgl. zur ähnlichen Rechtslage bei schwerbehinderten Arbeitnehmern *BAG* 3.7.1980 EzA § 18 SchwbG Nr. 3). Eine Versetzung, die der Arbeitgeber allein wegen der erfolgten Inanspruchnahme von Elternzeit vornimmt, verstößt gegen das Benachteiligungsverbot des **§ 612a BGB** (weiter zu § 612a BGB: Rdn 47). Dem Betriebsrat steht in einem derartigen Fall nach § 99 Abs. 2 Nr. 1 BetrVG ein Zustimmungsverweigerungsrecht zu. Die gegen § 612a BGB verstoßende Kündigung ist gem. § 134 BGB nichtig (ErfK-*Gallner* § 18 BEEG Rn 9; vgl. weiter zu § 612a BGB: Rdn 47).

I. Übergangsregelungen

83 Hinsichtlich der zum **BErzGG** geltenden Übergangsregelungen wird verwiesen auf *Bader* KR 7. Aufl., § 18 BErzGG Rn 43. Zum Inkrafttreten des **BEEG** und zur diesbezüglichen Übergangsregelung ist bereits in Rdn 8 Stellung genommen, und darauf wird Bezug genommen. Die Übergangsregelungen des **§ 28 BEEG aF** sowie des **§ 28 BEEG nF** sind nach § 21 BEEG abgedruckt.

§ 19 BEEG Kündigung zum Ende der Elternzeit

Der Arbeitnehmer oder die Arbeitnehmerin kann das Arbeitsverhältnis zum Ende der Elternzeit nur unter Einhaltung einer Kündigungsfrist von drei Monaten kündigen.

Übersicht	Rdn		Rdn
A. Entstehungsgeschichte............	1	III. Ausspruch und Form der Sonderkündigung........................	18
B. Sinn und Zweck................	2	E. Abgrenzung zu anderen Beendigungstatbeständen................	20
C. Rechtsnatur und zwingende Wirkung..	4	F. Rechtsfolgen der Sonderkündigung....	25
D. Voraussetzungen des Sonderkündigungsrechts..................	8	I. Lösung des Arbeitsverhältnisses.......	25
I. Persönlicher Geltungsbereich........	8	II. Keine Statussicherung bei Wiedereinstellung........................	26
II. Zeitpunkt und Fristen der Sonderkündigung........................	11	III. Einfluss auf Gratifikationen..........	27

A. Entstehungsgeschichte

1 Ein **Sonderkündigungsrecht** zugunsten des Erziehungsgeldberechtigten (damals noch: Erziehungsgeld statt des jetzigen Elterngeldes) war bereits in dem Regierungsentwurf des seinerzeitigen BErzGG enthalten (BT-Drucks. 10/3792, S. 7), der insoweit ohne Änderung als Gesetz verabschiedet wurde. Dabei sah die ursprüngliche Fassung eine regelmäßige Kündigungsfrist von einem Monat zum Ende des Erziehungsurlaubs (damals noch: Erziehungsurlaub statt der jetzigen Elternzeit) vor. Im Rahmen der Neuregelung des Jahres 1989 durch das **Gesetz zur Änderung des Erziehungsgeldgesetzes** und anderer Vorschriften vom 30.6.1989 (BGBl. I S. 1279) wurde die **Kündigungsfrist** auf **drei Monate zum Ende des Erziehungsurlaubs** ausgedehnt: Einerseits habe sich die bisherige Kündigungsfrist von einem Monat im Falle der Einstellung von Ersatzkräften durch den Arbeitgeber als zu kurz erwiesen; andererseits sei mit der zugleich vorgesehenen Ausdehnung des Erziehungsurlaubs von 12 Monaten auf zunächst 15 Monate und dann 18 Monate dem Arbeitnehmer eine frühere

Ausübung des Kündigungsrechts zuzumuten. Um dieses Ziel möglichst effektiv zu erreichen, wurde zugleich die bis dahin einer Verkürzung durch Vereinbarung oder andere gesetzliche Kündigungsregelungen zugängliche Frist des § 19 BErzGG (Höchstkündigungsfrist) in eine einheitlich für alle Fälle der ordentlichen Kündigung geltende Frist umgewandelt (zum Ganzen BT-Drucks. 11/4687, 4776 u. 4767 sowie Rdn 5). Zu beachten ist dabei, dass die mögliche Dauer des Erziehungsurlaubs durch das am 1.1.1992 in Kraft getretene **BErzGG 1992 (2. Gesetz zur Änderung des BErzGG und anderer Vorschriften** vom 16.12.1991 – BGBl. 1992 I S. 69) nochmals auf mittlerweile bis zu drei Jahren ausgedehnt wurde (§ 15 BErzGG). Die mit dem BErzGG 1992 erfolgte Neufassung des § 19 BErzGG stellte nur eine **redaktionelle Änderung** dar, durch die berücksichtigt wurde, dass die Erziehungsurlaubsberechtigung vom Anspruch auf Erziehungsgeld nicht mehr abhängt. Die weitere Neufassung durch Gesetz vom 30.11.2000 (BGBl. I S. 1638) führte nur zu einem Austausch des Begriffs »Erziehungsurlaub« durch den Begriff »**Elternzeit**« (vgl. im Übrigen KR-*Bader/Kreutzberg-Kowalczyk* § 18 BEEG Rdn 6). Seit dem **1.1.2007** gilt nun das **BEEG** (dazu und zur entsprechenden Übergangsregelung KR-*Bader/Kreutzberg-Kowalczyk* § 18 BEEG Rdn 8). § 19 ist dabei textlich und inhaltlich unverändert und auch in der Folgezeit von den weiteren Änderungen des BEEG unberührt geblieben.

B. Sinn und Zweck

Nach dem Wortlaut des § 19 BEEG könnte es sich lediglich um eine Kündigungsfristenregelung handeln, doch folgt aus Entstehungsgeschichte und Zweck der Vorschrift, dass damit **ein fristgebundenes Sonderkündigungsrecht** des Arbeitnehmers zum Ende der Elternzeit eingeräumt wird (*BAG* 16.10.1991 – 5 AZR 35/91, zu II 2 c der Gründe; ErfK-*Gallner* § 19 BEEG Rn 1). Die Regelung verfolgt eine doppelte Zweckrichtung. Einerseits trägt das Sonderkündigungsrecht **im Interesse der Sicherstellung einer kontinuierlichen Kindesbetreuung und -erziehung** (*Bruns* BB 2008, 386; APS-*Rolfs* § 19 BEEG Rn 1; ErfK-*Gallner* § 19 BEEG Rn 1) dem Bedürfnis des Elternzeitberechtigten nach größtmöglicher Dispositionsfreiheit Rechnung. Zugleich will der Gesetzgeber mit dieser Regelung Elternzeitberechtigte mit längeren Kündigungsfristen – solche müssen bei Kündigung zum Ende der Elternzeit aufgrund des § 19 nicht eingehalten werden – davor bewahren, das Arbeitsverhältnis bereits zu Beginn der Elternzeit kündigen oder nach dem Ende der Elternzeit noch für einige Zeit (bis zum Ablauf der maßgeblichen Kündigungsfrist) an die Arbeitsstelle zurückkehren zu müssen (*Buchner/Becker* § 19 BEEG Rn 2). 2

Andererseits berücksichtigt die Regelung das Interesse des Arbeitgebers an einer **vorausschauenden Personalplanung** (APS-*Rolfs* § 19 BEEG Rn 1; SPV-*Vossen* Rn 1474). Dieser Zweck des § 19 BEEG hat bei der Neufassung 1989 (s. Rdn 1) eine erhebliche Aufwertung dadurch erfahren, dass zum einen die Frist auf drei Monate verlängert wurde und zum anderen das früher nach Gesetz, tariflicher Regelung oder Einzelvereinbarung mögliche Eingreifen einer ausnahmsweise kürzeren Frist – jedenfalls für die Fälle der Kündigung nach § 19 BEEG – ausgeschlossen ist. Diese **Unabdingbarkeit** der Frist des § 19 BEEG (näher s. Rdn 4–6; vgl. auch ErfK-*Gallner* § 19 BEEG Rn 2; vgl. weiter SPV-*Vossen* Rn 1475: einseitig zwingend, dh längere Kündigungsfristen ausgeschlossen, bei kürzeren Kündigungsfristen Wahlrecht des Arbeitnehmers bzw. der Arbeitnehmerin) ergibt sich zum einen aus dem Begriff »nur« im Wortlaut der Vorschrift und zum anderen aus der ausdrücklichen gesetzgeberischen Absicht, die Planungssicherheit für den Arbeitgeber durch Bestehen einer einheitlichen Frist zu erhöhen (BT-Drucks. 11/4776 u. 4767). Wegen der mit der Gewährung von Elternzeit idR verbundenen mehrmonatigen (vgl. § 15 BEEG) Freistellung hält es das Gesetz für angemessen, von dem Arbeitnehmer bei Kündigung zum Ende der Elternzeit die Einhaltung einer Kündigungsfrist von drei Monaten zu verlangen. 3

C. Rechtsnatur und zwingende Wirkung

Die gesetzliche Ausgestaltung dieses Sonderkündigungsrechts ist zunächst insofern zwingend, als **zum Nachteil des Elternzeitberechtigten keine anderweitige einzelvertragliche oder kollektivrechtliche Regelung** erfolgen kann. Unwirksam sind zB einzelvertragliche oder kollektivrechtliche 4

Regelungen, die einen Ausschluss (*Buchner/Becker* § 19 BEEG Rn 3) oder eine inhaltliche Beschränkung des fristgebundenen Sonderkündigungsrechts vorsehen (etwa Bindung des Sonderkündigungsrechts an bestimmte Tatbestände oder Verlängerung der vom Elternzeitberechtigten einzuhaltenden Kündigungsfrist von drei Monaten). Derartige Regelungen stehen im Widerspruch zu dem Schutzzweck dieser Bestimmung, die es dem Elternzeitberechtigten ermöglichen will, im Interesse der Kindesbetreuung und -erziehung das Arbeitsverhältnis innerhalb der durch § 19 BEEG vorgesehenen Frist zu beenden. § 19 BEEG ermöglicht die ordentliche Kündigung zum Ende der Elternzeit auch dann, wenn die ordentliche Kündigung an sich ausgeschlossen ist, etwa wegen § 15 Abs. 2 TzBfG im Falle des befristeten Arbeitsverhältnisses (HWK-*Gaul* § 19 BEEG Rn 2).

5 Umstritten ist allerdings, in welchem Umfang die Frist des § 19 BEEG zugunsten des Arbeitgebers Wirkungen als **Mindestkündigungsfrist** entfaltet. Es wird weitgehend angenommen, diese Fristenregelung gelte nicht nur bei einer Kündigung ausdrücklich nach § 19 BEEG, sondern auch in anderen Fällen der während der Elternzeit **zum Ende der Elternzeit** ausgesprochenen ordentlichen Kündigung (APS-*Rolfs* § 19 BEEG Rn 2/3; *Buchner/Becker* § 19 BEEG Rn 8; ErfK-*Gallner* § 19 BEEG Rn 3; HWK-*Gaul* § 19 BEEG Rn 2; *Zmarzlik* BB 1992, 592 [594]). Gegen diese Auffassung spricht zwar, dass sie nur zu einer lückenhaften Verwirklichung des angenommenen Gesetzeszwecks führen kann, weil sie dem Arbeitnehmer die Möglichkeit lässt, eine Kündigung **zu jedem anderen Endzeitpunkt** vor oder nach Ende der Elternzeit mit einer nach Gesetz-, Tarif- oder Einzelvertrag bestehenden kürzeren Frist auszusprechen (eine solche ist möglich und wird durch § 19 BEEG nicht ausgeschlossen: *Buchner/Becker* § 19 BEEG Rn 8; so auch APS-*Rolfs* § 19 BEEG Rn 3; SPV-*Vossen* Rn 1475). Gleichwohl kann der Gegenansicht, die die Frist des § 19 BEEG nur auf eine auf diese Vorschrift gestützte Sonderkündigung anwenden will (*Köster/Schiefer/Überacker* DB 1992, Beil. 10, S. 7 f.), nicht gefolgt werden. Gegen diese Ansicht sprechen neben dem apodiktischen Wortlaut »nur« auch der Zweck und die Entstehungsgeschichte des Gesetzes (dazu Rdn 1, 3; APS-*Rolfs* § 19 BEEG Rn 3; *Buchner/Becker* § 19 BEEG Rn 8). § 19 BEEG verlangt mithin von dem **Arbeitnehmer in allen Fällen der ordentlichen oder der auf § 19 BEEG gestützten Kündigung zum Ende der Elternzeit** die Einhaltung einer gesetzlichen **Kündigungsfrist von drei Monaten** zum Ende der Elternzeit, ungeachtet einer ansonsten für die ordentliche Kündigung geltenden gesetzlichen, kollektivrechtlichen oder einzelvertraglichen kürzeren – oder auch längeren – Frist (*Meisel/Sowka* § 19 BErzGG Rn 6). Insofern handelt es sich bei § 19 BEEG um eine **spezielle gesetzliche Fristenregelung** für die Kündigung durch Elternzeitberechtigte zum Ende der Elternzeit. Unberührt bleibt wie bereits angesprochen neben der **Kündigung zu einem anderen Zeitpunkt** selbstverständlich auch die Möglichkeit der fristlosen **außerordentlichen Kündigung nach § 626 BGB** (ErfK-*Gallner* § 19 BEEG Rn 5; s.a. Rdn 22).

6 **Zwingend** bedeutet weiter: **Im Voraus** kann von § 19 BEEG **nicht abgewichen** werden, und dies gilt auch zu Lasten des Arbeitgebers – eine kürzere Kündigungsfrist kann nicht vereinbart werden (APS-*Rolfs* § 19 BEEG Rn 4; aA SPV-*Vossen* Rn 1475 wie bereits in Rdn 3 angesprochen). Möglich ist freilich ein **Aufhebungsvertrag** zwischen Arbeitgeber und Arbeitnehmer (s. Rdn 23), für den § 623 BGB zu beachten ist und für den § 19 BEEG nicht gilt. In der Konsequenz wird man es auch zu akzeptieren haben, dass der Arbeitgeber sich mit einer ohne Einhaltung der dreimonatigen Frist zum Ende der Elternzeit ausgesprochenen Kündigung durch den Arbeitnehmer **nach deren Ausspruch einverstanden** erklärt (ebenso APS-*Rolfs* § 19 BEEG Rn 4: nachträglicher Verzicht; ErfK-*Gallner* § 19 BEEG Rn 5, begründet mit § 242 BGB, sofern widersprüchliches Verhalten vorliegt; vgl. a. *ArbG Bln.* 21.6.2005 – 79 Ca 7822/05), auch wenn dies so nicht § 623 BGB genügt. Kündigt der Arbeitnehmer jedoch zum Ende der Elternzeit ohne Einhaltung der Frist des § 19 und erklärt sich der Arbeitgeber mit der zu kürzeren Frist nicht einverstanden, ist diese Kündigung nicht wirksam, sie wirkt über § 140 BGB (oder im Wege der Auslegung: ErfK-*Gallner* § 19 BEEG Rn 3) zum nächstzulässigen Termin (vgl. Rdn 15).

7 Die **Darlegungs- und Beweislast** liegt bei demjenigen, der aus den Voraussetzungen des § 19 eine für sich günstige Rechtsposition herleiten will – dies kann je nach Konstellation der Arbeitnehmer oder der Arbeitgeber sein (APS-*Rolfs* § 19 BEEG Rn 11).

D. Voraussetzungen des Sonderkündigungsrechts

I. Persönlicher Geltungsbereich

Das fristgebundene Sonderkündigungsrecht nach § 19 BEEG gilt für solche Arbeitnehmer, denen 8
gem. § 15 BEEG **Elternzeit zusteht** (vgl. dazu *Zmarzlik* BB 1992, 130 [131]; vgl. auch KR-*Bader/ Kreutzberg-Kowalczyk* § 18 BEEG Rdn 25–30) und die diese auch tatsächlich **in Anspruch** nehmen bzw. deren Inanspruchnahme zumindest bereits iSd § 16 Abs. 1 S. 1 BEEG wirksam **geltend gemacht** haben (APS-*Rolfs* § 19 BEEG Rn 5; ErfK-*Gallner* § 19 BEEG Rn 1; *Buchner/Becker* § 19 BEEG Rn 4; aA *Meisel/Sowka* § 19 BErzGG Rn 2: erst ab Antritt). Die **Anspruchsvoraussetzungen** müssen zum Zeitpunkt der Geltendmachung noch vorliegen (*Meisel/Sowka* § 19 BErzGG Rn 2), ein späterer Wegfall ist unschädlich (BeckOK AR-*Schrader* § 19 BEEG Rn 6). Gewährt der Arbeitgeber einem Arbeitnehmer Freistellung von der Arbeit, ohne dass die gesetzlichen Voraussetzungen des § 15 BEEG vorliegen, dann befindet sich der betreffende Arbeitnehmer nicht in der Elternzeit, so dass auch § 19 BEEG keine Anwendung findet (ebenso APS-*Rolfs* § 19 BEEG Rn 5; BeckOK AR-*Schrader* § 19 BEEG Rn 3: Anwendbarkeit des § 19 BEEG kann vereinbart werden). Auch bei einer irrtümlichen Bejahung der gesetzlichen Voraussetzungen des § 15 BEEG (zB aus rechtlichen oder tatsächlichen Gründen) durch die Arbeitsvertragsparteien gelangt das Sonderkündigungsrecht des § 19 BEEG nicht zur Anwendung. Nehmen **beide Elternteile** Elternzeit in Anspruch, kann das Sonderkündigungsrecht von jedem Elternteil ausgeübt werden (weiter dazu s. Rdn 12).

Das Sonderkündigungsrecht des § 19 BEEG wird auch auf solche Arbeitnehmer angewandt, die 9
während der Dauer der Elternzeit mit ihrem bisherigen Arbeitgeber ein **Teilzeitarbeitsverhältnis** mit einer Wochenarbeitszeit bis zu (nunmehr) 32 Stunden im Durchschnitt des Monats begründen oder fortführen (**§ 18 Abs. 2 Nr. 1 BEEG**; dazu KR-*Bader/Kreutzberg-Kowalczyk* § 18 BEEG Rdn 34). Die zuletzt genannte Arbeitnehmergruppe wird zwar in § 19 BEEG nicht ausdrücklich erwähnt. Sie fällt aber gleichwohl unter den personellen Geltungsbereich des § 19 BEEG, denn es handelt sich dabei um solche Arbeitnehmer, denen von ihrem Arbeitgeber für einen Teil der bisherigen Arbeitszeit Elternzeit gewährt wird (ebenso etwa ErfK-*Gallner* § 19 BEEG Rn 2; APS-*Rolfs* § 19 BEEG Rn 5; **aA** BeckOK AR-*Schrader* § 19 BEEG Rn 2: nicht für solche Arbeitnehmer, die eine schon vorher vereinbarte Teilzeittätigkeit während der Elternzeit in gleichem Umfang fortsetzen). Als Teilzeitarbeitnehmer mit Elternzeit können sie sich auf das Sonderkündigungsrecht des § 19 BEEG berufen und müssen die besondere Frist dieser Vorschrift beachten, sofern sie die gesetzlichen Voraussetzungen für die Gewährung von Elternzeit erfüllen (§ 15 BEEG).

Nicht erfasst sind die in **§ 18 Abs. 2 Nr. 2 BEEG** (vgl. dazu KR-*Bader/Kreutzberg-Kowalczyk* § 18 10
BEEG Rdn 43) erwähnten Teilzeitarbeitnehmer, die wegen ihrer ohnehin schon verkürzten Arbeitszeit keine Elternzeit in Anspruch nehmen (müssen). Die gesetzliche Regelung des § 19 BEEG setzt voraus, dass sich der Arbeitnehmer in der Elternzeit befindet (oder die Inanspruchnahme jedenfalls wirksam geltend gemacht hat), wenn sie es ihm gestattet, das Arbeitsverhältnis unter Einhaltung einer Kündigungsfrist von drei Monaten »zum Ende der Elternzeit« zu kündigen (ErfK-*Gallner* § 19 BEEG Rn 2), dies ist bei diesem Personenkreis aber gerade nicht möglich (APS-*Rolfs* § 19 BEEG Rn 5; BeckOK AR-*Schrader* § 19 BEEG Rn 2). Eine analoge Anwendung des § 19 BEEG auf solche Teilzeitarbeitnehmer ist weder im Hinblick auf das Sonderkündigungsrecht noch im Hinblick auf die Sonderkündigungsfrist möglich (*Meisel/Sowka* § 19 BErzGG Rn 3). Die Ratio beider Regelungsteile des § 19 BEEG liegt darin, dass – wegen der Sondersituation der Suspendierung der arbeitsvertraglichen Pflichten durch die Elternzeit – Dispositionsmöglichkeiten und -schranken für eine Kündigung durch den Arbeitnehmer geschaffen werden sollen: Sonderkündigung einerseits und Planungssicherheit andererseits. Eine vergleichbare Interessenlage besteht nicht, wenn ein Arbeitnehmer nach der Geburt eines Kindes seine vorher ausgeübte Teilzeitbeschäftigung nur fortsetzt (*Buchner/Becker* § 19 BEEG Rn 5), ohne Elternzeit in Anspruch zu nehmen. Das früher zugunsten der Analogie zu erwägende Argument, auch der fragliche Personenkreis könne auf eine kurzfristige Kündigung angewiesen sein, hat durch die Verlängerung der Kündigungsfrist auf drei Monate an Bedeutung verloren.

II. Zeitpunkt und Fristen der Sonderkündigung

11 Das **Ende der Elternzeit**, zu dem gekündigt werden soll, ist klar zu bestimmen, wenn die Elternzeit in vollem Umfang »am Stück« genommen wird. Hat ein Arbeitnehmer die Elternzeit in vollem Umfang in Anspruch genommen, so ist nach § 15 Abs. 2 S. 1 BEEG das Ende der Elternzeit im Allgemeinen der Zeitpunkt, zu dem das Kind **drei Jahre** alt wird (*Buchner/Becker* § 19 BEEG Rn 6). Es gelten insoweit die **Fristberechnungsvorschriften der §§ 187 Abs. 2 S. 1, 188 Abs. 2 BGB** (APS-*Rolfs* § 19 BEEG Rn 7). Ist das Kind also am 16.1.2018 geboren, so hat es mit Ablauf des 15.1.2021 das dritte Lebensjahr vollendet. Dementsprechend endet die Elternzeit ebenfalls mit Ablauf des 15.1.2021 (s. KR-*Bader/Kreutzberg-Kowalczyk* § 18 BEEG Rdn 56), und dies ist der Endzeitpunkt der Kündigung. Demgemäß war in dem Beispielsfall zum 15.1.2021 zu kündigen. Die Kündigung musste danach zur Wahrung der Frist des § 19 BEEG spätestens am 15.10.2020 dem Arbeitgeber zugegangen sein (§§ 187 Abs. 1, 188 Abs. 2 BGB; APS-*Rolfs* § 19 BEEG Rn 7; *Buchner/Becker* § 19 BEEG Rn 7; DDZ-*Söhngen* § 19 BEEG Rn 3; aA *Meisel/Sowka* § 19 BErzGG Rn 4). Ist der letzte Tag, an dem die Kündigungserklärung nach §§ 187 Abs. 1, 188 Abs. 2 BGB zugehen muss, ein Samstag, ein Sonntag oder ein gesetzlicher Feiertag, dann **gilt § 193 BGB nicht**: ein Zugang der Kündigung am nachfolgenden Werktag reicht also nicht aus (etwa *BAG* 5.3.1970 – 2 AZR 112/69; *BGH* 28.9.1972 – VII ZR 186/71; vgl. weiter KR-*Spilger* § 622 BGB Rdn 154). Regelmäßig wird der Arbeitnehmer dann also dafür zu sorgen haben, dass die Kündigung am letzten Werktag vor dem letzten rechnerisch möglichen Zugangsdatum zugeht (ähnlich, aber abstellend aufzwingenden Zugang am Werktag zuvor HWK-*Gaul* § 19 BEEG Rn 4; DDZ-*Söhngen* § 19 BEEG Rn 3; vgl. auch KR-*Spilger* § 622 BGB Rdn 155).

12 Wird Elternzeit **in mehreren Abschnitten** genommen, gilt § 19 nur für den aktuellen letzten Abschnitt (für die Berechnung der Kündigungsfrist gilt das in Rdn 11 Gesagte entsprechend), und zwar nach dem Sinn und Zweck der Regelung. Nehmen **beide Elternteile** Elternzeit, haben sie beide das Sonderkündigungsrecht, ebenfalls zum Ende des jeweils für sie individuell geltenden letzten Abschnitts (APS-*Rolfs* § 19 BEEG Rn 8; *Roos/Bieresborn-Graf* § 19 BEEG Rn 5).

13 Hat der Arbeitnehmer nur eine **kürzere Elternzeit** in Anspruch genommen oder endet die voll oder verkürzt in Anspruch genommene Elternzeit früher (zB durch Vereinbarung der Parteien gem. § 16 Abs. 3 BEEEG), so ist der frühere Endzeitpunkt der maßgebliche Kündigungstermin für eine auf § 19 BEEG gestützte Kündigung. Die gesetzliche Kündigungsfrist von drei Monaten ist von dem früheren Endzeitpunkt der verkürzten Elternzeit zurückzurechnen (vgl. dazu Rdn 11). Ist diese Frist trotz des früheren Endes der Elternzeit noch zu wahren oder ist sie durch eine bereits ausgesprochene Kündigung zum Ende der (jeweiligen – dies ist Auslegungsfrage) Elternzeit gewahrt, tritt die Wirkung des § 19 BEEG ein (APS-*Rolfs* § 19 BEEG Rn 8; ErfK-*Gallner* § 19 BEEG Rn 4), die Kündigung wird entsprechend wirksam. Ist die Frist allerdings nicht zu wahren, geht eine bereits ausgesprochene Kündigung zum Ende der Elternzeit als Kündigung gem. § 19 BEEG ins Leere und ist in eine normale **ordentliche Kündigung umzudeuten** (so wohl auch *Buchner/Becker* § 19 BEEG Rn 6; aA APS-*Rolfs* § 19 BEEG Rn 8; ErfK-*Gallner* § 19 BEEG Rn 4: eine schon ausgesprochene Kündigung beendet das Arbeitsverhältnis mit dreimonatiger Frist). Ist die Kündigung noch nicht ausgesprochen und reicht die Zeit zur Einhaltung der Frist von drei Monaten nicht mehr aus, kann nicht mehr gem. § 19 BEEG gekündigt werden (APS-*Rolfs* § 19 BEEG Rn 8).

14 Die gesetzliche Kündigungsfrist von drei Monaten entfaltet zugunsten beider Arbeitsvertragsparteien **zwingende Wirkung** (aA SPV-*Vossen* Rn 1475: einseitig zwingend wie bereits in Rdn 3 angesprochen). Sie gilt nicht nur für die Ausübung des Sonderkündigungsrechts des § 19 BEEG, sondern für alle Fälle der zum Ende der Elternzeit ausgesprochenen ordentlichen oder auf § 19 BEEG gestützten Kündigung (s. Rdn 5). Kürzere gesetzliche (zB in den Fällen des § 622 Abs. 1, Abs. 2 Nr. 1 u. 2 BGB) oder kürzere tarifvertragliche bzw. einzelvertraglich vereinbarte Kündigungsfristen sind nicht anwendbar. Längere gesetzliche Kündigungsfristen (zB § 622 Abs. 2 Nr. 4–7 BGB) oder längere tarifvertragliche oder einzelvertraglich vereinbarte Kündigungsfristen muss der Arbeitnehmer nicht beachten, sofern er rechtzeitig unter Einhaltung der dreimonatigen Kündigungsfrist des § 19 BEEG das Arbeitsverhältnis zum Ende der Elternzeit kündigt. Anderweitige Kündigungstermine

(zB zur Mitte eines Monats oder zum Ende eines Monats nach § 622 BGB) sind für den Arbeitnehmer bei einer fristgemäßen Ausübung des Sonderkündigungsrechts bedeutungslos.

Versäumt der Arbeitnehmer die im Einzelfall maßgebliche **Kündigungsfrist**, so ist diese Kündigung zwar nicht dazu geeignet, das Arbeitsverhältnis zum Ende der Elternzeit zu beenden. Sie wird in einem derartigen Fall vielmehr erst zum nächstmöglichen Termin wirksam (s. Rdn 6). Der Arbeitgeber kann sich aber mit einer Beendigung des Arbeitsverhältnisses zum nicht fristgerechten Zeitpunkt einverstanden erklären (s. Rdn 6).

Möchte der Arbeitnehmer bereits **vor oder erst nach dem Ende der Elternzeit** ausscheiden, dann muss er sowohl die für ihn geltende gesetzliche, tarifvertragliche oder einzelvertragliche Kündigungsfrist sowie einen etwaigen Kündigungstermin einhalten, es sei denn, es liegt ein wichtiger Grund iSd § 626 Abs. 1 BGB für eine außerordentliche Kündigung vor (s. Rdn 5 u. Rdn 22).

Es stellt **keine unzulässige Rechtsausübung** dar, wenn der Arbeitnehmer von dem Sonderkündigungsrecht aus Gründen Gebrauch macht, die nicht in einem sachlichen Zusammenhang mit der Betreuung oder Erziehung des Kindes stehen (APS-*Rolfs* § 19 BEEG Rn 9; HWK-*Gaul* § 19 BEEG Rn 1; DDZ-*Söhngen* § 19 BEEG Rn 5). Das Sonderkündigungsrecht ist zwar vom Gesetzgeber in erster Linie zu dem Zwecke geschaffen worden, dem Arbeitnehmer im Interesse der Betreuung und Erziehung des Kindes eine rasche Lösung des Arbeitsverhältnisses zu ermöglichen. Der Gesetzgeber hat aber davon abgesehen, diese Zielsetzung iS eines Kündigungsgrunds im Gesetz zu verankern, der Arbeitnehmer muss auch keine Gründe für die Ausübung seines Sonderkündigungsrechts angeben (*Buchner/Becker* § 19 BEEG Rn 10).

III. Ausspruch und Form der Sonderkündigung

Die Sonderkündigung nach § 19 BEEG bedarf wie jede andere Kündigung des Arbeitsverhältnisses der **Schriftform** (§ 623 BGB). Zur Schriftform der Kündigung s. KR-*Spilger* § 623 BGB Rdn 131–147. Etwaige **strengere Formvorschriften** sind zusätzlich zu beachten (APS-*Rolfs* § 19 BEEG Rn 6; *Buchner/Becker* § 19 BEEG Rn 9). Die Erklärung des Arbeitnehmers bei Antritt der Elternzeit, das Arbeitsverhältnis werde nach Ende der Elternzeit nicht fortgesetzt, ist nicht als Kündigung gem. § 19 BEEG zu werten, auch nicht als Angebot zum Abschluss eines Aufhebungsvertrages (*LAG Köln* 14.2.2002 – 5 Sa 1276/01).

Adressat der Kündigungserklärung ist stets der Arbeitgeber, der die Elternzeit gewährt. § 19 BEEG findet gegenüber dem dritten Arbeitgeber, bei dem während einer Elternzeit Teilzeitarbeit geleistet wird, keine Anwendung (APS-*Rolfs* § 19 BEEG Rn 5).

E. Abgrenzung zu anderen Beendigungstatbeständen

Während das Sonderkündigungsrecht des § 19 BEEG fristgebunden ist, konnte **nach dem bis zum 31.12.2017 geltenden Rechtszustand** eine Arbeitnehmerin während der Schwangerschaft und während der Schutzfrist nach der Entbindung (§ 6 Abs. 1 MuSchG aF) das Arbeitsverhältnis ohne Einhaltung einer Frist zum Ende der Schutzfrist nach der Entbindung kündigen (§ 10 MuSchG aF). Sofern die leibliche Mutter die Elternzeit noch vor Ablauf der Schutzfrist nach der Entbindung (§ 6 Abs. 1 MuSchG aF) geltend machte, standen ihr bis zum Ablauf der Schutzfrist des § 6 Abs. 1 MuSchG aF sowohl das nicht fristgebundene Sonderkündigungsrecht nach **§ 10 Abs. 1 MuSchG aF** als auch das fristgebundene Sonderkündigungsrecht nach § 19 BEEG zu.

Dem Arbeitnehmer steht es frei, das Arbeitsverhältnis während der Zeit des Bestehens des Sonderkündigungsrechts unter Einhaltung der maßgeblichen Kündigungsfrist zu einem von § 19 BEEG abweichenden Zeitpunkt **ordentlich zu kündigen** (ebenso: HWK-*Gaul* § 19 BEEG Rn 7; DDZ-*Söhngen* § 19 BEEG Rn 6; vgl. Rdn 5). Eine ordentliche Kündigung des Arbeitgebers unterliegt dagegen den gesetzlichen Kündigungsbeschränkungen nach § 18 BEEG und § 17 MuSchG.

Bei Vorliegen eines wichtigen Grundes iSd § 626 Abs. 1 BGB kann der Arbeitnehmer das Arbeitsverhältnis unter Beachtung der zweiwöchigen Ausschlussfrist des § 626 Abs. 2 BGB **außerordentlich** kündigen (HWK-*Gaul* § 19 BEEG Rn 7; s.a. Rdn 5). Eine ohne behördliche Zustimmung während der Elternzeit erklärte außerordentliche Kündigung des Arbeitgebers ist nach § 18 Abs. 1 S. 3 BEEG unwirksam.

23 Den Arbeitsvertragsparteien steht es frei, das Arbeitsverhältnis entweder zum Ende der Elternzeit oder zu jedem anderen Zeitpunkt mit sofortiger Wirkung oder für die Zukunft im Wege eines **Aufhebungsvertrages** zu beenden (ebenso: ErfK-*Gallner* § 19 BEEG Rn 5; DDZ-*Söhngen* § 19 BEEG Rn 7). Das mutterschutzrechtliche Kündigungsverbot des § 17 MuSchG oder der besondere Kündigungsschutz des § 18 BEEG steht dem nicht entgegen. Die Einigung auf einen von § 19 BEEG abweichenden Beendigungstermin verstößt auch nicht gegen die zwingende Ausgestaltung des Sonderkündigungsrechts. Der Aufhebungsvertrag ist nämlich auf eine endgültige Beendigung des Arbeitsverhältnisses und nicht auf einen vertraglichen Ausschluss oder eine inhaltliche Beschränkung des nach § 19 BEEG bestehenden Sonderkündigungsrechts gerichtet. Zu beachten ist dabei die **Sperrzeitproblematik** (§ 159 SGB III; dazu KR-*Link/Lau* § 159 SGB III Rdn 30 ff.). Schließt eine Arbeitnehmerin während der Elternzeit – ohne Kündigung besteht das sozialversicherungsrechtliche Beschäftigungsverhältnis während der Elternzeit weiter – einen Aufhebungsvertrag bezüglich eines bestehenden Arbeitsverhältnisses, kann sie sich nicht auf einen wichtigen Grund berufen, der für die Verhängung einer Sperrzeit ausschließt, solange ihr nicht zum konkreten Beendigungszeitpunkt eine arbeitgeberseitige Kündigung gedroht hat (*Hess. LSG* 2.9.2011 – L 9 AL 120/11 u. *LSG NRW* 16.11.2011 – L 9 AL 82/11, m. krit. Anm. *Freudenberg* B+P 2012, 496). Der besondere Kündigungsschutz des § 18 BEEG und Art. 6 GG werden nach den eben zitierten Entscheidungen des LSG Hessen und des LSG NRW nicht dadurch unterlaufen, dass eine Arbeitnehmerin bei ihrer freien Entscheidung zu einer vorzeitigen Aufgabe des Arbeitsverhältnisses unter Abwägung der Interessen der Versichertengemeinschaft eine Sperrzeit hinnehmen muss.

24 Das Arbeitsverhältnis des Arbeitnehmers kann während des Bestehens des Sonderkündigungsrechts nach § 19 BEEG auch aus **anderen Gründen enden**. Als derartige Beendigungstatbestände kommen insbes. in Betracht: Anfechtung des Arbeitsvertrages, Beendigung des Arbeitsverhältnisses durch Zeitablauf, auflösende Bedingung sowie Tod des Arbeitnehmers (APS-*Rolfs* § 19 BEEG Rn 4).

F. Rechtsfolgen der Sonderkündigung

I. Lösung des Arbeitsverhältnisses

25 Ebenso wie jede andere rechtswirksame Kündigung führt auch die Ausübung des Sonderkündigungsrechts nach § 19 BEEG nicht zu einer Suspendierung, sondern zu einer **endgültigen Lösung** des Arbeitsverhältnisses zum Ende der Elternzeit (APS-*Rolfs* § 19 BEEG Rn 10; *Buchner/Becker* § 19 BEEG Rn 12). Der Arbeitgeber ist daher dazu berechtigt, den Arbeitsplatz nach dem Ausscheiden des Arbeitnehmers anderweitig zu besetzen. Dem Arbeitnehmer steht **kein gesetzlicher Wiedereinstellungsanspruch** zu. Einzelvertraglich oder kollektivrechtlich kann dem Arbeitnehmer jedoch (unter näher geregelten Voraussetzungen) ein Wiedereinstellungsanspruch eingeräumt werden.

II. Keine Statussicherung bei Wiedereinstellung

26 Im Unterschied zu § 10 Abs. 2 MuSchG aF (vgl. *Gallner* KR 11. Aufl., § 10 MuSchG Rn 33–34) enthält § 19 BEEG keine Statussicherung des Arbeitnehmers im Falle einer Wiedereinstellung innerhalb eines Jahres (ebenso: APS-*Rolfs* § 19 BEEG Rn 10; HWK-*Gaul* § 19 BEEG Rn 9; DDZ-*Söhngen* § 19 BEEG Rn 5). Eine derartige Statussicherung ist auch unionsrechtlich nicht geboten (APS-*Rolfs* § 19 BEEG Rn 10; vgl. KR-*Bader/Kreutzberg-Kowalczyk* § 18 BEEG Rdn 17 zur Situation nach der Rückkehr aus der Elternzeit). Eine Anrechnung der bisherigen **Betriebszugehörigkeit** kann freilich einzelvertraglich oder kollektivrechtlich vereinbart werden. Bei kurzfristigen Unterbrechungen der Betriebszugehörigkeit kann indes uU eine Anrechnung der bisherigen Dauer des Arbeitsverhältnisses auf die gesetzliche Wartezeit des § 1 Abs. 1 KSchG in Betracht kommen (vgl.

KR-*Rachor* § 1 KSchG Rdn 115–126). Außerdem kann im Einzelfall das **Benachteiligungsverbot** des § 7 Abs. 1 AGG zu beachten sein.

III. Einfluss auf Gratifikationen

Sofern allgemeine **Rückzahlungsklauseln** an die Eigenkündigung des Arbeitnehmers anknüpfen, so gelten diese grds. auch für die Sonderkündigung iSd § 19 BEEG (vgl. auch *BAG* 17.7.1969 – 5 AZR 499/68 zu dem vergleichbaren Sonderkündigungsrecht nach § 10 Abs. 1 MuSchG aF). Eine andere Beurteilung ist demgegenüber geboten, wenn ein zunächst zinslos gewährtes Arbeitgeberdarlehen bei alsbaldigem Ausscheiden auf eigenes Verlangen (zB im Falle der Kündigung nach § 19 BEEG) nachträglich auch für die Zeit des Ruhens des Arbeitsverhältnisses (also auch für die Zeit der Elternzeit) zu verzinsen ist, weil eine solche nur schwebende Zinslosigkeit dem Zweck des Sonderkündigungsrechts zum Ende der Elternzeit widerspricht (*BAG* 16.10.1991 – 5 AZR 35/91). Im öffentlichen Dienst bestehende tarifliche Regelungen (zB früher § 62 BAT), nach denen der Anspruch auf Übergangsgeld und anteilige Sonderzuwendung bei eigener Kündigung des Arbeitnehmers nur dann erhalten bleibt, wenn die Kündigung »wegen Niederkunft in den letzten drei Monaten« erfolgt, sind durch die Einführung der Elternzeit nicht lückenhaft geworden (vgl. zur entspr. Rechtslage aufgrund der Einführung des Mutterschaftsurlaubs *BAG* 13.10.1982 – 5 AZR 214/81). Bei einer Sonderkündigung iSd § 19 BEEG sind daher derartige tarifliche Voraussetzungen nicht gewahrt.

27

§ 20 BEEG Zur Berufsausbildung Beschäftigte, in Heimarbeit Beschäftigte

(1) ¹Die zu ihrer Berufsbildung Beschäftigten gelten als Arbeitnehmer und Arbeitnehmerinnen im Sinne dieses Gesetzes. ²Die Elternzeit wird auf die Dauer einer Berufsausbildung nicht angerechnet, es sei denn, dass während der Elternzeit die Berufsausbildung nach § 7a des Berufsbildungsgesetzes oder § 27b der Handwerksordnung in Teilzeit durchgeführt wird. ³§ 15 Absatz 4 Satz 1 bleibt unberührt.

(2) ¹Anspruch auf Elternzeit haben auch die in Heimarbeit Beschäftigten und die ihnen Gleichgestellten (§ 1 Absatz 1 und 2 des Heimarbeitsgesetzes), soweit sie am Stück mitarbeiten. ²Für sie tritt an die Stelle des Arbeitgebers der Auftraggeber oder Zwischenmeister und an die Stelle des Arbeitsverhältnisses das Beschäftigungsverhältnis.

Übersicht	Rdn		Rdn
A. Allgemeines	1	C. In Heimarbeit Beschäftigte und Gleichgestellte	4
B. Zur Berufsausbildung Beschäftigte	2		

A. Allgemeines

§ 20 regelt zunächst, dass die **zu ihrer Berufsbildung Beschäftigten** als Arbeitnehmerinnen oder Arbeitnehmer im Sinne des BEEG gelten (Abs. 1 S. 1). Hierbei kann es auf sich beruhen, ob diese Regelung nur eine Klarstellung darstellt oder ob es sich wirklich um eine Erweiterung des Anwendungsbereichs des BEEG (im Wege einer Fiktion: ErfK-*Müller-Glöge* § 20 BEEG Rn 1) handelt (ebenso *Buchner/Becker* § 20 BEEG Rn 1; HWK-*Gaul* § 20 BEEG Rn 1). Abs. 2 S. 1 bestimmt weiter für die **in Heimarbeit Beschäftigten** sowie die ihnen **Gleichgestellten** (§ 1 Abs. 1 u. 2 HAG), dass diese ebenfalls **Anspruch auf Elternzeit** haben, soweit sie am Stück mitarbeiten. Mit Wirkung zum 1.9.2021 wurde § 20 Abs. 1 S. 2 BEEG durch Art. 1 des Gesetzes vom 15.2.2021 (BGBl. I S. 239) zum Zwecke des Ausbaus der **Teilzeitberufsausbildung** ergänzt (s. Rdn 3).

1

B. Zur Berufsausbildung Beschäftigte

Wer zu den zu ihrer Berufsbildung Beschäftigten zählt, die damit Anspruch auf Elternzeit haben und den §§ 18, 19 BEEG unterfallen, wird in § 1 Abs. 1 BBiG umschrieben. Berufsbildung ist

2

danach die **Berufsausbildungsvorbereitung**, die **Berufsausbildung** (vgl. dazu wegen der Folgewirkungen auch *BFH* 2.9.2011 – III B 163/10; *LSG BW* 1.2.2011 – L 11 R 813/10), die **berufliche Fortbildung** und die **berufliche Umschulung** (vgl. näher KR-*Weigand* §§ 21–23 BBiG Rdn 8–14, dort auch zur einschlägigen Rspr.). Zu den erfassten Personen können damit auch **Anlernlinge**, **Volontäre** und **Praktikanten** zählen (KR-*Weigand* §§ 21–23 BBiG Rdn 13 f. mwN; ErfK-*Müller-Glöge* § 20 BEEG Rn 1). Nach Abs. 1 S. 2 wird die Elternzeit nicht auf die **Berufsbildungszeiten** angerechnet (vgl. auch *OVG RhPf* 18.1.2013 – 10 A 10747/12.OVG, zur Verlängerung des juristischen Vorbereitungsdienstes durch Inanspruchnahme von Elternzeit). Diese Regelung ist nicht dispositiv (HWK-*Gaul* § 20 BEEG Rn 3). Daraus ist zu folgern, dass sich das Berufsbildungsverhältnis aufgrund der gesetzlichen Regelung automatisch entsprechend **verlängert** (HWK-*Gaul* § 20 BEEG Rn 2: auch bei Teilzeitarbeit während der Elternzeit; ebenso *Buchner/Becker* § 20 BEEG Rn 3; **aA** ErfK-*Müller-Glöge* § 20 BEEG Rn 1: Anspruch des Auszubildenden auf Verlängerung, Kontrahierungszwang des Ausbildenden). Eine vorzeitige Beendigung des Ausbildungsverhältnisses bleibt freilich möglich (HWK-*Gaul* § 20 BEEG Rn 2; vgl. weiter einerseits *Buchner/Becker* § 20 BEEG Rn 5 u. andererseits *Meisel/Sowka* § 20 BErzGG Rn 6).

3 Mit **Wirkung zum 1.9.2021** wurde § 20 Abs. 1 S. 2 BEEG durch Art. 1 des Gesetzes vom 15.2.2021 (BGBl. I S. 239) zum Zwecke des Ausbaus der **Teilzeitberufsausbildung** so ergänzt, dass eine Anrechnung ermöglicht wird, wenn während der Elternzeit die Berufsausbildung nach § 7a BBiG oder § 27b Handwerksordnung in Teilzeit fortgesetzt wird. Diese Ergänzung ist Folge der Novellierung des BBiG zum Jahr 2020. Durch die Ergänzung soll eine zusätzliche Option zur Gestaltung der Berufsausbildung geschaffen werden, durch die die Dauer einer Berufsausbildung für Auszubildende, die Elternzeit in Anspruch nehmen, deutlich verringern lässt und verhindert werden kann, dass die Ausbildung unterbrochen werden muss. Der Gesetzgeber wollte damit die Vereinbarkeit von Beruf und Familie für Auszubildende fördern und zugleich dem Interesse der Betriebe an einer früheren Verfügbarkeit vollausgebildeter Fachkräfte und an der Vermeidung von Vorhaltekosten Rechnung tragen (BT-Drucks. 559/20 S. 36).

C. In Heimarbeit Beschäftigte und Gleichgestellte

4 Auch die in Heimarbeit Beschäftigten und die ihnen Gleichgestellten (§ 1 Abs. 1 u. 2 HAG), die mangels persönlicher Abhängigkeit nicht Arbeitnehmer sind, haben, soweit sie am Stück mitarbeiten, **Anspruch auf Elternzeit** (also: für diese Zeit keine Aufträge). Damit wird der Schutzbedürftigkeit dieses Personenkreises Rechnung getragen (HWK-*Gaul* § 20 BEEG Rn 4), wenngleich die praktische Bedeutung der Norm gering sein dürfte. In der Konsequenz gelten auch die §§ 18, 19 BEEG für sie (s. KR-*Kreutzberg-Kowalczyk* §§ 29, 29a HAG Rdn 73; vgl. auch *Böttcher* § 20 BEEG Rn 8 f.; *Buchner/Becker* § 20 BEEG Rn 9; DDZ-*Söhngen* § 20 BEEG Rn 2), wobei Abs. 2 S. 2 die entsprechende Anpassungsregelung enthält.

§ 21 BEEG Befristete Arbeitsverträge

(1) Ein sachlicher Grund, der die Befristung eines Arbeitsverhältnisses rechtfertigt, liegt vor, wenn ein Arbeitnehmer oder eine Arbeitnehmerin zur Vertretung eines anderen Arbeitnehmers oder einer anderen Arbeitnehmerin für die Dauer eines Beschäftigungsverbotes nach dem Mutterschutzgesetz, einer Elternzeit, einer auf Tarifvertrag, Betriebsvereinbarung oder einzelvertraglicher Vereinbarung beruhenden Arbeitsfreistellung zur Betreuung eines Kindes oder für diese Zeiten zusammen oder für Teile davon eingestellt wird.

(2) Über die Dauer der Vertretung nach Absatz 1 hinaus ist die Befristung für notwendige Zeiten einer Einarbeitung zulässig.

(3) Die Dauer der Befristung des Arbeitsvertrags muss kalendermäßig bestimmt oder bestimmbar oder den in den Absätzen 1 und 2 genannten Zwecken zu entnehmen sein.

(4) ¹Der Arbeitgeber kann den befristeten Arbeitsvertrag unter Einhaltung einer Frist von mindestens drei Wochen, jedoch frühestens zum Ende der Elternzeit, kündigen, wenn die Elternzeit ohne Zustimmung des Arbeitgebers vorzeitig endet und der Arbeitnehmer oder die Arbeitnehmerin die vorzeitige Beendigung der Elternzeit mitgeteilt hat. ²Satz 1 gilt entsprechend, wenn der Arbeitgeber die vorzeitige Beendigung der Elternzeit in den Fällen des § 16 Abs. 3 Satz 2 nicht ablehnen darf.

(5) Das Kündigungsschutzgesetz ist im Falle des Absatzes 4 nicht anzuwenden.

(6) Absatz 4 gilt nicht, soweit seine Anwendung vertraglich ausgeschlossen ist.

(7) ¹Wird im Rahmen arbeitsrechtlicher Gesetze oder Verordnungen auf die Zahl der beschäftigten Arbeitnehmer und Arbeitnehmerinnen abgestellt, so sind bei der Ermittlung dieser Zahl Arbeitnehmer und Arbeitnehmerinnen, die sich in der Elternzeit befinden oder zur Betreuung eines Kindes freigestellt sind, nicht mitzuzählen, solange für sie auf Grund von Absatz 1 ein Vertreter oder eine Vertreterin eingestellt ist. ²Dies gilt nicht, wenn der Vertreter oder die Vertreterin nicht mitzuzählen ist. ³Die Sätze 1 und 2 gelten entsprechend, wenn im Rahmen arbeitsrechtlicher Gesetze oder Verordnungen auf die Zahl der Arbeitsplätze abgestellt wird.

Übersicht	Rdn		Rdn
A. Gesetzeszweck	1	III. Dauer und Inhalt der befristeten Beschäftigung	42
I. Normzweck und Entstehungsgeschichte	1	1. Zeiten der Beschäftigungsverbote und der Kinderbetreuung	42
II. Änderungsgesetze 1990–2015	4	2. Zeiten notwendiger Einarbeitung	45
B. Verhältnis zu anderen Befristungsregelungen	6	IV. Bestimmtheit oder Bestimmbarkeit	48
I. Andere Gesetze	8	1. Kalendermäßige Befristung	48
1. § 14 TzBfG	8	2. Zweckbefristung	49
2. WissZeitVG und ÄArbVtrG	9	3. Auflösende Bedingung	56
3. AÜG	12	D. Rechtsfolgen der Befristung	57
4. PflegeZG und FPfZG	13	I. Beendigung infolge Befristung	57
II. Tarifverträge	15	II. Vorzeitige Beendigung durch Kündigung	58
III. Betriebsvereinbarungen, Arbeitsvertrag	17	1. Außerordentliche Kündigung	58
C. Voraussetzungen für die Befristung	18	2. Ordentliche Kündigung aufgrund Vereinbarung	59
I. Allgemeines	18	3. Gesetzliches Sonderkündigungsrecht	60
1. Begriffsbestimmungen	18	a) Zweck und Voraussetzungen	61
2. Abschluss des befristeten Arbeitsvertrages	19	b) Kündigungsfrist	68
3. Kausalität	21	c) Ausschluss des KSchG	72
4. Befristungsprognose und Rechtsmissbrauch	25	d) Abdingbarkeit des Kündigungsrechts	73
5. Beteiligung des Betriebsrats oder Personalrats	31	III. Übergang des Arbeitsverhältnisses auf unbestimmte Zeit nach § 15 Abs. 5 TzBfG	74
II. Die Sachgründe zur Befristung	33	IV. Auswirkung der Elternzeit auf Beschäftigtenzahl	76
1. Beschäftigungsverbote nach dem MuSchG	33	V. Prozessuales	82
2. Elternzeit	34		
3. Arbeitsfreistellung zur Kinderbetreuung	39		

A. Gesetzeszweck

I. Normzweck und Entstehungsgeschichte

Der Gesetzgeber verfolgt mit dem zum 1.1.2007 in Kraft getretenen § 21 BEEG (vorher inhaltsgleich § 21 BErzGG) den Zweck, **organisatorische und finanzielle Belastungen der Betriebe** auszuräumen, die sich aus den Beschäftigungsverboten nach dem Mutterschutzgesetz (MuSchG) und der Elternzeit (vorher Erziehungsurlaub) und anderen Kinderbetreuungszeiten ergeben können.

1

Anknüpfend an die frühere Rechtsprechung des BAG zur Befristungskontrolle, die einen sachlichen Grund für die Befristung verlangte, wenn die objektive Umgehung eines Bestandsschutzgesetzes möglich ist (vgl. dazu *Lipke/Bubach* § 14 TzBfG Rdn 44, 240, 247), legt § 21 Abs. 1 BEEG fest, dass ein **sachlicher Grund** vorliegt, wenn ein Arbeitgeber einen Arbeitnehmer zur **Vertretung** für die Dauer der Beschäftigungsverbote oder einer Elternzeit einstellt. Die Mutterschaftsurlaubsvertretung wurde von der früheren Rechtsprechung schon als sachlicher Grund für die Befristung anerkannt (*BAG* 17.2.1983 EzA § 620 BGB Nr. 64). Ebenso stand und steht die sachliche Rechtfertigung der befristeten Einstellung eines Arbeitnehmers zur Vertretung eines zeitweilig ausfallenden Mitarbeiters außer Zweifel (*BAG* 9.7.1997 EzA § 21 BErzGG Nr. 2); § 21 Abs. 1 BEEG dient somit in erster Linie der **Klarstellung** (*BAG* 15.8.2001 EzA § 21 BErzGG Nr. 4; *Annuß/Thüsing/Kühn* TzBfG, § 23 Rn 115; LS-*Schlachter* Anh. 2 F Rn 1; *Schaub/Linck* § 172 Rn 59) und schafft zugleich eine gesetzliche Grundlage für diese spezielle Befristung in Gestalt einer unwiderleglichen gesetzlichen Vermutung zum Vorliegen eines rechtfertigenden Sachgrundes (Amtl. Begr. des RegE, BT-Drucks. 10/3792 S. 21; Brose/Weth/Volk-*Schneider* Rn 5; HaKo-MuSchG/*Rancke* Rn 2). Dem Grunde nach könnte auf § 14 Abs. 1 Nr. 3 TzBfG als Sachgrund zurückgegriffen werden (APS-*Backhaus* Rn 3, 12; HWK-*Gaul* Rn 1); indessen wird der **Sachgrund der Vertretung durch § 21 BEEG konkretisiert** (*BAG* 15.2.2017 EzA § 14 TzBfG Schriftform Nr. 3, Rn 22; 26.10.2016 EzA § 14 TzBfG Rechtsmissbrauch Nr. 11, Rn 14; *BAG* 29.4.2015 § 14 TzBfG Nr. 114, Rn 16; 19.2.2014 EzA § 14 TzBfG Nr. 103, Rn 27). In der Sache dient die Regelung des § 21 Abs. 1 BEEG dem **Dispositionsinteresse des Arbeitgebers** (*BAG* 5.6.2007 EzA § 15 BErzGG Nr. 16) und verfolgt zugleich das Ziel, die Vereinbarung von **Berufs- und Familienleben erwerbstätiger Eltern zu erleichtern** (*BAG* 17.11.2010 EzA § 14 TzBfG Nr. 72). Darüber hinaus erlaubt § 21 Abs. 2 BEEG eine erweiterte Befristung für notwendige **Zeiten der Einarbeitung** (s. Rdn 45–47).

2   Vereinbarkeit mit Unionsrecht

Der Gesetzgeber beabsichtigte mit der nach § 21 BEEG zugelassene befristete Einstellung von Ersatzkräften den **Arbeitsmarkt zu entlasten** und zusätzliche **Einstellungsgelegenheiten zu schaffen**. § 21 Abs. 1 BEEG dient dem sozialpolitischen Ziel, die Vereinbarkeit von Familie und Beruf zu verbessern und erlaubt auch den **wiederholten Gebrauch** dieser Befristungsmöglichkeit (*BAG* 17.11.2010 EzA § 14 TzBfG Nr. 72). Nach der Rechtsprechung des **EuGH** werden mit Maßnahmen, die dem Schutz bei Schwangerschaft und Mutterschaft dienen und es Männern und Frauen ermöglichen sollen, ihren beruflichen und familiären Verpflichtungen gleichermaßen nachzukommen, **legitime sozialpolitische Ziele** verfolgt, was den Zielen der Richtlinie 92/85/EWG entspricht (*EuGH* 26.1.2012 EzA § 14 TzBfG Nr. 80 Rn 33 f., *Kücük*). Abgesehen von einer Prüfung des Rechtsmissbrauchs – zB Deckung eines ständigen und dauerhaften Arbeitskräfte anstelle eines zeitweiligen Vertretungsbedarfs – bestehen deshalb gegen die Regelung des § 21 BEEG **keine unionsrechtlichen Bedenken** (*BAG* 17.5.2017 EzA § 14 TzBfG Rechtsmissbrauch Nr. 2, Rn 36; s. Rdn 27, 40). Arbeitnehmerinnen kehren nach der gesetzgeberischen Einschätzung am Ende der Kinderbetreuung häufig nicht in das Erwerbsleben zurück. Der befristete Arbeitsvertrag der Ersatzkraft kann dann unbefristet fortgesetzt werden (BT-Drucks. 10/3792, S. 21). Diese Erwartung hat sich erfüllt. Für etwa 49 % der Elternzeitler wurden Ersatzkräfte eingestellt. Davon wurde die eine Hälfte befristet, die andere Hälfte unbefristet beschäftigt (BT-Drucks. 11/8517).

3   Um den Arbeitgeber bei einer vorzeitigen Beendigung der Elternzeit vor einer Belastung mit doppelten Lohnkosten zu bewahren, gibt § 21 Abs. 4 BEEG dem Arbeitgeber ein **besonderes Kündigungsrecht**, das **nicht dem KSchG unterliegt**. Schließlich sichert § 21 **Abs. 7 BEEG**, dass die zusätzliche Einstellung einer befristet beschäftigten Ersatzkraft nicht nach anderen arbeitsrechtlichen Gesetzen oder Verordnungen Nachteile für den Arbeitgeber auslöst, zB über die nach **§ 9 BetrVG** die Größe des Betriebsrats festlegende Zahl der Beschäftigten (*LAG* Nbg. 2.5.2005 EzAÜG BetrVG Nr. 91) oder über die den gesetzlichen Kündigungsschutz nach § 23 Abs. 1 KSchG vermittelnde Zahl der regelmäßig Beschäftigten (*LAG RhPf* 5.2.2004 – 6 Sa 1226/03, LAG Report 2004, 305).

II. Änderungsgesetze 1990–2015

Zu den Entwicklungen und gesetzgeberischen Veränderungen des BEEG (BErzGG) innerhalb der letzten 20 Jahre wird auch auf die Übersichten in der 8. Auflage verwiesen. Vgl. hierzu auch *Bader/ Kreutzberg-Kowalczyk* § 18 BEEG Rdn 1 ff. 4

Mit dem zum 1.1.2007 in Kraft getretenen **Gesetz zur Einführung des Elterngeldes vom 5.12.2006** (BGBl. I S. 2748) haben sich die Bezugsmöglichkeiten des Elterngeldes und die Voraussetzungen der Elternzeit mehrfach verändert, zuletzt durch Art. 6 Abs. 9 zur Neuregelung des Mutterschutzrechts vom 23.5.2017 (BGBl. I S. 1228). § 21 BEEG ist durch die Bekanntmachung der Neufassung des BEEG vom 27.1.2015 (BGBl. I S. 33) inhaltlich unverändert geblieben. Die **Regeln zur Befristung** im Zusammenhang mit Elternzeit und Kinderbetreuung bleiben erhalten. Weitere **Befristungsgelegenheiten** hierzu gibt es seit dem 1.7.2008 durch eine Regelung in § 6 PflegeZG, die ebenfalls an Pflege- und Betreuungssachverhalte knüpft (Art. 3 des Gesetzes zur strukturellen Weiterentwicklung der Pflegeversicherung BGBl. I S. 874, 896; *Preis/Weber* NZA 2008, 82, 84 f.). Ergänzend hierzu ist das **Familienpflegezeitgesetz** (FPfZG) vom 6.12.2011 zum **1.1.2012 in Kraft getreten** (Art. 1 des Gesetzes zur Vereinbarkeit von Pflege und Beruf, BGBl. I S. 2564; *Göttling/ Neumann* NZA 2012, 119) und erweitert die Möglichkeiten des PflegeZG, indem es in Betrieben mit mehr als 15 Arbeitnehmern eine **Familienpflegezeit bis zu 24 Monaten** bei reduzierter Wochenarbeitszeit von mindestens 15 Stunden ermöglicht. Inzwischen sind **weitere familienfreundliche Flexibilisierungen der Elternzeit zum 1.1.2015** in Kraft getreten, was die Übertragung und Inanspruchnahme der Elternzeit sowie den Kündigungsschutz angeht (§§ 15, 18 BEEG; vgl. BT-Drs. 18/2625; *Düwell* jurisPR-ArbR 43/2014 Anm. 1). Vgl. dazu Rdn 13 f. und KR-*Treber/Waskow* PflegeZG und FPfZG. 5

B. Verhältnis zu anderen Befristungsregelungen

§ 21 BEEG regelt nicht das Verhältnis zu anderen gesetzlichen Befristungsregelungen. **§ 23 TzBfG** stellt indessen klar, dass **§ 21 BEEG eine eigenständige Befristungsgrundlage** ist. Liegen die in § 21 Abs. 1 und 2 BEEG normierten Tatbestandsvoraussetzungen vor, ist ein **sachlich gerechtfertigter Befristungsgrund** gegeben, ohne dass noch weitere Voraussetzungen erfüllt werden müssten (*ArbG Würzburg* 26.6.1998 EzBAT SR 2y BAT Bundeserziehungsgeldgesetz Nr. 6; APS-*Backhaus* Rn 4). § 21 Abs. 1 BEEG **erweitert** den Anwendungsbereich einer erlaubten befristeten **Ersatzeinstellung**, indem dadurch die über die gesetzliche Elternzeit hinausreichenden Freistellungen einbezogen werden, soweit sie auf **Tarifvertrag, Betriebs-** oder **einzelvertraglicher Vereinbarung** beruhen und der **Kinderbetreuung** dienen. Mit der am 1.1.2019 in Kraft tretenden Regelung zur »Brückenteilzeitarbeit« in § 9a TzBfG ergibt sich eine weitere Befristungsmöglichkeit zur Vertretung, die aber – anders als nach § 21 BEEG – nicht allein an Elternzeiten zur Kinderpflege- und -betreuung gebunden ist. Insoweit kommt § 21 BEEG nur in diesen Fällen zum Tragen. Näher dazu KR-*Lipke/Bubach* § 14 TzBfG Rdn 99, 269. 6

Es ist rechtlich unbedenklich, an eine Befristung nach § 21 BEEG einen weiteren befristeten Arbeitsvertrag anzuschließen, wenn hierfür ein sachlicher Grund iSv § 14 Abs. 1 TzBfG vorliegt. Sind die **Voraussetzungen** einer Befristung nach § 21 Abs. 1 BEEG **nicht erfüllt, kann sich der Arbeitgeber auf andere gesetzliche Befristungsgründe berufen**. Eine erkennbare **Festlegung** auf den **Befristungsgrund** des § 21 BEEG ist indessen erforderlich, wenn der Arbeitgeber sich später auf seine **besonderen Kündigungsmöglichkeiten** aus den Abs. 4 und 5 der Bestimmung berufen will *Zmarzlik/Zipperer/Viethen* Rn 7; *Annuß/Thüsing/Kühn* § 23 TzBfG Rn 118; DDZ-*Wroblewski* Rn 3; LS-*Schlachter* Anh. 2 F Rn 2; *Roos/Bieresborn/Graf* § 21 BEEG Rn 8; **aA** HaKo-MuSchG/ *Rancke* Rn 3; HWK-*Gaul* Rn 3, 6, nur im Fall der gedanklichen Zuordnung; APS-*Backhaus* Rn 13, der dem Arbeitgeber insoweit die Beweislast für die Kausalität des Vertretungsfalls wegen Elternzeit auferlegen will). 7

I. Andere Gesetze

1. § 14 TzBfG

8 § 14 Abs. 1 und 2 TzBfG einerseits und § 21 BEEG andererseits stehen unabhängig nebeneinander (*BAG* 17.11.2010 EzA § 14 TzBfG Nr. 72; *Dörner* ArbRBGB § 620 BGB Rn 439; *Annuß/Thüsing/Kühn* § 23 TzBfG Rn 116; ErfK-*Müller-Glöge* Rn 2). **Sachgrundvertretungen**, die auf das allgemeine Befristungsrecht gestützt werden, sind durch § 21 BEEG nicht gesperrt (*Bruns, P.* BB 2008, 386). Sofern die Voraussetzungen des § 14 Abs. 2 TzBfG vorliegen, kann der Arbeitgeber auch hiernach ein befristetes Arbeitsverhältnis begründen, wenn er über die Dauer von Beschäftigungsverboten und Elternzeit hinaus einen Zeitraum von bis zu zwei Jahren durch Neueinstellung einer Ersatzkraft abdecken will. **Ein befristeter Arbeitsvertrag nach § 21 BEEG kann sich an eine auf § 14 Abs. 2 TzBfG gestützte sachgrundlose Befristung anschließen.** Die umgekehrte Reihenfolge ist dagegen seit Inkrafttreten des TzBfG nicht mehr zulässig, nachdem eine Befristung ohne Sachgrund nur noch bei **erstmaliger Einstellung** erlaubt ist (§ 14 Abs. 2 S. 2 TzBfG). Die im Befristungsrecht nun über § 23 TzBfG allgemein zu beachtenden Bestimmungen des § 14 Abs. 4 TzBfG (**Schriftform**) und § 17 TzBfG (**Klagefrist**) sind bei Begründung und Beendigung des befristeten Arbeitsvertrages nach § 21 BEEG ebenfalls zu beachten (vgl. *BAG* 14.12.2016 EzA § 14 TzBfG Schriftform Nr 2, Rn 28; *Bader/Kreutzberg-Kowalczyk* § 23 TzBfG Rdn 1; APS-*Backhaus* Rn 8; *Dörner* Befr. Arbeitsvertrag Rn 649; *Annuß/Thüsing/Kühn* § 23 TzBfG Rn 118; ErfK-*Müller-Glöge* Rn 3).

2. WissZeitVG und ÄArbVtrG

9 Weitere Sonderregelungen über befristete Arbeitsverträge enthalten das WissZeitVG vom 12.4.2007 (Art. 1 des Gesetzes zur Änderung arbeitsrechtlicher Vorschriften in der Wissenschaft vom 12.4.2007, BGBl. I S. 50, zuletzt geändert durch Art. 1 des Gesetzes vom 25. Mai 2020, BGBl. I S. 1073) und das Gesetz über befristete Arbeitsverträge mit Ärzten in der Weiterbildung (ÄArbVtrG vom 15. Mai 1986 BGBl. I S. 742, zuletzt geändert durch Art. 3 des Gesetzes vom 15. November 2019, BGBl. I S. 1604). Die Spezialregelungen genießen Vorrang, verdrängen im Übrigen aber nicht die allgemeinen Vorschriften zum Befristungsrecht (*Preis* WissZeitVG § 1 Rn 57; *Annuß/Thüsing/Kühn* § 23 TzBfG Rn 116). Die **Befristungsmöglichkeiten** nach dem WissZeitVG, ÄArbVtrG und BEEG **stehen nebeneinander** und schließen sich wechselseitig nicht aus. Nach Ausschöpfung der Höchstbefristungsdauer des WissZeitVG kann deshalb ein **wissenschaftlicher Mitarbeiter** zur Vertretung aus den Gründen des § 21 Abs. 1 und 2 BEEG befristet weiterbeschäftigt werden (*Dörner* Befr. Arbeitsvertrag Rn 649; APS-*Backhaus* Rn 9). Wird während einer Befristung nach dem WissZeitVG Elternzeit genommen, dauert das befristete Arbeitsverhältnis über das vereinbarte Fristende hinaus zunächst für die in Anspruch genommene Elternzeit fort und verlängert sich danach noch um die vor dem vereinbarten Fristende liegende Dauer der Elternzeit (*BAG* 28.5.2014 EzA § 620 BGB 2002 Hochschulen Nr. 12, Rn 10; *Bader/Jörchel* NZA 2016, 1105, 1106 f.).

10 Indessen sind die arbeitsrechtlichen Vorschriften und Grundsätze über befristete Arbeitsverträge und deren Kündigung **nicht** anzuwenden, soweit sie **im Widerspruch zu den Bestimmungen der §§ 1 Abs. 1 S. 5, 2 bis 6 WissZeitVG** stehen. Da nunmehr im Anwendungsbereich des WissZeitVG anstelle der Sachgrundprüfung eine **Befristungshöchstdauer** getreten, dagegen eine **aufstockende Befristung** nach Maßgabe des TzBfG mit Sachgrund erlaubt (zB Krankheitsvertretung nach § 14 Abs. 1 S. 2 Nr. 3 TzBfG) ist, sind solche Fälle nicht denkbar. Das **Zitiergebot** in **§ 2 Abs. 4 WissZeitVG** zwingt indessen den Arbeitgeber die Befristung ausdrücklich auf dieses Gesetz zu stützen, um sich darauf berufen zu können. Versäumt er dies, kann er sich indessen auf die Befristungsgründe in § 14 Abs. 1 und 2 TzBfG sowie auf § 21 Abs. 1 und 2 BEEG berufen, die eine Befristungsabrede, aber nicht eine Angabe des Befristungsgrunds erfordern (*Preis* WissZeitVG § 2 Rn 126 ff.).

11 Grundsätzlich hängt die **Wirksamkeit der Befristung** aber nicht davon ab, ob der **Grund für die Befristung** dem Arbeitnehmer bei Vertragsabschluss **mitgeteilt** worden ist (vgl. *Lipke/Bubach*

§ 14 TzBfG Rdn 163 ff.), denn es kommt nach hM **nur** darauf an, ob **bei Vertragsschluss objektiv ausreichende Befristungsgründe** vorgelegen haben oder nicht (*BAG* 15.8.2001 EzA § 21 BErzGG Nr. 4; 24.4.1996 EzA § 620 BGB Hochschulen Nr. 7, 8; 24.4.1996 EzA § 620 BGB Nr. 139; ErfK-*Müller-Glöge* § 14 TzBfG Rn 20; Brose/Weth/Volk-*Schneider* Rn 27). Ist die Mitteilung des Befristungsgrundes also nicht Wirksamkeitsvoraussetzung für die Befristung, so **empfiehlt** sich hier dennoch die **schriftliche Niederlegung des Befristungsgrundes**, um die **Befristungsvergünstigungen des WissZeitVG oder des BEEG nutzen** (BT-Drs. 16/3438 S. 15) zu können. Hierdurch können Streitigkeiten vermieden werden und die Beweisführung für den Arbeitgeber wird erleichtert. Zur **Darlegungs- und Beweislast** vgl. *Lipke/Bubach* § 14 TzBfG Rdn 755 ff.

3. AÜG

Vgl. dazu KR-*Lipke/Schlünder* § 620 BGB Rdn 24, 74 und KR-*Lipke/Bubach* § 14 TzBfG Rdn 273. 12

4. PflegeZG und FPfZG

Das **Pflegezeitgesetz** (PflegeZG) vom 28.5.2008 ist am **1.7.2008 in Kraft getreten** (Art. 3 des Gesetzes zur strukturellen Weiterentwicklung der Pflegeversicherung BGBl. I S. 874, 896, zuletzt geändert durch Art. 3 des Gesetzes vom 25. Juni 2021 BGBl. I S. 2020). Das Gesetz ermöglicht mit **§ 6 PflegeZG** über die Kinderbetreuung hinaus **kurzzeitige Vertretungsbefristungen**, die ebenso aus § 14 Abs. 1 Nr. 3 TzBfG heraus zulässig wären (*Preis/Weber* NZA 2008, 82, 84 f.; *Dörner* Befr. Arbeitsvertrag Rn 657; ErfK-*Gallner* § 6 PflegeZG Rn 1). Die in § 6 PflegeZG getroffenen Regelungen zur Befristung lehnen sich systematisch und inhaltlich stark an § 21 BEEG an. Näher s. *Treber/Waskow* Erl. zum PflegeZG. 13

Das **Familienpflegezeitgesetz** (FPfZG) vom 6.12.2011 ist zum **1.1.2012 in Kraft getreten** (Art. 1 des Gesetzes zur Vereinbarkeit von Pflege und Beruf, BGBl. I S. 2564, zuletzt geändert durch Art. 4 des Gesetzes vom 25. Juni 2021 BGBl. I S. 2020) ergänzt die Möglichkeiten des PflegeZG, indem es in Betrieben mit mehr als 15 Arbeitnehmern eine **Familienpflegezeit bis zu 24 Monaten** bei reduzierter Wochenarbeitszeit von mindestens 15 Stunden ermöglicht. Insoweit eröffnet sich auch hier eine vertretungsweise Befristung. **§ 2 Abs. 3 FPfZG** iVm § 6 PflegeZG schafft hierzu einen **Sachgrund für die Befristung** der Vertretungskraft. Darüber hinaus bietet das Gesetz Kündigungsschutz und finanzielle Hilfen für die pflegenden Arbeitnehmer. Zum **1.1.2015** ist das **FPfZG novelliert** worden, um für Arbeitnehmer noch mehr zeitliche Flexibilität im Spannungsfeld von Familie, Pflege und Beruf zu schaffen (Gesetz zur besseren Vereinbarkeit von Familie, Pflege und Beruf vom 4.12.2014, BGBl. I S. 2462; dazu *Sasse* DB 2015, 310). Dafür ist ein **Rechtsanspruch** auf Familienpflegezeit begründet und das **Verhältnis von Pflegezeit und Familienpflegezeit** besser abgestimmt worden (vgl. auch ErfK-*Gallner* FPfZG Rn 1). Näher hierzu KR-*Treber/Waskow* Erl. zum FPfZG 14

II. Tarifverträge

Bei § 21 BEEG handelt es sich um ein **einseitig zwingendes Gesetz** (ebenso *Boewer* § 23 TzBfG Rn 56; *Annuß/Thüsing/Thüsing* § 22 Rn 20), denn die Vorschrift ist dem Arbeitnehmerschutzrecht zuzurechnen, da sie die – nun in § 14 TzBfG **gesetzlich festgeschriebene** – **Restriktion des § 620 Abs. 1 BGB** durch die Rechtsprechung des BAG zur Befristungskontrolle übernimmt und nur den bis dahin anerkannten Befristungsgründen eine gesetzliche Grundlage gibt. Hätte der Gesetzgeber § 21 BEEG als zweiseitig zwingendes Gesetz ausgestalten wollen, hätte dies als Ausnahme von der Regel der ausdrücklichen Anordnung bedurft. Der Gesetzgeber war sich dessen auch bewusst und hat aus diesem Grund nur in § 1 Abs. 1 S. 2 WissZeitVG und § 1 Abs. 5 des Gesetzes über befristete Arbeitsverträge mit Ärzten in der Weiterbildung klargestellt, dass von den Vorschriften dieser Gesetze durch Tarifverträge nicht oder nur in bestimmten Grenzen abgewichen werden darf. § 21 ist deshalb **zugunsten der Arbeitnehmer** als **dispositiv** anzusehen, dh es kann insoweit durch Tarifvertrag oder Betriebsvereinbarung davon abgewichen werden (hM; statt vieler ErfK-*Müller-Glöge* Rn 1; APS-*Backhaus* Rn 2; DDZ-*Wroblewski* Rn 30; Brose/Weth/Volk-*Schneider* Rn 12; 15

HaKo-MuSchG/*Rancke* Rn 9; LS-*Schlachter* Anh. 2 F Rn 3; *Preis* § 1 WissZeitVG Rn 39, 41 ff.; abw. *Grüner/Dalichau* S. 27 f.).

16 Daran hat sich nach mehrmaliger gesetzlicher Änderung der hier maßgebenden Bestimmungen zur Elterzeit (s. Rdn 4, 13) im Ergebnis nichts geändert. Die Aufnahme des **Tarifvertrags** als **gleichberechtigte Anspruchsgrundlage** in § 21 Abs. 1 BEEG verdeutlicht nur, dass tarifvertragliche Regelungen, die zur Arbeitsfreistellung für Zwecke der Kinderbetreuung über das Gesetz hinausgehen, sachlich begründet sind und damit zugleich zusätzliche Befristungsmöglichkeiten für Ersatzkräfte eröffnen können. Deshalb sind Ersatzeinstellungen bei tariflich zugelassener befristeter Teilzeitbeschäftigung (§§ 11, **30 TVöD**; vgl. *LAG Brem.* 23.11.2000 LAGE § 15 BErzGG Nr. 5) oder bei Beurlaubung ohne Bezüge (zB **§ 28 TVöD**; vgl. *BAG* 2.7.2003 EzA § 620 BGB 2002 Nr. 6) zur **Kinderbetreuung** gestattet. Dies stellt sich für den freigestellten Arbeitnehmer unter Umständen als Vergünstigung dar, für den befristet eingestellten Vertreter ist dies indessen nicht unbedingt von Vorteil, da nun **mehrere Befristungen hintereinander** und **sogar nebeneinander** bis zur **Grenze des Rechtsmissbrauchs zulässig sind** (*BAG* 6.10.2010 EzA § 14 TzBfG Nr. 70; *Maschmann* Anm. AP Nr 79 zu § 14 TzBfG; *BAG* 29.4.2015 EzA § 14 TzBfG Nr. 114, Rn 21; 19.2.2014 EzA § 14 TzBfG Nr. 103). Diese Befristungen können mit einer, aber ebenso nacheinander mit unterschiedlichen Ersatzkräften vereinbart werden (*BAG* 10.2.1999 RzK I 9 f Nr. 60). Ein **Tarifvertrag**, der die befristete Einstellung zur Aushilfe und Vertretung abschließend regelt, etwa bestimmte Höchstfristen einer nur befristeten Beschäftigung, die Angabe des Befristungsgrunds oder abweichend von § 21 Abs. 5 BEEG nach Abs. 6 die Anwendung des KSchG bei vorzeitiger Beendigung der Elternzeit festlegt, hat **Vorrang vor § 21 BEEG**, da er für den betroffenen tarifgebundenen Ersatzarbeitnehmer günstiger ist (*APS-Backhaus* Rn 2). Zu vergleichen sind hierbei die beiden rechtlichen Regelungen, nicht eine der beiden Regelungen mit der Lage, die ohne sie oder die andere für den Arbeitnehmer möglicherweise bestehen würde. Die Protokollnotiz Nr. 2 zu Nr. 1 SR 2y BAT verbot sowohl nach ihrem Wortlaut als auch nach ihrem Sinn und Zweck, von vornherein einen Zeitvertrag für die Dauer von **mehr als fünf Jahren** abzuschließen. Mehrere aneinandergereihte Arbeitsverträge können jedoch zusammen die Dauer von fünf Jahren überschreiten (*BAG* 19.2.2014 EzA § 14 TzBfG Nr. 103). Verlangt die tarifvertragliche Festlegung einen **sachlichen Grund für die Befristung**, so ist diese Voraussetzung für einen Vertretungsfall nach § 21 BEEG erfüllt (*BAG* 29.10.1998 EzA § 21 BErzGG Nr. 3 zu einem Aushilfsarbeitsverhältnis nach SR 2y BAT). Die im **öffentlichen Dienst** nach § 2 SR 2y BAT auftretenden Probleme, zur Wirksamkeit der Befristung die **Befristungsgrundform** ausreichend bestimmt **zu vereinbaren** (vgl. *BAG* 17.4.2002 EzA § 620 BGB Nr. 194; *LAG Köln* 29.3.2004 ZTR 2004, 539), stellen sich nach dem ab 1.10.2005 geltenden § 30 TVöD nicht mehr, da der Tarifvertrag diese Voraussetzung nicht mehr erhebt. Insoweit sind jetzt nach **§ 30 Abs. 1 S. 1 TVöD** die allgemeinen gesetzlichen Befristungsvorschriften maßgebend.

III. Betriebsvereinbarungen, Arbeitsvertrag

17 Entsprechendes gilt für das Verhältnis von Gesetz und Betriebsvereinbarung oder einzelvertraglicher Vereinbarung, soweit kein Tarifvertrag vorgeht (ErfK-*Müller-Glöge* Rn 1; APS-*Backhaus* Rn 2; *Roos/Bieresborn/Graf* § 21 BEEG Rn 3). Zur einzelvertraglichen Vereinbarung zählt die Inbezugnahme von günstigeren tariflichen Befristungsregelungen. Günstigere (freiwillige) Betriebsvereinbarungen (§ 88 BetrVG) oder einzelvertragliche Absprachen, die für die befristet eingestellte Ersatzkraft vorteilhafter als die gesetzlichen Bestimmungen sind, gehen vor (§ 22 Abs. 1 TzBfG). Ähnlich wie bei Tarifverträgen dürfte es sich vornehmlich um die **Regelung einer Arbeitsfreistellung** zur Kinderbetreuung **jenseits** von **Beschäftigungsverboten** nach dem MuSchG und der gesetzlichen **Elternzeit** handeln. Darauf deutet bereits der Wortlaut des § 21 Abs. 1 BEEG hin, wonach die befristete Einstellung einer Ersatzkraft für alle **Kinderbetreuungszeiten zusammen oder für Teile davon** möglich ist. Dass Abweichungen zugunsten der befristet eingestellten Ersatzkraft einzelvertraglich möglich sind, ergibt sich aus **§ 21 Abs. 6 BEEG**.

C. Voraussetzungen für die Befristung

I. Allgemeines

1. Begriffsbestimmungen

Nach § 21 Abs. 1 BEEG liegt ein sachlicher Grund zur Befristung eines Arbeitsvertrags vor, wenn 18
ein Arbeitgeber einen anderen Arbeitnehmer zur Vertretung eines Arbeitnehmers für die Dauer der
allgemeinen und besonderen Beschäftigungsverbote nach §§ 3, 4, 5, 6, 11 und 12 MuSchG oder
für die Dauer einer Elternzeit oder für beide Zeiten zusammen oder für Teile davon einstellt. § 21
setzt nicht voraus, dass die Arbeitnehmerin in vollem Umfang an ihrer Arbeitsleistung gehindert
ist (*Annuß/Thüsing/Kühn* § 23 Rn 127; HaKo-TzBfG/*Boecken* Rn 6). Der Arbeitgeber kann hierzu **mehrere befristete Arbeitsverhältnisse mit derselben Vertretungskraft abschließen** oder nacheinander verschiedene Arbeitnehmer zur Vertretung einstellen (*BAG* 19.2.2014 EzA § 14 TzBfG
Nr. 103; HWK-*Gaul* Rn 2, 9; LS-*Schlachter* Anh. 2 F Rn 7; *Dörner* Befr. Arbeitsvertrag Rn 845;
ErfK-*Müller-Glöge* Rn 2a, 8a). Nach der Gesetzesbegründung (BT-Drucks. 12/1225) und dem
Wortlaut des Gesetzes, der eine befristete Einstellung **für alle Betreuungszeiten zusammen oder
für Teile davon** zulässt, ist dies ausdrücklich erlaubt. Ein sachlicher Grund kann zB vorliegen,
wenn eine Vertretungskraft zunächst für Zeiten des Mutterschutzes und danach für die Elternzeit
oder, wenn diese in Abschnitten genommen wird, für die einzelnen Abschnitte der Elternzeit eingestellt wird. Das gleiche gilt für Arbeitsfreistellungen aufgrund eines Tarifvertrags, einer Betriebsvereinbarung oder einer einzelvertraglichen Vereinbarung. Treten danach zunächst unabsehbare
dringende betriebliche Erfordernisse ein (zB zusätzlicher zeitgebundener Auftrag), so kann sich
daraus eine sachliche Rechtfertigung für den Abschluss eines weiteren befristeten Arbeitsvertrages
nach § 14 Abs. 1 Nr. 1 TzBfG ergeben, der dann allerdings nicht aus § 21 BEEG sachlich gerechtfertigt ist. Als zu vertretende **Arbeitnehmer** iSd Gesetzes gelten auch **Beamte**, wenn sie (mittelbar)
Vertretungsbedarf für Angestellte schaffen (BT-Drucks. 14/4374 S. 19; ErfK-*Müller-Glöge* Rn 4;
MüKo-*Hesse* TzBfG § 23 Rn 19; offen gelassen *BAG* 9.7.1997 EzA § 21 BErzGG Nr. 2; 21.2.2001
EzA § 620 BGB Nr. 176; aA *Zmarzlik/Zipperer/Viethen* Rn 14a; APS-*Backhaus* Rn 17, der insoweit
auf § 14 Abs. 1 Nr. 3 TzBfG ausweichen will). Im Falle einer befristeten **Vertragsverlängerung** ist
»Einstellung« iSv Abs. 1 der Beginn des vereinbarten Verlängerungszeitraums. Dies ist dann der
maßgebliche Zeitpunkt für die Prüfung der Voraussetzungen einer zulässigen Befristung nach § 21
BEEG (*LAG Köln* 21.10.1997 LAGE § 21 BErzGG Nr. 2).

2. Abschluss des befristeten Arbeitsvertrages

Die **Befristungsabrede** ist **schriftlich** zu treffen (§ 14 Abs. 4 TzBfG; BT-Drucks. 14/4374 S. 20, 19
22). **Mängel der Schriftform** hat der Arbeitnehmer im Befristungsprozess nach rechtzeitiger Klageerhebung aus anderen Gründen spätestens in der verlängerten Anrufungsfrist der §§ 17 S. 2 TzBfG,
6 S. 1 KSchG geltend zu machen; ansonsten ist er mit der Rüge ausgeschlossen (*BAG* 20.8.2014
EzA § 286 ZPO 2002 Nr. 3; 4.5.2011 EzA § 6 KSchG Nr. 3; *LAG RhPf* 9.4.2014 – 4 Sa 456/
13). Zwar ist die **Angabe** des **Befristungsgrundes** in der Befristungsabrede **nicht erforderlich** (*BAG*
15.8.2001 EzA § 21 BErzGG Nr. 4; *LAG Köln* 10.10.1997 LAGE § 21 BErzGG Nr. 1; vgl. *Lipke/
Bubach* § 14 TzBfG Rdn 163 ff.), dürfte indessen im Blick auf die Sonderrechte des Arbeitgebers
im Fall des § 21 Abs. 4 und 5 BEEG geboten sein (s. Rdn 7, 72). Da überdies die **Dauer** des befristeten Arbeitsverhältnisses bei einem auf **bestimmte Zeit** geschlossenen Arbeitsvertrag vorab nach
§ 14 **Abs. 4 TzBfG** und später nach § 2 **Abs. 1 Nr. 3 NachwG** schriftlich niederzulegen ist, hängt
jedenfalls die Wirksamkeit einer **Zweckbefristung** davon ab, dass dem Arbeitnehmer der Zeitpunkt
der Zweckerfüllung frühzeitig erkennbar ist. Von daher gehört im Falle der **Zweckbefristung** zum
Nachweis der vorhersehbaren **Dauer** die **Angabe des Befristungsgrundes** (ErfK-*Preis* § 2 NachwG
Rn 13; wohl anders HaKo-MuSchG/*Rancke* Rn 3; APS-*Backhaus* § 14 TzBfG Rn 700), selbst wenn
dies durch Gesetz oder kollektive Regelung nicht vorgegeben ist. Die im Rahmen der Bestimmung
nun zulässige Zweckbefristung (Abs. 3) setzt deshalb voraus, dass der **Vertragszweck**, mit dessen
Erreichung das Arbeitsverhältnis enden soll, sehr genau schriftlich zusammen mit der Befristungsabrede nach § 14 Abs. 4 TzBfG niedergelegt wird (*BAG* 9.9.2015 EzA § 21 BEEG Nr. 1, Rn 29;

21.12.2005 EzA § 14 TzBfG Nr. 25; *Annuß/Thüsing/Kühn* § 23 Rn 130), denn die Bezeichnung des Vertragszwecks tritt an die Stelle der Datums- oder Zeitangabe bei der Zeitbefristung. Ausreichend soll hierzu sein, wenn als Zweck die »Dauer des Mutterschutzes und einer anschließenden Elternzeit von Frau X« schriftlich im Arbeitsvertrag festgehalten wird (*LAG RhPf* 5.8.2004 – 11 Sa 340/04). Die Zweckbestimmung »Wegfall des Bedarfs« soll sogar aneinander gereihte Elternzeiten aufgrund mehrerer Geburten umfassen können (*LAG Nbg.* 2.8.2007 BB 2007, 2076; *Bruns, P.* BB 2008, 386), was im Blick auf die Absehbarkeit der Befristung zweifelhaft erscheint (ebenso Brose/Weth/Volk-*Schneider* Rn 35). Zur auflösenden Bedingung vgl. Rdn 56.

20 **Darüber hinausreichende Arbeitsfreistellungen zur Betreuung eines Kindes** bieten ebenfalls einen **sachlichen Grund** für die Befristung einer Ersatzkraft, **soweit** die Arbeitsfreistellung auf einem **Tarifvertrag**, einer **Betriebsvereinbarung** oder einer **einzelvertraglichen Vereinbarung** beruht. Vgl. Rdn 15, 17.

3. Kausalität

21 Für die Anerkennung eines Vertretungsfalls nach § 21 Abs. 1 BEEG als Befristungsgrund ist stets Voraussetzung, dass die befristete **Einstellung** der Vertretungskraft mit dem zeitweiligen **Ausfall eines Mitarbeiters kausal** verknüpft ist (st. Rspr. zuletzt *BAG* 29.4.2015 EzA § 14 TzBfG Nr. 114, Rn 17; 6.11.2013 EzA § 14 TzBfG Nr. 97; 15.2.2006 EzA § 14 TzBfG Nr. 27; 13.10.2004 EzA § 14 TzBfG Nr. 14; *Willikonsky* FS Etzel 2011, S. 467, 472; MHH-TzBfG/*Herms* § 23 Rn 57). Dies ermöglicht bei interner Umsetzung auch eine **mittelbare Vertretung** des wegen Kinderbetreuung freigestellten Mitarbeiters (*BAG* 10.10.2012 EzA § 14 TzBfG Nr. 88; *LAG Köln* 23.10.2009 – 11 Sa 1496/08, PersV 2011, 72; Brose/Weth/Volk-*Schneider* Rn 21; AR-*Klose* Rn 6). Die vom Arbeitgeber anlässlich der vertretungsbedingten befristeten Einstellung vorgenommene **Umorganisation** kann auch dazu führen, dass infolge des nunmehr geschaffenen Arbeitsplans ein nach seinem Inhalt neuer Arbeitsplatz entsteht, der nach der bisherigen Arbeitsorganisation noch nicht vorhanden war (*LAG RhPf* 7.11.2012 – 8 Sa 243/12). Das zulässige **»Aufgabenkarussell«** kann jedoch nur in Gang gesetzt werden, wenn der ausfallende Mitarbeiter im Wege des Direktionsrechts in den Arbeitsbereich des Vertreters hätte umgesetzt werden können (*BAG* 17.4.2002 EzA § 620 BGB Nr. 194; *LAG RhPf* 15.6.2011 – 7 Sa 62/11; HaKo-TzBfG/*Boecken* Rn 9 und § 14 TzBfG Rn 71 ff.). Davon ist nicht auszugehen, wenn der zur Vertretung eingestellte Arbeitnehmer mit einer **anderen Vergütungsgruppe** eingestellt worden ist (*LAG Köln* 11.5.2005 NZA-RR 2006, 104; *Annuß/Thüsing/Kühn* § 23 Rn 133) oder aufgrund weit auseinanderliegender Beschäftigungsorte der Arbeitgeber infolge der Grenzen des Weisungsrechts aus § 106 GewO gehindert wäre, dem Vertretenen die Aufgaben des Vertreters zuzuweisen (*BAG* 25.3.2009 ZTR 2009, 441; *LAG Köln* 7.5.2007 NZA-RR 2007, 517; HWK-*Gaul* Rn 6). Jedenfalls verlangt das BAG für die Herstellung des Kausalzusammenhangs, dass der Arbeitgeber **bei Vertragsschluss mit dem Vertreter erkennbar** dessen **Aufgaben** einem oder mehreren vorübergehend abwesenden Beschäftigten **gedanklich zugeordnet** hat (*BAG* 24.8.2016 EzA § 14 TzBfG Nr. 124, Rn 21; 10.10.2012 EzA § 14 TzBfG Nr. 88 Rn 15 ff.; 20.1.2010 EzA § 14 TzBfG Nr. 64; 15.2.2006 EzA § 14 TzBfG Nr. 27; *LAG RhPf* 15.06.2011 – 7 Sa 62/11; *LAG Köln* 11.10.2007 – 6 Sa 751/07). Die Aussagekraft dieses Kriteriums ist zweifelhaft, da hier eine **innere Tatsache** angesprochen wird (vgl. dazu *Eisemann* NZA 2009, 1117 und KR-*Lipke/Bubach* § 14 TzBfG Rdn 279). Der mittelbaren Vertretung sollte daher ein nach außen erkennbares **Vertretungskonzept** zugrunde liegen (*BAG* 10.10.2012 EzA § 14 TzBfG Nr. 88); sie kann sich indessen auch aus anderen Umständen rechtfertigen (zB in einer Angabe im Arbeitsvertrag des Vertreters; ErfK-*Müller-Glöge* Rn 6; HWK-*Gaul* Rn 6).

22 So ist die Befristung eines Arbeitsvertrages sachlich gerechtfertigt, wenn die Einstellung nur mit **Haushaltsmitteln** möglich ist, die durch die **Beurlaubung der Stammkraft** vorübergehend frei werden (*BAG* 15.8.2001 EzA § 21 BErzGG Nr. 4). Bleibt die Mitarbeiterzahl gleich, kann dann die **Kausalität von Arbeitsausfall und Vertretung** vermutet werden (*LAG Köln* 21.10.1997 LAGE § 21 BErzGG Nr. 2; *Hess. LAG* 16.9.1999 NZA-RR 2000, 293; aA APS-*Backhaus* Rn 12, der dies bei größeren Arbeitgebern nicht für gerechtfertigt hält). Der ursächliche Zusammenhang mit dem

Vertretungsfall muss aber – insbes. bei mehrmaliger Befristung – erkennbar bleiben (*ArbG Berlin* 20.10.1995 AiB 1996, 254). **Keine Rolle** spielt dagegen, ob die der Vertretung zugrundeliegende **Freistellung zu Recht erfolgte** (APS-*Backhaus* Rn 15; *Annuß/Thüsing/Kühn* § 23 TzBfG Rn 124). Näher dazu Rdn 41.

Der kausale Zusammenhang ist nicht mehr gegeben, wenn die eigentliche Vertretungskraft wegen guter Arbeitsleistungen in ein unbefristetes Arbeitsverhältnis übernommen wurde und eine zweite befristete »Vertretungskraft« als Platzhalter für eine nur vage in Aussicht genommene Weiterbeschäftigung der zu vertretenden Elternzeitlerin an anderer Stelle dienen soll. Fehlt es also an einer klaren und für die Betroffenen erkennbaren arbeitgeberseitigen Organisationsentscheidung, so ist eine solche **Befristung auf »Vorrat«**, um sich künftige Umsetzungsmöglichkeiten offen zu halten, sachlich nicht gerechtfertigt (*LAG Köln* 14.1.1999 LAGE § 21 BErzGG Nr. 3; *Annuß/Thüsing/ Kühn* Rn 134). Gleiches gilt für ein am **Gesamtvertretungsbedarf** (der Finanzverwaltung) angelegtes Stellenpoolmodell, das sich mit dem einzelfallorientierten Ansatz des § 21 BEEG nicht vereinbaren lässt (*Hess. LAG* 16.9.1999 NZA-RR 2000, 293). Vgl. dazu auch *EuGH* 26.11.2014 EzA EG Vertrag 1999 Richtlinie 99/70 Nr. 11, »**Mascolo**«. 23

Im Streitfall trägt der Arbeitgeber die **Darlegungs- und Beweislast** für die **kausale Verknüpfung** der befristeten Einstellung der Ersatzkraft mit dem Vertretungsbedarf (*BAG* 15.8.2001 EzA § 21 BErzGG Nr. 4; ErfK-*Müller-Glöge* Rn 6; *Willikonsky* FS Etzel 2011, S. 471). Der Hinweis auf die fachliche Austauschbarkeit der Ersatzkraft mit der zu vertretenden Kraft reicht hierfür nicht aus (*BAG* 13.10.2004 EzA § 14 TzBfG Nr. 15; 25.8.2004 EzA § 14 TzBfG Nr. 11). Es ist vielmehr der **ursächliche Zusammenhang** zwischen dem zeitweiligen Ausfall des zu vertretenden Mitarbeiters und der Einstellung der Vertretungskraft im Einzelnen darzulegen (*BAG* 6.11.2013 EzA § 14 TzBfG Nr. 97; 21.2.2001 EzA § 620 BGB Nr. 176; HWK-*Gaul* Rn 6; *Annuß/Thüsing/Kühn* § 23 TzBfG Rn 148; MüKo-*Hesse* TzBfG § 23 Rn 18). Daran fehlt es, wenn die Sachgrunddauer und die Vertragsdauer zu Anfang des befristeten Arbeitsvertrages mit dem Vertreter (hier für einen Monat) nicht übereinstimmt (**aA** *LAG Köln* 14.12.2007 – 4 Sa 992/07), soweit kein Fall der Einarbeitung vorliegt (s. Rdn 45). 24

4. Befristungsprognose und Rechtsmissbrauch

Die bei der Befristung von Arbeitsverträgen zur Vertretung eines Mitarbeiters **erforderliche Prognose** des Arbeitgebers hat sich nur auf den Wegfall des Vertretungsbedarfs, dh die zu erwartende Rückkehr des zu vertretenen Mitarbeiters zu erstrecken. Unerheblich ist es, ob im Zeitpunkt des Ablaufs des befristeten Vertrags eine Weiterbeschäftigungsmöglichkeit für den Vertreter besteht (*BAG* 19.2.2014 EzA § 14 TzBfG Nr. 103, Rn 28; vgl. allgemein zur Prognose KR-*Lipke/Bubach* § 14 TzBfG Rdn 144 ff., Rdn 250 ff.). **Die Prognose** muss sich **nicht auf den Zeitpunkt der Rückkehr und auf die Dauer des Vertretungsbedarfs** und ebenso wenig auf die Frage beziehen, ob die **zu vertretende Stammkraft ihre Arbeit im früheren Umfang (Voll- oder Teilzeitarbeit) wiederaufnehmen wird** (st. Rspr. *BAG* 18.7.2012 EzA § 14 TzBfG Nr. 86; 24.5.2006 – 7 AZR 640/ 05; 2.7.2003 EzA § 620 BGB 2002 Nr. 6; ErfK-*Müller-Glöge* Rn 8; APS-*Backhaus* Rn 22 und § 14 TzBfG Rn 468; *Annuß/Thüsing/Kühn* § 23 TzBfG Rn 136). Denn selbst wenn die Stammkraft nur in vermindertem Umfang wieder tätig wird, entfällt der Vertretungsbedarf im bisherigen Umfang. Da es dem Arbeitgeber freisteht, ob, wie und in welchem Umfang er die auszugleichende Abwesenheit abdecken will, kann er sich zB für eine nur zeitweise, unterhalb der Abwesenheitszeit liegende Vertretung seiner Stammkraft entscheiden (*LAG RhPf* 5.7.2017 – 4 Sa 484/16, Rn 42). Die **fehlende Kongruenz** zwischen **Abwesenheitsdauer des zu Vertretenden und der Dauer der Befristung des Vertreters** lässt daher nicht von vornherein auf das Fehlen eines Sachgrundes schließen (*BAG* 6.12.2000 EzA § 620 BGB Nr. 172; 9.7.1997 EzA § 21 BErzGG Nr. 2). Die weitgehende Flexibilität des Befristungseinsatzes in § 21 BEEG lässt dem Arbeitgeber viel Spielraum. Die Prognose setzt nur dann **Zweifel** am Vorliegen eines Sachgrundes, wenn vom Standpunkt eines objektiven Dritten die wiederholte, jeweils befristete Beurlaubung des zu vertretenen Mitarbeiters nach 25

§ 21 BEEG   Befristete Arbeitsverträge

den Umständen des Einzelfalls seine **Rückkehr offensichtlich nicht mehr erwarten** lässt (vgl. *BAG* 6.12.2000 EzA § 620 BGB Nr. 172; *Annuß/Thüsing/Kühn* § 23 TzBfG Rn 136).

26 Schlichte **Zweifel**, ob der zu Vertretende seine Arbeit tatsächlich wiederaufnehmen wird, reichen nicht aus, die **Prognose** des Arbeitgebers zu erschüttern. Anders ist es, wenn der zu vertretende Arbeitnehmer sich vor dem Abschluss des befristeten Arbeitsvertrages mit der Vertretungskraft **verbindlich** gegenüber dem Arbeitgeber **geäußert** hat, dass er die **Arbeit nicht wiederaufnehmen** werde (*BAG* 29.4.2015 EzA § 14 TzBfG Nr. 114, Rn 21; Hako-TzBfG/*Boecken* Rn 10). **Unverbindliche Ankündigungen** hierzu genügen dagegen nicht (*BAG* 9.9.2015 EzA § 21 BEEG Nr. 1, Rn 33; 2.7.2003 EzA § 620 BGB 2002 Nr. 6; 25.3.2009 EzA § 14 TzBfG Nr. 57). Behauptet die befristet eingestellte Vertretungskraft, die zu vertretende Arbeitnehmerin habe sich frühzeitig verbindlich gegenüber dem Arbeitgeber dahin erklärt, nicht zurückzukehren zu wollen – zB durch Ausspruch einer Kündigung –, so obliegt ihr hierfür die **Darlegungs- und Beweislast** (*BAG* 2.7.2003 EzA § 620 BGB 2002 Nr. 6). Um die Prognose als Teil des Sachgrundes zu erschüttern genügt es nicht, dass der künftige Vertretungsbedarf sich über die weitere Inanspruchnahme von Elternzeit durch dritte Arbeitnehmer verlängern kann (*LAG Köln* 13.9.1995 LAGE § 620 BGB Nr. 41). Gegen die Prognose sprechen erst dann **erhebliche Zweifel**, wenn die angestrebte **Gesamtvertretungszeit** die Gesamtzeit sämtlicher **Ausfallzeiten überschreitet** (*Arnold/Gräfl-Imping* 4. Aufl. § 23 TzBfG Rn 71; krit. *Preis/Greiner* RdA 2010, 148, 150).

27 Alles in allem sind die nach § 21 BEEG vom **Arbeitgeber zu erfüllenden Anforderungen** an eine den Sachgrund gebende Prognose **geringer** zu veranschlagen **als** in übrigen Vertretungsfällen **nach § 14 Abs. 1 Nr. 3 TzBfG** (HaKo-MuSchG/*Rancke* Rn 5; MüKo-*Hesse* TzBfG § 23 Rn 18). Dies kommt schon in der abweichenden Normierung zum Ausdruck, die eine Befristung ebenso »für Teile« der Vertretungszeit gestattet (*BAG* 6.12.2000 EzA § 620 BGB Nr. 172; 11.12.1991 EzA § 620 BGB Nr. 119) und großzügig auch auf die **Einarbeitungszeiten** erstreckt (LS-*Schlachter* Anh. 2 F Rn 5). Hierbei ist zu bedenken, dass einerseits die im Zusammenhang mit familiären Abwesenheitszeiten an sich unerwünschte **Kettenbefristung** häufig auftritt, andererseits diese Kettenbefristung **wünschenswerten sozialpolitischen Zielen dienen kann**, nämlich dem Erhalt von unbefristeten Arbeitsplätzen für zumeist weibliche Arbeitnehmer, die übergangsweise familiäre Pflichten erfüllen (vgl. *Kamanabrou* EuZA 2012, 441 [444]; *Kiel* JarbR 50 [2013], 25 [32, 36]). Dieses **Spannungsfeld** ist sowohl bei der **Sachgrundprüfung** als auch bei der **Rechtsmissbrauchskontrolle** zugunsten der Arbeitgeber zu berücksichtigen (vgl auch *EuGH* 26.1.2012 EzA § 14 TzBfG Nr. 80 Rn 78 Kücük m. Anm. *Preis/Loth*). Der Arbeitgeber ist auch grds. nicht verpflichtet, eine **Personalreserve** in Form unbefristet beschäftigter Vertretungskräfte vorzuhalten, um Vertretungsfälle abzudecken (*EuGH* 14.9.2016 EzA Richtlinie 99/70 EG-Vertrag 1999 Nr. 13; Rn 55 f., **Perez Lopez**; *BAG* 24.8.2016 EzA § 14 TzBfG Nr. 124, Rn 26).

28 Allein die **große Anzahl** der mit einem Arbeitnehmer abgeschlossenen befristeten **Arbeitsverträge** oder die **Gesamtdauer** einer »Befristungskette« führen nicht dazu, dass an den Sachgrund der Vertretung »strengere Anforderungen« zu stellen sind (*BAG* 29.4.2015 EzA § 14 TzBfG Nr. 114, Rn 21, bei 10 befristeten Verträgen über 15 Jahre; 18.7.2012 EzA § 14 TzBfG Nr. 86 im Anschluss an den *EuGH* 26.1.2012 EzA § 14 TzBfG Nr. 80 Kücük m. Anm. *Preis/Loth*). Die frühere **Rechtsprechung** vor Inkrafttreten des TzBfG, wonach sich mit der Anzahl wiederholter Befristungen die **Kontrollintensität** bei der Prüfung des Sachgrundes, zu dem auch die **Prognose** gehört, erhöht (vgl zuletzt *BAG* 27.6.2001 EzA § 620 BGB Nr. 178), ist entgegen einer im Schrifttum weit verbreiteten Rechtsauffassung (*Persch* ZTR 2012, 268 [271]; *Preis/Greiner* RdA 2010, 148 f. mwN) **aufgegeben** worden. Als **Korrektiv** ist hierfür die Prüfung auf **institutionellen Rechtsmissbrauch** getreten. Danach sind die Gerichte nunmehr aus unionsrechtlichen Gründen gehalten zu kontrollieren, ob der Arbeitgeber missbräuchlich auf befristete Arbeitsverträge zurückgegriffen hat (*BAG* 29.4.2015 EzA § 14 TzBfG Nr. 114, Rn 24 ff.; 19.2.2014 EzA § 14 TzBfG Nr. 103). Die **Darlegungs- und Beweislast** für den institutionellen Rechtsmissbrauch trägt derjenige, der eine solche geltend macht, also regelmäßig der befristet beschäftigte **Arbeitnehmer** (*BAG* 17.5.2017 EzA § 14 TzBfG Rechtsmissbrauch Nr. 2, Rn 18 ff.; 19.3.2014 EzTöD 100 § 30 Abs. 1 TVöD-AT

sachgrundlose Befristung Nr. 29, Rn 26; *Kiel* JarbR 50 [2013], 25 [47]). Allerdings ist insoweit den Schwierigkeiten, die sich aus den fehlenden Kenntnismöglichkeiten des Arbeitnehmers ergeben, durch die Grundsätze der **abgestuften Darlegungs- und Beweislast** Rechnung zu tragen (*BAG* 4.12.2013 EzA § 14 TzBfG Nr. 100). Vgl. dazu KR-*Lipke/Bubach* § 14 TzBfG Rdn 753 ff.

Die nach den Grundsätzen des institutionellen Rechtsmissbrauchs vorzunehmende Prüfung verlangt eine **Würdigung sämtlicher Umstände des Einzelfalls**. Von besonderer Bedeutung sind die **Gesamtdauer** der befristeten Verträge sowie die **Anzahl der Vertragsverlängerungen**. Ferner ist der Umstand zu berücksichtigen, ob der Arbeitnehmer stets auf **demselben Arbeitsplatz** mit **denselben Aufgaben** beschäftigt wird oder ob es sich um wechselnde, ganz unterschiedliche Aufgaben handelt (*BAG* EzA § 14 TzBfG Rechtsmissbrauch Nr. 2, Rn 20). Auch wenn ein **ständiger Vertretungsbedarf** der Annahme des Sachgrunds der Vertretung nicht entgegensteht und daher geeignet ist, die Befristung des Arbeitsverhältnisses mit dem Vertreter zu rechtfertigen, ist er dennoch ein Umstand, der im Rahmen einer umfassenden Missbrauchskontrolle in die Gesamtwürdigung einbezogen werden kann. Bei zunehmender Anzahl und Dauer der jeweils befristeten Beschäftigung eines Arbeitnehmers kann es eine missbräuchliche Ausnutzung der dem Arbeitgeber an sich rechtlich eröffneten Befristungsmöglichkeit darstellen, wenn er gegenüber einem bereits langjährig beschäftigten Arbeitnehmer trotz der **tatsächlich vorhandenen Möglichkeit einer dauerhaften Einstellung** immer wieder auf befristete Verträge zurückgreift. Zu berücksichtigen ist außerdem die Laufzeit der einzelnen befristeten Verträge sowie die Frage, ob und in welchem Maße die vereinbarte Befristungsdauer zeitlich hinter dem zu erwartenden Vertretungsbedarf zurückbleibt. Wird trotz eines tatsächlich zu erwartenden **langen Vertretungsbedarfs** in rascher Folge mit demselben Arbeitnehmer eine **Vielzahl kurzfristiger Arbeitsverhältnisse** vereinbart, liegt die Gefahr des Gestaltungsmissbrauchs näher, als wenn die vereinbarte Befristungsdauer zeitlich nicht hinter dem prognostizierten Vertretungsbedarf zurückbleibt (*BAG* 19.2.2014 EzA § 14 TzBfG Nr. 103; grundlegend dazu: *Böhm* DB 2013, 516 f.; *Brose/Sagan* NZA 2012, 308 ff.; *Bayreuther* NZA 2013, 23 [24 f.], der für die Missbrauchskontrolle als Bestandteil der Sachgrundprüfung eintritt; krit. *Bruns* NZA 2014, 769 [771], institutioneller Rechtsmissbrauch ist als Prüfungskriterium konturenlos). Weitere Gesichtspunkte können **branchenspezifische Besonderheiten** und dem Arbeitgeber zur Seite stehende **grundrechtliche Verbürgungen** sein (zB Art. 5 Abs. 1 und 3 GG; *Kiel* JarbR 50 [2013], 25 [47]). Näher dazu *BAG* 18.7.2012 EzA § 14 TzBfG Nr. 86 und unter KR-*Lipke/Bubach* § 14 TzBfG Rdn 178. 29

Kettenbefristungen eines Lehrers über § 21 BEEG im Zusammenhang mit einem **Gesamtvertretungsbedarf** sind deshalb ebenfalls auf einen Gestaltungsmissbrauch zu untersuchen (*LAG* Düsseld. 17.7.2013 ZTR 2014, 48). Das BAG lässt nun offen, ob es an dem Rechtsinstitut der schuljahresbezogenen Gesamtvertretung festhält (*BAG* 10.10.2012 EzA § 14 TzBfG Nr. 88, Rn 28 ff.; näher dazu KR-*Lipke/Bubach* § 14 TzBfG Rdn 288 ff.). Die Beschäftigung einer Lehrerin zur Vertretung über einen Zeitraum von 9 Jahren und 5 Monaten aufgrund von insgesamt 17 befristeten Verträgen bei **gleichbleibender Beschäftigung und Inkongruenz** von zu erwartender Dauer des **Vertretungsbedarfs** und Dauer der jeweils **vereinbarten Befristungen** soll einen institutionellen **Rechtsmissbrauch** (*LAG* RhPf. 11.1.2013 LAGE § 14 TzBfG Rechtsmissbrauch Nr. 3) indizieren. Bei einer Gesamtdauer von 6 Jahren und 8 Monaten und sechs Befristungen zur Vertretung von Eltern- und Krankheitszeiten einer Kreditsachbearbeiterin sollen dagegen idR keine Anhaltspunkte für institutionellen Rechtsmissbrauch (*LAG SA* 28.8.2012 – 7 Sa 368/11) bestehen. Ebenso hat das BAG Rechtsmissbrauch in einem Fall verneint, in dem ein Arbeitnehmer 15 Jahre lang mit 10 befristeten Verträgen **eine** mehrfach durch Mutterschutz, Elternzeit und Sonderurlaub **abwesende stellvertretende Küchenleiterin** einer Küche in einem städtischen Alten- und Pflegeheim **vertreten** hat. Der indizierte Rechtsmissbrauch anhand der Zahl der Verträge und der Gesamtlaufzeit der Befristungen konnte vom Arbeitgeber widerlegt werden (*BAG* 29.4.2015 EzA § 14 TzBfG Nr. 114, Rn 26). In der Praxis wird bei Anwendung des **§ 21 BEEG** wegen seiner **sozialpolitischen Bedeutung** (s. Rdn 27) ein **Rechtsmissbrauch nur in Extremfällen** festzustellen sein. 30

5. Beteiligung des Betriebsrats oder Personalrats

31 Da das Gesetz in § 15 Abs. 4 BEEG während der Elternzeit eine Teilzeitbeschäftigung bis zu 30 Stunden die Woche erlaubt, fallen uU Beteiligungsrechte des Betriebsrats bei der Arbeitszeitgestaltung an. Wird für die Elternzeit die bisherige Tätigkeit in **Teilzeitarbeit** fortgesetzt, liegt in der **Arbeitszeitreduzierung** allein keine mitbestimmungspflichtige **Versetzung** nach §§ 95 Abs. 3, 99 Abs. 1 BetrVG (*BAG* 23.11.1993 EzA § 95 BetrVG 1972 Nr. 28). Wechselt der Anspruchsinhaber der Elternzeit mit Zustimmung seines Arbeitgebers befristet in ein Teilzeitarbeitsverhältnis zu einem **anderen Arbeitgeber** (§ 15 Abs. 4 S. 2 BEEG), ist der dortige Betriebsrat an der **Einstellung** nach § 99 Abs. 1 BetrVG zu beteiligen. Vgl. Rdn 47. Vereinbart der bisherige Arbeitgeber mit dem Berechtigten, ihn auf dem bisherigen Arbeitsplatz aushilfsweise in Teilzeit zu beschäftigen, so handelt es sich um eine beteiligungspflichtige Einstellung iSd § 99 BetrVG, da wegen des vorübergehend freigewordenen Arbeitsvolumens die Interessen des Elternzeit in Anspruch nehmenden Arbeitnehmers mit denen anderer Belegschaftsmitglieder im Betrieb gegeneinander abzuwägen sind (*BAG* 28.4.1998 EzA § 99 BetrVG 1972 Einstellung Nr. 5). Wird eine neue Kraft eingestellt, um den Ersatzbedarf wegen der Elternzeit abzudecken, verbleibt es bei den allgemeinen Verfahren nach § 99 BetrVG (HWK-*Gaul* Rn 12; vgl. dazu näher KR-*Lipke/Bubach* § 14 TzBfG Rdn 769 ff.). Die **Verlängerung** der Befristung ist ebenfalls als Einstellung mitbestimmungspflichtig (*BAG* 27.10.2010 EzA § 99 BetrVG 2001 Einstellung Nr. 15, Rn 22). Die Besorgnis eines unmittelbaren Nachteils iSv § 99 Abs. 2 Nr. 3 BetrVG, die eine **Zustimmungsverweigerung des Betriebsrats** zur unbefristeten Neueinstellung begründet, kann sich daraus ergeben, dass die Rückkehr einer Arbeitnehmerin aus der Elternzeit auf eine ihr nach Direktionsrecht zuzuweisende freie Stelle in Gefahr ist (*LAG BW* 14.8.2013 NZA-RR 2014, 73; zust. *Kohte/Schulze-Doll* jurisPR-ArbR 10/2014 Anm. 1). Zu den begrenzten Einwirkungsmöglichkeiten des Betriebsrats vgl. *Kossens* AiB 2014, 18. Zu den Besonderheiten bei einer **Einarbeitungszeit** nach Abs. 2 s. Rdn 47.

32 Sieht das **Personalvertretungsrecht** weitergehende Beteiligungsrechte des Personalrats bei der Begründung befristeter Arbeitsverhältnisse vor, ist der öffentliche Arbeitgeber unter Umständen gehalten seine Prognose offen zu legen und bei abweichender Vertragsgestaltung zum Befristungsgrund oder zur Befristungsdauer erneut eine Zustimmung des Personalrats einzuholen (*BAG* 27.9.2000 EzA § 1 BeschFG 1985 Nr. 21; 9.6.1999 EzA § 620 BGB Nr. 163). Im Übrigen hängt es von der unterschiedlichen **Reichweite der Beteiligungsrechte** des jeweiligen **Landespersonalvertretungsrechts** ab, ob eine fehlerhafte Unterrichtung zur Unwirksamkeit der vereinbarten Befristung nach § 21 BEEG führen kann (vgl. *BAG* 20.2.2002 EzA § 620 BGB Nr. 188; *LAG Hamm* 16.4.2002 LAGE § 620 BGB Personalrat Nr. 7; 16.7.2002 – 5 Sa 460/02; *LAG Nds.* 5.12.2002 LAGE § 620 BGB Personalrat Nr. 8). Eine **fehlende Zustimmung des Personalrats** hat nur dann die **Unwirksamkeit der befristeten Einstellung** oder deren Verlängerung zur Folge, wenn diese selbst **Gegenstand des Mitbestimmungsrechts** des Personalrats ist (*BAG* 5.5.2004 EzA § 15 TzBfG Nr. 1 zu § 69 PersVG Thüringen; vgl. näher KR-*Lipke/Bubach* § 14 TzBfG Rdn 783 ff.).

II. Die Sachgründe zur Befristung

1. Beschäftigungsverbote nach dem MuSchG

33 Nach dem ersten Regierungsentwurf (s. Rdn 1) sollte nur die Vertretung für die **Dauer der Schutzfristen vor und nach der Niederkunft** gem. § 3 Abs. 2 und § 6 Abs. 1 MuSchG als sachlicher Grund anerkannt werden (BT-Drucks. 10/3792). Aufgrund der Stellungnahme des Bundesrats (BR-Drs. 350/85) ist diese Einschränkung mit der Begründung gestrichen worden, befristete Arbeitsverträge sollten **auch in den Fällen der sonstigen Beschäftigungsverbote** zulässig sein. Der Arbeitgeber kann also nach § 21 Abs. 1 BEEG für die Dauer aller Beschäftigungsverbote nach dem MuSchG eine Ersatzkraft befristet einstellen. Darunter fallen die **Beschäftigungsverbote des § 3 Abs. 1 MuSchG**, soweit nach ärztlichem Zeugnis Leben oder Gesundheit von Mutter und Kind bei Fortdauer der Beschäftigung gefährdet sind (*Zmarzlik/Zipperer/Viethen* Rn 12), ebenso wie die **Beschäftigungsverbote der §§ 4, 5, 6, 11 und 12 MuSchG** (Verbote von schwerer körperlicher Arbeit, von Mehrarbeit, Nacht- und Sonntagsarbeit, *Roos/Biersbohm/Graf* Rn 15; *Annuß/Thüsing/*

Kühn § 23 TzBfG Rn 120; Hako-TzBfG/*Boecken* Rn 5; DDZ-*Wroblewski* Rn 4; ErfK-Schlachter § 11 MuSchG Rn 1 und § 12 MuSchG Rn 1). Sofern die Beschäftigungsverbote die Tätigkeit der geschützten Frau nicht in vollem Umfang unterbinden § 16 Abs. 2 MuSchG), kann für den abzudeckenden Rest ebenfalls befristet eine Ersatzkraft nach § 21 BEEG eingestellt werden, soweit eine **kausale Verknüpfung** erkennbar ist (APS-*Backhaus* Rn 14; LS-*Schlachter* Anh. 2 F Rn 4).

2. Elternzeit

Ein **sachlicher Grund** für die Befristung liegt nach § 21 Abs. 1 BEEG vor, wenn der Arbeitgeber einen **Vertreter für die Dauer der Elternzeit oder Teile davon** einstellt. Voraussetzung ist, dass es sich um eine Elternzeit iSv §§ 15, 16 BEEG handelt. Wirksamkeitsvoraussetzung des Elternzeitverlangens ist die **Schriftform** des § 126 Abs. 1 BGB (*BAG* 10.5.2016 EzA § 16 BEEG Nr. 2, Rn 15, 27). Da die Elternzeit bei einem Arbeitgeber mit idR mehr als 15 beschäftigten Arbeitnehmern (Kopfzahl) mit einem, ebenfalls acht Wochen vorher schriftlich anzuzeigenden Anspruch auf Verringerung der Arbeitszeit (§ 15 Abs. 6 und 7 BEEG; *BAG* 15.12.2009 EzA § 15 BErzGG Nr 18) zwischen 15 und 30 Wochenstunden verknüpft werden kann, ergeben sich in der **Arbeitskräftedisposition des Arbeitgebers**, insbes. für den Einsatz befristeter Ersatzkräfte, erhebliche Erschwernisse (vgl. *Peters-Lange/Rolfs* NZA 2000, 684; *Sowka* NZA 2000, 1185, 1188; *Reinecke, B.* FA 2001, 10, 13; *Koch, U./Leßmann, J.* AuA 2001, 9; *Sowka* NZA 2004, 83). Die hierdurch erschwerte Planbarkeit kann nur durch **herabgesetzte Anforderungen** an die vom Arbeitgeber zu verlangende **Befristungsprognose** ausgeglichen werden (vgl. Rdn 26; ähnlich LS-*Schlachter* Anh. 2 F Rn 5).

34

Nachdem das BAG nun sogar Arbeitnehmern gestattet, die sich zunächst für die Elternzeit ohne Teilzeitbeschäftigung entschieden hatten, während der laufenden Elternzeit doch noch eine Teilzeitbeschäftigung bei ihrem Arbeitgeber aufzunehmen (§§ 15 Abs. 5 bis 7 BEEG; *BAG* 19.4.2005 EzA § 15 BErzGG Nr 15) oder die Arbeitszeit zu verringern (*BAG* 5.6.2007 EzA § 15 BErzGG Nr. 16), erhöht sich das **Planungsrisiko des Arbeitgebers**. Hat der Arbeitgeber allerdings bereits eine Vollzeitvertretung für die Dauer der Elternzeit befristet eingestellt, können dem späteren **Teilzeitverlangen** des Elternzeitberechtigten **dringende betriebliche Gründe** (vgl. hierzu *Reiserer/Penner* BB 2002, 1962; aA *ArbG Köln* 15.3.2018 – 11 Ca 7300/17) entgegenstehen. Das hat das BAG für den Fall angenommen, dass keine anderen Beschäftigungsmöglichkeiten im Betrieb vorhanden sind und sich die Ersatzkraft ebenso wie andere Arbeitnehmer weigern ihre Arbeitszeiten (übergangsweise) zu verringern. Entgegenstehende betriebliche Gründe hat das BAG indessen nicht anerkannt, wenn der Arbeitgeber eine unbefristete Einstellung der »Ersatzkraft« vorgenommen hat, anstatt die Befristungsmöglichkeiten des § 21 BEEG zu nutzen (*BAG* 5.6.2007 EzA § 15 BErzGG Nr. 16; 19.4.2005 EzA § 15 BErzGG Nr. 15; *Lambrich* BB 2006, 558).

35

Die **Befristung** bleibt **wirksam**, wenn nach Vertragsabschluss der in Elternzeit befindliche Arbeitnehmer von sich aus überraschend das Arbeitsverhältnis kündigt (s. Rdn 60) und damit dem Vertretungsverhältnis den Boden entzieht. Auch weitere Elternzeiten des zu Vertretenden oder später verlangte Verlängerungen hierzu haben keinen Einfluss auf die rechtsgültige Befristungsabrede nach § 21 BEEG, die in ihrem Bestand von **späteren tatsächlichen Entwicklungen** unberührt bleibt (*BAG* 19.2.2014 EzA § 14 TzBfG Nr. 103, Rn 30). Die Ersatzkraft hat in diesen Fällen keinen Anspruch auf unbefristete oder befristete **Wiedereinstellung** (*BAG* 20.2.2002 EzA § 620 BGB Nr. 189; HWK-*Gaul* Rn 5). Der Arbeitgeber darf sich bei all diesen von der **Prognose** abweichenden Sachverhalten bis zur Grenze des Rechtsmissbrauchs auf die zu Beginn des Arbeitsverhältnisses korrekte Befristungsabrede zurückziehen (vgl. *LAG Nbg.* 2.8.2007 BB 2007, 2076). Wird jedoch in einem Änderungsvertrag unter Beibehaltung der vertraglich vereinbarten Befristungsdauer eine **Änderung der Tätigkeit und ggf. der Vergütung** vereinbart, unterliegt der Änderungsvertrag als letzter Arbeitsvertrag der Befristungskontrolle. In diesem Fall kommt es darauf an, ob bei Abschluss des Änderungsvertrags der Sachgrund für die Befristung fortbestand (*BAG* 17.5.2017 EzA § 14 TzBfG Nr. 130, Rn 28).

36

37 Die vom Elternzeitberechtigten regelmäßig einzuhaltenden **Anzeigefristen** von sieben Wochen sollen dem Arbeitgeber helfen, rechtzeitig handeln und eine Ersatzkraft befristet oder unbefristet einstellen zu können. Zweifelhaft ist, ob dabei noch entscheidend auf eine »**zu Recht verlangte Elternzeit**« abzustellen ist. Obwohl § 21 Abs. 1 BEEG seit dem 1.1.1992 das **berechtigte Verlangen von Elternzeit** nicht mehr ausdrücklich zur Befristungsvoraussetzung für die Einstellung einer Ersatzkraft erhebt, hatte sich die Rechtsprechung dazu nicht geändert (*BAG* 9.11.1994 EzA § 21 BErzGG Nr. 1; »nur redaktionelle Änderung«; anders **zutr.** *Dörner* Befr. Arbeitsvertrag Rn 651; HaKo-TzBfG/*Boecken* Rn 7; nunmehr ohne Belang). Demnach würde nur die nach Gesetz oder Tarifvertrag **ordnungsgemäße Inanspruchnahme** von Elternzeit die **Grundlage für eine befristete Ersatzeinstellung** mit Sachgrund schaffen. Ist ein **Antrag auf Elternzeit gestellt**, kann der Arbeitgeber mit der Vertretungskraft eine Befristung nach § 21 BEEG rechtswirksam vereinbaren (*BAG* 9.7.1997 EzA § 21 BErzGG Nr. 2). Die Erwartung, dass ein solcher Antrag gestellt werde, sollte dagegen nur im Ausnahmefall eine Befristung nach § 21 BEEG rechtfertigen (*BAG* 9.11.1994 EzA § 21 BErzGG Nr. 1 mit Anm. *Berger-Delhey*).

38 Diese Rechtsprechung hat durchgängig **Kritik** erfahren (APS-*Backhaus* Rn 16; LS-*Schlachter* Anh. 2 F Rn 5; ErfK-*Müller-Glöge* Rn 7; daran weiter festhalten will MüKo-*Hesse* § 23 TzBfG Rn 19). Nach dem geänderten Wortlaut des Gesetzes muss es genügen, wenn sich der Arbeitgeber aufgrund von Erfahrungen oder Äußerungen des Elternzeitberechtigten gegenüber Dritten auf eine **Prognose** des künftigen Vertretungsbedarfs stützen kann und mit der Vertretung den befristeten Arbeitsvertrag bereits vor dem Verlangen nach Elternzeit abschließt (jetzt ebenso *BAG* 9.9.2015 EzA § 21 BEEG Nr. 1, Rn 35 ff.; *Sächs. LAG* 23.1.2014 – 9 Sa 342/13; *LAG Köln* 23.10.2009 – 11 Sa 1496/08, PersV 2011, 72; *Bader/Jörchel* NZA 2016, 1105, 1106; *Kossens* jurisPR-ArbR 27/2010 Anm. 2; AR-*Klose* Rn 7; Brose/Weth/Volk-*Schneider* Rn 16 f.; aA *Bruns, P.* BB 2008, 386, der an die Darlegungs- und Beweislast des Arbeitgebers für die ihn begünstigenden Umstände erinnert; HaKo-MuSchG/*Rancke* Rn 8; *Annuß/Thüsing/Kühn* § 23 TzBfG, Rn 122 f.; DDZ-*Wroblewski* Rn 5). Dies ist ihm aus Gründen der Planungssicherheit zuzugestehen. Belässt man hierbei das **Risiko des Irrtums** grds. beim vorzeitig handelnden **Arbeitgeber**, gelingt es ihm aber **die kausale Verknüpfung von Elternzeit und befristeter Ersatzeinstellung zu belegen** (s. Rdn 21), so kann die Befristung – schon angesichts des dem Arbeitgeber wegen denkbarer **Einarbeitungszeiten** (§ 21 Abs. 2 BEEG) zuzubilligenden **erweiterten Prognosespielraums** – in einem solchem Ausnahmefall auf § 21 BEEG gestützt werden. Dies gilt umso mehr vor dem Hintergrund der neueren großzügigeren Rechtsprechung zu § 15 Abs. 5 bis 7 BEEG (s. Rdn 35). Ein Wegfall der Geschäftsgrundlage der Befristung kann daher in diesen Fällen nicht angenommen werden.

3. Arbeitsfreistellung zur Kinderbetreuung

39 Ein sachlicher Grund für eine befristete Ersatzeinstellung liegt ebenso vor, wenn auf der Grundlage eines **Tarifvertrags** (Beispiel: § 9a MTV für das private Bankgewerbe), einer **Betriebsvereinbarung** oder einer **einzelvertraglichen Abrede** Arbeitsfreistellung zur **Betreuung eigener oder adoptierter Kinder** gewährt wird, die über die Zeiten eines Beschäftigungsverbotes nach dem MuSchG oder der gesetzlichen Elternzeit hinausreichen (vgl. *BAG* 29.4.2015 EzA § 14 TzBfG Nr. 114, Rn 16). Ob eine Kindesbetreuung jenseits des 14. Lebensjahres noch möglich ist, erscheint indessen fraglich. In diesem Fall kann aber eine Vertretungsbefristung nach § 14 Abs. 1 Nr. 3 TzBfG in Anspruch genommen (APS-*Backhaus* Rn 18) oder eine Befristung nach § 6 PflegeZG und § 9 Abs. 5 FPfZG in Betracht gezogen werden (vgl. dazu Rdn 13). § 21 Abs. 1 BEEG will – **geschlechtsunabhängig** – **Freistellungen zur Kinderbetreuung erweitern** und damit zugleich die **befristete Einstellung von Ersatzkräften erleichtern**. So ist es durchaus möglich, nach Beendigung der Elternzeit und zeitweiliger Arbeitsaufnahme erneut eine Arbeitsbefreiung zur Kinderbetreuung zu beanspruchen, wenn diese tariflich (zB früher § 50 Abs. 1 BAT; *BAG* 13.10.2004 EzA § 14 TzBfG Nr 14; jetzt **§ 28 TVöD** ohne gesonderten Hinw. auf Kinderbetreuung; *ArbG Köln* 19.7.2007 NZA-RR 2008, 49; *Sponer/Steinherr* [2010] § 28 TVöD Rn 17), arbeitsvertraglich oder durch (freiwillige) Betriebsvereinbarung eröffnet wird. In solchem Fall gestattet § 21 Abs. 1 BEEG wiederum eine befristete Ersatzeinstellung mit sachlichem Grund, ohne dass sich diese zeitlich unmittelbar an die gesetzliche

Elternzeit anschließen muss (Brose/Weth/Volk-*Schneider* Rn 18 f.). Dies ist auch denkbar im Zusammenhang mit weiterführendem Erziehungsgeld auf der Grundlage **landesrechtlicher Vorschriften** (zB in Baden-Württemberg; dazu HaKo-TzBfG/*Boecken* Rn 8).

Darin liegt – selbst bei einem zeitlichen Zusammenhang zwischen der gesetzlichen Elternzeit und dem tariflichen Sonderurlaub zur Kinderbetreuung – **keine unzulässige Kettenbefristung** (ebenso *Annuß/Thüsing/Kühn* § 23 TzBfG Rn 125 f.). **Wiederholte Befristungen** nach § 21 BEEG zur Deckung eines **ständigen Vertretungsbedarfs** im Rahmen der Eltern- oder Betreuungszeiten begegnen **keinen unionsrechtlichen Bedenken**, da damit auch ein **sozialpolitisches Ziel** verfolgt wird, Arbeitgebern die Bewilligung sowie Arbeitnehmern die Inanspruchnahme von Sonderurlaub, etwa aus Gründen des Mutterschutzes oder der Erziehung, zu erleichtern (*EuGH* 26.1.2012 EzA § 14 TzBfG Nr. 80, **Kücük** Rn 31–33; *Persch* ZTR 2012, 1, 7; *Drosdeck/Bitsch* NJW 2012, 977, 979). Diese Ziele entsprechen auch der **Richtlinie 96/34/EG** und der ihr zugrundeliegenden Rahmenvereinbarung über den Elternurlaub (*BAG* 17.5.2017 EzA § 14 TzBfG Rechtsmissbrauch Nr. 2, Rn 36; 29.4.2015 EzA § 14 TzBfG Nr. 114, Rn 29; *Kiel* JarbR 50 [2013], 25). Zur Zulässigkeit von Vertretungsbefristungen in Kette ausf. KR-*Lipke/Bubach* § 14 TzBfG Rdn 132, 267. 40

Voraussetzung für eine befristete Ersatzeinstellung ist allerdings, dass das **Arbeitsverhältnis des zu Vertretenen zum Arbeitgeber weiterbesteht**. Es darf also nur zu einer Suspendierung der Hauptleistungspflichten kommen. Ein tarifvertraglicher Anspruch auf bevorzugte Wiedereinstellung nach dem Ausscheiden aus dem Arbeitsverhältnis zum Zwecke der Kinderbetreuung genügt hierfür nicht (*Zmarzlik/Zipperer/Viethen* Rn 13). Ob dem zu vertretenden Arbeitnehmer die **Freistellung zu Recht gewährt** worden ist, bleibt dagegen für die Wirksamkeit der Befristung **ohne Belang** (*BAG* 29.4.2015 EzA § 14 TzBfG Nr. 114, Rn 19; ErfK-*Müller-Glöge* Rn 7; *Dörner* Befr. Arbeitsvertrag Rn 651; *Annuß/Thüsing/Kühn* § 23 TzBfG Rn 124; Hako-TzBfG/*Boecken* Rn 7; **aA** LS-*Schlachter* Anh. 2 F Rn 5; *Bruns* BB 2008, 286; s.a. Rdn 37 zum »berechtigten Verlangen«). Entscheidend ist die objektive Lage bei Arbeitsbeginn des befristet eingestellten Vertreters (**aA** *LAG Köln* 14.12.2007 – 4 Sa 992/07, PersV 2008,477). 41

III. Dauer und Inhalt der befristeten Beschäftigung

1. Zeiten der Beschäftigungsverbote und der Kinderbetreuung

Die Befristungsdauer richtet sich nach § 21 Abs. 1 und 2 BEEG. Danach kann der Arbeitgeber für die Dauer der Beschäftigungsverbote nach dem MuSchG, die Dauer der Elternzeit, die Dauer einer darüber hinausreichenden Kinderbetreuungszeit für **alle Zeiten zusammen oder Teile davon** mit einer Ersatzkraft einen befristeten Arbeitsvertrag schließen (*BAG* 17.11.2010 EzA § 14 TzBfG Nr. 72; 11.11.1997 EzA § 620 BGB Nr. 155; LS-*Schlachter* Anh. 2 F Rn 7; **krit.** APS-*Backhaus* Rn 21: unionsrechtliche Bedenken). Der Wirksamkeit der Befristung steht nicht entgegen, dass die Dauer der Befristung nicht mit der am Ende des Anwesenheitszeitraums des Vertretenen übereinstimmt (*LAG Düsseld.* 9.8.2011 – 17 Sa 504/11). Der Arbeitgeber wird zweckmäßigerweise mit der Ersatzkraft zunächst einen befristeten Vertrag für die Dauer der Beschäftigungsverbote und erst danach einen Anschlussvertrag für die Dauer der Elternzeit abschließen. Später sind weitere befristete Arbeitsverträge für Ersatzkräfte zulässig, wenn darüber hinausreichende Arbeitsfreistellungen zur Kinderbetreuung nach Tarifvertrag, Betriebsvereinbarung oder Arbeitsvertrag verlangt werden (vgl. *BAG* 29.4.2015 EzA § 14 TzBfG Nr. 114 Rn 16, 29) oder die **Rückeinarbeitung** des vertretenen Arbeitnehmers dies erfordert. 42

Unabhängig davon ist eine **weitere Befristung mit sachlichem Grund nach § 14 Abs. 1 TzBfG zulässig**. Für jeden sachlichen Grund nach § 21 BEEG und nach **§ 14 Abs. 1 TzBfG** kann mit einem Arbeitnehmer oder mit verschiedenen Arbeitnehmern jeweils ein befristeter Arbeitsvertrag vereinbart werden (ArbRBGB-*Dörner* § 620 BGB Rn 439; ErfK-*Müller-Glöge* Rn 8a; AR-*Klose* Rn 9). Es können aber auch mehrere befristete Arbeitsverträge mit einem Arbeitnehmer nebeneinander geschlossen werden (zB zwei befristete Teilzeitarbeitsverträge für zwei abwesende Arbeitnehmer zur Vertretung). Sowie es nach dem Wortlaut und Sinn des **§ 21 Abs. 1 BEEG** zulässig ist, die befristete 43

Einstellung der Ersatzkraft nach der **Einschätzung des Vertretungsbedarfs** durch den Arbeitgeber auf einen **Teil der Ausfallzeit** des zu Vertretenen zu beschränken (*BAG* 6.12.2000 EzA § 620 BGB Nr. 172; 9.7.1997 EzA § 21 BErzGG Nr. 2; *Roos/Bieresbohm/Graf* Rn 25; ArbRBGB-*Dörner* § 620 BGB Rn 444; s. Rdn 24), so ist es **außerhalb des Anwendungsbereichs von § 21 BEEG** gestattet, den Arbeitsvertrag nacheinander rechtswirksam **mit jeweils neuem sachlichem Grund** zu befristen, um den von **mehreren** zeitweilig wegen **Elternzeit** ausgeschiedenen **Kräften** entstandenen **Vertretungsbedarf insgesamt abzudecken** (*BAG* 18.4.2007 – 7 AZR 255/06; vgl. KR-*Lipke/Bubach* § 14 TzBfG Rdn 257 ff.). Im Rahmen des § 21 BEEG muss die Dauer der Befristung nicht mit der Dauer des Freistellungstatbestandes übereinstimmen, solange sie sie – mit Ausnahme der Einarbeitung des zurückkehrenden Arbeitnehmers (s. Rdn 45 f.) – nicht überschreitet (*BAG* 13.10.2004 EzA § 14 TzBfG Nr. 14; HWK-*Gaul* Rn 9; *Dörner* Befr. Arbeitsvertrag Rn 653). Die großzügige Handhabung wiederholter Befristungen im Anwendungsbereich des § 21 BEEG ist – bis zur Grenze des Rechtsmissbrauchs – wegen der dahinterstehenden **sozialpolitischen Zielsetzungen** unionsrechtlich nicht zu beanstanden (vgl. *EuGH* 26.1.2012 EzA § 14 TzBfG Nr. 80, Rn 31 ff *Kücük*; *BAG* 9.9.2015 EzA § 21 BEEG Nr. 1, Rn 45 ff.; *LAG RhPf* 15.3.2012 – 10 Sa 389/11, Rn 62 ff.).

44 Wird der befristet beschäftigte Arbeitnehmer ausdrücklich für einen abwesenden Stammarbeitnehmer eingestellt und wird er in der gleichen Funktion und in dessen Abteilung beschäftigt, so liegt ein Fall der **unmittelbaren Vertretung** vor. Hieran ändert auch der Umstand nichts, dass ihm vom Vorgesetzten **andere gleichwertige Tätigkeiten** zugewiesen werden, als zuvor dem Vertretenen. Die befristete Beschäftigung zur Vertretung lässt das **Direktionsrecht** des Arbeitgebers unberührt. Es obliegt dem Arbeitgeber, dem Arbeitnehmer die im Arbeitsvertrag zumeist nur allgemein und rahmenmäßig umschriebene Arbeitsleistung im Wege des Direktionsrechts konkret zuzuweisen (*LAG SchlH* 22.8.2013 LAGE § 21 BEEG Nr. 1; *LAG RhPf* 6.2.2013 – 8 Sa 207/12). Erforderlich ist jeweils nur der nachzuweisende **Kausalzusammenhang** zwischen dem zeitweiligen Ausfall des zu Vertretenen und der Einstellung des Vertreters, sowie die tatsächliche und rechtliche Möglichkeit dem zu Vertretenen eben auch diese Tätigkeiten zuzuweisen (*BAG* 29.4.2015 EzA § 14 TzBfG Nr. 114, Rn 17). Dieser Umstand wird insbesondere beim Modell der mittelbaren Vertretung deutlich. Vgl. Rdn 21.

2. Zeiten notwendiger Einarbeitung

45 Nach § 21 Abs. 2 BEEG darf die Befristung zusätzlich Zeiten notwendiger Einarbeitung (und Übergabe von Aufgaben, vgl. *BAG* 14.10.2020 – 5 AZR 649/19) umfassen. **Eine genaue Zeitspanne ist hierzu nicht vorgegeben** (MüKo-*Hesse* § 23 TzBfG Rn 20). In welchem Umfang eine Einarbeitung erforderlich ist, richtet sich nach den Umständen des Einzelfalls. Hierbei ist eine **großzügige Betrachtungsweise** geboten (ebenso APS-*Backhaus* Rn 23; *Dörner* Befr. Arbeitsvertrag Rn 653; LS-*Schlachter* Anh. 2 F Rn 8; ErfK-*Müller-Glöge* Rn 8a; Hako-TzBfG/*Boecken* Rn 12). Nach dem Regierungsentwurf sollte bei damals 12-monatigen Erziehungsurlaub die Gesamtdauer der Befristung 15 Monate nicht übersteigen (BT-Drucks. 10/3792, S. 8). Aufgrund der Stellungnahme des Bundesrats (BR-Drs. 350/85, S. 17) ist diese Obergrenze mit der Begründung gestrichen worden, anderenfalls blieben für den Regelfall nur **sechs Wochen** zur Einarbeitung, in vielen Fällen seien aber **längere Einarbeitungszeiten** erforderlich (*Annuß/Thüsing/Kühn* § 23 TzBfG Rn 128; *Roos/Bieresbohm/Graf* Rn 21; aA *Wiegand* Rn 14; *Hambüchen/Appel/Kaiser* Rn 50: Obergrenze 3 Monate).

46 Über die reine Vertretungsdauer hinaus ist mithin die **Befristung der Ersatzkraft** für die zusätzliche Einweisungszeit sachlich gerechtfertigt. Diese wird regelmäßig **vor Eintritt des Vertretungsfalls** stattfinden und nicht selten durch den später zu Vertretenden geleistet, sodass zeitweise der Arbeitsplatz doppelt belegt wird. Dabei kann es sich jedoch inhaltlich immer nur um eine **Einarbeitung und nicht um die grundlegende Vermittlung allgemeiner Kenntnisse** handeln (*Buchner/Becker* 8. Aufl. Rn 21). Der umgekehrte Fall, die **Einarbeitung des** aus einer längeren **Kinderbetreuungsphase zurückkehrenden Arbeitnehmers** durch den Vertreter, dürfte ebenfalls von § 21 Abs. 2 BEEG gedeckt sein (APS-*Backhaus* Rn 23; *Annuß/Thüsing/Kühn* § 23 TzBfG Rn 128;

HaKo-TzBfG/*Boecken* Rn 12; *Roos/Bieresbohm/Graf* Rn 22). Nach längerer Abwesenheit dürfte auch der zu Vertretene Bedarf an einer Einarbeitung haben. Der zeitliche Umfang der Einarbeitung ist von den zu übernehmenden Aufgaben und der Qualifikation der Ersatzkraft abhängig. Da bei einer Vertretung allgemein Einarbeitungszeiten erforderlich sind, ist erwogen worden, ob die Vorschrift des § 21 Abs. 2 BEEG vom Rechtsgedanken her auf **alle Befristungen zum Zwecke einer Vertretung anzuwenden ist** (Analogie) oder strikt auf den Anwendungsbereich von § 21 BEEG zu beschränken bleibt (vgl. dazu KR-*Lipke/Bubach* § 14 TzBfG Rdn 254).

Ergibt sich aus der Zusammenrechnung von Elternzeit und Einarbeitungszeit eine Zeitspanne von **mehr als drei Jahren,** so ist der **Betriebsrat** hierzu nach § 99 Abs. 1 BetrVG unter Hinweis auf die Verlängerung infolge der Einarbeitung zu hören (*LAG BW* 5.7.2000 – 12 Sa 89/99), weil die Weiterbeschäftigung eines Arbeitnehmers nach Erreichen des Befristungsendpunkts als Einstellung zu werten ist (*BAG* 7.8.1990 EzA § 99 BetrVG 1972 Nr. 91). Der Betriebsrat ist dabei zu den Umständen der **Einarbeitung** zu unterrichten und anzuhören. Zu den Beteiligungsrechten des Betriebsrats und Personalrats im Übrigen s. Rdn 31.   47

IV. Bestimmtheit oder Bestimmbarkeit

1. Kalendermäßige Befristung

Nach § 21 Abs. 3 1. **Alt.** BEEG muss die **Dauer** des befristeten Arbeitsvertrags mit der Ersatzkraft **kalendermäßig bestimmt oder bestimmbar** sein. Damit soll der Endzeitpunkt des Arbeitsvertrags für die Vertragsparteien von Anfang an klargestellt sein (Amtl. Begr. des RegE, BT-Drucks. 10/3792, S. 22). **Kalendermäßig bestimmt** ist die Dauer der Befristung, wenn das Arbeitsverhältnis zu einem bestimmten Datum endet. **Kalendermäßig bestimmbar** ist ein nach Kalendermonaten befristetes Arbeitsverhältnis (»für acht Monate«, »bis Ende Juli«) oder eine Befristung für die volle Dauer der bspw. für zwei Jahre in Anspruch genommenen Elternzeit (*BAG* 9.11.1994 EzA § 21 BErzGG Nr. 1 m. abl. Anm. *Berger-Delhey*; *Zmarzlik/Zipperer/Viethen* Rn 15; Brose/Weth/Volk-*Schneider* Rn 34; HWK-*Gaul* Rn 7), jeweils unter **Einhaltung des Schriftformgebots** nach § 14 Abs. 4 TzBfG. Eine Bezugnahme auf eine zeitlich noch nicht festgelegte Arbeitsfreistellung des zur Vertretung Anstehenden genügt dagegen nicht (*Wiegand* Rn 15). Wird eine Zeitspanne festgelegt, richtet sich die Fristberechnung nach §§ 187 Abs. 2 S. 1, 188 Abs. 2 BGB (vgl. näher dazu KR-*Bader/Kreutzberg-Kowalczyk* § 3 TzBfG Rdn 17 ff.). Bei Formmängeln wird analog § 16 S. 2 TzBfG eine Kündigung des Arbeitsvertrags möglich sein (HWK-*Gaul* Rn 7).   48

2. Zweckbefristung

Kalendermäßig **nicht bestimmbar ist** dagegen die Befristung »**bis zum Ende der Elternzeit**«, da diese infolge eines Wechsels des Elternzeitberechtigten (§§ 15 Abs. 3 S. 1, 16 Abs. 1 S. 4 BEEG) oder bei Tod des Kindes vorzeitig enden kann, ohne dass dies von den Vertragsparteien vorauszusehen wäre (§ 16 Abs. 3 und 4 BEEG). Eine Befristung »zum Ende des Erziehungsurlaubs (Elternzeit)« war daher **bis zum Inkrafttreten der Gesetzesänderung** zu § 21 Abs. 3 BErzGG aF zum **1.10.1996** (Arbeitsrechtliches Beschäftigungsförderungsgesetz v. 25.9.1996, BGBl. I S. 1476) **unzulässig.** Das entsprach auch den Absichten des Gesetzgebers, wie die Begründung des Regierungsentwurfs zur alten Regelung zeigt (BT-Drucks. 10/3792, S. 22). Danach sollte das **Ende** des befristeten Arbeitsverhältnisses für beide Vertragsparteien **von Anfang an klargestellt** sein.   49

Der Gesetzgeber hat **ab 1.10.1996** durch eine Erweiterung der Regelung in Abs. 3 eine zweite Befristungsmöglichkeit (**2. Alt.**) geschaffen. Fortan ist zwar die **Zweckbefristung**, aber **nicht die auflösende Bedingung** (s. Rdn 56), **ausdrücklich zugelassen**, wenn sich die Befristungsdauer für die Ersatzkraft den in § 21 Abs. 1 und 2 BEEG angeführten Zwecken entnehmen lässt (BT-Drucks. 13/4612, S. 13, 18 f; *BAG* 9.9.2015 EzA § 21 BEEG Nr. 1, Rn 29; 19.2.2014 EzA § 14 TzBfG Nr. 103; 2.6.2009 – 7 AZR 6/10; *LAG RhPf* 5.8.2004 – 11 Sa 340/04; *Preis* NJW 1996, 3369, 3374; APS-*Backhaus* Rn 24 ff.) und der Vertragszweck schriftlich eindeutig vereinbart wird (*BAG* 21.12.2005 EzA § 14 TzBfG Nr. 25; *LAG Düsseld.* 31.7.2007 LAGE § 14 TzBfG Nr. 38;   50

Mitteilung einer zeitlichen Prognose genügt nicht; *Annuß/Thüsing/Kühn* § 23 TzBfG Rn 129 f.). Wird die Zweckbefristung an das Ende der Elternzeit geknüpft, so ist damit das Ende der Elternzeit bestimmt, die sich an die bei Vertragsschluss bestehende Schwangerschaft anschloss (*BAG* 9.9.2015 EzA § 21 BEEG Nr. 1, Rn 11, 14). Die Zweckerreichung kann nicht nur an das Ende der Elternzeit, sondern außerdem an eine (mit Zustimmung des Arbeitgebers) **vorzeitige Rückkehr aus der Elternzeit** gebunden werden (*Rolfs* NZA 1996, 1140), da diese Fallgestaltung in § 16 Abs. 3 BEEG ausdrücklich vorgesehen ist. Mit der »Rechtsprechungskorrektur« des Gesetzgebers sind die vorher bestehenden Erschwernisse für den Arbeitgeber beseitigt worden.

51 Damit verschlechtert sich indessen die Rechtsstellung der befristet beschäftigten Vertretungskraft, weil sich unvorhersehbare Entwicklungen in der zu vertretenden Person allein zu ihren Lasten auswirken. Deshalb hat der Arbeitgeber in den Fällen der **nicht vorhersehbaren Zweckerreichung** der befristet beschäftigten Ersatzkraft deren Eintritt unverzüglich anzukündigen und dabei eine **Auslauffrist** einzuräumen, um ihr ein Minimum an Orientierungssicherheit zu gewähren (*Annuß/Thüsing/Kühn* § 23 TzBfG Rn 130; APS-*Backhaus* Rn 29; LS-*Schlachter* Anh. 2 F Rn 11). Die Notwendigkeit einer rechtzeitigen Ankündigung der Zweckerreichung ergibt sich nunmehr aus § 15 Abs. 2 TzBfG. Eine unmittelbare Anwendung verbietet sich zwar aus § 23 TzBfG. Da der **Schutzzweck des § 15 Abs. 2** (näher s. KR-*Lipke/Bubach* § 15 TzBfG Rdn 10 ff.) indessen für alle Arbeitnehmer mit zweckbefristeten Arbeitsverträgen gilt, ist im Geltungsbereich des § 21 BEEG das **Gebot der schriftlichen Mitteilung** (Form: §§ 126 Abs. 1, 126a BGB) der Zweckerreichung und die Einhaltung einer Mindestauslauffrist von zwei Wochen ab Kenntnis des Arbeitnehmers vom Arbeitgeber **zu beachten** (für direkte Anwendung des § 15 Abs. 2 TzBfG: APS-*Backhaus* Rn 8, 29; *Annuß/Thüsing/Kühn* § 23 TzBfG Rn 130; HWK-*Gaul* Rn 10; *Dörner* Befr. Arbeitsvertrag Rn 654; *Lakies* NJ 1997, 290 f.; *Staudinger/Preis* [2019] § 620 BGB Rn 277). Hält sich der Arbeitgeber nicht daran, treffen ihn die Rechtsfolgen aus § 15 Abs. 5 TzBfG (vgl. dazu KR-*Lipke/Bubach* § 15 TzBfG Rdn 52 ff.). Von dieser Fallgestaltung ist das Sonderkündigungsrecht des Arbeitgebers nach § 21 Abs. 4 BEEG zu trennen (s. Rdn 60 ff.).

52 Bei der Handhabung der Zweckbefristung ist darauf zu achten, dass der **Beendigungstatbestand hinreichend deutlich vereinbart und nicht auf unabsehbare Zeit angelegt** ist. Tritt der vorgesehene Beendigungstatbestand unerwartet nicht ein, kann sich die Notwendigkeit einer **ergänzenden Vertragsauslegung** ergeben, die nicht immer die von **beiden Vertragsparteien** gewünschten Rechtsfolgen zeitigt (vgl. *BAG* 26.6.1996 EzA § 620 BGB Bedingung Nr. 12 m. zust. Anm. *B. Gaul*; Auslegung der Vereinbarung: »Befristung gilt bis zur Wiederaufnahme der Tätigkeit von Frau K.«; *LAG Düsseld.* 31.8.2007 LAGE § 14 TzBfG Nr. 38, »Befristung bis zur Dienstaufnahme der Stelleninhaberin«). Unklarheit kann auch entstehen, wenn neben der eindeutigen Zweckbefristungsabrede (*BAG* 9.9.2015 EzA § 21 BEEG Nr. 1, Rn 11, 14; »befristet bis zum Ende der Elternzeit von Frau E.«) zusätzlich auf einen »Wegfall des Bedarfs« abgestellt wird (vgl. auch *LAG Nbg.* 2.8.2007 BB 2007, 2076, umfasst den gesamten Zeitraum aller Elternzeiten; HWK-*Gaul* Rn 8). So rechtfertigt der **Sachgrund der Vertretung** für sich allein in aller Regel nicht die Befristung eines Arbeitsvertrages mit dem Vertreter, falls der **Vertretene wider Erwarten aus dem Arbeitsverhältnis ausscheidet**; denn der Vertretungsbedarf bleibt danach erhalten (*BAG* 5.6.2002 EzA § 620 BGB Nr. 192; *Dörner* Befr. Arbeitsvertrag Rn 302). Für eine **Zweckbefristung** nach § 21 BEEG kann dies bedeuten, dass sie nicht trägt, wenn **der Vertretene überraschend** wegen Eigenkündigung, Erwerbsunfähigkeit oder Todes endgültig aus dem Arbeitsverhältnis **ausscheidet** und infolgedessen eine zeitlich begrenzte Vertretung nicht mehr vorliegt. Dies kann dann zur Entfristung des Arbeitsvertrages mit der Ersatzkraft führen (APS-*Backhaus* Rn 27; *Annuß/Thüsing/Kühn* § 23 TzBfG Rn 131; vgl. aber Rdn 54). Bei Auslegung der Zweckbefristungsabrede muss dann aber die gesetzgeberische Wertung zum **Sonderkündigungsrecht nach Abs. 4** mitberücksichtigt werden. Es würde insoweit einen **Wertungswiderspruch** bedeuten, dem Arbeitgeber in Fällen der Eigenkündigung des vertretenen Arbeitnehmers vor Ende der Elternzeit ein Sonderkündigungsrecht gegenüber dem Vertreter einzuräumen, ihm aber im Falle einer Kündigung zum Zeitpunkt der Zweckerreichung eine Berufung auf die Befristung zu versagen (*LAG Nbg.* 2.8.2007 BB 2007, 2076).

Da nicht alle Eventualitäten einer künftigen Entwicklung bei der Befristungsvereinbarung übersehen werden können, empfiehlt es sich bei der Einstellung einer Vertretungskraft nach § 21 BEEG daher, **neben der Zweckbefristung zusätzlich stets eine Zeitbefristung** vorzunehmen (*LAG Köln* 13.9.1995 LAGE § 620 BGB Nr. 41), die auch mehrfach verlängert werden kann (*B. Gaul* Anm. *BAG* 26.6.1996 EzA § 620 BGB Bedingung Nr. 12 unter Hinweis auf *BAG* 22.11.1995 EzA § 620 BGB Nr. 138; LS-*Schlachter* Anh. 2 F Rn 9). Diese sog. **Doppelbefristung** ist grds. **zulässig** (st. Rspr. *BAG* 14.6.2017 EzA § 108 BPersVG Nr. 11, Rn 22; 19.2.2014 EzA § 14 TzBfG Nr. 103 Rn 15; 29.6.2011 EzA § 15 TzBfG Nr. 3; 4.5.2011 EzA § 6 KSchG Nr. 3 Rn 46; 13.6.2007 EzA § 14 TzBfG Nr. 40; 15.8.2001 EzA § 21 BErzGG Nr. 4; *Annuß/Thüsing/Kühn* § 23 TzBfG Rn 129; HaKo-TzBfG/*Boecken* Rn 13; AR-*Klose* Rn 10) und zwar sowohl in der **Kombination Zweck- und Zeitbefristung** als auch im Zusammenspiel von **auflösender Bedingung und zeitlicher Höchstbefristung** (Letzteres aber nur über §§ 14, 21 TzBfG). Dem **Arbeitgeber** wird damit das **Risiko genommen** infolge des ungewissen Endes der Elterzeit die befristet eingestellte Ersatzkraft über den Vertretungsbedarf hinaus beschäftigen zu müssen (*LAG Hamm* 16.7.2002 – 5 Sa 460/02). Unklare Formulierungen zur Doppelbefristung gehen jedoch zu Lasten des verwendenden Arbeitgebers (*LAG RhPf* 23.3.2007 – 6 Sa 1002/06). Die **Rechtsgrundlagen** beider verbundener Befristungen sind jeweils **gesondert** auf ihre Zulässigkeit zu **prüfen** (*BAG* 14.6.2017 EzA § 108 BPersVG Nr. 11, Rn 24; 29.6.2011 EzA § 15 TzBfG Nr. 3; *LAG Bln-Bra.* 17.9.2015 LAGE § 15 TzBfG Nr. 11, Rn 27, 29; ErfK-*Müller-Glöge* § 3 TzBfG Rn 13). Die zeitliche Befristungsgrenze muss in jedem Fall für den Arbeitnehmer absehbar sein.

53

Sobald die **erste Befristungsbegrenzung** (Sachgrund mit Zweckbefristung) greift, liegt nach der hier vertretenen Rechtsauffassung in der **zweiten Befristungsbegrenzung** (eigenständiger Sachgrund mit Zeitbefristung) der nach **§ 15 Abs. 5 TzBfG** erforderliche **Widerspruch** (vgl. *BAG* 23.4.1980 EzA § 15 KSchG nF Nr. 24; 26.7.2000 § 1 BeschFG 1985 Nr. 19; vgl. aber dazu jetzt Rdn 55), welcher einen Übergang in ein unbefristetes Arbeitsverhältnis verhindert (im Ergebnis ebenso *Küttner/ Kania* 90 Rn 21, 40; *Sowka* DB 2002, 1161; *Boewer* § 14 TzBfG Rn 52; *Rolfs* § 15 TzBfG Rn 19 f.; LS-*Schlachter* § 15 TzBfG Rn 26; **aA** *Annuß/Thüsing/Annuß* § 3 TzBfG Rn 5; *Arnold/Gräfl-Gräfl* § 3 TzBfG Rn 27, Eintritt der Fiktion des § 15 Abs. 5 TzBfG erst bei Weiterbeschäftigung über den zweiten Beendigungstatbestand hinaus; *Dörner* Befr. Arbeitsvertrag Rn 55 f. mwN, der in § 22 TzBfG keine Sperre sieht, für den Fall der Weiterbeschäftigung eine Zweitbefristung in Form der Höchstbefristung zu vereinbaren; *Backhaus* Rn 30 und § 3 TzBfG Rn 30, § 15 TzBfG Rn 90 f.; der allein auf die im Unterschied zu § 625 BGB in § 22 Abs. 1 TzBfG festgelegte Unabdingbarkeit des § 15 Abs. 5 TzBfG abstellen will). Dieser Widerspruch kann aber ebenso durch schlüssiges Verhalten und schon zeitlich vor dem Erreichen des Zweckes angemeldet werden (*BAG* 11.7.2007 EzA § 15 TzBfG Nr. 2; 5.5.2004 EzA § 15 TzBfG Nr. 1). Die **Funktion des Widerspruchs**, dem Arbeitnehmer Klarheit über die rechtlichen Folgen der tatsächlichen Fortsetzung des Arbeitsverhältnisses zu verschaffen, wird über die **Doppelbefristung** erfüllt. Hierbei ist die gesetzgeberische Absicht mit in Rechnung zu stellen, Erschwernisse für den Arbeitgeber in der Handhabung von Vertretungsbefristungen auf dem Feld des § 21 BEEG zu beseitigen (s. Rdn 50) und damit die Einstellungsbereitschaft zu erhöhen (LS-*Schlachter* Anh. 2 F Rn 10). Daher bedarf es jedenfalls einer **teleologischen Reduktion** von § 15 Abs. 5 TzBfG (*ArbG Bln.* 27.11.2003 LAGE § 15 TzBfG Nr. 2; vgl. dazu auch *Bader/Kreutzberg-Kowalczyk* § 3 TzBfG Rdn 54 und *Krumbiegel* § 625 BGB Rdn 13 mwN). Zum erweiterten Sonderkündigungsrecht des Arbeitgebers nach Abs. 4 s. Rdn 60 f.

54

Das **BAG** hat nun zu den Kombinationen von **auflösender Bedingung** und zeitlicher Höchstbefristung einerseits und von **Zweckbefristung** und zeitlicher Höchstbefristung die obige **Streitfrage höchstrichterlich entschieden** (*BAG* 19.2.2014 EzA § 14 TzBfG Nr. 103 Rn 15; 29.6.2011 EzA § 15 TzBfG Nr. 3; 22.4.2009 –7 AZR 768/07; ErfK-*Müller-Glöge* § 3 TzBfG Rn 13, § 15 TzBfG Rn 31, 36). Rechtsfolge bei widerspruchsloser Weiterarbeit iSv §§ 21, 15 Abs. 5 TzBfG ist in einer solchen Vertragsgestaltung nicht die unbefristete Fortdauer des Arbeitsverhältnisses. Die **Fiktionswirkung** ist nach **Sinn und Zweck der §§ 21, 15 Abs. 5 TzBfG** auf den nur **befristeten Fortbestand des Arbeitsverhältnisses beschränkt.** Der Kalenderbefristung in der Form der Höchstbefristung

55

kommt eine »Auffangwirkung« zu. Die hier vertretene Lösung eines »vorweggenommenen« Widerspruchs hat das BAG nicht aufgegriffen (dort Rn 36), im Ergebnis aber bestätigt. Nach Sicht des BAG soll § 15 Abs. 5 TzBfG dem Arbeitgeber die Möglichkeit nehmen, sich bei sog. Weiterarbeit nach dem von der Zweckbefristung oder der auflösenden Bedingung vorgesehenen Vertragsende auf diesen ersten möglichen Beendigungstatbestand zu berufen. Der **konkludent ausgedrückte übereinstimmende Parteiwille** ist dagegen **nicht auf eine unbefristete Fortführung des Arbeitsverhältnisses gerichtet**, sondern auf seinen nur befristeten Fortbestand. Die Fiktion eines unbefristeten Arbeitsverhältnisses ginge über den mit der widerspruchslosen Weiterarbeit konkludent erklärten Willen der Arbeitsvertragsparteien hinaus. Dieser Wille geht typischerweise nicht dahin, unabhängig von der bisherigen Vereinbarung ein unbefristetes Arbeitsverhältnis zu begründen. Das bisherige Arbeitsverhältnis soll vielmehr über den ersten Beendigungstermin hinaus zu im Übrigen unveränderten Bedingungen fortgesetzt werden. Die **Einschränkung der Fiktionswirkung des § 15 Abs. 5 TzBfG** durch konkretisierende Rechtsfortbildung entspricht deshalb dem Sinn und Zweck der Norm, der sonst nicht erreicht werden könnte (HaKo-KSchR/*Mestwerdt* § 15 TzBfG Rn 28 f; MüKo-*Hesse* § 15 TzBfG Rn 57; zweifelnd HaKo-TzBfG/*Joussen* § 15 TzBfG Rn 95 aE).

3. Auflösende Bedingung

56 Da die Voraussetzungen der Zweckbefristung und der auflösenden Bedingung von Arbeitsverhältnissen – abgesehen vom Grad der Ungewissheit, ob das als Beendigungstatbestand vereinbarte Ereignis eintreten wird (s. KR-*Lipke/Bubach* § 21 TzBfG Rdn 22 ff.) – sich im Wesentlichen entsprechen (*BAG* 19.2.2014 EzA § 14 TzBfG Nr. 103, Rn 15; 26.6.1996 EzA § 620 BGB Bedingung Nr. 12; 24.9.1997 EzA § 620 BGB Nr. 147 m. zust. Anm. *B. Gaul*; 4.12.1990 EzA § 620 Bedingung Nr. 10) hat für eine zulässige auflösende Bedingung im Zeitpunkt des Vertragsabschlusses ein **sachlicher Grund** zu bestehen (*BAG* 5.6.2002 EzA 620 BGB Nr. 192). Soweit dieser den Zwecken von § 21 Abs. 1 und 2 entspricht (… Beendigung des Arbeitsverhältnisses mit Rückkehr des/der Elternzeitberechtigten X in den Betrieb…), ist eine auflösende Bedingung **jedenfalls** über eine Abrede nach §§ 21, 14 TzBfG zulässig (vgl. *BAG* 29.6.2011 EzA § 15 TzBfG Nr. 3; ErfK-*Müller-Glöge* Rn 5; LS-*Schlachter* Anh 2 F Rn 12; wohl auch *Dörner* Befr. Arbeitsvertrag Rn 654, 721; für direkte Anwendung über § 21 BEEG: APS-*Backhaus* Rn 28; MHH-TzBfG/*Herms*, § 23 TzBfG Rn 59; vgl auch *BAG* 29.6.2011 EzA § 15 TzBfG Nr. 3, welches diese Frage nicht zu entscheiden hatte). Eine **auflösende Bedingung direkt auf § 21 BEEG zu stützen**, widerspricht indessen den erkennbaren **gesetzgeberischen Motiven zur Rechtsprechungskorrektur** (s. Rdn 50; zur Ankündigungs- und Auslauffrist s. Rdn 51). Die **Schriftform** für die Vereinbarung zur **auflösenden Bedingung** ist nach §§ 21, 14 Abs. 4 TzBfG einzuhalten. Die **Angabe der auflösenden Bedingung** muss sich aus der Befristungsabrede eindeutig ergeben (vgl. Rdn 19 und *LAG Köln* 7.4.2005 LAGE § 21 TzBfG Nr. 1) und klar erkennbar sein (*BAG* 8.8.2007 EzA § 21 TzBfG Nr. 2; 29.6.2011 EzA § 15 TzBfG Nr. 3 Rn 15 f.).

D. Rechtsfolgen der Befristung

I. Beendigung infolge Befristung

57 Nach § 15 Abs. 1 TzBfG endet das befristete Arbeitsverhältnis mit dem **Ablauf der Zeit**, für die es eingegangen ist. Entsprechendes geschieht bei der Zweckbefristung mit Eintritt der **Zweckerreichung** (§ 21 Abs. 3 BEEG, § 620 Abs. 2 BGB) und **rechtzeitiger Ankündigung** hierzu (§ 15 Abs. 2 TzBfG; HWK-*Gaul* Rn 10). Die Beendigung des Arbeitsverhältnisses tritt selbst dann ein, wenn die befristet eingestellte Ersatzkraft während der Laufzeit des befristeten Vertrages einen **besonderen Kündigungsschutz** (§ 17 MuSchG, §§ 168 ff. SGB IX, 15 KSchG) erlangt hat; vgl. dazu KR-*Lipke/Bubach* § 14 TzBfG Rdn 5 ff.

II. Vorzeitige Beendigung durch Kündigung

1. Außerordentliche Kündigung

Wenn die Voraussetzungen eines wichtigen Grundes zur außerordentlichen Kündigung des Arbeitsverhältnisses nach § 626 BGB vorliegen, kann das befristete Arbeitsverhältnis des Vertreters vorzeitig gekündigt werden (APS-*Backhaus* Rn 33; *ders.* § 15 TzBfG Rn 18). Eine **außerordentliche Kündigung** aus **betriebsbedingten Gründen** verbietet sich allerdings aus der Gestaltung des befristeten Arbeitsvertrages zur Vertretung in Betreuungszeiten. Hier ist nur eine ordentliche Kündigung denkbar, soweit sie vorbehalten ist (§ 15 Abs. 3 TzBfG).

58

2. Ordentliche Kündigung aufgrund Vereinbarung

Für die Zeit der Vertragsdauer ist eine ordentliche Kündigung der befristeten Ersatzkraft gesetzlich nicht vorgesehen. Die Parteien können indessen das **Recht zur ordentlichen Kündigung ausdrücklich arbeitsvertraglich vereinbaren, soweit es nicht bereits tarifvertraglich vorgegeben ist** (§ 15 Abs. 3 TzBfG; *Annuß/Thüsing/Kühn* § 23 TzBfG Rn 139; LS-*Schlachter* Anh. 2 F Rn 13; HWK-*Gaul* Rn 13; Hako-*TzBfG/Boecken* Rn 16). Die Kündigung unterliegt dann wie jede andere Kündigung – jedenfalls bis zum Ablauf der vorgegebenen Befristung –, den arbeitsrechtlichen Schutzvorschriften (§ 102 BetrVG, § 1 KSchG, §§ 168 ff. SGB IX, § 17 MuSchG und § 2 ArbPlSchG; KR-Gallner § 17 MuSchG Rdn 100, 174, 176, 191). Fehlt eine Vereinbarung zum ordentlichen Kündigungsrecht, kann der Arbeitgeber das befristete Arbeitsverhältnis **nur im Wege des gesetzlichen Sonderkündigungsrechts** aus **Abs. 4** vorzeitig **ordentlich beenden** (*Gaul/Wisskirchen* BB 2000, 2469).

59

3. Gesetzliches Sonderkündigungsrecht

Um dem Arbeitgeber das Risiko zu nehmen, für zwei Arbeitnehmer Lohn zu zahlen, obwohl er möglicherweise nur einen beschäftigen kann, eröffnet § 21 Abs. 4 BEEG ein **gesetzliches Sonderkündigungsrecht**. Es bedarf also insoweit keiner ausdrücklichen Vereinbarung, das Arbeitsverhältnis während seiner befristeten Laufzeit ordentlich kündigen zu können. Auf diese Weise soll die Einstellung von Ersatzkräften gefördert werden, da ein besonderes Lösungsrecht für den Arbeitgeber angeboten wird (Begr. des RegE, BT-Drucks. 10/3792, S. 22). Das gesetzliche Sonderkündigungsrecht **beschränkt sich auf die mit der vorzeitigen Beendigung der Elternzeit verbundenen Schwierigkeiten** (ErfK-*Müller-Glöge* Rn 9; LS-*Schlachter* Anh. 2 F Rn 13 f.; Hako-TzBfG/*Boecken* Rn 16 f.; MüKo-*Hesse* § 23 TzBfG Rn 24). Das Sonderkündigungsrecht des Arbeitgebers aus Abs. 4 kommt ebenfalls zum Tragen, wenn das Arbeitsverhältnis während der Elternzeit **vom zu Vertretenen gekündigt** wird. Die zu **vermeidende finanzielle Doppelbelastung** des Arbeitgebers tritt in diesem Fall zwar nicht ein. Die mit dem Dritten Gesetz zur Änderung des Bundeserziehungsgeldgesetzes zum **1.1.2001** in Kraft getretene Neufassung umschließt jedoch diesen Fall (BT-Drucks. 14/3553, S. 23; *LAG Nbg.* 2.8.2007 BB 2007, 2076; LS-*Schlachter* Anh. 2F Rn 13; Hako-TzBfG/*Boecken* Rn 17; *Zmarzlik/Zipperer/Viethen* Rn 22; HaKo-MuSchG/*Rancke* Rn 11; aA *Annuß/Thüsing/Kühn* § 23 TzBfG Rn 143; *Bruns, P.* BB 2008, 386 f.; APS-*Backhaus* Rn 35a; Brose/Weth/Volk-*Schneider* Rn 42; DDZ-*Wroblewski* Rn 19, welche die ratio legis über Wortlaut und Motive des Gesetzgebers stellen wollen). Das Sonderkündigungsrecht ist dagegen **nicht auf den vorzeitigen Abbruch von Kinderbetreuungszeiten anwendbar**, die auf der Grundlage **tariflicher, betrieblicher oder einzelvertraglicher Vereinbarungen** gewährt werden. Insoweit sind die dort getroffenen Regelungen maßgeblich. Es ist dann Sache der Vertragsparteien **vorbeugende Regelungen zur Vermeidung von Doppelbelastungen** zu treffen. § 21 Abs. 4 BEEG verdrängt nicht § 15 Abs. 3 TzBfG (s. KR-*Bader/Kreutzberg-Kowalczyk* § 23 TzBfG Rdn 13).

60

a) Zweck und Voraussetzungen

Der Arbeitgeber kann das befristete Arbeitsverhältnis kündigen, wenn die Elternzeit **ohne Zustimmung des Arbeitgebers** vorzeitig beendet werden kann und der Arbeitnehmer dem Arbeitgeber die

61

vorzeitige Beendigung mitgeteilt hat (Abs. 4 S. 1). Gründe hierfür sind in erster Linie der **Tod des zu betreuenden Kinds** während der Elternzeit und – wie sich aus dem zum 1.1.2001 geänderten Wortlaut der Bestimmung ergibt (»Elternzeit ohne Zustimmung des Arbeitgebers vorzeitig endet ...«) – die **Eigenkündigung des vertretenen Arbeitnehmers** während der Elternzeit (s. Rdn 60). Dies kann auch bei Tod des Kindes vor Ablauf der Schutzfristen vor oder nach der Entbindung eintreten. Ohne Zustimmung des Arbeitgebers muss eine Beendigung der Elternzeit auch möglich sein, wenn die Arbeitnehmerin während der Elternzeit erneut schwanger wird (*EuGH* 20.9.2007 EzA Richtlinie 76/207 EG-Vertrag 1999 Nr. 7 **Kiiski**). Insoweit ist § 16 Abs. 3 S. 3 BEEG europarechtskonform auszulegen.

62 Nach dem in Abs. 4 angefügten S. 2 entsteht ein **Sonderkündigungsrecht des Arbeitgebers** gegenüber der befristet eingestellten Ersatzkraft ab 1.1.2001 ferner dann, wenn der Anspruchsinhaber von Elternzeit deren vorzeitige Beendigung **unter Hinweis auf die Fälle des § 16 Abs. 3 S. 2 BEEG beantragt hat** und dem Arbeitgeber dringende betriebliche Gründe zur Ablehnung des Antrags nicht zur Seite stehen oder er sie nicht innerhalb von vier Wochen schriftlich gegenüber dem Antragsteller geltend macht (Hako-TzBfG/*Boecken* Rn 17; HWK-*Gaul* Rn 13). Die bloße mündliche **Mitteilung** des **Arbeitnehmers** an den Arbeitgeber über die vorzeitige Beendigung wie im Falle des Abs. 4 S. 1 **reicht** zwar **aus** (APS-*Backhaus* Rn 36). Empfehlenswert aus Gründen der Nachweisbarkeit ist jedoch eine **schriftliche Antragstellung** (BT-Drucks. 14/3553, S. 23; *Annuß/Thüsing/Kühn* § 23 TzBfG Rn 142; vgl. dazu auch *BAG* 21.4.2009 EzA § 16 BErzGG Nr. 7 Rn 14 f.). Der Antrag des Arbeitnehmers kann wegen der Geburt eines weiteren Kindes oder wegen eines besonderen Härtefalls (§ 16 Abs. 3 S. 2 BEEG: »insbes. bei schwerer Krankheit, Behinderung oder Tod eines Elternteils oder bei erheblich gefährdeter wirtschaftlicher Existenz«) gestellt werden. Bei antragsgebundener vorzeitiger Beendigung der Elternzeit nach Abs. 4 S. 2 kann der Arbeitgeber sein Sonderkündigungsrecht indessen **nur** dann gegenüber der befristet eingestellten Ersatzkraft **nutzen, wenn er den zu vertretenden Arbeitnehmer tatsächlich wieder beschäftigt** (*Reinecke*, *B.* FA 2001, 10, 14; LS-*Schlachter* Anh. 2 F Rn 14; APS-*Backhaus* Rn 35), dh dem zu Kündigenden anzeigt, dass er dem Antrag entsprechen wird.

63 Lehnt der Arbeitgeber die **vorzeitige Beendigung der Elternzeit** aus **dringenden betrieblichen Gründen** ab, hat der den Antrag stellende Arbeitnehmer den Klageweg zu den Gerichten zu beschreiten. Bis zum Klageerfolg kann er seine Arbeit nicht vorzeitig wieder antreten; die Befristung der Ersatzkraft bleibt davon unberührt (*Sowka* NZA 2000, 1188; *Reiserer/Lemke* MDR 2001, 243). Dies gilt ebenso bei einem **späteren Teilzeitarbeitsverlangen** des zunächst in die Elternzeit mit vollständiger Arbeitsfreistellung eingetretenen Arbeitnehmers (vgl. *BAG* 19.4.2005 EzA § 15 BErzGG Nr. 15; APS-*Backhaus* Rn 35b; AR-*Klose* Rn 11). Ob hier dem Arbeitgeber aus Abs. 4 eine gesetzliche **Änderungskündigungsmöglichkeit** gegenüber dem befristet beschäftigten Vertreter erwächst, ist bisher noch nicht erwogen worden. Entgegenstehende betriebliche Gründe, die Elternzeit entsprechend den Wünschen des zu Vertretenden abzuändern, hat das BAG indessen nicht anerkannt, wenn der Arbeitgeber eine unbefristete Einstellung der »Ersatzkraft« vorgenommen hat, anstatt die Befristungsmöglichkeiten des § 21 BEEG zu nutzen (*BAG* 5.6.2007 EzA § 15 BErzGG Nr. 16). Kann sich der Arbeitgeber auf entgegenstehende dringende betriebliche Gründe berufen, bleibt ihm die Möglichkeit das **Teilzeitverlangen** des Elternzeitlers **abzulehnen** (§ 15 Abs. 7 Nr. 4 BEEG). Das soll aber nicht gelten, falls der Arbeitgeber sich vorzeitig – d.h. vor Abgabe der Erklärung des Eltern-zeitberechtigten – vollzeitig an eine Ersatzkraft bindet (ArbG Köln 15.3.2018 – 11 Ca7300/17).

64 Eine vorzeitige Kündigung nach Abs. 4 ist nicht gestattet, wenn der Vertretene eine **Verlängerung seiner Elternzeit** verlangen kann (§ 16 Abs. 3 S. 4 BEEG). Hier steht es dem Arbeitgeber indessen frei, die vereinbarte Befristung mit der Ersatzkraft zu verlängern oder auslaufen zu lassen. Die Notwendigkeit einer Kündigung ist in diesem Fall mangels finanzieller Doppelbelastung nicht gegeben.

65 § 21 Abs. 4 BEEG gewährt dem **Arbeitgeber** das Kündigungsrecht, wenn er auf die vorzeitige Beendigung der Elternzeit zB infolge des Todes des zu betreuenden Kindes, der erneuten Schwangerschaft oder der Eigenkündigung der/des Vertretenen **keinen Einfluss** hat, also die vorzeitige

Beendigung der Elternzeit nicht ablehnen darf (HWK-*Gaul* Rn 13; *Roos/Bieresbohm/Graf* Rn 35; *Annuß/Thüsing/Kühn* § 23 TzBfG Rn 142). Endet dagegen die Elternzeit vorzeitig **mit Zustimmung des Arbeitgebers aus anderen als den in Abs. 4 S. 1 und 2 genannten Gründen**, hat er die mögliche **Doppelbelastung selbst gewählt** (*Annuß/Thüsing/Kühn* § 23 TzBfG Rn 144). Der Arbeitgeber hat es schließlich in diesen Fällen in der Hand (§ 16 Abs. 3 BEEG), die Zustimmung zur vorzeitigen Beendigung der Elternzeit zu verweigern oder erst zu einem späteren Zeitpunkt zu erteilen, zu dem er sich von der befristet eingestellten Ersatzkraft trennen kann. Deshalb steht ihm in diesem Fall ein Kündigungsrecht nach § 21 Abs. 4 BEEG nicht zur Verfügung (LS-*Schlachter* Anh. 2 F Rn 15; APS-*Backhaus* Rn 34; Brose/Weth/Volk-*Schneider* Rn 40). Entsprechendes gilt bei **einvernehmlicher vorzeitiger Beendigung der Elternzeit**, ohne dass eine rechtliche Verpflichtung des Arbeitgebers hierzu besteht (*ArbG Bln.* 4.12.2013 LAGE § 21 BEEG Nr. 2).

Zu erwägen ist allerdings dem Arbeitgeber das Recht zur Anfechtung seiner Zustimmung zuzugestehen, wenn eine Elternzeitberechtigte anzeigt vorzeitig zurückkehren zu wollen, um dann am Tag nach Wiederaufnahme der Arbeit mitzuteilen, dass sie bereits im 7. Monat schwanger sei. Die Anfechtung sollte dann bei Vortäuschung einer ernsthaften Rückkehrabsicht möglich sein. Der EuGH hat dagegen in diesem Fall mit Blick auf Art. 2 Abs. 1 der Richtlinie 76/207/EWG vom 9.2.1976 sowohl eine Verpflichtung der Arbeitnehmerin dem Arbeitgeber die Schwangerschaft vorher mitzuteilen, als auch ein Recht des Arbeitgebers seine Zustimmung zu der vorzeitigen Rückkehr aus der Elternzeit anzufechten, abgelehnt (*EuGH* 27.2.2003 EzA § 16 BErzGG Nr. 6 *Wiebke Busch*). Da es der Arbeitnehmerin letztlich um den Erhalt eines höheren Mutterschaftsgeldes und eines entsprechenden Arbeitgeberzuschusses hierzu ging, wäre hier jedenfalls die Prüfung von **Rechtsmissbrauch** angebracht gewesen (zutr. *Roos/Bieresbohm/Othmer* 1. Aufl. § 16 BEEG Rn 17; **aA** wohl *EuGH* 20.9.2007 EzA Richtlinie 76/207 EG-Vertrag 1999 Nr. 7 *Kiiski*, Rn 58). 66

Wählt der Arbeitgeber den Weg der nunmehr zugelassenen **Zweckbefristung** nach § 21 Abs. 3 BEEG oder der **auflösenden Bedingung** nach § 21 TzBfG, entschärft sich dieses Problem. Anstelle einer nicht erforderlichen Kündigung tritt dann bei der Zweckbefristung eine angemessene Auslauffrist (vgl. *LAG Nbg.* 2.8.2007 BB 2007, 2076; *Rolfs* NZA 1996, 1140; s. Rdn 51, 52). Die gesetzliche Regelung gibt dem **Rückkehrinteresse** des zu **Vertretenen** gegenüber dem Beschäftigungsinteresse der Ersatzkraft eindeutig den **Vorrang**. 67

b) Kündigungsfrist

Der Arbeitgeber muss nach § 21 Abs. 4 BEEG eine **Kündigungsfrist** einhalten, die für alle Arbeitnehmer mindestens **drei Wochen** beträgt. Diese einheitliche Mindestkündigungsfrist steht im Einklang mit der Entscheidung des *BVerfG* vom 30.5.1990 (EzA § 622 BGB Nr. 27) zu den Grundkündigungsfristen für Arbeiter und Angestellte. Für die besondere Fallgestaltung der Elternzeit kann der Gesetzgeber eine kürzere als die allgemeine Grundkündigungsfrist von vier Wochen bestimmen. Insoweit hat er Gestaltungsspielräume und kann nach Einschätzung der tatsächlichen Umstände und Bedürfnisse verfahren. 68

Die **Kündigung** kann **frühestens zum Ende der Elternzeit ausgesprochen werden** (ErfK-*Müller-Glöge* Rn 9; APS-*Backhaus* Rn 39; HWK-*Gaul* Rn 13). Ist die sonst einschlägige gesetzliche Kündigungsfrist (§ 622 Abs. 1 BGB) länger als drei Wochen, gilt die kürzere Frist nach Abs. 4. Die Regelung ist eine **Spezialnorm** gegenüber § 622 Abs. 5 Nr. 4 BGB (DDZ-*Wroblewski* Rn 20; APS-*Backhaus* Rn 40), da § 21 Abs. 4 BEEG eine besondere Kündigungsmöglichkeit und Kündigungsfrist für bestimmte **Aushilfsarbeitsverhältnisse** enthält. Eine Vereinbarung kürzerer Kündigungsfristen für die befristete Einstellung von Ersatzkräften während der Elternzeit nach § 622 Abs. 5 Nr. 1 BGB ist daher unwirksam, da § 21 Abs. 4 BEEG (»mindestens«) § 622 BGB insoweit verdrängt (LS-*Schlachter* Anh. 2 F Rn 16; ErfK-*Müller-Glöge* Rn 9; zweifelnd APS-*Backhaus* Rn 40). 69

Längere tarifvertragliche Kündigungsfristen gehen wegen des einseitig zwingenden Charakters des § 21 BEEG (s. Rdn 15) und wegen der in **Abs. 6** vorgesehenen **Abdingbarkeit** von Abs. 4 **vor** (zutr. APS-*Backhaus* Rn 40; ErfK-*Müller-Glöge* Rn 10; Hako-TzBfG/*Boecken* Rn 19; **aA** *Annuß*/ 70

Thüsing/Kühn § 23 TzBfG Rn 145, nur soweit sie tarifvertraglich auf das Sonderkündigungsrecht nach § 21 Abs. 4 BEEG bezogen sind). Der Gesetzgeber hat mit der redaktionellen Überarbeitung des Abs. 4 die **dreiwöchige Kündigungsfrist ab dem 1.1.2001 als die kürzestmögliche Zeitspanne** (»**mindestens**«) zur einseitigen Auflösung des befristeten Arbeitsvertrags gekennzeichnet. Während längere tarifliche Kündigungsfristen bei Tarifbindung aufgrund ihrer Normwirkung (§ 4 Abs. 1 und 3 TVG) den Vorrang vor der gesetzlichen Dreiwochenfrist genießen, dürften **arbeitsvertraglich längere Kündigungsfristen** nur dann vorgehen, wenn die abweichende Regelung hierzu ausdrücklich auf § 21 Abs. 4 BEEG Bezug nimmt (*Annuß/Thüsing/Kühn* § 23 TzBfG Rn 145; arg. Ausschlussoption nach Abs. 6). Anderenfalls würde die gesetzliche Privilegierung des Arbeitgebers zur Kündigungsfrist völlig leerlaufen (*Annuß/Thüsing/Kühn* § 23 TzBfG Rn 145; aA APS-*Backhaus* Rn 40; HaKo-MuSchG/*Rancke* Rn 12; LS-*Schlachter* Anh. 2 F Rn 16, jeweils mangels eines gesetzlichen Zitiergebots). Zum **Ausschluss des gesetzlichen Sonderkündigungsrechts** s. Rdn 73.

71 Nach § 21 Abs. 4 BEEG ist die Kündigung frühestens zu dem **Zeitpunkt** zulässig, zu dem die **Elternzeit endet**. Im Fall der **Einarbeitung** des rückkehrenden Arbeitnehmers ist daher eine spätere Kündigung durchaus denkbar und zulässig (vgl. Rdn 45 ff.). Der **Ausspruch der Kündigung kann vorher** und nicht erst am Ende der Elternzeit erfolgen (Brose/Weth/Volk-*Schneider* Rn 43; APS-*Backhaus* Rn 39; *Annuß/Thüsing/Kühn* § 23 TzBfG Rn 145). Hiermit wird ein Interessenausgleich zwischen Elternzeitberechtigtem und befristet eingestellter Ersatzkraft herbeigeführt und gleichzeitig vermieden, dass der Arbeitgeber das **Risiko doppelter Entgeltzahlung** trägt (Begr. des RegE, BT-Drucks. 10/3792, S. 22). § 21 Abs. 4 BEEG schützt insoweit die Ersatzkraft, indem die Vorschrift verhindert, dass ihr Arbeitsverhältnis vor Ablauf der Elternzeit beendet wird.

c) Ausschluss des KSchG

72 Nach § 21 Abs. 5 BEEG ist auf eine Kündigung nach § 21 Abs. 4 BEEG das **KSchG nicht anwendbar**, sofern nicht Abs. 6 zum Zuge kommt (s. Rdn 73). Der Wortlaut ist eindeutig. Der **Arbeitgeber braucht** also nach Eintritt des gesetzlichen Kündigungsschutzes der Ersatzkraft **nicht darzulegen**, die **Kündigung sei sozial gerechtfertigt**. Der Diskriminierungsschutz aus § **612a BGB** und dem **AGG** bleibt indessen erhalten, dürfte bei den zu behandelnden Fällen aber nur theoretischer Natur sein. Will sich die befristet eingestellte Ersatzkraft gegen die Kündigung nach Abs. 4 zur Wehr setzen, braucht sie die **dreiwöchige Klagefrist des** § **4 KSchG** nicht einzuhalten (DDZ-*Wroblewski* Rn 20; LS-*Schlachter* Anh. F Rn 17; APS-*Backhaus* Rn 38; ErfK-*Müller-Glöge* Rn 9; *Annuß/Thüsing/Kühn* § 23 TzBfG Rn 145; HWK-*Gaul* Rn 13; aA *ArbG Bln.* 4.12.2013 LAGE § 21 BEEG Nr. 2; Gesetzgebungsgeschichte, Systematik und Normzweck sprechen dagegen, da im Ergebnis der zu begünstigende Arbeitgeber benachteiligt werde; ebenso HaKo-TzBfG/*Boecken* Rn 18). Daran hat die zum 1.1.2004 geänderte Regelung zu § 4 KSchG nF (näher dazu *Bader* NZA 2004, 65, 67 f.) nichts geändert, denn das Kündigungsschutzgesetz soll nach Abs. 5 – unabhängig von seiner jeweiligen Ausgestaltung – in seiner Gesamtheit nicht zur Wirkung kommen. Die **sonstigen Bestandsschutzbestimmungen außerhalb des KSchG** sind zu beachten. Der Arbeitgeber muss also nach § **102 BetrVG** den Betriebsrat anhören, einen gesetzlichen **Sonderkündigungsschutz** beachten (§ **17 MuSchG, §§ 168 ff. SGB IX** und § 2 ArbPlSchG einhalten; *Roos/Biersbohm/Graf* Rn 37; *Zmarzlik/Zipperer/Viethen* Rn 22; APS-*Backhaus* Rn 38; ErfK-*Müller-Glöge* Rn 9) und die **Schriftform der Kündigung** (§ 623 BGB) wahren (*Annuß/Thüsing/Kühn* § 23 TzBfG Rn 146; KR-Gallner § 17 MuSchG Rdn 179, 184 f.).

d) Abdingbarkeit des Kündigungsrechts

73 Die gesetzliche **Kündigungsmöglichkeit** nach § 21 Abs. 4 BEEG ist **nicht zwingend**. Sie kann nach § 21 Abs. 6 BEEG durch **Tarifvertrag** oder **Einzelvertrag ausgeschlossen** werden (ErfK-*Müller-Glöge* Rn 10; AR-*Klose* Rn 12; zu den Kündigungsfristen s. Rdn 70). Die abweichende Regelung muss nicht nur die ordentliche Kündigung als solche, sondern das Sonderkündigungsrecht ansprechen (*Bruns, P.* BB 2008, 387; HWK-*Gaul* Rn 14). Ist dies geschehen, trägt der Arbeitgeber das Risiko, ohne Bedarf zwei Arbeitnehmer beschäftigen und ihnen Entgelt zahlen zu müssen, falls

die Elterzeit vorzeitig beendet wird. Hat der Arbeitgeber **vertraglich die Möglichkeit der ordentlichen Kündigung** während der Befristungsdauer (§ 15 Abs. 3 TzBfG), so kann er dann **nur unter Beachtung des KSchG** das befristete **Arbeitsverhältnis** vorzeitig **beenden,** da die Abs. 4 und 5 in § 21 BEEG unauflösbar miteinander verbunden sind (AR-*Klose* Rn 12). Dies trifft ebenso für die in Abs. 1 genannten **Betreuungsfreizeiten** außerhalb der gesetzlichen Elterzeit zu.

III. Übergang des Arbeitsverhältnisses auf unbestimmte Zeit nach § 15 Abs. 5 TzBfG

Das nach § 21 Abs. 1 bis 3 BEEG wirksam zeitbefristete oder zweckbefristete Arbeitsverhältnis gilt nach § 15 Abs. 5 TzBfG als auf unbestimmte Zeit verlängert, wenn es nach Fristende mit Wissen des Arbeitgebers fortgesetzt wird und dieser nicht unverzüglich widerspricht (vgl. näher KR-*Lipke/Bubach* § 15 TzBfG Rdn 52 ff.). Die vom Arbeitgeber **versäumte unverzügliche Mitteilung** der Zweckerreichung (§ 21 Abs. 3 BEEG iVm § 15 Abs. 5 TzBfG) führt bei einer **Zweckbefristung** zur **Verlängerung** des befristeten Arbeitsverhältnisses auf unbestimmte Zeit (*Annuß/Thüsing/Kühn* § 23 TzBfG Rn 138). Den **Widerspruch** kann der Arbeitgeber allerdings schon vor Fristende erklären (*BAG* 22.7.2014 EzA § 611 BGB 2002 Beschäftigungspflicht Nr. 3). Der Widerspruch kann bereits darin liegen, dass der Arbeitgeber dem Arbeitnehmer den Abschluss eines weiteren befristeten Arbeitsvertrages anbietet oder ein Verlangen des Arbeitnehmers auf befristete Verlängerung im Vorhinein schriftlich zurückweist (*BAG* 11.7.2007 EzA § 15 TzBfG Nr. 2; s.a. Rdn 54). Zwischen dem vereinbarten **Ende des Arbeitsverhältnisses und dem Widerspruch** des Arbeitgebers nach § 15 Abs. 5 TzBfG ist ein **zeitlicher Zusammenhang** erforderlich. Ein solcher Zusammenhang ist regelmäßig anzunehmen, wenn der Widerspruch zu einem Zeitpunkt erklärt wird, in dem bereits ein Rechtsstreit über die Wirksamkeit der Befristung anhängig ist und der Arbeitgeber sich gegen die Klage verteidigt (*BAG* 22.7.2014 EzA § 611 BGB 2002 Beschäftigungspflicht Nr. 3).

Gibt ein **Tarifvertrag** dem Arbeitgeber auf, dem Arbeitnehmer mitzuteilen, dass ein befristeter Anschlussarbeitsvertrag nicht abgeschlossen wird, so führt die **Verletzung** dieser **tariflichen Mitteilungspflicht** nicht zur Unwirksamkeit der Befristung. Entsprechende Rechtsfolgen müssen sich unzweifelhaft aus dem Tarifvertrag ergeben (Modell: Nichtverlängerungsmitteilung im Bühnenbereich), ansonsten bleibt es bei der Wirksamkeit der Befristung nach den gesetzlichen Erfordernissen (*LAG Köln* 18.10.2005 – 13 Sa 863/05).

IV. Auswirkung der Elternzeit auf Beschäftigtenzahl

§ 21 Abs. 7 BEEG stellt sicher, dass bei der **Ermittlung der Anzahl der beschäftigten Arbeitnehmer** nur der Elternzeitberechtigte bzw. der zur Betreuung eines Kindes freigestellte Arbeitnehmer oder die eingestellte Ersatzkraft gezählt wird, wenn die Anwendung arbeitsrechtlicher **Gesetze** oder **Verordnungen** von der Zahl der beschäftigten Arbeitnehmer abhängt (ErfK-*Müller-Glöge* Rn 11; HaKo-TzBfG/*Boecken* Rn 20; HWK-*Gaul* Rn 15). Auf diese Weise wird vermieden, dass die Einstellung eines Vertreters zur Anwendung weitergehender arbeitsrechtlicher Gesetze führt, obwohl die Zahl der **beschäftigten** Arbeitnehmer gleichgeblieben ist (*BAG* 31.1.1991 NZA 1991, 562; Brose/Weth/Volk-*Schneider* Rn 47; *Bruns, P.* BB 2008, 387). Die Anwendung individualarbeitsrechtlicher Bestimmungen, wie die des Kündigungsschutzrechts (zB § 23 Abs. 1 KSchG) als auch die Anwendung betriebsverfassungsrechtlicher Vorschriften (zB § 9 BetrVG), hängt in zahlreichen Fällen von der **Anzahl der Beschäftigten** oder der Zahl der **Arbeitsplätze** ab (*Zmarzlik/Zipperer/Viethen* Rn 23 ff.; *Roos/Bieresbohm/Graf* Rn 40; Hako-TzBfG/*Boeckenn* Rn 20). Dabei kann es für die zu überwindende Hürde einmal auf das **Arbeitsvolumen** (§ 23 KSchG, § 622 Abs. 5 BGB), ein anderes Mal auf die **Kopfzahl** (§§ 99, 111 BetrVG, § 15 Abs. 7 TzBfG; § 2 Abs. 1 Satz 4 FPfZG) ankommen. Ausschlaggebend ist hier die **Zahl der Arbeitsplätze**, nicht die Zahl der bestehenden **Arbeitsverträge** (so aber LS-*Schlachter* Anh. 2 F Rn 19; arg. Wortlaut Abs. 7 S. 3). Die Einstellung einer **Ersatzkraft mit geringerer Arbeitszeit** führt iSv § 21 Abs. 7 BEEG nicht zu einem Absinken der Beschäftigtenzahl, da die Bestimmung den Arbeitgeber schützen, aber nicht begünstigen soll.

Das »**Verbot der Doppelzählung**« beschränkt sich nicht auf den Fall der zeit- oder zweckbefristeten Ersatzkraft. Es gilt ebenso bei einer **unbefristet eingestellten Vertretungskraft** (*Sächs. LAG*

21.9.2016 – 8 Sa 291/16, Rn 32; *LAG Hamm* 21.4.2016 DB 2016, 218, Rn 101; *LAG Düsseld.* 26.7.2000 BB 2001, 153, APS-*Backhaus* Rn 44; *Göhle-Sander* jurisPR-ArbR 19/2016 Anm. 3; weitergehend *LAG Nbg.* 16.2.2016 LAGE § 21 BEEG Nr. 3, Rn 45, wonach eine Ersatzeinstellung auch vorliegt, wenn ein vorhandener Mitarbeiter auf die Stelle des beurlaubten Beschäftigten versetzt wird), da sich jedenfalls bis zum Ablauf der Elternzeit die Zahl der »**in der Regel**« **beschäftigten Arbeitnehmer** nicht erhöht (*LAG Düsseld.* 26.7.2000 NZA-RR 2001, 308; aA *LAG Hamm* 18.3.1998 BB 1998, 1211; Brose/Weth/Volk-*Schneider* Rn 48; *Bruns, P.* BB 2008, 387; ErfK-*Müller-Glöge* Rn 11, die nur befristet angestellte Arbeitskräfte unter das Verbot der Doppelzählung fallen lassen und nur Arbeitsplätze und nicht Arbeitsverträge zählen). Für den Ausschluss der Zählung von unbefristet neu eingestellten Arbeitnehmern ist jedoch erforderlich, dass ihre **Aushilfsfunktion iSv § 21 BEEG nach außen hervortritt** (zB im Verfahren nach § 99 BetrVG, sie also einen befristeten Vertretungsbedarf erfüllen (HWK-*Gaul* Rn 15; HaKo-MuSchG/*Rancke* Rn 14); dann können sie bei der Feststellung der Beschäftigtenzahl nicht mitgezählt werden (vgl. *LAG Hamm* 3.4.1997 LAGE § 23 KSchG Nr. 13, zu § 9 BetrVG; *Zmarzlik/Zipperer/Viethen* Rn 27 ff.). Daran fehlt es aber, wenn die befristete Einstellung des Vertreters an einer formunwirksamen (mündlichen) Befristungsabrede (§ 14 Abs. 4 TzBfG) scheitert und es infolgedessen über § 16 TzBfG zum Abschluss eines unbefristeten Arbeitsvertrages kommt (*LAG RhPf* 5.2.2004 – 6 Sa 1226/03, LAG Report 2004, 305).

78 § 21 Abs. 7 BEEG lässt sich ein dem gesetzlichen Anwendungsbereich **überschreitender allgemeiner Rechtsgedanke** entnehmen, dass **vertretungsweise eingestellte Arbeitnehmer** grds. bei der Feststellung der für den Kündigungsschutz maßgeblichen Belegschaftsgröße **nicht mitzurechnen sind** (*LAG Köln* 31.1.2005 LAGE § 23 KSchG Nr. 23; *LAG Hamm* 3.4.1997 LAGE § 23 KSchG Nr. 13; zweifelnd APS-*Backhaus* Rn 42 f.). Abweichende gesetzliche Berechnungsvorschriften wie zB § 7 ATG, § 8 Abs. 7 TzBfG oder §§ 154, 157 SGB IX gehen als **Sonderregelung** vor.

79 Die Vorschrift entfaltet keine Wirkung, wenn nach den in Betracht kommenden Bestimmungen die Ersatzkraft nicht mitzuzählen ist. Das kann ein **Auszubildender** sein, der nach § 23 Abs. 1 S. 2 KSchG nicht zählt oder ein freier Mitarbeiter ohne Arbeitnehmereigenschaft. Schließt der Arbeitgeber **regelmäßig bedarfsorientiert** jeweils **auf einen Tag befristete Arbeitsverträge** ab, so zählt die durchschnittliche Zahl der eintägig befristeten Arbeitsverhältnisse zu den in der Regel beschäftigten Arbeitnehmern i.S.v. § 9 BetrVG (*BAG* 7.5.2008 EzA § 9 BetrVG 2001 Nr. 4).

80 Nimmt ein **Betriebsratsmitglied** Elternzeit in Anspruch und kommt es zu einer Ersatzeinstellung, so bleibt dies ohne Einfluss auf die Beschäftigtenzahl, selbst wenn das Betriebsratsmitglied willens und in der Lage ist, alle seine mit dem Betriebsratsamt zusammenhängenden Rechte während der Elternzeit wahrzunehmen (*LAG München* 27.2.1998 – 8 TaBV 98/97). Kommt es bei der **Anfechtung einer Betriebsratswahl** auf die Zahl der Beschäftigten an, so führt der Einsatz befristet beschäftigter Vertretungskräfte für die in Elternzeit beschäftigten Arbeitnehmer nicht zu einer Erhöhung der Zahl der regelmäßig beschäftigten Arbeitnehmer iSv § 9 BetrVG (*LAG Nbg.* 2.5.2005 EzAÜG BetrVG Nr. 91).

81 Die Vorschrift gilt ebenfalls nicht für **Überforderungsschutzregelungen** zugunsten des Arbeitgebers, wenn diese in einem **Tarifvertrag** verankert sind. § 21 Abs. 7 BEEG betrifft seinem Wortlaut nach **nur Regelungen in Gesetzen und Verordnungen**, nicht dagegen in Tarifverträgen (*BAG* 26.5.1992 EzA § 2 VRG VRTV-Bekleidungsindustrie Nr. 1; APS-*Backhaus* Rn 43; Hako-TzBfG/ *Boecken* Rn 20).

V. Prozessuales

82 Der nach § 21 BEEG befristet beschäftigte Arbeitnehmer kann bereits während der laufenden Befristung Feststellungsklage nach § 256 ZPO auf Unwirksamkeit der Befristung erheben, spätestens aber innerhalb von **drei Wochen nach Ablauf der Befristung** nach den Regeln des **§ 17 TzBfG**, soweit nicht über eine entsprechende Anwendung des § 6 KSchG eine verlängerte Anrufungsfrist nach § 17 Satz 2 TzBfG gegeben ist (*BAG* 15.5.2012 EzA § 6 KSchG Nr. 5). Näher dazu KR-*Bader/Kreutzberg-Kowalczyk* Erl. zu § 17 TzBfG.

Abschnitt 5 Statistik und Schlussvorschriften

§ 28 BEEG Übergangsvorschrift

(1) Für die vor dem 1. September 2021 geborenen oder mit dem Ziel der Adoption aufgenommenen Kinder ist dieses Gesetz in der bis zum 31. August 2021 geltenden Fassung weiter anzuwenden.

(1a) Soweit dieses Gesetz Mutterschaftsgeld nach dem Fünften Buch Sozialgesetzbuch oder nach dem Zweiten Gesetz über die Krankenversicherung der Landwirte in Bezug nimmt, gelten die betreffenden Regelungen für Mutterschaftsgeld nach der Reichsversicherungsordnung oder nach dem Gesetz über die Krankenversicherung der Landwirte entsprechend.

(2) Für die dem Erziehungsgeld vergleichbaren Leistungen der Länder sind § 8 Absatz 1 und § 9 des Bundeserziehungsgeldgesetzes in der bis zum 31. Dezember 2006 geltenden Fassung weiter anzuwenden.

(3) [1]§ 1 Absatz 7 Satz 1 Nummer 1 bis 4 in der Fassung des Artikels 36 des Gesetzes vom 12. Dezember 2019 (BGBl. I S. 2451) ist für Entscheidungen anzuwenden, die Zeiträume betreffen, die nach dem 29. Februar 2020 beginnen. [2]§ 1 Absatz 7 Satz 1 Nummer 5 in der Fassung des Artikels 36 des Gesetzes vom 12. Dezember 2019 (BGBl. I S. 2451) ist für Entscheidungen anzuwenden, die Zeiträume betreffen, die nach dem 31. Dezember 2019 beginnen.

(4) [1]§ 9 Absatz 2 und § 25 sind auf Kinder anwendbar, die nach dem 31. Dezember 2021 geboren oder nach dem 31. Dezember 2021 mit dem Ziel der Adoption aufgenommen worden sind. [2]Zur Erprobung des Verfahrens können diese Regelungen in Pilotprojekten mit Zustimmung des Bundesministeriums für Familie, Senioren, Frauen und Jugend, des Bundesministeriums für Arbeit und Soziales und des Bundesministeriums des Innern, für Bau und Heimat auf Kinder, die vor dem 1. Januar 2022 geboren oder vor dem 1. Januar 2022 zur Adoption aufgenommen worden sind, angewendet werden.

Der Text des § 28 BEEG in der bis zum 31.8.2021 geltenden Fassung lautet:

§ 28 BEEG Übergangsvorschrift

(1) [1]Für die vor dem 1. Januar 2015 geborenen oder mit dem Ziel der Adoption aufgenommenen Kinder ist § 1 in der bis zum 31. Dezember 2014 geltenden Fassung weiter anzuwenden. [2]Für die vor dem 1. Juli 2015 geborenen oder mit dem Ziel der Adoption aufgenommenen Kinder sind die §§ 2 bis 22 in der bis zum 31. Dezember 2014 geltenden Fassung weiter anzuwenden. [3]Satz 2 gilt nicht für § 2c Absatz 1 Satz 2 und § 22 Absatz 2 Satz 1 Nummer 2.

(1a) Soweit dieses Gesetz Mutterschaftsgeld nach dem Fünften Buch Sozialgesetzbuch oder nach dem Zweiten Gesetz über die Krankenversicherung der Landwirte in Bezug nimmt, gelten die betreffenden Regelungen für Mutterschaftsgeld nach der Reichsversicherungsordnung oder nach dem Gesetz über die Krankenversicherung der Landwirte entsprechend.

(2) Für die dem Erziehungsgeld vergleichbaren Leistungen der Länder sind § 8 Absatz 1 und § 9 des Bundeserziehungsgeldgesetzes in der bis zum 31. Dezember 2006 geltenden Fassung weiter anzuwenden.

(3) [1]§ 1 Absatz 7 Satz 1 Nummer 1 bis 4 in der Fassung des Artikels 36 des Gesetzes vom 12. Dezember 2019 (BGBl. I S. 2451) ist für Entscheidungen anzuwenden, die Zeiträume betreffen, die nach dem 29. Februar 2020 beginnen. [2]§ 1 Absatz 7 Satz 1 Nummer 5 in der Fassung des Artikels 36 des Gesetzes vom 12. Dezember 2019 (BGBl. I S. 2451) ist für Entscheidungen anzuwenden, die Zeiträume betreffen, die nach dem 31. Dezember 2019 beginnen.

§ 28 BEEG Übergangsvorschrift

(4) ¹*§ 9 Absatz 2 und § 25 sind auf Kinder anwendbar, die nach dem 31. Dezember 2021 geboren oder nach dem 31. Dezember 2021 mit dem Ziel der Adoption aufgenommen worden sind.* ²*Zur Erprobung des Verfahrens können diese Regelungen in Pilotprojekten mit Zustimmung des Bundesministeriums für Familie, Senioren, Frauen und Jugend, des Bundesministeriums für Arbeit und Soziales und des Bundesministeriums des Innern, für Bau und Heimat auf Kinder, die vor dem 1. Januar 2022 geboren oder vor dem 1. Januar 2022 zur Adoption aufgenommen worden sind, angewendet werden.*

▶ **Hinweis:**

§ 28 BEEG (bis zum 29.2.2020 § 27 BEEG; s. Gesetzestext nebst Auszug aus den Gesetzesmaterialien KR-*Bader* 12. Aufl.) in seiner aktuellen Fassung sowie in der bis zum 31.8.2021 geltenden Fassung sind hier ohne selbständige Kommentierung abgedruckt, weil die Vorschrift im Rahmen der Erläuterungen der §§ 18, 19 und 20 BEEG von Bedeutung ist und diese Erläuterungen so besser verständlich sind.

Betriebsverfassungsgesetz (BetrVG)

In der Fassung der Bekanntmachung vom 25. September 2001 (BGBl. I S. 2518).

Zuletzt geändert durch das Gesetz zur Förderung der Betriebsratswahlen und der Betriebsratsarbeit in einer digitalen Arbeitswelt (Betriebsrätemodernisierungsgesetz) vom 14. Juni 2021 (BGBl. I S. 1762).

§ 78a BetrVG Schutz Auszubildender in besonderen Fällen

(1) Beabsichtigt der Arbeitgeber, einen Auszubildenden, der Mitglied der Jugend- und Auszubildendenvertretung, des Betriebsrats, der Bordvertretung oder des Seebetriebsrats ist, nach Beendigung des Berufsausbildungsverhältnisses nicht in ein Arbeitsverhältnis auf unbestimmte Zeit zu übernehmen, so hat er dies drei Monate vor Beendigung des Berufsausbildungsverhältnisses dem Auszubildenden schriftlich mitzuteilen.

(2) ¹Verlangt ein in Absatz 1 genannter Auszubildender innerhalb der letzten drei Monate vor Beendigung des Berufsausbildungsverhältnisses schriftlich vom Arbeitgeber die Weiterbeschäftigung, so gilt zwischen Auszubildendem und Arbeitgeber im Anschluss an das Berufsausbildungsverhältnis ein Arbeitsverhältnis auf unbestimmte Zeit als begründet. ²Auf dieses Arbeitsverhältnis ist insbesondere § 37 Abs. 4 und 5 entsprechend anzuwenden.

(3) Die Absätze 1 und 2 gelten auch, wenn das Berufsausbildungsverhältnis vor Ablauf eines Jahres nach Beendigung der Amtszeit der Jugend- und Auszubildendenvertretung, des Betriebsrats, der Bordvertretung oder des Seebetriebsrats endet.

(4) ¹Der Arbeitgeber kann spätestens bis zum Ablauf von zwei Wochen nach Beendigung des Berufsausbildungsverhältnisses beim Arbeitsgericht beantragen,
1. festzustellen, dass ein Arbeitsverhältnis nach Absatz 2 oder 3 nicht begründet wird, oder
2. das bereits nach Absatz 2 oder 3 begründete Arbeitsverhältnis aufzulösen,

wenn, Tatsachen vorliegen, auf Grund derer dem Arbeitgeber unter Berücksichtigung aller Umstände die Weiterbeschäftigung nicht zugemutet werden kann. ²In dem Verfahren vor dem Arbeitsgericht sind der Betriebsrat, die Bordvertretung, der Seebetriebsrat, bei Mitgliedern der Jugend- und Auszubildendenvertretung auch diese Beteiligte.

(5) Die Absätze 2 bis 4 finden unabhängig davon Anwendung, ob der Arbeitgeber seiner Mitteilungspflicht nach Absatz 1 nachgekommen ist.

Übersicht	Rdn		Rdn
A. Vorbemerkungen	1	IV. Nachwirkung des Schutzes (Abs. 3)	14
I. Funktion der Vorschrift	1	D. Mitteilungspflicht des Arbeitgebers	
II. Verfassungsrechtliche Beurteilung	3	(Abs. 1)	17
B. Persönlicher Geltungsbereich	4	I. Zweck	17
I. Auszubildende	5	II. Zeitpunkt und Form	18
II. Umschüler	6	III. Rechtsfolgen der Unterlassung (Abs. 5)	20
III. Fortzubildende	7	E. Weiterbeschäftigungsverlangen des	
IV. Volontäre, Praktikanten	8	Auszubildenden (Abs. 2)	21
V. Auszubildende auf Schiffen	9	I. Verlangen	21
C. Mitgliedschaft im Betriebsverfassungsorgan	10	1. Dreimonatsfrist	22
I. Mitglieder	10	2. Schriftform	25
II. Ersatzmitglieder	12	3. Geschäftsfähigkeit	26
III. Wahlbewerber, Wahlvorstandsmitglieder, Initiatoren	13	4. Widerruf des Verlangens	27
		5. Verzicht auf das Weiterbeschäftigungsverlangen	28

§ 78a BetrVG Schutz Auszubildender in besonderen Fällen

	Rdn		Rdn
II. Rechtswirkungen	29	1. Persönliche Gründe	42
1. Begründung eines Arbeitsverhältnisses	29	2. Betriebliche Gründe	47
2. Kündigung und Aufhebungsvertrag	36	G. Verfahrensart	57
3. Geltung des § 37 Abs. 4 und 5 BetrVG	37	I. Feststellungsklage des Jugend- und Auszubildendenvertreters	57
F. Antrag des Arbeitgebers auf Nichtbegründung bzw. Auflösung (Abs. 4)	38	II. Feststellungs- und Auflösungsantrag des Arbeitgebers	58
I. Antrag	38	III. Einstweilige Verfügung	60
II. Rechtsfolgen	40	IV. Annahmeverzug und Ausschlussfristen	61
III. Unzumutbarkeit	41	V. Kosten	63

A. Vorbemerkungen

I. Funktion der Vorschrift

1 Der Schutz vor Benachteiligungen der in Ausbildung befindlichen Mitglieder von Betriebsverfassungsorganen nach § 78 S. 2 BetrVG ist durch das Gesetz vom 18.1.1974 (BGBl. I S. 85) ergänzt worden. Um den Auszubildenden die Ausübung ihres Amts ohne Furcht vor Nachteilen für die berufliche Entwicklung zu ermöglichen (vgl. Begr., BT-Drucks. VII/1170, S. 1), erfolgte die Einfügung des § 78a in das BetrVG (entsprechende Vorschrift im BPersVG: § 9), der zum einen die **Kontinuität in der Amtsführung der Jugend- und Auszubildendenvertretung**, zum anderen den **Schutz des Amtsträgers** vor nachteiligen Folgen bei seiner Amtsführung gewährleisten soll (st. Rspr. *BAG* 15.12.2011 EzA § 78a BetrVG 2001 Nr. 7; 15.11.2006 EzA § 78a BetrVG 2001 Nr. 3).

2 Die Regelung des § 78a, insbes. die Rechtsstellung der Jugend- und Auszubildendenvertreter **unterliegt nicht der Disposition der Tarifvertragsparteien**, auch nicht, wenn sie von ihrem Recht gem. § 3 Abs. 1 Nr. 3 BetrVG Gebrauch gemacht haben (*BAG* 13.8.2008 AP § 78a BetrVG 1972 Nr. 51).

II. Verfassungsrechtliche Beurteilung

3 Verfassungsrechtliche Bedenken gegen § 78a BetrVG bestehen nicht. Die Einschränkung der Vertragsfreiheit des Arbeitgebers wird durch den Schutz der ungehinderten Ausübung eines betriebsverfassungsrechtlichen Amts gerechtfertigt und ist deshalb durch das **Sozialstaatsgebot** legitimiert (*Richardi/Thüsing* Rn 4; APS-*Künzl* Rn 10; GK-BetrVG/*Oetker* Rn 10; *Fitting* Rn 2; *Blaha/Mehlich* NZA 2005, 667; *Horcher* RdA 2014, 93, 96).

B. Persönlicher Geltungsbereich

4 Die Vorschrift erfasst **Auszubildende**, die Mitglieder der Jugend- und Auszubildendenvertretung, des Betriebsrats, der Bordvertretung oder des Seebetriebsrats sind und deren Berufsausbildungsverhältnis endet (Abs. 1) oder deren Berufsausbildungsverhältnis vor Ablauf eines Jahres nach Beendigung der Amtszeit in dem entsprechenden Betriebsverfassungsorgan endet (Abs. 3). **§ 78a BetrVG greift die Begriffsbestimmungen des BBiG auf.** Nicht verwendet wird die in § 5 Abs. 1 BetrVG zur Bestimmung des betriebsverfassungsrechtlichen Arbeitnehmerbegriffs enthaltene Formulierung »der zu ihrer Berufsausbildung Beschäftigten«. Deshalb folgt aus dem durch diese Vorschrift vermittelten aktiven und passiven Wahlrecht eines zur Ausbildung Beschäftigten iSd § 5 Abs. 1 BetrVG nicht ohne weiteres der Schutz des § 78a BetrVG (*BAG* 17.6.2020 – 7 ABR 46/18, Rn 25; 17.8.2005 EzA § 78a BetrVG Nr. 2). Allerdings führt der Bezug auf das BBiG nicht dazu, dass § 78a BetrVG nur auf staatlich anerkannte Ausbildungsberufe Anwendung findet, sondern erfasst werden auch **Vertragsverhältnisse, die aufgrund Tarifvertrags oder arbeitsvertraglicher Vereinbarung eine geordnete Ausbildung von mindestens zwei Jahren vorsehen** (*BAG* 17.6.2020 – 7 ABR 46/18, Rn 25; 17.8.2005 EzA § 78a BetrVG 2001 Nr. 2; 23.6.1983 EzA § 78a BetrVG 1972 Nr. 11). Von der Anwendbarkeit des § 78a BetrVG werden auch **vergleichbare andere Vertragsverhältnisse** gem.

§ 26 BBiG erfasst, soweit die Pflicht des Arbeitgebers zur Ausbildung für eine spätere qualifiziertere Tätigkeit überwiegt (*BAG* 1.12.2004 EzA § 78a BetrVG Nr. 1). Für **Ausbildungsverhältnisse im kirchlichen Bereich** gilt § 78a BetrVG nach § 118 Abs. 2 BetrVG nicht (*ArbG Darmstadt* 8.1.1981 ARSt 1981, 103; HWGNRH-*Nicolai* Rn 4). Allerdings sehen § 18 Abs. 4 Mitarbeitervertretungsordnung der Katholischen Kirche (MAVO) sowie § 49 Abs. 3 Kirchengesetz über Mitarbeitervertretungen in der Evangelischen Kirche in Deutschland (MVG-EKD) eine an § 78a BetrVG angelehnte, aber enger gefasste Regelung vor.

I. Auszubildende

Auszubildender iSd § 78a BetrVG ist, wer **nach Maßgabe des BBiG in einem Berufsausbildungsverhältnis iSd §§ 1 ff. BBiG steht** (s. KR-*Weigand* §§ 21–23 BBiG Rdn 9 ff.). Ein solches liegt nicht vor, wenn und soweit die betreffende Ausbildung Bestandteil einer Universitäts- oder sonstigen Hochschul- oder Fachhochschulausbildung ist. Daher ist die bei einem Partnerunternehmen absolvierte praktische Phase eines aus mehreren Ausbildungsabschnitten bestehenden **dualen Studiengangs** – jedenfalls im letzten Ausbildungsabschnitt, der im Zusammenhang mit dem Erwerb des Hochschulabschlusses »Bachelor of Arts« steht – kein Berufsausbildungsverhältnis iSv § 78a BetrVG (*BAG* 17.6.2020 – 7 ABR 46/18, Rn 33 m. krit. Anm. *Klengel* jurisPR-ArbR 2/2021 Nr. 3; krit. auch *Holtz/Annerfelt* AuR 2021, 36). § 78a BetrVG ist in einem solchen Fall auch nicht entsprechend anwendbar (*BAG* 17.6.2020 – 7 ABR 46/18, Rn 39 ff.). Wird die betriebliche Berufsausbildung abschnittsweise jeweils in **verschiedenen Betrieben** des Ausbildungsunternehmens oder eines mit ihm verbundenen Unternehmens durchgeführt, jedoch von einem der Betriebe des Ausbildungsunternehmens derart zentral mit bindender Wirkung auch für die anderen Betriebe geleitet, dass die wesentlichen der Beteiligung des Betriebsrats unterliegenden, die Ausbildungsverhältnisse berührenden Entscheidungen dort getroffen werden, gehört der Auszubildende während der gesamten Ausbildungszeit dem die Ausbildung leitenden Stammbetrieb an und ist dort zum Betriebsrat und zur Jugend- und Auszubildendenvertretung wahlberechtigt. Dagegen begründet die vorübergehende Beschäftigung der Auszubildenden in den anderen Betrieben keine Wahlberechtigung zu deren Arbeitnehmervertretungen (*BAG* 13.3.1991 EzA § 60 BetrVG Nr. 2). Insbesondere kommt im Rahmen eines **überbetrieblichen Ausbildungsmodells** kein Vertragsverhältnis zum einzelnen berufspraktisch ausbildenden Betrieb zustande, es sei denn das ausbildende Unternehmen übernimmt die im Berufsausbildungsvertrag festgelegte Verpflichtung zur Vermittlung von ausbildungsrelevanten Kenntnissen und der Auszubildende verpflichtet sich, die Ausbildungsmöglichkeit wahrzunehmen. Nur in einem solchen Fall kann der Jugend- und Auszubildendenvertreter die Übernahme nach § 78a BetrVG verlangen (*BAG* 17.8.2005 EzA § 78a BetrVG Nr. 2). Maßgebend ist, ob das Berufsausbildungsverhältnis iSv § 78a BetrVG **im Zeitpunkt der verlangten Weiterbeschäftigung** bestanden hat. Unerheblich ist demgegenüber, ob dies zu einem früheren Zeitpunkt der Fall war, zu dem aber eine Weiterbeschäftigung nicht verlangt wurde. Verlangt danach ein in einem sog. ausbildungsintegrierten dualen Studiengang studierender Mandatsträger von dem Unternehmen, bei dem er die erforderlichen Praxiszeiten durchführt, seine Weiterbeschäftigung nach § 78a Abs. 2 S. 1 BetrVG zum Abschluss des dualen Studiums, kann ein Arbeitsverhältnis nur entstehen, wenn das mit dem letzten Ausbildungsabschnitt endende Rechtsverhältnis ein Ausbildungsverhältnis iSv § 78a BetrVG ist (*BAG* 17.6.2020 – 7 ABR 46/18, Rn 29).

II. Umschüler

§ 78a BetrVG kann mit Blick auf den Schutzzweck der Norm im Einzelfall auch in einem **Umschulungsverhältnis** anzuwenden sein (*Richardi/Thüsing* Rn 6; APS-*Künzl* Rn 16; *Fitting* Rn 5; GK-BetrVG/*Oetker* Rn 24 f.; *Opolony* BB 2003, 1329; aA HWGNRH-*Nicolai* Rn 5; *Löwisch/Kaiser/Klumpp* Rn 6). Das ist dann der Fall, wenn die Umschulung im Rahmen eines eigenständigen Rechtsverhältnisses erfolgt, das nicht ein gewöhnliches Arbeitsverhältnis ist, sondern vornehmlich die Umschulung für einen anerkannten Ausbildungsberuf mit den für ein Berufsausbildungsverhältnis typischen Merkmalen zum Gegenstand hat (vgl. *BVerwG* 31.5.1990 EzA BPersVG § 9 Nr. 15; GK-BetrVG/*Oetker* Rn 24 mwN).

III. Fortzubildende

7 Ebenso ist den Mitgliedern des Betriebsverfassungsorgans, die in einem **isolierten Berufsfortbildungsverhältnis** (vgl. KR-*Weigand* §§ 21–23 BBiG Rdn 12) stehen, der durch § 78a BetrVG intendierte Schutz zuzubilligen (*Reinecke* DB 1981, 889; APS-*Künzl* Rn 18; **aA** HWGNRH-*Nicolai* Rn 5; GK-BetrVG/*Oetker* Rn 26). Zwar zählt die Garantie des angestrebten beruflichen Aufstiegs (§ 1 BBiG, insbes. § 1 Abs. 4 aE) nicht in erster Linie zu der von § 78a BetrVG bezweckten Wirkung, doch sollen den Fortzubildenden jedenfalls aus der betriebsverfassungsrechtlichen Tätigkeit keine beruflichen Nachteile erwachsen. Darüber hinaus würde die Nichtanwendbarkeit des § 78a BetrVG eine unsachgemäße Differenzierung gegenüber denjenigen Fortzubildenden (und Umschülern) darstellen, deren berufsbildende Maßnahme im Rahmen eines gewöhnlichen Arbeitsverhältnisses erfolgt. Denn diese Personen genießen als Mitglieder eines Betriebsverfassungsorgans den Schutz des § 15 KSchG.

IV. Volontäre, Praktikanten

8 Volontäre und Praktikanten (vgl. KR-*Weigand* §§ 21–23 BBiG Rdn 13, 14) **gehören begrifflich nicht zu den Auszubildenden iSd BBiG und des § 78a BetrVG** (*LAG Köln* 23.2.2000 FA 2001, 59 für ein Volontariat auf der Grundlage eines 18monatigen Arbeitsverhältnisses in der Fernsehbranche). Zwar fallen sie unter den Begriff der Arbeitnehmer in § 5 Abs. 1 BetrVG, doch sind die zu ihrer Berufsausbildung Beschäftigten (§ 5 BetrVG) von den begrifflich wesentlich enger zu fassenden Auszubildenden zu unterscheiden. Grds. müssen die Voraussetzungen für ein Berufsausbildungsverhältnis für einen staatlich anerkannten Ausbildungsberuf iSd BBiG vorliegen (vgl. Rdn 4 f.). In der Regel sind die Voraussetzungen bei Volontärs- und Praktikantenverhältnissen nicht gegeben, da es sich hierbei um Arbeitsverhältnisse mit Ausbildungselementen ohne formalisierte Struktur iSd §§ 4 ff. BBiG handelt (im Ergebnis ebenso *BAG* 17.8.2005 EzA § 78a BetrVG Nr. 2; 1.12.2004 EzA § 78a BetrVG 2001 Nr. 1; *Fitting* Rn 6a; *Richardi/Thüsing* Rn 6; GK-BetrVG/*Oetker* Rn 18 ff.). Eine entsprechende Anwendung des § 78a BetrVG wegen der gleich gelagerten Interessenlage der Volontäre und Praktikanten zu den Auszubildenden ist abzulehnen. Allerdings kann § 78a BetrVG auf Volontariatsverhältnisse dann anwendbar sein, wenn es sich dabei um ein anderes Vertragsverhältnis iSd § 26 BBiG handelt (*BAG* 1.12.2004 EzA § 78a BetrVG 2001 Nr. 1). Im Einzelfall kommt es darauf an, ob das Volontariats- mit einem Berufsausbildungsverhältnis mit geordnetem, mindestens zweijährigem schriftlich niedergelegtem Ausbildungsgang in einem staatlich anerkannten Ausbildungsberuf vergleichbar ist und bei der Gewichtung der vertraglichen Pflichten der Lernzweck eindeutig im Vordergrund steht. Liegt der Schwerpunkt aber in der Arbeitsleistung, scheidet die Anwendung des § 78a BetrVG aus. Eine dem Berufsausbildungsverhältnis iSd § 4 f. BBiG vergleichbare strukturierte und formalisierte Ausbildung kann sich auch aufgrund TV ergeben (*BAG* 1.12.2004 EzA § 78a BetrVG 2001 Nr. 1; 23.6.1983 EzA § 78a BetrVG 1972 Nr. 11 zum TV über Ausbildungsrichtlinien für Redaktionsvolontäre an Tageszeitungen).

V. Auszubildende auf Schiffen

9 Auszubildende im Bereich der Schifffahrt (vgl. KR-*Weigand* SeeArbG Rdn 47–52) sind Seeleute in der Ausbildung zum Matrosen oder zum Schiffsoffizier bzw. Kapitän. Befinden diese sich in einem Heuerverhältnis auf bestimmte Zeit, ist § 78a BetrVG anzuwenden, andernfalls gilt § 15 Abs. 1 KSchG.

C. Mitgliedschaft im Betriebsverfassungsorgan

I. Mitglieder

10 Der Auszubildende muss im Zeitpunkt der Beendigung des Ausbildungsverhältnisses oder im Zeitraum eines Jahres vor diesem Zeitpunkt **Mitglied der Jugend- und Auszubildendenvertretung**, des Betriebsrats, der Bordvertretung oder des Seebetriebsrats (gewesen) sein. Wird der Auszubildende erst kurz vor der Beendigung seines Ausbildungsverhältnisses in die Vertretung gewählt (zB in den letzten drei Monaten vor Ausbildungsende, vgl. *Hess. LAG* 20.6.2007 NZA-RR 2008, 112) oder wird erst zu diesem Zeitpunkt die Jugend- und Auszubildendenvertretung gebildet, besteht der Schutz selbst dann, wenn der Arbeitgeber dem Auszubildenden bereits vor der Wahl mitgeteilt hat, er wolle ihn nicht übernehmen (*LAG BW* 13.10.1977 AP Nr. 4 zu § 78a BetrVG 1972; *LAG Köln* 31.3.2005 LAGE § 78a BetrVG 2001 Nr. 2; *Fitting* Rn 9; krit. *Houben* NZA 2006, 769). Ein Jugend- und Auszubildendenvertreter hat die Mitgliedschaft bereits dann erworben, wenn nach der Stimmauszählung feststeht, dass er eine für seine Wahl ausreichende Stimmenzahl erhalten hat (*BAG* 22.9.1983 EzB § 78a BetrVG 1972 Nr. 34; aA *Löwisch/Kaiser/Klumpp* Rn 4). Rückt ein Ersatzmitglied des Betriebsrats, das zugleich Jugend- und Auszubildendenvertreter ist, vorübergehend in den Betriebsrat ein, so entfällt die Wählbarkeitsvoraussetzung nach § 61 Abs. 2 S. 1 BetrVG mit der Folge, dass gem. § 61 iVm § 24 Abs. 1 Nr. 4 BetrVG das Amt des Jugend- und Auszubildendenvertreters sofort erlischt. Das Amt **endet automatisch**, wenn die Zahl der jugendlichen Arbeitnehmer im Betrieb »in der Regel« unter fünf sinkt (*LAG Bln.* 25.11.1975 ARSt 1976, 122, Nr. 111; APS-*Künzl* Rn 27; GK-BetrVG/*Oetker* Rn 36). Es endet ferner bei **erfolgreicher Wahlanfechtung** – ex nunc – im Zeitpunkt der Rechtskraft der gerichtlichen Entscheidung (zur Anfechtung einer Betriebsratswahl vgl. *BAG* 27.1.2011 EzA § 103 BetrVG 2001 Nr. 8). Zuvor kann der Auszubildende die Weiterbeschäftigung nach § 78a Abs. 2 BetrVG, anschließend nach Abs. 3 geltend machen. War die Wahl dagegen **nichtig**, bestehen keine Rechte aus § 78a BetrVG, da der Auszubildende zu keinem Zeitpunkt die Rechtsstellung als Jugend- und Auszubildendenvertreter erworben hat (zur Nichtigkeit einer Wahl des Wahlvorstands vgl. *BAG* 7.5.1986 EzA § 17 BetrVG 1972 Nr. 5).

Ein Auszubildender, der über längere Zeit die Aufgaben eines **Jugend- und Auszubildendenvertreters faktisch wahrgenommen** hat, ohne dass die formellen Voraussetzungen für sein Nachrücken in dieses Amt vorgelegen hätten, hat gleichwohl einen Weiterbeschäftigungsanspruch gem. § 78a Abs. 2 BetrVG (*ArbG Mannheim* 20.1.1982 BB 1982, 1665). Ebenso genießt ein Auszubildender den Schutz gem. § 78a BetrVG, wenn er Mitglied in einer **aufgrund Tarifvertrags eingerichteten betriebsverfassungsrechtlichen Vertretung** gem. § 3 Abs. 1 Nr. 2 BetrVG war oder ist, soweit diese Vertretung an die Stelle des Betriebsrats tritt (GK-BetrVG/*Oetker* Rn 38). Wenn es sich allerdings um die Mitgliedschaft in einer **zusätzlichen Vertretung** gem. § 3 Abs. 1 Nr. 4 und 5 BetrVG handelt, finden nicht die für den Betriebsrat maßgebenden Vorschriften Anwendung, mithin auch nicht § 78a BetrVG (*BAG* 13.8.2008 – 7 AZR 450/07; GK-BetrVG/*Oetker* Rn 39; APS-*Künzl* Rn 25; *Fitting* Rn 7; GA-*Waskow* Rn 7). In diesem Fall gilt nur der relative Kündigungsschutz gem. § 78 BetrVG, dh nur die Kündigung zu dem Zweck, die Amtsausübung zu verhindern oder zu sanktionieren, ist nichtig. Angehörige von Arbeitsgruppen gem. § 28a BetrVG können sich nicht auf § 78a BetrVG berufen (*Opolony* BB 2003, 1329). 11

II. Ersatzmitglieder

Ersatzmitglieder können den Schutz des § 78a Abs. 1 und 2 BetrVG unbeschränkt beanspruchen, sobald sie als Mitglied Funktionen im Betriebsverfassungsorgan wahrnehmen (BAG 15.1.1980 EzA § 78a BetrVG 1972 Nr. 9; GK-BetrVG/*Oetker* Rn 45 ff.; APS-*Künzl* Rn 31). Das ist sowohl der Fall, wenn sie endgültig im Wege des Nachrückens ordentliches Mitglied werden, als auch dann, wenn sie nur vorübergehend nachrücken. Unerheblich sind dabei die Dauer des – vorübergehenden – Nachrückens sowie auch der tatsächliche Anfall von Aufgaben während der Vertretungszeit (APS-*Künzl* Rn 34). Für die Wirksamkeit des Übernahmeverlangens nach § 78a Abs. 2 BetrVG reicht es aus, wenn der Auszubildende zum Zeitpunkt dieses Begehrens Mitglied der Jugend- und Auszubildendenvertretung ist (BAG 15.1.1980 EzA § 78a BetrVG 1972 Nr. 9; 21.8.1979 EzA § 78a BetrVG 1972 Nr. 6). Zum nachwirkenden Kündigungsschutz s. Rdn 15 ff. 12

III. Wahlbewerber, Wahlvorstandsmitglieder, Initiatoren

Wahlbewerber, Mitglieder eines Wahlvorstands und Initiatoren einer Betriebsratswahl **genießen nicht den besonderen Schutz** des § 78a Abs. 1 und 2 (*ArbG Bamberg* 5.10.1976 ARSt 1977, Nr. 82; *Fitting* Rn 7; APS-*Künzl* Rn 36; *Richardi/Thüsing* Rn 9). Die Vorschrift führt den 13 geschützten Personenkreis im Einzelnen auf und bezieht die Wahlbewerber ausdrücklich nicht mit ein. Der eindeutige Gesetzeswortlaut verbietet eine extensive Auslegung. Es fehlen auch Anhaltspunkte für eine Gesetzeslücke, die durch Analogie des § 15 Abs. 3 KSchG geschlossen werden könnte (vgl. *ArbG Kiel* 10.9.1976 BB 1976, 1367). Steht die Benachteiligung oder Kündigung eines Wahlbewerbers aber im Zusammenhang mit seiner Wahlbewerbung, kann er sich auf die subsidiären Schutzvorschriften gem. §§ 78, 20 BetrVG berufen (str. vgl. entsprechende Erwägungen *BAG* 13.6.1996 EzA § 15 KSchG nF Nr. 44). Die Schutzwirkung des § 78a BetrVG greift erst ein, wenn der Wahlbewerber tatsächlich in das Amt des Betriebsverfassungsorgans gewählt worden ist. Dies steht mit der Auszählung der Stimmen fest (*BAG* 22.9.1983 EzA § 78a BetrVG 1972 Nr. 12). In diesem Zeitpunkt besteht der Schutz, wenn das Berufsausbildungsverhältnis noch nicht beendet ist.

IV. Nachwirkung des Schutzes (Abs. 3)

14 Gem. § 78a Abs. 3 BetrVG wirkt der Schutz nach Abs. 1 und 2 während eines Jahres nach Beendigung der Amtszeit des jeweiligen betriebsverfassungsrechtlichen Organs für die Mitglieder nach. Der **nachwirkende Schutz** gilt auch dann, wenn das Mitglied eines Betriebsverfassungsorgans vor der Beendigung der Amtszeit aus dem Organ ausscheidet und dieser Zeitpunkt binnen Jahresfrist vor Beendigung des Ausbildungsverhältnisses liegt. Eine Beschränkung auf die Amtszeit des Organs würde dem Schutzgedanken des § 78a BetrVG (vgl. Rdn 1) zuwiderlaufen. Abzustellen ist danach auf die »**persönliche Mitgliedschaft**«, sofern nicht die Voraussetzungen nach § 65 Abs. 1 iVm § 24 Nr. 5 und 6 BetrVG gegeben sind (*BAG* 21.8.1979 EzA § 78a BetrVG 1972 Nr. 6 m. Anm. *Kraft* in AP Nr. 6 zu § 78a BetrVG 1972; in Anlehnung an *BAG* 5.7.1979 EzA § 15 KSchG nF Nr. 22).

15 Dem **Ersatzmitglied** kommt der nachwirkende Schutz des § 78a Abs. 3 BetrVG (entsprechend § 15 Abs. 1 S. 1 KSchG) dann zugute, wenn es anstelle eines ausgeschiedenen Mitglieds in das Betriebsverfassungsorgan dauerhaft eingerückt ist (vgl. *Fitting* Rn 11; GK-BetrVG/*Oetker* Rn 51; APS-*Künzl* Rn 32; *Richardi/Thüsing* Rn 13; GA-*Waskow* Rn 8). Ebenso greift der nachwirkende Schutz des § 78a Abs. 3 BetrVG ein, wenn ein Ersatzmitglied nur **vorübergehend als Stellvertreter** für ein verhindertes Mitglied des Betriebsverfassungsorgans dessen Funktion wenigstens einmal während der Jahresfrist gem. § 78a Abs. 3 BetrVG wahrgenommen und die Weiterbeschäftigung innerhalb von drei Monaten vor der Beendigung des Ausbildungsverhältnisses schriftlich (s. auch Rdn 25) verlangt hat (*BAG* 13.3.1986 EzA § 78a BetrVG 1972 Nr. 16 und 17; vgl. auch *ArbG Berlin* 28.7.2010 LAGE § 9 BPersVG Nr. 2; GK-BetrVG/*Oetker* Rn 51; *Richardi/Thüsing* Rn 13; APS-*Künzl* Rn 39 ff.; aA *BVerwG* 25.6.1986 ZTR 1987, 30). Anders als der Schutz nach § 78a Abs. 1 und 2 BetrVG tritt der nachwirkende Schutz nur dann ein, wenn das Ersatzmitglied während der Vertretungszeit tatsächlich Aufgaben wahrgenommen hat, da es andernfalls nicht zu einem Konflikt mit dem Arbeitgeber im Zusammenhang mit der betriebsverfassungsrechtlichen Tätigkeit hat kommen können (vgl. für Ersatzmitglieder des Betriebsrats KR-*Kreft* § 15 KSchG Rn 91). **Ausgeschlossen** ist der Schutz, wenn der Vertretungsfall durch kollusive Absprachen zum Schein herbeigeführt wird oder das Ersatzmitglied weiß oder wissen musste, dass kein Vertretungsfall vorliegt (st. Rspr. *BAG* 12.2.2004 EzA § 15 nF KSchG Nr. 56; 5.9.1986 EzA § 15 nF KSchG Nr. 36; *LAG Hamm* 28.3.2007 – 10 SaGa 11/072, EzB § 78a BetrVG Nr. 8a; HWGNRH-*Nicolai* Rn 10; *Richardi/Thüsing* Rn 13).

16 Hat ein Auszubildender, der bei der Wahl zum **Ersatzmitglied** der einköpfigen Jugend- und Auszubildendenvertretung nicht mit der höchsten Stimmzahl gewählt wurde, in der Annahme, er sei rechtswirksam nachgerückt, über einen längeren Zeitraum faktisch Aufgaben eines Jugend- und Auszubildendenvertreters wahrgenommen, ohne dass der Arbeitgeber hiergegen seine Bedenken erhoben hat, hat er einen Übernahmeanspruch nach § 78a BetrVG. In diesem Fall gelten die gleichen Grundsätze wie bei dem Kündigungsschutz des Jugend- und Auszubildendenvertreters gem. § 15 KSchG, § 103 BetrVG bei angefochtener, aber nicht nichtiger Wahl (*ArbG Mannheim* 20.1.1982 BB 1982, 1665).

D. Mitteilungspflicht des Arbeitgebers (Abs. 1)
I. Zweck

Nach § 78a Abs. 1 BetrVG ist der **Arbeitgeber** verpflichtet, dem Auszubildenden drei Monate vor dem Ende des Ausbildungsverhältnisses schriftlich mitzuteilen, wenn er ihn nicht in ein Arbeitsverhältnis auf unbestimmte Zeit übernehmen will. Der wesentliche Zweck dieser **Mitteilungspflicht** liegt in ihrer **Hinweisfunktion**. Die Mitteilung soll den Auszubildenden veranlassen, entweder zu prüfen, ob er nach § 78a Abs. 2 BetrVG einen Antrag auf Weiterbeschäftigung stellen will, oder rechtzeitig Dispositionen für einen Arbeitsplatz in einem anderen Betrieb zu treffen. Im Gemeinschaftsbetrieb trifft die Pflicht nur den Vertragsarbeitgeber (*BAG* 25.2.2009 EzB § 78a BetrVG Nr. 12). Mit der Hinweispflicht des Arbeitgebers ist inhaltlich nicht eine Belehrung des Jugend- und Auszubildendenvertreters über seine Rechte aus § 78a Abs. 2 BetrVG verbunden (*BVerwG* 31.5.2005 NZA 2005, 613). 17

II. Zeitpunkt und Form

Die Mitteilung muss drei Monate vor dem Ende des Ausbildungsverhältnisses erfolgen. Maßgebender Zeitpunkt für die Fristberechnung gem. §§ 187 ff. BGB ist idR die Beendigung des Berufsausbildungsverhältnisses gem. § 21 Abs. 1 S. 1 BBiG (vgl. i.E. KR-*Weigand* §§ 21–23 BBiG Rdn 20 ff.). Im Falle einer Stufenausbildung gem. § 5 Abs. 2 Nr. 1 BBiG endet das Berufsausbildungsverhältnis mit Ablauf der letzten Stufe (*Fitting* Rn 14). Legt der Auszubildende die Abschlussprüfung vorzeitig ab (vgl. § 21 Abs. 2 BBiG), verschiebt sich die **Dreimonatsfrist** entsprechend dem mutmaßlichen Datum der Bekanntmachung des Prüfungsergebnisses. Bei späterer Kenntniserlangung des Arbeitgebers läuft die Frist erst ab diesem Zeitpunkt. Obwohl es sich bei der Frist um eine Mindestfrist handelt, darf die Mitteilung mit Blick auf den Regelungszweck auch nicht wesentlich früher erfolgen, da andernfalls weder der Ausbilder noch der Auszubildende die Weiterbeschäftigungsmöglichkeiten hinreichend einschätzen können (vgl. Schaub/*Koch* § 227 Rn 15; *Richardi/Thüsing* Rn 15). Zur nicht rechtzeitigen Mitteilung s. Rdn 20. 18

Nach § 78a Abs. 1 BetrVG hat die Mitteilung **schriftlich** zu erfolgen. Da die Mitteilung lediglich eine Hinweisfunktion hat und sich aus einem Unterlassen keine unmittelbaren Rechtsfolgen ergeben (s. Rdn 20), genügt – anders als für das Weiterbeschäftigungsverlangen des Auszubildenden (s. Rdn 25) – die Textform iSv § 126b BGB. Die Einhaltung der – strengen – Schriftform iSv. § 126 BGB ist nicht erforderlich (GK-BetrVG/*Oetker* Rn 56 f.; GA-*Waskow* Rn 14; wohl auch *Richardi/Thüsing* Rn 17; *Raab* FS Konzen, S. 744; *Opolony* BB 2003, 1332; aA APS-*Künzl* § 78a Rn 46; *Oberthür* ArbRB 2006, 157). Bei minderjährigen Auszubildenden muss die Mitteilung dem Erziehungsberechtigten zugehen (GK-BetrVG/*Oetker* Rn 58; APS-*Künzl* Rn 46; GA-*Waskow* Rn 13; *Opolony* BB 2003, 1332). 19

III. Rechtsfolgen der Unterlassung (Abs. 5)

Unterlässt der ausbildende Arbeitgeber die Mitteilung nach Abs. 1, zieht dies keine unmittelbare rechtliche Folge nach sich. Insbesondere gilt dadurch nicht ein Arbeitsverhältnis als auf unbestimmte Zeit begründet (*BVerwG* 31.5.2005 NZA 2005, 613; *Richardi/Thüsing* Rn 19; GK-BetrVG/*Oetker* Rn 65; HWGNRH-*Nicolai* Rn 14), sondern der Auszubildende muss unabhängig davon seine Weiterbeschäftigung verlangen (§ 78a Abs. 5 BetrVG). Ein **treuwidriges Verhalten** des Arbeitgebers kann erst bei Hinzutreten besonderer, außergewöhnlicher Umstände angenommen werden, zB wenn der Auszubildende gezielt von der form- und fristgerechten Geltendmachung seines Weiterbeschäftigungsverlangens abgehalten werden soll (*BVerwG* 31.5.2005 NZA 2005, 613 mwN auch zur aA). Ob der Abschluss eines befristeten Arbeitsvertrags geeignet ist, den Auszubildenden von der Geltendmachung seines Rechts gem. § 78a Abs. 2 BetrVG abzuhalten, hängt im Einzelfall davon ab, ob dem eine treuwidrige Intention des Arbeitgebers zugrunde liegt (*BVerwG* 31.5.2005 NZA 2005, 613). Allerdings kann die unterlassene oder nicht rechtzeitige Mitteilung nach Abs. 1 gerade im Hinblick auf die besondere Ausgestaltung der Fürsorgepflichten des Ausbildenden 20 im Ausbildungsverhältnis **Schadenersatzansprüche** nach § 280 Abs. 1 BGB begründen (*BAG* 31.10.1985 EzA § 78a BetrVG 1972 Nr. 15; *Richardi/Thüsing* Rn 20; *Fitting* Rn 16; GA-*Waskow* Rn 12; GK-BetrVG/*Oetker* Rn 66 mwN; aA *Oberthür* ArbRB 2006, 157, 158).

E. Weiterbeschäftigungsverlangen des Auszubildenden (Abs. 2)

I. Verlangen

21 Nach § 78a Abs. 2 BetrVG muss der Auszubildende innerhalb der letzten drei Monate vor Beendigung des Berufsausbildungsverhältnisses (vgl. KR-*Weigand* §§ 21–23 BBiG Rdn 20 ff.) schriftlich seine Weiterbeschäftigung verlangen. Für die Berechnung der Dreimonatsfrist ist auf den Zeitpunkt der Bekanntgabe des Prüfungsergebnisses der Abschlussprüfung abzustellen (*BAG* 31.10.1985 EzA § 78a BetrVG 1972 Nr. 15). Es ist nicht arglistig, sich auf den Schutz des § 78a BetrVG zu berufen, wenn die Abschlussprüfung erst fünf Monate nach Ende der Ausbildungszeit abgelegt wird (*LAG Stuttg.* 13.10.1977 DB 1978, 548).

1. Dreimonatsfrist

22 Die Einhaltung der **Dreimonatsfrist** erfordert zu ihrer Wirksamkeit den fristgerechten Zugang der Erklärung beim ausbildenden Arbeitgeber (§ 130 Abs. 1 S. 1 BGB), dh die Erklärung muss so in dessen Machtbereich gelangt sein, dass er bei Annahme gewöhnlicher Umstände davon Kenntnis nehmen kann. Auf die tatsächliche Kenntnisnahme kommt es nicht an. Der Zugang muss zwingend innerhalb des Dreimonatszeitraums erfolgen. Dieser endet **mit Beendigung des Ausbildungsverhältnisses** (Beendigungszeitpunkt ist Bekanntgabe des Prüfungsergebnisses der Abschlussprüfung, vgl. *BAG* 16.6.2005 – 6 AZR 411/04, EzA § 14 BBiG Nr. 13). Stellt der Auszubildende das Weiterbeschäftigungsverlangen erst nach Beendigung, kann es die Fiktionswirkung des Abs. 2 S. 1 nicht auslösen. Das Verlangen darf dem Arbeitgeber **aber auch nicht früher als drei Monate vor Beendigung** zugehen. Ein solches Weiterbeschäftigungsverlangen ist mit Blick auf den Schutzzweck der Frist unwirksam. Diese dient zum einen dem Schutz des Auszubildenden vor einer vorzeitigen Festlegung, zum anderen der Planungssicherheit des Arbeitgebers (*BAG* 5.12.2012 EzA § 78a BetrVG 2001 Nr. 8; 15.12.2011 EzA § 78a BetrVG 2001 Nr. 7; *BVerwG* 9.10.1996 NZA-RR 1997, 239; GK-BetrVG/*Oetker* Rn 90; *Richardi/Thüsing* Rn 23; DKKW-*Bachner* Rn 17; GA-*Waskow* Rn 21; MHdBArbR-*Volk* § 129 Rn 34a; aA APS-*Künzl* Rn 61; *Fitting* Rn 19; *Opolony* BB 2003, 1329, 1333). Das gilt auch dann, wenn der Arbeitgeber seiner Hinweispflicht gem. § 78a Abs. 1 BetrVG nicht nachgekommen ist (aA *Richardi/Thüsing* Rn 24). Allerdings können es die Grundsätze von Treu und Glauben ausnahmsweise bei Vorliegen besonderer Umstände (zB Einvernehmen über die Weiterbeschäftigung) gebieten, dass das Weiterbeschäftigungsverlangen trotzdem als fristgemäß gestellt gilt (*BVerwG* 9.10.1996 NZA-RR 1997, 239 zur entsprechenden Regelung gem. § 9 Abs. 1 BPersVG). Besondere außergewöhnliche Umstände sind anzunehmen, wenn das Verhalten des Arbeitgebers darauf abzielt, den Auszubildenden von der form- und fristgerechten Geltendmachung des Weiterbeschäftigungsverlangens abzuhalten, obwohl die entstehenden Nachteile für den Arbeitgeber vorhersehbar waren und es ihm möglich und zumutbar gewesen wäre, sie abzuwenden (*BAG* 5.12.2012 EzA § 78a BetrVG 2001 Nr. 8; 15.12.2011 EzA § 78a BetrVG 2001 Nr. 7).

23 Nicht zuzustimmen ist der Auffassung, der **Dreimonatsfrist** komme keine zwingende Wirkung mehr zu (so *LAG Düsseld.* 19.5.2010 – 12 TaBV 23/10, EzB § 78a BetrVG Nr. 14b; *Fitting* Rn 19; HaKo-BetrVG/*Lorenz* Rn 12; APS-*Künzl* Rn 61; *Opolony* DB 2005, 1050 f.), weil diese Frist mit derjenigen gem. § 12 Abs. 1 S. 2 BBiG von der Zweckrichtung her korrespondiere und letztgenannte in der alten Fassung gem. Arbeitsrechtlichem Beschäftigungsförderungsgesetz vom 26.9.1996 (BGBl. I S. 1426) auf sechs Monate verlängert worden sei. Daher könne auch von einer auf sechs Monate verlängerten Frist für das Weiterbeschäftigungsverlangen gem. § 78a Abs. 2 BetrVG ausgegangen werden (vgl. auch *Jäger/Künzl* ZTR 2000, 300). Gegen die Verlängerung der Dreimonatsfrist gem. § 78a Abs. 2 BetrVG spricht schon der eindeutige Wortlaut des

Gesetzes, der der Novellierung des § 5 Abs. 1 S. 2 BBiG aF (jetzt: § 12 Abs. 1 S. 2 BBiG) nicht angepasst worden ist (*BAG* 5.12.2012 EzA § 78a BetrVG 2001 Nr. 8; 15.12.2011 EzA § 78a BetrVG 2001 Nr. 7; GK-BetrVG/*Oetker* Rn 91). Im Übrigen betreffen die beiden Fristenregelungen unterschiedliche rechtliche Konstellationen. Im Fall des § 12 Abs. 1 S. 2 BBiG kommt ein Vertrag aufgrund übereinstimmender Willenserklärungen zustande, im Fall des § 78a Abs. 2 genügt die einseitige Willenserklärung, um kraft gesetzlicher Fiktion (ggf. gegen den Willen des Arbeitgebers und entgegen betrieblicher Erfordernisse, die er erst im Verfahren gem. § 78a Abs. 4 geltend machen kann) ein Arbeitsverhältnis auf unbestimmte Zeit zu begründen. Schließlich sprechen auch systematische Erwägungen und das Erfordernis der Rechtsklarheit gegen eine Ausdehnung der Dreimonatsfrist auf sechs Monate; denn entsprechend könnte dies auch zur Verlängerung des Zeitraums (ggf. über sechs Monate hinaus), führen, während dem der Arbeitgeber vorsorglich infrage kommende Arbeitsplätze für den Jugend- und Auszubildendenvertreter freizuhalten hätte (vgl. Rdn 53).

Ein Weiterbeschäftigungsverlangen, das **vor Beginn der Dreimonatsfrist** zugegangen ist, muss innerhalb der drei Monate vor Beendigung noch einmal schriftlich wiederholt bzw. bestätigt werden, wenn es wirksam werden soll (*BAG* 15.1.1980 EzA § 78a BetrVG 1972 Nr. 8; *LAG Hamm* 1.4.2011 – 10 TaBV 109/10, EzB § 78a BetrVG Nr. 18; *Richardi/Thüsing* Rn 23; GK-BetrVG/*Oetker* Rn 92; GA-*Waskow* Rn 21; krit. *Grunsky* Anm. EzA § 78a BetrVG 1972 Nr. 9, S. 54 ff.). Schweigt der Arbeitgeber auf ein zu früh gestelltes Weiterbeschäftigungsverlangen, wird kein Arbeitsverhältnis mit dem Auszubildenden auf unbestimmte Zeit begründet, auch wenn der Arbeitgeber erkannt hat, dass das Verlangen vor Fristbeginn gestellt wurde (*LAG Hamm* 1.8.1984 EzB § 78a BetrVG 1972 Nr. 39). 24

2. Schriftform

Nach § 78a Abs. 2 S. 1 BetrVG hat das Weiterbeschäftigungsverlangen des Auszubildenden schriftlich zu erfolgen. Dem Schreiben muss das Weiterbeschäftigungsverlangen nach den allgemeinen Auslegungsgrundsätzen (§ 133 BGB) **deutlich zu entnehmen** sein. Eine besondere Begründung ist nicht erforderlich. Die Regelung verlangt – anders als § 78a Abs. 1 BetrVG (s. Rdn 19) – die »**strenge**« **Schriftform** iSv § 126 BGB (*BAG* 15.12.2011 EzA § 78a BetrVG 2001 Nr. 7). Danach muss das Weiterbeschäftigungsverlangen eigenhändig durch Namensunterschrift unterzeichnet sein (*BVerwG* 18.8.2010 NZA-RR 2011, 51; HWGNRH-*Nicolai* Rn 19; *v. Roetteken* jurisPR-ArbR 16/2010 Nr. 2), wobei auch die elektronische Form gem. § 126 Abs. 3, § 126 BGB ausreicht (GK-BetrVG/*Oetker* Rn 74; APS-*Künzl* Rn 55; GA-*Waskow* Rn 19). Die Textform iSv § 126b BGB genügt aufgrund der mit dem Verlangen verbundenen **Warn- und Beweisfunktion** dagegen nicht (*BAG* 15.12.2011 EzA § 78a BetrVG 2001 Nr. 7; aA *LAG Düsseld.* 19.5.2010 EzB § 78a BetrVG Nr. 14b, wonach die »üblichen Kommunikationswege, wozu mittlerweile Telefax und E-Mail gehören«, zur Wahrung der gesetzlichen Schriftform ausreichen sollen, wenn der Empfänger keine ernstlichen Zweifel an der Authentizität der Erklärung des Absenders hat oder haben kann). Das Erfordernis des Weiterbeschäftigungsverlangens soll den Auszubildenden und den Ausbildenden vor einem unüberlegten oder übereilten Eintritt der Rechtsfolgen der Fiktion eines unbefristeten Arbeitsverhältnisses schützen. Mit der Beweisfunktion wird für den Arbeitgeber klargestellt, von wem das Weiterbeschäftigungsverlangen kommt und wer sein künftiger Vertragspartner sein wird. Allerdings kann die Berufung auf die gesetzlich vorgeschriebene Schriftform gegen **Treu und Glauben** verstoßen, wenn auf sein Verlangen dem Jugend- und Auszubildendenvertreter die Weiterbeschäftigung ausdrücklich zugesichert wurde (*BAG* 15.12.2011 EzA § 78a BetrVG 2001 Nr. 7; weitergehend *Richardi/Thüsing* Rn 27: wenn der Arbeitgeber es versäumt, den Auszubildenden nach dem ersten, nicht der Schriftform genügenden Weiterbeschäftigungsverlangen darauf hinzuweisen). Der Arbeitgeber ist nicht verpflichtet, den Auszubildenden vor Beendigung des Ausbildungsverhältnisses auf die Unwirksamkeit seines Verlangens hinzuweisen, wenn dieser durch eine Gewerkschaft sachkundig vertreten ist und es dem Arbeitgeber aufgrund wiederholter Pflichtverstöße unzumutbar ist, den Auszubildenden bei der Wahrnehmung etwaiger Rechte ihm gegenüber zu unterstützen (*BAG* 5.12.2012 EzA § 78a BetrVG 2001 Nr. 8). 25

3. Geschäftsfähigkeit

26 Bei **Minderjährigen** (vgl. KR-*Weigand* §§ 21–23 BBiG Rdn 104 ff.) ist eine Genehmigung des gesetzlichen Vertreters zur Abgabe der Erklärung im Hinblick auf die §§ 106 ff. BGB regelmäßig nicht notwendig (so auch *LAG Nds.* 8.4.1975 EzB § 78a BetrVG 1972 Nr. 6; *Fitting* Rn 26; DKKW-*Bachner* Rn 18; HaKo-BetrVG/*Lorenz* Rn 15; GA-*Waskow* Rn 23; **aA** GK-BetrVG/*Oetker* Rn 78; HWGNRH-*Nicolai* Rn 21; *Richardi/Thüsing* Rn 28; *Löwisch/Kaiser/Klumpp* Rn 8; APS-*Künzl* Rn 64; *Opolony* BB 2003, 1329, 1333). Zwar handelt es sich bei dem **Weiterbeschäftigungsverlangen** um eine Willenserklärung, für das der beschränkt geschäftsfähige Minderjährige an sich die Einwilligung des gesetzlichen Vertreters braucht, doch sind die Vorschriften des BGB über die Geschäftsfähigkeit im Zusammenhang mit § 78a BetrVG, dessen Regelung primär betriebsverfassungsrechtlichen Angelegenheiten dient, nicht unmittelbar anzuwenden. Selbst wenn sie Anwendung fänden, wäre davon auszugehen, dass die Einwilligung des gesetzlichen Vertreters zur Eingehung eines Berufsausbildungsverhältnisses gem. § 113 BGB auch das Weiterbeschäftigungsverlangen nach § 78a BetrVG deckt. In diesem Fall ist vom Vorrang des Rechts des Minderjährigen auf freie Entfaltung der Persönlichkeit (Art. 2 Abs. 1 GG) vor dem in Art. 6 Abs. 2 GG statuierten Elternrecht auszugehen.

4. Widerruf des Verlangens

27 Der Auszubildende hat die Möglichkeit, sein **Weiterbeschäftigungsverlangen** vor dem Ende des Ausbildungsverhältnisses zu widerrufen (*Fitting* Rn 27; GK-BetrVG/*Oetker* Rn 100; APS-*Künzl* Rn 75; **aA** *Richardi/Thüsing* Rn 25; *Opolony* BB 2003, 1329, 1333). In diesem Fall endet das Rechtsverhältnis mit dem Arbeitgeber mit Ablauf der Ausbildungszeit. Dieser **Widerruf bedarf der Schriftform** (aA insoweit GK-BetrVG/*Oetker* Rn 100; APS-*Künzl* Rn 75). Die Situation ist vergleichbar mit der Geltendmachung des Weiterbeschäftigungsverlangens (vgl. Rdn 25). Auch hier hat die Schriftform eine Beweis- und Warnfunktion.

5. Verzicht auf das Weiterbeschäftigungsverlangen

28 Der Auszubildende kann auf sein Recht **verzichten**, die Weiterbeschäftigung zu verlangen. Ein solcher Verzicht kann wirksam nur innerhalb der letzten drei Monate des Ausbildungsverhältnisses – ausdrücklich oder konkludent (*BVerwG* 31.5.2005 NZA-RR 2005, 613) – erklärt werden (*Hess. LAG* 9.8.1974 EzB BetrVG § 78a Nr. 2; *Fitting* Rn 27; APS-*Künzl* Rn 73 f.; *Richardi/Thüsing* Rn 29; GA-*Waskow* Rn 27). Er kann auch im Abschluss eines befristeten Arbeitsvertrags innerhalb der letzten drei Monate vor dem Ausbildungsende liegen, wenn nach den Umständen des Einzelfalls kein treuwidriges Verhalten des Arbeitgebers zur Vereitelung der Rechtsposition gem. § 78a Abs. 2 BetrVG gegeben ist (s.a. Rdn 36).

II. Rechtswirkungen

1. Begründung eines Arbeitsverhältnisses

29 Verlangt der Auszubildende seine Weiterbeschäftigung, gilt gem. § 78a Abs. 2 S. 1 BetrVG aufgrund des Verlangens ab Beendigung des Ausbildungsverhältnisses (*ArbG Wiesbaden* 11.1.1978 EzB § 78a BetrVG 1972 Nr. 17; zum Zeitpunkt der Beendigung s. KR-*Weigand* §§ 21–23 BBiG Rdn 20 ff.) **ein Arbeitsverhältnis auf unbestimmte Zeit** im Ausbildungsberuf als begründet (st. Rspr. *BAG* 8.9.2010 EzB § 78a BetrVG Nr. 16). Das neue Rechtsverhältnis entsteht kraft einer **gesetzlichen Fiktion**, ähnlich der Regelung in § 24 BBiG. Dem Entstehen des Arbeitsverhältnisses auf der Grundlage von § 78a Abs. 2 BetrVG steht nicht entgegen, dass der Arbeitgeber bereits vor Beendigung des Berufsausbildungsverhältnisses einen Antrag nach § 78a Abs. 4 BetrVG gestellt hatte (vgl. Rdn 38) und sich dieser Antrag letztlich als erfolgreich erweist (*BAG* 24.7.1991 EzA § 78 BetrVG 1972 Nr. 21). Die Mitwirkung des Betriebsrats gem. § 99 BetrVG ist für den Eintritt der Fiktionswirkung in § 78a BetrVG weder vorgesehen noch erforderlich. Der Arbeitgeber stellt den Auszubildenden nicht iSv § 99 BetrVG als Arbeitnehmer ein (vgl. APS-*Künzl* Rn 66; *Fitting*

Rn 29). Allerdings sind die Beteiligungsrechte des Betriebsrats bei einer anschließenden Versetzung oder bei der Einordnung in eine bestimmte Vergütungsgruppe zu beachten (*Fitting* Rn 29; DKKW-*Bachner* Rn 29). Mit der Übernahme in ein unbefristetes Arbeitsverhältnis beginnt für den Arbeitnehmer der besondere Kündigungsschutz nach § 103 BetrVG und § 15 KSchG.

Hinsichtlich des **Merkmals der Beendigung** (vgl. auch KR-*Weigand* §§ 21–23 BBiG Rdn 20 ff.) 30 kommt es nicht auf das Bestehen der Abschlussprüfung an (GK-BetrVG/*Oetker* Rn 106). Nach dem Schutzzweck des § 78a BetrVG tritt die Fiktionswirkung auch bei erfolgloser Prüfung ein (*LAG BW* 13.10.1977 AP Nr. 4 zu § 78a BetrVG 1972; *Fitting* Rn 24; APS-*Künzl* Rn 76; *Richardi/Thüsing* Rn 10; GA-*Waskow* Rn 10). Dagegen setzt § 56 Abs. 1 BPersVG (§ 9 Abs. 1 BPersVG aF) nach seinem Wortlaut für den Eintritt der gesetzlichen Fiktion eine erfolgreiche Beendigung des Berufsausbildungsverhältnisses voraus.

Steht statt einer unbefristeten Beschäftigungsmöglichkeit lediglich ein **befristeter Arbeitsplatz** zur 31 Verfügung, ist dem Arbeitgeber die Weiterbeschäftigung des Jugend- und Auszubildendenvertreters über das Ausbildungsende hinaus nicht zumutbar. Dies folgt aus dem Wortlaut des § 78a Abs. 2 BetrVG (*BAG* 16.8.1995 EzA § 78a BetrVG 1972 Nr. 23; 24.7.1991 EzA § 78 BetrVG 1972 Nr. 21; *Löwisch/Kaiser/Klumpp* Rn 19; HWGNRH-*Nicolai* Rn 36; *Richardi/Thüsing* Rn 47; GK-BetrVG/*Oetker* Rn 170 f.; aA *Fitting* Rn 57; APS-*Künzl* Rn 115: aus dem Schutzzweck des § 78a ergebe sich auch die Begründung eines befristeten Arbeitsverhältnisses kraft gesetzlicher Fiktion, wenn der Auszubildende dies will bzw. dem auf Befragen zustimmt). Die Unzumutbarkeit der Beschäftigung in einem unbefristeten Vollzeitarbeitsverhältnis hat der Arbeitgeber im Beschlussverfahren gem. § 78a Abs. 4 BetrVG geltend zu machen (vgl. Rdn 38 ff.). Die Begründung eines **befristeten Arbeitsverhältnisses** bedarf stets einer dahingehenden vertraglichen Vereinbarung (*BAG* 24.7.1991 EzA § 78 BetrVG 1972 Nr. 21). Allerdings darf der Arbeitgeber mit Blick auf die Schutzfunktion des § 78a BetrVG einen Antrag des Auszubildenden vor Beendigung des Ausbildungsverhältnisses auf Abschluss eines befristeten Vertrags nicht wegen der Amtsausübung ablehnen. Unterzeichnet ein Auszubildender iSd § 78a BetrVG vor Ablauf der Ausbildungszeit vorbehaltlos einen befristeten Arbeitsvertrag, verzichtet er damit konkludent auf eine vorher geltend gemachte Weiterbeschäftigung im Rahmen eines unbefristeten Arbeitsverhältnisses (*LAG Köln* 23.2.2000 FA 2001, 59).

Aufgrund des Weiterbeschäftigungsverlangens kommt ein **Vollzeitarbeitsverhältnis** auf unbestimmte Zeit zustande (st.Rspr. *BAG* 6.11.1996 EzA § 78a BetrVG 1972 Nr. 24 m. zust. Anm. *Kukat* BB 1997, 1794; 25.5.1988 AuR 1988, 217 f.; 13.11.1987 EzA § 78a BetrVG 1972 Nr. 19). § 78a BetrVG soll sowohl einen kollektiven als auch einen individuellen Tätigkeitsschutz bewirken. Der Auszubildende soll nicht befürchten müssen, der Arbeitgeber werde sich bei seiner Übernahmeentscheidung durch die Amtsübernahme bzw. -ausübung beeinflussen lassen. Zu diesem Zweck gewährt § 78a Abs. 2 BetrVG dem Auszubildenden eine wirtschaftliche Absicherung seines mit dem jeweiligen Ausbildungsberuf erstrebten Ausbildungsziels, sofern der Arbeitgeber hiergegen keine begründeten und nach Abs. 4 zu prüfenden Einwendungen hat. Dieses Ausbildungsziel geht regelmäßig dahin, in dem erlernten Beruf ohne Hinzutreten weiterer Einkünfte eine ausreichende, dem jeweiligen Berufsbild entsprechende wirtschaftliche Lebensgrundlage zu finden.

Die Begründung eines **Teilzeitarbeitsverhältnisses** kann in einem Verfahren nach Abs. 4 weder 33 festgestellt noch rechtsgestaltend herbeigeführt werden. Als vertragliche Verkürzung der regelmäßigen Arbeitszeit vergleichbarer vollzeitbeschäftigter Arbeitnehmer (vgl. Art. 1 § 2 Abs. 2 BeschFG 1985) unterliegt die Vereinbarung von Teilzeitarbeit grds. dem Konsensprinzip (*BAG* 16.7.2008 EzA § 78a BetrVG 2001 Nr. 4; 6.11.1996 EzA § 78a BetrVG 1972 Nr. 24; aA *LAG Frankf.* 16.1.1987 LAGE § 78a BetrVG 1972 Nr. 4; *LAG Köln* 28.8.1996 LAGE § 78a BetrVG 1972 Nr. 14; APS-*Künzl* Rn 115, 120; *Fitting* Rn 57 f.; DKKW-*Bachner* Rn 45).

Ist der Auszubildende – auch hilfsweise – bereit, zu geänderten Arbeitsbedingungen weiterzuarbei- 34 ten, gebietet der Schutzzweck des § 78a BetrVG die Annahme des Angebots durch den Arbeitgeber, wenn er diese Bedingungen auch anderen Auszubildenden gewähren würde. Geht der Arbeitgeber auf derartige Änderungswünsche nicht ein, ist von der Zumutbarkeit der Weiterbeschäftigung auszugehen (*BAG* 6.11.1996 EzA § 78a BetrVG 1972 Nr. 24). Das **Weiterbeschäftigungsverlangen zu geänderten Bedingungen** muss der Auszubildende dem Arbeitgeber regelmäßig unverzüglich nach dessen Nichtübernahmemitteilung gem. § 78a Abs. 1 BetrVG, spätestens jedoch mit dem eigenen Weiterbeschäftigungsverlangen unter Angabe der Änderungsvorstellungen mitteilen (vgl. Rdn 49). Eine entsprechende Einverständniserklärung erst im gerichtlichen Verfahren genügt nicht (*BAG* 6.11.1996 EzA § 78a BetrVG 1972 Nr. 24).

35 Hat der Auszubildende einen Anspruch auf weitere Beschäftigung, darf er vom Arbeitgeber nicht von seinen Arbeitspflichten suspendiert werden. Es reicht nicht aus, dem Arbeitnehmer lediglich den Zugang zum Betrieb, den Betriebsratssitzungen und -sprechstunden zu ermöglichen. Vielmehr muss das Mitglied der Jugend- und Auszubildendenvertretung oder des Betriebsrats auch **tatsächlich beschäftigt** werden, weil die Betriebsratstätigkeit vollständig und ungestört nur ausgeübt werden kann, wenn er als normaler Arbeitnehmer in den Betrieb integriert ist und jederzeit im Kontakt zu seinen Kollegen stehen kann (*ArbG Wilhelmshaven* 4.8.1978 EzB § 78a BetrVG 1972 Nr. 20). Allerdings kann der Auszubildende **nicht den Einsatz auf einem bestimmten Arbeitsplatz** verlangen. Er ist aber in dem Betrieb zu beschäftigen, für den er in die Jugend- und Auszubildendenvertretung gewählt worden ist (*LAG Bln.* 16.12.1974 BB 1975, 837; APS-*Künzl* Rn 81). Der Einsatz in einem anderen Betrieb des Unternehmens würde den Verlust des betriebsverfassungsrechtlichen Amts gem. §§ 65, 24 Abs. 1 Nr. 4 BetrVG mit sich bringen (*LAG Köln* 4.9.1996 LAGE § 78a BetrVG 1972 Nr. 13; zu weitgehend *LAG Nds.* 26.4.1996 LAGE § 78a BetrVG 1972 Nr. 9 und *LAG RhPf* 5.7.1996 LAGE § 78a BetrVG 1972 Nr. 12 und *LAG Nds.* 10.4.1997 LAGE § 78a BetrVG 1972 Nr. 15, die darauf abstellen, ob ein freier Arbeitsplatz im Unternehmen vorhanden ist). Im Übrigen ist die Übernahme von Auszubildenden in ein Arbeitsverhältnis gem. § 78a Abs. 2 BetrVG nicht mit dem Schutz gem. § 15 KSchG im Falle einer Kündigung eines Mitglieds eines Betriebsverfassungsorgans vergleichbar (*BAG* 29.11.1989 § 78a BetrVG 1972 Nr. 20). Individualarbeitsrechtlich bilden das Ausbildungs- und das Arbeitsverhältnis eine Einheit: Urlaubsansprüche sind nicht abzugelten, sondern nach den für das Arbeitsverhältnis maßgebenden Vorschriften zu erfüllen (*BAG* 29.11.1984 EzA § 13 BUrlG Nr. 22).

2. Kündigung und Aufhebungsvertrag

36 Endet das Berufsausbildungsverhältnis durch eine Kündigung (§ 22 Abs. 1 und 2 BBiG) oder einen Aufhebungsvertrag, ist § 78a BetrVG nicht anzuwenden. Allerdings kann der als Betriebsverfassungsorgan amtierende Auszubildende auf den Sonderschutz des § 78a BetrVG auch durch **Aufhebungsvertrag** nur dann wirksam verzichten, wenn der Aufhebungsvertrag in den letzten drei Monaten des Ausbildungsverhältnisses abgeschlossen wird (*LAG Frankf.* 9.8.1974 BB 1975, 1205; *Richardi/Thüsing* Rn 29; s.a. Rdn 28; aA APS-*Künzl* Rn 87; GK-BetrVG/*Oetker* Rn 108). Kündigt der Arbeitgeber während der Probezeit (§ 22 Abs. 1 BBiG), greift § 15 Abs. 1 KSchG ein, so dass es des Schutzes nach § 78a BetrVG nicht bedarf.

3. Geltung des § 37 Abs. 4 und 5 BetrVG

37 Gem. § 78a Abs. 2 S. 2 BetrVG finden auf das neu begründete Arbeitsverhältnis die Regelungen des § 37 Abs. 4 und 5 BetrVG entsprechende Anwendung. Danach steht dem weiter zu Beschäftigenden das den Arbeitnehmern mit vergleichbarer betriebsüblicher beruflicher Entwicklung entsprechende Arbeitsentgelt zu. Weiterhin ist der Betreffende nach Ende seiner Amtstätigkeit innerhalb eines Jahres nur mit Tätigkeiten zu beschäftigen, die den Tätigkeiten vergleichbarer Arbeitnehmer gleichwertig sind. Als vergleichbare Arbeitnehmer können diejenigen berücksichtigt werden, die im Zeitpunkt des Beginns des Arbeitsverhältnisses über den gleichen Ausbildungs- und Erfahrungsstand verfügen (zB Arbeitnehmer mit und ohne Prüfungsabschluss sind entsprechend der betrieblichen Gepflogenheiten differenziert einzustufen).

F. Antrag des Arbeitgebers auf Nichtbegründung bzw. Auflösung (Abs. 4)

I. Antrag

Ist dem Arbeitgeber die Weiterbeschäftigung des Auszubildenden nicht zumutbar, kann er beim ArbG die Feststellung beantragen, dass ein Arbeitsverhältnis nach § 78a Abs. 2 oder 3 BetrVG nicht begründet wird oder ein bereits nach Abs. 2 oder 3 begründetes Arbeitsverhältnis wieder aufgelöst wird (insofern vergleichbar der Regelung des § 15 Abs. 1 S. 2 aE KSchG). In der Erklärung liegt sowohl eine Prozesshandlung als auch die Ausübung eines materiellen, auf das Arbeitsverhältnis bezogenen Gestaltungsrechts (für § 78a BetrVG offengelassen in *BAG* 18.9.2019 – 7 ABR 44/17, Rn 34; zu § 56 Abs. 4 BPersVG (§ 9 Abs. 4 BPersVG aF) *BVerwG* 21.2.2011 – 6 P 12.10, Rn 24). Der Antrag kann vom Arbeitgeber auch schon gestellt werden, wenn der Auszubildende seine Weiterbeschäftigung noch nicht verlangt hat (HWGNRH-*Nicolai* Rn 27; GK-BetrVG/*Oetker* Rn 191; *Richardi/Thüsing* Rn 37; aA *Fitting* Rn 35). Dies dient der frühzeitigen Klärung der Rechtslage zwischen den Parteien des Ausbildungsverhältnisses. In einem **Gemeinschaftsbetrieb** iSd § 1 Abs. 1 S. 2 BetrVG kann der Auflösungsantrag von dem Vertragsarbeitgeber des ehemaligen Auszubildenden ohne Mitwirkung der anderen am Gemeinschaftsbetrieb beteiligten Arbeitgeber gestellt werden (*BAG* 25.2.2009 DB 2009, 1473). Der besondere Kündigungsschutz des § 17 MuSchG steht dem Auflösungsantrag des Arbeitgebers nicht entgegen. Die Vorschrift verbietet arbeitgeberseitige Kündigungen, sonstige Beendigungstatbestände werden grds. nicht betroffen (*LAG Hamm* 14.1.2011 EzB § 78a BetrVG Nr. 17). 38

Der Arbeitgeber muss den Antrag nach § 78a Abs. 4 S. 1 Nr. 1 BetrVG **vor** Beendigung des Ausbildungsverhältnisses stellen, andernfalls bewirkt die gesetzliche Fiktion die Begründung eines Arbeitsverhältnisses. Um die Fiktionswirkung wieder zu beseitigen, muss der Antrag auf Auflösung bis **spätestens zwei Wochen nach Beendigung des Ausbildungsverhältnisses** gestellt sein. Die Antragsfrist soll der Rechtssicherheit dienen. Nach Ablauf der Frist hat der Arbeitnehmer die Gewissheit, dass nunmehr ein Arbeitsverhältnis auf unbestimmte Zeit besteht (BT-Drs. 7/1334 S. 3; *BAG* 18.9.2019 – 7 ABR 44/17, Rn 30). Bei der Zweiwochenfrist handelt es sich um eine (**materielle**) **Ausschlussfrist** (*Fitting* Rn 38; *Richardi/Thüsing* Rn 39; APS-*Künzl* Rn 139; aA GK-BetrVG/*Oetker* Rn 188; HWGNRH/*Nicolai* Rn 26: prozessuale Antragsfrist). Sie beginnt nach § 187 Abs. 1 BGB mit Ablauf des Ausbildungsverhältnisses bzw. mit dem auf die Bekanntgabe des Prüfungsergebnisses (§ 21 Abs. 1 und Abs. 2 BBiG) folgenden Tag (*BAG* 18.9.2019 – 7 ABR 44/17, Rn 16). Der Antrag muss spätestens am letzten Tag der Frist beim Arbeitsgericht eingehen. Bei Antragstellung durch einen bevollmächtigten Verbandsvertreter setzt die Fristwahrung nicht die Vorlage der Originalvollmacht innerhalb der Antragsfrist voraus (*BAG* 18.9.2019 – 7 ABR 44/17, Rn 28 ff.; anders *BVerwG* 21.2.2011 – 6 P 12.10, Rn 24 zu § 9 Abs. 4 BPersVG). Die Nichteinhaltung der Zweiwochenfrist hat zur Folge, dass der Arbeitgeber nicht mehr die Möglichkeit hat, die Begründung des Arbeitsverhältnisses nach § 78a Abs. 2 BetrVG unter Berufung auf die Unzumutbarkeit der Weiterbeschäftigung in Frage zu stellen (*BAG* 18.9.2019 – 7 ABR 44/17, Rn 16). Will der Arbeitgeber das Vertragsverhältnis mit dem Arbeitnehmer gleichwohl lösen, kann er dies nur nach den allgemeinen Regeln des KSchG tun, soweit dieses Anwendung findet. Für die Antragstellung nach § 78a Abs. 4 S. 1 Nr. 2 BetrVG sind die Ausschlussfristen gem. § 626 Abs. 2 BGB bzw. § 22 Abs. 4 S. 2 BBiG bzgl. der Kenntniserlangung der zur Unzumutbarkeit herangezogenen Tatsachen weder unmittelbar noch entsprechend anwendbar (*BAG* 15.12.1983 EzA § 78a BetrVG 1972 Nr. 13). 39

II. Rechtsfolgen

Praktische Rechtsfolgen ergeben sich erst aus der vom Arbeitgeber beantragten Entscheidung. Wenn das Arbeitsverhältnis schon begründet war, kann es erst mit Rechtskraft der gerichtlichen Entscheidung aufgelöst werden (*ArbG Kassel* 12.6.1975 BB 1975, 1019). Bis zu diesem Zeitpunkt bleibt der Arbeitnehmer im Betrieb. Ein Feststellungsantrag gem. § 78a Abs. 4 S. 1 Nr. 1 BetrVG, den der Arbeitgeber bis zur Beendigung des Berufsausbildungsverhältnisses stellen kann, hindert nicht das Entstehen eines Arbeitsverhältnisses gem. § 78a Abs. 2 bzw. Abs. 3 BetrVG, wenn diesem 40

Antrag im Zeitpunkt der Beendigung des Berufsausbildungsverhältnisses noch nicht rechtskräftig stattgegeben worden ist. Ein derartiger Feststellungsantrag wandelt sich vielmehr im Zeitpunkt der Beendigung des Berufsausbildungsverhältnisses in einen Antrag nach § 78a Abs. 4 S. 1 Nr. 2 BetrVG auf Auflösung des nunmehr begründeten Arbeitsverhältnisses um, ohne dass es einer förmlichen Antragsänderung bedarf (*BAG* 11.1.1995 NZA 1995, 647; 24.7.1991 EzA § 78a BetrVG 1972 Nr. 21; 29.11.1989 EzA § 78a BetrVG 1972 Nr. 20 m. Anm. *Kraft* und *Raab*). Verlangt der Auszubildende erst nach Einleitung des Feststellungsverfahrens des Arbeitgebers seine Weiterbeschäftigung, geht dieses Verfahren in ein Auflösungsverfahren über.

III. Unzumutbarkeit

41 Der Antrag des Arbeitgebers ist begründet, wenn Tatsachen vorliegen, aufgrund derer dem Arbeitgeber die Weiterbeschäftigung unter Berücksichtigung aller Umstände unzumutbar ist (§ 78a Abs. 4 S. 1 aE BetrVG). Der Begriff der **Unzumutbarkeit** in § 78a Abs. 4 BetrVG ist aber nicht identisch mit dem der Regelung in § 626 Abs. 1 BGB, sondern wird an seiner unterschiedlichen Funktion ausgerichtet (st. Rspr. *BAG* 18.9.2019 – 7 ABR 44/17, Rn 39; 8.9.2010 EzB § 78a BetrVG Nr. 16; 12.11.1997 EzA § 78a BetrVG Nr. 62 und Nr. 63; aA *Dannenberg* AiB 1998, 707). Der Tatbestand des § 626 Abs. 1 BGB ist erst dann gegeben, wenn dem Arbeitgeber die Fortsetzung des Arbeitsverhältnisses bis zum Ablauf der Kündigungsfrist oder bis zur vereinbarten Beendigung nicht zugemutet werden kann. Bei § 78a Abs. 4 BetrVG ist demgegenüber zu entscheiden, ob dem Arbeitgeber die Beschäftigung des Arbeitnehmers in einem unbefristeten Arbeitsverhältnis zumutbar ist. Diese Frage ist im Grundsatz zu verneinen, wenn der Arbeitgeber keinen dauerhaften Bedarf für die Beschäftigung eines Arbeitnehmers hat (*BAG* 6.11.1996 EzA § 78a BetrVG 1972 Nr. 24) oder persönliche Gründe die Weiterbeschäftigung unzumutbar machen. Die Ausschlussfristen des § 626 Abs. 2 BGB und § 22 Abs. 4 S. 2 BBiG sind im Rahmen von § 78a Abs. 4 BetrVG weder unmittelbar noch entsprechend anwendbar (*BAG* 15.12.1983 EzA § 78a BetrVG 1972 Nr. 13). Zur Beachtung des § 118 BetrVG im Rahmen der Prüfung der Unzumutbarkeit vgl. Rdn 55; zum Zeitpunkt der Beurteilung der Unzumutbarkeit Rdn 56.

1. Persönliche Gründe

42 Grundsätzlich können nur **schwerwiegende Gründe persönlicher Art** geeignet sein, die Nichtbegründung eines Arbeitsverhältnisses bzw. die Auflösung eines schon begründeten Arbeitsverhältnisses zu rechtfertigen (*BAG* 16.9.1979 EzA § 78a BetrVG 1972 Nr. 5; *Fitting* Rn 48; GK-BetrVG/*Oetker* Rn 128 ff.; anders *Richardi/Thüsing* Rn 48, die auf die Möglichkeit der Kündigung gem. § 626 BGB verweisen). Solche Gründe, die **in der Person oder im Verhalten des Auszubildenden** liegen können, können zB mangelhafte Leistungen, schwerwiegendes Fehlverhalten im Betrieb, schwere Verstöße gegen die betriebliche Ordnung oder verletzende Anwürfe gegen Vorgesetzte und Betriebsrat (*ArbG Kiel* 6.8.1975 DB 1975, 2041) zählen (*BAG* 18.9.2019 – 7 ABR 44/17, Rn 40). Der Arbeitgeber kann sich dabei auch auf Vorgänge berufen, die bereits Gegenstand einer im Ausbildungsverhältnis erklärten Abmahnung waren (*BAG* 18.9.2019 – 7 ABR 44/17, Rn 43 f.). Hat der Jugend- und Auszubildendenvertreter durch sein Verhalten **sowohl gegen seine Amts- als auch seine Arbeitsvertragspflichten verstoßen**, ist ebenso wie bei der außerordentlichen Kündigung eines Betriebsratsmitglieds (*BAG* 19.7.2012 EzA § 15 KSchG nF Nr. 72) – ein besonders strenger Maßstab anzulegen (*BAG* 11.12.1975 EzA § 15 KSchG nF Nr. 6), dh es ist zu prüfen, ob der Auszubildende allein durch die Ausübung seines Mandats in Konflikt mit seinen arbeitsvertraglichen Pflichten geraten ist (s.a. KR-*Kreft* § 15 KSchG Rn 43). In diesem Fall bestimmt sich die Sanktion lediglich nach §§ 65 Abs. 1, 23 Abs. 1 BetrVG (APS-*Künzl* Rn 122).

43 Die **Mitgliedschaft in oder die Betätigung zugunsten einer politischen Partei** kann eine Unzumutbarkeit nur begründen, wenn hierdurch das Arbeitsverhältnis konkret berührt wird. Eine abstrakte Gefährdung des Betriebsfriedens genügt nicht (vgl. *BAG* 11.12.1975 EzA § 15 nF KSchG Nr. 6). Fehlt es dem Auszubildenden jedoch an einem Mindestmaß an Verfassungstreue, kann dem

öffentlichen Arbeitgeber die Weiterbeschäftigung unzumutbar sein (vgl. *BAG* 6.9.2012 EzA § 1 Personenbedingte Kündigung Nr. 30).

Unzumutbar kann dem Arbeitgeber die Weiterbeschäftigung dann sein, wenn dem Jugend- und Auszubildendenvertreter **vorsätzlich begangene Straftaten** im Zusammenhang mit seinen Pflichten aus dem Ausbildungsverhältnis oder anderen Obliegenheiten des betrieblichen Geschehens vorzuwerfen sind (*BAG* 15.12.1983 EzA § 78a BetrVG 1972 Nr. 13 m. zust. Anm. *Löwisch*). 44

Besteht der Auszubildende die Abschlussprüfung wiederholt nicht, ist dem Arbeitgeber die Weiterbeschäftigung regelmäßig unzumutbar. Etwas anderes kann ausnahmsweise gelten, wenn ein freier und geeigneter Arbeitsplatz zur Verfügung steht, der eine abgeschlossene Ausbildung nicht voraussetzt (*LAG BW* 13.10.1977 EzB BetrVG § 78a Nr. 16; *LAG Nds* 8.4.1975 EzB BetrVG § 78a Nr. 6; *Fitting* Rn 50; APS-*Künzl* Rn 124; GK-BetrVG/*Oetker* Rn 137; *Richardi/Thüsing* Rn 46; HWGNRH/*Nicolai* Rn 30; GA-*Waskow* Rn 34). 45

Ein **allgemeiner Qualifikationsvergleich** nach vom Arbeitgeber subjektiv vorgegebenen Leistungskriterien bei der Prüfung im Rahmen des § 78 Abs. 4 BetrVG zwischen dem Jugend- und Auszubildendenvertreter und anderen Auszubildenden bezüglich der Besetzung eines freien Arbeitsplatzes ist jedoch **nicht zulässig** (hM vgl. GK-BetrVG/*Oetker* Rn 134; *Fitting* Rn 49; *Künzl/Schindler* ZTR 2010, 625; GA-*Waskow* Rn 34; *Löwisch/Kaiser/Klumpp* Rn 18). Das gilt auch für einen **Vergleich von Prüfungsnoten**. Andernfalls würde der besondere Schutzzweck des § 78 BetrVG verfehlt, der gerade unabhängig vom Abschneiden des Auszubildenden besteht (*Thür. LAG* 27.3.1996 LAGE § 78a BetrVG 1972 Nr. 11; *LAG Bln.* 18.7.1995 LAGE § 78a BetrVG 1972 Nr. 8; GK-BetrVG/ *Oetker* Rn 116 mwN; GA-*Waskow* Rn 34; aA HWGNRH-*Nicolai* Rn 30; *Blaha/Mehlich* NZA 2005, 667). Ein Leistungsvergleich dürfte allerdings zulässig sein, wenn mehr nach § 78a BetrVG berechtigte Personen als ausbildungsadäquate freie Arbeitsplätze vorhanden sind und der Arbeitgeber deshalb eine Auswahl zu treffen hat (vgl. zu § 56 BPersVG (§ 9 BPersVG aF) *OVG Lüneburg* 29.11.2017 – 17 LP 4/17 m. Anm. *v. Roetteken* NZA-RR 2018, 272). 46

2. Betriebliche Gründe

Betriebliche Gründe können die Weiterbeschäftigung des Auszubildenden **nur ausnahmsweise** unzumutbar machen. Wegen des Schutzzwecks von § 78a BetrVG, der dem von § 15 BetrVG angenähert ist, sind an die betrieblichen Gründe besonders hohe Anforderungen zu stellen (*BAG* 16.8.1995 EzA § 78a BetrVG 1972 Nr. 23 m. zust. Anm. *Grimberg* AiB 1996, 728; 16.1.1979 EzA § 78a BetrVG 1972 Nr. 5; *Fitting* Rn 53; APS-*Künzl* Rn 102; GK-BetrVG/*Oetker* Rn 146). 47

Voraussetzung für die Unzumutbarkeit der Weiterbeschäftigung ist, dass im **Betrieb des Arbeitgebers im Zeitpunkt der Beendigung des Ausbildungsverhältnisses** (st. Rspr *BAG* 20.2.2008 – 7 ABR 9/07, mwN; *Hess. LAG* 26.4.2007 – 9 TaBV 182/06; vgl. Rdn 56) kein freier, auf Dauer angelegter Arbeitsplatz zur Verfügung steht, auf dem der Jugend- und Auszubildendenvertreter mit seiner durch Ausbildung erworbenen Qualifikation beschäftigt werden kann (*BAG* 8.9.2010 EzA § 78a BetrVG 2001 Nr. 6; 15.11.2006 EzA § 78a BetrVG 2001 Nr. 3 mwN und krit. Anm. *Adam*; Anm. *Reuter* BB 2007, 2678). Die Eignung eines Arbeitsplatzes setzt voraus, dass der Auszubildende mit seiner durch die Ausbildung erworbenen Qualifikation (*BAG* 12.11.1997 EzA § 78a BetrVG 1972 Nr. 25 und 26) bzw. mit ausbildungsadäquaten Arbeiten beschäftigt werden kann (*BAG* 28.6.2000 – 7 ABR 57/98, RzK II 4a Nr. 37). Die **Bezugsgröße ist der Ausbildungsbetrieb**, in dem der Auszubildende sein betriebsverfassungsrechtliches Amt ausübt (st. Rspr., *BAG* 8.9.2010 EzA § 78a BetrVG 2001 Nr. 6). § 78a BetrVG bezweckt die Gewährleistung der **Ämterkontinuität** und den **Schutz des Amtsträgers** vor nachteiligen Folgen bei der Amtsführung während des Berufsausbildungsverhältnisses. Der Zweck der Ämterkontinuität würde nicht erreicht, wenn der Auszubildende zur unbefristeten Weiterbeschäftigung in einen anderen Betrieb des Unternehmens wechselte, weil dann sein bisheriges Amt erlöschen würde (*BAG* 15.11.2006 EzA § 78a BetrVG 2001 Nr. 3; APS-*Künzl* Rn 104; GK-BetrVG/*Oetker* Rn 147 f.; aA *LAG München* 6.9.2006 LAGE § 78a BetrVG 2001 Nr. 3; *LAG Nds.* 26.4.1996 LAGE § 78a BetrVG 1972 Nr. 9 und 10.4.1997 48

§ 78a BetrVG Schutz Auszubildender in besonderen Fällen

LAGE § 78a BetrVG 1972 Nr. 15; *LAG RhPf* 5.7.1996 LAGE § 78a BetrVG 1972 Nr. 12; *LAG Bln.* 5.2.1996 – 17 TaBV 8/95, nv; *Richardi/Thüsing* Rn 43; *Fitting* Rn 54; ErfK-*Kania* Rn 9; *Adam* Anm. zu *BAG* 15.11.2006 EzA § 78a BetrVG 2001 Nr. 3). Würde sich der Weiterbeschäftigungsanspruch in einem unbefristeten Arbeitsverhältnis auf andere Betriebe des Arbeitgebers erstrecken, könnte dies sogar zur Verdrängung eines Jugend- und Auszubildendenvertreters im anderen Betrieb, in dem sich ein freier Arbeitsplatz befindet, im Rahmen einer Sozialauswahl führen (*LAG Köln* 18.3.2004 VjA-EzB § 78a BetrVG 2001 Nr. 1).

49 Ist in dem Ausbildungsbetrieb keine ausbildungsgerechte Beschäftigungsmöglichkeit vorhanden, kann der Arbeitgeber verpflichtet sein, den Auszubildenden **zu anderen Arbeitsbedingungen** in ein unbefristetes Vertragsverhältnis zu übernehmen, insbes. auch, um Benachteiligungen in den Fällen zu vermeiden, in denen er andere Auszubildende in ein Arbeitsverhältnis übernimmt (*BAG* 6.11.1996 EzA § 78a BetrVG 1972 Nr. 24). Will ein Amtsträger zu anderen als ausbildungsadäquaten Arbeitsbedingungen in ein Arbeitsverhältnis im Ausbildungsbetrieb (dieses Begehren kann nur ausbildungsbetriebsbezogen geltend gemacht werden, *BAG* 16.7.2008 EzA § 78a BetrVG 2001 Nr. 4) übernommen werden, hat er dies dem Arbeitgeber unverzüglich nach dessen Nichtübernahmemitteilung gem. § 78a Abs. 1 BetrVG unter Angabe der genauen Beschäftigungsmöglichkeit im Einzelnen so exakt kundzutun, dass dem Arbeitgeber in angemessener Zeit (auch zur Durchführung des Verfahrens gem. § 99 Abs. 1 BetrVG) prüfen kann, ob ihm dies zumutbar ist (*BAG* 17.2.2010 EzA § 78a BetrVG 2001 Nr. 5). Ein allgemein gehaltenes Einverständnis mit allen in Betracht kommenden Beschäftigungsmöglichkeiten oder eine Bereitschaftserklärung unter Vorbehalt reichen nicht aus. Auch genügt eine Einverständniserklärung zu geänderten Vertragsbedingungen erst im gerichtlichen Verfahren nicht (st. Rspr. *BAG* 8.9.2010 EzA § 78a BetrVG 2001 Nr. 6). Lehnt der Auszubildende die angebotene anderweitige Beschäftigung ab, kann er sich in einem Verfahren gem. § 78a Abs. 4 BetrVG nicht mehr darauf berufen, dem Arbeitgeber sei die Beschäftigung zumutbar (*BAG* 15.11.2006 EzA § 78a BetrVG 2001 Nr. 3). Unterlässt der Arbeitgeber die Prüfung der ordnungsgemäß dargelegten Beschäftigungsmöglichkeit oder verneint er zu Unrecht die Möglichkeit und die Zumutbarkeit, so kann das nach § 78a Abs. 2 BetrVG entstandene, auf die ausbildungsgerechte Beschäftigung gerichtete Arbeitsverhältnis nicht gem. § 78a Abs. 4 BetrVG aufgelöst werden, obwohl eine vollzeitige Beschäftigungsmöglichkeit in einem unbefristeten Arbeitsverhältnis im Ausbildungsberuf nicht besteht (*BAG* 8.8.2007 – 7 ABR 43/06). Verpflichtet sich ein Konzern in einem Tarifvertrag, Auszubildendenvertreter mit dem Ziel einer Weitervermittlung auf einen Dauerarbeitsplatz zunächst für 24 Monate in einer Beschäftigungs-/Vermittlungsgesellschaft zu übernehmen, so ist dies bei § 78a Abs. 4 Nr. 2 BetrVG zu berücksichtigen. Eine gerichtliche Auflösung vor Ablauf von 24 Monaten ist nicht zulässig, insbes. wenn der Auszubildendenvertreter innerhalb dieses Zeitraums auf einen Dauerarbeitsplatz hätte übernommen werden können (*LAG Nbg.* 8.2.2006 – 9 TaBV 35/04).

50 Als **frei ist ein Arbeitsplatz** anzusehen, der unbesetzt ist (*BAG* 16.8.1995 EzA § 78a BetrVG 1972 Nr. 23). Der Arbeitgeber muss die Weiterbeschäftigung des Auszubildenden **nicht durch Entlassung eines anderen Arbeitnehmers** ermöglichen (*BAG* 16.8.1995 BB 1996, 537; *LAG Hamm* 13.5.1977 ARSt 1978, 61 Nr. 1107). Das Vorhandensein eines Arbeitsplatzes wird nicht danach bestimmt, ob Arbeitsaufgaben vorhanden sind, mit deren Verrichtung ein Arbeitnehmer betraut werden könnte. Welche Arbeiten im Betrieb verrichtet werden sollen und wie viele Arbeitnehmer damit beschäftigt werden, bestimmt der Arbeitgeber durch seine arbeitstechnischen Vorgaben und seine Personalplanung (st. Rspr. *BAG* 8.9.2010 EzA § 78a BetrVG 2001 Nr. 16). Soweit kein Missbrauchsfall vorliegt, ist der Arbeitgeber deshalb nicht gehindert, durch eine Veränderung der Arbeitsorganisation Arbeitsplätze wegfallen zu lassen (*BAG* 16.7.2008 EzA § 78a BetrVG 2001 Nr. 4; 6.11.1996 EzA § 78a BetrVG 1972 Nr. 24 m. zust. Anm. *Kukat* BB 1997, 1794). Will der Arbeitgeber einen geplanten Stellenabbau umsetzen, hat er eine Sozialauswahl gem. § 1 Abs. 3 KSchG vorzunehmen, der auch die Mitglieder der Jugend- und Auszubildendenvertretung während ihrer Amtszeit und des einjährigen Nachwirkungszeitraums entzogen sind (*BAG* 16.8.1995 EzA § 78a BetrVG 1972 Nr. 23).

Entschließt sich der Arbeitgeber, seinen dauerhaften Beschäftigungsbedarf mit **Leiharbeitnehmern** 51
zu decken, liegt hierin allein kein Grund, der die Übernahme eines durch § 78a BetrVG geschützten
Arbeitnehmers unzumutbar macht. Die Entscheidung für den Einsatz von Leiharbeitnehmern lässt
die Kriterien der Anzahl der vorhandenen Arbeitsplätze und der Arbeitsmenge, für die Arbeitnehmer im Betrieb benötigt werden, unberührt (*BAG* 25.2.2009 DB 2009, 1473 m. Anm. *Hamann*
jurisPR-ArbR 26/2009 Nr. 2; *ders.* NZA 2010, 1211; 16.7.2008 EzA § 78a BetrVG 2001 Nr. 4;
anders *Hess. LAG* 26.4.2007 – 9 TaBV 182/06, EzB § 78a BetrVG Nr. 9; *LAG Hamm* 3.11.2006 –
10 TaBV 42/06, wonach es dem Arbeitgeber bis zur Grenze des Rechtsmissbrauchs seiner unternehmerischen Freiheit überlassen bleibt, ob er seinen dauerhaften Bedarf an Arbeitskräften mit eigenem oder entliehenem Personal deckt; ähnlich *Gaul/Ludwig* DB 2010, 2334). Das gilt auch dann,
wenn sich der Arbeitgeber nicht erst anlässlich der Übernahme des nach § 78a BetrVG geschützten
Auszubildenden zum künftigen Einsatz von Leiharbeitnehmern entschließt, sondern schon zuvor
Leiharbeitnehmer auf dauerhaft eingerichteten, ausbildungsadäquaten Arbeitsplätzen beschäftigt
(*BAG* 17.2.2010 EzA § 78a BetrVG 2001 Nr. 5). Schließlich liegt es in der Hand des Arbeitgebers,
das Vertragsverhältnis zur Beschäftigung von Leiharbeitnehmern so zu gestalten, dass bei Ausbildungsende ein für den Jugend- und Auszubildendenvertreter geeigneter Arbeitsplatz nicht durch
einen Leiharbeitnehmer besetzt ist (so auch *Hamann* NZA 2010, 1211).

Vom Arbeitgeber kann nicht verlangt werden, neue Arbeitsplätze für Aspiranten iSd § 78a 52
BetrVG zu schaffen (*BAG* 16.7.2008 EzA § 78a BetrVG 2001 Nr. 4; 6.11.1996 EzA § 78a BetrVG
1972 Nr. 24; 24.7.1991 EzA § 78a BetrVG 1972 Nr. 21; GK-BetrVG/*Oetker* Rn 154 mwN). So
kann sich der Jugend- und Auszubildendenvertreter nicht darauf berufen, er könne als Springer für
Vertretungsfälle eingesetzt werden, wenn es eine solche Arbeitsstelle im Betrieb bisher nicht gegeben
hat (*LAG Köln* 25.11.1987 DB 1988, 1327). Ferner ist der Arbeitgeber nicht verpflichtet, eine den
Auszubildenden nicht unmittelbar berührende Personalentscheidung so zu treffen, dass über eine
»Kettenreaktion« eine für den Auszubildenden geeignete Stelle frei wird (*BAG* 28.6.2000 – 7 ABR
57/98, RzK II 4a Nr. 37). Ebenso wenig ist er gehalten, durch den **Abbau von Überstunden oder
von Urlaubsüberhängen** zusätzliche Einstellungsmöglichkeiten zu schaffen (*BAG* 8.9.2010 EzA
§ 78a BetrVG 2001 Nr. 6; 17.2.2010 EzA § 78a BetrVG 2001 Nr. 5). Anders verhält es sich jedoch,
wenn im Betrieb über einen längeren Zeitraum **regelmäßig Mehrarbeit** geleistet wird (aA wohl *BAG*
16.7.2008 EzA § 78a BetrVG 2001 Nr. 4). In diesem Fall wird vom Arbeitgeber nicht die Schaffung eines nicht vorhandenen Arbeitsplatzes, sondern nur die Verteilung der realen Arbeitsmenge
auf die – unter Berücksichtigung der vertraglich geschuldeten wöchentlichen Arbeitszeit – erforderliche Anzahl von Arbeitnehmern verlangt. Der Abbau von Stellen unter gleichzeitiger Anordnung
regelmäßiger Überstunden ist nicht Teil der im Wesentlichen freien unternehmerischen Organisationsentscheidung (vgl. *BAG* 20.12.2012 EzA § 1 KSchG Betriebsbedingte Kündigung Nr. 172;
24.5.2012 EzA § 1 KSchG Betriebsbedingte Kündigung Nr. 167). **Organisatorische Maßnahmen
mit geringeren Auswirkungen** auf das Unternehmen und die übrigen Arbeitnehmer, zB Umverteilung von Aufgaben im Rahmen des Direktionsrechts oder Änderung betrieblicher Schichtpläne (aA
BAG 15.1.1980 EzA § 78a BetrVG 1972 Nr. 7) können dem Arbeitgeber regelmäßig zugemutet
werden (*Jäger/Künzl* ZTR 2000, 348; APS-*Künzl* Rn 109; GK-BetrVG/*Oetker* Rn 156).

Die Weiterbeschäftigung kann dem Arbeitgeber iSd § 78a Abs. 4 BetrVG im Einzelfall trotz fehlen- 53
den Arbeitsplatzes zumutbar sein, wenn er einen kurz vor der Beendigung der Berufsausbildung frei
gewordenen Arbeitsplatz wiederbesetzt hat, statt ihn für einen nach § 78a BetrVG geschützten Auszubildenden freizuhalten. Das ist regelmäßig der Fall bei einer **Besetzung, die innerhalb von drei
Monaten vor dem Ende des Ausbildungsverhältnisses vorgenommen wird**, da der Arbeitgeber innerhalb dieses Zeitraums mit einem Übernahmeverlangen rechnen muss (*BAG* 16.7.2008 – 7 ABR
13/07, Rn 24). Etwas anderes gilt, wenn eine sofortige Neubesetzung durch dringende betriebliche Erfordernisse geboten ist (*BAG* 25.2.2009 EzB BetrVG § 78a Nr. 12; 12.11.1997 EzA § 78a
BetrVG Nr. 25 m. krit. Anm. *Coester* SAE 1999, 3; aA APS-*Künzl* Rn 108; *Jäger/Künzl* ZTR 2000,
348: alle Arbeitsplätze, die noch nicht länger als 6 Monate vor Ausbildungsende unbesetzt sind).
Erkundigt sich der Arbeitgeber in diesem Zeitraum vorsorglich beim Auszubildenden nach einem
etwaigem Übernahmewunsch, kann dessen zunächst verneinende bzw. ausbleibende Antwort bei

der Würdigung des Merkmals der Unzumutbarkeit zu seinen Lasten berücksichtigt werden (*BAG* 12.11.1997 EzA § 78a BetrVG Nr. 25).

54 Im Bereich des **öffentlichen Dienstes** entscheidet primär der Haushaltsgesetzgeber darüber, ob in der Ausbildungsdienststelle (maßgeblich sind alle Dienststellen im Geschäftsbereich der übergeordneten Dienststelle, *BVerwG* 19.1.2009 – 6 P 1/08; Anm. *Bier* jurisPR-ArbR 8/2009 Nr. 5) ein geeigneter und besetzbarer Arbeitsplatz zur Verfügung steht. Soweit in den verbindlichen Erläuterungen zum Haushaltsplan eine Stelle für Arbeitnehmer für die vom Jugendvertreter erworbene Qualifikation ausgewiesen ist und im maßgebenden Zeitpunkt unbesetzt ist, ist sie vorrangig mit dem Jugendvertreter zu besetzen (*BVerwG* 7.12.2009 – 6 PB 34/09). Ein von einer übergeordneten Behörde verfügter Einstellungsstopp begründet die Unzumutbarkeit der Weiterbeschäftigung iSd § 56 Abs. 4 BPersVG (§ 9 Abs. 4 BPersVG aF), wenn er in Vollzug wenigstens globaler Anweisungen des Haushaltsgesetzgebers zur Personaleinsparung ergeht. Lässt ein solcher behördlicher Einstellungsstopp Ausnahmen zu, müssen diese so eindeutig gefasst sein (zB durch verbindliche Pläne für die mit dem Personalabbau zu schaffenden Strukturen oder durch Eingrenzungen nach regionalen Gesichtspunkten oder nach Berufssparten), dass sich auch nur der Verdacht einer Benachteiligungsabsicht von vornherein, dh anhand objektiver Kriterien, ausschließen lässt (*BVerwG* 2.11.1994 PersV 1995, 332, 361).

55 Bei der Prüfung der Unzumutbarkeit der Weiterbeschäftigung nach § 78a Abs. 4 BetrVG in einem **Tendenzbetrieb iSd § 118 BetrVG** ist die verfassungsrechtlich geschützte Tendenz jedenfalls dann beachtlich, wenn der Jugend- und Auszubildendenvertreter (zB Redakteur einer Tageszeitung) eine Beschäftigung als Tendenzträger begehrt. Die Weiterbeschäftigung ist unzumutbar, wenn tendenzbedingte Gründe vorliegen (*BAG* 23.6.1983 EzA § 78a BetrVG 1972 Nr. 11). Dagegen widerspricht es dem Schutzzweck des § 78a BetrVG, diese Vorschrift aus den Gründen des Tendenzschutzes auch dann einzuengen, wenn dessen Voraussetzungen dies nicht erfordern (*BAG* 23.6.1983 EzA § 78a BetrVG 1972 Nr. 11).

56 Für die Feststellung der Unzumutbarkeit der Weiterbeschäftigung ist grundsätzlich auf den **Zeitpunkt der Beendigung des Berufsausbildungsverhältnisses** abzustellen (st. Rspr. *BAG* 18.9.2019 – 7 ABR 44/17, Rn 40 mwN; 16.7.2008 – 7 ABR 13/07, Rn 24 mwN; GK-BetrVG/*Oetker* Rn 211; HWGNRH/*Nicolai* Rn 37; aA für den Fall des Abs. 4 Nr. 2 *Fitting* Rn 44; APS-*Künzl* Rn 130, 155: Zeitpunkt der letzten mündlichen Verhandlung in der Tatsacheninstanz).

G. Verfahrensart

I. Feststellungsklage des Jugend- und Auszubildendenvertreters

57 Der Jugend- und Auszubildendenvertreter hat sein **Weiterbeschäftigungsverlangen** gem. **§ 78a Abs. 2 BetrVG** ggf. beim ArbG im **Urteilsverfahren** geltend zu machen (*BAG* 14.5.1987 EzA § 78a BetrVG 1972 Nr. 18). Streitgegenstand ist hierbei die individualrechtliche Frage, ob ein Arbeitsverhältnis zwischen den Parteien begründet ist (§ 2 Abs. 1 Nr. 3b Abs. 5 iVm §§ 46 ff. ArbGG), wenn der Arbeitgeber zwar den Bestand des Arbeitsverhältnisses oder die Mitgliedschaft in einem der in § 78a Abs. 1 BetrVG genannten betriebsverfassungsrechtlichen Organe leugnet, aber die nach § 78a Abs. 4 BetrVG vorgesehenen Anträge nicht stellt. Es handelt sich um eine **Feststellungsklage** iSd § 256 ZPO (st. Rspr., vgl. *BAG* 13.11.1987 EzA § 78a BetrVG 1972 Nr. 19). Daran ändert nichts, dass mit der Entscheidung über den Antrag des Jugend- und Auszubildendenvertreters auch über dessen betriebsverfassungsrechtliches Amt entschieden wird (*BAG* 23.8.1984 AP Nr. 1 zu § 9 BPersVG; 22.9.1983 EzA § 78a BetrVG 1972 Nr. 12). Der Antrag des Jugend- und Auszubildendenvertreters auf vorläufige Beschäftigung ist auch in den Fällen des § 56 BPersVG (§ 9 BPersVG aF) gem. § 2 Abs. 1 Nr. 3 lit. a) ArbGG beim Arbeitsgericht zu stellen (*ArbG Bln.* 28.7.2010 LAGE § 9 BPersVG Nr. 2).

II. Feststellungs- und Auflösungsantrag des Arbeitgebers

58 Die Anträge gem. § 78a Abs. 4 Nr. 1 und Nr. 2 BetrVG, mit denen der Arbeitgeber die Unzumutbarkeit der Weiterbeschäftigung geltend macht, sind im Wege des arbeitsgerichtlichen **Beschlussverfahrens** zu verfolgen (*BAG* 29.11.1989 EzA § 78a BetrVG 1972 Nr. 20; 14.5.1987 EzA § 78a

BetrVG 1972 Nr. 18). Die Anträge entweder auf **Feststellung** gem. § 78a Abs. 4 Nr. 1 BetrVG, dass ein Arbeitsverhältnis nach Abs. 2 oder 3 nicht begründet wird, oder auf **Auflösung** eines nach Abs. 2 oder 3 begründeten Arbeitsverhältnisses zielen beide auf eine rechtsgestaltende gerichtliche Entscheidung mit Rechtskraftwirkung für die Zukunft. Ist im Zeitpunkt der Beendigung des Berufsausbildungsverhältnisses über einen Feststellungsantrag des Arbeitgebers nach Nr. 1 des § 78a Abs. 4 Nr. 1 BetrVG noch nicht rechtskräftig entschieden, wird bei Vorliegen der Voraussetzungen des § 78a Abs. 2 oder 3 BetrVG im Anschluss an das Berufsausbildungsverhältnis ein Arbeitsverhältnis zwischen dem Auszubildenden und dem Arbeitgeber begründet. Der Feststellungsantrag nach Nr. 1 des § 78a Abs. 4 BetrVG wandelt sich in einem solchen Falle in einen Antrag nach Nr. 2 dieser Vorschrift auf Auflösung des nunmehr begründeten Arbeitsverhältnisses um, ohne dass es einer förmlichen Antragsänderung bedarf (*BAG* 11.1.1995 EzA § 78a BetrVG Nr. 22 m. krit. Anm. *Schiefer*; krit. Anm. *Berger-Delhey* DB 1995, 1419; 29.11.1989 EzA § 78a BetrVG 1972 Nr. 20). Im Rahmen des Beschlussverfahrens gilt der **Amtsermittlungsgrundsatz**. Danach hat das Gericht den Sachverhalt im Rahmen der gestellten Anträge von Amts wegen zu erforschen, die Beteiligten haben aber an der Sachverhaltsaufklärung mitzuwirken (§ 83 Abs. 1 ArbGG). Den Arbeitgeber trifft letztlich die (objektive) **Beweislast** dafür, dass eine Weiterbeschäftigung nicht möglich ist.

Ist allerdings zwischen Auszubildendem und Arbeitgeber **streitig, ob die Voraussetzungen des § 78a Abs. 2 oder 3 BetrVG gegeben sind**, weil etwa der Auszubildende einem Betriebsverfassungsorgan nicht angehörte oder er schon vor länger als einem Jahr daraus ausgeschieden ist oder das Weiterbeschäftigungsbegehren nicht form- oder fristgerecht geltend gemacht hat, ist die Rechtslage nicht eindeutig. Die Rechtsprechung hat insoweit **keine einheitliche Linie** verfolgt. Zunächst entschied das BAG, über die Anträge des Arbeitgebers nach § 78a Abs. 4 BetrVG sei im Urteilsverfahren zu entscheiden (*BAG* 15.12.1983 EzA § 78a BetrVG 1972 Nr. 13). Sodann gab es die bisherige Meinung auf und entschied insbes. im Hinblick auf den Zusammenhang mit dem Schutz des betriebsverfassungsrechtlichen Amts, dass über die Anträge des Arbeitgebers im arbeitsgerichtlichen Beschlussverfahren zu entscheiden sei (*BAG* 5.4.1984 EzA § 78a BetrVG 1972 Nr. 14). Diese Rechtsprechung hat das *BAG* in seiner Entscheidung vom 13.3.1986 (– 6 AZR 424/85, n.v.) ausdrücklich bestätigt. Allerdings wich das BAG von dieser Rechtsprechung wieder ab und entschied am 29.11.1989, ein Streit zwischen dem Arbeitgeber und dem Auszubildenden darüber, ob die Voraussetzungen des § 78a Abs. 2 oder 3 BetrVG erfüllt sind und demgemäß ein Arbeitsverhältnis zwischen ihnen als begründet gilt, sei auch dann im Urteilsverfahren und nicht in dem Beschlussverfahren über einen Arbeitgeberantrag nach § 78a Abs. 4 BetrVG auszutragen, wenn der Arbeitgeber das Gericht anruft und eine entsprechende negative Feststellung begehrt (*BAG* 29.11.1989 EzA § 78a BetrVG 1972 Nr. 20). Zu dieser Rechtsprechung erwägt das BAG eine Rechtsprechungsänderung (*BAG* 11.1.1995 EzA § 78a BetrVG Nr. 22). Es »neigt dazu, dem Arbeitgeber zu ermöglichen, in einem **einheitlichen Beschlussverfahren** (ggf. auch durch Kombination von Haupt- und Hilfsanträgen) sowohl die Feststellung der Nichtbegründung des Arbeitsverhältnisses wegen Fehlens der Voraussetzungen des § 78a Abs. 2 und 3 BetrVG als auch die Auflösung eines solchen Arbeitsverhältnisses wegen Unzumutbarkeit der Weiterbeschäftigung nach § 78a Abs. 4 BetrVG zu verfolgen«. Für eine solche Rechtsprechungsänderung sprechen gute Argumente (aA *Richardi/Thüsing* Rn 53, 55). Zwar bezieht sich dieses Feststellungsbegehren in erster Linie auf das individualrechtliche Rechtsverhältnis zwischen Arbeitgeber und Auszubildendem, was für die Geltendmachung im Wege eines gesonderten Urteilsverfahrens spräche (so *BAG* 29.11.1989 EzA § 78a BetrVG 1972 Nr. 20; offengelassen in *BAG* 17.6.2020 – 7 ABR 46/18, Rn 16). Die Klärung dieser Statusfrage ist jedoch unabdingbar, wenn das Gericht eine Interessenabwägung zwischen dem Rechtsgut der Kontinuität des betriebsverfassungsrechtlichen Amts einschließlich des daraus folgenden Individualschutzes des betroffenen Auszubildenden einerseits und dem Rechtsgut der Vertragsfreiheit des Arbeitgebers, nämlich ein Beschäftigungsverhältnis mit dem Auszubildenden nicht aufgedrängt zu bekommen, andererseits, treffen soll (*Kraft/Raab* Anm. *BAG* 29.11.1989 EzA § 78a BetrVG 1972 Nr. 20). Auch der Gesichtspunkt der Verfahrenskonzentration spricht für die einheitliche Verfolgung der Anträge gem. § 78a Abs. 4 sowie gem. Abs. 2 und 3 BetrVG (vgl. Ausführungen zu ähnlich gelagerten Fällen *Kraft/Raab* Anm. *BAG* 29.11.1989 EzA § 78a BetrVG 1972 Nr. 20).

III. Einstweilige Verfügung

60 Weigert sich der Arbeitgeber trotz des Weiterbeschäftigungsverlangens des Auszubildenden, diesen nach Beendigung des Ausbildungsverhältnisses in ein Arbeitsverhältnis zu übernehmen, kann **der Auszubildende** seinerseits mit der Begründung, dass das Arbeitsverhältnis begründet sei, bis zur rechtskräftigen Entscheidung des Gerichts über den Antrag gem. § 78a BetrVG im Hauptverfahren **im einstweiligen Verfügungsverfahren** seine Weiterbeschäftigung unter Fortzahlung des entsprechenden Entgelts verlangen. Diesen Anspruch kann er im Urteilsverfahren gem. § 2 Abs. 1 Nr. 3 lit. b) iVm § 8 Abs. 1 ArbGG verfolgen (*LAG Frankf.* 14.8.1987 EzB § 78a BetrVG 1972 Nr. 47; *LAG Bln.* 16.12.1974 EzB § 78a BetrVG 1972 Nr. 3; aA *LAG SchlH* 25.3.1985 EzB § 78a BetrVG 1972 Nr. 38). Soweit **der Arbeitgeber** geltend macht, ihm könne die **tatsächliche Weiterbeschäftigung** (vgl. auch Rdn 35) auch bis zum Ende des Rechtsstreits nach § 78a Abs. 4 BetrVG **nicht zugemutet werden**, ist der Antrag auf Erlass einer entsprechenden einstweiligen Verfügung grds. zulässig (*LAG Köln* 31.3.2005 LAGE § 78a BetrVG 2001 Nr. 2; *Fitting* Rn 45; GK-BetrVG/ *Oetker* Rn 216; *Richardi/Thüsing* Rn 54). Für den gem. Abs. 4 vom Arbeitgeber zu stellenden Feststellungs- oder Auflösungsantrag selbst kommt eine einstweilige Verfügung nicht in Betracht (*ArbG Wiesbaden* 11.1.1978 EzB § 78a BetrVG 1972 Nr. 17; GK-BetrVG/*Oetker* Rn 215; *Fitting* Rn 45; DKKW-*Bachner* Rn 53).

IV. Annahmeverzug und Ausschlussfristen

61 Beschäftigt der Arbeitgeber das Mitglied der Jugend- und Auszubildendenvertretung in einem nach § 78a Abs. 2 S. 1 BetrVG begründeten Arbeitsverhältnis nicht und macht die Unzumutbarkeit der Weiterbeschäftigung geltend, bedarf es regelmäßig **keines tatsächlichen Angebots** der Arbeitsleistung seitens des Auszubildenden. Es genügt, wenn er gegen die Ablehnung seiner Arbeitsleistung protestiert (*BAG* 24.8.2016 EzA § 4 TVG Ausschlussfristen Nr. 215).

62 Macht der Auszubildende form- und fristgerecht ein Weiterbeschäftigungsverlangen nach § 78a Abs. 2 S. 1 BetrVG geltend, wahrt er damit die **erste Stufe einer tarifvertraglichen Ausschlussfrist**. Soweit er die Ansprüche im Rahmen einer **zweiten Stufe** auch gerichtlich geltend machen muss, wahrt ein auf Auflösung des Arbeitsverhältnisses gerichtetes Beschlussverfahren nach § 78a Abs. 4 S. 1 Nr. 2 BetrVG die Frist nicht. Dieses Verfahren bietet keine Grundlage für die Klärung während seines Verlaufs entstandener Entgeltansprüche. Der Arbeitgeber stellt mit dessen Einleitung den Fortbestand des Arbeitsverhältnisses bis zur Rechtskraft des Auflösungsbeschlusses nicht in Abrede (*BAG* 24.8.2016 EzA § 4 TVG Ausschlussfristen Nr. 215).

V. Kosten

63 Kosten für anwaltliche Vertretung, die einem Mitglied der Jugend- und Auszubildendenvertretung in einem Verfahren nach § 78a Abs. 4 BetrVG entstehen, sind nicht vom Arbeitgeber zu tragen. Es besteht kein betriebsverfassungsrechtlicher Kostenerstattungsanspruch, wenn ein Mitglied eines betriebsverfassungsrechtlichen Gremiums seine individualrechtlichen Interessen gegenüber dem Arbeitgeber wahrnimmt (*BAG* 5.4.2000 EzA § 40 BetrVG 1972 Nr. 91). Soweit Kollektivorgane gem. § 78a Abs. 4 S. 2 am Verfahren gem. Satz 1 beteiligt sind, darf der Betriebsrat neben der Mandatierung des ihn vertretenden Rechtsanwalts regelmäßig nicht die weitere Beauftragung eines Rechtsanwalts zur gesonderten Vertretung der Jugend- und Auszubildendenvertretung für erforderlich halten, auch wenn deren Beteiligung notwendig ist (*BAG* 18.1.2012 EzA § 40 BetrVG 2001 Nr. 22). Demgegenüber hat im Verfahren gem. § 56 Abs. 4 BPersVG (§ 9 Abs. 4 BPersVG aF) die Dienststelle dem Jugendvertreter die Rechtsanwaltskosten in den höheren Instanzen zu erstatten, wenn der Auflösungsantrag des öffentlichen Arbeitgebers rechtskräftig abgelehnt wird (*BVerwG* 12.11.2012 – 6 P 1.12, FA 2013, 49).

§ 102 BetrVG Mitbestimmung bei Kündigungen

(1) ¹Der Betriebsrat ist vor jeder Kündigung zu hören. ²Der Arbeitgeber hat ihm die Gründe für die Kündigung mitzuteilen. ³Eine ohne Anhörung des Betriebsrats ausgesprochene Kündigung ist unwirksam.

(2) ¹Hat der Betriebsrat gegen eine ordentliche Kündigung Bedenken, so hat er diese unter Angabe der Gründe dem Arbeitgeber spätestens innerhalb einer Woche schriftlich mitzuteilen. ²Äußert er sich innerhalb dieser Frist nicht, gilt seine Zustimmung zur Kündigung als erteilt. ³Hat der Betriebsrat gegen eine außerordentliche Kündigung Bedenken, so hat er diese unter Angabe der Gründe dem Arbeitgeber unverzüglich, spätestens jedoch innerhalb von drei Tagen, schriftlich mitzuteilen. ⁴Der Betriebsrat soll, soweit dies erforderlich erscheint, vor seiner Stellungnahme den betroffenen Arbeitnehmer hören. ⁵§ 99 Abs. 1 S. 3 gilt entsprechend.

(3) Der Betriebsrat kann innerhalb der Frist des Absatzes 2 S. 1 der ordentlichen Kündigung widersprechen, wenn
1. der Arbeitgeber bei der Auswahl des zu kündigenden Arbeitnehmers soziale Gesichtspunkte nicht oder nicht ausreichend berücksichtigt hat,
2. die Kündigung gegen eine Richtlinie nach § 95 verstößt,
3. der zu kündigende Arbeitnehmer an einem anderen Arbeitsplatz im selben Betrieb oder in einem anderen Betrieb des Unternehmens weiterbeschäftigt werden kann,
4. die Weiterbeschäftigung des Arbeitnehmers nach zumutbaren Umschulungs- oder Fortbildungsmaßnahmen möglich ist oder
5. eine Weiterbeschäftigung des Arbeitnehmers unter geänderten Vertragsbedingungen möglich ist und der Arbeitnehmer sein Einverständnis hiermit erklärt hat.

(4) Kündigt der Arbeitgeber, obwohl der Betriebsrat nach Abs. 3 der Kündigung widersprochen hat, so hat er dem Arbeitnehmer mit der Kündigung eine Abschrift der Stellungnahme des Betriebsrats zuzuleiten.

(5) ¹Hat der Betriebsrat einer ordentlichen Kündigung frist- und ordnungsgemäß widersprochen und hat der Arbeitnehmer nach dem Kündigungsschutzgesetz Klage auf Feststellung erhoben, dass das Arbeitsverhältnis durch die Kündigung nicht aufgelöst ist, so muss der Arbeitgeber auf Verlangen des Arbeitnehmers diesen nach Ablauf der Kündigungsfrist bis zum rechtskräftigen Abschluss des Rechtsstreits bei unveränderten Arbeitsbedingungen weiterbeschäftigen. ²Auf Antrag des Arbeitgebers kann das Gericht ihn durch einstweilige Verfügung von der Verpflichtung zur Weiterbeschäftigung nach S. 1 entbinden, wenn
1. die Klage des Arbeitnehmers keine hinreichende Aussicht auf Erfolg bietet oder mutwillig erscheint oder
2. die Weiterbeschäftigung des Arbeitnehmers zu einer unzumutbaren wirtschaftlichen Belastung des Arbeitgebers führen würde oder
3. der Widerspruch des Betriebsrats offensichtlich unbegründet war.

(6) Arbeitgeber und Betriebsrat können vereinbaren, dass Kündigungen der Zustimmung des Betriebsrats bedürfen und dass bei Meinungsverschiedenheiten über die Berechtigung der Nichterteilung der Zustimmung die Einigungsstelle entscheidet.

(7) Die Vorschriften über die Beteiligung des Betriebsrats nach dem Kündigungsschutzgesetz bleiben unberührt.

Übersicht	Rdn		Rdn
A. Einleitung	1	I. Vorhandensein eines Betriebsrats	19
I. Entstehungsgeschichte	1	II. Funktionsfähigkeit eines Betriebsrats	27
II. Zweck der Vorschrift	8	III. Beendigung des Arbeitsverhältnisses	33
B. Geschützter Personenkreis	10	1. Kündigung durch Arbeitgeber	35
C. Voraussetzungen des Kündigungsschutzes	19	2. Anderweitige Beendigung des Arbeitsverhältnisses	46

§ 102 BetrVG — Mitbestimmung bei Kündigungen

		Rdn
D.	**Anhörung des Betriebsrats**	55
I.	Zuständigkeit von Betriebsrat, Gesamtbetriebsrat, Bordvertretung, Seebetriebsrat oder anderen Arbeitnehmervertretungen	55
II.	Einleitung des Anhörungsverfahrens	67
III.	Mitteilungspflichten des Arbeitgebers	74
	1. Personalien, Kündigungsart, Kündigungstermin	74
	2. Kündigungsgründe	83
	3. Datenschutz	107
	4. Aufforderung zur Stellungnahme	108
	5. Abdingbarkeit	110
IV.	Form und Zeitpunkt der Unterrichtung des Betriebsrats	111
V.	Empfangsberechtigung auf Seiten des Betriebsrats und Zugang der Unterrichtung	115
VI.	Frist zur Stellungnahme für den Betriebsrat	123
	1. Ordentliche Kündigung	123
	2. Außerordentliche Kündigung	129
VII.	Willensbildung des Betriebsrats, Anhörung des Arbeitnehmers	133
	1. Zuständigkeit	133
	2. Anhörung des Arbeitnehmers	136
	3. Anwesenheit des Arbeitgebers	137
	4. Beschlussfassung	138
	5. Aussetzung des Beschlusses	142
VIII.	Schweigepflicht der Betriebsratsmitglieder	145
IX.	Abschluss des Anhörungsverfahrens	146
X.	Rechtsfolgen bei Fehlern im Anhörungsverfahren	151
	1. Unterlassene oder unzureichende Unterrichtung des Betriebsrats	152
	2. Unzulässige Einflussnahme auf Betriebsrat	157
	3. Fehler bei der Willensbildung des Betriebsrats und der Übermittlung des Betriebsratsbeschlusses	158
	4. Kündigung vor Abschluss des Anhörungsverfahrens	161
XI.	Suspendierung vor Abschluss des Anhörungsverfahrens	163
E.	**Stellungnahme des Betriebsrats**	164
I.	Entscheidungsspielraum	164
II.	Arten der Stellungnahme	167
	1. Zustimmung	167
	2. Absehen von einer sachlichen Stellungnahme	170
	3. Bedenken	173
	4. Widerspruch	178
III.	Widerspruch bei einer ordentlichen Kündigung	184
	1. Voraussetzungen für einen ordnungsgemäßen Widerspruch	184

		Rdn
	2. Widerspruchsgründe	192
	a) Fehlerhafte soziale Auswahl (§ 102 Abs. 3 Nr. 1 BetrVG)	194
	b) Verstoß gegen eine Auswahlrichtlinie nach § 95 BetrVG (§ 102 Abs. 3 Nr. 2 BetrVG)	201
	c) Weiterbeschäftigung an einem anderen Arbeitsplatz in demselben Betrieb oder in einem anderen Betrieb des Unternehmens (§ 102 Abs. 3 Nr. 3 BetrVG)	208
	d) Weiterbeschäftigung nach zumutbaren Umschulungs- oder Fortbildungsmaßnahmen (§ 102 Abs. 3 Nr. 4 BetrVG)	215
	e) Weiterbeschäftigung unter geänderten Vertragsbedingungen mit Einverständnis des Arbeitnehmers (§ 102 Abs. 3 Nr. 5 BetrVG)	221
F.	**Kündigung durch den Arbeitgeber**	227
I.	Abgabe der Kündigungserklärung	227
II.	Zuleitung einer Abschrift der Stellungnahme des Betriebsrats an den Arbeitnehmer	231
III.	Umdeutung einer außerordentlichen in eine ordentliche Kündigung	234
IV.	Der Kündigungsschutzprozess	238
	1. Klagefrist	238
	2. Nachschieben von Kündigungsgründen	239
	a) Begriff	239
	b) Voraussetzungen für die Zulässigkeit des Nachschiebens von Kündigungsgründen	240
	aa) Kündigungsgründe, die dem Arbeitgeber vor Ausspruch der Kündigung bekannt sind	243
	bb) Kündigungsgründe, die dem Arbeitgeber erst nach Erklärung der Kündigung bekannt werden	247
	cc) Nach der Kündigung entstandene Kündigungsgründe	249
	c) Rechtsfolgen bei unzulässigem Nachschieben von Kündigungsgründen	250
	3. Gerichtliche Auflösung des Arbeitsverhältnisses und Abfindung	251
	4. Darlegungs- und Beweislast	252
G.	**Weiterbeschäftigung des Arbeitnehmers nach Ablauf der Kündigungsfrist (§ 102 Abs. 5 BetrVG)**	255

		Rdn			Rdn
I.	Voraussetzungen	258	V.	Ersetzung der Zustimmung des Betriebsrats durch Einigungsstelle oder Arbeitsgericht	338
	1. Ordentliche Kündigung	261			
	2. Außerordentliche Kündigung mit Auslauffrist	268	VI.	Ausschlussfrist bei außerordentlicher Kündigung	347
	3. Widerspruch des Betriebsrats	269	VII.	Kündigungsschutzklage des Arbeitnehmers	349
	4. Kündigungsschutzklage	274			
	5. Verlangen des Arbeitnehmers nach vorläufiger Weiterbeschäftigung	279	VIII.	Mitwirkungsrechte des Betriebsrats nach anderen Gesetzen	351
II.	Inhalt des Weiterbeschäftigungsanspruchs	283	I.	**Weiterbeschäftigung während eines Beendigungsrechtsstreits (allgemeiner Weiterbeschäftigungsanspruch)**	353
	1. Fortsetzung des Arbeitsverhältnisses	283			
	2. Unveränderte Arbeitsbedingungen	289			
III.	Gerichtliche Geltendmachung des Weiterbeschäftigungsanspruchs	293	I.	Problemstellung	353
				1. Beendigungskündigung	353
IV.	Entbindung des Arbeitgebers von der Weiterbeschäftigungspflicht	298		2. Änderungskündigung	355
	1. Fehlende Erfolgsaussichten der Kündigungsschutzklage (Nr. 1)	303		3. Sonstige Beendigungsrechtsstreitigkeiten	356
	2. Unzumutbare wirtschaftliche Belastung (Nr. 2)	305	II.	Voraussetzungen des Weiterbeschäftigungsanspruchs	357
	3. Unbegründetheit des Widerspruchs des Betriebsrats	309		1. Offensichtliche Unwirksamkeit der Kündigung	357
	4. Wegfall der Vergütungspflicht	312		2. Nach stattgebendem Urteil	358
	5. Voraussetzungen einer einstweiligen Verfügung	313		3. Vor stattgebendem Urteil	360
V.	Wegfall des Weiterbeschäftigungsanspruchs aus sonstigen Gründen	317	III.	Inhalt des Weiterbeschäftigungsanspruchs	361
H.	**Erweiterung der Mitwirkungsrechte des Betriebsrats**	324		1. Freiwillige Weiterbeschäftigung	361
I.	Notwendigkeit einer Betriebsvereinbarung oder eines Tarifvertrags	324		2. Unfreiwillige (erzwungene) Weiterbeschäftigung	363
II.	Regelungsmöglichkeiten	327	IV.	Gerichtliche Geltendmachung	367
				1. Klage	367
III.	Zustimmungsverfahren beim Betriebsrat	332		2. Einstweilige Verfügung	372
			V.	Vollstreckung	375
IV.	Widerspruchsrecht des Betriebsrats und Weiterbeschäftigungsanspruch des Arbeitnehmers	337	VI.	Erlöschen des Weiterbeschäftigungsanspruchs	379
			VII.	Rückabwicklung nach Klageabweisung	380

A. Einleitung

I. Entstehungsgeschichte

§ 102 BetrVG ist Bestandteil des am 19.1.1972 in Kraft getretenen BetrVG vom 15.1.1972 (BGBl. I S. 13). Die Vorschrift ist eine **Weiterentwicklung des § 66 Abs. 1 BetrVG 1952**, der seit 14.11.1952 in Kraft war. 1

§ 66 Abs. 1 BetrVG 1952 lautete: »Der Betriebsrat ist vor jeder Kündigung zu hören.« Daraus schloss eine Minderheitsmeinung, dass die Anhörung des Betriebsrats eine Wirksamkeitsvoraussetzung für die Kündigung darstelle und eine Kündigung – gleichgültig ob eine ordentliche oder außerordentliche – ohne vorherige Anhörung des Betriebsrats nichtig sei. Demgegenüber vertrat die herrschende Meinung, darunter auch das BAG, die Auffassung, dass die unterlassene Anhörung des Betriebsrats eine Kündigung nicht unwirksam macht (vgl. *BAG* 27.3.1969 AP Nr. 30 zu § 66 BetrVG; *Dietz* Betriebsverfassungsgesetz, 4. Aufl. 1967, § 66 Rn 11 ff. mwN). Allerdings machte das BAG die Einschränkung, dass ein Arbeitgeber, der rechtswidrig, vorsätzlich und schuldhaft den Betriebsrat nicht angehört habe, sich im Kündigungsschutzprozess **nicht auf die soziale** 2

Rechtfertigung der Kündigung iSv § 1 KSchG berufen könne. Der hiervon betroffene Arbeitnehmer konnte also im Kündigungsschutzprozess ohne Weiteres obsiegen, da es dem Arbeitgeber verwehrt war, die Vermutung der Sozialwidrigkeit der Kündigung zu widerlegen. Für Arbeitnehmer, die keinen Kündigungsschutz nach dem KSchG genossen, und solche, denen außerordentlich gekündigt war, blieb hingegen die unterlassene Anhörung des Betriebsrats ohne Folge im Kündigungsrechtsstreit (vgl. *BAG* 18.1.1968 EzA § 124a GewO Nr. 7; 27.3.1969 AP Nr. 30 zu § 66 BetrVG).

3   Die für die Praxis maßgebende Rechtsprechung des BAG, die der unterlassenen Anhörung des Betriebsrats nur eine begrenzte Bedeutung für die Wirksamkeit der Kündigung beimaß, mag dazu beigetragen haben, dass in den späteren Gesetzesentwürfen zur Änderung des BetrVG die Mitwirkungsrechte des Betriebsrats bei einer Kündigung eingehender und eindeutiger geregelt wurden. Den ersten **Gesetzentwurf** legte der **Deutsche Gewerkschaftsbund im Oktober 1967** vor. Am 16.12.1968 brachte die SPD-Fraktion bei dem Deutschen Bundestag einen eigenen Gesetzentwurf ein (BT-Drucks. V/3658), der in § 66 Abs. 1 folgendes vorsah: »Die ordentliche Kündigung eines Arbeitnehmers ist nur mit Zustimmung des Betriebsrats zulässig. Der Arbeitgeber hat dem Betriebsrat rechtzeitig die Gründe für die geplante Kündigung mitzuteilen.« Für den Fall der Ablehnung der Zustimmung durch den Betriebsrat sollte der Arbeitgeber die Ersetzung der Zustimmung bei der Einigungsstelle beantragen können. Gegen die Entscheidung der Einigungsstelle war die Anrufung des ArbG durch Arbeitgeber oder Betriebsrat zugelassen. Vor einer außerordentlichen Kündigung schlug der Gesetzentwurf nur eine Anhörung des Betriebsrats vor, wobei ausdrücklich festgelegt war, dass eine ohne Anhörung des Betriebsrats ausgesprochene Kündigung unwirksam ist. Der hier wiedergegebene Vorschlag der SPD-Fraktion zu § 66 Abs. 1 stimmte wörtlich mit dem Gesetzentwurf des Deutschen Gewerkschaftsbundes überein, den dieser nach einigen Überarbeitungen und Ergänzungen im März 1970 erneut vorlegte. Ein Gesetzentwurf der FDP-Fraktion zur Änderung des BetrVG vom 20.3.1969 (BT-Drucks. V/4011) sah keine Änderung des § 66 BetrVG 1952 vor.

4   Nunmehr wurde im **Bundesministerium für Arbeit und Sozialordnung** der **Entwurf für ein neues BetrVG** erarbeitet, der **Ende 1970** veröffentlicht wurde (RdA 1970, 357). § 102 Abs. 1 dieses Entwurfes stimmt wörtlich mit dem jetzigen § 102 Abs. 1 überein. § 102 Abs. 2 entspricht dem heutigen § 102 Abs. 2 S. 1–2 und 4 BetrVG. Die Geltendmachung von Bedenken durch den Betriebsrat gegen eine außerordentliche Kündigung war in dem Entwurf nicht vorgesehen. Nach § 102 Abs. 3 des Entwurfs konnte der Betriebsrat der ordentlichen Kündigung widersprechen, wenn nach seiner Ansicht einer der Tatbestände vorliegt, die im geltenden § 102 Abs. 3 Nr. 1–5 BetrVG aufgeführt sind. § 102 Abs. 4 und § 102 Abs. 5 des Entwurfs sind später wörtlich in das BetrVG 1972 übernommen worden (heute: § 102 Abs. 4 und Abs. 6 BetrVG). Eine Weiterbeschäftigung des Arbeitnehmers nach Ablauf der Kündigungsfrist sah der Entwurf nicht vor.

5   Der Gesetzentwurf des Bundesministers für Arbeit und Sozialordnung für § 102 BetrVG wurde vom **Gesetzentwurf der Bundesregierung** (BT-Drucks. VI/1786) übernommen, jedoch wurde in § 102 Abs. 2 BetrVG der heutige S. 3 (Bedenken des Betriebsrats gegen eine außerordentliche Kündigung) hinzugefügt. In der Begründung des Gesetzentwurfes wird betont, dass das Anhörungsrecht des Betriebsrats nach § 102 Abs. 1 BetrVG auch für außerordentliche Kündigungen gilt. In seiner Stellungnahme zum Entwurf der Bundesregierung schlug der Bundesrat vor, § 102 Abs. 3 BetrVG so zu ergänzen, dass der Betriebsrat seinen Widerspruch gegen die Kündigung nur innerhalb der Wochenfrist des § 102 Abs. 2 BetrVG geltend machen könne; die Bundesregierung stimmte diesem Änderungsvorschlag zu (Anl. 2 zu BT-Drucks. VI/1786). Der Entwurf der Bundesregierung mit der Stellungnahme des Bundesrates wurde schließlich am 29.1.1971 beim Bundestag eingebracht. Die SPD-Fraktion und FDP-Fraktion verfolgten ihre früheren eigenen Gesetzentwürfe nicht mehr weiter.

6   Inzwischen hatte auch die **CDU/CSU-Fraktion** einen eigenen Gesetzentwurf über die Mitbestimmung der Arbeitnehmer in Betrieb und Unternehmen vorgelegt (BT-Drucks. VI/1806). Dieser schrieb in § 39 Abs. 1 und § 40 eine Anhörung des Betriebsrats vor Ausspruch einer ordentlichen

oder außerordentlichen Kündigung vor, wobei allerdings bei einer außerordentlichen Kündigung die unverzügliche nachträgliche Unterrichtung des Betriebsrats ausreichen sollte, wenn eine vorherige Anhörung aus zwingenden betrieblichen oder in der Person des Arbeitnehmers liegenden Gründen nicht möglich sei. § 39 Abs. 2 des Entwurfes regelte das Widerspruchsrecht des Betriebsrats gegen eine ordentliche Kündigung. Von besonderer Bedeutung erwies sich im weiteren Gesetzgebungsverfahren § 39 Abs. 3 und 4 des Entwurfs. § 39 Abs. 3 lautete: »Widerspricht der Betriebsrat frist- und ordnungsgemäß und hat der Arbeitnehmer gegen die Kündigung Klage nach dem Kündigungsschutzgesetz erhoben, so bleibt das Arbeitsverhältnis mindestens bis zum rechtskräftigen Abschluss des Rechtsstreits bestehen.« § 39 Abs. 4 räumte dem Arbeitgeber das Recht ein, beim Arbeitsgericht im Wege der einstweiligen Verfügung zu beantragen, dass die Rechtsfolge des Abs. 3 nicht eintrete, wenn die Kündigungsschutzklage offensichtlich unbegründet sei oder die Aufrechterhaltung des Arbeitsverhältnisses zu schweren wirtschaftlichen Nachteilen für den Betrieb führen würde.

Schon am 11.2.1971 wurden der Gesetzentwurf der Bundesregierung und der Gesetzentwurf der CDU/CSU-Fraktion vom Bundestag beraten und an den **Ausschuss für Arbeit und Sozialordnung** als federführenden Ausschuss überwiesen. Der Ausschuss übernahm vom Regierungsentwurf das Anhörungs- und Widerspruchsrecht des Betriebsrats und vom Entwurf der CDU/CSU-Fraktion den Weiterbeschäftigungsanspruch des Arbeitnehmers nach Ablauf der Kündigungsfrist (BT-Drucks. VI/2729) und formulierte die Vorschriften des § 102 BetrVG so, wie sie später vom Bundestag verabschiedet wurden und noch heute geltendes Recht sind. In dem schriftlichen Bericht des Ausschusses (zu BT-Drucks. VI/2729) heißt es, wegen der einschneidenden Bedeutung der Kündigung für den Arbeitnehmer stellten sowohl die verstärkte Einschaltung des Betriebsrats nach dem Regierungsentwurf als auch im Grundsatz der Bestandsschutz des Arbeitsverhältnisses während des Kündigungsschutzverfahrens nach dem CDU/CSU-Entwurf eine sachgerechte Sicherung des Arbeitsplatzes dar. Durch den neuen § 102 Abs. 5 BetrVG werde die inhaltlich im CDU/CSU-Entwurf enthaltene Regelung übernommen, dass bei einem Widerspruch des Betriebsrats und Erhebung der Kündigungsschutzklage der Arbeitnehmer bis zum rechtskräftigen Abschluss des Rechtsstreits auf sein Verlangen weiter zu beschäftigen sei.

II. Zweck der Vorschrift

§ 102 BetrVG räumt dem Betriebsrat ein **Mitwirkungsrecht bei Kündigungen** durch den Arbeitgeber ein. Hierdurch soll die Rechtsstellung des Betriebsrats gestärkt werden (BAG 27.5.2020 – 5 AZR 247/19 – Rn 43). Die Anhörung nach § 102 Abs. 1 S. 2 BetrVG soll diesem allerdings nicht die selbständige Überprüfung der Wirksamkeit der beabsichtigten Kündigung ermöglichen, sondern ihn in die Lage versetzen, sich über die Stichhaltigkeit und Gewichtigkeit der Kündigungsgründe eine eigene Meinung zu bilden und in der Folge sachgerecht auf den Arbeitgeber einzuwirken (BAG 17.3.2016 EzA § 1 KSchG Interessenausgleich Nr. 26; 23.10.2014 EzA § 102 BetrVG 2001 Nr. 31). Die Nichtbeachtung dieses Mitwirkungsrechts führt zur Unwirksamkeit der Kündigung (vgl. § 102 Abs. 1 S. 3 BetrVG).

Unabhängig von der Frage der rechtlichen Beendigung des Arbeitsverhältnisses durch eine vom Arbeitgeber ausgesprochene Kündigung räumt § 102 BetrVG dem Arbeitnehmer bei einer ordentlichen Kündigung über den Ablauf der Kündigungsfrist hinaus unter bestimmten Voraussetzungen einen **Weiterbeschäftigungsanspruch** bis zum rechtskräftigen Abschluss des Kündigungsschutzprozesses ein. Hierdurch soll dem Widerspruch des Betriebsrats auf der einzelarbeitsvertraglichen Ebene Nachdruck verliehen werden (BAG 27.5.2020 – 5 AZR 247/19 – Rn 43). Voraussetzung für den Weiterbeschäftigungsanspruch ist unter anderem, dass der Betriebsrat der Kündigung aus bestimmten, in § 102 Abs. 3 BetrVG aufgeführten Gründen widerspricht. Der – im kollektivrechtlichen Bereich wurzelnde (BAG 27.5.2020 – 5 AZR 247/19 – Rn 43) – Widerspruch dient damit nicht nur dem tatsächlichen Bestandsschutz des Arbeitsverhältnisses bis zum Ablauf des Kündigungsschutzprozesses, sondern kann auch die Sozialwidrigkeit der Kündigung begründen (vgl. § 1 Abs. 2 KSchG) und wirkt sich damit ebenfalls als kündigungsschutzrechtliche Maßnahme aus.

B. Geschützter Personenkreis

10 § 102 BetrVG gilt grds. **für alle Arbeitnehmer** iSd BetrVG. Das sind Arbeiter und Angestellte in der privaten Wirtschaft (vgl. § 130 BetrVG) einschließlich der zu ihrer Berufsausbildung Beschäftigten, unabhängig davon, ob sie im Betrieb, im Außendienst oder mit Telearbeit beschäftigt werden (§ 5 Abs. 1 S. 1 BetrVG). Damit werden auch Arbeitnehmer erfasst, die noch keinen allgemeinen Kündigungsschutz nach dem KSchG genießen, weil ihr Arbeitsverhältnis im Betrieb oder Unternehmen im Zeitpunkt des Zugangs der Kündigung noch nicht sechs Monate bestanden hat (*BAG* 12.9.2013 EzA § 102 BetrVG 2001 Nr. 30; 13.7.1978 EzA § 102 BetrVG 1972 Nr. 35). Maßgebend für die Zuständigkeit des anzuhörenden Betriebsrats ist die tatsächliche Eingliederung des betreffenden Arbeitnehmers in den Betrieb (vgl. dazu *BAG* 12.5.2005 EzA § 102 BetrVG 2001 Nr. 13). Als Arbeitnehmer iSd BetrVG **gelten kraft gesetzlicher Fiktion nicht** die in § 5 Abs. 2 BetrVG aufgeführten Personenkreise. Ein **Organvertreter** iSv § 5 Abs. 2 Nr. 1 BetrVG gilt danach auch dann nicht als Arbeitnehmer, wenn er im Rahmen eines Arbeitsverhältnisses beschäftigt wird (*BAG* 12.9.2013 EzA § 102 BetrVG 2001 Nr. 30). Anderes gilt, wenn zugleich ein ruhendes Arbeitsverhältnis gekündigt wird (*BAG* 23.2.2017 EzA § 113 InsO Nr. 24).

11 Als Arbeitnehmer gelten auch **die in Heimarbeit Beschäftigten**, die in der Hauptsache für den Betrieb arbeiten (§ 5 Abs. 1 S. 2 BetrVG). Heimarbeiter ist, wer in selbstgewählter Arbeitsstätte allein oder mit seinen Familienangehörigen im Auftrag von Gewerbetreibenden oder Zwischenmeistern erwerbsmäßig arbeitet, jedoch die Verwertung der Arbeitsergebnisse dem unmittelbar oder mittelbar auftraggebenden Gewerbetreibenden überlässt (§ 2 Abs. 1 S. 1 HAG; vgl. auch *BAG* 14.6.2016 EzA § 2 HAG Nr. 2). »In der Hauptsache für den Betrieb« arbeitet derjenige in Heimarbeit Beschäftigte, der entweder ausschließlich für den in Betracht kommenden Betrieb tätig ist oder für diesen Betrieb – im Verhältnis zu sonstigen Auftraggebern – vom zeitlichen Umfang her die größte Arbeitsleistung erbringt. Das gilt auch bei nur geringfügiger Beschäftigung (*BAG* 27.9.1974 EzA § 6 BetrVG 1972 Nr. 1). In einem weiteren Betrieb genießt er infolgedessen nicht den Schutz des § 102 BetrVG. Arbeitet ein Heimarbeiter für mehrere Betriebe in zeitlich gleichem Umfang, ist es gerechtfertigt, für die Bestimmung des »Hauptsache«-Betriebs auf die Vergütung abzustellen. Bei Arbeiten in zeitlich gleichem Umfang für mehrere Betriebe und gleicher Vergütung ist der Heimarbeiter nach dem Sinn des Gesetzes sämtlichen betroffenen Betrieben zuzuordnen, so dass er in diesen Betrieben den Schutz des § 102 BetrVG genießt. Soweit in Heimarbeit Beschäftigte unter den Schutz des § 102 BetrVG fallen, führt eine nicht ordnungsgemäße Anhörung des Betriebsrats zur Unwirksamkeit der Kündigung eines Heimarbeitsverhältnisses (*BAG* 7.11.1995 EzA § 102 BetrVG 1972 Nr. 88).

12 Gem. § 5 Abs. 1 S. 3 BetrVG gelten ferner Beamte, Soldaten sowie Arbeitnehmer des öffentlichen Dienstes einschließlich der zu ihrer Berufsausbildung Beschäftigten, die – **im Wege der Personalgestellung oder aufgrund Vereinbarung** – in Betrieben privatrechtlich organisierter Unternehmen tätig sind, als Arbeitnehmer (s.a. Rdn 55).

13 **Leiharbeitnehmer** stehen rechtlich nur in einem Arbeitsverhältnis mit dem Verleiher und genießen dort den Schutz des § 102 BetrVG. Das heißt, der Verleiher darf das Arbeitsverhältnis mit einem Leiharbeitnehmer nur unter Mitwirkung des bei ihm bestehenden Betriebsrats kündigen. Leiharbeitnehmer sind zwar faktisch auch in den Entleiherbetrieb für eine bestimmte Zeit eingegliedert (*BAG* 14.5.1974 EzA § 99 BetrVG 1972 Nr. 6), ihr Ausscheiden aus dem Entleiherbetrieb allein ist aber keine Kündigung, da ihr – eigentliches – Arbeitsverhältnis mit dem Verleiher weiterbesteht. Leiharbeitnehmer sind daher iSd § 102 BetrVG keine Arbeitnehmer im Entleiherbetrieb (vgl. *Fitting* § 5 Rn 234), so dass der Entleiher, der den Einsatz eines Leiharbeitnehmers vorzeitig beenden will, hierzu nicht den bei ihm bestehenden Betriebsrat anhören muss. Das ist jetzt durch § 14 AÜG klargestellt. Wird aber bei unerlaubter Arbeitnehmerüberlassung zwischen Entleiher und Arbeitnehmer ein Arbeitsverhältnis fingiert (§ 10 Abs. 1 AÜG), kann sich der Entleiher von diesem Arbeitsverhältnis einseitig nur durch Kündigung lösen. Vor deren Ausspruch ist der Betriebsrat des Entleiherbetriebs gem. § 102 BetrVG zu hören.

Arbeitnehmer eines Tendenzunternehmens iSv § 118 Abs. 1 BetrVG genießen insoweit den 14
Schutz des § 102 BetrVG, als der Betriebsrat vor Ausspruch der Kündigung nach § 102 Abs. 1
BetrVG unter Mitteilung aller – auch der tendenzbedingten – Kündigungsgründe gehört werden
muss (*BAG* 7.11.1975 EzA § 118 BetrVG 1972 Nr. 9; 9.5.1985 – 2 AZR 355/84, nv; *Fitting*
§ 118 Rn 38; *APS-Koch* § 102 Rn 17; *Richardi/Thüsing* § 118 Rn 164; GK-BetrVG/*Weber* § 118
Rn 221). Soweit es sich bei dem Tendenzunternehmen um ein Presseunternehmen handelt, wird
dadurch das Grundrecht der Pressefreiheit (Art. 5 Abs. 1 S. 2 GG) nicht verletzt (*BVerfG* 6.11.1979
EzA § 118 BetrVG 1972 Nr. 23). Grundsätzlich finden auch die Vorschriften des § 102 Abs. 2 bis
7 BetrVG auf Arbeitnehmer eines Tendenzbetriebs Anwendung. Wird die Kündigung eines Tendenzträgers, dh eines Arbeitnehmers, für dessen Tätigkeit die geistig-ideelle Zielsetzung des Unternehmens prägend ist und der diese inhaltlich beeinflusst, aus nicht tendenzbezogenen Gründen
erklärt, findet § 102 BetrVG uneingeschränkt Anwendung (aA HWGNRH-*Hess* § 118 Rn 47 ff. –
nur Mitteilungspflicht analog § 105 BetrVG). Lediglich bei einer tendenzbedingten Kündigung
gegenüber einem Tendenzträger ist das Beteiligungsrecht eingeschränkt. Dem Betriebsrat steht kein
Widerspruchsrecht nach § 102 Abs. 3 BetrVG (*Fitting* § 118 Rn 38; aA *APS-Koch* § 102 Rn 18;
GK-BetrVG/*Weber* § 118 Rn 222; *Richardi/Thüsing* § 118 Rn 162) und dem Arbeitnehmer kein
Anspruch auf Weiterbeschäftigung nach § 102 Abs. 5 BetrVG zu (vgl. *LAG Hmb.* 17.7.1974 EzA
§ 102 BetrVG 1972 Beschäftigungspflicht Nr. 2; GK-BetrVG/*Weber* § 118 Rn 222; *Fitting* § 118
Rn 38; *Richardi/Thüsing* § 118 Rn 162; ähnlich: *Bauer/Lingemann* NZA 1995, 818; aA *APS-Koch*
§ 102 Rn 18). Insoweit kann der Betriebsrat aber Bedenken gegen die Kündigung, zB aus sozialen
Gründen, erheben (*BAG* 9.5.1985 – 2 AZR 355/84).

Arbeitnehmer, die bei einer **Religionsgemeinschaft** oder einer ihrer karitativen oder erzieherischen 15
Einrichtungen beschäftigt sind, fallen nicht unter den Schutz des § 102 BetrVG, da das BetrVG
auf diese Gemeinschaften und Einrichtungen gem. § 118 Abs. 2 BetrVG keine Anwendung findet.
Die evangelische und katholische Kirche haben aber kirchliche Mitarbeitervertretungen errichtet,
die bei Kündigungen zu beteiligen sind (s. Rdn 65).

Ebenso wenig erfasst § 102 BetrVG **leitende Angestellte** iSd § 5 Abs. 3 BetrVG, da diese keine 16
Arbeitnehmer iSv § 5 Abs. 1 BetrVG sind. Die beabsichtigte Kündigung eines leitenden Angestellten ist dem Betriebsrat lediglich gem. § 105 BetrVG rechtzeitig mitzuteilen (s. KR-*Rinck* § 105
BetrVG Rdn 19 ff.). Zum Begriff des leitenden Angestellten vgl. die grundlegende Entscheidung
BAG 29.1.1980 EzA § 5 BetrVG 1972 Nr. 35 und KR-*Rinck* § 105 BetrVG Rdn 3 ff. Leitende
Angestellte sind aber nicht ungeschützt. Vor jeder Kündigung eines leitenden Angestellten ist der
Sprecherausschuss zu hören (§ 31 Abs. 2 SprAuG). Ob der Arbeitnehmer leitender Angestellter ist,
beurteilt sich nach objektiven Gesichtspunkten. Auch wenn Arbeitgeber und Betriebsrat übereinstimmend, aber unzutreffend einen Arbeitnehmer als leitenden Angestellten ansehen, entbindet
dies den Arbeitgeber nicht von der Anhörungspflicht nach § 102 BetrVG (*Richardi/Thüsing* Rn 38;
APS-Koch § 102 Rn 9). Eine ohne Anhörung des Sprecherausschusses ausgesprochene Kündigung
ist unwirksam (§ 31 Abs. 2 SprAuG). Ist zweifelhaft, ob ein Arbeitnehmer leitender Angestellter
ist, sollte der Arbeitgeber vor einer Kündigung vorsorglich das Anhörungsverfahren nach § 102
BetrVG durchführen, wenn er das Risiko einer Unwirksamkeit der Kündigung wegen Verstoßes
gegen § 102 BetrVG vermeiden will (vgl. auch KR-*Rinck* § 105 BetrVG Rdn 8; zum Verfahren
s. Rdn 67 ff.).

Für das BetrVG gilt das **Territorialitätsprinzip**, dh die Geltung des Betriebsverfassungsrechts ist auf 17
das Gebiet der Bundesrepublik Deutschland beschränkt (*BAG* 24.5.2018 – 2 AZR 54/18, Rn 13,
EzA § 102 BetrVG 2001 Nr. 39; 30.4.1987 EzA § 12 SchwbG Nr. 15 = SAE 1989, 326 m. krit.
Anm. *Junker*; 21.10.1980 EzA § 102 BetrVG 1972 Nr. 43). Deutsche Arbeitnehmer, die in einem
ausländischen Betrieb beschäftigt werden, fallen danach auch dann nicht unter den Schutz des
§ 102 BetrVG, wenn der Arbeitgeber (Unternehmer) deutscher Staatsangehöriger ist und die Parteien für ihr Arbeitsverhältnis deutsches Recht vereinbart haben (vgl. *BAG* 30.4.1987 EzA § 12
SchwbG Nr. 15; 21.10.1980 EzA § 102 BetrVG 1972 Nr. 43; *LAG RhPf* 10.12.1996 DB 1997,
1723). Andererseits bleibt einem Arbeitnehmer der Schutz des § 102 BetrVG erhalten, wenn er

von seinem deutschen Betrieb vorübergehend zur Arbeit ins Ausland entsandt wird (zB zu einer Montagestelle). In diesem Fall gehört er auch während seiner Auslandstätigkeit dem im Bundesgebiet gelegenen Betrieb an (HaKo-BetrVG/*Braasch* Rn 16; HWGNRH-*Huke* Rn 4; APS-*Koch* § 102 Rn 12). Das Gleiche gilt, wenn ein nicht nur vorübergehend im Ausland eingesetzter Arbeitnehmer wegen des Inlandsbezugs seines Arbeitsverhältnisses (zB fehlende Eingliederung in Auslandsbetrieb, Rückrufrecht sofern es praktische Bedeutung hat) nach wie vor dem Inlandsbetrieb zuzuordnen ist (*BAG* 24.5.2018 – 2 AZR 54/18, Rn 13, EzA § 102 BetrVG 2001 Nr. 39; 7.12.1989 EzA § 102 BetrVG 1972 Nr. 74 = AP Nr. 27 zu Internationales Privatrecht – Arbeitsrecht – m. zust. Anm. *Lorenz* = SAE 1990, 248 m. zust. Anm. *Reiff*: Reiseleiterin eines Reiseunternehmens). Erforderlich ist insoweit, dass der inländische Arbeitgeber dem im Ausland tätigen Arbeitnehmer gegenüber eine zumindest partielle, betriebsverfassungsrechtlich relevante Arbeitgeberstellung tatsächlich eingenommen hat (*BAG* 24.5.2018 – 2 AZR 54/18, Rn 13, EzA § 102 BetrVG 2001 Nr. 39).

18 Umgekehrt fallen Arbeitnehmer, die **in einem inländischen Betrieb eines ausländischen Unternehmens** beschäftigt werden, auch dann unter den Schutz des § 102 BetrVG, wenn Arbeitgeber (Unternehmer) und Arbeitnehmer nicht die deutsche Staatsangehörigkeit besitzen und für ihr Arbeitsverhältnis die Anwendung einer ausländischen Rechtsordnung vereinbart haben. Denn das Betriebsverfassungsrecht ist ein kollektives Recht, das die Belegschaft als solche erfasst, wenn diese auch – außerhalb der Betriebsversammlung – nur durch ihre Organe (Betriebsrat, Jugend- und Auszubildendenvertretung usw.) handeln kann. Es liegt nicht in der Rechtsmacht der Arbeitsvertragsparteien, die betriebsverfassungsrechtliche Stellung der Belegschaft und ihrer Organe durch Vereinbarung eines ausländischen Arbeitsstatuts zu schmälern (*BAG* 9.11.1977 EzA § 102 BetrVG 1972 Nr. 31). Das gilt auch, wenn für sämtliche Betriebsangehörige zulässigerweise ein ausländisches Arbeitsstatut vereinbart wurde (*BAG* 7.12.1989 EzA § 102 BetrVG 1972 Nr. 74; *Richardi/Richardi* Einl. Rn 68; *Fitting* Rn 6; aA HWGNRH-*Huke* Rn 7). Soweit Arbeitnehmer eines ausländischen Unternehmens von ihrem ausländischen Betrieb nur vorübergehend in die Bundesrepublik entsandt werden, bleiben sie Angehörige des ausländischen Betriebs und fallen deshalb nicht unter § 102 BetrVG.

C. Voraussetzungen des Kündigungsschutzes

I. Vorhandensein eines Betriebsrats

19 § 102 BetrVG gilt **nur in den Betrieben, in denen ein Betriebsrat gebildet ist** (bei Seeschifffahrtsunternehmen: Bordvertretung, Seebetriebsrat; vgl. § 115, 116 BetrVG). Dabei besteht eine Anhörungspflicht nach § 102 BetrVG nicht schon ab Bekanntgabe des Wahlergebnisses, sondern erst mit der Konstituierung des Betriebsrats (*LAG Düsseld.* 24.6.2009 ZTR 2009, 554). In betriebsratslosen Betrieben ist eine Anhörung des Betriebsrats nicht möglich. Dass hier an die Stelle der Anhörung des Betriebsrats die Anhörung einer anderen betrieblichen oder außerbetrieblichen Stelle treten kann, sieht das Gesetz nicht vor.

20 **Betriebsratslos** ist ein Betrieb auch, wenn die **Betriebsratswahl nichtig** war, dh wenn sie gegen die allgemeinen Grundsätze einer ordnungsgemäßen Wahl in einem so hohen Maß verstieß, dass auch der Anschein einer Wahl nicht mehr vorlag (vgl. *BAG* 21.9.2011 EzA § 3 BetrVG 2001 Nr. 5; 22.3.2000 EzA § 14 AÜG Nr. 4). Bei einer nichtigen Wahl entsteht kein Betriebsrat, auch ein Vertrauensschutz zugunsten eines aus solchen Wahlen hervorgegangenen »Betriebsrats« entfällt (vgl. *BAG* 27.4.1976 EzA § 9 BetrVG 1972 Nr. 8). Der Arbeitgeber braucht daher die »gewählten Betriebsratsmitglieder« nicht zu hören. Auf die Nichtigkeit der Betriebsratswahl kann sich der Arbeitgeber jederzeit, auch noch im Kündigungsschutzprozess berufen. Unerheblich ist, ob der Arbeitgeber die Nichtigkeit kennt oder in der Vergangenheit den aus der nichtigen Wahl hervorgegangenen »Betriebsrat« beteiligt hat (SPV-*Preis* Rn 293). Etwas anderes gilt, wenn die Wahl des Betriebsrats beim Arbeitsgericht **angefochten** wurde und nach dem Zugang der Kündigung rechtskräftig für ungültig erklärt wird. In diesem Fall verliert der Betriebsrat erst mit dem Eintritt der Rechtskraft der gerichtlichen Entscheidung sein Amt, so dass er vor Ausspruch der Kündigung zu hören war (*BAG* 9.6.2011 EzA § 102 BetrVG 2001 Nr. 27).

Nach Ablauf seiner Amtszeit (§ 21 BetrVG) **scheidet der Betriebsrat aus dem Amt**, auch wenn ein 21
neuer Betriebsrat (noch) nicht gewählt ist. Die regelmäßige Amtszeit eines Betriebsrats beträgt vier Jahre (§ 21 S. 1 BetrVG). Sie endet vier Jahre nach Bekanntgabe des Wahlergebnisses oder, wenn zu diesem Zeitpunkt noch ein Betriebsrat bestand, vier Jahre nach Ablauf von dessen Amtszeit (hM; vgl. *Fitting* § 21 Rn 17 f.; **aA** *Richardi/Thüsing* § 21 Rn 13, die entgegen dem klaren Wortlaut des § 21 S. 1 BetrVG eine Beendigung der Amtszeit vor dem 31. Mai des Jahres, in dem die regelmäßigen Betriebsratswahlen stattfinden, verneinen, wenn in diesem Zeitpunkt noch kein neuer Betriebsrat gewählt ist). Hat außerhalb des für die regelmäßigen Betriebsratswahlen festgelegten Zeitraums eine Betriebsratswahl stattgefunden, endet die Amtszeit des Betriebsrats in dem Zeitraum, in dem eine Neuwahl gem. § 13 Abs. 3 BetrVG stattzufinden hat, mit der Bekanntgabe des Wahlergebnisses des neu gewählten Betriebsrats, spätestens aber am 31. Mai dieses Jahres (vgl. § 21 BetrVG; *BAG* 28.9.1983 EzA § 102 BetrVG 1972 Nr. 56; *Fitting* § 21 Rn 22 f.; *Richardi/Thüsing* § 21 Rn 14 f.). Nach Ablauf seiner Amtszeit darf der Betriebsrat die Geschäfte nicht weiterführen. Ist in diesem Zeitpunkt noch kein neuer Betriebsrat gewählt, ist der Betrieb betriebsratslos geworden, § 102 BetrVG ist infolgedessen unanwendbar (vgl. *Gast* BB 1987, 331).

Vorzeitig, dh **vor Ablauf seiner regelmäßigen Amtszeit**, endet das Amt des Betriebsrats in den 22
Fällen des § 13 Abs. 2 BetrVG. Hier hat aber der Betriebsrat in den Fällen des § 13 Abs. 2 Nr. 1–3 BetrVG die Geschäfte bis zur Bekanntgabe des Wahlergebnisses des neu zu wählenden Betriebsrats weiterzuführen (§ 22 BetrVG). Damit ist insbes. der Fall erfasst, dass die Zahl der Mitglieder des Betriebsrats durch Rücktritt oder Beendigung des Arbeitsverhältnisses von Betriebsratsmitgliedern unter die gesetzliche Zahl sinkt und Ersatzmitglieder nicht oder nicht mehr vorhanden sind, die in den Betriebsrat nachrücken könnten (§ 13 Abs. 2 Nr. 2 BetrVG). In diesen Fällen ist der die Geschäfte weiterführende Betriebsrat gem. § 102 BetrVG vor einer Kündigung zu hören. Das gilt selbst dann, wenn nur noch ein einziges Betriebsratsmitglied vorhanden ist, das die Geschäfte fortführen kann. Ein Kollegium wird von § 22 BetrVG nicht vorausgesetzt (*LAG Düsseld.* 20.9.1974 EzA § 22 BetrVG 1972 Nr. 1). Aber auch das Amt als geschäftsführender Betriebsrat endet spätestens mit Ablauf der regelmäßigen Amtszeit gem. § 21 BetrVG (*Richardi/Thüsing* § 22 Rn 9 mwN). Kündigt der Arbeitgeber dem letzten geschäftsführenden Betriebsratsmitglied, ist dieses für die Dauer des Kündigungsschutzprozesses – von den Fällen einer offensichtlich unwirksamen Kündigung abgesehen – an der Amtsausübung verhindert (s. KR-*Rinck* § 103 BetrVG Rdn 160 f.). Der Betriebsrat ist funktionsunfähig (s. Rdn 27 ff.).

Das Amt des Betriebsrats endet ferner vorzeitig, wenn **die Zahl der idR beschäftigten ständigen** 23
wahlberechtigten Arbeitnehmer nicht nur vorübergehend unter die vorgeschriebene Mindestzahl
fünf sinkt, da der Betrieb dann nicht mehr iSv § 1 BetrVG betriebsratsfähig ist (*Richardi/Thüsing* § 21 Rn 23; *Fitting* § 21 Rn 31). Der Betriebsrat behält jedoch auch in diesem Fall ein Restmandat (s. Rdn 24). Ihm können zwar bei einem Absinken der Arbeitnehmerzahl unter fünf keine neuen Beteiligungsrechte zuwachsen (zB ist er vor Kündigungen der verbleibenden Arbeitnehmer nicht mehr nach § 102 BetrVG zu hören). Jedoch behält er seine Funktionsfähigkeit zur Abwicklung der bereits entstandenen Ansprüche und Beteiligungsrechte, zB hinsichtlich der Aufstellung eines Sozialplans. Andernfalls könnte der Arbeitgeber durch die Entlassung von Arbeitnehmern bereits entstandene Ansprüche und Beteiligungsrechte des Betriebsrats beseitigen. Das widerspräche dem Schutzzweck des BetrVG (vgl. *BAG* 16.6.1987 EzA § 111 BetrVG 1972 Nr. 21).

Geht ein Betrieb durch Stilllegung, Spaltung oder Zusammenlegung unter, bleibt dessen Be- 24
triebsrat so lange im Amt, wie dies zur Wahrnehmung der damit in Zusammenhang stehenden Mitwirkungs- und Mitbestimmungsrechte erforderlich ist (§ 21b BetrVG; **sog. Restmandat**). Das heißt: Der Betriebsrat besteht so lange fort – auch über das Ende der eigentlichen Wahlperiode hinaus (vgl. *BAG* 16.6.1987 EzA § 111 BetrVG 1972 Nr. 21) –, wie noch Beteiligungsrechte (zB §§ 102, 103, 111, 112 BetrVG) wahrgenommen und Ansprüche des Betriebsrats gegen den Arbeitgeber (zB Kostenerstattungsansprüche nach § 40 BetrVG) geltend gemacht werden können. Insoweit hat der Arbeitgeber den Betriebsrat auch vor Kündigungen zu beteiligen (*BAG* 25.10.2007 EzA § 613a BGB 2002 Nr. 82). Zur Geltendmachung von Beteiligungsrechten und Ansprüchen

§ 102 BetrVG Mitbestimmung bei Kündigungen

des Betriebsrats gehört auch die Durchführung von arbeitsgerichtlichen Beschlussverfahren zur Durchsetzung dieser Rechte (*BAG* 14.11.1978 EzA § 40 BetrVG 1972 Nr. 39). Diese Grundsätze gelten entsprechend, wenn der Betrieb seine Betriebsratsfähigkeit verliert (s. Rdn 23). Das Restmandat ist jedoch **kein Vollmandat**. Es setzt daher einen funktionalen Bezug zu den durch die Stilllegung, Spaltung oder Zusammenlegung ausgelösten Aufgaben des Betriebsrats voraus. Der Widerspruch – auch sämtlicher Arbeitnehmer – gegen den Übergang des Arbeitsverhältnisses als solcher begründet den notwendigen Zusammenhang nicht, da es sich insoweit nicht um eine Entscheidung des Arbeitgebers handelt (*BAG* 24.5.2012 EzA § 1 KSchG Betriebsbedingte Kündigung Nr. 168 mwN).

25 **Wird der gesamte Betrieb auf einen anderen Rechtsträger übertragen**, bleibt der Betriebsrat im Amt. Es fehlt in diesem Fall an einer Veränderung in der Betriebsorganisation (*BAG* 8.5.2014 EzA § 1 KSchG Betriebsbedingte Kündigung Nr. 180). Im Fall der Kündigung von Arbeitnehmern, deren Arbeitsverhältnis aufgrund ihres Widerspruchs nicht auf den Betriebserwerber übergegangen ist, ist er nicht gem. § 102 BetrVG anzuhören. Es besteht **kein Restmandat** (vgl. *BAG* 21.3.1996 EzA § 102 BetrVG 1972 Nr. 91). Der Widerspruch nach § 613a BGB als solcher ist kein Vorgang, an den ein Restmandat anknüpfen könnte (*BAG* 24.9.2015 EzA § 626 BGB 2002 Unkündbarkeit Nr. 24; 8.5.2014 BB 2015, 60 m. zust. Anm. *Elking*, ebenfalls zust. *Niklas* DB 2015, 685; abl. *Schwarze* JA 2015, 70; 24.5.2012 EzA § 1 KSchG Betriebsbedingte Kündigung Nr. 168). Wird ein Betrieb **gespalten** – auch im Zusammenhang mit einer Betriebsveräußerung oder einer Umwandlung nach dem UmwG –, bleibt dessen Betriebsrat im Amt und führt die Geschäfte für die ihm bislang zugeordneten Betriebsteile weiter, soweit diese betriebsratsfähig sind und nicht in einen Betrieb eingegliedert werden, in dem bereits ein Betriebsrat besteht (§ 21a BetrVG; **sog. Übergangsmandat**). Wird der Betrieb aber im Ganzen übertragen und kommt es deshalb nicht zu einer Veränderung der Betriebsorganisation, besteht für ein Übergangsmandat kein Bedarf (*BAG* 8.5.2014 BB 2015, 60 m. zust. Anm. *Elking*, ebenfalls zust. *Niklas* DB 2015, 685; abl. *Schwarze* JA 2015, 70). Werden Betriebe oder Betriebsteile zu einem neuen Betrieb zusammengefasst – auch im Zusammenhang mit einer Betriebsveräußerung oder einer Umwandlung nach dem UmwG –, nimmt der Betriebsrat des nach der Zahl der wahlberechtigten Arbeitnehmer größten Betriebs oder Betriebsteils das Übergangsmandat wahr (§ 21a Abs. 2 iVm Abs. 1 und 3 BetrVG). Das **Übergangsmandat endet**, sobald in den Betriebsteilen bzw. dem neuen Betrieb ein neuer Betriebsrat gewählt und das Wahlergebnis bekannt gegeben ist, spätestens jedoch sechs Monate nach Wirksamwerden der Spaltung. Durch Tarifvertrag oder Betriebsvereinbarung kann das Übergangsmandat um weitere sechs Monate verlängert werden (§ 21a Abs. 1–3 BetrVG).

26 Stellt bei einem **Gemeinschaftsbetrieb** mehrerer Unternehmen eines der Unternehmen seine betriebliche Tätigkeit ein, führt dies nicht zur Auflösung des für den Gemeinschaftsbetrieb gewählten Betriebsrats, wenn das bzw. die anderen Unternehmen die betriebliche Tätigkeit fortsetzen und die Identität des Betriebs gewahrt bleibt (*BAG* 19.11.2003 EzA § 22 BetrVG 2001 Nr. 1 = EWiR 2004, 729 m. zust. Anm. *Oetker*). In diesem Fall besteht das Mandat des Betriebsrats für die verbleibende Belegschaft bis zum Ablauf der regelmäßigen Amtszeit bzw. einer Neuwahl des Betriebsrats fort (vgl. § 24 Nr. 1, § 13 Abs. 1 Nr. 2 iVm § 22 BetrVG).

II. Funktionsfähigkeit eines Betriebsrats

27 Damit der Arbeitgeber vor einer beabsichtigten Kündigung das Anhörungsverfahren nach § 102 BetrVG durchführen kann, ist nicht nur das Vorhandensein eines Betriebsrats erforderlich, sondern der Betriebsrat muss auch funktionsfähig sein. Ein funktionsunfähiger Betriebsrat kann **keine Mitwirkungsrechte ausüben**. Der Arbeitgeber kann hier grds. ohne Anhörung des Betriebsrats kündigen (*BAG* 23.8.1984 EzA § 102 BetrVG 1972 Nr. 59; *Richardi/Thüsing* Rn 31; APS-*Koch* Rn 50; *Bader* FA 2015, 258, 259).

28 Der Betriebsrat ist nur funktionsunfähig, wenn **alle Betriebsrats- und Ersatzmitglieder gleichzeitig nicht nur kurzfristig** an der Ausübung ihres Amts verhindert sind, dh aus rechtlichen oder tatsächlichen Gründen nicht in der Lage sind, Betriebsratsaufgaben wahrzunehmen, zB wegen Krankheit,

Urlaub oder Dienstreisen (*BAG* 27.9.2012 EzA § 626 BGB 2002 Nr. 42). Hierbei ist von einer **krankheitsbedingten Verhinderung** schon dann auszugehen, wenn das Betriebsratsmitglied nicht zur Arbeit erscheint und sich krankmeldet, auch wenn keine Krankheit vorliegt (*BAG* 5.9.1986 EzA § 15 KSchG nF Nr. 36). Allerdings führt Arbeitsunfähigkeit **nicht zwingend zur Verhinderung**. Es kann Fälle geben, in denen das Betriebsratsmitglied zwar nicht seine Arbeitspflichten, wohl aber sein Amt wahrnehmen kann (*BAG* 15.11.1984 EzA § 102 BetrVG 1972 Nr. 58). Ist das Mitglied hingegen nach § 38 Abs. 1 BetrVG freigestellt, hat eine vom Arzt bescheinigte Arbeitsunfähigkeit stets auch die Verhinderung an der Ausübung der Amtspflichten zur Folge. Unerheblich ist, ob sich das Betriebsratsmitglied – subjektiv – zur Aufgabenwahrnehmung in der Lage sieht (*BAG* 28.7.2020 BB 2020, 2619). Auch für den Fall, dass sich ein Betriebsratsmitglied im **Erholungsurlaub** befindet, ist ihm die Wahrnehmung seiner Amtspflichten nicht ohne Weiteres unmöglich, regelmäßig aber unzumutbar. Das beurlaubte Betriebsratsmitglied gilt deshalb zumindest so lange als zeitweilig verhindert, wie es nicht seine Bereitschaft, gleichwohl Betriebsratstätigkeiten auszuüben, positiv angezeigt hat (*BAG* 27.9.2012 EzA § 626 BGB 2002 Nr. 42).

Der **neu gewählte Betriebsrat** ist nach Beginn seiner Amtszeit bis zur Wahl des Betriebsratsvorsitzenden und seines Stellvertreters in der konstituierenden Sitzung funktionsunfähig. Vor der Konstituierung, dh vor der Wahl zumindest des Vorsitzenden, besteht deshalb keine Pflicht des Arbeitgebers zur Durchführung des Anhörungsverfahrens (*BAG* 23.8.1984 EzA § 102 BetrVG 1972 Nr. 59 = AP Nr. 36 zu § 102 BetrVG 1972 m. zust. Anm. *Richardi* = SAE 1986, 117 m. zust. Anm. *Meisel*; *Richardi/Thüsing* Rn 31; *Fitting* § 26 Rn 7; HWGNRH-*Glock* § 26 BetrVG Rn 3; SPV-*Preis* Rn 290; **aA** GK-BetrVG/*Raab* § 26 Rn 6; APS-*Koch* Rn 45; DKKW-*Bachner* Rn 31; *Wiese* Anm. EzA § 102 BetrVG 1972 Nr. 59; *Bayer* DB 1992, 782; in der Tendenz BAG 28.9.1983 EzA § 102 BetrVG 1972 Nr. 56). Der Arbeitgeber ist auch regelmäßig nicht verpflichtet, mit dem Ausspruch einer beabsichtigten Kündigung zu warten, bis der Betriebsrat sich konstituiert hat. Eine solche Wartepflicht ergibt sich insbes. nicht aus dem Grundsatz der vertrauensvollen Zusammenarbeit. Dieser kommt erst nach dem Entstehen betriebsverfassungsrechtlicher Pflichten und damit nach der Konstituierung zum Tragen (*BAG* 23.8.1984 EzA § 102 BetrVG 1972 Nr. 59; *LAG Hamm* 20.5.1999 – 4 Sa 1989/98; **aA** HWGNRH-*Huke* Rn 19). 29

Für den Fall der **vorübergehenden Funktionsunfähigkeit des Betriebsrats** – etwa aufgrund von **Betriebsferien oder gleichzeitiger Abwesenheit aller Betriebsratsmitglieder** – ist umstritten, ob der Arbeitgeber zur Anhörung nach § 102 BetrVG verpflichtet ist. Zum Teil wird vertreten, die vorübergehende Funktionsunfähigkeit lasse die Anhörungspflicht nicht entfallen. Der Arbeitgeber müsse vielmehr die Wiederherstellung der Funktionsfähigkeit abwarten. Trete die Funktionsunfähigkeit während des Laufs der Anhörungsfrist ein, werde diese entsprechend §§ 203 ff. BGB gehemmt (*Fitting* Rn 7; DKKW-*Bachner* Rn 36; diff. *Pauken* GWR 2015, 199). Dem ist nicht zuzustimmen. Die Auffassung findet im Gesetz keine Stütze. Die Funktionsfähigkeit des Gremiums liegt in der Sphäre des Betriebsrats (APS-*Koch* Rn 50; *Bader* FA 2015, 258, 259). Sie hindert den Arbeitgeber deshalb nicht an der (alsbaldigen) Erklärung der Kündigung (GK-BetrVG/*Raab* Rn 10; ErfK-*Kania* Rn 2 für den Fall längerer Funktionsunfähigkeit). Das gilt auch, wenn der Arbeitgeber – zB im Fall der Vereinbarung von Betriebsferien – die Funktionsunfähigkeit mitverursacht hat (diff. nach Risikobereichen *Pauken* GWR 2015, 199). Dem Betriebsrat ist es unbenommen, in einem solchen Fall die Erreichbarkeit eines oder mehrerer Mitglieder zu gewährleisten und so die Funktionsfähigkeit aufrecht zu erhalten (vgl. APS-*Koch* Rn 50; GK-BetrVG/*Raab* Rn 13; *Bader* FA 2015, 258, 259). Etwas anderes gilt, wenn der Arbeitgeber die Funktionsunfähigkeit des Betriebsrats bewusst und gewollt herbeigeführt hat, um sich seiner Anhörungspflicht zu entziehen. Dann liegt ein Fall des Rechtsmissbrauchs vor, in dem die Anhörungspflicht des Arbeitgebers ausnahmsweise nicht entfällt. Kündigt der Arbeitgeber dennoch, ist die Kündigung gem. § 102 Abs. 1 S. 3 BetrVG unwirksam. 30

Keine Funktionsunfähigkeit des Betriebsrats tritt ein, solange auch **nur ein einziges Betriebsrats- oder Ersatzmitglied** an der Amtsausübung **nicht verhindert** ist. In diesem Fall kann der Betriebsrat zwar iSv § 33 Abs. 2 BetrVG beschlussunfähig sein. Dann nimmt aber der Rest-Betriebsrat – und 31 sei es auch nur ein einziges Betriebsratsmitglied – in entsprechender Anwendung des § 22 BetrVG die Mitwirkungsrechte nach § 102 BetrVG wahr (*BAG* 14.10.1986 EzA § 626 BGB nF Nr. 105; 18.8.1982 EzA § 102 BetrVG 1972 Nr. 48). Demgemäß endet die Funktionsunfähigkeit des Betriebsrats, wenn auch nur ein Betriebsrats- oder Ersatzmitglied an der Amtsausübung nicht mehr verhindert ist.

32 Durch einen **Arbeitskampf** zwischen den Tarifvertragsparteien tritt **keine Funktionsunfähigkeit** des Betriebsrats ein. Seine Mitwirkungsrechte werden nicht außer Kraft gesetzt. Mag auch das Arbeitsverhältnis der Betriebsratsmitglieder infolge Streiks oder Aussperrung ruhen, bleiben sie doch als Betriebsratsmitglieder im Amt (*Fitting* § 74 Rn 17). Es besteht kein Grund zu der Annahme, das dem Betriebsverfassungsgesetz zugrundeliegende Kooperationskonzept zwischen Betriebsrat und Arbeitgeber werde im Arbeitskampf durch die Konfrontation zwischen Arbeitgeber und Arbeitnehmerschaft verdrängt. Zwischen Arbeitgeber und Betriebsrat ist ein Arbeitskampf unzulässig (§ 74 Abs. 2 S. 1 BetrVG). Die Arbeitskampffreiheit des Arbeitgebers als Tarifvertragspartei oder Mitglied einer Tarifvertragspartei wird durch das Vorhandensein eines funktionsfähigen Betriebsrats nicht berührt. Die kollektivrechtlichen Kampfmittel der Arbeitgeberseite – Aussperrung und Boykott – bedürfen keiner Mitwirkung des Betriebsrats (s. Rdn 54). Grundsätzlich besteht auch das Mitwirkungsrecht des Betriebsrats nach § 102 BetrVG während eines Arbeitskampfes fort. Es entfällt jedoch mit Blick auf Art. 9 Abs. 3 GG für den Fall, dass der Arbeitgeber die Kündigung wegen der Beteiligung des betreffenden Arbeitnehmers an einem rechtswidrigen Streik erklärt (sog. **Kampfkündigung**). Unerheblich ist dabei, ob der Betriebsrat selbst am Streik teilgenommen hat (*BAG* 14.2.1978 AP Nr. 58 zu Art. 9 GG Arbeitskampf m. zust. Anm. *Konzen* = EzA Art. 9 GG Arbeitskampf Nr. 22 m. abl. Anm. *Herschel* = AR-Blattei, Betriebsverfassung IX: Entsch. 37 m. abl. Anm. *Hanau*; vgl. auch *BAG* 13.12.2011 EzA Art. 9 GG Arbeitskampf Nr. 145; 10.12.2002 EzA § 80 BetrVG 2001 Nr. 1; ebenso APS-*Koch* Rn 15; AR-*Rieble* Rn 7; *Fitting* § 74 Rn 19 f.; HaKo-BetrVG/*Braasch* Rn 21; *Kraft* FS Müller, S. 275; **aA** DKKW-*Bachner* Rn 43; GK-BetrVG/*Raab* Rn 18). Der Arbeitgeber ist berechtigt, auf eine rechtswidrige Streikmaßnahme mit einer Kündigung zu reagieren. Er ist insoweit nicht auf kollektive Sanktionen beschränkt. Wäre der Arbeitgeber verpflichtet, den Betriebsrat auch vor einer Kampfkündigung anzuhören, würde durch die damit verbundene zeitliche Verzögerung des Kündigungsausspruchs die Arbeitskampfparität beeinträchtigt (APS-*Koch* Rn 15).

III. Beendigung des Arbeitsverhältnisses

33 § 102 BetrVG gilt ausnahmslos **für jede Art von Kündigung** des Arbeitsverhältnisses durch den Arbeitgeber. Demgegenüber gilt § 102 BetrVG nicht für eine anderweitige Beendigung des Arbeitsverhältnisses (s. Rdn 46 ff.). Kündigung iSv § 102 BetrVG ist die einseitige empfangsbedürftige Willenserklärung, durch die das Arbeitsverhältnis für die Zukunft aufgelöst wird (*Richardi/Thüsing* Rn 9; zum Inhalt der Kündigungserklärung s. KR-*Rachor* § 1 KSchG Rdn 159 ff.). Der Zweck des § 102 BetrVG ist allerdings schon erfüllt, wenn der Betriebsrat vom Arbeitgeber die Entlassung eines bestimmten Arbeitnehmers nach § 104 BetrVG verlangt. In diesem Fall darf der Arbeitgeber das Arbeitsverhältnis kündigen, ohne den Betriebsrat vor der Kündigung nochmals anzuhören (*BAG* 28.3.2017 EzA § 104 BetrVG 2001 Nr. 1; s.a. KR-*Rinck* § 104 BetrVG Rdn 30, 38). Hingegen muss der Arbeitgeber den Betriebsrat vor der Kündigung nochmals anhören, wenn dieser die Kündigung lediglich angeregt hat. In einer bloßen Anregung liegt noch keine abschließende Stellungnahme (aA *BAG* 15.5.1997 EzA § 102 BetrVG 1972 Nr. 99 = SAE 1999, 13 m. zust. Anm. *Raab*; GK-BetrVG/*Raab* Rn 26).

34 Unerheblich ist, ob der Arbeitnehmer bereit ist, die beabsichtigte Kündigung **ohne Gegenwehr hinzunehmen**, ob er mit ihr einverstanden ist oder ob er sie sogar angeregt hat, zB um ohne Sperrfrist Arbeitslosengeld zu erhalten. Gleichwohl bleibt der Arbeitgeber zur Anhörung des Betriebsrats verpflichtet.

1. Kündigung durch Arbeitgeber

35 § 102 BetrVG findet Anwendung auf **ordentliche und außerordentliche Kündigungen** des Arbeitgebers. Dies gilt auch, wenn der betroffene Arbeitnehmer noch keinen Kündigungsschutz nach

den Vorschriften des KSchG genießt (*BAG* 12.9.2013 EzA § 102 BetrVG 2001 Nr. 30). Für eine Kündigung in der Probezeit (SPV-*Preis* Rn 300) oder mit einer tariflich zulässigen eintägigen Kündigungsfrist (*LAG Hamm* 5.7.1995 BB 1996, 950), ferner für die Kündigung von Aushilfsarbeitsverhältnissen und betrieblichen Ausbildungsverhältnissen gelten ebenfalls keine Besonderheiten. Auch bei **Kündigungen vor Abschluss eines Abwicklungsvertrags** ist das Anhörungsverfahren nach § 102 BetrVG durchzuführen, selbst wenn die Parteien des Arbeitsvertrags Einvernehmen darüber erzielt haben, dass das Arbeitsverhältnis durch eine Kündigung seitens des Arbeitgebers beendet und danach ein Abwicklungsvertrag abgeschlossen werden soll. Auch in diesem Fall wird die Beendigung des Arbeitsverhältnisses erst durch die Kündigung des Arbeitgebers herbeigeführt (*BAG* 28.6.2005 EzA § 102 BetrVG 2001 Nr. 14 = AP Nr. 146 zu § 102 BetrVG 1972 m. zust. Anm. *Maties*; zust. *Haag/Sobek* AiB 2006, 417; aA *Wolff* FA 2004, 293). Kündigt der Arbeitgeber das Arbeitsverhältnis eines Arbeitnehmers **vor dessen Dienstantritt**, bedarf es hingegen nicht der Anhörung des Betriebsrats, da es an der erforderlichen tatsächlichen Eingliederung in den Betrieb (zu diesem Erfordernis vgl. *BAG* 12.5.2005 EzA § 102 BetrVG 2001 Nr. 13 mwN) fehlt. Die kollektiven Interessen der Belegschaft sind deshalb durch die Kündigung nicht berührt (APS-*Koch* Rn 30; aA *LAG Frankf.* 31.5.1985 DB 1985, 2689; *Richardi/Thüsing* Rn 15; DKKW-*Bachner* Rn 15; Hako-BetrVG/*Braasch* Rn 26).

Das Anhörungsverfahren nach § 102 BetrVG ist auch bei einer **bedingten Kündigung** einzuhalten (zur Zulässigkeit einer bedingten Kündigung s. KR-*Rachor* § 1 KSchG Rdn 178). 36

Der Hauptfall einer zulässigen bedingten Kündigung ist die **Änderungskündigung** (zum Begriff s. KR-*Kreft* § 2 KSchG Rdn 10 ff.), wenn sie unter der Bedingung ausgesprochen wird, dass der Arbeitnehmer nicht mit den angebotenen neuen Arbeitsbedingungen einverstanden ist. Da sich der Arbeitnehmer nach Zugang der Kündigung für oder gegen die Annahme des Angebots entscheiden kann, es somit nie von vornherein auszuschließen ist, dass es zu einem Beendigungsrechtsstreit kommt, muss der Betriebsrat vor **jeder** Änderungskündigung gehört werden (*BAG* 10.3.1982 EzA § 2 KSchG Nr. 3; *Schrader* AiB 2007, 574; *Richardi/Thüsing* Rn 11 mwN; vgl. auch KR-*Kreft* § 2 KSchG Rdn 205). Wenn der Arbeitnehmer nach Zugang der Änderungskündigung sein Einverständnis mit den vorgeschlagenen neuen Arbeitsbedingungen erklärt oder er sich darauf beschränkt, nur die soziale Rechtfertigung der Änderung der Arbeitsbedingungen anzugreifen und die Änderungskündigung unter Vorbehalt anzunehmen (§ 2 KSchG), kommt die Kündigung zwar nicht zum Tragen. Das ändert aber nichts daran, dass sie zunächst erklärt wurde und hierfür das Anhörungsverfahren nach § 102 BetrVG durchzuführen war (*Hohmeister* BB 1994, 170; aA *Fitting* Rn 11; HWGNRH-*Huke* Rn 21). Folgt der Arbeitgeber Einwänden des Betriebsrats zu einer beabsichtigten Änderungskündigung und **schränkt er das Änderungsangebot zugunsten des Arbeitnehmers ein**, zB unbefristete statt befristete Fortsetzung des Arbeitsverhältnisses zu geänderten Bedingungen, ist eine erneute Anhörung des Betriebsrats nicht geboten (*LAG Bln.-Bra.* 15.2.2008 LAGE § 102 BetrVG 2001 Nr. 8). 37

Erfordern die von dem Arbeitgeber mit der Änderungskündigung angebotenen neuen Arbeitsbedingungen eine **Umgruppierung oder Versetzung** des Arbeitnehmers, muss der Arbeitgeber wegen dieses Doppelcharakters der Änderungskündigung stets **sowohl das Anhörungsverfahren nach § 102 BetrVG als auch das Mitbestimmungsverfahren nach § 99 BetrVG** durchführen. Letzteres ist nach § 99 Abs. 1 S. 1 BetrVG allerdings nur in Unternehmen mit idR mehr als 20 wahlberechtigten Arbeitnehmern einzuhalten (*BAG* 30.9.1993 EzA § 99 BetrVG 1972 Nr. 118 m. zust. Anm. *Kania*). Fehlt die Zustimmung des Betriebsrats zur personellen Einzelmaßnahme, führt dies aber **nicht zur Unwirksamkeit der Änderungskündigung** (*BAG* 18.5.2017 EzA § 2 KSchG Nr. 101; zur Umgruppierung: 22.10.2015 EzA § 2 KSchG Nr. 95; zur Versetzung: 22.4.2010 EzA § 2 KSchG Nr. 77). Der Arbeitgeber kann die geänderten Vertragsbedingungen lediglich nicht umsetzen, bis die erforderliche Zustimmung oder Zustimmungsersetzung vorliegt (*BAG* 30.9.1993 EzA § 99 BetrVG 1972 Nr. 118 m. zust. Anm. *Kania*). Änderungskündigungen sind überdies »**Entlassungen**« iSv § 17 KSchG. Das gilt unabhängig davon, ob der Arbeitnehmer das Änderungsangebot ablehnt oder – ggf. auch ohne Vorbehalt – annimmt. Ist deshalb der Schwellenwert nach § 17 38

Abs. 1 S. 1 KSchG erreicht, ist auch das Anzeige- und Konsultationsverfahren nach § 17 KSchG durchzuführen (*BAG* 20.2.2014 EzA § 17 KSchG Nr. 31).

39 Ein **vorläufiger Weiterbeschäftigungsanspruch** des Arbeitnehmers zu den (bisherigen) Arbeitsbedingungen hängt bei einer Änderungskündigung davon ab, ob der Arbeitnehmer die neuen Arbeitsbedingungen ablehnt oder unter Vorbehalt (§ 2 KSchG) annimmt oder ob der Betriebsrat ggf. einer mit der Änderungskündigung verbundenen Umgruppierung oder Versetzung gem. §§ 99, 100 BetrVG widerspricht (s. Rdn 262 ff.).

40 Das Anhörungsverfahren nach § 102 BetrVG gilt auch für **vorsorgliche Kündigungen** (*BAG* 3.4.2008 EzA § 102 BetrVG 2001 Nr. 21 für den Fall, dass der Arbeitgeber wegen Bedenken gegen die Wirksamkeit der ersten Kündigung vorsorglich erneut kündigt). Unter einer vorsorglichen Kündigung versteht man entweder eine Kündigung, bei der sich der Arbeitgeber vorbehält, die Kündigung zurückzunehmen, wenn sich bestimmte neue tatsächliche Umstände ergeben, oder eine Kündigung, die für den Fall erklärt wird, dass eine bereits ausgesprochene Kündigung oder andere Form der Beendigung des Arbeitsverhältnisses unwirksam ist (vgl. *Schaub/Linck* § 123 Rn 8). Besonders häufig ist in der Praxis der Fall, dass gleichzeitig mit einer außerordentlichen Kündigung vorsorglich die ordentliche Kündigung erklärt wird. Hier ist zu beachten, dass der Arbeitgeber dem Betriebsrat für die vorsorgliche ordentliche Kündigung die Wochenfrist des § 102 Abs. 2 S. 1 BetrVG zur Stellungnahme einräumen muss (*Fitting* Rn 63). Auch wenn sich der Arbeitgeber die Möglichkeit der Umdeutung einer außerordentlichen in eine ordentliche Kündigung offenhalten will, muss er den Betriebsrat hierzu grds. hören (s. Rdn 234 ff.).

41 Das Anhörungsverfahren nach § 102 BetrVG muss auch bei **Betriebsstilllegungen** durchgeführt werden, wenn der Arbeitgeber allen Arbeitnehmern kündigen will, ferner auch **im Insolvenzverfahren**, wenn der Insolvenzverwalter das Arbeitsverhältnis gem. § 113 InsO kündigen will (*BAG* 16.9.1993 EzA § 102 BetrVG 1972 Nr. 84).

42 Ebenso darf in sog. **Eilfällen** das Anhörungsverfahren nach § 102 BetrVG nicht unterbleiben, weil das Gesetz bei Kündigungen keine dem § 100 BetrVG entsprechende Regelung über eine auch nur vorläufige Kündigung enthält (*BAG* 13.11.1975 EzA § 102 BetrVG 1972 Nr. 20; *Fitting* Rn 20; HaKo-BetrVG/*Braasch* Rn 30). Wenn berechtigte betriebliche Belange einer Weiterbeschäftigung des Arbeitnehmers bis zum Abschluss des Anhörungsverfahrens entgegenstehen, hat der Arbeitgeber lediglich die Möglichkeit, den Arbeitnehmer unter Weiterzahlung der Vergütung von der Arbeit freizustellen (*Fitting* Rn 20; vgl. auch *BAG* 19.8.1976 EzA § 611 BGB Beschäftigungspflicht Nr. 1; s. Rdn 163).

43 Wegen Kündigungen des Arbeitgebers, die **während eines Arbeitskampfes** erklärt werden, vgl. Rdn 32.

44 Auch vor sog. **Teilkündigungen**, die auf die einseitige Änderung der Vertragsbedingungen gegen den Willen des Vertragspartners zielen, ohne dass das Arbeitsverhältnis selbst beendet werden soll, ist der Betriebsrat anzuhören (APS-*Koch* Rn 29; SPV-*Preis* Rn 304 – analoge Anwendung; aA *Richardi/Thüsing* Rn 13; GK-BetrVG/*Raab* Rn 26; HWGNRH-*Huke* Rn 18). Das Beteiligungsrecht des § 102 BetrVG ist nicht auf die umfassende Beendigung des Arbeitsverhältnisses beschränkt. Darauf, dass eine Teilkündigung grds. unzulässig ist (vgl. nur *BAG* 18.5.2017 EzA § 308 BGB 2002 Nr. 16; 23.3.2011 EzA § 4 f BDSG Nr. 3 mwN), kommt es nicht an (APS-*Koch* Rn 29). Hingegen unterfallen vom Arbeitgeber aufgrund seines **Direktionsrechts** einseitig vorgenommene Änderungen der Arbeitsbedingungen sowie der **Widerruf einzelner Leistungen** des Arbeitgebers aufgrund eines Widerrufsvorbehalts nicht dem Anhörungsrecht des Betriebsrats nach § 102 BetrVG. Es fehlt insoweit am Vorliegen einer Kündigung.

45 Im Baugewerbe ist es oft üblich, dass Arbeitnehmer zu einer **Arbeitsgemeinschaft** entsandt (»freigestellt«) werden, an der der Arbeitgeber beteiligt ist. Für diesen Fall bestimmt § 9 des allgemeinverbindlichen Bundesrahmentarifvertrags für das Baugewerbe vom 4.7.2002 idF vom 5.6.2014, dass während der Dauer der Freistellung das Arbeitsverhältnis des Arbeitnehmers zum Stammbetrieb

ruht, mit der Arbeitsgemeinschaft ein Arbeitsverhältnis begründet wird und mit der Beendigung dieses Arbeitsverhältnisses das Arbeitsverhältnis zum Stammbetrieb grds. wieder auflebt. Ordnet die Arbeitsgemeinschaft einseitig die **Rückkehr des Arbeitnehmers zum Stammbetrieb** an, handelt es sich – gleichgültig wie diese Anordnung bezeichnet wird (zB »Rückversetzung«) – um eine Kündigung, die der Anhörung des Betriebsrats der Arbeitsgemeinschaft bedarf (*LAG Düsseld.* 17.10.1974 DB 1975, 650). Im Übrigen ist vor jeder Kündigung des Arbeitsverhältnisses durch die Arbeitsgemeinschaft deren Betriebsrat nach § 102 BetrVG zu hören. Eine Anhörung des Betriebsrats des Stammbetriebs kommt in diesen Fällen nicht in Betracht. Das gilt auch bei einer berechtigten außerordentlichen Kündigung, die nach § 9 Nr. 2.2 Abs. 2 des BRTV für das Baugewerbe zur Folge hat, dass das Arbeitsverhältnis zum Stammarbeitgeber nicht wiederauflebt (*Knigge* DB 1982, Beil. 4, S. 15).

2. Anderweitige Beendigung des Arbeitsverhältnisses

Endet das Arbeitsverhältnis auf andere Weise als durch Kündigung des Arbeitgebers, ist **§ 102 BetrVG nicht anwendbar.** Eine Anhörung des Betriebsrats nach dieser Vorschrift entfällt. Eine dem § 175 SGB IX (s. dort) entsprechende Vorschrift sieht das Betriebsverfassungsrecht nicht vor. 46

Eine Anhörung des Betriebsrats nach § 102 BetrVG entfällt somit insbes. bei **befristeten Arbeitsverhältnissen**, die durch Zeitablauf enden. Zu den wirksam befristeten Arbeitsverhältnissen gehört auch das Berufsausbildungsverhältnis, das mit Bestehen der Abschlussprüfung oder Ablauf der Ausbildungszeit endet (§ 21 BBiG). Deshalb bedarf es auch keiner Anhörung des Betriebsrats, wenn der Arbeitgeber einem Auszubildenden gem. § 78a Abs. 1 BetrVG mitteilt, er wolle ihn nach Beendigung des Berufsausbildungsverhältnisses nicht in ein Arbeitsverhältnis auf unbestimmte Zeit übernehmen. Ist die Befristung nicht wirksam vereinbart worden, gilt das Arbeitsverhältnis als auf unbestimmte Zeit abgeschlossen (§ 16 S. 1, HS 1 TzBfG). In diesem Fall bedarf es zur Beendigung des Arbeitsverhältnisses durch den Arbeitgeber einer Kündigung, zu der der Betriebsrat nach § 102 BetrVG anzuhören ist. 47

Bei einer unwirksamen Befristung kann die Erklärung des Arbeitgebers gegenüber dem Arbeitnehmer, mit der er die Nichtverlängerung der »Befristung« mitteilt (sog. **Nichtverlängerungsmitteilung**) oder sich auf die durch die Befristung angeblich herbeigeführte Beendigung des Arbeitsverhältnisses beruft, nur **ausnahmsweise als Kündigungserklärung** ausgelegt oder in eine Kündigung umgedeutet werden (ausf. s. KR-*Lipke/Bubach* § 16 TzBfG Rdn 22 ff.; vgl. *BAG* 28.10.1986 EzA § 118 BetrVG 1972 Nr. 38 = AP Nr. 32 zu § 118 BetrVG 1972 m. zust. Anm. *Mummenhoff*; vgl. auch *Fitting* Rn 17). Jedenfalls ist insoweit Schriftform erforderlich (§ 623 BGB). In solchen Ausnahmefällen muss der Betriebsrat vor Abgabe der Arbeitgebererklärung gem. § 102 BetrVG gehört werden (s. insbes. Rdn 109). Dies kann etwa in der Weise geschehen, dass der Arbeitgeber dem Betriebsrat mitteilt, die gegenüber dem Arbeitnehmer beabsichtigte Berufung auf die Befristung solle hilfsweise als Kündigung gelten (*Richardi/Thüsing* Rn 19 verlangen auch gegenüber dem Arbeitnehmer hilfsweise die Erklärung der Kündigung) und insoweit die Kündigungsgründe mitteilt. Bei fehlender Anhörung des Betriebsrats ist die umgedeutete Kündigung wegen Verstoßes gegen § 102 Abs. 1 S. 3 BetrVG unwirksam (vgl. auch GK-BetrVG/*Raab* Rn 31). Dieser Verstoß führt auch dazu, dass der Arbeitnehmer seine Weiterbeschäftigung über den Kündigungstermin hinaus wegen offensichtlich rechtswidriger Kündigung verlangen kann (vgl. *BAG* 26.5.1977 EzA § 611 BGB Beschäftigungspflicht Nr. 2). 48

Im **Bühnenarbeitsrecht** sehen die einschlägigen Tarifverträge (zB Tarifvertrag für die Mitteilungspflicht) bei (wirksam) befristet beschäftigten Arbeitnehmern oft vor, dass der Arbeitgeber gegenüber dem Arbeitnehmer eine **Nichtverlängerungsanzeige** abgeben muss, wenn er eine automatische Verlängerung des Arbeitsverhältnisses verhindern will. Die Nichtverlängerungsanzeige steht einer Kündigung nicht gleich, so dass eine Anhörung des Betriebsrats nach § 102 Abs. 1 BetrVG nicht zu erfolgen hat (*BAG* 28.10.1986 EzA § 118 BetrVG 1972 Nr. 38). 49

50 Ein **wirksam auflösend bedingtes Arbeitsverhältnis** (s. *BAG* 9.7.1981 EzA § 620 BGB Bedingung Nr. 1) endet mit Eintritt der auflösenden Bedingung ohne Weiteres. Deshalb besteht auch hier nicht das Erfordernis der Betriebsratsanhörung nach § 102 BetrVG (*Richardi/Thüsing* Rn 20; GK-BetrVG/*Raab* Rn 25; APS-*Koch* Rn 35; HWGNRH-*Huke* Rn 18).

51 Eine Mitwirkung des Betriebsrats nach § 102 BetrVG kommt ferner nicht in Betracht, wenn das Arbeitsverhältnis durch **Kündigung des Arbeitnehmers**, durch wirksamen **Aufhebungsvertrag** (aA *Keppeler* AuR 1996, 265 f.; s. aber zum Abwicklungsvertrag Rdn 35), durch **gerichtliche Auflösung des Arbeitsverhältnisses** nach §§ 9, 10 KSchG (*BAG* 10.10.2002 EzA § 9 KSchG nF Nr. 46; aA *Müller* BB 2002, 2014; s.a. Rdn 83) oder aufgrund einer wirksamen **Anfechtung des Arbeitsvertrags** durch den Arbeitgeber (APS-*Koch* Rn 32; GK-BetrVG/*Raab* Rn 25; aA DKKW-*Bachner* Rn 21) oder den Arbeitnehmer endet. Auch die Geltendmachung der **Nichtigkeit des Arbeitsvertrags**, die zur Beendigung eines faktischen Arbeitsverhältnisses führt, bedarf keiner Mitwirkung des Betriebsrats nach § 102 BetrVG (vgl. *Richardi/Thüsing* Rn 27; GK-BetrVG/*Raab* Rn 25; HWGNRH-*Huke* Rn 18). Ebenso wenig ist der Betriebsrat bei der **einverständlichen Änderung des Arbeitsvertrags** (APS-*Koch* Rn 33; DKKW-*Bachner* Rn 19) oder der **Erteilung von Abmahnungen** zu beteiligen (*BAG* 17.9.2013 EzA § 80 BetrVG 2001 Nr. 17).

52 Wenn das Arbeitsverhältnis ohne Widerspruch oder mit Zustimmung der betroffenen Arbeitnehmer (vgl. *BAG* 2.10.1974 EzA § 613a BGB Nr. 1) gem. § 613a BGB **auf einen Betriebsnachfolger** übergeht, endet das Arbeitsverhältnis mit dem bisherigen Betriebsinhaber kraft Gesetzes ohne Kündigung oder sonstige Erklärung des bisherigen Betriebsinhabers. Das Arbeitsverhältnis besteht nach Maßgabe von § 613a Abs. 1 BGB mit dem Betriebserwerber fort. Für diesen Vorgang ist der Betriebsrat deshalb nicht nach § 102 BetrVG zu beteiligen (vgl. – bezogen auf die »Einstellung« beim Betriebserwerber – *BAG* 7.11.1975 EzA § 118 BetrVG 1972 Nr. 7).

53 Wird durch rechtskräftige gerichtliche Entscheidung die Ersetzung der Zustimmung des Betriebsrats zur Einstellung abgelehnt oder festgestellt, dass die vorläufige Einstellung offensichtlich aus sachlichen Gründen nicht dringend erforderlich war, endet die **vorläufige personelle Maßnahme** zwei Wochen nach Rechtskraft der gerichtlichen Entscheidung (§ 100 Abs. 3 BetrVG). Für die Beendigung des Arbeitsverhältnisses bedarf es jedoch einer Kündigung (GK-BetrVG/*Raab* § 100 Rn 47; HWGNRH-*Huke* § 100 BetrVG Rn 45; aA *Fitting* § 100 BetrVG Rn 18; *Richardi/Thüsing* § 100 BetrVG Rn 55; KR-*Rinck* bis zur Voraufl.), sofern der Arbeitsvertrag nicht unter der Bedingung der Zustimmung des Betriebsrats geschlossen worden ist (*BAG* 17.2.1983 EzA § 620 BGB Nr. 62). Umstritten ist, ob in diesem Fall eine Anhörung des Betriebsrats gem. § 102 BetrVG zu erfolgen hat. Überwiegend wird vertreten, eine Anhörung sei entbehrlich (*Richardi/Thüsing* Rn 24), weil der Betriebsrat gerade in dem vorangegangenen gerichtlichen Verfahren durch die Ablehnung der Einstellung des Arbeitnehmers zum Ausdruck gebracht habe, dass er eine Beschäftigung des Arbeitnehmers im Betrieb nicht wünsche (so noch Voraufl.). § 102 BetrVG sei insoweit teleologisch zu reduzieren (*LAG BW* 31.7.2009 LAGE § 101 BetrVG 2001 Nr. 2; GK-BetrVG/*Raab* Rn 26). Dagegen spricht jedoch, dass Gegenstand der §§ 99 ff. BetrVG die – betriebsverfassungsrechtliche – personelle Maßnahme, der des § 102 BetrVG aber das – individualrechtliche – Arbeitsverhältnis ist. Zwar wird ein Betriebsrat, der gegen die vorläufige personelle Maßnahme Einwendungen erhoben hat, zumeist der Kündigung des betreffenden Arbeitnehmers nicht widersprechen. Es sind aber Fälle denkbar, in denen der Betriebsrat sich zwar gegen die Einstellung des Arbeitnehmers auf einem bestimmten Arbeitsplatz wendet, aber gleichwohl die Beschäftigung auf einem anderen Arbeitsplatz im Betrieb oder Unternehmen für möglich hält (KR-*Rachor* § 1 KSchG Rdn 186; APS-*Koch* § 102 BetrVG Rn 40). Deshalb ist eine Betriebsratsanhörung nicht entbehrlich.

54 Soweit im Arbeitskampf überhaupt noch eine **Aussperrung** mit lösender Wirkung zulässig ist (vgl. *BAG* 21.4.1971 EzA Art. 9 GG Nr. 6), handelt es sich um einen kollektivrechtlichen Lösungstatbestand eigener Art, der nicht den Regeln des Kündigungsrechts und Kündigungsschutzrechts unterliegt. Deshalb entfällt hier auch ein Mitwirkungsrecht des Betriebsrats nach § 102 BetrVG

(*Richardi/Thüsing* Rn 25; *Fitting* Rn 16; GK-BetrVG/*Raab* Rn 26; HWGNRH-*Huke* Rn 12). Dasselbe gilt für suspendierende Aussperrungen und den Boykott.

D. Anhörung des Betriebsrats

I. Zuständigkeit von Betriebsrat, Gesamtbetriebsrat, Bordvertretung, Seebetriebsrat oder anderen Arbeitnehmervertretungen

Für das Mitwirkungsverfahren bei Kündigungen nach § 102 BetrVG ist **grds. der Betriebsrat** desjenigen Betriebs zuständig, zu dessen Belegschaft der zu kündigende Arbeitnehmer gehört (*BAG* 24.5.2011 EzA § 1 KSchG Betriebsbedingte Kündigung Nr. 168; 12.5.2005 EzA § 102 BetrVG 2001 Nr. 13). Maßgebend ist, in welchen Betrieb der Arbeitnehmer – tatsächlich – eingegliedert ist. Wird er etwa in einen anderen Betrieb versetzt und dort weisungsgemäß tätig und erklärt der Arbeitgeber vorsorglich auch eine entsprechende Änderungskündigung, ist der Betriebsrat des aufnehmenden Betriebs anzuhören. Auf die individualrechtliche Wirksamkeit der Versetzung kommt es nicht an (aA – wenngleich mit demselben Ergebnis – *LAG Köln* 13.1.2014 – 2 Sa 614/13, m. abl. Anm. *Boemke* jurisPR-ArbR 23/2014 Anm. 5). Bei einer nicht angefochtenen Betriebsratswahl erstreckt sich die Zuständigkeit des Betriebsrats grds. (nur) auf die Betriebsteile, deren Belegschaft ihn mitgewählt hat, weil er nur insoweit als Repräsentant der Arbeitnehmer legitimiert ist (*BAG* 3.6.2004 EzA § 1 KSchG Soziale Auswahl Nr. 55). Dies gilt auch für solche Betriebsteile, für die nach §§ 1, 4 BetrVG ein eigener Betriebsrat hätte gewählt werden müssen, die aber tatsächlich den Betriebsrat des Hauptbetriebs mitgewählt haben. Ist allerdings der Betriebsbegriff offensichtlich verkannt worden (zB Beteiligung der Belegschaft eines Zweigwerks im Bayerischen Wald an einer Betriebsratswahl in Kiel) und die Betriebsratswahl deshalb nichtig, besteht für den gesamten Betrieb einschließlich seiner evtl. selbständigen Betriebsteile kein Betriebsrat. Folglich ist auch keine Anhörung des aus der nichtigen Wahl hervorgegangenen »Betriebsrats« erforderlich (s. Rdn 20). **Bilden mehrere Unternehmen einen einheitlichen Betrieb**, ist für Kündigungen in diesem Betrieb durch eines der beteiligten Unternehmen der Betriebsrat zuständig, der in dem einheitlichen Betrieb gewählt ist (*BAG* 7.11.1990 RzK III 1a Nr. 47). Wird ein Arbeitnehmer eines öffentlichen Arbeitgebers von diesem einer in der Rechtsform einer GmbH gebildeten **Arbeitsgemeinschaft** zugewiesen, ist vor einer Kündigung nicht der bei der Arbeitsgemeinschaft gebildete Betriebsrat anzuhören, sondern der beim Arbeitgeber errichtete Personalrat zu beteiligen (*BAG* 9.6.2011 EzA § 102 BetrVG 2001 Nr. 27). Im Fall der Kündigung eines einem **Kooperationsbetrieb der Bundeswehr** »beigestellten« Arbeitnehmers ist nur der bei der Dienststelle gebildete Personalrat, nicht aber darüber hinaus der Betriebsrat des Kooperationsbetriebs zu beteiligen (*BAG* 31.7.2014 EzTöD 100 § 34 Abs. 2 TVöD-AT Verhaltensbedingte Kündigung Nr. 60).

Der Betriebsrat kann in Betrieben mit mindestens neun Betriebsratsmitgliedern seine Zuständigkeit im Anhörungsverfahren nach § 102 BetrVG auf einen **Ausschuss** übertragen (s. Rdn 133). Wird in einem Betrieb mit weniger als neun Betriebsratsmitgliedern ein solcher Ausschuss gebildet, handelt es sich nicht um gesetzlichen Ausschuss, an den sich der Arbeitgeber wenden dürfte. Auch die Stellungnahme eines solchen Ausschusses zur Kündigungsabsicht des Arbeitgebers ist rechtlich unerheblich (vgl. *LAG Brem.* 26.10.1982 DB 1983, 2145) und kann das Anhörungsverfahren nicht abschließen. Das Gleiche gilt, wenn der Beschluss über die Übertragung der Zuständigkeit auf den Ausschuss – zB wegen formeller Mängel – unwirksam ist, und dem Arbeitgeber die Mängel bekannt sind, so dass er nicht von der Wirksamkeit der Übertragung ausgehen kann (APS-*Koch* Rn 71).

Eine **Zuständigkeit des Gesamtbetriebsrats ist nur in zwei Fällen gegeben:**

a) Es muss sich um Kündigungen handeln, die das Gesamtunternehmen oder mehrere Betriebe betreffen oder bei denen von der Regelungsmaterie her ein zwingendes Erfordernis für eine einheitliche Regelung auf Unternehmensebene besteht (vgl. § 50 Abs. 1 BetrVG; *BAG* 23.9.1975 EzA § 50 BetrVG 1972 Nr. 1). Dieser Fall wird nur in seltenen Ausnahmefällen gegeben sein (**aA** *Fitting* § 50 Rn 56: stets ist der Einzelbetriebsrat zuständig), etwa wenn ein Arbeitnehmer in mehreren Betrieben eines Unternehmens beschäftigt wird oder nach dem Inhalt seines Arbeitsvertrags beschäftigt werden kann (vgl. *BAG* 16.12.2010 EzA § 2 KSchG Nr. 81), nicht jedoch schon dann, wenn der Betriebsrat der Kündigung wegen einer Weiterbeschäftigungsmöglichkeit in einem anderen Betrieb des Unternehmens widersprechen will (insoweit ebenso APS-*Koch* Rn 73). Die letztere Frage kann der Einzelbetriebsrat in eigener Zuständigkeit prüfen. Der Arbeitgeber hat dann ggf. die Realisierbarkeit der Weiterbeschäftigung in einem anderen Betrieb – unter Umständen nach Ausspruch einer Änderungskündigung – zu prüfen, wozu die Zustimmung des Betriebsrats des aufnehmenden Betriebs gem. § 99 BetrVG gehört. Eine Zuständigkeit des Gesamtbetriebsrats besteht auch dann nicht, wenn der Arbeitgeber einen Arbeitnehmer, der dem Übergang seines Beschäftigungsverhältnisses auf einen neuen Betriebsinhaber (§ 613a BGB) widersprochen hat, keinem anderen Betrieb seines Unternehmens zuordnet und ihm wegen fehlender Weiterbeschäftigungsmöglichkeiten kündigt (*BAG* 21.3.1996 EzA § 102 BetrVG 1972 Nr. 91; zust.: *Schipp* EWiR 1996, 917; *Brötzmann* WiB 1996, 1004). Mangels Zuordnung des Arbeitnehmers zu einem Betrieb braucht in diesen Fällen überhaupt kein Betriebsrat angehört zu werden. Ist nach den vorstehenden Grundsätzen an sich eine Zuständigkeit des Gesamtbetriebsrats gegeben, besteht in dem Unternehmen aber kein Gesamtbetriebsrat, braucht der Arbeitgeber keinen Einzelbetriebsrat zu beteiligen (*Schmelcher* S. 506 ff.). In den Fällen des § 103 BetrVG ist dann wie bei betriebsratslosen Betrieben vor der Kündigung die Zustimmung des Arbeitsgerichts einzuholen (s. KR-*Rinck* § 103 BetrVG Rdn 55).

58 b) Der an sich zuständige Einzelbetriebsrat kann mit der Mehrheit der Stimmen seiner Mitglieder den Gesamtbetriebsrat durch schriftlichen Beschluss beauftragen, die Mitwirkung nach § 102 BetrVG in einer bestimmten Kündigungsangelegenheit zu übernehmen (§ 50 Abs. 2 BetrVG). Der Gesamtbetriebsrat ist aber zur Übernahme nicht verpflichtet (*Rieble* RdA 2005, 26; aA *Fitting* § 50 Rn 70; *Richardi/Annuß* § 50 Rn 63), sondern kann den Auftrag unverzüglich nach Zugang des Übertragungsbeschlusses des Einzelbetriebsrats ablehnen. Lehnt der Gesamtbetriebsrat den Auftrag nicht unverzüglich ab, ist er für das Mitwirkungsverfahren nach § 102 BetrVG zuständig. Der Betriebsrat ist jedoch nicht befugt, generell alle personellen Angelegenheiten dem Gesamtbetriebsrat zu übertragen. Ein trotzdem gefasster entsprechender Beschluss des Betriebsrats ist unwirksam und kann die Zuständigkeit des Gesamtbetriebsrats nicht begründen (*LAG Köln* 20.12.1983 DB 1984, 937).

59 Entsprechend der Zuständigkeit des Gesamtbetriebsrats ist auch eine **Zuständigkeit des Konzernbetriebsrats** nur in zwei Fällen gegeben: Es muss sich um Kündigungen handeln, die den Konzern oder mehrere Konzernunternehmen betreffen und bei denen von der Regelungsmaterie her ein zwingendes Erfordernis für eine einheitliche Regelung auf Konzernebene besteht (vgl. § 58 Abs. 1 BetrVG). Dieser Fall wird nur in seltenen Ausnahmefällen gegeben sein, etwa wenn ein Arbeitnehmer in mehreren Unternehmen des Konzerns beschäftigt wird oder nach dem Inhalt seines Arbeitsvertrags beschäftigt werden kann (*Eser* BB 1994, 1995; aA *Richardi/Annuß* § 58 Rn 13; vgl. im Übrigen Rdn 57).

60 Ein an sich zuständiger Gesamtbetriebsrat (in den Fällen von Rdn 57) kann mit der Mehrheit der Stimmen seiner Mitglieder **den Konzernbetriebsrat** durch schriftlichen Beschluss **beauftragen**, die Mitwirkung nach § 102 BetrVG in einer bestimmten Kündigungsangelegenheit zu übernehmen (§ 58 Abs. 2 BetrVG). Die Ausführungen zu Rdn 58 gelten dann entsprechend.

61 Wird in einem Konzern der **Arbeitsvertrag mit der konzernleitenden Obergesellschaft** abgeschlossen und wird der Arbeitnehmer aufgrund dieses Arbeitsvertrags im Betrieb eines abhängigen Unternehmens tätig, ist er nur Angehöriger dieses Betriebs. Bei einer Kündigung durch die konzernleitende Obergesellschaft ist daher weder der Betriebsrat der Obergesellschaft noch der Konzernbetriebsrat, sondern nur der Betriebsrat des Beschäftigungsbetriebs gem. § 102 BetrVG zu hören (*Eser* BB 1994, 1995; *Zeuner* FS Hilger/Stumpf S. 772 ff.). Dasselbe gilt, wenn die Kündigung durch den Beschäftigungsbetrieb auf Weisung der Konzernleitung erklärt wird. Ist der Arbeitsvertrag hingegen nur mit der Konzernobergesellschaft geschlossen und wird der Arbeitnehmer lediglich vorübergehend in anderen Konzerngesellschaften tätig, verbleibt es bei der Zuständigkeit des ggf. bei der Arbeitgeberin bestehenden Betriebsrats (APS-*Koch* Rn 75).

In Seeschifffahrtsunternehmen ist die **Bordvertretung** gem. § 115 Abs. 7 Nr. 1 BetrVG für das 62
Mitwirkungsverfahren nach § 102 BetrVG zuständig, soweit der Kapitän zur Kündigung befugt
ist (s. hierzu KR-*Weigand* SeeArbG Rdn 55 ff.). Kommt es zwischen Kapitän und Bordvertretung
in der Kündigungssache nicht zu einer Einigung, kann die Bordvertretung bis zum Ablauf der
Stellungnahmefrist (s. Rdn 123 ff.) die Angelegenheit an den Seebetriebsrat abgeben (§ 115 Abs. 7
Nr. 2 BetrVG). Dadurch wird die Zuständigkeit des Seebetriebsrats für das Mitwirkungsverfahren
nach § 102 BetrVG begründet (§ 116 Abs. 6 Nr. 1b BetrVG), der die Angelegenheit nunmehr mit
dem Reeder nochmals zu verhandeln hat. Mit Zugang des Abgabebeschlusses der Bordvertretung
beim Seebetriebsrat beginnt für diesen die Stellungnahmefrist nach § 102 Abs. 2 BetrVG. Teilt die
Bordvertretung bis zum Ablauf ihrer Stellungnahmefrist dem Kapitän nicht die Abgabe der Angelegenheit an den Seebetriebsrat mit, ist das Anhörungsverfahren abgeschlossen. Der Kapitän kann
nunmehr die Kündigung erklären.

Ist der Kapitän zur Kündigung nicht befugt oder zieht der Reeder als eigentlicher Arbeitgeber eine 63
Kündigungsangelegenheit an sich (vgl. *Richardi/Thüsing* § 115 Rn 74), ist für das Mitwirkungsverfahren nach § 102 BetrVG die Zuständigkeit des **Seebetriebsrats** gegeben (§ 116 Abs. 6 Nr. 1c
BetrVG), dessen Verhandlungspartner der Reeder ist. Die Mitteilungspflichten des Arbeitgebers
nach § 102 BetrVG obliegen in diesem Fall auch dem Reeder.

Die aufgrund eines Tarifvertrags nach § 3 Abs. 1 Nr. 1–3 BetrVG errichtete **andere Arbeitnehmer-** 64
vertretung (an Stelle eines Betriebsrats) oder die durch Tarifvertrag nach § 117 Abs. 2 BetrVG
errichtete Arbeitnehmervertretung für im Flugbetrieb beschäftigte Arbeitnehmer von Luftfahrtunternehmen sind jeweils in ihren Bereichen für das Mitwirkungsverfahren bei Kündigungen nach
§ 102 BetrVG zuständig.

Die Religionsgemeinschaften können durch besondere Kirchengesetze die Errichtung **kirch-** 65
licher Mitarbeitervertretungen ermöglichen und ihnen ein Mitspracherecht bei der Regelung
von Angelegenheiten einräumen, die die Interessen der kirchlichen Mitarbeiter berühren. Hierbei können auch einheitliche Vertretungen für alle Mitarbeiter (Arbeitnehmer; Personen, deren
Beschäftigung nicht in erster Linie ihrem Erwerb dient, sondern vorwiegend durch Beweggründe karitativer oder religiöser Art bestimmt ist – § 5 Abs. 2 Nr. 3 BetrVG –, zB Mönche, Diakonissen, Kirchenbeamte) eingeführt werden. Kirchengesetze, die die Errichtung kirchlicher Mitarbeitervertretungen erlauben, sind bisher von der Mehrzahl der evangelischen Landeskirchen
beschlossen worden. Grundlage hierfür bildet jetzt das Mitarbeitervertretungsgesetz (MVG-EKD) idF vom 1.1.2019, das von der Synode der Evangelischen Kirche in Deutschland erlassen
wurde. Für die ordnungsgemäße Beteiligung der Mitarbeitervertretung vor einer Kündigung
gelten grds. dieselben Maßstäbe wie im Anhörungsverfahren nach § 102 BetrVG (vgl. *LAG
MV* 15.5.2012 – 5 Sa 283/11, AA 2013, 18; *LAG Köln* 22.3.2005 – 9 Sa 1296/04; vgl. auch
BAG 26.09.2013 EzA § 626 BGB 2002 Ausschlussfrist Nr. 4: interne Fehler bei der Beschlussfassung der MAV haben keine Auswirkungen auf die Ordnungsgemäßheit der Anhörung und
die Wirksamkeit der Kündigung). Grundlage für das Recht der Mitarbeitervertretung in der
Römisch-Katholischen Kirche ist die Rahmenordnung für eine Mitarbeitervertretungsordnung
(MAVO) vom 20.11.1995, zuletzt geändert am 19.6.2017. Diese dient jedoch nur als Muster.
Verbindlich sind die in den einzelnen Bistümern auf der Grundlage der Rahmenordnung als
Kirchengesetze erlassenen Mitarbeitervertretungsordnungen (MAVO). Inwieweit Grundsätze
des Betriebsverfassungsrechts im Bereich der kirchlichen Mitarbeitervertretungen Anwendung
finden, unterliegt der autonomen Entscheidung des jeweiligen Kirchengesetzes (Art. 140 GG
iVm Art. 137 WeimRV; vgl. *Bartels/Berroth* ZMV 2006, 281). Dieses kann auch einen besonderen Kündigungsschutz für Mitarbeitervertreter vorsehen (vgl. *Bartels* ZMV 2006, 180). Siehe
dazu iE die Erl. zu Kirchl. ArbN.

Die nachfolgenden Ausführungen zur Anhörung des Betriebsrats (Rdn 67–226) gelten entspre- 66
chend, wenn eine andere Arbeitnehmervertretung – ausgenommen kirchliche Mitarbeitervertretungen (Rdn 65) – zuständig ist.

II. Einleitung des Anhörungsverfahrens

67 Der Arbeitgeber muss, nachdem er einen **Kündigungsentschluss** gefasst hat, diesen unter Angabe von Tatsachen so beschreiben, dass der Betriebsrat ohne zusätzliche eigene Nachforschungen die Stichhaltigkeit und Gewichtigkeit der Kündigungsgründe prüfen und sich auf dieser Grundlage eine eigene Meinung bilden kann. Das dient allerdings nicht dem Zweck, dass der Betriebsrat die rechtliche Wirksamkeit der Kündigung selbständig überprüfen soll; er soll vielmehr in die Lage versetzt werden, auf die Willensbildung des Arbeitgebers Einfluss zu nehmen (*BAG* 22.9.2016 EzA § 85 SGB IX Nr. 10; 16.7.2015 EzA § 102 BetrVG 2001 Nr. 32; 23.10.2014 EzA § 102 BetrVG 2001 Nr. 31). Dabei gilt nach der st. Rspr. des BAG der **Grundsatz der sog. subjektiven Determination** (zu diesem Grundsatz und seinen objektiven Schranken s. *BAG* 16.7.2015 EzA § 102 BetrVG 2001 Nr. 32 mwN; krit. *Bader* NJW 2015, 1420). Danach macht eine **vermeidbare oder unbewusste Fehlinformation** die Anhörung noch nicht unwirksam (*BAG* 12.9.2013 EzA § 102 BetrVG 2001 Nr. 30). Das gilt auch, wenn der Arbeitgeber seinen Irrtum bei gebotener Sorgfalt hätte erkennen können. Allerdings darf der Arbeitgeber ihm bekannte Umstände, die sich bei objektiver Betrachtung zugunsten des Arbeitnehmers auswirken können, dem Betriebsrat nicht deshalb vorenthalten, weil sie für seinen eigenen Kündigungsentschluss unerheblich waren (*BAG* 22.9.2016 EzA § 85 SGB IX Nr. 10). In diesem Sinne ist die Betriebsratsanhörung auch objektiv determiniert, da andernfalls Sinn und Zweck des Anhörungsverfahrens verfehlt würden. Stellt der Arbeitgeber den seinem Entschluss zugrundeliegenden Sachverhalt **bewusst irreführend** dar, ist das Anhörungsverfahren nicht ordnungsgemäß eingeleitet (*BAG* 16.7.2015 EzA § 102 BetrVG 2001 Nr. 32). Die Mitteilung stellt eine **rechtsgeschäftsähnliche Handlung** dar (*BAG* 13.12.2012 EzA § 174 BGB 2002 Nr. 8, zust. *Fuhlrott* EWiR 2013, 235; offengelassen in *BAG* 27.8.1982 EzA § 102 BetrVG 1972 Nr. 49). Zu den Mitteilungspflichten iE s. Rdn 74 ff.

68 Der Arbeitgeber muss **deutlich machen, dass er das Anhörungsverfahren nach § 102 BetrVG einleiten will**. Eine Mitteilung des Arbeitgebers nach § 105 BetrVG kann deshalb nicht ohne Weiteres in eine Anhörung nach § 102 BetrVG umgedeutet werden (s. *KR-Rinck* § 105 BetrVG Rdn 32). Dasselbe gilt für den Antrag des Arbeitgebers auf Zustimmung des Betriebsrats zur Abberufung eines Betriebsarztes nach § 9 Abs. 3 S. 1 ASiG, wenn er den Betriebsrat zugleich zur Kündigung des Betriebsarztes anhören will (*LAG Brem.* 7.11.1997 AuR 1998, 168), sowie für eine Unterrichtung des Betriebsrats über die Personalplanung nach § 92 BetrVG. Unklarheiten, ob insoweit auch das Anhörungsverfahren nach § 102 BetrVG eingeleitet werden soll, gehen zu Lasten des Arbeitgebers (*Fitting* Rn 22). Der an den Betriebsrat gerichtete Hinweis des Arbeitgebers auf eine zu erwartende geringere Auftragslage und deshalb evtl. notwendig werdende Entlassungen bestimmter Arbeitnehmer lässt zunächst nur erkennen, dass der Arbeitgeber damit seiner Verpflichtung aus § 92 BetrVG zur Unterrichtung des Betriebsrats über die Personalplanung nachkommen will. Dies stellt aber noch keine Anhörung zur Kündigung der betroffenen Arbeitnehmer dar (*LAG Düsseld.* 1.8.1974 DB 1974, 191). Ferner liegt in der Unterrichtung des Betriebsrats über beabsichtigte Massenentlassungen nach § 17 Abs. 2 KSchG noch nicht ohne Weiteres eine Anhörung nach § 102 BetrVG, denn zur Unterrichtung nach § 17 Abs. 2 KSchG gehört nicht die Mitteilung der Namen und sozialen Daten der Arbeitnehmer, die entlassen werden sollen. Der Arbeitgeber, der mit der Unterrichtung des Betriebsrats nach § 17 Abs. 2 KSchG auch das Anhörungsverfahren nach § 102 BetrVG einleiten will, muss dies deutlich zu erkennen geben (**aA** für den Fall einer Namensliste wohl *Temming* NZA 2016, 599, 603: bei Vereinbarung einer Namensliste sei § 17 Abs. 2 KSchG lex specialis gegenüber § 102 BetrVG). Auch in der bloßen Mitteilung des Arbeitgebers, dass der Betrieb stillgelegt werde und sämtlichen Arbeitnehmern gekündigt werden müsse, wird nicht deutlich genug, dass damit das Anhörungsverfahren eingeleitet werden soll (*ArbG Hmb.* 18.2.1991 BB 1992, 637).

69 Erforderlich für die Einleitung des Anhörungsverfahrens ist ferner ein **aktueller Kündigungsentschluss** des Arbeitgebers. Der Arbeitgeber darf den Betriebsrat nicht schon zu einem Zeitpunkt unterrichten und damit das Anhörungsverfahren einleiten wollen, in dem die Kündigung noch nicht aktuell, dh **die künftige Entwicklung**, die zu einer Kündigung führen könnte, **noch nicht**

sicher abzusehen ist. Eine solche »**Anhörung auf Vorrat**« genügt den Vorgaben des § 102 Abs. 1 BetrVG nicht (*BAG* 17.3.2016 EzA § 1 KSchG Interessenausgleich Nr. 26; 22.4.2010 EzA § 102 BetrVG 2001 Nr. 26 mwN). Der Betriebsrat kann in diesem Zeitpunkt noch nicht sachgerecht prüfen, ob Widerspruchsgründe iSv § 102 Abs. 3 BetrVG in Betracht kommen. Zwar darf der Arbeitgeber den Betriebsrat bereits zu einer Kündigung anhören, die erst nach Eintritt eines bestimmten objektivierbaren Ereignisses, etwa nach Einigung über einen Interessenausgleich und Sozialplan, ausgesprochen werden soll. Die Anhörung ist jedoch fehlerhaft, wenn der Arbeitgeber ohne gesonderte Anhörung vor Abschluss des Sozialplans kündigt (*BAG* 27.11.2003 EzA § 102 BetrVG 2001 Nr. 6 = PflR 2004, 558 m. zust. Anm. *Roßbruch*). Um eine »Anhörung auf Vorrat« handelt es sich auch, wenn der Arbeitnehmer im Zeitpunkt der Betriebsratsanhörung ein bestimmtes Verhalten (zB unentschuldigte Fehlzeit) angekündigt hat und der Arbeitgeber erst bei Eintritt des zu erwartenden Verhaltens, nicht aber wegen der Ankündigung selbst kündigen will. In diesem Fall muss er abwarten, bis das zu beanstandende Verhalten des Arbeitnehmers eintritt, und darf erst dann das Anhörungsverfahren einleiten (*BAG* 19.1.1983 EzA § 102 BetrVG 1972 Nr. 50). Ebenso wenig kann der Arbeitgeber das Anhörungsverfahren wirksam einleiten, wenn er seinen Kündigungsentschluss von einem bestimmten künftigen Verhalten des Arbeitnehmers abhängig machen will, zB wenn sich der Arbeitnehmer nicht für einen bestimmten Vorfall entschuldige (*LAG SchlH* 28.6.1994 LAGE § 102 BetrVG 1972 Nr. 42), wenn er das ihm unterbreitete Versetzungsangebot nicht annehme (*LAG RhPf* 16.12.2015 – 4 Sa 26/15, nv) oder wenn er einem Betriebsübergang widerspreche (vgl. *ArbG Hmb.* 8.1.2008 AiB NL 2008, Nr. 10, S. 1). Hier lässt sich nicht erkennen, in welcher Form der Arbeitnehmer reagiert bzw. handelt oder nicht handelt. Damit bleibt die Bewertung des künftigen Verhaltens des Arbeitnehmers dem Arbeitgeber überlassen, ohne dass der Betriebsrat dies mitbeurteilen könnte. Die Anhörung ist **hingegen ordnungsgemäß**, wenn der Arbeitgeber bei feststehendem Sachverhalt offenlässt, ob er letztlich eine Änderungs- oder eine Beendigungskündigung erklären wird, soweit die Entscheidung über eine Weiterbeschäftigung zu anderen Bedingungen allein beim Arbeitnehmer liegt (*BAG* 17.3.2016 EzA § 1 KSchG Interessenausgleich Nr. 26; 22.4.2010 EzA § 102 BetrVG 2001 Nr. 26). Auch liegt eine »Anhörung auf Vorrat« nicht vor, wenn der Arbeitgeber den Betriebsrat anhört, bevor er die erforderliche Beteiligung weiterer Stellen, zB nach § 17 KSchG (*BAG* 26.10.2017 – 2 AZR 298/16), § 168 SGB IX (*BAG* 23.10.2008 EzA § 1 KSchG Interessenausgleich Nr. 16), nach § 178 Abs. 2 SGB IX, § 18 Abs. 1 S. 4 BEEG oder § 17 Abs. 2 MuSchG, durchgeführt hat (*Fitting* Rn 61, APS-*Koch* Rn 64; GK-BetrVG/*Raab* Rn 48).

Unschädlich für die ordnungsgemäße Einleitung des Anhörungsverfahrens ist, **wenn der Arbeitgeber bei Einleitung des Anhörungsverfahrens seinen Kündigungswillen schon abschließend gebildet hatte**. Es genügt, dass die Kündigung den Einflussbereich der Beklagten bei der Anhörung noch nicht verlassen hat. So ist nicht auszuschließen, dass es dem Betriebsrat gelingt, auf den Kündigungswillen des Arbeitgebers einzuwirken und diesen zu veranlassen, von seinem Kündigungsvorhaben abzubringen (st. Rspr. seit *BAG* 13.11.1975 EzA § 102 BetrVG 1972 Nr. 20; 13.12.2012 EzA § 174 BGB 2002 Nr. 8). 70

Der Arbeitgeber darf weder bei der Einleitung noch im späteren Verlauf des Anhörungsverfahrens durch **arglistige Täuschung**, dh bewusst wahrheitswidrige Behauptung von Tatsachen, oder **rechtswidrige Drohung** Einfluss auf die Entscheidung des Betriebsrats zu nehmen versuchen. Dies wäre eine verbotene Behinderung der Betriebsratstätigkeit (§ 78 BetrVG). Der Betriebsrat soll seine Entscheidungen im Interesse der Arbeitnehmer ohne äußeren Druck aufgrund möglichst zutreffender Tatsachenangaben treffen können. Eine unzulässige Behinderung der Betriebsratstätigkeit durch den Arbeitgeber im Anhörungsverfahren führt daher zur Unwirksamkeit der Anhörung (s. Rdn 157; offen gelassen von *BAG* 24.3.1977 EzA § 102 BetrVG 1972 Nr. 28). 71

Der Betriebsrat ist **vor jeder Kündigung** zu hören. Das Anhörungsverfahren entfaltet nur für die Kündigung Wirksamkeit, für die es eingeleitet worden ist. Ist die Kündigung dem Arbeitnehmer zugegangen und hat der Arbeitgeber damit seinen Kündigungswillen verwirklicht, sind das Gestaltungsrecht und die damit im Zusammenhang stehende Anhörung des Betriebsrats **verbraucht** (*BAG* 72

§ 102 BetrVG   Mitbestimmung bei Kündigungen

3.4.2008 EzA § 102 BetrVG 2001 Nr. 21; 10.11.2005 EzA § 626 BGB 2002 Nr. 11; 16.9.1993 EzA § 102 BetrVG 1972 Nr. 84; **aA** *LAG Hamm* 10.12.1996 BB 1997, 2002, wenn zwischen erster und zweiter Kündigung nur vier Tage liegen). Eine **erneute Einleitung** des Anhörungsverfahrens ist deshalb **erforderlich**, wenn der Arbeitgeber zunächst vor Ablauf der Anhörungsfrist und damit unwirksam kündigt und die Kündigung nach Ablauf der Anhörungsfrist wiederholen will (*LAG Köln* 25.8.1995 ARSt 1996, 90) oder wenn er nach ordnungsgemäßer Anhörung des Betriebsrats eine Kündigung ausspricht, diese aus anderen Gründen (zB Fehlen einer behördlichen Zustimmung oder mangelnder Schriftform) unwirksam ist und er nunmehr die Kündigung mit gleicher Begründung erneut erklären will (vgl. *BAG* 16.9.1993 EzA § 102 BetrVG 1972 Nr. 84; *LAG SchlH* 5.3.2014 – 6 Sa 354/13). Entsprechendes gilt, wenn eine nach § 174 BGB zurückgewiesene Kündigung vom Vertreter des Arbeitgebers anschließend unter Verwendung des gleichen Schreibens – jedoch unter Beifügung der erforderlichen Vollmacht – erneut ausgesprochen wird (*LAG Köln* 13.8.2013 ArbRAktuell 2014, 113 m. Anm. *Salamon*; 30.3.2004 RzK III 1a Nr. 123) oder der Arbeitgeber die Kündigung (vorsorglich) wiederholt, weil er Zweifel an der Wirksamkeit der ersten Kündigung hat (*BAG* 10.11.2005 EzA § 626 BGB 2002 Nr. 11 = AiB 2006, 762 m. zust. Anm. *Piezynski*; 31.1.1996 EzA § 102 BetrVG 1972 Nr. 90; *Vossen* FA 2007, 66; **aA** APS-*Koch* Rn 26). Scheitert hingegen eine Kündigung, zu der der Betriebsrat ordnungsgemäß angehört worden ist, am fehlenden Zugang beim Arbeitnehmer, ist vor einem erneuten Zustellversuch eine nochmalige Anhörung des Betriebsrats dann **entbehrlich**, wenn zwischen den beiden Zustellversuchen ein **zeitlicher Zusammenhang** besteht und die Kündigung **auf denselben Sachverhalt** gestützt wird (vgl. *BAG* 7.5.1998 RzK III 1a Nr. 97; 6.2.1997 RzK III 2a Nr. 36; 11.10.1989 EzA § 102 BetrVG 1972 Nr. 78 m. zust. Anm. *Kraft*). Wird die Kündigung nach ordnungsgemäßer Anhörung des Betriebsrats seitens des Arbeitgebers durch einen **Vertreter ohne Vertretungsmacht** erklärt, kann der Arbeitgeber die Kündigung gem. § 180 S. 2, § 177 Abs. 1 BGB genehmigen, wenn der Erklärungsempfänger die Vertretungsmacht nicht »bei der Vornahme« beanstandet hat (*BAG* 6.9.2012 EzA § 4 nF KSchG Nr. 91; 16.12.2010 EzA § 626 BGB 2002 Nr. 33). Einer erneuten Anhörung des Betriebsrats bedarf es in diesem Fall nicht, da der Arbeitgeber erst mit der Genehmigung sein Gestaltungsrecht ausübt. Eine – erneute – Betriebsratsanhörung ist deshalb zur Vermeidung eines Wertungswiderspruchs auch dann entbehrlich, wenn der Arbeitgeber anstatt der Genehmigung – jedenfalls zeitnah – eine Kündigung nunmehr ohne den Mangel in der Vertretungsmacht erklärt (aA *LAG SchlH* 5.3.2014 – 6 Sa 354/13, m. abl. Anm. *Boemke* jurisPR-ArbR 33/2014 Nr. 2). Auch bedarf es keiner erneuten Anhörung des Betriebsrats mehr, wenn er kurz zuvor anlässlich der Anhörung zu einer wegen desselben Kündigungsgrundes beabsichtigten außerordentlichen Kündigung desselben Arbeitnehmers erklärt hat, er könne nur einer ordentlichen Kündigung zustimmen. Die formelle Anhörung zur fristgerechten Kündigung wäre lediglich eine Wiederholung der bisherigen Kündigungsgründe, zu denen der Betriebsrat bereits Stellung genommen hatte (*LAG BW* 3.11.1976 DB 1977, 777).

73   Trotz ordnungsgemäßer Unterrichtung des Betriebsrats ist die **Durchführung eines erneuten Anhörungsverfahrens** erforderlich, wenn sich der mitgeteilte Sachverhalt vor Zugang der Kündigung derart geändert hat, dass die Unterrichtung andernfalls irreführend wäre (*BAG* 22.9.2016 EzA § 85 SGB IX Nr. 10), oder wenn der Arbeitgeber die Kündigung auf einen anderen Sachverhalt stützen will, als er ihn dem Betriebsrat zunächst mitgeteilt hat (*LAG Brem.* 10.6.1986 LAGE § 102 BetrVG 1972 Nr. 19). Das ist etwa der Fall, wenn der Arbeitgeber dem Betriebsrat mitteilt, die Beschäftigungsmöglichkeit entfalle aufgrund einer Betriebsschließung, die Kündigung letztlich aber deshalb ausgesprochen werden soll, weil der Arbeitnehmer einem nach der Anhörung des Betriebsrats erfolgten oder zumindest konkret absehbaren Betriebsübergang widersprochen hat und aus diesem Grunde das Beschäftigungsbedürfnis entfallen ist (*Sächs. LAG* 14.2.2014 – 3 Sa 233/13). Ein erneutes Anhörungsverfahren ist auch dann zu verlangen, wenn sich der dem Betriebsrat im Anhörungsverfahren unterbreitete Sachverhalt vor Ausspruch der Kündigung in wesentlichen Punkten zugunsten des Arbeitnehmers geändert hat (zB erhebliche Verbesserung der Auftragslage bei einer beabsichtigten betriebsbedingten Kündigung; Einführung von Kurzarbeit; vgl. *BAG* 28.6.1984 – 2 AZR 217/83, nv; *LAG BW* 11.8.2006 – 2 Sa 10/06; *LAG Hamm* 20.10.2005 – 8 Sa 205/05, juris

PRArbR 2006, Nr. 16, Anm. 4 – *Wolmerath*). Das folgt aus dem Grundsatz, dass das Anhörungsrecht des Betriebsrats nur dann gewahrt ist, wenn er die Möglichkeit erhält, alle wesentlichen für die Kündigungsentscheidung maßgebenden Umstände in seine Überlegungen einzubeziehen (vgl. *BAG* 26.5.1977 EzA § 102 BetrVG 1972 Nr. 30). **Keine Wiederholung des Anhörungsverfahrens** ist erforderlich, wenn der Arbeitgeber den Einwänden des Betriebsrats zu einer beabsichtigten Änderungskündigung – teilweise – folgt und das Änderungsangebot zugunsten des Arbeitnehmers einschränkt (*LAG Bln-Bra* 15.2.2008 LAGE § 102 BetrVG 2001 Nr. 8).

III. Mitteilungspflichten des Arbeitgebers

1. Personalien, Kündigungsart, Kündigungstermin

Die ordnungsgemäße Anhörung des Betriebsrats nach § 102 Abs. 1 BetrVG erfordert, dass der Arbeitgeber **seine Kündigungsabsicht eindeutig zu erkennen gibt** und die beabsichtigte Kündigung konkretisiert. Das setzt zunächst voraus, dass er die **Person** des zu kündigenden Arbeitnehmers bezeichnet (*BAG* 16.9.1993 EzA § 102 BetrVG 1972 Nr. 84), es sei denn, er beabsichtigt, allen Arbeitnehmern des Betriebs zum gleichen Zeitpunkt zu kündigen und teilt dies dem Betriebsrat entsprechend mit (vgl. *LAG Hamm* 6.4.1995 LAGE § 102 BetrVG 1972 Nr. 52). Die Nennung eines unrichtigen Namens ist unschädlich, wenn kein Zweifel an der Identität des zu kündigenden Arbeitnehmers besteht (*LAG RhPf* 16.6.2014 – 2 Sa 23/14). Zur Bezeichnung der Person gehören neben dem Namen auch die maßgebenden **sozialen Daten des Arbeitnehmers** (s. Rdn 76), soweit sie dem Arbeitgeber bekannt sind. Auch bei einer verhaltensbedingten Kündigung kann die Mitteilung dieser Daten erforderlich sein, wenn diese für die notwendige Interessenabwägung objektiv von Bedeutung sind, es sei denn, es kommt dem Arbeitgeber ersichtlich nicht darauf an und der Betriebsrat hat von ihnen zumindest ungefähre Kenntnis (*BAG* 19.11.2015 EzA § 1 KSchG Verhaltensbedingte Kündigung Nr. 85; 23.10.2014 EzA § 102 BetrVG 2001 Nr. 31; 6.10.2005 EzA § 1 KSchG Verhaltensbedingte Kündigung Nr. 66). Die Kenntnis des Betriebsratsvorsitzenden muss sich der Betriebsrat zurechnen lassen (vgl. *BAG* 23.10.2014 EzA § 626 BGB 2002 Nr. 46; 23.10.2008 EzA § 1 KSchG Interessenausgleich Nr. 16). Bei einer **Wartezeitkündigung** ist der Arbeitgeber nicht verpflichtet, dem Betriebsrat Sozialdaten mitzuteilen, die bei vernünftiger Betrachtung weder aus seiner Sicht noch aus Sicht der Arbeitnehmervertretung für die Beurteilung der Wirksamkeit der Kündigung eine Rolle spielen können (zB Lebensalter, Unterhaltspflichten; *BAG* 23.4.2009 EzA § 102 BetrVG 2001 Nr. 25 = AP Nr. 161 zu § 102 BetrVG 1972 m. krit. Anm. *Benecke*). Vgl. zur Mitteilungspflicht bei der Wartezeitkündigung iE Rdn 89.

74

Zu den mitzuteilenden sozialen Daten (Ausnahmen: s. Rdn 74, 95) gehören insbes. die **Dauer der Betriebszugehörigkeit** (*LAG RhPf* 20.2.2014 – 2 Sa 120/13), das **Lebensalter, Unterhaltspflichten** (*Hess. LAG* 17.3.2017 – 14 Sa 879/16) **und ggf.** eine **Schwerbehinderung des Arbeitnehmers** oder evtl. **Mutterschutz**. Eine ordentliche Unkündbarkeit des Arbeitnehmers braucht der Arbeitgeber dem Betriebsrat nicht mitzuteilen, wenn er außerordentlich kündigen will (*BAG* 7.5.2020 – 2 AZR 678/19, Rn 16; *LAG Düsseld.* 24.8.2001 LAGE § 626 BGB Unkündbarkeit Nr. 4), wohl aber, wenn er eine außerordentliche Kündigung mit notwendiger Auslauffrist erklären will. Nicht mitzuteilen braucht der Arbeitgeber den Grad der Behinderung eines nicht schwerbehinderten Arbeitnehmers (*BAG* 12.1.1995 RzK III 1a Nr. 67) oder die Anschrift des Arbeitnehmers (*LAG Hamm* 27.2.1992 LAGE § 622 BGB Nr. 25). Geht es um die Betriebszugehörigkeit nach einem Betriebsübergang, hat der Arbeitgeber dem Betriebsrat die volle Dauer der Betriebszugehörigkeit und nicht nur die Dauer der Betriebszugehörigkeit seit der Betriebsübernahme mitzuteilen (*ArbG Reutlingen* 31.1.1995 BB 1995, 677).

75

Der Arbeitgeber muss dem Betriebsrat die ihm bekannten Daten **unaufgefordert** mitteilen (aA *LAG Köln* 28.1.1994 LAGE § 1 KSchG Betriebsbedingte Kündigung Nr. 25, das dies nur für den Fall der Sozialauswahl für erforderlich hält). Hingegen ist der Arbeitgeber nicht verpflichtet, die Richtigkeit dokumentierter Daten zu überprüfen (vgl. *LAG SchlH* 1.4.1999 EzA SD 1999, Nr. 16, S. 9; *LAG BW* 9.11.1990 LAGE § 102 BetrVG 1972 Nr. 25; *Kleinebrink* DB 2005, 2522). Er kann deshalb mangels anderweitiger Kenntnis auch von den Eintragungen in der Lohnsteuerkarte

76

ausgehen (*LAG SchlH* 10.8.2004 NZA-RR 2004, 582), hat dies aber gegenüber dem Betriebsrat zu kennzeichnen, zB »Kinder laut Steuerkarte: Keine« (*BAG* 24.11.2005 EzA § 1 KSchG Krankheit Nr. 51). Eine Obliegenheit, den Arbeitnehmer nach Familienstand und Unterhaltspflichten zu befragen, besteht nicht (*Kleinebrink* DB 2005, 2522).

77 Soweit dies dem Betriebsrat nicht bekannt ist, hat ihm der Arbeitgeber auch mitzuteilen, **welche Tätigkeit** der Arbeitnehmer im Betrieb ausübt und ggf. welche Tätigkeit im Arbeitsvertrag vereinbart ist. Nur dann kann der Betriebsrat beurteilen, ob eine Weiterbeschäftigungsmöglichkeit für den Arbeitnehmer in Betracht kommt und er deshalb der Kündigung gemäß § 102 Abs. 3 Nr. 3 oder 5 BetrVG widersprechen will (APS-*Koch* Rn 95). Auf die Angabe der Tätigkeit kann dann verzichtet werden, wenn sie für den Kündigungsentschluss des Arbeitgebers völlig unmaßgeblich ist.

78 Ferner muss der Arbeitgeber mitteilen, ob eine **ordentliche oder außerordentliche** Kündigung angestrebt ist (*BAG* 24.2.2011 EzA § 1 KSchG Personenbedingte Kündigung Nr. 28). Will der Arbeitgeber, der eine außerordentliche Kündigung beabsichtigt, sicherstellen, dass im Falle der Unwirksamkeit dieser Kündigung eine – in eine solche umgedeutete – ordentliche Kündigung nicht nach § 102 Abs. 1 S. 3 KSchG unwirksam ist, muss er den Betriebsrat auch zu einer solchen anhören. Etwas anderes gilt nur dann, wenn der Betriebsrat der außerordentlichen Kündigung ausdrücklich und vorbehaltlos zugestimmt hat und auch sonst nicht ersichtlich ist, dass er für den Fall der Unwirksamkeit der außerordentlichen Kündigung einer ordentlichen entgegengetreten wäre (*BAG* 26.3.2015 EzA § 613a BGB 2002 Nr. 161; 20.9.1984 EzA § 626 nF BGB Nr. 91; 16.3.1978 EzA § 102 BetrVG 1972 Nr. 32).

79 Überdies muss der Arbeitgeber den **Zeitpunkt der beabsichtigten Beendigung des Arbeitsverhältnisses (Kündigungstermin)** angeben. Ist dieser zutreffend benannt, ist es unschädlich, wenn der Arbeitgeber dabei eine objektiv falsche Kündigungsfrist angegeben hat (*BAG* 31.1.2019 EzA § 1 KSchG Verdachtskündigung Nr. 7). Da er aber bei Einleitung des Anhörungsverfahrens häufig nicht genau absehen kann, wann die Kündigung zugehen wird, ist der Betriebsrat bezogen auf den Kündigungstermin auch dann ausreichend unterrichtet, wenn **die für den Arbeitnehmer geltende Kündigungsfrist** feststeht und der Arbeitgeber klarstellt, dass die Kündigung in naher Zukunft erklärt werden soll (*BAG* 20.6.2013 EzA § 622 BGB 2002 Nr. 9, zust. *Grau/Flockenhaus* EWiR 2013, 687; 23.4.2009 EzA § 102 BetrVG 2001 Nr. 25). Nicht ausreichend ist es hingegen, wenn der Arbeitgeber vollständig offenlässt, mit welcher Frist und zu welchem Termin die geplante Kündigung erklärt werden wird (*BAG* 25.4.2013 EzA § 102 BetrVG 2001 Nr. 29; APS-*Koch* Rn 103; diff. GK-BetrVG/*Raab* Rn 69). Unter diesen Umständen kann der Betriebsrat die Tragweite der Kündigung nicht abschätzen und evtl. Gegenvorschläge unterbreiten. Entsprechendes gilt, wenn der Arbeitgeber eine außerordentliche Kündigung mit einer Auslauffrist erklären will (vgl. *BAG* 29.8.1991 EzA § 102 BetrVG 1972 Nr. 82 m. krit. Anm. *Winterfeld*). Die Nennung einer **unzutreffenden Kündigungsfrist** kann unschädlich sein, wenn dadurch die Entscheidungsgrundlage des Betriebsrats nicht gänzlich verfälscht wird (vgl. *BAG* 23.10.2014 EzA § 102 BetrVG 2001 Nr. 31). Die Angabe der Kündigungsfrist ist **entbehrlich, wenn der Betriebsrat die Sozialdaten kennt und die gesetzliche oder tarifliche Kündigungsfrist gilt** (*BAG* 20.6.2013 EzA § 622 BGB 2002 Nr. 9). Es genügt, wenn sich aus der Unterrichtung des Arbeitgebers ergibt, dass eine ordentliche Kündigung – im Zweifel zum nächstmöglichen Kündigungstermin – beabsichtigt ist (*BAG* 20.6.2013 EzA § 622 BGB 2002 Nr. 9; 13.3.2008 EzA § 1 KSchG Verhaltensbedingte Kündigung Nr. 73). Ist aber im Arbeitsvertrag eine vom Tarifvertrag oder Gesetz abweichende Kündigungsfrist vereinbart, muss sie der Arbeitgeber mitteilen (aA *LAG Hamm* 14.3.1995 LAGE § 102 BetrVG 1972 Nr. 51). Will der Arbeitgeber **außerordentlich fristlos** kündigen, bedarf es grds. keiner Angabe der Kündigungsfrist oder von Parametern für ihre Berechnung. Eine solche kann allerdings im Einzelfall für die Prüfung von Bedeutung sein, ob dem Arbeitgeber die Weiterbeschäftigung des Arbeitnehmers bis zum Ablauf der ordentlichen Kündigungsfrist zumutbar ist (*BAG* 23.10.2014 EzA § 102 BetrVG 2001 Nr. 31: die Angabe von 7 Monaten statt richtigerweise 5 Monaten sei hier unschädlich).

Nicht ausreichend ist es, wenn der Arbeitgeber dem Betriebsrat zwei mögliche Kündigungstermine 80
nennt, ohne anzugeben, zu welchem Termin der Arbeitnehmer gekündigt werden soll (*LAG Brem.*
10.6.1986 LAGE § 102 BetrVG 1972 Nr. 19; *Berkowsky* S. 16). Ferner genügt es nicht, wenn der
Arbeitgeber bestimmte Arbeitnehmer benennt, die entlassen werden müssten, falls keine Aufträge
mehr kämen. Damit steht nicht fest, dass und wann es zu Kündigungen kommen könnte (vgl.
LAG Düsseld. 1.8.1974 DB 1974, 1917).

Selbst einen ungefähren Kündigungstermin braucht der Arbeitgeber nicht zu nennen, wenn er 81
vor Ausspruch der Kündigung **noch die Zustimmung einer anderen Stelle** (zB Integrationsamt
nach § 168 SGB IX, oberste Landesbehörde nach § 17 Abs. 2 MuSchG) **einzuholen hat**. In
diesem Fall genügt es, wenn er den Betriebsrat auf die einzuholende Zustimmung hinweist oder
dem Betriebsrat dies bekannt ist. Dann weiß der Betriebsrat, dass noch einige Zeit vergehen
kann, bis die Zustimmung erteilt ist. Der Arbeitgeber braucht nicht die behördliche Zustimmung abzuwarten, ehe er das Anhörungsverfahren beim Betriebsrat einleitet (*BAG* 1.4.1981
EzA § 102 BetrVG 1972 Nr. 45; vgl. auch *BAG* 5.9.1979 EzA § 12 SchwbG Nr. 8). In dem
Hinweis des Arbeitgebers auf die noch einzuholende Zustimmung liegt konkludent die Erklärung, alsbald nach der Erteilung der Zustimmung die Kündigung zum nächstmöglichen Kündigungstermin erklären zu wollen. In diesem Fall braucht der Arbeitgeber den Betriebsrat bei
unverändertem Sachverhalt nach Erteilung der Zustimmung **nicht erneut zu beteiligen**, selbst
wenn das Zustimmungsverfahren mehrere Jahre dauert (*BAG* 11.3.1998 RzK IV 8a Nr. 45;
18.5.1994 EzA § 611 BGB Abmahnung Nr. 31). Weiß der Betriebsrat jedoch nichts von einem
noch durchzuführenden Zustimmungsverfahren und gibt der Arbeitgeber ausdrücklich oder
konkludent nur zu erkennen, »demnächst« kündigen zu wollen, riskiert er, dass die nach einem
längeren Zustimmungsverfahren erklärte Kündigung nicht mehr als »demnächst« angesehen
werden kann. In diesem Fall muss der Arbeitgeber das Anhörungsverfahren wiederholen. Es ist
ihm allerdings unbenommen, das Anhörungsverfahren nach § 102 BetrVG erst nach Erteilung
der erforderlichen Zustimmung einzuleiten (s. Rdn 113).

Bei einer **beabsichtigten Betriebsstilllegung** ist grds. deren genaues Datum mitzuteilen (*BAG* 82
16.9.1993 EzA § 102 BetrVG 1972 Nr. 84; *LAG Brem.* 10.6.1986 LAGE § 102 BetrVG 1972
Nr. 19; vgl. auch *LAG Köln* 13.1.1993 EWiR 1993, 545 m. zust. Anm. *Reichold*). Es genügt
aber, wenn der Arbeitgeber dem Betriebsrat mitteilt, der Betrieb solle schnellstmöglich vollständig und endgültig aufgegeben werden, alle Arbeitsplätze im Unternehmen würden ersatzlos
wegfallen und die Frage einer Sozialauswahl stelle sich nicht, da allen Mitarbeitern zum nächstmöglichen Termin gekündigt werden solle (*BAG* 18.1.2001 RzK III 1b Nr. 37). Hingegen reicht
es vor Durchführung des Mitwirkungsverfahrens nach §§ 111 ff. BetrVG für die Angabe eines
Kündigungstermins grds. nicht, wenn der Arbeitgeber dem Betriebsrat seine Absicht bekannt
gibt, den Betrieb an einem bestimmten Tag zu schließen (*ArbG Frankf.* 13.12.1977 – 13 Ca
477/77, nv; *Böhm* BB 1976, 1270; aA *LAG Hamm* 21.7.1975 DB 1975, 1899; GK-BetrVG/
Raab Rn 60). Im Hinblick auf das Verfahren zur Herbeiführung eines Interessenausgleichs nach
§ 112 BetrVG steht aufgrund der Mitteilung des Arbeitgebers noch nicht endgültig fest, ob der
Betrieb tatsächlich und zu dem zunächst beabsichtigten Zeitpunkt stillgelegt wird. Etwas anderes gilt nur für Unternehmen mit idR nicht mehr als 20 wahlberechtigten Arbeitnehmern, in
denen der Versuch eines Interessenausgleichs nicht unternommen werden muss. Hier liegt in der
Mitteilung des Arbeitgebers über die beabsichtigte Betriebsstilllegung regelmäßig zugleich die
Mitteilung über die beabsichtigte ordentliche Kündigung aller Betriebsangehörigen zum Zeitpunkt der Stilllegung bzw. – falls Arbeitnehmer längere Kündigungsfristen haben – zum frühestmöglichen Zeitpunkt nach der Stilllegung (insoweit übereinstimmend: *LAG Hamm* 21.7.1975
DB 1975, 1899). Nach Abschluss des Verfahrens über einen Interessenausgleich nach § 112
BetrVG genügt es für die Angabe des Kündigungstermins, wenn der Arbeitgeber dem Betriebsrat den Zeitpunkt der beabsichtigten Betriebsstilllegung mitteilt. Ist der Betrieb bereits stillgelegt, reicht es aus, wenn der Arbeitgeber dem Betriebsrat erklärt, er wolle allen Arbeitnehmern
zum nächstmöglichen Termin kündigen (vgl. *BAG* 18.1.2001 RzK III 1b Nr. 37; *LAG Hamm*
16.8.2000 RzK III 1b Nr. 33).

2. Kündigungsgründe

83 Der Arbeitgeber hat dem Betriebsrat die Gründe für die Kündigung mitzuteilen (§ 102 Abs. 1 S. 2 BetrVG). Damit sind nicht nur die wesentlichen Kündigungsgründe gemeint, vielmehr hat der Arbeitgeber den Betriebsrat über **alle Gesichtspunkte** (Tatsachen und subjektive Vorstellungen) zu unterrichten, **die ihn zu der Kündigung veranlassen.** Hierbei ist auf die Umstände abzustellen, die den Arbeitgeber aus seiner subjektiven Sicht tatsächlich zur Kündigung bewogen haben (sog. **subjektive Determination**; st. Rspr., zum Grundsatz und seinen objektiven Schranken s. *BAG* 16.7.2015 EzA § 102 BetrVG 2001 Nr. 32 mwN; krit. *Bader* NJW 2015, 1420). Danach wird der Arbeitgeber seiner Unterrichtungspflicht nicht gerecht, wenn er dem Betriebsrat einen schon aus seiner eigenen Sicht unzutreffenden oder unvollständigen Sachverhalt mitteilt. Kommen hingegen – auch aus der Sicht des Arbeitgebers – für eine Kündigung **mehrere Sachverhalte (Kündigungsgründe)** in Betracht, führt das bewusste Verschweigen eines von mehreren Sachverhalten nicht zur Unwirksamkeit der Anhörung (*BAG* 16.9.2004 EzA § 102 BetrVG 2001 Nr. 10), sondern nur dazu, dass sich der Arbeitgeber im Kündigungsschutzprozess nicht auf den verschwiegenen Kündigungsgrund berufen darf (vgl. *BAG* 24.3.2011 EzA § 1 KSchG Personenbedingte Kündigung Nr. 27). Unabhängig von seiner subjektiven Überzeugung muss der Arbeitgeber ferner **solche objektiven Umstände** mitteilen, bei deren Fehlen der Zweck der Betriebsratsanhörung verfehlt würde. Derartige Umstände darf der Arbeitgeber dem Betriebsrat selbst dann nicht vorenthalten, wenn sie für seinen eigenen Kündigungsentschluss unerheblich waren (*BAG* 22.9.2016 EzA § 85 SGB IX Nr. 10; 16.7.2015 EzA § 102 BetrVG 2001 Nr. 32 mwN). So muss er den Betriebsrat über bekannte, den Arbeitnehmer entlastende, den Kündigungsgründen widerstreitende Umstände unterrichten (*BAG* 31.1.1996 RzK III 1a Nr. 77), zB Entlastungszeugen für ein Fehlverhalten des Arbeitnehmers (*LAG Köln* 30.9.1993 LAGE § 102 BetrVG 1972 Nr. 36) oder eine Gegendarstellung des Arbeitnehmers (vgl. *BAG* 31.8.1989 EzA § 102 BetrVG 1972 Nr. 75; *Kasper* dbr 7/2011, S. 19), damit sich dieser ein umfassendes Bild vom Kündigungssachverhalt machen kann (*BAG* 23.10.2014 EzA § 102 BetrVG 2001 Nr. 31; 3.11.2011 EzA § 1 KSchG Verhaltensbedingte Kündigung Nr. 79). Geht der Arbeitgeber hingegen davon aus, bei dem angeblich entlastenden Umstand handele es sich um ein Täuschungs- und Vertuschungsmanöver, ist er nicht gehalten, diesen Umstand dem Betriebsrat mitzuteilen (*BAG* 27.2.1997 RzK III 1a Nr. 80; anders *LAG RhPf* 6.10.2014 – 2 Sa 123/14). Eine **nähere Begründung der dem Kündigungsentschluss zugrundeliegenden Abwägung ist regelmäßig nicht erforderlich.** Diese kommt in der Kündigungsabsicht als solcher hinreichend zum Ausdruck (*BAG* 23.10.2014 EzA § 102 BetrVG 2001 Nr. 31; 21.11.2013 EzA § 1 KSchG Verdachtskündigung Nr. 5). Der Arbeitgeber darf auch aus der wahrheitsgemäßen Tatsachenschilderung **Schlussfolgerungen ziehen.** Ob diese – für den Betriebsrat erkennbare – Würdigung zutreffend ist, ist für die Ordnungsgemäßheit der Unterrichtung unerheblich. Dies ist vielmehr eine Frage der richterlichen Bewertung im Kündigungsschutzprozess (*BAG* 7.5.2020 – 2 AZR 678/19, Rn 23). Tatsachen, die einen **Auflösungsantrag** des Arbeitgebers gem. § 9 KSchG **begründen sollen**, brauchen nicht mitgeteilt zu werden, es sei denn auf diese Umstände soll auch die Kündigung gestützt werden (*BAG* 10.10.2002 EzA § 9 KSchG nF Nr. 46). Die Angabe unrichtiger Tatsachen ist nach Sinn und Zweck der Anhörung **unschädlich**, wenn sie für den maßgebenden Kündigungssachverhalt **bedeutungslos** sind (vgl. *BAG* 23.10.2014 EzA § 102 BetrVG 2001 Nr. 31). Da der Arbeitgeber nicht verpflichtet ist, die kündigungsrelevanten Tatsachen einem der Kündigungsgründe des § 1 Abs. 2 S. 1 KSchG zuzuordnen, kann er die Kündigung im Prozess **auf andere rechtliche Gesichtspunkte stützen**, sofern die mitgeteilten Tatsachen diese neuen Aspekte tragen (*BAG* 24.2.2011 EzA § 1 KSchG Personenbedingte Kündigung Nr. 28). Er ist an seine ursprüngliche Zuordnung nicht gebunden. Reichen die dem Betriebsrat mitgeteilten Tatsachen zur Rechtfertigung der Kündigung nicht aus, berührt dies zwar nicht die Ordnungsmäßigkeit der Anhörung, führt aber zur Sozialwidrigkeit der Kündigung (*BAG* 9.4.1987 EzA § 1 KSchG Nr. 18). Hat der Arbeitgeber den Betriebsrat ordnungsgemäß unterrichtet, berührt die spätere **Beschränkung des Kündigungssachverhalts** im Kündigungsschutzprozess, etwa weil einzelne Vorwürfe nicht beweisbar sind, die Wirksamkeit der Betriebsratsanhörung nicht. Insoweit ist auch eine erneute Anhörung des Betriebsrats nicht erforderlich (*BAG* 27.11.2008 EzA § 1 KSchG Verdachtskündigung Nr. 4 = jurisPR-ArbR 22/209 Nr. 4 m. krit. Anm. *Gravenhorst*).

Der Arbeitgeber hat dem Betriebsrat die **maßgebenden Tatsachen substantiiert mitzuteilen**. Der 84
Betriebsrat muss auf der Grundlage der Mitteilung ohne zusätzliche eigene Nachforschungen in der
Lage sein, die Stichhaltigkeit und Gewichtigkeit der Kündigungsgründe prüfen und sich auf dieser
Grundlage eine eigene Meinung zu bilden, um ggf. auf die Willensbildung des Arbeitgebers Einfluss zu nehmen (*BAG* 22.9.2016 EzA § 85 SGB IX Nr. 10; 16.7.2015 EzA § 102 BetrVG 2001
Nr. 32). Die pauschale Angabe von Kündigungsgründen (zB »Arbeitsverweigerung«) oder die Angabe eines Werturteils allein (zB »ungenügende Arbeitsleistungen«), genügen grds. nicht (vgl. *BAG*
21.7.2005 EzA § 102 BetrVG 2001 Nr. 15; zur Mitteilungspflicht für den Fall, dass das KSchG
(noch) keine Anwendung findet, s. Rdn 89).

Ausnahmsweise entfällt die Verpflichtung zu einer genauen und umfassenden Darlegung der 85
Kündigungsgründe, wenn der Arbeitgeber den Betriebsrat bereits vor Beginn des Anhörungsverfahrens aufgrund bestimmter Umstände (zB Fehlverhalten des Arbeitnehmers, Anhörungsverfahren
zur Kündigung eines Arbeitskollegen) über die (späteren) Kündigungsgründe umfassend unterrichtet hatte oder **dem Betriebsrat der maßgebende Kündigungssachverhalt auf andere Weise bereits
bekannt geworden** ist und der Arbeitgeber davon als sicher ausgehen kann (*BAG* 28.8.2003 EzA
§ 102 BetrVG 2001 Nr. 4; 20.5.1999 EzA § 102 BetrVG 1972 Nr. 102). Es kommt insoweit auf
den Kenntnisstand des Betriebsrats bei Einleitung des Anhörungsverfahrens an (*BAG* 5.4.1990
RzK III 1a Nr. 44). In diesen Fällen genügt der Arbeitgeber seiner Verpflichtung zur Mitteilung
der Kündigungsgründe, wenn er im Anhörungsverfahren pauschal auf die bereits mitgeteilten oder
dem Betriebsrat bekannten Kündigungsgründe verweist oder der Betriebsrat nach den Umständen
des Einzelfalls davon ausgehen muss, dass der Arbeitgeber die Kündigung auf die bereits mitgeteilten oder ihm bekannten Kündigungsgründe stützt (vgl. *BAG* 20.3.1986 EzA § KSchG Nr. 6;
28.9.1978 EzA § 102 BetrVG 1972 Nr. 39; in diesem Sinne auch: *LAG Köln* 16.10.1997 LAGE
§ 102 BetrVG 1972 Nr. 64; **aA** *Hohmeister* NZA 1991, 213). Unerheblich für die nur pauschale
Mitteilungspflicht des Arbeitgebers ist es, ob es sich um einen Klein- oder Großbetrieb handelt
(*BAG* 27.6.1985 EzA § 102 BetrVG 1972 Nr. 60). **Keine Befreiung von der substantiierten Mitteilungspflicht** des Arbeitgebers tritt ein, wenn der Betriebsrat die Möglichkeit zur Heranziehung
aktenmäßig erfassten Informationsmaterials hat (*LAG Hamm* 24.10.1991 LAGE § 102 BetrVG
1972 Nr. 32; APS-*Koch* Rn 82) oder üblicherweise nach Einleitung des Anhörungsverfahrens selbst
eigene Nachforschungen anstellt, sich dadurch die erforderlichen Kenntnisse verschafft und dann
noch innerhalb der Anhörungsfrist abschließend Stellung nehmen kann (*BAG* 14.3.1985 RzK III
1a Nr. 18; 2.11.1983 EzA § 102 BetrVG 1972 Nr. 53). Nimmt der Arbeitgeber irrtümlich an, dass
der Betriebsrat bereits über den erforderlichen Kenntnisstand verfügt, und unterrichtet er diesen
deshalb nicht substantiiert über die Kündigungsgründe, geht dies zu seinen Lasten (*BAG* 27.6.1985
EzA § 102 BetrVG 1972 Nr. 60).

Soweit es um den Kenntnisstand des Betriebsrats geht, muss sich dieser nur die **Kenntnis der-** 86
jenigen Betriebsratsmitglieder, die ihn gem. § 26 Abs. 2 BetrVG vertreten (Betriebsratsvorsitzender oder im Verhinderungsfall sein Stellvertreter) oder zur Entgegennahme von Erklärungen
ausdrücklich ermächtigt sind, **als eigenes Wissen zurechnen lassen** (*BAG* 23.10.2014 EzA § 626
BGB 2002 Nr. 46; 23.10.2008 EzA § 1 KSchG Interessenausgleich Nr. 16). Ist ein Ausschuss für
das Anhörungsverfahren bei Kündigungen zuständig, muss sich dieser das Wissen seines Vorsitzenden zurechnen lassen (*Bitter* NZA 1991, Beil. 3 S. 21). Hat der Arbeitgeber vor Einleitung
des Anhörungsverfahrens ein anderes Betriebsratsmitglied unterrichtet, sind dessen Kenntnisse
dem Betriebsrat dann zuzurechnen, wenn es sie spätestens bei Einleitung des Anhörungsverfahrens
einem empfangsberechtigten Betriebsratsmitglied mitteilt (*LAG München* 11.5.1988 LAGE § 102
BetrVG 1972 Nr. 24; zu eng *LAG Nbg.* 24.2.1994 LAGE § 102 BetrVG 1972 Nr. 38, das eine
solche Kenntnis dem Betriebsrat nur zurechnen will, wenn die Unterrichtung des empfangsberechtigten Betriebsratsmitglieds auf Veranlassung des Arbeitgebers erfolgt).

Über die erforderlichen Tatsachenangaben hinaus braucht der Arbeitgeber dem Betriebsrat **weder** 87
Unterlagen oder Beweismaterial zur Verfügung zu stellen **noch** ihm **Einsicht in die Personalakten**
des betroffenen Arbeitnehmers zu gewähren (*BAG* 10.11.2005 EzA § 1 KSchG Krankheit Nr. 52;

6.2.1997 EzA § 102 BetrVG 1972 Nr. 96 m. zust. Anm. *Raab*; 26.1.1995 EzA § 102 BetrVG 1972 Nr. 87 m. krit. Anm. *Kittner*). Selbst wenn der Betriebsrat nach § 80 Abs. 2 BetrVG vom Arbeitgeber verlangen kann, dass ihm bestimmte Unterlagen zur Verfügung zu stellen sind, ist dies ohne Einfluss auf das Anhörungsverfahren (aA *LAG Hamm* 6.1.1994 LAGE § 102 BetrVG 1972 Nr. 40; HaKo-KSchR/*Nägele* Rn 66 – Fristhemmung bei schuldhaftem Zögern des Arbeitgebers; vgl. auch Rdn 96). Auch Umstände, die die Glaubwürdigkeit von Zeugen oder anderen Beweismitteln betreffen, gehören idR nicht zu dem Betriebsrat nach § 102 BetrVG mitzuteilenden Kündigungssachverhalt, sondern betreffen nur dessen Beweisbarkeit (*BAG* 26.1.1995 EzA § 102 BetrVG 1972 Nr. 87; 22.9.1994 EzA § 102 BetrVG 1972 Nr. 86). Der Arbeitgeber ist **nicht verpflichtet**, auf Wunsch des Betriebsrats mit diesem **das Für und Wider der Kündigung zu erörtern** (*BAG* 25.5.2016 EzA § 102 BetrVG 2001 Nr. 37; diff. GK-BetrVG/*Raab* 41). Insoweit haben die Personalvertretungen des öffentlichen Dienstes weitergehende Beteiligungsrechte (vgl. KR-*Rinck* §§ 81–83, 85, 86, 128 BPersVG Rdn 2, 33 ff.).

88 Zum **Nachschieben von Kündigungsgründen** s. Rdn 239 ff.

89 Einzelheiten:

a) **Genießt der betroffene Arbeitnehmer (noch) keinen Kündigungsschutz nach dem Kündigungsschutzgesetz**, ist hinsichtlich des Umfangs der Mitteilungspflicht zu differenzieren: Stützt der Arbeitgeber die Kündigung auf konkrete Tatsachen (zB behauptete Schlechtleistung, s. *LAG BW* 14.1.2016 ArbuR 2016, 473), muss er diese dem Betriebsrat mitteilen. Die formellen Anforderungen an die Unterrichtung des Betriebsrats sind allerdings am Niveau des materiellen Kündigungsschutzes zu messen. Beruht der Kündigungsentschluss – was bei Nichtanwendbarkeit des KSchG ausreichend ist – auf einem **personenbezogenen Werturteil**, genügt dessen Mitteilung als das Ergebnis des Entscheidungsprozesses. Die zugrundeliegenden Tatsachen müssen nur dann offengelegt werden, wenn in Wirklichkeit diese und nicht das Werturteil den Kündigungsgrund bilden (*BAG* 12.9.2013 EzA § 102 BetrVG 2001 Nr. 30; abl. *Müller-Wenner* AuR 2014, 85; zust. *Gragert* ArbRAktuell 2013, 599). In diesem Sinne genügt etwa die Mitteilung »... eine Fortsetzung des Arbeitsverhältnisses ist nicht in unserem Interesse« (*BAG* 12.9.2013 EzA § 102 BetrVG 2001 Nr. 30) oder »... ist nicht geeignet, die ihm übertragenen Aufgaben ordnungsgemäß zu erfüllen« (*BAG* 22.4.2010 EzTöD 100 § 34 Abs. 1 TVöD-AT Wartezeit Nr. 3) oder »nach unserer allgemeinen subjektiven Einschätzung genügt die Arbeitnehmerin unseren Anforderungen nicht« (*BAG* 12.11.1998 RzK III 1a Nr. 101) oder »... hat die in ihn gesetzten Erwartungen nicht erfüllt« (*BAG* 18.5.1994 EzA § 102 BetrVG 1972 Nr. 85) den Anforderungen an eine ordnungsgemäße Anhörung des Betriebsrats.

90 b) Bei einer **betriebsbedingten** Kündigung genügt es nicht, dass der Arbeitgeber lediglich auf eine getroffene Unternehmerentscheidung hinweist (*Griese* BB 1990, 1899) oder seine Motive für die geplante (nicht näher konkretisierte) Umorganisation (zB Kosteneinsparung) ausführlich erläutert (*LAG Hamm* 30.9.1999 EzA SD 2000, Nr. 1, S. 11) oder eine pauschale Begründung, zB »Auftragsmangel« oder »Rationalisierungsmaßnahme«, angibt. Vielmehr muss er bei außerbetrieblichen Gründen (Auftragsmangel, Umsatzrückgang usw.) diese Gründe und ihre unmittelbare Auswirkung auf den Arbeitsplatz im Einzelnen darlegen und bei innerbetrieblichen Gründen (Produktionsumstellung, Rationalisierungsmaßnahmen, Umverteilung von Aufgaben, Personalabbau) diese Gründe und die deshalb beabsichtigten organisatorischen Maßnahmen mit ihren Auswirkungen auf die Arbeitsplätze näher erläutern. Soll etwa eine Hierarchieebene entfallen, muss der Arbeitgeber dem Betriebsrat mitteilen, welche Arbeiten künftig wegfallen und in welcher Weise die übrigen Arbeiten des zu kündigenden Arbeitnehmers auf andere Arbeitnehmer umverteilt werden sollen. Dazu gehört auch die Erläuterung, dass diese in der Lage sind, die zusätzlichen Arbeiten im Rahmen der ihnen zur Verfügung stehenden Arbeitszeit zu übernehmen (*LAG SchlH* 13.6.2013 LAGE § 102 BetrVG 2001 Nr. 17; *Hess. LAG* 30.8.2012 – 14 Sa 683/11). Andernfalls könnte der Betriebsrat die Auswirkungen der beabsichtigten Kündigung auf die betroffenen Arbeitnehmer nicht beurteilen (*LAG Köln* 16.11.2011 öAT 2012, 91). Der Abschluss eines **Interessenausgleichs mit Namensliste** zwischen Arbeitgeber und Betriebsrat macht die Anhörung nicht entbehrlich (*BAG* 20.5.1999

EzA § 102 BetrVG 1972 Nr. 101) und führt auch nicht zu erleichterten Anforderungen. Jedoch kann die Anhörung mit den Verhandlungen über den Interessenausgleich verbunden werden, dh der Arbeitgeber muss dem Betriebsrat die im Rahmen der Interessenausgleichsverhandlungen dargelegten Tatsachen nicht erneut mitteilen (*BAG* 20.6.2013 EzA § 622 BGB 2002 Nr. 9 mwN). Die Verbindung ist bei Einleitung des Beteiligungsverfahrens klarzustellen und ggf. im Wortlaut des Interessenausgleichs zum Ausdruck zu bringen (*BAG* 28.6.2012 EzA § 125 InsO Nr. 7 mwN). Bei einer **Betriebsstilllegung** genügt die Angabe des (geplanten) Termins (s. Rdn 82), einer weiteren Begründung bedarf es nicht (*LAG Hamm* 6.4.1995 LAGE § 102 BetrVG 1972 Nr. 52), insbes. nicht der wirtschaftlichen Hintergründe und der Motive der Stilllegung (*Thür. LAG* 16.10.2000 EzA SD 2001, Nr. 4, S. 13). Bei einer **etappenweisen Betriebsstilllegung** ist jedoch die Angabe erforderlich, inwieweit die Produktion oder Dienstleistungen zunächst eingeschränkt werden und welche Arbeitnehmer noch zur weiteren Produktion oder zu Dienstleistungen benötigt und welche Arbeitnehmer entlassen werden sollen (*BAG* 14.8.1986 – 2 AZR 683/85, nv; *LAG Hamm* 17.2.1995 LAGE § 102 BetrVG 1972 Nr. 54).

Der Arbeitgeber muss grds. **keine konkreten Ausführungen** dazu machen, **ob eine Weiterbeschäfti-** 91 **gung auf einem anderen Arbeitsplatz möglich ist** (ebenso: *Bitter* NZA 1991, Beil. 3 S. 19; aA *ArbG Hmb.* 14.2.2007 AiB-Infos 2007, Nr. 7, S. 6: arbeitsvertraglich mögliche Einsetzbarkeit in anderen Betrieben des Unternehmens oder in anderen Positionen muss angegeben werden). In der mitgeteilten Kündigungsabsicht liegt bereits die Verneinung einer Weiterbeschäftigungsmöglichkeit (*BAG* 29.3.1990 EzA § 1 KSchG Soziale Auswahl Nr. 29 m. zust. Anm. *Preis* = SAE 1991, 203 m. zust. Anm. *Pottmeyer*; APS-*Koch* Rn 110; in diesem Sinne auch *BAG* 22.9.2005 EzA § 1 KSchG Betriebsbedingte Kündigung Nr. 142). Hat jedoch der Betriebsrat vor Einleitung des Anhörungsverfahrens Auskunft über Weiterbeschäftigungsmöglichkeiten für den zu kündigenden Arbeitnehmer auf einem konkreten, kürzlich frei gewordenen Arbeitsplatz verlangt, muss der Arbeitgeber dem Betriebsrat mitteilen, warum aus seiner Sicht eine Weiterbeschäftigung des Arbeitnehmers auf diesem Arbeitsplatz nicht möglich ist (*BAG* 17.2.2000 EzA § 102 BetrVG 1972 Nr. 103 m. krit. Anm. *Raab*). Ist die Unterrichtung des Betriebsrats über fehlende Weiterbeschäftigungsmöglichkeiten auf dem benannten Arbeitsplatz objektiv falsch und wird dies vom Betriebsrat innerhalb der Anhörungsfrist gerügt, hat der Arbeitgeber ergänzend mitzuteilen, warum aus seiner Sicht trotzdem eine Weiterbeschäftigung des Arbeitnehmers auf diesem Arbeitsplatz nicht in Betracht kommt (*BAG* 17.2.2000 EzA § 102 BetrVG 1972 Nr. 103). Die ergänzende Mitteilung setzt die Anhörungsfrist des § 102 Abs. 2 BetrVG erneut in Lauf. Wird dem Arbeitgeber erst nach Einleitung des Anhörungsverfahrens und vor Ausspruch der Kündigung vom Arbeitnehmer oder vom Betriebsrat eine konkrete Weiterbeschäftigungsmöglichkeit benannt, die bisher nicht in Diskussion stand, ist dies ohne Einfluss auf das vom Arbeitgeber wirksam eingeleitete Anhörungsverfahren und verlängert die Anhörungsfrist nicht (in diesem Sinne: *BAG* 15.3.2001 RzK III 1b Nr. 35). Der Arbeitgeber hat dann erst im Kündigungsschutzprozess auf entsprechende Rüge substantiiert darzulegen, aus welchen Gründen eine solche Umsetzung nicht möglich war. Hierbei handelt es sich nicht um ein unzulässiges Nachschieben von Kündigungsgründen, sondern lediglich um eine zulässige Erläuterung des Kündigungsgrundes (*BAG* 21.9.2000 EzA § 1 KSchG Betriebsbedingte Kündigung Nr. 107 = SAE 2001, 253 m. zust. Anm. *Joussen*; s.a. Rdn 239).

Hat der Arbeitgeber eine Sozialauswahl vorgenommen, hat er dem Betriebsrat die in seine Aus- 92 wahl einbezogenen Arbeitnehmer, deren **Sozialdaten**, die **Auswahlkriterien** und seinen **Bewertungsmaßstab** mitzuteilen. Nicht ausreichend sind pauschale, schlag- oder stichwortartige Angaben (*BAG* 12.8.2010 – 2 AZR 104/09, nv; 26.10.1995 EzA Art. 20 Einigungsvertrag Nr. 51). Der Arbeitgeber genügt seiner Mitteilungspflicht nur, wenn er die für ihn subjektiv erheblichen Auswahlüberlegungen dartut (*BAG* 12.8.2010 – 2 AZR 104/09). Einer Begründung der Auswahlentscheidung bedarf es jedoch nicht, wenn die vom Arbeitgeber vorgenommene Gewichtung angesichts der Sozialdaten auf der Hand liegt (APS-*Koch* Rn 113).

Bezieht der Arbeitgeber nach § 1 Abs. 3 S. 2 KSchG bestimmte Arbeitnehmer nicht in die Sozial- 93 **auswahl ein**, hat er dem Betriebsrat auch die Gründe hierfür mitzuteilen (*LAG Hamm* 6.4.2011

LAGE § 102 BetrVG 2001 Nr. 13) und ggf. das betriebliche Interesse zu bezeichnen (*LAG Bln.* 20.8.1996 LAGE § 1 KSchG Soziale Auswahl Nr. 19).

94 Hat der Arbeitgeber die **Sozialauswahl nach einem Punkteschema vorgenommen** (s. hierzu KR-*Rachor* § 1 KSchG Rdn 772 ff.), bedarf dieses der vorherigen Zustimmung des Betriebsrats. Bei dem Punkteschema handelt es sich um eine nach § 95 Abs. 1 BetrVG mitbestimmungspflichtige Auswahlrichtlinie, auch wenn der Arbeitgeber es nur auf konkret bevorstehende Kündigungen anwenden will (*BAG* 26.7.2005 EzA § 95 BetrVG 2001 Nr. 1). Die Anwendung eines Punkteschemas, bei dessen Erstellung der Betriebsrat nicht beteiligt war, führt aber nicht zur Unwirksamkeit der Kündigung (*BAG* 9.11.2006 EzA § 1 KSchG Soziale Auswahl Nr. 71; *Hidalgo/Häberle-Hang/ Stubbe* DB 2007, 915 ff.).

95 Hat der Arbeitgeber **die Auswahl** nach Leistungs-, **nicht** aber **nach sozialen Gesichtspunkten** getroffen, muss er dem Betriebsrat nur die Leistungsgesichtspunkte mitteilen. Ist nach Auffassung des Arbeitgebers eine **Sozialauswahl überflüssig**, weil kein mit dem zu kündigenden vergleichbarer Arbeitnehmer vorhanden sei (*LAG München* 3.12.2015 LAGE § 102 BetrVG 2001 Nr. 19) oder weil er – bei einer Betriebsstilllegung – allen Arbeitnehmern kündigen will (*BAG* 18.1.2001 EzA § 1 KSchG Betriebsbedingte Kündigung Nr. 109) oder weil der Arbeitnehmer dem Übergang seines Arbeitsverhältnisses auf einen Betriebserwerber (§ 613a BGB) widersprochen habe, braucht er dem Betriebsrat überhaupt keine Auswahlgesichtspunkte mitzuteilen (*BAG* 22.3.2001 EzA Art. 101 GG Nr. 5; 24.2.2000 EzA § 102 BetrVG 1972 Nr. 104; vgl. auch *BAG* 12.8.2010 EzA § 2 KSchG Nr. 79). Insoweit ist auch eine Unterrichtung des Betriebsrats über Familienstand und Unterhaltspflichten der zu kündigenden Arbeitnehmer nicht erforderlich (*BAG* 13.5.2004 EzA § 102 BetrVG 2001 Nr. 7 = EWiR 2004, 1011 m. zust. Anm. *Feichtinger*). Ggf. kann sich der Arbeitgeber auch auf die Mitteilung beschränken, es seien keine vergleichbaren Arbeitnehmer vorhanden, selbst wenn dies bei objektiver Betrachtung nicht zutrifft (*BAG* 16.1.1987 RzK III 1b Nr. 9; *LAG BW* 18.11.1994 – 2 Sa 33/94, nv).

96 Will sich der Betriebsrat, obwohl der Arbeitgeber bei der Kündigung keine Auswahl nach sozialen Gesichtspunkten getroffen hat, ein Bild darüber machen, ob die beabsichtigten Kündigungen unter sozialen Gesichtspunkten gerechtfertigt sind, kann er **vom Arbeitgeber verlangen, dass dieser** ihm **die maßgebenden sozialen Daten** (Dauer der Betriebszugehörigkeit, Lebensalter, Unterhaltspflichten, Schwerbehinderung) aller mit den zu kündigenden vergleichbaren Arbeitnehmer **mitteilt**, soweit sie dem Betriebsrat nicht bekannt sind (§ 80 Abs. 2 S. 1 BetrVG; *LAG Düsseld.* 5.1.1976 BB 1976, 1462; *Hanau* Anm. EzA § 102 BetrVG 1972 Nr. 37; *Linck* S. 158; *Moll* Anm. EzA § 102 BetrVG 1972 Nr. 55; aA *Fenski* S. 37, 47, der aber aus dem Widerspruchsrecht des Betriebsrats nach § 102 Abs. 3 Nr. 1 BetrVG herleiten will, dass der Arbeitgeber dem Betriebsrat alle sozialen Gesichtspunkte, sowohl die für, als auch die gegen den zu Kündigenden sprechen, mitzuteilen und alle Unterlagen über die sozialen Gesichtspunkte vorzulegen hat). Der Arbeitgeber ist verpflichtet, dem Verlangen des Betriebsrats unverzüglich nachzukommen. Dadurch wird aber die Äußerungsfrist für den Betriebsrat nach § 102 Abs. 2 BetrVG weder neu in Gang gesetzt noch verlängert (aA *BAG* 6.7.1978 EzA § 102 BetrVG 1972 Nr. 37). Denn die Mitteilung der Sozialdaten ist hier keine auf § 102 Abs. 1 BetrVG beruhende Pflicht. Die Verletzung dieser Pflicht allein führt daher nicht zur Unwirksamkeit der Kündigung (ebenso: *Moll* Anm. EzA § 102 BetrVG 1972 Nr. 55; aA *Hanau* Anm. EzA § 102 BetrVG 1972 Nr. 37).

97 Der **Betriebsrat ist nicht verpflichtet**, dem Verlangen des Arbeitgebers nachzukommen, unter mehreren Arbeitnehmern, die für eine betriebsbedingte Kündigung in Betracht kommen, diejenigen **auszuwählen**, denen gekündigt werden soll. Es ist vielmehr Sache des Arbeitgebers, die Auswahl zu treffen. Wählt der Betriebsrat jedoch – entsprechend dem Verlangen des Arbeitgebers – eine bestimmte Anzahl zu kündigender Arbeitnehmer aus und kündigt der Arbeitgeber nur einem Teil der ausgewählten Arbeitnehmer, ohne hierzu vorher den Betriebsrat anzuhören, liegt keine ordnungsgemäße Anhörung nach § 102 Abs. 1 BetrVG vor (*LAG Bln.* 14.9.1981 LAGE § 102 BetrVG 1972 Nr. 10).

c) Bei einer **krankheitsbedingten** Kündigung hat der Arbeitgeber dem Betriebsrat grds. die einzel- 98
nen Fehlzeiten aus der Vergangenheit mitzuteilen. Wenn allerdings der Arbeitnehmer seit Beginn
eines langjährigen Arbeitsverhältnisses fortlaufend jedes Jahr überdurchschnittliche Krankheitszeiten aufzuweisen hat, kann es uU ausreichen, dass der Arbeitgeber lediglich nach Jahren gestaffelt die
überdurchschnittliche Krankheitshäufigkeit darlegt und die Entgeltfortzahlungskosten der letzten
Jahre in einem Gesamtbetrag mitteilt (*BAG* 7.11.2002 EzA § 174 BGB 2002 Nr. 1). Darüber
hinaus hat der Arbeitgeber die Art der jeweiligen Erkrankung anzugeben, sofern sie ihm bekannt
ist (vgl. *ArbG Passau* 22.6.1978 ARSt 1979, 46), weil daraus ggf. Schlüsse auf künftige Fehlzeiten
gezogen werden können (ebenso: *Bayer* DB 1992, 783; aA *BAG* 12.4.1984 – 2 AZR 76/83 und –
2 AZR 439/83, nv, nach dem sich der Arbeitgeber darauf beschränken darf, die Fehlzeiten in der
Vergangenheit darzulegen, weil diese eine Indizwirkung für die Zukunft entfalten; ebenso: *Rummel*
NZA 1984, 77).

Ferner muss der Arbeitgeber dem Betriebsrat über die einzelnen Fehlzeiten hinaus auch **konkrete** 99
Tatsachen mitteilen, aus denen sich eine erhebliche Beeinträchtigung betrieblicher Interessen –
Betriebsablaufstörungen, erhebliche wirtschaftliche Belastungen – **ergibt** (*BAG* 9.4.1987 EzA § 1
KSchG Nr. 18), zB Höhe der Entgeltfortzahlungskosten (vgl. *LAG SchlH* 1.9.2004 LAGE § 102
BetrVG 2001 Nr. 4), es sei denn die Beeinträchtigungen sind dem Betriebsrat bekannt (*Becker-
Schaffner* DB 1996, 427) oder offensichtlich. Der Arbeitgeber muss auch die Tatsachen mitteilen,
die belegen sollen, dass diese Beeinträchtigungen von ihm billigerweise nicht mehr hingenommen
werden müssen (vgl. *BAG* 24.11.1983 EzA § 102 BetrVG 1972 Nr. 54; *LAG Hamm* 7.2.1984 AuR
1984, 254; *Hohmeister* NZA 1991, 211; *Rummel* NZA 1984, 77; *Schumann* DB 1984, 1878; aA
LAG Düsseld. 19.9.1979 DB 1980, 117; *ArbG Wiesbaden* 29.7.1982 DB 1983, 181). Will er aber
die Kündigung allein auf krankheitsbedingte Fehlzeiten und die hierfür aufgewandten Entgeltfortzahlungskosten stützen, genügt die Mitteilung der krankheitsbedingten Fehlzeiten und ihrer zeitlichen Lage sowie der Höhe der Entgeltfortzahlungskosten (*BAG* 2.11.1989 RzK III 1b Nr. 13).
Hierbei können auch frühere Fehlzeiten, die bereits zur Begründung einer früheren krankheitsbedingten Kündigung herangezogen worden sind und die in einem Vorprozess die notwendige
negative Gesundheitsprognose noch nicht belegen konnten, grds. zur Begründung einer erneuten
negativen Gesundheitsprognose herangezogen werden (*BAG* 10.11.2005 EzA § 1 KSchG Krankheit Nr. 52).

Will der Arbeitgeber die Kündigung auf die **dauernde Unmöglichkeit** des Arbeitnehmers stüt- 100
zen, **die geschuldete Arbeitsleistung zu erbringen**, braucht er dem Betriebsrat keine darüberhinausgehenden Betriebsablaufstörungen mitzuteilen (*BAG* 30.1.1986 RzK III 1b Nr. 5). Das gilt
auch, wenn der Arbeitnehmer aufgrund von Strafhaft voraussichtlich für mehrere Jahre nicht in der
Lage sein wird, seine Arbeitsleistung zu erbringen (*Hess. LAG* 26.1.2015 – 16 Sa 1104/14, nv). Ist
Kündigungsgrund die **gesundheitliche Nichteignung** des Arbeitnehmers für seinen Arbeitsplatz,
braucht der Arbeitgeber nur das hierfür ausschlaggebende Leiden mitzuteilen, weil dies die Kündigung trägt. Die Unterrichtung des Betriebsrats über alle weiteren Krankheitsursachen ist daher
entbehrlich (*LAG Hamm* 27.2.1992 LAGE § 622 BGB Nr. 25).

d) Bei einer **verhaltensbedingten** (ordentlichen oder außerordentlichen) Kündigung muss der 101
Arbeitgeber dem Betriebsrat die Vorfälle genau bezeichnen, die die Kündigung rechtfertigen sollen,
und ihm gegebenenfalls auch mitteilen, dass und warum der Arbeitnehmer abgemahnt wurde. Zur
vollständigen Mitteilung des Kündigungssachverhalts gehört auch das Ergebnis der Nachforschungen zur Aufklärung des Sachverhalts. Dies können auch den Arbeitnehmer entlastende Umstände
sein. Kann etwa der einzige in Betracht kommende Tatzeuge den von einem Zeugen vom Hörensagen erhobenen Vorwurf einer schweren Pflichtwidrigkeit nicht bestätigen, muss der Arbeitgeber
dies dem Betriebsrat mitteilen (*BAG* 2.11.1983 EzA § 102 BetrVG 1972 Nr. 53). Das Gleiche gilt
für Gegendarstellungen des Arbeitnehmers (*BAG* 17.2.1994 RzK II 2 Nr. 7; AR-*Rieble* Rn 19). Die
Mitteilung der Sozialdaten des Arbeitnehmers kann erforderlich sein, wenn diese für die notwendige Abwägung objektiv relevant sind, es sei denn, dem Arbeitgeber kommt es auf diese ersichtlich
nicht an und der Betriebsrat hat von ihnen zumindest ungefähre Kenntnis (*BAG* 23.10.2014 EzA

§ 102 BetrVG 2001 Nr. 31). Dasselbe gilt für Tatsachen, die eine **ordentliche Unkündbarkeit** begründen. Die Kenntnis des Betriebsratsvorsitzenden muss sich der Betriebsrat zurechnen lassen (*BAG* 23.10.2014 EzA § 286 ZPO 2002 Nr. 4 = EzA § 626 BGB 2002 Nr. 46). Beabsichtigt der Arbeitgeber (nur) eine außerordentliche fristlose Kündigung zu erklären, muss er dem Betriebsrat einen tariflichen Sonderkündigungsschutz nicht mitteilen, der zwar eine ordentliche Kündigung weitgehend ausschließt, die Möglichkeit einer fristlosen Kündigung aber ausdrücklich unberührt lässt. Dem Betriebsrat werden hierdurch keine Einwendungen abgeschnitten (*BAG* 7.5.2020 – 2 AZR 678/19, Rn 16). **Näherer Angaben zur Interessenabwägung bedarf es nicht.** Die in der Anhörung liegende Kündigungsabsicht impliziert regelmäßig eine zu Lasten des Arbeitnehmers getroffene Abwägung (*BAG* 23.10.2014 EzA § 102 BetrVG 2001 Nr. 31). Bei außerordentlichen Kündigungen ist der Betriebsrat **auch über die Umstände zu unterrichten, aus denen ersichtlich ist, dass der Arbeitgeber die zweiwöchige Ausschlussfrist des § 626 Abs. 2 BGB einhalten kann** (*BAG* 7.5.2020 – 2 AZR 678/19, Rn 17; *LAG Köln* 22.3.2012 ArbRAktuell 2012, 624 mit Anm. *Gerhardt*; *LAG Hamm* 29.5.2009 – 13 Sa 1452/08; 19.5.2008 – 8 Sa 288/08; APS-*Koch* Rn 129; DKKW-*Bachner* Rn 113). Der Arbeitgeber ist hingegen nicht verpflichtet zu erläutern, warum er von der Wahrung der Zweiwochenfrist ausgeht. Dies gehört nicht »zu den Gründen für die Kündigung« iSv § 102 Abs. 1 S. 2 BetrVG (*BAG* 7.5.2020 – 2 AZR 678/19, Rn 17; *Hertzfeld* ArbRAktuell 2014, 107 [109]; GK-BetrVG/*Raab* Rn 98; s.a. HaKo-BetrVG/*Braasch* Rn 69; *Humberg/Kemper* JR 2017, 191 [196]; aA *Dudenbostel/Dudenbostel* ArbuR 2021, 227). Macht der Arbeitgeber aber (freiwillig) Angaben, die für die Einhaltung der Frist des § 626 Abs. 2 BGB von Bedeutung sind, müssen diese der Wahrheit entsprechen (*BAG* 7.5.2020 – 2 AZR 678/19, Rn 17). Werden dem Arbeitgeber nach der Anhörung des Betriebsrats, aber noch vor Ausspruch der Kündigung den Arbeitnehmer entlastende Umstände bekannt, hat er hierzu den Betriebsrat zu hören (*LAG BW* 11.8.2006 – 2 Sa 10/06). Ausführungen dazu, inwiefern sich das Verhalten des Arbeitnehmers störend auf den Betriebsablauf auswirkte, braucht der Arbeitgeber nur dann zu machen, wenn sich die Störung nicht bereits aus dem Verhalten des Arbeitnehmers ergibt, was zumeist der Fall sein dürfte (zB bei Arbeitsverweigerungen, Schlägereien, Beleidigungen). Auch betriebstypische Störungen des Betriebsablaufs bei wiederholten Verspätungen des Arbeitnehmers braucht der Arbeitgeber dem Betriebsrat nicht mitzuteilen, weil solche Verspätungsfolgen dem Betriebsrat im Allgemeinen bekannt sind (*BAG* 27.2.1997 EzA § 1 KSchG Verhaltensbedingte Kündigung Nr. 51 m. zust. Anm. *Friese*).

102 Andererseits braucht der Arbeitgeber **den Arbeitnehmer entlastende Umstände nicht mitzuteilen, wenn diese für seine Kündigungsüberlegungen völlig unerheblich waren.** Will er zB die Kündigung allein auf ein Fehlverhalten oder Minderleistungen des Arbeitnehmers und darauf beruhenden Störungen des Arbeitsverhältnisses bzw. Differenzen mit Arbeitskollegen stützen ohne Rücksicht darauf, auf welchen Ursachen die Störungen bzw. die Minderleistungen beruhen, genügt es, wenn er den Betriebsrat über das Fehlverhalten bzw. die Minderleistungen und Differenzen unterrichtet. Es ist dann nicht erforderlich, dass er dem Betriebsrat das Fehlverhalten oder auch die von dem Arbeitnehmer angeführten Ursachen für die Minderleistungen (zB krankhafter Befund, konkrete Arbeitsbedingungen) mitteilt (*BAG* 11.7.1991 EzA § 102 BetrVG 1972 Nr. 81 m. zust. Anm. *Kraft*; aA *LAG RhPf* 22.9.1994 – 9 Sa 1168/93, nv).

103 e) Der **Verdacht einer erheblichen Pflichtverletzung** stellt gegenüber dem Vorwurf, der Arbeitnehmer habe die Tat begangen (**Tatkündigung**), einen eigenständigen Kündigungsgrund dar (*BAG* 31.1.2019 – 2 AZR 426/18, Rn 20; 18.6.2015 – 2 AZR 256/14, Rn 20). Bei einer auf einen solchen gestützten Kündigung (**Verdachtskündigung**) handelt es sich stets um eine personenbedingte Kündigung (*BAG* 31.1.2019 – 2 AZR 426/18, Rn 24). Sie kann gerechtfertigt sein, wenn sich der Verdacht auf objektive Tatsachen gründet, die Verdachtsmomente geeignet sind, das für die Fortsetzung des Arbeitsverhältnisses erforderliche Vertrauen zu zerstören, und der Arbeitgeber alle zumutbaren Anstrengungen zur Aufklärung des Sachverhalts unternommen, insbes. dem Arbeitnehmer Gelegenheit zur Stellungnahme gegeben hat (st. Rspr., *BAG* 20.6.2013 EzA § 611 BGB 2002 Persönlichkeitsrecht Nr. 14 mwN; s. KR-*Fischermeier/Krumbiegel* § 626 Rdn 244). Will der Arbeitgeber die beabsichtigte Kündigung in erster Linie oder auch nur vorsorglich auf den Verdacht stützen, falls ihm der Nachweis der Tat nicht gelingt, muss er dem Betriebsrat mitteilen,

das Arbeitsverhältnis solle gerade (auch) deshalb gekündigt werden, weil der Arbeitnehmer eines bestimmten rechtswidrigen Verhaltens dringend verdächtig sei. Eine solche Mitteilung gibt dem Betriebsrat weit stärkeren Anlass für ein umfassendes Tätigwerden im Anhörungsverfahren als eine Unterrichtung wegen einer als erwiesen dargestellten Handlung (*BAG* 20.6.2013 EzA § 611 BGB 2002 Persönlichkeitsrecht Nr. 14; 27.1.2011 EzA § 626 BGB 2002 Verdacht strafbarer Handlung Nr. 10). Der Arbeitgeber hat dabei die Umstände anzugeben, aus denen er den Verdacht herleitet (*Bengelsdorf* FA 2010, 255 f.). Dazu gehören auch – soweit bekannt – den Arbeitnehmer entlastende Umstände (*LAG Nbg.* 22.6.2010 ZTR 2010, 544; *Rudolph* NJ 2009, 185; aA *Bengelsdorf* FA 2010, 255 f.) sowie eine eingeholte Stellungnahme des Arbeitnehmers. Hört er den Betriebsrat nur zu der angeblichen Verfehlung des Arbeitnehmers an, kann er im späteren Kündigungsschutzprozess die Kündigung bei unverändertem Sachverhalt nicht mehr auf den Verdacht stützen, wenn ihm die Verdachtsmomente bei Ausspruch der Kündigung bekannt waren (*BAG* 20.6.2013 EzA § 611 BGB 2002 Persönlichkeitsrecht Nr. 14). Insoweit würde es sich um ein unzulässiges Nachschieben von Kündigungsgründen (s. Rdn 243) handeln (*BAG* 23.4.2008 EzA § 103 BetrVG 2001 Nr. 6; 29.6.1989 RzK III 2b Nr. 10). Der Arbeitgeber kann aber ggf. nach erneuter Anhörung des Betriebsrats eine weitere (Verdachts-)Kündigung erklären. Etwas anderes gilt, wenn der Arbeitgeber den Betriebsrat zunächst nicht umfassend unterrichtet, weil er den Sachverhalt nicht vollständig aufgeklärt hat. Dann kann er sich im Kündigungsschutzprozess auf später ermittelte Umstände berufen, wenn er vor ihrer Einführung in den Prozess hierzu den Betriebsrat angehört hat (s. Rdn 239 ff.; aA *LAG Hamm* 11.12.1991 LAGE § 626 BGB Ausschlussfrist Nr. 3). Hat der Arbeitgeber den Betriebsrat hingegen nur zum Verdacht einer erheblichen Pflichtverletzung angehört, kann er die Kündigung im Kündigungsprozess ohne gesonderte Anhörung zu einer Tatkündigung auf die – begangene – Tat jedenfalls dann stützen, wenn dem Betriebsrat alle Tatsachen mitgeteilt worden sind, die – ggf. auch im Rahmen eines zulässigen Nachschiebens – nicht nur den Verdacht, sondern den Tatvorwurf selbst begründen (*BAG* 23.6.2009 EzA § 626 BGB Verdacht strafbarer Handlung Nr. 8; APS-*Koch* Rn 128; aA *Bengelsdorf* FA 2010, 357). Dem Normzweck des § 102 BetrVG ist bei einer solchen Sachlage Genüge getan. In aller Regel wird sich der Betriebsrat bei Befassung mit dem Verdacht inzident mit dem Tatvorwurf auseinandergesetzt haben.

f) Bei **Änderungskündigungen** muss der Arbeitgeber den Betriebsrat neben den für die Kündigung maßgebenden Gründen **auch über das Änderungsangebot** (*BAG* 16.12.2010 EzA § 2 KSchG Nr. 81; 12.8.2010 EzA § 2 KSchG Nr. 79; s.a. KR-*Kreft* § 2 KSchG Rdn 205 ff.) sowie Kündigungstermin bzw. Kündigungsfrist (Rdn 78 f.) unterrichten. Das folgt aus Sinn und Zweck des Anhörungsverfahrens. Nur wenn der Betriebsrat die angebotenen neuen Arbeitsbedingungen und deren voraussichtliches Inkrafttreten kennt, kann er die Tragweite der Kündigung für den betreffenden Arbeitnehmer beurteilen und insbes. prüfen, ob er der Kündigung nach § 102 Abs. 3 Nr. 3–5 BetrVG widersprechen will (*BAG* 10.3.1982 EzA § 2 KSchG Nr. 3). Erfordert die Fortsetzung des Arbeitsverhältnisses zu den angebotenen neuen Arbeitsbedingungen eine Versetzung, ist auch das Mitbestimmungsverfahren nach § 99 BetrVG einzuhalten (s. Rdn 38). 104

Darüber hinaus verlangt das *BAG* (30.11.1989 EzA § 102 BetrVG 1972 Nr. 77 = SAE 1991, 128 m. zust. Anm. *Schmitt*; ebenso: *LAG Hamm* 15.7.1997 LAGE § 102 BetrVG 1972 Nr. 16), dass der Arbeitgeber, der sich für den Fall der Ablehnung des Änderungsangebots durch den Arbeitnehmer eine **Beendigungskündigung vorbehalten** wolle, dies dem Betriebsrat verdeutlichen müsse. Dabei ist zu beachten, dass die Änderungskündigung für den Fall der Ablehnung des Änderungsangebots als Beendigungskündigung wirkt, ohne dass hierzu noch irgendeine Erklärung des Arbeitgebers erforderlich ist. Tritt dieser Fall nach Ausspruch einer Änderungskündigung ein, bedarf es keiner gesonderten Anhörung zur Beendigungskündigung. Wird hingegen – wie in dem vom *BAG* 30.1.1989 (EzA § 102 BetrVG 1972 Nr. 77) entschiedenen Fall – der Betriebsrat zunächst zu einer Änderungskündigung angehört, erklärt der Arbeitgeber jedoch keine solche, sondern vielmehr sogleich eine Beendigungskündigung, ist der Betriebsrat hierzu vorher (nochmals) zu hören, falls dies nicht schon vorsorglich im Rahmen des Anhörungsverfahrens zur Änderungskündigung geschehen ist. Das gilt auch für den umgekehrten Fall, dass der Arbeitgeber den Betriebsrat zunächst zu einer beabsichtigten Beendigungskündigung angehört hat und nunmehr aufgrund geänderter Umstände 105 doch »nur« eine Änderungskündigung aussprechen will (*LAG Köln* 12.3.2014 AA 2014, 162). Folgt der Arbeitgeber aber den Einwänden des Betriebsrats und bietet er mit der Änderungskündigung eine von diesem vorgeschlagene Änderung der Arbeitsbedingungen an, ist eine erneute Anhörung des Betriebsrats vor Ausspruch der Kündigung nicht erforderlich (vgl. *LAG Bln.-Bra.* 15.2.2008 LAGE § 102 BetrVG 2001 Nr. 8 = juris PR-ArbR 34/2008 Nr. 5 m. zust. Anm. *Matthes*).

106 g) Hängt die Frage, ob der Arbeitgeber eine Änderungskündigung oder eine Beendigungskündigung erklären kann, allein davon ab, ob der Arbeitnehmer einem **Betriebsübergang** widerspricht oder nicht, reicht es zur Unterrichtung über die Art der Kündigung aus, wenn der Arbeitgeber dem Betriebsrat mitteilt, er wolle im Fall des Widerspruchs eine Beendigungskündigung und andernfalls eine Änderungskündigung aussprechen. Es handelt sich dann nicht um eine unzulässige »Anhörung auf Vorrat« (*BAG* 22.4.2010 EzA § 102 BetrVG 2001 Nr. 26).

3. Datenschutz

107 Vorschriften des Bundesdatenschutzgesetzes (BDSG) stehen der Mitteilung der persönlichen Daten der betroffenen Arbeitnehmer und der Sozialdaten der mit ihnen vergleichbaren Arbeitskollegen durch den Arbeitgeber an den Betriebsrat **nicht entgegen** (*Fitting* Rn 32). Gem. § 26 Abs. 6 BDSG bleiben die Beteiligungsrechte der Interessenvertretungen der Beschäftigten unberührt. Bei dieser Norm handelt es sich um einen generellen Erlaubnistatbestand für die Datenverarbeitung durch die Betriebsparteien (APS-*Koch* Rn 87). Die Verarbeitung der für die Betriebsratsanhörung erforderlichen Daten dient dazu, die sich aus dem Gesetz ergebenden Pflichten der Interessenvertretung der Beschäftigten zu erfüllen (vgl. *BAG* 9.4.2019 EzA § 80 BetrVG 2001 Nr. 27).

4. Aufforderung zur Stellungnahme

108 Der Arbeitgeber braucht den Betriebsrat mit der Mitteilung der Kündigungsabsicht und Kündigungsgründe **grds. nicht ausdrücklich aufzufordern**, zu der beabsichtigten Kündigung bzw. den nachgeschobenen Kündigungsgründen Stellung zu nehmen. Die vom Arbeitgeber dem Betriebsrat mitgeteilte Kündigungsabsicht bzw. die nachgeschobenen Kündigungsgründe können im Allgemeinen nur so aufgefasst werden, dass der Betriebsrat hiermit Gelegenheit zur Stellungnahme erhalte, womit das Anhörungsverfahren nach § 102 Abs. 1 BetrVG eingeleitet ist (vgl. *BAG* 7.12.1979 EzA § 102 BetrVG 1972 Nr. 42; 28.2.1974 EzA § 102 BetrVG 1972 Nr. 8).

109 **Etwas anderes gilt aber dann**, wenn aufgrund besonderer Umstände des Einzelfalls die vom Arbeitgeber erklärte Kündigungsabsicht und auch die mitgeteilten Kündigungsgründe **nicht ohne Weiteres als Einleitung des Anhörungsverfahrens** aufgefasst werden können. In diesen Fällen muss der Arbeitgeber dem Betriebsrat über die Mitteilung der Kündigungsabsicht und der Kündigungsgründe hinaus eindeutig zu erkennen geben, dass er das Anhörungsverfahren nach § 102 BetrVG einleiten will. Dies kann dadurch geschehen, dass er den Betriebsrat ausdrücklich zur Stellungnahme auffordert (*BAG* 26.5.1977 EzA § 102 BetrVG 1972 Nr. 29). Solche Fälle liegen zB vor, wenn die Beteiligten sich darüber im Unklaren sind, **ob überhaupt eine Anhörung des Betriebsrats** nach § 102 BetrVG **erforderlich** ist, etwa weil der betreffende Arbeitnehmer möglicherweise leitender Angestellter iSv § 5 Abs. 3 BetrVG (*BAG* 7.12.1979 EzA § 102 BetrVG 1972 Nr. 42) oder freier Mitarbeiter ist (vgl. *LAG Frankf.* 20.6.1979 AuR 1980, 252) oder weil das Arbeitsverhältnis aufgrund einer Befristung möglicherweise automatisch endet und die »Kündigung« deshalb nur als (nicht mitbestimmungspflichtige) Anzeige der Nichtverlängerung des Arbeitsvertrags angesehen werden kann oder weil der Arbeitgeber von vornherein nur die Nichtverlängerung eines befristeten Arbeitsvertrags anzeigt und deshalb nicht ohne Weiteres erkennbar ist, dass in der Nichtverlängerungsmitteilung auch eine vorsorgliche Kündigungserklärung liegen soll.

5. Abdingbarkeit

110 Die dem Arbeitgeber obliegenden Mitteilungspflichten können nicht dadurch entfallen, dass der **Betriebsrat auf die Anhörung verzichtet**. Ein solcher **Verzicht ist unwirksam**. Der Betriebsrat hat

bei der Anhörung nach § 102 BetrVG im Interesse des betroffenen Arbeitnehmers einen gesetzlichen Auftrag zu erfüllen. Über das Gesetz darf er sich nicht hinwegsetzen, indem er auf die Anhörung verzichtet (GK-BetrVG/*Raab* Rn 118; HWGNRH-*Huke* Rn 87). **Ebenso wenig kann der betroffene Arbeitnehmer** dem Arbeitgeber wirksam **die Anhörung des Betriebsrats erlassen** (*Richardi/Thüsing* Rn 43; GK-BetrVG/*Raab* Rn 119; HWGNRH-*Huke* Rn 87; APS-*Koch* Rn 21; DKKW-*Bachner* Rn 52). Hat aber der Arbeitnehmer ausdrücklich darum gebeten, dass die Anhörung des Betriebsrats unterbleibt, verstößt es gegen Treu und Glauben, wenn er sich im späteren Kündigungsschutzprozess auf die unterbliebene Anhörung des Betriebsrats beruft (*Richardi/Thüsing* Rn 133; *Kühnreich* AnwBl 2006, 697; zurückhaltend: GK-BetrVG/*Raab* Rn 120).

IV. Form und Zeitpunkt der Unterrichtung des Betriebsrats

Für die Mitteilung der Kündigungsabsicht und Kündigungsgründe an den Betriebsrat gibt es **keine** **Formvorschriften**. Die Mitteilung kann also schriftlich oder mündlich erfolgen (*BAG* 13.12.2012 EzA § 174 BGB 2002 Nr. 8; 23.6.2009 EzA § 626 BGB 2002 Verdacht strafbarer Handlung Nr. 8). Das ist auch dann der Fall, wenn der Kündigungssachverhalt ungewöhnlich komplex ist (*BAG* 6.2.1997 EzA § 102 BetrVG 1972 Nr. 96). Zu Beweiszwecken ist jedoch Schriftlichkeit zu empfehlen. Der Arbeitgeber kann hierbei ein Formular mit Datenfeldern benutzen, die auszufüllen sind und Raum für die spezifischen Kündigungstatsachen lassen. Der Betriebsrat ist **nicht berechtigt**, die durch einen Boten oder Vertreter übermittelte Anhörung nach § 174 S. 1 BGB zurückzuweisen, wenn der Anhörung keine Vollmachtsurkunde beigefügt ist. Obwohl die Anhörung eine rechtsgeschäftsähnliche Handlung darstellt, findet die Vorschrift nach Sinn und Zweck des § 102 BetrVG keine – entsprechende – Anwendung. Auch im Rahmen des Verfahrens nach § 102 BetrVG gilt das Gebot der vertrauensvollen Zusammenarbeit iSv § 2 Abs. 1 BetrVG. Hat der Betriebsrat Zweifel an der Bevollmächtigung des Vertreters, kann er sich die erforderliche Gewissheit über dessen Berechtigung zumutbar dadurch verschaffen, dass er sich direkt an den Arbeitgeber wendet (*BAG* 25.4.2013 EzTöD 100 § 34 Abs. 1 TVöD-AT Beteiligung Arbeitnehmervertretung Nr. 5; 13.12.2012 EzA § 174 BGB 2002 Nr. 8; krit. *Ulrici* AnwZert ArbR 17/2013 Anm. 2; aA *LAG BW* 28.3.2012 LAGE § 102 BetrVG 2001 Nr. 16). 111

Eine für das Anhörungsverfahren beachtliche Unterrichtung des Betriebsrats ist zwar erst zulässig, wenn der Kündigungsentschluss des Arbeitgebers aktuell ist (s. Rdn 69). Der Arbeitgeber muss den Betriebsrat aber gleichwohl **so rechtzeitig** unterrichten, **dass die** ihm nach § 102 Abs. 2 BetrVG zustehenden **Äußerungsfristen** (bei der ordentlichen Kündigung eine Woche, bei der außerordentlichen drei Tage) **noch vor Ausspruch der Kündigung** ablaufen. Das gilt auch in sog. Eilfällen (s.a. Rdn 42 und 125). 112

Ist zur Kündigung die **Zustimmung einer dritten Stelle** (zB Integrationsamt nach § 168 SGB IX, oberste Landesbehörde nach § 17 Abs. 2 MuSchG) **erforderlich**, bleibt es dem Arbeitgeber überlassen, ob er das Anhörungsverfahren beim Betriebsrat vor oder nach Einholung der notwendigen Zustimmung durchführen will (*BAG* 24.11.2011 EzA § 88 SGB IX Nr. 2; 11.5.2000 EzA § 103 BetrVG 1972 Nr. 41; 5.9.1979 EzA § 12 SchwbG Nr. 8). Hat der Arbeitgeber den Betriebsrat bereits vor Einleitung des Zustimmungsverfahrens angehört und verfolgt er – bei gleich gebliebenem Sachverhalt – seine ursprünglich gefasste Kündigungsabsicht weiter, muss er nach der Erteilung der Zustimmung den Betriebsrat nicht erneut anhören. In diesem Fall hat die Zustimmung des Integrationsamts/der zuständigen Behörde keinen inhaltlichen Einfluss auf den Kündigungsentschluss, so dass der Betriebsrat entsprechend dem Schutzzweck des § 102 Abs. 1 BetrVG auch ohne Kenntnis der Entscheidung des Integrationsamts/der Behörde zur Kündigungsabsicht Stellung nehmen kann (*BAG* 22.4.2010 EzA § 102 BetrVG Nr. 26). Auch die **Anhörung der Schwerbehindertenvertretung** gem. § 178 Abs. 2 S. 1 SGB IX muss nicht zwingend vor der Unterrichtung des Betriebsrats erfolgen (*BAG* 13.12.2018 EzA § 95 SGB IX Nr. 8). Sie kann auch gleichzeitig mit oder nach der Betriebsratsanhörung vorgenommen werden. 113

Vor einer beabsichtigten außerordentlichen Kündigung muss der Arbeitgeber beachten, dass **die zweiwöchige Ausschlussfrist** des **§ 626 Abs. 2 BGB** durch das Anhörungsverfahren weder 114 unterbrochen noch um die Stellungnahmefrist für den Betriebsrat (s. Rdn 123 ff.) verlängert wird (hM; s. die Nachw. bei KR-*Fischermeier/Krumbiegel* § 626 BGB Rdn 350). Das bedeutet, dass der Arbeitgeber das Anhörungsverfahren spätestens 10 Tage nach Kenntniserlangung von den Kündigungsgründen beim Betriebsrat einleiten muss, wenn er nach Ablauf der dreitägigen Stellungnahmefrist noch innerhalb der zweiwöchigen Ausschlussfrist des § 626 Abs. 2 BGB den Zugang der Kündigung bewirken will. Die Frist läuft allerdings nicht, solange der Arbeitgeber notwendig erscheinende Maßnahmen zur Aufklärung des Kündigungssachverhalts durchführt (s. iE KR-*Fischermeier/Krumbiegel* § 626 BGB Rdn 348 f.). Ist zur Kündigung die Zustimmung einer dritten Stelle erforderlich (s. Rdn 113), wahrt der Arbeitgeber die Ausschlussfrist, wenn er innerhalb derer die Zustimmung der dritten Stelle beantragt, nach deren Erteilung binnen kürzestmöglicher Zeit das Anhörungsverfahren beim Betriebsrat einleitet und nach dessen Abschluss **unverzüglich** kündigt (vgl. KR-*Gallner* § 174 SGB IX Rdn 38). In diesem Fall läuft keine erneute Zweiwochenfrist. Die Prüfung, ob der Arbeitgeber die Zustimmung zur außerordentlichen Kündigung eines schwerbehinderten Menschen binnen der zweiwöchigen Ausschlussfrist beantragt hat, obliegt allein dem Integrationsamt bzw. im Falle einer Anfechtung des Bescheids den Verwaltungsgerichten. Die Gerichte für Arbeitssachen haben lediglich zu prüfen, ob die Kündigung unverzüglich iSv § 178 Abs. 5 SGB IX erklärt worden ist (*BAG* 11.6.2020 – 2 AZR 442/19, Rn 30 f.).

V. Empfangsberechtigung auf Seiten des Betriebsrats und Zugang der Unterrichtung

115 Die Mitteilung des Arbeitgebers über die Kündigungsabsicht und die Kündigungsgründe sind **grds. an den Betriebsratsvorsitzenden** oder – im Falle seiner Verhinderung – an den stellvertretenden Betriebsratsvorsitzenden zu richten. Nur diese sind gem. § 26 Abs. 2 S. 2 BetrVG zur Entgegennahme solcher Erklärungen berechtigt (*BAG* 27.8.1982 EzA § 102 BetrVG 1972 Nr. 49; 28.2.1974 EzA § 102 BetrVG 1972 Nr. 8). Ist in Betrieben mit mindestens neun Betriebsratsmitgliedern dem Betriebsausschuss oder einem Ausschuss iSd § 28 BetrVG (zB »Personalausschuss«) die Ausübung der Mitwirkungsrechte des Betriebsrats bei Kündigungen zur selbständigen Erledigung übertragen worden, ist der **Ausschussvorsitzende** oder – im Falle seiner Verhinderung – sein Stellvertreter zu unterrichten (*BAG* 4.8.1975 EzA § 102 BetrVG 1972 Nr. 14). Solange der Betriebsrat allerdings dem Arbeitgeber noch nicht die Zuständigkeit des Ausschusses und den Namen des Ausschussvorsitzenden mitgeteilt hat, kann der Arbeitgeber die Mitteilung an den Betriebsratsvorsitzenden bzw. dessen Stellvertreter richten (vgl. *Fitting* § 26 Rn 43).

116 Andererseits ist **nur in Betrieben mit mindestens neun Betriebsratsmitgliedern die Bildung von Ausschüssen zulässig** (§§ 27, 28 BetrVG). Beschließt ein Betriebsrat mit weniger als neun Betriebsratsmitgliedern die Bildung eines Ausschusses zur Ausübung der Mitwirkungsrechte bei Kündigungen, ist dieser Beschluss nichtig. Auch der Arbeitgeber, dem ein solcher Beschluss mitgeteilt wird, verdient keinen Vertrauensschutz, da der Gesetzesverstoß offensichtlich ist. Deshalb kann der Arbeitgeber in diesen Fällen das Anhörungsverfahren nur durch die Unterrichtung des Betriebsratsvorsitzenden oder seines Stellvertreters wirksam einleiten (vgl. auch *LAG Brem.* 26.10.1982 AuR 1983, 123).

117 Ebenso wenig verdient der Arbeitgeber Vertrauensschutz, dem mitgeteilt wird, dass der Betriebsrat dem **Gesamtbetriebsrat** die Erledigung aller personellen Angelegenheiten übertragen hat. Auch ein solcher Beschluss ist offensichtlich unwirksam (s. Rdn 57 f.). Deshalb kann der Arbeitgeber trotz dieses Beschlusses das Anhörungsverfahren nur durch die Unterrichtung des Betriebsratsvorsitzenden und nicht durch die Unterrichtung des Gesamtbetriebsratsvorsitzenden wirksam einleiten (*LAG Köln* 20.12.1983 DB 1984, 937).

118 Der Betriebsrat oder der zuständige Ausschuss können auch ein **Betriebsratsmitglied bzw. Ausschussmitglied zur Entgegennahme** von Arbeitgebererklärungen in Kündigungsangelegenheiten **ermächtigen**. In diesem Fall kann der Arbeitgeber seine Kündigungsabsicht und die Kündigungsgründe gegenüber dem ermächtigten Betriebsratsmitglied erklären (*BAG* 27.6.1985 EzA § 102 BetrVG 1972 Nr. 60). Auch wenn das Betriebsratsmitglied keine Empfangsvollmacht hat, der Arbeitgeber aber von einer Bevollmächtigung ausgehen kann, kann er gegenüber diesem Betriebsratsmitglied

die erforderlichen Erklärungen abgeben (*BAG* 6.10.2005 EzA § 102 BetrVG 2001 Nr. 16). Daneben bleiben der Betriebsratsvorsitzende bzw. sein Stellvertreter oder der Ausschussvorsitzende bzw. sein Stellvertreter zur Entgegennahme der Arbeitgebererklärungen berechtigt, da die Vorschrift des § 26 Abs. 3 S. 2 BetrVG, die auf Ausschüsse entsprechend anwendbar ist, insoweit unabdingbar ist (aA GK-BetrVG/*Raab* § 26 Rn 59).

Die Mitteilung des Arbeitgebers an eine empfangsberechtigte Person hat grds. **während deren Arbeitszeit** zu erfolgen. Sind während eines ganzen Arbeitstags sämtliche empfangsberechtigten Personen verhindert und haben der Betriebsrat bzw. der zuständige Ausschuss für diesen Fall keine Vertretungsregelung getroffen, kann der Arbeitgeber an dem betreffenden Arbeitstag die Mitteilung über die beabsichtigte Kündigung und die Kündigungsgründe an jedes beliebige Betriebsratsmitglied richten. In einem solchen Fall ist jedes Betriebsratsmitglied berechtigt und verpflichtet, Erklärungen des Arbeitgebers für den Betriebsrat entgegenzunehmen (*BAG* 27.6.1985 EzA § 102 BetrVG 1972 Nr. 60; *Richardi/Thüsing* § 26 Rn 42; DKKW-*Bachner* Rn 158). Der Arbeitgeber kann ferner eine schriftliche Mitteilung an den Betriebsrat übersenden. Diese geht dem Betriebsrat dann nach den allgemeinen Grundsätzen zu (SPV-*Preis* Rn 323). Das bedeutet aber nicht, dass die schriftliche Mitteilung dem Betriebsrat schon zugeht, wenn sie in sein Postfach gelegt wird. Vielmehr tritt der Zugang nach der Ablage im Postfach erst dann ein, wenn sich ein zur Entgegennahme berechtigtes Betriebsratsmitglied im Betrieb aufhält. Ein nach Dienstschluss in das Postfach gelegtes Anhörungsschreiben geht dem Betriebsrat daher erst am folgenden Tag zu (*BAG* 12.12.1996 RzK III 1a Nr. 78). Zur Rechtslage bei Abwesenheit sämtlicher Betriebsratsmitglieder s. Rdn 27 ff. 119

Außerhalb ihrer Arbeitszeit und außerhalb der Betriebsräume sind die für den Betriebsrat empfangsberechtigten Personen grds. nicht verpflichtet, Erklärungen des Arbeitgebers nach § 102 Abs. 1 BetrVG entgegenzunehmen. Nehmen sie aber eine solche Mitteilung widerspruchslos hin, sind diese dem Betriebsrat zugegangen (vgl. *BAG* 27.8.1982 EzA § 102 BetrVG 1972 Nr. 49 = AR-Blattei, Betriebsverfassung XIV C: Entsch. 81 m. krit. Anm. *Herschel*). Dies gilt erst recht, wenn der Betriebsrat eine vom Arbeitgeber angekündigte Übergabe eines Anhörungsschreibens außerhalb des Betriebs nicht abgelehnt hat und der Arbeitgeber wegen Ortsabwesenheit des Betriebsratsvorsitzenden seinem Stellvertreter außerhalb des Betriebs das Anhörungsschreiben aushändigt (*BAG* 7.7.2011 EzA § 26 BetrVG 2001 Nr. 3 = BB 2012, 62 m. zust. Anm. *Lipinski/Praß* = AiB 2012, 54 m. Anm. *Wroblewski*). 120

Gibt der Arbeitgeber die Erklärung gegenüber einem zur Entgegennahme für den Betriebsrat nicht berechtigten Betriebsratsmitglied ab, ist dieses lediglich **Erklärungsbote** des Arbeitgebers, dh die Erklärung wird erst in dem Zeitpunkt wirksam, in dem sie einem für den Betriebsrat empfangsberechtigten Betriebsratsmitglied zugeht (*BAG* 16.10.1991 EzA § 102 BetrVG 1972 Nr. 83; *Richardi/Thüsing* Rn 88; GK-BetrVG/*Raab* Rn 54). Der Arbeitgeber trägt das volle Übermittlungsrisiko (*BAG* 27.6.1985 EzA § 102 BetrVG 1972 Nr. 60; APS-*Koch* Rn 80; *Fitting* Rn 21). Es ist seine Sache, sich bei dem Betriebsrat oder dem zuständigen Ausschuss zu vergewissern, ob außer dem Vorsitzenden bzw. stellvertretenden Vorsitzenden dieser Gremien ein anderes Betriebsratsmitglied (Ausschussmitglied) zur Entgegennahme von Arbeitgebererklärungen berechtigt ist. Der Arbeitgeber kann jedenfalls von einer solchen Berechtigung nicht ausgehen. Deshalb besteht auch keine Hinweispflicht des Betriebsrats oder des zuständigen Ausschusses, ein bestimmtes Betriebsratsmitglied (Ausschussmitglied) sei nicht zur Entgegennahme von Arbeitgebererklärungen berechtigt, auch wenn er in einer früheren Angelegenheit einer Mitteilung des Arbeitgebers an dieses Betriebsratsmitglied nicht widersprochen hat (aA *Richardi/Thüsing* Rn 88; HWGNRH-*Huke* Rn 73). 121

Nimmt der Betriebsrat die Mitteilung des Arbeitgebers über eine Kündigungsabsicht gegenüber einem zur Entgegennahme nicht berechtigten Betriebsratsmitglied widerspruchslos hin, hindert ihn dies nicht, sich in künftigen Fällen auf die **fehlende Ermächtigung dieses Betriebsratsmitglieds** zu berufen und demgemäß geltend zu machen, er habe die Mitteilung des Arbeitgebers erst erhalten, als das betreffende Betriebsratsmitglied den Betriebsratsvorsitzenden unterrichtete. Aus einer einmaligen Ermächtigung kann nicht auf eine Dauerermächtigung geschlossen werden. Anders ist 122 es, wenn der Betriebsrat wiederholt die Information eines unzuständigen Mitglieds als ordnungsgemäß gelten lässt. Dann liegt insoweit eine **Duldungsvollmacht** vor.

VI. Frist zur Stellungnahme für den Betriebsrat

1. Ordentliche Kündigung

123 Will der Betriebsrat gegen eine **ordentliche Kündigung** Bedenken geltend machen oder Widerspruch erheben, muss er sich **innerhalb einer Woche** gegenüber dem Arbeitgeber schriftlich äußern. Äußert er sich innerhalb dieser Frist nicht, gilt seine Zustimmung als erteilt (§ 102 Abs. 2 und 3 BetrVG). Die Wochenfrist beginnt gem. § 187 BGB mit dem (folgenden) Tag, nachdem dem Betriebsrat, dh einer für den Betriebsrat empfangsberechtigten Person (Rdn 115 ff.), die Mitteilung des Arbeitgebers ordnungsgemäß zugegangen ist, dass der Arbeitgeber das Anhörungsverfahren nach § 102 BetrVG einleiten will. Der Tag des Zugangs der Arbeitgebererklärung wird bei der Fristberechnung nicht mitgerechnet. Die Frist endet mit Ablauf des Tages der nächsten Woche, der durch seine Benennung dem Tag entspricht, an dem Betriebsrat die Arbeitgebermitteilung zugegangen ist (§ 188 Abs. 2 BGB; *BAG* 8.4.2003 EzA § 102 BetrVG 2001 Nr. 3). Der Arbeitgeber ist zwar nicht verpflichtet, für nach Dienstschluss eingehende Schreiben des Betriebsrats einen Nachtbriefkasten einzurichten (*LAG Hamm* 11.2.1992 LAGE § 102 BetrVG 1972 Nr. 33). Das bedeutet aber entgegen der Auffassung des *LAG Hamm* nicht, dass damit die Wartefrist für den Arbeitgeber mit Dienstschluss seiner Personalabteilung am letzten Tag der Frist endet. Dem Betriebsrat darf nicht das Recht abgeschnitten werden, **auch noch nach Dienstschluss der Personalabteilung** für den Zugang seiner Stellungnahme beim Arbeitgeber zu sorgen (aA *Hess. LAG* 22.9.2020 – 12 SaGa 930/20). Ist der letzte Tag der Frist ein Samstag, Sonntag oder gesetzlicher Feiertag, verlängert sich die Frist bis zum Ablauf des nächsten Werktags (§ 193 BGB).

124 Die Wochenfrist kann **durch Vereinbarung** zwischen Arbeitgeber und Betriebsrat **verlängert** werden. Sie dient ausschließlich dem Interesse des Arbeitgebers. Der betroffene Arbeitnehmer wird durch eine Verlängerung der Frist nicht benachteiligt (*BAG* 14.8.1986 EzA § 102 BetrVG 1972 Nr. 69; *Fitting* Rn 64; APS-*Koch* Rn 131; GK-BetrVG/*Raab* Rn 117, der allerdings nicht von einer Erweiterung der Mitwirkungsrechte des Betriebsrats, sondern nur von einer »Regelung des Verfahrens bei der Ausübung des Mitbestimmungsrechtes« spricht; aA HWGNRH-*Huke* Rn 99; *Natzel* SAE 1987, 296). Eine solche Verlängerung kann für den Einzelfall formlos vereinbart (sog. Regelungsabrede; vgl. hierzu *Fitting* § 77 Rn 216 ff.), aber auch generell für alle Kündigungen durch formbedürftige Betriebsvereinbarung eingeführt werden. Durch bloße **Rückfragen des Betriebsrats** beim Arbeitgeber verlängert sich die Wochenfrist nicht, wenn der Arbeitgeber den Betriebsrat vollständig und zutreffend unterrichtet hatte. Das gilt auch, wenn der Arbeitgeber den Betriebsrat von sich aus lediglich ergänzend unterrichtet (*BAG* 23.10.2014 EzA § 102 BetrVG 2001 Nr. 31; krit. *Bader* NJW 2015, 1420, 1421). War die Unterrichtung hingegen unzureichend, genügt die Mitteilung also erst unter Berücksichtigung der neuen Tatsachen den Anforderungen an eine ordnungsgemäße Unterrichtung, beginnt die Äußerungsfrist erst in diesem Zeitpunkt zu laufen (s. Rdn 153; zu Rückfragen bei fehlender oder unvollständiger Mitteilung sozialer Auswahlgesichtspunkte im Falle betriebsbedingter Kündigungen s. Rdn 96). Ebenso wenig tritt eine automatische Verlängerung der Äußerungsfrist ein, wenn der Arbeitgeber den Betriebsrat gleichzeitig zur beabsichtigten Kündigung einer größeren Anzahl von Arbeitnehmern anhört (*BAG* 14.8.1986 EzA § 102 BetrVG 1972 Nr. 69; s. aber Rdn 128). Bei **Massenentlassungen** besteht nur ein besonderer Kündigungsschutz nach §§ 17 ff. KSchG. Eine Verlängerung des Anhörungsverfahrens beim Betriebsrat sieht das Gesetz jedoch nicht vor.

125 Der Betriebsrat darf die Wochenfrist oder verlängerte **Frist voll ausnutzen**, braucht also seine Stellungnahme erst kurz vor Fristablauf abzugeben. Das Wort »spätestens« besagt nur, dass der Betriebsrat seine Stellungnahme innerhalb der Wochenfrist (bzw. der verlängerten Frist) abgeben muss, wenn sie rechtliche Bedeutung erlangen soll. Für Eilfälle kann nichts anderes gelten. Der Arbeitgeber ist nicht berechtigt, die Wochenfrist durch einseitige Erklärung gegenüber dem Betriebsrat zu verkürzen oder die Kündigung »vorläufig« zu erklären, da §§ 102 ff. BetrVG keine dem § 100 BetrVG entsprechende Regelung enthalten (vgl. *BAG* 29.3.1977 EzA § 102 BetrVG 1972 Nr. 27;

GK-BetrVG/*Raab* Rn 139). In **dringenden Fällen** kann der Betriebsrat zwar aufgrund des Gebots der vertrauensvollen Zusammenarbeit mit dem Arbeitgeber verpflichtet sein, seine Stellungnahme bereits vor Ablauf der Wochenfrist abzugeben. Eine Verletzung dieser Pflicht kann aber nicht zum Abschluss des Anhörungsverfahrens vor Ablauf der Wochenfrist oder gar zur Fiktion der Zustimmung des Betriebsrats führen, sondern nur ein Verfahren gegen den Betriebsrat nach § 23 BetrVG begründen. Die Fiktion des § 102 Abs. 2 S. 2 BetrVG ist nur an den Ablauf der Wochenfrist geknüpft. In besonderen Ausnahmefällen kann allerdings der Rechtsgedanke der § 162 BGB und § 242 BGB (Rechtsmissbrauch) dazu führen, dass das Anhörungsverfahren bereits vor einer abschließenden Erklärung des Betriebsrats und vor Ablauf der einwöchigen Äußerungsfrist als abgeschlossen gilt, zB wenn der Betriebsrat die Angelegenheit abschließend beraten hat, seine Stellungnahme dem Arbeitgeber aber nur deshalb nicht mitteilt, weil er diesem die Einhaltung einer bestimmten Kündigungsfrist unmöglich machen will (vgl. *Richardi/Thüsing* Rn 112; weitergehend – bei erkennbarer Eilbedürftigkeit – *Löwisch/Kaiser/Klumpp-Caspers* Rn 44).

Die Wochenfrist kann **nicht einseitig durch den Arbeitgeber verkürzt** werden. Auch eine entsprechende Vereinbarung zwischen Arbeitgeber und Betriebsrat ist unwirksam, weil der Betriebsrat nicht zu Lasten der Arbeitnehmer auf die ihm gesetzlich übertragenen Mitwirkungsrechte – auch nur teilweise – verzichten kann (ErfK-*Kania* Rn 11; aA APS-*Koch* Rn 131; *Richardi/Thüsing* Rn 111; diff. GK-BetrVG/*Raab* Rn 141; *Kühnreich* AnwBl 2006, 697, unter unzutreffender Berufung auf *BAG* 14.8.1986 EzA § 102 BetrVG 1972 Nr. 64). Der Betriebsrat kann den Abschluss des Anhörungsverfahrens aber – faktisch – dadurch beschleunigen, dass er eine abschließende Stellungnahme abgibt. Diese eröffnet dem Arbeitgeber die Möglichkeit der Kündigung auch schon vor Ablauf der gesetzlichen Frist (*BAG* 24.6.2004 EzA § 102 BetrVG 2001 Nr. 9; *Hess.* LAG 29.4.2013 – 7 Sa 272/12; LAG Bln.-Bra. 22.3.2012 AuA 2012, 485). Ebenso wenig ist eine Verkürzung der Wochenfrist durch Tarifvertrag möglich, weil das BetrVG im weitesten Sinne ein Schutzgesetz zugunsten der Arbeitnehmer und ihrer Interessenvertretungen ist. Deshalb sind zuungunsten der Arbeitnehmer oder ihrer Interessenvertretungen vom BetrVG abweichende Regelungen nur dann zulässig, wenn das Gesetz selbst sie erlaubt, was für die Wochenfrist nicht zutrifft. 126

Die einwöchige **Äußerungsfrist** für den Betriebsrat ist eine **materiell-rechtliche Ausschlussfrist**. Bei einer Fristversäumung ist daher eine Wiedereinsetzung in den vorigen Stand nicht möglich (APS-*Koch* Rn 134). Die Vorschriften der §§ 233 ff. ZPO sind nur bei der Versäumung prozessualer Fristen anwendbar. 127

Die Berufung des Arbeitgebers auf die Versäumung der Äußerungsfrist durch den Betriebsrat kann allerdings im Einzelfall **rechtsmissbräuchlich** sein. Dies kommt insbes. bei **Massenentlassungen** in Betracht. Für die Annahme eines Rechtsmissbrauchs reichen objektive Umstände wie die Zahl der Kündigungen und die sich hieraus für die Bearbeitung im Betriebsrat ergebenden Schwierigkeiten aber nicht aus. Entscheidend ist vielmehr, ob der Betriebsrat innerhalb der Wochenfrist vom Arbeitgeber eine Fristverlängerung verlangt hat und wie sich beide Betriebspartner bis zur formalen Einleitung des Anhörungsverfahrens verhalten haben (*BAG* 14.8.1986 EzA § 102 BetrVG 1972 Nr. 69). Konfrontiert der Arbeitgeber den Betriebsrat erstmals bei der Einleitung des Anhörungsverfahrens mit Massenentlassungen, liegt Rechtsmissbrauch bei der Berufung auf die einwöchige Anhörungsfrist näher, als wenn dem Anhörungsverfahren längere Verhandlungen zwischen Arbeitgeber und Betriebsrat über einen Personalabbau vorangegangen sind (*BAG* 14.8.1986 EzA § 102 BetrVG 1972 Nr. 69). Deshalb ist es nicht in jedem Falle rechtsmissbräuchlich, wenn der Arbeitgeber bei Massenkündigungen die Bitte des Betriebsrats auf Verlängerung der einwöchigen Äußerungsfrist ablehnt (aA LAG Hmb. 31.5.1985 DB 1985, 2105; noch weitergehend Verpflichtung des Arbeitgebers zur Verlängerung der Äußerungsfrist: LAG Hmb. 15.3.1985 LAGE § 102 BetrVG 1972 Nr. 15). 128

2. Außerordentliche Kündigung

Bedenken gegen eine außerordentliche Kündigung hat der Betriebsrat dem Arbeitgeber grds. unverzüglich, spätestens **innerhalb von drei Tagen**, schriftlich mitzuteilen (§ 102 Abs. 2 S. 3 BetrVG; Ausnahme s. Rdn 130). Da das Gesetz nicht auf Werktage oder Arbeitstage 129 abstellt, sind hier **Kalendertage** gemeint (*Richardi/Thüsing* Rn 109; APS-*Koch* Rn 130). Für den Beginn und die Berechnung sowie eine Verlängerung der Drei-Tage-Frist gelten dieselben Grundsätze wie bei der Wochenfrist des § 102 Abs. 2 S. 1 BetrVG (s. Rdn 123 f.). Bei einer Fristversäumnis durch den Betriebsrat kommt ebenfalls eine **Wiedereinsetzung in den vorigen Stand nicht in Betracht** (s. Rdn 131). Sie wäre auch ohne rechtserhebliche Folgen, da selbst ordnungsgemäße Bedenken oder ein Widerspruch des Betriebsrats weder die Unwirksamkeit der Kündigung bedingen noch einen Weiterbeschäftigungsanspruch des Arbeitnehmers begründen können.

130 Der **Arbeitgeber darf die Frist nicht abkürzen** (APS-*Koch* Rn 131; *Fitting* Rn 20). Die Ausschöpfung der Frist kann allerdings in besonderen Ausnahmefällen rechtsmissbräuchlich sein, zB wenn der Betriebsrat die Angelegenheit abschließend beraten hat, seine Stellungnahme dem Arbeitgeber aber nur deshalb nicht mitteilt, um diesem die Einhaltung einer bestimmten Frist unmöglich zu machen (vgl. Rdn 125 mwN). Eine **einvernehmliche Verlängerung** der Frist ist hingegen möglich (APS-*Koch* Rn 132; zur Wochenfrist vgl. Rdn 124 mwN).

131 Erklärt der Arbeitgeber eine außerordentliche **Kündigung vor Ablauf von drei Tagen** nach Unterrichtung des Betriebsrats bzw. bevor dieser abschließend Stellung genommen hat, ist keine ordnungsgemäße Anhörung gegeben. Das führt zur Unwirksamkeit der Kündigung.

132 Will der Arbeitgeber gegenüber einem ordentlich unkündbaren Arbeitnehmer eine **außerordentliche Kündigung mit einer der ordentlichen Kündigungsfrist entsprechenden (notwendigen oder sozialen) Auslauffrist** erklären, steht diese Kündigung zur Vermeidung eines Wertungswiderspruchs einer ordentlichen Kündigung gleich (s. KR-*Fischermeier/Krumbiegel* § 626 BGB Rdn 321 f.). Der Arbeitgeber hat daher den Betriebsrat wie bei einer ordentlichen Kündigung zu beteiligen, wozu insbes. die Einräumung einer **Wochenfrist** zur Stellungnahme gehört (*BAG* 12.1.2006 EzA § 626 BGB 2002 Unkündbarkeit Nr. 9; 15.11.2001 EzA § 626 BGB nF Nr. 192; 5.2.1998 EzA § 626 BGB Unkündbarkeit Nr. 2 m. zust. Anm. *Walker* = SAE 1998, 214 m. zust. Anm. *Schleusener*; *Haas* FA 2007, 363; aA GK-BetrVG/*Raab* Rn 138 m. Hinw. auf die Zweiwochenfrist nach § 626 Abs. 2 BGB; *Bitter/Kiel* FS Schwerdtner S. 28 ff.).

VII. Willensbildung des Betriebsrats, Anhörung des Arbeitnehmers
1. Zuständigkeit

133 Die Stellungnahme zu der von dem Arbeitgeber erklärten Kündigungsabsicht steht **dem Betriebsrat als Organ** zu. Die Stellungnahme gehört nicht zu den laufenden Geschäften, die in Betrieben mit neun und mehr Betriebsratsmitgliedern vom Betriebsausschuss geführt werden (§ 27 Abs. 2 S. 1 BetrVG) und in Betrieben mit weniger als neun Betriebsratsmitgliedern auf den Betriebsratsvorsitzenden oder andere Betriebsratsmitglieder übertragen werden können (§ 27 Abs. 3 BetrVG; ebenso: *Richardi/Thüsing* Rn 95; *Fitting* § 27 Rn 68; HWGNRH-*Huke* Rn 79; GK-BetrVG/*Raab* Rn 50; SPV-*Preis* Rn 357). Die laufenden Geschäfte betreffen nur den internen verwaltungsmäßigen und organisatorischen Bereich des Betriebsrats (*BAG* 15.8.2012 EzA § 27 BetrVG 2001 Nr. 1), nicht aber den Kernbereich seiner Aufgaben, zu dem die Mitwirkungsrechte in personellen Angelegenheiten gehören. Diese Aufgaben kann der Betriebsrat nur **durch schriftlichen Beschluss** mit der Mehrheit der Stimmen seiner Mitglieder **dem Betriebsausschuss** (§ 27 Abs. 2 S. 2–3 BetrVG) oder einem sonstigen Ausschuss (»Personalausschuss«, § 28 Abs. 1 S. 2 BetrVG) zur selbständigen Erledigung übertragen und insoweit allerdings die Zuständigkeit eines Ausschusses für Stellungnahmen zu Kündigungsabsichten des Arbeitgebers begründen (*BAG* 4.8.1975 EzA § 102 BetrVG 1972 Nr. 14).

134 Ferner kann der Betriebsrat gem. § 28 Abs. 2 BetrVG durch einen entsprechenden Beschluss die Ausübung seiner Mitwirkungsrechte in personellen Angelegenheiten **auf seine Mitglieder in Ausschüssen übertragen**, die vom Betriebsrat und Arbeitgeber paritätisch besetzt sind (*BAG* 12.7.1984 EzA § 102 BetrVG 1972 Nr. 57). Für einen Beschluss, durch den zugleich eine Aufgabe des Betriebsrats wahrgenommen wird (zB Stellungnahme nach § 102 BetrVG), ist hierbei die Mehrheit

der anwesenden vom Betriebsrat entsandten Ausschussmitglieder erforderlich (*Richardi/Thüsing* § 28 Rn 39 mwN).

Nicht zulässig ist hingegen die **allgemeine Ermächtigung des Betriebsratsvorsitzenden** oder eines 135
einzelnen Betriebsratsmitglieds durch den Betriebsrat, zu Kündigungen Stellung zu nehmen (*BAG* 28.2.1974 EzA § 102 BetrVG 1972 Nr. 8). Dies wäre mit dem Zweck der § 27 Abs. 2 S. 2–3 und § 28 Abs. 1 S. 2 BetrVG nicht vereinbar. Auch für die Ermächtigung eines einzelnen Betriebsratsmitglieds durch den Betriebsrat, in einem konkreten Einzelfall die Rechte des Betriebsrats selbständig wahrzunehmen, fehlt die gesetzliche Grundlage (DKKW-*Bachner* Rn 146; aA *Richardi/Thüsing* Rn 89).

2. Anhörung des Arbeitnehmers

Der Betriebsrat soll – soweit dies erforderlich erscheint – vor seiner Stellungnahme den betroffenen 136
Arbeitnehmer hören (§ 102 Abs. 2 S. 4 BetrVG). **Dies wird regelmäßig der Fall sein**, damit der Arbeitnehmer den Sachverhalt aus seiner Sicht darstellen und der Betriebsrat aufgrund des Sachvortrags beider Seiten zu einer objektiven Beurteilung gelangen kann. Sie kann nur dann unterbleiben, wenn nach den Umständen des Einzelfalls eine weitere Aufklärung des Sachverhalts nicht zu erwarten ist. Eine Anhörung des Arbeitnehmers hat in jedem Falle zu erfolgen, wenn ein Widerspruch nach § 102 Abs. 3 Nr. 4–5 BetrVG in Betracht kommt (*Fitting* Rn 69). Der Betriebsrat darf einen Widerspruch nach diesen Vorschriften nicht erheben bzw. ein erhobener Widerspruch ist unbegründet, wenn der Arbeitnehmer eine Weiterbeschäftigung iSv § 102 Abs. 3 Nr. 4–5 BetrVG ablehnt (*Richardi/Thüsing* Rn 182, 186). Eine vom Betriebsrat pflichtwidrig unterlassene Anhörung des Arbeitnehmers macht zwar das Anhörungsverfahren nach § 102 BetrVG nicht unwirksam (*BAG* 2.4.1976 EzA § 102 BetrVG 1972 Nr. 21; GK-BetrVG/*Raab* Rn 104), eine wiederholte Verletzung des § 102 Abs. 2 S. 4 BetrVG kann aber einen Auflösungsantrag gegen den Betriebsrat nach § 23 Abs. 1 BetrVG rechtfertigen (*Fitting* Rn 69; APS-*Koch* Rn 137).

3. Anwesenheit des Arbeitgebers

Der Arbeitgeber hat ein Teilnahmerecht an den Betriebsratssitzungen, die auf sein Verlangen anberaumt sind, und an den Sitzungen, zu denen der Betriebsrat ihn eingeladen hat (§ 29 Abs. 4 137
BetrVG). Nimmt der Arbeitgeber an einer solchen Sitzung teil, wozu er nach dem **Gebot der vertrauensvollen Zusammenarbeit** zwischen Arbeitgeber und Betriebsrat (§ 2 Abs. 1 BetrVG) im Allgemeinen verpflichtet ist (vgl. *Fitting* § 29 Rn 56 mwN), liegt es im Ermessen des Betriebsrats, ob er in dieser Sitzung in Anwesenheit des Arbeitgebers über die Stellungnahme zu einer vom Arbeitgeber beabsichtigten Kündigung abschließend entscheiden oder die Entscheidung in einer weiteren Sitzung ohne Anwesenheit des Arbeitgebers treffen will. Der Betriebsrat hat hier eigenverantwortlich über seine Verfahrensweise zu befinden (*BAG* 13.6.1996 RzK III 1e Nr. 20; 24.3.1977 EzA § 102 BetrVG 1972 Nr. 28). Er kann sich darauf beschränken, dem Arbeitgeber Argumente gegen die Kündigung vorzutragen, ohne sich abschließend festzulegen. Der Arbeitgeber muss sich die Argumente des Betriebsrats anhören, ist aber nicht verpflichtet, über die ihm vorgetragenen Gründe mit dem Betriebsrat zu beraten (vgl. *BAG* 25.5.2016 EzA § 102 BetrVG 2001 Nr. 37) oder die Argumente des Betriebsrats zu berücksichtigen.

4. Beschlussfassung

Der Betriebsrat oder der zuständige Ausschuss, auf den insoweit § 33 BetrVG anwendbar ist (*Fitting* 138
§ 33 Rn 2), haben über die Stellungnahme zu der beabsichtigten Kündigung gem. § 33 BetrVG **in einer Sitzung** zu beraten und zu entscheiden. Eine Beschlussfassung **im Umlaufverfahren ist wegen der zwingenden Vorschrift des § 33 BetrVG unzulässig** (*Richardi/Thüsing* Rn 98; *Fitting* Rn 50).

Ein von der Kündigung **betroffenes Betriebsratsmitglied** ist von der Beratung und Beschlussfassung ausgeschlossen. An seine Stelle tritt nach § 25 Abs. 1 S. 2 BetrVG ein Ersatzmitglied (*Oetker* 139
ZfA 1984, 431; s. iE KR-*Rinck* § 103 BetrVG Rdn 83). Das gilt unabhängig davon, ob die

ordentliche Kündigung des Betriebsratsmitglieds zulässig ist oder nicht. Soll bei einer Betriebsstilllegung allen Betriebsratsmitgliedern gekündigt werden (§ 15 Abs. 4 KSchG), sind die betroffenen Mitglieder nur insoweit als zeitweilig verhindert anzusehen, als es um ihre eigene Kündigung geht (s. KR-*Rinck* § 103 BetrVG Rdn 84).

140 Ist der Betriebsrat im Zeitpunkt der vorgesehenen Beschlussfassung **beschlussunfähig**, weil mehr als die Hälfte der Betriebsratsmitglieder an der Amtsausübung verhindert ist und nicht durch Ersatzmitglieder vertreten werden kann (§ 33 Abs. 2 BetrVG), und kann die Beschlussfähigkeit bis zum Ablauf der Äußerungsfrist nicht wiederhergestellt werden, nimmt der Rest-Betriebsrat in entsprechender Anwendung des § 22 BetrVG die Mitwirkungsrechte nach § 102 Abs. 2 BetrVG wahr (*BAG* 18.8.1982 EzA § 102 BetrVG 1972 Nr. 48 m. zust. Anm. *Heinze*). Dies gilt auch, wenn dieser nur noch aus einem einzigen Mitglied besteht (vgl. *LAG Düsseld.* 20.9.1974 EzA § 22 BetrVG 1972 Nr. 1). Der Rest-Betriebsrat ist beschlussfähig, wenn mindestens die Hälfte der nicht verhinderten Betriebsrats- und Ersatzmitglieder an der Beschlussfassung teilnimmt (arg. § 33 Abs. 2 BetrVG).

141 Zu jeder Sitzung des Betriebsrats kann die **Jugend- und Auszubildendenvertretung** einen Vertreter entsenden (§ 67 Abs. 1 S. 2 BetrVG). Ist von der Kündigung ein jugendlicher Arbeitnehmer betroffen, hat die gesamte Jugend- und Auszubildendenvertretung ein Teilnahmerecht und nur in diesem Falle auch ein Stimmrecht (§ 67 Abs. 1 S. 2, § 33 Abs. 3 BetrVG). Die **Schwerbehindertenvertretung** kann an allen Sitzungen des Betriebsrats teilnehmen (§ 32 BetrVG), hat aber kein Stimmrecht. Zur Verpflichtung des Arbeitgebers, die Schwerbehindertenvertretung vor einer Kündigung anzuhören und der – seit Inkrafttreten des ersten Teils des Gesetzes zur Stärkung der Teilhabe und Selbstbestimmung von Menschen mit Behinderungen (Bundesteilhabegesetzes – BTHG) vom 23.12.2016 (BGBl. I 2016, S. 3234) zum 30.12.2016 – aus einem Verstoß resultierenden Unwirksamkeit der Kündigung nach § 178 Abs. 2 S. 3 SGB IX vgl. KR-*Gallner* vor §§ 168–175 SGB IX Rdn 43 ff.

5. Aussetzung des Beschlusses

142 Erachtet die Mehrheit der Jugend- und Auszubildendenvertretung oder die Schwerbehindertenvertretung einen Beschluss des Betriebsrats als eine erhebliche Beeinträchtigung wichtiger Interessen der durch sie vertretenen Arbeitnehmer, ist nach § 35 Abs. 1 BetrVG auf ihren Antrag der Beschluss **auf die Dauer von einer Woche vom Zeitpunkt der Beschlussfassung an** auszusetzen, damit in dieser Frist eine Verständigung, ggf. mit Hilfe der im Betrieb vertretenen Gewerkschaften, versucht werden kann. Erst nach Ablauf dieser Frist ist über die Angelegenheit neu zu beschließen (§ 35 Abs. 2 BetrVG). Durch die Aussetzung eines Betriebsratsbeschlusses werden die Äußerungsfristen des § 102 Abs. 2 BetrVG für den Betriebsrat weder unterbrochen noch gehemmt, was sich für den Aussetzungsantrag der Schwerbehindertenvertretung aus § 178 Abs. 4 S. 3 SGB IX ergibt (*Richardi/Thüsing* § 35 Rn 25; GK-BetrVG/*Raab* Rn 144). Wollte man daher die Vorschrift des § 35 BetrVG uneingeschränkt auf beschlossene Stellungnahmen des Betriebsrats zu beabsichtigten Kündigungen des Arbeitgebers anwenden, könnte der Betriebsrat nach der Aussetzung einen neuen Beschluss erst fassen, wenn die Äußerungsfristen des § 102 Abs. 2 BetrVG abgelaufen sind, die Zustimmung des Betriebsrats damit (bei einer ordentlichen Kündigung) als erteilt gilt und folglich der neue Beschluss keinen Einfluss auf das Anhörungsverfahren mehr haben, insbes. keinen ordnungsgemäßen Widerspruch iSd § 102 Abs. 3 BetrVG mehr herbeiführen kann. Die Aussetzung des Betriebsratsbeschlusses würde damit den Betriebsrat seines aktiven Mitwirkungsrechts an einer Kündigung berauben.

143 Deshalb ist § 35 BetrVG auf Stellungnahmen des Betriebsrats zu beabsichtigten Kündigungen des Arbeitgebers **mit folgenden Einschränkungen anwendbar:** Wird der Aussetzungsantrag gem. § 35 Abs. 1 BetrVG gestellt, hat der Betriebsrat zu versuchen, mit dem Arbeitgeber eine Vereinbarung über die Verlängerung der Äußerungsfrist zu erreichen. Der Arbeitgeber ist – auch im Hinblick auf das Gebot der vertrauensvollen Zusammenarbeit mit dem Betriebsrat (§ 2 Abs. 1 BetrVG) – nicht zum Abschluss einer solchen Vereinbarung verpflichtet. Denn durch die Verlängerung der

Äußerungsfrist für den Betriebsrat verschiebt sich auch der frühestmögliche Zeitpunkt, in dem der Arbeitgeber die Kündigung aussprechen kann. Dann kann aber bei einer außerordentlichen Kündigung die Ausschlussfrist des § 626 Abs. 2 BGB abgelaufen oder bei einer ordentlichen Kündigung die Kündigungsfrist zum vorgesehenen Kündigungstermin nicht mehr einzuhalten sein. Kommt es gleichwohl zu einer Vereinbarung zwischen Arbeitgeber und Betriebsrat über die Verlängerung der Äußerungsfrist, kann das Verfahren nach § 35 BetrVG durchgeführt werden. Kommt hingegen eine solche Vereinbarung nicht zustande, hat der Betriebsratsvorsitzende innerhalb der Äußerungsfrist des § 102 Abs. 2 BetrVG den Betriebsratsbeschluss durchzuführen, sofern der Betriebsrat die Zustimmung nicht erteilt hat, und diese (vorläufige) Stellungnahme des Betriebsrats dem Arbeitgeber bekannt zu geben. Stimmt der Betriebsrat der Kündigung dann nachträglich zu, entfällt für den Arbeitnehmer ein evtl. Weiterbeschäftigungsanspruch nach § 102 Abs. 5 BetrVG. Hatte hingegen der Betriebsrat die Zustimmung zur Kündigung erteilt und ist gegen diesen Beschluss ein Aussetzungsantrag gestellt worden, ist der Betriebsratsvorsitzende berechtigt, für den Betriebsrat die Erklärung abzugeben, die Zustimmung zur Kündigung werde vorläufig aus den von den Antragstellern vorgetragenen Gründen verweigert, bis der Betriebsrat über die Angelegenheit erneut einen Beschluss gefasst habe (*Richardi/Thüsing* § 35 Rn 25 mwN). Damit wird verhindert, dass im Falle einer ordentlichen Kündigung nach Ablauf der Äußerungsfrist für den Betriebsrat seine Zustimmung als erteilt gilt, falls keine Stellungnahme vorliegt (§ 102 Abs. 2 S. 2 BetrVG). Nur so kann nach einem Aussetzungsantrag sichergestellt werden, dass sich der Betriebsrat den Gründen der Antragsteller mit Außenwirkung anschließen kann. Bleibt er bei seiner zustimmenden Entscheidung, entfällt für den Arbeitnehmer ein evtl. Weiterbeschäftigungsanspruch nach § 102 Abs. 5 BetrVG.

§ 35 BetrVG ist in dieser eingeschränkten Geltung auf beschlossene **Stellungnahmen eines zuständigen Ausschusses** (Betriebsausschuss, Personalausschuss) zu beabsichtigten Kündigungen des Arbeitgebers entsprechend anwendbar (vgl. *Richardi/Thüsing* § 35 Rn 26; *Fitting* § 35 Rn 32 mwN). Der Antrag ist an den Betriebsratsvorsitzenden zu richten (*Fitting* § 35 Rn 32; GK-BetrVG/*Raab* § 35 Rn 20; aA HWGNRH-*Glock* § 35 Rn 34), da es seine Sache und nicht die des Ausschussvorsitzenden ist, für den Betriebsrat mit dem Arbeitgeber über eine Verlängerung der Äußerungsfrist zu verhandeln. Für die Abgabe der Stellungnahme des Ausschusses zur Kündigungsabsicht des Arbeitgebers bleibt weiterhin der Ausschussvorsitzende zuständig. 144

VIII. Schweigepflicht der Betriebsratsmitglieder

Soweit dem Betriebsrat im Rahmen der Anhörung persönliche Verhältnisse und Angelegenheiten von Arbeitnehmern bekannt werden, die ihrer Bedeutung oder ihrem Inhalt nach einer vertraulichen Behandlung bedürfen, ist er zur Verschwiegenheit verpflichtet (§ 102 Abs. 2 S. 5 BetrVG iVm § 99 Abs. 1 S. 3 BetrVG). Dazu gehören insbes. **persönliche Vorwürfe** gegen einen Arbeitnehmer und **Umstände privater Natur** (zB Krankheiten, Schwangerschaften, Vorstrafen), aber auch die Kündigungsabsicht (*Richardi/Thüsing* Rn 118; APS-*Koch* Rn 138). Die Verschwiegenheitspflicht besteht nicht gegenüber Mitgliedern des Betriebsrats, gegenüber dem Gesamtbetriebsrat, dem Konzernbetriebsrat, der Bordvertretung, dem Seebetriebsrat und den Arbeitnehmervertretern im Aufsichtsrat sowie im Verfahren vor der Einigungsstelle, der tariflichen Schlichtungsstelle oder einer betrieblichen Beschwerdestelle (§ 102 Abs. 2 S. 5 BetrVG iVm § 99 Abs. 1 S. 3 BetrVG und § 79 Abs. 1 S. 3–4 BetrVG). Eine Verletzung der Schweigepflicht stellt eine Amtspflichtverletzung dar, die nach § 120 Abs. 2 BetrVG strafbar ist und zu Schadenersatzansprüchen des Arbeitnehmers (§ 823 Abs. 2 BGB) führen kann (APS-*Koch* Rn 139). 145

IX. Abschluss des Anhörungsverfahrens

Der Arbeitgeber darf die Kündigung erst nach Abschluss des Anhörungsverfahrens erklären, dh das Kündigungsschreiben absenden (vgl. *BAG* 13.11.1975 EzA § 102 BetrVG 1972 Nr. 20). Das Anhörungsverfahren ist abgeschlossen, **wenn die Äußerungsfristen** für den Betriebsrat gem. § 102 Abs. 2 BetrVG (s. Rdn 123 ff.) **abgelaufen** sind, gleichgültig ob sich der Betriebsrat bis dahin geäußert hat oder nicht oder irrtümlich davon ausgeht, das Verfahren sei noch nicht abgeschlossen. 146

147 **Vor Ablauf der Äußerungsfristen** wird das Anhörungsverfahren nur dann beendet, wenn der Betriebsrat bzw. der zuständige Ausschuss zu der Kündigungsabsicht des Arbeitgebers **abschließend Stellung genommen** hat. Das ist der Fall, wenn der **Arbeitgeber der Äußerung unzweifelhaft entnehmen kann, dass es sich um eine abschließende Stellungnahme handelt.** Ob dies der Fall ist, ist ggf. im Wege der Auslegung entsprechend §§ 133, 157 BGB zu ermitteln (*BAG* 25.5.2016 EzA § 102 BetrVG 2001 Nr. 37; 12.3.1987 EzA § 102 BetrVG 1972 Nr. 71 m. Anm. *Kraft*). Dabei genügt es nicht, dass der Betriebsrat überhaupt Stellung genommen hat. Vielmehr muss der Arbeitgeber – positiv – davon ausgehen können, dass sich der Betriebsrat unter keinen Umständen erneut oder auch nur ergänzend äußern möchte. Dafür bedarf es besonderer Anhaltspunkte, etwa einer ausdrücklichen, vorbehaltlosen Zustimmung zur Kündigung oder der Erklärung, die Wochenfrist ohne eigene Stellungnahme verstreichen lassen zu wollen (*BAG* 25.5.2016 EzA § 102 BetrVG 2001 Nr. 37 = AP § 102 BetrVG 1972 Nr. 170 m. abl. Anm. *Nägele*; abl. auch *Löwisch/Kaiser/Klumpp-Caspers* Rn 58).

148 **Eine abschließende Stellungnahme ist danach insbes. nicht anzunehmen**, wenn der Betriebsrat auf die Unterrichtung durch den Arbeitgeber hin lediglich schweigt (vgl. *BAG* 8.9.1975 EzA § 102 BetrVG 1972 Nr. 17; *Oetker* BB 1984, 1435). Dasselbe gilt, wenn sich der Betriebsrat im Falle einer Anhörung zur außerordentlichen, hilfsweise ordentlichen Kündigung ausdrücklich nur zur außerordentlichen Kündigung äußert. Dann kann der Arbeitgeber die ordentliche Kündigung nicht vor Ablauf der Wochenfrist erklären (*LAG Köln* 23.5.2014 – 4 Sa 69/14). Ist sich der Arbeitgeber nicht sicher, ob es sich um eine abschließende Stellungnahme handelt, muss er beim Betriebsratsvorsitzenden nachfragen. Auf dessen Erklärung darf er sich verlassen (*BAG* 25.5.2016 EzA § 102 BetrVG 2001 Nr. 37).

149 Für die **Abgabe einer abschließenden Erklärung** ist grds. der Betriebsratsvorsitzende bzw. der Vorsitzende des zuständigen Ausschusses zuständig, da gem. § 26 Abs. 2 S. 1 BetrVG der Betriebsratsvorsitzende den Betriebsrat und in entsprechender Anwendung des § 26 Abs. 2 S. 1 BetrVG der Ausschussvorsitzende den Ausschuss im Rahmen der von dem jeweiligen Gremium gefassten Beschlüsse vertreten. Sonstige Betriebsratsmitglieder bedürfen einer Bevollmächtigung durch den Betriebsrat (vgl. *Fitting* § 26 Rn 31 f.).

150 Übermittelt **ein einzelnes Betriebsratsmitglied** dem Arbeitgeber vor Ablauf der Äußerungsfrist **eine Stellungnahme** zu der beabsichtigten Kündigung, kommt es auf die Umstände des Einzelfalls an, ob der Arbeitgeber die Äußerung für abschließend halten darf. Im Grundsatz haben Mängel bei der Beschlussfassung des Betriebsrats selbst dann keine Auswirkungen auf die Ordnungsgemäßheit seiner Anhörung, wenn der Arbeitgeber im Kündigungszeitpunkt weiß oder erkennen kann, dass der Betriebsrat die Angelegenheit nicht fehlerfrei behandelt hat. Gibt daher ein dafür nicht zuständiges Mitglied des Betriebsrats die Erklärung ab, darf der Arbeitgeber diese für abschließend halten, da er keine rechtliche Möglichkeit eines Einflusses auf die Beschlussfassung des Betriebsrats hat (*BAG* 13.6.2019 EzA § 17 KSchG Nr. 43; 22.11.2012 EzA § 626 BGB 2002 Ausschlussfrist Nr. 2; 6.10.2005 EzA § 102 BetrVG 2001 Nr. 16; 24.6.2004 EzA § 102 BetrVG 2001 Nr. 9). Etwas anderes kann ausnahmsweise gelten, wenn erkennbar keine Stellungnahme des Gremiums »Betriebsrat«, sondern etwa nur eine persönliche Äußerung des Betriebsratsvorsitzenden vorliegt (*LAG Saarl.* 30.11.2016 NZA-RR 2017, 247) oder der Arbeitgeber den Fehler des Betriebsrats durch unsachgemäßes Verhalten selbst veranlasst hat (*BAG* 22.11.2012 EzA § 626 BGB 2002 Ausschlussfrist Nr. 2; 6.10.2005 EzA § 102 BetrVG 2001 Nr. 16; 16.1.2003 EzA § 102 BetrVG 2001 Nr. 2).

X. Rechtsfolgen bei Fehlern im Anhörungsverfahren

151 Die Rechtsfolgen sind unterschiedlich, je nachdem ob dem Arbeitgeber oder dem Betriebsrat Fehler im Anhörungsverfahren unterlaufen.

1. Unterlassene oder unzureichende Unterrichtung des Betriebsrats

152 Eine Kündigung ist gem. § 102 Abs. 1 S. 3 BetrVG nicht nur unwirksam, wenn der Arbeitgeber gekündigt hat, **ohne den Betriebsrat überhaupt zu beteiligen**, sondern auch dann, wenn er ihn **nicht**

ordnungsgemäß beteiligt hat, er insbes. seiner Unterrichtungspflicht nach § 102 Abs. 1 BetrVG nicht ausreichend nachgekommen ist (*BAG* 17.3.2016 EzA § 1 KSchG Interessenausgleich Nr. 26; 9.7.2012 EzA § 1 KSchG Soziale Auswahl Nr. 86), oder sich an eine unzuständige Arbeitnehmervertretung gewandt hat – zB an den Gesamtbetriebsrat statt an den zuständigen Betriebsrat, an den Betriebsrat statt an den zuständigen Personalausschuss, an einen unzulässigerweise gebildeten Ausschuss (s. Rdn 56) statt an den Betriebsrat oder an einen nicht mehr amtierenden Betriebsrat (*BAG* 28.9.1983 EzA § 102 BetrVG 1972 Nr. 56). Auf ein Verschulden des Arbeitgebers an der nicht ordnungsgemäßen Unterrichtung des Betriebsrats kommt es nicht an (SPV-*Preis* Rn 366).

Bei einer fehlenden oder fehlerhaften Unterrichtung des Betriebsrats kann der Arbeitgeber den **Mangel** dadurch **beheben**, dass er die vollständige und zutreffende Unterrichtung während des laufenden Anhörungsverfahrens nachholt. **In diesem Falle läuft die Äußerungsfrist ab dem Zeitpunkt der vollständigen und zutreffenden Unterrichtung neu** (*BAG* 6.2.1997 EzA § 102 BetrVG 1972 Nr. 96; 3.4.1987 RzK III 1d Nr. 3; zur Äußerungsfrist s. Rdn 123 ff.). Das gilt auch, wenn der Arbeitgeber den Betriebsrat zunächst unzureichend unterrichtet und aufgrund einer Rückfrage des Betriebsrats die vollständige Unterrichtung nachholt (s. a. Rdn 124). 153

Die fehlende oder fehlerhafte Unterrichtung des Betriebsrats kann **grds. nicht** dadurch **geheilt** werden, dass der Betriebsrat vor Ausspruch der Kündigung »abschließend« Stellung nimmt (*BAG* 28.9.1978 EzA § 102 BetrVG 1972 Nr. 39) oder vor oder nach Ausspruch der Kündigung zustimmt (vgl. hinsichtlich der Zustimmung nach Ausspruch der Kündigung *BAG* 28.2.1974 EzA § 102 BetrVG 1972 Nr. 8; *Fitting* Rn 59). Es lässt sich nicht ausschließen, dass die Stellungnahme des Betriebsrats bei einer fehlerfreien und vollständigen Unterrichtung anders ausgefallen wäre, er insbes. die Zustimmung zur Kündigung nicht erteilt und den Arbeitgeber vom Ausspruch der Kündigung erfolgreich abgehalten hätte. Ein möglicher Widerspruch des Betriebsrats hätte darüber hinaus in kündigungsrechtlicher Hinsicht (§ 1 Abs. 2 KSchG) Bedeutung erlangen (s. KR-*Rachor* § 1 KSchG Rdn 203 ff.) und (bei einer ordentlichen Kündigung) einen Weiterbeschäftigungsanspruch des Arbeitnehmers nach § 102 Abs. 5 BetrVG (s. Rdn 255 ff.) begründen können (ebenso: *BAG* 9.10.1986 – 2 AZR 649/85, nv). Das gilt auch, wenn der Betriebsrat im Laufe des Anhörungsverfahrens den vollständigen Kündigungssachverhalt – und sei es durch eigene Nachforschungen – erfährt (*BAG* 27.6.1985 EzA § 102 BetrVG 1972 Nr. 60). 154

Erklärt aber der Betriebsrat bei der Anhörung zu einer **beabsichtigten außerordentlichen Kündigung**, er könne **nur einer ordentlichen Kündigung zustimmen**, kann der Arbeitgeber nunmehr die ordentliche Kündigung erklären, ohne nochmals den Betriebsrat anhören zu müssen (*LAG BW* 3.11.1976 DB 1977, 777). 155

Dem Betriebsrat steht gegenüber dem Arbeitgeber **kein Anspruch** zu, **den Ausspruch von Kündigungen zu unterlassen**, solange nicht das Anhörungsverfahren überhaupt oder ordnungsgemäß durchgeführt worden ist (*LAG Hmb.* 21.9.1983 ZIP 1983, 1382). Mit der gesetzlich vorgesehenen Sanktion bei Nichtanhörung des Betriebsrats (Unwirksamkeit der Kündigung) sind die Interessen des Betriebsrats angemessen gewahrt. Die **wiederholte vorsätzliche Nichtanhörung** des Betriebsrats stellt jedoch eine Behinderung der Betriebsratstätigkeit dar, die nach § 119 Abs. 1 S. 2 BetrVG mit Freiheitsstrafe bis zu einem Jahr oder Geldstrafe bedroht ist. Die Tat wird nur auf Antrag verfolgt. Antragsberechtigt sind der Betriebsrat oder eine im Betrieb vertretene Gewerkschaft (§ 119 Abs. 2 BetrVG). Hingegen besteht kein Rechtsschutzinteresse für ein Beschlussverfahren, in dem geklärt werden soll, in welcher Weise der Arbeitgeber seine Anhörungspflichten zu erfüllen hat. Das Gesetz schreibt nur die Anhörung des Betriebsrats vor, überlässt es aber dem Arbeitgeber, in welcher Weise er diese Pflicht erfüllt. 156

2. Unzulässige Einflussnahme auf Betriebsrat

Nimmt der Arbeitgeber durch arglistige Täuschung oder widerrechtliche Drohung **in unzulässiger Weise Einfluss** auf die Entscheidung des Betriebsrats (s. Rdn 70), ist das Anhörungsverfahren nicht ordnungsgemäß durchgeführt. Die Anhörung ist folglich unwirksam. Die Unwirksamkeit kann 157

§ 102 BetrVG   Mitbestimmung bei Kündigungen

durch eine vor oder nach Ausspruch der Kündigung erteilte Zustimmung des Betriebsrats **nicht geheilt werden**, da diese gerade auf der unzulässigen Einflussnahme des Arbeitgebers beruhen kann.

3. Fehler bei der Willensbildung des Betriebsrats und der Übermittlung des Betriebsratsbeschlusses

158 **Mängel in der Sphäre des Betriebsrats berühren die Ordnungsmäßigkeit des Anhörungsverfahrens** iSv § 102 Abs. 1 BetrVG **nicht**. Das gilt grds. auch dann, wenn der Arbeitgeber weiß oder vermuten kann, dass das Verfahren des Betriebsrats nicht fehlerfrei verlaufen ist (*BAG* 22.11.2012 EzA § 626 BGB 2002 Ausschlussfrist Nr. 2; 6.10.2005 § 102 BetrVG 2001 Nr. 16). Der Grund dafür liegt darin, dass der Arbeitgeber keine wirksamen rechtlichen Einflussmöglichkeiten auf die Beschlussfassung des Betriebsrats hat (*BAG* 22.11.2012 EzA § 626 BGB 2002 Ausschlussfrist Nr. 2; 16.1.2003 EzA § 102 BetrVG 2001 Nr. 2). Von ihm kann daher nur verlangt werden, dass er die ihm auferlegten Pflichten in seinem Verantwortungsbereich erfüllt (aA GK-BetrVG/*Raab* Rn 105: es gelten die allgemeinen Grundsätze des Vertrauensschutzes).

159 Zu den **Fehlern, die** danach **die Ordnungsgemäßheit des Anhörungsverfahrens nicht berühren**, gehören zB die Fälle, in denen der Betriebsrat (oder der zuständige Ausschuss) bei der Beschlussfassung **fehlerhaft besetzt** war, etwa weil ein Mitglied oder Ersatzmitglied nicht geladen oder ein Ersatzmitglied nicht nachgerückt war, der Betriebsratsvorsitzende den nicht zuständigen Betriebsausschuss statt des Betriebsrats mit der Sache befasst hat (*LAG Köln* 1.7.2004 LAGE § 102 BetrVG 2001 Nr. 1), der Betriebsrat nicht in einer ordnungsgemäß einberufenen Sitzung, sondern **im Umlaufverfahren** seinen Beschluss gefasst hat, ein **Widerspruch nur mündlich oder ohne ausreichende Begründung** erhoben wird, der Arbeitgeber an der Betriebsratssitzung teilgenommen hat, obwohl er kein Teilnahmerecht hatte (s. Rdn 137), der Betriebsrat das Anhörungsverfahren dem Betriebsausschuss ohne schriftlichen Beschluss übertragen (*BAG* 24.8.1983 – 7 AZR 475/81, nv) oder der Betriebsrat den Arbeitnehmer ermessensfehlerhaft nicht angehört hat (s. Rdn 136); ferner wenn der Betriebsratsvorsitzende dem Arbeitgeber eine abschließende Stellungnahme des Betriebsrats mitgeteilt hat, obwohl der Betriebsrat überhaupt noch keine oder eine andere Stellungnahme beschlossen hatte (vgl. *LAG Hamm* 12.12.1996 LAGE § 102 BetrVG 1972 Nr. 56). Von letzterem Beispiel zu unterscheiden ist der Fall, dass der Betriebsratsvorsitzende, dem der Arbeitgeber die Kündigungsabsicht mündlich mitteilt, der Kündigung sofort zustimmt. Dann handelt es sich bei der Erklärung des Betriebsratsvorsitzenden **nicht um die Mitteilung einer Stellungnahme des Betriebsrats**, sondern um die persönliche Stellungnahme des Betriebsratsvorsitzenden, die das Anhörungsverfahren nicht abschließt (*BAG* 28.3.1974 EzA § 102 BetrVG 1972 Nr. 9; s. Rdn 160 aE). Dasselbe gilt, wenn der Betriebsratsvorsitzende erklärt, er werde keine Betriebsratssitzung einberufen, der Betriebsrat werde deshalb keine Stellungnahme abgeben (*ArbG Hameln* 9.10.1985 AuR 1986, 248). Der Arbeitgeber muss in diesen Fällen trotz der Erklärung des Betriebsratsvorsitzenden mit der Möglichkeit rechnen, dass noch eine Stellungnahme des zuständigen Gremiums folgen kann (*BAG* 19.5.1983 – 2 AZR 454/81, nv). Demgegenüber stellt etwa eine Zeitspanne von wenigen Tagen zwischen Übergabe des Anhörungsschreibens und Stellungnahme des Betriebsrats, von denen zwei arbeitsfrei waren, kein hinreichendes Indiz für die Annahme dar, das die Stellungnahme abgebende Betriebsratsmitglied habe lediglich eine persönliche Erklärung übermittelt. Es ist nicht generell ausgeschlossen, dass der Betriebsrat auch außerhalb der regulären Arbeitszeit zu Sitzungen zusammentritt (*BAG* 22.11.2012 EzA § 626 BGB 2002 Ausschlussfrist Nr. 2).

160 Eine **Ausnahme** von diesen Grundsätzen gilt dann, wenn **der Arbeitgeber durch unsachgemäßes Verhalten Mängel bei der Beteiligung des Betriebsrats veranlasst** (*BAG* 22.11.2012 EzA § 626 BGB 2002 Ausschlussfrist Nr. 2; 6.10.2005 EzA § 102 BetrVG 2001 Nr. 16; *BAG* 16.1.2003 EzA § 102 BetrVG 2001 Nr. 2), zB wenn er den Betriebsratsvorsitzenden bittet, die Stellungnahme des Betriebsrats im Umlaufverfahren herbeizuführen und der Betriebsratsvorsitzende diesem Wunsch nachkommt, oder wenn er die gesetzliche Anhörungsfrist für den Betriebsrat einseitig verkürzt und dies ursächlich für eine fehlerhafte Beschlussfassung des Betriebsrats ist (vgl. *LAG Hamm* 30.6.1994 LAGE § 102 BetrVG 1972 Nr. 43). Hier trifft den Arbeitgeber die Verantwortung für

das fehlerhafte Verhalten des Betriebsrats. Deshalb ist in solchen Fällen eine Kündigung wegen fehlerhafter Anhörung des Betriebsrats gem. § 102 Abs. 1 S. 3 BetrVG unwirksam (HWGNRH-*Huke* Rn 103; **aA** SPV-*Preis* Rn 364; offen gelassen in: *BAG* 4.8.1975 EzA § 102 BetrVG 1972 Nr. 14).

4. Kündigung vor Abschluss des Anhörungsverfahrens

Eine vor Abschluss des Anhörungsverfahrens erklärte Kündigung ist gem. § 102 Abs. 1 S. 3 BetrVG grds. unwirksam und **unheilbar nichtig** (*BAG* 1.4.1976 EzA § 102 BetrVG 1972 Nr. 23; Ausnahme: s. Rdn 228). Auf ein Verschulden des Arbeitgebers kommt es nicht an. Die Unwirksamkeit der Kündigung kann nicht durch eine nachträgliche Anhörung, nicht einmal durch eine spätere Zustimmung des Betriebsrats geheilt werden (*BAG* 28.2.1974 EzA § 102 BetrVG 1972 Nr. 8; *Fitting* Rn 59; GK-BetrVG/*Raab* Rn 49). Stimmt der Betriebsrat der Kündigung allerdings nachträglich zu, kann dessen Anhörung vor Erklärung einer erneuten Kündigung entbehrlich sein (APS-*Koch* Rn 61). 161

Mit dem Ausspruch der Kündigung vor Abschluss des Anhörungsverfahrens wird das **Anhörungsverfahren grds. abgebrochen** und damit gegenstandslos. Daher kann der Arbeitgeber nach Ablauf der Frist auf der Grundlage dieser Anhörung **keine wirksame zweite Kündigung** erklären (*BAG* 22.9.1983 – 2 AZR 136/82, nv). Insoweit ist auch eine wirksame Bestätigung der nichtigen Kündigung gem. § 141 BGB nach Abschluss des Anhörungsverfahrens nicht möglich (**aA** offenbar *BAG* 13.11.1975 EzA § 102 BetrVG 1972 Nr. 20). Der Arbeitgeber muss den Betriebsrat vielmehr erneut anhören, bevor er eine weitere Kündigung erklärt. Die Anhörung ist dabei nur dann ordnungsgemäß, wenn der Arbeitgeber den Betriebsrat zu der beabsichtigten Kündigung anhört. Teilt der Arbeitgeber dem Betriebsrat hingegen mit, er habe die Kündigung bereits erklärt, ist dies weder eine ordnungsgemäße Anhörung für die erste bereits ausgesprochene noch für die nach der Anhörung beabsichtigte zweite Kündigung (vgl. *BAG* 18.9.1975 EzA § 102 BetrVG 1972 Nr. 17). 162

XI. Suspendierung vor Abschluss des Anhörungsverfahrens

In **besonders schwerwiegenden Fällen** kann der Arbeitgeber den Arbeitnehmer schon vor Abschluss des Anhörungsverfahrens unter Fortzahlung der Vergütung von der Arbeit freistellen (*Fitting* Rn 20; *Felser* AiB 2006, 74, 75; vgl. auch *Krause* NZA 2005, Beilage 1, S. 51). Erforderlich ist insoweit, dass das Interesse des Arbeitgebers an einer Freistellung höher zu bewerten ist als das Interesse des Arbeitnehmers an einer Weiterbeschäftigung. Eine solche Freistellung stellt keine (mitbestimmungspflichtige) Versetzung dar (*BAG* 28.3.2000 EzA § 95 BetrVG 1972 Nr. 33). Eine Freistellung ohne Fortzahlung des Entgelts ist jedoch unzulässig. Sie käme praktisch einer fristlosen Kündigung gleich, die vor Abschluss des Anhörungsverfahrens gerade nicht zulässig ist. Eine Entgeltzahlungspflicht des Arbeitgebers wegen Annahmeverzugs entfällt allerdings dann, wenn der Arbeitnehmer nicht in der Lage ist, eine ordnungsgemäße Arbeitsleistung zu erbringen, zB weil gegen ihn **Strafverfolgungsmaßnahmen** (Untersuchungshaft, Vernehmungen) eingeleitet sind. 163

E. Stellungnahme des Betriebsrats

I. Entscheidungsspielraum

Der Betriebsrat hat **nach pflichtgemäßem Ermessen** zu prüfen und gem. § 33 BetrVG zu beschließen, ob und in welcher Weise er zu der beabsichtigten Kündigung Stellung nehmen will. Eine bestimmte Stellungnahme ist nicht vorgeschrieben. So kann der Betriebsrat, auch wenn er eine Kündigung für rechtmäßig hält (zB Schlägerei im Betrieb), Bedenken gegen diese Kündigung geltend machen (zB soziale Härte), um den Arbeitgeber zu veranlassen, von der Kündigung abzusehen (vgl. HWGNRH-*Huke* Rn 94). 164

Der Betriebsrat ist aber wegen der ihm nach § 102 BetrVG zugewiesenen Mitwirkungsrechte **verpflichtet, innerhalb der Äußerungsfristen** (s. Rdn 123 ff.) über die Abgabe einer Stellungnahme zu der beabsichtigten Kündigung **zu beschließen.** Hierbei muss er entscheiden, ob er gegenüber dem Arbeitgeber überhaupt eine Stellungnahme abgeben und – wenn ja – ob er der Kündigung zustimmen, 165 gegen sie Bedenken geltend machen oder Widerspruch erheben will. Unterlässt der Betriebsrat einen solchen Beschluss, liegt darin eine Amtspflichtverletzung, die unter Umständen gem. § 23 Abs. 1 BetrVG zur Amtsenthebung führen kann (vgl. *Fitting* § 23 Rn 36). Einen klagbaren Anspruch auf ein Tätigwerden des Betriebsrats hat der betroffene Arbeitnehmer aber nicht (*Fitting* Rn 71).

166 **Gegenvorstellungen** gegen eine Kündigung kann der Betriebsrat nur durch die Erhebung von Bedenken (s. Rdn 173 ff.) oder eines Widerspruchs (s. Rdn 178 ff.) deutlich machen. Andere Formen des Protestes sieht das Gesetz nicht vor.

II. Arten der Stellungnahme

1. Zustimmung

167 Der Betriebsrat kann einer beabsichtigten Kündigung zustimmen. Der Beschluss ist dem Arbeitgeber vom Betriebsratsvorsitzenden (oder bei dessen Verhinderung von seinem Vertreter) **mündlich oder schriftlich** mitzuteilen. Eine bestimmte Form ist nicht vorgeschrieben (*BAG* 24.8.1983 – 7 AZR 475/81, nv; GK-BetrVG/*Raab* Rn 137). Solange der Beschluss dem Arbeitgeber noch nicht mitgeteilt ist, kann er vom Betriebsrat jederzeit aufgehoben und durch einen anderen Beschluss ersetzt werden (vgl. *Richardi/Thüsing* § 33 Rn 35; *Fitting* § 33 Rn 45; GK-BetrVG/*Raab* § 33 Rn 43; APS-*Koch* Rdn 145).

168 Wird der Beschluss über die Zustimmung des Betriebsrats jedoch dem Arbeitgeber übermittelt, ist damit das **Anhörungsverfahren abgeschlossen** (s. Rdn 147). Dies gilt selbst dann, wenn der die Zustimmung beinhaltende Beschluss im Beisein des Arbeitgebers unter irrtümlicher Beteiligung eines Arbeitnehmers erfolgt ist, der bereits aus dem Betriebsrat ausgeschieden war (*LAG Düsseld.* 15.4.2011 LAGE § 13 BetrVG 2001 Nr. 1). Der Arbeitgeber muss sich auf die Mitteilung verlassen und danach seine Dispositionen treffen können. Deshalb kann der Betriebsrat seinen Beschluss nach der Mitteilung an den Arbeitgeber grds. weder aufheben noch zurücknehmen (*Fitting* § 33 Rn 45; GK-BetrVG/*Raab* § 33 Rn 43; HWGNRH-*Huke* Rn 95; in diesem Sinne auch: *Richardi/Thüsing* § 33 Rn 35; aA *Gaul* RdA 1979, 271 – Rücknahme bis Ausspruch der Kündigung zulässig; ferner *Klebe/Schumann* S. 50 ff. – Rücknahme innerhalb der einwöchigen Äußerungsfrist stets zulässig). Die Rechtsgrundsätze über den Widerruf von Verwaltungsakten sind nicht anwendbar, da sich ein Betriebsratsbeschluss nicht mit einem Verwaltungsakt vergleichen lässt (*Richardi/Thüsing* § 33 Rn 38; GK-BetrVG/*Raab* § 33 Rn 44).

169 Für eine **Anfechtung des Betriebsratsbeschlusses** über die Zustimmung oder der Stimmabgabe durch ein einzelnes Betriebsratsmitglied ist kein Raum (*Gaul* RdA 1979, 269 f.; aA GK-BetrVG/*Raab* Rn 135 und *Richardi/Thüsing* § 33 Rn 37: Anfechtung der Stimmabgabe zulässig). Nach Mitteilung des Betriebsratsbeschlusses verdient der Arbeitgeber grds. Vertrauensschutz. Soweit der Arbeitgeber den Betriebsratsbeschluss durch arglistige Täuschung oder rechtswidrige Drohung herbeigeführt hat, verdient er zwar keinen Vertrauensschutz. In diesem Falle ist aber bereits das Anhörungsverfahren fehlerhaft und führt zur Unwirksamkeit der Anhörung (s. Rdn 157). Auf die vom Betriebsrat erteilte Zustimmung kommt es dann nicht an (vgl. SPV-*Preis* Rn 339).

2. Absehen von einer sachlichen Stellungnahme

170 Der Betriebsrat kann von einer Stellungnahme zu einer beabsichtigten Kündigung absehen. Teilt der Betriebsratsvorsitzende dies dem Arbeitgeber mit, ist das **Anhörungsverfahren** damit **abgeschlossen**, wenn der Arbeitgeber der Äußerung unzweifelhaft entnehmen kann, dass es sich um eine **abschließende Stellungnahme** handelt (s. Rdn 147).

171 Sieht der Betriebsratsvorsitzende von jeder Mitteilung ab, wird das Anhörungsverfahren mit Ablauf der dem Betriebsrat zustehenden Äußerungsfrist (s. Rdn 123 ff.) abgeschlossen. Bei einer ordentlichen Kündigung gilt die Zustimmung des Betriebsrats mit Ablauf der Äußerungsfrist als erteilt (§ 102 Abs. 2 S. 2 BetrVG). Eine **Anfechtung der Nichtäußerung** mit der Folge, dass die (fingierte) Zustimmung zur Kündigung als nicht erteilt gilt, kommt nicht in Betracht (s.a. Rdn 169).

Die Vorschrift des § 102 Abs. 2 S. 2 BetrVG ist aufgrund ihrer systematischen Stellung in § 102 Abs. 2 BetrVG **nicht auf außerordentliche Kündigungen anwendbar**. Hier bleibt es bei dem allgemeinen Grundsatz, dass **Schweigen nicht als zustimmende Willenserklärung** anzusehen ist (vgl. *BAG* 18.8.1977 EzA § 102 BetrVG 1972 Nr. 20 mwN; APS-*Koch* Rn 146; aA *Richardi/Thüsing* Rn 114 f.). Das ändert aber nichts daran, dass mit Ablauf der Anhörungsfrist für den Betriebsrat das Anhörungsverfahren ordnungsgemäß abgeschlossen wird, wenn der Betriebsrat schweigt.

172

3. Bedenken

Will der Betriebsrat die Kündigung nicht ohne Weiteres hinnehmen, kann er Bedenken erheben, dh **in Frage stellen**, ob die Kündigung die angemessene Maßnahme ist. Die Kündigung wird damit nicht grds. abgelehnt.

173

Die Bedenken können sich auf **beliebige Gründe**, zB soziale Härte, stützen, die der Betriebsrat für beachtlich hält, auch wenn diese weder einen Widerspruch iSd § 102 Abs. 3 BetrVG begründen können noch die Kündigung sozial ungerechtfertigt oder rechtswidrig erscheinen lassen (vgl. *Fitting* Rn 70). Will der Betriebsrat jedoch seine Bedenken auf Widerspruchsgründe iSd § 102 Abs. 3 BetrVG stützen und die Position des Arbeitnehmers im Kündigungsschutzprozess verbessern (§ 1 Abs. 2 KSchG) sowie ihm eine Weiterbeschäftigung im Sinne von § 102 Abs. 5 BetrVG ermöglichen, muss er gegen die Kündigung Widerspruch erheben, der uU auch in qualifizierten »Bedenken« liegen kann (s. ferner Rdn 178).

174

Bedenken gegen die Kündigung muss der Betriebsrat dem Arbeitgeber innerhalb der ihm zustehenden Äußerungsfrist (s. Rdn 123 ff.) **schriftlich unter Angabe von Gründen** mitteilen (§ 102 Abs. 2 S. 1 BetrVG). Es ist zwar empfehlenswert, aber nicht erforderlich, dass der Betriebsrat die Gründe konkretisiert. Erhebt er die Bedenken nicht fristgerecht oder nur mündlich oder gibt er keine Gründe für seine Bedenken an, sind die Bedenken nicht ordnungsgemäß erhoben und – wie ein Schweigen – rechtlich unbeachtlich (s. Rdn 171).

175

Dem Arbeitgeber **vor Ablauf der Äußerungsfrist mitgeteilte Bedenken** – gleichgültig, ob sie iSd Gesetzes ordnungsgemäß erhoben sind – beenden das Anhörungsverfahren, wenn sich – ggf. nach Auslegung gem. §§ 133, 157 BGB – aus der Erklärung des Betriebsrats ergibt, dass es sich um eine **abschließende Stellungnahme** handelt (*BAG* 25.5.2016 EzA § 102 BetrVG 2001 Nr. 37; s. Rdn 147). Liegt eine solche vor, kann der Betriebsrat nachträglich – auch innerhalb der ihm zustehenden Äußerungsfrist – keinen Widerspruch mehr erheben (s. Rdn 168).

176

Auch **ordnungsgemäß geltend gemachte Bedenken** haben für den Kündigungsschutzprozess **grds. keine Bedeutung** (GK-BetrVG/*Raab* Rn 132) und können einen Weiterbeschäftigungsanspruch des Arbeitnehmers nach § 102 Abs. 5 BetrVG nicht begründen. Da Rechte des Arbeitnehmers durch Bedenken des Betriebsrats gegen die Kündigung nicht begründet oder berührt werden, steht es dem Betriebsrat jederzeit frei, von seinen Bedenken Abstand zu nehmen und gegenüber dem Arbeitgeber eine entsprechende Erklärung abzugeben.

177

4. Widerspruch

Der Betriebsrat kann einer beabsichtigten Kündigung auch widersprechen. Widerspruch bedeutet – weitergehend als die bloße Geltendmachung von Bedenken – die **eindeutige Ablehnung der Kündigung**, was durch Wendungen wie »Widerspruch«, »Ablehnung«, »Verweigerung der Zustimmung«, »Verneinung der Rechtmäßigkeit der Kündigung« zum Ausdruck gebracht werden kann (vgl. *LAG Düsseld.* 23.5.1975 EzA § 102 BetrVG 1972 Beschäftigungspflicht Nr. 4). Meldet der Betriebsrat gegen eine Kündigung ausdrücklich nur Bedenken an, liegt darin idR kein Widerspruch iSd § 102 BetrVG (*LAG RhPf* 26.2.2015 – 5 SaGa 7/14), es sei denn, der Betriebsrat bezeichnet die Kündigung eindeutig als rechtswidrig. Das kann auch dadurch geschehen, dass er Widerspruchsgründe iSv § 102 Abs. 3 BetrVG für offensichtlich gegeben erklärt (ähnlich: *Richardi/Thüsing* Rn 191).

178

179 Bei einer **außerordentlichen Kündigung** ist der Widerspruch in § 102 BetrVG zwar nicht ausdrücklich vorgesehen. Da dieser jedoch nur eine qualifizierte Art von Bedenken ist, ist dem Betriebsrat das Recht zuzubilligen, auch einer außerordentlichen Kündigung zu widersprechen (*Kania/Kramer* RdA 1995, 296; aA HaKo-BetrVG/*Braasch* Rn 68). Für die Ordnungsmäßigkeit des Widerspruchs gegen eine außerordentliche Kündigung gelten deshalb dieselben Grundsätze wie für die Ordnungsmäßigkeit von Bedenken (s. Rdn 173 ff.).

180 Bei einer **ordentlichen Kündigung** ist aus § 102 Abs. 3 und 5 BetrVG zu schließen, dass an die Ordnungsmäßigkeit eines Widerspruchs strengere Anforderungen zu stellen sind als an die Ordnungsmäßigkeit von Bedenken (s. Rdn 184 ff.). Der Widerspruch hat auch weitergehende Wirkungen: Er kann einen Weiterbeschäftigungsanspruch des Arbeitnehmers nach § 102 Abs. 5 BetrVG (s. Rdn 255 ff.) sowie die Sozialwidrigkeit der Kündigung nach § 1 Abs. 2 KSchG (s. KR-*Rachor* § 1 KSchG Rdn 203 ff.) begründen. Das gilt auch bei einer ordentlichen Änderungskündigung (zu den Einzelheiten s. Rdn 262 ff.).

181 Der **Beschluss** über die Erhebung des Widerspruchs gegen eine ordentliche Kündigung **kann zurückgenommen werden**, solange er noch keine Rechte des betroffenen Arbeitnehmers gem. § 102 Abs. 5 BetrVG oder § 1 Abs. 2 KSchG begründet hat, dh solange die Kündigung dem Arbeitnehmer noch nicht zugegangen ist (*LAG Bln.* 20.3.1978 AuR 1979, 253; APS-*Koch* Rn 150; *Richardi/Thüsing* Rn 197; Rn 52; GK-BetrVG/*Raab* Rn 151; *Fitting* Rn 99; HWGNRH-*Huke* Rn 123; *Haas* FA 2007, 366).

182 Der Rücknahmebeschluss entfaltet aber erst **Außenwirkung**, wenn er dem Arbeitgeber oder dem betroffenen Arbeitnehmer mitgeteilt wird. Ist die Kündigung dem Arbeitnehmer bereits zugegangen, hat die Rücknahme des Widerspruchs keinen Einfluss mehr auf seine Rechte nach § 102 Abs. 5 BetrVG und § 1 Abs. 2 KSchG (vgl. HaKo-KSchR/*Nägele* Rn 141; *Richardi/Thüsing* Rn 197).

183 Wird der Rücknahmebeschluss **nach Absendung aber vor Zugang der Kündigung** nur dem Arbeitgeber mitgeteilt, ist zu differenzieren: Hat der Arbeitgeber dem Kündigungsschreiben weder die Stellungnahme des Betriebsrats beigefügt noch die Stellungnahme erwähnt und ist der Arbeitnehmer auch nicht vom Betriebsrat über den Widerspruch unterrichtet worden, wird bei Zugang des Kündigungsschreibens **kein Vertrauensschutz** begründet. Der Arbeitnehmer erlangt keine Rechte aus § 102 Abs. 5 BetrVG bzw. § 1 Abs. 2 KSchG. Fügt der Arbeitgeber hingegen entsprechend der Vorschrift des § 102 Abs. 4 BetrVG dem Kündigungsschreiben eine Abschrift der Stellungnahme des Betriebsrats bei oder ist der Arbeitnehmer auf andere Weise über den Widerspruch unterrichtet, erlangt der Arbeitnehmer mit Zugang der Kündigung **Vertrauensschutz**. Die Rechte aus § 102 Abs. 5 BetrVG und § 1 Abs. 2 KSchG können dem Arbeitnehmer durch eine nachträgliche Mitteilung des Rücknahmebeschlusses nicht mehr entzogen werden. Will der Arbeitgeber verhindern, dass der Arbeitnehmer die Rechte aus § 102 Abs. 5 BetrVG und § 1 Abs. 2 KSchG erlangt, muss er dafür sorgen, dass dem Arbeitnehmer spätestens bei Zugang der Kündigung die Mitteilung über den Rücknahmebeschluss des Betriebsrats zugeht (arg. § 130 Abs. 1 S. 2 BGB).

III. Widerspruch bei einer ordentlichen Kündigung

1. Voraussetzungen für einen ordnungsgemäßen Widerspruch

184 Der Widerspruch muss **innerhalb der dem Betriebsrat zustehenden Äußerungsfrist** (s. Rdn 123 ff.) gegenüber dem Arbeitgeber **und unter Angabe von Gründen schriftlich** erhoben werden (vgl. § 102 Abs. 3 BetrVG). Schriftlichkeitserfordernis und Begründungszwang ergeben sich aus dem Zusammenhang mit der Regelung des § 102 Abs. 2 BetrVG, der die Geltendmachung von Bedenken betrifft. Der Widerspruch ist eine qualifizierte Art von Bedenken (s. Rdn 178). Das rechtfertigt es, an ihn zumindest dieselben formellen Anforderungen zu stellen wie an die Geltendmachung von Bedenken. Bei dem Widerspruch des Betriebsrats handelt es sich nicht um eine Willenserklärung, sondern um eine **rechtsgeschäftsähnliche Handlung**. Deshalb **bedarf der Widerspruch nicht der (strengen) Schriftform des § 126 Abs. 1 BGB** (vgl. *BAG* 9.12.2008 EzA § 99 BetrVG 2001 Nr. 11). Das Schriftlichkeitserfordernis des § 102 BetrVG soll nur gewährleisten, dass der Arbeitgeber auf

sichere Weise Kenntnis von dem Widerspruch und den Widerspruchsgründen erhält. Es ist deshalb auch gewahrt, wenn das Widerspruchsschreiben durch **Telefax** übermittelt wird (vgl. *BAG* 9.12.2008 EzA § 99 BetrVG 2001 Nr. 11). Für die Erfüllung des Schriftlichkeitsgebots genügt ebenfalls eine Mitteilung per **E-Mail**, wenn diese den Erfordernissen der Textform nach § 126b BGB entspricht (vgl. *BAG* 10.3.2009 EzA § 126b BGB 2002 Nr. 2; APS-*Koch* Rn 188; *Fitting* Rn 64; DKKW-*Bachner* Rn 201; aA GK-BetrVG/*Raab* Rn 137: nur »strenge« Schriftform genügt; *Richardi/Thüsing* Rn 189: nur Telefax genügt; vgl. auch *BVerwG* 15.5.2020 NZA-RR 2020, 438 zu § 69 Abs. 2 S. 5 BPersVG aF: jede verstetigte Gedankenerklärung durch Schriftzeichen genügt (dort: namentlich gekennzeichnete E-Mail des Personalratsvorsitzenden mit Anhang einer Textdatei, die die Gründe beinhaltet); 15.12.2016 NZA-RR 2017, 334 zu § 69 Abs. 2 S. 5 BPersVG aF: eingescannte PDF-Datei als E-Mail-Anhang, die die Unterschrift des Personalratsvorsitzenden wiedergibt, genügt).

Ist der Widerspruch frist- und ordnungsgemäß erhoben, kann der Betriebsrat **bis zum Ablauf der Äußerungsfrist weitere Widerspruchsgründe nachschieben**. Nach Ablauf der einwöchigen Äußerungsfrist darf der Betriebsrat **keine neuen Widerspruchsgründe geltend machen** (ebenso *BAG* 6.12.1984 – 2 AZR 542/83, nv). Dies gilt auch, wenn er frist- und ordnungsgemäß Widerspruch erhoben hatte. Der Arbeitgeber muss bei Ablauf der Äußerungsfrist Klarheit darüber haben, aus welchen Gründen der Betriebsrat der Kündigung widerspricht, um danach seine Dispositionen treffen zu können (Antrag auf Entbindung von der Weiterbeschäftigungspflicht, Einstellung einer Ersatzkraft). 185

Die Widerspruchsgründe müssen – schriftlich – durch **Angabe von konkreten Tatsachen** erläutert werden (*LAG Düsseld.* 5.1.1976 DB 1976, 1065; *LAG Hmb.* 29.10.1975 BB 1976, 184). Es genügt nicht, wenn einer der abstrakten gesetzlichen Widerspruchsgründe des § 102 Abs. 3 BetrVG nur formelhaft wiederholt oder lediglich auf das Gesetz Bezug genommen wird (*LAG Nds.* 22.8.1975 DB 1975, 1898; *Richardi/Thüsing* Rn 194; *Fitting* Rn 71; GK-BetrVG/*Raab* Rn 150; HWGNRH-*Huke* Rn 116). 186

Die vom Betriebsrat zur Begründung seines Widerspruchs angeführten Tatsachen müssen es als **möglich erscheinen lassen, dass einer der in § 102 Abs. 3 BetrVG angeführten Widerspruchsgründe vorliegt** (*Hess. LAG* 3.7.2012 – 15 SaGa 243/12; *LAG Hmb.* 21.5.2008 AiB NL 2008, Nr. 10, S. 1; *LAG SchlH* 5.3.1996 LAGE § 102 BetrVG 1972 Beschäftigungspflicht Nr. 23; *LAG München* 16.8.1995 LAGE § 102 BetrVG 1972 Beschäftigungspflicht Nr. 22). Hierbei ist es nicht erforderlich, dass diese Tatsachen schlüssig einen Widerspruchsgrund iSv § 102 Abs. 3 BetrVG ergeben, dh der Widerspruch begründet wäre, wenn die vom Betriebsrat angeführten Tatsachen zuträfen (*BAG* 11.5.2000 EzA § 102 BetrVG 1972 Beschäftigungspflicht Nr. 11). Nach dem insoweit eindeutigen Gesetzeswortlaut kann der Arbeitgeber bei einem unbegründeten Widerspruch nur dann seine Entbindung von der Weiterbeschäftigungspflicht verlangen, wenn die Unbegründetheit »offensichtlich« ist. Damit soll nach dem Willen des Gesetzgebers in allen anderen Fällen nicht nur ein Weiterbeschäftigungsanspruch des Arbeitnehmers entstehen können, sondern auch bis zur Beendigung des Kündigungsrechtsstreits bestehen bleiben. Wenn aber ein unbegründeter Widerspruch dem Arbeitgeber noch nicht einmal in jedem Fall das Recht gibt, seine Entbindung von der Weiterbeschäftigungspflicht zu verlangen, erscheint es nicht gerechtfertigt, für die Ordnungsgemäßheit des Widerspruchs die schlüssige Darlegung eines Widerspruchsgrundes zu fordern. Vielmehr ist ausreichend, aber auch erforderlich, dass **die vom Betriebsrat angeführten Tatsachen zusammen mit anderen Tatsachen einen Widerspruchsgrund ergeben können**. Die vom Betriebsrat vorgebrachten Tatsachen müssen also als Teil der schlüssigen Darlegung eines Widerspruchsgrundes denkbar sein. Sie müssen geeignet sein, dem Arbeitgeber und gegebenenfalls den Gerichten die Nachprüfung zu ermöglichen, ob der vom Betriebsrat angeführte Widerspruchsgrund tatsächlich gegeben ist. 187

Betrifft die Stellungnahme des Betriebsrats **mehrere Arbeitnehmer**, muss ersichtlich sein, welche Arbeitnehmer im Einzelnen gemeint sind und auf wen sich die Widerspruchsgründe beziehen (*LAG Frankf.* 20.10.1976 AuR 1978, 57); 188

189 Dem Widerspruch muss ein **ordnungsgemäßer Beschluss des Betriebsrats** oder des zuständigen Ausschusses über die Erhebung des Widerspruchs zugrunde liegen (*LAG Nbg.* 27.10.1992 LAGE § 102 BetrVG 1972 Beschäftigungspflicht Nr. 11; *Haas* FA 2008, 169), dh nicht an groben Formfehlern leidet (*Fitting* § 33 Rn 54 ff.). Es gilt § 33 BetrVG. Der Betriebsrat muss bei seiner Beschlussfassung beschlussfähig sein (§ 33 Abs. 2 BetrVG), der Beschluss muss mit der Mehrheit der Stimmen der anwesenden Mitglieder (§ 33 Abs. 2 BetrVG) in einer ordnungsgemäßen Sitzung des Betriebsrats – nicht etwa im Umlaufverfahren – gefasst werden, zu der Betriebsratssitzung muss ordnungsgemäß eingeladen werden (zur Heilung der fehlenden Übermittlung der Tagesordnung vgl. *BAG* 15.4.2014 EzA § 29 BetrVG 2001 Nr. 4). Nicht ordnungsgemäß zustande gekommene Betriebsratsbeschlüsse sind nichtig (*Richardi/Thüsing* § 33 Rn 42 ff.; *Fitting* § 33 Rn 52). Aus einem solchen nichtigen Betriebsratsbeschluss kann ein Arbeitnehmer keine Rechte nach § 102 Abs. 5 BetrVG oder § 1 Abs. 2 KSchG ableiten (**aA** *Gussone* AuR 1994, 246). Der Arbeitnehmer kann keinen Vertrauensschutz aus einem nichtigen Betriebsratsbeschluss für sich in Anspruch nehmen. Er hat weder einen Anspruch darauf, dass der Betriebsrat Widerspruch erhebt, noch kann er gegen eine evtl. Untätigkeit des Betriebsrats etwas unternehmen. Gleichwohl kann auch ein nicht ordnungsgemäßer und damit nichtiger Beschluss des Betriebsrats das Anhörungsverfahren wirksam abschließen (s. Rdn 158 ff.).

190 Der Beschluss des Betriebsrats muss dem Arbeitgeber **von einem zuständigen Betriebsratsmitglied** (s. Rdn 115 ff.) **mitgeteilt** worden sein, weil er erst dann Außenwirkung erlangt. Erhebt der Betriebsratsvorsitzende oder ein bevollmächtigtes Betriebsratsmitglied im Namen des Betriebsrats Widerspruch, ohne dass ein ordnungsgemäßer Beschluss des Betriebsrats vorliegt, kann der Betriebsrat den Widerspruch durch ordnungsgemäßen Beschluss **nachträglich genehmigen** und ihm dadurch zur Wirksamkeit verhelfen (§ 184 BGB). Die Genehmigung ist aber nur bis zum Ablauf der Äußerungsfrist zulässig, da in diesem Zeitpunkt für den Arbeitgeber feststehen muss, ob ein ordnungsgemäßer Widerspruch mit allen daraus folgenden Konsequenzen (Weiterbeschäftigung, Sozialwidrigkeit der Kündigung) vorliegt. Die Äußerungsfrist dient auch dazu, dem Arbeitgeber Klarheit zu verschaffen.

191 Ist der Widerspruch des Betriebsrats nicht ordnungsgemäß erhoben, ist er unwirksam und als **Widerspruch rechtlich unbeachtlich**. Er kann jedoch das Anhörungsverfahren wirksam abschließen (s. Rdn 151 ff.).

2. Widerspruchsgründe

192 Der Widerspruch gegen eine ordentliche Kündigung kann, wenn daraus ein Weiterbeschäftigungsanspruch des Arbeitnehmers nach § 102 Abs. 5 BetrVG erwachsen soll, **nur aus den in § 102 Abs. 3 BetrVG aufgeführten Gründen** wirksam erhoben werden. Die Aufzählung der Widerspruchsgründe in § 102 Abs. 3 BetrVG ist abschließend (DKKW-*Bachner* Rn 192; APS-*Koch* Rn 189; *Richardi/Thüsing* Rn 157; *Fitting* Rn 71). Jedoch können durch Tarifvertrag oder freiwillige Betriebsvereinbarung zusätzliche Widerspruchsgründe für den Betriebsrat geschaffen werden. Für die Tarifvertragsparteien folgt dieses Recht aus ihrer Rechtssetzungsmacht, betriebsverfassungsrechtliche Fragen ordnen zu können (§ 1 Abs. 1 TVG; vgl. auch Rdn 326), für die Betriebspartner aus Sinn und Zweck des § 102 Abs. 6 BetrVG, das gesetzliche Mitwirkungsrecht des Betriebsrats bis zur Zustimmungsbedürftigkeit von Kündigungen durch freiwillige Betriebsvereinbarung erweitern zu können (s. Rdn 324). Zur Bedeutung der Widerspruchsgründe bei einer **Änderungskündigung** s. KR-*Kreft* § 2 KSchG Rdn 210 f.

193 Das Widerspruchsrecht ist nicht auf betriebsbedingte Kündigungen beschränkt. Vielmehr ist ein Widerspruch **auch bei personen- und verhaltensbedingten Kündigungen** zulässig (*BAG* 24.3.1988 RzK III 1e Nr. 12; 22.7.1982 EzA § 1 KSchG Verhaltensbedingte Kündigung Nr. 10; DKKW-*Bachner* Rn 190; *Richardi/Thüsing* Rn 155; *Fitting* Rn 77; GK-BetrVG/*Raab* Rn 152; **aA** *Buchner* Anm. AR-Blattei, Beschäftigungspflicht: Entsch. 11; *Gamillscheg* FS BAG, S. 128 f.; ferner – Widerspruchsrecht nur bei betriebsbedingten, allenfalls personenbedingten Kündigungen –: *LAG Frankf.* 20.10.1976 ARSt 1977, 130; HWGNRH-*Huke* Rn 120). Auch bei beabsichtigten personen- oder

verhaltensbedingten Kündigungen (zB Unverträglichkeit mit bestimmten Arbeitskollegen) ist es im Einzelfall denkbar, dass dem Arbeitgeber eine Weiterbeschäftigung des Arbeitnehmers unter geänderten Vertragsbedingungen zumutbar und möglich ist, was ein Widerspruchsrecht des Betriebsrats nach § 102 Abs. 3 Nr. 5 BetrVG begründet. Allerdings wird es dem Betriebsrat bei personen- und verhaltensbedingten Kündigungen oft nicht gelingen, Tatsachen geltend zu machen, die einen Widerspruchsgrund ergeben können, weil die zur Begründung der Kündigung angeführten Gründe in der Person oder im Verhalten des Arbeitnehmers vielfach eine Weiterbeschäftigung gem. § 102 Abs. 3 Nr. 3–5 BetrVG ausschließen und eine soziale Auswahl gem. § 102 Abs. 3 Nr. 1 BetrVG bei personen- und verhaltensbedingten Kündigungen nicht in Betracht kommt. Dann folgt die fehlende Ordnungsmäßigkeit des Widerspruchs aber nicht aus der Art der Kündigung, sondern aus der mangelnden Darlegung eines möglichen Widerspruchsgrundes (s.a. *Hess. LAG* 3.2.2015 – 15 SaGa 1727/14, nv).

a) Fehlerhafte soziale Auswahl (§ 102 Abs. 3 Nr. 1 BetrVG)

Dieser Widerspruchsgrund kommt **nur bei betriebsbedingten Kündigungen** in Betracht, weil nur 194 hier eine soziale Auswahl zu treffen ist (*Richardi/Thüsing* Rn 159; GK-BetrVG/*Raab* Rn 153; APS-*Koch* Rn 192; HWGNRH-*Huke* Rn 124). Deshalb kann der Betriebsrat einer verhaltensbedingten oder personenbedingten Kündigung (zB Ungeeignetheit) nicht mit der Begründung widersprechen, soziale Gesichtspunkte seien nicht ausreichend berücksichtigt (*LAG Düsseld.* 2.9.1975 DB 1975, 1995). Auch handelt es sich nicht um einen ordnungsgemäßen Widerspruch, wenn der Betriebsrat diesen bei einer beabsichtigten krankheitsbedingten Kündigung auf § 102 Abs. 3 Nr. 1 BetrVG (Appell an die Fürsorgepflicht des Arbeitgebers) stützt (*LAG Köln* 19.10.2000 LAGE § 102 BetrVG 1972 Nr. 75). **Die Betriebsbedingtheit der Kündigung wird vorausgesetzt**, ohne dass dem Betriebsrat insoweit ein Widerspruchsrecht eingeräumt wird. Der Betriebsrat kann also nicht die soziale Auswahl des für die Kündigung vorgesehenen Arbeitnehmers mit der Begründung rügen, er bestreite die Betriebsbedingtheit der Kündigung. Andererseits erkennt ein Betriebsrat, der nur die Ordnungsgemäßheit der sozialen Auswahl rügt, damit nicht ohne Weiteres die Betriebsbedingtheit der Kündigung an. Es muss dem Betriebsrat unbenommen bleiben, in diesem Zusammenhang auch die Betriebsbedingtheit der Kündigung zu bestreiten, ohne dass dieser Gesichtspunkt als solcher ein Widerspruchsrecht begründen könnte (*Richardi/Thüsing* Rn 160; APS-*Koch* Rn 193).

Die fehlerhafte soziale Auswahl bei einer betriebsbedingten Kündigung macht die Kündigung (auch 195 ohne Widerspruch des Betriebsrats) **sozialwidrig** iSv § 1 Abs. 3 S. 1 KSchG. Der Widerspruchsgrund des § 102 Abs. 3 Nr. 1 BetrVG stimmt mit § 1 Abs. 3 S. 1 KSchG überein. Zur Frage, wann bei der Auswahl des zu kündigenden Arbeitnehmers soziale Gesichtspunkte nicht oder nicht ausreichend berücksichtigt sind, s. KR-*Rachor* § 1 KSchG Rdn 749 ff.

Zur ordnungsgemäßen Widerspruchsbegründung bei einer betriebsbedingten Kündigung ist es 196 grds. erforderlich, aber auch ausreichend, wenn der Betriebsrat **auf einen oder mehrere der vier relevanten Sozialdaten (Dauer der Betriebszugehörigkeit, Lebensalter, Unterhaltspflichten, Schwerbehinderung) hinweist**, die seines Erachtens vom Arbeitgeber unzureichend berücksichtigt worden sind (*LAG RhPf* 19.1.1982 AuR 1982 323), und ggf. erläutert, warum Auswahlüberlegungen des Arbeitgebers – zB bei einem Punkteschema – nicht ausreichend sein sollen (*LAG SchlH* 22.11.1999 AP Nr. 12 zu § 102 BetrVG 1972 Weiterbeschäftigung). Hat der Arbeitgeber überhaupt keine Sozialauswahl durchgeführt oder nicht alle vergleichbaren Arbeitnehmer in die Sozialauswahl einbezogen, genügt es, wenn der Betriebsrat dies rügt und vergleichbare Arbeitnehmer benennt (*ArbG Hmb.* 3.4.2008 AiB NL 2008, Nr. 10, S. 2; *ArbG Frankf./M.* 9.1.2003 RzK III 1 f Nr. 26). Mit seinem Widerspruch kann sich der Betriebsrat nur auf Arbeitnehmer des Betriebs, nicht aber auf Arbeitnehmer anderer Betriebe des Unternehmens beziehen. Ferner muss der Betriebsrat zwar nicht einzelne Arbeitnehmer benennen, die er als sozial bessergestellt ansieht, aber er muss den Kreis der mit dem betroffenen Arbeitnehmer vergleichbaren Arbeitnehmer hinreichend bestimmt oder bestimmbar bezeichnen (*BAG* 9.7.2003 EzA § 102 BetrVG 2001 Beschäftigungspflicht Nr. 1 m. krit. Anm. *Herresthal*; aA *Schoof* AiB 2007, 599). Denn nur dann können Arbeitgeber und ggf.

die Gerichte prüfen, ob die sozialen Gesichtspunkte, die der Betriebsrat als unzureichend berücksichtigt ansieht, bei vergleichbaren Arbeitnehmern gegeben sind (s. Rdn 187). Es genügt zB, wenn der Betriebsrat auf die Dauer der Betriebszugehörigkeit und die Zahl der unterhaltsberechtigten Personen des Arbeitnehmers hinweist und rügt, in der Abteilung des betreffenden Arbeitnehmers seien mehrere Arbeitskollegen mit kürzerer Betriebszugehörigkeit und geringeren Unterhaltsverpflichtungen beschäftigt (*Fitting* Rn 74; vgl. auch *LAG Bra.* 15.12.1992 LAGE § 102 BetrVG 1972 Beschäftigungspflicht Nr. 13).

197 Will der Betriebsrat der beabsichtigten Kündigung mit der Begründung widersprechen, der Arbeitgeber habe die **Sozialauswahl** nicht oder fehlerhaft vorgenommen, **hängen die Anforderungen an seine Begründung von der Mitteilung des Arbeitgebers ab**. Macht der Arbeitgeber keine Angaben zur Sozialauswahl, genügt es, wenn der Betriebsrat deren Fehlen pauschal rügt (APS-*Koch* Rn 194). Er braucht insbesondere nicht schlüssig darzulegen, dass die vom Arbeitgeber getroffene soziale Auswahl fehlerhaft ist, dh er muss nicht die maßgebenden sozialen Daten (Dauer der Betriebszugehörigkeit, Lebensalter, Unterhaltsverpflichtungen, Schwerbehinderung) von Arbeitnehmern mit einem vergleichbaren Tätigkeitsbereich angeben, aus denen sich ergibt, dass sie sozial bessergestellt und daher an Stelle des vom Arbeitgeber zur Kündigung vorgesehenen Arbeitnehmers auszuwählen sind. Hält der Arbeitgeber eine Sozialauswahl deshalb nicht für erforderlich, weil es keine vergleichbaren Arbeitnehmer gebe, muss der Betriebsrat die Gruppe der seiner Ansicht nach vergleichbaren Arbeitnehmer und ggf. einen Arbeitsplatz benennen, auf dem der zu kündigende Arbeitnehmer weiterbeschäftigt werden könnte. Er braucht aber nicht aufzuzeigen, wer an Stelle des gekündigten Arbeitnehmers entlassen werden soll, damit der Gekündigte weiterbeschäftigt werden kann (vgl. *BAG* 9.7.2003 EzA § 102 BetrVG 2001 Beschäftigungspflicht Nr. 1 m. Anm. *Herresthal* = SAE 2004, 145 m. krit. Anm. *Waas* = AiB 2004, 504 m. abl. Anm. *Wulff* = ZVBR 2004, 79 m. zust. Anm. *Ilbertz*; *LAG Köln* 23.3.2011 AE 2012, 20 = AnwZert ArbR 3/2012 m. abl. Anm. *Lechner*; *LAG Hmb.* 25.5.2010 AuA 2011, 112; GK-BetrVG/*Raab* Rn 154).

198 Die Anforderungen an einen ordnungsgemäßen Widerspruch des Betriebsrats gem. § 102 Abs. 3 Nr. 1 BetrVG sind nicht geringer, wenn **der Arbeitgeber** seinerseits dem Betriebsrat bei der Unterrichtung über die Kündigung **die sozialen Daten vergleichbarer Arbeitnehmer nicht oder unvollständig mitteilt**, weil er diese sozialen Daten bei der Auswahl des gekündigten Arbeitnehmers nicht berücksichtigt hat. Die Anforderungen an die Unterrichtungspflicht des Arbeitgebers und an die Widerspruchsbegründung des Betriebsrats korrespondieren nicht miteinander, sondern unterscheiden sich in einem wesentlichen Punkt. Der Arbeitgeber genügt seiner Unterrichtungspflicht gegenüber dem Betriebsrat, wenn er ihm seine wahren Kündigungsgründe mitteilt, unabhängig davon, ob diese die Kündigung sozial rechtfertigen können oder nicht (*BAG* 24.3.1977 EzA § 102 BetrVG 1972 Nr. 28). Dem Betriebsrat hingegen ist das Widerspruchsrecht gegen die Kündigung im Hinblick auf die fehlerhafte Sozialauswahl eingeräumt. Diese ist aber stets nach den objektiven Verhältnissen im Zeitpunkt der Kündigung zu beurteilen und nicht nach den subjektiven Überlegungen des Arbeitgebers. Deshalb können bei einer betriebsbedingten Kündigung mehr oder weniger unzureichende Überlegungen eines Arbeitgebers zur sozialen Auswahl nicht die Anforderungen an die Widerspruchsbegründung des Betriebsrats herabsetzen. Fehlen dem Betriebsrat erforderliche Informationen, kann er nach § 80 Abs. 2 S. 1 BetrVG vom Arbeitgeber Auskunft etwa über die Sozialdaten der vergleichbaren Arbeitnehmer verlangen.

199 Ermöglicht der Arbeitgeber dem Betriebsrat aufgrund unzureichender Unterrichtung nicht die Erhebung eines ordnungsgemäßen Widerspruchs, entstehen dem betroffenen Arbeitnehmer keine Nachteile. Der Arbeitgeber kann die Kündigung im Prozess nur auf diejenigen Daten stützen, die er dem Betriebsrat mitgeteilt hat. Will er (weitere) **Kriterien für die Sozialauswahl nachschieben**, muss er hierzu den Betriebsrat – erneut – anhören. Dieser kann dann ggf. aufgrund der vollständig mitgeteilten Daten einen ordnungsgemäßen Widerspruch nach § 102 Abs. 3 Nr. 1 BetrVG erheben (zum Nachschieben von Kündigungsgründen s. Rdn 239 ff.).

200 Stützt der Arbeitgeber die beabsichtigte Kündigung **sowohl auf betriebsbedingte als auch auf personen- oder verhaltensbedingte Gründe**, kann der Betriebsrat keinen Widerspruch nach § 102

Abs. 3 Nr. 1 BetrVG erheben. Eine fehlerhafte Sozialauswahl im Hinblick auf die betriebsbedingten Kündigungsgründe steht der Zulässigkeit einer auf personen- oder verhaltensbedingte Gründe gestützten Kündigung nicht entgegen, die ihrerseits keinen Widerspruch nach § 102 Abs. 3 Nr. 1 BetrVG ermöglicht.

b) Verstoß gegen eine Auswahlrichtlinie nach § 95 BetrVG (§ 102 Abs. 3 Nr. 2 BetrVG)

Der Betriebsrat muss in seinem Widerspruchsschreiben die **Auswahlrichtlinie**, gegen die verstoßen wurde, **bezeichnen**, sowie die Tatsachen angeben, aus denen sich der Verstoß gegen die Auswahlrichtlinie ergibt (zB Alter und Dauer der Betriebszugehörigkeit des zur Kündigung vorgesehenen Arbeitnehmers; vgl. *Haas* FA 2008, 171). 201

Unter »Richtlinien« iSd § 95 BetrVG sind die Grundsätze zu verstehen, die allgemein oder für bestimmte Arten von Tätigkeiten oder Arbeitsplätzen festlegen, welche Voraussetzungen für die personelle Maßnahme (hier: Kündigung) erforderlich sind oder nicht vorliegen dürfen (vgl. *Fitting* § 95 Rn 7). Es handelt sich um **Regeln**, die der Arbeitgeber seiner personellen Auswahlentscheidung zugrunde zu legen hat (*Richardi/Thüsing* § 95 Rn 6). Hierbei stellt auch ein aus einem konkreten betrieblichen Anlass aufgestelltes Punkteschema zur sozialen Auswahl bei beabsichtigten betriebsbedingten Kündigungen eine Auswahlrichtlinie iSv § 95 BetrVG dar (*BAG* 24.10.2013 EzA § 125 InsO Nr. 11; 26.7.2005 EzA § 95 BetrVG 2001 Nr. 1; vgl. auch *Richardi/Thüsing* § 95 Rn 7; aA GK-BetrVG/*Raab* § 95 Rn 17, 52 mwN). 202

Bei Kündigungen kommen Auswahlrichtlinien nur **für betriebsbedingte (ordentliche) Kündigungen** in Betracht (APS-*Koch* Rn 195; GK-BetrVG/*Raab* § 95 Rn 44; HWGNRH-*Huke* Rn 137; *Richardi/Thüsing* Rn 166; aA DKKW-*Bachner* Rn 215). Für personen- und verhaltensbedingte Kündigungen können wegen der unübersehbaren Vielfalt der denkbaren Tatbestände Auswahlrichtlinien nicht aufgestellt werden. Da es ferner bei diesen Kündigungen stets auf die besonderen Umstände des Einzelfalls ankommt, dürften die notwendig abstrakten Auswahlrichtlinien, die für personen- oder verhaltensbedingte Kündigungen entweder festlegen, unter welchen (abstrakten) Voraussetzungen eine Kündigung niemals ausgesprochen werden kann, oder bestimmen, unter welchen (abstrakten) Voraussetzungen gekündigt werden darf, wegen Nichtberücksichtigung der Umstände des Einzelfalls und wegen der unvermeidbaren Nichtberücksichtigung gleichgelagerter Sachverhalte gegen die Grundsätze von Recht und Billigkeit verstoßen und deshalb gem. § 75 Abs. 1 BetrVG unwirksam sein. 203

Auswahlrichtlinien bei betriebsbedingten Kündigungen dürfen hinsichtlich der Arbeitnehmer, die unter das Kündigungsschutzgesetz fallen, **nicht gegen § 1 KSchG verstoßen** (*BAG* 11.3.1976 EzA § 95 BetrVG 1972 Nr. 1), dh sie müssen sich grds. darauf beschränken, die nach § 1 KSchG zu berücksichtigenden Tatbestände im Hinblick auf die Verhältnisse des Betriebs zu konkretisieren, zB nähere Umschreibung der Voraussetzungen der Betriebsbedingtheit von Kündigungen, allgemeine Voraussetzungen für eine Umsetzung, Umschulung, Fortbildung oder einverständlichen Änderung der Arbeitsbedingungen zur Vermeidung von Kündigungen, Anhörung des Arbeitnehmers vor einer Kündigung (aA *Richardi/Thüsing* § 95 Rn 39: die Auswahlrichtlinien beziehen sich nur auf die Sozialauswahl), Verfahrensregeln vor einer Kündigung. 204

Insbesondere können bei betriebsbedingten Kündigungen **Richtlinien über die soziale Auswahl** der zu kündigenden Arbeitnehmer festgelegt werden. Hierbei müssen die Richtlinien im Hinblick auf die zwingende Vorschrift des § 1 Abs. 3 S. 1 KSchG über die soziale Auswahl bei Kündigungen die maßgebenden vier Sozialdaten Dauer der Betriebszugehörigkeit, Lebensalter, Unterhaltsverpflichtungen und Schwerbehinderung ausreichend berücksichtigen und in ein nicht unausgewogenes Verhältnis zueinander bringen (*BAG* 20.10.1983 EzA § 1 KSchG Betriebsbedingte Kündigung Nr. 28). Dabei verstößt die Berücksichtigung des Lebensalters nicht gegen das Verbot der Altersdiskriminierung (*BAG* 5.11.2009 EzA § 1 KSchG Interessenausgleich Nr. 20). Die **Aufstellung eines Punktesystems** ist insoweit zulässig. Die in den Richtlinien vorgenommene Bewertung der maßgebenden sozialen Daten im Verhältnis zueinander ist nur dann **unbeachtlich, wenn sie grob** 205 fehlerhaft ist (vgl. § 1 Abs. 4 S. 1 KSchG). Die Richtlinien können sich auch darauf beschränken, nur eine Vorauswahl zu treffen, indem sie zB festlegen, dass die Auswahl der zu kündigenden Arbeitnehmer sich nur auf solche Arbeitnehmer erstrecken darf, die eine bestimmte Punktzahl über- oder unterschreiten.

206 Für **Arbeitnehmer, die nicht unter das KSchG fallen**, können in Auswahlrichtlinien ohne die Beschränkung nach § 1 Abs. 3 S. 1 KSchG die Grundsätze festgelegt werden, nach denen sie entlassen werden sollen.

207 Bei der Aufstellung von Auswahlrichtlinien hat der Betriebsrat ein **Mitbestimmungsrecht** (§ 95 Abs. 1 BetrVG). Unter den Voraussetzungen des § 95 Abs. 2 BetrVG steht ihm auch ein Initiativrecht zu. Auswahlrichtlinien, die ohne Zustimmung des Betriebsrats oder Spruch der Einigungsstelle zustande gekommen sind, sind wegen Verstoßes gegen § 95 BetrVG unwirksam. Auf sie kann sich der Betriebsrat auch nicht zur Begründung seines Widerspruchs berufen. Auswahlrichtlinien haben den Charakter einer Betriebsvereinbarung (*Fitting* § 95 Rn 6). Deshalb können sowohl der Arbeitgeber als auch der Betriebsrat bestehende Richtlinien kündigen (vgl. § 77 Abs. 5 BetrVG).

c) Weiterbeschäftigung an einem anderen Arbeitsplatz in demselben Betrieb oder in einem anderen Betrieb des Unternehmens (§ 102 Abs. 3 Nr. 3 BetrVG)

208 Dieser Widerspruchsgrund kommt grds. für alle Arten der ordentlichen Kündigung in Betracht (APS-*Koch* Rn 196). Er betrifft die Möglichkeit einer Weiterbeschäftigung im Unternehmensbereich, jedoch grds. nicht darüber hinaus in einem anderen Konzernunternehmen. Etwas anderes gilt in den Fällen, in denen die Rechtsprechung (vgl. *BAG* 24.5.2012 EzA § 1 KSchG Betriebsbedingte Kündigung Nr. 168 mwN) ausnahmsweise einen konzernweiten Kündigungsschutz anerkennt (*Richardi/Thüsing* Rn 177; GK-BetrVG/*Raab* Rn 160; APS-*Koch* Rn 197; DKKW-*Bachner* Rn 219). Der Betriebsrat muss **darlegen, auf welchem freien Arbeitsplatz eine Weiterbeschäftigung des Arbeitnehmers in Betracht kommt** (*LAG Düsseld.* 26.6.1980 DB 1980, 2043). Hierbei muss er **den freien Arbeitsplatz zumindest in bestimmbarer Weise angeben** (*BAG* 17.6.1999 EzA § 102 BetrVG 1972 Beschäftigungspflicht Nr. 10 = SAE 2001, 16 m. zust. Anm. *Dedek*; *ArbG Hmb.* 3.4.2008 AiB NL 2008, Nr. 10, S. 2; *Mareck* BB 2000, 2044) und den Bereich bezeichnen, in dem der Arbeitnehmer anderweitig weiterbeschäftigt werden kann (*LAG Hamm* 1.7.1986 LAGE § 102 BetrVG 1972 Beschäftigungspflicht Nr. 8; vgl. auch *LAG München* 17.8.1994 LAGE § 102 BetrVG 1972 Beschäftigungspflicht Nr. 18; *Richardi/Thüsing* Rn 196), zB dass in der Abteilung des betroffenen Arbeitnehmers mehrere Arbeitsplätze nicht besetzt sind, auf denen er weiterbeschäftigt werden könnte (*Fitting* Rn 74), dass er auf einem Arbeitsplatz mit gleicher Tätigkeit, aber in einer anderen Schicht beschäftigt werden könnte, dass in einer bestimmten Abteilung des Betriebs mehrere Stellen angefordert worden seien (*LAG Bln.* 15.9.1980 DB 1980, 2449), dass im Beschäftigungsbetrieb ein der Ausbildung des Arbeitnehmers entsprechender Arbeitsplatz frei sei, wenn hierüber bereits verhandelt wurde (vgl. *LAG Hamm* 20.10.1983 DB 1984, 671). Dies gilt auch bei **Massenkündigungen** (*BAG* 6.12.1984 RzK III 1e Nr. 3). Hingegen reicht es nicht aus, wenn der Betriebsrat nur allgemein auf eine anderweitige Beschäftigungsmöglichkeit im selben Betrieb oder in einem anderen Betrieb des Unternehmens verweist (*BAG* 17.6.1999 EzA § 102 BetrVG 1972 Beschäftigungspflicht Nr. 10; APS-*Koch* Rn 200) oder lediglich umschreibt, wie er sich eine Beschäftigungsmöglichkeit vorstellt, ohne einen konkreten freien Arbeitsplatz zu nennen (dazu neigt aber das *BAG* 24.3.1988 RzK III 1e Nr. 12), oder auf Personalengpässe bei Arbeiten hinweist, die im Betrieb von einem Subunternehmer aufgrund eines Werkvertrags erledigt werden (*BAG* 11.5.2000 EzA § 102 BetrVG 1972 Beschäftigungspflicht Nr. 11) oder gar nur zum Ausdruck bringt, es müsse im Betrieb irgendeine anderweitige Beschäftigungsmöglichkeit geben (*BAG* 24.3.1988 RzK III 1e Nr. 12) oder es sei – bei einer Massenentlassung – damit zu rechnen, dass durch freiwillige Abfindungsaktionen freie Arbeitsplätze entstünden (*LAG Hamm* 14.6.2004 RzK III 1e Nr. 32). Die Möglichkeit einer Versetzung in eine **interne Qualifizierungs- und Vermittlungsgesellschaft** bildet keinen Widerspruchsgrund. Stellen, die ausschließlich der Qualifizierung und Vermittlung an andere Unternehmen dienen, sind keine freien Arbeitsplätze iSv § 1 Abs. 2

S. 2 und 3 KSchG (*BAG* 8.5.2014 EzA § 1 KSchG Betriebsbedingte Kündigung Nr. 179). Bei **personen- oder verhaltensbedingten Kündigungen** muss der Betriebsrat auch darlegen, dass die Gründe in der Person oder im Verhalten des Arbeitnehmers der Weiterbeschäftigung an dem neuen Arbeitsplatz nicht entgegenstehen, sofern sich hierfür nicht aus den Umständen des Einzelfalls bereits konkrete Anhaltspunkte ergeben (*LAG Hmb.* 9.4.2014 – 6 SaGa 2/14, nv). Letzteres ist zB anzunehmen, wenn einem Arbeitnehmer nur wegen persönlicher Auseinandersetzungen mit einem in derselben Abteilung tätigen Arbeitskollegen gekündigt werden soll, eine Weiterbeschäftigung aber auf einem freien Arbeitsplatz in einer anderen Abteilung möglich ist, auf dem eine Zusammenarbeit mit jenem Arbeitskollegen nicht erforderlich ist.

Der für eine Weiterbeschäftigung in Betracht kommende Arbeitsplatz muss **bei Ablauf der Kündigungsfrist** oder nach Ablauf einer darauffolgenden kurzen Einarbeitungszeit **frei** sein. Nicht erforderlich ist, dass er auch schon im Zeitpunkt des Widerspruchs frei ist. Deshalb kann der Betriebsrat seinen Widerspruch zB darauf stützen, mit Leiharbeitskräften besetzte Arbeitsplätze würden demnächst frei (*ArbG Stuttg.* 5.6.1996 AuR 1996, 458; *Fricke* AiB 2010, 481; APS-*Koch* Rn 198; weitergehend DKKW-*Bachner* Rn 198 f.). Ein Arbeitsplatz, der erst durch eine neue unternehmerische Disposition geschaffen werden müsste, kann aber für die Beurteilung der Weiterbeschäftigungsmöglichkeit keine Berücksichtigung finden und deshalb kein Widerspruchsrecht des Betriebsrats begründen (*ArbG Bln.* 20.7.1977 BB 1977, 1761). Der Arbeitgeber ist bei seiner wirtschaftlich-unternehmerischen Entscheidung über die Arbeitsorganisation frei und an Mitbestimmungsrechte des Betriebsrats nicht gebunden. Anders verhält es sich, wenn in einer Abteilung über einen längeren Zeitraum **regelmäßig Mehrarbeit** geleistet wird (APS-*Koch* Rn 198; DKKW-*Bachner* Rn 224). Verweist der Betriebsrat in einem solchen Fall auf die reale Arbeitsmenge, verlangt er nicht die Schaffung eines tatsächlich nicht vorhandenen Arbeitsplatzes, sondern nur die Verteilung der Arbeit auf die – unter Berücksichtigung der vertraglich geschuldeten wöchentlichen Arbeitszeit – erforderliche Anzahl von Arbeitnehmern. Der Abbau von Stellen unter gleichzeitiger Anordnung regelmäßiger Überstunden ist nicht Teil der im Wesentlichen freien unternehmerischen Organisationsentscheidung (vgl. *BAG* 20.12.2012 EzA § 1 KSchG Betriebsbedingte Kündigung Nr. 172; 24.5.2012 EzA § 1 KSchG Betriebsbedingte Kündigung Nr. 167).

§ 102 Abs. 3 Nr. 3 BetrVG berechtigt den Betriebsrat nur dann zum Widerspruch, wenn der Arbeitnehmer auf einem »anderen« Arbeitsplatz weiterbeschäftigt werden kann. Ein **Widerspruchsgrund ist deshalb nicht gegeben, wenn der Arbeitnehmer auf seinem bisherigen Arbeitsplatz weiterbeschäftigt werden kann.** Für den Fall, dass der Betriebsrat – lediglich – den Wegfall des Arbeitsplatzes des zu kündigenden Arbeitnehmers bestreitet, sieht das Gesetz einen Widerspruchsgrund gerade nicht vor, da es sich insoweit um eine (mitbestimmungsfreie) unternehmerische Entscheidung handelt (*BAG* 11.5.2000 EzA § 102 BetrVG 1972 Beschäftigungspflicht Nr. 11; 12.9.1985 EzA § 102 BetrVG 1972 Nr. 61; *Hess. LAG* 15.2.2013 LAGE § 102 BetrVG 2001 Beschäftigungspflicht Nr. 6; APS-*Koch* Rn 199; HaKo-BetrVG/*Braasch* Rn 98; *Richardi/Thüsing* Rn 173; DKKW-*Bachner* Rn 225; GK-BetrVG/*Raab* Rn 159; HWGNRH-*Huke* Rn 143; *Haas* FA 2008, 171; aA *Fitting* Rn 90).

Stützt der Betriebsrat seinen Widerspruch darauf, dass der Arbeitnehmer auf einem bestimmten anderen Arbeitsplatz in demselben Betrieb weiterbeschäftigt werden kann, liegt hierin zugleich die nach § 99 BetrVG erforderliche **Zustimmung zur Versetzung** auf den vorgeschlagenen anderen Arbeitsplatz. Der Arbeitgeber braucht diese nicht mehr gesondert einzuholen (*Richardi/Thüsing* Rn 178; HWGNRH-*Huke* Rn 148).

Widerspricht der Betriebsrat der Kündigung mit der Begründung, der Arbeitnehmer könne auf einem anderen Arbeitsplatz in einem anderen Betrieb des gleichen Unternehmens weiterbeschäftigt werden, ist für eine solche Weiterbeschäftigung auch die **Zustimmung des Betriebsrats des aufnehmenden Betriebs** unter dem Gesichtspunkt der Einstellung nach § 99 BetrVG erforderlich (GK-BetrVG/*Raab* Rn 165; in diesem Sinne auch *BAG* 16.12.1986 EzA § 99 BetrVG 1972 Nr. 54). Eine ordnungsgemäße Widerspruchsbegründung des Betriebsrats bedarf hier der Darlegung, der Betriebsrat des anderen Betriebs sei mit der Übernahme einverstanden (*Richardi/Thüsing* Rn 178).

Ohne Zustimmung des anderen Betriebsrats ist eine Weiterbeschäftigung in dem anderen Betrieb rechtlich nicht möglich. Folglich kann auch nicht von einer Weiterbeschäftigungsmöglichkeit in diesem Betrieb gesprochen werden, bevor die Zustimmung des Betriebsrats vorliegt. Die Durchführung eines Zustimmungsersetzungsverfahrens (§ 99 Abs. 4 BetrVG) in dem anderen Betrieb kann der Betriebsrat des Betriebs, dem der zu kündigende Arbeitnehmer angehört, nicht verlangen.

213 § 102 Abs. 3 Nr. 3 BetrVG macht – anders als § 102 Abs. 3 Nr. 5 BetrVG – das Widerspruchsrecht des Betriebsrats **nicht davon abhängig, dass der Arbeitnehmer** sich mit einer Weiterbeschäftigung iSv § 102 Abs. 3 Nr. 3 BetrVG **einverstanden erklärt** (*Richardi/Thüsing* Rn 179; aA HWGNRH-*Huke* Rn 147). Aus diesem Umstand sowie der Regelung des § 102 Abs. 3 Nr. 5 BetrVG (»unter geänderten Vertragsbedingungen«) ist zu schließen, dass § 102 Abs. 3 Nr. 3 BetrVG nur die Weiterbeschäftigung erfasst, die **ohne Änderung des Arbeitsvertrags möglich ist**, die also der Arbeitgeber kraft seines Direktionsrechts ohne Einverständnis des Arbeitnehmers anordnen kann (*Hess. LAG* 15.2.2013 LAGE § 102 BetrVG 2001 Beschäftigungspflicht Nr. 6). Ist eine Weiterbeschäftigung nur aufgrund einer Vertragsänderung oder einer Änderungskündigung – auch in einem anderen Betrieb des gleichen Unternehmens – möglich, kommt lediglich ein Widerspruchsrecht des Betriebsrats nach § 102 Abs. 3 Nr. 4 und 5 BetrVG in Betracht (s. Rdn 237 ff.).

214 Zu den Voraussetzungen, unter denen ein Arbeitnehmer an einem anderen Arbeitsplatz im selben Betrieb oder in einem anderen Betrieb des Unternehmens weiterbeschäftigt werden kann, s. im Übrigen KR-*Rachor* § 1 KSchG Rdn 228 ff.

d) Weiterbeschäftigung nach zumutbaren Umschulungs- oder Fortbildungsmaßnahmen (§ 102 Abs. 3 Nr. 4 BetrVG)

215 Dieser Widerspruchsgrund kommt insbes. dann in Betracht, wenn infolge Rationalisierungsmaßnahmen neue technische Einrichtungen (Maschinen etc.) eingeführt werden, deren Bedienung der Arbeitnehmer (noch) nicht beherrscht. Der Betriebsrat muss **darlegen, welche für den Arbeitgeber zumutbaren Umschulungs- und Fortbildungsmaßnahmen in Betracht kommen** und welcher freie Arbeitsplatz nach der Umschulung oder Fortbildung im Unternehmensbereich verfügbar ist, der mit dem betroffenen Arbeitnehmer besetzt werden kann. Die Neueinrichtung eines Arbeitsplatzes kann der Betriebsrat nicht fordern (*LAG Nbg.* 17.8.2004 AR-Blattei ES 530.14.3 Nr. 204). Eine Beschränkung der Weiterbeschäftigungsmöglichkeit auf den betrieblichen Bereich ist nicht gerechtfertigt (GK-BetrVG/*Raab* Rn 170; *Fitting* Rn 91; *Richardi/Thüsing* Rn 181; aA HWGNRH-*Huke* Rn 150). Eine Umschulung ist für den Arbeitgeber unzumutbar, wenn sie in angemessener Zeit offenbar keinen Erfolg verspricht (*Bost-Klatt/Fuhrmann* AiB 2005, 413). Auf die Frage der Zumutbarkeit der vorgeschlagenen Maßnahmen für den Arbeitnehmer kommt es nicht an. Der betroffene Arbeitnehmer kann sich frei entscheiden, ob er an der Umschulung oder Fortbildung teilnehmen will. Will er nicht daran teilnehmen, entfällt ein Weiterbeschäftigungsanspruch nach § 102 Abs. 5 BetrVG (s. Rdn 218). Will er jedoch teilnehmen, besteht kein Anlass, dem Betriebsrat einen Widerspruch nach § 102 Abs. 3 Nr. 4 BetrVG zu versagen, weil die vorgeschlagene Umschulung oder Fortbildung für den Arbeitnehmer unter objektivierten Gesichtspunkten möglicherweise unzumutbar ist.

216 Als verfügbarer Arbeitsplatz, den der Arbeitnehmer nach einer Umschulung oder Fortbildung besetzen kann, kommt **auch sein bisheriger Arbeitsplatz** in Betracht (APS-*Koch* Rn 202; GK-BetrVG/*Raab* Rn 168; DKKW-*Bachner* Rn 232; *Haas* FA 2008, 172), zB wenn sich herausstellt, dass der Arbeitnehmer erst nach einer Umschulung oder Fortbildung den Anforderungen seines Arbeitsplatzes gewachsen ist. Unerheblich ist dabei, ob der Arbeitnehmer den Anforderungen von Anfang an nicht gewachsen war oder die Anforderungen im Laufe der Zeit gestiegen sind.

217 Nach Sinn und Zweck der gesetzlichen Regelung sind Umschulungs- und Fortbildungsmaßnahmen **vom Arbeitgeber** bis zur Grenze der Zumutbarkeit **zu finanzieren** (aA GK-BetrVG/*Raab* Rn 174 mwN: beschränkt auf betriebliche Maßnahmen). Die Zumutbarkeit ist am Grundsatz von Treu und Glauben zu messen. Danach kann der Widerspruchsgrund ausscheiden, wenn etwa der

Aufwand mit Blick auf die erforderliche zeitliche Dauer unverhältnismäßig groß ist (offengelassen in *BAG* 7.2.1991 EzA § 1 KSchG Personenbedingte Kündigung Nr. 9) oder der Erfolg der Maßnahme ungewiss erscheint. Bei der Abwägung sind neben der wirtschaftlichen Leistungsfähigkeit des Arbeitgebers die Möglichkeit der Inanspruchnahme öffentlicher Mittel und evtl. freiwillige Beiträge des Arbeitnehmers zu berücksichtigen (s.a. KR-*Rachor* Rdn 818).

Da die Umschulung oder Fortbildung stets eine Änderung der Arbeitsbedingungen bedeutet, ist insoweit die **Zustimmung des betroffenen Arbeitnehmers** erforderlich (APS-*Koch* Rn 202; GK-BetrVG/*Raab* Rn 172; HWGNRH-*Huke* Rn 154; *Richardi/Thüsing* Rn 173). Der Betriebsrat muss diese einholen und gegenüber dem Arbeitgeber darlegen (GK-BetrVG/*Raab* Rn 172; *Richardi/ Thüsing* Rn 182; **aA** *Gussone* AuR 1994, 250). Ohne erklärtes Einverständnis des Arbeitnehmers mit der Umschulung oder Fortbildung besteht kein sachlicher Grund, den Arbeitgeber von der Kündigung abzuhalten und dem Arbeitnehmer aufgrund des Widerspruchs des Betriebsrats einen Weiterbeschäftigungsanspruch nach § 102 Abs. 5 BetrVG einzuräumen. 218

In dem Vorschlag des Betriebsrats zu Umschulungs- oder Fortbildungsmaßnahmen liegt auch die erforderliche **Zustimmung** nach § 99 BetrVG **zur Versetzung** des Arbeitnehmers, soweit der Betriebsrat in seinem Widerspruch den neuen Arbeitsplatz des Arbeitnehmers konkret bezeichnet. Handelt es sich hierbei um einen Arbeitsplatz in einem anderen Betrieb des Unternehmens, ist die Zustimmung des dortigen Betriebsrats erforderlich (s. Rdn 212). 219

Zu zumutbaren Umschulungs- oder Fortbildungsmaßnahmen s. im Übrigen KR-*Rachor* § 1 KSchG Rdn 816 ff. 220

e) **Weiterbeschäftigung unter geänderten Vertragsbedingungen mit Einverständnis des Arbeitnehmers (§ 102 Abs. 3 Nr. 5 BetrVG)**

Der Widerspruchsgrund ist nicht auf den betrieblichen Bereich beschränkt, sondern erstreckt sich auch auf eine Weiterbeschäftigung in einem anderen Betrieb des Unternehmens. Der Betriebsrat muss gegenüber dem Arbeitgeber unter Bezeichnung des freien Arbeitsplatzes, der auch der bisherige Arbeitsplatz des Arbeitnehmers sein kann, **die zu ändernden Vertragsbedingungen darlegen**. Diese Arbeitsbedingungen können gegenüber den bisherigen auch ungünstiger sein. Beispiele: Kürzung der Vergütung oder Sonderzuwendung, Umstellung auf Teilzeitarbeit, Weiterbeschäftigung in einer anderen Betriebsabteilung oder in einem anderen Betrieb des Unternehmens, die der Arbeitgeber nicht kraft seines Direktionsrecht anordnen kann. Hingegen kann der Betriebsrat seinen Widerspruch nicht darauf stützen, dass eine Beförderungsstelle frei geworden ist, weil dem Arbeitnehmer **kein Beförderungsanspruch** zusteht. Dies würde die unternehmerische Freiheit des Arbeitgebers beeinträchtigen, den Arbeitsplatz nach seinen Wünschen zu besetzen (*BAG* 10.11.1994 EzA § 1 KSchG Betriebsbedingte Kündigung Nr. 77; **aA** *Hinrichs* S. 61). 221

Soweit allerdings **Arbeitsbedingungen rechtsverbindlich durch Tarifvertrag oder Betriebsvereinbarung festgelegt** sind (zB Sonderzuwendungen), kann der Betriebsrat keine Weiterbeschäftigung des Arbeitnehmers zu ungünstigeren Arbeitsbedingungen geltend machen. Denn Ansprüche der Arbeitnehmer aus Tarifvertrag oder Betriebsvereinbarung sind zwingend (§ 4 Abs. 1 und 3 TVG, § 77 Abs. 4 BetrVG) und können nicht zuungunsten der Arbeitnehmer abbedungen werden (APS-*Koch* Rn 204). Andererseits kann der Widerspruch darauf gestützt werden, dass durch eine kollektive, mitbestimmungspflichtige Änderung der Arbeitsbedingungen (zB Einführung von Kurzarbeit) die Weiterbeschäftigung ermöglicht wird (vgl. *ArbG Mannheim* 9.12.1982 BB 1983, 1031; *ArbG Bocholt* 22.6.1982 BB 1982, 1425; *Richardi/Thüsing* Rn 185; **aA** *Fitting* Rn 97; HWGNRH-*Huke* Rn 133). Im Widerspruch liegt insoweit das Angebot auf Abschluss einer entsprechenden Betriebsvereinbarung. 222

Ferner hat der Betriebsrat dem Arbeitgeber das **Einverständnis des betroffenen Arbeitnehmers** zu den vorgeschlagenen Vertragsänderungen mitzuteilen (*Hess. LAG* 15.2.2013 LAGE § 102 BetrVG 2001 Beschäftigungspflicht Nr. 6). Er muss dieses deshalb vor Erhebung des Widerspruchs einholen (APS-*Koch* Rn 203; *Richardi/Thüsing* Rn 186; *Fitting* Rn 95; GK-BetrVG/*Raab* Rn 172; **aA** 223

Klebe/Schumann S. 164: Einverständnis nach Erhebung der Kündigungsschutzklage genügt). Ohne erklärtes Einverständnis des Arbeitnehmers ist ein auf § 102 Abs. 3 Nr. 5 BetrVG gestützter Widerspruch unwirksam (*Richardi/Thüsing* Rn 177). Die Einverständniserklärung des Arbeitnehmers setzt nicht voraus, dass ein entsprechendes Vertragsangebot des Arbeitgebers vorliegt. Vielmehr werden die zu ändernden Vertragsbedingungen vom Betriebsrat vorgeschlagen (*Fitting* Rn 95; *Richardi/Thüsing* Rn 186).

224 Der Arbeitnehmer kann gegenüber dem Betriebsrat sein **Einverständnis** zu der vom Betriebsrat vorgeschlagenen Vertragsänderung **unter dem Vorbehalt erteilen, dass eine Änderung der Arbeitsbedingungen sozial gerechtfertigt ist** (APS-*Koch* Rn 204; *Richardi/Thüsing* Rn 187; *Fitting* Rn 96; GK-BetrVG/*Raab* Rn 178; aA HWGNRH-*Huke* Rn 161). Erklärt der Arbeitgeber in diesem Fall entsprechend dem Vorschlag des Betriebsrats eine Änderungskündigung, kann der Arbeitnehmer einen Weiterbeschäftigungsanspruch nach § 102 Abs. 5 BetrVG nicht auf den Widerspruch nach § 102 Abs. 3 Nr. 5 BetrVG stützen, weil der Betriebsrat der Änderungskündigung insoweit gerade nicht widersprochen hat. Folgt der Arbeitgeber allerdings nicht dem Vorschlag des Betriebsrats, sondern erklärt eine Kündigung, ohne neue Vertragsbedingungen anzubieten, kann der Widerspruch des Betriebsrats nach § 102 Abs. 3 Nr. 5 BetrVG einen Weiterbeschäftigungsanspruch des Arbeitnehmers zu den bisherigen Arbeitsbedingungen begründen.

225 Ist mit der vom Betriebsrat vorgeschlagenen Änderung der Arbeitsbedingungen eine Versetzung verbunden, liegt in dem Vorschlag des Betriebsrats gleichzeitig auch die **Zustimmung zur Versetzung** nach § 99 BetrVG (*Richardi/Thüsing* Rn 178). Zur Versetzung in einen anderen Betrieb s. Rdn 212.

226 Zu den Voraussetzungen, unter welchen eine Weiterbeschäftigung des Arbeitnehmers unter geänderten Vertragsbedingungen möglich ist, s. im Übrigen KR-*Rachor* § 1 KSchG Rdn 820 ff.

F. Kündigung durch den Arbeitgeber

I. Abgabe der Kündigungserklärung

227 Der Arbeitgeber darf die **Kündigung erst erklären, wenn das Anhörungsverfahren beim Betriebsrat abgeschlossen ist** (s. Rdn 146 ff.). Für den Fall einer **Betriebsänderung** iSv §§ 111, 112 BetrVG ist **umstritten**, ob dem Betriebsrat zur Sicherung seiner Beteiligungsrechte ein **Unterlassungsanspruch** zusteht, der ggf. im Wege eines Antrags auf Erlass einer einstweiligen Verfügung durchgesetzt werden kann. Zum Teil wird ein solcher Anspruch mit der Begründung verneint, die Rechtsfolgen der Verletzung des Mitwirkungsrechts seien in § 113 BetrVG ausdrücklich und für die Arbeitnehmer abschließend geregelt (zB *LAG RhPf* 7.12.2017 DB 2018, 899 m. zust. Anm. *Otto/Jares*; 27.8.2014 – 4 TaBVGa 4/14; *LAG Düsseld.* 14.12.2005 EzASD 2006, Nr. 2, S. 15; *LAG Nds.* 29.11.2002 BB 2003, 1337; *LAG Nbg* 9.3.2009 – 6 TaBVGa 2/09; *LAG SchlH* 13.1.1992 LAGE § 111 BetrVG 1972 Nr. 11; *Bauer/Krieger* BB 2010, 53; *Lipinski/Reinhardt* NZA 2009, 1184; zum Unterlassungsanspruch bei Verletzung von Unterrichtungs- und Anhörungsrechten nach dem EBRG: *ArbG Köln* 25.5.2012 – 5 BV 208/11, AiB 2012, 688 m. abl. Anm. *Meissner*; auch abl. *Hayen* JurisPR-ArbR 40/2012 Anm. 3). Dem kann spätestens seit Ablauf der Umsetzungsfrist der RL 2002/14/EG zur Festlegung eines allgemeinen Rahmens für die Unterrichtung und Anhörung der Arbeitnehmer am 23.3.2005 nicht mehr gefolgt werden. Mit Blick auf Art. 8 Abs. 2 der Richtlinie sind die Gerichte gehalten, die Konsultation der Arbeitnehmervertreter vor der grundlegenden Änderung der Beschäftigungssituation der Arbeitnehmer verfahrensmäßig abzusichern. Der in § 113 BetrVG vorgesehene Anspruch auf Nachteilsausgleich genügt diesem Erfordernis nicht. Er sichert nicht die Mitbestimmungsrechte des Betriebsrats, sondern regelt individualrechtliche Ansprüche, auf deren Geltendmachung der Betriebsrat iÜ keinen Einfluss hat. Deshalb kann der Betriebsrat im Wege eines Antrags auf Erlass einer **einstweiligen Verfügung** vom Arbeitgeber die **Unterlassung der Erklärung von Kündigungen** verlangen, soweit und solange dies zur Sicherung seiner Informations- und Beratungsrechte erforderlich ist (zB *LAG Hamm* 27.2.2015 – 7 TaBVGa 1/15; 20.4.2012 – 10 TaBVGa 3/12; 28.6.2010 AuR 2011, 79; *LAG Bln.-Bra.* 19.6.2014 – 7 TaBVGa

1219/14; *LAG RhPf* 2.10.2014 – 3 TaBVGa 5/14; *LAG SchlH* 15.12.2010 LAGE § 111 BetrVG 2001 Nr. 11; *Hess. LAG* 19.1.2010 LAGE § 111 BetrVG 2001 Nr. 10 und 27.6.2007 AuR 2008, 267 m. zust. Anm. *Schulze-Doll/Ritschel; LAG München* 22.12.2008 BB 2010, 896 m. abl. Anm. *Ege*; *LAG Nds.* 4.5.2007 LAGE § 111 BetrVG 2001 Nr. 7; *LAG Hmb.* 26.6.1997 LAGE § 113 BetrVG 1972 Nr. 6; *Zwanziger* BB 1998, 480; *Fauser/Nacken* NZA 2006, 1136 [1142]; *Gruber* NZA 2011, 1011; *Richardi/Annuß* § 111 Rn 166 ff.; *Fitting* § 111 Rn 138; Schaub/*Koch* § 244 Rn 29a; zum Unterlassungsanspruch bei Verletzung von Unterrichtungs- und Anhörungsrechten nach dem EBRG: *Hayen* Anm. zu ArbG Köln 25.5.2012, JurisPR-ArbR 40/2012 Anm. 3; zur Sicherung von seitens des Betriebsrats initiierter Verhandlungen über die Einführung von Kurzarbeit *ArbG Brem.* 25.11.2009 AiB 2010, 623 m. Anm. *Schoof/Nacken*, anders *LAG Brem.* 26.4.2012 – 2 TaBVGa 5/12). Zur Sicherung des Mitbestimmungsrechts wird regelmäßig eine begrenzte Zeitspanne ausreichen (Schaub/*Koch* § 244 Rn 29a: 2 Monate; DKKW-*Däubler* §§ 112, 112a Rn 57: 3 Monate). Das Bestehen eines Verfügungsgrundes setzt voraus, dass die Betriebsänderung unmittelbar bevorsteht, der Arbeitgeber also Maßnahmen zur Umsetzung der Betriebsänderung begonnen hat (DKKW-*Däubler* §§ 112, 112a Rn 57; einen Verfügungsgrund verneinend für den Fall, dass das Konsultationsverfahren nach § 17 Abs. 2 S. 2 KSchG noch nicht stattgefunden hat: *LAG Bln.-Bra.* 12.12.2103 – 17 TaBVGa 2058/13, BB 2014, 883). Der Unterlassungsanspruch besteht nicht (mehr), wenn die Betriebsänderung bereits vollzogen wurde (*LAG RhPf* 13.10.2016 – 6 TaBVGa 2/16; *LAG Hamm* 17.2.2015 – 7 TaBVGa 1/15; 20.4.2012 – 10 TaBVGa 3/12).

»Ausspruch«/»Erklärung« der Kündigung bedeutet, dass das Kündigungsschreiben den Machtbereich des Arbeitgebers verlassen hat, zB zur Post gegeben worden ist. In diesem Zeitpunkt muss das Anhörungsverfahren abgeschlossen sein; andernfalls ist die Kündigung unwirksam (*BAG* 8.4.2003 EzA § 102 BetrVG 2001 Nr. 3; 11.7.1991 EzA § 102 BetrVG 1972 Nr. 81; *Berkowsky* S. 11; *Richardi/Thüsing* Rn 113; SPV-*Preis* Rn 316; aA *Reiter* NZA 2003, 954: Zugang der Kündigung ist maßgebend). Hat allerdings der Arbeitgeber vor einer Stellungnahme des Betriebsrats am letzten Tag der Äußerungsfrist bei Dienstschluss das Kündigungsschreiben einem Kurierdienst übergeben und gleichzeitig dafür gesorgt, dass eine Zustellung am nächsten Tag erst so spät erfolgt, dass er sie noch verhindern kann, falls er seinen Kündigungsentschluss aufgrund einer etwaigen Stellungnahme des Betriebsrats doch noch ändern sollte, führt dies nicht zur Unwirksamkeit der Kündigung (*BAG* 24.9.2015 EzA § 626 BGB 2002 Unkündbarkeit Nr. 24; 8.4.2003 EzA § 102 BetrVG 2001 Nr. 3). Eine Anhörung kann nicht mehr erfolgen, wenn die Kündigung bereits erklärt ist. **228**

Der fristgerecht und ordnungsgemäß erhobene **Widerspruch des Betriebsrats** sowie die Äußerung von Bedenken haben nicht zur Folge, dass die Kündigung unterbleiben muss. Der Arbeitgeber ist lediglich verpflichtet, dem Arbeitnehmer eine Abschrift der Stellungnahme des Betriebsrats zuzuleiten, Abs. 4 (Rdn 231). Unabhängig davon ist der Betriebsrat berechtigt, dem Arbeitnehmer den Widerspruch von sich aus zuzuleiten (*Lützen* NZA 2019, 1254). **229**

Lässt der Arbeitgeber nach Abschluss des Anhörungsverfahrens geraume Zeit bis zum Ausspruch der Kündigung verstreichen, kann eine **erneute Anhörung des Betriebsrats** erforderlich werden (s. Rdn 81). **230**

II. Zuleitung einer Abschrift der Stellungnahme des Betriebsrats an den Arbeitnehmer

Hat der Betriebsrat einer ordentlichen Kündigung **form- und fristgerecht widersprochen** (s. Rdn 184 ff.), hat der Arbeitgeber dem Arbeitnehmer mit der Kündigung eine Abschrift der Stellungnahme des Betriebsrats zuzuleiten (§ 102 Abs. 4 BetrVG). Dadurch wird der Arbeitnehmer in die Lage versetzt zu beurteilen, ob ihm ein Weiterbeschäftigungsanspruch nach § 102 Abs. 5 BetrVG zusteht (s. Rdn 255 ff.) und ob er die Argumente des Betriebsrats in einem evtl. Kündigungsschutzprozess verwerten kann. Die Verpflichtung des Arbeitgebers zur Zuleitung einer Abschrift der Stellungnahme besteht unabhängig davon, ob der Arbeitnehmer unter das KSchG fällt (*Richardi/Thüsing* Rn 198; *Fitting* Rn 100; DKKW-*Bachner* Rn 250). Der Arbeitnehmer kann seinen Anspruch auf Überlassung der Stellungnahme **im Klagewege** durchsetzen. Der Anspruch besteht aber nur, wenn und solange der Arbeitnehmer die Wirksamkeit der Kündigung angreift und **231** hierüber noch nicht rechtskräftig entschieden ist. Dies folgt aus dem Zweck des Anspruchs, dem Arbeitnehmer die Beurteilung zu ermöglichen oder zu erleichtern, ob die Kündigung wirksam ist und ein Weiterbeschäftigungsanspruch nach § 102 Abs. 5 BetrVG besteht.

232 Kommt der Arbeitgeber seiner Verpflichtung zur Zuleitung einer Abschrift der Stellungnahme nicht oder nicht rechtzeitig nach, führt dies zwar nicht zur Unwirksamkeit der Kündigung. Es kommen aber **Schadenersatzansprüche des Arbeitnehmers** in Betracht (*Richardi/Thüsing* Rn 191; *Fitting* Rn 100; ErfK-*Kania* Rn 28; *Kliemt* NZA 1993, 921; aA *Schütte* NZA 2011, 265; *Düwell* NZA 1988, 866), zB weil er bei Kenntnis der Stellungnahme des Betriebsrats eine Kündigungsschutzklage nicht erhoben hätte. Hingegen ist für ein **Zwangsverfahren** gegen den Arbeitgeber nach § 23 Abs. 3 BetrVG zur Herausgabe der Abschrift einer Stellungnahme des Betriebsrats an den Arbeitnehmer kein Raum (aA APS-*Koch* Rn 159; *Richardi/Thüsing* Rn 200; *Fitting* Rn 100). Es fehlt insoweit ein Rechtsschutzinteresse. Der Betriebsrat kann dem betroffenen Arbeitnehmer von sich aus eine Abschrift seines Widerspruchsschreibens zuleiten.

233 Da § 102 Abs. 4 BetrVG ausdrücklich auf § 102 Abs. 3 BetrVG Bezug nimmt, besteht **keine Verpflichtung** des Arbeitgebers, dem Arbeitnehmer eine **Abschrift der Stellungnahme** zuzuleiten, wenn der Widerspruch nicht frist- oder ordnungsgemäß erhoben ist (s. Rdn 184 ff.) oder wenn es um eine außerordentliche Kündigung geht. Auch wenn der Betriebsrat nur Bedenken gegen die Kündigung (s. Rdn 173 ff.) geäußert hat, braucht der Arbeitgeber dem Arbeitnehmer keine Abschrift der Stellungnahme des Betriebsrats zuzuleiten.

III. Umdeutung einer außerordentlichen in eine ordentliche Kündigung

234 Ist eine außerordentliche Kündigung unwirksam, weil kein wichtiger Grund vorliegt, kommt grds. eine Umdeutung in eine ordentliche Kündigung in Betracht. Die umgedeutete Kündigung kann als ordentliche aber **nur wirksam sein, wenn der Betriebsrat** in dem Anhörungsverfahren nach § 102 BetrVG auf die Möglichkeit einer Umdeutung hingewiesen und somit **auch zu der umgedeuteten (ordentlichen) Kündigung** unter Beachtung der hierfür geltenden Äußerungsfrist von einer Woche (s. Rdn 123 ff.) vorsorglich **angehört** worden ist (*BAG* 26.3.2015 EzA § 613a BGB 2002 Nr. 161; 20.9.1984 EzA § 626 BGB nF Nr. 91; *Richardi/Thüsing* Rn 53, 104; *Fitting* Rn 63; aA *LAG Düsseld.* 21.5.1976 DB 1977, 121). Das gilt auch für die Umdeutung einer außerordentlichen fristlosen Kündigung in eine außerordentliche Kündigung mit notwendiger Auslauffrist (s. hierzu KR-*Fischermeier/Krumbiegel* § 626 BGB Rdn 321 f.; *BAG* 18.10.2000 EzA § 626 BGB Krankheit Nr. 3; s.a. Rdn 132). Durch **Betriebsvereinbarung** kann festgelegt werden, dass die Unterrichtung über eine beabsichtigte außerordentliche Kündigung stets auch die Unterrichtung zu einer vorsorglichen ordentlichen Kündigung darstellen soll (SPV-*Preis* Rn 386 Fn 222).

235 Ohne den Hinweis auf eine vorsorgliche (umgedeutete) ordentliche Kündigung wäre dem Betriebsrat von vornherein das Recht genommen, der umgedeuteten Kündigung gem. § 102 Abs. 3 BetrVG ordnungsgemäß zu widersprechen, so dass auch ein Weiterbeschäftigungsanspruch des gekündigten Arbeitnehmers gem. § 102 Abs. 5 BetrVG nicht in Betracht käme. Die **Anhörung des Betriebsrats zu einer (umgedeuteten) ordentlichen Kündigung** ist nur dann **entbehrlich, wenn der Betriebsrat der außerordentlichen Kündigung ausdrücklich und vorbehaltlos zugestimmt hat und nicht ersichtlich ist, dass er für den Fall der Unwirksamkeit der außerordentlichen Kündigung einer ordentlichen entgegengetreten wäre** (*BAG* 26.3.2015 EzA § 613a BGB 2002 Nr. 161; 20.9.1984 EzA § 626 BGB nF Nr. 91; APS-*Koch* Rn 160; enger GK-BetrVG/*Raab* Rn 63; *Benecke* AuR 2005, 48; *Hager* BB 1989, 693; *Löwisch/Kaiser/Klumpp-Caspers* Rn 11).

236 Da der Arbeitgeber bei einer vorsorglichen Anhörung des Betriebsrats zu einer umgedeuteten ordentlichen Kündigung die **einwöchige Äußerungsfrist** beachten muss, ist es denkbar, dass nach deren Ablauf die zweiwöchige Ausschlussfrist des § 626 Abs. 2 BGB bereits verstrichen ist. Würde der Arbeitgeber erst jetzt die außerordentliche, in eine ordentliche umdeutbare Kündigung erklären, wäre die außerordentliche Kündigung in jedem Fall wegen Versäumung der Ausschlussfrist des § 626 Abs. 2 BGB unwirksam und es käme nur eine Umdeutung in eine ordentliche Kündigung in

Betracht. Will der Arbeitgeber dies vermeiden, kann er zunächst nach Ablauf der dreitägigen Äußerungsfrist innerhalb der Ausschlussfrist des § 626 Abs. 2 BGB die außerordentliche Kündigung und nach Ablauf der einwöchigen Äußerungsfrist eine vorsorgliche ordentliche Kündigung erklären (*Richardi/Thüsing* Rn 113).

Ist eine außerordentliche Kündigung wegen **Verletzung von § 102 Abs. 1 BetrVG** unwirksam, gilt 237 dies grds. auch für die umgedeutete ordentliche Kündigung, da auch diese eine ordnungsgemäße Anhörung nach § 102 Abs. 1 BetrVG voraussetzt (*BAG* 12.8.1976 EzA § 102 BetrVG 1972 Nr. 25). Nur wenn der Arbeitgeber ein ordnungsgemäßes Anhörungsverfahren zu einer ordentlichen Kündigung nach § 102 Abs. 1 BetrVG durchgeführt hat, dann aber doch eine außerordentliche Kündigung erklärt, ist zwar die außerordentliche Kündigung wegen Verletzung des § 102 Abs. 1 BetrVG unwirksam, sie kann aber in eine ordentliche umgedeutet werden. Der umgedeuteten Kündigung liegt dann ein ordnungsgemäßes Anhörungsverfahren zugrunde (ebenso: SPV-*Preis* Rn 387).

IV. Der Kündigungsschutzprozess

1. Klagefrist

Die Unwirksamkeit einer gegen § 102 Abs. 1 BetrVG verstoßenden Kündigung muss der Arbeit- 238 nehmer wie jeden anderen Unwirksamkeitsgrund **innerhalb von drei Wochen nach Zugang der schriftlichen Kündigung** beim Arbeitsgericht geltend machen und die Feststellung beantragen, dass das Arbeitsverhältnis durch die Kündigung nicht aufgelöst ist (§ 4 S. 1 KSchG). Andernfalls gilt die Kündigung als von Anfang an rechtswirksam (§ 7 KSchG). Der Arbeitnehmer ist jedoch nicht verpflichtet, sich auf den Unwirksamkeitsgrund des § 102 Abs. 1 S. 3 BetrVG zu berufen. Aus § 6 KSchG ergibt sich, dass er frei über die Einführung von Unwirksamkeitsgründen entscheiden kann. Entsprechend ist er auch berechtigt, einmal erhobene Rügen nicht aufrecht zu erhalten. Hat der Arbeitnehmer demnach **zunächst Mängel der Betriebsratsanhörung gerügt**, sind diese gleichwohl **der gerichtlichen Überprüfung entzogen**, wenn der Arbeitnehmer **im Laufe des Rechtsstreits erklärt, er halte an der Rüge nicht mehr fest**. Rechtlich gesehen handelt es sich um eine Beschränkung des Sachvortrags. Eine solche ist grds. bis zum Schluss der mündlichen Verhandlung in zweiter Instanz möglich. Die Gerichte sind selbst dann daran gebunden, wenn sich aus dem eigenen Vorbringen des Arbeitgebers Zweifel hinsichtlich der Wirksamkeit der Betriebsratsanhörung ergeben (*BAG* 20.6.2013 EzA § 611 BGB 2002 Persönlichkeitsrecht Nr. 14; 24.5.2012 EzA § 626 BGB 2002 Verdacht strafbarer Handlung Nr. 11).

2. Nachschieben von Kündigungsgründen

a) Begriff

Unter dem **Nachschieben von Kündigungsgründen** ist die Einführung von Tatsachen in den 239 Kündigungsschutzprozess zu verstehen, die einen neuen, bislang vom Arbeitgeber nicht geltend gemachten Kündigungsgrund darstellen. **Davon zu unterscheiden ist die bloße Erläuterung der dem Betriebsrat bereits mitgeteilten Kündigungsgründe** (vgl. *BAG* 16.12.2010 EzA § 2 KSchG Nr. 81). Diese Erläuterung ist im Kündigungsschutzprozess uneingeschränkt zulässig. Der mitgeteilte Kündigungsgrund bleibt als solcher bestehen und wird nur näher substantiiert (*BAG* 11.4.1985 EzA § 102 BetrVG 1972 Nr. 62; 18.12.1980 EzA § 102 BetrVG 1972 Nr. 44; *Hueck* FS BAG, S. 261 f.). Um ein Nachschieben von Kündigungsgründen handelt es sich hingegen, wenn die ergänzend mitgeteilten Tatsachen das **Gewicht des Vorwurfs maßgebend verändern**, dh wenn sie dem Sachverhalt erst das Gewicht eines Kündigungsgrundes verleihen (*BAG* 10.4.2014 EzA § 1 KSchG Personenbedingte Kündigung Nr. 33).

b) Voraussetzungen für die Zulässigkeit des Nachschiebens von Kündigungsgründen

In Betrieben mit Betriebsrat kommt ein Nachschieben von Kündigungsgründen nur in Betracht, 240 wenn die **Anhörung des Betriebsrats vor Ausspruch der Kündigung nicht fehlerhaft** war. Die fehlerhafte Anhörung führt zur Unwirksamkeit der Kündigung (s. Rdn 152), die nachträglich nicht geheilt werden kann (s. Rdn 154). Der Arbeitgeber kann insoweit jedoch nach ordnungsgemäßer Anhörung des Betriebsrats eine **weitere Kündigung** erklären.

241 War der Betrieb **im Zeitpunkt des Ausspruchs der Kündigung betriebsratslos**, bestehen gegen das Nachschieben von Kündigungsgründen, die in dem Zeitpunkt bereits bestanden, keine Bedenken, selbst wenn sie dem Arbeitgeber damals schon bekannt waren (s. KR-*Fischermeier/Krumbiegel* § 626 BGB Rdn 190 ff.). Ist jedoch **im Zeitpunkt des Nachschiebens ein Betriebsrat** (erstmals oder wieder) **vorhanden**, ist dieser vor Einführung der nachgeschobenen Kündigungsgründe in den Kündigungsschutzprozess in entsprechender Anwendung des § 102 Abs. 1–2 BetrVG zu beteiligen (zur entsprechenden Anwendung des § 102 Abs. 1–2 BetrVG s. Rdn 248).

242 Hat der Arbeitgeber den Betriebsrat vor Ausspruch der Kündigung ordnungsgemäß angehört, ist aber **im Zeitpunkt des Nachschiebens** von Kündigungsgründen im Betrieb **kein Betriebsrat mehr vorhanden**, kann er Kündigungsgründe, die im Zeitpunkt des Ausspruchs der Kündigung bereits bestanden, grds. uneingeschränkt nachschieben (vgl. KR-*Fischermeier/Krumbiegel* § 626 BGB Rdn 190 f.). Rechte des Betriebsrats können insoweit nicht mehr berührt werden.

aa) Kündigungsgründe, die dem Arbeitgeber vor Ausspruch der Kündigung bekannt sind

243 Kündigungsgründe und Kündigungstatsachen, **die dem Arbeitgeber im Zeitpunkt der Unterrichtung des Betriebsrats bekannt sind**, die er aber dem Betriebsrat – aus welchen Gründen auch immer – nicht vor Ausspruch der Kündigung mitteilt, kann er im späteren Kündigungsschutzprozess nicht nachschieben (*BAG* 16.12.2010 EzA § 2 KSchG Nr. 81; 18.12.1980 EzA § 102 BetrVG 1972 Nr. 44; *LAG Hamm* 1.3.2007 – 17 Sa 1503/06). Das gilt auch dann, wenn der Betriebsrat der Kündigung aufgrund der ihm mitgeteilten Kündigungsgründe zugestimmt hatte (*BAG* 26.9.1991 EzA § 1 KSchG Personenbedingte Kündigung Nr. 10; 2.4.1987 EzA § 626 BGB nF Nr. 108) und/oder nachträglich zu den neuen Kündigungsgründen gehört wird (*BAG* 1.4.1981 EzA § 102 BetrVG 1972 Nr. 45; *Richardi/Thüsing* Rn 135; *Fitting* Rn 44; GK-BetrVG/*Raab* Rn 193; *Kühnreich* AnwBl 2006, 695). Hinsichtlich dieser Kündigungsgründe hat vor der Kündigung kein Anhörungsverfahren stattgefunden. Es kann auch nicht mehr nachgeholt werden, da der Zweck des Anhörungsverfahrens, dem Betriebsrat Gelegenheit zu geben, vor Ausspruch der Kündigung auf den Kündigungsentschluss des Arbeitgebers im Hinblick auf die ihm bekannten und deshalb seinen Kündigungsentschluss beeinflussenden Umstände einzuwirken, nicht mehr erreichbar ist. Das gilt auch dann, wenn der Arbeitgeber die dem Betriebsrat nicht mitgeteilten Umstände zunächst für unerheblich gehalten hat. Ist etwa der Betriebsrat zu verhaltensbedingten Kündigungsgründen ordnungsgemäß gehört worden, lässt sich aber die Kündigung nur aus personenbedingten Gründen (krankheitsbedingte Fehlzeiten) rechtfertigen, die dem Betriebsrat nicht mitgeteilt wurden, können diese Gründe nicht mehr nachgeschoben werden. Die Kündigung ist unwirksam (*BAG* 29.1.1980 – 6 AZR 1142/78, nv). Etwas anderes gilt, wenn die mitgeteilten Kündigungstatsachen auch eine personenbedingte Kündigung tragen. Der Arbeitgeber ist nicht verpflichtet, die dem Betriebsrat mitgeteilten kündigungsrelevanten Tatsachen einem der Kündigungsgründe des § 1 Abs. 2 S. 1 KSchG zuzuordnen. Er ist deshalb an eine ggf. vorgenommene Zuordnung nicht gebunden und kann sich im Kündigungsschutzprozess auf einen anderen rechtlichen Gesichtspunkt berufen (*BAG* 10.4.2014 EzA § 1 KSchG Personenbedingte Kündigung Nr. 33; 24.2.2011 EzA § 1 KSchG Personenbedingte Kündigung Nr. 28). Hat der Arbeitgeber dem Betriebsrat hingegen mitgeteilt, dass er aus betriebsbedingten Gründen kündigen wolle und den Arbeitnehmer aufgrund von Leistungsmängeln ausgewählt habe, ist es ihm verwehrt, die Leistungsmängel im Kündigungsschutzprozess als selbständigen Grund für eine verhaltensbedingte Kündigung heranzuziehen (*BAG* 5.2.1981 EzA § 102 BetrVG 1972 Nr. 47), da er den Leistungsmängeln erst nachträglich das Gewicht eines eigenständigen Kündigungsgrundes beimisst. Er kann aber wegen der Kündigungsgründe, die nicht mehr nachgeschoben werden können, **nach ordnungsgemäßer Anhörung des Betriebsrats eine erneute Kündigung erklären**.

244 Kündigungsgründe, **die dem Arbeitgeber im Zeitpunkt der Unterrichtung des Betriebsrats noch unbekannt sind, aber vor Ausspruch der Kündigung bekannt werden**, können im späteren

Kündigungsschutzprozess nur verwertet werden, wenn hinsichtlich dieser Gründe vor Ausspruch der Kündigung das Anhörungsverfahren gem. § 102 Abs. 1–2 BetrVG durchgeführt worden ist (*Richardi/Thüsing* Rn 137; GK-BetrVG/*Raab* Rn 194; APS-*Koch* Rn 173). Im Zeitpunkt der Kündigungserklärung ist der Kündigungsentschluss des Arbeitgebers durch diese Gründe bestimmt. Folglich muss dem Betriebsrat auch Gelegenheit gegeben werden, auf den Kündigungsentschluss des Arbeitgebers einzuwirken. Für diese neuen Gründe sind die Anhörungsfristen des § 102 Abs. 2 BetrVG einzuhalten. Dadurch soll der Betriebsrat ausreichend Gelegenheit erhalten, sich mit den Kündigungsgründen auseinanderzusetzen, evtl. eigene Ermittlungen anzustellen und Gegenargumente zu formulieren. Eine Verkürzung der Fristen des § 102 Abs. 2 BetrVG würde das gesetzliche Anhörungsrecht des Betriebsrats beschneiden. Das gilt auch dann, wenn er der Kündigung aufgrund der zunächst mitgeteilten Kündigungsgründe zugestimmt hat (*BAG* 10.4.2014 EzA § 1 KSchG Personenbedingte Kündigung Nr. 33 mwN) oder wenn nach Ablauf der Fristen des § 102 Abs. 2 BetrVG hinsichtlich der neuen Kündigungsgründe vom Arbeitgeber gegenüber dem Arbeitnehmer einzuhaltende Fristen (§ 626 Abs. 2 BGB; Kündigungsfristen) abgelaufen sein sollten. Dem Arbeitgeber bleibt es in einem solchen Fall unbenommen, wegen der bisherigen Kündigungsgründe die Kündigung alsbald (nach Ablauf der für diese Gründe geltenden Anhörungsfrist) auszusprechen und wegen der neuen Kündigungsgründe nach Ablauf der Anhörungsfristen des § 102 Abs. 2 BetrVG eine zweite Kündigung zu erklären.

Kündigungsgründe, **die der Arbeitgeber** im Zeitpunkt des Ausspruchs der Kündigung nur **hätte kennen müssen**, tatsächlich aber nicht kannte, stehen nach dem Grundsatz der subjektiven Determinierung den Kündigungsgründen, die dem Arbeitgeber bekannt waren, nicht gleich. Die unbekannten Kündigungsgründe konnten keinen Einfluss auf seinen Kündigungsentschluss haben. 245

Für die Frage, ob der Sachverhalt dem Arbeitgeber im Kündigungszeitpunkt schon bekannt war, kommt es auf den **Wissensstand des Kündigungsberechtigten** an. Bei juristischen Personen oder anderen rechtsfähigen Personenmehrheiten ist dabei die Kenntnis des gesetzlich oder satzungsgemäß für die Kündigung **zuständigen Organs** maßgebend. Bei Gesamtvertretung genügt regelmäßig die Kenntnis schon eines Vertreters. Das Wissen des Vertreters muss sich der Arbeitgeber regelmäßig auch dann zurechnen lassen, wenn dieser dem Arbeitgeber gegenüber eigene Pflichten verletzt hat (*BAG* 18.6.2015 EzA § 102 BetrVG 2001 Nr. 33 mwN). 246

bb) Kündigungsgründe, die dem Arbeitgeber erst nach Erklärung der Kündigung bekannt werden

Werden dem Arbeitgeber Kündigungsgründe, die im Zeitpunkt der Kündigung bereits vorlagen, **erst nach Erklärung der Kündigung bekannt** (zur Zurechnung der Kenntnis von Vertretern s. Rdn 246), bestehen gegen das Nachschieben dieser Gründe im Kündigungsschutzprozess unter kündigungsrechtlichen Gesichtspunkten keine Bedenken (*BAG* 23.5.2013 EzA § 626 BGB 2002 Verdacht strafbarer Handlung Nr. 14; 4.6.1997 EzA § 626 nF BGB Nr. 167; 11.4.1985 EzA § 102 BetrVG 1972 Nr. 62; KR-*Fischermeier/Krumbiegel* § 626 BGB Rdn 192 f.; *Fitting* Rn 43; HWGNRH-*Huke* Rn 63; SPV-*Preis* Rn 356; APS-*Koch* Rn 174; GK-BetrVG/*Raab* Rn 195; aA DKKW-*Bachner* Rn 133). Der Zweck des Anhörungsverfahrens nach § 102 Abs. 1–2 BetrVG, auf den Kündigungsentschluss des Arbeitgebers einzuwirken, ist hier nicht erreichbar, weil die nachgeschobenen Kündigungsgründe den Kündigungsentschluss des Arbeitgebers nicht bestimmten. § 102 Abs. 1–2 BetrVG ist damit auf nachgeschobene Kündigungsgründe, die dem Arbeitgeber im Zeitpunkt des Ausspruchs der Kündigung unbekannt waren, unmittelbar nicht anwendbar. 247

Es ist jedoch eine **entsprechende Anwendung des § 102 Abs. 1–2 BetrVG** geboten (*BAG* 18.6.2015 EzA § 102 BetrVG 2001 Nr. 33; 4.6.1997 EzA § 626 nF BGB Nr. 167; 11.4.1985 EzA § 102 BetrVG 1972 Nr. 62; 10.4.2014 EzA § 1 KSchG Personenbedingte Kündigung Nr. 33 (zur Personalratsanhörung); *Richardi/Thüsing* Rn 138 f.; *Fitting* Rn 43; HWGNRH-*Huke* Rn 63; SPV-*Preis* Rn 356; aA APS-*Koch* Rn 174; GK-BetrVG/*Raab* Rn 195; *Kraft* FS Kissel S. 626). Die Anhörung nach § 102 BetrVG soll dem Betriebsrat Gelegenheit geben, auf den auf einem bestimmten Sachverhalt beruhenden Kündigungsentschluss des Arbeitgebers aktiv einzuwirken (vgl. *BAG* 23.5.2013 248

EzA § 626 BGB 2002 Verdacht strafbarer Handlung Nr. 14; 11.4.1985 EzA § 102 BetrVG 1972 Nr. 62). Dieser Zweck ist nicht bereits dann gewahrt, wenn der Arbeitgeber dem Betriebsrat einen bestimmten Kündigungsgrund vor Ausspruch der Kündigung mitgeteilt hat. Vielmehr bedarf es der Anhörung zu sämtlichen Tatsachen, auf die der Arbeitgeber die Kündigung materiell stützen will. Würde der Betriebsrat zu den nachgeschobenen Kündigungsgründen nicht gehört, würde ihm die von § 102 Abs. 5 BetrVG vorgesehene Möglichkeit genommen, dem Arbeitnehmer insoweit durch einen auf diesen bezogenen Widerspruch einen Weiterbeschäftigungsanspruch zu eröffnen. Da der Betriebsrat nicht am Kündigungsschutzprozess beteiligt ist, kann der Zweck des Anhörungserfordernisses – anders als der Zweck der Anhörung des Arbeitnehmers zum dringenden Tatverdacht (vgl. *BAG* 23.5.2013 EzA § 626 BGB 2002 Verdacht strafbarer Handlung Nr. 14) – im Rahmen des Rechtsstreits nicht (mehr) erreicht werden. Der Schutzweck von § 102 BetrVG unterscheidet sich insoweit auch von demjenigen der Kündigungserklärungsfrist des § 626 Abs. 2 BGB. Die Zwei-Wochen-Frist soll dem Arbeitnehmer innerhalb kurzer Zeit Gewissheit darüber verschaffen, ob der Arbeitgeber einen bestimmten Sachverhalt zum Anlass für eine außerordentliche Kündigung nimmt oder nicht. Ist eine Kündigung aber bereits ausgesprochen, kann eine solche Situation nicht mehr eintreten. Mit der Erklärung der Kündigung hat der Arbeitgeber zu erkennen gegeben, dass er eine Weiterbeschäftigung des Arbeitnehmers subjektiv für unzumutbar hält (vgl. *BAG* 4.6.1997 EzA § 626 BGB nF Nr. 167). Entsprechend bezieht sich die Vorschrift des § 626 Abs. 2 BGB ausdrücklich auf die Kündigungserklärung als solche und nicht auf die Kündigungsgründe (vgl. *BAG* 12.1.2021 – 2 AZN 724/20). Das korrespondiert mit dem Umstand, dass die Kündigung im Gegensatz zur Anhörung des Betriebsrats nur dann einer Begründung bedarf, wenn der Empfänger der Kündigungserklärung dies verlangt (§ 626 Abs. 2 S. 3 BGB).

cc) Nach der Kündigung entstandene Kündigungsgründe

249 Auf Umstände, die erst nach ihrer Erklärung eingetreten sind, **kann die Kündigung im Grundsatz nicht gestützt werden.** Etwas anderes gilt ausnahmsweise dann, wenn die Umstände die Vorgänge, die zur Kündigung geführt haben, in einem neuen Licht erscheinen lassen. Dazu müssen zwischen den neuen Vorgängen und den alten Gründen so enge innere Beziehungen bestehen, dass jene nicht außer Acht gelassen werden können, ohne dass ein einheitlicher Lebensvorgang zerrissen würde (*BAG* 23.10.2014 BB 2015, 761; 10.6.2010 EzA § 626 BGB 2002 Nr. 32 mwN). Bei den – ausnahmsweise – berücksichtigungsfähigen Tatsachen wird es sich danach regelmäßig nicht um nachzuschiebende Kündigungsgründe, sondern um die Konkretisierung der bisherigen Gründe handeln (vgl. auch hier *Fischermeier/Krumbiegel* § 626 BGB Rdn 189). Eine – erneute – Anhörung des Betriebsrats wird deshalb idR nicht erforderlich sein (zur Abgrenzung vgl. Rdn 239).

c) Rechtsfolgen bei unzulässigem Nachschieben von Kündigungsgründen

250 Das unzulässige Nachschieben von Kündigungsgründen **führt nicht zur Unwirksamkeit der Kündigung.** Der Arbeitgeber ist lediglich gehindert, die Kündigung im Kündigungsrechtsstreit auf dem Betriebsrat im Anhörungsverfahren nicht mitgeteilte Kündigungsgründe zu stützen (*BAG* 1.4.1981 EzA § 102 BetrVG 1972 Nr. 45; 18.12.1980 EzA § 102 BetrVG 1972 Nr. 44).

3. Gerichtliche Auflösung des Arbeitsverhältnisses und Abfindung

251 Bei einer wegen Verstoßes gegen § 102 Abs. 1 BetrVG unwirksamen Kündigung können Arbeitnehmer oder Arbeitgeber grds. nicht beantragen, das Arbeitsverhältnis gem. § 9 KSchG aufzulösen und den Arbeitgeber zur Zahlung einer Abfindung zu verurteilen (vgl. § 13 Abs. 3 KSchG; *Richardi/Thüsing* Rn 145 f.). Hat jedoch ein Arbeitnehmer, der Kündigungsschutz nach den Vorschriften des KSchG genießt (vgl. §§ 1, 23 KSchG), innerhalb von drei Wochen nach Zugang der Kündigung Klage erhoben (§§ 4, 13 Abs. 1 KSchG) und macht er bis zum Schluss der mündlichen Verhandlung erster Instanz **die Sozialwidrigkeit** bei einer ordentlichen Kündigung **oder den Mangel des wichtigen Grundes**, wozu auch die Versäumung der Zwei-Wochen-Frist des § 626 Abs. 2 BGB gehört, bei einer außerordentlichen Kündigung **geltend** (vgl. § 6 KSchG), können

ihm die Rechte aus dem KSchG nicht deshalb genommen werden, weil die Kündigung auch wegen der (vom Arbeitgeber verursachten) fehlenden Anhörung des Betriebsrats unwirksam ist. Deshalb kann der **Arbeitnehmer** in diesen Fällen auch den Antrag nach § 9 KSchG auf Auflösung des Arbeitsverhältnisses und Zahlung einer Abfindung stellen (APS-*Koch* Rn 175; s.a. KR-*Spilger* § 9 KSchG Rdn 31 mwN). Diesem Antrag ist stattzugeben, wenn die Kündigung sozialwidrig bzw. die außerordentliche Kündigung mangels wichtigen Grundes unwirksam ist. Der **Arbeitgeber** kann hingegen einen solchen Antrag in keinem Fall stellen, da dem § 13 Abs. 1 S. 3 KSchG – bezüglich der außerordentlichen Kündigung – und § 13 Abs. 3 KSchG – bzgl. der ordentlichen Kündigung – entgegenstehen (vgl. BAG 22.9.2016 EzA § 85 SGB IX Nr. 10; 31.7.2014 EzA § 1 KSchG Verhaltensbedingte Kündigung Nr. 84 mwN; aA KR-*Spilger* § 9 KSchG Rdn 31 ff.).

4. Darlegungs- und Beweislast

Nach § 102 Abs. 1 BetrVG ist die Anhörung des Betriebsrats Wirksamkeitsvoraussetzung für jede Kündigung durch den Arbeitgeber. Da das Erfordernis der Anhörung aber nur besteht, wenn ein funktionsfähiger Betriebsrat vorhanden ist, gilt eine **abgestufte Darlegungs- und Beweislast.** Danach hat der **Arbeitnehmer zunächst darzulegen und ggf. zu beweisen, dass ein solcher überhaupt gebildet ist** (BAG 8.5.2014 EzA § 1 KSchG Betriebsbedingte Kündigung Nr. 180; 15.12.2011 EzA § 613a BGB 2002 Nr. 132). Ohne einen entsprechenden Vortrag des Arbeitnehmers ist das Gericht weder berechtigt noch verpflichtet, das Vorliegen einer ordnungsgemäßen Betriebsratsanhörung – von Amts wegen – zu prüfen (BAG 23.6.2005 EzA § 102 BetrVG 2001 Nr. 12). Auch das richterliche Fragerecht nach § 139 ZPO berechtigt hierzu nicht. **Besteht ein funktionsfähiger Betriebsrat und rügt der Arbeitnehmer** – ggf. auch noch in der Berufungsinstanz – **eine nicht ordnungsgemäße Anhörung des Betriebsrats** (BAG 24.5.2012 EzA § 1 KSchG Betriebsbedingte Kündigung Nr. 168), trägt der **Arbeitgeber** die Darlegungs- und Beweislast dafür, dass die Anhörung ordnungsgemäß durchgeführt wurde (BAG 18.5.2006 EzA § 1 KSchG Betriebsbedingte Kündigung Nr. 148; 23.6.2005 EzA § 102 BetrVG 2001 Nr. 12; 19.8.1975 EzA § 102 BetrVG 1972 Nr. 15). Demgemäß muss der Arbeitgeber im Kündigungsschutzprozess, gegebenenfalls nach einem Hinweis des Gerichts gem. § 139 ZPO, die **Tatsachen vortragen, aus denen auf eine ordnungsgemäße Anhörung des Betriebsrats geschlossen werden kann.** Hierzu gehört auch, darzulegen und notfalls zu beweisen, den Betriebsrat nicht bewusst in die Irre geführt zu haben, falls der Arbeitgeber den Betriebsrat objektiv unzutreffend informiert hat oder der Arbeitnehmer die Richtigkeit der Informationen an den Betriebsrat bestreitet (BAG 31.1.1996 RzK III 1a Nr. 77). Fehlt es an einer ordnungsgemäßen Darlegung, haben die Gerichte für Arbeitssachen die Kündigung als unwirksam anzusehen. 252

Hat der **Arbeitgeber** eine ordnungsgemäße Anhörung des Betriebsrats im Detail **schlüssig dargelegt, muss der Arbeitnehmer deutlich machen, welche der Angaben er aus welchem Grund weiterhin bestreiten will** (BAG 20.6.2013 EzA § 622 BGB 2002 Nr. 9; 18.5.2006 EzA § 1 KSchG Betriebsbedingte Kündigung Nr. 148). Soweit es um Tatsachen außerhalb seiner eigenen Wahrnehmung geht, kann er sich dabei gem. § 138 Abs. 4 ZPO auf Nichtwissen berufen (aA *LAG Köln* 31.1.1994 LAGE § 102 BetrVG 1972 Nr. 38). Ein pauschales Bestreiten ohne jede Begründung genügt dagegen nicht (BAG 16.3.2000 EzA § 626 BGB nF Nr. 179 m. krit. Anm. *Kraft*). 253

Diese Grundsätze zur Darlegungs- und Beweislast gelten ausnahmsweise dann nicht, wenn es sich um **ungewöhnliche**, vom normalen Gang der Ereignisse stark abweichende **Mängel** handelt (zB rechtswidrige Bedrohung des Betriebsrats durch den Arbeitgeber). Solche Mängel muss der Arbeitnehmer darlegen und ggf. beweisen. Die Darlegungs- und Beweislast dafür, dass eine unvollständige und irreführende Darstellung des Kündigungssachverhalts nicht bewusst erfolgt ist, trägt der Arbeitgeber (BAG 22.9.1994 EzA § 102 BetrVG 1972 Nr. 86). Das gleiche gilt, wenn er bei der Unterrichtung des Betriebsrats von einer unzutreffenden Rechtsauffassung ausgegangen ist (zB bei der Berechnung der Dauer der Betriebszugehörigkeit nach einem Betriebsübergang) und nunmehr geltend macht, er sei einem Rechtsirrtum unterlegen (vgl. *ArbG Chemnitz* 26.11.1996 – 15 Ca 7398/96, nv). 254

G. Weiterbeschäftigung des Arbeitnehmers nach Ablauf der Kündigungsfrist (§ 102 Abs. 5 BetrVG)

255 Der Arbeitnehmer, in dessen Person die Voraussetzungen für einen Weiterbeschäftigungsanspruch nach § 102 Abs. 5 BetrVG erfüllt sind, hat das **Wahlrecht, ob er bis zum Abschluss des Kündigungsrechtsstreits seine Weiterbeschäftigung verlangen oder nach erfolgreichem Abschluss des Rechtsstreits Ansprüche auf Entgeltfortzahlung** für die Dauer des Prozesses gem. § 615 BGB, § 11 KSchG **geltend machen will**. Hierbei ist allerdings zu beachten, dass der Anspruch auf Weiterbeschäftigung unter den Voraussetzungen des § 102 Abs. 5 BetrVG unabhängig davon besteht, ob die Kündigung sozialwidrig ist oder nicht. Hingegen sind Entgeltansprüche wegen Annahmeverzugs für die Zeit nach dem Kündigungstermin nur gegeben, wenn die Kündigung unwirksam ist. Durch die Erhebung der Kündigungsschutzklage gerät der Arbeitgeber – für den Fall der Unwirksamkeit der Kündigung – grds. in Annahmeverzug (vgl. *BAG* 21.10.2015 EzA § 615 BGB 2002 Nr. 48; 15.5.2013 EzA § 615 BGB 2002 Nr. 40). Dieser wird nicht dadurch beseitigt, dass der Arbeitnehmer keine Weiterbeschäftigung nach § 102 Abs. 5 BetrVG verlangt. Der Arbeitnehmer kann in diesem Fall nach erfolgreichem Abschluss des Kündigungsrechtsstreits gleichwohl Entgelt nach § 615 BGB, § 11 KSchG beanspruchen (*Richardi/Thüsing* Rn 267; *Fitting* Rn 112). Allerdings kann in der Ablehnung eines Angebots des Arbeitgebers, den Arbeitnehmer bis zur Beendigung des Kündigungsschutzprozesses zu den bisherigen Arbeitsbedingungen vorläufig weiterzubeschäftigen, je nach den Umständen des Einzelfalls ein böswilliges Unterlassen anderweitiger Erwerbstätigkeit (§ 615 S. 2 BGB) durch den Arbeitnehmer liegen, so dass insoweit Vergütungsansprüche nach § 615 BGB entfallen (*BAG* 17.8.2011 EzA § 615 BGB 2002 Nr. 34; 13.7.2005 EzA § 615 BGB 2002 Nr. 9).

256 Der Arbeitnehmer, der von seinem Anspruch auf Weiterbeschäftigung gem. § 102 Abs. 5 BetrVG keinen Gebrauch macht, kann **nach rechtskräftigem Obsiegen im Kündigungsrechtsstreit** nunmehr seine Weiterbeschäftigung gem. dem ursprünglichen ungekündigten Arbeitsvertrag verlangen. Er kann aber auch, wenn er inzwischen ein anderes Arbeitsverhältnis eingegangen ist, die Fortsetzung des bisherigen Arbeitsverhältnisses gem. § 12 KSchG ablehnen.

257 Die Vorschrift des § 102 Abs. 5 BetrVG ist **zwingend**. Der Weiterbeschäftigungsanspruch kann daher durch vertragliche Vereinbarung zwischen Arbeitgeber und Arbeitnehmer **im Voraus nicht abbedungen** werden. Nach Erklärung der Kündigung durch den Arbeitgeber kann der Arbeitnehmer aber frei entscheiden, ob er seine Weiterbeschäftigung nach § 102 Abs. 5 BetrVG verlangen will. Ab diesem Zeitpunkt kann er deshalb wirksam auf eine Weiterbeschäftigung verzichten, ggf. auch im Rahmen einer Ausgleichsquittung. Wegen des zwingenden Charakters des § 102 Abs. 5 BetrVG kann der Weiterbeschäftigungsanspruch nach § 102 Abs. 5 BetrVG auch **durch Betriebsvereinbarung nicht ausgeschlossen** werden (*LAG Düsseld.* 30.8.1977 DB 1977, 2383). Ein Weiterbeschäftigungsanspruch iSv § 102 Abs. 5 BetrVG entfällt allerdings grds. dann, wenn die Kündigung aufgrund einer Betriebsvereinbarung nach § 102 Abs. 6 BetrVG der Zustimmung des Betriebsrats oder einer sie ersetzenden Entscheidung der Einigungsstelle oder des ArbG bedarf (s. Rdn 337).

I. Voraussetzungen

258 § 102 Abs. 5 BetrVG regelt lediglich die Weiterbeschäftigungspflicht des Arbeitgebers nach Ablauf der Kündigungsfrist. In **Tendenzunternehmen** gilt die Vorschrift nur eingeschränkt (s. Rdn 14).

259 **Bis zum Ablauf der Kündigungsfrist** (bei einer ordentlichen Kündigung) und bis zum Zugang einer außerordentlichen Kündigung gelten die allgemeinen Grundsätze. Danach besteht grds. eine Beschäftigungspflicht. Bei besonders schutzwürdigen Interessen des Arbeitgebers ist aber eine einseitige Suspendierung unter Fortzahlung der Vergütung möglich (vgl. *BAG* 27.2.1985 EzA § 611 BGB Beschäftigungspflicht Nr. 9; s.a. Rdn 163).

260 Soweit **nach Ablauf der Kündigungsfrist** oder nach Zugang einer außerordentlichen Kündigung § 102 Abs. 5 BetrVG nicht eingreift, kommt eine Weiterbeschäftigungspflicht des Arbeitgebers bei einer offensichtlich unwirksamen Kündigung und nach einem der Kündigungsschutzklage stattgebenden (noch nicht rechtskräftigen) Urteil des ArbG oder LAG in Betracht (*BAG* 27.2.1985 EzA

§ 611 BGB Beschäftigungspflicht Nr. 9; s. ferner Rdn 353 ff.). Im Einzelnen besteht der Weiterbeschäftigungsanspruch des Arbeitnehmers nach § 102 Abs. 5 BetrVG unter folgenden Voraussetzungen:

1. Ordentliche Kündigung

Erforderlich ist eine ordentliche Kündigung durch den Arbeitgeber. Bei einer außerordentlichen 261 (fristlosen) Kündigung ist ein Weiterbeschäftigungsanspruch nach § 102 Abs. 5 BetrVG grds. ausgeschlossen. Der Grund hierfür liegt darin, dass der Gesetzgeber dem Arbeitgeber wegen des Gewichts einer außerordentlichen Kündigung, die die Unzumutbarkeit der Fortsetzung des Arbeitsverhältnisses voraussetzt, eine Weiterbeschäftigung nach Erklärung der Kündigung nicht zumuten will. Deshalb kommt auch **kein Weiterbeschäftigungsanspruch** in Betracht, wenn der Arbeitgeber neben einer außerordentlichen Kündigung zugleich **hilfsweise eine ordentliche Kündigung** erklärt, es sei denn die außerordentliche Kündigung ist offensichtlich unwirksam. Der Gesichtspunkt der Unzumutbarkeit der Weiterbeschäftigung wegen Ausspruchs der außerordentlichen Kündigung bleibt auch in diesem Fall bestehen (*LAG Hamm* 18.5.1982 DB 1982, 1679; *LAG Frankf.* 28.5.1973 EzA § 102 BetrVG 1972 Beschäftigungspflicht Nr. 1; APS-*Koch* Rn 186; *Richardi/Thüsing* Rn 218; HWGNRH-*Huke* Rn 179; *Fröhlich* ArbRB 2007, 91; **aA** *Fitting* Rn 104; GK-BetrVG/*Raab* Rn 209 ff.; DKKW-*Bachner* Rn 278). Nimmt der Arbeitgeber allerdings von der außerordentlichen Kündigung Abstand und macht nur noch die Umdeutung in eine ordentliche Kündigung geltend, ist § 102 Abs. 5 BetrVG anwendbar. Dasselbe gilt, wenn die Unwirksamkeit der außerordentlichen Kündigung durch rechtskräftiges Teilurteil festgestellt ist (*Richardi/Thüsing* Rn 218; APS-*Koch* Rn 186).

Ein Weiterbeschäftigungsanspruch zu den bisherigen Arbeitsbedingungen kommt auch bei einer 262 **Änderungskündigung** unter bestimmten Voraussetzungen in Betracht:

a) Nimmt der Arbeitnehmer das Änderungsangebot **vorbehaltlos an**, ist der Arbeitsvertrag geän- 263 dert und die Kündigung gegenstandslos. Für eine Weiterbeschäftigung zu den bisherigen Arbeitsbedingungen ist dann grds. kein Raum mehr. Erfordern die neuen Arbeitsbedingungen aber eine Umgruppierung oder Versetzung des Arbeitnehmers, darf er zu den neuen Arbeitsbedingungen erst dann beschäftigt werden, wenn das erforderliche Mitbestimmungsverfahren nach §§ 99, 100 BetrVG (Rdn 38) durchgeführt ist. Bis zu diesem Zeitpunkt ist er zu den alten Arbeitsbedingungen weiter zu beschäftigen. Das Mitbestimmungsverfahren gilt auch bei einverständlicher Umgruppierung oder Versetzung. Ist die Zustimmung des Betriebsrats oder ihre Ersetzung rechtskräftig abgelehnt, ist trotz des Einverständnisses des Arbeitnehmers der Arbeitsvertrag nicht rechtswirksam geändert. Er muss zu den alten Arbeitsbedingungen weiterbeschäftigt werden.

b) Problematisch ist die Rechtslage, wenn der Arbeitnehmer das Änderungsangebot **unter dem Vor-** 264 **behalt der sozialen Rechtfertigung** (§ 2 KSchG) annimmt. Hier ist zu unterscheiden:

aa) Erfordern die neuen Arbeitsbedingungen keine Umgruppierung oder Versetzung des Arbeitneh- 265 mers, kann er einen Weiterbeschäftigungsanspruch zu den bisherigen Arbeitsbedingungen nicht auf § 102 Abs. 5 BetrVG stützen. § 102 Abs. 5 BetrVG setzt voraus, dass der Arbeitnehmer »Klage auf Feststellung erhoben hat, dass das Arbeitsverhältnis durch die Kündigung nicht aufgelöst ist«. Der Arbeitnehmer, der nur die soziale Rechtfertigung der Änderung der Arbeitsbedingungen rügt, muss vielmehr **vorläufig zu den geänderten Vertragsbedingungen** weiterarbeiten, bis die Änderung der Arbeitsbedingungen rechtskräftig für sozial ungerechtfertigt erklärt wird, dh bis über den Kündigungsrechtsstreit rechtskräftig entschieden ist (vgl. KR-*Kreft* § 2 KSchG Rdn 213; *BAG* 18.1.1990 EzA § 1 KSchG Betriebsbedingte Kündigung Nr. 65; 28.3.1985 EzA § 767 ZPO Nr. 1; *Richardi/Thüsing* Rn 221; *Fitting* Rn 13; HWGNRH-*Huke* Rn 203; **aA** DKKW-*Bachner* Rn 280; *ArbG Hmb.* 17.9.2009 LAGE § 2 KSchG Nr. 64).

bb) Erfordern die neuen Arbeitsbedingungen eine **Umgruppierung oder Versetzung** des Arbeitneh- 266 mers und liegt die erforderliche Zustimmung des Betriebsrats oder ihre rechtskräftige Ersetzung vor (§ 99 BetrVG) oder hat der Arbeitgeber die Maßnahme vorläufig durchgeführt (§ 100 BetrVG), muss der Arbeitnehmer ebenfalls bis zum Abschluss des Kündigungsschutzprozesses zu den neuen Arbeitsbedingungen weiterarbeiten. Hat hingegen der Betriebsrat der Umgruppierung oder Versetzung nicht zugestimmt, ist seine Zustimmung auch noch nicht rechtskräftig ersetzt und darf eine vom Arbeitgeber evtl. angeordnete vorläufige Umgruppierung oder Versetzung nach § 100 BetrVG nicht aufrechterhalten werden, kann der Arbeitnehmer zwar nicht nach § 102 Abs. 5 BetrVG, wohl aber mit Blick auf § 99 BetrVG seine vorläufige Weiterbeschäftigung zu den bisherigen Arbeitsbedingungen verlangen (vgl. iE KR-*Kreft* § 2 KSchG Rdn 229 ff. mwN).

267 c) Will der Arbeitnehmer das Arbeitsverhältnis zu den neuen Vertragsbedingungen **unter keinen Umständen fortsetzen**, lehnt er also das Änderungsangebot vorbehaltlos ab und greift die Kündigung als solche an (§ 4 S. 1 KSchG), kann er unter den weiteren Voraussetzungen des § 102 Abs. 5 BetrVG seine Weiterbeschäftigung zu den bisherigen Arbeitsbedingungen verlangen (s. KR-*Kreft* § 2 KSchG Rdn 212; *Richardi/Thüsing* Rn 220; *Fitting* Rn 14; GK-BetrVG/*Raab* Rn 227). Eine – auch nur vorläufige – Weiterbeschäftigung zu den vom Arbeitgeber angebotenen neuen Arbeitsbedingungen kommt hier nicht in Betracht.

2. Außerordentliche Kündigung mit Auslauffrist

268 § 102 Abs. 5 BetrVG sieht zwar einen Weiterbeschäftigungsanspruch des Arbeitnehmers ausdrücklich nur für eine ordentliche Kündigung vor. Ist aber gegenüber einem nach Gesetz, Tarifvertrag oder Einzelarbeitsvertrag **ordentlich unkündbaren Arbeitnehmer** eine außerordentliche Kündigung nur unter Einhaltung einer **Auslauffrist** zulässig, die ohne den besonderen Kündigungsschutz gegen ordentliche Kündigungen gelten würde (vgl. hierzu KR-*Fischermeier/Krumbiegel* § 626 BGB Rdn 322 f.), ist zur Vermeidung eines Wertungswiderspruchs eine entsprechende Anwendung des § 102 Abs. 5 BetrVG geboten (vgl. *BAG* 5.2.1998 EzA § 626 BGB Unkündbarkeit Nr. 2; APS-*Koch* Rn 186; DKKW-*Bachner* Rn 277; *Kania/Kramer* RdA 1995, 296). Es wäre eine nicht gerechtfertigte Schlechterstellung, wenn die kündigungsrechtlich besonders geschützte Arbeitnehmer hinsichtlich des Weiterbeschäftigungsanspruchs schlechter gestellt würde als ein vergleichbarer Arbeitnehmer ohne besonderen Kündigungsschutz. Liegt ein ordnungsgemäßer Widerspruch iSv § 102 Abs. 3 BetrVG vor und sind die übrigen Voraussetzungen des § 102 Abs. 5 S. 1 BetrVG erfüllt, hat der gekündigte Arbeitnehmer danach auch einen Weiterbeschäftigungsanspruch (*BAG* 12.1.2006 EzA § 626 BGB 2002 Unkündbarkeit Nr. 9; 18.10.2000 EzA § 626 BGB Krankheit Nr. 3; *Kania/Kramer* RdA 1995, 296).

3. Widerspruch des Betriebsrats

269 Der Betriebsrat muss der Kündigung **frist- und ordnungsgemäß** widersprochen haben (vgl. *LAG Köln* 24.11.2005 – 6 Sa 1172/05; zu den Voraussetzungen eines frist- und ordnungsgemäßen Widerspruchs s. Rdn 184 ff.). Das muss der Arbeitnehmer im Streitfall beweisen. Es genügt, wenn der Widerspruch erstmals zu **nachgeschobenen Kündigungsgründen** erhoben wird (s. Rdn 248), es sei denn, der in dem Widerspruch enthaltene Widerruf einer früher erteilten Zustimmung zur Kündigung wäre unzulässig (s. Rdn 168). Auf die Begründetheit des Widerspruchs (Vorliegen des Widerspruchsgrundes) kommt es nicht an (*BAG* 17.6.1999 EzA § 102 BetrVG 1972 Beschäftigungspflicht Nr. 10). Insoweit kommt nur eine Entbindung des Arbeitgebers von der Weiterbeschäftigungspflicht durch einstweilige Verfügung in Betracht (s. Rdn 298 ff.).

270 Hat der Betriebsrat der Kündigung zunächst widersprochen und eine **Änderung der Arbeitsbedingungen vorgeschlagen** und hat daraufhin der Arbeitgeber entsprechend den Vorschlägen des Betriebsrats eine Änderungskündigung erklärt, liegt gegenüber dieser Kündigung kein Widerspruch des Betriebsrats vor, auf den der Arbeitnehmer einen Weiterbeschäftigungsanspruch nach § 102 Abs. 5 stützen könnte.

271 Hat der Betriebsrat nicht widersprochen – sei es, dass ein solcher nicht besteht, sei es, dass er pflichtwidrig gehandelt hat –, kann **der fehlende Widerspruch nicht durch das Gericht ersetzt werden**.

Darin läge eine gegen den eindeutigen Wortlaut verstoßende, unzulässige Ausdehnung des § 102 Abs. 5 BetrVG.

Für einen den Weiterbeschäftigungsanspruch begründenden Widerspruch des Betriebsrats ist erforderlich, dass der **Beschluss** über die Erhebung des Widerspruchs **ordnungsgemäß zustande gekommen** ist (s. Rdn 189). 272

Die **Rücknahme des Widerspruchs** durch den Betriebsrat kann nur unter bestimmten Voraussetzungen den Weiterbeschäftigungsanspruch des Arbeitnehmers beseitigen (s. Rdn 181 ff.). 273

4. Kündigungsschutzklage

Der Arbeitnehmer muss »nach dem KSchG Klage auf Feststellung erhoben (haben), dass das Arbeitsverhältnis durch die Kündigung nicht aufgelöst ist« (§ 102 Abs. 5 S. 1 BetrVG). Diese Klage ist erforderlich, wenn ein Arbeitnehmer geltend machen will, »dass eine (schriftliche) Kündigung sozial ungerechtfertigt oder aus anderen Gründen rechtsunwirksam ist« (§ 4 S. 1 KSchG). Um eine Klage nach dem KSchG handelt es sich daher nicht nur, wenn die Sozialwidrigkeit der Kündigung, sondern auch, wenn die Unwirksamkeit der Kündigung »aus anderen Gründen« geltend gemacht wird (idS auch HaKo-KSchR/*Nägele* Rn 201). 274

Nach der bis zum 31.12.2003 geltenden Rechtslage war eine Klage nach dem KSchG nur geboten und zulässig, wenn ein Arbeitnehmer geltend machen wollte, »dass eine Kündigung sozial ungerechtfertigt ist« (§ 4 S. 1 KSchG aF). Das bedeutete, dass der Arbeitnehmer mit einer solchen Klage nur die Sozialwidrigkeit der Kündigung angreifen konnte (vgl. § 1 KSchG). Für andere Unwirksamkeitsgründe war eine Klage nach dem KSchG nicht erforderlich, so dass sie auch keinen Weiterbeschäftigungsanspruch auslösen konnten. Nach der durch das Gesetz zu Reformen am Arbeitsmarkt vom 24.12.2003 (BGBl. I S. 3002) herbeigeführten Änderung des § 4 KSchG erfasst die Verweisung in § 102 Abs. 5 S. 1 BetrVG nach ihrem eindeutigen Wortlaut nunmehr auch Kündigungen, die »aus anderen Gründen« als der Sozialwidrigkeit unwirksam sind, mag auch der Gesetzgeber dies bei der Änderung des § 4 KSchG nicht bedacht haben (APS-*Koch* Rn 205; *Richardi/Thüsing* Rn 227; aA *Haas* NZA-RR 2008, 59; GK-BetrVG/*Raab* Rn 214; *Fitting* Rn 109). Den Weiterbeschäftigungsanspruch nach § 102 Abs. 5 BetrVG können daher auch Arbeitnehmer ohne Kündigungsschutz nach dem KSchG und unabhängig von einem solchen Kündigungsschutz geltend machen. Allerdings dürfte dem Arbeitgeber im Allgemeinen der Entbindungsgrund des § 102 Abs. 5 S. 2 Nr. 1 BetrVG zur Seite stehen, wenn er eine einstweilige Verfügung zur Entbindung von der Verpflichtung zur Weiterbeschäftigung gem. § 102 Abs. 5 S. 2 BetrVG beantragt (s. hierzu Rdn 298 ff.). 275

Kein Weiterbeschäftigungsanspruch nach § 102 Abs. 5 BetrVG entsteht, wenn der Arbeitnehmer mit seiner Klage die **Auflösung des Arbeitsverhältnisses nach § 9 KSchG** beantragt. Mit einem solchen Antrag gibt der Arbeitnehmer zu erkennen, dass er an einer Fortsetzung des Arbeitsverhältnisses über den Kündigungstermin hinaus nicht interessiert ist, so dass kein schutzwertes Interesse an einer vorläufigen Weiterbeschäftigung besteht (*Fitting* Rn 107; GK-BetrVG/*Raab* Rn 215; APS-*Koch* Rn 205; *Richardi/Thüsing* Rn 228; HaKo-KSchR/*Nägele* Rn 219; aA HaKo-BetrVG/*Braasch* Rn 110; DKKW-*Bachner* Rn 285). Stellt der Arbeitnehmer nach Klageerhebung den Auflösungsantrag nach § 9 KSchG, entfällt von diesem Zeitpunkt an der Weiterbeschäftigungsanspruch nach § 102 Abs. 5 BetrVG. Ein evtl. schon begründetes Arbeitsverhältnis iSv § 102 Abs. 5 BetrVG endet mit der Stellung des Auflösungsantrags fristlos (auflösende Bedingung; s. aber auch Rdn 317). 276

Die **Kündigungsschutzklage** muss **innerhalb von drei Wochen nach Zugang der schriftlichen Kündigung** gem. § 4 KSchG erhoben sein, da die Kündigung andernfalls als von Anfang an rechtswirksam gilt und damit insoweit eine Weiterbeschäftigung nicht in Betracht kommt (*Richardi/Thüsing* Rn 226; *Fitting* Rn 106; APS-*Koch* Rn 205). Hat der Arbeitnehmer die Klagefrist versäumt, wird die Klage aber nach § 5 KSchG nachträglich zugelassen, steht erst mit Rechtskraft des Zwischenurteils (§ 5 Abs. 4 KSchG) fest, dass die Fiktion des § 7 KSchG (Wirksamwerden der Kündigung) nicht eingetreten ist. Erst von diesem Zeitpunkt an kann der Arbeitnehmer seine 277

Weiterbeschäftigung nach § 102 Abs. 5 BetrVG verlangen (*Richardi/Thüsing* Rn 217; GK-BetrVG/ *Raab* Rn 216; HaKo-KSchR/*Nägele* Rn 202; APS-*Koch* Rn 205; *Lingemann/Steinhauser* NJW 2014, 844 [845]; aA *Fitting* Rn 109; DKKW-*Bachner* Rn 287).

278 **Nimmt der Arbeitnehmer** die Kündigungsschutzklage **zurück**, entfällt von diesem Zeitpunkt an sein Weiterbeschäftigungsanspruch nach § 102 Abs. 5 BetrVG (GK-BetrVG/*Raab* Rn 215; APS-*Koch* Rn 205; *Richardi/Thüsing* Rn 228; *Fitting* Rn 110; HWGNRH-*Huke* Rn 181).

5. Verlangen des Arbeitnehmers nach vorläufiger Weiterbeschäftigung

279 Der Arbeitnehmer muss **deutlich erkennbar** seine vorläufige Weiterbeschäftigung für die Dauer des Kündigungsschutzprozesses verlangen (APS-*Koch* Rn 206). Das bloße Anbieten der Dienste, das den Annahmeverzug nach § 615 BGB begründet bzw. bekräftigt, genügt nicht. Der Antrag kann **formlos** (mündlich) gestellt werden (GK-BetrVG/*Raab* Rn 217; APS-*Koch* Rn 206; *Deinert* dbr 2008 Nr. 8, S. 12). Antragstellung durch den Betriebsrat im eigenen Namen genügt nicht (*Fitting* Rn 106; *Richardi/Thüsing* Rn 232; APS-*Koch* Rn 206). Die Forderung nach vorläufiger Weiterbeschäftigung muss – damit keine Beschäftigungslücke entsteht – dem Arbeitgeber **vor Ablauf der Kündigungsfrist** zugehen (*BAG* 17.6.1999 EzA § 102 BetrVG 1972 Beschäftigungspflicht Nr. 10; *Fitting* Rn 106; APS-*Koch* Rn 207; *BAG* 11.5.2000 EzA § 102 BetrVG 1972 Beschäftigungspflicht Nr. 11; zust. *Opolony* AR-Blattei SD 1010.10 Rn 87: Die Geltendmachung am ersten Arbeitstag nach Ablauf der Kündigungsfrist genügt, um eine ununterbrochene Beschäftigung zu gewährleisten; aA *Panzer* Personalleiter 2005, 277, die die gerichtliche Geltendmachung fordert und sich hierbei zu Unrecht auf die Rechtsprechung des BAG beruft). Ist bei Ablauf der Kündigungsfrist die **Dreiwochenfrist für die Erhebung der Kündigungsschutzklage (§ 4 KSchG) noch nicht abgelaufen**, genügt es, wenn der Arbeitnehmer unverzüglich nach der fristgerechten Erhebung der Kündigungsschutzklage seine vorläufige Weiterbeschäftigung verlangt (*LAG Hamm* 28.4.1976 BB 1976, 1452; *Fitting* Rn 106; APS-*Koch* Rn 207; ausdrücklich offengelassen in *BAG* 17.6.1999 EzA § 102 BetrVG 1972 Beschäftigungspflicht Nr. 10; aA *BAG* 31.8.1978 EzA § 102 BetrVG 1972 Beschäftigungspflicht Nr. 7; GK-BetrVG/*Raab* Rn 218; *Gussone/Wroblewski* Anm. AP Nr. 11 zu § 102 BetrVG 1972 Weiterbeschäftigung; *Richardi/Thüsing* Rn 221). Einerseits darf der Arbeitnehmer die Dreiwochenfrist für die Erhebung der Kündigungsschutzklage voll ausschöpfen, andererseits kann der Anspruch auf die vorläufige Weiterbeschäftigung erst nach Erhebung der Kündigungsschutzklage entstehen. Erfährt der Arbeitnehmer erst später vom Widerspruch des Betriebsrats, weil der Arbeitgeber ihm entgegen § 102 Abs. 4 BetrVG die Stellungnahme des Betriebsrats nicht mit der Kündigung zugeleitet hat, kann er noch unverzüglich seine Weiterbeschäftigung verlangen (*Fischer* FA 1999, 311).

280 Wird der **Widerspruch** des Betriebsrats **erstmals beim Nachschieben von Kündigungsgründen** in den Kündigungsschutzprozess erhoben (s. Rdn 248), muss der Arbeitnehmer unverzüglich, nachdem er von den nachgeschobenen Kündigungsgründen und dem Widerspruch des Betriebsrats erfahren hat, den Anspruch auf Weiterbeschäftigung gem. § 102 Abs. 5 BetrVG geltend machen. Entsprechendes gilt, wenn der Arbeitgeber von einer außerordentlichen Kündigung Abstand nimmt und nur noch die Umdeutung in eine ordentliche Kündigung geltend macht (s. Rdn 234 f.).

281 Der Arbeitnehmer kann seinen Weiterbeschäftigungsanspruch auch geltend machen, wenn er im Zeitpunkt des Verlangens **arbeitsunfähig krank** ist (aA *ArbG Celle* 4.1.1979 ARSt 1979, 95). Dann muss der Arbeitgeber (bei einem berechtigten Verlangen) für die Dauer der Arbeitsunfähigkeit die Vergütung nach den einschlägigen Vorschriften über die Entgeltfortzahlung weiterzahlen und den Arbeitnehmer nach Beendigung der Arbeitsunfähigkeit weiterbeschäftigen. Nur diese Auffassung wird dem Zweck des § 102 Abs. 5 BetrVG gerecht, dem Arbeitnehmer für die Dauer des Kündigungsschutzprozesses seinen Arbeitsplatz zu erhalten. Ein Anspruch des Arbeitnehmers auf Entgeltfortzahlung entfällt allerdings, wenn sein Verlangen auf Weiterbeschäftigung nach den besonderen Umständen des Einzelfalls als **rechtsmissbräuchlich** anzusehen ist, zB wenn er zu erkennen gibt, dass er nach Beendigung seiner Arbeitsunfähigkeit das Arbeitsverhältnis von sich aus beenden will.

Verlangt der Arbeitnehmer seine Weiterbeschäftigung für die Zeit nach Ablauf des Kündigungstermins und sind auch die übrigen Voraussetzungen für eine Weiterbeschäftigung gem. § 102 Abs. 5 BetrVG erfüllt, kann der Arbeitnehmer sein Weiterbeschäftigungsverlangen nicht mehr ohne Weiteres zurücknehmen. Mit dem Verlangen wird nicht nur ein Anspruch des Arbeitnehmers auf Weiterbeschäftigung, sondern auch eine **Verpflichtung zur Arbeitsleistung** begründet. Dem Arbeitnehmer, der eine Fortsetzung der Weiterbeschäftigung vermeiden möchte, bleibt nur die Möglichkeit, entweder das Arbeitsverhältnis selbst zu kündigen, die Kündigungsschutzklage zurückzunehmen, zu versuchen, mit dem Arbeitgeber eine einvernehmliche Regelung zu erreichen oder einen Auflösungsantrag nach § 9 KSchG zu stellen.

282

II. Inhalt des Weiterbeschäftigungsanspruchs

1. Fortsetzung des Arbeitsverhältnisses

Sind die Voraussetzungen für einen Weiterbeschäftigungsanspruch gegeben, kann der Arbeitnehmer seine Weiterbeschäftigung – unabhängig davon, ob die Kündigung wirksam ist oder nicht – **zu den bisherigen Arbeitsbedingungen** verlangen.

283

Der Anspruch des Arbeitnehmers richtet sich nach Wortlaut sowie Sinn und Zweck des Gesetzes (Erhalt des Arbeitsplatzes) auf **tatsächliche Weiterbeschäftigung**, nicht auf Abschluss eines Arbeitsvertrags (*BAG* 10.3.1987 EzA § 611 BGB Beschäftigungspflicht Nr. 28), aber auch nicht auf bloße Entgeltfortzahlung während des Kündigungsrechtsstreits (*BAG* 26.5.1977 EzA § 611 BGB Beschäftigungspflicht Nr. 2; *Richardi/Thüsing* Rn 228; *Fitting* Rn 114; GK-BetrVG/*Raab* Rn 219; HWGNRH-*Huke* Rn 190).

284

Der Anspruch auf tatsächliche Beschäftigung geht **nicht weiter als bei einem ungekündigten Arbeitsverhältnis** (s. *BAG* 27.2.1985 EzA § 611 BGB Beschäftigungspflicht Nr. 9; *LAG Bln.* 27.6.1986 LAGE § 15 KSchG Nr. 4; *Richardi/Thüsing* Rn 238; *Krause* NZA 2005, Beil. 1, S. 51, 56; *Pallasch* Anm. LAGE § 102 BetrVG 1972 Beschäftigungspflicht Nr. 18; *Thannheiser* AiB 2009, 47; in diesem Sinne auch *LAG München* 17.12.2003 NZA-RR 2005, 312). Der Anspruch auf tatsächliche Beschäftigung kann daher – unter Fortbestehen des Entgeltanspruchs – **ausnahmsweise dann entfallen**, wenn der Weiterbeschäftigung zwingende betriebliche Gründe entgegenstehen und demgegenüber der Arbeitnehmer kein besonderes, vorrangig berechtigtes Interesse an der tatsächlichen Weiterbeschäftigung hat (*BAG* 15.3.2001 EzA § 4 nF KSchG Nr. 61; *Fitting* Rn 114; vgl. auch HWGNRH-*Huke* Rn 191 – überwiegendes Interesse des Arbeitgebers genügt), zB wenn der Betrieb stillgelegt ist oder der Arbeitsplatz weggefallen ist und für den betreffenden Arbeitnehmer ohne Gefährdung des Arbeitsplatzes anderer Arbeitnehmer keine Beschäftigungsmöglichkeit vorhanden ist (GK-BetrVG/*Raab* Rn 219; nach *Willemsen/Hohenstatt* DB 1995, 216 f., entfällt bei Betriebsstilllegungen eine Weiterbeschäftigungspflicht des Arbeitgebers wegen Unmöglichkeit gem. § 275 Abs. 1 BGB; vgl. auch Rdn 307). Im **Arbeitskampf** kann der nach § 102 Abs. 5 BetrVG weiterbeschäftigte Arbeitnehmer unter denselben Voraussetzungen ausgesperrt werden wie seine Arbeitskollegen, so dass das Weiterbeschäftigungsverhältnis ruht. Im Übrigen kann sich der Arbeitgeber unter bestimmten Voraussetzungen **durch einstweilige Verfügung von der Weiterbeschäftigungspflicht entbinden lassen** (s. Rdn 298 ff.). Ferner ist es möglich, einen Arbeitnehmer, dem ein Weiterbeschäftigungsanspruch nach § 102 Abs. 5 BetrVG zusteht, mit seinem Einverständnis unter Fortzahlung der Vergütung zu **beurlauben**.

285

Die Weiterbeschäftigungspflicht zu den bisherigen Arbeitsbedingungen bedeutet, dass das Arbeitsverhältnis – zumindest – bis zum rechtskräftigen Abschluss des Kündigungsrechtsstreits fortgesetzt wird. Damit wird für den Fall der Wirksamkeit der Kündigung die Kündigungsfrist praktisch bis zum Abschluss des Kündigungsschutzprozesses verlängert. Grundlage für den Beschäftigungsanspruch des Arbeitnehmers bleibt danach der Arbeitsvertrag. Das Arbeitsverhältnis ist zwar **auflösend bedingt durch die rechtskräftige Abweisung der Kündigungsschutzklage**. Es besteht aber kein Anlass, dieses aufgrund gesetzlicher Vorschrift (§ 102 Abs. 5 BetrVG) fortgesetzte Arbeitsverhältnis nicht als Arbeitsverhältnis, sondern als »besonderes gesetzliches Beschäftigungsverhältnis«

286

(so: *Fitting* Rn 103) oder als ein »durch Gesetz begründetes Schuldverhältnis« (so: HWGNRH-*Huke* Rn 189) zu bezeichnen (wie hier: *BAG* 10.3.1987 EzA § 611 BGB Beschäftigungspflicht Nr. 28; 12.9.1985 EzA § 102 BetrVG 1972 Nr. 61; *Richardi/Thüsing* Rn 235; GK-BetrVG/*Raab* Rn 223; *Rieble* BB 2003, 844). Auch die Annahme eines »neuen, eigenständigen Arbeitsvertrags unter der auflösenden Bedingung der rechtskräftigen Entscheidung« der ArbG ist nicht gerechtfertigt. Wollte man keine Fortsetzung des Arbeitsverhältnisses annehmen, wäre dies mit dem Wortlaut des Gesetzes (»Weiterbeschäftigung bei unveränderten Vertragsbedingungen«) nicht zu vereinbaren.

287 Für die hier vertretene Auffassung spricht auch die **Entstehungsgeschichte des Gesetzes**. § 102 Abs. 5 BetrVG beruht auf einem Entwurf der CDU/CSU-Fraktion (BT-Drucks. VI/1806), in dem es heißt: »Widerspricht der Betriebsrat frist- und ordnungsgemäß und hat der Arbeitnehmer gegen die Kündigung Klage nach dem Kündigungsschutzgesetz erhoben, so bleibt das Arbeitsverhältnis bis zum rechtskräftigen Abschluss des Rechtsstreits bestehen.« Dieser Vorschlag der CDU/CSU-Fraktion wurde vom Bundestagsausschuss für Arbeit und Sozialordnung in den jetzigen Gesetzeswortlaut umformuliert. Damit war aber keine inhaltliche Änderung beabsichtigt. Der Ausschuss betont in seinem schriftlichen Bericht, »der Bestandsschutz des Arbeitsverhältnisses während des Kündigungsschutzverfahrens nach dem CDU/CSU-Entwurf« stelle eine sachgerechte Sicherung des Arbeitsplatzes dar. Durch § 102 Abs. 5 BetrVG werde die inhaltlich im CDU/CSU-Entwurf enthaltene Regelung übernommen, dass der Arbeitnehmer bei einem Widerspruch des Betriebsrats und Erhebung der Kündigungsschutzklage bis zum rechtskräftigen Abschluss des Rechtsstreits auf sein Verlangen weiter zu beschäftigten sei (zu BT-Drucks. VI/2729).

288 Nur die Annahme der Fortsetzung des Arbeitsverhältnisses führt auch zu einer überzeugenden Lösung für die **Rechte und Pflichten der Arbeitsvertragsparteien während der Dauer des Kündigungsrechtsstreits**. Verlangt der Arbeitnehmer seine vorläufige Weiterbeschäftigung, hat er nicht nur einen entsprechenden Anspruch, sondern ist auch zur Arbeitsleistung und zur Einhaltung aller Nebenpflichten aus dem Arbeitsverhältnis (zB vereinbartes Verbot einer Nebenbeschäftigung) verpflichtet. Der hier vertretenen Auffassung von der Fortsetzung des Arbeitsverhältnisses kann nicht entgegengehalten werden, dies sei unvereinbar mit einem klageabweisenden Urteil des ArbG im Kündigungsschutzprozess. Aufgrund des klageabweisenden Urteils steht fest, dass das »streitige« Arbeitsverhältnis durch die Kündigung des Arbeitgebers zu dem vorgesehenen Kündigungstermin endete. Hinsichtlich des unstreitigen Teils des Arbeitsverhältnisses, nämlich der Fortsetzung über den vom Arbeitgeber bestimmten Kündigungstermin hinaus bis zur rechtskräftigen Beendigung des Kündigungsschutzprozesses, bedarf es keines gerichtlichen Spruchs, da sich diese Rechtsfolge unmittelbar aus dem Gesetz ergibt (§ 102 Abs. 5 S. 1 BetrVG). Da das Arbeitsverhältnis nach Maßgabe des § 102 Abs. 5 BetrVG fortgesetzt und kein neues – auflösend bedingtes – Arbeitsverhältnis abgeschlossen wird, bedarf die Weiterbeschäftigung **nicht der Schriftform des § 14 Abs. 4 TzBfG** (*LAG Bln-Bra* 5.3.2020 NZA-RR 2020, 522).

2. Unveränderte Arbeitsbedingungen

289 § 102 Abs. 5 S. 1 BetrVG verlängert für den Fall der Wirksamkeit der Kündigung die Kündigungsfrist über ihren regulären Ablauf hinaus bis zum rechtskräftigen Abschluss des Kündigungsschutzprozesses (s. Rdn 286). Der Arbeitnehmer kann gegenüber dem Arbeitgeber dieselben Rechte (Vergütung, Sonderzuwendungen, Sozialleistungen) geltend machen **wie ein Arbeitnehmer in einem gekündigten Arbeitsverhältnis**. Unter »unveränderten Arbeitsbedingungen« (§ 102 Abs. 5 S. 1 BetrVG) sind die bei Ablauf der Kündigungsfrist bestehenden Arbeitsbedingungen zu verstehen (GK-BetrVG/*Raab* Rn 221; HWGNRH-*Huke* Rn 192; *Lingemann/Steinhauser* NJW 2015, 844 [845]; aA APS-*Koch* Rn 210; DKKW-*Bachner* Rn 305; HaKo-KSchR/*Nägele* Rn 207: Arbeitsbedingungen wie im ungekündigten Arbeitsverhältnis). Dies bedeutet zB, dass der Arbeitnehmer von solchen Leistungen ausgeschlossen werden kann, die Arbeitnehmern im gekündigten Arbeitsverhältnis nicht zustehen, etwa wenn der Arbeitgeber eine Sonderzahlung nur Arbeitnehmern im ungekündigten Arbeitsverhältnis gewährt (zur Zulässigkeit solcher Klauseln vgl. *BAG* 18.1.2012 EzA § 611 BGB 2002 Gratifikation, Prämie Nr. 32). Die sonstigen Arbeitsbedingungen einschließlich

der Nebenleistungen (Werkdienstwohnung, Werkmietwohnung) bleiben aber unverändert. Falls der Arbeitnehmer in dem Kündigungsrechtsstreit rechtskräftig obsiegt, steht rückwirkend für die Zeit seit dem Zugang der unwirksamen Kündigung fest, dass das Arbeitsverhältnis als ungekündigtes Arbeitsverhältnis unverändert fortbestanden hat. Dann stehen dem Arbeitnehmer rückwirkend die Rechte zu, die sich aus einem ungekündigten Arbeitsverhältnis ergeben. Falls der Arbeitnehmer in dem Kündigungsrechtsstreit rechtskräftig unterliegt, stehen ihm für die Zeit nach dem Kündigungstermin keine Verzugslohnansprüche aus dem bis zu diesem Zeitpunkt bestehenden Arbeitsverhältnis zu. Aus dem Weiterbeschäftigungsverhältnis kann der Arbeitnehmer Verzugslohn nur geltend machen, wenn er seine Weiterbeschäftigung tatsächlich angeboten und der Arbeitgeber die Arbeitsleistung abgelehnt hat.

Soweit es für den Grund oder die Höhe der Ansprüche des Arbeitnehmers auf die **Dauer der Betriebszugehörigkeit** ankommt (zB bei Ruhegeldansprüchen), ist – auch wenn der Arbeitnehmer im Kündigungsrechtsstreit letztlich unterliegt – als Dauer des Arbeitsverhältnisses die gesamte bisherige Beschäftigungszeit einschließlich der Zeit der Weiterbeschäftigung nach § 102 Abs. 5 BetrVG zugrunde zu legen (GK-BetrVG/*Raab* Rn 221; APS-*Koch* Rn 210; *Richardi/Thüsing* Rn 242; aA *Fitting* Rn 115; HWGNRH-*Huke* Rn 176). Das im Falle der Rechtswirksamkeit der Kündigung durch die Kündigung unterbrochene Arbeitsverhältnis steht mit dem aufgrund des § 102 Abs. 5 BetrVG fortgesetzten Arbeitsverhältnis in einem unmittelbaren inneren Zusammenhang (vgl. *BAG* 23.9.1976 EzA § 1 KSchG Nr. 35). 290

Der Arbeitgeber kann den nach § 102 Abs. 5 BetrVG weiterbeschäftigten Arbeitnehmer – wie jeden anderen Arbeitnehmer auch – im Rahmen seines Direktionsrechts auf einen gleichwertigen Arbeitsplatz **umsetzen** (*Fitting* Rn 114) oder unter Beteiligung des Betriebsrats nach § 99 BetrVG auf einen anderen Arbeitsplatz **versetzen** (*Lingemann/Steinhauser* NJW 2014, 3765 [3766]). 291

Als Arbeitnehmer des Betriebs ist der nach § 102 Abs. 5 BetrVG weiterbeschäftigte Arbeitnehmer nach wie vor **bei Betriebswahlen aktiv und passiv wahlberechtigt** (*Richardi/Thüsing* Rn 241; *Fitting* Rn 115; *Bengelsdorf* FA 2007, 300 f.) und darf sich auch am Arbeitskampf beteiligen (APS-*Koch* Rn 211; DKKW-*Bachner* Rn 305). Auch persönliche **Arbeitnehmerschutzrechte** kann der Arbeitnehmer während des Arbeitsverhältnisses nach § 102 Abs. 5 BetrVG erlangen, zB bei Schwangerschaft oder Schwerbehinderung; in diesen Fällen kann der Arbeitgeber eine neue Kündigung nur nach Maßgabe der einschlägigen Kündigungsschutzvorschriften (§ 17 MuSchG, §§ 168 ff. SGB IX) erklären (APS-*Koch* Rn 211). Das ändert aber nichts daran, dass das Arbeitsverhältnis automatisch endet (auflösende Bedingung), wenn der Arbeitnehmer im Kündigungsrechtsstreit wegen der ersten Kündigung unterliegt (s. Rdn 317). 292

III. Gerichtliche Geltendmachung des Weiterbeschäftigungsanspruchs

Der Arbeitnehmer kann seinen Weiterbeschäftigungsanspruch nach § 102 Abs. 5 BetrVG **im Urteilsverfahren** durch **Klage oder ggf. Antrag auf Erlass einer einstweiligen Verfügung** geltend machen. In beiden Fällen ist der Antrag nur zulässig, wenn er **hinreichend bestimmt** iSv § 253 Abs. 2 Nr. 2 ZPO ist. Durch dieses Erfordernis wird zum einen der Streitgegenstand abgegrenzt, zum anderen wird eine Voraussetzung für die ggf. erforderlich werdende Zwangsvollstreckung geschaffen. Der Antrag muss deshalb vor allem die Art der Tätigkeit bezeichnen, mit der der Arbeitnehmer weiterbeschäftigt werden soll (vgl. *BAG* 15.4.2009 EzA § 253 ZPO 2002 Nr. 2). Fehlt es an einer solchen Bezeichnung – worauf die Gerichte zunächst nach § 139 Abs. 1 S. 2 ZPO hinzuweisen haben (s.a. *Gravenhorst* Anm. zu *LAG Hamm* 2.4.2015 – 15 Sa 1827/14, jurisPR-ArbR 40/15) –, ist zu prüfen, ob der Antrag unter Berücksichtigung seiner Begründung (zweigliedriger Streitgegenstandsbegriff) der Auslegung zugänglich ist. Im **Klageverfahren** muss der Arbeitnehmer das Vorliegen der Voraussetzungen des § 102 Abs. 5 BetrVG **darlegen und ggf. beweisen**. Beantragt er den Erlass einer **einstweiligen Verfügung**, muss er alle Voraussetzungen des § 102 Abs. 5 BetrVG **glaubhaft machen**. Dazu gehört auch die Glaubhaftmachung eines ordnungsgemäßen, form- und fristgerechten Widerspruchs des Betriebsrats nach § 102 Abs. 3 BetrVG (*LAG Düsseld.* 26.6.1980 DB 1980, 2043) einschließlich eines ordnungsgemäß gefassten Betriebsratsbeschlusses 293

(*ArbG Hamm* 18.1.1990 BB 1990, 1206), ggf. auch – zB bei einer krankheitsbedingten Kündigung–, dass er gesundheitlich noch in der Lage ist, die begehrte Tätigkeit auszuüben (*ArbG Hanau* 19.11.1998 AiB 1999, 108). Der **Verfügungsgrund**, dh die Dringlichkeit, ergibt sich regelmäßig aus dem drohenden Zeitablauf. Weitergehende Umstände müssen nicht dargelegt werden (*LAG Köln* 26.11.2012 – 5 SaGa 14/12, und 24.11.2005 AuR 2006, 212; *LAG Bln.* 16.9.2004 LAGE § 102 BetrVG 2001 Beschäftigungspflicht Nr. 3; *LAG Hamm* 24.1.1994 LAGE § 102 BetrVG 1972 Beschäftigungspflicht Nr. 14; ähnlich: *LAG München* 16.8.1995 LAGE § 102 BetrVG 1972 Beschäftigungspflicht Nr. 22; APS-*Koch* Rn 213; *Fröhlich* ArbRB 2007, 91; **aA** *LAG Nbg.* 18.9.2007 BB 2008, 108; 17.8.2004 LAGE § 102 BetrVG 2001 Beschäftigungspflicht Nr. 2; *LAG BW* 30.8.1993 LAGE § 102 BetrVG 1972 Beschäftigungspflicht Nr. 20 m. abl. Anm. *Herbst/Mattes*; *Lingemann/Steinhauser* NJW 2015, 844, 846; *LAG Köln* 18.1.1984 NZA 1984, 57: Es muss die Gefahr einer Rechtsvereitelung oder sonstiger wesentlicher Nachteile vorliegen; *LAG München* 10.2.1994 LAGE § 102 BetrVG 1972 Beschäftigungspflicht Nr. 14: Es gelten die allgemeinen Grundsätze). **Der Verfügungsgrund entfällt**, wenn vor Erlass der einstweiligen Verfügung ein Urteil in der Hauptsache ergeht, weil aus diesem vollstreckt werden kann. Das gilt jedoch nicht, wenn es sich insoweit nicht um den Anspruch aus § 102 Abs. 5 BetrVG, sondern um den sog. allgemeinen Weiterbeschäftigungsanspruch (vgl. dazu iE Rdn 353 ff.) handelt, weil der Arbeitnehmer aus einem solchen – insbesondere für den Fall einer erforderlichen Rückabwicklung – weniger weitreichende Ansprüche herleiten kann (APS-*Koch* Rn 213; **aA** *Hess. LAG* 28.11.1994 – 16 SaGa 1284/94, nv). Da die einstweilige Verfügung auf Weiterbeschäftigung bis zur Beendigung des Kündigungsrechtsstreits auch gerechtfertigt ist, wenn der Arbeitnehmer im Kündigungsrechtsstreit rechtskräftig unterliegt, scheiden für diesen Fall Schadenersatzansprüche des Arbeitgebers nach § 945 ZPO wegen der einstweiligen Verfügung auf Weiterbeschäftigung des Arbeitnehmers aus.

294 Der Arbeitgeber kann sich im Rahmen der **Verteidigung gegen den** gerichtlich geltend gemachten **Beschäftigungsanspruch** des Arbeitnehmers nur auf Gründe stützen, die der Entstehung eines Weiterbeschäftigungsverhältnisses entgegenstehen. Er kann zB einwenden, es handele sich nicht um eine ordentliche Kündigung, der Betriebsrat habe der Kündigung nicht ordnungsgemäß widersprochen oder der Arbeitnehmer habe nicht rechtzeitig Kündigungsschutzklage erhoben. Hingegen kann der Arbeitgeber dem Antrag des Arbeitnehmers auf Weiterbeschäftigung nicht entgegenhalten, er sei berechtigt, sich nach § 102 Abs. 5 S. 2 BetrVG von der Pflicht zur Weiterbeschäftigung entbinden zu lassen. Das Gesetz sieht für eine solche Entbindung des Arbeitgebers von der Weiterbeschäftigungspflicht vielmehr ein besonderes Verfahren vor. Der Arbeitgeber kann ausschließlich durch eine von ihm erwirkte einstweilige Verfügung von der Weiterbeschäftigungspflicht entbunden werden (*LAG SchlH* 5.3.1996 LAGE § 102 BetrVG 1972 Beschäftigungspflicht Nr. 23; *LAG Hmb.* 25.1.1994 LAGE § 102 BetrVG 1972 Beschäftigungspflicht Nr. 21; *Richardi/Thüsing* Rn 251; APS-*Koch* Rn 214; *Rieble* BB 2003, 844, 849; **aA** *Fitting* Rn 117; GK-BetrVG/*Raab* Rn 231).

295 Dies schließt es nicht aus, dass der Arbeitgeber im Prozess auf Weiterbeschäftigung **eine einstweilige Verfügung auf Entbindung** von der Weiterbeschäftigungspflicht beantragt und damit das Verfahren nach § 102 Abs. 5 S. 2 BetrVG eröffnet. Die einstweilige Verfügung kann der Arbeitgeber aber **nicht im Berufungsverfahren** wegen des Antrags des Arbeitnehmers auf Weiterbeschäftigung beantragen (*Gussone* AuR 1994, 252). Bei dem Anspruch auf Weiterbeschäftigung und dem Anspruch auf Entbindung von der Weiterbeschäftigungspflicht handelt es sich um zwei verschiedene Rechtsansprüche. Deshalb ist das ArbG als Gericht der Hauptsache für den Erlass einer einstweiligen Verfügung auf Entbindung von der Weiterbeschäftigungspflicht zuständig (§ 937 Abs. 1, § 943 Abs. 1 ZPO). Das gilt auch, wenn der Kündigungsschutzprozess beim LAG anhängig ist.

296 Der titulierte Anspruch ist **nach § 888 ZPO** durch Verhängung von Zwangsgeld oder Zwangshaft **gegen den Arbeitgeber vollstreckbar** (*LAG Bln.* 3.5.1978, ARSt 1979, 30; *Fitting* Rn 116; **aA** *Leydecker/Heider/Fröhlich* BB 2009, 2707). In Insolvenzverfahren kann der Titel gem. § 727 ZPO auf den Insolvenzverwalter umgeschrieben werden (*Gaumann/Liebermann* NZA 2005, 908). Der Titel ist nur **vollstreckungsfähig**, wenn die **Art der Beschäftigung des Arbeitnehmers** – ggf. auch unter

Heranziehung des Tatbestands und der Entscheidungsgründe (*BAG* 28.2.2003 EzA § 78 ArbGG 1979 Nr. 5) – **aus dem Titel ersichtlich** ist. Dafür reicht es aus, wenn das Berufsbild, mit der der Arbeitnehmer beschäftigt werden soll, hinreichend deutlich wird oder sich in vergleichbarer Weise ergibt, worin die Tätigkeit bestehen soll (*BAG* 15.4.2009 EzA § 253 ZPO 2002 Nr. 2; *LAG SchlH* 6.9.2012 ArbR 2012, 515; *Hess. LAG* 23.10.2008 – 12 Ta 383/08; **aA** *LAG Nds.* 2.2.2007 AE 2008, 71). Wird nur eine abgekürzte Urteilsausfertigung nach § 317 Abs. 2 S. 2 ZPO zugestellt, können Tatbestand und Entscheidungsgründe nicht zur Auslegung des Titels herangezogen werden (*LAG Hamm* 21.11.1989 LAGE § 888 ZPO Nr. 20). Besteht **Streit über den Inhalt des titulierten Weiterbeschäftigungsanspruchs**, fehlt es an der Vollstreckbarkeit. Andernfalls würde das Erkenntnisverfahren in unzulässiger Weise in das Vollstreckungsverfahren verlagert (*LAG Hamm* 8.8.2014 AuR 2014, 392; *LAG Nbg*. 17.3.1993 LAGE § 888 ZPO Nr. 28). Bei der Vollstreckung erfordern es das Wesen des Zwangsgeldes iSv § 888 ZPO und die Notwendigkeit der Vollstreckbarkeit, **einen einheitlichen Betrag** festzusetzen. Es ist unzulässig, für jeden Arbeitstag, an dem der Arbeitnehmer nicht beschäftigt wird, ein Zwangsgeld in einer bestimmten Höhe festzusetzen (*LAG Frankf.* 26.5.1986 LAGE § 888 ZPO Nr. 8; *LAG Hamm* 22.1.1986 LAGE § 888 ZPO Nr. 4; **aA** *LAG Hmb.* 7.7.1988 LAGE § 888 ZPO Nr. 17). Der Arbeitgeber kann im Vollstreckungsverfahren den **Einwand der Unmöglichkeit** erheben. Dazu bedarf es aber eines substantiierten und nachprüfbaren Vortrags des Schuldners. Tatsachen, die bereits Gegenstand des Erkenntnisverfahrens bis zum Erlass des Titels waren, können jedoch nicht geltend gemacht werden. Dies liefe auf eine materiellrechtliche Überprüfung des Urteils hinaus und widerspräche damit der vom Gesetzgeber vorgesehenen Aufteilung der Funktionen von Erkenntnis- und Vollstreckungsverfahren (*BAG* 15.4.2009 EzA § 253 ZPO 2002 Nr. 2; *Hess. LAG* 28.5.2014 – 12 Ta 104/14, nv).

Auf Antrag des Arbeitnehmers kann der Arbeitgeber gem. § 61 Abs. 2 ArbGG für den Fall, dass er den Arbeitnehmer nicht binnen einer vom Gericht festzusetzenden Frist weiterbeschäftigt, auch zur Zahlung einer **Entschädigung** verurteilt werden, die vom ArbG nach freiem Ermessen festzusetzen ist. Allerdings wird es hierfür im Rahmen des einstweiligen Verfügungsverfahrens zumeist am erforderlichen Verfügungsgrund fehlen (APS-*Koch* Rn 218). Die Verurteilung zu einer solchen Entschädigung schließt eine Zwangsvollstreckung nach § 888 ZPO aus (§ 61 Abs. 2 S. 2 ArbGG). 297

IV. Entbindung des Arbeitgebers von der Weiterbeschäftigungspflicht

Gegenüber einem Arbeitnehmer, der seine Weiterbeschäftigung nach § 102 Abs. 5 BetrVG verlangt, kann der Arbeitgeber beim ArbG im Urteilsverfahren eine **einstweilige Verfügung** erwirken, die ihn von der Verpflichtung zur Weiterbeschäftigung entbindet, wenn eine der unter 1.–3. (Rdn 303 ff.) angeführten Voraussetzungen gegeben ist. Die in § 102 Abs. 5 S. 2 BetrVG genannten Entbindungsgründe sind abschließend und nicht erweiterungsfähig. 298

Der Antrag auf Entbindung von der Weiterbeschäftigungspflicht ist **nicht fristgebunden**. Der Vortrag kann auch – während des laufenden Verfahrens – um weitere Tatsachen ergänzt werden (APS-*Koch* Rn 227). Der Weiterbeschäftigungsanspruch endet in diesen Fällen mit Erlass der einstweiligen Verfügung (vgl. § 936 iVm §§ 928, 929 ZPO). Die formelle Rechtskraft der Entscheidung braucht nicht abgewartet zu werden. Wird die einstweilige Verfügung im Rechtsmittelverfahren aufgehoben, lebt der Weiterbeschäftigungsanspruch vom Zeitpunkt der Entscheidung an wieder auf. In diesem Fall kommen Schadenersatzansprüche des Arbeitnehmers gegen den Arbeitgeber nach § 945 ZPO in Betracht (offengelassen in *BAG* 31.8.1978 EzA § 102 BetrVG 1972 Beschäftigungspflicht Nr. 7; **aA** *Richardi/Thüsing* Rn 268). 299

Auch **nach rechtskräftiger Abweisung des Antrags** auf Entbindung von der Weiterbeschäftigungspflicht kann der Arbeitgeber seinen Antrag jederzeit **wiederholen**. Er ist allerdings in dem neuen Verfahren wegen der Rechtskraftwirkung der ersten (abweisenden) Entscheidung mit solchen Tatsachen ausgeschlossen, die er in dem früheren Verfahren vorgebracht hat oder hätte vorbringen können (APS-*Koch* Rn 227; ErfK-*Kania* Rn 41). Demgemäß kann der erneute Antrag nur auf solche Tatsachen gestützt werden, die nach der abweisenden Entscheidung entstanden sind und in dem früheren Verfahren nicht vorgebracht werden konnten. Die Abweisung der Kündigungsschutzklage 300 in erster Instanz ist allein keine Tatsache, die einen neuen Antrag des Arbeitgebers auf Entbindung von der Weiterbeschäftigungspflicht wegen fehlender Erfolgsaussicht der Kündigungsschutzklage rechtfertigen könnte (*LAG Köln* 19.5.1983 DB 1983, 2368).

301 Da der Betriebsrat Widerspruchsgründe nur innerhalb der einwöchigen Äußerungsfrist gegenüber dem Arbeitgeber geltend machen kann (s. Rdn 123 ff., 184), kann er auch im Verfahren auf Entbindung des Arbeitgebers von der Weiterbeschäftigungspflicht **keine zusätzlichen Widerspruchsgründe** geltend machen.

302 Ist der Arbeitgeber durch einstweilige Verfügung von der Weiterbeschäftigungspflicht entbunden worden, ergeht aber ein der **Kündigungsschutzklage stattgebendes Urteil**, ist von diesem Zeitpunkt an nach der Rechtsprechung des Großen Senats des *BAG* (27.2.1985 EzA § 611 BGB Beschäftigungspflicht Nr. 9) zwar grds. ein Weiterbeschäftigungsanspruch des Arbeitnehmers bis zum Abschluss des Kündigungsrechtsstreits zu bejahen. Die Vorschrift des § 102 Abs. 5 S. 2 BetrVG, die zur Entbindung von der Weiterbeschäftigungspflicht führt, ist aber demgegenüber vorrangig. Sie begründet auch iSd Rechtsprechung des Großen Senats ein überwiegendes Interesse des Arbeitgebers, den Arbeitnehmer nicht zu beschäftigen, so dass es bei der Entbindung von der Weiterbeschäftigungspflicht bleibt.

1. Fehlende Erfolgsaussichten der Kündigungsschutzklage (Nr. 1)

303 Das Gericht kann den Arbeitgeber von der Verpflichtung zur Weiterbeschäftigung entbinden, wenn die Klage des Arbeitnehmers keine hinreichende Erfolgsaussicht bietet oder mutwillig erscheint. Diese Voraussetzung stimmt mit den Beurteilungsgrundsätzen überein, die nach § 114 ZPO bei der Prüfung des Anspruchs auf Prozesskostenhilfe maßgebend sind. Die summarische Prüfung der Kündigungsschutzklage muss ergeben, dass die Klage **offensichtlich oder doch mit hinreichender Wahrscheinlichkeit** keinen Erfolg haben wird (*LAG Düsseld.* 23.5.1975 EzA § 102 BetrVG 1972 Beschäftigungspflicht Nr. 4; *Richardi/Thüsing* Rn 255; GK-BetrVG/*Raab* Rn 235; HWGNRH-*Huke* Rn 208; DKKW-*Bachner* Rn 318; APS-*Koch* Rn 220). Es genügt nicht, wenn nur eine gewisse Wahrscheinlichkeit dafürspricht, dass die Klage des Arbeitnehmers abgewiesen wird. Lassen sich die Erfolgsaussichten der Kündigungsschutzklage im Zeitpunkt der gerichtlichen Entscheidung weder in positiver noch in negativer Hinsicht ausreichend beurteilen, dh wenn sowohl für den Arbeitgeber als auch für den Arbeitnehmer eine hinreichende Erfolgsaussicht in dem Kündigungsrechtsstreit nicht verneint werden kann, kann der Arbeitgeber von der Verpflichtung zur Weiterbeschäftigung nicht entbunden werden (*LAG Düsseld.* 23.5.1975 EzA § 102 BetrVG 1972 Beschäftigungspflicht Nr. 4; *Richardi/Thüsing* Rn 255). **Mutwillig** ist eine Rechtsverfolgung, wenn eine verständige Partei ihr Recht nicht in gleicher Weise verfolgen würde (*Richardi/Thüsing* Rn 256; APS-*Koch* Rn 220). Danach kann eine im Übrigen Erfolg versprechende Kündigungsschutzklage zB dann mutwillig erhoben sein, wenn der Arbeitnehmer infolge eines schweren Unfalls nach Zugang der Kündigung auf Dauer erwerbsunfähig ist.

304 Da der Arbeitgeber mit dem Antrag auf Erlass einer einstweiligen Verfügung einen ihm zustehenden Anspruch (auf Entbindung von der Weiterbeschäftigungspflicht) geltend macht, trägt er die **Darlegungs- und Beweislast** für die seinen Anspruch begründenden Umstände. Der Arbeitgeber muss deshalb die fehlende Erfolgsaussicht der Kündigungsschutzklage, dh das Vorliegen der Voraussetzungen für eine wirksame Kündigung, insbes. die soziale Rechtfertigung, ggf. zB auch die Zustimmung der zuständigen Behörde bei Arbeitnehmern mit Sonderkündigungsschutz, **glaubhaft machen** (*Richardi/Thüsing* Rn 263; *Fitting* Rn 117 ff.; APS-*Koch* Rn 220; diff. GK-BetrVG/*Raab* Rn 235).

2. Unzumutbare wirtschaftliche Belastung (Nr. 2)

305 Eine Entbindung von der Verpflichtung zur Weiterbeschäftigung des Arbeitnehmers kommt ferner in Betracht, wenn diese zu einer unzumutbaren wirtschaftlichen Belastung des Arbeitgebers führen würde. Da hier auf die wirtschaftliche Belastung des Arbeitgebers und nicht auf die des Betriebs

abgestellt wird, ist Bezugsgröße für die wirtschaftliche Belastung das Unternehmen, das dem Arbeitgeber gehört (DKKW-*Bachner* Rn 322; APS-*Koch* Rn 221; *Gussone* AuR 1994, 253; aA *Rieble* BB 2003, 845; *Willemsen/Hohenstatt* DB 1995, 215). Deshalb ist bei einem Wegfall des Arbeitsplatzes des gekündigten Arbeitnehmers auch eine Weiterbeschäftigung auf einem gleichartigen Arbeitsplatz im Unternehmen in Betracht zu ziehen, auf den der Arbeitnehmer im Wege der Direktionsrechtsausübung versetzt werden könnte (vgl. *LAG München* 8.9.2011 LAGE § 102 BetrVG 2001 Beschäftigungspflicht Nr. 5). Eine unzumutbare wirtschaftliche Belastung des Arbeitgebers wird **nur ganz ausnahmsweise** gegeben sein, weil dem Arbeitgeber bei vorläufiger Weiterbeschäftigung des Arbeitnehmers dessen Arbeitskraft zur Verfügung steht und er andererseits – unabhängig von der Weiterbeschäftigung des Arbeitnehmers – diesem idR das Arbeitsentgelt weiterzahlen muss, wenn der Arbeitnehmer im Kündigungsstreit obsiegt (*ArbG Berlin* 29.3.1974 BB 1974, 508; *Fitting* Rn 119). Die wirtschaftliche Belastung des Arbeitgebers muss gerade wegen der Weiterbeschäftigung des Arbeitnehmers so gravierend sein, dass Auswirkungen für die Liquidität oder Wettbewerbsfähigkeit des Arbeitgebers nicht von der Hand zu weisen sind (*LAG Hmb*. 16.5.2001 RzK III 1 f Nr. 25; weitergehend *ArbG Hmb*. 3.4.2008 AuR 2008, 276; *ArbG Stuttg*. 5.4.1993 AuR 1993, 222: Existenzgefährdung). Dieser Grundsatz gilt ebenfalls, wenn der Arbeitgeber auch ohne eine Weiterbeschäftigung des Arbeitnehmers in wirtschaftlichen Schwierigkeiten ist. Es kann hierbei auch berücksichtigt werden, ob der monatliche Kostenaufwand für den gekündigten Arbeitnehmer im Verhältnis zur gesamten monatlichen Entgeltzahlungsverpflichtung des Arbeitgebers zu einer wesentlichen, die Grenze des Unzumutbaren überschreitenden Mehrbelastung des Arbeitgebers führen würde (vgl. *ArbG Solingen* 24.2.1976 DB 1976, 1385; aA *Richardi/Thüsing* Rn 257; GK-BetrVG/*Raab* Rn 236; HWGNRH-*Huke* Rn 210), wobei organisatorische Maßnahmen des Arbeitgebers, die der Kündigung zugrunde liegen (zB Rationalisierung durch Maschinen statt Handarbeit), als gegeben hinzunehmen sind. Eine unzumutbare wirtschaftliche Belastung des Arbeitgebers besteht nicht schon dann, wenn er wegen der Weiterbeschäftigung des Arbeitnehmers eine Schmälerung seines Ertrags hinnehmen oder betriebliche Reserven einsetzen muss.

Verlangen **mehrere gekündigte Arbeitnehmer** ihre vorläufige Weiterbeschäftigung, sind die Entgeltkosten, die diese Arbeitnehmer zusammen verursachen, dem gesamten betrieblichen Entgeltkostenaufwand gegenüberzustellen (aA *ArbG Siegburg* 4.3.1975 DB 1975, 700; vgl. auch *LAG Bln*. 20.3.1978 ARSt 1978, 178). Führt diese Prüfung dazu, dass dem Arbeitgeber zwar nicht die Weiterbeschäftigung aller, wohl aber einzelner der gekündigten Arbeitnehmer zumutbar ist, sind so viele Arbeitnehmer weiterzubeschäftigen, wie dem Arbeitgeber wirtschaftlich zumutbar ist. Die Auswahl der weiterzubeschäftigenden Arbeitnehmer ist nach sozialen Gesichtspunkten gem. den nach § 1 Abs. 3 KSchG geltenden Grundsätzen zu treffen (APS-*Koch* Rn 222; aA *Willemsen/Hohenstatt* DB 1995, 220 ff., die dies wegen tatsächlicher Schwierigkeiten ablehnen und stattdessen bei Massenentlassungen iSv § 17 KSchG von einer unzumutbaren wirtschaftlichen Belastung des Arbeitgebers ausgehen, wenn sich die Widersprüche des Betriebsrats und daraus abgeleitete Weiterbeschäftigungsverlangen nicht auf Einzelfälle beschränken; aA auch GK-BetrVG/ *Raab* Rn 209 und *Rieble* BB 2003, 848: pflichtgemäßes Ermessen des Arbeitgebers). Nimmt der Arbeitgeber keine Auswahl nach sozialen Gesichtspunkten vor, können sich alle betroffenen Arbeitnehmer auf ihren Weiterbeschäftigungsanspruch berufen. Eine Entbindung von der Weiterbeschäftigungspflicht kommt insoweit nicht in Betracht (ebenso: *LAG Hmb*. 2.11.2001 AiB 2003, 496). 306

Soweit ausnahmsweise die Verpflichtung des Arbeitgebers zur tatsächlichen Weiterbeschäftigung des Arbeitnehmers **aus zwingenden betrieblichen Gründen** entfällt, zB weil der Arbeitsplatz des Arbeitnehmers infolge Rationalisierung weggefallen ist (s. Rdn 285), begründet dies allein noch keine unzumutbare wirtschaftliche Belastung des Arbeitgebers iSv § 102 Abs. 5 S. 2 Nr. 2 BetrVG (APS-*Koch* Rn 221; aA *LAG München* 17.12.2003 NZA-RR 2005, 312). Vielmehr ist der Arbeitgeber in diesen Fällen zunächst nur berechtigt, den Arbeitnehmer von der Arbeit freizustellen, muss aber das Arbeitsentgelt fortzahlen. Von der Weiterbeschäftigung iSv § 102 Abs. 5 BetrVG und damit auch von der Vergütungspflicht kann der Arbeitgeber nur unter den Voraussetzungen von § 102 Abs. 5 S. 2 BetrVG entbunden werden (*LAG München* 10.2.1994 LAGE § 102 BetrVG 307

1972 Beschäftigungspflicht Nr. 14; *LAG Hmb.* 10.5.1993 LAGE § 102 BetrVG 1972 Beschäftigungspflicht Nr. 16).

308 Der Arbeitgeber muss die Tatsachen, die die vorläufige Weiterbeschäftigung des Arbeitnehmers als wirtschaftlich unzumutbar erscheinen lassen, **glaubhaft machen**. Allgemeine Angaben des Arbeitgebers, zB gesunkene Umsätze, Arbeitsmangel, finanzielle Schwierigkeiten, genügen zur Begründung einer unzumutbaren wirtschaftlichen Belastung nicht. Vielmehr sind die Angabe konkreter und detaillierter Daten über die wirtschaftliche und finanzielle Lage des Unternehmens sowie eine Prognose der künftigen Entwicklung erforderlich.

3. Unbegründetheit des Widerspruchs des Betriebsrats

309 Die offensichtliche Unbegründetheit des Widerspruchs (§ 102 Abs. 5 S. 2 Nr. 3 BetrVG) ist nur dann zu bejahen, **wenn sich die Grundlosigkeit** bei unbefangener Beurteilung **geradezu aufdrängt** (*LAG Hmb.* 9.4.2014 – 6 SaGa 2/14; *LAG SchlH* 19.5.2010 – 6 SaGa 9/10; *LAG München* 17.12.2003 LAGE § 102 BetrVG 2001 Beschäftigungspflicht Nr. 4 und 5.10.1994 LAGE § 102 BetrVG 1972 Beschäftigungspflicht Nr. 19; *Fitting* Rn 120), zB wenn der Betriebsrat geltend macht, der zu kündigende Arbeitnehmer könne nach Umschulungs- oder Fortbildungsmaßnahmen auf einem Arbeitsplatz weiterbeschäftigt werden, der mit einem anderen Arbeitnehmer besetzt ist (*LAG BW* 30.8.1993 RzK III 1 f Nr. 10), oder wenn er sich auf die Nichteinhaltung von Auswahlrichtlinien iSv § 95 BetrVG beruft, die überhaupt nicht aufgestellt sind (*LAG Bln.* 5.9.2003 – 13 Sa 1629/03). Die offensichtliche Unbegründetheit des Widerspruchs muss **im Zeitpunkt seiner Erhebung** vorliegen (*ArbG Hmb.* 17.2.1994 AiB 1994, 696; *Haas* NZA-RR 2008, 63). Es genügt nicht, dass der Widerspruch erst zu einem späteren Zeitpunkt offensichtlich unbegründet wird. Die Ordnungsgemäßheit des Widerspruchs und seine rechtlichen Auswirkungen müssen aus Gründen der Rechtssicherheit im Zeitpunkt seiner Erhebung beurteilt werden können. Erweist sich der Widerspruch des Betriebsrats erst zu einem späteren Zeitpunkt als offensichtlich unbegründet, kann dies aber zur Entbindung des Arbeitgebers von der Weiterbeschäftigungspflicht wegen fehlender Erfolgsaussicht der Kündigungsschutzklage führen (s. Rdn 303 f.).

Hierbei sind zwei Fallgruppen zu unterscheiden:

310 a) Der Arbeitgeber macht glaubhaft, dass die vom Betriebsrat zur Begründung seines Widerspruchs vorgebrachten **Tatsachen nicht vorliegen**, zB Auswahlrichtlinien iSd § 95 BetrVG, auf deren Nichteinhaltung sich der Betriebsrat beruft, überhaupt nicht aufgestellt sind (*Richardi/Thüsing* Rn 258; *Fitting* Rn 120), oder der Arbeitsplatz, an dem der zu kündigende Arbeitnehmer nach der Vorstellung des Betriebsrats nach Umschulungs- oder Fortbildungsmaßnahmen weiterbeschäftigt werden soll, mit einem anderen Arbeitnehmer besetzt (*LAG Düsseld.* 2.9.1975 DB 1975, 1995; *Richardi/Thüsing* Rn 258) oder im Betrieb überhaupt nicht vorhanden ist (vgl. *ArbG Bln.* 20.7.1977 BB 1977, 1761) oder der Widerspruch lediglich auf Gerüchte und Vermutungen gestützt ist und keine die Nachprüfung ermöglichenden Angaben enthält (*LAG Düsseld.* 20.12.1976 DB 1977, 1610).

311 b) Der **Widerspruch** des Betriebsrats ist **nicht ordnungsgemäß**, zB weil der Betriebsrat den Widerspruch verspätet eingelegt hat, die Widerspruchsgründe nicht ausreichend konkretisiert sind oder die vorgebrachten Tatsachen nicht geeignet sind, das Vorliegen eines Widerspruchsgrundes als möglich erscheinen zu lassen, etwa wenn bei einer personenbedingten Kündigung eine fehlerhafte Sozialauswahl gerügt wird oder es sich bei dem betroffenen Arbeitnehmer um einen leitenden Angestellten handelt, auf den demzufolge § 102 BetrVG keine Anwendung findet. In diesen Fällen besteht zwar kein Weiterbeschäftigungsanspruch, weil dieser einen ordnungsgemäßen Widerspruch des Betriebsrats voraussetzt, so dass nach dem Wortlaut von § 102 Abs. 5 S. 2 Nr. 3 BetrVG eine »Entbindung« von der Verpflichtung zur Weiterbeschäftigung nicht in Betracht kommt. Jedoch ist **§ 102 Abs. 5 S. 2 Nr. 3 BetrVG entsprechend anwendbar**, wenn der Arbeitnehmer aufgrund eines nicht ordnungsgemäßen Widerspruchs des Betriebsrats seine vorläufige Weiterbeschäftigung nach § 102 Abs. 5 S. 1 BetrVG verlangt. Zum einen kann auch ein nicht ordnungsgemäßer Widerspruch als »offensichtlich unbegründet« angesehen werden,

zum anderen ist im Interesse beider Parteien zur Beilegung des Streits eine schnelle gerichtliche Entscheidung geboten, für die sich das einstweilige Verfügungsverfahren gem. § 102 Abs. 5 S. 2 Nr. 3 BetrVG anbietet (str.; wie hier: zB *LAG Hmb.* 9.4.2014 – 6 SaGa 2/14; *LAG SchlH* 19.5.2010 – 6 SaGa 9/10; *LAG Nbg.* 5.9.2006, DB 2007, 752; APS-*Koch* Rn 224; *Richardi/ Thüsing* Rn 262; *Fitting* Rn 121; GK-BetrVG/*Raab* Rn 238; HWGNRH-*Huke* Rn 214; aA *LAG Frankf.* 2.11.1984 NZA 1985, 163; *LAG Düsseld.* 5.1.1976 BB 1976, 1462; *Matthes* FS Gnade, S. 231 – für den Fall, dass es an der Einhaltung der Schriftform fehlt oder der Widerspruch nicht fristgerecht eingelegt wurde –; nach *LAG München* 5.10.1994 LAGE § 102 BetrVG 1972 Beschäftigungspflicht Nr. 19, ist bei einem nicht ordnungsgemäßen Widerspruch des Betriebsrats die Entbindung des Arbeitgebers von der Weiterbeschäftigungspflicht nur dann gerechtfertigt, wenn der Widerspruch auch offensichtlich unbegründet war). Der Arbeitgeber muss **glaubhaft** machen, dass die tatsächlichen Voraussetzungen eines nicht ordnungsgemäßen Widerspruchs (zB Fristversäumung) vorliegen. Gegebenenfalls genügt es, dass er den Inhalt des Widerspruchs glaubhaft macht, wenn sich bereits daraus (zB unzureichende Konkretisierung des Widerspruchsgrundes) die fehlende Ordnungsgemäßheit des Widerspruchs ergibt (vgl. *LAG Bra.* 15.12.1992 LAGE § 102 BetrVG 1972 Beschäftigungspflicht Nr. 13).

4. Wegfall der Vergütungspflicht

Mit der Entbindung des Arbeitgebers von der Weiterbeschäftigungspflicht nach § 102 Abs. 5 BetrVG entfällt auch seine auf § 102 Abs. 5 BetrVG beruhende Verpflichtung zur Fortzahlung des Arbeitsentgelts. Die bis dahin angefallenen Entgeltansprüche des Arbeitnehmers aus tatsächlicher Beschäftigung oder wegen Annahmeverzugs bleiben unberührt (*BAG* 7.3.1996 EzA § 102 BetrVG 1972 Beschäftigungspflicht Nr. 9 m. abl. Anm. *Beninca* = AiB 1996, 616 m. zust. Anm. *Wahsner/ Nötzel*). Durch die Entbindung von der Weiterbeschäftigungspflicht wird ferner **nicht der Annahmeverzug** des Arbeitgebers beseitigt, der – im Falle einer unwirksamen Kündigung – durch die Erhebung der Kündigungsschutzklage herbeigeführt wurde (vgl. *BAG* 26.8.1971 EzA § 615 BGB Nr. 16). Obsiegt der Arbeitnehmer im Kündigungsrechtsstreit, hat er daher auch für die Dauer des Rechtsstreits Anspruch auf Entgelt nach § 615 BGB, obwohl der Arbeitgeber nach § 102 Abs. 5 BetrVG von der Verpflichtung zur Weiterbeschäftigung entbunden war (*LAG RhPf* 11.1.1980 AuR 1980, 284; *Richardi/Thüsing* Rn 267).

312

5. Voraussetzungen einer einstweiligen Verfügung

Das **Rechtsschutzinteresse** für den Antrag des Arbeitgebers auf Erlass einer einstweiligen Verfügung besteht, sobald der Arbeitnehmer Weiterbeschäftigung nach § 102 Abs. 5 BetrVG verlangt, gleichgültig, ob die Voraussetzungen für einen Weiterbeschäftigungsanspruch gegeben sind (*LAG Hmb.* 9.4.2014 – 6 SaGa 2/14; *LAG Düsseld.* 24.4.2013 LAGE § 102 BetrVG 2001 Beschäftigungspflicht Nr. 7; *LAG München* 5.10.1994 LAGE § 102 BetrVG 1972 Beschäftigungspflicht Nr. 19; 13.7.1994 LAGE § 102 BetrVG 1972 Beschäftigungspflicht Nr. 17; APS-*Koch* Rn 225; aA *Schmeisser* NZA-RR 2016, 169, 171: Rechtsschutzinteresse entsteht stets mit Erhebung der Kündigungsschutzklage; vgl. auch Rdn 311).

313

Die **Eilbedürftigkeit** für den Antrag auf Erlass einer einstweiligen Verfügung (Verfügungsgrund) ist nicht gesondert zu prüfen, da die Voraussetzungen für den Erlass der einstweiligen Verfügung in § 102 Abs. 5 BetrVG abschließend geregelt sind (*LAG München* 13.7.1994 LAGE § 102 BetrVG 1972 Beschäftigungspflicht Nr. 17; *LAG Hmb.* 14.9.1992 NZA 1993, 141; *Richardi/Thüsing* Rn 261; APS-*Koch* Rn 225; im Ergebnis ebenso: *LAG Bln.* 16.9.2004 LAGE § 102 BetrVG 2001 Beschäftigungspflicht Nr. 3). Der Antrag des Arbeitgebers auf Entbindung von der Weiterbeschäftigungspflicht kann allerdings unter besonderen Umständen **rechtsmissbräuchlich** sein, zB wenn er den Anspruch auf Weiterbeschäftigung gegenüber dem Arbeitnehmer zunächst ausdrücklich anerkannt oder diesen längere Zeit vorläufig weiterbeschäftigt hat, ohne dass seit dem Anerkenntnis oder dem Beginn der vorläufigen Weiterbeschäftigung irgendwelche neuen Umstände eingetreten sind, die die Entbindung von der Weiterbeschäftigungspflicht rechtfertigen könnten (vgl.

314

LAG Düsseld. 19.8.1977 EzA § 102 BetrVG 1972 Beschäftigungspflicht Nr. 5, das in diesem Fall die Eilbedürftigkeit für den Antrag auf Erlass einer einstweiligen Verfügung verneint).

315 Über den Antrag auf Erlass einer einstweiligen Verfügung entscheidet das Arbeitsgericht im Urteilsverfahren. Die Zuständigkeit des Arbeitsgerichts besteht auch dann, wenn der Kündigungsrechtsstreit bereits in der Berufungsinstanz anhängig ist (*LAG BW* 18.3.1988 LAGE § 102 BetrVG 1972 Beschäftigungspflicht Nr. 9). Hierbei kann das ArbG gem. § 62 Abs. 2 S. 1 ArbGG in dringenden Fällen **ohne mündliche Verhandlung** durch den Vorsitzenden allein (§ 53 Abs. 1 ArbGG) entscheiden (hM, APS-*Koch* Rn 226; *Fitting* Rn 117). Gibt es dem Antrag statt, wird die Entbindung des Arbeitgebers von der Weiterbeschäftigungspflicht mit der Verkündung des Urteils (nach mündlicher Verhandlung) oder mit der Zustellung des ohne mündliche Verhandlung ergangenen Beschlusses im Parteibetrieb (§ 62 Abs. 2 ArbGG iVm §§ 936, 922 Abs. 2 ZPO) wirksam. Einer besonderen Vollziehung der einstweiligen Verfügung bedarf es nicht. Deshalb ist auch die Zustellung eines verkündeten Urteils im Parteibetrieb entbehrlich (*LAG Hamm* 12.12.1986 DB 1987, 1945). Wird eine einstweilige Verfügung auf Entbindung von der Weiterbeschäftigungspflicht im Rechtsmittelverfahren aufgehoben, kommen **Schadenersatzansprüche** des Arbeitnehmers nach § 945 ZPO in Betracht (s. Rdn 299).

316 Den Anspruch auf Entbindung von der Weiterbeschäftigungspflicht kann der Arbeitgeber **nicht als Einwand** in einem Verfahren geltend machen, in dem der Arbeitnehmer durch Klage oder Antrag auf Erlass einer einstweiligen Verfügung seinen Anspruch auf Weiterbeschäftigung geltend macht oder einen entsprechenden Titel zu vollstrecken versucht. Vielmehr ist nach dem Sinn der gesetzlichen Regelung davon auszugehen, dass der Arbeitgeber nur und ausschließlich durch eine von ihm erwirkte einstweilige Verfügung von der Weiterbeschäftigungspflicht entbunden werden kann (vgl. *BAG* 31.8.1978 EzA § 102 BetrVG 1972 Beschäftigungspflicht Nr. 7; s. Rdn 294). Der Arbeitgeber kann die Entbindung von der Pflicht zur Weiterbeschäftigung aber als **Widerantrag** im Verfahren über den Weiterbeschäftigungsanspruch des Arbeitnehmers geltend machen (*Hess. LAG* 15.2.2013 LAGE § 102 BetrVG 2001 Beschäftigungspflicht Nr. 6; APS-*Koch* Rn 226).

V. Wegfall des Weiterbeschäftigungsanspruchs aus sonstigen Gründen

317 **Obsiegt der Arbeitnehmer** im Kündigungsschutzprozess, gilt das bisherige Arbeitsverhältnis als durch die Kündigung nicht unterbrochen. Das Weiterbeschäftigungsverhältnis nach § 102 Abs. 5 BetrVG endet. **Unterliegt hingegen der Arbeitnehmer** in dem Kündigungsrechtsstreit rechtskräftig oder **nimmt er die Kündigungsschutzklage zurück**, so steht unmittelbar nur fest, dass das Arbeitsverhältnis (zunächst) aufgrund der Kündigung mit Ablauf der Kündigungsfrist geendet hat. Gleichzeitig wird damit aber auch das aufgrund des Weiterbeschäftigungsbegehrens des Arbeitnehmers fortgesetzte Arbeitsverhältnis aufgelöst (auflösende Bedingung). Eine auf Weiterbeschäftigung gerichtete Klage wird unzulässig (*Hess. LAG* 18.10.2005 NZA-RR 2006, 243). Das Weiterbeschäftigungsverhältnis endet ferner automatisch, wenn der Arbeitnehmer im Kündigungsschutzprozess zum **Auflösungsantrag** nach § 9 KSchG übergeht (s. Rdn 276). Da die Klagerücknahme und der Übergang zum Auflösungsantrag in ihrer Wirkung einer fristlosen Kündigung des Weiterbeschäftigungsverhältnisses gleichkommen und sich der Arbeitgeber unter Umständen schon auf die Weiterbeschäftigung bis zur Beendigung des Kündigungsrechtsstreits eingerichtet hat, wird man ihm das Recht einräumen müssen, vom Arbeitnehmer die Weiterarbeit während einer der ordentlichen Kündigungsfrist entsprechenden Auslauffrist zu verlangen. Da in den hier angeführten Fällen die Auflösung des nach § 102 Abs. 5 BetrVG fortgesetzten Arbeitsverhältnisses nicht durch Kündigung erfolgt, greifen die besonderen Kündigungsschutzvorschriften für Schwangere (§ 9 MuSchG) oder schwerbehinderte Arbeitnehmer (§§ 168 ff. SGB IX) nicht ein. Danach enden auch die Arbeitsverhältnisse derjenigen Arbeitnehmer, die während des Kündigungsrechtsstreits schwanger oder schwerbehindert werden, mit Rechtskraft des die Kündigungsschutzklage abweisenden Urteils oder mit dem Auflösungsantrag nach § 9 KSchG automatisch. Eine **Nichtzulassungsbeschwerde** hat gem. § 72a Abs. 4 ArbGG aufschiebende Wirkung. In diesem Fall endet das Weiterbeschäftigungsverhältnis erst mit der Zustellung einer abweisenden Entscheidung (APS-*Koch* Rn 228).

Auch schon vor Beendigung des Kündigungsrechtsstreits kann das Arbeitsverhältnis von beiden 318
Vertragsparteien ganz oder »teilweise« beendet werden. Hierbei können beide Parteien **einvernehmlich** das gesamte Vertragsverhältnis zwischen ihnen **auflösen** oder nur den Arbeitgeber von der Beschäftigungspflicht nach § 102 Abs. 5 BetrVG (unter Fortzahlung der Vergütung) befreien (»teilweise« Beendigung) oder den Verzicht des Arbeitnehmers auf eine Weiterbeschäftigung nach § 102 Abs. 5 BetrVG vereinbaren. Ein einseitiger Verzicht des Arbeitnehmers auf eine vorläufige Weiterbeschäftigung, nachdem er zunächst weiterbeschäftigt worden ist, ist unzulässig, weil hierfür die gesetzliche Grundlage fehlt (vgl. Rdn 319).

Einseitig – durch **Kündigung** – kann jede der Vertragsparteien das gesamte Arbeitsverhältnis be- 319
enden. Es ist jedoch unzulässig, nur »das Beschäftigungsverhältnis nach § 102 Abs. 5 BetrVG« zu kündigen, ohne damit auch das mit der Kündigungsschutzklage angegriffene Arbeitsverhältnis beenden zu wollen, falls dieses noch besteht (APS-*Koch* Rn 228; DKKW-*Bachner* Rn 332; aA HWGNRH-*Huke* Rn 196). Das nach § 102 Abs. 5 BetrVG fortgesetzte Arbeitsverhältnis bildet mit dem gekündigten Arbeitsverhältnis eine Einheit. Das heißt, der Arbeitnehmer kann das gesamte Arbeitsverhältnis außerordentlich kündigen, wenn ihm ein wichtiger Grund zur Seite steht, oder durch ordentliche Kündigung unter Einhaltung der für ihn maßgebenden Kündigungsfrist beenden (*Fitting* Rn 111; GK-BetrVG/*Raab* Rn 225).

Der Arbeitgeber seinerseits kann das nach § 102 Abs. 5 BetrVG fortgesetzte Arbeitsverhältnis (und 320
damit das gesamte Arbeitsverhältnis) nur nach Maßgabe der einschlägigen Kündigungsschutzvorschriften (**erneut**) **ordentlich kündigen**. Bei der Berechnung der Kündigungsfrist ist die gesamte bisherige Beschäftigungszeit zugrunde zu legen (s. Rdn 290). Eine Kündigung durch den Arbeitgeber kommt insbes. in Betracht, wenn der Arbeitnehmer seinen Verpflichtungen aus dem nach § 102 Abs. 5 BetrVG fortgesetzten Arbeitsverhältnis nicht nachkommt. Vor Ausspruch der Kündigung muss auch hier das Anhörungsverfahren beim Betriebsrat nach § 102 BetrVG durchgeführt werden (GK-BetrVG/*Raab* Rn 225; *Bengelsdorf* FA 2007, 302). Ferner sind besondere Kündigungsschutzvorschriften zu beachten (s. Rdn 292). Widerspricht der Betriebsrat der Kündigung (§ 102 Abs. 3 BetrVG), kann der Arbeitnehmer unter den Voraussetzungen des § 102 Abs. 5 BetrVG auch im Hinblick auf die neue Kündigung seine Weiterbeschäftigung verlangen. Widerspricht der Betriebsrat der neuen Kündigung nicht oder verlangt der Arbeitnehmer nicht rechtzeitig seine Weiterbeschäftigung (s. Rdn 279 ff.), entfällt mit Ablauf der Kündigungsfrist der neuen Kündigung sein Weiterbeschäftigungsanspruch aufgrund der alten Kündigung (*LAG Bln.* 3.5.1978 ARSt 1979 30; *LAG Düsseld.* 19.8.1977 EzA § 102 BetrVG 1972 Beschäftigungspflicht Nr. 5; *Richardi/Thüsing* Rn 246; APS-*Koch* Rn 228; GK-BetrVG/*Raab* Rn 225; aA *Brinkmeier* AuR 2005, 46). Bei einer **außerordentlichen Kündigung des Arbeitgebers** endet in jedem Fall das Weiterbeschäftigungsverhältnis (*Richardi/Thüsing* Rn 246; aA *Brinkmeier* AuR 2005, 46). Hingegen ist der Arbeitgeber nicht berechtigt, die Weiterbeschäftigung des Arbeitnehmers während des Kündigungsrechtsstreits einseitig abzulehnen, weil er einen wichtigen Grund zur außerordentlichen Kündigung hat, ohne jedoch diese Kündigung zu erklären. Vielmehr kann der Arbeitgeber insoweit gegen den Willen des Arbeitnehmers die Entbindung von der Weiterbeschäftigungspflicht nach § 102 Abs. 5 S. 1 BetrVG nur durch einstweilige Verfügung des ArbG erreichen.

Der Weiterbeschäftigungsanspruch endet auch durch **einstweilige Verfügung** nach § 102 Abs. 5 321
S. 2 BetrVG (s. Rdn 298 ff.). Erklärt der Arbeitgeber nach Erlass einer einstweiligen Verfügung eine **weitere vorsorgliche Kündigung**, die im Wesentlichen auf den gleichen Kündigungssachverhalt gestützt wird, ist dies ohne Einfluss auf die Weitergeltung der einstweiligen Verfügung (*BAG* 18.9.2003 EzA § 102 BetrVG 2001 Beschäftigungspflicht Nr. 2).

Greift der Arbeitnehmer eine während der Weiterbeschäftigung nach § 102 Abs. 5 BetrVG er- 322
klärte **neue Kündigung des Arbeitgebers** nicht an oder bleibt eine hiergegen gerichtliche Kündigungsschutzklage erfolglos, endet damit das Arbeitsverhältnis der Parteien, gleichgültig, wie der erste Kündigungsrechtsstreit ausgeht. Infolgedessen entfällt auch ein Weiterbeschäftigungsanspruch nach § 102 Abs. 5 BetrVG, selbst wenn der erste Kündigungsrechtsstreit noch nicht rechtskräftig entschieden ist.

323 Endet das Arbeitsverhältnis der Parteien infolge des Wegfalls des Weiterbeschäftigungsanspruchs nach § 102 Abs. 5 BetrVG (zB nach rechtskräftiger Abweisung der Kündigungsschutzklage), ist für die Dauer des Arbeitsverhältnisses der Zeitpunkt maßgebend, in dem der Weiterbeschäftigungsanspruch nach § 102 Abs. 5 BetrVG endet. Dieser Zeitpunkt (Tag) ist in einem Zeugnis als Tag der Beendigung des Arbeitsverhältnisses anzugeben. Die nach diesem Zeitpunkt berechnete **Dauer des Arbeitsverhältnisses** ist auch für Ruhegeldansprüche des Arbeitnehmers maßgebend (**aA** *Fitting* Rn 115; *Matthes* FS Gnade, S. 230). Das nach § 102 Abs. 5 BetrVG fortgesetzte Arbeitsverhältnis steht in einem unmittelbaren inneren Zusammenhang mit dem gekündigten Arbeitsverhältnis.

H. Erweiterung der Mitwirkungsrechte des Betriebsrats

I. Notwendigkeit einer Betriebsvereinbarung oder eines Tarifvertrags

324 Durch freiwillige **Betriebsvereinbarung** können Arbeitgeber und Betriebsrat vereinbaren, dass Kündigungen der Zustimmung des Betriebsrats bedürfen (§ 102 Abs. 6 BetrVG). Dies kann sich in manchen Betrieben oder für bestimmte Arbeitnehmergruppen als zweckmäßig erweisen, weil das gesetzliche Verfahren wegen des Anspruchs auf Weiterbeschäftigung nach § 102 Abs. 5 BetrVG gegebenenfalls zu einer Verzögerung der Entlassung führen kann (vgl. *Fitting* Rn 130). Die rechtliche Möglichkeit, die Zustimmungsbedürftigkeit von Kündigungen zu vereinbaren, schließt auch die Befugnis ein, weniger weitgehende, aber über die gesetzliche Regelung hinausgehende Mitwirkungsrechte des Betriebsrats durch Betriebsvereinbarung festzulegen (argumentum a maiore ad minus), zB über den Katalog des § 102 Abs. 3 BetrVG hinausgehende Widerspruchsgründe (s. Rdn 192) oder ein Beratungsrecht des Betriebsrats (vgl. *BAG* 6.2.1997 EzA § 102 BetrVG 1972 Nr. 97). Wegen des **zwingenden Charakters** des § 102 BetrVG und wegen seines Schutzzwecks können die Mitwirkungsrechte des Betriebsrats nach § 102 BetrVG **nicht eingeschränkt** werden.

325 Solche freiwilligen Betriebsvereinbarungen bedürfen zu ihrer Wirksamkeit der **Schriftform** (§ 77 Abs. 2 BetrVG). Sie sind gem. § 77 Abs. 5 BetrVG kündbar, bleiben aber bei einem Betriebsinhaberwechsel (§ 613a BGB) weiter in Kraft (vgl. *Gamillscheg* ZfA 1977, 289). Durch **formlose Vereinbarung** (sog. Betriebsabsprache oder Regelungsabrede) zwischen Arbeitgeber und Betriebsrat können die Mitwirkungsrechte des Betriebsrats nach § 102 Abs. 1–5 BetrVG nicht generell erweitert werden (*BAG* 14.2.1978 EzA § 102 BetrVG 1972 Nr. 33), ebenso wenig durch einzelvertragliche Vereinbarung zwischen Arbeitgeber und Arbeitnehmer (*BAG* 23.4.2009 EzA § 102 BetrVG 2001 Nr. 24 = AP Nr. 160 zu § 102 BetrVG 1972 m. zust. Anm. *Rieble*; diff. GK-BetrVG/*Raab* Rn 247).

326 Die Mitwirkungsrechte des Betriebsrats können auch durch **Tarifvertrag** über § 102 BetrVG hinaus erweitert werden. So kann etwa die Zulässigkeit von Kündigungen an die Zustimmung des Betriebsrats geknüpft werden (*BAG* 24.2.2011 DB 2011, 1399; 21.6.2000 EzA § 1 TVG Betriebsverfassungsnorm Nr. 1 = AP Nr. 121 zu § 102 BetrVG 1972 m. abl. Anm. *Kraft*; 10.2.1988 DB 1988, 1397 = SAE 1991, 352 m. krit. Anm. *Buchner*; *Fitting* Rn 132; HWGNRH-*Huke* Rn 230; krit. *Richardi/Thüsing* Rn 316; aA GK-BetrVG/*Raab* vor § 92 Rn 22). Der Betriebsrat kann jedoch vom Arbeitgeber nicht verlangen, den Ausspruch von Kündigungen vor Abschluss des tariflichen Mitbestimmungsverfahrens zu unterlassen. Die Interessen des Betriebsrats sind dadurch gewahrt, dass die ohne seine Zustimmung ausgesprochenen Kündigungen unwirksam sind. Die Tarifvertragsparteien können auch regeln, dass die Zustimmung des Betriebsrats als erteilt gilt, wenn er sich nicht innerhalb einer Stellungnahmefrist – mindestens in der Länge von § 102 Abs. 2 BetrVG – äußert (*BAG* 21.6.2000 EzA § 1 TVG Betriebsverfassungsnorm Nr. 1), und dass bei Verweigerung der Zustimmung eine Einigungsstelle über die Berechtigung der Nichterteilung der Zustimmung verbindlich entscheidet (*LAG Köln* 24.11.1983 DB 1984, 670). Dies folgt aus der Befugnis der Tarifvertragsparteien, betriebsverfassungsrechtliche Fragen zu regeln (§ 1 Abs. 1 TVG; s. Rdn 192). Die Erweiterung der Mitwirkungsrechte des Betriebsrats kann sich auch auf bestimmte Personengruppen beschränken, zB gewerkschaftliche Vertrauensleute (*LAG Düsseld.* 25.8.1995 LAGE Art. 9 GG Nr. 11). Bei bestehender tariflicher oder tarifüblicher Regelung über die Erweiterung

der Mitwirkungsrechte des Betriebsrats bei Kündigungen sind zusätzliche Betriebsvereinbarungen wegen des Tarifvorrangs (§ 77 Abs. 3 BetrVG) unzulässig (APS-*Koch* Rn 180).

II. Regelungsmöglichkeiten

Nach § 102 Abs. 6 BetrVG können im Wege einer freiwilligen Betriebsvereinbarung (§ 88 BetrVG) **sämtliche – auch außerordentliche – Kündigungen des Arbeitgebers** von der Zustimmung des Betriebsrats abhängig gemacht werden (vgl. *Fitting* Rn 124; APS-*Koch* Rn 176; GK-BetrVG/*Raab* Rn 243; *Richardi/Thüsing* Rn 299; aA *Matthes* FA 2004, 354 und FS *Schwerdtner* S. 332: nur ordentliche Kündigungen). Die Zustimmungsbedürftigkeit einer Kündigung kann aber auch nur für bestimmte Arten von Kündigungen vereinbart werden, zB ordentliche Kündigungen, außerordentliche Kündigungen, betriebsbedingte Kündigungen. **Kündigungen des Arbeitnehmers** können nicht an die Zustimmung des Betriebsrats geknüpft werden (*Richardi/Thüsing* Rn 295). 327

Soweit dem Betriebsrat nur **erweiterte Mitwirkungsrechte** bei Kündigungen durch Betriebsvereinbarung eingeräumt sind, die Kündigungen aber nicht seiner Zustimmung bedürfen, führt eine Verletzung durch den Arbeitgeber nur dann zur Unwirksamkeit der Kündigung, wenn dies in der betreffenden Betriebsvereinbarung eindeutig geregelt ist (*BAG* 6.2.1997 EzA § 102 BetrVG 1972 Nr. 97). Andernfalls kommt bei wiederholten Verstößen des Arbeitgebers nur ein Unterlassungsverfahren gem. § 23 Abs. 3 BetrVG in Betracht. 328

Durch eine Betriebsvereinbarung, die Kündigungen mit Zustimmung des Betriebsrats zulässt, können grundgesetzliche, kollektivrechtliche oder einzelvertragliche **Kündigungsbeschränkungen nicht verdrängt** werden, zB im Arbeitsvertrag vereinbarter Ausschluss der ordentlichen Kündigung. Die Betriebsvereinbarung kann auch **weder zusätzliche Kündigungsgründe** schaffen (*Matthes* FS *Schwerdtner* S. 333) noch kann die Zustimmung des Betriebsrats eine an sich sozialwidrige Kündigung rechtswirksam machen. 329

Ebenso wenig ist eine **Erweiterung oder ein Ausschluss der Tatbestände für eine außerordentliche Kündigung** über das Gesetz (§ 626 BGB) hinaus zulässig, da die gesetzliche Regelung in § 626 BGB zwingend ist (s. KR-*Fischermeier/Krumbiegel* § 626 BGB Rdn 64 ff.; vgl. ferner *Fitting* Rn 124). Durch Betriebsvereinbarung können aber außerordentliche Kündigungen an die Zustimmung des Betriebsrats gebunden werden, der insoweit eine Rechtsfrage (§ 626 BGB) zu entscheiden hat. Die Zustimmung des Betriebsrats und das Zustimmungsverfahren zu außerordentlichen Kündigungen von Amtsträgern iSv § 103 BetrVG (Betriebsratsmitglieder etc.) kann allerdings nicht durch Betriebsvereinbarung gem. § 102 Abs. 6 BetrVG geregelt werden, da § 103 BetrVG und § 15 KSchG insoweit zwingende Sonderregelungen enthalten (*Fitting* Rn 124; aA *Gamillscheg* ZfA 1977, 255). 330

Eine ohne die – wirksam vorgeschriebene – Zustimmung des Betriebsrats oder eine sie ersetzende Entscheidung der Einigungsstelle oder des Gerichts erklärte Kündigung des Arbeitgebers ist **unwirksam**. Dieser Mangel kann nur innerhalb von drei Wochen gerichtlich geltend gemacht werden (§ 4 S. 1 KSchG). 331

III. Zustimmungsverfahren beim Betriebsrat

Werden Kündigungen an die Zustimmung des Betriebsrats geknüpft und damit die Mitwirkungsrechte nach § 102 Abs. 1–3 BetrVG erweitert, können Arbeitgeber und Betriebsrat insoweit auch das Verfahren bei der Anhörung des Betriebsrats regeln, zB ob, in welcher Weise und in welchem Umfang der Arbeitgeber dem Betriebsrat die Kündigungsgründe von sich aus oder nur auf Aufforderung des Betriebsrats mitteilen muss, ob die Unterrichtung des Betriebsrats auch noch nach Ausspruch der Kündigung zulässig ist, innerhalb welcher Frist der Betriebsrat zur Kündigung Stellung nehmen muss oder ob sein Schweigen als Zustimmung gilt. Die so getroffene Regelung **tritt an die Stelle der gesetzlichen Regelung** nach § 102 Abs. 1–2 BetrVG (*BAG* 7.12.2000 EzA § 1 KSchG Betriebsbedingte Kündigung Nr. 108; *Fitting* Rn 125; APS-*Koch* Rn 182). Die Stellungnahmefristen für den Betriebsrat bei **einer außerordentlichen Kündigung** müssen aber so bemessen sein, dass der Arbeitgeber noch innerhalb der Zweiwochenfrist des § 626 Abs. 2 BGB die Kündigung 332 erklären oder die Einigungsstelle oder das ArbG zur Ersetzung der Zustimmung des Betriebsrats anrufen kann. Andernfalls läge in der vereinbarten Frist eine unzulässige Erschwerung des Rechts des Arbeitgebers zur Kündigung aus wichtigem Grund. Wird die Stellungnahmefrist für den Betriebsrat unangemessen lang (zB zwei Wochen bei außerordentlicher Kündigung) festgesetzt, ist die Vereinbarung insoweit unwirksam, und es gilt die gesetzliche Frist des § 102 Abs. 2 S. 3 BetrVG (APS-*Koch* Rn 181).

333 Soweit Arbeitgeber und Betriebsrat keine von § 102 Abs. 1–2 BetrVG abweichende Regelung getroffen haben, ist hinsichtlich der Mitteilungspflichten des Arbeitgebers, der Durchführung des Anhörungsverfahrens und der Äußerungsfristen für den Betriebsrat die Regelung des § 102 Abs. 1–2 BetrVG entsprechend anzuwenden. Jedoch gilt das **Schweigen des Betriebsrats** hier als Ablehnung und nicht als Zustimmung zur Kündigung, da die Zustimmung des Betriebsrats iSv § 102 Abs. 6 BetrVG – ebenso wie die Zustimmung nach § 103 BetrVG – eine positiv zur Kündigung Stellung nehmende Erklärung des Betriebsrats voraussetzt (vgl. *Richardi/Thüsing* Rn 306).

334 In der Betriebsvereinbarung kann auch einschränkend festgelegt werden, dass dem Betriebsrat **nur unter bestimmten Voraussetzungen** ein Zustimmungsverweigerungsrecht zusteht (*Matthes* FA 2004, 354). Dann gilt im Übrigen die gesetzliche Regelung nach § 102 BetrVG und insbes. das in Abs. 3 festgelegte, zu Ungunsten des Betriebsrats unabdingbare und unverzichtbare Widerspruchsrecht.

335 Der Betriebsrat kann nicht nach freiem oder billigem Ermessen entscheiden, ob er der Kündigung zustimmen will. Dem BetrVG lässt sich insoweit nicht entnehmen, dass es den materiellen Kündigungsschutz des Arbeitnehmers verbessern will. Vielmehr soll durch die Zustimmungsbedürftigkeit von Kündigungen aufgrund einer Betriebsvereinbarung nach § 102 Abs. 6 BetrVG nur das Mitwirkungsrecht des Betriebsrats gegenüber dem Arbeitgeber verstärkt werden. Das bedeutet, dass dem Betriebsrat zum Schutz des Arbeitnehmers ein **Mitbeurteilungsrecht** über die soziale Rechtfertigung und Wirksamkeit der beabsichtigten Kündigung eingeräumt ist und er ggf. auf den Arbeitgeber einwirken kann, von der Kündigung Abstand zu nehmen. Der Betriebsrat entscheidet im Zustimmungsverfahren somit letztlich über eine Rechtsfrage. Daher hat er bei seiner Entscheidung **keinen Ermessens-, sondern nur einen Beurteilungsspielraum.** Betriebsvereinbarungen, die dem Betriebsrat gleichwohl einen **Ermessensspielraum** einräumen, sind insoweit **unwirksam**, weil § 102 Abs. 6 BetrVG eine abschließende Regelung der Mitwirkung des Betriebsrats bei Kündigungen durch freiwillige Betriebsvereinbarung enthält. In diesem Fall ist die Betriebsvereinbarung dahin umzudeuten, dass dem Betriebsrat nur ein Beurteilungsspielraum hinsichtlich der Wirksamkeit der Kündigung eingeräumt ist (Mitbeurteilungsrecht). Die Wirksamkeit der Betriebsvereinbarung im Übrigen wird dadurch nicht berührt.

336 Wird die Kündigung von der Zustimmung des Betriebsrats abhängig gemacht, muss die **Zustimmung** in entsprechender Anwendung des § 102 Abs. 1 BetrVG grds. **vor Ausspruch der Kündigung** vorliegen (*Richardi/Thüsing* Rn 307; APS-*Koch* Rn 182; GK-BetrVG/*Raab* Rn 251). Die Betriebsparteien können jedoch abweichend vereinbaren, dass die Zustimmung **auch nach Ausspruch der Kündigung** erteilt werden kann (HaKo-KSchR/*Nägele* Rn 233; *Richardi/Thüsing* Rn 307; APS-*Koch* Rn 182; **aA** *Matthes* FA 2004, 354 und FS *Schwerdtner* S. 335; *Rieble* AuR 1993, 43). Die **nachträgliche Zustimmung** kann allgemein oder nur für bestimmte Fälle (zB außerordentliche Kündigung) zugelassen werden. Ebenso unbedenklich ist es, wenn die Einleitung des Zustimmungsverfahrens auch noch nach Ausspruch der Kündigung zugelassen wird. In diesen Fällen ist die ohne Zustimmung des Betriebsrats ausgesprochene Kündigung zunächst **schwebend unwirksam und wird mit der Erteilung der Zustimmung rückwirkend wirksam** (*Richardi/Thüsing* Rn 308; ähnlich APS-*Koch* Rn 182: erst mit Zugang der Zustimmung beim Arbeitnehmer). Der erneute Ausspruch einer Kündigung ist entbehrlich. Da jedoch eine rückwirkende Beendigung des Arbeitsverhältnisses grds. nicht möglich ist und der Arbeitnehmer als Kündigungsempfänger nicht in eine ungewisse Lage (schwebende Unwirksamkeit der Kündigung) versetzt werden darf (vgl. BAG 27.6.1968 EzA § 626 BGB Nr. 9), ist der Arbeitnehmer so zu stellen, als wäre ihm die Kündigung erst im Zeitpunkt der Erteilung der Zustimmung des Betriebsrats zugegangen. Steht daher

bei einer ordentlichen Kündigung vom Zeitpunkt der Erteilung der Zustimmung des Betriebsrats ab bis zu dem Kündigungstermin, zu dem der Arbeitgeber die Kündigung erklärt hatte, nicht mehr die im Einzelfall maßgebende Kündigungsfrist zur Verfügung, wird der Kündigungstermin entsprechend verschoben. Die dreiwöchige Klagefrist gegen die Kündigung (§ 4 KSchG) beginnt hier in entsprechender Anwendung des § 4 Abs. 4 KSchG erst mit der Mitteilung der Zustimmung des Betriebsrats oder der sie ersetzenden Zustimmung der Einigungsstelle an den Arbeitnehmer oder mit Rechtskraft einer die Zustimmung ersetzenden gerichtlichen Entscheidung (*Richardi/Thüsing* Rn 308; APS-*Koch* Rn 182).

IV. Widerspruchsrecht des Betriebsrats und Weiterbeschäftigungsanspruch des Arbeitnehmers

Die zwischen Arbeitgeber und Betriebsrat vereinbarte Zustimmungsbedürftigkeit von Kündigungen **verdrängt die gesetzlichen Regelungen** über das Widerspruchsrecht des Betriebsrats und über die Rechtsfolgen des Widerspruchs (vgl. *Richardi/Thüsing* Rn 313, 315; *Fitting* Rn 125; aA *Matthes* FA 2004, 357 und FS *Schwerdtner* S. 338). Soweit Kündigungen an die Zustimmung des Betriebsrats oder die sie ersetzende Zustimmung einer Einigungsstelle oder des ArbG geknüpft sind, entfallen deshalb das gesetzliche Widerspruchsrecht des Betriebsrats nach § 102 Abs. 3 BetrVG und ein Weiterbeschäftigungsanspruch nach § 102 Abs. 5 BetrVG (*Fitting* Rn 125; ErfK-*Kania* Rn 47; insoweit aA APS-*Koch* Rn 179). Das Zustimmungserfordernis bietet dem Arbeitnehmer insgesamt einen weitergehenden Bestandsschutz des Arbeitsverhältnisses als das bloße Widerspruchsrecht. Fehlt hingegen die Zustimmung des Betriebsrats, dürfte regelmäßig ein Weiterbeschäftigungsanspruch nach den allgemeinen Grundsätzen in Betracht kommen. Vereinbaren allerdings Arbeitgeber und Betriebsrat ausdrücklich, dass der Arbeitnehmer bei einem Widerspruch des Betriebsrats gegen die Kündigung bis zur Beendigung des Kündigungsrechtsstreits weiterbeschäftigt werden soll, falls die Einigungsstelle die Zustimmung ersetzt und der Arbeitgeber daraufhin die Kündigung erklärt, wird eine solche Vereinbarung durch die Regelungsbefugnis der Betriebspartner nach § 102 Abs. 6 BetrVG gedeckt. Wenn § 102 Abs. 6 BetrVG die Vereinbarung der Zustimmungsbedürftigkeit von Kündigungen erlaubt, dürfen die Betriebspartner auch alle damit zusammenhängenden Modalitäten – wie die Weiterbeschäftigung bis zum Abschluss des Kündigungsrechtsstreits – regeln.

V. Ersetzung der Zustimmung des Betriebsrats durch Einigungsstelle oder Arbeitsgericht

Für den Fall, dass der Betriebsrat der Kündigung nicht zustimmt, **muss in dem maßgebenden Tarifvertrag oder in der Betriebsvereinbarung grds. die Einschaltung der Einigungsstelle oder des ArbG vorgesehen werden**, die über die Berechtigung der Nichterteilung der Zustimmung zu entscheiden haben. Aus dem systematischen Zusammenhang von § 102 Abs. 6 BetrVG mit § 102 Abs. 1–5 BetrVG wird deutlich, dass § 102 Abs. 6 BetrVG nur das Verfahren bei Ausspruch einer Kündigung regeln, nicht aber das materielle Kündigungsrecht des Arbeitgebers beschränken will (aA *Matthes* FA 2004, 355 und FS *Schwerdtner* S. 334; *Rieble* AuR 1993, 41), was bei einer Unüberprüfbarkeit der ablehnenden Entscheidung des Betriebsrats der Fall wäre (GK-BetrVG/*Raab* Rn 253; HWGNRH-*Huke* Rn 233). Ein Tarifvertrag oder eine Betriebsvereinbarung, die das Zustimmungsrecht des Betriebsrats für Kündigungen einführen, aber die **Überprüfung** einer ablehnenden Entscheidung des Betriebsrats durch die Einigungsstelle oder das ArbG ausdrücklich **ausschließen**, sind unwirksam (GK-BetrVG/*Raab* Rn 253; HWGNRH-*Huke* Rn 233; *Hanau* BB 1971, 490; vgl. auch *Mauer/Schüßler* BB 2000, 2518).

Legen ein Tarifvertrag oder eine Betriebsvereinbarung lediglich fest, dass Kündigungen der Zustimmung des Betriebsrats bedürfen, und ist für den Fall einer ablehnenden Entscheidung des Betriebsrats **keine Regelung** getroffen, ist davon auszugehen, dass die Tarifpartner bzw. Arbeitgeber und Betriebsrat den gesetzlichen Regelfall – Entscheidung der Einigungsstelle – nicht ausschließen wollten und deshalb die Einigungsstelle für die Überprüfung einer ablehnenden Entscheidung des Betriebsrats zuständig ist (*BAG* 28.4.1998 EzA § 77 BetrVG 1972 Nachwirkung Nr. 1).

340 Bestimmen ein Tarifvertrag oder eine Betriebsvereinbarung, dass Kündigungen der Zustimmung des Betriebsrats bedürfen, gegen eine ablehnende Entscheidung die **Einigungsstelle** aber **nicht angerufen werden kann,** kann der Arbeitgeber die Überprüfung der Entscheidung durch die Gerichte für Arbeitssachen beantragen. Dasselbe gilt, wenn Tarifvertrag oder Betriebsvereinbarung positiv regeln, dass gegen eine ablehnende Entscheidung des Betriebsrats das ArbG angerufen werden kann (*BAG* 21.6.2000 EzA § 1 TVG Betriebsverfassungsnorm Nr. 1; vgl. auch GK-BetrVG/*Raab* Rn 254; HWGNRH-*Huke* Rn 233; aA *Fitting* Rn 126; *Rieble* AuR 1993, 45).

341 Ist die **Einigungsstelle** für die Überprüfung der Entscheidung des Betriebsrats zuständig, hat sie die Zustimmung des Betriebsrats zu ersetzen, wenn die Kündigung sachlich gerechtfertigt ist. Die Einigungsstelle entscheidet somit ebenso wie der Betriebsrat über eine Rechtsfrage (*Richardi/Thüsing* Rn 310; APS-*Koch* Rn 183; GK-BetrVG/*Raab* Rn 254; aA *Rieble* AuR 1993, 39, 41). Im Verfahren vor der Einigungsstelle kann der Arbeitgeber seine Mitteilungen zu den Kündigungsgründen noch vervollständigen (*BAG* 7.12.2000 EzA § 1 KSchG Betriebsbedingte Kündigung Nr. 108). Erteilt die Einigungsstelle die Zustimmung zur Kündigung, kann der Arbeitgeber kündigen, auch wenn der Betriebsrat die Entscheidung der Einigungsstelle mit Rechtsmitteln angreift (HWGNRH-*Huke* Rn 235).

342 **Gegen die Entscheidung der Einigungsstelle** ist stets die **Anrufung des ArbG** zulässig (*Fitting* Rn 127; GK-BetrVG/*Raab* Rn 253; *Richardi/Thüsing* Rn 209), allerdings nur durch den Arbeitgeber – falls die Zustimmung zur Kündigung nicht erteilt wurde – oder durch den Betriebsrat – falls die Zustimmung zur Kündigung erteilt wurde –, nicht jedoch durch den betroffenen Arbeitnehmer (*Fitting* Rn 128). Dieser kann nur die aufgrund der Zustimmung erklärte Kündigung im Klagewege angreifen und in diesem Rechtsstreit ggf. geltend machen, die Kündigung sei schon deshalb unwirksam, weil die Zustimmung nicht hätte erteilt werden dürfen (s. auch Rdn 350 f.).

343 Auch das ArbG, gleichgültig ob es unmittelbar zur Überprüfung der Entscheidung des Betriebsrats zuständig ist oder gegen die Entscheidung der Einigungsstelle angerufen wird, hat über eine **Rechtsfrage** zu entscheiden. Es hat die Entscheidung des Betriebsrats oder der Einigungsstelle voll nachzuprüfen und die Zustimmung des Betriebsrats zu ersetzen, wenn die Kündigung sachlich gerechtfertigt ist (GK-BetrVG/*Raab* Rn 256; HWGNRH-*Huke* Rn 237; *Henssler* RdA 1991, 274; aA *Gamillscheg* ZfA 1977, 154: nur Ermessensüberprüfung; *Rieble* AuR 1993, 45 ff.: nur Ermessenskontrolle bei personen- und verhaltensbedingter Kündigung sowie bei der Sozialauswahl). Da über eine Rechtsfrage zu entscheiden ist, findet die Zweiwochenfrist des § 76 Abs. 5 S. 4 BetrVG zur Anrufung des ArbG hier keine Anwendung (*Richardi/Thüsing* Rn 310; *Fitting* Rn 127; APS-*Koch* Rn 183); es besteht somit überhaupt **keine Anfechtungsfrist** zur Anrufung des ArbG. Das Recht zur Anrufung des ArbG kann aber nach allgemeinen Grundsätzen verwirkt werden.

344 Ruft der Arbeitgeber gegen eine ablehnende Entscheidung des Betriebsrats die **Einigungsstelle** an, ist dem **Arbeitnehmer Gehör zu gewähren** (APS-*Koch* Rn 183; aA *Fitting* Rn 128). Ersetzt die Einigungsstelle die Zustimmung des Betriebsrats, kann dieser – nicht der betroffene Arbeitnehmer – zwar hiergegen die Gerichte für Arbeitssachen anrufen. Dies hindert den Arbeitgeber aber nicht daran, die Kündigung zu erklären, da die Entscheidung der Einigungsstelle die gleiche Funktion hat wie die Einigung zwischen Arbeitgeber und Betriebsrat (GK-BetrVG/*Raab* Rn 229).

345 **Im Beschlussverfahren** (§§ 80 ff. ArbGG) ist gem. § 83 BetrVG **der betroffene Arbeitnehmer analog § 103 Abs. 2 S. 2 BetrVG Beteiligter** (*Fitting* Rn 128; HaKo-BetrVG/*Braasch* Rn 148; HWGNRH-*Huke* Rn 235; APS-*Koch* Rn 184; aA noch KR-*Etzel/Rinck* 11. Aufl.; GK-BetrVG/*Raab* Rn 257). Andernfalls könnte eine präjudizielle Wirkung für den Kündigungsrechtsstreit (s. Rdn 350) nicht angenommen werden.

346 Ersetzt ein Gericht für Arbeitssachen die Zustimmung des Betriebsrats, darf der Arbeitgeber die **Kündigung** grds. erst erklären, **wenn die gerichtliche Entscheidung rechtskräftig geworden ist.** Nach § 85 Abs. 1 ArbGG findet im arbeitsgerichtlichen Beschlussverfahren die Zwangsvollstreckung nur aus rechtskräftigen Beschlüssen der ArbG statt (vgl. *BAG* 11.11.1976 EzA § 102 BetrVG 1972 Nr. 17). Etwas anderes gilt, wenn nach der Betriebsvereinbarung die nachträgliche Erteilung

der Zustimmung zulässig ist. Dann steht der Zeitpunkt des Eintritts der Rechtskraft der gerichtlichen Entscheidung der nachträglich erteilten Zustimmung des Betriebsrats gleich (s. Rdn 336).

VI. Ausschlussfrist bei außerordentlicher Kündigung

Trotz eines Zustimmungserfordernisses findet bei außerordentlichen Kündigungen die Ausschlussfrist des § 626 Abs. 2 BGB Anwendung. Die Zweiwochenfrist des § 626 Abs. 2 BGB **beginnt mit der Kenntnis des Arbeitgebers von den die Kündigung begründenden Tatsachen.** Der Betriebsrat hat innerhalb der vereinbarten (s. Rdn 332) oder gesetzlichen (3 Tage) Frist Gelegenheit, zur Kündigung Stellung zu nehmen. Stimmt er der Kündigung zu, muss der Arbeitgeber noch innerhalb der Zweiwochenfrist die Kündigung erklären. Schweigt er oder lehnt er die Zustimmung zur Kündigung ab, muss der Arbeitgeber noch innerhalb der Zweiwochenfrist die Einigungsstelle oder – falls dessen Zuständigkeit in Betracht kommt (s. Rdn 340) – das ArbG anrufen (vgl. *BAG* 18.8.1977 EzA § 103 BetrVG 1972 Nr. 20; GK-BetrVG/*Raab* Rn 250; HWGNRH-*Huke* Rn 227; APS-*Koch* Rn 181; aA *Fitting* Rn 124 – Frist läuft erst mit Erteilung der Zustimmung). 347

Lehnt die Einigungsstelle die Zustimmung zur Kündigung ab, muss der Arbeitgeber **unverzüglich** das ArbG anrufen. Ersetzt die Einigungsstelle oder ein Gericht für Arbeitssachen die Zustimmung, muss der Arbeitgeber **unverzüglich** nach der Entscheidung der Einigungsstelle bzw. unverzüglich nach Eintritt der Rechtskraft der gerichtlichen Entscheidung die Kündigung **erklären** (vgl. *BAG* 24.4.1975 EzA § 103 BetrVG 1972 Nr. 8; HWGNRH-*Huke* Rn 227). Ist eine nachträgliche Zustimmung zur Kündigung zulässig und wird das Zustimmungsverfahren erst nach Ausspruch der Kündigung abgeschlossen, entfällt die Notwendigkeit einer (weiteren) Kündigung (wegen der Einzelheiten s. Rdn 336). 348

VII. Kündigungsschutzklage des Arbeitnehmers

Haben der Betriebsrat oder eine Einigungsstelle die Zustimmung zur Kündigung erteilt, stehen dem Arbeitnehmer im Kündigungsschutzprozess die **vollen Rechte nach dem KSchG** zu. Er kann die Sozialwidrigkeit einer ordentlichen Kündigung ebenso unbeschränkt geltend machen wie das Fehlen der Voraussetzungen für die Erteilung der Zustimmung zur Kündigung. Ein **Weiterbeschäftigungsanspruch** nach § 102 Abs. 5 BetrVG scheidet grds. aus (s. Rdn 337). Ist jedoch die Zustimmung zur Kündigung durch Betriebsrat oder Einigungsstelle offensichtlich zu Unrecht erteilt worden, kann der Arbeitnehmer seine Weiterbeschäftigung nach allgemeinen Grundsätzen durch einstweilige Verfügung gegen den Arbeitgeber erreichen. 349

Hat ein Gericht für Arbeitssachen die Zustimmung des Betriebsrats rechtskräftig ersetzt, hindert dies den Arbeitnehmer nicht, gegen die Kündigung Kündigungsschutzklage zu erheben. Jedoch wird mit der rechtskräftigen Ersetzung der Zustimmung die für den nachfolgenden Kündigungsschutzprozess im Grundsatz bindende Feststellung getroffen, dass die Kündigung unter Berücksichtigung aller Umstände sachlich gerechtfertigt ist. Wegen dieser **Präjudizwirkung** kann der Arbeitnehmer im Kündigungsschutzprozess die unrichtige Entscheidung der Vorfrage (sachliche Rechtfertigung der Kündigung) nicht mehr geltend machen, soweit er sich dabei auf Tatsachen stützt, die er in dem früheren Verfahren erfolglos geltend gemacht hat oder hätte geltend machen können. Er kann die Unrichtigkeit jedoch noch insoweit geltend machen, als er neue Tatsachen vorbringt, die im Beschlussverfahren noch nicht berücksichtigt werden konnten, zB nicht rechtzeitiger Ausspruch der Kündigung, Formverstoß bei Kündigung, Geschäftsunfähigkeit des Arbeitgebers (vgl. *BAG* 24.4.1975 EzA § 103 BetrVG 1972 Nr. 8; *Fitting* Rn 129). 350

VIII. Mitwirkungsrechte des Betriebsrats nach anderen Gesetzen

Die Vorschriften über die Beteiligung des Betriebsrats nach dem KSchG werden durch § 102 Abs. 1–6 BetrVG **nicht berührt** (§ 102 Abs. 7 BetrVG). Gemeint sind hiermit das Recht des Arbeitnehmers, gegen eine seines Erachtens sozial ungerechtfertigte Kündigung beim Betriebsrat Einspruch einzulegen, sowie die Aufgabe des Betriebsrats, eine Verständigung mit dem Arbeitgeber 351 zu versuchen, wenn er den Einspruch für begründet hält, und auf Verlangen dem Arbeitnehmer und dem Arbeitgeber seine Stellungnahme schriftlich mitzuteilen (§ 3 KSchG). Ferner sind auch die besonderen Mitwirkungsrechte des Betriebsrats bei Massenentlassungen zu beachten (§ 17 KSchG), die durch § 102 Abs. 6 BetrVG unberührt bleiben (s. hierzu die Erläut. zu § 17 KSchG).

352 Auch sonstige Mitwirkungsrechte des Betriebsrats bei Kündigungen werden durch § 102 Abs. 1–6 BetrVG grds. nicht eingeschränkt oder abgelöst, zB die Beteiligung des Betriebsrats vor der Kündigung eines schwerbehinderten Menschen im Verfahren vor dem Integrationsamt nach § 170 Abs. 2 SGB IX (vgl. *Fitting* Rn 136).

I. Weiterbeschäftigung während eines Beendigungsrechtsstreits (allgemeiner Weiterbeschäftigungsanspruch)

I. Problemstellung

1. Beendigungskündigung

353 Der Beschäftigungsanspruch nach § 102 Abs. 5 BetrVG für die Zeit des Kündigungsrechtsstreits (s. Rdn 255 ff.) erfasst nur einen verhältnismäßig geringen Teil der Fälle. Problematisch bleibt, ob ein Beschäftigungsanspruch auch zugunsten derjenigen Arbeitnehmer besteht, in deren Betrieb ein **Betriebsrat nicht existiert**, oder wenn der Betriebsrat der ordentlichen Kündigung **nicht iSv § 102 Abs. 3 BetrVG form- und fristgerecht widersprochen** hat (vgl. *BAG* 18.1.1979 EzA § 611 BGB Beschäftigungspflicht Nr. 3). Ebenso stellt sich die Frage nach einem Beschäftigungsanspruch nach Zugang einer **außerordentlichen Kündigung** bis zum rechtskräftigen Abschluss des Kündigungsrechtsstreits, da die außerordentliche Kündigung von § 102 Abs. 5 BetrVG nicht erfasst wird.

354 Der **Große Senat des BAG** hat in seiner Grundsatzentscheidung vom 27.2.1985 (EzA § 611 BGB Beschäftigungspflicht Nr. 9 m. Anm. *Gamillscheg*) den allgemeinen Beschäftigungsanspruch im ungekündigten Arbeitsverhältnis bekräftigt und **unter Abwägung der beiderseitigen Interessen der Arbeitsvertragsparteien** auch für die Dauer des Kündigungsrechtsstreits einen auf die **tatsächliche Beschäftigung** gerichteten Weiterbeschäftigungsanspruch angenommen. Dieser hat seine Grundlage in §§ 611 Abs. 1, 613 sowie 242 BGB unter Berücksichtigung der verfassungsrechtlichen Wertentscheidungen der Art. 1 und 2 GG (*BAG* 27.5.2020 – 5 AZR 247/19, Rn 23) und soll das **ideelle Beschäftigungsinteresse** des Arbeitnehmers sichern. Dieses besteht darin, durch Ausübung der vertragsgemäßen Tätigkeit die eigene Persönlichkeit entfalten sowie die Achtung und Wertschätzung der Menschen des eigenen Lebenskreises erwerben oder erhalten zu können (*BAG* 27.5.2020 – 5 AZR 247/19, Rn 44). Dieser Rechtsprechung (s. Rdn 358 f.), die teilweise als unzulässige Rechtsfortbildung abgelehnt wird (*ArbG Nienburg* 15.5.2015 EzA-SD 2014, Nr. 22, 6; *LAG SA* 16.3.1993 LAGE § 611 BGB Beschäftigungspflicht Nr. 33; *LAG Köln* 26.9.1986 LAGE § 611 BGB Beschäftigungspflicht Nr. 17; *LAG Nds.* 7.2.1986 LAGE § 611 BGB Beschäftigungspflicht Nr. 14; *Wank* RdA 1987, 129), ist zuzustimmen. Nach allgemeinen Grundsätzen besteht der Weiterbeschäftigungsanspruch allerdings dann nicht, wenn der Arbeitnehmer im Zeitpunkt der letzten mündlichen Verhandlung auf unabsehbare Zeit leistungsunfähig ist (*LAG Hamm* 11.3.2020 – 6 Sa 1182/19; *LAG Köln* 22.11.2012 – 6 Sa760/12).

2. Änderungskündigung

355 Bei einer Änderungskündigung ist danach zu unterscheiden, ob der Arbeitnehmer die Kündigung **unter Vorbehalt angenommen oder sie abgelehnt hat.** Hat er die Änderungskündigung unter Vorbehalt nach § 2 KSchG angenommen, ist seine Weiterbeschäftigung im Arbeitsverhältnis – wenn auch unter anderen Bedingungen – gesichert. Er ist sogar zur Weiterarbeit zu den geänderten Arbeitsbedingungen verpflichtet. Ein Anspruch auf vorläufige Weiterbeschäftigung zu den bisherigen Bedingungen ist daher zu verneinen (*BAG* 28.5.2009 EzA § 1 KSchG Interessenausgleich Nr. 19; 19.12.1991 RzK I 10i Nr. 38; 18.1.1990 EzA § 1 KSchG Betriebsbedingte Kündigung Nr. 65 m. Anm. *Steinmeyer*). Hat der Arbeitnehmer jedoch das in der Änderungskündigung enthaltene Angebot abgelehnt oder streiten die Parteien über die Wirksamkeit des vom Arbeitnehmer

erklärten Vorbehalts (vgl. hierzu *BAG* 28.3.1985 EzA § 767 ZPO Nr. 1), ist der Bestand des Arbeitsverhältnisses streitig, weil für den Fall der Wirksamkeit der Kündigung das Arbeitsverhältnis beendet ist. Dieser Fall steht einer Beendigungskündigung gleich, so dass die Grundsätze des Großen Senats über den allgemeinen Weiterbeschäftigungsanspruch Anwendung finden.

3. Sonstige Beendigungsrechtsstreitigkeiten

Über einen Weiterbeschäftigungsanspruch des Arbeitnehmers kann auch dann gestritten werden, wenn es um die Wirksamkeit einer **Befristung** oder einer **auflösenden Bedingung** des Arbeitsverhältnisses oder darum geht, ob nach einer Betriebsübernahme ein Arbeitsverhältnis auf den Erwerber übergegangen ist. In diesen Fällen ist vor rechtskräftiger Beendigung des Rechtsstreits – ebenso wie in einem Kündigungsrechtsstreit – unklar, ob das Arbeitsverhältnis über den Zeitpunkt der vereinbarten Befristung oder des Eintritts der auflösenden Bedingung hinaus fortbesteht oder ob es auf den Betriebserwerber übergegangen ist. Die Interessenlage ist damit die gleiche wie in einem Kündigungsrechtsstreit. Deshalb sind die Grundsätze des Beschlusses des Großen Senats über den Weiterbeschäftigungsanspruch entsprechend anzuwenden (*BAG* 13.6.1985 EzA § 611 BGB Beschäftigungspflicht Nr. 16). Streiten die Parteien hingegen darüber, ob ein **Arbeitsverhältnis überhaupt begründet** wurde, kommt ein (Weiter-)Beschäftigungsanspruch vor rechtskräftigem Abschluss eines entsprechenden Rechtsstreits nicht in Betracht (*LAG RhPf* 15.6.1993 – 9 Sa 370/93, nv). 356

II. Voraussetzungen des Weiterbeschäftigungsanspruchs

1. Offensichtliche Unwirksamkeit der Kündigung

Nach ständiger Rechtsprechung des BAG besteht ein Anspruch auf Weiterbeschäftigung, wenn die Kündigung offensichtlich unwirksam ist (*BAG* 27.2.1985 EzA § 611 BGB Beschäftigungspflicht Nr. 9). Eine offensichtlich unwirksame Kündigung liegt vor, wenn sich die Unwirksamkeit ohne Beurteilungsspielraum und ohne Beweisaufnahme jedem Kundigen aufdrängen muss, also die Unwirksamkeit ohne jeden vernünftigen Zweifel in rechtlicher oder tatsächlicher Hinsicht offen erkennbar ist. Das ist zB der Fall, wenn die Kündigung unstreitig ohne vorherige Anhörung des Betriebsrats erklärt wurde oder der Arbeitgeber einer Schwangeren, deren Schwangerschaft er kannte, ohne Zustimmung der zuständigen Behörde kündigt. Der offensichtlich unwirksamen Kündigung steht es gleich, wenn die Kündigung auf dieselben Gründe gestützt wird, die bereits für eine vorhergehende Kündigung vom Gericht als nicht ausreichend angesehen wurden (*BAG* 19.12.1985 EzA § 611 BGB Beschäftigungspflicht Nr. 17). 357

2. Nach stattgebendem Urteil

Ist die Kündigung nicht offensichtlich unwirksam, besteht ein Weiterbeschäftigungsanspruch dann, **wenn ein die Unwirksamkeit der Kündigung feststellendes Instanzurteil ergeht und keine besonderen Umstände vorliegen**, die ein überwiegendes Interesse des Arbeitgebers begründen, den Arbeitnehmer nicht weiter zu beschäftigen (*BAG* 27.2.1985 EzA § 611 BGB Beschäftigungspflicht Nr. 9; *LAG Düsseld.* 15.3.2007 HzA-aktuell 10/2007, S. 35). Ein **überwiegendes Interesse des Arbeitgebers** kann etwa gegeben sein, wenn durch die weitere Mitarbeit für den Betrieb erheblicher Schaden zu erwarten ist, zB durch den Umgang mit Geschäftsgeheimnissen. 358

Der (allgemeine) **Weiterbeschäftigungsanspruch entfällt**, wenn der Arbeitgeber nach dem der Klage stattgebenden Urteil eine weitere, **auf einen neuen Lebenssachverhalt gestützte – und nicht offensichtlich unwirksame – Kündigung** erklärt. Dadurch entsteht eine zusätzliche Ungewissheit über den Fortbestand des Arbeitsverhältnisses, die das schutzwürdige Interesse des Arbeitgebers an der Nichtbeschäftigung des Arbeitnehmers wieder überwiegen lässt (*BAG* 19.12.1985 EzA § 611 BGB Beschäftigungspflicht Nr. 17). Stellt der Arbeitgeber nach einem der Kündigungsschutzklage stattgebenden Urteil des Arbeitsgerichts in der Berufungsinstanz erstmals einen zulässigen **Auflösungsantrag** nach § 9 KSchG, steht dies einem neuen Auflösungsgrund gleich (s. Rdn 379), so 359 dass nunmehr bis zur Entscheidung des LAG der Weiterbeschäftigungsanspruch entfällt (*BAG* 16.11.1995 EzA Art. 20 Einigungsvertrag Nr. 47; *Müller* BB 2004, 1849). Wird ein die Unwirksamkeit der Kündigung feststellendes Instanzurteil **durch ein** nicht rechtskräftiges **Urteil der nächsten Instanz aufgehoben** und die Klage abgewiesen, entfällt ebenfalls der bis dahin bestehende Weiterbeschäftigungsanspruch. **Hebt das BAG das klageabweisende Urteil des LAG auf und verweist es den Rechtsstreit an das LAG** zur weiteren Verhandlung und Entscheidung zurück, lebt der Weiterbeschäftigungsanspruch aus dem erstinstanzlichen Urteil wieder auf, weil keine dieses Instanzurteil aufhebende Entscheidung mehr besteht. Haben beide Vorinstanzen der Klage stattgegeben und hebt das BAG das Urteil des LAG auf und verweist den Rechtsstreit an das LAG zurück, bleibt der Weiterbeschäftigungsanspruch des Arbeitnehmers bestehen, weil das der Klage stattgegebene Urteil des Arbeitsgerichts noch besteht. Hatte das Arbeitsgericht die Klage abgewiesen, das LAG ihr stattgegeben und damit einen Weiterbeschäftigungsanspruch des Arbeitnehmers begründet und hebt das BAG das Urteil des LAG auf und verweist den Rechtsstreit an das LAG zurück, entfällt der Weiterbeschäftigungsanspruch des Arbeitnehmers, weil kein der Klage stattgegebenes Urteil mehr besteht.

3. Vor stattgebendem Urteil

360 Ist die Kündigung nicht offensichtlich unwirksam, kann ausnahmsweise auch schon vor einem die Unwirksamkeit der Kündigung feststellenden Instanzurteil ein Anspruch des Arbeitnehmers auf Weiterbeschäftigung bestehen, wenn **besondere Umstände** vorliegen, nach denen das Interesse des Arbeitnehmers an der Weiterbeschäftigung schutzwürdiger erscheint als das Interesse des Arbeitgebers an der Nichtbeschäftigung des Arbeitnehmers, zB wenn die Weiterbeschäftigung zu einer unmittelbar bevorstehenden Abschlussprüfung einer Berufsausbildung oder zur Erhaltung und Sicherung der Arbeitnehmerqualifikation notwendig ist (vgl. *LAG Köln* 26.11.1985 LAGE § 611 BGB Beschäftigungspflicht Nr. 8). Ergeht allerdings ein klageabweisendes Instanzurteil, das die Wirksamkeit der Kündigung feststellt, überwiegt wieder das Interesse des Arbeitgebers an der Nichtbeschäftigung des Arbeitnehmers, so dass dann ein evtl. vorher gegebener Weiterbeschäftigungsanspruch entfällt.

III. Inhalt des Weiterbeschäftigungsanspruchs

1. Freiwillige Weiterbeschäftigung

361 Eine freiwillige Weiterbeschäftigung durch den Arbeitgeber nach Ablauf der Kündigungsfrist oder nach Ausspruch einer fristlosen Kündigung liegt dann vor, wenn der Arbeitgeber einen gekündigten Arbeitnehmer auffordert, seine Tätigkeit bis zur Entscheidung über eine Kündigungsschutzklage fortzuführen und der Arbeitnehmer dieser Aufforderung nachkommt oder wenn Arbeitgeber und Arbeitnehmer eine **Vereinbarung über die Weiterbeschäftigung** bis zum Abschluss des Kündigungsrechtsstreits treffen oder wenn ein gekündigter Arbeitnehmer nach Ablauf der Kündigungsfrist und Erhebung der Kündigungsschutzklage seine Tätigkeit im Betrieb des Arbeitgebers fortsetzt und der Arbeitgeber dem nicht widerspricht. In diesen Fällen haben die Parteien des Arbeitsvertrags durch ausdrückliche Vereinbarung oder durch konkludentes Verhalten zum Ausdruck gebracht, dass das ursprüngliche Arbeitsverhältnis fortgesetzt werden soll, bis Klarheit darüber besteht, ob die Kündigung wirksam ist oder nicht (vgl. *BAG* 20.5.2021 – 2 AZR 457/20, Rn 13; 19.1.2005 EzBAT § 53 BAT Beschäftigung Nr. 13; 15.1.1986 EzA § 1 LohnFG Nr. 78). Damit ist davon auszugehen, dass das gekündigte Arbeitsverhältnis **auflösend bedingt durch die rechtskräftige Abweisung der Kündigungsschutzklage fortgesetzt wird** (*BAG* 20.5.2021 – 2 AZR 457/20, Rn 13; 4.9.1986 EzA § 611 BGB Beschäftigungspflicht Nr. 27; *Dollmann* BB 2003, 2682; nur faktisches Arbeitsverhältnis: *BAG* 15.1.1986 EzA § 1 LohnFG Nr. 78 = AR-Blattei, Beschäftigungspflicht: Entsch. 20 m. zust. Anm. *Buchner*). Diese auflösende Bedingung bedarf zu ihrer Wirksamkeit keines besonderen Sachgrundes und auch nicht der Einhaltung der Schriftform nach § 21 iVm § 14 Abs. 1 und 4 TzBfG, da es sich dabei um eine Rechtsbedingung handelt (*Bayreuther* DB 2003, 1736; APS-*Backhaus* TzBfG § 21 Rn 46; aA *BAG* 22.10.2003 EzA § 14 TzBfG Nr. 6 = SAE 2005, 51 m.

abl. Anm. *Bengelsdorf*; schriftformbedürftige befristete Weiterbeschäftigung; ebenso: *Ricken* NZA 2005, 323, 329; s. iE KR-*Krumbiegel* § 625 BGB Rdn 39 mwN). Es handelt sich damit um ein wirksam fortgesetztes Arbeitsverhältnis, für das die Bedingungen des bisherigen Arbeitsvertrags gelten. Neben dem gekündigten Arbeitsverhältnis kommt kein separates Prozessarbeitsverhältnis zustande (*BAG* 20.5.2021 – 2 AZR 457/20, Rn 15 ff.). Für die Tatsachen und Umstände, die eine solche einverständliche Fortsetzung des Arbeitsverhältnisses begründen, trägt der Arbeitnehmer die Darlegungs- und Beweislast (*BAG* 17.1.1991 EzA § 611 BGB Beschäftigungspflicht Nr. 51 AR-Blattei ES 440 Nr. 26 m. zust. Anm. *Wertheimer*). Vereinbaren die Arbeitsvertragsparteien vor einer erstinstanzlichen Entscheidung über eine Kündigungsschutzklage und einen Weiterbeschäftigungsanspruch eine vorläufige Fortsetzung ihres Arbeitsverhältnisses bis zur rechtkräftigen Entscheidung, ist idR nicht anzunehmen, die Weiterbeschäftigung erfolge lediglich zur Abwendung der Zwangsvollstreckung. Für eine solche Annahme bedarf es in einem solchen Fall deutlicher Anhaltspunkte *BAG* 20.5.2021 – 2 AZR 457/20, Rn 13 f.).

Bei einem so fortgesetzten Arbeitsverhältnis bestehen zwischen den Parteien die gleichen Rechte und Pflichten wie im gekündigten, aber noch nicht beendeten Arbeitsverhältnis (*BAG* 20.5.2021 – 2 AZR 457/20, Rn 26; *LKB/Linck* § 4 Rn 166). So stehen dem Arbeitnehmer etwa die gesetzlichen Entgeltfortzahlungsansprüche bei Arbeitsunfähigkeit (*BAG* 15.1.1986 EzA § 1 LohnFG Nr. 78) sowie im Übrigen alle sonstigen **Vergütungsansprüche nach dem bisherigen Arbeitsvertrag** zu (vgl. *BAG* 4.9.1986 EzA § 611 BGB Beschäftigungspflicht Nr. 27). Nur wenn nach vertraglichen Vereinbarungen oder einschlägigen tariflichen Vorschriften Ansprüche des Arbeitnehmers von einem ungekündigten Arbeitsverhältnis abhängen, bestehen für die Dauer des Kündigungsschutzprozesses solche Ansprüche nicht. Wenn allerdings die Kündigung rechtskräftig für unwirksam erklärt wird, kann der Arbeitnehmer nach Beendigung des Rechtsstreits die entsprechenden Ansprüche geltend machen.

2. Unfreiwillige (erzwungene) Weiterbeschäftigung

Erzwungen ist die Weiterbeschäftigung durch den Arbeitgeber regelmäßig dann, wenn er verurteilt wird, den Arbeitnehmer bis zum rechtskräftigen Abschluss des Kündigungsrechtsstreits weiterzubeschäftigen und er den Arbeitnehmer daraufhin **zur Abwendung der Zwangsvollstreckung** weiterbeschäftigt (*BAG* 8.4.2014 – 9 AZR 856/11; 1.3.1990 EzA § 611 BGB Beschäftigungspflicht Nr. 41). In diesem Fall möchte der Arbeitgeber nur seine Verpflichtung zur tatsächlichen Beschäftigung des Arbeitnehmers erfüllen, ohne Hinzutreten weiterer Anhaltspunkte aber **kein – ggf. befristetes – Prozessarbeitsverhältnis** vereinbaren. Der fehlende rechtsgeschäftliche Wille des Arbeitgebers zum Abschluss eines Arbeitsvertrags wird auch nicht durch ein vollstreckbares Weiterbeschäftigungsurteil ersetzt. Durch die – mögliche – Zwangsvollstreckungsmaßnahme wird sein Wille lediglich gebeugt (*BAG* 27.5.2020 – 5 AZR 247/19, Rn 34). Die bloße Eingliederung des Arbeitnehmers in den Betriebsablauf durch Aufnahme der Beschäftigung begründet kein Arbeitsverhältnis (*BAG* 27.5.2020 – 5 AZR 247/19, Rn 23). Unfreiwillig ist die Weiterbeschäftigung auch dann, wenn der Arbeitnehmer die Verurteilung des Arbeitgebers zur Weiterbeschäftigung nicht beantragt hatte, der Arbeitgeber also nur seiner materiell-rechtlichen Verpflichtung zur – vorübergehenden – Weiterbeschäftigung nachkommt (*BAG* 22.7.2014 – 9 AZR 1066/12). Die Weiterbeschäftigung »zur Abwendung der Zwangsvollstreckung« braucht nicht ausdrücklich zu geschehen. Maßgebend für die Frage, ob es sich um eine freiwillige oder unfreiwillige Weiterbeschäftigung handelt, sind die jeweiligen Umstände des Einzelfalls (vgl. *BAG* 22.7.2014 – 9 AZR 1066/12). Beschäftigt der Arbeitgeber den Arbeitnehmer etwa nach einer gerichtlichen Verurteilung zunächst weiter oder zahlt er ihm weiterhin das Arbeitsentgelt, ohne ihn zu beschäftigen, ist im Zweifel anzunehmen, dass dies zur Abwendung der Zwangsvollstreckung geschieht (vgl. *BAG* 17.1.1991 EzA § 611 BGB Beschäftigungspflicht Nr. 51; *LAG Nds.* 27.9.2005 LAGE § 21 TzBfG Nr. 2). Die erzwungene Weiterbeschäftigung entfällt, sobald das die Weiterbeschäftigung aussprechende Urteil – wenn auch noch nicht rechtskräftig – aufgehoben wird. Setzen die Arbeitsvertragsparteien das Arbeitsverhältnis dennoch fort, kann darin die Begründung eines neuen – ggf. unbefristeten – Arbeitsverhältnisses liegen (*BAG* 8.4.2014 – 9 AZR 856/11). Der Wille der Parteien ist ggf. im Wege der Auslegung zu ermitteln.

364 Die unfreiwillige Weiterbeschäftigung begründet **auch kein »faktisches« oder »fehlerhaftes« Arbeitsverhältnis**, weil es an einer – wenn auch fehlerhaften – rechtsgeschäftlichen Übereinkunft fehlt (*BAG* 27.5.2020 – 5 AZR 247/19, Rn 28; 17.1.1991 EzA § 611 BGB Beschäftigungspflicht Nr. 51 = SAE 1992, 358 m. zust. Anm. *Bengelsdorf* = ZIP 1991, 1092 m. abl. Anm. *Künzl*; 10.3.1987 EzA § 611 BGB Beschäftigungspflicht Nr. 28 m. zust. Anm. *Lieb* und *Schilken* = AP Nr. 1 zu § 611 BGB Weiterbeschäftigung m. abl. Anm. *v. Hoyningen-Huene*). Die Rechtsbeziehungen der Parteien hängen vielmehr vom endgültigen Ausgang des Kündigungsrechtsstreits ab. Bei einer solchen unfreiwilligen Weiterbeschäftigung stehen dem Arbeitnehmer danach die vollen Ansprüche aus dem Arbeitsverhältnis zu, wenn sich **nachträglich (rechtskräftig) die Unwirksamkeit der Kündigung** herausstellt. In diesem Fall war das Arbeitsverhältnis rechtlich nicht unterbrochen. Den Arbeitsvertragsparteien ist es im Zeitraum dieser Ungewissheit gestattet, **Gestaltungsrechte »vorsorglich«** für den Fall auszuüben, dass das Arbeitsverhältnis fortbesteht. So kann der Arbeitgeber aufgrund eines die Kündigung rechtfertigenden Sachverhalts im Rahmen des Weiterbeschäftigungsverhältnisses das Arbeitsverhältnis vorsorglich für den Fall kündigen, dass das Arbeitsverhältnis nicht ohnehin schon beendet ist. Der Arbeitnehmer kann seinerseits »vorsorglich« Elternzeit oder Pflegezeit für den Fall beantragen, dass das Arbeitsverhältnis noch besteht (*Pallasch* NZA 2017, 353, 357). Schließlich kann der Arbeitgeber dem Arbeitnehmer auch Urlaub »vorsorglich« gewähren, sofern er die Urlaubsvergütung vor Antritt des Urlaubs zahlt oder vorbehaltlos zusagt (*BAG* 19.1.2016 EzA § 626 BGB 2002 Nr. 54).

365 Wird die Kündigungsschutzklage **rechtskräftig abgewiesen**, hat die Kündigung das Arbeitsverhältnis wirksam beendet. Die Rückabwicklung erfolgt nach den Grundsätzen der **ungerechtfertigten Bereicherung** (s. Rdn 380 ff.). Dadurch werden keine schutzwürdigen Belange des Arbeitnehmers verletzt. Dieser musste bereits bei Erbringung seiner Arbeitsleistung davon ausgehen, dass eine vertragliche Grundlage für seine Leistungen fehlen könnte (MHdB/*Rachor* § 131 Rn 42). Ein Vertrauen in ein erstinstanzliches, nicht rechtskräftiges Urteil ist nicht schützenswert (*BAG* 27.5.2020 – 5 AZR 247/19, Rn 31).

366 Im betriebsverfassungsrechtlichen Sinne ist der unfreiwillig weiterbeschäftigte Arbeitnehmer nach wie vor Arbeitnehmer (*Pallasch* NZA 2017, 353, 357). Bei Personalmaßnahmen im Weiterbeschäftigungszeitraum (zB Versetzungen) sind deshalb die **Beteiligungsrechte des Betriebsrats** zu beachten (vgl. *BAG* 15.1.1991 EzA § 611 BGB Beschäftigungspflicht Nr. 50 m. abl. Anm. *Geffert* = AR-Blattei, Personalvertretung XI A Entsch. 8 m. zust. Anm. *Meinel*).

IV. Gerichtliche Geltendmachung

1. Klage

367 Der Weiterbeschäftigungsanspruch für die Dauer des Kündigungsrechtsstreits wird regelmäßig im Wege der Klage verfolgt. Er kann mit einer **Leistungsklage** in einem getrennten Prozess oder im Wege **objektiver Klagehäufung** zusammen mit der Kündigungsschutzklage geltend gemacht werden. Im letzteren Fall wird der Antrag idR – ausdrücklich oder konkludent – nur für den Fall gestellt, dass der Kündigungsschutzklage stattgegeben wird (sog. uneigentlicher Hilfsantrag; vgl. nur *BAG* 8.4.1988 EzA § 611 BGB Beschäftigungspflicht Nr. 30; zust.: *Bauer/Baeck* EWiR 1988, 977).

368 Der Antrag auf Weiterbeschäftigung ist **nur zulässig, wenn er** iSv § 253 Abs. 2 Nr. 2 ZPO **hinreichend bestimmt ist.** Durch dieses Erfordernis wird zum einen der Streitgegenstand abgegrenzt, zum anderen wird eine Voraussetzung für die ggf. erforderlich werdende Zwangsvollstreckung geschaffen (*BAG* 15.4.2009 EzA § 253 ZPO 2002 Nr. 2). Der Antrag muss deshalb vor allem die Art der Tätigkeit bezeichnen, mit der der Arbeitnehmer weiterbeschäftigt werden soll, zB den Arbeitnehmer »als Leiter des Seniorenzentrums« oder »als Glasreiniger« weiterzubeschäftigen (*BAG* 8.4.1988 EzA § 611 BGB Beschäftigungspflicht Nr. 30; *LAG BW* 23.3.2011 – 12 Sa 1835/10; *LAG Frankf.* 27.11.1992 LAGE § 888 ZPO Nr. 30). Einzelheiten hinsichtlich der Art der Beschäftigung oder

sonstigen Arbeitsbedingungen muss der Titel regelmäßig nicht enthalten (*BAG* 24.3.2021 – 10 AZR 16/20, Rn 27; 15.4.2009 EzA § 253 ZPO 2002 Nr. 2), zumal es dem Arbeitgeber regelmäßig unbenommen ist, die Tätigkeit im Rahmen des im zustehenden Direktionsrechts zu ändern (*Lingemann/Steinhauser* NJW 2014, 3765, 3766). Eine weitergehende Konkretisierung des Klageantrags, zB Beschäftigung innerhalb der Normalschicht an einem näher bezeichneten Arbeitsplatz, kann dementsprechend dann geboten sein, wenn das Direktionsrecht des Arbeitgebers beschränkt ist (*Growe* NZA 1996, 568 f.; *Süß* NZA 1988, 722). Sind die Arbeitsbedingungen oder die Art der Tätigkeit unbestritten, kann auch der Antrag genügen, den Arbeitgeber zur Weiterbeschäftigung »zu unveränderten Bedingungen« zu verurteilen (vgl. *LAG BW* 23.3.2011 – 12 Sa 1835/10). Fehlt es an einem in diesem Sinne bestimmten Antrag – worauf die Gerichte zunächst nach § 139 Abs. 1 S. 2 ZPO hinzuweisen haben –, ist zu prüfen, ob der Antrag unter Berücksichtigung der Begründung (zweigliedriger Streitgegenstandsbegriff) der Auslegung zugänglich ist. Da es stets nur um die Weiterbeschäftigung für die Dauer des Kündigungsrechtsstreits geht, ist dies durch eine entsprechende Beschränkung des Klageantrages zum Ausdruck zu bringen, zB »**für die Dauer des Kündigungsrechtsstreits**« oder »**bis zur rechtskräftigen Beendigung des Kündigungsrechtsstreits**«. Enthält der Klageantrag keine ausdrückliche Beschränkung, kann er aber im Zweifel mit der Beschränkung auf die Dauer des Kündigungsrechtsstreits ausgelegt werden. Für einen weitergehenden Weiterbeschäftigungsantrag über die Dauer des Kündigungsschutzprozesses hinaus besteht idR nur dann ein Rechtsschutzbedürfnis, wenn der Arbeitnehmer damit rechnen muss, auch nach Obsiegen in dem Kündigungsrechtsstreit nicht von dem Arbeitgeber beschäftigt zu werden (*LAG Frankf.* 23.10.1992 Mitbestimmung 1994, 60; *LAG Frankf.* 23.6.1989 – 15 Sa 1474/88, nv). Dies muss er ggf. darlegen.

Über den Beschäftigungsanspruch kann **zusammen mit der Entscheidung über die Wirksamkeit der Kündigung** entschieden werden. Die prozessuale Durchsetzbarkeit des Beschäftigungsanspruchs ist nicht bis zur rechtskräftigen Feststellung der Unwirksamkeit der Kündigung gehemmt. Eine **Aussetzung des Prozesses** über den Beschäftigungsanspruch nach § 148 ZPO bis zum Abschluss des Kündigungsrechtsstreits **kommt** wegen der Bedeutung des Beschäftigungsanspruchs für den Arbeitnehmer **regelmäßig nicht in Betracht** (*BAG* 27.2.1985 EzA § 611 BGB Beschäftigungspflicht Nr. 9; APS-*Koch* Rn 243; **aA** *Heinze* DB 1985, 125). Das gilt erst recht, wenn der Arbeitnehmer im Kündigungsrechtsstreit ein obsiegendes (Instanz-)Urteil erreicht hat (*LAG Köln* 17.5.1991 LAGE § 148 ZPO Nr. 23). Erkennt das ArbG auf die Unwirksamkeit der Kündigung, ist damit regelmäßig auch der Beschäftigungsanspruch zu bejahen (*BAG* 27.2.1985 EzA § 611 BGB Beschäftigungspflicht Nr. 9; zur Gegenmeinung vgl. Rdn 354). 369

Im Falle eines **Betriebsübergangs** ist bei Kündigung durch den Betriebsveräußerer der Weiterbeschäftigungsanspruch gegen diesen zu richten, wenn der Arbeitnehmer dem Übergang seines Arbeitsverhältnisses widerspricht. Macht der Arbeitnehmer hingegen von seinem Widerspruchsrecht keinen Gebrauch, ist der Weiterbeschäftigungsanspruch gegenüber dem Betriebserwerber geltend zu machen (APS-*Koch* Rn 244). Bei einem Betriebsübergang während der Rechtshängigkeit der Kündigungsschutz- und Weiterbeschäftigungsklage kann der Beschäftigungsanspruch nach § 265 ZPO mit der Kündigungsschutzklage weiterhin gegen den bisherigen Arbeitgeber geltend gemacht werden (*LAG Brem.* 2.2.1982 BB 1982, 927). Eine Vollstreckung ist nach § 325 iVm § 727 ZPO auch gegen den neuen Arbeitgeber möglich, falls der Arbeitnehmer dem Übergang seines Arbeitsverhältnisses nicht widersprochen hat (*BAG* 15.12.1976 EzA § 613a BGB Nr. 10). 370

Wird die Klage eines Arbeitnehmers auf Weiterbeschäftigung für die Dauer des Kündigungsrechtsstreits vom ArbG schon deshalb abgewiesen, weil das Gericht die Kündigung für wirksam hält, braucht der Arbeitnehmer **im Berufungsverfahren**, mit dem er seinen Kündigungsschutzantrag nebst Weiterbeschäftigungsbegehren weiterverfolgt, den Beschäftigungsanspruch nicht gesondert zu begründen (*BAG* 2.4.1987 EzA § 611 BGB Beschäftigungspflicht Nr. 39). Entsprechendes gilt, wenn der Arbeitnehmer ein klagabweisendes Urteil des Landesarbeitsgerichts mit der Revision beim Bundesarbeitsgericht angreift. 371

2. Einstweilige Verfügung

372 Soweit ein Anspruch des Arbeitnehmers auf Weiterbeschäftigung für die Dauer des Kündigungsrechtsstreits besteht (s. Rdn 357 ff.), kann er diesen Anspruch auch im Wege der einstweiligen Verfügung verfolgen (§ 62 Abs. 2 ArbGG iVm § 935 ZPO). **Vor einem der Kündigungsschutzklage stattgebenden Urteil** hat er hierbei die **tatsächlichen Voraussetzungen für einen Weiterbeschäftigungsanspruch** (s. Rdn 357, 360 ff.) **glaubhaft zu machen** (aA *LAG Nds.* 18.11.1994 LAGE § 611 BGB Beschäftigungspflicht Nr. 38: Glaubhaftmachung der Wirksamkeit der Kündigung durch Arbeitgeber). Er muss danach entweder darlegen, dass die Beendigungserklärung offensichtlich unwirksam ist oder dass besondere Gründe vorliegen, die es rechtfertigen, das vor einer Beendigung der Bestandsschutzstreitigkeit zugunsten des Arbeitnehmers idR überwiegende Arbeitgeberinteresse an der Nichtbeschäftigung (vgl. *BAG* 27.2.1985 EzA § 611 BGB Beschäftigungspflicht Nr. 9 und hier Rdn 357 ff.) zu dessen Lasten zu verändern (zB *LAG Köln* 22.1.2014 – 11 SaGa 10/13). Ein solches besonderes Interesse des Arbeitnehmers kann gegeben sein, wenn er (zB ein Pilot) auf die Beschäftigung zur Erhaltung und Sicherung seiner beruflichen Qualifikation angewiesen ist. Das bloße »Herauswachsen« aus dem Betrieb ist demgegenüber nicht ausreichend. Auch das finanzielle Interesse des Arbeitnehmers an der Erzielung von Einkünften genügt insoweit nicht, zumal eine dem Weiterbeschäftigungsantrag als solchem stattgebende Entscheidung die Zahlung des Arbeitsentgelts nicht sicherstellen könnte (*LAG Köln* 10.09.2004 LAGE § 611 BGB 2002 Beschäftigungspflicht Nr. 4).

373 Ein **Verfügungsgrund (Eilbedürftigkeit) ist gegeben**, wenn dem Arbeitnehmer ohne seine Weiterbeschäftigung ein erheblicher Nachteil droht. Liegt **vor Erlass eines erstinstanzlichen Urteils** zugunsten des Arbeitnehmers ausnahmsweise ein überwiegendes Beschäftigungsinteresse des Arbeitnehmers vor, ist ein Verfügungsgrund idR zu bejahen. Hat der Arbeitnehmer mit seiner Bestandsschutzklage **erstinstanzlich obsiegt**, kommt eine auf – vorläufige – Weiterbeschäftigung gerichtete einstweilige Verfügung regelmäßig nicht in Betracht. Hat der Arbeitnehmer im Hauptsacheverfahren einen Weiterbeschäftigungsantrag gestellt und ist diesem stattgegeben worden, kann er aus diesem vollstrecken. Ist der Antrag abgewiesen worden, besteht – vorbehaltlich eines zwischenzeitlich eingetretenen neuen Sachverhalts – bereits kein Verfügungsanspruch. Hat der Arbeitnehmer im Bestandsschutzprozess keinen Weiterbeschäftigungsantrag gestellt, fehlt es am Verfügungsgrund, weil der Arbeitnehmer die Dringlichkeit (Eilbedürftigkeit) selbst herbeigeführt hat (*LAG Köln* 18.8.2000 BB 2001, 103; 6.8.1996 LAGE § 611 BGB Beschäftigungspflicht Nr. 40; *Fröhlich* ArbRB 2007, 91). Das Gleiche gilt, wenn der Arbeitnehmer es versäumt hat, rechtzeitig nach Kenntnis der für die Einleitung des Eilverfahrens maßgebenden Umstände die einstweilige Verfügung zu beantragen (*LAG Hamm* 18.2.1986 NZA 1986, 399). Etwas anderes kann jedoch gelten, wenn der Arbeitnehmer im Zeitpunkt der Einreichung der Kündigungsschutzklage aus rechtlichen oder tatsächlichen Gründen gehindert war, zeitgleich einen Weiterbeschäftigungsantrag zu stellen, etwa weil er arbeitsunfähig erkrankt war (*LAG Köln* 17.2.2021 – 3 SaGa2/21; *LAG RhPf* 24.7.2014 -3 SaGa 2/14).

374 Wird der Beschäftigungsanspruch mit Hilfe der einstweiligen Verfügung durchgesetzt, kann deren **Aufhebung** nach §§ 926, 927 ZPO betrieben werden. Die Aufhebung nach § 927 ZPO kommt insbes. bei Abweisung der Kündigungsschutzklage in Betracht, wenn mit dem Erfolg eines Rechtsmittels gegen das klageabweisende Urteil nicht zu rechnen ist.

V. Vollstreckung

375 Da die Verwirklichung des Anspruchs auf Weiterbeschäftigung einer Mitwirkungshandlung des Arbeitgebers bedarf (Zurverfügungstellung eines Arbeitsplatzes), die nicht durch einen Dritten vorgenommen werden kann (**unvertretbare Handlung**), ist der Weiterbeschäftigungsanspruch **nach § 888 ZPO** zu vollstrecken. Der Arbeitgeber ist zur Vornahme der Handlung **durch Zwangsgeld und für den Fall, dass dieses nicht beigetrieben werden kann, durch Zwangshaft oder von vornherein durch Zwangshaft anzuhalten** (BAG 5.2.2020 – 10 AZB 31/19, Rn 14, EzA § 888 ZPO 2002 Nr. 3). Der Titel ist nur vollstreckungsfähig, wenn die **Art der Beschäftigung des Arbeitnehmers**

– ggf. auch unter Heranziehung des Tatbestands und der Entscheidungsgründe (*BAG* 5.2.2020 – 10 AZB 31/19, Rn 21, EzA § 888 ZPO 2002 Nr. 3; 28.2.2003 EzA § 78 ArbGG 1979 Nr. 5) – **aus dem Titel ersichtlich** ist. Hat das Gericht auf Schriftsätze, Protokolle und andere Unterlagen verwiesen, können auch diese bei der Auslegung des Titels berücksichtigt werden ((*BAG* 5.2.2020 – 10 AZB 31/19; 15.4.2009 – EzA § 253 ZPO 2002 Nr. 2; *Ahmad/Horcher* NZA 2018, 1234, 1235). Dafür reicht es aus, wenn das Berufsbild, mit dem der Arbeitnehmer beschäftigt werden soll, hinreichend deutlich wird oder sich in vergleichbarer Weise ergibt, worin die Tätigkeit bestehen soll (*BAG* 24.3.2021 – 10 AZR 16/20, Rn 27; 5.2.2020 – 10 AZB 31/19, Rn 24, EzA § 888 ZPO 2002 Nr. 3 mwN; 15.4.2009 EzA § 253 ZPO 2002 Nr. 2; *LAG SchlH* 6.9.2012 ArbR 2012, 515; *Hess. LAG* 23.10.2008 – 12 Ta 383/08; aA *LAG Nds.* 2.2.2007 AE 2008, 71). Wird nur eine abgekürzte Urteilsausfertigung nach § 317 Abs. 2 S. 2 ZPO zugestellt, können Tatbestand und Entscheidungsgründe nicht zur Auslegung des Titels herangezogen werden (*LAG Hamm* 21.11.1989 LAGE § 888 ZPO Nr. 20). Besteht **Streit über den Inhalt des titulierten Weiterbeschäftigungsanspruchs**, fehlt es an der Vollstreckbarkeit. Andernfalls würde das Erkenntnisverfahren in unzulässiger Weise in das Vollstreckungsverfahren verlagert (*LAG Hamm* 8.8.2014 AuR 2014, 392; *LAG Nbg.* 17.3.1993 LAGE § 888 ZPO Nr. 28). Ein nicht hinreichend bestimmter Weiterbeschäftigungstitel ist auch nicht der Rechtskraft fähig (*BAG* 27.5.2015 EzA § 280 BGB 2002 Nr. 7). Bei der Vollstreckung erfordern es das Wesen des Zwangsgeldes iSv § 888 ZPO und die Notwendigkeit der Vollstreckbarkeit, einen einheitlichen Betrag festzusetzen. Es ist unzulässig, für jeden Arbeitstag, an dem der Arbeitnehmer nicht beschäftigt wird, ein Zwangsgeld in einer bestimmten Höhe festzusetzen (*LAG Frankf.* 26.5.1986 LAGE § 888 ZPO Nr. 8; *LAG Hamm* 22.1.1986 LAGE § 888 ZPO Nr. 4; aA *LAG Hmb.* 7.7.1988 LAGE § 888 ZPO Nr. 17).

Der Arbeitgeber kann im Vollstreckungsverfahren den **Einwand der Unmöglichkeit** erheben (*BAG* 5.2.2020 – 10 AZB 31/19, Rn 17, EzA § 888 ZPO 2002 Nr. 3 mwN; 15.4.2009 – 3 AZB 93/08, Rn 24 f., EzA § 253 ZPO 2002 Nr. 2). Dazu bedarf es eines substantiierten und nachprüfbaren Vortrags des Schuldners (MüKo-ZPO/*Gruber* § 888 Rn 13 mwN). Tatsachen, die bereits Gegenstand des Erkenntnisverfahrens bis zum Erlass des Titels waren, können jedoch nicht geltend gemacht werden. Dies liefe auf eine materiellrechtliche Überprüfung des Urteils hinaus und widerspräche damit der vom Gesetzgeber vorgesehenen Aufteilung der Funktionen von Erkenntnis- und Vollstreckungsverfahren (*BAG* 15.4.2009 EzA § 253 ZPO 2002 Nr. 2; *Hess. LAG* 28.5.2014 – 12 Ta 104/14). Auch nachträglich eingetretene Tatsachen – etwa eine Unternehmerentscheidung, die zum Wegfall des Arbeitsplatzes führt – können im Vollstreckungsverfahren aus demselben Grund nur eingeschränkt geltend gemacht werden, etwa wenn sie unstreitig oder zweifelsfrei feststellbar sind (*Hess. LAG* 30.12.2020 – 8 Ta 342/20; 6.7.2016 – 10 Ta 266/16). Andernfalls muss der Arbeitgeber materiellrechtliche Einwendungen in einem (weiteren) Erkenntnisverfahren, dh im Wege der Berufung oder der Vollstreckungsgegenklage (§ 767 ZPO), geltend machen (*Ahmad/Horcher* NZA 2018, 1234, 1238). Hat der Arbeitgeber den **Wegfall des Arbeitsplatzes zu vertreten**, hat der Arbeitnehmer Anspruch auf Zurverfügungstellung eines gleichwertigen anderen Arbeitsplatzes, den der Arbeitgeber nach billigem Ermessen bestimmen kann (*BAG* 13.6.1990 EzA § 611 BGB Beschäftigungspflicht Nr. 44). Diesen Anspruch muss der Arbeitnehmer aber im Wege einer entsprechenden Klage verfolgen, die er von vornherein mit der Kündigungsschutzklage verbinden kann, wenn der Wegfall seines Arbeitsplatzes feststeht.

Für die Vollstreckung genügt ein **vorläufig vollstreckbares Urteil**. Dies kann auch ein Versäumnisurteil sein (*ArbG Emden* 20.9.1990 AiB 1991, 61; *Ahmad/Horcher* NZA 2018, 1234). Das ArbG kann aber in seinem Urteil die vorläufige Vollstreckbarkeit des dem Beschäftigungsanspruch stattgebenden Urteils nach § 62 Abs. 1 S. 2 ArbGG wegen eines dem Arbeitgeber drohenden, nicht zu ersetzenden Nachteils ausschließen. Voraussetzung hierfür ist, dass der Arbeitgeber einen entsprechenden Antrag stellt und den nicht zu ersetzenden Nachteil glaubhaft macht. Ein solcher liegt nicht schon in der Weiterbeschäftigung als solcher, weil der Arbeitgeber durch die Arbeitsleistung einen Gegenwert erhält (*LAG Düsseld.* 31.8.2020 – 4 Sa 480/20; *Ahmad/Horcher* NZA 2018, 1234, 1238). Eine analoge Anwendung des § 102 Abs. 5 S. 2 BetrVG (Entbindung des Arbeitgebers von der Verpflichtung zur Weiterbeschäftigung durch einstweilige Verfügung) kommt nicht in Betracht, da diese Vorschrift an den Widerspruch des Betriebsrats anknüpft (*Hess. LAG* 30.9.1996 – 11 SaGa 1595/96, nv).

378 Hat der Arbeitgeber erstinstanzlich einen Antrag auf Ausschluss der Zwangsvollstreckung nach § 62 Abs. 1 S. 2 ArbGG nicht gestellt, bleibt es ihm unbenommen, **im Berufungsverfahren** gem. § 719 und § 707 ZPO iVm § 62 Abs. 1 S. 2 und 3 ArbGG die einstweilige Einstellung der Zwangsvollstreckung zu beantragen und insoweit geltend zu machen, die Zwangsvollstreckung führe zu einem nicht zu ersetzenden Nachteil (*BAG* 15.4.2009 EzA § 253 ZPO 2002 Nr. 2). Der Antrag auf Ausschluss der Zwangsvollstreckung ist nicht vorrangig (GMP/*Germelmann* § 62 Rn 42).

VI. Erlöschen des Weiterbeschäftigungsanspruchs

379 Der Weiterbeschäftigungsanspruch für die Dauer des Kündigungsschutzprozesses erlischt **mit Rechtskraft eines den Kündigungsschutzprozess beendenden Urteils**, da er von vornherein bis zu diesem Zeitpunkt befristet ist. Dasselbe gilt, wenn der Arbeitnehmer die Kündigungsschutzklage zurücknimmt und damit die Kündigung wirksam wird. Ebenso erlischt der Weiterbeschäftigungsanspruch regelmäßig in dem Zeitpunkt, in dem **eine weitere**, vom Arbeitgeber später erklärte **Kündigung** wirksam wird (Entlassungstermin). Durch die zweite Kündigung wird eine zusätzliche Ungewissheit über den Fortbestand des Arbeitsverhältnisses begründet, die das schutzwürdige Interesse des Arbeitgebers an der Nichtbeschäftigung wieder überwiegen lässt, solange hinsichtlich der zweiten Kündigung kein der Kündigungsschutzklage stattgebendes Urteil vorliegt. Etwas anderes gilt, wenn die weitere Kündigung offensichtlich unwirksam ist oder auf dieselben Gründe wie die erste Kündigung gestützt wird. In diesen Fällen ist keine zusätzliche Ungewissheit über den Fortbestand des Arbeitsverhältnisses eingetreten (*BAG* 19.12.1985 EzA § 611 BGB Beschäftigungspflicht Nr. 17).

VII. Rückabwicklung nach Klageabweisung

380 Wird die Kündigungsschutzklage rechtskräftig abgewiesen, steht damit fest, dass das Arbeitsverhältnis aufgrund der Kündigung durch den Arbeitgeber wirksam beendet worden war. War die Weiterbeschäftigung des Arbeitnehmers während des Kündigungsrechtsstreits in diesem Fall zwischen den Parteien vereinbart (**freiwillige Weiterbeschäftigung**), bleibt es bei den vereinbarten Bedingungen (s. Rdn 362). Hatte der Arbeitgeber den Arbeitnehmer jedoch **unfreiwillig weiterbeschäftigt** (s. Rdn 363 ff.), fehlt es an einem Rechtsgrund für die Weiterbeschäftigung. Der Arbeitgeber hat daher grds. einen Rückzahlungsanspruch der gewährten Vergütung im Zeitraum der erzwungenen Weiterbeschäftigung **nach den Grundsätzen der ungerechtfertigten Bereicherung** (*BAG* 27.5.2020 – 5 AZR 247/19, Rn 51; 12.2.1992 EzA § 611 BGB Beschäftigungspflicht Nr. 52; 10.3.1987 EzA § 611 BGB Beschäftigungspflicht Nr. 28). Da der Arbeitgeber seinerseits die erhaltenen Arbeitsleistungen nicht wieder herausgeben kann, schuldet er Wertersatz nach § 818 Abs. 2 BGB. Dieser Wert ist nach der Höhe der üblichen Vergütung, die auch über dem Tariflohn liegen kann (*BAG* 12.2.1992 EzA § 611 BGB Beschäftigungspflicht Nr. 52; *Konzen* FS Kim, S. 81; aA *LAG Düsseld.* 27.3.1990 LAGE § 611 BGB Beschäftigungspflicht Nr. 30 m. krit. Anm. *Oetker; Pallasch* BB 1993, 2225), oder mangels einer solchen nach der angemessenen Vergütung zu bestimmen. Dabei kann mangels anderweitiger Anhaltspunkte zunächst davon ausgegangen werden, was die Parteien selbst für angemessen gehalten haben, als sie seinerzeit die Lohnvereinbarung für das Arbeitsverhältnis getroffen haben (*BAG* 12.2.1992 EzA § 611 BGB Beschäftigungspflicht Nr. 52 = AR-Blattei ES 440 Nr. 27 m. zust. Anm. *Wertheimer*; nach *Oetker* Anm. LAGE § 611 BGB Beschäftigungspflicht Nr. 30, ist der Marktpreis der Arbeitsleistung maßgebend, der nicht ohne Weiteres der Entgeltvereinbarung entnommen werden kann). Das führt im Allgemeinen dazu, dass dem Arbeitgeber wegen der Vergütung für die Weiterbeschäftigung keine Rückzahlungsansprüche zustehen.

381 Ein Bereicherungsanspruch kommt allerdings dann in Betracht, wenn **der Wert der Arbeitsleistung des Arbeitnehmers im Zeitraum der erzwungenen Weiterbeschäftigung niedriger war als im bestehenden Arbeitsverhältnis**, zB wenn der Arbeitnehmer eine verringerte Arbeitsleistung erbrachte oder im Weiterbeschäftigungszeitraum mit anderen Arbeiten als früher beschäftigt wurde. Darlegungs- und

beweispflichtig hierfür ist der Arbeitgeber (*Pallasch* NZA 2017, 353, 356). In diesem Fall steht dem Arbeitgeber ein Anspruch auf Zahlung der Differenz zwischen der gewährten Vergütung und dem Wert der geringeren Arbeitsleistung des Arbeitnehmers zu. Gegenüber diesem Bereicherungsanspruch kann sich der Arbeitnehmer jedoch auf die Grundsätze über den Wegfall der Bereicherung nach § 818 Abs. 3 BGB berufen (*BAG* 12.2.1992 EzA § 611 BGB Beschäftigungspflicht Nr. 52).

Dem Arbeitgeber stehen Ansprüche aus ungerechtfertigter Bereicherung des Arbeitnehmers zu, wenn er im Weiterbeschäftigungszeitraum **Geldleistungen erbracht hat, ohne eine Gegenleistung zu erhalten**, zB Entgeltfortzahlung bei Arbeitsunfähigkeit des Arbeitnehmers oder wegen eines Feiertags (*BAG* 27.5.2002 – 5 AZR 247/19 – Rn 51; *Fröhlich/Hartmann* ArbRB 2008, 299; *Konzen* FS Kim, S. 82; *Pallasch* BB 1993, 2231; **aA** *Middel*, Prozessbeschäftigung als unfreiwillige Weiterbeschäftigung S. 133 ff.) sowie Urlaubsentgelt für erzwungenen Urlaub durch den Arbeitnehmer (*Oetker* Anm. LAGE § 611 BGB Beschäftigungspflicht Nr. 30; vgl. auch *Fröhlich/Hartmann* ArbRB 2008, 299; **aA** *HK-Dorndorf* § 1 Anh. 2 Rn 43). In diesem Fall hat der Arbeitgeber nichts erlangt und schuldet folglich keinen Wertersatz.   382

Ferner stehen dem Arbeitgeber bei vorläufiger Vollstreckung eines Weiterbeschäftigungsurteils oder Vollzug einer einstweiligen Verfügung auf Weiterbeschäftigung **Schadenersatzansprüche** gegen den Arbeitnehmer zu, wenn Urteil oder einstweilige Verfügung aufgehoben bzw. abgeändert werden (§ 717 Abs. 2, § 945 ZPO; *BAG* 10.3.1987 EzA § 611 BGB Beschäftigungspflicht Nr. 28). Als Schaden des Arbeitgebers sind alle Nachteile anzusehen, die ihm durch die erzwungene Weiterbeschäftigung des Arbeitnehmers entstanden sind, zB Kosten für die Bereithaltung des Arbeitsplatzes, Beschädigung von Eigentum des Arbeitgebers. Im Wege der Vorteilsausgleichung ist allerdings der Wert der dem Arbeitgeber im Weiterbeschäftigungsverhältnis erbrachten Arbeitsleistung anzurechnen (*Pallasch* S. 141; *Bengelsdorf* SAE 1987, 270; *ders.* FA 2007, 197).   383

§ 103 BetrVG Außerordentliche Kündigung in besonderen Fällen

(1) Die außerordentliche Kündigung von Mitgliedern des Betriebsrats, der Jugend- und Auszubildendenvertretung, der Bordvertretung und des Seebetriebsrats, des Wahlvorstandes sowie von Wahlbewerbern bedarf der Zustimmung des Betriebsrats.

(2) ¹Verweigert der Betriebsrat seine Zustimmung, so kann das Arbeitsgericht sie auf Antrag des Arbeitgebers ersetzen, wenn die außerordentliche Kündigung unter Berücksichtigung aller Umstände gerechtfertigt ist. ²In dem Verfahren vor dem Arbeitsgericht ist der betroffene Arbeitnehmer Beteiligter.

(2a) Absatz 2 gilt entsprechend, wenn im Betrieb kein Betriebsrat besteht.

(3) ¹Die Versetzung der in Absatz 1 genannten Personen, die zu einem Verlust des Amtes oder der Wählbarkeit führen würde, bedarf der Zustimmung des Betriebsrates; dies gilt nicht, wenn der betroffene Arbeitnehmer mit der Versetzung einverstanden ist. ²Absatz 2 gilt entsprechend mit der Maßgabe, dass das Arbeitsgericht die Zustimmung zu der Versetzung ersetzen kann, wenn diese auch unter Berücksichtigung der betriebsverfassungsrechtlichen Stellung des betroffenen Arbeitnehmers aus dringenden betrieblichen Gründen notwendig ist.

Übersicht	Rdn		Rdn
A. Einleitung	1	a) Mitglieder des Betriebsrats und anderer Arbeitnehmervertretungen	27
I. Entstehungsgeschichte	1		
II. Zweck der Vorschrift	10	b) Wahlvorstand	30
B. Kündigungsschutz	53	c) Wahlbewerber	31
I. Voraussetzungen	11	d) Ersatzmitglieder	43
1. Persönlicher Geltungsbereich	11	3. Betriebsrat, betriebsratsloser Betrieb	53
a) Geschützter Personenkreis	11		
b) Nicht geschützter Personenkreis	24	4. Arten der Beendigung des Arbeitsverhältnisses	58
2. Beginn und Ende des Schutzes	27		

		Rdn			Rdn
	5. Maßgebender Zeitpunkt	63	5.	Anfechtung der Entscheidung des Arbeitsgerichts	132
II.	Das Zustimmungsverfahren	66	6.	Einstweilige Verfügung	136
	1. Zuständigkeit von Betriebsrat, Gesamtbetriebsrat, Bordvertretung, Seebetriebsrat oder anderen Arbeitnehmervertretungen	66	7.	Beendigung des Kündigungsschutzes vor rechtskräftigem Abschluss des gerichtlichen Verfahrens	137
	2. Einleitung des Zustimmungsverfahrens	68	8.	Kündigung durch den Arbeitgeber nach gerichtlicher Ersetzung der Zustimmung	139
	3. Mitteilungspflichten des Arbeitgebers	69		a) Abgabe der Kündigungserklärung	139
	4. Form und Zeitpunkt der Unterrichtung des Betriebsrats	74		b) Der Kündigungsschutzprozess	142
	5. Empfangsberechtigung auf Seiten des Betriebsrats zur Entgegennahme von Arbeitgebererklärungen	76		aa) Zulässigkeit der Kündigungsschutzklage	142
				bb) Präjudiziele Wirkung der rechtskräftigen Ersetzung der Zustimmung des Betriebsrats für den nachfolgenden Kündigungsschutzprozess	144
	6. Frist zur Stellungnahme für Betriebsrat	81			
	7. Willensbildung des Betriebsrats, Anhörung des Arbeitnehmers	83			
	8. Schweigepflicht des Betriebsrats	87			
	9. Abschluss des Zustimmungsverfahrens beim Betriebsrat	88		cc) Präjudizielle Wirkung einer gerichtlichen Zustimmungsersetzung für weitere Kündigungen	148
	10. Stellungnahme des Betriebsrats	90			
	a) Mitbeurteilungsrecht	90			
	b) Arten der Stellungnahme und ihre Bedeutung	91	9.	Erneutes Zustimmungsersetzungsverfahren nach rechtskräftiger Abweisung des Zustimmungsersetzungsantrags	149
	aa) Zustimmung	91			
	bb) Schweigen	98			
	cc) Bedenken, Widerspruch und Verweigerung der Zustimmung	99	IV.	Beschäftigungsanspruch des Arbeitnehmers	151
			1.	Beschäftigung und Suspendierung vor Zugang der Kündigung	151
	11. Rechtsfolgen bei Fehlern im Zustimmungsverfahren	103	2.	Beschäftigung nach Ausspruch der Kündigung	155
	a) Unzureichende Unterrichtung des Betriebsrats	103	V.	Amtsausübung des Arbeitnehmers	158
	b) Unzulässige Einflussnahme auf Betriebsrat	106	1.	Amtsausübung vor Zugang der Kündigung	158
	c) Fehler bei der Willensbildung des Betriebsrats	107	2.	Amtsausübung nach Zugang der Kündigung	160
	12. Kündigung vor Abschluss des Zustimmungsverfahrens	111	C.	Versetzungsschutz	165
			I.	Voraussetzungen des Versetzungsschutzes	165
	13. Kündigung nach Zustimmung des Betriebsrats	113	1.	Geschützter Personenkreis	165
			2.	Beginn und Ende des Schutzes	168
III.	Gerichtliche Ersetzung der Zustimmung des Betriebsrats	114	3.	Betriebsrat, betriebsratsloser Betrieb	169
	1. Einleitung des Verfahrens beim Arbeitsgericht	114	4.	Arten der Versetzung	170
			5.	Abgabe der Versetzungserklärung	173
	2. Durchführung des gerichtlichen Verfahrens	119	II.	Zustimmungsverfahren	174
	3. Nachschieben von Kündigungsgründen	123	1.	Zuständigkeit von Betriebsrat, Gesamtbetriebsrat, Bordvertretung, Seebetriebsrat oder anderen Arbeitnehmervertretungen	174
	a) Nachschieben im Zustimmungsersetzungsverfahren	123			
	b) Nachschieben im Kündigungsschutzprozess	129	2.	Einleitung des Zustimmungsverfahrens	175
	4. Abschluss des Verfahrens beim Arbeitsgericht	131	3.	Empfangsberechtigung auf Seiten des Betriebsrats zur Entgegennahme von Arbeitgebererklärungen	178

	Rdn		Rdn
4. Frist zur Stellungnahme für Betriebsrat	179	5. Abschluss des Verfahrens beim Arbeitsgericht	203
5. Willensbildung des Betriebsrats, Anhörung des Arbeitnehmers	180	6. Anfechtung der Entscheidung des Arbeitsgerichts	204
6. Schweigepflicht des Betriebsrats	182	7. Einstweilige Verfügung	205
7. Abschluss des Zustimmungsverfahrens beim Betriebsrat	183	8. Beendigung des Versetzungsschutzes vor rechtskräftigem Abschluss des gerichtlichen Verfahrens	206
8. Stellungnahme des Betriebsrats	184	9. Versetzung durch den Arbeitgeber nach gerichtlicher Ersetzung der Zustimmung	207
a) Mitbeurteilungsrecht	184	a) Anordnung der Versetzung	207
b) Arten der Stellungnahme und ihre Bedeutung	187	b) Rechtsstreit wegen der Wirksamkeit der Versetzung	208
9. Rechtsfolgen bei Fehlern im Zustimmungsverfahren	188	aa) Zulässigkeit der Arbeitnehmerklage	208
10. Versetzung vor Abschluss des Zustimmungsverfahrens	189	bb) Präjudizielle Wirkung der rechtskräftigen Zustimmungsersetzung	209
11. Versetzung nach Zustimmung des Betriebsrats	192	10. Erneutes Zustimmungsersetzungsverfahren nach rechtskräftiger Abweisung des Zustimmungsersetzungsantrags	210
III. Gerichtliche Zustimmungsersetzung	193	IV. Beschäftigungsanspruch des Arbeitnehmers	211
1. Einleitung des Verfahrens beim Arbeitsgericht	193	1. Beschäftigung und Suspendierung vor Anordnung der Versetzung	211
2. Versetzungsgründe	194	2. Beschäftigung nach Ausspruch der Versetzung	212
a) Dringende betriebliche Gründe	195	V. Amtsausübung des Arbeitnehmers	214
b) Berücksichtigung der betriebsverfassungsrechtlichen Stellung des betroffenen Arbeitnehmers	199		
3. Durchführung des gerichtlichen Verfahrens	201		
4. Nachschieben von Versetzungsgründen	202		

A. Einleitung

I. Entstehungsgeschichte

Die Vorschrift des § 103 BetrVG hat **im BetrVG 1952 keinen Vorläufer**. Unter dem Geltungsbereich des BetrVG 1952 war vor der außerordentlichen Kündigung eines Betriebsratsmitglieds oder eines Mitglieds eines anderen betriebsverfassungsrechtlichen Organs lediglich die allgemeine Vorschrift des § 66 Abs. 1 BetrVG (Anhörung des Betriebsrats) zu beachten, dessen Verletzung aber ohne zivilrechtliche Folgen im Kündigungsrechtsstreit blieb (vgl. KR-*Rinck* § 102 BetrVG Rdn 2). 1

Der **von der SPD-Fraktion** am 16.12.1968 **vorgelegte Gesetzentwurf** (BT-Drucks. V/3658) sowie ein Gesetzentwurf des Deutschen Gewerkschaftsbundes vom März 1970 sahen für die außerordentliche Kündigung von Mitgliedern des Betriebsrats, Mitgliedern der Jugendvertretung sowie von Sicherheitsbeauftragten dieselben Mitwirkungsrechte des Betriebsrats vor wie bei der ordentlichen Kündigung eines Arbeitnehmers, dh Zustimmung des Betriebsrats, die durch die Einigungsstelle ersetzt werden konnte (vgl. KR-*Rinck* § 102 BetrVG Rdn 3). 2

Der vom Bundesministerium für Arbeit und Sozialordnung Ende 1970 veröffentlichte **Entwurf für ein neues Betriebsverfassungsgesetz** (RdA 1970, 357) schlug in § 103 BetrVG die Regelung vor, die später Gesetz wurde, wenn man davon absieht, dass die Mitglieder der Bordvertretung und des Seebetriebsrats in § 103 des Gesetzentwurfs nicht erwähnt sind. 3

Der Gesetzentwurf des Bundesministeriums für Arbeit und Sozialordnung für § 103 BetrVG wurde vom **Gesetzentwurf der Bundesregierung** (BT-Drucks. VI/1786) übernommen. In der amtlichen Begründung heißt es hierzu, durch die Bindung einer außerordentlichen 4

Kündigung an die Zustimmung des Betriebsrats solle es unmöglich gemacht werden, Betriebsratsmitglieder durch willkürliche außerordentliche Kündigung aus dem Betrieb zu entfernen und durch Ausnutzung der Rechtsmittel das Verfahren so lange zu verschieben, dass inzwischen das Betriebsratsmitglied dem Betrieb entfremdet werde und keine Aussicht auf eine Wiederwahl habe. Der Bundesrat machte keinen Änderungsvorschlag zu § 103 BetrVG des Gesetzentwurfs.

5 Der **Gesetzentwurf der CDU/CSU-Fraktion** über die Mitbestimmung der Arbeitnehmer im Betrieb und Unternehmen (BT-Drucks. VI/1806) sah für die außerordentliche Kündigung von Mitgliedern des Betriebsrats und anderer betriebsverfassungsrechtlicher Organe keine besondere Mitwirkung des Betriebsrats vor, die über die in § 39 des Gesetzentwurfs vorgesehene Mitwirkung bei der außerordentlichen Kündigung eines Arbeitnehmers hinausging (vgl. KR-*Rinck* § 102 BetrVG Rdn 6).

6 Der **Bundestagsausschuss für Arbeit und Sozialordnung** fügte dem Gesetzentwurf der Bundesregierung in § 103 Abs. 1 BetrVG die Worte »der Bordvertretung und des Seebetriebsrats« hinzu, um durch diese Ergänzung ausdrücklich klarzustellen, »dass auch die Mitglieder der Bordvertretung und des Seebetriebsrats dem in dieser Bestimmung geregelten besonderen Schutz gegen außerordentliche Kündigungen unterstehen« (BT-Drucks. VI/2729). In dieser Fassung wurde § 103 schließlich Gesetz.

7 Durch Gesetze zur Bildung von **Jugend- und Auszubildendenvertretungen** in den Betrieben und in den Verwaltungen vom 13.7.1988 (BGBl. I S. 1034, 1037) sind an die Stelle der bisherigen Jugendvertretungen nunmehr Jugend- und Auszubildendenvertretungen getreten. Dies hat zu einer entsprechenden Änderung von § 103 Abs. 1 BetrVG geführt.

8 Durch das Betriebsverfassungs-Reformgesetz (**BetrV-ReformG**) vom 23.7.2001 (BGBl. I S. 1852) ist das Zustimmungserfordernis (Zustimmung des Betriebsrats oder gerichtliche Ersetzung der Zustimmung) für den Personenkreis des Abs. 1 auch auf **Versetzungen** ausgedehnt worden, die zum Verlust des Amtes oder der Wählbarkeit führen würden, dh auf Versetzungen in einen anderen Betrieb (neuer Abs. 3).

9 Mit dem Gesetz zur Förderung der Betriebsratswahlen und der Betriebsratsarbeit in einer digitalen Arbeitswelt (**Betriebsrätemodernisierungsgesetz**) vom 14.6.2021 (BGBl. I S. 1762, 1763) ist § 103 Abs. 2a BetrVG eingefügt worden, nach dem das Arbeitsgericht die Zustimmung des Betriebsrats auch dann ersetzen kann, wenn im Betrieb kein Betriebsrat besteht. Mit dieser der st. Rspr. des BAG entsprechenden Regelung wird eine bislang bestehende Gesetzeslücke geschlossen (s. Rdn 54).

II. Zweck der Vorschrift

10 § 103 BetrVG **dient primär dem Schutz der Amtsführung der betriebsverfassungsrechtlichen Organe.** Die Norm soll ihre Funktionsfähigkeit gewährleisten und sie vor ungerechtfertigten Eingriffen des Arbeitgebers bewahren. Sie soll verhindern, dass das demokratisch gewählte Gremium durch den Verlust einzelner Mitglieder in der Kontinuität seiner Arbeit beeinträchtigt wird (*BAG* 27.9.2012 EzA § 626 BGB 2002 Nr. 42; 8.9.2011 EzA § 25 BetrVG 2001 Nr. 3). Durch das Mitbestimmungsrecht erhält der Betriebsrat die Möglichkeit, auf den Kündigungsentschluss des Arbeitgebers Einfluss zu nehmen und kann durch seine Zustimmungsverweigerung – anders als im Anwendungsbereich des § 102 BetrVG – bewirken, dass das betroffene Betriebsratsmitglied bis zum rechtskräftigen Abschluss des gerichtlichen Zustimmungsersetzungsverfahrens und der ggf. darauffolgenden Kündigung sein Amt ausüben kann. Indem die Vorschrift in Ergänzung zu § 15 KSchG aber auch die Unabhängigkeit der Amtsausübung sichert (*BAG* 18.9.1997 EzA § 15 KSchG n.F. Nr. 46), kommt ihr gleichzeitig eine individualschützende Funktion zu (GK-BetrVG/ *Raab* Rn 1).

B. Kündigungsschutz

I. Voraussetzungen

1. Persönlicher Geltungsbereich

a) Geschützter Personenkreis

Nach dem Wortlaut werden von § 103 BetrVG die **Mitglieder des Betriebsrats und der Jugend-** **und Auszubildendenvertretung** erfasst. Damit erstreckt sich der Kündigungsschutz automatisch auch auf die Mitglieder des Gesamtbetriebsrats, des Konzernbetriebsrats und der Gesamt-Jugend- und Auszubildendenvertretung. Denn dem Gesamtbetriebsrat (§ 46 BetrVG) und dem Konzernbetriebsrat (§ 55 iVm § 47 BetrVG) gehören nur Mitglieder von Einzelbetriebsräten, der Gesamt-Jugend- und Auszubildendenvertretung (§ 72 BetrVG) nur Mitglieder von Jugend- und Auszubildendenvertretungen an. Auch Mitglieder eines **Europäischen Betriebsrats**, die im Inland beschäftigt sind, sowie die im Inland tätigen Mitglieder des besonderen Verhandlungsgremiums und die Arbeitnehmervertreter im Rahmen eines Verfahrens zur Unterrichtung und Anhörung nach dem EBRG sind kraft ausdrücklicher gesetzlicher Verweisung in den Schutz des § 103 BetrVG einbezogen (§ 40 EBRG). Im Inland tätige **Mitglieder des SE-Betriebsrats einer Europäischen Gesellschaft (SE)** oder einer **Europäischen Genossenschaft (SCE)**, die Beschäftigte der SE bzw. SCE, ihrer Tochtergesellschaften oder Betriebe oder einer der beteiligten Gesellschaften bzw. juristischen Personen, betroffenen Tochtergesellschaften oder betroffenen Betriebe sind, genießen gem. § 42 S. 1 Nr. 2, S. 2 Nr. 1 SEBG bzw. § 44 S. 1 Nr. 2, S. 2 SCEBG den gleichen Schutz und die gleichen Sicherheiten wie die Arbeitnehmervertreter nach den Gesetzen und Gepflogenheiten des Mitgliedsstaats, in dem sie beschäftigt sind. Dies sind sowohl der besondere Kündigungsschutz des § 15 KSchG als auch das Zustimmungserfordernis des 103 BetrVG (für die Mitglieder des SE-Betriebsrats: APS-*Linck* § 15 KSchG Rn 28; Lutter/Hommelhofff/Teichmann-*Oetker* § 42 SEBG Rn 11). Anderes gilt hingegen für die Arbeitnehmervertreter im Aufsichts- oder Verwaltungsorgan der SE (§ 42 S. 1 Nr. 4 SEBG) und der SCE (§ 44 S. 1 Nr. 4 SCEBG), weil das nationale Recht für diese Arbeitnehmergruppe nur einen relativen Kündigungsschutz vorsieht (s. dazu Rdn 24).

Ferner schützt § 103 BetrVG die Mitglieder der **Bordvertretung** (§ 115 BetrVG) und des **Seebetriebsrats** (§ 116 BetrVG).

Unter den Schutz des § 103 BetrVG fallen auch die Mitglieder einer nach § 3 Abs. 1 Nr. 1–3 BetrVG durch Tarifvertrag bestimmten **anderen Vertretung der Arbeitnehmer** (*Richardi/Thüsing* Rn 5; *Fitting* Rn 5; GK-BetrVG/*Raab* Rn 5; LKB/*Bayreuther* § 15 KSchG Rn 12) oder einer Vertretung für im **Flugbetrieb** beschäftigte Arbeitnehmer iSd § 117 Abs. 2 BetrVG (*Richardi/Thüsing* Rn 5; aA LAG Frankf. 14.10.1983 AuR 1985, 29). Diese Vertretungen treten praktisch an die Stelle des Betriebsrats und nehmen gegenüber dem Arbeitgeber Arbeitnehmerinteressen wahr, für die sonst der Betriebsrat zuständig ist. Deshalb verdienen die Mitglieder dieser Vertretungen den gleichen Schutz wie Betriebsratsmitglieder.

Geschützt werden durch § 103 BetrVG weiter die Mitglieder des **Wahlvorstands sowie Wahlbewerber**, ohne dass § 103 BetrVG allerdings sagt, bei welchen Wahlen sie den Schutz des § 103 BetrVG genießen sollen. Aus der Stellung des § 103 BetrVG im BetrVG ist jedoch zu schließen, dass nur Wahlvorstand und Wahlbewerber einer Wahl nach dem BetrVG gemeint sein können. Daher gilt § 103 BetrVG nicht für Wahlvorstände und Wahlbewerber einer Wahl nach anderen Gesetzen, zB nach dem MitbestG (Wahl der Arbeitnehmervertreter im Aufsichtsrat), es sei denn, dass ein anderes Gesetz § 103 BetrVG für Wahlvorstände und Wahlbewerber in seinem Bereich für anwendbar erklärt (zB Wahlvorstände zur Wahl der Schwerbehindertenvertretung; vgl. § 177 Abs. 6 SGB IX und Rdn 18).

Darüber hinaus werden die Begriffe »Wahlvorstand« und »Wahlbewerber« in § 103 BetrVG dadurch begrenzt, dass sie nur den Wahlvorstand und die Wahlbewerber für eine Wahl erfassen, **deren gewählte Kandidaten auch den Kündigungsschutz nach § 103 BetrVG genießen**. Denn der Kündigungsschutz für einen Wahlvorstand und die Wahlbewerber gründet sich auf die Bedeutung des

Amts, für dessen Wahl der Wahlvorstand eingesetzt ist und die Wahlbewerber kandidieren. Genießt aber noch nicht einmal der Amtsinhaber einen besonderen Kündigungsschutz, wäre es widersprüchlich, dem Wahlvorstand und den Wahlbewerbern für die Wahl zu diesem Amt einen besonderen Kündigungsschutz einzuräumen (vgl. *Stein* AuR 1975, 201 f.). Daher fallen unter § 103 BetrVG nur der Wahlvorstand und die Wahlbewerber zur Wahl des Betriebsrats oder einer anderen Vertretung der Arbeitnehmer iSd § 3 Abs. 1 Nr. 1–3 BetrVG oder § 117 Abs. 2 BetrVG, der Jugend- und Auszubildendenvertretung, der Bordvertretung, des Seebetriebsrats und der Vertrauensperson der Schwerbehinderten. Auch Auszubildende in der Probezeit werden als Wahlvorstandsmitglied und Wahlbewerber insoweit durch § 103 BetrVG geschützt. Der Wahlvorstand zu anderen Wahlen, zB zu einer zusätzlich betriebsverfassungsrechtlichen Vertretung der Arbeitnehmer iSv § 3 Abs. 1 Nr. 4–5 BetrVG (s. Rdn 24) fällt hingegen nicht unter den Schutz des § 103 BetrVG.

16 § 103 BetrVG **gilt nicht für Wahlbewerber für das Amt des Wahlvorstands** zur Wahl des Betriebsrats, der Bordvertretung, des Seebetriebsrats oder der Schwerbehindertenvertretung (*BAG* 31.7.2014 EzA § 15 nF KSchG Nr. 73; *Richardi/Thüsing* Rn 8; *Fitting* Rn 10; GK-BetrVG/*Raab* Rn 6; HWGNRH-*Huke* Rn 14; APS-*Linck* § 103 BetrVG Rn 2; *Eylert/Rinck* BB 2018, 308, 310; aA HK-*Dorndorf* § 15 Rn 30). Der besondere Kündigungsschutz für Wahlvorstandsbewerber tritt vielmehr erst mit deren wirksamer Wahl in einer Betriebsversammlung (§ 17 Abs. 2 BetrVG) oder mit einer Bestellung nach den §§ 16 ff. BetrVG ein. Bezweckt der Arbeitgeber mit der Kündigung die Verhinderung der Wahl oder Bestellung eines Arbeitnehmers zum Mitglied des Wahlvorstands, stellt dies eine verbotene Wahlbehinderung dar. In diesem Fall ist die Kündigung nach § 20 Abs. 1 BetrVG iVm § 134 BGB nichtig (*BAG* 31.7.2014 EzA § 15 nF KSchG Nr. 73; vgl. auch Rdn 41).

17 Wird beim **Job Sharing** ein Arbeitsplatz von zwei oder mehr alternierend tätigen Teilzeitbeschäftigten besetzt, die – abgesehen von der Erstellung des Arbeitszeitplans – nur in geringem Umfang kooperieren (sog. Job Splitting), erstreckt sich der besondere Kündigungsschutz des § 103 BetrVG für einen dieser Arbeitnehmer nicht auf die anderen Mitinhaber des Arbeitsplatzes. Übernehmen hingegen zwei Teilzeitbeschäftigte die gemeinsame Verantwortung für einen Arbeitsplatz, den sie zwar abwechselnd besetzen, bei dem sich aber die Tätigkeiten vielfältig überschneiden und laufend gegenseitige Information und Abstimmung erfordern (sog. **Job Pairing**), handelt es sich um ein **einheitliches Arbeitsverhältnis**, bei dem grds. eine Kündigung nur gegenüber allen Teammitgliedern zulässig ist. Daher erstreckt sich in diesen Fällen der besondere Kündigungsschutz des § 103 BetrVG für einen Arbeitsplatzinhaber auch auf alle anderen Teammitglieder (*Schüren* BB 1983, 2125 f.; vgl. auch *BAG* 21.10.1971 EzA § 1 KSchG Nr. 23).

18 § 103 BetrVG gilt kraft gesetzlicher Anordnung auch **für in Heimarbeit Beschäftigte**, die Betriebsratsmitglied, Jugend- und Auszubildendenvertreter, Wahlvorstandsmitglied oder Wahlbewerber sind (§ 29a HAG; s. hierzu KR-*Kreutzberg-Kowalczyk* §§ 29, 29a HAG Rdn 86 ff.).

19 Auch die (außerordentliche) **Kündigung von Mitgliedern einer Schwerbehindertenvertretung** und Gesamtschwerbehindertenvertretung bedarf der Zustimmung des Betriebs- bzw. Personalrats (*BAG* 19.7.2012 EzA § 15 nF KSchG Nr. 72; aA *LAG Hamm* 21.1.2011 AiB 2011, 553 m. zust. Anm. *Grimme*). Diese besitzen gem. § 179 Abs. 3 S. 1, § 180 Abs. 7 SGB IX den gleichen Kündigungsschutz wie Mitglieder des Betriebs- bzw. Personalrats. Einer Zustimmung der Schwerbehindertenvertretung bedarf es hingegen nicht (*BAG* 19.7.2012 EzA § 15 nF KSchG Nr. 72; ist das Mitglied der Schwerbehindertenvertretung allerdings selbst schwerbehindert, ist der diesbezügliche Sonderkündigungsschutz zu beachten: Anhörung der Schwerbehindertenvertretung gem. § 178 Abs. 2 SGB IX, s. dazu KR-Gallner vor §§ 168–175 SGB IX Rdn 43 ff., sowie Zustimmung des Integrationsamts gem. § 168 SGB IX, s. dazu KR-Gallner §§ 168–173 SGB IX Rdn 25 ff.). Ebenso genießen die **Wahlvorstandsmitglieder und Wahlbewerber zur Wahl der Schwerbehindertenvertretung sowie die Wahlbewerber zur Wahl der Gesamtschwerbehindertenvertretung** den Schutz des § 103 BetrVG, da § 103 BetrVG hinsichtlich der Wahlvorstandsmitglieder und Wahlbewerber als Wahlschutzvorschrift anzusehen ist und die Vorschriften über den Wahlschutz bei Betriebsratswahlen auf die Wahl der Mitglieder der Schwerbehindertenvertretung sinngemäß anzuwenden sind

(§ 177 Abs. 6, § 180 Abs. 7 SGB IX; APS-*Linck* Rn 59; GK-BetrVG/*Raab* Rn 7; *Richardi/Thüsing* Rn 12; *Fitting* Rn 6).

Ersatzmitglieder des Betriebsrats, der Jugend- und Auszubildendenvertretung, der Bordvertretung, des Seebetriebsrats, der Schwerbehindertenvertretung und eines Wahlvorstands erlangen dann den besonderen Kündigungsschutz für Mitglieder des betroffenen Organs nach § 103 BetrVG, wenn und solange sie anstelle eines auf Dauer ausscheidenden oder vorübergehend verhinderten Mitglieds in die Arbeitnehmervertretung nachrücken (zum Beginn und Ende des Kündigungsschutzes im Einzelnen s. Rdn 43 ff.). Die Ersatzmitglieder werden bei einer Listenwahl der Reihe nach aus den nicht gewählten Arbeitnehmern derjenigen Vorschlagslisten entnommen, denen die zu ersetzenden Mitglieder angehören. Bei einer Mehrheitswahl rückt grds. das Ersatzmitglied nach, das die nächst höchste, nicht mehr zum Zuge gekommene Stimmenzahl auf sich vereinigt (vgl. § 25 BetrVG). Ein vorübergehend verhindertes Ersatzmitglied wird durch das nächste Ersatzmitglied vertreten, das dann ebenfalls für die Dauer der Vertretung den Kündigungsschutz nach § 103 BetrVG erlangt. 20

Auch in der **Insolvenz des Arbeitgebers** verliert der durch § 103 BetrVG geschützte Personenkreis nicht den besonderen Kündigungsschutz der §§ 103 BetrVG, 15 KSchG. § 125 InsO ist nur im Verhältnis zu § 1 KSchG lex specialis, nicht aber gegenüber § 15 KSchG (*BAG* 17.11.2005 EzA § 1 KSchG Soziale Auswahl Nr. 64). 21

Soll einem in einem **Tendenzunternehmen** (§ 118 Abs. 1 BetrVG) als Tendenzträger beschäftigten Amtsträger iSd § 103 BetrVG aus einem tendenzbedingten Grunde außerordentlich gekündigt werden, ist weder die Zustimmung des Betriebsrats nach § 103 Abs. 1 BetrVG noch eine sie ersetzende gerichtliche Entscheidung gem. § 103 Abs. 2 BetrVG erforderlich, wohl aber die **Anhörung** nach § 102 Abs. 1–2 BetrVG (*BAG* 28.8.2003 EzA § 118 BetrVG 2001 Nr. 3; *Müller* ZfA 1982, 496 f.; *Fitting* § 118 Rn 40; APS-*Linck* Rn 9; aA *LAG Hamm* 1.7.1992 LAGE § 118 BetrVG 1972 Nr. 17 – Zustimmung erforderlich –; zur Anhörung vgl. KR-*Rinck* § 102 BetrVG Rdn 14), ohne dass dem Betriebsrat hierbei ein Widerspruchsrecht nach § 102 Abs. 3 BetrVG (mit der Folge eines Weiterbeschäftigungsanspruchs des Arbeitnehmers nach § 102 Abs. 5 BetrVG) einzuräumen ist (aA *Richter* DB 1991, 2667). Wollte man in diesen Fällen die Zustimmung des Betriebsrats verlangen, würde die durch das Grundgesetz (Art. 5 GG) geschützte Freiheit des Unternehmers, den Tendenzzweck seines Betriebs selbst zu bestimmen, beeinträchtigt. Bei Leistungsstörungen liegen tendenzbedingte Störungen nur dann vor, wenn die von dem Tendenzträger erbrachte Arbeitsleistung als solche dem Tendenzzweck zuwiderläuft, nicht aber wenn die Leistungsmängel keinen unmittelbaren Bezug zu dem verfolgten Tendenzzweck haben (*BAG* 3.11.1982 EzA § 15 KSchG nF Nr. 28). 22

Der besondere Kündigungsschutz besteht unabhängig davon, ob der Arbeitgeber **Kenntnis von der betriebsverfassungsrechtlichen Funktion des Arbeitnehmers** hat, zB wenn er keine Kenntnis von der Wahlbewerbung eines Arbeitnehmers hat. Ggf. muss er entsprechende Erkundigungen einholen (vgl. *LAG Bln-Bra.* 2.3.2007 LAGE § 15 KSchG Nr. 19). 23

b) Nicht geschützter Personenkreis

§ 103 BetrVG gilt nicht für Mitglieder **zusätzlicher betriebsverfassungsrechtlicher Vertretungen** iSd § 3 Abs. 1 Nr. 4–5 BetrVG, Mitglieder des **Sprecherausschusses für leitende Angestellte**, des **Wirtschaftsausschusses, der Einigungsstelle**, einer **tariflichen Schlichtungsstelle** und einer **betrieblichen Beschwerdestelle** sowie nicht für **Arbeitnehmervertreter im Aufsichtsrat**, auch soweit es sich um nach dem MitbestG 1976 gewählte Aufsichtsratsmitglieder der Arbeitnehmer handelt (*Richardi/Thüsing* Rn 13; *LKB/Bayreuther* § 15 KSchG Rn 12, 42). Auch **Arbeitnehmervertreter im Aufsichts- oder Verwaltungsorgan einer Europäischen Gesellschaft (SE)** oder einer **Europäischen Genossenschaft (SCE)** fallen – anders als die Mitglieder eines SE-Betriebsrats oder SCE-Betriebsrats (Rdn 11) – nicht in den Schutzbereich des § 103 BetrVG. § 42 S. 1 SEBG und § 44 S. 1 SCEBG sehen für die genannten Arbeitnehmergruppen (nur) den gleichen Schutz und die gleichen Sicherheiten vor, wie sie die Arbeitnehmervertreter nach den Gesetzen und Gepflogenheiten 24

§ 103 BetrVG   Außerordentliche Kündigung in besonderen Fällen

des Mitgliedstaats genießen. Da für Mitglieder des Aufsichtsrats jedoch nach dem nationalen Recht die Vorschriften der §§ 15 KSchG, 103 BetrVG nicht gelten, kommt ein entsprechender Kündigungsschutz auch nach § 42 SEBG bzw. § 44 SCEBG nicht in Betracht (Lutter/Hommelhoff/Teichmann-*Oetker* § 42 SEBG Rn 11; *LKB/Bayreuther* § 15 KSchG Rn 44; aA APS-*Linck* § 15 KSchG Rn 28). Dieser Personenkreis wird nur durch § 78 BetrVG sowie ggf. vergleichbare Normen in den entsprechenden Gesetzen (§ 2 SprAuG, § 26 S. 2 MitbestG) geschützt. Dh diese Arbeitnehmer genießen einen **relativen Kündigungsschutz**, weil ihnen nicht wegen ihrer betriebsverfassungsrechtlichen Tätigkeit gekündigt werden darf (*Fitting* Rn 8). Insbesondere darf ihnen nicht gekündigt werden, um ihnen die Ausübung ihres Amts unmöglich zu machen oder sie wegen ihres Amts oder ihrer Amtsführung zu maßregeln (*LKB/Bayreuther* § 15 KSchG Rn 44).

25 Keinen Kündigungsschutz nach § 103 BetrVG oder § 78 BetrVG erlangen »Mitglieder« einer Arbeitnehmervertretung (Betriebsrat, Jugend- und Auszubildendenvertretung, Wahlvorstand etc.), wenn die **Wahl** von vornherein **nichtig** ist (*BAG* 7.5.1986 EzA § 17 BetrVG 1972 Nr. 5; *Fitting* § 19 Rn 6). Die Nichtigkeit der Wahl kann von den Gerichten für Arbeitssachen im Kündigungsrechtsstreit inzident festgestellt werden (*BAG* 27.4.1976 EzA § 19 BetrVG 1972 Nr. 8). Nichtig ist eine Wahl nur bei besonders groben und offensichtlichen Verstößen gegen wesentliche Grundsätze des gesetzlichen Wahlrechts, die so schwerwiegend sind, dass auch der Anschein einer dem Gesetz entsprechenden Wahl nicht mehr besteht (*BAG* 13.3.2013 EzA § 3 BetrVG 2001 Nr. 6; 21.9.2011 EzA § 3 BetrVG 2001 Nr. 5). Nichtig ist zB eine Betriebsratswahl, wenn sie ohne Wahlvorstand und ohne Wahlausschreiben durchgeführt wurde oder als offene Wahl durch Zuruf in der Betriebsversammlung erfolgte oder wenn die Mehrzahl der gewählten Betriebsratsmitglieder oder der gewählte Betriebsobmann nicht wählbar waren (vgl. auch *BAG* 28.11.1977 EzA § 19 BetrVG 1972 Nr. 14) oder wenn der Betrieb nicht betriebsratsfähig ist (vgl. *BAG* 9.2.1982 EzA § 118 BetrVG 1972 Nr. 33). Nichtig ist auch die Wahl des Wahlvorstands in einer Betriebsversammlung, wenn die Einladung zu dieser Versammlung nicht so bekannt gemacht worden ist, dass alle Arbeitnehmer des Betriebs hiervon Kenntnis nehmen konnten, diese auch nicht auf andere Weise tatsächlich hiervon erfahren haben und durch das Fernbleiben der nicht unterrichteten Arbeitnehmer das Wahlergebnis beeinflusst werden konnte (*BAG* 7.5.1986 EzA § 17 BetrVG 1972 Nr. 5). Wird bei der Durchführung der Betriebsratswahl gegen mehrere wesentliche Wahlvorschriften verstoßen, die jeweils für sich nur die Anfechtbarkeit der Wahl begründen können, kann auch eine Gesamtwürdigung nicht zur Nichtigkeit der Wahl führen (*BAG* 19.11.2003 EzA § 19 BetrVG 2001 Nr. 1, unter Aufgabe der bisherigen Rechtsprechung). Vielmehr bleibt die Wahl aus jedem dieser Gründe nur anfechtbar. Die aus einer nichtigen Wahl hervorgegangenen »Mitglieder« einer Arbeitnehmervertretung erlangen aber nach der Bekanntgabe des »Wahlergebnisses« **den nachwirkenden Kündigungsschutz** für Wahlbewerber (s. KR-*Kreft* § 15 KSchG Rdn 101), wenn sie als Wahlbewerber nach § 103 BetrVG geschützt waren. Bei einer bloßen **Wahlanfechtung** erlangen die Arbeitnehmervertreter den vollen Kündigungsschutz nach § 103 BetrVG. Dieser endet erst, wenn die Wahl rechtskräftig für unwirksam erklärt ist (s. Rdn 28).

26 § 103 BetrVG kommt schließlich nicht zur Anwendung für den Kreis der Arbeitnehmer, die lediglich **nachwirkenden Kündigungsschutz iSv § 15 KSchG** genießen, dh **Mitglieder** eines Betriebsrats, einer Jugend- und Auszubildendenvertretung, einer Personalvertretung, eines Seebetriebsrats während eines Jahres nach Beendigung ihrer Amtszeit (§ 15 Abs. 1 S. 2, Abs. 2 S. 2 KSchG), Mitglieder einer Bordvertretung während der ersten sechs Monate nach Beendigung der Amtszeit (§ 15 Abs. 1 S. 2 KSchG), Mitglieder des Wahlvorstands und erfolglose Wahlbewerber ebenfalls während der ersten sechs Monate nach Bekanntgabe des Wahlergebnisses (§ 15 Abs. 3 S. 2 KSchG) **sowie Initiatoren einer Gremienwahl** für drei Monate nach – letztlich ergebnisloser – Einladung oder Antragstellung (§ 15 Abs. 3a S. 2 KSchG). Ebenso wenig ist die Anwendung von § 103 BetrVG für den Personenkreis vorgesehen, der nach dem Betriebsrätemodernisierungsgesetz vom 14.6.2021 (Rdn 9) gem. § 15 Abs. 3a und 3b BetrVG ebenfalls den Sonderkündigungsschutz erlangen soll, dh anstatt der ersten drei die ersten sechs in der Einladung oder Antragstellung genannten Personen sowie ferner Arbeitnehmer, die Vorbereitungshandlungen zur Errichtung eines Betriebsrats oder

einer Bordvertretung unternehmen und eine öffentlich beglaubigte Erklärung mit dem Inhalt abgegeben haben, dass sie die Absicht haben, einen Betriebsrat oder eine Bordvertretung zu errichten.

2. Beginn und Ende des Schutzes

a) Mitglieder des Betriebsrats und anderer Arbeitnehmervertretungen

Für Mitglieder des Betriebsrats, der Jugend- und Auszubildendenvertretung, der Bordvertretung, 27
des Seebetriebsrats, der Schwerbehindertenvertretung und einer Arbeitnehmervertretung iSd § 3
Abs. 1 Nr. 1–3 BetrVG oder § 117 Abs. 2 BetrVG (s. Rdn 13) beginnt der Kündigungsschutz nach
§ 103 Abs. 1 BetrVG **mit der Bekanntgabe des Wahlergebnisses** (vgl. GK-BetrVG/*Raab* Rn 16),
auch wenn die Gewählten ihr Amt erst später antreten, weil die Amtszeit der bisherigen Arbeitnehmervertretung (Betriebsrat, Jugend- und Auszubildendenvertretung, Bordvertretung, Seebetriebsrat
etc.) noch nicht abgelaufen ist (vgl. § 21, § 64 Abs. 2, § 115 Abs. 3, § 116 Abs. 2 BetrVG; wie
hier: *Richardi/Thüsing* Rn 17; *Fitting* Rn 55; GK-BetrVG/*Raab* Rn 17; entsprechende Anwendung
von § 103 BetrVG: APS-*Linck* Rn 58; ErfK-*Kiel* § 15 KSchG Rn 17; SPV-*Vossen* Rn 1681). Wollte
man den gewählten Mitgliedern den Kündigungsschutz als Mitglied des Organs, in das sie gewählt
wurden, erst mit Beginn ihrer Amtszeit zubilligen (so HWGNRH-*Huke* Rn 21), würde in den
Fällen, in denen die Amtszeit erst einige Zeit nach Bekanntgabe des Wahlergebnisses beginnt, eine
Lücke im Kündigungsschutz für diesen Personenkreis bestehen: Bis zur Bekanntgabe des Wahlergebnisses genießen sie den Kündigungsschutz als Wahlbewerber, danach – bis zum Beginn der
Amtszeit – bliebe nur der nachwirkende Kündigungsschutz für Wahlbewerber (vgl. § 15 Abs. 3
S. 2 KSchG), der die Zulässigkeit einer außerordentlichen Kündigung aber nicht von der Zustimmung des Betriebsrats abhängig macht. Damit könnte sich der Arbeitgeber zwischen Bekanntgabe des Wahlergebnisses und Beginn der Amtszeit ohne Zustimmung des Betriebsrats unliebsamer
gewählter Arbeitnehmer durch außerordentliche Kündigung entledigen und sie aus dem Betrieb
entfernen. Dieses Ergebnis ist mit dem Sinn des Gesetzes unvereinbar, das dem verstärkten Kündigungsschutz für Arbeitnehmervertreter einen gleich starken Kündigungsschutz für Wahlbewerber
vorgeschaltet hat und damit offenbar einen ununterbrochenen Kündigungsschutz von der Wahlbewerbung bis zur Beendigung der Amtszeit als Arbeitnehmervertreter bezweckt. Deshalb schließt
sich der Kündigungsschutz für die angeführten Arbeitnehmervertreter nahtlos an den Kündigungsschutz für Wahlbewerber an.

Der Kündigungsschutz für Mitglieder des Betriebsrats, der Jugend- und Auszubildendenvertretung, der Bordvertretung, des Seebetriebsrats, der Schwerbehindertenvertretung oder einer Arbeitnehmervertretung iSd § 3 Abs. 1 Nr. 1–3 oder § 117 Abs. 2 BetrVG (s. Rdn 13) dauert so lange 28
fort, **bis die Mitgliedschaft in dem betreffenden Organ endet**. Eine vorübergehende, auch länger
andauernde Verhinderung führt nicht zur Beendigung der Mitgliedschaft und damit auch nicht
zum Verlust des Kündigungsschutzes nach § 103 BetrVG. Die Mitgliedschaft erlischt (§§ 13, 24
BetrVG) durch Ablauf der Amtszeit, Amtsniederlegung des einzelnen Mitglieds (nicht: Rücktrittsbeschluss des Organs), Verlust der Wählbarkeit, mit Rechtskraft der einer Wahlanfechtung stattgebenden gerichtlichen Entscheidung (vgl. *BAG* 27.1.2011 EzA § 103 BetrVG 2001 Nr. 8; *LKB/
Bayreuther* § 15 KSchG Rn 58 mwN), mit Rechtskraft einer gerichtlichen Entscheidung, durch
die das Mitglied aus dem Organ ausgeschlossen, das Organ aufgelöst oder festgestellt wird, dass
das Mitglied nicht wählbar war (*BAG* 29.9.1983 EzA § 15 KSchG nF Nr. 32 = AP Nr. 15 zu § 15
KSchG 1969 m. zust. Anm. *Richardi/Thüsing*), ferner durch Beendigung des Arbeitsverhältnisses
oder Sinken der Zahl der idR beschäftigten ständigen wahlberechtigten Arbeitnehmer unter 5 (s.
KR-*Rinck* § 102 BetrVG Rdn 23). Zur Beendigung der Mitgliedschaft bei einer Betriebsstilllegung
s. KR-*Rinck* § 102 BetrVG Rdn 24. Die Amtszeit eines außerhalb des regelmäßigen Wahlzeitraums
gewählten Betriebsrats (vgl. § 13 Abs. 3 BetrVG) endet mit der Bekanntgabe des Wahlergebnisses
des neu gewählten Betriebsrats (*BAG* 28.9.1983 EzA § 102 BetrVG 1972 Nr. 56). In den Fällen
des § 13 Abs. 2 Nr. 1–3 BetrVG, in denen die Arbeitnehmervertretung neu zu wählen ist, führt
die bisherige Vertretung bis zur Bekanntgabe des Wahlergebnisses die Geschäfte weiter, so dass
die Mitglieder bis zu diesem Zeitpunkt im Amt sind und den besonderen Kündigungsschutz des

§ 103 BetrVG genießen (SPV-*Vossen* Rn 1683; vgl. auch *BAG* 27.1.2011 EzA § 103 BetrVG 2001 Nr. 8). Unterbleibt die Bekanntgabe des Wahlergebnisses, endet die Amtszeit des geschäftsführenden Betriebsrats spätestens mit der konstituierenden Sitzung des neu gewählten Gremiums (*BAG* 5.11.2009 EzA § 15 KSchG nF Nr. 64). Nach Beendigung der Mitgliedschaft in dem jeweiligen Organ kommt zwar noch der sog. nachwirkende Kündigungsschutz des § 15 Abs. 1 S. 2 KSchG Betracht, die außerordentliche Kündigung durch den Arbeitgeber bedarf aber nicht mehr der Zustimmung des Betriebsrats (s.o. Rdn 26 sowie KR-*Kreft* § 15 KSchG Rdn 83 ff.).

29 Für Mitglieder des **Gesamtbetriebsrats**, des **Konzernbetriebsrats** und der **Gesamt-Jugend- und Auszubildendenvertretung** besteht kein über den für sie als Mitglied des Betriebsrats oder der Jugend- und Auszubildendenvertretung geltenden Kündigungsschutz zeitlich hinausreichender Schutz. Denn im Gesamtbetriebsrat, Konzernbetriebsrat oder der Gesamt-Jugend- und Auszubildendenvertretung kann nur Mitglied sein, wer amtierendes Betriebsratsmitglied oder Mitglied der Jugend- und Auszubildendenvertretung ist (vgl. §§ 47, 49, 55, 57, 72, 73 Abs. 2 BetrVG).

b) Wahlvorstand

30 Für Mitglieder des Wahlvorstands ergibt sich aus § 103 BetrVG nicht, wann der Kündigungsschutz nach dieser Vorschrift beginnt und wann er endet. § 103 BetrVG wird jedoch durch § 15 KSchG ergänzt, der im Einzelnen regelt, unter welchen Voraussetzungen eine außerordentliche und eine ordentliche Kündigung des Arbeitsverhältnisses zulässig ist. Entsprechend der Regelung in § 15 KSchG über die Zulässigkeit einer außerordentlichen Kündigung gilt § 103 BetrVG für Mitglieder des Wahlvorstands **vom Zeitpunkt ihrer Bestellung an bis zur Bekanntgabe des Wahlergebnisses** (*Haas* FA 2011, 227). Die Bestellung des Wahlvorstands erfolgt durch den Betriebsrat (ggf. Bordvertretung oder Seebetriebsrat), die Betriebsversammlung oder das ArbG (vgl. §§ 16 ff. BetrVG; zu den Anforderungen einer Wahl in der Betriebsversammlung vgl. auch *BAG* 7.5.1986 EzA § 17 BetrVG 1972 Nr. 5; s. Rdn 24). Nach § 16 Abs. 1 S. 1 BetrVG bestellt der Betriebsrat spätestens 10 Wochen vor Ablauf seiner Amtszeit einen Wahlvorstand. Dabei handelt es sich um eine Mindestfrist (*Fitting* § 16 Rn 8). Die Bestellung zu einem früheren Zeitpunkt ist bis zur Grenze des Rechtsmissbrauchs zulässig (BAG 19.4.2012 EzTöD 100 § 34 Abs. 2 TVöD-AT Arbeitnehmervertreter Nr. 7; *LAG Nds.* 13.10.2010 – 17 Sa 569/11: 36 Wochen vorher sei nicht rechtsmissbräuchlich; anders *Grimm/Brock/Windeln* DB 2006, 156: bei Bestellung des Wahlvorstands früher als 16 Wochen vor Ablauf der Amtsperiode des Betriebsrats sei den Wahlvorstandsmitgliedern kein Sonderkündigungsschutz zuzubilligen. Bei einer Bestellung durch das ArbG beginnt der Kündigungsschutz bereits mit der Verkündung des Beschlusses, nicht erst mit Rechtskraft (*BAG* 26.11.2009 EzA § 15 KSchG nF Nr. 65). Vorzeitig, vor Bekanntgabe des Wahlergebnisses, endet der Kündigungsschutz nach § 103 BetrVG für Mitglieder des Wahlvorstands, wenn sie vor Bekanntgabe des Wahlergebnisses aus dem Amt ausscheiden, also insbes. wenn sie ihr Amt freiwillig niederlegen oder durch gerichtliche Entscheidung gem. § 18 Abs. 1 S. 2 BetrVG von ihrem Amt abberufen werden (vgl. *Richardi/Thüsing* Rn 22; *LKB/Bayreuther* § 15 KSchG Rn 61). Zum nachwirkenden Kündigungsschutz für Wahlvorstandsmitglieder s. KR-*Kreft* § 15 KSchG Rdn 101 ff.

c) Wahlbewerber

31 Auch für Wahlbewerber ergeben sich Beginn und Ende des Kündigungsschutzes nicht aus § 103 BetrVG. Sie können nur aus der ergänzenden Regelung des § 15 KSchG geschlossen werden. Danach **beginnt** der Schutz des § 103 BetrVG für Wahlbewerber, **sobald der Wahlvorschlag aufgestellt ist** und die Zustimmung des Vorgeschlagenen zu seiner Kandidatur vorliegt (s. Rdn 36 ff.). Er **endet spätestens mit der Bekanntgabe des Wahlergebnisses** (zur vorzeitigen Beendigung des Kündigungsschutzes s. Rdn 42 ff.). Was unter »Aufstellung des Wahlvorschlags« zu verstehen ist, ist weder im KSchG noch im BetrVG ausdrücklich geregelt. Nach dem Sinn der gesetzlichen Regelung ist der Wahlvorschlag aufgestellt, wenn die Wahl eingeleitet ist und alle Voraussetzungen erfüllt sind, die für einen nicht von vornherein ungültigen Wahlvorschlag gegeben sein müssen, (in diesem Sinne auch *BAG* 4.3.1976 EzA § 15 KSchG nF Nr. 8). Wegen des Zwecks des Kündigungsschutzes,

die Durchführung der Wahl davor zu schützen, dass der Arbeitgeber die Wahl durch die Entlassung von Wahlbewerbern gegenstandslos macht, und den Arbeitnehmern die Furcht vor der Entlassung im Falle einer Wahlbewerbung zu nehmen, kann man nach dem üblichen Sprachgebrauch von einem »Wahlvorschlag« nur sprechen, wenn für eine bestimmte eingeleitete Wahl ein bestimmter Kandidat benannt wird und der Vorschlag Grundlage für die Wahl sein kann. Daran fehlt es, wenn der Vorschlag für die Wahl **unheilbar nichtig** ist. Erfüllt ein Vorschlag diese Formvorschriften, kann er Grundlage einer Wahl werden und ist deshalb als Wahlvorschlag zu qualifizieren. Es kann dann nicht mehr darauf ankommen, ob der Wahlvorschlag schon beim Wahlvorstand eingereicht ist (*BAG* 19.4.2012 EzTöD 100 § 34 Abs. 2 TVöD-AT Arbeitnehmervertreter Nr. 7; 7.7.2011 EzA § 15 KSchG nF Nr. 68; 4.3.1976 EzA § 15 KSchG nF Nr. 8; SPV-*Vossen* Rn 1687; *Eylert/Rinck* BB 2018, 308, 311; aA *Richardi/Thüsing* Rn 19; APS-*Linck* Rn 70; *LKB/Bayreuther* § 15 Rn 28 mwN) oder **Mängel aufweist, die behebbar sind** (*BAG* 7.7.2011 EzA § 15 KSchG nF Nr. 68; 17.3.2005 EzA § 28 BetrVG 2001 Nr. 1 = SAE 2005, 315 m. zust. Anm. *Weinspach; Eylert/Rinck* BB 2018, 308, 311). Erst wenn die Mängel nicht mehr behebbar sind oder die Frist zur Einreichung des Wahlvorschlags verstrichen ist, ohne dass der Wahlvorschlag eingereicht ist, verliert er seine Qualität als Wahlvorschlag, was aber nicht zu einer rückwirkenden Beseitigung des Kündigungsschutzes führt (s. Rdn 42). Im Einzelnen bedeutet dies:

a) Ein **Wahlvorschlag zur Betriebsratswahl** ist aufgestellt, sobald ein schriftlicher Wahlvorschlag vorliegt, der die erforderliche Zahl von Stützunterschriften (§ 14 Abs. 4–5 BetrVG) aufweist, wenn in dem Zeitpunkt, in dem die letzte erforderliche Unterschrift geleistet wird, die Frist für die Einreichung von Wahlvorschlägen (§ 6 Abs. 1 WahlO) begonnen hat (aA *BAG* 7.7.2011 EzA § 15 KSchG nF Nr. 68: auf den Beginn der Frist kommt es nicht an), aber noch nicht abgelaufen ist, auf dem Wahlvorschlag die Bewerber in erkennbarer Reihenfolge aufgeführt sind und der in Frage kommende Bewerber wählbar ist. Sind die genannten Voraussetzungen nicht gegeben, ist der Wahlvorschlag von vornherein ungültig (§ 8 Abs. 1 WahlO), so dass für die vorgeschlagenen Bewerber kein besonderer Kündigungsschutz nach § 15 Abs. 3 KSchG entstehen kann (vgl. *BAG* 26.9.1996 EzA § 15 KSchG nF Nr. 45). Sonstige Mängel des Wahlvorschlags sind behebbar (vgl. § 8 Abs. 2 WahlO). 32

Wählbar ist ein Arbeitnehmer grds. erst dann, wenn er im Zeitpunkt der Wahl 18 Jahre alt ist und dem Betrieb mindestens sechs Monate angehört (§ 8 Abs. 1 BetrVG). Unter dieser Voraussetzung genießt er Kündigungsschutz nach § 103 BetrVG, § 15 KSchG auch dann, wenn er im Zeitpunkt des Kündigungszugangs noch nicht sechs Monate dem Betrieb angehört (*LAG Hamm* 21.4.1982 DB 1982, 2709; *LKB/Bayreuther* § 15 Rn 27; *Haas* FA 2011, 228; offen gelassen von *BAG* 26.9.1996 EzA § 15 KSchG nF Nr. 45). 33

Rdn 32 gilt entsprechend für **Wahlbewerber zur Wahl der Jugend- und Auszubildendenvertretung** (§ 39 WahlO), **der Bordvertretung** (§ 10 WahlO-Schifffahrt), **des Seebetriebsrats** (§ 46 WahlO-Schifffahrt) und **der Schwerbehindertenvertretung** in Betrieben der privaten Wirtschaft (vgl. § 177 Abs. 6 S. 2 SGB IX). 34

b) Der Zeitpunkt, in dem ein **Wahlvorschlag zur Wahl einer anderen Vertretung** iSd § 3 Abs. 1 Nr. 1–3 BetrVG aufgestellt ist, richtet sich nach den Voraussetzungen, die die tarifliche Regelung an die Gültigkeit eines Wahlvorschlags stellt. Schweigt der Tarifvertrag insoweit, kommt die für Wahlbewerber zur Betriebsratswahl geltende Regelung zum Tragen (s. oben unter a). 35

c) Eine **Einschränkung des Beginns des Kündigungsschutzes** folgt aus dem Begriff des Wortes »Wahlbewerber«. Nach dem allgemeinen Sprachgebrauch setzt der Begriff des Bewerbers voraus, dass jemand bei einer zuständigen Stelle erklärt hat, er strebe eine bestimmte Position an. Wahlbewerber iSv § 15 Abs. 3 KSchG kann daher nur sein, wer gegenüber demjenigen, der den Wahlvorschlag aufgestellt hat, oder gegenüber dem Wahlvorstand erklärt, er stelle sich der Wahl, **stimme also seiner Kandidatur zu**. Bevor der Vorgeschlagene eine solche Erklärung nicht abgegeben hat, besteht kein sachlicher Grund, ihm einen besonderen Kündigungsschutz zu gewähren. Das Gesetz will nicht diejenigen, die zufällig vorgeschlagen werden, aber kein betriebsverfassungsrechtliches 36 oder vergleichbares Amt anstreben, schützen, sondern nur diejenigen, die sich für ein solches Amt interessieren, aber aus Furcht vor Repressalien des Arbeitgebers vor einer Kandidatur zurückschrecken könnten.

37 Der Vorgeschlagene muss, um als »Wahlbewerber« angesehen werden zu können, seine Zustimmung zur Kandidatur **gegenüber dem Vorschlagenden oder gegenüber dem Wahlvorstand erklären**, weil der Vorschlagende die zustimmende Erklärung des Vorgeschlagenen in seinen Wahlvorschlag aufnehmen oder dem Wahlvorstand nachreichen kann und der Wahlvorstand die Zulässigkeit und Gültigkeit der Kandidatur zu beurteilen hat. **Sonstige Stellen**, die für eine Bewerbung iSd § 15 Abs. 3 KSchG zuständig wären, etwa der Betriebsrat, der Arbeitgeber, die Personalabteilung des Unternehmens, **gibt es nicht**. Deshalb reichen zustimmende Erklärungen des Vorgeschlagenen zu seiner Kandidatur gegenüber sonstigen Stellen nicht aus, um ihn als Wahlbewerber zu qualifizieren.

38 Der Vorgeschlagene kann seine **Zustimmung zur Kandidatur** gegenüber den angeführten zuständigen Stellen im Hinblick auf die Erlangung des besonderen Kündigungsschutzes **formlos** erklären. Der Begriff »Wahlbewerber« setzt nach dem allgemeinen Sprachgebrauch keine bestimmte Form der Bewerbung voraus. Die für die Wahl vorgeschriebene schriftliche Zustimmung kann noch nach Einreichung der Wahlvorschläge nachgeholt werden (vgl. § 8 Abs. 2 WahlO, § 10 Abs. 5 WahlO BPersVG).

39 Ist in dem Zeitpunkt, in dem ein Vorgeschlagener seiner Kandidatur zustimmt, der Wahlvorschlag bereits iSd § 15 Abs. 3 KSchG aufgestellt, **wirkt der besondere Kündigungsschutz** des § 15 Abs. 3 KSchG auf den Zeitpunkt der Aufstellung des Wahlvorschlags **zurück**. Das ergibt sich mit hinreichender Deutlichkeit aus dem Wortlaut des § 15 Abs. 3 KSchG. Die Rückwirkung bedeutet, dass Kündigungen, die der Arbeitgeber nach der Aufstellung des Wahlvorschlags, aber vor der Zustimmungserklärung des Vorgeschlagenen ausgesprochen hat, nur nach Maßgabe des § 15 Abs. 3–5 KSchG wirksam sind. Eine mit Zustimmung des Betriebsrats oder der Personalvertretung ausgesprochene außerordentliche Kündigung ist danach ohne Weiteres zulässig. Liegt diese Zustimmung nicht vor, ist eine außerordentliche Kündigung zunächst schwebend unwirksam. Sie wird endgültig unwirksam, wenn der Vorgeschlagene seiner Kandidatur zustimmt. In diesem Fall muss der Arbeitgeber unverzüglich, nachdem ihm die Annahme der Kandidatur bekannt geworden ist, die Zustimmung des Betriebsrats zu einer neuen Kündigung und, falls er die Zustimmung nicht innerhalb von drei Tagen (§ 102 Abs. 2 S. 3 BetrVG; s. Rdn 80) erreicht, unverzüglich (§ 121 Abs. 1 BGB), dh idR binnen weniger Tage, die gerichtliche Ersetzung der Zustimmung des Betriebsrats bzw. der Personalvertretung beantragen. Die Zweiwochenfrist des § 626 Abs. 2 BGB für die Erklärung der Kündigung oder die Einleitung des gerichtlichen Zustimmungsersetzungsverfahrens ist hier nicht anwendbar (vgl. auch *BAG* 21.10.1983 AP § 626 BGB Ausschlussfrist Nr. 16 m. zust. Anm. *Schmidt*).

40 Die **Rückwirkung** des Kündigungsschutzes bei einer Zustimmung des Vorgeschlagenen zu seiner Kandidatur ist **sachlich gerechtfertigt**, da der Arbeitgeber schon versucht sein kann, das Arbeitsverhältnis zu kündigen, sobald ihm der Wahlvorschlag bekannt wird. Gegen die Rückwirkung bestehen aus Gründen der Rechtssicherheit keine Bedenken, da der Zeitraum zwischen Aufstellung des Wahlvorschlags und wirksamer Zustimmung des Vorgeschlagenen zu seiner Kandidatur idR höchstens drei Wochen betragen kann (vgl. § 3 Abs. 2 Nr. 8, § 7, § 8 Abs. 2 WahlO; § 6 Abs. 2 Nr. 8, § 10 Abs. 5 WahlO BPersVG).

41 d) Vor Beginn des Kündigungsschutzes für einen Wahlbewerber, dh vor Aufstellung eines Wahlvorschlags iSv § 103 BetrVG, § 15 KSchG, ist eine Kündigung wegen Verstoßes gegen das **Verbot der Wahlbehinderung** (§ 20 Abs. 2 BetrVG) nichtig, wenn sie ausgesprochen wird, um die bevorstehende Unkündbarkeit als Wahlbewerber zu verhindern oder die Betriebsratswahl insgesamt zu behindern (*BAG* 4.4.1974 EzA § 15 KSchG nF Nr. 1; *Fitting* § 20 Rn 33).

42 e) Der Kündigungsschutz für Wahlbewerber nach § 103 BetrVG **endet mit der Bekanntgabe des Wahlergebnisses** durch den Wahlvorstand (vgl. § 15 KSchG). **Vorzeitig** endet der Kündigungsschutz nach § 103 BetrVG für Wahlbewerber, **wenn der Wahlvorschlag hinfällig wird**, sei es, dass

der Wahlvorschlag nicht fristgerecht beim Wahlvorstand eingereicht wird, sei es, dass Mängel nicht fristgerecht gem. § 8 Abs. 2 WahlO beseitigt werden oder der Wahlbewerber seine Bewerbung zurückzieht (*BAG* 17.3.2005 EzA § 28 BetrVG 2001 Nr. 1 – bei Zurückziehung der Bewerbung; *LKB/Bayreuther* § 15 KSchG Rn 22 mwN; aA *BAG* 5.12.1980 EzA § 15 KSchG nF Nr. 25, das für den Fall, dass ein Wahlvorschlag durch spätere Streichung von Stützunterschriften gem. § 8 Abs. 2 Nr. 3 WahlO ungültig wird, den Fortbestand des Kündigungsschutzes bejaht). Danach genießt der bisherige Wahlbewerber für die Dauer von sechs Monaten den sog. **nachwirkenden Kündigungsschutz** des § 15 Abs. 3 S. 2 KSchG (s. KR-*Kreft* § 15 KSchG Rdn 103; *LKB/Bayreuther* § 15 KSchG Rn 72; *Richardi/Thüsing* Rn 23; aA offenbar *BAG* 5.12.1980 EzA § 15 KSchG nF Nr. 25 = AP Nr. 9 zu § 15 KSchG 1969 mit insoweit zust. Anm. *Pfarr*, das dem ehemaligen Wahlbewerber auch nach Wegfall des Wahlvorschlags bis zur Bekanntgabe des Wahlergebnisses den vollen Kündigungsschutz des § 103 BetrVG zubilligen will, wofür jede sachliche Berechtigung fehlt; gegen *BAG* auch *Löwisch/Arnold* Anm. EzA § 15 KSchG nF Nr. 25).

d) Ersatzmitglieder

Der Kündigungsschutz des Ersatzmitglieds beginnt **mit dem Nachrücken in das Gremium** (s. Rdn 19). Hierbei rückt das Ersatzmitglied – auch ohne sein Wissen – in dem Zeitpunkt auf Dauer nach, in dem das von ihm zu vertretende Vollmitglied endgültig aus dem Betriebsrat (Jugend- und Auszubildendenvertretung, Bordvertretung, Seebetriebsrat etc.) ausscheidet. 43

Bei einer **vorübergehenden Verhinderung** tritt der Fall der Stellvertretung (Nachrücken des Ersatzmitglieds) grds. mit Beginn der objektiven Verhinderung (zB Krankheit, Urlaub) eines ordentlichen Betriebsratsmitglieds ein. Eine vorübergehende Verhinderung liegt immer dann vor, wenn das Betriebsratsmitglied vorübergehend aus tatsächlichen oder rechtlichen Gründen nicht in der Lage ist, seine betriebsverfassungsrechtlichen Amtsobliegenheiten auszuüben (*BAG* 27.9.2012 EzA § 626 BGB 2002 Nr. 42; 8.9.2011 EzA § 25 BetrVG 2011 Nr. 3). Während des **Erholungsurlaubs** ist es einem Betriebsratsmitglied idR unzumutbar, Betriebsratsaufgaben wahrzunehmen. Es ist deshalb jedenfalls dann zeitweilig verhindert, wenn es nicht zuvor seine Bereitschaft angezeigt hat, trotz des Urlaubs für Betriebsratstätigkeiten zur Verfügung zu stehen (*BAG* 27.9.2012 EzA § 626 BGB 2002 Nr. 42; 8.9.2011 EzA § 25 BetrVG 2011 Nr. 3). Etwas anderes gilt, wenn das ordentliche Betriebsratsmitglied lediglich arbeitsfrei hat. In diesem Fall ist es ihm zumutbar, Betriebsratsaufgaben wahrzunehmen, es sei denn, es läge ein tatsächlicher Verhinderungsgrund vor. Ein solcher ist im Streitfall von dem Ersatzmitglied darzulegen und zu beweisen, das sich auf ein Nachrücken und den sich daraus ergebenden Sonderkündigungsschutz beruft (*BAG* 27.9.2012 EzA § 626 BGB 2002 Nr. 42). Die **Arbeitsunfähigkeit** eines Betriebsratsmitglieds führt nicht zwingend zur Verhinderung. Es kann Fälle geben, in denen der Arbeitnehmer zwar außerstande ist, seine Arbeitspflichten zu erfüllen, nicht aber sein Betriebsratsamt wahrzunehmen (*BAG* 23.8.1984 EzA § 103 BetrVG 1972 Nr. 30). Anderes gilt jedoch bei einem nach § 38 Abs. 1 BetrVG freigestellten Betriebsratsmitglied. In diesem Fall hat eine vom Arzt attestierte Arbeitsunfähigkeit stets auch die Verhinderung an der Ausübung der Amtspflichten zur Folge. Unerheblich ist dabei, ob sich das Betriebsratsmitglied – subjektiv – zur Aufgabenwahrnehmung in der Lage sieht (*BAG* 28.7.2020 BB 2020, 2619). Von einer förmlichen Benachrichtigung des Ersatzmitglieds oder ähnlichen Voraussetzungen ist das Nachrücken nicht abhängig (*BAG* 17.1.1979 EzA § 15 KSchG nF Nr. 21 m. zust. Anm. *Dütz*; *Haas* FA 2011, 229). Auch ein Beschluss des Betriebsrats ist nicht erforderlich (*LKB/Bayreuther* § 15 KSchG Rn 36). 44

Wird ein Arbeitnehmer vom Betriebsrat **als Vertreter zur Betriebsratsarbeit herangezogen**, tritt der Sonderkündigungsschutz für Ersatzmitglieder grds. auch dann ein, wenn sich im Nachhinein herausstellt, dass ein Vertretungsfall in Wahrheit nicht vorgelegen hat (*BAG* 12.2.2004 EzA § 15 KSchG nF Nr. 56 = ZBVR 2004, 174 m. zust. Anm. *Ilbertz*), zB wenn das Betriebsratsmitglied sich zwar krankgemeldet hat und der Arbeit fernbleibt, es sich aber später herausstellt, dass keine Arbeitsunfähigkeit vorlag und das Betriebsratsmitglied deshalb unberechtigt fehlte (vgl. *BAG* 5.9.1986 EzA § 15 KSchG nF Nr. 36). Ausgeschlossen ist der Kündigungsschutz nur, wenn der 45

Vertretungsfall durch kollusive Absprachen zum Schein herbeigeführt wird oder das Ersatzmitglied weiß bzw. sich ihm aufdrängen muss, dass kein Vertretungsfall vorliegt (*BAG* 12.2.2004 EzA § 15 KSchG nF Nr. 56).

46 Ausnahmsweise beginnt der besondere Kündigungsschutz der § 103 BetrVG, § 15 KSchG für Ersatzmitglieder bereits **vor Eintritt des Vertretungsfalls,** wenn in eine kurze Vertretungszeit oder zu Beginn einer längeren Vertretungszeit eine Betriebsratssitzung fällt und das Ersatzmitglied zu dieser Sitzung vor Eintritt des Vertretungsfalls geladen wird. In diesem Falle kann das Ersatzmitglied nach Zugang der Ladung die letzten drei Arbeitstage, die dem Tag der Betriebsratssitzung vorangehen, zur Vorbereitung der Sitzung in Anspruch nehmen und genießt in diesem Zeitraum den besonderen Kündigungsschutz, auch wenn der Vertretungsfall erst am Tag der Betriebsratssitzung beginnt (*BAG* 17.1.1979 EzA § 15 KSchG nF Nr. 21 mit insoweit krit. Anm. *Dütz*).

47 Auf die **Dauer der vorübergehenden Verhinderung** kommt es grds. nicht an (*LAG Nds.* 14.5.1987 RzK II 1d Nr. 6; *LAG Brem.* 15.2.1985 BB 1985, 1129; *Fitting* § 25 Rn 17; GK-BetrVG/*Oetker* § 25 Rn 21; *Richardi/Thüsing* § 25 Rn 6; diff.: *Schulin* Anm. EzA § 15 KSchG nF Nr. 36). Allerdings hindert die zeitweilige Dienstverhinderung eines Betriebsratsmitglieds, die keinen vollen Arbeitstag in Anspruch nimmt (zB Arztbesuch), nicht an der Amtsausübung iSv § 25 BetrVG und führt nicht zu einem Vertretungsfall. Der Betriebsrat kann vielmehr ohne Beeinträchtigung der ihm obliegenden Aufgaben seine Geschäftsführung so einrichten, dass Betriebsrats- und Ausschusssitzungen nicht während der stundenweisen Dienstverhinderung des Betriebsratsmitglieds stattfinden.

48 Der Kündigungsschutz des nachrückenden Ersatzmitglieds besteht **unabhängig davon, ob** während des Vertretungsfalls eine Betriebsrats- oder Ausschusssitzung stattfindet oder sonstige **Betriebsratsarbeit anfällt** (vgl. *BAG* 8.9.2011 EzA § 25 BetrVG 2001 Nr. 3; 17.1.1979 EzA § 15 KSchG nF Nr. 21; ebenso: *LKB/Bayreuther* § 15 KSchG Rn 37; aA – bei Vertretungszeiten bis zu drei Tagen ohne Amtstätigkeit und ohne Kenntnis des Arbeitgebers von dem Vertretungsfall –: *Schulin* Anm. EzA § 15 KSchG nF Nr. 36). Entscheidend ist vielmehr, dass das Ersatzmitglied – auch bei einer nur einen oder wenige Tage dauernden Verhinderung eines Betriebsratsmitglieds – für Betriebsratstätigkeiten zur Verfügung stehen muss, damit der Betriebsrat ohne Unterbrechung voll funktionsfähig bleibt. Dies macht es erforderlich, einem Ersatzmitglied für die Dauer der Verhinderung des von ihm zu vertretenden Mitglieds die volle Stellung eines Betriebsratsmitglieds einzuräumen.

49 Das nachrückende Ersatzmitglied erlangt auch dann den besonderen Kündigungsschutz, wenn es bei Eintritt oder während des Vertretungsfalls selbst **an der Amtsausübung verhindert** ist (aA *Hess. LAG* 30.3.2006 – 9/4 TaBV 209/05, m. zust. Anm. *Decruppe* jurisPR-ArbR 39/2006 Nr. 6 und *Nickel/Kuznik* SAE 1980, 268). Während der Dauer der Verhinderung des ordentlichen Mitglieds stehen dem nachgerückten Ersatzmitglied alle Schutzrechte eines ordentlichen Mitglieds zu. Während dieser Zeit ist deshalb eine Kündigung nur unter den gleichen Einschränkungen wie bei einem ordentlichen Mitglied möglich. Ein ordentliches Mitglied behält für die Dauer seiner Verhinderung den besonderen Kündigungsschutz. Dasselbe muss auch für das Ersatzmitglied gelten. Der Erwägung des *BAG* (6.9.1979 EzA § 15 KSchG nF Nr. 23; ebenso: LSSW-*Wertheimer* § 15 Rn 40; APS-*Linck* § 15 KSchG Rn 95), dem Ersatzmitglied während einer vorübergehenden Verhinderung nur dann den Kündigungsschutz eines ordentlichen Mitglieds zuzubilligen, wenn die Dauer seiner Verhinderung im Vergleich zur voraussichtlichen Dauer des Vertretungsfalls als unerheblich anzusehen ist, kann daher nicht gefolgt werden. Eine Differenzierung ist nur beim nachwirkenden Kündigungsschutz geboten (s. KR-*Kreft* § 15 KSchG Rdn 92 ff.).

50 Ist das nachgerückte Ersatzmitglied an der Amtsausübung verhindert, rückt an seiner Stelle das in der Reihenfolge nächste Ersatzmitglied nach. Ist auch dieses verhindert, das darauffolgende usw. Auf diese Weise können **bei der Verhinderung eines ordentlichen Mitglieds mehrere Ersatzmitglieder nachrücken** und den besonderen Kündigungsschutz der § 103 BetrVG, § 15 KSchG erlangen. Endet dann während der Verhinderung des ordentlichen Mitglieds die Verhinderung eines der nachgerückten Ersatzmitglieder, übt dieses Ersatzmitglied nunmehr die Funktion eines ordentlichen

Mitglieds aus. Damit endet für die nach diesem Ersatzmitglied nachgerückten weiteren Ersatzmitglieder der Vertretungsfall und folglich auch der besondere Kündigungsschutz.

▶ **Beispiel:**

Ein Betriebsratsmitglied und die nachfolgenden drei Ersatzmitglieder sind an der Ausübung des Betriebsratsamts verhindert. Deshalb rückt das vierte Ersatzmitglied nach. Der besondere Kündigungsschutz für Betriebsratsmitglieder steht dann dem Betriebsratsmitglied und allen vier nachgerückten Ersatzmitgliedern zu. Ist das zweite Ersatzmitglied nicht mehr an der Ausübung des Betriebsratsamts verhindert, endet damit der besondere Kündigungsschutz für das dritte und vierte Ersatzmitglied.

Mit Ablauf des letzten Tages, an dem das ordentliche Mitglied an der Amtsausübung verhindert ist (zB letzter Urlaubstag, letzter Krankheitstag), **endet** der besondere Kündigungsschutz für das oder die nachgerückten Ersatzmitglieder. Das gilt auch dann, wenn das ordentliche Mitglied am nächsten Tag seinen Dienst verspätet antritt. Ein verspäteter Dienstantritt hindert nicht an der Ausübung des Betriebsratsamts am betreffenden Tag. 51

Vor Eintritt des Vertretungsfalls genießt das Ersatzmitglied uU den **nachwirkenden Kündigungsschutz für Wahlbewerber** (s. KR-*Kreft* § 15 KSchG Rdn 100 ff.), nach Abschluss des Vertretungsfalls ggf. den nachwirkenden Kündigungsschutz für Betriebsratsmitglieder (s. KR-*Kreft* § 15 KSchG Rdn 85 ff.). Während der Dauer des nachwirkenden Kündigungsschutzes bedarf die außerordentliche Kündigung nicht der Zustimmung des Betriebsrats (*BAG* 18.5.2006 EzA § 69 ArbGG 1979 Nr. 5). 52

3. Betriebsrat, betriebsratsloser Betrieb

Nach dem Wortlaut des § 103 BetrVG setzt der besondere Kündigungsschutz für den dort aufgeführten Personenkreis das **Bestehen eines Betriebsrats** in dem jeweiligen Betrieb voraus. Da nach § 103 Abs. 1 BetrVG die außerordentliche Kündigung der Zustimmung des Betriebsrats bedarf, kann diese nur erteilt werden, wenn ein Betriebsrat vorhanden ist. Nach § 103 Abs. 2 BetrVG kann das ArbG eingeschaltet werden, wenn der Betriebsrat die Zustimmung verweigert hat. Auch die Verweigerung der Zustimmung setzt einen Betriebsrat voraus, der die Verweigerung erklärt. Wahlbewerber und Wahlvorstandsmitglieder in Betrieben, in denen ein Betriebsrat noch nicht oder nicht mehr besteht, können also nach dem Wortlaut des § 103 BetrVG keinen besonderen Kündigungsschutz nach § 103 BetrVG in Anspruch nehmen. 53

Der **Schutzzweck** des § 103 BetrVG geht jedoch weiter. § 103 BetrVG bezweckt, es dem Arbeitgeber unmöglich zu machen, den in § 103 BetrVG aufgeführten Personenkreis durch willkürliche außerordentliche Kündigungen aus dem Betrieb zu entfernen. Dieser Schutzzweck gilt auch für Wahlbewerber und Wahlvorstandsmitglieder in betriebsratslosen Betrieben. Deshalb ist **§ 103 Abs. 2 BetrVG auf Wahlbewerber und Wahlvorstandsmitglieder in betriebsratslosen Betrieben entsprechend anzuwenden**, dh vor Ausspruch einer außerordentlichen Kündigung durch den Arbeitgeber ist eine gerichtliche Ersetzung der Zustimmung zur Kündigung erforderlich (vgl. *BAG* 16.12.1982 – 2 AZR 76/81, EzA § 103 BetrVG Nr. 29; 30.5.1978 – 2 AZR 637/76, EzA § 102 BetrVG 1972 Nr. 34 mwN; *Richardi/Thüsing* Rn 38; *Fitting* Rn 11; GK-BetrVG/*Raab* Rn 48; APS-*Linck* Rn 16; *LKB/Bayreuther* § 15 Rn 115; SPV-*Vossen* Rn 1690; aA HWGNRH-*Huke* Rn 88). Durch das Betriebsrätemodernisierungsgesetz vom 14.6.2021 (Rdn 9) ist § 103 BetrVG um einen Abs. 2a ergänzt worden, der die Regelungslücke schließen soll. Das Arbeitsgericht hat in diesen Fällen zu prüfen, ob die Kündigung unter Berücksichtigung aller Umstände gerechtfertigt ist (vgl. BR-Drucks. 271/21 S. 21). Entsprechendes ist für Jugend- und Auszubildendenvertreter sowie Mitglieder der Schwerbehindertenvertretung in betriebsratslosen Betrieben anzunehmen (*Fuchs* DB 1976, 677). 54

Entsprechendes gilt ferner, wenn der Betriebsrat in dem Zeitpunkt, in dem der Arbeitgeber die Zustimmung zur Kündigung beantragen will, **funktionsunfähig** ist (s. KR-*Rinck* § 102 BetrVG 55

Rdn 28 ff.). Das ist insbes. auch der Fall, wenn nach dem Nachrücken sämtlicher Ersatzmitglieder nur noch ein Betriebsratsmitglied übriggeblieben ist, dem der Arbeitgeber nun kündigen will. Dieses Betriebsratsmitglied ist als unmittelbar Betroffener verhindert, über die Zustimmung zu seiner Kündigung zu beschließen (vgl. Rdn 83; ferner *LAG SchlH* 21.12.2004 NZA-RR 2005, 309). Ein funktionsunfähiger Betriebsrat kann die Zustimmung zur Kündigung nicht erteilen. Der Arbeitgeber muss deshalb in entsprechender Anwendung von § 103 Abs. 2 BetrVG die Zustimmung des ArbG zur Kündigung einholen (*BAG* 25.4.2018 – 2 AZR 401/17, Rn 8, EzA § 103 BetrVG 2001 Nr. 12; 14.9.1994 EzA § 103 BetrVG 1972 Nr. 36; 16.12.1982 EzA § 103 BetrVG 1972 Nr. 29 = SAE 1983, 277 m. zust. Anm. *Coester* = AP Nr. 13 zu § 15 KSchG 1969 m. zust. Anm. *Kraft*).

56 Kein Fall von Funktionsunfähigkeit liegt allerdings vor, wenn das **einzige Betriebsratsmitglied entlassen werden soll und noch ein gewähltes Ersatzmitglied vorhanden ist**. In diesem Fall ist zwar das Betriebsratsmitglied als unmittelbar Betroffener von dem Zustimmungsverfahren ausgeschlossen. An seiner Stelle ist aber das Ersatzmitglied für die Zustimmungserteilung zuständig (*Richardi/Thüsing* Rn 44; DKKW-*Bachner* Rn 33; SPV-*Vossen* Rn 1744). Ist kein gewähltes Ersatzmitglied vorhanden, liegt Funktionsunfähigkeit iSv Rdn 55 vor.

57 Ebenso wenig ist der Betriebsrat funktionsunfähig, wenn **allen Betriebsratsmitgliedern** – zB wegen gemeinschaftlich begangener Pflichtverletzung – **gekündigt** werden soll. In einem solchen Fall ist nämlich von der Beratung und Abstimmung jeweils nur dasjenige Betriebsratsmitglied ausgeschlossen, das durch die ihm gegenüber beabsichtigte Kündigung unmittelbar betroffen wird (*BAG* 25.3.1976 EzA § 103 BetrVG 1972 Nr. 12; *Richardi/Thüsing* Rn 45 mwN; ausf. Rdn 77, 83).

4. Arten der Beendigung des Arbeitsverhältnisses

58 Der besondere Kündigungsschutz des § 103 BetrVG gilt grds. **nur für außerordentliche Kündigungen** durch den Arbeitgeber, auch wenn sie mit einer Auslauffrist erklärt werden sollen, nicht aber für anderweitige Beendigungen des Arbeitsverhältnisses oder für sonstige personelle Maßnahmen des Arbeitgebers (s. KR-*Kreft* § 15 KSchG Rdn 32 ff.). Soweit eine ordentliche Kündigung durch den Arbeitgeber ausnahmsweise gem. § 15 Abs. 4–5 KSchG zulässig ist, findet nicht das Zustimmungsverfahren nach § 103 BetrVG, sondern nur das Anhörungsverfahren nach § 102 BetrVG statt (*Richardi/Thüsing* Rn 25 mwN).

59 Andererseits ist das Zustimmungsverfahren nach § 103 BetrVG bei **jeder Art einer außerordentlichen Kündigung** einzuhalten (vgl. GK-BetrVG/*Raab* Rn 29), also insbes. auch bei einer vorsorglich erklärten außerordentlichen Kündigung, ferner bei einer außerordentlichen Kündigung durch den Insolvenzverwalter (vgl. *BAG* 16.9.1982 EzA § 1 KSchG Betriebsbedingte Kündigung Nr. 18 m. zust. Anm. *Herschel*).

60 Ebenso werden außerordentliche **Änderungskündigungen** von § 103 BetrVG erfasst, da sie – wenn auch nur bedingt – ebenfalls auf die Beendigung des Arbeitsverhältnisses gerichtet sind (vgl. *BAG* 24.4.1969 EzA § 13 KSchG Nr. 2; AR-*Rieble* Rn 6). Das gilt auch für außerordentliche Massenänderungskündigungen, dh Änderungskündigungen, die der Arbeitgeber gegenüber einer Gruppe von Arbeitnehmern aus wichtigem Grund ausspricht. Die bei der ordentlichen Massenänderungskündigung strittige Frage, ob die Anwendung der Kündigungsschutzvorschriften des § 15 KSchG zu einer ungerechtfertigten Begünstigung des Personenkreises des § 15 KSchG führt (s. KR-*Kreft* § 15 KSchG Rdn 38), kommt hier nicht zum Tragen. Während die Anwendung des § 15 KSchG auf ordentliche Massenänderungskündigungen – abgesehen von den Ausnahmefällen des § 15 Abs. 4–5 KSchG – die Unwirksamkeit der Massenänderungskündigungen gegenüber dem durch § 15 KSchG geschützten Personenkreis zur Folge hat, kann die außerordentliche Kündigung – wenn sie sachlich gerechtfertigt ist – nach Abschluss des Zustimmungsverfahrens gem. § 103 BetrVG ausgesprochen werden. Die Durchführung des Zustimmungsverfahrens ist dem Arbeitgeber – ebenso wie bei sonstigen außerordentlichen Kündigungen – auch bei außerordentlichen Massenänderungskündigungen zumutbar.

Von der außerordentlichen Änderungskündigung zu unterscheiden sind **Änderungen der Arbeits-** 61
bedingungen, die der Arbeitgeber kraft seines Direktionsrechts einseitig anordnen kann. Solche
Änderungen bedürfen grds. keiner Zustimmung des Betriebsrats (vgl. *Fitting* Rn 13). Erstreckt
sich das Direktionsrecht des Arbeitgebers jedoch auch darauf, den Arbeitnehmer in einen anderen
Betrieb zu **versetzen**, so endet mit dem Ausscheiden aus dem Betrieb auch sein betriebsverfassungsrechtliches Amt iSd § 103 BetrVG. Insoweit steht das Ausscheiden aus dem Betrieb einer außerordentlichen Kündigung gleich. Diesem Umstand hat der Gesetzgeber nunmehr durch die Einfügung
des § 103 Abs. 3 BetrVG Rechnung getragen, nach dem Versetzungen mit Amtsverlust grds. der
Zustimmung des Betriebsrats bedürfen (s. Rdn 165 ff.).

§ 103 BetrVG gilt grds. auch während eines Arbeitskampfes. Für den Fall, dass der Arbeitgeber 62
jedoch wegen Arbeitsvertragsbruchs im Arbeitskampf, zB wegen rechtswidriger Arbeitsniederlegungen, außerordentlich kündigt (**sog. außerordentliche Kampfkündigung**), ist § 103 BetrVG –
ebenso wie § 102 BetrVG (vgl. KR-*Rinck* § 102 BetrVG Rdn 32) – mit Blick auf Art. 9 Abs. 3 GG
einschränkend auszulegen. Das Erfordernis der Zustimmung des Betriebsrats entfällt, da dieser
andernfalls mittelbar die Kampfparität beeinträchtigen könnte (*BAG* 14.2.1978 EzA Art. 9 GG
Arbeitskampf Nr. 22; 26.10.1971 EzA Art. 9 GG Nr. 7; GK-BetrVG/*Raab* Rn 46; *Richardi/Thü-
sing* Rn 28; SPV-*Vossen* Rn 1670; aA HWGNRH-*Huke* Rn 4 ff.). Da jedoch der Zweck des § 103
BetrVG, die Entfernung von Betriebsratsmitgliedern durch ungerechtfertigte Kündigungen zu verhindern, auch im Arbeitskampf fortbesteht, bleibt das Erfordernis der gerichtlichen Zustimmungsersetzung bestehen (*BAG* 14.2.1978 EzA § 15 KSchG nF Nr. 19; aA GK-BetrVG/*Raab* Rn 46;
Kraft FS Müller, S. 276). Der Arbeitgeber kann die gerichtliche Zustimmungsersetzung danach
ohne vorherige Beteiligung des Betriebsrats beantragen. Eines gerichtlichen Verfahrens bedarf es
nicht, wenn der Betriebsrat der beabsichtigten Kündigung auf Antrag des Arbeitgebers zugestimmt
hat. In diesem Fall ist die Gefahr einer Beeinträchtigung der Kampfparität nicht gegeben.

5. Maßgebender Zeitpunkt

Der Schutz des § 103 BetrVG besteht, wenn der Arbeitnehmer im **Zeitpunkt des Zugangs der** 63
Kündigung iSv § 130 Abs. 1 S. 1 BGB zu dem durch § 103 BetrVG geschützten Personenkreis gehört (*BAG* 27.9.2012 EzA § 626 BGB 2002 Nr. 42; 8.9.2011 EzA § 25 BetrVG 2001 Nr. 3; GK-
BetrVG/*Raab* Rn 24; *Richardi/Thüsing* Rn 16; *Fitting* Rn 9; *LKB/Bayreuther* § 15 KSchG Rn 50;
Fischermeier ZTR 1998, 433). Das ergibt sich aus Sinn und Zweck des Zustimmungserfordernisses,
welches darin besteht, einen Eingriff in die Funktionsfähigkeit des Betriebsrats zu verhindern. Ein
solcher tritt aber erst im Zeitpunkt des Zugangs der Kündigung ein. Zwar birgt das Abstellen auf
den Zugang der Kündigungserklärung für den Arbeitgeber die Gefahr, dass – etwa durch das Nachrücken eines Ersatzmitglieds – der Sonderkündigungsschutz des zu kündigenden Arbeitnehmers
zwischen Abgabe und Zugang der Kündigungserklärung entsteht. Diesem – von ihm als Kün-
digendem zu tragenden – Risiko kann er jedoch durch alsbaldige Bewirkung der Zustellung begegnen. Die Berufung auf den besonderen Kündigungsschutz kann allerdings **im Einzelfall rechtsmissbräuchlich** sein, etwa wenn ein Verhinderungsfall kollusiv zu dem Zweck herbeigeführt wird,
dem Ersatzmitglied den besonderen Kündigungsschutz zu verschaffen (vgl. *BAG* 27.9.2012 EzA
§ 626 BGB 2002 Nr. 42; 8.9.2011 EzA § 25 BetrVG 2001 Nr. 3; 12.2.2004 EzA § 15 KSchG nF
Nr. 56).

Wann die bei der **Interessenabwägung** nach § 626 Abs. 1 BGB zu berücksichtigende Kündigungs- 64
frist abläuft, ob vor, während oder nach Beendigung der Amtszeit, ist ebenso unerheblich wie die
Frage, ob der Kündigungsgrund in einem Verhalten des Arbeitnehmers während seiner Amtszeit
liegt oder nicht (*Gamillscheg* ZfA 1977, 262).

Erlangt ein Arbeitnehmer erst **nach Zugang einer ordentlichen Kündigung den besonderen Kün-** 65
digungsschutz der § 103 BetrVG, § 15 KSchG, ist dies ohne Einfluss auf die Wirksamkeit der
Kündigung. Stellt der Arbeitgeber jedoch einen Auflösungsantrag nach § 9 Abs. 1 S. 2 KSchG und
begründet er diesen mit Tatsachen, die nach dem Zeitpunkt entstanden sind, in dem der Arbeitnehmer den besonderen Kündigungsschutz nach § 103 BetrVG, § 15 KSchG erworben hat, darf das

Arbeitsgericht dem Auflösungsantrag nur stattgeben, wenn die vom Arbeitgeber zur Begründung vorgetragenen Tatsachen eine außerordentliche Kündigung nach § 626 Abs. 1 BGB rechtfertigen (*Richardi/Thüsing* Anh. § 103 Rn 28; aA *LAG Bln.* 27.5.2004 LAGE § 9 KSchG Nr. 36: Auflösungsantrag unstatthaft; vgl. auch *BAG* 7.12.1972 AP Nr. 1 zu § 9 KSchG 1969). Das gilt jedoch nicht, wenn der Sonderkündigungsschutz im Zeitpunkt der Entscheidung über den Auflösungsantrag bereits wieder geendet hat (*BAG* 29.8.2013 EzA § 9 nF KSchG Nr. 65).

II. Das Zustimmungsverfahren

1. Zuständigkeit von Betriebsrat, Gesamtbetriebsrat, Bordvertretung, Seebetriebsrat oder anderen Arbeitnehmervertretungen

66 Für die Zuständigkeit im Zustimmungsverfahren gelten die bei § 102 BetrVG Rdn 55 ff. dargestellten Grundsätze. Auch bei zustimmungsbedürftigen **Versetzungen** in einen anderen Betrieb (Rdn 64) besteht keine Zuständigkeit des Gesamtbetriebsrats (*BAG* 26.1.1993 EzA § 99 BetrVG 1972 Nr. 109 = BetrR 1993, 118 m. zust. Anm. *Schölzel*). Bei der **außerordentlichen Kündigung eines Jugend- und Auszubildendenvertreters** oder eines Mitglieds des Wahlvorstands oder eines Wahlbewerbers für die Wahl der Jugend- und Auszubildendenvertretung ist der Betriebsrat und nicht die Jugend- und Auszubildendenvertretung für die Erteilung der Zustimmung zuständig. Bei der Beschlussfassung haben die Jugend- und Auszubildendenvertreter jedoch gem. § 67 Abs. 2 BetrVG Stimmrecht (*Fitting* Rn 32). Die Schwerbehindertenvertretung hat kein Stimmrecht, selbst wenn es um die Zustimmung zur Kündigung eines schwerbehinderten Betriebsratsmitglieds oder sonstigen schwerbehinderten Trägers eines betriebsverfassungsrechtlichen Amts geht (vgl. *BAG* 19.7.2012 EzA § 15 nF KSchG Nr. 72). Diese Arbeitnehmer genießen aber zusätzlich den Schutz nach den Vorschriften des SGB IX.

67 Zur Übertragung der Mitwirkungsrechte auf einen **Ausschuss des Betriebsrats** s. Rdn 83.

2. Einleitung des Zustimmungsverfahrens

68 Der Arbeitgeber hat dem Betriebsrat seinen **Kündigungsentschluss** eindeutig zu erkennen zu geben und seine Mitteilungspflichten (s. Rdn 69 ff.) vollständig zu erfüllen. Wird das Zustimmungsersuchen durch einen **Bevollmächtigten des Arbeitgebers** an den Betriebsrat gerichtet, von dessen Vollmacht der Betriebsrat – anders als zB bei einem Personalleiter – nicht ausgehen muss, kann dieser das Zustimmungsersuchen nicht wegen fehlender Vorlage einer Vollmacht gem. § 174 BGB zurückweisen. Für das Verfahren nach § 103 BetrVG gilt insoweit nichts anderes als für das Anhörungsverfahren nach § 102 BetrVG (zu § 102 BetrVG: *BAG* 25.4.2013 EzTöD 100 § 34 Abs. 1 TVöD-AT Beteiligung Arbeitnehmervertretung Nr. 5; 13.12.2012 EzA § 174 BGB 2002 Nr. 8; vgl. auch hier KR-*Rinck* § 102 BetrVG Rdn 111; aA *Hess. LAG* 29.1.1998 ZTR 1998, 475; *Richardi/Thüsing* Rn 42). Eine – entsprechende – Anwendung von § 174 BGB ist nicht geboten. Auch im Rahmen des Verfahrens nach § 103 BetrVG gilt das Gebot der vertrauensvollen Zusammenarbeit iSv § 2 Abs. 1 BetrVG. Hat der Betriebsrat Zweifel an der Bevollmächtigung des Vertreters, kann er sich die erforderliche Gewissheit über dessen Berechtigung zumutbar dadurch verschaffen, dass er sich direkt an den Arbeitgeber wendet (vgl. *BAG* 13.12.2012 EzA § 174 BGB 2002 Nr. 8).

3. Mitteilungspflichten des Arbeitgebers

69 Das Zustimmungsverfahren nach § 103 BetrVG ist eine gegenüber dem Anhörungsverfahren nach § 102 BetrVG weitergehende Form der Beteiligung des Betriebsrats bei einer Kündigung. Demgemäß sind **die für das Anhörungsverfahren geltenden Grundsätze** (vgl. KR-*Rinck* § 102 BetrVG Rdn 67 ff.) auch auf das Zustimmungsverfahren anzuwenden (*BAG* 23.4.2008 EzA § 103 BetrVG 2001 Nr. 6; 18.8.1977 EzA § 103 BetrVG 1972 Nr. 20; GK-BetrVG/*Raab* Rn 50; *Richardi/Thüsing* Rn 41).

70 Danach ist der Arbeitgeber verpflichtet, dem Betriebsrat seine **Kündigungsabsicht** mitzuteilen und die **Person** des zu kündigenden Arbeitnehmers zu bezeichnen. Einer Mitteilung der für das

Arbeitsverhältnis maßgebenden Kündigungsfrist bedarf es nicht, da der Arbeitgeber beabsichtigt, fristlos zu kündigen, und der Betriebsrat im Allgemeinen auch ohne genaue Kenntnis der Kündigungsfrist die Zumutbarkeit einer befristeten Weiterbeschäftigung (bis zum ersten Kündigungstermin nach Ablauf des Kündigungsschutzes, s. KR-*Kreft* § 15 KSchG Rdn 44) beurteilen kann (vgl. auch *LAG BW* 15.5.1995 LAGE § 103 BetrVG Nr. 12). Ferner hat der Arbeitgeber die **Kündigungsgründe** anzugeben. Hierbei muss er den Betriebsrat über alle Gesichtspunkte unterrichten, die ihn zu der Kündigung veranlassen. Dazu bedarf es der konkreten Angabe aller Tatsachen, auf die der Arbeitgeber seine Kündigung stützt (vgl. iE KR-*Rinck* § 102 BetrVG Rdn 83 ff.). Ein Arbeitgeber, der zunächst (zutreffend oder irrtümlich) ein Verfahren nach § 103 BetrVG einleitet und den Betriebsrat entsprechend unterrichtet, hat damit **auch seine Mitteilungspflichten nach § 102 BetrVG** erfüllt, wenn im Zeitpunkt der Kündigung zweifelsfrei feststeht, dass ein Schutz nach § 103 BetrVG nicht besteht und deshalb für eine außerordentliche Kündigung nur eine Anhörung des Betriebsrats nach § 102 BetrVG erforderlich ist (*Zumkeller* NZA 2001, 823).

Zum **Nachschieben von Kündigungsgründen** im gerichtlichen Zustimmungsersetzungsverfahren s. Rdn 123 ff., im Kündigungsschutzprozess s. KR-*Rinck* § 102 BetrVG Rdn 239 ff. und KR-*Kreft* § 15 KSchG Rdn 70 ff. 71

Eine ausdrückliche **Aufforderung** des Arbeitgebers an den Betriebsrat, zu der beabsichtigten Kündigung bzw. den nachgeschobenen Kündigungsgründen **Stellung zu nehmen**, ist grds. nicht erforderlich. Es gelten die Ausführungen zu KR-*Rinck* § 102 BetrVG Rdn 108 ff. Dem Arbeitgeber ist allerdings zu empfehlen, die Zustimmung zur Kündigung zu beantragen, da einem Schweigen des Betriebsrats nicht die Wirkung einer Zustimmung zukommt (s. Rdn 98). 72

Aus denselben Gründen wie beim Anhörungsverfahren nach § 102 BetrVG können weder Betriebsrat noch Arbeitnehmer auf die Einhaltung des Zustimmungsverfahrens nach § 103 BetrVG und die Zustimmung des Betriebsrats als Wirksamkeitsvoraussetzung für eine außerordentliche Kündigung rechtswirksam **verzichten** (s. KR-*Rinck* § 102 BetrVG Rdn 110). 73

4. Form und Zeitpunkt der Unterrichtung des Betriebsrats

Für Form und Zeitpunkt der Unterrichtung des Betriebsrats wird auf KR-*Rinck* § 102 BetrVG Rdn 111 ff. verwiesen. 74

Auch die **zweiwöchige Ausschlussfrist des § 626 Abs. 2 BGB** ist zu beachten, dh der Arbeitgeber muss in entsprechender Anwendung des § 626 Abs. 2 BGB den Betriebsrat so rechtzeitig unterrichten, dass er noch innerhalb dieser Ausschlussfrist den Zugang der Kündigung bewirken oder das Zustimmungsersetzungsverfahren beim ArbG einleiten kann (*BAG* 2.2.2006 EzA § 626 BGB 2002 Ausschlussfrist Nr. 1; 7.5.1986 EzA § 103 BetrVG 1972 Nr. 31 mwN). Näheres zur entsprechenden Anwendung des § 626 Abs. 2 BGB s. KR-*Kreft* § 15 KSchG Rdn 61 ff. 75

5. Empfangsberechtigung auf Seiten des Betriebsrats zur Entgegennahme von Arbeitgebererklärungen

Die Ausführungen zu KR-*Rinck* § 102 BetrVG Rdn 115 ff. gelten mit den nachfolgenden Einschränkungen auch hier. 76

Das Betriebsratsmitglied – auch der Betriebsratsvorsitzende –, dessen Kündigung der Arbeitgeber mit der erbetenen Zustimmung erstrebt, ist als **unmittelbar Betroffener als verhindert anzusehen**, die Arbeitgebererklärung entgegenzunehmen. Das folgt daraus, dass derjenige, der unmittelbar von einem Betriebsratsbeschluss betroffen wird, an der Ausübung seines Betriebsratsamts in dem entsprechenden Verfahren als zeitweilig verhindert anzusehen ist. Mit der Entgegennahme des Zustimmungsersuchens wird die Beratung des Betriebsrats eingeleitet, von der das betroffene Betriebsratsmitglied ausgeschlossen ist (s. Rdn 83, 84). 77

Gibt der Arbeitgeber die Erklärung gegenüber einem **zeitweilig verhinderten Betriebsratsmitglied** ab, geht die Erklärung dem Betriebsrat erst zu, wenn sie einem für die Entgegennahme zuständigen 78 und nicht verhinderten Betriebsratsmitglied oder dem Betriebsratsgremium zur Kenntnis gebracht wird (vgl. *Fitting* § 26 Rn 39).

79 Ist dem **Betriebsausschuss** oder einem Ausschuss iSd § 28 BetrVG (zB »Personalausschuss«) die Ausübung der Mitwirkungsrechte des Betriebsrats bei Kündigungen übertragen worden, liegt darin noch nicht die Übertragung des Zustimmungsrechts nach § 103 BetrVG. Wegen der großen Bedeutung des § 103 BetrVG für die Arbeit und Funktionsfähigkeit der betriebsverfassungsrechtlichen Organe ist **im Zweifel davon auszugehen, dass für die Zustimmung zur Kündigung nach § 103 BetrVG der Betriebsrat in seiner Gesamtheit zuständig ist**. Nur wenn der Betriebsrat gem. § 27 Abs. 2, § 28 Abs. 1 BetrVG einem Ausschuss ausdrücklich die Ausübung des Zustimmungsrechts nach § 103 BetrVG zur selbständigen Erledigung übertragen hat, ist dieser Ausschuss für das Zustimmungsverfahren nach § 103 BetrVG zuständig (*BAG* 17.3.2005 EzA § 28 BetrVG 2001 Nr. 1 = SAE 2005, 315 m. zust. Anm. *Weinspach* = AiB 2006, 178 m. Anm. *Müller*; vgl. auch *Fitting* Rn 32; GK-BetrVG/*Raab* Rn 57; HWGNRH-*Huke* Rn 63; *Richardi/Thüsing* Rn 43; aA – Übertragung an Ausschuss unzulässig –: *LAG Köln* 28.8.2001 EzA SD 2001, Nr. 25, S. 16). Allerdings hat der Arbeitgeber nur dann, wenn er von einer solchen Zuständigkeitsregelung vom Betriebsrat in Kenntnis gesetzt ist, die Mitteilung über seine Kündigungsabsicht und die Kündigungsgründe dem Ausschussvorsitzenden bzw. seinem Stellvertreter zu übermitteln (vgl. *Fitting* § 26 Rn 43).

80 Bei Mitgliedern der Bordvertretung oder des Seebetriebsrats tritt an die Stelle des Betriebsrats die **Bordvertretung** bzw. der **Seebetriebsrat** nach Maßgabe der Vorschriften des § 115 Abs. 7, § 116 Abs. 6 BetrVG (s. KR-*Rinck* § 102 BetrVG Rdn 62 f.), so dass die Mitteilung des Arbeitgebers über Kündigungsabsicht und Kündigungsgründe an den Vorsitzenden der Bordvertretung bzw. des Seebetriebsrats zu richten ist. Entsprechendes gilt bei Arbeitnehmervertretungen iSv § 3 Abs. 1 Nr. 1–3 oder § 117 Abs. 2 BetrVG.

6. Frist zur Stellungnahme für Betriebsrat

81 Die für das Anhörungsverfahren nach § 102 BetrVG geltende Äußerungsfrist für den Betriebsrat (§ 102 Abs. 2 S. 3 BetrVG) ist auf das Zustimmungsverfahren entsprechend anwendbar (*BAG* 18.8.1977 EzA § 103 BetrVG 1972 Nr. 20; *Fitting* Rn 33; GK-BetrVG/*Raab* Rn 65; LKB/*Bayreuther* § 15 KSchG Rn 120; *Richardi/Thüsing* Rn 46; aA *Gamillscheg* FS BAG, S. 126 f.). Hiernach hat der Betriebsrat seine Stellungnahme zu der vom Arbeitgeber beantragten Zustimmung zur außerordentlichen Kündigung unverzüglich, spätestens aber **innerhalb von drei Tagen** zu erklären. Schweigen gilt als Zustimmungsverweigerung (s. Rdn 98). Wegen weiterer Einzelheiten zur Stellungnahmefrist s. KR-*Rinck* § 102 BetrVG Rdn 129 ff.

82 Für den Beginn und die Berechnung sowie eine Verlängerung der Dreitagesfrist gelten dieselben Grundsätze wie bei der Wochenfrist des § 102 Abs. 2 S. 1 BetrVG (s. KR-*Rinck* § 102 BetrVG Rdn 123 f.).

7. Willensbildung des Betriebsrats, Anhörung des Arbeitnehmers

83 Auf das Zustimmungsverfahren beim Betriebsrat einschließlich der Anhörung des betroffenen Arbeitnehmers können ebenfalls die Grundsätze angewendet werden, die im Anhörungsverfahren nach § 102 BetrVG gelten (s. KR-*Rinck* § 102 BetrVG Rdn 133 ff.). Ein von der Kündigung **betroffenes Betriebsratsmitglied** ist allerdings **von der Beratung und Beschlussfassung des Betriebsrats ausgeschlossen**, da es insoweit an der Ausübung seines Betriebsratsamts zeitweilig verhindert ist (*BAG* 25.4.2018 2 AZR 401/17, Rn 8, EzA § 103 BetrVG 2001 Nr. 12, 3; 23.8.1984 EzA § 103 BetrVG 1972 Nr. 30; 26.8.1981 EzA § 103 BetrVG 1972 Nr. 27; *Fitting* § 25 Rn 18, 20; GK-BetrVG/*Raab* Rn 60; HWGNRH-*Huke* Rn 67; APS-*Linck* Rn 11; *Oetker* ZfA 1984, 437; vgl. auch *BAG* 3.8.1999 EzA § 33 BetrVG 1972 Nr. 1 – bei Umgruppierungen –; aA *Richardi/Thüsing* § 25 Rn 9: nur Ausschluss von Beschlussfassung; *Bieback* AuR 1977, 327 f.: weder Ausschluss von Beratung noch von Beschlussfassung). Der Ausschluss von der Beschlussfassung folgt aus dem

rechtsstaatlichen Grundsatz, dass niemand »Richter in eigener Sache« sein darf. Der Ausschluss von der Beratung ist deshalb gerechtfertigt, weil die Beratung als Grundlage für das Abstimmungsverhalten sachlich untrennbar mit der Beschlussfassung verbunden ist. Das schließt es nicht aus, dass der Betriebsrat das betroffene Mitglied im Rahmen seiner Beratungen anhört, wozu im Allgemeinen Anlass besteht (s. KR-*Rinck* § 102 BetrVG Rdn 136; vgl. ferner *Gamillscheg* FS BAG, S. 126 f.). An die Stelle des ausgeschlossenen Betriebsratsmitglieds tritt zur Beratung und Beschlussfassung über den Zustimmungsantrag des Arbeitgebers nach § 25 Abs. 1 S. 2 BetrVG ein Ersatzmitglied (*BAG* 23.8.1984 EzA § 103 BetrVG 1972 Nr. 30; APS-*Linck* Rn 11; SPV-*Vossen* Rn 1743; *Oetker* ZfA 1984, 433). Nimmt das betroffene Betriebsratsmitglied an der Beratung oder Beschlussfassung über seine eigene Kündigung teil oder wird kein Ersatzmitglied eingeladen, ist der Betriebsratsbeschluss über die Kündigung nichtig (*BAG* 23.8.1984 EzA § 103 BetrVG 1972 Nr. 30). Hingegen besteht kein Ausschlussgrund für das betroffene Betriebsratsmitglied, wenn es um die Beschlussfassung zur Beauftragung eines Rechtsanwalts für die Vertretung im Zustimmungsersetzungsverfahren (§ 103 Abs. 2 BetrVG) geht (*LAG Hamm* 10.6.1998 AiB 1999, 461).

Will der Arbeitgeber **mehreren Betriebsratsmitgliedern aus dem gleichen Grunde kündigen**, sind die betroffenen Mitglieder nur insoweit als zeitweilig verhindert anzusehen, als es um die Beratung und Beschlussfassung zu ihrer eigenen Kündigung geht. An der Beratung und Beschlussfassung zu der vom Arbeitgeber beantragten Zustimmung zur Kündigung ihrer Amtskollegen dürfen und müssen sie hingegen teilnehmen (*BAG* 25.3.1976 EzA § 103 BetrVG 1972 Nr. 12; *Oetker* AuR 1987, 229; *Schmitt* NZA 1987, 80; **aA** SPV-*Vossen* Rn 1744, wenn allen Betriebsratsmitgliedern gekündigt werden soll, weil dann »sachgerechter« das gerichtliche Zustimmungsersetzungsverfahren nach § 103 Abs. 2 BetrVG durchzuführen sei). Es ist zwar nicht zu verkennen, dass das einzelne Betriebsratsmitglied hier in einem Interessenkonflikt steht, weil es bei der Beratung und Beschlussfassung über die beantragte Zustimmung zur Kündigung eines Amtskollegen mittelbar auch die Berechtigung der gegenüber ihm beabsichtigten Kündigung mitbeurteilt. Interessenkonflikte lassen sich aber bei der Betriebsratstätigkeit nie ausschließen, sondern sind ihr immanent. Die insoweit bestehende »Befangenheit« der Betriebsratsmitglieder ist nach dem System des BetrVG vorgegeben und vom Gesetzgeber in Kauf genommen. Deshalb lässt sich der Ausschluss eines Betriebsratsmitglieds von der Betriebsratstätigkeit wegen Befangenheit nur nach formalen Kriterien rechtfertigen. 84

Bei der Beratung und Beschlussfassung über die Zustimmung zur **Kündigung eines Jugend- und Auszubildendenvertreters** ist nur dieser als zeitweilig verhindert anzusehen. Die übrigen Mitglieder der Jugend- und Auszubildendenvertretung sind teilnahme- und stimmberechtigt (§ 67 Abs. 2 BetrVG). 85

Erachten die Mehrheit der Jugend- und Auszubildendenvertreter oder die Schwerbehindertenvertretung einen Beschluss des Betriebsrats als eine erhebliche Beeinträchtigung wichtiger Interessen der durch sie vertretenen Arbeitnehmer, ist nach § 35 Abs. 1 BetrVG auf ihren Antrag der **Beschluss für die Dauer von einer Woche** vom Zeitpunkt der Beschlussfassung an **auszusetzen**, damit in dieser Frist eine Verständigung, ggf. mit Hilfe der im Betrieb vertretenen Gewerkschaften, versucht werden kann. Erst nach Ablauf dieser Frist ist über die Angelegenheit neu zu beschließen (§ 35 Abs. 2 BetrVG). Diese Vorschriften sind auf den Beschluss des Betriebsrats über die beantragte Zustimmung zur außerordentlichen Kündigung einer der durch § 103 BetrVG geschützten Personen voll anwendbar. Im Gegensatz zur Beschlussfassung im Anhörungsverfahren nach § 102 BetrVG ist hier keine modifizierte Anwendung des § 35 BetrVG (vgl. hierzu KR-*Rinck* § 102 BetrVG Rdn 142 ff.) geboten. Die Stellungnahmefrist für den Betriebsrat ist zwar – wenn zwischen Arbeitgeber und Betriebsrat keine Verlängerung der Dreitagesfrist vereinbart wurde – längst abgelaufen, wenn der Betriebsrat über die beantragte Zustimmung zur Kündigung gem. § 35 Abs. 2 BetrVG erneut beschließt. Anders als im Anhörungsverfahren nach § 102 BetrVG kann aber der Arbeitgeber nach Ablauf der Stellungnahmefrist für den Betriebsrat nicht kündigen. Das Schweigen des Betriebsrats gilt nicht als Zustimmung (s. Rdn 98). Der Arbeitgeber kann vielmehr nach Ablauf der Stellungnahmefrist nur beim ArbG das Zustimmungsersetzungsverfahren einleiten. Dazu 86 wird er auch meist genötigt sein, denn auch die zweiwöchige Ausschlussfrist des § 626 Abs. 2 BGB wird durch die Aussetzung des Betriebsratsbeschlusses nicht gehemmt (aA *Eich* DB 1978, 588 f.). Erklärt dann der Betriebsrat bei seiner erneuten Beschlussfassung gem. § 35 Abs. 2 BetrVG seine Zustimmung zur Kündigung, entfaltet diese Erklärung auch nach Ablauf der Stellungnahmefrist noch Rechtswirkung. Der Arbeitgeber kann nunmehr aufgrund der Zustimmung des Betriebsrats die Kündigung erklären. Ein evtl. schon eingeleitetes Zustimmungsersetzungsverfahren beim ArbG wird wegen Wegfalls des Rechtsschutzbedürfnisses unzulässig und ist auf Antrag des Arbeitgebers für erledigt zu erklären (*BAG* 23.6.1993 EzA § 103 BetrVG 1972 Nr. 34). Verweigert der Betriebsrat bei seiner erneuten Beschlussfassung gem. § 35 Abs. 2 BetrVG die Zustimmung zur Kündigung, kann er die Gründe hierfür in dem vom Arbeitgeber eingeleiteten Zustimmungsersetzungsverfahren beim ArbG geltend machen. Die nachträgliche Beschlussfassung des Betriebsrats kann somit noch ihren Zweck erfüllen.

8. Schweigepflicht des Betriebsrats

87 Die für das Anhörungsverfahren nach § 102 BetrVG geltenden Grundsätze sind unverändert auch im Zustimmungsverfahren nach § 103 BetrVG anwendbar (s. KR-*Rinck* § 102 BetrVG Rdn 145).

9. Abschluss des Zustimmungsverfahrens beim Betriebsrat

88 Der Arbeitgeber muss den Abschluss des Zustimmungsverfahrens beim Betriebsrat abwarten, ehe er – falls der Betriebsrat zustimmt – die Kündigung erklärt oder – falls keine Zustimmung des Betriebsrats vorliegt – er beim ArbG die Ersetzung der Zustimmung des Betriebsrats beantragt (vgl. *BAG* 13.11.1975 EzA § 102 BetrVG 1972 Nr. 20). **Ein vor Abschluss des Zustimmungsverfahrens gestellter Ersetzungsantrag ist unzulässig**, auch wenn er nur vorsorglich oder unter der Bedingung gestellt wird, dass der Betriebsrat die Zustimmung verweigert (*BAG* 7.5.1986 EzA § 103 BetrVG 1972 Nr. 31 = AP Nr. 18 zu § 103 BetrVG 1972 m. zust. Anm. *Leipold*; LAG SchlH 17.8.2000 RzK II 3 Nr. 39; aA *Weiss* SAE 1987, 62; s. a. Rdn 114).

89 Das Zustimmungsverfahren ist abgeschlossen, wenn die Stellungnahmefrist des Betriebsrats abgelaufen ist, gleichgültig ob er sich bis dahin geäußert hat oder nicht. **Vor Ablauf dieser Äußerungsfristen** wird das Zustimmungsverfahren nur dann beendet, wenn der Betriebsrat bzw. der zuständige Ausschuss zu der Kündigungsabsicht des Arbeitgebers **abschließend Stellung genommen hat**. Das ist der Fall, wenn der **Arbeitgeber der Äußerung unzweifelhaft entnehmen kann, dass es sich um eine abschließende Stellungnahme handelt**, was ggf. im Wege der Auslegung entsprechend §§ 133, 157 BGB zu ermitteln ist (*BAG* 25.5.2016 EzA § 102 BetrVG 2001 Nr. 37; 12.3.1987 EzA § 102 BetrVG 1972 Nr. 71 m. Anm. *Kraft*; *Oetker* BB 1984, 1436). Die zum Abschluss des Anhörungsverfahrens nach § 102 BetrVG dargestellten Grundsätze finden auch hier Anwendung (s. KR-*Rinck* § 102 BetrVG Rdn 146 ff.).

10. Stellungnahme des Betriebsrats

a) Mitbeurteilungsrecht

90 Daraus, dass das ArbG die Zustimmung des Betriebsrats zur außerordentlichen Kündigung zu ersetzen hat, wenn sie unter Berücksichtigung aller Umstände gerechtfertigt ist (§ 103 Abs. 2 BetrVG), ist zu schließen, dass auch der Betriebsrat unter dieser Voraussetzung die Zustimmung zur Kündigung zu erteilen hat und andererseits sie nicht erteilen darf, wenn eine außerordentliche Kündigung unter Berücksichtigung aller Umstände nicht gerechtfertigt wäre (vgl. *BAG* 25.3.1976 EzA § 103 BetrVG 1972 Nr. 12; *Richardi/Thüsing* Rn 48; aA *Wroblewski* AiB 2005, 399). Der Betriebsrat hat danach nur ein **Mitbeurteilungsrecht** und darf die Zustimmung zur außerordentlichen Kündigung nicht verweigern, wenn diese unter Berücksichtigung aller Umstände gerechtfertigt ist. Ihm steht **kein Ermessensspielraum** zu (*Richardi/Thüsing* Rn 48; DKKW-*Bachner* Rn 32).

b) Arten der Stellungnahme und ihre Bedeutung
aa) Zustimmung

Der Betriebsrat entscheidet über die Zustimmung zur Kündigung **durch Beschluss**. Dieser ist **dem Arbeitgeber mitzuteilen**. Die Zustimmung ist danach **grds. unwiderruflich** (APS-*Linck* Rn 18; *Richardi/Thüsing* Rn 52). Solange der Betriebsrat den Beschluss hingegen weder dem Arbeitgeber noch dem betroffenen Arbeitnehmer mitgeteilt hat, ist die **Zustimmung rechtlich nicht existent**. Es liegt nur eine interne Willensbildung des Betriebsrats vor, die jederzeit wieder geändert werden kann. Die für die Zustimmung des Betriebsrats im Anhörungsverfahren nach § 102 BetrVG geltenden Grundsätze (s. KR-*Rinck* § 102 BetrVG Rdn 167 ff.) sind hier entsprechend anwendbar. **Der Arbeitnehmer kann die Zustimmung nicht gerichtlich anfechten.** 91

Eine vom Arbeitgeber ausgesprochene Kündigung ist trotz eines vorliegenden zustimmenden Beschlusses des Betriebsrats unwirksam, wenn der Beschluss weder dem Arbeitgeber noch dem betroffenen Arbeitnehmer mitgeteilt war. Teilt der Betriebsrat die von ihm beschlossene Zustimmung nicht dem Arbeitgeber, sondern **nur dem betroffenen Arbeitnehmer** mit, führt dies nicht zum Abschluss des Zustimmungsverfahrens. Dieses wird nur durch Erklärung gegenüber dem Arbeitgeber oder Ablauf der Stellungnahmefrist beendet (s. Rdn 89). 92

Ist hingegen das **Zustimmungsverfahren** durch Ablauf der Stellungnahmefrist für den Betriebsrat **abgeschlossen** und hat der Betriebsrat die ordnungsgemäß beschlossene **Zustimmung nur dem betroffenen Arbeitnehmer mitgeteilt**, ist eine danach ausgesprochene Kündigung aus betriebsverfassungsrechtlichen Gründen nicht zu beanstanden, selbst wenn dem Arbeitgeber die Zustimmung und ihre Mitteilung an den Arbeitnehmer nicht bekannt war. In diesem Fall kann sich aber der Arbeitgeber im Kündigungsschutzprozess auf die Mitteilung der Zustimmung des Betriebsrats an den Arbeitnehmer nicht berufen, wenn die Zustimmung nicht ordnungsgemäß zustande gekommen war. Denn eine nicht ordnungsgemäß zustande gekommene Zustimmung ist unwirksam. Auf sie kann sich der Arbeitgeber nur berufen, wenn er im Zeitpunkt des Ausspruchs der Kündigung von ihrem ordnungsgemäßen Zustandekommen ausgehen kann (s. Rdn 108 f.), nicht aber, wenn er von ihr im Zeitpunkt des Ausspruchs der Kündigung überhaupt nichts wusste. 93

§ 103 sieht ein § 102 Abs. 2 BetrVG entsprechendes Schriftform- oder Begründungserfordernis nicht vor. Der Betriebsrat braucht die **Zustimmung zur Kündigung deshalb nicht schriftlich mitzuteilen oder zu begründen** (aA *Richardi/Thüsing* Rn 49, 51: sie müsse auf Verlangen des Arbeitgebers schriftlich erteilt werden, weil der betroffene Arbeitnehmer die Kündigung sonst nach § 182 Abs. 3 BGB zurückweisen könne; APS-*Linck* Rn 18: der Arbeitgeber habe aus Beweisgründen ein berechtigtes Interesse an einer schriftlichen Zustimmung). Da bereits die mündlich erteilte Zustimmung volle Wirksamkeit entfaltet, besteht auch kein Rechtsschutzbedürfnis für einen Antrag entsprechend § 103 Abs. 2 BetrVG, den Betriebsrat zu verpflichten, die Zustimmung schriftlich zu erteilen. Andernfalls würde ein gesetzlich nicht vorgesehenes Schriftformerfordernis eingeführt. 94

Legt der Arbeitgeber dem Arbeitnehmer keine schriftliche Zustimmung des Betriebsrats vor, kann der Arbeitnehmer die Kündigung nicht nach § 182 Abs. 3 iVm § 111 S. 2, 3 BGB zurückweisen mit der Rechtsfolge, dass die Kündigung unwirksam wäre. **Die Zustimmung des Betriebsrats nach § 103 BetrVG ist keine Zustimmung iSv §§ 182 ff. BGB** (*BAG* 4.3.2004 EzA § 103 BetrVG 2001 Nr. 3 = ZBVR 2004, 177 m. zust. Anm. *Ilbertz*; *Richardi/Thüsing* Rn 42; APS-*Linck* Rn 21; GK-BetrVG/*Raab* Rn 52; SPV-*Vossen* Rn 1726; *Eylert/Sänger* RdA 2011, 24 [29]; **aA** *LAG Hamm* 22.7.1998 LAGE § 103 BetrVG 1972 Nr. 13; *Fitting* Rn 31; *Fischermeier* ZTR 1998, 433 [435]). 95

Hat der Betriebsrat zunächst von einer Zustimmung zur Kündigung abgesehen, sei es dass er geschwiegen oder die Zustimmung ausdrücklich abgelehnt hat, hindert ihn dies nicht daran, **die Zustimmung** mit rechtserheblicher Wirkung noch bis zum Abschluss des Zustimmungsersetzungsverfahrens **nachzuholen** (*BAG* 17.9.1981 EzA § 103 BetrVG 1972 Nr. 28; GK-BetrVG/*Raab* Rn 88; APS-*Linck* Rn 21; *Richardi/Thüsing* Rn 52). In entsprechender Anwendung von § 174 Abs. 5 SGB IX muss der Zugang der Kündigung **unverzüglich**, dh idR binnen weniger 96

Tage, bewirkt werden, nachdem der Arbeitgeber von der nachträglichen Zustimmung Kenntnis erlangt hat (*BAG* 17.9.1981 EzA § 103 BetrVG 1972 Nr. 28; *LAG Bra.* 23.3.1999 LAGE § 626 BGB Ausschlussfrist Nr. 12). Durch die nachträgliche Zustimmung des Betriebsrats wird **das Beschlussverfahren zur Ersetzung der Zustimmung wegen Wegfalls des Rechtsschutzbedürfnisses unzulässig** und ist auf Antrag des Arbeitgebers für erledigt zu erklären (*BAG* 23.6.1993 EzA § 103 BetrVG 1972 Nr. 34 m. zust. Anm. *Brehm*). Erklären die Beteiligten das Verfahren übereinstimmend für erledigt, hat das Arbeitsgericht das Verfahren nach § 83 Abs. 2 und Abs. 3 ArbGG einzustellen. Für den Fall, dass die Erledigterklärung einseitig bleibt, fehlt es an einer gesetzlichen Bestimmung. Es gelten deshalb die allgemeinen Vorschriften. Die einseitige Erledigterklärung ist regelmäßig als – gem. § 264 Nr. 2 ZPO zulässigerweise geänderter – Antrag auf Feststellung der Erledigung zu verstehen. Das Arbeitsgericht hat nunmehr zu prüfen, ob ein erledigendes Ereignis – dh tatsächliche Umstände, die nach Anhängigkeit des Beschlussverfahrens eingetreten sind und dazu führen, dass das Begehren des Antragstellers jedenfalls nunmehr als unzulässig oder unbegründet abgewiesen werden müsste – eingetreten ist (*BAG* 3.6.2015 EzA § 103 BetrVG 2001 Nr. 9). Darauf, ob der gestellte Antrag bis dahin zulässig und begründet war, kommt es – anders im Urteilsverfahren – jedoch nicht an (st. Rspr., s. nur *BAG* 20.1.2021 4 ABR 1/20, Rn 8; 29.7.2020 – 7 ABR 27/19, Rn 24 mwN; zu § 103 BetrVG: 3.6.2015 EzA § 103 BetrVG 2001 Nr. 9). Der Beschluss ergeht unter Beteiligung der ehrenamtlichen Richter (*BAG* 3.6.2015 EzA § 103 BetrVG 2001 Nr. 9).

97 Der Betriebsrat kann die Zustimmung zur Kündigung auch **unter einer aufschiebenden Bedingung** erteilen, zB Erteilung der Zustimmung, wenn der betroffene Arbeitnehmer nicht binnen zwei Wochen einen von ihm angerichteten Schaden ersetzt. Wenn der Betriebsrat zunächst von einer Stellungnahme absehen und dann nachträglich die Zustimmung zur Kündigung noch erteilen kann, muss dies auch in der Weise möglich sein, dass er die Erklärung bereits vorher (im Zustimmungsverfahren) abgibt, sie aber erst später (bei Eintritt der Bedingung) wirksam wird (GK-BetrVG/*Raab* Rn 64; offen gelassen von *BAG* 1.12.1977 EzA § 103 BetrVG 1972 Nr. 21). Die vorherige Zustimmung zur Kündigung ist nicht bedingungsfeindlich, weil sie kein Gestaltungsgeschäft ist, sondern nur die Voraussetzungen hierzu (für die Kündigung) schafft. Durch die Zulassung einer aufschiebend bedingten Zustimmung tritt **keine erhebliche Rechtsunsicherheit** ein. Der Arbeitgeber kann, solange die Bedingung nicht eingetreten und folglich die Zustimmung nicht wirksam ist, beim ArbG das Zustimmungsersetzungsverfahren einleiten. Er ist zudem gehalten, den Zustimmungsersetzungsantrag innerhalb der Ausschlussfrist des § 626 Abs. 2 BGB zu stellen. Diese ist nur eingehalten, wenn innerhalb der Frist die Kündigung zugegangen oder das Zustimmungsersetzungsverfahren eingeleitet ist (*BAG* 27.6.2019 – 2 ABR 2/19, Rn 15; 25.4.2018 – 2 AZR 401/17, Rn 18; s.a. KR-*Kreft* § 15 KSchG Rdn 61 f.). Hat der Arbeitgeber das Zustimmungsersetzungsverfahren innerhalb der Ausschlussfrist des § 626 Abs. 2 BGB eingeleitet und tritt nunmehr die aufschiebende Bedingung ein, entfällt das Rechtsschutzbedürfnis für das gerichtliche Verfahren mit der Folge, dass der Antrag unzulässig wird. Das Verfahren ist auf Antrag des Arbeitgebers für erledigt zu erklären. Der Arbeitgeber muss unverzüglich kündigen, falls er sein Kündigungsrecht nicht verlieren will (s. Rdn 141). Ist die Zustimmung zur Kündigung rechtskräftig ersetzt, muss der Arbeitgeber sie unverzüglich nach Eintritt der Rechtskraft erklären (s. Rdn 141). In diesem Fall ist es unerheblich, ob die aufschiebende Bedingung zu einem späteren Zeitpunkt noch eintritt oder nicht. Ist der Zustimmungsersetzungsantrag des Arbeitgebers rechtskräftig abgewiesen und tritt jetzt die aufschiebende Bedingung ein, kann der Arbeitgeber die Kündigung aufgrund der vorliegenden Zustimmung erklären. Auch hier muss der Zugang der Kündigung beim Arbeitnehmer unverzüglich bewirkt werden. Im Kündigungsschutzprozess steht dann aber aufgrund des rechtskräftig abgewiesenen Zustimmungsersetzungsantrags fest, dass im Zeitpunkt der letzten mündlichen Verhandlung die außerordentliche Kündigung nicht gerechtfertigt war. Hiergegen kann der Arbeitgeber nur neue, nach der letzten mündlichen Verhandlung entstandene Tatsachen, zB die mit dem Eintritt der aufschiebenden Bedingung verbundenen Tatsachen, vorbringen. Zur spezifischen Bindungswirkung der rechtskräftigen gerichtlichen Entscheidung vgl. im Übrigen Rdn 144 ff.

bb) Schweigen

Im Privatrechtsverkehr gilt der Grundsatz, dass das bloße Schweigen nicht als eine zustimmende 98
Willenserklärung angesehen werden kann, es sei denn, das Gesetz bestimmt etwas anderes. Bei
ordentlichen Kündigungen fingiert das Gesetz das Schweigen des Betriebsrats nach Ablauf der Äußerungsfrist als Zustimmung (§ 102 Abs. 2 BetrVG). Die Vorschrift des § 102 Abs. 2 BetrVG ist jedoch schon im Anhörungsverfahren nach § 102 BetrVG nicht auf außerordentliche Kündigungen anwendbar (s. KR-*Rinck* § 102 BetrVG Rdn 172) und gilt daher erst recht nicht im Zustimmungsverfahren nach § 103 BetrVG. Im **Schweigen** des Betriebsrats kann daher **keine Zustimmung** iSd § 103 Abs. 1 BetrVG liegen. Das Schweigen innerhalb der Stellungnahmefrist (Rdn 81) gilt als Zustimmungsverweigerung iSd § 103 Abs. 2 BetrVG (hM; vgl. *BAG* 18.8.1977 EzA § 103 BetrVG 1972 Nr. 20; *Fitting* Rn 33; GK-BetrVG/*Raab* Rn 65; *LKB/Bayreuther* § 15 KSchG Rn 121; APS-*Linck* Rn 19; *Richardi/Thüsing* Rn 46).

cc) Bedenken, Widerspruch und Verweigerung der Zustimmung

Will der Betriebsrat einer außerordentlichen Kündigung nicht zustimmen, braucht er sich nicht 99
darauf zu beschränken, auf den Zustimmungsantrag des Arbeitgebers zu schweigen. Er kann auch die Verweigerung seiner Zustimmung durch die Geltendmachung von Bedenken (zum Begriff s. KR-*Rinck* § 102 BetrVG Rdn 173 ff.) oder Widerspruch (zum Begriff s. KR-*Rinck* § 102 BetrVG Rdn 178) zum Ausdruck bringen. Dem Betriebsrat, der die außerordentliche Kündigung für nicht gerechtfertigt hält, ist sogar zu raten, dies gegenüber dem Arbeitgeber durch Erheben von Bedenken oder Widerspruch näher zu begründen, damit der Arbeitgeber möglicherweise **seinen Kündigungsentschluss fallen lässt**. Soweit es sich um dem Arbeitgeber unbekannte Tatsachen handelt, die ihn veranlassen könnten, von der Kündigung abzusehen, kann der Betriebsrat nach dem Gebot zur vertrauensvollen Zusammenarbeit auch zur Mitteilung verpflichtet sein (vgl. *Richardi/Thüsing* Rn 51).

Bedenken oder Widerspruch gegen die Kündigung sollte der Betriebsrat innerhalb der ihm zustehenden Stellungnahmefrist (s. Rdn 81 f.) aus Dokumentationsgründen **schriftlich unter Angabe** 100
von Gründen erheben. Dies ist jedoch weder gesetzlich vorgeschrieben, noch hätte die Nichteinhaltung von Form und Frist rechtliche Konsequenzen. Der Betriebsrat kann seine Einwendungen auch noch im Zustimmungsersetzungsverfahren vorbringen, da er in diesem Verfahren Beteiligter ist (s. Rdn 119 f.).

Der Betriebsrat kann sich daher auch auf die schlichte Erklärung (**ohne Angabe von Gründen**) be- 101
schränken, er verweigere seine Zustimmung zur Kündigung. Damit gibt er dem Arbeitgeber, sofern es sich um eine abschließende Stellungnahme handelt (s. Rdn 89), die Möglichkeit, sofort das Zustimmungsersetzungsverfahren nach § 103 Abs. 2 BetrVG einzuleiten.

Bedenken oder Widerspruch des Betriebsrats haben insofern rechtliche Bedeutung, als das ArbG 102
im **Zustimmungsersetzungsverfahren** nach § 103 Abs. 2 BetrVG (s. Rdn 114 ff.) bei der ihm obliegenden umfassenden Interessenabwägung **auch die Gründe zu berücksichtigen hat, die der Betriebsrat für die Verweigerung seiner Zustimmung anführt** (*BAG* 22.8.1974 EzA § 103 BetrVG 1972 Nr. 6).

11. Rechtsfolgen bei Fehlern im Zustimmungsverfahren

a) Unzureichende Unterrichtung des Betriebsrats

Hat der Arbeitgeber dem Betriebsrat vor Ausspruch der Kündigung seine Kündigungsabsicht nicht 103
mitgeteilt oder seine Mitteilungspflichten (s. Rdn 69 ff.) nicht vollständig erfüllt, ist das Zustimmungsverfahren nicht wirksam eingeleitet. Eine gleichwohl erklärte **Kündigung ist unwirksam**.

An der Unwirksamkeit der Kündigung **ändert sich nichts, wenn der Betriebsrat** ihr vor oder nach 104
dem Ausspruch **zustimmt** (*Richardi/Thüsing* Rn 53), da es lässt sich nicht ausschließen lässt, dass die Stellungnahme des Betriebsrats bei einer fehlerfreien und vollständigen Unterrichtung anders ausgefallen wäre, er insbes. die Zustimmung zur Kündigung nicht erteilt und den Arbeitgeber von der

Kündigung abgehalten hätte. Es kann hier nichts anderes gelten als im Anhörungsverfahren nach § 102 BetrVG, wo sogar die schwächere Beteiligungsform der Anhörung unwirksam ist, wenn der Betriebsrat nach einer unzureichenden Unterrichtung der Kündigung zustimmt (s. KR-*Rinck* § 102 BetrVG Rdn 154 mwN). Ob den Arbeitgeber ein Verschulden an der unzureichenden Unterrichtung trifft, ist unerheblich (vgl. *Fitting* Rn 24).

105 Eine zunächst erteilte wirksame Zustimmung des Betriebsrats kann allerdings die **fehlende Unterrichtung** oder **fehlende Zustimmung zu neuen Kündigungsgründen heilen, die der Arbeitgeber** im Kündigungsschutzprozess **nachschiebt**, wenn die Kündigung dadurch nicht in einem neuen Licht erscheint und der Arbeitgeber die ursprünglich geltend gemachten Kündigungsgründe nach wie vor weiterverfolgt (vgl. KR-*Rinck* § 102 BetrVG Rdn 249).

b) Unzulässige Einflussnahme auf Betriebsrat

106 Nimmt der Arbeitgeber durch **arglistige Täuschung oder widerrechtliche Drohung** in unzulässiger Weise Einfluss auf die Entscheidung des Betriebsrats (vgl. KR-*Rinck* § 102 BetrVG Rdn 71), ist das Zustimmungsverfahren nicht ordnungsgemäß durchgeführt und eine vom Betriebsrat erteilte **Zustimmung** folglich **unwirksam**. Der Betriebsrat muss eine Entscheidung ohne unzulässige Einflussnahme treffen können.

c) Fehler bei der Willensbildung des Betriebsrats

107 Mängel, die in dem Bereich vorkommen, für den der Betriebsrat zuständig und verantwortlich ist, also Fehler bei seiner Willensbildung, können zur Nichtigkeit des Betriebsratsbeschlusses führen, wenn ein **grober Verstoß** gegen Vorschriften und Grundsätze vorliegt, deren Beachtung unerlässliche Voraussetzung einer ordnungsgemäßen Beschlussfassung ist (*BAG* 23.8.1984 EzA § 103 BetrVG 1972 Nr. 30; *Fitting* § 33 Rn 54; APS-*Linck* Rn 24). Ein solch grober Verstoß liegt zB vor, wenn der Betriebsrat (oder der zuständige Ausschuss) bei der Beschlussfassung fehlerhaft besetzt gewesen ist, etwa weil das betroffene Betriebsratsmitglied an der Beratung oder Beschlussfassung teilgenommen hat (*BAG* 23.8.1984 EzA § 103 BetrVG 1972 Nr. 30) oder ein Mitglied oder Ersatzmitglied nicht geladen oder ein Ersatzmitglied nicht nachgerückt war und dadurch das Ergebnis der Beschlussfassung beeinträchtigt wurde (*LAG Hamm* 18.5.1983 BB 1983, 1790) oder der Betriebsrat nicht in einer ordnungsgemäß einberufenen Sitzung, sondern im Umlaufverfahren seinen Beschluss gefasst hat oder der Betriebsrat bei seiner Beschlussfassung beschlussunfähig war.

108 Auch wenn der Betriebsrat keinen oder einen nichtigen Beschluss über die Erteilung der Zustimmung zur Kündigung gefällt hat, **ist von einer »Zustimmung« des Betriebsrats** iSv § 103 BetrVG **auszugehen**, wenn der Betriebsratsvorsitzende oder – im Falle seiner Verhinderung – sein Stellvertreter dem Arbeitgeber mitteilen, der Betriebsrat stimme der Kündigung zu und der Arbeitgeber nicht die Tatsachen kennt oder kennen muss, aus denen folgt, dass ein nichtiger oder überhaupt kein Betriebsratsbeschluss vorliegt (*BAG* 23.8.1984 EzA § 103 BetrVG 1972 Nr. 30 = AP Nr. 17 zu § 103 BetrVG 1972 m. abl. Anm. *van Venrooy* = AuR 1986, 92 m. zust. Anm. *Heilmann; Fischermeier* ZTR 1998, 435; aA *Klein* ZBVR 2000, 38). Der Arbeitgeber verdient insoweit **Vertrauensschutz**. Für ihn ist der Betriebsratsvorsitzende (bzw. sein Stellvertreter) das »Sprachrohr« des Betriebsrats, der diesen im Rahmen der von ihm gefassten Beschlüsse vertritt (§ 26 Abs. 2 S. 1 BetrVG). Die Erklärung des Betriebsratsvorsitzenden ist für den Arbeitgeber die Erklärung des Betriebsrats. Darauf muss er sich verlassen können. Der Arbeitgeber wird oft überhaupt keine Möglichkeit haben, sicher nachzuprüfen, ob der ihm mitgeteilte Beschluss des Betriebsrats ordnungsgemäß zustande gekommen ist. Im Übrigen wäre es eine bedenkliche Einmischung in die Geschäftsführung des Betriebsrats, wenn dieser dem Arbeitgeber auf Verlangen im Einzelnen offenlegen müsste, wie der Betriebsratsbeschluss zustande gekommen ist (*BAG* 23.8.1984 EzA § 103 BetrVG 1972 Nr. 30), und der Arbeitgeber möglicherweise wegen bestimmter Verfahrensfehler auf eine andere Verfahrensweise dringen könnte. Der Betriebsrat handelt in seinem Zustimmungsbereich eigenverantwortlich ohne Mitsprache-, Aufsichts- oder Kontrollrechte des Arbeitgebers (vgl. *BAG* 4.8.1975 EzA § 102 BetrVG 1972 Nr. 14). Deshalb bleibt nur als einzig sinnvolle Konsequenz,

dass der Arbeitgeber die ihm mitgeteilte Zustimmung des Betriebsrats zur Kündigung als Grundlage seiner Dispositionen machen und die Kündigung aussprechen darf. In diesem Sinne hat auch das *BAG* (4.8.1975 EzA § 102 BetrVG 1972 Nr. 14) bei Fehlern im Anhörungsverfahren nach § 102 BetrVG, die in den Verantwortungsbereich des Betriebsrats fallen, entschieden (vgl. KR-*Rinck* § 102 BetrVG Rdn 158).

Anders als das BAG für das Anhörungsverfahren entschieden hat, ist jedoch **nicht von einem wirksamen Zustimmungsverfahren** und von **einer wirksamen Zustimmung auszugehen**, wenn im Zeitpunkt der Abgabe der Kündigungserklärung **dem Arbeitgeber die Tatsachen bekannt sind** oder – weil offensichtlich – hätten bekannt sein müssen, aus denen die Unwirksamkeit oder das Nichtvorliegen eines Betriebsratsbeschlusses folgt (*BAG* 23.8.1984 EzA § 103 BetrVG 1972 Nr. 30; *LAG Hamm* 18.5.1983 BB 1983, 1790; *Fischermeier* ZTR 1998, 435), zB wenn er durch Teilnahme an der Betriebsratssitzung die Nichtladung des Ersatzmitglieds kennt oder wenn der Betriebsratsvorsitzende spontan, dh erkennbar ohne Beschluss des Gremiums die Zustimmung erklärt hat (*BAG* 24.10.1996 EzA § 103 BetrVG 1952 Nr. 37). Eine Erkundigungspflicht des Arbeitgebers, wie der Betriebsratsbeschluss zustande gekommen ist, besteht aber nicht (GK-BetrVG/*Raab* Rn 59); APS-*Linck* Rn 25; *Fischermeier* ZTR 1998, 435). Keinen Vertrauensschutz verdient der Arbeitgeber insbes. dann, wenn er selbst das fehlerhafte Verhalten beim Betriebsrat veranlasst hat, indem er ihn etwa zur Beschlussfassung im Umlaufverfahren aufgefordert oder selbst zur Betriebsratssitzung eingeladen hat, ohne alle Betriebsratsmitglieder zu berücksichtigen (*ArbG Passau* 9.2.1988 ARSt 1988, 115). In diesen Fällen weiß der Arbeitgeber oder muss wissen, dass das Zustimmungsverfahren zu keiner wirksamen Zustimmung geführt hat. Die **bloße Vermutung des Arbeitgebers**, die ihm mitgeteilte Zustimmung des Betriebsrats zur Kündigung sei nicht ordnungsgemäß zustande gekommen, **reicht hingegen nicht aus**, um das Vorliegen einer Zustimmung iSd § 103 BetrVG zu verneinen. Das gilt auch, wenn der Arbeitgeber aufgrund tatsächlicher Umstände **berechtigte Zweifel** an einem ordnungsgemäßen Betriebsratsbeschluss haben kann (in diesem Sinne auch: APS-*Linck* Rn 25; LKB/*Bayreuther* § 15 KSchG Rn 125; SPV-*Vossen* Rn 1749).

Erfährt der Arbeitgeber **nach Ausspruch der Kündigung** die Umstände, aus denen die Unwirksamkeit oder das Nichtvorhandensein der mitgeteilten Zustimmung folgt, führt dies nicht zur Unwirksamkeit der Kündigung. Das Vertrauen des Arbeitgebers darauf, nach den ihm im Zeitpunkt der Abgabe der Kündigungserklärung bekannten Umständen ordnungsgemäß gehandelt zu haben, ist schutzwürdig. Das folgt aus dem Grundsatz, dass von ihm bei Abgabe der Kündigungserklärung nur die Beachtung derjenigen Vorschriften verlangt werden kann, die in diesem Zeitpunkt geboten sind (s. Rdn 63).

12. Kündigung vor Abschluss des Zustimmungsverfahrens

Aus dem Wortlaut des § 15 Abs. 1 S. 1 KSchG folgt mit hinreichender Deutlichkeit, dass die Kündigung erst zulässig ist, wenn die Zustimmung des Betriebsrats vorliegt oder durch gerichtliche Entscheidung ersetzt ist. Eine vor Abschluss des Zustimmungsverfahrens erklärte **Kündigung ist nach § 134 BGB unwirksam** (*BAG* 16.11.2017 EzA § 103 BetrVG 2001 Nr. 11; **aA** GK-BetrVG/*Raab* Rn 53; *Nägele-Berkner* S. 103 f.: eines Rückgriffs auf § 134 BGB bedürfe es nicht). Eine nachträgliche, dh nach Zugang der Kündigungserklärung erteilte Zustimmung ist rechtlich bedeutungslos, sie heilt die Unwirksamkeit der Kündigung nicht (*BAG* 20.3.1975 EzA § 103 BetrVG 1972 Nr. 7; 22.8.1974 EzA § 103 BetrVG 1972 Nr. 6; GK-BetrVG/*Raab* Rn 53; zweifelnd *Richardi/Thüsing* Rn 56). Andernfalls entstände bis zur Erteilung der Zustimmung ein hinsichtlich seiner Dauer nicht übersehbarer Schwebezustand, der bei einseitigen Gestaltungsgeschäften – wie es die Kündigung ist – aus Gründen der Rechtssicherheit nicht hingenommen werden kann. Ein Verschulden des Arbeitgebers an der unterbliebenen Zustimmung des Betriebsrats ist nicht erforderlich (SPV-*Vossen* Rn 1755).

Die **Unwirksamkeit** der Kündigung muss innerhalb von drei Wochen nach Zugang der schriftlichen Kündigung durch Klage beim Arbeitsgericht geltend gemacht werden (§ 4 S. 1 KSchG). Andernfalls gilt die Kündigung als von Anfang an rechtswirksam (§ 7 KSchG). Zur Frage, ob der

Arbeitnehmer die gerichtliche Auflösung des Arbeitsverhältnisses nach § 13 Abs. 1 S. 3 KSchG verlangen kann, s. KR-*Kreft* § 15 KSchG Rdn 68.

13. Kündigung nach Zustimmung des Betriebsrats

113 Gegen eine mit Zustimmung des Betriebsrats erklärte Kündigung kann der Arbeitnehmer **Kündigungsschutzklage** erheben. In diesem Verfahren kann er unbeschränkt die Unwirksamkeit der Kündigung geltend machen. Insoweit ist die Rechtslage anders als bei einer Kündigungsschutzklage nach rechtskräftig ersetzter Zustimmung des Betriebsrats (s. Rdn 144 ff.).

III. Gerichtliche Ersetzung der Zustimmung des Betriebsrats

1. Einleitung des Verfahrens beim Arbeitsgericht

114 Verweigert der Betriebsrat die Zustimmung zur Kündigung oder gilt diese als verweigert oder ist sie unwirksam oder ist trotz nicht vorhandenen oder funktionsunfähigen Betriebsrats das Zustimmungsersetzungsverfahren erforderlich (s. Rdn 53 ff.), kann der Arbeitgeber beim ArbG den Antrag gem. § 103 Abs. 2 BetrVG stellen. Über den Antrag ist **im arbeitsgerichtlichen Beschlussverfahren** zu verhandeln und zu entscheiden (§ 2a Abs. 1 Nr. 1, Abs. 2 ArbGG). Der Antrag ist nur **zulässig**, wenn das Zustimmungsverfahren beim Betriebsrat abgeschlossen ist (s. Rdn 88 f.) und keine wirksame zustimmende Erklärung des Betriebsrats vorliegt (vgl. *BAG* 18.8.1977 EzA § 103 BetrVG 1972 Nr. 20) oder das Zustimmungsersetzungsverfahren trotz nicht vorhandenen oder funktionsunfähigen Betriebsrats erforderlich ist (s. Rdn 53 ff.). Dies muss der Arbeitgeber als Antragsteller im arbeitsgerichtlichen Beschlussverfahren durch Angabe konkreter Tatsachen vortragen (vgl. *BAG* 9.9.1975 EzA § 40 BetrVG 1972 Nr. 23).

115 Ein **vor Abschluss des Zustimmungsverfahrens** gestellter Ersetzungsantrag ist unzulässig (s. Rdn 88) und wird auch nicht nach einer Zustimmungsverweigerung des Betriebsrats nachträglich zulässig (*BAG* 24.10.1996 EzA § 103 BetrVG 1972 Nr. 37; 7.5.1986 EzA § 103 BetrVG 1972 Nr. 31; *LAG SchlH* 17.8.2000 RzK III 3 Nr. 39). Aus Gründen der Rechtsklarheit und Rechtssicherheit muss bei der Einleitung des Zustimmungsersetzungsverfahrens feststehen, ob die gesetzlichen Voraussetzungen für das gerichtliche Verfahren (Zustimmungsverweigerung des Betriebsrats) vorliegen. Ein **nach Ausspruch der Kündigung** gestellter Zustimmungsersetzungsantrag ist von vornherein unbegründet, da die Unwirksamkeit der Kündigung wegen fehlender vorheriger Zustimmungsersetzung feststeht (*BAG* 22.6.1974 AP Nr. 1 zu § 103 BetrVG 1972; *LAG SchlH* 11.2.1988 – 6 TaBV 31/87, nv; vgl. auch Rdn 139). Das gilt auch dann, wenn der Arbeitgeber wegen Bedenken gegen die Wirksamkeit der Kündigung vorsorglich eine weitere Kündigung erklären will (*BAG* 24.10.1996 EzA § 103 BetrVG 1972 Nr. 37).

116 Der Arbeitgeber muss den Antrag **beim ArbG schriftlich einreichen oder bei der Geschäftsstelle des ArbG mündlich zur Niederschrift bringen** (§ 81 Abs. 1 ArbGG). Die Einreichung der Fotokopie eines Zustimmungsersetzungsantrags genügt nicht (*LAG Hamm* 31.10.1984 DB 1985, 1845). Der Arbeitgeber kann sich durch einen Bevollmächtigten vertreten lassen, Anwaltszwang besteht aber nicht (§ 80 Abs. 2 iVm § 11 ArbGG). Mit dem Antrag kann er **hilfsweise den Antrag auf Ausschluss des Arbeitnehmers aus dem betriebsverfassungsrechtlichen Gremium** (Betriebsrat, Jugend- und Auszubildendenvertretung etc.) nach § 23 Abs. 1 BetrVG verbinden (*BAG* 21.2.1978 EzA § 74 BetrVG 1972 Nr. 4; *LKB/Bayreuther* § 15 KSchG Rn 129; *Besgen* NZA 2011, 135), nicht aber umgekehrt einen Ausschließungsantrag hilfsweise mit dem weitergehenden Antrag nach § 103 Abs. 2 BetrVG (*Fitting* Rn 44 mwN).

117 Der Antrag muss **innerhalb der zweiwöchigen Ausschlussfrist des § 626 Abs. 2 BGB** beim ArbG eingereicht sein (*BAG* 27.6.2019 – 2 ABR 2/19, Rn 15; 25.4.2018 – 2 AZR 401/17, Rn 18, EzA § 103 BetrVG 2001 Nr. 12) und demnächst zugestellt werden (*BAG* 27.3.1991 RzK II 1a Nr. 5). Nur ein zulässiger Zustimmungsersetzungsantrag wahrt die Ausschlussfrist (*BAG* 24.10.1996 EzA § 103 BetrVG 1972 Nr. 37). Das bedeutet, dass der Arbeitgeber innerhalb von zwei Wochen nach Erlangung der Kenntnis von den Kündigungsgründen nicht nur das Zustimmungsverfahren beim

Betriebsrat abschließen, sondern auch für den Fall der Zustimmungsverweigerung das Zustimmungsersetzungsverfahren beim ArbG einleiten muss. Die zweiwöchige Ausschlussfrist wird weder durch das Zustimmungsverfahren beim Betriebsrat unterbrochen noch um die dreitägige Stellungnahmefrist für den Betriebsrat (s. Rdn 81 f.) verlängert (*BAG* 18.8.1977 EzA § 103 BetrVG 1972 Nr. 20). Erlangt der Arbeitnehmer jedoch erst während des Laufs der zweiwöchigen Ausschlussfrist den besonderen Kündigungsschutz des § 15 KSchG, beginnt die Frist neu zu laufen, und zwar von dem Zeitpunkt an, in dem der Arbeitgeber hiervon erfährt, da es sich bei dem besonderen Kündigungsschutz um eine neue für die Kündigung maßgebende Tatsache iSv § 626 Abs. 2 BGB handelt (vgl. *VG Frankf./M.* 28.8.2000 RzK II 3 Nr. 40). Der Arbeitgeber braucht deshalb den Zustimmungsersetzungsantrag auch erst innerhalb dieser neuen Zwei-Wochen-Frist beim ArbG zu stellen. Die Einhaltung der Zwei-Wochen-Frist für den Zustimmungsersetzungsantrag bedeutet, dass der Arbeitgeber spätestens **10 Tage nach Kenntniserlangung von den Kündigungsgründen** beim Betriebsrat die Zustimmung zur Kündigung beantragen muss, wenn er nach Ablauf der dreitägigen Stellungnahmefrist für den Fall der Zustimmungsverweigerung noch innerhalb der zweiwöchigen Ausschlussfrist beim ArbG die Ersetzung der Zustimmung des Betriebsrats beantragen will. Es reicht nicht aus, dass der Arbeitgeber lediglich vor Ablauf der Zwei-Wochen-Frist beim Betriebsrat die Zustimmung zur Kündigung beantragt und nach Ablauf der Frist bei verweigerter Zustimmung das Zustimmungsersetzungsverfahren einleitet (*BAG* 8.6.2000 EzA § 626 BGB Ausschlussfrist Nr. 15). Andererseits kann das Recht auf Ersetzung der Zustimmung des Betriebsrats ohne Kenntnis des Kündigungsberechtigten vom Kündigungssachverhalt und damit vor Beginn der Ausschlussfrist des § 626 Abs. 2 BGB **nicht verwirken** (*BAG* 9.1.1986 RzK II 3 Nr. 10). Zur Einleitung des arbeitsgerichtlichen Beschlussverfahrens bei der beabsichtigten Kündigung eines schwerbehinderten Amtsträgers s. KR-*Gallner* § 174 SGB IX Rdn 33.

Hat der Arbeitgeber **irrtümlich angenommen, der Arbeitnehmer zähle zu dem von § 103 BetrVG geschützten Personenkreis**, und hat er deshalb innerhalb der zweiwöchigen Ausschlussfrist nicht die Kündigung erklärt, sondern wegen fehlender Zustimmung des Betriebsrats – überflüssigerweise – das gerichtliche Zustimmungsersetzungsverfahren eingeleitet, gereicht ihm dies nicht zum Nachteil, wenn er mit vertretbaren Gründen annehmen konnte, der Arbeitnehmer falle unter den nach § 103 BetrVG geschützten Personenkreis (vgl. *BAG* 27.1.2011 EzA § 103 BetrVG 2001 Nr. 8; 27.3.1991 RzK II 1a Nr. 5). Dh er kann den rechtskräftigen Abschluss des Zustimmungsersetzungsverfahrens abwarten und muss dann nach einer Zurückweisung seines Antrags wegen fehlender Zustimmungsbedürftigkeit der Kündigung – ebenso wie bei einer zustimmenden Entscheidung – unverzüglich nach Eintritt der Rechtskraft die Kündigung erklären (s. Rdn 141). 118

2. Durchführung des gerichtlichen Verfahrens

In dem arbeitsgerichtlichen Beschlussverfahren sind **der Arbeitgeber als Antragsteller und der Betriebsrat** als Wahrer der Interessen des durch § 103 BetrVG geschützten Personenkreises **Beteiligte**. Der **betroffene Arbeitnehmer** ist kraft ausdrücklicher gesetzlicher Vorschrift weiterer Beteiligter (§ 103 Abs. 2 S. 2 BetrVG). Sämtliche Beteiligte sind vom ArbG zu hören (§ 83 Abs. 3 ArbGG). 119

Der **Arbeitgeber hat dem Gericht den Sachverhalt**, auf den er die Kündigung stützen will und den er schon dem Betriebsrat im Zustimmungsverfahren unterbreitet hat, **darzulegen**. Hierbei muss er die die Kündigung begründenden Umstände so genau und umfassend wie bei der Betriebsratsanhörung darlegen (s. Rdn 69 f.), weil das ArbG insoweit nur an die Stelle des Betriebsrats tritt. Unterbleibt eine solche Darlegung, ist der Zustimmungsersetzungsantrag ohne weitere Sachaufklärung abzuweisen (*LAG RhPf* 21.7.2020 – 8 TaBV 12/19; in diesem Sinne auch: *Eylert/Fenski* BB 1990, 2406; s. ferner Rdn 122). Sind die Kündigungsgründe ordnungsgemäß dargelegt, hat das ArbG aufgrund des **für das Beschlussverfahren geltenden Untersuchungsgrundsatzes von Amts wegen alle Umstände aufzuklären**, die für den wichtigen Grund iSv § 626 Abs. 1 BGB sowie die Wahrung der Zweiwochenfrist des § 626 Abs. 2 BGB von Bedeutung sind, zB durch Anhörung und Befragung der Beteiligten (Zeugenvernehmung von Beteiligten unzulässig: *LAG Bln.* 29.8.1988 LAGE § 15 KSchG Nr. 6), Einsichtnahme von Urkunden, Einholung von Auskünften, Vernehmung von 120

Zeugen und Sachverständigen und Einnahme des Augenscheins, auch ohne dass jeweils ein Beweisantrag vorliegt (vgl. § 83 Abs. 3 ArbGG). Es bedarf aber idR keiner Beweisaufnahme, wenn die Beteiligten einen Sachverhalt übereinstimmend vortragen oder das substantiierte Vorbringen eines Beteiligten von den anderen nicht bestritten wird oder sich an dessen Richtigkeit keine Zweifel aufdrängen (*BAG* 10.12.1992 EzA § 103 BetrVG 1972 Nr. 33). Das ArbG hat nach der erforderlichen Sachverhaltsaufklärung von sich aus in eigener Verantwortung zu prüfen, ob die außerordentliche Kündigung unter Berücksichtigung aller Umstände gerechtfertigt ist (vgl. § 103 Abs. 2 S. 1 BetrVG), dh ob ein wichtiger Grund iSd § 626 BGB vorliegt und die Ausschlussfrist des § 626 Abs. 2 BGB (s. Rdn 117) gewahrt ist oder sonstige Gründe vorliegen (zB besonderer Kündigungsschutz), die der Wirksamkeit der Kündigung entgegenstehen (*BAG* 11.5.2000 EzA § 103 BetrVG 1972 Nr. 41; **aA** *LAG Düsseld.* 18.3.1999 HzA-aktuell 7/1999, S. 4, und *LAG Frankf.* 31.7.1987 LAGE § 103 BetrVG 1972 Nr. 7, die die Prüfung des Gerichts auf das »Vorliegen eines wichtigen Grundes« beschränken wollen, was aber mit dem Gesetz – »Berücksichtigung aller Umstände« – nicht vereinbar ist). Maßgebend ist der Zeitpunkt der letzten mündlichen Tatsachenverhandlung (*BAG* 19.9.1991 – 2 ABR 14/91, insoweit nv; vgl. auch *BAG* 22.8.1974 EzA § 103 BetrVG 1972 Nr. 6).

121 Der Untersuchungsgrundsatz führt allerdings nicht dazu, dass das Gericht einen bestimmten Sachverhalt, der in dem Verfahren bekannt wird, zur Rechtfertigung der beabsichtigten Kündigung heranziehen darf, wenn der Arbeitgeber die beabsichtigte Kündigung nicht auf diesen Sachverhalt stützt (*BAG* 27.1.1977 EzA § 103 BetrVG 1972 Nr. 16; *Richardi/Thüsing* Rn 71; HWGNRH-*Huke* Rn 82; LKB/*Bayreuther* § 15 KSchG Rn 136; APS-*Linck* Rn 30). Es bleibt allein **dem Arbeitgeber überlassen, ob er einen bestimmten Tatsachenkomplex als Kündigungsgrund heranziehen will** oder nicht.

122 Sind **dem Arbeitgeber** bei der Durchführung des Zustimmungsverfahrens **Fehler unterlaufen**, zB unzureichende Unterrichtung des Betriebsrats, hat er das Zustimmungsverfahren nicht ordnungsgemäß durchgeführt. In diesem Falle darf das ArbG die Zustimmung des Betriebsrats nicht ersetzen (*LAG Frankf.* 8.5.1973 – 5 Ta BV 60/72, nv; in diesem Sinne auch: *LAG Mainz* 12.7.2007 jurisPR-ArbR 9/2008 Nr. 5). Das gilt insbes. auch, wenn der Arbeitgeber die Kündigung bereits erklärt hat und nunmehr zu dieser Kündigung die Ersetzung der Zustimmung des Betriebsrats beantragt (*BAG* 22.8.1974 EzA § 103 BetrVG 1972 Nr. 6; vgl. auch *BAG* 24.10.1996 EzA § 103 BetrVG 1972 Nr. 37).

3. Nachschieben von Kündigungsgründen

a) Nachschieben im Zustimmungsersetzungsverfahren

123 Im Zustimmungsersetzungsverfahren vor dem ArbG oder dem LAG kann der Arbeitgeber unter Beachtung der zweiwöchigen Ausschlussfrist des § 626 Abs. 2 BGB (s. Rdn 128) **unbeschränkt neue Kündigungsgründe nachschieben**, gleichgültig, ob er sie vor Einleitung des Zustimmungsverfahrens beim Betriebsrat gekannt hat oder ob sie vor Einleitung des Zustimmungsverfahrens entstanden sind (*Eylert/Sänger* RdA 2010, 30; *Haas* FA 2010, 360). Das unbeschränkte Nachschieben von Kündigungsgründen ist hier – im Gegensatz zum Nachschieben von Kündigungsgründen im Kündigungsschutzprozess (Rdn 129 f.; s.a. KR-*Rinck* § 102 BetrVG Rdn 239 ff.) – deshalb zulässig, weil die Kündigung noch nicht erklärt worden ist und damit der Zweck der Anhörung, dem Betriebsrat Gelegenheit zu geben, vor Ausspruch der Kündigung auf den Kündigungsentschluss des Arbeitgebers einzuwirken, noch erreichbar ist (in diesem Sinne auch *Powietzka* FS von Hoyningen-Huene 2014, S. 375, 383).

124 Auch **prozesswirtschaftliche Gründe** gebieten die unbeschränkte Zulassung des Nachschiebens von Kündigungsgründen im Zustimmungsersetzungsverfahren. Wollte man das Nachschieben nicht oder nur eingeschränkt zulassen, müsste der Arbeitgeber wegen der Kündigungsgründe, die er nicht nachschieben darf, selbständige Zustimmungsverfahren beim Betriebsrat und für den Fall der Zustimmungsverweigerung neue Beschlussverfahren einleiten, in denen er auch – unterstützend – die

in den bereits laufenden Verfahren geltend gemachten Kündigungsgründe einbringen könnte. Zweckmäßiger ist es, durch die unbeschränkte Zulassung des Nachschiebens von Kündigungsgründen im Zustimmungsersetzungsverfahren die Zusammenfassung aller vom Arbeitgeber geltend gemachten Kündigungsgründe in einem einzigen Verfahren zu ermöglichen (vgl. auch *BAG* 22.8.1974 EzA § 103 BetrVG 1972 Nr. 6). Dem Arbeitgeber bleibt es jedoch unbenommen, wegen weiterer Kündigungsgründe ein neues Zustimmungsverfahren beim Betriebsrat und ggf. ein neues Zustimmungsersetzungsverfahren für eine weitere (vorsorgliche) Kündigung einzuleiten.

Voraussetzung für das Nachschieben ist allerdings, dass der Arbeitgeber **dem Betriebsrat die neuen Kündigungsgründe vor ihrer Einführung in das gerichtliche Zustimmungsersetzungsverfahren mitteilt** und ihm gem. § 102 Abs. 2 S. 3 BetrVG, der im Bereich des § 103 BetrVG Anwendung findet (s. Rdn 81 f.), Gelegenheit zur Stellungnahme gibt (*BAG* 23.4.2008 EzA § 103 BetrVG 2001 Nr. 6; *LAG Nbg.* 12.3.1999 NZA-RR 1999, 413; AR-*Rieble* Rn 20; *Fitting* Rn 42; *Richardi/Thüsing* Rn 72; *LKB/Bayreuther* § 15 KSchG Rn 133; *Hueck* FS BAG, S. 270). Es genügt nicht, dass der Betriebsrat durch die Einführung der nachgeschobenen Kündigungsgründe in das arbeitsgerichtliche Beschlussverfahren Gelegenheit erhält, zu den neuen Kündigungsgründen Stellung zu nehmen. Das Beschlussverfahren ist nach seinem Sinn und Zweck subsidiär gegenüber dem Zustimmungsverfahren beim Betriebsrat. Die Gerichte sollen erst mit der Sache befasst werden, wenn der Betriebsrat zuvor die Zustimmung verweigert hat und der Arbeitgeber trotz der Argumente des Betriebsrats auf der Kündigung beharrt bzw. die Kündigungsgründe weiterverfolgen will. Die erforderliche Vorbehandlung nachgeschobener Kündigungsgründe durch den Betriebsrat wird deshalb auch nicht dann überflüssig, wenn der Betriebsratsvorsitzende von den neuen Umständen durch seine Teilnahme am Beschlussverfahren erfährt und der Verfahrensbevollmächtigte des Betriebsrats im Einvernehmen mit dem Betriebsratsvorsitzenden weiterhin beantragt, die vom Arbeitgeber begehrte Ersetzung der Zustimmung nicht zu erteilen (*BAG* 23.4.2008 EzA § 103 BetrVG 2001 Nr. 6; 27.5.1975 EzA § 103 BetrVG 1972 Nr. 9; GK-BetrVG/*Raab* Rn 84; *Richardi/Thüsing* Rn 72; *Fitting* Rn 42; *Eylert/Sänger* RdA 2010, 24 [30]).

Soweit der Betriebsrat vor der Einleitung des arbeitsgerichtlichen Beschlussverfahrens nicht beteiligt zu werden brauchte, sei es, dass ein solcher noch nicht bestand (s. Rdn 53 f.), sei es, dass er funktionsunfähig war (s. Rdn 55 f.), können neue Kündigungsgründe nur dann unmittelbar in dem arbeitsgerichtlichen Verfahren nachgeschoben werden, wenn auch im Zeitpunkt des Nachschiebens noch kein funktionsfähiger Betriebsrat existiert. Ist aber nunmehr ein funktionsfähiger Betriebsrat vorhanden, ist dieser vor dem Nachschieben von Kündigungsgründen in dem gerichtlichen Zustimmungsersetzungsverfahren zu hören (vgl. auch *BAG* 11.5.1995 EzA-SD 1995, Nr. 11, S. 4).

Der Arbeitgeber darf die nachgeschobenen Kündigungsgründe erst **nach Ablauf der Stellungnahmefrist für den Betriebsrat** in das gerichtliche Zustimmungsersetzungsverfahren einführen. War das gerichtliche Verfahren in diesem Zeitpunkt bereits abgeschlossen, kann er – falls die Zustimmung des Betriebsrats rechtskräftig ersetzt ist – die Kündigung erklären und in einem evtl. Kündigungsschutzprozess die neuen Kündigungsgründe nachschieben (s. Rdn 129 f.). Falls der Antrag auf Ersetzung der Zustimmung des Betriebsrats abgewiesen wurde oder noch nicht beschieden ist (zB nach Schluss der letzten Verhandlung), kann der Arbeitgeber wegen der nachgeschobenen Kündigungsgründe ein neues Beschlussverfahren zur Ersetzung der Zustimmung des Betriebsrats einleiten.

Schiebt der Arbeitgeber Kündigungsgründe im gerichtlichen Zustimmungsersetzungsverfahren nach, hat er – anders als für den Fall, dass die Kündigung bereits ausgesprochen ist (s. Rdn 130) – die **Kündigungserklärungsfrist des § 626 Abs. 2 BGB** zu beachten. Ihre (entsprechende) Anwendung bedeutet, dass der Arbeitgeber – nach Anhörung des Betriebsrats – die Kündigungsgründe innerhalb von zwei Wochen nach Kenntniserlangung **in das gerichtliche Zustimmungsersetzungsverfahren einführen** muss (DKKW-*Bachner* Rn 43; *Fitting* Rn 42; *Richardi/Thüsing* Rn 73; *Powietzka* FS v. Hoyningen-Huene 2014, S. 377, 386 ff.; aA *BAG* 22.8.1974 EzA § 103 BetrVG 1972 Nr. 6; APS-*Linck* Rn 31; GK-BetrVG/*Raab* Rn 85; *Haas* FA 2010, 360). Das ist wegen des Zwecks der Ausschlussfrist geboten. Dieser besteht darin, den Kündigenden zu veranlassen, sich bald darüber schlüssig zu werden, ob er aus einem bestimmten Grund kündigen will. Nach Fristablauf kann der Kündigungsgegner darauf vertrauen, der Kündigende werde den Kündigungsgrund nicht zum Anlass für eine Kündigung nehmen. Die mit der Ausschlussfrist erstrebte Klarheit, ob aus einem bestimmten Grund gekündigt werden soll, wird erst mit der Einführung des Kündigungsgrundes in das gerichtliche Zustimmungsersetzungsverfahren erreicht und nicht bereits mit dem Ersuchen an den Betriebsrat um Erteilung der Zustimmung wegen der neuen Kündigungsgründe. Dieser Zeitpunkt ist für die Einhaltung der Ausschlussfrist nicht ausschlaggebend. Das Zustimmungsersuchen und die Anhörung des Betriebsrats gehören zur internen Willensbildung des Arbeitgebers und zeigen noch keinen abschließenden Entschluss des Arbeitgebers an, diese Kündigungsgründe zum Anlass für die Kündigung zu nehmen. Es ist durchaus denkbar, dass der Arbeitgeber aufgrund der Argumente des Betriebsrats von der Heranziehung der Kündigungsgründe Abstand nimmt. Für **nachgeschobene Kündigungsgründe** kann danach nichts anderes gelten, als für bereits bei Einleitung des Zustimmungsersetzungsverfahrens vorgebrachte Gründe.

b) Nachschieben im Kündigungsschutzprozess

129 Ist die Kündigung nach erteilter Zustimmung oder gerichtlicher Zustimmungsersetzung erklärt worden und werden dem Arbeitgeber nachträglich Kündigungsgründe bekannt, die bereits vor Kündigungszugang bestanden haben, kann er diese im Kündigungsschutzprozess nachschieben. Zuvor hat er den Betriebsrat hinsichtlich dieser Gründe gem. **§ 102 BetrVG anzuhören** (*BAG* 18.6.2015 EzA § 102 BetrVG 2001 Nr. 33; 4.6.1997 EzA § 626 nF BGB Nr. 167; 11.4.1985 EzA § 102 BetrVG 1972 Nr. 62; 10.4.2014 EzA § 1 KSchG Personenbedingte Kündigung Nr. 33 (zur Personalratsanhörung); s.a. KR-*Rinck* § 102 BetrVG Rdn 248). **Es bedarf aber nicht der Zustimmung des Betriebsrats** (*Powietzka* FS v. Hoyningen-Huene 2014, S. 377, 390; KR-*Kreft* § 15 KSchG Rdn 73 f.; aA *LAG RhPf* 26.4.2007 – 4 Sa 851/06; nachgehend ausdrückl. offengelassen in *BAG* 12.5.2010 EzA § 15 nF KSchG Nr. 67). Sowohl Wortlaut als auch Sinn und Zweck von § 103 Abs. 1 BetrVG gebieten nur die Zustimmung des Betriebsrats zur Kündigung, nicht hingegen zu einzelnen Kündigungsgründen. Nach Ausspruch der Kündigung kann der Schutzweck des § 103 Abs. 1 BetrVG – die Entfernung von Mitgliedern betriebsverfassungsrechtlicher Organe durch unberechtigte Kündigungen aus dem Betrieb – nicht mehr erreicht werden. Hielte man eine Zustimmung des Betriebsrats für erforderlich, wäre der Arbeitgeber für den Fall der Zustimmungsverweigerung im Übrigen endgültig gehindert, Kündigungsgründe nachzuschieben. Er hätte aus prozessualen Gründen keine Möglichkeit, die Ersetzung der Zustimmung durch das Arbeitsgericht erfolgreich geltend zu machen. Denn er kann nur die Zustimmung zu einer künftig zu erklärenden Kündigung, nicht hingegen zur Geltendmachung einzelner Kündigungsgründe beantragen. Ein Antrag auf Zustimmung zu einer bereits erklärten Kündigung ist unbegründet (*BAG* 20.3.1975 EzA § 103 BetrVG 1972 Nr. 7).

130 Ist die Kündigung – nach erfolgter gerichtlicher Zustimmungsersetzung – bereits zugegangen, können die nachträglich bekannt gewordenen Kündigungsgründe auch **ohne Rücksicht auf die zweiwöchige Kündigungserklärungsfrist** nachgeschoben werden. § 626 Abs. 2 BGB bezieht sich ausschließlich auf die Kündigungserklärung (*BAG* 23.5.2013 EzA § 626 BGB 2002 Verdacht strafbarer Handlung Nr. 14; 4.6.1997 EzA § 626 nF BGB Nr. 167). Eine Ungewissheit darüber, ob der Arbeitgeber sich zu einer Kündigung entschließen will, besteht nach Zugang der Kündigungserklärung nicht mehr.

4. Abschluss des Verfahrens beim Arbeitsgericht

131 Das ArbG entscheidet im arbeitsgerichtlichen Beschlussverfahren über den Antrag des Arbeitgebers auf Ersetzung der Zustimmung des Betriebsrats zur außerordentlichen Kündigung **durch Beschluss** (§ 84 ArbGG). Ist die außerordentliche Kündigung unter Berücksichtigung aller Umstände gerechtfertigt, insbes. ein wichtiger Grund iSv § 626 Abs. 1 BGB gegeben, hat das ArbG dem Antrag auf Ersetzung der Zustimmung stattzugeben (*LAG Hamm* 25.5.2007 LAGE § 626 BGB 2002 Nr. 11a). Andernfalls weist es den Antrag ab. Sind die Umstände, die eine außerordentliche Kündigung rechtfertigen können, nicht aufklärbar, ist der Antrag des Arbeitgebers ebenfalls abzuweisen, weil

diesen auch im arbeitsgerichtlichen Beschlussverfahren die (objektive) Beweislast für das Bestehen der Kündigungsgründe trifft (vgl. ErfK-*Koch* § 83 ArbGG Rn 5; GMP-*Spinner* § 83 Rn 94). Das Gleiche gilt, wenn der Arbeitgeber die Kündigungsgründe nicht ordnungsgemäß dargelegt hat (s. Rdn 120). Die Zustimmung des Betriebsrats ist erst mit Rechtskraft der arbeitsgerichtlichen Entscheidung ersetzt (*Richardi* RdA 1975, 73), wird also bei einer Anfechtung der Entscheidung des ArbG (s. Rdn 132 f.) erst mit Rechtskraft der Entscheidung der Rechtsmittelinstanz wirksam. Hält das Gericht die **Zustimmung für nicht erforderlich**, zB weil die Voraussetzungen des § 15 Abs. 4 oder Abs. 5 KSchG vorliegen, hat es dies in der den Ersetzungsantrag abweisenden Entscheidung festzustellen. Diese Feststellung präjudiziert auch für ein nachfolgendes Kündigungsschutzverfahren, dass es einer Zustimmung des Betriebsrats zur Kündigung nicht bedurfte (*BAG* 18.9.1997 EzA § 15 KSchG nF Nr. 46 = AP Nr. 35 zu § 103 BetrVG 1972 m. zust. Anm. *Hilbrandt*).

5. Anfechtung der Entscheidung des Arbeitsgerichts

Gegen einen die Zustimmung des Betriebsrats ersetzenden Beschluss des ArbG können der Betriebsrat und der betroffene Arbeitnehmer, gegen einen den Antrag des Arbeitgebers auf Ersetzung der Zustimmung abweisenden Beschluss kann der Arbeitgeber **Beschwerde beim LAG** einlegen. Das Beschwerderecht des betroffenen Arbeitnehmers ist nicht davon abhängig, dass auch der Betriebsrat Beschwerde einlegt (*BAG* 10.12.1992 EzA § 103 BetrVG 1972 Nr. 33 mit insoweit zust. Anm. *Schultes*; *LAG Köln* 13.12.1984 AP Nr. 22 zu § 103 BetrVG 1972). Für das Verfahren vor dem LAG gelten die §§ 87–91 ArbGG. Das LAG entscheidet über die Beschwerde durch Beschluss (§ 91 Abs. 1 ArbGG). 132

Gegen den Beschluss des LAG ist die **Rechtsbeschwerde an das BAG** gem. § 92 ArbGG nur zulässig, wenn sie in dem Beschluss des LAG zugelassen wird oder das BAG sie aufgrund einer Nichtzulassungsbeschwerde durch Beschluss zulässt (§ 92 Abs. 1 S. 2 iVm § 72 Abs. 2 ArbGG). An die Zulassung der Rechtsbeschwerde durch das LAG ist das BAG gebunden (§ 92 Abs. 1 S. 2 iVm § 72 Abs. 3 ArbGG). 133

Ist die Rechtsbeschwerde zugelassen, richtet sich das weitere Verfahren vor dem BAG nach den Vorschriften der § 92 Abs. 2–3, §§ 93–96 ArbGG. Das BAG entscheidet über die Rechtsbeschwerde durch Beschluss (§ 96 Abs. 1 S. 1 ArbGG). **Im Rechtsbeschwerdeverfahren ist die gerichtliche Nachprüfung des wichtigen Grundes** zur außerordentlichen Kündigung **beschränkt**. Es handelt sich um einen unbestimmten Rechtsbegriff. Das BAG hat deshalb nur zu prüfen, ob das Beschwerdegericht den Begriff des wichtigen Grundes als solchen richtig erkannt und angewendet hat und ob es bei der Interessenabwägung alle vernünftigerweise in Betracht kommenden Umstände des Einzelfalles zur Frage berücksichtigt hat, ob dem Arbeitgeber unzumutbar geworden ist, das Arbeitsverhältnis bis zum Ablauf der ordentlichen Kündigungsfrist fortzusetzen. Die Bewertung der für und gegen die Unzumutbarkeit sprechenden Umstände liegt weitgehend im Beurteilungsspielraum der Tatsacheninstanz. Insoweit kann das BAG die angegriffene Würdigung nicht durch eine eigene ersetzen (*BAG* 16.5.1991 RzK II 3 Nr. 19). 134

Wird der Zustimmungsersetzungsantrag des Arbeitgebers in der Rechtsmittelinstanz (LAG, BAG) rechtskräftig abgewiesen, hat der Arbeitgeber dem Betriebsratsmitglied die in den Rechtsmittelinstanzen entstandenen **Rechtsanwaltskosten** in gleicher Weise zu erstatten, wie wenn das Betriebsratsmitglied in einem entsprechenden Kündigungsschutzprozess obsiegt hätte. Das folgt aus dem Benachteiligungsverbot des § 78 S. 2 BetrVG (*BAG* 31.1.1990 EzA § 40 BetrVG 1972 Nr. 64). Eine Erstattung der erstinstanzlich angefallenen Rechtsanwaltskosten entfällt hingegen im Hinblick auf § 12a Abs. 1 ArbGG (*ArbG Hmb.* 24.1.1997 EzA § 40 BetrVG 1972 Nr. 78). 135

6. Einstweilige Verfügung

Eine einstweilige Verfügung zur Ersetzung der Zustimmung des Betriebsrats zur Kündigung ist unzulässig (*ArbG Hamm* 21.7.1975 BB 1975, 1065; DKKW-*Bachner* Rn 48; *Fitting* Rn 44; *Richardi/Thüsing* Rn 82; APS-*Linck* Rn 38). Dem Arbeitgeber steht die – weniger einschneidende – Möglichkeit 136 zur Verfügung, das Arbeitsverhältnis bis zum rechtskräftigen Abschluss des Zustimmungsersetzungsverfahrens **mit Zustimmung des Betriebsrats** oder einer sie ersetzenden gerichtlichen Entscheidung, notfalls auch einer einstweiligen Verfügung, **ohne Entgeltfortzahlung zu suspendieren** (s. Rdn 153).

7. Beendigung des Kündigungsschutzes vor rechtskräftigem Abschluss des gerichtlichen Verfahrens

137 Endet der Kündigungsschutz eines Amtsträgers nach § 103 BetrVG (s. Rdn 28 ff.), bevor das gerichtliche Verfahren auf Ersetzung der Zustimmung des Betriebsrats rechtskräftig abgeschlossen ist, bedarf die außerordentliche Kündigung keiner Zustimmung des Betriebsrats oder ihrer gerichtlichen Ersetzung mehr. Damit entfällt das Rechtsschutzbedürfnis für eine Fortsetzung des Verfahrens (*BAG* 27.1.2011 EzA § 103 BetrVG 2001 Nr. 8). **Das gerichtliche Verfahren wird unzulässig** und ist auf Antrag des Arbeitgebers für erledigt zu erklären (*BAG* 12.3.2009 EzTöD 100 § 34 Abs. 2 TVöD-AT Arbeitnehmervertreter Nr. 1; 30.5.1978 EzA § 102 BetrVG 1972 Nr. 34; *Richardi/Thüsing* Rn 76: der Antrag bleibt zulässig, wird aber unbegründet; aA *Schulz* NZA 1995, 1130, für den Fall, dass der Verlust der Organmitgliedschaft auf Umständen beruht, die aus der Sphäre des Arbeitgebers herrühren und die dieser meistens beeinflussen kann). Hält der Arbeitgeber seinen Antrag auf Zustimmungsersetzung aufrecht, ist dieser als unzulässig abzuweisen (*BAG* 27.6.2002 EzA § 103 BetrVG 1972 Nr. 43 = SAE 2003, 246 m. zust. Anm. *Küfner-Schmitt* = EWiR 2003, 97 m. zust. Anm. *Grimm/Brock; LAG München* 14.9.2005 EzA-SD 2006, Nr. 2, S. 15). Da mit dem Verlust des Kündigungsschutzes des Amtsträgers für den Arbeitgeber das Hindernis für eine außerordentliche Kündigung beseitigt ist, muss er – ebenso wie nach der rechtskräftigen Ersetzung der Zustimmung – die Kündigung nunmehr innerhalb der zweiwöchigen Ausschlussfrist des § 626 Abs. 2 BGB oder, falls diese – was der Regelfall ist – schon abgelaufen ist, entsprechend § 174 Abs. 5 SGB IX **unverzüglich erklären** (*BAG* 16.11.2017 EzA § 103 BetrVG 2001 Nr. 11; 8.6.2000 EzA § 626 BGB Ausschlussfrist Nr. 15; *LAG RhPf* 26.2.2008 – 3 Sa 765/07). Auf den Zeitpunkt der Erledigung des arbeitsgerichtlichen Beschlussverfahrens durch entsprechenden Beschluss des Gerichts kommt es nicht an (vgl. *LAG Bra.* 23.3.1999 LAGE § 626 BGB Ausschlussfrist Nr. 12). Eine vorherige Anhörung des Betriebsrats nach § 102 Abs. 1 BetrVG ist nicht mehr erforderlich, soweit der Betriebsrat bereits im Zustimmungsverfahren (s. Rdn 66 ff.) ordnungsgemäß beteiligt wurde (*BAG* 5.11.2009 EzA § 15 KSchG nF Nr. 64; 8.6.2000 EzA § 102 BetrVG 1972 Nr. 106 = AiB 2001, 543 m. zust. Anm. *Grimberg; Besgen* NZA 2011, 136). Zum nachwirkenden Kündigungsschutz nach Ablauf der Amtszeit des durch § 103 BetrVG geschützten Personenkreises s. KR-*Kreft* § 15 KSchG Rdn 82 ff.

138 Schließt sich nach Ablauf der Amtszeit eines Mandatsträgers iSd § 103 BetrVG oder nach Bekanntgabe des Wahlergebnisses (für einen Wahlbewerber) hingegen nahtlos oder jedenfalls in einem unmittelbaren zeitlichen Zusammenhang (vgl. *BAG* 16.11.2017 EzA § 103 BetrVG 2001 Nr. 11 m. abl. Anm. *Weller*) **ein neuer Kündigungsschutz** nach § 103 BetrVG für den Arbeitnehmer an, gilt die bisherige Erklärung des Betriebsrats (Zustimmungsverweigerung) oder ihre Fiktion (in einem bisher betriebsratslosen Betrieb) weiter, auch wenn nun ein neuer Betriebsrat amtiert (*BAG* 27.1.2011 EzA § 103 BetrVG 2001 Nr. 8; 19.9.1991 RzK II 3 Nr. 20). Eine Beteiligung des neuen Betriebsrats ist nicht erforderlich (*BAG* 8.6.2000 EzA § 102 BetrVG 1972 Nr. 106). Das gerichtliche Zustimmungsersetzungsverfahren wird durch einen neu erworbenen Kündigungsschutz nach § 103 BetrVG oder durch eine Neuwahl des Betriebsrats nicht berührt und auch nicht unterbrochen (*BAG* 12.3.2009 AP Nr. 59 zu § 103 BetrVG 1972). Die gerichtliche Entscheidung ist nicht auf die Zustimmungsersetzung im Hinblick auf eine konkrete Amtsträgereigenschaft, sondern bezogen auf die vom Arbeitgeber geltend gemachten Kündigungsgründe gerichtet (*BAG* 16.11.2017 EzA § 103 BetrVG 2001 Nr. 11).

8. Kündigung durch den Arbeitgeber nach gerichtlicher Ersetzung der Zustimmung

a) Abgabe der Kündigungserklärung

139 Der Arbeitgeber darf eine Kündigung erst dann erklären, wenn der Beschluss über die Ersetzung der Zustimmung des Betriebsrats **rechtskräftig** ist (*BAG* 16.11.2017 EzA § 103 BetrVG 2001 Nr. 11; 24.11.2011 EzTöD 100 § 34 Abs. 2 TVöD-AT Arbeitnehmervertreter Nr. 5 (zur Ersetzung der

Zustimmung des Personalrats). Das ist, sofern die Rechtsbeschwerde nicht zugelassen worden ist, mit dem Ablauf der Frist nach § 72a Abs. 2 S. 1 ArbGG oder mit der Zurückweisung der Nichtzulassungsbeschwerde durch das BAG der Fall (*BAG* 16.11.2017 EzA § 103 BetrVG 2001 Nr. 11; 9.7.1998 EzA § 103 BetrVG 1972 Nr. 39). Dabei kommt es, wenn das Kündigungsschreiben nicht persönlich übergeben wird, auf die Absendung des Kündigungsschreibens, nicht auf dessen Zugang an. Der Arbeitgeber muss im Zeitpunkt der Abgabe der Kündigungserklärung alle Verfahrensvoraussetzungen erfüllen, die in diesem Zeitpunkt für die Wirksamkeit einer Kündigung erforderlich sind (vgl. *BAG* 13.11.1975 EzA § 102 BetrVG 1972 Nr. 20). Da die Zwangsvollstreckung im Beschlussverfahren »aus rechtskräftigen Beschlüssen der Arbeitsgerichte« stattfindet (§ 85 Abs. 1 ArbGG), eine vorläufige Vollstreckbarkeit damit ausgeschlossen ist, kommt darin zum Ausdruck, dass das Gesetz noch nicht rechtskräftigen Beschlüssen keine einstweilige Entscheidungswirkung zuerkennen will. Eine vor Rechtskraft erklärte Kündigung ist unheilbar nichtig (*BAG* 30.5.1978 EzA § 102 BetrVG 1972 Nr. 34; *LAG Hamm* 4.8.2000 RzK II 3 Nr. 38). Mit dem vorzeitigen Ausspruch der Kündigung wird das Zustimmungsersetzungsverfahren abgebrochen (*BAG* 9.7.1998 EzA § 103 BetrVG 1972 Nr. 39; *LAG Hamm* 4.8.2000 RzK II 3 Nr. 38). Der Antrag auf Ersetzung der Zustimmung wird unzulässig. Die Kündigung wird auch nicht dann wirksam, wenn nach ihrem Ausspruch und evtl. noch vor ihrem Zugang eine gerichtliche Entscheidung, die die Zustimmung des Betriebsrats ersetzt, rechtskräftig wird. Diese rechtskräftige Entscheidung kann allerdings die Grundlage für eine neue Kündigung bilden (*BAG* 9.7.1998 EzA § 103 BetrVG 1972 Nr. 39; aA *LAG Hamm* 4.8.2000 RzK II 3 Nr. 38, das die Einleitung eines neuen Zustimmungsverfahrens beim Betriebsrat verlangt). Spricht der Arbeitgeber vor Abschluss des Zustimmungsersetzungsverfahrens eine **vorsorgliche Kündigung** gegenüber dem Arbeitnehmer mit denselben Kündigungsgründen für den Fall aus, dass die Kündigung nicht (mehr) der Zustimmung des Betriebsrats bedarf, ist diese vorsorgliche Kündigung nicht als Rücknahme des Zustimmungsersuchens oder als Abbruch des Verfahrens nach § 103 BetrVG zu verstehen. Es tritt keine Erledigung des Verfahrens ein (*BAG* 27.1.2011 EzA § 103 BetrVG 2001 Nr. 8). Durch die Erklärung der vorsorglichen Kündigung wird auch die erfolgte – im Rahmen des Zustimmungsersuchens nach § 103 Abs. 1 BetrVG erforderliche – Anhörung nach § 102 Abs. 1 BetrVG nicht verbraucht. Die Anhörung zu der weiterhin auf denselben Lebenssachverhalt gestützten Kündigungsabsicht liegt in der Aufrechterhaltung des Zustimmungsersuchens. Einer weiteren förmlichen Anhörung bedarf es nach Sinn und Zweck des Anhörungserfordernisses nicht (*BAG* 1.10.2020 – 2 AZR 238/20, Rn 15; 16.11.2017 EzA § 103 BetrVG 2001 Nr. 11; 27.1.2011 EzA § 103 BetrVG 2001 Nr. 8).

Ausnahmsweise kann die Kündigung auch schon vor Eintritt der Rechtskraft der gerichtlichen Entscheidung erklärt werden, wenn das LAG in seinem die Zustimmung des Betriebsrats ersetzenden Beschluss die Rechtsbeschwerde nicht zugelassen hat und sich aus den Gründen der zugestellten Entscheidung eindeutig ergibt, dass eine **Nichtzulassungsbeschwerde offensichtlich unstatthaft bzw. aussichtslos** ist (*BAG* 24.11.2011 EzA § 15 nF KSchG Nr. 70; 25.10.1989 RzK II 3 Nr. 17; krit. *Richardi/Thüsing* Rn 84; APS-*Linck* Rn 44). Der Arbeitgeber kann aber auch in diesem Fall den Eintritt der formellen Rechtskraft der gerichtlichen Entscheidung abwarten (*BAG* 9.7.1998 EzA § 103 BetrVG 1972 Nr. 39 = SAE 2000, 192 m. krit. Anm. *Kohte/Lenart* = AiB 1999, 46 m. zust. Anm. *Dornieden*). Es kann ihm nicht zugemutet werden, die oft schwierige Frage zu prüfen, ob eine Nichtzulassungsbeschwerde offensichtlich unstatthaft oder aussichtslos ist. Dies dürfte nach der seit 1.1.2005 geltenden Rechtslage nur noch in seltenen Ausnahmefällen gegeben sein, da die Nichtzulassungsbeschwerde nunmehr nicht nur auf Divergenz, sondern auch auf weitere rechtliche Gesichtspunkte gestützt werden kann (*LAG Nds.* 22.1.2010 LAGE § 103 BetrVG 2001 Nr. 10; s. a. Rdn 133).

140

Ist aber die Zustimmung des Betriebsrats durch rechtskräftige gerichtliche Entscheidung ersetzt, muss der Arbeitgeber entsprechend § 174 Abs. 5 SGB IX die Kündigung **unverzüglich nach Eintritt der Rechtskraft** erklären (*BAG* 8.6.2000 EzA § 626 BGB Ausschlussfrist Nr. 15). In der Regel wird er den Zugang der Kündigung danach binnen weniger Tage zu bewirken haben (*Schaub/Koch* § 179 Rn 35a: nicht mehr als drei Tage). Eine erneute zweiwöchige Frist für den Ausspruch der Kündigung in entsprechender Anwendung des § 626 Abs. 2 BGB kann dem Arbeitgeber nicht

141

zugebilligt werden, weil er bis zum Eintritt der Rechtskraft des gerichtlichen Beschlusses hinreichend Gelegenheit hat, sich darüber klar zu werden, ob er die von ihm beabsichtigte Kündigung auch tatsächlich erklären will (*BAG* 8.6.2000 EzA § 626 BGB Ausschlussfrist Nr. 15; 9.7.1998 EzA § 103 BetrVG 1972 Nr. 39 mwN; GK-BetrVG/*Raab* Rn 95; APS-*Linck* Rn 46; *Richardi/Thüsing* Rn 86; SPV-*Vossen* Rn 1752; aA *Diller* NZA 2004, 585; *Fitting* Rn 46). Ist die Zustimmung durch eine rechtsmittelfähige gerichtliche Entscheidung ersetzt, ist es dem Arbeitgeber zumutbar, sich nach Ablauf der Rechtsmittelfrist alsbald nach dem Eintritt der Rechtskraft zu erkundigen (*ArbG Wiesbaden* 11.1.1978 DB 1978, 796; *Fitting* Rn 46). Andernfalls nimmt er es in Kauf, dass seine Kündigung nicht mehr als »unverzüglich« angesehen werden kann.

b) Der Kündigungsschutzprozess

aa) Zulässigkeit der Kündigungsschutzklage

142 Kündigt der Arbeitgeber nach rechtskräftiger Zustimmungsersetzung außerordentlich, kann der Arbeitnehmer Kündigungsschutzklage erheben. Die materielle Rechtskraft der Entscheidung über die Ersetzung der Zustimmung steht der Kündigungsschutzklage **nicht als negative Prozessvoraussetzung** entgegen. Der Streitgegenstand des Beschlussverfahrens (Ersetzung der Zustimmung des Betriebsrats) ist mit dem Streitgegenstand des Kündigungsschutzverfahrens (Feststellung, dass das Arbeitsverhältnis durch die Kündigung nicht aufgelöst ist) nicht identisch (*BAG* 24.4.1975 EzA § 103 BetrVG 1992 Nr. 8; *Richardi/Thüsing* Rn 87; *Czerny* Rechtskraft S. 200).

143 Der Kündigungsschutzklage **fehlt** auch **nicht das Rechtsschutzbedürfnis** (*BAG* 24.4.1975 EzA § 103 BetrVG 1972 Nr. 8; *Richardi/Thüsing* Rn 87; GK-BetrVG/*Raab* Rn 105). Im Kündigungsschutzprozess ist nicht nur – wie im Beschlussverfahren – zu prüfen, ob im Zeitpunkt der letzten mündlichen Tatsachenverhandlung des Beschlussverfahrens die außerordentliche Kündigung gerechtfertigt war (s. Rdn 120), sondern auch, ob später eingetretene Tatsachen (zB eine mit Rückwirkung festgestellte Schwerbehinderung: *BAG* 11.5.2000 EzA § 103 BetrVG 1972 Nr. 41), die Kündigungserklärung selbst wirksam ist (zB Formerfordernis, Geschäftsfähigkeit des Kündigenden) und ihr Zugang unverzüglich nach rechtskräftiger Zustimmungsersetzung bewirkt wurde (*BAG* 25.4.2018 – 2 AZR 401/17, Rn 18, EzA § 103 BetrVG 2001 Nr. 12; 16.11.2017 EzA § 103 BetrVG 2001 Nr. 11).

bb) Präjudizielle Wirkung der rechtskräftigen Ersetzung der Zustimmung des Betriebsrats für den nachfolgenden Kündigungsschutzprozess

144 Die im Beschlussverfahren rechtskräftig getroffene Entscheidung, dass die Zustimmung des Betriebsrats zur Kündigung wegen Vorliegens eines wichtigen Grundes zu ersetzen ist, hat für die im Beschlussverfahren beteiligten Parteien des Kündigungsschutzprozesses (Arbeitnehmer und Arbeitgeber) eine **spezifische Bindungswirkung** (*BAG* 25.4.2018 – 2 AZR 401/17, Rn 8, EzA § 103 BetrVG 2001 Nr. 12 mwN). Das ArbG ist im Kündigungsschutzprozess grds. **an die** im Beschlussverfahren getroffene, allerdings nicht in Rechtskraft erwachsene **Feststellung gebunden, dass die außerordentliche Kündigung unter Berücksichtigung aller Umstände gerechtfertigt ist** (eingehend *Czerny* Rechtskraft S. 199 ff.). Dazu gehört nicht nur das Vorliegen eines wichtigen Grundes iSv § 626 Abs. 1 BGB, sondern auch die Einhaltung der Zweiwochenfrist des § 626 Abs. 2 BGB (*BAG* 25.4.2018 – 2 AZR 401/17, Rn 18, EzA § 103 BetrVG 2001 Nr. 12; 16.11.2017 EzA § 103 BetrVG 2001 Nr. 11). Dies gilt unabhängig davon, ob sich inzwischen die konkrete Amtsträgereigenschaft geändert hat. Im Verfahren nach § 103 Abs. 2 BetrVG wird allein geprüft, ob ein wichtiger Grund für die außerordentliche Kündigung iSv § 626 BGB gegeben ist. Auf die konkrete betriebsverfassungsrechtliche Funktion kommt es nicht an (*BAG* 16.11.2017 EzA § 103 BetrVG 2001 Nr. 11). Wegen dieser spezifischen Bindungswirkung kann der Arbeitnehmer im Kündigungsschutzprozess die unrichtige Entscheidung der Vorfrage (Berechtigung der außerordentlichen Kündigung) grds. nur dann geltend machen, wenn er neue Tatsachen vorträgt, die im Beschlussverfahren noch nicht berücksichtigt werden konnten, weil sie erst nach der letzten Verhandlung im Vorverfahren, in der sie hätten geltend gemacht und berücksichtigt werden können,

entstanden oder – nur im Falle der Verdachtskündigung – bekannt geworden sind (zB Formfehler bei der Kündigung; mit Rückwirkung festgestellte Schwerbehinderung: *BAG* 11.5.2000 EzA § 103 BetrVG 1972 Nr. 41). Von diesen Ausnahmefällen abgesehen, kann sich der Arbeitnehmer im Kündigungsschutzprozess nicht auf sonstige Tatsachen stützen, die er in dem früheren Verfahren erfolglos geltend gemacht hat oder hätte geltend machen können (sog. **Präklusionswirkung**; *BAG* 15.8.2002 EzA § 103 BetrVG 1972 Nr. 44; 11.5.2000 EzA § 103 BetrVG 1972 Nr. 41; 24.4.1975 EzA § 103 BetrVG 1972 Nr. 8; APS-*Linck* Rn 51; GK-BetrVG/*Raab* Rn 105; *Fitting* Rn 47; HWGNRH-*Huke* Rn 91; gegen eine Bindungswirkung der Entscheidung des Vorverfahrens: *Ascheid* Rn 696 ff. und FS Hanau S. 685; *Helm/Müller* AiB 1999, 604). Dagegen kann er die nicht unverzügliche Erklärung der Kündigung nach Rechtskraft des Zustimmungsbeschlusses notwendiger Weise erst im Kündigungsschutzprozess geltend machen (*BAG* 25.4.2018 – 2 AZR 401/17, Rn 18, EzA § 103 BetrVG 2001 Nr. 12).

Die präjudizielle Wirkung der im Beschlussverfahren getroffenen Feststellung der Berechtigung einer außerordentlichen Kündigung ist eine notwendige Folge des von § 103 Abs. 2 BetrVG vorgesehenen engen Zusammenhangs zwischen dem Zustimmungsersetzungsverfahren und dem Kündigungsschutzprozess (*BAG* 16.11.2017 EzA § 103 BetrVG 2001 Nr. 11). Sie ist vor dem Hintergrund gerechtfertigt, dass der Arbeitnehmer gem. § 103 Abs. 2 S. 2 BetrVG Beteiligter ist. Sie tritt deshalb nicht ein, wenn der betroffene **Arbeitnehmer in dem Beschlussverfahren vom Gericht nicht als Beteiligter hinzugezogen wurde** (*LKB/Bayreuther* § 15 KSchG Rn 149; APS-*Linck* Rn 51). In diesem Falle kann der Arbeitnehmer unbeschränkt alle Tatsachen vortragen, die die Berechtigung der außerordentlichen Kündigung in Zweifel ziehen. 145

War dem betroffenen Arbeitnehmer allerdings vom Gericht im Beschlussverfahren die Antragsschrift zugestellt worden und ist er **trotz ordnungsgemäßer Ladung zum Verhandlungstermin nicht erschienen** und hat er sich auch sonst nicht aktiv (zB durch Einreichung von Schriftsätzen) am Verfahren beteiligt, tritt für ihn die Präjudizwirkung der arbeitsgerichtlichen Entscheidung im Beschlussverfahren ein. Sie knüpft allein daran an, dass der betroffene Arbeitnehmer vom Gericht am Verfahren beteiligt wurde. Macht er von der Möglichkeit, die ihm wesentlich erscheinenden Tatsachen vorzutragen, keinen Gebrauch, geht dies zu seinen Lasten (APS-*Linck* Rn 51). 146

Wegen weiterer Einzelheiten zum Kündigungsschutzprozess s. KR-*Kreft* § 15 KSchG Rdn 64 ff. 147

cc) **Präjudizielle Wirkung einer gerichtlichen Zustimmungsersetzung für weitere Kündigungen**

Die präjudizielle Wirkung einer gerichtlichen Zustimmungsersetzung gilt **nur für die nachfolgende (erste) Kündigung**. Ist diese Kündigung etwa aus formellen Gründen unwirksam, muss der Arbeitgeber für eine weitere auf denselben Kündigungssachverhalt gestützte außerordentliche Kündigung erneut die Zustimmung des Betriebsrats einholen und gegebenenfalls – bei verweigerter Zustimmung des Betriebsrats – ein weiteres Zustimmungsersetzungsverfahren betreiben. In diesem Verfahren entfaltet die gerichtliche Zustimmungsersetzung im ersten Verfahren keine präjudizielle Wirkung. Ebenso wenig entfaltet die (erste) gerichtliche Zustimmungsersetzung, die Grundlage einer formell unwirksamen außerordentlichen Kündigung war, eine Bindungswirkung hinsichtlich des Kündigungsgrundes für einen späteren Kündigungsschutzprozess über eine auf denselben Sachverhalt gestützte ordentliche Kündigung, die der Arbeitgeber nach Beendigung des Sonderkündigungsschutzes erklärt hat (*BAG* 15.8.2002 EzA § 103 BetrVG 1972 Nr. 44). 148

9. Erneutes Zustimmungsersetzungsverfahren nach rechtskräftiger Abweisung des Zustimmungsersetzungsantrags

Wird ein Zustimmungsersetzungsantrag von einem Gericht für Arbeitssachen rechtskräftig als unbegründet abgewiesen, steht damit auch **rechtskräftig** fest, dass im Zeitpunkt der letzten gerichtlichen Anhörung der geltend gemachte Kündigungssachverhalt **eine außerordentliche Kündigung** nicht rechtfertigte. Auf denselben Kündigungssachverhalt kann daher ein neuer Zustimmungsersetzungsantrag nicht gestützt werden. Selbst wenn nunmehr der Betriebsrat zum selben 149

Kündigungssachverhalt seine Zustimmung zur Kündigung erteilt, müsste im nachfolgenden Kündigungsschutzprozess der Kündigungsschutzklage ohne Weiteres stattgegeben werden, weil das Gericht an die rechtskräftige Feststellung, dass hinsichtlich dieses Kündigungssachverhalts eine außerordentliche Kündigung nicht gerechtfertigt ist, gebunden ist (vgl. *LAG Düsseld.* 4.9.1998 AiB 1999, 470).

150 Nur wenn der Arbeitgeber seinen erneuten Antrag auf Zustimmung bzw. Zustimmungsersetzung zur außerordentlichen Kündigung auf **neue Tatsachen** stützt, die dem bisherigen Kündigungssachverhalt ein anderes Gewicht verleihen oder einen neuen Kündigungssachverhalt darstellen, ist der Antrag zulässig und auf seine Begründetheit zu überprüfen. Wenn zB im Vorverfahren die Zustimmungsersetzung rechtskräftig mit der Begründung versagt wurde, die gegen das Betriebsratsmitglied erhobenen Tatvorwürfe seien nicht erwiesen, kann sich der Arbeitgeber in einem erneuten Zustimmungsersetzungsverfahren auf die neue Tatsache stützen, dass das Betriebsratsmitglied wegen der Tatvorwürfe inzwischen rechtskräftig verurteilt wurde und deshalb die Tatvorwürfe in einem neuen Licht erscheinen. Hingegen stellt die nicht rechtskräftige strafrechtliche Verurteilung des Betriebsratsmitglieds keine zu beachtende neue Tatsache dar, weil sie wegen der bis zur Rechtskraft geltenden Unschuldsvermutung dem (im Vorverfahren als nicht bewiesen angesehenen) Tatvorwurf kein stärkeres Gewicht verleiht (*BAG* 16.9.1999 EzA § 103 BetrVG 1972 Nr. 40).

IV. Beschäftigungsanspruch des Arbeitnehmers

1. Beschäftigung und Suspendierung vor Zugang der Kündigung

151 Da das Arbeitsverhältnis bis zum Zugang der Kündigung unzweifelhaft fortbesteht, besteht bis zu diesem Zeitpunkt grds. ein Anspruch des Arbeitnehmers auf Beschäftigung (*Hess. LAG* 28.6.2010 – 16 SaGa 811/10). Der **Beschäftigungsanspruch ist Teil des allgemeinen Persönlichkeitsrechts** (Art. 1, 2 GG). Während des Zustimmungsverfahrens und des gerichtlichen Zustimmungsersetzungsverfahrens entfällt dieser Beschäftigungsanspruch nur dann ausnahmsweise, wenn **überwiegende und schutzwürdige Interessen des Arbeitgebers** das gebieten (*LAG Hamm* 12.12.2001 RzK II 3 Nr. 42; *Sächs. LAG* 14.4.2000 LAGE § 103 BetrVG 1972 Nr. 16; vgl. auch *BAG* 19.8.1976 EzA § 611 BGB Beschäftigungspflicht Nr. 1). Unter dieser Voraussetzung kann der Arbeitgeber einen durch § 103 BetrVG geschützten Arbeitnehmer bis zum Abschluss des Zustimmungsverfahrens bzw. des gerichtlichen Zustimmungsersetzungsverfahrens unter Fortzahlung der Vergütung von der Arbeit suspendieren (GK-BetrVG/*Raab* Rn 110, 112; *Richardi/Thüsing* Rn 93, 95). Ein solcher Fall ist etwa gegeben, wenn bei einer weiteren Tätigkeit des Arbeitnehmers im Betrieb die durch konkrete Tatsachen begründete Besorgnis besteht, dass es zu Störungen des Betriebsfriedens oder betrieblichen Ablaufs kommt oder andere Arbeitnehmer gefährdet werden, ggf. auch, wenn der durch objektive Tatsachen gesicherte dringende Verdacht einer strafbaren Handlung oder sonstigen schweren Arbeitsvertragsverletzung besteht (*LAG Hamm* 12.12.2001 RzK II 3 Nr. 42). Hingegen reicht es entgegen der Auffassung des *LAG Hamm* (24.10.1974 EzA § 103 BetrVG 1972 Nr. 5) zur Suspendierung nicht aus, dass den ins Feld geführten Kündigungsgründen »einiges Gewicht« zukommt. Wenn überwiegende und schutzwürdige Interessen des Arbeitgebers einer Weiterbeschäftigung des Arbeitnehmers nicht entgegenstehen, kann der Arbeitnehmer bei einer Suspendierung eine einstweilige Verfügung auf Weiterbeschäftigung erwirken (*LAG Köln* 2.8.2005 LAGE § 103 BetrVG 2001 Nr. 4). Überwiegende schutzwürdige Interessen des Arbeitgebers sind im Allgemeinen zu verneinen, wenn das Arbeitsgericht in erster Instanz den Zustimmungsersetzungsantrag des Arbeitgebers (§ 103 Abs. 2 BetrVG) zurückgewiesen hat (*Sächs. LAG* 14.4.2000 LAGE § 103 BetrVG 1972 Nr. 16).

152 Wenn dem Arbeitgeber jede **Weiterbeschäftigung** des Arbeitnehmers nach Treu und Glauben schlechthin **nicht zugemutet werden kann**, was bei besonders schwerwiegenden Verfehlungen des Arbeitnehmers und damit verbundener Gefährdung von Rechtsgütern des Arbeitgebers, seiner Familienangehörigen oder anderer Arbeitnehmer zu bejahen ist, berechtigt dies den Arbeitgeber gleichwohl nicht, über die Suspendierung des Arbeitsverhältnisses hinaus die Fortzahlung des Arbeitsentgelts für die Dauer der Suspendierung einseitig abzulehnen (*Hess. LAG* 11.6.2008

ArbuR 2008, 321; *Richardi/Thüsing* Rn 95; **aA** *BAG* 28.4.1988 RzK II 3 Nr. 15; GK-BetrVG/ *Raab* Rn 112; HWGNRH-*Huke* Rn 95). Darin läge eine unzulässige Umgehung des Kündigungsschutzes der durch § 103 BetrVG geschützten Personen, denen nur nach vorheriger Zustimmung des Betriebsrats oder nach vorheriger rechtskräftiger Ersetzung der Zustimmung des Betriebsrats außerordentlich gekündigt werden kann (vgl. § 15 KSchG).

Andererseits ist nicht zu verkennen, dass bei der Unzumutbarkeit einer jeden – auch noch so kurzfristigen – Weiterbeschäftigung der Arbeitgeber ein berechtigtes Interesse daran hat, von der Beschäftigungs- und Entgeltzahlungspflicht befreit zu werden, und zwar vor Beendigung eines möglicherweise monate- oder jahrelang dauernden gerichtlichen Zustimmungsersetzungsverfahrens. Diesem Interesse kann dadurch Rechnung getragen werden, dass dem Arbeitgeber das Recht eingeräumt wird, den Arbeitnehmer in entsprechender Anwendung des § 103 BetrVG **mit Zustimmung des Betriebsrats unter Fortfall der Vergütungspflicht zu suspendieren**. Falls der Betriebsrat die Zustimmung hierzu verweigert, kann der Arbeitgeber in entsprechender Anwendung des § 103 Abs. 2 BetrVG gegen den Arbeitnehmer beim ArbG eine Entscheidung, auch durch einstweilige Verfügung, auf Ersetzung der Zustimmung des Betriebsrats zum Wegfall des Beschäftigungs- und Vergütungsanspruchs des Arbeitnehmers erwirken. Gegen eine solche einstweilige Verfügung bestehen keine rechtlichen Bedenken, weil sie das vom Arbeitgeber erstrebte Ziel, die Ersetzung der Zustimmung des Betriebsrats zur Kündigung, rechtlich nicht vorwegnimmt und ihm eine Kündigung nicht ermöglicht, andererseits aber die Suspendierung ohne Fortzahlung der Vergütung wegen der praktisch gleichen Wirkung wie eine fristlose Kündigung an die qualitativ selben rechtlichen Voraussetzungen wie eine fristlose Kündigung (Zustimmung des Betriebsrats oder gerichtliche Ersetzung) geknüpft wird. Bis zum Erlass der einstweiligen Verfügung, die in dringenden Fällen auch ohne mündliche Verhandlung erlassen werden kann (§ 937 Abs. 2 ZPO), ist nur eine vom Arbeitgeber einseitig angeordnete Suspendierung unter Fortzahlung der Vergütung möglich. Wird der Antrag des Arbeitgebers, die Zustimmung des Betriebsrats zur außerordentlichen Kündigung zu ersetzen, von einem Gericht rechtskräftig zurückgewiesen, entfällt die Suspendierung mit Rechtskraft der Entscheidung.

Das Recht zur Suspendierung allein berechtigt den Arbeitgeber noch nicht, dem Betriebsratsmitglied den **Zutritt zum Betrieb zur Wahrnehmung von Betriebsratsaufgaben** zu verwehren. Dieses Zutrittsrecht kann aber unter bestimmten Voraussetzungen ebenfalls entfallen (s. Rdn 159).

2. Beschäftigung nach Ausspruch der Kündigung

Nach Zugang der außerordentlichen Kündigung entfällt idR der **Beschäftigungsanspruch** des Arbeitnehmers, da der Beschäftigungsanspruch grds. auf die Zeit begrenzt ist, in der das Arbeitsverhältnis unangefochten besteht und die darüberhinausgehende Regelung des § 102 Abs. 5 BetrVG auf die dort aufgeführten Fälle beschränkt und auf außerordentliche Kündigungen nicht anwendbar ist.

Ausnahmsweise besteht nach Zugang der außerordentlichen Kündigung ein Beschäftigungsanspruch des Arbeitnehmers,

a) wenn das Arbeitsverhältnis trotz der Kündigung nach der objektiven Rechtslage unzweifelhaft fortbesteht, dh die **Kündigung offensichtlich unwirksam** ist. Das ist zB der Fall, wenn sich bei feststehendem Sachverhalt die Rechtsfolge der Unwirksamkeit der Kündigung unmittelbar aus dem Gesetz ergibt, etwa bei Verstößen gegen § 103 BetrVG (Fehlen der vorherigen Zustimmung des Betriebsrats oder ihrer rechtskräftigen Ersetzung), § 17 MuSchG (Fehlen der vorherigen Zustimmung der obersten Arbeitsbehörde), §§ 174, 168 SGB IX (Fehlen der vorherigen Zustimmung des Integrationsamts), oder wenn die Kündigung offensichtlich rechtsmissbräuchlich oder offensichtlich willkürlich ist (*BAG* 27.2.1985 EzA § 611 BGB Beschäftigungspflicht Nr. 9; vgl. auch *Fitting* § 24 Rn 17);

b) wenn gegenüber dem Beschäftigungsinteresse des Arbeitnehmers überwiegende schutzwerte Interessen des Arbeitgebers einer Weiterbeschäftigung nicht entgegenstehen. Hierbei überwiegt das

Beschäftigungsinteresse des Arbeitnehmers die Interessen des Arbeitgebers idR dann, wenn im Kündigungsprozess ein die Unwirksamkeit der Kündigung feststellendes Urteil ergangen ist (*BAG* 27.2.1985 EzA § 611 BGB Beschäftigungspflicht Nr. 9; wegen weiterer Einzelheiten vgl. KR-*Rinck* § 102 BetrVG Rdn 357 f.).

157 Liegen die Voraussetzungen für einen Weiterbeschäftigungsanspruch nach Zugang der Kündigung vor (s. Rdn 156), kann dieser Anspruch von dem betroffenen Arbeitnehmer ggf. im Wege der **einstweiligen Verfügung** verfolgt werden (*LAG SchlH* 17.3.1976 DB 1976, 826; *LAG Düsseld.* 27.2.1975 EzA § 25 BetrVG 1972 Nr. 1). Ist dem Arbeitgeber durch einstweilige Verfügung die Weiterbeschäftigung des Betriebsratsmitglieds aufgegeben worden, ist dieses nicht mehr an der Ausübung seines Betriebsratsamts als zeitweilig verhindert anzusehen, sondern kann seine Aufgaben als Betriebsratsmitglied voll wahrnehmen (aA *LAG SchlH* 17.3.1976 DB 1976, 826).

V. Amtsausübung des Arbeitnehmers

1. Amtsausübung vor Zugang der Kündigung

158 Solange das Arbeitsverhältnis einer der durch § 103 BetrVG geschützten Personen noch nicht gekündigt ist, also auch während des Zustimmungsverfahrens beim Betriebsrat gem. § 103 Abs. 1 BetrVG und während des gerichtlichen Zustimmungsersetzungsverfahrens, ist der betreffende Arbeitnehmer noch Inhaber seines betriebsverfassungsrechtlichen Amts und kann zu dessen Ausübung den Betrieb betreten. Der Arbeitgeber darf ihm den **Zutritt zum Betrieb nicht verwehren**. Das gilt selbst dann, wenn er den Arbeitnehmer berechtigterweise von der Arbeit suspendiert hat (s. Rdn 151 ff.). Das überwiegende Interesse des Arbeitgebers, den Arbeitnehmer von der Arbeit freizustellen, und selbst die Unzumutbarkeit der Weiterbeschäftigung iSv § 626 BGB ist kein Grund, diesem die Ausübung seines betriebsverfassungsrechtlichen Amts zu verwehren (in diesem Sinne auch *Richardi/Thüsing* Rn 96). Der Ausschluss eines Arbeitnehmers von seinem betriebsverfassungsrechtlichen Amt ist nur bei einer groben Amtspflichtverletzung und dann auch nur durch gerichtliche Entscheidung möglich (vgl. §§ 23, 18 Abs. 1 BetrVG), die in dringenden Fällen auch als einstweilige Verfügung (Untersagung der Amtsausübung bis zur rechtskräftigen Entscheidung) ergehen kann (*LAG München* 19.3.2003 NZA-RR 2003, 641; APS-*Linck* Rn 48; *Fitting* § 23 Rn 32; GK-BetrVG/*Oetker* § 23 Rn 102). Deshalb ist auch in den Fällen einer berechtigten Suspendierung von der Arbeit grds. ein Zutrittsrecht des Arbeitnehmers zum Betrieb zur Amtsausübung zu bejahen. Ein durch den Arbeitgeber erteiltes Hausverbot ist unwirksam (*LAG Hamm* 24.10.1974 EzA § 103 BetrVG 1972 Nr. 5 *Richardi/Thüsing* Rn 96; *Fitting* Rn 44; vgl. auch HWGNRH-*Huke* Rn 94; aA *ArbG Hagen* 13.2.2007 NZA-RR 2007, 527 bei schwerwiegenden Pflichtverletzungen). Der Arbeitnehmer kann den Zutritt zum Betrieb **durch einstweilige Verfügung** im Beschlussverfahren gegen den Arbeitgeber erzwingen (*LAG Hamm* 27.4.1972 EzA § 5 BetrVG 1972 Nr. 1; SPV-*Vossen* Rn 1773; für ein Personalratsmitglied *VG Mainz* 14.10.2016 PersV 2017, 222).

159 Ein zur Amtsausübung begehrtes Zutrittsrecht des Arbeitnehmers zum Betrieb besteht nur dann nicht, wenn die Amtsausübung als **Rechtsmissbrauch** zu beurteilen wäre (HWGNRH-*Huke* Rn 94; *Richardi/Thüsing* Rn 96), zB wenn konkrete Anhaltspunkte dafür bestehen, dass das Betriebsratsmitglied im Betrieb ihn belastendes Beweismaterial beseitigen bzw. manipulieren könnte (vgl. *LAG München* 19.3.2003 NZA-RR 2003, 641) oder durch das Betreten des Betriebs den Betriebsfrieden unmittelbar und ernstlich gefährden würde. Dies hat der Arbeitgeber ggf. durch Angabe konkreter Anhaltspunkte, etwa die Ankündigung des Betriebsratsmitglieds, zu Demonstrationen oder Arbeitsniederlegungen aufzurufen etc., darzulegen (*LAG Hamm* 27.4.1972 EzA § 5 BetrVG 1972 Nr. 1).

2. Amtsausübung nach Zugang der Kündigung

160 Nimmt eine der durch § 103 BetrVG geschützten Personen **die Kündigung durchzustimmende Erklärung** an, endet damit das Arbeitsverhältnis und zugleich das betriebsverfassungsrechtliche Amt, das der Arbeitnehmer bisher wahrgenommen hatte (vgl. § 24 Abs. 1 Nr. 3 BetrVG). Für ein Zutrittsrecht zum Betrieb zur Amtsausübung ist danach kein Raum mehr.

In allen übrigen Fällen, in denen trotz der Kündigung die Beendigung des Arbeitsverhältnisses 161
nicht zweifelsfrei feststeht, insbes. wenn der Arbeitnehmer Kündigungsschutzklage erhoben hat,
ist der betreffende Arbeitnehmer – mit Ausnahme der Wahlbewerber (vgl. Rdn 164) – grds. an
der Ausübung seines Amts als **zeitweilig verhindert** anzusehen (*LAG SchlH* 2.9.1976 BB 1976,
1319; *Fitting* § 24 Rn 16; GK-BetrVG/*Raab* Rn 113; HWGNRH-*Huke* Rn 92; *Richardi/Thüsing*
§ 25 Rn 12, § 24 Rn 14; SPV-*Vossen* Rn 1771; *Korinth* ArbRB 2007, 190). Die Berechtigung zur
Amtsausübung setzt voraus, dass die betreffende Person zweifelsfrei Amtsinhaber ist. Ist dies durch
eine Kündigung des Arbeitgebers zweifelhaft geworden, tritt eine zeitweilige Verhinderung an der
Amtsausübung ein, so dass an die Stelle des bisherigen Amtsinhabers ein Ersatzmitglied tritt (vgl.
§ 25 Abs. 1 BetrVG). Mit der zeitweiligen Verhinderung an der Amtsausübung entfällt auch ein
Zutrittsrecht zum Betrieb (vgl. auch *LAG Nbg.* 10.10.1985 LAGE § 25 BetrVG 1972 Nr. 2).

Etwas anderes gilt, wenn die außerordentliche **Kündigung offensichtlich unwirksam** ist (vgl. *BAG* 162
27.2.1985 EzA § 611 BGB Beschäftigungspflicht Nr. 9; 26.5.1977 EzA § 611 BGB Beschäftigungspflicht Nr. 2; *LAG Hamm* 23.6.2014 – 13 TaBVGa 20/14). In diesen Fällen besteht kein
Zweifel an dem Fortbestehen des Arbeitsverhältnisses, so dass auch kein Grund für eine zeitweilige
Verhinderung des Arbeitnehmers an der Amtsausübung vorhanden ist. Ein Amtsinhaber, dessen
Entlassung offensichtlich unwirksam ist, kann folglich seine betriebsverfassungsrechtlichen Aufgaben voll wahrnehmen und zur Amtsausübung den Zutritt zum Betrieb verlangen (*Korinth* ArbRB
2007, 190; aA *LAG SchlH* 17.3.1976 DB 1976, 826). Dieser Anspruch auf Zutritt zum Betrieb
ist durch einstweilige Verfügung im Beschlussverfahren gegen den Arbeitgeber durchsetzbar (*LAG
Hmb.* 6.10.2005 AiB 2006, 238; *Fitting* § 24 Rn 17; SPV-*Vossen* Rn 1773; *Korinth* ArbRB 2007,
190; aA *LAG Düsseld.* 3.4.1974 DB 1974, 2164; *ArbG Kaiserslautern* 11.2.1975 ARSt 1976, 100).
Eine zeitweilige Verhinderung an der Amtsausübung besteht auch dann nicht, wenn der Arbeitnehmer während des Kündigungsschutzprozesses einen Weiterbeschäftigungsanspruch nach den
vom Großen Senat des BAG aufgestellten Grundsätzen (s. KR-*Rinck* § 102 BetrVG Rdn 353 ff.)
hat (*LAG Hamm* 17.1.1996 LAGE § 25 BetrVG 1972 Nr. 4).

Das Zutrittsrecht zum Betrieb zur Amtsausübung besteht in diesen Fällen auch, wenn das Betriebs- 163
ratsmitglied während des Kündigungsrechtsstreits **auf die Geltendmachung seines Weiterbeschäftigungsanspruchs verzichtet**. Beschäftigung und Amtsausübung sind nicht notwendig miteinander verbunden, wie auch beim Recht zur Amtsausübung trotz berechtigter Suspendierung von der
Arbeit (s. Rdn 158) deutlich wird.

Eine Besonderheit gilt für **Wahlbewerber**. Diese verlieren trotz einer außerordentlichen Kün- 164
digung des Arbeitgebers nicht ihre Wählbarkeit in den Betriebsrat (*Fitting* § 8 Rn 20). Deshalb
muss der Arbeitgeber ihnen die übliche Wahlwerbung im Betrieb gestatten, wozu zB das Aufhän-
gen von Plakaten und das Aufsuchen von Arbeitnehmern im Betrieb gehören. Zu diesem Zweck
muss der Arbeitgeber dem Wahlbewerber grds. den Zutritt zum Betrieb gewähren. Nur wenn die
Ausübung des Zutrittsrechts durch den Wahlbewerber als rechtsmissbräuchlich anzusehen wäre (s.
Rdn 159) oder die Kündigung offensichtlich begründet ist, ist ein Zutrittsrecht des Wahlbewerbers zum Betrieb zu verneinen. Soweit ein Zutrittsrecht zum Betrieb besteht, ist dieser Anspruch
im Beschlussverfahren durch einstweilige Verfügung gegen den Arbeitgeber durchsetzbar (vgl.
auch *Fitting* § 8 Rn 23).

C. Versetzungsschutz

I. Voraussetzungen des Versetzungsschutzes

1. Geschützter Personenkreis

Derselbe Personenkreis, der nach § 103 Abs. 1 BetrVG **gegen außerordentliche Kündigungen ge-** 165
schützt ist, genießt nach § 103 Abs. 3 BetrVG auch einen **besonderen Schutz gegen Versetzungen**.
Dieser erstreckt sich damit auf Mitglieder des Betriebsrats, der Jugend- und Auszubildendenvertretung, der Bordvertretung, des Seebetriebsrats und des Wahlvorstands sowie auf Ersatzmitglieder
dieser Organe während ihrer Vertretungstätigkeit und auf Wahlbewerber. Auch die Mitglieder einer

nach § 3 Abs. 1 Nr. 1–3 BetrVG durch Tarifvertrag bestimmten anderen Vertretung der Arbeitnehmer oder einer Vertretung für im Flugbetrieb beschäftigte Arbeitnehmer iSd § 117 Abs. 2 BetrVG genießen den besonderen Versetzungsschutz des § 103 Abs. 3 BetrVG, da diese Vertretungen praktisch an die Stelle des Betriebsrats treten (s. Rdn 13). Mitglieder einer Schwerbehindertenvertretung (*BAG* 19.7.2012 EzA § 15 nF KSchG Nr. 72) und Gesamtschwerbehindertenvertretung sind ebenfalls nach § 103 Abs. 3 BetrVG gegen Versetzungen geschützt, weil sie die gleiche persönliche Rechtsstellung gegenüber dem Arbeitgeber wie ein Betriebsratsmitglied besitzen (§ 179 Abs. 3, § 180 Abs. 7 SGB IX).

166 Soll ein in einem **Tendenzunternehmen** (§ 118 Abs. 1 BetrVG) beschäftigter Amtsträger iSd § 103 BetrVG, der selbst Tendenzträger ist, versetzt werden, ist aus dem gleichen Grunde wie bei einer außerordentlichen Kündigung weder die Zustimmung des Betriebsrats nach § 103 Abs. 3 BetrVG noch eine sie ersetzende gerichtliche Entscheidung gemäß § 103 Abs. 2 BetrVG erforderlich (s. Rdn 22). Die Versetzung eines Tendenzträgers ist eine tendenzbezogene Maßnahme. Es geht hier um die durch das Grundgesetz (Art. 5 GG) geschützte Freiheit des Arbeitgebers, Personen seines Vertrauens mit den Arbeiten zu beauftragen, die bestimmend (prägend) für die Verwirklichung der geistig-ideellen Zielsetzung sind. Daher ist auch das Beteiligungsrecht des Betriebsrats nach § 99 BetrVG eingeschränkt. Bei der Versetzung eines Tendenzträgers ist der Betriebsrat zwar vorher über die geplante Maßnahme zu unterrichten, er kann aber die Zustimmung nicht aus einem der in § 99 Abs. 2 Nr. 1 bis 6 BetrVG genannten Gründe verweigern mit der Folge, dass der Arbeitgeber die Zustimmung ersetzen lassen müsste. Dies gilt unabhängig davon, ob er sog. tendenzneutrale oder tendenzbezogene Zustimmungsverweigerungsgründe geltend macht (*BAG* 27.7.1993 EzA § 118 BetrVG 1972 Nr. 61).

167 Zum geschützten und nicht geschützten Personenkreis s. im Übrigen Rdn 11–19 und 24–25. Diese Ausführungen gelten bei Versetzungen entsprechend.

2. Beginn und Ende des Schutzes

168 Die Ausführungen zu Rdn 27–52 gelten bei Versetzungen entsprechend. Hierbei ist jedoch zu beachten, dass das Gesetz einen nachwirkenden Versetzungsschutz für Amtsträger nach Ablauf ihrer Amtszeit (bei Ersatzmitgliedern nach Ablauf ihrer Vertretungstätigkeit) nicht vorsieht (vgl. *ArbG Düsseld.* 26.3.2003 DB 2003, 1688: kein nachwirkender Vertretungsschutz für Ersatzmitglieder des Betriebsrats).

3. Betriebsrat, betriebsratsloser Betrieb

169 Die Ausführungen zu Rdn 53–57 gelten bei Versetzungen entsprechend.

4. Arten der Versetzung

170 § 103 Abs. 3 BetrVG betrifft nur Versetzungen, die der Arbeitgeber aufgrund des Arbeitsvertrags **kraft seines Direktionsrechts** einseitig anordnen kann (*LAG Nbg.* 31.1.2014 – 8 TaBVGa 1/14, BB 2014, 1203). Erstreckt sich das Direktionsrecht nicht auf die von ihm geplante Versetzung, ist eine Änderungskündigung erforderlich. Diese kann gegenüber einem Amtsträger nur als **außerordentliche Änderungskündigung** erklärt werden, die unter den Schutz des § 103 Abs. 1 BetrVG fällt (s. Rdn 60; zu den Anforderungen an eine außerordentliche Änderungskündigung s. KR-*Kreft* § 15 KSchG Rdn 43 ff. und KR-*Fischermeier/Krumbiegel* § 626 BGB Rdn 212 ff.).

171 Nicht jede Versetzung eines Amtsträgers iSd § 103 Abs. 1 BetrVG bedarf der Zustimmung des Betriebsrats. So sind **Versetzungen, mit denen der betroffene Arbeitnehmer einverstanden ist**, nicht zustimmungspflichtig (§ 103 Abs. 3 S. 1 HS 2 BetrVG). Darüber hinaus bedürfen nur solche Versetzungen der Zustimmung des Betriebsrats, die zu einem **Verlust des Amts oder der Wählbarkeit** führen würden (*BAG* 29.9.2004 EzA-SD 2005 Nr. 5, 12). Dazu können **nur Versetzungen in einen anderen Betrieb** führen. Versetzungen innerhalb desselben Betriebs bedürfen daher nicht der

Zustimmung des Betriebsrats nach § 103 Abs. 3 BetrVG. Für sie ist vielmehr nur das Beteiligungsverfahren nach § 99 BetrVG durchzuführen.

Die auf Dauer vorgesehene Versetzung von Mitgliedern des Betriebsrats, der Jugend- und Auszubildendenvertretung, der Bordvertretung, des Seebetriebsrats und des Wahlvorstands in einen anderen Betrieb führt zum **Verlust** der **Wählbarkeit** in ihrem bisherigen Betrieb und damit **ihres Amts** (vgl. § 24 Nr. 4 BetrVG). Die Versetzung von Wahlbewerbern in einen anderen Betrieb führt zum **Verlust der Wählbarkeit** in ihrem bisherigen Betrieb bei der anstehenden Betriebsratswahl. Eine nur **vorübergehende Abordnung** in einen anderen Betrieb lässt die Betriebszugehörigkeit und damit Wählbarkeit im entsendenden Betrieb unberührt (*Fitting* § 24 Rn 66; GK-BetrVG/*Raab* Rn 38; APS-*Linck* Rn 53), auch wenn es sich iSv § 95 Abs. 3, § 99 BetrVG um eine mitbestimmungspflichtige Versetzung handelt. In diesem Fall ist nur das Zustimmungsverfahren nach § 99 BetrVG durchzuführen. Wird bei einer **Betriebsspaltung** ein Betriebsratsmitglied in einen abgespaltenen Betriebsteil versetzt, behält es zwar sein Übergangsmandat (§ 21a BetrVG), die Versetzung führt aber gleichwohl zum Verlust seines Amts iSv § 103 Abs. 3 BetrVG. Dieses Betriebsratsmitglied verliert sein Amt mit der Beendigung des Übergangsmandats, während es beim Verbleiben im bisherigen Betrieb sein Amt auch nach Beendigung des Übergangsmandats weiterführen könnte. Deshalb bedarf auch diese Versetzung der Zustimmung nach § 103 Abs. 3 BetrVG (aA GK-BetrVG/*Raab* Rn 40). Auch die mit einer **Beförderung zum leitenden Angestellten** verbundene Versetzung eines Mandatsträgers führt zum Verlust der Wählbarkeit und damit zum Mandatsverlust (§ 24 Nr. 4 BetrVG), jedoch dürfte die Zustimmung des Betriebsrats in der Praxis regelmäßig entbehrlich sein, da im Allgemeinen davon auszugehen ist, dass der Arbeitnehmer mit seiner Beförderung einverstanden ist (vgl. GK-BetrVG/*Raab* Rn 42).

5. Abgabe der Versetzungserklärung

Die Ausführungen zu Rdn 63 gelten bei Versetzungen entsprechend.

II. Zustimmungsverfahren

1. Zuständigkeit von Betriebsrat, Gesamtbetriebsrat, Bordvertretung, Seebetriebsrat oder anderen Arbeitnehmervertretungen

Die Ausführungen zu Rdn 66 gelten bei Versetzungen entsprechend. Insoweit ist die Arbeitnehmervertretung **des abgebenden Betriebs** zu beteiligen. Der Arbeitnehmervertretung des **aufnehmenden Betriebs** steht das Mitbestimmungsrecht nach § 99 BetrVG zu, da die Aufnahme des Arbeitnehmers in den aufnehmenden Betrieb eine »Einstellung« ist (*BAG* 22.1.1991 EzA § 99 BetrVG 1972 Nr. 98).

2. Einleitung des Zustimmungsverfahrens

Da es sich hier um eine Versetzung handelt, gelten für das Zustimmungsverfahren beim Betriebsrat mangels spezieller Regelungen in § 103 BetrVG die **Verfahrensvorschriften des § 99 Abs. 1 und 3 BetrVG** entsprechend (*BAG* 27.7.2016 EzA § 103 BetrVG 2001 Nr. 10; GK-BetrVG/*Raab* Rn 51; APS-*Linck* Rn 55).

Danach hat der Arbeitgeber den Betriebsrat über die geplanten Versetzungen **umfassend zu unterrichten**. Er hat hierbei dem Betriebsrat unter Vorlage der erforderlichen Unterlagen Auskunft über die Person des zu versetzenden Amtsträgers (Name, Anschrift, Geburtstag und -ort sowie alle Umstände über die fachliche und persönliche Eignung für den vorgesehenen Arbeitsplatz) sowie die Auswirkungen der geplanten Maßnahme zu geben, insbes. den in Aussicht genommenen Arbeitsplatz, den vorgesehenen Versetzungstermin und die vorgesehene Eingruppierung mitzuteilen. Erforderlich, aber auch ausreichend ist eine Unterrichtung, die es dem Betriebsrat ermöglicht, aufgrund der mitgeteilten Tatsachen zu prüfen, ob ein Zustimmungsverweigerungsgrund gegeben ist (*BAG* 27.7.2016 EzA § 103 BetrVG 2001 Nr. 10). Eine bestimmte Form der Unterrichtung ist nicht vorgeschrieben, so dass sie auch mündlich erfolgen kann.

177 Eine ausdrückliche **Aufforderung** des Arbeitgebers an den Betriebsrat, zu der beabsichtigten Versetzung Stellung zu nehmen, ist grds. **nicht erforderlich**. Die Ausführungen zu Rdn 72 und KR-*Rinck* § 102 BetrVG Rdn 108 ff. gelten hier entsprechend.

3. Empfangsberechtigung auf Seiten des Betriebsrats zur Entgegennahme von Arbeitgebererklärungen

178 Die Ausführungen zu Rdn 76–80 gelten bei Versetzungen entsprechend.

4. Frist zur Stellungnahme für Betriebsrat

179 Die für das Beteiligungsverfahren nach § 99 BetrVG geltende Äußerungsfrist (§ 99 Abs. 3 S. 1 BetrVG) ist auf das Zustimmungsverfahren entsprechend anwendbar (s. a. Rdn 175). Hiernach hat der Betriebsrat seine Stellungnahme zu der vom Arbeitgeber beantragten Zustimmung zur Versetzung **innerhalb einer Woche** zu erklären. Schweigen gilt als Zustimmungsverweigerung (s. Rdn 187).

5. Willensbildung des Betriebsrats, Anhörung des Arbeitnehmers

180 Die Ausführungen zur Willensbildung des Betriebsrats bei Kündigungen (Rdn 83–86 und KR-*Rinck* § 102 BetrVG Rdn 133–135, 137–141) gelten bei Versetzungen entsprechend.

181 Anders als bei Kündigungen (§ 102 Abs. 2 S. 4 BetrVG) sieht das Gesetz **nicht** vor, dass der Betriebsrat vor seiner Stellungnahme zu der beabsichtigten Versetzung den betroffenen Arbeitnehmer hören soll, soweit dies erforderlich erscheint. Dem Betriebsrat ist aber ein Recht zur **Anhörung des betroffenen Arbeitnehmers** zuzugestehen, wovon er im Einzelfall Gebrauch machen sollte.

6. Schweigepflicht des Betriebsrats

182 Die Schweigepflicht des Betriebsrats besteht im gleichen Umfang wie bei Kündigungen. Es kann daher auf die Ausführungen zu KR-*Rinck* § 102 BetrVG Rdn 145 verwiesen werden.

7. Abschluss des Zustimmungsverfahrens beim Betriebsrat

183 Die Ausführungen zu Rdn 88–89 gelten bei Versetzungen entsprechend.

8. Stellungnahme des Betriebsrats

a) Mitbeurteilungsrecht

184 Daraus, dass das ArbG die Zustimmung des Betriebsrats zur Versetzung zu ersetzen hat, wenn sie auch unter Berücksichtigung der betriebsverfassungsrechtlichen Stellung des betroffenen Arbeitnehmers aus dringenden betrieblichen Gründen notwendig ist (§ 103 Abs. 3 S. 2 BetrVG), ist zu schließen, dass der Betriebsrat ebenfalls **unter dieser Voraussetzung die Zustimmung zur Versetzung zu erteilen hat** und sie andererseits nicht erteilen darf, wenn die Versetzung nicht aus dringenden betrieblichen Gründen notwendig ist.

185 Fällt die Versetzung eines Mitarbeiters in den Anwendungsbereich des § 103 Abs. 3 BetrVG, geht das Verfahren nach § 103 Abs. 3 BetrVG dem Beteiligungsverfahren nach § 99 Abs. 1, Abs. 4 BetrVG als das speziellere vor. Im abgebenden Betrieb ist deshalb lediglich das Zustimmungsverfahren nach § 103 Abs. 3 BetrVG, nicht aber zugleich ein Verfahren nach § 99 BetrVG durchzuführen (*BAG* 27.7.2016 EzA § 103 BetrVG 2001 Nr. 10 mwN = AP BetrVG 1972 § 103 Nr. 60 m. krit. Anm. *Ricken*; ebenso *Fitting* Rn 71; *Richardi/Thüsing* Rn 37; GK-BetrVG/*Raab* Rn 51; aA DKKW-*Bachner* Rn 82; HWK-*Ricken* Rn 32). Folglich tritt auch § 103 Abs. 3 S. 2 BetrVG tritt als Spezialregelung an die Stelle der Zustimmungsverweigerungsgründe des § 99 Abs. 2 BetrVG. Da der Versetzungsschutz nach Sinn und Zweck der Regelung nicht hinter dem allgemeinen Schutz nach § 99 BetrVG zurückbleiben soll, kann der Betriebsrat jedoch im Verfahren nach § 103 Abs. 3

BetrVG die in § 99 Abs. 2 Nr. 1–6 BetrVG aufgeführten Zustimmungsverweigerungsgründe geltend machen (*BAG* 27.7.2016 EzA § 103 BetrVG 2001 Nr. 10). In diesem Rahmen hat der Betriebsrat auch zu prüfen, ob die vorgesehene Versetzung individualrechtlich zulässig ist (vgl. § 99 Abs. 1 Nr. 2 BetrVG), dh ob die Versetzung vom Direktionsrecht des Arbeitgebers erfasst wird und ob der Arbeitgeber ggf. sein Direktionsrecht gemäß § 315 BGB nach billigem Ermessen ausgeübt hat.

Die Notwendigkeit einer Versetzung aus dringenden betrieblichen Gründen ist zwar nicht nach objektiven Maßstäben feststellbar, sondern bedarf einer **bewertenden Beurteilung**. Daraus kann aber nicht gefolgert werden, dass dem Betriebsrat insoweit ein Ermessensspielraum zusteht. Verweigert nämlich der Betriebsrat die Zustimmung zur Versetzung, hat das ArbG bei einem Antrag auf Ersetzung der Zustimmung die Entscheidung des Betriebsrats nicht auf Ermessensfehler zu überprüfen, sondern hat die Zustimmung zur Versetzung zu ersetzen, wenn die Versetzung auch unter Berücksichtigung der betriebsverfassungsrechtlichen Stellung des betroffenen Arbeitnehmers aus dringenden betrieblichen Gründen notwendig ist. Dann aber kann dem Betriebsrat kein weitergehender Entscheidungsspielraum eingeräumt werden. Er hat damit nur ein Mitbeurteilungsrecht und darf die Zustimmung zur Versetzung nicht verweigern, wenn diese im vorgenannten Sinne notwendig ist (vgl. auch Rdn 90). 186

b) Arten der Stellungnahme und ihre Bedeutung

Anders als Versetzungen nach § 99 BetrVG erfordern Versetzungen nach § 103 BetrVG die Zustimmung des Betriebsrats, ohne eine Zustimmungsfiktion beim Schweigen des Betriebsrats vorzusehen. Für die Anwendung der Zustimmungsfiktion des § 99 Abs. 3 BetrVG ist daher kein Raum. Infolgedessen kann im **Schweigen** des Betriebsrats keine Zustimmung iSd § 103 Abs. 3 BetrVG liegen (s. Rdn 98). Da das Schweigen des Betriebsrats nicht zur Zustimmung zur geplanten Versetzung führt, kann er sich auch auf die **schlichte Erklärung** beschränken, **er verweigere seine Zustimmung**, ohne Gründe hierfür anzugeben. Selbst wenn man in entsprechender Anwendung des § 99 Abs. 3 BetrVG fordern wollte, dass der Betriebsrat die Verweigerung seiner Zustimmung dem Arbeitgeber unter Angabe von Gründen innerhalb einer Woche nach Unterrichtung durch den Arbeitgeber diesem schriftlich mitzuteilen habe, bliebe ein Verstoß gegen diese Vorschrift praktisch folgenlos, weil er nicht zur Zustimmung des Betriebsrats führen oder sie ersetzen könnte. Im Übrigen gelten die Ausführungen zu Rdn 91–102 bei Versetzungen entsprechend, soweit dort nicht auf die Ausschlussfrist des § 626 Abs. 2 BGB Bezug genommen wird. 187

9. Rechtsfolgen bei Fehlern im Zustimmungsverfahren

Die Ausführungen zu Rdn 103–110 gelten bei Versetzungen entsprechend. 188

10. Versetzung vor Abschluss des Zustimmungsverfahrens

Vor einer Zustimmung des Betriebsrats oder einer sie ersetzenden gerichtlichen Entscheidung ist eine – auch nur vorläufige – Versetzung des Amtsträgers **unwirksam**. Umsetzungen in einen anderen Betrieb, die noch nicht die Qualität einer Versetzung erreichen (§ 95 Abs. 3 BetrVG), sind jedoch möglich. Vorübergehende Abordnungen werden von § 103 Abs. 3 BetrVG nicht erfasst (s. Rdn 172). 189

Solange die Versetzung unwirksam ist, kann der **Amtsträger** gegen eine Beschäftigung auf dem zugewiesenen neuen Arbeitsplatz ein **Leistungsverweigerungsrecht** geltend machen. Der **Arbeitgeber**, der die Beschäftigung des Amtsträgers auf dem bisherigen Arbeitsplatz ablehnt, gerät in Annahmeverzug (§ 615 BGB). Der **Betriebsrat** kann in analoger Anwendung des § 101 BetrVG beim Arbeitsgericht die Aufhebung der Versetzung verlangen (*LAG Bln.* 22.12.2004 AiB 2006, 516). 190

Eine **nachträgliche**, dh nach der Versetzungserklärung des Arbeitgebers erteilte **Zustimmung des Betriebsrats** heilt die Unwirksamkeit der Versetzung nicht, da einseitige empfangsbedürftige Rechtsgeschäfte – wie die Versetzung –, die der Zustimmung eines Dritten bedürfen, grds. nur 191 mit vorheriger Zustimmung (Einwilligung) wirksam vorgenommen werden können (vgl. MüKo-*Bayreuther* § 182 BGB Rn 32). Die nachträgliche Zustimmung des Betriebsrats kann jedoch die Versetzung mit Wirkung für die Zukunft legitimieren (GK-BetrVG/*Raab* Rn 55).

11. Versetzung nach Zustimmung des Betriebsrats

192 Gegen eine mit Zustimmung des Betriebsrats ausgesprochene Versetzung kann der Amtsträger Klage beim Arbeitsgericht erheben. In diesem Rechtsstreit hat **das Arbeitsgericht uneingeschränkt zu prüfen**, ob die angeordnete Versetzung nach den gesetzlichen Voraussetzungen wirksam ist, dh ob sie auch unter Berücksichtigung der betriebsverfassungsrechtlichen Stellung des betroffenen Arbeitnehmers aus dringenden betrieblichen Gründen notwendig ist (§ 103 Abs. 3 S. 2 BetrVG). Zum Beschäftigungsanspruch und zur Amtsausübung des Arbeitnehmers während des Rechtsstreits s. Rdn 211 ff.

III. Gerichtliche Zustimmungsersetzung

1. Einleitung des Verfahrens beim Arbeitsgericht

193 Die Ausführungen zu Rdn 114–118 gelten bei Versetzungen entsprechend. Der Zustimmungsersetzungsantrag kann erst nach Ablauf der einwöchigen Äußerungsfrist für den Betriebsrat (s. Rdn 179) gestellt werden (ebenso: *Laber* ArbRB 2005, 317) oder – ausnahmsweise vorher – nach einer abschließenden Stellungnahme des Betriebsrats.

2. Versetzungsgründe

194 Die Gerichte für Arbeitssachen dürfen die Zustimmung zu der von dem Arbeitgeber beabsichtigten Versetzung nur dann ersetzen, wenn die Versetzung auch unter Berücksichtigung der betriebsverfassungsrechtlichen Stellung des betroffenen Arbeitnehmers **aus dringenden betrieblichen Gründen notwendig** ist (§ 103 Abs. 3 S. 2 BetrVG).

a) Dringende betriebliche Gründe

195 Dringende betriebliche Gründe beziehen sich **auf den Betrieb, in dem der Amtsträger beschäftigt ist.** Außerbetriebliche unternehmensbedingte Gründe können daher eine Versetzung kraft Direktionsrechts nicht rechtfertigen, mögen diese Gründe auch noch so dringend sein, zB wenn in einem anderen Betrieb des Unternehmens ein Spezialist ausscheidet, auf dem freien Markt kein geeigneter Nachfolger zu finden ist, der Amtsträger aber das erforderliche Spezialwissen besitzt und als Nachfolger geeignet wäre. Insoweit kann der Arbeitgeber eine Versetzung des Amtsträgers nur durch eine außerordentliche Änderungskündigung erreichen, wenn deren Voraussetzungen erfüllt sind (s. hierzu KR-*Kreft* § 15 KSchG Rdn 43 ff.).

196 Die »Notwendigkeit« der Versetzung »aus dringenden betrieblichen Gründen« kann mit »dringenden betrieblichen Erfordernissen« gleichgesetzt werden, wie sie § 1 Abs. 2 S. 1 KSchG für eine betriebsbedingte Kündigung fordert. Danach muss **das Bedürfnis für die Weiterbeschäftigung des Arbeitnehmers im bisherigen Betrieb wegfallen**, wobei es dem Arbeitgeber nicht möglich ist, das Bedürfnis für die Weiterbeschäftigung des Amtsträgers durch andere Maßnahmen auf technischem, organisatorischem oder wirtschaftlichem Gebiet (zB durch Abbau von Überstunden, Kündigung von Arbeitnehmerüberlassungsverträgen bei Leiharbeitnehmern) aufrechtzuerhalten (*BAG* 27.7.2016 EzA § 103 BetrVG 2001 Nr. 10 = AP BetrVG 1972 § 103 Nr. 60 m. krit. Anm. Ricken; 18.1.1990 EzA § 1 KSchG Betriebsbedingte Kündigung Nr. 65). Hierbei ist aber eine zugrundeliegende Unternehmerentscheidung zu beachten, die nur daraufhin überprüft werden kann, ob sie offenbar unsachlich, unvernünftig oder willkürlich ist (*BAG* 27.7.2016 EzA § 103 BetrVG 2001 Nr. 10; s.a. KR-*Rachor* § 1 KSchG Rdn 573 mwN). Danach ist die Notwendigkeit einer Versetzung aus dringenden betrieblichen Gründen vor allem dann zu bejahen, wenn wegen Stilllegung des Betriebs oder einer Betriebsabteilung eine Kündigung nach § 15 Abs. 4–5 KSchG gerechtfertigt wäre (Grundsatz der Verhältnismäßigkeit), ferner wenn die Tätigkeit, mit der der Arbeitnehmer

betraut ist, im Betrieb wegfällt, zB Abschaffung eines Pförtners oder von Boten. Ist ein Stellenabbau erforderlich, dürfen Betriebsratsmitglieder im Hinblick auf ihre ordentliche Unkündbarkeit nicht in eine Sozialauswahl einbezogen werden mit der Folge, dass sie ggf. wegen ihrer sozialen Stärke ihren Arbeitsplatz verlieren könnten und deshalb eine Versetzung gerechtfertigt wäre. § 1 Abs. 5 KSchG ist auf zum Mandatsverlust führende Versetzungen iSv § 103 Abs. 3 BetrVG **nicht entsprechend anwendbar** (*BAG* 27.7.2016 EzA § 103 BetrVG 2001 Nr. 10).

Personenbedingte oder verhaltensbedingte Gründe können die Versetzung eines Amtsträgers in einen anderen Betrieb nicht rechtfertigen (*Fitting* Rn 74a; aA GK-BetrVG/*Raab* Rn 79; *Löwisch* BB 2001, 1796, die als Versetzungsgrund auch Veränderungen in der Person des Arbeitnehmers anerkennen, etwa wenn ein nicht vom Arbeitgeber veranlasster Verlust von Kenntnissen und Fertigkeiten dem Amtsträger die weitere Ausübung seiner bisherigen Tätigkeit nicht mehr erlaubt). Der Arbeitgeber hat insoweit nur die Möglichkeit einer außerordentlichen Änderungskündigung, wenn deren Voraussetzungen erfüllt sind (s. hierzu KR-*Kreft* § 15 KSchG Rdn 42 ff. und KR-*Fischermeier/Krumbiegel* § 626 BGB Rdn 212 ff.). 197

Die Versetzung von **freigestellten Betriebsratsmitgliedern** in einen anderen Betrieb ist ohne deren Zustimmung unzulässig, weil sie ohnehin nicht beschäftigt sind und deshalb für sie das Bedürfnis für eine Weiterbeschäftigung nicht »entfallen« kann (ebenso *Fitting* Rn 74; *Löwisch/Kaiser/Klumpp-Caspers* Rn 51). 198

b) **Berücksichtigung der betriebsverfassungsrechtlichen Stellung des betroffenen Arbeitnehmers**

Die Versetzung muss nach § 103 Abs. 3 S. 2 BetrVG auch unter Berücksichtigung der betriebsverfassungsrechtlichen Stellung des betroffenen Arbeitnehmers notwendig sein. Das bedeutet, dass auf der einen Seite die **kollektiven Interessen der Belegschaft** an einer kontinuierlichen Amtsführung, auf der anderen Seite **aber auch die individuellen Interessen des betroffenen Mandatsträgers** in die Abwägung einzubeziehen sind. Danach liegt ein überwiegendes Interesse des Arbeitgebers regelmäßig dann nicht vor, wenn die Versetzung schon individualrechtlich unzulässig ist (*BAG* 27.7.2016 EzA § 103 BetrVG 2001 Nr. 10). 199

Ist hingegen die betriebliche Notwendigkeit der Versetzung an sich zu bejahen, ist weiter zu prüfen, ob die betriebsverfassungsrechtliche Stellung des Arbeitnehmers ein solches Gewicht hat, dass sie einer an sich betriebsnotwendigen Versetzung entgegensteht. Dies kann im Hinblick auf die durch das Grundgesetz (Art. 12 Abs. 1 GG, Art. 2 Abs. 1 GG) geschützte Unternehmerfreiheit (vgl. *BVerfG* 27.1.1998 EzA § 23 KSchG Nr. 17) **nur in Ausnahmefällen** angenommen werden, zB bei einem langjährigen Betriebsratsvorsitzenden oder dem einzigen in einem speziellen Fachgebiet besonders fachkundigen Betriebsratsmitglied (vgl. *Löwisch* BB 2001, 1796). 200

3. **Durchführung des gerichtlichen Verfahrens**

Die Ausführungen zu Rdn 119–122 gelten bei Versetzungen entsprechend. Auch hier ist gem. § 103 Abs. 3 S. 2 iVm Abs. 2 S. 2 BetrVG, § 83 Abs. 3 ArbGG der von der Versetzung und dem drohenden Mandatsverlust betroffene Mandatsträger Beteiligter (*BAG* 27.7.2016 EzA § 103 BetrVG 2001 Nr. 10). 201

4. **Nachschieben von Versetzungsgründen**

Im Zustimmungsersetzungsverfahren vor dem ArbG oder dem LAG kann der Arbeitgeber unbeschränkt neue Versetzungsgründe nachschieben, gleichgültig, ob er sie vor Einleitung des Zustimmungsverfahrens beim Betriebsrat gekannt hat oder ob sie vor Einleitung des Zustimmungsverfahrens entstanden sind. Voraussetzung ist allerdings, dass der Arbeitgeber **die neuen Versetzungsgründe** vor ihrer Einführung in das gerichtliche Zustimmungsersetzungsverfahren **dem Betriebsrat** mitteilt und ihm in entsprechender Anwendung von § 99 Abs. 3 BetrVG Gelegenheit zur Stellungnahme gibt. Im Übrigen wird auf die weiteren Ausführungen zu Rdn 123–130 verwiesen, die bei Versetzungen entsprechend gelten. 202

5. Abschluss des Verfahrens beim Arbeitsgericht

203 Die Ausführungen zu Rdn 131 gelten bei Versetzungen entsprechend.

6. Anfechtung der Entscheidung des Arbeitsgerichts

204 Die Ausführungen zu Rdn 132–135 gelten bei Versetzungen entsprechend.

7. Einstweilige Verfügung

205 Für eine einstweilige Verfügung, durch die die vom Betriebsrat verweigerte Zustimmung zur Versetzung einstweilen ersetzt wird, ist **kein Raum**, weil der Arbeitgeber es im Allgemeinen in der Hand hat, die betrieblichen Maßnahmen, die zum Wegfall des Bedürfnisses für eine Weiterbeschäftigung des Arbeitnehmers führen, bis zur rechtskräftigen Entscheidung über den Zustimmungsersetzungsantrag hinauszuschieben. Notfalls kann er den Arbeitnehmer unter Fortzahlung seiner Vergütung bis zum Abschluss des Zustimmungsersetzungsverfahrens von der Arbeit freistellen. Für den Fall der Stilllegung des Betriebs oder einer Betriebsabteilung kann er das Arbeitsverhältnis nach § 15 Abs. 4–5 KSchG kündigen.

8. Beendigung des Versetzungsschutzes vor rechtskräftigem Abschluss des gerichtlichen Verfahrens

206 Die Ausführungen zu Rdn 137 f. gelten bei Versetzungen entsprechend, soweit es dort nicht um die zweiwöchige Ausschlussfrist des § 626 Abs. 2 BGB geht.

9. Versetzung durch den Arbeitgeber nach gerichtlicher Ersetzung der Zustimmung

a) Anordnung der Versetzung

207 Die Versetzungsanordnung bedarf – anders als die Kündigung (§ 623 BGB) – **keiner Form**, kann also auch mündlich erklärt werden, sofern in einem anwendbaren Tarifvertrag, in einer Betriebsvereinbarung oder im Arbeitsvertrag nichts anderes geregelt ist. Im Übrigen gelten die Ausführungen zu Rdn 139–141 bei Versetzungen entsprechend. Der Arbeitgeber darf die Versetzung aber erst anordnen, wenn das Beteiligungsverfahren nach § 99 BetrVG im aufnehmenden Betrieb abgeschlossen ist. Allerdings ist eine vorläufige Versetzung nach § 100 BetrVG möglich (APS-*Linck* Rn 56; aA GK-BetrVG/*Raab* Rn 55; DKKW-*Bachner* Rn 84).

b) Rechtsstreit wegen der Wirksamkeit der Versetzung

aa) Zulässigkeit der Arbeitnehmerklage

208 Die Ausführungen zu Rdn 142 f. gelten bei Versetzungen entsprechend.

bb) Präjudizielle Wirkung der rechtskräftigen Zustimmungsersetzung

209 Die Ausführungen zu Rdn 144–148 gelten bei Versetzungen entsprechend.

10. Erneutes Zustimmungsersetzungsverfahren nach rechtskräftiger Abweisung des Zustimmungsersetzungsantrags

210 Die Ausführungen zu Rdn 149 f. gelten bei Versetzungen entsprechend.

IV. Beschäftigungsanspruch des Arbeitnehmers

1. Beschäftigung und Suspendierung vor Anordnung der Versetzung

211 Der Beschäftigungsanspruch ist **Teil des allgemeinen Persönlichkeitsrechts** (Art. 1, 2 GG). Der Arbeitnehmer kann daher bis zum Vollzug der Versetzung seine Beschäftigung auf dem alten Arbeitsplatz verlangen und ggf. gegen den Arbeitgeber eine einstweilige Verfügung auf Weiterbeschäftigung

erwirken. Nur wenn jede Beschäftigungsmöglichkeit für den Arbeitnehmer im bisherigen Betrieb entfallen ist, kann der Arbeitgeber ihn unter Fortzahlung seiner Vergütung von der Arbeit freistellen.

2. Beschäftigung nach Ausspruch der Versetzung

Nach der Versetzung **entfällt idR ein Anspruch des Arbeitnehmers auf Beschäftigung** am alten Arbeitsplatz. Klagt er gegen die Versetzung und obsiegt er in diesem Rechtsstreit rechtskräftig, hat er wieder Anspruch auf Beschäftigung am alten Arbeitsplatz. 212

Ausnahmsweise hat der Arbeitnehmer auch schon vor einer rechtskräftigen Entscheidung über die Wirksamkeit der Versetzung einen Anspruch auf Beschäftigung am alten Arbeitsplatz. Insoweit gelten die Ausführungen zu Rdn 156 f. bei Versetzungen entsprechend. 213

V. Amtsausübung des Arbeitnehmers

Vor der Versetzung besteht das betriebsverfassungsrechtliche Amt des Arbeitnehmers unverändert weiter. Der Arbeitgeber darf ihm deshalb auch nicht den Zutritt zum Betrieb verwehren, selbst wenn er ihn von der Arbeit freigestellt hat. 214

Nach der Versetzung verliert der Arbeitnehmer sein Amt, wenn er der Versetzung nicht widerspricht und in den anderen Betrieb wechselt. Erhebt er hingegen Klage gegen die Versetzung, ist er – mit Ausnahme der Wahlbewerber – grds. an der Ausübung seines Amts als zeitweilig verhindert anzusehen. Insoweit gelten die Ausführungen zu Rdn 160–163 bei Versetzungen entsprechend. 215

§ 104 BetrVG Entfernung betriebsstörender Arbeitnehmer

¹Hat ein Arbeitnehmer durch gesetzwidriges Verhalten oder durch grobe Verletzung der in § 75 Abs. 1 enthaltenen Grundsätze, insbesondere durch rassistische oder fremdenfeindliche Betätigungen, den Betriebsfrieden wiederholt ernstlich gestört, so kann der Betriebsrat vom Arbeitgeber die Entlassung oder Versetzung verlangen. ²Gibt das Arbeitsgericht einem Antrag des Betriebsrats statt, dem Arbeitgeber aufzugeben, die Entlassung oder Versetzung durchzuführen, und führt der Arbeitgeber die Entlassung oder Versetzung einer rechtskräftigen gerichtlichen Entscheidung zuwider nicht durch, so ist auf Antrag des Betriebsrats vom Arbeitsgericht zu erkennen, dass er zur Vornahme der Entlassung oder Versetzung durch Zwangsgeld anzuhalten sei. ³Das Höchstmaß des Zwangsgeldes beträgt für jeden Tag der Zuwiderhandlung 250 Euro.

Übersicht	Rdn		Rdn
A. Einleitung	1	I. Prüfung in eigener Verantwortung	26
I. Entstehungsgeschichte	1	II. Verlangen des Betriebsrats nach Versetzung	27
II. Zweck der Vorschrift	4		
B. Betroffener Personenkreis	5	III. Verlangen des Betriebsrats nach Entlassung	30
C. Verlangen des Betriebsrats nach Versetzung oder Entlassung	9	**E. Gerichtliches Verfahren**	32
I. Zuständigkeit	9	I. Beschlussverfahren	32
II. Ordnungsgemäße Beschlussfassung	11	II. Entscheidung des Arbeitsgerichts	36
III. Begründetheit des Verlangens	12	III. Rechtsmittel	42
1. Gesetzwidriges Verhalten des Arbeitnehmers	12	IV. Zwangsgeldverfahren und Vollstreckung.	43
2. Wiederholte und ernstliche Störung des Betriebsfriedens	15	**F. Rechtsschutzmöglichkeiten gegen die Maßnahme selbst**	47
3. Berechtigung einer Kündigung oder Versetzung	19	I. Ohne vorangegangenes Beschlussverfahren	47
IV. Entschluss des Betriebsrats	24	II. Nach gerichtlicher Auflage	53
D. Entscheidung des Arbeitgebers über das Entlassungs- oder Versetzungsverlangen des Betriebsrats	26	III. Versetzung oder Kündigung trotz rechtskräftiger Abweisung des Versetzungs- oder Entlassungsverlangens des Betriebsrats	56

§ 104 BetrVG — Entfernung betriebsstörender Arbeitnehmer

A. Einleitung

I. Entstehungsgeschichte

1 § 104 BetrVG entspricht im **Wesentlichen der Vorschrift des § 66 Abs. 4 BetrVG 1952**. Geringfügige Änderungen sind nur insofern eingetreten, als der Begriff »unsoziales Verhalten« in § 66 Abs. 4 BetrVG 1952 durch »grobe Verletzung der in § 75 Abs. 1 enthaltenen Grundsätze« ersetzt wurde, der Antrag des Betriebsrats an das ArbG nicht mehr – wie in § 66 Abs. 4 S. 2 BetrVG 1952 – auf die Feststellung zu richten ist, »dass sein Verlangen begründet ist«, sondern sogleich lauten kann, »dem Arbeitgeber aufzugeben, die Entlassung oder Versetzung durchzuführen«, und die ausdrückliche Regelung in § 66 Abs. 4 S. 3 BetrVG 1952, dass der Arbeitgeber nach einer entsprechenden arbeitsgerichtlichen Entscheidung »die vom Betriebsrat beantragte Maßnahme unverzüglich unter Berücksichtigung der Kündigungsfristen durchzuführen« hat, weggefallen ist. Ferner wurde die Regelung über Zwangsmaßnahmen gegen den Arbeitgeber zur Durchsetzung einer arbeitsgerichtlichen Auflage neu gefasst. Die jetzige Regelung in § 104 BetrVG beruht auf einem Vorschlag im Gesetzentwurf der Bundesregierung (BT-Drucks. VI/1786), der durch den Ausschuss für Arbeit und Sozialordnung nur noch redaktionell überarbeitet und neu gefasst wurde (zu BT-Drucks. VI/2729). In der Begründung zum Gesetzentwurf der Bundesregierung heißt es, die vorgeschlagene Regelung in § 104 entspreche »inhaltlich im Wesentlichen dem geltenden Recht«, konkretisiere jedoch den Begriff »unsozial« durch die Verweisung auf die »in § 75 Abs. 1 enthaltenen Grundsätze«.

2 Die in dem Gesetzentwurf der SPD-Fraktion (BT-Drucks. V/3685), des Deutschen Gewerkschaftsbundes und des Bundesministeriums für Arbeit und Sozialordnung (RdA 1970, 357) vorgesehene Regelung, dass der Betriebsrat unter den Voraussetzungen des § 104 BetrVG auch die Entlassung oder Versetzung eines leitenden Angestellten verlangen kann, wurde nicht Gesetz.

3 Durch das **Betriebsverfassungs-Reformgesetz** (BetrV-ReformG) vom 23.7.2001 (BGBl. I S. 1852) sind als Beispiele für eine grobe Verletzung der in § 75 Abs. 1 BetrVG enthaltenen Grundsätze »rassistische oder fremdenfeindliche Betätigungen« in das Gesetz eingefügt worden.

II. Zweck der Vorschrift

4 § 104 BetrVG dient der Durchsetzung der dem Betriebsrat obliegenden Pflicht zur Wahrung des Betriebsfriedens. Nach § 74 Abs. 2 S. 2 BetrVG haben Arbeitgeber und Betriebsrat zwar nur Betätigungen »zu unterlassen«, durch die der Arbeitsablauf oder der Frieden des Betriebs beeinträchtigt werden. Sie haben jedoch auch zum Wohl der Arbeitnehmer und des Betriebs zusammenzuarbeiten (§ 2 Abs. 1 BetrVG). Daraus folgt, dass sie sich nicht nur Störungen des Betriebsfriedens zu enthalten, sondern auch aktiv für die Wahrung des Betriebsfriedens einzusetzen haben (vgl. *Buchner* DB 1974, 533). § 104 BetrVG gibt dem Betriebsrat zur Durchsetzung des Betriebsfriedens einen **eigenen betriebsverfassungsrechtlichen Anspruch** gegen den Arbeitgeber auf Entlassung oder Versetzung des Arbeitnehmers. Dabei ist ein Entlassungsverlangen auf die Kündigung des Arbeitsverhältnisses des betroffenen Arbeitnehmers und nicht nur auf die Beendigung der tatsächlichen Beschäftigung im Betrieb gerichtet. Allerdings kann der Arbeitgeber dem Verlangen auch dadurch nachkommen, dass der den Abschluss eines Aufhebungsvertrags oder einer Eigenkündigung des Arbeitnehmers erwirkt (*BAG* 28.3.2017 EzA § 104 BetrVG 2001 Nr. 1). Die Regelung ergänzt auf dem Gebiet der personellen Einzelmaßnahmen die Vorschrift des § 99 Abs. 2 Nr. 6 BetrVG, nach der der Betriebsrat die Zustimmung zu einer Einstellung, Eingruppierung, Umgruppierung oder Versetzung verweigern kann, wenn die durch Tatsachen begründete Besorgnis besteht, dass der in Aussicht genommene Bewerber oder Arbeitnehmer den Betriebsfrieden durch gesetzwidriges Verhalten oder durch grobe Verletzung der in § 75 Abs. 1 BetrVG enthaltenen Grundsätze, insbes. durch rassistische oder fremdenfeindliche Betätigung, stören werde.

B. Betroffener Personenkreis

5 Maßgebend ist mangels unionsrechtlichen Bezugs der Norm der **nationale Arbeitnehmerbegriff** (*LAG Hamm* 2.8.2016: Geschäftsführer, BB 2016, 2941 m. zust. Anm. *Kliemt*). § 104 BetrVG

erfasst nur Arbeitnehmer iSd BetrVG, gilt also nicht für den in § 5 Abs. 2 BetrVG aufgeführten Personenkreis und auch nicht für die leitenden Angestellten iSd § 5 Abs. 3 BetrVG (*Fitting* Rn 3; APS-*Linck* Rn 3; GK-BetrVG/*Raab* Rn 4; HWGNRH-*Huke* Rn 2; *Richardi/Thüsing* Rn 13). Der Betriebsrat kann die Entfernung eines leitenden Angestellten auch dann nicht verlangen, wenn der Arbeitnehmer erst nach Schluss der mündlichen Anhörung erster Instanz zum Prokuristen bestellt wird und erst durch die Bestellung zum leitenden Angestellten wird (*LAG Nbg.* 22.1.2002 AR-Blattei ES 530.14.3 Nr. 189). Hinsichtlich dieser Personen, deren Entlassung der Betriebsrat nach § 104 BetrVG nicht verlangen kann, kann er aber gem. § 80 Abs. 1 Nr. 2 BetrVG Maßnahmen beim Arbeitgeber beantragen, wozu auch die Entlassung oder Versetzung gehören kann (vgl. *Fitting* Rn 3; GK-BetrVG/*Raab* § 104 Rn 4; APS-*Linck* Rn 3; HWGNRH-*Huke* Rn 2). Jedoch kann der Betriebsrat hier – anders als in den Fällen des § 104 BetrVG – die Durchsetzung der beantragten Maßnahmen nicht erzwingen.

§ 104 BetrVG gilt **im Grundsatz für sämtliche Arbeitnehmer iSd BetrVG**, dh auch für Vorgesetzte 6 und außertarifliche Angestellte. Genießt ein Arbeitnehmer allerdings nach § 15 KSchG besonderen Kündigungsschutz als **Mandatsträger**, kann er – mit Ausnahme von § 15 Abs. 4 und 5 KSchG – nur außerordentlich gekündigt werden. In diesem Fall kommt eine Kündigung nur unter den Voraussetzungen von § 15 KSchG und § 103 BetrVG in Betracht (DKKW-*Bachner* Rn 9; *Gerhardt* Anm. zu BAG 28.3.2017 AP § 104 BetrVG 1972 Nr. 2). § 104 BetrVG ist entsprechend auch auf **Leiharbeitnehmer** anwendbar, bei deren Eingliederung in den Betrieb der Betriebsrat gem. § 14 Abs. 3 AÜG, § 99 BetrVG mitzubestimmen hat (APS-*Linck* Rn 4; GK-BetrVG/*Raab* Rn 4; *Richardi/Thüsing* Rn 13; DKKW-*Bachner* Rn 9; *Fitting* Rn 3; **aA** HWGNRH-*Huke* Rn 2). Stört ein solcher Leiharbeitnehmer wiederholt ernstlich den Betriebsfrieden, kann der Betriebsrat die **Beendigung des Einsatzes** verlangen und notfalls gerichtlich durchsetzen (*Schüren/Hamann* AÜG § 14 Rn 338 f.).

§ 104 BetrVG gilt auch während eines **Arbeitskampfs**. Die Auffassung, § 104 BetrVG finde keine 7 Anwendung, wenn das Verlangen des Betriebsrats auf ein arbeitskampfbedingtes Verhalten des betroffenen Arbeitnehmers Bezug nehme, zB wenn der Betriebsrat bei einem Arbeitskampf potentiell arbeitswillige Arbeitnehmer entfernen lassen wolle, wodurch objektiv Druck auf den Arbeitgeber mit abstrakter Gefährdung von Betriebsablauf und Betriebsfrieden ausgeübt werde (*Heinze* DB 1982, Beil. 23, S. 19), ist abzulehnen. Eine solche Einschränkung des Anwendungsbereichs von § 104 BetrVG ist nicht geboten. In den angeführten Fällen ist das Verlangen des Betriebsrats vielmehr unter Anwendung des § 104 BetrVG unbegründet, so dass der Arbeitgeber die Forderung des Betriebsrats ablehnen kann (vgl. auch APS-*Linck* Rn 5).

Auch für **Tendenzbetriebe** iSv § 118 BetrVG gilt § 104 BetrVG uneingeschränkt. Die Verfolgung 8 geistig-ideeller Ziele kann die wiederholte ernstliche Störung des Betriebsfriedens durch gesetzwidriges Verhalten oder grobe Verletzung der in § 75 Abs. 1 BetrVG enthaltenen Grundsätze nicht rechtfertigen (APS-*Linck* Rn 6; *Richardi/Thüsing* § 118 Rn 165; **aA** *Heinze* S. 285 f. mwN).

C. Verlangen des Betriebsrats nach Versetzung oder Entlassung

I. Zuständigkeit

Der **Betriebsrat oder** ein von ihm mit den Kündigungsangelegenheiten nach § 104 BetrVG betrau- 9 ter **Ausschuss** (§§ 27, 28 BetrVG) ist für das Verlangen nach Entlassung oder Versetzung gem. § 104 BetrVG zuständig. In der Übertragung der Mitwirkungsbefugnisse bei Kündigungen durch den Betriebsrat auf einen Ausschuss liegt noch keine Übertragung der Befugnisse nach § 104 BetrVG. Hierfür ist vielmehr erforderlich, dass der Betriebsrat dem Ausschuss ausdrücklich das Recht, Kündigungen oder Versetzungen nach § 104 BetrVG zu verlangen, überträgt oder wenigstens in einem Übertragungsbeschluss bei den Mitwirkungsbefugnissen zu Kündigungen die Vorschrift des § 104 BetrVG erwähnt. Denn das Mitwirkungsrecht des Betriebsrats nach § 104 BetrVG ist für ihn von besonderer Bedeutung, weil er sich hier aktiv gegen einen Arbeitnehmer wendet, dessen Interessen er sonst zu vertreten hat. Aufgrund dieser Bedeutung des Mitwirkungsrechts kann deshalb – ebenso wie in den Fällen des § 103 BetrVG (s. KR-*Rinck* § 103 BetrVG Rdn 79) – nicht angenommen werden, dass die Übertragung der Mitwirkungsbefugnisse bei Kündigungen auf einen Ausschuss ohne Weiteres auch die Übertragung der Befugnisse nach § 104 BetrVG umfasst.

10 Eine Zuständigkeit des **Gesamtbetriebsrats** kommt nur ausnahmsweise in Betracht (s. KR-*Rinck* § 102 BetrVG Rdn 57, 58). Sie ist zB gegeben, wenn das Verhalten des Arbeitnehmers nicht im eigenen Betrieb, sondern in einem anderen Betrieb des Unternehmens zu einer Störung des Betriebsfriedens führt. Insoweit ist auch eine Zuständigkeit des Konzernbetriebsrats denkbar, wenn die Störung des Betriebsfriedens nur in einem Konzernunternehmen auftritt, dem der Arbeitnehmer nicht angehört.

II. Ordnungsgemäße Beschlussfassung

11 Das Verlangen des Betriebsrats nach Kündigung oder Versetzung setzt – wie jede rechtserhebliche Willensäußerung des Betriebsrats (vgl. *Fitting* § 33 Rn 9) – einen **ordnungsgemäßen Beschluss** des Betriebsrats gem. § 33 BetrVG voraus (GK-BetrVG/*Raab* § 103 Rn 4 mwN). Ist der Beschluss unwirksam, was nur bei einem groben Verstoß gegen Vorschriften oder Grundsätze für eine ordnungsgemäße Beschlussfassung des Betriebsrats zu bejahen ist (s. KR-*Rinck* § 103 BetrVG Rdn 107), braucht ihn der Arbeitgeber nicht zu beachten, braucht also die verlangte Kündigung oder Versetzung nicht zu erklären (APS-*Linck* Rn 16). **Der Arbeitgeber kann jedoch vom Betriebsrat nicht verlangen, dass dieser ihm** das ordnungsgemäße Zustandekommen eines Betriebsratsbeschlusses auf Verlangen nach Kündigung oder Versetzung **nachweist**. Damit würde er sich in die eigenverantwortliche Geschäftsführung des Betriebsrats einmischen. Solange der Arbeitgeber keine Kenntnis von Umständen hat, aus denen die Unwirksamkeit des Beschlusses hervorgeht, muss er daher das ihm mitgeteilte Verlangen des Betriebsrats als ordnungsgemäß zustande gekommen hinnehmen (APS-*Linck* Rn 16). Einem ordnungsgemäßen Beschluss steht es nicht gleich, wenn alle Betriebsratsmitglieder einzeln, aber nicht als Gremium vom Arbeitgeber die Entlassung oder Versetzung eines Arbeitnehmers verlangen (vgl. *LAG Köln* 9.2.1994 ARSt 1994, 182).

III. Begründetheit des Verlangens

1. Gesetzwidriges Verhalten des Arbeitnehmers

12 Das Entlassungs- oder Versetzungsverlangen setzt zunächst voraus, dass sich der betroffene Arbeitnehmer gesetzwidrig verhalten oder die in § 75 Abs. 1 BetrVG enthaltenen Grundsätze grob verletzt hat. **Gesetzwidrig** ist ein Verhalten, wenn es **gegen eine Rechtsnorm** verstößt (*Richardi/Thüsing* Rn 3; vgl. auch HWGNRH-*Huke* Rn 3). Hierunter fallen insbes. Gesetze, Rechtsverordnungen, Tarifverträge, Betriebsvereinbarungen, nicht aber arbeitsvertragliche Vereinbarungen (GK-BetrVG/*Raab* § 104 Rn 5; *Richardi/Thüsing* Rn 3; APS-*Linck* Rn 7). Auch gesetzwidrige Verhaltensweisen des Arbeitnehmers außerhalb des Betriebs kommen in Betracht (GK-BetrVG/*Raab* Rn 5; HWGNRH-*Huke* Rn 3; s. aber Rdn 18). Hingegen genügt es für ein gesetzwidriges Verhalten nicht, wenn der Arbeitnehmer nur den Willen zur Missachtung der gesetzlichen Ordnung bekundet (*Fitting* Rn 4). Hierin liegt allenfalls die Vorbereitung zu einem gesetzwidrigen Verhalten. Ein gesetzwidriges Verhalten ist zB gegeben bei Beleidigungen, übler Nachrede, Verleumdungen, Körperverletzungen, Diebstählen, Unterschlagungen, Betrug, Nötigung, Erpressung, Verstößen gegen Arbeitsschutzvorschriften, Aufruf zu einem rechtswidrigen Streik. Bei **unsittlichen Handlungen** ist ein gesetzwidriges Verhalten nur zu bejahen, wenn die Handlung mit Strafe bedroht ist (§§ 174 ff. StGB).

13 Eine **grobe Verletzung der in § 75 Abs. 1 BetrVG enthaltenen Grundsätze** liegt vor, wenn es sich um einen besonders schweren Verstoß gegen diese Grundsätze handelt (*Fitting* Rn 5; GK-BetrVG/*Raab* Rn 6; APS-*Linck* Rn 9). Das ist insbes. der Fall, wenn ein Arbeitnehmer **grob gegen die Mindestregeln des Zusammenlebens im Betrieb verstößt oder andere Arbeitnehmer** in besonders auffälliger Weise wegen ihrer Abstammung, Religion, Nationalität, Herkunft, politischen oder gewerkschaftlichen Betätigung oder Einstellung oder wegen ihres Geschlechts, ihrer sexuellen

Ausrichtung oder ihres Alters **diskriminiert** (*Richardi/Thüsing* Rn 4). § 104 BetrVG erwähnt insoweit ausdrücklich **rassistische oder fremdenfeindliche Betätigungen**. Es muss sich im Einzelfall um eine nachhaltige Benachteiligung anderer Arbeitnehmer handeln, zB stets Zuweisung einer besonders unangenehmen Arbeit an einen bestimmten Arbeitnehmer innerhalb einer Gruppe von Arbeitnehmern mit gleichem Aufgabengebiet, steter Ausschluss eines Arbeitnehmers von betrieblichen Sondervergünstigungen. Bloße Ungefälligkeiten, Unhöflichkeiten oder Charakterschwächen (zB Geiz, Rechthaberei, Faulheit) gegenüber bestimmten Arbeitnehmern genügen im Allgemeinen nicht, sind aber dann als auffällige Diskriminierungen anzusehen, wenn sie ehrverletzend sind.

Auch **kritische Äußerungen** über Betriebsratsmitglieder oder Mitglieder eines anderen betriebsverfassungsrechtlichen Organs sind erlaubt und durch die Freiheit der Meinungsäußerung gedeckt, solange sie nicht ehrverletzend wirken. Daher liegt kein grober Verstoß gegen § 75 Abs. 1 BetrVG vor, wenn Arbeitnehmer Unterschriften zur Vorbereitung eines Antrags nach § 23 Abs. 1 BetrVG sammeln (*LAG Hannover* 5.9.1952 BB 1952, 804), wohl aber, wenn Mitglieder eines betriebsverfassungsrechtlichen Organs persönlich verunglimpft werden (APS-*Linck* Rn 10). 14

2. Wiederholte und ernstliche Störung des Betriebsfriedens

Das Entlassungs- oder Versetzungsverlangen des Betriebsrats setzt weiter voraus, dass das gesetzwidrige Verhalten des Arbeitnehmers oder die grobe Verletzung der in § 75 Abs. 1 BetrVG enthaltenen Grundsätze zu einer **wiederholten und ernstlichen Störung des Betriebsfriedens** geführt hat. Die Störung muss bereits eingetreten sein und noch andauern oder künftig ernsthaft zu befürchten sein (*LAG Bln.-Bra.* 28.7.2016 – 10 TaBV 367/16; GK-BetrVG/*Raab* Rn 9; APS-*Linck* Rn 13). Die bloße **Gefährdung des Betriebsfriedens genügt** – anders als im Falle des § 99 Abs. 2 Nr. 6 BetrVG – **nicht** (*LAG Hamm* 23.9.2009 – 10 TaBV 39/09; *LAG Köln* 15.10.1993 NZA 1994, 431; HWGNRH-*Huke* Rn 6; *Richardi/Thüsing* Rn 6). 15

Eine **ernstliche Störung des Betriebsfriedens** liegt nur vor, wenn bei einer ins Gewicht fallenden Anzahl von Betriebsangehörigen für eine gewisse Dauer eine so erhebliche Beunruhigung eingetreten ist, dass dadurch die reibungslose Zusammenarbeit im Betrieb unter den Arbeitnehmern oder zwischen Arbeitgeber und Arbeitnehmer tatsächlich erschüttert und das notwendige gegenseitige Vertrauen nicht mehr gesichert ist (vgl. *LAG Hamm* 23.10.2009 – 10 TaBV 39/09; *LAG BW* 24.1.2002 – 4 TaBV 1/01; *LAG Köln* 15.10.1993 NZA 1994, 431; *Richardi/Thüsing* Rn 6; APS-*Linck* Rn 13; zu eng *LAG Bln.-Bra.* 28.7.2016 – 10 TaBV 367/16: die physische oder psychische Gesundheit der Belegschaft oder Teilen von ihr müsse betroffen sein). Eine **nur kurzfristige Beunruhigung** der Belegschaft (»Tagesgespräch«) **reicht nicht aus**. Ebenso wenig genügt die Beunruhigung oder Verärgerung einer nur relativ kleinen Gruppe von Arbeitnehmern, zB des Betriebsrats. 16

Die Störung des Betriebsfriedens muss **wiederholt** eingetreten sein, dh, es muss mindestens eine zweimalige Störung des Betriebsfriedens vorliegen (*BAG* 16.11.2004 EzA § 99 BetrVG 2001 Einstellung Nr. 2). Das bedeutet nicht, dass zwischen den Störungen der Betriebsfrieden wiederhergestellt gewesen sein muss. Entscheidend ist vielmehr, dass der Arbeitnehmer **zwei Handlungen** (oder Unterlassungen) begangen haben muss, die beide als gesetzwidriges Verhalten oder als grober Verstoß gegen § 75 Abs. 1 BetrVG zu qualifizieren sind und beide zu einer erheblichen Beunruhigung der Belegschaft geführt haben, mag auch bei der zweiten Handlung des Arbeitnehmers die Beunruhigung der Belegschaft über die erste Handlung noch nicht abgeklungen sein und es sich somit um eine ununterbrochene Störung des Betriebsfriedens handeln. Die Störungshandlungen müssen nicht gleich oder gleichartig sein (GK-BetrVG/*Raab* Rn 9; HWGNRH-*Huke* Rn 7; *Richardi/Thüsing* Rn 7). Ein **zeitlicher Zusammenhang** zwischen den Handlungen ist **nicht erforderlich**. Auch zeitlich weit auseinanderliegende Störungen können ein Antragsrecht des Betriebsrats begründen. 17

Der Arbeitnehmer muss die Störung des Betriebsfriedens ferner **schuldhaft**, dh vorsätzlich oder fahrlässig, herbeigeführt haben (aA AR-*Rieble* Rn 3: Verschulden nicht erforderlich). Nur wenn der Arbeitnehmer bei seinen Handlungen unzurechnungsfähig war, kann auch ein objektives Fehlverhalten die Kündigung rechtfertigen (APS-*Linck* Rn 14; *Fitting* Rn 8; GK-BetrVG/*Raab* Rn 10; 18

HWGNRH-*Huke* Rn 9; *Richardi/Thüsing* Rn 8; aA *Heither* AR-Blattei SD 530.14.3 Rn 806: Verhalten des Arbeitnehmers muss schuldhaft sein). Ferner ist eine Kündigung nicht gerechtfertigt, wenn das gesetzwidrige Verhalten des Arbeitnehmers **im außerdienstlichen Bereich** liegt und für eine reibungslose und vertrauensvolle Zusammenarbeit im Betrieb objektiv ohne Belang ist, zB Verstöße gegen die Straßenverkehrsordnung, Verletzung gesetzlicher Unterhaltspflichten (vgl. *Fitting* Rn 7; APS-*Linck* Rn 13). Kommt es in solchen Fällen zur Unruhe in der Belegschaft, ist die Störung des Betriebsfriedens nicht dem Arbeitnehmer, der sich im außerdienstlichen Bereich etwas hat zuschulden kommen lassen, sondern denjenigen zuzurechnen, die wegen seines Verhaltens Unruhe in den Betrieb bringen. Anders liegt es, wenn sich das außerdienstliche Verhalten negativ auf den Betriebsfrieden auswirkt, zB weil ein Arbeitskollege betroffen ist (GK-BetrVG/*Raab* Rn 5).

3. Berechtigung einer Kündigung oder Versetzung

19 Das **Initiativrecht** des Betriebsrats nach § 104 BetrVG **schafft keinen neuen Kündigungsgrund**, sondern setzt einen solchen voraus (*BAG* 15.5.1997 EzA § 102 BetrVG 1972 Nr. 99; *Fitting* Rn 10; GK-BetrVG/*Raab* Rn 19; APS-*Linck* Rn 23; HWGNRH-*Huke* Rn 13). Gemeint sind damit die in der Vorschrift genannten Voraussetzungen für ein berechtigtes Entlassungsverlangen, die auch die Prüfung der Verhältnismäßigkeit umfassen (Rdn 25). Nicht zwingend erforderlich ist jedoch, dass die Kündigung nach den Grundsätzen des § 1 Abs. 2 S. 1 KSchG sozial gerechtfertigt ist (*BAG* 28.3.2017 EzA § 104 BetrVG 2001 Nr. 1; aA GK-BetrVG/*Raab* Rn 19; *ders*. JarbR 2018, 69, 84 ff.). Allerdings wird bei Vorliegen der Voraussetzungen idR auch eine Kündigung iSv § 1 Abs. 2 S. 1 KSchG sozial gerechtfertigt sein (s.a. Rdn 53).

20 Begehrt der Betriebsrat die Entlassung des Arbeitnehmers, kann er **nur die ordentliche, nicht die außerordentliche Kündigung** verlangen. Eine **Ausnahme** gilt, wenn der Arbeitnehmer **ordentlich unkündbar** ist. In diesem Fall kann die Entlassung in Form einer außerordentlichen Kündigung mit sozialer Auslauffrist verlangt werden (*BAG* 28.3.2017 EzA § 104 BetrVG 2001 Nr. 1). Das setzt allerdings aus Gründen der Verhältnismäßigkeit voraus, dass der Grund für das Entlassungsverlangen die Qualität eines wichtigen Grundes iSv § 626 Abs. 1 BGB hat. Eine **Änderungskündigung** kann der Betriebsrat vom Arbeitgeber regelmäßig nicht verlangen. Eine solche kann jedoch erforderlich werden, wenn der Betriebsrat vom Arbeitgeber die Versetzung des Arbeitnehmers verlangt, der Arbeitgeber diese aber nicht im Wege des Direktionsrechts durchführen kann (GK-BetrVG/*Raab* Rn 23).

21 Auch für eine **Versetzung, die grds. als milderes Mittel in Betracht zu ziehen ist**, müssen die in § 104 BetrVG genannten Voraussetzungen gegeben sein. Der Betriebsrat kann allerdings **nicht die Versetzung** des Arbeitnehmers **auf einen bestimmten Arbeitsplatz verlangen** (*LAG Hamm* 23.9.2009 – 10 TaBV 39/09; *Fitting* Rn 9; HWGNRH-*Huke* Rn 25; *Richardi/Thüsing* Rn 18). Er kann dem Arbeitgeber nur Vorschläge und Wünsche unterbreiten (APS-*Linck* Rn 20). Die Interessen des Betriebsrats, der eine Versetzung fordert, sind gewahrt, wenn der Arbeitnehmer von seinem bisherigen Arbeitsplatz entfernt wird. Dementsprechend steht es auch dem Gericht nicht zu, dem Arbeitgeber die Versetzung des Arbeitnehmers auf einen bestimmten Arbeitsplatz aufzugeben (*Richardi/Thüsing* Rn 25). Es bleibt dem Arbeitgeber überlassen, wie er eine gerichtlich angeordnete Versetzung erfüllen will: Er kann den Arbeitnehmer auf einen vorhandenen freien oder einen neu geschaffenen Arbeitsplatz versetzen, er kann aber auch die gerichtliche Anordnung dadurch gegenstandslos machen, dass er das Arbeitsverhältnis kündigt (s. Rdn 39).

22 Besteht **keine Möglichkeit zur Versetzung** des Arbeitnehmers, weil kein anderer den Fähigkeiten des Arbeitnehmers entsprechender Arbeitsplatz zur Verfügung steht, kann der Arbeitgeber dies gegenüber dem Versetzungsverlangen des Betriebsrats geltend machen. Dann muss das ArbG den Antrag des Betriebsrats, dem Arbeitgeber die Versetzung des betroffenen Arbeitnehmers aufzugeben, zurückweisen. Das ArbG darf dem Arbeitgeber nicht eine Leistung auferlegen, die nach dem Gesetz notfalls durch die Verhängung von Zwangsgeld erzwungen werden soll, wenn sie nicht erbracht werden kann (GK-BetrVG/*Raab* Rn 16). Der Betriebsrat kann der gerichtlichen Zurückweisung des Versetzungsverlangens wegen fehlender Versetzungsmöglichkeit dadurch begegnen, dass er nunmehr beantragt, dem Arbeitgeber die Kündigung des Arbeitsverhältnisses aufzugeben.

Andere personelle Maßnahmen, zB den Entzug der Personalführungsfunktion (*LAG BW* 24.1.2002   23
RzK III 1h Nr. 3) kann der Betriebsrat vom Arbeitgeber nicht unmittelbar verlangen. Das Gesetz
räumt dem Betriebsrat nur das Recht ein, die Entlassung oder die Versetzung zu verlangen. Mit
diesen beiden Mitteln kann das Interesse des Betriebsrats an der Entfernung des Arbeitnehmers von
seinem bisherigen Arbeitsplatz ausreichend gewahrt werden.

IV. Entschluss des Betriebsrats

Wenn die Voraussetzungen für ein Entlassungs- oder Versetzungsverlangen erfüllt sind, hat der Be-   24
triebsrat nach **pflichtgemäßem Ermessen** zu entscheiden, ob er ein solches Verlangen stellen soll
(*Richardi/Thüsing* Rn 14). Vor seiner Entscheidung sollte der Betriebsrat **den betroffenen Arbeitnehmer hören**. Fristen hat der Betriebsrat nicht einzuhalten. Da er sich aber aktiv zur Wahrung des
Betriebsfriedens einzusetzen hat (s. Rdn 4), wird es häufig pflichtgemäßem Ermessen entsprechen,
die Entlassung oder Versetzung des Arbeitnehmers alsbald zu fordern, wenn die Voraussetzungen
des § 104 BetrVG vorliegen. Nur wenn dem Betriebsrat andere Erfolg versprechende Mittel zur
Beseitigung der Störung des Betriebsfriedens zur Verfügung stehen (zB Vermittlung zwischen streitenden Arbeitnehmern) oder der Betriebsfrieden auf andere Weise wiederhergestellt wird, kann
er zunächst bzw. – bei einer Wiederherstellung des Betriebsfriedens – endgültig davon absehen,
die Entlassung oder Versetzung des Störers zu fordern. Verlangt der Betriebsrat trotz anhaltender
Störung des Betriebsfriedens und vergeblicher Bemühungen zur Wiederherstellung des Betriebsfriedens nicht die Entlassung oder Versetzung des störenden Arbeitnehmers, handelt er pflichtwidrig.
Dies kann einen Antrag auf Auflösung des Betriebsrats oder Ausschluss eines Betriebsratsmitglieds
aus dem Betriebsrat gem. § 23 Abs. 1 BetrVG rechtfertigen.

Bei seiner Entscheidung muss der Betriebsrat den **Grundsatz der Verhältnismäßigkeit** beach-   25
ten (*BAG* 28.3.2017 EzA § 104 BetrVG 2001 Nr. 1). Dieser im gesamten Arbeitsrecht geltende
Grundsatz besagt, dass unter mehreren Mitteln das am wenigsten einschneidende (belastende) zu
wählen ist, wenn es zur Erreichung des erstrebten Zwecks ausreicht. Das bedeutet, dass der Betriebsrat zunächst nur die Versetzung fordern darf, wenn durch sie der Betriebsfrieden wiederhergestellt werden kann (GK-BetrVG/*Raab* Rn 17; HWGNRH-*Huke* Rn 11; *Richardi/Thüsing* Rn 15;
APS-*Linck* Rn 20). Ist durch eine Versetzung die Wiederherstellung des Betriebsfriedens nicht zu
erwarten oder lehnt der Arbeitgeber eine Versetzung ab, weil kein anderer Arbeitsplatz zur Verfügung steht, den der Arbeitnehmer ausfüllen könnte, kann der Betriebsrat die Entlassung des
Arbeitnehmers verlangen.

D. Entscheidung des Arbeitgebers über das Entlassungs- oder Versetzungsverlangen des Betriebsrats

I. Prüfung in eigener Verantwortung

Verlangt der Betriebsrat die Entlassung oder Versetzung eines Arbeitnehmers, hat der Arbeitgeber   26
den Sachverhalt **in eigener Verantwortung zu prüfen** (*Fitting* Rn 10; HWGNRH-*Huke* Rn 12;
Richardi/Thüsing Rn 16). Hierbei wird es idR erforderlich sein, dass auch er **den Arbeitnehmer** zu
den Vorwürfen des Betriebsrats **hört** (APS-*Linck* Rn 22). Eine Anhörung des Arbeitnehmers ist
aber dann entbehrlich, wenn der Arbeitgeber schon vor dem Entlassungs- oder Versetzungsverlangen des Betriebsrats den Sachverhalt mit dem Arbeitnehmer erörtert hat. Unterbleibt die Anhörung
des Arbeitnehmers, ist dies grundsätzlich ohne Einfluss auf die Wirksamkeit der Kündigung (GK-BetrVG/*Raab* Rn 24). Nur bei einer sog. Verdachtskündigung führt die unterbliebene Anhörung zu
deren Unwirksamkeit (s. KR-*Fischermeier/Krumbiegel* § 626 BGB Rdn 244 f.).

II. Verlangen des Betriebsrats nach Versetzung

Ein unbegründetes Versetzungsverlangen des Betriebsrats kann der Arbeitgeber zurückweisen. Er   27
kann ihm aber auch – unabhängig von den Voraussetzungen des § 104 S. 1 BetrVG – nachkommen, wenn und soweit dies nach dem Arbeitsvertrag mit dem betroffenen Arbeitnehmer möglich

ist. Ist das Versetzungsverlangen des Betriebsrats begründet, hat der Arbeitgeber zu prüfen, ob in seinem Unternehmen ein freier Arbeitsplatz vorhanden ist, auf den der Arbeitnehmer versetzt werden könnte. Ist dies der Fall, muss der Arbeitgeber die Durchführung einer entsprechenden **Versetzung** versuchen. Hierzu hat er **den Betriebsrat gem. § 99 BetrVG zu beteiligen** (bei Versetzung in einen anderen Betrieb auch den Betriebsrat dieses Betriebs) und – falls die Versetzung nur durch Änderungskündigung herbeigeführt werden kann – gem. § 102 BetrVG anzuhören (APS-*Linck* Rn 26; *Fitting* Rn 13; *Richardi/Thüsing* Rn 21; HWGNRH-*Huke* Rn 10). Eine Beteiligung des Betriebsrats ist jedoch **nicht erforderlich**, wenn dieser die Versetzung auf den konkreten Arbeitsplatz, den der Arbeitgeber für den Arbeitnehmer künftig vorgesehen hat, selbst vorgeschlagen oder gefordert hat (BAG 15.5.1997 EzA § 102 BetrVG 1972 Nr. 99). Ebenso wenig bedarf es der Zustimmung des Betriebsrats des abgebenden Betriebs, wenn dieser zwar nur allgemein die Versetzung verlangt hat, der Arbeitgeber dem Verlangen aber durch Versetzung in einen anderen Betrieb nachkommen will (GK-BetrVG/*Raab* Rn 26). In beiden Fällen liegt in dem Vorschlag oder der Forderung des Betriebsrats bereits die Zustimmung zu der vorgesehenen Versetzung.

28   Verweigert der Betriebsrat seine Zustimmung zu der Versetzung auf einen von ihm nicht vorgeschlagenen Arbeitsplatz und ist die **Zustimmungsverweigerung begründet**, hat der Arbeitgeber von der Versetzung auf diesen Arbeitsplatz Abstand zu nehmen und zu prüfen, ob die Versetzung auf einen anderen Arbeitsplatz möglich ist, und ggf. die Versetzung nach erneuter Beteiligung des Betriebsrats durchzuführen.

29   Ist die Zustimmungsverweigerung hingegen unbegründet, kann der Arbeitgeber – ggf. nach rechtskräftiger Zustimmungsersetzung gem. § 99 Abs. 4 BetrVG – die vorgesehene **Versetzung auch gegen den Willen des Betriebsrats** durchführen. Der Arbeitgeber kann aber auch die Versetzung auf einen anderen Arbeitsplatz ins Auge fassen und hierzu das Mitbestimmungsverfahren beim Betriebsrat gem. § 99 BetrVG und – falls erforderlich (Änderungskündigung) – das Beteiligungsverfahren gem. § 102 BetrVG einleiten. Sieht der Arbeitgeber überhaupt von einer Versetzung ab und unternimmt gar nichts, riskiert er eine arbeitsgerichtliche Verurteilung (s. Rdn 32 ff.).

III. Verlangen des Betriebsrats nach Entlassung

30   Ist das Verlangen des Betriebsrats nach einer ordentlichen Kündigung – oder im Fall der ordentlichen Unkündbarkeit einer außerordentlichen Kündigung mit sozialer Auslauffrist – **begründet** (s. Rdn 19 ff.), hat der Arbeitgeber diese unter Einhaltung der maßgebenden **Kündigungsfrist** zu erklären. Bis zum Ablauf der Kündigungsfrist ist idR die **Suspendierung** des Arbeitnehmers unter Fortzahlung des Arbeitsentgelts berechtigt. **Einer weiteren Anhörung des Betriebsrats** vor Ausspruch der – im Rahmen des Verlangens liegenden – Kündigung gem. § 102 BetrVG **bedarf es hier nicht**, da die Stellungnahme des Betriebsrats bereits in seinem Entlassungsverlangen liegt (BAG 28.3.2017 EzA § 104 BetrVG 2001 Nr. 1; *Fitting* Rn 9; GK-BetrVG/*Raab* Rn 25; HWGNRH-*Huke* Rn 10; *Richardi/Thüsing* Rn 17). Ist der Arbeitgeber danach – ausnahmsweise – verpflichtet, eine außerordentliche Kündigung mit sozialer Auslauffrist zu erklären, handelt es sich dabei um einen sog. Dauertatbestand, der den Lauf der Frist des § 626 Abs. 2 BGB ständig neu in Gang setzt (vgl. KR-*Fischermeier/Krumbiegel* § 626 BGB Rdn 341 ff.).

31   Ist das **Verlangen** des Betriebsrats nach einer ordentlichen Kündigung aufgrund des § 104 BetrVG **unbegründet**, kann der Arbeitgeber die Kündigung ablehnen. Er kann sie allerdings unabhängig von § 104 BetrVG erklären, wenn sie nach den kündigungsschutzrechtlichen Vorschriften berechtigt ist. Beharrt der Betriebsrat trotz fehlender sachlicher Berechtigung auf seinem Entlassungsverlangen, kann die Kündigung unter Umständen – ausnahmsweise – nach den Grundsätzen der **Druckkündigung** (BAG 15.12.2016 EzA § 1 KSchG Druckkündigung Nr. 2; 19.7.2016 EzA § 1 KSchG Druckkündigung Nr. 1; s.a. KR-*Fischermeier/Krumbiegel* § 626 BGB Rdn 219 ff.) sozial gerechtfertigt sein (HWGNRH-*Huke* Rn 18). Das setzt aber insbes. voraus, dass der Arbeitgeber sich schützend vor den Arbeitnehmer stellt und versucht, den Betriebsrat zu veranlassen, von seinem Begehren Abstand zu nehmen (GK-BetrVG/*Raab* Rn 24).

E. Gerichtliches Verfahren

I. Beschlussverfahren

Kommt der Arbeitgeber dem Entlassungs- oder Versetzungsverlangen des Betriebsrats nicht nach, 32
kann der Betriebsrat das ArbG anrufen mit dem **Antrag, dem Arbeitgeber aufzugeben, die Entlassung oder Versetzung durchzuführen** (*Fitting* Rn 14; GK-BetrVG/*Raab* Rn 29; *Richardi/Thüsing* Rn 22). Die einem solchen Antrag stattgebende gerichtliche Entscheidung bildet gem. § 104 S. 2 BetrVG die Grundlage für Zwangsmaßnahmen (»Zwangsgeld«) gegen den Arbeitgeber. Für einen – nach früherem Recht (§ 66 Abs. 4 BetrVG 1952) zulässigen – Feststellungsantrag des Betriebsrats, dass sein Verlangen begründet sei, fehlt hingegen das Rechtsschutzbedürfnis. Auf eine dem Feststellungsantrag stattgebende Entscheidung kann ein Antrag auf Zwangsgeld gem. § 104 S. 2 BetrVG nicht gestützt werden.

Da es sich bei dem Antrag des Betriebsrats um eine »Angelegenheit aus dem BetrVG« handelt (Anspruchsgrundlage ist § 104 BetrVG), hat das ArbG hierüber **im Beschlussverfahren** zu entscheiden 33
(§ 2a Abs. 1 Nr. 1, Abs. 2 ArbGG). Der Betriebsrat hat den Sachverhalt darzulegen, auf den er sein Entlassungs- oder Versetzungsverlangen stützt, das ArbG hat diesen Sachverhalt gem. § 83 ArbGG von Amts wegen aufzuklären (*Fitting* Rn 14; HWGNRH-*Huke* Rn 21). Hierbei hat das ArbG auch zu prüfen, ob der Betriebsrat seinen Antrag nicht verwirkt hat. **Der betroffene Arbeitnehmer ist in dem Verfahren** gem. § 83 Abs. 3 ArbGG **Beteiligter** (*BAG* 28.3.2017 EzA § 104 BetrVG 2001 Nr. 1; *LAG Hamm* 23.10.2009 – 10 TaBV 39/09; *LAG BW* 24.1.2002 RzK III 1h Nr. 3; APS-*Linck* Rn 28; DKKW-*Bachner* Rn 15; *Fitting* Rn 14; aA GK-BetrVG/*Raab* Rn 27; *Hauck/Helml/ Biebl* § 83 Rn 13), dh er ist zu hören, kann – ebenso wie die übrigen Beteiligten – selbständige Anträge stellen, gegen die Entscheidung des ArbG Beschwerde beim LAG (§ 87 Abs. 1 ArbGG) und unter den Voraussetzungen des § 92 Abs. 1 ArbGG (s. KR-*Rinck* § 103 BetrVG Rdn 133) gegen die Beschwerdeentscheidung des LAG Rechtsbeschwerde beim BAG einlegen.

Der Antrag an das ArbG ist idR unzulässig, wenn der Betriebsrat **den Arbeitgeber** nicht **zuvor** 34
vergeblich zur Entlassung oder Versetzung des Arbeitnehmers aufgefordert hatte. Für den Antrag fehlt vielmehr so lange das Rechtsschutzbedürfnis, bis der Arbeitgeber die Entlassung oder Versetzung abgelehnt hat. Das Schweigen auf ein Entlassungs- oder Versetzungsverlangen gilt nach Ablauf einer angemessenen Überlegungszeit als Ablehnung (vgl. KR-*Rinck* § 103 BetrVG Rdn 98). Hat allerdings der Arbeitgeber schon vor einer Aufforderung durch den Betriebsrat zur Entlassung oder Versetzung deutlich zu erkennen gegeben, dass er den Arbeitnehmer wegen der vom Betriebsrat angeführten Umstände nicht entlassen oder versetzen wolle, ist eine an den Arbeitgeber gerichtete **Aufforderung** durch den Betriebsrat zur Entlassung oder Versetzung **entbehrlich**. Der Betriebsrat kann sich vielmehr in einem solchen Fall sogleich an das ArbG wenden. Ein wegen der fehlenden Aufforderung des Arbeitgebers zunächst unzulässiger Antrag des Betriebsrats an das ArbG kann **nachträglich zulässig** werden, wenn der Arbeitgeber vor einer gerichtlichen Entscheidung die Entlassung oder Versetzung des betroffenen Arbeitnehmers ablehnt. Dann kann das gerichtliche Verfahren durchgeführt und mit einer Sachentscheidung abgeschlossen werden.

Eine **Frist sieht das Gesetz** für den Antrag des Betriebsrats **nicht vor**. Der Betriebsrat kann jedoch 35
sein Antragsrecht nach den allgemeinen Grundsätzen verwirken. Welcher Zeitraum vergangen sein muss, bis das Zuwarten des Betriebsrats für eine **Verwirkung** seines Antragsrechts ausreichen kann, hängt von den Umständen des Einzelfalles ab. Die Verwirkung ist ein Sonderfall der unzulässigen Rechtsausübung (§ 242 BGB). Ein Recht darf danach nicht mehr ausgeübt werden, wenn seit der Möglichkeit, es in Anspruch zu nehmen, längere Zeit verstrichen ist (Zeitmoment) und besondere Umstände hinzutreten, die die verspätete Inanspruchnahme als Verstoß gegen Treu und Glauben erscheinen lassen (Umstandsmoment). Dabei werden bei einer gravierenden Störung des Betriebsfriedens hohe Anforderungen an das Zeitmoment zu stellen sein. Ist der Betriebsfrieden hingegen wiederhergestellt, kann – abhängig von den sonstigen Umständen des Einzelfalls – Verwirkung auch nach Ablauf eines relativ kurzen Zeitraums angenommen werden. Für die Annahme eines zeitlichen Richtwerts gibt es im Gesetz keine Anhaltspunkte (GK-BetrVG/*Raab* Rn 28; APS-*Linck*

Rn 28, 21; **aA** *Fitting* Rn 15; HWGNRH-*Huke* Rn 22, die einen Richtwert von 3 Monaten annehmen).

II. Entscheidung des Arbeitsgerichts

36 Ist der Antrag des Betriebsrats **unzulässig oder unbegründet**, hat ihn das ArbG abzuweisen. Dies gilt auch dann, wenn der Arbeitgeber die verlangte Maßnahme (Versetzung oder Entlassung) aus anderen Gründen, ggf. auch wegen eines auf ihn ausgeübten Drucks, durchführen darf. Das ArbG darf dem Arbeitgeber nur unter den Voraussetzungen des § 104 BetrVG die Entlassung aufgeben.

37 Ist das Verlangen des Betriebsrats nach Versetzung oder Kündigung zulässig und begründet (s. Rdn 12 ff.), hat das Gericht **dem Arbeitgeber die entsprechende Maßnahme aufzugeben**. Das Gericht darf jedoch bei seiner Entscheidung **über den Antrag des Betriebsrats nicht hinausgehen** (vgl. § 308 ZPO). Es darf daher im Fall einer beantragten Versetzung dem Arbeitgeber nicht aufgeben, den Arbeitnehmer zu entlassen. Hat der Betriebsrat nur die »Entlassung« des Arbeitnehmers beantragt, hat aber das Arbeitsgericht umgekehrt nach dem Grundsatz der Verhältnismäßigkeit zu prüfen, ob statt der beantragten Entlassung **als milderes Mittel** eine Versetzung in Betracht kommt. Dabei darf das Gericht nicht von Amts wegen prüfen, ob und ggf. auf welchen konkreten Arbeitsplatz eine Versetzung des Arbeitnehmers möglich ist (APS-*Linck* Rn 29). Das Gericht darf ferner nicht den Zeitpunkt des Ausspruchs der Kündigung oder Anordnung der Versetzung und auch nicht den Kündigungstermin festlegen. Dies ist Sache des Arbeitgebers, der die Maßnahme nach Rechtskraft der gerichtlichen Entscheidung zum nächst zulässigen Termin durchzuführen hat (arg. § 104 Abs. 2 BetrVG; *Fitting* Rn 17; **aA** *Richardi/Thüsing* Rn 25). Die Rechtskraft der gerichtlichen Entscheidung führt **nicht automatisch zur Beendigung des Arbeitsverhältnisses** oder zur Versetzung des Arbeitnehmers (HWGNRH-*Huke* Rn 24).

38 Hat das ArbG dem Arbeitgeber die Entlassung oder Versetzung des Arbeitnehmers aufgegeben, muss er diese **unverzüglich nach Rechtskraft** der Entscheidung vollziehen. Falls er eine erforderliche Versetzung auf den vorgesehenen neuen Arbeitsplatz kraft seines Direktionsrechts anordnen kann, bedarf es einer Mitwirkung des Betriebsrats gem. § 99 BetrVG (s. Rdn 27). Ist die Versetzung nur durch Änderungskündigung möglich, ist der Betriebsrat auch gem. § 102 BetrVG zu beteiligen (s. Rdn 27). Eine Mitwirkung des Betriebsrats ist allerdings dann entbehrlich, wenn der Arbeitnehmer gerade auf den konkreten Arbeitsplatz versetzt werden soll, den der Betriebsrat bisher vorgeschlagen oder gewünscht hat (HWGNRH-*Huke* Rn 25).

39 Der Arbeitgeber kann einer gerichtlich angeordneten Versetzung dadurch den Boden entziehen, dass er – nach ordnungsgemäßer Anhörung oder Zustimmung des Betriebsrats (§§ 102, 103 BetrVG) – die **Kündigung des Arbeitsverhältnisses** erklärt, gleichgültig, ob eine Versetzung möglich ist oder nicht (im Ergebnis ebenso: *Richardi/Thüsing* Rn 20). Kündigt der Arbeitgeber, obwohl eine Versetzung möglich wäre, riskiert er allerdings, dass die Kündigung wegen der Möglichkeit einer Versetzung nicht sozial gerechtfertigt ist. Ebenso kann der Arbeitgeber einer gerichtlich angeordneten Entlassung dadurch nachkommen, dass der den **Abschluss eines Aufhebungsvertrags oder einer Eigenkündigung des Arbeitnehmers** erwirkt (vgl. BAG 28.3.2017 EzA § 104 BetrVG 2001 Nr. 1).

40 Erklärt der Arbeitgeber entsprechend dem Antrag des Betriebsrats vor oder nach Rechtskraft einer gerichtlichen Entscheidung die ordentliche Kündigung, bedarf es **nicht mehr der Anhörung des Betriebsrats nach § 102 BetrVG** (vgl. Rdn 30). Will er aber statt der von Betriebsrat und Gericht verlangten ordentlichen Kündigung eine außerordentliche Kündigung erklären, muss er hierzu den Betriebsrat nach § 102 BetrVG anhören (GK-BetrVG/*Raab* Rn 25). Im Übrigen ist diese außerordentliche Kündigung nur wirksam, wenn die Voraussetzungen des § 626 BGB gegeben sind. Dies ist im Kündigungsschutzprozess in vollem Umfang nachprüfbar. Ein Zwangsgeld gegen den Arbeitgeber gem. § 104 S. 2 BetrVG entfällt allerdings.

41 Bedarf es der **vorherigen Zustimmung eines Dritten** (oberste Arbeitsbehörde nach § 17 MuSchG; Integrationsamt nach §§ 168, 174 SGB IX), muss der Arbeitgeber diese **vor Ausspruch der**

Kündigung einholen. Gegenüber dem Betriebsrat ist er hierzu unverzüglich nach Eintritt der Rechtskraft einer gerichtlichen Auflage zum Ausspruch der Kündigung verpflichtet. Erlangt er die behördliche Zustimmung trotz Durchführung des entsprechenden Verfahrens einschließlich möglicher Rechtsmittel nicht, kann er die Kündigung nicht vollziehen. Die Zwangsvollstreckung aus dem gerichtlichen Beschluss scheidet folglich aus (APS-*Linck* Rn 30).

III. Rechtsmittel

Gegen den Beschluss des ArbG können je nach Beschwer der Arbeitgeber oder der Betriebsrat, aber auch der betroffene Arbeitnehmer, der Beteiligter im Beschlussverfahren ist, **Beschwerde** beim LAG (§ 87 ArbGG) und ggf. **Rechtsbeschwerde** beim BAG (§ 92 ArbGG) einlegen (s.a. Rdn 33). 42

IV. Zwangsgeldverfahren und Vollstreckung

Kommt der Arbeitgeber einer gerichtlichen Entscheidung, durch die ihm die Entlassung oder Versetzung eines Arbeitnehmers aufgegeben wird, nicht unverzüglich nach Eintritt der Rechtskraft nach, kann der Betriebsrat beim ArbG beantragen, den Arbeitgeber durch Verhängung von **Zwangsgeld zur Befolgung der gerichtlichen Anordnung** anzuhalten (§ 104 S. 2 BetrVG). Der Antrag kann danach nicht mit dem Antrag nach § 104 S. 1 BetrVG verbunden werden (APS-*Linck* Rn 32). 43

Das Zwangsgeldverfahren nach § 104 S. 2 BetrVG entspricht dem Zwangsverfahren zur Vornahme einer unvertretbaren Handlung nach § 888 ZPO (*Fitting* Rn 19; HWGNRH-*Huke* Rn 26). Eine **vorherige Androhung** des Zwangsgeldes ist deshalb **nicht erforderlich** (HWGNRH-*Huke* Rn 26), wenn auch möglich. Da das Zwangsgeld keine Strafe, sondern reines Zwangsmittel ist, ist ein **Verschulden des Arbeitgebers** an der Nichtbefolgung der gerichtlichen Entscheidung **keine Voraussetzung** für dessen Verhängung oder Androhung (*Richardi/Thüsing* Rn 29 iVm § 101 Rn 23 ff.; GK-BetrVG/*Raab* Rn 29; APS-*Linck* Rn 32). Eine Festsetzung von Ordnungs- oder Zwangshaft ist ausgeschlossen (§ 85 Abs. 1 S. 3 ArbGG), auch wenn das Zwangsgeld uneinbringlich ist. 44

Die **Höhe des Zwangsgeldes** bestimmt das Gericht nach freiem pflichtgemäßem Ermessen. Das Mindestmaß beträgt 1 Euro, das Höchstmaß 250 Euro für jeden Tag der Zuwiderhandlung (§ 104 S. 3 BetrVG). Die Entscheidung ergeht aufgrund mündlicher Verhandlung durch Beschluss der zuständigen Kammer des ArbG oder ohne mündliche Verhandlung nach Anhörung des Arbeitgebers durch Beschluss des Vorsitzenden der zuständigen Kammer des ArbG (§ 85 Abs. 1 ArbGG iVm § 891 ZPO). Gegen den Beschluss des ArbG findet die **sofortige Beschwerde** zum LAG statt (§ 85 Abs. 1 ArbGG iVm § 891 ZPO; § 793 ZPO). Gegen die Entscheidung des LAG ist die **Rechtsbeschwerde** zum BAG zulässig, wenn sie vom LAG zugelassen wird (§ 78 S. 2 iVm § 72 Abs. 2 ArbGG). 45

Die Vollstreckung des Beschlusses, der das Zwangsgeld verhängt, erfolgt auf Antrag des Betriebsrats **nach den Vorschriften der §§ 803 ff. ZPO**. Kommt der Arbeitgeber der gerichtlich angeordneten Entlassung oder Versetzung nach, bevor das Zwangsgeld beigetrieben ist, entfällt eine weitere Zwangsvollstreckung und damit die Beitreibung des Zwangsgeldes, weil der mit ihm verfolgte Zweck (Entlassung oder Versetzung) bereits erreicht ist (*Richardi/Thüsing* Rn 29 iVm § 101 Rn 23 ff.). 46

F. Rechtsschutzmöglichkeiten gegen die Maßnahme selbst

I. Ohne vorangegangenes Beschlussverfahren

Kommt der Arbeitgeber einem Entlassungsverlangen des Betriebsrats nach und erklärt er eine ordentliche Kündigung, kann der Arbeitnehmer, wenn er Kündigungsschutz nach dem KSchG oder anderen kündigungsschutzrechtlichen Vorschriften (zB § 17 MuSchG, § 168 SGB IX) genießt, **Kündigungsschutzklage** erheben. In diesem Rechtsstreit hat das Gericht zu prüfen, ob die Kündigung iSv § 1 Abs. 2 S. 1 KSchG sozial gerechtfertigt ist und ggf. anderen kündigungsschutzrechtlichen 47

Vorschriften entspricht. Hierbei ist es an eine Einigung zwischen Betriebsrat und Arbeitgeber über die Vornahme der Kündigung nicht gebunden. Eine solche Einigung kann die soziale Rechtfertigung der Kündigung nicht ersetzen (APS-*Linck* Rn 37; *Fitting* Rn 12; *Husemann/Tophof* NZA 2017, 1242, 1245). Ein berechtigtes Verlangen des Betriebsrats kann allerdings ein dringendes betriebliches Erfordernis iSv § 1 Abs. 2 S. 1 KSchG begründen (vgl. *BAG* 28.3.2017 EzA § 104 BetrVG 2001 Nr. 1). Verstößt die Kündigung gegen eine kündigungsschutzrechtliche Vorschrift, hat das Gericht der Kündigungsschutzklage stattzugeben. Ein **Weiterbeschäftigungsanspruch** des Arbeitnehmers während des Kündigungsrechtsstreits gem. § 102 Abs. 5 BetrVG kommt wegen des fehlenden Widerspruchs des Betriebsrats nicht in Betracht.

48 Soweit der Arbeitgeber bei einer im Zusammenhang mit einem Versetzungs- oder Entlassungsverlangen des Betriebsrats oder einer gerichtlichen Auflage erklärten Versetzung oder Kündigung Mitbestimmungs- und Beteiligungsrechte des Betriebsrats nach §§ 99, 102 BetrVG verletzt (s. Rdn 27), ist die **Entlassung bzw. Versetzung unwirksam**. Der betroffene Arbeitnehmer kann die Unwirksamkeit der Maßnahme durch Klage gegen den Arbeitgeber vor dem ArbG geltend machen, indem er die Feststellung beantragt, dass das Arbeitsverhältnis durch die Kündigung nicht aufgelöst ist bzw. die Arbeitsbedingungen durch die Versetzung nicht geändert wurden.

49 Bei einer auf ein **Versetzungsverlangen** des Betriebsrats vom Arbeitgeber kraft seines Direktionsrechts angeordneten Versetzung ist **das billige Ermessen** zu wahren. Entspricht die Versetzung billigem Ermessen, ist sie wirksam. Der Arbeitnehmer kann in diesem Fall nicht mit Erfolg Klage gegen den Arbeitgeber erheben (vgl. GK-BetrVG/*Raab* Rn 36). Entspricht die Versetzung nicht billigem Ermessen, ist sie unwirksam. In diesem Fall kann der Arbeitnehmer auf Weiterbeschäftigung zu den bisherigen Arbeitsbedingungen klagen.

50 War das Versetzungsverlangen des Betriebsrats nach § 104 BetrVG unbegründet (vgl. Rdn 12 ff.) und hat der Arbeitgeber die Versetzung unter rechtswidrigem Druck von Betriebsratsmitgliedern, anderen Arbeitnehmern oder Dritten angeordnet, kann die Versetzung unwirksam sein, weil sie nicht billigem Ermessen entspricht. Darüber hinaus kann der Arbeitnehmer von denjenigen, die den rechtswidrigen Druck ausgeübt haben, **Schadenersatz** nach § 823 Abs. 1 BGB, unter Umständen auch nach § 826 BGB verlangen (vgl. GK-BetrVG/*Raab* Rn 33), wobei der Schaden zB in höheren Fahrtkosten zwischen Wohnung und neuem Arbeitsplatz bestehen kann, bis die Versetzung rückgängig gemacht ist.

51 Hat der Arbeitgeber auf ein Versetzungsverlangen des Betriebsrats eine **Änderungskündigung** erklärt, stehen dem betroffenen Arbeitnehmer dieselben Rechtsmittel zur Verfügung wie gegen eine sonstige auf Verlangen des Betriebsrats ausgesprochene Kündigung auch (s. Rdn 47).

52 Hat der Arbeitgeber, obwohl die Voraussetzungen des § 104 BetrVG nicht vorlagen, aufgrund eines Entlassungsverlangens des Betriebsrats und unter Druck eine ordentliche Kündigung erklärt, kann diese Kündigung gleichwohl als betriebsbedingte Kündigung iSd § 1 Abs. 2 KSchG wirksam sein, wenn die Voraussetzungen einer sog. »**Druckkündigung**« vorlagen (vgl. *BAG* 15.12.2016 EzA § 1 KSchG Druckkündigung Nr. 2; 19.7.2016 EzA § 1 KSchG Druckkündigung Nr. 1; s.a. KR-*Fischermeier/Krumbiegel* § 626 BGB Rdn 219 ff.). In diesem Fall kann der Arbeitnehmer mit einer gegen die Kündigung gerichteten Klage keinen Erfolg haben. Ihm stehen jedoch gegen jedes einzelne Betriebsratsmitglied sowie gegen jeden sonstigen Arbeitnehmer oder Dritten, der sich an der Ausübung des rechtswidrigen Druckes auf den Arbeitgeber zur Kündigung beteiligt hat, **Schadenersatzansprüche** wegen Verlustes des Arbeitsplatzes (§ 823 Abs. 1 BGB), unter Umständen auch wegen sittenwidriger Schädigung (§ 826 BGB) zu. Das Recht am Arbeitsplatz ist hierbei als absolutes Recht iSd § 823 Abs. 1 BGB anzusehen (*Fitting* Rn 11; HWGNRH-*Huke* Rn 20; aA GK-BetrVG/*Raab* Rn 33). Der dem Arbeitnehmer zu ersetzende Schaden besteht ua in dem durch die Kündigung entgehenden Arbeitsentgelt. Ein Ausgleichsanspruch des Arbeitnehmers gegen den Arbeitgeber unter Aufopferungsgesichtspunkten besteht nicht, weil hierfür die Anspruchsgrundlage fehlt (GK-BetrVG/*Raab* Rn 33; HWGNRH-*Huke* Rn 20). Schadensersatzansprüche des

Arbeitnehmers gegen den Arbeitgeber wegen Verletzung der Fürsorgepflicht kommen aber dann in Betracht, wenn der Arbeitgeber kündigt, ohne sich darum bemüht zu haben, den Betriebsrat von seinem Entlassungsverlangen abzubringen, obwohl er dieses für unbegründet hält (GK-BetrVG/ *Raab* Rn 33). Dies gilt nicht, wenn der Arbeitnehmer noch keinen Kündigungsschutz genießt (MünchArbR-*Matthes* § 350 Rn 12).

II. Nach gerichtlicher Auflage

Erklärt der Arbeitgeber eine ihm rechtskräftig aufgegebene ordentliche Kündigung oder führt 53
er eine Versetzung durch ordentliche Änderungskündigung durch, ist für diese ein **dringendes betriebliches Erfordernis iSv § 1 Abs. 2 S. 1 KSchG** gegeben (*BAG* 28.3.2017 EzA § 104 BetrVG 2001 Nr. 1). Die Rechtsschutzmöglichkeiten des Arbeitnehmers sind demgegenüber beschränkt. Er war in dem Beschlussverfahren **Beteiligter** und konnte gegen für ihn ungünstige Entscheidungen Rechtsmittel einlegen (s. Rdn 33). Die Kündigungsschutzklage ist zwar nicht wegen der rechtskräftigen Entscheidung in dem Verfahren nach § 104 BetrVG unzulässig, insbes. fehlt es nicht am Rechtsschutzbedürfnis. Es gelten aber dieselben Erwägungen wie bei einer Kündigungsschutzklage nach der rechtskräftig ersetzten Zustimmung des Betriebsrats zu einer außerordentlichen Kündigung des Mitglieds eines Betriebsverfassungsorgans gem. § 103 BetrVG (s. KR-*Rinck* § 103 BetrVG Rdn 142 f.; ebenso: *Fitting* Rn 17; vgl. auch DKKW-*Bachner* Rn 19; **aA** GK-BetrVG/*Raab* Rn 35, *ders.* JarbR 2018, 69, 96 ff., der eine Beteiligung des Arbeitnehmers im Beschlussverfahren verneint). Dh, die im Beschlussverfahren nach § 104 BetrVG rechtskräftig getroffene Entscheidung, dem Arbeitgeber die Entlassung oder Versetzung aufzugeben, hat – wie auch in den Fällen des § 103 BetrVG (s. KR-*Rinck* § 103 BetrVG Rdn 144 ff.) – für die im Beschlussverfahren beteiligten Parteien des Kündigungsschutzprozesses (Arbeitnehmer und Arbeitgeber) **präjudizielle Wirkung** (ebenso APS-*Linck* Rn 34; **aA** GK-BetrVG/*Raab* Rn 35; *ders.* JarbR 2018, 69, 91 ff. *Czerny* Rechtskraft, S. 278: »Tatbestandswirkung«). Der Arbeitnehmer kann deshalb im Kündigungsschutzprozess die unrichtige Entscheidung über die Rechtmäßigkeit des Entlassungsverlangens nur dann geltend machen, wenn er Tatsachen vorträgt, die im Beschlussverfahren noch nicht berücksichtigt werden konnten, weil sie erst nach der letzten Verhandlung im Vorverfahren, in der sie hätten geltend gemacht werden können, entstanden sind, zB Wiederherstellung des Betriebsfriedens oder Wegfall der Umstände, die eine Wiederholungsgefahr begründeten. Hingegen kann sich der Arbeitnehmer nicht auf solche Tatsachen stützen, die er in dem früheren Verfahren erfolglos geltend gemacht hat oder hätte geltend machen können (sog. **Präklusionswirkung**; vgl. HWGNRH-*Huke* Rn 24; s. im Übrigen KR-*Rinck* § 103 BetrVG Rdn 144). Ist der Arbeitnehmer in dem Beschlussverfahren nach § 104 BetrVG nicht beteiligt worden, gelten die Ausführungen bei KR-*Rinck* § 103 BetrVG Rdn 145 f. entsprechend.

Hat der Arbeitgeber aufgrund einer rechtskräftigen gerichtlichen Entscheidung kraft seines Direk- 54
tionsrechts eine **Versetzung** angeordnet, kann der Arbeitnehmer wegen der **präjudiziellen Wirkung** des Beschlussverfahrens im Rahmen einer Feststellungsklage nicht mehr mit Erfolg vorbringen, die Voraussetzungen des § 104 S. 1 BetrVG für die Entfernung vom bisherigen Arbeitsplatz hätten nicht vorgelegen. Er kann jedoch geltend machen, die neuen Arbeitsbedingungen entsprächen nicht **billigem Ermessen** (s. Rdn 49). Ist dieser Antrag begründet, muss der Arbeitgeber dem Arbeitnehmer einen anderen Arbeitsplatz zuweisen.

Erklärt der Arbeitgeber **statt einer rechtskräftig aufgegebenen Versetzung eine ordentliche Kün-** 55
digung, kann zwar der Arbeitnehmer, der Kündigungsschutz genießt, hiergegen Kündigungsschutzklage erheben, jedoch ist im Kündigungsrechtsstreit die Berechtigung der ordentlichen Kündigung nicht in vollem Umfang nachprüfbar (**aA** GK-BetrVG/*Raab* Rn 25). Vielmehr steht aufgrund der Präjudizwirkung der Entscheidung des Beschlussverfahrens fest, dass im Zeitpunkt der letzten Verhandlung die Entfernung des Arbeitnehmers von seinem bisherigen Arbeitsplatz sachlich berechtigt war, was in manchen Fällen zur sozialen Rechtfertigung der Kündigung ausreichen kann.

III. Versetzung oder Kündigung trotz rechtskräftiger Abweisung des Versetzungs- oder Entlassungsverlangens des Betriebsrats

56 Ist das Versetzungs- oder Entlassungsverlangen des Betriebsrats **rechtskräftig abgewiesen** worden, hindert die Rechtskraft der Entscheidung den Arbeitgeber nicht, nunmehr **trotzdem eine Kündigung oder Versetzung** zu erklären. Die Voraussetzungen für eine sozial gerechtfertigte oder außerordentliche Kündigung (§ 1 KSchG, § 626 BGB) bzw. für eine rechtmäßige Versetzung können auch dann erfüllt sein, wenn der Tatbestand des § 104 BetrVG verneint wird.

§ 105 BetrVG Leitende Angestellte

Eine beabsichtigte Einstellung oder personelle Veränderung eines in § 5 Abs. 3 genannten leitenden Angestellten ist dem Betriebsrat rechtzeitig mitzuteilen.

Übersicht	Rdn		Rdn
A. Einleitung.............................	1	D. Mitteilung der personellen Maßnahme .	19
I. Entstehungsgeschichte..................	1	I. Inhalt.................................	19
II. Zweck der Vorschrift...................	2	II. Form und Zeitpunkt..................	22
B. Voraussetzungen für die Anwendung des § 105 BetrVG.....................	3	III. Adressat.............................	25
		IV. Stellungnahme des Betriebsrats........	27
I. Leitender Angestellter..................	3	V. Schweigepflicht des Betriebsrats........	28
II. Vorhandensein und Funktionsfähigkeit eines Betriebsrats.......................	9	VI. Irrtum über die Notwendigkeit der Anhörung nach §§ 99 ff. BetrVG..........	29
C. Gegenstand der Mitteilungspflicht.....	12	E. Verletzung der Mitteilungspflicht......	34

A. Einleitung

I. Entstehungsgeschichte

1 § 105 BetrVG **stimmt sinngemäß völlig mit § 65 BetrVG 1952 überein**, der lautete: »Vor Einstellungen und personellen Veränderungen der in § 4 Abs. 2 Buchst. c) genannten Personen ist dem Betriebsrat rechtzeitig Mitteilung zu machen.« In § 4 Abs. 2 Buchst. c) BetrVG 1952 waren die leitenden Angestellten aufgeführt. In sämtlichen Gesetzesentwürfen zum BetrVG 1972 war keine inhaltliche Änderung des § 65 BetrVG 1952 vorgesehen.

II. Zweck der Vorschrift

2 Die Mitwirkungsrechte des Betriebsrats in personellen Angelegenheiten (§§ 92–104 BetrVG) finden auf leitende Angestellte keine Anwendung. Daher kann nur durch eine Mitteilungspflicht des Arbeitgebers nach § 105 BetrVG gewährleistet werden, dass der Betriebsrat **Kenntnis von personellen Veränderungen bei leitenden Angestellten** erhält. Mit der Mitteilungspflicht werden zwei Zwecke verfolgt: Zum einen soll der Betriebsrat erfahren, wie die Führungsaufgaben im Unternehmen verteilt sind, damit er weiß, an wen er sich in einer bestimmten Angelegenheit zu wenden hat. Zum anderen soll er Gelegenheit erhalten, aus der Sicht der Belegschaft Bedenken gegen eine personelle Maßnahme im Bereich der leitenden Angestellten geltend zu machen. Der Schutz der leitenden Angestellten selbst gegenüber dem Arbeitgeber wird vom Sprecherausschuss der leitenden Angestellten wahrgenommen.

B. Voraussetzungen für die Anwendung des § 105 BetrVG

I. Leitender Angestellter

3 Die Vorschrift gilt **nur für leitende Angestellte iSd § 5 Abs. 3 BetrVG**, nicht aber für Personen nach § 5 Abs. 2 BetrVG, die nicht als Arbeitnehmer iSd BetrVG gelten. Für den Personenkreis des § 5 Abs. 2 BetrVG können sich aber Mitteilungspflichten des Arbeitgebers über personelle Veränderungen aus dem Grundsatz der vertrauensvollen Zusammenarbeit zwischen Arbeitgeber und

Betriebsrat (§ 2 Abs. 1 BetrVG) ergeben (*Fitting* Rn 2; einschränkend auf die Personen nach § 5 Abs. 2 Nr. 1 und 2 BetrVG: GK-BetrVG/*Raab* Rn 4).

Die Vereinbarung einer **Probezeit** mit einem leitenden Angestellten ändert nichts an diesem Status, wenn sie dazu dienen soll, seine persönliche Eignung gerade im Hinblick auf die Aufgaben zu erproben, die seine Stellung als leitender Angestellter begründen (*BAG* 25.3.1976 EzA § 5 BetrVG 1972 Nr. 23). In diesem Falle bestehen keine Mitwirkungsrechte des Betriebsrats nach §§ 99, 100–102 BetrVG, sondern nur Mitteilungspflichten des Arbeitgebers nach § 105 BetrVG. 4

Werden hingegen während der Probezeit die (später einmal) die Eigenschaft eines leitenden Angestellten begründenden **Befugnisse temporär eingeschränkt** oder von vornherein vertraglich noch nicht (voll) gegeben, hat dieser Angestellte in der Probezeit nicht die Stellung eines leitenden Angestellten inne (*BAG* 25.3.1976 EzA § 5 BetrVG 1972 Nr. 23). Folglich sind die Mitwirkungsrechte des Betriebsrats nach §§ 99–102 BetrVG gegeben, während § 105 BetrVG keine Anwendung findet (HWGNRH-*Huke* Rn 4). 5

Die **Einschränkung der Tätigkeit** eines leitenden Angestellten aus Anlass des Auslaufens des Arbeitsverhältnisses ist als Teilsuspendierung zu werten, die an seinem rechtlichen Status als leitendem Angestellten nichts ändert (*BAG* 23.3.1976 EzA § 5 BetrVG 1972 Nr. 25). 6

Wann **im Einzelfall** ein Arbeitnehmer die Voraussetzungen eines leitenden Angestellten iSd § 5 Abs. 3 BetrVG erfüllt, hängt **von den besonderen Umständen des jeweiligen Falls** ab, die einer umfassenden Gesamtwürdigung zu unterziehen sind. Vgl. aus der umfangreichen Rechtsprechung des BAG: *BAG* 19.11.1974 AP Nr. 2 zu § 5 BetrVG 1972 (Hauptabteilungsleiter eines Verkaufsbüros); 17.12.1974 EzA § 5 BetrVG 1972 Nr. 15 (Unternehmensplaner); 28.1.1975 EzA § 5 BetrVG 1972 Nr. 16 (Wirtschaftsprüfer einer Wirtschaftsprüfungsgesellschaft); 19.8.1975 EzA § 102 BetrVG 1972 Nr. 15 (Leiter eines Verbrauchermarktes); 27.10.1978 EzA § 5 BetrVG 1972 Nr. 32 (Vertriebsleiter eines Verlags); 29.1.1980 AP Nr. 23 zu § 5 BetrVG 1972 (Leiter der Koordinationsabteilung für ein von mehreren Unternehmen betriebenes Großprojekt des Flugzeugbaus); 25.10.2001 EzA § 5 BetrVG 1972 Nr. 64 (Zentraleinkäufer eines Warenhausunternehmens); 6.12.2001 EzA § 5 BetrVG 1972 Nr. 65 (Leiter einer Revisionsabteilung in Unternehmen mit zahlreichen Tochterunternehmen); 16.4.2002 EzA § 5 BetrVG 1972 Nr. 66 (Bereichsleiter einer Spielbank). 7

Die Frage, ob ein Arbeitnehmer leitender Angestellter ist, ist wegen der angeführten, mehr oder weniger unbestimmten Abgrenzungsmerkmale oft schwer zu beantworten. Trotzdem können sich Arbeitgeber und Betriebsrat **nicht mit rechtsbegründender Wirkung darüber einigen**, ob ein Angestellter leitender Angestellter ist oder nicht (*Fitting* Rn 1; HWGNRH-*Huke* Rn 5). § 5 Abs. 3 BetrVG, der die leitenden Angestellten weitgehend von der Anwendung der BetrVG ausschließt, enthält eine **zwingende gesetzliche Regelung** (*BAG* 19.8.1975 EzA § 102 BetrVG 1972 Nr. 15; *Fitting* § 5 Rn 327; HWGNRH-*Huke* Rn 5). Es kommt daher allein auf die objektive Rechtslage an (*Fitting* Rn 1). Der Arbeitgeber kann sich nicht auf Rechtsunkenntnis oder Irrtum berufen (DKKW-*Bachner* Rn 9). Sind sich Arbeitgeber oder Betriebsrat im Unklaren darüber, ob ein Angestellter leitender Angestellter ist, kann jeder von ihnen jederzeit – auch wenn kein akuter Streitfall vorliegt – ein arbeitsgerichtliches Beschlussverfahren zur Feststellung des betriebsverfassungsrechtlichen Rechtsstatus des Angestellten einleiten (vgl. *BAG* 19.11.1974 EzA § 5 BetrVG 1972 Nr. 9). Im Zweifel sollte vor einer Kündigung vorsorglich das Anhörungsverfahren nach § 102 BetrVG durchgeführt werden. 8

II. Vorhandensein und Funktionsfähigkeit eines Betriebsrats

Die Mitteilungspflichten des Arbeitgebers nach § 105 BetrVG setzen voraus, dass in dem Betrieb **ein Betriebsrat besteht.** Ein aus einer nichtigen »Wahl« hervorgegangener »Betriebsrat« ist ein Nicht-Betriebsrat (*Richardi/Thüsing* § 19 Rn 77), der keinen Vertrauensschutz für sich in Anspruch nehmen kann (*BAG* 27.4.1976 EzA § 19 BetrVG 1972 Nr. 8), dem gegenüber also auch keine Mitteilungspflichten des Arbeitgebers bestehen. Ist hingegen die Betriebsratswahl nur angefochten, ist der Betriebsrat bis zur Rechtskraft einer der Anfechtung stattgebenden gerichtlichen Entscheidung als rechtlich existent anzusehen (vgl. *Richardi/Thüsing* § 19 Rn 62 f. mwN). Ihm gegenüber hat der Arbeitgeber die Mitteilungspflicht zu erfüllen. 9

10   Ist der **Betriebsrat funktionsunfähig**, etwa weil sich alle Betriebsratsmitglieder und Ersatzmitglieder im Urlaub befinden, hat der Arbeitgeber keinen Adressaten, dem er Mitteilungen nach § 105 BetrVG machen kann. In diesem Fall entfällt eine Mitteilungspflicht des Arbeitgebers nach § 105 BetrVG (ebenso: GK-BetrVG/*Raab* Rn 5; s.a. KR-*Rinck* § 102 BetrVG Rdn 27 ff.). Auch in diesem Zusammenhang gilt, dass der Betriebsrat während eines Arbeitskampfes nicht funktionsunfähig ist und demgemäß die Mitteilungspflichten des Arbeitgebers nach § 105 BetrVG in vollem Umfang bestehen bleiben.

11   Ist im Betrieb **kein Betriebsrat vorhanden**, tritt an seine Stelle kein anderes Organ, demgegenüber der Arbeitgeber die Mitteilung nach § 105 BetrVG machen könnte. Die Anwendung des § 105 BetrVG entfällt in diesem Fall ersatzlos.

C. Gegenstand der Mitteilungspflicht

12   Mitzuteilen sind dem Betriebsrat die beabsichtigte **Einstellung oder personelle Veränderung** eines leitenden Angestellten iSd § 5 Abs. 3 BetrVG.

13   Unter »**Einstellung**« ist sowohl der Abschluss eines auf Beschäftigung im Betrieb gerichteten Arbeitsvertrags als auch die Arbeitsaufnahme und damit die tatsächliche Eingliederung in den Betrieb zu verstehen. Falls beide Maßnahmen zeitlich auseinanderfallen, ist die zeitlich erste Maßnahme des Arbeitgebers als Einstellung anzusehen (*Fitting* § 99 Rn 32; GK-BetrVG/*Raab* § 99 Rn 22).

14   Unter »personeller Veränderung« sind neben der Einstellung zunächst die weiteren im Gesetz genannten personellen Maßnahmen zu verstehen, nämlich **Eingruppierung, Umgruppierung, Versetzung oder Kündigung** (DKKW-*Bachner* Rn 5; verneinend für Eingruppierung und Umgruppierung: *Richardi/Thüsing* Rn 6, GK-BetrVG/*Raab* Rn 7, HWGNRH-*Huke* Rn 11). Eingruppierung oder Umgruppierung eines leitenden Angestellten dürften allerdings nur selten in Betracht kommen, weil die Eingruppierung oder Umgruppierung ein tarifliches oder betriebsübliches Entgeltschema voraussetzt, in das der Arbeitnehmer eingeordnet wird (vgl. *Richardi/Thüsing* § 99 Rn 62; *Fitting* § 99 Rn 79). Ein solches Entgeltschema dürfte für leitende Angestellte nur in Ausnahmefällen bestehen, weil das Entgelt für leitende Angestellte in aller Regel durch individuelle Vereinbarung festgelegt wird, die nicht als Eingruppierung angesehen werden kann (*Richardi/Thüsing* § 99 Rn 69).

15   Zu den »personellen Veränderungen« iSd § 105 BetrVG gehören nicht nur die im Gesetz genannten personellen Maßnahmen, sondern **jede Veränderung des Aufgabenbereichs** des leitenden Angestellten innerhalb der Organisation des Unternehmens oder Betriebs (*Richardi/Thüsing* Rn 6; *Fitting* Rn 4; GK-BetrVG/*Raab* Rn 8; HWGNRH-*Huke* Rn 11), auch wenn es sich hierbei nicht um eine Versetzung handelt. Zu solchen Veränderungen des Aufgabenbereichs gehören zB die Erteilung oder der Widerruf einer Generalvollmacht oder Prokura (*Richardi/Thüsing* Rn 8; HWGNRH-*Huke* Rn 11). Der Sinn der Mitteilungspflicht über diese personellen Veränderungen liegt darin, den Betriebsrat darüber zu unterrichten, welche Führungsaufgaben der einzelne leitende Angestellte innerhalb des Unternehmens wahrnimmt. So weiß der Betriebsrat, an wen er sich zu wenden hat, wenn er in einer bestimmten Angelegenheit eine Erörterung mit dem Unternehmen wünscht, Fragen stellen oder Gegenvorstellungen erheben will (*Richardi/Thüsing* Rn 7). Aus diesem Zweck folgt zugleich, dass bloße Änderungen des Arbeitsvertrags eines leitenden Angestellten, zB Gehaltserhöhungen oder die Neuregelung des Urlaubs, dem Betriebsrat nicht mitzuteilen sind (HWGNRH-*Huke* Rn 11; vgl. auch *Richardi/Thüsing* Rn 6).

16   Der Einstellung eines leitenden Angestellten iSd § 105 BetrVG steht es gleich, wenn ein »normaler« Arbeitnehmer durch Änderung seines Arbeitsvertrags bzw. Versetzung **zum leitenden Angestellten »befördert«** werden soll. Deshalb löst dieser Beförderungsvorgang keine Beteiligungsrechte des Betriebsrats nach §§ 99, 100 BetrVG, sondern nur die Mitteilungspflicht des Arbeitgebers nach § 105 BetrVG aus (BAG 29.1.1980 AP Nr. 24 zu § 5 BetrVG 1972; GK-BetrVG/*Raab* Rn 3; HWGNRH-*Huke* Rn 3; *Richardi/Thüsing* Rn 4).

17   Eine personelle Veränderung iSd § 105 BetrVG liegt auch vor, wenn einem leitenden Angestellten **Funktionen**, die seiner Tätigkeit die Eigenschaft eines leitenden Angestellten geben, durch

Änderungsvertrag, Änderungskündigung, Versetzung oder Widerruf (zB einer Prokura) **entzogen** werden, er also wieder zu einem »normalen« Angestellten herabgestuft wird. Diese Herabstufung unterliegt als Maßnahme, die zum Kernbereich der Unternehmensführung gehört, nicht dem Mitwirkungsrecht des Betriebsrats nach §§ 99, 102 BetrVG, sondern löst nur die Mitteilungspflicht des Arbeitgebers nach § 105 BetrVG aus (*LAG BW* 28.10.2015 – 10 TaBV 3/15; *Fitting* Rn 1; GK-BetrVG/*Raab* Rn 3; HWGNRH-*Huke* Rn 3).

§ 105 BetrVG gilt **nur für vom Arbeitgeber beabsichtigte Maßnahmen**, wozu zB auch der vom Arbeitgeber veranlasste Abschluss eines Auflösungsvertrags über das Arbeitsverhältnis gehört (APS-*Linck* Rn 3). Nicht von § 105 BetrVG erfasst sind hingegen von dem leitenden Angestellten beabsichtigte und getroffene Maßnahmen, zB Eigenkündigung oder von ihm veranlasster Aufhebungsvertrag (APS-*Linck* Rn 3; GK-BetrVG/*Raab* Rn 8; HWGNRH-*Huke* Rn 2; aA *Fitting* Rn 4; DKKW-*Bachner* Rn 5). Jedoch kann der Arbeitgeber aufgrund des Gebots der vertrauensvollen Zusammenarbeit (§ 2 Abs. 1 BetrVG) verpflichtet sein, den Betriebsrat über von dem leitenden Angestellten ausgehende personelle Veränderungen zu unterrichten (vgl. HWGNRH-*Huke* Rn 2). 18

D. Mitteilung der personellen Maßnahme

I. Inhalt

Vor einer **Einstellung** hat der Arbeitgeber den Betriebsrat über die **Person des Bewerbers und seine künftige Funktion** innerhalb der Organisation des Betriebs zu unterrichten (*Richardi/Thüsing* Rn 12; GK-BetrVG/*Raab* Rn 6; HWGNRH-*Huke* Rn 11). Zu den Angaben über die Person des Bewerbers gehören dessen Personalien, dh Vor- und Zuname, Geburtsdatum, Anschrift und Familienstand, nicht hingegen seinen bisherigen beruflichen Werdegang sowie sonstige persönliche Verhältnisse (GK-BetrVG/*Raab* Rn 6; HWGNRH-*Huke* Rn 12). Diese Beschränkung der Mitteilungspflicht gegenüber der Unterrichtungspflicht nach § 99 BetrVG folgt daraus, dass dem Betriebsrat keine Mitwirkungsrechte bei der Einstellung eines leitenden Angestellten zustehen und deshalb ein berechtigtes Interesse des Betriebsrats an der Kenntnis der persönlichen Verhältnisse eines leitenden Angestellten zu verneinen ist. Für die Wahrnehmung der Betriebsratsaufgaben genügt es, wenn der Betriebsrat die Identität des leitenden Angestellten und seinen Aufgabenbereich kennt. Der Arbeitgeber braucht deshalb auch keine Angaben über die Mitbewerber zu machen. Zu der mitzuteilenden Funktion des Angestellten gehört auch die Stellung des leitenden Angestellten in der Betriebshierarchie (GK-BetrVG/*Raab* Rn 6). 19

Bei Eingruppierungen, Umgruppierungen, Versetzungen oder einer sonstigen **Veränderung des Aufgabenbereichs** eines leitenden Angestellten hat der Arbeitgeber den Betriebsrat über den neuen Aufgabenbereich, die künftige Stellung in der Betriebshierarchie und in der Vertretung des Unternehmens nach außen (zB Erteilung oder Widerruf von Prokura oder Generalvollmacht) sowie – bei evtl. Eingruppierungen oder Umgruppierungen – über die Einordnung in eine bestimmte (betriebsübliche) Vergütungsgruppe zu unterrichten. Weitere Einzelheiten, insbes. Änderungen des Arbeitsvertrags, braucht der Arbeitgeber nicht mitzuteilen. 20

Im Fall einer beabsichtigten **Kündigung** hat der Arbeitgeber dem Betriebsrat die **Art der Kündigung und den Kündigungstermin, nicht jedoch die Kündigungsgründe** mitzuteilen, beim Abschluss eines Aufhebungsvertrags nur die Tatsache der einvernehmlichen Auflösung und den Zeitpunkt der Beendigung des Arbeitsverhältnisses. 21

II. Form und Zeitpunkt

Die Unterrichtung des Betriebsrats kann **formlos** erfolgen. Um Missverständnisse auszuschließen und zur Beweissicherung ist jedoch eine schriftliche Unterrichtung des Betriebsrats zu empfehlen. 22

Der Betriebsrat ist »**rechtzeitig**« vor der beabsichtigten Maßnahme zu unterrichten. Rechtzeitig ist die Unterrichtung nur, wenn der Betriebsrat nach der Unterrichtung noch Gelegenheit hat, gegen die beabsichtigte Maßnahme vor deren Durchführung Gegenvorstellungen oder Bedenken 23 zu erheben (*Hess. LAG* 23.5.2012 – 9 TaBV 288/12). Darin liegt unter anderem auch der Sinn der Mitteilungspflicht des Arbeitgebers (*Richardi/Thüsing* Rn 13; *Fitting* Rn 6; GK-BetrVG/*Raab* Rn 10; HWGNRH-*Huke* Rn 13). In Anlehnung an die Stellungnahmefristen in § 99 Abs. 3 BetrVG und § 102 Abs. 2 BetrVG wird man es für ausreichend, im Allgemeinen aber auch für erforderlich ansehen müssen, dass der Arbeitgeber den Betriebsrat **spätestens eine Woche vor der geplanten Durchführung der Maßnahme** unterrichtet (APS-*Linck* Rn 6; aA GK-BetrVG/*Raab* Rn 10).

24 Bei Einstellungen ist der Betriebsrat daher grds. spätestens eine Woche vor dem geplanten Abschluss des Arbeitsvertrags zu unterrichten (in diesem Sinne, aber ohne Festlegung auf einen bestimmten Zeitraum: *Fitting* Rn 6; aA *Richardi/Thüsing* Rn 15). Eine nachträgliche Unterrichtung des Betriebsrats nach Abschluss des Arbeitsvertrags verstößt auch dann gegen § 105 BetrVG, wenn Arbeitgeber und Bewerber ein schutzwürdiges Interesse an der Geheimhaltung ihrer Vertragsverhandlungen haben (aA GK-BetrVG/*Raab* Rn 11: Unterrichtung nach Abschluss des Arbeitsvertrags, aber vor Arbeitsaufnahme genügt). Denn in diesem Falle trifft auch den Betriebsrat eine **Geheimhaltungspflicht** (ebenso: *Fitting* Rn 6). Haben nämlich Arbeitgeber und Stellenbewerber ein schutzwürdiges Interesse an der Geheimhaltung ihrer Vertragsverhandlungen, sind diese Vertragsverhandlungen bis zum Abschluss des Anstellungsvertrags als Betriebsgeheimnis anzusehen, über die der Betriebsrat Stillschweigen zu wahren hat, wenn der Arbeitgeber sie ausdrücklich als geheimhaltungsbedürftig bezeichnet (§ 79 BetrVG). Zumindest aber ergibt sich eine Schweigepflicht des Betriebsrats aus dem Gebot der vertrauensvollen Zusammenarbeit zwischen Arbeitgeber und Betriebsrat (§ 2 Abs. 1 BetrVG), wenn der Arbeitgeber die Vertragsverhandlungen als geheimhaltungsbedürftig bezeichnet.

III. Adressat

25 Der Arbeitgeber hat die beabsichtigte personelle Maßnahme **dem Betriebsrat oder** einem nach den §§ 27, 28 BetrVG für personelle Angelegenheiten zuständigen **Ausschuss** des Betriebs mitzuteilen, in dem der leitende Angestellte beschäftigt ist oder eingestellt werden soll. Erstreckt sich die Tätigkeit des leitenden Angestellten auf mehrere Betriebe, sind sowohl die Betriebsräte der betreffenden Betriebe als auch der Gesamt- bzw. Konzernbetriebsrat zu unterrichten (APS-*Linck* Rn 5; *Richardi/Thüsing* Rn 17; GK-BetrVG/*Raab* Rn 5).

26 Die Mitteilung des Arbeitgebers ist **an den Vorsitzenden** bzw. den stellvertretenden Vorsitzenden **des jeweiligen Gremiums** zu richten (vgl. § 26 Abs. 3 S. 2 BetrVG).

IV. Stellungnahme des Betriebsrats

27 Der Betriebsrat kann gegen die vom Arbeitgeber beabsichtigte Maßnahme **Bedenken** anmelden oder **Gegenvorstellungen** erheben. Der Arbeitgeber ist aufgrund des Gebots der vertrauensvollen Zusammenarbeit mit dem Betriebsrat (§ 2 Abs. 1 BetrVG) verpflichtet, die Bedenken und Gegenvorstellungen des Betriebsrats zur Kenntnis zu nehmen. Er ist jedoch nicht verpflichtet, die Angelegenheit mit dem Betriebsrat zu erörtern, auf die Bedenken und Gegenvorstellungen des Betriebsrats (mündlich oder schriftlich) einzugehen (GK-BetrVG/*Raab* Rn 9; APS-*Linck* Rn 4; DKKW-*Bachner* Rn 6; aA insoweit *Fitting* Rn 7) oder gar von der personellen Maßnahme Abstand zu nehmen (HWGNRH-*Huke* Rn 1).

V. Schweigepflicht des Betriebsrats

28 § 105 BetrVG enthält keine dem § 99 Abs. 1 S. 3, § 102 Abs. 2 S. 5 BetrVG entsprechende Vorschrift, die die Betriebsratsmitglieder verpflichtet, über die ihnen im Rahmen der personellen Maßnahmen des Arbeitgebers bekannt gewordenen persönlichen Verhältnisse und Angelegenheiten der Arbeitnehmer, die ihrer Bedeutung oder ihrem Inhalt nach einer vertraulichen Behandlung bedürfen, Stillschweigen zu bewahren. Jedoch sind die Betriebsratsmitglieder verpflichtet, **Betriebs- oder Geschäftsgeheimnisse**, die ihnen im Zusammenhang mit der Mitteilung des Arbeitgebers nach

§ 105 BetrVG bekannt werden und die der Arbeitgeber ausdrücklich als geheimhaltungsbedürftig bezeichnet, nach Maßgabe des § 79 BetrVG nicht zu offenbaren und zu verwerten. Eine Schweigepflicht der Betriebsratsmitglieder ist aufgrund des Gebots der vertrauensvollen Zusammenarbeit zwischen Arbeitgeber und Betriebsrat (§ 2 Abs. 1 BetrVG) auch hinsichtlich solcher Umstände zu bejahen, **an deren Geheimhaltung der Arbeitgeber ein schutzwürdiges Interesse hat** und die er gegenüber dem Betriebsrat als geheimhaltungsbedürftig bezeichnet, zB wenn er den Betriebsrat frühzeitig von der beabsichtigten Entlassung eines leitenden Angestellten bzw. dem Abschluss eines Aufhebungsvertrags unterrichtet und hierbei erklärt, dies sei geheimhaltungsbedürftig.

VI. Irrtum über die Notwendigkeit der Anhörung nach §§ 99 ff. BetrVG

Hält der Arbeitgeber einen Angestellten irrtümlich für einen leitenden Angestellten und macht er deshalb dem Betriebsrat bei einer personellen Maßnahme nur die nach § 105 BetrVG erforderlichen Angaben, die nicht für eine ordnungsgemäße Unterrichtung iSv § 99 Abs. 1 oder § 102 Abs. 1 BetrVG ausreichen, kann der Betriebsrat in den Fällen des § 99 BetrVG die **Aufhebung der personellen Maßnahme** (Einstellung, Versetzung, Eingruppierung, Umgruppierung) verlangen (§ 101 BetrVG), während im Falle des § 102 BetrVG die **Kündigung unwirksam** ist. Dies gilt selbst dann, wenn auch der Betriebsrat die Rechtslage verkannt hat und er und der Arbeitgeber einvernehmlich davon ausgingen, dass es sich bei dem Angestellten um einen leitenden Angestellten handele (APS-*Linck* Rn 8). Für die Anwendbarkeit oder Nichtanwendbarkeit des § 105 BetrVG ist allein die objektive Rechtslage maßgebend (s. Rdn 8). 29

Gehen nicht nur Arbeitgeber und/oder Betriebsrat, sondern auch der Angestellte davon aus, dass er leitender Angestellter ist, hindert ihn das gleichwohl nicht, im Kündigungsschutzprozess geltend zu machen, er gehöre nicht zu den leitenden Angestellten iSd § 5 Abs. 3 BetrVG und deshalb sei die Kündigung wegen Verstoßes gegen § 102 BetrVG unwirksam. In diesem Falle ist **im Kündigungsschutzprozess als Vorfrage** zu prüfen, ob der Arbeitnehmer leitender Angestellter iSd § 5 Abs. 3 BetrVG ist (*BAG* 19.8.1975 EzA § 105 BetrVG 1972 Nr. 16; GK-BetrVG/*Raab* Rn 13; HWGNRH-*Huke* Rn 6). Der Arbeitgeber trägt insoweit die Darlegungs- und Beweislast dafür, dass der Arbeitnehmer leitender Angestellter ist, wenn er geltend macht, er habe den Betriebsrat deshalb nicht nach § 102 BetrVG anhören müssen (*LAG RhPf* 26.4.2013 – 9 Sa 237/12). 30

Die Berufung des Arbeitnehmers auf § 102 BetrVG ist allerdings **rechtsmissbräuchlich**, wenn er selbst den Arbeitgeber veranlasst hat, dem Betriebsrat nicht die vollständigen Kündigungsgründe iSv § 102 Abs. 1 BetrVG, sondern nur die Information nach § 105 BetrVG mitzuteilen. In einem solchen Falle macht eine nach § 102 BetrVG unzureichende Unterrichtung des Betriebsrats die Kündigung nicht unwirksam (weitergehend GK-BetrVG/*Raab* Rn 13, der Rechtsmissbrauch bereits annimmt, wenn der Arbeitnehmer sich vor der Kündigung stets als leitender Angestellter geriert hat). 31

Beruft sich der Arbeitgeber in seiner Mitteilung an den Betriebsrat auf die Vorschrift des § 105 BetrVG oder gibt er zu erkennen, dass er den Arbeitnehmer für einen leitenden Angestellten hält, oder sind Arbeitgeber und Betriebsrat in der Vergangenheit bei dem betreffenden Arbeitnehmer stets von dem Rechtsstatus eines leitenden Angestellten ausgegangen oder weiß der Arbeitgeber, dass der Betriebsrat sich im unklaren darüber ist, ob der Arbeitnehmer ein leitender Angestellter ist, oder ihn gar für einen leitenden Angestellten hält, ist die Mitteilung des Arbeitgebers an den Betriebsrat über eine personelle Maßnahme aus Gründen der Rechtsklarheit zunächst nur als Mitteilung nach § 105 BetrVG anzusehen, wenn sie nicht ausdrücklich als Unterrichtung nach § 99 oder § 102 BetrVG bezeichnet wird. Eine solche Mitteilung nach § 105 BetrVG kann aber dann **in die Einleitung eines Mitwirkungsverfahrens nach § 99 oder § 102 BetrVG umgedeutet** werden, wenn die Mitteilung alle nach § 99 oder § 102 BetrVG notwendigen Angaben enthält und der Arbeitgeber dem Betriebsrat eindeutig zu erkennen gibt, dass er nicht nur eine Mitteilung nach § 105 BetrVG bezweckt, sondern zugleich – zumindest vorsorglich – auch das Mitwirkungsverfahren nach § 99 oder § 102 BetrVG einleiten will. Das ist zur Vermeidung von Unklarheiten notwendig. So genügt die Mitteilung der Kündigungsabsicht und der Kündigungsgründe im Rahmen 32 einer Unterrichtung nach § 105 BetrVG allein noch nicht für die Einleitung des Anhörungsverfahrens nach § 102 BetrVG. Eine solche Mitteilung darf der Betriebsrat dahingehend verstehen, der Arbeitgeber wolle nur über die Kündigung eines leitenden Angestellten unterrichten, so dass er keinen Anlass sieht, über die Kündigung und die Kündigungsgründe zu beraten. Fordert der Arbeitgeber den Betriebsrat hingegen – wenn auch nur vorsorglich – ausdrücklich zur Stellungnahme auf, ist der Betriebsrat zur Mitwirkung aufgerufen und eine Umdeutung der Mitteilung nach § 105 BetrVG in eine Anhörung nach § 102 BetrVG möglich (vgl. *BAG* 26.5.1977 EzA § 102 BetrVG 1972 Nr. 29). Gibt der Arbeitgeber bei der Mitteilung der personellen Maßnahme nach § 105 BetrVG nicht eindeutig zu erkennen, dass er (auch) ein Mitwirkungsverfahren nach § 99 oder § 102 BetrVG einleiten will, ist eine Umdeutung der Mitteilung nach § 105 BetrVG in die Einleitung eines Mitwirkungsverfahrens nach § 99 oder § 102 BetrVG nicht möglich (vgl. *BAG* 7.12.1979 EzA § 102 BetrVG 1972 Nr. 42; DKKW-*Bachner* Rn 9).

33 In Zweifelsfällen ist dem Arbeitgeber die **vorsorgliche Anhörung** nach § 102 BetrVG anzuraten, um eine Unwirksamkeit der Kündigung wegen Verstoßes gegen § 102 BetrVG zu vermeiden. Allerdings wird dadurch für den Betriebsrat die Möglichkeit eines Widerspruchs nach § 102 Abs. 3 BetrVG eröffnet, auf den Arbeitnehmer ggf. einen Anspruch auf Weiterbeschäftigung nach § 102 Abs. 5 BetrVG stützen kann (*Becker* ZIP 1981, 1174). Von dieser Weiterbeschäftigungspflicht kann sich der Arbeitgeber nach § 102 Abs. 5 S. 2 BetrVG entbinden lassen, wenn er im einstweiligen Verfügungsverfahren glaubhaft macht, dass der Arbeitnehmer leitender Angestellter und der Widerspruch demgemäß nicht ordnungsgemäß erhoben ist (vgl. KR-*Rinck* § 102 BetrVG Rdn 298 ff.).

E. Verletzung der Mitteilungspflicht

34 Verletzt der Arbeitgeber seine Mitteilungspflicht nach § 105 BetrVG, berührt dies die Wirksamkeit der entsprechenden personellen Maßnahme nicht. So hat die Verletzung der Mitteilungspflicht durch den Arbeitgeber **auf die Wirksamkeit der Kündigung** eines leitenden Angestellten **keinen Einfluss** (*BAG* 25.3.1976 EzA § 5 BetrVG 1972 Nr. 23; APS-*Linck* Rn 9; *Fitting* Rn 9; GK-BetrVG/*Raab* Rn 15; HWGNRH-*Huke* Rn 15). Die Verletzung der Mitteilungspflicht nach § 105 BetrVG führt auch nicht dazu, dass der Betriebsrat bei sonstigen personellen Maßnahmen in entsprechender Anwendung des § 101 BetrVG deren Rückgängigmachung verlangen kann (APS-*Linck* Rn 9; DKKW-*Bachner* Rn 12; HWGNRH-*Huke* Rn 15).

35 Ein Verstoß des Arbeitgebers gegen § 105 BetrVG ist auch **nicht als Ordnungswidrigkeit bußgeldbewehrt**, da § 105 BetrVG in § 121 BetrVG nicht aufgeführt ist.

36 Bei groben Verstößen des Arbeitgebers gegen § 105 BetrVG kommt allerdings ein **Ordnungsgeld- oder Zwangsgeldverfahren** gegen den Arbeitgeber gem. § 23 Abs. 3 BetrVG in Betracht (*Hess. LAG* 23.5.2013 – 9 TaBV 288/12; GK-BetrVG/*Raab* Rn 15; APS-*Linck* Rn 9; *Richardi*/*Thüsing* Rn 19).

Bürgerliches Gesetzbuch (BGB)

Vom 18. August 1896 (RGBl. S. 195).

In der Fassung der Bekanntmachung vom 2. Januar 2002 (BGBl. I S. 42, ber. S. 2909 und 2003 I S. 738), zuletzt geändert durch Art. 1 des Gesetzes zum Schutz von Kindern mit Varianten der Geschlechtsentwicklung – GeschlEntwVarKSchG – vom 12. Mai 2021 (BGBl. I S. 1082).

§ 119 BGB Anfechtbarkeit wegen Irrtums

(1) Wer bei der Abgabe einer Willenserklärung über deren Inhalt im Irrtum war oder eine Erklärung dieses Inhalts überhaupt nicht abgeben wollte, kann die Erklärung anfechten, wenn anzunehmen ist, dass er sie bei Kenntnis der Sachlage und bei verständiger Würdigung des Falles nicht abgegeben haben würde.

(2) Als Irrtum über den Inhalt der Erklärung gilt auch der Irrtum über solche Eigenschaften der Person oder der Sache, die im Verkehr als wesentlich angesehen werden.

Erläuterungen hierzu bei § 626 BGB Rdn 45 ff. (*Fischermeier/Krumbiegel*)

§ 123 BGB Anfechtbarkeit wegen Täuschung oder Drohung

(1) Wer zur Abgabe einer Willenserklärung durch arglistige Täuschung oder widerrechtlich durch Drohung bestimmt worden ist, kann die Erklärung anfechten.

(2) ¹Hat ein Dritter die Täuschung verübt, so ist eine Erklärung, die einem anderen gegenüber abzugeben war, nur dann anfechtbar, wenn dieser die Täuschung kannte oder kennen musste. ²Soweit ein anderer als derjenige, welchem gegenüber die Erklärung abzugeben war, aus der Erklärung unmittelbar ein Recht erworben hat, ist die Erklärung ihm gegenüber anfechtbar, wenn er die Täuschung kannte oder kennen musste.

Erläuterungen hierzu bei § 626 BGB Rdn 45 ff. (*Fischermeier/Krumbiegel*)

§ 242 BGB Leistung nach Treu und Glauben

Der Schuldner ist verpflichtet, die Leistung so zu bewirken, wie Treu und Glauben mit Rücksicht auf die Verkehrssitte es erfordern.

Übersicht	Rdn		Rdn
A. Grundsätzliches	1	I. Kleinbetrieb	15
I. Normzweck	1	II. Nichterfüllte Wartezeit	21
II. Abgrenzung	3	III. Widersprüchliches Verhalten	26
1. Treu- und Sittenwidrigkeit	3	IV. Ungehörige Kündigung	36
2. Gesetzlicher Kündigungsschutz	7	V. Willkürliche Kündigung	47
3. Allgemeines Gleichbehandlungsgesetz (AGG)	13	VI. Rechtsmissbrauch	50
B. Einzelfälle	15	C. Darlegungs- und Beweislast	51

A. Grundsätzliches

I. Normzweck

Über den Wortlaut und den Wortsinn der Bestimmung hinaus ist anerkannt, dass § 242 BGB einen für das gesamte **Rechtsleben beherrschenden Grundsatz** bildet, an dem sich alle Rechtsunterworfenen in ihrem Handeln im Blick auf **sozialethische Schranken** zu richten haben (Staudinger/*Looschelders/Olzen* Rn 142, 150). Das gilt auch für das Arbeitsrecht in seiner Gesamtheit (vgl. BAG

12.3.2019 – 1 ABR 42/17 – Rn 42). Dabei gibt es Überschneidungen mit den Anwendungsbereichen der §§ 138 BGB, 612a BGB und den Bestimmungen des AGG.

2 Eine **gegen Treu und Glauben verstoßende Kündigung** des Arbeitsverhältnisses ist deshalb unwirksam (*BVerfG* 27.1.1998 – 1 BvL 15/87 – zu B I 3 b cc der Gründe: Beachtung des objektiven Gehalts der Grundrechte insbes. aus **Art. 12 GG**; *BAG* 11.6.2020 – 2 AZR 374/19 – Rn 33; 5.12.2019 – 2 AZR 107/19 – Rn 13; vgl. auch KR-*Rachor* § 1 KSchG Rdn 131 ff.). Hierdurch wird zugleich dem in **Art. 30 GRC** niedergelegten Schutz der Arbeitnehmer vor **ungerechtfertigter Entlassung** entsprochen (EuArbR/*Schubert* GRC Art. 30 Rn 12; kritisch: *LKB-Bayreuther* § 13 Rn 47). Die Unwirksamkeit der Kündigung wegen Verstoßes gegen den Grundsatz von Treu und Glauben (§ 242 BGB) ist ein anderer Rechtsunwirksamkeitsgrund iSd § 13 Abs. 3 KSchG (KR-*Treber/Rennpferdt* § 13 KSchG Rdn 71).

II. Abgrenzung

1. Treu- und Sittenwidrigkeit

3 Wegen der unterschiedlichen Regelung der sittenwidrigen Kündigung und ihrer Folgen in § 13 Abs. 2 KSchG (vgl. dazu KR-*Treber/Rennpferdt* § 13 KSchG Rdn 44 ff.) gegenüber der treuwidrigen Kündigung, die lediglich unter den Auffangtatbestand des § 13 Abs. 3 KSchG fällt, ist die **sittenwidrige Kündigung von der treuwidrigen Kündigung abzugrenzen**. Dazu bestand vor Inkrafttreten des KSchG keine Veranlassung. Deshalb wurde häufig zwischen Sittenwidrigkeit der Kündigung nach § 138 BGB und Treuwidrigkeit der Kündigung nicht scharf unterschieden, was auch nach Inkrafttreten des KSchG schwierig bleibt (vgl. APS-*Preis Grundlagen J.* Rn 29 ff.).

4 **§ 138 BGB** bestimmt, dass ein Rechtsgeschäft, das gegen die guten Sitten verstößt, nichtig ist. Er regelt damit die **Außenschranken der Gültigkeit eines Rechtsgeschäfts**. Der Inhalt der guten Sitten wird sowohl durch rechtsethische wie durch sozialethische Prinzipien bestimmt. Verstößt das Rechtsgeschäft – wie eine an sich neutrale Kündigung – nicht bereits seinem Inhalt nach gegen die grundlegenden Wertungen der Rechts- oder Sittenordnung, muss ein **persönliches Verhalten des Handelnden** hinzukommen, welches diesem zum Vorwurf gemacht werden kann (*BAG* 11.6.2020 – 2 AZR 374/19 – Rn 32; 5.12.2019 – 2 AZR 107/19 – Rn 11). § 138 BGB ist am Maßstab von **Wertvorstellungen, die in erster Linie von den Grundsatzentscheidungen der Verfassung bestimmt werden**, zu konkretisieren (*BAG* 15.11.2012 – 6 AZR 339/11 – Rn 15; 14.12.2004 – 9 AZR 23/04 – Rn 23). Demgegenüber ist der Anwendungsbereich des **§ 242 BGB**, der eine **Innenschranke der subjektiven Rechte** ist, weiter: Er lässt eine **umfassende allg. Interessenabwägung** zu (vgl. dazu MüKo-*Schubert* Rn 127 ff. mwN). § 138 BGB verlangt nur die Einhaltung eines »ethischen Minimums«; der Vorwurf objektiver Sittenwidrigkeit kann nur in krassen Fällen erhoben werden. Ein **treuwidriges Handeln** kann daher **zugleich sittenwidrig** sein, es muss es aber nicht. Sittenwidrig ist es nur, wenn der Treueverstoß eine gewisse Erheblichkeitsschwelle übersteigt (Staudinger/*Sack/Fischer* § 138 BGB Rn 31).

5 Die **Abgrenzung** der sittenwidrigen von der treuwidrigen Kündigung ergibt sich dann aus Folgendem:

Als **sittenwidrig** wird eine Kündigung angesehen, wenn sie auf einem ausgesprochen **verwerflichen Motiv des Kündigenden** beruht, insbes. aus Rachsucht und zur Vergeltung erklärt worden ist oder wenn sie aus anderen Gründen dem Anstandsgefühl aller billig und gerecht Denkenden widerspricht (*BAG* 11.6.2020 – 2 AZR 374/19 – Rn 32). Daher ist sie wegen Missbrauchs der Privatautonomie nichtig. Es kommt also auf eine verwerfliche Gesinnung des Kündigenden an (ErfK-*Kiel* KSchG § 13 Rn 6; HWK-*Thies* § 13 KSchG Rn 19 f.). Demgegenüber werden darüber hinaus als **treuwidrige Kündigungen** solche Kündigungen bezeichnet, die unter **Umständen erfolgen, die nicht von § 1 KSchG erfasst sind** (vgl. Rdn 7 ff.), aber unter die Erscheinungsformen von Treu und Glauben fallen, wie widersprüchliches Verhalten (LSSW-*Löwisch* Vor § 1 Rn 95 ff.) (vgl. Rdn 26 ff.).

Zu dem Verbot der **Maßregelungskündigung**, das auch vor Eintritt des Kündigungsschutzes nach § 1 KSchG greifen kann vgl. KR-*Treber/Schlünder* § 612a BGB Rdn 2, 21 f.

2. Gesetzlicher Kündigungsschutz

Das KSchG hat die Voraussetzungen und die Wirkungen des Grundsatzes von Treu und Glauben **konkretisiert und abschließend geregelt**, soweit es um **den Bestandsschutz** und das **Interesse des Arbeitnehmers an der Erhaltung seines Arbeitsplatzes** geht. Umstände, die im Rahmen des § 1 KSchG zu würdigen sind und die die Kündigung als sozialwidrig erscheinen lassen können, sind daher unter dem Gesichtspunkt der Unwirksamkeit der Kündigung wegen Verstoßes gegen den Grundsatz von Treu und Glauben nicht zu berücksichtigen. Sie können nur im Rahmen des Kündigungsschutzes nach dem KSchG geltend gemacht werden. Eine Kündigung kann dann gegen § 242 BGB verstoßen und deswegen nichtig sein, **wenn sie aus Gründen, die von § 1 KSchG nicht erfasst sind, Treu und Glauben verletzt** (*BAG* 5.12.2019 – 2 AZR 107/19 – Rn 12; 22.4.2010 – 6 AZR 828/08 – Rn 41; 24.1.2008 – 6 AZR 96/07 – Rn 28; ErfK-*Kiel* KSchG § 13 Rn 9; LSSW-*Löwisch* Vor § 1 Rn 95; SPV-*Preis* Rn 235 ff.; Schaub/*Linck* § 129 Rn 8; Staudinger/*Looschelders/Olzen* Rn 813; APS-*Biebl* KSchG § 13 Rn 58; HWK-*Quecke* Vor § 1 KSchG Rn 16; HWK-*Thies* § 13 KSchG Rn 24).

Der Gesetzgeber hat bestimmte Arbeitnehmer vom Schutz des KSchG ausgenommen. Auch diese können nur solche **Gründe der Kündigung als gegen Treu und Glauben verstoßend** geltend machen, **die nicht unter § 1 KSchG fallen**. Die Anwendung des § 242 BGB darf nicht dazu führen, den Schutz des KSchG auch auf solche Arbeitnehmer auszudehnen, die dem KSchG nicht unterstehen. Der in den **ersten sechs Monaten** des Arbeitsverhältnisses oder bei **Kleinbetrieben** iSd § 23 Abs. 1 KSchG geltende Grundsatz der Kündigungsfreiheit wird durch § 242 BGB nicht eingeschränkt, es sei denn, es liegt ein Sachverhalt vor, der unabhängig von der Frage der Sozialwidrigkeit nach den Maßstäben des § 242 BGB zu prüfen ist. Eine andere Handhabung des § 242 BGB bei Arbeitnehmern, die keinen Kündigungsschutz iSd KSchG haben, entspricht nicht dem Sinn und Zweck des KSchG (*BAG* 30.10.2008 – 8 AZR 397/07 – Rn 48; 5.4.2001 – 2 AZR 185/00 – zu II 1 der Gründe; 21.2.2001 – 2 AZR 15/00 – zu B II 4 a der Gründe; APS-*Biebl* KSchG § 13 Rn 58; ErfK-*Kiel* KSchG § 13 Rn 10; LKB-*Bayreuther* § 13 Rn 51; LSSW-*Löwisch* Vor § 1 Rn 101 ff.; Schaub/*Linck* § 129 Rn 8).

Der wiederholt geänderte Schwellenwert des § 23 KSchG, ferner andere Tendenzen zur Verschlechterung des Kündigungsschutzes sowie der nach dem BVerfG verfassungsrechtlich gebotene Mindestschutz des Arbeitsplatzes vor Verlust durch private Disposition im Wege der zivilrechtlichen Generalklauseln, §§ 138, 242 BGB (*BVerfG* 27.1.1998 – 1 BvL 15/87 – zu B I 3 b cc der Gründe) haben zu einer **umfangreichen Diskussion** über den Kündigungsschutz außerhalb des KSchG geführt, die hier nicht nachgezeichnet werden kann (vgl. zB *Wank* FS für Hanau, 1999, S. 295 ff.; *Oetker* AuR 1997, 41; *Preis* NZA 1997, 1256; *Linck* FA 1999, 382; *Lettl* NZA-RR 2004, 57; *Berkowsky* NJW 2009, 113; *Möller* AuA 2016, 338; *Weigert* NZA 2019, 1671). Das **Verhältnis von § 138 BGB zu § 242 BGB** im Falle willkürlicher Kündigungen bleibt dabei unklar; die Voraussetzungen einer sittenwidrigen Kündigung sollen jedoch höher zu veranschlagen sein. Eine **willkürliche Kündigung** ist deshalb **auszuschließen**, wenn ein **irgendwie einleuchtender Grund für die Rechtsausübung** besteht (*BAG* 11.6.2020 – 2 AZR 374/19 – Rn 33; 5.12.2019 – 2 AZR 107/19 – Rn 17; 24.1.2008 – 6 AZR 96/07 – Rn 28; ErfK-*Kiel* KSchG § 13 Rn 9). Die sittenwidrige Kündigung verlangt demnach einen besonders krassen Verstoß gegen Verhaltens- und Rücksichtnahmepflichten des Arbeitgebers (APS-*Biebl* KSchG § 13 Rn 49; ErfK-*Kiel* KSchG § 13 Rn 6). Vgl. auch KR-*Treber/Rennpferdt* § 13 KSchG Rdn 42. Zum Anwendungsbereich des AGG s. Rdn 13 ff.

Zutreffend hat das *BAG* mit seinem grundlegenden Urt. v. 21.2.2001 (– 2 AZR 15/00 –) zum **Kündigungsschutz im Kleinbetrieb** in »Umsetzung der Entscheidung des *BVerfG* v. 27.1.1998« (– 1 BvL 15/87 –) daran festgehalten, dass eine Kündigung dann gegen § 242 BGB verstößt und nichtig ist, wenn sie aus Gründen, die von § 1 KSchG nicht erfasst sind, Treu und Glauben verletzt (vgl. auch *BAG* 5.12.2019 – 2 AZR 107/19 – Rn 12; 28.10.2010 – 2 AZR 392/08 – Rn 37 f.;

LAG RhPf 14.1.2020 – 6 Sa 83/19 –). Dies gilt auch für eine Kündigung, auf die **wegen Nichterfüllung der sechsmonatigen Wartezeit** des § 1 KSchG das KSchG keine Anwendung findet (*BAG* 22.4.2010 – 6 AZR 828/08 – Rn 41).

11 Für die Bestimmung des Inhalts und der Grenzen eines Kündigungsschutzes außerhalb des Kündigungsschutzgesetzes ist die Bedeutung grundrechtlicher Schutzpflichten, insbesondere der objektive Gehalt des **Art. 12 Abs. 1 GG** zu beachten. Der durch die zivilrechtlichen Generalklauseln des § 138 BGB und des § 242 BGB vermittelte verfassungsrechtliche Schutz ist umso schwächer, je stärker die mit der **Kleinbetriebsklausel** geschützten Grundrechtspositionen des Arbeitgebers im Einzelfall betroffen sind (*BAG* 5.12.2019 – 2 AZR 107/19 – Rn 13; *BVerfG* 21.6.2006 – 1 BvR 1659/04 –). Es geht vor allem darum, den **Arbeitnehmer vor willkürlichen oder auf sachfremden Motiven beruhenden Kündigungen zu schützen**, zB vor Diskriminierungen iSv Art. 3 Abs. 3 GG (*BAG* 5.11.2009 – 2 AZR 383/08 – Rn 24). Der verfassungsrechtliche Schutz darf nicht dazu führen, dem Kleinunternehmer praktisch die im KSchG vorgegebenen Maßstäbe aufzuerlegen, wobei es allerdings im Hinblick auf die Ausführungen des BVerfG als geboten erscheint, dem durch langjährige Mitarbeit erdienten Vertrauen in den Fortbestand des Arbeitsverhältnisses durch ein **gewisses Maß an sozialer Rücksichtnahme** Rechnung zu tragen mit der Folge, dass eine Auswahlentscheidung zu Ungunsten eines evident erheblich sozial schutzbedürftigeren Arbeitnehmers die Kündigung als gegen Treu und Glauben, § 242 BGB, verstoßend und damit als nichtig erscheinen lässt (*BAG* 19.10.2017 – 8 AZR 845/15 – Rn 20; 24.1.2013 – 2 AZR 140/12 – Rn 21; 28.10.2010 – 2 AZR 392/08 – Rn 37). Diesen »**Kündigungsschutz im Kleinbetrieb**« aufgrund der Generalklauseln, bei dem es vor allem darum geht, Arbeitnehmer vor willkürlichen oder auf sachfremden Motiven beruhenden Kündigungen zu schützen (grundlegend *BAG* 21.2.2001 – 2 AZR 15/00 –), hat das *BAG* in den folgenden Jahren weiterentwickelt.

12 Im Urteil vom 16.1.2003 (*BAG* – 2 AZR 609/01 –) wird darauf hingewiesen, dass ein Verstoß gegen § 242 BGB nicht allein deshalb angenommen werden kann, weil eine Kündigung **ohne Angabe von Gründen** ausgesprochen wird (vgl. auch ErfK-*Kiel* KSchG § 13 Rn 9). Ein Arbeitgeber eines Kleinbetriebes muss eine Kündigung nicht begründen (vgl. auch Rdn 43). Nur wenn sich aus dem Vorbringen des Arbeitnehmers ergibt, dass der Arbeitgeber das **Kündigungsrecht missbräuchlich nutzt**, kann § 242 BGB verletzt sein. In der Entscheidung vom 28.8.2003 (*BAG* – 2 AZR 333/02 –) wird betont, dass der Vorwurf willkürlicher, sachfremder oder diskriminierender Ausübung des Kündigungsrechts dann ausscheidet, wenn ein **irgendwie einleuchtender Grund für die Rechtsausübung** vorliegt (ebenso *BAG* 11.6.2020 – 2 AZR 374/19 – mwN). Die gebotene Berücksichtigung des durch langjährige Beschäftigung entstandenen Vertrauens erfordert, dass der Grund für Kündigungen gegenüber **langjährig Beschäftigten** auch angesichts der Betriebszugehörigkeit »einleuchten« muss. Es könne deshalb als treuwidrig zu werten sein, wenn der Arbeitgeber die Kündigung im **Kleinbetrieb** auf auch eindeutig nicht ins Gewicht fallende einmalige Fehler eines seit Jahrzehnten beanstandungsfrei beschäftigten Arbeitnehmers stütze (*LAG RhPf* 14.1.2020 – 6 Sa 83/19 –; Schaub/*Linck* § 129 Rn 13; ErfK-*Kiel* KSchG § 13 KSchG Rn 9; *LKB*-*Bayreuther* § 13 Rn 51; LSSW-*Löwisch* § 23 Rn 45). Vgl. auch Rdn 15 ff.

3. Allgemeines Gleichbehandlungsgesetz (AGG)

13 Die **Diskriminierungsverbote des AGG** sind auch bei Kündigungen **außerhalb des KSchG** zu beachten. Eine ordentliche Kündigung, die einen Arbeitnehmer, auf den das Kündigungsschutzgesetz keine Anwendung findet, aus einem der in § 1 AGG genannten Gründen diskriminiert, ist nach **§ 134 BGB iVm § 7 Abs. 1, §§ 1, 3 AGG** unwirksam. § 2 Abs. 4 AGG steht dem nicht entgegen (*BAG* 19.12.2013 – 6 AZR 190/12 – Rn 14; APS-*Biebl* KSchG § 13 Rn 58; LSSW-*Löwisch* Vor § 1 Rn 26; KR-*Treber/Plum* § 2 AGG Rdn 10). Für Kündigungen **im Anwendungsbereich des KSchG** vgl. *BAG* 20.6.2013 – 2 AZR 295/12 – Rn 36; 6.11.2008 – 2 AZR 523/07 – Rn 34: Konkretisierung der Sozialwidrigkeit (vgl. hierzu auch *BAG* 20.2.2019 – 2 AZR 746/14 – Rn 12 zur Ungleichbehandlung wegen der Religion). Als Prüfungsmaßstab vor Inkrafttreten des Allgemeinen Gleichbehandlungsgesetzes wurde **§ 242 BGB** herangezogen, soweit diskriminierende Kündigungen im

Zusammenhang mit kulturellen und religiösen Gründen oder mit Homosexualität ausgesprochen wurden (*BAG* 22.5.2003 – 2 AZR 426/02 –; 23.6.1994 – 2 AZR 617/93 –). Mit dem AGG tritt nun § 242 BGB zurück. **§ 2 Abs. 4 AGG** regelt für Kündigungen nur das Verhältnis zwischen dem Allgemeinen Gleichbehandlungsgesetz und dem Kündigungsschutzgesetz sowie den speziell auf Kündigungen zugeschnittenen Bestimmungen. Die **zivilrechtlichen Generalklauseln** werden dagegen von **§ 2 Abs. 4 AGG nicht erfasst. Der Diskriminierungsschutz des Allgemeinen Gleichbehandlungsgesetzes geht insoweit diesen Klauseln vor und verdrängt diese.** Ordentliche (diskriminierende) **Kündigungen während der Wartezeit und in Kleinbetrieben** sind deshalb unmittelbar am Maßstab des Allgemeinen Gleichbehandlungsgesetzes zu messen (HWK-*Thies* § 13 KSchG Rn 25; *LKB-Bayreuther* § 13 Rn 42). Dies ergibt sich aus der Gesetzgebungsgeschichte und dem Zweck des § 2 Abs. 4 AGG. Der Wortlaut der Bestimmung steht dem nicht entgegen (näher hierzu KR-*Treber/Plum* § 2 AGG Rdn 4 ff.). Das Allgemeine Gleichbehandlungsgesetz regelt allerdings nicht selbst, welche Rechtsfolge eine nach § 2 Abs. 1 Nr. 2 AGG unzulässige Benachteiligung hat. Diese **Rechtsfolge ergibt sich erst aus § 134 BGB** (*BAG* 19.12.2013 – 6 AZR 190/12 – Rn 22 »symptomlose HIV-Infektion«; *BAG* 26.3.2015 – 2 AZR 237/14 – »In-vitro-Fertilisation«; *BAG* 23.7.2015 – 6 AZR 457/14 –, altersdiskriminierende Kündigung wegen »Pensionsberechtigung«). Eine Kündigung wegen **Fettleibigkeit** kann, muss aber nicht diskriminieren (vgl. *EuGH* 18.12.2014 – C-354/13 – »Fag og Arbejde - FOA«; ErfK-*Kiel* KSchG § 13 Rn 8).

Jedoch kann bei **fehlendem Nachweis einer Diskriminierung** durch Kündigung des Arbeitsverhältnisses immer noch untersucht werden, ob die Kündigung treu- oder sittenwidrig ist nach §§ 242, 138 BGB (*Hess. LAG* 1.7.2014 – 15 Sa 1316/13 – zu B V der Gründe, nach unbewiesener Altersdiskriminierung). Dem diskriminierten Gekündigten steht sogar u.U. – neben der **Unwirksamkeit der Kündigung** – noch ein **Entschädigungsanspruch** nach § 15 Abs. 2 AGG zu (*BAG* 12.12.2013 – 8 AZR 838/12 – Rn 17; *LKB-Bayreuther* § 13 KSchG Rn 42; LSSW-*Löwisch* Vor § 1 Rn 32). 14

B. Einzelfälle

I. Kleinbetrieb

Der durch die zivilrechtlichen Generalklauseln vermittelte verfassungsrechtliche Schutz ist umso schwächer, je stärker die mit der Kleinbetriebsklausel des § 23 Abs. 1 KSchG **geschützten Grundrechtspositionen des Arbeitgebers** im Einzelfall betroffen sind (*BAG* 5.12.2019 – 2 AZR 107/19 – Rn 13). Eine treuwidrige Kündigung liegt insbesondere dann vor, wenn sie auf einer Auswahlentscheidung des Arbeitgebers beruht, die jede **soziale Rücksichtnahme** vermissen lässt (*BAG* 24.1.2013 – 2 AZR 140/12 – Rn 21; 28.10.2010 – 2 AZR 392/08 – Rn 38 mwN; *LAG RhPf* 23.1.2014 –- 5 Sa 382/13 – zu II 4 a der Gründe; *LKB-Bayreuther* § 13 Rn 49). Es geht insoweit in erster Linie um **betriebsbedingte** Kündigungen im **Kleinbetrieb**. Ein **schwerer Auswahlfehler** liegt vor, wenn der entlassene Arbeitnehmer über eine erheblich längere Betriebszugehörigkeit verfügt, der nicht gekündigte Arbeitnehmer noch keine sechs Monate beschäftigt ist und der Arbeitgeber nicht in der Lage ist, substantiiert die bei der Auswahl zu Ungunsten des langgedienten Arbeitnehmers berücksichtigten betrieblichen, persönlichen oder sonstigen Gründe dazulegen (*Hess. LAG* 22.1.2007 – 17 Sa 1318/06 –; *LAG SchlH* 14.10.2014 – 1 Sa 151/14 – zu 1 b der Gründe). Ist der gekündigte Arbeitnehmer nicht deutlich sozial schutzwürdiger als die nicht gekündigten anderen Mitarbeitenden, kann von einem fehlenden Mindestmaß an sozialer Rücksichtnahme nicht ausgegangen werden (*LAG Bln.-Bra.* 9.5.2008 – 6 Sa 598/08 – zu 1.2.2.1 der Gründe). Ein Auswahlfehler liegt nicht vor, wenn es zum einen an der Vergleichbarkeit fehlt und zum anderen der genannte Mitarbeiter jedenfalls so schutzwürdig ist, dass ein grober Auswahlfehler nicht erkennbar ist (*LAG MV* 14.6.2007 – 2 Sa 91/07 –). Die in der Rechtsprechung des BAG zum **Wiedereinstellungsanspruch** nach wirksamer betriebsbedingter Kündigung entwickelten Grundsätze sind dabei in Kleinbetrieben nicht anwendbar (*BAG* 19.10.2017 – 8 AZR 845/15 – Rn 14). 15

Nach dem *ArbG Gelsenkirchen* (1.8.2007 – 2 Ca 117/07 –, zust. *Decruppe* jurisPR-ArbR 21/2008 Anm. 3) soll dagegen die Kündigung im Kleinbetrieb willkürlich und damit treuwidrig sein, wenn 16 der Arbeitgeber nicht hinreichend darlegt, dass der **Beschäftigungsbedarf** hinsichtlich des gekündigten Arbeitnehmers **gänzlich entfallen** ist, vielmehr eine Teilzeitkraft beschäftigt werden kann und kein Versuch unternommen wurde, eine Arbeitszeitreduzierung herbeizuführen. Das ist indessen **abzulehnen**, weil damit durch die Hintertür die Maßstäbe des KSchG wiedereingeführt werden. Hier kann allenfalls geprüft werden, ob der Wegfall des Beschäftigungsbedürfnisses in rechtsmissbräuchlicher Weise herbeigeführt worden ist (*Thür. LAG* 23.7.2014 – 6 Sa 140/13 –). Vgl. auch Rdn 50. Anders als vom *ArbG Gelsenkirchen* (17.3.2010 – 2 Ca 319/10 –) angenommen, gebietet die Berücksichtigung von Art. 1 GG (Menschenwürde) und Art. 2 Abs. 1 GG (Persönlichkeitsrecht) nicht, eine Kündigung des Arbeitnehmers im **betriebsratslosen Kleinbetrieb** erst dann für zulässig zu halten, wenn der betroffene Arbeitnehmer **zuvor angehört** wurde (*BAG* 5.12.2019 – 2 AZR 107/19 – Rn 20; 10.4.2014 – 2 AZR 647/13 – Rn 33).

17 Ist eine Auswahlentscheidung gar nicht getroffen worden, sondern die Kündigung **auf Unzufriedenheit mit der Arbeitsleistung** gestützt, ist die Kündigung nicht treuwidrig. Ob die Schlechtleistungen geeignet sind, die Kündigung als sozial gerechtfertigt erscheinen zu lassen, ist mangels bestehenden Kündigungsschutzes unerheblich (*LAG RhPf* 14.1.2020 – 6 Sa 83/19 –; *Hess. LAG* 23.5.2011 – 16 Sa 35/11 – zu II 2 b bb der Gründe). Eine Treuwidrigkeit ergibt sich weiterhin nicht daraus, dass die Klägerin von der Beklagten **nicht** zuvor wegen der von ihr angenommenen Schlechtleistung **abgemahnt** worden ist. Außerhalb des Anwendungsbereiches des Ersten Abschnitts des KSchG ist der Arbeitgeber hierzu vor Ausspruch einer Kündigung nicht verpflichtet, es sei denn, er würde sich mit einer Kündigung in Widerspruch zu seinem bisherigen Verhalten setzen (*BAG* 28.8.2008 – 2 AZR 101/07 – Rn 34; 28.8.2003 – 2 AZR 333/02 – zu B III 3 e der Gründe; *LAG SA* 3.2.2015 – 6 Sa 88/14 –; ErfK-*Kiel* KSchG § 13 Rn 10).

18 Es ist ebenfalls nicht treuwidrig, wenn einem Arbeitnehmer eines Kleinbetriebs während der Erkrankung oder sogar wegen der Erkrankung gekündigt wird (*LAG SchlH* 14.10.2014 – 1 Sa 151/14 – zu 1 b der Gründe). Die Kleinbetriebsklausel ist mit dem Grundgesetz vereinbar (*BVerfG* 27.1.1998 – 1 BvL 15/87 – zu B der Gründe). Diese vom Gesetzgeber gewollte **grundsätzliche Kündigungsfreiheit** erlaubt, dass einem **Arbeitgeber eines Kleinbetriebes**, der zur Aufrechterhaltung seiner Betriebsstruktur auf gesunde und tatsächlich arbeitende Mitarbeiter angewiesen ist, das Arbeitsverhältnis mit einem für **längere Zeit krankheitsbedingt ausfallenden Arbeitnehmer** kündigt und stattdessen eine Ersatzkraft einstellt. Diese Kündigungsmöglichkeit darf über den Umweg des § 242 BGB nicht verwehrt werden (*LAG RhPf* 30.8.2007 – 2 Sa 373/07 –). Anders kann es liegen, wenn die Kündigung deshalb erfolgt, weil sich der Arbeitnehmer weigert, trotz Erkrankung zur Arbeit zu erscheinen (vgl. *BAG* 20.5.2021 – 2 AZR 560/20 – Rn 27). Eine Kündigung ist erst recht nicht treuwidrig, wenn sie auch unter Geltung des Kündigungsschutzgesetzes als krankheitsbedingte Kündigung sozial gerechtfertigt wäre (vgl. *LAG SchlH* 9.9.2009 – 3 Sa 153/09 – betr. langjährig beschäftigten, aber nicht vergleichbar einsetzbaren Arbeitnehmer bei nur insgesamt drei Mitarbeitern). Nach *LAG BW* (18.6.2007 – 4 Sa 14/07 –) hat sich die vorzunehmende **Interessenabwägung** im Rahmen der Prüfung einer krankheitsbedingten Kündigung im Kleinbetrieb darauf zu beschränken, ob sich das auf krankheitsbedingte Fehlzeiten gestützte Kündigungsmotiv auch angesichts der Betriebszugehörigkeit des Arbeitnehmers als einleuchtend erweist (ebenso *LAG Bln.-Bra.* 7.10.2010 – 25 Sa 1435/10 –). Bei einer Kündigung wegen langandauernder krankheitsbedingter Arbeitsunfähigkeit erfolgt deshalb keine dreistufige Prüfung nach den Grundsätzen der sozialen Rechtfertigung entsprechend § 1 Abs. 2 KSchG (*LAG SchlH* 14.10.2014 – 1 Sa 151/14 – zu 1 b der Gründe). Kündigt der Arbeitgeber eines Kleinbetriebs seiner bei ihm beschäftigten **Ehefrau** vor dem Hintergrund einer laufenden **Scheidung**, so fehlt es an einer Treuwidrigkeit, weil die Zusammenarbeit durch die anstehende Trennung belastet ist und die Arbeitnehmerin einen Unterhaltsanspruch gegen ihren Ehemann behält (*LAG Bln.-Bra.* 9.5.2008 – 6 Sa 598/08 –; zur Kündigung wegen eines **Konflikts mit dem Ehegatten des Arbeitnehmers** vgl. *LAG Köln* 10.6.2016 – 9 Sa 1157/15 –). Ein auf konkreten Umständen beruhender **Vertrauensverlust** lässt eine Kündigung auch dann nicht willkürlich sein, wenn die Tatsachen **objektiv nicht verifizierbar** sind (*BAG* 11.6.2020 – 2 AZR 374/19 – Rn 33; 5.12.2019 – 2 AZR 107/19 – Rn 17).

Die unternehmerische Entscheidung, nur noch Personal mit Abschlussprüfung zu beschäftigen und das Arbeitsverhältnis mit dem **Mitarbeiter ohne Abschlussprüfung** zu beenden, ist nicht treuwidrig, wenn der Arbeitgeber damit gesetzlichen Vorgaben nachkommt (*LAG Hamm* 5.7.2007 – 15 Sa 2030/06 – zu II 2 a der Gründe). Eine Kündigung ist nicht treuwidrig, die der Inhaber eines Kleinbetriebs (Massagesalon) bei abstrakter **Gefahr der Gewerbeuntersagung gem. § 35 GewO** aufgrund eines Verstoßes eines Arbeitnehmers gegen seine vertraglichen Nebenpflichten ausgesprochen hat (*LAG Bln.-Bra.* 7.10.2010 – 13 Sa 1285/10 – zu II 2 b der Gründe). Der Inhaber eines Kleinbetriebs darf anlässlich des **arbeitsunfallbedingten Ausfalls** eines Mitarbeiters aus wirtschaftlichen Gründen das von dem Arbeitnehmer geführte Transportfahrzeug abschaffen und ihm kündigen, ohne treuwidrig zu handeln; der Kleinunternehmer ist nicht verpflichtet, befristet einen anderen Fahrer einzustellen (*LAG RhPf* 9.5.2008 – 6 Sa 42/08 – zu II 1 der Gründe). Die ordentliche Kündigung ist nicht willkürlich, wenn ein billigenswerter Zweck verfolgt wird, so wenn eine amtsangehörige Gemeinde, die nur noch 2 Arbeitnehmer beschäftigt, mit der Kündigung die **Konsolidierung der desolaten kommunalen Finanzen** verfolgt (*LAG MV* 25.10.2011 – 5 Sa 103/11 – zu I 2 a der Gründe).

Auch eine Änderungskündigung kann wegen **Treuwidrigkeit** unwirksam sein, wenn der Grund hierfür nach langjähriger Beschäftigung nicht »einleuchten« kann (*Hess. LAG* 12.10.2015 – 16 Sa 278/15 – zu II der Gründe). Die **Änderungskündigung** im Kleinbetrieb, die mit einem auf eine unangemessene Benachteiligung des Arbeitnehmers nach § 307 Abs. 1 S. 1 BGB gerichteten Änderungsangebot verbunden wurde, welches bereits vorher abgelehnt worden war, ist hingegen nicht treuwidrig. Darin liegt kein Mangel, der über die Sozialwidrigkeit iSd KSchG hinausgeht (*LAG Bln.-Bra.* 17.2.2012 – 6 Sa 2266/11 – zu 1.1.3.3.2 der Gründe). Allerdings ist auch bei der Änderungskündigung im Kleinbetrieb ein **Mindestmaß an sozialer Rücksichtnahme** zu wahren (APS-*Künzl* KSchG § 2 Rn 353).

II. Nichterfüllte Wartezeit

Auch wenn **wegen Nichterfüllung der Wartezeit** nach § 1 Abs. 1 KSchG das Kündigungsschutzgesetz keine Anwendung findet, sind die Arbeitnehmer vor einer **willkürlichen oder auf sachfremden Motiven** beruhenden Kündigung zu schützen (*BVerfG* 21.6.2006 – 1 BvR 1659/04 – zu III 1 a bb (1) der Gründe). Dabei sind die zivilrechtlichen Generalklauseln unter Beachtung von Art. 12 Abs. 1 GG auszulegen. In der Wartezeit ist das **Vertrauen des Arbeitnehmers in den Fortbestand des Arbeitsverhältnisses** allerdings dadurch beschränkt, dass er mit einer Kündigung des Arbeitsverhältnisses ohne den Nachweis von Gründen rechnen muss (*BAG* 8.12.2011 – 6 AZN 1371/11 – Rn 11), erst recht wenn die Arbeitsvertragsparteien eine Probezeit vereinbart haben (*BAG* 22.4.2010 – 6 AZR 828/08 – Rn 41). Auch unter Berücksichtigung verfassungsrechtlicher Vorgaben verstößt eine Kündigung in der Wartezeit deshalb nur dann gegen § 242 BGB, wenn sie Treu und Glauben aus Gründen verletzt, die von § 1 KSchG nicht erfasst sind. Eine solche Kündigung ist nicht willkürlich, wenn für sie ein **irgendwie einleuchtender Grund** besteht (*BAG* 24.1.2008 – 6 AZR 96/07 – Rn 28; *LAG RhPf* 13.12.2018 – 5 Sa 220/18 – zu II 1 b der Gründe). In der Wartezeit erfolgt grundsätzlich nur eine **Missbrauchskontrolle** (*BVerfG* 21.6.2006 – 1 BvR 1659/04 – zu III 1 a bb (1) der Gründe; ErfK-*Kiel* KSchG § 13 Rn 10).

Entsprechend dem Vorstehenden setzt die Wirksamkeit einer verhaltensbedingten **Kündigung** vor Ablauf der sechsmonatigen Wartezeit idR nicht die Erteilung einer **Abmahnung** voraus, es sei denn, der Arbeitgeber würde sich andernfalls in Widerspruch zu seinem bisherigen Verhalten setzen (*BAG* 28.08.2008 – 2 AZR 101/07 – Rn 34). Daraus folgt weiter, dass eine Kündigung innerhalb der Wartezeit des § 1 Abs. 1 KSchG nicht schon deshalb unwirksam ist, weil zum Kündigungszeitpunkt die Möglichkeit einer anderen zumutbaren Beschäftigung bestand. Auf **anderweitige Beschäftigungsmöglichkeiten** kommt es nur im Anwendungsbereich des § 1 Abs. 2 KSchG an, und zwar wegen des dem gesetzlichen Kündigungsschutz zugrundeliegenden Verhältnismäßigkeitsgrundsatzes (*BAG* 22.5.2003 – 2 AZR 426/02 – zu B II 5 b ee der Gründe). Der Wirksamkeit einer Kündigung in der Wartezeit steht auch nicht das Unterlassen eines **BEM-Verfahrens** entgegen, da

§ 242 BGB   Leistung nach Treu und Glauben

der Verhältnismäßigkeitsgrundsatz außerhalb des Geltungsbereichs des KSchG bei der Prüfung der Wirksamkeit einer Kündigung keine Anwendung findet und § 167 Abs. 1 und Abs. 2 SGB IX den **Verhältnismäßigkeitsgrundsatz** nur konkretisieren (*BAG* 24.1.2008 – 6 AZR 96/07 – Rn 33). Die Kündigung eines Arbeitsverhältnisses **vor Dienstantritt** wegen eines fehlenden Vertrauensverhältnisses ist nicht treuwidrig (*LAG RhPf* 27.2.2019 – 7 Sa 210/18 – zu B IV 2 der Gründe). Ebenfalls ist es grundsätzlich nicht treuwidrig, **kurz vor Ablauf der Wartezeit** zu kündigen, etwa um einen Rechtsstreit über eine etwaige Sozialwidrigkeit der Kündigung zu vermeiden (APS-*Vossen* KSchG § 1 Rn 33; ErfK-*Kiel* KSchG § 13 Rn 10; ErfK-*Oetker* KSchG § 1 Rn 49 f.; *LKB-Bayreuther* § 13 KSchG Rn 56; vgl. auch *BAG* 16.9.2004 – 2 AZR 447/03 – zu B I 4 c der Gründe; aA Vorauf.). Das Ausnutzen einer gesetzlichen Frist ist kein Rechtsmissbrauch. Eine Treuwidrigkeit kann sich nur aus weiter hinzutretenden Umständen ergeben, wie bspw. einem widersprüchlichen Verhalten des Arbeitgebers. Soll dem Arbeitnehmer mit einer **verlängerten Kündigungsfrist** über den Ablauf der Wartezeit hinaus eine weitere **Bewährungschance** eingeräumt werden, fehlt es an einer Umgehung des Kündigungsschutzes (*LAG BW* 6.5.2015 – 4 Sa 94/14 – zu I 2 der Gründe). Vgl. Rdn 42.

23   Wird einem **Montagearbeiter** vor Ablauf der Wartezeit gekündigt, weil er **aus werksärztlicher Sicht** gesundheitlich nicht in der Lage ist, die vereinbarten Arbeiten am Band auszuführen, so ist dies ein plausibler, auf das Arbeitsverhältnis bezogener Grund (*LAG RhPf* 27.11.2008 – 10 Sa 486/08 – zu II 3.2 der Gründe; ähnlich *BAG* 28.6.2007 – 6 AZR 750/06 – Rn 33). **Leistungs- und Eignungsmängel** sind ein einleuchtender Grund für die Kündigung (*BAG* 28.8.2008 – 2 AZR 101/07 – Rn 36 f.; 24.1.2008 – 6 AZR 96/07 – Rn 30: »Schlechtleistungen«; *Sächs. LAG* 15.1.2010 – 3 Sa 716/08 – zu II B 3 b (1) (b) der Gründe: Unzufriedenheit mit der quantitativen Leistung; *LAG SchlH* 27.5.2009 – 3 Sa 74/09 – zu II 2 b der Gründe: »Arbeitsunfall«). Das gilt ebenso für einen **Vertrauensverlust** aufgrund von Spannungen zwischen den Parteien (*LAG RhPf* 27.2.2019 – 7 Sa 210/18 – zu B IV 2 der Gründe). Bei der Einschätzung, ob sich ein Arbeitnehmer **bewährt** hat, darf sich der Arbeitgeber von seinem »Bauchgefühl« leiten lassen (*BAG* 12.09.2013 – 6 AZR 121/12 – Rn 39). **Unterhaltspflichten** des Arbeitnehmers sind für die Wirksamkeit einer Wartezeitkündigung idR ohne Bedeutung (*LAG RhPf* 13.12.2018 – 5 Sa 220/18 – zu II 1 d cc der Gründe; *BAG* 23.4.2009 – 6 AZR 516/08 – Rn 23; jeweils zur Betriebsratsanhörung).

24   Die **Kündigung** eines Arbeitnehmers mit einer **symptomlosen HIV-Infektion** allein aufgrund allgemeiner Erwägungen zu den aus diesem Grund im Beschäftigungsverhältnis möglichen Gefahren (Chemisch-Technischer-Angestellte in einem Reinraumlabor zur Herstellung von intravenös verabreichten Krebsmitteln), **ohne Bezug zu einem konkreten Risiko** kann **wegen Verstoßes gegen das Benachteiligungsverbot aufgrund einer Behinderung iSd AGG** unwirksam sein und darüber hinaus Entschädigungszahlungen nach § 15 Abs. 2 AGG auslösen (*BAG* 19.12.2013 – 6 AZR 190/12 – Rn 22). Vgl. dazu Rdn 13, 48.

25   Bei einer Probezeitkündigung steht es dem Arbeitgeber frei, die Kündigung auch **kurz vor Ende der Probezeit** auszusprechen (*LAG RhPf* 11.5.2017 – 2 Sa 509/16 – zu 1 der Gründe). Die **Probezeitkündigung** eines angestellten Lehrers durch den öffentlichen Arbeitgeber, nachdem dieser durch unangemessenes **distanzloses Verhalten gegenüber Schülerinnen im Sportunterricht** aufgefallen war, ist nicht treuwidrig. Dafür reicht eine negative **Eignungseinschätzung** durch den unmittelbaren Vorgesetzten aus. Im Rahmen der Missbrauchskontrolle kommt es hier auf belegbare Tatsachen nicht an (*LAG SchlH* 12.1.2012 – 5 Sa 339/11 – zu I 2 c bb der Gründe). Die subjektive Einschätzung des Vorgesetzten und damit auch des Arbeitgebers eines – auch wegen der Außenwirkung relevanten – **ungepflegten Erscheinungsbildes** des Mitarbeiters ist ein einleuchtender Anlass für eine Kündigung in der Probezeit (*ArbG Köln* 25.3.2010 – 4 Ca 10458/09 –). Die Kündigung eines **Ausbildungsverhältnisses** in der Probezeit ist nicht willkürlich, wenn sie wegen fehlender Eignung aufgrund einer nachvollziehbaren sachlichen Beurteilung erfolgt (*LAG Bln.-Bra.* 12.5.2010 – 23 Sa 127/10 – zu 4.2.3 der Gründe). Die Kündigung eines **Ausbildungsvertrags** vor Beginn der Probezeit durch eine Sparkasse ist nicht treuwidrig, wenn aufgrund widersprüchlicher Angaben der Auszubildenden bei einer Anhörung zu ihrer Vermögenssituation Zweifel an der Eignung für den Beruf der Bankkauffrau bestehen (*LAG Düsseld.* 16.9.2011 – 6 Sa 909/11 – zu A II 2 b bb (2) der

Gründe). Eine Kündigung ist nicht schon deshalb treuwidrig, weil sie im Zusammenhang mit einer **Arbeitsunfähigkeit** oder einem **Arbeitsunfall** ausgesprochen wurde (*LAG BW* 5.7.2011 – 22 Sa 11/ 11 – zu II 3 b der Gründe). Die Probezeitkündigung einer Arbeitnehmerin ist ferner nicht treuwidrig, wenn die Kündigung wegen **Nichttragens von Handschuhen bei Reinigungsarbeiten** erfolgte, obwohl zuvor eine Arbeitsunfähigkeit wegen eines Hautleidens bestand und der Arbeitnehmerin bekannt war, dass ein direkter Hautkontakt mit dem Reinigungsmittel zu vermeiden ist (*LAG SA* 4.2.2011 – 6 Sa 237/10 – zu A II 1 a bb der Gründe). Die unternehmerische Entscheidung eines Arbeitgebers, eine **Betriebsabteilung** anders als ursprünglich geplant **doch nicht einzurichten** oder wieder zu schließen, macht die deshalb ausgesprochene Kündigung nicht treuwidrig (*LAG RhPf* 25.7.2013 – 2 Sa 97/13 – zu I 1 b der Gründe). Dagegen ist die Probezeitkündigung sogar sittenwidrig (§ 138 BGB), wenn sie wegen **unzutreffender Beantwortung datenschutzrechtlich unzulässiger Fragen** nach abgeschlossenen Ermittlungsverfahren erfolgte (*BAG* 15.11.2012 – 6 AZR 339/11 – Rn 14). Treuwidrig ist die Kündigung einer Arbeitnehmerin nach nur zwei Stunden des ersten Arbeitstags, die das betriebliche Rauchverbot einhält, aber **wegen Zigarettenrauchens** vor Arbeitsbeginn nach Zigarettenqualm riecht (*ArbG Saarlouis* 28.5.2013 – 1 Ca 375/12 – zu I 1 b ee der Gründe).

III. Widersprüchliches Verhalten

Ausgehend von den aufgrund der »**rechtstheoretischen Präzisierung**« des § 242 BGB (vgl. *Franz Wieacker* Zur rechtstheoretischen Präzisierung des § 242 BGB, Tübingen 1956) gefundenen Ausgestaltungen der Norm sind weitere Formen des Verstoßes gegen Treu und Glauben als für die Kündigung relevant anzusehen (ausf. dazu Staudinger/*Looschelders/Olzen* Rn 140 ff., 813 ff.). Treuwidrig kann ein **widersprüchliches Verhalten des Arbeitgebers** sein, welches sich mit der Kündigung ausdrückt (*BAG* 16.9.2004 – 2 AZR 447/03 – Rn 49; *LAG Hamm* 24.4.2012 – 14 Sa 175/12 – zu 2 c cc der Gründe; KR-*Rachor* § 1 KSchG Rdn 136). Das kann dann gegeben sein, wenn der Arbeitgeber zunächst ein Verhalten an den Tag legt, das auf den Fortbestand des Arbeitsverhältnisses ausgerichtet war, und dann plötzlich kündigt. Dies gilt gleichermaßen, wenn ein **Arbeitnehmer** seine eigene schriftlich erklärte **fristlose Kündigung** später in Ermangelung eines wichtigen Grundes für unwirksam hält (venire contra factum proprium; *BAG* 9.6.2011 – 2 AZR 418/10 – Rn 20, 12.3.2009 – 2 AZR 894/07 – Rn 17*)*.

26

Die Kündigung durch einen Arbeitgeber ist unvereinbar mit seinem vorangegangenen Verhalten, wenn er sich einer **Eigenkündigung des Arbeitnehmers**, der ihm sogar eine »Abfindung« angeboten hat, **entschieden widersetzt**, obwohl ihm die missliche geschäftliche Lage seines Betriebs bekannt war, auf die Erfüllung des befristeten Arbeitsvertrags besteht und nur drei Monate später selbst kündigt. Der Arbeitgeber setzt sich mit seinem früheren Verhalten durch die **Kündigung in einen nicht hinnehmbaren offenen Widerspruch**. Dieser Mangel trifft die Kündigungshandlung selbst und rückt die Kündigung in den Bereich **unzulässiger Rechtsausübung** (vgl. *BAG* 8.6.1972 – 2 AZR 336/71 – zu 4 der Gründe; vgl. auch *ArbG Neumünster* 26.9.1996 – 4b Ca 1001/96 – zu 2 der Gründe; vgl. zur **fristlosen Eigenkündigung des Arbeitnehmers** und eines treuwidrigen Berufens auf das Fehlen eines wichtigen Grundes *BAG* 12.3.2009 – 2 AZR 894/07 – Rn 18). Wird ein Arbeitnehmer trotz der dem Arbeitgeber bekannten **Tätigkeit in der Politischen Verwaltung des MdI der ehemaligen DDR** übernommen, seine frühere Tätigkeit aber gleichwohl zum Anlass zur Kündigung genommen, dann verstößt die Kündigung gegen § 242 BGB in seiner Erscheinungsform des widersprüchlichen Verhaltens, wenn sich die Tatsachengrundlage für die Bewertung der früheren Tätigkeit des Arbeitnehmers nicht geändert hat (*BAG* 21.3.1996 – 8 AZR 290/94 – zu B II 3 der Gründe).

27

Sind dem Arbeitgeber die **persönlichen Verhältnisse des Arbeitnehmers bekannt** (regelmäßige Kontakte und Reisen nach China nach Rücksprache u. a. mit den Sicherheitsbeauftragten) und hat sich nichts an den Arbeits- und Lebensbedingungen geändert, so verstößt eine gleichwohl wegen **Sicherheitsbedenken** ausgesprochene Wartezeitkündigung gegen Treu und Glauben in seiner Erscheinungsform des widersprüchlichen Verhaltens (vgl. *LAG SchlH* 22.6.2011 – 3 Sa 95/11 – zu A II 3

28

d bb der Gründe: »treuwidrig«). Kündigt der Arbeitgeber an, das Arbeitsverhältnis wegen Arbeitsmangels beenden zu wollen, **lehnt aber das Angebot des Arbeitnehmers ab**, unter Verkürzung der Kündigungsfrist einvernehmlich auszuscheiden, weil der Mitarbeiter doch noch benötigt werde, und kündigt er ihm dann gleichwohl, liegt jedenfalls dann »ein nicht mehr hinnehmbares widersprüchliches Verhalten« des Arbeitgebers vor, wenn der Arbeitgeber für den Arbeitnehmer während der Kündigungsfrist **überhaupt keine Verwendung** mehr hat (vgl. *Sächs. LAG* 24.5.2012 – 1 Sa 661/11 – zu B I 2 a bb der Gründe). Wird das Arbeitsverhältnis zunächst unter veränderten, der rechtlichen oder tatsächlichen Leistungsfähigkeit des Arbeitnehmers entsprechenden Bedingungen fortgesetzt, und kündigt der Inhaber des Kleinbetriebs mehr als ein halbes Jahr später gleichwohl betriebsbedingt, ist die Kündigung nicht wegen widersprüchlichen Verhaltens unwirksam (arg. Kündigungsfreiheit im Kleinbetrieb aufgrund geänderter Einschätzung des Arbeitgebers; *LAG Köln* 15.7.2011 – 4 Sa 756/10 – zu B II 2 a der Gründe).

29 Es ist weder treuwidrig noch verstößt es gegen das Maßregelungsverbot, wenn der Arbeitgeber als **Reaktion auf eine erhobene Entfristungsklage** das Arbeitsverhältnis vorsorglich kündigt. Der Arbeitgeber macht damit nur von seiner allgemeinen Kündigungsmöglichkeit Gebrauch, die auch in § 16 TzBfG niedergelegt ist (*BAG* 22.9.2005 – 6 AZR 607/04 – Rn 19, 23). Wenn einem in einem befristeten Arbeitsverhältnis stehendem Arbeitnehmer ein **unbefristetes Arbeitsverhältnis in Aussicht gestellt** wird, begründet dies keinen Vertrauenstatbestand, der eine kurze Zeit später im Kleinbetrieb ausgesprochene Kündigung selbstwidersprüchlich sein ließe (*BAG* 5.12.2019 – 2 AZR 107/19 – Rn 21).

30 Der Arbeitgeber, der seinem Arbeitnehmer gegenüber zum Ausdruck gebracht hat, er brauche in der nächsten Zeit **nicht mit einer Kündigung zu rechnen**, setzt sich mit seinem eigenen Verhalten in Widerspruch, wenn er kurze Zeit später gleichwohl das Arbeitsverhältnis kündigt (*BAG* 21.3.1996 – 8 AZR 290/94 – zu B II 3 c der Gründe; *LAG RhPf* 1.9.2005 – 4 Sa 392/05 – zu II der Gründe). So kann auch in einem Kleinbetrieb ausnahmsweise eine **Abmahnung** geboten sein, wenn sich der Arbeitgeber andernfalls mit der Kündigung in Widerspruch zu seinem bisherigen Verhalten setzen würde (vgl. *BAG* 21.2.2001 – 2 AZR 579/99 – zu II 4 c der Gründe). Etwas anderes gilt nur dann, wenn der Arbeitgeber sich auf einen besonderen nach Abgabe seiner Erklärung oder nach seinem Verhalten nachträglich entstandenen sachlichen Grund berufen kann (*BAG* 21.3.1996 – 8 AZR 290/94 – zu B II 3 b der Gründe). Eine Kündigung ist nicht selbstwidersprüchlich, wenn der Arbeitgeber sich bei der Schließung eines Betriebs im Inland darauf beruft, der Arbeitnehmer habe keinen Anspruch auf eine **Beschäftigung in einem im Ausland gelegenen Betrieb**, auch wenn er ihm diese Stelle zuvor angeboten hat (*BAG* 24.9.2015 – 2 AZR 3/14 – Rn 32 f.). Die **Duldung und Billigung** eines Systems »**Schwarzer Kassen**« durch den Arbeitgeber führt nach *ArbG München* 2.10.2008 (– 13 Ca 17197/07 – zu I 3 b der Gründe) zur Treuwidrigkeit der auf die Beteiligung am Aufbau der »Schwarzen Kassen« gestützten Kündigung wegen widersprüchlichen Verhaltens (dazu krit. *Kolbe* NZA 2009, 228 ff.).

31 Wenn der Kündigungsberechtigte eindeutig seine Bereitschaft zu erkennen gegeben hat, das Arbeitsverhältnis trotz kündigungsrelevanter Vorfälle fortsetzen zu wollen (**Verzeihen des Kündigungsgrundes**), ist eine später dennoch ausgesprochene Kündigung wegen widersprüchlichen Verhaltens (§ 242 BGB, unzulässige Rechtsausübung) unwirksam (*LAG Hamm* 24.4.2012 – 14 Sa 175/12 – zu 2 a der Gründe; *LAG BW* 12.4.1967 – 4 Sa 29/67 –). In der **Fortsetzung des Arbeitsverhältnisses** durch den Arbeitgeber trotz Kenntnis des Kündigungsgrundes kann auch eine stillschweigende Verzeihung liegen, ohne dass es (im Gegensatz zur Verwirkung) auf die Dauer der Fortsetzung ankommt. Die **Verzeihung** ist ein innerer Vorgang und setzt voraus, dass der Kündigungsberechtigte den Willen hat, die Verfehlung nicht mehr als Kündigungsgrund anzusehen. Sie ist im Gegensatz zum **Verzicht** keine Willenserklärung. Auf ein auf bestimmte Gründe gestütztes und konkret bestehendes Kündigungsrecht kann ausdrücklich oder konkludent durch eine empfangsbedürftige Willenserklärung des Kündigungsberechtigten verzichtet werden, was regelmäßig bei **Ausspruch einer Abmahnung** der Fall ist (*BAG* 19.11.2015 – 2 AZR 217/15 – Rn 28; 13.5.2015 – 2 AZR 531/14 – Rn 33; 12.5.2011 – 2 AZR 479/09 – Rn 53).

Das Recht des Arbeitgebers zur **ordentlichen Kündigung verwirkt**, wenn er in Kenntnis eines Kündigungsgrundes längere Zeit untätig bleibt, dh. die Kündigung nicht ausspricht, obwohl ihm dies möglich und zumutbar wäre (sog. Zeitmoment), wenn er dadurch beim Arbeitnehmer das berechtigte Vertrauen erweckt, die Kündigung werde unterbleiben und wenn der Arbeitnehmer sich deshalb auf den Fortbestand des Arbeitsverhältnisses einrichtet (sog. Umstandsmoment). Eine dann gleichwohl erklärte Kündigung aus diesem Grund stellt eine **unzulässige Rechtsausübung** dar und ist nach Treu und Glauben (§ 242 BGB) rechtsunwirksam *(BAG* 15.8.2002 – 2 AZR 514/01 – zu B I 2 a der Gründe). Die genannten Voraussetzungen müssen kumulativ vorliegen. Der Zeitablauf und die Untätigkeit allein reichen nicht aus *(BAG* 20.8.1998 – 2 AZR 736/97 – zu II 2 der Gründe). Das kann der Fall sein, wenn der Arbeitgeber ein Verhalten, das er als **potentiellen Kündigungsgrund** ansieht, nicht zum Anlass einer Kündigung nimmt, sondern das **Arbeitsverhältnis beanstandungsfrei fortsetzt** *(LAG Nds.* 8.11.2002 – 10 Sa 1100/02 – zu B 1 der Gründe). Selbst im **Anwendungsbereich des KSchG** kann ein **längeres Zuwarten des Arbeitgebers** trotz Kenntnis von den für die Kündigung maßgebenden Umständen zu der Annahme berechtigen, die Kündigung sei nicht iSv. § 1 Abs. 2 Satz 1 KSchG durch einen objektiv vorliegenden Grund »bedingt« *(BAG* 31.1.2019 – 2 AZR 426/18 – Rn 32). Die Verwirkung des Rechts zur **außerordentlichen Kündigung** aus wichtigem Grund wird durch § 626 Abs. 2 BGB konkretisiert *(BAG* 27.6.2019 – 2 ABR 2/19 – Rn 25; 23.1.2014 – 2 AZR 582/13 – Rn 22; KR-*Fischermeier/Krumbiegel* § 626 BGB Rdn 329). Ist das Kündigungsrecht verwirkt, ist die Kündigung gem. § 13 Abs. 3 KSchG unwirksam *(BAG* 25.11.1982 – 2 AZR 21/81 – zu A II 1 der Gründe).

Einem Arbeitnehmer, der trotz wiederholter Vorhalte seitens des Arbeitgebers auf seiner **mündlich ausgesprochenen** fristlosen **Eigenkündigung** beharrt, soll es nach Treu und Glauben, § 242 BGB, in seiner Erscheinungsform des widersprüchlichen Verhaltens, verwehrt sein, sich auf die Nichteinhaltung der **Schriftform des § 623 BGB** und auf das **Fehlen eines wichtigen Grundes** iSd § 626 Abs. 1 BGB zu berufen *(LAG RhPf* 8.2.2012 – 8 Sa 318/11 – zu II der Gründe; zum Fall einer vertraglich vereinbarten Schriftform für die Kündigung vor Inkrafttreten des gesetzlichen Formerfordernisses gem. § 623 BGB vgl. *BAG* 4.12.1997 – 2 AZR 799/96 – zu II 1 b der Gründe). Angesichts des Normzwecks des § 623 BGB (vgl. KR-*Spilger* § 623 BGB Rdn 17 ff.), wird das Berufen auf die **Formunwirksamkeit einer Eigenkündigung** aber **nur in Ausnahmefällen als treuwidrig** anzusehen sein und hängt von den konkreten Umständen des Einzelfalls ab (vgl. hierzu KR-*Spilger* § 623 BGB Rdn 202 ff.). Eine Treuwidrigkeit kommt nur in Betracht, wenn das Ergebnis des Formmangels für die betroffenen Parteien nicht nur hart, sondern **schlechthin untragbar** ist *(BAG* 15.3.2011 -10 AZB 32/10 – Rn 18; *LAG RhPf* 28.10.2019 – 3 Sa 241/19 – zu II der Gründe). Das Geltendmachen der **Unwirksamkeit** einer **schriftlich erklärten** fristlosen **Eigenkündigung mangels wichtigen Grundes** hierzu durch den **Arbeitnehmer** ist regelmäßig treuwidrig *(BAG* 10.9.2020 – 6 AZR 94/19 (A) – Rn 23; 9.6.2011 – 2 AZR 418/10 – Rn 17; *BAG* 12.3.2009 – 2 AZR 894/07 – Rn 18; *LAG RhPf* 30.11.2017 – 2 Sa 246/17; **aA**, zumindest differenzierend *Hess. LAG* 25.5.2011 – 17 Sa 222/11 –).

Die arbeitsrechtliche Praxis wird zuweilen mit dem Vortrag konfrontiert, der Arbeitgeber habe eine »**Lebensstellung**« oder eine »**Dauerstellung**« versprochen, den Arbeitnehmer gar mit diesem Versprechen von seinem früheren Arbeitsplatz abgeworben, und deshalb sei der Arbeitgeber nicht berechtigt, das Arbeitsverhältnis aufzukündigen. Der Hinweis des Arbeitgebers auf eine Lebensstellung oder Dauerstellung lässt **verschiedene Deutungen** zu. So kann damit, je nach den Umständen des konkreten Falls, ein **vertraglicher Ausschluss der ordentlichen Kündigung** vereinbart worden sein *(BAG* 25.3.2004 – 2 AZR 153/03 – zu B I 1 der Gründe; 2.11.1978 – 2 AZR 74/77 – zu II 2 der Gründe; kritisch APS-*Preis* Grundlagen J. Rn 5), jedenfalls aber für eine bestimmte Zeit *(BAG* 7.11.1968 – 2 AZR 397/67 – zu II der Gründe). Näher dazu KR-*Krumbiegel* § 624 BGB Rdn 9 ff., 13 ff.

Was mit der Zusage einer **Lebens- oder Dauerstellung** gewollt ist, muss unter Berücksichtigung sämtlicher Umstände des Einzelfalles ermittelt werden. Dabei entspricht es regelmäßig nicht dem Parteiwillen, sich auf Lebenszeit aneinander zu binden (APS-*Preis* Grundlagen J. Rn 5; Schaub/

Koch § 38 Rn 86). Ist aufgrund der Umstände anzunehmen, dass der Arbeitgeber den Arbeitnehmer zunächst von seiner sicheren Position gegen das Versprechen einer Lebensstellung abgeworben hat, und ist das Versprechen als Anstellung auf Lebenszeit oder wenigstens als Ausschluss der ordentlichen Kündigung zu verstehen, so ist eine gleichwohl ausgesprochene Kündigung schon wegen **Verstoßes gegen eine vertragliche Kündigungsbeschränkung** unwirksam (vgl. *LKB-Bayreuther* § 13 Rn 54). Der Heranziehung von § 242 BGB bedarf es in diesem Falle nicht. Allerdings berechtigt allein der Umstand, dass der Arbeitnehmer **aus einer ungekündigten Stellung heraus abgeworben** wurde, nicht zu der Annahme, damit sei die Wartezeit nach § 1 Abs. 1 KSchG abbedungen (*LAG MV* 24.6.2008 – 5 Sa 52/08 – zu 1 b aa der Gründe).

IV. Ungehörige Kündigung

36 Als weiteren möglichen Fall einer treuwidrigen und damit nach § 242 BGB unwirksamen Kündigung nennt das *BAG* (23.9.1976 – 2 AZR 309/75 – zu II 3 a der Gründe) den Tatbestand »des Ausspruchs einer **Kündigung in verletzender Form**«. Damit ist ein Fall angesprochen, den manche als Unterfall der »**ungehörigen Kündigung**« nehmen (SPV-*Preis* Rn 241 ff.). Mit der »ungehörigen Kündigung« sollen die Sachverhalte erfasst werden, bei denen die **Art und Weise der Kündigung** oder das **Verhalten bei Ausspruch der Kündigung** oder aber der **Zeitpunkt der Kündigung** gegen Treu und Glauben verstoßen (ErfK-*Kiel* KSchG § 13 Rn 10; LSSW-*Löwisch* Vor § 1 Rn 98 f.). Ob die bloße »Ungehörigkeit« einer Kündigung zu ihrer Unwirksamkeit führen kann, ist aber zweifelhaft, zumal der Gesetzgeber in § 627 Abs. 2, § 671 Abs. 2 und § 723 Abs. 2 BGB eine Kündigung zur Unzeit nur mit Schadensersatzansprüchen sanktioniert (offen gelassen von *BAG* 14.11.1984 – 7 AZR 174/83 – zu II 4 der Gründe; abl. Schaub/*Linck* § 129 Rn 20). Dies setzt jedenfalls **neben der »Unzeit«** der Kündigung **weitere Umstände** voraus, etwa dass der Arbeitgeber absichtlich oder auf Grund einer Missachtung der persönlichen Belange des Arbeitnehmers einen Kündigungszeitpunkt wählt, der den Arbeitnehmer besonders beeinträchtigt oder dessen Persönlichkeitsrecht erheblich berührt (*BAG* 10.2.2005 – 2 AZR 584/03 – Rn 69; 16.9.2004 – 2 AZR 447/03 – zu B I 4 c der Gründe; 5.4.2001 – 2 AZR 185/00 – zu II 2 b der Gründe). Näher dazu Rdn 38 ff.

37 Der Arbeitgeber hat sich bei Ausspruch der Kündigung korrekt und angemessen auszudrücken und auch im Übrigen eine **adäquate Verhaltensweise bei der Kündigungserklärung** an den Tag zu legen. Allerdings liegt nicht in jeder Unmutsäußerung oder in jeder scharfen Ausdrucksweise ein Verstoß gegen Treu und Glauben (*LAG BW* 29.9.1967 – 7 Sa 60/67 –). Der Ausspruch einer an sich berechtigten **Kündigung** (der Arbeitnehmer hatte sich an einer Schlägerei beteiligt) verstößt zum Beispiel dann gegen Treu und Glauben, wenn die schriftliche Kündigungserklärung **unnötige beleidigende Schärfen** enthält (LSSW-*Löwisch* Vor § 1 Rn 98). Eine beleidigende Ausdrucksweise ist bei einer Kündigung unangebracht und auch durch die Wahrnehmung berechtigter Interessen nicht mehr gedeckt. Geht es dabei um Werturteile und nicht um wahrheitswidrige Tatsachenbehauptungen, so muss aber das Grundrecht auf Meinungsfreiheit (Art. 5 Abs. 1 GG) berücksichtigt werden (vgl. hierzu *BAG* 5.12.2019 – 2 AZR 240/19 – Rn 87), auf welches sich grundsätzlich auch der Arbeitgeber berufen kann.

38 Eine **Kündigung**, die dem Arbeitnehmer **während eines stationären Klinikaufenthaltes** wegen einer psychischen Erkrankung in der Klinik persönlich übergeben wird, obwohl die Übergabe an einen Familienangehörigen oder der Einwurf in den Hausbriefkasten alternativ möglich ist, ist keine »ungehörige Kündigung« und verstößt nicht gegen Treu und Glauben (*LAG Hamm* 3.2.2004 – 19 Sa 1956/03 – zu II 1.2 der Gründe). Die **Kündigung**, die **durch den Pförtner vor dem Fabriktor** erklärt wird, oder die **Kündigung durch einen bevollmächtigten Auszubildenden gegenüber einem leitenden Angestellten**, kann wegen ihrer unwürdigen (verletzenden) Form (vgl. *ArbG Hmb.* 28.8.2007 – 21 Ca 125/07 – zu 2 c der Gründe) als treuwidrig und damit gegen § 242 BGB verstoßend zu betrachten sein (aA LSSW-*Löwisch* Vor § 1 Rn 98), wenn es dem Arbeitgeber gerade auf eine **demonstrative Herabsetzung** des Arbeitnehmers ankommt. Bedient sich der Arbeitgeber solcher Personen nur als Bote seiner Erklärung, wird eine Treuwidrigkeit regelmäßig fehlen.

Die **Kündigung zur Unzeit** hat im Gesetz immerhin Erwähnung gefunden, § 627 **Abs. 2 BGB** 39
(dazu *van Venrooy* JZ 1981, 55; *Oetker* AuR 1997, 41, 47; *Lettl* NZA-RR 2004, 57, 63 f.; Staudinger/*Looschelders*/*Olzen* Rn 822). Ausgehend von dem Grundsatz, dass die Kündigung an jedem
Ort zu jeder Zeit, auch an Sonn- und Feiertagen, ausgesprochen werden kann, was zur Wahrung
von Kündigungsfristen und von Kündigungserklärungsfristen (§ 626 Abs. 2 BGB) sowohl für den
Arbeitgeber als auch für den Arbeitnehmer von Bedeutung sein kann, sollen damit Fallgestaltungen
erfasst werden, in denen die **Kündigung wegen des Zeitpunktes oder des Ortes** – zB Überreichung
des Kündigungsschreibens anlässlich der **Beerdigung** des Lebensgefährten der Arbeitnehmerin (vgl.
BAG 5.4.2001 – 2 AZR 185/00 – zu II 2 b der Gründe) – **ungehörig oder anstößig ist** (*Röhsler* DB
1969, 1149 mwN in Fn 36). Allein der Zeitpunkt des Zugangs am Vormittag des Hl. Abend (*BAG*
14.11.1984 – 7 AZR 174/83 – zu II 4 der Gründe), kurz nach dem **Tod des Lebensgefährten**
(*BAG* 5.4.2001 – 2 AZR 185/00 – zu II 3 der Gründe), kurz nach einer **Fehlgeburt** der Arbeitnehmerin (*BAG* 12.7.1990 – 2 AZR 39/90 – zu B IV 2 a der Gründe), zwei Tage vor Erreichen
der **tariflichen Unkündbarkeit** (*BAG* 10.2.2005 – 2 AZR 584/03 – Rn 69), während einer **Rehabilitationsmaßnahme** (*LAG RhPf* 12.1.2017 – 5 Sa 361/16 – zu II 4 der Gründe), während der
Arbeitszeit (*LAG Düsseld.* 10.5.2016 – 14 Sa 82/16 – zu II B 3 b der Gründe; am **Weltfrauentag**
(8. März; *ArbG Hmb.* 28.8.2007 – 21 Ca 125/07 – zu 2 h der Gründe, »keine geschlechtsspezifische Diskriminierung«) genügt nicht. Hier können allenfalls **Schadensersatzansprüche** geltend
gemacht werden (Schaub/*Linck* § 129 Rn 20; SPV-*Preis* Rn 242; jeweils unter Hinweis auf die
§§ 627 Abs. 2, 671 Abs. 2 und 723 Abs. 2 BGB).

Eine außerhalb des Geltungsbereichs des KSchG ausgesprochene Kündigung verstößt auch nicht 40
deshalb gegen Treu und Glauben, weil sie **während des Krankenhausaufenthaltes** des Arbeitnehmers zugeht (*LAG Köln* 13.2.2006 – 14 (3) Sa 1363/05 – zu II 2 der Gründe). **Hinzukommen
muss immer eine Beeinträchtigung** berechtigter Interessen des Erklärungsempfängers (*LAG RhPf*
9.5.2008 – 6 Sa 42/08 – zu II 1 der Gründe), insbes. auf Achtung seiner **Persönlichkeit**. Der Arbeitgeber erklärt eine Kündigung »zur Unzeit«, wenn er diese einer Arbeitnehmerin am Vorabend eines
Krankenhausaufenthalts zukommen lässt, wo sie – für den Arbeitgeber bekannt – einen artifiziellen
Abort vornehmen lassen muss (*BAG* 12.12.2013 – 8 AZR 838/12 – Rn 33). Dies kann auch der
Fall sein, wenn der Erklärende absichtlich oder auf Grund einer auf Missachtung der persönlichen
Belange des Empfängers beruhenden Gedankenlosigkeit einen Zeitpunkt wählt, der den Empfänger besonders beeinträchtigt (*BAG* 5.4.2001 – 2 AZR 185/00 – zu II 3 der Gründe; 12.7.1990 – 2
AZR 39/90 – zu B IV 2 a der Gründe). Das ist im Einzelfall zu prüfen und liegt nicht vor, wenn der
Arbeitnehmer am Vormittag des Hl. Abend noch gearbeitet hatte und er das berechtigte Interesse
des Arbeitgebers, ihm ohne weitere Verzögerung wegen drohenden Ablaufs der Zweiwochenfrist des
§ 626 Abs. 2 BGB zu kündigen, erkennen konnte.

Nach der Entscheidung des *LAG Brem.* v. 29.10.1985 (– 4 Sa 151/85 –) verstößt eine **Kündi-** 41
gung, die einem Arbeitnehmer **nach einem schweren Arbeitsunfall** im Krankenhaus unmittelbar
vor einer auf dem Unfall beruhenden Operation ausgehändigt wurde, als »Kündigung zur Unzeit«
gegen Treu und Glauben und ist gem. § 242 BGB nichtig, auch wenn Motiv für die Kündigung
nicht der Unfall, sondern **betriebsbedingte Gründe** waren, zu denen der Betriebsrat vorher gehört
wurde, auch wenn der Erklärungsbote von dem Unfall nichts wusste (zust. *Kort* Anm. AR-Blattei
D, Kündigungsschutz Entsch. 268; *Buchner* Anm. LAGE § 242 BGB Nr. 1; vgl. aber *LAG SchlH*
27.5.2009 – 3 Sa 74/09 – zu einer Kündigung im Zusammenhang mit einem Arbeitsunfall). Solche **neben der** »**Unzeit**« **vorliegende weiteren Umstände** hat das BAG hinsichtlich einer Arbeitgeberkündigung wenige Tage nach dem Tod des Lebensgefährten der Arbeitnehmerin, die keinen
Kündigungsschutz genießt, nicht gesehen: Das Arbeitsverhältnis hatte erst wenige Monate bestanden und war noch dazu befristet. Die Arbeitgeberin musste wegen der drohenden Verlängerung des
Arbeitsverhältnisses um einen Monat nicht weiter warten (*BAG* 5.4.2001 – 2 AZR 185/00 – zu II
2 b der Gründe). Allein der **stationäre Krankenhausaufenthalt** des Arbeitnehmers macht eine ihm
gegenüber ausgesprochene Kündigung nicht treuwidrig (*LAG Köln* 13.2.2006 – 14 (3) Sa 1363/
05 – zu II 2 der Gründe). Ungehörig und damit gegen Treu und Glauben verstoßend ist eine Kündigung zB dann, wenn sie in einer öffentlichen Toilette oder bei geselligen oder gesellschaftlichen

§ 242 BGB   Leistung nach Treu und Glauben

Veranstaltungen, etwa während der Theater- oder Konzertpause, einer Betriebsfeier, auf einer Hochzeitsfeier oder während des sonntäglichen Kirchgangs oder bei ähnlichen Gelegenheiten übergeben wird (vgl. ErfK-*Müller-Glöge* BGB § 620 Rn 16a).

42   Dagegen ist die Kündigung, **die kurz vor Eintritt des Ablaufs der Wartezeit des § 1 KSchG oder der Probezeit** mit der verkürzten Kündigungsfrist ausgesprochen wird, idR **nicht als Kündigung zur Unzeit** anzusehen (vgl. Rdn 22), sondern allenfalls dann, wenn weitere Umstände hinzutreten (vgl. *BAG* 16.9.2004 – 2 AZR 447/03 – zu B I 4 c aa der Gründe; *LAG RhPf* 11.5.2017 – 2 Sa 509/16 –; *LAG MV* 24.6.2008 – 5 Sa 52/08 –). Innerhalb der Wartezeit und innerhalb der Probezeit ist maßgebend der **Grundsatz der Kündigungsfreiheit** bzw. die Möglichkeit der Kündigung mit einer kürzeren Frist, mag das Ende des Arbeitsverhältnisses dann auch nach Ablauf der Warte- oder Probezeit liegen (*LAG SchlH* 3.3.1983 – 2 (3) Sa 566/82 –). Wird wegen nicht bestandener Probezeit nicht der erstmögliche Kündigungszeitpunkt nach Ablauf der Wartezeit gewählt, sondern **mit einer längeren Frist gekündigt**, um dem Arbeitnehmer noch eine letzte »**Bewährungschance**« zur Fortsetzung des Arbeitsverhältnisses zu geben, so wird damit der Kündigungsschutz nicht umgangen (*LAG BW* 6.5.2015 – 4 Sa 94/14 – zu I 1 der Gründe). Die Kündigung des Berufsausbildungsverhältnisses kann auch **am letzten Tag der Probezeit** wirksam ausgesprochen werden (*LAG BW* 10.2.2010 – 13 Sa 68/09 – zu II 1 b der Gründe; ebenso *BAG* 8.12.2011 – 6 AZR 354/10 – Rn 43: kein klärendes Gespräch vorab mit dem Auszubildenden oder seinen Eltern erforderlich). Ebenfalls ist es grundsätzlich nicht treuwidrig, **kurz vor Ablauf der Wartezeit** zu kündigen, etwa um einen Rechtsstreit über eine etwaige Sozialwidrigkeit der Kündigung zu vermeiden (APS-*Vossen* KSchG § 1 Rn 33; ErfK-*Kiel* KSchG § 13 Rn 10; ErfK-*Oetker* KSchG § 1 Rn 49 f.; *LKB-Bayreuther* § 13 Rn 56; vgl. auch *BAG* 16.9.2004 – 2 AZR 447/03 – zu B I 4 c der Gründe; aA Vorauﬂ.). Die Wartezeit soll dem Arbeitgeber ermöglichen zu prüfen, ob er das Arbeitsverhältnis unter Geltung der Kündigungsanforderungen des § 1 KSchG fortsetzen will. Das **Ausnutzen einer gesetzlichen Frist** ist kein **Rechtsmissbrauch**. Eine Treuwidrigkeit kann sich nur aus weiter hinzutretenden Umständen ergeben, wie bspw. einem widersprüchlichen Verhalten des Arbeitgebers (vgl. auch *BAG* 28.9.1978 – 2 AZR 2/77 – zu I 1 der Gründe, wo neben der Vereitelung des Eintritts des allgemeinen Kündigungsschutzes vorausgesetzt wird, dass dies »entgegen dem Grundsatz von Treu und Glauben« geschieht).

43   Der Fall der **Kündigung ohne Angabe von Gründen** gehört nicht zur Gruppe der **ungehörigen Kündigung** (MüKo-*Hergenröder* KSchG § 13 Rn 58; SPV-*Preis* Rn 243; *Lettl* NZA-RR 2004, 57, 64). Von gesetzlichen (§ 22 Abs. 3 BBiG, § 138 Abs. 7 SGB IX, § 17 Abs. 2 S. 2 MuSchG; vgl. *BAG* 17.3.2015 – 9 AZR 994/13 – Rn 29; *LAG Köln* 18.2.2004 – 3 Sa 1392/03 –), tarifvertraglichen (*BAG* 10.02.1999 – 2 AZR 176/98 – zu II 1 der Gründe) und vertraglichen Ausnahmen abgesehen, ist die Angabe von Gründen **keine Voraussetzung für die Wirksamkeit einer Kündigung**. Das folgt für die außerordentliche Kündigung bereits aus § 626 Abs. 2 S. 3 BGB (*BAG* 17.8.1972 – 2 AZR 415/71 –). Für die ordentliche Kündigung gilt nichts anderes. Das gilt erst recht für eine Kündigung im Kleinbetrieb (*BAG* 16.1.2003 – 2 AZR 609/01 – zu B III 2 der Gründe; *LKB-Bayreuther* § 13 Rn 48; vgl. Rdn 12).

44   Bei einer Kündigung im **Kleinbetrieb** hat sich der Arbeitgeber im Prozess einzulassen, wenn aus dem Vorbringen des Arbeitnehmers folgt, dass der Arbeitgeber das **Kündigungsrecht rechtsmissbräuchlich** nutzt (*BAG* 16.1.2003 – 2 AZR 609/01 – zu B III 2 der Gründe; vgl. zur Darlegungs- und Beweislast Rdn 51 und KR-*Treber/Rennpferdt* § 13 KSchG Rdn 152). Das kann **im Ausnahmefall** anzunehmen sein, wenn der Arbeitgeber unter vager Angabe eines »**Verdachts**« kündigt, hierzu aber **keine näheren Angaben macht** und dem Arbeitnehmer so die Möglichkeit abschneidet, den ihm vorgehaltenen »Verdacht« zu entkräften (vgl. APS-*Preis* Grundlagen J. Rn 51; SPV-*Preis* Rn 246: »willkürliche Kündigung«).

45   Auch gegenüber einem Arbeitnehmer in der Wartezeit des § 1 Abs. 1 KSchG kann eine auf den **Verdacht** des Drogenkonsums gestützte, **nicht einlassungsfähig substantiierte** Kündigung rechtsmissbräuchlich und damit unwirksam sein, da dem Arbeitnehmer nicht nur eine Entkräftung des Verdachts unmöglich gemacht, sondern auch sein **berufliches Fortkommen** behindert werden kann

(*BAG* 2.11.1983 – 7 AZR 65/82 – zu A II 2 b der Gründe). Eine ungehörige Kündigung wird aber nur dann anzunehmen sein, wenn der geäußerte Verdacht eine Persönlichkeitsverletzung zur Folge hat.

Wird dem **Arbeitnehmer** vor Ausspruch der Kündigung, die nicht eine Verdachtskündigung ist, **keine Gelegenheit** gegeben, zu dem ihm **gegenüber erhobenen Vorwurf Stellung zu nehmen**, begründet dies keine Treuwidrigkeit der Kündigung (*BAG* 5.12.2019 – 2 AZR 107/19 – Rn 20; 10.4.2014 – 2 AZR 647/13 – Rn 33; 21.2.2001 – 2 AZR 579/99 – zu II 4 b der Gründe; SPV-*Preis* Rn 244, 710; aA ArbG Gelsenkirchen 17.3.2010 – 2 Ca 319/10 –; 26.6.1998 – 3 Ca 3473/97 – für den Betrieb ohne Betriebsrat). Auch im Anwendungsbereich des KSchG hängt die Wirksamkeit einer personen- oder verhaltensbedingten Kündigung nicht von einer vorherigen Anhörung des Arbeitnehmers ab; nicht einmal vor einer außerordentlichen Kündigung gem. § 626 BGB bedarf es einer solchen Anhörung (*BAG* 18.9.1997 – 2 AZR 36/97 – zu II 2 b der Gründe; Ausnahme: Verdachtskündigung *BAG* 25.4.2018 – 2 AZR 611/17 – Rn 31; 20.3.2014 – 2 AZR 1037/12 – Rn 23). 46

V. Willkürliche Kündigung

Als weiteren möglichen Fall einer treuwidrigen und damit gem. § 242 BGB unwirksamen Kündigung nennt das *BAG* (23.9.1976 – 2 AZR 309/75 – zu II 3 a der Gründe) den Tatbestand »**der willkürlichen Kündigung**« (vgl. auch APS-*Preis* Grundlagen J. Rn 51 ff.; Schaub/*Linck* § 129 Rn 8). Es kann sich – bei objektiver Betrachtung – nur um **grob rücksichtslose Fälle** handeln, zB – vor Inkrafttreten des AGG – bei einer Kündigung des Arbeitnehmers während der Probezeit wegen dessen persönlichen Sexualverhaltens (*BAG* 23.6.1994 – 2 AZR 617/93 – zu II 2 c bb der Gründe). Vgl. dazu auch Rdn 11, 21, 44, 48. In diesen Zusammenhang gehört ferner die Kündigung, die nur unter **Berufung auf eine formale Rechtsposition** erfolgt und im Hinblick auf die nach Treu und Glauben gebotene Rücksichtspflicht als ungehörig und rechtsmissbräuchlich erscheint, etwa wenn der Arbeitgeber selbst bekundet, dass es keinerlei Anlass für sie gibt. Der Vorwurf einer willkürlichen Kündigung scheidet aber aus, wenn es einen **irgendwie einleuchtenden Grund** für sie gibt (*BAG* 11.6.2020 – 2 AZR 374/19 – Rn 33; 5.12.2019 – 2 AZR 107/19 – Rn 17). 47

Die **Kündigung** gegenüber **einem HIV infizierten Arbeitnehmer**, der noch nicht unter das KSchG fällt, sollte vor Inkrafttreten des AGG nicht gegen Treu und Glauben verstoßen (*BAG* 16.2.1989 – 2 AZR 347/88 –, allerdings für die besondere Konstellation einer nach einem Selbsttötungsversuch »bis auf weiteres« fortbestehenden Arbeitsunfähigkeit, was für den Kündigungsentschluss mitbestimmend war). Das sollte nach dem *LAG Bln.-Bra.* ebenso gelten, wenn dem Arbeitnehmer, der noch keinen Kündigungsschutz hat, gerade nicht wegen Vorbehalten gegen HIV-Infizierte gekündigt wurde, sondern weil die Arbeitgeberin sich aus **Sicherheitsgründen** an einer Beschäftigung des Arbeitnehmers im Reinraumbereich gehindert sah und keine andere Möglichkeit der Beschäftigung bestand (*LAG Bln.-Bra.* 13.1.2012 – 6 Sa 2159/11 –). Dem ist das BAG nicht gefolgt und hält eine ordentliche **Kündigung**, die einen Arbeitnehmer, auf den das Kündigungsschutzgesetz (noch) keine Anwendung findet, **aus einem der in § 1 AGG genannten Gründe diskriminiert**, nach § 134 BGB iVm § 7 Abs. 1, §§ 1, 3 AGG für unwirksam (*BAG* 19.12.2013 – 6 AZR 190/12 – Rn 14, 70; zust. *Düwell* jurisPR-ArbR 9/2014 Anm. 1; krit. *Günther/Frey* NZA 2014, 584). Eine **symptomlose HIV-Infektion** habe eine **Behinderung iSd AGG** zur Folge. Das gelte so lange, wie das gegenwärtig auf eine solche Infektion zurückzuführende soziale Vermeidungsverhalten sowie die darauf beruhenden Stigmatisierungen andauern. Vgl. dazu KR-*Treber/Plum* § 1 AGG Rdn 35 und Rdn 13 und 24. Eine wirksame Kündigung komme deshalb nur in Betracht, wenn der Arbeitgeber selbst durch angemessene Vorkehrungen, dh durch wirksame und praktikable, ihn nicht unverhältnismäßig belastende Maßnahmen, den Einsatz des Klägers im Reinraum nicht hätte ermöglichen können. 48

Wird einem **Arbeitnehmer des öffentlichen Dienstes** innerhalb der ersten sechs Monate nach Arbeitsaufnahme gekündigt, kann diese Kündigung gegen Treu und Glauben (§ 242 BGB) verstoßen, wenn der Arbeitnehmer zu diesem Zeitpunkt einen **Anspruch auf Einstellung** gegen seinen öffentlichen Arbeitgeber nach **Art. 33 Abs. 2 GG** hatte (*BAG* 12.3.1986 – 7 AZR 20/83 – zu III der 49

Gründe). Eine Kündigung vor Ablauf der Wartezeit des § 1 Abs. 1 KSchG im öffentlichen Dienst verstößt nicht gegen Treu und Glauben, wenn der öffentliche Arbeitgeber den Arbeitnehmer unter mehreren Bewerbern nach Durchführung eines **Auswahlverfahrens** eingestellt hat; die Eignung, Befähigung und fachliche Leistung des neu eingestellten Arbeitnehmers darf überprüft werden (*BAG* 1.7.1999 – 2 AZR 926/98 – zu II 4 b der Gründe). Kommt es in einer kleinen Dienststelle zu unüberwindlichen **Kommunikationsproblemen** zwischen dem neuen Geschäftsführer eines Wasserverbandes und der langjährig beschäftigten Verbandskauffrau ohne Kündigungsschutz, so ist die hierauf ausgesprochene ordentliche Kündigung weder treuwidrig noch fehlt es ihr an einem Mindestmaß sozialer Rücksichtnahme (*LAG MV* 8.10.2013 – 5 Sa 11/13 – zu II 2 a der Gründe).

VI. Rechtsmissbrauch

50 Rechtsmissbrauch liegt vor, wenn die Geltendmachung eines Rechts keinen anderen Zweck haben kann als die Schädigung eines anderen, der Rechtsausübung **kein schutzwürdiges Eigeninteresse** zugrunde liegt oder wenn das Recht nur geltend gemacht wird, um ein anderes **vertragsfremdes oder unlauteres Ziel** zu erreichen (*BGH* 14.7.2008 – II ZR 204/07 – Rn 7). Damit deckt sich eine rechtsmissbräuchliche Kündigung weitgehend mit der willkürlichen Kündigung, die – von der ihr vorausgehenden grds. zu akzeptierenden unternehmerischen Entscheidung – eine Ausnahme selbst bei Geltung des KSchG darstellt (st. Rspr. vgl. zuletzt bspw. *BAG* 27.7.2016 – 7 ABR 55/14 – Rn 29; 31.7.2014 – 2 AZR 422/13 – Rn 31; zur Missbrauchskontrolle vgl. *BAG* 16.5.2019 – 6 AZR 329/18 – Rn 44). Nach *LAG SchlH* (30.11.2010 – 5 Sa 251/10 – zu II 2 c der Gründe) ist eine **vorzeitige Arbeitgeberkündigung wegen Betriebsstilllegung** mit einer Kündigungsfrist von zwei Jahren wegen Umgehung des Kündigungsschutzes **rechtsmissbräuchlich**, wenn die lange Vorlaufzeit allein oder überwiegend im Arbeitgeberinteresse liegt und dabei die längste nach Tarifvertrag oder Gesetz zu beachtende Kündigungsfrist überschritten wird (anders bei Kündigung in der Wartezeit mit verlängerter Kündigungsfrist zum Zwecke der »Bewährung«: *LAG BW* 6.5.2015 – 4 Sa 94/14 – zu I 1 der Gründe). Ähnlich liegt es, wenn der Arbeitnehmer einen **unbeschränkten Anspruch auf Abschluss oder Fortsetzung eines Arbeitsvertrags** hat. Eine gleichwohl ausgesprochene Kündigung verstößt gegen § 242 BGB in seiner Erscheinungsform der **unzulässigen Rechtsausübung**, »dolo agit« Einwand (*LAG Hessen* 15.12.1995 – 11 Sa 720/95 –). Die **Bestellung** eines **Arbeitnehmers zum Geschäftsführer** kann rechtsmissbräuchlich sein, wenn sie allein mit dem Ziel erfolgt, diesen alsbald entlassen zu können (*BAG* 21.9.2017 – 2 AZR 865/16 – Rn 36).

C. Darlegungs- und Beweislast

51 Die Treuwidrigkeit einer Kündigung ist innerhalb der **Dreiwochenfrist** als anderer Rechtsunwirksamkeitsgrund iSd § 13 Abs. 3 KSchG geltend zu machen (KR-*Treber/Rennpferdt* § 13 KSchG Rdn 66). Zu beachten ist dabei, dass der **Arbeitnehmer** grundsätzlich die Tatsachen vorzutragen und ggf. zu beweisen hat, aus denen sich die Treuwidrigkeit ergeben kann (*BAG* 20.6.2013 – 2 AZR 790/11 – Rn 26; 23.4.2009 – 6 AZR 533/08 –; *LAG BW* 16.6.2020 – 15 Sa 93/18 – zu B I 2 a der Gründe; *LAG RhPf* 21.5.2019 – 6 Sa 21/19 – zu A II 3.1 b der Gründe; APS-*Preis* Grundlagen J. Rn 72 ff.; SPV-*Preis* Rn 269 ff.; *Lettl* NZA-RR 2004, 57, 64). Dem verfassungsrechtlich gebotenen Schutz des Arbeitnehmers wird mit den Grundsätzen der **abgestuften Darlegungs- und Beweislast** Rechnung getragen (*BVerfG* 27.1.1998 – 1 BvL 15/87 – zu B I 3 b cc der Gründe). In einem ersten Schritt muss der Arbeitnehmer, soweit er die Überlegung des Arbeitgebers, die zu der Kündigung geführt hat, nicht kennt, einen Sachverhalt vortragen, der die Treuwidrigkeit der Kündigung nach § 242 BGB indiziert, also zB besondere Umstände, die die Kündigung des Arbeitgebers im konkreten Einzelfall als treuwidrig erscheinen lassen. Der Arbeitgeber muss sich dann nach § 138 Abs. 2 ZPO qualifiziert auf diesen Vortrag einlassen, um ihn zu entkräften. Kommt er dieser sekundären Behauptungslast nicht nach, gilt der schlüssige Vortrag des Arbeitnehmers gem. § 138 Abs. 3 ZPO als zugestanden (*BAG* 20.6.2013 – 2 AZR 790/11 – Rn 26; 28.8.2008 – 2 AZR 101/07 – Rn 35; *LAG RhPf* 21.5.2019 – 6 Sa 21/19 –; *LAG Köln* 12.12.2018 – 11 Sa 280/18 –; *Hess. LAG* 12.10.2015 – 16 Sa 278/15 –; Schaub/*Linck* § 129 Rn 19; HWK-*Thies* § 13 KSchG Rn 24 f.; Staudinger/*Looschelders/Olzen* Rn 812).

Trägt der Arbeitgeber entsprechend vor, so hat der **Arbeitnehmer die Tatsachen, aus denen sich die Treuwidrigkeit der Kündigung ergibt, vollumfänglich zu beweisen** (*BAG* 28.8.2003 – 2 AZR 333/02 – zu B III 3 d aa der Gründe; vgl. auch *BAG* 24.2.2001 – 2 AZR 15/00 – zu B II 4 d cc der Gründe, mit dem Beispiel der arbeitgeberischen Auswahlentscheidung im Kleinbetrieb; aus der Rspr. der Instanzgerichte: *LAG BW* 16.6.2020 – 15 Sa 93/18 -: Kündigung wegen Missachtung des Direktionsrechts; *LAG RhPf* 21.5.2019 – 6 Sa 21/19 -: zur sekundären Behauptungslast; *Hess. LAG* 12.10.2015 – 16 Sa 278/15 -: Änderungskündigung im Kleinbetrieb; *LAG Brem.* 12.7.2007 – 3 Sa 308/06 -: Auswahl im durch Betriebsübergang »gewonnenen« Kleinbetrieb; *LAG Hamm* 15.11.2007 – 15 Sa 1332/07 -: unternehmerische Entscheidung in einem Kleinbetrieb, künftig mit weniger Personal zu arbeiten; *ArbG Hmb.* 27.5.2008 – 21 Ca 377/07 -: Kündigung vor Ablauf der Wartezeit, Verlust des Reinigungsauftrags ohne Zusammenhang mit dem Kündigungssachverhalt). 52

Soweit **gesetzliche Sonderregelungen zur Darlegungs- und Beweislast** bestehen (vgl. zB § 22 AGG, § 2 Abs. 2 Satz 3 ArbPlSchG, § 2 Abs. 3 EignungsÜG) sind diese vorrangig zu beachten (APS-*Preis* Grundlagen J. Rn 73). 53

§ 314 BGB Kündigung von Dauerschuldverhältnissen aus wichtigem Grund

(1) ...

(2) ¹Besteht der wichtige Grund in der Verletzung einer Pflicht aus dem Vertrag, ist die Kündigung erst nach erfolglosem Ablauf einer zur Abhilfe bestimmten Frist oder nach erfolgloser Abmahnung zulässig. ²Für die Entbehrlichkeit der Bestimmung einer Frist zur Abhilfe und für die Entbehrlichkeit einer Abmahnung findet § 323 Absatz 2 Nummer 1 und 2 entsprechende Anwendung. ³Die Bestimmung einer Frist zur Abhilfe und eine Abmahnung sind auch entbehrlich, wenn besondere Umstände vorliegen, die unter Abwägung der beiderseitigen Interessen die sofortige Kündigung rechtfertigen.

(3) ...

(4) ...

Erläuterungen hierzu bei § 626 BGB Rdn 267 ff. (*Fischermeier/Krumbiegel*)

§ 612a BGB Maßregelungsverbot

Der Arbeitgeber darf einen Arbeitnehmer bei einer Vereinbarung oder einer Maßnahme nicht benachteiligen, weil der Arbeitnehmer in zulässiger Weise seine Rechte ausübt.

Übersicht	Rdn		Rdn
A. Grundlagen	1	3. Rechtsausübung	12
I. Entstehungsgeschichte und unions-		4. Kausalität	16
rechtliche Vorgaben	1	III. Fallgestaltungen	21
II. Normzweck	4	1. Kündigungen	21
B. Anwendungsbereich	5	2. Nichtverlängerung befristeter	
I. Persönlicher Anwendungsbereich	5	Arbeitsverträge	23
II. Sachlicher Anwendungsbereich	9	C. Rechtsfolgen	24
1. Benachteiligung	9	D. Beweislast	26
2. Maßnahme oder Vereinbarung	11		

A. Grundlagen

I. Entstehungsgeschichte und unionsrechtliche Vorgaben

Die Vorschrift wurde – wie der bis 17.8.2006 geltende frühere § 611a BGB (vgl. KR-*Treber/Plum* § 1 AGG Rdn 2) – durch das Arbeitsrechtliche EG-Anpassungsgesetz v. 13.8.1980 (BGBl. I S. 1308) in das BGB eingefügt. Sie dient der **Umsetzung unionsrechtlicher Vorgaben** in das 1

§ 612a BGB Maßregelungsverbot

deutsche Recht. Art. 7 Richtlinie 76/207/EWG (»Gleichbehandlungsrichtlinie« ABlEG L 39 S. 40 v. 9.2.1976, geändert durch die Richtlinie 2002/73/EG v. 23.9.2002 ABlEG L 269 S. 15 »Genderrichtlinie«, s. nunmehr Art. 24 Richtlinie 2006/54/EG v. 5.7.2006 – Neufassung – »Gleichbehandlungsrichtlinie« ABlEG L 204 S. 23) verlangt von den Mitgliedstaaten, die erforderlichen Maßnahmen zu treffen, um Arbeitnehmer vor Entlassungen oder anderen Benachteiligungen durch den Arbeitgeber zu schützen, die als (unzulässige) Reaktion auf eine Beschwerde innerhalb des betreffenden Unternehmens oder auf die Einleitung eines Verfahrens zur Durchsetzung des Gleichbehandlungsgrundsatzes erfolgen. Eine entsprechende Vorschrift findet sich in Art. 5 Richtlinie 75/117/EWG (»Lohngleichheitsrichtlinie« v. 10.2.1975 ABlEG L 45 S. 19) zum Schutz vor einer Reaktion der Arbeitgebers auf eine Beschwerde im Betrieb oder gerichtliche Klage auf Einhaltung des Grundsatzes des gleichen Entgelts. § 612a BGB ist daher Teil des europäischen Arbeitsrechts, geht allerdings darüber hinaus. Es werden nicht nur Fallgestaltungen einer Diskriminierung iSd §§ 1, 7 AGG erfasst, und der Schutz beschränkt sich auch nicht auf »Entlassungen« als Maßnahme, sondern **jeder Fall einer zulässigen Geltendmachung von Rechten** wird mit einem umfassenden Verbot einer darauf beruhenden Benachteiligung durch den Arbeitgeber (**Maßregelungsverbot**, so auch die Überschrift der Norm seit dem 1.1.2002) belegt (BT-Drs. 8/3317 S. 10, BR-Drs. 353/79 S. 15; Erman/*Edenfeld* Rn 1; MüKo-*Müller-Glöge* Rn 2). Die unionsrechtlichen Grundlagen des § 612a BGB sind daher lediglich für einen Teil des Anwendungsbereichs der Vorschrift maßgebend. Da § 612a BGB aber sinnvollerweise auch außerhalb des Bereichs, der die Vorgaben der Richtlinien umsetzt, **einheitlich ausgelegt** werden sollte, sind auch in dem weitergehenden Regelungsbereich Vorlagen an den EuGH nach Art. 267 Abs. 3 AEUV möglich und zulässig (vgl. *EuGH* 8.11.1990 – C-231/89 – Rn 24; zur einheitlichen Auslegung von aus dem Unionsrecht ins nationale Recht übernommenen Bestimmungen oder Begriffen vgl. auch *EuGH* 11.6.2020 – C-634/18 – Rn 25 f.; 16.6.2016 – C-351/14 – Rn 62 »Rodríguez Sánchez«; ebenso ErfK-*Preis* Rn 1; HWK-*Thüsing* Rn 1; anders offenbar *BAG* 10.5.2005 – 9 AZR 261/04 – Rn 35). Im anderen Fall besteht eine **Vorlageverpflichtung**. Nach der Entscheidung des *EuGH* in der Rechtssache »Fuß« (14.10.2010 – C-243/09 – Rn 64 ff., dazu *Preis/Ulber* ZESAR 2011, 147) kann das Maßregelungsverbot des § 612a BGB die Möglichkeit eröffnen, benachteiligenden Maßnahmen gegen einen Arbeitnehmer **die Wirksamkeit zu nehmen**, der sich auf Rechtspositionen stützt, die ihm durch Richtlinien der Union eingeräumt werden (ErfK-*Preis* Rn 1; hier: Umsetzung eines Feuerwehrmannes, weil er sich gegenüber der ihn beschäftigenden Kommune auf die Einhaltung der Höchstarbeitszeiten nach Art. 6b Richtlinie 2003/88/EG »Arbeitszeit-Richtlinie« [v. 4.11.2003 ABlEG L 299 S. 9] berufen hat.). Die nach Art. 2 des Arbeitsrechtlichen EG-Anpassungsgesetzes vom 13.8.1980 (BGBl. I S. 1308) idF des Art. 9 des 2. GleiBG (v. 24.6.1994 BGBl. I S. 1406) bestehende Pflicht, die **Vorschrift an geeigneter Stelle des Betriebs auszuhängen**, ist seit dem 18.8.2006 durch Art. 3 Abs. 2 des Gesetzes vom 14.8.2006 (BGBl. I S. 1897) entfallen.

2 Schon vor Inkrafttreten des § 612a BGB enthielt § 84 Abs. 3 BetrVG ein spezielles Maßregelungsverbot. Auch dem KSchG kann, weil die Kündigung von der sozialen Rechtfertigung oder des Vorliegens eines wichtigen Grundes abhängig ist, ein **Verbot der Maßregelungskündigung** entnommen werden. Ebenso kann § 20 Abs. 1 BetrVG ähnlich einem Maßregelungsverbot wirken (vgl. *BAG* 7.5.1986 – 2 AZR 349/85 – zu III 1 der Gründe; *ArbG München* 26.5.1987 – 15 Ca 3024/87 –; DDZ-*Däubler* Rn 14). Kündigungen sind danach iVm § 134 BGB nichtig, wenn sie ausgesprochen werden, um die Teilnahme eines Arbeitnehmers an der Betriebsratswahl zu verhindern oder wegen seines Einsatzes bei der Wahl zu maßregeln (*BAG* 13.10.1977 – 2 AZR 387/76 – zu II 3 a der Gründe). Außerdem folgt aus dem durch die §§ 611a ff., 241 BGB konkretisierten Inhalt des Arbeitsvertrags eine Pflicht des Arbeitgebers, die Interessen der bei ihm beschäftigten Arbeitnehmer zu beachten und zu wahren – **Treue- und Fürsorgepflicht**. Mit dieser Pflicht ist es nicht vereinbar, wenn auf die zulässige Rechtsausübung durch einen Arbeitnehmer mit Sanktionen reagiert wird. Ferner findet sich ein **spezielles Benachteiligungsverbot** im Falle einer Beschwerde in Diskriminierungsfällen in § 16 AGG (zu dem Verhältnis zu § 16 AGG *Benecke* NZA 2011, 481, 484 f. mwN). Auch kann § 612a BGB als spezialgesetzliche Regelung derjenigen Fälle fungieren, die zuvor unter § 138 BGB erfasst wurden (»**Sonderfall der Sittenwidrigkeit**«, vgl. *BAG* 21.9.2011 – 7 AZR 150/

10 – Rn 31; 14.2.2007 – 7 AZR 95/06 – Rn 21; *LAG BW* 16.6.2020 – 15 Sa 93/18 –; *LAG RhPf* 4.12.2017 – 3 Sa 380/17 –; ebenso APS-*Linck* Rn 1; HWK-*Thüsing* Rn 3; Staudinger/*Richardi/ Fischinger* Rn 3; aA *Kort* RdA 2003, 119, 123: Ergänzung zu § 134 BGB). Spezielle Maßregelungsverbote finden sich weiterhin in den §§ 5 und 11 TzBfG. Schließlich ist das aus § 242 BGB folgende Verbot unzulässiger Rechtsausübung und das Schikaneverbot des § 226 BGB zu beachten. § 612a BGB enthält nach alledem eine **gesetzliche Konkretisierung eines ohnehin geltenden Grundsatzes** (vgl. *Thüsing* NZA 1994, 728, 732, der § 612a BGB für überflüssig hält).

Dem Maßregelungsverbot des § 612a BGB ist aufgrund der Diskussionen über »**Whistleblowing**« von in Unternehmen Beschäftigten (vgl. *Berthold* S. 94; *Fröhlich/Schelp* ArbRB 2009, 48; *Grimm/ Windeln* ArbRB 2009, 21; *Klasen/Schaefer* BB 2012, 641; *Scheicht/Loy* DB 2015, 803; *Wiebauer* NZA 2015, 22; s.a. APS-*Linck* Rn 2; KR-*Fischermeier/Krumbiegel* § 626 Rdn 424) in den vergangenen Jahren eine – nicht zuletzt anlässlich der Entscheidung des EGMR in der Rechtssache »Heinisch« (s. Rdn 15) – größere Beachtung zugekommen. Anlässlich der Aufdeckung verschiedener Lebensmittelskandale ist im Jahr 2008 eine Neufassung des § 612a BGB Gegenstand eines Gesetzesentwurfs im Zusammenhang mit dem »Entwurf eines Gesetzes zur Änderung des Lebensmittel- und Futtermittelgesetzbuches sowie anderer Vorschriften« gewesen, der aber nicht weiterverfolgt wurde (abgedruckt u.a. bei *Sasse* NZA 2008, 990). Vgl. dazu die 11. Aufl. Rn 4 mwN. Auch ein Entwurf der Fraktion der SPD im Deutschen Bundestag eines » Gesetzes zum Schutz von Hinweisgebern – Whistleblowern (**Hinweisgeberschutzgesetz** – HinwGebSchG«, BT-Drucks 17/8567) aus dem Jahr 2012 kam nicht zu einer Verabschiedung (vgl. hierzu 11. Aufl. Rn 4 und *Simonet* RdA 2013, 236). Zur Rechtslage in anderen Ländern *Groneberg* S. 37; rechtsvergleichend auch *Forst* EuZA 2013, 37; zur Erforderlichkeit einer gesetzlichen Regelung etwa *Rudkowski* CCZ 2013, 204; *Fischer-Lescano* AuR 2016, 4, 48; *Schmitt* RdA 2017, 365; *Schulz* ArbR 2017, 8; zu einem Whistleblowing-System als Compliancebestandteil *Steffen/Stöhr* RdA 2017, 43, 48; zu datenschutzrechtlichen Aspekten *Groß/Platzer* NZA 2017, 1097; *Schmitt* RdA 2017, 365). Für Hinweisgeber, die im privaten oder im öffentlichen Sektor tätig sind und im beruflichen Kontext Informationen über Verstöße erlangt haben, hat nunmehr die **Europäische Union** am 23.10.2019 die **Richtlinie (EU) 2019/1937 zum Schutz von Personen, die Verstöße gegen das Unionsrecht melden** erlassen (ABl. L 305 S. 17; vgl. hierzu *Buchwald* ZESAR 2021, 69). Diese sieht in Art. 19 Buchst. a) u.a. einen Schutz bei Kündigungen vor. Die am 16.12.2019 in Kraft getretene Richtlinie muss nach deren Art. 26 Abs. 1 bis zum 17.12.2021 von den Mitgliedstaaten umgesetzt werden (vgl. hierzu *Colneric/Gerdemann*, Die Umsetzung der Whistleblower-Richtlinie in deutsches Recht, 2020; *Degenhart/Dziuba* BB 2021, 570; *Dzida/Granetzky* NZA 2020, 1201; *Gerdemann* ArbuR 2021, 2; *ders.* ZRP 2021, 37; *Forst* EuZA 2020, 283; *Schmolke* NZG 2020, 5). Der **Referentenentwurf** des BMJV ist abrufbar unter http://hbfm.link/10194.

II. Normzweck

Die Vorschrift regelt ein **allgemeines Benachteiligungsverbot**. Der Arbeitnehmer soll in seiner **Willensfreiheit geschützt** werden, ihm zustehende Rechte in zulässiger Weise wahrzunehmen, ohne befürchten zu müssen, dass sich seitens des Arbeitgebers hieran benachteiligende Maßnahmen knüpfen (*BAG* 15.11.2012 – 6 AZR 339/11 – Rn 13, 21.9.2011 – 7 AZR 150/10 – Rn 32; 14.2.2007 – 7 AZR 95/06 – Rn 21; *LAG RhPf* 14.9.2016 – 7 Sa 18/16 –). Insoweit wird die **Vertrags- und Gestaltungsfreiheit des Arbeitgebers eingeschränkt** (*BAG* 15.7.2009 – 5 AZR 486/08 – Rn 23; 15.2.2005 – 9 AZR 116/04 – Rn 51). Dabei sind »Rechte« iSd Vorschrift nicht nur solche, die ihre Grundlage im Arbeitsverhältnis haben (so aber *Faulenbach* S. 69), sondern alle Rechtspositionen eines Arbeitnehmers, ohne dass es sich zwingend um eine Anspruchsgrundlage im Rechtssinne handeln muss (ErfK-*Preis* Rn 2, unter Hinweis auf die Gesetzesmaterialien: BT-Drs. 8/3317, S. 10, BR-Drs. 353/79, S. 15). Maßnahmen des Arbeitgebers, die sich als unmittelbare Reaktion auf die Rechtsausübung des Arbeitnehmers darstellen, werden untersagt. Das Maßregelungsverbot ist als Arbeitnehmerschutzvorschrift **unabdingbar** (*LAG RhPf* 4.12.2017 – 3 Sa 380/17 –; APS-*Linck* Rn 1; ErfK-*Preis* Rn 2; Erman/*Edenfeld* Rn 2; Staudinger/*Richardi/Fischinger* Rn 3) und **Schutzgesetz** iSd § 823 Abs. 2 BGB (HWK-*Thüsing* Rn 31; MüKo-*Müller-Glöge* Rn 23).

§ 612a BGB Maßregelungsverbot

B. Anwendungsbereich

I. Persönlicher Anwendungsbereich

5 **Adressat** des Benachteiligungsverbots ist der **Arbeitgeber**. Erfasst wird nicht nur der Vertragsarbeitgeber, sondern auch Dritte – etwa bei der Arbeitnehmerüberlassung der **Entleiher** – die gegenüber dem Arbeitnehmer Arbeitgeberfunktionen ausüben (ErfK-*Preis* Rn 4; APS-*Linck* Rn 4; MüKo-*Müller-Glöge* Rn 4; HWK-*Thüsing* Rn 5; aA *Faulenbach* S. 16). Ebenso müssen die **Betriebsparteien** die Vorschrift beachten, wobei sich dies – angesichts des auf »Arbeitgeber« abstellenden Wortlauts des § 612a BGB – nur mittelbar aus § 75 Abs. 1 BetrVG ergibt (offengelassen von *BAG* 18.9.2007 – 3 AZR 639/06 – Rn 28; 31.5.2005 – 1 AZR 254/04 – Rn 27).

6 Geschützt werden **Arbeitnehmer** unabhängig von Inhalt und Umfang des Arbeitsverhältnisses (Arbeiter, Angestellte, Praktikanten, Volontäre, Umschüler, Voll-, Kurz- und Teilzeitbeschäftigte; vgl. HWK-*Thüsing* Rn 4). Anders als § 84 Abs. 3 BetrVG gilt die Vorschrift auch zugunsten leitender Angestellter (APS-*Linck* Rn 3), nicht aber für Organvertreter wie Geschäftsführer einer GmbH (*BAG* 11.6.2020 – 2 AZR 374/19 – Rn 30).

7 Ebenfalls erfasst werden **arbeitnehmerähnliche Personen**, auf welche die Vorschrift entsprechend anzuwenden ist (DDZ-*Däubler* Rn 8; APS-*Linck* Rn 3; ErfK-*Preis* Rn 4; aA ArbRBGB-*Schliemann* Rn 6; Staudinger/*Richardi/Fischinger* Rn 8). Das BAG lehnt eine solche Anwendung ab, gelangt aber über die Anwendung des § 138 BGB wohl zu identischen Ergebnissen (vgl. *BAG* 15.2.2005 – 9 AZR 116/04 – Rn 51; 14.12.2004 – 9 AZR 23/04 – Rn 22; vgl. auch *BAG* 8.5.2007 BB 2007, 2298, Rn 26). Demgegenüber kann die Vorschrift auf Personen, die aufgrund eines **freien Dienstvertrags** tätig sind, nicht angewendet werden, da dies dem Wortlaut widerspricht und angesichts der sich aus anderen Vorschriften ergebenden Rechtsausübungsschranken (s. Rdn 2) hierfür auch kein Bedarf besteht (APS-*Linck* Rn 3; MüKo-*Müller-Glöge* Rn 4).

8 Das Maßregelungsverbot findet auf **Stellenbewerber keine Anwendung** (*BAG* 15.11.2012 – 6 AZR 339/11 – Rn 13; *LAG Bln.-Bra.* 21.7.2008 – 10 Sa 555/08 – zu II 2 der Gründe). Die Vorschrift soll nach dem Willen des Gesetzgebers die geltende Rechtslage klarstellen und das Maßregelungsverbot insbesondere bei Kündigungen auch auf Arbeitnehmer erstrecken, für die das Kündigungsschutz- oder Betriebsverfassungsgesetz (noch) nicht gilt (BT-Drs. 8/3317 S. 10, 16). Der Schutz von Stellenbewerbern erfolgt nach § 2 Abs. 1 Nr. 1, § 6 Abs. 2 AGG durch das Verbot der Diskriminierung aufgrund der Merkmale des § 1 AGG (Staudinger/*Richardi/Fischinger* Rn 8). Anders kann es sich im **beendeten Arbeitsverhältnis** verhalten, wenn noch nachwirkende Rechte und Pflichten bestehen (MüKo-*Müller-Glöge* Rn 4).

II. Sachlicher Anwendungsbereich

1. Benachteiligung

9 Erforderlich ist eine Benachteiligung des Arbeitnehmers. Benachteiligung iSd Vorschrift ist jede **Maßnahme**, die eine **Schlechterstellung oder Schlechterbehandlung** des Arbeitnehmers im Vergleich zu anderen Arbeitnehmern bewirkt, sei es durch Zufügung von Nachteilen, sei es durch Vorenthalten von Vergünstigungen (*BAG* 16.5.2013 – 6 AZR 619/11 – Rn 53; 16.5.2012 – 10 AZR 174/11 – Rn 18; 14.12.2011 – 5 AZR 675/10 – Rn 23). Erfasst wird auch die **mittelbare Benachteiligung** (vgl. *BAG* 7.11.2002 – 2 AZR 742/00 – zu B I 1 d bb (1) der Gründe). Insofern entspricht der Benachteiligungsbegriff des § 612a BGB dem des § 3 AGG (s. KR-*Treber/Plum* § 3 AGG Rdn 6 ff.). Ist ein solcher Vergleich nicht möglich, muss sich die Benachteiligung, insbes. bei einer Kündigung, aus den nachteiligen Folgen für diesen einzelnen Arbeitnehmer ergeben. Bei alledem kommt es für das Merkmal der Benachteiligung **nicht auf eine Angemessenheitsprüfung** an; die Unzulässigkeit der Benachteiligung ergibt sich aus ihrer Anknüpfung an die zulässige Rechtsausübung (vgl. HWK-*Thüsing* Rn 9; *ders.* NZA 1994, 728, 731). Allerdings ist zu fordern, dass der zugefügte Nachteil oder der vorenthaltene Vorteil die **Grenze der Sozialadäquanz** überschreiten muss, um geringfügige Benachteiligungen nicht zu erfassen (*Hanau/Vossen* DB 1992, 221;

Marhold/Beckers Anm. EzA Art. 9 GG Arbeitskampf Nr. 106; MüKo-*Müller-Glöge* Rn 15 »Tasse Kaffee«, mwN in Fn. 70:). Für den Nachteil müssen **objektive Anknüpfungspunkte** gegeben sein, allein eine subjektive Empfindung reicht regelmäßig nicht aus (*LAG RhPf* 25.2.2013 – 6 Sa 441/12 – zu A II 2 e bb (2) der Gründe; *LAG Nds.* 15.10.2010 – 6 Sa 282/10 – zu II 3 der Gründe). Immaterielle Nachteile, die nicht nur unerheblich sind (namentlich: »Verletzung des Persönlichkeitsrechts«) werden erfasst (APS-*Linck* Rn 11; MüKo-*Müller-Glöge* Rn 15). Es ist nicht zwingend erforderlich, dass sich die Situation des Arbeitnehmers verschlechtert, sondern es reicht auch aus, wenn ihm **Vorteile nicht zu Gute kommen**, jedoch anderen Arbeitnehmern, die ihre Rechte nicht ausgeübt haben (*BAG* 21.9.2011 – 7 AZR 150/10 Rn 34; 14.2.2007 – 7 AZR 95/06 – Rn 21; *LAG SchlH* 23.11.2016 – 3 Sa 143/16 – zu II 1 der Gründe). Weiterhin ist es notwendig, dass der Arbeitgeber zwischen verschiedenen, gleichermaßen rechtmäßigen Maßnahmen wählen konnte (*BAG* 16.5.2013 – 6 AZR 619/11 – Rn 53; MüKo-*Müller-Glöge* Rn 14). Demgegenüber liegt **keine Benachteiligung** vor, wenn sich das Verhalten des Arbeitgebers **an der Rechtsordnung orientiert** (*BAG* 16.5.2013 – 6 AZR 619/11 – Rn 53; 14.12.2011 – 5 AZR 675/10 – Rn 23; *LAG RhPf* 7.6.2018 – 5 Sa 459/17; APS-*Linck* Rn 10; MüKo-*Müller-Glöge* Rn 14). Allein in der Durchführung einer kollektiv- oder individualvertraglichen Vereinbarung – solange letztere nicht selber die Maßregelung darstellt – liegt keine Benachteiligung iSd § 612a BGB (*BAG* 16.5.2013 – 6 AZR 619/11 – Rn 53; 14.12.2011 – 5 AZR 675/10 – Rn 23; 21.9.2011 – 5 AZR 520/10 – Rn 27). Schutzzweck des § 612a BGB ist es nicht, den Arbeitsvertragsparteien zulässige Möglichkeiten zu nehmen. Jedoch orientiert der Arbeitgeber sein Verhalten dann nicht nach der Rechtsordnung, wenn er ein zulässiges Verhalten zum Anlass nimmt, keinen Folgevertrag abzuschließen (*BAG* 21.9.2011 – 7 AZR 150/10 – Rn 38). Von der Benachteiligung iSd § 612a BGB ist die Verletzung des **arbeitsrechtlichen Gleichhandlungsgrundsatzes** zu unterscheiden. Während erstere an der zulässigen Rechtsausübung ansetzt, ist bei letzterem die nicht gerechtfertigte Differenzierung maßgebend (*BAG* 15.2.2005 – 9 AZR 116/04 – Rn 47; HWK-*Thüsing* Rn 3).

Keine Benachteiligung iSd Maßregelungsverbotes ist gegeben, wenn in einem sozialplanähnlichen, freiwillig und einseitig vom Arbeitgeber aufgestellten »**Abfindungsplan**« die Wahl zwischen einer Kündigungsschutzklage und dem Verzicht auf dieselbe gegen Zahlung einer Abfindung vorgesehen wird. Das entspricht auch der Wertung des § 1a KSchG (*BAG* 15.2.2005 – 9 AZR 116/04 – Rn 53; MüKo-*Müller-Glöge* Rn 14; zu einer entsprechenden Sozialplanregelung vgl. dagegen *BAG* 31.5.2005 – 1 AZR 254/04 – Rn 19 und *LAG Nbg* 14.10.2020 – 2 Sa 227/20 –, Revision eingelegt unter 1 AZR 570/20; zum Ausschluss von einer **Klageverzichtsprämie** vgl. *BAG* 8.12.2015 – 1 AZR 595/14 – Rn 38). Ebenso fehlt es an einer solchen, wenn der Arbeitgeber es bei Abschluss eines weiteren befristeten Arbeitsvertrags ablehnt, einen vom Arbeitnehmer geforderten Vorbehalt hinsichtlich der gerichtlichen Überprüfung der Befristung des bestehenden Vertrags zu akzeptieren, weil der Arbeitgeber lediglich die ihm zustehende privatautonome Vereinbarungsfreiheit nutzt (*BAG* 14.2.2007 – 7 AZR 95/06 – Rn 23).

2. Maßnahme oder Vereinbarung

Erfasst werden alle Maßnahmen und Vereinbarungen, wobei beide Begriffe entsprechend dem Normzweck weit auszulegen sind. An **Vereinbarungen** werden neben **individualvertraglichen** Vereinbarungen (ErfK-*Preis* Rn 9; *ders.* Grundfragen der Vertragsgestaltung im Arbeitsrecht, S. 173; MüKo-*Müller-Glöge* Rn 13; Staudinger/*Richardi/Fischinger* Rn 13; aA RGRK-*Ascheid* Rn 5 unter Berufung auf die Freiwilligkeit einer Vereinbarung) auch **kollektivrechtliche** Abreden wie Tarifverträge (*BAG* 6.12.2006 – 4 AZR 798/05 – Rn 33), Betriebsvereinbarungen (*BAG* 18.9.2007 – 3 AZR 639/06 – Rn 28), Interessenausgleiche und Sozialpläne (*BAG* 31.5.2005 – 1 AZR 254/04 – Rn 27) und Dienstvereinbarungen erfasst. Zu den **Maßnahmen** zählen rechtsgeschäftliche und rechtsgeschäftsähnliche Handlungen aber auch ein rein tatsächliches Verhalten einschließlich eines **Unterlassens** (*BAG* 21.9.2011 – 7 AZR 150/10 – Rn 34; *Faulenbach* S. 88 f.; MüKo-*Müller-Glöge* Rn 13). Hierunter fallen Willenserklärungen wie eine **Kündigung** (s. nur BT-Drucks. 8/3317 S. 10; *BAG* 12.5.2011 – 2 AZR 384/10 – Rn 38; *LAG Bln.-Bra.* 25.9.2020 – 12 Sa 1654/19 – zu II 3 a der Gründe) oder Rechtshandlungen wie eine **Abmahnung** (HWK-*Thüsing* Rn 30). Die

§ 612a BGB Maßregelungsverbot

bloße »Suche nach Kündigungsgründen« wird von § 612a BGB nicht erfasst (APS-*Linck* Rn 9; *Diller* NZA 2006, 569, 571; MüKo-*Müller-Glöge* Rn 13).

3. Rechtsausübung

12 Der Arbeitgeber darf den Arbeitnehmer nicht maßregeln, weil dieser in zulässiger Weise seine Rechte ausgeübt hat. Das gilt **unabhängig von der Form der Ausübung**: schriftlich, mündlich oder durch tatsächliche Handlungen; durch Tun oder Unterlassen (vgl. *LAG Hamm* 9.8.2007 – 8 Sa 190/07 -: Weigerung, einer längeren Arbeitszeit ohne Lohnausgleich zuzustimmen); gerichtlich oder außergerichtlich; selbst oder unter Einschaltung Dritter, etwa eines Rechtsanwalts; individuell oder vermittelt über kollektive Interessenvertretungen (dazu *BAG* 16.5.2012 – 10 AZR 174/11 – Rn 18; 18.9.2007 – 3 AZR 639/06 – Rn 29). Ob nicht nur die Ausübung eines Rechts das Benachteiligungsverbot auslöst, sondern auch die dem vorgelagerte **Täuschung** bereit zu sein, ein gesetzliches Recht auszuüben, eine entsprechende Anwendung des Rechtsgedankens des § 612a BGB gebietet (vgl. *BAG* 23.8.2011 – 3 AZR 575/09 – Rn 48 f.), erscheint vom Zweck der Regelung zweifelhaft (APS-*Linck* Rn 8) und ist vom Wortlaut der Norm nicht gedeckt. Die Vorschrift schützt nicht nur die **Rechtsausübung im Betrieb**, sondern auch das **außerdienstliche Verhalten** (vgl. HWK-*Thüsing* Rn 12; Staudinger/*Richardi/Fischinger* Rn 15), soweit der Arbeitnehmer von seiner allgemeinen Handlungsfreiheit oder anderen Grundrechten Gebrauch macht. Hierzu gehört auch das Grundrecht der **freien Meinungsäußerung** nach Art. 5 Abs. 1 GG (vgl. zu Art. 10 EMRK *EGMR* 21.7.2011 – 28274/08 -: s.a. Rdn 3 und Rdn 15; zum Schutzbereich der Meinungsfreiheit vgl. *BAG* 5.12.2019 – 2 AZR 240/19 – Rn 93) und das Recht auf koalitionsspezifische Betätigung gem. Art. 9 Abs. 3 GG (*BAG* 21.9.2011 – 7 AZR 150/10 – Rn 33). So darf der Arbeitgeber die durch die allgemeine Handlungsfreiheit und das Persönlichkeitsrecht geschützte Entscheidung einer Arbeitnehmerin für eine künstliche Befruchtung nicht zum Anlass einer Kündigung nehmen (unrichtig *LAG SchlH* 17.11.1997 – 5 Sa 184/97 – zu II 4 b cc der Gründe). Ebenso dürfen sich an einen Widerspruch nach § 613a Abs. 6 BGB keine nachteiligen Folgen für eine eventuelle Sozialauswahl beim Erwerber ergeben (DDZ-*Däubler* Rn 15; ErfK-*Preis* Rn 14; *Schlachter* NZA 1995, 705; s.a. KR-*Treber/Schlünder* § 613a BGB Rdn 82 f.; so auch der Sache nach *BAG* 31.5.2007 – 2 AZR 276/06 – Rn 51, unter Aufgabe von *BAG* 22.4.2004 – 2 AZR 244/03 – zu B II 4 c der Gründe). Unerheblich ist bei alledem die redliche oder unredliche Gesinnung des Arbeitgebers; soweit im Zusammenhang mit § 612a BGB von einem Unwerturteil gesprochen wird (*BAG* 21.9.2011 – 7 AZR 150/10 – Rn 41), zielt dies nicht auf die Bewertung des Handlungsmotivs des maßgebenden Arbeitgebers (s.a. Rdn 16).

13 Das Maßregelungsverbot des § 612a BGB setzt voraus, dass der Arbeitnehmer ein **tatsächlich bestehendes Recht** in zulässiger Weise ausübt. Dabei kann es sich neben der Geltendmachung von Ansprüchen (*BAG* 21.6.2005 – 9 AZR 352/04 -Rn 14: Anspruch auf Zeugnisberichtigung), der Ausübung von subjektiven Rechten, namentlich grundrechtlich geschützter Positionen (*BAG* 21.9.2011 – 7 AZR 150/10 – Rn 33), auch um Leistungsverweigerungs- oder Zurückbehaltungsrechte handeln (*BAG* 22.10.2015 – 2 AZR 569/14 – Rn 60; APS-*Linck* Rn 8; MüKo-*Müller-Glöge* Rn 5, 7), wie auch das Recht, die Änderung des bestehenden Arbeitsvertrages abzulehnen (*BAG* 15.7.2009 – 5 AZR 486/08 – Rn 23). Zu berücksichtigen sind weiterhin die Gewährleistungen nach dem Recht der Europäischen Union (s.a. Rdn 1 aE) sowie nach der Europäischen Menschenrechtskonvention (s. Rdn 15). Ob die Rechtsausübung zulässig ist, muss nach der Rechtsordnung als ganzer beurteilt werden (vgl. *LAG RhPf* 4.12.2017 – 3 Sa 380/17 –). Allein der **Vorstellung des Arbeitnehmers**, ihm stehe das in Anspruch genommene Recht zu, reicht nicht aus (*BAG* 22.10.2015 – 2 AZR 569/14 – Rn 60; *Benecke* NZA 2011, 481, 482; *Faulenbach* S. 84 f.; MüKo-*Müller-Glöge* Rn 6; APS-*Linck* Rn 7; aA BeckOK-BGB/Baumgärtner 56. Ed. Rn 3). Allerdings kann der Arbeitgeber unter dem Aspekt der vertraglichen Rücksichtnahmepflichten gehalten sein, den von ihm als gutgläubig erkannten Arbeitnehmer vor der belastenden Maßnahme anzuhören (ErfK-*Preis* Rn 5). Im Fall einer verhaltensbedingten Kündigung ist ein **Rechtsirrtum des Arbeitnehmers** bei der Interessenabwägung zu berücksichtigen (*BAG* 19.1.2016 – 2 AZR 449/15 – Rn 56; KR-*Rachor* § 1 Rdn 431 ff.).

Die zulässige Rechtsausübung umfasst auch die Ausübung von **Verfahrens-, Beschwerde- und Petitionsrechten**, ohne dass es auf die sachliche Begründetheit des Rechtsbehelfs ankommt. Hierzu zählt der Anspruch auf Rechtschutzgewährleistung durch die staatlichen Gerichte (*BAG* 15.2.2005 – 9 AZR 116/04 – zu B II 2 b cc der Gründe; 23.2.2000 – 10 AZR 1/99 – zu II 6 der Gründe; *LAG Hamm* 17.12.2008 – 3 Sa 1248/08 –). Ein Arbeitnehmer, der erfolglos Kündigungsschutzklage erhoben hat, darf deswegen nicht gemaßregelt werden. Er hat lediglich von einem ihm zustehenden prozessualen Recht, insbes. seiner Klagebefugnis Gebrauch gemacht. Auch die **gerichtliche Geltendmachung eines Anspruchs** auf Berichtigung des Arbeitszeugnisses fällt hierunter (vgl. *BAG* 21.6.2005 – 9 AZR 352/04 – Rn 14). Anders verhält es sich es sich, wenn sich die Rechtswidrigkeit der Vorgehensweise aus weiteren Gesichtspunkten ergibt (Beispiel: Arbeitnehmer stützt seine Klage bewusst auf die Falschaussage eines Zeugen; s.a. *BAG* 23.2.2000 – 10 AZR 1/99 –; mutwillige oder rechtsmissbräuchliche Klage). Da es dem Arbeitnehmer ferner freisteht, sich mit **Bitten oder Beschwerden** an den Arbeitgeber zu wenden (vgl. § 84 Abs. 3 BetrVG), darf eine Maßregelung grds. nicht auf ein vorgebrachtes Anliegen geknüpft werden, selbst wenn auf deren Verwirklichung kein Anspruch besteht. Deshalb ist eine Kündigung wegen der Bitte um einen schriftlichen Arbeitsvertrag unwirksam (*ArbG Düsseld.* 9.9.1992 – 6 Ca 3728/92 – zu 2 a der Gründe). Eine **Medienkampagne** im Vorfeld oder am Rande einer gerichtlichen Auseinandersetzung kann in den Grenzen des Ehrenschutzes erlaubt sein (vgl. *BAG* 5.12.2019 – 2 AZR 240/19 – Rn 83).

Nicht erst seit der Entscheidung des **EGMR in der Rechtssache »Heinisch«** (*EGMR* 21.7.2011 – 28274/08 –; dazu *Abraham* ZRP 2012, 11; *Forst* NJW 2011, 3477; *Király* RdA 2012, 236; *Schlachter* RdA 2012, 108; *Seifert* EuZA 2012, 411; *Simon/Schilling* BB 2011, 2421; *Windel* Anm. zu AP BGB § 626 Nr. 235) ist die bisherige Rechtsprechung zu den Anforderungen an die Zulässigkeit einer (außerordentlichen) Kündigung des Arbeitgebers im Falle einer gegen ihn erstatteten Strafanzeige (sog. **Whistleblowing**) als mögliche unzulässige Maßregelung in der Diskussion (s. nur Soergel/*Raab* Rn 17; APS-*Linck* Rn 8 und 21; *Fuhlrott/Oltmanns* DB 2017, 2354; Zusammenstellung der früheren Rechtsprechung bei *Berthold* S. 11 ff., 18 ff.; *Groneberg* S. 221 ff.; rechtsvergleichend *Forst* EuZA 2013, 37). Zur **Richtlinie (EU) 2019/1937 zum Schutz von Personen, die Verstöße gegen das Unionsrecht melden** vgl. Rdn 3. Da die Zulässigkeit einer Rechtsausübung vor dem Hintergrund der Einheit der Rechtsordnung zu beurteilen ist (s. Rdn 13), sind die Berechtigung des Arbeitnehmers, eine Strafanzeige zu erstatten, mit den arbeitsvertraglichen Loyalitätspflichten abzuwägen und zu überprüfen, ob er auf eine innerbetriebliche Abhilfe verwiesen werden kann (zu den Anforderungen und Maßstäben vgl. *EGMR* 17.9.2015 – 14464/11 – »Langner«; *BAG* 27.9.2012 – 2 AZR 646/11 – Rn 37; ausführlich *LAG RhPf* 15.4.2019 – 3 Sa 411/18 –; KR-*Rachor* § 1 KSchG Rdn 462 ff.; KR-*Fischermeier/Krumbiegel* § 626 BGB Rdn 424 mwN). Der EGMR hat in der Rechtssache »Heinisch« eine Anzeige, die jedenfalls nicht wissentlich oder leichtfertig auf falschen Angaben beruhte, als eine durch Art. 10 EMRK geschützte Meinungsäußerung angesehen (*EGMR* 21.7.2011 – 28274/08 –). Die daraufhin erfolgte Kündigung stellt einen Eingriff in das von Art. 10 Abs. 1 EMRK garantierte Recht auf freie Meinungsäußerung dar, die unverhältnismäßig gewesen ist. Dabei stellt der EGMR im Rahmen der Abwägung insbes. auf das **besondere öffentliche Interesse** an der Aufdeckung von Missständen im Pflegebereich ab und dass »ein Mangel an Beweisen zwar zur Einstellung des Ermittlungsverfahrens führen kann, dies aber nicht unbedingt zu der Schlussfolgerung führt, dass die der Strafanzeige zugrunde liegenden Behauptungen von vornherein einer sachlichen Grundlage entbehren oder leichtfertig waren« (s. auch *D. Ulber* NZA 2011, 963; krit. zur Würdigung des EGMR *Windel* Anm. zu AP BGB § 626 Nr. 235). Andererseits betont der EGMR auch die Verpflichtung der Beschäftigten zu **Loyalität, Zurückhaltung und Diskretion** (vgl. *EGMR* 17.9.2015 – 14464/11 – »Langner«) sowie das Erfordernis, den Verdacht einer schweren Straftat vor einer externen Meldung darauf zu überprüfen, ob die Informationen »zutreffend und zuverlässig« waren (*EGMR* 16.2.2021 – 23922/19 – »Gawlik«).

4. Kausalität

Die benachteiligende Maßnahme muss, wie der Wortlaut der Bestimmung – »weil« – zeigt, **wegen einer zulässigen Rechtsausübung** des Arbeitnehmers erfolgt sein. Dies erfordert letztlich eine wertende Beurteilung. Die Benachteiligung als konkrete, unmittelbare Reaktion auf zulässiges Verhalten soll nach § 612a BGB unterbunden werden. Das BAG hat den erforderlichen Kausalzusammenhang zu einem Verhalten des Arbeitnehmers in Anlehnung an die bei § 613a Abs. 4 BGB geltenden Grundsätze (s. KR-*Treber/Schlünder* § 613a BGB Rdn 93 f.) dahin umschrieben, dass die Rechtsausübung des Arbeitnehmers das **tragende Motiv** (bestimmender Beweggrund) der benachteiligenden Maßnahme und **nicht nur deren äußerer Anlass** gewesen sein müsse (*BAG* 18.10.2017 – 10 AZR 330/16 – Rn 43; 16.10.2013 – 10 AZR 9/13 – Rn 38; 19.4.2012 – 2 AZR 233/11 – Rn 47; *LAG Köln* 15.5.2020 – 4 Sa 693/19 – mwN; ebenso das Schrifttum, etwa APS-*Linck* Rn 13; ErfK-*Preis* Rn 11; MüKo-*Müller-Glöge* Rn 16; jeweils mwN; aA *Schwarze* NZA 1993, 967, 968; *Kort* RdA 2003, 124: objektive Eignung ausreichend). Dabei soll es bereits ausreichen, wenn der Arbeitnehmer nur **vortäuscht**, er sei bereit ein Recht auszuüben, und der Arbeitgeber ihn daraufhin benachteiligt (vgl. *BAG* 23.8.2011 – 3 AZR 575/09 – Rn 48 f.; zweifelhaft, vgl. oben Rdn 12). Die Vorschrift will den Arbeitgeber nicht generell daran hindern, im Rahmen der Rechtsordnung für ihn günstige Maßnahmen zu ergreifen, selbst wenn sie zu einem Nachteil des Arbeitnehmers führen (*BAG* 14.2.2007 – 7 AZR 95/06 – Rn 22). Allerdings kann sich der Arbeitgeber, wenn die Rechtsausübung tragendes Motiv war, **nicht mehr nachträglich auf andere Kündigungssachverhalte stützen** (*BAG* 23.4.2009 – 6 AZR 189/08 – Rn 12; 22.5.2003 – 2 AZR 426/02 – zu B III 2 b der Gründe; *LAG RhPf* 30.1.2018 – 8 Sa 378/17 – zu II 2 a der Gründe; HWK-*Thüsing* Rn 11). Liegt der subjektive Zusammenhang im Motiv vor, kommt es nicht darauf an, ob der Arbeitgeber die Benachteiligung unmittelbar anordnet oder durch Vorenthalten von Vorteilen »mittelbar« herbeiführt (*BAG* 16.5.2012 – 10 AZR 174/11 – Rn 18). Nicht erforderlich ist allerdings, dass der Arbeitgeber mit einer Benachteiligungsabsicht handelt. Auch steht ein **Rechtsirrtum** auf Seiten des Arbeitgebers einem Verstoß gegen das Maßregelungsverbot nicht entgegen (APS-*Linck* Rn 13; MüKo-*Müller-Glöge* Rn 16).

17 Spricht der Arbeitgeber eine **vorsorgliche Kündigung** aus, weil sich der Arbeitnehmer auf die Unwirksamkeit einer **Befristung** beruft, so fehlt es typischerweise an dem erforderlichen Zusammenhang zwischen Benachteiligung und Rechtsausübung, weil der Arbeitgeber mit der Kündigung das unabhängig von dem Verhalten des Arbeitnehmers bestehende Ziel der Beendigung des Arbeitsverhältnisses verfolgt und die Entfristungsklage hier **nur Anlass**, nicht aber der tragende Beweggrund der Kündigung ist (vgl. *BAG* 22.9.2005 – 6 AZR 607/04 – Rn 24 ff.; APS-*Linck* Rn 13).

18 Verfolgt der Arbeitgeber im Falle der **Ablehnung eines Antrages zur Vertragsänderung** durch den Arbeitnehmer das mit dem Änderungsantrag verfolgte Ziel mit anderen zulässigen Mitteln, namentlich einer Änderungskündigung weiter, so steht dem § 612a BGB grds. nicht entgegen, weil in diesen Fällen die Ablehnung nicht das tragende Handlungsmotiv bildet (*Isenhardt* FS Richardi S. 274; APS-*Linck* Rn 18; s.a. Rdn 21). Diese Maßnahme verstößt nur dann gegen § 612a BGB, wenn schon die Änderung als solche Maßregelungscharakter hatte (*BAG* 22.5.2003 – 2 AZR 426/02 – zu B III 2 c bb der Gründe; *Sächs. LAG* 24.6.2015 – 2 Sa 156/15 – zu I 1 der Gründe »**mindestlohnwidriges Vertragsangebot**«) und entspricht im Übrigen dem von § 2 KSchG vorgesehenen Weg, um eine zulässige Vertragsänderung herbeizuführen. Aus vergleichbaren Gründen hat die Rechtsprechung nicht nur Aufhebungsverträge, sondern auch nach der einseitigen Arbeitgeberkündigung geschlossene **Abwicklungsvereinbarungen** oder einen von Arbeitgeber aufgestellten **Abwicklungsplan** selbst dann für mit § 612a BGB vereinbar gehalten, wenn danach eine Abfindungszahlung davon abhängt, dass der Arbeitnehmer keine Kündigungsschutzklage erhebt – »**Turboprämie**« (*BAG* 15.2.2005 – 9 AZR 116/04 –; für entsprechende Betriebsvereinbarungen *BAG* 31.5.2005 – 1 AZR 254/04 –; Tarifverträge *BAG* 6.12.2006 – 4 AZR 798/05 –; für andere kollektivrechtliche Regelungen *BAG* 3.5.2006 – 4 AZR 189/05 –). In diesen Fällen liegt bei wertender Betrachtung keine Maßregelung für ein zulässiges Arbeitnehmerverhalten, sondern eine Gegenleistung für ein Entgegenkommen des Arbeitnehmers vor. Allerdings sind derartige Regelungen im Zweifel eng auszulegen und das Wahlrecht zwischen Kündigungsschutzklage und Abfindung muss klar erkennbar sein (*BAG* 3.5.2006 – 4 AZR 189/05 – Rn 23). Als Arbeitnehmer beschäftigte **beurlaubte Beamte** können im Fall einer Kündigung in einem Sozialplan ohne Verstoß gegen den

Gleichbehandlungsgrundsatz von Abfindungen, nicht aber von einer **Sonderprämie für einen Klageverzicht** ausgeschlossen werden (*BAG* 8.12.2015 – 1 AZR 595/14 – Rn 38).

In **zeitlicher Hinsicht** setzt § 612a BGB nicht voraus, dass die Maßregelung einer zulässigen Rechtsausübung des Arbeitnehmers nachfolgt. Zwar ist nach Wortlaut und Zweck der Vorschrift regelmäßig ein der Rechtsausübung nachfolgendes Verhalten einschlägig (darauf begrenzend *Faulenbach* S. 92 f.; MüKo-*Müller-Glöge* Rn 17; APS-*Linck* Rn 14; HWK-*Thüsing* Rn 8). Die Bestimmung kann aber auch dann eingreifen, wenn die Maßregelung sich **auf ein noch bevorstehendes**, etwa angekündigtes (dazu *BAG* 23.8.2011 – 3 AZR 575/09 – Rn 49) oder sonst dem Arbeitgeber bekanntes **Verhalten des Arbeitnehmers** bezieht (*Gaul* NJW 1994, 1025, 1027; *Preis* S. 172; *Soergel/Raab* Rn 11; offenlassend *BAG* 31.5.2005 – 1 AZR 254/04 – Rn 30; 15.2.2005 – 9 AZR 116/04 – Rn 49). Weiterhin kann eine Vereinbarung geeignet sein, den Arbeitnehmer von der Ausübung seiner Rechte abzuhalten. Solche Umgehungstatbestände sind ebenfalls vom Zweck der Vorschrift erfasst (*Benecke* NZA 2011, 481, 482). Gleiches gilt etwa für Sozialpläne, die Leistungen für den Fall der Kündigungsschutzklage ausschließen (vgl. *BAG* 31.5.2005 – 1 AZR 254/04 – Rn 30). All dies spricht dafür, es als unerheblich anzusehen, ob die Benachteiligung vorangeht oder nachfolgt (*Benecke* NZA 2011, 481, 482; *Isenhardt* FS Richardi S. 278; ErfK-*Preis* Rn 10; Soergel/*Raab* Rn 11; Staudinger/*Richardi/Fischinger* Rn 21). Dabei können auch **nach Beendigung des Arbeitsverhältnisses** getroffene Maßnahmen eine Maßregelung darstellen, soweit sie durch ein Verhalten des Arbeitnehmers im bestehenden Arbeitsverhältnis ausgelöst wurden (*EuGH* 22.9.1998 – C-185/97 – »Cook«).

Mit dem Abstellen auf das tragende Motiv des Arbeitgebers korrespondiert, dass § 612a BGB die Kausalkette »abschneidet«: Der Arbeitgeber kann sich **nicht auf** denkbare **Reserverechtfertigungen berufen**. Erfolgt etwa eine Kündigung ausschließlich zum Zwecke einer unzulässigen Maßregelung, so kommt es nicht darauf an, ob andere Gründe diese rechtfertigen würden (*BAG* 23.4.2009 – 6 AZR 189/08 – Rn 12; 22.5.2003 – 2 AZR 426/02 – zu B III 2 b der Gründe; *LAG RhPf* 30.1.2018 – 8 Sa 378/17 – zu II 2 a der Gründe; APS-*Linck* Rn 15; ErfK-*Preis* Rn 11; HWK-*Thüsing* Rn 11).

III. Fallgestaltungen
1. Kündigungen

Ein Hauptanwendungsfall sind **Kündigungen infolge der Ausübung bestehender Rechte**, die nach § 134 BGB zu deren Unwirksamkeit führen (so schon *BAG* 2.4.1987 – 2 AZR 227/86 –). In der Folge scheidet ein Auflösungsantrag des Arbeitgebers nach § 9 Abs. 1 S. 2 KSchG aus (vgl. *LAG Bln.-Bra.* 17.10.2012 – 15 Sa 1109/12 –; LSSW-*Spinner* § 9 KSchG Rn 46 mwN; aA KR-*Spilger* § 9 KSchG Rdn 31). Kündigt der Arbeitgeber, weil der Arbeitnehmer infolge einer **Arbeitsunfähigkeit** berechtigterweise einer Weisung nicht nachkommt die **Arbeit aufzunehmen**, liegt eine unzulässige Maßregelung vor. Der Arbeitnehmer ist berechtigt, bei krankheitsbedingter Arbeitsunfähigkeit die Arbeitsleistung abzulehnen (*BAG* 23.4.2009 – 6 AZR 189/08 – Rn 14; *LAG RhPf* 18.2.2020 – 6 Sa 242/19 – zu A II 2.3 der Gründe; 29.3.2017 – 4 Sa 578/15 – zu II 2 der Gründe; APS-*Linck* Rn 17). Dagegen handelt es sich um keine verbotene Maßregelung, wenn die Kündigung auf die **Erkrankung und deren betriebliche Auswirkungen** gestützt wird (*LAG Köln* 15.5.2020 – 4 Sa 693/19 – zu B I 4 b der Gründe; *LAG Hamm* 13.5.2015 – 3 Sa 13/15 – zu B I 4 der Gründe; *LAG Bln.-Bra* 7.10.2010 – 25 Sa 1435/10 – zu II 4 b der Gründe). Eine Kündigung aus Anlass der Arbeitsunfähigkeit ist zulässig, wie schon § 8 EFZG zeigt. Ferner ist die Arbeitsunfähigkeit selbst keine Rechtsausübung (Staudinger/*Richardi/Fischinger* Rn 14; *LAG Köln* 11.12.2020 – 10 Sa 551/20 – zu II 1 b bb der Gründe; vgl. auch *BAG* 16.2.1989 – 2 AZR 299/88 – obiter dicta zu B III 3 b der Gründe; offen gelassen von *BAG* 20.5.2021 – 2 AZR 560/20 –), sondern ein Leistungshindernis iSv. § 275 Abs. 1 BGB. Verstöße gegen § 612a BGB sind weiterhin anzunehmen bei einer Kündigung, weil der Arbeitnehmer **Vorruhestandsgeld** beantragt (*BAG* 2.4.1987 – 2 AZR 227/86 – zu II 3 b aa der Gründe), und er seinerseits gekündigt hat (*LAG Nbg.* 7.10.1988 – 6 Sa 44/87 –), er von einem Recht auf **Erziehungsurlaub** oder einem **Freistellungsanspruch** bei

Kindeserkrankung aus § 45 Abs. 3 S. 1 SGB V Gebrauch gemacht hat (*LAG Köln* 10.11.1993 – 7 Sa 690/93 –; zu Unrecht aA *LAG RhPf* 8.11.2016 – 8 Sa 152/16 – »keine Rechtsausübung«), weil sich der Arbeitnehmer **gewerkschaftlich** betätigt (*BAG* 21.9.2011 – 7 AZR 150/10 – Rn 33; *LAG Hamm* 18.12.1987 – 17 Sa 1225/87 –), betriebsverfassungsrechtliche Rechte wahrnimmt (*BAG* 19.4.2012 – 2 AZR 233/11 – Rn 48), die Errichtung einer Mitarbeitervertretung fordert (*LAG RhPf.* 16.1.2015 – 1 Sa 554/14 – zu II 3 a der Gründe), sich in arbeitsvertraglich zulässiger Weise politisch äußert (vgl. *Preis/Stoffels* RdA 1996, 210; *Deiseroth* AuR 2001, 165); einen **Rechtsanwalt** zur Durchsetzung eines Urlaubsanspruchs **beauftragt** (*ArbG Dortmund* 12.2.2014 – 9 Ca 5518/13 –), die Einhaltung arbeitsvertraglicher Vereinbarungen und öffentlich-rechtlicher Sicherheitsvorschriften begehrt (*LAG BW* 30.10.2013 – 13 Sa 45/13 –) oder er aus einem vorläufig vollstreckbaren Weiterbeschäftigungsurteil die **Zwangsvollstreckung** gegen den Arbeitgeber betrieben hat (*LAG Düsseld.* 13.12.1988 – 8 Sa 663/88 –). Auch den **gewonnenen Kündigungsschutzprozess** des Arbeitnehmers darf der Arbeitgeber nicht zum Anlass für Maßregelungen nehmen, etwa durch Zuweisung unsinniger Arbeit, diskriminierende Kontrollmaßnahmen oder räumliche Separierung des Arbeitsplatzes (*LAG SchlH* 25.7.1989 – 1 (3) Sa 557/88 –; zur vorsorglichen Kündigung, wenn der Arbeitnehmer eine Entfristungsklage erhoben hat s. Rdn 17).

22 Demgegenüber ist eine **Kündigung**, die ausgesprochen wird, weil der Arbeitnehmer ein Änderungsangebot abgelehnt hat, keine unzulässige Maßregelung, es sei denn, die Ausgestaltung des Antrags des Arbeitgebers stellt selbst eine solche dar (*BAG* 22.5.2003 – 2 AZR 426/02 – zu B III 2 c bb der Gründe; APS-*Linck* Rn 18). Gleiches gilt, wenn eine erneute Änderungskündigung ausgesprochen wird, weil eine frühere an formalen Mängeln leidet (*LAG Köln* 30.10.2008 – 7 Sa 543/08 – zu II 4 c der Gründe). Auch im Kleinbetrieb kann eine auf die **Ablehnung eines Änderungsangebots** gestützte Kündigung nur in Extremfällen einen Verstoß gegen das Maßregelungsverbot darstellen (*LAG Bln.-Bra.* 25.9.2020 – 12 Sa 1654/19 – zu II 3 a der Gründe »Racheakt«), etwa bei Zurückweisung einer mindestlohnwidrigen Vertragsänderung (*Sächs. LAG* 24.6.2015 – 2 Sa 156/15 – zu I 2 der Gründe).

2. Nichtverlängerung befristeter Arbeitsverträge

23 Ein Verstoß gegen das Maßregelungsverbot liegt vor, wenn der Arbeitgeber einem **befristet** Beschäftigten **keinen Folgevertrag anbietet**, weil dieser ihm zustehende Rechte ausgeübt hat. Zwar ist es dem Arbeitgeber grds. freigestellt zu entscheiden, ob er nach Ablauf eines befristeten Vertrages einen Folgevertrag abschließen will. Schutzzweck des § 612a BGB ist es nicht, den Arbeitsvertragspartien zulässige Möglichkeiten zu nehmen. Zur Rechtsordnung gehört allerdings auch § 612a BGB, der dann ein entsprechend motiviertes Handeln untersagt (*BAG* 21.9.2011 – 7 AZR 150/10 – Rn 42, s. aber Rdn 25; *LAG RhPf* 23.7.2020 – 5 Sa 283/19 –; *LAG SchlH* 23.11.2016 – 3 Sa 143/16 –; APS-*Linck* Rn 12). Dagegen liegt in der Weigerung des Arbeitgebers, den weiteren befristeten Arbeitsvertrag mit einem vom Arbeitnehmer gewünschten Vorbehalt zur Ermöglichung einer Befristungskontrolle des vorangegangenen befristeten Arbeitsvertrags zu vereinbaren, keine unzulässige Benachteiligung iSv. § 612a BGB (*BAG* 14.2.2007 – 7 AZR 95/06 – Rn 23).

C. Rechtsfolgen

24 § 612a BGB ist **Verbotsnorm iSd § 134 BGB** und **sonstiges Kündigungsverbot iSd § 13 Abs. 3 KSchG**; Rechtsgeschäfte, etwa Kündigungen, die gegen die Vorschrift verstoßen, sind daher nichtig (*BAG* 23.4.2009 – 6 AZR 189/08 – Rn 11; Staudinger/*Richardi/Fischinger* Rn 31). Nach § 13 Abs. 3 KSchG kommt es für die gerichtliche Geltendmachung dieses Unwirksamkeitsgrundes auf die Einhaltung der Frist des § 4 S. 1 KSchG an (s. KR-*Klose* § 4 KSchG Rdn 14 ff.). Bei der Bemessung einer **Abfindung** (§ 10 KSchG) kann die Verletzung des § 612a BGB als Erhöhungsgrund wirken (*LAG Köln* 15.9.1994 – 10 Sa 595/94 –; LSSW-*Spinner* § 10 KSchG Rn 18). Ein Auflösungsantrag des Arbeitgebers scheidet allerdings aus (vgl. oben Rdn 21).

Gegen § 612a BGB verstoßende, verbotswidrige Arbeitszuweisungen oder **Anordnungen** sind 25
rechtswidrig und damit für den Arbeitnehmer **unverbindlich**. Der Arbeitnehmer braucht sie schon
aus diesem Grund nicht zu befolgen (so nun wieder *BAG* 18.10.2017 – 10 AZR 330/16 – Rn 63;
ErfK-*Preis* Rn 23). Ist dem Arbeitnehmer infolge der Weisung die Arbeitsleitung nur unter Inkaufnahme der Benachteiligung möglich, so kommt auch ein **Zurückbehaltungsrecht** nach § 273 BGB
in Betracht (MüKo-*Müller-Glöge* Rn 21). Verstößt der Arbeitgeber gegen § 612a BGB, so liegt darin
eine Verletzung des Arbeitsvertrags. Der Arbeitnehmer kann Beseitigung, bei Wiederholungsgefahr
Unterlassung und nach § 280 Abs. 1 BGB Schadensersatz verlangen. (*BAG* 21.9.2011 – 7 AZR
150/10 – Rn 48; *LAG RhPf* 23.7.2020 – 5 Sa 283/19 – *zu II 1 der Gründe*). Einen **Anspruch auf
Begründung eines Arbeitsverhältnisses** infolge einer Verletzung des Maßregelungsverbots durch
Nichtabschluss eines auf einen befristeten Vertrag folgenden hat das BAG abgelehnt. § 612a BGB
enthalte – so die Argumentation – seit Inkrafttreten des AGG und der dortigen Regelung des § 15
Abs. 6 AGG, die einen Anspruch auf Abschluss eines Arbeitsverhältnisses ausschließt (s. KR-*Treber/
Plum* § 15 AGG Rdn 53 ff.), eine unbewusste Regelungslücke, die durch entsprechende Anwendung des § 15 Abs. 6 AGG zu schließen sei (*BAG* 21.9.2011 – 7 AZR 150/10 – Rn 43 ff.; anders
im Rahmen von § 78 BetrVG wegen des Schutzes des Betriebsrats als Organ *BAG* 25.6.2014 – 7
AZR 847/12 – Rn 30 ff.; mit Recht krit. zur Analogie nach § 15 Abs. 6 AGG *Pallasch* RdA 2015,
108; s.a. *Horcher* RdA 2014, 93).

D. Beweislast

Grds. trägt der **Arbeitnehmer** die Darlegungs- und Beweislast für die Voraussetzungen der Vor- 26
schrift (*BAG* 18.10.2017 – 10 AZR 330/16 – Rn 42; 16.10.2013 – 10 AZR 9/13 – Rn 38;
21.9.2011 – 7 AZR 150/10 – Rn 37; *LAG RhPf* 23.7.2020 – 5 Sa 283/19 – zu II 1 der Gründe;
APS-*Linck* Rn 27; ErfK-*Preis* Rn 22). Das wirkt sich im Kündigungsschutzprozess namentlich
dann aus, wenn der Arbeitnehmer noch über keinen allgemeinen Kündigungsschutz verfügt,
so dass der Arbeitgeber nicht die soziale Rechtfertigung der Kündigung beweisen muss (*BAG*
25.4.2001 – 5 AZR 360/99 –; *LAG RhPf* 16.8.2007 – 2 Sa 261/07 –). Es kann dem Arbeitnehmer allerdings ein **Anscheinsbeweis** zugutekommen, wenn die Benachteiligung in zeitlichem
Zusammenhang mit der zulässigen Rechtsausübung erfolgt (*LAG RhPf* 31.7.2018 – 8 Sa 16/
18 – zu II 1 a aa der Gründe; *LAG Hamm* 28.4.2016 – 11 Sa 68/16 – zu 2 der Gründe; ErfK-
Preis Rn 22; HWK-*Thüsing* Rn 35; APS-*Linck* Rn 29); diskutiert wird dies auch für den Fall der
Erstreckung eines Nachteils auf alle Arbeitnehmer, die ein bestimmtes Recht ausgeübt haben
(erwägend *Krause* SAE 2003, 200; krit. *Kort* RdA 2003, 119, 122). Außerdem ist der Arbeitgeber im Rahmen einer abgestuften Darlegungs- und Beweislast gehalten, sich qualifiziert auf das
arbeitnehmerseitige Vorbringen einzulassen (sekundäre Substantiierungslast aus § 138 Abs. 2
ZPO), wenn das Vorbringen der primär beweisbelasteten Partei einen Verstoß gegen das Maßregelungsverbot ergibt. Dann muss der Arbeitgeber dieses entkräften und etwa andere Gründe
für sein Verhalten näher darlegen (*LAG BW* 30.10.2013 – 13 Sa 45/13 – zu II 1 b der Gründe;
zur treuwidrigen Kündigung vgl. *BAG* 25.4.2001 – 5 AZR 360/99 – zu II 4 a der Gründe; APS-
Linck Rn 28).

Die **Darlegungs- und Beweislastregelung des § 22 AGG** (s. KR-*Treber/Plum* § 22 AGG Rdn 8 ff.) 27
kann nicht unmittelbar auf § 612a BGB übertragen werden (zum Ganzen *BAG* 25.11.1993 – 2
AZR 517/93 – zu I 2 der Gründe; 2.4.1987 – 2 AZR 227/86 – zu II 1 d cc der Gründe; *LAG RhPf*
28.6.2005 – 5 Sa 64/05 – zu 2 a der Gründe; ErfK-*Preis* Rn 22; HWK-*Thüsing* Rn 35). Angesichts
der Beweislastregelungen in § 611a BGB aF und § 22 AGG fehlt es in § 612a BGB auch an einer
planwidrigen Regelungslücke als Voraussetzung für eine analoge Anwendung (*Benecke* NZA 2011,
484; MüKo-*Müller-Glöge* Rn 24). Ein anderes kann sich dann ergeben, wenn eine benachteiligende
Maßnahme vom Anwendungsbereich des § 16 AGG erfasst wird, der eine entsprechende Anwendung der Beweislastregelung des § 22 AGG vorsieht (APS-*Linck* Rn 27; *Benecke* NZA 2011, 485 f.;
Wörl S. 25 f.). Dann genügt es, Indizien vorzutragen, die eine Benachteiligung vermuten lassen (vgl.
KR-*Treber/Plum* § 22 AGG Rdn 10 ff.).

§ 613a BGB Rechte und Pflichten bei Betriebsübergang

(1) ¹Geht ein Betrieb oder Betriebsteil durch Rechtsgeschäft auf einen anderen Inhaber über, so tritt dieser in die Rechte und Pflichten aus den im Zeitpunkt des Übergangs bestehenden Arbeitsverhältnissen ein. ²Sind diese Rechte und Pflichten durch Rechtsnormen eines Tarifvertrags oder durch eine Betriebsvereinbarung geregelt, so werden sie Inhalt des Arbeitsverhältnisses zwischen dem neuen Inhaber und dem Arbeitnehmer und dürfen nicht vor Ablauf eines Jahres nach dem Zeitpunkt des Übergangs zum Nachteil des Arbeitnehmers geändert werden. ³Satz 2 gilt nicht, wenn die Rechte und Pflichten bei dem neuen Inhaber durch Rechtsnormen eines anderen Tarifvertrags oder durch eine andere Betriebsvereinbarung geregelt werden. ⁴Vor Ablauf der Frist nach Satz 2 können die Rechte und Pflichten geändert werden, wenn der Tarifvertrag oder die Betriebsvereinbarung nicht mehr gilt oder bei fehlender beiderseitiger Tarifgebundenheit im Geltungsbereich eines anderen Tarifvertrags dessen Anwendung zwischen dem neuen Inhaber und dem Arbeitnehmer vereinbart wird.

(2) ¹Der bisherige Arbeitgeber haftet neben dem neuen Inhaber für Verpflichtungen nach Absatz 1, soweit sie vor dem Zeitpunkt des Übergangs entstanden sind und vor Ablauf von einem Jahr nach diesem Zeitpunkt fällig werden, als Gesamtschuldner. ²Werden solche Verpflichtungen nach dem Zeitpunkt des Übergangs fällig, so haftet der bisherige Arbeitgeber für sie jedoch nur in dem Umfang, der dem im Zeitpunkt des Übergangs abgelaufenen Teil ihres Bemessungszeitraums entspricht.

(3) Absatz 2 gilt nicht, wenn eine juristische Person oder eine Personenhandelsgesellschaft durch Umwandlung erlischt.

(4) ¹Die Kündigung des Arbeitsverhältnisses eines Arbeitnehmers durch den bisherigen Arbeitgeber oder durch den neuen Inhaber wegen des Übergangs eines Betriebs oder eines Betriebsteils ist unwirksam. ²Das Recht zur Kündigung des Arbeitsverhältnisses aus anderen Gründen bleibt unberührt.

(5) Der bisherige Arbeitgeber oder der neue Inhaber hat die von einem Übergang betroffenen Arbeitnehmer vor dem Übergang in Textform zu unterrichten über:
1. den Zeitpunkt oder den geplanten Zeitpunkt des Übergangs,
2. den Grund für den Übergang,
3. die rechtlichen, wirtschaftlichen und sozialen Folgen des Übergangs für die Arbeitnehmer und
4. die hinsichtlich der Arbeitnehmer in Aussicht genommenen Maßnahmen.

(6) ¹Der Arbeitnehmer kann dem Übergang des Arbeitsverhältnisses innerhalb eines Monats nach Zugang der Unterrichtung nach Absatz 5 schriftlich widersprechen. ²Der Widerspruch kann gegenüber dem bisherigen Arbeitgeber oder dem neuen Inhaber erklärt werden.

Übersicht	Rdn			Rdn
A. Einleitung	1	I.	Übergang einer »wirtschaftlichen Einheit«	13
I. Entstehungsgeschichte	1	1.	Entwicklung und Grundsätze	13
II. Zweck und Rechtsnatur der Vorschrift	3	2.	Maßgebende Kriterien	20
III. Konsultations- und Informationspflicht	6		a) Grundsatz	20
B. Anwendungsbereich	7		b) Art des Betriebs	21
I. Sachlicher Anwendungsbereich	7		c) Übergang materieller Aktiva	25
II. Geschützter Personenkreis	8		d) Übergang immaterieller Aktiva	27
1. Arbeitnehmer	8		e) Übernahme eines Hauptteils der Belegschaft	28
2. Arbeitnehmerähnliche Personen	9		f) Ähnliche Tätigkeit	29
3. Arbeitnehmerüberlassung	10		g) Unterbrechung der Betriebstätigkeit	31
4. Sonstige Dienst- und Rechtsverhältnisse	12			
C. Voraussetzungen des Betriebsübergangs	13	3.	Betriebsänderung	32

	Rdn			Rdn
4. Betriebsstilllegung	33	a) Grundsatz		71
II. Übergang auf einen anderen Inhaber	36	b) Ausübung		72
1. Wechsel des Betriebsinhabers	36	c) Form		74
2. Fortführung des Betriebs	39	d) Frist und Verwirkung		75
III. Übergang durch Rechtsgeschäft	40	e) Ausschluss des Widerspruchs		79
1. Art und Inhalt des Rechtsgeschäfts	40	f) Folgen des Widerspruchs		80
2. Nichtige Rechtsgeschäfte	45	E. **Kündigung des Arbeitsverhältnisses wegen Betriebsübergang**		85
3. Fehlen unmittelbarer rechtsgeschäftlicher Beziehungen	46	I. Zweck und Rechtsnatur		85
IV. Zeitpunkt des Übergangs	48	1. Zweck		85
V. Betriebsveräußerung bei Insolvenz	49	2. Rechtsnatur		87
VI. Zwangsversteigerung und Zwangsverwaltung von Betriebsgrundstücken	50	II. Voraussetzungen und Rechtsfolgen des Kündigungsverbots		89
D. **Rechtsfolgen des Betriebsübergangs**	51	1. Kündigung		89
I. Übergang der Arbeitsverhältnisse	51	2. Zeitpunkt der Kündigung		91
1. Eintritt in Rechte und Pflichten	51	3. Kündigung durch alten oder neuen Arbeitgeber		92
2. Zuordnung der Arbeitnehmer	53	4. Kündigung wegen des Übergangs		93
II. Unterrichtung und Widerspruchsrecht der Arbeitnehmer	59	5. Kündigung aus anderen Gründen		100
1. Grundsatz	59	6. Rechtsfolgen		102
2. Unterrichtung der Arbeitnehmer	60	7. Wiedereinstellungs- und Fortsetzungsanspruch		103
a) Allgemeines und Rechtsnatur	60	8. Darlegungs- und Beweislast		110
b) Inhalt der Unterrichtungspflicht	61	III. Umgehungstatbestände		112
c) Form der Unterrichtung	66	IV. Geltendmachung der Unwirksamkeit		116
d) Zeitpunkt der Unterrichtung	67	1. Grundsatz		116
e) Berechtigte und Verpflichtete	68	2. Passivlegitimation		117
f) Rechtsfolgen unterlassener, verspäteter oder fehlerhafter Unterrichtung	69	3. Rechtskraft		122
g) Darlegungs- und Beweislast	70	4. Darlegungs- und Beweislast		123
3. Widerspruchsrecht	71	F. **Kollisionsrecht**		124

A. Einleitung

I. Entstehungsgeschichte

§ 613a Abs. 1 S. 1, Abs. 2 und 3 BGB wurde **erstmals durch § 122 BetrVG vom 15.1.1972** (BGBl. I S. 13) in das BGB aufgenommen und ist seit dem 19.1.1972 in Kraft. Mit dieser Regelung wollte der Gesetzgeber die Rechtsfolgen eines Betriebsübergangs für die Arbeitsverhältnisse allgemein regeln (BT-Drucks. VI/1786, S. 59). Ausweislich der Gesetzesbegründung wurde damit **nicht der Forderung gefolgt, den Betriebsübergang als solchen der Mitbestimmung des Betriebsrats** zu unterwerfen (Vorschläge des DGB zur Änderung des BetrVG 1970, S. 30).

Durch das Gesetz über die Gleichbehandlung von Männern und Frauen am Arbeitsplatz und über die Erhaltung von Ansprüchen bei Betriebsübergang – **Arbeitsrechtliches EG-Anpassungsgesetz** – v. 13.8.1980 (BGBl. I S. 1308) wurde § 613a BGB um Abs. 1 S. 2 bis 4 und Abs. 4 ergänzt. Damit wollte der Gesetzgeber die seinerzeit auf Art. 100 EGV gestützte und zugleich im Interesse der Ziele des (heutigen) Art. 151 AEUV (= Art. 136 EGV) erlassene Richtlinie des Rates v. 14.2.1977 zur Angleichung der Rechtsvorschriften der Mitgliedstaaten über die Wahrung von Ansprüchen der Arbeitnehmer beim Übergang von Unternehmen, Betrieben oder Betriebsteilen (**RL 77/187/EWG**, ABlEG L 61 v. 5.3.1977, S. 26, später idF der Richtlinie 98/50/EG v. 29.6.1998, zur Änderung der Richtlinie 77/187/EWG, ABlEG L 201/88 v. 17.7.1998) in innerstaatliches Recht umzusetzen (vgl. BT-Drucks. 8/3317 S. 6; zur Änderung der Richtlinie *Franzen* RdA 1999, 361; *Gaul* BB 1999, 526 u. 582; *Waas/Johanns* EuZW 1999, 458). Die bisherigen Richtlinien sind durch die **Betriebsübergangsrichtlinie**, RL 2001/23/EG des Rates v. 12.3.2001, ohne inhaltliche Änderungen ersetzt worden (ABlEG L 82/16 v. 22.3.2001). **§ 613a BGB ist Bestandteil des Europäischen**

Arbeitsrechts (vgl. Memorandum der EU-Kommission zu den erworbenen Ansprüchen der Arbeitnehmer beim Übergang von Unternehmen, Dok. KOM (97) 85 endg., auch abgedr. in DB 1997, 1030). Abs. 3 hat seine heutige Fassung durch Art. 2 UmwRBerG v. 28.10.1994 (BGBl. I S. 3210) erhalten, der die Regelung an die Terminologie des UmwG anpasste und nur noch den Begriff der »Umwandlung« enthält. Durch Art. 4 des Gesetzes zur Änderung des Seemannsgesetzes und anderer Gesetze vom 23.3.2002 (BGBl. I S. 1163) wurde die Vorschrift schließlich um Abs. 5, der in Umsetzung der Richtlinie 2001/23/EG eine besondere Informationspflicht regelt, und Abs. 6, der das in der Rechtsprechung anerkannte Widerspruchsrecht des Arbeitnehmers gegen den Übergang seines Arbeitsverhältnisses auf den Betriebserwerber festlegt (s. Rdn 71 ff.), ergänzt.

II. Zweck und Rechtsnatur der Vorschrift

3 Vor Inkrafttreten von § 613a BGB galten für den Übergang von Arbeitsverhältnissen die allgemeinen Grundsätze der rechtsgeschäftlichen Vertragsübernahme, die die Zustimmung aller Beteiligten und damit auch die des Betriebserwerbers erforderte (vgl. *BAG* 2.10.1974 – 5 AZR 504/73 – zu III 2 a der Gründe; hierzu auch Staudinger/*Busche* Einl. zu §§ 398 ff. BGB Rn 196 ff.). Diese Möglichkeit schließt § 613a BGB bewusst aus. In Umsetzung der Richtlinie 77/187/EWG ist der **Eintritt des Betriebserwerbers in alle Arbeitsverhältnisse zwingende gesetzliche Folge** (s. Rdn 51). Die Vorschrift bestimmt eine **Vertragsübernahme kraft Gesetzes** und führt im Grundsatz zu einem vollständigen Übergang auch der bereits vor dem Betriebsübergang begründeten Rechte und Pflichten. Sie ist **Schutzgesetz zugunsten der Arbeitnehmer** (so schon *BAG* 27.10.1992 – 3 AZR 101/92 – zu II 2 c der Gründe; 26.2.1987 – 2 AZR 768/85 – zu B II 3 der Gründe; 25.2.1981 – 5 AZR 991/78 – zu 2 b der Gründe) und findet in Art. 12 Abs. 1 GG ihre verfassungsrechtliche Grundlage (*BVerfG* 15.1.2015 – 1 BvR 2796/13 – Rn 6 ff.). Ihre Zwecksetzung kann wie folgt beschrieben werden (s.a. Staudinger/*Annuß* Rn 6 ff.; MüKo-*Müller-Glöge* Rn 6 ff.; APS-*Steffan* Rn 1; zu den ursprünglich drei Zwecken des § 613a BGB vgl. *BAG* 17.1.1980 – 3 AZR 160/79 – zu II 2 der Gründe):
– alle bestehenden **Arbeitsverhältnisse werden gesichert**,
– die Rechte und Pflichten aus dem Arbeitsverhältnis, namentlich der **soziale Besitzstand** der Arbeitnehmer bleiben erhalten (vgl. *BAG* 12.5.1992 – 3 AZR 247/91 –),
– der **Bestand des Betriebsrats** und seiner Mitbestimmungsrechte wird garantiert (s.a. *BAG* 3.7.1980 – 3 AZR 1077/78 –),
– es wird eine **Haftungsregelung** für Veräußerer und Erwerber hinsichtlich der Arbeitnehmeransprüche geschaffen (*BAG* 17.1.1980 – 3 AZR 160/79 –; 3.7.1980 – 3 AZR 1077/78 –; 11.11.1986 – 3 AZR 179/85 –),
– die § 613a Abs. 1 S. 2 bis 4 BGB legen die weitere **Fortgeltung von Tarifverträgen und Betriebsvereinbarungen** fest.

Im Rahmen der vorliegenden Bearbeitung steht der weitere, in § 613a Abs. 4 BGB niedergelegte Zweck der Vorschrift, die bestehenden **Arbeitsverhältnisse** unabhängig von den Beschränkungen des KSchG **vor einer Beendigung wegen eines Betriebsübergangs zu schützen** im Mittelpunkt der Darstellung.

4 Die Beschränkung der Vertragsfreiheit ist **verfassungsrechtlich unbedenklich**. Sie dient dem Schutz der Arbeitnehmer bei einem Betriebsinhaberwechsel. Das Sozialstaatsprinzip gem. Art. 20 Abs. 1 und 28 Abs. 1 GG rechtfertigt die Einschränkung der Privatautonomie des Arbeitgebers (s. nur Staudinger/*Annuß* Rn 9 ff.; Soergel/*Raab* Rn 9; APS-*Steffan* Rn 5; *LAG Köln* 11.12.2009 – 11 Sa 96/09 –; *LAG Hamm* 28.10.1996 – 10 Sa 873/98 –). Auch im **Rundfunkwesen** hat das BVerfG eine Anwendung des § 613a BGB nicht als Verstoß gegen die Rundfunkfreiheit eingeordnet, solange keine konkrete Beeinträchtigung der Programmgestaltungsfreiheit hervortritt (*BVerfG* 19.7.2000 – 1 BvR 6/97 –).

5 § 613a Abs. 1, Abs. 2 und Abs. 4 S. 1 BGB sind zu Gunsten des Arbeitnehmers **zwingendes Recht** (s. nur *BAG* 19.11.2015 – 8 AZR 773/14 – Rn 24; 19.3.2015 – 8 AZR 119/14 – Rn 32; ausf. Rdn 51 ff.). Die RL 2001/23/EG enthält allerdings nur eine Anordnung in Bezug auf einen Betriebsübergang. Ist ein bestimmtes Arbeitnehmerrecht nach dem nationalen Recht allgemein verzichtbar, bleibt ein unabhängig vom Übergang erfolgender **Verzicht** möglich (s. nur *EuGH*

6.11.2003 – C-4/01 – »Martin«). Die Unabdingbarkeit des § 613a BGB kann von Veräußerer und Erwerber nicht durch Kündigung und Wiedereinstellung **umgangen** werden (*BAG* 20.7.1982 – 3 AZR 261/80 – zu 1 c der Gründe; ausf. s. Rdn 112 ff.).

III. Konsultations- und Informationspflicht

Die in **Art. 7 Richtlinie 2001/23/EG** vorgesehene, in der Bundesrepublik Deutschland nicht ausdrücklich umgesetzte **Konsultationspflicht der Arbeitnehmervertreter** vor dem Betriebsübergang ist nicht schon deshalb obsolet, weil der Arbeitnehmer dem Betriebsübergang widersprechen kann (überholt: *BAG* 1.4.1987 – 4 AZR 77/86 –). Soweit in dem Veräußererbetrieb ein **Wirtschaftsausschuss** besteht, ist § 106 Abs. 3 Nr. 10 BetrVG maßgeblich. Bei einer Umwandlung ergibt sich die Unterrichtungspflicht aus § 111 Abs. 5 Nr. 3 BetrVG iVm § 5 Abs. 1 Nr. 9, § 126 Abs. 1 Nr. 11, §§ 136, 176, 177, 194 Abs. 1 Nr. 7 UmwG. Im Übrigen bedarf es in Deutschland insofern keiner Umsetzung der Konsultationspflicht, als Art. 7 Abs. 3 Richtlinie 2001/23/EG eine auf §§ 111, 112 BetrVG zugeschnittene **Ausnahme zur Konsultationspflicht** enthält. Allerdings werden die Erfordernisse der Richtlinie nicht erfüllt, soweit die Einschränkungen des § 112a Abs. 2 BetrVG eingreifen (*Colneric* FS Steindorff [1990] S. 1129; *Düwell* FA 2002, 110; *Franzen* RdA 1999, 372; *Oetker* NZA 1998, 1198). Der **individuelle Informationsanspruch** der Arbeitnehmer nach Art. 7 Abs. 6 RL 2001/23/EG ist durch § 613a Abs. 5 BGB umgesetzt worden (s. näher Rdn 60 ff.).

B. Anwendungsbereich

I. Sachlicher Anwendungsbereich

Die Anwendbarkeit des § 613a BGB ist trotz der Einfügung durch § 122 BetrVG in das BGB (s. Rdn 1) nicht davon abhängig, ob in dem übergehenden Betrieb ein Betriebsrat besteht oder der **Geltungsbereich des BetrVG** eröffnet ist (APS-*Steffan* Rn 6; MüKo-*Müller-Glöge* Rn 1, 9; Staudinger/*Annuß* Rn 12). Es handelt sich um eine **bürgerlich-rechtliche Norm** (*BAG* 7.11.1975 – 1 ABR 78/74 – zu III 1 b der Gründe). Der Anwendungsbereich bestimmt sich nach dem Gesetz, in welches die Regelung aufgenommen worden ist (*BAG* 22.2.1978 – 5 AZR 800/76 – zu 1 der Gründe). Deshalb werden unabhängig vom Anwendungsbereich des BetrVG alle Unternehmen und Betriebe, auch die des Bundes und der Länder, der Kommunen und anderer Körperschaften, Anstalten und Stiftungen des **öffentlichen Rechts** erfasst (*BAG* 6.2.1980 – 5 AZR 275/78 – zu II 1 der Gründe). Eine andere Auslegung wäre mit Art. 1 Abs. 1 Buchst. c RL 2001/23 EG nicht vereinbar. Im öffentlichen Dienst kommt § 613a Abs. 1 BGB aber nur bei einer **Übertragung wirtschaftlicher Tätigkeiten** – jedoch nicht bei einer Übertragung von Tätigkeiten in Ausübung hoheitlicher Befugnisse – zur Anwendung (*EuGH* 13.6.2019 – C-317/18 – Rn 54 ff. »Correia Moreira«; 6.9.2011 – C-108/10 – Rn 54 »Scattolon«; *BAG* 26.3.2015 – 2 AZR 783/13 – Rn 22; 20.3.2014 – 8 AZR 1/13 – Rn 17). Der Betriebsbegriff des § 613a BGB ist insoweit weiter als derjenige der Richtlinie 2001/23/EG, da er sich auch auf die von Art. 1 Abs. 3 der Richtlinie ausgenommenen **Seeschiffe** erstreckt (*BAG* 2.3.2006 – 8 AZR 147/05 – Rn 14). Weiter ist § 613a BGB auch auf **grenzüberschreitende Betriebsverlagerungen** anzuwenden, wenn das deutsche Arbeitsrecht nach dem Arbeitsvertragsstatut maßgebend ist (*BAG* 25.4.2013 – 6 AZR 49/12 – Rn 166; 13.12.2012 – 6 AZR 608/11 – Rn 40; ausf. und krit. *Junker* NZA 2012, Beil. Nr. 1, S. 8; weiterhin *Reinhardt-Kasperek/Domni* BB 2017, 2868; s.a. KR-*Weigand/Horcher* Int. ArbvertragsR Rdn 120). § 613a BGB betrifft den **Betriebsübergang kraft Rechtsgeschäfts**. Der Übergang durch eine gesetzliche Gesamtrechtsnachfolge, wie etwa die Erbfolge oder – in neuerer Zeit vor allem im Bereich des öffentlichen Dienstes vermehrt anzutreffen – den Betriebsübergang kraft Gesetzes, wird nicht erfasst (vgl. dazu Rdn 43).

II. Geschützter Personenkreis

1. Arbeitnehmer

Bei einem Betriebsübergang tritt der Erwerber »in die Rechte und Pflichten aus den **im Zeitpunkt des Übergangs bestehenden Arbeitsverhältnissen** ein« (§ 613a Abs. 1 S. 1 BGB). Nach Art. 2

Abs. 1 Buchst. d) RL 2001/23/EG ist **Arbeitnehmer** »jede Person, die in dem betreffenden Mitgliedstaat aufgrund des einzelstaatlichen Arbeitsrechts geschützt ist«. Danach ist es grds. das **nationale Recht**, welches den Kreis der geschützten Personen definiert (*EuGH* 20.7.2017 – C-416/16 – Rn 50 »Piscarreta Ricardo«; 15.9.2010 – C-386/09 – Rn 28 »Briot«;14.9.2000 – C-343/98 – »Collino«; zu Recht krit. Staudinger/*Annuß* Rn 17, weil der Schutzumfang der Richtlinie damit in das Belieben der Mitgliedsstaaten gestellt werde). Allerdings enthält **Art. 2 Abs. 2 RL 2001/23/EG** die Vorgabe, dass die Mitgliedstaaten Arbeitsverhältnisse nicht allein deshalb vom Anwendungsbereich der Richtlinie ausschließen dürfen, weil nur eine bestimmte Zahl von Arbeitsstunden zu leisten, das Arbeitsverhältnis befristet oder es ein Leiharbeitsverhältnis ist. Erfasst werden alle zum Zeitpunkt des Betriebsübergangs bestehenden Arbeitsverhältnisse (anders als Organmitglieder auch **leitende Angestellte** *BAG* 13.2.2003 – 8 AZR 654/01 – zu II 1 a bb der Gründe; zu Arbeitnehmern in besonderer Vertrauensstellung vgl. *EuGH* 13.6.2019 – C-317/18 – Rn 44 »Correia Moreira«), sowie aufgrund der Verweisung in § 10 Abs. 2 BBiG auch **Auszubildende** (*BAG* 13.7.2006 – 8 AZR 382/05 – Rn 16) und schließlich die sog. **faktischen Arbeitsverhältnisse** (ErfK-*Preis* Rn 68; vgl. hierzu KR-*Rachor* § 1 KSchG Rdn 56). Ebenso tritt der Erwerber in **bereits gekündigte** während des Laufs der Kündigungsfrist (*BAG* 22.2.1978 – 5 AZR 800/76 –) und **ruhende Arbeitsverhältnisse**, etwa bei Auslandsentsendung (*BAG* 14.7.2005 – 8 AZR 392/04 –), Elternzeit (vgl. *BAG* 2.12.1999 – 8 AZR 796/98 –), einer vereinbarten Freistellung (*BAG* 18.12.2003 – 8 AZR 621/02 –) ein sowie bei denjenigen Arbeitnehmern, die sich im Rahmen einer **Altersteilzeit** in der Freistellungsphase befinden (*BAG* 31.1.2008 – 8 AZR 27/07 –). Gleiches gilt, wenn bei einer vorübergehenden Bestellung zum Geschäftsführer noch ein ruhendes Arbeitsverhältnis weiterbestehen sollte (*BAG* 18.12.2003 – 8 AZR 621/02 –). Ausreichend ist es, dass im Zeitpunkt des Übergangs tatsächlich ein Arbeitsverhältnis besteht, auch wenn dies erst rückwirkend in einem Statusprozess festgestellt werden sollte (MüKo-*Müller-Glöge* Rn 81). Der Erwerber tritt jedoch nur in bestehende Arbeitsverhältnisse ein, nicht aber in zum Erwerbszeitpunkt bereits beendete. Das gilt auch für sog. **Ruhestandsverhältnisse**, weshalb der Übergang von Versorgungsansprüchen ausscheidet (*BAG* 11.3.2008 – 3 AZR 358/06 –; 23.3.2004 – 3 AZR 151/03 –).

2. Arbeitnehmerähnliche Personen

9 Nach dem Wortlaut von § 613a BGB werden arbeitnehmerähnliche Personen, wie etwa **Heimarbeiter** (*BAG* 8.5.2007 – 9 AZR 777/06 – Rn 26; 24.3.1998 – 9 AZR 218/97 –) nicht erfasst. Allerdings erscheint eine analoge Anwendung auf Heimarbeiter angemessen (ebenso AR-*Bayreuther* Rn 39; DDZ-*Zwanziger* Rn 19; aA MüKo-*Müller-Glöge* Rn 80; Staudinger/*Annuß* Rn 23), da andernfalls Ansprüche gegen den Übernehmer nur nach § 25 HGB, § 823 Abs. 2 BGB iVm § 288 StGB und nach § 826 BGB gewährt würden. Die Bedenken gründen in der so geschaffenen Umgehungsmöglichkeit des Kündigungsschutzes nach §§ 29, 29a HAG. Auch treffen die Schutzzwecke des § 613a BGB (s. Rdn 3) auf die Heimarbeiter im Wesentlichen gleichermaßen zu.

3. Arbeitnehmerüberlassung

10 § 613a BGB findet auch auf sog. **Leiharbeitsverhältnisse** Anwendung. Veräußert der Verleiher seinen Betrieb, gehen die mit ihm bestehenden Arbeitsverhältnisse der bei ihm beschäftigten Leiharbeitnehmer auf den Erwerber über (*EuGH* 13.9.2007 – C-458/05 – »Jouini«, dazu *Klumpp* EuZA 2009, 69; *BAG* 12.12.2013 – 8 AZR 1023/12 – Rn 16 ff.; nicht entscheidungsrelevant in *EuGH* 15.9.2010 – C-386/09 –). Die Anwendbarkeit der Richtlinie folgt aus Art. 2 Abs. 2 Buchst. c RL 2011/23/EG. Ohne Einfluss bleibt idR die Veräußerung des Entleiherbetriebs (Staudinger/*Annuß* Rn 21). Besteht allerdings aufgrund einer unerlaubten Arbeitnehmerüberlassung nach § 10 AÜG kraft Gesetzes ein Arbeitsverhältnis mit dem Inhaber des Entleiherbetriebs, gehen bei dessen Betriebsveräußerung auch die dort bestehenden Arbeitsverhältnisse auf den Erwerber des Entleiherbetriebs über (APS-*Steffan* Rn 82; MüKo-*Müller-Glöge* Rn 80; ErfK-*Preis* Rn 67).

11 Weitergehende Rechtsfolgen können sich nach der Rechtsprechung des EuGH in der Rechtssache »**Albron Catering**« bei einer **konzerninternen Personalüberlassung** ergeben (*EuGH*

21.10.2011 – C-242/09 –; dazu *Gaul/Ludwig* DB 2011, 298; Forst RdA 2011, 228; *Powietzka/ Christ* ZESAR 2013, 313; *Raab* EuZA 2011, 537; krit. *Bauer/v. Medem* NZA 2011, 20; *Willemsen* NJW 2011, 1548 f.). Kommt es innerhalb eines Konzerns zu einer Aufspaltung in eine Personalführungsgesellschaft, die Vertragsarbeitgeber aller Arbeitnehmer des Konzerns ist, und in Betriebsgesellschaften, bei denen diese wiederum beschäftigt sind, kann auch dasjenige Konzernunternehmern »Veräußerer« iSd RL 2001/23/EG sein, welches die Arbeitnehmer beschäftigt. In diesem Fall wird der Schutz der Arbeitnehmer, den die Betriebsübergangsrichtlinie bezweckt, nur dadurch gewahrt, dass der Erwerber in die Arbeitsverhältnisse eintritt (*Raab* EuZA 2011, 550). Dies aber auf sonstige Leiharbeitsverhältnisse jenseits der konkreten Fallgestaltung zu übertragen, wie es zum Teil befürchtet (etwa *Klient/Teusch* jurisPK-BGB § 613a Rn 63) oder erwogen (MüKo-*Müller-Glöge* Rn 80) wird, ist angesichts des fehlenden Arbeitsverhältnisses zwischen Entleiher und Leiharbeitnehmer abzulehnen (vgl. ErfK-*Preis* Rn 67; Staudinger/*Annuß* Rn 21) und kann jedenfalls der genannten Entscheidung nicht entnommen werden.

4. Sonstige Dienst- und Rechtsverhältnisse

Personen, die in einem **sonstigen Dienstverhältnis** stehen, wie etwa ein freier Dienstnehmer (*BAG* 13.2.2003 – 8 AZR 59/02 –), der **Geschäftsführer einer GmbH** (*BAG* 13.2.2003 – 8 AZR 654/ 01 –; ErfK-*Preis* Rn 67; Staudinger/*Annuß* Rn 18) oder die Vorstandsmitglieder einer AG, unterfallen nicht dem geschützten Personenkreis (APS-*Steffan* Rn 81; **aM** MüKo-*Müller-Glöge* Rn 82). Zu Arbeitnehmern in besonderer Vertrauensstellung vgl. *EuGH* 13.6.2019 – C-317/18 – Rn 44 »Correia Moreira«. Auch Personen, die – ohne Arbeitnehmer zu sein – in einem **öffentlich- rechtlichen Dienstverhältnis** stehen, unterfallen nicht dem Schutz der Richtlinie 2001/23/EG (*EuGH* 14.9.2000 – C-343/98 – »Collino«) und des § 613a BGB.

C. Voraussetzungen des Betriebsübergangs

I. Übergang einer »wirtschaftlichen Einheit«

1. Entwicklung und Grundsätze

§ 613a BGB setzt voraus, dass ein »**Betrieb**« oder ein »**Betriebsteil**« auf einen neuen Inhaber übergeht. Der Betriebsbegriff des § 613a BGB und das hieran anknüpfende Merkmal des Betriebsteils auf der einen Seite und die Vorgaben hierfür aus der zugrundeliegenden Richtlinie 2001/23/EG auf der anderen Seite waren und sind Gegenstand einer langen, durchaus kontrovers diskutierten Entwicklung, die maßgebend durch die für die Auslegung des Unionsrechts zuständige Rechtsprechung des EuGH beeinflusst wurde. Die **Rechtsprechung des BAG** ging zunächst orientiert am Wortlaut des § 613a BGB von dem allgemeinen **arbeits- und betriebsverfassungsrechtlichen Begriff des Betriebs** und des Betriebsteils aus (zusammenfassend *BAG* 27.4.1995 – 8 AZR 197/ 94 – »Rückgabe des verpachteten Betriebs«; vgl. davor etwa *BAG* 3.7.1986 – 2 AZR 68/85 »Umbau einer Bowling-Anlage«; 22.5.1985 – 5 AZR 173/84 »Betriebsübergang aufgrund mehrerer Rechtsgeschäfte mit Dritten«), der sich an den **sächlichen und immateriellen Betriebsmitteln** orientierte, während die Arbeitnehmer – die »Belegschaft« – nicht davon erfasst wurde (*BAG* 12.2.1987 – 2 AZR 247/86 – »Betriebsveräußerung unter gleichzeitiger Betriebsverlegung«; anders bei »Knowhow-Trägern« *BAG* 9.2.1994 – 2 AZR 781/93 –). Schon der **klassische Betriebsbegriff** war allerdings weit zu verstehen (s. dazu die Nachw. in der 11. Aufl. Rn 14).

Diese Rechtsprechung hat sich unter dem Eindruck der **Entscheidungspraxis des EuGH** gewandelt. Der EuGH stellt nicht auf die Bestimmung der Begriffe »Betrieb« und »Betriebsteil« ab. Vielmehr stand die »**wirtschaftliche Einheit**« schon in der Judikatur zur Auslegung des Art. 1 Abs. 1 RL 77/187/EWG im Zentrum (insbes. seit *EuGH* 14.4.1994 – C-392/92 – »Schmidt«; 19.9.1995 – C-48/94 – »Rygaard«; 11.12.1998 – C-173/96 – »Hidalgo«; 24.1.2002 – C-51/00 – »Temco«; s. aber bereits schon *EuGH* 18.3.1986 – 24/85 –). Allerdings ist die Entscheidung des EuGH in der Rechtssache »**Christel Schmidt**« dahingehend verstanden worden, allein die reine Funktionsnachfolge (Übertragung der von einer Arbeitnehmerin ausgeführten Reinigungsaufgaben auf einen anderen Dienstleister, s.a. Rdn 28 ff.) reiche für einen Betriebsübergang aus (*EuGH* 14.4.1994 – C-392/92 – »Schmidt«; krit. bis abl. etwa *Bauer* BB 1994, 1434 f.; *Buchner* DB 1994, 1417; *Junker* NJW 1994, 2527; *Waas* EuZW 1994, 528; *Voss* NZA 1995, 205). Der EuGH hat in der nachfolgenden Entscheidung »**Ayse Süzen**« (*EuGH* 11.3.1997 – C-13/95 –) klargestellt, dass die **Ähnlichkeit der erbrachten Dienstleistungen** von bisherigem und neuem Auftragnehmer **allein nicht ausreicht**. Die Richtlinie gilt »nicht für den Fall, dass ein Auftraggeber, der die Reinigung von Räumlichkeiten einem Unternehmer übertragen hat, den Vertrag mit diesem kündigt und zur Durchführung ähnlicher Arbeiten einen neuen Vertrag mit einem anderen Unternehmer schließt, sofern dieser Vorgang weder mit einer Übertragung relevanter materieller oder immaterieller Betriebsmittel von dem einen auf den anderen Unternehmer noch mit der Übernahme eines nach Zahl und Sachkunde wesentlichen Teils des von dem einen Unternehmer zur Durchführung des Vertrages eingesetzten Personals durch den anderen Unternehmer verbunden ist« (ebenso *EuGH* 20.1.2011 – C-463/09 – »CLECE«; s. aber für ein öffentliches Unternehmen mit Transportdienstleistungen *EuGH* 26.11.2015 – C-509/14 – »Aira Pascual«, dazu krit. *Bieder* EuZA 2017, 67), namentlich, wenn ein Fall der bloßen **Funktionsnachfolge** vorliegt (st. Rspr. *BAG* 16.2.2006 – 8 AZR 211/05 –; 23.9.2010 – 8 AZR 567/09 –; 7.4.2011 – 8 AZR 730/09 –). Gleichwohl kann die Übernahme eines Teils der Belegschaft von Bedeutung sein (*EuGH* 27.2.2020 – C-298/18 – Rn 39 »Grafe und Pohle«; 11.7.2018 – C-60/17 – Rn 34 »Somoza Hermo«; 20.1.2011 – C-463/09 – »CLECE«; ausf. Rdn 28 ff.). **Dieser Rechtsprechung des EuGH** hat sich seit dem Jahre 1997 das **BAG angeschlossen** (s. nur *BAG* 13.8.2019 – 8 AZN 171/19 – Rn 10; 22.5.1997 – 8 AZR 101/96 –; 26.6.1997 – 8 AZR 426/95 –; 17.4.2003 – 8 AZR 253/02 –; Analyse des Rechtsprechungswechsels des BAG bei *Preis/Steffan* DB 1998, 309).

15 Diese Rechtsprechung, die auf das Merkmal der »**wirtschaftlichen Einheit**« abstellt und im Rahmen einer typologischen Gesamtbetrachtung beurteilt, »ob die fragliche Einheit ihre Identität bewahrt«, hat durch die Neufassung des Art. 1 Abs. 1 Buchst. b RL 77/187/EWG durch die RL 98/50/EG im Grundsatz ausdrückliche normative Billigung erfahren (*Franzen* RdA 1999, 363; nunmehr Art. 1 Abs. 1 Buchst. b RL 2001/23/EG). Danach »gilt als Übergang iS dieser Richtlinie der Übergang einer ihre Identität bewahrenden wirtschaftlichen Einheit iS einer **organisierten Zusammenfassung von Ressourcen zur Verfolgung einer wirtschaftlichen Haupt- oder Nebentätigkeit** (*EuGH* 27.2.2020 – C-298/18 – Rn 22 »Grafe und Pohle«; 13.6.2019 – C-664/17 – Rn 36 »Ellinika Nafpigeia«; 11.7.2018 – C-60/17 – Rn 29 »Somoza Hermo«). Um eine solche Einheit handelt es sich bei jeder hinreichend strukturierten und selbständigen Gesamtheit von Personen und Sachen zur Ausübung einer wirtschaftlichen Tätigkeit mit eigenem Zweck (*EuGH* 13.6.2019 – C-664/17 – Rn 60 »Ellinika Nafpigeia«; 6.3.2014 – C-458/12 – Rn 31 »Amatori« mwN; 6.9.2011 – C-108/10 – Rn 42 »Scattolon« mwN zur Vorgängerrichtlinie 77/187/EWG). Maßgebend ist danach, dass es sich um die Übertragung einer abgrenzbaren Einheit handelt, durch die ein wirtschaftlicher Zweck verfolgt wird, der aufgrund der Übertragung durch den Erwerber im Wesentlichen unverändert fortgesetzt werden kann. Die Wertungsaufgabe liegt weniger in der Abgrenzung von »Betrieben« oder »Betriebsteilen«, sondern vor allem in der Feststellung einer Identitätswahrung beim Übergang (*EuGH* 27.2.2020 – C-298/18 – Rn 23 »Grafe und Pohle«; 8.5.2019 – C-194/18 – Rn 33 »Dodič«). Zudem gehört zum Merkmal der organisierten Zusammenfassung, dass sie auf Dauer angelegt sein muss, das heißt regelmäßig: nicht auf die Durchführung eines Einzelvorhabens beschränkt ist (*EuGH* 6.3.2014 – C-458/12 – Rn 31 »Amatori«). Sie muss als abgrenzbare **wirtschaftliche Einheit schon vor dem Übergang bestanden haben**, insbes. über eine ausreichende funktionelle Autonomie verfügen, und darf nicht erst als Folge desselben geschaffen worden sein (*EuGH* 6.3.2014 – C-458/12 – Rn 35 »Amatori«; *BAG* 14.5.2020 – 6 AZR 235/19 – Rn 60; 19.3.2015 – 8 AZR 119/14 – Rn 25; 22.8.2013 – 8 AZR 521/12 – Rn 45). Der Sinn und Zweck eines so gefassten Betriebsbegriffs liegt darin, dass der neue Inhaber dann die Arbeitnehmer zu übernehmen hat, wenn er sich die durch den alten Inhaber geschaffene **Arbeitsorganisation zunutze macht**. Für den Übergang ist entscheidend, dass die **wirtschaftliche Einheit ihre Identität »bewahrt«** (*BAG* 14.5.2020 – 6 AZR 235/19 – Rn 59 f.; *EuGH* 27.2.2020 – C-298/18 – Rn 23 »Grafe und Pohle«).

Das Erfordernis der **Wahrung der Identität** führte nach älterer Rechtsprechung des Bundesarbeits- 16
gerichts **nicht zu einem Betriebsübergang**, wenn der Erwerber die übertragene Einheit nicht fortführt, mit ihr einen grundlegend anderen Zweck verfolgt oder wenn für die wirtschaftliche Einheit eine gänzlich neue Organisationsstruktur beim Erwerber geschaffen wird sowie dann, wenn sie **in eine bei ihm bestehende Betriebsstruktur eingliedert wird** (*BAG* 24.4.2008 – 8 AZR 520/07 – Rn 37 mwN). Dann sollte es an der Fortführung der wirtschaftlichen Einheit fehlen (ausf. HWK-*Willemsen* Rn 117 ff.; *ders.* NZA 2008 Beil. Nr. 4, S. 158: »identitätszerstörende Eingliederung«). Damit – so die Kritik – habe es der Erwerber mehr oder weniger in der Hand, durch Umstrukturierungen die Rechtsfolgen des § 613a BGB auszuschalten (s.a. ErfK-*Preis* Rn 7). Auf einen Vorlagebeschluss des *LAG Düsseld.* (10.8.2007 – 9 Sa 303/07 –) hat der EuGH diese Maßstäbe in der **Rechtssache** »**Klarenberg**« (*EuGH* 12.2.2009 – C-466/07 –; dazu *Bieder* EuZA 2009, 513 *Fuchs/Merkes* ZESAR 2010, 263 f.; *Junker* SAE 2010, 113; *Schlachter* RdA 2009, Sonderbeilage zu Heft 5, S. 31; *Willemsen/Sagan* ZIP 2010, 1205; *Wißmann/Schneider* BB 2009, 1126) dahingehend relativiert, »dass diese Vorschrift auch dann angewandt werden kann, wenn der übertragene Unternehmens- oder Betriebsteil seine **organisatorische Selbständigkeit nicht bewahrt**, sofern die **funktionelle Verknüpfung** zwischen den übertragenen Produktionsfaktoren beibehalten wird und sie es dem Erwerber erlaubt, diese Faktoren zu nutzen, um derselben oder einer gleichartigen wirtschaftlichen Tätigkeit nachzugehen« (so auch *EuGH* 20.7.2017 – C-416/16 – Rn 44 »Piscarreta Ricardo«; 9.9.2015 – C-160/14 – Rn 34 »Ferreira da Silva e Brito u.a.«). Denn auch eine solche Beibehaltung ermöglicht dem Erwerber noch die Nutzung der übertragenen Faktoren, um jedenfalls einer gleichartigen wirtschaftlichen Tätigkeit nachgehen zu können (s.a. HWK-*Willemsen* Rn 120: Fortbestand des Organisationsvorteils). Nicht mehr ausschlaggebend ist die Beibehaltung der konkreten Betriebsorganisation beim Erwerber. Das BAG hat bereits in seiner Entscheidung vom 22.1.2009 – vor dem Hintergrund der Schlussanträge des Generalanwalts – seine Rechtsprechung entsprechend angepasst und den Begriff der organisatorischen Einheit um das Element der funktionalen Verknüpfung erweitert (*BAG* 22.1.2009 – 8 AZR 158/07 – Rn 19). Daran hat es in der Folgezeit festgehalten und stellt bei Eingliederungen verstärkt auf eine Änderung des betrieblichen Konzepts ab (*BAG* 14.5.2020 – 6 AZR 235/19 – Rn 62; 19.10.2017 – 8 AZR 63/16 – Rn 34 ff.; 19.3.2015 – 8 AZR 119/14 – Rn 20; krit. ErfK-*Preis* Rn 7; ebenso HWK-*Willemsen* Rn 121, 124; MüKo-*Müller-Glöge* Rn 22; HaKo-KSchR/*Wemheuer* Rn 11). Erforderlich ist allerdings, dass beim Erwerber eine »wirtschaftliche Einheit« besteht (Rdn 15). Allerdings steht die Richtlinie 2001/23/EG nicht einer **nationalen Regelung** entgegen, die bei einem Übergang von Betriebsteilen einen Eintritt des Erwerbers in die Arbeitsverhältnisse des Veräußerers auch dann vorsieht, wenn diese **keine funktionell selbständige wirtschaftliche Einheit** mehr darstellen (*EuGH* 6.3.2014 – C-458/12 – Rn 42 »Amatori«; dazu *Bieder* EuZA 2014, 494; *Krebber* GPR 2015, 136; *Willemsen* NZA 2014, 1010).

Aufgrund dieser Rechtsprechungsentwicklung verliert die eigenständige **Interpretation des Be-** 17
griffs »**Betriebsteil**« an Bedeutung, weil **die wirtschaftliche Einheit** maßgebend und in diesem Zusammenhang eine Gesamtbetrachtung erforderlich ist (*BAG* 14.5.2020 – 6 AZR 235/19 – Rn 59; 27.4.2017 – 8 AZR 859/15 – Rn 30; s.a. *EuGH* 27.2.2020 – C-298/18 Rn 22 ff. »Grafe und Pohle«; 9.9.2015 – C-160/14 – Rn 25 »Ferreira da Silva e Brito ua.«). Betriebsteil ist danach eine wirtschaftliche Teileinheit innerhalb eines Betriebs. Diese Teileinheit muss nach den für das Konzept der wirtschaftlichen Einheit maßgebenden Kriterien innerhalb des Betriebs abgrenzbar sein (*BAG* 14.5.2020 – 6 AZR 235/19 – Rn 80) und in ihr müssen **eigenständige – nicht notwendig andersartige – Teilzwecke verfolgt** werden (*BAG* 12.12.2013 – 8 AZR 1023/12 – Rn 14; 24.1.2013 – 8 AZR 706/11 – Rn 26), auch wenn es sich nur um Hilfsfunktionen handelt (*BAG* 17.12.2009 – 8 AZR 1019/08 – Rn 18). Erforderlich ist allerdings eine schon **beim Veräußerer bestehende funktionale Verselbstständigung**, mit der innerhalb des gesamten Betriebszwecks ein Teilzweck verfolgt wird. Es reicht nicht, wenn dieser erst infolge der bzw. nach der Übernahme einzelner Betriebsmittel gebildet wird (*BAG* 14.5.2020 – 6 AZR 235/19 – Rn 80; 19.10.2017 – 8 AZR 63/16 – Rn 32; s. aber *BAG* 7.4.2011 – 8 AZR 730/09 – Rn 18: »in Anlehnung an § 4 Abs. 1 S. 1 Nr. 2 BetrVG«). Dies kann etwa ein bestimmter Geschäftsbereich innerhalb eines Unternehmens

sein, aber auch betriebliche Nebenzwecke (*BAG* 19.3.2015 – 8 AZR 119/14 – Rn 25 »Lokalredaktion«; 22.5.2014 – 8 AZR 1069/12 – Rn 27 »aktive Arbeitsvermittlung nach dem SGB II«; 20.3.2014 – 8 AZR 1/13 – Rn 20 »Kindertagesstätte«). Für die Übernahme eines Betriebsteils reicht es aus, dass der Erwerber **bestimmte verselbständigungsfähige Teilzwecke** weiterverfolgen kann (*BAG* 18.9.1997 – 2 ABR 15/97 zu C II 2 b aa der Gründe). Bezogen auf diesen Betriebsteil müssen die allgemeinen Voraussetzungen der Betriebsübernahme vorliegen, die gerade für diesen Betriebsteil prägenden Identitätsmerkmale übergehen (*BAG* 25.9.2008 – 8 AZR 607/07 – Rn 37). Die Veräußerung einzelner Betriebsmittel, die Übernahme einzelner Tätigkeiten oder Arbeitnehmer ist regelmäßig nicht ausreichend. Unerheblich ist demgegenüber, ob der **verbleibende** »Rest ohne den übergehenden Teil **fortgeführt wird** oder fortgeführt werden kann (*BAG* 24.8.2006 – 8 AZR 556/05 – Rn 23).

18 Eines **Erwerbszwecks** bedarf es – im Einklang mit Art. 1 Abs. 1 Buchst. c S. 1 RL 2001/23/EG – ebenso wenig (vgl. *BAG* 27.4.2017 – 8 AZR 859/15 – Rn 32; 26.3.2015 – 2 AZR 783/13 – Rn 22; *EuGH* 26.11.2015 – C-509/14 – Rn 24 »Aira Pascual u.a.«) wie auch der Umstand, dass es sich um eine im öffentlichen Interesse liegende Aufgabe handelt, dem Kriterium der »wirtschaftlichen« Einheit entgegensteht (*EuGH* 20.7.2017 – C-416/16 – Rn 34 »Piscarreta Ricardo«; 6.9.2011 – C-108/10 – Rn 44 »Scattolon«; 11.11.2004 – C-425/02 – Rn 30 – »Delahaye«; 26.9.2000 – C-175/99 – »Mayeur«), weil es nur auf den wirtschaftlichen Charakter ankommt. Deshalb werden grds. auch **bisher öffentlich-rechtlich erbrachte Tätigkeiten** erfasst (*EuGH* 14.9.2000 – C-343/98 – »Collino«).

19 Ein anderes gilt dann, wenn es sich um die Übertragung einer **ausschließlich hoheitlichen Tätigkeit** auf eine andere staatliche Stelle iS einer Aufgabenverlagerung handelt (zum Erfordernis eines »Rechtsgeschäfts« Rdn 43). Dann fehlt es an einer wirtschaftlichen Einheit, weil sich der Übergang auf **hoheitliche Tätigkeiten** bezieht. Die strukturelle Neuordnung der öffentlichen Verwaltung oder die **Übertragung von Verwaltungsaufgaben** ist kein Betriebsübergang (vgl. Art. 1 Abs. 1 Buchst. c S. 2 RL 2001/23/EG; *EuGH* 13.6.2019 – C-317/18 – Rn 54 »Correia Moreira«; 20.7.2017 – C-416/16 – Rn 29 »Piscarreta Ricardo«; *BAG* 23.3.2017 – 8 AZR 91/15 – Rn 23; 22.5.2014 – 8 AZR 1069/12 – Rn 32; *Resch* ZESAR 2019, 502; ausf. *Faber* ZTR 2013, 126). Anders verhält es sich, wenn **wirtschaftliche Tätigkeiten** übertragen werden, auch wenn dies im Zuge einer Neuordnung hoheitlicher Tätigkeiten erfolgt (*EuGH* 6.9.2011 – C-108/10 – Rn 57 »Scattolon«, dazu *Winter* RdA 2013, 36). Das können auch Aufgaben der **Daseinsvorsorge** sein, wenn die Dienstleistungen selbst keine hoheitliche Aufgaben darstellen (*EuGH* 26.9.2000 – C-175/99 – »Mayeur«; 10.12.1998 – C-173/96 – »Hidalgo«), wie das Betreiben einer Kindertagesstätte (*BAG* 20.3.2014 – 8 AZR 1/13 – Rn 17; zu diesem Themenkreis s.a. *Zimmermann/Hübner* BWGZ 2012, 127) oder die Durchführung von Rettungsdiensten (*BAG* 10.5.2012 – 8 AZR 434/11 – Rn 33).

2. Maßgebende Kriterien

a) Grundsatz

20 Der Übergang eines Betriebes – verstanden als wirtschaftliche Einheit – ist nach der Rechtsprechung anhand einer **Gesamtabwägung der maßgebenden Faktoren** festzustellen. Dabei sind nach der langjährigen Rechtsprechung des EuGH (s. nur *EuGH* 27.2.2020 – C-298/18 – Rn 24 »Grafe und Pohle«; 8.5.2019 – C-194/18 – Rn 34 »Dodič«; 7.8.2018 – C-472/16 – Rn 30 »Colino Sigüenza«; so bereits *EuGH* 18.3.1986 – 24/85 –), der sich das BAG angeschlossen hat (s. bereits *BAG* 24.4.1997 – 8 AZR 848/94 – zu II 2 b bb der Gründe; 18.3.1997 – 3 AZR 729/95 – zu I 1 a aa der Gründe; w. Nachw. s. Rdn 14) im Rahmen einer wertenden Gesamtbetrachtung folgende Teilaspekte – »**Sieben-Punkte-Katalog**« (vgl. *BAG* 14.5.2020 – 6 AZR 235/19 – Rn 61; 28.2.2019 – 8 AZR 210/18 – Rn 27; 25.8.2016 – 8 AZR 53/15 – Rn 27; APS-*Steffan* Rn 23 ff; ErfK-*Preis* Rn 10 ff.; HaKo-KSchR/*Wemheuer* Rn 13 ff.; MüKo-*Müller-Glöge* Rn 25; HWK-*Willemsen* Rn 88; anders Staudinger/*Annuß* Rn 46 ff., auf einen »Wertschöpfungszusammenhang« abstellend) zu berücksichtigen:

(1) die **Art des Unternehmens oder Betriebs**,
(2) der etwaige **Übergang der materiellen Aktiva** wie Gebäude und bewegliche Güter,
(3) der **Wert der immateriellen Aktiva** im Zeitpunkt des Übergangs,
(4) die etwaige **Übernahme der Hauptbelegschaft** durch den neuen Inhaber,
(5) der etwaige **Übergang der Kundschaft**,
(6) der **Grad der Ähnlichkeit** zwischen den vor und nach dem Übergang **verrichteten Tätigkeiten**
(7) die Dauer einer eventuellen **Unterbrechung** dieser Tätigkeiten.

Bei diesen Umständen handelt es sich um Teilaspekte, die dem Gebot einer **wertenden Gesamtbetrachtung** unterliegen und nicht gemeinsam vorliegen müssen (APS-*Steffan* Rn 23; ErfK-*Preis* Rn 10; *Müller-Glöge* NZA 1999, 449; HWK-*Willemsen* Rn 87). Weiterhin kommt den Kriterien je nach der ausgeübten Tätigkeit und den jeweiligen Produktions- oder Betriebsmethoden ein unterschiedliches Gewicht zu (vgl. *EuGH* 11.7.2018 – C-60/17 – Rn 30 ff. »Somoza Hermo und Ilunión Seguridad«; zur reinen Funktionsnachfolge s. Rdn 14). Hierzu hat sich eine umfangreiche Rechtsprechungskasuistik entwickelt, die im Rahmen einer Kommentierung des »Kündigungsschutzgesetzes und ... zu sonstigen kündigungsschutzrechtlichen Vorschriften« nur mit ihren wesentlichen Inhalten dargestellt wird.

b) Art des Betriebs

Die Bestimmung der **Art des Betriebs** ist von Bedeutung, weil sie mit festlegt, **welches Gewicht den anderen maßgebenden Kriterien zukommt** (vgl. *BAG* 19.3.2015 – 8 AZR 150/14 – Rn 27 ff.; 22.1.2015 – 8 AZR 139/14 – Rn 25; 22.8.2013 – 8 AZR 521/12 – Rn 48 ff.), ohne selbst ein eigenständiges für sich zu bilden (vgl. APS-*Steffan* Rn 26; ErfK-*Preis* Rn 12; HaKo-KSchR/*Wemheuer* Rn 13; HWK-*Willemsen* Rn 92; *Roloff/Waldenfels* ZfA 2021, 231). Dabei kommt es nicht nur auf die Art der in dem Betrieb ausgeübten Tätigkeit, also insbes. auf den **Wirtschaftszweig**, dem der Betrieb zugehört, und den wirtschaftlichen Zweck des Betriebs an. Vielmehr muss erforderlichenfalls auch eine individuelle Betrachtung des Betriebs, dh der dort praktizierten **Produktions- oder Betriebsmethoden**, vorgenommen werden (*EuGH* 27.2.2020 – C-298/18 – Rn 25 »Grafe und Pohle«; 8.5.2019 – C-194/18 – Rn 35 »Dodič«; 7.8.2018 – C-472/16 – Rn 31 »Colino Sigüenza«). Dies schließt aber die Feststellung generalisierbarer Tendenzen nicht aus: 21

Bei einem **Produktionsbetrieb** kommt es typischerweise in stärkerem Maße als bei anderen Betrieben auf die sachlichen Betriebsmittel an, ohne dass die immateriellen Betriebsmittel bedeutungslos sein müssen (*BAG* 28.4.2011 – 8 AZR 709/09 – Rn 46; 22.10.2009 – 8 AZR 766/08 – Rn 24 ff.; 31.1.2008 – 8 AZR 2/07 – Rn 29). Hier kann der wirtschaftliche Zweck ohne sächliche Betriebsmittel nicht erreicht werden – sog. **betriebsmittelgeprägter Betrieb** (*BAG* 23.9.2010 – 8 AZR 567/09 – Rn 33). Dann kann ein Betriebsübergang auch ohne Übernahme von Personal gegeben sein (*EuGH* 20.11.2003 – C-340/01 – »Abler«; *BAG* 22.1.2015 – 8 AZR 139/14 – Rn 17; 18.9.2014 – 8 AZR 733/13 – Rn 18). Auch bei **Handels- und Dienstleistungsunternehmen** können die materiellen Betriebsmittel von Bedeutung sein, sofern die Tätigkeit betriebsmittelgeprägt ist (*EuGH* 20.11.2003 – C-340/01 – »Abler«: Kücheneinrichtung bei einer Kantine; *EuGH* 25.1.2001 – C-172/99 –: Busse bei einem Linienunternehmen; *BAG* 18.9.2014 – 8 AZR 733/13 –: Tankstellenanlagen; 21.8.2008 – 8 AZR 201/07 –: Hotelgebäude; 27.9.2007 – 8 AZR 941/06 –: Müllsortieranlage; 15.2.2007 – 8 AZR 431/06 –: Einrichtung und der Fuhrpark; 16.2.2006 – 8 AZR 211/05 –). Das kann auch bei einer Arztpraxis gegeben sein, die vor allem wegen der medizinischen Untersuchungs- bzw. Behandlungsgerätschaften aufgesucht wird (*BAG* 22.6.2011 – 8 AZR 107/10 –).   22

In **Handels- und Dienstleistungsbetrieben** kommt den immateriellen Betriebsmitteln tendenziell ein stärkeres Gewicht zu (etwa *BAG* 22.1.2009 – 8 AZR 158/07 – Rn 23; 27.10.2005 – 8 AZR 568/04 – Rn 16; APS-*Steffan* Rn 30). Hierzu zählen der Eintritt in bestehende Lieferungs- oder Abnahmeverträge, Übernahme gewerblicher Schutzrechte oder eventuell bestehende öffentlich-rechtliche Konzessionen, Geschäftspapiere, Kundenlisten, Überlassung von »good-will« sowie   23

»Know-how« (*BAG* 22.8.2013 – 8 AZR 521/12 – Rn 62; 24.1.2013 – 8 AZR 706/11 – Rn 40; 27.10.2005 – 8 AZR 568/04 – Rn 16; ErfK-*Preis* Rn 13), die Kenntnisse der Kundenbetreuer und die Kommunikation bei einem **Call-Center** (*BAG* 25.6.2009 – 8 AZR 258/08 – Rn 31) oder auch die Lage und die vom Warensortiment und der Betriebsform geprägten Kundenbeziehungen (*BAG* 22.10.2009 – 8 AZR 766/08 – Rn 26; 2.12.1999 – 8 AZR 796/98 – zu II 2 b der Gründe; anders bei einer Änderung des Verkaufskonzepts: *BAG* 13.7.2006 – 8 AZR 331/05 – Rn 19). Im **Buslinienverkehr** kann ein Betriebsübergang auch ohne Übernahme der Fahrzeuge vorliegen, wenn auf den bisherigen Linien für dieselben Fahrgäste das Know-how der Fahrer genutzt wird (vgl. *EuGH* 27.2.2020 – C-298/18 – Rn 37 ff. »Grafe und Pohle«, vgl. hierzu *Roloff/Waldenfels* ZfA 2021, 231).

24 Die Unterschiede zwischen Produktionsbetrieben und Dienstleistungsbetrieben gelten dann nicht, wenn sie den konkreten Betrieb nicht zutreffend und hinreichend individuell kennzeichnen. Bei einem **Notariat** liegt das für den Betrieb prägende, weil schlechthin konstitutive Element in der höchstpersönlichen Notarbefugnis des Amtsinhabers, wohingegen Akten und Kundenbeziehungen für sich genommen nicht nutzbar und damit nicht relevant sind (*BAG* 26.8.1999 – 8 AZR 827/98 – zu I 3 b bb der Gründe; aM *LAG München* 8.7.2014 – 2 Sa 94/14 –, dazu *Pfrogner/Serr* BB 2015, 501).

c) Übergang materieller Aktiva

25 Von großer Bedeutung ist der Übergang materieller Betriebsmittel, namentlich in den betriebsmittelgeprägten Bereichen (s. Rdn 22). Die **Übertragung der wesentlichen Aktiva** kann ein **Indiz** für das Vorliegen eines Betriebsübergangs darstellen (*EuGH* 20.11.2003 – C-340/01 – Rn 36 »Abler u.a.«; *BAG* 22.8.2013 – 8 AZR 521/12 – Rn 42; ErfK-*Preis* Rn 17), während umgekehrt das **Fehlen** eines solchen Übertragungsaktes einen Betriebsübergang **nicht ausschließt** (*EuGH* 27.2.2020 – C-298/18 – Rn 35 ff. »Grafe und Pohle«; 15.12.2005 – C-232/04 – Rn 42 »Güney-Görres«). Dabei kommt es nicht auf eine Übertragung des Eigentums an (s. Rdn 39). In aller Regel ist darauf abzustellen, ob es sich um Einzelgegenstände oder um eine Gesamtheit von Gegenständen handelt, welche die Verfolgung eines eigenständigen wirtschaftlichen Zwecks ermöglicht. Dies kann dann der Fall sein, wenn die für die Ausübung der Tätigkeit **unabdingbare Ausrüstung** von dem bisherigen Unternehmen übernommen wurde (*EuGH* 19.10.2017 – C-200/16 – Rn 30 ff. »Securitas«; dazu *Klein* ZESAR 2018, 236; *Steffan* NZA 2018, 154). Umgekehrt bleiben unwesentliche Teile des Betriebsvermögens außer Betracht (*BAG* 22.9.1994 – 2 AZR 54/94 – zu II 1 der Gründe; 9.2.1994 – 2 AZR 781/93 – zu III 1 der Gründe). Die Eingliederung der Betriebsmittel in eine bestehende betriebliche Organisationsform schließt allerdings – nach den Vorgaben des EuGH in der Rechtssache »Klarenberg« (*EuGH* 12.2.2009 – C-466/07 –; s. Rdn 16) – einen Betriebsübergang dann nicht aus, wenn die funktionelle Verknüpfung zwischen den übertragenen Produktionsfaktoren erhalten bleibt und weiterhin genutzt wird.

26 Bei den sächlichen Betriebsmitteln ist zunächst **deren Bedeutung für die Fortsetzung der Produktion** entscheidend (*BAG* 28.4.2011 – 8 AZR 709/09 – Rn 46; 31.1.2008 – 8 AZR 2/07 – Rn 29; 15.12.2005 – 8 AZR 202/05 – Rn 45; 22.9.1994 – 2 AZR 54/94 – zu II der Gründe). Der fehlenden Übernahme eines Betriebsgrundstücks oder von **Produktionsmaschinen** kommt erhebliches Gewicht zu, wenn diese zur Fortsetzung einer Produktion in derselben Art wie im Ursprungsbetrieb erforderlich sind. Demgegenüber schließt eine **Verlegung** einen Betriebsübergang nicht aus, wenn die Betriebsorganisation mit den beweglichen Produktionsmitteln verlagert werden kann und verlagert wird (*BAG* 24.1.2013 – 8 AZR 706/11 – Rn 52; 21.6.2012 – 8 AZR 181/11 – Rn 59). Sind die materiellen Aktiva **von einem Dritten überlassen** worden, dann setzt deren Relevanz für den Betriebszweck entgegen der früheren Auffassung des BAG **keine eigenwirtschaftliche Nutzung** voraus, die etwa auf einer Pacht oder auf einem Leasingvertrag beruhen kann (so noch *BAG* 20.6.2002 – 8 AZR 459/01 – zu II 3 a cc der Gründe; 22.1.1998 – 8 AZR 775/96 – zu B I 1 der Gründe; 11.12.1997 – 8 AZR 775/96 – zu B I 1 der Gründe). Der EuGH (grundlegend: 15.12.2005 – C-232/04 – Rn 39 ff. »Güney-Görres«; 20.11.2003 – C-340/01 »Abler u.a.« und ihm dann folgend auch das BAG (6.4.2006 – 8 AZR 222/04 – Rn 27; noch offengelassen in

BAG 22.7.2004 – 8 AZR 350/03 – zu B II 2 b bb (1) der Gründe) messen dem Umstand der eigenwirtschaftlichen Nutzung keine Bedeutung bei und stellen allein auf die **tatsächliche Nutzung** ab, ohne dass es darauf ankommt, auf welcher Grundlage die Nutzungsmöglichkeit beruht (vgl. *EuGH* 7.8.2018 – C-472/16 – Rn 38 »Colino Sigüenza«; 25.11.2015 – C-509/14 – Rn 38 »Aira Pascual u.a.«; *BAG* 22.8.2013 – 8 AZR 521/12 – Rn 42; 23.5.2013 – 8 AZR 207/12 – Rn 32). Erforderlich ist, ob die überlassenen Betriebsmittel »bei wertender Betrachtungsweise ... den eigentlichen **Kern des zur Wertschöpfung erforderlichen Funktionszusammenhangs**« ausmachen (vgl. *BAG* 24.1.2013 – 8 AZR 706/11 – Rn 24; 21.6.2012 – 8 AZR 243/11 – Rn 27). Im Rahmen einer Auftragsneuvergabe sind sie dann wesentlich, wenn sie **unverzichtbar** zur auftragsgemäßen Verrichtung der Tätigkeiten sind, auf dem freien Markt nicht erhältlich sind oder ihr Gebrauch vom Auftraggeber zwingend vorgeschrieben ist (*BAG* 22.8.2013 – 8 AZR 521/12 – Rn 42; 23.5.2013 – 8 AZR 207/12 – Rn 31, dazu *Lemp* NZA 2013, 1390; zur Verfassungsmäßigkeit der Bestimmung der »wirtschaftliche Einheit« iSd § 613a BGB durch das BAG vgl. *BVerfG* 15.1.2015 – 1 BvR 2796/13 – Rn 10).

d) Übergang immaterieller Aktiva

Bei betriebsmittelarmen Betrieben kommen als **immaterielle Aktiva** Immaterialgüterrechte, Patente und sonstige gewerbliche Schutzrechte (vgl. *BAG* 13.11.1997 – 8 AZR 375/96 – zu II 2b der Gründe; ErfK-*Preis* Rn 23), der »Goodwill« der Firma, ihre Kundenbeziehungen (*BAG* 22.1.2009 – 8 AZR 158/07 – Rn 23) oder das »Know-how« des Unternehmens in Betracht (vgl. *BAG* 22.8.2013 – 8 AZR 521/12 – Rn 62). Das können bei **Großhandelsunternehmen** typischerweise die Lieferbeziehungen zum Einzelhandel und evtl. gewerbliche Schutzrechte sein (*BAG* 28.4.1988 – 2 AZR 623/87 – zu III 2 c aa der Gründe) und bei einem **Ladengeschäft** das Bestehenbleiben der Grundlagen für die Erhaltung des Kundenkreises (*BAG* 2.12.1999 – 8 AZR 796/98 – zu II 2 b der Gründe). Bei einer **wesentlichen Veränderung des Vertriebskonzepts** und des Sortiments reicht die bloße Nutzung der Betriebsräume nicht aus (APS-*Steffan* Rn 31). Der Eintritt in die Kundenbeziehungen allein reicht allerdings bei **Dienstleistungsunternehmen** gewöhnlich nicht; es handelt sich dann um eine bloße Funktionsnachfolge. Von besonderer Bedeutung sind die Kundenbeziehungen bei Vertriebsverträgen, also im Falle eines Handelsvertreters oder eines alleinvertriebsberechtigten Vertragshändlers (vgl. *Moll* RdA 1999, 239). Die Übernahme der Finanzinstrumente und des sonstigen Vermögens der Kunden einer Bank kann auch dann, wenn die Kunden weiterhin frei darin sind, von wem sie ihre Wertpapiere verwalten lassen, einen (Teil-) Betriebsübergang darstellen, wenn der **Übergang des Kundenstamms** feststeht. In diesem Rahmen ist die Zahl der tatsächlich übergegangenen Kunden, mag sie auch sehr hoch sein, für sich allein nicht ausschlaggebend (*EuGH* 8.5.2019 – C-194/18 – »Dodič«).

e) Übernahme eines Hauptteils der Belegschaft

Inwieweit die **Übernahme der Belegschaft** oder eines Teils für das Vorliegen eines Betriebsübergangs von Bedeutung ist (Nachw. zur früheren Rspr. in der 11. Aufl. Rn 35) hat sich seit den Entscheidungen des EuGH in den Rechtssachen »Christel Schmidt« (*EuGH* 14.4.1994 – C-392/92 –) und »Ayse Süzen« (*EuGH* 11.3.1997 – C-13/95 –; s. Rdn 14) gewandelt. Vor allem bei betriebsmittelarmen und dienstleistungsorientierten Betrieben, in denen es wesentlich auf die menschliche Arbeitskraft ankommt, zu denen insbes. das Bewachungs- oder Reinigungsgewerbe zählen, kann eine **Gesamtheit von Arbeitnehmern**, die durch eine gemeinsame Tätigkeit dauerhaft verbunden sind, eine wirtschaftliche Einheit darstellen, und ihre Identität über ihren Übergang hinaus bewahren, wenn der neue Unternehmensinhaber nicht nur die betreffende Tätigkeit weiterführt, sondern auch einen **nach Zahl und Sachkunde wesentlichen Teil der Belegschaft** übernimmt (*EuGH* 27.2.2020 – C-298/18 – Rn 39 »Grafe und Pohle«, dazu *Meyer* BB 2020, 1908 und *Roloff/Waldenfels* ZfA 2021, 231; 11.7.2018 – C-60/17 – Rn 34 »Somoza Hermo und Ilunión Seguridad«; 6.9.2011 – C-108/10 – Rn 49 »Scattolon«; ausf. *Niklas* BB 2013, 2165; zum Betriebsübergang bei einer Netzübernahme *Walk/Wiese* RdE 2012, 234; zur Entwicklung *Schipp* NZA 2013, 238). Die Relevanz des Kriteriums der **Belegschaftsübernahme** hängt von der Art des

Betriebs ab. Zu bedenken sind das Personal als solches, die Führungskräfte und ggf. auch die sie verbindende Arbeitsorganisation (vgl. *EuGH* 20.1.2011 2011 – C-463/09 – Rn 36 »CLECE«; *BAG* 22.1.2015 – 8 AZR 139/14 – Rn 32). Da die erforderliche Sachkunde der Arbeitnehmer durch den Zweck des Betriebs bestimmt wird, wird man folgende Unterscheidungen treffen können: Je größer die für bestimmte Tätigkeiten **erforderliche Sachkunde** ist, desto eher kann die Übernahme der nach ihrer Sachkunde wesentlichen Arbeitnehmer ausreichen (*BAG* 24.1.2013 – 8 AZR 706/11 – Rn 35 »IT-Servicebetrieb«; 25.6.2009 – 8 AZR 258/08 – Rn 32 ff. »Call-Center«). Bei einem geringen Maß erforderlicher Sachkenntnisse kommt es hingegen auf eine hinreichende Zahl von übernommenen Arbeitnehmern an, um einen Schluss auf die Übernahme der Arbeitsorganisation rechtfertigen zu können (*BAG* 11.12.1997 – 8 AZR 729/96 – »Reinigungsauftrag«; APS-*Steffan* Rn 34), wobei ⅔ der Belegschaft dann nicht ausreichen (*BAG* 19.3.1998 – 8 AZR 737/96 – zu I 2 b der Gründe). Demgegenüber können ¾ ein wesentlicher Teil der Belegschaft sein (*BAG* 25.6.2009 – 8 AZR 258/08 – Rn 35).

f) Ähnliche Tätigkeit

29   Auch wenn die Rechtsprechung der Ähnlichkeit der Tätigkeit großes Gewicht beimisst, kann es allein auf dieses Kriterium nicht ankommen, das bei der Gesamtabwägung nur eines von mehreren ist (*EuGH* 27.2.2020 – C-298/18 – Rn 24 »Grafe und Pohle«; 8.5.2019 – C-194/18 – Rn 34 f. »Dodič«; 7.8.2018 – C-472/16 – Rn 30 »Colino Sigüenza«). Ausschlaggebend ist, dass die Arbeitsplätze in ihrer **Aufgabenstellung im Wesentlichen gleichbleiben**. Maßgebend hierfür sind aber nicht die Arbeitsergebnisse, sondern vor allem die **Arbeitsorganisation** und die **betrieblichen Arbeitsmethoden** (*EuGH* 20.7.2017 – C-416/16 – Rn 43 »Piscarreta Ricardo«; 20.1.2011 – C-463/09 – Rn 41 »CLECE«). Demgegenüber reicht es nicht aus, dass der Arbeitnehmer einen seiner früheren Tätigkeit vergleichbaren Aufgabenkreis auch beim neuen Arbeitgeber übernehmen könnte (*BAG* 15.12.2011 – 8 AZR 197/11 – Rn 46; 22.1.2009 – 8 AZR 158/07 – Rn 21). Eine **Betriebsverlegung** steht der Ähnlichkeit der Tätigkeit nicht entgegen (*BAG* 24.1.2013 – 8 AZR 706/11 – Rn 52; 21.6.2012 – 8 AZR 181/11 – Rn 59), auch wenn sie in das grenznahe **Ausland** erfolgt (*BAG* 6.5.2011 – 8 AZR 37/10 –; 16.5.2002 – 8 AZR 319/01 –; dazu *Leuchten* ZESAR 2012, 411, *Olbertz/Fahrig* ZIP 2012, 2045). Ob eine Anwendung des § 613a BGB **unionsrechtlich** auch dann **geboten** ist, wenn der Betriebsübergang zu einer Verlegung **außerhalb der EU** führt, ist vom EuGH noch nicht entschieden, für im Inland wegen des Übergangs ausgesprochene Kündigungen mit Blick auf Art. 1 Abs. 2 RL 2001/23/EG aber jedenfalls zu bejahen (vgl. ErfK-*Preis* Rn 34a; EUArbR/*Winter* Art. 1 RL 2001/23/EG Rn 112).

30   Der bloße Neuabschluss eines auf die gleiche Funktion gerichteten Dienstleistungsvertrags mit dem Auftraggeber ohne Übernahme von Betriebsmitteln oder wesentlichen Teilen der Belegschaft – »**Funktionsnachfolge**« – ist grds. auch bei ähnlicher Tätigkeit **nicht ausreichend** (*EuGH* 20.1.2011 – C-463/09 – Rn 41 »CLECE«; *BAG* 25.8.2016 – 8 AZR 53/15 – Rn 30; 21.5.2015 – 8 AZR 409/13 – Rn 39; 18.9.2014 – 8 AZR 733/13 – Rn 18). Dies bewirkt noch nicht den Übergang der wirtschaftlichen Einheit als solcher (vgl. *EuGH* 26.9.2000 – C-175/99 – »Mayeur«; *BAG* 19.3.2015 – 8 AZR 150/14 – Rn 32; 21.8.2014 – 8 AZR 648/13 – Rn 15, 21; 23.5.2013 – 8 AZR 207/12 – Rn 23).

g) Unterbrechung der Betriebstätigkeit

31   Die Bedeutung der Betriebsunterbrechung als Abwägungsbelang folgt daraus, dass es für einen Übergang typisch ist, dass die Arbeiten ohne bedeutende Unterbrechung in der gleichen Weise fortgesetzt werden (vgl. *EuGH* 2.12.1999 – C-234/98 – Rn 33 »Allen ua«). Dieses Merkmal hat sich praktisch vor allem als **Abwägungsbelang mit negativer Funktion** ausgewirkt. Erreicht sie eine Dauer, die zur Annahme einer Betriebsstilllegung führt (s. ausf. Rdn 33 ff.), so scheidet ein Betriebsübergang aus (*BAG* 22.5.1997 – 8 AZR 101/96 – zu B II 2 b der Gründe). Demgegenüber schließt eine **vorübergehende Unterbrechung** die Wahrung der Identität nicht aus (*EuGH* 7.8.2018 – C-472/16 – Rn 44 »Colino Sigüenza«). Maßgebend bei der Bewertung der Dauer der Unterbrechung

sind die Umstände des Rechtsgeschäfts, namentlich etwa seine Komplexität (*EuGH* 2.12.1999 – C-234/98 – Rn 32 »Allen ua«) oder ohnehin stattfindende **Schulferien** (*EuGH* 7.8.2018 – C-472/16 – Rn 43 »Colino Sigüenza«). Die vereinzelt zur Konkretisierung vorgeschlagene Anknüpfung an bestimmte Fristen des deutschen Arbeitsrechts (zB *Berscheid* MDR 1998, 1129; *Gaul* RdA 2000, 248) erscheint unionsrechtlich wenig tragfähig, kann aber ein Indiz für eine Stilllegung sein (s. Rdn 35). Eine nur kurzfristige Unterbrechung der betrieblichen Tätigkeit, die kürzer ist als jede **gesetzliche Kündigungsfrist** von Arbeitsverhältnissen nach § 622 Abs. 2 BGB, reicht jedenfalls nicht aus (*BAG* 22.10.2009 – 8 AZR 766/08 – Rn 29). Beruht der Betriebsübergang auf der Übernahme von Personal sowie der Ähnlichkeit der Tätigkeit, kann dies zu einem zeitlichen Auseinanderfallen der Personalübernahme und der Funktionsnachfolge und damit einer Unterbrechung führen, die aber – wenn es sich um einen komplexen Übernahmevorgang handelt – die Wahrung der Identität nicht ausschließt (*EuGH* 2.12.1999 – C-234/98 – Rn 32 »Allen ua«). Als erheblich ist bei einem **Modefachgeschäft** ein Zeitraum von neun Monaten (*BAG* 22.5.1997 – 8 AZR 101/96 – zu B II 2 b der Gründe) und bei **Gastronomiebetrieben** von sechs Monaten angesehen worden, weil dann die Gäste neu gewonnen werden müssen (*BAG* 11.9.1997 – 8 AZR 555/95 – zu B 2 a der Gründe).

3. Betriebsänderung

Ein **Betriebsübergang** ist für sich allein **keine Betriebsänderung** iSv § 111 BetrVG (st. Rspr. *BAG* 14.4.2015 – 1 AZR 223/14 – Rn 19; 11.11.2010 – 8 AZR 169/09 – Rn 33; 31.1.2008 – 8 AZR 1116/06 – Rn 44). Der Wechsel des Betriebsinhabers wird durch § 613a BGB geregelt. Finden jedoch **über den bloßen Inhaberwechsel hinaus** sonstige Änderungen des Betriebs gem. § 111 BetrVG statt, so ist die Vorschrift neben § 613a BGB anzuwenden, da § 111 BetrVG die über den reinen Inhaberwechsel hinausgehenden Nachteile für die Belegschaft vermeiden oder ausgleichen will (*BAG* 14.4.2015 – 1 AZR 223/14 – Rn 19; 25.1.2000 – 1 ABR 1/99 – zu B I 3 der Gründe). Allerdings sind der Betriebsbegriff in § 111 BetrVG und die wirtschaftliche Einheit iSd § 613a BGB nicht zwingend identisch (beispielhaft in *BAG* 15.12.2011 – 8 AZR 692/10 –). Eine Betriebsänderung kann dann vorliegen, wenn eine unveränderte Übernahme wegen der Ausübung des Widerspruchsrechts durch eine Vielzahl von Arbeitnehmern misslingt (s. Rdn 81 f.). Nichts anderes gilt für die im UmwG geregelten gesellschaftsrechtlichen **Umwandlungsvorgänge**. § 111 Abs. 1 Nr. 3 BetrVG knüpft an den Zusammenschluss oder die Spaltung eines Betriebs an. Damit ist nicht die im Umwandlungsgesetz geregelte Verschmelzung oder Spaltung von Gesellschaften gemeint (*Willemsen* NZA 1996, 791). Der Übergang eines Arbeitsverhältnisses im Wege der (partiellen) Gesamtrechtsnachfolge nach § 131 Abs. 1 Nr. 1 UmwG setzt dabei voraus, dass das Arbeitsverhältnis nicht bereits im Wege des Betriebs(teil-)übergangs nach § 613a Abs. 1 S. 1 BGB auf einen der übernehmenden Rechtsträger übergeht (*BAG* 19.10.2017 – 8 AZR 63/16 – Rn 24 ff.).

4. Betriebsstilllegung

Ein Betriebsübergang scheidet aus, wenn der **Betrieb stillgelegt** wird. Beschränkt sich die Stilllegung auf einen **Betriebsteil**, gehen die dortigen Arbeitsverhältnisse nicht auf einen Erwerber der übrigen Betriebsteile über (vgl. *BAG* 14.5.2020 – 6 AZR 235/19 – Rn 91; 18.10.2012 – 6 AZR 41/11 – Rn 44). Eine **Stilllegung** wird dann angenommen, wenn es zur »Auflösung der zwischen Arbeitgeber und Arbeitnehmer bestehenden Betriebs- und Produktionsgemeinschaft« kommt (*BAG* 21.5.2015 – 8 AZR 409/13 – Rn 51; 14.3.2013 – 8 AZR 153/12 – Rn 25). Das ist dahingehend zu präzisieren, dass es auch zur **Auflösung der wirtschaftlichen Einheit** kommt, die einer Fortsetzung durch einen anderen Inhaber entgegensteht. Denn allein die Auflösung der »Gemeinschaft« zwischen Arbeitnehmer und (bisherigem) Arbeitgeber tritt auch im Falle eines Betriebsübergangs ein (ErfK-*Preis* Rn 57; APS-*Steffan* Rn 62; Staudinger/*Annuß* Rn 85). Für eine Betriebsstilllegung ist ein ernsthafter und endgültiger Entschluss des Unternehmers erforderlich, die Verfolgung des bisherigen Betriebszwecks dauernd oder zumindest für eine ihrer Dauer nach unbestimmte, wirtschaftlich nicht unerhebliche Zeitspanne nicht weiter zu verfolgen (*BAG* 27.2.2020 – 8 AZR 215/19 – Rn 73; 21.5.2015 – 8 AZR 409/13 – Rn 51; 20.6.2013 – 6 AZR 805/11 – Rn 47). Zur Stilllegung gehört im Regelfall die **tatsächliche und vollständige Einstellung der Betriebstätigkeit** und die Auflösung der dem Betriebszweck dienenden Organisation (*BAG* 22.9.2016 – 2 AZR 276/16 – Rn 64; 21.6.2001 – 2 AZR 137/00 – zu II 1 c aa der Gründe), die Kündigung aller Arbeitsverhältnisse und die Herauslösung der Produktionsmittel aus dem Produktionsprozess (*BAG* 14.5.2020 – 6 AZR 235/19 – Rn 91; 21.5.2015 – 8 AZR 409/13 – Rn 53).

34 An einem endgültigen Entschluss zur Betriebsstilllegung fehlt es hingegen, wenn der Arbeitgeber im Zeitpunkt der Kündigung noch in **ernsthaften Verhandlungen über eine Veräußerung** des Betriebs oder von Teilen des Betriebs steht oder sich noch um neue Aufträge bemüht (vgl. *BAG* 14.5.2020 – 6 AZR 235/19 – Rn 91; 13.2.2008 – 2 AZR 543/06 – Rn 23). Ist jedoch im Zeitpunkt des Zugangs der Kündigung die Betriebsstilllegung endgültig und hat sie bereits **greifbare Formen** angenommen, behält sich der Arbeitgeber lediglich aber eine Betriebsveräußerung vor, die alsdann auch gelingt, bleibt es bei der sozialen Rechtfertigung der Kündigung (*BAG* 16.2.2012 – 8 AZR 693/10 – Rn 37; 29.9.2005 – 8 AZR 647/04 – Rn 24). Es kann aufgrund **nachträglicher Entwicklungen** noch zu einem Betriebsübergang kommen, wenn ursprünglich zwar eine Betriebsstilllegung geplant war, es aber vor Ablauf der noch beschäftigten Arbeitnehmer zu einem Übergang kommt. Solange die Betriebsstilllegung noch nicht abgeschlossen ist, kann der Betrieb noch übergehen (*BAG* 22.10.2009 – 8 AZR 766/08 – Rn 33). In anderen Fallgestaltungen kommt ein Wiedereinstellungsanspruch in Betracht (s. Rdn 103). Die **bloße Einstellung der Produktion** bedeutet noch keine Betriebsstilllegung (*BAG* 26.5.2011 – 8 AZR 37/10 – Rn 25). Keine ausreichenden Anhaltspunkte für eine Stilllegung sind etwa **allein die Gewerbeabmeldung** oder der Antrag auf Eröffnung des Insolvenzverfahrens.

35 Bei Fortsetzung (*BAG* 16.2.2012 – 8 AZR 693/10 – Rn 45; krit. *Siemon* ZInsO 2015, 119) oder **alsbaldiger Wiedereröffnung** des Betriebs oder Betriebsteils soll eine tatsächliche Vermutung gegen eine ernsthafte Stilllegungsabsicht sprechen (*BAG* 13.2.2003 – 8 AZR 654/01 – zu II 3 a der Gründe; APS-*Steffan* Rn 62; ErfK-*Preis* Rn 57; zweifelnd Staudinger/*Annuß* Rn 87). Dieser Vermutung kann eine Unterbrechung der Betriebstätigkeit länger als jede der in § 622 Abs. 2 BGB genannten Kündigungsfristen entgegenstehen (*BAG* 22.5.1997 – 8 AZR 101/96 – zu B II 2 b der Gründe). Soweit in einer älteren Entscheidung auf eine nicht unerhebliche **räumliche Verlegung des Betriebs** abgestellt wurde (*BAG* 12.2.1987 – 2 AZR 247/86 –), wird man diesen Umstand nicht mehr als maßgebend heranziehen können (vgl. *BAG* 24.1.2013 – 8 AZR 706/11 – Rn 52 sowie Rdn 7).

II. Übergang auf einen anderen Inhaber

1. Wechsel des Betriebsinhabers

36 Ein »Betriebsübergang« iSd § 613a BGB setzt voraus, dass der Betrieb anstelle des bisherigen Inhabers durch einen anderen fortgeführt wird; das Gesetz verlangt einen **Inhaberwechsel** (*BAG* 25.1.2018 – 8 AZR 524/16 – Rn 52; 20.3.2003 – 8 AZR 312/02 – zu II 3 b bb der Gründe; ebenso für die RL 2001/23 EG *EuGH* 11.7.2018 – C-60/17 – Rn 27 »Somoza Hermo und Ilunión Seguridad«; 19.10.2017 – C-200/16 – Rn 23 »Securitas«; 26.11.2015 – C-509/14 – Rn 27 f. »ADIF/Aira Pascual u.a.«). Ein solcher liegt vor, wenn die natürliche oder juristische Person wechselt, die den Betrieb **im eigenen Namen führt** (*BAG* 18.3.1999 – 8 AZR 196/98 – zu B II 2 e der Gründe) und nach außen als Betriebsinhaber auftritt (*BAG* 27.9.2012 – 8 AZR 826/11 – Rn 21; 10.5.2012 – 8 AZR 434/11 – Rn 49), was auch durch einen als Betriebsleiter tätigen Besitzdiener der Fall sein kann (*BAG* 31.1.2008 – 8 AZR 2/07 – Rn 32; 13.12.2007 – 8 AZR 1107/06 – Rn 40). Erforderlich ist auch nach der RL 2001/23/EG die Übernahme durch einen »neuen« Arbeitgeber (*EuGH* 6.4.2017 – C-336/15 – Rn 18 »Unionen«; 6.9.2011 – C-108/10 – Rn 60 »Scattalon«; ebenso *BAG* 25.1.2018 – 8 AZR 309/16 – Rn 50; 27.4.2017 – 8 AZR 859/15 – Rn 31). Eine **Sicherungsübereignung** bewirkt für sich genommen keinen Betriebsübergang, denn sie ändert im Allgemeinen nichts an der Nutzungsberechtigung des bisherigen Eigentümers (*BAG* 20.3.2003 – 8 AZR 312/02 – zu II 3 b bb der Gründe). Für die Inhaberstellung des Veräußerers oder Erwerbers ist es gleichgültig, ob es sich um eine natürliche oder juristische Person handelt. Auch eine Gesamthand oder eine juristische Person des öffentlichen Rechts kann Betriebsinhaber iSd § 613a BGB sein. Letzteres ergibt sich aus der Anwendung des § 613a BGB auch auf die Betriebe iSd § 130 BetrVG

(vgl. hierzu Rdn 7). Ein Wechsel liegt auch vor, wenn ein **Pächter** den Betrieb in eigenem Namen weiterführt (APS-*Steffan* Rn 52; ErfK-*Preis* Rn 46). Ein solcher Inhaberwechsel kann sich auch zwischen zwei **demselben Konzern** angehörenden Unternehmen vollziehen (*EuGH* 6.3.2014 – C-458/12 – Rn 48 »Amatori«).

Allein der **Erwerb von Gesellschaftsanteilen** an einem Unternehmen führt nicht zu einem Betriebsübergang nach § 613a Abs. 1 BGB. Es fehlt an einem Wechsel in der natürlichen oder juristischen Person, die die Arbeitgeberpflichten gegenüber den Beschäftigten eingeht (*BAG* 27.4.2017 – 8 AZR 859/15 – Rn 26; 23.3.2017 – 8 AZR 91/15 – Rn 17). Bei einem **Gesellschafterwechsel in einer Personengesellschaft** liegt kein Betriebsinhaberwechsel vor, weil die Personengesellschaft ihre Identität als Arbeitgeber behält (*BAG* 3.5.1983 – 3 AZR 1263/79 – zu B 2 a der Gründe). Das gilt unabhängig von der Gesellschaftsform selbst dann, wenn ein vollständiger Gesellschafterwechsel stattfindet (vgl. *BAG* 14.8.2007 – 8 AZR 803/06 – Rn 16; 12.7.1990 – 2 AZR 39/90 – zu B II 2 der Gründe). Soweit man eine **GbR** als rechtsfähig ansieht (vgl. *BAG* 24.10.2013 – 2 AZR 1057/12 – Rn 23), wird man für sie dasselbe annehmen können (ErfK-*Preis* Rn 43; MüKo-*Müller-Glöge* Rn 55). 37

Bei **formwechselnden Umwandlungen** gem. §§ 190 ff. UmwG kommt es, da hier die Gesellschaft lediglich ihre Rechtsform ändert, die rechtliche Identität jedoch nicht einbüßt, nicht zu einem Betriebsinhaberwechsel (ErfK-*Preis* Rn 44; MüKo-*Müller-Glöge* Rn 55). Nichts anderes gilt für den Übergang einer **Vorgesellschaft** in die spätere Hauptgesellschaft. Die Wahrung der Rechtsidentität ist auch bei **Spaltungsvorgängen** entscheidend. Wird nur der Betrieb innerhalb eines Unternehmens als Rechtsträger gespalten, führt dies nicht zu einem Betriebsübergang (APS-*Steffan* Rn 51; ErfK-*Preis* Rn 45). Eine Abspaltung kann entweder durch Umwandlung, insbes. durch Ausgliederung, Auf- oder Abspaltung (vgl. KR-*Spilger* §§ 322–324 UmwG Rdn 10 ff.) oder durch Einzelrechtsnachfolge in Zusammenhang mit einer Neugründung vollzogen werden, wobei im letzteren Fall regelmäßig ein Betriebsübergang vorliegt (vgl. *BAG* 19.1.1988 – 3 AZR 263/86 –; MüKo-*Müller-Glöge* Rn 55). Bei einer Spaltung nach § 131 Abs. 1 Nr. 1 UmwG können auch Arbeitsverhältnisse kraft Gesetzes auf den übernehmenden Rechtsträger übergehen, wenn das Arbeitsverhältnis im **Spaltungs- und Übernahmevertrag** der Einheit zugeordnet ist, die auf den übernehmenden Rechtsträger übertragen wird und der Übergang des Arbeitsverhältnisses nicht bereits nach § 613a Abs. 1 S. 1 BGB erfolgt ist. Dabei darf die Zuordnung im Spaltungsvertrag nicht entgegen den Vorgaben des § 613a Abs. 1 BGB erfolgen und der Arbeitnehmer muss dem Übergang zustimmen. Fehlt es an Letzterem, führt dies nicht zu einem Erlöschen des Arbeitsverhältnisses mit Vollzug der Spaltung, sondern dem Arbeitnehmer steht ein **Wahlrecht** zu, mit welchem Rechtsträger er das Arbeitsverhältnis fortsetzen will (*BAG* 19.10.2017 – 8 AZR 63/16 – Rn 21 ff.; kritisch hierzu *Kliemt/Gerdon* BB 2018, 1408). 38

2. Fortführung des Betriebs

Ausgehend von der Wahrung der »Identität« der wirtschaftlichen Einheit (s. Rdn 16 ff.) ist die **tatsächliche Betriebsfortführung** durch den Erwerber maßgebend (*BAG* 12.6.2019 – 1 AZR 154/17 – Rn 29; 27.1.2011 – 8 AZR 326/09 – Rn 26; 17.12.2009 – 8 AZR 1019/08 – Rn 20), die aber nicht auf Dauer angelegt sein muss (*BAG* 22.9.1994 – 2 AZR 54/94 – zu III 3 der Gründe). Allein die **Fortführungsmöglichkeit** reicht nicht aus (*BAG* 27.9.2012 – 8 AZR 826/11 – Rn 21; 15.12.2011 – 8 AZR 197/11 – Rn 42). Ein Betriebsübergang scheidet daher aus, wenn der Erwerber den Betrieb nicht tatsächlich führt (*BAG* 10.5.2012 – 8 AZR 434/11 – Rn 27; vgl. auch *BAG* 25.1.2018 – 8 AZR 309/16 – Rn 56 zu einem Geschäftsbesorgungsvertrag). Ein anderes wird man aber dann annehmen müssen, wenn sich der Erwerber **vertraglich zur Fortführung verpflichtet**, es in der Folge aber nicht umsetzt (ErfK-*Preis* Rn 51; MüKo-*Müller-Glöge* Rn 58; anders (obiter dictum) *BAG* 21.2.2008 – 8 AZR 77/07 – Rn 27). Nicht erforderlich ist ein besonderer, auf die Leitungsmacht bezogener **Übertragungsakt** (*BAG* 27.9.2012 – 8 AZR 826/11 – Rn 21; 18.8.2011 – 8 AZR 230/10 – Rn 23); ausreichend ist vielmehr, dass der bisherige Inhaber die wirtschaftliche Betätigung im fraglichen Betrieb oder Betriebsteil einstellt und ein neuer Inhaber den 39

Betrieb führt (*BAG* 25.1.2018 – 8 AZR 309/16 – Rn 56; 22.6.2011 – 8 AZR 107/10 – Rn 36). Nicht erforderlich oder ausschlaggebend ist schließlich der Übergang des **Eigentums an den Betriebsmitteln** (*EuGH* 7.8.2018 – C-472/16 – Rn 28 »Colino Sigüenza«; 26.11.2015 – C-509/14 – Rn 28 »Aira Pascual u.a.«; 26.5.2005 – C-478/03 – Rn 33 »Celtec«; *BAG* 22.1.2015 – 8 AZR 139/14 – Rn 17; 18.9.2014 – 8 AZR 733/13 – Rn 18). Ausreichend ist es, dass sie dem Erwerber zugeordnet werden können, weil er die arbeitstechnische Organisationsgewalt darüber ausüben kann (*EuGH* 15.12.2005 – C-232/04 – Rn 37 ff. »Güney-Görres«; *BAG* – 8 AZR 766/08 – Rn 25), etwa als **Pächter** oder Nießbrauchsberechtigter (*BAG* 18.9.2014 – 8 AZR 733/13 – Rn 23; 18.8.2011 – 8 AZR 230/10 – Rn 27; 31.8.2008 – 8 AZR 2/07 – Rn 32). Ein Betriebserwerb mit dem **Ziel der alsbaldigen Stilllegung** aber auch einer Betriebsumorganisation unter Änderung des Betriebszwecks wird jedenfalls dann als Betriebsübergang erfasst, wenn die bisherige Betriebsorganisation zumindest noch zeitweise weiter genutzt wird (vgl. *EuGH* 13.6.2019 – C-664/17 – Rn 48 »Ellinika Nafpigeia«; *BAG* 29.11.1988 – 3 AZR 250/87 – zu I 3 b der Gründe). Bloße **Vorbereitungshandlungen** wie das Ansprechen einzelner Arbeitnehmer, sie sollten sich für eine Fortsetzung der Arbeit bereithalten, genügen nicht (*BAG* 25.9.1997 – 8 AZR 493/96 – zu B I 2 c cc der Gründe). Ebenso führt allein die gemeinsame Nutzung bestimmter Betriebsmittel durch verschiedene Arbeitgeber nicht zum Übergang des Arbeitsverhältnisses auf eine »Arbeitgebergruppe« (*BAG* 16.2.2006 – 8 AZR 211/05 – Rn 21). Maßgebend ist die **tatsächliche** Wiedereröffnung oder **Weiterführung** der Geschäftstätigkeit durch diejenige Person, die für den Betrieb als Inhaber »verantwortlich« ist (*EuGH* 27.2.2020 – C-298/18 – Rn 23 »Grafe und Pohle«; *BAG* 10.5.2012 – 8 AZR 434/11 – Rn 27). Ist der Betrieb übergegangen, schadet es nicht, wenn dem Erwerber ein **Rücktrittsrecht** eingeräumt ist (*BAG* 10.5.2012 – 8 AZR 434/11 – Rn 48). Für sich genommen nicht aussagekräftig ist die bloße Eigentümerstellung, wie etwa bei der **Sicherungsübereignung** »des Betriebs«; maßgebend ist vielmehr die Übernahme der Leitungsmacht im eigenen Namen (*BAG* 14.8.2007 – 8 AZR 803/06 – Rn 26).

III. Übergang durch Rechtsgeschäft

1. Art und Inhalt des Rechtsgeschäfts

40 Das Tatbestandsmerkmal »durch Rechtsgeschäft« in § 613a BGB dient der Umsetzung der Formulierung »**durch vertragliche Übertragung**« in Art. 1 Abs. 1 Buchst. a RL 2001/23/EG. Bei der Auslegung hat sich eine Orientierung am Wortlaut der RL wegen starker Unterschiede in den verschiedenen Textfassungen als nur schwer durchführbar erwiesen (vgl. *EuGH* 8.5.2019 – C-194/18 – Rn 29 »Dodič« sowie Schlussanträge *Generalanwalt Van Gerven* vom 24.3.1992 in der Rechtssache – C-29/91 – »Redmond Stichting«). Durchgesetzt hat sich deshalb ein teleologisches, am »Effet utile« der Richtlinie orientiertes Verständnis. Danach wird jeder Übergang erfasst, der sich **innerhalb eines vertraglichen oder sonst rechtsgeschäftlichen Rahmens** vollzieht (*EuGH* 7.8.2018 – C-472/16 – Rn 28 »Colino Sigüenza«; 19.10.2017 – C-200/16 – »Securitas«; 26.11.2015 – C-509/14 – »Aira Pascual u.a.«; *BAG* 28.2.2019 – 8 AZR 201/18 – Rn 28; 25.1.2018 – 8 AZR 309/16 – Rn 50 ff.; 19.10.2017 – 8 AZR 63/16 – Rn 32). Bedeutungslos ist das Motiv für den Abschluss des Rechtsgeschäfts. Folgt der Betriebsübergang aus der Übernahme eines für die Identität des Betriebs maßgebenden Teils der Belegschaft, so steht es dem Vorliegen einer rechtsgeschäftlichen Übernahme nicht entgegen, wenn der Arbeitgeber zu dieser Personalübernahme **tarifvertraglich oder sonst verpflichtet ist** (zur tarifvertraglichen Übernahmepflicht *EuGH* 24.1.2002 – C-51/00 – Rn 33 »Temco«). Aus der Beschränkung des § 613a BGB auf rechtsgeschäftliche Betriebsübergänge folgt zugleich, dass Fälle der **Universalsukzession kraft Gesetzes oder Hoheitsakts** von der Anwendung der Vorschrift ausgeschlossen sind (*BAG* 18.8.2011 – 8 AZR 230/10 – Rn 27; 18.12.2008 – 8 AZR 660/07 – Rn 35; 25.10.2007 – 8 AZR 919/06 – Rn 24). Eine analoge Anwendung kommt nicht in Betracht (vgl. *BAG* 25.1.2018 – 8 AZR 338/16 – Rn 46; 18.12.2008 – 8 AZR 660/07 – Rn 31 ff.). Die Arbeitsverhältnisse gehen kraft Gesetzes auf den Nachfolger über, ohne dass ein Widerspruchsrecht besteht (*BAG* 2.3.2006 – 8 AZR 124/05 – Rn 17 ff.; zur Beachtung von Art. 12 Abs. 1 GG und Art. 3 Abs. 1 GG s. Rdn 43). Im Übrigen kann es in den Fällen der Gesamtrechtsnachfolge kraft Gesetzes oder Hoheitsakts dann zu einer Anwendung des § 613a BGB kommen,

wenn diese ausdrücklich angeordnet ist (MüKo-*Müller-Glöge* § 613a Rn 216). Eine analoge Anwendung in Fällen der Universalsukzession »kraft Rechtsgeschäfts« nach dem **UmwG** (s. etwa *K. Schmidt* AcP 191 [1991], 515; *Boecken* ZIP 1994, 1090; anders *BAG* 13.7.1994 – 4 AZR 555/93 –) ist durch die Klarstellung in § 324 UmwG entbehrlich (zum Ganzen: KR-*Spilger* §§ 322–324 UmwG Rdn 30 ff.).

Der »Betrieb« als solcher ist kein Gegenstand des Rechtsverkehrs. Das Rechtsgeschäft muss sich auf **den Übergang der tatsächlichen Nutzungs- und Verfügungsgewalt** über die für die wirtschaftliche Einheit konstitutiven Merkmale beziehen. Gleichgültig ist die Art des Rechtsgeschäfts oder die Rechtsnatur des Vertragsverhältnisses, das die Nutzung verschafft (*BAG* 24.10.1991 – 2 AZR 210/91 – zu II 3 b der Gründe). Ein **Hauptanwendungsfall** des rechtsgeschäftlichen Inhaberwechsels ist die **Veräußerung des Betriebs** (zB die Übernahme durch »asset deal«). Es ist **nicht erforderlich**, dass zwischen Veräußerer und Erwerber **unmittelbar vertragliche** Beziehungen bestehen; die Übertragung kann auch unter Einschaltung eines Dritten erfolgen (*EuGH* 11.7.2018 – C-60/17 – Rn 27 »Somoza Hermo und Ilunión Seguridad«). Entscheidend ist, dass der neue Inhaber die Befugnis zur Betriebsfortführung aus einem Rechtsgeschäft herleiten kann (*BAG* 21.1.1988 – 2 AZR 480/87 – zu C II 1 der Gründe). Es kann sich ferner um einen **Pachtvertrag** (*BAG* 20.6.2002 – 8 AZR 459/01 – zu II 3 b bb (2) der Gründe) oder einen **Mietvertrag** (*BAG* 13.7.2006 – 8 AZR 382/05 – Rn 18) handeln. Ein rechtsgeschäftlicher Betriebsübergang liegt auch vor, wenn im Anschluss an den vom früheren Pächter beendeten Pachtvertrag der Betrieb an den Verpächter zurückfällt, der ihn weiterführt (*BAG* 18.8.2011 – 8 AZR 230/10 – Rn 27) oder ein neuer Pächter durch Pachtvertrag mit dem Verpächter den Betrieb weiterführt (*BAG* 21.8.2008 – 8 AZR 201/07 – Rn 47; *EuGH* 7.3.1996 – C-171/94 – Rn 29 »Merckx, Neuhuys«). Auch Nießbrauch, Schenkung oder Vermächtnis kommen in Betracht (*BAG* 31.1.2008 – 8 AZR 2/07 – Rn 32; 22.5.1985 zu II 2 b der Gründe; APS-*Steffan* Rn 69; ErfK-*Preis* Rn 59; MüKo-*Müller-Glöge* Rn 64. Der Betriebsübergang kann auch auf Grundlage **mehrerer Rechtsgeschäfte**, sei es mit einem Vertragspartner oder mit verschiedenen Dritten, erfolgen, wenn sie auf den Übergang der wirtschaftlichen Einheit gerichtet sind (*BAG* 13.11.1986 – 2 AZR 771/85 – zu II 1 a der Gründe).

Ob mit dem Rechtsgeschäft ein **Betriebsübergang bezweckt** wurde, ist ohne Bedeutung, etwa wenn die Errichtung oder Innehabung des Betriebs zunächst auf einer Nießbrauchsüberlassung, Vermietung oder **Verpachtung** beruhte und der Betrieb durch deren Ende wieder an den ursprünglichen Inhaber zurückfällt (APS-*Steffan* Rn 74; ErfK-*Preis* Rn 60). Auch in diesem **Rückfall** kann ein Betriebsübergang durch Rechtsgeschäft liegen. Über die bloße Rückgabe des Betriebs hinaus ist für einen Betriebsübergang aber auch dessen **tatsächliche Fortführung** erforderlich (*BAG* 18.8.2011 – 8 AZR 230/10 – Rn 27; MüKo-*Müller-Glöge* Rn 60; anders noch *BAG* 27.4.1995 – 8 AZR 197/94 – zu B I 1 der Gründe: Fortführungsmöglichkeit ausreichend).

An einer Übertragung durch Rechtsgeschäft kann es bei **Betrieben der öffentlichen Hand** fehlen. Zwar ist § 613a BGB auch auf einen Übergang einer öffentlich-rechtlichen Betriebs- oder einer sonstigen Dienststelle anwendbar, soweit sie die Voraussetzungen der Vorschrift erfüllt (vgl. *EuGH* 13.6.2019 – C-317/18 – Rn 53 »Correia Moreira«; 20.7.2017 – C-416/16 – Rn 32 »Piscarreta Ricardo«; *BAG* 22.5.2014 – 8 AZR 1069/12 – Rn 29 ff.; 25.5.2000 – 8 AZR 406/99 – zu II 1 b der Gründe). Hieran fehlt es aber, wenn lediglich ein **gesetzlich begründeter Zuständigkeitswechsel** zwischen verschiedenen Hoheitsträgern stattfindet (*BAG* 8.5.2003 – 6 AZR 183/02 – zu 2 b aa der Gründe; 26.6.1997 – 8 AZR 426/95 – zu I 3 b der Gründe; ebenso 13.11.2002 – 4 AZR 73/01 – zu I 1 b der Gründe bei Übergang durch sonstigen Hoheitsakt, etwa durch staatskirchenrechtlichen Vertrag). Wird eine öffentlich-rechtliche Körperschaft insgesamt, etwa im Rahmen einer Gebietsreform, aufgelöst und geht in einer oder mehreren anderen auf, so liegt ein Fall einer vollständigen oder partiellen **Gesamtrechtsnachfolge** vor, bei der § 613a BGB nicht eingreift. Es fehlt regelmäßig an einer planwidrigen Lücke für eine Analogie, da die Erforderlichkeit, den Übergang der Arbeitsverhältnisse in dem der öffentlich-rechtlichen Übertragung zugrundeliegenden Gesetz gesondert zu regeln, den Gesetzgebungsorganen bekannt ist (vgl. *BAG* 31.1.2019 – 8 AZR 1073/12 – Rn 69). Zudem ist zu prüfen, welche Rechtsfolgen sich für die Beschäftigten durch den Hoheitsakt ergeben sollen (*BAG* 2.3.2006 – 8 AZR 124/05 – Rn 18; zur Gesetzgebungsbefugnis der Länder *BAG* 23.3.2011 – 10 AZR 374/09 – Rn 43 ff.). Der hierin liegende Arbeitgeberwechsel greift in die Freiheit der Arbeitsplatzwahl des Arbeitnehmers ein. Die Nichteinräumung eines Widerspruchsrechts kann gegen Art. 12 Abs. 1 GG verstoßen (*BVerfG* 25.1.2011 – 1 BvR 1741/09 –), und wenn es ohne ausreichenden Sachgrund auf bestimmte Arbeitnehmergruppen gesetzlich beschränkt wird gegen Art. 3 Abs. 1 GG (*BVerfG* 14.4.2010 – 1 BvL 8/08 –). Den **Gesetzgeber** trifft eine **Schutzpflicht**, die nicht nur das Interesse des Arbeitnehmers am Erhalt seines Arbeitsplatzes trotz Arbeitgeberwechsels, sondern auch seine privatautonome Entscheidung über die Person des Vertragspartners beachten muss. Dem ist etwa mit der Regelung des § 613a Abs. 6 BGB Rechnung getragen worden. Danach wird einerseits die Kontinuität des Arbeitsverhältnisses trotz Betriebsübergangs gesichert. Andererseits wird dem Arbeitnehmer die Möglichkeit gegeben, dem Übergang des Arbeitsverhältnisses und der damit verbundenen **Auswechselung seines Arbeitgebers** zu widersprechen (*BVerfG* 25.1.2011 – 1 BvR 1741/09 – Nr. 48; anders noch *BAG* 18.12.2008 – 8 AZR 692/07 –). Beruht der Übergang auf **öffentlich-rechtlichem Vertrag** (vgl. *BAG* 7.9.1995 – 8 AZR 928/93 – zu III der Gründe), so ist § 613a BGB gem. § 62 S. 2 VwVfG entsprechend anzuwenden (APS-*Steffan* Rn 76). Schließlich ist der Vollzug auch in zwei Stufen – gesetzliche Anordnung des Übergangs, Umsetzung mit privatrechtlichen Mitteln – möglich. Dann ist § 613a BGB unmittelbar anwendbar (MüKo-*Müller-Glöge* Rn 68).

44 Geht es um die **Privatisierung öffentlicher Einrichtungen oder Betriebe**, gelten die allgemeinen Grundsätze. Soweit die Voraussetzungen der Vorschrift vorliegen, ist § 613a BGB anwendbar, auch wenn die öffentliche Hand der alleinige Gesellschafter des neuen privatrechtlichen Rechtsträgers ist (*BAG* 25.5.2000 – 8 AZR 416/99 – zu II 1 b der Gründe; vgl. APS-*Steffan* Rn 76). Die Voraussetzungen des Betriebsübergangs können insbes. auch dann vorliegen, wenn die Privatisierung durch Ausgliederung eines öffentlich-rechtlichen Betriebs aus dem Vermögen einer Körperschaft zur Aufnahme oder Neugründung einer Kapitalgesellschaft gem. § 168 UmwG erfolgt (*BAG* 25.5.2000 – 8 AZR 416/99 – aaO; vgl. auch *EuGH* 26.5.2005 – C-297/03 – Rn 30 »Sozialhilfeverband Rohrbach«; zur bloßen Aufgabenübertragung im Wege der Funktionsnachfolge *Schipp* NZA 1994, 865; zu einem Re-Insourcing durch einen öffentlichen Auftraggeber *EuGH* 26.11.2015 – C-509/14 – »Aira Pascual u.a.«, dazu krit. *Bieder* EuZA 2017, 67). Betrieben der öffentlichen Hand vergleichbar sind solche Einrichtungen, deren Tätigkeit auf der Verleihung einer **höchstpersönlichen Amtsbefugnis** beruht, wie dies beim **Notar** der Fall ist. Ihre Tätigkeit beruht auf Verleihung des Notaramts durch die Landesjustizverwaltung, so dass ein Notar das wesentliche Betriebssubstrat nicht aufgrund eines Rechtsgeschäfts mit dem Amtsvorgänger erwirbt (*BAG* 26.8.1999 – 8 AZR 827/98 –). Nicht zuzustimmen ist dieser Rechtsprechung aber, soweit sie der Übernahme des Personals, der Geschäftsräume und des Inventars keinerlei Bedeutung zumisst. Darin kann ggfs. ein Betriebsteilübergang liegen (vgl. Staudinger/*Annuß* Rn 82, 127).

2. Nichtige Rechtsgeschäfte

45 Die Rechtsfolgen eines Betriebsübergangs treten auch dann ein, wenn die Fortführung des Betriebes aufgrund eines **nichtigen Rechtsgeschäfts** erfolgt (*BAG* 6.2.1985 – 5 AZR 411/83 –), was bspw. bei einem **Formmangel** nach § 125 BGB der Fall sein kann (APS-*Steffan* Rn 75; ErfK-*Preis* Rn 61). Das folgt aus dem Schutzzweck des § 613a BGB, der in erster Linie an die tatsächliche Betriebsfortführung anknüpft und einen lückenlosen Schutz bei einem Betriebsinhaberwechsel sicherstellen will. Entscheidend sind der willentliche Übergang und die tatsächliche Ausübung der Inhaberschaft. Erforderlich ist jedoch eine Abwägung des Schutzzwecks des § 613a BGB mit dem Schutzzweck der Nichtigkeitsvorschrift. Deshalb kann man § 613a BGB nicht bei der Betriebsübernahme durch nicht oder **nicht voll geschäftsfähige** Personen anwenden (APS-*Steffan* Rn 75; ErfK-*Preis* Rn 61; HaKo-KSchR/*Wemheuer* Rn 53; MüKo-*Müller-Glöge* Rn 67; Staudinger/*Annuß* Rn 119; aM *BAG* 6.2.1985 – 5 AZR 411/83 –), da der Schutzzweck der §§ 104 ff. BGB Vorrang genießt. Der Schutz Geschäftsunfähiger wirkt sich auch bei der Durchführung der **Rückabwicklung** aus, die der Geschäftsunfähige, falls man mit dem BAG einen Betriebsübergang bejaht, vom Erwerber verlangen kann (*BAG* 6.2.1985 – 5 AZR 411/83 –): Ein Widerspruchsrecht der Arbeitnehmer (s.

Rdn 71) gegen den Rückübergang entfällt dann aus Gründen des Schutzes Geschäftsunfähiger. Weder die Vereinbarung eines **Rücktrittsrechts** noch die Vereinbarung einer **aufschiebenden Bedingung** steht der Annahme eines Betriebsübergangs entgegen, wenn dieser vollzogen ist (*BAG* 31.1.2008 – 8 AZR 2/07 – Rn 33).

3. Fehlen unmittelbarer rechtsgeschäftlicher Beziehungen

Nach dem Zweck des § 613a BGB bzw. der RL 2001/23/EG kommt es nicht auf das Vorliegen unmittelbarer rechtsgeschäftlicher Beziehungen an. Es wird jeder Übergang erfasst, der sich **innerhalb eines vertraglichen oder sonst rechtsgeschäftlichen Rahmens vollzieht** (*EuGH* 7.8.2018 – C-472/16 – Rn 28 »Colino Sigüenza«; 19.10.2017 – C-200/16 – »Securitas«; vgl. Rdn 40), ohne dass **unmittelbar Vertragsbeziehungen** zwischen dem bisherigen Inhaber und dem Erwerber bestehen müssen (*BAG* 24.1.2013 – 8 AZR 706/11 – Rn 57; 21.6.2012 – 8 AZR 181/11 – Rn 64). Das Tatbestandsmerkmal soll den Anwendungsbereich der Vorschrift nicht einschränken, sondern gegenüber den Fällen der Gesamtrechtsnachfolge und der Übertragung durch Hoheitsakte **abgrenzen** (*BAG* 18.8.2011 – 8 AZR 230/10 – Rn 27). 46

Dies ist der Fall, wenn nach Ablauf des ersten Pachtvertrages der Eigentümer den Betrieb an einen Dritten verpachtet, auf den die Betriebsinhaberschaft übergeht – »**Pächterwechsel**« – (*BAG* 25.5.2000 – 8 AZR 337/99 – zu B II 1 der Gründe mwN; *EuGH* 7.3.1996 – C-171/94 ua. – Rn 29 »Merckx, Neuhuys«). Dem Pächterwechsel strukturell vergleichbar ist, soweit es um das Merkmal »durch Rechtsgeschäft« geht, die **Neuvergabe von Dienstleistungsaufträgen**, etwa bei Reinigungs- oder Bewachungsverträgen, soweit der neue Auftragnehmer die Identität der wirtschaftlichen Einheit wahrt (*EuGH* 11.7.2018 – C-60/17 – Rn 27 ff. »Somoza Hermo und Ilunión Seguridad«; 19.10.2017 – C-200/16 – Rn 23 ff. »Securitas«). Ob der abgebende Dienstleister nur als **Subunternehmer** tätig war oder mit dem Empfänger der Dienstleitung in unmittelbarer Vertragsbeziehung stand, ist ohne Bedeutung (*EuGH* 24.1.2002 – C- 51/00 – Rn 32 – »Temco«). 47

IV. Zeitpunkt des Übergangs

Der für den Betriebsübergang maßgebende Zeitpunkt ist der Moment, in dem der Erwerber über diejenigen Elemente tatsächlich disponiert, die für die Identität der wirtschaftlichen Einheit konstitutiv sind und diese damit fortführt (HaKo-KSchR/*Wemheuer* Rn 54). Bei einem aus der Übernahme der Betriebsmittel folgenden Betriebsübergang ist dies der Zeitpunkt, zu dem der **Erwerber tatsächlich die Leitungsmacht übernimmt** und die wirtschaftliche Einheit nach außen nutzt (*BAG* 25.1.2018 – 8 AZR 309/16 – Rn 56; 31.1.2008 – 8 AZR 2/07 – Rn 33). Der EuGH spricht vom Zeitpunkt des Übergangs der »Verantwortung« für den Betrieb (*EuGH* 26.5.2005 – C-478/03 – Rn 36 »Celtec«). Der maßgebende Zeitpunkt steht kraft Gesetzes fest und unterliegt nicht der Disposition der Parteien (*EuGH* 26.5.2005 – C-478/03 – Rn 43 »Celtec«); sie haben es allerdings in der Hand, die tatsächlichen Voraussetzungen des Übergangs der Leitungsmacht entsprechend ihren Vorstellungen zu gestalten und dadurch mittelbar über den Übergangszeitpunkt zu disponieren. Gehen die Betriebsmittel **schrittweise** auf den Erwerber über, so ist der Betriebsübergang spätestens dann erfolgt, wenn die wesentlichen, zur Fortführung des Betriebs erforderlichen Betriebsmittel übergegangen sind und die Entscheidung über den Betriebsübergang als solchen nicht mehr rückgängig gemacht werden kann (*BAG* 14.8.2007 – 8 AZR 803/06 – Rn 20; 15.12.2005 – 8 AZR 202/05 – Rn 43). 48

V. Betriebsveräußerung bei Insolvenz

Der **Insolvenzverwalter**, dem gem. §§ 80, 148, 159 InsO die Dispositionsbefugnis über die Aktiva des Betriebsinhabers zukommt, wird **nicht Betriebsinhaber**, da er den Betrieb oder Betriebsteil nicht rechtsgeschäftlich erwirbt. Er hat die Rechte auszuüben und die Pflichten zu erfüllen, die sich aus der **Arbeitgeberstellung** des Insolvenzschuldners ergeben; er tritt insoweit in die Rechtsstellung des Insolvenzschuldners ein (*BAG* 30.1.1991 – 5 AZR 32/90 – zu I 2 a der Gründe). Es fehlt daher schon am tatbestandlichen Eingreifen des § 613a BGB (*BAG* 4.12.1986 – 2 AZR 246/86 – zu II 1 49 der Gründe). In aller Regel greift deshalb § 613a BGB ebenfalls nicht ein, wenn der Insolvenzverwalter zugunsten des einzelkaufmännisch tätigen Schuldners die unmittelbar für die selbständige Erwerbstätigkeit des Schuldners benötigten Betriebsmittel »freigegeben« hat, es sei denn, es handelt sich um eine »wirtschaftliche Einheit« (*BAG* 10.4.2008 – 6 AZR 368/07 – Rn 23). Bei einer **Betriebsveräußerung** durch den Insolvenzverwalter sind die **Voraussetzungen des § 613a BGB erfüllt** und die von dieser Vorschrift angeordneten Rechtsfolgen greifen ein (*BAG* 20.9.2006 – 6 AZR 249/05 – Rn 23; 20.3.2003 – 8 AZR 97/02 – zu II 1 a der Gründe; s.a. *Staufenbiel/Brill* ZInsO 2015, 173; das gilt auch für ein sog. Pre-Pack-Verfahren, *EuGH* 22.6.2017 – C-126/16 – Rn 58 »Federatie Nederlandse Vakvereniging u.a.«; dazu ausf. *Bothe* ZIP 2017, 2441; *van Zanten* NZI 2018, 144). § 128 Abs. 2 InsO ist die Anwendbarkeit des § 613a BGB in der Insolvenz zu entnehmen (BT-Drs. 12/2443, S. 97; MüKo-*Müller-Glöge* Rn 178). § 613a BGB ist zum Schutz der Arbeitsverhältnisse uneingeschränkt anzuwenden (*BAG* 25.10.2007 – 8 AZR 917/06 – Rn 27 ff.). Das gilt auch für das **Kündigungsverbot** nach § 613a Abs. 4 S. 1 (*BAG* 25.10.2007 – 8 AZR 917/06 – Rn 43 ff.; dazu Rdn 89 ff.). Hiervon geht ausdrücklich auch Art. 5 RL 2001/23/EG aus (vgl. *EuGH* 16.5.2019 – C-509/17 – »Plessers«; dazu *Caspers* EuZA 2020, 236). Danach steht es den Mitgliedstaaten frei, einen Übergang der Arbeitsverhältnisse auf einen Erwerber in der Insolvenz vorzusehen. § 613a BGB ist auch **anzuwenden**, wenn der Betrieb veräußert wird, nachdem die **Eröffnung** des Insolvenzverfahrens **mangels Masse abgelehnt** worden ist (*BAG* 27.4.1988 – 5 AZR 358/87 – zu II 1 der Gründe).

VI. Zwangsversteigerung und Zwangsverwaltung von Betriebsgrundstücken

50 Die Voraussetzungen des § 613a BGB sind nicht erfüllt, wenn der Betriebsinhaberwechsel auf Grund eines Zuschlags bei einer **Zwangsversteigerung** erfolgt. Auch eine analoge Anwendung scheidet aus (ErfK-*Preis* Rn 64; MüKo-*Müller-Glöge* Rn 69). Der Zuschlag gem. § 89 ZVG wird durch Verkündung wirksam und der Ersteher erwirbt das Eigentum kraft Hoheitsakt (APS-*Steffan* Rn 78; Staudinger/*Annuß* Rn 134). Weiterhin scheitert die Anwendung des § 613a BGB auch daran, dass nicht der Betrieb als solcher Gegenstand der Zwangsversteigerung ist, sondern das Betriebsgrundstück und die weiteren Gegenstände, auf die sich die Zwangsvollstreckung gem. § 90 Abs. 2 ZVG erstreckt. Die Anordnung der **Zwangsverwaltung** bezieht sich wie die Zwangsversteigerung **nur auf das Grundstück** und nicht auf den Betrieb als solchen. **Wenn der Zwangsverwalter** etwa infolge seiner Verpflichtung, den wirtschaftlichen Bestand des Grundstücks zu erhalten und dieses ordnungsgemäß zu nutzen, den **Betrieb fortführen** möchte, ist hierfür eine entsprechende Vereinbarung mit dem Eigentümer zu treffen. Infolge des dann gegebenen Rechtsgeschäfts findet § 613a BGB auf diese Betriebsübernahme (unmittelbare) Anwendung (*BAG* 18.8.2011 – 8 AZR 230/10 – Rn 29: Kündigung des Pachtvertrages eines auf dem Grundstück befindlichen Hotels durch den Zwangsverwalter und dessen Fortführung durch ihn selbst; dazu krit. *Drasdo* NZA 2012, 239; vgl. auch *BAG* 14.10.1982 – 2 AZR 811/79 –).

D. Rechtsfolgen des Betriebsübergangs

I. Übergang der Arbeitsverhältnisse

1. Eintritt in Rechte und Pflichten

51 § 613a Abs. 1 S. 1 BGB ordnet **das Eintreten des neuen Betriebsinhabers in die Rechte und Pflichten** aus den im Übergangszeitpunkt bestehenden Arbeitsverhältnissen an (zu den erfassten Arbeitsverhältnissen Rdn 8 ff.). Damit stellt § 613a BGB einen Fall der Beendigung des Arbeitsverhältnisses **kraft Gesetzes** dar, die mit dem gesetzlichen Übergang des unveränderten Arbeitsverhältnisses auf den neuen Inhaber verbunden ist. Es bedarf weder einer Gestaltungserklärung eines der Beteiligten noch ist eine Zustimmung von ihnen erforderlich (*BAG* 30.10.1986 – 2 AZR 101/85). Es handelt sich auf Arbeitgeberseite um einen **gesetzlich angeordneten Vertragspartnerwechsel** (*BAG* 19.11.2015 – 8 AZR 773/14 – Rn 24; 17.6.2015 – 4 AZR 61/14 (A) – Rn 61; s. bereits *BAG* 22.2.1978 – 5 AZR 800/76 –) und um **zwingendes Recht** (*EuGH* 9.9.2020 – C-674/18 u.a. – Rn 51 »TMD Friction« zu RL 2001/23/EG; 26.5.2006 – C-478/03 – Rn 42 »Celtec«

zu RL 77/187/EWG; *BAG* 19.11.2015 – 8 AZR 773/14 – Rn 24; 20.3.2014 – 8 AZR 1/13 – Rn 24). Ein entgegenstehender Wille des Veräußerers oder des Erwerbers ist unbeachtlich (*EuGH* 14.11.1996 – C-305/94 – Rn 20 »Rotsart de Hertaing«). Der Begriff der Rechte und Pflichten iSd § 613a Abs. 1 S. 1 BGB umfasst allein individualrechtliche Vereinbarungen unter Einschluss solcher tarifvertraglicher Regelungen, die durch Einbeziehung eines Tarifvertrags Bestandteil des Einzelvertrags geworden sind. Alle vertraglichen Rechtspositionen, auch wenn sie in einer **privatautonomen Einbeziehung von Tarifrecht** ihren Grund haben, gehen ohne Weiteres und uneingeschränkt nach § 613a Abs. 1 S. 1 BGB über, sofern das nationale Recht – wie das deutsche – sowohl einvernehmliche als auch einseitige Anpassungsmöglichkeiten vorsieht (*BAG* 30.8.2017 – 4 AZR 443/15 – Rn 28; für AVR *BAG* 23.11.2017 – 6 AZR 683/16 – Rn 27; sowie *EuGH* 27.4.2017 – C-680/15 u.a. – Rn 29 »Asklepios Kliniken Langen-Seligenstadt«). Ein anderes Verständnis stünde im Widerspruch zu Art. 3 Abs. 1 RL 2001/23/EG, wonach Rechte und Pflichten aus einem Arbeitsvertrag ohne Weiteres auf den Erwerber übergehen (st. Rspr., *BAG* 19.11.2015 – 8 AZR 773/14 – Rn 24; 17.6.2015 – 4 AZR 61/14 (A) – Rn 61). Damit werden grds. alle, auch **für den Arbeitnehmer nachteilige Rechtspositionen** (*BAG* 21.8.2014 – 8 AZR 655/13 – Rn 29) aus Vergangenheit, Gegenwart und Zukunft erfasst, die zu dem Zeitpunkt des Betriebsübergangs den Inhalt des Arbeitsverhältnisses bestimmen (grdl. *BAG* 19.9.2007 – 4 AZR 711/06 – Rn 23). Die bei der Anwendung dieser Regelung zu beachtende Einschränkung, dass der neue Betriebsinhaber nicht für bereits **vor Insolvenzeröffnung entstandene Verbindlichkeiten** haftet (zu dieser Einschränkung bereits *BAG* 17.1.1980 – 3 AZR 160/79 –), gilt weiterhin (*BAG* 14.11.2012 – 5 AZR 778/11 – Rn 13; 30.10.2008 – 8 AZR 54/07 –). Erfasst werden auch **bestehende Rechtslagen**, wie sie sich aus dem Arbeitsvertrag ergeben. Daher wirkt ein **Annahmeverzug des alten Arbeitgebers** gegen den neuen Arbeitgeber fort (*BAG* 21.3.1991 – 2 AZR 577/90 -: § 613a BGB als anderweitige Regelung iSd § 425 Abs. 1 BGB).

Der Übergang einzelner, mehrerer oder aller Arbeitsverhältnisse kann nicht durch **Vereinbarung zwischen dem alten und neuen Inhaber** ausgeschlossen werden (*BAG* 19.3.2015 – 8 AZR 119/14 – Rn 32; 20.3.2014 – 8 AZR 1/13 – Rn 24: vereinbarte Personalgestellung zwischen Veräußerer und Erwerber, dazu *v. Tiling* ZTR 2014, 695; s.a. Rdn 4 ff.). Diese gesetzliche Wertung ist auch bei der Beurteilung von **Vereinbarungen** zu beachten, die **anlässlich des Übergangs** zwischen dem Arbeitnehmer und dem alten oder neuen Arbeitgeber geschlossen werden (zu Beschäftigungs- und Qualifizierungsgesellschaften s. Rdn 114). Ein **Aufhebungsvertrag** ist nur möglich, wenn er auf das endgültige Ausscheiden des Arbeitnehmers aus dem Betrieb gerichtet ist (*BAG* 25.10.2012 – 8 AZR 572/11 – Rn 33; 27.9.2012 – 8 AZR 826/11 – Rn 36). Geht es dem Arbeitnehmer um die Fortsetzung seines Arbeitsverhältnisses beim bisherigen Arbeitgeber, kann er dessen Übergang nach § 613a Abs. 6 BGB **widersprechen** (vgl. dazu Rdn 71 ff.). Der **Schutzzweck** des § 613a BGB darf durch die Abrede **nicht umgangen** werden, weshalb zu prüfen ist, ob sie sich auf einen sachlich rechtfertigenden Grund stützen kann (so schon *BAG* 12.5.1992 – 3 AZR 247/91 – zu II 1 der Gründe) oder die Rechtsfolgen des § 613a BGB – vor allem die Kontinuität des Arbeitsverhältnisses (*BAG* 14.5.2020 – 6 AZR 235/19 – Rn 80; *EuGH* 13.6.2019 – C-664/17 – Rn 41 »Ellinika Nafpigeia«) – umgangen werden sollen (*BAG* 18.8.2011 – 8 AZR 312/10 – Rn 33 f.). Im Fall einer zulässigen rechtlichen **Unterbrechung** eines Arbeitsverhältnisses im Rahmen eines Betriebsübergangs ist diese gegenüber dem Erwerber unschädlich, und es ist von »ununterbrochenen« Arbeitsverhältnis auszugehen, wenn dies bei Fortbestand der rechtlichen Beziehungen mit dem Veräußerer anzunehmen wäre (*BAG* 20.2.2014 – 2 AZR 859/11 – Rn 20). Der Betriebsübergang als solcher ist **kein sachlicher Grund für eine Befristung** des Arbeitsverhältnisses iSv § 14 Abs. 1 TzBfG (*BAG* 25.10.2012 – 8 AZR 572/11 – Rn 46).

2. Zuordnung der Arbeitnehmer

§ 613a BGB findet auf **alle Arbeitsverhältnisse** (Rdn 8 ff.) Anwendung, die im Zeitpunkt des Betriebsübergangs bestehen und die dem übergegangenen Betrieb oder **Betriebsteil zuzuordnen** sind, nicht aber diejenigen, die zu stillgelegten oder beim alten Inhaber verbleibenden Betriebsteilen gehören (*BAG* 14.5.2020 – 6 AZR 235/19 – Rn 91; 21.5.2015 – 8 AZR 409/13 – Rn 33; s.a. Rdn 55). Für die Frage, welchem Betrieb oder Betriebsteil ein Arbeitnehmer zugeordnet ist, kommt es zunächst auf den **Willen der Arbeitsvertragsparteien** an. Liegt ein solcher weder in ausdrücklicher noch in konkludenter Form vor, so erfolgt die Zuordnung grundsätzlich – ausdrücklich oder konkludent – durch den Arbeitgeber aufgrund seines **Direktionsrechts** (*BAG* 17.10.2013 – 8 AZR 763/12 – Rn 24). Ein entscheidendes Kriterium dabei ist, in welchem Betriebsteil der Arbeitnehmer vor der (Teil)Betriebsveräußerung überwiegend tätig war. Es kommt auf den **Schwerpunkt der Tätigkeit** an (*BAG* 24.1.2013 – 8 AZR 706/11 – Rn 66, 68; 21.6.2012 – 8 AZR 181/11 – Rn 78 f.; 27.1.2011 – 8 AZR 326/09 – Rn 32; *EuGH* 14.4.1994 – C-392/92 – Rn 13 »Schmidt«: Betriebsteil, dem er zur Erfüllung seiner Aufgabe angehört).

54 § 613a BGB ist auch in Fällen eines Betriebsübergangs anwendbar, in denen **mehrere Erwerber** beteiligt sind. Nach Ansicht des EuGH gehen die Rechte und Pflichten aus einem Arbeitsvertrag **auf jeden der Erwerber anteilig** entsprechend der vom betreffenden Arbeitnehmer wahrgenommenen Aufgaben über, sofern die daraus folgende **Aufspaltung des Arbeitsvertrags** möglich ist und weder eine Verschlechterung der Arbeitsbedingungen nach sich zieht noch die Wahrung der durch die RL 2001/23/EG gewährleisteten Ansprüche berührt (*EuGH* 26.3.2020 – C-344/18 – Rn 38 »ISS Facility Services«). Die vom EuGH gewählte **Spaltungslösung** mag im konkret entschiedenen Fall zu einer tragfähigen Lösung führen. Ob aber in dieser Allgemeinheit eine Übertragung auf andere Fälle möglich ist, erscheint **zweifelhaft**. Sie führt durchweg zu dem unbefriedigenden Ergebnis mehrerer Teilzeitarbeitsverhältnisse (kritisch auch *Börner* EuZA 2021, 73; *Wolff* EWiR 2020, 569; *Löw/Stolzenberg* NZA 2020, 1279; *Joussen* ZESAR 2020, 397). Soweit der EuGH zur Begründung auf die **Interessen des Erwerbers** abstellt (*EuGH* aaO Rn 31) ist darauf hinzuweisen, dass die RL 2001/23/EG nicht den Erwerberschutz bezweckt, sondern die Wahrung der Ansprüche der Arbeitnehmer beim Betriebsübergang (vgl. Erwägungsgrund 3 und 4 der RL). Der so gewollte **Arbeitnehmerschutz** wäre im Rahmen einer **Schwerpunktlösung** besser verwirklicht.

55 Schwierig kann sich die **Zuordnung bei eng verflochtenen Betrieben** oder Betriebsteilen sowie bei der Tätigkeit in sog. Stabsstellen darstellen. Hierfür kommt insbes. der Schwerpunkt der Arbeitstätigkeit in Betracht, dh, für welchen Betrieb oder Betriebsteil der Arbeitnehmer überwiegend tätig war (*BAG* 17.10.2013 – 8 AZR 763/12 – Rn 28; 24.1.2013 – 8 AZR 706/11 – Rn 66, 68; ErfK-*Preis* Rn 72; HWK-*Müller-Bonanni* Rn 229). Für die Zuordnung maßgeblich ist in erster Linie der übereinstimmende **Wille der Parteien**, wie er sich auch aus dem Arbeitsvertrag ergeben kann. Ist ein solcher weder ausdrücklich noch konkludent erkennbar, erfolgt die Zuordnung grundsätzlich durch den Arbeitgeber aufgrund seines **Direktionsrechts** (*BAG* 21.2.2013 – 8 AZR 877/11 – Rn 35). Die Zuordnung muss sich aber auf die tatsächliche regelmäßige Eingliederung in den Betrieb beziehen (vgl. *BAG* 7.4.2011 – 8 AZR 730/09 – Rn 21) und kann nicht erst **wegen** des Betriebsübergangs erfolgen (vgl. *Elking* NZA 2014, 295; Staudinger/*Annuß* Rn 150; aM wohl MüKo-*Müller-Glöge* Rn 87). Fehlt es an einer solchen Zuordnung, wird man auf den **Schwerpunkt der Tätigkeit** abzustellen haben (HaKo-KSchR/ *Wemheuer* Rn 63). Dieser liegt regelmäßig dort, wo der Arbeitnehmer zeitlich überwiegend tätig war (*BAG* 17.10.2013 – 8 AZR 763/12 – Rn 30; HWK-*Müller-Bonanni* Rn 229). Bei einer Tätigkeit in einer **Unternehmensverwaltung**, die aber ausschließlich einem bestimmten – anderen – Betriebsteil zu Gute kommt und mit ihm so verflochten ist, dass die Tätigkeit nach dem Betriebsteilübergang deshalb entfällt, ist unter Berücksichtigung des Zwecks der Norm von einem Übergang des betreffenden Arbeitsverhältnisses auszugehen (vgl. *BAG* 21.1.1999 – 8 AZR 298/98 –; APS-*Steffan* Rn 73; ErfK-*Preis* Rn 72; HaKo-KSchR/*Wemheuer* Rn 64; aM wohl HWK-*Müller-Bonanni* Rn 228). Erforderlich ist aber eine strukturelle Eingebundenheit in den übergehenden Betriebsteil und nicht allein eine Tätigkeit für ihn (*BAG* 17.10.2013 – 8 AZR 763/12 – Rn 34 f.).

56 Ist eine **Zuordnung** auch nach den vorgenannten Kriterien **nicht möglich**, soll ein Übergang des Arbeitsverhältnisses nicht stattfinden (HaKo-KSchR/*Wemheuer* Rn 63; *Kreitner* NZA 1990,

429) oder eine unternehmerische Organisationsentscheidung möglich sein (HWK-*Müller-Bonanni* Rn 229; Staudinger/*Annuß* Rn 149; *ders.* NZA 1998, 70, 77). Näher liegt es, in einer solchen Fallgestaltung entsprechend dem Widerspruchsrecht des Arbeitnehmers von einem für ihn bestehenden **Wahlrecht** auszugehen (APS-*Steffan* Rn 88; ErfK-*Preis* Rn 72; MüKo-*Müller-Glöge* Rn 87; *v. Hoyningen-Huene*/*Windbichler* RdA 1977, 334; *Müller*/*Thüsing* ZIP 1997, 1873; *Gentges* RdA 1996, 266; für § 323 Abs. 2 UmwG vgl. *BAG* 19.10.2017 – 8 AZR 63/16 – Rn 51; ablehnend ErfK-*Oetker* UmwG § 323 Rn 9).

Eine in ihrem Anwendungsbereich allerdings beschränkte **Sonderregelung** sieht **§ 323 Abs. 2 UmwG** für einen Betriebsübergang im Zusammenhang mit einer Umwandlung vor. Sofern nämlich im Rahmen einer Verschmelzung, Spaltung oder Vermögensübertragung zugleich eine Betriebsänderung iSd § 111 BetrVG erfolgt und durch einen Interessenausgleich (§ 112 BetrVG) einzelne Arbeitnehmer namentlich bestimmten Betrieben oder Betriebsteilen zugeordnet werden, soll diese Zuordnung »durch das Arbeitsgericht« (gemeint sind offenkundig die Gerichte für Arbeitssachen, § 1 ArbGG) lediglich auf »grobe Fehlerhaftigkeit« hin überprüfbar sein. Da das Konkurrenzverhältnis dieser Regelung zum Prinzip des zwingenden Übergangs der Arbeitsverhältnisse mit dem jeweiligen Betrieb oder Betriebsteil nach § 613a Abs. 1 S. 1 BGB nicht ausdrücklich gesetzlich geregelt ist, wird man die geregelten Fälle als Spezialregelung ansehen können; die vorgenommene Zuordnung darf aber **nicht den Wertungen des § 613a Abs. 1 S. 1 BGB widersprechen** (*BAG* 19.10.2017 – 8 AZR 63/16 – Rn 46; APS-*Steffan* § 323 UmwG Rn 21 ff.; ErfK-*Oetker* UmwG § 323 Rn 9; HaKo-KSchR/*Fabritius* § 323 UmwG Rn 18; **aA** Staudinger/*Annuß* Rn 354). Deshalb ist davon auszugehen, dass eine § 613a BGB missachtende Zuordnung von Arbeitnehmern als grob fehlerhaft iSd § 323 Abs. 2 UmwG anzusehen ist. 57

Ist zwischen dem (vermeintlichen) Veräußerer und einem Arbeitnehmer im Streit, ob das Arbeitsverhältnis nach § 613a Abs. 1 S. 1 BGB auf einen Betriebserwerber übergegangen ist, kann der (bisherige) Arbeitgeber dies im Rahmen einer **negativen Feststellungsklage** nach § 256 Abs. 1 ZPO klären lassen (*BAG* 25.1.2018 – 8 AZR 338/16 – Rn 20). Entsprechendes gilt für den Arbeitnehmer, der mit einer **positiven Feststellungsklage** den Fortbestand beim Veräußerer geltend machen will (*BAG* 25.1.2018 – 8 AZR 309/16 – Rn 24 f.). Zwischen dem vermeintlichen Veräußerer und dem vermeintlichen Erwerber soll in einer solchen Situation weder aus prozessualen noch aus materiell-rechtlichen Gründen eine notwendige Streitgenossenschaft bestehen, so dass der Arbeitnehmer nicht gehalten sei, beide zu verklagen (*BAG* 25.1.2018 – 8 AZR 309/16 – Rn 32 ff.). Diese Ansicht führt allerdings zu dem Risiko einander widersprechender Entscheidungen, in deren Folge der Arbeitnehmer sein Arbeitsverhältnis ganz verlieren kann (vgl. *BAG* 24.9.2015 – 2 AZR 562/14 – Rn 21). 58

II. Unterrichtung und Widerspruchsrecht der Arbeitnehmer

1. Grundsatz

Zur Umsetzung der Informationspflicht nach Art. 7 Abs. 6 RL 2001/23/EG hat der Gesetzgeber mit dem Gesetz zur Änderung des Seemannsgesetzes und anderer Gesetze (BGBl. I 2002 S. 1163) § 613a Abs. 5 BGB in Kraft gesetzt. Die Regelungen über den **Informationsanspruch** gehen über die unionsrechtlichen Anforderungen hinaus (vgl. BT-Drs. 14/7760 S. 19), weil sie eine Unterrichtung der einzelnen Arbeitnehmer **in allen Betrieben unabhängig von ihrer Größe**, dem Vorhandensein eines Betriebsrats und dessen eigenen Informationsrechten vorschreibt (vgl. APS-*Steffan* Rn 202) und nicht nur dann, wenn es in diesen unabhängig vom Willen der Arbeitnehmer keine Arbeitnehmervertreter gibt (dazu ausf. *Franzen* RdA 2002, 259). Dieser Informationsanspruch ist inhaltlich **verknüpft mit dem Widerspruchsrecht** nach § 613a Abs. 6 BGB. Dem Arbeitnehmer soll durch die Information eine **ausreichende Tatsachengrundlage** für seine Entscheidung über die Ausübung seines Widerspruchsrecht geschaffen werden (*BAG* 28.2.2019 – 8 AZR 201/18 – Rn 43; 15.12.2016 – 8 AZR 612/15 – Rn 33 f; 14.11.2013 – 8 AZR 824/12 – Rn 19; s.a. BT-Drs. 14/7760 S. 19). 59

2. Unterrichtung der Arbeitnehmer

a) Allgemeines und Rechtsnatur

60 Die Informationspflicht aufgrund dieser Vorschrift besteht dann, wenn ein Betriebsübergang iSd Abs. 1 erfolgt. Ihrer Rechtsnatur nach ist die Unterrichtungspflicht keine bloße Obliegenheit, sondern eine Rechtspflicht (*Willemsen/Lembke* NJW 2002, 1160; Staudinger/*Annuß* Rn 296). Dies entspricht Wortlaut und System des Gesetzes, das von einer Verpflichtung ausgeht und nicht lediglich an die Nichtunterrichtung nachteilige Rechtsfolgen knüpft. Die Wortwahl der Gesetzesbegründung (BT-Drs. 14/7760 S. 19) stützt dieses Ergebnis (vgl. auch Art. 7 Abs. 1 RL 2001/23/EG zur Unterrichtungspflicht gegenüber der Arbeitnehmervertretung). Es handelt sich um eine **klagbare Rechtspflicht** (*BAG* 9.12.2019 – 8 AZR 592/08 – Rn 30; 21.1.2010 – 8 AZR 977/07 – Rn 41; 20.3.2008 – 8 AZR 1022/06 –; aM *Bauer/v. Steinau-Steinrück* ZIP 2002, 458; *Grobys* BB 2002, 726). Die Information muss zutreffend sein und ihre Einhaltung ist **gerichtlich nachprüfbar** (*BAG* 28.2.2019 – 8 AZR 201/18 – Rn 45). Deshalb kann die Verletzung der Unterrichtungspflicht zum **Schadensersatz** nach § 280 Abs. 1 BGB verpflichten (vgl. unten Rdn 69 und *BAG* 22.8.2012 – 5 AZR 526/11 – Rn 19), wobei ein Verschulden gem. § 280 Abs. 1 S. 2 BGB vermutet wird (*BAG* 9.12.2010 – 8 AZR 592/08 – Rn 30). Eine unvollständige Unterrichtung führt aber **nicht zur Unwirksamkeit** einer in diesem Zusammenhang nach Widerspruch des Arbeitnehmers gegen den Betriebsübergang ausgesprochenen **Kündigung** (*BAG* 24.5.2005 – 8 AZR 398/04 – Rn 25).

b) Inhalt der Unterrichtungspflicht

61 Der Inhalt der Unterrichtungspflicht ergibt sich aus § 613a Abs. 5 Nr. 1 bis 4 BGB, die der unionsrechtlichen Vorgabe des Art. 7 Abs. 6 RL 2001/23/EG entsprechen (MüKo-*Müller-Glöge* Rn 106). Mitzuteilen sind:
– **Zeitpunkt** oder geplanter Zeitpunkt des Übergangs (Nr. 1),
– der **Grund** für den Übergang (Nr. 2),
– die rechtlichen, wirtschaftlichen und sozialen **Folgen** des Übergangs für die Arbeitnehmer (Nr. 3) sowie
– die hinsichtlich der Arbeitnehmer in Aussicht genommenen **Maßnahmen** (Nr. 4).

Weiterhin ist es erforderlich, dass der **Gegenstand** des Betriebsübergangs und der **Erwerber** so bezeichnet werden, dass beides für den Arbeitnehmer identifizierbar ist (*BAG* 24.7.2008 – 8 AZR 1020/06 – Rn 27 f.; 14.12.2006 – 8 AZR 763/05 – Rn 27 f.). Über den Umstand eines erst noch zu gründenden Erwerbers ist gleichfalls hinzuweisen (*BAG* 14.11.2013 – 8 AZR 824/12 – Rn 20 ff.; 23.7.2009 – 8 AZR 538/08 – Rn 19 ff.). Das BAG hat in mehreren Entscheidungen die durchaus hohen **Anforderungen an den Inhalt** eines Unterrichtungsschreibens konkretisiert (*BAG* 13.7.2006 – 8 AZR 303/05 – Rn 22 ff.; 13.7.2006 – 8 AZR 305/05 – Rn 17 ff.; s.a. *BAG* 26.5.2011 – 8 AZR 18/10 – Rn 20 ff.). Soweit die Anforderungen als überzogen kritisiert werden (etwa *Grau* RdA 2007, 368; *C. Meyer* DB 2007, 858; *Nebeling/Kille* NZA-RR 2013, 1; *Willemsen* NJW 2007, 2067; *Schiefer/Worzalla* NJW 2009, 559), wird nicht ausreichend berücksichtigt, dass der Arbeitgeber derjenige ist, der den Betriebsübergang steuert, über die notwendigen Informationen verfügt und eine unzureichende Unterrichtung jederzeit nachgeholt werden kann. Für die Unterrichtung ist der **subjektive Kenntnisstand** des Arbeitgebers in deren Zeitpunkt maßgebend (*BAG* 14.11.2013 – 8 AZR 824/12 – Rn 30; 10.11.2011 – 8 AZR 430/10 – Rn 24, 39; ausf. zur Entscheidung *Gaul/Krause* RdA 2013, 39). Eine weitere nachträgliche Unterrichtung bei einer Änderung der Sachlage nach einer Erfüllung des Unterrichtungsanspruchs besteht nicht (*BAG* 13.7.2006 – 8 AZR 303/05 – Rn 31; APS-*Steffan* Rn 206a; anders bei einer neuen Maßnahme vgl. *BAG* 25.10.2007 – 8 AZR 989/06 – Rn 31). Erforderlich ist eine **inhaltlich zutreffende und vollständige Unterrichtung**. Die Rechtsfolgen des Betriebsübergangs müssen fehlerfrei beschrieben werden und nicht nur »im Kern« zutreffend sein (*BAG* 26.5.2011 – 8 AZR 18/10 – Rn 20; 23.7.2009 – 8 AZR 538/08 – Rn 31; 22.1.2009 – 8 AZR 808/07 – Rn 26). Dabei soll auch zwischen kraft Gesetzes eintretenden Rechtsfolgen und freiwilligen Verpflichtungen zu differenzieren sein (*BAG* 13.7.2006 – 8 AZR 305/05 – Rn 36: Hinweis auf Übernahme der Arbeitsverhältnisse

»problematisch«). Bei komplexen Rechtsfragen ist es indes ausreichend, wenn der Arbeitgeber bei angemessener Prüfung der Rechtslage, ggf. unter Einholung von Rechtsrat über die höchstrichterliche Rechtsprechung eine vertretbare Rechtsposition eingenommen hat (*BAG* 26.3.2015 – 2 AZR 783/13 – Rn 25). Die Unterrichtung muss in betriebsbezogener Weise und in verständlicher Sprache erfolgen (ErfK-*Preis* Rn 86). Ausreichend ist die Unterrichtung in einem an alle betroffenen Arbeitnehmer gerichteten **Standardschreiben**, wenngleich auf etwaige Besonderheiten in den einzelnen Arbeitsverhältnissen einzugehen ist (*BAG* 13.7.2006 – 8 AZR 305/05 – Rn 21).

Der **Zeitpunkt des Übergangs** ergibt sich aus allgemeinen Grundsätzen. Es ist der, zu dem der **62 Erwerber tatsächlich die Leitungsmacht übernimmt** und die wirtschaftliche Einheit nach außen nutzt (vgl. *BAG* 25.1.2018 – 8 AZR 309/16 – Rn 56; s.o. Rdn 48). Die Nennung des **geplanten Zeitpunkts** reicht im Regelfall, also bei rechtzeitiger Unterrichtung vor dem Betriebsübergang, aus. Wenn der Zeitpunkt des tatsächlichen vom ursprünglich geplanten Übergang so stark **abweicht**, dass es Auswirkungen auf die weiteren mitzuteilenden Angaben hat und sich als andere Maßnahme darstellt, ist eine erneute Unterrichtung erforderlich (vgl. APS-*Steffan* Rn 207).

Mit dem im Gesetz genannten **Grund für den Übergang** ist nicht nur der **wirtschaftliche**, sondern **63** auch der **rechtliche** Grund für den Betriebsübergang wie Kaufvertrag, Pachtvertrag, Umwandlung etc. gemeint, ohne dass Einzelheiten der Verträge genannt werden müssen (*BAG* 15.12.2016 – 8 AZR 612/15 – Rn 50; aA Staudinger/*Annuß* Rn 282; *Maschmann* BB-Special 2006 Nr. 6, 29; *Huke* FA 2002, 266). Darüber hinaus hat der Arbeitgeber diejenigen unternehmerischen Gründe für den Betriebsübergang zumindest schlagwortartig mitzuteilen, die sich im Fall des Widerspruchs auf den Arbeitsplatz auswirken können (*BAG* 23.7.2009 – 8 AZR 538/08 – Rn 24; 14.12.2006 – 8 AZR 763/05 – Rn 32; aA ErfK-*Preis* Rn 87; *Gaul* FA 2002, 299). Das umfasst im Hinblick auf das Widerspruchsrecht namentlich die Unterrichtung darüber, ob dem Betriebsübergang eine im Übrigen geplante Betriebsstilllegung zu Grunde liegt (*BAG* 13.7.2006 – 8 AZR 305/05 – Rn 29).

Bei der Unterrichtung über die **rechtlichen, wirtschaftlichen und sozialen Folgen** des Betriebsüber- **64** gangs ist zu unterscheiden. Die **rechtlichen Folgen** ergeben sich aus dem Gesetz, insbes. aus den Regelungen in § 613a Abs. 1 bis 4 BGB. Der Arbeitgeber muss also über die aus dem Gesetz durch Anwendung auf den konkreten Übergangsfall resultierenden Folgen informieren. Das umfasst zunächst die Person des Übernehmers, der mit Name (Firma) und Anschrift zu nennen ist (*BAG* 23.7.2009 – 8 AZR 538/08 – Rn 20; 21.8.2008 – 8 AZR 407/07 – Rn 37). Hierzu zählen ferner die Weitergeltung oder ggf. Änderung der bisherigen Rechte und Pflichten aus dem Arbeitsverhältnis, die Haftung (Eingreifen und zeitliche Schranken) des bisherigen Arbeitgebers und des neuen Inhabers des Betriebs gegenüber dem Arbeitnehmer (*BAG* 23.7.2009 – 8 AZR 538/08 – Rn 30; 14.12.2006 – 8 AZR 763/05 – Rn 35), die Geltung des Kündigungsverbots in § 613a Abs. 4 BGB sowie das Widerspruchsrecht (*BAG* 24.7.2008 – 8 AZR 73/07 – Rn 36; ErfK-*Preis* Rn 88a), die dabei zu beachtende Frist und, soweit sie in Betracht kommt, auch die Möglichkeit der Kündigung im Falle des Widerspruchs. Weitere Folgen für den Arbeitnehmer, über die zu unterrichten ist, können aus den jeweiligen Gegebenheiten beim neuen Arbeitgeber resultieren. Daraus folgt, je nach den Umständen, die Pflicht zur Unterrichtung über das Fortgelten von Kollektivregelungen oder deren Verdrängung durch die beim neuen Arbeitgeber geltenden Kollektivregeln, soweit die Voraussetzungen hierfür vorliegen (*BAG* 10.11.2011 – 8 AZR 430/10 – Rn 27; 23.7.2009 – 8 AZR 538/08 – Rn 30). Eine detaillierte Bezeichnung der einzelnen Tarifverträge und Betriebsvereinbarungen ist nicht erforderlich (*BAG* 10.11.2011 – 8 AZR 430/10 – Rn 27; 13.7.2006 – 8 AZR 305/05 – Rn 32). Auch im Hinblick auf etwaige **tatsächliche wirtschaftliche und soziale Folgen** (»Sekundärfolgen«) kann eine Unterrichtungspflicht bestehen (ErfK-*Preis* Rn 88b; aM MüKo-*Müller-Glöge* Rn 108), wie etwa der Hinweis auf eine Neugründung iSd. § 112a Abs. 1 BetrVG und die damit verbundene Sozialplanprivilegierung (*BAG* 15.12.2016 – 8 AZR 612/15 – Rn 36; 14.11.2013 – 8 AZR 824/12 – Rn 31; aM APS-*Steffan* Rn 213a). Ein hieraus resultierender Fehler ist allerdings nach Ablauf von vier Jahren geheilt (*BAG* 15.12.2016 – 8 AZR 612/15 – Rn 39).

Zu den **hinsichtlich der Arbeitnehmer in Aussicht genommenen Maßnahmen** gehören zunächst **65** alle, welche der neue Arbeitgeber aus Anlass oder infolge des Betriebsübergangs für die Arbeitnehmer des übergegangenen Betriebs vorgesehen hat (*BAG* 10.11.2011 – 8 AZR 430/10 – Rn 30). Dazu gehören nach der Gesetzesbegründung **Weiterbildungsmaßnahmen** im Zusammenhang mit geplanten Produktionsumstellungen oder **Umstrukturierungen** und andere Maßnahmen, welche die berufliche Entwicklung der Arbeitnehmer betreffen *(vgl. BT-Drs. 14/7760 S. 19)*. Führen diese schon beim Übergang zu einer Betriebsänderung mit Interessenausgleich oder **Sozialplan**, so ist hierüber bei hinreichender Greifbarkeit zu informieren (*BAG* 13.7.2006 – 8 AZR 303/05 – Rn 26).

c) Form der Unterrichtung

66 Die Unterrichtung muss in **Textform** gem. § 126b BGB erfolgen (vgl. *BAG* 23.7.2009 – 8 AZR 538/08 – Rn 21, zum Erfordernis, die Person des Erklärenden erkennen zu lassen). Dadurch soll der Arbeitnehmer in die Lage versetzt werden, den Inhalt der Unterrichtung dauerhaft verfügbar zu halten, um sich alsdann weitergehend zu erkundigen oder – insbes. im Hinblick auf die Entscheidung über einen Widerspruch gegen den Betriebsübergang – beraten lassen zu können (BT-Drs. 14/7760 S. 19). Eine **mündliche Unterrichtung**, etwa auf einer Betriebsversammlung, reicht nicht aus (HaKo-KSchR/*Wemheuer* Rn 177), wie auch – mangels Zugang – ein bloßer **Aushang** (HWK-*Müller-Bonanni* Rn 321). Ausreichend ist eine **E-Mail** (ErfK-*Preis* Rn 91; Staudinger/*Annuß* Rn 273).

d) Zeitpunkt der Unterrichtung

67 Der Arbeitgeber hat den Arbeitnehmer gem. § 613a Abs. 5 BGB **vor dem Betriebsübergang** zu unterrichten. Aus dieser Regelung folgt allerdings nicht, dass die Erfüllung der Unterrichtungspflicht mit Verstreichen dieses Zeitpunkts objektiv unmöglich iSd § 275 Abs. 1 BGB wird und damit erlischt. Eine spätere Unterrichtung ist möglich und löst den Lauf der Widerspruchsfrist aus (*BAG* 14.12.2006 – 8 AZR 763/05 – Rn 48; ErfK-*Preis* Rn 92).

e) Berechtigte und Verpflichtete

68 Inhaber des Unterrichtungsanspruchs sind »die von einem Übergang betroffenen Arbeitnehmer«, also diejenigen, **deren Arbeitsverhältnisse** nach § 613a Abs. 1 S. 1 BGB **übergehen** werden (Rdn 53 ff.). Nach der Systematik von Art. 7 RL 2001/23/EG können auch **Arbeitnehmer des aufnehmenden Betriebs** zu unterrichten sein, soweit sie – etwa durch Umstrukturierungen – betroffen sind. Dem hat – in Fällen des Art. 7 Abs. 6 RL 2001/23/EG – eine richtlinienkonforme Auslegung des Merkmals »betroffene Arbeitnehmer« in § 613a Abs. 5 BGB Rechnung zu tragen (ErfK-*Preis* Rn 90; *Riesenhuber* RdA 2004, 340; *Sagan* ZIP 2011, 1641; aM HWK-*Müller-Bonanni* Rn 319; Staudinger/*Annuß* Rn 270). Verpflichtet zur Unterrichtung der Arbeitnehmer sind sowohl **der bisherige Arbeitgeber** als auch **der neue Betriebsinhaber**. Dabei geht das Gesetz davon aus, dass sich beide Beteiligte untereinander verständigen, in welcher Weise sie ihre Informationspflicht erfüllen (BT-Drs. 14/7760 S. 19). Insofern besteht eine Kooperationspflicht als Nebenpflicht aus dem Übergang zugrunde liegenden Rechtsgeschäft (dazu *Meyer* NZA 2012, 1185; *Mückl* RdA 2008, 343). Dass bestimmte Informationen nur einem der beiden beteiligten Arbeitgeber bekannt sind, so dass dieser zur Erfüllung der Informationspflicht insoweit selbst gar nicht in der Lage ist, steht der Annahme einer **Gesamtschuld** nach allgemeinen Grundsätzen nicht entgegen. Die Erfüllung der Unterrichtungspflicht durch den einen wirkt auch zu Gunsten des anderen. Zwei Teilunterrichtungen können den Unterrichtungsanspruch insgesamt erfüllen (ErfK-*Preis* Rn 90; MüKo-*Müller-Glöge* Rn 111; Staudinger/*Annuß* Rn 272).

f) Rechtsfolgen unterlassener, verspäteter oder fehlerhafter Unterrichtung

69 Nach § 613a Abs. 6 BGB beginnt die in dieser Vorschrift vorgesehene **Widerspruchsfrist** für den Arbeitnehmer gegen den Übergang seines Arbeitsverhältnisses erst nach **Zugang der Unterrichtung** gem. Abs. 5. Diese Rechtsfolge greift nicht nur bei vollständig ausbleibender Unterrichtung, sondern auch bei unvollständiger oder unzutreffender Unterrichtung ein (BT-Drs. 14/7760 S. 19; *BAG* 28.2.2019 – 8 AZR 201/18 – Rn 44; 28.6.2018 – 8 AZR 100/17 – Rn 12). Die Monatsfrist

findet auch keine Anwendung, wenn ein vermeintlicher Veräußerer oder Erwerber über einen **rechtsirrig angenommenen Betriebsübergang** unterrichten. Eine entsprechende Anwendung von § 613a Abs. 6 BGB scheidet aus (*BAG* 25.1.2018 – 8 AZR 309/16 – Rn 63). Ferner kann das Ausbleiben, die Unvollständigkeit oder Verspätung der Unterrichtung aufgrund der Einordnung des Unterrichtungserfordernisses als echte Rechtspflicht **Schadensersatzansprüche** des Arbeitnehmers nach § 280 BGB auslösen (vgl. Rdn 60 und *BAG* 22.8.2012 – 5 AZR 526/11 – Rn 19), es sei denn, der Arbeitnehmer kann durch Ausübung seines noch bestehenden Widerspruchsrechts einen Schaden vermeiden (*BAG* 20.3.2008 – 8 AZR 1022/06 – Rn 54). Hat ein Arbeitnehmer sein Recht auf Ausübung des Widerspruchsrechts verwirkt, kann er nicht im Wege der Naturalrestitution verlangen, so gestellt zu werden, als hätte er den Widerspruch wirksam ausgeübt, da sonst die Regelungen bzgl. des Widerspruchsrechts umgangen würden (*BAG* 11.11.2010 – 8 AZR 169/09 – Rn 22; Staudinger/*Annuß* Rn 296; dazu krit. ErfK-*Preis* Rn 94). **Maßgebender Beurteilungszeitpunkt** für die Richtigkeit ist derjenige des Zugangs der Mitteilung (*BAG* 14.12.2006 – 8 AZR 763/05 – Rn 34; *Willemsen/Lembke* NJW 2002, 1164). Erfolgt die Unterrichtung nicht bis zum Zeitpunkt des Übergangs, tritt regelmäßig Verzug nach § 286 Abs. 2 Nr. 4 BGB ein. Wurde der Arbeitnehmer unzutreffend unterrichtet, kann auch ein Anfechtungsrecht hinsichtlich des Widerspruchs bestehen (vgl. APS-*Steffan* Rn 217; *Willemsen/Lembke* NJW 2002, 1163). Eine unvollständige Unterrichtung führt aber **nicht zur Unwirksamkeit** einer in diesem Zusammenhang nach Widerspruch des Arbeitnehmers gegen den Betriebsübergang ausgesprochenen **Kündigung** (*BAG* 24.5.2005 – 8 AZR 398/04 – Rn 25; zum Ganzen *Grau* RdA 2005, 367).

g) Darlegungs- und Beweislast

Im Rahmen des § 613a BGB gelten die allgemeinen Grundsätze der **Darlegungs- und Beweislast** (*BAG* 28.2.2019 – 8 AZR 201/18 – Rn 32), die **abgestuft** ist: Für das Vorliegen, die Richtigkeit, den Zeitpunkt und die sonstigen Voraussetzungen einer wirksamen Unterrichtung trägt der Arbeitgeber die Darlegungs- und Beweislast. Allerdings können den Arbeitnehmer im Prozess sekundäre Substantiierungslasten und daran anknüpfende Beweislasten treffen. Hat der Arbeitgeber eine formal ordnungsgemäße Unterrichtung dargelegt und bewiesen, die nicht offensichtlich fehlerhaft ist, muss der Arbeitnehmer einen Mangel aufzeigen, aus dem sich die Unzulänglichkeit der Unterrichtung ergibt (*BAG* 10.11.2011 – 8 AZR 430/10 – Rn 24; 31.1.2008 – 8 AZR 1116/06 – Rn 29; 14.12.2006 – 8 AZR 763/05 – Rn 23 f.). **Offensichtlich fehlerhaft** ist die Unterrichtung dann, wenn die Unterrichtung über die Person des Betriebserwerbers und/oder in Bezug auf einen in § 613a Abs. 5 BGB genannten Umstand fehlt bzw. unverständlich oder auf den ersten Blick mangelhaft ist (*BAG* 28.2.2019 – 8 AZR 201/18 – Rn 45; 10.11.2011 – 8 AZR 430/10 – Rn 25).

3. Widerspruchsrecht

a) Grundsatz

In Übereinstimmung mit einer schon lange in der Rechtsprechung vertretenen Ansicht (*BAG* 2.10.1974 – 5 AZR 504/73 – zu II 2 und III der Gründe) räumt das Gesetz seit 1.4.2002 dem Arbeitnehmer in § 613a Abs. 6 BGB ein **Widerspruchsrecht gegen den Übergang** seines Arbeitsverhältnisses auf den Betriebswerber ein (BGBl. I 2002 S. 1163 und BT-Drs. 14/7760), welches auch **vom EuGH** anerkannt wird (*EuGH* 24.1.2002 – C-51/00 – Rn 37 »Temco«; 16.12.1992 – C-132/91 – »Katsikas«) Es ist allerdings unionsrechtlich nicht geboten (*EuGH* 5.5.1988 – C-144/87 ua. – »Berg«). Der Übergang des Arbeitsverhältnisses und dessen Beendigung gegenüber dem bisherigen Arbeitgeber erfolgen nicht, wenn der Arbeitnehmer dem widerspricht. Nicht zulässig, weil mit Art. 3 RL 2001/23/EG unvereinbar, ist es, wenn ein Arbeitnehmer nur **einzelnen Folgen des Übergangs**, etwa dem Freiwerden des Arbeitgebers von seinen Verbindlichkeiten gegenüber dem Arbeitnehmer, widerspricht. Das ursprünglich durch teleologische Reduktion des § 613a Abs. 1 S. 1 BGB gewonnene Widerspruchsrecht ist durch die von Art. 12 GG geschützte **Freiheit zur Wahl des Arbeitsplatzes** auch geboten (*BVerfG* 25.1.2011 – 1 BvR 1741/09 – zu VI B I 2 a der

Gründe; *BAG* 11.12.2014 – 8 AZR 943/13 – Rn 32; 24.4.2014 – 8 AZR 369/13 – Rn 18; vgl. auch *BAG* 15.12.2016 – 8 AZR 612/15 – Rn 43 zu unionsrechtlichen Aspekten).

b) Ausübung

72 Das Widerspruchsrecht ist ein **Gestaltungsrecht** (*BAG* 28.2.2019 – 8 AZR 201/18 – Rn 42). Es ist auf Verhinderung oder Beseitigung der Rechtsfolge des § 613a Abs. 1 S. 1 BGB gerichtet (*BAG* 15.12.2016 – 8 AZR 612/15 – Rn 32; 19.11.2015 – 8 AZR 773/14 – Rn 19). Seine Ausübung erfolgt **durch empfangsbedürftige Willenserklärung** (*BAG* 19.2.2009 – 8 AZR 176/08 – Rn 22), die auch **konkludent** abgegeben werden kann (*BAG* 13.7.2006 – 8 AZR 382/05 – Rn 23). Es gelten die allgemeinen Auslegungsgrundsätze (*BAG* 15.2.2007 – 8 AZR 431/06 – Rn 35). Die Widerspruchserklärung ist **bedingungsfeindlich** (*BAG* 13.7.2006 – 8 AZR 382/05 – Rn 26; 24.5.2005 – 8 AZR 398/04 – Rn 16). Ein sachlicher Grund ist für die Wirksamkeit des Widerspruchs nicht erforderlich (*BAG* 27.11.2008 – 8 AZR 199/07 – Rn 43; 15.2.2007 – 8 AZR 310/06 – Rn 17; 30.9.2004 – 8 AZR 462/03 – Rn 28). Der Arbeitnehmer trägt jedoch das Risiko der Kündigung durch den Veräußerer, zu dem das Arbeitsverhältnis dann unverändert fortbesteht (*BAG* 19.11.2015 – 8 AZR 773/14 – Rn 19; BVerfG zu VI B I 2 a der Gründe; BT-Drs 14/7760 S. 20; s. Rdn 80 ff.). Die Widerspruchserklärung kann nach §§ 119, 123 BGB **angefochten** werden (*BAG* 15.12.2011 – 8 AZR 220/11 – Rn 24 ff.), etwa bei einer bewusst unrichtigen Unterrichtung (*Haas/Salamon/Hoppe* NZA 2011, 128). Ein einseitiger Widerruf ist dagegen nicht möglich (*BAG* 30.10.2003 – 8 AZR 491/02 – zu II 2 der Gründe). Durch vertragliche Vereinbarung anlässlich eines Betriebsübergangs kann das Widerspruchsrecht ausgeschlossen werden (*BAG* 19.3.1998 – 8 AZR 139/97 – zu I 3 a der Gründe). Ebenso kann auf das Widerspruchsrecht durch einseitige Erklärung des Arbeitnehmers **verzichtet** werden, was aber nur unter strengen Voraussetzungen anzunehmen ist (*BAG* 28.2.2019 – 8 AZR 201/18 – Rn 50, 58; hierzu *Meyer* SAE 2020, 17; *Otto* DB 2019, 2470).

73 **Adressat** des Widerspruchs ist nach Wahl des Arbeitnehmers der »bisherige Arbeitgeber«, der Veräußerer, oder der »neue Inhaber«, der Erwerber, § 613a Abs. 6 S. 2 BGB. Ein Widerspruch gegenüber einem vorangegangenen Arbeitgeber, also vormaligen Veräußerer, scheidet – regelmäßig wegen Ablaufs der Frist des § 613a Abs. 6 S. 1 BGB – bezogen auf einen bloßen Widerspruch gegen den »letzten« Übergang des Arbeitsverhältnis aus, vielmehr ist allen Übergängen des Arbeitsverhältnisses zu widersprechen (*BAG* 19.11.2015 – 8 AZR 773/14 – Rn 22; 24.4.2014 – 8 AZR 369/13 – Rn 17; APS-*Steffan* Rn 221; *Moll/Katerndahl* RdA 2017, 324; *Rütz* DB 2015, 560; aM ErfK-*Preis* Rn 99; *Greiner/Hennecken* EWiR 2014, 663). Die wechselseitige Unterrichtung der Arbeitgeber haben diese als Nebenpflicht des Übertragungsgeschäfts zu erledigen (ErfK-*Preis* Rn 99; einschränkend Staudinger/*Annuß* Rn 310).

c) Form

74 Der Widerspruch ist gem. § 613a Abs. 6 S. 1 BGB »**schriftlich**« zu erheben. Nach der Gesetzesbegründung (BT-Drs. 14/7760 S. 20) soll das »eigenhändige Unterzeichnung« und »Schriftform« (iSd. § 126 BGB) bedeuten (vgl. *BAG* 28.2.2019 – 8 AZR 201/18 – Rn 79; 13.7.2006 – 8 AZR 382/05 – Rn 23). Die **elektronische Form** des § 126a BGB ist damit nicht iSv. § 126 Abs. 3 BGB ausgeschlossen (ErfK-*Preis* Rn 98; MüKo-*Müller-Glöge* Rn 117; aM APS-*Steffan* Rn 219). Das Schriftformerfordernis dient dem **Übereilungsschutz** des Arbeitnehmers, der im Falle einer fehlenden Beschäftigungsmöglichkeit beim alten Arbeitgeber Gefahr läuft, seinen Arbeitsplatz zu verlieren, und **Beweiszwecken** (BT-Drs. 14/7760 S. 20). Es gelten die allgemeinen Auslegungsgrundsätze (*BAG* 15.2.2007 – 8 AZR 431/06 – Rn 35). Erforderlich ist, dass sich der Wille in der Erklärung zumindest andeuten muss (*BAG* 13.7.2006 – 8 AZR 382/05 – Rn 23). Die Angabe eines Grundes ist für die Ausübung des Widerspruchs nicht erforderlich (*BAG* 27.11.2008 – 8 AZR 199/07 – Rn 43; 15.2.2007 – 8 AZR 310/06 – Rn 17).

d) Frist und Verwirkung

75 Für die Ausübung des Widerspruchsrechts gilt eine **Frist von einem Monat**, § 613a Abs. 6 S. 1 BGB. Sie beginnt mit dem Zugang der vollständigen und formgerechten Information durch den

Arbeitgeber (s. Rdn 61 ff.; sowie *BAG* 28.2.2019 – 8 AZR 201/18 – Rn 44; 15.12.2016 – 8 AZR 612/15 – Rn 34) und ist **unabhängig vom Zeitpunkt des Betriebsübergangs** (ErfK-*Preis* Rn 100). Für die Berechnung sind §§ 187 Abs. 1, 188 Abs. 2 BGB maßgebend (Staudinger/*Annuß* Rn 311). Das gilt gleichermaßen für einen vor oder nach dem Übergang erklärten Widerspruch. Auch nach erfolgtem und für den Arbeitnehmer erkennbarem Übergang beginnt mithin die Widerspruchsfrist erst mit dem Zugang der vollständigen Information.

Fehlt es am Zugang einer vollständigen, zutreffenden und formgerechten Unterrichtung, beginnt die einmonatige Widerspruchsfrist nicht zu laufen (*BAG* 28.2.2019 – 8 AZR 201/18 – Rn 44; 15.12.2016 – 8 AZR 612/15 – Rn 34). Eine starre absolute Höchstgrenze für die Ausübung des Widerspruchsrechts lässt sich nicht bestimmen (vgl. *BAG* 28.6.2018 – 8 AZR 100/17 – Rn 31). Hiergegen spricht schon, dass entsprechende Vorschläge im Gesetzgebungsverfahren nicht aufgegriffen wurden (BT-Drs. 14/8128 S. 4; BR-Drs. 831/1/01 S. 2). Deshalb kann auch **keine Höchstfrist von sechs Monaten** angenommen werden (*BAG* 24.2.2011 – 8 AZR 469/09 – Rn 24; so auch Staudinger/*Annuß* Rn 313; ErfK-*Preis* Rn 100). Ebenso steht dem Widerspruch nicht entgegen, dass das Arbeitsverhältnis zwischenzeitlich beendet ist (*BAG* 21.1.2010 – 8 AZR 870/07 – Rn 17; 20.3.2008 – 8 AZR 1016/06 – Rn 37; ErfK-*Preis* Rn 101; aA *Willemsen* NJW 2007, 2073). Das Widerspruchsrecht unterliegt aber nach allgemeinen **Grundsätzen der Verwirkung** als einem Sonderfall der unzulässigen Rechtsausübung, der dem Bedürfnis nach Rechtsklarheit dient. Allein der Zeitablauf kann die Verwirkung eines Rechts nicht rechtfertigen (**Zeitmoment**). Es müssen vielmehr besondere Umstände sowohl im Verhalten des Berechtigten als auch des Verpflichteten hinzutreten (**Umstandsmoment**), die es rechtfertigen, die späte Geltendmachung des Rechts als mit Treu und Glauben unvereinbar und für den Verpflichteten als unzumutbar anzusehen. Weiterhin muss (**Zumutbarkeitsmoment**) das Erfordernis des Vertrauensschutzes das Interesse des Berechtigten derart überwiegen, dass ihm die Rechtsfolgen des Widerspruchs nicht zugemutet werden können (vgl. *BAG* 28.2.2019 – 8 AZR 201/18 – Rn 66 ff.; 28.6.2018 – 8 AZR 100/17 – Rn 14 ff.; 21.12.2017 – 8 AZR 99/17 – Rn 14 ff.; Staudinger/*Annuß* Rn 315 ff.). Dabei besteht zwischen dem Zeit- und dem Umstandsmoment eine Wechselwirkung (*BAG* 28.2.2019 – 8 AZR 201/18 – Rn 68; APS-*Steffan* Rn 223; HWK-*Müller-Bonanni* Rn 346; ErfK-*Preis* Rn 101 will die Schwere des Unterrichtungsfehlers in die Abwägung einbeziehen). Ein befristetes **tarifvertragliches Rückkehrrecht** zum Veräußerer hat keinen Einfluss auf Zeit- und Umstandsmoment der Verwirkung (*BAG* 22.7.2021 – 2 AZR 6/21 – Rn 34 f.).

Die Frist für die Verwirklichung des **Zeitmoments** (*BAG* 24.7.2008 – 8 AZR 205/07 – Rn 36: zweieinhalb Monate; 27.11.2008 – 8 AZR 174/07 – Rn 26: fünfzehn Monate; 2.4.2009 – 8 AZR 220/07 – Rn 28: siebeneinhalb Monate; 24.2.2011 – 8 AZR 699/09 – Rn 29: neun Monate; 15.3.2012 – 8 AZR 700/10 – Rn 33: sechseinhalb Jahre – »besonders schwerwiegend verwirklichtes Zeitmoment«; 17.10.2013 – 8 AZR 974/12 – Rn 29: knapp sechs Monate) beginnt nicht erst mit der ordnungsgemäßen Unterrichtung, sondern mit dem Ablauf der Überlegungsfrist des § 613a Abs. 6 S. 1 BGB – also regelmäßig einen Monat nach dem Zugang des gegebenenfalls unzureichenden Unterrichtungsschreibens – (*BAG* 24.8.2017 – 8 AZR 265/16 – Rn 31), frühestens aber mit dem Betriebsübergang selbst und der Weiterarbeit für den neuen Inhaber (*BAG* 28.2.2019 – 8 AZR 201/18 – Rn 82). Dabei können sich Erwerber und Veräußerer auch auf Umstände berufen, die gegenüber dem jeweils anderen zum Tragen gekommen sind (*BAG* 24.2.2011 – 8 AZR 699/09 – Rn 32). Allerdings kann sich bei einer zutreffend in Textform erfolgten Unterrichtung über die grundlegenden Informationen zum Betriebsübergang, namentlich über den neuen Inhaber, bei einer widerspruchslosen Weiterarbeit des Arbeitnehmers beim Erwerber über einen **Zeitraum von sieben Jahren** der Widerspruch allein aufgrund des Zeitablaufs als mit Treu und Glauben unvereinbar erweisen (*BAG* 28.2.2019 – 8 AZR 201/18 – Rn 82; 28.6.2018 – 8 AZR 100/17 – Rn 19 ff.; grundlegend 24.08.2017 – 8 AZR 265/16 – Rn 24 ff.; kritisch hierzu *Meyer* SAE 2018, 18; ablehnend *Greiner/Pionteck* RdA 2020, 169). Das wird man – unabhängig von der zweifelhaften Herleitung aus Verjährungs- und Anfechtungsregelungen – nicht als starre Zeitgrenze verstehen können, sondern nur als einen Anhaltspunkt im Rahmen der Gesamtbewertung der Verwirkung, bei der das Erfordernis eines Umstandsmoments immer weiter zurücktritt (vgl. *BAG* 22.7.2021 – 2 AZR 6/21 – Rn. 31 f.).

78 Der Arbeitnehmer muss sein Widerspruchsrecht unter Umständen nicht ausgeübt haben, die den Eindruck erweckten, dass er sein Recht nicht mehr geltend machen wolle, so dass der Verpflichtete sich darauf einstellen durfte, nicht mehr in Anspruch genommen zu werden (*BAG* 28.2.2019 – 8 AZR 201/18 – Rn 67; 28.6.2018 – 8 AZR 100/17 – Rn 16). Allein aus der widerspruchslosen Weiterarbeit des Arbeitnehmers kann allerdings kein **Umstandsmoment** abgeleitet werden (*BAG* 28.2.2019 – 8 AZR 201/18 – Rn 73; 28.6.2018 – 8 AZR 100/17 – Rn 21). Auch muss der Arbeitnehmer nicht auf Fristsetzungen des Arbeitgebers reagieren (*BAG* 24.7.2008 – 8 AZR 755/07 – Rn 45). Anders kann es sich verhalten, wenn der Arbeitnehmer eine selbst gesetzte Frist für die Ausübung des Widerspruchsrechts verstreichen lässt (*BAG* 2.4.2009 – 8 AZR 262/07 – Rn 27). Die **Erhebung einer Kündigungsschutzklage** gegen eine vom Erwerber ausgesprochene Kündigung führt ebenfalls nicht zur Verwirklichung des Umstandsmoments (*BAG* 2.4.2009 – 8 AZR 178/07 – Rn 27). Demgegenüber wird das erforderliche Umstandsmoment dann anzunehmen sein, wenn der Arbeitnehmer **über den Bestand seines Arbeitsverhältnisses disponiert** (zweifelnd *BAG* 28.2.2019 – 8 AZR 201/18 – Rn 85: Treuwidrigkeit des Widerspruchs, ohne dass es auf ein Zeitmoment ankommt), sei es, dass er mit dem Erwerber einen **Aufhebungsvertrag** vereinbart (*BAG* 22.4.2010 – 8 AZR 805/07 – Rn 37; 12.11.2009 – 8 AZR 530/07 – Rn 29; 23.7.2009 – 8 AZR 357/08 – Rn 46; nicht aber bei treuwidriger Veranlassung zu einem solchen *BAG* 11.11.2010 – 8 AZR 185/09 – Rn 39), mit einem neuen Arbeitgeber nach Aufhebung des Arbeitsverhältnisses einen Arbeitsvertrag schließt (*BAG* 27.11.2008 – 8 AZR 174/07 – Rn 33; ebenso bei einer dreiseitigen Vereinbarung zwischen ihm, dem Erwerber und einem neuen Arbeitgeber *BAG* 18.3.2010 – 8 AZR 840/08 – Rn 36), eine Kündigung des Betriebserwerbers hinnimmt (*BAG* 9.12.2010 – 8 AZR 152/08 – Rn 21; 24.7.2008 – 8 AZR 175/07 – Rn 38) oder mit dem Erwerber in einem gerichtlichen Vergleich vereinbart, es habe »kein Arbeitsverhältnis bestanden« und eine Zahlung vom Betriebserwerber erhält (*BAG* 17.10.2013 – 8 AZR 974/12 – Rn 33; weitere Fälle bei ErfK-*Preis* Rn 102). Es stellt grundsätzlich keine Disposition über das Arbeitsverhältnis dar, wenn eine Klage auf Feststellung bestimmter bestehender Arbeitsbedingungen erhoben wird, ohne dass der rechtliche Bestand des Arbeitsverhältnisses verändert wird (*BAG* 11.12.2014 – 8 AZR 943/13 – Rn 21). Erforderlich ist in jedem Fall eine Würdigung der gesamten Umstände. Ein Umstandsmoment für die Verwirkung des Widerspruchsrechts kann eine Disposition des Arbeitnehmers über das Arbeitsverhältnis aber nur dann begründen, wenn sie **vor Ausübung des Gestaltungsrechts** erfolgt (vgl. *BAG* 28.2.2019 – 8 AZR 201/18 – Rn 84 f.).

e) Ausschluss des Widerspruchs

79 Durch vertragliche Vereinbarung anlässlich eines Betriebsübergangs kann das Widerspruchsrecht ausgeschlossen werden (*BAG* 19.3.1998 – 8 AZR 139/97 – zu I 3 a der Gründe). Ebenso kann auf das **Widerspruchsrecht** durch einseitige Erklärung des Arbeitnehmers **verzichtet** werden (*BAG* 15.2.2007 – 8 AZR 431/06 – Rn 45), was aber nur unter **strengen Voraussetzungen** anzunehmen ist (*BAG* 28.2.2019 – 8 AZR 201/18 – Rn 50, 58; hierzu *Meyer* SAE 2020, 17; *Otto* DB 2019, 2470). Hierzu wird man entsprechend dem Formgebot beim Widerspruch die Einhaltung der **Schriftform** verlangen müssen (ErfK-*Preis* Rn 104; MüKo-*Müller-Glöge* Rn 115; aM Staudinger/*Annuß* Rn 344; *Pils* BB 2014, 185) Der Widerspruch kann auch ausnahmsweise wegen **Rechtsmissbrauchs** unwirksam sein (*BAG* 19.2.2009 – 8 AZR 176/08 – Rn 26 f.). Ein Verstoß gegen Treu und Glauben liegt etwa dann vor, wenn der Arbeitnehmer vor Betriebsübergang erklärte, er werde dem Übergang nicht widersprechen und dies später doch tut, obwohl der bisherige Arbeitgeber auf die erste Erklärung des Arbeitnehmers vertraute (*BAG* 15.2.1984 – 5 AZR 123/82 – zu III 2 a der Gründe). Ebenso kann sich der Arbeitgeber darauf berufen, der Arbeitnehmer sei an der Erstellung des fehlerhaften Informationsschreibens maßgebend beteiligt gewesen (*BAG* 20.5.2010 – 8 AZR 734/08 – Rn 31). Eine Grenze zur Ausübung des Widerspruchsrechts hat das BAG früher dann angenommen, wenn die Arbeitnehmer durch **kollektiv ausgeübte Widersprüche** Vergünstigungen erzielen wollen, auf die sie keinen Rechtsanspruch haben (*BAG* 30.9.2004 – 8 AZR 462/03 – Rn 43; dazu krit. *Krause* RdA 2006, 232). Zwischenzeitlich nimmt das BAG unter Bezugnahme auf Art. 12 Abs. 1 GG an, ein unlauteres Ziel werde mit dem Widerspruch nicht schon dann

verfolgt, wenn es dem Arbeitnehmer nicht ausschließlich darum gehe, den endgültigen Arbeitgeberwechsel als solchen zu verhindern, sondern er in Erwägung ziehe, dem Betriebserwerber den Abschluss eines Arbeitsvertrags zu für ihn günstigeren Bedingungen anzubieten (*BAG* 19.2.2009 – 8 AZR 176/08 – Rn 27).

f) Folgen des Widerspruchs

Der Widerspruch **verhindert den Übergang des Arbeitsverhältnisses** des Widersprechenden auf den Betriebserwerber. Wird der Widerspruch zulässigerweise (s. Rdn 75) erst nach dem Übergang ausgeübt, tritt die rechtsgestaltende Wirkung ex tunc ein; die Rechtslage wird rückwirkend umgestaltet, da dem Arbeitnehmer auch nicht vorübergehend ein anderer Arbeitgeber aufgezwungen werden darf (*BAG* 11.12.2014 – 8 AZR 943/13 – Rn 34; 16.4.2013 – 9 AZR 731/11 – Rn 26; 20.5.2010 – 8 AZR 734/08 – Rn 32; APS-*Steffan* Rn 224; ErfK-*Preis* Rn 105; MüKo-*Müller-Glöge* Rn 122; HWK-*Müller-Bonanni* Rn 355; aA *Rieble* NZA 2004, 1; Staudinger/*Annuß* Rn 323 ff.; zur betriebsverfassungsrechtlichen Stellung des widersprechenden Arbeitnehmers *Löwisch* FS Bepler 2012, S. 403 ff.; *Hidalgo/Kobler* NZA 2014, 290). Gleichwohl kann der Arbeitnehmer vom Erwerber Entgelt unter dem Gesichtspunkt des faktischen Arbeitsverhältnisses verlangen (*LAG Bln.-Bra.* 20.11.2013 – 21 Sa 866/13 u.a. –; APS-*Steffan* Rn 224a; ErfK-*Preis* Rn 105; MüKo-*Müller-Glöge* Rn 122). **80**

Übt der Arbeitnehmer das Widerspruchsrecht aus und verbleibt das Arbeitsverhältnis daher beim Veräußerer, läuft der Arbeitnehmer Gefahr, dass es aufgrund eines dadurch eintretenden Personalkräfteüberhangs zum Ausspruch einer **betriebsbedingten Kündigung** gem. § 1 KSchG kommt, wenn eine Weiterbeschäftigung wegen des Betriebsübergangs beim Veräußerer nicht mehr möglich ist (*BAG* 28.6.2018 – 8 AZR 100/17 – Rn 34; 21.2.2013 – 8 AZR 877/11 – Rn 48; APS-*Steffan* Rn 225; vgl. auch die Gesetzesbegründung BT-Drs. 14/7760 S. 20). Die dann ausgesprochene Kündigung unterfällt nicht dem Anwendungsbereich des § 613a Abs. 4 BGB (HWK-*Müller-Bonanni* Rn 357), da diese Regelung durch dringende betriebliche Erfordernisse begründete Kündigungen nicht ausschließt. Im Falle einer hinreichend großen Zahl notwendig werdender Kündigungen kann beim Veräußerer eine **Betriebsänderung** eintreten (*Gaul* DB 1995, 2266), deren Vorliegen nicht daran scheitert, dass die Ursache der Kündigung mittelbar in der Sphäre der Arbeitnehmer gesetzt wurde (*BAG* 10.12.1996 – 1 AZR 290/96 – zu A I 1 b bb der Gründe). Auf eine fehlende Weiterbeschäftigungsmöglichkeit kann sich der Arbeitgeber nicht berufen, wenn er mit dem Widerspruch rechnen musste und gleichwohl den in Betracht kommenden Arbeitsplatz innerhalb der einmonatigen Widerspruchsfrist anderweitig besetzt (*BAG* 15.8.2002 – 2 AZR 195/01 – zu II 1d der Gründe; 25.4.2002 – 2 AZR 260/01 – zu B II 2 b der Gründe; ErfK-*Preis* Rn 106; kritisch Staudinger/*Annuß* Rn 330). Im Fall einer nach dem Widerspruch auf **betriebliche Gründe** gestützten **außerordentlichen Kündigung** trifft den Veräußerer eine besondere Darlegungslast hinsichtlich einer fehlenden Weiterbeschäftigungsmöglichkeit (*BAG* 26.3.2015 – 2 AZR 783/13 – Rn 40). Eine **verhaltensbedingte Kündigung** kann nicht auf die Ausübung des Widerspruchsrechts gestützt werden. Das folgt aus § 613a Abs. 4 BGB (*Wank/Brüning* ZfA 1995, 699, 712) und auch aus dem Maßregelungsverbot des § 612a BGB. **81**

Die frühere Rechtsprechung wollte die **Gründe für den Widerspruch bei der Durchführung der Sozialauswahl berücksichtigen**, da die Vertragsfreiheit des widersprechenden Arbeitnehmers und die soziale Schutzbedürftigkeit der beim ursprünglichen Arbeitgeber verdrängten Kollegen zum Ausgleich gebracht werden müssten (zuletzt *BAG* 22.4.2004 – 2 AZR 244/03 – zu B II 2 der Gründe, allerdings vor der gesetzlichen Verankerung eines uneingeschränkten Widerspruchsrechts; ebenso *Moll* NJW 1993, 2017; *Neef* NZA 1994, 101 f.). Diese Auffassung ist seit der Beschränkung der maßgebenden Abwägungskriterien in § 1 Abs. 3 KSchG ab dem 1.1.2004 überholt. Die **Berücksichtigung des Widerspruchs bei der Sozialauswahl ist daher grds. unzulässig** (*BAG* 31.5.2007 – 2 AZR 276/06 – Rn 51 ff.; dazu *Eylert/Spinner* BB 2008, 50; zustimmend HaKo-KSchR/*Wemheuer* Rn 193; MüKo-*Müller-Glöge* Rn 128; einschränkend APS-*Steffan* Rn 228; Staudinger/*Annuß* Rn 332). Eine Ausnahme soll dann bestehen, wenn ein erheblicher Teil der Arbeitnehmer im Falle **82** eines Betriebsteilübergangs widerspricht, sodass der Arbeitgeber vor dem Erfordernis einer Umorganisation steht. Soweit dies zu schweren Ablaufstörungen führen würde, kann der Arbeitgeber zu deren Abwehr Teile der nicht zum betroffenen Betriebsteil gehörenden Arbeitnehmer nach § 1 Abs. 3 S. 2 KSchG von der Sozialauswahl ausnehmen (*BAG* 31.5.2007 – 2 AZR 276/06 – Rn 60).

83 Widerspricht ein Arbeitnehmer, der **aufgrund tarifvertraglicher Regelung ordentlich nicht kündbar** ist, dem Übergang des Arbeitsverhältnisses, so kommt ihm sein stärkerer Bestandsschutz gegenüber den Arbeitnehmern beim Veräußerer nach den allgemeinen Grundsätzen zugute. Der Arbeitgeber darf nicht wegen Wegfalls des Arbeitsplatzes ohne Weiteres **außerordentlich kündigen.** Vielmehr muss der Arbeitgeber dem Arbeitnehmer einen Arbeitsplatz, erforderlichenfalls durch Kündigung eines nicht in gleicher Weise geschützten Arbeitnehmers, »freimachen«, wenn der widersprechende unkündbare Arbeitnehmer diesen nach zumutbarer Einarbeitung wahrnehmen kann oder eine Umorganisation in Betracht ziehen (vgl. *BAG* 27.6.2019 – 2 AZR 50/19 – Rn 15; 26.3.2015 – 2 AZR 783/13 – Rn 40; aM Staudinger/*Annuß* Rn 334).

84 Die Berücksichtigung der Gründe des Widerspruchs ist daher auf Fälle des **Rechtsmissbrauchs** beschränkt. Ein solcher kann aber allenfalls unter engen Voraussetzungen – evident zweckwidriger Gebrauch – angenommen werden. Ob dies schon dann anzunehmen ist, wenn der Arbeitnehmer nur widerspricht, um an einem **Sozialplan** des Veräußerers zu partizipieren (so *Hanau* FS Gaul S. 292; APS-*Steffan* Rn 229), erscheint zweifelhaft (s.a. Erman-*Edenfeld* Rn 56; *Ingelfinger* ZfA 1996, 591, 598). Nach dem Rechtsgedanken des § 112 Abs. 5 Nr. 2 S. 2 BetrVG bestehen allerdings keine Bedenken, die Möglichkeit zur Weiterarbeit bei dem neuen Arbeitgeber bei der Formulierung eines Sozialplans des Veräußerers zu berücksichtigen (*BAG* 24.5.2012 – 2 AZR 62/11 – Rn 69 ff.; 5.2.1997 – 10 AZR 553/96 – zu II 2 der Gründe; HaKo-KSchR/*Wemheuer* Rn 195; HWK-*Müller-Bonanni* Rn 361; *Meyer* NJW 2002, 1615, 1619 f.).

E. Kündigung des Arbeitsverhältnisses wegen Betriebsübergang

I. Zweck und Rechtsnatur

1. Zweck

85 Die Vorschrift des § 613a Abs. 4 S. 1 BGB erklärt die **Kündigung** eines Arbeitsverhältnisses »**wegen**« eines **Betriebs(teil)übergangs** für unwirksam, lässt aber nach S. 2 Kündigungen aus anderen Gründen zu (s.a. KR-*Rachor* § 1 KSchG Rdn 609 ff.). § 613a Abs. 4 BGB wurde durch das Gesetz über die Gleichbehandlung von Männern und Frauen am Arbeitsplatz und über die Erhaltung von Ansprüchen bei Betriebsübergang – Arbeitsrechtliches EG-Anpassungsgesetz – vom 13.8.1980 (BGBl. I S. 1308; s. Rdn 2) eingefügt und enthält eine **Vorschrift des besonderen Kündigungsschutzes**, unabhängig von der Anwendbarkeit des KSchG (ErfK-*Preis* Rn 153). Sie dient der Umsetzung der nunmehr in Art. 4 Abs. 1 RL 2001/23/EG (vormals Art. 4 Abs. 1 RL 77/187/EWG) geregelten Verbots, dass der Betriebs(teil)übergang als solcher keinen Grund für eine Kündigung darstellt (s.a. BT-Drs. 8/3317 S. 11; anders noch der erste Gesetzentwurf, der angenähert an Art. 4 Abs. 1 S. 2 RL 2001/23/EG etwas unklar vorsah, Kündigungen aus dringenden betrieblichen Gründen stehe das Kündigungsverbot wegen eines Betriebsübergangs nicht entgegen, vgl. dazu BT-Drs. 8/4259 S. 6 und 9; s.a. Staudinger/*Annuß* Rn 386 f.). Eine **fehlende Fortsetzung eines befristeten Arbeitsvertrags** wird weder von § 613a Abs. 4 BGB (*BAG* 22.1.2015 – 8 AZR 139/14 – Rn 35) noch von Art. 4 Abs. 1 RL 2001/23/EG erfasst (*EuGH* 15.9.2010 – C-386/09 – Rn 33 »Briot«). Davon zu unterscheiden ist die fehlende Zulässigkeit einer Befristungsabrede mit dem Veräußerer, die sich etwa auf die Laufzeit eines Auftrags bezieht (*BAG* 22.1.2015 – 8 AZR 139/14 – Rn 36).

86 Erfolgt eine **Kündigung wegen des Betriebsübergangs**, dann ist sie nach § 613a Abs. 4 S. 1 BGB »**unwirksam**« (*BAG* 19.11.2015 – 8 AZR 773/14 – Rn 16; ebenso zu Art. 4 Abs. 1 RL 2001/23/EG: *EuGH* 15.9.2010 – C-386/09 – Rn 29 f. »Briot«). Der Vorschrift kommt eine **Komplementärfunktion** zu dem in Abs. 1 S. 1 angeordneten Übergang des Arbeitsverhältnisses zu. Dieser Schutz wäre erheblich eingeschränkt, wenn der Betriebsübergang zum Anlass für eine Kündigung

heranzogen werden könnte (allg. Auffassung, s. nur Staudinger/*Annuß* Rn 388; ErfK-*Preis* Rn 153; APS-*Steffan* Rn 171; HWK-*Müller-Bonanni* Rn 304). Die Vorschrift schließt damit eine Umgehung des zwingend angeordneten Übergangs der Arbeitsverhältnisse durch Kündigung aus (*BAG* 25.10.2012 – 8 AZR 572/11 – Rn 33, zum Aufhebungsvertrag; 27.9.2007 – 8 AZR 941/06 – Rn 40). Dem Betriebserwerber soll nicht ermöglicht werden, einzelne Arbeitnehmer im Ergebnis von der Rechtsfolge des Abs. 1 S. 1 auszunehmen (APS-*Steffan* Rn 173). Dabei decken sich hinsichtlich des Begriffs »Betriebsübergang« der Anwendungsbereich von Abs. 1 und Abs. 4 (*BAG* 12.7.1990 – 2 AZR 39/90 – zu B II 3 a der Gründe). Die **Nichtverlängerung eines befristeten Arbeitsvertrags** kann ohne Vorliegen besonderer Umstände nicht mit einer Kündigung gleichgestellt werden (*EuGH* 15.9.2010 – C-386/09 – Rn 33 »Briot«).

2. Rechtsnatur

Bei der Rechtsfolgenanordnung des § 613a Abs. 4 S. 1 BGB handelt es sich um ein **eigenständiges Kündigungsverbot** iSd § 13 Abs. 3 KSchG, § 134 BGB (st. Rspr. seit *BAG* 31.1.1985 – 2 AZR 530/83 – zu II 2 der Gründe; 22.5.1997 – 8 AZR 101/96 – Rn 28; APS-*Steffan* Rn 172; ErfK-*Preis* Rn 153; *ders.* SPV Rn 962; MüKo-*Müller-Glöge* Rn 187; Staudinger/*Annuß* Rn 389; anders noch: nur die Sozialwidrigkeit einer solchen Kündigung werde klargestellt *Bauer* DB 1983, 713; *Berkowsky* DB 1983, 2683; *Hilger* ZGR 1984, 258; *Lorenz* DB 1980, 1745). Das folgt schon aus dem **Gesetzeswortlaut**, der ein selbständiges Verbot festschreibt. Eine teleologische Reduktion ist weder nach dem Regelungsgehalt des § 613a Abs. 1 und 4 BGB noch nach der Entstehungsgeschichte des § 613a Abs. 4 BGB möglich. Zudem würde es einen evidenten Wertungswiderspruch bedeuten, wenn auch den nicht unter das KSchG fallenden Arbeitnehmern bei einem Betriebsinhaberwechsel der Fortbestand der Arbeitsverhältnisse gesichert werden soll, dieser beschränkte Bestandsschutz aber gleichzeitig durch das »freie Kündigungsrecht« des alten oder neuen Betriebsinhabers beseitigt werden könnte (s.a. Staudinger/*Annuß* Rn 390; BT-Drucks. VI/1786 S. 59). 87

Das **Kündigungsverbot** gilt daher unabhängig von den sachlichen oder persönlichen Voraussetzungen des KSchG **für alle Arbeitnehmer**. Auch eine entsprechende Anwendung des KSchG scheidet aus (*BAG* 5.12.1985 zu B I der Gründe; seit der Neufassung durch das Gesetz zu Reformen am Arbeitsmarkt vom 24.12.2003, BGBl. I S. 3002, ist seit 1.1.2004 allerdings die **Klagefrist des § 4 KSchG** auf § 613a Abs. 4 BGB anwendbar, vgl. Rdn 116). Der Gesetzgeber hat von der in Art. 4 Abs. 1 S. 3 RL 2001/23/EG vorgesehenen Möglichkeit, einzelne Gruppen von Arbeitnehmern vom Kündigungsverbot auszunehmen, keinen Gebrauch gemacht (*BAG* 31.1.1985 – 2 AZR 530/83 – zu II 2 c dd der Gründe). Dementsprechend greifen die Kündigungsregelungen des allgemeinen und besonderen Kündigungsschutzes neben § 613a Abs. 4 BGB konkurrierend ein. 88

II. Voraussetzungen und Rechtsfolgen des Kündigungsverbots

1. Kündigung

Voraussetzung des Abs. 4 ist zunächst das Vorliegen einer Kündigung. Dabei ist es sowohl angesichts des umfassenden Wortlauts als auch der bestandsschützenden Zwecksetzung des § 613a BGB unbeachtlich, ob es sich um eine **ordentliche oder außerordentliche Kündigung** handelt. Auch eine **Änderungskündigung** unterfällt dem Anwendungsbereich dieser Regelung (MüKo-*Müller-Glöge* Rn 187; ErfK-*Preis* Rn 153), weil zum einen die Änderungskündigung rechtlich als Beendigungskündigung mit Fortsetzungsangebot zu qualifizieren ist (vgl. *BAG* 21.5.2019 – 2 AZR 26/19 – Rn 30; s.a. KR-*Kreft* § 2 KSchG Rdn 14 ff.) und zum anderen für alle Ausprägungen des Kündigungsschutzes gilt, dass nicht nur der Bestand des Arbeitsverhältnisses, sondern auch der Arbeitsvertrag mit seinem konkreten Inhalt erhalten werden soll. Erfasst werden auch **Kündigungen des Insolvenzverwalters** »wegen« des Betriebsübergangs, was im Umkehrschluss durch § 128 Abs. 2 InsO bestätigt wird (*BAG* 20.9.2006 – 6 AZR 249/05 – Rn 23). Einschränkungen bestehen lediglich in Bezug auf die Haftung des Erwerbers (s. Rdn 51; *BAG* 14.11.2012 – 5 AZR 778/11 – Rn 13). 89

90 Die Rechtsprechung hält das Kündigungsverbot des § 613a Abs. 4 BGB außerhalb der Fälle des Übergangs der Arbeitsverhältnisse nach Abs. 1 dann für **entsprechend anwendbar**, wenn sich der **Übergang des Betriebs kraft Gesetzes** vollzieht und dieser Betriebsübergang nach dem Zweck des Gesetzes auch den Übergang der Arbeitsverhältnisse bewirkt (*BAG* 21.7.1994 – 8 AZR 227/93 – zu B III 2 a cc der Gründe: Überführung von Einrichtungen nach dem Einigungsvertrag). Eine weitergehende Analogie (etwa hinsichtlich des Widerspruchsrechts, Abs. 6) ist hieraus regelmäßig nicht herzuleiten (*BAG* 31.1.2019 – 8 AZR 410/13 – Rn 71; 16.7.2015 – 8 AZR 266/13 – Rn 29).

2. Zeitpunkt der Kündigung

91 **Gleichgültig** ist grds. der **Zeitpunkt der Kündigung**, also ob sie vor oder nach Betriebsübergang ausgesprochen wird. Ein naher zeitlicher Zusammenhang ist nicht zwingend erforderlich (*BAG* 27.10.2005 – 8 AZR 568/04 – Rn 37). Auch eine **während eines Insolvenzverfahrens** ausgesprochene Kündigung unterfällt § 613a Abs. 4 BGB (*BAG* 20.9.2006 – 6 AZR 249/05 – Rn 23).

3. Kündigung durch alten oder neuen Arbeitgeber

92 **Unbeachtlich** ist im Rahmen des § 613a Abs. 4 BGB, ob die Kündigung **vom bisherigen Betriebsinhaber** als altem Arbeitgeber **oder vom Erwerber** als neuem Arbeitgeber ausgesprochen wird (Staudinger/*Annuß* Rn 402; MüKo-*Müller-Glöge* Rn 187; HaKo-KSchR/*Wemheuer* Rn 122). Da die Gestaltungsrechte des Arbeitgebers bei Betriebsübergang ebenfalls übergehen, ist die Ausübung des Kündigungsrechts jeweils nur in dem Zeitraum möglich, in dem das Arbeitsverhältnis zu dem kündigenden Arbeitgeber besteht. Eine gleichwohl **nach dem Übergang** erklärte Kündigung des Veräußerers geht somit **ins Leere** und entfaltet keinerlei Wirkung (*BAG* 20.3.2014 – 8 AZR 1/13 – Rn 26; 27.9.2007 – 8 AZR 941/06 – Rn 17).

4. Kündigung wegen des Übergangs

93 Die Kündigung muss »**wegen**« **des Übergangs** eines Betriebs oder Betriebsteils ausgesprochen werden und nicht aus anderen Gründen iSd § 613a Abs. 4 S. 2 BGB. Damit wird sowohl an ein objektives Merkmal – Betriebsübergang – als auch an das subjektive Kriterium des Kündigungsmotivs angeknüpft. Wegen des Übergangs erfolgt eine Kündigung jedenfalls dann, wenn der Betriebsübergang den **alleinigen Beweggrund** abgibt. Ausreichend ist angesichts des Wortlauts, der eine solch enge Auslegung nicht nahe legt, und des Schutzgedankens von § 613a Abs. 4 BGB, wenn der Betriebsübergang für den Ausspruch der Kündigung die **wesentliche Ursache** war und andere sachliche Gründe, die »aus sich heraus« die Kündigung zu rechtfertigen vermögen, nicht vorgebracht werden – in Worten der Rechtsprechung: Der Betriebsübergang ist nicht nur äußerlicher Anlass, sondern **tragender Grund** der Kündigung (*BAG* 20.9.2006 – 6 AZR 249/05 – Rn 28; 27.10.2005 – 8 AZR 568/04 – Rn 36; HWK-*Müller-Bonanni* Rn 305; Staudinger/*Annuß* Rn 394). § 613a Abs. 4 BGB greift nicht ein, wenn es neben dem Betriebsübergang einen anderen Grund gibt, der die Kündigung rechtfertigt (*Ascheid* NZA 1991, 878; APS-*Steffan* Rn 175; ErfK-*Preis* Rn 155; vgl. auch *EuGH* 7.8.2018 – C-472/16 – Rn 53 ff. »Colino Sigüenza«) Maßgebend sind ausschließlich die Verhältnisse zum Zeitpunkt des Ausspruchs der Kündigung (*BAG* 24.5.2005 – 8 AZR 333/04 – Rn 20; 29.6.2000 – 8 ABR 44/99 – zu B IV 2 b aa der Gründe). Unbeachtlich ist ein bloßer **Subsumtionsirrtum** des Veräußerers; das Verbot der Kündigung wegen Betriebsübergangs kann auch dann eingreifen, wenn der Arbeitgeber den Betriebsübergang unzutreffend als Betriebsstilllegung einordnet (*BAG* 27.2.2020 – 8 AZR 215/19 – Rn 78; 21.5.2015 – 8 AZR 409/13 – Rn 33). Ob ein sachlicher Grund vorliegt, der die Kündigung rechtfertigt, bestimmt sich nach den für die Kündigung (außerhalb des § 613a Abs. 4 BGB) maßgebenden Vorschriften.

94 Ein **zukünftiger Betriebsübergang** kann lediglich dann zur Unwirksamkeit der Kündigung führen, wenn die hierfür maßgebenden Tatsachen zum Zeitpunkt des Zugangs der Kündigung entweder bereits feststehen oder doch zumindest »**greifbare Formen**« angenommen haben (*BAG* 26.4.2007 – 8 AZR 695/05 – Rn 65; 24.5.2005 – 8 AZR 333/04 – Rn 20). Dies ist nach den für die Identitätswahrung maßgebenden Kriterien zu entscheiden (*BAG* 29.6.2000 – 8 ABR 44/99 – zu B IV 2 b

cc der Gründe). Dabei reicht es etwa aus, dass Verkaufsverhandlungen geführt werden, es feststeht, dass der Betrieb nur als solcher (und nicht einzelne Maschinen) zum Verkauf steht und der Erwerber mit Arbeitnehmern einen Grundriss des projektierten Fortführungsbetriebs erörtert (*BAG* 18.3.1999 – 8 AZR 306/98 – zu B III der Gründe). Eine Kündigung ist nicht nach § 613a Abs. 4 BGB unwirksam, wenn der Arbeitgeber eine **Stilllegung plant**, deswegen eine betriebsbedingte Kündigung ausspricht und sich dann erst für eine Veräußerung entscheidet. Voraussetzung hierfür ist aber, dass ein ernsthafter und endgültiger Entschluss zur Stilllegung bestand und »**greifbare Formen**« angenommen hatte (*BAG* 16.12.2012 – 8 AZR 693/10 – Rn 37). Erforderlich ist, dass sich die Stilllegung schon konkret und greifbar abzeichnet. Sie muss also soweit vorbereitet sein, dass nach vernünftiger betriebswirtschaftlicher Prognose für die Arbeitnehmer bei Ablauf der Kündigungsfrist nach überwiegender Wahrscheinlichkeit keine Beschäftigungsmöglichkeit vorhanden sein wird (*BAG* 14.5.2020 – 6 AZR 235/19 – Rn 90 f.; 21.5.2015 – 8 AZR 409/13 – Rn 52 f.; 14.3.2013 – 8 AZR 153/12 – Rn 26 f.). Ist eine Kündigung aller Arbeitnehmer erfolgt und ein Sozialplan zustande gekommen, kann dessen Geschäftsgrundlage entfallen, wenn der Übernehmer den gekündigten Arbeitnehmern eine Fortsetzung ihres Arbeitsverhältnisses anbietet (*BAG* 28.8.1996 – 10 AZR 886/95 – zu II 3 der Gründe). Allerdings kann bei Betriebsunterbrechung eine **alsbaldige Wiederaufnahme des Betriebs** indizieren, dass von vornherein keine Stilllegung geplant war (*BAG* 13.2.2003 – 8 AZR 654/01 – zu II 3 a der Gründe; APS-*Steffan* Rn 62; ErfK-*Preis* Rn 57; zweifelnd Staudinger/*Annuß* Rn 87; s. Rdn 33 ff.) und damit die Kündigung wegen eines Betriebsübergangs erfolgt ist (zum Wiedereinstellungs- oder Fortsetzungsanspruch s. Rdn 103).

Den Fällen des nachträglichen Verzichts auf die Stilllegung stehen umgekehrt der **beabsichtigte** 95 **Betriebsübergang mit der zunächst nicht beabsichtigen Folge der Stilllegung** gegenüber. Hier ist eine Kündigung nach § 613a Abs. 4 BGB selbst dann unwirksam, wenn der zunächst beabsichtigte Betriebsübergang, der schon »greifbare Formen« angenommen hatte, nach Ausspruch der Kündigung später scheitert (*BAG* 19.5.1988 – 2 AZR 596/87 – zu B V 2 b ff der Gründe; HWK-*Müller-Bonanni* Rn 307). Der Arbeitgeber muss in einem solchen Fall erneut kündigen.

Wird eine **Kündigung vor Betriebsübergang** deshalb ausgesprochen, weil der Betriebserwerber den 96 oder die betreffenden Arbeitnehmer **aus Kostengründen** nicht übernehmen möchte und anderenfalls der gesamte Betriebsübergang in Frage gestellt würde, so führt dies nach der Rechtsprechung grds. zur Unwirksamkeit, weil sonst der von § 613a BGB bezweckte Bestandsschutz des Arbeitsverhältnisses (s. Rdn 3) unterlaufen werden könnte. Dies gilt auch dann, wenn der Erwerber damit droht, anderenfalls den Betrieb nicht zu übernehmen. § 613a Abs. 4 S. 1 BGB will nach seinem Zweck gerade auch solche **Druckkündigungen** für unwirksam erklären (*BAG* 20.3.2003 – 8 AZR 97/02 – zu II 1 c aa der Gründe; 26.5.1983 – 2 AZR 477/81 – zu B III und IV der Gründe; Gaul/Bonanni/Naumann DB 2003, 1902; *Willemsen* ZIP 1983, 415; aA *Commandeur/Kleinebrink* BB 2012, 1857).

Soweit der Veräußerer hingegen zur Durchführung eines aus eigenem Antrieb verfolgten Sanie- 97 rungskonzepts – »**Veräußererkündigung mit Sanierungskonzept**« – (mit dem Ziel einer späteren Veräußerung) selbst Kündigungen ausspricht, gelten die allgemeinen Grundsätze. Es kommt dementsprechend gerade nicht darauf an, dass im Hinblick auf eine Veräußerung bereits Vereinbarungen vorliegen (*BAG* 18.7.1996 – 8 AZR 127/94 – zu I 2 der Gründe; APS-*Steffan* Rn 188; ErfK-*Preis* Rn 168). Ein unspezifischer Wunsch nach Kosteneinsparung reicht zwar nicht aus, wohl aber ein Sanierungskonzept, auch wenn es dazu dient, den **Betrieb verkaufsfähig** zu machen (*BAG* 20.9.2006 – 6 AZR 249/05 – Rn 30, 33; zustimmend *Grimm/Michaelis* EWiR 2007, 363; zum niederländischen »Pre-pack-Verfahren« vgl. *EuGH* 22.6.2017 – C-126/16 – Rn 59 »Federatie Nederlandse Vakvereniging u.a.«).

Auch Umstände aus der Sphäre des Erwerbers können bereits den Veräußerer zu einer Kündigung 98 berechtigen – »**Veräußererkündigung auf Erwerberkonzept**«. Das BAG hatte es zunächst offengelassen, ob solche Umstände ausreichend sein können (*BAG* 26.5.1983 – 2 AZR 477/81 – zu B V 3 b der Gründe), diese aber später für zulässig erachtet (*BAG* 20.3.2003 – 8 AZR 97/02 – zu II 1 c bb der Gründe; 18.7.1996 – 8 AZR 127/94 – zu I 2 der Gründe; zust. MüKo-*Müller-Glöge*

Rn 193; Staudinger/*Annuß* Rn 397 ff.; APS-*Steffan* Rn 189; ErfK-*Preis* Rn 169). Es kommt bei der sanierenden Übertragung für eine Veräußerungskündigung mit Erwerberkonzept nicht darauf an, ob diese auch durch den Veräußerer selbst hätte durchgeführt werden können (für den Insolvenzverwalter *BAG* 20.9.2006 – 6 AZR 249/05 – Rn 31; 20.3.2003 – 8 AZR 97/02 – zu II 1 c cc der Gründe). Dafür spricht, dass eine Kündigung ohne Sanierung im Falle der Insolvenz unvermeidlich wäre. Insofern liegt jedenfalls keine mit § 613a Abs. 4 BGB unvereinbare Erweiterung der Kündigungsmöglichkeit vor (s. etwa *Hanau* ZIP 1984, 143; *Hillebrecht* ZIP 1985, 264; *Lipinski* NZA 2002, 79; *Westhelle* ZIP 1982, 622; anders noch *BAG* 26.5.1983 – 2 AZR 477/81 – zu B V 3 b der Gründe; zur praktischen Umsetzung vgl. *Löw/Schulz* BB 2020, 244; *Granetzny/Esser* BB 2019, 1524; *Otto* DB 2014, 1871). In derartigen Fällen wird die Kündigung **nicht wegen des Betriebsübergangs** erfolgen, sondern im Hinblick auf betriebliche Dispositionen, namentlich einem Sanierungskonzept des Betriebserwerbers (vgl. Staudinger/*Annuß* Rn 397; *Sieger/Hasselbach* DB 1999, 430). Gleich den Fällen einer Kündigung wegen einer geplanten Betriebsstilllegung muss es hier, auch zum Schutz vor Umgehungsmöglichkeiten, Voraussetzung sein, dass ein **hinreichend konkretisiertes betriebliches Konzept** des Erwerbers vorliegt, dessen Verwirklichung ebenso wie der Übergang auf den Erwerber bereits greifbare Formen angenommen hat (*BAG* 27.1.2011 – 2 AZR 9/10 – Rn 27; 20.9.2006 – 6 AZR 249/05 – Rn 31; 20.3.2003 – 8 AZR 97/02 – zu II 1 c cc der Gründe; KR-*Rachor* § 1 KSchG Rdn 613; *Hanau* FS Gaul S. 290; MüKo-*Müller-Glöge* Rn 193; APS-*Steffan* Rn 191; aM Staudinger/*Annuß* Rn 397). Dass eine Veräußererkündigung mit Erwerberkonzept zulässig ist, lässt sich auch aus den §§ 125 ff. InsO ableiten. Denn diese enthalten Vorschriften über die Modifikation des Kündigungsschutzes, wenn die Kündigung durch den Insolvenzverwalter Bestandteil eines mit dem Betriebsrat vereinbarten Interessenausgleichs ist. Dies gilt nach § 128 Abs. 1 InsO auch dann, wenn die vereinbarte Betriebsänderung (also eine Sanierung) erst nach Betriebsveräußerung durch den Erwerber durchgeführt werden soll (vgl. auch *BAG* 15.11.2012 – 8 AZR 827/11 – Rn 27).

99 Die **Sozialauswahl** durch den Veräußerer muss sich, ebenso wie die Möglichkeit einer Weiterbeschäftigung (MüKo-*Müller-Glöge* Rn 194 f.) auch beim Betriebsteilübergang auf den gesamten Betrieb beziehen (*BAG* 28.10.2004 – 8 AZR 391/03 – Rn 35; APS-*Steffan* Rn 192; ErfK-*Preis* Rn 172; aA *Moll/Steinbach* MDR 1997, 711 f.; wiederum anders *Schmädicke* NZA 2014, 515: unternehmensübergreifende Sozialauswahl). Beabsichtigt der **kündigende Veräußerer**, nicht den gesamten Betrieb zu stilllegen, sondern einen Teil der Belegschaft auf ein anderes Unternehmen zu übertragen, so ist eine Sozialauswahl in seinem Betrieb erforderlich (*BAG* 21.5.2015 – 8 AZR 409/13 – Rn 58). Wenn sich der **Veräußerer** zur Begründung seiner Kündigung allein auf das **Erwerberkonzept** stützt, sind konsequenterweise alle Arbeitnehmer des künftig vereinten Betriebs zu berücksichtigen (KR-*Rachor* § 1 KSchG Rdn 656; *LKB-Krause* § 1 KSchG Rn 873; APS-*Steffan* Rn 194; auf den Ablauf der Kündigungsfrist als maßgeblichen Beurteilungszeitpunkt abstellend Staudinger/*Annuß* Rn 401). Wird dem **Erwerber die Kündigung** überlassen, ist die Sozialauswahl bei einem eingegliederten Betriebsteil nicht nur auf diesen, sondern auf den gesamten Betrieb des Erwerbers auszudehnen (KR-*Rachor* § 1 KSchG Rdn 656; *LKB-Krause* § 1 KSchG Rn 873; *Gaul/Bonanni/Naumann* DB 2003, 1902; aA APS-*Steffan* Rn 193; ErfK-*Preis* Rn 172). Allein der Hinweis darauf, die übergehenden Arbeitnehmer würden eine Besserstellung erlangen, weil die vorhandene Belegschaft nunmehr berücksichtigt werde, verfängt dann nicht, wenn eine betriebsweite Sozialauswahl im Veräußererbetrieb unterbleibt. Die Arbeitsverhältnisse gehen nach der Konzeption des § 613a Abs. 1 S. 1 BGB – plastisch gesprochen – »ohne wenn und aber« über. Folgeprobleme können sich für etwaige **Sozialpläne** ergeben. Für diese sind dann die Verhältnisse beim Erwerber maßgebend. Bei einer Veräußerung in der Insolvenz entfallen dann trotz Sanierungsbedürftigkeit die insolvenzrechtlichen Besonderheiten. Andererseits kann zum Nachteil der Arbeitnehmer § 112a Abs. 2 BetrVG eingreifen, wenn es sich um eine Neugründung handelt (vgl. *BAG* 15.12.2016 – 8 AZR 612/15 – Rn 36; 14.11.2013 – 8 AZR 824/12 – Rn 27).

5. Kündigung aus anderen Gründen

100 Das Recht zur Kündigung aus anderen Gründen bleibt nach § 613a Abs. 4 S. 2 BGB unberührt. Der Arbeitgeber kann sich neben **personen- und verhaltensbedingten Gründen** auf **sämtliche**

betriebsbedingten Gründe berufen, die ihren Ursprung in anderen betrieblichen Erfordernissen als denen des Betriebsübergangs haben. Soweit die beim neuen Arbeitgeber bestehenden betrieblichen Erfordernisse dies erfordern, gestattet § 613a Abs. 4 S. 2 BGB auch eine **Änderungskündigung** (vgl. *EuGH* 14.4.1994 – C-392/92 – Rn 19 »Schmidt«; 12.11.1992 – C-209/91 – Rn 31 »Watson Rask und Christensen«). Maßgebend ist, ob die Kündigung wegen des Betriebsübergangs oder aufgrund betrieblicher Erfordernisse beim neuen Arbeitgeber erfolgt. Eine Kündigung mit dem Ziel, durch eine bessere Betriebsorganisation die **Veräußerungschancen zu erhöhen**, ist keine Kündigung wegen eines bestimmten Betriebsübergangs und deshalb zulässig (*BAG* 20.9.2006 – 6 AZR 249/05 – Rn 33; zustimmend *Grimm/Michaelis* EWiR 2007, 363; zum niederländischen »Pre-pack-Verfahren« vgl. *EuGH* 22.6.2017 – C-126/16 – Rn 59 »Federatie Nederlandse Vakvereniging u.a.«). Möglich ist deshalb zB eine Kündigung wegen Rationalisierungen im Anschluss an den Betriebsübergang. Auch der **bisherige Arbeitgeber**, mit dem das Arbeitsverhältnis nach Ausübung des Widerspruchs fortbesteht (s. Rdn 80), kann wegen sonstiger betrieblicher Erfordernisse kündigen, insbes. wegen **fehlender Beschäftigungsmöglichkeit** oder wegen Stilllegung des Betriebs (vgl. *BAG* 28.6.2018 – 8 AZR 100/17 – Rn 34; 21.2.2013 – 8 AZR 877/11 – Rn 48; APS-*Steffan* Rn 225; HWK-*Müller-Bonanni* Rn 357; vgl. auch die Gesetzesbegründung BT-Drs. 14/7760 S. 20 und oben Rdn 81) oder weil der Beschäftigungsbedarf für Arbeitnehmer in einem beim Veräußerer verbleibenden Betriebsteil aufgrund des Übergangs anderer Betriebsteile entfällt (*BAG* 17.6.2003 – 2 AZR 134/02 – zu B I 1 b aa der Gründe). Unter den gleichen Voraussetzungen besteht ein solches Kündigungsrecht auch schon dann, wenn eine Weiterbeschäftigung bei dem neuen Arbeitgeber nur bei einer Änderung des Arbeitsvertrags möglich ist und der Arbeitnehmer erklärt, dem nicht zuzustimmen (*BAG* 20.4.1989 – 2 AZR 431/88 – zu II 3 b der Gründe; krit. *Däubler* FS Kissel, S. 135).

Ist **unsicher**, ob eine geplante Maßnahme als **Betriebsstilllegung** einzuordnen ist, welche den Arbeitgeber zur Kündigung veranlasst, oder zu einem Betriebsübergang führt, können Arbeitgeber und Betriebsrat für den Fall des Nichtvorliegens eines Betriebsübergangs **vorsorglich** einen **Sozialplan** vereinbaren. Das Vorliegen eines Betriebsübergangs kann innerhalb des Streits über die Wirksamkeit des Sozialplans inzident gerichtlich geprüft werden (*BAG* 1.4.1998 – 10 ABR 17/97 – zu B III 2 der Gründe; zustimmend *Junker/Schnelle* EWiR 1998, 725). 101

6. Rechtsfolgen

§ 613 Abs. 4 BGB ist als eigenständiges **sonstiges Kündigungsverbot iSd § 13 Abs. 3 KSchG, § 134 BGB** einzuordnen (*BAG* 22.5.1997 – 8 AZR 101/96 – zu B II 1 der Gründe). Die aus § 613a Abs. 4 S. 1 BGB folgende Unwirksamkeit der Kündigung kann unabhängig davon geltend gemacht werden, ob die für die Anwendbarkeit des KSchG erforderliche Wartezeit absolviert ist oder die maßgebliche Betriebsgröße erreicht wird (ErfK-*Preis* Rn 153; Staudinger/*Annuß* Rn 390). Allerdings ist gem. § 13 Abs. 3 KSchG die **Klagefrist des § 4 KSchG** einzuhalten (HWK-*Müller-Bonanni* Rn 304; MüKo-*Müller-Glöge* Rn 187). Auf die kraft Gesetzes eintretende Unwirksamkeit der Kündigung kann sich grds. auch der Arbeitgeber berufen, es sei denn, er ist ausnahmsweise **nach Treu und Glauben** (§ 242 BGB) daran **gehindert**. Dies gilt bspw. dann, wenn der Arbeitgeber die Kündigung ausgesprochen sowie unter Auflösung der betrieblichen Organisation an ihr festgehalten hat und lediglich zur Vermeidung einer Sozialplanpflicht ihre Unwirksamkeit wegen Verstoßes gegen § 613a BGB behauptet (*BAG* 27.6.1995 – 1 ABR 62/94 – zu B III 2 c der Gründe; zustimmend APS-*Steffan* Rn 186; *Däubler* EWiR 1996, 9). 102

7. Wiedereinstellungs- und Fortsetzungsanspruch

Ein **Anspruch auf Wiedereinstellung** kommt in Betracht, wenn es trotz vorgesehener Stilllegung und daher wirksamer betriebsbedingter Kündigung zu einem Betriebsübergang kommt und infolge dessen sich unvorhergesehen die Möglichkeit einer Beschäftigung für den Arbeitnehmer ergibt (grundlegend *BAG* 27.2.1997 – 2 AZR 160/96 – zu II 4 der Gründe; 27.2.2020 – 8 AZR 215/19 – Rn 79; vgl. auch *Aszmons/Beck* NZA 2015, 1098). Die Anwendung dieser Grundsätze setzt eine betriebsbedingte Kündigung voraus, die an den Maßstäben des § 1 Abs. 2 KSchG zu beurteilen 103 ist. Daher sind sie **nicht in einem Kleinbetrieb** iSd § 23 Abs. 1 S. 2 bis 4 KSchG anwendbar (*BAG* 19.10.2017 – 8 AZR 845/15 – Rn 17; 28.10.2004 – 8 AZR 199/04 – zu II 2 a der Gründe; dazu *Löwisch* BB 2018, 1337). Zum Teil wird von Wiedereinstellungsanspruch auch nur gesprochen, soweit es um die »Wiedereinstellung« durch den ursprünglichen Betriebsinhaber geht, wohingegen bei Geltendmachung gegen den Erwerber von einem **Fortsetzungsanspruch** gesprochen wird (etwa APS-*Steffan* Rn 182). Dabei sind zwei Fragestellungen zu unterscheiden: Einmal geht es um die – **allgemein kündigungsrechtliche** – **Frage**, inwieweit aufgrund vertraglicher Treuepflichten nach § 611a BGB iVm § 242 BGB (dazu *BAG* 25.10.2007 – 8 AZR 989/06 – Rn 21; vgl. *vom Stein* NZA 2018, 766) ein Anspruch auf Wiedereinstellung besteht, wenn sich die der Kündigung zugrundeliegende Prognoseentscheidung, der Betrieb werde stillgelegt, nachträglich als falsch erweist. Zum anderen kann **im Anwendungsbereich der Betriebsübergangsrichtlinie** zu prüfen sein, ob aufgrund des Gebots der richtlinienkonformen Auslegung ein Fortsetzungsanspruch das notwendige Instrument darstellt, um den dogmatischen Grundsatz des deutschen Rechts, dass die Wirksamkeit der Kündigung nach dem Zeitpunkt ihres Zugangs zu beurteilen ist, in einer mit der Richtlinie vereinbaren Weise durchzuführen (*BAG* 13.11.1997 – 8 AZR 295/95 – zu II 3 c der Gründe; anders *Langenbucher* ZfA 1999, 306: teleologische Extension; ihr zust. ErfK-*Preis* Rn 163), da der Prozess des Betriebsübergangs aufgrund des Konzepts der wirtschaftlichen Einheit (insbes. bei einer zunächst eintretenden Funktionsnachfolge und einer späteren hinzutretenden Übernahme der organisierten Belegschaft) sich über längere Zeit erstrecken kann. Schließlich kann – vorliegend nicht zu behandeln – individualvertraglich oder kollektivrechtlich ein Wiedereinstellungsanspruch durch Vereinbarung begründet werden. Voraussetzungen und Inhalt eines solchen Anspruchs bedürfen ggf. der Ermittlung durch Auslegung (*BAG* 19.10.2005 – 7 AZR 32/05 – Rn 15 ff.).

104 Die Rechtsprechung (*BAG* 19.10.2017 – 8 AZR 845/15 – Rn 16; 16.2.2012 – 8 AZR 693/10 – Rn 56; 4.5.2006 – 8 AZR 299/05 – Rn 28, 38; 13.5.2004 – 8 AZR 198/03 – zu II 2 c aa der Gründe; 27.2.1997 – 2 AZR 160/96 – zu II 4 a der Gründe) bejaht einen auf dem Arbeitsvertrag (§ 611a BGB) iVm Treu und Glauben (§ 242 BGB) gestützten **Wiedereinstellungsanspruch**, wenn sich:
– die der Kündigung zugrundeliegende **Prognoseentscheidung** (zB Betriebsstilllegung) noch vor Ablauf der Kündigungsfrist als **falsch** herausstellt, weil es doch zu einem Betriebsübergang kommt,
– der Übernehmer noch keine anderen Dispositionen getroffen hat und
– ihm die Wiedereinstellung auch im Übrigen zumutbar ist.

In diesen Fällen wird die grds. bestehende Abschlussfreiheit eingeschränkt (*BAG* 25.10.2007 – 8 AZR 989/06 – Rn 21 mwN). Der Anspruch richtet sich, wenn es während des Laufs der Kündigungsfrist zu einem Betriebsübergang kommt, als nach § 613a Abs. 1 S. 1 BGB übergegangenes Recht **gegen den Erwerber** (*BAG* 15.12.2011 – 8 AZR 197/11 – Rn 37; 25.9.2008 – 8 AZR 607/07 – Rn 33). Der Wiedereinstellungsanspruch erlischt, wenn berechtigte Interessen des Arbeitgebers entgegenstehen, was der Fall sein kann, wenn er den Arbeitsplatz schon mit einem anderen Arbeitnehmer besetzt und damit **Dispositionen getroffen** hat (*BAG* 16.2.2012 – 8 AZR 693/10 – Rn 56; 4.5.2006 – 8 AZR 299/05 – Rn 38). Eine **Unzumutbarkeit** der Wiedereinstellung – jedenfalls zu den bisherigen Arbeitsbedingungen – kann sich daraus ergeben, dass der Arbeitgeber bereits Rationalisierungsmaßnahmen oder Änderungen der Arbeitsbedingungen durchgeführt hat (*BAG* 27.2.1997 – 2 AZR 160/96 – zu II 4 d dd der Gründe; APS-*Steffan* Rn 181; ErfK-*Preis* Rn 164).

105 Umstritten sind vor allem die Fälle, in denen die **Kündigungsfrist bereits abgelaufen** ist, wenn sich die Prognoseentscheidung als falsch herausstellt. Hierzu hat der 7. Senat des BAG (**außerhalb der Problematik des Betriebsübergangs**) einen **Wiedereinstellungsanspruch** nach § 242 BGB **verneint**, wenn sich die Unrichtigkeit der Prognoseentscheidung erst nach Ablauf der Kündigungsfrist ergibt, weil hier der Rechtssicherheit und der Dispositionsfreiheit des Arbeitgebers der Vorrang einzuräumen ist (*BAG* 6.8.1997 – 7 AZR 557/96 – zu II 1 c der Gründe, soweit kein besonderer Vertrauenstatbestand vorliegt; offen gelassen vom 2. Senat *BAG* 4.12.1997 – 2 AZR 140/97 – zu B II 2 der Gründe). Im Hinblick auf das Gebot der Gesamtabwägung sind damit nach Ablauf der

Kündigungsfrist an die Anerkennung eines Wiedereinstellungsanspruchs **jedenfalls höhere Anforderungen** zu stellen, ohne dass ein solcher schlechthin ausgeschlossen sein kann. Soweit allerdings eine Kündigungsschutzklage durch **rechtskräftiges Urteil** abgewiesen wurde, kommt ein Wiedereinstellungsanspruch auch dann nicht in Betracht, wenn später vom EGMR ein Verstoß gegen die EMRK festgestellt wird (*BAG* 20.10.2015 – 9 AZR 743/14 – Rn 12 ff.; *Klumpp* EuZA 2017, 114).

Das BAG hat **in Betriebsübergangsfällen nach Ablauf der Kündigungsfrist** zunächst angenommen, ein Fortsetzungsanspruch ergebe sich aus einer richtlinienkonformen Auslegung des § 613a BGB und bestehe deshalb stets, wenn nach Kündigungszugang (infolge der Übernahme eines großen Teils der Belegschaft) ein Betriebsübergang erfolge (*BAG* 13.11.1997 – 8 AZR 295/95 – zu II 3 c der Gründe), und zwar insbes. auch, wenn der Betriebsübergang nach der Beendigung des Arbeitsverhältnisses erfolgt (*BAG* 12.11.1998 – 8 AZR 265/97 – zu C III 1 der Gründe; dazu *Ascheid* FS Dieterich S. 9 ff.; Staudinger/*Annuß* Rn 89; aA APS-*Steffan* Rn 181). Später hat das BAG diese Rechtsprechung eingeschränkt. Danach besteht ein **Fortsetzungsanspruch gegen den Erwerber** nach Ablauf der Kündigungsfrist »**nur ausnahmsweise**«, insbesondere, wenn während des Laufs der Kündigungsfrist der Betriebsübergang zwar beschlossen, aber noch nicht vollzogen ist (*BAG* 15.12.2011 – 8 AZR 197/11 – Rn 37; 25.9.2008 – 8 AZR 607/07 – Rn 33; 25.10.2007 – 8 AZR 989/06 – Rn 19, 24). Das wertungsoffene Konzept der wirtschaftlichen Einheit, nach dem der Betriebsübergang auch als gestreckter Tatbestand erfolgen kann, spricht dafür, dass das Vorliegen einer Weiterführung der wirtschaftlichen Einheit auch durch Umstände (gleich welcher Art, also auch durch Übergang von Betriebsmitteln) begründet werden kann, die zeitlich nach Ablauf der Kündigungsfrist eintreten (vgl. ErfK-*Preis* Rn 165; **anders aber bei Insolvenzkündigungen** *BAG* 16.2.2012 – 8 AZR 693/10 – Rn 56; 13.5.2004 – 8 AZR 198/03 – zu II 2 d der Gründe). Als Höchstgrenze wird man im Fall einer Betriebsunterbrechung die gesetzliche Kündigungsfrist nach § 622 Abs. 2 Nr. 7 BGB heranziehen können (vgl. *Berscheid* MDR 1998, 1129; vgl. auch *BAG* 22.5.1997 – 8 AZR 101/96 – zu B II 2 b der Gründe).

106

Der Anspruch ist gerichtet auf die **Neubegründung des Arbeitsverhältnisses** zu unveränderten Bedingungen (*BAG* 4.5.2006 – 8 AZR 299/05 – Rn 28; 13.11.1997 – 8 AZR 295/95 – zu II 3 c bb der Gründe; ErfK-*Preis* Rn 165), der nach Inkrafttreten des Schuldrechtsmodernisierungsgesetzes im Jahr 2002 auch für die Vergangenheit geltend gemacht werden kann (*BAG* 19.10.2017 – 8 AZR 845/15 – Rn 15; 14.3.2012 – 7 AZR 147/11 – Rn 28). Er zielt auf **rückwirkenden Abschluss** eines Arbeitsvertrags durch Annahme eines entsprechenden Angebots des Arbeitnehmers durch den Arbeitgeber (*BAG* 24.4.2013 – 7 AZR 523/11 – Rn 13). Ist es während des Rechtsstreits zu weiteren Betriebsübergängen gekommen, ist der Antrag entsprechend anzupassen (vgl. *BAG* 27.1.2011 – 8 AZR 326/09 – Rn 46), wobei das Klagebegehren ausgelegt werden kann (*BAG* 15.12.2011 – 8 AZR 197/11 – Rn 24). Demgegenüber ist bisher **offengeblieben**, ob ein Fortsetzungsanspruch bei einem Betriebsübergang infolge der **Übernahme materieller und immaterieller Betriebsmittel** entstehen kann (*BAG* 19.10.2017 – 8 AZR 845/15 – Rn 16; 13.5.2004 – 8 AZR 198/03 – zu II 2 c bb der Gründe). Diese anhand von Fällen außerhalb einer Insolvenz entwickelte Rechtsprechung wendet das BAG im Rahmen einer **Insolvenz** – unabhängig davon, ob diese auf Liquidation oder Sanierung zielt – nicht an. Ein Fortsetzungs- oder Wiedereinstellungsanspruch ist dann ausgeschlossen (*BAG* 16.2.2012 – 8 AZR 693/10 – Rn 56; 13.5.2004 – 8 AZR 198/03 – zu II 2 d der Gründe). Bei einem **Aufhebungsvertrag**, solange er keine Umgehung des Kündigungsverbots nach § 613a Abs. 4 BGB darstellt, hat das BAG einen Fortsetzungsanspruch abgelehnt (*BAG* 23.11.2006 – 8 AZR 349/06 – Rn 32). Im Fall eines tarifvertraglichen Wiedereinstellungsanspruchs hängt die Geltung für den neuen Arbeitgeber von der Auslegung des Tarifvertrags ab (*BAG* 1.12.2004 – 7 AZR 37/04 – Rn 15 ff.; zu einer **Rückkehrzusage** aus einer Betriebsvereinbarung vgl. *BAG* 24.4.2013 – 7 AZR 523/11 – Rn 22 ff.).

107

Aus Gründen der Rechtssicherheit ist es erforderlich, dass der Arbeitnehmer sein Fortsetzungsbegehren in angemessenem zeitlichen Abstand zu dem stattgefundenen Betriebsübergang geltend macht. Während die Rechtsprechung zunächst davon ausging, das **Fortsetzungsverlangen** müsse »**unverzüglich**« nach Kenntnis von den maßgebenden Tatsachen geltend gemacht werden (*BAG*

108

12.11.1998 – 8 AZR 265/97 – zu C II 1 der Gründe; so auch MüKo-*Müller-Glöge* Rn 198; *Preis/ Steffan* DB 1998, 309; *Boewer* NZA 1999, 1177: drei Wochen), hält es nunmehr in entsprechender Heranziehung der Frist des § 613a Abs. 6 S. 1 BGB einen Zeitraum von **einem Monat** für angemessen und noch ausreichend (*BAG* 27.1.2011 – 8 AZR 326/09 – Rn 36 f.; 21.8.2008 – 8 AZR 201/07 – Rn 64; 25.10.2007 – 8 AZR 989/06 – Rn 33; krit *Bonanni/Niklas* DB 2010, 1828: drei Wochen). Allerdings beginnt die **Frist nicht zu laufen**, wenn es an der Kenntnis des Arbeitnehmers fehlt, weil keine Unterrichtung nach § 613a Abs. 5 BGB erfolgt ist; unerheblich ist es dann, ob der Arbeitnehmer auf andere Weise Kenntnis von den erforderlichen Tatsachen erlangt hat (*BAG* 27.1.2011 – 8 AZR 326/09 – Rn 37; aM MüKo-*Müller-Glöge* Rn 198). Unabhängig davon kann dem Fortsetzungsverlangen allerdings der **Verwirkungseinwand** gem. § 242 BGB entgegenstehen (APS-*Steffan* Rn 183; offen gelassen bei einem fünf Monate später erklärten Fortsetzungsverlangen, weil bereits das erforderliche Umstandsmoment nicht gegeben war, von *BAG* 27.1.2011 – 8 AZR 326/09 – Rn 40 ff.; zum Verwirkungseinwand *Insam/Hinrichs* ZInsO 2013, 2541).

109 Wenn es für einen freien Arbeitsplatz **mehrere Bewerber** gibt, die einen Wiedereinstellungs- oder Fortsetzungsanspruch geltend machen, muss der Arbeitgeber zwar keine soziale Auswahl iSv. § 1 Abs. 3 KSchG durchführen (HaKo-KSchR/*Wemheuer* Rn 140). Er darf aber **nicht willkürlich** auswählen, sondern hat anhand **betrieblicher Belange** und **sozialer Gesichtspunkte** eine den §§ 242, 315 BGB genügende Auswahlentscheidung zu treffen, wobei es ihm obliegt, das Anforderungsprofil für den Arbeitsplatz festzulegen (*BAG* 4.5.2006 – 8 AZR 299/05 – Rn 38). Ob eine **Informationspflicht des Arbeitgebers** besteht, den Arbeitnehmer über einen nachträglichen Betriebsübergang zu informieren, erscheint fraglich (bejahend *Boewer* NZA 1999, 1177).

8. Darlegungs- und Beweislast

110 Entsprechend den allgemeinen Darlegungs- und Beweislastregeln trägt der Arbeitnehmer hinsichtlich der notwendigen **Kausalität zwischen Betriebsübergang und Kündigung** die Beweislast, wenn er die Unwirksamkeit der Kündigung geltend macht. Dazu gehört auch, dass **überhaupt ein Betriebsübergang** vorliegt (*BAG* 28.2.2019 – 8 AZR 201/18 – Rn 32; 23.5.2013 – 8 AZR 207/12 – Rn 26; 18.10.2012 – 6 AZR 41/11 – Rn 39; 10.5.2012 – 8 AZR 434/11 – Rn 28; 22.6.2011 – 8 AZR 107/10 – Rn 32; APS-*Steffan* Rn 257; ErfK-*Preis* Rn 177; zweifelnd *BAG* 27.2.2020 – 8 AZR 215/19 – Rn 168). Dies gilt jedoch nur, wenn und soweit sich der Arbeitnehmer mit der Feststellungsklage nach § 256 ZPO allein auf den Unwirksamkeitsgrund nach § 613a Abs. 4 S. 1 BGB stützt. Macht er dagegen die **Sozialwidrigkeit** der Kündigung nach §§ 1, 4 KSchG geltend, so muss der Arbeitgeber nach § 1 Abs. 2 S. 4 KSchG die Tatsachen beweisen, die die Kündigung bedingen. Der Arbeitnehmer muss deshalb im Verfahren nach §§ 1, 4 KSchG nicht darlegen und beweisen, dass die Kündigung nur wegen des Betriebsübergangs erfolgt ist, da – solange hieran Zweifel bleiben – dem Arbeitgeber der Nachweis der sozialen Rechtfertigung nicht gelungen ist (*BAG* 26.5.2011 – 8 AZR 37/10 – Rn 29; 16.5.2002 – 8 AZR 319/01 – zu III 1 a bb (2) der Gründe). Hat der Arbeitnehmer die Unwirksamkeit nach § 613a Abs. 4 BGB zu beweisen, so genügt als erstes **Indiz** der Hinweis auf den **zeitlichen Zusammenhang** mit dem Betriebsübergang. Zur Widerlegung des Indizes reicht jede nachvollziehbare Begründung, die einen sachlichen Grund dafür enthält, dass die Kündigung nur äußerlich formal mit dem Betriebsübergang verbunden, nicht aber materiell wegen des Betriebsübergangs erfolgt ist (*BAG* 5.12.1985 – 2 AZR 3/85 – zu B II 2 b der Gründe). Der Arbeitnehmer kann den Vortrag des Arbeitgebers aber erschüttern. Als sachlicher Grund für die Kündigung kommt eine **ernsthafte und endgültige Stilllegungsabsicht** in Betracht, wenn sie bereits greifbare Formen angenommen hat (*BAG* 14.5.2020 – 6 AZR 235/19 – Rn 89 ff.; 21.5.2015 – 8 AZR 409/13 – Rn 52 ff.). Kommt es jedoch bei einer zunächst geplanten Betriebsstilllegung nach Ausspruch der Kündigungen zu einem Betriebsübergang iSd § 613a Abs. 1 S. 1 BGB, spricht bei einer alsbaldigen Wiedereröffnung des Betriebs auch wenn sie erst nach Ablauf der Kündigungsfrist erfolgt – eine tatsächliche Vermutung gegen eine ernsthafte und endgültige Stilllegungsabsicht des veräußernden Betriebsinhabers im Zeitpunkt der Kündigung (*BAG* 16.2.2012 – 8 AZR 693/10 – Rn 45; 13.2.2003 – 8 AZR 654/01 – zu II 3 a der Gründe; 21.6.2001 – 2 AZR 137/00 – zu II 1 a der Gründe).

In der **Insolvenz** gelten seit Inkrafttreten der §§ 125 ff. InsO **besondere Beweislastgrundsätze**, 111
sofern ein Interessenausgleich mit Namensliste der zu kündigenden Arbeitnehmer verabredet
wird und eine Betriebsänderung vorliegt (Überblick bei *Kortmann* NJW-Spezial 2020, 533; *Granetzky/Esser* BB 2019, 1524). In diesem Fall trägt der Arbeitnehmer die Beweislast sowohl dafür,
dass die Kündigung nicht durchdringende betriebliche Erfordernisse bedingt ist (§ 125 Abs. 1
S. 1 Nr. 1 InsO; s. KR-*Spelge* § 125 InsO Rdn 20 f.), als auch dafür, dass die Kündigung wegen des Betriebsübergangs erfolgt ist (§ 128 Abs. 2 InsO; vgl. KR-*Weigand/Spelge* § 128 InsO
Rdn 3). § 128 Abs. 2 InsO ist überflüssig, weil den Arbeitnehmer, der sich auf § 613a Abs. 4
S. 1 BGB beruft, ohnehin die Darlegungs- und Beweislast trifft (vgl. oben Rdn 110; APS-*Steffan*
Rn 248; ErfK-*Gallner* InsO § 128 Rn 2). All dies gilt nur, wenn das Vorliegen einer **Betriebsänderung** feststeht (*BAG* 20.9.2006 – 6 AZR 249/05 – Rn 25; 28.8.2003 – 2 AZR 377/02 – zu
B II 3 a der Gründe). § 125 Abs. 1 S. 1 Nr. 2 InsO reicht weiter als die parallele Regelung in
§ 1 Abs. 3 S. 2 KSchG, wo nur die »Sicherung« und nicht die »Schaffung« einer ausgewogenen Personalstruktur genannt wird (vgl. *BAG* 19.12.2013 – 6 AZR 790/12 – Rn 23 f.). § 125
InsO geht in seinem Anwendungsbereich § 1 Abs. 5 KSchG als **speziellere Regelung** vor (*BAG*
15.12.2011 – 8 AZR 692/10 – Rn 33).

III. Umgehungstatbestände

Der Arbeitgeber ist im Grundsatz befugt, Rechtsgeschäfte so zu gestalten, dass die Rechtsfolgen des 112
§ 613a BGB nicht eingreifen (vgl. *BAG* 27.9.2012 – 8 AZR 826/11 – Rn 36; MüKo-*Müller-Glöge*
Rn 199). Dementsprechend kann zB die Neuvergabe eines Dienstleistungsauftrags so durchgeführt
werden, dass eine bloße Funktionsnachfolge vorliegt (*BAG* 21.5.2015 – 8 AZR 409/13 – Rn 39;
27.1.2011 – 8 AZR 326/09 – Rn 26). Dabei sind allerdings die **Umgehungsverbote aus §§ 134,
613a BGB** zu beachten (ausf. *Thienemann* S. 217 ff., 234 ff.). § 613a BGB gewährt einen **Schutz
vor einer Veränderung des Vertragsinhalts ohne sachlichen Grund**, der nicht dadurch umgangen werden darf, dass ein dem Gesetz entsprechend zwar formal erfüllender, aber seinem Sinn
und Zweck nach nicht gerecht werdender Weg eingeschlagen wird (*BAG* 18.8.2011 – 8 AZR 312/
10 – Rn 34; 19.3.2009 – 8 AZR 722/07 – Rn 26; dazu *Willemsen* NZA 2013, 242). Die Rechtsprechung hat dies etwa dann angenommen, wenn ein Unternehmen einen Betriebsteil stilllegt und
den betroffenen Arbeitnehmer betriebsbedingt kündigt, um dessen bisherige Funktion durch ein
konzernabhängiges neues Unternehmen mit neu eingestellten Arbeitnehmern erfüllen zu lassen.
Hier liege ein **Rechtsmissbrauch** vor, denn es fehle ein dringendes betriebliches Kündigungserfordernis iSd § 1 Abs. 3 KSchG (*BAG* 26.9.2002 – 2 AZR 636/01 – zu II 1 e der Gründe; *Rost* FS
Schwerdtner S. 178).

Eine **Umgehung des Kündigungsverbots** nach § 613a Abs. 4 BGB ist ebenfalls anzunehmen, wenn 113
der Arbeitgeber den Arbeitnehmer veranlasst, einen **Aufhebungsvertrag** zu schließen oder eine
Eigenkündigung auszusprechen, um dem aus dieser Vorschrift folgenden Kündigungsverbot auszuweichen (*BAG* 27.9.2012 – 8 AZR 826/11 – Rn 36), etwa unter Vortäuschung einer Betriebsstilllegung, obwohl eine Veräußerung vorgesehen ist (vgl. *BAG* 23.11.2006 – 8 AZR 349/06 – Rn 21;
APS-*Steffan* Rn 198). Gleiches wird dann angenommen, wenn die Abrede darauf zielt, die Kontinuität des Arbeitsverhältnisses ohne sachlich rechtfertigenden Grund zu beseitigen, obschon der
Arbeitsplatz erhalten bleibt (*BAG* 22.1.2015 – 8 AZR 139/14 – Rn 37; 25.10.2012 – 8 AZR 572/
11 – Rn 33; 27.9.2012 – 8 AZR 826/11 Rn 36; 18.8.2011 – 8 AZR 312/10 – Rn 32). Zu den
typischerweise erfassten Fallkonstellationen zählt es, wenn Arbeitnehmer vom alten Inhaber oder
durch einen Insolvenzverwalter (*BAG* 25.10.2007 – 8 AZR 917/06 – Rn 42 ff.) unter Hinweis auf
eine Wiedereinstellungszusage (mit geänderten Arbeitsbedingungen) beim potentiellen Übernehmer veranlasst werden, beim alten Arbeitgeber eine Eigenkündigung auszusprechen oder einen Aufhebungsvertrag abzuschließen (**sog. Lemgoer Modell**; vgl. auch *EuGH* 10.2.1988 – C-324/86 –
Rn 18 »Tellerup«; aA Staudinger/*Annuß* Rn 406). **Rechtsfolge der Umgehung ist die Nichtigkeit
der Arbeitnehmerkündigung oder des Aufhebungsvertrags** (*BAG* 27.9.2012 – 8 AZR 826/11 –
Rn 34 ff.; 18.8.2011 – 8 AZR 312/10 – Rn 31 ff.). Etwas anderes ist dann anzunehmen, wenn ein
Arbeitnehmer zunächst dem Übergang seines Arbeitsverhältnisses widerspricht (s. Rdn 71), um

anschließend mit dem Erwerber einen neuen Arbeitsvertrag zu anderen Bedingungen zu schließen (MüKo-*Müller-Glöge* Rn 203; aA ErfK-*Preis* Rn 158; *Ende* NZA 1994, 494).

114 Zu den Fällen der Änderung der Arbeitsbedingungen zählt auch die Verabredung einer zuvor nicht vorgesehenen **Befristung**; auch für diese verlangt das BAG das Vorliegen eines rechtfertigenden Grundes (*BAG* 25.10.2012 – 8 AZR 572/11 – Rn 46). Demgegenüber lässt die Rechtsprechung **Aufhebungsverträge** im Zusammenhang mit einem Betriebsübergang dann ohne die Voraussetzung eines sachlichen Grundes zu, wenn sie **auf das endgültige Ausscheiden zielen** (*BAG* 27.9.2012 – 8 AZR 826/11 – Rn 36; 18.8.2011 – 8 AZR 312/10 – Rn 32; 25.10.2007 – 8 AZR 917/06 – Rn 43). Das führt zwar zu dem *prima facie* erstaunlichen Ergebnis, dass der Inhalt des Arbeitsverhältnisses stärker geschützt wird als dessen Bestand. Indessen bewirkt das Angebot einer Fortsetzung durch den Übernehmer (zu schlechteren Bedingungen) unter der Voraussetzung einer Aufhebung des ursprünglichen Arbeitsvertrags eher eine die Entscheidungsfreiheit des Arbeitnehmers beeinträchtigende Konfliktsituation als ein Aufhebungsvertrag, der auf ein endgültiges Ausscheiden zielt. Einen solchen Fall der **Verabredung des endgültigen Ausscheidens** nimmt die Rechtsprechung auch dann an, wenn beim Abschluss des Aufhebungsvertrags ein neues (befristetes) Arbeitsverhältnis mit einer **Beschäftigungs- oder Qualifizierungsgesellschaft** begründet wird und eine unbefristete Wiedereinstellung durch eine Nachfolgegesellschaft lediglich für einen Teil der Arbeitnehmer in Aussicht gestellt wird (grundlegend *BAG* 10.12.1998 – 8 AZR 324/97 – zu B II der Gründe). An dieser Konzeption hat das BAG festgehalten (*BAG* 25.10.2012 – 8 AZR 572/11 – Rn 33; 18.8.2011 – 8 AZR 312/10 – Rn 32; dazu *Fuhlrott* NZA 2012, 549; ErfK-*Preis* Rn 159; krit. APS-*Steffan* Rn 198 mwN). Erst recht liegt danach keine Umgehung vor, wenn keine Weiterbeschäftigung durch eine Nachfolgegesellschaft in Aussicht gestellt ist (*BAG* 23.11.2006 – 8 AZR 349/06 – Rn 25). Anders verhält es sich, wenn die Option eines Arbeitsverhältnisses dem Erwerber in Aussicht gestellt wird oder die Beschäftigung in einer Beschäftigungs- oder Qualifizierungsgesellschaft nur zum Schein erfolgt (*BAG* 18.8.2011 – 8 AZR 312/10 – Rn 35: »**Losentscheid**« mit einer Chance von 352 zu 412, Beschäftigungsdauer in der BQG von einem Tag; zur Nichtigkeit eines Aufhebungsvertrages *BAG* 21.5.2008 – 8 AZR 481/07 – Rn 41).

115 Diese **Rechtsprechung** ist **nicht unbestritten** geblieben, weil sie dem Übernehmer trotz Vorliegens eines Betriebsübergangs erlaubt, die weiter zu beschäftigenden Arbeitnehmer auszuwählen, ohne an die Kriterien des KSchG, insbes. der Sozialauswahl, gebunden zu sein (krit. etwa APS-*Steffan* Rn 198; ErfK-*Preis* Rn 159; *Willemsen* NZA 2013, 242; dagegen zustimmend MüKo-*Müller-Glöge* Rn 202; HWK-*Müller-Bonanni* Rn 311). Vom Standpunkt des Umgehungskonzepts könnte es deshalb naheliegen, dass der Aufhebungsvertrag oder die Eigenkündigung unter der Voraussetzung sachlicher Rechtfertigung zulässig sind, wie dies auch für inhaltsändernde Vereinbarungen anerkannt ist (s. Rdn 52). Gegen das **Erfordernis eines sachlichen Rechtfertigungsgrundes** bei Auflösungsverträgen oder Eigenkündigungen spricht aber zum einen die Unklarheit dieses Kriteriums und zum anderen der Verbotsgehalt des § 613a Abs. 1 BGB. Denn gerade der Betriebsübergang kann danach die Auflösung des Arbeitsverhältnisses niemals rechtfertigen (*Hillebrecht* NZA Beil. 1989 Nr. 4, S. 11 f.; vgl. auch *Willemsen* NZA 2013, 242). Dies kann allerdings lediglich dann gelten, wenn der Arbeitnehmer der Eigenkündigung oder Auflösung unter Druck, also um eine Wiedereinstellung durch den neuen Arbeitgeber zu erreichen und den Arbeitsplatz nicht ganz zu verlieren, zugestimmt hat (dazu schon Rdn 112 f.). Der Feststellung dieser Drucksituation – mit anderen Worten: der **fehlenden rechtsgeschäftlichen Entscheidungsfreiheit** ausscheidender Arbeitnehmer – muss daher besondere Bedeutung zukommen (ebenso APS-*Steffan* Rn 198; *Willemsen* NZA 2013, 242). Ein wichtiges Indiz hierfür ist, wenn die Aufhebungsverträge oder Eigenkündigungen vom alten oder neuen Arbeitgeber veranlasst wurden. Ein Aufhebungsvertrag zwischen dem Arbeitnehmer und dem neuen Arbeitgeber ist beispielsweise dann wirksam, wenn er **ohne eine solche Drucksituation**, zB erst dann abgeschlossen wird, wenn das Arbeitsverhältnis auf den neuen Arbeitgeber übergegangen ist. Ebenso liegt es, wenn durch den Aufhebungsvertrag zwischen Arbeitnehmer und neuem Arbeitgeber lediglich die Wirkungen herbeigeführt werden, die auch durch Ausübung des Widerspruchsrechts des Arbeitnehmers (s. Rdn 71) eintreten würden (*BAG* 29.10.1975 – 5 AZR 444/74 – zu 2 der Gründe).

IV. Geltendmachung der Unwirksamkeit

1. Grundsatz

Die Unwirksamkeit einer Kündigung nach § 613a Abs. 4 S. 1 BGB kann im Wege der Klage nach § 4 KSchG, diejenige eines Aufhebungsvertrags als Umgehungsgeschäft durch Feststellungsklage nach § 256 Abs. 1 ZPO gerichtet auf den Fortbestand des Arbeitsverhältnisses geltend gemacht werden. Die **Klagefrist nach § 4 S. 1 KSchG** muss – auch in Kleinbetrieben (§ 23 Abs. 1 S. 2 und 3 KSchG) und auch vor Ablauf der Wartezeit des § 1 Abs. 1 KSchG (KR-*Klose* § 4 KSchG Rdn 17 f.) – gewahrt werden (Staudinger/*Annuß* Rn 404; APS-*Steffan* Rn 200). Insoweit bestehen auch **keine unionsrechtlichen Bedenken** (aM *Kamanabrou* NZA 2004, 950; *Sprenger* AuR 2005, 175). Unionsrechtlich erforderlich ist nur, dass die Frist nicht weniger günstig ist als diejenige für vergleichbare innerstaatliche Rechtsbehelfe im Bereich des Arbeitsrechts, und ferner die Festlegung des Zeitpunkts, mit dem der Lauf dieser Frist beginnt, die Ausübung der von der Richtlinie verliehenen Rechte nicht unmöglich macht oder übermäßig erschwert, was von den nationalen Gerichten zu prüfen (vgl. *EuGH* 27.2.2020 – C-773/18 u.a. – Rn 62 »TK«; 8.7.2010 – C-246/09 – Rn 42 »Bulicke«) und zu bejahen ist. **Zum Verhältnis** von § 613a Abs. 4 BGB zu einer Klage gem. § 1 KSchG vgl. KR-*Rachor* § 1 KSchG Rdn 609 ff.; hinsichtlich der je nach Zeitablauf unterschiedlichen Fallgestaltungen vgl. KR-*Klose* § 4 KSchG Rdn 130 ff.

116

2. Passivlegitimation

Wird eine **Kündigung vor dem Zeitpunkt des Betriebsübergangs vom Veräußerer** (oder dem Insolvenzverwalter des Veräußerers) ausgesprochen, ist dieser grds. **passivlegitimiert** (*BAG* 24.10.2013 – 6 AZR 854/11 – Rn 14; 16.2.2012 – 8 AZR 693/10 – Rn 33; zum **Befristungskontrollantrag** vgl. *BAG* 23.7.2014 – 7 AZR 853/12 – Rn 24). Dabei kommt es nicht darauf an, ob die Klage vor oder nach dem Betriebsübergang rechtshängig wurde (*BAG* 31.1.2008 – 8 AZR 10/07 – Rn 28) oder wann die Kündigungsfrist endet (krit. *Müller-Glöge* NZA 1999, 456; *Zeuner* FS Schwab S. 585 ff.). Die Klage soll sich grds. gegen den Arbeitgeber als Beklagten richten, der die Kündigung ausgesprochen hat (vgl. *BAG* 11.8.2011 – 9 AZN 806/11 – Rn 7; bereits auch 26.5.1983 – 2 AZR 477/81 – zu B I der Gründe; ErfK-*Preis* Rn 174; ausf. *Reiche* S. 185 ff.). Das erscheint jedoch für den Fall einer erst **nach dem Betriebsübergang erhobenen Klage** nicht unmittelbar einleuchtend, wenn das gekündigte Arbeitsverhältnis mit dem Betriebsübergang auf den Erwerber übergeht und dieser – und nicht der Veräußerer – für Feststellungsstreitigkeiten aus dem Arbeitsverhältnis passiv legitimiert ist (*Löwisch/Neumann* DB 1996, 474), ist aber Konsequenz des punktuellen Streitgegenstands der Kündigungsschutzklage. Deshalb ist von der Passivlegitimation des Veräußerers auszugehen (*BAG* 18.3.1999 – 8 AZR 306/98 – zu IV der Gründe). Da im Rahmen der Kündigungsschutzklage inzident zu prüfen ist, ob im Zeitpunkt des Wirksamwerdens der Kündigung überhaupt ein Arbeitsverhältnis zu dem beklagten Arbeitgeber bestand, wird (bei Übergang zwischen Kündigungserklärung und Wirksamwerden derselben) eine gegen den Veräußerer gerichtete Kündigungsschutzklage trotz Unwirksamkeit der Kündigung konsequenterweise abgewiesen (*BAG* 18.3.1999 – 8 AZR 306/98 – zu IV der Gründe). **Kündigt der Veräußerer nach dem Betriebsübergang**, geht die Kündigung zwar ins Leere (HWK-*Müller-Bonanni* Rn 370), eine gegen ihn erhobene Kündigungsschutzklage ist mangels bestehendem Arbeitsverhältnis im Kündigungszeitpunkt aber unbegründet (*BAG* 26.7.2007 – 8 AZR 769/06 – Rn 21; 15.12.2005 – 8 AZR 202/05 – Rn 37). Hier kann der Arbeitnehmer einen **Feststellungsantrag gegen den Veräußerer** erheben, dass zum Zeitpunkt der Kündigung kein Arbeitsverhältnis mehr zu ihm bestanden hat, verbunden mit einer hilfsweise gestellten Kündigungsschutzklage (HaKo-KSchR/*Wemheuer* Rn 209; vgl. zu einer gemeinsam gegen Veräußerer und Erwerber zu richtenden »Betriebsübergangs-Feststellungsklage« *BAG* 24.9.2015 – 2 AZR 562/14 – Rn 22; hierzu skeptisch *BAG* 25.1.2018 – 8 AZR 309/16 – Rn 22). Kommt es **im laufenden Verfahren zu einem Betriebsübergang**, bleibt der Veräußerer entsprechend § 265 Abs. 2 ZPO prozessführungsbefugt (*BAG* 11.8.2011 – 9 AZN 806/11 – Rn 7; 24.8.2006 – 8 AZR 574/05 – Rn 25; 20.3.1997 – 8 AZR 769/95 – zu B II 3 der Gründe; s. zur Rechtskrafterstreckung Rdn 122). Der neue Arbeitgeber

117

kann den Prozess nur mit Zustimmung des klagenden Arbeitnehmers übernehmen, nicht aber als Hauptpartei mit den Rechtsfolgen des § 62 ZPO beitreten (*BAG* 4.3.1993 – 2 AZR 507/92 – zu A 1 b der Gründe). Auch ein gesetzlicher Parteiwechsel in entsprechender Anwendung von §§ 239, 242 ZPO findet nicht statt (MüKo-*Müller-Glöge* Rn 205). Das Feststellungsinteresse einer Klage gegen den Veräußerer folgt aus der sonst eintretenden Fiktionswirkung des § 7 KSchG (MüKo-*Müller-Glöge* Rn 206).

118 Prozessual komplexer gestaltet sich die Lage, wenn der Arbeitnehmer **sowohl die Unwirksamkeit** der vom **Veräußerer** ausgesprochenen Kündigung **als auch den Bestand** des Arbeitsverhältnisses mit dem **Erwerber** festgestellt wissen möchte. Hier bietet es sich an, **beide als Streitgenossen** – mit entsprechenden Anträgen zu verklagen (dazu *BAG* 24.9.2015 – 2 AZR 593/14 -Rn 19; 24.6.2004 – 2 AZR 215/03 – zu B I 2 a der Gründe). Dabei besteht regelmäßig eine einfache Streitgenossenschaft (*BAG* 25.4.1996 – 5 AS 1/96 – zu II der Gründe; s. aber *BAG* 24.9.2015 – 2 AZR 593/14 – Rn 22, mit der Erwägung einer »Betriebsübergangs-Feststellungsklage«, die gegen Veräußerer und Erwerber als notwendige Streitgenossen zu führen wäre). Erforderlichenfalls ist zur Durchführung eines einheitlichen Verfahrens eine Gerichtsstandsbestimmung nach § 36 Abs. 1 Nr. 3 ZPO zulässig (*BAG* 25.4.1996 – 5 AS 1/96 – zu II der Gründe). Im Rahmen der Kündigungsschutzklage wird aufgrund des punktuellen Streitgegenstands inzident überprüft, ob zum Zeitpunkt des Zugangs der Kündigung ein Arbeitsverhältnis zwischen dem Veräußerer und dem Arbeitnehmer (noch) bestand (s. Rdn 117). Die **Kündigung** eines Betriebsveräußerers **nach der Betriebsübertragung** geht mangels eines mit ihm bestehenden Arbeitsverhältnisses ins Leere. Eine gleichwohl erhobene Klage auf Feststellung der Unwirksamkeit der Kündigung ist unbegründet (*BAG* 20.3.2014 – 8 AZR 1/13 – Rn 27; 15.12.2011 – 8 AZR 692/10 – Rn 20; 26.7.2007 – 8 AZR 769/06 – Rn 21). Der Arbeitnehmer kann sich in einer solchen Fallgestaltung aber den Vortrag des vermeintlichen Veräußerers hilfsweise zu eigen machen, der den Betriebsübergang substantiiert bestreitet (*BAG* 14.5.2020 – 6 AZR 235/19 – Rn 88; 26.7.2007 – 8 AZR 769/06 – Rn 21; 15.12.2005 – 8 AZR 202/05 – Rn 37). Macht der Arbeitnehmer hingegen allein geltend, der Betriebsübergang habe vor Ausspruch der Kündigung durch den Veräußerer stattgefunden, ist die Klage unschlüssig und schon deshalb als unbegründet abzuweisen (*BAG* 15.12.2011 – 8 AZR 692/10 – Rn 20; 26.7.2007 – 8 AZR 769/06 – Rn 21).

119 Kann der Arbeitnehmer **nicht erkennen, ob und wann ein Betriebsübergang stattgefunden hat**, ist er gehalten, gegen den (bisherigen) Arbeitgeber und den (vermeintlichen) Betriebserwerber unbedingt Klage zu erheben, da eine bedingte subjektive Klagehäufung unzulässig ist (vgl. *BAG* 23.2.2010 – 2 AZR 720/08 – Rn 35; 24.6.2004 – 2 AZR 208/03 – zu B I 2 a der Gründe). Angesichts der unbefriedigenden Situation, dass der Arbeitnehmer dann mit mindestens einer Klage verliert (vgl. ErfK-*Preis* Rn 175) ist gegebenenfalls eine »Betriebsübergangs-Feststellungsklage« zu erheben (vgl. *BAG* 24.9.2015 – 2 AZR 562/14 – Rn 15 ff.). Ein **Fortsetzungsverlangen** nach betriebsbedingter Kündigung und späterem Betriebsübergang ist mit einer Leistungsklage auf Annahme eines in der Klage enthaltenen Antrags auf Abschluss eines Arbeitsvertrags gegen den Übernehmer zu verfolgen (MüKo-*Müller-Glöge* Rn 209; ErfK-*Preis* Rn 175; HaKo-KSchR/*Wemheuer* Rn 207; s. Rdn 107).

120 **Kündigt** lediglich **der Betriebserwerber**, ist dieser passivlegitimiert. Auch in diesem Zusammenhang kommt es darauf an, wann die Kündigung zugegangen ist (vgl. HaKo-KSchR/*Wemheuer* Rn 203 und oben Rdn 118). Eine Kündigungsschutzklage kann für den Fall, dass der Zeitpunkt des Betriebsübergangs und damit die Berechtigung zum Kündigungsausspruch zweifelhaft ist, hilfsweise mit einem Feststellungsantrag auf Bestehen des Arbeitsverhältnisses kombiniert werden.

121 Wird ein Kündigungsschutzprozess auch **nach Betriebsveräußerung** gegen den Veräußerer fortgesetzt, so greift die Wirkung des § 265 ZPO für einen erst dann gestellten **Auflösungsantrag des Arbeitnehmers** nach § 9 KSchG nicht mehr ein. Denn dieser ist ein selbständiger prozessualer Antrag mit dem das Arbeitsverhältnis zum Auflösungszeitpunkt – der nach dem Betriebsübergang liegt – gestaltet werden soll (*BAG* 20.3.1997 – 8 AZR 769/95 – zu B II 4 a der Gründe;

s.a. ErfK-*Preis* Rn 176). Will der Arbeitnehmer nach dem Betriebsübergang einen Auflösungsantrag stellen, muss er entweder den Erwerber in den Kündigungsschutzprozess durch subjektive Klageerweiterung einbeziehen (*Vossen* FS Leinemann S. 283; MüKo-*Müller-Glöge* Rn 208) oder dem Übergang des Arbeitsverhältnisses widersprechen (HWK-*Müller-Bonanni* Rn 369a). Stellt der Arbeitnehmer trotz seiner Kenntnis vom Betriebsübergang einen Auflösungsantrag gegen den Veräußerer, so kann darin ein konkludent erklärter Widerspruch gegen den Übergang des Arbeitsverhältnisses liegen, wenn durch den Antrag zum Ausdruck kommt, dass sich der Arbeitnehmer auch zukünftig allein an den Veräußerer als seinen ursprünglichen Vertragspartner halten will. Umgekehrt muss man, schon aus prozesspraktischen Gründen, dem mit der Kündigungsschutzklage in Anspruch genommenen Veräußerer zubilligen, auch nach Betriebsübergang noch einen Auflösungsantrag zu stellen (*BAG* 24.5.2005 – 8 AZR 246/04 – Rn 31). Ob auf einen **vor dem Betriebsübergang rechtshängig gewordenen Auflösungsantrag** § 265 ZPO anwendbar ist, ist umstritten (offengelassen in *BAG* 20.3.1997 – 8 AZR 769/95 – zu B II 4 d bb der Gründe). Jedenfalls wenn der Auflösungszeitpunkt nach dem Betriebsübergang liegt, ist dies abzulehnen, da mit dem Veräußerer kein auflösbares Arbeitsverhältnis mehr besteht (vgl. *LAG BW* 24.5.2018 – 17 Sa 105/17 –; MüKo-*Müller-Glöge* Rn 208). Ein etwaiger Auflösungsantrag ist dann gegen den **Erwerber** zu richten (HaKo-KSchR/*Wemheuer* Rn 205; s.a. *Löwisch/ Neumann* DB 1996, 475.

3. Rechtskraft

Die Rechtskraft eines **Urteils gegen oder für den alten Arbeitgeber** wirkt entsprechend §§ 265, 325 ZPO auch für und gegen den neuen Arbeitgeber, falls der **Betriebsübergang nach Klageerhebung** eingetreten ist (*BAG* 21.6.2011 – 9 AZR 236/10 – Rn 23; 18.5.2010 – 1 AZR 864/08 – Rn 17; 9.7.2003 – 5 AZR 595/02 – zu I 2 b der Gründe; Staudinger/*Annuß* Rn 380; HWK-*Müller-Bonanni* Rn 369). Ein **Vergleich** wirkt zumindest in den Grenzen des Streitgegenstands auch für und gegen den Erwerber (*BAG* 24.8.2006 – 8 AZR 574/05 – Rn 24 ff.). Um aus dem Titel gegen den alten Arbeitgeber gegen den neuen Arbeitgeber vollstrecken zu können, muss der Arbeitnehmer nach § 727 ZPO eine **Titelumschreibung** erreichen oder ggf. nach § 731 ZPO Klage auf Klauselerteilung erheben (vgl. *BAG* 15.12.1976 – 5 AZR 600/75 zu 1 b der Gründe; ErfK-*Preis* Rn 180). Im Rahmen dieses Verfahrens wird geprüft, ob der neue Arbeitgeber tatsächlich Betriebsübernehmer iSd § 613a BGB ist, was durch den Vorprozess nicht rechtskräftig festgestellt ist. Daher kann es sich empfehlen, Klage gegen beide Arbeitgeber zu erheben. Wird die **Klage** gegen den alten Arbeitgeber **erst nach Betriebsveräußerung** erhoben, so greift § 325 ZPO nicht (*BAG* 18.4.2002 – 8 AZR 346/ 01 – zu I 2 c der Gründe; Staudinger/*Annuß* Rn 380). Der Arbeitnehmer muss zur Vermeidung widersprechender Urteile zum Mittel der Streitverkündung greifen oder, um zugleich einen Titel zu erhalten, beide Arbeitgeber verklagen.

4. Darlegungs- und Beweislast

Hinsichtlich der Darlegungs- und Beweislast gelten die **allgemeinen Grundsätze** (*BAG* 28.2.2019 – 8 AZR 201/18 – Rn 32; 23.5.2013 – 8 AZR 207/12 – Rn 26; ErfK-*Preis* Rn 177; dagegen zweifelnd *BAG* 27.2.2020 – 8 AZR 215/19 – Rn 168) Danach trägt der **Anspruchsteller** die Darlegungs- und Beweislast für die rechtsbegründenden, der **Anspruchsgegner** trägt sie für die rechtsvernichtenden, rechtshindernden und rechtshemmenden Tatbestandsmerkmale. Nimmt der Arbeitnehmer den vermeintlichen Betriebsübernehmer in Anspruch, muss er die Voraussetzungen eines Betriebs(teil)übergangs sowie ggf. seiner organisatorischen Zuordnung zum übergegangenen Betriebsteil darlegen und beweisen. Hierfür reicht es aus, **Tatsachen** vorzutragen, **aus deren Gesamtheit** geschlossen werden kann, dass der Erwerber den Betrieb mit den übernommenen Mitteln fortsetzt. Der Arbeitgeber kann diesen Schluss widerlegen, indem er Tatsachen vorträgt und ggf. beweist, aus denen sich ergibt, dass er lediglich unter Einsatz erheblicher eigener Mittel tätig werden konnte. Sind die Regelvoraussetzungen des Betriebsübergangs dargelegt und bewiesen, so muss Ausnahmen vom Betriebsübergang, wie zB eine Stilllegung (dazu *BAG* 3.7.1986 – 2 AZR 68/ 85 – zu B III 3 der Gründe), darlegen und beweisen, wer sich auf das Vorliegen einer Ausnahme beruft. Möglich ist auch ein **Anscheinsbeweis** (*BAG* 4.3.1993 – 2 AZR 507/92 – zu C II 3 b der Gründe; 10.11.1988 – 2 AZR 192/88 – zu II 2 e der Gründe; 10.6.1988 – 2 AZR 801/87 – zu II 2 der Gründe). Ein Anscheinsbeweis für den Übergang durch Rechtsgeschäft kann vorliegen, wenn ein vom Geschäftsführer einer GmbH persönlich gemietetes Betriebsgrundstück oder sonstige Betriebsmittel anschließend von der GmbH genutzt werden (vgl. *BAG* 3.7.1986 – 2 AZR 68/85 – zu B IV 2 b der Gründe). Allgemein spricht ein Beweis des ersten Anscheins für einen rechtsgeschäftlichen Übergang, wenn der Arbeitnehmer beweist, dass der Betriebserwerber die wesentlichen Betriebsmittel des bisherigen Inhabers verwendet (*BAG* 10.6.1988 – 2 AZR 801/87 – zu II 2 der Gründe; einschränkend HWK-*Müller-Bonanni* Rn 373). Zur Darlegungs- und Beweislast iRd § 613a Abs. 4 BGB s. Rdn 110.

F. Kollisionsrecht

124 Nach der Rechtsprechung des BAG ist § 613a BGB auch bei Betriebsübergängen in das Ausland grundsätzlich anwendbar (vgl. *BAG* 25.4.2013 – 6 AZR 49/12 – Rn 166; 26.5.2011 – 8 AZR 37/10 – Rn 42). Zur **international-privatrechtlichen Behandlung** des § 613a BGB vgl. im Übrigen KR-*Weigand/Horcher* Int. ArbvertragsR Rdn 120 ff. sowie *Deinert* Internationales Arbeitsrecht, 2013, § 14 Rn 4 ff.; *Pfeiffer* FS v. Hoyningen-Huene 2014 S. 351 ff.

§ 615 BGB Vergütung bei Annahmeverzug und bei Betriebsrisiko

[1]Kommt der Dienstberechtigte mit der Annahme der Dienste in Verzug, so kann der Verpflichtete für die infolge des Verzugs nicht geleisteten Dienste die vereinbarte Vergütung verlangen, ohne zur Nachleistung verpflichtet zu sein. [2]Er muss sich jedoch den Wert desjenigen anrechnen lassen, was er infolge des Unterbleibens der Dienstleistung erspart oder durch anderweitige Verwendung seiner Dienste erwirbt oder zu erwerben böswillig unterlässt. [3]Die Sätze 1 und 2 gelten entsprechend in den Fällen, in denen der Arbeitgeber das Risiko des Arbeitsausfalls trägt.

1 Die kündigungsrechtlichen Besonderheiten des Annahmeverzugs werden bei § 11 KSchG Rdn 12 bis 69 behandelt:
- Leistungsangebot des Arbeitnehmers und Nichtannahme durch Arbeitgeber s. § 11 KSchG Rdn 12 ff.,
- Leistungswille des Arbeitnehmers s. § 11 KSchG Rdn 15,
- Leistungsfähigkeit des Arbeitnehmers s. § 11 KSchG Rdn 16 ff.,
- Unzumutbarkeit der Leistungsentgegennahme s. § 11 KSchG Rdn 21,
- Fälligkeit s. § 11 KSchG Rdn 22,
- tarifliche Ausschlussfristen und Verjährung s. § 11 KSchG Rdn 23 ff.,
- Ende des Annahmeverzugs s. § 11 KSchG Rdn 26 ff.,
- Anrechnung auf Urlaub s. § 11 KSchG Rdn 32,
- Höhe des Nachzahlungsanspruchs s. § 11 KSchG Rdn 33 ff.,
- Rechtsnatur des Nachzahlungsanspruchs s. § 11 KSchG Rdn 36 f.,
- Anrechnung auf den entgangenen Zwischenverdienst s. § 11 KSchG Rdn 38 ff.,
- Anrechnung anderweitigen Verdienstes s. § 11 KSchG Rdn 39 ff.,
- Anrechnung hypothetischer Einkünfte s. § 11 KSchG Rdn 47 ff.,
- Anrechnung öffentlich-rechtlicher Leistungen s. § 11 KSchG Rdn 51 ff.,
- (keine) Anrechnung ersparter Aufwendungen s. § 11 KSchG Rdn 59,
- verfahrensrechtliche Fragen s. § 11 KSchG Rdn 60 ff.

§ 620 BGB Beendigung des Dienstverhältnisses

(1) Das Dienstverhältnis endigt mit dem Ablauf der Zeit, für die es eingegangen ist.

(2) Ist die Dauer des Dienstverhältnisses weder bestimmt noch aus der Beschaffenheit oder dem Zwecke der Dienste zu entnehmen, so kann jeder Teil das Dienstverhältnis nach Maßgabe der §§ 621 bis 623 kündigen.

(3) Für Arbeitsverträge, die auf bestimmte Zeit abgeschlossen werden, gilt das Teilzeit- und Befristungsgesetz.

Übersicht

		Rdn
A.	Regelungsgehalt	1
B.	Geltungsbereich	3
I.	Dienstvertrag/Arbeitsvertrag	3
II.	Selbständiger Dienstvertrag	5
C.	Beendigung des selbständigen Dienstverhältnisses	8
I.	Selbständige Dienstverträge	8
1.	Befristung	8
2.	Auflösende Bedingung	12
3.	Kündigung	13
4.	Sonstige Beendigungstatbestände	14
II.	Besondere Dienstverhältnisse	15
D.	Beendigung des Arbeitsverhältnisses	16
I.	Befristung/auflösende Bedingung	16
II.	Kündigung	19
III.	Abgrenzung zu sonstigen Beendigungstatbeständen	21
1.	Anfechtung	22
2.	Arbeitnehmerüberlassung und Befristung	24
3.	Lösungsverträge	28
	a) Aufhebungsvertrag	28
	b) Abwicklungsvertrag	29
4.	Aussperrung und Streik	31
5.	Beendigung einer vorläufigen Einstellung (§ 100 BetrVG)	32
6.	Betriebsübergang	33
7.	Fortsetzungsverweigerung (§ 12 KSchG)	34
8.	Freistellung	35
9.	Fristlose Dienstentlassung als Disziplinarmaßnahme	36
10.	Gerichtliche Auflösung	37
	a) § 78a Abs. 4 S. 1 Nr. 2 BetrVG	37
	b) §§ 9, 10, 13 Abs. 1 S. 3 u. 4., Abs. 2 KSchG	38
11.	Insolvenz	39
12.	Lossagungsrecht	40
13.	Nichtigkeit	41
14.	Rücktritt	42
15.	Ruhen des Arbeitsverhältnisses	43
16.	Eintritt in den Ruhestand/Berufs- und Erwerbsunfähigkeit	46
17.	Einseitige Suspendierung	48
18.	Tod des Arbeitgebers	57
19.	Tod des Arbeitnehmers	58
20.	Unmöglichkeit	59
21.	Wegfall der Geschäftsgrundlage	61
E.	Sonderregelung für befristete Arbeitsverträge (Abs. 3)	62
I.	Rechtliche und tatsächliche Bedeutung der Befristung	62
1.	Wirkung der Befristung	62
2.	Tatsächliche Verbreitung befristeter Arbeitsverträge im Arbeitsleben	67
II.	Befristungsregelungen	69
1.	Richterrecht (bis 31.12.2000)	69
2.	Gesetzliche Sonderregelungen	70
	a) ÄArbVtrG	71
	b) AGG	72
	c) § 1 ArbPlSchG	73
	d) § 10 AÜG	74
	e) § 21 BBiG	75
	f) § 21 BEEG	76
	g) § 2 WissZeitVG	77
	h) § 41 SGB VI und § 8 Abs. 3 AltersteilzeitG	78
	i) § 2 Abs. 1 Nachweisgesetz	81
	j) § 6 PflegeZG und § 9 FPfZG	82
	k) Landesgesetze	84
III.	Befristungsregelung durch das TzBfG (ab 1.1.2001)	90
1.	Entwicklung des Gesetzesvorhabens	90
2.	Allgemeine Zielsetzungen	95
3.	Geltungsbereich	97
4.	Kernpunkte der gesetzlichen Neuregelung	101
5.	Gesetzesplanungen	121
IV.	Übergangsrecht	123

A. Regelungsgehalt

§ 620 Abs. 1 BGB bestimmt, dass ein **Dienstverhältnis auf bestimmte Zeit** begründet werden kann. Das Dienstverhältnis endet, ohne dass es einer Kündigung bedarf, mit dem Ablauf der vorgegebenen Zeit (kalendermäßige Festlegung eines Endtermins oder bestimmte Dauer). Dies entspricht

§ 620 BGB   Beendigung des Dienstverhältnisses

den allgemeinen Regeln, die für Dauerschuldverhältnisse gelten (ErfK-*Müller-Glöge* Rn 1; MüKo-*Hesse* Rn 1; Staudinger/*Preis* Rn 1). Grenzen der vertraglichen Bindung zeigen nur § 624 BGB bzw. § 15 Abs. 4 TzBfG auf. Nach der **Schuldrechtsreform** sind ab dem 1.1.2002 über die **Inhaltskontrolle** nach §§ 305 ff. BGB zusätzliche Einschränkungen möglich. Wie sich aus Abs. 2 ergibt, kann an die Stelle einer vereinbarten festen Zeitspanne eine sog. **Zweckbefristung** treten (HWK-*Rennpferdt* Rn 4; MüKo-*Hesse* Rn 10). Für ein **Arbeitsverhältnis** – Unterfall des Dienstvertrags –, das auf bestimmte Zeit abgeschlossen wird, erklärt der mit Wirkung vom 1.1.2001 eingefügte **Abs. 3** (dazu s. Rdn 62 ff.) zur Klarstellung (BT-Drucks. 14/4374 S. 22) das zum gleichen Zeitpunkt in Kraft getretene **TzBfG** für anwendbar, in dem sich nähere Regelungen zur kalendermäßigen Befristung, zur **Zweckbefristung** und zur auflösenden Bedingung finden (vgl. allgemein zum TzBfG auch Rdn 90 ff. sowie KR-*Bader/Kreutzberg-Kowalczyk* § 1 TzBfG Rdn 5). § 620 Abs. 1 und 3 BGB erweist sich damit als die **grundlegende Ausgangsnorm** für **alle Befristungsregelungen** im Dienst- und Arbeitsverhältnis.

2   Zur **Beendigung unbefristeter Dienst- und damit auch Arbeitsverhältnisse** verweist Abs. 2 auf die §§ 621 bis 623 BGB (s. Rdn 13 u. 19). Daraus folgt mittelbar im Verbund mit der Verweisung auf das TzBfG in Abs. 3, dass § 620 Abs. 2 BGB. auch auf Arbeitsverträge anzuwenden ist (MüKo-*Hesse* Rn 2; Staudinger/*Preis* Rn 4–6). Für das **Arbeitsverhältnis** sind neben der Einhaltung der Kündigungsfristen nach Maßgabe des § 622 BGB die materiellen **Kündigungsschutzvorschriften** (zB KSchG) zu beachten; für den selbständigen Dienstvertrag genügt im Falle der ordentlichen Kündigung die Einhaltung der gesetzlichen Kündigungsfristen nach § 621 BGB, es sei denn, der **Kündigungsschutz** ist **vertraglich vereinbart** worden (*BGH* 10.5.2010 – II ZR 70/09 –, Anstellungsvertrag eines GmbH-Geschäftsführers; KR-*Rachor* § 1 KSchG Rdn 39; vgl. auch *OLG Hamm* 19.6.2017 – 8 U 18/17 – zur Vereinbarung einer Kündigungsmöglichkeit eines Fremd-Geschäftsführers mit Vollendung des 60. Lebensjahres). Die Abgrenzung zwischen Dienstverträgen und Arbeitsverhältnissen ist daher von Bedeutung (Staudinger/*Preis* Rn 2 f., 7). Die Merkmale eines Arbeitsverhältnisses hat der Gesetzgeber in Anlehnung an die Rechtsprechung nunmehr in § **611a Abs. 1 BGB** aufgenommen, der am 1.4.2017 in Kraft getreten ist (Art. 2 des Gesetzes zur Änderung des AÜG und anderer Gesetze vom 21.2.2017, BGBl. I S. 258; ErfK-*Preis* BGB § 611a Rn 1, 8 ff.; Schaub/*Vogelsang* § 8 Rn 21 ff., § 9 Rn 2 ff.).

B. Geltungsbereich

I. Dienstvertrag/Arbeitsvertrag

3   § 620 Abs. 1 BGB gilt als Grundnorm für alle Arten von Dienstverträgen, mithin auch für **Arbeitsverträge**. Da für Arbeitsverträge jedoch jetzt die Spezialregelungen des TzBfG zur Anwendung kommt (**Abs. 3**), beschränkt sich der Anwendungsbereich des Abs. 1 im Ergebnis auf den sog. **selbständigen** oder **freien Dienstvertrag** (s. Rdn 6). **Abs. 2** erfasst alle Arten von Dienstverhältnissen (HWK-*Rennpferdt* Rn 3), indem er für Arbeitsverhältnisse auf die §§ 622, 623 BGB verweist, für selbständige Dienstverträge dagegen nur auf § 621 BGB (dazu s. Rdn 13 u. 19). Es ist rechtlich nicht von vornherein ausgeschlossen, dass der **Arbeitnehmer zur selben Person in einem Arbeitsverhältnis und darüber hinaus in einem Dienstverhältnis steht**. Das setzt allerdings voraus, dass das dem Arbeitgeber aufgrund des Arbeitsvertrags zustehende **Weisungsrecht** nicht für die Tätigkeiten gilt, die der Vertragspartner aufgrund des Dienstverhältnisses schuldet (*BAG* 27.6.2017 – 9 AZR 851/16 – Rn 34).

4   Ein **Dienstvertrag** ist ein Vertrag, durch den sich der Dienstverpflichtete dem Dienstberechtigten gegenüber zu **Dienstleistungen** gegen Vergütung verpflichtet (§ 611 Abs. 1 BGB). Gegenstand des Dienstvertrags können Dienste jeder Art sein (§ 611 Abs. 2 BGB). Geregelt ist der Dienstvertrag in den §§ **611 ff. BGB**, wobei sich neben Bestimmungen, die für alle Dienstverträge gelten, auch etliche Vorschriften finden, die nur Arbeitsverträge erfassen (§§ 612a, 613a, 619a, 622 und 623 BGB), während umgekehrt die §§ 621, 627 und 630 BGB nur für Dienstverhältnisse gelten, die nicht Arbeitsverhältnisse sind. Der Arbeitsvertrag selbst ist seit 1.4.2017 in § 611a BGB geregelt. Anders als der **Werkvertrag** (§§ 631 ff.) ist der Dienstvertrag **nicht erfolgsbezogen**, sondern es ist

eine Tätigkeit, dh. die Dienstleistung als solche, geschuldet (vgl. hierzu KR-*Kreutzberg-Kowalczyk* ArbNähnl. Pers Rdn 11 ff.).

II. Selbständiger Dienstvertrag

Für den selbständigen Dienstvertrag regelt zunächst **Abs. 1** den Regelfall der Beendigung (s. Rdn 8). Liegt keine Befristung vor, kann gem. § 621 BGB ordentlich gekündigt werden (**Abs. 2**). Befristungen sind bei **Dienstverträgen** frei vereinbar, sowohl als **Zeit- als auch als Zweckbefristung** (*BAG* 15.11.2005 – 9 AZR 626/04 – Rn 30, zu arbeitnehmerähnlichen Personen). Bei langjähriger wirtschaftlicher Abhängigkeit des freien Mitarbeiters von einem Auftraggeber ist im Fall einer Zweckbefristung eine **Ankündigungsfrist** zu wahren, die zwei Wochen nicht unterschreiten darf (vgl. ErfK-*Müller-Glöge* Rn 4; HWK-*Rennpferdt* Rn 14; MüKo-*Hesse* Rn 7; *BAG* 7.1.1971 – 5 AZR 221/70 –; 8.6.1967 – 5 AZR 461/66 –). Insoweit ergibt sich eine Parallele zu der Ankündigungsfrist des § 15 Abs. 2 TzBfG, die nur für Arbeitsverhältnisse gilt. 5

Von einem freien, selbständigen oder unabhängigen Dienstvertrag spricht man dann, wenn der Dienstverpflichtete seine **Tätigkeit** im Wesentlichen **frei gestalten** und seine **Arbeitszeit selbst bestimmen** kann (vgl. § 84 Abs. 1 Satz 2 HGB; dazu in negativer Abgrenzung § 611a Abs. 1 Satz 3 BGB; vgl. KR-*Kreutzberg-Kowalczyk* ArbNähnl. Pers Rdn 83 ff.; KR-*Spilger* § 622 BGB Rdn 74; ErfK-*Preis* BGB § 611a Rn 10). Hierzu zählen vor allem die Dienstverpflichteten, die ihre Dienste typischerweise in wirtschaftlicher und sozialer Selbständigkeit und Unabhängigkeit leisten (etwa Architekten, Ärzte, Rechtsanwälte oder Künstler). In der Regel unterfallen die mit Dienstvertrag verpflichteten **Vorstandsmitglieder** einer Aktiengesellschaft oder **Geschäftsführer** einer GmbH (vgl. auch *BGH* 25.7.2002 – III ZR 207/01 –, ständiger Vertreter des Hauptgeschäftsführers einer Handwerkskammer) nicht dem Anwendungsbereich des TzBfG (*Busch/Schönhöft* DB 2007, 2650, 2652 f.), soweit nicht nach Verlust der Organstellung ein daneben ruhendes Arbeitsverhältnis wieder auflebt (*BAG* 12.6.2019 – 7 AZR 428/17 –; 24.10.2013 – 2 AZR 1078/12 –; 24.11.2005 – 2 AZR 614/04 –). Eine Weisungsgebundenheit des GmbH-Geschäftsführers, die so stark ist, dass sie auf einen **Status als Arbeitnehmer** schließen lässt, kommt allenfalls in extremen Ausnahmefällen in Betracht (*BAG* 11.6.2020 – 2 AZR 374/19 – Rn 25; 21.1.2019 – 9 AZB 23/18 – Rn 24). Wie die **Heimarbeitnehmer** (§ 29 HAG), deren Befristung zur Beschäftigung keines Sachgrundes bedarf (*BAG* 24.8.2016 – 7 AZR 625/15 –), arbeiten die **arbeitnehmerähnlichen Personen** (vgl. etwa § 5 Abs. 1 S. 2 ArbGG, §§ 2 S. 2, 12 BUrlG) selbständig (vgl. KR-*Kreutzberg-Kowalczyk* ArbNähnl. Pers Rdn 17 ff.). Für die in **wirtschaftlicher Abhängigkeit** stehenden arbeitnehmerähnlichen Personen gelten besondere **Schutzvorschriften** (vgl. KR-*Kreutzberg-Kowalczyk* ArbNähnl. Pers Rdn 53 ff.), zT wird für sie darüber hinaus die entsprechende Anwendung von Arbeitnehmerschutzvorschriften befürwortet (vgl. die Nachweise bei KR-*Kreutzberg-Kowalczyk* ArbNähnl. Pers Rdn 73). So dürfte – jedenfalls bei Zweckbefristungen und auflösenden Bedingungen – für diesen Personenkreis die **zweiwöchige Ankündigungsfrist** entsprechend §§ 15 Abs. 2; 21 TzBfG zu wahren sein (vgl. oben Rdn 5). Im Übrigen ist jedoch im Umkehrschluss aus der Legaldefinition in § 3 TzBfG davon auszugehen, dass arbeitnehmerähnliche Personen in den Anwendungsbereich des § 620 Abs. 1 und 2 BGB fallen (MüKo-*Hesse* Rn 7; vgl. KR-*Kreutzberg-Kowalczyk* ArbNähnl. Pers. Rdn 59). Ein **Sachgrund** ist daher zur wirksamen Befristung eines Dienstverhältnisses mit einer arbeitnehmerähnlichen Person **nicht erforderlich** (*BAG* 15.11.2005 – 9 AZR 626/04 – Rn 30 »Nachtwache im Krankenhaus«; APS-*Backhaus* Rn 2; ErfK-*Müller-Glöge* Rn 4; für Heimarbeiter vgl. *BAG* 24.8.2016 – 7 AZR 625/15 –). Die für freie Dienstverträge geltende **Vertragsfreiheit** findet ihre Grenzen in der höchstzulässigen Bindungsdauer von 5 Jahren in § 624 BGB und in der Inhaltskontrolle nach §§ 305 ff. BGB (zB *BGH* 17.1.2008 – III ZR 74/07 – zu einem Privatschulvertrag; Staudinger/*Preis* Rn 7 f.). 6

Die **Richtlinie 1999/70/EG** erstreckt sich weder auf **befristete Arbeitsverhältnisse** im Rahmen der **Arbeitnehmerüberlassung** (*EuGH* 11.4.2013 – C-290/12 – »**Della Rocca**«; ablehnend *Lembke* NZA 2013, 815; zust. *Franzen* EuZA 2013, 433) noch auf die Rechtsverhältnisse der **arbeitnehmerähnlichen Personen**. Hinsichtlich der letztgenannten Personengruppe kommt es für den 7

Anwendungsbereich auf die **im nationalen Sinne verstandenen Arbeitsverhältnisse** an (vgl. **Erwägungsgrund 17 der Richtlinie** und § 2 Abs. 1 der Rahmenvereinbarung). Danach können arbeitnehmerähnliche Personen ebenso wenig der Richtlinie unterfallen wie Dienstverpflichtete in selbständiger und freier Arbeit. Die Einordnung nach nationalem Recht ist maßgebend (vgl. *BAG* 21.11.2017 – 9 AZR 117/17 – Rn 45 ff.; EuArbR/*Krebber* RL 1999/70/EG § 2 Rn 18, § 3 Rn 3).

C. Beendigung des selbständigen Dienstverhältnisses

I. Selbständige Dienstverträge

1. Befristung

8   Der selbständige Dienstvertrag endet – das Gesetz sieht dies insofern als den **Regelfall** an (MüKo-*Hesse* Rn 1) – mit Ablauf der **vereinbarten Zeit**. Damit ist zum einen die **kalendermäßige Befristung** erfasst, zum anderen – arg. Abs. 2 – die **Zweckbefristung** (HWK-*Rennpferdt* Rn 4; zu den Begriffen s. KR-*Bader/Kreutzberg-Kowalczyk* § 3 TzBfG Rdn 17, 21). Einer besonderen Erklärung hierzu bedarf es nicht (GA-*Boecken* § 620 BGB Rn 9; Erman/*Riesenhuber* Rn 1).

9   Bei der **Zweckbefristung** des selbständigen Dienstvertrags muss ein entsprechender **gemeinsamer Vertragswille** vorliegen (vgl. *BGH* 13.10.2006 – V ZR 289/05 – Rn 10; KR-*Bader/Kreutzberg-Kowalczyk* § 3 TzBfG Rdn 25 f.). Auch bei völliger **Ungewissheit** darüber, zu welchem Zeitpunkt der Zweck erreicht sein wird, ist die Vereinbarung wirksam, wenn die Parteien den Eintritt des Ereignisses, mit dem der Zweck erreicht wird, als gewiss angesehen haben (vgl. Erman/*Riesenhuber* Rn 6). Anders als beim Arbeitsvertrag wird man hier nicht zu fordern haben, dass der Zeitpunkt der Zweckerreichung schon prognostisch **nach objektiven Maßstäben bestimmbar** ist (zum Arbeitsvertrag vgl. hingegen *BAG* 21.3.2017 – 7 AZR 222/15 – Rn 24 ff.; 15.5.2012 – 7 AZR 35/11 – Rn 30 ff.; KR-*Bader/Kreutzberg-Kowalczyk* § 3 TzBfG Rdn 27 ff.). Ein über § 624 BGB und die §§ 305 ff., 309 Nr. 9 BGB hinausgehender Schutz (vgl. hierzu HWK-*Rennpferdt* Rn 7) ist für den Dienstverpflichteten nicht geboten. Anders als im für Arbeitnehmer geltenden TzBfG ist in § 620 BGB ein weitergehender Schutz für den Dienstverpflichteten nicht angelegt.

10 Die Befristungsvereinbarung unterliegt anders als in § 14 Abs. 4 TzBfG **keiner gesetzlichen Form** (HWK-*Rennpferdt* Rn 9) und sie bedarf **keines Sachgrundes**, da § 14 TzBfG nicht eingreift (s. Rdn 11). Die **Befristung einzelner Arbeitsbedingungen** in Form von Einzelabreden ist in den Grenzen der Vertragsfreiheit frei vereinbar. Nach dem systematischen Verhältnis des Abs. 1 zu Abs. 2 ist eine **ordentliche Kündigung** für die Dauer der vereinbarten Befristung ausgeschlossen (MüKo-*Hesse* Rn 11; Palandt/*Weidenkaff* Rn 10), es sei denn, die Möglichkeit dazu ist ausdrücklich vereinbart (Erman/*Riesenhuber* Rn 2; Staudinger/*Preis* Rn 4; *BGH* 17.1.2008 – III ZR 74/07 –; *OLG Köln* 20.3.2020 – 20 U 240/19 –). Die Kündigungsmöglichkeit kann bei Dienstverträgen auch nachträglich eingeräumt werden (§ 311 Abs. 1 BGB; vgl. HWK-*Rennpferdt* Rn 9; Palandt/*Weidenkaff* Rn 3). Ist das Dienstverhältnis während der Befristung kündbar, sind die **Kündigungsfristen des § 621 BGB** einzuhalten und zwar auch für Geschäftsführer, die nicht Mehrheitsgesellschafter der GmbH sind (vgl. *BAG* 11.6.2020 – 2 AZR 374/19 – Rn 35 ff.). Die Dauer des Dienstverhältnisses kann sich aber auch aus dem **Zweck der Dienste** ergeben und deshalb einer möglichen Kündigung nach den gesetzlichen Fristen entgegenstehen. In einem solchen Fall können im Einklang mit § 307 BGB in den Allgemeinen Geschäftsbedingungen angemessene und interessengerechte von § 621 BGB abweichende beiderseits verbindliche Kündigungsfristen festgelegt werden (*BGH* 17.1.2008 – III ZR 74/07 –). Möglich sind unter den jeweils umschriebenen Voraussetzungen stets die außerordentliche Kündigung nach **§ 626 BGB** und die Kündigung nach **§ 627 BGB** (HWK-*Rennpferdt* Rn 10; Palandt/*Weidenkaff* Rn 10; zu § 627 BGB vgl. bspw. *BGH* 8.10.2020 – III ZR 80/20 –; 2.5.2019 – IX ZR 11/18 –; 10.11.2016 – III ZR 193/16 –; *BAG* 12.7.2006 – 5 AZR 277/06 –). Dabei ist für die **Kündigung die Schriftform des § 623 BGB** nicht einzuhalten, da diese nur für Arbeitnehmer gilt (*LAG SchlH* 10.4.2018 – 1 Sa 367/17; ErfK-*Müller-Glöge* BGB § 623 Rn 2; MüKo-*Henssler* BGB § 623 Rn 6).

Da **arbeitsrechtliche Schutzvorschriften nicht gelten**, steht es den Vertragsparteien frei, ob sie 11
den Vertrag auf bestimmte Zeit abschließen wollen (vgl. *BAG* 15.11.2005 – 9 AZR 626/04 –;
Erman/*Riesenhuber* Rn 3; MüKo-*Hesse* Rn 6; HWK-*Rennpferdt* Rn 7). Das **AGG** ist grundsätzlich nicht anwendbar. Es gilt nach § 6 Abs. 1 AGG im Wesentlichen für **Arbeitnehmer**, Auszubildende und arbeitnehmerähnliche Personen. Für **Selbständige und Organmitglieder** sehen § 2
Abs. 1, § 6 Abs. 3 AGG eine entsprechende Anwendung nur hinsichtlich der Bedingungen für den
Zugang zur Erwerbstätigkeit sowie den beruflichen Aufstieg vor (*BGH* 26.3.2019 – II ZR 244/
17 –; 23.4.2012 – II ZR 163/10 –, für einen GmbH-Geschäftsführer). **Schranken** der Vertragsfreiheit werden bei unabhängigen Dienstverträgen nur durch das Kündigungsrecht des Dienstverpflichteten bei Verträgen über **mehr als fünf Jahre** nach § 624 BGB (dazu KR-*Krumbiegel* § 624
BGB Rdn 1 ff.), bei **Vertrauensstellungen** nach § 627 BGB (vgl. dazu MüKo-*Hennsler* BGB § 627
Rn 1 ff.) und durch eine **Inhaltskontrolle** nach §§ 305 ff., 309 Nr. 9 BGB gesetzt. Hinsichtlich
der Inhaltskontrolle ist bei selbständigen Dienstverhältnissen häufig eine **zu lange vertragliche Bindung** problematisch (MüKo-*Hesse* Rn 6; Staudinger/*Preis* Rn 8 mwN; vgl. *BGH* 7.6.2018 – III ZR
351/17 –). Für Vorstände von Aktiengesellschaften ist § 84 AktG maßgeblich.

2. Auflösende Bedingung

Die auflösende Bedingung ist im Rahmen der **Vertragsfreiheit** zulässig (§ 158 Abs. 2 BGB). Be- 12
denken gegen die Wirksamkeit werden für **Dienstverhältnisse** nach § 620 Abs. 2 BGB regelmäßig nicht bestehen (HWK-*Rennpferdt* Rn 26; MüKo-*Hesse* Rn 5; Staudinger/*Preis* Rn 2; vgl. auch
BGH 24.10.2005 – II ZR 55/04 –; zur auflösenden Bedingung der vorzeitigen Abwahl eines auf
Grundlage eines Arbeitsvertrags tätigen Geschäftsführers vgl. *BAG* 17.6.2020 – 7 AZR 398/18 –).
Der Eintritt des Ereignisses, der zur Beendigung des Dienstverhältnisses führen soll, muss objektiv
erkennbar beschrieben werden (HWK-*Rennpferdt* Rn 27). Zum Begriff der auflösenden Bedingung und zur Abgrenzung zur Zweckbefristung gelten die Ausführungen zu § 21 TzBfG entsprechend (vgl. KR-*Lipke/Bubach* § 21 TzBfG Rdn 1 ff.). Wie während der Dauer einer vereinbarten
Befristung (s. Rdn 10) bleibt bis zum Eintritt einer auflösenden Bedingung die Möglichkeit der
ordentlichen Kündigung ausgeschlossen, es sei denn das Recht zur ordentlichen Kündigung ist
ausdrücklich vereinbart (*BAG* 19.6.1980 – 2 AZR 660/78 –). Dies wird für **Arbeitsverhältnisse**
in § 15 Abs. 3 TzBfG ausdrücklich so geregelt. Näher KR-*Lipke/Bubach* § 15 TzBfG Rdn 35 ff.
Eine Kombination von Zweckbefristung und auflösender Bedingung (sog. **Doppelbefristung**) ist
nach den Grundsätzen der Vertragsfreiheit zulässig, um bei Zweckverfehlung oder bei Nichteintritt der vereinbarten auflösenden Bedingung jedenfalls die Beendigung des **Dienstverhältnisses** zu
erreichen (vgl. *BAG* 14.6.2017 – 7 AZR 608/15 – Rn 22; 14.12.2016 – 7 AZR 797/14 – Rn 13;
HWK-*Rennpferdt* Rn 4, 8).

3. Kündigung

Für die ordentliche **Kündigung unbefristeter Dienstverträge** gilt nach der Regelung in Abs. 2 die 13
Vorschrift des § 621 BGB (vgl. hierzu *BAG* 11.6.2020 – 2 AZR 374/19 – Rn 35 ff.) Außerdem verbleibt es bei dem unabdingbaren Recht, sich im Fall eines wichtigen Grundes im Wege der außerordentlichen Kündigung nach § 626 BGB fristlos von dem Dienstverhältnis zu lösen oder – soweit
nicht abbedungen – bei einer Vertrauensstellung und Leistung höherer Dienste das Vertragsverhältnis nach § 627 BGB zu beenden (*BAG* 12.7.2006 – 5 AZR 277/06 –; *BGH* 8.10.2020 – III ZR
80/20 –, zur unwirksamen Abbedingung in AGB; 2.5.2019 – IX ZR 11/18 –; HWK-*Rennpferdt*
Rn 16; Palandt/*Weidenkaff* Rn 10). Dass der außerordentlichen Kündigung bei Dienstverpflichteten und Organmitgliedern eine **Abmahnung** vorauszugehen hat, ist nach neuem Recht ab 1.1.2002
(§§ 314 Abs. 2 S. 2 iVm § 323 Nr. 3 BGB) zu bejahen (*Koch* ZIP 2005, 1621; SPV-*Preis* Rn 1201).
Das Erfordernis der Abmahnung dient sowohl der Objektivierung der negativen Prognose und ist
darüber hinaus auch Ausdruck des Verhältnismäßigkeitsgrundsatzes (vgl. *BAG* 5.12.2019 – 2 AZR
240/19 – Rn 75). In der Rechtsprechung des BGH wird ein Abmahnerfordernis zu Unrecht verneint (*BGH* 2.7.2007 – II ZR 71/06 –, wegen Arbeitgeberfunktion des »Abzumahnenden«; *BGH*
10.9.2001 – II ZR 14/00 –; *OLG Hamm* 29.5.2019 – 8 U 146/18 –; HWK-*Rennpferdt* Rn 16).

Zur Kündigung von **Arbeitsverhältnissen**, ihren unterschiedlichen Ausprägungen, den einzuhaltenden Formerfordernissen, Anfechtung und Umdeutung von Kündigungen wird auf die Erläuterungen unter §§ 1, 2, 13, 15 KSchG, §§ 622, 623 und 626 BGB verwiesen.

4. Sonstige Beendigungstatbestände

14 Der selbstständige Dienstvertrag kann daneben aufgrund anderer Tatbestände sein Ende finden. Dazu zählen die **Anfechtung**, die Berufung auf die **Nichtigkeit** und der Abschluss eines **Aufhebungsvertrags** (vgl. HWK-*Rennpferdt* Rn 20 ff.). Zu den Rechtswirkungen beim **Tod des Dienstberechtigten und des Dienstverpflichteten** wird auf die Ausführungen zum Arbeitsverhältnis verwiesen (s. Rdn 57 f.). Anders als bei Arbeitsverträgen bedarf der **Aufhebungsvertrag** für ein **Dienstverhältnis nicht der Form des § 623** (vgl. ErfK-*Müller-Glöge* BGB § 623 Rn 2; MüKo-*Hesse* Rn 11; MüKo-*Henssler* BGB § 623 Rn 6; Staudinger/*Oetker* § 623 BGB Rn 10), sondern kann – soweit vertraglich nicht anders vereinbart – **formfrei** geschlossen werden. Bei Abschluss eines schriftlichen Geschäftsführerdienstvertrags ist zu vermuten, dass ein **vorher bestehendes Arbeitsverhältnis** zum bisherigen Arbeitgeber einvernehmlich beendet wird. Der schriftliche Geschäftsführerdienstvertrag wahrt somit für den bisherigen Arbeitnehmer das Schriftformerfordernis des § 623 BGB, soweit die Parteien des Geschäftsführerdienstvertrags zugleich die Parteien des Arbeitsvertrags sind (*BAG* 15.3.2011 – 10 AZB 32/10 – Rn 12; 3.2.2009 – 5 AZB 100/08 – Rn 8; 19.7.2007 – 6 AZR 774/06 – Rn 23; ErfK-*Müller-Glöge* Rn 8 ff.). Anderenfalls gibt es kein schriftliches Rechtsgeschäft zwischen Arbeitgeber und Arbeitnehmer, in dem die Vereinbarung über die Aufhebung des Arbeitsverhältnisses liegen kann. Dann braucht es einen formgerechten **eigenständigen Aufhebungsvertrag** iSv § 623 BGB (*BAG* 24.10.2013 – 2 AZR 1078/12 – Rn 26) oder eine rechtswirksam nachträglich vereinbarte **auflösende Bedingung** (*BAG* 17.6.2020 – 7 AZR 398/18 – Rn 29; 12.6.2019 – 7 AZR 428/17 – Rn 23 ff.).

II. Besondere Dienstverhältnisse

15 Zu den Besonderheiten, die für die Beendigung von Dienstverhältnissen **arbeitnehmerähnlicher Personen**, von in **Heimarbeit** Beschäftigten und von **arbeitnehmerähnlichen Handelsvertretern** gelten, vgl. KR-*Kreutzberg-Kowalczyk* ArbNähnl. Pers. Rdn 57 ff., Rdn 79 ff., Rdn 94 ff.; KR-*Kreutzberg-Kowalczyk* §§ 29, 29a HAG Rdn 21 ff. Die Beendigung von Vertragsverhältnissen mit **selbständigen Handelsvertretern** ist gesondert in §§ 89, 89a HGB geregelt (vgl. KR-*Kreutzberg-Kowalczyk* ArbNähnl. Pers. Rdn 107 ff.).

D. Beendigung des Arbeitsverhältnisses

I. Befristung/auflösende Bedingung

16 Soweit es um die **Befristung** – kalendermäßige Befristung oder Zweckbefristung (§ 15 Abs. 1 und Abs. 2 TzBfG) – eines **Arbeitsverhältnisses** geht, gelten nach § 620 Abs. 3 BGB die Vorschriften des **TzBfG**. Dazu wird auf die **Erläuterungen** Rdn 90 ff. und **zum TzBfG** verwiesen. Dasselbe gilt für die **auflösende Bedingung**, die nunmehr in § 21 TzBfG (vgl. KR-*Lipke/Bubach* § 21 TzBfG) geregelt ist. **Abweichend von der Konzeption des § 620 BGB** (s. Rdn 8) stellt nach dem TzBfG der **unbefristete Arbeitsvertrag die Regel**, die Befristung die Ausnahme dar (vgl. Abs. 2 der Präambel und Erwägungsgrund Nr. 6 der Rahmenvereinbarung zu RL 1999/70/EG; BT-Drucks. 14/4374 S. 12; *BAG* 19.11.2019 – 7 AZR 311/18 – Rn 35; *EuGH* 25.10.2018 – C-331/17 – Rn 31 »Sciotto«; APS-*Backhaus* TzBfG vor § 14 Rn 15; Schaub/*Koch* § 38 Rn 3).

17 Zu den Voraussetzungen, unter denen ein Arbeitsverhältnis im Falle der (wirksamen oder unwirksamen) Vereinbarung einer Befristung oder einer auflösenden Bedingung **gekündigt** werden kann vgl. KR-*Lipke/Bubach* § 15 TzBfG Rdn 35 ff.; § 16 TzBfG Rdn 3 ff.; § 21 TzBfG Rdn 15 u. 17). Zur tarifvertraglich geregelten **Nichtverlängerungsmitteilung** im **Bühnenbereich** (TV »Normalvertrag Bühne« vom 15.10.2002) s. KR-*Bader/Kreutzberg-Kowalczyk* § 3 TzBfG Rdn 39 ff. und *BAG* 20.3.2019 – 7 AZR 237/17 –; 13.12.2017 – 7 AZR 369/16 –. Zur Beendigung des Arbeitsverhältnisses durch Erreichen der **Altersgrenze** s. KR-*Lipke/Bubach* § 14 TzBfG Rdn 412 ff.

Die Beendigung des befristeten Arbeitsverhältnisses unterliegt der **Meldepflicht** nach § 38 Abs. 1 **18**
SGB III. Versäumt der Arbeitnehmer sich spätestens drei Monate vor Ablauf der Befristung bei der
Arbeitsagentur arbeitsuchend zu melden, so ruht der Anspruch auf Arbeitslosengeld für die Dauer
einer **Sperrzeit** von einer Woche (§ 159 Abs. 1 Nr. 9 und Abs. 6 SGB III). Beträgt die Befristung
weniger als drei Monate, hat die Meldung binnen drei Tagen nach Kenntnisnahme des Beendigungszeitpunktes zu erfolgen (vgl. § 38 Abs. 1 Satz 2 SGB III; APS-*Steinmeyer/Greiner* SGB III
§ 38 Rn 27; ErfK-*Rolfs* SGB III § 38 Rn 3). Über die Meldepflicht hat der Arbeitgeber den **Arbeitnehmer zu informieren** (vgl. § 2 Abs. 2 Satz 2 Nr. 3 SGB III), wobei ein Verstoß des Arbeitgebers
gegen diese Verpflichtung keinen Schadenersatzanspruch des Arbeitnehmers begründet (vgl. *BAG*
29.9.2005 – 8 AZR 571/04 –). Näheres zur Meldepflicht nach § 38 Abs. 1 SGB III bei KR-*Link/
Lau* § 159 SGB III Rdn 147 ff.

II. Kündigung

Handelt es sich um ein **unbefristetes Arbeitsverhältnis**, kann dieses gem. § 620 Abs. 2 BGB nach **19**
Maßgabe des **§ 622 BGB** gekündigt werden, wobei die Formvorschrift des **§ 623 BGB** zu beachten
ist (vgl. *BAG* 17.12.2015 – 6 AZR 709/14 – Rn 46 »Kündigung mit Telefax«; 25.4.2013 – 2 AZR
960/11 – Rn 31 »Änderungskündigung«; KR-*Spilger* § 623 BGB Rdn 95 ff.). Das Kündigungsrecht findet seine Grenzen in den **Vorschriften des allgemeinen und besonderen Kündigungsschutzrechts**. Daneben steht beiden Parteien unter den Voraussetzungen des **§ 626 BGB** das Recht
zur **außerordentlichen Kündigung** zu.

Zu den **Erscheinungsformen der Kündigung** wird auf die Übersichten bei KR-*Rachor* § 1 KSchG **20**
Rdn 159 ff., KR-*Kreft* § 2 KSchG Rdn 10 ff., KR-*Fischermeier/Krumbiegel* § 626 BGB Rdn 22 ff.
verwiesen. Zu den **Formerfordernissen**, den Begründungspflichten und den einzuhaltenden **Kün-
digungsfristen** bei einer Kündigung wird Bezug genommen auf KR-*Spilger* § 622 BGB und § 623
BGB. Der **Zugang** einer Kündigung und ihre **Rücknahme** werden behandelt bei KR-*Klose* § 4
KSchG Rdn 140 ff., 79 ff.

III. Abgrenzung zu sonstigen Beendigungstatbeständen

Die Beendigung eines Arbeitsverhältnisses kann auf einer Vielzahl weiterer Gründe beruhen. Ein **21**
Überblick in alphabetischer Reihenfolge fasst die wesentlichen Gesichtspunkte hier zusammen:

1. Anfechtung

Der Arbeitsvertrag kann unabhängig vom Recht zur außerordentlichen Kündigung nach § 626 **22**
BGB gem. §§ 119, 123 BGB **wegen Irrtums, arglistiger Täuschung oder Drohung** im Zeitpunkt
des Arbeitsvertragsabschlusses angefochten werden (vgl. *BAG* 20.3.2014 – 2 AZR 1071/12 –
Rn 28). Für die Darstellung der Voraussetzungen und Folgen einer derartigen Anfechtung wird
Bezug genommen auf KR-*Fischermeier/Krumbiegel* § 626 BGB Rdn 45 ff. Eine wirksame Anfechtung kann das bereits in Vollzug gesetzte Arbeitsverhältnis nicht rückwirkend, sondern erst **mit
Zugang der Anfechtungserklärung** beenden (Wirkung ex nunc; vgl. *BAG* 12.5.2011 – 2 AZR
479/09 – Rn 19). Für die Anfechtung gilt nach seinem Wortlaut nicht das **Schriftformerfordernis**
des § 623 BGB (vgl. APS-*Greiner* BGB § 623 Rn 10; Schaub/*Linck* § 123 Rn 202). Der **Sonderkündigungsschutz** nach § 17 MuSchG, § 18 BEEG, § 15 KSchG oder nach §§ 168 ff. SGB IX
steht einer Anfechtung nicht im Wege (vgl. *BAG* 3.12.1998 2 AZR 754/97 –; 27.10.1983 – 2
AZR 209/82; ErfK-*Müller-Glöge* Rn 33). Im Unterschied zur zukunftsbezogenen außerordentlichen Kündigung ist die Anfechtung vergangenheitsbezogen und stellt auf die Sachlage bei Abgabe
der Willenserklärung ab (HWK-*Rennpferdt* Rn 20). Deshalb ist eine Anfechtung des befristeten
Arbeitsvertrags bei Vorliegen eines Anfechtungsgrundes nach §§ 119, 123 BGB möglich (*LAG
Hamm* 11.10.2007 – 11 Sa 817/07 –), zB bei **falscher Beantwortung** der Frage des Arbeitgebers **zur Vorbeschäftigung** im Fall einer sachgrundlosen Befristung (*BAG* 12.6.2019 – 7 AZR
477/17 – Rn 26; 23.1.2019 – 7 AZR 161/15 – Rn 23). Vgl. näher KR-*Lipke/Bubach* § 14 TzBfG
Rdn 598 f.

23 An **Fragen**, denen unmittelbar **diskriminierender Charakter** iSv. §§ 1, 2 Abs. 1 Nr. 1, § 7 AGG zukommt, hat der Arbeitgeber kein berechtigtes Interesse. Werden sie bei einem Einstellungsgespräch vom späteren Arbeitnehmer falsch beantwortet, fehlt es mangels Rechtswidrigkeit an einer zur Anfechtung nach § 123 BGB berechtigenden arglistigen Täuschung (»**Recht zur Lüge**«; vgl. ErfK-*Preis* BGB § 611a Rn 272, 286; HWK-*Thüsing* § 123 BGB Rn 7 ff.). Dies gilt beispielsweise für die Frage nach einer bestehenden **Schwangerschaft** (*BAG* 6.2.2003 – 2 AZR 621/01 – Rn 16; *EuGH* 27.2.2003 – C-320/01 – »Busch«). Auch die Frage nach einer für die vorgesehene Tätigkeit bedeutungslosen **Schwerbehinderung** ist unzulässig (vgl. ErfK-*Preis* BGB § 611a Rn 274a; offengelassen von *BAG* 7.7.2011 – 2 AZR 396/10 – Rn 17), anders als eine solche Frage in einem bereits mehr als sechs Monate bestehenden Arbeitsverhältnis (*BAG* 16.2.2012 – 6 AZR 553/10 – Rn 11). In der Ankündigung des Arbeitgebers, das Arbeitsverhältnis durch Fristablauf enden zu lassen, wenn der Arbeitnehmer nicht zu einer befristeten Fortsetzung zu den vorgeschlagenen Bedingungen bereit sei, liegt keine rechtswidrige Drohung, die nach Abschluss des erneut befristeten Arbeitsvertrages den Arbeitnehmer zu einer Anfechtung nach § 123 BGB berechtigt. Der Arbeitgeber ist nicht verpflichtet ein befristetes Arbeitsverhältnis zu verlängern. Ein Angebot hierzu ist dann kein »Übel«, sondern ein Vorteil für den Arbeitnehmer der Erwerbstätigkeit weiter nachzugehen (*BAG* 13.12.2007 – 6 AZR 200/07 – Rn 20). In Betracht kann unter Umständen aber ein **Schadensersatzanspruch** entsprechend § 15 AGG kommen, wenn der Arbeitgeber dabei gegen das Maßregelungsverbot aus § 612a BGB verstoßen hat (*BAG* 21.9.2011 – 7 AZR 150/10 – Rn 42; 7.7.2011 – 2 AZR 396/10 – Rn 32 ff.).

2. Arbeitnehmerüberlassung und Befristung

24 Ist ein Leiharbeitsverhältnis mit einem Verleiher begründet, der **nachträglich** die nach § 1 AÜG erforderliche **Erlaubnis verliert**, so tritt ein Unwirksamkeitsgrund iSv § 9 Nr. 1 AÜG ein: Dies führt zum **Ende des Arbeitsverhältnisses mit dem Verleiher**, und zugleich gilt ein Arbeitsverhältnis zwischen dem Leiharbeitnehmer und dem Entleiher als zustande gekommen (§ 10 Abs. 1 S. 1, 2. Hs. AÜG; ebenso ErfK-*Wank* AÜG § 10 Rn 3 ff.; einschränkend für einen Übergangsfall bei neuer gesetzlicher Regelung in § 2 Abs. 4 AÜG, *BAG* 23.7.2014 – 7 AZR 853/12 – Rn 27 ff.). Im Zuge der **Hartz-Reformen** (Erstes Gesetz für moderne Dienstleistungen am Arbeitsmarkt v. 23.12.2002 BGBl. I. S. 4607) hat sich an dieser Rechtsfolge nichts geändert. Seit dem 1.1.2004 ist allerdings das **Verbot der wiederholten Befristung** eines Leiharbeitsverhältnisses, ohne dass ein Grund in der Person des Leiharbeitnehmers besteht, beseitigt. Es gelten die Regelungen des **TzBfG** für das Arbeitsverhältnis von Verleiher und Leiharbeitnehmer (vgl. *BAG* 15.5.2013 – 7 AZR 525/11 – Rn 19; *LAG Nds.* 19.3.2019 – 11 Sa 226/18; ErfK-*Wank* AÜG Einl. Rn 6). Die **Überlassungsdauer an denselben Entleiher** ist arbeitnehmerbezogen (vgl. ErfK-*Wank* AÜG § 1 Rn 68a; aA: arbeitsplatzbezogen *LAG Bln.-Bra.* 21.8.2014 – 10 TaBV 671/14 –) auf **18 Monate beschränkt**; vorherige Überlassungen werden darauf angerechnet, soweit zwischen den Einsätzen nicht mehr als 3 Monate liegen (§ 1 Abs. 1 S. 4 iVm Abs. 1b S. 1 und 2 AÜG). Einsatzzeiten vor dem 1.4.2017 bleiben aber unberücksichtigt (§ 19 Abs. 2 AÜG). Tarifliche Regelungen lassen eine Erweiterung oder eine Verkürzung der Überlassungsdauer zu (*Schüren/Hamann* § 1 Rn 352 ff.). Näher zum Verhältnis von Arbeitnehmerüberlassung und Befristung ErfK-*Wank* AÜG Einl. Rn 11; *ders*. RdA 2017, 100, 102; *Schüren/Hamann* Einleitung B. Rn 266 ff., *Schaub/Koch* § 120 Rn 76, 80). Übernimmt der Entleiher den Leiharbeitnehmer in ein befristetes Arbeitsverhältnis, werden die Zeiten der Arbeitnehmerüberlassung auf die **Höchstbefristungsdauer** nicht angerechnet (vgl. *BAG* 12.6.2019 – 7 AZR 429/17 – Rn 34; 15.5.2013 – 7 AZR 525/11 – Rn 19).

25 Eine **nicht nur vorübergehende Arbeitnehmerüberlassung**, die aber nicht die Überlassungshöchstdauer von 18 Monaten nach § 1 Abs. 1b AÜG überschreitet, führt nicht zur Begründung eines Arbeitsverhältnisses mit dem Entleiher (vgl. *BAG* 3.6.2014 – 9 AZR 111/13 – Rn 10). Eine **arbeitsvertragliche Sanktion** fehlt (ErfK-*Wank* AÜG § 1 Rn 58; *Hamann* RdA 2014, 271). Beabsichtigt der Entleiher, einen Leiharbeitnehmer mehr als vorübergehend zu beschäftigen, kann allerdings der **Betriebsrat** des Entleiherbetriebs die **Zustimmung zur Übernahme verweigern** (*BAG* 10.7.2013 – 7 ABR 91/11 – Rn 50). Die **Befristungsrichtlinie 1999/70/EG** kommt im Rahmen

der befristeten Arbeitnehmerüberlassung **nicht zur Anwendung**, allein das TzBfG ist maßgebend (*EuGH* 11.4.2013 – C-290/12 – Rn 35 ff. »**Della Rocca**«; *BAG* 23.9.2014 – 9 AZR 1025/12 – Rn 21; kritisch *Lembke* NZA 2013, 815, der zwischen Grundverhältnis und Erfüllungsverhältnis unterscheiden will). Der Begriff »**vorübergehend**« in § 1 AÜG hat bisher keine abschließende europarechtliche Klärung durch den **EuGH** erfahren (vgl. *EuGH* 14.10.2020 – C-681/18 – Rn 67; 17.3.2015 – C-533/13 – Rn 33 »AKT«; Franzen NZA 2021, 24; *Zimmermann* NZA 2015, 528).

Im Fall eines wegen Unwirksamkeit des Vertrags zwischen Verleiher und Leiharbeitnehmer nach § 9 AÜG gem. § 10 Abs. 1 Satz 1 AÜG **fingierten Arbeitsverhältnisses** zwischen Entleiher und Leiharbeitnehmer gilt dieses nach **§ 10 Abs. 1 S. 2 AÜG** als befristet, wenn die Tätigkeit beim Entleiher nur befristet vorgesehen war und ein die Befristung des Arbeitsverhältnisses sachlich rechtfertigender Grund vorliegt. Will der Leiharbeitnehmer die Unwirksamkeit der Befristung geltend machen, hat er binnen drei Wochen (§ 17 TzBfG) Entfristungsklage gegenüber dem Entleiher zu erheben, falls er nicht durch eine Erklärung gem. § 9 Abs. 2 AÜG am Arbeitsverhältnis mit dem Verleiher festhalten will (*Hamann/Rudnik* NZA 2017, 22 ff.; *Lembke* NZA 2017, 1, 9 f.). Wird die Beschäftigung mit Wissen des Entleihers über den Befristungszeitraum beim Verleiher fortgeführt, entsteht nach **§ 15 Abs. 5 TzBfG** ein unbefristetes Arbeitsverhältnis zum Entleiher und Vertragsarbeitgeber (ErfK-*Wank* AÜG § 10 Rn 17 f.). Nicht jeder drittbezogene Arbeitseinsatz unterfällt dem AÜG. Von der Arbeitnehmerüberlassung zu unterscheiden ist die Tätigkeit eines Arbeitnehmers bei einem Dritten aufgrund eines Werk- oder Dienstvertrags (*BAG* 27.6.2017 – 9 AZR 133/16 – Rn 27; *LAG Hmb.* 15.4.2020 – 6 Sa 53/18 –; *Willemsen/Mehrens* NZA 2019, 1473; *Kainer/Schweipert* NZA 2017, 13, 15 f.). 26

Kommt es zu einer **rechtsmissbräuchlichen Befristungskette** mehrerer Arbeitgeber unter Ausnutzung der im TzBfG vorgesehenen Zulässigkeit einer **sachgrundlosen Befristung**, an deren Ende ein **Leiharbeitsunternehmen** als Vertragsarbeitgeber steht, kann sich der betroffene Arbeitnehmer nicht den Vertragspartner aussuchen. Dem **Schutzweck des Anschlussverbots** nach § 14 Abs. 2 S. 2 TzBfG wird in diesem Fall dadurch hinreichend Rechnung getragen, dass der unredliche Vertragspartner sich nach § 242 BGB nicht auf die letzte treuwidrige Befristung berufen kann. Dann kommt bei rechtzeitiger Entfristungsklage gegen den Verleiher mit diesem ein unbefristetes Arbeitsverhältnis zustande. Die Fiktion eines Vertragsverhältnisses mit einem Dritten verlangt der Schutzzweck hingegen nicht (*BAG* 23.9.2014 – 9 AZR 1025/12 – Rn 17; vgl. auch *BAG* 15.5.2013 – 7 AZR 525/11 – Rn 27; krit. *Greiner* NZA 2014, 284). 27

3. Lösungsverträge

a) Aufhebungsvertrag

Zur **Abgrenzung** eines Aufhebungsvertrags, der auf eine alsbaldige Beendigung der arbeitsvertraglichen Beziehungen gerichtet ist, zu einer **nachträglichen Befristung**, bei der es an weiteren Vereinbarungen im Zusammenhang mit der Beendigung des Arbeitsverhältnisses fehlt, vgl. *BAG* 18.1.2017 – 7 AZR 236/15 – Rn 26 sowie KR-*Spilger* AufhebungsV Rdn 20 ff.; APS-*Rolfs* AufhebVtr Rn 48 ff.; Schaub/*Linck* § 122 Rn 5. 28

b) Abwicklungsvertrag

Vom Aufhebungsvertrag zu unterscheiden ist der **Abwicklungsvertrag**, der nach vorangegangener Kündigung die Folgefragen der Vertragsauflösung festlegt und nicht an die Formvorschrift des § 623 BGB gebunden ist (*BAG* 17.12.2015 – 6 AZR 709/14 – Rn 32 mwN; APS-*Rolfs* AufhebVtr Rn 25; LSSW-*Löwisch* Vor § 1 Rn 139 ff.). Die **Beendigung** des Arbeitsverhältnisses **beruht** mithin **auf der Kündigung** und nicht auf vertraglicher Vereinbarung (ErfK-*Müller-Glöge* BGB § 623 Rn 8; HWK-*Kliemt* Anh. § 9 KSchG Aufhebungsverträge Rn 6). Die daran anknüpfenden sozialrechtlichen Folgen sind für den Arbeitnehmer unter Umständen riskant, da hierin ein Lösen des Beschäftigungsverhältnisses iSv § 159 SGB III (Sperrzeit bei Arbeitsaufgabe) liegen kann (*BSG* 18.12.2003 – B 11 AL 35/03 R –). Näher dazu KR-*Link/Lau* § 159 SGB III Rdn 43 ff. 29

30 Abwicklungsverträge unterfallen der **AGB-Kontrolle** (*BAG* 24.9.2015 – 2 AZR 347/14 -Rn 12; MüKo-*Spinner* BGB § 611a Rn 50). Ein angemessener Ausgleich kann bei einem wirksam befristeten Arbeitsverhältnis, das ohnehin anderthalb Monate später als im Abwicklungsvertrag vereinbart geendet hätte, darin liegen, dass der Arbeitnehmer für einen Monat unter Vergütungsfortzahlung freigestellt wird (*LAG Hmb.* 1.3.2017 – 5 Sa 65/16 –).

4. Aussperrung und Streik

31 Eine **lösende Aussperrung** führte in der Vergangenheit zur Beendigung des Arbeitsverhältnisses. Indessen war der Arbeitgeber aber im Rahmen billigen Ermessens verpflichtet, den Arbeitnehmer nach dem Ende des Arbeitskampfes erneut einzustellen (*BAG GS* 21.4.1971 – GS 1/68 –; vgl. ErfK-*Linsenmaier* GG Art. 9 Rn 236). Eine **rechtmäßige Aussperrung** führt nach neuer Rechtsprechung aber regelmäßig nur zur **Suspendierung** oder zum Ruhen der beiderseitigen Hauptpflichten aus dem Arbeitsvertrag für die Dauer der Aussperrung (vgl. *BAG* 13.12.2011 – 1 AZR 495/10 – Rn 16; 3.8.1999 – 1 AZR 735/98 –; Schaub/*Treber* § 193 Rn 9). Das gilt gleichermaßen für den rechtmäßigen Streik (*BAG* 18.2.2003 – 1 AZR 142/02 –; Schaub/*Treber* § 194 Rn 2).

5. Beendigung einer vorläufigen Einstellung (§ 100 BetrVG)

32 Gem. § 100 Abs. 1 BetrVG kann der Arbeitgeber unter den dort genannten Voraussetzungen eine **personelle Maßnahme** iSv § 99 Abs. 1 S. 1 BetrVG **vorläufig** durchführen. § 100 Abs. 2 S. 3 und Abs. 3 S. 2 BetrVG legen jedoch Fälle fest, in denen der Arbeitgeber die personelle Maßnahme nicht weiter aufrechterhalten darf. Die vorläufige Einstellung endet dann – ohne dass es einer Kündigung bedarf – mit Ablauf von **zwei Wochen** nach Rechtskraft der gerichtlichen Entscheidung. Näher KR-*Rachor* § 1 KSchG Rdn 186 ff.; *Fitting* § 100 BetrVG Rn 18 (str., aA Richardi/*Thüsing* § 100 BetrVG Rn 54 ff.). Jedenfalls besteht die Möglichkeit, in Form einer auflösenden Bedingung den Bestand des Arbeitsverhältnisses an die betriebsverfassungsrechtliche Zustimmung oder arbeitsgerichtliche Ersetzung zu binden (s. KR-*Lipke/Bubach* § 21 TzBfG Rdn 42; HWK-*Ricken* § 100 BetrVG Rn 17).

6. Betriebsübergang

33 Liegt ein Betriebsübergang vor (§ 613a Abs. 1 S. 1 BGB), geht das Arbeitsverhältnis bei fehlendem Widerspruch des Arbeitnehmers auf den Übernehmer über. Das **Arbeitsverhältnis zum alten Arbeitgeber** ist damit **beendet**, unbeschadet einer etwaigen Haftung nach § 613a Abs. 2 S. 1 BGB. Näher dazu KR-*Treber/Schlünder* § 613a BGB Rdn 51 ff. mwN.

7. Fortsetzungsverweigerung (§ 12 KSchG)

34 Gem. **§ 12 S. 1 KSchG** kann der Arbeitnehmer nach einem gewonnenen Kündigungsschutzprozess die Fortsetzung des alten Arbeitsverhältnisses verweigern, wenn er inzwischen ein neues Arbeitsverhältnis eingegangen ist. Gibt er diese »**Nichtfortsetzungserklärung**« nach unwirksamer ordentlicher oder außerordentlicher Kündigung (vgl. § 13 Abs. 1 S. 5 KSchG) rechtzeitig innerhalb einer Woche nach Rechtskraft des Urteils gegenüber dem Arbeitgeber ab (§ 12 S. 1 u. 2 KSchG), endet das alte Arbeitsverhältnis mit Zugang der Erklärung (§ 12 S. 3 KSchG; *BAG* 19.7.1978 – 5 AZR 748/77 – zu III 1 a der Gründe; ErfK-*Kiel* KSchG § 12 Rn 4; HWK-*Rennpferdt* Rn 29), die der **Schriftform gem. § 623 BGB** bedarf (*BAG* 17.12.2015 – 6 AZR 709/14 – Rn 35). Näher KR-*Spilger* § 12 KSchG Rdn 24 ff.

8. Freistellung

35 Von einer Freistellung (von der Arbeitsleistung) spricht man insbesondere, wenn – aufgrund einer Vereinbarung oder aufgrund einseitiger Erklärung des Arbeitgebers – nach ausgesprochener Kündigung für die Dauer der Kündigungsfrist auf die Arbeitsleistung des Arbeitnehmers verzichtet wird. Die damit zusammenhängenden Fragen sind unter dem Stichwort »**Suspendierung**« behandelt (s. Rdn 48 ff.). Zu sozialversicherungsrechtlichen Fragen vgl. KR-*Link/Lau* SozR Rdn 4 ff.

9. Fristlose Dienstentlassung als Disziplinarmaßnahme

Diese besondere Form der Beendigung des Arbeitsverhältnisses sog. **Dienstordnungs-Angestellter** 36
(*BAG* 25.2.1998 – 2 AZR 256/97 –) ist bei KR-*Fischermeier/Krumbiegel* § 626 BGB Rdn 58 bis
61 und KR-*Rachor* § 1 KSchG Rdn 195 ausführlich dargestellt (vgl. auch ErfK-*Niemann* BGB
§ 626 Rn 5).

10. Gerichtliche Auflösung

a) § 78a Abs. 4 S. 1 Nr. 2 BetrVG

Nach dieser Bestimmung kann der Arbeitgeber beim **Arbeitsgericht** beantragen, ein bereits nach 37
§ 78a Abs. 2 oder 3 BetrVG begründetes Arbeitsverhältnis mit einem ehemaligen Auszubildenden
aufzulösen. Hierzu wird verwiesen auf KR-*Rinck* § 78a BetrVG Rdn 38 ff. und APS-*Künzl* BetrVG
§ 78a Rn 92 ff. (vgl. zum Anwendungsbereich *BAG* 17.6.2020 – 7 ABR 46/18 – Rn 25 »Duales
Studium«).

b) §§ 9, 10, 13 Abs. 1 S. 3 u. 4., Abs. 2 KSchG

Sind die inhaltlichen und verfahrensmäßigen Voraussetzungen gegeben, hat das **Gericht** auf ent- 38
sprechenden Antrag – des Arbeitnehmers oder des Arbeitgebers – gem. § 9 Abs. 1 S. 1 u. 2 KSchG
das Arbeitsverhältnis **durch Urteil aufzulösen** (vgl. *BAG* 24.5.2018 – 2 AZR 73/18 –), und zwar
gegen eine **Abfindung**, deren Höhe durch § 10 KSchG begrenzt wird. Dasselbe gilt unter den dort
genannten Voraussetzungen gem. § 13 Abs. 1 S. 3 KSchG, wenn der Arbeitnehmer – nicht aber
der Arbeitgeber (vgl. *Hess. LAG* 1.7.2019 – 16 Sa 1318/18 –) – im Verfahren über die Wirksamkeit einer außerordentlichen Kündigung einen Auflösungsantrag stellt. Löst das Arbeitsgericht das
Arbeitsverhältnis auf, endet es mit dem im Urteil genannten Zeitpunkt (vgl. KR-*Spilger* § 9 KSchG
Rdn 39 ff.; KR-*Treber/Rennpferdt* § 13 KSchG Rdn 20). Die gerichtliche Auflösung des Arbeitsverhältnisses ist von der ab 1.1.2004 eröffneten Abfindungsregelung in **§ 1a KSchG** zu unterscheiden,
die dem Arbeitnehmer – ohne Befassung des Arbeitsgerichts – die Hinnahme einer arbeitgeberseitigen betriebsbedingten Kündigung erleichtern soll (vgl. dazu KR-*Spilger* § 1a KSchG und *LAG
SA* 27.6.2019 – 2 Sa 308/16 –).

11. Insolvenz

Wie die Kündigungsregelung für den Insolvenzverwalter in **§ 113 InsO** verdeutlicht, berührt der 39
Eintritt der Insolvenz allein nicht den Bestand des Arbeitsverhältnisses (vgl. auch § 108 Abs. 1 S. 1
InsO). Die Eröffnung des Insolvenzverfahrens über das Vermögen des Arbeitgebers oder des Arbeitnehmers löst weder Dienst- (*BGH* 20.6.2005 – II ZR 18/03 – zu V 1 der Gründe) noch Arbeitsverhältnisse auf (KR-*Spelge* § 113 InsO Rdn 7; ErfK-*Müller-Glöge* InsO § 113 Rn 37). § 113 InsO
findet auch auf Kündigungen vor Antritt des Dienstverhältnisses Anwendung (*BAG* 23.2.2017 – 6
AZR 665/15 – Rn 30).

12. Lossagungsrecht

Beim **faktischen Arbeitsverhältnis** (s. dazu das Stichwort »Nichtigkeit« Rdn 41) hat jede der 40
Vertragsparteien die Möglichkeit, sich jederzeit vom Vertrag loszusagen (ErfK-*Preis* BGB § 611a
Rn 147). Darin liegt keine Kündigung. Die Lossagung wirkt regelmäßig nur für die Zukunft. Näher KR-*Rachor* § 1 KSchG Rdn 56 und KR-*Fischermeier/Krumbiegel* § 626 BGB Rdn 50.

13. Nichtigkeit

Ist der Arbeitsvertrag fehlerhaft und deshalb nichtig (vgl. KR-*Fischermeier/Krumbiegel* § 626 BGB 41
Rdn 49; ErfK-*Preis* BGB § 611a Rn 145), aber dennoch Arbeitsleistung erbracht, wird bisher ein
faktisches Arbeitsverhältnis angenommen (vgl. *BAG* 27.5.2020 – 5 AZR 247/19 – Rn 28), von dem
sich die Parteien jederzeit lossagen können (KR-*Rachor* § 1 KSchG Rdn 56). Nichtigkeitsgründe

§ 620 BGB   Beendigung des Dienstverhältnisses

können Verstöße gegen ein gesetzliches Verbot, die guten Sitten, Wucher oder eine Gesetzesumgehung sein (*BAG* 19.8.2015 – 5 AZR 500/14 – für den Fall des Lohnwuchers; Schaub/*Linck* § 34 Rn 15 ff.). Als Rechtsfolge kann die Nichtigkeit des Arbeitsverhältnisses in seiner Gesamtheit oder in Teilen eintreten. Denkbar ist ferner im Ausnahmefall eine bereicherungsrechtliche Rückabwicklung, die sich aber im Verhältnis von erbrachter Arbeitsleistung zu empfangener Arbeitsvergütung verbietet (*BAG* 27.5.2020 – 5 AZR 247/19 –; 3.11.2004 – 5 AZR 592/03 –; Schaub/*Linck* § 34 Rn 52). Zweifel an dieser Rechtsmeinung zeigt *Gotthardt* mit Blick auf § 311a BGB auf (vgl. auch Rdn 54). Jedenfalls darf eine **Gesamtnichtigkeit des Arbeitsverhältnisses nicht einseitig den Arbeitnehmer belasten** (vgl. *BAG* 26.2.2003 – 5 AZR 690/01 –; 24.3.2004 – 5 AZR 233/03 –; jeweils zu Schwarzgeldvereinbarungen). Lücken im Arbeitsvertrag sind durch dispositives Recht zu füllen (vgl. ErfK-*Preis* BGB § 611a Rn 344).

14. Rücktritt

42   Die §§ 323 ff. BGB vermitteln **nach Beginn des Arbeitsverhältnisses kein Rücktrittsrecht** (HWK-*Rennpferdt* Rn 31). Bis zu dessen Aufnahme kann aber der Rücktritt vorbehalten werden (MüKo-*Ernst* BGB § 323 Rn 35), was aber angesichts der regelmäßig schon vor Dienstantritt möglichen Kündigung nicht erforderlich ist (KR-*Fischermeier/Krumbiegel* § 626 BGB Rdn 42). Die speziellen Regelungen in §§ 620 Abs. 2, 626 und im KSchG gehen den allgemeinen BGB Regelungen vor (vgl. *BGH* 13.9.2018 – III ZR 294/16 – Rn 22; SPV-*Preis* Rn 60). Wird dennoch schriftlich (§ 623 BGB) ein »Rücktritt« erklärt, ist dies als außerordentliche Kündigung **auszulegen** oder umzudeuten (KR-*Fischermeier/Krumbiegel* § 626 BGB Rdn 42). Zum Rücktritt von einem **Prozessvergleich** vgl. *BAG* 24.9.2015 – 2 AZR 716/14 – Rn 26; 27.8.2014 – 4 AZR 999/12 – Rn 22; 11.7.2012 – 2 AZR 42/11 – Rn 30; zum Rücktritt von einem **Aufhebungsvertrag** wegen nicht gezahlter Abfindung vgl. *BAG* 10.11.2011 – 6 AZR 357/10 – Rn 22.

15. Ruhen des Arbeitsverhältnisses

43   Aufgrund einer **Vereinbarung** (zB unbezahlter Sonderurlaub; Saisonbetrieb) oder **gesetzlicher Regelung** (zB Elternzeit gem. § 15 BEEG) kann es zum vollständigen oder teilweise Ruhen (Suspendierung) der beiderseitigen Hauptpflichten aus dem Arbeitsverhältnis kommen, ohne dass das Arbeitsverhältnis rechtlich beendet wird. Nebenpflichten können dabei fortbestehen (Schaub/*Linck* § 32 Rn 72; vgl. *BAG* 6.5.2014 – 9 AZR 678/12 –). Eine vorsorglich für die Zukunft getroffene Ruhensvereinbarung ist **vorbehaltlich einer Klauselkontrolle nach § 307 BGB arbeitsvertraglich** (*BAG* 19.11.2019 – 7 AZR 582/17 – Rn 36; 26.10.2016 – 5 AZR 456/15 – Rn 22; 10.1.2007 – 5 AZR 84/06 – Rn 20) und auch **tarifvertraglich zulässig** (*BAG* 27.2.2002 – 9 AZR 562/00 –). Im Fall einer über den Entgeltfortzahlungszeitraum hinausgehenden **Erkrankung** ruht das Arbeitsverhältnis grds. nicht, vielmehr liegt auf Seiten des Arbeitnehmers eine Leistungsstörung vor (*BAG* 25.9.2013 – 10 AZR 850/12 – Rn 14).

44   Ansonsten ist eine Ruhensvereinbarung aber unwirksam, da damit der gesetzliche Kündigungsschutz umgangen würde. Das gilt ebenso für die **einseitige arbeitgeberseitige »Suspendierung«**, welcher der Beschäftigungsanspruch des Arbeitnehmers im bestehenden Arbeitsverhältnis entgegensteht. Ein einseitiger Verzicht des Arbeitgebers auf die Arbeitsleistung ist im Gesetz nicht vorgesehen, weshalb eine einseitige Suspendierung des Arbeitnehmers im bestehenden Arbeitsverhältnis ohne vertragliche Vereinbarung **grundsätzlich nicht zulässig** ist (*BAG* 23.9.2020 – 5 AZR 367/19 – Rn 34; 17.12.2015 – 6 AZR 186/14 – Rn 27; SPV-*Preis* Rn 27 ff.; MüKo-*Hesse* BGB Vor § 620 Rn 48 f.). Etwas anderes gilt nur dann, wenn der Beschäftigung **überwiegende schutzwerte Interessen des Arbeitgebers** entgegenstehen (*BAG* 9.4.2014 – 10 AZR 637/13 – Rn 14). Die einseitige Suspendierung von der Arbeitspflicht beseitigt den Vergütungsanspruch des Arbeitnehmers grundsätzlich nicht (ErfK-*Müller-Glöge* Rn 44). Ein Annahmeverzug des Arbeitgebers kann aber ausgeschlossen sein, wenn bei Annahme der angebotenen Dienste seine strafrechtlich geschützten Interessen unmittelbar und nachhaltig gefährdet würden (*BAG* 16.4.2014 – 5 AZR 739/11 – Rn 17). Auch bei einer Freistellung von der Arbeitsleistung wird

regelmäßig das sozialversicherungsrechtliche Beschäftigungsverhältnis (§ 7 SGB IV) fortbestehen (*BSG* 24.9.2008 – B 12 KR 27/07 R – Rn 18 ff.; *Bergwitz* NZA 2009, 518; *Kock/Fandel* DB 2009, 2321; s.a. Rdn 50). Näher KR-*Link/Lau* SozR Rdn 6.

Zu einem rechtlichen **Ende des Arbeitsverhältnisses** führt die Vereinbarung des Ruhens nicht (Schaub/*Linck* § 32 Rn 74; vgl. *BAG* 17.3.2016 – 6 AZR 221/15 – Rn 15: Ruhen des Arbeitsverhältnisses als »milderes Mittel« gegenüber der Beendigung). Allerdings soll es, wenn das Arbeitsverhältnis beiderseits **nicht mehr vollzogen** wird, dem Arbeitnehmer nach einiger Zeit wegen **Wegfalls der Geschäftsgrundlage** verwehrt sein, sich auf den Fortbestand des Arbeitsverhältnisses zu berufen (vgl. *BAG* 24.8.1995 – 8 AZR 134/94 – zu II der Gründe; ErfK-*Müller-Glöge* Rn 43). Dies ist angesichts der Regelung in § 313 BGB und der Formvorgabe des § 623 BGB für Aufhebungsverträge nicht mehr haltbar (vgl. *BAG* 23.11.2017 – 6 AZR 683/16 – Rn 30; 21.4.2016 – 2 AZR 609/15 – Rn 19). In diesen Fällen ist ein (fortgesetztes) Ruhen anzunehmen (*BAG* 9.8.1995 – 10 AZR 539/94 – zu II 2 c der Gründe). 45

16. Eintritt in den Ruhestand/Berufs- und Erwerbsunfähigkeit

Eine **tarif- oder arbeitsvertraglich** vereinbarte **Altersgrenze** ist keine auflösende Bedingung, sondern eine Höchstbefristung (*BAG* 19.11.2003 – 7 AZR 296/03 – zu II 2 a der Gründe; APS-*Backhaus* TzBfG § 14 Rn 165; ErfK-*Müller-Glöge* TzBfG § 14 Rn 56), die bei Beendigung des Arbeitsverhältnisses mit oder nach Erreichen der **Regelaltersgrenze** im Blick auf den Bezug einer Altersrente sachlich gerechtfertigt ist (*BAG* 25.10.2017 – 7 AZR 632/15 – Rn 39; näher dazu KR-*Lipke/Bubach* § 14 TzBfG Rdn 412 ff.). **Betriebsparteien** sind ebenfalls berechtigt, eine Altersgrenze für die Befristung von Arbeitsverhältnissen zu regeln, die auf das Erreichen der **Regelaltersgrenze** in der gesetzlichen Rentenversicherung abstellt (*BAG* 21.2.2017 – 1 AZR 292/15 – Rn 16). Insoweit kommt es im Fall einer solchen Vereinbarung zu einer selbsttätigen Auflösung des Arbeitsvertrages, was nach § **10 S. 3 Nr. 5 AGG** auch zulässig ist (vgl. *EuGH* 12.10.2010 – C-45/09 – Rn 53 »**Rosenbladt**«; 16.10.2007 – C-411/05 – Rn 77 »**Palacios**«; APS-*Backhaus* TzBfG § 14 Rn 173; ErfK-*Müller-Glöge* TzBfG § 14 Rn 56c, 56f; *Linsenmaier* RdA 2012, 202). Das gilt gleichermaßen bei einer Rente wegen Altersteilzeitarbeit (*BAG* 27.4.2004 – 9 AZR 18/03 –). Fehlt dagegen eine solche Vereinbarung, führt das Erreichen der Regelaltersgrenze nicht von selbst zur Beendigung des Arbeitsverhältnisses, sondern es muss gekündigt werden (arg. § 41 SGB VI; MüKo-*Hesse* BGB Vor § 620 Rn 61; Staudinger/*Oetker* Vor § 620 BGB Rn 101). 46

Das Arbeitsverhältnis bleibt auch bestehen, wenn der Arbeitnehmer **dauerhaft arbeitsunfähig, berufs- oder erwerbsunfähig** wird. Abweichende Regelungen hierzu können in Tarifverträgen in Form von **auflösenden Bedingungen** getroffen werden (zB § 33 Abs. 2 TVöD; *BAG* 20.5.2020 – 7 AZR 83/19 – Rn 18 ff. »Flugdienstuntauglichkeit«; 20.6.2018 – 7 AZR 737/16 – Rn 34 »Erwerbsminderungsrente«; APS-*Backhaus* TzBfG § 14 Rn 234 ff.; ErfK-*Müller-Glöge* TzBfG § 21 Rn 4, 6). Näher zur Berufs- und Erwerbsunfähigkeit KR-*Lipke/Bubach* § 21 TzBfG Rdn 45 ff.). 47

17. Einseitige Suspendierung

Eine Suspendierung ist gegeben, wenn der Arbeitgeber **einseitig auf die Arbeitsleistung verzichtet** (vgl. auch Rdn 44) und die Auslegung (unter Beachtung des § 623 BGB) ergibt, dass damit keine Kündigung gemeint ist (vgl. ErfK-*Müller-Glöge* Rn 43). Die Rechte und Pflichten aus dem Arbeitsverhältnis sollen damit ganz oder teilweise zum Ruhen gebracht werden. Gebrauch gemacht wird davon vor allem im Vorfeld von Kündigungen und **nach dem Ausspruch ordentlicher Kündigungen** für die Dauer der Kündigungsfrist. Man spricht dann zT auch von **Freistellung** (s. Rdn 35). 48

Das **rechtliche Ende** des Arbeitsverhältnisses wird mit einer Suspendierung nicht herbeigeführt (Staudinger/*Oetker* Vorb. § 620 BGB Rn 115). Dem Arbeitgeber ist es schließlich verwehrt, durch eine Suspendierung einseitig in den Vertrag einzugreifen, denn der Arbeitnehmer hat während des unangefochtenen Bestands des Arbeitsverhältnisses **Anspruch** darauf, tatsächlich **beschäftigt zu werden** (*BAG* 23.9.2020 – 5 AZR 367/19 – Rn 34; 17.12.2015 – 6 AZR 186/14 – Rn 27). 49

Unabhängig davon besteht das **sozialversicherungsrechtliche Beschäftigungsverhältnis** bis zur Beendigung des Arbeitsverhältnisses fort (*BSG* 24.9.2008 – B 12 KR 27/07 R – Rn 17 ff.; *Schlegel* NZA 2005, 972; s. Rdn 44; näher dazu KR-*Link/Lau* SozR Rdn 6 ff.).

50 Dennoch wird eine einseitige **Suspendierung unter Fortzahlung der Bezüge** für wirksam gehalten, wenn es einen hinreichenden Grund dafür gibt, den Beschäftigungsanspruch des Arbeitnehmers auszusetzen (*BAG* 17.12.2015 – 6 AZR 186/14 – Rn 27; 9.4.2014 – 10 AZR 637/13 – Rn 14 »**überwiegende schutzwerte Interessen des Arbeitgebers**«; vgl. aber *BAG* 21.9.1993 – 9 AZR 335/91 – wo in einem obiter dictum die Möglichkeit einseitiger Suspendierung einschränkungslos verneint wird). Ein derartiger **hinreichender Grund**, der nicht das Gewicht eines wichtigen Grundes iSv. § 626 BGB zu erreichen braucht, ist dann zu bejahen, wenn die **Abwägung der beiderseitigen Interessen** es rechtfertigt, die Beschäftigungsinteressen des Arbeitnehmers zurücktreten zu lassen (*LAG RhPf* 14.3.2017 – 8 Sa 388/16 –; *LAG SA* 2.10.2015 – 6 Sa 141/14 –; *LAG Hamm* 4.9.2012 – 14 SaGa 9/12 –; Schaub/*Ahrendt* § 109 Rn 9 f.; vgl. aber *LAG Hmb.* 24.7.2013 – 5 SaGa 1/13 –: Gründe, die den Anforderungen des § 626 BGB nahekommen; ErfK-*Müller-Glöge* Rn 44 mwN: billigenswerter Grund genügt). Bei mehrjährigen Untreuehandlungen einer Führungskraft von erheblichem wirtschaftlichen Gewicht zum Nachteil der Arbeitgeberin kommt eine Suspendierung sogar **unter Verlust des Vergütungsanspruchs** des Arbeitnehmers in Betracht (vgl. *BAG* 16.4.2014 – 5 AZR 739/11 – Rn 17). Zu den gesteigerten Anforderungen an die **einseitige Suspendierung eines Betriebsratsmitglieds** vgl. *LAG Köln* 18.7.2019 – 6 TaBVGa 3/19 –.

51 Diese Voraussetzungen sind bei der Suspendierung für die Dauer der **Kündigungsfrist** keineswegs stets gegeben (zum Beschäftigungsanspruch s. Rdn 44; *LAG Köln* 20.3.2001 – 6 Ta 46/01 –: nur als vorübergehend milderes Mittel zur Vermeidung einer sofortigen außerordentlichen Kündigung; zur Suspendierung während des Verfahrens vor dem Integrationsamt vgl. *LAG Köln* 18.2.2011 – 10 Sa 1116/10 –; vgl. auch APS-*Preis* Grundlagen K Rn 76; *Fischer* NZA 2004, 233, 235), sondern können nur dann vorliegen, wenn der **Arbeitgeber beachtliche Interessen** ins Feld führen kann, etwa um der Geheimhaltung willen, wegen beabsichtigter künftiger Konkurrenztätigkeit (*LAG Hamm* 3.11.1993 – 15 Sa 1592/93 –), wegen erheblicher Gefahren für den Betrieb oder für die dort Beschäftigten (*LAG Hmb.* 27.2.2008 – 5 SaGa 1/08 –; *LAG Köln* 2.8.2005 – 1 Sa 952/05 –; *Sächs. LAG* 14.4.2000 – 3 Sa 298/00 –; jeweils bei **Betriebsratsmitgliedern**; vgl. auch *LAG Köln* 18.7.2019 – 6 TaBVGa 3/19 – und KR-*Rinck* § 103 BetrVG Rdn 151) oder im Hinblick auf eine nicht mehr zu gewährleistende vertrauensvolle Zusammenarbeit, was bei **leitenden Angestellten** vielfach zu bejahen sein wird, sofern nicht nur eine rechtsmissbräuchliche Organisationsentscheidung der vertragsgemäßen Beschäftigung entgegensteht (*LAG Hamm* 20.8.2004 – 7 Sa 889/04 –).

52 Im Übrigen kann ein auf objektive Tatsachen gegründeter **Verdacht**, der in einer Vertrauensstellung beschäftigte Arbeitnehmer habe seine Aufgaben nicht sorgfältig oder redlich erfüllt und dadurch Schaden verursacht, eine (teilweise) Suspendierung rechtfertigen (*BAG* 16.4.2014 – 5 AZR 739/11 – Rn 17; 27.2.1985 – GS 1/84 – zu C II 3 c der Gründe; 15.6.1972 – 2 AZR 345/71 –; *LAG RhPf* 11.2.2016 – 2 Sa 338/15 –; Staudinger/*Preis* § 626 BGB Rn 15). Zu beachten ist schließlich die **Zeitkomponente**. Auch wenn ein hinreichender Grund vorliegt, darf die Suspendierung eine angemessene Dauer nicht überschreiten (vgl. SPV-*Preis* Rn 29), weil andernfalls ein unverhältnismäßiger Eingriff in das fortbestehende Vertragsgefüge vorläge, der sich belastender auswirken kann, als eine Beendigung. Dies gilt auch bei Freistellungen im Vorfeld von (außerordentlichen) Kündigungen (HWK-*Sandmann* § 626 BGB Rn 34 f.; ErfK-*Müller-Glö*ge Rn 44).

53 Darüber hinaus wird vertreten, dass eine einseitige Suspendierung ausnahmsweise die **Vergütungspflicht entfallen** lassen kann; nämlich dann, wenn es dem Arbeitgeber unzumutbar ist, die Arbeitsleistung weiter anzunehmen und weiter Vergütung zu zahlen (zB mehrjährige Untreuehandlungen mit erheblichem Schaden für den Arbeitgeber, *BAG* 16.4.2014 – 5 AZR 739/11 – Rn 17; 1.7.1993 – 2 AZR 88/93 –; 14.9.1988 – 5 AZR 616/87 –; ErfK-*Müller-Glöge* Rn 44; MüKo-*Henssler* § 626 Rn 32; ErfK-*Preis* BGB § 611a Rn 567; Schaub/*Linck* § 95 Rn 57; MüKo-*Hesse* BGB Vorb. § 620 Rn 49; **aA** KR-*Rinck* § 103 BetrVG Rdn 151 ff. mit einem Alternativvorschlag,

für den es im Gesetz allerdings keine Grundlage gibt). Das ist allerdings zur Vermeidung eines Unterlaufens der Voraussetzungen des § 626 BGB auf **wenige Extremfälle** zu beschränken, in denen ein ungewöhnlich schwerer Verstoß gegen allgemeine Verhaltenspflichten vorliegt. Soweit eine einseitige Suspendierung unter Wegfall des Vergütungsanspruchs in Fällen vertreten wird, in denen die an sich gebotene außerordentliche Kündigung von der **Zustimmung Dritter** (zB Betriebsrat oder Integrationsamt) abhängig ist (so etwa GK-BetrVG/*Raab* § 103 Rn 90 mwN), kann dem nicht gefolgt werden. Der Arbeitgeber kann die Wirkung einer außerordentlichen, fristlosen Kündigung nicht durch eine Suspendierung mit Entgeltfortfall quasi vorverlegen – das Gesetz mutet dem Arbeitgeber gerade zu, mit der außerordentlichen Kündigung bis zur Erteilung der Zustimmung zuzuwarten. Er kann sich bis dahin nur mit einer normalen Suspendierung unter Entgeltfortzahlung behelfen.

Man mag allenfalls in äußersten **Extremfällen** vertreten können, dass wegen erheblichen Fehlverhaltens des Arbeitnehmers schon gar kein ordnungsgemäßes Arbeitsangebot vorliegt und der Arbeitgeber deswegen **nicht in Annahmeverzug** gerät (*BAG* 16.4.2014 – 5 AZR 739/11 – Rn 17 –; vgl. auch Schaub/*Ahrendt* § 109 Rn 15). Bedenklich ist es jedoch, auf diesem Wege lediglich einem Arbeitgeber helfen zu wollen, der nicht korrekt gekündigt hat (so *BAG* 16.4.2014 – 5 AZR 739/11 – Rn 17; 1.7.1993 – 2 AZR 88/93 –; 29.10.1987 – 2 AZR 144/87 –; vgl. auch SPV-*Preis* Rn 29). 54

Eine **Suspendierung** (mit Entgeltfortzahlung – zur Ruhensvereinbarung s. Rdn 43) kann auch **vereinbart** werden, etwa in einem **gerichtlichen Vergleich** für die (restliche) Dauer der Kündigungsfrist. Dabei ist festzulegen, ob die Freistellung widerruflich oder unwiderruflich erfolgt, ob damit zugleich Resturlaub (*BAG* 16.7.2013 – 9 AZR 50/12 –) oder Freizeitausgleich (*BAG* 20.11.2019 – 5 AZR 578/18 – Rn 20) gewährt wird und ob und inwieweit § 615 S. 2 BGB anwendbar ist. Soweit nicht ausdrücklich anders vereinbart, bleibt die Pflicht zur Entgelt(fort)zahlung während der Freistellung auf die gesetzlichen Voraussetzungen eines Lohnanspruchs begrenzt (Leistungsfähigkeit des Arbeitnehmers; Sechswochenfrist bei krankheitsbedingter Arbeitsunfähigkeit; *BAG* 23.1.2008 – 5 AZR 393/07 –). Vereinbaren Parteien nach erstinstanzlichem Obsiegen eines Arbeitnehmers im Kündigungsrechtsstreit und Verurteilung des Arbeitgebers zur vorläufigen Weiterbeschäftigung eine **Freistellung zur Vermeidung der Vollstreckung der Weiterbeschäftigung**, so ist diese Freistellung einer tatsächlich erfolgten vorläufigen Weiterbeschäftigung gleichzusetzen. Der Arbeitnehmer ist nach rechtskräftigem Unterliegen im Kündigungsrechtsstreit nicht verpflichtet, für die Zeit der Freistellung bezogenes Entgelt zurückzuzahlen (*LAG Bln.-Bra.* 30.9.2016 – 9 Sa 812/16 –; anders aber für den Fall der Arbeitsunfähigkeit während einer vorläufigen Weiterbeschäftigung *BAG* 27.5.2020 – 5 AZR 247/19 – Rn 12). Zu den sozialversicherungsrechtlichen Folgen s. Rdn 44. 55

Wird eine Suspendierung **vorab für einen künftigen Fall vereinbart**, ist sie einer **Vertragsinhaltskontrolle** zu unterziehen (*BAG* 19.11.2019 – 7 AZR 582/17 –: Ruhen des Arbeitsverhältnisses eines Freibadmitarbeiters außerhalb der Badesaison; 10.1.2007 – 5 AZR 84/06 –: Wegfall von Arbeits- und Lohnpflichten eines Gebäudereinigers während der Schulferien; SPV-*Preis* Rn 26). Dabei kann es bei der Prüfung der Angemessenheit der Vertragsklausel in der Interessenabwägung eine Rolle spielen, ob der Arbeitgeber anstelle eines rechtlich möglichen befristeten Arbeitsvertrages ein Dauerarbeitsverhältnis mit zeitlich begrenzten festen Ruhezeiten begründet hat (*BAG* 10.1.2007 – 5 AZR 84/06 – Rn 23). Wird eine Vereinbarung im Fall der **Kündigung** für die Dauer der Kündigungsfrist getroffen oder wird vereinbart, dass dem Arbeitgeber für diese Zeit das Recht zur Suspendierung zusteht (vgl. *LAG Hamm* 13.2.2015 – 18 SaGa 1/15 –), kann der formularmäßige Vorausverzicht auf den Beschäftigungsanspruch **im ungekündigten Arbeitsverhältnis** gegen **§ 307 Abs. 1 BGB** verstoßen (so *LAG MV* 5.4.2016 – 2 SaGa 1/16 –; *LAG Hmb.* 24.7.2013 – 5 SaGa 1/13 –; *Hess. LAG* 20.3.2013 – 18 SaGa 175/13 –; ErfK-*Preis* BGB § 611a Rn 568; Schaub/*Ahrendt* § 109 Rn 17). Daneben tritt im konkreten Fall eine **Ausübungskontrolle** nach § 315 BGB (vgl. *LAG Hamm* 13.2.2015 – 18 SaGa 1/15 –). Im gekündigten Arbeitsverhältnis gelten die zu Rdn 51 aufgezeigten Regeln. 56

18. Tod des Arbeitgebers

57 Der Tod des Arbeitgebers führt grundsätzlich **nicht zur Beendigung des Arbeitsverhältnisses** (vgl. *BAG* 4.4.1990 – 5 AZR 288/89 – zu II 2 der Gründe; KR-*Rachor* § 1 KSchG Rdn 194; ErfK-*Müller-Glöge* Rn 36; HWK-*Rennpferdt* Rn 33). Die Erben treten an die Stelle des bisherigen Arbeitgebers (§ 1922 BGB). Eine Ausnahme kann bestehen, wenn das Arbeitsverhältnis auf die **Lebenszeit des Arbeitgebers befristet** wird (*BAG* 25.3.2004 – 2 AZR 153/03 –). Vgl. dazu KR-*Lipke/Bubach* § 15 TzBfG Rdn 50. Bei **Erlöschen einer juristischen Person**, die als Arbeitgeber auftritt, bleibt das Arbeitsverhältnis bestehen (*Gelhaar* DB 2009, 1762, 1765; vgl. auch KR-*Rachor* § 1 KSchG Rdn 194); es bedarf dann zur Beendigung einer betriebsbedingten Kündigung. Wird der Arbeitnehmer Alleinerbe des Arbeitgebers endet das Arbeitsverhältnis durch Konfusion (ErfK-*Müller-Glöge* Rn 36). Zum Sonderfall der **Schließung einer gesetzlichen Krankenkasse** nach § 164 SGB V vgl. *BAG* 21.11.2013 – 2 AZR 474/12 – und *Rolfs* NZA 2013, 529.

19. Tod des Arbeitnehmers

58 Stirbt der Arbeitnehmer, tritt damit immer die **Beendigung** des Arbeitsverhältnisses ein (s. *BAG* 20.9.2011 – 9 AZR 416/00 – Rn 15; KR-*Rachor* § 1 KSchG Rdn 192 f.; HWK-*Rennpferdt* Rn 32). Dies ergibt sich bereits aus **§ 613 S. 1 BGB**. Nicht erfüllte Ansprüche aus dem Arbeitsverhältnis sind in aller Regel vererblich (ErfK-*Müller-Glöge* Rn 35; zum Urlaubsabgeltungsanspruch vgl. *BAG* 22.1.2019 – 9 AZR 45/16 –), soweit sie im Zeitpunkt des Todes fällig sind oder vertraglich fällig gestellt worden und nicht höchstpersönlicher Natur sind. Vgl. dazu MüKo-*Hesse* BGB Vorb. § 620 Rn 57.

20. Unmöglichkeit

59 Der am 1.1.2002 mit dem Gesetz zur Modernisierung des Schuldrechts in Kraft getretene § 311a BGB (hierzu *Löwisch* NZA 2001, 465) enthält – abweichend von der früheren Rechtslage – in Abs. 1 die Regelung, dass es der Gültigkeit eines Vertrages nicht entgegensteht, wenn die **Leistung für den Schuldner oder für jedermann schon bei Vertragsschluss unmöglich** ist. In einem solchen Fall erhält der Gläubiger nach seiner Wahl Schadensersatz statt der Leistung oder Ersatz seiner Aufwendungen, es sei denn, der Schuldner kannte die Unmöglichkeit nicht und hatte diese Unkenntnis auch nicht zu vertreten (vgl. *BAG* 27.1.2016 – 5 AZR 9/15 –; 19.8.2015 – 5 AZR 975/13 –; *LAG Köln* 21.8.2020 – 4 Sa 7/20 – zu B II 1 a der Gründe, jeweils zur rückwirkenden Begründung eines Arbeitsverhältnisses; vgl. hierzu auch *Krause* ZfA 2018, 126, 132; Staudinger/*Feldmann* § 311a BGB Rn 22). Eine automatische Beendigung des Arbeitsverhältnisses bei **dauerhafter Unmöglichkeit der Arbeitsleistung** scheidet mithin aus; die Unmöglichkeit setzt indessen regelmäßig einen Grund zur ordentlichen oder zur außerordentlichen Kündigung (MüKo-*Hesse* BGB Vorb. § 620 Rn 58; ErfK-*Müller-Glöge* Rn 39). § 311a BGB erfasst nicht den gegen ein gesetzliches Verbot verstoßenden Vertrag (vgl. Staudinger/*Feldmann* § 311a BGB Rn 62).

60 Ebenso führt die **nachträgliche Unmöglichkeit** der Arbeitsleistung als solche nicht zur Beendigung des Arbeitsverhältnisses, es bedarf dazu stets einer außerordentlichen oder ordentlichen Kündigung (*Gotthardt* Arbeitsrecht nach der Schuldrechtsreform, Rn 30, 37; ErfK-*Müller-Glöge* Rn 39; HWK-*Rennpferdt* Rn 35). Das Gesetz zur Modernisierung des Schuldrechts bringt insoweit keine Änderungen (zu den Folgen für den Entgeltanspruch *Löwisch* NZA 2001, 465, 467; Schaub/*Linck* § 95 Rn 2).

21. Wegfall der Geschäftsgrundlage

61 Der Wegfall der Geschäftsgrundlage schafft für das Arbeitsverhältnis keinen **selbständigen Beendigungsgrund** – etwa im Rahmen eines Rücktrittsrechts –, sondern kann gemäß § 313 Abs. 3 S. 2 BGB nur zu einer (Änderungs-) Kündigung Anlass geben (*BAG* 20.10.2017 – 2 AZR 783/16 (F) – Rn 30; 21.4.2016 – 2 AZR 609/15 – Rn 19; 5. Juni 2014 – 2 AZR 615/13 – Rn 23; *LAG München* 20.10.2020 – 3 Sa 450/20 – zu II 1 d der Gründe; MüKo-*Hesse* BGB Vorb. § 620 Rn 62;

HWK-*Rennpferdt* Rn 36; SPV-*Preis* Rn 59 f.). Das Kündigungsrecht ist gegenüber einer Anpassung nach § 313 BGB **lex specialis**. Nur in **extremen Ausnahmefällen** kann ein Arbeitsverhältnis ohne Kündigung sein Ende finden, etwa wenn der ganze Vertrag gegenstandslos geworden ist, weil der Zweck des Arbeitsverhältnisses durch äußere Ereignisse für unabsehbare Zeit unerreichbar geworden ist. Der Arbeitnehmer kann sich dann auf das Fehlen einer Kündigungserklärung nicht berufen (vgl. *BAG* 24.8.1995 – 8 AZR 134/94 –; ErfK-*Müller-Glöge* Rn 40; KR-*Fischermeier/Krumbiegel* § 626 BGB Rdn 44; Staudinger/*Oetker* Vorb. § 620 BGB Rn 107 f).

E. Sonderregelung für befristete Arbeitsverträge (Abs. 3)

I. Rechtliche und tatsächliche Bedeutung der Befristung

1. Wirkung der Befristung

Ein Arbeitsverhältnis auf **unbestimmte Zeit** kann idR nur durch eine Kündigung beendet werden. Wenn für das Arbeitsverhältnis eine bestimmte Zeitdauer festgelegt wird, ist es eine **selbstverständliche** und gesetzlich in § 620 Abs. 1 bestätigte **Rechtsfolge der Befristung**, dass das Arbeitsverhältnis unter den vereinbarten Voraussetzungen (Fristablauf oder Zweckerfüllung) **von selbst endet**, ohne dass es einer Kündigung bedarf (APS-*Backhaus* TzBfG Vor § 14 Rn 1; ErfK-*Müller-Glöge* Rn 37; LSSW-*Löwisch* Vor § 1 KSchG Rn 124; *Staudinger/Preis* § 620 BGB Rn 2; HWK-*Rennpferdt* Rn 10). 62

Die **sachgrundlose Befristung begegnet weder verfassungs- noch unionsrechtlichen Bedenken** (*BAG* 19.3.2014 – 7 AZR 828/12 – Rn 26; 22.1.2014 – 7 AZR 243/12 – Rn 34; näher dazu KR-*Lipke/Bubach* § 14 TzBfG Rdn 520). Die **Befristung ist kein Unterfall der Entlassung iSv Art. 30 GRC** und bedarf daher grds. keiner gesetzlichen Rechtfertigung nach Art. 52 Abs. 1 GRC (EuArbR/*Schubert* GRC Art. 30 Rn 11, 16; DDZ/*Wroblewski* § 14 TzBfG Rn 186; Meyer/Hölscheidt/Hüpers/*Reese* Art. 30 GRCh Rn 15), soweit nicht in der Befristung eine Umgehung des Entlassungsschutzes vorliegt; vgl. aber *BAG* 19.3.2014 – 7 AZR 828/12 – Rn 29, das Art. 30 GRC prüft; *Willemsen/Sagan* NZA 2011, 258). 63

Schon vor Geltung des TzBfG war im Umkehrschluss zu § 620 Abs. 2 BGB anerkannt, dass im Fall einer Befristung eine **ordentliche Kündigung** des Arbeitsverhältnisses regelmäßig **ausgeschlossen ist**, soweit sie nicht vertraglich vorbehalten war (*BAG* 4.7.2001 – 2 AZR 88/00 – zu B II 1 der Gründe; 19.6.1980 – 2 AZR 660/78 –; KR-*Lipke/Bubach* § 15 TzBfG Rdn 35; APS-*Backhaus* TzBfG § 15 Rn 16; Staudinger/*Preis* Rn 4, 231. Nunmehr ist dieser Grundsatz in § 15 Abs. 3 TzBfG ausdrücklich geregelt (vgl. *BAG* 21.11.2013 – 6 AZR 664/12 – Rn 25; 24.1.2013 – 2 AZR 453/11 – Rn 24). Entsprechend dem Rechtsgedanken des § 622 Abs. 6 BGB kann in einer Vertragsklausel das Recht zur ordentlichen Kündigung eines befristeten Arbeitsverhältnisses gemäß § 307 Abs. 1 BGB nicht einseitig dem Arbeitgeber vorbehalten werden (vgl. *LAG Köln* 29.1.2016 – 4 Sa 849/15 –; KR-*Lipke/Bubach* § 15 TzBfG Rdn 39; APS-*Backhaus* TzBfG § 15 Rn 21; aA Staudinger/*Preis* Rn 231). 64

Zu den Besonderheiten der nach **§ 15 Abs. 2 TzBfG** erforderlichen **Unterrichtung über die Zweckerreichung** und der einzuhaltenden Auslauffrist bei einem zweckbefristeten Arbeitsvertrag vgl. KR-*Lipke/Bubach* § 15 TzBfG Rdn 21 ff. Die im **Tarifrecht der Bühnen** (Normalvertrag Bühne) übliche **Nichtverlängerungsmitteilung** bestimmt dagegen, unter welchen Voraussetzungen vom Vorliegen der zur Verhinderung von Anschlussverträgen notwendigen Erklärungen auszugehen ist (vgl. *BAG* 2.8.2017 – 7 AZR 601/15 – Rn 33). Ob es sich bei der Nichtverlängerungsmitteilung um eine Willenserklärung handelt, ist zweifelhaft, da nicht durch sie die Beendigung des Arbeitsverhältnisses bewirkt wird, sondern durch die zugrundeliegende Befristung. Jedenfalls handelt es sich aber um eine **rechtsgeschäftsähnliche Handlung**, auf die Regeln über Willenserklärungen entsprechend anzuwenden sind (vgl. *BAG* 20.3.2019 – 7 AZR 237/17 – Rn 40; APS-*Backhaus* TzBfG § 14 Rn 287; ErfK-*Müller-Glöge* Rn 37a). Danach kommt dem **Schweigen der Parteien eine rechtsgestaltende Bedeutung** zu (erneutes befristetes Engagement; *BAG* 3.11.1999 – 7 AZR 898/98 – zu 2 der Gründe; ErfK-*Müller-Glöge* Rn 37a). Die damit verbundene Fiktion muss durch Abgabe der 65

Nichtverlängerungsmitteilung entkräftet werden (*BAG* 15.3.2013 – 7 AZR 665/11 – Rn 25; APS-*Backhaus* TzBfG § 14 Rn 287). Diese ist auch nicht **als Kündigung zu deuten oder umzudeuten** (*BAG* 28.9.2016 – 7 AZR 128/14 – Rn 66; 4.11.2015 – 7 AZR 933/13 – Rn 31; APS-*Backhaus* TzBfG § 14 Rn 287). Vgl. hierzu KR-*Bader/Kreutzberg-Kowalczyk* § 3 TzBfG Rdn 39 ff.

66 Da es bei einer **Beendigung des Arbeitsverhältnisses durch Zeitablauf** keiner Kündigung bedarf, greift beim Auslaufen der Befristung **weder** der **allgemeine Kündigungsschutz** (§§ 1, 2 KSchG) **noch** der **besondere Kündigungsschutz** (§ 15 KSchG, §§ 102 f. BetrVG; § 17 MuSchG, § 18 BEEG und § 168 SGB IX) ein (KR-*Lipke/Bubach* § 14 TzBfG Rdn 73 ff.; ErfK-*Müller-Glöge* TzBfG § 14 Rn 8; Staudinger/*Preis* Rn 2). Zum Sonderfall des § 175 SGB IX vgl. KR-*Gallner* § 175 SGB IX Rdn 3 ff. Sowohl der allgemeine als auch der besondere Kündigungsschutz setzt eine **Kündigung** durch den Arbeitgeber voraus (*BAG* 29.10.1986 – 7 AZR 138/85 – zu II 3 e der Gründe; 24.10.1979 – 5 AZR 851/78 – zu II 2 a der Gründe). Unabhängig von der Ausgestaltung der Befristung bleibt die **außerordentliche Kündigung nach § 626 BGB** während des laufenden befristeten Arbeitsvertrages zulässig, da Unzumutbares von niemandem verlangt werden kann (KR-*Lipke/Bubach* § 15 TzBfG Rdn 46; Erman/*Riesenhuber* Rn 2; HWK-*Rennpferdt* Rn 10); weder § 620 Abs. 2 BGB noch § 15 Abs. 3 TzBfG schränken dieses **unverzichtbare Freiheitsrecht** ein. Ist eine Kündigungsmöglichkeit während der Befristung zugelassen (§ 15 Abs. 3 TzBfG), erwirbt der Arbeitnehmer **für die Dauer der Befristung** unter den allgemeinen Voraussetzungen (kein Kleinbetrieb, sechsmonatige Wartezeit erfüllt, §§ 1, 23 KSchG) den gesetzlichen **Kündigungsschutz**.

2. Tatsächliche Verbreitung befristeter Arbeitsverträge im Arbeitsleben

67 Befristete Arbeitsverträge waren zwar nach der ursprünglichen Systematik des BGB der Normaltyp des Arbeitsvertrags (*Hofmann* ZTR 1993, 399; vgl. auch HWK-*Rennpferdt* Rn 1). In der **Praxis** war indessen **bis Mitte der 80er Jahre** der Abschluss **unbefristeter Arbeitsverträge** der **Regelfall** und **die Befristung** die **Ausnahme**. Das unbefristete Arbeitsverhältnis ist gegenüber dem befristeten Arbeitsvertrag auch die »sozialrechtlich privilegierte und daher sozialstaatlich gesehen erwünschtere Regelung« (so bereits *BAG* 26.11.1955 – 2 AZR 516/54 –; BT-Drucks. 13/4612 S. 12 und BT-Drucks. 14/4374 S. 12; vgl. auch *EuGH* 11.2.2021 – C-760/18 – Rn 48; *BAG* 25.4.2018 – 7 AZR 520/15 – Rn 36). **Zunehmende Bedeutung** haben die Befristungen bei Ersteinstellungen erst aufgrund des **BeschFG 1985/1996** gewonnen, das für die Zeit vom 1.5.1985 bis zum **31.12.2000** (BeschFG 1985 BGBl. I S. 710; BeschFG 1990, BGBl. I S. 2406; BeschFG 1994, BGBl. I S. 1786; BeschFG 1996, BGBl. I S. 1476) sachgrundlose Befristungen erleichterte (vgl. dazu *Lipke* KR 5. Aufl., § 1 BeschFG 1996 Rn 3–6 ff.). Die Arbeitgeber nutzten die **Möglichkeit einer längeren Erprobung** im Rahmen eines bis zu zwei Jahren währenden **sachgrundlos befristeten Arbeitsverhältnisses nach § 1 BeschFG 1996**, bevor sie sich entschieden, ob sie ein unbefristetes Arbeitsverhältnis anschließen lassen. Ein **Übergang ins unbefristete Dauerarbeitsverhältnis** fand bis Ende der 1990er Jahre in den alten Bundesländern bei etwa 45 % und in den neuen Bundesländern bei fast 2/3 aller Neueinstellungen statt. An dieser Entwicklung lässt sich ablesen, dass in der Praxis **Befristungen mit sachlichem Grund** gegenüber den Befristungsmöglichkeiten ohne sachlichen Grund **erheblich an Bedeutung verloren haben**. Nach Erhebungen des Nürnberger Instituts für Arbeitsmarkt- und Berufsforschung (IAB) wurden im Jahr 2013 deutschlandweit **42 % aller Neueinstellungen** befristet (vornehmlich ohne Sachgrund) vorgenommen (BT-Drucks. 18/1029; Antwort der Bundesregierung auf die Kleine Anfrage der Fraktion »Die Linke« v. 3.4.2014, Tab. 3). Daraus ergab sich ein Gesamtanteil befristeter Arbeitsverträge an allen Arbeitsverhältnissen von 7,5 %. Nach Angaben des Statistischen Bundesamtes ist die Zahl und auch die Quote der befristeten Arbeitsverträge nach einem Höchststand im Jahr 2016 bis 2019 rückläufig. Die **Befristungsquote im öffentlichen Dienst** liegt über den Werten der Privatwirtschaft. Nach Angaben des IAB (Stellungnahme zur Befristungssituation im öffentlichen Dienst 12/2019, http://doku.iab.de/stellungnahme/2019/sn1219.pdf) lag der Befristungsanteil im öffentlichen Dienst 2018 (einschließlich Wissenschaft) mit 8,9 % (Neueinstellung: 58,6 %) über dem Anteil in der Privatwirtschaft mit 7,1 % (Neueinstellung: 41,4 %). Die Quote der Personalabgänge durch Befristung betrug im öffentlichen Dienst 20,1 % (Privatwirtschaft: 9,2 %), diejenige durch Kündigung dagegen

lediglich 3,3 % (Privatwirtschaft: 24,5 %). Im **öffentlichen Dienst** sind im **Hochschulbereich** seit längerem Zeitverträge insbes. mit Assistenten und wissenschaftlichen Mitarbeitern üblich. Mit dem Inkrafttreten des **HRG** vom 16.2.2002 zum 23.2.2002 (BGBl. I S. 693) ist die **Befristung von Arbeitsverhältnissen** des sog. »Mittelbaus« Standard (näher dazu *Lipke* KR 8. Aufl., Erl. zu §§ 57a–57 f HRG). Zum **WissZeitVG** vom 12.4.2007 vgl. Rdn 77 und KR-*Treber/Waskow* §§ 1 ff. WissZeitVG. In anderen Bereichen werden befristete Arbeitsverträge häufig aus **haushaltsrechtlichen Erwägungen** abgeschlossen (*Wiedemann* FS Lange, S. 402 f.). Insoweit nimmt der **öffentliche Dienst** gegenüber der Privatwirtschaft eine **Sonderstellung** ein. Zu den rechtstatsächlichen Entwicklungen seit Inkrafttreten des TzBfG im Jahr 2001 bis 2015 wird auf die Darstellung bei *Lipke* KR 11. Aufl., Erl. zu § 620 BGB Rn 60 ff. Bezug genommen.

Nach Angaben des **Statistischen Bundesamtes** (https://www.destatis.de/DE/Themen/Arbeit/Arbeitsmarkt/Qualitaet-Arbeit/Dimension-4/befristet-beschaeftigte.html) waren **2019** in Deutschland **7,4 %** der Arbeitnehmerinnen und Arbeitnehmer ab 25 Jahren befristet beschäftigt. Die Befristungsquote von Frauen mit 7,5 % und Männern mit 7,3 % unterscheidet sich dabei im Vergleich zu früher kaum mehr. Knapp 30 Jahre zuvor fiel der Unterschied noch etwas größer aus. **1991** waren **6,9 % der Frauen und 5,2 % der Männer** in einem befristeten Arbeitsverhältnis beschäftigt. Die meisten (53,4 %) der befristet Beschäftigten besaßen 2019 einen Arbeitsvertrag mit einer **Laufzeit von weniger als einem Jahr**. Bei 22,0 % der Befragten betrug die Befristung ein bis unter zwei Jahre, bei weiteren 13,1 % zwei bis unter drei Jahre. 11,5 % gaben an, einen Vertrag mit einer Laufzeit von mehr als drei Jahren zu besitzen. Seit 1991 ist die Befristungsquote von 5,9 % um 1,5 Prozentpunkte auf 7,4 % angestiegen. Der Anteil legte in der Vergangenheit meist in konjunkturellen Schwächephasen stärker zu, während er in Aufschwungphasen leicht zurückging. Nach einem **Höchststand im Jahr 2016** ging die Quote und die absolute Anzahl der befristet Beschäftigten bis 2019 zurück. **Im europäischen Vergleich** lag Deutschland im Jahr 2019 unter dem EU-Durchschnitt von 10,7 % und bewegte sich im Vergleich zu anderen EU-Mitgliedsländern im **Mittelfeld**. Besonders hoch waren die Befristungsquoten in Spanien mit rund 23,5 % und Polen mit 18,7 %. Zu den sechs Ländern mit Befristungsquoten unter 5 % gehörten Bulgarien, das Vereinigte Königreich, Lettland, Estland, Rumänien sowie Litauen, welches die niedrigste Befristungsquote hatte (1,0 %). In den meisten Staaten waren die Befristungsquoten der Frauen höher. Deutschland zählte hier zu den Ländern mit den **geringsten Unterschieden zwischen Männern und Frauen**. Mit 10,8 % waren in Deutschland die Befristungsquoten für **Hilfsarbeitskräfte**, dicht gefolgt von den **Angehörigen akademischer Berufe** (10,4 %) am höchsten. Auch bei Erwerbstätigen in **Dienstleistungsberufen** war der Anteil der befristet Beschäftigten mit 8,4 % überdurchschnittlich hoch.

II. Befristungsregelungen

1. Richterrecht (bis 31.12.2000)

Bereits bevor der Gesetzgeber durch einzelne Regelungen die Voraussetzungen zulässiger Befristungen in Teilbereichen wie den Hochschulen und Großforschungseinrichtungen, wie rund um den Mutterschutz und die Elternzeit festlegte, waren sich die Rechtsprechung und die hM im Schrifttum bei unterschiedlichen Begründungen und Folgerungen darin einig, dass **entgegen dem Wortlaut des § 620 Abs. 1 BGB** Befristungen von Arbeitsverträgen, insbesondere Kettenbefristungen, nicht uneingeschränkt wirksam sind (vgl. ausf. *Lipke* KR 5. Aufl. Rn 70 ff., 82 ff.; APS-*Backhaus* 1. Aufl. Vor § 14 TzBfG Rn 42 ff., § 14 TzBfG Rn 1 ff.; LS-*Schlachter* 1. Aufl. Einf. Rn 1–6). Die **Befristung** bedurfte danach aus Gründen des Sozialstaatsgebots eines »**besonderen Grundes**« (*BAG* 21.10.1954 – 2 AZR 40/53 –) bzw. eines »sachlichen Grundes« nach Maßstab eines verständig denkenden, die sachlichen Verhältnisse würdigenden Arbeitgebers (*BAG* 21.10.1954 – 2 AZR 25/53 – zu 4 der Gründe). Danach trat bei der Prüfung des Sachgrundes der **Umgehungsgedanke** im Verhältnis zum gesetzlichen **Kündigungsschutz** in den Vordergrund (*BAG GS* 12.10.1960 – GS 1/59 –; ErfK-*Müller-Glöge* Rn 2; HaKo-KSchR/*Mestwerdt* Rn 5). Nur vereinzelt wurde die Auffassung vertreten, ein befristeter Arbeitsvertrag ende ohne weitere Voraussetzungen nach § 620 BGB mit Ablauf der vereinbarten Vertragszeit (vgl. *Adomeit* NJW 1989, 1715; *Kraft* ZfA 1994, 478 f.).

Dies folge aus dem **Grundsatz der Vertragsfreiheit** (vgl. *Junker* NZA 1997, 1308 ff.). Mit dem Inkrafttreten des **TzBfG** zum 1.1.2001 (BGBl. I S. 1966) ist das Rechtsgebiet des Befristungsrechts auf eine völlig **neue gesetzliche Grundlage** gestellt worden, die das Richterrecht zur objektiven Umgehung des Kündigungsschutzgesetzes abgelöst hat (vgl. hierzu auch KR-*Lipke/Bubach* § 14 TzBfG).

2. Gesetzliche Sonderregelungen

70 Die **richterrechtliche Befristungskontrolle** trat bereits vor Geltung des TzBfG zurück, soweit der Gesetzgeber in Teilbereichen eigenständige Zulässigkeitsvoraussetzungen aufstellte. Nachdem das TzBfG die allgemeine Befristungskontrolle gesetzlich gestaltet hat und das **WissZeitVG** für das wissenschaftliche und künstlerische Personal an Hochschulen eine personen- und zeitbezogene Befristung nun grds. zulässt, bleiben gleichwohl einige Regelungsbereiche bestehen, die **unabhängig vom TzBfG** die Zulässigkeit von **Befristungen in Teilbereichen gesondert bestimmen**. Das ist nach § 23 TzBfG ausdrücklich erlaubt. Im Überblick sind noch folgende Befristungsregelungen in Bundes- und Landesgesetzen zu nennen:

a) ÄArbVtrG

71 Eine eigenständige gesetzliche **Konkretisierung des sachlichen Grundes** nimmt § 1 des Gesetzes über befristete Arbeitsverträge mit Ärzten in der **Weiterbildung** v. 15.5.1986 (BGBl. I S. 742, zuletzt geändert durch Art. 3 des Gesetzes v. 15.11.2019 (BGBl. I S. 1604) vor. Vgl. dazu KR-*Treber/Waskow* §§ 1–3 ÄArbVtrG und KR-*Bader/Kreutzberg-Kowalczyk* § 23 TzBfG Rdn 3.

b) AGG

72 Das **Allgemeine Gleichbehandlungsgesetz** v. 14.8.2006 (AGG; BGBl. I S. 1897, zuletzt geändert durch Art. 8 des Gesetzes vom 3.4.2013, BGBl. I S. 610) will Benachteiligungen in Bezug auf Einstellungs-, Beschäftigungs- und Arbeitsbedingungen aus Gründen der Rasse, der ethnischen Herkunft, des Geschlechts, der Religion oder Weltanschauung, einer Behinderung, des Alters oder der sexuellen Identität verhindern oder beseitigen (§ 1 AGG; vgl. hierzu KR-*Treber/Plum* § 1 AGG Rdn 12 ff.). Dabei können **die Vereinbarung einer befristeten Anstellung** (zB wegen befürchteter Schwangerschaft) oder die **Nichtfortsetzung befristeter Arbeitsverhältnisse** eine bedeutsame Rolle spielen, wenn die arbeitgeberseitige Entscheidung hierzu sich auf die verbotenen Differenzierungsmerkmale gründet (vgl. hierzu ErfK-*Schlachter* AGG § 3 Rn 7, § 15 Rn 21; KR-*Treber/Plum* § 3 AGG Rdn 18). Wird bspw. eine Frau oder ein Ausländer allein wegen dieser Merkmale befristet eingestellt oder das Arbeitsverhältnis nicht verlängert (vgl. *EuGH* 4.10.2001 – C-109/00 – »Tele Danmark«; 4.10.2001 – C-438/99 – »Jiménez Melgar«), während ansonsten die unbefristete Beschäftigung im Unternehmen für die vorgesehene Tätigkeit üblich ist, kann dieses Verhalten den Arbeitgeber zur **Entschädigung** und zum **Schadensersatz** verpflichten. Es kann sogar ein **unbefristetes Arbeitsverhältnis entstehen**, selbst wenn §§ 7, 15 Abs. 6 AGG einen Anspruch auf Begründung eines Arbeitsverhältnisses (Verlängerung) nicht gewähren (vgl. *BAG* 6.4.2011 – 7 AZR 524/09 – Rn 28; vgl. auch *BAG* 25.6.2014 – 7 AZR 847/12 – Rn 27 ff. zu § 78 S. 2 BetrVG; vgl. auch *EuGH* 11.2.2021 – C-760/18 – Rn 75; ErfK-*Schlachter* AGG § 15 Rn 21; Schaub/*Ahrendt* § 36 Rn 103; aA MüKo-*Thüsing* AGG § 15 Rn 42, 52,). Näher dazu KR-*Treber/Plum* § 15 AGG Rdn 58 f.

c) § 1 ArbPlSchG

73 Nach § 1 Abs. 4 des Gesetzes über den Schutz des Arbeitsplatzes bei Einberufung zum Wehrdienst (**ArbPlSchG**; idF der Bek. v. 16.7.2009 BGBl. I. S. 2055, zuletzt geändert durch Art. 17 des Gesetzes v. 4.8.2019 BGBl. I S. 1147) wird ein befristetes Arbeitsverhältnis durch die Einberufung zum Grundwehrdienst oder zu einer Wehrübung **nicht verlängert**. Allerdings darf der Arbeitgeber nach § 2 Abs. 5 S. 2 ArbPlSchG die **Verlängerung** eines befristeten Arbeitsverhältnisses oder die Übernahme des Arbeitnehmers in ein unbefristetes Arbeitsverhältnis **nicht aus Anlass des Wehrdienstes**

ablehnen. Zur Beweislast des Arbeitgebers vgl. § 2 Abs. 2 S. 3 ArbPlSchG und VG des Saarlandes 1.4.2010 – 2 L 274/10 –. Obwohl die Wehrpflicht ausgesetzt wurde, gelten die Bestimmungen weiterhin für die **freiwillig Wehrdienstleistenden**. Näher dazu KR-*Weigand* § 2 ArbPlSchG Rdn 2 und KR-*Bader/Kreutzberg-Kowalczyk* § 23 TzBfG Rdn 8.

d) § 10 AÜG

Eine gesetzliche Regelung der Befristung enthielt **§ 9 Nr. 2 AÜG aF bis zum 31.12.2002**. Dort war bestimmt, dass Befristungen des Arbeitsverhältnisses zwischen Verleiher und Leiharbeitnehmern nur zulässig sind, wenn die Befristung aus einem in der **Person des Leiharbeitnehmers** liegenden **sachlichen Grund** gerechtfertigt ist, **oder die Befristung** für einen Arbeitsvertrag vorgesehen ist, der **unmittelbar an einen, mit demselben Verleiher geschlossenen Arbeitsvertrag anschließt** (dazu *Dörner* Der befristete Arbeitsvertrag 1. Aufl. Rn 830 ff.; vgl. KR-*Bader/Kreutzberg-Kowalczyk* § 23 TzBfG Rdn 7). Außerdem sahen früher §§ 1 Abs. 2, 3 Abs. 1 Nr. 6 und § 10 Abs. 5 AÜG aF eine **Höchstüberlassungsdauer** vor, die seit 1.4.2017 erneut mit **18 aufeinanderfolgenden Monaten bei demselben Entleiher in § 1 Abs. 1b S. 1 AÜG** eingeführt wurde (Arbeitnehmerüberlassungsgesetz idF v. 3.2.1995, BGBl. I S. 158, zuletzt geändert durch Art. 2 des Gesetzes vom 13.3.2020, BGBl. I S. 493). Mit der zum 1.1.2004 im Zuge von »Hartz I« geänderten Rechtslage (Erstes Gesetz für moderne Dienstleistungen am Arbeitsmarkt v. 23.12.2002 BGBl. I S. 4607) sind die sog. »Synchronisationsverbote« aufgehoben worden. Nunmehr können befristete Leiharbeitsverhältnisse nur nach den **allgemeinen Bestimmungen des TzBfG** begründet werden (*Schüren/Behrend* NZA 2003, 521; Schaub/*Koch* § 120 Rn 67; HWK-*Höpfner* § 1 AÜG Rn 11). Bei fehlender Erlaubnis des gewerbsmäßigen Verleihers kann es aber nach §§ 9 Nr. 1 iVm 10 Abs. 1 S. 1 und 2 AÜG zur Begründung eines befristeten Arbeitsverhältnisses zwischen Entleiher und Leiharbeitnehmer kommen (ErfK-*Wank* AÜG Einl. Rn 6 ff.; § 10 Rn 3, 17 f.; HWK-*Höpfner* § 10 AÜG Rn 8 ff; vgl. auch *BAG* 23.9.2014 – 9 AZR 1025/12 –). Die **Richtlinie 1999/70/EG** zu der Rahmenvereinbarung über befristete Arbeitsverträge und die Rahmenvereinbarung selbst sind weder auf das befristete Arbeitsverhältnis zwischen einem Leiharbeitnehmer und einem Leiharbeitsunternehmen noch auf das befristete Arbeitsverhältnis zwischen einem Leiharbeitnehmer und einem entleihenden Unternehmen anwendbar (*EuGH* 11.4.2013 – C-290/12 – »Della Rocca«).

e) § 21 BBiG

Nach § 21 Abs. 1 Berufsbildungsgesetz (BBiG; idF der Bekanntmachung vom 4.5.2020, BGBl. I S. 920) endet ein **Berufsausbildungsverhältnis** mit dem Ablauf der Ausbildungsdauer, wobei sich diese nach der Ausbildungsordnung und bei ihrem Fehlen nach der Vereinbarung der Parteien richtet. **Vorzeitig** wird das Arbeitsverhältnis nach § 21 Abs. 2 BBiG **mit Bestehen der Abschlussprüfung** beendet, während es nach § 21 Abs. 3 BBiG im Anschluss an eine nicht bestandene Abschlussprüfung auf Verlangen des Auszubildenden bis zur nächstmöglichen Wiederholungsprüfung, aber nicht länger als um ein Jahr **verlängert** wird (vgl. dazu KR-*Weigand* §§ 21–23 BBiG). Aufgrund dieser Sonderregelung sind die Befristungsregelungen des TzBfG weitgehend nicht auf das Berufsausbildungsverhältnis anwendbar (vgl. § 10 Abs. 2 BBiG; KR-*Bader/Kreutzberg-Kowalczyk* § 23 TzBfG Rdn 9 f.). Im Zusammenhang mit der Neuregelung im TzBfG hat der Gesetzgeber klargestellt, dass das **Berufsausbildungsverhältnis kein vorangehendes Arbeitsverhältnis** iSv § 14 Abs. 2 S. 2 TzBfG ist (BT-Drucks. 14/4374 S. 20). Es fällt nicht unter das Vorbeschäftigungsverbot für die sachgrundlose Befristung (*BAG* 20.3.2018 – 9 AZR 479/17 – Rn 16). Näher dazu KR-*Lipke/Bubach* § 14 TzBfG Rdn 572.

f) § 21 BEEG

Eine **besondere Regelung** bei befristeter **Vertretung für Zeiten** eines Beschäftigungsverbots nach dem MuSchG, einer Elternzeit, einer auf Tarifvertrag, Betriebsvereinbarung oder einzelvertraglicher Vereinbarung beruhenden **Arbeitsfreistellung zur Betreuung eines Kindes** enthält § 21 BEEG seit 1.1.2007 (Gesetz zum Elterngeld und zur Elternzeit – Bundeselterngeld- und Elternzeitgesetz – idF der Bekanntmachung vom 27.1.2015 (BGBl. I S. 33), zuletzt geändert durch Art. 1 des Gesetzes vom 15.2.2021 (BGBl. I S. 239). Nach § 21 Abs. 3 BEEG muss die **Dauer** der Befristung des Arbeitsvertrags entweder kalendermäßig **bestimmt oder bestimmbar** oder den in § 21 Abs. 1 und 2 BEEG genannten **Zwecken** zu entnehmen sein. Mit dem Elternzeitvertreter kann daher auch ein zweckbefristeter Vertrag geschlossen werden (*BAG* 9.9.2015 – 7 AZR 148/14 – Rn 29). Die Möglichkeit einer **Doppelbefristung** hat die Rechtsprechung in Fällen einer Vertretung wegen Elternzeit ausdrücklich anerkannt (*BAG* 19.2.2014 – 7 AZR 260/12 – Rn 15; 29.6.2011 – 7 AZR 6/10 – Rn 13). Danach kann eine befristete Vertretung bis zur Rückkehr der Stammkraft mit einer Höchstbefristungsdauer kombiniert werden. Der Sachgrund der **Vertretung** umfasst außerdem nach § 21 Abs. 2 BEEG **zusätzliche Zeiten der Einarbeitung**. Weiterführend vgl. KR-*Lipke/Bubach* § 21 BEEG und KR-*Bader/Kreutzberg-Kowalczyk* § 23 TzBfG Rdn 11 ff.

g) § 2 WissZeitVG

77 Seit 1985 gibt es für den Hochschul- und Forschungsbereich eigenständige Regelungen zur Befristung von Arbeitsverhältnissen im sog. »Mittelbau«. Zunächst wurde mit dem Gesetz über befristete Arbeitsverträge mit wissenschaftlichem Personal an Hochschulen und Forschungseinrichtungen v. 14.6.1985 (BGBl. I. S. 1065) mit dessen Art. 1 in das Hochschulrahmengesetz (**HRG aF**) die §§ 57a–57f eingefügt und mit Art. 2 das **FFVG** eine spezielle Regelung für Forschungseinrichtungen geschaffen. Durch das 5. HRGÄndG v. 16.2.2002 (BGBl. I. S. 693) und das eine Übergangsregelung beinhaltende 6. HRGÄndG v. 8.8.2002 (BGBl. I. S. 3138) hat der Gesetzgeber – einer **neuen Konzeption** folgend – ab Inkrafttreten zum 23.2.2002 einen »**personenbezogenen**« Sonderbefristungstatbestand geschaffen, der innerhalb bestimmter zeitlicher Grenzen auf die Festlegung einzelner Sachgründe für eine Befristung verzichtet. Nach der **Nichtigkeitserklärung** durch das **BVerfG** (27.7.2004 – 2 BvF 2/02 –) wegen Überschreitung der Rahmengesetzgebungskompetenz des Bundes, setzte der Gesetzgeber die arbeitsrechtlichen Befristungsregeln mit dem HdaVÄndG v. 27.12.2004 (BGBl. I S. 3835) ab 2005 wieder in Kraft, das durch das Gesetz zur Änderung arbeitsrechtlicher Vorschriften in der Wissenschaft vom 12.4.2007 (BGBl. I S. 506) mit Wirkung zum 18.4.2007 abgelöst wurde. Das darin eingeführte **Wissenschaftszeitvertragsgesetz (WissZeitVG)** wurde zuletzt durch Art. 1 des Gesetzes vom 25.5.2020 (BGBl. I S. 1073) geändert und sieht insbesondere eine **Erleichterung der sog. Drittmittelbefristung** vor (*Preis/Ulber* WissZeitVG § 2 Rn 96 ff.; ErfK-*Müller-Glöge* WissZeitVG § 1 Rn 3a, § 2 Rn 9 ff.; AR-*Löwisch* § 2 WissZeitVG Rn 9 ff.). Ausführlich hierzu KR-*Treber/Waskow* WissZeitVG.

h) § 41 SGB VI und § 8 Abs. 3 AltersteilzeitG

78 § 41 S. 2 SGB VI (Neufassung idF der Bek. v. 19.2.2002 BGBl. I S. 754, ber. S. 1404, ber. S. 3384, zuletzt geändert durch Art. 1 Nr. 1a des Gesetzes v. 23.6.2014, BGBl. I S. 787) bestimmt, dass eine **Vereinbarung**, die eine **Beendigung des Arbeitsverhältnisses eines Arbeitnehmers ohne Kündigung** zu einem Zeitpunkt vorsieht, in dem der Arbeitnehmer **vor Erreichen der Regelaltersgrenze** eine Rente wegen Alters beantragen kann, dem Arbeitnehmer gegenüber als auf das Erreichen der Regelaltersgrenze abgeschlossen gilt, es sei denn, dass die Vereinbarung innerhalb der letzten drei Jahre vor diesem Zeitpunkt abgeschlossen oder von dem Arbeitnehmer bestätigt worden ist (zur Entstehungsgeschichte vgl. KR-*Bader/Kreutzberg-Kowalczyk* § 23 TzBfG Rdn 21 ff; APS-*Greiner* SGB VI § 41 Rn 2). Die Norm gilt nur für **einzelvertraglich vereinbarte Altersgrenzen** vor Vollendung des Regelrentenalters (vgl. *BAG* 4.11.2015 – 7 AZR 851/13 –). Sie verbietet nicht, die Möglichkeit eine Regelaltersrente zu beziehen im Rahmen der **Sozialauswahl** nach § 1 Abs. 3 S. 1 KSchG zulasten des Rentenberechtigten zu berücksichtigen (*BAG* 27.4.2017 – 2 AZR 67/16 – Rn 18). Mit der Normierung war infolge zwischenzeitlicher Gesetzesänderungen ein jahrelanger Streit über die Zulässigkeit der **Festlegung von Altersgrenzen in Tarifverträgen**, Betriebsvereinbarungen und Arbeitsverträgen verbunden (vgl. zB *BAG* 12.6.2013 – 7 AZR 917/11 –). Mit dem zum 1.7.2014 wegen Erhöhung der Regelaltersgrenze auf 67 eingefügten Satz 3 des § 41 SGB VI wird den Parteien sogar ermöglicht, durch Vereinbarung während des Arbeitsverhältnisses den **Beendigungszeitpunkt** auch **mehrfach hinauszuschieben und zwar über die Regelaltersgrenze**

hinaus, sofern eine Vereinbarung die Beendigung des Arbeitsverhältnisses mit Erreichen der Regelaltersgrenze vorsieht. Eine Befristung nach § 41 S. 3 SGB VI setzt nicht das Bestehen eines Sachgrundes iSv. § 14 Abs. 1 TzBfG voraus (*BAG* 19.12.2018 – 7 AZR 70/17 – Rn 32). Der Regelung steht nicht das Verbot der Diskriminierung wegen des Alters entgegen (*EuGH* 28.2.2018 – C-46/17 – Rn 57 »John«). Sie begegnet auch keinen durchgreifenden verfassungsrechtlichen Bedenken (*BAG* 19.12.2018 – 7 AZR 70/17 – Rn 37). Danach kann bei Arbeitnehmern, die die Regelaltersgrenze erreicht haben, das **Hinausschieben des Zeitpunkts der Beendigung** des Arbeitsverhältnisses von einer **befristet erteilten Zustimmung des Arbeitgebers** abhängig gemacht werden. Näher dazu KR-*Bader/Kreutzberg-Kowalczyk* § 23 TzBfG Rdn 21 ff., 28 ff. und KR-*Lipke/Bubach* § 14 TzBfG Rdn 423 ff.

Richtigerweise handelt es sich bei den Altersgrenzen- und Erwerbsunfähigkeitsregelungen um einen Unterfall der in der **Person des Arbeitnehmers** liegenden **Befristungssachgründe** aus § 14 Abs. 1 S. 2 Nr. 6 TzBfG (ebenso ErfK-*Müller-Glöge* TzBfG § 14 Rn 51, 56; APS-*Backhaus* TzBfG § 14 Rn 137; HWK-*Rennpferdt* § 14 TzBfG Rn 98 f.). *Bader* sieht in Satz 3 des § 41 SGB VI zu Recht eine »notwendige« **Sachgrundregelung** (NZA 2014, 749, 752), was inhaltlich vom EuGH ähnlich beurteilt wird (*EuGH* 28.2.2018 – C-46/17 – Rn 53 ff. »John«). 79

Damit im Zusammenhang steht ein weiterer gesetzlicher Befristungstatbestand in **§ 8 Abs. 3 Altersteilzeit**G (Art. 1 des Gesetzes v. 23.7.1996, BGBl. I S. 1078, zuletzt geändert durch Art. 22 des Gesetzes vom 12.12.2019, BGBl. I S. 2652), der auf die Vereinbarung der Beendigung des Arbeitsverhältnisses für den Zeitpunkt abstellt, in dem der Arbeitnehmer Anspruch auf Rente wegen Alters hat (Zweckbefristung, *BAG* 27.4.2004 – 9 AZR 18/03 –). § 8 Abs. 3 AltTZG ist als **lex specialis** im Verhältnis zu § 41 S. 2 SGB VI vorrangig (*BT-Drucks.* 13/4877 S. 29; *BAG* 22.5.2012 – 9 AZR 453/10 – Rn 20). Eine Kombination mit einer sachgrundlosen Befristung nach § 14 Abs. 2 TzBfG scheidet aus (ErfK-*Rolfs* ATG § 8 Rn 20). Näher dazu KR-*Bader/Kreutzberg-Kowalczyk* § 23 TzBfG Rdn 4 ff. 80

i) § 2 Abs. 1 Nachweisgesetz

Nach diesem Gesetz v. 20.7.1995 (BGBl. I S. 946, zuletzt geändert durch Art. 3a des Gesetzes v. 11.8.2014 (BGBl. I S. 1348) ist **dem befristet eingestellten Arbeitnehmer** spätestens einen Monat nach dem vereinbarten Beginn des Arbeitsverhältnisses die **vorhersehbare Dauer des Arbeitsverhältnisses schriftlich niederzulegen** (§ 2 Abs. 1 S. 2 Nr. 3 NachwG). In die Nachweispflicht sind gem. § 2 Abs. 1a NachwG auch **Praktikanten** aufgenommen worden. Wegen des seit 1.1.2001 geltenden Schriftformerfordernisses für Befristungen gem. § 14 Abs. 4 TzBfG ist die Vorschrift bedeutungslos geworden (ErfK-*Preis* NachwG § 2 Rn 13). 81

j) § 6 PflegeZG und § 9 FPfZG

Einen **Sondervertretungsfall** regelt – ähnlich wie § 21 BEEG – § 6 PflegeZG. Um die Betreuung einer pflegebedürftigen Person aus dem Kreis der nahen Angehörigen binnen 10 Arbeitstagen zu organisieren (§ 2 PflegeZG) oder diese Person bis zu sechs Monaten (§§ 3, 4 PflegeZG) in häuslicher Umgebung zu pflegen, wird Arbeitnehmern ein (regelmäßig unbezahlter) Freistellungsanspruch gegenüber dem Arbeitgeber eingeräumt, soweit dieser mehr als 15 Arbeitnehmer beschäftigt (Gesetz über die Pflegezeit v. 28.5.2008, BGBl. I S. 874, zuletzt geändert durch Art. 4c des Gesetzes v. 22.12.2020, BGBl. I S. 3299). Für die Vertretung des Beschäftigten begründet § 6 PflegeZG hierzu in Form einer Zeit- oder Zweckbefristung (vgl. Abs. 2 der Regelung) einen **Sachgrund zur Befristung** (vgl. Abs. 1 S. 1; ErfK-*Gallner* PflegeZG § 6 Rn 1). § 3 Abs. 1 S. 1 iVm § 4 Abs. 1 S. 1 PflegeZG eröffnet dem Arbeitnehmer die Möglichkeit, durch einmalige Erklärung bis zu sechs Monate lang Pflegezeit in Anspruch zu nehmen. Hat der Arbeitnehmer die Pflegezeit durch Erklärung gegenüber dem Arbeitgeber in Anspruch genommen, ist er gehindert, von seinem Recht erneut Gebrauch zu machen, sofern sich die Pflegezeit auf denselben Angehörigen bezieht (*BAG* 15.11.2011 – 9 AZR 348/10 –). § 6 Abs. 3 PflegeZG gewährt dem Arbeitgeber im Fall einer vorzeitigen Beendigung der Pflegezeit nach § 4 Abs. 2 S. 1 PflegeZG ein Sonderkündigungsrecht 82 gegenüber dem vertretenden Arbeitnehmer unter Ausschluss des KSchG. Der vertretene Arbeitnehmer hat hingegen einen Sonderkündigungsschutz gemäß § 5 PflegeZG. Näheres dazu KR-*Treber/Waskow* §§ 1–8 PflegeZG.

83 Das **Familienpflegezeitgesetz** (FPfZG) vom 6.12.2011 ist zum **1.1.2012 in Kraft getreten** (Art. 1 des Gesetzes zur Vereinbarkeit von Pflege und Beruf, BGBl. I S. 2564, zuletzt geändert durch Art. 4b des Gesetzes v. 22.12.2020, BGBl. I S. 3299) und ergänzt die Möglichkeiten des PflegeZG, indem es in Betrieben mit mehr als 25 Arbeitnehmern eine **Familienpflegezeit bis zu einer Gesamtdauer von 24 Monaten** (zusammen mit der Pflegezeit nach § 3 PflegeZG) bei reduzierter Wochenarbeitszeit von mindestens 15 Stunden ermöglicht. Auch hier kann eine vertretungsweise Befristung durchgeführt werden. § 2 Abs. 3 FPfZG iVm § 6 Abs. 1 S. 1 PflegeZG schafft einen **Sachgrund für die Befristung** der Vertretungskraft, die bei vorzeitiger Beendigung der Familienpflegezeit mit einer Frist von zwei Wochen gekündigt werden kann, ohne dass das KSchG Anwendung findet, § 2 Abs. 5 FPfZG iVm § 6 Abs. 3 PflegeZG. Demgegenüber steht dem vertretenen Arbeitnehmer ein besonderer Kündigungsschutz zu, § 2 Abs. 5 FPfZG iVm § 5 PflegeZG. Näher hierzu KR-*Treber/Waskow* FPfZG Rdn 9, 17.

k) Landesgesetze

84 Das Arbeitsrecht ist Gegenstand konkurrierender Gesetzgebung (Art. 74 Abs. 1 Nr. 12 GG). Solange und soweit der Bund auf diesem Gebiet von seinem Gesetzgebungsrecht keinen Gebrauch gemacht hat, besitzen die Länder die Gesetzgebungszuständigkeit (Art. 72 Abs. 1 GG; vgl. BVerfG 15.12.1987 – 1 BvR 563/85 ua. – zu C I 2 der Gründe). **Grundsätzlich** hat die **Befristungsregelung** mit dem **TzBfG** eine **abschließende bundesgesetzliche Ausgestaltung** erfahren. Deshalb können die Länder **nicht** durch **Landesrecht** Befristungen allgemein **abweichend** regeln.

85 Dies hatte das BAG für den Bereich des Befristungsrechts im **Hochschul- und Forschungsbereich** ausdrücklich erkannt (*BAG* 28.1.1998 – 7 AZR 656/96 –; 14.2.1996 – 7 AZR 613/95 –). Die **Nichtigkeitsentscheidung des BVerfG** v. 27.7.2004 (– 2 BvF 2/02 –) änderte diese Kompetenzverteilung zwischen Bund und Ländern nicht, da es dort allein um die Überschreitung der Rahmengesetzgebungsbefugnisse des Bundes im Bereich des Hochschulwesens ging (näher dazu KR-*Lipke*, 8. Aufl. § 57a HRG Rn 12 ff.). Das nach der **Föderalismusreform** (Aufhebung von Art. 75 Abs. 1 Nr. 1a GG; Einfügung von Art. 72 Abs. 3 GG mit Wirkung vom 1.9.2007) allein maßgebliche Landesrecht legte nur den betrieblichen Geltungsbereich (Hochschulbegriff), nicht dagegen den personellen Anwendungsbereich fest, der weiterhin bundesrechtlich verbindlich geregelt ist (KR-*Treber/Waskow* § 1 WissZeitVG Rdn 35; APS-*Schmidt* WZVG § 1 Rn 6, 11 ff.; ErfK-*Müller-Glöge* WissZeitVG § 1 Rn 10; aA *Löwisch* NZA 2007, 479).

86 Für **angestellte Professoren an staatlichen Hochschulen** sieht das BAG die Landesgesetzgeber abweichend davon als berechtigt an, Befristungsregeln für das Arbeitsverhältnis zu treffen (*BAG* 15.2.2017 – 7 AZR 143/15 – Rn 19; 11.9.2013 – 7 AZR 843/11 – Rn 18 ff.; für das wissenschaftliche Personal an **staatlich anerkannten Hochschulen** vgl. aber *BAG* 23.10.2019 – 7 AZR 7/18 – Rn 14). Einen Beleg dafür erkennt das BAG in der Bestimmung des **§ 23 TzBfG** und des § 50 Abs. 4 HRG aF, denen zufolge der Bundesgesetzgeber seine Gesetzgebungszuständigkeit nicht vollständig ausschöpfen wollte. Nur bei Regelungen zu gleichen Sachverhalten sei der **Vorrang des Bundesrechts** nach Art. 31 GG zu beachten (zust. *Wahlers* ZTR 2014, 257).

87 Unangetastet bleiben **landesgesetzliche Annexregelungen** zum **Personalvertretungsrecht** der Länder im Zusammenhang mit einer Befristung (vgl. *BAG* 20.5.2020 – 7 AZR 72/19 – Rn 46; 21.8.2019 – 7 AZR 563/17 – Rn 46; 21.3.2018 – 7 AZR 408/16 – Rn 20; APS-*Backhaus* TzBfG vor § 14 Rn 63). Mit der Entscheidung des *BVerfG* v. 27.7.2004 (– 2 BvF 2/02 –) sind – zB im Hochschulbereich – auch zusätzliche Regelungen im **Beamtenrecht** möglich geworden. Geht es nicht um eine eigenständige landesgesetzliche Sonderregelung zur Befristung, sondern nur bspw. darum »Leitlinien« für die Befristung aufzustellen und die Üblichkeit im Arbeitsleben insoweit zu »legitimieren« oder (haushaltsrechtlich) »verbindlich festzulegen«, dass für bestimmte Dienstposten

eine Befristung des Arbeitsverhältnisses vorzusehen ist, so kann dabei nicht von den gesetzlichen Grundregeln des TzBfG oder des WissZeitVG abgewichen werden. Zum Personalvertretungsrecht bei Befristungen vgl. KR-*Lipke/Bubach* § 14 TzBfG Rdn 783 ff.

Die **bundesgesetzliche Regelungszuständigkeit** der materiell-rechtlichen Voraussetzungen einer zulässigen Befristung folgt aus **Art. 74 Abs. 1 Nr. 12 GG**, bei Auslandsrundfunkanstalten aus Art. 73 Abs. 1 Nr. 1 GG (*BAG* 4.12.2013 – 7 AZR 457/12 –). Es ist zur **Wahrung der Rechtseinheit** im gesamtstaatlichen Interesse eine bundeseinheitliche Befristungsregelung erforderlich (Bsp.: **Ärztliche Weiterbildung**, ÄArbVtrG, BT-Drucks. 13/8668 S. 5; »**Fairer Wettbewerb**«, Gesetz zu Reformen am Arbeitsmarkt, BT-Drucks. 15/1204 S. 11; »Rechtssichere Handhabung« von Befristungen aufgrund von Drittmittelförderung, **WissZeitVG**, BR-Drs. 673/06 S. 1 f.). Das TzBfG setzt überdies **europäische Richtlinien** über befristete Arbeitsverträge (mit Ausnahme der Leiharbeit) um (RL 97/81/EG und RL 1999/70/EG). Eine solche Umsetzung bedarf einer bundesgesetzlichen Regelung, um regional unterschiedliche Vorschriften und damit **ein unterschiedliches arbeitsrechtliches Schutzniveau für Arbeitsvertragsparteien im Interesse der Rechtssicherheit zu vermeiden** (BT-Drucks. 15/1204 S. 10; *BAG* 1.6.2011 – 7 AZR 827/09 – Rn 30 f.; abw. *BAG* 11.9.2013 – 7 AZR 843/11 – Rn 17 für angestellte Professoren an staatlichen Hochschulen; anders wiederum für **angestellte Professoren an staatlich anerkannten Hochschulen** *BAG* 23.10.2019 – 7 AZR 7/18 – Rn 14). 88

Da das TzBfG – mit Ausnahme des WissZeitVG (s. Rdn 84) – keinen Raum für abweichendes Landesrecht zur Befristung von Arbeitsverhältnissen belässt, wären entsprechende **Landesregelungen mit dem Bundesrecht grds. unvereinbar** (Art. 31 GG) und infolgedessen nichtig. Zur Zuständigkeit des Landesgesetzgebers für **angestellte Professoren an staatlichen Hochschulen** einerseits und die fehlende Landeszuständigkeit für das wissenschaftliche Personal an **staatlich anerkannten Hochschulen** andererseits vgl. Rdn 86 und APS-*Schmidt* WZVG § 1 Rn 18. Die **Regelung der Personalkategorien** ist Sache der Länder (KR-*Treber/Waskow* § 1 WissZeitVG Rdn 37). 89

III. Befristungsregelung durch das TzBfG (ab 1.1.2001)

1. Entwicklung des Gesetzesvorhabens

Das Arbeitsrechtliche Beschäftigungsförderungsgesetz vom 25.9.1996 (BGBl. I S. 1476 »**BeschFG 1996**«) mit seinen im Vergleich zur vorangehenden Regelung des BeschFG 1985 erweiterten Befristungsmöglichkeiten (vgl. KR-*Lipke* 5. Aufl. § 1 BeschFG 1996 Rn 7 ff.; *Buschmann* ArbuR 2017, Nr. 8–9) war nach Art. 4 zeitlich auf das Ende des Jahres 2000 begrenzt (§ 1 Abs. 6 BeschFG 1996). Es war deshalb zu entscheiden, ob eine befristete oder dauerhafte Verlängerung der Regelung zur sachgrundlosen Befristung, deren ersatzloser Wegfall oder ein neues gesetzliches Fundament aller zulässigen Befristungsformen anzustreben war. Während die **Arbeitgeberverbände** für die **Ausweitung der Befristung ohne Sachgrund**, zumindest aber für die Beibehaltung der Bestimmungen des § 1 BeschFG eintraten, forderten die **Gewerkschaften** die **Abschaffung aller Möglichkeiten sachgrundloser Befristung** (vgl. zur Anhörung der Sachverständigen: Beschlussempfehlung und Bericht des Ausschusses für Arbeit und Sozialordnung BT-Drucks. 14/4625 S. 17–19; *Blanke* AiB 2000, 729, 733; *Engel* AuR 2000, 365; *Stähle* AiB 2000, 457; *Bauer* NZA 2000, 756; *Buchner* NZA 2000, 905, 912; *Löwisch* NZA 2000, 756; *Schiefer* DB 2000, 2118; *Sowka* DB 2000, 2427; *Annuß/Thüsing-Annuß* 2. Aufl., TzBfG Einf. Rn 1 ff.; vgl. auch ErfK-*Müller-Glöge* TzBfG § 14 Rn 3). 90

Auf dem **63. Deutschen Juristentag in Leipzig** im Jahr 2000 war zu der Frage »Welche arbeits- und ergänzenden sozialrechtlichen Regelungen empfehlen sich zur Bekämpfung der Arbeitslosigkeit?« ein Gutachten »C« von *Hanau* vorgelegt worden (Gutachten »B« von *Kleinhenz*), welches die **Fortschreibung des BeschFG 1996** vorschlug. Unter dem Motto »**Flexurity**« empfahl *Hanau*, neben der Beibehaltung der allgemeinen zweijährigen Befristung ohne Sachgrund für Neueinstellungen, in neuen Unternehmen diese Frist auf vier Jahre auszuweiten und tarifvertraglich eine Verlängerung auf bis zu drei Jahren zu gestatten (dazu *Boecken* ZRP 2000, 317). Um die Einstellung älterer arbeitsloser Arbeitnehmer zu fördern, erinnerte *Hanau* ferner an die Empfehlung des 62. DJT, die 91

Altersgrenze für sachgrundlose Befristungen auf 55 Jahre zu senken. Der 63. DJT ist diesen Empfehlungen im Wesentlichen gefolgt, hat indessen zu den vorgeschlagenen Befristungserleichterungen für ältere Arbeitnehmer keine Altersgrenze genannt und auf die **europarechtlichen Vorgaben** hingewiesen (Beschlüsse der Abteilung Arbeits- und Sozialrecht, NZA 2000, 1323).

92 Eine umfassende gesetzliche Regelung des gesamten Befristungsrechts war inzwischen ebenfalls durch die **Richtlinie 1999/70/EG** vom 28.6.1999 geboten (vgl. KR-*Lipke/Bubach* § 14 TzBfG Rdn 2 ff., 17 ff.; zu den Grundlagen umfangreich auch EuArbR/*Krebber* RL 1999/70/EG § 5 Rn 14 ff.). Das für die **Erarbeitung eines Gesetzentwurfs federführende BMA** und der ihm damals vorstehende Minister *Riester* wurden 1999 und 2000 von Gewerkschaftsseite stark bedrängt, die **sachgrundlose Befristung völlig abzuschaffen**. In öffentlichen Diskussionen wies *Riester* jedoch immer wieder auf die seiner Ansicht nach bestehende Gefahr hin, dass eine Beseitigung dieser Befristungsform die Ausweitung der noch weniger erwünschten Arbeitnehmerüberlassung, die verstärkte Einschaltung von »Subunternehmern« und die Förderung von Schwarzarbeit zur Folge hätte.

93 Am 5.9.2000 legte das BMA einen **Referentenentwurf zur gemeinsamen Regelung von Teilzeitarbeit und befristeten Arbeitsverträgen** vor (abgedr. NZA 2000, 1045). Der Entwurf war Gegenstand zahlreicher wissenschaftlicher Veröffentlichungen (zB *Bauer* NZA 2000, 1039; *Braun* ZRP 2000, 447; *Däubler* ZIP 2000, 1961; *Hromadka* BB 2001, 621; *Preis/Gotthardt* DB 2000, 2065; *Richardi/Annuß* BB 2000, 2201; *Schiefer* DB 2000, 2118; *Schmalenberg* NZA 2000, 582; *Löwisch* NZA 2000, 1044). Der endgültige **Gesetzesentwurf der Bundesregierung** (BT-Drucks. 14/4374) hat einen Teil der **Kritik an der Regelungssystematik** berücksichtigt, Wesentliches aber nicht geändert (*Däubler* ZIP 2001, 217, 222; *Preis/Gotthardt* DB 2001, 145, 150; Stellungnahme des *Arbeitsrechtsausschusses des DAV* DB 2000, 2223).

94 Der **Ausschuss für Arbeit und Sozialordnung** hat nach seinen Beratungen und nach öffentlicher Anhörung von Sachverständigen dem Bundestag eine **überarbeitete Fassung des Gesetzesentwurfs** zur Annahme vorgelegt (Beschlussempfehlung und Bericht BT-Drucks. 14/4625). Dort werden vorgeschlagene **Änderungen** zu den jeweiligen Bestimmungen näher erläutert. Nach Durchlaufen des parlamentarischen Verfahrens ist das **Teilzeit- und Befristungsgesetz (TzBfG)** vom 21.12.2000 (BGBl. I S. 1966) **am 1.1.2001 in Kraft getreten**.

2. Allgemeine Zielsetzungen

95 Aufgabe des Gesetzes ist es, zum einen die **Europäische Richtlinie 1999/70/EG** des Rates zu der EGB/UNICE/CEEF-Rahmenvereinbarung über befristete Arbeitsverträge vom 28.6.1999 (s. Rdn 97 ff.) fristgerecht in nationales Recht umzusetzen und zum anderen das **BeschFG 1996** durch eine **dauerhafte Regelung abzulösen**. Daneben dient es auch der Umsetzung der Richtlinie 97/81/EG des Rates vom 15.12.1997 zu der von UNICE, CEEP und EGB geschlossenen Rahmenvereinbarung über **Teilzeitarbeit**. Um die **Rechtssicherheit** zu verbessern, sollte die bisherige unübersichtliche und lückenhafte gesetzliche Regelung der befristeten Arbeitsverhältnisse auf eine **neue allgemeine gesetzliche Grundlage** gestellt werden. Mit einer zusammenhängenden Normierung des Befristungsrechts sollte ein **ausgewogenes Verhältnis zwischen flexibler Organisation der Arbeit und Sicherheit für die Arbeitnehmer erreicht werden** (BT-Drucks. 14/4374 S. 1, 12 ff.). Dem entspricht es, wenn laut der Gesetzesbegründung der Rat der Europäischen Union in seinen beschäftigungspolitischen Leitlinien für 1999 dazu aufgefordert hat, auf allen geeigneten Ebenen die Arbeitsorganisation zu modernisieren, um die Unternehmen produktiv und wettbewerbsfähig zu machen und zugleich eine Balance zwischen Anpassungsfähigkeit und Sicherheit zu finden.

96 Europäischen Regelungsmustern folgend bestimmt § 1 TzBfG die Ziele des Gesetzes damit,

»..., Teilzeitarbeit zu fördern, die Voraussetzungen für die Zulässigkeit befristeter Arbeitsverträge festzulegen und die Diskriminierung von teilzeitbeschäftigten und befristet beschäftigten Arbeitnehmern zu verhindern.«

Dabei knüpft das Gesetz zur Festlegung der eine Befristung sachlich rechtfertigenden Gründe ausdrücklich an die **richterrechtlichen Erkenntnisse des BAG an** (BT-Drucks. 14/4374 S. 13, 18). Die **sachgrundlose Befristung** soll nur noch **in engen Grenzen** zugelassen werden. Das befristete Arbeitsverhältnis erfährt mit der dauerhaften gesetzlichen Neuregelung keine Aufwertung. Am **Normalfall des unbefristeten Arbeitsverhältnisses** hält der Gesetzgeber aus sozialpolitischen Gründen unverändert fest (BT-Drucks. 14/4374 S. 12). Dies steht auch im Einklang mit den am 22.11.2006 vorgestellten europarechtlichen Zukunftsperspektiven im sog. »**Grünbuch**« der Kommission der Europäischen Gemeinschaften (»Ein modernes Arbeitsrecht für das 21. Jahrhundert« Kom 2006, 708; dazu *Bayreuther* NZA 2007, 371, 374 f.; krit. *Thüsing* BB 2007, Heft 8, Die erste Seite), denen zufolge die unbefristeten Arbeitsverträge – indessen mit herabgesetztem Kündigungsschutz – die Regel bleiben sollen (»Standardarbeitsverträge«). Der **EuGH** hat in seinen Erkenntnissen vom 4.7.2006 (– C-212/04 – »**Adeneler**«), 22.11.2005 (– C-144/04 – »**Mangold**«), 26.1.2012 (– C-586/10 – Rn 36 f. »**Kücük**«), 26.11.2014 (– C-22/13 – Rn 100 »**Mascolo**«), 21.9.2016 (– C-614/15 – Rn 36 f. »**Popescu**«), 25.10.2018 (– C-331/17 – Rn 31 »**Sciotto**«), 19.3.2020 (– C-103/18 – Rn 54 »**Sánchez Ruiz**«) und vom 11.2.2021 (– C-760/18 – Rn 48) darauf ebenfalls besonderes Gewicht gelegt. Dabei geht es insbes. um die **Verhinderung von Kettenbefristungen**. Näher dazu EuArbR/*Krebber* RL 1999/70/EG § 5 Rn 8 ff., 34 f.

3. Geltungsbereich

Im Einklang mit den europäischen Vorgaben der Richtlinie 1999/77/EG (s. KR-*Lipke/Bubach* § 14 TzBfG Rdn 17 ff., 21) erfassen die gesetzlichen Bestimmungen alle befristeten Arbeitsverhältnisse. Damit müssen auch **befristete Arbeitsverträge in Kleinbetrieben und Familienhaushalten** – im Unterschied zur vormaligen Rechtslage, die auf eine Umgehung des KSchG abstellte –, stets einen sachlichen Grund haben. Zwar ist der Gesetzesbegründung an einer Stelle (BT-Drucks. 14/4374 S. 18) zu entnehmen, dass »in Betrieben mit nicht mehr als fünf Arbeitnehmern ... erleichterte Befristungen weiterhin geschlossen werden (können), weil eine Umgehung des Kündigungsschutzes nicht möglich ist«. Zu Recht wird aber darauf hingewiesen, dass dies weder im Normtext zu § 14 TzBfG seinen Ausdruck gefunden hat, noch mit den Vorgaben der Richtlinie zu vereinbaren wäre (*Preis/Gotthardt* DB 2000, 2070; *Richardi/Annuß* BB 2000, 2204; *Hanau* NZA 2000, 1045; *Kliemt* NZA 2001, 297; HWK-*Rennpferdt* § 14 TzBfG Rn 7; MüKo-*Hesse* TzBfG § 14 Rn 10; ErfK-*Müller-Glöge* TzBfG § 14 Rn 7a; APS-*Backhaus* TzBfG § 14 Rn 16 f.; aA *Schiefer* DB 2000, 2121). 97

Es hat insoweit ein **Paradigmenwechsel** stattgefunden (vgl. *BAG* 18.7.2012 – 7 AZR 443/09 – Rn 39; 6.11.2003 – 2 AZR 690/02 – zu B I 2 a der Gründe; *Hromadka* BB 2001, 621; *Viethen* BArbBl. 2001 Nr. 2, 5–9; *Dörner* ZTR 2001, 486 f.; *ders.* NZA 2003 Beil. Heft 16, S. 33 f.; APS-*Backhaus* TzBfG § 14 Rn 11; ErfK-*Müller-Glöge* TzBfG § 14 Rn 7), der einen **Rückgriff auf den Umgehungsgedanken verbietet** (aA *Lange* Die arbeitsrechtliche Befristungskontrolle als Angemessenheitskontrolle Diss. Mannheim, 2009, S. 169). Ein weiteres systematisches Argument dafür lässt sich aus der verbundenen Regelung von Teilzeitbeschäftigung und Befristung in einem Gesetz ableiten. Wenn das Gesetz bestimmte Regelungen zur Teilzeitarbeit daran festmacht, ob der Arbeitgeber mehr als 15 Arbeitnehmer beschäftigt (§ 8 Abs. 7 TzBfG), hätte es nahegelegen, entsprechende Schwellenwerte ebenso zum Sachgrunderfordernis in § 14 Abs. 1 TzBfG aufzunehmen (*Lakies* DZWIR 2001, 1, 8). In der Praxis ändert dies nichts daran, dass es dem Arbeitgeber in einem **Kleinbetrieb** im Fall einer unwirksamen Befristung weiterhin gestattet bleibt das Arbeitsverhältnis ordentlich zu kündigen. Von daher macht das Sachgrunderfordernis hier wenig Sinn (APS-*Backhaus* TzBfG § 14 Rn 16). Zu den bis zu sechs Monaten befristeten Arbeitsverhältnissen vgl. KR-*Lipke/Bubach* § 14 TzBfG Rdn 71 f. Trotz des Paradigmenwechsels hält der Gesetzgeber inhaltlich und textlich an vielen bekannten Regelungen, zB aus dem **BeschFG** in seinen unterschiedlichsten Ausprägungen, fest (*Dörner* Befr. Arbeitsvertrag, Rn 26; *Staudinger/Preis* Rn 15 ff.). 98

Da weder § 14 noch § 3 TzBfG Einschränkungen des **sachlichen Geltungsbereichs** vorsehen, sind durch das Gesetz **alle privaten und öffentlichen Arbeitsverhältnisse** betroffen; auch die von **Rentnern** (*BAG* 11.2.2015 – 7 AZR 17/13 –; *Bayreuther* NJW 2012, 2758). Darin eingeschlossen 99 sind die Arbeitsverhältnisse **leitender Angestellter** (*BAG* 17.6.2020 – 7 AZR 398/18 – Rn 13, 18; 21.3.2017 – 7 AZR 207/15 – Rn 110). Die bisherigen Erwägungen der hM, dass bei **leitenden Angestellten iSv § 14 Abs. 2 KSchG** eine Umgehung des KSchG nicht anzunehmen sei, wenn sie eine §§ 9, 10 KSchG entsprechende Entschädigung erhalten (vgl. KR-*Lipke* 5. Aufl. Rn 101, 190) sind damit hinfällig (*BAG* 6.11.2003 – 2 AZR 690/02 –; HWK-*Rennpferdt* § 14 TzBfG Rn 4; HaKo-KSchR/*Mestwerdt* § 14 TzBfG Rn 26 f.; MüKo-*Hesse* TzBfG § 14 Rn 11; *Vogel* NZA 2002, 313, 318; *Hromadka* BB 2001, 621 f.; ErfK-*Müller-Glöge* TzBfG § 14 Rn 7a, 79; *Worzalla* FS Leinemann 2006 S. 409, 410; einschränkend APS-*Backhaus* TzBfG § 14 Rn 19). Ungeachtet der fehlenden europarechtlichen Erstreckung der Befristungsrichtlinie RL 1999/70/EG auf befristete **Leiharbeitsverhältnisse** (*EuGH* 11.4.2013 – C-290/12 – »**Della Rocca**«), ist nach deutschem Recht das TzBfG auch auf diese Personengruppe anwendbar (*BAG* 15.3.2013 – 7 AZR 525/11 – Rn 19; vgl. auch *Greiner* NZA 2014, 284). **Nicht erfasst** von der gesetzlichen Regelung sind dagegen **die Beamten** (*BAG* 24.2.2016 – 7 AZR 712/13 – Rn 18; APS-*Backhaus* TzBfG § 14 Rn 22) Eine **Sonderbehandlung** erfahren **Arbeitnehmer in neu gegründeten Unternehmen in** § 14 Abs. 2a TzBfG und **ältere Arbeitnehmer** in § 14 Abs. 3 TzBfG. Für **Bedienstete der Europäischen Union** gelten Sonderregeln (vgl. *EuGH* 9.11.2000 – C-126/99 – »Vitari«; Schaub/*Koch* § 38 Rn 3, 5 mwN). Zum **persönlichen Geltungsbereich** wird im Übrigen auf die Erläuterungen in den jeweiligen Bestimmungen (zB §§ 14 TzBfG, 21 BEEG, 1 WissZeitVG) verwiesen.

100 Zum **zeitlichen Geltungsbereich** ist festzuhalten, dass die **Regelungen zur sachgrundlosen Befristung im TzBfG erstmals auf Dauer angelegt sind** und mit dem Inkrafttreten ab 1.1.2001 die nach § 1 Abs. 6 BeschFG auf den 31.12.2000 befristeten Bestimmungen des § 1 BeschFG 1996 ersetzen. Die in Art. 3 des Gesetzes vom 21.12.2000 (BGBl. I S. 1966) vorgesehene Aufhebung des Beschäftigungsförderungsgesetzes war nur mit Rücksicht auf die unbefristet angelegten Regelungen zur **Entfristungsklage** (§ 1 Abs. 5 BeschFG 1996) und zur Teilzeitarbeit (§§ 2 bis 6 BeschFG) erforderlich. **Übergangsregelungen** sieht das Gesetz nicht vor. Zur Behandlung von Übergangsproblemen s. Rdn 123 ff. und *Sowka* DB 2000, 2427.

4. Kernpunkte der gesetzlichen Neuregelung

101 Zu den **Kernpunkten** der Befristungsregelungen im TzBfG zählen die **Begriffsbestimmungen** zum »befristet beschäftigten Arbeitnehmer«, zum »befristeten Arbeitsvertrag« und zum »vergleichbaren unbefristet beschäftigten Arbeitnehmer« (§ 3 TzBfG). Das Gesetz liefert in § 3 Abs. 1 TzBfG jeweils eine **Legaldefinition** zum kalendermäßig befristeten und zum zweckbefristeten Arbeitsvertrag, lässt dagegen eine Umschreibung des **auflösend bedingten Arbeitsvertrags** vermissen, der in § 21 TzBfG erstmals ausdrücklich anerkannt wird. Hierzu wird auf die bislang geltenden Grundsätze zurückzugreifen sein (*Hromadka* BB 2001, 621), wobei § 158 Abs. 2 BGB eine Regelung enthält. Näher dazu KR-*Bader/Kreutzberg-Kowalczyk* § 3 TzBfG Rdn 1; KR-*Lipke/Bubach* § 21 TzBfG Rdn 1 ff.

102 Aufbauend auf die Begriffsbestimmungen in § 3 TzBfG schafft **§ 4 Abs. 2 S. 1 TzBfG** ein ausdrückliches **Diskriminierungsverbot**, um im Verhältnis zu einem vergleichbaren unbefristet beschäftigten Arbeitnehmer eine Benachteiligung ohne sachlichen Grund zu unterbinden (vgl. bspw. *BAG* 6.9.2018 – 6 AZR 836/16 – Rn 17: Berücksichtigung von Beschäftigungszeiten bei der Stufenzuordnung unabhängig davon, ob sie in einem befristeten Arbeitsverhältnis erbracht wurden; 9.12.2014 – 1 AZR 406/13 – Rn 26: Treueprämie für befristet Beschäftigte; 10.7.2013 – 10 AZR 915/12 – Rn 32: keine personelle Auswahlentscheidung zur Versetzung nur unter den ursprünglich befristet Beschäftigten). Konkretisierungen dieses normierten Gleichbehandlungsgrundsatzes finden sich in § 4 Abs. 2 S. 2 und 3 TzBfG, aber ebenso in §§ 18, 19 TzBfG. Über das **AGG** hinaus wurde ein eigenständiges **Benachteiligungsverbot** in § 5 TzBfG aufgenommen, das den befristet beschäftigten Arbeitnehmer bei der Wahrnehmung seiner Rechte aus diesem Gesetz schützen soll. Näher dazu KR-*Bader/Kreutzberg-Kowalczyk* §§ 3–5, 18, 19 TzBfG.

103 In **§ 14 Abs. 1 TzBfG** wird zum **Grundsatz** erhoben, dass die **Befristung** eines Arbeitsvertrags **regelmäßig** eines **sachlichen Grundes bedarf** (BT-Drucks. 14/4374 S. 13, 18, 19; APS-*Backhaus* TzBfG § 14 Rn 14), um ihn vor dem grundlosen Verlust des Arbeitsplatzes zu schützen (*BAG*

17.4.2019 – 7 AZR 410/17 – Rn 29). Was ein **sachlicher Befristungsgrund** ist, wird nicht begrifflich umschrieben. Der Gesetzgeber beschränkt sich darauf, die von der Rechtsprechung anerkannten Sachgründe als **Orientierung** in einer nicht abschließenden (»insbesondere«) Auflistung festzuschreiben, hierzu Klarstellungen (zB Nr. 7, 8) anzubringen und Ergänzungen vorzunehmen (zB Nr. 2). Die **beispielhafte Aufzählung** soll weder andere nicht genannte, aber von der Rechtsprechung bereits zugelassene Sachgründe (zB Befristungen im Zusammenhang mit Arbeitsförderungsmaßnahmen; Befristungen auf Wunsch des Arbeitnehmers; Altersgrenzen) ausschließen noch die **richterrechtliche Schöpfung neuer sachlicher Befristungsgründe** unterbinden (BT-Drucks. 14/4374 S. 18). Der Katalog gesetzlich anerkannter Befristungsgründe setzt eine **Typologie des Sachgrundes** und soll Maßstäbe für Ergänzungen durch Richterrecht schaffen (*BAG* 12.6.2019 – 7 AZR 428/17 – Rn 29; APS-*Backhaus* TzBfG § 14 Rn 118; krit. *Schiefer* DB 2000, 2121; vgl. näher hierzu KR-*Lipke/Bubach* TzBfG § 14 Rdn 111 ff., 499 ff.). Keinesfalls handelt es sich bei der Enumeration in Abs. 1 um **Regelbeispiele** (so aber noch *Preis/Gotthardt* DB 2000, 2070; *Kliemt* NZA 2001, 297; *Nielebock* AiB 2001, 75, 78), da deren Charakter durch ihre Widerlegbarkeit gekennzeichnet sind, was hier gerade nicht der Fall sein soll (ErfK-*Müller-Glöge* TzBfG § 14 Rn 4 f.; APS-*Backhaus* TzBfG § 14 Rn 115; KR-*Lipke/Bubach* § 14 TzBfG Rdn 111).

Die »**Wertungsmaßstäbe der Befristungskontrolle**«, die einem Ausgleich zwischen dem gesetzlichen Kündigungsschutz und der sich aus § 620 Abs. 1 BGB ergebenden Vertragsfreiheit dienten (*Dörner* ZTR 2001, 487; *ders.* Befristeter Arbeitsvertrag Rn 26, 105), werden nunmehr durch die Aufzählung anerkannter Sachgründe in § 14 Abs. 1 TzBfG und die in Abs. 2, 2a und 3 gestatteten Ausnahmen vorgegeben (vgl. *BAG* 17.6.2020 – 7 AZR 398/18 – Rn 40; 17.4.2019 – 7 AZR 410/17 – Rn 29; 1.8.2018 – 7 AZR 882/16 – Rn 31; MüKo-*Hesse* TzBfG § 14 Rn 12). Die nicht genannten Sachgründe können dabei die Befristung eines Arbeitsvertrags nur rechtfertigen, wenn sie den in § 14 Abs. 1 TzBfG zum Ausdruck kommenden Wertungsmaßstäben entsprechen und den in dem Sachgrundkatalog genannten Sachgründen von ihrem Gewicht her gleichwertig sind (vgl. die vorstehend zitierten *BAG*-Urteile und KR-*Lipke/Bubach* § 14 TzBfG Rdn 111 ff.; APS-*Backhaus* TzBfG § 14 Rn 118). Die Aussagen der früheren Rechtsprechung gehen dabei nicht vollständig verloren (*Dörner* ZTR 2001, 485, 491; *Bauer* BB 2001, 2526). Damit wird die **Befristungskontrolle im Grundsatz vom allgemeinen Kündigungsschutz abgekoppelt** (ebenso *Dörner* Befr. Arbeitsvertrag Rn 107; ErfK-*Müller-Glöge* TzBfG § 14 Rn 7 ff.; AR-*Schüren* § 14 TzBfG Rn 4; aA *Menssen* AuR 2014, 452, der am richterrechtlichen Umgehungsverbot festhalten will und dabei u.a. auf Art. 30 GRC verweist; ähnlich *Adam* AuR 2013, 394, der dies aus dem Verfassungsrecht ableitet).

104

Ausnahmen vom Sachgrunderfordernis bei Befristungen sieht das Gesetz in den Abs. 2, 2a und 3 des § 14 TzBfG vor. Nach Abs. 2 können ein befristeter Arbeitsvertrag bis zu einer Gesamtdauer von zwei Jahren abgeschlossen werden und kürzer befristete Arbeitsverträge innerhalb der Höchstbefristung dreimal verlängert werden (sog. »erleichterte Befristung«, BT-Drucks. 14/4374 S. 19; vgl. hierzu ausführlich KR-*Lipke/Bubach* § 14 TzBfG Rdn 512 ff.). Die **Befristung ohne Sachgrund** scheidet indessen aus, wenn zu demselben Arbeitgeber zuvor schon ein unbefristetes oder ein befristetes Arbeitsverhältnis bestanden hat. Damit waren und sind befristete **Kettenverträge im Wechsel mit und ohne Sachgrund nicht mehr möglich** (vgl. dazu KR-*Lipke/Bubach* § 14 TzBfG Rdn 513). Auf einen befristeten Arbeitsvertrag ohne Sachgrund darf nur noch ein unbefristeter Arbeitsvertrag oder ein befristeter Arbeitsvertrag mit Sachgrund folgen (BT-Drucks. 14/4374 S. 14; *Sowka* DB 2000, 2427; *Plander* ZTR 2001, 499, der weiterhin die Gefahr von Kettenarbeitsverhältnissen sieht). Allerdings kommt umgekehrt **nach einer sachgrundlosen Befristung** eine Beschäftigung mit einer **Sachgrundbefristung** in Betracht (KR-*Lipke/Bubach* § 14 TzBfG Rdn 516; APS-*Backhaus* TzBfG § 14 Rn 506; ErfK-*Müller-Glöge* TzBfG § 14 Rn 97).

105

Die **Rechtsprechung** hat 2011 das rigorose **Anschlussverbot** (Vorbeschäftigungsverbot) in § 14 Abs. 2 S. 2 TzBfG (»bereits zuvor«) im Wege »verfassungskonformer Auslegung« **zu lockern versucht** und mit einem Zeitabstand von **drei Jahren** die erneute **sachgrundlose Befristung** mit demselben Arbeitgeber zugelassen (*BAG* 6.4.2011 – 7 AZR 716/09 –; bestätigt durch *BAG* 21.9.2011 – 7 AZR 375/10 – und 4.12.2013 – 7 AZR 290/12 –; zust. *Hanau* 60 Jahre BAG,

106

2014, S. 122 f.). Die instanzgerichtliche Rechtsprechung ist dem nur teilweise gefolgt (vgl. die Übersicht bei *LAG Düsseldorf* 4.5.2018 – 6 Sa 64/18 –). Das **Bundesverfassungsgericht** hat in der vom BAG postulierten 3-Jahres-Grenze eine verfassungsrechtlich **unzulässige Rechtsfortbildung** gesehen *(BVerfG* 6.6.2018 – 1 BvL 7/14 und 1 BvR 1375/14 –). Allerdings könne das sich aus § 14 Abs. 2 S. 2 TzBfG ergebende Verbot der sachgrundlosen Befristung des Arbeitsvertrages insbesondere dann unzumutbar sein, wenn eine **Vorbeschäftigung sehr lang zurückliege**, ganz anders geartet oder von **sehr kurzer Dauer** gewesen sei *(BVerfG* aaO Rn 61). Die insoweit der Fachgerichtsbarkeit überantwortete Maßstabsbildung ist noch nicht abgeschlossen (vgl. APS-*Backhaus* TzBfG § 14 Rn 541 ff.; ErfK-*Müller-Glöge* TzBfG § 14 Rn 98). Ein zeitlicher Abstand von 22 Jahren seit der Vorbeschäftigung kann in diesem Sinn »sehr lang« sein *(BAG* 21.8.2019 – 7 AZR 452/17 – Rn 24), 15 Jahre sind es nicht *(BAG* 17.4.2019 – 7 AZR 323/14 – Rn 24). Eine »**ganz anders geartete Tätigkeit**« setzt einen Bruch in der Erwerbsbiographie voraus *(BAG* 16.9.2020 – 7 AZR 552/19 – Rn 28).

107 Die im **Koalitionsvertrag** zwischen CDU, CSU und FDP v. 11.11.2005 verabredeten Änderungen zu einer Reform des Kündigungsschutzes und des Befristungsrechts sind gegenstandslos geworden. Darin war verabredet worden, die **sachgrundlose Befristungsmöglichkeit nach § 14 Abs. 2 TzBfG zu streichen** und dafür den Arbeitgebern eine Option an die Hand zu geben, anstelle der gesetzlichen Regelwartezeit von 6 Monaten mit dem Einzustellenden eine **Wartezeit bis zu 24 Monaten** zu vereinbaren, die bei demselben Arbeitgeber erneuert werden konnte, wenn seit dem Ende des vorhergehenden Arbeitsverhältnisses mindestens 6 Monate verstrichen waren (vgl. dazu *Hanau* ZIP 2006, 153).

108 Mit dem zum 1.1.2004 in Kraft getretenen Art. 2 des Gesetzes zu Reformen am Arbeitsmarkt v. 24.12.2003 (BGBl. I S. 3002) ist neben Änderungen im Kündigungsschutzgesetz **Abs. 2a** in § 14 TzBfG eingefügt worden, der für **neu gegründete Unternehmen** die sachgrundlose Befristung von Arbeitsverhältnissen – mit mehrfacher Verlängerungsmöglichkeit – auf insgesamt **vier Jahre** ausdehnt. Damit soll **Existenzgründern** die Entscheidung zur Neueinstellung von Arbeitnehmern erleichtert werden, da für sie in der Anfangsphase der wirtschaftliche Erfolg besonders ungewiss ist (BT-Drucks. 15/1204 S. 10). Das gilt auch, wenn innerhalb eines **Konzerns** eine **Tochtergesellschaft** ohne Änderung der rechtlichen Struktur schon bestehender Unternehmen neu gegründet wird *(BAG* 12.6.2019 – 7 AZR 317/17 –). Die gesetzliche Neuregelung knüpft an eine bis zum 30.9.1996 geltende Regelung in § 1 Abs. 2 des BeschFG 1985 für neu gegründete kleinere Unternehmen an (vgl. dazu KR-*Lipke* 4. Aufl. § 1 BeschFG Rn 91 ff.) und ergänzt § 112a Abs. 2 BetrVG, wonach neu gegründete Unternehmen von der Sozialplanpflicht befreit sind *(Preis* DB 2004, 70, 78 f.). Mehr dazu KR-*Lipke/Bubach* § 14 TzBfG Rdn 616 ff.

109 Neu gegenüber dem BeschFG 1996 ist die Öffnung für **tarifvertragliche Abweichungen** in § 14 Abs. 2 S. 3 TzBfG, die – anders als in § 22 Abs. 1 TzBfG grundsätzlich angelegt – beschränkt auf die Anzahl der Verlängerungen und die Höchstdauer der Befristung **auch zu Lasten des Arbeitnehmers** geregelt werden dürfen, um **branchenspezifische Lösungen** zu erleichtern (BT-Drucks. 14/4374 S. 14; HWK-*Rennpferdt* § 14 TzBfG Rn 170). Die Tarifvertragsparteien dürfen den Zeitraum und die Zahl der Verlängerungen sachgrundloser Befristungen jedoch **nicht grenzenlos ausdehnen** und unterliegen insoweit verfassungsrechtlichen und unionsrechtlichen Beschränkungen (vgl. *BAG* 17.4.2019 – 7 AZR 410/17 – Rn 17; 21.3.2016 – 7 AZR 428/16 – Rn 19 ff.; 26.10.2016 – 7 AZR 140/15 – Rn 20 ff.; krit. *Loth/Ulber* NZA 2013, 130). Näher dazu KR-*Lipke/Bubach* § 14 TzBfG Rdn 518, 603 f. Vgl. auch KR-*Bader/Kreutzberg-Kowalczyk* § 22 TzBfG Rdn 9.

110 Während es im Interesse einer Einschränkung von **Kettenverträgen** zu einer deutlichen Verschärfung der allgemeinen Voraussetzungen für eine Befristung ohne Sachgrund in § 14 Abs. 2 TzBfG gegenüber dem BeschFG gekommen ist, setzte der Gesetzgeber die **Hürden für eine sachgrundlose Befristung der Arbeitsverhältnisse älterer Arbeitnehmer** in § 14 Abs. 3 S. 1 TzBfG aF im Vergleich zur vorangehenden gesetzlichen Regelung in § 1 Abs. 2 BeschFG (60. Lebensjahr) **herab** (vgl. dazu ErfK-*Müller-Glöge* TzBfG § 14 Rn 108). So war für diese Personengruppe die **nahezu grenzenlose**

Befristung ohne Sachgrund bereits ab **Vollendung des 58. Lebensjahres** möglich. Hier hatten eindeutig arbeitsmarktpolitische Anliegen den Vorrang vor einem angemessenen Bestandsschutz (vgl. BT-Drucks. 14/4374 S. 14, 20).

Mit Art. 7 des Ersten Gesetzes für moderne Dienstleistungen am Arbeitsmarkt (Hartz I) v. 23.12.2002 (BGBl. I S. 4607, 4619) setzte der Gesetzgeber die **Altersgrenze** für die sachgrundlose Befristung von älteren Arbeitnehmern in § 14 Abs. 3 S. 4 TzBfG aF nochmals herab. Für die Zeit vom **1.1.2003 bis zum 31.12.2006** sollte der Arbeitgeber die erleichterten Befristungsvoraussetzungen bereits ab **Vollendung des 52. Lebensjahres** des Arbeitnehmers nutzen können. Im **Endbericht der Hartz-Kommission** »Moderne Dienstleistungen am Arbeitsmarkt« vom August 2002 (dort S. 120) war sogar das 50. Lebensjahr als Altersgrenze vorgeschlagen worden. Es war außerdem zulässig einer sachgrundlosen Befristung iSv § 14 Abs. 2 TzBfG eine Befristung unter den erleichterten Bedingungen des Abs. 3 folgen zu lassen. Eine Sperre bestand nur noch bei einem in engen sachlichen Zusammenhang stehenden vorangehenden unbefristeten Arbeitsvertrag mit demselben Arbeitgeber. Diesen Bestimmungen in § 14 Abs. 3 TzBfG aF begegneten von Anfang an Bedenken, ob sie die **Mindestvorgaben der Richtlinie 1999/70/EG** erfüllten und den Anforderungen des **Art. 12 GG** genügten (*Däubler* ZIP 2000, 1965; *ders.* ZIP 2001, 224; *Richardi/Annuß* BB 2000, 2204; APS-*Backhaus* TzBfG § 14 Rn 625 ff.; aA *Preis/Gotthardt* DB 2000, 2072; *Kliemt* NZA 2001, 296, 300; *Bauer* NJW 2001, 2673; *ders.* NZA 2003, 30).

111

Mit der **Mangold-Entscheidung** des *EuGH* vom 22.11.2005 (– C-144/04 –; dazu ausführlich KR-*Lipke/Bubach* § 14 TzBfG Rdn 651 ff.; APS-*Backhaus* TzBfG § 14 Rn 625 ff.; das **Bundesverfassungsgericht** hat das Mangold-Urteil in seiner **Honeywell-Entscheidung** nicht als ultra-vires Akt eingestuft, *BVerfG* 6.7.2010 – 2 BvR 2661/06 –) ergab sich die Notwendigkeit einer **gesetzlichen Neuregelung** des abgestuften Befristungsrechts älterer Arbeitnehmer (Gesetz zur Verbesserung der Beschäftigungschancen älterer Menschen vom 19.4.2007 BGBl. I S. 538). Die neuen Bestimmungen in § 14 Abs. 3 TzBfG legen **ab dem 1.5.2007** fest, dass neben der Vollendung des 52. Lebensjahres der erleichterten Befristung eine **viermonatige »Beschäftigungslosigkeit«** vorangehen muss, um den Arbeitnehmer für **längstens 5 Jahre** sachgrundlos befristet zu beschäftigen (*Bader* NZA 2007, 713; *Bauer* NZA 2007, 544; ErfK-*Müller-Glöge* TzBfG § 14 Rn 111 ff.). Das BAG hält die Neuregelung, jedenfalls bei der **erstmaligen Anwendung** zwischen denselben Arbeitsvertragsparteien, mit **Unionsrecht** und nationalem **Verfassungsrecht für vereinbar** (*BAG* 28.5.2014 – 7 AZR 360/12 –; EuArbR/*Krebber* RL 1999/70/EG § 5 Rn 48). Näher zur Neuregelung KR-*Lipke/Bubach* § 14 TzBfG Rdn 658 ff.

112

Das bereits seit dem 1.5.2000 in **§ 623 BGB** bestehende **Schriftformerfordernis** für die **Befristung** ist seit 1.1.2001 nach **§ 14 Abs. 4 TzBfG** übernommen und im BGB aufgehoben worden (BT-Drucks. 14/4625 S. 11, 13). Die angestrebte zusammenhängende Regelung in einem Gesetz war Anlass für den Wechsel des Regelungsortes (*Preis/Gotthardt* DB 2001, 150). Der entsprechende Passus in § 623 BGB wurde gestrichen (Art. 2 des Gesetzes über Teilzeitarbeit und befristete Arbeitsverträge und zur Änderung und Aufhebung arbeitsrechtlicher Bestimmungen vom 21.12.2000 BGBl. I S. 1966). Im Einzelnen dazu KR-*Lipke/Bubach* § 14 TzBfG Rdn 688 f. und KR-*Spilger* § 623 BGB Rdn 13 ff.

113

Die **Abkoppelung vom Dienstvertragsrecht** des BGB findet in **§ 620 Abs. 3 BGB**, den eigenständigen Regelungen zum Ende des befristeten Arbeitsverhältnisses und zu den Folgen unwirksamer Befristungen in den **§§ 15, 16 TzBfG** ihren Ausdruck. Zum Teil sind bekannte Bestimmungen in §§ 620 Abs. 1, 622 Abs. 3, 624 und 625 BGB als Vorbild **modifiziert übernommen** (BT-Drucks. 14/4374 S. 20 f.; BT-Drucks. 14/4625 S. 21; Staudinger/*Preis* Rn 15; *Hromadka* NJW 2001, 404), zum Teil sind neue **Regelungen zur Zweckerreichung** bei zweckbefristeten Arbeitsverträgen (§ 15 Abs. 2 TzBfG), zur **Kündbarkeit des befristeten Arbeitsverhältnisses** (§§ 15 Abs. 3, 16 S. 2 TzBfG) und zum **Fortbestehen des Arbeitsverhältnisse bei rechtsunwirksamer Befristung** (§ 16 S. 1 TzBfG) in Anlehnung an die bisherige Rechtsprechung geschaffen worden. Näher dazu KR-*Lipke/Bubach* § 15 TzBfG Rdn 1 ff. und § 16 TzBfG Rdn 1 ff.

114

115 Das Modell der **Entfristungsklage** mit dreiwöchiger Klagefrist ist aus § 1 **Abs. 5 BeschFG 1996** nach § 17 TzBfG übernommen worden, allerdings um einen in den Beratungen des Arbeits- und Sozialausschusses zusätzlich aufgenommenen (unverständlichen) Satz 3 ergänzt (BT-Drucks. 14/4625 S. 21). Die Absicht des Gesetzgebers, Klarheit für den Beginn der Dreiwochenfrist bei Zweckbefristungen zu schaffen, ist dabei gründlich missglückt (vgl. KR-*Bader/Kreutzberg-Kowalczyk* § 17 TzBfG Rdn 29 ff.; *Preis/Gotthardt* DB 2001, 151; *Kliemt* NZA 2001, 303; APS-*Backhaus* TzBfG § 17 Rn 6 f., 27; zum Regelungsgehalt von § 17 S. 3 TzBfG vgl. BAG 27.7.2011 – 7 AZR 402/10 – Rn 27; 6.4.2011 – 7 AZR 704/09 – Rn 22). § 17 **TzBfG** schafft eine **materiell-rechtliche Klagefrist** nach dem Muster von § 4 KSchG, die nach ihrem Ablauf alle der Befristung entgegenstehenden Mängel heilt und zwar auch – anders als bei §§ 4, 7 KSchG – die mangelnde Schriftform (vgl. BAG 21.11.2013 – 6 AZR 664/12 – Rn 68; ErfK-*Müller-Glöge* TzBfG § 17 Rn 11 ff.). Näher KR-*Bader/Kreutzberg-Kowalczyk* § 17 TzBfG Rdn 5 ff., 56 f.

116 Der **auflösend bedingte Arbeitsvertrag** wird erstmals im Gesetz erwähnt und unterliegt denselben Regelungen wie der kalendermäßig befristete oder zweckbefristete Arbeitsvertrag (§ 21 TzBfG). Damit endet ein langer Streit über die Zulässigkeit auflösender Bedingungen im Arbeitsrecht (vgl. nur KR-*Lipke* 5. Aufl. Rn 51 ff.; *Annuß/Thüsing-Annuß* 2. Aufl., § 21 TzBfG Rn 4 f.; APS-*Backhaus* TzBfG § 21 Rn 2 ff.). Im Prinzip können daher **alle Sachgründe, die eine Befristung erlauben, ebenso eine auflösende Bedingung** rechtfertigen (vgl. BAG 17.6.2020 – 7 AZR 398/18 – Rn 31; 15.5.2019 – 7 AZR 285/17 – Rn 20; 4.12.2002 – 7 AZR 492/01 – zu B I 1 der Gründe; HWK-*Rennpferdt* § 21 TzBfG Rn 6; ErfK-*Müller-Glöge* TzBfG § 21 Rn 3 ff.; einschränkend APS-*Backhaus* TzBfG § 21 Rn 11 f.; Staudinger/*Preis* § 620 BGB Rn 254, die strengere Anforderungen an den Sachgrund stellen). Näher KR-*Lipke/Bubach* § 21 TzBfG Rdn 22 ff.

117 Der **Tarifautonomie** trägt die Bestimmung des § 22 **TzBfG** Rechnung, die im Grundsatz nur **günstigere Befristungsnormen** für die Arbeitnehmer zulässt. Ausnahmen für ungünstigere tarifliche Regelungen sind in § 22 Abs. 1 TzBfG abschließend aufgelistet (vgl. BAG 17.4.2019 – 7 AZR 410/17 – Rn 21; 15.8.2012 – 7 AZR 184/11 – Rn 14). Neben den bereits genannten Ausnahmen in § 14 Abs. 2 S. 3 TzBfG (s. Rdn 105) erstreckt das Gesetz in § 22 Abs. 2 TzBfG mögliche tarifvertragliche Abweichungen – erweitert um § 15 Abs. 3 TzBfG – auf die **nichttarifgebundenen Arbeitnehmer** des **öffentlichen Dienstes** und der Zuwendungsempfänger. Damit wird ein Regelungsmuster aus § 6 Abs. 2 BeschFG 1985 übernommen (BT-Drucks. 14/4374 S. 22). Für den **Wissenschaftsbereich** sind abweichende tarifvertragliche Regelungen nur eingeschränkt zugelassen (§ 1 Abs. 1 S. 3 bis 4 WissZeitVG; näher dazu KR-*Treber/Waskow* § 1 WissZeitVG Rdn 58 ff.). Weiterführend *Kortstock* ZTR 2007, 2, 7; *Lehmann-Wandschneider* Sonderbefristungsrecht an Hochschulen, Diss. Berlin 2009. Vgl. KR-*Bader/Kreutzberg-Kowalczyk* § 22 TzBfG Rdn 1 ff.

118 Schlussendlich begründet das Gesetz **weitere Pflichten des Arbeitgebers** gegenüber dem befristet beschäftigten Arbeitnehmer und der Arbeitnehmervertretung in den §§ 18 **bis 20 TzBfG**. Der Arbeitnehmer soll über Dauerarbeitsplätze im Betrieb und Unternehmen unterrichtet werden, um für ihn **bessere Möglichkeiten des Übergangs in ein unbefristetes Arbeitsverhältnis** zu schaffen. Diesem Ziel dient ebenfalls die Teilhabe an Aus- und Weiterbildungsmaßnahmen. Flankierend zu den Beteiligungsrechten nach §§ 92, 93 und § 99 **BetrVG** erhalten Betriebsrat, Personalrat (vgl. KR-*Lipke/Bubach* § 14 TzBfG Rdn 770 ff.) oder sonstige Arbeitnehmervertretungen auf allen Ebenen ein **zusätzliches Auskunftsrecht** zur Anzahl der im Betrieb und Unternehmen befristet beschäftigten Arbeitnehmer (BT-Drucks. 14/4374 S. 21). Die Regelung setzt Art. 7 Nr. 3 der Rahmenvereinbarung zu RL 1999/70/EG um und geht darüber hinaus. Das Auskunftsrecht steht auch Sprecherausschüssen und Mitarbeitervertretungen im **kirchlichen Bereich** zu, was am Begriff **Arbeitnehmervertretung** abzulesen ist. Es bezieht sich allerdings nicht auf die Gründe für die Befristung (vgl. auch BAG 27.10.2010 – 7 ABR 86/09 – Rn 18 ff.). Näher dazu KR-*Bader/Kreutzberg-Kowalczyk* §§ 18 bis 20 TzBfG.

119 **Besondere gesetzliche Regelungen** über die Befristung von Arbeitsverträgen bleiben nach § 23 TzBfG **unberührt**. Damit sind insbes. die Bestimmungen des **ÄArbVtrG**, des **BEEG**, des

PflegeZG, des **FPfZG** und des **WissZeitVG** gemeint (vgl. KR-*Bader/Kreutzberg-Kowalczyk* § 23 TzBfG Rdn 3 ff.; APS-*Backhaus* TzBfG § 23 Rn 2 ff.; HWK-*Rennpferdt* § 23 TzBfG Rn 3 ff.). Der gesetzgeberische Plan, das Recht der befristeten Arbeitsverhältnisse im Interesse höherer Rechtssicherheit zusammenhängend (BT-Drucks. 14/4374 S. 13) und infolgedessen vollständig zu regeln, ist insoweit nicht gelungen. Gleichwohl **strahlt das TzBfG auf die Spezialgesetze aus**. In der Gesetzesbegründung findet sich dazu der Hinweis, dass die allgemeinen Vorschriften des TzBfG auf die spezialgesetzlich geregelten befristeten Arbeitsverhältnisse anzuwenden sind, wenn die Spezialgesetze nichts Abweichendes regeln (BT-Drucks. 14/4374 S. 22). Das **TzBfG** ist deshalb **subsidiär heranzuziehen**, soweit die Spezialgesetze schweigen (KR-*Bader/Kreutzberg-Kowalczyk* § 23 KSchG Rdn 1; APS-*Backhaus* TzBfG § 23 Rn 1; HWK-*Rennpferdt* § 23 TzBfG Rn 1). Zu ergänzenden oder abweichenden **Landesgesetzen** vgl. Rdn 84 ff.

Die Rechtsentwicklung geht weiter. In dem erneuten Versuch, ein **einheitliches Arbeitsvertragsgesetz** zu schaffen (Entwurf *Henssler* und *Preis*; 2. Fassung 2007 unter https://www.bertelsmann-stiftung.de/de/publikationen/publikation/did/diskussionsentwurf-eines-arbeitsvertragsgesetzes-arbvg/ oder NZA Beil. 1/2007 zu Heft 21), wurde unter anderem eine **Regelung aller Befristungsvorschriften** in §§ 128 ff. ArbVG-E angestrebt. Das Befristungsrecht sollte dabei durchschaubarer, aber auch flexibler werden (*Preis* DB 2008, 61; krit. *Kahl* AuR 2008, 217; *Schubert* ua. AE 2009, 5). Diesen Weg verfolgt auch das **Grünbuch** (s. Rdn 96) der Kommission der Europäischen Gemeinschaften vom 22.11.2006 mit seinem **Flexicurity-Konzept** (»Ein modernes Arbeitsrecht für das 21. Jahrhundert« Kom 2006, 708). Mit einer Umsetzung des anspruchsvollen Vorhabens »*Arbeitsvertragsgesetz*« kann derzeit nicht gerechnet werden (*Wroblewski* NZA 2008, 622, 626). 120

5. Gesetzesplanungen

Mit dem **Koalitionsvertrag** der **18. Legislaturperiode** zwischen CDU/CSU und SPD vom 27.11.2013 (Nachweis unter http://library.fes.de/pdf-files/bibliothek/downl/7759636/20131127_koalitionsvertrag.pdf) nahm die Bundesregierung gewichtige arbeitsrechtliche Problemstellungen wie u.a. die Einführung des Mindestlohns, die Ausweitung des AEntG, die Erleichterung von Allgemeinverbindlicherklärungen, die Einschränkung der Arbeitnehmerüberlassung und die Normierung der Tarifeinheit in Angriff. **Nicht vorgesehen** war dagegen eine gesetzliche **Überarbeitung des Befristungsrechts** (vgl. *Zürn/Maron* BB 2014, 629; *Joussen* ZMV 2014, 40; *Schiefer/Pöttering* DB 2013, 2928). Mit Ausnahme der Nachbesserung des § 41 **SGB VI** (dazu s. Rdn 78) fanden die Forderungen nach Kodifizierung neuer Befristungsregeln zur **sachgrundlosen Befristung** (*Bauer* NZA 2014, 889; *Thüsing* BB 2014, Heft 15, I; *Loritz* ZfA 2013, 335) politisch kein Gehör (vgl. auch Antwort der BReg. vom 3.4.2014 auf die Kleine Anfrage der Fraktion »Die Linke«; BT-Drucks. 18/1029). 121

Der **Koalitionsvertrag zwischen CDU/CSU und SPD vom 7.2.2018** für die **19. Legislaturperiode** (Nachw. unter https://www.bundesregierung.de/resource/blob/975226/847984/5b8bc23590d4cb2892b31c987ad672b7/2018-03-14-koalitionsvertrag-data.pdf?download=1) sieht unter der Rubrik »Gute Arbeit« (Zeile 2336 ff.) vor, den **Missbrauch bei Befristungen abzuschaffen**, insbes. die **sachgrundlose Befristung einzuschränken**. Bei mehr als 75 Beschäftigten dürfen nur noch 2,5 % der Belegschaft sachgrundlos beschäftigt werden. Bei Überschreiten dieser Quote gilt jedes weiter sachgrundlos befristete Arbeitsverhältnis als unbefristet zustande gekommen. Die **Zeitdauer der möglichen sachgrundlosen Befristung soll auf 18 Monate** beschränkt werden mit nur noch einer **einmaligen anstelle einer dreimaligen Verlängerung**. **Befristungsketten** mit Sachgrund zu demselben Arbeitgeber dürfen **nicht länger als 5 Jahre** dauern. Auf diese Zeitspanne werden vorherige **Entleihungen** des späteren Vertragsarbeitgebers **angerechnet**. **Sonderregelungen** sollen bestehen bleiben für Arbeitnehmer, die wegen der **Eigenart der Arbeitsleistung** nach § 14 Abs. 1 Nr. 4 TzBfG befristet angestellt werden. Darüber hinaus wird ein **Recht auf befristete Teilzeit** eingeführt, um **Frauen** nach ihrer Familienphase die Möglichkeit zu geben ihre beruflichen Pläne voll verwirklichen zu können. Der Anspruch kann aber nur verwirklicht werden in **Unternehmen mit mehr als 45 Beschäftigten** und darf ein Jahr nicht unter- und fünf Jahre nicht überschreiten. 122

§ 620 BGB Beendigung des Dienstverhältnisses

Für Unternehmensgrößen darüber wird eine **Zumutbarkeitsgrenze** festgelegt. Einen Überblick hierzu geben *Chandna-Hoppe* ZfA 2020, 70; *Litschen* ZTR 2020, 567; *Stoffels* ZfA 2019, 291; *Bonanni* ArbRB 2018, 112; *Klein* DB 2018, 1018; *Kleinebrink* DB 2018, 1147; *Arnold/Romero* NZA 2018, 329. Der Anspruch auf eine zeitlich begrenzte Verringerung der Arbeitszeit ist durch Art. 1 des »Gesetzes zur Weiterentwicklung des Teilzeitrechts – **Einführung einer Brückenteilzeit**« vom 11.12.2018 (BGBl. I S. 2384) als **§ 9a TzBfG** mit Wirkung ab 1.1.2019 zwischenzeitlich gesetzlich geregelt worden (vgl. zur Begründung BT-Drucks. 19/3452). Eine Umsetzung der übrigen in Aussicht genommenen Änderungen im Befristungsrecht ist in der 19. Legislaturperiode nicht erfolgt.

IV. Übergangsrecht

123 Eine **Übergangsregelung sieht das TzBfG nicht vor**. Art. 3 des Gesetzes vom 28.12.2000 (BGBl. I S. 1966) hebt das BeschFG auf, soweit die dortigen Bestimmungen wie § 1 Abs. 1 bis 4 BeschFG 1996 nicht ohnehin in ihrer Geltungsdauer auf den 31.12.2000 (§ 1 Abs. 6 BeschFG 1996) befristet waren. Art. 4 des Gesetzes setzt das TzBfG zum 1.1.2001 in Kraft. Die Gesetzesbegründung (BT-Drucks. 14/4374 S. 22) geht darauf nicht weiter ein. Es sind deshalb die allgemeinen **Rechtsgrundsätze des intertemporalen Rechts** (»Zeitkollisionsregel«) anzuwenden.

124 Nach dem **Tatbestandsprinzip** sind alle Fallgestaltungen unproblematisch zu lösen, bei denen der Vertragsabschluss entweder vor dem 1.1.2001 oder nach dem 31.12.2000 liegt. Es ist dann das **Recht** anzuwenden, das im **Zeitpunkt** der Tatbestandsverwirklichung, dh bei **Abschluss des befristeten Arbeitsvertrags** oder seiner Verlängerung galt (BAG 9.12.2015 – 7 AZR 68/14 – Rn 26; 14.7.2005 – 8 AZR 392/04 – Rn 24, jeweils zu Befristungsabreden aus dem Jahr 1998; 1.12.2004 – 7 AZR 135/04 – zu I 3 a der Gründe; 15.1.2003 – 7 AZR 346/02 – zu I der Gründe; vgl. auch zu § 41 S. 3 SGB VI *BAG* 19.12.2018 – 7 AZR 70/17 – Rn 11; ErfK-*Müller-Glöge* TzBfG § 14 Rn 22; HWK-*Rennpferdt* § 14 TzBfG Rn 1). Näher dazu KR-*Lipke* 11. Aufl. § 620 BGB Rn 121 und KR-*Lipke* 5. Aufl. § 1 BeschFG Rn 30.

125 Eine gesonderte **Übergangsregelung** zur am **1.5.2007** in Kraft getretenen **Neufassung des § 14 Abs. 3 TzBfG** (Art. 1 des Gesetzes zur Verbesserung der Beschäftigungschancen älterer Menschen vom 19.4.2007 BGBl. I S. 538) war entbehrlich, da die als europarechtswidrig erkannte vorherige Regelung keine Rechtswirkungen mehr entfalten konnte (vgl. *EuGH* 22.11.2005 – C-144/04 – »Mangold«; nachfolgend *BAG* 26.4.2006 – 7 AZR 500/04 –; nachfolgend *BVerfG* 6.7.2010 – 2 BvR 2661/06 – »Honeywell«). Insoweit bestand auch kein Vertrauensschutz. Die Novellierung des § 14 Abs. 3 TzBfG kann die in den Altverträgen unwirksam vereinbarten Befristungen nicht heilen mit der Folge, dass ein unbefristetes Arbeitsverhältnis nach § 16 TzBfG entstanden ist (vgl. KR-*Lipke/Bubach* § 14 TzBfG Rdn 655). Da es für die Anwendung des neuen Rechts allein auf den Zeitpunkt des Abschlusses der Befristungsvereinbarung ankommt, ist es unschädlich, wenn die (neuen) Tatbestandsvoraussetzungen (viermonatige Beschäftigungslosigkeit usw.) bereits vor Inkrafttreten der Norm teilweise erfüllt waren (APS-*Backhaus* TzBfG § 14 Rn 657; ErfK-*Müller-Glöge* TzBfG § 14 Rn 113b). Allerdings muss **im unmittelbaren Anschluss** an die Beschäftigungslosigkeit oder einer ihr gleichgesetzten Lage die befristete Tätigkeit aufgenommen werden.

§ 622 BGB Kündigungsfristen bei Arbeitsverhältnissen

(1) Das Arbeitsverhältnis eines Arbeiters oder eines Angestellten (Arbeitnehmers) kann mit einer Frist von vier Wochen zum Fünfzehnten oder zum Ende eines Kalendermonats gekündigt werden.

(2) ¹Für eine Kündigung durch den Arbeitgeber beträgt die Kündigungsfrist, wenn das Arbeitsverhältnis in dem Betrieb oder Unternehmen
1. zwei Jahre bestanden hat, einen Monat zum Ende eines Kalendermonats,
2. fünf Jahre bestanden hat, zwei Monate zum Ende eines Kalendermonats,
3. acht Jahre bestanden hat, drei Monate zum Ende eines Kalendermonats,
4. zehn Jahre bestanden hat, vier Monate zum Ende eines Kalendermonats,
5. zwölf Jahre bestanden hat, fünf Monate zum Ende eines Kalendermonats,
6. fünfzehn Jahre bestanden hat, sechs Monate zum Ende eines Kalendermonats,
7. zwanzig Jahre bestanden hat, sieben Monate zum Ende eines Kalendermonats.

(3) Während einer vereinbarten Probezeit, längstens für die Dauer von sechs Monaten, kann das Arbeitsverhältnis mit einer Frist von zwei Wochen gekündigt werden.

(4) ¹Von den Absätzen 1 bis 3 abweichende Regelungen können durch Tarifvertrag vereinbart werden. ²Im Geltungsbereich eines solchen Tarifvertrages gelten die abweichenden tarifvertraglichen Bestimmungen zwischen nichttarifgebundenen Arbeitgebern und Arbeitnehmern, wenn ihre Anwendung zwischen ihnen vereinbart ist.

(5) ¹Einzelvertraglich kann eine kürzere als die in Absatz 1 genannte Kündigungsfrist nur vereinbart werden,
1. wenn ein Arbeitnehmer zur vorübergehenden Aushilfe eingestellt ist; dies gilt nicht, wenn das Arbeitsverhältnis über die Zeit von drei Monaten hinaus fortgesetzt wird;
2. wenn der Arbeitgeber in der Regel nicht mehr als zwanzig Arbeitnehmer ausschließlich der zu ihrer Berufsbildung Beschäftigten beschäftigt und die Kündigungsfrist vier Wochen nicht unterschreitet.

²Bei der Feststellung der Zahl der beschäftigten Arbeitnehmer sind teilzeitbeschäftigte Arbeitnehmer mit einer regelmäßigen wöchentlichen Arbeitszeit von nicht mehr als 20 Stunden mit 0,5 und nicht mehr als 30 Stunden mit 0,75 zu berücksichtigen. ³Die einzelvertragliche Vereinbarung längerer als der in den Absätzen 1 bis 3 genannten Kündigungsfristen bleibt hiervon unberührt.

(6) Für die Kündigung des Arbeitsverhältnisses durch den Arbeitnehmer darf keine längere Frist vereinbart werden als für die Kündigung durch den Arbeitgeber.

Übersicht: Vereinheitlichung der gesetzlichen Kündigungsfristen für Arbeiter und Angestellte ab 15.10.1993

	Bisher geltende Regelung		Neuregelung
	Arbeiter (und Arbeiter und Angestellte in den NBL)	Angestellte (in den alten Bundesländern)	Arbeitnehmer
Kündigungsfrist während der Probezeit (bis 6 Monate)	2 Wochen	1 M/ME	2 Wochen
Grundkündigungsfrist	2 Wochen	6 w/VE	4 W zum 15. des M oder zum ME

§ 622 BGB — Kündigungsfristen bei Arbeitsverhältnissen

verlängerte Fristen (für Arbeitgeberkündigung) Berechnung der BZ ab 25. Lebensjahr bis 31.12.2018	5 Jahre BZ-1 M/ME 10 Jahre BZ-2 M/ME 20 Jahre BZ-3 M/VE	* 5 Jahre BZ-3 M/VE 8 Jahre BZ-4 M/VE 10 Jahre BZ-5 M/VE 12 Jahre BZ-6 M/VE	2 Jahre BZ-1 M/ME 5 Jahre BZ-2 M/ME 8 Jahre BZ-3 M/ME 10 Jahre BZ-4 M/ME 12 Jahre BZ-5 M/ME 15 Jahre BZ-6 M/ME 20 Jahre BZ-7 M/ME
Zulässigkeit der tarifvertraglichen ** Abkürzung der – Frist während der Probezeit – Grundkündigungsfrist – verlängerte Fristen	ja (NBL: nein) ja (NBL: nein) ja	ja ja nein	ja
Zulässigkeit der einzelvertraglichen Abkürzungen der Grundkündigungsfrist	ja: bei Aushilfe bis 3 Monate (NBL: nein) sonst nein	ja, mindestens aber 1 M/ME	– bei Aushilfe bis 3 Monate – bei Arbeitgebern mit nicht mehr als 20 AN***, mindestens aber 4 Wochen

*Gilt nur, wenn beim Arbeitgeber in der Regel mehr als zwei Angestellte ausschließlich der zu ihrer Berufsbildung Beschäftigten tätig sind.

** die tarifvertraglichen Abweichungen gelten zwischen nichttarifgebundenen Arbeitgebern und Arbeitnehmern, wenn ihre Anwendungen zwischen ihnen einzelvertraglich vereinbart ist.

*** Feststellung der Zahl der beschäftigten Arbeitnehmer unter quotaler Berücksichtigung teilzeitbeschäftigter Arbeitnehmer.

Abkürzung: BZ-Betriebszugehörigkeit W-Wochen

M/ME-Monat(e) zum Monatsende W/VW-Wochen zum Vierteljahresende

M/VE-Monate zum Vierteljahresende NBL-Neue Bundesländer

Aus: BArBl. 12/1993, 10 (ergänzt)

Vor der seit 1.10.1996 aufgrund Art. 7 des Arbeitsrechtlichen Beschäftigungsförderungsgesetzes (vom 25.9.1996, BGBl. I S. 1476) geltenden Neuregelung hatte § 622 Abs. 5 S. 2 folgenden Wortlaut:

Bei der Feststellung der Zahl der beschäftigten Arbeitnehmer sind nur Arbeitnehmer zu berücksichtigen, deren regelmäßige Arbeitszeit wöchentlich zehn Stunden oder monatlich fünfundvierzig Stunden übersteigt.

Vor der seit 1.1.1999 aufgrund Art. 6a des Gesetzes zu Korrekturen in der Sozialversicherung und zur Sicherung der Arbeitnehmerrechte (vom 19.12.1998, BGBl. I S. 3843) geltenden Neuregelung waren auch teilzeitbeschäftigte Arbeitnehmer mit einer regelmäßigen wöchentlichen Arbeitszeit von »nicht mehr als zehn Stunden mit 0,25« zu berücksichtigen.

Vor der seit 1.1.2019 aufgrund Art. 4d des Gesetzes zur Stärkung der Chancen für Qualifizierung und für mehr Schutz in der Arbeitslosenversicherung (Qualifizierungschancengesetz) vom 18.12.2018 (BGBl. I S. 2651) seit 15.10.1993 geltenden Fassung wurden bei der Berechnung der Beschäftigungsdauer gem. § 622 Abs. 2 S. 1 BGB Zeiten, die vor Vollendung des 25. Lebensjahres des Arbeitnehmers lagen, aufgrund des – gestrichenen – Satzes 2 in § 622 Abs. 2 BGB nicht berücksichtigt, weil die Bestimmung aus Gründen des Unionsrechts nicht mehr anwendbar war (s. Rdn 60).

Übersicht

	Rdn
A. Entstehungsgeschichte	1
I. Rechtszustand bis zu dem Inkrafttreten des KündFG am 15.10.1993	7
1. Kündigungsfristen in den alten Bundesländern	7
a) Entstehungsgeschichte des § 622 BGB 1969	8
b) Verfassungswidrigkeit einzelner Teilregelungen	11
aa) Unterscheidung zwischen Arbeitern und Angestellten	11
bb) Verfassungsrechtliche Konsequenzen der Unterscheidung	23
cc) Auswirkungen der Unvereinbarkeitserklärungen	27
dd) Weitere vorläufige Anwendung der Fristen des § 622 Abs. 2 BGB 1969	35
2. Kündigungsfristen in den neuen Bundesländern	37
a) Grundsatz	38
b) Weitergeltung des § 55 AGB-DDR	40
c) Regelungsgehalt	42
II. Das KündFG vom 7.10.1993	52
B. Überblick	54
I. Grundkündigungsfrist	54
II. Verlängerte Kündigungsfristen	56
1. Allgemeines	56
2. Beschäftigung in einem Betrieb oder Unternehmen	58
3. Bestimmung und Berechnung der Wartezeiten (§ 622 Abs. 2 S. 1 mit S. 2)	59
C. Geltungsbereich	74
I. Persönlicher Geltungsbereich	74
1. Bestehen eines Arbeitsverhältnisses	74
2. Arbeitnehmer in Kleinunternehmen; Schwellenwert; anteilige Berücksichtigung der Teilzeitbeschäftigten	75
3. Hausangestellte	78
4. Arbeitnehmerähnliche Personen und Organmitglieder	79
II. Sachlicher Geltungsbereich und Regelungsgehalt	80
1. Regelung der ordentlichen Kündigung	80
2. Arbeitsverhältnis auf unbestimmte Dauer	88
III. Zeitlicher Geltungsbereich (Art. 222 EGBGB)	89
IV. Gesetzliche Sonderregelungen (nur Übersicht; Einzelheiten s. gesonderte Kommentierungen)	91
1. Berufsbildungsgesetz/Altenpflegegesetz	91
2. Schwerbehindertenrecht	93
3. Bundeserziehungsgeldgesetz sowie Bundeselterngeld- und Elternzeitgesetz	94
4. Arbeitnehmerüberlassungsgesetz	95
5. Heimarbeitsgesetz	97
6. Seearbeitsgesetz	98
7. Insolvenzverfahren	99
8. Teilzeit- und Befristungsgesetz (TzBfG)	101
9. Mutterschutzgesetz	102
10. Kündigungsfrist bei Arbeitsverträgen auf Lebenszeit oder über mehr als fünf Jahre	103
11. SGB III	104
12. Pflegezeitgesetz und Familienpflegezeitgesetz	105
D. Verbot, Ausschluss und Beschränkung der ordentlichen Kündigung (vgl. umfassend auch KR-Treber/Rennpferdt § 13 KSchG Rdn 66 ff. sowie die Erl. zu § 242 BGB)	106
I. Gesetzliche Kündigungsverbote	106
1. Zeitlich unbegrenzte Verbote	106
2. Zeitlich begrenzte Verbote	107
3. Sachlich begrenzte Verbote	117
II. Gesetzlicher Kündigungsausschluss	118
1. Auswirkung der Grundrechte	119
2. Sittenwidrige Kündigung	120
3. Treuwidrige Kündigung	121
4. Sozialwidrige Kündigung	122
III. Vorherige Zustimmung; vorherige Anhörung	123
1. Vorherige Zustimmung	124
2. Vorherige Anhörung	128
IV. Ausschluss der Kündigung durch Tarifvertrag	129
V. Regelung durch Betriebsvereinbarung	135
VI. Vertragliche Regelungen	136
E. Anfang, Berechnung und Ablauf der Kündigungsfristen	142
I. Anfang mit Zugang der ordentlichen Kündigung	142
1. Kündigung als empfangsbedürftige Willenserklärung	142
2. Zugang nach § 130 BGB	145
3. Anfang der Frist bei Kündigung vor Dienstantritt	148
4. Kündigungsfrist bei Massenentlassungsanzeige	152
II. Berechnung der Frist	153
1. Regelung des § 187 Abs. 1 BGB	153
2. Anwendung des § 187 Abs. 2 BGB	157
3. Vorzeitige Kündigung	158
III. Fristablauf	160

		Rdn			Rdn
	1. Fristende nach § 188 BGB	160	G.	Tarifvertragliche Regelungen (§ 622 Abs. 4 S. 1, Abs. 6)	234
	2. Kündigung mit unzureichender Frist/Prozessuales	163	I.	Bedeutung des Vorrangprinzips	234
F.	**Einzelvertragliche Regelungen (§ 622 Abs. 3, Abs. 4 S. 2, Abs. 5, Abs. 6)**	164	II.	Inhalt und Grenzen der Regelungsbefugnis	243
I.	Verkürzung der Kündigungsfristen und Änderung der Kündigungstermine	164		1. Entfristete Kündigungen	243
	1. Zwingende Kündigungsfristen und Ausnahmen	164		2. Verkürzung der Fristen, insbes. für ältere Arbeitnehmer	245
	2. Vereinbarte Probezeit (§ 622 Abs. 3)	176		3. Verlängerung der Fristen	248
	3. Vorübergehende Einstellung zur Aushilfe (§ 622 Abs. 5 S. 1 Nr. 1)	182		4. Regelung der Kündigungstermine	249
	4. Kleinunternehmen (§ 622 Abs. 5 S. 1 Nr. 2)	195	III.	Geltung tariflicher Kündigungsvorschriften	250
II.	Verlängerung der Kündigungsfristen und Änderung der Kündigungstermine (§ 622 Abs. 5 S. 3)	197		1. Tarifgebundenheit	250
	1. Kündigungsfristen	197		2. Allgemeinverbindlichkeit	254
	2. Kündigungstermine	204		3. Geltungsbereich des Tarifvertrages	255
III.	Vereinbarung der Anwendung abweichender tarifvertraglicher Bestimmungen (§ 622 Abs. 4 S. 2)	206		a) Grundsätzliches	255
				b) Zeitlicher Geltungsbereich	257
	1. Zweck der vertraglichen Zulassungsnormen	206		c) Räumlicher Geltungsbereich	262
	2. Bezugnahme im Geltungsbereich des Tarifvertrages	207		d) Persönlicher Geltungsbereich	268
	a) Ersetzung der fehlenden Tarifunterworfenheit	207		e) Betrieblich-branchenmäßiger Geltungsbereich	269
	b) Verweisung auf »fremde« Tarifverträge	208		f) Fachlicher Geltungsbereich	270
	c) Tarifkonkurrenz	210		4. Blankettverweisungen in Tarifverträgen	271
	3. Möglicher und notwendiger Inhalt der Bezugnahme	211		5. Tarifkonkurrenz	272
	a) Fristen und Termine	211	IV.	Tarifvertrag und günstigere Individualabsprache	273
	b) Kündigungskomplex – einzelne Kündigungsbestimmungen	212	V.	Nachwirkende Tarifverträge	276
	c) Kündigungskomplex – Tarifvertrag	214	VI.	Verfassungswidrigkeit unterschiedlicher tariflicher Kündigungsfristen und Wartezeiten für Arbeiter und Angestellte	280
	d) Verweisung auf nachwirkenden Tarifvertrag	215		1. Bindung der Tarifpartner an Art. 3 GG	280
	4. Form der Vereinbarung	216		2. Prüfungsmaßstab	281
	a) Vertrag – betriebliche Übung – Gleichstellungsabrede	216		a) Beschränkte materielle Richtigkeitsgewähr	282
	b) Betriebsvereinbarung	218		b) Darlegungslast – Amtsermittlung	284
	5. Wirkung der Bezugnahme	220		3. Praktische Folgerungen aus dem Prüfungsmaßstab	285
	a) Keine Normenwirkung	220		a) Verfassungskonforme Regelungen	285
	b) Änderungen des Tarifvertrages	222		b) Verfassungswidrige Regelungen	298
IV.	Rechtsfolgen unwirksamer oder lückenhafter Vereinbarungen	223		4. Auswirkungen verfassungswidriger Kündigungsregelungen	303
	1. Keine Nichtigkeit des gesamten Vertrages	223	H.	**Auswirkungen des KündFG auf Altkündigungen und auf Altregelungen**	309
	2. Verkürzung der Kündigungsfrist	225	I.	Allgemeines	309
	3. Verlängerung der Kündigungsfrist	226	II.	Altkündigungen – Übergangsvorschrift des Art. 222 EGBGB	310
	4. Unzulässige Vereinbarung von Kündigungsterminen	231		1. Regelungsgehalt	310
V.	Einfluss des Nachweisgesetzes	233		2. Günstigkeit	314
				3. Verfassungsmäßigkeit der Teilregelungen in Art. 222 EGBGB	315

	Rdn		Rdn
III. Altregelungen – Auswirkungen auf bestehende einzelvertragliche und tarifvertragliche Regelungen	319	3. Auswirkungen auf bestehende tarifvertragliche Regelungen	323
1. Allgemeines	319	I. Auswirkungen der Schuldrechtsmodernisierung (AGB-Kontrolle)	326
2. Auswirkungen auf bestehende einzelvertragliche Regelungen (sog. Altverträge)	320		

A. Entstehungsgeschichte

Für die ordentliche Kündigung von Arbeitsverhältnissen galten unterschiedliche gesetzliche **Grundfristen**. In den **alten Bundesländern** konnte das Arbeitsverhältnis **eines Arbeiters** mit einer Frist von **zwei Wochen**, das eines Angestellten mit einer Frist von sechs Wochen zum Ende eines Kalendervierteljahres (Regelfrist) oder bei einer entsprechenden einzelvertraglichen Vereinbarung mit einer Frist von **einem Monat zum Monatsende** (Mindestfrist) gekündigt werden. Das *BVerfG* hat mit Beschluss vom 30.5.1990 (EzA § 622 BGB nF Nr. 27) entschieden, dass § 622 Abs. 2 BGB 1969 mit dem allgemeinen Gleichheitssatz unvereinbar war, soweit hiernach die Kündigungsfristen für Arbeiter kürzer sind als für Angestellte. In den Gründen dieser Entscheidung wird unter anderem ausgeführt, dass der Gesetzgeber die Rechtslage unverzüglich – spätestens jedoch bis 30.6.1993 – mit dem Grundgesetz in Einklang zu bringen habe. **1**

In den neuen Bundesländern galt nach dem EV die Vorschrift des **§ 55 AGB-DDR** weiter, der **für alle Arbeitsverhältnisse einheitliche** Grundkündigungsfristen vorsah, die denen für Arbeiter in den alten Bundesländern entsprachen. Demzufolge galten für alle als Angestellte einzuordnenden Personen in den neuen Bundesländern kürzere gesetzliche Kündigungsfristen als für Angestellte in den alten Bundesländern. **2**

Unterschiede zwischen den alten und den neuen Bundesländern gab es auch bei den für ältere und länger beschäftigte Arbeitnehmer **verlängerten Kündigungsfristen**. Deren Regelung **in § 55 Abs. 2 AGB-DDR** war zwar **identisch** mit den Wartezeiten und Fristen, die nach § 622 Abs. 2 S. 2 BGB 1969 **für ältere Arbeiter** in den alten Bundesländern galten. § 622 Abs. 2 S. 2 BGB 1969 stand jedoch nach der Entscheidung des *BVerfG* (30.5.1990 EzA § 622 BGB nF Nr. 27) nicht im Einklang mit der Verfassung. Darüber hinaus galten für **ältere Angestellte** in den alten Bundesländern die verlängerten Kündigungsfristen nach dem **AngKSchG** anstelle derjenigen des § 622 Abs. 2 S. 2 BGB 1969 bzw. des auf die neuen Bundesländer beschränkten § 55 Abs. 2 AGB-DDR. **3**

Das *BAG* sah sich mit Beschluss vom 16.1.1992 (EzA § 2 AngKSchG Nr. 1) veranlasst, den **Ausschluss der Angestellten bei Arbeitgebern** (in den alten Bundesländern) **mit nicht mehr als zwei Angestellten** von den längeren Kündigungsfristen in der entsprechenden Regelung des AngKSchG dem BVerfG aufgrund Art. 100 Abs. 1 GG zur verfassungsrechtlichen Prüfung vorzulegen. Der Beschluss ist mit Blick auf die mittlerweile in Kraft getretene Neuregelung der Kündigungsfristen und die dabei geschaffene Übergangsbestimmung wieder aufgehoben worden. **4**

Am 15.10.1993 ist das **Kündigungsfristengesetz** (Gesetz zur Vereinheitlichung der Kündigungsfristen von Arbeitern und Angestellten vom 7.10.1993 BGBl. I S. 1668 – **KündFG** –) in Kraft getreten (zu **dessen** Entstehungsgeschichte s. Rdn 52). Art. 1 KündFG hat **sämtliche Kündigungsfristen von Arbeitern und Angestellten** durch **Änderung des § 622 des BGB** vereinheitlicht. Nach Art. 221 des Einführungsgesetzes zum BGB wurde aufgrund Art. 2 Nr. 1 KündFG als Art. 222 eine **Übergangsvorschrift zum KündFG** eingeführt. Art. 3 und 4 haben die Regelungen über Kündigungsfristen im vormaligen SeemG bzw. im HAG geändert. Durch Art. 5 wurde die fortgeltende Bestimmung des § 55 AGB-DDR bei gleichzeitiger Anordnung ihrer weiteren Fortgeltung für die bis 31.12.1993 verlängerten Sonderkündigungsrechte im öffentlichen Dienst nach dem EV **aufgehoben**. Aufgrund Art. 7 ist mit Inkrafttreten des KündFG das **AngKSchG außer Kraft getreten**. **5**

§ 622 BGB   Kündigungsfristen bei Arbeitsverhältnissen

6   Durch die Neuregelung haben sich zahlreiche Streitfragen erledigt, die durch die Entscheidung des BVerfG und durch die bestehende und die einigungsbedingte Rechtszersplitterung hervorgerufen waren. Neue Streitfragen sind aufgetreten (zB nach der Verfassungsmäßigkeit von Teilregelungen der Übergangsvorschrift). **Zum Verständnis der Neuregelung und der Übergangsvorschrift ist die Kenntnis des Rechtszustands bis zu dem Inkrafttreten des KündFG unerlässlich.** Außerdem haben die durch den früheren Rechtszustand hervorgerufenen Streitfragen vor und auch noch nach der Neuregelung bei tarifvertraglichen Kündigungsfristen Entsprechungen materiellrechtlicher und prozessrechtlicher Art gefunden. Die Klärung der damit verbundenen Probleme wird durch die Kenntnis der zu den früheren gesetzlichen Fristen entwickelten Lösungen erleichtert. Schließlich ist der frühere Rechtszustand in den neuen Bundesländern noch für eine Reihe von **Altfällen** von Interesse, auf die sich die Übergangsvorschrift nicht bezieht. Betroffen hiervon sind Kündigungen, die ein Arbeitsverhältnis auf einen Zeitpunkt vor dem 15.10.1993 beendet haben (und bei denen der Streit nur noch um den genauen Zeitpunkt der Beendigung geht). Außerdem hat der alte Rechtszustand noch Relevanz für Streitfälle, die aus den bis 31.12.1993 verlängerten Sonderkündigungsrechten im öffentlichen Dienst nach dem EV resultieren.

I. Rechtszustand bis zu dem Inkrafttreten des KündFG am 15.10.1993

1. Kündigungsfristen in den alten Bundesländern

7   *»§ 622 BGB 1969*

(1) Das Arbeitsverhältnis eines Angestellten kann unter Einhaltung einer Kündigungsfrist von sechs Wochen zum Schluß eines Kalendervierteljahres gekündigt werden. Eine kürzere Kündigungsfrist kann einzelvertraglich nur vereinbart werden, wenn sie einen Monat nicht unterschreitet und die Kündigung nur für den Schluß eines Kalendermonats zugelassen wird.

(2) Das Arbeitsverhältnis eines Arbeiters kann unter Einhaltung einer Kündigungsfrist von zwei Wochen gekündigt werden. Hat das Arbeitsverhältnis in demselben Betrieb oder Unternehmen fünf Jahre bestanden, so erhöht sich die Kündigungsfrist auf einen Monat zum Monatsende, hat es zehn Jahre bestanden, so erhöht sich die Kündigungsfrist auf drei Monate zum Ende eines Kalendervierteljahres; bei der Berechnung der Beschäftigungsdauer werden Zeiten, die vor der Vollendung des fünfunddreißigsten Lebensjahres liegen, nicht berücksichtigt.

(3) Kürzere als die in den Absätzen 1 und 2 genannten Kündigungsfristen können durch Tarifvertrag vereinbart werden. Im Geltungsbereich eines solchen Tarifvertrages gelten die abweichenden tarifvertraglichen Bestimmungen zwischen nicht tarifgebundenen Arbeitgebern und Arbeitnehmern, wenn ihre Anwendung zwischen ihnen vereinbart ist.

(4) Ist ein Arbeitnehmer zur vorübergehenden Aushilfe eingestellt, so können kürzere als die in Absatz 1 und Absatz 2 Satz 1 genannten Kündigungsfristen auch einzelvertraglich vereinbart werden; dies gilt nicht, wenn das Arbeitsverhältnis über die Zeit von drei Monaten hinaus fortgesetzt wird.

(5) Für die Kündigung des Arbeitsverhältnisses durch den Arbeitnehmer darf einzelvertraglich keine längere Frist vereinbart werden als für die Kündigung durch den Arbeitgeber.«

a) Entstehungsgeschichte des § 622 BGB 1969

8   Am 18.12.1968 leitete die Bundesregierung dem Bundesrat den Entwurf eines **Ersten Gesetzes zur Bereinigung arbeitsrechtlicher Vorschriften** (ArbRBereinigG) zu, der vorsah, durch eine **Neufassung des § 622 BGB** die Kündigungsfristen für alle Arbeitnehmer mit Ausnahme derjenigen, die unter das vormalige SeemG fielen, zusammenzufassen und zu vereinheitlichen (vgl. BR-Drs. 705/68, S. 10). Der Bundesrat schlug vor, zwischen der Kündigung von **Dienst- und Arbeitsverhältnissen** durch eine entsprechende Klarstellung im § 621 BGB deutlicher zu trennen, und diesem Vorschlag stimmte die Bundesregierung zu (BT-Drucks. V/3913 Anl. 2 und 3). Der geänderte Entwurf wurde in der ersten Beratung im Bundestag am 23.4.1969 (BT-Prot. Bd. 69, 12514 ff.) an den Ausschuss für Arbeit verwiesen, der in seinem schriftlichen Bericht vom 12.6.1969 dafür eintrat, die im Regierungsentwurf

vorgesehene Verlängerung der Kündigungsfristen für ältere Arbeiter mit längerer Betriebszugehörigkeit zu erweitern (BT- Drucks. V/4376, S. 3). Der Bundestag hat am 26.6.1969 das ArbRBereinigG in zweiter und dritter Lesung einstimmig angenommen, und zwar hinsichtlich der **Neufassung des § 622 BGB** ohne Aussprache (BT-Prot. Bd. 70, 13550 ff.). Das Gesetz wurde am 16.8.1969 im Bundesgesetzblatt veröffentlicht (BGBl. I S. 1106 ff.) und trat am **1.9.1969** in Kraft (vgl. im Übrigen zur Entstehungsgeschichte: *Fitting* DB 1969, 1459; *Herbst* BABl. 1969, 491; *Monjau* BB 1969, 1042; *Neumann* ArbRGgw. Bd. 7, 1970, S. 26; *Staudinger/Preis* [Vor-Voraufl.] Rn 3).

Als erster Ansatz des Bestrebens, das Arbeitsrecht übersichtlicher zu gestalten, ist durch die im Rahmen des **ArbRBereinigG** erfolgte **Neufassung** des § 622 BGB 1969 die **ordentliche Kündigung** von Arbeitsverhältnissen für die überwiegende Zahl von Arbeitnehmern **einheitlich** geregelt worden. Die bis zum 31.8.1969 geltenden unterschiedlichen Vorschriften über die ordentliche Kündigung von Arbeitern und Angestellten im BGB, in der GewO, in den Berggesetzen der Länder, dem Binnenschifffahrts- und Flößereigesetz wurden aufgehoben und durch § 622 BGB 1969 ersetzt (Art. 5 ArbRBereinigG). Die §§ 621, 622 BGB aF hatten für die Kündigung von Arbeitsverhältnissen nur **geringe praktische Bedeutung**. Sie enthielten zwar Regelungen der Kündigungsfristen sowohl für selbständige Dienstverträge als auch für Arbeitsverträge, wurden aber im Bereich des Arbeitsrechts durch zahlreiche Sondervorschriften verdrängt. Es handelte sich zudem um **dispositive** Vorschriften, die auch vertraglich abbedungen werden konnten und deswegen auch den Arbeitnehmern **keine zwingenden Mindestfristen** sicherten. 9

Durch § 622 BGB 1969 ist die **Rechtszersplitterung** im Bereich des Rechts der ordentlichen Kündigung von Arbeitsverhältnissen seit dem 1.9.1969 zunächst **weitgehend beseitigt** worden. Die Dauer der Kündigungsfristen richtete sich jetzt **nicht** mehr wie früher **danach**, ob es sich um Arbeitnehmer handelt, die in einem gewerblichen, kaufmännischen oder landwirtschaftlichen Betrieb beschäftigt sind oder ob sie wissenschaftliche oder künstlerische Tätigkeiten verrichten. Unterschieden wurde in § 622 Abs. 1 und 2 BGB 1969 vielmehr nur noch zwischen **Angestellten** und **Arbeitern** (*Stahlhacke/Preis* [5. Aufl.] Rn 361), während § 622 Abs. 3–5 BGB 1969 auf beide Gruppen von Arbeitnehmern anzuwenden waren. Unberührt bleiben die längeren Kündigungsfristen für ältere **Angestellte** nach dem AngKSchG. 10

b) Verfassungswidrigkeit einzelner Teilregelungen

aa) Unterscheidung zwischen Arbeitern und Angestellten

§ 622 Abs. 1 BGB 1969 regelte die ordentliche Kündigung des Arbeitsverhältnisses eines **Angestellten**. Der Gesetzgeber hatte an der zwar überlieferten, aber soziologisch überholten und **rechtspolitisch bedenklichen** Unterscheidung zwischen Angestellten und Arbeitern festgehalten, die zudem **verfassungswidrig** ist, soweit die Fristen für die Arbeiter kürzer sind als die für die Angestellten. Während diese Differenzierung insbesondere von *Dieterich* (Vierteljahresschrift für Sozialrecht 1976, 61), *Kraushaar* (AuR 1981, 65; AuR 1983, 147), *Lipke* (DB 1983, 111), *Mayer-Maly* (Arbeiter und Angestellte, 1969, S. 18), *Popp* (HAS § 19 B Rn 16), *Richardi* (ZfA 1971, 81) und *Söllner* ([9. Aufl.] § 4 I 1) kritisiert wurde, wollte *Falkenberg* (ArbRGgw. Bd. 7, S. 59 f.) daran **festhalten**. Das Gesetz ging von einem **vorgegebenen Begriff** des Angestellten aus, ohne ihn zu bestimmen (vgl. MüKo-BGB/*Schwerdtner* [2. Aufl.] Rn 8 ff.; *Stahlhacke/Preis* [5. Aufl.] Rn 361; BAG 13.5.1981 EzA § 59 HGB Nr. 2). 11

Das **entscheidende Merkmal** für die Unterscheidung zwischen Angestellten und Arbeitern ist nach Rechtsprechung und Schrifttum die **Art** der vom Arbeitnehmer **ausgeübten Tätigkeit** (sog. **materielle Unterscheidung**) und nicht die Vorstellung der Parteien oder die von ihnen im Arbeitsvertrag gewählte Bezeichnung (BAG 29.11.1958 AP Nr. 12 zu § 59 HGB; 4.7.1966 AP Nr. 117 zu § 1 TVG Auslegung; *Staudinger/Neumann* [Voraufl.] § 622 Rn 5; MüKo-BGB/*Schwerdtner* [2. Aufl.] Rn 10; *Stahlhacke/Preis* [5. Aufl.] Rn 361), wobei im Zweifelsfall die **Verkehrsanschauung** maßgeblich sein soll. Als allgemeiner Maßstab dient folgende Formel: Ein **Angestellter** erledigt vornehmlich 12 geistige, gedankliche Aufgaben (geistige Arbeit), während ein Arbeiter überwiegend mechanisch, körperlich arbeitet (Handarbeit).

13 Zur Präzisierung und Ergänzung der generellen Unterscheidung von geistiger und körperlicher Tätigkeit ergeben sich Anhaltspunkte aus § 59 S. 1 HGB, § 3 des aufgehobenen AVG der Rentenversicherung, den im Zusammenhang damit ergangenen Berufsgruppenverzeichnissen vom 8.3.1924 und den Ergänzungen vom 4.2.1927 und 15.7.1977 (BGBl. III, 821/1), wobei diese Vorschriften vielfach nur vage Aufschlüsse geben und für die Abgrenzung im Rahmen des § 622 BGB 1969 nicht allein maßgeblich waren (MüKo-BGB/*Schwerdtner* [2. Aufl.] Rn 8).

14 Außerhalb des betrieblich-technischen Bereichs ist Angestellter derjenige Arbeitnehmer, der kaufmännische oder büromäßige Arbeiten verrichtet, und zwar selbst dann, wenn diese Leistungen überwiegend mechanischer Art sind (MüKo-BGB/*Schwerdtner* [2. Aufl.] Rn 9; *Stahlhacke/Preis* [5. Aufl.] Rn 361). Das galt nach § 3 Abs. 1 Nr. 3 AVG nur dann nicht, wenn es sich um völlig untergeordnete Tätigkeiten (zB Botengänge, Reinigungs- und Aufräumarbeiten) handelt. Arbeitnehmer, die typische Büroarbeiten (insbes. Schreibarbeiten oder Buchhaltungsarbeiten an Schreibmaschinen oder Datenverarbeitungsanlagen) verrichten, werden deswegen regelmäßig als Angestellte behandelt, ohne dass es im Einzelfall auf den Grad der geistigen Beanspruchung ankommt (*BAG* 13.5.1981 EzA § 59 HGB Nr. 2). Zu den Büroangestellten werden u.a. gerechnet: Stenotypistinnen, Schreibkräfte, Telefonistinnen, Dolmetscher, Lagerverwalter, Bürovorsteher, Redakteure, Bibliothekare, Kassierer, Programmierer und Texterfasser an Datenverarbeitungsgeräten. Nur bei Tätigkeiten, die zwar rein äußerlich mit dem Bürobetrieb verbunden sind, aber überwiegend körperlich oder mechanisch verrichtet werden (Reinigungs- und Aufräumarbeiten) fehlt idR die Angestelltenschaft. Auch die Erfüllung kaufmännischer Dienste begründet grds. die Angestellteneigenschaft, und zwar unabhängig vom Maß der erforderlichen geistigen Leistung. Das gilt zB für das Verkaufen oder Kassieren im Laden, Warenlager (§ 56 HGB) oder Selbstbedienungsläden (*BAG* 6.12.1972 EzA § 4 TVG Einzelhandel Nr. 1), die Tätigkeit als Vertreter im Außendienst, in der Werbung oder im Einkauf. Unerheblich ist, ob die kaufmännischen Dienste in einem Handelsgewerbe erbracht werden, und deswegen gelten auch zB Gehilfen und Praktikanten in Apotheken als Angestellte (§ 3 Abs. 1 Nr. 4 AVG). Nur untergeordnete Botengänge und rein mechanische Tätigkeiten werden nicht zur Angestelltentätigkeit gerechnet (*BAG* 23.7.1963 AP Nr. 22 zu § 59 HGB für eine Verkäuferin an einem Süßwarenstand).

15 Arbeitnehmer, die im betrieblich-technischen Bereich beschäftigt sind, haben nur dann die Angestelltenschaft, wenn ihre Tätigkeit höheren technischen Dienstleistungen iSd § 133a GewO aF entspricht (*BAG* 11.11.1954 AP Nr. 2 zu § 59 HGB; *Stahlhacke/Preis* [5. Aufl.] Rn 361) bzw. wenn sie in gehobener Stellung erbracht werden, die ihrer Natur nach wie zB bei Werkmeistern und Ingenieuren überwiegend durch geistige Arbeit gekennzeichnet sind (§ 3 Abs. 1 Nr. 2 des aufgehobenen AVG). In der Rechtsprechung ist die Angestelltenschaft zB anerkannt worden für einen Zahntechniker (*LAG Frankf.* 9.3.1984 DB 1984, 1530) und für den Hausmeister einer Fachhochschule (*LSG Bln.* 6.7.1988 BB 1989, 71), während der Alleinkoch (*LAG Bln.* 6.11.1989 LAGE § 622 BGB Nr. 16) und der Hausmeister einer Eigentümergemeinschaft (*LSG Bln.* 6.7.1988 BB 1989, 71) als Arbeiter eingestuft worden sind.

16 Die Erfüllung künstlerischer Aufgaben ist idR die Grundlage für ein Angestelltenverhältnis (vgl. § 3 Abs. 1 Nr. 5 des aufgehobenen AVG »Bühnenmitglieder und Musiker«). Das gilt auch für die Tätigkeit eines Schriftstellers oder eines Fotografen, wenn sie im Rahmen eines Arbeitsverhältnisses erbracht wird.

17 Den Status eines Angestellten hatten nach § 3 Abs. 1 Nr. 6 AVG auch Arbeitnehmer, die pädagogische, wissensvermittelnde, sozialfürsorgerische oder krankenpflegerische Dienstleistungen erbringen. Dazu zählen im Arbeitsverhältnis stehende Lehrer, Sozialbetreuer, Masseure (*BSG* 16.6.1959 AP Nr. 1 zu § 3 AVG), angestellte Ärzte, Kindergärtnerinnen und Krankenschwestern.

18 Das Bordpersonal der Zivilluftfahrt stand nach § 3 Abs. 1 Nr. 8 AVG ohne Rücksicht auf die konkreten Aufgaben im Angestelltenverhältnis, während in der Schifffahrt nur Besatzungsmitglieder in gehobener und höherer Stellung Angestellte sind (§ 3 Abs. 7 AVG).

In den **Berufsgruppenverzeichnissen** vom 8.3.1924 und den Ergänzungen vom 4.2.1927 und 15.7.1977 wurden u.a. Chemiker, Physiker, Architekten, Förster, landwirtschaftliche Verwalter, Techniker, Ingenieure und Zeichner als Angestellte genannt. 19

Soweit es um Tätigkeiten geht, die **weder im § 3 AVG noch im Berufsgruppenverzeichnis** aufgeführt wurden, hat die **Verkehrsanschauung** entscheidende Bedeutung für die Abgrenzung zwischen Angestellten- und Arbeitertätigkeit. Maßgebend ist dabei zunächst die Auffassung der im **konkreten Fall** beteiligten Berufskreise. Wenn es daran fehlt, ist auf die **allgemeine Verkehrsanschauung** zurückzugreifen (*BAG* 24.7.1957 AP Nr. 5 zu § 59 HGB). Die Angestellteneigenschaft setzt voraus, dass es sich nach der Verkehrsanschauung um überwiegend geistige Arbeit handelt, wozu neben kaufmännischen und Bürotätigkeiten vor allem auch leitende und beaufsichtigende Tätigkeiten gehören. Ein Indiz für die Verkehrsanschauung kann auch die Einordnung als Angestelltentätigkeit in einem Tarifvertrag sein (*BAG* 29.11.1958 AP Nr. 12 zu § 59 HGB; *BSG* 12.9.1991 NZA 1992, 392), wobei bei einer gemischten Tätigkeit maßgebend ist, welche Tätigkeit die Gesamtarbeitsleistung prägt (*BAG* 24.7.1957 AP Nr. 5 zu § 59 HGB). 20

Einen **instruktiven Überblick** über die in der Rechtsprechung entschiedenen zahlreichen Einzelfälle geben für die Zeit bis 1961 *Bulla* (Die Rechtsprechung der Arbeitsgerichte und Sozialgerichte zu Eingruppierungsstreitigkeiten von Angestellten und Arbeitern, Bd. II, S. 13/85) und für die **neuere Zeit** *Schaub* (11. Aufl., § 13 III, Rn 12 f.), *Brill* (DB 1981, 859 ff.) und MüKo-BGB/*Schwerdtner* (2. Aufl. Rn 12 f.). Diese **Abgrenzungen** sind noch **nicht überholt**, weil in über den 1.7.1993 fortgeltenden Tarifverträgen zwischen Kündigungsfristen für Angestellte und Arbeiter weiterhin unterschieden wird. Deswegen bedarf es auch künftig noch der Klärung, ob der Arbeitnehmer eine Angestellten- oder eine Arbeitertätigkeit verrichtet. 21

Ein Arbeitnehmer, der nach seiner Tätigkeit als Arbeiter einzuordnen ist, wird zwar durch die **Übernahme in das Angestelltenverhältnis** bei **gleichbleibender Beschäftigung** nicht zum Angestellten im Rechtssinne. Diese arbeitsvertragliche oder kollektivrechtliche Vereinbarung räumt einem Arbeiter aber im Bereich des **Arbeitsvertragsrechts** wirksam die **Rechtsstellung** eines Angestellten ein, soweit sie für ihn günstiger ist (*BAG* 9.8.1984 – 2 AZR 329/83, für einen **Zahntechniker**; *BAG* 2.2.1984 – 2 AZR 371/82, nv – für einen **Discjockey**). Das gilt auch für die im Verhältnis zu den Arbeitern längeren Kündigungsfristen für Angestellte (*Kretschmar* BB 1958, 1315; *Söllner* [9. Aufl.] § 4 I 1; *Nikisch* S. 130; *Stahlhacke/Preis* [5. Aufl.] Rn 362). 22

bb) Verfassungsrechtliche Konsequenzen der Unterscheidung

Nach dem Beschluss des *BVerfG* vom 16.11.1982 (EzA Art. 3 GG Nr. 13) war es **mit Art. 3 GG unvereinbar**, bei der Berechnung der für die Berechnung der verlängerten Fristen des § 622 Abs. 2 BGB 1969 maßgeblichen Beschäftigungsdauer bei **Arbeitern** Zeiten nicht zu berücksichtigen, die vor Vollendung des 35. Lebensjahres lagen. Mit dem Gesetz vom 26.6.1990 (BGBl. I S. 1208) wurde § 622 Abs. 2 S. 2 2. Hs. BGB 1969 dahin geändert, dass das Wort fünfunddreißigsten durch das Wort fünfundzwanzigsten ersetzt und folgende Überleitungsvorschrift eingefügt wurde: 23

»Bei einer vor dem 1. Juli 1990 zugegangenen Kündigung werden bei der Berechnung der Beschäftigungsdauer auch Zeiten, die zwischen der Vollendung des fünfundzwanzigsten und des fünfunddreißigsten Lebensjahres liegen, berücksichtigt, wenn am 1. Juli 1990
1. das Arbeitsverhältnis noch nicht beendet ist oder
2. ein Rechtsstreit über den Zeitpunkt der Beendigung des Arbeitsverhältnisses anhängig ist.« Diese **beschränkte Rückwirkung** war verfassungsrechtlich **unbedenklich**. Ihr standen weder das Rechtsstaats- noch das Sozialstaatsprinzip entgegen (*BAG* 21.3.1991 EzA § 622 BGB nF Nr. 33).

Wie das *BVerfG* durch Beschluss vom 30.5.1990 (EzA § 622 BGB nF Nr. 27) entschieden hat, waren die **Kündigungsfristen für Arbeiter** in § 622 Abs. 2 S. 1 und S. 2 1. Hs. BGB 1969 mit dem allgemeinen Gleichheitssatz des Art. 3 GG **unvereinbar**, soweit die Kündigungsfristen für Arbeiter 24

§ 622 BGB Kündigungsfristen bei Arbeitsverhältnissen

kürzer waren als für Angestellte nach dem AngKSchG. Dem **Gesetzgeber wurde vom** *BVerfG* **aufgegeben**, die Kündigungsfristen für Angestellte und Arbeiter **bis zum 30.6.1993** neu zu regeln.

25 Die Unterscheidung zwischen Angestellten und Arbeitern ist zwar nach der Auffassung des *BVerfG* an sich nach wie vor durchführbar. Für die beträchtliche **Ungleichbehandlung** von Arbeitern und Angestellten bei den gesetzlichen Kündigungsfristen habe es aber **keine sachlichen Gründe** gegeben. Einige der Unterschiede zwischen Arbeitern und Angestellten, die zur Rechtfertigung der ungleichen Kündigungsfristen herangezogen wurden, seien dazu von vornherein nicht geeignet gewesen, weil es an einem **Legitimationszusammenhang** zwischen ihnen und den Kündigungsfristen **gefehlt habe.** Das gelte für die Abgrenzung zwischen überwiegend geistiger und überwiegend körperlicher Arbeit, die angebliche besondere Gruppenmentalität der Angestellten, die Auffassung der beteiligten Kreise (Tarifvertragsparteien), die längere vorberufliche Ausbildung der Angestellten und den angeblich erzielbaren Leistungsansporn durch längere Kündigungsfristen. Die **folgenden Unterscheidungsmerkmale** könnten zwar an sich ungleiche Fristen rechtfertigen, seien aber nicht **hinreichend gruppenspezifisch**, sondern träfen nur jeweils für eine Teilgruppe der Normadressaten zu. Wenn der Gesetzgeber diese Merkmale zum Anlass für abweichende Kündigungsfristen nehmen wollte, dann hätte er **nicht pauschal** Arbeiter und Angestellte verschieden behandeln dürfen. Das gelte für folgende Merkmale: Die **längere Arbeitslosigkeit** für den Teil der Angestellten, den pauschalen Hinweis auf die **Verteuerung** von Kündigungen und Sozialplänen und das Argument, die Unternehmer müssten in der Lage sein, im **produktiven Bereich** zügiger Personal zu **entlassen**. Dieser Grund habe im Laufe der Zeit seine Unterscheidungskraft verloren, weil keineswegs alle Arbeiter im Produktionsprozess stehen.

26 Wenn eine Norm mit der Verfassung **nicht** vereinbar ist, dann ist sie **grds.** für **nichtig** zu erklären. Davon hat das *BVerfG* abgesehen, weil sich vorliegend ein Verfassungsverstoß aus dem Zusammenwirken mehrerer Vorschriften ergab und eine Korrektur auf verschiedene Weise vorgenommen werden konnte. Die für Arbeiter geltenden Kündigungsfristen seien mit dem allgemeinen Gleichheitssatz unvereinbar, weil sie ohne ausreichenden Grund die Arbeiter schlechter stellen als die Angestellten. Durch eine **Nichtigkeitserklärung** würde die bestehende **Ungleichheit** nur noch **vertieft** werden. Beseitigt werden kann der Verfassungsverstoß nur durch eine **Neuregelung** der einschlägigen Vorschriften durch den **Gesetzgeber.** Das *BVerfG* hat sich deswegen darauf beschränkt, die diskriminierende Bestimmung als **unvereinbar** mit dem Grundgesetz zu erklären. Der Gesetzgeber ist verpflichtet, die Rechtslage unverzüglich mit dem Grundgesetz in Einklang zu bringen, die **Gerichte** müssen **anhängige Verfahren**, bei denen die Entscheidung von der verfassungswidrigen Norm abhängt, **aussetzen**, bis eine Neuregelung in Kraft tritt. Ein solcher Schwebezustand kann allerdings seinerseits verfassungswidrig werden, wenn er zu lange andauert. Zur Neuregelung hat das *BVerfG* **eine Frist** bis zum **30.6.1993** gesetzt. Bereinige der Gesetzgeber den Verfassungsverstoß nicht fristgemäß, dann müssten die Gerichte, wollten sie nicht selbst verfassungswidrig handeln, die bei ihnen anhängigen Rechtsstreitigkeiten fortführen und verfassungskonform entscheiden.

cc) Auswirkungen der Unvereinbarkeitserklärungen

27 Da das *BVerfG* (30.5.1990 EzA § 622 BGB nF Nr. 27) die Auswirkungen seiner Entscheidung auf anhängige Kündigungsrechtsstreite, in denen auch oder ausschließlich die Dauer der Kündigungsfrist streitig ist, nicht in allen Konsequenzen beschrieben hat, ist es im **Schrifttum** und in der **Rechtsprechung der Instanzgerichte** zunächst **streitig** geworden, wie sich die Verfassungswidrigkeit des § 622 Abs. 2 BGB 1969 im Einzelnen auswirkt. *Blanke* (AuR 1991, 1 ff.) wollte die weiterhin gültigen, für Angestellte geltenden Vorschriften im Wege der »Anpassung nach oben« auch auf die Rechtsverhältnisse der Arbeiter anwenden (ebenso *Kraushaar* BB 1990, 1764 ff.; *ArbG Reutlingen* 2.10.1990 EzA § 622 BGB nF Nr. 28; *LAG Nds.* 22.8.1990 LAGE § 622 BGB Nr. 17). Eine **vermittelnde Lösung** hat *Hanau* (DB 1991, 40 ff.) vorgeschlagen, indem er als verfassungsrechtlichen Mittelweg eine **Grundkündigungsfrist** für **Arbeiter** von einem **Monat** zum Monatsende empfahl und bis zum 30.6.1993 an der Unterschiedlichkeit der verlängerten Kündigungsfristen für Arbeiter und Angestellte festhalten wollte. Auch *Buchner* (NZA

1990, 41, 45) hielt es für **denkbar**, für Arbeiter die Monatsfrist des § 622 Abs. 1 S. 2 BGB 1969 anzuwenden. Demgegenüber traten *Koch* (NZA 1991, 50 ff.) und *Stahlhacke/Preis* ([5. Aufl.] Rn 376 ff.) dafür ein, § 622 Abs. 2 BGB 1969 bis zur gesetzlichen Neuregelung der Kündigungsfristen **vorläufig weiter** anzuwenden, soweit die Kündigung wirksam ist oder im Falle ihrer Sozialwidrigkeit ein begründeter Auflösungsantrag gestellt worden ist, durch **Teilurteil** zu entscheiden, dass das Arbeitsverhältnis nicht vor Ablauf der Fristen des § 622 Abs. 2 BGB 1969 beendet worden ist und **im Übrigen das Verfahren** bis zu einer gesetzlichen Neuregelung der Vorschrift **auszusetzen**.

Das *BAG* hat seine Rechtsprechung zu den Rechtsfolgen der Verfassungswidrigkeit des § 622 Abs. 2 **28** 2. Hs. BGB 1969 (*BVerfG 16.*11.1982 EzA Art. 3 GG Nr. 13) **fortgeführt** und für die Zeit bis zu der vom Verfassungsgericht aufgegebenen gesetzlichen Neuregelung der Kündigungsfristen (30.6.1993) folgende **Rechtsgrundsätze** aufgestellt, die überwiegend im Schrifttum Zustimmung gefunden haben (*Ascheid* Kündigungsschutzrecht Rn 25; *Kittner/Trittin* [1. Aufl.] Rn 16; *Stahlhacke/Preis* [5. Aufl.] Rn 377; *Popp* HAS § 19 B Rn 26–29).

Im Anschluss an die Entscheidung des *BVerfG* vom 16.11.1982 (EzA Art. 3 GG Nr. 13) war die **29** insoweit verfassungswidrige Vorschrift des § 622 Abs. 2 S. 2 2. Hs. BGB 1969 weiterhin **vorläufig** mit folgender Maßgabe **anzuwenden**: Wenn die vom Arbeitnehmer angegriffene Kündigung dem Grunde nach sachlich gerechtfertigt war, konnte im Beendigungsstreit nur durch **Teilurteil** festgestellt werden, dass das Arbeitsverhältnis jedenfalls **nicht vor Ablauf der Frist** beendet worden ist, die sich aus der Beschäftigungszeit nach Vollendung des 35. Lebensjahres ergab. Da die Festlegung des endgültigen Zeitpunktes der Beendigung des Arbeitsverhältnisses noch nicht möglich war, musste der **Rechtsstreit** im Übrigen bis zur gesetzlichen Neuregelung ausgesetzt werden (*BAG* 12.12.1985 EzA § 622 BGB nF Nr. 22, 23; zuletzt *BAG* 25.1.1990 – 2 AZR 398/89).

Für diese Lösung waren insbes. folgende **Überlegungen** maßgebend: Das BVerfG hat den unter- **30** schiedlichen Beginn der anrechenbaren Wartezeiten für Arbeiter und Angestellte **nicht für nichtig**, sondern (nur) als mit Art. 3 Abs. 1 GG unvereinbar, dh für verfassungswidrig erklärt. Es lag deswegen **keine Gesetzeslücke** vor, die durch Richterrecht hätte ausgefüllt werden können. Die verfassungswidrige Vorschrift war vielmehr in Fällen dieser Art verfassungskonform weiter vorläufig anzuwenden. Diese vorläufige Weiteranwendung stellte einen **Kompromiss** dar zwischen den **Bedürfnissen** der **Praxis** und dem **rechtsstaatlichen Gebot**, keine rechtskräftigen gerichtlichen Entscheidungen zu treffen, durch die noch vom Gesetzgeber zu bestimmende Rechtspositionen hätten unabänderlich beeinträchtigt werden können.

Dieses Verständnis des BAG von den Folgen und Auswirkungen einer gesetzlichen Vorschrift, die **31** für unvereinbar erklärt worden ist, hat der **Gesetzgeber bestätigt**, indem er in Art. 3 des Änderungsgesetzes zum BGB vom 26.6.1990 die Änderung des Beginns der Wartezeiten für Arbeiter auch auf Kündigungen erstreckt hat, über deren Wirksamkeit noch ein Rechtsstreit anhängig ist. **Ebenso ist der Gesetzgeber zwischenzeitlich in der Übergangsvorschrift zum KündFG verfahren.**

Die vorgenannten Grundsätze galten entsprechend auch für die Konsequenzen, die sich aus dem **32** Beschluss des *BVerfG* vom 30.5.1990 (EzA § 622 BGB nF Nr. 27) ergaben. Das BVerfG hat sich darauf beschränkt, § 622 Abs. 2 BGB nicht für nichtig, sondern (nur) als mit Art. 3 GG unvereinbar zu erklären. Da auch die Gerichte für Arbeitssachen nach § 31 BVerfGG an die Feststellung der Unvereinbarkeit, die bewusst unterlassene Feststellung der Nichtigkeit dieser Vorschrift und die tragenden Gründe dieser Entscheidung gebunden waren, hat sich sowohl eine unveränderte weitere Anwendung des § 622 Abs. 2 BGB 1969 in der gegenwärtigen Fassung als auch eine »verfassungskonforme« Auslegung oder Fortbildung dieser Vorschrift verboten (*BAG* 21.3.1991 EzA § 622 BGB nF Nr. 33; 29.8.1991 EzA § 622 BGB nF Nr. 35).

Die Notwendigkeit zur Aussetzung bis zur gesetzlichen Neuregelung ergab sich unabhängig von **33** Art. 20 Abs. 2 GG bereits aus dem **Tenor** der Entscheidung des *BVerfG*, das die Kompetenz zur **Neuregelung** dem **Gesetzgeber** und eben nicht den Gerichten übertragen hatte. Es fehlte demgemäß an einer Gesetzeslücke, die im Wege der Rechtsfortbildung durch die Gerichte hätte geschlossen werden können und dürfen. Sowohl die Bindungswirkung der Entscheidung des BVerfG als auch der Grundsatz der Gewaltenteilung (Art. 20 Abs. 2 GG) standen dem Vorschlag (*Hanau* DB 1991, 40 f.) entgegen, durch richterliche Rechtsfortbildung entweder die Vorschriften des AngKSchG auf die Kündigung älterer Arbeiter zu übertragen oder durch eine vermittelnde Zwischenlösung die Grundfristen auf vier Wochen zum Monatsschluss zu verlängern. Da das *BVerfG* dem Gesetzgeber auch für die Vergangenheit einen Gestaltungsspielraum eingeräumt hat, war eine **völlige Angleichung** der Kündigungsfristen für ältere Arbeiter an diejenigen der älteren Angestellten **nicht** der **einzige Weg** zur Beseitigung des verfassungswidrigen Zustandes. Auch eine ergänzende Vertragsauslegung machte die Aussetzung des Verfahrens bis zur gesetzlichen Neuregelung nicht entbehrlich (aA *Kraushaar* DB 1990, 1767).

34 Das *BVerfG* hat zwar im Beschluss vom 30.5.1990 (EzA § 622 BGB nF Nr. 27) allgemein darauf verwiesen, anhängige Verfahren, bei denen die Entscheidung von der verfassungswidrigen Norm des § 622 Abs. 2 BGB 1969 abhingen, seien auszusetzen, bis eine Neuregelung in Kraft trete. Durch diesen Hinweis wurde aber die **Möglichkeit**, durch **Teilurteil** beschränkt über den Fortbestand des Arbeitsverhältnisses zu entscheiden, nicht ausgeschlossen. Sie ergab sich vielmehr aus dem Grundsatz, dass eine Aussetzung nur dann erforderlich ist, wenn und soweit die Entscheidung von der Anwendung der verfassungswidrigen Norm abhängt (*BAG* 21.3.1991 EzA § 622 BGB nF Nr. 33; 29.8.1991 EzA § 622 BGB nF Nr. 34; *Koch* NZA 1991, 54). Wenn nicht im Rahmen einer Kündigungsschutzklage nach § 4 KSchG über die Wirksamkeit der Kündigung, sondern aufgrund einer Feststellungsklage nach § 256 ZPO auch darüber zu entscheiden war, zu welchem Zeitpunkt eine dem Grunde nach nicht beanstandete ordentliche Kündigung das Arbeitsverhältnis aufgelöst hat, dann war eine Entscheidung über einen **Teil** des Streitgegenstandes **sachdienlich**, wenn sich aus der objektiven Rechtslage eine längere als die vom Kündigenden gewählte Frist ergab oder über die vom Gekündigten beanspruchte Frist wegen der noch ausstehenden gesetzlichen Neuregelung noch nicht abschließend entschieden werden konnte. Darüber hinaus kam der Erlass eines Teilurteils auch dann in Betracht, wenn eine Kündigung mit der Kündigungsschutzklage nach § 4 KSchG angegriffen wurde und **sowohl** ihre **Wirksamkeit** als auch die einzuhaltende **Frist streitig** waren (*BAG* 28.2.1985 EzA § 622 BGB nF Nr. 22; 21.3.1991 EzA § 622 BGB nF Nr. 33; 29.8.1991 EzA § 622 BGB nF Nr. 34). Wenn eine Kündigung nicht nur dem Grunde nach streitig ist, sondern der gekündigte Arbeitnehmer darüber hinaus für sich zumindest eine längere Frist beansprucht, wird eine Auslegung seines Klageantrages oder eine Aufklärung nach § 139 ZPO zumeist ergeben, dass er die Kündigungsschutzklage nach § 4 KSchG hilfsweise mit einer auf den längeren Bestand des Arbeitsverhältnisses gerichteten Feststellungsklage nach § 256 ZPO verbinden will. Wenn diese sach- und interessengerechte Bestimmung des Streitgegenstandes nicht möglich ist, stellt § 301 ZPO jedenfalls aufgrund einer gebotenen verfassungskonformen Auslegung eine ausreichende gesetzliche Grundlage für den Erlass eines Teilurteils über den »Grund der Kündigung« dar (*BAG* 28.2.1985 EzA § 622 BGB nF Nr. 22; 21.3.1991 EzA § 622 BGB nF Nr. 33; 29.8.1991 EzA § 622 BGB nF Nr. 34; *Koch* NZA 1991, 54).

dd) Weitere vorläufige Anwendung der Fristen des § 622 Abs. 2 BGB 1969

35 Die Frage, ob die verfassungswidrigen Grundfristen und die verlängerten Fristen für Arbeiter auch dann bis zur gesetzlichen Neuregelung weiter anzuwenden waren, wenn im Anschluss an eine unwirksame Kündigung über einen begründeten **Auflösungsantrag** nach § 9 KSchG zu entscheiden oder bei der Interessenabwägung nach § 626 BGB die **Frist** zur **ordentlichen Kündigung** zu ermitteln war, hat das *BAG* nach dem 30.5.1990 nicht erneut entscheiden müssen. Es hätte allerdings eindeutig in der Tendenz der bisherigen Rechtsprechung über die Folgen der vollständigen Verfassungswidrigkeit des § 622 Abs. 2 BGB 1969 gelegen, auch insoweit die Grundsätze der bisherigen Rechtsprechung zu den Folgen der teilweisen Verfassungswidrigkeit fortzuschreiben. Bei einem begründeten Auflösungsantrag nach § 9 KSchG war deswegen durch **Teilurteil** das Arbeitsverhältnis frühestens zu dem Termin aufzulösen, der sich aus § 622 Abs. 2 BGB in der alten Fassung ergab und im Übrigen das Verfahren bis zur gesetzlichen Neuregelung auszusetzen (*BAG* 28.2.1985 EzA

§ 622 BGB nF Nr. 22; *Stahlhacke/Preis* [5. Aufl.] Rn 379, die auch hinsichtlich der Höhe der Abfindung zutreffend ein Teilurteil für möglich und geboten hielten).

Bei der **Interessenabwägung** im Rahmen einer außerordentlichen Kündigung nach § 626 BGB zur Ermittlung der sonst einzuhaltenden oder der bei der Kündigung eines Betriebsratsmitglieds zu ermittelnden fiktiven Frist war zunächst weiterhin die Regelung des § 622 Abs. 2 BGB 1969 zugrunde zu legen (*BAG* 2.4.1987 EzA § 626 BGB nF Nr. 108). Da im Grundsatz das Gewicht des wichtigen Grundes im umgekehrten Verhältnis zur Dauer der sonst einzuhaltenden Vertragsbindung steht, konnte sich eine Kündigungsfrist, die länger war als die in § 622 Abs. 2 BGB 1969 vorgesehenen Fristen im Rahmen einer Interessenabwägung auch nachteilig für den Arbeitnehmer auswirken. Die vorläufige weitere Anwendung des § 622 Abs. 2 in der bisherigen Fassung führte deswegen insoweit **nicht** zwangsläufig zu einem **endgültigen Rechtsnachteil** für den gekündigten Arbeiter. Das rechtfertigte die weitere Anwendung des § 622 BGB 1969 zur Bestimmung der tatsächlichen oder fiktiven Kündigungsfrist im Rahmen der Interessenabwägung nach § 626 Abs. 1 BGB (ebenso *Coester* SAE 1988, 125), die auch deswegen geboten war, weil eine Aussetzung der Entscheidung über eine außerordentliche Kündigung bis zur gesetzlichen Neuregelung zu einer **unerträglichen Rechtsunsicherheit** geführt hätte, indem dann die Entscheidung nicht nur über den Beendigungszeitpunkt, sondern auch über den Bestand des Arbeitsverhältnisses selbst hätte unzumutbar lange hinausgeschoben werden müssen.

2. Kündigungsfristen in den neuen Bundesländern

»§ 55 AGB-DDR
Kündigungsfristen und -termine

(1) Die Kündigungsfrist beträgt mindestens 2 Wochen.

(2) Hat der Arbeitsvertrag in demselben Betrieb oder Unternehmen 5 Jahre bestanden, erhöht sich für die Kündigung durch den Arbeitgeber die Kündigungsfrist auf 1 Monat zum Monatsende, hat er zehn Jahre bestanden, erhöht sich die Kündigungsfrist auf 2 Monate zum Monatsende, hat er 20 Jahre bestanden, erhöht sich die Kündigungsfrist auf 3 Monate zum Ende des Kalendervierteljahres; bei der Berechnung der Beschäftigungsdauer werden Zeiten, die vor der Vollendung des fünfundzwanzigsten Lebensjahres des Arbeitnehmers liegen, nicht berücksichtigt.

(3) Kürzere als die im Absatz 2 genannten Kündigungsfristen können durch Tarifvertrag vereinbart werden. Im Geltungsbereich eines solchen Tarifvertrages gelten die abweichenden tarifvertraglichen Bestimmungen zwischen nicht tarifgebundenen Arbeitgebern und Arbeitnehmern, wenn ihre Anwendung zwischen ihnen vereinbart ist.

(4) Für die Kündigung des Arbeitsvertrages durch den Arbeitnehmer darf arbeitsvertraglich keine längere Frist vereinbart werden als für die Kündigung durch den Arbeitgeber.

(5) Für bestimmte Personengruppen können in Rechtsvorschriften besondere Kündigungsfristen und -termine festgelegt werden.«

a) Grundsatz

Mit dem Wirksamwerden des **Beitritts** der Deutschen Demokratischen Republik zur Bundesrepublik Deutschland am **3.10.1990** (Kap. I EV v. 31.8.1990 BGBl. II S. 889) sind auf Arbeitsverträge, die **nach** dem **Stichtag** abgeschlossen worden sind, idR uneingeschränkt die seitdem in der ehemaligen DDR geltenden Rechtsvorschriften der **Bundesrepublik Deutschland** anzuwenden; und zwar auch **arbeitsrechtliche Gesetze** und das BGB, soweit es Arbeitsverhältnisse regelt (*Ascheid* Arbeitsvertragsrecht Rn 846; MüKo-BGB/*Oetker* EinigungsV Rn 113 f. [Zivilrecht im Einigungsvertrag, 1991]; *Stahlhacke/Preis* [5. Aufl.] Rn 1368). Das gilt im Interesse der Praktikabilität auch für **bereits bestehende** Arbeitsverträge (MüKo-BGB/*Oetker* EinigungsV Rn 114 [Zivilrecht im Einigungsvertrag, 1991]). Gesetzesrecht der früheren DDR ist nach Art. 9 EV nur dann weiter anzuwenden, wenn es in Anl. II EV ausdrücklich als fortgeltendes Recht der ehemaligen DDR aufgeführt wird (*Stahlhacke/Preis* [5. Aufl.] Rn 1368). Von diesem **Regel-Ausnahmeverhältnis** geht auch Art. 230 EGBGB aus, der in Abs. 1 bestimmt, dass für das in Art. 3 des EV genannte Gebiet der § 616 Abs. 2 und 3 und die §§ 622 sowie 1706 bis 1710 des BGB nicht gelten und **im Übrigen das BGB** und dessen Einführungsgesetz in diesem Gebiet am Tag des Wirksamwerdens des Beitritts nach Maßgabe der vorliegenden Übergangsvorschriften in Kraft tritt. In Durchbrechung dieses Grundsatzes gelten zur Verhinderung eines tariflosen Zustandes allerdings auch **Rahmenkollektivverträge** und **Tarifverträge** nach DDR- Recht fort, bis neues Tarifrecht ablöst oder aufhebt (*BAG* 13.7.1994 EzA § 14 AGB 1977 (DDR) Nr. 3 für registrierte Rahmenkollektivverträge; MüKo-BGB/*Oetker* EinigungsV [Zivilrecht im Einigungsvertrag, 1991] Rn 113).

39 Zur Rechtslage bei **Kündigungen**, die **vor dem 1.7.1990** oder in der Zeit vom 1.7. bis zum 2.10.1990 ausgesprochen worden sind vgl. *Fenski/Linck* (NZA 1992, 337 f.) und *Stahlhacke/Preis* (5. Aufl. Rn 1327 ff.).

b) Weitergeltung des § 55 AGB-DDR

40 Zu den **fortgeltenden Vorschriften** gehörte nach Kap. VIII Sachgebiet A Abschn. III der Anl. II des EV auch § 55 des AGB-DDR vom 16.6.1977 (GBl. I Nr. 18 S. 185), das zuletzt durch das Gesetz zur Änderung und Ergänzung des Arbeitsgesetzbuches vom 22.6.1990 (GBl. I Nr. 35 S. 371) geändert wurde (*Ascheid* Arbeitsvertragsrecht Rn 850; *Kittner/Trittin* [2. Aufl.] § 55 AGB Rn 1; *Popp* HAS § 19 B Rn 34; MüKo-BGB/*Oetker* EinigungsV [Zivilrecht im Einigungsvertrag, 1991] Rn 1492 f.), und zwar **ohne** den ausdrücklichen **Vorbehalt** einer **abgekürzten Übergangsfrist** (*Stahlhacke/Preis* [5. Aufl.] Rn 1369). Insoweit ist jedoch ergänzend der **Normzweck** der Vorschrift zu berücksichtigen, die nur die Lücken schloss, die durch das modifizierte Inkrafttreten des Bundesrechts hinsichtlich der gesetzlichen Kündigungsfristen für Arbeitsverhältnisse entstanden sind. Mit Rücksicht auf die Rechtsprechung des *BVerfG* zur Verfassungswidrigkeit der im Verhältnis zu den Angestellten kürzeren Fristen für Arbeiter (Rdn 1) haben sich die Parteien des EV bewusst für eine Fortgeltung von § 55 AGB-DDR entschieden (Erl. BReg. BT-Drucks. 11/7817, S. 154; MüKo-BGB/*Oetker* EinigungsV [Zivilrecht im Einigungsvertrag, 1991] Rn 1494). **Sachlich** enthielt § 55 AGB-DDR deswegen eine **Übergangsregelung** bis zur verfassungskonformen gesetzlichen Neuregelung der Kündigungsfristen (*Kittner/Trittin* [2. Aufl.] § 55 AGB Rn 1). Wäre der Gesetzgeber weder dem ihm von *BVerfG* erteilten **Kodifizierungsauftrag** noch dem aus Art. 4 Nr. 4 EV (vgl. auch Art. 143 Abs. 1 GG nF) folgenden **Regelungserfordernis** bis zum **31.12.1992** (*Stahlhacke/Preis* [5. Aufl.] Rn 1369) nachgekommen, hätten **verfassungsrechtliche** Bedenken (Art. 3 GG) an einer fortwährenden **Differenzierung** der **Kündigungsfristen** für **Angestellte** in den alten und in den neuen Bundesländern bestanden (so wohl auch *Stahlhacke/Preis* [5. Aufl.] Rn 1369). *Fenski/Linck* (NZA 1992, 345), *Kittner/Trittin* (2. Aufl. § 55 AGB Rn 1) nahmen eine Verfassungswidrigkeit ab 1.1.1993 an, weil nach Art. 143 Abs. 1 S. 1 GG das Recht im Beitrittsgebiet längstens bis zum 31.12.1992 von den Bestimmungen des Grundgesetzes abweichen dürfte.

41 **§ 55 AGB-DDR** wurde durch Art. 5 des KündFG bei gleichzeitiger Anordnung seiner Fortgeltung für die bis 31.12.1993 verlängerten Sonderkündigungsrechte im öffentlichen Dienst nach dem EV **mit Wirkung ab 15.10.1993 aufgehoben**. Die partielle Fortgeltung erscheint sinnvoll. Denn sie betrifft eine in sich geschlossene Regelung, deren Einzelkomponenten (Kündigungstatbestände, Kündigungsfristen, Übergangsgeld) nicht ohne Veränderung des inhaltlichen Gleichgewichts der Bestimmung geändert werden können (so *Adomeit/Thau* NJW 1994, 15 unter Bezugnahme auf die Begründung des Regierungsentwurfs zum KündFG).

c) Regelungsgehalt

42 Die Regelung des § 55 AGB-DDR wies gegenüber § 622 BGB 1969 folgende **Besonderheiten** auf: Er enthielt **keine** dem § 622 Abs. 1 BGB 1969 entsprechende **Privilegierung** der **Fristen** für **Angestellte**. Die **Grundkündigungsfrist** von zwei Wochen gem. § 622 Abs. 2 S. 1 BGB wurde vielmehr **generell auf alle Arbeitsverhältnisse** übertragen (§ 55 Abs. 1 AGB-DDR). Die Regelung

der **verlängerten Fristen** war identisch mit den Wartezeiten und Fristen, die nach § 622 Abs. 2 S. 2 BGB 1969 **für ältere Arbeiter** galten. § 55 Abs. 1 und 2 AGB-DDR erfüllte damit hinsichtlich der Gleichbehandlung von Arbeitern und Angestellten die Anforderungen, die das *BVerfG* (Beschluss v. 30.5.1990 EzA § 622 BGB nF Nr. 27) an eine verfassungskonforme Fristenregelung gestellt hatte (*Kittner/Trittin* [2. Aufl.] § 55 AGB Rn 1; *Popp* HAS § 19 B Rn 34; *Stahlhacke/Preis* [5. Aufl.] Rn 1369; *Fenski/Linck* NZA 1992, 345; vgl. auch *Etzel* KR, 4. Aufl., § 1 KSchG Rn 678).

Die **Tariföffnungsklausel** in § 55 Abs. 3 AGB-DDR beschränkte – anders als § 622 Abs. 3 BGB 1969 – das Vorrangprinzip ausschließlich auf die **verlängerten Kündigungsfristen** in § 55 Abs. 2 AGB-DDR, während die Grundfrist des Abs. 1 auch von den Tarifvertragsparteien nicht verkürzt werden konnte. Die Tariföffnungsklausel galt nicht nur für Tarifverträge, die nach dem 3.10.1990 im Geltungsbereich des TVG abgeschlossen worden sind, sondern bis zur tariflichen Neuregelung auch für die vor dem **Stichtag** abgeschlossenen **Rahmenkollektivverträge** und **Tarifverträge** des Rechts der früheren DDR (Anl. I Kap. XIX Sachgebiet A Abschnitt III Nr. 1 Abs. 1 EV, § 9 TVG nF; MüKo-BGB/*Oetker* EinigungsV [Zivilrecht im Einigungsvertrag, 1991] Rn 113; 910 ff.; 1495). Das galt allerdings nur für Rahmenkollektiv- oder Tarifverträge, die entsprechend dem AGB-DDR **registriert** worden waren. Fehlt es daran, dann ist der vor dem 1.7.1990 vereinbarte **Tarifvertrag** in seinem normativen Teil **unwirksam**, wenn er nicht durch einen weiteren Tarifvertrag bestätigt (neu vereinbart) worden ist (*BAG* 13.2.1992 EzA § 14 AGB 1977 [DDR] Nr. 1; *Fenski/Linck* NZA 1992, 346). Allerdings ist ein nicht registrierter Tarifvertrag **wirksam**, der zwar am 31.5.1990 im Gebiet der DDR abgeschlossen war, dessen Inkrafttreten aber erst **zum** 1.7.1990 vereinbart wurde (*BAG* 28.6.1994 EzA § 14 AGB 1977 [DDR] Nr. 4). **Rationalisierungsschutzabkommen**, die vor dem 1.7.1990 abschlossen und registriert wurden, sind ohne Nachwirkung am 31.12.1990 außer Kraft getreten, soweit es nicht um Arbeitnehmer geht, die bis zum 31.12.1990 die Voraussetzungen der Rationalisierungsschutzabkommen erfüllt haben (MüKo-BGB/*Oetker* EinigungsV [Zivilrecht im Einigungsvertrag, 1991] Rn 926 ff.; zum interlokalen Tarifrecht vgl. *Kempen* AuR 1991, 129 ff.). Die **Beseitigung** eines durch einen Rahmenkollektivvertrag Anfang 1990 begründeten Anspruchs auf erhöhtes Überbrückungsgeld iSv § 121 Abs. 2 AGB-DDR nach § 31 Nr. 3 InkrG vom 21.6.1990 durch das Inkrafttreten eines Tarifvertrages mit Wirkung vom 1.7.1990 verstößt **nicht gegen das Rechtsstaatsprinzip**, da die Normadressaten des Rahmenkollektivvertrages nach Abschluss des Staatsvertrags über die Schaffung einer Währungs-, Wirtschafts- und Sozialunion vom 18.5.1990 mit der Ablösung des Arbeitsrechts der DDR und der kraft dessen geltenden Rahmenkollektivverträge ab 1.7.1990 rechnen mussten (*BAG* 13.12.1995 EzA § 14 AGB 1997 [DDR] Nr. 5).

Die **tarifvertragliche Verlängerung der Kündigungsfristen** wurde durch § 55 AGB-DDR nicht ausgeschlossen (MüKo-BGB/*Oetker* EinigungsV Rn 1006 [Zivilrecht im Einigungsvertrag, 1991]). Anderes ergibt sich lediglich aus dem **Sonderkündigungsrecht** für den öffentlichen Dienst nach dem EV für Kündigungen, die **bis zum 2.10.1992** ausgesprochen worden sind (Nichtanwendbarkeit der Regelungen in § 53 Abs. 3 BAT-O, vgl. *BAG* 25.3.1993 EzA § 55 AGB 1990 [DDR] Nr. 1; *Etzel* KR, 4. Aufl., § 1 KSchG Rn 679). Für später (bis zum 31.12.1993) aufgrund der Sonderkündigungstatbestände erklärte Kündigungen sind die einschlägigen tarifvertraglichen Regelungen jedoch anwendbar (*LAG Chemnitz* 3.11.1993 BB 1994, 219 [LS]; *BAG* 26.5.1994 EzBAT § 53 BAT EinigungsV Nr. 13; *LAG Bln.* 8.5.1995 – 9 Sa 144/94, nv).

Dagegen fehlte ein dem § 622 Abs. 4 BGB 1969 entsprechender Tarifvorbehalt für **Aushilfsarbeitsverhältnisse**, bei denen in den neuen Bundesländern deswegen die Frist **nicht vertraglich verkürzt** werden konnte (*Fenski/Linck* NZA 1992, 346).

Bei einer Kündigung nach Anl. I Kap. XIX Sachgebiet A Abschn. III Nr. 1 Abs. 4 EV richtet sich die Kündigungsfrist auch dann nach § 55 AGB-DDR, wenn **einzelvertraglich** eine längere Kündigungsfrist vereinbart war. Der darin liegende gesetzliche Eingriff in die vertraglich erworbene Rechtsposition des Arbeitnehmers ist verfassungsrechtlich nicht zu beanstanden (*BAG* 27.10.1994 ZTR 1995, 235).

47 Eine der Rechtssystematik und dem Verfassungsverständnis in den alten Bundesländern **fremde Verordnungsermächtigung** zur Festlegung besonderer Kündigungsfristen und -termine durch Erlass von Rechtsvorschriften für bestimmte Personengruppen enthielt § 55 Abs. 5 AGB-DDR (= § 55 **Abs. 2 AGB-DDR 1977**). Durch derartige Verordnungen konnten nicht nur im Verhältnis zu § 55 AGB-DDR **längere**, sondern auch **kürzere** Kündigungsfristen geregelt werden (MüKo-BGB/*Oetker* EinigungsV [Zivilrecht im Einigungsvertrag, 1991] Rn 1496). Auf der Grundlage von § 55 **Abs. 2** AGB-DDR 1977 sind zB die Verordnung über die wissenschaftlichen Mitarbeiter an den wissenschaftlichen Hochschulen – Mitarbeiterverordnung (MVO) – vom 6.11.1968 (GBl. II Nr. 127 S. 1007), die Verordnung über die Pflichten und Rechte der Lehrkräfte und Erzieher der Volksbildung und Berufsbildung – Arbeitsordnung für pädagogische Kräfte – vom 29.11.1979 (GBl. I Nr. 44 S. 444), die Verordnung über die Arbeit und das Verhalten an Bord von Seeschiffen – Seemannsordnung – vom 2.7.1969 (Gbl. II Nr. 58 S. 381) erlassen worden (MüKo-BGB/*Oetker* EinigungsV [Zivilrecht im Einigungsvertrag, 1991] Rn 1496 Fn 8), die für die arbeitsrechtliche Praxis weiter bedeutsam sein können (*Fenski/Linck* NZA 1992, 346). Allerdings muss im Einzelfall anhand der Regelungen des EV festgestellt werden, ob die jeweilige Verordnung nach dem Beitritt noch zu dem fortgeltenden Recht der DDR zählt. Bei der Arbeitsordnung für pädagogische Kräfte ist das nicht der Fall (*BAG* 28.4.1994 EzA Einigungsvertrag Art. 20 Nr. 35).

48 Vor dem 1.7.1990 abgeschlossene Tarifverträge im Gebiet der ehemaligen DDR sind **unwirksam**, wenn sie nicht nach § 14 Abs. 2 AGB-DDR 1977 registriert worden sind (*BAG* 13.2.1992 EzA § 14 AGB 1977 [DDR] Nr. 1; 21.5.1992 EzA § 14 AGB 1977 [DDR] Nr. 2; *Ascheid* NZA 1993, 99). Nach dem AGB-DDR **wirksam** zustande gekommene Rahmenkollektivverträge sind Tarifverträge auch iSv § 72a ArbGG (*BAG* 10.3.1993 DB 1993, 1522). In **Betriebskollektivverträgen** nach § 28 AGB-DDR konnten vor dem 1.7.1990 nur Ansprüche festgelegt werden, die entsprechend den damaligen Rechtsvorschriften im Betriebskollektivvertrag zu treffen waren (*BAG* 26.5.1992 EzA § 28 AGB 1977 [DDR] Nr. 1; 14.9.1994 DB 1995, 535). Dazu gehörte die Regelung von Kündigungsfristen nicht.

49 Im Geltungsbereich des Tarifvertrages zur Überleitung des RTV für die technischen und kaufmännischen Angestellten auf das Gebiet der neuen Länder richteten sich die Kündigungsfristen nach den gesetzlichen Vorschriften in den neuen Bundesländern. Für die Kündigung von Angestellten galt deswegen § 55 **AGB-DDR** und nicht das AngKSchG oder § 622 BGB 1969 (*LAG Bra.* 27.11.1991 RzK I 8m dd Nr. 12; *BAG* 23.9.1992 – 4 AZR 105/92, nv; aA *Däubler* Tarifvertragsrecht Rn 1818).

50 Die Frist des § 55 AGB-DDR war kraft ausdrücklicher und durch das KündFG unberührter Anordnung (Art. 5 S. 2 KündFG) bis 31.12.1993 auch für **ordentliche Kündigungen** im öffentlichen Dienst nach Anl. I Kap. XIX Sachgebiet A Abschn. III Nr. 1 Abs. 4 EV anzuwenden.

51 Arbeiten Arbeitgeber und Arbeitnehmer im Bereich der alten Bundesländer, wird der Arbeitnehmer aber ausschließlich für einen **Einsatz** in den **neuen Bundesländern** eingestellt, dann richtete sich die Kündigungsfrist bei fehlender ausdrücklicher oder konkludenter Vereinbarung nach § 55 AGB-DDR (*LAG MV* 18.3.1993 – 1 Sa 104/92; vgl. auch *Däubler* Tarifvertragsrecht Rn 1815; *Hanau/Preis* Das Arbeitsrecht der neuen Bundesländer I 2 S. 11).

II. Das KündFG vom 7.10.1993

52 Der Neuregelung ging ein Entwurf der **Bundesregierung** (BT-Drucks. 12/5081, 5191), der Fraktionen der **CDU/CSU** und der **FDP** (BT-Drucks. 12/4902) sowie ein Entwurf der Fraktion der **SPD** (BT-Drucks. 12/4907) voraus. Nach den Vorstellungen der **SPD** sollte die bislang nur für Angestellte geltende sechswöchige Kündigungsfrist zum Ende eines Kalendervierteljahres auch auf Arbeitsverträge mit Arbeitern ausgedehnt werden. Der **DGB** forderte eine Frist von zwei Monaten zum Monatsende (AiB 1993, 346, 347; zu den eingebrachten Reformvorschlägen vgl. *Sieg* AuA 1993, 165, und *Wank* NZA 1993, 962 f.; zu möglichen Unklarheiten im Regierungsentwurf [§ 622

Abs. 5 S. 2 des Entwurfs, der dann auch mit einer vom Vermittlungsausschuss vorgeschlagenen Änderung Gesetz geworden ist] *Bauer* NZA 1993, 495, und *Wank* NZA 1993, 965). Der **Bundestagsausschuss für Arbeit und Sozialordnung** legte seinen Bericht und seine Beschlussempfehlung am 22.6.1993 vor (BT-Drucks. 12/5228), worauf der **Bundestag** in zweiter und dritter Lesung am 23.6.1993 dem Gesetzentwurf in der Ausschussfassung zustimmte (165. Sitzung des Bundestages, Plenarprotokoll 12/165). Der vom **Bundesrat** angerufene **Vermittlungsausschuss** empfahl eine Änderung der vom **Bundestag** beschlossenen Fassung (BT-Drucks. 12/5721). Danach sollten bisher nicht vorgesehene Kündigungstermine zum Fünfzehnten oder zum Ende eines Kalendermonats eingeführt werden. Abs. 5 S. 1 der Fassung wurde um eine Sonderregelung für Kleinunternehmen ergänzt. Abs. 5 S. 2 erhielt seine dann auch Gesetz gewordene (ursprüngliche) Fassung. Am 30.9.1993 wies der **Bundestag** den Einspruch des **Bundesrates** zurück und verabschiedete das am 15.10.1993 in Kraft getretene Gesetz in der vom **Vermittlungsausschuss** vorgeschlagenen Fassung (Darstellung des Gesetzgebungsverfahrens bspw. bei *Schwedes* BABl. 12/1993, 9, und *Wank* NZA 1993, 963 f.; zur Entstehungsgeschichte vgl. *Kittner/Trittin* [3. Aufl.] Rn 1–5, zu weiteren Novellierungsvorschlägen dort Rn 6).

Art. 1 KündFG hat **sämtliche Kündigungsfristen von Arbeitern und Angestellten** durch Änderung des § 622 des BGB vereinheitlicht. Nach Art. 221 des Einführungsgesetzes zum BGB wurde aufgrund Art. 2 Nr. 1 KündFG als Art. 222 eine **Übergangsvorschrift zum KündFG** eingeführt. Art. 3 und 4 haben die Regelungen über Kündigungsfristen im vormaligen SeemG bzw. im HAG geändert. Durch Art. 5 wurde die fortgeltende Bestimmung des § 55 **AGB-DDR** bei gleichzeitiger Anordnung ihrer Fortgeltung für die bis 31.12.1993 verlängerten Sonderkündigungsrechte im öffentlichen Dienst nach dem EV **aufgehoben**. Aufgrund Art. 7 ist mit Inkrafttreten des KündFG das **AngKSchG außer Kraft getreten**. Die Neuregelung hat weder die früheren Angestelltenregelungen noch die früheren Arbeiterregelungen übernommen, sondern ist den Weg einer echten **Neuorientierung** gegangen, die einerseits zu einer **Vereinheitlichung der Kündigungsfristen auf mittlerem Niveau** zwischen den früheren Regelungen für beide Arbeitnehmergruppen und andererseits zu einer **stärkeren Staffelung der Kündigungsfristen** als bisher führt. Damit sollten sowohl die Schutzbedürfnisse beider Arbeitnehmergruppen als auch das Interesse der Arbeitgeber an möglichst großer Flexibilität ausgewogen berücksichtigt werden. Zugleich sollten Einstellungshemmnisse, die sich aus einer zu großen Verlängerung der Kündigungsfristen für Arbeitgeber, vor allem in den ersten Beschäftigungsjahren, ergeben könnten, vermieden werden (BT-Drucks. 12/4902, S. 7). **Keine arbeitsrechtlich** (sondern nur für Zwecke der **Arbeitsförderung**) maßgeblichen Kündigungsfristen sind die Fiktionen bei Kündigungsausschluss in § 158 Abs. 1 S. 3 und 4 SGB III (vgl. *LAG Bra.* 16.5.2001 – 7 Sa 77/01).

53

B. Überblick

I. Grundkündigungsfrist

§ 622 Abs. 1 sieht nunmehr eine **Grundkündigungsfrist von vier Wochen einheitlich für das Arbeitsverhältnis eines Arbeiters oder eines Angestellten** (Arbeitnehmers) in den ersten beiden Beschäftigungsjahren vor. Sie ist verbunden mit **zwei Kündigungsterminen zum Fünfzehnten oder zum Ende eines Kalendermonats**. Eine zum Fünfzehnten eines Kalendermonats ausgesprochene Kündigung wirkt im Falle ihres verspäteten Zugangs zum nächst zulässigen Kündigungstermin, also zum Monatsende, falls die Parteien keinen abweichenden Kündigungstermin vereinbart haben (s. aber Rdn 163). **Mit vier Wochen sind 28 Tage gemeint** und nicht, wie die Umgangssprache vielleicht nahelegt, ein Monat (*Staudinger/Preis* Rn 24; *Schaub/Linck* § 126 III 3, Rn 13; *Hromadka* BB 1993, 2373; ArbRBGB-*Röhsler* Rn 41; MüKo-BGB/*Hesse* Rn 23).

54

Die Neuregelung verzichtet auf Kündigungstermine zum Ende eines Kalendervierteljahres, die bisher allgemein für Angestellte sowie für Arbeiter nach 20jähriger Betriebszugehörigkeit galten. Der Gesetzgeber hat den Verzicht auf das Quartal als Kündigungstermin damit begründet, dass je nach Erklärungszeitpunkt der Kündigung **sachlich nicht gerechtfertigte Unterschiede bei den tatsächlichen Kündigungsfristen** festzustellen waren. Ferner wurde es nicht mehr als gerechtfertigt

55

angesehen, den **Arbeitsmarkt sowie Arbeitsämter und Arbeitsgerichte** schubweise zu Quartalsterminen zu belasten. Die **Bundesanstalt für Arbeit** hatte eine Konzentration auf vier Kündigungstermine im Jahr für eine geordnete Beratungs- und Vermittlungstätigkeit als untragbar angesehen (vgl. BT-Drucks. 12/4902, S. 7; zweifelnd hinsichtlich der angestrebten Entlastungswirkung für den Arbeitsmarkt *Hohmeister* PersR 1994, 11; *Kehrmann* [AiB 1993, 746] befürchtet das Entstehen einer großen Zahl von Zeiten einer Zwischenarbeitslosigkeit; ebenso *Kittner/Trittin* [2. Aufl.] Rn 14). Bei Arbeitgebern mit idR nicht mehr als 20 Arbeitnehmern kann davon abweichend eine Kündigungsfrist von vier Wochen ohne festen Kündigungstermin vereinbart werden (§ 622 Abs. 5 S. 1 Nr. 2). Inwieweit der Fünfzehnte eines Kalendermonats vor dem Hintergrund des Einstellungsverhaltens (*Staudinger/Preis* Rn 6) und der Abrechnungspraxis vieler Arbeitgeber Bedeutung erlangen wird, bleibt – weiter! – abzuwarten (*Staudinger/Preis* Rn 6; *Adomeit/Thau* NJW 1994, 13).

II. Verlängerte Kündigungsfristen

1. Allgemeines

56 Bei den verlängerten Kündigungsfristen nach § 622 Abs. 2 wurde an **Kündigungsterminen zum Ende eines Kalendermonats** festgehalten.

57 § 622 Abs. 2 regelt die **(nur) vom Arbeitgeber** (einseitig) zwingend (SPV-*Preis* Rn 442; ArbRBGB-*Röhsler* Rn 46) einzuhaltenden **Kündigungsfristen gegenüber länger beschäftigten Arbeitnehmern**. Die Neuregelung sieht einen allmählichen stufenweisen Übergang von kürzeren Fristen zu Beginn des Arbeitsverhältnisses zu längeren Fristen **in Abhängigkeit von der Dauer der Betriebs- bzw. Unternehmenszugehörigkeit (Wartezeiten)** vor – was **für sich allein** keinen Verstoß gegen das allgemeine Verbot der Diskriminierung wegen **Alters** darstellt. Längere Kündigungsfristen, die nach der Dauer des Arbeitsverhältnisses und dem Alter des Arbeitnehmers gestaffelt sind, sollen die berufliche Existenz der vom Arbeitsplatzverlust Betroffenen, idR auch der älteren Arbeitnehmer, sichern (*BVerfG* 16.11.1982 BVerfGE 62, 256). In Anlehnung an diese Sichtweise hat auch das *BAG* (18.9.2014 EzA § 622 BGB 2002 Nr. 11) durch die von der Beschäftigungsdauer abhängige Staffelung der Kündigungsfristen **keine Verletzung des Verbots der Altersdiskriminierung** erkannt (s. aber Rdn 60). Der Gesetzentwurf greift Grundgedanken der mit der **IG Chemie** und mit der **DAG** abgeschlossenen und am 1.1.1993 in Kraft getretenen Manteltarifverträge für die chemische Industrie auf (BT-Drucks. 12/4902, S. 7). Die für eine Kündigung durch den Arbeitgeber verlängerten Fristen gelten – abweichend vom alten Recht – bereits nach zweijähriger Betriebszugehörigkeit mit einer Frist von einem Monat zum Ende eines Kalendermonats. Über insgesamt sieben Stufen wird nach 20jähriger Betriebszugehörigkeit die Höchstdauer von sieben Monaten zum Ende eines Kalendermonats erreicht. Wie nach altem Recht werden bei der Berechnung der Betriebszugehörigkeit nur die Zeiten nach der Vollendung des 25. Lebensjahres des Arbeitnehmers berücksichtigt (zur **Verwerfung** der Norm s. Rdn 60 f.). Damit ergibt sich für Arbeiter im Vergleich zur früheren Regelung eine erhebliche Verbesserung. So verlängert sich bspw. die Kündigungsfrist nach zwei Jahren Betriebszugehörigkeit im Durchschnitt auf das Dreifache und verdoppelt sich nach fünf Jahren Betriebszugehörigkeit. Die bisher nur Angestellten vorbehaltenen Fristen ab der Vier-Monats-Frist sind neu eingeführt. Für Angestellte ergibt sich außer der Umstellung von Quartals- auf den Monatskündigungstermin zwar ein um zwei bzw. drei Jahre verzögertes Erreichen einer Steigerungsstufe (bspw. wird die dreimonatige Kündigungsfrist erst nach acht Jahren statt vormals nach fünf Jahren erreicht). Andererseits tritt für langjährig beschäftigte Angestellte eine Verbesserung durch die Verlängerung der Höchstfrist von früher sechs auf nunmehr sieben Monate ein. Eine weitere Verbesserung besteht für Angestellte darin, dass die gesetzliche Verlängerung nicht mehr an das Erfordernis der Beschäftigung durch einen Arbeitgeber von regelmäßig mehr als zwei Angestellten gebunden ist (so der durch das KündFG aufgehobene § 2 Abs. 1 S. 1 AngKSchG).

2. Beschäftigung in einem Betrieb oder Unternehmen

58 Da § 622 Abs. 2 S. 1 ein Arbeitsverhältnis in **dem Betrieb** oder **Unternehmen** voraussetzt, spricht die dem § 1 Abs. 1 KSchG angenäherte Fassung der Regelung dafür, von dem **Betriebsbegriff iSd**

KSchG auszugehen. Damit können die sog. **Hausangestellten** auch nach einer längeren Beschäftigung keine verlängerten Kündigungsfristen beanspruchen, weil der **Haushalt weder Betrieb noch ein Unternehmen ist**. Denn es gibt bei einem privaten Haushalt um bloße Konsumtion bzw. allein um die Befriedigung von Eigenbedarf (so *BAG* 11.6.2020 EzA-SD 2020 Nr. 17, 3 mit krit. Anm. *Riesenhuber* AP Nr. 87 zu § 622 BGB; krit. auch *Treichel* JZ 2020, 1121, 1122 ff.). Der Gesetzgeber hat die Besserstellung der im Haushalt Beschäftigten durch Aufhebung von § 9 Abs. 1 S. 2 Hs. 1 MuSchG aF mit Wirkung ab 1.1.1997 und die damit verbundene kündigungsschutzrechtliche Gleichbehandlung (dazu *Sowka* NZA 1997, 296, 297; *Zmarzlik* DB 1997, 474, 475 f.) aller Arbeitnehmerinnen nicht zum Anlass genommen, auch für eine Gleichbehandlung bei den Kündigungsfristen zu sorgen. Das ist mit Blick auf Art. 6 Abs. 4 GG iVm Art. 3 GG nicht unproblematisch, werden doch im Haushalt überwiegend Frauen beschäftigt (u.a. deshalb gegen die hM *LAG BW* 26.6.2015 NZA-RR 2016, 17 [rkr] m. zust. Anm. *Söhl* ArbRAktuell 2015, 555; BBDW-*Bader* Rn 39a und *Gravenhorst* jurisPR-ArbR 12/2016 Anm. 4 Abschn. C; **krit.** mit Blick auf die Ungleichbehandlung auch zu Recht *Kocher* NZA 2013, 929, 931 f.; allerdings entspreche das deutsche Recht den Mindestanforderungen der – in Deutschland anwendbaren – ILO = Konvention 189 »Menschenwürdige Arbeit für Hausangestellte« v. 16.6.2011, BGBl. II 2013, S 922, *Kocher* NZA 2013, 929 [934]). Das *BAG* (11.6.2020 EzA-SD 2020 Nr. 17,3) stellt demgegenüber auf den Kernbereichsschutz des Art. 13 Abs. 1 GG ab (Rückzugsraum des Haushaltsinhabers, Nähe des Arbeitnehmers zu ihm und ggfs. zu dessen Familienangehörigen) und hält die in Betracht kommende mittelbare Benachteiligung von Hausangestellten durch ein rechtmäßiges Ziel für sachlich gerechtfertigt und die eingesetzten Mittel zur Zielerreichung angemessen gem. Art. 21 Abs. 1 GRC und Art. 14 Abs. 1 Buchst. c RiLi 2006/54/EG. Mit diesen Feststellungen ist aber noch nichts darüber gesagt, wann ein Privathaushalt oder Teile davon nicht mehr privat sind, sondern einen Betrieb darstellen (*Legerlotz* ArbRB 2021, 89, 91). Die Anknüpfung an den **Betrieb** oder das **Unternehmen** ist insofern unsystematisch, als § 622 Abs. 5 S. 1 Nr. 2 auf den **Arbeitgeber** abstellt, § 1 Abs. 3 KSchG von der Dauer der **Betriebszugehörigkeit** und § 10 Abs. 2 KSchG wiederum von dem **Bestand des Arbeitsverhältnisses** redet, § 23 Abs. 1 KSchG dann wieder vom **Betrieb** ausgeht. Eine **Legaldefinition** des »Unternehmers« findet sich jetzt in § 14 BGB.

3. Bestimmung und Berechnung der Wartezeiten (§ 622 Abs. 2 S. 1 mit S. 2)

§ 622 Abs. 2 Satz 1 BGB enthält **Wartezeiten**. Diese bestimmen sich nach der **rechtlichen** Dauer des Arbeitsverhältnisses (SPK-*Gotthardt* Rn 25) **zum Zeitpunkt des Zugangs der Kündigung** (Erman-*Belling* Rn 6). Für **Beginn** und **Ende** der Wartezeit gelten dieselben Grundsätze wie diejenigen zum Beginn und Ende der Wartezeit nach § 1 Abs. 1 S. 1 KSchG (dazu KR-*Rachor* § 1 KSchG Rdn 107 f.). Der Arbeitnehmer hat erforderlichenfalls diejenigen Tatsachen **darzulegen** und zu **beweisen**, aus welchen sich die Bestimmung der Wartezeiten zu seinen Gunsten ergibt.

§ 622 Abs. 2 S. 2 BGB aF, der bei der Berechnung der Beschäftigungsdauer Zeiten, die vor der Vollendung des **25. Lebensjahres** des Arbeitnehmers liegen, nicht berücksichtigte, war für Kündigungen, die nach dem 2. Dezember 2006 erklärt wurden, wegen Anwendungsvorrangs des Unionsrechts **nicht mehr anzuwenden** (*BAG* 1.9.2010 EzA § 4 nF KSchG Nr. 90; 9.9.2010 EzA § 622 BGB 2002 Nr. 8). Der Gerichtshof der Europäischen Union hatte erkannt, dass das Unionsrecht, insbes. das Verbot der Diskriminierung wegen des Alters in seiner Konkretisierung durch die Richtlinie 2000/78/EG des Rates v. 22. November 2000 zur Festlegung eines allgemeinen Rahmens für die Verwirklichung der Gleichbehandlung in Beschäftigung und Beruf dahin auszulegen ist, dass es einer Regelung wie § 622 Abs. 2 S. 2 BGB entgegensteht, nach der vor Vollendung des 25. Lebensjahres liegende Beschäftigungszeiten des Arbeitnehmers bei der Berechnung der Kündigungsfrist nicht berücksichtigt werden (*EuGH* 19.1.2010 – C-555/07 – [Kücükdeveci] EzA Richtlinie 2000/78/EG-Vertrag 1999 Nr. 14; **sehr krit.** dazu *Pačić* ZAS Öst 2012, 20, 21 ff.). Dabei oblag es dem nationalen Gericht, bei dem ein Rechtsstreit über das Verbot der Diskriminierung wegen des Alters in seiner Konkretisierung durch die Richtlinie 2000/78/EG anhängig ist, im Rahmen seiner Zuständigkeiten den rechtlichen Schutz, der sich für den Einzelnen aus dem Unionsrecht ergibt, sicherzustellen und die volle Wirksamkeit des Unionsrechts zu gewährleisten, indem es erforderlichenfalls jede diesem Verbot entgegenstehende Bestimmung des nationalen Rechts unangewendet lässt (19.1.2010 – C-555/07 – [Kücükdeveci] EzA Richtlinie 2000/78/EG-Vertrag 1999 Nr. 14). Daran hat sich das *BAG* (1.9.2010 EzA § 4 nF KSchG Nr. 90; 9.9.2010 EzA § 622 BGB 2002 Nr. 8) gebunden gesehen und wegen des Anwendungsvorrangs des Unionsrechts (*BVerfG* 6.7.2010 NZA 2010, 995; *BVerfG* [3. Kammer des 1. Senats] 18.11.2008 EzA § 622 BGB 2002 Nr. 6) auf die Unanwendbarkeit der Vorschrift erkannt. Die Unanwendbarkeit für die Zeit nach dem **02. Dezember 2006** ergab sich daraus, dass zu diesem Zeitpunkt die für die *Bundesrepublik Deutschland* u.a. hinsichtlich des Diskriminierungsmerkmals »Alter« bis zum 2. Dezember 2006 verlängerte Frist zur Umsetzung der Richtlinie 2000/78/EG abgelaufen war (*BAG* 9.9.2010 EzA § 622 BGB 2002 Nr. 8; *LAG Düsseld.* 17.2.2010 LAGE § 622 BGB 2002 Nr. 5; 30.4.2010 – 9 Sa 354/09). Für die Praxis war damit ein langjähriger Meinungsstreit in Rechtsprechung und Literatur (vgl. hierzu KR 9. Aufl.) entschieden. Bereits vor den klärenden Entscheidungen ist es zu einer Prüfung von legislativem Änderungsbedarf durch die *Bundesregierung* gekommen (BT-Drucks. 16/6316, S. 15). Die Streichung der Vorschrift war bereits durch das *BRA* Mitglieder-Info Juli 2008, S. 5, gefordert worden. Eine Aufhebung bzw. eine Streichung waren auch bereits Gegenstand von Gesetzentwürfen von Abgeordneten und der Fraktion *Bündnis 90/Die Grünen* mit BT-Drucks. 17/657 v. 09.02.2010 sowie mit Gesetzentwurf der Fraktion der *SPD* mit BT-Drucks. 17/775 v. 23.2.2010. Am 11. April 2011 ist es zu einer öffentlichen Anhörung von Sachverständigen vor dem *Ausschuss für Arbeit und Soziales* gekommen (Zusammenstellung der schriftlichen Stellungnahmen Ausschussdrucks. 17[11]482 v. 8.4.2011). Neben Aufhebung oder Streichung der Vorschrift hielt es *Thüsing* (Ausschussdrucks. S. 482) für eine empfehlenswerte Alternative, die Norm europarechtskonform anzupassen bzw. umzuformulieren, dabei aber den Gedanken, die Länge der Kündigungsfrist auch vom Lebensalter abhängig zu machen, beizubehalten. **Beide** vorgenannten Gesetzesentwürfe wurden vom Bundestag in dessen 136. Sitzung am 27.10.2011 mehrheitlich abgelehnt (BT-Plenarprot. 17/136 S. 16206 ff., 16215; **krit.** zum Zustand Gem. Stellungnahme des *Dt. Anwaltvereins* und des *BRA* Nr. 69/2012 August 2012, S. 5; Beschluss der 80. Konferenz der Präsidentinnen und Präsidenten der Landesarbeitsgerichte vom 8.5.2018, der den Normwiderspruch mit dem sich aus dem Rechtsstaatsprinzip ergebenden Grundsatz der Rechtsklarheit für unvereinbar hält). **Aufgehoben** wurde § 622 Abs. 2 S. 2 BGB aF durch Art. 4d des Gesetzes zur Stärkung der Chancen für Qualifizierung und für mehr Schutz in der Arbeitslosenversicherung (Qualifizierungschancengesetz) vom 18.12.2018 (BGBl. I S. 2651) **mit Wirkung ab 1.1.2019.**

61 Aufgrund der ohne Gewährung von Vertrauensschutz rückwirkend verfügten Unanwendbarkeit des § 622 Abs. 2 S. 2 BGB aF für Kündigungen, die nach dem 2. Dezember 2006 erklärt wurden, stellt sich die Frage nach den **Folgen** einer vom Arbeitgeber (nur er ist Adressat der verlängerten Kündigungsfristen des § 622 Abs. 2 BGB, weswegen sich ein vor Vollendung des fünfundzwanzigsten Lebensjahres gekündigter Arbeitnehmer auf die **Wirksamkeit** der Altregelung hatte berufen dürfen – etwa um sein Mobilitätsinteresse zu verwirklichen) **bis 31.12.2018** (dem Tag vor dem Wirksamwerden der Streichung der Vorschrift) mit **unzureichender** Frist erklärten Kündigung. Diese Folgen treten ein, wenn die Kündigung ohne Weiteres auf den zutreffenden (späteren) Kündigungstermin erklärt verstanden werden soll. Dies wird bei einer Kündigung ohne Fristwahrung zwar allgemein anerkannt (s. Rdn 163), dürfte aber ausscheiden, wenn sich der Kündigende nur an das verkündete Gesetz hat halten wollen und einen späteren Kündigungstermin deshalb gar nicht in Erwägung gezogen haben wird (s. Rdn 163). Auch bei Annahme eines **gewollten** späteren Kündigungstermins **bei dieser Situation** ist zu klären, ob die Außerachtlassung der Kündigungsfrist nicht binnen der **Klagefrist des § 4 KSchG** hätte geltend gemacht werden müssen (s. Rdn 163) oder ob, wenn nein (so etwa *Gaul/Koehler* ArbRB 2010, 53, 54), das Klagerecht möglicherweise **verwirkt** ist (*Huke* SAE 2010, 77, 78 f. nimmt die Verwirklichung des tatbestandlichen Umstandsmoments der Verwirkung an für Sachverhalte, die vor »Veröffentlichung« der Entscheidung des *EuGH* v. 19.1.2010 [C-555/07 – [Kücükdeveci] EzA Richtlinie 2000/78/EG-Vertrag 1999 Nr. 14] bereits abgeschlossen waren).

Sollte das Arbeitsverhältnis danach erst später geendet haben, hat dies Auswirkung auf jedweden 62
Tatbestand, der auf die **Dauer** des Arbeitsverhältnisses oder seinen **Beendigungszeitpunkt** abstellt,
beispielsweise auf Anwartschaften jedweder Art, insbes. auf Leistungen einer betrieblichen Altersversorgung, das Sozialversicherungsrecht, das Lohnsteuerrecht oder Ausschlussfristen gleich welcher Grundlage (Gesetz, Tarifvertrag, Betriebsvereinbarung, Arbeitsvertrag), wenn nach diesen der
Lauf derartiger Fristen »mit« oder »nach« Beendigung des Arbeitsverhältnisses beginnt oder Ansprüche zu diesem Zeitpunkt »fällig« werden und sich der Lauf einer Ausschlussfrist **danach** richtet.

Betroffen sind auch **Arbeitsentgeltforderungen**. Ansprüche für geleistete Arbeit entstehen allerdings nicht, wenn der Arbeitnehmer nach Ablauf der unrichtigen Frist tatsächlich nicht mehr gearbeitet hat. Denkbare Nachzahlungsansprüche aus § 615 BGB (*Franzen* RiW 2010, 577, 580) wegen Annahmeverzugs des Arbeitgebers könnten am fehlenden Gläubigerverzug des Arbeitgebers scheitern, wenn der Arbeitnehmer nach Ablauf des unrichtigen Kündigungstermins – etwa im eigenen Vertrauen auf die Richtigkeit der Kündigungsfrist – schon nicht mehr leistungsbereit gewesen wäre (s. KR-*Spilger* § 11 KSchG Rdn 15). Zu denken ist allerdings an die Übertragung derjenigen Grundsätze, welche für eine später als unwirksam erkannte Kündigung entwickelt wurden. Hier tritt der Gläubigerverzug des Arbeitgebers jedenfalls ohne tatsächliches Arbeitsangebot des Arbeitnehmers ein (s. KR-*Spilger* § 11 KSchG Rdn 12 ff.; dafür *Franzen* RiW 2010, 577, 580). Der – vom **Arbeitgeber** zu führende (s. KR-*Spilger* § 11 KSchG Rdn 15) – Nachweis der **fehlenden** Leistungsbereitschaft des Arbeitnehmers ist allerdings nicht leicht zu erbringen. Unproblematisch sind demgegenüber Arbeitsentgeltansprüche, die auch ohne Vorliegen des Gläubigerverzugs eine tatsächliche Arbeitsleistung nicht voraussetzen, etwa bei einer über den Kündigungstermin hinaus fortbestehenden Arbeitsunfähigkeit infolge Krankheit aus dem Entgeltfortzahlungsgesetz. Unproblematisch sind auch Ansprüche, die sich aus dem bloßen (weiteren) Fortbestand des Arbeitsverhältnisses – ggf. ratierlich – weiter aufbauen (wie vorerwähnt etwa aus betrieblicher Altersversorgung, dazu Urlaubsansprüche). 63

Gegen jedweden nach dem Vorstehenden möglicherweise noch entstehenden Anspruch werden 64
sich in der Praxis allerdings uU etwaige anwendbare **Ausschlussfristen** (*Franzen* RiW 2010, 577,
580 f.) einwenden oder wird sich uU **Verjährung** einreden lassen (*v. Steinau-Steinrück/Mosch* NJW-Spezial 2010, 114; *Franzen* RiW 2010, 577, 581). Die Verjährung beginnt nach § 199 Abs. 1 BGB
mit dem Schluss des Jahres, in dem der Nachzahlungsanspruch aus § 615 S. 1 BGB entstanden
ist und der Arbeitnehmer von den anspruchsbegründenden Tatsachen Kenntnis erlangt oder infolge grober Fahrlässigkeit nicht erlangt hat. Für die hier interessierenden Zeiträume werden somit
lediglich die im Dezember 2006 entstandenen Ansprüche bereits Ende 2009 verjährt sein; für die
anderen Ansprüche liefen die Verjährungsfristen Ende 2010 bzw. laufen sie in den Jahren danach
ab (*Franzen* RiW 2010, 577, 581). Anders ist dies zu sehen, wenn man den Beginn der Verjährung
an die Verkündung der Entscheidung des *EuGH* v. 19.1.2010 (C-555/07 – [Kücükdeveci] EzA
Richtlinie 2000/78/EG-Vertrag 1999 Nr. 14) knüpft. Regelmäßig bezieht sich das subjektive Verjährungselement des § 199 Abs. 1 Nr. 2 BGB lediglich auf **Tatsachen**, nicht aber auf die zutreffende
rechtliche Würdigung. Andererseits hat die Rechtsprechung vor allem zu § 852 BGB aF auch anerkannt, dass bei zweifelhafter Rechtslage, die selbst ein rechtskundiger Beobachter nicht zuverlässig
zu beurteilen vermag, der Verjährungsbeginn ausnahmsweise hinausgeschoben sein kann (*Franzen*
RiW 2010, 577, 581 mwN). Die Besonderheit für die vorliegende Fallkonstellation sieht *Franzen*
(RiW 2010, 577, 581) nun zu Recht darin, dass erst das Urteil des *EuGH* v. 19.1.2010 (C-555/
07 – [Kücükdeveci] EzA Richtlinie 2000/78/EG-Vertrag 1999 Nr. 14) verbindlichen Anlass gegeben hat, die Rechtslage nunmehr unter Außerachtlassung des § 622 Abs. 2 S. 2 BGB zu beurteilen.
Es ist daher mit *Franzen* (RiW 2010, 577, 581) erwägenswert, die zu anderen Fragen ergangene
Rechtsprechung auf die vorliegende Konstellation zu übertragen. Dies spielt freilich derzeit nur für
die seltenen Fälle der im Dezember 2006 entstandenen Verzugslohnansprüche eine Rolle (*Franzen*
RiW 2010, 577, 581). Dem Anspruch auf Verzugslohn kann der Arbeitgeber zudem auch § 615
S. 2 BGB entgegenhalten, wonach sich der Arbeitnehmer anderweitiges – auch hypothetisches –
Einkommen anrechnen lassen muss (*v. Steinau-Steinrück/Mosch* NJW-Spezial 2010, 114; *Franzen*
RiW 2010, 577, 580).

§ 622 BGB   Kündigungsfristen bei Arbeitsverhältnissen

65 Die vorstehenden Grundsätze sind übertragbar auf **tarifliche Kündigungsfristenregelungen**, die dem § 622 Abs. 2 S. 2 BGB aF nachgebildet sind (*BAG* 29.9.2011 EzA § 4 TVG Gaststättengewerbe Nr. 4) oder aus anderen Gründen eine Diskriminierung wegen des Alters enthalten (vgl. *Gaul/Koehler* ArbRB 2010, 53, 54; *dies.* BB 2010, 503, 504; *Kilg/Keilich* AuA 2010, 328, 329; *v. Steinau-Steinrück/Mosch* NJW-Spezial 2010, 114, 115).

66 In Betracht zu ziehen ist für den gekündigten Arbeitnehmer auch ein Anspruch auf Entschädigung oder Schadensersatz aus **§ 15 AGG** wegen eines Verstoßes der Kündigung gegen das Benachteiligungsverbot des Alters, welche Ansprüche ein Verschulden nicht voraussetzen (s. *Gaul/Koehler* ArbRB 2010, 53, 55; *dies.* BB 2010, 503, 505; *Klein* dbr 2010, 20, 22; vgl. *Franzen* RiW 2010, 577, 581; zu einem Schadensersatzanspruch aufgrund unionsrechtswidriger Kündigungsklauseln s. *Mogwitz/Dawirs* NJW 2013, 3555 ff.). Allerdings bedarf hier die Ausschlussfrist des § 15 Abs. 4 S. 1 AGG der Beachtung (*Gaul/Koehler* ArbRB 2010, 53, 55; *dies.* BB 2010, 503, 505; *Franzen* RiW 2010, 577, 581).

67 Ein sekundärer Vertrauensschutz durch **Ersatz eines Vertrauensschadens** (dazu und zu möglichen Voraussetzungen *BVerfG* 6.7.2010 EzA § 14 TzBfG Nr. 66) war nicht Gegenstand des Rechtsstreits, der zur Entscheidung des *BAG* v. 9.9.2010 (EzA § 622 BGB 2002 Nr. 8) geführt hat. Dort hatte die Beklagte nicht geltend gemacht, im Vertrauen auf die Regelung des § 622 Abs. 2 S. 2 BGB aF Dispositionen getroffen zu haben, die sie im Wissen um ihre Unanwendbarkeit überhaupt nicht oder in anderer Form getätigt hätte. Erwägenswert sind **Schadensersatzansprüche** betroffener Bürger **gegen die Bundesrepublik Deutschland** wegen qualifizierten Verstoßes gegen unionsrechtliche Umsetzungspflichten Deutschlands (*Franzen* RiW 2010, 577, 583). Geschädigt sein können sowohl Arbeitnehmer wie Arbeitgeber, die im Vertrauen auf den Gesetzeswortlaut – mittlerweile (deshalb) untergegangene – Ansprüche nicht verfolgt haben (Arbeitnehmer) oder die sich Nachforderungen ausgesetzt sehen (Arbeitgeber). Betroffen sein kann auch die Bundesagentur für Arbeit, soweit nach §§ 157 Abs. 3 SGB III, 115 Abs. 1 SGB X Ansprüche des Arbeitnehmers gegen den Arbeitgeber auf sie übergegangen sind (*Franzen* RiW 2010, 577, 582). Allerdings werden Schadensersatzansprüche regelmäßig an der Kausalität zwischen Pflichtverletzung und Schaden scheitern (Einzelheiten *Franzen* RiW 2010, 582, 583): Bei – retrospektiv – »richtiger« Berechnung der Kündigungsfrist hatte der **Arbeitnehmer** für seine Arbeitsvergütung – wenn nicht gerade freigestellt – auch länger arbeiten müssen. **Arbeitgeber**ansprüche könnten sich dem Einwand ausgesetzt sehen, dass die **BRD** durch die Unanwendbarkeit des § 622 Abs. 2 S. 2 BGB aF letztlich **rechtmäßig** gehandelt (reagiert) hat.

68 Tatsächliche Unterbrechungen der Beschäftigung wirken sich auf die Dauer des Arbeitsverhältnisses selbst dann nicht aus, wenn sie – wie zB anhaltende Erkrankungen oder unbezahlter Urlaub – von längerer Dauer sind. Die **Wartezeit** für die Erlangung längerer Kündigungsfristen wird auch dann nicht unterbrochen, wenn das ursprünglich begründete Arbeitsverhältnis rechtlich beendet wird und sich daran ohne zeitliche Unterbrechung ein weiteres Arbeitsverhältnis mit demselben Arbeitgeber anschließt (*BAG* 23.9.1976 EzA § 1 KSchG Nr. 35).

69 Die Auswirkung **rechtlicher Unterbrechungen** des Arbeitsverhältnisses ist für die Berechnung der Dauer des Arbeitsverhältnisses nach § 622 Abs. 2 S. 1 nicht anders zu behandeln als für die Wartezeit nach § 1 KSchG (vgl. dazu KR-*Rachor* § 1 KSchG Rdn 106 ff., 115 ff.) und § 4 BUrlG (*BAG* 6.12.1976 EzA § 1 KSchG Nr. 36) sowie § 3 Abs. 3 EFZG (s. allg. *Natzel* Die Betriebszugehörigkeit im Arbeitsrecht, 2000). Rechtliche Unterbrechungen des Arbeitsverhältnisses sind dann **unerheblich**, wenn die mehreren Arbeitsverhältnisse in einem **engen sachlichen (inneren) Zusammenhang** zueinanderstehen (st.Rspr. des *BAG*, m. zahlr. Nachw. 7.7.2011 EzA § 1 KSchG Nr. 63; MüKo-BGB/*Hesse* Rn 30). Davon ließ sich übrigens auch § 1 Abs. 3 BeschFG leiten. Bei der Prüfung des erforderlichen Zusammenhangs zwischen mehreren Arbeitsverhältnissen kommt es insbesondere auf den **Anlass** und die **Dauer der Unterbrechung** und auf die **Art der Weiterbeschäftigung** an (*BAG* 6.12.1976 EzA § 1 KSchG Nr. 36; 20.8.1998 EzA § 1 KSchG Nr. 50). Es reicht **nicht** aus, wenn der Arbeitnehmer schon bald nach seinem Ausscheiden wiedereingestellt wird, weil die Dauer der Unterbrechung **allein** nicht maßgebend sein kann. Anderseits ist eine

besonders lange **Dauer** der Unterbrechung ein Umstand, der bei fallbezogener Würdigung nicht unberücksichtigt gelassen werden darf. Es wird regelmäßig an einem inneren Zusammenhang zwischen mehreren Arbeitsverhältnissen fehlen, wenn die **Dauer** der rechtlichen **Unterbrechung länger** ist als die jeweiligen **Zeiträume**, in denen das Arbeitsverhältnis **bestanden hat** (*BAG* 18.1.1979 EzA § 1 KSchG Nr. 39). Mit einer bestimmten Dauer der Unterbrechung **allein** allerdings kann ein enger sachlicher Zusammenhang idR **nicht** verneint werden; je länger die Unterbrechung währt, umso gewichtiger müssen die für einen sachlichen Zusammenhang sprechenden Umstände sein (*BAG* 20.8.1998 EzA § 1 KSchG Nr. 50). Werden zwei Lehrer-Arbeitsverhältnisse lediglich durch die Schulferien getrennt und war im ersten Vertrag eine bevorzugte Berücksichtigung bei der Besetzung von Dauerarbeitsplätzen zugesagt, ist dieser Zusammenhang indiziert (vgl. *BAG* 20.8.1998 DB 1998, 2533 [Parallelentscheidung zu *BAG* 20.8.1998 EzA § 1 KSchG Nr. 50]). Nach *BAG* 19.6.2007 (EzA § 90 SGB IX Nr. 2) genügt allein der Entschluss des Arbeitgebers, das Arbeitsverhältnis während der Schulferien nicht fortzuführen. Auch eine Unterbrechung zur Absolvierung eines Meisterlehrgangs ist unschädlich (*LAG Nds.* 25.11.2002 LAGE § 622 BGB Nr. 43). Die Vereinbarung der Weiterbeschäftigung iR eines Arbeitsverhältnisses nach zwischenzeitlichem Aufstieg eines Arbeitnehmers zum Geschäftsführer der persönlich haftenden GmbH einer GmbH amp Co. KG soll bei unwesentlicher Veränderung der Arbeitsaufgaben sogar für die Anrechnung der Beschäftigungszeit als Geschäftsführer sprechen (*BAG* 24.11.2005 EzA § 1 KSchG Nr. 59), obwohl sie nicht als Arbeitsverhältnis zurückgelegt war. Jedenfalls dann, wenn die Arbeitsvertragsparteien vor Beendigung ihres Arbeitsverhältnisses die Begründung eines neuen Arbeitsverhältnisses vereinbaren und nur eine kurzfristige Unterbrechung eintritt, sind beide Arbeitsverhältnisse als Einheit zu betrachten (so urlaubsrechtlich BAG 20.10.2015 EzA § 4 BUrlG Nr. 2). Die zeitliche Unterbrechung von **über fünf Monaten** ist zu groß, um noch von einem sachlichen Zusammenhang ausgehen zu können (*BAG* 22.9.2005 EzA-SD 2006, Nr. 6, 12). Eine Unterbrechung von bis zu sechs Monaten kann hingegen mit Blick auf § 11 Nr. 1.2 S. 3 BRTV-Bau unbeachtlich sein (vgl. *BAG* 22.6.2013 EzA § 1 KSchG Nr. 64). Eine zeitliche Unterbrechung liegt nicht vor, wenn mehrere Arbeitsverträge zwischen denselben Parteien unmittelbar aufeinander folgend abgeschlossen werden und zwischen ihnen nur eine »juristische Sekunde« liegt (vgl. ErfK-*Müller-Glöge* Rn 10; APS-*Linck* Rn 38).

Nur teilweise kann dem Vorschlag von *Sieg* (SAE 1977, 240) zugestimmt werden, der empfiehlt, 70 die Voraussetzung für den engen sachlichen Zusammenhang wie folgt zu präzisieren: Der Arbeitsplatz des zweiten Arbeitsverhältnisses müsse im Wesentlichen so beschaffen sein wie bei der ersten Anstellung. Der Einschnitt dürfe nicht länger als drei Wochen gedauert haben, und der Arbeitnehmer dürfe in der Zwischenzeit kein Arbeitsverhältnis bei einem anderen Arbeitgeber aufgenommen haben. Auf den Anlass der Lösung des ersten Arbeitsverhältnisses soll es nicht ankommen. Dazu ist zu bemerken, dass es allerdings der **Rechtssicherheit** dient, die unerheblichen Zeiten der rechtlichen Unterbrechung mehrerer Arbeitsverhältnisse grds. auf **drei Wochen** zu begrenzen, sofern nicht ausnahmsweise die Umstände des Einzelfalles eine andere Beurteilung erfordern. Nicht einzusehen ist hingegen, weshalb die kurzfristige Tätigkeit bei einem anderen Arbeitgeber während der Dauer der Unterbrechung stets schädlich sein soll. Darauf kann es insbes. dann nicht ankommen, wenn die Parteien sich bei dem Ausscheiden des Arbeitnehmers darüber einig waren, er solle sobald wie möglich wiedereingestellt werden und der Arbeitgeber selbst eine vorübergehende Aushilfstätigkeit vermittelt hat. Wie dieses Beispiel zeigt, kann es für den sachlichen Zusammenhang zwischen mehreren Arbeitsverhältnissen durchaus wesentlich sein, aus welchem **Anlass** das erste Arbeitsverhältnis beendet worden ist. **Abgelehnt** hat das *BAG* (16.3.2000 EzA § 108 BPersVG Nr. 2) den Vorschlag, die Anrechnungsregel in § 1 des aufgehobenen Beschäftigungsförderungsgesetzes – 4-Monats-Grenze – entsprechend anzuwenden.

Wenn zwischen mehreren Arbeitsverhältnissen ein innerer Zusammenhang besteht, ist auch die 71 **Zeit der Unterbrechung** bei der Berechnung der Dauer des Arbeitsverhältnisses mit anzurechnen (aA KR-*Rachor* § 1 KSchG Rdn 117 für die Wartezeit nach § 1 Abs. 1 KSchG; *LAG Hamm* 20.12.1996 LAGE § 1 KSchG Nr. 10; *Rudolph* BuW 2000, 937, 938). Diese vom *BAG* (6.12.1976 EzA § 1 KSchG Nr. 36) offen gelassene Folgerung ist deswegen geboten, weil – wie in den Fällen der §§ 210, 212 BGB aF und § 207 ZPO aF – zunächst eine Unterbrechung eingetreten ist, die rückwirkend als nicht eingetreten zu behandeln ist (*Sieg* SAE 1977, 241). **Gegen** die Berücksichtigung der Unterbrechenszeit nach § 12 (jetzt: § 11) Nr. 1.2 BRTV-Bau *LAG Nbg.* 21.3.2002 DB 2002, 1561 sowie – **bestätigend** – *BAG* 17.6.2003 EzA § 622 BGB 2002 Nr. 1.

72 Bei der Berechnung der Wartezeiten war es nach der alten Regelung und ist es erst recht nach der neuen Regelung **unerheblich**, ob der Arbeitnehmer zunächst oder im Wechsel **Arbeiter- oder/ und Angestelltentätigkeiten** verrichtet hat. Mit zu **berücksichtigen** sind die Zeiten der **beruflichen Ausbildung** (vgl. zur Wartezeit des § 1 Abs. 1 KSchG *BAG* 23.9.1976 EzA § 1 KSchG Nr. 35, und *Etzel* KR, 6. Aufl., § 1 KSchG Rn 107 mwN; umgekehrt wird die in einem vorhergehenden Arbeitsverhältnis zurückgelegte Zeit nicht auf die Probezeit im Berufsausbildungsverhältnis angerechnet, *BAG* 16.12.2004 EzA § 15 BBiG Nr. 14), – früher, s. Rdn 60 f.! – soweit diese im Unternehmen **nach Vollendung des 25. Lebensjahres** erfolgte (*BAG* 2.12.1999 EzA § 622 BGB nF Nr. 60). Entsprechendes gilt für ein **betriebliches Praktikum**, das der beruflichen Fortbildung (§§ 53 ff. BBiG) gedient hat, soweit es im **Rahmen eines Arbeitsverhältnisses** abgeleistet wurde (*BAG* 18.11.1999 AP Nr. 11 zu § 1 KSchG 1969 Wartezeit). **Unberücksichtigt** bleibt hingegen eine dem Arbeitsverhältnis vorhergehende erlaubte Tätigkeit als **Leiharbeitnehmer** bei dem Entleiher, weil ein Arbeitsvertrag während dieser Zeit nur mit dem Verleiher bestand (vgl. *BAG* 20.2.2014 EzA § 1 KSchG Nr. 66). Schließlich bleibt **unberücksichtigt** die Tätigkeit in einem dem Arbeitsvertrag vorhergehenden **freien Mitarbeiterverhältnis** oder **Eingliederungsvertrag** nach §§ 229–234 SGB III aF, der selbst keinen Arbeitsvertrag darstellte (*Natzel* NZA 1997, 806, 809; aA *Etzel* KR, 6. Aufl., § 1 KSchG Rn 107 unter Hinweis auf § 231 Abs. 2 S. 1 SGB III aF; **wie hier** jetzt *BAG* 17.5.2001 EzA § 1 KSchG Nr. 54 m. Anm. *Caspers*). Anrechenbar auf die Wartezeit sein kann die Beschäftigungszeit als **Geschäftsführer** nach Kündigung des Geschäftsführervertrages und Weiterbeschäftigung des Betreffenden – ohne wesentliche Änderung seiner Arbeitsaufgaben – als Arbeitnehmer; dies soll sich mangels abweichender Vereinbarung nach *BAG* 24.11.2005 (NJW 2006, 1899) »regelmäßig« aus dem Parteiwillen schließen lassen (s.a. *LAG RhPf* 17.4.2008 – 9 Sa 684/07). Auszunehmen sind auch Zeiten vorhergehender **geringfügiger Beschäftigung**, und zwar auch auf die **Beschäftigungszeit iSd** früheren **BAT**, da die entgegenstehende Regelung in § 4 Abs. 1 des 77. ÄnderungsTV wegen Verstoßes gegen § 4 Abs. 1 TzBfG iVm dem Gleichheitssatz des Art. 3 Abs. 1 GG unwirksam war (*BAG* 25.4.2007 EzA § 4 TzBfG Nr. 12).

73 § 622 Abs. 2 S. 1 stellt auf das Bestehen des Arbeitsverhältnisses **in einem Betrieb oder Unternehmen** ab. Deshalb wird die **Dauer des Arbeitsverhältnisses, mithin auch diejenige der Wartezeiten**, durch einen **Betriebsübergang** iSv § 613a BGB (vgl. *BAG* 10.12.1998 AP Nr. 187 zu § 613a BGB) oder durch eine **Gesamtrechtsnachfolge (zB Erbfall)** nicht berührt, und zwar bei Betriebsübergang auch nicht durch kurzfristige Unterbrechung (*BAG* 27.6.2002 EzA § 1 KSchG Nr. 55; 18.9.2003 EzA § 622 BGB 2002 Nr. 2). Vielmehr ist auch die Dauer des Arbeitsverhältnisses mit dem früheren Arbeitgeber anzurechnen (APS-*Linck* Rn 41; *EuGH* 6.4.2017 NZA 2017, 585 m. Anm. *Beckerle* BB 2017, 1149 zu der – bejahten – Frage, ob ein Betriebserwerber bei der Anwendung seines eigenen und demjenigen des Veräußerers entsprechenden Kollektivvertrages für die Berechnung des für die Kündigungsfrist maßgeblichen Dienstalters die bei dem Veräußerer zurückgelegten Vorbeschäftigungszeiten auch nach Ablauf der Sperrfrist von 1 Jahr zu berücksichtigen habe). Eine vom Betriebsveräußerer erklärte rechtswirksame Kündigung oder eine wegen unterlassener Klage gem. § 4 KSchG nach § 7 KSchG wirksam gewordene Kündigung bewirkt allerdings eine rechtliche Unterbrechung des Arbeitsverhältnisses (**aA** wenn es um die Kleinbetriebsklausel des § 23 KSchG geht *BAG* 23.5.2013 EzA § 23 KSchG Nr. 39: entscheidend der »virtuelle Altbetrieb« und Unbeachtlichkeit des Vertragsarbeitgebers). Erfüllt werden kann die Wartezeit auch durch Zeiten einer Beschäftigung in demselben Betrieb oder Unternehmen, während derer auf das Arbeitsverhältnis nicht **deutsches** sondern **ausländisches** Recht zur Anwendung gelangte (*BAG* 7.7.2011 EzA § 1 KSchG Nr. 63); dies gilt auch für die in Rdn 69 erörterte rechtliche Unterbrechungen (*BAG* 7.7.2011 EzA § 1 KSchG Nr. 63). Zeiten in anderen Unternehmen eines **Konzerns** hingegen sind ohne vertragliche Abmachung nicht anrechenbar (Einzelheiten vgl. KR-*Rachor* § 1 KSchG Rdn 126; APS-*Linck* Rn 33; KassArbR-*Isenhardt* 6.3 Rn 196), Zeiten in einem

Gemeinschaftsbetrieb hingegen berücksichtigungsfähig. Die mit einer **Spaltung** oder **Teilübertragung** nach dem UmwG verbundenen nachteiligen kündigungsrechtlichen Auswirkungen werden durch § 323 Abs. 1 UmwG ausgeschlossen. Dem Arbeitnehmer bleiben danach auch sämtliche erworbene Kündigungsfristen bzw. dafür vorausgesetzte Wartezeiten erhalten (vgl. *Joost*, in: *Lutter* [Hrsg.] UmwG § 323 Rn 9). Die Vorschrift bezieht sich keineswegs lediglich auf die kündigungs**schutz**rechtliche Stellung des Arbeitnehmers (Schmitt/Hörtnagl-*Langner* § 323 UmwG Rn 6; KR-*Spilger* §§ 322–324 UmwG Rdn 46). Die Zeit des **Grundwehrdienstes** oder einer **Wehrübung** oder des **Zivildienstes** wird nach § 6 Abs. 2 S. 1 ArbPlSchG bzw. § 78 Abs. 1 ZDG iVm § 6 Abs. 2 S. 1 ArbPlSchG auf die »Berufs- und Betriebszugehörigkeit« angerechnet. Dabei ist »Betriebszugehörigkeit« nach der Intention des Gesetzes auch als »Unternehmenszugehörigkeit« zu verstehen, so dass ein Wechsel von einem Betrieb des Unternehmens in einen anderen Betrieb des Unternehmens nach Ablauf des Wehrdienstes oder der Wehrübung nicht schadet. Für **Eignungsübungen** ergibt sich die gleiche Rechtsfolge wie nach dem ArbPlSchG insoweit, als § 6 Abs. 1 EignungsübungsG den Ausschluss von Nachteilen in »beruflicher und betrieblicher« Hinsicht anordnet.

C. Geltungsbereich

I. Persönlicher Geltungsbereich

1. Bestehen eines Arbeitsverhältnisses

Die Anwendung des § 622 BGB setzt voraus, dass ein **Arbeitsverhältnis** vorliegt, das durch den Arbeitgeber oder den Arbeitnehmer gekündigt wird. Die den Schluss auf ein Arbeitsverhältnis begründenden Tatsachen hat erforderlichenfalls der **Arbeitnehmer** darzulegen und ggf. zu beweisen. Für die Frage, ob ein Dienstverpflichteter (§ 611 BGB) in einem Arbeitsverhältnis steht, kommt es auf den Grad der **persönlichen Abhängigkeit** vom Dienstberechtigten an (*BAG* 15.3.1978 EzA § 611 BGB Arbeitnehmerbegriff Nr. 17; 17.5.1978 EzA § 611 BGB Arbeitnehmerbegriff Nr. 18). Die persönliche Abhängigkeit ist dadurch gekennzeichnet, dass ein Arbeitnehmer **fremdbestimmte** Arbeit für einen Arbeitgeber leistet, während der Selbständige, der in einem unabhängigen Dienstverhältnis steht, dem Dienstberechtigten in größerem Maße nach Zeit und Ausführung selbstbestimmte Arbeit leistet (*BAG* 15.3.1978 EzA § 611 BGB Arbeitnehmerbegriff Nr. 17). Vgl. zu den Abgrenzungsmerkmalen zwischen selbständigen Dienstverhältnissen und abhängigen Arbeitsverhältnissen KR-*Rost/Kreutzberg-Kowalczyk* ArbNähnl. Pers. Rdn 12 ff.; für arbeitnehmerähnliche Personen gilt die Vorschrift nicht, MüKo-BGB/*Hesse* § 622 Rn 9. § 622 BGB gilt für alle Arbeitnehmer, sowohl hinsichtlich der Grundkündigungsfrist als auch für die verlängerten Kündigungsfristen. Die Regelung gilt auch für Teilzeitbeschäftigte und für geringfügig Beschäftigte. Sie gilt ohne Rücksicht darauf, wie viele Arbeitnehmer im Unternehmen beschäftigt sind (*Staudinger/Preis* Rn 11; **beachte aber Abs. 5 S. 1 Nr. 2!**). **Kein Arbeitsverhältnis** besteht im Falle erlaubter Tätigkeit als **Leiharbeitnehmer** zwischen diesem und dem Entleiher, sondern mit dem Verleiher. Im Verhältnis zu diesem gilt § 622 BGB für den Leiharbeitnehmer mit Ausnahme dessen Abs. 5 S. 1 Nr. 1 (§ 11 Abs. 4 S. 1 AÜG). Wirkliche bloße »Einfühlungsverhältnisse« begründen jedenfalls keine arbeitsvertragliche Verbindung (vgl. zu den Abgrenzungsproblemen *Sartorius* ZAP 2010, Fach 17 S. 1015 ff.). Der **Eingliederungsvertrag** nach §§ 229–234 SGB III aF stellte **keinen Arbeitsvertrag** dar (*Natzel* NZA 1997, 806, 809; aA *Etzel* KR, 6. Aufl., § 1 KSchG Rn 117 unter Hinweis auf § 231 Abs. 2 S. 1 SGB III aF; **wie hier** jetzt *BAG* 17.5.2001 EzA § 1 KSchG Nr. 54 m. Anm. *Caspers*). Die Streitfrage ist **hier** ohne praktische Relevanz, weil dieser Vertrag nach § 232 Abs. 2 SGB III aF jederzeit für **gescheitert** erklärt werden konnte. **Keine** Arbeitnehmer sind **Heimarbeiter, Hausgewerbetreibende, Zwischenmeister** oder in einem **Werkstattverhältnis** gem. §§ 136 ff. SGB IX Tätige oder »Ein-Euro-Jobber« (§ 16 Abs. 3 SGB II, *LAG* Bln. 27.3.2006 NJ 2006, 335; *ArbG Ulm* 17.1.2006 NZA-RR 2006, 383; *ArbG Bautzen* 26.5.2005 – 2 Ca 2151/05, rkr.; *BAG* 8.11.2006 EzA § 2 ArbGG 1979 Nr. 65). Arbeiten in Maßnahmen des Arbeitsmarktprogramms »Flüchtlingsintegrationsmaßnahmen« begründen kein Arbeitsverhältnis iSd Arbeitsrechts (§ 421a S. 1 SGB III).

74

2. Arbeitnehmer in Kleinunternehmen; Schwellenwert; anteilige Berücksichtigung der Teilzeitbeschäftigten

75 § 622 gilt auch für Arbeitsverhältnisse in Kleinunternehmen, auch wenn nur ein einziger Arbeitnehmer beschäftigt wird oder ein einzelner Leiharbeitnehmer wegen eines »in der Regel« vorhandenen Personalbedarfs eingesetzt wird (vgl. zu § 23 Abs. 1 S 3 KSchG *BAG* 24.1.2013 EzA § 23 KSchG Nr. 38). Auf Empfehlung des **Vermittlungsausschusses** wurde allerdings die Regelung des § 622 Abs. 4 S. 1 Nr. 2 aufgenommen, wonach **einzelvertraglich eine kürzere Grundkündigungsfrist** vereinbart werden kann, wenn der Arbeitgeber **idR nicht mehr als 20 Arbeitnehmer ausschließlich der zu ihrer Berufsbildung Beschäftigten** (das sind auch Umschüler, Anlernlinge, Volontäre und Praktikanten, *Hromadka* BB 1993, 2373; ArbRBGB-*Röhsler* Rn 153) **beschäftigt (Schwellenwert) und die Kündigungsfrist vier Wochen nicht unterschreitet** (DDZ-*Callsen* – § 622 BGB Rn 47 – halten ersichtlich die Differenzierung zwischen großen und kleinen Arbeitgebern für verfassungsrechtlich unbedenklich, soweit die Anrechnungsformel – dazu sogleich – für Teilzeitbeschäftigte in Rede steht; für die Kleinbetriebsklausel des § 8 Abs. 7 TzBfG auch *LAG Köln* 18.1.2002 NZA-RR 2002, 511). Bei der Feststellung der Zahl der beschäftigten Arbeitnehmer waren aufgrund Art. 7 des Arbeitsrechtlichen Beschäftigungsförderungsgesetzes (vom 25.9.1996 BGBl. I S. 1476) ab 1.10.1996 nach § 622 Abs. 5 S. 2 **teilzeitbeschäftigte Arbeitnehmer** mit einer **regelmäßigen wöchentlichen Arbeitszeit** von nicht mehr als **zehn Stunden** mit **0,25**, nicht mehr als **20 Stunden** mit **0,5** und nicht mehr als **30 Stunden** mit **0,75** zu berücksichtigen. Die Regelung konnte nach einem Beispiel von *Schaub* (8. Aufl. Anh. II § 124 VII 2) dazu führen, dass etwa Dienstleistungsunternehmen, die neben einem Geschäftsführer nur geringfügig beschäftigte Teilzeitbeschäftigte beschäftigen, bis zu 79 Arbeitnehmer beschäftigen können, ohne den Schwellenwert zu überschreiten. Zum 1.1.1999 hat sich die Berechnung der maßgeblichen Arbeitnehmerzahl **geändert**. Für Teilzeitkräfte mit einer regelmäßigen wöchentlichen Arbeitszeit von nicht mehr als zehn Stunden gilt kein eigener Anrechnungsfaktor mehr. Sie zählen seither zu den Beschäftigten mit nicht mehr als 20 Stunden und werden mit 0,5 berücksichtigt (Näheres Rdn 77). Maßgebend war »die Gefahr, dass es für den Arbeitgeber attraktiv ist, Arbeitnehmer nur in geringem Stundenumfang zu beschäftigen« (Beschlussempfehlung und Bericht des [11.] Ausschusses für Arbeit und Sozialordnung, BT-Drucks. 14/151, S. 38).

76 § 622 Abs. 5 S. 1 Nr. 2 **bewirkt**, dass in Kleinunternehmen eine **vierwöchige Kündigungsfrist ohne festen Endtermin vereinbart** werden kann. Dies gilt **auch für Teilzeitbeschäftigte**. Diese werden lediglich nach Maßgabe des § 622 Abs. 5 S. 2 bei der Feststellung der Zahl der beschäftigten Arbeitnehmer in dem dort angegebenen Umfang **lediglich quotal** mitgezählt. Für das Eingreifen der Regelung des § 622 Abs. 5 S. 1 Nr. 2 ist entscheidend, wie viele Arbeitnehmer der Arbeitgeber zum **Zeitpunkt des Zugangs der Kündigung idR** beschäftigt. Die **maßgebliche Zahl** ist durch einen Blick auf die Beschäftigtenzahl in der Vergangenheit und durch eine Einschätzung deren voraussichtlicher künftiger Entwicklung zu ermitteln (ähnlich ArbRBGB-*Röhsler* Rn 153). Es kommt nicht darauf an, wie viele Arbeitnehmer zum Zeitpunkt des Zugangs der Kündigung zufällig gerade tatsächlich beschäftigt sind, sondern wie viele Arbeitnehmer bei normalem Betrieb beschäftigt werden. Kurzfristige Schwankungen nach oben (zB durch Weihnachtsgeschäft, Jahresabschlussarbeiten, außergewöhnlich personalintensive Aufträge – *Knorr* ZTR 1994, 271) wie nach unten (zB durch Urlaubszeit, Schlechtwetterperiode im Baugewerbe, Nachsaison – *Knorr* ZTR 1994, 271) sind ohne Bedeutung. **Ruhende Arbeitsverhältnisse** – **Wehrdienst** (§ 1 Abs. 1 ArbPlSchG), **Wehrübungen** (wie vor), **Zivildienst** (wie vor iVm § 78 Abs. 1 ZDG), **Eignungsübung** (§ 1 Abs. 1 EignungsübungsG), **Erziehungsurlaub** (eine ausdrückliche Ruhensanordnung fehlt zwar, die jeweiligen Hauptleistungspflichten sind aber jedenfalls im Ergebnis suspendiert, s. *BAG* 22.6.1988 EzA § 16 BErzGG Nr. 1), **unbezahlte Freistellung** – zählen mit, wie dies § **21 Abs. 7 BEEG** (inhaltlich entsprechend: § 6 Abs. 4 S. 1 PflegeZG, dazu *St. Müller* BB 2008, 1058, 1064) ausdrücklich für den Fall anordnet, dass für den Erziehungsurlauber kein Vertreter nach Abs. 1 jener Vorschrift eingestellt ist (**zu § 23 Abs. 1 KSchG** wie hier: *LKB-Bayreuther* § 23 Rn 30; LSSW-*Löwisch* § 23 Rn 36; vgl. KR-*Bader/Kreutzberg-Kowalczyk* § 23 KSchG Rdn 55; **aA** *Hromadka* BB 1993, 2373). Dies gilt auch, wenn der Ruhenszeitraum 6 Monate übersteigt und keine Ersatzkraft eingestellt ist

(wiederum zu § 23 Abs. 1 KSchG wie hier: KR-*Bader* § 23 KSchG Rdn 55; *v. Hoyningen-Huene/ Linck* § 23 Rn 44; **abw.** *ArbG Stuttg.* 13.10.1983 BB 1984, 1097; *LAG Köln* 22.5.2009 NZA-RR 2009, 583: keine Berücksichtigung Langzeiterkrankter, mit deren Rückkehr nicht mehr zu rechnen sei). Wurde allerdings eine Ersatzkraft eingestellt, wird der Arbeitsplatz nur einmal gezählt (*BAG* 31.1.1991 EzA § 23 KSchG Nr. 23). Anderenfalls käme es zu einer Doppelzählung (**wie hier zu § 23 Abs. 1 KSchG** *Löwisch* § 23 Rn 28). Auch **befristet** Beschäftigte können mitzuzählen sein (vgl. zu Art. 1 Abs. 1 EGRL 59/98 – Massenentlassungsrichtlinie – *EuGH* 11.11.2015 EzA Richtlinie 98/59 EG-Vertrag 1999 Nr. 8). **Vertreter** von Arbeitnehmern, die sich in **beruflicher Weiterbildung** befinden, blieben nach der arbeitsrechtlichen Regelung in § 231 Abs. 2 SGB III aF außer Betracht. **Unberücksichtigt** bleiben **Leiharbeitnehmer** im Falle erlaubter Tätigkeit, weil ein Arbeitsvertrag während dieser Zeit nur mit dem Verleiher besteht. Sie **sind** allerdings zu berücksichtigen, wenn ihr Einsatz auf einem »in der Regel« vorhandenen Personalbedarf beruht (wie zu § 23 Abs. 1 S. 3 KSchG *BAG* 24.1.2013 EzA § 23 KSchG Nr. 38). Berücksichtigungsfähig sein können auch **gekündigte** Arbeitnehmer, deren Kündigungsverfahren noch nicht rkr. abgeschlossen sind (*Aschmoneit* FA 2016, 194, 196 für § 17 KSchG). **Einzurechnen sind diejenigen Arbeitsverhältnisse, die auch nach der ähnlich gestalteten Vorschrift des § 23 Abs. 1 S. 2 KSchG Berücksichtigung finden würden** (vgl. KR-*Bader* § 23 KSchG Rdn 52–55; *Staudinger/Preis* Rn 12). Allerdings stellt § 23 Abs. 1 KSchG auf den **Betrieb**, § 622 Abs. 5 S. 1 Nr. 2 hingegen auf den **Arbeitgeber** ab (diese Anknüpfung ist insofern unsystematisch, als § 622 Abs. 2 S. 1 auf den Betrieb oder das Unternehmen abstellt, zwar auch § 1 Abs. 3 KSchG von der Dauer der Betriebszugehörigkeit, § 10 Abs. 2 KSchG aber dann wiederum von dem Bestand des Arbeitsverhältnisses redet, § 23 Abs. 1 KSchG dann wieder, wie gesagt, vom Betrieb ausgeht).

Gefolgt ist der Gesetzgeber durch die seit 1.10.1996 aufgrund Art. 7 des Arbeitsrechtlichen Beschäftigungsförderungsgesetzes (vom 25.9.1996 BGBl. I S. 1476) geltende und durch Art. 6a des Gesetzes zu Korrekturen in der Sozialversicherung und zur Sicherung der Arbeitnehmerrechte (vom 19.12.1998 BGBl. I S. 3843) lediglich durch die Herausnahme der Teilzeitbeschäftigten mit einer regelmäßigen wöchentlichen Arbeitszeit von nicht mehr als zehn Stunden ab 1.1.1999 geänderten Neuregelung in § 622 Abs. 5 S. 2 **dem Vorschlag der quotalen Anrechnung der Teilzeitbeschäftigten zur Feststellung der maßgeblichen Arbeitnehmerzahl**. Mit deren früherer Herausnahme bei der Feststellung der maßgeblichen Beschäftigtenzahl war das Risiko einer europarechtlichen Verwerfung mit Blick auf das Verbot der Diskriminierung geringfügig Beschäftigter verbunden. Da die Länge der Kündigungsfristen unmittelbare Auswirkung auf das zu zahlende Entgelt hat, war auch der Schutzbereich des Art. 119 EWGV berührt (vgl. zu § 1 Abs. 3 Nr. 2 LohnFG aF: *EuGH* 13.7.1989 EzA § 1 LohnFG Nr. 107; *BAG* 9.10.1991 EzA § 1 LohnFG Nr. 122; *Preis/Kramer* DB 1993, 2127; *Kramer* S. 131; *Kittner/Trittin* [3. Aufl.] Rn 77; **vgl. zu § 23 Abs. 1 KSchG** *EuGH* 30.11.1993 EzA § 23 KSchG Nr. 13). Nach der **Neuregelung** werden bei der Feststellung der Zahl der beschäftigten Arbeitnehmer – **wie beim allgemeinen Kündigungsschutz in der Neufassung des § 23 Abs. 1 S. 4 KSchG** – Teilzeitbeschäftigte nunmehr entsprechend der bereits oben wiedergegebenen Dauer ihrer Arbeitszeit berücksichtigt (**ebenso** jetzt § 2 Abs. 3 S. 3 ArbPlSchG, § 6 Abs. 1 ArbPlSchG und § 11 S. 1 des Gesetzes über Betriebsärzte, Sicherheitsingenieure und andere Fachkräfte für Arbeitssicherheit – hier ebenfalls seit 1.1.1999 unter Herausnahme der unter zehn Wochenarbeitsstunden Beschäftigten). Neben dieser **Vereinheitlichung** war auch an die **Förderung der Teilzeitarbeit** gedacht. Die durch die alte Regelung aufgeworfenen **europarechtlichen** Fragen haben für den Gesetzgeber anscheinend keine Rolle gespielt, sind aber durch die Neuregelung **erledigt** (zu den Zielen der Vereinheitlichung vgl. die *Begr. des Gesetzentwurfes* in BT-Drucks. 13/ 4612, S. 1 und S. 17; zu der Frage, ob durch die quotale Berücksichtigung von Teilzeitbeschäftigten Einstellungshindernisse abgebaut werden **einerseits** *Löwisch* NZA 1996, 1009, 1015, **andererseits** *Preis* NJW 1996, 3369 f.). **Sie ist mit einem systematisch bedingten Unterschied wortidentisch mit der ebenfalls durch das Arbeitsrechtliche Beschäftigungsförderungsgesetz neu gefassten und durch das Korrekturgesetz ebenfalls nur durch die Herausnahme der unter zehn Wochenarbeitsstunden Beschäftigten geänderten Bestimmung in § 23 Abs. 1 S. 3 (jetzt S. 4) KSchG.** Auf deren Kommentierung durch *Bader* (§ 23 KSchG Rdn 49–51) wird daher **verwiesen**. Zu beachten ist, dass der **Schwellenwert** des **§ 23 Abs. 1 S. 2 KSchG** bei (wieder) **fünf** Arbeitnehmern liegt, **hier** bei **zwanzig** Arbeitnehmern. **Überschritten** ist die Schwelle mit dem **einundzwanzigsten** Arbeitnehmer **unabhängig von dessen eigenem Arbeitszeitvolumen**; er kann mithin auch selbst Teilzeitbeschäftigter sein (für § 23 Abs. 1 S. 3 [jetzt: S. 4] KSchG ebenso *Bader* NZA 1996, 1125, 1126; *Preis* NJW 1996, 3369, 3370; *ders.* NZA 1997, 1073, 1074; *Bepler* AuA 1997, 325, 326; *Wlotzke* BB 1997, 414, 415; **wohl auch** *Worzalla* Das Arbeitsrechtliche Beschäftigungsförderungsgesetz und seine Auswirkungen für die betriebliche Praxis, 1996, Rn 141). Zu beachten ist **weiter**, dass die ursprüngliche Regelung über die quotale Anrechnung der Teilzeitbeschäftigten **nicht** von einer **Übergangsregelung** begleitet war (anders die Bestandsschutzregelung in § 23 Abs. 1 S. 4 [aF] KSchG). Das Gleiche gilt von der zum 1.1.1999 erfolgten Herausnahme der unter zehn Wochenarbeitsstunden Beschäftigten. **Gleichwohl** behält eine **nach altem Recht** wirksam vereinbarte kürzere Kündigungsfrist ihre Gültigkeit auch für eine erst unter Geltung des neuen Rechts erklärte Kündigung. In **bestehende Abreden** wollten (und konnten unter dem Gesichtspunkt des Vertrauensschutzes) die Neuregelungen nicht eingreifen. Da die verabredete Kündigungsfrist auch nicht Wirksamkeitsvoraussetzung der Kündigung ist, ist deren Ausspruch erst **nach** Inkrafttreten der Änderung ohne Belang.

3. Hausangestellte

78 Sog. Hausangestellte können die **verlängerten Kündigungsfristen** nicht in Anspruch nehmen. Denn der Haushalt ist weder Betrieb noch Unternehmen iSv § 622 Abs. 2 S. 1 (s. näher Rdn 59).

4. Arbeitnehmerähnliche Personen und Organmitglieder

79 § 622 gilt **unmittelbar** nur für echte Arbeitnehmer und nicht für **arbeitnehmerähnliche Personen**, die nicht persönlich, sondern nur wirtschaftlich von dem Dienstberechtigten abhängig sind (vgl. *BAG* 8.5.2007 EzASD 2007, Nr. 21, 6; MüKo-BGB/*Hesse* Rn 9; vgl. dazu KR-*Rost/Kreutzberg-Kowalczyk* ArbNähnl. Pers. Rdn 53). Die Fristen für die Kündigung von Rechtsverhältnissen arbeitnehmerähnlicher Personen regelt § 621 (und nicht: § 29 Abs. 4 HAG, *BAG* 8.5.2007 EzASD 2007, Nr. 21, 6), wenn sie aufgrund eines Dienstvertrages beschäftigt werden. Weder Art. 3 Abs. 1 GG noch Art. 12 Abs. 1GG gebieten eine **analoge** Anwendung von § 622 Abs. 1 und 2 und § 29 Abs. 3 und 4 HAG auf die Kündigung von Beschäftigungsverhältnissen arbeitnehmerähnlicher Personen (*BAG* 8.5.2007 EzASD 2007, Nr. 21, 6; **abl.** *Schubert* Anm. AP Nr. 15 zu § 611 BGB Arbeitnehmerähnlichkeit). Eine **entsprechende Anwendung** des § 622 schien hingegen für Geschäftsführer einer GmbH dann geboten, wenn sie am Kapital der GmbH nicht beteiligt sind (Einzelheiten s. KR-*Kreutzberg-Kowalczyk* § 14 KSchG Rdn 75; *BGH* 29.1.1981 AP Nr. 14 zu § 622 BGB; *Dernbach* BB 1982, 1268, **aA** jetzt *BAG* 11.6.2020 NZA 2020, 1179, wonach stets § 621 BGB Anwendung findet; zwar bestand keine Vorlagepflicht nach § 2 Abs. 1 RsprEinhG, da die divergierende Rspr. des *BGH* zu § 622 Abs. 1 BGB aF ergangen ist; allerdings käme diese Pflicht nunmehr ggfs. auf den *BGH* zu, *Boemke* Anm. AP Nr. 79 zu § 622 BGB). Daran hat sich auch durch die Neuregelung der Kündigungsfristen nichts geändert (*Staudinger/Preis* Rn 14; SPV-*Preis* Rn 430; MüKo-BGB/*Hesse* Rn 10, § 621 Rn 11 ff.; *Reiser* DB 1994, 1823; *Bauer* BB 1994, 855 f.; *Bauer/Rennpferdt* AR-Blattei 1010.5 Kündigung V, Kündigungsfristen Rn 34, 35 auch für Vorstandsmitglieder; ArbRBGB-*Röhsler* Rn 18; APS-*Linck* Rn 12; **aA** *Hümmerich* NJW 1995, 1178 ff; *Bader/Bram-Bader* Rn 27). **Vorstehendes gilt auch für die verlängerten Kündigungsfristen** des § 622 Abs. 2 (SPV-*Preis* Rn 493; MüKo-BGB/*Hesse* § 621 Rn 10; *Bauer* BB 1994, 855 ff.; *Bauer/Röder* Taschenbuch, S. 50; ArbRBGB-*Röhsler* Rn 19) und für § 622 Abs. 6 (*Fröhlich/Schelp* ArbRB 2010, 379, 380). Eine Differenzierung zwischen Geschäftsführern und Vorstandsmitgliedern ist, anders als unter Geltung des AngKSchG, nicht mehr erforderlich (*Kittner/Trittin* [3. Aufl.] Rn 24; MüKo-BGB/*Hesse* § 621 Rn 10; **aA** wohl *LAG Bln.* 30.6.1997 AP Nr. 41 zu § 5 ArbGG 1979). Die Praxis wird sich an *BAG* 11.6.2020 (aaO) zu orientieren haben. Soweit der *EuGH* Geschäftsführer, Praktikanten und DRK-Schwestern **unionsrechtlich** als/wie Arbeitnehmer behandelt (*EuGH* 11.11.2010 EzA Richtlinie 92/85 EG-Vertrag 1999 Nr. 5 – »Danosa«; 9.7.2015 EzA Richtlinie 98/59 EG-Vertrag 1999 Nr. 7; 17.11.2016 EzA Richtlinie 2008/104 EG-Vertrag 1999 Nr. 2) betrifft

dies nicht § 622 BGB. Die Auslegung/Anwendung dieser Vorschrift stellt keine »Durchführung des Rechts der Union« iSv Art. 51 Abs. 1 GRC dar und auch Art. 30 GRC vermittelt nicht die Anwendung jener Charta (zu § 626 BGB *ArbG Stuttg.* 21.12.2016 NZA-RR 2017, 69). Es steht kein unionsrechtlich gesteuerter Bereich in Rede (allg. *Wank* EuZW 2018, 21 ff., 30; **zu § 622 BGB** *Boemke* RdA 2018, 1, 20).

II. Sachlicher Geltungsbereich und Regelungsgehalt
1. Regelung der ordentlichen Kündigung

Sachlich enthält § 622 eine **Einschränkung** der nach dem liberalistischen Grundsatz der **Vertragsbeendigungsfreiheit** (vgl. KR-*Rachor* § 1 KSchG Rdn 15 ff.) ohne besonderen Beendigungsgrund und an sich auch ohne Einhaltung einer Kündigungsfrist sofort möglichen **ordentlichen Kündigung** durch die Bindung der Kündigung an **Kündigungsfristen** und **Kündigungstermine** (*Popp* HAS § 19 B Rn 3). Die **ordentliche Kündigung** ist das in der Rechtsordnung vorgesehene **übliche Mittel** (Gestaltungsrecht) zur Beendigung eines Dauerschuldverhältnisses (SPV-*Preis* Rn 420). Sie ist von der im § 626 BGB geregelten außerordentlichen Kündigung nach **Voraussetzungen, Tatbestand, Rechtswirkungen** und **Anwendungsbereich** zu **unterscheiden**. Vereinzelt wird im Schrifttum allerdings auch die Auffassung vertreten, die nur unter den Voraussetzungen des § 1 KSchG wirksame Kündigung sei ebenfalls keine ordentliche, sondern eine außerordentliche Kündigung (*Bickel* Anm. AP Nr. 12 zu § 1 KSchG Betriebsbedingte Kündigung mwN). 80

Eine ordentliche Kündigung setzt anders als die außerordentliche Kündigung im Grundsatz **keinen Kündigungsgrund** voraus (SPV-*Preis* Rn 421). Das gilt allerdings uneingeschränkt nur noch für die Kündigung durch den Arbeitnehmer. Bei der Kündigung durch den Arbeitgeber besteht nur in den ersten sechs Monaten des Bestehens eines Arbeitsverhältnisses (vgl. § 1 KSchG) sowie im Geltungsbereich der Vorschriften des Ersten Abschnitts des KSchG (vgl. § 23 Abs. 1 KSchG) der **Grundsatz der Kündigungsfreiheit**, der allerdings – wie bei allen Kündigungen – dadurch eingeschränkt wird, dass die Kündigung rechtsunwirksam ist, wenn sie gegen gesetzliche Verbote verstößt (§ 134 BGB), sittenwidrig (§ 138 BGB) oder treuwidrig (§ 242 BGB) ist (*BAG* 28.9.1972 EzA § 1 KSchG Nr. 25). Wenn Arbeitnehmer den allgemeinen Kündigungsschutz gem. §§ 1 ff. KSchG in Anspruch nehmen können, erfordert auch die ordentliche Kündigung durch den Arbeitgeber das Vorliegen von Kündigungsgründen (vgl. dazu KR-*Rachor* § 1 KSchG Rdn 269 ff.). 81

Die **ordentliche Kündigung** ist nach § 622 regelmäßig eine **befristete Kündigung**, während eine außerordentliche Kündigung idR **fristlos** ausgesprochen wird (vgl. KR-*Fischermeier* § 626 BGB Rdn 27; *Staudinger/Preis* Rn 10; SPV-*Preis* Rn 526). Das ist jedoch kein entscheidendes Merkmal für die Abgrenzung zwischen der ordentlichen und der außerordentlichen Kündigung (*Popp* HAS § 19 E Rn 64). Eine ordentliche Kündigung kann vielmehr auch ohne Einhaltung einer Frist erfolgen (**entfristete ordentliche Kündigung**) und bei der außerordentlichen Kündigung kann der Kündigende eine Auslauffrist (**befristete außerordentliche Kündigung**) gewähren (vgl. KR-*Fischermeier* § 626 BGB Rdn 26, 29 f.). Zur **Abgrenzung** der ordentlichen Kündigung von anderen Beendigungsgründen (insbes. Rücktritt, Aufhebung, Unmöglichkeit, Dienstentlassung) vgl. KR-*Rachor* § 1 KSchG Rdn 180–196. 82

Nach § 622 Abs. 1, 2 und 3 sind bei der ordentlichen Kündigung bestimmte Fristen einzuhalten. Die Festlegung von **Kündigungsfristen** hat zur Folge, dass das gekündigte Arbeitsverhältnis nicht bereits mit Zugang der Kündigungserklärung, sondern erst mit Ablauf der Kündigungsfrist beendet wird (*Popp* HAS § 19 B Rn 4). Die Kündigungsfristen nach § 622 Abs. 1 und 2 sind zudem mit festen **Kündigungsterminen** verbunden. Dadurch wird zugunsten des Kündigungsempfängers sichergestellt, dass die Beendigungswirkung der Kündigung unabhängig von der im konkreten Fall eingehaltenen Frist nur zu den im Gesetz vorgesehenen Zeitpunkten (zum Fünfzehnten oder zum Ende eines Kalendermonats) eintreten kann. 83

Die Einführung von Kündigungsfristen iVm Kündigungsterminen gewährt beiden Vertragspartnern einen **zeitlich begrenzten Kündigungsschutz** (*BAG* 18.4.1985 EzA § 622 BGB nF Nr. 21; *Kittner/* 84

§ 622 BGB   Kündigungsfristen bei Arbeitsverhältnissen

Trittin [3. Aufl.] Rn 21; *Staudinger/Preis* Rn 9; *Molitor* S. 158 ff.; **einschränkend** *Popp* HAS § 19 B Rn 5; **abl.** ArbRBGB-*Röhsler* Rn 33). Der Gesetzgeber hat die soziale Schutzfunktion der Kündigungsfristen und -termine als zeitliche Kündigungsbeschränkungen bewusst zugunsten der Arbeitnehmer genutzt, indem er für ältere Beschäftigte die Kündigungsfristen verlängert und Kündigungen nur zu bestimmten Terminen zugelassen hat. Diese Schutzfunktion greift auch ein, wenn die Parteien entsprechend der gesetzlichen Regelung des § 622 Abs. 1 für die ordentliche Kündigung eine Frist von vier Wochen zum Ende eines Kalendermonats vereinbart haben und der Arbeitgeber dann am 3.12. eine Kündigung zum 15.1. des nächsten Jahres ausspricht. Da der **Kündigungstermin** nicht nur der technischen Bestimmung der Kündigungsfrist dient, sondern eine **eigenständige** Bedeutung hat, wirkt die Kündigung in diesem Falle erst zum 31.1. des Folgejahres (vgl. *BAG* 18.4.1985 EzA § 622 BGB nF Nr. 21). Aber auch unabhängig von einer Vereinbarung vorstehender Art gilt eine verspätet zugegangene Kündigung im Zweifel als **zum nächst zulässigen Termin** erklärt (*BAG* 18.4.1985 EzA § 622 BGB nF Nr. 21; *Staudinger/Preis* Rn 25; *Hromadka* BB 1993, 2373; **s.a.** Rdn 163).

85 Die Kündigungsfristen und -termine des § 622 beziehen sich nur auf ordentliche Kündigungen und **nicht auf außerordentliche befristete Kündigungen**. Arbeitgeber und Arbeitnehmer brauchen sich bei einer außerordentlichen Kündigung, die nicht fristlos, sondern mit einer **Auslauffrist** erklärt wird, nicht an die gesetzlichen Kündigungsfristen zu halten. Es steht ihnen vielmehr frei, selbst zu bestimmen, zu welchem Zeitpunkt die Kündigung wirksam werden soll (*BAG* 15.3.1973 AP Nr. 3 zu § 63 SeemG; *Staudinger/Preis* Rn 9). Ist die ordentliche Kündigung **vertraglich** oder **tarifvertraglich ausgeschlossen** (sog. **Unkündbarkeit**), so ist im Falle der Betriebsstilllegung oder ähnlicher Tatbestände, etwa in der Person liegender Gründe, eine außerordentliche Kündigung möglich, weil sich keine Partei dieses **Lösungstatbestandes begeben kann** (vgl. *BAG* 4.2.1993 EzA § 626 BGB nF Nr. 144). Der Arbeitgeber hat auch bei einer danach zulässigen außerordentlichen Kündigung **die** gesetzliche oder tarifvertragliche Kündigungsfrist einzuhalten, **die gelten würde**, wenn die ordentliche Kündigung **nicht ausgeschlossen wäre**. Es würde einen Wertungswiderspruch darstellen, den Arbeitnehmer mit besonderem Kündigungsschutz durch eine fristlose Kündigung schlechter zu stellen als den Arbeitnehmer, dem gegenüber eine fristlose ordentliche Kündigung zulässig ist und nur aus demselben Kündigungsgrund (zB Betriebsstellung) nur ordentlich gekündigt werden könnte. Mit einer »sozialen« Auslauffrist, also einem besonderen sozialen Entgegenkommen des Arbeitgebers, hat dies nichts zu tun (*BAG* 5.2.1998 EzA § 626 BGB Unkündbarkeit Nr. 2 m. Anm. *Walker*). Nicht verwechselt werden darf die einzuhaltende Frist auch mit der Berücksichtigung der »fiktiven« Kündigungsfrist, wenn über die **Kündbarkeit** (den **Kündigungsgrund**) bei Unkündbaren zu entscheiden ist (zB *BAG* 10.2.1999 EzA § 15 KSchG nF Nr. 47).

86 Dagegen gelten die Fristen und Termine des § 622 auch für **ordentliche Änderungskündigungen**, die echte Kündigungen iSd § 1 KSchG und des § 622 BGB sind (*BAG* 12.1.1994 EzA § 622 BGB nF Nr. 47; vgl. KR-*Kreft* § 2 KSchG Rdn 11; *Staudinger/Preis* Rn 10).

87 Die Einhaltung der Fristen und Termine des § 622 BGB kann je nach Fallgestaltung auch erforderlich werden, wenn sich der Arbeitgeber – einer Nichtverlängerungsanzeige ähnlich – auf den Eintritt einer zulässigerweise vereinbarten auflösenden Bedingung berufen möchte (vgl. *Hess. LAG* 8.12.1994 LAGE § 620 BGB Bedingung Nr. 4; *LAG Düsseld.* 26.5.1995 LAGE § 620 BGB Bedingung Nr. 5).

2. Arbeitsverhältnis auf unbestimmte Dauer

88 Wie sich aus der Verweisung in § 620 Abs. 2 BGB ergibt, regelt § 622 nur die Kündigung von Arbeitsverhältnissen, deren Dauer weder bestimmt noch aus dem Zweck oder der Beschaffenheit der Dienstleistungen zu entnehmen ist. Auf Arbeitsverhältnisse, die **kalendermäßig befristet oder zweckbefristet** sind (vgl. § 3 Abs. 1 TzBfG), ist § 622 nicht kraft Gesetzes, sondern nur dann anzuwenden, wenn die ordentliche Kündigung einzel**vertraglich** oder im anwendbaren **Tarifvertrag** (nicht in einer Betriebsvereinbarung) vereinbart ist (§ 15 Abs. 3 TzBfG), es mithin überhaupt **kündbar** gestellt ist.

III. Zeitlicher Geltungsbereich (Art. 222 EGBGB)

§ 622 hat seine jetzige Fassung durch Art. 1 des **am 15.10.1993 in Kraft getretenen** KündFG erhalten. Nach Art. 221 des Einführungsgesetzes zum BGB wurde aufgrund Art. 2 Nr. 1 KündFG als Art. 222 die nachfolgend abgedruckte **Übergangsvorschrift** eingeführt: 89

»Art. 222 EGBGB
Übergangsvorschrift zum Kündigungsfristengesetz vom 7. Oktober 1993

Bei einer vor dem 15. Oktober 1993 zugegangenen Kündigung gilt Artikel 1 des Kündigungsfristengesetzes vom 7. Oktober 1993 (BGBl. I S. 1668), wenn am 15. Oktober 1993
1. *das Arbeitsverhältnis noch nicht beendet ist und die Vorschriften des Artikels 1 des Kündigungsfristengesetzes vom 7. Oktober 1993 für den Arbeitnehmer günstiger als die vor dem 15. Oktober 1993 geltenden gesetzlichen Vorschriften sind oder*
2. *ein Rechtsstreit anhängig ist, bei dem die Entscheidung über den Zeitpunkt der Beendigung des Arbeitsverhältnisses abhängt von*
   a) *der Vorschrift des § 622 Abs. 2 S. 1 und S. 2 erster Halbsatz des Bürgerlichen Gesetzbuchs in der Fassung des Artikels 2 Nr. 4 des Ersten Arbeitsrechtsbereinigungsgesetzes vom 14. August 1969 (BGBl. I S. 1106) oder*
   b) *der Vorschrift des § 2 Abs. 1 S. 1 des Gesetzes über die Fristen für die Kündigung von Angestellten in der im Bundesgesetzblatt Teil III, Gliederungsnummer 800-1, veröffentlichten bereinigten Fassung, das zuletzt durch Artikel 30 des Gesetzes vom 18. Dezember 1989 (BGBl. I S. 2261) geändert worden ist, soweit danach die Beschäftigung von in der Regel mehr als zwei Angestellten durch den Arbeitgeber Voraussetzung für die Verlängerung der Fristen für die Kündigung von Angestellten ist.«*

Danach gilt die Neufassung des § 622 unter den in der Übergangsvorschrift genannten Voraussetzungen auch für Kündigungen, die **vor dem 15.10.1993 erklärt** worden sind. Sie gilt **bundesweit** und mithin auch in jenen Fällen, in denen sich die Frist für die vor jenem Zeitpunkt erklärte Kündigung nach **§ 55 AGB-DDR** bestimmt hat. Sie gilt ferner auch für vor dem Inkrafttreten des KündFG gegenüber Arbeitern ausgesprochene (ordentliche) **Änderungskündigungen**, bei denen nur um den Zeitpunkt des Wirksamwerdens der **Vertragsänderung** gestritten wird (*BAG* 12.1.1994 AP Nr. 43 zu § 622 BGB). Diesen Problemkreis hat der Gesetzgeber bei der Übergangsbestimmung offenbar übersehen (*Staudinger/Preis* [Vor-Vorauf.] Rn 92; vgl. auch Rdn 312). Zum **näheren Regelungsgehalt** der Übergangsvorschrift s. Rdn 311–314, zur Bestimmung des Merkmals der »**Günstigkeit**« s. Rdn 315, zur Beurteilung der **Verfassungsmäßigkeit** der Teilregelungen in Art. 222 EGBGB s. Rdn 319–323. Zu den **Auswirkungen** des KündFG **auf Altregelungen** s. Rdn 320–326. 90

IV. Gesetzliche Sonderregelungen (nur Übersicht; Einzelheiten s. gesonderte Kommentierungen)

1. Berufsbildungsgesetz/Altenpflegegesetz

Das Berufsausbildungsverhältnis kann nach § 22 Abs. 1 BBiG während der Probezeit (§ 20 BBiG) jederzeit ohne Einhalten einer Kündigungsfrist gekündigt werden. Den Parteien steht es frei, während der Probezeit auch eine ordentliche Kündigung unter Einräumung einer Auslauffrist auszusprechen, wobei die Auslauffrist nicht zu einer **unzumutbaren Verlängerung** des Berufsausbildungsvertrages führen darf (*BAG* 10.11.1988 EzA § 15 BBiG Nr. 7). Eine Probezeit von drei Monaten benachteiligt den Auszubildenden nicht unangemessen iSv § 307 Abs. 1 S. 1 BGB (*BAG* 16.12.2004 EzA § 15 BBiG Nr. 14). Nach der Probezeit kann das Berufsausbildungsverhältnis nur noch aus einem wichtigen Grund ohne Einhalten einer Kündigungsfrist (das ist verfassungsgemäß: *BAG* 16.12.2004 EzA § 15 BBiG Nr. 14) oder durch den Auszubildenden mit einer Kündigungsfrist von vier Wochen, wenn er die Berufsausbildung aufgeben oder sich für eine andere Berufstätigkeit ausbilden lassen will, gekündigt werden (§ 22 Abs. 2 BBiG; diese Frist darf vom Auszubildenden überschritten werden, *BAG* 22.2.2018 EzA-SD 2018, Nr. 9, 8). Die Sonderregelung in § 20 Abs. 2 91

Nr. 2 **AltPflG** verlangt diesen Neigungswechsel der Schülerin bzw. des Schülers bei selber Kündigungsfrist zur Beendigung des Ausbildungsverhältnisses nicht.

92 Im Insolvenzverfahren über das **Vermögen des Ausbilders** kann das Berufsausbildungsverhältnis für den Regelfall nicht außerordentlich, sondern nur unter Einhalten einer ordentlichen Kündigungsfrist vom Verwalter gekündigt werden. Denn der Ausschluss der ordentlichen Kündbarkeit des Berufsausbildungsverhältnisses soll den Auszubildenden schützen. Die **Kündbarkeit** ergibt sich aus der Regelung in § 113 S. 1 InsO. Die Anwendbarkeit der Vorschrift auf das Berufsausbildungsverhältnis ergibt sich aus der Verweisungsnorm des § 10 Abs. 2 BBiG auf »die für den Arbeitsvertrag geltenden Rechtsvorschriften und Rechtsgrundsätze« (zu der nicht ausdrücklich aufgehobenen, jedoch durch Zeitablauf überholten Regelung in **§ 22 Abs. 1 S. 2 KO** vgl. *BAG* 27.5.1993 EzA § 22 KO Nr. 5 m. zust. Anm. von *Uhlenbruck*). Die Kündigungsfrist beträgt nach § 113 S. 2 InsO **drei Monate zum Monatsende**, »wenn nicht eine kürzere Frist maßgeblich ist«.

2. Schwerbehindertenrecht

93 § 169 (bis 31.12.2017: § 86) SGB IX sieht eine Mindestkündigungsfrist von vier Wochen für Arbeitsverhältnisse mit schwerbehinderten Menschen vor. Nach § 173 Abs. 1 Nr. 1 (bis 31.12.2017: § 90 Abs. 1 Nr. 1) SGB IX gilt diese Mindestkündigungsfrist nicht für schwerbehinderte Menschen, deren Arbeitsverhältnis im Zeitpunkt des Zugangs der Kündigungserklärung ohne Unterbrechung noch nicht länger als sechs Monate besteht. Gegenüber § 622 BGB hat § 169 SGB IX wenig Bedeutung. Die hauptsächliche Relevanz der Vorschrift liegt darin, dass ihre Frist **weder einzel- noch tarifvertraglich verkürzt werden kann**. Der Frist von zwei Wochen des § 622 Abs. 3 während einer vereinbarten **Probezeit** von längstens 6 Monaten kann sie aufgrund § 173 Abs. 1 Nr. 1 SGB IX **nicht** vorgehen. Nach dem Günstigkeitsprinzip gehen längere gesetzliche, tarifvertragliche oder vertragliche Regelungen zugunsten der schwerbehinderten Menschen dem § 169 SGB IX vor (vgl. zu § 16 SchwbG *BAG* 25.2.1981 EzA § 17 SchwbG Nr. 3). Für die Kündigung durch den schwerbehinderten Menschen gilt § 169 SGB IX nicht, da es sich hierbei lediglich um eine Schutzvorschrift zugunsten des Arbeitnehmers handelt (vgl. KR-*Gallner* §§ 168–175 SGB IX Rdn 152; ErfK/*Rolfs* § 169 SGB IX Rn 1).

3. Bundeserziehungsgeldgesetz sowie Bundeselterngeld- und Elternzeitgesetz

94 Nach § 19 BErzGG (aufgeh. mit Wirkung vom 31.12.2006 durch G. v. 5.12.2006 [BGBl. I S. 2748]; s. jetzt BEEG mit **Übergangsvorschriften** in § 27) kann der die Elternzeit in Anspruch nehmende Arbeitnehmer das Arbeitsverhältnis zum Ende der Elternzeit nur unter Einhaltung einer Kündigungsfrist von drei Monaten kündigen. Nach § 21 Abs. 4 BErzGG kann der Arbeitgeber den befristeten Arbeitsvertrag gem. Abs. 1 dieser Vorschrift unter bestimmten Voraussetzungen unter Einhaltung einer Frist von mindestens drei Wochen, jedoch frühestens zum Ende der Elternzeit, kündigen. **Entsprechende Fristen** finden sich jetzt in §§ 19 und 21 Abs. 4 BEEG.

4. Arbeitnehmerüberlassungsgesetz

95 Nach Art. 1 § 11 Abs. 4 AÜG war § 622 Abs. 4 BGB 1969 nicht auf Arbeitsverhältnisse zwischen Verleihern und Leiharbeitnehmern anzuwenden, dh für **Leiharbeitnehmer** konnten auch bei einer vorübergehenden Beschäftigung zur Aushilfe keine kürzeren als die gesetzlichen **Mindestfristen** vereinbart werden. Die auf die alte Fassung des § 622 bezogene Regelung in Art. 1 § 11 Abs. 4 AÜG war im Zuge der Neuregelung nicht angepasst worden. Hierbei handelte es sich offensichtlich um ein **Redaktionsversehen**. Der Sache nach fand sich § 622 Abs. 4 BGB 1969 daher in § 622 **Abs. 5 S. 1 Nr. 1** wieder, so dass **diese** Regelung nicht auf Leiharbeitsverhältnisse anzuwenden war (*Staudinger/Preis* [Vor-Vorauﬂ.] Rn 19; *Voss* NZA 1994, 57 ff.). Eine **Korrektur** der Verweisung aus dem AÜG erfolgte durch die (den Satz nicht benennende) Angabe »§ 622 Abs. 5 Nr. 1 des Bürgerlichen Gesetzbuchs« durch den am 1.8.1994 in Kraft getretenen Art. 3 des Gesetzes vom 26.7.1994 (BGBl. I S. 1786). **Sinn** des partiellen Anwendungsausschlusses ist die Verhinderung der Umgehung des Beschäftigungs- und Entgeltzahlungsrisikos für die Zeiten fehlender Einsatzmöglichkeit

durch (Individual-)Vereinbarung (vgl. *Schüren/Hamann-Schüren* AÜG § 11 Rn 95; ArbRBGB-*Röhsler* Rn 28). Die **sonstigen** Ausnahmevorschriften zur Verkürzung der Kündigungsfrist des § 622 Abs. 1, etwa § 622 Abs. 3 (Probezeit) oder § 622 Abs. 5 Nr. 2 (Kleinbetrieb), bleiben anwendbar (*Schüren/Hamann-Schüren* AÜG, § 11 Rn 108).

Kürzere als die in § 622 Abs. 1 geregelten Kündigungsfristen für Aushilfskräfte in Leiharbeitsverhältnissen können nur **tarifvertraglich** oder durch **einzelvertraglich vereinbarte Anwendung eines einschlägigen Tarifvertrags** festgelegt werden (*Schüren/Hamann-Schüren* AÜG, § 11 Rn 109). Erfolgt die Bezugnahme auf einen nicht einschlägigen Tarifvertrag, ist die Fristverkürzung unwirksam mit der Folge, dass die gesetzlichen Kündigungsfristen gelten (*Staudinger/Preis* Rn 19; SPV-*Preis* Rn 495; *Preis/Kliemt/Ulrich* AR-Blattei SD 310 Das Aushilfsarbeitsverhältnis Rn 207; ArbRBGB-*Röhsler* Rn 28). 96

5. Heimarbeitsgesetz

Durch das KündFG wurden auch die Kündigungsfristen für Heimarbeiter der Neuregelung des § 622 angepasst. Nach § 29 Abs. 3 HAG beträgt die Grundkündigungsfrist für Heimarbeiter vier Wochen zum Fünfzehnten oder zum Ende eines Kalendermonats. Mit steigender Beschäftigungsdauer verlängert sich die Frist für die Kündigung des Auftraggebers oder des Zwischenmeisters in gleicher Weise wie für Arbeitsverhältnisse nach § 622 Abs. 2 (vgl. § 29 Abs. 4 HAG). Auch die Kündigungsfrist während der vereinbarten Probezeit gilt entsprechend (§ 29 Abs. 3 S. 2 HAG). Im Übrigen findet § 622 Abs. 4 bis 6 Anwendung. Entsprechend der Neuregelung für die Kündigungsfristen wurde auch die Mindestentgeltregelung der Dauer dieser Fristen angepasst (vgl. § 29 Abs. 7 bis 9 HAG). Besonderheiten gelten für die **Heimarbeit im Schwerbehindertenrecht** des SGB IX. Nach vier Wochen wird die HAG-Kündigungsfrist für schwerbehinderte Menschen in Heimarbeit von zwei auf vier Wochen erhöht (§ 127 Abs. 2 HS 1 SGB IX = § 210 Abs. 1 HS 2 SGB IX nF). Damit wird für die Heimarbeit die Frist von vier Wochen des § 86 SGB IX = § 169 SGB IX nF für schwerbehinderte Menschen übertragen. Diese Mindestfrist ist zwingend und nicht abdingbar (*Otten* Behindertenrecht 2018, 4). 97

6. Seearbeitsgesetz

Die Kündigungsfristen für die Beendigung des Heuerverhältnisses der **Besatzungsmitglieder** auf **Kauffahrteischiffen unter Bundesflagge** wurden durch das KündFG weitgehend den Kündigungsfristen des § 622 angepasst und sind jetzt im **SeeArbG** geregelt. In § 66 Abs. 1 SeeArbG ist eine Sonderregelung für das **Heuerverhältnis der Besatzungsmitglieder** enthalten. Dieses kann während der ersten drei Monate mit einer Frist von einer Woche gekündigt werden. Dauert die Reise länger als drei Monate, so kann die Kündigung während der ersten sechs Monate noch in den auf die Beendigung der Reise folgenden drei Tagen mit Wochenfrist ausgesprochen werden. Anschließend beträgt die Kündigungsfrist vier Wochen zum Fünfzehnten oder zum Ende eines Kalendermonats. **Diese Frist** gilt für den **Kapitän** von Beginn des Heuerverhältnisses an. § 66 Abs. 2 SeeArbG erlaubt abweichend von Abs. 1 die Kündigung des Heuerverhältnisses des Besatzungsmitglieds auf einem Fischereifahrzeug mit einer Bruttoraumzahl von bis zu 1300 mit einer Frist von 48 Stunden; dies gilt nicht für den Kapitän. Sie erhöht sich auf zwei Monate zum Ende eines Kalendermonats, wenn das Heuerverhältnis in dem Betrieb oder Unternehmen zwei Jahre bestanden hat. In § 66 Abs. 3 SeeArbG sind für die Kündigung **durch den Reeder** verlängerte Kündigungsfristen geregelt, wenn das Heuerverhältnis in dem Betrieb oder Unternehmen acht Jahre und mehr bestanden hat. Die Verlängerung entspricht den in § 622 Abs. 2 geregelten Steigerungsstufen. Im Übrigen sind nach § 66 Abs. 4 SeeArbG die Regelungen des § 622 Abs. 3 bis 6 sinngemäß anwendbar. 98

7. Insolvenzverfahren

Im Konkurs-, Gesamtvollstreckungs- und Vergleichsverfahren des Arbeitgebers konnte **bis 30.9.1996 bundesweit** das Arbeitsverhältnis (zur Insolvenz des Ausbilders und der Kündbarkeit eines Berufsausbildungsverhältnisses sowie der hierbei zu wahrenden Frist s. Rdn 92) von **jedem** 99

Teile mit der **gesetzlichen** Kündigungsfrist gekündigt werden (§ 22 Abs. 1 S. 2 KO, § 9 Abs. 2 GesO, § 51 Abs. 2 VglO). War die vertragliche Frist länger als die gesetzliche, dann galt die kürzere gesetzliche Frist. **Gesetzliche Fristen** waren die **Grundkündigungsfrist** des § 622 Abs. 1, bei Vorliegen der Voraussetzungen die **verlängerten Fristen** des § 622 Abs. 2 oder die **tarifliche Frist** (*BAG* 7.6.1984 EzA § 22 KO Nr. 4; zum Streitstand vor dieser Entscheidung *Herschel* BB 1984, 987; gesetzliche Kündigungsfristen iSv **§ 9 Abs. 2 GesO** konnten ebenfalls die in einem **Tarifvertrag** geregelten Kündigungsfristen sein, *BAG* 9.3.1995 EzA § 9 GesO Nr. 1 m. zust. Anm. *Marschner* AR-Blattei ES 1840 Nr. 26). Die insoweit zur KO ergangene Rechtsprechung galt für die GesO gleichermaßen. Denn § 1 Abs. 4 S. 2 GesO inkorporierte »Rechtsvorschriften« in die GesO, die das Konkursverfahren betreffen. Für die höchstrichterliche Auslegung solcher konkursrechtlicher Rechtsvorschriften darf nichts anderes gelten.

100 In dem **Geltungsbereich der Konkursordnung** gilt jedoch **seit 1.10.1996** die Regelung in **§ 113 InsO** (aA *ArbG Limburg* 2.7.1997 EzA § 113 InsO Nr. 2: 1.1.1999), **bundesweit seit 1.1.1999**. Nach § 113 S. 2 InsO (umfassend: KR-*Spelge* § 113 Rdn 19 ff.) beträgt die Kündigungsfrist **drei Monate zum Monatsende**, soweit nicht eine kürzere Frist maßgeblich ist. Unerheblich ist, ob die Kündigung von dem **Insolvenzverwalter** (nicht aber: vom **vorläufigen** Insolvenzverwalter mit Verwaltungs- und Verfügungsbefugnis – § 22 Abs. 1 InsO, sog. »starker« vorläufiger Insolvenzverwalter, *BAG* 20.1.2005 EzA § 113 InsO Nr. 15) oder von dem **Arbeitnehmer** erklärt wird (*Grunsky/Moll* Arbeitsrecht und Insolvenz, 1997, Rn 332). Sie gilt auch für Altersteilzeitverhältnisse [Kündigung in der Arbeitsphase der Block-Altersteilzeit in der Insolvenz], *BAG* 6.6.2005 AP Nr. 13 zu § 3 ATG. In dem **Anwendungsbereich** des § 113 InsO ist die **nicht ausdrücklich aufgehobene** Regelung des § 22 KO durch Zeitablauf überholt (*Warrikoff* BB 1994, 2338; *Grunsky/Moll* Arbeitsrecht und Insolvenz, 1997, Rn 330; *Hess/Weis/Wienberg* Insolvenzarbeitsrecht, 1997, Rn 416; *Preis* NJW 1996, 1369, 1377; *Hueck/v. Hoyningen-Huene* § 1 Rn 107e [Vorauf.]; *v. Hoyningen-Huene/ Linck* DB 1997, 41, 45; KassArbR-*Isenhardt* 6.3 Rn 238; *Zwanziger* Das Arbeitsrecht der Insolvenzordnung, 1997, § 113 InsO Rn 3; *Giesen* ZIP 1998, 46, 48). Die dreimonatige Frist gilt auch dann, wenn der **Ausschluss** der ordentlichen Kündigung vereinbart ist (§ 113 S. 1 InsO). Die Neuregelung liefert für diesen Fall den Kündigungsgrund gleich mit und bleibt nicht bei der Regelung der Frist stehen (vgl. *Giesen* ZIP 1998, 46, 47). § 113 S. 2 InsO geht sämtlichen im Einzelfall anwendbaren **allgemeinen** oder **besonderen** gesetzlichen Kündigungsfristen vor, soweit nach diesen eine **längere** Kündigungsfrist einzuhalten wäre. Gleiches gilt für »vereinbarte« Regelungen der Kündbarkeit (vgl. § 113 S. 1 InsO). Dies gilt sowohl für **arbeitsvertragliche Abmachungen** wie für **Betriebsvereinbarungen** wie schon unter dem alten Rechtszustand (vgl. *BAG* 17.3.1976 AP Nr. 2 zu § 22 KO). Die Rechtsgrundlage für die längere Kündigungsfrist ist also gleichgültig (vgl. *LAG SchlH* 28.4.2004 NZA-RR 2004, 546). Der gewollte (*Bericht des Rechtsausschusses* BT-Drucks. 12/ 7302, Nr. 72; *Hess/Weis/Wienberg* Insolvenzarbeitsrecht, 1997, Rn 431; *Löwisch* NZA 1996, 1009, 1017; *Lorenz* DB 1996, 1973, 1977; *Preis* NJW 1996, 1369, 1377; *Schrader* NZA 1977, 70; *Zwanziger* Das Arbeitsrecht der Insolvenzordnung, 1997, § 113 InsO Rn 12) **Eingriff** auch in längere **tarifvertragliche** Kündigungsfristen (ja sogar in einen etwaigen Ausschluss der ordentlichen Kündbarkeit) und damit in den **Schutzbereich des Art. 9 Abs. 3 GG** ist jedoch **verfassungsgemäß** (*BAG* 16.6.1999 EzA § 113 InsO Nr. 9 sowie die Andeutungen in den Beschlüssen der 2. Kammer des Ersten Senats des *BVerfG* 21.5.1999 [EzA § 113 InsO Nr. 8] und 8.2.1999 [EzA § 113 InsO Nr. 7], die beiden erstgenannten Entscheidungen betrafen die Frist, die letztgenannte Entscheidung eine tarifvertragliche Unkündbarkeitsregelung; abw. frühere Aufl. Rn 85b). Wegen der Einzelheiten s. umfassend KR-*Spelge* § 113 InsO Rdn 1–91.

8. Teilzeit- und Befristungsgesetz (TzBfG)

101 Ist das Arbeitsverhältnis für die Lebenszeit einer Person oder für längere Zeit eingegangen, so kann es von dem **Arbeitnehmer** nach Ablauf von fünf Jahren gekündigt werden; die Kündigungsfrist beträgt sechs Monate (§ 15 Abs. 4 TzBfG, kongruent mit § 624 BGB). Dadurch wird sowohl die nach § 622 maßgebende Frist als auch der danach maßgebende Kündigungstermin verdrängt (*Kliemt* NZA 2001, 296, 302). Der Sache nach eine Kündigungsfrist enthält auch § 16 S. 1 TzBfG,

der bei rechtsunwirksamer Befristung eine Kündigung seitens des **Arbeitgebers** im Zweifel frühestens zum vereinbarten Ende des Arbeitsverhältnisses zulässt. Siehe näher KR-*Fischermeier/Krumbiegel* § 624 BGB.

9. Mutterschutzgesetz

Aufgrund der bis 31.12.2017 geltenden Regelung in § 10 Abs. 1 MuSchG aF konnte eine Frau während der Schwangerschaft und während der Schutzfrist nach der Entbindung (§ 6 Abs. 1 MuSchG aF) das Arbeitsverhältnis **ohne Einhaltung einer Frist** zum Ende der Schutzfrist nach der Entbindung kündigen. 102

10. Kündigungsfrist bei Arbeitsverträgen auf Lebenszeit oder über mehr als fünf Jahre

Zu der hier sich ergebenden Kündigungsfrist nach §§ 624 BGB, 15 Abs. 4 TzBfG s. Rdn 101 sowie Erl. zu § 624 BGB. 103

11. SGB III

Das Arbeitsverhältnis **zugewiesener Arbeitnehmer** i. R. v. **Arbeitsbeschaffungsmaßnahmen** nach §§ 260 ff. **SGB III aF** konnte von beiden Teilen nach § 270 Abs. 1 (Arbeitnehmer) bzw. Abs. 2 (Arbeitgeber) **SGB III aF** ohne Einhaltung einer Frist gekündigt werden, wenn die dort genannten Voraussetzungen (etwa Aufnahme einer Ausbildung oder Arbeit, Abberufung) vorlagen. 104

12. Pflegezeitgesetz und Familienpflegezeitgesetz

Der **befristete** Arbeitsvertrag mit einem **Vertreter** eines **Pflegezeit** in Anspruch nehmenden Beschäftigten kann bei vorzeitiger Beendigung der Freistellung **vom Arbeitgeber** nach § 6 Abs. 3 S. 1 PflegeZG unter Einhaltung einer Frist von zwei Wochen gekündigt werden. Diese Regelung gilt für das FPfZG nach dessen § 2 Abs. 3 entsprechend. 105

D. Verbot, Ausschluss und Beschränkung der ordentlichen Kündigung (vgl. umfassend auch KR-Treber/Kreutzberg-Kowalczyk § 13 KSchG Rdn 66 ff. sowie die Erl. zu § 242 BGB)

I. Gesetzliche Kündigungsverbote

1. Zeitlich unbegrenzte Verbote

Im Bereich der neuen Bundesländer darf der Arbeitgeber nach § 58 Abs. 1a mit Abs. 2 AGB-DDR **Kämpfern** gegen den **Faschismus** und **Verfolgten** des **Faschismus** (vgl. zu diesen Begriffen MüKo-BGB/*Oetker* EinigungsV [Zivilrecht im Einigungsvertrag, 1991] Rn 1502 ff.) ausnahmsweise nur dann fristgemäß nach vorheriger Zustimmung des Arbeitsamtes kündigen, wenn ein Betrieb oder ein Betriebsteil stillgelegt wird (vgl. zur Ausnahme MüKo-BGB/*Oetker* EinigungsV [Zivilrecht im Einigungsvertrag, 1991] Rn 1504 ff.). Auf eine eingehende Kommentierung wird verzichtet, weil dieser Kündigungsschutz faktisch gegenstandslos geworden ist (*Seidel* AuA 1990, 133 f.; *Stahlhacke/Preis* [5. Aufl.] Rn 1376). 106

2. Zeitlich begrenzte Verbote

Gesetzliche Verbote, die die **ordentliche Kündigung** zwar nicht auf Dauer, aber für bestimmte **Schutzzeiten** ausschließen, bestehen für folgende Gruppen von Arbeitnehmern (vgl. die Aufstellung von *Schmidt* AR-Blattei Kündigungsschutz VIII, B I 1): **Abgeordnete des Deutschen Bundestages** können von der Aufstellung als Bewerber bzw. von der Einreichung des Wahlvorschlages an bis zum Ablauf von einem Jahr nach der Beendigung ihres Mandates aus anderen Gründen als der Bewerbungsannahme oder Ausübung des Bundestagsmandats **nur aus wichtigem Grund** gekündigt werden (§ 2 Abs. 3 AbgG; vgl. dazu KR-*Weigand* ParlKSch Rdn 44–53). Für **Abgeordnete** der **Landtage** und **Mitglieder** von **Ortsbeiräten, Gemeindevertretungen** usw. gewähren Landesgesetze einen entsprechenden Schutz (vgl. dazu KR-*Weigand* ParlKSch Rdn 54 ff.). 107

108 Im Bereich der neuen Bundesländer durfte der Arbeitgeber nach § 58 Abs. 1b AGB-DDR **Mütter** bzw. **Väter**, deren Kind vor dem 1.1.1991 geboren wurde, bzw. **alleinerziehende Arbeitnehmer**, deren Kind vor dem 1.1.1992 geboren wurde, bis zum 5. Lebensjahr des Kindes nicht fristgemäß kündigen. Zum personellen Geltungsbereich dieses Sonderkündigungsschutzes, der bei diesen allein erziehenden Arbeitnehmern dem § 9 MuSchG und dem § 18 BErzGG vorging *Stahlhacke/Preis* [5. Aufl.] Rn 1377 f.; vgl. MüKo-BGB/*Oetker* EinigungsV [Zivilrecht im Einigungsvertrag, 1991] Rn 1512 ff.

109 **Auszubildende** können nach Ablauf der Probezeit nicht mehr ordentlich gekündigt werden (§ 22 Abs. 2 BBiG). Zur Insolvenz des Ausbilders s. Rdn 92.

110 **Dienstpflichtige** im **Zivilschutzcorps** sind während der Dienstleistung ordentlich unkündbar (§ 18 Abs. 1 des Gesetzes über das Zivilschutzcorps v. 12.8.1965 BGBl. I S. 792 iVm § 2 Abs. 1 ArbPlSchG; vgl. dazu *Reichel* AR-Blattei Notstandsgesetzgebung V, C III).

111 Mitglieder einer **Betriebs-** oder **Personalvertretung** sowie die anderen im § 15 Abs. 1 und 2 KSchG genannten Amtsträger können während ihrer Amtszeit und innerhalb eines Jahres nach deren Beendigung (sechs Monate bei Mitgliedern einer Bordvertretung) nur aus wichtigem Grunde entlassen werden. Das gleiche gilt für Mitglieder eines **Wahlvorstandes** zu einer Betriebs- oder Personalvertretung nach § 15 Abs. 3 KSchG von ihrer Bestellung bis zum Ablauf von sechs Monaten nach der Bekanntgabe des Wahlergebnisses (vgl. hierzu KR-*Rinck* § 103 BetrVG Rdn 27 ff.). § 15 Abs. 3a KSchG dehnt den Schutz entsprechend für die Dauer von drei Monaten (so keine Vertretung gewählt wird, sonst bis zur Bekanntgabe des Wahlergebnisses) ab Einladung oder Antragstellung aus auf die ersten drei in Einladung oder Antragstellung aufgeführten Arbeitnehmer, die zu einer Betriebs-, Wahl- oder Bordversammlung einladen oder die Bestellung einer Wahlvorstandes beantragen.

112 Die Kündigung gegenüber einer Arbeitnehmerin ist während der **Schwangerschaft**, bis zum Ablauf der Schutzfrist von vier Monaten nach einer Fehlgeburt nach der zwölften Schwangerschaftswoche und bis zum Ende ihrer Schutzfrist nach der Entbindung, mindestens bis zum Ablauf von vier Monaten nach der Entbindung, grds. unzulässig (vgl. KR-*Gallner* § 17 MuSchG Rdn 106 ff.).

113 Gegenüber **Wahlbewerbern** zu einer Betriebs- oder Personalvertretung ist nach § 15 Abs. 3 KSchG vom Zeitpunkt der Aufstellung des Wahlvorschlages bis zum Ablauf von sechs Monaten nach Bekanntgabe des Wahlergebnisses die ordentliche Kündigung ausgeschlossen (vgl. KR-*Kreft* § 15 KSchG Rdn 82 ff.).

114 Für **Wehrpflichtige** ist nach § 2 Abs. 1 ArbPlSchG während des Grundwehrdienstes und einer Wehrübung die ordentliche Kündigung ausgeschlossen. Das gilt auch für Teilnehmer an einer **Eignungsübung** nach § 2 Abs. 1 EignungsübungsG während der Übung.

115 Verboten ist auch die ordentliche Kündigung **zivildienstpflichtiger** Arbeitnehmer nach § 78 Abs. 1 Nr. 1 ZDG iVm § 2 Abs. 1 ArbPlSchG während der Dienstleistung (vgl. *Harrer* AR-Blattei Zivildienst I, B; s. jetzt *Kreizberg* AR-Blattei SD 1800 Wehr- und Zivildienst).

116 Nach § 58 Abs. 1 BImSchG ist die Kündigung des **Immissionsschutzbeauftragten**, der Arbeitnehmer des zur Bestellung verpflichteten Arbeitgebers ist, während der Amtszeit und im Nachwirkungszeitraum nur zulässig, wenn Tatsachen vorliegen, die den Arbeitgeber zur Kündigung aus wichtigem Grund ohne Einhaltung einer Kündigungsfrist berechtigen. Dieser nachwirkende Schutz greift **nicht** ein, wenn der Arbeitgeber den Beauftragten nicht abberufen, sondern dieser selbst durch einseitige Erklärung sein Amt vor Ausspruch der Kündigung niedergelegt hat (*BAG* 22.7.1992 DB 1993, 1192).

3. Sachlich begrenzte Verbote

117 Neben den zeitlich begrenzten **absoluten** Verboten für ordentliche Kündigungen bestehen noch **relative** gesetzliche **Kündigungsverbote**, die eine ordentliche Kündigung eines Arbeitnehmers nicht allgemein, sondern nur **aus bestimmten Gründen** für unzulässig erklären (*Schmidt* AR-Blattei

Kündigungsschutz VIII, B I 2). Für die Praxis besonders wichtig sind die Verbote, Arbeitnehmern eines betriebsratsfähigen Betriebes oder einer personalratsfähigen Behörde wegen der Ausübung des **aktiven oder passiven Wahlrechts** (vgl. § 20 BetrVG und § 24 BPersVG) oder **ehrenamtlichen Richtern** in der Arbeits- und Sozialgerichtsbarkeit wegen Übernahme oder Ausübung des Richteramtes zu kündigen (vgl. § 26 ArbGG und § 20 SGG und dazu *Brill* AR-Blattei Arbeitsgerichtsbarkeit IV, D II 4a). Ein **Arbeitnehmervertreter im Aufsichtsrat** hat einen relativen Kündigungsschutz gegen Kündigungen, die nur deswegen erfolgt sind, um ihm die weitere Ausübung seines Amtes unmöglich zu machen oder ihn wegen dieser Tätigkeit zu maßregeln (vgl. *BAG* 4.4.1974 EzA § 15 KSchG nF Nr. 1). Unwirksam ist auch eine Kündigung, die gegen das **Benachteiligungsverbot des** § 78 BetrVG verstößt (*BAG* 22.2.1979 EzA § 103 BetrVG 1972 Nr. 23). Zur Kündigung von **Betriebsärzten** und **Sicherheitsfachkräften** vgl. Rdn 127. Auch die ordentliche Kündigung eines **betrieblichen Datenschutzbeauftragten** ist unwirksam, wenn sie auf personen- oder verhaltensbedingte Gründe gestützt wird, die in einem untrennbaren Zusammenhang mit seinen Aufgaben im Rahmen des Datenschutzes stehen (*Ehrich* DB 1991, 1985).

II. Gesetzlicher Kündigungsausschluss

Wegen bestimmter Kündigungsgründe gesetzlich ausgeschlossen ist sowohl die außerordentliche als auch die ordentliche Kündigung insbesondere in folgenden Fällen (*Schmidt* AR-Blattei Kündigungsschutz VIII, B): 118

1. Auswirkung der Grundrechte

Aus dem **unmittelbaren Geltungsanspruch** einzelner Verfassungsbestimmungen (zB Art. 9 Abs. 3 GG) und der **mittelbaren Geltung** der Grundrechte der Art. 3, 4, 5 und 6 GG folgt, dass Kündigungen, die wegen einer Betätigung oder einer Einstellung des Gekündigten erfolgen, der den Schutz der Grundrechte genießt, unzulässig sind (*Schmidt* AR-Blattei Kündigungsschutz VIII, B II). 119

2. Sittenwidrige Kündigung

Nach § 138 BGB ist eine Kündigung dann ausgeschlossen, wenn sie auf einem verwerflichen Motiv des Kündigenden beruht (**sittenwidrige Kündigung**; vgl. dazu KR-*Treber/Schlünder* § 13 KSchG Rdn 43 ff.; *Schmidt* AR-Blattei Kündigungsschutz VIII, C). 120

3. Treuwidrige Kündigung

Von der Rechtsordnung missbilligt werden auch Kündigungen, durch die das Kündigungsrecht **rechtsmissbräuchlich** ausgeübt wird (**treuwidrige Kündigung**; vgl. dazu KR-*Treber/Schlünder* § 242 BGB Rdn 3 ff.; *Schmidt* AR-Blattei Kündigungsschutz VIII, D). 121

4. Sozialwidrige Kündigung

Gesetzlich ausgeschlossen ist eine ordentliche Kündigung durch den Arbeitgeber insbesondere dann, wenn das KSchG anwendbar ist und die Kündigung nicht sozial gerechtfertigt iSd § 1 KSchG ist (vgl. dazu Erl. zu § 1 KSchG). 122

III. Vorherige Zustimmung; vorherige Anhörung

Ebenso wie bei der außerordentlichen Kündigung (vgl. KR-*Fischermeier/Krumbiegel* § 626 BGB Rdn 13 ff.) sind auch bei der ordentlichen Kündigung **ergänzende Sonderregelungen** zu beachten, die eine wirksame ordentliche Kündigung von der **Zustimmung** einer Behörde oder der **vorherigen Mitwirkung** der zuständigen Arbeitnehmervertretung abhängig machen oder **einzelne Bestimmungen** des § 622 ausschließen oder abändern. 123

§ 622 BGB   Kündigungsfristen bei Arbeitsverhältnissen

1. Vorherige Zustimmung

124 In **Nordrhein-Westfalen** und im **Saarland** bedarf die ordentliche Kündigung eines Arbeitnehmers, der einen **Bergmannsversorgungsschein** besitzt, der **Zustimmung** durch die Zentralstelle für den Bergmannsversorgungsschein (§ 11 Gesetz NRW v. 14.4.1971 GVBl. NRW S. 125; § 11 Gesetz Saarland v. 11.7.1962 ABl. Saarland S. 605). Vgl. dazu *Boldt* AR-Blattei Bergarbeiterrecht IV, D II 1; *Martens* AR- Blattei Kündigung IV, C IV.

125 In **Niedersachsen** ist zur Kündigung des Inhabers eines **Bergmannsversorgungsscheins** die Zustimmung der Hauptfürsorgestelle (jetzt: Integrationsamt) einzuholen, weil er den **Schwerbehinderten** (jetzt: schwerbehinderte Menschen) gleichgestellt ist (Gesetz Nieders. v. 6.1.1949 GVBl. S. 15). Vgl. dazu *Schmidt* AR-Blattei Kündigungsschutz VIII, B 3.

126 Die ordentliche Kündigung des Arbeitsverhältnisses eines **schwerbehinderten Menschen** bedarf nach § 168 (bis 31.12.2017: § 85) SGB IX der vorherigen **Zustimmung** des Integrationsamtes.

127 Die **Abberufung** von angestellten **Betriebsärzten** und Sicherheitsfachkräften bedarf nach § 9 Abs. 2 ASiG der **Zustimmung** des **Betriebsrates**. Verweigert der Betriebsrat die Zustimmung und wird diese auch nicht im Einigungsverfahren ersetzt, dann führt das jedenfalls dann zur **Unwirksamkeit** der Kündigung, wenn die **Kündigungsgründe** mit der **Tätigkeit** als Betriebsarzt oder Sicherheitsfachkraft sachlich in **untrennbarem Zusammenhang** stehen (*BAG* 24.3.1988 EzA § 9 ASiG Nr. 1; *Egger* BB 1992, 629, 634).

2. Vorherige Anhörung

128 Nach § 102 BetrVG und § 79 BPersVG ist der **Betriebsrat** bzw. der **Personalrat** vor jeder ordentlichen Kündigung **anzuhören** bzw. zu **beteiligen** (vgl. Erläut. zu § 102 BetrVG und §§ 72, 79, 108 BPersVG). Eine ohne Anhörung bzw. Beteiligung ausgesprochene Kündigung ist rechtsunwirksam.

IV. Ausschluss der Kündigung durch Tarifvertrag

129 Die ordentliche Kündigung kann auch in Tarifverträgen eingeschränkt werden (**rechtstatsächliche Einzelheiten** *Kania/Kramer* RdA 1995, 287, 288 ff. mit Bewertung und Auslegung einzelner Regelungen). Üblich sind tarifliche Regelungen, die zum Schutz **älterer Arbeitnehmer** von dem Erreichen einer bestimmten Altersgrenze und nach einer bestimmten Dauer der Betriebszugehörigkeit die **ordentliche Kündigung** durch den Arbeitgeber **ausschließen** (SPV-*Preis* Rn 261, 264 f.; *Wiedemann/Thüsing* § 1 Rn 643 ff.; *BAG* 19.1.1973 EzA § 626 BGB nF Nr. 24). Die Beschränkung betriebsbedingter Kündigungen gilt im Zweifel **unabhängig** davon, ob der Arbeitnehmer den allgemeinen Kündigungsschutz nach dem KSchG genießt (*BAG* 13.6.1996 EzA § 4 TVG Luftfahrt Nr. 2).

130 Im **öffentlichen Dienst** der alten Bundesländer sind Angestellte und Arbeiter nach einer Beschäftigungszeit von 15 Jahren frühestens nach der Vollendung des 40. Lebensjahres in dem Sinne »**unkündbar**«, dass der Arbeitgeber nicht mehr ordentlich, sondern nur noch außerordentlich aus wichtigem Grunde kündigen kann (§ 53 BAT, früher § 58 MTB II, § 58 MTL II, früher § 26a TV Arb Deutsche Bundespost; § 34 TVöD-AT; vgl. dazu KR-*Fischermeier/Krumbiegel* § 626 BGB Rdn 77 ff.). Die dabei vorkommenden Unterschiede zwischen Arbeitern und Angestellten – teilzeitbeschäftigte Angestellte wurden im Gegensatz zu Arbeitern nur dann »unkündbar«, wenn die arbeitsvertraglich vereinbarte durchschnittliche regelmäßige wöchentliche Arbeitszeit mindestens die Hälfte der regelmäßigen Arbeitszeit eines entsprechenden vollbeschäftigten Angestellten beträgt/hinsichtlich der Kündigung von Arbeitnehmern, die den Status der »Unkündbarkeit« erreicht haben, beinhaltet § 55 Abs. 1 BAT eine erhebliche Besserstellung gegenüber Arbeitern der Länder gem. § 59 MTL II; insbes. beschränkt § 55 Abs. 1 BAT die Beendigungskündigung eines »unkündbaren« Angestellten auf personelle oder verhaltensbedingte Kündigungsgründe – wurden schon geraume Zeit als sachlich nicht gerechtfertigt angesehen, vgl. *Hanau/Kania* S. 98 ff.; *dies.* ZTR 1994, 488; *Kania/Kramer* RdA 1995, 287, 288; dies gilt allenthalben für eine Tarifnorm, die zur

Erlangung der Unkündbarkeit bei Teilzeitbeschäftigten die Zurücklegung einer längeren Dienstzeit forderte als bei Vollzeitbeschäftigten, weshalb der frühere § 26a TV Arb Deutsche Bundespost nach *BAG* 13.3.1997 EzA § 2 BeschFG 1985 Nr. 52, nichtig war; entsprechend erkannt hat das *BAG* auch eine verfassungswidrige Differenzierung bei der Regelung der tariflichen Unkündbarkeit von Teilzeitbeschäftigten (unterhälftig Beschäftigten) nach § 53 Abs. 3 BAT (*BAG* 18.9.1997 EzA § 2 BeschFG 1985 Nr. 55). Die Voraussetzungen der Unkündbarkeit müssen zwar grds. bereits bei Zugang der Kündigung erfüllt sein. Eine wegen objektiver Umgehung des § 53 BAT tarifwidrige und deswegen unwirksame Kündigung liegt aber dann vor, wenn eine kurz vor Eintritt der Unkündbarkeit erklärte ordentliche Kündigung erst zu einem späteren als dem nächst zulässigen Kündigungstermin wirken soll und der Arbeitgeber für eine derartige frühzeitige Kündigung keinen einleuchtenden Grund hat (*BAG* 16.10.1987 EzA § 626 BGB nF Unkündbarkeit Nr. 1; *Popp* HAS § 19 B Rn 14; SPV-*Preis* Rn 262). Besteht ein **tarifliches Kündigungsverbot** für ordentliche Kündigungen, dann erfasst es auch die ordentliche Änderungskündigung (*BAG* 10.3.1982 EzA § 2 KSchG Nr. 2; SPV-*Preis* Rn 263). **Im Bergbau** unter Tage verbrachte Zeiten sind allerdings **nicht** nach § 9 Abs. 3 BergmannVersorgScheinG bei der Berechnung der Unkündbarkeit nach § 53 BAT zu berücksichtigen (*BAG* 30.4.1990 RzK I 3c Nr. 11).

Diese tariflichen Regelungen enthalten **keine unzulässigen Differenzierungen** zwischen organisierten und nicht organisierten Arbeitnehmern (vgl. zum Differenzierungsverbot *BAG* 29.11.1967 EzA Art. 9 GG Nr. 3), weil es den öffentlichen Arbeitgebern nicht verwehrt ist, die Vergünstigung auch nicht organisierten Arbeitnehmern zu gewähren. Das ist vielmehr im öffentlichen Dienst üblich, weil die Arbeitsverträge regelmäßig unter Bezugnahme auf die Vorschriften der einschlägigen Tarifverträge abgeschlossen werden. Es verstößt auch nicht gegen das Gleichbehandlungsgebot oder Art. 3 GG, die **Unkündbarkeit** vom Alter und der Dauer der Betriebszugehörigkeit abhängig zu machen. Dabei darf aber nicht von Teilzeitbeschäftigten eine längere Dienstzeit als von Vollzeitbeschäftigten gefordert werden (*BAG* 13.3.1997 EzA § 2 BeschFG 1985 Nr. 52). **Unzulässig** erscheint demgegenüber eine fortwährende Differenzierung zwischen **alten** und **neuen Bundesländern** (so aber § 34 Abs. 2 S. 1 TVöD-AT), nachdem auch die eine Ungleichbehandlung gestattenden Fristen nach Art. 143 GG längst abgelaufen sind (s.a. *Bröhl* ZTR 2006, 174, 178 f.). Unkündbarkeitsregeln, die an das Lebensalter und die Dauer der Betriebsangehörigkeit anknüpfen, sind allerdings mit Blick auf das **AGG** problematisch geworden. Denn sie unterliegen dem Benachteiligungsverbot des § 7 AGG und sind demgemäß an §§ 1, 3 AGG (Differenzierungsmerkmal Alter) zu messen (SPV-*Preis* Rn 265). Befristete Arbeitsverträge sind nach TVöD/TV-L/TV-H nur unter den Voraussetzungen und mit den Fristen des jeweiligen § 30kündbar. 131

Auch in der **Privatwirtschaft** werden seit einigen Jahren in zunehmendem Umfang Tarifverträge über Verdienstsicherung und Kündigungsschutz für **leistungsgeminderte ältere Arbeitnehmer** abgeschlossen. Das gilt insbesondere für den Bereich der Metall-, der Eisen- und der Stahlindustrie. Die sog. verdienstgesicherten Arbeitnehmer können idR nach einer Betriebszugehörigkeit von mindestens 10 Jahren und der Vollendung des 55. Lebensjahres nur noch aus wichtigen Gründen außerordentlich gekündigt werden (vgl. zB § 8 TV über Verdienstsicherung und Kündigungsschutz für leistungsgeminderte ältere Arbeitnehmer der Hess. Metallindustrie v. 27.1.1975). 132

Auch in **Rationalisierungsschutzabkommen** sind häufig **Kündigungsverbote** iVm einer Versetzungspflicht vorgesehen. Eine ordentliche Kündigung, die gegen tarifliche Kündigungsverbote verstößt, ist unwirksam. Derartige Beschränkungen dürften allerdings unwirksam sein, soweit sie künftige Rationalisierungen von vornherein völlig unwirtschaftlich machen (*Koller* ZfA 1978, 45; *Reuter* ZfA 1978, 1; vgl. ferner *Blomeyer* ZfA 1980, 1; *Gift* RdA 1969, 72; vgl. ferner *Beck* AuR 1981, 333 ff.). 133

Umstritten ist die Zulässigkeit tariflicher Regelungen, die zum Schutz **gewerkschaftlicher Vertrauensleute** die ordentliche Kündigung völlig oder teilweise ausschließen. Bedenken gegen einen besonderen Schutz gewerkschaftlicher Vertrauensleute bestehen nur dann, wenn sie in die Aufgaben 134 des Betriebsrats eingreifen oder ihnen wesentliche Funktionen des Betriebsrates übertragen werden (*ArbG Kassel* 5.8.1976 EzA Art. 9 GG Arbeitskampf Nr. 16; *Herschel* AuR 1977, 137; *Wlotzke* RdA 1976, 80; **aA** *Blomeyer* DB 1977, 101; *Söllner* [9. Aufl.] § 37 V 3, § 19 V), nicht aber, wenn ihre Einbeziehung in eine Sozialauswahl in Rede steht (*LAG Düsseld.* 25.8.1995 LAGE Art. 9 GG Nr. 11). Denn darin verwirklicht sich gerade der Schutzzweck.

V. Regelung durch Betriebsvereinbarung

135 Solange und soweit nicht **tarifliche Kündigungsvorschriften** bestehen oder üblich sind, kann auch in (freiwilligen) Betriebsvereinbarungen die ordentliche Kündigung ausgeschlossen oder eingeschränkt werden (§§ 77 Abs. 3 und 4, 95 BetrVG; s. dazu *Kania/Kramer* RdA 1995, 287, 290). Von Bedeutung ist insbesondere die Möglichkeit, durch Betriebsvereinbarung festzulegen, dass Kündigungen der Zustimmung des Betriebsrates bedürfen (§ 102 Abs. 6 BetrVG; vgl. dazu KR-*Rinck* § 102 BetrVG Rdn 327 f.).

VI. Vertragliche Regelungen

136 Durch vertragliche Kündigungsvereinbarungen (monographisch und mit Beispielen *Kramer* S. 29–56) kann das Recht zur ordentlichen Kündigung mit **unmittelbarer Wirkung ausgeschlossen** oder **eingeschränkt** werden (*Staudinger/Neumann* [Vorauf.] vor § 620 Rn 101). Dies darf wegen des Rechtsgedankens des § 622 Abs. 6 BGB allerdings nicht einseitig zu Lasten des Arbeitnehmers gehen. Möglich sind auch **schuldrechtliche Kündigungsbeschränkungen**, die zwar das Kündigungsrecht selbst unberührt lassen, aber die Verpflichtung begründen, das Kündigungsrecht nur unter bestimmten Voraussetzungen auszuüben (*BAG* 8.10.1959 AP Nr. 1 zu § 620 BGB Schuldrechtliche Kündigungsbeschränkung).

137 Ausgeschlossen ist die ordentliche Kündigung insbes. dann, wenn das Arbeitsverhältnis **zeitlich** oder **durch seine Zweckbestimmung befristet** ist und die Parteien sich nicht ausdrücklich die Möglichkeit zur ordentlichen Kündigung vorbehalten haben (*BAG* 19.6.1980 EzA § 620 BGB Nr. 47; SPV-*Preis* Rn 258; vgl. § 15 Abs. 1, 3 TzBfG; es kann dann nur der Arbeitnehmer zu einem Zeitpunkt vor dem vereinbarten Befristungsende kündigen, der Arbeitgeber hingegen ordentlich nur mit Wirkung zum Zeitpunkt des geplanten Fristablaufs: *BAG* 23.4.2009 EzA § 16 TzBfG Nr. 1). Die **Zusage einer Lebensstellung** enthält idR noch nicht den Ausschluss der ordentlichen Kündigung (vgl. KR-*Krumbiegel* § 624 BGB Rdn 13 ff.; SPV-*Preis* Rn 256; aA *Kramer* S. 43 f.). Darauf kann es aber hindeuten, wenn ein Arbeitnehmer **langfristig** als Betriebsleiter beschäftigt und ihm eine **Sicherstellung im Alter** durch die Zusage eines Ruhegeldes gewährt wird (*BAG* 12.10.1954 AP Nr. 1 zu § 52 Regelungsgesetz). Der Hinweis, der Arbeitnehmer werde für eine Dauer- oder Lebensstellung eingestellt, kann auch die schwächere Wirkung haben, dass die ordentliche Kündigung **nur für eine angemessene Zeit** ausgeschlossen sein soll (*BAG* 7.11.1968 EzA § 66 HGB Nr. 2).

138 Die ordentliche Kündigung kann auch dadurch **eingeschränkt** werden, dass sie nur bei **bestimmten Kündigungsgründen** zulässig sein soll. Derartige Regelungen dürfen aber nicht den sozialen Schutz anderer Arbeitnehmer beseitigen, weil der Kündigungsschutz einschließlich der Grundsätze für die soziale Auswahl nicht abdingbar ist (Einzelheiten s. KR-*Rachor* § 1 KSchG Rdn 36 ff.; *Kramer* S. 29 ff.; **Meinungsstand** bei *Kania/Kramer* RdA 1997, 287, 288).

139 Wegen der Kontrolle vorformulierter Klauseln (AGB-Kontrolle) s. Rdn 327 ff.

140 **Faktische Kündigungsbeschränkungen** wirken sich zwar nicht unmittelbar auf die Wirksamkeit, wohl aber auf den **Kündigungsentschluss** des Kündigungsberechtigten aus, weil sie ihn für den Fall der Kündigung mit vom Kündigungsempfänger ausbedungenen Zahlungspflichten belasten. **Rückzahlungsklauseln**, die den Arbeitnehmer verpflichten, zB **Gratifikationen**, **Urlaubsgeld**, **Ausbildungskosten**, **Umzugskosten** oder **Prämien** zurückzuzahlen, wenn er überhaupt oder vor einem bestimmten Zeitpunkt kündigt, sind **unwirksam**, wenn sie unter Verletzung von Art. 12 GG zu einer unangemessen langen **Betriebsbindung** führen und damit

zugleich oder selbständig den aus § 622 Abs. 6 (früher Abs. 5) herzuleitenden **Grundsatz** (vgl. Rdn 169) verletzen, dass dem Arbeitnehmer infolge der Kündigung des Arbeitsverhältnisses **keine Rechtsnachteile** erwachsen dürfen (vgl. *Erman/Riesenhuber* Rn 44a; SPV-*Preis* Rn 209, 456; MüKo-BGB/*Schwerdtner* [2. Aufl.] Rn 59, der allerdings die Rückzahlung von Gratifikationen und Prämien nur nach den dafür entwickelten Grundsätzen bestimmen will; *Staudinger/Preis* Rn 53; *BAG* 6.9.1989 EzA § 622 BGB nF Nr. 26; gegen eine zu »enge Bindung« an § 622 Abs. 5 BGB 1969 [jetzt: Abs. 6] und für eine unmittelbare Anwendung von Art. 12 GG oder eine Inhaltskontrolle nach § 242 BGB auch: *Hager* SAE 1990, 279 f.). Derartige unzulässige Kündigungsbeschränkungen zu Lasten des Arbeitnehmers liegen u.a. vor, wenn der Arbeitnehmer für den Fall der fristgerechten Kündigung eine von ihm gestellte **Kaution** verlieren (*BAG* 11.3.1971 EzA § 622 BGB nF Nr. 2), eine **Vertragsstrafe** für den Fall einer fristgemäßen Kündigung zahlen (*BAG* 9.3.1972 EzA § 622 BGB nF Nr. 6), eine **Mindestumsatzgrenze** auch bei unterjähriger Beschäftigung aufgrund einer Kündigung durch den Arbeitnehmer nicht anteilig zu kürzen, sondern jahresbezogen sein (*BAG* 25.4.1989 – 3 AZR 414/87, nv) oder wenn der Arbeitnehmer bei einem auf unbestimmte Zeit geschlossenen Arbeitsvertrag für den Fall einer vertraglich eingeräumten kürzeren fristgemäßen Eigenkündigung eine **Abfindung** zahlen soll, und zwar auch dann, wenn der Arbeitgeber bei einer fristgerechten Kündigung seinerseits ebenfalls eine Abfindung zahlen soll, deren Betrag höher ist (*BAG* 6.9.1989 EzA § 622 BGB nF Nr. 26). Auch die einseitige Vereinbarung einer **Vertragsstrafe** zu Lasten des Arbeitnehmers für den Fall einer Kündigung vor Dienstantritt verstößt gegen § 622 Abs. 6 (*LAG Hamm* 15.3.1989 LAGE § 622 BGB Nr. 14). Vgl. für Kautionsklauseln, Abfindungsregelungen und einseitigen Ausschluss der Kündbarkeit vor Dienstantritt SPV-*Preis* Rn 456, der das Problem jedoch nicht in § 622 Abs. 6 BGB, sondern in der Kontrolle vorformulierter Vertragsbedingungen erkennt. Eine Abrede grundrechtsgebundener Arbeitgeber, den Wechsel von Arbeitnehmern an eine Freigabeerklärung des abgebenden Arbeitgebers zu binden (so Beschluss der KMK betr. den Transfer von Lehrern im öffentlichen Schuldienst von Land zu Land), steht mit der durch Art. 12 Abs. 1 S. 1 GG gewährleisteten Freiheit der Wahl des Arbeitsplatzes nicht im Einklang; die »Eigenkündigung« des Arbeitnehmers würde hier uU zum Verlust jedweder Beschäftigungsmöglichkeit bei einem an der Abrede Beteiligten führen (vgl. *Sächs. LAG* 7.11.2006 – 2 Sa 473/06).

Wenn es allein um die Verpflichtung zur Rückzahlung von **Ausbildungskosten** geht, stellt die Rechtsprechung des *BAG* (24.7.1991 NZA 1992, 11; 16.3.1994 EzA § 611 BGB Ausbildungsbeihilfe Nr. 10; *Becker-Schaffner* DB 1991, 1016 ff.) allerdings zumeist ausschließlich darauf ab, ob der Arbeitnehmer durch die Verpflichtung, die Kosten bei einer Kündigung vor Ablauf einer bestimmten Zeit zurückzuzahlen, in seinem Grundrecht auf **freie Wahl** des **Arbeitsplatzes** (Art. 12 GG) beeinträchtigt wird. Das hängt davon ab, ob den möglichen Nachteilen für den Arbeitnehmer ein angemessener Ausgleich gegenübersteht, wobei alle Umstände zu berücksichtigen sind. Die Rückzahlungspflicht muss vom Standpunkt eines verständigen Betrachters aus einem begründeten und zu billigenden Interesse des Arbeitgebers entsprechen, während der Arbeitnehmer mit der Ausbildungsmaßnahme eine angemessene Gegenleistung für die Rückzahlungsverpflichtung erhalten haben muss. Dabei kommt es insbes. auf die **Dauer** der **Bindung**, den **Umfang** der **Fortbildungsmaßnahme**, die **Höhe** des **Rückzahlungsbetrages** und dessen Abwicklung an. **Vorrangig** für die Interessenabwägung ist, ob und inwieweit der Arbeitnehmer mit der Aus- oder Weiterbildung einen **geldwerten Vorteil** erlangt hat. 141

E. Anfang, Berechnung und Ablauf der Kündigungsfristen

I. Anfang mit Zugang der ordentlichen Kündigung

1. Kündigung als empfangsbedürftige Willenserklärung

Für die im § 622 geregelten Fristen und Termine gelten nach § 186 BGB die Auslegungsvorschriften der §§ 187–193 BGB. Das für den Beginn der Kündigungsfrist **maßgebende Ereignis** iSd § 187 BGB ist der **Zugang** der **ordentlichen Kündigung** (*Popp* HAS § 19 B Rn 11). 142

143 Die ordentliche Kündigung ist eine **einseitige, empfangsbedürftige** und **rechtsgestaltende Willenserklärung** (vgl. KR-*Klose* § 4 KSchG Rdn 135 ff.), durch die der Kündigende seinen Willen verlautbart, das Arbeitsverhältnis zu einem in der Zukunft liegenden Zeitpunkt idR befristet oder ausnahmsweise entfristet zu beenden. Die Kündigung bedarf nach § 623 BGB der **Schriftform**. Die Kündigungserklärung, die nach § 133 BGB auszulegen ist, muss den **Beendigungswillen** klar erkennen lassen. Sie darf **nicht** mit einer **Bedingung** verbunden werden, deren Eintritt ungewiss ist, und die nicht durch den Willen des Kündigungsempfängers beeinflusst werden kann (*Ascheid* Kündigungsschutzrecht Rn 270 ff.). Dagegen ist eine **vorsorgliche** Kündigung unbedenklich zulässig (vgl. KR-*Klose* § 4 KSchG Rdn 328). Es hängt von den jeweiligen besonderen Umstände des Einzelfalles ab, ob die »Bestätigung« einer Kündigung den wiederholten Ausspruch einer Kündigung beinhaltet oder nur deklaratorische Bedeutung hat (*BAG* 13.11.1958 AP Nr. 17 zu § 3 KSchG; 2.3.1973 EzA § 133 BGB Nr. 7; 4.12.1986 – 2 AZR 33/86, nv; vgl. KR-*Klose* § 4 KSchG Rdn 327). Die Formulierung, eine Kündigung zu wiederholen, bedeutet zwar nach dem Wortsinn, sie noch einmal auszusprechen (*BAG* 13.11.1958 AP Nr. 17 zu § 3 KSchG). Für die **Auslegung** sind aber weiter alle Begleitumstände zu würdigen, die für die Frage, welcher Wille der Beteiligte bei seiner Erklärung gehabt hat, von Bedeutung sind und dem Erklärungsempfänger bekannt waren (*BAG* 2.3.1973 EzA § 133 BGB Nr. 7; 21.3.1988 EzA § 4 KSchG Nr. 33). Auch die spätere Reaktion einer Partei auf eine von ihr abgegebene Willenserklärung kann für deren Auslegung von Bedeutung sein (*BAG* 17.4.1970 AP Nr. 32 zu § 133 BGB). **Vor** Einführung des Schriftformzwangs nach § 623 BGB sprach es gegen eine erneute, in ihrem rechtlichen Bestand von der ersten Kündigung unabhängige Kündigung, wenn der Kündigende mit der »Wiederholung« der Kündigung nur die beim mündlichen Ausspruch der Kündigung gescheiterte Übergabe des Kündigungsschreibens nachholen wollte und wenn er sich im Rechtsstreit nur darauf berief, dem Gekündigten sei vorsorglich noch einmal eine schriftliche Kündigung zugeleitet worden (*BAG* 4.12.1986 – 2 AZR 33/86). Vielmehr ist die allein formgültige Wiederholung der Kündigung nunmehr als Neuvornahme zu werten.

144 Die Kündigungserklärung ist unwirksam, wenn der Kündigende oder Kündigungsempfänger **geschäftsunfähig** ist (§ 104 BGB) und für die Partei kein gesetzlicher Vertreter handelt. Ist der Kündigende oder der Kündigungsempfänger **beschränkt geschäftsfähig** (§ 106 BGB), dann bedarf es – von den Fällen der §§ 112, 113 BGB abgesehen – der Einwilligung des gesetzlichen Vertreters zum Ausspruch der Kündigung durch den beschränkt Geschäftsfähigen (§§ 107, 131 Abs. 2 S. 2 BGB) und zur Entgegennahme der Kündigung des Zugangs an den gesetzlichen Vertreter (§ 131 Abs. 2 S. 1 BGB; vgl. iE KR-*Treber/Rennpferdt* § 13 KSchG Rdn 234–236). Zur grds. Unzulässigkeit der Teilkündigung vgl. KR-*Kreft* § 2 KSchG Rdn 87 und *BAG* 7.10.1982 EzA § 315 BGB Nr. 28 m. Anm. *Herschel.*

2. Zugang nach § 130 BGB

145 Wird die Kündigung in Anwesenheit des Kündigungsempfängers durch **persönliche Übergabe** des Kündigungsschreibens ausgesprochen, dann geht sie als Erklärung unter Anwesenden zu, sobald sie der Gekündigte **zur Kenntnis** nimmt (vgl. KR-*Klose* § 4 KSchG Rdn 143, 142; *BAG* 27.8.1982 EzA § 102 BetrVG 1972 Nr. 49). Nach Treu und Glauben und der Verkehrssitte muss der Kündigende, der bemerkt, dass der Empfänger die Erklärung nicht als Kündigung verstanden hat, sie gegenüber dem Gegner verdeutlichen und wiederholen (*Molitor* S. 132 f.). Auch Kündigungen, die durch einen gesetzlichen oder rechtsgeschäftlichen Vertreter ausgesprochen oder an ihn gerichtet werden, sind Erklärungen unter Anwesenden (vgl. KR-*Klose* § 4 KSchG Rdn 143, 142). Übersicht bei *Becker-Schaffner* BB 1998, 422.

146 Eine nach Maßgabe des § 623 BGB **schriftliche Kündigung** wird erst in dem Zeitpunkt wirksam, in dem sie dem Kündigungsempfänger **zugeht**. Zugegangen ist die Kündigung nach § 130 Abs. 1 BGB, sobald sie in **verkehrsüblicher Art** in die tatsächliche **Verfügungsgewalt** des Empfängers oder eines anderen, der ihn in der Empfangnahme von schriftlichen Mitteilungen vertreten konnte, gelangt und ihm dadurch die **Möglichkeit** der Kenntnisnahme verschafft worden ist (s.

KR-*Klose* § 4 KSchG Rdn 144 ff.; *BAG* 16.1.1976 EzA § 130 BGB Nr. 5; 13.10.1976 EzA § 130 BGB Nr. 7; 18.2.1977 EzA § 130 BGB Nr. 8; 16.12.1980 EzA § 130 BGB Nr. 10 m. Anm. v. *M. Wolff*). Es kommt grds. nicht darauf an, ob und wann der Empfänger von dem Kündigungsschreiben tatsächlich Kenntnis genommen hat und ob er daran aus besonderen Gründen zunächst gehindert war. Geht dem Arbeitnehmer eine Arbeitgeberkündigung per **Einschreiben** zu, so ist die Klagefrist des § 4 KSchG auch dann grds. ab der Aushändigung des Einschreibebriefes zu berechnen, wenn der Postbote den Arbeitnehmer nicht antrifft und dieser das Einschreiben zwar nicht alsbald, aber noch innerhalb der ihm von der Post mitgeteilten Aufbewahrungsfrist beim zuständigen Postamt abholt oder abholen lässt (*BAG* 25.4.1996 EzA § 130 BGB Nr. 27 m. Anm. v. *Hoyningen-Huene*). Wegen der besonderen Zugangsprobleme, insbes. bei Kündigungen durch **Einschreiben**, einer **längeren Abwesenheit** des Empfängers (Urlaub) und wegen der Rechtsfolgen einer **Empfangsvereitelung** wird auf die eingehende Darstellung bei KR-*Klose* § 4 KSchG Rdn 170 ff. verwiesen. Übersicht zum Kündigungszugang bei Kündigung unter Abwesenden *Becker-Schaffner* BB 1998, 422 ff.

Eine **vertragliche Vereinbarung** der Parteien, die **Aufgabe** des Kündigungsschreibens als Zugang zu werten, ist dann unwirksam, wenn sie dazu führt, dass gesetzlich zwingend vorgeschriebene Mindestkündigungsfristen verkürzt werden. Das ist der Fall, wenn zwischen dem wirklichen Zugang der Kündigung und dem nächst zulässigen Kündigungstermin ein Zeitraum liegt, der kürzer ist als die jeweils einzuhaltende gesetzliche Mindestfrist (*BAG* 13.10.1976 EzA § 130 BGB Nr. 6). Vereinbarungen über Art und Weise des Zugangs, die keine Schutzpositionen beeinträchtigen, sind dagegen zulässig. Daran hat sich auch durch § 623 BGB nichts geändert. Zu **vorformulierten** Regelungen s.a. Rdn 327 ff. 147

3. Anfang der Frist bei Kündigung vor Dienstantritt

Nach der hM kann eine ordentliche Kündigung bereits **vor dem vorgesehenen Dienstantritt** ausgesprochen werden (*BAG* 22.8.1964 EzA § 620 BGB Nr. 6; 6.3.1974 EzA § 620 BGB Nr. 19; 2.11.1978, EzA § 620 BGB Nr. 38; 17.9.1987 EzA § 15 BBiG Nr. 6; 25.3.2004 EzA § 620 BGB 2002 Kündigung Nr. 1; *Schmidt* AR-Blattei Kündigung I c, II; SPV-*Preis* Rn 141 ff.; *M. Wolf* Anm. zu *BAG* AP Nr. 3 zu § 620 BGB; *Berger-Delhey* DB 1989, 380 f.; *Linck* AR-Blattei SD 1010.1.3. Kündigung I C, Kündigung vor Dienstantritt Rn 2; APS-*Linck* Rn 49). Der **Ausschluss** der ordentlichen Kündigung (das Recht zur außerordentlichen Kündigung ist nicht verzichtbar, *BAG* 19.12.1974 AP Nr. 3 zu § 620 BGB Beendigung) vor Dienstantritt (monographisch und mit Beispielen *Kramer* S. 46 ff.; zum Sinn eines derartigen Ausschlusses *Legerlotz* ArbB 2003, 92 ff. – pro – und *Diller* ArbB 2003, 221 – contra –) setzt eine eindeutige Vereinbarung zwischen den Parteien voraus (*BAG* 23.2.2017 EzA § 113 InsO Nr. 24 m. zahlr. Nachw.; *Linck* AR-Blattei SD 1010.1.3. Kündigung I C, Kündigung vor Dienstantritt Rn 4). Diese Voraussetzung ist zB erfüllt, wenn für den verspäteten oder unterlassenen Dienstantritt eine **Vertragsstrafe** festgelegt wird (*LAG Frankf.* 18.6.1980 DB 1981, 532; aufgegeben durch selbe Kammer *Hess. LAG* 25.11.1996 LAGE § 620 BGB Kündigung vor Dienstantritt Nr. 1; SPV-*Preis* Rn 143; *Linck* AR-Blattei SD 1010.1.3. Kündigung I C, Kündigung vor Dienstantritt Rn 7). Ein vertraglicher Ausschluss lediglich für die arbeitnehmerseitige Kündigung ist als Verstoß gegen § 622 Abs. 6 unwirksam (*LAG Hamm* 15.3.1989 DB 1989, 1191; *Kramer* S. 48; *Linck* AR-Blattei SD 1010.1.3. Kündigung I C, Kündigung vor Dienstantritt Rn 7). **Lässt sich ein entgegenstehender Parteiwille** nicht ermitteln, ist das Arbeitsverhältnis dann für beide Teile vor Dienstantritt kündbar (*Kramer* S. 48 f.). Diese Grundsätze gelten für das **Berufsausbildungsverhältnis** entsprechend (vgl. *BAG* 17.9.1987 AP Nr. 7 zu § 15 BBiG). Selbst bei **vertraglichem Ausschluss** der **Kündbarkeit** vor **Dienstantritt kündbar** ist das Arbeitsverhältnis vor Dienstantritt nach § 113 S. 1 InsO (*BAG* 23.2.2017 EzA § 113 InsO Nr. 24; APS-*Linck* Rn 57). Denn danach kann durch den Insolvenzverwalter und vom anderen Teil ohne Rücksicht auf einen vereinbarten Ausschluss des Rechts zur ordentlichen Kündigung gekündigt werden. Freilich wird die Regelung nur für den Arbeitnehmer praktisch, weil der Insolvenzverwalter auch nach § 103 Abs. 1 InsO vorgehen und das Arbeitsverhältnis gar nicht erst in Gang setzen kann (vgl. zu § 17 KO *Zwanziger* Das Arbeitsrecht der Insolvenzordnung, 1997, § 113 InsO Rn 11; aA 148 unter wohl unzutreffendem Hinweis auf § 113 Abs. 2 InsO aF *Grunsky/Moll* Arbeitsrecht und Insolvenz, 1997, Rn 343).

149 Streitig ist hingegen, welches Ereignis oder welcher Zeitpunkt für den Beginn der Kündigungsfrist dann maßgebend ist, wenn die Kündigung bereits vor Dienstantritt **zugeht**. Das *BAG* (22.8.1964 EzA § 620 BGB Nr. 6) hat zunächst den Standpunkt vertreten, wenn es an einer eindeutigen Vereinbarung fehle, dann beginne die Kündigungsfrist erst in dem Zeitpunkt zu laufen, in dem die Arbeit vertragsgemäß aufgenommen werden solle (**aA** – Beginn regelmäßig bereits mit Zugang – SPV-*Preis* Rn 144; *Caesar* NZA 1989, 253). Diese Auffassung ist mit der Begründung aufgegeben worden, es hänge nicht von rechtsdogmatischen Erwägungen, sondern von den Vereinbarungen der Parteien ab, zu welchem Zeitpunkt die Frist für eine vor Dienstantritt ausgesprochene Kündigung beginne. Wenn eine eindeutige vertragliche Regelung fehle, dann sei die jeweilige **beiderseitige Interessenlage** dafür **maßgebend**, wann die Kündigungsfrist zu laufen beginne. Dabei sei entscheidend auf die konkreten Umstände des jeweiligen Einzelfalles abzustellen und nicht von allgemeinen Erfahrungsregeln oder einem schematisch angewandten Grundsatz des Vertrauensschutzes auszugehen (*BAG* 6.3.1974 AP Nr. 2 zu § 620 BGB m. zust. Anm. v. *G. Hueck* = EzA § 620 BGB Nr. 19 m. abl. Anm. v. *Herschel;* *BAG* 25.3.2004 EzA § 620 BGB 2002 Kündigung Nr. 1). Dieser Auffassung ist **zuzustimmen**, weil die u.a. von *Herschel* (Anm. EzA § 620 BGB Nr. 19) erhobene Kritik, diese differenzierende Betrachtung sei für die Praxis unbrauchbar (ähnl.: MüKo-BGB/*Schwerdtner* vor § 620 Rn 161 [Voraufl.]; Zusammenfassung der Gegenstimmen bei *Kramer* S. 53), das gebotene Interesse an einer verfeinerten Einzelfallgerechtigkeit vernachlässigt (*G. Hueck* Anm. AP Nr. 2 zu § 620 BGB). Fehlt eine vertragliche Vereinbarung über den Beginn der Kündigungsfrist (Vertragsgestaltungshinweise bei *Kramer* S. 50 ff.), dann liegt eine **Vertragslücke** vor, die im Wege der ergänzenden Vertragsauslegung zu schließen ist. Für die Ermittlung des mutmaßlichen Parteiwillens und der beiderseitigen Interessenlage ist grds. auf die konkreten Umstände des Einzelfalles abzustellen. Das schließt jedoch nicht aus, bei **typischen Vertragsgestaltungen** im Interesse der Rechtssicherheit allgemeine **Erfahrungsregeln** zu berücksichtigen. So können zB insbesondere die **Länge der Kündigungsfrist** oder die **Art** der vorgesehenen **Beschäftigung** Anhaltspunkte dafür sein, ob ein Interesse an einer zumindest vorübergehenden Realisierung des Arbeitsverhältnisses besteht und deswegen die Annahme berechtigt ist, die Parteien hätten dann, wenn sie diese Frage bedacht hätten, die Kündigungsfrist nicht vor Vertragsbeginn in Lauf setzen wollen. Ein solches **Interesse fehlt** regelmäßig, wenn die Parteien die **kürzeste** zulässige **Kündigungsfrist** vereinbart haben und insbes. dann, wenn das Arbeitsverhältnis zunächst nur der Erprobung dienen soll (*BAG* 9.5.1985 EzA § 620 BGB Nr. 75; *Neumann* DB 1966, 1607; *Preis/Kliemt/Ulrich* AR-Blattei SD 1270 Das Probearbeitsverhältnis Rn 215; *Bonanni/Niklas* ArbRB 2008, 249, 251; abl. MüKo-BGB/*Schwerdtner* vor § 620 Rn 161 [Voraufl.]; **zum Streitstand** *Berger-Delhey* DB 1989, 380; *Linck* AR-Blattei SD 1010.1.3. Kündigung I C, Kündigung vor Dienstantritt Rn 17). Letzterenfalls **läuft** ab Kündigungszugang die **Frist von zwei Wochen** des § 622 Abs. 3. Denn es entspricht in aller Regel nicht dem Parteiwillen, für den Zeitraum zwischen Vertragsschluss und Antritt der Probezeit eine ohne die Probezeitvereinbarung maßgebliche längere gesetzliche oder tarifvertragliche Kündigungsfrist anzuwenden (*Preis/Kliemt/Ulrich* AR-Blattei SD 1270 Das Probearbeitsverhältnis Rn 214); dagegen angeführt werden könnte allerdings, dass sich der Erprobungszweck vor Antritt nicht realisieren lässt. **Fehlen** jegliche tatsächliche Anhaltspunkte für eine ergänzende Vertragsauslegung, ist im Zweifel von Fristbeginn mit Zugang der Kündigungserklärung auszugehen (*Joussen* NZA 2002, 1177, 1180 ff.; ähnlich jetzt auch *BAG* 25.3.2004 EzA § 620 BGB 2002 Kündigung Nr. 1).

150 Ist aufgrund einer Auslegung des Vertrages oder bei Abwägung der Interessen der Parteien davon auszugehen, dass die Kündigungsfrist erst mit dem Zeitpunkt des Dienstantritts beginnen soll, dann wird zwar nicht die mit dem Zugang eintretende Wirksamkeit der ordentlichen Kündigung, wohl aber deren **Beendigungswirkung** hinausgeschoben. In diesem Falle ist der **Beginn des Tages**, an dem vertragsmäßig die Arbeit aufgenommen werden sollte, der für den Anfang der Kündigungsfrist maßgebende Zeitpunkt iSd § 187 Abs. 2 BGB (*BAG* 2.11.1978 EzA § 620 BGB Nr. 38; SPV-*Preis* Rn 146). Für den Anfang der Kündigungsfrist ist es dann unerheblich, ob und wann das Arbeitsverhältnis tatsächlich aktualisiert worden ist.

Kein Fristlauf beginnt, wenn, soweit oder solange besondere Regelungen eine Kündigung verbieten, ausschließen oder beschränken. Solche Bestimmungen sind jeweils darauf zu überprüfen, ob sie auch die Kündigung vor Dienstantritt betreffen. Bei § 102 Abs. 1 BetrVG ist das der Fall (*LAG Frankf.* 31.5.1985 LAGE § 5 BetrVG 1972 Nr. 14; vgl. KR-*Rinck* § 102 BetrVG Rdn 35; *Linck* AR-Blattei SD 1010.1.3. Kündigung I C, Kündigung vor Dienstantritt Rn 13). Bei § 17 (bis 31.12.2017: § 9) MuSchG war dies str. Denn die Regelung gilt nach § 1 Abs. 2 S. 1 MuSchG (ab 1.1.2018) nur für Frauen »in« einer Beschäftigung iSv § 7 Abs. 1 SGB IV und auch die Tatbestände des § 1 Abs. 2 S. 2 MuSchG (... »beschäftigt sind«, »tätig sind«, »tätig werden«, »mitarbeiten«) setzen eine Aufnahme der Arbeit voraus. Auch § 9 MuSchG (bis 31.12.2017) galt nach § 1 Nr. 1 MuSchG aF nur für Frauen, die (bereits) in einem Arbeitsverhältnis »stehen«. Das war bei hinausgeschobenem Beginn gerade (noch) nicht der Fall (**wie hier:** *Linck* AR-Blattei SD 1010.1.3. Kündigung I C, Kündigung vor Dienstantritt Rn 12; APS-*Linck* Rn 55). Das *BAG* (17.2.2020 EzA-SD 2020 Nr. 11, 12) stellt demgegenüber nunmehr **zutr** auf den **Normzweck** des Kündigungsverbotes ab, die Fortsetzung der Beschäftigung der Frau während Schwangerschaft und Entbindung zu gewährleisten. 151

4. Kündigungsfrist bei Massenentlassungsanzeige

Im Falle einer Massenentlassungsanzeige nach § 17 Abs. 1 KSchG dürfen die Arbeitnehmer nicht vor Ablauf der Fristen des § 18 Abs. 1 oder Abs. 2 KSchG **ausscheiden** (*BAG* 6.11.2008 EzA § 18 KSchG Nr. 1). Damit stellen die Vorschriften für Kündigungen, bei denen der Arbeitgeber eine Kündigungsfrist unterhalb der Regelsperrzeit von einem Monat oder einer verlängerten Sperrfrist von zwei Monaten zu beachten hat, quasi als eine (öffentlich-rechtliche) Mindestkündigungsfrist dar (ErfK-*Kiel* § 18 KSchG Rn 2). 152

II. Berechnung der Frist

1. Regelung des § 187 Abs. 1 BGB

Nach § 187 Abs. 1 BGB ist der Tag, an dem die Kündigung zugeht, nicht in die Berechnung der Kündigungsfrist mit einzubeziehen. Die Kündigungsfrist beginnt vielmehr erst am nächsten Tage, so dass eine Kündigung bereits einen Tag vor Beginn der Kündigungsfrist zugegangen sein muss, wenn sie zum nächstmöglichen Kündigungstermin wirken soll (*Bleistein* Rn 93). Für den Regelfall des § 622 Abs. 1, bei dem eine Grundkündigungsfrist von vier Wochen zum Fünfzehnten oder zum Ende eines Kalendermonats einzuhalten ist, sind mit Rücksicht auf §§ 187 Abs. 1, 188 Abs. 2 BGB folgende Kündigungstage, an denen die Kündigung zur Wahrung der Frist zugegangen sein muss, zu beachten: Im Februar: 31.1. (Schaltjahr 1.2.) für eine Kündigung zum 28.2. (29.2.) oder 15.2. (Schaltjahr 16.2.) für eine Kündigung zum 15.3. In Monaten mit 30 Tagen: 2. des Monats für eine Kündigung zum Monatsende oder 17. des Monats für eine Kündigung zum Fünfzehnten des Folgemonats. In Monaten mit 31 Tagen: 3. des Monats für eine Kündigung zum Monatsende oder 18. des Monats für eine Kündigung zum Fünfzehnten des Folgemonats. Eine Vereinbarung, dass der Tag der Absendung des Kündigungsschreibens als Tag der Erklärung gelten soll, ist unzulässig (*BAG* 13.10.1976 EzA § 130 BGB Nr. 6; *Kramer* S. 407; zweifelnd SPV-*Preis* Rn 131 f.). 153

Ist der jeweils letzte Tag vor Beginn der Kündigungsfrist ein **Samstag, Sonntag** oder **Feiertag**, dann führt das nicht dazu, dass die Kündigung in entsprechender Anwendung des § 193 BGB auch noch am folgenden Werktag erklärt werden kann (*BAG* 5.3.1970 EzA § 622 BGB nF Nr. 1; 28.9.1972 AP Nr. 2 zu § 193 BGB; *Staudinger/Preis* Rn 23; vgl. auch *BGH* 27.4.2005 NJW 2005, 2154, 2155 f. zur Karenzzeit von drei Werktagen für die Wahrung der Kündigungsfrist nach Wohnraummietrecht). Die Einhaltung der vollen Kündigungsfrist dient dem Schutz des Kündigungsempfängers, der höher zu bewerten ist als das Interesse des Kündigenden daran, mit dem Ausspruch der Kündigung möglichst lange zu warten. 154

155 Der Kündigungsempfänger kann eine Kündigung, die ihm noch am letzten Tage vor dem Beginn der Kündigungsfrist zugegangen ist, nicht deswegen zurückweisen, weil sie ihm an einem **Sonn-** oder **Feiertag** per Eilbrief zugestellt worden ist.

156 Eine Verkürzung der Kündigungsfrist tritt auch dann nicht ein, wenn der Arbeitnehmer an dem Tage, an dem spätestens zum nächstmöglichen Termin gekündigt werden kann, in einer Nachtschicht arbeitet, die bis in den folgenden Tag hineinreicht und dem Arbeitnehmer die Kündigung kurz **nach Mitternacht** zugeht (*BAG* 15.7.1969 EzA § 130 BGB Nr. 3; *Bleistein* Rn 93).

2. Anwendung des § 187 Abs. 2 BGB

157 Während die Frist in allen Fällen, in denen sie durch den Zugang der Kündigung ausgelöst wird, nach § 187 Abs. 1 BGB zu berechnen ist, greift § 187 Abs. 2 S. 1 BGB dann ein, wenn bei einer Kündigung vor Dienstantritt der Beginn eines Tages der für den Anfang der Frist maßgebende Zeitpunkt ist (vgl. Rdn 150). Ein bereits vorher ordentlich gekündigtes Arbeitsverhältnis, für das eine Kündigungsfrist von vier Wochen zum Fünfzehnten oder zum Ende eines Kalendermonats gilt, wird somit bei einem vorgesehenen Dienstantritt zum 1.4. durch eine Kündigung, die spätestens am 18.3. zugegangen ist, nicht zum 15.4. sondern erst am 30.4. beendet.

3. Vorzeitige Kündigung

158 Der Kündigende ist nicht verpflichtet, mit dem Ausspruch der Kündigung bis zum letzten Tage vor Beginn der Frist zum nächstmöglichen Termin zu warten. Er ist vielmehr grundsätzlich berechtigt, schon vor diesem Zeitpunkt oder mit einer längeren als der gesetzlichen oder vorgesehenen Frist zu kündigen (*Hueck/Nipperdey* I, S. 565 Anm. 12; *Molitor* S. 160–162; *Popp* HAS VI B Rn 552; *Staudinger/Preis* Rn 26; *LAG Bln.* 11.1.1999 LAGE § 622 BGB Nr. 41). In der sog. **vorzeitigen** Kündigung liegt idR ein **Verzicht** auf die gesetzliche Kündigungsfrist (vgl. *Popp* HAS § 19 B Rn 14; *Schaub/Linck* § 126 III 4, Rn 14), während das Recht aus einem wichtigen Grunde außerordentlich zu kündigen unberührt bleibt, wenn der wichtige Grund erst später eintritt oder dem Kündigenden bekannt wird.

159 Bedenklich ist eine verfrühte Kündigung dann, wenn die Kündigung an dem letztmöglichen Zeitpunkt für die Einhaltung der Kündigungsfrist **erschwert** oder **ausgeschlossen** wäre. Wenn der Arbeitgeber nur deswegen vorzeitig gekündigt hat, um die Kündigung noch vor Ablauf der Wartezeit des § 1 KSchG auszusprechen (also jedenfalls nicht, wenn lediglich eine weitere Bewährungschance hatte eingeräumt werden sollen: *LAG BW* 6.5.2015 LAGE § 1 KSchG Nr. 21), ist er nach dem Rechtsgedanken des § 162 BGB gehindert, sich auf den fehlenden Kündigungsschutz zu berufen (*Popp* HAS § 19 B Rn 14; *Molitor* S. 161; *Schaub/Linck* § 126 III 4, Rn 14; *Staudinger/Preis* Rn 26; *BAG* 16.10.1987 BB 1988, 1393: **aA** KR-*Rachor* § 1 KSchG Rdn 10). Eine schwangere Arbeitnehmerin kann dagegen nicht mit der Begründung den Kündigungsschutz des § 17 (bis 31.12.2017: § 9) MuSchG beanspruchen, dass sie zu dem späteren Zeitpunkt, an dem die Kündigung noch zu dem vorgesehenen Termin hätte erfolgen können, bereits schwanger gewesen sei.

III. Fristablauf

1. Fristende nach § 188 BGB

160 Bei einer Frist, die **ohne festen Kündigungstermin** lediglich **nach Wochen** bestimmt ist (zB Frist von zwei Wochen während einer vereinbarten Probezeit, § 622 Abs. 3, oder vereinbarte Wochenfrist im Aushilfsarbeitsverhältnis iSv § 622 Abs. 5 S. 1 Nr. 1) endet die Kündigungsfrist nach § 188 Abs. 2 BGB mit dem Ablauf desjenigen Tages der letzten Woche, der durch seine Bezeichnung dem Tage entspricht, an dem die Kündigung zugegangen ist. Eine mit einer Frist von zwei Wochen ausgesprochene Kündigung, die an einem **Montag** zugegangen ist, beendet das Arbeitsverhältnis demgemäß mit Ablauf des Montags der **übernächsten Woche**. Für die Grundkündigungsfrist und für die verlängerten Fristen nach § 622 Abs. 1 und Abs. 2 ist das Fristende nicht aus § 188 Abs. 2

BGB zu entnehmen, weil **feste Beendigungstermine** zum Fünfzehnten oder zum Ende eines Monats einzuhalten sind.

Von Bedeutung ist § 188 Abs. 2 BGB allerdings für Fristen, die nicht mit festen Kündigungsterminen verbunden (vereinbarte Probezeit, § 622 Abs. 3) oder zulässigerweise unter Aufhebung der gesetzlichen Kündigungstermine vereinbart worden sind (beispielsweise durch Tarifvertrag, § 622 Abs. 4, oder in einem Aushilfsarbeitsverhältnis oder in einem Kleinunternehmen, § 622 Abs. 5 S. 1 Nrn. 1 und 2). Eine Kündigung, die das Arbeitsverhältnis zu einem beliebigen Termin beenden kann, wirkt zum Ablauf desjenigen Tages, der durch seine Benennung oder seine Zahl dem Tage entspricht, an dem die Kündigung zugegangen ist. Wenn eine Kündigung, für die eine Frist von einem Monat gilt, zB am 20.3. zugegangen ist, endet das Arbeitsverhältnis mit Ablauf des 20.4. 161

Für das Fristende nach § 188 BGB ist es ebenso wie für die gesetzlichen Kündigungstermine unerheblich, ob der letzte Tag auf einen Samstag, Sonntag oder Feiertag fällt, weil sich § 193 BGB nicht auf das Ende der Kündigungsfrist bezieht (*BGH* 17.2.2005 NJW 2005, 135 ff.; *Staudinger/ Preis* Rn 23; *Palandt/Ellenberger* § 193 Rn 3; APS-*Linck* Rn 29). Diese muss dem Gekündigten unverkürzt zur Verfügung stehen. Kann ein Arbeitsverhältnis ordentlich nur zum Schluss eines Kalendervierteljahres gekündigt werden, ist eine zum 1. April ausgesprochene Kündigung idR dahin auszulegen, dass sie das Arbeitsverhältnis zum 31. März beenden soll (*BAG* 25.9.2002 AP Nr. 27 zu §§ 22, 23 BAT Zuwendungs-TV; aA *LAG Bln.* 13.12.2002 – 6 Sa 1628/02). 162

2. Kündigung mit unzureichender Frist/Prozessuales

Wenn der Zeitraum, der zwischen dem Zugang der Kündigung und dem vom Kündigenden bestimmten Kündigungstermin liegt, geringer ist als die gesetzliche oder vertragliche Kündigungsfrist, dann ist die Kündigung nicht absolut unwirksam. Die Kündigung wirkt vielmehr im Zweifel zu dem **nächsten zulässigen Termin** (*BAG* 18.4.1985 EzA § 622 BGB nF Nr. 21; *Bleistein* Rn 93; *Popp* HAS § 19 B Rn 15; *Waltermann* Rn 332; *Staudinger/Preis* Rn 25; MüKo-BGB/*Hesse* Rn 43). Daran hat sich **für den Arbeitnehmer** auch durch § 4 S. 1 KSchG nF **nichts geändert.** Die Vorschrift betrifft nur das »Ob«, nicht das »Wann« der Beendigung (vgl. Gesetzesbegr. BT-Drucks. 15/ 1204, S. 9). Deshalb bedarf es nicht der Einhaltung der Klagefrist um die richtige Frist zu erstreiten (anders nur bei außerordentlicher fristloser Kündigung). So zunächst auch das *BAG* (15.12.2005 EzA § 4 KSchG nF Nr. 72; krit. *Schwarze* Anm. AP Nr. 71 zu § 4 KSchG 1969). Eine **Umdeutung** einer **willentlich** zu einem bestimmten (falschen) Termin erklärte Kündigung in eine fristwahrende Kündigung ist entgegen *BAG* vom 15.12.2005 wegen § 140 BGB gerade **nicht** ausgeschlossen (zutr. APS-*Linck* Rn 45 m. eingehender Begr.; abw. jetzt *BAG* 29.1.2015 EzA § 622 BGB 2002 Nr. 12). Die Nichteinhaltung der Kündigungsfrist soll nach Auffassung eines anderen (des fünften) Senats des *BAG* (1.9.2010 EzA § 4 nF KSchG Nr. 90; sich davon abgrenzend der zweite Senat des *BAG* 9.9.2010 EzA § 622 BGB 2002 Nr. 8 [betr. Nichteinhaltung der Kündigungsfrist wegen Unvereinbarkeit des § 622 Abs. 2 S. 2 mit Unionsrecht]) innerhalb der Klagefrist des § 4 S. 1 KSchG geltend gemacht werden müssen, wenn sich nicht durch Auslegung ermitteln lasse, das eine fristwahrende Kündigung habe ausgesprochen werden sollen. Denn nur eine nicht gem. § 7 KSchG als rechtswirksam geltende Kündigung mit unzureichender Frist könne gem. § 140 BGB zum richtigen Kündigungstermin umgedeutet werden – dies entbehrt der Logik, wird doch die Klageobliegenheit erst aus der Rechtsfolge einer unterlassenen Klage hergeleitet. Die Beratung tut allerdings gut daran, Kündigungen künftig auch dann binnen der Klagefrist anzugreifen, wenn lediglich die Einhaltung der zutreffenden Kündigungsfrist erstrebt wird (zu der Entscheidung überwiegend ohne Zustimmung *Boemke* JuS 2011, 460 ff.; *Fleddermann* ArbR Aktuell 2011, 347, 348; *Fuhlrott* EwiR 2011, 61 f.; *ders.* ArbR Aktuell 2010, 518 ff; *Genenger* RdA 2010, 274 ff., 279; *Krügermeyer-Kalthoff* MDR 2011, 80 ff.; *Nord/Linnert-Epple* JURA 2009, 801 ff.; *Nord* Anm. EzA § 4 nF KSchG Nr. 90, 11 ff.; *Eisemann* NZA 2011, 601, 602 ff.; *Bell* AiB 2011, 337; *Muthers* RdA 2012, 172, 174 ff.; diff. für den Fall der Kündigung mit **diskriminierender Frist** *Temming* Anm. AP Nr. 66 zu § 622 BGB; zu Inhalt und Reichweite des Bestimmtheitsgebots im Kündigungsrecht *St. Müller* FA 2013, 290, 291 ff.). Denn der Fünfte Senat des *BAG* (15.5.2013 EzA § 615 BGB 2002 Nr. 40) hält 163 an seiner Auffassung fest. Ob bei einer ordentlichen Kündigung die Nichteinhaltung der objektiv richtigen Kündigungsfrist mit der fristgebundenen Klage nach § 4 S. 1 KSchG geltend gemacht werden muss, hängt danach davon ab, ob die Nichteinhaltung der Kündigungsfrist zur Unwirksamkeit der Kündigungserklärung führt. Dies sei der Fall, wenn sich die mit zu kurzer Frist ausgesprochene Kündigung nicht als eine solche mit der rechtlich gebotenen Frist auslegen lasse. Eine vom Arbeitgeber mit fehlerhafter Kündigungsfrist zu einem bestimmten Datum erklärte Kündigung mit dem Zusatz »fristgemäß zum« könne also etwa dann zum richtigen Kündigungszeitpunkt erklärt ausgelegt werden, wenn es dem Arbeitgeber, für den Arbeitnehmer erkennbar, wesentlich um die Einhaltung der maßgeblichen Kündigungsfrist ginge und sich das in das Kündigungsschreiben aufgenommene Datum lediglich als das Ergebnis einer fehlerhaften Berechnung der zutreffenden Kündigungsfrist erweise. Die Auslegung einer Kündigungserklärung als Kündigung zum richtigen Termin setze aufgrund des **Bestimmtheitsgebots** voraus, dass sich aus der Kündigungserklärung ergebe, zu welchem Zeitpunkt das Arbeitsverhältnis beendet werden solle, ohne dass der Arbeitnehmer darüber »rätseln« (Anführungszeichen durch den Autor) müsse, zu welchem anderen als dem in der Kündigungserklärung genannten Termin der Arbeitgeber die Kündigung gewollt haben könnte (*BAG* 15.5.2013 EzA § 615 BGB 2002 Nr. 40). Zu Recht wirft *Diller* (FA 2014, 97) die Frage auf, wie man eigentlich richtig kündige. Mittlerweile hat der **Sechste** Senat des *BAG* (20.6.2013 EzA § 622 BGB 2002 Nr. 9) bekräftigt, dass eine Kündigung bestimmt und unmissverständlich zu erklären sei. Der Empfänger einer ordentlichen Kündigung müsse erkennen können, wann das Arbeitsverhältnis enden solle. Dafür genüge bei einer ordentlichen Kündigung regelmäßig die Angabe der Kündigungsfrist. Ein Hinweis auf die maßgebliche gesetzliche Regelung reiche aus, wenn der Erklärungsempfänger dadurch unschwer ermitteln könne, zu welchem Termin das Arbeitsverhältnis enden solle (*BAG* 20.6.2013 EzA § 622 BGB 2002 Nr. 9; in diese Richtung auch *BAG* 20.1.2016 – selber Senat – EzA § 622 BGB 2002 Nr. 13; **zust.** *Kamann* ArbRAktuell 2016, 166 sowie begrüßt in NJW-Spezial 2016, 211). Dabei wurde eine Kündigung »zum nächst möglichen Zeitpunkt« mit Hinweisen auf die Vorschrift des § 622 BGB und die mögliche Begrenzung der Kündigungsfrist auf drei Monate gem. § 113 InsO als wirksam erachtet. Für die Frage einer ausreichend bestimmten Kündigung wäre nicht erheblich, dass im Kündigungsschreiben ausgeführt sei, bei der Berechnung der Beschäftigungsdauer sei Zeit, die vor Vollendung des 25. Lebensjahres läge, nicht zu berücksichtigen. Dies widerspreche der rechtlichen Einordnung, dass § 622 Abs. 2 S. 2 BGB unionsrechtswidrig und wegen des Anwendungsvorrangs des Unionsrechts nicht anzuwenden sei (Rdn 60). Mit Rücksicht auf ihr Lebensalter und ihre Betriebszugehörigkeit habe die Klägerin des Ausgangsverfahrens jedoch ohne Weiteres erkennen können, dass sich die Kündigungsfrist nach § 113 S. 2 InsO – unabhängig von der Anwendbarkeit des § 622 Abs. 2 S. 2 BGB – in jedem Fall auf drei Monate verkürze (*BAG* 20.6.2013 EzA § 622 BGB 2002 Nr. 9). Wesentlich klarer und anwendungsfreundlicher erscheint demgegenüber die Rechtsprechung des Zweiten (Kündigungs-)Senats des *BAG* (10.4.2014 EzA § 622 BGB 2002 Nr. 10 m. Anm. *Menke/Czycholl* EWiR 2015, 261; *Schulte* ArbRB 2017, 248, 249, 250 hält den Streitpunkt der Senate für ein Scheinproblem). Der Senat hält zunächst fest, dass auch eine »hilfsweise« oder »vorsorglich« erklärte Kündigung den Willen des Arbeitgebers ausdrücke, das Arbeitsverhältnis zu beenden. Sie stehe unter einer – zulässigen – auflösenden Rechtsbedingung iSv § 158 Abs. 2 BGB. Ihre Wirkung endige, wenn feststehe, dass das Arbeitsverhältnis bereits zu einem früheren Zeitpunkt aufgelöst worden sei. Auch eine Kündigung »zum nächst zulässigen Termin« sei hinreichend bestimmt, wenn dem Erklärungsempfänger die Dauer der Kündigungsfrist bekannt und für ihn bestimmbar sei. Sie sei typischerweise dahin zu verstehen, dass der Kündigende die Auflösung des Arbeitsverhältnisses zu dem Zeitpunkt erreichen wolle, der sich bei Anwendung der einschlägigen gesetzlichen, tarifvertraglichen und/oder vertraglichen Regelung als rechtlich frühestmöglicher Beendigungstermin ergebe. Dies sei jedenfalls dann ausreichend, wenn die rechtlich zutreffende Frist für den Kündigungsaddressaten leicht feststellbar sei und nicht umfassende tatsächliche Ermittlungen oder die Beantwortung schwieriger Rechtsfragen erforderte (*BAG* 10.4.2014 EzA § 620 BGB 2002 Nr. 10; strenger *LAG Düsseld.* 28.8.2014 – 5 Sa 1251/13). Eine Kündigung »innerhalb der Probezeit« ohne Angabe des Kündigungstermins ist nach *LAG SchlH* (10.7.2014 – 5 Sa 98/14) hinreichend bestimmt, wenn im Arbeitsvertrag die während der vereinbarten Probezeit geltende Kündigungsfrist ausdrücklich geregelt worden ist. **Nicht entschieden** ist bislang, ob die vorstehenden Grundsätze auch für eine **durch den Arbeitnehmer** erklärte Kündigung gelten. Zwar muss der **Arbeitgeber** die – angeblich wegen nicht eingehaltener Kündigungsfrist sich ergebende – Unwirksamkeit der Kündigung nicht gerichtlich geltend machen. Für ihn ist zeitliche Grenze der Möglichkeit, die Nichteinhaltung geltend zu machen, die sich aus **Verwirkung** ergebende Frist. Allerdings wird der **Arbeitnehmer** vertragsbrüchig und möglicherweise schadensersatzpflichtig, wenn er trotz unwirksamer Kündigung **tatsächlich** ausscheidet.

F. Einzelvertragliche Regelungen (§ 622 Abs. 3, Abs. 4 S. 2, Abs. 5, Abs. 6)

I. Verkürzung der Kündigungsfristen und Änderung der Kündigungstermine

1. Zwingende Kündigungsfristen und Ausnahmen

Die gesetzliche **Grundkündigungsfrist** von vier Wochen stellt eine individualvertraglich **grds. nicht abdingbare Mindestkündigungsfrist** dar. Dies folgt aus § 622 Abs. 5 S. 3, der Abweichungen von den in den Abs. 1 bis 3 genannten Kündigungsfristen **zu Lasten des Arbeitnehmers** der Sache nach verbietet, aus der genauen Bezeichnung der **möglichen** Abweichungen in der Norm selbst (*BAG* 17.12.2015 EzA § 623 BGB 2002 Nr. 11; *Preis/Kramer* DB 1993, 2126; SPV-*Preis* Rn 441; *Kramer* S. 108; *ders.* BB 1997, 731; *Kittner/Trittin* [3. Aufl.] Rn 22) sowie aus ihrer Entstehungsgeschichte. Denn mit der gesetzlichen Neuregelung sollte klargestellt werden, dass einzelvertraglich keine Abkürzungen der Kündigungsfrist zulässig sind (BT-Drucks. 12/4902, S. 9; schon daraus ergibt sich bei einem »Günstigkeitsvergleich«, dass das »Mobilitätsinteresse« des Arbeitnehmers zurückzustehen hat; vgl. dazu *Persch* BB 2010, 181 ff.; *BAG* 17.12.2015 EzA § 623 BGB 2002 Nr. 11; s.a. Rdn 167). Etwas anderes gilt nur für die gesetzlichen Sonderfälle einer vereinbarten Probezeit (§ 622 Abs. 3, Rdn 176–181), einer vorübergehenden Einstellung zur Aushilfe (§ 622 Abs. 5 S. 1 Nr. 1, Rdn 182–194), einer Beschäftigung in Kleinunternehmen (§ 622 Abs. 5 S. 1 Nr. 2, Rdn 195–196) oder einer Vereinbarung der Anwendung abweichender tarifvertraglicher Bestimmungen (§ 622 Abs. 4 S. 2, Rdn 206–222; *Staudinger/Preis* Rn 28). In allen diesen Fällen trägt im Streitfall die **Beweislast** für die Vereinbarung (bzw. die Voraussetzungen) einer von § 622 Abs. 1, Abs. 2 abweichenden Frist diejenige Partei, die hieraus Rechtsfolgen herleiten möchte (vgl. für die Probezeit und Aushilfe *Bäumgärtel/Laumen/Prütting-Leisten* Hdb Beweislast SchuldR BT II § 622 Rn 1, 2). 164

Die nach § 622 Abs. 2 S. 1 **vom Arbeitgeber** einzuhaltenden **verlängerten Kündigungsfristen** sind aus den genannten Gründen **ebenfalls zwingend** (*BAG* 12.7.2007 – 2 AZR 699/05 – juris; *Staudinger/Preis* Rn 29; SPV-*Preis* Rn 442; *Kittner/Trittin* [3. Aufl.] Rn 66; *Hess. LAG* 14.6.2010 LAGE § 622 BGB 2002 Nr. 7). Verkürzungen sind, anders als von der Grundkündigungsfrist des Abs. 1, auch in den Fällen des Abs. 5 S. 1 Nrn. 1 und 2 unzulässig. Denn Abs. 5 S. 1 bezieht sich ausdrücklich nur auf die in **Abs. 1** genannte Kündigungsfrist. 165

Auch dürfen jenseits der oben bezeichneten Ausnahmen einzelvertraglich **keine zusätzlichen, über das Gesetz hinausgehenden Kündigungstermine** vereinbart werden (*BAG* 12.7.2007 – AZR 699/05 – juris; *Staudinger/Preis* Rn 29; SPV-*Preis* Rn 442; *Kramer* S. 109; *Kittner/Trittin* [3. Aufl.] Rn 66). Soweit dies aufgrund **Abs. 5** (dessen S. 1 dem **Wortlaut** nach nur die **Frist, der Sache nach** aber auch den **Termin** betrifft, *Kretz* AR-Blattei SD 1010.6 Kündigung VI, Kündigungstermin Rn 6; näher hier Rdn 176, 192) möglich ist, muss berücksichtigt werden, dass dieser Absatz sich in seinem Satz 1 **nur auf die in Abs. 1 geregelte Grundkündigungsfrist** und die **mit ihr verbundenen Termine**, nicht jedoch auf die nach Abs. 2 verlängerten Kündigungsfristen und die mit jenen verbundenen Termine bezieht (vgl. *Adomeit/Thau* NJW 1994, 14). 166

Von den genannten Ausnahmen abgesehen kann die gesetzliche Mindestfrist auch nicht zum **»Vorteil«** des Arbeitnehmers vertraglich abgekürzt werden (*Neumann* ArbRGgw. Bd. 7, S. 29; *Schaub* [7. Aufl.] § 124 IV 2a; *Wenzel* MDR 1969, 887; *Kramer* S. 108; *ders.* BB 1997, 731, 732; *LAG Düsseld.* 17.4.1972 DB 1972, 1169; *LAG Bln.* 28.4.1976 AuR 1976, 315). *Kramer* (BB 1997, 731, 732) hat erstmals nachgewiesen, dass dies aus Wortlaut der Vorschrift, Systematik des Gesetzes und insbes. der Entstehungsgeschichte der Norm sowie auch daraus folgt, dass die Einhaltung der 167

Kündigungsfrist den Interessen beider Vertragsteile dient. Allerdings wollte *Kramer* (BB 1997, 731, 732) die Berufung des Arbeitgebers auf die gesetzliche Frist nicht gelten lassen, wenn dieser die unzulässig kurze Frist durch eine von ihm gestellte vorformulierte Vertragsbedingung selbst veranlasst hatte (und deshalb nicht schutzbedürftig sei); wann dies der Fall ist, sollte nach § 1 Abs. 1 S. 1 AGB-Gesetz überprüft werden. Dagegen ließ sich einwenden, dass das AGB-Gesetz nach seinem § 23 Abs. 1 für Verträge auf dem Gebiet des Arbeitsrechts nicht galt und auch das *BAG* bisher davon abgesehen hatte, sich auch nur auf die analoge Anwendung seiner Bestimmungen festzulegen (für überraschende Klauseln in Formulararbeitsverträgen vgl. *BAG* 29.11.1995 EzA § 611 BGB Inhaltskontrolle Nr. 4. Zur AGB-Kontrolle von Kündigungsfristen nach der Schuldrechtsmodernisierung s. Rdn 327 ff.). Wenn ein Arbeitnehmer mit einer unwirksam vereinbarten kürzeren Frist kündigt, kann es allerdings rechtsmissbräuchlich sein, wenn der Arbeitgeber ihn unter Berufung auf die Mindestfrist wegen Vertragsbruches belangen will (*LAG Düsseld.* 17.4.1972 DB 1972, 1169; *LAG Bln.* 28.4.1976 AuR 1976, 315). **Keine** wegen § 622 Abs. 5 an sich unstatthafte Ausnahme von der gesetzlichen Mindestfrist stellt die in einem Abwicklungsvertrag abweichend von § 622 BGB verabredete Ankündigungsfrist für eine dem Arbeitnehmer nachgelassene Ausscheidenserklärung dar (*BAG* 17.12.2015 EzA § 623 BGB 2002 Nr. 11).

168 Eine **unzulässige Verkürzung** der Frist liegt nicht nur dann vor, wenn die Parteien eindeutig und unmittelbar die Frist auf weniger als vier Wochen abkürzen. Unwirksam sind vielmehr auch Abreden, die sich im **Ergebnis** als Verkürzung der Frist auswirken und damit zu einer **Umgehung** der zwingenden Vorschriften des § 622 Abs. 1 oder Abs. 2 führen. Das trifft zB dann zu, wenn im Arbeitsvertrag Tatbestände als Gründe zur außerordentlichen Kündigung bestimmt werden, die nicht als wichtige Gründe iSd § 626 BGB anzuerkennen sind (*BAG* 22.11.1973 EzA § 622 BGB nF Nr. 33).

169 Da § 622 Abs. 6 den **allgemeinen Grundsatz** enthält, dass die ordentliche Kündigung durch den Arbeitnehmer gegenüber der des Arbeitgebers nicht erschwert werden darf (vgl. zu Abs. 5 aF *Popp* HAS § 19 B Rn 79 f.; *Soergel/Kraft* Rn 34), sind auch sog. **faktische Kündigungsbeschränkungen** zu Lasten des Arbeitnehmers **unzulässig** (vgl. zu Abs. 5 aF MüKo-BGB/*Schwerdtner* [2. Aufl.] Rn 58 f.; SPV-*Preis* Rn 456). Dazu können etwa das Maß des § 623 BGB übersteigende **strengere Formvorschriften** für den Ausspruch der Kündigung durch den **Arbeitnehmer** gehören (vgl. APS-*Greiner* § 623 BGB Rn 11; *Müller-Glöge/von Senden* AuA 2000, 199, 202; *Preis/Gotthardt* NZA 348, 359).

170 Eine ausnahmsweise zulässige vertragliche (und erforderlichenfalls vom **Arbeitgeber** darzulegende und ggf. zu beweisende) Verkürzung der Kündigungsfristen ist nicht formbedürftig, sofern nicht durch Arbeits- oder Tarifvertrag für den Abschluss oder für Änderungen und Ergänzungen des Arbeitsvertrages ein **gewillkürter Formzwang** mit konstitutiver Bedeutung vorgesehen ist (§§ 125–127 BGB). Von diesen Ausnahmen abgesehen kann die gesetzliche Frist sowohl im schriftlichen Arbeitsvertrag als auch durch mündliche Vereinbarungen ausdrücklich oder stillschweigend abgeändert werden. Nach dem am 28.7.1995 in Kraft getretenen **Nachweisgesetz** (NachwG, vom 20.7.1995 BGBl. I S. 946) sind die Fristen für die Kündigung des Arbeitsverhältnisses für Arbeitnehmer **im Anwendungsbereich jenes Gesetzes** in die Arbeitsvertragsniederschrift aufzunehmen (Art. 1 § 2 Abs. 1 Nr. 9, § 1 NachwG). Diese Regelung ist **nicht präzise**, weil sie das Problem der fehlenden Vorausberechenbarkeit der Kündigungsfrist nicht regelt. Dies ist aber gerade der Regelfall, weil mit zunehmender Dauer des Arbeitsverhältnisses die Dauer der Kündigungsfrist steigt. Deshalb wird es unabweisbar, die maßgebenden **Kriterien** für die Festlegung der Länge der Kündigungsfrist in die Niederschrift aufzunehmen (*Birk* RdA 1996, 281, 287). Die Angabe kann ersetzt werden durch einen Hinweis auf die einschlägigen Tarifverträge, Betriebs- oder Dienstvereinbarungen und ähnliche Regelungen, die für das Arbeitsverhältnis gelten. Ist die gesetzliche Regelung maßgebend, so kann hierauf verwiesen werden (Art. 1 § 2 Abs. 3 NachwG). Nähere Einzelheiten zu dem Einfluss des NachwG s. Rdn 233.

171 Die Wirksamkeit ausnahmsweise zulässiger vertraglicher Abreden über Kündigungsfristen und Termine ist darüber hinaus an dem **einseitig zugunsten** der Arbeitnehmer fortgeltenden Grundsatz

der **Gleichheit der Kündigungsfristen** zu messen (*BAG* 25.11.1971 EzA § 622 nF Nr. 5; SPV-*Preis* Rn 456 f.). Der früher als Regel angenommene Grundsatz der Gleichheit der Kündigungsfristen gilt zwar nicht mehr uneingeschränkt fort, aber nach Abs. 6 darf für die Kündigung des Arbeitsverhältnisses **durch den Arbeitnehmer** einzelvertraglich keine längere Frist vereinbart werden als für die Kündigung durch den Arbeitgeber. Es ist danach beispielsweise **unzulässig**, die Kündigungsfrist für den Arbeitgeber aufgrund § 622 Abs. 5 S. 1 Nr. 2 durch Änderung der Regeltermine des Abs. 1 zu verkürzen, es aber für die Kündigung durch den Arbeitnehmer bei den Regelterminen zu belassen. Denn bei der Prüfung, ob eine Kündigungsfrist zuungunsten des Arbeitnehmers länger ist, sind auch die vereinbarten **Kündigungstermine** zu berücksichtigen (*Staudinger/Preis* Rn 87; »Sachgruppenvergleich«; SPV-*Preis* Rn 457; *Neumann* ArbRGgw. Bd. 7; S. 30; *Nikisch* I, S. 715; *Schaub/Linck* § 126 IV 7, Rn 28).

Ein Verstoß gegen § 622 Abs. 6 ist nach Sinn und Zweck dieser Vorschrift auch dann anzunehmen, 172 wenn im Falle einer ausnahmsweise an sich statthaften Vereinbarung der **Arbeitgeber jederzeit**, der **Arbeitnehmer** dagegen nur zu bestimmten Terminen oder **nicht vor** einem bestimmten Termin kündigen darf (*BAG* 9.3.1972 EzA § 622 BGB nF Nr. 6; *Staudinger/Preis* Rn 52; *Kramer* S. 39 f.).

Wenn die Parteien in einem Arbeitsvertrag **zulässigerweise** kürzere Kündigungsfristen vereinbaren, 173 ohne dabei zu unterscheiden, von welcher Seite die Kündigung ausgesprochen wird, ist aufgrund einer interessengerechten Vertragsauslegung davon auszugehen, dass nicht nur der Arbeitnehmer, sondern auch der Arbeitgeber mit der abgekürzten Frist kündigen kann (*BAG* 25.11.1971 EzA § 626 BGB nF Nr. 5).

Werden unzulässig kurze Kündigungsfristen oder unzulässig viele Kündigungstermine vereinbart, 174 so tritt an die Stelle dieser unwirksamen Vereinbarung die gesetzliche Regelung. Es gilt also nach § 622 Abs. 1 eine vierwöchige Grundkündigungsfrist bzw. eine gem. § 622 Abs. 2 verlängerte Frist **zum nächst erreichbaren Termin** gerechnet ab Ausspruch der Kündigung (*Preis/Kramer* DB 1993, 2126; SPV-*Preis* Rn 443; *Kittner/Trittin* [3. Aufl.] Rn 23; *Kramer* S. 109, wegen der Einzelheiten vgl. Rdn 223 ff.). Die früher vorhandene Unterscheidung zwischen gesetzlicher Mindest- und Regelkündigungsfrist ist nach der gesetzlichen Neuregelung entfallen. Damit hat sich auch die alte Streitfrage erledigt, ob im Falle der Vereinbarung einer unzulässig kurzen Kündigungsfrist die gesetzliche Mindest- oder die Regelfrist anzuwenden ist (*Kramer* S. 109; *ders.* BB 1997, 731, 732).

Zur Regelbarkeit durch **Betriebsvereinbarung** vgl. Rdn 218 f. entsprechend. 175

2. Vereinbarte Probezeit (§ 622 Abs. 3)

§ 622 Abs. 3 trifft eine ausdrückliche Regelung der Kündigungsfrist während einer **vereinbarten** 176 **Probezeit**, soweit diese sechs Monate (diese Frist ist europarechtskonform, vgl. *EuGH* 13.3.2014 EzA Richtlinie 99/70 EG-Vertrag 1999 Nr. 8 und jetzt Art. 8 Abs. 1 RiLi 2019/1152/EU) nicht übersteigt. Zur Berechnung des Ablaufs ist der Tag der Arbeitsaufnahme voll einzurechnen, auch wenn der schriftliche Arbeitsvertrag erst nach Arbeitsbeginn – am Tag der Arbeitsaufnahme – unterzeichnet wird (*BAG* 27.6.2002 EzA §§ 187–188 BGB Nr. 1; § 187 Abs. 2 iVm § 188 Abs. 2 BGB). Die Kündigungsfrist beträgt **zwei Wochen ohne Bindung an einen Termin**. Die zwei Wochen können also **jederzeit auslaufen** (*Hromadka* BB 1993, 2374; *Knorr* ZTR 1994, 270; *Kittner/Trittin* [3. Aufl.] Rn 38; *Preis/Kliemt/Ulrich* AR-Blattei SD 1270 Das Probearbeitsverhältnis Rn 195; ArbRBGB-*Röhsler* Rn 61). Nach Einschätzung des Gesetzgebers wird hierdurch der Abschluss unbefristeter Arbeitsverhältnisse erleichtert (BT-Drucks. 12/4902, S. 7). Die **Frist** ist **einzelvertraglich verlänger-** aber **nicht verkürzbar** (*Preis/Kliemt/Ulrich* AR-Blattei SD 1270 Das Probearbeitsverhältnis Rn 191 f.; *Bader/Bram-Bader* Rn 54). Anders – **verkürzbar** – ist sie **durch Tarifvertrag**, § 622 Abs. 4 S. 1, auf welchen im Rahmen des § 622 Abs. 4 S. 2 **einzelvertraglich verwiesen** werden darf (SPV-*Preis* Rn 466). **Nicht verkürzbar** ist sie durch bloße Deklaration als Aushilfsarbeitsverhältnis über § 622 Abs. 5 S. 1 Nr. 1 (vgl. Rdn 182 ff. sowie *Preis/Kliemt/Ulrich* AR-Blattei SD 1270 Das Probearbeitsverhältnis Rn 193), weil es bei wirklicher vorübergehender Aushilfe iSv § 622 Abs. 5 S. 1 Nr. 1 nicht mehr um eine vereinbarte Probezeit geht. Auch über § 622 Abs. 5 S. 1 Nr. 2 ist keine weitere Verkürzung zu erzielen, weil diese Bestimmung nur eine Abkürzung auf vier Wochen erlaubt (vgl. *Bader/Bram-Bader* Rn 54). Hinsichtlich der Einhaltung der Frist von sechs Monaten ist auf den **Zeitpunkt der Kündigungserklärung** abzustellen. Die Kündigungsfrist von zwei Wochen kann **bis zum Ablauf von sechs Monaten ausgenutzt werden, auch wenn das Ende der Kündigungsfrist erst nach diesem Zeitpunkt liegt** (BAG 21.4.1966 AP Nr. 1 zu § 53 BAT; *Staudinger/Preis* Rn 36; *Preis/Kliemt/Ulrich* AR-Blattei SD 1270 Das Probearbeitsverhältnis Rn 191 f.; *Bader/Bram-Bader* Rn 46; **zur Kündigungsfrist bei Kündigung vor Dienstantritt** s. Rdn 149 aE). Nach Ablauf des sechsten Beschäftigungsmonats gilt grundsätzlich die allgemeine Grundkündigungsfrist von vier Wochen mit den Kündigungsterminen des § 622 Abs. 1 (SPV-*Preis* Rn 493; *Preis/Kliemt/Ulrich* AR-Blattei SD 1270 Das Probearbeitsverhältnis Rn 190, 196).

177 **Probezeit** meint den **einem unbefristeten Arbeitsverhältnis vorgeschalteten** (nur zu **Beginn** der Vertragsbeziehung zulässig *LAG BW* 28.2.2002 LAGE § 622 BGB Nr. 42) Zeitraum zum Zwecke der Erprobung in dem Arbeitsverhältnis. Nicht gemeint ist das **befristet geschlossene Probearbeitsverhältnis**. Dieses ist bei Fehlen einer anderen Abmachung der Parteien nicht ordentlich kündbar und endet mit dem Ablaufe der Zeit, für die es eingegangen ist (**§ 15 Abs. 1, 3 TzBfG**). Eine Kündigungsfrist, auch die des Abs. 3, wäre daher **substratlos** (*Bauer/Rennpferdt* AR-Blattei 1010.5 Kündigung V, Kündigungsfristen Rn 13; *Hromadka* BB 1993, 2372; 2374; *Preis/Kramer* DB 1993, 2127; *Preis/Kliemt/Ulrich* AR-Blattei SD 1270 Das Probearbeitsverhältnis Rn 143; *Staudinger/Preis* Rn 37 ff.; SPV-*Preis* Rn 490; ArbRBGB-*Röhsler* Rn 61; aA *Kramer* S. 130 f. sowie APS-*Linck* Rn 66 ff. und *BAG* 4.7.2001 EzA § 620 BGB Kündigung Nr. 4, wohl durch § 15 Abs. 1, 3 TzBfG überholt, wonach die Abrede der Kündbarkeit erforderlich ist, so auch DDZ-*Callsen* Rn 17). **Probezeit** ist allerdings auch als solche abgemachte Zeit im Rahmen eines **Probearbeitsverhältnisses**, kann sich also uU mit der Dauer des Arbeitsverhältnisses decken und führt zur Kündigungsfrist de § 622 Abs. 3. **Keine** Probezeit stellt ein sog. »Einfühlungsverhältnis« dar, das nur wenige Tage dauern darf und in dem weder Arbeits- noch Vergütungspflicht bestehen (APS-*Linck* Rn 63; vgl. *Sächs. LAG* 5.3.2004 – 2 Sa 386/03, mwN; *Zange* AuA 2009, 580). Auf Probezeiten wird die **Zeit des Grundwehrdienstes oder einer Wehrübung oder eines Zivildienstes eines Kriegsdienstverweigerers nicht angerechnet** (§ 6 Abs. 3 ArbPlSchG; § 78 Abs. 1 ZDG iVm § 6 Abs. 3 ArbPlSchG). Die Probezeit ist dadurch **gehemmt** und setzt sich im Anschluss an den Wehrdienst bis zum Ablauf des Probezeitraums **fort**. Dies steht zwar nicht dem Erwerb der Wartezeit nach § 1 Abs. 1 KSchG im Wege (vgl. § 6 Abs. 2 ArbPlSchG, § 78 Abs. 1 ZDG). Die **Kündigungsfrist** jedoch bestimmt sich während einer in dem Fortsetzungszeitraum zugegangenen Kündigung nach § 622 Abs. 3 (ebenso *Bader/Bram-Bader* Rn 53).

178 **Vereinbart** sein kann die Probezeit auch **durch Tarifvertrag** (*Bader/Bram-Bader* Rn 49) oder **Betriebsvereinbarung** (*Bader/Bram-Bader* Rn 49). Denn anders als in § 622 Abs. 5 Eingangssatz und Satz 2 fehlt der Zusatz »einzelvertraglich«. Auch aus den Gesetzesmaterialien ergibt sich **kein Hinweis darauf, dass die Probezeit einzelvertraglich** vereinbart sein muss.

179 Die **Frist von zwei Wochen bedarf keiner besonderen** Vereinbarung. Denn sie wird **als Folge einer vereinbarten Probezeit** automatisch **(ipso iure)** maßgeblich (*BAG* 23.3.2017 EzA § 307 BGB 2002 Nr. 82; *Sächs. LAG* 27.9.2000 – 10 Sa 695/99, nv; *Hromadka* BB 1993, 2374; *Preis/Kramer* DB 1993, 2127; *Preis/Kliemt/Ulrich* AR Blattei SD 1270 Das Probearbeitsverhältnis Rn 187; *Staudinger/Preis* Rn 39; SPV-*Preis* Rn 491; DDZ-*Callsen* Rn 15; *Schaub/Linck* § 126 IV 2c, Rn 22; ArbRBGB-*Röhsler* Rn 61; APS-*Linck* Rn 69). Ist im Arbeitsvertrag eine längere Kündigungsfrist ausbedungen, so kann das Arbeitsverhältnis während der Probezeit gleichwohl in der Regel mit der kürzeren gesetzlichen Frist gekündigt werden (vgl. *LAG Düsseld.* 20.10.1995 NZA 1996, 1156). Ist die längere Frist **vorformuliert**, gehen Unklarheiten zu Lasten des Verwenders. Die Vereinbarung einer Frist von zwei Wochen (ohne festen Endtermin; SPV-*Preis* Rn 491) für die Dauer von bis zu sechs Monaten nach Beginn eines unbefristeten Arbeitsverhältnisses wird allerdings im Zweifel zugleich als die **stillschweigende Vereinbarung** einer **Probezeit** iSd § 622 Abs. 3 auszulegen sein (*Bader/Bram-Bader* Rn 50; MüKo-BGB/*Hesse* Rn 33). Die vorformulierte Vereinbarung einer kürzeren als nach § 622 Abs. 3 zulässigen Kündigungsfrist im Arbeitsvertrag führt auch im Wege

der Inhaltskontrolle nach § 307 nicht zur Unwirksamkeit der Probezeitvereinbarung insgesamt. Es handelt sich hier um eine teilbare Klausel mit dem Ergebnis, dass während der wirksam vereinbarten Probezeit die Kündigungsfrist des § 622 Abs. 3 und nicht die allgemeine Kündigungsfrist des § 622 Abs. 1 zur Anwendung gelangt (*Hess.* LAG 31.5.2011 FA 2011, 333). Die Frist gilt für **beide Teile**, nicht nur für den Arbeitgeber (ebenso *Bader/Bram-Bader* Rn 46; APS-*Linck* Rn 69). Das ergibt sich zwar nicht aus dem Verbot der Vereinbarung längerer Fristen nach § 622 Abs. 6 (so aber wohl *Adomeit/Thau* NJW 1994, 14). Denn »vereinbart« iSd § 622 Abs. 6 ist nicht die Frist, sondern die Probezeit. Das ergibt sich aber aus Abs. 3 selbst, der, anders als § 622 Abs. 2, nicht den Zusatz »für eine Kündigung **durch den Arbeitgeber**« enthält. Erforderlichenfalls darzulegen und ggf. zu beweisen hat die Vereinbarung einer Probezeit die Partei, die sich auf die für sie günstigere kurze Frist beruft.

Für **schwer behinderte Menschen** gilt **während einer Probezeit** bis zu sechs Monaten Dauer die **Mindestkündigungsfrist von vier Wochen** des § 169 (bis 31.12.2017: § 86) SGB IX aufgrund § 173 (bis 31.12.2017: § 90 Abs. 1 Nr. 1) SGB IX **nicht**. Im Berufsausbildungsverhältnis kann aufgrund § 15 Abs. 1 BBiG während der Probezeit **ohne Einhaltung einer Kündigungsfrist** gekündigt werden (vgl. Rdn 91). 180

Ausnahmsweise kann bereits eine **Probezeit** von **unter** sechs Monaten **unangemessen lang** sein, etwa bei ganz einfachen Tätigkeiten (*Preis/Kliemt/Ulrich* AR-Blattei SD 1270 Das Probearbeitsverhältnis Rn 230). Ist die Probezeit unangemessen lang, so kann mit der Frist von zwei Wochen **nur innerhalb** des Zeitraums gekündigt werden, der noch angemessen ist. Dies bringt das Gesetz mit dem Wort »längstens« zum Ausdruck (**gegen** die damit einhergehende gerichtliche Überprüfung der Länge der vereinbarten Probezeit *ArbG Braunschweig* 13.3.1997 – 5 Ca 323/95, nv; **ebenfalls gegenteiliger Ansicht** *BAG* 24.1.2008 EzA § 622 BGB 2002 Nr. 4; allerdings ist die Dauer der Probezeit bei Vereinbarung durch **Allgemeine Geschäftsbedingungen** als normausfüllende Klausel der Inhaltskontrolle nach §§ 307 ff. BGB zu unterziehen, *BAG* 12.2.2015 EzA-SD Nr. 9, S. 11). **Nach Ablauf des angemessenen Zeitraums** gilt dann die Grundkündigungsfrist des § 622 Abs. 1 oder eine anwendbare längere tarifliche Frist (vgl. *Hromadka* BB 1993, 2372, 2374; *Kittner/Trittin* [3. Aufl.] BGB Rn 36). Wird eine **Probezeit nachträglich verlängert**, kann noch innerhalb der Grenze von sechs Monaten mit der Frist von zwei Wochen gekündigt werden (*LAG RhPf* 5.1.1999 NZA 2000, 258, 259). Entscheidend ist nur, dass die Probezeitverlängerung **zum Zeitpunkt des Kündigungszuganges** bereits **wirksam abgemacht** war. Ist allerdings eine längere Frist oder ein Kündigungstermin vereinbart, der nur mit längerer Frist eingehalten werden kann, gilt diese Abmachung. Wird in einem befristeten Arbeitsvertrag eine Probezeit mit Kündigungsmöglichkeit vereinbart, die länger ist als die vorgesehene Vertragsdauer, so gilt die Probezeitvereinbarung auch im Verlängerungszeitraum nach § 14 Abs. 2 S. 1 TzBfG (*LAG Hamm* 31.10.2006 NZA-RR 2007, 243). Sieht der Arbeitgeber die sechsmonatige Probezeit als nicht bestanden an, so kann er regelmäßig, ohne rechtsmissbräuchlich zu handeln, anstatt das Arbeitsverhältnis innerhalb der Frist des § 1 Abs. 1 KSchG mit der kurzen Probezeitkündigungsfrist zu beenden, dem Arbeitnehmer eine Bewährungschance geben, indem er mit einer überschaubaren, längeren Kündigungsfrist kündigt und dem Arbeitnehmer für den Fall seiner Bewährung die Wiedereinstellung zusagt (*BAG* 7.3.2002 EzA § 611 BGB Aufhebungsvertrag Nr. 40). 181

3. Vorübergehende Einstellung zur Aushilfe (§ 622 Abs. 5 S. 1 Nr. 1)

Die gesetzliche **Grundkündigungsfrist in Abs. 1** kann **vertraglich** nach Abs. 5 S. 1 Nr. 1 dann abgekürzt werden, wenn ein Arbeitnehmer (gleichgültig ob Angestellter oder Arbeiter) zur **vorübergehenden Aushilfe** eingestellt wird und das Arbeitsverhältnis nicht über die Zeit von drei Monaten hinaus (diese Frist ist europarechtskonform, vgl. *EuGH* 13.3.2014 EzA Richtlinie 99/70 EG-Vertrag 1999 Nr. 8) fortgesetzt wird. 182

Das galt nach Art. 1 § 11 Abs. 4 **AÜG** nicht für **Leiharbeitsverhältnisse**. Nach Art. 1 § 11 Abs. 4 AÜG war § 622 Abs. 4 BGB 1969 nicht auf Arbeitsverhältnisse zwischen Verleihern und Leiharbeitnehmern anzuwenden, dh für **Leiharbeitnehmer** konnten auch bei einer vorübergehenden 183

Beschäftigung zur Aushilfe keine kürzeren als die gesetzlichen **Mindestfristen** vereinbart werden. Die auf die alte Fassung des § 622 bezogene Regelung in Art. 1 § 11 Abs. 4 AÜG war im Zuge der Neuregelung nicht angepasst worden. Hierbei handelte es sich jedoch offensichtlich um ein **Redaktionsversehen.** Der Sache nach fand sich § 622 Abs. 4 BGB 1969 nunmehr in § 622 Abs. 5 S. 1 Nr. 1 wieder, so dass **diese** Regelung nicht auf Leiharbeitsverhältnisse anzuwenden war (*Staudinger/ Preis* [Vor-Voraufl.] Rn 19; *Voss* NZA 1994, 57 ff.). Eine **Korrektur** der Verweisung aus dem AÜG erfolgte durch die (den Satz nicht benennende) Angabe »§ 622 Abs. 5 Nr. 1 des Bürgerlichen Gesetzbuchs« durch den am 1.8.1994 in Kraft getretenen Art. 3 des Gesetzes vom 26.7.1994 (BGBl. I S. 1786). In Leiharbeitsverhältnissen können kürzere als die in § 622 Abs. 1 geregelten Kündigungsfristen demgemäß **nur durch Tarifvertrag bzw. durch Verweisung auf einen einschlägigen Tarifvertrag** abgemacht werden (Nachw. Rdn 96).

184 Der Gesetzgeber hat für das **Aushilfsarbeitsverhältnis** Kündigungserleichterungen geschaffen, ohne den Begriff gesetzlich zu definieren. Nach der im Schrifttum und in der Rechtsprechung überwiegend vorgenommenen Begriffsbestimmung besteht die Besonderheit eines Aushilfsarbeitsverhältnisses darin, dass es ein Arbeitsverhältnis ist, das der Arbeitgeber **ausdrücklich** von vornherein **nicht auf Dauer** eingehen will, sondern nur, um einen vorübergehenden Bedarf an Arbeitskräften zu decken, der nicht durch den **normalen Betriebsablauf,** sondern durch den **Ausfall** von Stammkräften oder einen zeitlich begrenzten **zusätzlichen Arbeitsanfall** begründet ist (*Dieterich* AR-Blattei Aushilfsarbeitsverhältnis I, A III 1; *Popp* HAS § 19 B Rn 35; *Preis/Kliemt/Ulrich* AR-Blattei SD 310 Das Aushilfsarbeitsverhältnis Rn 2 mit zahlr. Nachw.; MüKo-BGB/*Hesse* Rn 81; *Staudinger/ Preis* § 622 Rn 32; *BAG* 22.5.1986 EzA § 622 BGB nF Nr. 24; *BAG* 19.6.1988, EzA § 1 BeschFG Nr. 5).

185 Demgegenüber hat *Neumann* (*Staudinger/Neumann* [Vor-Voraufl.] Rn 28) zur wortgleichen alten Regelung in § 622 Abs. 4 BGB 1969 darauf hingewiesen, im Gegensatz zu § 7 Abs. 3 SchwbG (jetzt: § 73 Abs. 3 SGB IX) werde in Abs. 4 nicht verlangt, dass das Arbeitsverhältnis »ausdrücklich« zur Aushilfe abgeschlossen worden sei. Er schließt daraus, die Einstellung zur vorübergehenden Aushilfe könne sich entweder aus der Vereinbarung oder den Umständen ergeben. Diese Auffassung ist abzulehnen, weil sie die erforderliche **Rechtssicherheit** bei der Abkürzung gesetzlicher Mindestfristen nicht gewährleistet und deren **Schutzzweck** gefährdet. Der deutlich erklärte Hinweis auf eine nur vorübergehende Beschäftigung muss ausdrücklich zum Inhalt des Arbeitsvertrages gemacht worden sein, zB durch die Aufnahme der sog. Aushilfsklausel in den Vertrag (*LAG Frankf.* 25.10.1988 DB 1989, 734; SPV-*Preis* Rn 500; *Preis/Kliemt/Ulrich* AR-Blattei SD 310 Das Aushilfsarbeitsverhältnis Rn 24 ff.; *Kittner/Trittin* [3. Aufl.] Rn 72). Ein innerer, nicht erklärter Vorbehalt des Arbeitgebers ist unerheblich und führt nicht zum Abschluss eines Aushilfsarbeitsvertrages. Dazu reicht auch der bei den Einstellungsverhandlungen erfolgte Hinweis, es liege zZ ein besonders großer Arbeitsanfall vor, nicht aus (*Walter* Arbeitsverhältnisse zur Probe und zur Aushilfe, S. 67).

186 Neben diesem ausdrücklichen Vorbehalt, der im Streitfall vom Arbeitgeber darzulegen und zu beweisen ist (MüKo-BGB/*Hesse* Rn 81; bei vorteilhafter Rechtsfolge aber wohl vom Arbeitnehmer, etwa bei Wunsch rascher Aufgabe des Arbeitsverhältnisses), ist es erforderlich, dass der Tatbestand des vorübergehenden Personalbedarfs auch **objektiv vorliegt** (§ 14 Abs. 1 S. 2 Nr. 1 TzBfG; *Dieterich* AR-Blattei Aushilfsarbeitsverhältnis I, A II 2; MüKo-BGB/*Hesse* Rn 81; SPV-*Preis* Rn 500; *Preis/Kliemt/Ulrich* AR- Blattei SD 310 Das Aushilfsarbeitsverhältnis Rn 23, 33 ff.; *LAG BW* 23.1.1969 AR-Blattei, Aushilfsarbeitsverhältnis: Entsch. 1; *LAG Düssel.* 12.11.1974 EzA § 622 BGB nF Nr. 11). Es müssen objektiv erkennbare Umstände gegeben sein, die deutlich machen, dass nur eine vorübergehende Tätigkeit in Betracht kommt, oder die zumindest geeignet sind, die erkennbare Annahme des Arbeitgebers zu rechtfertigen, es sei nur mit einem vorübergehenden Bedürfnis für die Tätigkeit zu rechnen (*BAG* 22.5.1986 EzA § 622 BGB nF Nr. 24; *Preis/Kliemt/Ulrich* AR-Blattei SD 310 Rn 34). Auch das muss der Arbeitgeber im Prozess **darlegen** und **beweisen**.

187 Abs. 5 S. 1 Nr. 1 betrifft grds. nur diejenigen Arbeitsverhältnisse zur vorübergehenden Aushilfe, die **nicht** befristet sind und mit dem Ablauf der vorgesehenen Zeit bzw. Zweckerreichung enden, ohne dass es einer Kündigung bedarf. Bei **befristeten Arbeitsverhältnissen** ist Abs. 5 S. 1 Nr. 1

nur dann anwendbar, wenn die Parteien die Befristung als Höchstdauer abgemacht haben und die Kündbarkeit einzelvertraglich oder ein anwendbarer Tarifvertrag vereinbart ist (vgl. § 15 Abs. 3TzBfG). Abs. 5 S. 1 Nr. 1 setzt nicht voraus, dass die Parteien zunächst damit gerechnet haben, das Arbeitsverhältnis werde nicht länger als drei Monate dauern. Es kann vielmehr bei jedem Aushilfsarbeitsverhältnis die Frist für die Kündigung in den ersten drei Monaten verkürzt werden (*Neumann* ArbRGgw., Bd. 7, S. 30; *BAG* 15.10.1987 – 2 AZR 612/87).

Für die ersten drei Monate kann die Frist zur Kündigung des Aushilfsarbeitsverhältnisses unbeschränkt verkürzt werden. Es kann auch eine **entfristete sofortige ordentliche Kündigung** vereinbart werden (*BAG* 22.5.1986 EzA § 622 BGB nF Nr. 24; *Dieterich* AR-Blattei Aushilfsarbeitsverhältnis I, C I 2; *Preis/Kliemt/Ulrich* AR-Blattei SD 310 Das Aushilfsarbeitsverhältnis Rn 209; MüKo-BGB/*Hesse* Rn 80; *Soergel/Kraft* Rn 27; *Staudinger/Preis* Rn 31; SPV-*Preis* Rn 499; APS-*Linck* Rn 106; aA *Bader/Bram-Bader* Rn 92). 188

Die Kündigungsfristen für **ältere Arbeitnehmer** (Abs. 2) sind auch in einem Aushilfsarbeitsverhältnis nicht durch Vertrag, sondern nur durch **Tarifverträge** abdingbar (*Preis/Kliemt/Ulrich* AR-Blattei SD 310 Das Aushilfsarbeitsverhältnis Rn 204). Die verlängerten Fristen sind allerdings nur dann anzuwenden, wenn der ältere Arbeiter in einem **engen sachlichen Zusammenhang** mit einer früheren Beschäftigung im selben Betrieb oder Unternehmen erneut zur Aushilfe eingestellt wird, und wenn die bisherige Dauer der anzurechnenden Beschäftigungszeiten bereits zwei Jahre beträgt oder im Laufe der Aushilfsbeschäftigung diese Wartezeit erreicht wird. 189

Wenn ein Arbeitnehmer zur vorübergehenden Aushilfe eingestellt wird und die Parteien über die Kündigungsfrist **keine ausdrückliche Vereinbarung** getroffen haben, ist zunächst aufgrund aller Begleitumstände zu ermitteln, ob die Parteien die Kündigungsfrist abkürzen wollten (*Dieterich* AR-Blattei Aushilfsarbeitsverhältnis I, C II 1; *Preis/Kliemt/Ulrich* AR-Blattei SD 310 Das Aushilfsarbeitsverhältnis Rn 216 ff.). **Streitig** ist, ob bei einer nicht eindeutigen Auslegung davon auszugehen ist, dass die Parteien bereits durch den Vorbehalt der vorübergehenden Beschäftigung die Kündigungsfrist im Zweifel abgekürzt haben. Nach der **früher überwiegenden Ansicht** war im Zweifel eine Abkürzung der Frist auf das zulässige Mindestmaß, dh eine entfristete Kündigung anzunehmen (*Hueck/Nipperdey* I, S. 575; *Molitor* S. 171; *Nikisch* I, S. 717 f.; *Walter* Arbeitsverhältnisse zur Probe und zur Aushilfe, S. 79–80). Eine **vermittelnde Auffassung** trat dafür ein, bei Aushilfsklauseln nicht von einer völligen Entfristung, sondern von einer Abkürzung der Kündigungsfrist auf die gesetzliche Mindestfrist auszugehen (*Düringer/Hachenburg/Höninger* § 61 Rn 1); **diese Ansicht** ist mit Blick auf die nunmehr einheitliche Mindestkündigungsfrist **gegenstandslos** (vgl. *Preis/Kliemt/Ulrich* AR-Blattei SD 310 Das Aushilfsarbeitsverhältnis Rn 219). Demgegenüber wird in **neuerer Zeit** zunehmend die **Ansicht** vertreten, die Aushilfsklausel allein lasse noch nicht den Willen der Parteien zur Abkürzung der Kündigungsfrist erkennen. Wenn eine eindeutige Regelung fehle, verbleibe es bei den gesetzlichen Regelfristen (*Preis/Kliemt/Ulrich* AR-Blattei SD 310 Das Aushilfsarbeitsverhältnis Rn 220 ff.; *Schaub/Linck* § 126 IV 5, Rn 26; SPV-*Preis* Rn 563; *Staudinger/Preis* Rn 33). 190

Die Streitfrage ist im Anschluss an die noch zu der Vorgängerregelung in § 622 Abs. 4 BGB 1969 ergangenen Entscheidung des *BAG* 22.7.1971 (EzA § 622 BGB nF Nr. 3) wie folgt zu lösen (**abw. Lösung** bei *Preis/Kliemt/Ulrich* AR-Blattei SD 310 Das Aushilfsarbeitsverhältnis Rn 223 f.): Das *BAG* hat in der genannten Entscheidung seine bisherige Auffassung, in der Vereinbarung eines Probearbeitsverhältnisses sei idR noch keine Abkürzung der gesetzlichen Kündigungsfrist zu sehen, mit folgender Begründung aufgegeben: Die bisherige Möglichkeit, das Arbeitsverhältnis durch einfache vertragliche Vereinbarungen praktisch als entfristet kündbar zu gestalten, gebe es nach dem ArbRBereinigG nicht mehr. Dadurch sei das Bedenken ausgeräumt, dem Arbeitnehmer werde jeglicher Schutz gegen entfristete Kündigungen genommen, falls die Vereinbarung eines Probearbeitsverhältnisses zugleich als Vereinbarung der gesetzlichen Mindestkündigungsfrist ausgelegt werde. Für die Auslegung des § 622 Abs. 4 (jetzt: Abs. 5 S. 1 Nr. 1) ergeben sich aus dieser Entscheidung folgende Konsequenzen: Es ist der Sinn und Zweck dieser Bestimmung, den Parteien die Möglichkeit zu geben, die **gesetzlichen Mindestfristen** abzukürzen. Sie sind an die Mindestfristen nicht gebunden, sondern können auch entfristete Kündigungen vereinbaren. Damit sind gegen eine Auslegungsregel, 191 eine Aushilfsklausel enthalte gleichzeitig eine Verkürzung der gesetzlichen Mindestfristen, die **gleichen Bedenken** zu erheben, die früher gegen diese Deutung der Probeklausel bestanden. Auch wenn die Aushilfsklausel den Parteien deutlich macht, dass keine Beschäftigung auf Dauer beabsichtigt ist, kann ihnen nicht die Vorstellung und der Wille unterstellt werden, eine entfristete Kündigung zu vereinbaren. Wie *Dieterich* (AR-Blattei Aushilfsarbeitsverhältnis I, C II 3) zutreffend betont, haben auch **dispositive Gesetzesvorschriften** im Arbeitsrecht regelmäßig eine **Schutzfunktion** zugunsten des Arbeitnehmers. Es muss deswegen vom Arbeitgeber erwartet werden, eine eindeutige Vereinbarung zu treffen, wenn er die gesetzlichen Mindestfristen abkürzen will. Das muss sich zumindest bei einer Auslegung aller Begleitumstände eindeutig ergeben. Bei einem Aushilfsarbeitsverhältnis verbleibt es damit **im Zweifel** bei der **gesetzlichen Grundkündigungsfrist** von vier Wochen (ebenso MüKo-BGB/*Hesse* Rn 81; vgl. ErfK-*Müller-Glöge* Rn 17; APS-*Linck* Rn 107).

192 Abs. 5 S. 1 Nr. 1 lässt bei wörtlicher Auslegung zwar nur eine Verkürzung der Kündigungsfristen zu und sieht keine Vereinbarung über abweichende Kündigungstermine vor. Das dürfte jedoch mit einem reinen **Redaktionsversehen** zu erklären sein, weil die Parteien auch eine entfristete Kündigung vereinbaren können und in diesem Falle das Arbeitsverhältnis ohne Vorankündigung noch an den Kündigungsterminen selbst beendet werden kann. Wenn auch die Kündigungstermine an sich eine eigenständige Schutzfunktion haben (vgl. Rdn 84), ist es wenig sinnvoll, an diesem Schutz auch dann festzuhalten, wenn er durch entfristete Kündigungen weitgehend entwertet wird (wie hier SPV-*Preis* Rn 499; ebenso zur gleichen Problemlage nach altem Recht *Dieterich* AR-Blattei Aushilfsarbeitsverhältnis I, C 12; BAG 22.5.1986 EzA § 622 BGB nF Nr. 24; *Schaub* [11. Aufl.] § 41 III 2b, Rn 8; *Soergel/Kraft* [11. Aufl.] Rn 17; aA *Monjau* BB 1970, 41).

193 Während der ersten drei Monate der Aushilfstätigkeit kann das Arbeitsverhältnis auch dann mit der vereinbarten kürzeren Frist oder dem auf jeden Tag zu legenden Kündigungstermin gekündigt werden, wenn es durch die Kündigung erst **nach Ablauf von drei Monaten** beendet wird. Darüber, ob die Verkürzung der Frist und die Abweichung von den gesetzlichen Kündigungsterminen zulässig ist, entscheidet allein der **Zeitpunkt des Ausspruchs** der Kündigung (BAG 21.4.1966 AP Nr. 1 zu § 53 BAT; *Erman/Riesenhuber* Rn 22; *Gumpert* BB 1956, 114; vgl. MüKo-BGB/*Hesse* Rn 82; *Neumann* ArbRGgw., Bd. 7, S. 30; *Staudinger/Preis* Rn 35; SPV-*Preis* Rn 504; *Preis/Kliemt/Ulrich* AR-Blattei SD 310 Das Aushilfsarbeitsverhältnis Rn 233).

194 Wird das Aushilfsarbeitsverhältnis – gleich, ob auf mehr als drei Monate befristet oder unbefristet (BAG 15.10.1987 – 2 AZR 612/87; *Preis/Kliemt/Vossen* AR-Blattei SD 310 Das Aushilfsarbeitsverhältnis Rn 231 mwN) – über die Dauer von drei Monaten hinaus **fortgesetzt**, dann werden Vereinbarungen über Kündigungsfristen und Termine unwirksam, soweit sie den in concreto anwendbaren gesetzlichen Kündigungsfristen und den gesetzlichen Kündigungsterminen widersprechen (ebenso *Popp* HAS VI B Rn 569; SPV-*Preis* Rn 504; *Preis/Kliemt/Ulrich* AR-Blattei SD 310 Das Aushilfsarbeitsverhältnis Rn 228 ff., 235). Bei **befristeter** Einstellung zur Aushilfe verleihen §§ 21 Abs. 4 BErzGG und 21 Abs. 4 BEEG dem Arbeitgeber ein **Sonderkündigungsrecht bei Einhaltung einer Kündigungsfrist von drei Wochen**, wobei die Kündigung frühestens zu dem Zeitpunkt der Beendigung der Elternzeit des anderen Arbeitnehmers ausgesprochen werden darf.

4. Kleinunternehmen (§ 622 Abs. 5 S. 1 Nr. 2)

195 In **Kleinunternehmen** iSv § 622 Abs. 5 S. 1 Nr. 2 (Rdn 75 f.), welche Voraussetzungen erforderlichenfalls diejenige Partei darzulegen und ggf. zu beweisen hat, die sich auf eine ihr günstige Fristverkürzung beruft, kann einzelvertraglich eine »kürzere als die in Abs. 1 genannte Kündigungsfrist« vereinbart werden, wenn »die Kündigungsfrist vier Wochen nicht unterschreitet«. Diese Formulierung ist unglücklich und missverständlich, weil die Grundkündigungsfrist in Abs. 1, um deren Abkürzbarkeit es geht, ja vier Wochen beträgt. **Bedeutung** hat Abs. 5 S. 1 Nr. 2 demgemäß **nur dahingehend**, dass in Kleinunternehmen eine vierwöchige Kündigungsfrist **ohne festen Endtermin** vereinbart werden kann (so auch *Adomeit/Thau* NJW 1994, 13; *Staudinger/Preis* § 622 Rn 48; ErfK-*Müller-Glöge* Rn 18; APS-*Linck* Rn 110).

Abs. 5 S. 1 Nr. 2 gilt **nur** für die Grundkündigungsfrist in Abs. 1, nicht für die verlängerten Fristen 196
des Abs. 2 (so auch *Adomeit/Thau* NZA 1994, 14; SPV-*Preis* Rn 451). Dies bedeutet, dass nach
zweijähriger Betriebs- bzw. Unternehmenszugehörigkeit ohne besondere Vereinbarung die verlängerten Fristen des Abs. 2 iVm den dort aufgeführten Kündigungsterminen maßgeblich werden (**bis
2.12.2006:** zurückgelegt nach dem 25. Lebensjahr, s. Rdn 60 f.).

II. Verlängerung der Kündigungsfristen und Änderung der Kündigungstermine (§ 622 Abs. 5 S. 3)

1. Kündigungsfristen

Nach dem Grundsatz der **Vertragsfreiheit** ist es zulässig, vertraglich **längere Kündigungsfristen** 197
und **weitreichende Kündigungstermine** (zB durch ein Hinausschieben zum Jahresschluss) zu vereinbaren (*Herschel* BB 1970, 7; *Richardi* ZfA 1971, 91; *Staudinger/Preis* Rn 49; SPV-*Preis* Rn 452;
BAG 17.3.1976 EzA § 22 KO Nr. 1; *BAG* 29.8.2001 EzA § 622 BGB Tarifvertrag Nr. 2). Das wird
durch § 622 Abs. 5 S. 3 lediglich noch einmal klargestellt (vgl. *Kramer* S. 109). Wenn arbeitsvertraglich eine längere als die in Betracht kommende gesetzliche Kündigungsfrist vereinbart worden
ist, kann das Arbeitsverhältnis allerdings im Insolvenzfall mit der Dreimonatsfrist des § 113 S. 2
InsO gekündigt werden (*BAG* 3.12.1998 EzA § 113 InsO Nr. 6; s.a. Rdn 99). Zu Formfragen
sowie zu dem NachwG vgl. Rdn 170. Zur Regelbarkeit durch **Betriebsvereinbarung** s. Rdn 218 f.
entspr. Verlängerungsabreden **nach** erfolgter Kündigung dürfen nicht der Sache nach in eine befristete Fortführung des Arbeitsverhältnisses umschlagen, weil sie dann dem Befristungskontrollrecht
unterfallen (vgl. *BAG* 12.1.2000 EzA § 611 BGB Aufhebungsvertrag Nr. 33). Die Darlegungs- und
Beweislast für diejenigen Tatsachen, aus denen auf eine Verlängerung zu schließen ist, trifft die
davon begünstigte Partei. Das kann auch der Arbeitgeber sein, der auf Einhaltung einer strittig
verlängerten Frist besteht.

§ 622 Abs. 5 S. 3 verbietet nur die Vereinbarung **untergesetzlicher** Kündigungsfristen. Deshalb ist 198
es zulässig, die verlängerten Kündigungsfristen des Abs. 2 **auf die Kündigung des Arbeitnehmers** zu
erstrecken (*Kramer* S. 142; mit eingehender und zutreffender Begründung SPV-*Preis* Rn 458; das
BAG hatte keine Gelegenheit zur Stellungnahme, nachdem das Verfahren – 8 AZR 221/01 – durch
Vergleich erledigt wurde). Diese Möglichkeit setzt *BAG* 28.5.2009 EzA § 307 BGB 2002 Nr. 35
voraus.

Auch bei Verlängerungen der Kündigungsfristen durch den Einzelarbeitsvertrag sind die Parteien 199
an den Grundsatz des Abs. 6 gebunden, dass die **Frist** für den **Arbeitnehmer nicht länger** sein darf
als für die Kündigung durch den Arbeitgeber (*Staudinger/Preis* Rn 52; SPV-*Preis* Rn 457 f.; *Kramer*
S. 109 u. 143; s. weiter Rdn 169).

In diesen Grenzen (keine untergesetzlichen Fristen, keine ungleichen Fristen) ist nichts gegen Fris- 200
ten in **absteigender Länge** einzuwenden, die sich an dem **Kündigungsgrund** (betriebs-, personen-
oder verhaltensbedingt) orientieren.

Zugunsten des Arbeitnehmers greift ferner § 15 Abs. 4 TzBfG ein, der für den zeitlichen Ausschluss 201
des Kündigungsrechts des Arbeitnehmers eine **Höchstgrenze von fünf Jahren** setzt, nach deren
Ablauf der Arbeitnehmer das Arbeitsverhältnis mit einer Frist von sechs Monaten kündigen kann
(*Popp* HAS § 19 B Rn 79; MüKo-BGB/*Hesse* Rn 95; *Staudinger/Preis* Rn 50; *Schmidt* AR-Blattei
Kündigung VII, D VII; vgl. zu § 624 BGB im Übrigen Erl. zu § 624 BGB). Diese Begrenzung
ist auf vertragliche Verlängerungen der Kündigungsfrist mit der Maßgabe anzuwenden, dass für
den Arbeitnehmer keine Kündigungsfristen vereinbart werden können, die in Verbindung mit den
vorgesehenen Kündigungsterminen zu einer vertraglichen **Bindung** mit einer **längeren Dauer** als
fünf Jahre und sechs Monate führen (ebenso *Popp* HAS § 19 B Rn 79; vgl. zum Ablauf der Frist
einer nach § 624 BGB möglichen Kündigung: *Soergel/Kraft* § 624 Rn 8; *Bader/Bram-Bader* Rn 84;
s. KR-*Fischermeier/Krumbiegel* § 624 BGB Rdn 27). Deshalb verstößt es nicht gegen Art. 12 GG,
wenn in einem auf Lebenszeit geschlossenen Vertrag das Einhalten einer Kündigungsfrist von 6
Monaten erfordert ist (*BAG* 24.10.1996 EzA Art. 12 GG Nr. 29).

§ 622 BGB   Kündigungsfristen bei Arbeitsverhältnissen

202 Bei einer Kündigungsfrist, die zwar die nach § 15 Abs. 4 TzBfG gesetzten Grenzen einhält, aber **wesentlich länger** als die gesetzliche Regelfrist ist, hängt es von der Abwägung aller Umstände ab, ob sie das Grundrecht des Arbeitnehmers auf **freie Wahl des Arbeitsplatzes** nach Art. 12 Abs. 1 GG verletzt oder sonst eine **unangemessene Beschränkung** seiner beruflichen und wirtschaftlichen Bewegungsfreiheit darstellt (*BAG* 17.10.1969 EzA § 60 HGB Nr. 2; 17.8.1983 – 5 AZR 251/81, nv; SPV-*Preis* Rn 453; aA *Kramer* S. 111 f.). Nur de lege ferenda ist die von *Gaul* (BB 1980, 1542) für »obere Führungskräfte« angesetzte Obergrenze von zwölf Monaten diskutabel (krit. auch *Kramer* S. 111 sowie SPV-*Preis* Rn 453 f. mit weiterem Beispielsfall). Die von ihm empfohlenen relativ kurzen Fristen (für andere Arbeitnehmer soll diejenige Frist erträglich sein, die ihre Bewerbung um andere Stellen »nicht von vornherein aussichtslos« macht) führen sachlich doch zur Derogation des § 15 Abs. 4 TzBfG. Es ist deswegen nicht zu beanstanden, wenn mit einer Sekretärin schon für die Kündigung nach einer Probezeit von drei Monaten eine beiderseitige Kündigungsfrist von drei Monaten zum Quartalsende vereinbart wird (*BAG* 27.8.1982 EzA § 1 TVG Auslegung Nr. 13), die unbedenklich auch auf ein Jahr zum Jahresschluss verlängert werden kann (*BAG* 17.10.1969 EzA § 60 HGB Nr. 2). Das *BAG* (19.12.1991 EzA § 624 BGB Nr. 1) hat eine Vertragsgestaltung für zulässig gehalten, die zu einer Kündigungsfrist von mehr als einem Jahr führt (Vertragsschluss auf fünf Jahre, mit Verlängerung um fünf Jahre, falls keine Kündigung des Erstvertrages unter Einhaltung einer Frist von einem Jahr).

203 Auch die Verlängerung der Kündigungsfrist braucht nicht ausdrücklich (für Gesamtzusage s. *Sächs. LAG* 12.1.1999 – 1 Sa 1008/98, nv) vereinbart zu werden und unterliegt bei Fehlen einer anderen Abmachung keinen Formerfordernissen. Wenn ein Arbeitnehmer zwar nicht auf **Lebenszeit** eingestellt wird (vgl. dazu KR-*Krumbiegel* § 624 BGB Rdn 9 ff.), ihm aber eine »**Lebensstellung**« zugesichert wird, kann darin uU die Zusage des Arbeitgebers liegen, bei Kündigungen eine **längere Frist** einzuhalten (*Hueck/Nipperdey* I, S. 566 Anm. 13; *LAG Osnabrück* 20.1.1936 ARSt 26, 41 m. zust. Anm. *A. Hueck*; vgl. KR-*Krumbiegel* § 624 BGB Rdn 13 ff.). Die Dauer der verlängerten Kündigungsfrist ist dann durch den Kündigenden in entsprechender Anwendung des § 315 Abs. 1 BGB nach **billigem Ermessen** zu bestimmen. Wenn sie nicht der Billigkeit entspricht, wird die Frist im Streitfall durch das Gericht festgesetzt.

2. Kündigungstermine

204 § 622 Abs. 5 S. 3 meint nicht dem Wortlaut **aber der Sache nach** auch die **Kündigungstermine** (*BAG* 29.8.2001 EzA § 622 Tarifvertrag Nr. 2; vgl. für S. 1 der Vorschrift ebenso *Kretz* AR-Blattei 1010.6 Kündigung VI, Kündigungstermine Rn 6). Sie können vertraglich (zur Regelbarkeit durch **Betriebsvereinbarung** s. Rdn 219 f. entspr.) hinausgeschoben werden, indem Kündigungen nicht zu **jedem** Fünfzehnten oder zum Ende jedes Kalendermonats zugelassen werden. **Außerhalb** des Fünfzehnten oder eines Monatsendes liegende Kündigungstermine können auch nicht als **Ausgleich** für erheblich verlängerte Kündigungsfristen vereinbart werden. Der **Fünfzehnte** oder **Schluss eines Kalendermonats** ist für die Kündigung des Arbeitsverhältnisses der **zwingende, vertraglich unabdingbare Kündigungstermin** (*BAG* 21.8.2008 EzA § 613a BGB 2002 Nr. 95; ErfK-*Müller-Glöge* Rn 41; APS-*Linck* Rn 114). Diesen Termin können **die Parteien** auch dann nicht in den Ablauf eines Monats legen, wenn die gesetzliche Regelung der Fristen und Termine eine frühzeitigere Beendigung des Arbeitsverhältnisses ermöglichen würde als die verlängerte Frist in Verbindung mit dem innerhalb eines Monats liegenden Kündigungstermin (zB Kündigung mit einer Frist von vier Monaten zum 10. eines jeden Monats). Ein **Günstigkeitsvergleich** ist insoweit nicht vorgesehen und nicht statthaft. Die Motive zum KündFG lassen nicht den Schluss zu, dass bei Verlängerungen der Kündigungsfrist **beliebige Schlusszeitpunkte** zugelassen werden sollten. Die unwirksame Terminvereinbarung ist dadurch zu ersetzen, dass auch bei einer Fristverlängerung durch Terminhinausschiebung nur zum nächsten Fünfzehnten oder zum nächsten Ende eines Kalendermonats gekündigt werden kann. Auch wenn zulässige Kündigungstermine abgemacht sind, kann sich die vertragliche Kündigungsfrist nur durchsetzen, wenn sie in jedem Fall zu einer späteren Beendigung des Arbeitsverhältnisses führt. Es genügt nicht, dass die vertragliche Regelung für die längere Zeit innerhalb eines Kalenderjahres den besseren Schutz gewährt (»Die Kündigungsfrist beträgt

beiderseits sechs Monate zum 30. Juni oder 31. Dezember des Jahres«, *BAG* 29.1.2015 EzA § 622 BGB 2002 Nr. 12 m. Anm. *Feußner* DB 2015, 1161 f.; *ders.* NJW 2015, 2208; *Boemke* JuS 2015, 1123 ff.).

Davon zu unterscheiden ist die Frage, wie ein Vertrag auszulegen ist, der zB eine Kündigungsfrist 205 von drei Monaten bestimmt, aber über den Kündigungstermin schweigt. Da der regelmäßige Kündigungstermin der Fünfzehnte oder das Ende eines Kalendermonats ist, verändert die Verlängerung der Kündigungsfrist nicht ohne Weiteres den Kündigungstermin vom Fünfzehnten zum Monatsende und umgekehrt. Wenn sich aus den Umständen des Einzelfalles nicht eindeutig ein anderer Wille der Parteien ergibt, ist davon auszugehen, dass **bei Verlängerung** der Kündigungsfristen das Arbeitsverhältnis zum nächst erreichbaren Termin gekündigt werden kann. Ein vereinbarter (zulässiger) Kündigungstermin, zB »zum Quartal«, ist auch dann einzuhalten, wenn sich, mit oder ohne Kombination mit einer wirksam verlängerten Frist (zB 6 Wochen), im Ergebnis eine längere als die anwendbare oder vereinbarte Frist ergibt. Denn die Festschreibung des Kündigungstermins hat eigenständige zu beachtende Bedeutung (vgl. *LAG Hamm* 1.2.1996 LAGE § 622 BGB Nr. 38; abw. *LAG Nbg.* 13.4.1999 BB 1999, 1983; *Diller* NZA 2000, 293 ff.; für »Altverträge« abw. auch *BAG* 4.7.2001 EzA § 622 BGB nF Nr. 63 m. Anm. *Lambrich* – **Gesamtvergleich** – bzw. *BAG* 29.1.2015 EzA § 622 BGB 2002 Nr. 12 m. Anm. *Feußner* DB 2015, 1161 f. – **Günstigkeitsvergleich**; APS-*Linck* Rn 120; s. hier Rdn 321; **wie hier** DDZ-*Callsen* Rn 50.

III. Vereinbarung der Anwendung abweichender tarifvertraglicher Bestimmungen (§ 622 Abs. 4 S. 2)

1. Zweck der vertraglichen Zulassungsnormen

Um die Anwendung **tarifvertraglich** vereinbarter Kündigungsfristen in den in Betracht kommen- 206 den Bereichen auch auf die Arbeitsverhältnisse **nicht tarifgebundener** Arbeitgeber und Arbeitnehmer zu ermöglichen, bestimmt § 622 Abs. 4 S. 2 **entsprechend dem früher geltenden Recht** (§ 622 Abs. 3 S. 2 BGB 1969), dass abweichende tarifvertragliche Vorschriften **in ihrem Geltungsbereich** auch zwischen **nicht tarifgebundenen** Arbeitgebern und Arbeitnehmern **vereinbart** werden können. An diesem **Zweck**, eine dem einschlägigen Tarifvertrag entsprechende **einheitliche Gestaltung** der Kündigungsvorschriften zu gewährleisten (vgl. *Staudinger/Preis* Rn 42; ErfK-*Müller-Glöge* Rn 35; APS-*Linck* Rn 96), muss die **Auslegung** dieser **Zulassungsnorm** (vgl. dazu *Herschel* RdA 1969, 211) ausgerichtet werden. Die Vereinbarung tariflicher Vorschriften ist nicht nur dann möglich, wenn Arbeitgeber **und** Arbeitnehmer nicht tarifgebunden sind. Nach ihrem Zweck ist die Zulassungsnorm vielmehr auch anzuwenden, wenn **nur eine** Partei des Arbeitsverhältnisses nicht tarifgebunden ist (GK-BUrlG/*Berscheid* § 13 Rn 34; *Neumann/Fenski/Kühn-Neumann* § 13 Rn 26; *Leinemann/Linck* § 13 Rn 16; *Natzel* § 13 Rn 32). Der in Bezug genommene Tarifvertrag soll nach Auffassung des *BAG* (7.12.1977 AP Nr. 9 zu § 4 TVG Nachwirkung; 22.1.2002 EzA § 13 BUrlG Nr. 58) **nicht wirksam** sein müssen. Diese Auffassung ist möglicherweise bei Fehlerhaftigkeit des Tarifvertrages wegen Tarifunzuständigkeit einer Vertragspartei, nicht aber bei deren fehlender Tariffähigkeit zu teilen. Denn dann könnte dem Tarifwerk jedenfalls die nach einer anwendbaren Zulassungsnorm (wie § 622 Abs. 4 S. 2 BGB, § 7 Abs. 3 S. 3 ArbZG, § 22 Abs. 2 TzBfG) vorausgesetzte Ausgewogenheit fehlen. Zur Bezugnahme auf eine altersdiskriminierende tarifvertragliche Regelung s. Rdn 238.

2. Bezugnahme im Geltungsbereich des Tarifvertrages

a) Ersetzung der fehlenden Tarifunterworfenheit

Die erwünschte **einheitliche betriebliche Ordnung** kann nur erreicht werden, wenn die zulässige Be- 207 zugnahme auf den für den tarifgebundenen Arbeitnehmer und Arbeitgeber geltenden Tarifvertrag beschränkt wird. Das stellt § 622 Abs. 4 S. 2 sicher, indem er sachlich die Vereinbarung des **einschlägigen Tarifvertrages** fordert. Durch die Bezugnahme auf den Tarifvertrag wird nur die **fehlende Tarifunterworfenheit** der Parteien des Arbeitsvertrages ersetzt (ohne dass es zur Tarifunterwerfung kommt, vgl. *Wiedemann/Oetker* § 3 Rn 297, 326 f., 446, 459, 472; *Gaul* ZTR 1991, 194). Das bedeutet, dass der Tarifvertrag, auf den verwiesen wird, im Übrigen alle für den Geltungsbereich wesentlichen Kriterien erfüllen muss, dh bei einer beiderseitigen Tarifgebundenheit einschlägig und anwendbar sein würde (*Neumann/Fenski/Kühn-Neumann* § 13 Rn 25; *Leinemann/Linck* § 13 Rn 19; *Popp* HAS § 19 B Rn 73; *v. Hoyningen-Huene* RdA 1974, 146; *LAG Düsseld.* 31.3.1974 DB 1974, 537).

b) Verweisung auf »fremde« Tarifverträge

208   Im Grundsatz kann die Anwendung »fremder« **Tarifverträge** nicht vereinbart werden, mögen sie auch **günstiger** sein als der einschlägige Tarifvertrag (*Bleistein* Rn 110; *Popp* HAS § 19 B Rn 74; SPV-*Preis* Rn 468; *LAG Düsseld.* 31.1.1974 DB 1974, 587; aA *Wiedemann/Oetker* § 3 Rn 463; *Dietz* DB 1974, 1771 f., der die gesetzlichen Kündigungsfristen im Geltungsbereich eines Tarifvertrages **allgemein** für **dispositiv** hält und **alle** vertraglichen Vereinbarungen und tariflichen Verweisungen anerkennen will, die **günstiger** sind als der einschlägige Tarifvertrag; vgl. insgesamt zu den Gestaltungsmöglichkeiten auch *Gerhard Müller* RdA 1990, 321 ff.; *Staudinger/Preis* Rn 45 f.; *Däubler* Tarifvertragsrecht Rn 333).

209   Die Auffassung von *Dietz* (DB 1974, 1771 f.) trifft nur für den **Sonderfall** zu, in dem ein Arbeitgeber auch mit tarifgebundenen Arbeitnehmern **allgemein** günstigere Kündigungsbestimmungen eines »fremden« Tarifvertrages vereinbart hat, als in dem einschlägigen Tarifvertrag vorgesehen sind. Dann entspricht es dem durch Abs. 4 S. 2 anerkannten betrieblichen **Ordnungsprinzip**, wenn der Arbeitgeber auch mit den nicht tarifgebundenen Arbeitnehmern zum Zwecke der **allgemeinen Regelung der Arbeitsbedingungen** das Recht zur ordentlichen Kündigung zwar **schlechter** als das Gesetz, aber besser als der einschlägige Tarifvertrag regelt. Diese teleologische Auslegung ist unter den genannten Voraussetzungen einer rein **formalen Auslegung** vorzuziehen (ebenso *Popp* HdA Rn 597).

c) Tarifkonkurrenz

210   Wenn mehrere Tarifverträge sich in ihrem Geltungsbereich überschneiden (echte Tarifkonkurrenz), steht es den Parteien nicht völlig frei, auf **welchen** Tarifvertrag sie verweisen wollen (*Bleistein* Rn 110; **unklar**: *Richardi* ZfA 1971, 85 f.; aA *Bader/Bram-Bader* Rn 64; *Wiedemann/Oetker* § 3 Rn 461). Die gegenteilige Auffassung kann nicht mit dem Sinn und Zweck des tariflichen Vorrangprinzips begründet werden, welches nur den **Gegenstand der Regelungsbefugnis** der Tarifvertragsparteien betrifft und nicht den **Geltungsbereich** des Tarifvertrags **bestimmt**. Da Abs. 4 S. 2 nur eine **beschränkte Zulassungsnorm** für Bezugnahme auf Tarifverträge enthält (Verweisung auf den einschlägigen Tarifvertrag), musste bei einer echten Tarifkonkurrenz der anzuwendende Tarifvertrag, auf den verwiesen werden kann, nach dem Grundsatz der **Tarifeinheit** und der **Sachnähe** bestimmt werden. Nach **Aufgabe** des Grundsatzes der Tarifeinheit durch das *BAG* (7.7.2010 EzA § 4 TVG Tarifkonkurrenz Nr. 25) kommt es nur noch auf die Sachnähe an.

3. Möglicher und notwendiger Inhalt der Bezugnahme

a) Fristen und Termine

211   Ausdrücklich zugelassen ist im Gegensatz zum alten Recht nicht mehr nur die Vereinbarung tariflicher Vorschriften, durch die die **Kündigungsfristen abgekürzt** werden, sondern die Vereinbarkeit »von den Absätzen 1 bis 3 abweichender tarifvertraglicher Bestimmungen«. Daraus folgt, dass eine zulässige Vereinbarung der einschlägigen Kündigungsregelungen auch die in einem Tarifvertrag vom Gesetz abweichend festgelegten **Kündigungstermine** umfasst.

b) Kündigungskomplex – einzelne Kündigungsbestimmungen

212   Entgegen einer nach dem Wortlaut möglichen Auslegung genügt es nicht, wenn **nur** die tariflichen Vorschriften für **bestimmte** Fristen (zB für die Probezeit) oder **ausschließlich** die **Fristenbestimmungen** übernommen und die Termine ausgeklammert werden. Die tarifliche Regelung der ordentlichen Kündigung muss vielmehr insgesamt vereinbart, dh der »**Regelungskomplex**

Kündigung« in Bezug genommen werden (*Dietz* DB 1974, 1970; *v. Hoyningen-Huene* RdA 1974, 142; *Popp* HAS § 19 B Rn 76; MüKo-BGB/*Hesse* Rn 73; *Richardi* ZfA 1971, 87; *Schaub/ Linck* § 126 IV 4, Rn 25; *Soergel/Kraft* Rn 21; SPV-*Preis* Rn 469; *Wiedemann/Oetker* § 3 Rn 465; *LAG Düsseld.* 12.11.1974 EzA § 622 BGB nF Nr. 10; *Staudinger/Preis* Rn 45; *Neumann* ArbRGgw., Bd. 7, S. 35).

Die Anerkennung der **Tarifautonomie** beruht auf der Erwägung, durch die Mitwirkung der Gewerkschaften beim Abschluss eines Tarifvertrages würden regelmäßig die **schutzwürdigen** Interessen der Arbeitnehmer hinreichend berücksichtigt. Tarifverträge schaffen einen tatsächlichen Machtausgleich und bieten eine **materielle Richtigkeitsgewähr** (*BAG* 31.3.1966 EzA § 611 BGB Gratifikation, Prämie Nr. 17). Diese Vermutung ist bei einer einzelvertraglich übernommenen Tarifregelung nicht gerechtfertigt, wenn nur **einzelne Kündigungsbestimmungen** übernommen werden (*Biedenkopf* Anm. zu *BAG* 31.3.1966 EzA § 611 BGB Gratifikation, Prämie Nr. 17; *Popp* HAS § 19 B Rn 76; *Richardi* ZfA 1971, 87). Diese grundsätzlichen Bedenken gegen eine beschränkte Vereinbarung einzelner tariflicher Kündigungsvorschriften werden bei der **formalen Begründung** nicht berücksichtigt, § 622 Abs. 4 BGB enthalte entgegen § 13 BUrlG, der nur die Übernahme der gesamten Urlaubsregelung erlaubt, keinen entsprechenden Vorbehalt (vgl. zu dem gleichlautenden § 622 Abs. 3 S. 2 BGB 1969 *Neumann* ArbRGgw., Bd. 7, S. 35). Wenn schon bei der **weniger einschneidenden** inhaltlichen Gestaltung des Urlaubsrechts nach § 13 BUrlG eine »Richtigkeitsgewähr« erforderlich ist, dann muss das erst recht für die Vereinbarungen über Fristen und Termine für Kündigungen gelten, die von **existentieller Bedeutung** für die Arbeitnehmer sind. Ihr Schutzbedürfnis wird nicht hinreichend gewahrt, wenn es hinsichtlich der nicht übernommenen Kündigungsregelungen bei den gesetzlichen Mindestbedingungen bliebe. Es schließt vielmehr zB Vertragsgestaltungen aus, durch die nur die ungünstigeren Tarifbestimmungen vereinbart, die zum »Ausgleich« gewährten tariflichen Vorteile (zB längere Fristen nach der Probezeit, günstigere Termine) dem Arbeitnehmer aber vorenthalten werden.

c) Kündigungskomplex – Tarifvertrag

Es ist zwar einerseits erforderlich, andererseits aber auch **ausreichend**, wenn umfassend auf die **Kündigungsregelung** eines Tarifvertrages verwiesen wird (für Bezugnahme auf Regelungskomplex »Urlaub« vgl. *BAG* 17.1.2006 NZA 2006, 923). Der Tarifvertrag braucht – wie in § 13 Abs. 1 S. 2 BUrlG – nicht insgesamt übernommen zu werden (*Wiedemann/Oetker* § 3 Rn 464; GK-BUrlG/ *Berscheid* § 13 Rn 29; *Neumann/Fenski/Kühn-Neumann* § 13 Rn 23; *Leinemann/Linck* § 13 Rn 20; *Natzel* § 13 Rn 35; aA *Kempen/Zachert-Stein* § 3 Rn 175). Ist allgemein auf den einschlägigen Tarifvertrag verwiesen worden, dann liegt darin zugleich eine **ausreichend deutliche** und **bestimmte Vereinbarung** der tariflichen Kündigungsvorschriften (*LAG* Hmb. 9.7.1970 BB 1970, 1178; *LAG Düsseld.* 31.1.1974 DB 1974, 587; 12.11.1974 EzA § 622 BGB nF Nr. 10; *LAG Hamm* 29.9.1975 DB 1976, 874; ebenso für § 13 BUrlG: *Boldt/Röhsler* § 13 Anm. 36; *Neumann/Fenski/ Kühn-Neumann* § 13 Rn 23; aA *Wenzel* MDR 1969, 885: spezielle Bezugnahme auf Kündigungsregelung erforderlich). Es reicht allerdings nicht aus, wenn kürzere Fristen **ohne Bezug** auf den einschlägigen Tarifvertrag vereinbart werden, und zwar auch dann nicht, wenn sie länger sind als diejenigen, auf die verwiesen werden könnte (*Soergel/Kraft* Rn 22; *LAG Düsseld.* 12.11.1974 EzA § 622 BGB nF Nr. 10).

d) Verweisung auf nachwirkenden Tarifvertrag

Während zwischen tarifgebundenen Arbeitnehmern und Arbeitgebern auch im Nachwirkungszeitraum der nachwirkende Tarifvertrag ohne Weiteres gilt und nicht vereinbart zu werden braucht, ist das **notwendig** und **möglich**, wenn für einen im **Nachwirkungszeitraum** abgeschlossenen Arbeitsvertrag zwischen **nicht tarifgebundenen** Parteien die nachwirkenden Bestimmungen gelten sollen (*Däubler* Tarifvertragsrecht Rn 333; GK-BUrlG/*Berscheid* § 13 Rn 41; *Neumann/Fenski/ Kühn-Neumann* § 13 Rn 21; *Leinemann/Linck* § 13 Rn 23; *Natzel* § 13 Rn 41; *Schaub/Linck* § 126

IV4, Rn 25; *Stahlhacke* DB 1969, 1652 f.; SPV-*Preis* Rn 469; *Neumann* ArbRGgw., Bd. 7, S. 36; *Soergel/Kraft* Rn 20, 21; *Staudinger/Preis* Rn 46; *Wiedemann/Oetker* § 3 Rn 469 f.; *BAG* 27.6.1978 EzA § 13 BUrlG Nr. 13; 29.1.1975 EzA § 4 TVG Nachwirkung Nr. 3; aA noch: *BAG* 15.2.1965 AP Nr. 6 zu § 13 BUrlG m. zust. Anm. *G. Hueck; Boldt/Röhsler* § 13 Rn 25 ff.; *Herschel* NJW 1958, 1033; *ders.* ZfA 1976, 100; *Lieb* ZfA 1970, 204 f.). Nach dem Zweck der Zulassungsnorm sollen innerhalb eines Betriebes möglichst einheitliche Bedingungen gelten. Diesem Anliegen widerspricht es, für die vorübergehende Zeit (insbes. bei Eintritt von Arbeitnehmern erst im Nachwirkungszeitraum) eines **tariflosen Zustandes** andere und unterschiedliche Kündigungsfristen als vorher und nachher gelten zu lassen (*Neumann* ArbRGgw., Bd. 7, S. 36; *v. Hoyningen-Huene* RdA 1974, 150; vgl. auch *Herschel* AR-Blattei Tarifvertrag V D, II 2; s.a. APS-*Linck* Rn 99). Diese Bezugnahme muss jedoch deutlich auf einen nachwirkenden Tarifvertrag hinweisen. Dazu reicht die Verweisung auf einen »den Arbeitgeber bindenden« Tarifvertrag nicht aus (*BAG* 18.8.1982 – 5 AZR 281/80, nv).

4. Form der Vereinbarung

a) Vertrag – betriebliche Übung – Gleichstellungsabrede

216 Die Bezugnahme auf tarifliche Kündigungsvorschriften ist **nicht formbedürftig**. Sie braucht nicht ausdrücklich in den Arbeitsvertrag aufgenommen zu werden, sondern kann auch **stillschweigend** erfolgen (*Staudinger/Preis* Rn 47; SPV-*Preis* Rn 470; *Wiedemann/Oetker* § 3 Rn 454; aA *Kramer* S. 134 ff., der als Einbeziehungsvoraussetzung die Verschaffung zumutbarer Kenntnismöglichkeit vom Inhalt des Tarifvertrages durch den Arbeitgeber verlangt; unklar *Kempen/Zachert-Stein* § 3 Rn 161). Das ist insbes. dann anzunehmen, wenn aufgrund einer **betrieblichen Übung** in einem Betrieb für alle Arbeitnehmer einheitlich die Bestimmungen des einschlägigen Tarifvertrages angewandt werden (*Gaul* ZTR 1991, 91; *Neumann/Fenski* § 13 Rn 20; *Leinemann/Linck* § 13 Rn 17; *Soergel/Kraft* Rn 21; *Neumann* ArbRGgw., Bd. 7, S. 35; SPV-*Preis* Rn 470; *Wiedemann/ Oetker* § 3 Rn 457; zurückhaltend *Kempen/Zachert-Stein* § 3 Rn 161; *Hanau/Kania* FS Schaub, 1998, S. 239, 258; aA *BAG* 3.7.1996 RzK I 3e Nr. 62) oder eine entsprechende **Gesamtzusage** besteht (GK-BUrlG/*Berscheid* § 13 Rn 28; *Leinemann/Linck* § 13 Rn 17; *Natzel* § 13 Rn 36). Die **Gegenmeinung** des *BAG*, die damit argumentiert, § 622 Abs. 4 S. 2 verlange ausdrücklich eine »Vereinbarung« der Arbeitsvertragsparteien über die Anwendung tarifvertraglicher Bestimmungen, ist abzulehnen. Denn betriebliche Übungen stehen ungeachtet der unterschiedlichen dogmatischen Herleitungsversuche (**monografisch** *Seiter* Die Betriebsübung, 1967) im Arbeitsleben im Ergebnis vertraglichen Abmachungen gleich. Die Gegenmeinung des *BAG* steht auch im **Widerspruch** zu einer Entscheidung seines 1. **Senats** (*BAG* 19.1.1999 EzA § 3 TVG Bezugnahme auf Tarifvertrag Nr. 10), wonach die vertragliche Bezugnahme nicht formgebunden ist und sich auch aus einer betrieblichen Übung oder konkludentem Verhalten der Arbeitsvertragsparteien ergeben kann (krit. auch APS-*Linck* Rn 97). Bei Abweichung **zuungunsten des** Arbeitnehmers allerdings muss die Übung den Parteien nicht nur bekannt sein; vielmehr müssen beide mit der Anwendung der Tarifnorm einschließlich der Abweichung vom Gesetz einverstanden sein (vgl. *LAG Köln* 15.8.1997 RzK I 3e Nr. 66).

217 Die tarifliche Regelung kann sowohl durch **Bezugnahme** auf den Tarifvertrag als auch dessen wörtliche Wiedergabe vereinbart werden (*Dietz* DB 1974, 1771; *Soergel/Kraft* Rn 21; aA *Boldt/Röhsler* § 13 Rn 37 sowie *Kramer* S. 137 f.). Die Verweisung muss so eindeutig sein, dass es zweifelsfrei möglich ist, den anwendbaren Tarifvertrag zu ermitteln (*Wiedemann/Oetker* § 3 Rn 454, 340 ff. 354 ff.; *Kempen/Zachert-Stein* § 3 Rn 161; *Hanau/Kania* FS Schaub, 1998, S. 239, 243: Tarifvertrag müsse nur hinreichend klar zu bestimmen sein). Dies vorausgesetzt genügt auch eine allgemeine **Bezugnahme auf die für den Betrieb geltenden Tarifverträge** (KassArbR-*Isenhardt* 1.3 Rn 209). Es ist nicht erforderlich, dass sich die Parteien bei der Vereinbarung eines Tarifvertrages **bewusst** sind, damit von der gesetzlichen Regelung **abzuweichen** (vgl. *Dietz* DB 1974, 1770; aA *Boldt/Röhsler* § 13 Rn 37). Zur Problematik von **Gleichstellungsabreden** s. Rdn 329. Dort sowie Rdn 328 auch zu **vorformulierten** Bezugnahmeklauseln (**AGB**).

b) Betriebsvereinbarung

Da in der Entstehungsgeschichte des § 77 BetrVG hinreichend deutlich wird, dass eine **Betriebs-** 218
vereinbarung nicht dazu dienen soll, einen Tarifvertrag auf betrieblicher Ebene für **allgemeinverbindlich** zu erklären (*Wiedemann/Oetker* § 3 Rn 475), können Kündigungsregelungen grds. nicht aufgrund der Zulassungsnorm des Abs. 4 S. 2 durch Bezugnahme auf den ganzen Tarifvertrag in Betriebsvereinbarungen übernommen werden (*Staudinger/Preis* Rn 47; SPV-*Preis* Rn 470; *Neumann* ArbRGgw., Bd. 7, S. 35; *Kempen/Zachert-Stein* § 3 Rn 215, 103; abw. DDZ-*Callsen* Rn 44; **vgl. zu der entsprechenden Problematik in § 13 BUrlG:** GK-BUrlG/*Berscheid* § 13 Rn 43; *Neumann/Fenski* § 13 Rn 28; *Boldt/Röhsler* § 13 Rn 49–52; *Natzel* § 13 Rn 43; **zu § 77 BetrVG** vgl. *Richardi* § 77 Rn 306 ff.; *Fitting* § 77 Rn 98; *Löwisch/Kaiser* § 77 Rn 69; GK-BetrVG/*Kreutz* § 77 Rn 150; MüKo-BGB/*Hesse* Rn 70; aA *Stege/Weinspach* § 77 Rn 21). Die Sperrwirkung tritt nach § 77 Abs. 3 BetrVG dann nicht ein, wenn der Tarifvertrag ausdrücklich eine Übernahme der Kündigungsbestimmungen zulässt (*Staudinger/Preis* Rn 47; *Soergel/Kraft* Rn 21). Bei betriebsnotwendig einheitlicher Regelung kam eine auf diese Ermächtigung hin geschlossene Betriebsvereinbarung ggf. auch **Außenseiter** (als Beendigungsnorm sowie als Norm betriebsverfassungsrechtlicher Fragen – Doppelnorm –) erfassen (*Spilger* Tarifvertragliches Betriebsverfassungsrecht, 1988, S. 215 ff.). Ordnet man die Ermächtigung als tarifvertragliche Zulassungsnorm ein, wird die Außenseiterwirkung der auf dieser Grundlage ergangenen Betriebsvereinbarung überwiegend bejaht (*Spilger* Tarifvertragliches Betriebsverfassungsrecht, 1988, S. 220 ff. mwN).

Mit *Wiedemann/Stumpf* (Voraufl. § 3 Rn 114) **wurde in den Vorauflagen** zwischen der Übernahme 219
der gesamten tariflichen Ordnung und der Bezugnahme auf **einzelne Regelungsbereiche** des einschlägigen Tarifvertrages unterschieden, die nicht durch die Sperrwirkung des § 77 BetrVG verhindert werde. Der durch die Zulassungsnorm des § 622 Abs. 4 S. 2 erstrebte **Zweck, die Kündigungsbestimmungen** im Betrieb **einheitlich** zu gestalten, werde durch Betriebsvereinbarungen einfacher, sicherer und vollständiger erreicht als durch eine Vielzahl individueller Abreden. Entgegen der h.A. sei aus diesem Grunde an der zum BetrVG 1952 vertretenen Auffassung festzuhalten, dass eine tarifliche Teilregelung der Kündigungsfristen und -termine auch durch Betriebsvereinbarung einheitlich für die Arbeitnehmer eines Betriebes eingeführt werden könne. **Diese Auffassung wird aufgegeben:** § 622 Abs. 4 S. 2 erfordert ausdrücklich eine **Vereinbarung zwischen Arbeitgeber und Arbeitnehmer.** Bereits diese Voraussetzung erfüllt eine Betriebsvereinbarung aber nicht. **Auf die Frage nach der Sperrwirkung kommt es daher nicht an,** auch wenn der Gesetzgeber das Problem bei der Neuregelung des § 622 Abs. 4 S. 2 nicht bedacht haben mag.

5. Wirkung der Bezugnahme

a) Keine Normenwirkung

Im Schrifttum wird unterschiedlich beurteilt, ob die vertraglich aufgrund einer **Zulassungsnorm** in 220
Bezug genommenen tariflichen Vorschriften **normativ** wirken (so: *v. Hoyningen-Huene* RdA 1974, 143), **oder** ob sie wie bei sonstigen Verweisungen auf Tarifverträge kraft **vertraglicher Abrede** Bestandteil des Arbeitsvertrages werden (so Rspr. und hL: *BAG* 22.10.2008 EzA-SD, Nr. 3, S. 11; 26.1.1994 EzA § 4 TVG Tarifkonkurrenz Nr. 9; *Däubler* Tarifvertragsrecht Rn 338; *Neumann* ArbRGgw., Bd. 7, S. 34; *Richardi* ZfA 1971, 87; *Wiedemann/Oetker* § 3 Rn 472, 326 f.; APS-*Linck* Rn 100). Zwischen der Vereinbarung tariflicher Vorschriften aufgrund einer gesetzlichen Zulassungsnorm und anderen Verweisungen bestehen keine erheblichen sachlichen Unterschiede. Deswegen tritt auch bei einer Bezugnahme nach § 622 Abs. 4 S. 2 keine Normenwirkung und keine abgeschwächte Tarifwirkung ein (vgl. *Wiedemann/Oetker* § 3 Rn 472, 328, 474; vgl. auch *Waas* ZTR 1999, 540).

Die vereinbarten tariflichen Kündigungsbestimmungen können somit jederzeit vertraglich wieder 221
aufgehoben oder **abgeändert** werden. Das ist aber nicht einseitig durch den Arbeitgeber möglich, sondern nur mit Zustimmung des Arbeitnehmers oder aufgrund einer Änderungskündigung. Der Arbeitnehmer ist gegen spätere Verschlechterungen seiner Rechtsstellung zudem dadurch geschützt,

dass bei einer **Aufhebung der Bezugnahme** keine gegenüber dem Gesetz ungünstigeren Regelungen vereinbart werden können. Wie bei der unmittelbaren Geltung des Tarifvertrages ist es allerdings in Verbindung mit einer entsprechenden vertraglichen Bezugnahme möglich, gegenüber dem **einschlägigen** Tarifvertrag **günstigere** Fristen zu vereinbaren, auch wenn sie kürzer als die gesetzlichen Fristen sind (*Dietz* BB 1974, 1770; *Soergel/Kraft* Rn 22).

b) Änderungen des Tarifvertrages

222 In Verweisungsklauseln im Arbeitsvertrag oder in der (tarifvertraglich zugelassenen) Betriebsvereinbarung (zur Außenseiterproblematik s. Rdn 219) können die Parteien entweder auf den **bestehenden** oder auf den **jeweils geltenden** Tarifvertrag verweisen (*BAG* 11.7.1961 AP Nr. 2 zu § 614 BGB Gehaltsvorschuss; *Wiedemann/Oetker* § 3 Rn 373 ff.; *Gerhard Müller* RdA 1990, 321 f.). Im Zweifel ist letzteres gewollt (*BAG* 20.3.1991 EzA § 4 TVG Tarifkonkurrenz Nr. 7 m. Anm. *Vogg*; *Wiedemann/Oetker* § 3 Rn 310; *Hanau/Kania* FS Schaub, S. 239, 246 f.). Die Parteien sind allerdings (anders als bei Blankettverweisungen in Tarifverträgen) nur an **Neuregelungen** gebunden, mit denen sie **billigerweise rechnen konnten** (*Bader/Bram-Bader* Rn 66), und die sachlich und systematisch nicht den bisherigen Rahmen sprengen. Mit diesem Vorbehalt ist **im Zweifel** eine **dynamische Verweisung** anzunehmen (*Däubler* Tarifvertragsrecht Rn 333). Die **Verweisung endet** mit dem endgültigen Wegfall der Wirkung des in Bezug genommenen Tarifvertrages, wenn nicht – aufgrund dynamischer Verweisung – ein etwaiger Folgetarifvertrag anwendbar wird. Eine arbeitsvertragliche Verweisungsklausel, die einen konkret benannten Tarifvertrag in der jeweils geltenden Fassung in Bezug nimmt, muss bei **Verbandswechsel** des **Arbeitgebers** idR dahin korrigierend ausgelegt werden, dass die Verweisung auf den jeweils für den Betrieb geltenden Tarifvertrag erfolgt; dies gilt jedenfalls dann, wenn die Tarifverträge von derselben Gewerkschaft abgeschlossen werden (*BAG* 4.9.1996 EzA § 3 TVG Bezugnahme auf Tarifvertrag Nr. 7 m. Anm. *Buchner* sowie *B. Gaul*; weiter *Gaul* NZA 1998, 9). **Andernfalls** gilt dann die in concreto anwendbare gesetzliche Regelung der Kündigungsfristen. Allgemein zu Fragen der Änderung eines in Bezug genommenen Tarifvertrages *Hanau/Kania* FS Schaub, 1998, S. 239, 249 f, und *Kania* NZA Sonderbeil. Heft 3/2000, 45. Zu **Gleichstellungsabreden** s. Rdn 329. Ist ein (nur noch) **nachwirkender** Tarifvertrag in Bezug genommen, muss – kein Vertrauensschutz – damit gerechnet werden, dass die Nachwirkung durch neuen Tarifvertrag **rückwirkend** beseitigt wird (vgl. – »für Tarifunterworfene« – *BAG* 8.9.1999 EzA § 1 TVG Rückwirkung Nr. 4). Dies kann sich bspw. auf eine »erdiente« Kündigungsfrist auswirken, nicht aber auf die bei einer bereits ausgesprochenen Kündigung zu wahrende Frist. (**aA** *BAG* 18.9.1997 RzK I 3e Nr. 67; zur rückwirkenden Verschlechterung des **Tarifentgelts** aus jüngerer Zeit allg. *BAG* 11.10.2006 EzA § 1 TVG Rückwirkung Nr. 9).

IV. Rechtsfolgen unwirksamer oder lückenhafter Vereinbarungen

1. Keine Nichtigkeit des gesamten Vertrages

223 Wenn Vereinbarungen über Kündigungsfristen oder Termine mit § 622 Abs. 1, Abs. 2, Abs. 4 S. 2, Abs. 5, Abs. 6 oder § 624 BGB **nicht zu vereinbaren** sind, berührt das die **Wirksamkeit** des **Arbeitsvertrages im Übrigen nicht** (vgl. zum alten Recht *BAG* 10.7.1973 EzA § 622 BGB nF Nr. 9; *Bleistein* Rn 101; *Hueck/Nipperdey* I, S. 571; *Nikisch* I, S. 715; *Popp* HAS § 19 B Rn 80; *Neumann* DB 1958, 1130). Das gilt auch dann, wenn die Parteien für die Kündbarkeit eine von der gesetzlichen Regelung abweichende Vereinbarung angestrebt, sich darüber aber noch **nicht geeinigt** haben, sofern sie sich trotz der lückenhaften Vereinbarung sofort binden wollten (*BAG* 26.1.1967 AP Nr. 2 zu § 611 BGB Vertragsabschluss; 16.11.1979 EzA § 154 BGB Nr. 1). An die Stelle der nichtigen oder lückenhaften Vereinbarung treten nicht ohne Weiteres die abdingbaren gesetzlichen Fristen und Termine. Es gelten vielmehr jeweils diejenigen gesetzlich zulässigen Termine und Vereinbarungen, die dem **Willen der Parteien** am meisten **entsprechen** (*Hueck/Nipperdey* I, S. 571; *Popp* HAS § 19 B Rn 80; *Neumann* DB 1958, 1130 und *BAG* 10.7.1973 EzA § 622 BGB nF Nr. 9). Dabei kann auch die in einem Tarifvertrag getroffene Vereinbarung maßgebend werden (*LAG Köln* 5.4.1995 LAGE § 622 BGB Nr. 33).

Im Ausgangspunkt sind sich insoweit Rechtsprechung und Schrifttum einig. Streitig ist jedoch im 224 Einzelnen, welche Folgerungen aus diesem Grundsatz zu ziehen sind, weil oft nicht genügend berücksichtigt wird, dass bei der Ausfüllung der Vertragslücken soweit wie möglich **der Parteiwille** zu berücksichtigen ist (*Hueck/Nipperdey* I, S. 571). Sachlich gesehen geht es bei einer unwirksamen Vereinbarung um eine **beschränkte Umdeutung** nach § 140 BGB, bei der unter Berücksichtigung des **ursprünglichen Willens** der Parteien (Zweck der getroffenen Regelung) und ihrem **mutmaßlichen Willen** (Vereinbarung bei Kenntnis der Unwirksamkeit) eine den Interessen beider Parteien entsprechende Bestimmung des Vertragsinhaltes vorzunehmen ist. An diesem Zweck ist auch die bei einem **Einigungsmangel** über die Kündbarkeit erforderliche **ergänzende Vertragsauslegung** nach § 157 BGB auszurichten (*BAG* 16.11.1979 EzA § 154 BGB Nr. 1). Vgl. allgemein zur Umdeutung im Arbeitsrecht *Molkenbur/Krasshofer/Pidde* (RdA 1989, 397 ff.).

2. Verkürzung der Kündigungsfrist

Wenn die Parteien die Kündigungsfrist für **beide Teile** unzulässig auf weniger als vier Wochen 225 verkürzt haben, zeigt das ihren Willen, das Arbeitsverhältnis beiderseitig möglichst **kurzfristig** beenden zu können. Ihren Vorstellungen kommt es dann am nächsten, wenn die Grundkündigungsfrist von vier Wochen angewandt wird. Ebenso ist zu verfahren, wenn die unzulässig kurzen Fristen darüber hinaus auch noch ungleich und für den Arbeitnehmer ungünstiger (Abs. 6) sind. Die gesetzliche Grundkündigungsfrist greift ferner für die Kündigung durch den **Arbeitnehmer** ein, wenn **einseitig** für ihn eine Frist von zwei Wochen festgelegt ist, während der Arbeitgeber eine Frist von zwei Monaten einzuhalten hat. In diesem Falle gilt die Frist von zwei Monaten nicht für beide Teile, weil die Parteien nach Abs. 6 eine einseitige Erleichterung der Kündigung durch den Arbeitnehmer beabsichtigt haben, die im Rahmen des Zulässigen zu wahren ist. Eine Verkürzung der Kündigungsfrist rechtfertigt sich nicht allein durch die **Kombination** mit einem **Kündigungstermin**, der, je nach dem Zeitpunkt des Ausspruchs der Kündigung, die verkürzte oder eine **längere** als die gesetzliche oder die gesetzliche Frist zum Tragen kommen lässt. Ist bspw. mit einem unter § 622 Abs. 2 S. 1 Nr. 7 fallenden Arbeitnehmer eine Kündigung von **sechs** (anstatt von **sieben**) Monaten zum Ende eines Kalenderjahres abgemacht, dann wirkt eine am 30.6.2000 erklärte Kündigung jedenfalls nicht auf den 31.12.2000, sondern mangels anderer Anhaltspunkte auf den 31.12.2001. Ob auch der 31.1.2001 als Kündigungstermin in Betracht kommt, hängt davon ab, welche Bedeutung die Parteien dem Kündigungstermin **beigemessen** haben. Dies stellt – anders als im Verhältnis zwischen **Tarifvertrag** und Individualabsprache (vgl. Rdn 274–276) – keine Frage des Günstigkeitsprinzips dar. Zu den Rechtsfolgen unzulässig kurzer Kündigungsfristen s. auch *Kramer* BB 1997, 731 ff.

3. Verlängerung der Kündigungsfrist

Vereinbarungen, durch die die Kündigungsfristen verlängert werden, können wegen § 622 Abs. 5 226 S. 3 nicht nach Abs. 1 bis 3, sondern nur nach § 15 Abs. 4 TzBfG oder wegen Verletzung des Verbots, ungünstigere Regelungen für die Kündigung durch den Arbeitnehmer zu vereinbaren (Abs. 6), unwirksam sein.

Eine Kündigungsfrist, die den Arbeitnehmer **länger** als fünf Jahre und sechs Monate bindet (vgl. 227 § 624 S. 2 mit S. 1 BGB), ist so zu kürzen, dass sie eine Kündigung zum Ablauf von fünf Jahren und sechs Monaten nach Beginn des Arbeitsverhältnisses ermöglicht. *Kramer* (S. 112 ff.) schlägt für **arbeitnehmerseitige** Kündigungen eine geltungserhaltende Reduktion der überlangen Fristen auf die gesetzliche Kündigungsfrist vor. Dagegen dürfte jedoch mit **Blick auf die erstrebte Bindungsdauer** beider Seiten idR der Parteiwille stehen.

Zweifelhaft ist, wie sich das Verbot, für den Arbeitnehmer ungünstigere Bedingungen zu vereinba- 228 ren, dann auswirkt, wenn **unterschiedliche Kündigungsfristen** festgelegt werden, die **länger** als die gesetzlichen Fristen sind (vgl. *Hueck/Nipperdey* I, S. 571 Anm. 29; MüKo-BGB/*Hesse* Rn 115; *Neumann* DB 1958, 1130; *Nikisch* I, S. 715; *Staudinger/Preis* Rn 56; *BAG* 29.7.1958 EzA § 620 BGB Nr. 1). Soweit nach dem vor Inkrafttreten des § 622 BGB 1969 geltenden Recht der Grundsatz der **Gleichheit der Kündigungsfristen** für beide Teile gleichmäßig galt (zB § 67 Abs. 1 HGB), wurde von *Nikisch* (I, S. 715) und *Neumann* (DB 1958, 1130) angenommen, an die Stelle einer unzulässigen Vereinbarung ungleicher Kündigungsfristen trete nicht ohne Weiteres die **gesetzliche** oder die vereinbarte **kürzere** Frist. Regelmäßig gelte vielmehr die **längere** Frist für beide Teile. Sie sei sowohl dann einzuhalten, wenn sie zulässigerweise kürzer als die gesetzliche Frist sei, als auch dann, wenn sie länger als diese sei. Demgegenüber haben *Hueck/Nipperdey* (I, S. 571 Anm. 29) die Auffassung vertreten, wenn die Frist für den Arbeitgeber kürzer, für den Arbeitnehmer dagegen länger als die gesetzliche Frist sei, könne die längere Frist nicht ohne Weiteres als für beide Teile gewollt angesehen werden.

229 Auch wenn der Grundsatz der Gleichheit der Kündigungsfristen nach § 622 Abs. 6 nur noch **zugunsten** des Arbeitnehmers gilt, ist daran **festzuhalten**, dass im Zweifel bei ungleichen Kündigungsfristen zuungunsten des Arbeitnehmers die **längere Kündigungsfrist** für beide Parteien **maßgebend** ist (ebenso *Popp* HAS § 9 B Rn 80; *Bader/Bram-Bader* Rn 101). Diese Auslegungsregel entspricht der für die Kündigung des Vertragsverhältnisses eines Handelsvertreters geltenden gesetzlichen Regelung, nach der bei der Vereinbarung ungleicher Fristen für beide Teile die längere Frist gilt (§ 89 Abs. 2 S. 2 HGB); **im Ergebnis auch** *Preis* DB 1993, 2125, *Kramer* S. 146 f. und SPV-*Preis* Rn 459, die die Bestimmung jedoch analog anwenden – zust. ArbRBGB-*Röhsler* Rn 165 sowie MüKo-BGB/*Schwerdtner* Rn 94 [3. Aufl.] – und daher keinen Raum für eine ergänzende Vertragsauslegung sehen mit der Konsequenz, dass beiderseits die längeren Kündigungsfristen nicht nur im Zweifel, sondern stets zur Anwendung gelangen. **So im Ergebnis auch** *BAG* 2.6.2005 EzA § 622 BGB 2002 Nr. 3; *DDZ-Callsen* Rn 55; ErfK-*Müller-Glöge* Rn 43. **Abl.** *Eisemann* Personalbuch 2020 Rn 14, **wonach die Interessenlage nach HGB nicht zwingend dieselbe wie bei einer abhängigen Beschäftigung sei** und jetzt auch *BAG* 18.10.2018 EzA § 2 KSchG Nr. 103: keine entspr. Anwendung von § 89 Abs. 2 S. 2 HGB. Es ist nicht gerechtfertigt, die umgekehrte Auslegungsregel, dass im Zweifel die zulässige kürzere Frist gilt, nur deswegen anzunehmen, weil der Arbeitnehmer durch § 622 Abs. 6 begünstigt werden soll. Die **beiderseitige** Einhaltung einer zugunsten des Arbeitgebers vereinbarten **kürzeren** Frist ist für den Arbeitnehmer idR **nicht günstiger**, weil sein Vorteil, mit der kürzeren als der für ihn vereinbarten Frist kündigen zu können, durch den Nachteil, vom Arbeitgeber nicht die Einhaltung derselben längeren Frist verlangen zu können, wieder ausgeglichen wird. Wenn keine eindeutigen Anhaltspunkte dafür vorliegen, die beiderseitige Geltung der kürzeren Frist sei für den Arbeitnehmer vorteilhafter (zB Abrede auf Wunsch des Arbeitnehmers), muss davon ausgegangen werden, dass die beiderseitige Geltung der **längeren** Frist dem mutmaßlichen Willen des Arbeitnehmers und auch der Interessenlage der Parteien entspricht. **Vorstehendes gilt auch**, wenn lediglich weniger **Kündigungstermine** zu Lasten des Arbeitnehmers vereinbart sind (vgl. *Staudinger/Preis* Rn 58). Allerdings findet § 622 Abs. 6 BGB keine Anwendung auf Kündigungen, wenn der Arbeitnehmer kein Mobilitätsinteresse (Beendigungs- oder Änderungsinteresse), sondern im Gegenteil bloß ein Bestandsinteresse hat. Denn dem Arbeitnehmer muss nicht eine – kurze – Frist für eine (seine) Kündigung eingeräumt werden, die er nicht erklären will (»keine Kündigungsfrist ohne Kündigung«, *BAG* 18.10.2018 EzA § 2 KSchG Nr. 103).

230 Der Unterschied der gegensätzlichen Auffassungen zeigt sich an einem von *Neumann* (*Staudinger/Neumann* [Vorauf.] Rn 35) gebildeten Beispiel: Wenn der **Arbeitgeber** mit Monatsfrist, der **Arbeitnehmer** aber nur mit einer Frist von **zwei Monaten** kündigen kann, dann gilt nach *Neumann* für beide Parteien die Monatsfrist, weil das für den Arbeitnehmer günstiger sei. Nach der hier vertretenen Ansicht gilt hingegen die Frist von zwei Monaten für die Kündigung durch beide Seiten, weil im Zweifel anzunehmen ist, dass der Arbeitnehmer den ohnehin gebilligten Nachteil, nur mit einer Frist von zwei Monaten kündigen zu können, erst recht dann hinzunehmen bereit sein wird, wenn auch der Arbeitgeber nur mit derselben Frist kündigen kann.

4. Unzulässige Vereinbarung von Kündigungsterminen

231 Ein Kündigungstermin, der nicht auf den Fünfzehnten oder das Ende eines Kalendermonats abstellt (zB auf den Zehnten eines Monats), wird durch den Fünfzehnten und nicht durch das Ende

eines Kalendermonats ersetzt, weil die unzulässige Vereinbarung der Parteien erkennen lässt, dass das Arbeitsverhältnis durch eine Kündigung zum gesetzlich nächst zulässigen Termin beendet werden können soll. Zu den Rechtsfolgen unzulässig vieler Kündigungstermine s. *Kramer* BB 1997, 731, 733.

Wenn die Parteien vereinbart haben, der **Arbeitgeber** könne zu **jedem Monatsende**, der **Arbeitnehmer** aber nur zum **Schluss** jeden **zweiten Monats**, zum Quartalsschluss oder zu noch späteren Terminen kündigen, ist im Zweifel anzunehmen, dass beide Parteien jeweils nur zu dem **vereinbarten späteren Termin** kündigen dürfen. Da der Arbeitgeber den Arbeitnehmer ersichtlich lange an den Vertrag binden wollte, wird auch er notfalls bereit sein, diese Bindung auch bei einer von ihm beabsichtigten Kündigung hinzunehmen. Das ist auch das aus einer Analogie zu § 89 Abs. 2 S. 2 HGB hergeleitete Ergebnis von *Preis* (*Staudinger/Preis* Rn 58). 232

V. Einfluss des Nachweisgesetzes

Nach dem am **28.7.1995** in Kraft getretenen **Nachweisgesetz** (NachwG, vom 20.7.1995 BGBl. I S. 946) sind die Fristen für die Kündigung des Arbeitsverhältnisses für Arbeitnehmer im Anwendungsbereich jenes Gesetzes in die Arbeitsvertragsniederschrift aufzunehmen (Art. 1 § 2 Abs. 1 Nr. 9, § 1 NachwG). Diese Regelung ist **nicht präzise**, weil sie das Problem der fehlenden Vorausberechenbarkeit der Kündigungsfrist nicht regelt. Dies ist aber gerade der Regelfall, weil mit zunehmender Dauer des Arbeitsverhältnisses (bereits nach Ablauf der Probezeit!) die Dauer der Kündigungsfrist steigt. Deshalb wird es unabweisbar, **die maßgebenden Kriterien** für die Festlegung der Länge der Kündigungsfrist in die Niederschrift aufzunehmen (*Birk* RdA 1996, 281, 287; ähnlich *Krause* AR-Blattei SD 220.2.2 Arbeitsvertrag – Arbeitsverhältnis II B, Nachweis von Arbeitsbedingungen Rn 160, wonach die Mitteilung der maßgebenden Regelung ausreiche), am besten in deutscher Sprache (*Riesenhuber* NZA 1999, 798 ff.). Die Angabe kann ersetzt werden durch einen **Hinweis** auf die einschlägigen **Tarifverträge, Betriebs-** oder **Dienstvereinbarungen** und **ähnliche Regelungen**, die für das Arbeitsverhältnis gelten. Ist die **gesetzliche Regelung** maßgebend, so kann **hierauf** verwiesen werden (Art. 1 § 2 Abs. 3 NachwG). Die **Rechtsfolgen** eines **Verstoßes gegen** das **NachwG** (hierzu *Schwarze* ZfA 1997, 43, 61 ff.) sind noch **weithin ungeklärt**. Zu denken ist an den Anspruch auf Ausstellung des Nachweises, an eine Schadensersatzpflicht wegen schuldhafter Verletzung von Informationspflichten (s. *ArbG Frankf./M.* 25.8.1999 DB 1999, 2316), an einen Anspruch auf Erfüllung des fehlerhaft Ausgefüllten, an den Einwand unzulässiger Rechtsausübung und an die Frage nach einer Verschiebung der **Beweislast (Beweislastumkehr)** bei unterlassener Ausstellung des Nachweises (für Letzteres *LAG Hamm* 27.7.1995 LAGE § 2 NachweisG Nr. 1; *Birk* NZA 1996, 281, 289; *Höland* AuR 1996, 87, 93; *Hohmeister* BB 1996, 2406 f.; ders. BB 1998, 587; wohl auch *Wank* RdA 1996, 21, 24; nach der Entscheidung des EuGH [s.u.] auch *Linck* FA 1998, 105 ff.) oder jedenfalls Erleichterungen der **Beweisführungslast** im Rahmen des § 286 ZPO unter dem Gesichtspunkt der Beweisvereitelung (*Preis* RdA 1997, 10, 13; *Richter/Mitsch* AuA 1996, 7, 11 f.; *Schwarze* ZfA 1997, 43, 63 ff.; *Zwanziger* DB 1996, 2027, 2029 f.; *Krause* AR-Blattei SD 220.2.2 Arbeitsvertrag – Arbeitsverhältnis II B, Nachweis von Arbeitsbedingungen Rn 258; wohl auch *Franke* DB 2000, 274 ff.). **Für die letztgenannte Ansicht streitet der Umstand**, dass der Gesetzgeber dem Vorschlag des **Bundesrates**, die Beweislast bei Verletzung der Nachweispflicht dem Arbeitgeber aufzuerlegen, gerade **nicht** gefolgt ist (vgl. BT-Drucks. 13/668 Anl. 2 Nr. 6). Die erstgenannte Ansicht war Gegenstand zweier **Vorlagen** des *LAG Hamm* an den **Europäischen Gerichtshof** gem. Art. 177 EGV (9.7.1996 LAGE § 2 NachwG Nrn. 2, 3 m. Anm. *Knetsch*). Der *EuGH* (4.12.1997 EzA § 2 NachwG Nr. 1 m. Anm. *Krause*; krit. *Bergwitz* RdA 1999, 188 ff.) hat mittlerweile entschieden, dass die nationalen Beweislastregeln als solche durch die dem NachwG zugrundeliegende Richtlinie 91/533/EWG des *Rates* vom 4.10.1991 **nicht** berührt werden. Auf die Mitteilung des Arbeitgebers allein dürfe daher nicht abgestellt werden. Vielmehr sei der Beweis des Gegenteils durch ihn zulässig. Im Anschluss daran hat das BAG den Meinungsstreit darüber, ob aufgrund dieser Entscheidung eine Umkehr der Beweislast oder nur eine Beweiserleichterung (**im Rahmen der sog. korrigierenden Rückgruppierung im öffentlichen Dienst**) stattfinde, für **unerheblich** angesehen (*BAG* 16.2.2000 EzA § 4 TVG Rückgruppierung, mit Darstellung des 233

Streitstandes seit der Entscheidung des *EuGH*). Damit lässt sich für das nationale Recht jedenfalls **außerhalb** des Problemfeldes »korrigierende Rückgruppierung« die auch hier favorisierte »Erleichterung der Beweisführungslast« vertreten (in diesem Sinne wohl auch Vorlagebeschluss des *ArbG Bremen* – 25.8.1999 BB 1999, 2404 – an den *EuGH*). Als geklärt kann lediglich angesehen werden, dass ein Verstoß gegen die Nachweisrichtlinie keine Formnichtigkeit begründet (*BAG* 21.8.1997 NJW 1998, 922) und eine Ausschlussfrist auch bei unterlassener Auslage des sie enthaltenden Tarifvertrages gilt, weil der Arbeitnehmer keinen Schadensersatzanspruch habe (*BAG* 23.1.2002 EzA § 2 NachwG Nr. 3). Anders aber bei nicht erfüllter Nachweispflicht an sich: *BAG* 17.4.2002 EzA § 2 NachwG Nr. 5. Eine Verletzung des Nachweises der Kündigungsfrist resultiert im Einzelnen nur darin, dass die ohnehin (an sich) einzuhaltende Frist gilt.

G. Tarifvertragliche Regelungen (§ 622 Abs. 4 S. 1, Abs. 6)

I. Bedeutung des Vorrangprinzips

234 Nach § 622 Abs. 4 S. 1 können von den Abs. 1 bis 3 **abweichende Regelungen** durch Tarifvertrag vereinbart werden. § 622 Abs. 3 S. 1 BGB 1969 hatte sich dem Wortlaut nach noch darauf beschränkt, **Verkürzungen** der **Kündigungsfristen** zuzulassen. Die Beschränkung auf **Verkürzungen** war aus verfassungsrechtlichen Gründen unerheblich (vgl. Rdn 249), die Nichteinbeziehung der Kündigungs**termine** beruhte auf einem **Redaktionsversehen** (3. Aufl. Rn 215; vgl. SPV-*Preis* Rn 462). Deshalb haben sich durch die Neuregelung gegenüber dem früheren Rechtszustand insoweit keine Änderungen ergeben. **Neu ist,** dass die Tarifvertragsparteien **aufgrund § 622 Abs. 6** nunmehr ausdrücklich **an das Benachteiligungsverbot** zu Lasten der Arbeitnehmer (s. Rdn 169) gebunden sind. Denn diese Vorschrift verzichtet – im Unterschied zu § 622 Abs. 5 BGB 1969 – bewusst auf die Einschränkung »einzelvertraglich« (RegE BT-Drucks. 12/4902 S. 9; Staudinger/*Preis* Rn 64; SPV-*Preis* Rn 462; vgl. den Fall *LAG Köln* 31.1.2001 NZA-RR 2002, 146).

235 Der **Vorrang tariflicher Regelungen** war nach der Begründung des Regierungsentwurfs zu § 622 Abs. 3 S. 1 BGB 1969 aus **Zweckmäßigkeitserwägungen** anerkannt worden (BT-Drucks. V/3913, S. 10; vgl. auch *Richardi* ZfA 1971, 86). Der Gesetzgeber hatte sich von der Erwägung leiten lassen, die **Kündigungsfristen** könnten für gewisse Bereiche (zB für die Bauwirtschaft) **zu starr** sein. Er hat das Schutzbedürfnis der Arbeitnehmer bei tarifvertraglichen Regelungen als hinreichend gewahrt angesehen, weil die tarifliche Praxis lehre, dass kürzere Fristen nur vereinbart würden, wenn die Besonderheiten des Wirtschaftszweiges oder der Beschäftigungsart das notwendig machten. Die **Neuregelung** in Abs. 4 S. 1 hat eine ähnliche Einschätzung des Gesetzgebers begleitet (BT-Drucks. 12/4902, S. 9). Auch hier wurden praktische Bedürfnisse geltend gemacht, verbunden mit der Erwartung, dass die Tarifvertragsparteien »– wie bisher –« von der Möglichkeit abweichender tariflicher Regelungen unter ausreichender Berücksichtigung der Schutzinteressen der Arbeitnehmer Gebrauch machen.

236 Der Gesetzgeber hat durch diese **tarifliche Zulassungsnorm** (vgl. zum alten Recht *Wiedemann/Stumpf* [5. Aufl.] Rn 120) den Grundsatz der **Tarifautonomie** anerkannt (vgl. zum alten Recht *Stahlhacke/Preis* [5. Aufl.] Rn 544) und es den Tarifvertragsparteien erlaubt, von zwingendem Gesetzesrecht abzuweichen. Es kommt deswegen nicht auf die umstrittene Frage an, ob der Gesetzgeber für den Bereich der Arbeits- und Wirtschaftsbedingungen nicht ohnehin nach Art. 9 Abs. 3 GG nur **subsidiär** zuständig ist (vgl. zum Streitstand: *Biedenkopf* Grenzen der Tarifautonomie, 1964, S. 104 ff.; *Galperin* Die autonome Rechtsetzung im Arbeitsrecht, FS für Molitor, 1962, S. 143 ff.; *Hueck/Nipperdey* II 1, S. 370–371; *Hölders* Anm. AP Nr. 5 zu § 626 BGB Ausschlussfrist; *Wiedemann/Stumpf* [5. Aufl.] Einl. Rn 40–47; *Wiedemann* Anm. AP Nr. 10 zu § 622 BGB). Vgl. zum Günstigkeitsprinzip im Verhältnis zum Tarifvertrag *Heinze* (NZA 1991, 329 ff.) und zur tariflichen Regelungsmacht *Käppler* (NZA 1991, 745 f.).

237 Auch die Tarifvertragsparteien sind allerdings **an den Gleichheitssatz des Art. 3 GG sowie die Diskriminierungsverbote des AGG** gebunden. Sie dürfen deswegen hinsichtlich der Fristen **keine Differenzierungen** zwischen **Arbeitern** und **Angestellten** vornehmen, die nicht durch **sachliche**

Merkmale gerechtfertigt sind (*BAG* 21.3.1991 EzA § 622 BGB nF Nr. 31; 16.9.1993 AP Nr. 42 zu § 622 BGB; **zum Prüfungsmaßstab** vgl. Rdn 282). Soweit eine tarifvertragliche Regelung hinsichtlich der Berechnung der Kündigungsfrist **rein deklaratorisch** auf die **altersdiskriminierende** Anrechnungsvorschrift des § 622 Abs. 2 S. 2 (dazu Rdn 60 ff.) Bezug nimmt, geht dieser Verweis für Kündigungen, die nach dem 2.12.2006 erklärt wurden, ins Leere (*BAG* 29.9.2011 EzA § 4 TVG Gaststättengewerbe Nr. 4). Dasselbe gilt für eine eigenständige gesetzesgleiche Tarifvorschrift (*BAG* 29.9.2011 EzA § 4 TVG Gaststättengewerbe Nr. 4). Die Unanwendbarkeit der Tarifvorschrift bewirkt eine »Anpassung nach oben« dergestalt, dass bei der Berechnung der tariflichen Kündigungsfristen sämtliche im Unternehmen zurückgelegten Beschäftigungszeiten Berücksichtigung finden (*BAG* 29.9.2011 EzA § 4 TVG Gaststättengewerbe Nr. 4). Dies schlägt auch auf eine einzelvertragliche Übernahme einschlägiger tarifvertraglicher Regelungen durch (*BAG* 29.9.2011 EzA § 4 TVG Gaststättengewerbe Nr. 4).

Der Vorrang gilt nur für Tarifnormen iSd § 4 TVG. Bei tarifvertraglichen Bestimmungen, die inhaltlich mit außertariflichen Normen (insbes. den gesetzlichen Vorschriften über Kündigungsfristen) übereinstimmen oder auf sie verweisen, ist durch Auslegung zu ermitteln, ob die Tarifvertragsparteien hierdurch eine **selbständige**, dh in ihrer normativen Wirkung von der außertariflichen Norm unabhängige konstitutive Regelungen treffen wollten, oder ob die Übernahme ohnehin einschlägiger gesetzlicher Vorschriften nur rein **deklarotischen** Charakter in Gestalt einer sog. **neutralen Klausel** hat (*BAG* 27.8.1982 EzA § 1 TVG Auslegung Nr. 13; 21.3.1991 EzA § 622 BGB nF Nr. 31). Im letzteren Fall, der zB bei § 12 Ziff. 1.2 BRTV-Bau aF vorlag (*BAG* 28.1.1988 EzA § 148 ZPO Nr. 15), bestimmt sich die Zulässigkeit einer abweichenden einzelvertraglichen Vereinbarung nicht nach § 4 Abs. 3 TVG, sondern danach, ob die außertarifliche Norm zwingenden Charakter hat. Zur Kritik an der Rspr. des *BAG* vgl. *Creutzfeldt* AuA 1995, 87. 238

Eine **selbständige** Regelung ist regelmäßig anzunehmen, wenn die Tarifvertragsparteien eine im Gesetz nicht oder anders enthaltene Regelung übernehmen, die sonst nicht für die betroffenen Arbeitnehmer gelten würde (zB § 4.5.1.1. MTV Metallindustrie Nordwürttemberg/Nordbaden, *BAG* 16.9.1993 AP Nr. 42 zu § 622 BGB; zu Nr. 11 MTV Arb Metall- und Elektroindustrie in Berlin und Brandenburg: *BAG* 5.10.1995 NZA 1996, 325). Für einen rein **deklaratorischen** Charakter der Übernahme spricht hingegen, wenn einschlägige gesetzliche Vorschriften wörtlich oder inhaltlich unverändert übernommen werden. In einem derartigen Fall ist bei fehlenden gegenteiligen Anhaltspunkten davon auszugehen, dass es den Tarifvertragsparteien darum gegangen ist, im Tarifvertrag eine **unvollständige Darstellung der Rechtslage zu vermeiden**. Sie haben dann die unveränderte Regelung im Interesse der Klarheit und Übersichtlichkeit in den Tarifvertrag aufgenommen, um die Tarifgebundenen möglichst umfassend über die zu beachtenden Rechtsvorschriften zu unterrichten (*BAG* 28.1.1988 EzA § 148 ZPO Nr. 15; 21.3.1991 EzA § 622 BGB nF Nr. 31; 16.9.1993 AP Nr. 42 zu § 622 BGB; 10.5.1994 AP Nr. 3 zu § 1 TVG Tarifverträge: Verkehrsgewerbe); **zust.** *Hromadka* BB 1993, 2372, 2375; *Hergenröder* Anm. zu AP Nr. 40 zu § 622 BGB; *Jansen* Anm. zu AP Nr. 42 zu § 622 BGB; *Müller-Glöge* FS Schaub, 1998, S. 497, 505; **krit.** *Wiedemann* Anm. zu AP Nr. 133 zu § 1 TVG Auslegung; *Bengelsdorf* NZA 1991, 121, 126 f.; *Creutzfeldt* AuA 1995, 87). **An dieser Rechtsprechung hält das BAG auch nach wiederholter Kritik** (s. *Sächs. LAG* 24.1.1995 LAGE § 622 BGB Nr. 31) **fest** (*BAG* 5.10.1995 EzA § 622 BGB nF Nr. 52 m. Anm. *K. Gamillscheg* SAE 1996, 277 [krit.]; m. Anm. *Bengelsdorf* AP Nr. 48 zu § 622 BGB [abl.]; m. Anm. *Barth* EWiR 1996, 617 [abl.]; *Hamacher* Anm. EzA § 4 Entgeltfortzahlungsgesetz Tarifvertrag Nr. 38 [abl. insbes. f. Fall des Verweises auf zum Zeitpunkt des Tarifabschlusses nicht mehr geltendes Gesetz]; *BAG* 5.10.1995 NZA 1996, 325). Das *BAG* nimmt eine deklaratorische Verweisung insbes. auch dann an, wenn die Gesetzesnorm ohne wörtliche Wiedergabe in Bezug genommen wird – zB »im Übrigen . . .« oder »für Kündigungen gelten die Regelungen des § 622 BGB/die gesetzlichen Regelungen« (*BAG* 29.8.1991 EzA § 622 BGB nF Nr. 35; 21.3.1991 EzA § 622 BGB nF Nrn. 31, 32, 33; 4.3.1993 EzA § 622 BGB nF Nr. 44; 16.9.1993 EzA § 622 BGB nF Nr. 45; *Worzalla* NZA 1994, 146 f.; **krit.** *Creutzfeldt* AuA 1995, 87 [betr. u.a. Gesetzesidentität tariflicher Kündigungsfristen mit § 55 Abs. 1 und 2 AGB-DDR]). Die **Rechtsprechungspraxis** 239 zeigt, dass in Tarifverträgen idR **konstitutive** Vereinbarungen getroffen werden (*Staudinger/Preis* Rn 70; SPV-*Preis* Rn 475; *Kramer* ZIP 1994, 931, mit Beispielen 930 ff.).

240 **Fraglich** ist jedoch, ob tarifvertragliche Regelungen hinsichtlich der Kündigungsfristen in einen **konstitutiven** und in einen **deklaratorischen** Teil aufgespalten werden können. Die **Rechtsprechung** nimmt das an (bspw. *BAG* 2.4.1992 EzA § 622 BGB nF Nr. 43; 4.3.1993 EzA § 622 BGB nF Nr. 44; 23.1.1992 EzA § 622 BGB nF Nrn. 41, 42; 14.2.1996 EzA § 622 BGB nF Nr. 54; 29.1.1997 EzA § 4 TVG Textilindustrie Nr. 9; **aA** *Bengelsdorf* NZA 1991, 127; **vgl. auch** *Hromadka* BB 1993, 2372, und *Kramer* ZIP 1994, 931; **zweifelnd** *Worzalla* NZA 1994, 146).

241 Ob die Zulassung abweichender tariflicher Regelungen in ansonsten zwingenden gesetzlichen Vorschriften eine dem Gesetz inhaltsgleiche eigenständige tarifliche Normsetzung **ausschließt**, hat das *BAG* bislang (5.10.1995 EzA § 622 BGB nF Nr. 52) ausdrücklich unbeantwortet gelassen. Unbenommen ist es den Tarifpartnern allerdings, bei der Vereinbarung kürzerer als die gesetzlichen Kündigungsfristen in Teilbereichen die jeweiligen gesetzlichen Kündigungsfristen als **Mindestschutz** bestehen zu lassen (*BAG* 14.2.1996 EzA § 622 BGB nF Nr. 54 m. Anm. *Kamanabrou* AP Nr. 21 zu § 1 TVG Tarifverträge: Textilindustrie). Vereinbaren die Tarifpartner lediglich eine eigenständige tarifliche **Grundkündigungsfrist** und verweisen hinsichtlich der **verlängerten Kündigungsfristen** auf das Gesetz, so spricht dies im Zweifel dafür, dass sie auch die Entscheidung darüber, ab welcher Beschäftigungszeit verlängerte Kündigungsfristen eingreifen sollen, dem Gesetzgeber überlassen wollten (*BAG* 14.2.1996 EzA § 622 BGB nF Nr. 53).

242 Die gesamte vorstehende Problematik ist durch die Frage nach den Auswirkungen des **KündFG auf tarifvertragliche Altregelungen** wieder in den Brennpunkt des Interesses gerückt (vgl. dazu **Rdn 324 ff. mit Beispielen**). Denn die Tariföffnungsklausel des § 622 Abs. 4 S. 1 ist nicht so zu verstehen, dass lediglich in **künftigen** Tarifverträgen von den gesetzlichen Kündigungsfristen abgewichen werden kann (*BAG* 5.10.1995 EzA § 622 BGB nF Nr. 52; 14.2.1996 EzA § 622 BGB nF Nr. 53; 29.1.1997 EzA § 4 TVG Textilindustrie Nr. 9; *LAG Düsseld.* 29.3.1996 LAGE § 622 BGB Nr. 37), weshalb sich gerade bei **Altregelungen** häufig die Frage stellt, ob gerade auch von dem jeweils geltenden Gesetzesrecht abgewichen sein sollte.

II. Inhalt und Grenzen der Regelungsbefugnis

1. Entfristete Kündigungen

243 Die tarifliche Zulassungsnorm zur Regelung der in § 622 genannten Fristen für die ordentliche Kündigung enthält **keine Einschränkung** für bestimmte Gruppen von Arbeitnehmern oder Arten von Arbeitsverhältnissen. Sie gewährleistet auch **keine verkürzten Mindestfristen**. Daraus ergeben sich für die Tarifvertragsparteien insbes. folgende Gestaltungsmöglichkeiten: Die **Kündigungsfrist** kann – auch für Probearbeitsverhältnisse – im Tarifvertrag auf einen Tag (so zB die eintägige Kündigungsfrist während der Probezeit nach § 20 Abs. 1 BMTV Güter- und Möbelfernverkehr, die während der Dauer der Probezeit gilt: *BAG* 28.4.1987 EzA § 622 BGB nF Nr. 25), auf Stunden oder auf jede andere Frist **verkürzt** werden. Es kann sogar – wie zB im § 55 MTE II – eine **entfristete Kündigung** (sofortige ordentliche Kündigung) vereinbart werden (*BAG* 2.8.1978 AP Nr. 1 zu § 55 MTE II; 28.8.1987 – 7 AZR 249/86; *Erman/Riesenhuber* Rn 30; *MüKo-BGB/Hesse* Rn 54; *Staudinger/Preis* Rn 65; SPV-*Preis* Rn 464; *Müller-Glöge* FS Schaub, 1998, S. 497, 499; **aA** *Gamillscheg* Arbeitsrecht I, S. 259; *Wenzel* MDR 1969, 971).

244 Eine entfristete Kündigung kann auch festgelegt werden, indem **Gründe** für eine **sofortige Beendigung** des Arbeitsverhältnisses bestimmt werden, die den Voraussetzungen des wichtigen Grundes zur außerordentlichen Kündigung nach § 626 BGB nicht entsprechen (*Bleistein* Rn 106; *ders.* HzA Gruppe 5, S. 115; *LKB-Bayreuther* § 13 Rn 4; *Neumann* ArbRGgw., Bd. 7, S. 41; *Bader/Bram-Bader* Rn 56; **aA** *Gamillscheg* Arbeitsrecht I, S. 199; *Wenzel* MDR 1969, 971; wohl auch *Erman/Riesenhuber* Rn 30). **Voraussetzung** ist allerdings, dass in den Tarifverträgen eindeutig **entfristete ordentliche Kündigungen** und keine wichtigen Gründe iSd § 626 BGB geregelt werden (vgl. KR-*Fischermeier/Krumbiegel* § 626 BGB Rdn 77 ff.). In allen Fällen, in denen sich eine tariflich

vorgesehene entfristete Auflösung des Arbeitsverhältnisses sachlich als ordentliche Kündigung darstellt (so zB bei § 15 RTV Maler und Lackierer: *BAG* 4.6.1987 EzA § 1 KSchG Soziale Auswahl Nr. 25), greift das für ordentliche Kündigungen geltende Mitbestimmungs- oder Mitwirkungsrecht des Betriebs- oder Personalrates ein (*BAG* 2.8.1978 AP Nr. 1 zu § 55 MTE II), und der Arbeitgeber hat eine soziale Auswahl nach § 1 Abs. 3 KSchG vorzunehmen (*BAG* 4.6.1987 EzA § 1 KSchG Soziale Auswahl Nr. 25; MüKo-BGB/*Schwerdtner* [2. Aufl.] Rn 41).

2. Verkürzung der Fristen, insbes. für ältere Arbeitnehmer

Umstritten und bislang höchstrichterlich nicht geklärt ist, ob auch die verlängerten Kündigungsfristen für ältere Arbeitnehmer (§ 622 Abs. 2) **uneingeschränkt** der **künftigen Regelung** durch die Tarifpartner unterliegen (für die am 1.9.1969 bereits bestehenden Tarifverträge, in denen für ältere Arbeiter kürzere Fristen vereinbart worden sind, gilt das Vorrangprinzip nicht: *BAG* 5.8.1971 EzA § 626 BGB nF Nr. 4). Da das in Abs. 4 S. 1 anerkannte tarifliche Vorrangsprinzip keine Einschränkungen enthält, liegt insoweit **keine Regelungslücke** vor, sondern die Tariföffnungsklausel erstreckt sich **grds.** auch auf die verlängerten Fristen für ältere Arbeitnehmer (für ältere Arbeiter unter dem alten Recht vgl. *Erman/Hanau* [8. Aufl.] Rn 26; *Richardi* ZfA 1971, 87 f; *Wiedemann/Stumpf* [5. Aufl.] § 1 Rn 236; *LAG Hamm* 2.7.1970 DB 1970, 1446) und die Voraussetzungen, unter denen die verlängerten Fristen anwendbar sind (Dauer der Betriebszugehörigkeit, Berechnung der Betriebszugehörigkeit ab einem bestimmten Lebensalter), **Regierungsentwurf** BT-Drucks. 12/4902, S. 9; *BAG* 10.3.1994 EzA § 622 BGB nF Nr. 50 (allgemein für Wartezeiten); *Staudinger/Preis* Rn 63; *Bauer/Rennpferdt* AR-Blattei SD 1010.5 Kündigung V, Kündigungsfristen Rn 42; *Müller-Glöge* FS Schaub, 1998, S. 497, 499. 245

Daraus folgt aber nicht zugleich, dass auch die Kündigungen für ältere Arbeitnehmer **entfristet** oder die für sie geltenden Fristen denen der übrigen Arbeitnehmer **voll angeglichen** werden können (aA *Richardi* ZfA 1971, 88, sowie ArbRBGB-*Röhsler* Rn 92). Auch Tarifverträge müssen sich vielmehr an die **Zielsetzung** des Gesetzgebers halten, ältere Arbeitnehmer durch längere Fristen **stärker zu schützen** (*Canaris* GS für Rolf Dietz, S. 199, 218; *Erman/Hanau* [8. Aufl.] Rn 26; KassArbR-*Isenhardt* 1.3 Rn 197; *Wiedemann/Stumpf* [5. Aufl.] § 1 Rn 122; *Wiedemann* Anm. AP Nr. 10 zu § 622 BGB; *LAG Düsseld.* 2.7.1970 DB 1970, 1446; aA *BAG* 23.4.2008 EzA § 622 BGB 2002 Nr. 5 für »Kleinbetriebe« mit weniger als 20 Arbeitnehmern; zuletzt *BAG* 24.10.2019 EzA § 622 BGB 2002 Nr. 16; *Müller-Glöge* FS Schaub, 1998, S. 497, 500; zust. *Joussen* SAE 2009, 55; APS-*Linck* Rn 113, was als legitimer Zweck auch keine Altersdiskriminierung darstellt). Die Tarifvertragsparteien können deswegen zwar auch die längeren Fristen für ältere Arbeitnehmer verkürzen, aber sie müssen ihnen gegenüber der Grundkündigungsfrist **verlängerte Fristen** zubilligen. Wenn ein Tarifvertrag an der gesetzlichen Kündigungsfrist für Arbeitnehmer von vier Wochen festhält, sind auch die verlängerten Fristen für ältere Arbeitnehmer unverändert zu übernehmen. Wird die Grundkündigungsfrist für die übrigen Arbeitnehmer verringert, dann muss bei Abkürzungen der verlängerten Fristen der **Abstand** der Fristen des Abs. 2 von der Grundkündigungsfrist des Abs. 1 entsprechend eingehalten werden. Daran hat sich auch durch die Neuregelung nichts geändert. Zwar sollten durch sie Zweifeln daran, ob auch vom Gesetz abweichende tarifvertragliche Regelungen der für die verlängerten Kündigungsfristen maßgeblichen Wartezeiten (Dauer der Betriebszugehörigkeit) zulässig sind, Einhalt geboten werden (RegE BT-Drucks. 12/4902, S. 9 unter Hinweis auf *BAG* 29.8.1991 EzA § 622 BGB nF Nr. 35). Über die Reichweite der zugelassenen Regelungen ist damit aber keine Aussage getroffen. 246

Die Abkürzung tariflicher Kündigungsfristen für den Fall des Abschlusses eines Sozialplans wird für unzulässig gehalten von *LAG Hmb.* 11.1.2018 – 7 Sa 91/17, juris. 247

3. Verlängerung der Fristen

Die Verlängerung der Kündigungsfristen wird von Abs. 4 S. 1 der Neuregelung (anders noch § 622 Abs. 3 S. 1 BGB 1969) systemgerecht mitumfasst. Dabei hätte es insoweit keiner besonderen Zulassungsnorm bedurft, weil das Gesetz nur **Mindestfristen** vorsieht. Anders ausgedrückt: Die 248

Tarifvertragsparteien könnten aufgrund ihrer auf Art. 9 Abs. 3 GG beruhenden allgemeinen Regelungsbefugnis längere Fristen vereinbaren, als in § 622 Abs. 1, 2 und 3 vorgesehen sind (hL; *Herschel* BB 1970, 7; *Wiedemann/Thüsing* § 1 Rn 657). Dabei müssen sich die Tarifpartner aber nunmehr an das Benachteiligungsverbot aus § 622 Abs. 6 halten (s. Rdn 234 mit Rdn 169), wobei in der Tarifpraxis gleiche Fristen üblich sind. So galten zB auch die verlängerten Kündigungsfristen des § 53 Abs. 2 BAT sowohl für den Arbeitgeber als auch für den Arbeitnehmer (*BAG* 20.12.1990 RzK I 3c Nr. 16).

4. Regelung der Kündigungstermine

249   Nicht nur die Kündigungsfristen, sondern auch die **Kündigungstermine** sind **tarifdispositiv**. Abs. 4 S. 1 enthält diesbezüglich dem Wortlaut nach keine Einschränkung. Der Gesetzgeber wollte erklärtermaßen auch die Termine erfassen (BT-Drucks. 12/4902, S. 9). Damit sind zahlreiche Streitfragen zur früheren Regelung entfallen, die sich lediglich auf die Fristen bezog (*Staudinger/Preis* Rn 63 und 66; SPV-*Preis* Rn 462; *Preis/Kramer* DB 1993, 2128; *Kramer* S. 109; *Kretz* HwB AR Kündigungsfristen und Kündigungsfristengesetz, Rn 75; im Ergebnis auch *Knorr* ZTR 1994, 270; *Wank* NZA 1993, 965; *Müller-Glöge* FS Schaub, 1998, S. 497, 499).

III. Geltung tariflicher Kündigungsvorschriften

1. Tarifgebundenheit

250   Tarifliche Vorschriften, die Kündigungsfristen und -termine regeln, gelten unmittelbar und zwingend nur **zwischen tarifgebundenen** Arbeitnehmern und Arbeitgebern (§§ 3, 4 Abs. 1 TVG). Tarifgebunden sind die **Mitglieder der Tarifvertragsparteien** und beim **Firmentarifvertrag** der **Arbeitgeber**, der den Tarifvertrag abgeschlossen hat (vgl. zu dieser Besonderheit des deutschen Tarifrechts: *Waltermann* Rn 615 und *Hueck/Nipperdey* II 1, S. 630). Der Vorrang des Tarifvertrages bleibt auch im Zeitraum der **Nachwirkung** nach § 4 Abs. 5 TVG bestehen.

251   Die **Treuhandanstalt** war im tarifrechtlichen Sinne nicht Arbeitgeber der ihr gehörenden Kapitalgesellschaften. Sie konnte auch nicht als Arbeitgeberverband angesehen werden. Der **Ministerrat der DDR** konnte nach dem 1.7.1990 keinen Tarifvertrag für privatisierte Kapitalgesellschaften abschließen (*BAG* 12.2.1992 AP Nr. 14 zu § 3 TVG).

252   Wenn ein tarifgebundener Arbeitgeber oder Arbeitnehmer aus dem **Verband ausscheidet**, der den einschlägigen Tarifvertrag abgeschlossen hat, dann bleibt die Tarifgebundenheit zunächst weiterbestehen. Sie erlischt nach § 3 Abs. 3 TVG erst mit der **Beendigung** des Tarifvertrages (*BAG* 10.3.1982 EzA § 2 KSchG Nr. 3; *Däubler* Tarifvertragsrecht Rn 299 f.; *Bieback* DB 1989, 477). Endet der Tarifvertrag, wirkt er allerdings gem. § 4 Abs. 5 TVG nach. Seine Rechtsnormen gelten daher weiter, bis sie für das einzelne Arbeitsverhältnis verbindlich durch eine andere Abmachung ersetzt werden (*BAG* 13.12.1995 EzA § 3 TVG Nr. 11). Dies gilt auch dann, wenn der Zeitpunkt der Beendigung der Mitgliedschaft mit demjenigen der Beendigung des Tarifvertrages identisch ist (*BAG* 13.12.1995 EzA § 3 TVG Nr. 11). Der Beendigung des Tarifvertrages ist dessen inhaltliche **Änderung** oder **Ergänzung** gleichzustellen (*Wiedemann/Oetker* § 3 Rn 103). Ein **Änderungstarifvertrag** beeinträchtigt dabei nicht den kraft beiderseitiger Tarifgebundenheit **entstandenen** Anspruch eines Arbeitnehmers, der vor Abschluss des Änderungstarifvertrages aus der tarifvertragschließenden Gewerkschaft ausgeschieden war (*BAG* 13.12.1995 EzA § 4 TVG Nachwirkung Nr. 19). Vgl. zu den Rechtsfolgen der Nachwirkung Rdn 277 ff.

253   Wenn der Arbeitgeber oder Arbeitnehmer **erst nach dem Inkrafttreten eines Tarifvertrages**, der das Recht der ordentlichen Kündigung regelt, oder nach Abschluss der Arbeitsverträge Mitglieder der vertragschließenden Parteien werden, dann **beginnt die Tarifgebundenheit mit dem Erwerb der Mitgliedschaft** (*Wiedemann/Oetker* § 3 Rn 36). **Beendigungsnormen** erstrecken sich dann **nicht** auf bereits **erklärte** Kündigungen (str., wie hier *Wiedemann/Oetker* § 3 Rn 40).

2. Allgemeinverbindlichkeit

Die Rechtswirkung eines Tarifvertrages wird auf alle Außenseiter erstreckt, die nicht Mitglieder der 254
jeweiligen Tarifvertragsparteien sind, wenn ein Tarifvertrag nach § 5 TVG für **allgemeinverbindlich**
erklärt wird (vgl. *Däubler* Tarifvertragsrecht Rn 1275 ff.; *Wiedemann/Wank* § 5 Rn 149 ff.; zum
sozialpolitischen Zweck der Allgemeinverbindlicherklärung vgl. *Waltermann* Rn 649). Die Tarifbindung besteht in diesem Falle auch über eine Insolvenzeröffnung hinaus (vgl. *BAG* 28.1.1987
EzA § 3 TVG Nr. 5). § 113 Abs. 1 InsO bleibt allerdings unberührt.

3. Geltungsbereich des Tarifvertrages

a) Grundsätzliches

Auch wenn beide Parteien eines Arbeitsvertrages tarifgebunden sind, gelten nach Abs. 4 S. 1 zuläs- 255
sige abweichende Regelungen zwischen ihnen nur dann, wenn sie unter den **Geltungsbereich des
Tarifvertrages** fallen, der das Recht der ordentlichen Kündigung abweichend vom Gesetz regelt (§ 4
Abs. 1 TVG; vgl. zum Unterschied zwischen Tarifgebundenheit und Geltungsbereich *Wiedemann/
Wank* § 4 Rn 104). Es bedarf dazu eines **Rechtssetzungswillens** der Tarifpartner (*BAG* 27.8.1982
EzA § 1 TVG Auslegung Nr. 13). Der Geltungsbereich wird im Tarifvertrag in **zeitlicher, räumlicher, fachlicher, persönlicher und betrieblicher Hinsicht** umschrieben und begrenzt (vgl. zu den
Einteilungskriterien *Söllner* [Vorauﬂ.] § 16 V; *Buchner* AR-Blattei Tarifvertrag IV; *Wiedemann/
Wank* § 4 Rn 96 ff.).

In Zweifelsfällen ist der Geltungsbereich eines Tarifvertrages durch **Auslegung** nach den Grundsät- 256
zen der Gesetzesauslegung zu ermitteln (vgl. zur Auslegung: *BAG* 18.11.1975 EzA §§ 22–23 BAT
VerGr Nr. IV b, 2 Nr. 2). Maßgeblich für die Auslegung ist der **Wille der Tarifvertragsparteien**, der
im Tarifvertrag seinen **erkennbaren Ausdruck** gefunden hat. Wenn Wortlaut, Sinn und Zweck des
Tarifvertrages nicht eindeutig sind, ist auf die **Tarifgeschichte** und die **Tarifübung** zurückzugreifen (*BAG* 12.9.1984 EzA § 1 TVG Auslegung Nr. 14). Eine **Tarifübung** ist jedoch **unbeachtlich**,
wenn sie dem durch Auslegung ermittelten Inhalt einer Tarifnorm widerspricht (*BAG* 31.3.1973
AP Nr. 1 zu § 42 BAT).

b) Zeitlicher Geltungsbereich

Der zeitliche Geltungsbereich bestimmt den **Beginn** und das **Ende** der Tarifwirkung. Der Beginn 257
fällt idR mit dem Abschluss des Tarifvertrages zusammen. Der Tarifvertrag wirkt regelmäßig von
diesem Zeitpunkt an auf die bestehenden und künftig begründeten Arbeitsverhältnisse ein (*Wiedemann/Wank* § 4 Rn 277 ff.).

Es ist jedoch grundsätzlich zulässig, den Beginn der Tarifwirkung auf einen vor dem Abschluss 258
liegenden Zeitpunkt zurückzubeziehen (**Tarifverträge mit rückwirkender Kraft**; vgl. *Waltermann*
Rn 645; *Wiedemann/Wank* § 4 Rn 283 ff.; *BAG* 30.4.1969 AP Nr. 6 zu § 1 TVG Rückwirkung;
zur Legitimation rückwirkender Tarifverträge allgemein *Neuner* ZfA 1998, 83 ff.). Die allgemeinen Grenzen der Rückwirkung von Tarifverträgen ergeben sich insbes. aus folgenden Grundsätzen,
die zugleich die Zulässigkeit rückwirkender Kündigungsregelungen einschränken: Im Interesse der
Rechtssicherheit und der Rechtsklarheit muss in einem Tarifvertrag klar und unmissverständlich
vereinbart werden, ob die Tarifnormen auf einen bereits abgeschlossenen Sachverhalt **rückwirkend**
angewandt werden sollen (*BAG* 20.6.1958 AP Nr. 2 zu § 1 TVG Rückwirkung; 21.3.1991 EzA
§ 622 BGB nF Nr. 32; *Däubler* Tarifvertragsrecht Rn 282; *Wiedemann/Wank* § 4 Rn 286). Diese Absicht der Tarifvertragsparteien ergibt sich zB nicht aus dem MTV für die Angestellten des
rheinisch-westfälischen Steinkohlenbergbaus vom 16.7.1973, der in § 4 Abs. 3 die Wirksamkeit
einer Kündigung davon abhängig macht, ob vor oder nach dem Ausspruch einer Kündigung bis zum
Ausscheiden ein Interessenausgleich erfolgt ist. Diese Vorschrift ist deswegen auch dann nicht auf
Kündigungen anzuwenden, die vor dem Abschluss des Tarifvertrages ausgesprochen worden sind,
wenn der Arbeitnehmer erst nach dem Inkrafttreten des MTV ausgeschieden ist (*BAG* 1.12.1977

§ 622 BGB Kündigungsfristen bei Arbeitsverhältnissen

DB 1978, 701). Das gilt auch für § 12 Ziff. 1.2 BRTV-Bau vom 27.4.1990 (*BAG* 21.3.1991 EzA § 622 BGB nF Nr. 32).

259 Eine **verschlechternde Rückwirkung** ist grds. unzulässig, weil sie gegen den Grundsatz des Vertrauensschutzes verstößt (*Wiedemann/Wank* § 4 Rn 292). Daraus folgt zB, dass ein Arbeitnehmer, der aufgrund eines bisherigen Tarifvertrages »unkündbar« geworden ist, diesen Status nicht dadurch wieder verlieren kann, dass ein neuer Tarifvertrag die Unkündbarkeit von Voraussetzungen abhängig macht, die der Arbeitnehmer nicht erfüllt (*BAG* 6.2.1962 AP Nr. 11 zu § 4 TVG Günstigkeitsprinzip; *Däubler* Tarifvertragsrecht Rn 287; *Waltermann* Rn 645; zur rückwirkenden Tariflohnsenkung und dem dadurch bedingten Eingriff in sog. **»wohlerworbene Rechte«** vgl. aber *BAG* 23.11.1994 EzA § 1 TVG Rückwirkung Nr. 3). Die **Beseitigung** eines durch einen **Rahmenkollektivvertrag** Anfang 1990 begründeten **Anspruchs** auf erhöhtes Überbrückungsgeld iSv § 121 Abs. 2 AGB-DDR nach § 31 Nr. 3 InkrG vom 21.6.1990 durch das Inkrafttreten eines Tarifvertrages mit Wirkung vom 1.7.1990 verstößt nicht gegen das Rechtsstaatsprinzip, da die Normadressaten des Rahmenkollektivvertrages nach Abschluss des Staatsvertrags über die Schaffung einer Währungs-, Wirtschafts- und Sozialunion vom 18.5.1990 mit der Ablösung des Arbeitsrechts der DDR und der kraft dessen geltenden Rahmenkollektivverträge ab 1.7.1990 rechnen mussten (*BAG* 13.12.1995, EzA § 14 AGB 1997 [DDR] Nr. 5). Allerdings tragen tarifvertragliche Regelungen auch **während der Laufzeit** des Tarifvertrages den **immanenten Vorbehalt** ihrer **rückwirkenden Abänderbarkeit** durch Tarifvertrag in sich (*BAG* 23.11.1994 EzA § 1 TVG Rückwirkung Nr. 3; 15.11.1995 EzA § 315 BGB Nr. 45 m. Anm. *Ahrens*). Eine danach zulässige rückwirkende Abänderung eines Tarifvertrages kann auch darin bestehen, dass der neue Tarifvertrag eine Regelung über den Ausschluss der ordentlichen Kündigung durch Präzisierung der Ausnahmetatbestände modifiziert, die Unkündbarkeit aber ansonsten unangetastet lässt (*BAG* 15.11.1995 EzA § 315 BGB Nr. 45 m. Anm. *Ahrens*). **Möglich** ist rückwirkende Beseitigung der **Nachwirkung** (s. Rdn 222).

260 Eine Rückwirkung ist ausgeschlossen, wenn es faktisch bzw. rechtlich **unmöglich** oder **undurchführbar** ist, neu eingeführte Anforderungen für ein in der Vergangenheit liegendes, abgeschlossenes Verhalten nachträglich zu erfüllen (*Däubler* Tarifvertragsrecht Rn 288; *Wiedemann/Wank* § 4 Rn 291; *Neuner* ZfA 1998, 91). Dieser Grundsatz verbietet es, auf eine Kündigung, die unter Einhaltung der bisherigen Fristen erfolgt ist, die **verlängerten** Fristen anzuwenden, die in einem **nach Ablauf** der bisherigen Kündigungsfrist abgeschlossenen Tarifvertrag vereinbart worden sind (vgl. *Schaub* 13. Aufl., § 203 II 3d, Rn 10).

261 Die Anwendbarkeit tariflicher Bestimmungen über die Beendigung des Arbeitsverhältnisses in rückwirkenden Tarifverträgen wird auch durch den Grundsatz eingeschränkt, dass die Wirksamkeit von Rechtsgeschäften grundsätzlich nach den Rechtsnormen zu beurteilen ist, die zum **Zeitpunkt ihrer Vornahme** bestanden (*BAG* 10.3.1982 EzA § 2 KSchG Nr. 3: Zugang der Kündigung maßgebend; 21.7.1988 EzA § 4 TVG Bauindustrie Nr. 44 = AR-Blattei Tarifvertrag IV Entscheidung Nr. 18 m. Anm. *Buchner* für die Kündigungsbeschränkung des § 4 Abs. 5 TV Vorruhestand Bauindustrie). Es bedarf deshalb ausdrücklicher **Überleitungsbestimmungen**, wenn längere Fristen, die zwar nach Ausspruch der Kündigung, aber noch vor Ablauf der Kündigungsfrist vereinbart werden, sich auch auf die bereits ausgesprochenen Kündigungen auswirken sollen (**aA** mit beachtlichen Argumenten *Sächs. LAG* 14.6.1995 – 12 Sa 148/95), was nach **abzulehnender** Ansicht des *BAG* (18.9.1997 RzK I 3e Nr. 67) möglich sein soll. Die von *Wiedemann/Wank* § 4 Rn 306 für rückwirkende Abschlussnormen erwogene Bestätigung des Rechtsgeschäfts scheidet bei Kündigungen aus. Der Kündigende müsste bei der Wiederholung seiner Kündigung nach § 141 BGB erneut die volle – inzwischen verlängerte – Kündigungsfrist einhalten, wodurch seine nach dem bisherigen Tarifvertrag bestehende Rechtsposition unzumutbar verschlechtert würde.

c) Räumlicher Geltungsbereich

262 In dem Umfang, in dem die Tarifvertragsparteien nach ihrer Satzung ihre **Tarifzuständigkeit** festgelegt haben (vgl. zur Tarifzuständigkeit: *Richardi* ZfA 1971, 85; *Wiedemann/Oetker* § 2 Rn 61 ff.) können sie den räumlichen **Geltungsbereich** eines Tarifgebietes entweder auf das gesamte **Gebiet**,

für das sie zuständig sind, erstrecken, oder auf einzelne **Bezirke** und **Orte** begrenzen (vgl. iE *Wiedemann/Oetker* § 2 Rn 99 ff.). Dabei geht nach dem **Grundsatz der Spezialität** der Tarifvertrag für den engeren Bereich einem Landes- oder Bundestarifvertrag vor.

Durch die Fortgeltung von Rahmenkollektivverträgen im Bereich der neuen Bundesländer und 263 der Möglichkeit unterschiedlicher Tarifverträge jeweils für den Bereich der alten und der neuen Bundesländer kommt es zu einer **lokalen Differenzierung** auch im Bereich des Tarifrechts. Die bisher im Bundesgebiet bestehenden Tarifverträge haben nicht automatisch mit dem Beitritt Geltung auch im Bereich der neuen Bundesländer erlangt, und die seit dem Beitritt in den neuen Bundesländern abgeschlossenen Tarife beschränken ihre Geltung bislang stets auf diesen Bereich (*Hanau/ Preis* Das Arbeitsrecht der neuen Bundesländer I 2, S. 11). Wegen dieser örtlichen Differenzierung des deutschen Arbeitsrechts ist die Anwendung von **Regeln** des **interlokalen Rechts** erforderlich, die darüber bestimmen, welches Recht anwendbar ist, wenn ein Sachverhalt verschiedene Rechtsgebiete **innerhalb** eines Staates berührt.

Bei Tarifverträgen ist der Geltungsbereich **primär** durch **Auslegung** zu ermitteln, wobei von 264 folgender Regel auszugehen ist: Grundsätzlich ist derjenige Tarifvertrag auf das Arbeitsverhältnis anzuwenden, der am **Erfüllungsort** des Arbeitsverhältnisses, dh regelmäßig am Sitz des Betriebes, gilt (*Hanau/Preis* Das Arbeitsrecht der neuen Bundesländer I 2, S. 11; *Schaub* 13. Aufl., § 203 III 1a, Rn 21 f.). Auch wenn ein Arbeitnehmer vereinbarungsgemäß oder aufgrund des Direktionsrechts des Arbeitgebers außerhalb des Betriebssitzes beschäftigt wird, ist gleichwohl der Tarifvertrag des Betriebssitzes anzuwenden, und zwar sowohl dann, wenn der Arbeitnehmer für den Betriebssitz eingestellt und später an einen anderen Ort entsandt wird, wie auch für Stammarbeitskräfte, die von vornherein für Arbeiten außerhalb des Betriebssitzes eingestellt werden. Das gilt nur für solche Arbeitnehmer nicht, die für **vorübergehende Arbeiten außerhalb** des Betriebssitzes eingestellt werden oder für eine vom Betriebssitz entfernte besondere Betriebsstätte (*Hanau/Preis* Das Arbeitsrecht der neuen Bundesländer I 2, S. 11; *Schaub* 13. Aufl., § 203 III 1a, Rn 21 f.; *Däubler* Tarifvertragsrecht Rn 257 f.). Ist im Arbeitsvertrag eines nicht tarifgebundenen Angestellten des öffentlichen Dienstes vereinbart, dass ein bestimmter Tarifvertrag des öffentlichen Dienstes und die diesen ergänzenden Tarifverträge Anwendung finden, so bedeutet dies mangels entgegenstehender Anhaltspunkte in der Regel nur, dass gelten soll, **was bei Tarifgebundenheit gelten würde** (*BAG* 21.10.1992 AP Nr. 27 zu § 23a BAT; 1.6.1995 EzA § 4 TVG Geltungsbereich Nr. 9). Dieser Grundsatz fand Anwendung, soweit es darum geht, ob auf das Arbeitsverhältnis eines Angestellten der ausdrücklich im Arbeitsvertrag in Bezug genommene BAT-O oder der BAT anzuwenden war (*BAG* 1.6.1995 EzA § 4 TVG Geltungsbereich Nr. 9).

Aus diesen Grundsätzen ergeben sich für die Anwendung von **West-** oder **Osttarifen** folgende 265 **Konsequenzen** (*Däubler* Tarifvertragsrecht Rn 1805 ff.): Wird ein **aus den alten Bundesländern** stammender Arbeitnehmer für eine Tätigkeit in den neuen Bundesländern eingestellt, dann sind die dort geltenden Tarifverträge anzuwenden (vgl. *BAG* 6.10.1994 AP Nr. 2 zu § 1 BAT-O). Dies soll nach *BAG* (21.9.1995 AP Nr. 6 zu § 1 BAT-O) selbst dann gelten, wenn Arbeitgeber das Land Berlin ist. Aufgrund des Günstigkeitsprinzips nach § 4 Abs. 3 TVG kann allerdings im Einzelfall eine Anhebung auf »Westniveau« vereinbart werden. Das wird idR unumgänglich sein, um geeignete Arbeitskräfte zu gewinnen. Wird ein Arbeitnehmer mit Wohnsitz in den **neuen Bundesländern** für das Gebiet der alten Bundesländer eingestellt, dann wird das Arbeitsverhältnis vom Geltungsbereich der West-Tarife erfasst (*BAG* 23.2.1995 AP Nr. 2 zu § 1 TV Ang Bundespost). Bei **Rückkehr** in das jeweils andere Gebiet gilt dann wieder der dort maßgebende Tarif (vgl. dazu *BAG* 23.2.1995 AP Nr. 3 zu § 1 TV Ang Bundespost bzw. AP Nr. 1 zu § 1 BMT – G II).

Nicht evident ist die Rechtslage beifolgenden drei Kollisionsfällen (vgl. *Däubler* Tarifvertragsrecht 266 Rn 1807 ff.; *ders.* ZTR 1992, 145 ff.; *Kranzusch* ZTR 1992, 288): Werden Arbeitnehmer aus dem Tarifgebiet West in das Tarifgebiet Ost versetzt, weil ihre Dienststelle dorthin verlegt wird, dann greifen an sich die Osttarife ein (*Däubler* Tarifvertragsrecht Rn 1815). Nach den bestehenden

Verhältnissen wird eine solche Versetzung allerdings nur dann akzeptiert werden, wenn sie zumindest mit der Wahrung der bisherigen Vergütungsregelung und den sonstigen Arbeitsbedingungen verbunden ist. Das gilt entsprechend für den Fall der Versetzung vom Tarifgebiet Ost in die alten Bundesländer (dh Anwendung West-Tarife) jedenfalls dann, wenn das Arbeitsverhältnis zwar im Beitrittsgebiet begründet worden ist, aber auf **nicht absehbare** Zeit im Geltungsbereich eines **West-Tarifvertrages fortgesetzt** werden soll (*BAG* 1.6.1995 EzA § 4 TVG Geltungsbereich Nr. 9). Zu diesem Ergebnis führt eine **verfassungskonforme** Auslegung des Ost-Tarifes, weil die weitere Einbeziehung des entsandten Arbeitnehmers in den Geltungsbereich des Ost-Tarifes zu einer nicht gerechtfertigten Ungleichbehandlung mit anderen auf Dauer im Geltungsbereich des West-Tarifes beschäftigten Arbeitnehmern führen würde (*BAG* 30.7.1992 EzA § 4 TVG Geltungsbereich Nr. 3 = DB 1993, 332; *Däubler* ZTR 1992, 145 ff.; *ders.* Tarifvertragsrecht Rn 1816). **Gleiches** gilt in Sonderheit bei (**gebietsunabhängigen**) **Zulagen** oder aber **übertariflichen Leistungen** (*BAG* 26.10.1995 AP Nr. 7 zu § 1 BAT-O). Eine **Fortgeltung** des Ost- Tarifes kommt allenfalls bei einer **kurzzeitig befristeten Entsendung** in den Geltungsbereich des West-Tarifes, zB zur Einarbeitung oder zur Fortbildung (vgl. *BAG* 1.6.1995 EzA § 4 TVG Geltungsbereich Nr. 9) oder dann, wenn der Arbeitnehmer durch die Arbeit im Geltungsbereich des West-Tarifs **Aufgaben seiner bisherigen Dienststelle wahrnimmt** oder **in deren Interesse tätig wird** (*BAG* 20.3.1997 AP Nr. 8 zu § 1 BAT-O), in Betracht.

267 Durch die **Rechtsprechung** bislang **nicht geklärt** und im **Schrifttum umstritten** ist die dritte Fallgestaltung, bei der ein Arbeitnehmer aus einem Tarifgebiet vorübergehend oder auf Dauer in das andere entsandt wird, ohne die Verbindung zum bisherigen Arbeitsort und zum Hauptsitz seines Arbeitgebers vollständig aufzugeben. Nach *Däubler* (Tarifvertragsrecht Rn 1817) passen für die Ost-West-Konstellation weder die Regeln des **interlokalen** Rechts der Tarifverträge noch die Grundsätze des **Internationalen** Privatrechts nach Art. 30 EGBGB. Er will vielmehr bei Einstellung in das »**Billigtarifland**« und Entsendung in das »**Hochtarifland**« den **günstigeren Tarifvertrag** nach einer **Frist** von **drei Monaten** eingreifen lassen (vgl. auch *Däubler* DB 1991, 1622 ff.). *Kempen* (AuR 1991, 136) will diese Wartefrist auf einen Monat verkürzen, während *Schaub* (13. Aufl., § 203 III 1b, Rn 23) bei »dauernder Entsendung« ohne Vorbehalt den West-Tarif anwenden will.

d) Persönlicher Geltungsbereich

268 Der persönliche Geltungsbereich fällt zB dann nicht mit der Tarifgebundenheit zusammen, wenn getrennte Tarifverträge für **Angestellte** oder **Arbeiter** abgeschlossen werden oder wenn andere Gruppen von Beschäftigten (zB **Auszubildende** oder **Aushilfskräfte**) ausgeklammert werden (*Söllner/Waltermann* Rn 442; *Wiedemann/Oetker* § 3 Rn 9).

e) Betrieblich-branchenmäßiger Geltungsbereich

269 Der **betriebliche Geltungsbereich** wird weitgehend dadurch bestimmt, dass die Gewerkschaften und die Arbeitgeberverbände zumeist nach dem sog. **Industrieverbandsprinzip** organisiert sind, dh ihre Mitglieder Unternehmer oder Beschäftigte in bestimmten **Wirtschaftszweigen** oder **Betrieben** sind (Bau-, Bank-, Gaststättengewerbe, Betriebe der Metall- oder der Holzindustrie). Die Tarifverträge werden deswegen üblicherweise für bestimmte Wirtschaftszweige oder Betriebe (zB für das Baugewerbe, für die Betriebe der Metallindustrie) abgeschlossen (*Wiedemann/Wank* § 4 Rn 140).

f) Fachlicher Geltungsbereich

270 Auch wenn Tarifverträge für **alle** Betriebe eines Wirtschaftszweiges vereinbart sind, kommt es weiter darauf an, ob sie für alle Arbeitsverhältnisse der in den erfassten Betrieben **beschäftigten Arbeitnehmer** gelten. Das richtet sich nach dem fachlichen Geltungsbereich (im engeren Sinne) der jeweiligen Tarifverträge, die zB zwischen **technischen** und **kaufmännischen** Angestellten oder Handwerkern und sonstigen Arbeitern unterscheiden können (*Wiedemann/Wank* § 4 Rn 183 ff.).

4. Blankettverweisungen in Tarifverträgen

In Tarifverträgen sind Verweisungen auf jeweils geltende **andere tarifliche Vorschriften** dann zulässig, wenn der Geltungsbereich der verweisenden Norm mit dem der Tarifnorm, auf die verwiesen wird, in einem **engen sachlichen Zusammenhang** steht. Dann ist auch nicht zwischen sog. **Überraschungsklauseln** und sonstigen Normen zu unterscheiden (*BAG* 10.11.1982 EzA § 1 TVG Nr. 16). 271

5. Tarifkonkurrenz

Wenn trotz der verschiedenen Abgrenzungsmerkmale **mehrere Tarifverträge** auf ein Arbeitsverhältnis anwendbar sein können, liegt ein **Fall der sog. echten Tarifkonkurrenz** vor (vgl. *Däubler* Tarifvertragsrecht Rn 1482; *Hueck/Nipperdey/Stahlhacke* § 4 Rn 250). Das trifft allerdings selten zu, weil die **Tarifzuständigkeiten** regelmäßig **genau abgegrenzt** sind und die Tarifvertragsparteien bestrebt sind, wirkliche Tarifkonkurrenzen zu vermeiden (*BAG* 24.9.1975 EzA § 4 TVG Tarifkonkurrenz Nr. 1; *Däubler* Tarifvertragsrecht Rn 1483 f.). Bei einer echten Tarifkonkurrenz war von dem **Grundsatz der Tarifeinheit** auszugehen, nach dem in **einem Betrieb** in aller Regel nur **ein Tarifvertrag** maßgebend sein sollte (*Hueck/Nipperdey* I, S. 648; *BAG* 19.12.1958 AP Nr. 6 zu § 4 TVG Tarifkonkurrenz). Nach Aufgabe dieses Grundsatzes (*BAG* 7.7.2010 EzA § 4 TVG Tarifkonkurrenz Nr. 25) gebietet es das **Prinzip der Sachnähe**, bei Tarifkonkurrenzen nach dem Grundsatz der **Spezialität** (*BAG* 10.3.1982 AP Nr. 2 zu § 2 KSchG 1969) den Tarifvertrag anzuwenden, der den **Erfordernissen** und **Eigenarten** des betreffenden Betriebes und der darin **tätigen Arbeitnehmer** am besten gerecht wird (*BAG* 24.9.1975 EzA § 4 TVG Tarifkonkurrenz Nr. 1). Der sachfernere wird durch den sachnäheren Tarifvertrag verdrängt (*BAG* 20.3.1991 EzA § 4 TVG Tarifkonkurrenz Nr. 4). Die größere persönliche Nähe des anzuwendenden Tarifvertrages kann sich auch daraus ergeben, dass er die meisten Arbeitsverhältnisse des gesamten Betriebes umfasst (*Söllner/Waltermann* Rn 447). Zur Geltung von Tarifverträgen in **Mischbetrieben** vgl. *BAG* 25.11.1987 EzA § 4 TVG Geltungsbereich Nr. 1; *Wiedemann/Wank* § 4 Rn 158 ff. Zum Rangverhältnis zwischen einem für allgemeinverbindlich erklärten und einem anderen Tarifvertrag vgl. *Gerhard Müller* DB 1989, 1970 f. 272

IV. Tarifvertrag und günstigere Individualabsprache

Die Tarifnormen gelten zwar zwischen tarifgebundenen Parteien **unmittelbar** und **zwingend**, nach § 4 Abs. 3 TVG sind aber vom Tarifvertrag abweichende vertragliche Abreden zulässig, wenn sie eine **Änderung zugunsten** des Arbeitnehmers enthalten (*Staudinger/Preis* Rn 86). Dadurch wird der **Grundsatz** bestätigt, dass die **Tarifverträge** nur unabdingbare **Mindestbedingungen** zugunsten der Arbeitnehmer enthalten (*BAG* 25.11.1970 AP Nr. 12 zu § 4 TVG Günstigkeitsprinzip). 273

Das **Günstigkeitsprinzip** gestattet es dem Arbeitgeber, mit einem tarifgebundenen Arbeitnehmer **Kündigungsfristen und Termine** zu vereinbaren, die zwar **schlechter** als die gesetzlichen Bestimmungen, aber für den Arbeitnehmer besser als die Vorschriften des einschlägigen Tarifvertrages sind (*Dietz* DB 1974, 1770; *Soergel/Kraft* Rn 22; *BAG* 29.8.2001 EzA § 622 BGB Tarifvertrag Nr. 2 für längere als die tarifliche Frist; s.a. *BAG* 30.4.1994 EzA § 622 BGB Nr. 49). Die **zwingende Wirkung der gesetzlichen Bestimmungen** wird durch den **Vorrang** des Tarifvertrages verdrängt, und beim **Günstigkeitsvergleich** sind nur die einschlägige tarifliche Regelung und die abweichende **vertragliche** Vereinbarung miteinander zu vergleichen (vgl. zum Günstigkeitsvergleich *Wiedemann/Wank* § 4 Rn 414 ff., 513 ff.). Für den Arbeitnehmer günstiger und auch sonst zulässig kann auch die vertragliche Übernahme eines anderen (**fremden**) Tarifvertrages sein, der nach seinem Geltungsbereich nicht anwendbar ist (*Däubler* Tarifvertragsrecht Rn 336; *Dietz* DB 1974, 1771; *Richardi* ZfA 1971, 85 f.; einschränkend *BAG* 10.6.1965 AP Nr. 13 zu § 9 TVG: Vereinbarung eines fremden Tarifvertrages, **solange** kein einschlägiger Tarifvertrag abgeschlossen ist). Davon ist die andere Frage zu unterscheiden, ob bei **fehlender Tarifgebundenheit** auch Tarifverträge mit einem anderen Geltungsbereich in Bezug genommen werden können (vgl. dazu Rdn 208 f.). 274

275 Bei der Prüfung, ob eine einzelvertragliche Abmachung **günstiger** ist als der kraft beiderseitiger Tarifgebundenheit geltende Tarifvertrag, dürfen nicht getrennt die Kündigungsfristen und die Kündigungstermine einander gegenübergestellt werden (sog. **Rosinentheorie**). Es müssen vielmehr nach einem individuellen Maßstab und in objektiver Würdigung die Kündigungsvorschriften des Tarifvertrages und die vertragliche Regelung **insgesamt** miteinander verglichen werden (sog. **Sachgruppenvergleich**: *BAG* 22.8.2018 EzA § 4 TVG Günstigkeitsvergleich Nr. 15; *Waltermann* Rn 606; *Wiedemann/Oetker* § 4 Rn 513, 516 ff.; *Kramer* S. 124; im Ergebnis ebenso ArbRBGB-*Röhsler* Rn 119: »Gesamtbindungsdauer«; s.a. *Müller-Glöge* FS Schaub, 1998, S. 497, 501 wie hier APS-*Linck* § 622 Rn 120). Das ist auch die Ansicht von *Preis* (SPV-*Preis* Rn 471; *Staudinger/Preis* Rn 87). Auch das *BAG* (4.7.2001 EzA § 622 BGB Nr. 63 m. Anm. *Lambrich*) stellt auf die **Gesamtbindungsdauer** ab, wobei maßgebend der Zeitpunkt des Vertragsschlusses ist (vgl. *BAG* 12.4.1972 AP Nr. 13 zu § 4 TVG Günstigkeitsprinzip). Eine günstigkeitsneutrale Abrede ist mit Blick auf § 4 Abs. 1 S. 1 iVm § 4 Abs. 3 TVG unwirksam (*Staudinger/Preis* Rn 88 f.; SPV-*Preis* Rn 471; *Preis/Kramer* DB 1993, 2129 f.; *Kramer* S. 125). »Günstiger« in bislang verstandenem Sinn sind stets die längeren Kündigungsfristen und nicht – wegen eines »Mobilitätsinteresses« des Arbeitnehmers im Einzelfall – eine etwa anwendbare kürzere Frist (dazu *Persch* BB 2010, 181 ff.; abw. *Wensing/Hesse* NZA 2009, 1309 ff.: Gelten tarifliche Kündigungsregelungen ohne Öffnungsklausel sind individualvertraglich vereinbarte längere Kündigungsfristen für die arbeitnehmerseitige Kündigung immer unwirksam).

V. Nachwirkende Tarifverträge

276 Das **tarifliche Vorrangprinzip** wird zeitlich nicht durch **den Ablauf** eines Tarifvertrages **begrenzt**. Nach § 4 Abs. 5 TVG gelten die Rechtsnormen eines Tarifvertrages nach seinem Ablauf weiter, bis sie durch eine andere Abmachung ersetzt werden (zur Nachwirkung von **Verweisungsnormen** vgl. *BAG* 10.11.1982 EzA § 1 TVG Nr. 16; vgl. auch *BAG* 13.12.1995 EzA § 3 TVG Nr. 11 zur Nachwirkung nach Verbandsaustritt). Der Gesetzgeber hat im Interesse der Klarheit und Rechtssicherheit das **Prinzip der Nachwirkung** der **nicht mehr zwingenden** Tarifnormen anerkannt (vgl. zu den Zwecken iE *Wiedemann/Wank* § 4 Rn 351 ff.). Im Nachwirkungszeitraum gelten die tariflichen Vorschriften zwar nicht unabdingbar weiter, aber sie behalten ihre **ordnende Funktion** als kollektive Regelungen. Ihnen bleibt der **Vorrang** vor den gesetzlichen Bestimmungen erhalten (*Adomeit* SAE 1965, 179; *Bleistein* HzA Gruppe 5, S. 121–125; *Neumann/Fenski/Kühn-Neumann* § 13 Rn 21; *Leinemann/Linck* § 13 Rn 23; *G. Hueck* Anm. AP Nr. 6 zu § 13 BUrlG; *Neumann* ArbRGgw., Bd. 7, S. 36; *Stahlhacke* DB 1969, 1652 f.; *Staudinger/Preis* Rn 46; vgl. *Wiedemann/Wank* § 4 Rn 358; aA *Boldt* FS für Heymanns-Verlag, S. 227–239; *Boldt/Röhsler* § 13 Rn 25). Die Nachwirkung nach dem **Austritt** des Arbeitgebers aus dem **Arbeitgeberverband** (*BAG* 4.8.1993 AP Nr. 15 zu § 3 TVG) ist mit Art. 9 Abs. 3 GG vereinbar (*BVerfG* [2. Kammer des 1. Senats] 3.7.2000 AuR 2001, 145 [für tarifvertragliche »Unkündbarkeitsregelung«]).

277 Die Nachwirkung kündigungsrechtlicher Vorschriften in beendeten Tarifverträgen soll sich nach der hL nicht auf solche **Arbeitsverhältnisse** erstrecken, die erst im **Nachwirkungszeitraum begründet** werden (*BAG* 6.6.1958 AP Nr. 1 zu § 4 TVG Nachwirkung; 13.6.1958 AP Nr. 2 zu § 4 TVG Effektivklausel; 15.2.1965 AP Nr. 6 zu § 13 BUrlG; 29.1.1975 EzA § 4 TVG Nachwirkung Nr. 3; *Hueck/Nipperdey* II 1, S. 540; *G. Müller* DB 1959, 84; *Neumann* ArbRGgw., Bd. 7, S. 36; *Erman/Küchenhoff* [8. Aufl.] Rn 10). Diese Auffassung wird dem Zweck der **Nachwirkung** nicht gerecht, im Interesse des Arbeitgebers und der Belegschaft die bisherige tarifliche (und damit betriebliche) Ordnung zunächst aufrechtzuerhalten. Das **Bedürfnis nach einer Übergangsregelung** (vgl. *Wiedemann/Wank* § 4 Rn 353 ff.) rechtfertigt es, die Nachwirkung auch auf Arbeitsverhältnisse auszudehnen, die erst nach dem Ablauf des Tarifvertrages begründet werden (*Buchner* Anm. AR-Blattei, Tarifvertrag IV: Entsch. 12; *Däubler* Tarifvertragsrecht Rn 1464; *Kempen/Zachert-Stein* § 3 Rn 168; *Gamillscheg* Arbeitsrecht II, S. 120; *Herschel* ZfA 1976, 89, 99; *v. Hoyningen-Huene* RdA 1974, 138, 150; *Lieb* S. 103; *Popp* HAS § 19 B Rn 261; *Wiedemann* Anm. AP Nr. 6 zu § 4 TVG Nachwirkung).

Die Inkonsequenz der hL zeigt sich darin, dass zwar einerseits die Nachwirkung für später ab- 278
geschlossene Arbeitsverträge bestritten oder bezweifelt, andererseits aber empfohlen wird, mit den
neu eintretenden Arbeitnehmern – gleichgültig, ob tarifgebunden oder nicht – die Anwendung
der nachwirkenden Vorschriften des Tarifvertrages zu vereinbaren (vgl. MüKo-BGB/*Schwerdtner*
[3. Aufl.] Rn 74; *Staudinger/Preis* Rn 46; *Neumann* ArbRGgw., Bd. 7, S. 36). Damit wird dem Vorrangprinzip eine Bedeutung zuerkannt, die auch die entsprechende Erweiterung der Nachwirkung
begründet.

Nach § 4 Abs. 5 TVG gelten die nachwirkenden Rechtsnormen eines Tarifvertrages allerdings nur 279
so lange weiter, bis sie durch eine **andere Abmachung** ersetzt werden (vgl. dazu iE *Däubler* Tarifvertragsrecht Rn 1449 ff.). Darunter ist nicht nur der Abschluss eines neuen Tarifvertrages (zur Möglichkeit der **rückwirkenden** Beseitigung der **Nachwirkung** durch Folgetarifvertrag s. Rdn 222),
sondern **auch eine abändernde einzelvertragliche Regelung** zu verstehen (*BAG* 10.3.1982 EzA § 2
KSchG Nr. 2; *Wiedemann/Wank* § 4 Rn 379). Die Zulässigkeit vertraglicher Abmachungen über
die ordentliche Kündigung ist im Nachwirkungszeitraum nicht mehr an den **tariflichen Vorschriften**, sondern an den **gesetzlichen Mindestbestimmungen** für Kündigungsfristen und -termine zu
messen.

VI. Verfassungswidrigkeit unterschiedlicher tariflicher Kündigungsfristen und Wartezeiten für Arbeiter und Angestellte

1. Bindung der Tarifpartner an Art. 3 GG

Wenn die Grundfristen, die verlängerten Fristen für Arbeiter oder die Wartezeiten für die verläger- 280
ten Fristen für die ordentliche Kündigung von Arbeitern in **Tarifverträgen eigenständig (konstitutiv, nicht lediglich deklaratorisch durch Übernahme der gesetzlichen Regelung)** geregelt sind, haben die Gerichte für Arbeitssachen in eigener Kompetenz zu prüfen, ob die Kündigungsregelungen
im Vergleich zu den für Angestellte geltenden Bestimmungen mit dem **Gleichheitssatz** des Art. 3
GG **zu vereinbaren** sind (*BAG* 21.3.1991 EzA § 622 BGB nF Nr. 31; 21.3.1991 EzA § 622 BGB
nF Nr. 32; 21.3.1991 EzA § 622 BGB nF Nr. 33; 23.1.1992 EzA § 622 nF Nr. 40; 23.1.1992 EzA
§ 622 nF Nr. 41; 23.1.1992 EzA § 622 nF Nr. 42; 2.4.1992 EzA § 622 BGB nF Nr. 43; 29.8.1991
EzA § 622 BGB nF Nr. 35; 16.9.1993 AP Nr. 42 zu § 622 BGB; *Ascheid* Kündigungsschutzrecht
Rn 26; *Däubler* Tarifvertragsrecht Rn 435, 941 f.; *Konzen* SAE 1988, 45; *K. Meyer* DB 1992, 1881;
Popp HAS § 19 B Rn 32 f.; *Staudinger/Preis* § 622 Rn 67). Die Tarifparteien sind durch Abs. 4 S. 1
nicht zu Regelungen ermächtigt, die dem **Gesetzgeber** selbst durch die Verfassung verboten sind
und den Art. 3 GG verletzen (*BAG* 28.1.1988 EzA § 148 ZPO Nr. 15; 21.3.1991 EzA § 622 BGB
nF Nr. 31; 2.4.1992 EzA § 622 BGB nF Nr. 43; *Bengelsdorf* NZA 1991, 121, 130; *Buchner* NZA
1991, 41, 47; *Marschollek* DB 1991, 1069, 1071; *Sachs* RdA 1989, 25 ff.). Der Gleichheitssatz
des Art. 3 GG verlangt allerdings **keine völlige Gleichstellung** der Arbeiter mit den Angestellten,
sondern nur, dass Ungleichbehandlung und rechtfertigender Grund in einem angemessenen Verhältnis zueinanderstehen (*BAG* 23.1.1992 EzA § 622 nF Nr. 40; 23.1.1992 EzA § 622 nF Nr. 41;
23.1.1992 EzA § 622 nF Nr. 42; 2.4.1992 EzA § 622 nF Nr. 43).

2. Prüfungsmaßstab

Im Anschluss an den Beschluss des *BVerfG* (30.5.1990 EzA § 622 BGB nF Nr. 27) gilt nach der 281
neueren Rechtsprechung des *BAG* für die Prüfung, ob sachliche Differenzierungsgründe für die
Ungleichbehandlung zwischen Arbeitern und Angestellten vorliegen, folgender **Maßstab**: An sachlichen Gründen für unterschiedliche Regelungen fehlt es, wenn eine schlechtere Rechtsstellung der
Arbeiter nur auf einer **pauschalen Differenzierung** zwischen den Gruppen der Angestellten und der
Arbeiter beruht. Sachlich gerechtfertigt sind nur hinreichend **gruppenspezifisch** ausgestaltete unterschiedliche Regelungen, die zB entweder nur eine **verhältnismäßig kleine** Gruppe **nicht intensiv
benachteiligen**, oder **funktions-, branchen- oder betriebsspezifischen Interessen** beider Seiten oder
zumindest der Arbeitgeber im Geltungsbereich eines Tarifvertrages durch die Einführung verkürzter Kündigungsfristen für Arbeiter entsprechen (zB überwiegend [etwa 75 vH der Beschäftigten,

vgl. *BAG* 4.3.1993 EzA § 622 BGB nF Nr. 44] Beschäftigung von Arbeitern in der Produktion). Durch diese Beispiele werden andere sachliche Differenzierungsgründe nicht ausgeschlossen. Dieser Prüfungsmaßstab gilt sowohl für unterschiedliche Grundfristen als auch für ungleich verlängerte Fristen für Arbeiter und Angestellte mit längerer Betriebszugehörigkeit und höherem Lebensalter. Er ist insbes. auch auf unterschiedliche Wartezeiten für die verlängerten Fristen zu erstrecken. Zunächst möglicherweise erhebliche Unterschiede zwischen Angestellten und Arbeitern hinsichtlich ihrer Schutzbedürftigkeit oder einem betrieblichen Interesse an einer flexiblen Personalplanung und -anpassung verlieren bei längerer Betriebszugehörigkeit erheblich an Gewicht (*BAG* 21.3.1991 EzA § 622 BGB nF Nr. 31; 21.3.1991 EzA § 622 BGB nF Nr. 32; 21.3.1991 EzA § 622 BGB nF Nr. 33; 29.8.1991 EzA § 622 BGB nF Nr. 35; 23.1.1992 EzA § 622 nF Nr. 40; 23.1.1992 § 622 nF Nr. 41; 23.1.1992 EzA § 622 nF Nr. 42; 2.4.1992 EzA § 622 BGB nF Nr. 43; 16.9.1993 AP Nr. 42 zu § 622 BGB; *Popp* HAS § 19 B Rn 63 ff.; *Staudinger/Preis* § 622 Rn 67).

a) Beschränkte materielle Richtigkeitsgewähr

282 Wie bereits dargelegt (Rdn 235 f.) hat der Gesetzgeber die Tarifautonomie aus Zweckmäßigkeitserwägungen anerkannt und sich dabei von der Erwägung leiten lassen, die gesetzliche Fristenregelung könne für gewisse Bereiche, zB gerade für die Bauwirtschaft zu starr sein. Die Tarifpartner haben aufgrund dieser Öffnungsklausel eine sachlich begrenzte, insbes. auch an Art. 3 GG zu messende Gestaltungsfreiheit, wobei es nicht Sache der Gerichte ist zu prüfen, ob sie jeweils die »gerechteste oder zweckmäßigste Regelung« vereinbart haben. Die gerichtliche Kontrolle beschränkt sich darauf, ob die tarifliche Regelung die Grenzen des Gestaltungsspielraums der Tarifpartner überschreitet, was nur dann der Fall ist, wenn sie Differenzierungen festgelegt haben, für die sachlich einleuchtende Gründe nicht ersichtlich sind (*BAG* 1.6.1983 AP Nr. 5 zu § 611 BGB Deputat; 25.2.1987 EzA Art. 3 GG Nr. 21; *BVerfG* 26.3.1980 AP Nr. 116 zu Art. 3 GG für den Gesetzgeber und das staatliche Gesetzesrecht).

283 Wenn sich weder aus dem Wortlaut oder aus der Systematik des einschlägigen Tarifvertrages noch aus dem Vortrag – insbes. des Arbeitgebers – konkrete Anhaltspunkte für sachliche Differenzierungen und eine angemessene Berücksichtigung auch der Interessen der Arbeitnehmer ergeben, kann die Verfassungsmäßigkeit unterschiedlicher Regelungen zu Lasten der Arbeiter nicht allein mit dem Grundsatz einer Richtigkeitsgewähr begründet werden (*BAG* 21.3.1991 EzA § 622 BGB nF Nr. 33; 16.9.1993 AP Nr. 42 zu § 622 BGB; 18.1.2001 EzA § 622 BGB nF Nr. 62, wonach eine Gesamtbetrachtung der Kündigungsfristen in einem Tarifvertrag vorzunehmen ist; aA *Bengelsdorf* NZA 1991, 131). Das reicht deswegen nicht aus, weil diesem Grundsatz im Bereich unterschiedlicher Kündigungsregelungen zwischen Arbeitern und Angestellten nur eine beschränkte Bedeutung zukommt. Die Auffassung der betroffenen Kreise allein kann nach der Würdigung des *BVerfG* (30.5.1990 EzA § 622 BGB nF Nr. 27) sachwidrige Differenzierungen nicht rechtfertigen. Auch das *BVerfG* (30.5.1990 EzA § 622 BGB nF Nr. 27) hat vielmehr konkrete Anhaltspunkte für sachgerechte Differenzierungen und eine »nähere Einsicht« in die Gründe für das Zustandekommen von Tarifverträgen verlangt. Nur wenn sich konkrete Anhaltspunkte für sachliche Differenzierungen ergeben, ist von einer materiellen Richtigkeitsgewähr für die tariflichen Regelungen auszugehen (*BAG* 2.4.1992 EzA § 622 BGB nF Nr. 43; 16.9.1993 AP Nr. 42 zu § 622 BGB).

b) Darlegungslast – Amtsermittlung

284 Auch wenn wie beim Normenkontrollverfahren durch das BVerfG bei der Prüfung der Verfassungsmäßigkeit eines Tarifvertrages durch die Arbeitsgerichte **nicht** auf die **Darlegungs- und Beweislast** der **Parteien** im engeren Sinne abzustellen ist (so allerdings *Koch* NZA 1991, 52), trifft sie schon im eigenen Interesse eine **Prozessförderungspflicht**, indem der Arbeitgeber aus dem Tarifvertrag nicht ersichtliche sachliche Differenzierungsgründe für die verschlechterte Rechtsstellung der Arbeiter vorzutragen und der Arbeitnehmer, soweit ihm das möglich ist (vgl. § 138 Abs. 4 ZPO), dazu sachlich Stellung zu nehmen hat. Wird die Verfassungswidrigkeit tariflicher Vorschriften von einer Partei **angesprochen oder** vom Gericht **bezweifelt**, dann haben die Arbeitsgerichte nach den

Grundsätzen des § 293 ZPO **von Amts wegen** die näheren für unterschiedliche Fristen maßgeblichen Umstände, die für oder gegen die Verfassungswidrigkeit sprechen, zu ermitteln, und zwar insbes. durch Einholung von Auskünften der Tarifpartner (*BAG* 4.3.1993 EzA § 622 BGB nF Nr. 44; 16.9.1993 AP Nr. 42 zu § 622 BGB; ähnlich *Marschollek* DB 1991, 1069 f.).

3. Praktische Folgerungen aus dem Prüfungsmaßstab

a) Verfassungskonforme Regelungen

Bei der Anwendung des vorstehenden Prüfungsmaßstabes hat das *BAG* zunächst allgemein darauf abgestellt, der jeweils zu prüfende einschlägige Tarifvertrag betreffe einen Kreis von Arbeitnehmern, der nicht mit den Großgruppen aller Arbeiter und Angestellten identisch sei, sondern sich auf einen bestimmten, abgegrenzten Ausschnitt aus dem Gesamtspektrum der Arbeitnehmerschaft beschränke (*BAG* 2.4.1992 EzA § 622 BGB nF Nr. 43). Es hat zudem jeweils den **gesamten Tarifinhalt** berücksichtigt, soweit er einen Bezug zum Bestand des Arbeitsverhältnisses hat (*BAG* 21.3.1991 EzA § 622 BGB nF Nr. 31), und aufgrund dieser allgemeinen und der individuellen Kriterien, die sich aus dem jeweiligen Tarifvertrag ergeben, für folgende tarifliche Regelungen der Kündigungsfristen für Arbeiter deren Verfassungsmäßigkeit bestätigt: 285

Die **Grundfrist** des § 12 Ziff. 3b RTV für **Arbeiter** der **Gartenbaubetriebe** in **Schleswig-Holstein** vom 3.4.1990 (7 Tage bei einer Betriebszugehörigkeit bis zu 6 Monaten) verstößt, gemessen an der für Angestellte geltenden Frist von sechs Wochen zum Quartalsende, nicht gegen Art. 3 GG. Für diese Branche rechtfertigt das Bedürfnis an einer durch Witterung und Saison bedingten flexiblen Personalplanung im produktiven Bereich, in dem überwiegend die Arbeiter tätig sind, die erheblich kürzeren Grundfristen für Arbeiter (*BAG* 23.1.1992 EzA § 622 BGB Nr. 40; abl. *Goergens* AiB 1992, 658 ff.). 286

Die **Grundkündigungsfrist** des § 2 Ziff. 6 MTV **Nordrheinische Textilindustrie** von zwei Wochen zum Wochenende verstößt nicht gegen Art. 3 GG, weil in dieser Branche das Bedürfnis an flexibler Personalplanung im produktiven Bereich wegen produkt-, mode- und saisonbedingter Auftragsschwankungen die erheblich kürzere Frist für Arbeiter rechtfertigt, die im Gegensatz zu den Angestellten überwiegend nur in der Produktion tätig sind (*BAG* 23.1.1992 EzA § 622 BGB nF Nr. 41; s. zu dieser Regelung auch *LAG Düsseld.* 5.9.1991 LAGE § 622 BGB Nr. 21). Dies gilt jedoch nicht ohne Weiteres auch für die verlängerten Kündigungsfristen desselben Tarifvertrages (*BAG* 11.8.1994 EzA § 622 BGB nF Nr. 51). 287

Die **Grundkündigungsfrist** des § 12 Ziff. 1.1 **BRTV-Bau aF** (von 12 Werktagen) enthält eine eigenständige Kündigungsregelung und verstößt im Vergleich zu der für Angestellte im Baugewerbe geltenden Kündigungsfrist (6 Wochen zum Quartalsende) wegen der Besonderheiten des Baugewerbes bei gewerblichen Arbeitnehmern nicht gegen Art. 3 GG (*BAG* 2.4.1992 EzA § 622 BGB nF Nr. 43; Weiterführung von *BAG* 29.8.1991 – 2 AZR 72/91, nv [s. zu dieser Regelung auch *LAG Köln* 27.9.1991 LAGE § 622 BGB Nr. 22]; zust. *Schwab* AR-Blattei ES 1010.5 Nr. 34). Als funktions- und branchenspezifische Interessen für eine unterschiedliche Gestaltung der Kündigungsfristen im Baugewerbe sprechen insbes. folgende Anhaltspunkte: Im **Baugewerbe** sind die **Arbeiter** ausschließlich im **Produktionsbereich** beschäftigt, während die Angestellten weit überwiegend in der Verwaltung und Arbeitsvorbereitung tätig sind. Es ist deswegen ein besonderes Interesse der Arbeitgeberseite anzuerkennen, auf **Konjunktureinbrüche** und Auftragsrückgänge unmittelbar und ohne erhebliche Verzögerung reagieren zu können. Selbst wenn Auftragsbestände in der Baubranche einen Zeitraum von drei Monaten abdecken sollten, kann dem eine ältere Belegschaft mit längeren Kündigungsfristen (§ 12 Ziff. 1.2 BRTV-Bau) gegenüberstehen, was es erforderlich macht, betriebsbedingte Kündigungen bei Arbeitern mit kürzerer Betriebszugehörigkeit verhältnismäßig rasch umsetzen zu können. Wie die Urlaubsregelung im Baugewerbe zeigt, haben die Tarifpartner eine Fluktuation im produktiven Bereich als üblich und regelungsbedürftig angesehen. Die Tarifpartner haben zudem einen gewissen Ausgleich im Bereich des Bestandsschutzes dadurch geschaffen, dass Zeiten unterbrochener Betriebszugehörigkeit, die ohne Veranlassung des 288

Arbeitnehmers erfolgt und kürzer als sechs Monate sind, zusammengerechnet werden, so dass das Arbeitsverhältnis in diesen Fällen als nicht unterbrochen gilt. Aufgrund dieser konkreten Anhaltspunkte ist davon auszugehen, dass bei einer Gesamtbetrachtung der tariflichen Regelungen die Arbeitnehmerinteressen angemessen berücksichtigt worden sind.

289 Auch die **verlängerte Kündigungsfrist** nach fünfjähriger Betriebszugehörigkeit von einem Monat zum Monatsende des § 17 Ziff. 2 **Arbeiter der Baden-Württembergischen Textilindustrie** verstößt, gemessen an der für Angestellte geltenden Kündigungsfrist von drei Monaten zum Quartal, nicht gegen Art. 3 GG (*BAG* 23.1.1992 EzA § 622 BGB Nr. 42 = RzK I 3e Nr. 24). Das gilt aus den gleichen Gründen auch für die **verlängerte Frist** des § 2 Ziff. 6 MTV **Arbeiter Nordrheinische Textilindustrie** vom 10.3.1978 (*BAG* 19.3.1992 – 2 AZR 529/91). In der Textilindustrie rechtfertigt das Bedürfnis an einer flexiblen Personalplanung im produktiven Bereich wegen produkt-, mode- und saisonbedingter Auftragsschwankungen die gegenüber den Angestellten (6 Wochen zum Quartal) erheblich kürzere Grundkündigungsfrist von zwei Wochen zum Wochenende (*BAG* 23.1.1992 EzA § 622 BGB nF Nr. 41; s. Rdn 288). Das trifft auch für die darauf aufbauende verlängerte Frist nach fünfjähriger Betriebszugehörigkeit für Arbeiter zu, wenn diese im Gegensatz zu den Angestellten ganz überwiegend nur in der Produktion tätig sind. Wie besonders zu betonen ist, geht es bei diesen Entscheidungen nicht um die verfassungsrechtliche Prüfung von gegenüber den Angestellten **verlängerten Wartezeiten** für längere Kündigungsfristen älterer Arbeiter, sondern nur um die Verkürzung der verlängerten Fristen gegenüber der Regelung für Angestellte. Für tarifliche Fristenregelungen in diesem Bereich ist von dem Grundsatz auszugehen, dass eine auf sachlichen Differenzierungsgründen beruhende Verkürzung der Grundfrist idR auch eine entsprechende Verkürzung der verlängerten Frist rechtfertigt. Da im Streitfall die verlängerte Frist in der ersten Stufe immer noch deutlich länger ist als die Grundfrist für Arbeiter, brauchte das *BAG* auch in diesem Zusammenhang nicht auf die unter Rdn 246 behandelte Frage einzugehen, ob die Tarifparteien den älteren Arbeitnehmern (hier: Arbeitern) zumindest eine gegenüber der Regelfrist verlängerte Frist zubilligen müssen.

290 Die tarifliche **Grundkündigungsfrist** für **Chemiearbeiter** von 14 Tagen (§ 11a MTV **Chemische Industrie**) ist verfassungskonform (*BAG* 4.3.1993 EzA § 622 BGB nF Nr. 44). Das Bedürfnis nach erhöhter personalwirtschaftlicher Flexibilität besteht zwar nicht generell allein wegen des größeren Einsatzes von Arbeitern in der Produktion. Bei einem ganz überwiegenden Anteil von Arbeitern in der Produktion der chemischen Industrie ist es aber gerechtfertigt, einen sachlichen Grund für die kürzere Kündigungsfrist innerhalb der ersten zwei Jahre des Arbeitsverhältnisses anzuerkennen. Das **Flexibilitätsargument** trägt auch die Verkürzung der Frist nicht nur für betriebs-, sondern auch für personen- und verhaltensbedingte Kündigungen, weil es den **Tarifpartnern** um eine einheitliche Regelung der Frist geht (*BAG* 16.9.1993 AP Nr. 42 zu § 622 BGB; 4.3.1993 EzA § 622 BGB nF Nr. 44; 10.3.1994 EzA § 622 BGB nF Nr. 50; für eine Differenzierung nach Kündigungsgründen und für eine Beschränkung auf die betriebsbedingte Kündigung: *Däubler* Tarifvertragsrecht Rn 943; *K. Meyer* DB 1992, 1881 ff.; *Kramer* ZIP 1994, 933 mit Fn. 40 unter Hinweis darauf, dass nach *Falke/Höland/Rhode/Zimmermann* [Kündigungspraxis und Kündigungsschutz in der Bundesrepublik Deutschland, Bd. I, 1981, S. 64 ff.] bei normaler Konjunktur zwei Drittel aller Kündigungen verhaltens- oder personenbedingt sind).

291 Nicht geklärt war lange Zeit, ob für die **Grundkündigungsfrist** von 14 Tagen für Arbeiter nach § 20 Nr. 1 Buchst. a) MTV **Eisen-, Metall-, Elektro- und Zentralheizungsindustrie Nordrhein-Westfalen** hinreichend sachliche Gründe bestehen. Das BAG hat in drei Entscheidungen (*BAG* 23.9.1992 – 2 AZR 150/92, 23.9.1992 – 2 AZR 231/92; 15.10.1992 – 2 AZR 296/92) die Rechtsstreite zur weiteren Aufklärung an die Berufungsgerichte zurückverwiesen. Insbesondere bei einem **Tarifvertrag**, dessen Geltungsbereich **Klein-, Mittel- und Großbetriebe** verschiedener Branchen umfasst, seien branchenspezifische Gründe nicht ohne eingehende Prüfung der Besonderheiten des geregelten Bereiches anzuerkennen. **Mittlerweile** hat das *BAG* (in der Sache – 2 AZR 605/93, 10.3.1994 EzA § 622 BGB nF Nr. 50 = BB 1994, 1422) die Tarifnorm gebilligt. Es hält daran fest, dass als rechtfertigender Grund für eine ungleiche Behandlung von Arbeitern

und Angestellten bei einer eigenständigen tariflichen Regelung der Grundkündigungsfristen, wie hier, das **objektiv vorliegende und anerkennenswerte** Bedürfnis nach personalwirtschaftlicher Flexibilität in der Produktion jedenfalls dann ausreicht, wenn die Arbeiter auch angesichts neuartiger Fertigungsverfahren (zB Einsatz elektronischer Technologien, just-in-time-Fertigung) noch überwiegend in der Produktion und die Angestellten im Verwaltungsbereich tätig sind. Derartige Produktabhängigkeiten sind, wie in der Textilindustrie, in der Bauindustrie und in der branchenmäßig weit gefächerten chemischen Industrie auch für die Metallindustrie als sachlicher Differenzierungsgrund für unterschiedliche Kündigungsfristen von Arbeitern und Angestellten anzuerkennen. Das Bedürfnis nach personalwirtschaftlicher Flexibilität muss sich nicht unbedingt auf die verschiedenen (Unter-)Branchen der Metallindustrie beziehen. Selbst bei unterschiedlichen Verhältnissen in den (Unter-)Branchen ist den historisch gewachsenen Strukturen in den Koalitionen nach dem Industrieverbandsprinzip aufgrund der Tarifautonomie (Art. 9 Abs. 3 GG) Rechnung zu tragen (*BAG* 10.3.1994 EzA § 622 BGB nF Nr. 50; 16.9.1993 AP Nr. 42 zu § 622 BGB; 16.9.1993 - 2 AZR 120/93). Danach bestimmen sie ihre Tarifzuständigkeit, zB auch für weit gefächerte Branchen, selbst. Überwiegt das Flexibilitätsinteresse für die meisten Betriebe der (Unter-) Branchen oder für mehr als die Hälfte der von einem Tarifvertrag erfassten Arbeitnehmer, so gilt dies für die gesamte Branche (*BAG* 10.3.1994 EzA § 622 BGB nF Nr. 50).

Die Zulässigkeit der Differenzierung zwischen Arbeitern und Angestellten bei den **Kündigungsfristen im MTV für die Systemgastronomie** (§ 9 Nr. 2) war nach der Zurückverweisung (*BAG* 21.11.1996 RzK I 3c) an das *LAG*, dass die Regelung für unwirksam gehalten hat (*LAG RhPf* 7.12.1995 LAGE § 622 BGB Nr. 35), weiter klärungsbedürftig. Das *BAG* (29.10.1998 RzK I 3e Nr. 70) hat sie mittlerweile mit Blick auf die hohe Fluktuation der Branche gebilligt. **292**

In der **Bekleidungsindustrie** (§ 22 Nr. 2a MTV gewerbliche Arbeitnehmer idF vom 29.9.1994) rechtfertigt das Bedürfnis nach flexibler Personalplanung im produktiven Bereich wegen produkt-, mode- und saisonbedingter Auftragsschwankungen eine kürzere Frist (1 Monat zum Monatsende) auch für überwiegend in der Produktion tätige Arbeiter mit einer Betriebszugehörigkeit von fünf Jahren nach Vollendung des 30. Lebensjahres (*BAG* 6.11.1997 RzK I 3e Nr. 69). **293**

Wegen des erhöhten Bedürfnisses der Branche nach personeller Flexibilität ist auch § 15 Nr. 6 A MTV gewerbliche Arbeitnehmer und Angestellte des **Glas- und Wasserinstallateur- und Klempner-Handwerks Hamburg** idF vom 12.4.1995 mit seiner (für Arbeiter) Grundkündigungsfrist von 3 Wochentagen gegenüber derjenigen von 6 Wochen zum Quartal für Angestellte gebilligt worden (*BAG* 12.11.1998 RzK I 3e Nr. 72). **294**

Unbeanstandet geblieben ist auch die für Arbeiter/innen kürzere Grundfrist des § 14 Abs. 2 Ziff. 1a MTV **Friseurhandwerk in Hessen** (*BAG* 18.1.2001 EzA § 622 BGB nF Nr. 62). **295**

Auch in einer ganzen Reihe **instanzgerichtlicher Entscheidungen** (soweit oben nicht bereits erwähnt) zu mehreren Tarifverträgen verschiedener Branchen wurde die **unterschiedliche Behandlung** von Arbeitern und Angestellten bei den Kündigungsfristen **gebilligt**: Dachdeckerhandwerk: *LAG Köln* 29.5.1991 LAGE § 622 BGB Nr. 19 = DB 1991, 2447; Maler- und Lackiererhandwerk: *LAG Köln* 10.8.1992 LAGE § 622 BGB Nr. 23; MTV Betriebsarbeiter und Betriebsarbeiterinnen **Berliner Bekleidungsindustrie**: *ArbG Bln.* 2.12.1993 ZAP-EN-Nr. 290/94; RTV Gewerbliche Arbeitnehmer **Gebäudereinigerhandwerk**: *ArbG Karlsruhe* 11.9.1992 DB 1993, 332; Metallverarbeitende Industrie: *LAG Hamm* 20.8.1990 - 19 Sa 184/90, nv; MTV für gewerbliche Arbeitnehmer und Angestellte der **Metallindustrie Hamburg und Umgebung sowie Schleswig-Holstein**: *LAG SchlH* 2.12.1992 LAGE § 622 BGB Nr. 26; MTV für das metallverarbeitende Handwerk in Niedersachsen: *ArbG Göttingen* 8.10.1990 - 1 Ca 284/90, nv; Hotel- und Gaststättengewerbe Nordrhein-Westfalen: *LAG Köln* 29.7.1991 LAGE § 622 BGB Nr. 20; 10.3.1995 LAGE § 622 BGB Nr. 30 (Grundkündigungsfrist); Wach- und Sicherheitsgewerbe Nordrhein-Westfalen: *LAG Köln* 26.10.1995 LAGE § 622 BGB Nr. 34. **296**

297 Die **bisherigen** Entscheidungen des BAG zur Ungleichbehandlung zwischen Arbeitern und Angestellten hinsichtlich der Grundfristen und der verlängerten Fristen für ordentliche Kündigungen ließen die **Tendenz** erkennen, die Tarifautonomie nach Art. 9 Abs. 3 GG und § 622 Abs. 4 S. 1 BGB bei vertretbaren sachlichen Differenzierungen möglichst zu wahren und die Regelungskompetenz nicht ohne zwingenden Grund durch Annahme verfassungswidriger Klauseln und dadurch bedingter unbewusster Tariflücken (vgl. dazu Rdn 304) auf die Gerichte oder den Gesetzgeber zu verlagern. Diesem Bestreben widersprach es nicht, wenn das BAG in anderen Entscheidungen die Verfassungswidrigkeit verlängerter tariflicher Kündigungsfristen angenommen hat. Denn bei konsequenter Anwendung der Rechtsprechung sind sachliche Differenzierungsgründe nach Zweck und Auswirkung tariflicher Regelungen bei unterschiedlichen **Grundfristen eher anzuerkennen als bei verlängerten Kündigungsfristen** (*Popp* HAS § 19 B Rn 66). Inzwischen hat sich jedoch eine Abkehr von der bisher geübten Zurückhaltung bei der Beurteilung ungleicher **tariflicher Grundkündigungsfristen** angekündigt. Das *BAG* hat in einem Urteil vom 10.3.1994 (EzA § 622 BGB nF Nr. 50) **ausdrücklich** offen gelassen, ob auch bei Vorliegen eines Flexibilitätsbedürfnisses in Zukunft angesichts des KündFG noch der im Streitfall große Unterschied der Kündigungsfrist von zwei Wochen ohne Termin für Arbeiter im Vergleich zu sechs Wochen zum Quartal für Angestellte **sachlich zu rechtfertigen** ist, und seine Entscheidung zu einer Tarifregelung des Jahres 1988 und einer Kündigung aus dem Jahr 1990 wiederum **ausdrücklich** nur **vergangenheitsbezogen verstanden**. Nach der Rechtsprechung des *BVerfG* (Beschl. v. 30.5.1990 EzA § 622 BGB nF Nr. 27) muss nicht nur ein die Ungleichbehandlung rechtfertigender Grund vorliegen, sondern die Ungleichbehandlung und der rechtfertigende Grund müssen auch in einem **angemessenen Verhältnis zueinanderstehen**. Die Bestimmung des § 622 BGB nF stellt gem. dem Auftrag des BVerfG eine Konkretisierung des Art. 3 Abs. 1 GG dar, dh wenn die Tarifpartner von der Öffnungsklausel des § 622 Abs. 3 S. 1 BGB 1969 bzw. § 622 Abs. 4 S. 1 nF Gebrauch machen, **dürften sachlich begründete, unterschiedliche Kündigungsfristen von Arbeitern und Angestellten hinsichtlich ihrer Diskrepanz an den neuen Vorgaben des KündFG zu messen sein**. Die Tarifautonomie gilt insofern nicht schrankenlos (*BAG* 10.3.1994 EzA § 622 BGB nF Nr. 50). Anders ausgedrückt: der **Rechtfertigungsdruck** für ungleich behandelnde Tarifregelungen ist mit Inkrafttreten des KündFG am 15.10.1993 **zumindest gestiegen** (so richtig *Staudinger/Preis* Rn 81; SPV-*Preis* [Voraufl.] Rn 542 unter Hinweis auf die **Aufgabe des Gruppenprinzips in der Betriebsverfassung** im Jahre **2001**; *Preis/Kramer* DB 1993, 2129; ebenso *Bader/Bram-Bader* Rn 80; *Kretz* HwB AR Kündigungsfristen und Kündigungsfristengesetz, Rn 84; *Kehrmann* AiB 1993, 748; vgl. auch *Hromadka* BB 1993, 2378; *Erman/Riesenhuber* [Rn 38] appelliert an die Rspr., die Tarifpraxis dazu anzuhalten, nicht länger nach der Gruppenzugehörigkeit zu unterscheiden). Nach *Worzalla* (NZA 1994, 148) gelten **bestehende** unterschiedliche konstitutive tarifvertragliche Regelungen für Arbeiter und Angestellte fort. *Wank* (NZA 1993, 966) stimmt der **bisherigen** Linie des BAG zu. Sie folge den Vorgaben des *BVerfG* und eröffne den Tarifparteien Differenzierungsmöglichkeiten, die auf die Besonderheiten der jeweiligen Branche zugeschnitten sind. Das entspreche dem auch in der Begründung des Gesetzentwurfs zum Ausdruck gekommenen Grundgedanken des § 622 Abs. 4 S. 1 nF Die Praxis sollte sich jedoch auf die zu erwartende neue Linie in der Rechtsprechung einstellen, die in die richtige Richtung weist. Weder mit § 622 Abs. 4 S. 1 nF noch mit der dahinterstehenden Tarifautonomie aus Art. 9 Abs. 3 GG werden sich künftig nennenswerte Ungleichbehandlungen rechtfertigen lassen (vgl. *Staudinger/Preis* Rn 82 f.; *Hromadka* BB 1993, 2378). Das gilt jedenfalls in Zukunft auch für Altregelungen, sobald nach der Entscheidung des BVerfG und seit dem Inkrafttreten des KündFG am 15.10.1993 im jeweiligen Einzelfall unter Berücksichtigung der Tarifaufzeiten objektiv hinreichend Zeit für eine verfassungskonforme Neuregelung bestanden hat, die ungenutzt verstrichen ist (vgl. *BAG* 10.3.1994 EzA § 622 BGB nF Nr. 48 = BB 1994, 1355 = DB 1994, 1425; bzgl. ungleicher Wartefristen vgl. auch *BAG* 10.3.1994 [– 2 AZR 605/93 – BB 1994, 1422] für »**Kündigungsfälle bzw. Tarifklauseln, die nach dem 15.10.1993 anfallen**« und entsprechend wohl auch für unterschiedliche Kündigungsfristen an sich; *Bauer/Rennpferdt* AR-Blattei SD 1010.5 Kündigung V, Kündigungsfristen Rn 65; zur Kündbarkeit von Altregelungen s. *Worzalla* NZA 1994, 149; zur rechtlichen und praktischen Problematik der Angleichung der Arbeiter- und der Angestelltenkündigungsfristen mit Blick auf das nicht tarifdispositive und erst durch das KündFG aufgehobene

AngKSchG vgl. aber *Hromadka* BB 1993, 2378 f.; zur **Perspektive** *Kittner/Trittin* [3. Aufl.] Rn 61; für eine Anpassungspflicht innerhalb von deutlich weniger als drei Jahren KassArbR-*Isenhardt* 6.3 Rn 204 unter Hinweis auf die vom BVerfG dem Gesetzgeber nachgelassene Frist). Die Tariföffnungsklausel wird dadurch nicht ihres Sinns entleert. Nur stellt die – unbestritten gewollte – Zulassung der Regelung branchenspezifischer Besonderheiten angesichts des vom Gesetzgeber mit dem Erlass des KündFG verfolgten Ziels gerade nicht die Sanktion einer bestehenden oder künftigen verfassungswidrigen Tarifpraxis dar. Dazu wäre der Gesetzgeber, dem übrigens hinsichtlich der Verwirklichung des Gleichbehandlungsgebots auch Schutzpflichten gegenüber benachteiligten Gruppen obliegen, gar nicht befugt. Dem Gesetzgeber war bewusst, dass Kündigungsfristen in bestimmten Wirtschaftsbereichen eigenständig durch Tarifverträge geregelt sind (BT-Drucks. 12/4902, S. 6 f.). Nur so ist die seiner Einschätzungsprärogative überlassene Sichtweise zu erklären, mit dem KündFG für alle Arbeitnehmer eine Regelung der Kündigungsfristen auf »mittlerem Niveau« erreicht zu haben. Konsequenterweise sollen nach der Begründung des Entwurfs des KündFG in der Praxis erforderliche differenzierte Regelungen für einzelne **Beschäftigtengruppen** zulässig sein, soweit sie »**möglich**« sind. **Gerade nicht gemeint ist damit jedoch die** (eben nicht »mögliche«, da unzulässige) **Differenzierung nach dem gruppenspezifischen Kriterium Arbeiter/Angestellter** (vgl. BT-Drucks. 12/4902, S. 6 f.). Das betrifft zweifellos künftige Regelungen. Erfasst werden unter den oben genannten Voraussetzungen aber auch verfassungswidrige Altregelungen, die das Gesetz seinen Materialien zufolge ersichtlich nicht ausklammern wollte. Zwar sollte durch die gesetzliche Neuregelung in bestehende tarifvertragliche Regelungen der Kündigungsfristen nicht eingegriffen werden (vgl. *ArbG Karlsruhe* 15.12.1994 – 6 Ca 200/94). Diese bleiben aber nur wirksam, wenn sie für Arbeiter und Angestellte gleiche Fristen vorsehen (BT-Drucks. 12/4902, S. 7).

b) Verfassungswidrige Regelungen

Verfassungswidrig sind § 13 Nr. 9 Buchst. a MTV 1980 für **Arbeiter, Angestellte und Auszubildende** in der **Eisen-, Metall-, Elektro- und Zentralheizungsindustrie Nordrhein-Westfalen** (*BAG* 21.3.1991 EzA § 622 BGB nF Nr. 33; das ist nach dem Schlussurteil *BAG* 10.3.1994 EzA § 622 BGB nF Nr. 48 = BB 1994, 1355 = DB 1994, 1425 **eindeutig**) und § 8 MTV **Gewerbliche Arbeitnehmer Bayerische Metallindustrie** vom 9.5.1982 (*BAG* 29.8.1991 EzA § 622 BGB nF Nr. 35). In beiden Fällen sind die tariflichen Regelungen deswegen beanstandet worden, weil sie ohne sachlichen Grund für **Wartefristen** für die verlängerten Fristen älterer Arbeiter gegenüber dehnen der Angestellten **deutlich verkürzt** haben, und zwar indem sie entweder die Wartezeiten für die Staffelung der verlängerten Kündigungsfristen für Arbeiter weitgehend der verfassungswidrigen Regelung des § 622 Abs. 2 BGB 1969 angeglichen (so im Falle *BAG* 21.3.1991 EzA § 622 BGB nF Nr. 33) oder die Wartefristen sogar noch im Verhältnis zu der schon mit dem Gleichheitssatz unvereinbaren Vorschrift des § 622 Abs. 2 S. 2 BGB 1969 noch weiter zuungunsten der Arbeiter verkürzt haben (im Falle *BAG* 29.8.1991 EzA § 622 BGB nF Nr. 35). Insoweit ist zunächst schon **zweifelhaft**, ob die Verlängerung der Wartezeiten überhaupt noch durch die Tariföffnungsklausel des § 622 Abs. 3 S. 1 BGB 1969 (sachlich Abs. 4 S. 1 nF) gedeckt war. Die Regelung machte zwar auch die Kündigungstermine tarifdispositiv (*BAG* 29.8.1991 EzA § 622 BGB nF Nr. 35). Es sprechen jedoch erhebliche Bedenken dagegen, die Tariföffnung auch auf die Wartezeiten zu beziehen. Systematisch war § 622 Abs. 2 S. 2 BGB 1969 so aufgebaut, dass auf der Tatbestandsseite in drei Stufen die Betriebszugehörigkeit und das Lebensalter miteinander verknüpft wurden, woraus sich auf der Rechtsfolgenseite die Kündigungsfristen zu entsprechenden Kündigungsterminen ergaben. Das legte die Auslegung nahe, § 622 Abs. 3 S. 1 BGB 1969 auf die Rechtsfolgeseite des § 622 Abs. 2 S. 2 BGB 1969 zu beschränken (so *Fenski* DB 1991, 2438 ff.; nicht abschließend entschieden von *BAG* 29.8.1991 EzA § 622 BGB nF Nr. 35). Für diese Verschlechterung der Rechtsstellung der älteren Arbeiter gegenüber den Angestellten sind hinsichtlich der unterschiedlichen Wartezeiten keine sachlichen Differenzierungsgründe ersichtlich. Da für die unterschiedliche Staffelung der Wartezeiten, wenn überhaupt, so doch nur unter besonderen Umständen nach Art. 3 GG erhebliche Gründe denkbar sind, greift, zumindest insoweit keine materielle Richtigkeitsgewähr für die Verfassungsmäßigkeit der tariflichen Kündigungsregelungen zugunsten des Arbeitgebers ein (*BAG* 21.3.1991 EzA § 622

BGB nF Nr. 33 und 29.8.1991 EzA § 622 BGB nF Nr. 35; **aA** *Bengelsdorf* NZA 1991, 131). Die Verfassungswidrigkeit und damit Unwirksamkeit der längeren Wartefristen für ältere Arbeiter gegenüber denen der Angestellten führt insgesamt zur Unwirksamkeit der tariflichen Regelung der Kündigung für ältere Arbeiter, weil die Regelung der Dauer der für die längeren Fristen erforderlichen Betriebszugehörigkeit so eng mit der Regelung der Fristen verbunden ist, dass damit die Grundlage für die Regelung der Kündigung älterer Arbeiter entsprechend § 139 BGB insgesamt entfällt (*BAG* 21.3.1991 EzA § 622 BGB nF Nr. 33 und 29.8.1991 EzA § 622 BGB nF Nr. 35; *Popp* HAS § 19 B Rn 69; **krit.** *Kramer* EWiR 1994, 680). Die Teilnichtigkeit tariflicher Regelungen führt allerdings dann nicht insgesamt zur Nichtigkeit, wenn sie Bestimmungen betrifft, die nicht Teile einer Gesamtregelung sind, sondern selbständige Bedeutung haben (*LAG Köln* 29.7.1991 LAGE § 622 BGB Nr. 20). Aus den vorstehenden Gründen ist auch die **verlängerte Kündigungsfrist** für **ältere Arbeiter** nach § 21 MTV **Brauerei Nordrhein-Westfalen** verfassungswidrig (*BAG* 7.4.1993 – 2 AZR 408/92 [A], nv).

299 **Verfassungswidrig** ist auch die **zweiwöchige Kündigungsfrist** des § 8 MTV **Gewerbliche Arbeitnehmer Bayerische Metallindustrie** (*BAG* 10.3.1994 PersV 1994, 763).

300 Soweit die Tarifpartner im MTV **Gaststätten- und Hotelgewerbe Nordrhein-Westfalen**, gültig ab 1.1.1991, für gewerbliche Arbeitnehmer nach einer **Betriebszugehörigkeit von 15 Jahren** sowohl hinsichtlich der Zahl der **Erhöhungsstufen** als auch hinsichtlich der **Kündigungsfristen** erhebliche Verschlechterungen gegenüber Angestellten vereinbart haben, verstößt die Regelung gegen Art. 3 GG und ist durch § 622 idF des KündFG zu ersetzen (*BAG* 14.2.1996 RzK I 3e Nr. 58).

301 Eine Tarifnorm, die zur Erlangung der **Unkündbarkeit** bei **Teilzeitbeschäftigten** die Zurücklegung einer **längeren** Dienstzeit fordert als bei **Vollzeitbeschäftigten** (§ 26a TV **Arb Deutsche Bundespost**) verstößt gegen den Gleichheitssatz des Art. 3 Abs. 1 GG und ist nichtig (*BAG* 13.3.1997 EzA § 2 BeschFG 1985 Nr. 52). Entsprechend erkannt hat das *BAG* nun auch eine verfassungswidrige Differenzierung bei der Regelung der **tariflichen Unkündbarkeit** von Teilzeitbeschäftigten (**unterhälftig Beschäftigten**) nach § 53 Abs. 3 BAT (*BAG* 18.9.1997 EzA § 2 BeschFG 1985 Nr. 55).

302 Auch in einer Reihe **instanzgerichtlicher Entscheidungen** zu mehreren Tarifverträgen verschiedener Branchen wurde die **unterschiedliche Behandlung** von Arbeitern und Angestellten bei den Kündigungsfristen **missbilligt**. Als Beispiele seien genannt: MTV für die gewerblichen Arbeitnehmer der **Kunststoffverarbeitenden Industrie**: *LAG Hamm* 10.3.1992 – 6 (20) Sa 1493/91, nv; MTV für die **Eisen-, Metall-, Elektro- und Zentralheizungsindustrie Nordrhein-Westfalen**: *ArbG Bochum* 16.1.1991 BB 1991, 840; *ArbG Hagen* 19.12.1991 DB 1992, 587; BMTV **Systemgastronomie**: *ArbG Oldenburg* 15.6.1994 AuR 1994, 424 (s. dazu Rdn 293); RTV **Maler- und Lackiererhandwerk**: *LAG Nds.* 18.10.1994 LAGE § 1 KSchG Verhaltensbedingte Kündigung Nr. 44; *LAG Hmb.* 3.8.1995 LAGE § 622 BGB Nr. 36; MTV **Friseurhandwerk**: *LAG Düsseld.* 10.7.1995 BB 1996, 222; **Brot- und Backwarenindustrie Nordrhein-Westfalen**: *LAG Düsseld.* 30.8.1996 – 15 Sa 603/96, nv; **Druckindustrie**: *LAG Düsseld.* 4.9.1996 LAGE § 622 BGB Nr. 40; **Bekleidungsindustrie Nordrhein-Westfalen**: *ArbG Mönchengladbach* 9.6.1999 RzK I 3e Nr. 73.

4. Auswirkungen verfassungswidriger Kündigungsregelungen

303 Wenn eine tarifliche Kündigungsregelung wegen Verstoßes gegen Art. 3 GG **nichtig** ist, dann liegt eine **unbewusste Regelungslücke** vor, die von den Gerichten durch **ergänzende Auslegung** zu schließen ist, wenn sich unter Berücksichtigung von Treu und Glauben ausreichende **Anhaltspunkte** für den **mutmaßlichen Willen** der Tarifpartner ergeben, welche Entscheidung sie getroffen hätten, wenn ihnen die Nichtigkeit bekannt gewesen wäre (*BAG* 28.2.1985 EzA § 622 BGB nF Nr. 22; 21.3.1991 EzA § 622 BGB nF Nr. 33; 29.8.1991 EzA § 622 BGB nF Nr. 35). Das setzt allerdings voraus, dass ausreichende Umstände für eine bestimmte Ergänzungsregelung sprechen oder diese nach objektiver Betrachtung zwingend geboten ist.

Vor Inkrafttreten des KündFG wurde angenommen, dass im Falle des Fehlens ausreichender Anhaltspunkte für einen anderen mutmaßlichen Willen der Tarifvertragsparteien davon auszugehen sei, dass sie eine **andere verfassungskonforme** Regelung getroffen und dabei die erforderliche gesetzliche **Neuregelung** entweder **übernommen** oder doch maßgeblich **berücksichtigt** hätten (*BAG* 28.2.1985 EzA § 622 BGB nF Nr. 22; 21.3.1991 EzA § 622 BGB nF Nr. 33; 29.8.1991 EzA § 622 BGB nF Nr. 35; *Wiedemann/Stumpf* [5. Aufl.] § 1 Rn 404). Da sich wegen des dem Gesetzgeber vorbehaltenen Gestaltungsrahmens, der auch nach dem Beschluss des *BVerfG* vom 30.5.1990 (EzA § 622 BGB nF Nr. 27) nicht durch die Notwendigkeit einer völligen Angleichung eingeschränkt war, der Inhalt einer verfassungskonformen Regelung nicht bestimmen ließ, war die Tariflücke nicht zu schließen (*BAG* 29.8.1991 EzA § 622 BGB nF Nr. 35; *Popp* HAS § 19 B Rn 72). In diesen Fällen war der Rechtsstreit hinsichtlich des endgültigen Zeitpunktes der Beendigung bis zur tariflichen, spätestens bis zur gesetzlichen Neuregelung, allerspätestens bis zum 30.6.1993 auszusetzen (*BAG* 21.3.1991 EzA § 622 BGB nF Nr. 33; 29.8.1991 EzA § 622 BGB nF Nr. 35; *Stahlhackel/Preis* [5. Aufl.] Rn 384; *Berger-Delhey* ZTR 1991, 242 f.). 304

Nach Inkrafttreten des KündFG sind Tariflücken, die durch verfassungswidrige tarifliche Kündigungsfristen entstanden sind, **durch die gesetzlichen Kündigungsfristen der Neufassung des § 622 zu schließen** (*BAG* 10.3.1994 EzA § 622 BGB nF Nr. 48 = BB 1994, 1355 = DB 1994, 1425; s. auch *BAG* 10.3.1994 – 2 AZR 220/91 [B], PersV 1994, 763; aA *Hromadka* BB 1993, 2378 f.; *Kehrmann* AiB 1993, 748). Nach der Übergangsvorschrift des Art. 222 EGBGB gilt dies auch für solche Fälle, in denen noch ein Rechtsstreit über diese Fragen anhängig ist (*BAG* 10.3.1994 EzA § 622 BGB nF Nr. 48). 305

Die Tariflücke, die durch unwirksame tarifliche Kündigungsfristen entstanden ist, kann durch die gesetzlichen Kündigungsfristen aber nur geschlossen werden, **soweit noch keine Neuregelung durch die Tarifvertragsparteien erfolgt ist** (vgl. *BAG* 10.3.1994 EzA § 622 BGB nF Nr. 48; *Staudinger/Preis* Rn 85; *Worzalla* NZA 1994, 149). Allerdings unterliegt es erheblichen Bedenken, ob die Tarifpartner rechtlich in der Lage wären, **nach Inkrafttreten des KündFG** auch rückwirkende Tarifregelungen über die Kündigungsfristen zu treffen, die in den **am 15.10.1993 noch anhängigen Prozessen** zu beachten wären. Denn die Übergangsvorschrift des Art. 222 EGBGB verweist für diese Fälle ausdrücklich auf die Anwendung des **KündFG** (*BAG* 10.3.1994 EzA § 622 BGB nF Nr. 48). Deshalb ist auch die **Aussetzung** eines anhängigen Rechtsstreits **bis zu einer Anpassung durch die Tarifvertragsparteien in aller Regel nicht veranlasst** (vgl. dazu *Hromadka* BB 1993, 2379). Ein Aussetzungsgrund iSv § 148 ZPO liegt nicht vor und auch die Tarifautonomie (Art. 9 Abs. 3 GG) erfordert eine derartige Aussetzung jedenfalls dann nicht, wenn die Tarifvertragsparteien Anpassungsabsichten weder ausdrücklich kundtun noch sonst erkennen lassen (*BAG* 10.3.1994 EzA § 622 BGB nF Nr. 48). 306

Die Auffassung von *Hromadka* (BB 1993, 2379), wonach bis zur Neuregelung der Kündigungsfristen von einer **Fortgeltung** der **bisherigen tarifvertraglichen** Regelung auszugehen sei, ist abzulehnen (*BAG* 10.3.1994 EzA § 622 BGB nF Nr. 48; *Staudinger/Preis* Rn 85; *Worzalla* NZA 1994, 149). 307

Auch können, wenn – wie zumeist – **Anzeichen für einen** entsprechenden **mutmaßlichen Willen der Tarifvertragsparteien** fehlen, zur Schließung der nachträglich entstandenen Tariflücke **nicht im Wege der ergänzenden Vertragsauslegung** nach § 157 BGB die entsprechenden für Angestellte geltenden tarifvertraglichen Kündigungsfristen und Wartezeiten herangezogen werden (aA *Kehrmann* AiB 1993, 748). Das gilt **in Sonderheit** dann, wenn die **Tarifpartner zu erkennen gegeben haben, dass sie um eine Angleichung** der für Arbeiter und Angestellte geltenden Fristen **auf mittlerem Niveau** bemüht sind (*BAG* 10.3.1994 EzA § 622 BGB nF Nr. 48), oder wenn die für **Angestellte geltenden Fristen** wegen des gerade auf dem Verhältnis der Fristen beruhenden Verstoßes gegen das Gleichbehandlungsgebot **ebenso** wie die für Arbeiter geltenden Regelungen **nichtig** sind (*Bauer/Rennpferdt* AR- Blattei SD 1010.5 Kündigung V, Kündigungsfristen Rn 67; *Bengelsdorf* NZA 1991, 131; *Worzalla* NZA 1994, 149; vgl. *Hromadka* BB 1993, 2378). 308

H. Auswirkungen des KündFG auf Altkündigungen und auf Altregelungen

I. Allgemeines

309 Die Neufassung des § 622 aufgrund des KündFG gilt **originär** für alle nach dem Inkrafttreten des Gesetzes am 15.10.1993 erklärten Kündigungen und alle danach begründeten Einzelverträge und Tarifverträge. Für bestimmte **Altkündigungen** (Rdn 311) gilt die Neufassung aufgrund und unter den Voraussetzungen der **Übergangsregelung** in Art. 222 EGBGB. Für **Altregelungen** (Rdn 319 ff.) fehlt eine Übergangsregelung, weshalb in jedem Einzelfall zu prüfen ist, ob die Neufassung oder die Altregelung gilt.

II. Altkündigungen – Übergangsvorschrift des Art. 222 EGBGB

1. Regelungsgehalt

310 Bei einer **vor dem 15.10.1993 zugegangenen** Kündigung gilt aufgrund Art. 222 EGBGB (s. Rdn 89) die Neufassung des § 622, wenn **am 15.10.1993 das Arbeitsverhältnis noch nicht beendet ist und** die Regelungen der **Neufassung** für den Arbeitnehmer **günstiger** als die **vor dem 15.10.1993** geltenden **gesetzlichen** Vorschriften sind **oder** ein **Rechtsstreit anhängig ist**, bei dem die **Entscheidung über den Zeitpunkt der Beendigung** des Arbeitsverhältnisses **abhängt** von § 622 Abs. 2 S. 1 und S. 2 1. Hs. BGB 1969 oder der durch das KündFG **aufgehobenen Vorschrift des** § 2 Abs. 1 S. 1 des **AngKSchG**, soweit danach die Beschäftigung von idR mehr als zwei Angestellten durch den Arbeitgeber Voraussetzung für die Verlängerung der Fristen für die Kündigung von Angestellten ist. Die Neufassung gilt **bundesweit** und mithin auch in jenen Fällen, in denen sich die Frist für die vor dem 15.10.1993 erklärte Kündigung nach **§ 55 AGB-DDR** bestimmt hat. **Anhängig** waren oder sind insbesondere solche Rechtsstreite, die nach dem Beschluss des *BVerfG* vom 30.5.1990 (EzA § 622 BGB nF Nr. 27) bis zur gesetzlichen Neuregelung der Kündigungsfristen ausgesetzt werden mussten.

311 Die Neufassung des § 622 gilt auch für vor dem Inkrafttreten des KündFG gegenüber Arbeitern ausgesprochene (ordentliche) **Änderungskündigungen**, bei denen nur um den Zeitpunkt des Wirksamwerdens der **Vertragsänderungen** gestritten wird (*BAG* 12.1.1994 AP Nr. 43 zu § 622 BGB). Diesen Problemkreis hat der Gesetzgeber bei der Übergangsbestimmung offenbar übersehen (*Staudinger/Preis* [Vor-Vorauﬂ.] Rn 92; *Widlak* AuA 1995, 228; aA *Raab* SAE 1995, 74). Deren erweiternde Auslegung verstößt nicht gegen das verfassungsrechtliche Rückwirkungsverbot (*BAG* 12.1.1994 AP Nr. 43 zu § 622 BGB; s. Rdn 316 ff., insbes. Rdn 318). Auch wird man nur so der Zielsetzung des Gesetzgebers gerecht, Schwebezustände zu beseitigen (*BAG* 12.1.1994 AP Nr. 43 zu § 622 BGB).

312 Aufgrund Art. 222 Nr. 2b EGBGB erlangen Angestellte in **deren** noch anhängigen Verfahren **nur die kürzeren Fristen des KündFG**, nicht die längeren des aufgehobenen AngKSchG (*BAG* 17.3.1994 EzA § 622 BGB nF Nr. 49). Es gelten allerdings die Fristen des aufgehobenen AngKSchG, wenn diese für den Angestellten günstiger sind und die Anwendbarkeit sowie die Voraussetzungen des § 2 Abs. 1 S. 1 AngKSchG zwischen den Parteien nicht strittig sind.

313 Die Übergangsvorschrift betrifft lediglich das Verhältnis der neuen zu den alten **gesetzlichen** Regelungen über Kündigungsfristen. Sie bezieht sich nicht auf einzelvertragliche oder auf tarifvertragliche Regelungen. Daher unterliegt es erheblichen Bedenken, ob die Tarifpartner rechtlich in der Lage wären, **nach Inkrafttreten des KündFG** auch rückwirkende Tarifregelungen über die Kündigungsfristen zu treffen, die in den **am 15.10.1993 noch anhängigen Prozessen** zu beachten wären (*BAG* 10.3.1994 EzA § 622 nF Nr. 48 = BB 1994, 1355 = DB 1994, 1425).

2. Günstigkeit

314 Bei einer vor dem 15.10.1993 zugegangenen Kündigung gilt aufgrund Art. 222 Nr. 1 EGBGB die Neufassung des § 622, wenn am 15.10.1993 das Arbeitsverhältnis noch nicht beendet ist und die Regelungen der Neufassung **für den Arbeitnehmer günstiger** als die vor dem 15.10.1993 geltenden

gesetzlichen Vorschriften sind. Was »günstiger« ist, muss aus der Sicht eines verständigen Arbeitnehmers unter Berücksichtigung der Umstände des Einzelfalls beurteilt werden. Günstiger sind nicht stets die längeren Kündigungsfristen. Das folgt schon daraus, dass der Gesetzgeber nicht einfach von längeren Kündigungsfristen spricht, aber auch daraus, dass der Ausdruck »günstiger« im vorliegenden Zusammenhang einen fest umrissenen Inhalt hat. Bei ambivalenten Regelungen, dh bei Regelungen, die – wie die Kündigungsfristen – für den Arbeitnehmer Vor- oder Nachteile haben können, ist eine typisierende Einzelfallbetrachtung anzustellen. Anhand von Beruf, Arbeitsmarktlage und Lebensalter ist zu prüfen, ob das Mobilitätsinteresse des Arbeitnehmers oder sein Bestandsschutzinteresse überwiegt (*Hromadka* BB 1993, 2374; *ArbG Zwickau* 19.1.1994 AuA 1994, 185; zust. ArbRBGB-*Röhsler* Rn 176; vgl. auch *Knorr* ZTR 1994, 274). Indizielle Bedeutung kann dabei der Umstand erlangen, welcher Teil die Lösung des Arbeitsverhältnisses betreibt, und im Falle einer arbeitnehmerseitigen Kündigung weiter, ob ein bestimmter möglicher Kündigungstermin genannt wurde, wenn ja welcher.

3. Verfassungsmäßigkeit der Teilregelungen in Art. 222 EGBGB

Das KündFG hat **verfassungsmäßige** Kündigungsfristen gebracht. Allerdings ist geltend gemacht worden, dass die begleitende Übergangsvorschrift in Art. 222 EGBGB **ihrerseits** nicht mit der Verfassung im Einklang stehe. 315

Folgende **Problemkreise** sind zu trennen: Ist es mit dem Prinzip der **Rechtsstaatlichkeit (Vertrauensschutz)** vereinbar, dass die Übergangsregelung **für bestimmte Altkündigungen rückwirkend** für Arbeiter sowie für ältere und länger beschäftigte Angestellte von Arbeitgebern mit weniger als zwei Angestellten sowie für Arbeitnehmer, deren Kündigungsfrist sich bislang nach § 55 AGB-DDR bestimmte, längere als die bislang anwendbaren Kündigungsfristen »nachreicht«? – Betroffen hiervon ist das KündFG, soweit es nach Art. 221 EGBGB die **Teilregelungen in Nr. 1, in Nr. 2a und in Nr. 2b** iVm dem Eingangssatz der Übergangsvorschrift des Art. 222 EGBGB eingefügt hat. – Stellt es einen Verstoß gegen den **Gleichbehandlungsgrundsatz** dar, dass Arbeiter **im Anwendungsbereich der Übergangsvorschrift lediglich** die für sie durch das KündFG verbesserten Kündigungsfristen und **nicht** zum Zeitpunkt der Kündigung geltende günstigere Angestelltenkündigungsfristen in Anspruch nehmen können? Das wird angenommen von *Wollgast* AuR 1993, 325, sowie *Kehrmann* AiB 1993, 749. – Betroffen hiervon ist das KündFG, soweit es nach Art. 221 EGBGB die Teilregelungen in Nr. 1 und Nr. 2a iVm dem Eingangssatz der Übergangsvorschrift eingefügt hat. 316

Hinsichtlich des **ersten Problemkreises** gilt Folgendes: Richtig ist, dass die **Teilregelung** in Art. 222 Nr. 2b EGBGB zwar für Betriebe, die idR nicht mehr als zwei Angestellte beschäftigen (§ 2 des aufgehobenen AngKSchG) zu einer rückwirkenden Änderung der für Angestellte geltenden Kündigungsfristen führt. Die Kleinstbetriebsklausel in § 2 AngKSchG wurde jedoch schon seit geraumer Zeit für verfassungswidrig gehalten (Vorlagebeschluss des *BAG* gem. Art. 100 Abs. 1 GG, *BAG* 16.1.1992 EzA § 2 AngKSchG Nr. 1). Auf ein Fortbestehen des mit großer Wahrscheinlichkeit verfassungswidrigen Zustands konnte sich – wie stets – weder mit Blick auf das Prinzip der Rechtsstaatlichkeit noch auf dasjenige der Sozialstaatlichkeit ein schutzwürdiges Vertrauen gründen (*BAG* 17.3.1994 EzA § 622 BGB nF Nr. 49; *Bauer/Rennpferdt* AR-Blattei SD 1010.5 Kündigung V, Kündigungsfristen Rn 17; *Kramer* EWiR 1994, 784). Für die rückwirkende Verlängerung der Kündigungsfristen für Arbeiter durch die **Teilregelung** in Art. 222 **Nr. 1** und in **Nr. 2a** sowie für Arbeitnehmer, deren Kündigungsfrist sich bislang nach § 55 AGB-DDR bestimmte, gilt **nichts anderes**. Das *BVerfG* hat mit Beschluss vom 30.5.1990 (EzA § 622 BGB nF Nr. 27) entschieden, dass § 622 Abs. 2 BGB 1969 mit dem allgemeinen Gleichheitssatz unvereinbar war, soweit hiernach die Kündigungsfristen für Arbeiter kürzer sind als für Angestellte. In den Gründen dieser Entscheidung wird unter anderem ausgeführt, dass der Gesetzgeber die Rechtslage unverzüglich – spätestens jedoch bis 30.6.1993 – mit dem Grundgesetz in Einklang zu bringen habe. Seit dieser Entscheidung konnte kein Arbeitgeber mehr auf das Fortbestehen der ungleichen Kündigungsfristen vertrauen (*Adomeit/Thau* NJW 1994, 14; *Bauer/Rennpferdt* AR-Blattei SD 1010.5 Kündigung V, Kündigungsfristen Rn 17). Dies gilt zumal dann, wenn eine Übergangsregelung – wie hier die 317

Teilregelung Nr. 2 – an die Anhängigkeit eines Rechtsstreits über die Beendigung des Arbeitsverhältnisses anknüpft und damit das schutzwerte Vertrauen nicht völlig unberücksichtigt lässt (*BAG* 10.3.1994 EzA § 622 BGB nF Nr. 48). Anderes gilt auch nicht für vor dem Inkrafttreten des KündFG gegenüber Arbeitern ausgesprochene (ordentliche) Änderungskündigungen, bei denen nur um den Zeitpunkt des Wirksamwerdens der Vertragsänderung gestritten wird (*BAG* 12.1.1994 AP Nr. 43 zu § 622 BGB).

318 Hinsichtlich des **zweiten Problemkreises** gilt Folgendes: Richtig ist, dass Arbeiter aufgrund der Teilregelungen in Art. 222 Nr. 1 und Nr. 2a EGBGB lediglich die für sie durch das KündFG verbesserten Kündigungsfristen und nicht, anders als Angestellte früher sowie noch im Fall der Teilregelung in Art. 222 Nr. 1 EGBGB, die zum Zeitpunkt der Kündigung geltende **günstigere** Angestelltenkündigungsfrist in Anspruch nehmen können.

Die darin liegende Ungleichbehandlung stellt jedoch keinen Verstoß gegen Art. 3 Abs. 1 GG dar. Denn sie ist weniger gewichtig als durch die alte Regelung in § 622 BGB 1969. Außerdem besteht sie nur temporär und betrifft nur die Gruppe der bei Inkrafttreten des KündFG bereits gekündigten Arbeitnehmer, deren Arbeitsverhältnisse zu diesem Zeitpunkt noch nicht beendet (Nr. 1) und die kleine Gruppe derjenigen, deren Kündigungssachen bei Inkrafttreten des KündFG noch anhängig (Nr. 2a) waren. Es gibt zudem einsehbare und hinreichend tragfähige Gründe für die Ausgestaltung der Teilregelungen: Der Gesetzgeber wollte ersichtlich für die kleine Gruppe der betroffenen Arbeiter keine nur kurzfristig geltenden längeren Kündigungsfristen einführen, als das Gesetz im Endergebnis vorsieht (vgl. zur Zielsetzung BT-Drucks. 12/4902, S. 7). Das ist im Interesse einer stetigen – schrittweisen – Rechtsentwicklung sinnvoll. Dabei war auch die Gleichbehandlung mit denjenigen Arbeitern zu bedenken, deren Arbeitsverhältnis bereits beendet war oder die gerichtlichen Kündigungsschutz im fraglichen Zeitraum nicht in Anspruch genommen haben. Ihnen gegenüber werden die von der Übergangsregelung betroffenen Arbeiter ohnehin begünstigt. Entsprechendes gilt im Verhältnis zu gekündigten Arbeitnehmern in den neuen Bundesländern (vgl. die Andeutungen des *BVerfG* [Zweite Kammer des Ersten Senats] in dem auf Vorlage des *ArbG Bonn* 5.11.1993 – 4 Ca 632/93 – gem. § 81a BVerfGG idF v. 11.8.1993 [BGBl. I S. 1473] ergangenen einstimmigen Beschl. v. 25.1.1994 EzA § 622 BGB nF Nr. 46; *BAG* 10.3.1994 EzA § 622 BGB nF Nr. 48; *LAG Nbg.* 20.12.1993 LAGE § 622 BGB Nr. 28; *LAG Hamm* 25.1.1994 LAGE § 622 BGB Nr. 27 [die dagegen eingelegte Verfassungsbeschwerde wurde nicht zur Entscheidung angenommen]). **Alle** Entscheidungen betrafen lediglich die **Teilregelung** in Art. 222 **Nr. 2a** EGBGB. Für deren Verfassungsmäßigkeit sowie für die Verfassungsmäßigkeit der Teilregelung in **Nr. 1** auch *Staudinger/Preis* [Vor-Voraufl.] Rn 91; *Bader/Bram-Bader* Rn 15; *Kittner/Trittin* [3. Aufl.] Rn 13; *Preis/Kramer* DB 1993, 2130 mit Fn. 65 und 82; *Knorr* ZTR 1994, 274). Zu berücksichtigen ist auch, dass selbst auf die Angestellten in **deren** noch anhängigen Verfahren **nur die kürzeren Fristen des KündFG** anwendbar sind (*BAG* 17.3.1994 EzA § 622 BGB nF Nr. 49; vgl. den Hinweis auf diesen Umstand in *BAG* 10.3.1994 EzA § 622 BGB nF Nr. 48). Diesen Angestellten gegenüber fehlt es mithin schon an einer Ungleichbehandlung der hier in Rede stehenden Arbeiter.

III. Altregelungen – Auswirkungen auf bestehende einzelvertragliche und tarifvertragliche Regelungen

1. Allgemeines

319 Für **bestehende** einzelvertragliche und tarifvertragliche **Regelungen der Kündigungsfristen** fehlt eine gesetzliche Regelung des Verhältnisses zu der Neufassung des § 622. In bestehende **tarifvertragliche** Regelungen **sollte** sie zwar nicht eingreifen (BT-Drucks. 12/4902, S. 7; **aA** *Staudinger/Preis* [Vor-Voraufl.] Rn 94 und ErfK-*Müller-Glöge* [7. Aufl.] Rn 128, wonach auch in einzelvertragliche Regelungen nicht habe eingegriffen werden sollen). Dessen ungeachtet ist sowohl für einzelvertragliche wie für tarifvertragliche Bestimmungen in jedem Einzelfall zu prüfen, ob die gesetzliche Neufassung oder die vertragliche Altregelung gilt. Anlass hierzu bietet die reichhaltige Regelungspraxis hinsichtlich der Kündigungsfristen. Sowohl in Arbeitsverträgen wie auch in Tarifverträgen finden sich sowohl Regelungen, die lediglich die gesetzlichen Bestimmungen (**deklaratorisch**) in

Bezug nehmen, als auch solche, die eigenständige (**konstitutive**) Regelungen der Kündigungsfristen enthalten. Darüber hinaus gibt es bei Tarifverträgen **Mischformen**. Hinsichtlich der deklaratorischen Regelungen wirft die gesetzliche Neuregelung der Kündigungsfristen die Frage auf, ob nunmehr die **Neufassung** des § 622 oder die **alte** in Bezug genommene gesetzliche Regelung der Kündigungsfristen gilt. Hinsichtlich der konstitutiven Regelungen stellt sich die Frage, ob sie ihre die gesetzlichen Bestimmungen **verdrängende Wirkung** auch **gegenüber** der **Neufassung entfalten** können, oder was gilt, wenn sie, **aus welchem Rechtsgrund auch immer, unwirksam** sein sollten. Bei Mischformen (deklaratorisch/konstitutiv) **kumulieren** die genannten Fragen; insbesondere geht es um die **Auswirkung** der für den deklaratorischen Teil zu ziehenden Folgerungen **auf** das **konstitutive** Element. Die Feststellung, ob eine Regelung deklaratorischen, konstitutiven oder gemischten Charakter hat, beantwortet in aller Regel schon die Frage nach der Anwendbarkeit der Neufassung. Sie muss daher zunächst – und zwar wegen der unterschiedlichen Auslegungsgrundsätze für Arbeitsverträge und für Tarifverträge (*Hromadka* BB 1993, 2375 ff.; *Preis/Kramer* DB 1993, 2130 ff.; *Staudinger/Preis* [Vor-Voraufl.] Rn 94, der allerdings – ebenso wie *Bauer/Rennpferdt* AR-Blattei SD 1010.5 Kündigung V, Kündigungsfristen Rn 88 dies tun – auf die geringe Auswirkung dieser Unterschiede auf die in Rede stehende Problematik hinweist; SPV-*Preis* [Voraufl.] Rn 508; *Knorr* ZTR 1994, 274) getrennt für einzelvertragliche und für tarifvertragliche Regelungen – getroffen werden. **Besteht weder eine einzelvertragliche noch eine tarifvertragliche Regelung, gilt die Neufassung ipso iure.** Für regelungslose Fälle gelten die nachstehenden Erörterungen nicht.

2. Auswirkungen auf bestehende einzelvertragliche Regelungen (sog. Altverträge)

Bei arbeitsvertraglichen Regelungen, die inhaltlich mit gesetzlichen Normen übereinstimmen oder auf sie verweisen, ist jeweils durch Auslegung zu ermitteln, ob die Arbeitsvertragsparteien hierdurch eine selbständige, dh in ihrer Wirkung von der außervertraglichen Norm unabhängige eigenständige Regelung treffen wollten. Anders als in Tarifverträgen muss ein entsprechender Wille keinen hinreichend erkennbaren Ausdruck in einem schriftlichen Vertrag gefunden haben (zu Auslegungsfragen in dem hier in Rede stehenden Zusammenhang s. *Hromadka* BB 1993, 2375 ff.; *Preis/Kramer* DB 1993, 2130 ff.; *Staudinger/Preis* [Vor Voraufl.] Rn 94; SPV-*Preis* [Voraufl.] Rn 508; *Bauer/Rennpferdt* AR-Blattei SD 1010.5 Kündigung V, Kündigungsfristen Rn 87). Verweist die Klausel im Arbeitsvertrag auf die »**gesetzlichen Kündigungsfristen**«, so gelten, auch wenn der Arbeitsvertrag vor Inkrafttreten des KündFG abgeschlossen worden ist, für diesen Arbeitsvertrag nunmehr die **neuen** gesetzlichen Kündigungsfristen (*Bauer/Rennpferdt* AR- Blattei SD 1010.5 Kündigung V, Kündigungsfristen Rn 89; *Hromadka* BB 1993, 2380; *Kramer* ZIP 1994, 937; *ders.* S. 120 f.; *Preis/Kramer* DB 1993, 2130 f.; *Staudinger/Preis* [Vor-Voraufl.] Rn 96; SPV-*Preis* Rn 509 [Voraufl.]; *Eckert* DStR 1993, 1926; *Worzalla* NZA 1994, 150). Ebenso wenn es etwa heißt »**die Frist ist die gesetzliche, dh die Kündigung muss 6 Wochen vor dem Ende des Quartals erfolgen**« (vgl. *ArbG Krefeld* 13.7.2000 EzA § 622 BGB nF Nr. 61) oder »die gesetzlich vorgesehenen Fristen betragen z. Zt.« (vgl. für Kündigungsfristen über Wohnraum *BGH* 15.3.2006 NJW 2006, 1867). Anders ist die Rechtslage, wenn die Klausel konkret die Fristdauer von »**sechs Wochen zum Schluss des Kalendervierteljahres**« benennt. Einer solchen Altregelung kommt idR konstitutive Wirkung zu (*Kramer* ZIP 1994, 937; *ders.* S. 121; aA *Eckert* DStR 1993, 1926. Zur Rechtslage gesetzeswiederholender Kündigungsregelungen nach der **Mietrechtsreform** s. *BGH* 18.6.2003 ZIP 2003, 1547; 6.4.2005 NJW 2005, 1572 ff.; »Korrektur« dieser Rspr. durch den Gesetzgeber: NJW 2005, Heft 20, VI). **Konstitutive Regelungen bleiben** – soweit **günstiger** – von der Neufassung des § 622 **unberührt** (*Bauer/Rennpferdt* AR-Blattei SD 1010.5 Kündigung V, Kündigungsfristen Rn 91; vgl. *LAG Hamm* AE 1997, 91). Das ergibt sich aus allgemeinem Vertragsrecht. Bei **Formularverträgen** ist auf die Verständnismöglichkeit des Durchschnittspartners des Verwenders, also des sog. Durchschnittsarbeitnehmers, abzustellen (*Kramer* ZIP 1994, 937; *ders.* S. 121; *Staudinger/Preis* [Vor-Voraufl.] Rn 96; beide mit Nachw. auf die Problemlage nach dem AGB; SPV-*Preis* [Voraufl.] Rn 509). Dies führt – entsprechend einer Orientierung am Wortlaut der Vertragsabrede – dazu, dass in aller Regel weiterhin die sechswöchige Kündigungsfrist zum Quartalsende gilt. Da in der Vereinbarung das Wort »Gesetz« nicht vorkommt, sondern ausschließlich eine konkrete Frist benannt wird, muss

320

aus Sicht eines Durchschnittsarbeitnehmers auch eben diese Frist gelten, selbst wenn sie mit der zwischenzeitlich geänderten gesetzlichen Frist identisch ist (*Kramer* ZIP 1994, 937; *ders.* S. 121; *Preis/Kramer* DB 1993, 2131; *Staudinger/Preis* [Vor-Voraufl.] Rn 98; SPV-*Preis* [Voraufl.] Rn 509; *Kretz* HwB AR Kündigungsfristen und Kündigungsfristengesetz, Rn 41). Dasselbe gilt jedoch auch für die Formulierung »gesetzliche Kündigungsfrist von sechs Wochen zum Quartalsende«, weil die konkrete Festlegung der Frist die Bezugnahme auf das Gesetz überwiegt (*ArbG Krefeld* 13.7.2000 EzA § 622 BGB nF Nr. 61; *Preis/Kramer* DB 1993, 2131; *Kramer* S. 121 f.; *Staudinger/Preis* [Vor-Voraufl.] Rn 99; SPV-*Preis* [Voraufl.] Rn 509; *Hromadka* BB 1993, 2376; *Kretz* HwB AR Kündigungsfristen und Kündigungsfristengesetz, Rn 41). Nach der Auffassung des *BAG* (4.7.2001 EzA § 622 BGB nF Nr. 63 m. Anm. *Lambrich*) soll der vertragliche Kündigungstermin (es ging um das Quartalsende) **keinen Bestand** haben, wenn nach einer Gesetzesänderung der Gesamtvergleich von Kündigungsfrist und -termin zu dem Ergebnis führt, dass die gesetzliche Regelung für den Arbeitnehmer stets günstiger ist. Zur Problematik vereinbarter **Quartalskündigungsfristen** näher Rdn 205.

321 Verstößt eine konstitutive einzelvertragliche Regelung der Kündigungsfristen gegen den arbeitsrechtlichen Gleichbehandlungsgrundsatz und ist deswegen ihre Unwirksamkeit in Betracht zu ziehen, tritt im Zweifel die Neufassung des § 622 in die Lücke. Die Unwirksamkeit kann darauf beruhen, dass **nach dem 15.10.1993** aus sachwidrigen Gründen unterschiedliche einzelvertragliche Regelungen mit Arbeitern und Angestellten getroffen wurden bzw. werden. Für Altregelungen, die nicht eo-ipso unwirksam werden (vgl. *Eisemann* Personalbuch 1995 Rn 32), dürfte eine **Anpassungspflicht** wegen der im Normalfall fehlenden **rechtlichen Durchsetzbarkeit** jedoch **abzulehnen** sein (*Staudinger/Preis* [Vor-Voraufl.] Rn 100 f.; SPV-*Preis* [Voraufl.] Rn 510; *Bauer/Rennpferdt* AR-Blattei SD 1010.5 Kündigung V, Kündigungsfristen Rn 92 ff.; *Schaub* 13. Aufl., § 124 VI 2b, Rn 55; *Worzalla* NZA 1994, 151; **abl.** nur für eine Übergangszeit *Hromadka* BB 1993, 2379, der anstelle der kürzeren Fristen während der Übergangszeit allerdings die längeren Fristen gleichmäßig angewandt wissen will; im letzteren Sinne auch *Widlack* Betrieb und Wirtschaft 1993, 783). Etwas anderes kann nur dann gelten, wenn durch die Verknüpfung über den Gleichbehandlungsgrundsatz (das Berufen auf ihn allein wäre allerdings kein Grund für eine Änderungskündigung: *BAG* 28.4.1982 EzA § 2 KSchG Nr. 4; der Grundsatz soll Rechte begründen, nicht einschränken können, vgl. *BAG* 8.10.2009 EzA § 2 KSchG Nr. 75) ein bestehendes Kündigungsfristensystem im Betrieb **derart gestört** wird, dass dem Arbeitgeber ein Festhalten daran **unzumutbar** ist (*Worzalla* NZA 1994, 151; *Hromadka* BB 1993, 2379). Dann stellt auch der **Vertrauensschutz** in getroffene Abmachungen **kein hinreichendes Differenzierungskriterium** (dazu *Preis* DB 1993, 2125; KassArbR-*Isenhardt* 6.3 Rn 223) mehr dar (**abw.** MüKo-BGB/*Schwerdtner* Rn 67 [3. Aufl.]).

322 Als Mittel einer im Einzelfall zulässigen Anpassung kommt **mit Blick auf etwaigen anwendbaren** allgemeinen Kündigungsschutz nur die **Änderungskündigung**, **nicht** die Berufung auf den durch die Neufassung des § 622 bedingten **Wegfall der Geschäftsgrundlage** in Betracht (den zweiten Weg hält aber wohl *Worzalla* [NZA 1994, 151] für gangbar; zur Störung der Geschäftsgrundlage bei Gesetzesänderungen vgl. *BAG* 23.9.2003 EzA § 305c BGB 2002 Nr. 1). Denn **radikal** wurde das rechtliche Umfeld der vertraglichen Regelungen nicht umgestaltet, sondern **moderat** iS einer Neuorientierung auf mittlerem Niveau (s. Rdn 53). Kündigungsschutz ist auch für den Fall des Ausspruchs von Massenänderungskündigungen, mit denen die Anpassung durchgesetzt werden soll, **uneingeschränkt** zu gewähren (anders aber *Hromadka* BB 1993, 2380).

3. Auswirkungen auf bestehende tarifvertragliche Regelungen

323 Bei tariflichen Normen, die inhaltlich mit gesetzlichen Normen übereinstimmen oder auf sie verweisen, ist jeweils durch **Auslegung** zu ermitteln, ob die Tarifvertragsparteien hierdurch eine **selbständige**, dh in ihrer normativen Wirkung von der außertariflichen Norm unabhängige eigenständige Regelung treffen wollten. Dieser Wille muss im Tarifvertrag einen **hinreichend erkennbaren Ausdruck** gefunden haben. Das ist regelmäßig anzunehmen, wenn die Tarifvertragsparteien eine im Gesetz nicht oder anders enthaltene Regelung vereinbaren oder eine gesetzliche Regelung

übernehmen, die sonst nicht für die betroffenen Arbeitsverhältnisse gelten würde. Für einen rein **deklaratorischen** Charakter der Übernahme spricht hingegen, wenn einschlägige gesetzliche Vorschriften wörtlich oder inhaltlich unverändert übernommen oder nur auf sie verwiesen wird, insbes. dann, wenn es den Tarifvertragsparteien allein darum gegangen ist, im Tarifvertrag eine unvollständige Darstellung der Rechtslage zu vermeiden (Einzelheiten Rdn 238–241). **Fraglich** ist dabei auch, ob tarifvertragliche Regelungen hinsichtlich der Kündigungsfristen in einen **konstitutiven** und in einen **deklaratorischen** Teil **aufgespalten** werden können. Die Rechtsprechung nimmt das an (bspw. *BAG* 2.4.1992 EzA § 622 BGB nF Nr. 43; 4.3.1993 EzA § 622 nF BGB Nr. 44; 23.1.1992 EzA § 622 BGB nF Nr. 41; 23.1.1992 EzA § 622 BGB nF Nr. 42; 14.2.1996 EzA § 622 BGB nF Nr. 54; 29.1.1997 EzA § 4 TVG Textilindustrie Nr. 9; aA *Bengelsdorf* NZA 1991, 127; vgl. auch *Hromadka* BB 1993, 2372, und *Kramer* ZIP 1994, 931; zweifelnd *Worzalla* NZA 1994, 146). **Hiernach ergibt sich, dass die Grundkündigungsfristen sowie die verlängerten Kündigungsfristen sowie die noch fortbestehenden Kündigungsfristen von Arbeitern und Angestellten jeweils gesondert darauf hin zu überprüfen sind, ob und inwieweit eine konstitutive oder deklaratorische Regelung vorliegt.** Die Abweichung bei einer Gruppe macht die Regelung der anderen nicht notwendigerweise konstitutiv (*Kramer* ZIP 1994, 931; *Bauer/Rennpferdt* AR-Blattei SD 1010.5 Kündigung V, Kündigungsfristen Rn 53; *Staudinger/Preis* Rn 70; SPV-*Preis* Rn 474, 475).

Liegt eine **deklaratorische** Regelung vor, **gilt** die **Neufassung** des § 622 (*Bauer/Rennpferdt* AR-Blattei SD 1010.5 Kündigung V, Kündigungsfristen Rn 57; *Hromadka* BB 1993, 2380; *Kramer* ZIP 1994, 932; *Worzalla* NZA 1994, 147; *Kempen/Zachert-Kempen* Grundlagen Rn 228). Liegt eine **wirksame konstitutive** Regelung vor, **gilt diese** und nicht die **Neufassung** (*Bauer/Rennpferdt* AR-Blattei SD 1010.5 Kündigung V, Kündigungsfristen Rn 58 ff.; *Worzalla* NZA 1994, 148). Eine konstitutive Wirkung tritt nicht schon dadurch ein, dass eine bislang gesetzeswiederholende Regelung nach Neufassung des § 622 BGB – ohne Bestätigung des Regelungswillens – beibehalten wurde (*BAG* 7.3.2002 EzA § 622 BGB Tarifvertrag Nr. 3). Ist die **konstitutive** Regelung **unwirksam**, **gilt** in aller Regel die **Neufassung**. Die Unwirksamkeit kommt insbes. dann in Betracht, wenn Arbeiter und Angestellte sachwidrig ungleich behandelt (Einzelheiten Rdn 281 ff., Rdn 298; zu den Rechtsfolgen verfassungswidriger eigenständiger Regelungen s. Rdn 303–308) oder ältere Arbeitnehmer nicht durch längere Fristen stärker geschützt werden (s. Rdn 246). Liegt eine **Mischform** vor, **gilt** für die Arbeitnehmergruppe mit der **deklaratorischen Teilregelung** die **Neufassung**. Die **konstitutive Teilregelung** ist **nur** im Falle ihrer Wirksamkeit **weiterhin** anwendbar; **andernfalls gilt** auch insoweit die **Neufassung** (*Bauer/Rennpferdt* AR-Blattei SD 1010.5 Kündigung V, Kündigungsfristen Rn 67; *Kramer* ZIP 1994, 936; *Worzalla* NZA 1994, 149). Die Unwirksamkeit der konstitutiven Teilregelung kommt insbes. dann in Betracht, wenn Arbeiter und Angestellte sachwidrig ungleich behandelt werden und der Verstoß gegen das Gleichbehandlungsgebot gerade auf dem Verhältnis der für Arbeiter (deklaratorisch) und der für Angestellte (konstitutiv) geltenden Fristen beruht (s. bereits Rdn 309).

324

Zu den **rechtstatsächlichen Auswirkungen** des KündFG **auf Tarifverträge** s. *Bispink/Höhnen-Wilhelmy/Kranz/Marth/Müller/Peukes/Schwacke* WSI-Mitteilungen 1993, 322. Zu den **Auswirkungen** des KündFG **auf die tariflichen Kündigungsfristen des Baugewerbes** für gewerbliche Arbeitnehmer und kaufmännische und technische Angestellte in den alten und in den neuen Bundesländern s. *Drüll/Schmitte* NZA 1994, 398 (die Verfasser stellen fest, dass im Baugewerbe jetzt folgende Fristen gelten: 1. Gewerbliche Arbeitnehmer: Grundkündigungsfrist § 12 Nr. 1.1 BRTV-Bau [Geltung in den alten und in den neuen Bundesländern; so auch *Sächs. LAG* 21.6.1996 – 2 Sa 980/95, nv; *LAG Bra.* 28.8.1996 LAGE § 622 BGB Nr. 39] – verlängerte Kündigungsfrist § 622 Abs. 2 nF [so auch *BAG* 14.2.1996 EzA § 622 BGB nF Nr. 53]; 2. Angestellte/Poliere: Grundkündigungsfrist § 622 Abs. 1 nF – verlängerte Kündigungsfrist § 622 Abs. 2 nF – Probezeit § 11 Nr. 1.2 RTV-Angestellte, § 12 Nr. 1.2 RTV-Poliere – Aushilfstätigkeit § 11 Nr. 1.3 RTV-Angestellte, § 12 Nr. 1.3 RTV-Poliere). Bei der Regelung der **Kündigungsfristen** in Nr. 11 MTV **Arb Metall- und Elektroindustrie Berlin und Brandenburg** (Tarifgebiet II) vom 10.3.1991 handelt es sich um eine **deklaratorische** Regelung, die ihre Wirkung mit Inkrafttreten des § 622 nF verloren hat (*BAG* 5.10.1995 NZA 1996, 325). Bei der **Grundkündigungsfrist** und den **verlängerten**

325

§ 622 BGB Kündigungsfristen bei Arbeitsverhältnissen

Kündigungsfristen des MTV **Ang Metall- und Elektroindustrie Berlin und Brandenburg** (Tarifgebiet II) vom 10.3.1991 handelt es sich nicht um **eigenständige** Regelungen, sondern um **deklaratorische** Klauseln (*BAG* 5.10.1995 RzK I 3e Nr. 54). **Deklaratorischer Natur** ist auch die Regelung über die **verlängerten Fristen** nach § 14 Nr. 2.2.4 MTV **Metallindustrie Hamburg und Umgebung sowie Schleswig-Holstein** (*LAG SchlH* 18.4.1996 BB 1997, 1591). Gleiches gilt für die Regelung in § 8 MTV **gewerbliche Arbeitnehmer Metall- und Elektroindustrie Sachsen** (*BAG* 5.10.1995 EzA § 622 BGB nF Nr. 52, gegen *Sächs. LAG* 26.4.1994 LAGE § 622 Nr. 31), für die **Grundkündigungsfrist** und die **verlängerten Kündigungsfristen** für Arbeiter und Angestellte in der **Metallindustrie des Landes Thüringen** vom 8.3.1995 (*BAG* 5.10.1995 RzK I 3e Nr. 55) für die **Bezugnahme** von § 17 Nr. 2 MTV Arb **Baden-württembergische Textilindustrie** auf die **verlängerten gesetzlichen Kündigungsfristen** (*BAG* 14.2.1996 EzA § 622 BGB nF Nr. 54), § 2 Nr. 6 MTV **gewerbliche Arbeitnehmer der nordrheinischen Textilindustrie** vom 10.5.1978 (*BAG* 29.1.1997, AP Nr. 22 zu § 1 TVG Tarifverträge: Textilindustrie) sowie § 2 MTV-Angestellte **südbay. Textilindustrie** (*BAG* 7.3.2002 EzA § 622 BGB Tarifvertrag Nr. 3). **Konstitutiv** ist hingegen § 2 Nr. 6 MTV **gewerbliche Arbeitnehmer Textilindustrie Nordrhein-Westfalen** (vom 10.5.1978), *BAG* 29.1.1997 EzA § 4 TVG Textilindustrie Nr. 9; **ebenso** Vorinstanz *LAG Düsseld.* 29.3.1996 LAGE § 622 BGB Nr. 37) sowie § 12a BRTV-Bau; idF vom 19.5.1992 mit seiner Grundkündigungsfrist von zwei Wochen (neue Bundesländer), *BAG* 26.6.1997 RzK I 3e Nr. 65 und sind es die Kündigungsfristen für Angestellte in der **Erdölindustrie** (*BAG* 8.11.1999 RzK I 3e Nr. 74) und Ziff. 13 MTV für die **holz- und kunststoffverarbeitende Industrie im nordwestdeutschen Raum der BRD**, der die Grundkündigungsfrist abweichend von § 622 regelt (*BAG* 29.8.2001 EzA § 622 BGB Tarifvertrag Nr. 2).

I. Auswirkungen der Schuldrechtsmodernisierung (AGB-Kontrolle)

326 §§ 305–310 BGB, die nach Abschaffung der Bereichsausnahme des früheren Gesetzes über Allgemeine Geschäftsbedingungen im Arbeitsrecht Anwendung finden können, sind von **geringer Auswirkung** auf die Gestaltung von Kündigungsfristen und -terminen durch **Allgemeine Arbeitsbedingungen geblieben**. Soweit § 622 überhaupt Abänderungen zulässt, bestand schon bisher und sogar bzgl. individueller einzelvertraglicher Abmachungen eine hinreichend große Kontrolldichte, insbes. durch § 622 Abs. 6.

327 Relevanz gewonnen haben im Wesentlichen die Bestimmungen über die **Einbeziehung** der Bedingungen (§§ 305–306 BGB), das **Umgehungsverbot** (§ 306a BGB) und das **Transparenzgebot** (§ 307 Abs. 1 S. 2 BGB) gewinnen (vgl. *Däubler* NZA 2001, 1329, 1336: Bezugnahmeklauseln; *Reinecke* DB 2002, 583, 585: Vertragsstrafen; *Thüsing* BB 2002, 2666, 2670 f.: Einbeziehung, Transparenz, Vertragsstrafe).

328 Die Einbeziehung ist durch eine **überraschende Klausel** (§ 305c Abs. 1 BGB) berührt, nach der sich die Kündigungsfrist für die Arbeitnehmerkündigung entsprechend derjeniger für die Arbeitgeberkündigung verlängert (*LAG SA* 22.8.2007 – 4 Sa 118/07); allerdings ist die Verlängerung von Kündigungsfristen für den Arbeitnehmer im Arbeitsleben als Gestaltungsmerkmal so verbreitet, dass ihre Aufnahme in Formularverträge nach der Auffassung des *BAG* (28.5.2009 EzA § 307 BGB 2002 Nr. 45) nicht überraschend iSd Vorschrift ist (zu dieser Entscheidung *Junker/Amschler* SAE 2010, 165, 166 f.). Das Transparenzgebot des § 307 Abs. 1 S. 2 BGB kann in Sonderheit im Zusammenhang mit **arbeitsvertraglichen Bezugnahmeklauseln** auf andere Rechtsquellen, im Zusammenhang mit Kündigungsfristen und -terminen insbes. im Zusammenhang mit **Verweisungen auf Tarifverträge**, Bedeutung erlangen. Probleme, die hierbei insbes. bei **dynamischen** Verweisungen auftreten, werden jedoch dadurch gemindert, dass der Arbeitgeber nach § 2 Abs. 1 Nr. 10 NachwG nur einen »**in allgemeiner Form gehaltenen Hinweis auf die für das Arbeitsverhältnis anwendbaren Tarifverträge**« zu geben hat (*Däubler* NZA 2001, 1329, 1336). Im Zeitpunkt der jeweiligen Anwendung müssen die in Bezug genommenen Regelungen bestimmbar sein (*BAG* 21.3.2018 EzA § 14 TzBfG Tarifvertrag Nr. 2). Unklar daher die Inbezugnahme der »Verlängerungen der gesetzlichen Kündigungsfristen für Kündigungen durch den Arbeitgeber«: *Sächs.LAG* 27.11.2018 – 3 Sa

163/18, nv). Ein besonderes Problem werfen **vorformulierte Arbeitsverträge** auf, die von einem tarifgebundenen Arbeitgeber verwendet werden: Bezugnahmen auf die für das Arbeitsverhältnis einschlägigen Tarifverträge wurden früher als sog. **Gleichstellungsabrede** aufgefasst. Sie sollte die etwa fehlende Tarifbindung des Arbeitnehmers ersetzen und zur schuldrechtlichen Anwendung des Tarifvertrages führen, der für die tarifgebundenen Arbeitnehmer kraft Gesetzes gilt. Diese Rspr. führt das *BAG* – wie angekündigt (14.12.2005 EzA § 3 TVG Bezugnahme auf Tarifvertrag Nr. 32) – nicht mehr bei Arbeitsverträgen fort, die seit Inkrafttreten der Unklarheitenregelung in § 305c Abs. 2 BGB ab dem 1.1.2002 vereinbart worden sind (*BAG* 18.4.2007 EzA § 3 TVG Bezugnahme auf Tarifvertrag Nr. 35). In der Konsequenz führt dies zur Anwendung des konkret (formularmäßig) in Bezug genommenen Tarifvertrages etwa auch dann, wenn die Tarifbindung des Arbeitgebers endet oder ein anderer Tarifvertrag anzuwenden wäre. Zwischenzeitlich hat ein weiterer Senat des *BAG* (9.11.2005 EzA § 305c BGB 2002 Nr. 3) entschieden, dass es nach § 305c Abs. 2 BGB zu Lasten des Arbeitgebers gehe, wenn die Tragweite der Verweisung auf Tarifnormen in einem Formulararbeitsvertrag zweifelhaft sei. Auf die Unklarheitenregelung darf nur zurückgegriffen werden, wenn trotz Ausschöpfung der anerkannten Auslegungsmethoden nicht behebbare Zweifel verbleiben (*BAG* 17.1.2006 EzA § 3 TVG Bezugnahme auf Tarifvertrag Nr. 33). Der Ausschluss des Rechts zur Kündigung **vor Dienstantritt** kann in einem Formulararbeitsvertrag wirksam vereinbart werden (*Schaub/Linck* § 35 XIII, Rn 112). Die Vereinbarung einer Kündigungsfrist von zwei Monaten jeweils zum 31. Juli eines Jahres in einem Formulararbeitsvertrag mit einer Lehrkraft steht in Einklang mit § 622 BGB und ist weder nach § 309 Nr. 9 noch nach § 307 Abs. 1 unwirksam (*BAG* 25.9.2008 EzA § 310 BGB 2002 Nr. 7). § 309 Nr. 9 betrifft nur Dienstleistungen des klauselverwendenden Arbeitgebers, nicht die Arbeitsleistung des Arbeitnehmers. Und Art. 12 Abs. 1 GG gebietet nicht die Ermöglichung eines jederzeitigen Berufs- bzw. Arbeitsplatzwechsels. Außerdem bietet die Kündigungsfrist nicht nur Nachteile, sondern zugleich erhöhten Bestandsschutz. Nicht zu beanstanden ist die Vereinbarung einer für die Parteien gleichen Kündigungsfrist von **18 Monaten** zum Monatsende bei einem **Einkaufsleiter Einkauf International** einer europaweit tätigen Supermarktkette (*ArbGHeilbronn* 8.5.2012 – 5 Ca 307/11, nv). Eine formularmäßig vereinbarte Kündigungsfrist von **3 Jahren zum Monatsende** bei einem zu 2.400 € als monatl. Fixum beschäftigten **Speditionskaufmann** hingegen wurde als unangemessen (§ 307 Abs. 1 S. 1 BGB) angesehen (*Sächs.LAG* 19.1.2016 AuA 2016, 435; nachfolgend *BAG* 26.10.2017 EzA § 622 BGB 2002 Nr. 14, Bespr. *Fuhlrott* NJW 2018, 1139 f.; dazu auch *Lipinski/Domni* DB 2018, 831 sowie *Bernardi* AuA 2018, 84 f.). Wiederum angemessen die Kompensation einer zweijährigen Kündigungsfrist mit 720.000 € p.a. bei gleichzeitiger Freistellung (*LAG Nbg.* 28.3.2019 – 3 SaGa 3/19, juris). Zur formularmäßigen Verlängerung der Probezeit eines Berufsausbildungsverhältnisses um Zeiten einer Unterbrechung der Ausbildung vgl. *BAG* 9.6.2016 EzA § 20 BBiG 2005 Nr. 3. Wird in einem vom Arbeitgeber vorformulierten Arbeitsvertrag in einer Klausel eine **Probezeit** und in einer anderen Klausel eine **Kündigungsfrist** festgelegt, ohne dass unmissverständlich deutlich wird, dass diese ausdrücklich genannte Frist erst nach dem Ende der Probezeit gelten soll, ist dies von einem durchschnittlichen Arbeitnehmer regelmäßig dahin zu verstehen, dass der Arbeitgeber schon von Beginn des Arbeitsverhältnisses an nur mit dieser Kündigungsfrist, nicht aber mit der zweiwöchigen Kündigungsfrist des § 622 Abs. 3 BGB kündigen kann (§§ 306 Abs. 2, 307 Abs. 1 S. 2 BGB, *BAG* 23.3.2017 EzA § 307 BGB 2002 Nr. 82 m. Anm. *Gröne/Sura* DB2017, 2485).

Zugangsfiktionen (§ 308 Nr. 6 BGB) sind bei Kündigungen ohnehin unstatthaft, wenn dadurch gesetzlich zwingend vorgeschriebene Mindestkündigungsfristen verkürzt werden (s. Rdn 147), dürften aber jetzt grds. scheitern. Gleiches gilt für die Abrede **fingierter** Erklärungen (§ 308 Nr. 5 BGB; idR wird schon die Schriftform nicht gewahrt sein). In **AGB** kann wegen **§§ 309 Nr. 13 b)**, 310 Abs. 4 S. 2 BGB keine **strengere** Form als die Textform mehr vereinbart werden (ErfK-*Müller-Glöge* § 623 BGB Rn 11). Die wegen Art. 229 § 37 EGBGB lediglich auf nach dem 30.9.2016 entstandene Schuldverhältnisse anwendbare Regelung in § 309 Nr. 13 b) BGB hat aber wegen § 307 Abs. 3 S. 1 BGB keine Auswirkungen im Anwendungsbereich des § 623 BGB. Eine strengere Form, etwa die Kündigung mittels eingeschriebenen Briefes, konnte auch nach § 309 Nr. 13 BGB aF (seit dem **1.1.2001**) nicht wirksam vereinbart werden (*Lunk/Seidler* NJW 2016, 2153,

2154; APS-*Greiner* § 623 BGB Rn 11; *Staudinger/Oetker* § 623 BGB Rn 26). Da der Arbeitsvertrag **Verbrauchervertrag** iSd § 310 Abs. 3 BGB ist (*BAG* 25.5.2005 EzA § 307 BGB 2002 Nr. 3; 31.8.2005 EzA § 6 ArbZG Nr. 6), gilt dies sogar für vorformulierte Verträge, die lediglich zur **einmaligen Verwendung** bestimmt sind (HWK-*Bittner/Tiedemann* § 623 BGB Rn 34). **Schriftformklauseln** an sich bleiben grds. zulässig, können aber je nach Ausgestaltung eine **unangemessene Benachteiligung** iSd § 307 Abs. 1 BGB darstellen und **deshalb** unwirksam sein. Auch besondere **Zugangserfordernisse** scheitern an § 309 Nr. 13 BGB. **Kündigungserschwerungen** (Fallgruppen s. Rdn 140 f.) können sich als **unangemessen** erweisen (ErfK-*Preis* §§ 305–310 BGB Rn 50).

§ 623 BGB Schriftform der Kündigung

Die Beendigung von Arbeitsverhältnissen durch Kündigung oder Auflösungsvertrag bedürfen zu ihrer Wirksamkeit der Schriftform; die elektronische Form ist ausgeschlossen.

Fassung bis 31. Juli 2001:

Die Beendigung von Arbeitsverhältnissen durch Kündigung oder Auflösungsvertrag bedürfen (sic!) zu ihrer Wirksamkeit der Schriftform.

Fassung bis 31. Dezember 2000 (in Kraft ab 1. Mai 2000):

Die Beendigung von Arbeitsverhältnissen durch Kündigung oder Auflösungsvertrag sowie die Befristung bedürfen zu ihrer Wirksamkeit der Schriftform.

Übersicht	Rdn			Rdn
A. Einleitung	1	IV.	Beendigung durch Auflösungsvertrag	73
I. Entstehungsgeschichte	1	V.	(Fassung bis 31. Dezember 2000)	
1. Vorarbeiten	1		»Die« Befristung	
2. Arbeitsgerichtsbeschleunigungsgesetz	6		1. Befristung (Fassung bis 31. Dezember 2000)	81
3. Teilzeit- und Befristungsgesetz (TzBfG)	13		2. Arten der Befristung (Fassung bis 31. Dezember 2000)	84
4. Schuldrechtsmodernisierung	16		3. Ähnliche Lösungstatbestände (Fassung bis 31. Dezember 2000)	87
II. Normzweck	17	C.	Schriftliche Form	95
1. Gesetzesbegründung	17	I.	Gesetzliche Form	95
2. Formzweck nach BGB	18	II.	Umfang	96
III. Bedeutung der Norm	22	III.	Wahrung der Form	99
IV. Abdingbarkeit/IPR	31		1. Allgemeines/Ausschluss der »elektronischen Form« sowie der »Textform«	99
V. Geltungsbeginn	33		2. Urkunde	100
1. Maßgebender Zeitpunkt bei Kündigung	34		3. Unterzeichnung	102
2. Maßgebender Zeitpunkt bei Auflösungsvertrag und (Fassung bis 31. Dezember 2000) Befristungsabrede	35		4. Aussteller/Vertreter und Vollmachterteilung	106
VI. Geltungsende bei Befristungsabrede	37		5. Notarielle Beglaubigung; Handzeichen; Schreibunfähige	109
B. Gegenstand des Schriftformzwanges	40		6. Vertrag	110
I. Beendigung bzw. (Fassung bis 31. Dezember 2000) Befristung von Arbeitsverhältnissen	40		7. Notarielle Beurkundung	113
			8. Gerichtlicher Vergleich	114
1. Arbeitsverhältnis	40		9. Zustimmung/Minderjährige	117
2. Beendigung bzw. (Fassung bis 31. Dezember 2000) Befristung	48	IV.	Zugang der formgerecht errichteten Willenserklärung	118
II. Beendigungstatbestände	60		1. Allgemeines	118
III. Beendigung durch Kündigung	64		2. Telegramm	121
1. Allgemeines	64		3. Fotokopie	122
2. Arten der Kündigung	66		4. Telefax (Fernkopie)	123
3. Sonstige einseitige Lösungstatbestände	67		5. Computerfax/SMS-to-Fax	124

	Rdn		Rdn
6. E-Mail/SMS/Intranet/E-Postbrief/De-Mail/PDF-Datei	125	c) Grund der Befristung (Fassung bis 31. Dezember 2000)	172
7. Schriftsatz	126	d) Zweck der Befristung (Fassung bis 31. Dezember 2000)	174
8. Blinde; Leseunkundige; Sprachunkundige	127	e) Arbeit auf Abruf (Fassung bis 31. Dezember 2000)	175
9. Anerkennung neuer Übermittlungstechniken	128	3. Bezugnahme auf Tarifvertrag oder Betriebsvereinbarung (Fassung bis 31. Dezember 2000)	176
V. Beweislast für Wahrung der Form	130	4. Sonstiges (Fassung bis 31. Dezember 2000)	178
VI. Schriftliche Form der Kündigung	131	D. Schriftform als Wirksamkeitsvoraussetzung; Rechtsfolge bei Formmangel	180
1. Erklärung	132		
2. Erklärungsinhalt	133		
3. Einverständnis	135		
4. Art der Kündigung	136	I. Wirksamkeitsvoraussetzung	180
5. Änderungskündigung	137	II. Nichtigkeit bei Formmangel; Folge für das Arbeitsverhältnis	182
6. Kündigungsgrund	141		
7. Nochmals: Telefax	143		
8. Nochmals: Schriftsatzkündigung	144	III. Teilnichtigkeit	188
9. Kündigung zu gerichtlichem Protokoll	145	IV. Umdeutung	192
	V. Heilung (Bestätigung)	197
10. Zustimmungsbedürftige Kündigung	147	E. Berufung auf Formmangel; Grenzen	202
VII. Schriftliche Form des Auflösungsvertrages	148	I. Allgemeines; Unzulässige Rechtsausübung	202
1. Zustandekommen	149		
2. Vertragsinhalt	151	II. Berufung auf den Formmangel im Rahmen des § 623 BGB	206
3. Bezugnahmen	156		
4. Gerichtlicher Vergleich	158	F. Prozessuales Geltendmachen des Formmangels	215
5. Außergerichtlicher Vergleich durch Parteien oder Rechtsanwälte	159	I. Form und Frist	215
	1. Kündigung	215
6. Sonstiges	161	2. Auflösungsvertrag	219
VIII. (Fassung bis 31. Dezember 2000) Schriftliche Form der Befristung	163	3. Befristung (Fassung bis 31. Dezember 2000)	220
1. Zustandekommen (Fassung bis 31. Dezember 2000)	164	4. Sonstiges	227
	II. Parteivorbringen und Beweislast	228
2. Inhalt der Befristungsabrede (Fassung bis 31. Dezember 2000)	168	G. Sonstige Auswirkungen des Formzwanges (Einzelprobleme)	232
a) Abrede bei im Übrigen mündlichem Arbeitsvertrag (Fassung bis 31. Dezember 2000)	168	I. Kündigung	233
	II. Auflösungsvertrag	242
	III. Befristung (Fassung bis 31. Dezember 2000)	245
b) Dauer der Befristung (Fassung bis 31. Dezember 2000)	169	H. Verhältnis zu Schriftformzwang nach anderen Rechtsquellen	251

A. Einleitung

I. Entstehungsgeschichte

1. Vorarbeiten

§ 623 BGB realisiert ältere Ideen, Beendigung von Arbeitsverhältnissen durch Kündigung oder 1
Auflösungsvertrag sowie (Fassung bis 31. Dezember 2000) die Befristung einem Schriftformzwang
zu unterwerfen. Die Entwürfe eines Allgemeinen Arbeitsvertragsgesetzes (1923), eines Gesetzes
über das Arbeitsverhältnis (1938) und einer Regelung der Arbeit (1942) haben sich mit Schriftformerfordernissen für arbeitsrechtliche Beendigungstatbestände nicht befasst (Entwürfe abgedruckt bei *Ramm* Arbeitsvertragsgesetz, S. 133 ff. bzw. S. 243 ff. bzw. S. 345 ff.). Der Entwurf
eines Arbeitsvertragsgesetzbuches – Allgemeines Arbeitsvertragsrecht – (1977) sah hingegen ein

Schriftformerfordernis vor. Dieses beschränkte sich aber auf die **Kündigung** (die ordentliche sowie die außerordentliche) und hierbei weiter auf diejenige durch den **Arbeitgeber**. Zudem war ausdrücklich die Tarifdispositivität der Bestimmung vorgesehen (Entwurf abgedruckt bei *Ramm* Arbeitsvertragsgesetz, S. 407 ff., 459). Nach dem Entwurf des Deutschen Gewerkschaftsbundes für ein neues Arbeitsverhältnisrecht (AuR 1977, 242, 246) sollte für die Kündigung des Arbeitsverhältnisses künftig die Schriftform vorgeschrieben werden.

2 Das Arbeitsgesetzbuch der Deutschen Demokratischen Republik (**AGB-DDR**) vom 16. Juni 1977 (GBl. DDR I S. 185) schrieb für die fristgemäße Kündigung durch den Betrieb bzw. für die fristlose Entlassung des Werktätigen die Schriftform vor (§§ 54 Abs. 4, 56 Abs. 2 mit Abs. 1 AGB-DDR). Einen Aufhebungsvertrag hatte der Betrieb nach § 52 Abs. 2 S. 2 AGB-DDR schriftlich unter Angabe der Gründe auszufertigen. Nach § 48 Abs. 1 S. 1 AGB-DDR war die Dauer des befristeten Arbeitsvertrages bei Vertragsabschluss durch einen Termin zu bestimmen; Entsprechendes galt nach § 48 Abs. 1 S. 3 AGB-DDR für die Zweckbefristung. Da der Arbeitsvertrag nach § 41 Abs. 1 S. 1 AGB-DDR durch übereinstimmende Willenserklärungen des Werktätigen und des Betriebes über den notwendigen Vertragsinhalt zustande kam und der Betrieb nach § 42 S. 1 AGB-DDR verpflichtet war, die mit dem Werktätigen getroffenen Vereinbarungen in einen schriftlichen Arbeitsvertrag aufzunehmen, unterlag damit im Ergebnis auch die Befristungsabrede einem Schriftformzwang.

3 Art. 30 Abs. 1 Nr. 1 des Vertrages zwischen der Bundesrepublik Deutschland und der Deutschen Demokratischen Republik über die Herstellung der Einheit Deutschlands – **Einigungsvertrag** – vom 31. August 1990 (BGBl. II S. 889) macht es u.a. zur Aufgabe des gesamtdeutschen Gesetzgebers, das Arbeitsvertragsrecht (möglichst bald einheitlich) neu zu kodifizieren. Die dadurch angeregten Kodifikationsvorschläge haben sich in unterschiedlicher Weise auch mit Schriftformerfordernissen für Beendigungstatbestände befasst, auch wenn diese naturgemäß nicht im Mittelpunkt des Interesses standen (*Kliemt* Formerfordernisse, S. 571).

4 Der sog. **Professorenentwurf** des Arbeitskreises Deutsche Rechtseinheit im Arbeitsrecht (Gutachten D für den 59. DJT 1992) sah in § 118 Abs. 2 Schriftform für die **Kündigung** durch den **Arbeitgeber** und in § 131 Abs. 1 für den **Aufhebungsvertrag** vor. Über die Schriftform einer Befristungsabrede verhielt er sich **nicht**. § 16 Abs. 1 S. 2 der **DGB**-Thesen für ein Arbeitsverhältnisgesetz (AuR 1992, 267 ff.) unterwarf **jedwede** Kündigung der Schriftform. § 4 Abs. 1 sah vor, dass in einem schriftlichen Arbeitsvertrag wenigstens die wesentlichen Angaben über die Parteien des Arbeitsverhältnisses und seine Bedingungen enthalten sein müssen. Dadurch dürfte eine Befristungsabrede mit umfasst gewesen sein. Über die Schriftform eines Auflösungsvertrages oder einer gleich zu achtenden Vereinbarung verhalten sich die Thesen nicht. Der vom **Freistaat Sachsen** beim Bundesrat eingebrachte Entwurf eines Gesetzes über das Recht des Arbeitsvertrages (BR-Drs. 293/95) sah in seinem § 116 Abs. 2 vor, dass die Kündigung der Schriftform bedarf und bestimmte in seinem § 131 Abs. 1 S. 1, dass die Arbeitsvertragsparteien das Arbeitsverhältnis schriftlich durch Vertrag beenden können; die Befristung wird **keiner** Form unterworfen. Nach der Einzelbegründung zu § 118 sollte das Schriftformerfordernis für die Kündigung in Anlehnung an die Regelung in der DDR eingeführt werden; angesichts der Bedeutung der Kündigung sei die Schriftform aus Gründen der Rechtssicherheit geboten. Nach der Einzelbegründung zu § 131 sollte die Form aus Gründen der Rechtssicherheit und auch der notwendigen Überlegung eine konstitutive Schriftform sein. In Einzelpunkten weiter ging Art. 1 (Arbeitsvertragsgesetz) des als Gesetzesantrag des **Landes Brandenburg** beim Bundesrat eingebrachten Entwurfes eines Gesetzes zur Bereinigung des Arbeitsrechts (BR-Drs. 671/96): Ein § 116 Abs. 2 Arbeitsvertragsgesetz-Brandenburg bestimmte, dass die Kündigung der Schriftform bedarf. Nur im Wortlaut abweichend gegenüber dem sächsischen Entwurf bestimmte § 131 Abs. 1 S. 1, dass die Arbeitsvertragsparteien das Arbeitsverhältnis schriftlich durch Vertrag beenden können. Allerdings war die Regelung durch einen S. 2 dahingehend ergänzt, dass für bedingte Aufhebungsverträge die Regeln über auflösend bedingte Arbeitsverträge nach § 26 des Entwurfs entsprechend gelten. Schließlich bestimmte das Arbeitsvertragsgesetz-Brandenburg in § 56 Abs. 4, dass die **Befristung** des Arbeitsvertrages zu ihrer Wirksamkeit der Schriftform bedarf, in der der **Befristungsgrund** (nach Abs. 1 des Entwurfs) anzugeben ist.

Unter anderem diese Bestimmung sollte nach § 26 Abs. 6 des brandenburgischen Entwurfs entsprechend gelten, wenn der Arbeitsvertrag unter einer **auflösenden** Bedingung geschlossen wird. In der Einzelbegründung zu § 116 Abs. 2 hieß es, dass das Schriftformerfordernis für **alle** Kündigungen geregelt werde. Die besondere Bedeutung der Kündigungserklärung sowohl für Arbeitgeber als auch für Arbeitnehmer rechtfertige dieses konstitutive Schriftformerfordernis. Es sei auch nicht angezeigt, die Schriftform lediglich für die Kündigung des Arbeitgebers vorzuschreiben, weil die Kündigung für den Arbeitnehmer besondere Bedeutung habe. In der Praxis sei häufig streitig, ob eine mündliche Erklärung des Arbeitnehmers bereits als Kündigung zu werten sei. Dies führe in der arbeitsgerichtlichen Praxis zu unergiebigen Streitigkeiten, ob der Arbeitnehmer überhaupt gekündigt, ob dies fristlos oder fristgemäß geschehen oder ob gar die Erklärung des Arbeitnehmers als Angebot auf Abschluss eines Aufhebungsvertrages zu werten sei. Aus diesem Grund sei es gerechtfertigt, jede Kündigung dem Schriftformerfordernis zu unterstellen. Zudem korrespondiere das Schriftformerfordernis für die Kündigung mit dem entsprechenden Schriftformerfordernis für den Aufhebungsvertrag nach Maßgabe des § 131 (des Entwurfs, der Verfasser). In der Einzelbegründung zu § 131 hieß es, aus Gründen der Rechtssicherheit sei ein konstitutives Schriftformerfordernis vorgesehen. In der Einzelbegründung zu § 56 des brandenburgischen Entwurfs hinsichtlich dessen in seinem Abs. 4 begründeten Schriftformerfordernisses heißt es, dies sei aus Gründen der Rechtssicherheit geboten, weil man sich bei Vertragsschluss auf einen (der in Abs. 1 des Entwurfs geregelten Befristungsgründe) einigen müsse. Ein Austausch oder Nachschieben von bei Vertragsschluss nicht vorhandenen Befristungsgründen werde damit ausgeschlossen.

Bekanntlich ist keiner der vorstehend nachgezeichneten Entwürfe Gesetz geworden (ausf. zu den Hintergründen *Neumann* FS Stahlhacke, S. 349; *ders.* FS Hanau, S. 43 ff.; *ders.* DB 1995, 2013). Was allerdings die Kodifizierung von Schriftformerfordernissen für arbeitsrechtliche Beendigungstatbestände bzw. (Fassung bis 31. Dezember 2000) die Befristung von Arbeitsverhältnissen anbelangt, spiegelt die Neuregelung in § 623 BGB weitgehend die entsprechenden Entwürfe in dem Arbeitsvertragsgesetz-Brandenburg wider. Signifikante Unterschiede bestanden allerdings darin, dass § 623 BGB (in seiner bis 31. Dezember 2000 geltenden Fassung) nicht, wie von § 26 Abs. 4 des Entwurfs aber vorgesehen, auch den Befristungs**grund** dem Schriftformerfordernis unterwarf. Außerdem verhielt sich § 623 BGB in seiner bis 31. Dezember 2000 geltenden Fassung, anders als § 26 Abs. 6 des Arbeitsvertragsgesetzes-Brandenburg, nicht ausdrücklich dazu, ob das Formerfordernis auch im Falle des Arbeitsvertragsschlusses unter einer auflösenden Bedingung gelten sollte.

2. Arbeitsgerichtsbeschleunigungsgesetz

§ 623 BGB wurde aufgrund Art. 2 des am 7. April 2000 verkündeten und am 1. Mai 2000 in Kraft getretenen Gesetzes zur Vereinfachung und Beschleunigung des arbeitsgerichtlichen Verfahrens (Arbeitsgerichtsbeschleunigungsgesetz) vom 30. März 2000 (BGBl. I S. 333) nach § 622 BGB in das BGB eingefügt. Hier bestand eine Lücke, seit ein die Kündigungsfrist von Dienstverhältnissen betreffender früherer § 623 BGB durch Gesetz vom 14. August 1969 (BGBl. I S. 1106) ersatzlos aufgehoben war. Es ist zweifelhaft, ob der Inhalt der Regelung systematisch an diese Stelle gehört. Denn die unmittelbar vorhergehenden bzw. nachfolgenden Regelungen betreffen ausschließlich die Kündigung und die dabei einzuhaltende bzw. nicht einzuhaltende Frist, während § 623 BGB auch den Auflösungsvertrag betrifft und eine Formvorschrift darstellt. Hingegen ist gegen die Unterbringung im **BGB** an sich nichts einzuwenden, soweit nicht (bis 31. Dezember 2000) der Tatbestand der Befristungsabrede betroffen war, nachdem sich die Bestimmungen darüber, dass und unter welchen Voraussetzungen Arbeitsverhältnisse befristet werden können, **außerhalb** des BGB fanden (zB BeschFG, HRG und, über § 620 Abs. 3 BGB neu iVm dem TzBfG sowie über dessen § 23, etwa hinsichtlich des HRG, übrigens weiter finden). Die amtliche Wortwahl »Arbeitsgerichtsbeschleunigungsgesetz« erscheint zumindest schief, als es in der Sache um ein Arbeitsgerichts**verfahrens**-Beschleunigungsgesetz geht (auf diesen Umstand weist auch *Schaub* NZA 2000, 344, hin).

Die nunmehr geltende Regelung in § 623 BGB entspricht mit Ausnahme der ab 1. Januar 2001 in das TzBfG (dort § 14 Abs. 4) ausgelagerten Formvorschrift für die Befristungsabrede und der im

§ 623 BGB   Schriftform der Kündigung

Zuge der Schuldrechtsmodernisierung aufgrund Art. 1 Abs. 2 des Gesetzes v. 26.11.2001 (BGBl. I S. 3138) ab 1.1.2002 zugefügten (wenn auch in Ihrer Einschränkung auf die Kündigung **falschen**) amtl. Überschrift unverändert einem diesbezüglichen **neuerlichen** bei dem Bundesrat eingebrachten Gesetzesantrag des Landes **Brandenburg** (BR-Drs. 321/98) betreffend den Entwurf eines Gesetzes zur Vereinfachung und Beschleunigung des arbeitsgerichtlichen Verfahrens (Arbeitsgerichtsbeschleunigungsgesetz). Nach der **Zielsetzung** des initiierenden Landes (BR-Drs. 321/98, S. 1) soll mit dem Gesetz das Verfahren vor den Arbeitsgerichten beschleunigt werden. Das Ziel, die Funktionsfähigkeit der Arbeitsgerichte durch vertretbare Verfahrensvereinfachungen sicherzustellen, werde danach u.a. erreicht durch: »Schriftformerfordernis für die Beendigungs- und Änderungskündigung nach dem Bürgerlichen Gesetzbuch« (S. 1/2). Während der Entwurf des § 623 BGB, wie gesagt, bereits mit Ausnahme der wieder ausgelagerten »Befristung« seinem heutigen Inhalt entsprach und auch den Auflösungsvertrag sowie die Befristung nannte (Anlage zu BR-Drs. 321/98, S. 5), verliert die Zielsetzung über diese beiden Tatbestandsmerkmale kein Wort. Umgekehrt nennt sie, anders als der Vorschlag, ausdrücklich auch die Änderungskündigung. In der Einzelbegründung zur Änderung des Bürgerlichen Gesetzbuches (Anl. BR-Drs. 321/98, S. 15) heißt es dann: »Die Kündigung des Arbeitsverhältnisses, die Befristung und auch die einvernehmliche Beendigung des Arbeitsverhältnisses (Aufhebungsvertrag) bedürfen der Schriftform. Die besondere Bedeutung dieser Gestaltungsrechte (sic!) – insbes. der Beendigung (Anm. d. Verf.: Was auch sonst?, die **Änderung** ist nicht vorgeschlagen) des Arbeitsverhältnisses – rechtfertigen dies iSd Gewährleistung größtmöglicher Rechtssicherheit. Das konstitutive Schriftformerfordernis führt aber auch zu einer enormen Entlastung der Arbeitsgerichte. Insbesondere werden unergiebige Rechtsstreitigkeiten, zB ob überhaupt eine Kündigung vorliegt, vermieden bzw. die entsprechende Beweiserhebung wird wesentlich vereinfacht.«

8   Danach steht die »einvernehmliche Beendigung des Arbeitsverhältnisses (Aufhebungsvertrag)« dem vorgeschlagenen und Gesetz gewordenen »Auflösungsvertrag« gleich. Die weitere Begründung betrifft auch den Auflösungsvertrag sowie die (später wieder ausgelagerte) Befristung, auch wenn es sich dabei nicht um »Gestaltungsrechte« handelt.

9   Die Änderung des Bürgerlichen Gesetzbuches durch Einfügung des § 623 BGB hat der **Bundesrat** in seiner 734. Sitzung unverändert beschlossen (BT-Drucks. 14/626, S. 3 mit S. 6). Die **Bundesregierung** stimmte in ihrer Stellungnahme (BT-Drucks. 14/626, S. 14) der Einführung des Schriftformerfordernisses für die Beendigung von Arbeitsverhältnissen durch Kündigung oder Auflösungsvertrag sowie für die Befristung eines Arbeitsvertrages nicht zu. Das Schriftformerfordernis für die Kündigung werde die Arbeitsgerichte nicht entlasten. In der weit überwiegenden Zahl der Kündigungsschutzklagen gehe es nicht um den Nachweis der Kündigungserklärung, sondern um deren sachliche Berechtigung. Im Übrigen würden sich Streitigkeiten um die Abgabe der Kündigungserklärung bei Einführung eines Schriftformerfordernisses auf die Frage verlagern, ob die Erklärung wirksam zugegangen ist.

10 In der Stellungnahme des **Arbeitsrechtsausschusses** des **Deutschen Anwaltvereins** vom November 1999 zu dem Entwurf heißt es, entgegen den Bedenken der Bundesregierung sei die Einführung des Schriftformerfordernisses für die Beendigung von Arbeitsverhältnissen durch Kündigung oder Auflösung des Vertrages sowie für die Befristung eines Arbeitsvertrages sinnvoll. Sie erscheine im Übrigen bereits aufgrund der Parallele zu den Schriftformerfordernissen des Nachweisgesetzes sachlich geboten. Zu beachten sei allerdings, dass Kündigungserklärungen häufig unter einem besonderen Zeit- und Fristendruck (zB im Hinblick auf die Zwei-Wochen-Frist des § 626 Abs. 2 BGB) stünden. Daher komme modernen Kommunikationsmitteln für die Übermittlung von Kündigungserklärungen besondere Bedeutung zu. Es sollte daher in § 623 BGB (neu) der Satz eingefügt werden, wonach die Schriftform auch bei Übermittlung durch Telefax gewahrt sei, was ohne eine derartige Klarstellung für die gesetzliche Schriftform nicht der Fall wäre.

11 Die Beschlussempfehlung und der Bericht des (11.) **Ausschusses für Arbeit und Sozialordnung** hat die vorgeschlagene Änderung des Bürgerlichen Gesetzbuches durch Einfügung des § 623 BGB ungeachtet der Stellungnahmen unverändert gelassen (BT-Drucks. 14/2490, S. 8). Auch hier wird die

Problemlösung, und zwar die Beschleunigung des Verfahrens vor den Arbeitsgerichten, u.a. in dem Schriftformerfordernis für Kündigungen, befristete Arbeitsverträge und Aufhebungsverträge gesehen (BT-Drucks. 14/2490, S. 1). Wegen der Einzelheiten jedoch hat der Ausschuss auf die »entsprechende Drucksache« bzw. auf den Gesetzentwurf verwiesen (BT-Drucks. 14/2490, S. 10 bzw. 11). Bei den Ausschussberatungen haben die Mitglieder der **Koalitionsfraktionen** das vorgesehene Schriftformerfordernis begrüßt (BT-Drucks. 14/2490, S. 11). Nach der Erklärung der Mitglieder der **Fraktion der CDU/CSU** teilte ihre Fraktion das Anliegen des Deutschen Anwaltvereins, in das Schriftformerfordernis bei Kündigungen (sic!) auch das Telefax einzubeziehen. Eine gesetzgeberische Klarstellung (sic!) könne hier nicht schaden, müsse sich aber auf alle Rechtsbereiche erstrecken und sollte daher aus systematischen Gründen nicht im laufenden Verfahren erfolgen. Die Mitglieder der **Fraktion der F.D.P.** erklärten, die im Gesamtpaket vorgesehene Einführung des Schriftformerfordernisses werde von ihrer Fraktion mitgetragen, auch wenn sie darin keinen wesentlichen Punkt der Verbesserung sehe. Das Schriftformerfordernis bei der Kündigung von Arbeitsverträgen führe letztlich zu einer Mehrbelastung der kleinen und mittleren Unternehmen (BT-Drucks. 14/2490, S. 11). Die Mitglieder der **Fraktion der PDS** haben sich zu dem Schriftformerfordernis nicht erklärt (vgl. BT-Drucks. 14/2490, S. 11).

Der **Deutsche Bundestag** hat in seiner 81. Sitzung am 20. Januar 2000 aufgrund der Beschlussempfehlung und des Berichts des Ausschusses für Arbeit und Sozialordnung den vom Bundesrat eingebrachten Entwurf des Arbeitsgerichtsbeschleunigungsgesetzes und damit § 623 BGB in unveränderter Form angenommen (vgl. BR-Drs. 63/00, S. 1, Anlage S. 3). 12

3. Teilzeit- und Befristungsgesetz (TzBfG)

Durch Art. 2 Nr. 2 des am 1. Januar 2001 in Kraft getretenen Gesetzes über Teilzeitarbeit und befristete Arbeitsverträge und zur Änderung und Aufhebung arbeitsrechtlicher Bestimmungen (Teilzeit- und Befristungsgesetz – TzBfG) vom 21. Dezember 2000 (BGBl. I S. 1966) wurden in § 623 BGB die Wörter »sowie die Befristung« mit Blick auf die durch Art. 1 dieses Gesetzes eingeführte Bestimmung des § 14 Abs. 4 TzBfG (»Die Befristung eines Arbeitsvertrags bedarf zu ihrer Wirksamkeit der Schriftform.«), also nach nur achtmonatiger Geltung, ohne Übergangsregelung wieder gestrichen. Das Wort »bedürfen« in § 623 BGB wurde nicht gleichzeitig in »bedarf« geändert, ist aber zur Vermeidung eines Torsos so zu lesen. 13

Soweit es um die **Befristung** geht, ist aufgrund der durch Art. 2 Nr. 1b vorgenannten Gesetzes angefügten Regelung in § 620 Abs. 3 BGB neu (»Für Arbeitsverträge, die auf bestimmte Zeit abgeschlossen werden, gilt das Teilzeit- und Befristungsgesetz.«) **nunmehr** allein § 14 Abs. 4 TzBfG maßgebend. Mit der erst auf der Beschlussempfehlung und dem Bericht des **Ausschusses für Arbeit und Sozialordnung** vom 15. November 2000 (BT-Drucks. 14/4625, S. 13, 21) beruhenden und Gesetz gewordenen Streichung sollte nach dem Willen der Initiatoren eine »Parallelregelung ... inhaltlich übereinstimmend mit § 623 des Bürgerlichen Gesetzbuches« vermieden werden. Die Frage, ob sich dadurch **unbeabsichtigt** inhaltliche Änderungen zu der bis 31. Dezember 2000 geltenden Fassung des § 623 BGB ergeben haben, ist (auch) Gegenstand dieser Kommentierung sowie derjenigen des § 14 Abs. 4 TzBfG. 14

Wenig durchdacht wirkt (auch) die Änderung des § 620 Abs. 2 BGB durch Art. 2 Nr. 1a TzBfG dahingehend, dass die Angabe »§§ 621, 622« durch die Angabe »§§ 621 bis 623« ersetzt wurde, obzwar die Regelung dadurch jetzt die »Kündigung« nach Maßgabe der in Bezug genommenen Regelungen betrifft, worunter der »Auflösungsvertrag« in § 623 BGB aber nicht fällt. Derartige gesetzgeberische Lässlichkeiten, einschließlich des nach Streichung der Befristung verbliebenen Torsos des § 623 BGB, lassen befürchten, dass die Übersicht über das Regelungssubstrat verloren gegangen ist und die ordnende Hand fehlt. Dies zeigt sich auch daran, dass mit dem durch das am 1. August 2001 in Kraft getretene Gesetz zur Anpassung der Formvorschriften des Privatrechts und anderer Vorschriften des Privatrechts an den modernen Rechtsgeschäftsverkehr vom 13. Juli 2001 (BGBl. I S. 1542) umgesetzten Regierungsentwurf eines »Gesetzes zur Anpassung der Formvorschriften des Privatrechts und anderer Vorschriften an den modernen Rechtsverkehr 15 vom 8. September 2000« (BR-Drs. 535/00) schon wieder eine Änderung des § 623 BGB erfolgt ist, wonach die durch § 126 Abs. 3 BGB nF eingeführte »elektronische Form« bei § 623 BGB durch Anfügung des Hs. 2 ausdrücklich ausgeschlossen ist (u.a. um die Arbeitnehmerinnen und Arbeitnehmer – vom Arbeitgeber ist keine Rede – nicht schon nach wenigen Monaten (!) der Existenz des § 623 BGB mit einer Öffnung der elektronischen Form zu konfrontieren, S. 42 der Drucks.) und weder die vereinfachte »Textform« nach § 126b BGB noch, da nur für die rechtsgeschäftlich bestimmte schriftliche Form ermöglicht, die nach § 127 Abs. 2 S. 1 BGB eingeführte geplante »telekommunikative Übermittlung« für § 623 BGB vorgeschrieben bzw. zugelassen wurde.

4. Schuldrechtsmodernisierung

16 Die im Zuge der Schuldrechtsmodernisierung aufgrund Art. 1 Abs. 2 des Gesetzes vom 26. November 2001 (BGBl. I S. 3138) ab 1. Januar 2002 zugefügte amtl. Überschrift ist in ihrer **Einschränkung** auf die **Kündigung** falsch und ist geeignet, zu Fehlern bei der Rechtsanwendung zu führen (Übersehen des Beendigungstatbestandes »Auflösungsvertrag«).

II. Normzweck

1. Gesetzesbegründung

17 Nach den im **Gesetzgebungsverfahren** vorgebrachten Begründungen verfolgt § 623 BGB nur **zwei** Zwecke. Zum einen geht es um die Verfahrensbeschleunigung durch Entlastung der Arbeitsgerichte, zum anderen um die Rechtssicherheit wegen der Bedeutung der geregelten Beendigungstatbestände bzw. (bis 31. Dezember 2000) der Befristung. Soweit die Bedeutung hinsichtlich dieser Tatbestände bzw. der Befristung »insbes. (bei) der Beendigung des Arbeitsverhältnisses« hervorgehoben wird, dürfte es sich um eine versehentliche Betonung der »Beendigung« handeln. Denn der Entwurf handelt **nur** von der »Beendigung« von Arbeitsverhältnissen (also zB insbes. nicht von deren Begründung oder Änderung), soweit es um Kündigung oder Auflösungsvertrag geht. Und auch (bis 31. Dezember 2000) »die« Befristung – wenn auch von den vorhergehenden Tatbeständen abgesetzt – **bewirkt** ein Ende (arg. jedenfalls ex § 1 Abs. 5 BeschFG/§ 17 TzBfG), ob nun anfänglich oder nachträglich abgemacht oder eine bestehende Befristung verändernd (vgl. § 620 Abs. 1 BGB).

2. Formzweck nach BGB

18 **Die Inkorporation** des Schriftformzwangs für Kündigung, Auflösungsvertrag sowie Befristung in das BGB bewirkt, über die Gesetzesbegründungen (Verfahrensbeschleunigung und Rechtssicherheit) **hinaus**, dass bei der Auslegung der Norm auch die sonstigen Zwecke gesetzlicher Formvorschriften nach dem BGB zu berücksichtigen sind. Danach verfolgen diese Zwecke drei verschiedene Funktionen, die alternativ oder in beliebigen Kombinationen Geltung beanspruchen können. Und zwar geht es um die **Warnfunktion**, die **Klarstellungsfunktion** sowie um die **Beweisfunktion** (s. zur Herleitung und unter Bezugnahme auf die dies zum Ausdruck bringenden Motive zum BGB instruktiv *Kliemt* Formerfordernisse, S. 7 mwN), zu welchen Funktionen aufgrund des Erfordernisses der eigenhändigen Unterschrift auch **Identitäts-, Echtheits-** und **Verifikations**funktion (Erkennbarkeit des Ausstellers, Herkunft der Urkunde und Überprüfbarkeit ihrer Echtheit, vgl. BAG 21.4.2005 EzA § 623 BGB 2002 Nr. 4; 24.1.2008 EzA § 622 BGB 2002 Nr. 4; 6.9.2012 EzA § 4 nF KSchG Nr. 91) zählen.

19 Ohne Einfluss auf die Auslegung des § 623 BGB ist es im Ergebnis, wenn man die in dem Gesetzgebungsverfahren angesprochenen Zwecke der Verfahrensbeschleunigung sowie der Rechtssicherheit wegen der Bedeutung der Beendigungstatbestände bzw. der Befristung lediglich als Unterfälle oder besondere Ausprägungen der auch sonst üblichen Funktionen gesetzlicher Formvorschriften auffasst. So hat die Beschleunigungsfunktion insofern mit der Beweisfunktion zu tun, als es um die (rasche) Erweislichkeit oder die Nichterweislichkeit derjenigen Tatsachen geht, aus denen auf einen Beendigungstatbestand bzw. eine (Rechtslage bis 31. Dezember 2000) Befristung geschlossen werden kann. Die Frage der Rechtssicherheit lässt sich der Klarstellungsfunktion zuordnen. Soweit

die Rechtssicherheit wegen der besonderen Bedeutung der Beendigungstatbestände bzw. der Befristung gewährleistet sein soll, dürfte die Warnfunktion angesprochen sein. Denn vor **unbedeutenden** Willenserklärungen und/oder Rechtsgeschäften dürfte es unter rechtspolitischen Gesichtspunkten keiner Warnung bedürfen. Dabei dürfte gerade diese **Warnfunktion** im Gesetzgebungsverfahren zu Unrecht in den Hintergrund geraten sein, nachdem gerade in Vorarbeiten (s. Rdn 4) die **Bedeutung** arbeitsrechtlicher Beendigungstatbestände hervorgehoben und gerade Schriftformerfordernisse hiermit begründet worden sind. Es spricht einiges dafür (s. Rdn 20 f., 25), dass § 623 BGB gerade mit der Facette seiner **Warnfunktion** Bedeutung in der Rechtswirklichkeit erlangen wird (s. in dieser Richtung jetzt auch *BAG* 17.12.2009 EzA § 623 BGB 2002 Nr. 10). Dies darf allerdings nicht etwa mit der Nachrangigkeit der übrigen Funktionen der Norm (Klarstellungs- und Beweisfunktion) verwechselt werden.

Decouvrierend ist, dass in späteren Gesetzesvorhaben bzw. -begründungen der Regelung in § 623 BGB bzw. des § 14 Abs. 4 TzBfG genau **diejenigen** (und nicht: die zum Arbeitsgerichtsbeschleunigungsgesetz geltend gemachten) Zwecke beigemessen werden, die üblicherweise Formzwecken des BGB innewohnen: So streicht etwa der Referentenentwurf des TzBfG für das Schriftformerfordernis (der Befristung, jetzt: nach § 14 Abs. 4 TzBfG), und zwar ausschließlich (!), das Interesse der »**Rechtsklarheit**« heraus (vom 5. September 2000, III a 4/III a 1-31325, S. 36), »befolgt« vom Gesetzentwurf der Bundesregierung vom 24. Oktober 2000 (BT-Drucks. 14/4374, S. 20). Und der Gesetzentwurf **derselben Regierung** betreffend den »Entwurf eines Gesetzes zur Anpassung der Formvorschriften des Privatrechts und anderer Vorschriften an den modernen Rechtsgeschäftsverkehr« vom 8. September 2000 führt (BR-Drs. 535/00, S. 42, dort – S. 28 ff. – auch Zusammenstellung der Funktionen einer Schriftform), also nur wenige Tage nach dem Referentenentwurf des TzBfG, aus: »Das Schriftformerfordernis (gemeint: des § 623 BGB in damaliger Fassung) soll im Hinblick darauf, dass für den größten Teil aller Arbeitnehmerinnen und Arbeitnehmer der Arbeitsplatz die einzige Einnahmequelle und damit die Existenzgrundlage für sich und ihre Familien ist, die **Rechtssicherheit** (Hervorhebung durch Verf.) erhöhen und **insbes. vor einer übereilten Aufgabe des Arbeitsplatzes schützen**« (Hervorhebung erneut durch den Verf.); in der Folge wird ausdrücklich die Warnfunktion der Schriftform erwähnt. Genau **das** ist der reale Zweck der Regelung: **Die Warnung** (auch wenn eine Beschränkung auf **Arbeitnehmer** vorgenommen wird; dazu sogleich), ähnlich DDZ-*Däubler* Rn 6. Von **Verfahrensbeschleunigung** ist nirgendwo mehr die Rede. Noch unerforscht ist, ob **Wechsel** in der gesetzgeberischen Intention, die nur »en passant« vorkommen, auslegungsrelevant sind. **Hier** stellt sich die Frage, ob Formverstöße übergangen werden dürfen, wenn deren Aufklärung das Verfahren »verlangsamen« würde!

Durch die Schriftform **gewarnt** ist **jede** Arbeitsvertragspartei vor der **Abgabe** einer auf die Beendigung bzw. (Rechtslage bis 31. Dezember 2000) Befristung des Arbeitsverhältnisses zielenden Erklärung. Die Notwendigkeit der Beobachtung einer Form ruft bei den Beteiligten eine geschäftsmäßige Stimmung hervor, weckt das juristische Bewusstsein, fordert zur besonneneren Überlegung heraus und gewährleistet die Ernstlichkeit der gefassten Entschließung (Motive zum Bürgerlichen Gesetzbuch, abgedruckt bei *Mugdan* Materialien zum BGB, Band I, S. 451). Dabei kommt der Schriftform diese Wirkung **beiden** Arbeitsvertragsparteien **gleichermaßen** zugute. Nicht nur schützt sie den Arbeitnehmer vor der unbedachten und voreiligen Aufgabe seiner (in aller Regel) wirtschaftlichen Lebensgrundlage. Geschützt wird auch der Arbeitgeber vor unbesonnenen auf die Beendigung des Arbeitsverhältnisses gerichteten Erklärungen, insbes. Kündigungen, die bei Unwirksamkeit erhebliche wirtschaftliche Risiken (Nachzahlungsanspruch bei Annahmeverzug) bergen können. Letztlich schützt der Zwang zur Einhaltung einer Form stets auch die **Gegenseite** vor Übereilung des **anderen** Teils. **Ist** die Schriftform gewahrt, setzt sich die Warnung bei dem **Empfänger** einer **Kündigung** oder der Partei einer (Fassung bis 31. Dezember 2000) **Befristungsabrede**, da dokumentiert, noch **fort**, insbes. wenn er bzw. sie sich dagegen wehren will oder, zur Wahrung der Rechte, zumindest zunächst einmal fristgerecht wehren muss. Für den **Arbeitnehmer** etwa kann die Drei-Wochen-Frist des § 4 S. 1 KSchG oder konnte – bis 31. Dezember 2000 – die des § 1 Abs. 5 S. 1 BeschFG (nach Auslagerung der Befristung in § 14 Abs. 4 TzBfG jetzt: § 17 TzBfG) in Lauf gesetzt sein. Für den **Arbeitgeber** kann die Beschaffung von Ersatz oder die Einhaltung der

Kündigungsfrist oder gar die Verurteilung zur Arbeitsleistung (s. aber § 888 Abs. 3 ZPO) oder die Verhinderung von Wettbewerb in Rede stehen.

III. Bedeutung der Norm

22 Die Bedeutung der Norm wird seit ihrem Werdegang sowie seit ihrem Inkrafttreten kritisch beobachtet und recht unterschiedlich beurteilt. Ihre **reale** Bedeutung wird sich möglicherweise nur durch Mittel der Rechtstatsachenforschung erschließen lassen. Das betrifft insbes. die Frage nach dem Beschleunigungseffekt. In dem Gesetzgebungsverfahren ist zu keinem Zeitpunkt quantifiziert worden, in welchem Maß die Gerichte für Arbeitssachen in Bestandsstreitigkeiten zunächst mit Feststellungen solcher Tatsachen aufgehalten werden, aus denen darauf geschlossen werden kann, ob eine Arbeitsvertragspartei bzw. beide einen arbeitsrechtlichen Beendigungs- bzw. (Fassung bis 31. Dezember 2000) Befristungstatbestand gesetzt haben.

23 Gleiches gilt für die Einschätzung der **Bundesregierung** in ihrer Stellungnahme (s. Rdn 9), wonach sich Streitigkeiten um die Abgabe der Kündigungserklärung bei Einführung eines Schriftformerfordernisses auf die Frage verlagern würden, ob die Erklärung wirksam zugegangen ist. Mit dem Auflösungsvertrag und der Befristung beschäftigt sich die Stellungnahme erst gar nicht; die angesprochenen Zugangsprobleme lassen sich über § 132 Abs. 1, Abs. 2 BGB in den Griff bekommen.

24 Es steht nach Sichtung der ersten Stellungnahmen zu der Norm allerdings zu befürchten, dass sie nichts »beschleunigen« wird. Die Streitigkeiten werden sich auf Formfragen verlagern (Einhaltung? Nichteinhaltung? Nichteinhaltung wegen § 242 BGB nicht relevant?) und, wegen erschwerter Bezugnahmevoraussetzungen, Ausscheidensvergleiche erschweren.

25 Mit seiner Warnfunktion jedenfalls ist der eingeführte Formzwang zu **begrüßen**, soweit es um den **Übereilungsschutz** für die Arbeitsvertragsparteien und nicht allein um ihr Interesse oder dasjenige der Allgemeinheit an beschleunigten Arbeitsgerichtsprozessen geht. Es ist nichts dagegen einzuwenden, eine Arbeitsvertragspartei vor Abgabe einer auf die Beendigung seiner oder/und derjenigen seiner Familie wirtschaftlichen Existenzgrundlage gerichteten Erklärung bzw. vor einer (Rechtslage bis 31. Dezember 2000) Befristungsabrede zu warnen. Das muss nicht unbedingt der Arbeitnehmer sein. Gefährdet sein kann genauso der Arbeitgeber ohne finanzielle Reserven. Hohe Nachzahlungsansprüche nach unwirksamer, da unbesonnener, Kündigung können darüber hinaus einen Betrieb und andere Arbeitsplätze in Gefahr bringen. Darüber hinaus ist jeder Vertragsteil auch vor ihm nachteiligen Rechtshandlungen des **anderen** Teils geschützt. Gemessen an **anderen** gesetzlichen Formvorschriften, die Geltung ohne Rücksicht auf die wirtschaftliche Bedeutung des Rechtsgeschäfts beanspruchen, erscheint das Erfordernis einer Form für arbeitsrechtliche Beendigungstatbestände (im weitesten Sinne) evident.

26 **Zweifel** an dem Beschleunigungseffekt des Formzwanges äußern etwa *Sander/Siebert* BuW 2000, 424 (»Begründung mag den Praktiker verwundern«), *Schulte* Anwalts-Handbuch Arbeitsrecht, Teil 3 C Rn 38, *Richardi/Annuß* NJW 2000, 1231 ff. (»mehr Realitätsnähe beweise gegenüber der Gesetzesbegründung die von der Bundesregierung geäußerte Erwartung, dass mit dem Schriftformerfordernis keine Entlastung der Arbeitsgerichte herbeigeführt werden kann«) und *Opolony* NJW 2000, 2171, 2172. *Schaub* (NZA 2000, 344, 347) teilt wie *Richardi/Annuß* die Auffassung, dass der Schriftformzwang das Problem eher iSd Stellungnahme der Bundesregierung auf Zugangsfragen verlagere (ähnlich *Weber* NJ 2000, 236 f., die jetzt **hierzu** Beweisaufnahmen erwartet). Stets unter Hervorhebung der **Warnfunktion** bzw. dieses durch die Norm verfolgten Zwecks wird die Regelung begrüßt bspw. von *Backmeister/Trittin/Mayer* Rn 1, sowie *dies.* DB 2000, 618, 621, und weiter von *Bader/Bram-Bader* Rn 2, von ErfK-*Müller-Glöge* Rn 1 sowie *Müller-Glöge/von Senden* AuA 2000, 199, von *Berscheid* ZInsO 2000, 208, und schließlich von *Däubler* AiB 2000, 188, 199. *Däubler* weist darauf hin (AiB 2000, 188, 199), dass der Schriftformzwang ein wichtiges Stück Absicherung für den Arbeitnehmer bedeute, für den die Beendigung des Arbeitsverhältnisses idR existenzielle Bedeutung besitze. Dass dies in der amtlichen Begründung nicht zum Ausdruck gekommen sei, sei ein wenig dem Zeitgeist geschuldet, dem die Entlastung der Arbeitsgerichtsbarkeit ersichtlich

wichtiger war als ein Stück mehr Arbeitnehmerschutz. S. weiter etwa *Düwell* FA 2000, 82 f.; *Sander/Siebert* BuW 2000, 424; *Wurm* ZBVR 2000, 91.

Den bereits in dieser Kommentierung angestellten Vergleich zu anderen weniger wichtigen Rechtsgeschäften hat bereits *Düwell* (FA 1998, 219, 221) während des Gesetzgebungsverfahrens bemüht, um die Norm zu rechtfertigen. 27

Appel/Kaiser halten die Kritik, der Effekt der Neuregelung könne nur gering sein, weil die Anzahl der um die Existenz eines Beendigungstatbestandes geführten Rechtsstreite nur gering sei, für unberechtigt. Sie räumen allerdings ein, dass keine statistischen Erhebungen vorlägen. Jedoch könne jeder Praktiker, der »in diesem Gerichtszweig« – zumindest in den Tatsacheninstanzen – tätig ist, bestätigen, dass Streitigkeiten darüber, ob der Arbeitgeber oder Arbeitnehmer eine Kündigung erklärt hat bzw. wie eine bestimmte Äußerung oder ein Verhalten zu deuten ist, einen relativ großen Raum (der Verf. erinnert sich nach ca. 22 Berufsjahren an etwa fünf einschlägige Sachen) einnähmen. Da der Schwerpunkt solcher Streitigkeiten im Tatsächlichen liege, könne ihre Häufigkeit nicht an der Anzahl der hierzu veröffentlichten Entscheidungen gemessen werden (AuR 2000, 281, 284). Sie erwidern insoweit konkret auf *Böhm* (NZA 2000, 561 ff.), der mögliche Defizite der Regelung aufdeckt und als Fazit (NZA 2000, 564) eine fehlende Folgenabschätzung der Norm moniert. 28

Zu der bislang differenziertesten Folgenabschätzung sind *Preis/Gotthardt* (NZA 2000, 348 ff.) gelangt. Diese begrüßen die Regelung; angesichts der Bedeutung des Arbeitsverhältnisses für den Arbeitnehmer als Lebensgrundlage könne das Schriftformerfordernis (auch) nicht als überflüssige Förmelei bezeichnet werden. Zustimmung verdiene die Tatsache, dass der Gesetzgeber mit dem Schriftformerfordernis eben nur für (relevant bis 31. Dezember 2000) Befristungen, nicht aber für unbefristete Arbeitsverträge klarstelle, dass er den unbefristeten Arbeitsvertrag als Regelfall betrachte (NZA 2000, 361). Sie sehen (NZA 2000, 361) die Schwächen der Regelung in ihrer technischen Umsetzung. Hierauf wird im Folgenden noch einzugehen sein. 29

Schulte (Anwalts-Handbuch Arbeitsrecht, Teil 3 C Rn 38) bemerkt aus der Sicht des in der Praxis tätigen Rechtsanwaltes, dass sowohl auf Arbeitgeber- wie auf Arbeitnehmerseite künftig klar sein wird, ob der jeweils andere Vertragspartner gekündigt habe oder nicht. Damit entfalle die auch taktisch bislang schwierig zu bewältigende Frage, ob und wie man sich gegen eine vermeintliche Kündigung zur Wehr setzen solle – so auf Arbeitnehmerseite – oder wie man sich unmittelbar nach einer vermeintlichen Arbeitnehmerkündigung in Bezug auf die Annahme der Arbeitskraft verhalten solle. Die Schriftform bringe die notwendige Klarheit und Sicherheit, die bislang nur vereinzelt in gesetzlichen Vorschriften zu finden sei. 30

IV. Abdingbarkeit/IPR

Der gesetzliche Formzwang in § 623 BGB kann nicht abbedungen werden, aus welchem Rechtsgrund auch immer. Dies folgt – neben dem eindeutigen Wortlaut – daraus, dass das Schriftformerfordernis in dem gesamten Gesetzgebungsverfahren hindurch stets als »konstitutiv« angesehen worden ist (s. bspw. BR-Drs. 321/98, S. 15, sowie BT-Drucks. 14/626, S. 11). Demgemäß ist es allgemeine Auffassung, dass das gesetzliche Formerfordernis weder durch Arbeitsvertrag noch durch Betriebsvereinbarung oder Tarifvertrag (etwa früher § 58 BAT [= § 33 Abs. 1b) TVöD-AT) über die jederzeitige Beendbarkeit des Arbeitsverhältnisses im gegenseitigen Einvernehmen) abbedungen werden kann (vgl. statt vieler APS-*Greiner* Rn 11; *Bader/Bram-Bader* Rn 58; *Müller-Glöge/von Senden* AuA 2000, 199, 200; *Preis/Gotthardt* NZA 2000, 348, 349; *Richardi/Annuß* NJW 2000, 1231, 1232). Dies folgt aus dem Grundsatz, dass gesetzliche Formvorschriften zwingend sind (allg. M., vgl. MüKo-BGB/*Häublein* § 568 Rn 11), sowie, bezogen auf die hier zu beurteilende Norm, daraus, dass der Gesetzgeber nicht einmal die noch in dem sog. Professorenentwurf (s. Rdn 4) vorgesehene Tarifdispositivität hat gelten lassen wollen. Dann kann für die im Range niedrigere Betriebsvereinbarung bzw. den im Rang niedrigeren Arbeitsvertrag nichts anderes gelten. § 22 Abs. 1 31

TzBfG stellt dies – allerdings nur für die Formvorschrift betreffend die **Befristung** in § 14 Abs. 4 TzBfG – jetzt nur noch einmal klar.

32 »Konstitutiv« bedeutet »zwingend«. Demgemäß stellt § 623 BGB auch eine iSd Art. 8 Abs. 1 S. 2 Rom I-VO nicht ausschaltbare (zwingende) Bestimmung dar (vgl. zu Art. 30 Abs. 1 EGBGB aF LAG Düsseld. 27.5.2003 LAGE § 623 BGB 2002 Nr. 1; HWK-*Bittner/Tiedemann* Rn 31, 35), deren Schutz der Arbeitnehmer nicht durch die – nach Abs. 1 S. 1 jener Bestimmung i. V. m. Art. 3 der VO an sich freie – Wahl des Rechts eines anderen Staates entzogen werden darf. Auf diese zwingende Bestimmung des Arbeitsvertragsstatuts wird es allerdings nicht ankommen, wenn das durch Rechtswahl des anderen Staates anzuwendende Recht den gleichen oder gar einen besseren Schutz gewährleistet (vgl. *Palandt/Thorn* Rom I 8 [IPR] Rn 8). Dies setzt das Vorhandensein eines ebenfalls zwingenden gesetzlichen Schriftformerfordernisses für – je nach Sachverhalt – Kündigung, Auflösungsvertrag sowie (bis 31. Dezember 2000 aus § 623 BGB, danach aus § 14 Abs. 4 TzBfG) Befristung voraus. **Internationalprivatrechtlich** ist im Übrigen Art. 11 Rom I-VO betr. die Form zu beachten (für die Maßgeblichkeit des Formstatuts – und nicht des Vertragsstatuts hinsichtlich der Form des Aufhebungsvertrages – *Deinert* S. 347). Für **Kündigungen** ist aufgrund dessen Abs. 3 die Einhaltung des auf den Arbeitsvertrag anwendbaren Rechts oder des Rechts des Staates, in dem die Kündigungserklärung »vorgenommen« wird oder in dem die »vornehmende« Person zum Zeitpunkt der Kündigung ihren gewöhnlichen Aufenthalt hatte, maßgebend. Für **Auflösungsverträge** gilt dessen Abs. 2. Danach ist ein Vertrag, der zwischen Personen geschlossen wird, die oder deren Vertreter sich zum Zeitpunkt des Vertragsschlusses in verschiedenen Staaten befinden, formgültig, wenn er die Formerfordernisse des auf ihn nach der VO anzuwendenden materiellen Rechts oder die Formerfordernisse des Rechts eines der Staaten, in denen sich eine der Vertragsparteien oder ihr Vertreter zum Zeitpunkt des Vertragsschlusses befindet, oder die Formerfordernisse des Rechts des Staates, in dem eine der Vertragsparteien zu diesem Zeitpunkt ihren gewöhnlichen Aufenthalt hatte, erfüllt.

V. Geltungsbeginn

33 Die Norm **gilt** aus staatsrechtlichen Gründen (ex lege) ab dem Zeitpunkt ihres Inkrafttretens am 1. Mai 2000 auch für die **vor** ihrem Inkrafttreten bestehenden Arbeitsverhältnisse (unechte Rückwirkung) nach den folgenden Maßgaben:

1. Maßgebender Zeitpunkt bei Kündigung

34 Der Schriftformzwang betrifft einhelliger Ansicht nach nur solche Kündigungen, die nach dem Inkrafttreten des (neuen) § 623 BGB **am** 1. Mai 2000 erklärt worden sind bzw. erklärt werden (*Backmeister/Trittin/Mayer* Rn 5; *Bader/Bram-Bader* Rn 60; *Berscheid* ZInsO 2000, 208, 211; *Däubler* AiB 2000, 188, 192; *ders.* KDZ [8. Aufl.] Rn 56; *Lakies* BB 1999, 667; *Preis/Gotthardt* NZA 2000, 348, 349; *Weber* NJ 2000, 236; vgl. BAG 6.7.2000 NZA 2001, 718). Dies schließt den 1. Mai 2000 selbst – obzwar Feiertag – ein (*Däubler* AiB 2000, 192; **unrichtig** HK-*Dorndorf* § 1 KSchG Rn 117: »nach« dem 1. Mai. Denn § 193 BGB gilt nicht, vgl. KR-*Spilger* § 622 BGB Rdn 154 f. mwN). Dies rechtfertigt sich daraus, dass Kündigungen den zum Zeitpunkt ihres Zuganges geltenden Regelungen zu genügen haben. Außerdem hat der Gesetzgeber der Vorschrift keine rückwirkende Geltung für solche Kündigungen beigelegt, die zum Zeitpunkt des Inkrafttretens der Norm bereits erklärt waren. Daraus ergibt sich umgekehrt, dass Kündigungen, die vor dem Inkrafttreten des neuen § 623 BGB erklärt worden sind, dem Schriftformerfordernis nicht unterfallen. Dies gilt selbst dann, wenn sie vor dem Inkrafttreten erklärt worden sind, der Kündigungstermin wegen einer zu beachtenden Kündigungsfrist jedoch erst nach dem Inkrafttreten der Neuregelung liegt. Mit anderen Worten ist es ohne Belang, dass die Kündigungsfrist uU erst am oder nach dem 1. Mai 2000 endet (*Bader/Bram-Bader* Rn 60). Bei derartigen »Altkündigungen« nicht übersehen werden dürfen allerdings etwaige Formvorschriften nach anderer gesetzlicher Grundlage oder aus Tarifvertrag, Betriebsvereinbarung oder Arbeitsvertrag. Denn zeitlich kollidiert § 623 BGB jedenfalls nicht mit solchen Formzwängen, denen Kündigungen bereits vor seinem Inkrafttreten unterworfen waren.

2. Maßgebender Zeitpunkt bei Auflösungsvertrag und (Fassung bis 31. Dezember 2000) Befristungsabrede

Auch bei Auflösungsverträgen und bei (Fassung bis 31. Dezember 2000) Befristungsabreden kommt 35
es für die Anwendbarkeit des § 623 BGB darauf an, ob der Vertrag oder die Abrede vor dem am
1. Mai 2000 erfolgten Inkrafttreten oder beginnend ab dem 1. Mai 2000 getroffen wurde bzw. getroffen wird (*Bader/Bram-Bader* Rn 60; *Berscheid* ZInsO 2000, 208, 211; *Däubler* AiB 2000, 188,
192; *Gaul* DStR 2000, 691, 693; *Lakies* BB 1999, 667; *Preis/Gotthardt* NZA 2000, 348, 349; *Weber*
NJ 2000, 236; *BAG* 16.5.2000 DB 2000, 1768, 1769 [für Aufhebung]). Maßgebend ist also der
Zeitpunkt des Vertragsschlusses bzw. (Fassung bis 31. Dezember 2000) der Abrede der Befristung,
datumsmäßig wiederum unter Einschluss des 1. Mai 2000. Ebenso wenig wie bei Kündigungen
legt sich das Gesetz bei Auflösungsverträgen und (Fassung bis 31. Dezember 2000) Befristungen
hinsichtlich des Formzwanges Rückwirkung bei. Dies bedeutet, dass das Inkrafttreten des § 623
BGB die Wirksamkeit von Auflösungsverträgen und (Fassung bis 31. Dezember 2000) Befristungsabreden unberührt lässt, die vor dem 1. Mai 2000 wirksam zustande gekommen sind. Dies gilt
selbst dann, wenn die Auflösung oder die (Fassung bis 31. Dezember 2000) Befristung erst nach
dem 1. Mai 2000 wirksam geworden ist oder wirksam werden soll (s. für derartige »Altverträge«
Lakies BB 1999, 667; weiter ErfK-*Müller-Glöge* [8. Aufl.] Rn 18) oder der vor dem 1. Mai 2000 geschlossene befristete Vertrag erst ab oder nach diesem Datum tatsächlich angetreten werden sollte.

Wurde oder wird allerdings bei einem nach alten Recht wirksam formlos zustande gekommenen 36
Auflösungsvertrag nach dem 1. Mai 2000 der Auflösungszeitpunkt verändert oder wurde oder wird
bei einer nach altem Recht noch wirksam formlos getroffenen Befristungsabrede nach Inkrafttreten
des § 623 BGB (bzw. jetzt des § 14 Abs. 4 TzBfG) diese Abrede verändert (bspw. durch einvernehmliche befristete Verlängerung des befristeten Arbeitsvertrages), so ist **nunmehr** die Schriftform
zu wahren. Entsprechendes gilt, wenn nach altem Recht ohne Wahrung der Schriftform wirksam
abgemacht worden ist, dass sich das befristete Arbeitsverhältnis ohne Nichtverlängerungsmitteilung zwar fortsetzt, jedoch nur auf bestimmte Zeit. Auch dies stellt der Sache nach eine nunmehr
dem Formzwang unterworfene Änderung der Befristungsabrede dar. Allein die Tatsache, dass die
formbedürftige Änderung der Befristungsabrede unter der Bedingung des Nichtausspruchs der
Nichtverlängerungsmitteilung vereinbart ist, steht dem Formerfordernis nicht entgegen (vgl. *Preis/
Gotthardt* NZA 2000, 348, 357 f. mwN, deren Fallbeispiel allerdings nicht ausdrücklich das Problem einer von § 623 BGB [bzw. jetzt: des § 14 Abs. 4 TzBfG] »eingeholten« Vertragsgestaltung
betrifft). Auf die Formfreiheit zum Zeitpunkt der ursprünglichen Befristungsabrede wird also nicht
abgestellt werden können, wenn das Arbeitsverhältnis nach dem 1. Mai 2000 zu einem bestimmten
Zeitpunkt enden und nunmehr »stillschweigend« (wiederum befristet) verlängert werden soll. Auf
die damit u.a. im Bühnenarbeitsrecht einhergehenden Probleme hat *Opolony* (NJW 200, 2171,
2172) hingewiesen. Genügt wird dem Formzwang bei einer derartigen Konstellation, bei welcher
das Unterlassen des Ausspruchs der Nichtverlängerungsmitteilung unter Weiterarbeit eine neuerliche Befristung auslösen soll, auch nicht dadurch, dass die grundsätzliche Abrede über diese Verfahrensweise zu dem Zeitpunkt, als dies noch formlos möglich war, schriftlich fixiert worden ist
(ähnlich *Opolony* NJW 200, 2171, 2172). Denn die wirkliche Übereinkunft beider Parteien über
eine weitere befristete Fortsetzung des Arbeitsverhältnisses fällt erst nach dem Beginn der Geltung des § 623 BGB bzw. jetzt des § 14 Abs. 4 TzBfG. Ergibt sich allerdings die Verlängerung
der Befristung bei Nichtausspruch einer Nichtverlängerungsmitteilung aus Tarifvertrag (etwa aufgrund § 2 des Tarifvertrages über die Mitteilungspflicht), so gilt die neuerliche Befristung jedenfalls zwischen beiderseits Tarifgebundenen schon aufgrund der Rechtsnormwirkung in § 4 Abs. 1
S. 1 TVG als Rechtsnorm über die Beendigung des Arbeitsverhältnisses (§ 1 Abs. 1 TVG). Dies
ergibt sich schon daraus, dass der Gesetzgeber für Tarifverträge durch § 623 BGB bzw. jetzt des
§ 14 Abs. 4 TzBfG ein über den Schriftformzwang für Tarifverträge nach § 1 Abs. 2 TVG noch
hinausgehendes Schriftformerfordernis weder ausdrücklich geschaffen hat noch schaffen wollte (im
Ergebnis wie hier: *Preis/Gotthardt* NZA 2000, 348, 358; abw. *Opolony* NJW 2000, 2171 f.). Der
Gesetzgeber hatte bei Schaffung des § 623 BGB (und hinsichtlich der nach § 14 Abs. 4 TzBfG ausgelagerten Befristung letztlich auch bzgl. dieser Vorschrift) – wie gezeigt (s. Rdn 19) – die Abgabe

»ungeschützter« Erklärungen der Arbeitsvertragsparteien im Blick. Dieses Schutzes bedürfen jedenfalls Tarifgebundene insoweit nicht, als der Befristungstatbestand im Tarifvertrag selbst und abschließend und unter Einhaltung des bereits im Tarifvertragsgesetz vorgesehenen Schriftformzwanges geregelt ist. Bei dieser Sichtweise bedarf es keiner näheren Untersuchung, ob der Gesetzgeber überhaupt befugt wäre, eine Tarifnormwirkung an die Erfüllung von Voraussetzungen zu knüpfen, die die Tarifvertragsparteien selbst nicht vorgesehen haben. Zumindest wird er ihnen die Chance lassen müssen, sich an das durch den Formzwang verschärfte rechtliche Milieu anzupassen (s. auch Rdn 177).

VI. Geltungsende bei Befristungsabrede

37 Durch Art. 2 Nr. 2 des am 1. Januar 2001 in Kraft getretenen TzBfG (s. näher Rdn 13 ff.) wurden in § 623 BGB die Wörter »sowie die Befristung« mit Blick auf die durch Art. 1 dieses Gesetzes eingeführte Bestimmung des § 14 Abs. 4 TzBfG (»Die Befristung eines Arbeitsvertrages bedarf zu ihrer Wirksamkeit der Schriftform.«) ohne Übergangsregelung gestrichen.

38 Mangels einer Zeitenkollisionsregel ist maßgebliche Formvorschrift für Befristungen bis 31. Dezember 2000 § 623 BGB, für Befristungen eingegangen ab 1. Januar 2001 ausschließlich § 14 Abs. 4 TzBfG. Relevant ist diese Auslagerung insofern, als dadurch weitere Vorschriften des TzBfG zur Anwendung kommen, welche sich wiederum auf die Anwendung bzw. auch die Auslegung der Formvorschrift auswirken (zB Definition der Befristung nach § 3 Abs. 1 TzBfG, Regelung der Folgen unwirksamer Befristung nach § 16 TzBfG, neue Vorschrift über die Anrufung des Arbeitsgerichts in § 17 TzBfG, Anwendbarkeit des § 14 Abs. 4 TzBfG aufgrund § 21 TzBfG auch für auflösende Bedingungen, Unabdingbarkeitsregel in § 22 Abs. 1 TzBfG, Kollisionsregel bzgl. besonderer Regelungen über die Befristung von Arbeitsverträgen nach anderen gesetzlichen Vorschriften durch § 23 TzBfG).

39 Für die Lösung von Altfällen, die aus Befristungen unter der Herrschaft des § 623 BGB resultieren – also Befristungsabreden zwischen 1. Mai 2000 und 31. Dezember 2000 –, wird die Regelung auch in ihrer alten Fassung erläutert. Es ist nicht auszuschließen, dass gerade in der ersten Zeit nach Einführung des Schriftformzwanges durch § 623 BGB und seiner für Befristungen maßgebenden Regelung der Form nach problematische Befristungsabreden getroffen wurden, die zwar andauern, aber nicht nach § 14 Abs. 4 TzBfG, sondern nach § 623 BGB in seiner bis 31. Dezember 2000 geltenden Fassung zu beurteilen sind. Bereits während der kurzen Geltung der Formvorschrift für die Befristung in § 623 BGB sind zahlreiche Streitfragen aufgetreten, zu deren Lösung nicht einfach auf § 14 Abs. 4 TzBfG und dessen Normumfeld zurückgegriffen werden darf (bspw. die nur im TzBfG enthaltene ausdrückliche Anwendbarkeit der Formvorschrift auch für die auflösende Bedingung sowie die sonst nach dem TzBfG für dessen § 14 Abs. 4 relevanten Bestimmungen, vgl. vorstehende Rdn 38 aE).

B. Gegenstand des Schriftformzwanges

I. Beendigung bzw. (Fassung bis 31. Dezember 2000) Befristung von Arbeitsverhältnissen

1. Arbeitsverhältnis

40 Betroffen von dem Schriftformzwang ist nur die Beendigung von **Arbeitsverhältnissen** bzw. (Fassung bis 31. Dezember 2000) **deren** Befristung, auch wenn Letzteres wegen des vorangestellten »die« nicht deutlich zum Ausdruck kam und die Stellung der Norm dazu verleiten konnte, sie insoweit auch oder gar ausschließlich auf reine Dienstverträge zu beziehen (an sich hätte es statt »die« »deren« heißen können, wodurch aber ein Konflikt mit den beiden im Satz vorhergehenden Beendigungstatbeständen heraufbeschworen worden wäre), was etwa dazu geführt hätte, dass die Befristung von Geschäftsführer- oder Vorstandsanstellungsverhältnissen nunmehr formbedürftig geworden wäre. Nach ErfK-*Müller-Glöge* (Rn 4) soll § 623 nur das bereits begonnene Arbeitsverhältnis betreffen, und zwar auch den Fall des vertraglich hinausgeschobenen Anfangstermins.

Dabei ist die lediglich auf das Sozialversicherungsrecht beschränkte und auf den umfassenderen Begriff der Beschäftigung bezogene Vermutung des § 7 Abs. 4 SGB IV insoweit nicht anzuwenden (*Richardi/Annuß* NJW 2000, 1231, 1232). **Ohne arbeitsrechtliche Auswirkungen** (iSd Schriftformzwanges) sind auch die neuen **Zusammenwirkungspflichten** von Arbeitgebern und Arbeitnehmern mit den **Agenturen für Arbeit** gem. § 2 SGB III (s. auch *Kreutz* AuR 2003, 201, 202 f.). Auf die Erläuterungen an anderer Stelle dazu, wann ein Arbeitsverhältnis vorliegt, wird verwiesen (vgl. KR-*Rost* ArbNähnl. Pers. Rdn 1 ff. sowie KR-*Spilger* § 622 BGB Rdn 74). Lediglich für den eiligen Leser ist darauf hinzuweisen, dass § 623 BGB durch seine Beschränkung auf das Arbeitsverhältnis insbes. nicht erfasst ein Dienstverhältnis, das nicht die Merkmale eines Arbeitsverhältnisses aufweist. Betroffen davon ist bspw. das Rechtsverhältnis eines sog. »freien« Mitarbeiters sowie der Anstellungsvertrag eines Organs einer Kapitalgesellschaft (eines GmbH-Geschäftsführers, eines Vorstandsmitglieds einer Aktiengesellschaft; letzterer schlägt nach Beendigung der Organstellung wegen § 84 Abs. 1 AktG auch nicht in einen Arbeitsvertrag um: *BAG* 26.8.2009 EzA § 84 AktG Nr. 1) oder dasjenige einer arbeitnehmerähnlichen Person iSv § 5 Abs. 1 S. 2 ArbGG, § 12a TVG (ErfK-*Müller-Glöge* Rn 2; aA DDZ-*Däubler* Rn 9) einschließlich der Heimarbeiter (*Bader/Bram-Bader* Rn 4 mwN). 41

Auch bei einem **Anstellungsverhältnis** eines **GmbH-Geschäftsführers**, der am Kapital nicht beteiligt ist, rechtfertigt sich die Anwendung des § 623 BGB nicht (aA die Vorauflagen). 42

Außerhalb des Anwendungsbereichs des § 623 BGB bleiben damit namentlich arbeitnehmerähnliche Personen, Werkunternehmer, die Tätigkeiten von Freiberuflern aufgrund von Geschäftsbesorgungsverträgen (Ärzte, Rechtsanwälte) sowie Heimarbeiter, Hausgewerbetreibende und Zwischenmeister und bloße »Einfühlungsverhältnisse« (dazu iE *Sartorius* ZAP 2010, Fach 17 S. 1015). 43

Nicht allerdings kommt es für die Anwendung des § 623 BGB auf die Tätigkeit in einem »Betrieb« oder »Unternehmen« (zur gesetzlichen Definition des »Unternehmers« s. jetzt § 14 BGB), wie das in § 622 Abs. 2 BGB für die verlängerten Kündigungsfristen vorausgesetzt wird, an. Deshalb werden von § 623 BGB auch **Hausangestellte** erfasst, obzwar der Haushalt weder Betrieb noch Unternehmen darstellt (vgl. *Spilger* § 622 BGB Rdn 58 mN). 44

Strittig ist, ob der frühere **Eingliederungsvertrag** nach §§ 229 ff. SGB III aF einen Arbeitsvertrag darstellte (s. hierzu abl. KR-*Spilger* § 622 BGB Rdn 74 mN. Dagegen auch zwischenzeitlich *BAG* 17.5.2001 EzA § 1 KSchG Nr. 54). Jedenfalls waren aufgrund § 231 Abs. 2 S. 1 SGB III aF die Vorschriften und Grundsätze des Arbeitsrechts auf den Eingliederungsvertrag anzuwenden, »soweit sich aus den nachfolgenden Bestimmungen nichts anderes ergibt« (**anders** jetzt ausdrücklich für **Arbeitsgelegenheiten** iSd § 16d S. 1 SGB II, welche Arbeiten nach § 16d Abs. 7 S. 2 SGB II **kein** Arbeitsverhältnis begründen – sog. »**Ein-Euro-Jobs**«, vgl. *LAG Bln.* 27.3.2006 NJ 2006, 335; *ArbG Bautzen* 26.5.2005 – 2 Ca 2151/05, rkr.; *ArbG Ulm* 17.1.2006 NZA-RR 2006, 383; *BAG* 8.11.2006 EzA § 2 ArbGG 1979 Nr. 65; *Zwanziger* AuR 2005, 8, 10). Danach galt auch § 623 BGB (*Richardi/Annuß* NJW 2000, 1231, 1232) sowie jetzt auch § 14 Abs. 4 TzBfG. Dies blieb jedoch im Ergebnis ohne praktische Relevanz. Denn nach § 232 Abs. 2 SGB III aF konnten der Arbeitslose und der Arbeitgeber die Eingliederung ohne Angabe von Gründen für gescheitert erklären und dadurch den Eingliederungsvertrag auflösen. Diese Scheiternserklärung war ein Beendigungstatbestand eigener Art (*LAG Köln* 26.1.2000 AP Nr. 1 zu § 232 SGB III; APS-*Preis* [Voraufl.] Rn 8; *Gagel/Bepler* SGB III § 232 Rn 11; *Hanau* DB 1997, 1278, 1279; *Preis/Gotthardt* NZA 2000, 348, 350). Damit bedurfte es für die Beendigung des Eingliederungsvertrages weder der Erklärung einer formbedürftigen Kündigung noch des Abschlusses eines dem Formzwang unterliegenden Auflösungsvertrages. Ein ohne Einhaltung der Schriftform geschlossener Auflösungsvertrag mag zwar unwirksam sein. Allerdings konnte jede auf seinen Abschluss gerichtete Erklärung jeder Vertragspartei als die formlos (**aA** KDZ-*Däubler* Rn 8 [5. Aufl.]) jederzeit mögliche Scheiternserklärung ausgelegt werden. Ohne Relevanz war § 623 BGB bzw. seit 1. Januar 2001 § 14 Abs. 4 TzBfG auch für die Befristung des Eingliederungsvertrages. Dieser war nach § 232 Abs. 1 S. 1 SGB III aF auf mindestens zwei Wochen, längstens auf sechs Monate zu befristen und konnte nach § 232 Abs. 1 S. 2 SGB III aF, soweit seine Laufzeit kürzer als sechs Monate war, bis zu einer Gesamtdauer von 45 sechs Monaten verlängert werden. Eine entsprechend getroffene Befristungsabrede wäre bei Anwendung des § 623 BGB bzw. des § 14 Abs. 4 TzBfG zwar ohne Einhaltung der Schriftform unwirksam gewesen. Die damit fehlende Befristung wirkte sich aber jedenfalls bis zum Ablauf der zulässigen Befristungshöchstdauer von sechs Monaten nicht aus. Denn bis dahin konnte die Eingliederung jederzeit formfrei für gescheitert erklärt werden, was zur Auflösung des Vertrages führte. Relevant wurde der Schriftformzwang erst dann, wenn der nicht wirksam befristete Eingliederungsvertrag durch Überschreiten der gesetzlichen Höchstdauer in ein Arbeitsverhältnis umschlug, das nicht mehr für gescheitert erklärt, sondern nur noch durch Kündigung oder Auflösungsvertrag beendet werden konnte. § 623 BGB (bzw. seit 1. Januar 2001: § 14 Abs. 4 TzBfG) galt auch für den Fall der Verlängerung der Gesamtdauer des Eingliederungsvertrages nach § 232 Abs. 1 S. 2 SGB III aF.

46 § 623 BGB gilt auch für das **Berufsausbildungsverhältnis**. Denn nach § 10 Abs. 2 BBiG sind auf den Berufsausbildungsvertrag, soweit sich aus seinem Wesen und Zweck und aus dem Berufsbildungsgesetz nichts anderes ergibt, die für den Arbeitsvertrag geltenden Rechtsvorschriften und -grundsätze anzuwenden. Dessen § 10 BBiG und damit § 623 BGB gilt nach § 26 BBiG (soweit nicht ein Arbeitsverhältnis vereinbart ist) auch für Personen, die eingestellt werden, um berufliche Kenntnisse, Fertigkeiten und Erfahrungen zu erwerben, ohne dass es sich um eine Berufsausbildung iSd Berufsbildungsgesetzes handelt, bspw. Praktikanten oder Volontäre (vgl. *Bader/Bram-Bader* Rn 4; *Preis/Gotthardt* NZA 2000, 348, 349; *Richardi/Annuß* NJW 2000, 1231, 1232). An dem ohnehin bestehenden Schriftformerfordernis für Kündigungen nach § 15 Abs. 3 BBiG aF (jetzt: § 22 Abs. 3 BBiG) hat § 623 BGB nichts geändert. Die Beendigung eines Berufsausbildungsverhältnisses oder eines anderen Vertragsverhältnisses iSd § 26 BBiG durch **Auflösungsvertrag** bedarf jedoch nunmehr entgegen der bisherigen Rechtslage der Form (so auch APS-*Greiner* Rn 9a; *Preis/Gotthardt* NZA 2000, 348, 354). Keine Folge jedoch wiederum hat § 623 BGB in seiner bis 31. Dezember 2000 geltenden Fassung für die in § 21 BBiG vorgesehenen gesetzlichen Beendigungstatbestände. Diese bedürfen, obzwar sie das Berufsausbildungsverhältnis beenden (Beendigung mit dem Ablauf der Ausbildungszeit, § 21 Abs. 1 S. 1 BBiG) bzw. auflösend bedingen (Beendigung mit dem Bestehen der Abschlussprüfung, § 21 Abs. 2 BBiG; nach hier vertretener Auffassung – Rdn 87 ff. – schon keine formpflichtige Befristung iSd § 623 BGB, da Erfolgseintritt ungewiss) bzw. nach Maßgabe des § 21 Abs. 3 BBiG befristen (vgl. *BAG* 15.3.2000 AP Nr. 10 zu § 14 BBiG) nach dem Berufsbildungsgesetz, anders als der Tatbestand der Kündigung nach § 22 Abs. 3 BBiG, zu ihrer Wirksamkeit keiner Form. Eines Schutzes durch Schriftformzwang, der sie an die Endlichkeit ihres Vertragsverhältnisses erinnert, bedürfen die Parteien der Berufsbildung nicht. Weder ihnen noch dem Gesetzgeber schwebt (anders als bei Arbeitsverhältnissen) der **unbefristete** (Berufsausbildungs-)Vertrag (oder ein entsprechendes Vertragsverhältnis) vor. Im Übrigen wird von *Preis/Gotthardt* (NZA 2000, 348, 357) sowie APS-*Preis* ([Voraufl.] Rn 15) unter Bezugnahme auf *BAG* 22.2.1972 (AP Nr. 1 zu § 15 BBiG) und *BAG* 21.8.1997 (ARSt 1998, 49) zu Recht darauf hingewiesen, dass der Abschluss des Berufsbildungsvertrages ungeachtet der Regelung in § 11 BBiG formfrei möglich ist und dass der Verstoß gegen das Gebot, den Vertrag schriftlich niederzulegen, lediglich eine Ordnungswidrigkeit nach der Regelung in § 102 Abs. 1 Nr. 1 BBiG darstellt. An der Möglichkeit, ein Berufsausbildungsverhältnis mündlich begründen zu können, habe § 623 BGB nichts ändern wollen.

47 **Nicht** unter § 623 BGB fällt ein **Umschulungsverhältnis** iSd §§ 1 Abs. 5, 58 ff. BBiG, wofür schon die Verweisungsnorm in § 10 Abs. 2 BBiG (s. Rdn 250) nicht gilt (vgl. *BAG* 15.3.1991 AP Nr. 2 zu § 47 BBiG; **ausdrückl.** jetzt auch *BAG* 19.1.2006 EzA § 623 BGB 2002 Nr. 5). Für die (nicht näher begründete) Anwendbarkeit des § 623 BGB auf ein **Werkstattverhältnis** nach §§ 219 ff. (bis 31.12.2017: §§ 136 ff.) SGB IX *Jobs* ZTR 2002, 515, 519; nach § 211 Abs. 7 (bis 31.12.2017) bedarf lediglich die Lösungserklärung durch den Träger der Werkstatt der schriftlichen Form und es ist **diese** Norm Grundlage des Schriftformerfordernisses auch seiner Kündigung, vgl. BAG 17.3.2015 EzA § 138 SGB IX Nr. 1 m. Bespr. *Kohte* JR 2015, 656). Ein Wiedereingliederungsverhältnis nach Maßgabe des § 74 SGB V stellt kein Arbeitsverhältnis dar (*M. Schmidt* NZA 2007, 893, 894 f.). Gleiches gilt für eine betriebliche Praxiserprobung auf Grund **Eingliederungsleistung** gem. § 16 SGB II (*BAG* 19.3.2008 EzA § 16 SGB II Nr. 3).

2. Beendigung bzw. (Fassung bis 31. Dezember 2000) Befristung

Gegenstand des Schriftformzwangs nach § 623 BGB sind nur Kündigungen oder Auflösungsverträge, die zur Beendigung des Arbeitsverhältnisses (»durch«) führen (Beendigungstatbestände ieS), sowie (Fassung bis 31. Dezember 2000) die Befristung. Dabei reicht es nach dem Normzweck aus, dass die Beendigungstatbestände zur Herbeiführung der Beendigung **geeignet** sind. Denn genau genommen ist nicht die **Beendigung** des Arbeitsverhältnisses dem Formzwang unterworfen, sondern sind es – wie es sich für die (Fassung bis 31. Dezember 2000) Befristung deutlich ergibt – die in § 623 BGB genannten **Beendigungstatbestände** iwS: Die Kündigung, der Auflösungsvertrag sowie (Fassung bis 31. Dezember 2000) die Befristung. 48

Zu einer Beendigung des Arbeitsverhältnisses bzw. seiner Befristung ungeeignet sind solche Rechtshandlungen, die den Fortbestand des Arbeitsverhältnisses, wenn vielleicht auch in veränderter Form, **unberührt** lassen bzw. nicht zu **seiner** Befristung führen. Das gilt etwa für die **Teilkündigung**, soweit sie überhaupt zulässig ist, oder den – ggf. – vorbehaltenen **Widerruf** einzelner Vertragsbedingungen. Das gilt nicht für die **Änderungskündigung**, die **bei Nichtannahme** des Änderungsangebots zur Beendigung des Arbeitsverhältnisses geeignet ist, sowie für die **vorsorgliche Kündigung**. Dies gilt jedoch wiederum für eine nur einvernehmliche **Änderung** des Arbeitsvertrages sowie für die **Befristung nur einzelner Arbeitsvertragsbestandteile**, soweit zulässig. Besteht die Veränderung in der **nachträglichen** Befristung (soweit überhaupt zulässig) oder in der **Veränderung** einer bestehenden Befristung, bedarf es hingegen der Einhaltung der Schriftform (bis 31. Dezember 2000 § 623 BGB, jetzt nach § 14 Abs. 4 TzBfG). Keine »Beendigung« ist der Eintritt des **Ruhens** des Arbeitsverhältnisses, etwa bei Wehrdienst (§ 1 Abs. 1 ArbPlSchG), Wehrübungen (wie vor), Zivildienst (wie vor iVm § 78 Abs. 1 ZDG), Eignungsübung (§ 1 Abs. 1 Satz 1 EignungsübungsG) oder Elternzeit. Unbeendigt bleibt auch das Arbeitsverhältnis bei **Betriebsinhaberwechsel**, selbst wenn seinem Übergang widersprochen wird. Denn im ersten Fall besteht es mit dem Erwerber (§ 613a Abs. 1 S. 1 BGB), im zweiten Fall mit dem Veräußerer fort. **Deren** Rechtsgeschäft unterfällt daher ebenso wenig dem Formzwang des § 623 BGB wie der Widerspruch. 49

Da § 623 BGB nur von dem »Arbeitsverhältnis« und **dessen** Beendigung bzw. (Fassung bis 31. Dezember 2000) – der Sache nach – **dessen** Befristung redet, kann es mithin auch nur um dieses in seiner **Gesamtheit** gehen. Allerdings ist eine Anwendung des § 623 BGB für den Fall zu erwägen, dass eine aus Rechtsgründen an sich nicht zur Beendigung des Arbeitsverhältnisses bzw. (Fassung bis 31. Dezember 2000) seiner Befristung geeignete Rechtshandlung dem Formzwang dann zu unterwerfen ist, wenn von einem Arbeitsverhältnis substantiell nicht mehr die Rede sein kann (ähnlich für Begründung eines völlig neuartigen Arbeitsverhältnisses DDZ-*Däubler* Rn 40). Jedenfalls unterliegt dem Formzwang die »**Umwandlung**« eines Arbeitsverhältnisses in ein Vertragsverhältnis, das (nicht mehr) die Merkmale eines Arbeitsverhältnisses aufweist, bspw. die Aufgabe eines Arbeitsverhältnisses zugunsten einer freien Mitarbeiterschaft oder eines Geschäftsführer-Anstellungsvertrages (Einzelheiten unter Rdn 244). 50

Wichtig ist **bei Kündigung und Auflösungsvertrag** schließlich, dass die Beendigung auf einem dieser im Gesetz genannten Beendigungstatbestände **beruht**, maW durch einen solchen iSd juristischen Kausalitätskriterien verursacht wird (aA *BAG* 19.4.2007 EzA § 611 BGB 2002 Aufhebungsvertrag Nr. 7; **wie hier** aber *Schöne* SAE 2008, 155, 156). So stellt etwa **keinen** formpflichtigen Auflösungsvertrag ein sog. **Abwicklungsvertrag** dar, der lediglich die **Folgen** einer Kündigung regelt. Denn vom Zweck des § 623 BGB sind bloße Folgeregelungen nach einem **wirksam** erklärten Beendigungstatbestand nicht erfasst (vgl. APS-*Greiner* Rn 8; ErfK-*Müller-Glöge* Rn 8; DDZ-*Däubler* Rn 42; *Kleinebrink* FA 2000, 174, 176; *Krabbenhöft* DB 2000, 1562, 1567; *Müller-Glöge/von Senden* AuA 2000, 199, 200; *Preis/Gotthardt* NZA 200, 348, 354; *Rolfs* NJW 2000, 1227, 1228; *Wurm* FA 2000, 91; zu den für den Arbeitnehmer sich bei nach § 4 KSchG wirksam gewordener Kündigung bei formnichtigem Abwicklungsvertrag ergebenden Folgen *Bauer* NZA 2002, 169, 170; aA *Schaub* NZA 2000, 344, 347; *Düwell* FA 2000, 82, 83, und auch *Berscheid* ZInsO 2000, 208, 209 sowie *Sander/Siebert* BuW 2000, 424, 425, und *dies.* AuR 2000, 330, 335). Dies gilt auch für den Fall einer lediglich aufgrund § 7 KSchG aF wirksam **gewordenen** Kündigung, selbst wenn erkennbar 51 rechtsunwirksam. Dies galt ferner auch für den Fall eines auf eine noch zu erklärende Kündigung bezogenen Abwicklungsvertrages, sofern ein Wirksamwerden nach § 7 KSchG aF wegen erkennbarer anderer unheilbarer Mängel (zB schwerbehinderten- oder mutterschutzrechtlicher Art) nicht ausgeschlossen war (*Gaul* DStR 2000, 691, 692, verlangt die Formwahrung bereits bei Erkennbarkeit der Unwirksamkeit einer Kündigung); denn letzterenfalls wurde das Ende allein durch den Vertrag herbeigeführt. Gleiches gilt auch unter der Neufassung des § 7 KSchG, wenn rechtzeitig Klage erhoben ist und **nunmehr** die Beendigung nicht durch die »aufgehaltene« (formwidrige) Kündigung, sondern durch **außergerichtlichen Vergleich** oder durch **Verpflichtung zur Klagerücknahme** herbeigeführt werden soll. Derartige Abreden unterliegen also dem Formzwang. Eine dem Formzwang nicht unterliegende Folgenregelung ist hingegen der **Klageverzicht** (§ 397 BGB), der zum einen keinen schuldrechtlichen Anspruch betrifft und es bei dem allerdings formbedürftigen Beendigungstatbestand der Kündigung belässt (vgl. *LAG Hamm* 9.10.2003 RzK I 10 f Nr. 18; aA *BAG* 19.4.2007 EzA § 611 BGB 2002 Aufhebungsvertrag Nr. 7 und mit Recht **krit**. *Bauer/Günther* NJW 2008, 1617, 1618, 1621; *dies.* Anm. AP Nr. 9 zu § 623 BGB; *Schöne* SAE 2008, 155, 156; *St. Müller* BB 2011, 1653; *LAG Rostock* 16.11.2006 juris PR extra 2007, 181, für den Fall der gleichzeitigen Verkürzung der Kündigungsfrist; **gegen** die Auffassung des *BAG* ist einzuwenden, dass es einen in AGB vereinbarten Verzicht nach § 307 Abs. 1 S. 1 BGB auf seine Angemessenheit überprüft – 6.9.2007 EzA § 307 BGB 2002 Nr. 29 –, weil im Verzicht keine Abrede über eine Hauptpflicht, sondern eine kontrollfähige Nebenabrede liege; dann kann § 623 BGB bestenfalls analog anwendbar sein; mittlerweile hat das BAG seine Auffassung aufgegeben: 25.9.2014 EzA-SD 2015, 8, oder die (**einseitig**) unterzeichnete **Ausgleichsquittung** nach vorangegangenem anderen Beendigungstatbestand (*Bader/Bram-Bader* Rn 19; *Däubler* AiB 2000, 188, 192; *ders.* DDZ Rn 43; *Kleinebrink* FA 2000, 174, 176; *Preis/Gotthardt* NZA 2000, 348, 355; aA *Backmeister/Trittin/Mayer* Rn 11). Diese kann wegen § 126 Abs. 2 BGB auch nicht in einen Aufhebungsvertrag umgedeutet werden (vgl. *SPV-Preis* Rn 45). Bei einer beidseitig unterzeichneten Ausgleichsquittung ist es eine Frage der Auslegung, ob vom Geschäftsinhalt her (auch) das Arbeitsverhältnis aufgelöst werden sollte. Ein **Vorvertrag**, in dem sich die Parteien zum Abschluss eines Aufhebungsvertrages verpflichteten, bedarf allerdings der Schriftform, weil dem Schriftformerfordernis nicht lediglich eine Klarstellungs- und Beweisfunktion, sondern auch **Warnfunktion** zukommt (*BAG* 17.12.2009 EzA § 623 BGB 2002 Nr. 10).

52 Soweit es nicht um den angesprochenen Abwicklungsvertrag sowie die erwähnte Ausgleichsquittung geht, herrscht zu den zuvor aufgeführten Einzelpunkten bislang im Ergebnis **im Wesentlichen Einigkeit** (vgl. *Backmeister/Trittin/Mayer* § 1 KSchG Rn 8, 8a [Teilkündigung, Änderungskündigung; APS-*Greiner* Rn 5 [Änderungskündigung, Teilkündigung]; *Bader/Bram-Bader* Rn 9 [Änderungskündigung], Rn 10 [Teilkündigung], Rn 20 [Änderungsvertrag]; ErfK-*Müller-Glöge* Rn 3, [Änderungskündigung, vorsorgliche Kündigung], Rn 3b [Widerruf einzelner Arbeitsbedingungen], 4. Aufl. Rn 21 [Befristung einzelner Arbeitsbedingungen], 4. Aufl. Rn 20 [nachträgliche Änderung einer Befristungsabrede und nachträgliche Befristung]; *Däubler* AiB 2000, 188, 192 [Teilkündigung, Befristung einzelner Arbeitsbedingungen]; *Berscheid* ZInsO 2000, 208, 210 [Befristung einzelner Arbeitsbedingungen, Verlängerung Befristung, nachträgliche Befristung]; *Dassau* ZTR 2000, 289, 292 [Änderungskündigung]; *Düwell* FA 2000, 82, 83 [Änderungskündigung, Teilkündigung, Widerruf einzelner Arbeitsbedingungen]; *Gaul* DStR 2000, 691 [Änderungskündigung], 692 [Änderungsverträge], 693 [Befristung einzelner Arbeitsbedingungen], 692 [Verlängerung Befristung]; *Kleinebrink* FA 2000, 174 [Änderungskündigung, Teilkündigung, Widerruf einzelner Vertragsbedingungen], 177 [Befristung einzelner Vertragsbedingungen]; *Krabbenhöft* DB 2000, 1562, 1567 [Änderungskündigung, Teilkündigung]; *Lakies* BB 1999, 667 [Verlängerung Befristung, nachträgliche Befristung]; *Müller-Glöge/von Senden* AuA 2000, 199 [Änderungskündigung, vorsorgliche Kündigung, Teilkündigung], 200 [Widerruf einzelner Arbeitsbedingungen, Änderung Arbeitsbedingungen, Befristung einzelner Arbeitsbedingungen, Änderung einer Befristungsabrede und nachträgliche Befristung]; *Preis/Gotthardt* NZA 2000, 348, 359 [Teilkündigung], 350 [Änderungskündigung], 354 [Änderungsverträge], 358 [Befristung einzelner Arbeitsbedingungen]; *Richardi/Annuß* NJW 2000, 1231, 1233 [betreffend die Aufhebung, die Befristung oder

sonstige Beendigung einzelner Arbeitsbedingungen; Teilkündigung, Änderungskündigung]; *Rolfs* NJW 2000, 1227, 1228 [Änderungskündigung]; *Sander/Siebert* BuW 2000, 424 [Änderungskündigung]; *Schuldt* ZAP-Fach 17, 527 [Änderungskündigung]. **AA** allein für die Teilkündigung lediglich *Kiel/Koch* Betriebsbedingte Kündigung, Vorbem. Rn 5).

Der vorstehende Hinweis darauf, dass die maßgebende Rechtshandlung (nur) **geeignet** sein muss, die Beendigung des Arbeitsverhältnisses herbeizuführen, bedeutet keine Zurücknahme des Schriftformzwanges. Nun ist es allerdings nach dem Gesetzestext hinsichtlich Kündigung und Auflösungsvertrag (nicht aber – Fassung bis 31. Dezember 2000 – der Befristung) so, dass »die **Beendigung** ... zu ihrer Wirksamkeit der Schriftform« bedarf (der Gesetzestext spricht inkorrekt vom »bedürfen«). Dies ist schief: Denn die Beendigung ist die **Rechtsfolge** eines Beendigungstatbestandes, die sich für sich nicht schriftlich »zu ihrer Wirksamkeit« bestätigen lässt. Der Sache nach unterworfen wird der Schriftform nicht die Beendigung, sondern der **Beendigungstatbestand**, der zur Herbeiführung der Beendigung geeignet ist. Bei der **Befristung** ist der Gesetzestext (Fassung bis 31. Dezember 2000) insoweit eindeutig. 53

Auch die (Fassung bis 31. Dezember 2000) **Befristung** ist bezogen auf eine **Beendigung** von **Arbeitsverhältnissen** (nicht: Dienstverhältnissen iSd BGB), ob anfänglich oder nachträglich vereinbart (vgl. § 620 Abs. 1 BGB). Daran ändert sich nichts dadurch, dass der Gesetzgeber »die« Befristung in Anbetracht der Tatbestandsmerkmale »Arbeitsverhältnis« und »Beendigung« von den beiden vorhergehenden Beendigungstatbeständen separiert hat. Dies zeigt sich in der Vorschrift über die Anrufung des Arbeitsgerichts in § 17 TzBfG, wonach Ziel einer Entfristungsklage zu sein hat, dass das Arbeitsverhältnis aufgrund der Befristung nicht **beendet** ist (ebenso unter Geltung der aF des § 623 BGB die Regelung in § 1 Abs. 5 BeschFG). 54

Im Ergebnis und zusammenfassend ungeeignet zur Beendigung bzw. Befristung des Arbeitsverhältnisses sind: 55
– eine Teilkündigung (ErfK-*Müller-Glöge* Rn 3),
– die Ausübung eines Widerrufsvorbehalts hinsichtlich einzelner Arbeitsbedingungen,
– ein Änderungsvertrag (soweit Gegenstand nicht gerade eine Befristung ist),
– ein Betriebsinhaberwechsel (durch Rechtsgeschäft zwischen Arbeitgeber und Drittem) oder ein Widerspruch gegen den gesetzlich an sich angeordneten Übergang des Arbeitsverhältnisses (dadurch wird kein Arbeitsverhältnis beendet, sondern nur einem bestimmten Arbeitgeber zugeordnet; dennoch die – allerdings auch § 613a Abs. 6 S. 1 BGB angeordnete – Schriftform für den Widerspruch),
– ein Abwicklungsvertrag oder eine (wenn auch beidseitig unterzeichnete) Ausgleichsquittung oder **Klageverzichtsvereinbarung** (s. aber Rdn 51 zur abw. Ansicht des BAG), **soweit dadurch nicht entgegen der Bezeichnung eine Auflösung erst bewirkt werden soll**,
– eine Befristung einzelner Arbeitsbedingungen.

Ergänzend siehe diejenigen sub. B III 3 (Rdn 67 ff.) und B V 3 (Rdn 87 ff.) dargestellten Sachverhalte, soweit diese keine Beendigung (oder Befristung) bewirken bzw. schon nicht durch Rechtshandlungen der Parteien geschaffen sind. Zum »Verstreichenlassen« des § 1a KSchG s. KR-*Spilger* § 1a KSchG Rdn 63 ff., 72. 56

Nicht auf eine Beendigung abzielend und daher nicht von § 623 BGB (in seiner Fassung bis 31. Dezember 2000) erfasst sind jedoch Abmachungen, die eine bloße **Mindestdauer** vorsehen. Hier liegt kein befristetes Arbeitsverhältnis vor, sondern ein unbefristetes mit der Vereinbarung, dass das Recht zur ordentlichen Kündigung bis zu einem bestimmten Termin ausgeschlossen ist. Dieser Ausschluss jedoch unterliegt gerade nicht dem Formerfordernis. Ohne Kündigungserklärung wird ein solches Arbeitsverhältnis nicht mit Ablauf der Mindestdauer beendet, sondern als Arbeitsverhältnis auf unbestimmte Zeit fortgesetzt. Die Schriftform ist in diesen Fällen nur für die **Kündigung** des Arbeitsverhältnisses zu wahren (*Preis/Gotthardt* NZA 2000, 348, 356 f. mwN; so auch Ergebnis ErfK-*Müller-Glöge* [4. Aufl.] Rn 18 sowie *Richardi/Annuß* NJW 2000, 1231, 1233). Ähnlich liegt es, wenn ein Arbeitsvertrag zunächst für eine bestimmte Zeit geschlossen wird und eine **Verlängerungsabrede** enthält, wonach sich das Arbeitsverhältnis um einen bestimmten Zeitraum verlängert, 57 wenn nicht eine Partei vorher und unter Einhaltung einer bestimmten Kündigungsfrist ordentlich kündigt. Denn durch das Erfordernis einer vorherigen Kündigung führt die Verlängerungsklausel zur Begründung eines unbefristeten Arbeitsverhältnisses mit einer Kündigungsmöglichkeit zu einem bestimmten Zeitpunkt. Das Arbeitsverhältnis endet nicht aufgrund Befristung. Vielmehr bedarf es stets einer Kündigung (die jeweils nur zum Ablauf der Mindestdauer zulässig ist, *Preis/ Gotthardt* NZA 2000, 348, 358 mwN). Hier steht lediglich eine nicht formbedürftige Modifikation des Kündigungsrechts in Rede. Erst die Kündigung **selbst** unterliegt dem Formzwang (*Preis/ Gotthardt* NZA 2000, 348, 358).

58 **Rüge** oder **Abmahnung** führen selbst nicht zu einer Beendigung des Arbeitsverhältnisses, sondern dienen entweder dessen Erhaltung (so zur Abmahnung *Backmeister/Trittin/Mayer* Rn 8a – gleichwohl Schriftform für Abmahnung fordernd) oder jedenfalls nur der **Vorbereitung** einer Beendigung, insbes. durch Kündigung. Rechtspolitisch mag auch hier Schriftform sinnvoll sein (vgl. DDZ-*Däubler* Rn 13 mN). § 314 Abs. 2 S. 1 BGB nF hat aber keinen Formzwang bei der Abmahnung eingeführt. Auch eine **Suspendierung** ist formfrei möglich (*Staudinger/Oetker* Rn 29).

59 Der **Widerspruch** nach § 625 BGB bzw. § 15 Abs. 5 TzBfG bleibt formfrei (vgl. *Bader/Bram-Bader* Rn 14; ErfK-*Müller-Glöge* Rn 3b; *Müller-Glöge/von Senden* AuA 2000, 199, 200; *Preis/Gotthardt* NZA 2000, 348, 358; *Richardi/Annuß* NJW 2000, 1231, 1233). Seine Erhebung führt nicht zur Beendigung bzw. zur Befristung oder Zweckerreichung des Vertrages, welche Umstände § 625 BGB bzw. § 15 Abs. 5 TzBfG als bloße Rechtsfolgenregelungen **voraussetzen**, sondern hindert lediglich den Eintritt der Fiktion des **Fortbestandes**, was im Übrigen gleichfalls formlos abgemacht werden könnte.

II. Beendigungstatbestände

60 Das Gesetz nennt lediglich drei (Fassung ab 1. Januar 2001: zwei; die Befristung ist nach § 14 Abs. 4 TzBfG ausgelagert) von vielen denkbaren möglichen arbeitsrechtlichen Lösungstatbeständen. Weder die Entstehungsgeschichte der Norm noch ihre Vorgeschichte (die Vorarbeiten, s. Rdn 1 ff.) geben Auskunft über den Grund dieser Beschränkung. Allerdings bestätigt die Erfahrung aus der Praxis, dass der Gesetzgeber die in der gerichtlichen Praxis am häufigsten anzutreffenden Beendigungstatbestände dem Formzwang unterworfen hat. Die nicht gerade seltenen Streitigkeiten um die **Anfechtung** einer auf das Zustandekommen eines Arbeitsvertrages gerichteten Willenserklärung waren dem Gesetzgeber nicht wichtig oder er hat sie nicht bedacht. Hier geht es jedoch nicht um die Kritik des Gesetzes, sondern darum, ob diese Beschränkung Rechtsfolgen zeitigt. So gibt es neben der Anfechtungserklärung bspw. eine ganze Reihe weiterer **einseitiger** arbeitsrechtlicher Lösungstatbestände, deren Verwirklichung gleiche oder gar dieselben Rechtsfolgen wie eine Kündigung auslösen oder doch faktisch eine nämliche Folge haben. Bei der Erwähnung der (Fassung bis 31. Dezember 2000) »Befristung« im Gesetzestext stellt sich für jeden Praktiker sofort die Frage nach dem Schicksal **auflösender Bedingungen**.

61 Die Beschränkung auf drei (Fassung bis 31. Dezember 2000) **benannte** Beendigungstatbestände deutet auf eine **ausnahmsweise** Regelung (nur) dieser Tatbestände hin (ähnlich APS-*Greiner* Rn 3). Als Ausnahmeregelung wäre § 623 BGB dann eng auszulegen und insbes. nicht analogiefähig hinsichtlich der nicht erwähnten Beendigungstatbestände (vgl. rechtsmethodisch *Palandt/Grüneberg* BGB, Einl. Rn 53; zur Abschwächung dieses Grundsatzes aber BAG 22.7.2008 EzA § 49 ArbGG 1979 Nr. 9 sowie *Palandt/Grüneberg* BGB, Einl. Rn 53). Wäre die Entstehungsgeschichte deutlicher und aus ihr ersichtlich, dass der Gesetzgeber die rechtspraktisch wichtigsten Beendigungstatbestände auch quantitativ möglichst umfassend dem Formzwang unterwerfen wollte, wäre das Regel-/Ausnahmeverhältnis wohl umgekehrt. Dem gesetzgeberischen Ziel entsprechen würde dann wohl eher eine weite Auslegung des § 623 BGB mit dem Ziel, dass auch solche Beendigungstatbestände von der Norm erfasst werden, deren Subsumtion unter sie nicht aus anderen Gründen von vornherein ausgeschlossen erscheint.

62 Dem gesetzgeberischen Ziel am nächsten dürfte eine Auslegung der einzelnen Beendigungstatbestände und anderer nicht ausdrücklich genannter Lösungstatbestände (zur Vermeidung von

Umgehungen) sein, welche die Einbeziehung der letzteren wenigstens als Unterfälle der ersteren nicht von vornherein ausschließt. Lösungstatbestände hingegen, die in Voraussetzungen und/oder Rechtsfolge gänzlich anders strukturiert sind, dürften schon aus Gründen der Rechtssicherheit nicht im Wege einer Analogie den wörtlich geregelten Tatbeständen untergeordnet werden können.

Die Vorschrift betrifft **Rechtshandlungen** der **Arbeitsvertragsparteien**, nicht die Beendigung oder (bis 31. Dezember 2000) die Befristung aus **anderem** Rechtsgrund (etwa eine schon staatsrechtlich geltende gesetzliche Befristung, etwa des Berufsausbildungsvertrages, oder Beendigungsnormen nach Tarifverträgen oder Betriebsvereinbarungen [soweit Normbindung, und sei es nur durch – **formgerechte** – Bezugnahme, besteht], §§ 4 Abs. 1 S. 1, 1 Abs. 2 TVG, § 77 Abs. 4 S. 1 BetrVG), es sei denn, die Parteien hätten hier zur Herbeiführung der Rechtsfolge noch einen Regelungsspielraum, wobei es für die einzuhaltende Form keine Rolle spielt, ob die Normen ihrerseits einem Formzwang unterliegen und ihm im Einzelfall auch genügen. Vorstehendes kann etwa bei Ausscheidensregelungen wegen Alters oder Invalidität relevant sein. 63

III. Beendigung durch Kündigung

1. Allgemeines

Soweit es um die Kündigung geht, ist der Wortlaut des § 623 BGB stark der Regelung in § 564a Abs. 1 S. 1 BGB aF (jetzt § 568 Abs. 1) betreffend die Schriftform bei Kündigung von Wohnraum angenähert, wo es heißt, dass die Kündigung eines Mietverhältnisses über Wohnraum der schriftlichen Form bedarf. Diese vergleichbare Rechtstechnik bedeutet für die Praxis, dass eine Reihe vergleichbarer Anwendungsprobleme bereits durch die Rechtsprechung und die Literatur zum **Wohnraummietrecht** (umfassend zB *Palandt/Weidenkaff* § 568; MüKo-BGB/*Häublein* § 568) gelöst sein dürften. 64

Zum Begriff der Kündigung im Einzelnen kann hier verwiesen werden auf die Erläuterungen bei KR-*Rachor* § 1 KSchG Rdn 152 ff. sowie KR-*Spilger* § 622 BGB Rdn 80 ff. und auf *Preis* S. 109 ff. 65

2. Arten der Kündigung

§ 623 BGB betrifft jedwede zur **Beendigung** des Arbeitsverhältnisses geeignete **Kündigung**, unabhängig davon, ob diese von dem **Arbeitgeber** (auch der kündigende **Insolvenzverwalter** [oder der vorläufige Insolvenzverwalter nach § 22 InsO] ist durch § 113 InsO von der Wahrung der Form nicht dispensiert; die Vorschrift stellt keine selbständige **Form**vorschrift dar, ErfK-*Müller-Glöge* Rn 2a; BAG 4.11.2004 EzA § 130 BGB 2002 Nr. 4) oder von dem **Arbeitnehmer** erklärt wird. Lediglich die **Teilkündigung** – soweit sie überhaupt zulässig (etwa aus § 8 Abs. 5 S. 4 TzBfG) oder schon nicht in den Widerruf einzelner Arbeitsbedingungen umzudeuten ist – scheidet aus, weil sie nicht auf die **Beendigung** des Arbeitsverhältnisses als ganzes gerichtet ist. Somit gilt die Regelung für die **ordentliche** Kündigung, für die **außerordentliche** Kündigung (gleich, ob **fristlos** oder unter Gewährung einer **Auslauffrist** ausgesprochen) sowie die **Änderungskündigung** (so ausdrücklich Zielsetzung des Gesetz gewordenen Antrages Brandenburgs, s. Rdn 7). Insbesondere kommt es hinsichtlich der Änderungskündigung nicht darauf an, ob das Änderungsangebot später **angenommen** bzw. – im Geltungsbereich der Vorschriften des ersten Abschnitts des Kündigungsschutzgesetzes – unter **Vorbehalt** seiner sozialen Rechtfertigung angenommen wird. Denn zu dem (für die Wahrung der Form allein maßgebenden) Zeitpunkt der Kündigung steht die Annahme und damit die Abwendung der Beendigung des Arbeitsverhältnisses noch nicht fest. Ähnliches gilt für die **vorsorgliche** oder **hilfsweise** Kündigung, auf die es ankommen **kann**. Siehe im Übrigen bereits die zahlreichen Nachweise in Rdn 52. 66

3. Sonstige einseitige Lösungstatbestände

Keine Kündigung im Rechtssinne stellen dar: 67
– die **Anfechtung** des Arbeitsvertrages (aA für § 623 BGB lediglich *Däubler* AiB 2000, 188, 190, DDZ-*Däubler* Rn 17, sowie *Sander/Siebert* BuW 2000, 424, 425 und AuR 2000, 330, 333),
– die **Berufung** auf die **Nichtigkeit** des Arbeitsvertrages (das Abstandnehmen vom Arbeitsvertrag, aA DDZ-*Däubler* Rn 17),

§ 623 BGB Schriftform der Kündigung

- der **Zeitablauf** und die **Zweckerreichung**,
- die **auflösende Bedingung**, der **Aufhebungsvertrag**, die Beendigung einer vorläufigen Einstellung nach § 100 Abs. 3 BetrVG,
- die **Beendigung fehlerhafter Leiharbeitsverhältnisse** in den Fällen der fehlenden Verleiherlaubnis,
- die **Festhaltenserklärung** nach § 9 Abs. 1 Nr. 1, 1a oder 1b AÜG, die das Zustandekommen eines Arbeitsvertrages unter Aufrechterhaltung des bestehenden Arbeitsvertrages verhindert; insoweit bestehen besondere Wirksamkeitsanforderungen gem. § 9 Abs. 2 AÜG,
- die **lösende** Abwehraussperrung,
- der **Tod** des Arbeitnehmers (§ 613 S. 1 BGB),
- die **Entlassung** von Dienstordnungsangestellten sowie die **Abberufung** nach AGB-DDR,
- (Einzelheiten mit Nachweisen KR-*Griebeling/Rachor* § 1 KSchG Rdn 180 ff., zT mit Weiterverweisungen), ferner,
- die Wahl der Nichterfüllung gem. § 103 Abs. 2 S. 1 InsO,
- der Widerspruch nach § 625 BGB bzw. § 15 Abs. 5 TzBfG (s. Rdn 59),
- der Widerspruch gegen den Übergang des Arbeitsverhältnisses bei Betriebsinhaberwechsel (s. Rdn 55),
- die Scheiternserklärung nach § 232 Abs. 2 SGB III aF (als Beendigungstatbestand eigener Art, s. Rdn 45),
- der Widerruf eines Aufhebungsvertrages (vgl. *LAG Düsseld.* 22.6.2001 LAGE § 623 BGB Nr. 1),
- tariflich abgemachte Arbeitsunterbrechungen (zB nach § 62 MT-Waldarbeiter),
- tarifvertragliche Beendigungsmitteilungen gegenüber arbeitnehmerähnlichen Personen (*BAG* 20.1.2004 EzA § 4 TVG Rundfunk Nr. 25),
- tarifvertragliche Beendigungstatbestände ohne Kündigung gem. § 33 TV-L etwa (Erreichen der abschlagsfreien Regelaltersrente, Zustellung eines Rentenbescheides, wonach Beschäftigte(r) voll oder teilweise erwerbsgemindert ist).

68 Der **Tod des Arbeitgebers** scheidet grds. aus, weil er (schon) nicht zur Beendigung des Arbeitsverhältnisses führt; vielmehr treten die Erben nach dem Grundsatz der Universalsukzession (§ 1922 BGB) in das Arbeitsverhältnis ein (s. KR-*Rachor* § 1 KSchG Rdn 194). Ebenso wenig führt die **Liquidation** und anschließende **Löschung** einer **Handelsgesellschaft** im Handelsregister (zB GmbH, OHG, KG) für sich zur Beendigung des Arbeitsverhältnisses (s. KR-*Rachor* § 1 KSchG Rdn 194). Entsprechendes gilt für die **Eröffnung** eines **Insolvenzverfahrens** über das Vermögen des Arbeitgebers oder die Anordnung einer **vorläufigen Insolvenzverwaltung**. In allen diesen Fällen bedarf es zur Beendigung des Arbeitsverhältnisses des Ausspruchs einer Kündigung oder des Abschlusses eines Auflösungsvertrages, welche Beendigungstatbestände dann allerdings dem Formzwang unterliegen. Insbesondere dispensiert auch § 113 InsO nicht von der Einhaltung der Form.

69 Keine Kündigung stellt auch die (vorbehaltene Möglichkeit der) **Anzeige** einer **Nichtverlängerung** des Arbeitsverhältnisses (sog. Nichtverlängerungsanzeige) dar (*BAG* 26.4.1974 EzA § 620 BGB Nr. 39; ErfK-*Müller-Glöge* Rn 3a), bedarf also keiner Form (anders die schriftlich zu erfolgende Unterrichtung über die Zweckerreichung nach § 15 Abs. 2 TzBfG). Allerdings führt eine unterlassene **schriftliche** Erklärung des **Arbeitgebers**, wonach das Arbeitsverhältnis aufgrund einer Befristung beendet sei, zur Veränderung des Beginns der Anrufungsfrist des § 17 S. 1 TzBfG, wenn das Arbeitsverhältnis nach dem vereinbarten Ende fortgesetzt wurde (§ 17 S. 3 TzBfG).

70 **Formbedürftig** allerdings ist das Lösungsrecht des § 12 S. 1 KSchG sowie des § 16 S. 2 KSchG. Dabei handelt es sich – wie sich aus § 12 S. 3 KSchG ergibt – um ein fristgebundenes Sonderkündigungsrecht (*BAG* 17.12.2015 EzA § 623 BGB 2002 Nr. 11; KR-*Spilger* § 12 KSchG Rdn 26; LKB-*Linck* Rn 9; *Preis/Gotthardt* NZA 2000, 348, 350 m. eing. Begründung, und auch APS-*Greiner* Rn 6; ErfK-*Müller-Glöge* Rn 3b; *Küttner/Eisemann* 256 Rn 29; *Müller-Glöge/von Senden* AuA 2000, 199; *Richardi/Annuß* NJW 2000, 1231, 1232; aA *Bader/Bram-Bader* Rn 12: besondere Beendigungserklärung). **Entsprechendes** gilt für eine Vereinbarung in einem Abwicklungsvertrag des Inhalts, sich vorzeitig von dem Arbeitsverhältnis zu lösen, für die Ausübung des entsprechend

eingeräumten Rechts (vgl. *BAG* 17.12.2015 EzA § 623 BGB 2002 Nr. 11; zust. *Stiebert* EWiR 2016, 251, 252; *Hidalgo* DB 2016, 895; *Wallenstein* BB 2016, 714: »Sprinterklausel«).

Nicht gilt dies entsprechend für einen **Auflösungsantrag** nach § 9 KSchG (zu **seiner** Rechtsnatur s. KR-*Spilger* § 9 KSchG Rdn 19 f.), der eine Kündigung **voraussetzt**. Außerdem handelt es sich um einen Prozessantrag (bei dem Arbeitnehmer um einen uneigentlichen Eventualantrag bzw. bei dem Arbeitgeber um einen echten Eventualantrag oder Hauptantrag, s. KR-*Spilger* § 9 KSchG Rdn 19 f.). Ausreichend zur Wahrung seiner Form ist die Antragstellung (s. § 9 Abs. 1 S. 3 KSchG). Hierfür genügt nach § 297 Abs. 1 ZPO die Verlesung aus den vorbereitenden Schriftsätzen oder aus einer dem Protokoll als Anlage beizufügenden Schrift oder die Erklärung zu Protokoll. Die Ankündigung des Antrags kann sogar nach §§ 130 Nr. 6, 130a ZPO als Telekopie oder elektronisches Dokument erfolgen. § 623 BGB als Norm des materiellen Rechts hat daran nichts geändert. Im Übrigen sind die Parteien durch den Zwang zur Antragstellung sowie dadurch, dass die Auflösung nur durch das Gericht erfolgen kann, vor einer unbesonnenen Auflösung des Arbeitsverhältnisses hinreichend gewarnt und geschützt. 71

Modifikationen des Kündigungsrechts, insbes. dessen Ausschluss, unterliegen der Schriftform nicht (APS-*Preis* [Voraufl.] Rn 5). 72

IV. Beendigung durch Auflösungsvertrag

Erfasst vom Schriftformzwang wird auch der Auflösungs- oder Aufhebungsvertrag, soweit er nicht aufgrund atypischer Fallgestaltung nicht auf die Beendigung des Arbeitsverhältnisses, sondern lediglich auf die Änderung des Vertrages (einzelner oder mehrerer Arbeitsbedingungen) oder auf die Regelung der **Folgen** eines anderen Beendigungstatbestandes (als sog. Abwicklungsvertrag oder durch einvernehmliche Verlängerung einer bereits **laufenden** Kündigungsfrist) gerichtet ist (Einzelheiten s. bereits Rdn 51 f.). 73

Anhand der Entstehungsgeschichte des § 623 BGB lässt sich nicht mehr feststellen, warum die Gesetzesinitiative des Landes Brandenburg und dann der Gesetzgeber das Wort »Auflösungs«Vertrag gewählt haben. In der Praxis üblich ist die Verwendung der Begriffe »Aufhebungs«Vertrag bzw. »Ausscheidensvereinbarung«. Auch die früheren Arbeitsvertragsgesetz-Entwürfe haben stets nur von »Aufhebungsverträgen« geredet (vgl. auch entsprechende frühere Formulierungen im Arbeitsvertragsgesetz Brandenburg in seinem § 131 [BR-Drs. 671/96, und zwar sowohl im Entwurf selbst – S. 95 – als auch in der Einzelbegründung – S. 244 –]). Selbst die Zielsetzung des Gesetz gewordenen Antrages des Landes Brandenburg definierte die »einvernehmliche Beendigung des Arbeitsverhältnisses« als »Aufhebungsvertrag« (vgl. Rdn 7). Möglicherweise haben sich die Initiatoren des Gesetzes und der Gesetzgeber aufgrund ihrer/seiner Nähe zum öffentlichen Dienst davon leiten lassen, dass in den dortigen Tarifverträgen die einvernehmliche Beendigung von Arbeitsverhältnissen durchgängig als »Auflösungsvertrag« definiert ist bzw. definiert wurde (zB § 58 BAT/BAT-O, § 49 Abs. 1 BMT-G-II/BMT-G-O, § 56 Abs. 1 MTArbO, 33 Abs. 1b) TVöD-AT). 74

Mit der »Auflösung« verbindet das Gesetz die Folge, dass ein früherer Rechtszustand, wenn auch ohne Rückwirkung betreffend die Zwischenzeit, wieder eintritt (vgl. bspw. für die auflösende Bedingung die Regelung in § 158 Abs. 2 Hs. 2 BGB; weiter ist in § 4 S. 1 KSchG und in § 9 KSchG von »auflösen« die Rede). Wie bei § 158 Abs. 2 BGB bzw. § 159 BGB geht es daher bei § 623 BGB um Verträge, die mit ihrem Abschluss oder zu dem bestimmten Zeitpunkt die Wirkung eines Arbeitsvertrages beenden. Deshalb ist mit einem »Auflösungsvertrag« auch ein »Aufhebungsvertrag« bzw. eine »Ausscheidensvereinbarung« gemeint, die auf die Herbeiführung nämlicher Rechtsfolge gerichtet sind. Die Begriffe lassen sich also synonym verwenden (so oder ähnlich auch APS-*Greiner* Rn 8; *Backmeister/Trittin/Mayer* Rn 10; *Bader/Bram-Bader* Rn 17; ErfK-*Müller-Glöge* Rn 4; *Palandt/Weidenkaff* Rn 5; *Däubler* AiB 2000, 188, 191; *Gaul* DStR 2000, 691, 692; *Preis/Gotthardt* NZA 2000, 348, 354; *Sander/Siebert* BuW 2000, 424; *Trittin/Backmeister* DB 2000, 618, 621). Entscheidend ist nicht die Bezeichnung der Vereinbarung, sondern ihr **Geschäftssinn**. Geht dieser dahin, das Arbeitsverhältnis »aufzulösen« oder »aufzuheben« oder ein entsprechendes »Ausscheiden« 75 herbeizuführen, unterliegt dies dem Formzwang (ähnlich ErfK-*Müller-Glöge* Rn 4; *Lakies* BB 2000, 667; *Erman/Riesenhuber* Rn 10). Dies rechtfertigt sich auch aus dem Gesetzeswortlaut selbst, der die »Beendigung« voraussetzt. Um eine »Beendigung« handelt es sich in sämtlichen genannten Fällen. Schon keinen **Vertrag** stellt die auf **beiderseitigen** Antrag gem. § 9 KSchG gerichtliche Auflösung des Arbeitsverhältnisses dar.

76 Anhaltspunkte dafür, dass durch die Wahl des Wortes »Beendigung« die Möglichkeit einer **rückwirkenden** Auflösung genommen werden sollte, gibt es nicht. Nur muss das Arbeitsverhältnis bereits außer Vollzug gesetzt sein (*BAG* 10.12.1998 EzA § 613a BGB Nr. 175).

77 Nach dem Vorstehenden wäre eine Formulierung des Inhalts klarer gewesen, wonach ein **Aufhebungsvertrag** der Schriftform bedarf. Ein derartiger Vertrag kommt – wie jeder andere Vertrag auch – nach Maßgabe der §§ 145 ff. BGB durch die Annahme eines Antrags zustande. Der anzunehmende Antrag muss den (ggf. durch Auslegung zu ermittelnden) Inhalt haben, das Arbeitsverhältnis – zu welchem Zeitpunkt auch immer – zu **beenden** (und nicht: nur abzuändern oder nach vorangegangenem anderen Beendigungstatbestand **abzuwickeln**, dazu s. Rdn 51 f.).

78 Soweit das *BAG* (12.1.2000 EzA § 611 BGB Aufhebungsvertrag Nr. 33) einen Aufhebungsvertrag, der seinem Regelungsgehalt nach nicht auf die **alsbaldige** Beendigung, sondern auf eine befristete Fortsetzung des Arbeitsverhältnisses gerichtet ist (zur Abgrenzung s. *BAG* 15.2.2007 EzA § 611 BGB 2002 Aufhebungsvertrag Nr. 6), zu seiner Wirksamkeit einem sachlichen Grund iSd Befristungskontrollrechts unterwirft, ändert dies nichts an seiner Rechtsnatur als – formbedürftiger – **Auflösungsvertrag** iSd § 623 BGB. Die Formbedürftigkeit nach eben dieser Norm (bis 31. Dezember 2000, danach aufgrund § 14 Abs. 4 TzBfG) bliebe auch dann erhalten, wenn der Aufhebungsvertrag der Sache nach insgesamt als nachträgliche **Befristung** des ursprünglich unbefristeten Arbeitsvertrags anzusehen wäre.

79 Wegen der Einzelheiten betreffend das Zustandekommen von Aufhebungsverträgen, insbes. ihrer zulässigen oder unzulässigen Gestaltungsformen, wird verwiesen auf KR-*Spilger* AufhebungsV Rdn 1 ff. Soweit danach zulässig unterliegt auch ein **bedingter** Aufhebungsvertrag (*Erman/Belling/Riesenhuber* Rn 11) oder eine **unbedingte** Aufhebung des Arbeitsverhältnisses mit **bedingter Wiedereinstellungszusage** dem Formzwang. Bei ersterem ergibt sich dies daraus, dass der Vertrag auf die Beendigung des Arbeitsverhältnisses gerichtet bzw. wie eine (nach § 14 Abs. 4 TzBfG ebenso formbedürftige) nachträgliche **Befristung** zu behandeln ist, und nicht aus dem Umstand, dass das Arbeitsverhältnis nunmehr auflösend bedingt wäre; die auflösende Bedingung wurde von § 623 BGB in seiner bis 31. Dezember 2000 geltenden Fassung nicht erfasst (Einzelheiten zu dieser strittigen Frage unter Rdn 87 ff.; **aA** *Preis/Gotthardt* NZA 2000, 348, 354; SPV-*Preis* Rn 41 [der Schriftform gem. § 21 iVm § 14 Abs. 4 TzBfG unterliegende auflösende Bedingung]).

80 Formbedürftig ist auch ein **multilateraler**, etwa dreiseitiger **Vertrag**, sofern er etwa das Ausscheiden bei einem alten Arbeitgeber und die Begründung des Arbeitsverhältnisses bei einem neuen Arbeitgeber, etwa einer Beschäftigungsgesellschaft, vorsieht (*Bader/Bram-Bader* Rn 4b; vgl. APS-*Greiner* Rn 9a; *Preis/Gotthardt* NZA 2000, 348, 354; *LAG Köln* 19.6.2006 EzA-SD 2006 Nr. 23, 11; vgl *BAG* 24.2.2011 EzA § 611 BGB Aufhebungsvertrag Nr. 8).

V. (Fassung bis 31. Dezember 2000) »Die« Befristung

1. Befristung (Fassung bis 31. Dezember 2000)

81 Wegen der Bedeutung des Wortes »**die**« wird zunächst auf Rdn 168 ff. verwiesen. Gemeint mit »die« ist danach insbes. nicht eine besondere (bestimmte) Befristung, sondern jedwede auf die Beendigung eines **Arbeitsverhältnisses** (und im Übrigen nicht einzelner seiner Bedingungen) zielende (Befristungs-)Abrede. Das »die« rückt, gewissermaßen fokussierend, gerade den **Tatbestand** in den Blick, der zur Beendigung des Arbeitsverhältnisses geeignet ist. Das ist die Befristung an sich, nicht etwa ein Befristungsgrund. Dies ergibt sich schon daraus, dass es Befristungstatbestände gibt, die keiner besonderen Rechtfertigung bedürfen (bis 31. Dezember 2000 etwa nach dem

Beschäftigungsförderungsgesetz). Die Frage, ob und unter welchen Voraussetzungen ein Arbeitsverhältnis befristbar (**Befristungsgrund** oder **nach dem früheren § 1 BeschFG**) ist, wurde von § 623 BGB **nicht** berührt (vgl. APS-*Preis* [Voraufl.] Rn 14; ErfK-*Müller-Glöge* [4. Aufl.] Rn 19 und *Backmeister/Trittin* [1. Aufl.] Nachtrag Rn 13, wonach es unerheblich sei, welche Vorschrift die Befristung rechtfertigen soll; *Lakies* BB 1999, 667; *Kleinebrink* FA 2000, 174, 177; eingehend *Preis/Gotthardt* NZA 2000, 348, 359; *Richardi/Annuß* NJW 2000, 1231, 1234; wohl auch *Rolfs* NJW 2000, 1227, 1228; *Trittin/Backmeister* DB 2000, 618, 621). Die Norm galt **unabhängig** davon, worauf die Befristung **gestützt** war (zB Rechtsprechungsgrundsätze, § 1 BeschFG, zulässige Befristungsgründe nach anderen Gesetzen oder Rechtsquellen).

Eine Legaldefinition dessen, was eine »**Befristung**« ist, fehlt in dem Allgemeinen Teil des BGB. In dem Vierten Titel (Bedingung, Zeitbestimmung) handelt lediglich die Regelung in § 163 (BGB) davon, dass dann, wenn für die Wirkung eines Rechtsgeschäfts bei dessen Vornahme ein Anfangs- oder ein Endtermin bestimmt worden ist, im ersteren Fall die für die aufschiebende, im letzteren Fall die für die auflösende Bedingung geltenden Vorschriften der §§ 158, 160, 161 (BGB) entsprechende Anwendung finden. Hierunter wird allgemein eine Regelung der Befristung verstanden. Bei dieser handelt es sich um eine durch den Parteiwillen in ein Rechtsgeschäft eingefügte Bestimmung, wonach ein zukünftiges gewisses Ereignis für den Beginn der Rechtswirkungen (Anfangstermin) oder deren Ende (Endtermin) maßgebend ist (vgl. *Palandt/Ellenberger* vor § 158 Rn 2). Eine den § 163 BGB entsprechende Zeitbestimmung und damit Befristungsregel enthält § 620 Abs. 1 BGB, wonach das Dienstverhältnis mit dem **Ablauf der Zeit** endigt, für die es eingegangen ist (sog. **Zeitbefristung**). Darüber hinaus endet nach § 620 Abs. 2 BGB das Dienstverhältnis zu dem Zeitpunkt, der aus der Beschaffenheit oder dem Zweck der Dienste zu entnehmen ist (sog. **Zweckbefristung**). Die »Befristung« von Arbeitsverträgen (nicht: Arbeitsverhältnissen, wie aber in § 623 BGB) findet ausdrücklich Erwähnung nur in **außerhalb** des Bürgerlichen Gesetzbuches geltenden Vorschriften (zB früher im HRG, in den Beschäftigungsförderungsgesetzen, jetzt in § 1 Abs. 1 S. 1 WissZeitVG). Dabei knüpf(t)en diese Gesetze stets an eine Befristung an und bestimmen, dass oder/und unter welchen Voraussetzungen eine Befristung zulässig ist. Erst **hier** findet sich eine **Legaldefinition** des befristeten Arbeitsvertrags. Bei ihm handelt es sich nach § 57a HRG entspr. § 1 Abs. 1 S. 1 WissZeitVG um einen Arbeitsvertrag »für eine bestimmte Zeit« (s. nunmehr die allerdings für die Rechtslage vor 1. Januar 2001 unmaßgebliche Legaldefinition »Begriff des befristet beschäftigten Arbeitnehmers« in § 3 TzBfG [auf welches Gesetz § 620 Abs. 3 BGB neu verweist] und hier diejenige des befristeten Arbeitsvertrages in Abs. 1 S. 2). Jedenfalls dabei handelt es sich um die Befristung, die auch § 623 BGB meint. Allerdings sind die kalendermäßig befristeten Arbeitsverhältnisse von den sog. zweckbefristeten Arbeitsverträgen oft nur schwer abzugrenzen. Eine saubere Trennung ist allerdings – anders als bei der auflösenden Bedingung – auch nicht erforderlich. Denn nach § 620 Abs. 2 BGB ergibt sich, dass die Vereinbarung einer bestimmten Vertragszeit der Bestimmung einer Zeitdauer gleichsteht, die sich aus der Beschaffenheit oder dem Zweck der Dienste ergibt (*BAG* 17.2.1983 EzA § 620 BGB Nr. 64). **Befristung auch iSd § 623 BGB** ist damit **sowohl** die **Vereinbarung** einer **bestimmten Zeit** als auch die **Zweckbefristung**.

82

Zur Beendigung eines Arbeitsverhältnisses **geeignet** und damit formbedürftig ist nicht nur die erstmalige Befristung, sondern – soweit überhaupt zulässig – auch die **nachträgliche** Befristung (die als bloße Vertrags**änderung** nicht etwa auch einen Auflösungsvertrag darstellt) oder die **Verkürzung** oder die **Verlängerung** einer Befristung, **nicht** aber die Befristung einzelner **Arbeitsbedingungen** (s. bereits die Nachweise in Rdn 52).

83

2. Arten der Befristung (Fassung bis 31. Dezember 2000)

Der Formzwang gilt für eine Befristung **jedweder** Art, soweit sie geeignet ist, ein Arbeitsverhältnis zu beenden (ausführlich Auskunft über die Arten von Befristungen gibt *Lipke* KR, 5. Aufl. § 620 BGB Rn 43 bis 69, worauf verwiesen wird), in Sonderheit auch für die Befristung eines Arbeitsverhältnisses **zur Probe**.

84

85 Lediglich ergänzend ist darauf hinzuweisen, dass dem Formzwang auch sog. **atypisch** befristete Verträge unterliegen, wie solche mit Höchstdauer und gleichzeitigem Recht zur ordentlichen Kündigung oder Zweckbefristungen verbunden mit einer Höchstdauer. Denn auch im ersten Fall steht die Befristung des Arbeitsvertrages im Vordergrund; im zweiten Fall erfolgt sogar eine Doppelbefristung (*Preis/Gotthardt* NZA 2000, 348, 356).

86 Die Abrede einer **Mindestvertragsdauer** ist formfrei möglich. Denn der Sache nach handelt es sich dabei nicht um eine Befristung, sondern den Ausschluss der ordentlichen Kündbarkeit eines unbefristet laufenden Arbeitsverhältnisses vor einem bestimmten Termin. Die Schriftform des **Ausschlusses** des Kündigungsrechts wird jedoch weder vom Wortlaut des § 623 BGB noch seinem Schutzzweck erfasst bzw. gefordert (im Ergebnis wie hier ErfK-*Müller-Glöge* [4. Aufl.] Rn 18).

3. Ähnliche Lösungstatbestände (Fassung bis 31. Dezember 2000)

87 Mit dem Inkrafttreten des § 623 BGB ist Streit darüber ausgebrochen, ob mit »Befristung« auch die Abrede einer **auflösenden Bedingung** dem Formzwang unterworfen werden sollte (gelöst erst durch § 21 TzBfG für das seit 1. Januar 2001 nach § 14 Abs. 4 TzBfG ausgelagerte Formerfordernis für die Befristung dahingehend, dass § 14 Abs. 4 TzBfG für den unter einer auflösenden Bedingung geschlossenen Arbeitsvertrag entsprechend gilt). Wird ein Rechtsgeschäft unter einer auflösenden Bedingung vorgenommen, so endigt nach § 158 Abs. 2 BGB mit dem Eintritt der Bedingung die Wirkung des Rechtsgeschäfts; mit diesem Zeitpunkt tritt danach der frühere Rechtszustand wieder ein. Die Vorschrift findet sich im Vierten Titel (Bedingung, Zeitbestimmung) des Dritten Abschnitts des Allgemeinen Teils des Bürgerlichen Gesetzbuches, dh im Normumfeld der für die Befristung (Zeitbestimmung) maßgebenden Vorschrift des § 163 BGB, der für den Fall der Vereinbarung eines Termins ausdrücklich die entsprechende Anwendung der für die auflösende Bedingung geltenden Vorschriften der §§ 158, 160 und 161 BGB anordnet. Dies könnte dafür streiten, bei der Auslegung des § 623 BGB die auflösende Bedingung lediglich als einen Unterfall der Befristung zu erkennen und daher als selbstverständlich mitgeregelt anzusehen. Andererseits wird in §§ 158 ff. BGB und in der entsprechenden Titelüberschrift ausdrücklich zwischen Bedingung und Zeitbestimmung getrennt. Die Voraussetzungen sind verschieden. Der Anordnung der entsprechenden Geltung eines Teils der Rechtsfolgen einer auflösenden Bedingung für die Zeitbestimmung hätte es nicht bedurft, wenn sich Bedingung und Zeitbestimmung ohne Weiteres entsprächen. (Die auflösende Bedingung im Einzelfall, ihre Abgrenzung zur Befristung sowie Anforderungen an zulässige auflösende Bedingungen sowie Beispielsfälle behandelt *Lipke* KR, 5. Aufl. § 620 BGB Rn 51 bis 57e.)

88 Wegen des Wortlauts des § 623 BGB bzw. des Umstandes, dass Befristung und Bedingung selbständig nebeneinanderstehen, wird die Anwendung der Vorschrift auf die auflösende Bedingung **abgelehnt** von *Bader/Bram-Bader* (Rn 27 [40. Lfg.]), *Dassau* (ZTR 2000, 289, 291 f.), *Gaul* (DStR 2000, 691, 693), *Schaub* (Nachtrag [z. Voraufl.] Rn 6; ders. NZA 2000, 344, 347) sowie danach auch von *Müller-Glöge* (ErfK 4. Aufl. Rn 17). *Gaul* (DStR 2000, 691, 693) weist darauf hin, dass dem Gesetzgeber auflösende Bedingungen als Form der Vertragsbeendigung nicht unbekannt seien, wie § 41 SGB VI deutlich mache. Wenn demgegenüber § 623 BGB insofern schweige, werde die Bedingung nicht erfasst.

89 Im Wesentlichen wegen des Schutzzwecks des § 623 BGB halten demgegenüber die Regelungen auch für auflösende Bedingungen für **anwendbar**: *Däubler* (AiB 2000, 188, 192), *Lakies* (BB 1999, 667), *Preis/Gotthardt* (NZA 2000, 348, 357) sowie hernach *Preis* in APS (Voraufl.) Rn 12, *Richardi/Annuß* (NJW 2000, 1231, 1232), *Rolfs* (NJW 2000, 1227, 1228) und *Sander/Siebert* (BuW 2000, 424, 425).

90 *Appel/Kaiser* (AuR 2000, 281, 286) führen aus, die Bedeutung des Begriffs »Befristung« im weiteren Sinne, die Ähnlichkeit der Zweckbefristung und der auflösenden Bedingung und ihre gleichartige Behandlung im Rahmen der gerichtlichen Kontrolle sprächen für eine Auslegung dahingehend, dass auch die auflösende Bedingung dem Formzwang unterliege. Sie weisen darauf hin,

die Gesetzesmaterialien gäben keinen Aufschluss darüber, ob die Bedingung einzubeziehen oder bewusst ausgeklammert sein sollte. Dem kann **nicht** gefolgt werden. Richtig ist, dass die auflösende Bedingung in den Gesetzesmaterialien nicht erwähnt wird. Gerade deshalb wird man sie nicht mit der Befristung gleichstellen dürfen. § 623 BGB ist – wie schon das nicht Gesetz gewordene Arbeitsvertragsgesetz – vom Land Brandenburg initiiert worden. In dem Arbeitsvertragsgesetz-Entwurf Brandenburg ist jedoch durchgängig sauber zwischen Befristung und auflösender Bedingung unterschieden worden. Bereits der vorgeschlagene § 26 redete in seiner Überschrift von »befristeter und auflösend bedingter Arbeitsvertrag«; in § 26 Abs. 6 wurden die Absätze 1 bis 5 betreffend den befristeten Arbeitsvertrag ausdrücklich einem unter einer auflösenden Bedingung geschlossenen Arbeitsvertrag gleichgestellt; in dem vorgeschlagenen § 131 über den Aufhebungsvertrag wurden in Abs. 1 S. 2 für »bedingte« Aufhebungsverträge die Regeln über auflösend bedingte Arbeitsverträge des § 26 für entsprechend anwendbar erklärt. Die Einzelbegründung zu § 26 verhielt sich schon der Überschrift nach ausdrücklich zu befristeten und auflösend bedingten Arbeitsverträgen; für Abs. 6 wurde die entsprechende Anwendung für einen unter einer auflösenden Bedingung geschlossenen Arbeitsvertrag erläutert (s. iE BR-Drs. 671/96). Daraus ergibt sich, dass der zur auflösenden Bedingung schweigende und im Wortlaut unverändert zu § 623 BGB führende Entwurf desselben Landes die auflösende Bedingung jedenfalls nicht mit auf den Weg des Gesetzgebungsverfahrens gebracht hat. Nachdem weder Ausschuss noch Parlament Änderungen vorgenommen haben, ist die auflösende Bedingung ungeregelt geblieben. Dies ist jedenfalls mit Blick auf den von § 623 BGB verfolgten Schutzzweck misslich. Denn die Funktion des Kündigungsschutzes ist durch auflösende Bedingungen stärker als durch Befristungen gefährdet (Einzelheiten *Lipke* KR, 5. Aufl. § 620 BGB Rn 53, 53a). Eine analoge Anwendung des § 623 BGB scheidet angesichts des klaren Wortlauts und der Entstehungsgeschichte der Norm sowie deshalb aus, weil sie durch Beschränkung auf drei Beendigungstatbestände Ausnahmecharakter hat und schon deshalb nicht analogiefähig ist (zur Abschwächung dieses Grundsatzes aber *BAG* 22.7.2008 EzA § 49 ArbGG 1979 Nr. 9).

Das *BAG* (23.2.2000 EzA § 1 BeschFG 1985 Klagefrist Nr. 3) und das *LAG Hessen* (9.7.1999 NZA-RR 2000, 380) haben inzwischen entschieden, dass die Klagefrist betreffend **Befristungen** nach (der mit Wirkung zum Ablauf des 31. Dezember 2000 aufgehobene Vorschrift des) § 1 Abs. 5 BeschFG **keine** Anwendung bei der Beendigung eines Arbeitsverhältnisses infolge des Eintritts einer **auflösenden Bedingung** finde. Auch das *BAG* (23.2.2000 EzA § 1 BeschFG 1985 Klagefrist Nr. 3) hat auf den eindeutigen Wortlaut der Vorschrift sowie darauf abgestellt, dass sich die Gesetzesbegründung ausschließlich mit Befristungsabreden befasst habe. Zu § 623 BGB wird angesichts dessen kaum eine andere Entscheidung zu erwarten sein. 91

Bestätigt wird dieser Befund letztlich dadurch, dass erst durch § 21 des am 1. Januar 2001 in Kraft getretenen TzBfG die nach § 14 Abs. 4 TzBfG ausgelagerte Formvorschrift für die Befristung für entsprechend anwendbar für den unter einer auflösenden Bedingung geschlossenen Arbeitsvertrag erklärt wird. Dessen hätte es nicht bedurft, wenn »Befristung« gleich »auflösende Bedingung« (gewesen) wäre. Insbesondere handelt es sich nicht um eine Klarstellung des **alten** Rechtszustands. Zu Unrecht nimmt die Gesetzesbegründung (der Bundesregierung, vom 24. Oktober 2000, BT-Drucks. 14/4374, S. 1, 21) zu der Gesetz gewordenen Fassung des § 21 TzBfG Bezug auf eine »heutige« Rechtsprechung des *BAG* betreffend »die entsprechende Anwendung von Vorschriften über befristete Arbeitsverträge auf auflösend bedingte Arbeitsverträge«. Dabei ist die Entscheidung des *BAG* vom 23.2.2000 (EzA § 1 BeschFG 1985 Klagefrist Nr. 3) ebenso aus dem Blick geraten wie der Umstand, dass das Gericht derartiges zu der alten Fassung des § 623 BGB bislang nicht entschieden hat. 92

Die bloße Anzeige oder der Hinweis darauf, dass ein Arbeitsverhältnis aufgrund einer Befristungsabrede enden werde (sog. **Nichtverlängerungsanzeige**), unterliegt dem Formzwang, anders als die Befristungsabrede selbst, nicht. Ist die Befristung hingegen nicht wirksam und lässt sich die Nichtverlängerungsanzeige (Tatfrage) auch als Kündigung auslegen, unterliegt sie als solche dem Formzwang. Muss allerdings bei **Zweckbefristung** die **Zweckerreichung** mangels **Vorhersehbarkeit angekündigt** werden, um weder zwingende Mindestkündigungsfristen noch die Beendigungsform 93

(Kündigung) zu umgehen, bedarf die **Ankündigung** der **Schriftform**, um die **Auslauffrist** in Lauf zu setzen (vgl. APS-*Backhaus* [Vorauﬂ.] § 620 BGB Rn 168; APS-*Preis* Rn 49 [Vorauﬂ.]; *Preis/Gotthardt* NZA 2000, 348, 359; *Richardi/Annuß* NJW 2000, 1231, 1234).

94 **Keine** nachträgliche Befristungsabrede stellt ein **Auflösungsvertrag** dar, der seinem Regelungsgehalt nach nicht auf alsbaldige Beendigung, sondern auf befristete Fortführung des Arbeitsverhältnisses gerichtet ist (und vom *BAG* dem Befristungskontrollrecht unterworfen wird, s. Rdn 78), was an der Formbedürftigkeit allerdings nichts ändert.

C. Schriftliche Form

I. Gesetzliche Form

95 Bei der Regelung in § 623 BGB handelt es sich iSd § 126 Abs. 1 BGB um eine »**durch Gesetz**« vorgeschriebene schriftliche Form. **Gesetz** iSd Bürgerlichen Gesetzbuches, mithin auch iSd § 126 Abs. 1 BGB, ist aufgrund Art. 2 EGBGB **jede Rechtsnorm**, mithin auch § 623 BGB.

II. Umfang

96 § 623 BGB redet, soweit es um Kündigung und Auflösungsvertrag geht, davon, dass die **Beendigung** von Arbeitsverhältnissen zu ihrer Wirksamkeit der Schriftform **bedarf**. Das ist ungenau. Der Schriftformzwang betrifft der Sache nach die aufgezählten Beendigungstatbestände, also die Kündigung, den Auflösungsvertrag sowie (Fassung bis 31. Dezember 2000) die Befristung. Die Beendigung von Arbeitsverhältnissen an sich kann keinem Formzwang unterworfen werden, sondern nur die darauf abzielenden Beendigungstatbestände. Folglich ordnet auch § 125 S. 1 BGB im Falle des Formmangels lediglich die Nichtigkeit des **Rechtsgeschäfts** (und nicht: seiner intendierten **Rechts**folge) an.

97 Ergibt sich – wie in § 623 BGB – keine Einschränkung des Formzwangs, ist das Rechtsgeschäft **im Ganzen** betroffen. Beim **Vertrag** (dem Auflösungsvertrag, der – Fassung bis 31. Dezember 2000 – Befristungsabrede) erstreckt sich das Formerfordernis auf **alle** Abreden, aus denen sich nach dem Willen der Parteien der Vertragsinhalt zusammensetzen soll (vgl. *BGH* 13.11.1963 BGHZ 40, 255, 262). Der Formzwang gilt auch für **Nebenabreden** (*BAG* 9.12.1981 DB 1982, 1417). **Voraussetzung** ist jedoch, dass die Nebenabrede Vertragsinhalt werden soll (*Palandt/Ellenberger* § 125 Rn 9). Formfrei hingegen sind in entsprechender Anwendung der Regelung in § 139 BGB solche Abreden, von denen anzunehmen ist, dass die Parteien auch **ohne** sie kontrahiert hätten (vgl. *BGH* 20.6.1980 NJW 1981, 222). Nach der Rechtsprechung des BGH **unschädlich** ist die Nichteinhaltung der Form insbes. dann, wenn sich die Rechtsfolge der formnichtigen Nebenabrede bereits aus dem Gesetz, auch etwa aus dem Grundsatz von Treu und Glauben, ergibt (*BGH* 18.5.1982 BGHZ 84, 125, 127). Die Verbindung **mehrerer** Rechtsgeschäfte, von denen lediglich eines formbedürftig ist, zu rechtlich **einem** Geschäft macht dieses **insgesamt** formbedürftig (*BGH* 29.6.1982 BGHZ 84, 322, 324). Bei dem Ausspruch einer **Änderungskündigung**, also einer Beendigungskündigung, die mit einem Angebot zur Fortsetzung des Arbeitsverhältnisses unter veränderten Bedingungen verbunden ist, ergibt sich die Formbedürftigkeit des Änderungsangebots jedenfalls **nicht** aus dieser »Verbindungsrechtsprechung« des BGH. Denn das Änderungsangebot stellt für sich als Antrag iSd §§ 145 ff. BGB kein einseitiges Rechtsgeschäft dar, sondern soll vielmehr **Teil** des zweiseitigen Rechtsgeschäfts (geänderter) »Vertrag« werden (vgl. *Palandt/Ellenberger* § 145 Rn 1; Einzelheiten später, Rdn 138 f.). Anders kann es sich jedoch bei einem **Auflösungsvertrag** verhalten. Bei einer **Befristungsabrede** wiederum wird durch die Wortwahl des Gesetzes in seiner Fassung bis 31. Dezember 2000 (»die« Befristung) auch nur **dieselbe** dem Formerfordernis unterworfen und nicht auch die Abmachungen der Parteien im Übrigen (Einzelheiten Rdn 168 ff.). Zur Frage nach den Konsequenzen der »Tarnung« eines Auflösungsvertrages durch eine nachträgliche Befristungsabrede s. Rdn 179.

98 Ein gesetzlicher Formzwang gilt auch für spätere **Änderungen** und **Ergänzungen** (*BGH* 26.10.1973 NJW 1974, 271). Die Bezugnahme des Zweit- auf den Erstvertrag genügt, wenn dem Zweitvertrag

eindeutig zu entnehmen ist, dass es bei den übrigen Vertragsbedingungen bleibt (*Palandt/Ellenberger* § 126 Rn 5 mwN). Nicht gilt ein Formzwang, soweit gesetzlich nichts anderes angeordnet ist, für die **Aufhebung** eines formbedürftigen Rechtsgeschäfts (vgl. *Palandt/Ellenberger* § 125 Rn 10 mwN).

III. Wahrung der Form

1. Allgemeines/Ausschluss der »elektronischen Form« sowie der »Textform«

Ist durch Gesetz schriftliche (zum Unterschied zwischen »schriftlich« und »Schriftform« vgl. *Lützen* NJW 2012, 1627 ff.) Form vorgeschrieben, so muss nach § 126 Abs. 1 BGB »die Urkunde von dem Aussteller eigenhändig durch Namensunterschrift oder mittels notariell beglaubigten Handzeichens unterzeichnet werden«. Bei einem Vertrag muss nach § 126 Abs. 2 S. 1 BGB die Unterzeichnung der Parteien auf »derselben« Urkunde erfolgen. Werden über den Vertrag mehrere gleichlautende Urkunden aufgenommen, so genügt es nach § 126 Abs. 2 S. 2 BGB, wenn jede Partei die für die andere Partei bestimmte Urkunde unterzeichnet. Die schriftliche Form kann durch die **elektronische Form** ersetzt werden, wenn sich nicht aus dem Gesetz ein anderes ergibt, § 126 Abs. 3 BGB. **Letzteres** ist bei § 623 BGB aufgrund des **mit Wirkung ab 1. August 2001** angefügten Hs. 2 der Fall, bei § 14 Abs. 4 TzBfG, wohin der Schriftformzwang für die Befristung zum 1. Januar 2001 ausgelagert wurde, hingegen nicht. Die schriftliche Form wird nach § 126 Abs. 4 BGB durch die notarielle Beurkundung, die sich nach den Vorschriften des Beurkundungsgesetzes richtet, ersetzt. Die notarielle Beurkundung wiederum wird bei einem gerichtlichen Vergleich – und nur bei diesem – nach § 127a BGB »durch die Aufnahme der Erklärungen in ein nach den Vorschriften der Zivilprozessordnung errichtetes Protokoll« ersetzt. Die »**Textform**« des § 126b BGB ist – auch nicht in ihrer seit 13.6.2014 geltenden neuen Fassung – nicht vorgeschrieben, weswegen ihre Erleichterungen **nicht** gelten.

99

2. Urkunde

»Urkunde« iSd Formvorschriften des BGB setzt **schriftliche** Abfassung voraus. Die **Art der Herstellung** ist jedoch gleichgültig. Deshalb kann sie bspw. von der Partei oder von einem Dritten mit der Hand, der Maschine oder dem PC geschrieben, gedruckt oder vervielfältigt werden (vgl. *Palandt/ Ellenberger* § 126 Rn 2). **Nicht** vorgeschrieben ist die Verwendung der deutschen Sprache. Deshalb kann die Urkunde in jeder lebenden oder toten Sprache errichtet sein (MüKo-BGB/*Einsele* § 126 Rn 6). **Unerheblich** ist das **Material** der Urkunde, soweit es nur **Schriftzeichen dauerhaft festhalten** kann (ähnlich die – **nicht anwendbare** da nicht vorgeschrieben – »**Textform**« iSd § 126b BGB), sowie die **Angabe** von **Ort** oder **Zeit** der Errichtung (vgl. *Palandt/Ellenberger* § 126 Rn 2).

100

Mehrere Blätter bilden eine Urkunde dann, wenn die Zusammengehörigkeit erkennbar ist (vgl. *BGH* 24.9.1997 BGHZ 136, 357). Einer **körperlichen Verbindung** der einzelnen Blätter bedarf es dafür **nicht**. Es reicht aus, dass sich die Zusammengehörigkeit der Urkunde aus fortlaufender Paginierung, fortlaufender Nummerierung, auch einzelner Bestimmungen, einheitlicher graphischer Gestaltung, inhaltlichem Zusammenhang des Textes oder vergleichbarer Merkmale (gedanklich) zweifelsfrei ergibt (vgl. *BGH* 24.9.1997 BGHZ 136, 357: »Auflockerungsrechtsprechung«; ebenso *BAG* 4.4.2015 EzA § 14 TzBfG Schriftform Nr. 1). Fehlt zunächst ein formgerechter Vertrag, so kommt durch eine insoweit formgerechte **Nachtragsvereinbarung**, die auf die ursprüngliche Urkunde **Bezug nimmt**, ein insgesamt formwirksamer Vertrag zu Stande (vgl. *BGH* 29.4.2009 NJW 2009, 2195, 2196). Für den Interessenausgleich mit Namensliste nach § 1 Abs. 5 KSchG aF hat es das *BAG* (6.12.2001 EzA § 1 KSchG Interessenausgleich Nr. 9) ausreichen lassen, wenn in dem unterschriebenen Interessenausgleich auf die als Anlage mittels Heftmaschine verbundene Namensliste ausdrücklich Bezug genommen ist.

101

3. Unterzeichnung

§ 126 Abs. 1 BGB erfordert ein »**Unterzeichnen**«, und zwar »**eigenhändig**« durch »**Namensunterschrift**«. Die Erleichterungen der nicht vorgeschriebenen und damit nicht anwendbaren »**Textform**« nach § 126b BGB **gelten nicht**.

102

103 Da die Zeichnung »**unter**« zu erfolgen hat, muss sie die Urkunde **räumlich abschließen**. Nicht ausreichend ist eine »**Oberschrift**« oder eine Zeichnung am Rande (vgl. *BGH* 20.11.1990 BGHZ 113, 48). Eine **Blankounterschrift** (zur Zulässigkeit i.E. *Palandt/Ellenberger* § 126 Rn 7) genügt auch für die in § 623 BGB genannten Beendigungstatbestände. Der Schutzzweck des § 623 BGB gebietet es auch nicht, die Ermächtigung zur Ausfüllung des Blanketts ihrerseits dem Formzwang zu unterwerfen. Dies lässt sich aus § 167 Abs. 2 BGB schließen. Danach bedarf die Erteilung der Vollmacht nicht der Form, welche für das Rechtsgeschäft bestimmt ist, auf das sich die Vollmacht bezieht. Anderes gilt in Anlehnung an die Rechtsprechung zur Form der Verpflichtung zur Veräußerung oder zum Erwerb eines Grundstücks nach § 311b BGB für den Fall der Erteilung einer **unwiderruflichen** Ermächtigung (Einzelheiten vgl. *Palandt/Grüneberg* § 311b Rn 20 mN).

104 »**Eigenhändigkeit**« bedeutet, dass der Schriftzug von dem Willen des Ausstellers der Urkunde bestimmt wird; deshalb ist die Hinzuziehung einer **Schreibhilfe** zulässig, sofern der Aussteller lediglich unterstützt und der Schriftzug von seinem Willen bestimmt wird (*BGH* 3.2.1967 BGHZ 47, 68, 70 ff.). Unerheblich ist die **Schriftart**. Es genügt auch eine stenografische Unterschrift (zu Schriftart vgl. MüKo-BGB/*Einsele* § 126 Rn 17). An der Eigenhändigkeit fehlt es bei der »Unterzeichnung« durch **mechanische Hilfsmittel**, etwa durch Stempel oder Faksimile (*BGH* 25.3.1970 NJW 1970, 1078, 1080; *BAG* 5.8.2009 EzA § 130 ZPO 2002 Nr. 1) oder bei der (**qualifizierten**) **elektronischen Signatur**. Bei letzterer fehlt aufgrund ihrer unkörperlichen Übermittlung nach derzeitiger Rechtslage überall dort, wo die elektronische Form nicht nachgelassen ist (also bei § 623 BGB, **nicht** aber bei § 14 Abs. 4 TzBfG), auch schon der Zugang (dieser nicht formgerecht errichteten) Willenserklärung, s. Rdn 120, 129.

105 Die vom Gesetz geforderte »**Namensunterschrift**« soll die Person des Ausstellers erkennbar machen (*Paland/Ellenberger* § 126 Rn 10). Die Angabe des **Nachnamens** ohne Angabe des Vornamens genügt (vgl. *Palandt/Ellenberger* § 126 Rn 10). Die bloße Angabe des Vornamens genügt, wenn hierdurch bei dem Empfänger der Erklärung keine Zweifel über den Aussteller der Urkunde hervorgerufen werden, etwa unter Freunden oder Angehörigen (**aA** für Unterzeichnung **notarieller** Urkunde lediglich mit Vornamen *BGH* 25.10.2002 NJW 2003, 1120). Bei einem **Kaufmann** genügt die Unterzeichnung mit der Firma (§ 17 HGB), sofern sie vollständig verwendet wird (*Palandt/Ellenberger* § 126 Rn 10 mN). Zulässig ist auch die Unterzeichnung mit dem Teil eines **Doppelnamens** oder einem tatsächlich geführten Namen, einem sog. **Pseudonym**, sofern die als Aussteller in Betracht kommende Person zweifelsfrei feststeht (*BGH* 18.1.1996 NJW 1996, 997; MüKo-BGB/*Einsele* § 126 Rn 16; *Palandt/Ellenberger* § 126 Rn 10). Sogar die **versehentliche** Unterzeichnung mit einem **fremden Namen** soll ausreichen, wenn sich die Identität des Unterzeichnenden einwandfrei aus der Urkunde ergibt (*BayObLG* 2.9.1955 NJW 1956, 24). Keine Namensunterschrift ist die Unterzeichnung mit einer **Verwandtschaftsbezeichnung**, einem **Titel** oder einer **Rechtsstellung** (vgl. *Palandt/Ellenberger* § 126 Rn 10) oder mit einer **Paraphe** (*BGH* 13.7.1967 NJW 1967, 2310). Auf die **Lesbarkeit** kommt es nicht an, jedoch muss der Schriftzug Andeutungen von Buchstaben erkennen lassen (*BGH* 29.10.1986 NJW 1987, 1333; *Palandt/Ellenberger* § 126 Rn 10). Es genügt ein die Identität des Unterzeichnenden ausreichend kennzeichnender individueller Schriftzug, der einmalig ist, entsprechende charakteristische Merkmale aufweist, sich als Wiedergabe eines Namens darstellt und die Absicht einer vollen Unterschriftsleistung erkennen lässt (*BGH* 22.10.1993 NJW 1994, 55; vgl. *Palandt/Ellenberger* § 126 Rn 10; zusammenfassend *BAG* 24.1.2008 EzA § 622 BGB 2002 Nr. 4 unter Bezugnahme auf die Gesetzesbegründung BT-Drucks. 14/4987 S. 16, wonach der Aussteller lediglich **identifizierbar** sein muss). Die Verwendung **ausländischer Schriftzeichen** ist zulässig (*VGH München* 16.8.1976 NJW 1978, 510 f. [arabische]; *Palandt/Ellenberger* § 126 Rn 10).

4. Aussteller/Vertreter und Vollmachterteilung

106 Vom »**Aussteller**« (die Regelungen der »**Textform**« des § 126b BGB gelten, da nicht vorgeschrieben, **nicht**) herrühren muss nur die **Unterzeichnung**, nicht die Urkunde (s. Rdn 100). Das können auch **mehrere Personen** sein, etwa die **Gesellschafter einer GbR**. Aussteller ist auch, wer als

organschaftlicher Vertreter oder als Bevollmächtigter unterzeichnet. Dabei bedarf die Erteilung der Vollmacht nach § 167 Abs. 2 BGB nicht der Form, welche für das Rechtsgeschäft bestimmt ist, auf die sich die Vollmacht bezieht. Für eine unwiderruflich erteilte Vollmacht gilt dies nicht (vgl. bereits Rdn 103), selbst wenn die von dem Bevollmächtigten ausgesprochene Kündigung oder der von ihm geschlossene Auflösungsvertrag oder (Fassung bis 31. Dezember 2000) die von ihm getroffene Befristungsabrede ihrerseits die Form wahren sollten. Denn im Mittelpunkt des Formzwecks des § 623 BGB steht die Warnung der Arbeitsvertragspartei vor der Vornahme eines auf die Beendigung des Arbeitsverhältnisses gerichteten Rechtsgeschäfts. Dieser Zweck würde sich nicht verwirklichen, wenn die sich aus einer unwiderruflichen Vollmacht bereits ergebende Bindung allein durch mündliche Erklärung herbeigeführt werden könnte.

Die Frage, wie ein Vertreter (bei Aktiv- oder Passivvertretung) zu unterschreiben hat (mit eigenem Namen unter Hinweis auf das Vertretungsverhältnis oder mit dem Namen des Vertretenen) gehört nicht nur in das Rechtsgebiet von Vertretung und Vollmacht. Ist Schriftform einzuhalten, muss vielmehr die Urkunde entsprechend unterschrieben sein. Unterschreibt der Vertreter mit seinem Namen, muss das Vertretungsverhältnis in der Urkunde zum Ausdruck kommen (*BGH* 16.7.2003 NJW 2003, 3053 f.; *BAG* 21.4.2005 EzA § 623 BGB 2002 Nr. 4; *LAG Düsseld.* 22.5.2015 LAGE § 623 BGB 2002 Nr. 11 [Angabe aller Gesellschafter einer GbR in Kopfzeile sowie maschinenschriftlich in der Unterschriftszeile für sich unzureichend: *BAG* 20.9.2006 EzA § 174 BGB 2002 Nr. 53]; ausf. zur Wahrung der Schriftform nach § 623 BGB bei der Kündigung durch die GbR *Spelge* RdA 2016, 309, 310 f.) oder sich aus den gem. § 133 BGB zu berücksichtigenden Umständen ergeben (*Ackermann* NZM 2005, 491). Der Vertreter darf aber auch mit dem Namen des Vertretenen unterschreiben (*BGH* 3.3.1966 BGHZ 45, 193, 195 f.). Die Unterzeichnung mit »i. A.« genügt, wenn Bevollmächtigung angezeigt (nicht notwendig vorliegt: *BAG* 4.5.2011 EzA § 6 KSchG Nr. 3) ist (anders als etwa nach Prozessrecht im Anwaltsprozess muss der Vertreter ja nicht ein qualifizierendes Merkmal wie »Rechtsanwalt« erfüllen) und ersichtlich vertreten (und nicht als Bote gehandelt; zur Abgrenzung *Klein* NZA 2004, 1198, 1199 f.) werden sollte (vgl. *BAG* 13.12.2007 EzA § 623 BGB 2002 Nr. 9: maßgeblich ist der gem. §§ 133, 157 BGB aus den Gesamtumständen zu ermittelnde Vertretungswille, *BAG* 25.3.2009 AP Nr. 58 zu § 14 TzBfG; 4.5.2011 EzA § 6 KSchG Nr. 3; *LAG Düsseld.* 15.3.2010 LAGE § 14 TzBfG Nr. 54; diff. auch *LAG RhPf* 19.12.2007 DB 2008, 821; aA *ArbG Hmb.* 8.12.2006 AuA 2007, 113). Dass die Person des Vertreters aus einem Kündigungsschreiben wegen Unleserlichkeit der Unterschrift und fehlender Angabe des Namens in lesbarer Form nicht erkennbar ist, steht dem Ausschluss der Zurückweisung nach § 174 S. 2 BGB nicht entgegen und es ist insbes. dem Schriftformerfordernis genügt (vgl. *BAG* 20.9.2006 EzA § 174 BGB 2002 Nr. 5). Für die Formwahrung unerheblich ist, ob der Unterzeichner tatsächlich bevollmächtigt war (*BAG* 12.4.2017 EzA § 14 TzBfG Schriftform Nr. 4; 9.9.2015 EzA § 14 TzBfG Nr. 118). 107

Bei Gesamtvertretern (zB bei Gesamtprokura nach § 48 Abs. 2 HGB) genügt zur Formwahrung eine einzige Unterschriftsleistung, wenn der Unterzeichnende erkennbar auch vom anderen bevollmächtigt ist und diesen vertritt (vgl. *RG* 5.2.1923 RGZ 106, 268 ff.), bspw. durch die Formulierung »kündigen wir« oder Unterschrift nur eines von mehreren Gesellschaftern einer GbR neben hinzugesetztem Firmenstempel (*BGH* 23.1.2013 NJW 2013, 1082; anders, wenn Urkunde aufgrund ihres sonstigen Erscheinungsbildes nicht den Eindruck der Vollständigkeit erweckt: *BGH* 26.2.2020 NJW 2020, 1507). Landesrechtliche Vertretungsregelungen (etwa in Gemeindeordnungen) enthalten wegen § 55 EGBGB selbst dann keine (zusätzlichen) Formvorschriften, wenn sie Gesamtvertretung oder/und Schriftlichkeit von Erklärungen fordern (*BGH* 10.5.2001 EBE/BGH 2001, 195 ff.). Zu kommunal- (und kirchen-)rechtlichen Formvorschriften vgl. *Joussen/Schmidt* RdA 2019, 281. 108

5. Notarielle Beglaubigung; Handzeichen; Schreibunfähige

Die Unterzeichnung mit einem Handzeichen (Kreuzen, Strichen, Initialen) bedarf nach § 126 Abs. 1 BGB der notariellen Beglaubigung. Diese richtet sich nach den Vorschriften in §§ 39 ff. 109

des Beurkundungsgesetzes; bei Schreibunfähigen ist § 25 BeurkG zu beachten. Eine derartige Beglaubigung ist auch dann wirksam, wenn der Aussteller schreiben und lesen kann (*Palandt/Ellenberger* § 126 Rn 11). Des Notars bedarf es nicht, wenn eine andere Person gem. § 167 Abs. 2 BGB **formfrei** zur Abgabe der Erklärung bevollmächtigt wird (Vorschlag von DDZ-*Däubler* Rn 27). Ist eine Verständigung nur durch Gebärden- oder Bewegungszeichen möglich, bleibt nur die notarielle Beurkundung nach § 126 Abs. 4 BGB (bzw. bei einem gerichtlichen Vergleich nach § 127a BGB), wobei die Regeln über die Beteiligung behinderter Personen nach §§ 22 ff. BeurkG zu beachten sind.

6. Vertrag

110 Um die Unterzeichnung der Parteien auf »**derselben**« Urkunde bei einem **Vertrag** nach § 126 Abs. 2 S. 1 BGB handelt es sich auch dann, wenn die Urkunde aus mehreren Blättern besteht und deren Zusammengehörigkeit erkennbar gemacht wird (Einzelheiten s. Rdn 101). Ein Briefwechsel oder ein sonstiger Austausch einseitiger Erklärungen ist für die **gesetzliche** Schriftform bei einem Vertrag nach § 126 Abs. 2 S. 1 BGB – anders als für die gewillkürte Schriftform nach § 127 Abs. 2 S. 1 BGB – nicht nachgelassen und im Umkehrschluss hierzu auch nicht zulässig (Rechtsprechungsnachweise bei *Palandt/Ellenberger* § 126 Rn 13). Lediglich bei der Aufnahme mehrerer gleichlautender Urkunden reicht es nach § 126 Abs. 2 S. 2 BGB für die Wahrung des gesetzlichen Schriftformzwangs bei einem Vertrag aus, wenn jede Partei die für die andere Partei bestimmte Urkunde unterzeichnet. Entspricht der Vertragsschluss nicht den Anforderungen des § 126 Abs. 2 BGB, ist aber eine von beiden Parteien unterzeichnete Vertragsurkunde vorhanden, die inhaltlich vollständig die Bedingungen eines später mündlich oder konkludent abgeschlossenen Vertrages enthält, ist die Schriftform nach § 623 BGB gewahrt (*BGH* 17.6.2015 NJW 2015, 2648 für die Schriftform des Mietvertrages gem. § 550 S. 1 BGB).

111 Sowohl bei der Unterzeichnung auf derselben Urkunde als auch bei Unterzeichnung der für die andere Partei bestimmten Urkunde muss die Unterschrift den Urkundentext räumlich (nach unten) abschließen (s. Rdn 103). Daraus ergibt sich, dass der **gesamte** Vertragsinhalt durch die Unterschrift **beider** Parteien gedeckt sein muss (*Palandt/Ellenberger* § 126 Rn 13). Die Unterzeichnung des Angebots durch die eine Partei und der Annahme durch die andere **genügt nicht** (*BGH* 18.10.1993 NJW-RR 1994, 280). Dies gilt selbst dann, wenn sich beide Erklärungen auf einem Schriftstück befinden (*RG* 19.6.1922 RGZ 105, 60, 62; **anders** jetzt – auch wenn mangels Streiterheblichkeit nicht abschließend geklärt – *BGH* 16.2.2000 NJW-RR 2000, 1108, sowie **unter Aufgabe** der Rspr. des *RG* und **für** § 566 BGB aF *BGH* 14.7.2004 NJW 2004, 2962, 2963 f., dem sich das *BAG* angeschlossen hat [26.7.2006 EzA § 14 TzBfG Nr. 30]). Die die Willenseinigung der Beteiligten ergebenden rechtsgeschäftlichen Erklärungen müssen maW in ihrer **Gesamtheit** durch die Unterschriften gedeckt werden (*RG* 19.6.1922 RGZ 105, 60, 62). Es darf also nicht etwa eine Partei lediglich den Urkundenteil, der nur ihre einseitige Erklärung enthält, und nur die andere Seite den gesamten Vertragsinhalt unterzeichnen (*RG* 19.6.1922 RGZ 105, 60, 62). S. auch Rdn 246!

112 Bei **gemischten** oder **zusammengesetzten Verträgen** erstreckt sich der Formzwang auf den **gesamten** Vertrag, sofern dieser rechtlich eine Einheit bildet (*BGH* 6.12.1979 BGHZ 76, 43, 48). Dies ist der Fall, wenn die Vereinbarungen nach dem Willen der Parteien nicht für sich allein gelten, sondern miteinander »stehen und fallen« sollen (*BGH* 24.9.1987 BGHZ 101, 393, 396; *Palandt/Grüneberg* § 311b Rn 32 mwN).

7. Notarielle Beurkundung

113 Soweit die schriftliche Form – bei welchem Rechtsgeschäft auch immer – nach § 126 Abs. 4 BGB zulässigerweise durch die **notarielle Beurkundung** ersetzt werden soll, richtet sich dies nach den Vorschriften in §§ 6 ff. des Beurkundungsgesetzes. Eine notarielle Beurkundung kann sich anbieten, wenn Blinde oder Leseunkundige beteiligt sind und von vornherein die Erregung eines Erklärungsirrtums vermieden werden soll.

8. Gerichtlicher Vergleich

Die schriftliche Form, und zwar auch die gesetzliche nach § 126 BGB, wird **nach Maßgabe des** 114
§ 127a BGB auch durch einen **gerichtlichen Vergleich** ersetzt. Zwar ersetzt nach § 127a BGB der gerichtliche Vergleich lediglich die notarielle Beurkundung. Diese wiederum jedoch ersetzt nach § 126 Abs. 4 BGB die schriftliche Form, weswegen der Vergleich genügt.

Gemeint sind Vergleiche, die zwischen den Parteien oder zwischen einer Partei und einem Dritten 115
zur Beilegung des Rechtsstreits seinem ganzen Umfang nach oder in betreff eines Teils des Streitgegenstands vor einem deutschen Gericht abgeschlossen, sowie Vergleiche, die gem. § 118 Abs. 1 S. 3 ZPO oder § 492 Abs. 3 ZPO zu richterlichem Protokoll genommen sind (vgl. § 794 Abs. 1 Nr. 1 ZPO). Über diese Voraussetzungen hinaus muss der Vergleich sowohl aus Gründen des **materiellen Rechts** wie aus Gründen des **Prozessrechts** wirksam sein. Insbes. auf die Verfahrensart kommt es nicht an. Nur muss diese überhaupt den Abschluss eines Vergleichs gestatten. Einzuhalten sind die Vorschriften der ZPO über die **Protokollierung** nach §§ 159 ff. (*Palandt/Ellenberger* § 127a Rn 3). Das Gericht muss **nicht zuständig** sein. Es genügt, wenn es in irgendeiner Weise mit dem Gegenstand des Vergleichs **befasst** ist (*Thomas/Putzo-Seiler* § 794 Rn 7). Es muss **nicht** notwendig **vorschriftsmäßig besetzt** sein (*BGH* 28.6.1961 BGHZ 35, 309). Der **Güterichter** gem. § 54 Abs. 6 ArbGG hat zwar keine Entscheidungsbefugnis, stellt aber ein Gericht iSd Norm dar (*Francken* NZA 2012, 836, 839). Materiell-rechtlich muss es sich auch wirklich um einen **Vergleich** handeln, dh um einen Vertrag, durch den Streit oder die Ungewissheit der Parteien über ein Rechtsverhältnis im Wege gegenseitigen Nachgebens beseitigt wird (§ 779 Abs. 1 BGB; *Palandt/Ellenberger* § 127a Rn 3). Ein **Anspruch** auf Protokollierung eines Vergleichs besteht lediglich insoweit, als die Prozessparteien den Streitgegenstand des Verfahrens teilweise oder abschließend regeln (*BGH* 3.8.2011 NJW 2011, 3451).

Die Vorschriften über den **Anwaltsprozess** nach § 78 ZPO sind zu beachten (*BGH* 20.2.1991 NJW 116
1991, 1743), die jedoch für einen beitretenden Dritten nicht gelten (*BGH* 16.12.1982 BGHZ 86, 160 ff.). Nach § 78 Abs. 3 ZPO sind allerdings die Vorschriften über den Anwaltsprozess u.a. nicht auf das Verfahren vor einem beauftragten oder ersuchten Richter anzuwenden. Dies gilt auch dann, wenn das Gericht nach § 278 Abs. 5 S. 1 ZPO die Parteien für die Güteverhandlung (= Güteversuch nach § 279 Abs. 1 S. 2 ZPO aF) vor einen beauftragten oder ersuchten Richter verweist. In einer derartigen Situation wird die Partei für den entsprechenden Verfahrensabschnitt selbst postulationsfähig und kann selbst wirksam einen Prozessvergleich schließen (zur Anwendbarkeit der Regelung vor den Landesarbeitsgerichten, bei denen nach Maßgabe des § 11 Abs. 2 ArbGG u.a. die Pflicht der Parteien besteht, sich durch Rechtsanwälte als Prozessbevollmächtigte vertreten zu lassen: *Spilger* AR-Blattei 160.10.2 Arbeitsgerichtsbarkeit X B, Berufung Rn 69). Selbst postulationsfähig sind auch die Beteiligten im Zweiten Rechtszug des arbeitsgerichtlichen Beschlussverfahrens, soweit es nicht um die Unterzeichnung der Beschwerdeschrift geht (vgl. § 89 Abs. 1 ArbGG). Denn § 87 Abs. 2 S. 2 ArbGG verweist nur auf § 11 Abs. 1 ArbGG, nicht den Vertretungszwang vor den Landesarbeitsgerichten nach § 11 Abs. 2 ArbGG. Entsprechendes gilt wegen §§ 94 Abs. 1, 92 Abs. 2 S. 2 ArbGG auch für den Dritten Rechtszug. Zum gerichtlichen Vergleich gem. § 278 Abs. 6 ZPO s. Rdn 158.

9. Zustimmung/Minderjährige

Soweit ein Auflösungsvertrag – aus welchem Rechtsgrund auch immer – einer Zustimmung bedarf, so 117
bedarf diese ihrerseits aufgrund der Regelung in § 182 Abs. 2 BGB **nicht** der Schriftform. Anders ist dies aber nach Maßgabe des § 111 S. 2 BGB wegen § 182 Abs. 3 BGB bei der Kündigung oder bei der Kündigung durch einen Minderjährigen (so nicht die Voraussetzungen des § 113 Abs. 1 S. 1 BGB vorliegen).

IV. Zugang der formgerecht errichteten Willenserklärung

1. Allgemeines

Empfangsbedürftige Willenserklärungen, die einem Schriftformerfordernis unterliegen, werden 118
nur wirksam, wenn die formgerecht errichtete Erklärung gegenüber dem **anwesenden** Erklärungsempfänger abgegeben wird oder dem **abwesenden** Empfänger nach Maßgabe des § 130 BGB (oder

durch Zustellung gem. § 132 BGB, was bei Massenkündigung vorkommt; dann wird begl. Abschrift zugestellt, § 169 Abs. 2 S. 1 ZPO) **zugeht**. Dies betrifft bei Verträgen auch die Annahmeerklärung (vgl. *BAG* 25.10.2017 EzA-SD 2018 Nr. 7, 6). Auf die bloße Wahrnehmung durch den Empfänger kommt es bei einer schriftformgerecht errichteten und somit **verkörperten** Erklärung nicht an (vgl. *Palandt/Ellenberger* § 130 Rn 13 und 14 mN; *LAG Hamm* 4.12.2003 LAGE § 623 BGB 2002 Nr. 3). Demgegenüber ist nach Auffassung des *BAG* (26.3.2015 EzA § 130 BGB 2002 Nr. 7; 4.11.2004 AP Nr. 3 zu § 623 BGB) für den Zugang einer schriftliche Kündigungserklärung **unter Anwesenden** nicht darauf abzustellen, ob der Empfänger die Verfügungsgewalt über das Schriftstück **dauerhaft** erlangt hat; es genügt die Aushändigung und Übergabe, so dass der Empfänger in der Lage ist, vom Inhalt der Erklärung Kenntnis zu nehmen (ebenso *LAG Bln.* 7.1.2005 LAGE § 14 TzBfG Nr. 19 für Verbleib Befristungsabrede; aA *LAG Düssel*. 3.7.2018 LAGE § 130 BGB 2002 Nr. 8). Zur **Entbehrlichkeit des Zuganges im Falle des § 126 Abs. 2 S. 2 BGB** s. aber Rdn 148 aE!

119 Der Zugangszeitpunkt ist auch der Zeitpunkt, zu welchem dem Formzwang spätestens genügt sein muss.

120 Unzureichend für die Wahrung des **gesetzlichen materiellrechtlichen** (anders weitgehend im Prozessrecht) Schriftformzwangs ist es nach derzeitiger Rechtslage, wenn dem Empfänger der Willenserklärung nicht die verkörperte Erklärung in ihrer Urschrift zugeht, sondern nur ihr Inhalt, und sei es in einer durch eine aufnehmende Person oder ein aufnehmendes technisches Gerät verkörperten Form. Dies ist daraus zu entnehmen, dass § 127 Abs. 2 S. 1 BGB nF lediglich für **die gewillkürte Schriftform** die **telekommunikative** (früher telegraphische – § 127 S. 2 BGB) Übermittlung zur Wahrung der Form genügen lässt und es demgemäß lediglich bei dieser Übermittlungsart und lediglich bezogen auf die gewillkürte Schriftform ausreichen lässt, dass etwa nur die Aufgabeerklärung eigenhändig unterzeichnet ist oder selbst hierauf (Erklärung aus dem Computer etwa) verzichtet wird. Ob durch die Übertragung die »**elektronische Form**« des § 126a BGB nF gewahrt wird, ändert nichts, da diese Form durch § 623 Hs. 2 **ausgeschlossen** ist. Die Grundsätze einer **Zugangsfiktion** (etwa bei Vereitelung des Zugangs durch den vorgesehenen Empfänger) bleiben **unberührt**, wenn nur die Erklärung, deren Zugang fingiert wird, formwahrend errichtet ist. **Unberührt** bleibt auch die Möglichkeit eines ausdrücklichen oder konkludenten **Verzichts auf den Zugang der Annahmeerklärung** (bei Auflösungsvertrag oder Befristungsabrede) gem. **§ 151 S. 1 BGB** (vgl. *BGH* 27.4.2004 ZIP 2004, 1303).

2. Telegramm

121 Ein **Telegramm** genügt zur Wahrung der durch **Gesetz** vorgeschriebenen schriftlichen Form nicht (s. Rdn 120).

3. Fotokopie

122 Eine **Fotokopie** als bloßes Abbild der formgerecht errichteten Willenserklärung wahrt die durch **Gesetz** vorgeschriebene schriftliche Form ebenfalls nicht (s. Rdn 120; *LAG Düssel*. 18.4.2007 AuA 2007, 560). Soweit ein Telefax eine abgemachte (**gewillkürte**) Schriftform wahrt, genügt allerdings nicht der Zugang einer (weiteren) Kopie, die lediglich von der von dem Empfangsgerät ausgedruckten Fernkopie gezogen wurde (*Sächs. LAG* 23.10.1996 – 2 Sa 769/96).

4. Telefax (Fernkopie)

123 Unzureichend zur Wahrung der **gesetzlichen** Schriftform ist auch ein **Telefax** (Fernkopie, *BGH* 28.1.1993 BGHZ 121, 224; nachgelassen nur im Prozessrecht, zB §§ 174 Abs. 4 S. 2, 130 Nr. 6 ZPO; ebenso *BAG* 17.12.2015 EzA § 623 BGB 2002 Nr. 11 mwN der Rspr. des BAG; *LAG RhPf* 21.1.2004 LAGRep. 2005, 43). Der Zugang einer Fernkopie soll selbst dann nicht genügen, wenn ihr eine formgültige Erklärung nachfolgt und auch nicht zur Fristwahrung (so *Palandt/Ellenberger* § 126 Rn 12; aA *Schürmann* NJW 1992, 3005). Ausreichend aber, wenn das Eingangsfax nach

Ausdruck vor Zugang von einem Vertretungsberechtigten unterschrieben wurde. Ist bei einem Vertrag – und wenn auch erst nach Gegenzeichnung – von beiden Parteien auf derselben Urkunde gezeichnet, schadet es nicht, wenn dem Erstzeichner vom Zweitzeichner ein Telefax der Urkunde übermittelt wird (aA *LAG Düsseld.* 29.11.2005 LAGE § 623 BGB 2002 Nr. 4). Denn der Vertrag ist mit Unterzeichnung formwirksam zustande gekommen (ebenso *BAG* 26.7.2006 EzA § 126 BGB 2002 Nr. 1).

5. Computerfax/SMS-to-Fax

Ein **Computerfax** stellt nach derzeitig geltender Rechtslage mangels Schriftlichkeit bereits keine 124 Urkunde dar. Auch ist es nicht unterzeichnet. Selbst wenn man von dem Erfordernis der Schriftlichkeit oder der Unterzeichnung oder von beidem absehen würde, geht dem Empfänger – wie bei einem Telefax (Fernkopie) – nicht die formgerecht errichtete Willenserklärung selbst zu, weswegen jedenfalls (**materiellrechtlicher**, arg. e contrario § 174 Abs. 4 S. 2 ZPO, §§ 130 Nr. 6, 130a ZPO) **gesetzlicher** Schriftformzwang nicht gewahrt ist. Gleiches gilt bei Inanspruchnahme eines **SMS-to-Fax-Service**. Anders, wenn Ausdruck erfolgt und vor Zugang von Vertretungsberechtigtem unterzeichnet wird.

6. E-Mail/SMS/Intranet/E-Postbrief/De-Mail/PDF-Datei

Auch eine **E-Mail** oder eine im Wege des **SMS** übermittelte Erklärung (das Übertragungsnetz spielt 125 keine Rolle: auch ein betriebliches Intranet genügt nicht, obzwar nicht »telekommunikativ«: es geht – selbst bei **eingescannter** (zugelassen nur im Prozessrecht: *BGH* 18.3.2015 NJW 2015, 1527, 1528) oder mittels **elektronischem Schreibtablets** aufgenommener Unterschrift – nur ein elektronisches Dokument zu) ist zur Wahrung einer durch **Gesetz** vorgeschriebenen schriftlichen Form nicht geeignet (HK-*Dorndorf* § 1 Rn 117a; für SMS *LAG Hamm* 17.8.2007 AuA 2007, 687). Gleiches gilt für den **E-Postbrief** der Deutschen Post AG (*Schomaker* AiB 2011, 234, 235 f.; *Bisges* NJW-aktuell 2010, 14 f.), **De-Mail** (GMX, Web.de, Telekom) und eine **PDF-Datei** (*BAG* 10.5.2016 ArbR 2016, 529). Die Ausführungen zu dem Computerfax (s. Rdn 124) gelten entsprechend.

7. Schriftsatz

Die Schriftform kann, in Sonderheit bei der nach § 623 BGB formbedürftigen Kündigung, durch 126 eine im **Schriftsatz** eines Rechtsanwalts enthaltene Erklärung gewahrt werden. Allerdings muss dafür auf dem zugestellten Exemplar der Beglaubigungsvermerk unterschrieben sein (*BGH* 4.7.1986 NJW-RR 1987, 395 f.). **Einzelheiten** Rdn 144.

8. Blinde; Leseunkundige; Sprachunkundige

Bei einem **Blinden** genügt der Zugang einer in **Brailleschrift** errichteten und unterzeichneten Urkunde, wenn er diese Schrift umzusetzen in der Lage ist. Ist dies nicht der Fall oder wird eine für ihn nicht lesbare, aber ansonsten formgerecht errichtete Erklärung übermittelt, geht diese ihm frühestens zu dem Zeitpunkt zu, zu dem er unter normalen Verhältnissen die Möglichkeit hat, von dem Inhalt der Erklärung durch ihr Vorlesen durch einen Dritten Kenntnis zu nehmen. Entsprechendes gilt für **Leseunkundige**. Für **Sprachunkundige** ist der Zeitpunkt entscheidend, zu dem ohne schuldhaftes Zögern eine Übersetzungsmöglichkeit bestanden hätte.

9. Anerkennung neuer Übermittlungstechniken

Die weitgehende Anerkennung neuer Übermittlungstechniken zur Wahrung prozessualer Fristen 128 im **Prozessrecht** durch die Rspr. (zunächst Fernschreiben, dann auch Telefax-Fernkopie und zuletzt die Übertragung einer Textdatei mit eingescannter Unterschrift auf ein Faxgerät des Gerichts – *Gem. Senat der Obersten Gerichtshöfe des Bundes* 5.4.2000 NJW 2000, 2340) hat sich bislang nicht auf **gesetzliche** Schriftformerfordernisse des **materiellen** Rechts (sondern nur auf **gewillkürte** Schriftformerfordernisse) übertragen lassen. Damit entsagt sich pünktlich zur Jahrtausendwende gerade das High-Tech-Land Deutschland durch § 623 BGB für weite Bereiche des Arbeitsrechts der Möglichkeit der Nutzung moderner Übertragungsmittel (zu Recht krit. *Vielmeier* DB 2018, 3051, der das veränderte Kommunikationsverhalten – weg von der Schriftform – hervorhebt).

129 Die Richtlinie 1999/93/EG des Europäischen Parlaments und des Rates vom 13. Dezember 1999 über gemeinschaftliche Rahmenbedingungen für elektronische Signaturen (ABlEG L 13 v. 19. Januar 2000, S. 12), die bis zum 19. Juli 2001 umzusetzen war, sowie die Richtlinie 2000/31/EG des Europäischen Parlaments und des Rates vom 8. Juni 2000 über bestimmte rechtliche Aspekte der Dienste der Informationsgesellschaft, insbes. des elektronischen Geschäftsverkehrs, im Binnenmarkt (»Richtlinie über den elektronischen Geschäftsverkehr«, ABlEG L 178 v. 17. Juni 2000, S. 1), die bis zum 17. Januar 2002 umzusetzen ist, haben Änderungen nicht für § 623 BGB, sondern lediglich für den nach § 14 Abs. 4 TzBfG ausgelagerten Schriftformzwang für die Befristung gebracht: Das Bundeskabinett hat am 6. August 2000 den Entwurf eines Gesetzes über Rahmenbedingungen für elektronische Signaturen sowie den Fahrplan für eine rasche Umsetzung der EG-Richtlinie über den elektronischen Geschäftsverkehr in Deutschland (sog. E-Commerce) verabschiedet. Das Gesetz regelt die erforderliche Sicherheitsstruktur für elektronische Signaturen mit Rechtswirkung, die »qualifizierten elektronischen Signaturen«. Gleichzeitig greift der Entwurf die Ergebnisse der Evaluierung des seit 1997 geltenden Signaturgesetzes auf. Die **Rechtswirkung** dieser **Signaturen** wird **nicht** vom Signaturgesetz geregelt, sondern ist Gegenstand eines **Gesetzentwurfs** zur **Anpassung der Formvorschriften des Privatrechts** und anderer Vorschriften an den **modernen Rechtsgeschäftsverkehr** (Gesetzentwurf der Bundesregierung vom 8. September 2000, BR-Drs. 535/00; zu ihm bereits Rdn 15), der zeitnah zum Signaturgesetz in den Bundestag eingebracht wurde (Auszug aus Pressemitteilung des Bundesministeriums für Wirtschaft und Technologie vom 17. August 2000, NJW 2000, LIII; zur Betrachtung gesetzlicher Schriftformerfordernisse im Arbeitsrecht unter besonderer Berücksichtigung elektronischer Kommunikationsmittel s. *Köstner* BuW 2001, 126). Mittlerweile (am 22. Mai 2001) ist das »Gesetz über Rahmenbedingungen für elektronische Signaturen und zur Änderung weiterer Vorschriften« vom 16. Mai 2001 (Signaturgesetz – SigG) sowie, am 1. August 2001, das Gesetz zur Anpassung der Formvorschriften des Privatrechts und anderer Vorschriften an den modernen Rechtsgeschäftsverkehr vom 13. Juli 2001 (BGBl. I S. 876 bzw. 1542) in Kraft getreten. Die durch Letzteres eingeführte »telekommunikative« Übermittlung in § 127 Abs. 2 S. 1 BGB ist weder für § 623 BGB noch für § 14 Abs. 4 TzBfG nutzbar, da nur auf die durch **Rechtsgeschäft** bestimmte Form bezogen. Die durch § 126a Abs. 1 BGB gebrachte »elektronische Form« für den Fall einer Übertragung im Wege elektronischer Daten (durch das Erfordernis einer [qualifizierten] elektronischen Signatur nach dem SigG, § 126a Abs. 1 BGB, § 2 Nr. 3 SigG) ist für § 623 BGB (Hs. 2) von vornherein ausgeschlossen worden und gilt nur für § 14 Abs. 4 TzBfG, also – beginnend ab 1. August 2001 – lediglich für die Befristungsabrede.

V. Beweislast für Wahrung der Form

130 Ein Rechtsgeschäft, welches der durch Gesetz vorgeschriebenen Form ermangelt, ist nach § 125 S. 1 BGB **nichtig**. Anders als dieser Wortlaut nahelegt, ist der Formmangel nicht als rechtshindernde Einrede anzusehen. Vielmehr ist, wie sich aus der Entstehungsgeschichte des Gesetzes ergibt, die Formgültigkeit Bestandteil des **rechtsbegründenden** Tatbestands (vgl. *Kliemt* Formerfordernisse, S. 50 mN). Ist für ein Rechtsgeschäft eine gesetzliche Form vorgeschrieben, muss demgemäß diejenige Partei sämtliche Voraussetzungen der jeweiligen Formvorschrift beweisen, die für sich aus dem Rechtsgeschäft Folgen herleitet (*Kliemt* Formerfordernisse, S. 50 mwN). Dies gilt auch für § 623 BGB (APS-*Greiner* Rn 34; ErfK-*Müller-Glöge* Rn 25; Baumgärtel/Laumen/Prütting-*Leisten* Hdb. Beweislast SchuldR BT II § 125 Rn 1 m.w.N.). *Kliemt* (Formerfordernisse, S. 50) weist zu Recht darauf hin, dass die daraus resultierende Beweislastverteilung auch sachlich gerechtfertigt ist, denn der Beweis der Formwahrung lasse sich im allgemeinen verhältnismäßig einfach führen; überdies würde es dem Zweck der Formvorschriften widersprechen, ein Rechtsgeschäft bei einem »non liquet« bzgl. der Formwahrung als wirksam anzuerkennen (Formerfordernisse, S. 50 mwN). Die Beweisregel des § 416 ZPO (Beweiskraft von Privaturkunden) bezieht sich auch auf die **Begebung**

einer schriftlichen Willenserklärung (*BGH* 18.12.2002 NJW-RR 2003, 384). Der Inhalt der Urkunde hat im Übrigen die tatsächliche Vermutung der Vollständigkeit und Richtigkeit für sich, welche Vermutung erschüttert werden kann; dabei sind an den Gegenbeweis strenge Anforderungen zu stellen (Baumgärtel/Laumen/Prütting-*Leisten* Hdb. Beweislast SchuldR BT II Rn 2 mwN).

VI. Schriftliche Form der Kündigung

Für den **Umfang** der schriftlichen Form, für die **Wahrung** der Form, für den **Zugang** der formgerecht errichteten Willenserklärung sowie für die **Beweislast** gelten für die arbeitsrechtliche Kündigung die **Ausführungen zu C II bis V** (Rdn 96–130); soweit diese nicht die bei einem **Vertrag** zu wahrende gesetzliche Schriftform betreffen. Nachstehend geht es nur noch um gewisse **Konkretisierungen**. 131

1. Erklärung

Dem Formzwang bei einer auf die Beendigung eines Arbeitsverhältnisses gerichteten Kündigung unterliegen sämtliche Elemente der die Kündigung begründenden Willenserklärung bzw. das gesamte einseitige Rechtsgeschäft »Kündigung«. Die Kündigungserklärung muss sich also grds. aus einer in Schriftform errichteten Urkunde ergeben, die von dem Aussteller eigenhändig durch Namensunterschrift oder durch notariell beglaubigtes Handzeichen unterzeichnet ist. Alternativ kommt notarielle Beurkundung oder **bei einem gerichtlichen Vergleich** die Aufnahme der Kündigungserklärung in ein nach den Vorschriften der Zivilprozessordnung errichtetes Protokoll in Betracht. In sämtlichen Fällen hat die so formgerecht errichtete Willenserklärung dem Empfänger zuzugehen. 132

2. Erklärungsinhalt

Die formgerecht errichtete und zugegangene Erklärung muss auf die Beendigung eines Arbeitsverhältnisses abzielen. Während mündliche Spontanäußerungen (wie: »Verschwinden Sie« oder »Putz die Platte«) nicht mehr ausreichen, genügt es auch nach Einführung des Formzwangs allerdings, wenn sich der Beendigungswille aus der Urkunde zweifelsfrei ergibt (vgl. *BAG* 11.6.1959 AP Nr. 1 zu § 130 BGB; 23.1.1958 AP Nr. 1 zu § 1 KSchG Nr. 50). Das Wort »Kündigung« muss nicht fallen. Allerdings kann es dem an einer formwirksamen Kündigung interessierten Erklärungsgegner uU Schwierigkeiten bereiten, den sich spontan oder erregt mündlich Äußernden auch zur Wahrung der Form zu bringen. 133

Mit anderen Worten besteht auch weiterhin die Möglichkeit, »konkludent« bzw. »schlüssig« zu kündigen, wenn nur der entsprechende Wille **formgerecht verkörpert** ist (ähnlich APS-*Greiner* Rn 18, 24, hier auch zu prozessualem Vorbringen, aus dem die andere Partei unmissverständlich auf Kündigungswillen schließen kann). Die Übersendung der Arbeitspapiere mit unterzeichnetem Anschreiben (»hier haben Sie Ihre Papiere aufgrund Ihres Verhaltens am ...«) vermag also auch nach Erfüllung des Formzwangs durchaus eine formgerechte Kündigung darzustellen. Der Angabe des **Kündigungsgrundes** bedarf es nicht (näher unter Rdn 141 f.). 134

3. Einverständnis

Das bloße **Einverständnis** des Kündigungsempfängers mit einer nicht formgerecht errichteten Kündigung bzw. sein »**Verzicht**« auf den Zugang der formgerecht errichteten Kündigung ersetzt die schriftliche Form nicht. Selbst ein schriftlich erklärtes Einverständnis ersetzt den Mangel der Form nicht. Auch eine **Umdeutung** der an sich korrespondierenden Willenserklärungen in ein zweiseitiges Rechtsgeschäft dahingehend, das Arbeitsverhältnis zu dem mit der formunwirksamen Kündigung angesonnenen Zeitpunkt aufzuheben, scheidet seit Einführung des Formzwangs aus. Denn möglich wäre dies wiederum nur durch einen ebenfalls dem Formzwang des § 623 BGB unterliegenden Auflösungsvertrag. Ein solcher wäre jedoch wegen des Fehlens der Unterzeichnung **einer** Partei (§ 126 Abs. 2 BGB) seinerseits ebenfalls **formunwirksam**. Ob es sich bei dem 135 schriftlichen Einverständnis des Empfängers der formunwirksamen Kündigung um eine – formgerechte – **Eigenkündigung** handelt, ist Auslegungs- bzw. Tatfrage und jedenfalls ohne das Hinzutreten und die Erkennbarkeit weiterer Umstände nicht ohne Weiteres anzunehmen. Der **Verzicht** auf anwendbaren allgemeinen oder besonderen Kündigungsschutz – etwa in einer Ausgleichsquittung – bedarf **keiner** gesetzlichen Form.

4. Art der Kündigung

136 Aus der Urkunde muss sich zur **Wahrung der Form** nicht ergeben, ob **ordentlich** oder **außerordentlich** gekündigt wird (vgl. APS-*Greiner* Rn 21; *Erman/Riesenhuber* Rn 19). Gegenstand der Urkunde muss bei einer ordentlichen Kündigung insbes. **weder** die **Kündigungsfrist** noch der **Kündigungstermin** sein. Bei einer außerordentlichen Kündigung muss sich aus der Urkunde nicht ergeben, ob sie **fristlos** oder mit **Auslauffrist** ausgesprochen sein soll. In sämtlichen Fällen ist vielmehr durch Auslegung zu ermitteln, welche Rechtsfolge die für sich formgerecht errichtete und entsprechend zugegangene Kündigungserklärung haben soll. Der Formzwang betrifft die tatbestandliche Voraussetzung »Kündigung«, mit der ein Arbeitsverhältnis beendet wäre. **Diese** Wirkung hat jede der vorgenannten Kündigungsarten. Alles andere ist Auslegungsfrage. Ergeben sich aus der Urkunde keine entgegenstehenden Anhaltspunkte, ist **ordentlich** unter Einhaltung der **ermittelbaren** (vgl. *BAG* 15.5.2013 EzA § 615 BGB 2002 Nr. 40; 20.6.2013 EzA § 622 BGB 2002 Nr. 9; 10.4.2014 EzA § 622 BGB 2002 Nr. 10) maßgebenden Kündigungsfrist zum nächst zulässigen Kündigungstermin gekündigt. Ist »**außerordentlich**« **ohne Zusatz** gekündigt, so wird in der Regel eine **fristlose** Kündigung gemeint sein. Ist nach der Urkunde »**fristlos**« gekündigt, bedeutet dies eine **außerordentliche** Kündigung. Drückt sich der Kündigende **unklar** aus, geht dies **zu seinen Lasten** (vgl. *BAG* 11.6.1959 AP Nr. 1 zu § 130 BGB), was aber keinen Formmangel bedeutet (DDZ-*Däubler* Rn 14; APS-*Greiner* Rn 21). Eine nicht als außerordentliche Kündigung erkennbare Kündigung wirkt **ordentlich**. Bei einer außerordentlichen Kündigung unter unklarer Angabe einer **Auslauffrist** muss sich der Erklärende uU so behandeln lassen, als habe er lediglich **ordentlich** gekündigt. Einer **Umdeutung** einer außerordentlichen in eine ordentliche Kündigung steht § 623 BGB **nicht** im Wege. S. auch Rdn 66!

5. Änderungskündigung

137 Eine Änderungskündigung setzt sich zusammen aus einer Beendigungskündigung und einem Angebot, das Arbeitsverhältnis zu veränderten Bedingungen fortzusetzen. **Der auf die Beendigung** des Arbeitsverhältnisses **zielende Teil der Änderungskündigung**, die Beendigungskündigung, **unterliegt dem Formzwang nach § 623 BGB**. Denn zu dem Zeitpunkt des Ausspruchs der Änderungskündigung steht nicht fest, ob der Kündigungsempfänger das Änderungsangebot annehmen wird und das Arbeitsverhältnis deshalb nicht sein Ende findet, sondern zu veränderten Bedingungen fortbesteht. Gleiches gilt, wenn das Arbeitsverhältnis den Vorschriften des Ersten Abschnitts des Kündigungsschutzgesetzes unterfällt und, bei Arbeitgeberkündigung, der Arbeitnehmer nach Maßgabe des § 2 KSchG das Änderungsangebot unter dem Vorbehalt annehmen kann, dass die Änderung der Arbeitsbedingungen nicht sozial ungerechtfertigt ist. Auch hier ist zum Zeitpunkt der Kündigungserklärung offen, ob eine derartige Annahme unter Vorbehalt erfolgen wird.

138 **Nicht** dem Schriftformzwang unterfällt allerdings das **Änderungsangebot** selbst (wie hier *Caspers* RdA 2001, 30 f., 37 mit eingehender Begr.). Dieses kann im Zusammenhang mit der Kündigung mündlich erfolgen. Dies ergibt sich daraus, dass § 623 BGB nur die dort genannten Rechtsgeschäfte einem Formzwang unterwirft. Bei dem Änderungsangebot handelt es sich um einen Antrag iSd §§ 145 ff. BGB. Als solches stellt es zwar eine Willenserklärung dar, aber noch kein Rechtsgeschäft (weswegen der Formzwang auch nicht aus der sog. »Verbindungsrechtsprechung« des *BGH* – s. Rdn 97 – folgt). Vielmehr ist das Angebot (der Antrag) erst darauf **gerichtet**, ein (zweiseitiges) Rechtsgeschäft, die Abrede über die Vertragsänderung als Änderungsvertrag, herbeizuführen. Abreden über Änderungen des Arbeitsvertrages jedoch unterfallen nach § 623 BGB ebenso wenig dem Formzwang wie der Neuabschluss eines Vertrags. Würde bspw. der Empfänger der

Änderungskündigung das Änderungsangebot ablehnen oder, als Arbeitnehmer, bei Anwendbarkeit des § 2 KSchG, die Drei-Wochen-Frist des § 4 KSchG verstreichen lassen, würde das Arbeitsverhältnis also enden, wäre es den bisherigen Arbeitsvertragsparteien unbenommen, anschließend gleichwohl ein neues Arbeitsverhältnis zu den zuvor schon einmal angebotenen geänderten Bedingungen abzuschließen. Da dies wieder auf ein entsprechendes Angebot einer Vertragspartei zurückgehen müsste und der Neuabschluss keinem Formzwang unterliegt, ist nicht einsichtig, warum dies bei der Verbindung einer Beendigungskündigung mit einem Änderungsangebot anders sein sollte (ähnlich *Caspers* RdA 2001, 28, 30).

Die – **allerdings herrschende** – Gegenansicht (vgl. KR-*Kreft* § 2 KSchG Rdn 49; *BAG* 16.9.2004 EzA § 623 BGB 2002 Nr. 2; *LAG Köln* 26.9.2003 LAGE § 623 BGB 2002 Nr. 2a; SPV-*Preis* Rn 62; *Bader/Bram-Bader* Rn 9; ErfK-*Müller-Glöge* Rn 16; DDZ-*Däubler* Rn 11; *Gaul* DStR 2000, 691; *Müller-Glöge/von Senden* AuR 2000, 199, 202; *Preis/Gotthardt* NZA 2000, 398, 354; *Richardi/Annuß* NJW 2000, 1231, 1233; *Sander/Siebert* AuR 2000, 287, 291; *Hoß* ArbB 2003, 344, 345; APS-*Künzl* § 2 KSchG Rn 8; aA *Caspers* RdA 2001, 28, 30 f., 37 mit eingehender Begründung) stellt demgegenüber auf die »Verklammerung« von Kündigungserklärung sowie Änderungsangebot und/oder auf die Legaldefinition »Änderungskündigung« in § 2 S. 1 KSchG ab. Ersteres hilft jedoch nicht weiter, sondern es handelt sich letztlich um eine »petitio principii«. Das Änderungsangebot wird nicht allein dadurch seinerseits formbedürftig, dass es zeitgleich mit einer Kündigung abgegeben ist, die in nicht auszuschließender Weise ohnehin erklärt worden wäre. Insofern ist nicht einsichtig, wieso der Empfänger des Änderungsangebots durch **dessen** Schriftlichkeit vor **diesem gewarnt** werden sollte, obwohl es doch gerade auf die **Fortsetzung** des Arbeitsverhältnisses (wenn auch zu geänderten Bedingungen) abzielt. Das zweite Argument (aus § 2 S. 1 KSchG) ist schon deshalb nicht tragfähig, weil die Norm überhaupt nur im Geltungsbereich der Vorschriften des Ersten Abschnitts des Kündigungsschutzgesetzes anwendbar ist und dort auch lediglich die arbeitgeberseitige Kündigung betrifft, somit als Regelung eines kleinen Ausschnitts nicht analogiefähig zu sein scheint. 139

Nicht formbedürftig ist die **Annahme des Änderungsangebots** oder die Erklärung des **Vorbehalts** nach § 2 KSchG (APS-*Greiner* Rn 23; ErfK-*Müller-Glöge* Rn 16, bzgl. der **Annahme** beide unter Beschränkung auf diejenige des Arbeitnehmers, obzwar eine Änderungskündigung auch von diesem herrühren und das Änderungsangebot vom **Arbeitgeber** formlos angenommen werden kann; Bader/Bram-*Bader* Rn 9a). 140

6. Kündigungsgrund

Der **Kündigungsgrund** ist nicht nach § 623 BGB der Schriftform unterworfen (allg. Ansicht, APS-*Greiner* Rn 19; ErfK-*Müller-Glöge* Rn 19 mwN; DDZ-*Däubler* Rn 15). Die unterlassene Mitteilung kann allerdings Folgen für die Auslegung der Kündigungserklärung haben, wenn sich aus dieser nicht zweifelsfrei ergibt, ob ordentlich oder außerordentlich gekündigt sein soll. 141

Hätte der Gesetzgeber auch die Angabe des Kündigungsgrundes dem Formzwang unterwerfen wollen, hätte er dies, etwa wie in § 22 Abs. 3 BBiG, anordnen müssen. Dass dies nicht geschehen ist, zeigt, dass die Angabe des Kündigungsgrundes einem Schriftformzwang nur dann unterfällt, wenn dies – jenseits der Regelung in § 623 BGB – gesondert angeordnet ist. Für dieses Ergebnis streitet auch die unverändert gebliebene Regelung in § 626 Abs. 2 S. 2 BGB, wonach der Kündigende bei einer Kündigung aus wichtigem Grund dem anderen Teil den Kündigungsgrund nur auf dessen Verlangen schriftlich mitteilen muss. Das »unverzüglich« bezieht sich auf die bereits erfolgte Kündigung. Daraus ergibt sich, dass die Mitteilungspflicht nach § 626 Abs. 2 S. 2 BGB nicht Wirksamkeitsvoraussetzung der Kündigung ist. Sonst hätte in die Richtung formuliert werden müssen, dass eine ohne unverzügliche schriftliche Mitteilung des Kündigungsgrundes erklärte Kündigung unwirksam ist. Weder derartiges noch eine dem § 626 Abs. 2 S. 2 BGB entsprechende Regelung enthält § 623 BGB. Auch dies lässt nur den Schluss zu, dass es zur Wahrung der Schriftform der Angabe des Kündigungsgrundes nicht bedarf (weiter arg. §§ 573 Abs. 3, 573a Abs. 3 BGB, § 22 Abs. 3 BBiG, § 9 Abs. 3 S. 2 [ab 1.1.2018: § 17 Abs. 2 S. 2] MuSchG: APS-*Greiner* Rn 19). 142

7. Nochmals: Telefax

143 Nach Inkrafttreten des § 623 BGB haben *Kiel/Koch* (Betriebsbedingte Kündigung, Vorbem. Rn 5) geäußert, die Übermittlung des Kündigungsschreibens durch Telefax wahre das Schriftformerfordernis, sofern das »Original« des gesendeten Schriftstücks vom Erklärenden unterzeichnet sei. Hierzu beziehen sie sich auf die Bundestags-Drucksache 14/2490, Bericht A III, dritter Absatz. Diese Auffassung trifft jedoch nicht zu (vgl. BAG 17.12.2015 EzA § 623 BGB 2002 Nr. 11 mwN der Rspr. des BAG). Bereits der **Deutsche Anwaltverein** hat in seiner Stellungnahme (Rdn 10) darauf hingewiesen, dass ohne die Einfügung eines Satzes, wonach die Schriftform auch bei Übermittlung durch Telefax gewahrt ist, die (gesetzliche) Schriftform nicht gewahrt sei. Er hat sich dabei auf die auch im Übrigen allgemein vertretene Ansicht von *Müller-Glöge* (ErfK [4. Aufl.] § 620 BGB Rn 238 mwN) bezogen. Aus Seite 11 (der Beschlussempfehlung und des Berichts) der Drucksache ergibt sich nur, dass die Mitglieder der **Fraktion der CDU/CSU** das Anliegen des Deutschen Anwaltvereins geteilt haben, in das Schriftformerfordernis bei Kündigungen auch das Telefax einzubeziehen. Eine gesetzgeberische Klarstellung könne hier nicht schaden, müsse sich aber auf alle Rechtsbereiche erstrecken und sollte daher aus systematischen Gründen nicht im laufenden Verfahren erfolgen. Hierzu ist zu bemerken, dass eine bloße »Klarstellung« nicht ausgereicht hätte. Vielmehr hätte, dem Vorschlag des Deutschen Anwaltvereins entsprechend, zur Wahrung der gesetzlichen Schriftform ausdrücklich die Übermittlung durch Telefax (bzw. einer Fernkopie) nachgelassen werden müssen. Dies ist aber weder ausdrücklich noch wenigstens »klarstellend« geschehen. Damit hat der Gesetzgeber in Kenntnis des Problems einem berechtigten durch den Deutschen Anwaltverein postulierten Anliegen der Praxis gerade **nicht** Rechnung getragen. Auch die nunmehr (ab 1. August 2001) eingeführte »telekommunikative Übermittlung« genügt nach § 127 Abs. 2 S. 1 BGB nF lediglich der **durch Rechtsgeschäft** (und nicht wie hier: **gesetzlich**) bestimmten schriftlichen Form.

8. Nochmals: Schriftsatzkündigung

144 Besondere Bedeutung im arbeitsgerichtlichen Verfahren haben sog. **Schriftsatzkündigungen**, häufig sog. **Folge-** oder **Nachkündigungen**. Neben den bereits geschilderten Voraussetzungen, wie durch Schriftsatz schriftliche Form gewahrt wird (s. Rdn 126), ist noch auf folgendes hinzuweisen: Mit Blick darauf, dass es zur Wahrung der schriftlichen Form auch des **Zugangs** der formgerecht errichteten Willenserklärung bedarf, genügt es nicht, wenn dem Kündigungsempfänger (oder seinem – empfangsbefugten! – **Prozessbevollmächtigten**, hierzu *BAG* 22.1.1988 NJW 1988, 2691; *Erman/Riesenhuber* Rn 18: empfangsbefugt der Prozessbevollmächtigte des Kündigungsempfängers, wenn sich die Kündigung »auf den Streitgegenstand des anhängigen Prozesses« beziehe, was bei der Verbindung einer Kündigungsschutzklage gem. § 4 KSchG mit einer allg. Feststellungsklage gem. § 256 ZPO der Fall sei; ebenso *LAG Nds.* 30.11.2001 LAGE § 623 BGB Nr. 2) lediglich eine nicht unterzeichnete und auch nicht wenigstens beglaubigte **Ausfertigung** des Schriftsatzes zugeht. Enthält der zugehende Schriftsatz eine Zeichnung, muss sie auch von dem Kündigungsberechtigten bzw. von der zum Ausspruch der Kündigung bevollmächtigten Person selbst herrühren. Unzureichend ist es deshalb bspw., wenn zwar die **Gerichtsschrift** von dem auch zum Ausspruch einer Kündigung bevollmächtigten Rechtsanwalt unterzeichnet ist, der Beglaubigungsvermerk jedoch von einer in concreto nicht bevollmächtigten Person (einem anderen Rechtsanwalt, für den Prozessvollmacht nicht erteilt ist, von Kanzleipersonal, durch Beglaubigungsvermerk des Gerichts; **Einzelheiten** *BGH* 4.7.1986 WM 1986, 1419; **präziser** *LAG Nds.* 30.11.2001 LAGE § 623 BGB Nr. 2) gezeichnet ist (vgl. APS-*Greiner* Rn 17b sowie ErfK-*Müller-Glöge* Rn 17). Unzureichend ist auch der Zugang eines bei Gericht lediglich per **Fax** eingegangenen **Doppels**, auch wenn dieses in der Urschrift unterzeichnet oder beglaubigt ist. Entsprechendes gilt erst recht vom Zugang einer bloßen **Fotokopie** der unterzeichneten Gerichtsschrift oder (der Kopie) eines, gleich ob mit Briefpost oder Fax, eingegangenen Doppels. Im **elektronischen Rechtsverkehr** im **Prozess** steht § 623 Hs. 2 einer Schriftsatzhinterlegung im Wege (vgl. dazu *Müller* NZA 2019, 11, 16; *Treber* NZA 2019, 450, 452).

9. Kündigung zu gerichtlichem Protokoll

Die Regelung in § 127a BGB, wonach die notarielle Beurkundung und damit die Schriftform bei einem gerichtlichen **Vergleich** durch die Aufnahme der Erklärungen in ein nach den Vorschriften der Zivilprozessordnung errichtetes Protokoll ersetzt wird, darf nicht dazu verleiten, eine Kündigung zu **Gerichtsprotokoll** für wirksam zu erachten (vgl. *Küttner/Eisemann* 256 Rn 31). § 127a BGB redet ausdrücklich nur von dem gerichtlichen **Vergleich**, nicht von irgendwelchen **Protokollerklärungen**, selbst wenn das Protokoll zur Durchsicht vorgelesen und genehmigt oder die Erklärung auf Tonträger aufgezeichnet und die aufgenommene Erklärung vorgespielt und genehmigt und letzteres auch vermerkt wurde. 145

Bei einem Vergleich muss die Kündigungserklärung auch **Inhalt** bzw. **Gegenstand** des Vergleiches sein. Kommt es in einer Kündigungssache zu einem **Beendigungsvergleich**, ist jedenfalls für die Zwecke der Formwahrung die Erwähnung der Kündigung **entbehrlich**, wenn inhaltlich ein **Auflösungsvertrag** zu richterlichem Protokoll genommen wird. Denn dann ist durch die Aufnahme der auf Abschluss des derartigen Vertrages gerichteten Erklärungen über § 127a BGB dem Formzwang genügt. Gleiches gilt, wenn Gegenstand des Rechtsstreits eine formunwirksame Kündigung war und es zu einem Auflösungsvertrag im Rahmen eines Beendigungsvergleichs kommt. Wird hingegen nach formloser Kündigung lediglich ein **Abwicklungsvertrag** protokolliert, ist durch Auslegung zu ermitteln, ob dieser (wie im Zweifel: ja) auch das Arbeitsverhältnis zum Ende bringen soll und dem Schriftformzwang deshalb als **Auflösungsvertrag** genügt. 146

10. Zustimmungsbedürftige Kündigung

Bedarf eine Kündigung einer Zustimmung (zB nach § 85 SGB IX), so ersetzt diese auch dann, wenn sie selbst schriftlich zu erfolgen hat und auch erfolgt, die für die Kündigung ihrerseits einzuhaltende Form nicht (s.a. Rdn 117). 147

VII. Schriftliche Form des Auflösungsvertrages

Auch für den Auflösungsvertrag gelten die **Ausführungen zu C II bis V** (Rdn 96–130) zum **Umfang** und zur **Wahrung** sowie zur **Beweislast** entsprechend. Dem Schriftformerfordernis kann auch gem. § 126 Abs. 2 S. 2 BGB entsprochen werden, wonach es genügt, wenn über den Vertrag mehrere gleichlautende Urkunden aufgenommen werden und jede Partei die für die andere Partei »bestimmte« Urkunde unterzeichnet; eines Zuganges dieser Urkunden beim jeweiligen Vertragspartner bedarf es insoweit nicht (vgl. *BGH* 7.3.2018 NJW 29018, 1540 mwN). 148

1. Zustandekommen

Bei einem Auflösungsvertrag hat sich die Schriftform auf sämtliche Elemente zu beziehen, die einen Vertrag ausmachen, der zur Beendigung eines Arbeitsverhältnisses dadurch führt, dass es aufgehoben wird. 149

Möglich auch nach Einführung des Schriftformzwangs für Auflösungsverträge ist weiterhin das »konkludente« oder »schlüssige« Zustandekommen des Auflösungsvertrages, wenn die entsprechenden Erklärungen dem Schriftformerfordernis gehorchen. Für die Anstellung von **Geschäftsführern** oder **Vorständen** s. aber Rdn 244. 150

2. Vertragsinhalt

Beurkundet sein muss die **Aufhebung** des Arbeitsvertrages, zu welchen Voraussetzungen (etwa Bedingungen) oder zu welchem Zeitpunkt auch immer. Da § 623 BGB keine ausdrücklichen Festlegungen über den notwendigen Urkundeninhalt trifft, ist zu dessen Bestimmung der Zweck der Vorschrift mit zu berücksichtigen. Danach hat sicher Inhalt das »**Ob**« der Auflösung zu sein. Dahinstehen kann, ob auch die **Parteien** (so aber APS-*Greiner* Rn 30) des Auflösungsvertrages aufzuführen sind. Denn diese haben sich, bei formgerechter Errichtung, aus ihren **Namensunterschriften** 151 zu ergeben, im Vertretungsfall durch Angabe oder wenigstens Kenntlichkeit des entsprechenden Vertretungsverhältnisses. **Unmaßgeblich** ist die Bezeichnung des Arbeitsverhältnisses (nach Gegenstand und Zeit seiner Errichtung etwa), um dessen Aufhebung es geht. Unmaßgeblich ist auch der **Zeitpunkt**, zu dem die Aufhebung erfolgen soll. Bleibt der Zeitpunkt **offen**, so wird im Zweifel die sofortige Beendigung gewollt sein (argument § 271 Abs. 1 BGB). Wegen des »Umschlagens« einer nicht auf eine **alsbaldige** Beendigung gerichteten Auflösung in eine (gleichermaßen sowohl nach § 623 BGB aF als nach § 14 Abs. 4 TzBfG neu formbedürftige) **Befristung** s. Rdn 78.

152 Unerheblich ist, wie die Parteien den Vertrag (bspw. in einer Überschrift) **bezeichnen** oder welche Worte sie wählen, solange aus diesen auf den Willen zur Aufhebung des sie verbindenden Arbeitsverhältnisses geschlossen werden kann. Auch dürfen – wie sonst bei formbedürftigen Erklärungen – selbst Umstände außerhalb der Urkunde jedenfalls bei der Auslegung mitberücksichtigt werden (vgl. *BGH* 8.12.1982 BGHZ 86, 41, 46 f.). Selbst eine wissentliche Falschbezeichnung des Vertrages schadet nicht, soweit dies nicht zur Nichtigkeit des Auflösungsvertrages als Scheingeschäft (§ 117 BGB) führt.

153 Ist Inhalt einer Aufhebungsvereinbarung unter Beteiligung eines oder mehrerer Dritter die Neu- bzw. Anschlussbegründung eines Arbeitsverhältnisses mit einem anderen als mit dem bisherigen Vertragspartner und ist die Neu- bzw. Anschlussbegründung erkennbar Voraussetzung für die Auflösung des bisherigen Arbeitsverhältnisses, so ist dieser mehrseitige Vertrag **insgesamt** formbedürftig (APS-*Greiner* Rn 32; *Preis/Gotthardt* NZA 2000, 348, 355; *LAG Köln* 19.6.2006 EzA-SD 2006, Nr. 23, 11). Bei Formverstoß kann dies dazu führen, dass der Arbeitnehmer in einem nicht wirksam beendeten und in einem – formfrei möglich – neuen weiteren Arbeitsverhältnis steht (*ArbG Bln.* 4.9.2002 LAGE § 611 BGB Aufhebungsvertrag Nr. 27). Überhaupt wird jede vertragsweise Abrede, die – wenn auch an Voraussetzungen oder Bedingungen anknüpfend – eine Beendigung des Arbeitsverhältnisses erstrebt, **insgesamt** formbedürftig sein. Damit ist die Problematik der seinerzeit nicht in § 623 BGB aufgenommenen auflösenden Bedingung jedenfalls **insoweit** ohne Substrat. **Formbedürftig** ist bspw. Die Umwandlung eines Arbeitsverhältnisses in einen **freien Dienstvertrag** (*LAG Bln.* 5.3.2003 ZTR 2003, 352 [L]), in einen **Umschulungsvertrag** (*LAG Düssel.* 11.9.2003 LAGE § 623 BGB 2002 Nr. 2) sowie in jede Vertragsbeziehung, die **kein** Arbeitsverhältnis mehr (zwischen den **bisherigen** Parteien) darstellt. Die Abmachung mit einem Dritten, dass **kein** Arbeitsverhältnis zustande gekommen sei, ist **nicht** formbedürftig (vgl. *LAG Hamm* 22.5.2002 LAG Report 2002, 243 [für Abrede mit Betriebserwerber]; s.a. Rdn 244).

154 Keinen Auflösungsvertrag allerdings stellt ein **mit seiner Eingehung** einer Befristung oder Bedingung unterworfener Vertrag dar. Insoweit ergibt sich allerdings der Formzwang für die Befristung aus § 623 BGB selbst bzw. seit 1. Januar 2001 aus § 14 Abs. 4 TzBfG, wohingegen die Verabredung einer auflösenden Bedingung (str., s. Rdn 87 ff.) nach § 623 BGB aF formfrei möglich war.

155 Dem Formzwang unterliegt nach allgemeinen Grundsätzen (s. Rdn 97) der **gesamte** Auflösungsvertrag. Zu beurkunden sind demgemäß alle **vertragswesentlichen Bestandteile** bzw. Nebenabreden, ohne die der Vertrag nicht geschlossen würde oder, anders gewendet, diejenigen, die Vertragsinhalt werden sollen (vgl. APS-*Greiner* Rn 30; ErfK-*Müller-Glöge* Rn 19 f.). Dazu gehört zB die Zahlung einer Abfindung, Regelungen über die Besitzstandswahrung trotz Ausscheidens (zB bzgl. einer Versorgungszusage) oder eine Ausgleichs(Verzichts-)Klausel (vgl. APS-*Greiner* Rn 30; ErfK-*Müller-Glöge* Rn 20). Die Aufhebung oder Änderung **einzelner Arbeitsbedingungen** ist formfrei möglich (*Staudinger/Oetker* Rn 34).

3. Bezugnahmen

156 Aufgrund des Umfangs des Formzwangs (s. Rdn 97) sowie des Erfordernisses der Urkundeneinheit (s. Rdn 101, 110 ff.) ergibt sich für den Auflösungsvertrag – wie für jeden anderen Vertrag auch – als Folge, dass **Bezugnahmen** zwar (weiterhin) möglich sind, das in Bezug Genommene jedoch **seinerseits** dem Schriftformzwang unterliegt und ihm auch entsprechen muss. Werden also Regelungen, die wesentliche Bestandteile des Vertrages sein sollen, nicht in diesen selbst aufgenommen,

sondern befinden sich diese in anderen Schriftstücken bzw. werden diese in andere Schriftstücke ausgelagert, beispielsweise als Anlage, so dass sich der gesamte Inhalt erst aus dem Zusammenspiel der Bestimmungen ergibt, müssen die Parteien zur Wahrung des Formzwangs die Zusammengehörigkeit dieser Schriftstücke in geeigneter Weise zweifelsfrei kenntlich machen. Dies kann durch eine körperliche Verbindung, aber auch durch Verweisung im Vertrag sowie Unterzeichnung, ja selbst Paraphierung (sog. »Auflockerungsrechtsprechung«: *BGH* 18.12.2002 NJW 2003, 1248) der Parteien auf jedem Blatt der Anlage geschehen.

Werden in einem Auflösungsvertrag Regelungen eines **Tarifvertrages** oder einer **Betriebsvereinbarung** in Bezug genommen (etwa Bestimmungen eines Rationalisierungsschutzabkommens, eines Sozialtarifvertrages, eines Sozialplans), so stellen sich die vorbezeichneten Probleme nicht, **wenn** diese Regelungen ohnehin – normativ – gelten. Dies ist bei tariflicher Regelung der Fall bei beiderseitiger Tarifbindung oder Allgemeinverbindlichkeit (§ 4 Abs. 1 TVG, § 5 Abs. 4 TVG) oder nach § 1 Abs. 3a AEntG; Betriebsvereinbarungen entfalten ihre unmittelbare und zwingende Wirkung (§ 77 Abs. 4 S. 1 BetrVG), soweit das Arbeitsverhältnis ihrem Geltungsbereich unterfällt. **Anders** sieht es hingegen aus, wenn ein Tarifvertrag oder eine an sich nicht anwendbare Betriebsvereinbarung bislang lediglich arbeitsvertraglich durch bloße Verweisung in Bezug genommen ist oder gar erstmals mit dem Auflösungsvertrag in Bezug genommen wird. Hier reicht die Bezugnahme für sich, wie konkret auch immer, nicht aus, um dem Formzwang und -zweck zu entsprechen. Vielmehr muss im vorstehenden Sinne für die Wahrung der Urkundeneinheit Sorge getragen werden. Unzureichend ist in Sonderheit, dass Tarifverträge bzw. Betriebsvereinbarungen ihrerseits der Schriftform (§ 1 Abs. 2 TVG, § 77 Abs. 2 S. 2 Hs. 1 BetrVG) bedürfen. Denn dadurch wird nicht die **bezugnehmende Arbeitsvertragspartei** iSd § 623 BGB gewarnt. Die für Tarifvertrag und Betriebsvereinbarung geltenden Schriftformerfordernisse richten sich schon nicht an den am Normenvertrag nicht beteiligten Arbeitnehmer. **Erst recht** ausgeschlossen ist, so es um die Formwahrung geht, die stillschweigende Bezugnahme auf einen Tarifvertrag (hierzu *BAG* 19.1.1999 AP Nr. 9 zu § 1 TVG Bezugnahme auf Tarifvertrag). **Umgekehrt** braucht es nicht einmal eines pauschalen Verweises oder einer pauschalen Inbezugnahme im Ergebnis also nur dann, wenn die Voraussetzungen und Folgen der Norm eines Tarifvertrages oder einer Betriebsvereinbarung bei oder mit Auflösung des Arbeitsvertrages kraft Rechtsnormwirkung ohnehin verwirklicht werden. Eine Verweisung oder eine Bezugnahme hätte hier nur deklaratorischen Charakter. 157

4. Gerichtlicher Vergleich

Die Beurkundung eines Auflösungsvertrages durch **gerichtlichen Vergleich** entbindet insbes. nicht von der Berücksichtigung des notwendigen **Umfangs** der Form. Auch hier ist **jeder** formbedürftige Vertragsinhalt mit zu beurkunden. Insbes. sind auch im Rahmen eines gerichtlichen Vergleiches **Bezugnahmen** nur unter den vorstehenden Voraussetzungen möglich. Soweit in Bezug genommene Regelungen nicht ohnehin gelten, müssen diese nach Maßgabe der §§ 160 ff. ZPO, § 54 Abs. 3 ArbGG mit protokolliert bzw. in die Niederschrift aufgenommen werden. Anderenfalls ist nicht nur die Wirksamkeit des Auflösungsvertrages in Gefahr, sondern die prozessbeendigende Wirkung des Vergleiches selbst. Hier bietet sich die Aufnahme einer »**salvatorischen**« Klausel des Inhalts an, dass sich keine Partei auf das Unterlassen der Aufnahme notwendiger Bestandteile in Bezug genommener Regelungen berufen werde. Der gleichwohl erhobenen Berufung kann dann mit § 242 BGB »gekontert« werden. Ein **gerichtlicher Vergleich** gem. § 278 Abs. 6 ZPO ersetzt nach § 127a BGB die notarielle Beurkundung, wodurch gem. § 126 Abs. 4 BGB die für Aufhebungsverträge erforderliche Schriftform aus § 623 gewahrt wird (für analoge Anwendung des § 127a BGB auf § 278 Abs. 6 S. 1 **2. Alt.** ZPO: *BAG* 23.11.2006 EzA § 278 ZPO 2002 Nr. 1; **aA** *Knauer/Wolf* NJW 2004, 2857, 2858 f. [mangels entspr. Verfahrensgarantien]; *Nungeßer* NZA 2005, 1027, 1031; *Serr* SAE 2013, 44, 48). Ein Vergleich nach § 278 Abs. 6 S. 1 Alt. 2 ZPO bedarf daher der **schriftsätzlichen** Annahme des gerichtlichen Vergleichsvorschlags. Dieser kann nach § 278 Abs. 6 S. 1 3. Alt. nF **schriftlich** oder zu **Protokoll** der mündlichen Verhandlung erklärt werden und durch **Schriftsätze** oder durch Erklärung zum **Protokoll** der mündlichen Verhandlung gegenüber dem Gericht 158 angenommen werden (Protokollerklärungen waren nach § 278 Abs. 6 ZPO aF unzureichend: *BGH* 14.7.2015 NJW 2015, 2065).

5. Außergerichtlicher Vergleich durch Parteien oder Rechtsanwälte

159 Die Beurkundung eines Auflösungsvertrages in außergerichtlichem Vergleich der Parteien richtet sich nach den zur Wahrung der Form bei einem Vertrag (s. Rdn 110 ff.) geltenden Regeln. Danach wird der Vergleich, der selbst Vertrag ist (§ 779 Abs. 1 BGB), im Zweifel insgesamt formbedürftig. Die Unterzeichnung nur von Angebot oder Annahme durch eine Partei oder Briefwechsel reichen zur Wahrung der Form danach ebenso wenig wie ein sonstiger Austausch einseitiger Erklärungen wie im Falle des § 127 Abs. 2 S. 1 BGB (s. Rdn 110 f.). insbes. kommt ein Vergleich demnach nicht durch Zusendung entsprechender Angebots- und Annahmeerklärungen mittels Telefax (Fernkopie; Computerfax; E-Mail/SMS) zustande, wenn Ziel (auch) die Auflösung eines Arbeitsverhältnisses ist.

160 Für die Beurkundung eines Auflösungsvertrages in außergerichtlichem Vergleich durch Rechtsanwälte gilt nichts anderes. Insbesondere sind auch Vergleiche entsprechenden Inhalts durch Rechtsanwälte betroffen, die nach Maßgabe des § 796a ZPO für vollstreckbar erklärt werden können. Zwar galt hier ein »Schriftformerfordernis« schon bislang, weil derartige Vergleiche nach § 796a Abs. 1 ZPO **niedergelegt** werden können müssen (s. *Zöller/Geimer* § 796a Rn 13). **Tot** ist jedoch das weitgehend praktizierte und für zulässig erachtete (*Zöller/Geimer* § 796a Rn 17) Zustandekommen im Wege des »Umlaufverfahrens«, soweit dieses § 126 Abs. 1 BGB nicht genügt (also zB bloße Unterzeichnung von Angebot oder Annahme und nicht des gesamten Urkundentextes, Zu- und Rückleitung eines – zur Niederlegung an sich geeigneten Telefax). Diese die außergerichtliche Streitbeilegung durch Rechtsanwälte geradezu behindernde Wirkung hat der Gesetzgeber nicht bedacht, und sie steht im Widerspruch zu dem reklamierten Gesetzeszweck, arbeitsgerichtliche Verfahren zu beschleunigen. Denn zu diesem Zweck dürfte auch die vor- oder außergerichtliche Streitbeilegung rechnen.

6. Sonstiges

161 Wie bei jedem sonstigen formbedürftigen Rechtsgeschäft auch ist die **Änderung** oder **Ergänzung** eines Auflösungsvertrages ihrerseits **grds.** formbedürftig, seine **Aufhebung** hingegen nicht (s. Rdn 98; DDZ-*Däubler* Rn 41). Für den **Rücktritt** sehen §§ 346 ff. BGB keine Form vor. Der – ohnehin nach 355 Abs. 1 S. 2 aF BGB lediglich der **Textform** sowie der nach § 355 nF BGB keiner Form unterliegende – Widerruf findet nicht statt (*BAG* 27.11.2003 EzA § 312 BGB 2002 Nr. 1).

162 Der Formumfang bei einem Auflösungsvertrag lässt sich nicht dadurch wirksam reduzieren, dass äußerlich eine **nachträgliche Befristungsabrede** getroffen und die Schriftform auf diese beschränkt wird.

VIII. (Fassung bis 31. Dezember 2000) Schriftliche Form der Befristung

163 Eine Befristung kommt nicht einseitig zustande, sondern bedarf der Abrede der Parteien. Diese stellt ein zweiseitiges Rechtsgeschäft dar. Für den **Umfang** des Formzwangs, die **Wahrung** der Form, den **Zugang** der (beidseitig) formgerecht errichteten Willenserklärungen sowie die **Beweislast** kann auf die **Ausführungen zu C II bis V** (Rdn 96–130) verwiesen werden. Insbesondere ist § 126 Abs. 2 S. 1 BGB zu beachten. Die Ersetzung der schriftlichen Form durch die elektronische ist erst seit 1. August 2001 aufgrund § 126a Abs. 1 BGB nachgelassen, für § 623 BGB ausgeschlossen und für die Befristungsabrede deshalb – ab 1. August 2001 – erst aufgrund des dort fehlenden Ausschlusses in § 14 Abs. 4 TzBfG zugelassen.

1. Zustandekommen (Fassung bis 31. Dezember 2000)

164 Dem Formzwang unterliegen sämtliche Elemente des zweiseitigen Rechtsgeschäfts, das eine Befristung des Arbeitsverhältnisses der Parteien begründen soll. Da eine isolierte Befristungsabrede für sich einen eigenen Vertrag darstellen würde, kann hinsichtlich des Zustandekommens ergänzend

auf die Ausführungen über das Zustandekommen eines Auflösungsvertrages (s. Rdn 149 f.) verwiesen werden. Danach wird auch eine Befristung durch Erklärungen der Parteien zustande kommen können, die einen Befristungswillen hinreichend **deutlich** zum Ausdruck bringen bzw. einen dahingehenden **Geschäftssinn** haben, ohne dass das Wort »Befristung« fallen muss.

Unzureichend ist die bloße Aushändigung einer **Niederschrift** des Arbeitgebers **nach § 2 Nr. 3** 165
NachwG über die vorhersehbare Dauer des Arbeitsverhältnisses oder die **Angabe des Befristungsgrundes** nach § 57b Abs. 5 HRG aF bzw. die **Zitierung** iSd § 57b Abs. 3 S. 1 HRG. Eine Angabe mag ausreichen, wenn alle geschäftswesentlichen Elemente auch der Befristung an sich Ausdruck finden und sie beidseitig unterzeichnet ist.

Unzureichend ist weiter die nicht schriftliche (**konkludente**) **Annahme** einer angesonnenen Befristungsabrede, auch einer befristeten Verlängerung eines befristeten Arbeitsvertrages, etwa durch 166
Weiterarbeit (vgl. APS-*Preis* [2. Aufl.] Rn 44).

Ergibt sich die **Befristung** bei beiderseitiger Tarifgebundenheit oder Allgemeinverbindlichkeit **aus** 167
Tarifvertrag oder – in deren Geltungsbereich – **aus Betriebsvereinbarung** (so überhaupt zulässig), bedarf es hierfür nicht noch einer schriftlichen Individualabrede. Die Vorschriften gelten normativ und beruhen auf Rechtsquellen, die ihrerseits »zu ihrer Wirksamkeit« der Schriftform bedürfen (§ 1 Abs. 2 TVG, § 77 Abs. 2 S. 2 Hs. 1 BetrVG). Weitergehende Voraussetzungen für die Normgeltung hat § 623 BGB nicht eingeführt und lagen auch nicht in der Intention des Gesetzgebers. Jedenfalls trägt die **dafür** ohnehin vorgeschriebene Form dem Schutzzweck des § 623 BGB dann Rechnung, wenn durch Tarifvertrag oder Betriebsvereinbarung nicht lediglich ein **Rahmen** für Befristungsabreden aufgestellt ist. Wird den Arbeitsvertragsparteien hingegen ein **Spielraum** gelassen, ob oder wie sie befristen, bedarf die – nur ausfüllende – Individualvereinbarung der Schriftform. **Erst recht** gilt dies bei bloßer arbeitsvertraglicher Inbezugnahme von Tarifvertrag oder Betriebsvereinbarung.

2. Inhalt der Befristungsabrede (Fassung bis 31. Dezember 2000)

a) Abrede bei im Übrigen mündlichem Arbeitsvertrag (Fassung bis 31. Dezember 2000)

Nach dem ausdrücklichen Gesetzeswortlaut (auch ab 1. Januar 2001 jetzt des § 14 Abs. 4 TzBfG) 168
ist »die« Befristung formbedürftig. **Nicht** dem Formzwang unterworfen ist deshalb der Arbeitsvertrag **im Übrigen** (vgl. APS-*Preis* [2. Aufl.] Rn 46 f.). Die Parteien können deshalb im Rahmen eines **mündlichen** Arbeitsvertrages anfänglich oder auch später eine Befristungsabrede formwirksam allein dadurch treffen, dass die Abrede im Rechtssinne schriftlich erfolgt.

b) Dauer der Befristung (Fassung bis 31. Dezember 2000)

Der Wortlaut »die« Befristung darf nicht dazu verleiten, auf die Angabe der **Dauer** zu verzichten. 169
Fehlt eine derartige Angabe, würde der Arbeitsvertrag im Zweifel mit Eingehen der Befristungsabrede – also sofort – sein Ende finden. Das wäre die Situation des Auflösungsvertrages. Stünde eine derartige Befristungsabrede am Anfang des Eingehens eines Arbeitsvertrages, würde dieses uno actu sein Ende finden, was keinen Sinn macht. Deshalb bedarf **jedenfalls die anfängliche** Befristungsabrede der Angabe der Befristungsdauer. Bei einer nachträglichen Befristungsabrede hingegen ist es Auslegungsfrage, ob das Arbeitsverhältnis sein Ende sofort oder erst zu einem späteren Zeitpunkt finden soll (für grds. schriftliche Vereinbarung der Dauer APS-*Preis* [2. Aufl.] Rn 48; *Preis/Gotthardt* NZA 2000, 348, 355), wobei bei **alsbald** gewollter Beendigung die Befristung in einem Auflösungsvertrag »umschlagen« dürfte (s. zum umgekehrten Fall Rdn 78), was aber das Formerfordernis nicht berührt.

Die Dauer kann **benannt** (zB »ein Jahr«) werden oder sich aus einem eindeutig bestimmten oder 170
bestimmbaren (zu bestimmenden) **Endtermin** ergeben (so auch § 57b Abs. 3 S. 1 HRG nF). Beides ist bei Zweckbefristung **entbehrlich**, wenn nicht vorhersehbar (APS-*Preis* [2. Aufl.] Rn 49).

Von der **Angabe** der Befristungsdauer zu unterscheiden ist die beabsichtigte Befristungsdauer 171
an sich. Der Form des § 623 BGB in seiner Fassung bis 31. Dezember 2000 unterliegen auch

Spilger

Befristungen mit einer längeren Zeitdauer als fünf Jahre, sei es, dass es sich um eine kalendermäßige Befristung, sei es, dass es sich um eine Zweckbefristung handelt. § 624 BGB (jetzt – seit 1. Januar 2001 – für Arbeitsverhältnisse die inhaltsgleiche Regelung in § 15 Abs. 4 TzBfG) steht dem nicht entgegen. § 623 BGB und § 624 BGB gelten nebeneinander. Konsequenz der Formunwirksamkeit nach § 623 BGB ist, dass die Befristung als solche unwirksam ist, während § 624 BGB das Sonderkündigungsrecht des Arbeitnehmers mit der Frist des § 624 S. 2 BGB zur Folge hat. § 624 BGB bewirkt zudem nicht, dass das befristete Arbeitsverhältnis nach Ablauf der vereinbarten Zeit ohne Kündigung als unbefristetes fortbesteht, sondern gewährt eben nur ein Sonderkündigungsrecht. Ohne Kündigung endet das Arbeitsverhältnis nach Ablauf der vereinbarten Zeit (Vorstehendes insgesamt *Preis/Gotthardt* NZA 2000, 348, 357).

c) **Grund der Befristung (Fassung bis 31. Dezember 2000)**

172 § 623 BGB (Fassung bis 31. Dezember 2000) verlangt nicht die Angabe des Befristungs**grundes** (APS-*Preis* [2. Aufl.] Rn 50; ErfK-*Müller-Glöge* [4. Aufl.] Rn 28; *Lakies* BB 2000, 667; *Richardi/Annuß* NJW 2000, 1231, 1234; *Rolfs* NJW 2000, 1227, 1228). Dies ergibt sich wieder aus dem Wortlaut der Norm, die nur von »die« Befristung redet. Umstände, die dafür streiten würden, auch einen (oder den) Befristungsgrund dem Schriftformerfordernis zu unterwerfen, sind demgegenüber nicht ersichtlich (und übrigens im Gesetzgebungsverfahren nie benannt worden) und vom **Schutzzweck** der Norm auch nicht gefordert. Zum einen bedarf nicht jedwede Befristung überhaupt eines Grundes (zB – vor Inkrafttreten des TzBfG – bei Arbeitsverhältnissen in einem Betrieb, bei dem nach § 23 KSchG die Vorschriften des Ersten Abschnitts des Kündigungsschutzgesetzes schon keine Anwendung finden und Umgehungen des allgemeinen Kündigungsschutzes durch Befristungen nicht zu besorgen sind, oder bei einer intendierten Beschäftigungsdauer von weniger als sechs Monaten). In diesen Fällen könnte schon kein rechtlich relevanter Grund genannt werden. Im Übrigen **bedarf** es der Angabe des Grundes nicht. Soweit ein solcher Wirksamkeitsvoraussetzung der Befristung ist und fehlt (vor Inkrafttreten des TzBfG nach Rechtsprechungsgrundsätzen oder etwa nach § 21 BErzGG [s. jetzt § 21 BEEG] oder § 9 Nr. 2 AÜG aF, nur nicht wegen § 21 BBiG für das Berufsausbildungsverhältnis), ergibt sich die Unwirksamkeit der Befristung bereits aus **diesem** Umstand. **Besteht** hingegen ein Sachgrund, sichert seine Angabe in der Befristungsabrede bestenfalls seine Beweisbarkeit und schützt vor Auswechslung, falls man eine Bindung an den angegebenen Grund überhaupt bejaht (wie die überwiegende Meinung **nicht**, vgl. APS-*Preis* [2. Aufl.] Rn 53 mwN; ErfK-*Müller-Glöge* [4. Aufl.] Rn 28). Dies ist zwar **auch** Schutzziel der Norm, hätte aber angesichts der bekannten – s. das noch im Gesetzesantrag Brandenburg – BR-Drs. 671/96 – in § 56 Abs. 4 vorgesehene Zitiergebot, das durch das Arbeitsgerichtsbeschleunigungsgesetz nicht aufgegriffen worden ist) Unterscheidung zwischen Befristungsabrede und -grund hinsichtlich des letzteren deutlich zum Ausdruck gebracht werden müssen.

173 Für das befristete Arbeitsverhältnis **zur Probe** ist keine Abweichung begründbar (ErfK-*Müller-Glöge* [4. Aufl.] Rn 28). Soweit das *BAG* (31.8.1994 AP Nr. 163 zu § 620 BGB Befristeter Arbeitsvertrag) nur die zum Vertrags**inhalt** erhobene Erprobung als Befristungsgrund anerkennt, ergibt sich daraus nichts anderes (aA APS-*Preis* [2. Aufl.] Rn 52; *Preis/Gotthardt* NZA 2000, 348, 360), weil § 623 BGB aus den vorstehenden Gründen die Angabe der Erprobung jedenfalls nicht zur Wahrung der Form fordert, auch wenn es sich um einen essentiellen Vertragsbestandteil handelt.

d) **Zweck der Befristung (Fassung bis 31. Dezember 2000)**

174 Bei einer **Zweckbefristung** ist bei nicht vorhersehbarer **Dauer** des Arbeitsverhältnisses **statt dieser** die **Angabe des Zwecks** essentieller Bestandteil der Beurkundung (vgl. APS-*Preis* [2. Aufl.] Rn 49; ErfK-*Müller-Glöge* [4. Aufl.] Rn 28; BAG 21.12.2005 EzA § 14 TzBfG Nr. 25).

e) **Arbeit auf Abruf (Fassung bis 31. Dezember 2000)**

175 Vereinbaren die Parteien **Arbeit auf Abruf** (vgl. jetzt § 12 TzBfG) bzw., in früherer Terminologie, eine kapazitätsorientierte variable Arbeitszeit, handelt es sich **allein deshalb** (so nicht zusätzlich eine

Befristungsabrede getroffen wird) **nicht** um ein befristetes Arbeitsverhältnis. Anderes gilt nur für Vereinbarungen, in deren **Rahmen** immer wieder **auf Abruf** befristete Einzelarbeitsverhältnisse geschlossen werden, sowie für die Einzelbefristungen selbst (vgl. APS-*Preis* [2. Aufl.] Rn 54).

3. Bezugnahme auf Tarifvertrag oder Betriebsvereinbarung (Fassung bis 31. Dezember 2000)

Die bloße Bezugnahme auf einen **Tarifvertrag** (oder eine **Betriebsvereinbarung**) führt für sich nicht zu einer wirksamen Befristung aufgrund der tarifvertraglichen Vorschriften (eingehend zur Befristung der Arbeitsverhältnisse der Bühnenkünstler *Germelmann* ZfA 2000, 149, 153 ff., 155) bzw. derjenigen der Betriebsvereinbarung. Entweder **gilt** die tarifliche Regelung kraft beiderseitiger Tarifbindung oder qua Allgemeinverbindlichkeit bzw. die Betriebsvereinbarung aufgrund ihres Geltungsumfangs; dann bedarf es schon keiner besonderen einzelvertraglichen Befristungsabrede oder Bezugnahme, um die Normwirkung (so sie nicht lediglich einen individualvertraglich auszufüllenden Spielraum für eine Befristung hergibt) herbeizuführen. Oder dies ist nicht der Fall; dann ist eine **wirksame** Bezugnahme zur Wahrung der Urkundeneinheit nach den Grundsätzen möglich und nötig, die vorstehend im Zusammenhang mit Auflösungsverträgen (s. Rdn 156–158) aufgezeigt worden sind, worauf verwiesen werden kann (s. zur Schriftform der Befristungsabrede bei tarifvertraglich überlagerten Arbeitsverhältnissen *Schneider* RdA 2015, 263 ff.). 176

Praktische Bedeutung erlangt die Bezugnahme dann, wenn sie eine tarifvertragliche **Altersgrenze** umfasst, die nach zutreffender Ansicht (APS-*Preis* [2. Aufl.] Rn 49; *Preis/Gotthardt* NZA 2000, 348, 358) **entgegen** *BAG* 20.12.1984 (AP Nr. 9 zu § 620 BGB Bedingung: auflösende Bedingung) als eine **Befristung** des Arbeitsverhältnisses anzusehen ist (anders jetzt aber *BAG* 19.11.2003 EzA § 620 BGB 2002 Altersgrenze Nr. 4; 27.7.2005 EzA § 620 BGB 2002 Altersgrenze Nr. 6). Auch wenn der Wortlaut der Tarifregelung nicht wörtlich wiederholt werden muss (*Müller-Glöge/von Senden* AuA 2000, 199, 200) bedarf es jedoch wenigstens der anderweitigen zweifelsfreien Kenntlichmachung der Zusammengehörigkeit mit dem Arbeitsvertrag, am besten der körperlichen Verbindung (s. APS-*Preis* [2. Aufl.] sowie *Preis/Gotthardt* Rn 49 bzw. 358 f.; s.a. Rdn 36). 177

4. Sonstiges (Fassung bis 31. Dezember 2000)

Auch für die **Änderung** oder **Ergänzung** der Befristungsabrede gilt, dass beides **grds.** dem Formzwang unterliegt, die **Aufhebung** hingegen formlos möglich ist (s. Rdn 98). **Nicht** formbedürftig ist die **Verlängerung** der einem **unbefristeten** Arbeitsverhältnis vorgeschalteten **Probezeit**, da weder die bisherige Probezeit ein befristetes Arbeitsverhältnis darstellt noch die Verlängerung auf die Erzielung eines befristeten Arbeitsverhältnisses gerichtet ist. **Keine** formbedürftige Änderung der Befristungsabrede ist es, wenn eine tarifvertragliche Vorschrift **bei beiderseitiger** Tarifgebundenheit eine **Verlängerung** der Befristung durch Nichtausspruch einer Nichtverlängerungsmitteilung vorsieht (s. bereits Rdn 36 sowie APS-*Preis* [2. Aufl.] Rn 44), etwa § 2 Tarifvertrag über die Mitteilungspflicht. 178

Der Form**umfang** bei einem Auflösungsvertrag lässt sich nicht wirksam dadurch reduzieren, dass äußerlich eine nachträgliche Befristung abgemacht und die Schriftform auf die Befristungsabrede beschränkt wird. 179

D. Schriftform als Wirksamkeitsvoraussetzung; Rechtsfolge bei Formmangel

I. Wirksamkeitsvoraussetzung

Die Schriftform ist **Wirksamkeitsvoraussetzung** sowohl dann, wenn es um die Beendigung von Arbeitsverhältnissen durch Kündigung oder Auflösungsvertrag geht, als auch dann, wenn (Fassung bis 31. Dezember 2000) die Befristung eines Arbeitsverhältnisses in Rede steht. Das ergibt sich daraus, dass § 623 BGB nicht lediglich ein Schriftformerfordernis aufstellt, sondern dieses **ausdrücklich** zum Wirksamkeitserfordernis erhebt. Dabei bezieht sich nach dem **Gesetzeswortlaut** die »Wirksamkeit« einmal auf die **Beendigung** von Arbeitsverhältnissen (durch Kündigung oder Auflösungsvertrag) und (Fassung bis 31. Dezember 2000) auf die **Befristung**. Das bedeutet, dass sich 180 die »Wirksamkeit« einmal auf die **Rechtsfolge** (die Beendigung, die Befristung), bei der Befristung auch auf den Beendigung**statbestand** (bzw. die Befristung) bezieht. »**Wirksam**« sein kann der Beendigungstatbestand oder die damit intendierte Beendigung bzw. Befristung. Der **Schriftform** unterstehen kann nur das die Rechtsfolge auslösende **Rechtsgeschäft** (vgl. § 125 S. 1 BGB). Deshalb ist § 623 BGB so zu lesen, dass sich die Schriftform auf die zwei genannten rechtsgeschäftlichen Beendigungstatbestände zu **deren** Wirksamkeit bezieht und diese sich wiederum auf die intendierte Rechtsfolge (Beendigung, Befristung). In **diesem** Sinne ist die Schriftform Wirksamkeitsvoraussetzung (von missglückter Gesetzgebungstechnik spricht zu Recht *Staudinger/Oetker* Rn 1).

181 Der Angabe »zu ihrer Wirksamkeit« hätte es an sich nicht bedurft. Denn die Rechtsfolge bei Formmangel wird bereits durch § 125 S. 1 BGB dahingezogen, dass das Rechtsgeschäft **nichtig** ist (und demgemäß keine Rechtswirkungen zeitigen kann).

II. Nichtigkeit bei Formmangel; Folge für das Arbeitsverhältnis

182 Ein Rechtsgeschäft, welches der durch Gesetz vorgeschriebenen Form ermangelt, ist nach § 125 S. 1 BGB **nichtig**. Diese Folge erleiden nach § 623 BGB eine Kündigung, ein Auflösungsvertrag oder (Fassung bis 31. Dezember 2000) eine Befristung, die dem Schriftformzwang nicht genügen. In der (überflüssigen, s. Rdn 181) Terminologie des § 623 BGB sind Beendigung bzw. Befristung darüber hinaus nicht wirksam.

183 Das **Arbeitsverhältnis** besteht mithin bei nichtiger **Kündigung** bzw. nichtigem **Auflösungsvertrag** zu den **bislang** geltenden Bedingungen (ggf. bei früherer wirksamer Befristung: eben befristet) unverändert fort. Das zum Zweck der Erfüllung eines nichtigen **Auflösungsvertrages** bereits Geleistete, etwa eine Abfindung, ist nach **Bereicherungsrecht** (§§ 812 ff. BGB) herauszugeben, wobei eine Rückforderung im Falle bewusst rechtsgrundloser Leistung aufgrund § 814 BGB ausgeschlossen sein kann.

184 Bei nichtiger **Befristungsabrede** (Rechtslage bis 31. Dezember 2000) gilt im Einzelnen folgendes: Diese Abrede stellt ein **eigenes** Rechtsgeschäft dar, nicht nur einen Teil des Rechtsgeschäfts »Arbeitsvertrag« iSd § 139 BGB. Ist es nichtig, bleibt der – nach wie vor formlos schließbare – Arbeitsvertrag davon unberührt. Es kommt ein **unbefristetes** Arbeitsverhältnis zustande. Denn anderenfalls würde der Schutzzweck der Norm in sein Gegenteil verkehrt (vgl. so o.Ä. APS-*Preis* [2. Aufl.] Rn 60; ErfK-*Müller-Glöge* [4. Aufl.] Rn 32; *Müller-Glöge/von Senden* AuA 2000, 199, 203; *Preis/Gotthardt* NZA 2000, 348, 360; *Richardi/Annuß* NJW 2000, 1231, 1234; *Rolfs* NJW 2000, 1227, 1228; **aA** *Löwisch* § 1 Rn 437a; *Caspers* RdA 2001, 28, 33 ff., 37, für die Fälle der Befristung ohne vorhergehendes Arbeitsverhältnis und der formwidrigen Verlängerung eines zuvor wirksam befristeten Arbeitsverhältnisses; anders nur für die nachträgliche formunwirksame Befristung eines laufenden unbefristeten Arbeitsverhältnisses). Auf den entgegenstehenden Parteiwillen kommt es **nicht** an (aA ErfK-*Müller-Glöge* [4. Aufl.] Rn 32 für den Beispielsfall einer geplanten Aushilfe).

185 Haben die Parteien keine ordentliche Kündbarkeit vorgesehen, ist die formwidrige Befristungsabrede im Zweifel als die – formfrei mögliche – Vereinbarung der **Mindestdauer** des Arbeitsvertrages (»geltungserhaltend«) zu verstehen. Das Arbeitsverhältnis kann dann von beiden Seiten erstmals zum vereinbarten Fristablauf unter Einhaltung der anwendbaren Mindestkündigungsfrist gekündigt werden (vgl. APS-*Preis* [2. Aufl.] Rn 61; *Preis/Gotthardt* NZA 2000, 348, 360). **Keine** Mindestbindung soll hingegen mangels Anknüpfungspunktes für eine dahingehende Auslegung (wegen Nichtigkeit der Befristungsabrede) bestehen zufolge *Müller-Glöge* (ErfK [4. Aufl.] Rn 32; s.a. *Müller-Glöge/von Senden* AuA 2000, 199, 203; **aA** auch *Bader/Bram-Bader* Rn 59 [40. Lfg.]), während *Richardi/Annuß* (NJW 2000, 1231, 1234 f.) nur eine solche für den **Arbeitgeber** annehmen.

186 Bei einer formunwirksamen Befristung auf mehr als fünf Jahre ergibt sich ein nach Maßgabe des § 624 BGB (bzw. jetzt § 15 Abs. 4 TzBfG) durch den **Arbeitnehmer** kündbares (unbefristetes) Arbeitsverhältnis (vgl. APS-*Preis* [2. Aufl.] Rn 61).

Wird ein **befristetes** Arbeitsverhältnis formwidrig **befristet verlängert**, entsteht ein **unbefristetes** 187
Arbeitsverhältnis (APS-*Preis* [2. Aufl.] Rn 63 f.; *Preis/Gotthardt* NZA 2000, 348, 360). Nach der
Gegenansicht (ErfK- *Müller-Glöge* [4. Aufl.] Rn 32; *Müller-Glöge/von Senden* AuA 2000, 199, 203;
Caspers RdA 2001, 28, 38 ff., 37) bleibt die ursprüngliche Abrede in Kraft. Dem ist **nicht** zu folgen, weil die ursprüngliche Abrede nach dem Parteiwillen im Zweifel **beseitigt** werden sollte, was
aber formfrei möglich ist. Außerdem stünde der Arbeitnehmer schlechter da als vor Einführung
des § 623 BGB (APS-*Preis* [2. Aufl.] Rn 65). Insofern **überlagert** § 623 BGB **§ 625 BGB** bzw.
§ 15 Abs. 5 TzBfG für den Fall, dass der Widerspruch in dem Angebot des Arbeitgebers liegt, das
Arbeitsverhältnis befristet zu verlängern (APS-*Preis* [2. Aufl.] Rn 65).

III. Teilnichtigkeit

Ist ein **Teil** eines Rechtsgeschäfts nichtig, so ist nach § 139 BGB das ganze Rechtsgeschäft nichtig, 188
wenn nicht anzunehmen ist, dass es auch ohne den nichtigen Teil vorgenommen sein würde. Für
die beiden in § 623 BGB geregelten Beendigungstatbestände bzw. (bis 31. Dezember 2000) die
Befristung ergibt sich daraus im Einzelnen folgendes:

Entspricht bei einer Änderungskündigung die **Kündigung** nicht dem Formzwang, so betrifft das 189
nur die Kündigung. Das Änderungs**angebot** selbst ist nicht Rechtsgeschäft, sondern nur auf Zustandekommen eines solchen (zweiseitigen) Rechtsgeschäfts angelegtes Angebot. Dieses bleibt im
Zweifel wirksam. Denn der die Änderungskündigung erklärende Teil wird sich im Zweifel zufriedengeben, wenn zwar nicht seine Kündigung durchdringt, jedoch sein Änderungsangebot annahmefähig ist und angenommen wird (**aA die hM** Rn 137). Allerdings erlischt das Angebot, wenn es
dem Kündigenden gegenüber abgelehnt oder wenn es nicht diesem gegenüber nach Maßgabe der
§§ 147 bis 149 BGB rechtzeitig angenommen wird (§ 146 BGB).

Bei einem **Auflösungsvertrag** muss im Einzelfall festgestellt werden, ob er auch ohne formwirksame 190
Mitbeurkundung an sich vorgesehener Teile geschlossen worden wäre. Im Zweifel ist nach § 139
BGB Nichtigkeit anzunehmen.

Entsprechendes gilt bei einer (Fassung bis 31. Dezember 2000) **Befristungsabrede** in Sonderheit 191
dann, wenn diese im Zusammenhang mit Bezugnahmen steht und **ihre** Wirksamkeit aufgrund der
Inbezugnahme eines nichtigen Rechtsgeschäfts in Rede steht und nicht diejenige des **Arbeitsvertrages**. **Dieser** ist in jedem Fall als wirksam zustande gekommen anzusehen. »Die Befristung« iSd Gesetzes ist **eigenes** Rechtsgeschäft, nicht »Teil« des Rechtsgeschäfts »Arbeitsvertrag« iSd § 139 BGB.

IV. Umdeutung

Entspricht ein nichtiges Rechtsgeschäft den Erfordernissen eines anderen Rechtsgeschäfts, so gilt 192
nach § 140 BGB das Letztere, wenn anzunehmen ist, dass dessen Geltung bei Kenntnis der Nichtigkeit gewollt sein würde. Für die beiden in § 623 BGB geregelten Beendigungstatbestände sowie
(Fassung bis 31. Dezember 2000) die Befristung bedeutet dies:

Eine formunwirksame **Kündigung** lässt sich bestenfalls in den Antrag auf Abschluss eines Auf- 193
hebungsvertrages (zur Umdeutbarkeit einer außerordentlichen in eine ordentliche Kündigung
s. Rdn 136) umdeuten. Dies führt aber nicht weiter, weil auch **dieser** Antrag dem Schriftformzwang
unterliegt (APS-*Greiner* Rn 37; ErfK-*Müller-Glöge* Rn 23). Die (an sich statthafte, vgl. APS-*Preis*
[Vorauf.] Rn 37; ErfK-*Müller-Glöge* Rn 23; *Müller-Glöge/von Senden* AuA 2000, 199, 203; *Preis/
Gotthardt* NZA 2000, 348, 352) Umdeutung in eine formfrei mögliche **Anfechtungserklärung** wird
regelmäßig daran scheitern, dass letztere im Unterschied zur Kündigung einen Grund voraussetzt,
der schon vor oder bei Abschluss des Arbeitsvertrages vorgelegen hat oder wenigstens aus dieser Zeit
»stark nachwirkt« (*BAG* 14.12.1979 EzA § 119 BGB Nr. 11). Die Umdeutung einer mündlichen
Anfechtungserklärung in eine Kündigung, die an sich möglich ist (s. KR-*Fischermeier/Krumbiegel*
§ 626 BGB Rdn 46), scheitert im Ergebnis am Formzwang des § 623 BGB. Unberührt bleibt die
Möglichkeit der Umdeutung einer außerordentlichen in eine ordentliche Kündigung, **sofern die
Form gewahrt ist** (vgl. APS-*Greiner* Rn 37).

194 Ein formunwirksamer **Auflösungsvertrag** lässt sich vom Geschäftssinn her im Zweifel **nicht** in die Kündigung durch die eine oder die andere Partei umdeuten, abgesehen davon, dass auch insoweit das Schriftformerfordernis nicht gewahrt wäre. Dies gilt auch dann, wenn nur die Unterschrift einer Partei fehlt.

195 Eine wegen Formmangels fehlgeschlagene **Befristungsabrede** lässt sich auch dann nicht in den Antrag auf Abschluss eines Auflösungsvertrages umdeuten, wenn die Befristung nachträglich während des Laufs eines bereits bestehenden Arbeitsverhältnisses aufgenommen werden sollte. Zum einen hat die Befristung einen anderen Geschäftssinn als ein Auflösungsvertrag. Zum anderen fehlt es auch für einen Auflösungsvertrag jedenfalls an der Form, wenn auch nur eine Unterschrift fehlt.

196 Soweit eine Umdeutung überhaupt in Betracht kommen mag, dürfte dieser Umstand jedenfalls **dann** nicht von Amts wegen zu berücksichtigen sein, wenn es hierzu des Vortrags entsprechender Tatsachen bedarf.

V. Heilung (Bestätigung)

197 Wird ein nichtiges Rechtsgeschäft von demjenigen, welcher es vorgenommen hat, bestätigt, so ist die Bestätigung nach § 141 Abs. 1 BGB als erneute Vornahme zu beurteilen. Daraus ergibt sich, dass die Rechtswirkungen **erst ab Bestätigung** eintreten. Für die beiden in § 623 BGB geregelten Beendigungstatbestände sowie (Fassung bis 31. Dezember 2000) die Befristung ergibt sich daraus folgendes, wobei das Fehlen einer etwa dem § 311b Abs. 1 S. 2 BGB entsprechenden Regelung zu berücksichtigen ist:

198 Die formunwirksame Kündigung lässt sich nicht in dem Sinne bestätigen, als dass sie – rückbezogen auf den Zeitpunkt ihres Ausspruchs – Wirkung entfalten soll. Eine Bestätigung ist im Zweifel als **erneute** Kündigung zu beurteilen, bedarf zur Wirksamkeit aber der Schriftform und wirkt erst ab Zugang. Anstelle der Bestätigung bedarf es also der Sache nach des Ausspruchs einer **weiteren** – formgerechten – Kündigung (ähnlich APS-*Greiner* Rn 36; ErfK-*Müller-Glöge* Rn 21). Dies kann zu Fristnot (zB dann, wenn § 626 Abs. 2 BGB einzuhalten ist) führen.

199 Das **Erbringen von Leistungen** zur Erfüllung eines formnichtigen **Auflösungsvertrags** allein führt nicht zur Heilung des Formmangels. § 623 sieht dies – anders als § 311b Abs. 1 S. 2 BGB – nicht vor (vgl. ErfK-*Müller-Glöge* Rn 22).

200 Bei einem **Auflösungsvertrag** und bei (Fassung bis 31. Dezember 2000) einer **Befristung** ist § 141 **Abs. 2** BGB zu berücksichtigen. Danach sind die einen nichtigen Vertrag bestätigenden Parteien im Zweifel verpflichtet, einander zu gewähren, was sie haben würden, wenn der Vertrag von Anfang an gültig gewesen wäre. Dies kann Auswirkungen dann haben, wenn im Rahmen eines Auflösungsvertrages und im Rahmen einer Befristungsabrede auch Verpflichtungen eingegangen worden sind. Die Rechtswirkung des Auflösungsvertrages bzw. der Befristungsabrede jedoch wird durch § 141 Abs. 2 BGB nicht vorverlegt. Vielmehr bleibt es dabei, dass die Rechtswirkung gem. § 141 Abs. 1 BGB erst ab Bestätigung eintritt. Dies kann bei einer formunwirksamen Befristung **gravierende Folgen** haben: Ermangelt diese der Schriftform und entdecken die Parteien dies hinterher und bestätigen sie die mündlich unwirksam verabredete Befristung später formwirksam schriftlich, so handelt es sich wegen der erst nunmehr eintretenden Rechtsfolge um die **nachträgliche Befristung** eines bislang nicht wirksam, mithin unbefristeten, Arbeitsvertrages. Das war bis 31. Dezember 2000 nach § 1 Abs. 3 S. 1 BeschFG (zumindest ähnlich jetzt § 14 Abs. 2 S. 2 TzBfG, der wohl entgegen seinem Wortlaut nicht nur Befristungen nach vorhergehenden abgelaufenen Arbeitsverhältnissen, sondern auch die nachträgliche Befristung eines laufenden Vertrags betreffen dürfte) unzulässig. Bei entsprechender Beschäftigungsdauer und entsprechender Betriebsgröße, mithin dann, wenn die Vorschriften des Ersten Abschnitts des Kündigungsschutzgesetzes für das Arbeitsverhältnis gelten würden und § 1 KSchG erfüllt ist (nach TzBfG obsolet), müsste die als neue Befristungsabrede geltende Bestätigung zu ihrer Wirksamkeit nunmehr von einem sachlichen Grund getragen werden.

Ein Verstoß gegen § 623 BGB konnte auch nicht dadurch geheilt werden, dass der Arbeitgeber dem Arbeitnehmer eine Niederschrift gem. § 2 Abs. 1 Nr. 3 NachwG **aushändigt**, aus der sich die Befristung und die Dauer des Arbeitsverhältnisses ergaben (*Richardi/Annuß* NJW 2000, 1231, 1234), oder dass nachträglich der **Angabepflicht** des früheren § 57b Abs. 5 HRG aF oder der Zitierung nach § 57b Abs. 3 S. 1 des früheren HRG nF genügt wurde. Eine derartige Angabe konnte aber uU als nachträgliche Befristung zu verstehen sein, wenn beidseitig unterzeichnet. **Sog. Schriftformheilungsklauseln** sind bei der nicht abdingbaren Vorschrift des § 623 BGB unwirksam (*BGH* 27.9.2017 NJW 2017, 3772 zu der ebenfalls nicht abdingbaren Vorschrift des § 550 BGB; dazu *Lindner-Figura/Reuter* NJW 2018, 897 ff.). 201

E. Berufung auf Formmangel; Grenzen

I. Allgemeines; Unzulässige Rechtsausübung

Leidet einer der in § 623 BGB genannten Beendigungstatbestände oder (Fassung bis 31. Dezember 2000) die Befristung an einem Formmangel, kann sich die Arbeitsvertragspartei hierauf berufen, zu deren Gunsten sich der Formmangel auswirkt. Unter »Berufung« auf den Formmangel ist hier nicht die Frage gemeint, ob eine Partei den Mangel im Prozess geltend zu machen hat, bejahendenfalls welche, oder ob der Formmangel vom Gericht im Rahmen einer Schlüssigkeits- oder Erheblichkeitsprüfung zu berücksichtigen ist, ohne dass die eine oder die andere Seite die Frage einer etwaigen Formnichtigkeit eines streiterheblichen Rechtsgeschäfts problematisiert hat (hierzu s. Rdn 228 f.). Hier geht es vielmehr darum, ob dann, wenn die Tatsachenfeststellung das Vorkommen eines Formmangels ergibt, die dadurch begünstigte Partei diesen Umstand zu ihren Gunsten schrankenlos »ausschlachten« darf. Die Frage zu stellen heißt, sie zu verneinen. Wie auch sonst für **gesetzliche** Formvorschriften gilt allerdings für § 623 BGB, dass **gesetzliche** Formvorschriften im Interesse der Rechtssicherheit nicht aus bloßen **Billigkeitserwägungen** außer Acht gelassen werden dürfen (*BGH* 20.9.1984 BGHZ 92, 164, 172; vgl. *BAG* 16.9.2004 EzA § 623 BGB 2002 Nr. 1). Die Vorschrift nimmt bewusst in Kauf, dass auch **unstreitig im Ernst** – aber eben nur mündlich – abgegebene Auflösungserklärungen unwirksam sind (*BAG* 16.9.2004 EzA § 623 BGB 2002 Nr. 1). **Ausnahmen sind nur zulässig**, wenn es nach den Beziehungen der Parteien und den gesamten Umständen **mit Treu und Glauben (§ 242 BGB)** unvereinbar wäre, das Rechtsgeschäft am Formmangel scheitern zu lassen; das Ergebnis muss nach einer von der Rechtsprechung ständig verwandten Formel für die betroffene Partei nicht bloß hart, sondern **schlechthin untragbar** sein (*BGH* 24.4.1998 BGHZ 138, 339, 348). Die Rechtsprechung des BAG verlangt eine einzelfallbezogene Gesamtwürdigung (dazu *C. Armbrüster* NJW 2007, 3317, 3320). Die Einschränkung der Nichtigkeitsfolge des § 125 S. 1 BGB durch die Regelung in § 242 BGB ist **von Amts wegen** zu beachten (*BGH* 3.12.1958 BGHZ 29, 6, 12). Dabei darf das formwidrige Rechtsgeschäft allerdings nicht **gegen** den erklärten Willen der schutzbedürftigen Partei aufrechterhalten werden (das **formgerechte** schon: so ist etwa das Geltendmachen einer **schriftlich** erklärten **Eigenkündigung** durch den Arbeitnehmer seinerseits regelmäßig treuwidrig: *BAG* 12.3.2009 EzA § 242 BGB 2002 Kündigung Nr. 8). Die **Tatsachen**, aus denen auf die Aufrechterhaltung des Rechtsgeschäfts zu schließen ist, hat die Partei zu beweisen, die aus dem Rechtsgeschäft Rechte herleiten will (vgl. *Palandt/Ellenberger* § 125 Rn 22 mN). 202

Hierzu hat sich eine reichhaltige **Kasuistik** herausgebildet, die mehr oder weniger umfangreich in jeder Kommentierung des § 125 BGB wiedergegeben ist. Da es sich bei den der Berufung auf den Formmangel gesteckten Grenzen um **Ausnahmen** handelt, sollen im Folgenden nur einige wichtige **Grundsätze** in Erinnerung gerufen werden: 203

Die Partei, die am Rechtsgeschäft festhalten will, muss auf die Formgültigkeit **vertraut** haben. Deshalb greift § 242 BGB nicht ein, wenn beide Parteien den Formmangel **kannten**. Dies soll nach strittiger Auffassung selbst dann gelten, wenn der eine Teil unter Hinweis auf seine berufliche oder/und soziale **Stellung** die Erfüllung des formungültigen Vertrags besonders zugesichert hatte. Auch **grob fahrlässige Unkenntnis** soll keinen Schutz verdienen. Für das Kennen oder das Kennenmüssen von Vertretern gilt § 166 BGB, weswegen sich derjenige, der bei Verhandlungen durch einen 204

§ 623 BGB Schriftform der Kündigung

Juristen vertreten war, sich idR auf § 242 BGB nicht berufen kann (das gesamte Vorstehende mwN *Palandt/Ellenberger* § 125 Rn 25).

205 Die Berücksichtigung des Formmangels gerät zu einem **untragbaren Ergebnis** insbes. in den Fällen der **Arglist, schwerer Treuepflichtverletzungen** sowie bei **Existenzgefährdung** (Übersicht mwN *Palandt/Ellenberger* § 125 Rn 28, 29 f., 31; MüKo-BGB/*Einsele* § 125 Rn 56 ff.). Darüber hinaus kann die Möglichkeit der Berufung auf den Formmangel uU **verwirken**.

II. Berufung auf den Formmangel im Rahmen des § 623 BGB

206 In Anwendung dieser Grundsätze auf die von § 623 BGB erfassten Rechtsgeschäfte ergibt sich etwa Folgendes (umfassend APS-*Greiner* Rn 46–48 für Kündigung, Rn 49 für Auflösungsvertrag, Rn 77 [2. Aufl.] für Befristung; *Preis/Gotthardt* NZA 2000, 348, 352 ff. – für Kündigung, 355 f. – für Auflösungsvertrag, 361 – für Befristung; *Henssen* DB 2006, 1613, 1614 ff. für Kündigung), wobei die »Warnfunktion« und nicht die Beschleunigung arbeitsgerichtlicher Verfahren (s. Rdn 19 f., 22 ff.) die Auslegung bestimmen sollte (aA *Henssen* DB 2006, 1613):

207 Hat eine Vertragspartei die andere von der Wahrung der Form (der Kündigung, des Auflösungsvertrages, der Befristungsabrede) **abgehalten**, um sich später auf den Formmangel berufen zu können, ist das betreffende Rechtsgeschäft wegen **Arglist** als **gültig** anzusehen. Dazu müssen die Voraussetzungen eines Arglisteinwands vorliegen. Daran **fehlt** es bei schuldlosem oder nicht vorsätzlichem Handeln (ebenso *Henssen* DB 2006, 1613, 1614).

208 Die praktisch häufigsten Anwendungsfälle werden diejenigen **schwerer Treuepflichtverletzungen** in der Ausprägung schwerwiegender Verstöße gegen das Verbot des widersprüchlichen Verhaltens (venire contra factum proprium) sein. Wird etwa dem Kündigungsempfänger **im Gerichtstermin** in Anwesenheit des Kündigenden eine bloße **Fotokopie** der formgerecht errichteten Urschrift der Kündigung übergeben und ist eine sofortige Einsicht darin möglich, ist es treuwidrig, sich auf einen Formmangel zu berufen, wenn nicht der Erklärungsempfänger von diesen Aufklärungsmöglichkeiten Gebrauch macht oder die Erklärung wegen Nichteinhaltung der Form unverzüglich zurückweist, sondern sich erst geraume Zeit später auf den Formmangel beruft (*BAG* 20.8.1998 EzA § 127 BGB Nr. 1; **abw.** *Henssen* DB 2006, 1613, 1615). Hier hätte der Kündigungsempfänger die Alternative gehabt, eine das Schriftformerfordernis nicht wahrende einfache Kopie zurückzuweisen (**krit.** *Henssen* DB 2006, 1613, 1615). In einer derartigen Situation gilt die Kündigung auch als zugegangen, obzwar hierfür die bloße **Wahrnehmung** an sich nicht ausreicht (vgl. *LAG Hamm* 4.12.2003 LAGE § 623 BGB 2002 Nr. 3; vgl. zu den Zugangsvoraussetzungen, wenn das Schriftstück dem Empfänger mit der für ihn erkennbaren Absicht, es ihm zu übergeben, angereicht und, falls er die Entgegennahme ablehnt, so in seiner unmittelbaren Nähe abgelegt wird, dass er es ohne Weiteres an sich und von seinem Inhalt Kenntnis nehmen kann: *BAG* 23.3.2015 EzA § 130 BGB 2002 Nr. 7). Widersprüchlich ist es insbes., wenn ein Arbeitnehmer eine Kündigung (sog. Eigenkündigung) **mehrmals** und auch auf Vorhaltungen der anderen Seite ernsthaft und nicht nur einmalig ausgesprochen hat, sich aber nachträglich auf die Formunwirksamkeit beruft (vgl. *BAG* 4.12.1997 EzA § 242 BGB Rechtsmissbrauch Nr. 3; *LAG RhPf* 8.2.2012 – 8 Sa 318/11). Widersprüchliches Verhalten liegt auch vor, wenn der **Arbeitgeber** formwidrig kündigt, der Arbeitnehmer die Kündigung **hinnimmt**, eine **neue Stelle** antritt und sich der Arbeitgeber dann auf den Formmangel beruft und den Arbeitnehmer zur Wiederaufnahme der Arbeit unter Unterlassung der neuen Beschäftigung auffordert (*BAG* 4.12.1997 EzA § 242 BGB Rechtsmissbrauch Nr. 3) **oder** der Arbeitnehmer die formunwirksame Kündigung in Kenntnis ihres Mangels ausdrücklich akzeptiert oder »anerkennt« (**anders** aber bei einseitiger Freistellung unter Einverständnis mit der Beendigung, *LAG Hamm* 11.10.2004 LAGRep. 2005, 170) oder sich nach 2 $^1/_2$ Monaten gescheiterter Umschulung des Arbeitsverhältnisses »besinnt« (*Sächs. LAG* 12.3.2003 – 2 Sa 596/02) oder auf Faxkündigung selbst mit Fax reagiert (und darin Einverständnis mit iRd Kündigung angesonnenen Abwicklungsmodalitäten erklärt, *ArbG Bln.* 1.3.2002 NZA-RR 2002, 522; **aA** *Henssen* DB 2006, 1613, 1615) oder wochenlange Bitten um Mitteilung der Kontonummer zwecks Lohnüberweisung über vier Monate ignoriert (*Sächs. LAG* 23.1.2014 – 9 Sa 398/13). Dies gilt umgekehrt entsprechend für die formunwirksame Arbeitnehmerkündigung, die der

Arbeitgeber akzeptiert und die Stelle neu besetzt, wenn sich nun der Arbeitnehmer auf den Formmangel beruft (APS-*Greiner* Rn 47; *Preis/Gotthardt* NZA 2000, 348, 353; zu einem derartigen Sachverhalt *LAG Hamm* 28.4.2017 NZA-RR 2018, 76). *Greiner* (APS Rn 47) und *Preis/Gotthardt* (NZA 2000, 348, 353) weisen aber zu Recht darauf hin (wie jetzt auch *BAG* 16.9.2004 EzA § 623 BGB 2002 Nr. 1), dass – um nicht den Zweck des § 623 BGB (vor Übereilung zu schützen) durch § 242 BGB ins Leere laufen zu lassen – **strenge Maßstäbe** angelegt werden müssen. So werde ein Arbeitgeber der Folge des § 623 BGB nicht dadurch entgehen können, dass er **unmittelbar** nach einer einmaligen spontanen Eigenkündigung des Arbeitnehmers dessen Stelle intern neu besetzt. Anders liege es, wenn der Arbeitnehmer **mehrfach ernsthaft** mündlich zum Ausdruck bringt, er kündige und der Arbeitgeber nach einem **längeren Auswahlverfahren** einen neuen Arbeitnehmer eingestellt hat. Wenn der **Kündigungsempfänger** die mündlich ausgesprochene Kündigung **schriftlich bestätigt**, er sich später aber auf den Formmangel beruft, ist dies ebenfalls treuwidrig (APS-*Greiner* Rn 47; *Preis/Gotthardt* NZA 2000, 348, 353; aA *ArbG Leipzig* 18.12.2000 – 1 Ca 8140/00, für die Bestätigung einer durch Telefax [also formunwirksam] erklärten Kündigung). Anders liegt es jedoch, wenn sich nach der schriftlichen Bestätigung des Erklärungsempfängers der **Kündigende** auf den Formmangel beruft (APS-*Greiner* Rn 48; *Preis/Gotthardt* NZA 2000, 348, 353). Scheidet ein Arbeitnehmer aufgrund mündlichen **Aufhebungsvertrages** aus, so hat er seine wesentliche Vertragsleistung erbracht. Akzeptiert dies der Arbeitgeber über längere Zeit, so kann er sich nicht unter Berufung auf den Formmangel weigern, eine später fällig werdende **Abfindung** zu zahlen (*Preis/Gotthardt* NZA 2000, 356). Umgekehrt wird sich ein Arbeitnehmer nach Ablauf eines Zeitraumes von **sieben Monaten** nach **betrieblicher Abschiedsfeier** unter **Entgegennahme von Abschiedsgeschenken** und in Kenntnis des Umstandes, dass die **Entlassung** seines **Nachfolgers** auf der Stelle nur deshalb nicht erfolgt ist, weil sich für ihn selbst nach formwidrigem Ausscheiden die **Möglichkeit des Bezuges von Altersruhegeld** ergab (vgl. Sachverhalt *Sächs. LAG* 25.11.2003 – 7 Sa 578/03), auf die Formwidrigkeit nicht berufen können. **Unzureichend** ist die bloße (formwidrige) Kündigung **auf Verlangen** des anderen Teils oder die auf die **formwidrige Befristung** eines Arbeitsverhältnisses gestützte Kündigung, auch wenn der Vertrag zuvor jahrelang anstandslos durchgeführt worden ist (vgl. für Mietvertrag *BGH* 5.11.2003 NJW 2004, 1103).

Kein Anwendungsfall des § 242 BGB ist es bei einem **Auflösungsvertrag**, wenn die Parteien einen die Freigrenzen übersteigenden Teil einer vereinbarten **Abfindungssumme verschleiern**. Denn dadurch unterlassen sie wissentlich die Beurkundung eines für maßgeblichen Geschäftsteils, was nicht schutzwürdig ist. Gleiches gilt bei Ablösung eines Arbeitsvertrages durch einen Dienstvertrag (etwa bei Bestellung des Arbeitslosen zum Organ, s. Rdn 244), wenn die Formvorschrift übersehen wird. Warum sich der Geschäftsführer hier nicht auf das Arbeitsverhältnis besinnen können soll, wird von der Gegenansicht (*Niebler/Schmiedl* NZA-RR 2001, 281, 287; diff. *LAG Hamm* 22.5.2002 LAGRep. 2002, 243) nicht näher begründet. Das bloße **Fernbleiben von der Arbeit** genügt nicht, weil allein daraus schon kein Auflösungswille gefolgert werden kann. Auf den Formverstoß wird sich in dieser Situation aber wohl nicht berufen dürfen, wer sich dem **Verlangen** nach Einhaltung der Schriftform (etwa im Wege der Eigenkündigung oder des Auflösungsvertrages) grundlos widersetzt. **209**

Kein Anwendungsfall des die Formvorschrift einschränkenden Grundsatzes von Treu und Glauben ist es ferner, wenn eine oder beide Seiten der Warnung oder des Übereilungsschutzes – da ohnehin gewarnt oder da ohnehin nicht in Eile – an sich nicht bedurft hätten und sich dann doch auf den Formmangel berufen. Denn die **Notwendigkeit** der Schriftform im **Einzelfall** ist nicht Tatbestandsmerkmal der Norm (ähnlich APS-*Greiner* Rn 51; *Preis/Gotthardt* NZA 2000, 348, 353 f. mwN, 356). Gleiches gilt, wenn zur Sicherung von »Mobilität« auf die Einhaltung jedweder Form verzichtet wurde (Kenntnis des Formmangels). **210**

In der Regel wird keiner Partei die Berufung auf den Formmangel unter Hinweis auf § 242 BGB mit der Begründung verwehrt werden dürfen, dass sie vorher über die Formbedürftigkeit hätte **aufklären** müssen. Denn das Schriftformerfordernis gilt als Gesetz unabhängig von Hinweisen oder Belehrungen zwischen Privaten aus staatsrechtlichen Gründen. Im Extremfall mag sich aus **211**

Fürsorgegesichtspunkten etwas anderes ergeben, etwa dann, wenn es an Arglist grenzen würde, die das Formerfordernis **offensichtlich** übersehende Partei unaufgeklärt zu lassen, insbes. dann, wenn hieraus eigene Vorteile gezogen werden sollen. Eine generelle Fürsorgepflicht (Belehrungspflicht) des **Arbeitgebers** besteht allerdings nicht (APS-*Greiner* Rn 44; SPV-*Preis* Rn 80; *Bader/Bram-Bader* Rn 53; ErfK-*Müller-Glöge* Rn 24; *Müller-Glöge/von Senden* AuA 2000, 199, 203; *Preis/Gotthardt* NZA 2000, 348, 354).

212 Der **Einwand**, die Berufung auf die Nichteinhaltung der Form stelle eine unzulässige Rechtsausübung dar und verstoße gegen den Grundsatz von Treu und Glauben nach § 242 BGB, findet **seinerseits** eine Grenze in eben jenem Grundsatz. **Insbesondere** wird er nicht ohne zeitliche Grenze zurückgehalten werden können, nur um ihn im dann passenden Moment zu platzieren (**Verwirkung des Einwandes**).

213 Soweit *Preis/Gotthardt* (NZA 2000, 348, 361; s.a. APS-*Preis* [2. Aufl.] Rn 77) der Auffassung sind, dass angesichts der bei unwirksamer **Befristung** (Fassung bis 31. Dezember 2000) einzuhaltenden **Klagefrist** des § 1 Abs. 5 BeschFG (seit 1. Januar 2001 ersetzt durch § 17 TzBfG) der Einwand der unzulässigen Rechtsausübung von **geringerer** praktischer Relevanz sei, kann dem in dieser Allgemeinheit nicht zugestimmt werden. Durch die Klagefrist erledigt sich lediglich das Problem des allzu langen Zuwartens mit der Berufung auf den Formmangel. In der Sache jedoch kann sich auch hier bspw. ein widersprüchliches Verhalten dadurch ergeben, dass die Parteien trotz – gar erkannter – Formunwirksamkeit einer Befristung faktisch auseinandergegangen sind und ein Verhalten an den Tag gelegt haben, aus dem die eine oder die andere Seite nur den Schluss ziehen konnte, die Gegenseite werde sich auf den Formmangel nicht beziehen. Hinzu kommt, dass die Klagefrist des § 1 Abs. 5 BeschFG (ersetzt durch § 17 TzBfG) lediglich vom Arbeitnehmer, nicht vom Arbeitgeber zu wahren ist.

214 Der Problemkreis hat sich für die Kündigung durch § 4 S. 1 KSchG nF **nicht** erledigt, weil auch danach der Zugang einer **schriftlichen** Kündigung erforderlich ist. »**Schriftlich**« ist die Kündigung auch nach dieser Regelung im Ergebnis, wenn sich der Erklärungsempfänger nach Maßgabe der vorgenannten Grundsätze wegen § 242 BGB auf die Formwidrigkeit nicht berufen darf.

F. Prozessuales Geltendmachen des Formmangels

I. Form und Frist

1. Kündigung

215 Eine wegen Formmangels nichtige **Kündigung** gegenüber dem Arbeitnehmer war zugleich iSd Regelung des § 13 Abs. 3 KSchG aF eine solche Kündigung, die bereits »aus anderen als den in § 1 Abs. 2 und 3 KSchG bezeichneten Gründen« rechtsunwirksam war (APS-*Preis* [2. Aufl.] Rn 57; ErfK-*Müller-Glöge* [4. Aufl.] Rn 29). Nach dieser Vorschrift fanden die Vorschriften des Ersten Abschnitts des Kündigungsschutzgesetzes auf eine derartige Kündigung keine Anwendung. Wollte ein **Arbeitnehmer** geltend machen, dass eine rechtswirksame Kündigung allein wegen des Formmangels nicht vorlag, musste er demgemäß hierfür **nicht** die Drei-Wochen-Frist des § 4 KSchG aF wahren. Dies galt nur, wenn er die Unwirksamkeit der Kündigung auch gem. § 1 Abs. 2 und 3 KSchG geltend machen wollte. Hatte er allerdings gleichwohl die Frist von drei Wochen eingehalten, sollte ihn das Arbeitsgericht nach § 6 KSchG darauf hinweisen, dass er in diesem Verfahren bis zum Schluss der mündlichen Verhandlung Erster Instanz auch die Unwirksamkeit der Kündigung gem. § 1 Abs. 2 und 3 KSchG bzw. das Fehlen eines wichtigen Grundes iSd § 626 Abs. 1 BGB (§ 13 Abs. 1 S. 2 KSchG) geltend machen konnte.

216 Einzuhalten vom Arbeitnehmer war allerdings die Drei-Wochen-Frist des § 113 Abs. 2 S. 1 InsO aF, wenn der **Insolvenzverwalter** das Arbeitsverhältnis ohne Beachtung der Schriftform gekündigt hatte (*Berscheid* ZInsO 2000, 208, 209; *Kohls* ZInsO 2000, 537).

217 Nach der **seit 1.1.2004 geltenden Neufassung** des § 4 S. 1 KSchG läuft die Dreiwochenfrist jetzt **allg.** erst ab Zugang der (**nach Maßgabe des § 623 BGB**) schriftlichen Kündigung (vgl. die entspr.

Formulierung in § 5 Abs. 1 S. 1 KSchG nF). Ohne diesen Zusatz wäre § 623 BGB in Anbetracht der Schriftform der Kündigung bei verstrichener Klagefrist leergelaufen (*Richardi* [DB 2004, 486, 489], hält die Neuregelung insoweit für »sinnwidrig«).

Will der Kündigungsempfänger, gleich ob Arbeitnehmer oder Arbeitgeber, die Unwirksamkeit der 218 Kündigung **wegen des Formmangels** geltend machen, so kann er dies gegenüber der Gegenseite, welche sich einer wirksamen Kündigung berühmt, entweder **einredeweise** oder durch Erhebung einer **allgemeinen Feststellungsklage** nach § 256 ZPO geltend machen. Für diese besteht das besondere **Rechtsschutzbedürfnis**, wenn sich die Gegenseite der Beendigung des Arbeitsverhältnisses durch Kündigung **berühmt**. Jenseits der Frist des § 4 S. 1 KSchG sind Einrede bzw. Klage in den Grenzen der **Verwirkung** (§ 242 BGB) statthaft. § 4 S. 1 KSchG gilt auch nicht für den Fall, dass der Arbeitnehmer die Formunwirksamkeit seiner »Eigenkündigung« geltend macht.

2. Auflösungsvertrag

Bei einem **Auflösungsvertrag** (auch einem solchen, der auf gerichtlichem Vergleich beruht) kann 219 die Partei, die dessen Unwirksamkeit wegen des Formmangels geltend machen möchte, dies **einredeweise** oder im Wege einer **allgemeinen Feststellungsklage** nach § 256 ZPO des Inhalts verfolgen, wonach das Arbeitsverhältnis der Parteien durch den (am besten genau zu bezeichnenden) Auflösungsvertrag kein Ende gefunden habe bzw. dass das Arbeitsverhältnis der Parteien über den im Auflösungsvertrag vorgesehenen Zeitpunkt hinaus fortbestehe. Auch insoweit sind (mangels gesetzlicher Fristen für das Geltendmachen der Unwirksamkeit) die Grenzen der Verwirkung (§ 242 BGB) zu beachten.

3. Befristung (Fassung bis 31. Dezember 2000)

Auf die Unwirksamkeit der **Befristung einredeweise** kann sich nur der **Arbeitgeber** beziehen. 220 Der **Arbeitnehmer** hingegen ist zur Klageerhebung gehalten. Denn § 17 TzBfG, welcher seit 1. Januar 2001 an die Stelle des § 1 Abs. 5 BeschFG getreten ist und auch für Befristungen vor Inkrafttreten des § 14 Abs. 4 TzBfG, mithin noch unter Herrschaft des § 623 BGB aF getroffene Befristungsabreden, gilt, verlangt dies von ihm. Will danach ein Arbeitnehmer geltend machen, dass die Befristung eines Arbeitsvertrages rechtsunwirksam ist, so muss er innerhalb von drei Wochen nach dem vereinbarten Ende des befristeten Arbeitsvertrages Klage beim Arbeitsgericht auf Feststellung erheben, dass das Arbeitsverhältnis aufgrund der Befristung nicht beendet ist (wobei die §§ 5 bis 7 KSchG für entsprechend anwendbar erklärt sind). Wird das Arbeitsverhältnis nach dem vereinbarten Ende fortgesetzt, so beginnt nach § 17 S. 3 TzBfG die Klagefrist mit dem Zugang der schriftlichen Erklärung des Arbeitgebers, dass das Arbeitsverhältnis aufgrund der Befristung beendet sei. Die Unwirksamkeit der Befristung wegen Formmangels stellt auch einen gem. § 17 TzBfG durch fristgebundene Klage geltend zu machenden Unwirksamkeitsgrund dar. Dies ergibt sich zumindest aus dem Gesetzeswortlaut und der Rechtsprechung des *BAG* (9.2.2000 EzA § 1 BeschFG 1985 Klagefrist Nr. 2), wonach mit der Versäumung der Klagefrist des dem § 17 TzBfG zum Teil entsprechenden früheren § 1 Abs. 5 S. 1 BeschFG **sämtliche** Voraussetzungen einer rechtwirksamen Befristung fingiert wurden. Fingiert wird maW damit auch die Wahrung der Form.

Allerdings stammt die Rspr. des *BAG* aus der Zeit vor Inkrafttreten des § 623 BGB. Nicht zu- 221 letzt deshalb ist das Ergebnis auf Befremden bzw. Kritik gestoßen, wonach dem Arbeitnehmer der Schutz der Formvorschrift durch den Zwang zum klageweisen Geltendmachen partiell wieder weggenommen ist (eingehend *Bader* NZA 2000, 635 ff.). *Preis/Gotthardt* (NZA 2000, 348, 360 sowie jetzt APS-*Preis* [2. Aufl.] Rn 62) weisen auf das sich daraus ergebende widersprüchliche Ergebnis hin, dass bei der formunwirksamen Befristung fristgerecht geklagt werden muss, nicht aber bei der formunwirksamen Kündigung. *Richardi/Annuß* (NJW 2000, 1231, 1235) zeigen auf, dass bei der formunwirksamen Befristung aufgrund der Regelung in § 1 Abs. 5 BeschFG (jetzt § 17 TzBfG) nur der Arbeitnehmer klagen muss, der Arbeitgeber hingegen nur durch die Grundsätze der Verwirkung eingeschränkt ist.

222 Diese Kritik ist **berechtigt** (aA *Kohls* ZInsO 2000, 537, 539 f.). Die Auswirkungen des § 623 BGB in der Arbeitsrechtsordnung sind vor seinem Inkrafttreten, wie sich aus Abschn. G (Rdn 232 ff.) noch ergeben wird, nicht näher durchdacht und schon gar nicht mit der Fachwelt diskutiert worden. Die Vorschrift »klemmt« an einigen Ecken und Enden. Allerdings wird dem Wortlaut des § 1 Abs. 5 BeschFG und damit jetzt des § 17 TzBfG in seiner durch die Rechtsprechung des *BAG* gefundenen Form Folge zu leisten sein. Dem Vorschlag von *Bader* (NZA 2000, 635 ff.), § 1 Abs. 5 BeschFG (und damit jetzt § 17 TzBfG) hinsichtlich formnichtiger Befristungsabreden aufgrund des Normzwecks des § 623 BGB (jetzt: des § 14 Abs. 4 TzBfG) nur einschränkend anzuwenden (636 f.), wird daher – bei aller Sympathie für den Gedanken – nicht gefolgt werden können (wie hier unter Hinweis auf die allerdings nicht mehr zeitgerechte Unterscheidung bei Kündigung und Befristung ErfK-*Müller-Glöge* [4. Aufl.] Rn 33 mwN zur Anwendbarkeit der Klagefrist).

223 Zu klagen ist auch bei einer **nachträglichen** Befristung eines bislang unbefristeten Arbeitsverhältnisses, selbst wenn diese in einem – seinerseits **nicht** fristgebunden anzugreifenden – Auflösungsvertrag »versteckt« ist, jedenfalls **dann**, wenn dem Regelungsgehalt noch keine alsbaldige Beendigung erstrebt wird (und das *BAG* die Abrede demgemäß auch dem Befristungskontrollrecht unterwirft, s. Rdn 78).

224 Bei Anwendbarkeit des § 17 TzBfG muss – wie ausgeführt – nur der **Arbeitnehmer** in der bereits genannten maßgebenden Frist Klage (beim Arbeitsgericht) erheben. **Streitgegenstand** ist bei der Behauptung der Formnichtigkeit die Feststellung, dass das Arbeitsverhältnis aufgrund der Befristung (die es sich empfiehlt näher zu bezeichnen) nicht (auch hier empfiehlt sich die Bezeichnung des Zeitpunkts) beendet ist. Damit ist auch der entsprechende Klageantrag und Urteilstenor bei Klagestattgabe bzw. der Gegenstand einer Abweisung vorgegeben. Es handelt sich um eine Feststellungsklage besonderer Art wie nach der entsprechenden Regelung in § 4 S. 1 KSchG.

225 Die Klagefrist ist auch zu wahren, wenn der Arbeitnehmer geltend machen will, ein befristeter Arbeitsvertrag sei gar nicht geschlossen worden, weil seine **Unterschrift gefälscht** sei (was allerdings mehr als einen bloßen Formmangel darstellt, Hess. *LAG* 18.1.2000 LAGE § 1 BeschFG 1985 Klagefrist Nr. 11). Allerdings wird hierfür die nachträgliche Anrufung des Arbeitsgerichts (§ 17 S. 2 TzBfG, § 5 KSchG) erforderlich werden, wenn die maßgebende Kenntnis erst mehr als drei Wochen nach dem vermeintlichen Befristungsende erlangt ist.

226 Die **Klagefrist** des früheren § 1 Abs. 5 BeschFG fand **keine Anwendung** bei der Beendigung eines Arbeitsverhältnisses infolge des Eintritts einer **auflösenden Bedingung** (*BAG* 23.2.2000 EzA § 1 BeschFG 1985 Klagefrist Nr. 3; Hess. *LAG* 9.7.1999 LAGE § 1 BeschFG 1985 Klagefrist Nr. 8). Dies war, ob gewollt oder nicht, jedenfalls im Ergebnis die Kompensation dafür, dass die auflösende Bedingung nicht dem Schriftformzwang des § 623 BGB unterworfen war (str., s. Rdn 87 ff.). Die Vorschrift über die Anrufung des Arbeitsgerichts in § 17 TzBfG gilt demgegenüber aufgrund § 21 TzBfG auch für den unter einer auflösenden Bedingung geschlossenen Arbeitsvertrag, unabhängig davon, ob vor Inkrafttreten des § 623 BGB, unter dessen alter Fassung oder jetzt geschlossen (und zwar auch für den Streit über den **Eintritt** der Bedingung, *BAG* 6.4.2011 EzA § 17 TzBfG Nr. 13).

4. Sonstiges

227 In allen Fällen, in denen über die Wirksamkeit eines der in § 623 BGB genannten Rechtsgeschäfte wegen Formmangels gestritten wird, handelt es sich um Rechtsstreitigkeiten zwischen Arbeitnehmern und Arbeitgebern über das Bestehen oder Nichtbestehen eines Arbeitsverhältnisses, wofür die **Gerichte für Arbeitssachen** nach § 2 Abs. 1 Nr. 3b ArbGG ausschließlich zuständig sind. Für die auch für Befristungen unter der alten Fassung des § 623 BGB maßgebliche »Entfristungsklage« des § 17 TzBfG ergibt sich dies schon daraus, dass die Klage »beim« Arbeitsgericht zu erheben ist (zu den möglichen misslichen Folgen der Erhebung einer derartigen Klage erst im Berufungsverfahren s. *Spilger* AR-Blattei SD 160.10.2 Arbeitsgerichtsbarkeit X B, Berufung in Arbeitssachen, Rn 352 ff.). Erfolgt eine **Verurteilung zur Abgabe einer Kündigungserklärung** oder der

Einwilligung in einen **Auflösungsvertrag** ersetzt § 894 Abs. 1 ZPO auch die dafür einzuhaltende Schriftform materiellen Rechts.

II. Parteivorbringen und Beweislast

Zu dem schlüssigen bzw. zu dem erheblichen Parteivorbringen gehört Vortrag zu den **Umständen**, aus denen auf die Wahrung der Form geschlossen werden kann, nur dann, wenn die Parteien den Formmangel **angesprochen** haben. Die Frage ist nicht »von Amts wegen« aufzugreifen. So ist etwa Vorbringen des beklagten Arbeitgebers zur Begründung seiner streitigen Kündigung nicht deshalb unerheblich, weil er nicht von sich aus Tatsachen vorträgt, aus denen auf die Einhaltung der für die Kündigung nach § 623 BGB vorgeschriebenen Schriftform geschlossen werden kann. 228

Wird allerdings in dem Beispielsfall der Formmangel von dem Arbeitnehmer geltend gemacht, muss sich der Beklagte näher erklären. Umgekehrt gehört es nicht zur schlüssigen Arbeitnehmerklage, mögliche Beendigungstatbestände von vornherein **auszuräumen**. Die Klage auf Lohn für den Monat September 2010 beinhaltet jedenfalls der Sache nach bei einem bereits vorher begründeten Arbeitsverhältnis auch die Behauptung, dass dieses nicht bereits am 31.8.2010 sein Ende gefunden hat. Trägt der Arbeitnehmer jedoch selbst eine Arbeitgeberkündigung oder gar eine Eigenkündigung zu jenem Zeitpunkt vor, muss er deren Wirksamkeit ausräumen, damit die Klage hinsichtlich des Lohnes für September 2001 schlüssig ist (bzw. bleibt). Dazu kann uU das Vorbringen gehören, dass die Kündigung bereits wegen fehlender Schriftform nichtig sei. Beschäftigt sich der Arbeitnehmer hingegen in seinem Vortrag lediglich mit einer Arbeitgeberkündigung sowie damit, dass diese aus anderen Gründen denn wegen Formmangels unwirksam sei, ist es nicht Sache des Gerichts zu prüfen, ob die Kündigung nicht ohnehin wegen Formmangels unwirksam ist. 229

Berücksichtigungsfähig ist aber Vorbringen, aus dem Formverstoß zu entnehmen ist, ohne dass es auf rechtliche Wertungen ankommt (arg. § 6 KSchG: nur »Gründe« geltend zu machen), zB die Vorlage einer formnichtigen Fax-Kündigung. 230

Die Darlegungsanforderungen im Zusammenhang mit formunwirksamen Rechtsgeschäften nach § 623 BGB folgen im Übrigen der Beweislast. Dieserhalb wird auf Rdn 130 verwiesen sowie, ergänzend, auf ErfK-*Müller-Glöge* Rn 25. 231

G. Sonstige Auswirkungen des Formzwanges (Einzelprobleme)

Der mit § 623 BGB eingeführte Schriftformzwang hat Stärken und Schwächen. Letztere beruhen, wie sich aus Teilen der vorstehenden Kommentierung ergibt, in der technischen Umsetzung der Norm (so auch der Tenor des Urteils von *Preis/Gotthardt* NZA 2000, 348, 361). Insbesondere für den eiligen Leser sollen im Folgenden einige gewichtige Auswirkungen des eingeführten Formzwangs zusammengestellt werden, die zwar in der Darstellung überwiegend bereits gestreift oder erörtert sind oder sich aus den allgemeinen Anforderungen des Schriftformzwangs nach dem Bürgerlichen Gesetzbuch ergeben, jedoch für arbeitsrechtliche »Problemlagen« fortgedacht werden müssen. 232

I. Kündigung

Die Einführung des Formzwangs für die Kündigung führt insbes. dazu, dass – so nicht schriftlich – nicht mehr »konkludent« oder »schlüssig« gekündigt werden kann. Durch den Schriftformzwang erledigen sich viele **Auslegungsprobleme** dazu, ob es sich bei einer Erklärung überhaupt um eine Kündigung handelt oder wie die Erklärung sonst zu verstehen ist (vgl. *Müller-Glöge/von Senden* AuA 2000, 199, 203). Das erleichtert auch die **Prozesstaktik**, gleich für welche Seite (aus anwaltlicher Sicht *Schulte* Anwalts-Handbuch Arbeitsrecht, Teil C Rn 38). Insbesondere »**Spontankündigungen**«, ob unüberlegt oder aus Erregung heraus, wird es nicht mehr im bisherigen Umfang geben (vgl. *Krabbenhöft* DB 2000, 1562, 1567; *Wurm* ZBVR 2000, 91). Betroffen hiervon sein werden nicht selten **arbeitnehmerseitige** Kündigungen (sog. Eigenkündigungen). Allerdings können sich aus formunwirksamen »Eigenkündigungen« **weitere** unbedachte Folgen ergeben. So 233 stellt sich etwa die Frage, wie der spontankündigende Vertragspartner dazu **gebracht** werden kann, seine Spontaneität zu Beweiszwecken auch noch in Schriftform zu kleiden (vgl. hierzu *Böhm* NZA 2000, 561, 562; s.a. Rdn 209). **Es tritt maW als neue Frage diejenige auf, wie sich der Gegner der formunwirksamen Erklärung nun verhalten soll** (die Sache auf sich beruhen lassen, seinerseits – formgerecht – kündigen, die der Arbeit fernbleibende Gegenseite zunächst einmal abmahnen?). Es stellt sich maW die Frage nach den gegenseitigen Rechten und Pflichten aus dem Arbeitsvertrag, wenn die Spontanerklärung – etwa durch Verlassen des Arbeitsplatzes durch den Arbeitnehmer oder durch Hausverweis durch den Arbeitgeber – auch in die, wenn auch formungerechte, Tat umgesetzt wird.

234 Nicht mehr möglich sein wird der Ausspruch von **Massenkündigungen** durch Aushang am **Schwarzen Brett**. Selbst wenn der Aushang formgerecht errichtet sein sollte, bedarf es jedenfalls der weiteren Prüfung des Zugangs der formgerechten Erklärung (vgl. *Bader/Bram-Bader* Rn 33; *Schaub* NZA 2000, 344, 347; zu **Zugangsfiktionen** vor und nach der Schuldrechtsmodernisierung vgl. auch KR-*Spilger* § 622 BGB Rdn 147, 329).

235 Die gleichen Rechtsfolgen einer unwirksamen Spontan- und Eigenkündigung stellen sich ein, wenn aufgrund der durch den Schriftformzwang **eingeschränkten Umdeutungsmöglichkeiten** bzw. einer **Abstandnahme von der formunwirksamen Kündigung** (die mangels Verkörperung weder unter Anwesenden und nach Maßgabe des § 130 Abs. 1 BGB unter Abwesenden wirksam werden kann) von einem Fortbestand des Arbeitsverhältnisses ausgegangen werden muss.

236 *Schuldt* (ZAP Fach 17, 527, 529) befürchtet u.a., es sei mit der Einführung des § 623 BGB nun damit zu rechnen, dass in Kündigungssachen zunehmend um die Frage gestritten werde, ob eine Kündigung allein deshalb unwirksam sei, weil diese mangels **Vorlage einer Vollmachtsurkunde** unverzüglich nach § 174 BGB zurückgewiesen worden sei. Dem ist zuzustimmen. Sobald sich das Schriftformerfordernis im Rechtsbewusstsein der Bevölkerung entfaltet hat, wird es wahrscheinlicher, dass der Empfänger einer Kündigungserklärung, die für ihn nicht erkennbar vom Vertragspartner herrührt, die Legitimation der erklärenden Person in Frage stellen wird.

237 Die eigentlichen Probleme dürften allerdings nunmehr im Zusammenhang mit dem Nachweis des **Zugangs** der formgerecht errichteten Kündigung auftreten, in Sonderheit dann, wenn Fristen gewahrt werden sollen oder – etwa die Erklärungsfrist nach § 626 Abs. 2 BGB – zu wahren **sind**. Auf die Zugangsproblematik hat im Gesetzgebungsverfahren bereits die Bundesregierung in ihrer Stellungnahme hingewiesen. Die Praxis wird sich – wie im Wohnraummietrecht wegen § 568 Abs. 1 BGB – mit der Zustellung durch Gerichtsvollzieher oder gar öffentlich (§ 132 Abs. 1, Abs. 2 BGB) zu helfen wissen.

238 Gegenüber einer **bereits wegen des Formmangels** unwirksamen Kündigung räumt die hM (s. hierzu krit. KR-*Spilger* § 9 KSchG Rdn 31 ff.) dem Arbeitgeber **nicht** die Vergünstigung ein, nach § 9 **KSchG die Auflösung** des Arbeitsverhältnisses zu beantragen.

239 Die mündliche Eigenkündigung des Arbeitnehmers löst, wenn es hernach an einem **Arbeitsangebot** fehlt (*Caspers* RdA 2001, 28, 29 f., 37) mangels **Annahmeverzuges** keinen **Nachzahlungsanspruch** nach § 615 BGB aus (*Bader/Bram-Bader* Rn 56; *Schaub* NZA 2000, 344, 347; *Däubler* AiB 2000, 188, 191). Selbst wenn ein Grund zur Kündigung, gar zur außerordentlichen fristlosen, bestanden hat, so wird für den Arbeitnehmer ein **Zurückbehaltungsrecht** an der Arbeitsleistung nach § 273 BGB nur schwer zu begründen sein. Dadurch setzt sich der Arbeitnehmer der **Gefahr einer Arbeitgeberkündigung** aus, die allerdings des Ausspruchs einer fruchtlosen **Abmahnung** bedürfen wird (*Schaub* NZA 2000, 344, 347). Darüber hinaus ist zu erwägen, ob – wenn die unwirksame Kündigung durch vertragswidriges Verhalten des Arbeitgebers veranlasst ist – nicht über den **Schadensersatzanspruch nach § 628 Abs. 2 BGB** iVm § 249 BGB die ungekündigte Fortführung des Arbeitsverhältnisses beansprucht werden kann. Will der Arbeitnehmer das Arbeitsverhältnis fortsetzen, muss er seine **Bereitschaft zur Arbeit** dem Arbeitgeber gegenüber erklären. Von diesem Moment an besteht dann auch wieder ein Anspruch nach § 615 BGB (*Däubler* AiB 2000, 188, 191; *Schaub* NZA 2000, 344, 347). Ist allerdings **längere Zeit** vergangen und hat der Arbeitgeber

den Arbeitsplatz **anderweitig besetzt**, kann er dem Arbeitnehmer entgegenhalten, es verstoße gegen Treu und Glauben, wenn er sich nunmehr auf die Formnichtigkeit seiner früheren Kündigung beruft (*Däubler* AiB 2000, 188, 191). Hierfür sind jedoch **strenge Maßstäbe** anzulegen, weil der Arbeitgeber einen einfachen Weg besitzt, um sich die nötige Klarheit zu verschaffen: Er kann den Arbeitnehmer zur **Fortsetzung der Arbeit auffordern** und ihm bei Nichterscheinen am Arbeitsplatz eine **Kündigung androhen**. Verzichtet er darauf, muss er es sich gefallen lassen, wenn sich der Arbeitnehmer in absehbarer Zeit auf den Fortbestand des Arbeitsverhältnisses beruft (*Däubler* AiB 2000, 188, 191).

Hat dagegen der **Arbeitgeber** mündlich gekündigt, so ist diese Kündigung unwirksam. Der Arbeitgeber gerät – wie bei einer aus anderem Grund unwirksamen Kündigung – in **Annahmeverzug**. Auch hier kann er allerdings den Arbeitnehmer zur Arbeit auffordern, um aus dem **Annahmeverzug herauszukommen**. Insoweit dürfte die Rechtsprechung zur »Rücknahme« von Kündigungen und Annahmeverzug modifiziert sein (*Schaub* NZA 2000, 344, 347). Kündigt der Arbeitgeber schriftlich **erneut**, ist ab Zugang dieser Kündigung bei Anwendbarkeit der Vorschriften des Ersten Abschnitts des Kündigungsschutzgesetzes die Drei-Wochen-Frist des § 4 KSchG einzuhalten, wenn der Arbeitnehmer die Sozialwidrigkeit der Kündigung geltend machen will. Zweckmäßigerweise wird er im Wege kumulativer **Klagenhäufung** einerseits die Unwirksamkeit der mündlichen Kündigung und andererseits die fehlende Rechtfertigung der (Folge-)Kündigung geltend machen (vgl. *Schaub* NZA 2000, 344, 347). An sich läuft hinsichtlich der mündlichen Kündigung keine Klagefrist. Jedoch erscheint es aus Gründen des Selbstschutzes oder – bei Beratung – aus Gründen der prozessualen Fürsorge angeraten, die mündliche Kündigung **deshalb** mit in Streit zu ziehen, um das hierauf bezogene Klagerecht nicht zu **verwirken**. 240

Schließlich kann damit gerechnet werden, dass – wie bereits nach bisherigem Recht bei vertraglich oder tarifvertraglich vereinbarter, aber nicht eingehaltener Schriftform – mit Bezug auf den **Grundsatz von Treu und Glauben** um die Frage gestritten werden wird, ob nicht die Arbeitsvertragsparteien sich einvernehmlich über den Schriftformzwang des § 623 BGB **hinweggesetzt** haben (so *Schuldt* ZAP Fach 17, 527, 529). 241

II. Auflösungsvertrag

Der formunwirksame Auflösungsvertrag löst teilweise ähnliche Probleme aus. Insbesondere **spontane** Aufhebungsverträge wird es nicht mehr im bisherigen Umfang geben, es sei denn, trotz aller Spontaneität sei die Schriftform gewahrt. Viele »kleinere« Arbeitgeber, die bislang nach dem Motto verfuhren, »mein Wort« oder »der Handschlag« genügt, werden umlernen müssen (*Schuldt* ZAP Fach 17, 527). Die Möglichkeit des »**Rücktritts**« bzw. der **Abstandnahme** vom Auflösungsvertrag ist bereits angesprochen. Auch hieraus resultiert dann das Problem, welche Rechte und Pflichten im Einzelnen sich aus dem nunmehr fortbestehenden Arbeitsverhältnis ergeben, also insbes. auch die Frage nach der Lohnzahlungspflicht oder einem Nachzahlungsanspruch. Auch hier wird sich verstärkt die Frage stellen, ob und ggf. inwieweit sich die eine oder die andere Vertragspartei mit Blick auf den Grundsatz von **Treu und Glauben** auf die Formunwirksamkeit des Auflösungsvertrages berufen darf. 242

Keinen Auflösungsvertrag kann es nach dem sich aus § 623 BGB ergebenden Schriftformerfordernis darstellen, wenn sich die von einem formunwirksamen Ansinnen betroffene Arbeitsvertragspartei nur nicht wehrt. 243

Die Begründung eines Geschäftsführer- oder Vorstandsanstellungsverhältnisses mit einem Arbeitnehmer und seine Bestellung zum Organ(-mitglied), auch einer dritten Gesellschaft, vermag seit Einführung des Schriftformzwangs für Auflösungsverträge nicht mehr »im Zweifel« zu einer Aufhebung eines bisherigen Arbeitsverhältnisses führen (vgl. hierzu *BAG* 8.6.2000 EzA § 5 ArbGG Nr. 35; 24.11.2005 EzA § 1 KSchG Nr. 59; 14.6.2006 EzA § 5 ArbGG 1979 Nr. 40). Dies bedarf, auch für eine nach wie vor mögliche konkludente Aufhebung (so auch *Staudinger/Oetker* Rn 95), der Schriftform. Erfolgt die Aufhebung nicht ausdrücklich oder konkludent, bleibt das 244

Arbeitsverhältnis ggf. als ruhendes bestehen. Die konkludente Aufhebung kann allerdings auch durch den – allerdings schriftlich zu schließenden (vgl. *LAG Brem.* 2.3.2006 BB 2006, 724) – Anstellungsvertrag bewirkt werden, zB durch Anstellungsbedingungen, die mit einem fortbestehenden Arbeitsvertrag unvereinbar (oder eigenständig; *LAG Bln.* 15.2.2006 LAGE § 623 BGB 2002 Nr. 5 m. Anm. *Gravenhorst*) sind oder dessen Aufhebung wenigstens »andeuten« (*Krause* ZIP 2000, 2284, 2289 f., 2291; *Baeck/Hopfner* DB 2000, 1914, 1915; *Kamanabrou* DB 2002, 146, 149 f.; *ArbG Ulm* 4.11.2005 – 3 Ca 72/05; ferner *Nägele* BB 2001, 305, 308, der allerdings keine konkludente Aufhebung zulässt; **aA** auch *Fischer* NJW 2003, 2417, 2418 f. [unter Hinweis darauf, dass für **Anstellung** anderes Organ als für Beendigung Arbeitsverhältnis zuständig ist; dies trifft zu, weil etwa nach § 46 Nr. 5 GmbHG die **Gesellschafter** für den Abschluss des Anstellungsvertrages zuständig sind [*Roth/Altmeppen* GmbHG § 46 Rn 27]; dazu auch *Zirnbauer* FS 25 Jahre Arge ArbR DAV 2006, 553, 556 f., *Langner* DStR 2007, 535, 537, *Sasse/Schnittger* BB 2007, 154, 155, *Stück* FA 2007, 34, 36, *Holthausen* NZA-RR 2002, 281, 287 f. sowie *Stagat* DB 2010, 2801; **anders aber** Andeutungen in einer noch nicht § 623 unterfallenden Sache durch *BAG* 25.4.2002 EzA § 543 ZPO Nr. 11; für eine **Annexkompetenz** des Bestellungsorgans *BGH* 3.7.2018 ZIP 2018, 1629 und *Staudinger/Oetker* Rn 61 mwN; von *BAG* 3.2.2009 EzA § 5 ArbGG 1979 Nr. 43 offenbar vorausgesetzt; *Lunk* NJW 2015, 528). Sollte der bei Abschluss des Dienstvertrages für die juristische Person Handelnde weder gesetzlich noch rechtsgeschäftlich Vollmacht zum Abschluss eines arbeitsrechtlichen Aufhebungsvertrages besitzen, wird dieser Vertrag erst mit der Genehmigung durch eine arbeitsrechtlich vertretungsberechtigte Person wirksam (§ 177 BGB). Spätestens in der Berufung auf die Beendigung des Arbeitsverhältnisses durch Abschluss des Dienstvertrages wird die Genehmigung zu sehen sein. Das Widerrufsrecht des früheren Arbeitnehmers nach § 178 BGB wird durchweg nicht zum Tragen kommen, weil ein werdendes Organ über die Kenntnis der wirksamen Vertretung einer juristischen Person verfügen wird. Im Übrigen kann der Widerruf nur bis zum Zeitpunkt der Genehmigung des Vertrages erklärt werden (ErfK-*Müller-Glöge* § 620 BGB Rn 8a). Gegen Anwendbarkeit des § 623 BGB bei der Ablösung eines Arbeits- durch einen Dienstvertrag *Adam* Anm. *BAG* 8.6.2000 SAE 2001, 105, 109, 113 f.; *Niebler/Schmiedl* NZA-RR 2001, 281, 287, wollen dem Organmitglied die Berufung auf die Formnichtigkeit mit Blick auf § 242 BGB versagen. Zum Problemkreis weiter *Bauer/Baeck* ZIP 2003, 1821 ff.; *Dollmann* BB 2003, 1838 ff; *Haase* GmbHR 2004, 279, 281 ff.; *Schrader/Schubert* DB 2005, 1457, 1463. Nach *BAG* vom 19.7.2007 (EzA § 623 BGB 2002 Nr. 7; **krit.** *Jooß* RdA 2008, 285 ff.; *Wackerbarth* RdA 2008, 376, 377 ff.) wird im Falle des Abschlusses eines schriftlichen Geschäftsführerdienstvertrages **vermutet**, dass das bis dahin bestehende Arbeitsverhältnis mit Beginn des Geschäftsführerdienstverhältnisses einvernehmlich beendet wird, soweit nicht **klar und eindeutig** etwas anderes vertraglich vereinbart worden ist (so auch *BAG* 5.6.2008 NZA 2008, 1002; *BAG* 15.3.2011 DB 2010, 1400; ähnlich *LAG BW* 16.11.2006 BB 2007, 243). Das Schriftformerfordernis ist auch gewahrt, wenn ein Arbeitnehmer entsprechend einer bereits in seinem Anstellungsvertrag getroffenen Regelung später zum Geschäftsführer ernannt wird, das Arbeitsverhältnis inhaltlich also lediglich umgewandelt wird (vgl. *LAG Bl.-Bra.* 5.7.2007 NJ 2007, 571). Bei der bloßen einvernehmlichen Abstellung eines leitenden Angestellten als »Fremdgeschäftsführer« zu einer anderen Gesellschaft in der Unternehmensgruppe lässt sich nicht ohne Weiteres der Wille der Parteien ersehen, den Arbeitsvertrag in einen Geschäftsführer-Dienstvertrag umzuwandeln (*LAG Düsseld.* 12.1.2011 – 12 Sa 1411/10).

III. Befristung (Fassung bis 31. Dezember 2000)

245 Ähnlich wie beim Auflösungsvertrag und bei der Kündigung ergeben sich auch weitreichende Folgen des Schriftformzwangs für Befristungsabreden. Auch hier wird in der Praxis noch Lehrgeld zu zahlen sein. Die (fehlende) Möglichkeit der **Abstandnahme** von einem unwirksam befristeten Vertrag bzw. die Folgen der **Bestätigung** einer unwirksamen Befristungsabrede (unwirksame nachträgliche Befristung) sind bereits angesprochen worden (vgl. Rdn 184, 197, 200). Zu letzterem Problemkreis weisen *Richardi/Annuß* (NJW 2000, 1231, 1235) zutreffend darauf hin, dass die gewollte und zunächst nur mündlich abgemachte Befristung scheitert, wenn der Arbeitnehmer **vor**

Unterzeichnung der Abrede tatsächlich im Unternehmen **eingesetzt** wird (und die »nachgereichte« Schriftform dann nur ex nunc wirkt; s. näher Rdn 197, 200).

Böhm (NZA 2000, 561, 564) zeigt auf, wie rasch eine **beidseitig gewollte** Befristung, obzwar unterzeichnet, **an den Anforderungen des § 126 BGB scheitern kann** (Aussteller nimmt Studentin als Hostess für die Dauer einer Messe schriftlich unter Vertrag. Ausstellung wird um drei Tage verlängert. Aussteller teilt der Studentin schriftlich mit, dass er den Vertrag um drei Tage verlängern möchte [was formbedürftig ist], und bittet sie, zum Zeichen ihres Einverständnisses eine beiliegende Ausfertigung zu unterschreiben und zurückzugeben. Studentin schreibt unter die Unterschrift des Arbeitgebers das Wort »einverstanden« und setzt ihre Unterschrift darunter: Keine Wahrung der Schriftform, weil die Unterschrift des Arbeitgebers räumlich nicht auch das »Einverstanden«, also die auf die Befristungsabrede bzw. ihre Verlängerung gerichtete Erklärung der Studentin, abschließt. Nach den hierfür geltenden strengen Regeln kein Fall, in dem sich die Studentin **nicht** auf den Formmangel berufen darf, so nicht die Rechtsprechungsänderung des *BGH* [s. Rdn 111] **zu § 566 BGB aF** übertragen wird). 246

Auswirkungen des Schriftformzwangs und seiner Verletzung bei Befristungsabreden werden auch Rechtsstreitigkeiten um **Nachzahlungsansprüche** aus § 615 BGB sein sowie – wie im vorstehenden Beispielsfall von *Böhm* – Diskussionen darüber, ob und inwieweit sich auf den Formmangel **berufen** werden darf oder nicht. 247

Lange **ungeklärt** war auch, was gilt, wenn der Arbeitgeber eine Kündigungssache im ersten Rechtszug verliert und die Parteien – mit oder ohne Abrede – das Arbeitsverhältnis im Interesse beider Seiten (Beschäftigungsinteresse des Arbeitnehmers, Interesse an der Vermeidung eines Nachzahlungsanspruchs des Arbeitgebers) fortsetzen, bis der Prozess rechtskräftig abgeschlossen ist (vgl. KR-*Fischermeier/Krumbiegel* § 625 BGB Rdn 39). Erfolgt die Weiterbeschäftigung aufgrund im ersten Rechtszug **ausgeurteilter Prozessbeschäftigung** zur Meidung der Zwangsvollstreckung ergeben sich **keine** Probleme: Dieser Anspruch ist nach der Rspr. des *BAG* (4.9.1986 EzA § 611 BGB Beschäftigungspflicht Nr. 27) **auflösend bedingt** durch das Ergebnis in der Kündigungssache (so auch *LAG Nds.* 27.9.2005 LAGE § 21 TzBfG Nr. 2). Unterwirft man die Vereinbarung einer auflösenden Bedingung – wie hier (s. Rdn 87 ff.) – schon nicht dem Schriftformerfordernis des (Fassung bis 31. Dezember 2000) § 623 BGB, ergeben sich keine Probleme. Auch die Gegenansicht jedoch wird nicht dazu kommen, dass die vorläufige Weiterbeschäftigung zwischen den Parteien zur Begründung ihrer Vorläufigkeit der schriftlichen Abrede bedarf. Denn mit Erfolg der Kündigungssache besteht das **Arbeitsverhältnis** fort; dem steht eine Abrede über eine nur vorläufige **Beschäftigung** wegen der Kündigungssache nicht entgegen. Wird die Klage (im zweiten oder dritten Rechtszug) hingegen **abgewiesen**, so **endet** der erstinstanzliche ausgeurteilte Anspruch auf Prozessbeschäftigung gewissermaßen qua Richterrechts. Ist aber der Prozessbeschäftigungsanspruch, einem Berufsausbildungsverhältnis gleich, **von vornherein endlich**, muss diese Rechtsfolge nicht erst durch schriftliche Vereinbarung herbeigeführt werden. **Problematischer** ist **die** Situation, in welcher eine Weiterbeschäftigung **nicht** ausgeurteilt ist, die Parteien aber **gleichwohl** mit Blick auf den Erfolg der Kündigungsschutzklage im Ersten Rechtszug oder allein bis zur Klärung der Wirksamkeit der Kündigung (»unter Vorbehalt deren Wirksamkeit«, wie häufig durch Insolvenzverwalter, vgl. *Kohls* ZInsO 2000, 537, 538 f.) aus wohlverstandenen beiderseitigen Interessen eine Fortführung des Arbeitsverhältnisses bis zum Ausgang ihrer Rechtssache vereinbaren oder es einfach fortsetzen. Auch **hier** ist die Fortbeschäftigung auflösend bedingt durch die mögliche Abweisung der Kündigungsschutzklage (*BAG* 4.9.1986 EzA § 611 BGB Beschäftigungspflicht Nr. 27). Unterwirft man eine auflösende Bedingung – wie die hM – dem Formzwang (nach § 623 BGB aF; für § 14 Abs. 4 TzBfG ist das Problem durch § 21 TzBfG gelöst), hätten die Parteien – ohne es zu wollen – eine **unbefristete** Beschäftigung verabredet (für Schriftform daher konsequent APS-*Preis* [2. Aufl.] Rn 12). Dem könnte bestenfalls noch entgegengehalten werden, dass es den Parteien nicht um das **Arbeitsverhältnis**, sondern lediglich um die **Beschäftigung** während des Prozesses gegangen sei, die aber für sich von § 623 BGB nicht erfasst werde. Vgl. zur **Rechtslage unter Geltung** des § 14 Abs. 4 TzBfG jetzt KR-*Lipke* § 14 TzBfG Rdn 752 ff. (und bis zur 8. Aufl. Anh. zu § 623 BGB Rn 122). 248

249 *Opolony* (NJW 2000, 2171, 2172) hat für das **Bühnenarbeitsrecht** darauf hingewiesen, dass der mit § 623 BGB (aF) gewollte Bestandsschutz im Bühnenleben **in sein Gegenteil** dadurch umschlagen könnte, dass sich die Arbeitgeber gezwungen sähen, gegenüber sämtlichen aufgrund befristeter Arbeitsverhältnisse Beschäftigten **Nichtverlängerungsmitteilungen** auszusprechen, um nunmehr – im Falle des Scheiterns einvernehmlicher Regelungen – in den Einzelarbeitsverträgen Schriftform für die nach den maßgebenden Tarifverträgen befristeten Bühnenarbeitsverhältnisse durchzudrücken. Dies ist richtig, soweit es um die Arbeitsverhältnisse nicht tarifgebundener Arbeitnehmer geht, in deren Arbeitsverhältnisse lediglich auf die einschlägigen Tarifverträge Bezug genommen wird.

250 Ein **Sonderproblem** erwächst auch aus der Regelung in **§ 625 BGB** (vgl. KR-*Fischermeier* § 625 BGB Rdn 37, 42). Danach gilt ein Dienstverhältnis (Arbeitsverhältnis) als auf unbestimmte Zeit verlängert, wenn es nach dem Ablauf der Dienstzeit von dem Verpflichteten mit Wissen des anderen Teils fortgesetzt wird, sofern nicht der andere Teil unverzüglich widerspricht. Widerspricht der Arbeitgeber mit dem Ziel, lediglich eine **befristete** Verlängerung zu erreichen, hat es mit dem **an sich** formfreien Widerspruch nach § 625 BGB nicht sein Bewenden. Vielmehr ist nach (Fassung bis 31. Dezember 2000) § 623 BGB (nunmehr) eine schriftliche Verlängerungsabrede zu treffen (APS-*Preis* [2. Aufl.] Rn 65; *Preis/Gotthardt* NZA 2000, 348, 361). Dabei bleibt es übrigens auch seit Geltung des § 14 Abs. 4 TzBfG, weil insoweit die dem § 625 BGB entsprechende Regelung in § 15 Abs. 5 TzBfG für den Fall des Ablaufens einer Befristung oder Zweckerreichung zu beachten ist.

H. Verhältnis zu Schriftformzwang nach anderen Rechtsquellen

251 Erörterungsbedürftig ist das Verhältnis des Schriftformzwanges nach § 623 BGB zum Schriftformzwang nach **anderen** Rechtsquellen, weil § 623 BGB nicht disponibel ist (s. Rdn 31). Zu dem (rein zeitlichen) Verhältnis zu der Neuregelung in § 14 Abs. 4 TzBfG s. bereits Rdn 38.

252 Das Verhältnis des Schriftformzwanges nach § 623 BGB zum Schriftformzwang nach anderen Rechtsquellen ist **unproblematisch**, soweit sich aus diesen ein inhaltlich dem § 623 BGB **gleichwertiger** Schriftformstandard ergibt (ebenso SPV-*Preis* Rn 82). Dies ist nur der Fall, wenn die Verletzung des in concreto angeordneten Schriftformzwanges, ebenso wie bei Verletzung desjenigen nach § 623 BGB, zur Nichtigkeit von Kündigung, Auflösungsvertrag oder (Fassung bis 31. Dezember 2000) einer Befristung führt. Dies vorausgesetzt werden entsprechende inhaltsgleiche, erst recht strengere Rechtsquellen also **nicht verdrängt** (vgl. APS-*Greiner* Rn 4; vgl. ferner ErfK-*Müller-Glöge* Rn 10a; **unrichtig** HK-*Dorndorf* § 1 KSchG Rn 117b für kollektivvertragliche Normen). Das trifft zu für inhaltsgleiche **gesetzliche** Bestimmungen sowie für entsprechende Regelungen in **Tarifverträgen** (zu Schriftform bei tarifvertraglich überlagerten Arbeitsverhältnissen s. Rdn 176 f.) oder **Betriebsvereinbarungen**, nicht aber für – **arbeitsvertraglich** – **gewillkürte** Schriftformerfordernisse. Für Schriftformzwänge nach **Gesetz** ergibt sich dies schon daraus, dass sie der Regelung in § 623 BGB gleichwertig sind und ihre Ablösung durch § 623 BGB weder ausdrücklich noch der Entstehungsgeschichte der Norm nachgewollt war; sie gelten also nebeneinander. **Derogiert** werden lediglich etwaige einen schwächeren Schriftformstandard enthaltende ältere Gesetze. Für Schriftformzwang nach **Tarifverträgen** (weshalb der Streit darüber, ob SR 2y Nr. 2 zum BAT konstitutiv oder deklaratorisch sei, praktisch erledigt ist, *Kröll* Personalrat 2001, 179, 187) oder **Betriebsvereinbarungen** gilt das vorstehend zum Verhältnis zwischen § 623 BGB und gesetzlichen Schriftformerfordernissen entsprechend. Denn auch hierbei handelt es sich um eine iSd § 125 S. 1 BGB »durch Gesetz« vorgeschriebene Form (für tarifvertragliche Bestimmungen: *BAG* 15.11.1957 NJW 1958, 397; 9.2.1972 AP § 4 BAT Nr. 1; 18.5.1977 DB 1977, 2145; 18.9.2002 EzA § 242 BGB Betriebliche Übung Nr. 48; jetzt **klar** aufgrund § 310 Abs. 4 S. 3 BGB für § 307 Abs. 2 BGB). Zu prüfen ist aber jeweils, ob der Tarifvertrag nicht lediglich einen **Anspruch** auf schriftliche Festlegung begründet und die Wirksamkeit mündlicher Erklärungen unberührt lassen will (*BAG* 7.7.1955 BB 1955, 669). Anders ist dies bei einer **gewillkürten** Schriftform. Dabei handelt es sich nicht um eine Bestimmung »durch Gesetz«. Gewillkürter Schriftformzwang gewährt keinen dem § 623 BGB vergleichbaren Standard. Das ergibt sich zum einen daraus, dass die Wahrung der Form nach Maßgabe

des § 127 Abs. 2 BGB gegenüber einem gesetzlichen Schriftformzwang erleichtert ist. Darüber hinaus kann eine gewillkürte Schriftform von den Parteien sowohl ausdrücklich als sogar konkludent, etwa dadurch, dass ohne Einhaltung der Schriftform gehandelt wird, abbedungen werden (so nicht das Abbedingen seinerseits – qualifizierte Schriftformklausel – dem Formzwang unterworfen ist). Daher geht der Schriftformzwang nach § 623 BGB einem **gewillkürten** Schriftformzwang stets **vor**.

Für **Kündigungen** ergibt sich Schriftformzwang zB (auch) aus § 22 Abs. 3 BBiG, § 17 Abs. 2 S. 2 (bis 31.1.2017: § 9 Abs. 3 S. 2) MuSchG oder aus § 65 Abs. 2 S. 1 SeeArbG. Aufgrund § 57 BAT/BAT-O bedurften sowohl ordentliche als auch außerordentliche Kündigungen nach Ablauf der Probezeit der Schriftform. § 54 **BMT-G II/BMT-G-O** enthielt eine im Wesentlichen gleichlautende Regelung, allerdings nur für Kündigungen seitens des **Arbeitgebers**. Soweit konstitutiver Schriftformzwang nicht bereits **danach** gilt, ist **nunmehr** § 623 BGB zu berücksichtigen. 253

Soweit nach **anderen** Rechtsquellen **weitergehende** Schriftformanforderungen aufgestellt sind, bleiben diese durch § 623 BGB **unberührt**. So bleibt es dabei, dass nach § 22 Abs. 3 BBiG die Kündigung in den Fällen dessen Abs. 2 schriftlich unter **Angabe** der **Kündigungsgründe** erfolgen muss. Die schriftliche Kündigung nach § 17 Abs. 2 S. 2 (bis 31.1.2017: § 9 Abs. 3 S. 3) MuSchG muss den **zulässigen Kündigungsgrund** angeben. § 54 BMT-G II zwang den Arbeitgeber, im Kündigungsschreiben die Gründe **so genau** zu bezeichnen, dass der Kündigungsempfänger genügend klar erkennen kann, was gemeint ist und was ihm – im Falle einer verhaltensbedingten Kündigung – zur Last gelegt wird. Die Bezugnahme auf den Inhalt eines Gesprächs (*BAG* 10.2.1999 EzA § 125 BGB Nr. 13) oder die Verwendung von Werturteilen oder die bloße Bezeichnung »betriebsbedingt« (*BAG* 10.2.1999 EzA § 125 BGB Nr. 13) war unzureichend (s. *Dassau* ZTR 2000, 289, 291; *Müller-Glöge/von Senden* AuA 2000, 199, 200). Auch eine **strengere gewillkürte Schriftform** bleibt/ist auch **nach** Inkrafttreten des § 623 BGB von Relevanz (vgl. APS-*Greiner* Rn 4; SPV-*Preis* Rn 81; ErfK-*Müller-Glöge* Rn 11; *BAG* 25.10.2012 EzA § 125 BGB 2002 Nr. 3 für die vertraglich verabredete Angabe auch des **Kündigungsgrundes** aus der Zeit vor Inkrafttreten des § 623 BGB am 1.5.2000). Soweit für die Schriftform bei Kündigung von **Wohnraum** mit Blick auf den »Sozialcharakter des Wohnraummietrechts« Gegenteiliges vertreten wird (*Palandt/Weidenkaff* § 568 Rn 3), ist dies auf § 623 BGB nicht übertragbar. Für die **Erschwerung der arbeitsvertraglichen Kündigung** gelten eigene Grenzen (zB aus § 622 Abs. 6 BGB; Einzelheiten s. KR-*Spilger* § 622 BGB Rdn 136 ff., 169, 171 f.). In **AGB** kann seit 1.10.2016 wegen **§§ 309 Nr. 13 b)**, 310 Abs. 4 S. 2 BGB keine **strengere** Form als die Textform mehr vereinbart werden (ErfK-*Müller-Glöge* Rn 11). Die wegen Art. 229 § 37 EGBGB lediglich auf nach dem 30.9.2016 entstandene Schuldverhältnisse anwendbare Regelung in § 309 Nr. 13 b) BGB hat aber wegen § 307 Abs. 3 S. 1 BGB keine Auswirkungen im Anwendungsbereich des § 623 BGB. Eine strengere Form, etwa die Kündigung mittels eingeschriebenen Briefes, konnte auch nach § 309 Nr. 13 BGB aF nicht wirksam vereinbart werden (*Lunk/Seidler* NJW 2016, 2153, 2154; APS-*Greiner* Rn 11; *Staudinger/Oetker* Rn 26). Da der Arbeitsvertrag Verbrauchervertrag iSd **§ 310 Abs. 3 BGB** ist (*BAG* 25.5.2005 EzA § 307 BGB 2002 Nr. 3; 31.8.2005 EzA § 6 ArbZG Nr. 6) gilt dies sogar für vorformulierte Verträge, die nur zur **einmaligen** Verwendung bestimmt sind (HWK-*Bittner/Tiedemann* Rn 37; zu **Zugangsfiktionen, Fingierung von Erklärungen, strengeren Formregelungen, besonderen Zugangserfordernissen** und **unangemessenen** vorformulierten Klauseln s. KR-*Spilger* § 622 BGB Rdn 329). Im Übrigen darf die Erschwerung nur nicht **zu Lasten** des Arbeitnehmers **ungleich** sein (arg. § 622 Abs. 6 BGB, § 22 Abs. 1 TzBfG). 254

Keine Kollision zwischen § 623 BGB und anderen Rechtsquellen tritt auf, wenn durch letztere **sonstige** Schriftformanforderungen aufgestellt werden, deren Verletzung aber nicht zur Nichtigkeit des Rechtsgeschäfts führt. Dies ist – wie bereits angesprochen – in Sonderheit dann anzunehmen, wenn die Auslegung ergibt, dass es sich nur um ein deklaratorisches Schriftformerfordernis handelt. Insbesondere gehören hierher aber auch solche Regelungen, die der einen Partei gegen die andere Partei lediglich einen **Anspruch** auf Wahrung einer bestimmten schriftlichen Form einräumen, oder wenn an die Verletzung geforderter schriftlicher Form andere Rechtsfolgen als diejenige der Nichtigkeit des Rechtsgeschäfts geknüpft werden. Letzteres ist etwa bei der **Vertragsniederschrift** 255 des § 11 BBiG der Fall, deren Nichterrichtung lediglich eine **Ordnungswidrigkeit** darstellt und dazu führt, dass der Berufsausbildungsvertrag nicht eingetragen wird. Einen bloßen Anspruch auf schriftliche Mitteilung des Kündigungsgrundes enthält § 626 Abs. 2 S. 2 BGB, einen bloßen Anspruch auf Niederschrift und deren Aushändigung enthält § 2 Abs. 1 Nr. 3 **NachwG** hinsichtlich der Angabe der vorhersehbaren **Dauer** des Arbeitsverhältnisses bei (bedeutsam für die Fassung des § 623 BGB bis 31. Dezember 2000) **befristeten** Arbeitsverhältnissen (keine Wirksamkeitsvoraussetzung, vgl. *BAG* 21.8.1997 EzA § 4 BBiG Nr. 1). Die Verletzung der Verpflichtung nach § 57b Abs. 5 **HRG aF**, den Grund für die Befristung nach § 57b Abs. 2 bis 4 HRG aF im Arbeitsvertrag anzugeben, hat lediglich **die** Folge, dass die Rechtfertigung der Befristung nicht auf die genannten Absätze gestützt werden kann (Entsprechendes gilt für die Verletzung des Zitierungsgebotes aus § 57b Abs. 3 S. 1 des früheren HRG nF). Ist im **Arbeitsvertrag** vereinbart, dass die Kündigung durch eine besondere **Versendungsart**, zB durch **eingeschriebenen Brief**, zu erfolgen hat, ist das **kein** Formerfordernis, sondern soll nur den sicheren Zugang der Kündigung ermöglichen (*BAG* 4.12.1997 EzA § 242 BGB Rechtsmissbrauch Nr. 3; *Schulte* Anwalts-Handbuch Arbeitsrecht, Teil 3 C Rn 40). **Keine** der vorgenannten **Mitteilungs-, Erteilungs-** oder **Angabepflichten** usw. wahrt für sich das Formerfordernis des § 623 BGB. Die schriftliche Mitteilung des Kündigungsgrundes **auf Verlangen** ersetzt nicht die schriftliche Erklärung der Kündigung selbst. Die Niederschrift nach **§ 2 Abs. 1 Nr. 3 NachwG** ersetzt die schriftliche Befristung (für § 623 BGB maßgebend in dessen bis 31. Dezember 2000 geltender Fassung) ebenso wenig wie die Angabe des Befristungsgrundes nach § 57b Abs. 5 HRG aF oder diejenige nach § 57b Abs. 3 S. 1 des früheren HRG nF. **§ 623 BGB war also daneben einzuhalten.**

256 In Sonderheit ist § 623 BGB also **immer** auch **dann** einzuhalten, wenn andere Rechtsquellen nur bestimmen, **unter welchen Voraussetzungen** gekündigt, aufgelöst oder (Fassung bis 31. Dezember 2000) befristet werden kann und es zur Verwirklichung der Kündigung, der Auflösung oder (Fassung bis 31. Dezember 2000) der Befristung noch der darauf gerichteten Rechtsgeschäfte bedarf.

257 Soweit sich nach dem Vorstehenden allerdings eine **Kollision** des § 623 BGB mit einer **rangniederen** Norm ergibt, geht § 623 BGB **vor**. Dies gilt in Sonderheit auch gegenüber einer tarifvertraglichen Formvorschrift, die schwächer als § 623 BGB ausgestaltet ist. Zwar wiegt eine tarifvertragliche Formvorschrift nach dem Vorstehenden wie eine durch Gesetz bestimmte Form. Dies ändert jedoch nichts daran, dass der Tarifvertrag als im Range niedrigere Rechtsquelle keinen geringeren Formstandard als § 623 BGB normieren darf und hat sich hinsichtlich der Befristungsabrede auch nach deren Auslagerung nach § 14 Abs. 4 TzBfG, wie sich aus § 22 TzBfG ergibt, nicht geändert.

§ 624 BGB Kündigungsfrist bei Verträgen über mehr als fünf Jahre

¹Ist das Dienstverhältnis für die Lebenszeit einer Person oder für längere Zeit als fünf Jahre eingegangen, so kann es von dem Verpflichteten nach dem Ablauf von fünf Jahren gekündigt werden. ²Die Kündigungsfrist beträgt sechs Monate.

Übersicht	Rdn			Rdn
A. Zweck der Vorschrift	1		5. »Unkündbare« Beschäftigte	22
B. Geltungsbereich	4	II.	Dienstverhältnis auf mehr als	
I. Arbeitnehmer – Dienstverpflichtete	4		fünf Jahre	23
II. Handelsvertreter	5		1. Einmalige oder mehrfache Befristung	23
III. Analoge Anwendung	6		2. Zulässige Verlängerungen	24
C. Zwingendes Recht	7	E.	Rechtsfolgen einer Bindung auf Lebenszeit oder auf mehr als fünf Jahre	25
D. Tatbestandsvoraussetzungen	9			
I. Anstellung auf Lebenszeit	9	I.	Bindung des Dienstberechtigten	25
1. Begriff	9	II.	Vorzeitige Kündigung des Dienstverpflichteten	27
2. Strenge Anforderungen	11			
3. Lebens- oder Dauerstellung	13	F.	Darlegungs- und Beweislast	30
4. Schadensersatz bei Kündigung einer Lebens- oder Dauerstellung	19			

A. Zweck der Vorschrift

Die Vorschrift des § 624 BGB dient dem Schutz der »persönlichen Freiheit« des Dienstverpflich- 1
teten, wie sie insbes. in Art. 12 GG abgesichert ist (vgl. dazu *BAG* 19.12.1991 EzA § 624 BGB
Nr. 1). Sie beruht auf der Erwägung, dass eine über eine gewisse Zeit hinausgehende Bindung des
Dienstverpflichteten sich aus sozialen und wirtschaftlichen Gründen verbietet. Eine längere als eine
fünfjährige Bindung beschränkt den Dienstverpflichteten übermäßig in der persönlichen Freiheit
und widerstrebt der Entwicklung, die darauf gerichtet ist, die wirtschaftliche **Freiheit des Dienstverpflichteten** als des wirtschaftlich Schwachen zu erweitern.

Der Gesetzgeber ist davon ausgegangen, in den Fällen des § 624 BGB bedürfe es einer besonde- 2
ren Regelung der Kündigungsbefugnis des Dienstverpflichteten, weil ein Arbeitsvertrag idR nicht
schon allein wegen einer **übermäßig langen Bindung** nach § 138 BGB sittenwidrig ist (Mot. zum
BGB, Bd. 2, S. 466; vgl. auch *BAG* 25.4.2013 EzA § 138 BGB 2002 Nr. 10). Ein Vertrag, der für
die **Lebenszeit** des Dienstverpflichteten eingegangen worden ist, von diesem aber ordentlich gekündigt werden kann, verstößt nicht schon wegen des nur einseitig eingeräumten Kündigungsrechts
gegen die guten Sitten (*Staudinger/Preis* Rn 7).

Da durch die Regelung des § 624 BGB nur eine unangemessen lange Bindung des Dienstver- 3
pflichteten verhindert werden soll, wird nur ihm ein vorzeitiges Kündigungsrecht eingeräumt,
während die **Wirksamkeit des Vertrages** im Übrigen unberührt bleibt (MüKo-BGB/*Henssler* Rn 2;
Reuter Anm. AP Nr. 1 zu § 28 BGB; s. Rdn 25 f.). Dass der Dienstverpflichtete für die vorzeitige
Kündigung eine Frist von sechs Monaten einzuhalten hat, verstößt nicht gegen Art. 12 GG (*BAG*
24.10.1996 EzA Art. 12 GG Nr. 29).

B. Geltungsbereich

I. Arbeitnehmer – Dienstverpflichtete

§ 624 BGB gilt seit 1.1.2001 **nicht mehr für Arbeitsverhältnisse** (vgl. zur Abgrenzung zwi- 4
schen allgemeinem Dienstvertrag und Arbeitsvertrag KR-*Kreutzberg-Kowalczyk* ArbNähnl.
Pers. Rdn 1 f.). Für Arbeitnehmer enthält jetzt **§ 15 Abs. 4 TzBfG** eine spezielle, aber gleichlautende Regelung. Es ist unerheblich, ob die Arbeits- oder Dienstleistungen in einem Betrieb
oder in einem Haushalt erbracht werden. Es bestehen ferner keine Ausnahmen für bestimmte
Arten von Beschäftigungen, zB künstlerische oder wissenschaftliche Tätigkeiten. § 624 BGB
ist grds. auch dann anzuwenden, wenn die Dienste nicht persönlich zu leisten sind, sondern
einem Dritten übertragen werden dürfen (HWK-*Bittner/Tiedemann* Rn 5; MüKo-BGB/*Henssler* Rn 3; HaKo-KSchR/*Spengler* Rn 2; *Staudinger/Preis* Rn 3; **aA** APS-*Backhaus* Rn 4; ErfK-
Müller-Glöge Rn 1; abw. auch *Soergel/Kraft* Rn 2, wenn die Tätigkeit mehr unternehmens- als
personenbezogen ist). Es kommt auch nicht auf die Art der Vergütung oder die Zahlungsmodalitäten an (*Staudinger/Preis* Rn 3). Unerheblich ist ferner, ob die Arbeits- oder Dienstleistungen
die hauptsächliche Erwerbstätigkeit des Dienstpflichtigen sind oder nur einen Nebenerwerb
bedeuten.

II. Handelsvertreter

§ 624 BGB ist auf **Handelsvertreterverträge** anwendbar, wenn sie dienstvertraglichen Charakter 5
haben und der Handelsvertreter eine natürliche Person ist (HWK-*Bittner/Tiedemann* Rn 6; ErfK-
Müller-Glöge Rn 1; *Staudinger/Preis* Rn 4; KR-*Kreutzberg-Kowalczyk* ArbNähnl. Pers. Rdn 125
mwN zum Streitstand).

III. Analoge Anwendung

Ob § 624 BGB auf **dienstvertragsähnliche Verhältnisse** entsprechend anzuwenden ist, hängt je- 6
weils von der Besonderheit der Vertragsgestaltung ab (*Staudinger/Preis* Rn 5 f.).

C. Zwingendes Recht

7 §§ 624 S. 1 BGB, 15 Abs. 4 TzBfG sind **zwingender Natur**, d.h., die Kündigungsbefugnis des Dienstverpflichteten kann weder durch **Arbeitsvertrag** noch durch **Tarifvertrag** ausgeschlossen werden (MüKo-BGB/*Henssler* Rn 14; ausdrücklich § 22 Abs. 1 TzBfG).

8 Da die gesetzliche Kündigungsfrist des § 624 S. 2 BGB einseitig den Schutz des Dienstverpflichteten bezweckt, kann zwar keine längere, wohl aber eine **kürzere Frist** zwischen den Parteien vereinbart werden (*Staudinger/Preis* Rn 8; ArbRBGB-*Röhsler* Rn 28).

D. Tatbestandsvoraussetzungen

I. Anstellung auf Lebenszeit

1. Begriff

9 Auf Lebenszeit einer Person wird ein Dienstverhältnis idR dann eingegangen, wenn auf die Lebensdauer des Dienstberechtigten oder des Dienstverpflichteten abgestellt wird. Möglich ist es auch, ein Arbeitsverhältnis für die **Lebenszeit einer dritten Person** (zB Anstellung zur Pflege eines Kranken) zu vereinbaren (APS-*Backhaus* § 15 TzBfG Rn 33; *Bader/Bram-Bader* Rn 4; *Erman/Riesenhuber* Rn 5).

10 Wenn die Dauer eines Arbeitsverhältnisses von der Lebenszeit eines Dritten abhängig gemacht wird, endet es im Zweifel erst mit dessen Tod. Das ist auch dann anzunehmen, wenn die **Lebenszeit des Dienstberechtigten** maßgebend sein soll. Wenn auf die **Lebenszeit des Dienstverpflichteten** abgestellt ist, scheint dagegen zu sprechen, dass seine Fähigkeit, die vertraglich übernommenen Dienstleistungen zu erbringen, mit zunehmendem Alter erfahrungsgemäß immer mehr nachlässt. Diese Erwägung reicht jedoch nicht aus, ein auf Lebenszeit des Dienstverpflichteten eingegangenes Dienstverhältnis als durch den Eintritt der dauernden **Arbeitsunfähigkeit** oder durch den Zeitpunkt begrenzt anzusehen, zu dem der Dienstverpflichtete einen Antrag auf Gewährung einer Altersrente oder eine Rente wegen Erwerbsunfähigkeit stellen kann. Der Dienstverpflichtete kann eine Beschäftigung, die ihn zu stark belastet, dadurch beenden, dass er nach Ablauf von fünf Jahren das Dienstverhältnis mit der gesetzlichen Frist von sechs Monaten kündigt (s. Rdn 27 f.). Auch der Dienstberechtigte ist nicht gezwungen, ein für ihn unzumutbar gewordenes Dienstverhältnis bis zum Tode des Dienstverpflichteten fortzusetzen, weil das Recht zur **außerordentlichen Kündigung** auch im Rahmen eines Dienstverhältnisses nach § 624 BGB bestehen bleibt (vgl. Rdn 25). Da allein das **Alter** des Dienstverpflichteten noch nicht einmal ein Grund zur ordentlichen Kündigung eines Arbeitsverhältnisses ist (vgl. KR-*Rachor* § 1 KSchG Rdn 305), sind allerdings an eine außerordentliche Kündigung wegen altersbedingter **Leistungsminderung** des Dienstverpflichteten strenge Anforderungen zu stellen. Es genügt nicht, wenn die körperlichen oder geistigen Kräfte merklich nachgelassen haben, sondern die Leistungsminderung muss einen solchen Grad erreicht haben, dass es dem Dienstberechtigten unter Berücksichtigung aller Umstände des Einzelfalles und unter Abwägung der beiderseitigen Interessen nicht mehr zumutbar ist, das Dienstverhältnis fortzusetzen (§ 626 Abs. 1 BGB; ArbRBGB-*Röhsler* Rn 30; vgl. zur außerordentlichen Kündigung wegen Leistungsmängeln und zur Bedeutung der Dauer der vorgesehenen Vertragsbindung KR-*Fischermeier/Krumbiegel* § 626 BGB Rdn 313 f., 459).

2. Strenge Anforderungen

11 Das nur für Arbeitsverhältnisse geltende Schriftformerfordernis des § 14 Abs. 4 TzBfG findet bei einer **Einstellung auf Lebenszeit** keine Anwendung, da diese Vorschrift eine Mindestbefristung unter Ausschluss der ordentlichen Kündigung nicht betrifft (vgl. APS-*Backhaus* § 15 TzBfG Rn 35 aE, 40). Da der Tod des Arbeitnehmers das Arbeitsverhältnis ohnehin beendet, liegt im rechtlichen Sinn ein unbefristetes Arbeitsverhältnis vor. Die Problematik der Schriftform kann sich nur bei der Begründung eines Arbeitsverhältnisses für längere Zeit als fünf Jahre (§ 15 Abs. 4 TzBfG) in Kombination mit einer Höchstbefristung ergeben (vgl. hierzu Rdn 23). Im Anwendungsbereich

des § 624 BGB ist bei der Prüfung einer Einstellung auf Lebenszeit in erster Linie zu beachten, dass eine so weitgehende **Bindung** sich eindeutig aus den schriftlichen oder mündlichen Vereinbarungen zwischen den Parteien unter Berücksichtigung aller Begleitumstände ergeben muss. Eine lebenslängliche Anstellung muss idR **ausdrücklich zugesagt** werden; sie kann sich nur ausnahmsweise aus ganz besonderen Umständen (massiven Anhaltspunkten) konkludent ergeben (MüKo-BGB/*Hesse* § 15 TzBfG Rn 37; *Staudinger/Preis* Rn 13, 16). Es entspricht im Zweifel nicht dem Willen der Parteien, sich auf Lebenszeit vollständig zu binden und die ordentliche Kündigung auszuschließen. Anstellungen auf Lebenszeit i. S. d. § 624 BGB sind deswegen im Arbeitsleben die Ausnahme und in der Rechtsprechung selten anerkannt worden.

Allein der Vereinbarung einer **Ruhegehaltsverpflichtung** für den Fall der Dienstunfähigkeit eines Arbeitnehmers ist noch nicht die Absicht der Parteien zu entnehmen, ein lebenslängliches Arbeitsverhältnis einzugehen. 12

3. Lebens- oder Dauerstellung

Der Anstellung auf Lebenszeit ist nicht die Zusage einer **Lebens- oder Dauerstellung** gleichzusetzen (MüKo-BGB/*Hesse* § 15 TzBfG Rn 37; ErfK-*Müller-Glöge* § 15 TzBfG Rn 18). Das Gesetz kennt die im Sprachgebrauch des Arbeitslebens häufig verwendeten Begriffe Lebensstellung, Dauerstellung oder Dauerarbeitsplatz nicht. Sie haben keine bestimmte allgemein gültige rechtliche Bedeutung. Wie eine solche Zusage im Einzelfall zu verstehen ist, muss durch **Auslegung** des Vertrages unter Berücksichtigung der jeweiligen Interessenlage der Parteien ermittelt werden. 13

Der Begriff der Dauerstellung ist allerdings nicht nur als ein dauerndes Dienstverhältnis i. S. d. § 629 BGB zu verstehen, das von einer vorübergehenden Beschäftigung zu unterscheiden ist. Soweit es sich nicht bloß um eine allgemeine, erkennbar rechtlich unverbindliche Anpreisung des Arbeitsplatzes handelt (vgl. *Hunold* AR-Blattei SD 1080 Rn 22), bedeutet die Vereinbarung einer Dauer- oder Lebensstellung vielmehr eine Anstellung auf unbefristete Zeit mit **verbessertem Kündigungsschutz**. 14

In der **Rechtsprechung** reichen die Auslegungen von der Annahme eines rechtlich unverbindlichen Hinweises darauf, die Stellung könne auf Dauer sein, wenn die Leistungen des Arbeitnehmers zufrieden stellend seien und keine Störung des Vertrauensverhältnisses eintrete (*RAG* 19.12.1928 ARS 5, 29) bis zum völligen Ausschluss der ordentlichen Kündigung (*BAG* 12.10.1954 AP Nr. 1 zu § 52 RegelungsG). Zwischen diesen beiden **Alternativen** sind noch folgende Fallgestaltungen angenommen worden (vgl. auch *Staudinger/Preis* Rn 16): Die Zusage einer Lebens- oder Dauerstellung kann bedeuten, dass die ordentliche Kündigung für einen angemessenen Zeitraum ausgeschlossen ist (*BAG* 7.11.1968 EzA § 66 HGB Nr. 2), dass der allgemeine Kündigungsschutz bereits mit Beginn des Arbeitsverhältnisses eingreifen soll (*BAG* 18.2.1967 EzA § 1 KSchG Nr. 5; 8.6.1972 EzA § 1 KSchG Nr. 24), dass eine in den ersten sechs Monaten ohne hinreichenden Grund ausgesprochene Kündigung treuwidrig ist (*LAG Kiel* 14.11.1957 AP Nr. 2 zu § 1 KSchG Unterbrechung des Arbeitsverhältnisses), dass die Kündigung zwar nicht auf wichtige, aber doch wirklich gewichtige (triftige) Gründe beschränkt ist (*LAG BW* 29.2.1952 BB 1952, 320), dass der Arbeitgeber bei der Stilllegung eines Betriebes einen »Dauerangestellten« in einen anderen Betrieb zu versetzen hat (*LAG Brem.* 25.2.1953 DB 1952, 276) oder dass der zugesagten Dauerstellung bei der **Interessenabwägung** nach § 626 BGB oder § 1 KSchG zugunsten des Arbeitnehmers ein besonderer Wert beizumessen ist (*BAG* 21.10.1971 EzA § 1 KSchG Nr. 23). 15

Wenn auch stets die besondere Interessenlage der Parteien und der bei den Vertragsverhandlungen erkennbar gewordene **Zweck der Anstellung** zu berücksichtigen sind, so bedarf es doch im Interesse der Rechtssicherheit bestimmter Auslegungsregeln, die in Zweifelsfällen anzuwenden sind. Auch ein auf Dauer angelegtes Arbeitsverhältnis enthält idR nur bei Vorliegen besonderer Umstände eine **stillschweigende Vereinbarung** über einen Ausschluss oder eine Beschränkung der ordentlichen Kündigung (*BAG* 8.6.1972 EzA § 1 KSchG Nr. 24). Die gemeinsame Vorstellung der Parteien von einer Dauerstellung reicht allein für eine **Kündigungserschwerung** nicht aus. Die erforderlichen besonderen Umstände können gegeben sein, wenn ein Arbeitnehmer bei den Vertragsverhandlungen betont 16 hat, dass er nur an einer Dauerstellung interessiert ist, und dem Arbeitgeber bekannt war, dass der Arbeitnehmer einen **sicheren Arbeitsplatz aufgeben** muss (*BAG* 18.2.1967 EzA § 1 KSchG Nr. 5).

17 Wenn die Zusage der Dauerstellung aus besonderen Gründen mehr bedeutet als den Hinweis darauf, es handele sich nicht nur um eine vorübergehende Beschäftigung, ist ein völliger **Ausschluss der ordentlichen Kündigung im Allgemeinen nicht anzunehmen**, weil damit im Ergebnis eine Anstellung auf Lebenszeit vorliegen würde, die die Parteien gerade nicht vereinbart haben. Zurückhaltung ist auch geboten bei der Annahme eines zeitlich begrenzten Ausschlusses der ordentlichen Kündigung oder einer Verlängerung der Kündigungsfristen. Es müssen deutliche Anhaltspunkte vorliegen, die einen entsprechenden Willen der Parteien erkennen lassen und die Bestimmung der maßgebenden Fristen erleichtern.

18 Im Zweifel ist davon auszugehen, dass die ordentliche Kündigung nicht aus jedem Grund möglich sein soll, sondern dafür besonders **gewichtige Gründe** (nicht wichtige Gründe iSd § 626 BGB) vorliegen müssen. Letztlich bedeutet dies für den Regelfall die bloße Berücksichtigung innerhalb der Güter- und **Interessenabwägung** bei Anwendung der einschlägigen Kündigungsschutznormen (*Staudinger/Preis* Rn 16).

4. Schadenersatz bei Kündigung einer Lebens- oder Dauerstellung

19 Wenn trotz der Zusage einer Lebens- oder Dauerstellung keine Beschränkung des Kündigungsrechts anzunehmen ist oder die Beschränkung wegen Vorliegens eines triftigen Grundes zur Kündigung nicht eingreift, kann der Arbeitgeber unter dem Gesichtspunkt des **Verschuldens beim Vertragsabschluss** (§§ 280 Abs. 1, 311 Abs. 2, 249 BGB) gegenüber dem Arbeitnehmer schadenersatzpflichtig sein (*BAG* 12.12.1957 EzA § 276 BGB Nr. 1; *Staudinger/Preis* Rn 17). Ein Schadenersatzanspruch des Arbeitnehmers, der entgegen seinen Vorstellungen die ihm zugesagte Lebens- oder Dauerstellung alsbald wieder verloren hat, setzt allerdings voraus, dass der Arbeitgeber seine **Aufklärungspflicht** schuldhaft verletzt hat (*BAG* 12.12.1957 EzA § 276 BGB Nr. 1).

20 Grundsätzlich ist der Arbeitgeber bereits bei den **Einstellungsverhandlungen** verpflichtet, auf die besonderen Interessen des Bewerbers Rücksicht zu nehmen und ihn insbes. über die künftigen Verhältnisse aufzuklären, wenn er erkennt, dass der Arbeitnehmer besondere Wünsche und Erwartungen hinsichtlich der Dauer der Beschäftigung hat. Eine solche Aufklärungspflicht trifft einen Arbeitgeber aber nur insoweit, als es sich nicht um Umstände handelt, die sich aus der Sachlage von selbst ergeben. Dazu gehört die Erwartung, dass der Arbeitnehmer, wenn er mit einem erhöhten Gehalt eingestellt wird, auch den besonderen Anforderungen gerecht wird, die in seiner neuen Stellung an ihn gestellt werden. Ein Arbeitnehmer, der sich von seiner bisherigen Arbeitsstelle abwerben lässt, trägt grds. das mit der neuen Tätigkeit verbundene Risiko (*BAG* 12.12.1957 EzA § 276 BGB Nr. 1). Ein Arbeitgeber macht sich jedoch schadenersatzpflichtig, wenn er einen Arbeitnehmer bestimmt, eine sichere Stellung aufzugeben, um bei ihm einzutreten, seinen Angaben zu entnehmen ist, dass er eine aussichtsreiche Lebensstellung anzubieten hat, er aber bei den Verhandlungen die Schwierigkeiten verschweigt, die einer längeren Fortsetzung der übernommenen Tätigkeit entgegenstehen und später auch zur Kündigung führen (*RAG* 29.1.1936 ARS 27, 46). Den Arbeitnehmer trifft allerdings ein **Mitverschulden** (§ 254 BGB), wenn er bei der Einstellung nicht darauf hinweist, dass er in der Erwartung einer Dauerstellung eine sichere Position aufgibt.

21 Der Arbeitnehmer kann bei einem Verschulden beim Vertragsabschluss idR nur den Ersatz des sog. **Vertrauensinteresses** verlangen, d. h., er kann verlangen, so gestellt zu werden, wie er stünde, wenn er wegen der Ungewissheit der künftigen Entwicklung auf den Stellenwechsel verzichtet und sein früheres Arbeitsverhältnis fortgesetzt hätte.

5. »Unkündbare« Beschäftigte

22 Während echte Anstellungen auf Lebenszeit selten sind, erwerben zahlreiche Arbeitnehmer, zumeist aufgrund von Tarifverträgen, nach einer längeren Beschäftigung von einem höheren Lebensalter ab eine **ähnliche gesicherte Rechtsstellung** wie diejenigen Arbeitnehmer, die von vornherein auf

Lebenszeit eingestellt worden sind. Das gilt insbes. im öffentlichen Dienst. Als sog. **unkündbaren Arbeitnehmer können sie** nicht mehr ordentlich, sondern nur noch aus wichtigem Grunde gekündigt werden (vgl. KR-*Fischermeier/Krumbiegel* § 626 BGB Rdn 316 ff.). Zu einer Anstellung auf Lebenszeit führt die Unkündbarkeit aber deswegen nicht, weil die Arbeitnehmer selbst ihr Recht zur ordentlichen Kündigung mit den tariflichen Fristen behalten und weil die Arbeitsverhältnisse oft nach den tariflichen Regelungen bereits vorher durch Feststellung der Berufs- oder Erwerbsunfähigkeit oder mit der Vollendung des für den Bezug der Regelaltersrente maßgeblichen Lebensjahres der Arbeitnehmer beendet werden.

II. Dienstverhältnis auf mehr als fünf Jahre
1. Einmalige oder mehrfache Befristung

Der Anstellung auf Lebenszeit wird der Tatbestand gleichgestellt, dass ein Dienstverhältnis auf **mehr als fünf Jahren** eingegangen wird. Eine Dauer des Vertrages von mehr als fünf Jahren kann sich sowohl aus einer **kalendermäßigen Befristung** als auch daraus ergeben, dass der vertragliche **Zweck** der Dienste (§ 620 Abs. 2 BGB) nicht innerhalb von fünf Jahren erreicht wird (BeckOK ArbR-*Bayreuther* § 15 TzBfG Rn 16; MüKo-BGB/*Hesse* § 15 TzBfG Rn 38). Auch für **auflösend bedingte Arbeitsverträge** dürfte nichts anderes gelten, obwohl § 21 TzBfG nicht auf § 15 Abs. 4 TzBfG verweist (APS-*Backhaus* § 21 TzBfG Rn 33; MüKo-BGB/*Hesse* § 15 TzBfG Rn 38, ErfK-*Müller-Glöge* § 15 TzBfG Rn 19; *Annuß/Thüsing/Maschmann* § 15 Rn 14; jPK-*Weth* Rn 6; AnwK-ArbR/*Worzalla* § 15 TzBfG Rn 13; aA *Dörner* Befr. Arbeitsvertrag, Rn 736; HaKo-TzBfG/*Joussen* § 15 Rn 66; KR-*Lipke/Bubach* § 15 TzBfG Rdn 49; HaKo-KSchR/*Mestwerdt* § 15 TzBfG Rn 21; HWK-*Rennpferdt* § 15 TzBfG Rn 32). Der Gesetzgeber wollte insoweit eine dem § 624 BGB inhaltlich entsprechende Regelung schaffen (vgl. BT-Drucks. 14/4374 S. 20). Wurde bei der Vereinbarung das **Schriftformerfordernis des § 14 Abs. 4 TzBfG** nicht beachtet, hindert dies nach dem Normzweck nur die automatische Beendigung des Arbeitsverhältnisses mit Fristablauf. Die Befristung ist dann zwar entfallen, die vertragliche Vereinbarung über die Mindestdauer des Vertrags bleibt jedoch bestehen. Diesbezüglich gilt § 15 Abs. 4 TzBfG als Spezialregelung der Kündigungsmöglichkeit. § 16 S. 2 TzBfG kommt nicht zur Anwendung (vgl. MüKo-BGB/*Hesse* § 15 TzBfG Rn 38; KR-*Lipke/Bubach* § 14 TzBfG Rdn 738; aA APS-*Backhaus* § 15 TzBfG Rn 35; *Arnold/Gräfl/Arnold* § 15 Rn 58). Eine unzulässige Bindung für mehr als fünf Jahre liegt nicht nur dann vor, wenn die Zeitdauer eines Vertrages von vornherein länger ist. Ein Dienstverhältnis ist auch dann »auf mehr als fünf Jahre eingegangen«, wenn dem Dienstberechtigten, etwa im Sportbereich, eine entsprechende Verlängerungsoption eingeräumt worden ist (MHH-TzBfG/*Meinel* § 15 Rn 47) oder der Dienstpflichtige sich durch **mehrere** gleichzeitig oder nacheinander abgeschlossene **Verträge** für mehr als fünf Jahre zur Leistung gleicher oder gleichartiger Dienste verpflichtet (RG 25.10.1912 RGZ 80, 279 f.; APS-*Backhaus* § 15 TzBfG Rn 47; *Staudinger/Preis* Rn 19; aA ArbRBGB-*Röhsler* Rn 21). Bei einer derartigen Vertragsgestaltung ist aber entscheidend, ob eine **echte Bindung für eine Gesamtdauer von mehr als fünf Jahren** eintritt (zB gleichzeitiger Abschluss eines Vertrages über fünf Jahre und dreier Anschlussverträge über je ein Jahr). Nur mit dieser Einschränkung ist die Forderung berechtigt, die Vertragsverlängerung, die zu einer Gesamtdauer von mehr als fünf Jahren führt, müsse von »vornherein« beabsichtigt gewesen sein (so *Soergel/Kraft* Rn 6), oder der Vertrag müsse von »vornherein« auf mehr als fünf Jahre abgeschlossen werden (so HWK-*Bittner/Tiedemann* Rn 12; MüKo-BGB/*Hesse* § 15 TzBfG Rn 39; ähnlich BAG 1.10.1970 AP Nr. 59 zu § 626 BGB [*A. Hueck*]). Diese Voraussetzung ist nicht erfüllt, wenn ein Vertrag auf fünf Jahre zum Ablauf dieser Frist vom Dienstverpflichteten gekündigt werden kann und sich dann um fünf Jahre verlängert, wenn er nicht gekündigt wird. Dann besteht **wegen des Kündigungsrechts** zu keinem Zeitpunkt eine Bindung für mehr als fünf Jahre (BAG 1.10.1970 AP Nr. 59 zu § 626 BGB; 19.12.1991 EzA § 624 BGB Nr. 1; *Erman/Riesenhuber* Rn 6; MüKo-BGB/*Hesse* § 15 TzBfG Rn 39; *Schaub/Koch* § 37 Rn 2; NK-GA/*Worzalla* § 15 TzBfG Rn 14; krit. APS-*Backhaus* § 15 TzBfG Rn 49 f.; einschränkend ferner DDZ-*Zwanziger/Callsen* Rn 5 sowie für vorformulierte Verträge HWK-*Bittner/Tiedemann* Rn 14 und *Staudinger/Preis* Rn 21). Da der Dienstverpflichtete

23

die Möglichkeit hat, »rechtzeitig auszusteigen«, liegt **keine Umgehung** des § 624 BGB vor. Die Bindung verstößt auch nicht gegen Art. 12 GG (*BAG* 19.12.1991 EzA § 624 BGB Nr. 1).

2. Zulässige Verlängerungen

24 Der Dienstverpflichtete kann sich nach dem Ablauf der fünf Jahre wiederum durch einen neuen Dienstvertrag auf weitere fünf Jahre binden (*RG* 25.10.1912 RGZ 80, 280; *Staudinger/Preis* Rn 20; einschränkend APS-*Backhaus* § 15 TzBfG Rn 48, 50). Da die Vertragsfreiheit des Dienstverpflichteten nicht über den Zweck des § 624 BGB hinaus beschränkt werden soll, kann die Verlängerung des Dienstverhältnisses schon eine **angemessene Zeit vor** dem **Ablauf** der fünf Jahre zugelassen werden (*RG* 25.10.1912 RGZ 80, 280; *Erman/Riesenhuber* Rn 6; MüKo-BGB/*Hesse* § 15 TzBfG Rn 40; ErfK-*Müller-Glöge* § 15 TzBfG Rn 20). Welche Frist als angemessen zu erachten ist, hängt davon ab, wann der Dienstpflichtige die Umstände übersehen kann, die für seinen Entschluss von Bedeutung sind, ob er das Dienstverhältnis kündigen oder fortsetzen will. Ein Schauspieler ist idR nach vierjähriger Dauer des Engagements in der Lage, die maßgebenden Verhältnisse zu übersehen und kann sich deswegen schon im fünften Vertragsjahr auf weitere fünf Jahre unkündbar binden. Das ist auch bei einem Mitglied des Vorstandes einer AG anzunehmen (*Staudinger/Preis* Rn 20; generell für Verlängerungen im letzten Jahr MüKo-BGB/*Hesse* § 15 TzBfG Rn 40; **aA** DDZ-*Zwanziger/Callsen* Rn 5: nur in den letzten sechs Monaten).

E. Rechtsfolgen einer Bindung auf Lebenszeit oder auf mehr als fünf Jahre

I. Bindung des Dienstberechtigten

25 Da § 624 BGB nur den Dienstverpflichteten vor einer zu starken Einschränkung seiner Vertragsfreiheit schützen will, ist der **Dienstberechtigte** an einen auf Lebenszeit oder mehr als fünf Jahre abgeschlossenen Vertrag **gebunden**, ohne ordentlich kündigen zu können (*BAG* 25.3.2004 EzA § 626 BGB 2002 Unkündbarkeit Nr. 3; *Erman/Riesenhuber* Rn 8). Unberührt bleibt für beide Seiten und damit auch für den Dienstberechtigten das Recht zur **außerordentlichen Kündigung** aus wichtigem Grund nach § 626 BGB (*BAG* 25.3.2004 EzA § 626 BGB 2002 Unkündbarkeit Nr. 3; *Staudinger/Preis* Rn 26). Dabei ist allerdings zu beachten, dass hier eine besondere Risikoübernahme vorliegt, so dass bei einem Wegfall der Beschäftigungsmöglichkeit nicht ohne weiteres die für Fälle tarifvertraglicher Unkündbarkeit entwickelten Grundsätze heranzuziehen sind (vgl. KR-*Fischermeier/Krumbiegel* § 626 BGB Rdn 170 mwN).

26 Ist eine außerordentliche Kündigung gem. § 626 BGB zulässig, so ist weiter zu prüfen, ob ohne die gesteigerte Vertragsbindung bei im Übrigen gleicher Sachlage die Einhaltung der dann einschlägigen Kündigungsfrist zumutbar wäre. Ggf. ist zur Vermeidung eines Wertungswiderspruchs eine entsprechende **Auslauffrist** einzuräumen (*BAG* 25.3.2004 EzA § 626 BGB 2002 Unkündbarkeit Nr. 3; vgl. KR-*Fischermeier/Krumbiegel* § 626 BGB Rdn 322 f. mwN).

II. Vorzeitige Kündigung des Dienstverpflichteten

27 Der Dienstverpflichtete (Arbeitnehmer) kann das Dienstverhältnis nach dem Ablauf von fünf Jahren mit einer **Kündigungsfrist von sechs Monaten** vorzeitig kündigen. Es handelt sich um eine Höchstkündigungsfrist (*BAG* 22.2.2018, 6 AZR 50/17, EzA § 22 BBiG 2005 Nr. 2 – Rn 23). Für den **Beginn der Bindung** ist nicht der Zeitpunkt des Vertragsschlusses, sondern der der Aktualisierung des Dienstverhältnisses maßgebend (MüKo-BGB/*Henssler* Rn 11; ErfK-*Müller-Glöge* § 15 TzBfG Rn 21; jPK-*Weth* Rn 12; NK-GA/*Worzalla* § 15 TzBfG Rn 14; einschränkend APS-*Backhaus* § 15 TzBfG Rn 41; **aA** HaKo-KSchR/*Spengler* Rn 8: rechtlicher Beginn des Dienstverhältnisses). Das Kündigungsrecht entsteht nicht bereits sechs Monate vor Ablauf einer Vertragszeit von fünf Jahren. Der Vertrag kann somit nicht schon zum Ablauf des fünften Jahres gekündigt werden (*Staudinger/Preis* Rn 22). Eine **Kündigung**, die bereits **vor Ablauf** von fünf Jahren ausgesprochen wird, ist jedoch nicht unwirksam, sondern setzt die Kündigungsfrist mit Beginn des sechsten Vertragsjahres in Lauf, so dass sie das Arbeitsverhältnis nach fünf Jahren und sechs Monaten

beendet (*Arnold/Gräfl/Arnold* § 15 Rn 62; HWK-*Bittner/Tiedemann* Rn 16; MüKo-BGB/*Henssler* Rn 12; *Soergel/Kraft* Rn 7; *Hunold* AR-Blattei SD 1080 Rn 56; HaKo-KSchR/*Spengler* Rn 8; *Staudinger/Preis* Rn 22; **aA** NK-GA/*Worzalla* § 15 TzBfG Rn 15: Erklärung der Kündigung erst nach Ablauf von fünf Jahren möglich).

Die Ausübung des gesetzlichen Kündigungsrechts ist nicht an eine **Ausschlussfrist** gebunden (*Staudinger/Preis* Rn 23). Das einmal erwachsene Kündigungsrecht steht dem Dienstverpflichteten künftig jederzeit zu. Es unterliegt auch nicht der **Verwirkung** (*Arnold/Gräfl/Arnold* § 15 Rn 62; NK-GA/*Worzalla* § 15 TzBfG Rn 15; **aA** NK-GA/*Boecken* Rn 14; MüKo-BGB/*Hesse* § 15 TzBfG Rn 42), weil der Dienstverpflichtete sonst entgegen dem Zweck des § 624 BGB doch auf Lebenszeit oder auf länger als fünf Jahre an den Dienstvertrag gebunden wäre. Zwar ist entgegen *Klappstein* (AnwaltKomm Rn 11) ein **Verzicht** auf das bereits entstandene Kündigungsrecht zulässig, aber dieser Verzicht gilt wiederum nur für höchstens fünf Jahre (MüKo-BGB/*Henssler* Rn 12; ErfK-*Müller-Glöge* § 15 TzBfG Rn 21). 28

Die **Kündigung** kann nach Ablauf der fünf Jahre mit der Frist von sechs Monaten jederzeit **zu jedem Termin** ausgesprochen werden. Da § 622 BGB nur für ordentliche Kündigungen gilt, ist die Kündigung nicht nur zum 15. oder Monatsende zulässig (*BAG* 24.10.1996 EzA Art. 12 GG Nr. 29; MüKo-BGB/*Henssler* Rn 13; ErfK-*Müller-Glöge* § 15 TzBfG Rn 22; *Staudinger/Preis* Rn 24). 29

F. Darlegungs- und Beweislast

Wenn es zwischen den Parteien streitig ist, ob ein Dienstverhältnis auf Lebenszeit oder für länger als fünf Jahre eingegangen ist, muss derjenige, der die Rechtsstellung aus § 624 BGB für sich beansprucht (zB Ausschluss der ordentlichen Kündigung), **unabhängig von** seiner **Parteirolle** im Prozess die tatbestandlichen Voraussetzungen darlegen und beweisen (ErfK-*Müller-Glöge* § 15 TzBfG Rn 24; MüKo-BGB/*Henssler* Rn 16). Der Arbeitnehmer ist ggf. auch darlegungs- und beweispflichtig dafür, dass zwar keine Anstellung auf Lebenszeit, wohl aber eine Lebens- oder Dauerstellung (s. Rdn 13 ff.) zugesagt worden ist und sich daraus der von ihm geltend gemachte Ausschluss oder die Einschränkung der ordentlichen Kündigung ergibt (*BAG* 8.6.1972 EzA § 1 KSchG Nr. 24). 30

§ 625 BGB Stillschweigende Verlängerung

Wird das Dienstverhältnis nach dem Ablauf der Dienstzeit von dem Verpflichteten mit Wissen des anderen Teiles fortgesetzt, so gilt es als auf unbestimmte Zeit verlängert, sofern nicht der andere Teil unverzüglich widerspricht.

Übersicht	Rdn		Rdn
A. Anwendungsbereich	1	II. Fortsetzung des Dienstverhältnisses	21
B. Regelungsgehalt	4	III. Fortsetzung mit Wissen des Dienstberechtigten	24
I. Gesetzliche Fiktion	4	IV. Fehlender Widerspruch des Dienstberechtigten	27
II. Anwendung der Regeln für Rechtsgeschäfte	7		
III. Abweichende Vereinbarungen	11	D. Rechtsfolgen	36
C. Voraussetzungen der Anwendung	19	E. Beweislast	38
I. Ablauf der Dienstzeit	19		

A. Anwendungsbereich

Bei Dauerschuldverhältnissen werden die Vertragsbeziehungen zwischen den Parteien häufig über das zunächst vorgesehene Vertragsende hinaus tatsächlich fortgesetzt. Daraus ergibt sich ein besonderes gesetzliches Regelungsbedürfnis, für das bereits im römischen Recht das Institut der **relocatio tacita** entwickelt wurde. Dieses Institut hat das BGB in § 568 für die Miete und in § 625 für Dienstverträge anerkannt und näher ausgestaltet. § 625 BGB erfasst grds. die stillschweigende Verlängerung von privatrechtlichen **Dienstverhältnissen jeder Art**. Unanwendbar ist die Vorschrift 1

§ 625 BGB   Stillschweigende Verlängerung

auf Anstellungsverträge von Vorstandsmitgliedern einer Aktiengesellschaft (arg. e § 84 Abs. 1 S. 5 AktG; vgl. *OLG Karlsruhe* 13.10.1995 WM 1996, 161; APS-*Backhaus* Rn 5; HWK-*Bittner/Tiedemann* Rn 12; ErfK-*Müller-Glöge* Rn 2; HaKo-KSchR/*Spengler* Rn 3; aA HaKo-ArbR/*Griebeling/ Herget* Rn 5; für eine Begrenzung der Bestellung auf die Fünfjahresfrist des § 84 Abs. 1 S. 1 AktG *Erman/Riesenhuber* Rn 2; MüKo-BGB/*Henssler* Rn 6). Durch die Weiterarbeit entsteht insbes. kein Arbeitsverhältnis (*BAG* 26.8.2009 EzA § 84 AktG Nr. 1). § 625 BGB gilt nicht für öffentlich-rechtliche Dienstverhältnisse wie Beamtenverhältnisse (*BAG* 15.2.2017, 7 AZR 143/15, EzA § 620 BGB 2002 Hochschulen Nr. 25 – Rn 50).

2 Eine Sonderregelung für den Fall der Weiterarbeit nach Beendigung eines **Berufsausbildungsverhältnisses** enthält § 24 BBiG, der bestimmt, dass ein Arbeitsverhältnis auf unbestimmte Zeit als begründet gilt, wenn der Auszubildende im Anschluss an das Berufsausbildungsverhältnis weiterbeschäftigt wird und die Parteien hierüber ausdrücklich nichts vereinbart haben (vgl. KR-*Krumbiegel* § 24 BBiG Rdn 1 ff.). Für **Handelsvertreter** wird § 625 BGB durch § 89 Abs. 3 HGB verdrängt.

3 § 15 Abs. 5 TzBfG erfasst nach seinem eindeutigen Wortlaut nur **befristete bzw. gem. § 21 TzBfG auch auflösend bedingte Arbeitsverträge** (*Staudinger/Preis* Rn 2). Wird das Arbeitsverhältnis dagegen durch Kündigung, Anfechtung oder Aufhebungsvertrag beendet, gilt für seine Fortsetzung weiterhin § 625 BGB (*BAG* 20.3.2018, 9 AZR 479/17, EzA § 21 BBiG 2005 Nr 1 – Rn 27; 3.9.2003 EzA § 14 TzBfG Nr. 4; APS-*Backhaus* Rn 4, 7; MüKo-BGB/*Henssler* Rn 3; *Nehls* DB 2001, 2720; s. allerdings zum Aufhebungsvertrag Rdn 20). Nicht anwendbar ist § 625 BGB aber dann, wenn die Parteien im Anschluss an eine vom Arbeitnehmer unter Vorbehalt nach § 2 KSchG angenommene **Änderungskündigung** das Arbeitsverhältnis fortsetzen. Die bisherigen Arbeitsbedingungen gelten nur weiter, wenn die Änderungskündigung nicht wirksam ist (vgl. KR-*Kreft* § 2 KSchG Rdn 271 f.).

B. Regelungsgehalt

I. Gesetzliche Fiktion

4 Die Bestimmung enthält keine Auslegungsregel, sondern eine gesetzliche **Rechtsfolgenregelung** (*Larenz* II, S. 215). Es ist für die Anwendung des § 625 BGB unerheblich, ob tatsächlich Umstände vorliegen, die auf den stillschweigenden Willen der Parteien hindeuten, das Dienstverhältnis fortzusetzen (*RG* 5.5.1931 RGZ 140, 314, 317 f.). Das bedeutet jedoch nicht, dass im Rahmen des § 625 BGB ein bestimmtes Verhalten der Parteien ausschließlich als rein äußerer Vorgang mit den Wirkungen einer Willenserklärung ausgestattet wird. Die Fortsetzung des Dienstverhältnisses durch beide Vertragspartner iSv § 625 BGB ist vielmehr zugleich ein **Tatbestand schlüssigen Verhaltens kraft gesetzlicher Fiktion** (vgl. *BAG* 20.3.2018, 9 AZR 479/17, EzA § 21 BBiG 2005 Nr 1 – Rn 28; 21.11.2013 EzA § 611 BGB 2002 Kirchliche Arbeitnehmer Nr. 28; MüKo-BGB/*Henssler* Rn 2). Die gesetzliche Regelung beruht auf der Erwägung, die Fortsetzung der Dienstleistungen durch den Dienstverpflichteten mit Wissen des Dienstberechtigten sei im Regelfall der **Ausdruck eines stillschweigenden Willens der Parteien zur Verlängerung des Dienstverhältnisses** (Motive II, 468 zu § 625; *BAG* 11.8.1988 EzA § 625 BGB Nr. 3; APS-*Backhaus* Rn 2; *Bader/Bram-Bader* Rn 5; *Berger-Delhey* Anm. EzBAT § 53 BAT Nr. 5; ErfK-*Müller-Glöge* Rn 1; *Staudinger/Preis* Rn 1, 7; krit. HWK-*Bittner/Tiedemann* Rn 2).

5 (unbelegt)

6 Von der fingierten Fortsetzung des Dienstverhältnisses nach § 625 BGB ist die ausdrückliche oder stillschweigende **tatsächliche Vereinbarung** über die Weiterbeschäftigung zu unterscheiden. Die Parteien können sich vor oder nach dem Ablauf der Dienstzeit darüber einigen, das Dienstverhältnis nicht mit dem bisherigen Inhalt auf unbestimmte Zeit zu verlängern, sondern zu anderen Bedingungen oder nicht auf unbestimmte Zeit fortzusetzen (*BAG* 21.11.2013, 6 AZR 664/12, EzA § 611 BGB 2002 Kirchliche Arbeitnehmer Nr 28 -Rn 64). Für die Fiktion des § 625 BGB ist daher kein Raum, wenn der Arbeitgeber nicht nur untätig bleibt, sondern zB durch die Zuweisung eines anderen Arbeitsplatzes gegenüber dem Arbeitnehmer seine Bereitschaft bekundet, das Arbeitsverhältnis fortzusetzen. Darin kann eine vor oder nach dem Auslaufen des Vertrages

erfolgte schlüssige Vereinbarung über die Verlängerung des Arbeitsverhältnisses zu sehen sein (vgl. *BAG* 17.2.2005, 8 AZR 608/03, EzBAT §§ 22, 23 BAT A Gleichbehandlung Nr 3 – Rn 27; ErfK-*Müller-Glöge* Rn 1).

II. Anwendung der Regeln für Rechtsgeschäfte

Die Besonderheit der Fortsetzung des Dienstverhältnisses nach §§ 625 BGB, 15 Abs. 5 TzBfG gegenüber einer echten Verlängerungsvereinbarung liegt darin, dass aufgrund der unwiderleglichen gesetzlichen Vermutung ein Geschäftswille ohne Rücksicht darauf, ob er tatsächlich vorgelegen hat, unterstellt wird. Deswegen sind auf das fingierte schlüssige Verhalten der Parteien die Regeln über das **Rechtsgeschäft entsprechend** anzuwenden (MüKo-BGB/*Henssler* Rn 1; *Staudinger/Preis* Rn 9). 7

Das gilt zunächst für die Vorschriften der §§ 104 ff. BGB über die **Geschäftsfähigkeit** (vgl. *Erman/Riesenhuber* Rn 4; HWK-*Bittner/Tiedemann* Rn 23; *Soergel/Kraft* Rn 3). Die Willenserklärungen der Parteien werden zwar fingiert, aber es ist nicht anzunehmen, dass der Gesetzgeber auch das Verhalten solcher Personen als ausreichend für die Fiktion angesehen hat, die sich durch eine wirkliche Erklärung nicht rechtlich binden könnten (vgl. *Kramer* NZA 1993, 1116). Da die Fortsetzung eines Dienstverhältnisses durch einen beschränkt Geschäftsfähigen (vgl. § 106 BGB) diesem nicht lediglich rechtliche Vorteile bringt, bedarf es dazu nach § 107 BGB der Einwilligung des gesetzlichen Vertreters, sofern dieser den Jugendlichen nicht bereits nach § 113 BGB ermächtigt hat, in Dienst oder Arbeit zu treten. Ist der Arbeitgeber nicht geschäftsfähig, dann kommt es darauf an, ob seinem gesetzlichen Vertreter bekannt ist, dass der Arbeitnehmer seine Arbeitsleistungen fortsetzt. 8

Es ist auch das **Recht der Stellvertretung** (§§ 164 ff. BGB) anzuwenden (*BAG* 1.12.1960 AP Nr. 1 zu § 625 BGB). Auf Seiten des Arbeitgebers ist somit darauf abzustellen, ob sein Vertreter, der die Fortsetzung der Beschäftigung geduldet hat, dabei innerhalb seiner Vertretungsmacht gehandelt hat (s. Rdn 24; *LAG Hamm* 9.6.1994 LAGE § 625 BGB Nr. 4 m. zust. Anm. *Kliemt/Kramer*) oder ob er aufgrund einer Anscheinsvollmacht (*BAG* 13.8.1987 – 2 AZR 122/87, nv) als Vertreter des Arbeitgebers anzusehen ist. In Fällen der Gesamtvertretung kommt es auf die Kenntnis aller Vertreter an (vgl. APS-*Backhaus* Rn 27; *Kramer* NZA 1993, 1117). 9

Irren beide Vertragsparteien über den Zeitpunkt des Ablaufs der Dienstzeit und wird daher der Dienstverpflichtete über diesen Ablauf hinaus von dem Dienstberechtigten beschäftigt, greift die Fiktion des § 625 BGB nicht ein (HWK-*Bittner/Tiedemann* Rn 29). **Irrt nur eine Partei** über Bedeutung und Folgen ihres Verhaltens nach § 625 BGB, steht ihr wegen der Fiktionswirkung des § 625 BGB **kein Recht zur Anfechtung wegen Irrtums** nach § 119 BGB zu (MüKo-BGB/*Henssler* Rn 13; Staudinger/*Preis* Rn 13). 10

III. Abweichende Vereinbarungen

Da die Fiktion des § 625 BGB dem üblicherweise dem Verhalten der Parteien zu entnehmenden Willen entspricht, steht es ihnen frei, diese Rechtsfolgen auszuschließen und abweichende Vereinbarungen über die Weiterbeschäftigung zu treffen (*Soergel/Kraft* Rn 11; vgl. auch *BAG* 15.3.1960 AP Nr. 9 zu § 15 AZO; im Ergebnis auch MüKo-BGB/*Henssler* Rn 25). Die gesetzliche Fiktion ist **dispositives Recht**. Ein Ausschluss ist auch in Formulararbeitsverträgen möglich (APS-*Backhaus* Rn 37; HWK-*Bittner/Tiedemann* Rn 42 und *Erman/Riesenhuber* Rn 12 jeweils mit Hinweis auf § 309 Nr. 9 Buchst. b BGB; DDZ-*Däubler* Rn 28; BeckOK-ArbR/*Gotthardt* Rn 4; *Hennige* NZA 1999, 283; MüKo-BGB/*Henssler* Rn 27; *Kramer* NZA 1993, 1118; *Staudinger/Preis* Rn 40; **aA** HaKo-ArbR/*Griebeling/Herget* Rn 24), aber nicht schon in bloßen Schriftformklauseln zu sehen (*BAG* 11.8.1988 EzA § 625 BGB Nr. 3; HWK-*Bittner/Tiedemann* Rn 43; MüKo-BGB/*Henssler* Rn 26; ErfK-*Müller-Glöge* Rn 9; *Staudinger/Preis* Rn 38 f.). Ein Ausschluss schon im Dienst- bzw. Arbeitsvertrag muss hinreichend bestimmt zum Ausdruck gebracht werden (*Kramer* NZA 1993, 1118). 11

Für befristete oder auflösend bedingte Arbeitsverträge ist **§ 15 Abs. 5 TzBfG** dagegen nicht **abdingbar** (vgl. § 22 Abs. 1 TzBfG). Ein Ausschluss schon im Arbeitsvertrag ist deshalb nicht möglich (**aA** MHH-TzBfG/*Meinel* § 15 Rn 72 für die Aneinanderreihung von aus sachlichem Grund 12

§ 625 BGB Stillschweigende Verlängerung

befristeten Arbeitsverhältnissen). Im Fall einer sog. **Doppelbefristung** (Zeit- und Zweckbefristung) oder einer Kombination von Zeitbefristung und auflösender Bedingung führt die Weiterarbeit nach Zweckerreichung bzw. Bedingungseintritt allerdings nicht zu einer unbefristeten, sondern nur zu einer befristeten Verlängerung (teleologische Reduktion, vgl. *BAG* 29.6.2011, 7 AZR 6/10, EzA § 15 TzBfG Nr. 3 – Rn 28 ff; kritisch APS-*Backhaus* § 15 TzBfG Rn 90 ff.).

13 Für § 625 BGB ist kein Raum, wenn es vor oder nach dem Auslaufen eines Vertrags zu einer Vereinbarung über die Verlängerung des Vertragsverhältnisses kommt (vgl Rdn 6). Bei der Vereinbarung eines befristeten oder auflösend bedingten Arbeitsverhältnisses ist allerdings nach §§ 14 Abs. 4, 21 TzBfG die **Schriftform** zu wahren. Die Missachtung des Schriftformerfordernisses ändert zwar nichts an der Unanwendbarkeit des § 625 BGB, es kommt jedoch ein **neues Arbeitsverhältnis auf unbestimmte Zeit** zustande (vgl. *BAG* 15.2.2017, 7 AZR 223/15, EzA-SD 2017, Nr. 14, 4–7; zum Vorbehalt eines schriftlichen Vertragsschlusses vgl. *BAG* 7.10.2015, 7 AZR 40/14, EzA § 15 TzBfG Nr. 6).

14 Die Fiktion des § 625 BGB greift auch nicht ein, wenn ein Dienstverhältnis **vorläufig** in der **Erwartung** fortgesetzt wird, beide Parteien würden sich noch darüber einigen, ob und unter welchen Bedingungen ein **neuer Vertrag** abgeschlossen wird. Es kann dann – abhängig von den Umständen des Einzelfalls – ein stillschweigender Ausschluss des § 625 BGB angenommen werden (*BAG* 30.11.1984 AP Nr. 1 zu § 22 MTV Ausbildung; *Erman/Riesenhuber* Rn 11; *Hennige* NZA 1999, 283; MüKo-BGB/*Henssler* Rn 26; *Staudinger/Preis* Rn 36).

15 Schließen die Parteien für die **Zeit bis zum Abschluss der Vertragsverhandlungen** keine dem Schriftformerfordernis des §§ 14 Abs. 4, 21 TzBfG genügende Vereinbarung, kommt trotz Vorliegen eines sachlichen Grundes (Vertragsverhandlungen) kein wirksam befristetes oder auflösend bedingtes Arbeitsverhältnis zustande. Es handelt sich dann um die konkludente Verlängerung des bisherigen Dienstverhältnisses unter Anwendung der gesetzlichen Mindestkündigungsfristen (*Erman/Riesenhuber* Rn 11; zu den zwingend einzuhaltenden Kündigungsfristen KR-*Spilger* § 622 BGB Rdn 164 ff.). Ein jederzeit beendbares faktisches bzw. fehlerhaftes Arbeitsverhältnis liegt mangels unwirksamer oder anfechtbarer Willenserklärungen nicht vor (hierzu *BAG* 10.9.2020, 6 AZR 94/19 (A), EzA-SD 2020, Nr 26, 3–5 – Rn 33; **aA** bei fehlender Vereinbarung *BAG* 7.10.2015, 7 AZR 40/14, EzA § 15 TzBfG Nr. 6 – Rn 26; vgl. auch APS-*Backhaus* Rn 33).

16 *(unbelegt)*

17 Auch im Fall einer Weiterbeschäftigung aus reiner **Gefälligkeit** ist idR § 625 BGB stillschweigend abbedungen (*RAG* 3.5.1933 ARS 18, 42; *Erman/Riesenhuber* Rn 11; *Kramer* NZA 1993, 1116; *Staudinger/Preis* Rn 37; aA APS-*Backhaus* Rn 40). Die Gefälligkeit liegt auf Seiten des Arbeitgebers, wenn er den Arbeitnehmer aus sozialen Erwägungen weiterbeschäftigt, weil dieser sich noch um eine andere Anstellung bemüht, und auf Seiten des Arbeitnehmers, wenn er die Arbeit fortsetzt, weil der Arbeitgeber noch keinen Ersatz gefunden hat. § 625 BGB ist jedoch nicht schon stets dann ausgeschlossen, wenn die Weiterbeschäftigung auf Bitten des Arbeitgebers oder des Arbeitnehmers erfolgt (*RAG* 23.7.1928 ARS 3, 192). Es muss vielmehr beiden Parteien **bewusst** sein, dass die Weiterbeschäftigung aus Entgegenkommen nur als Übergangsregelung erfolgen soll. Es gelten dann dieselben Grundsätze wie bei Vertragsverhandlungen (Rdn 15).

18 Zur Fortsetzung während des **Rechtsstreites** über eine **Kündigung** s. Rdn 32. Hiervon zu unterscheiden ist die Konstellation, dass der Arbeitgeber an einer erklärten Kündigung nicht festhalten will und die Parteien sich auf die **Fortsetzung des Arbeitsverhältnisses** verständigen (vgl Rdn 6).

C. Voraussetzungen der Anwendung

I. Ablauf der Dienstzeit

19 Vorausgesetzt wird zunächst, dass die Dienstzeit des zwischen den Parteien abgeschlossenen Vertrages bereits abgelaufen ist. Es ist unerheblich, ob die Beendigung durch **Ablauf eines zeitlich befristeten Vertrages** (§ 620 BGB), durch eine außerordentliche **Kündigung** oder durch den Ablauf

der Kündigungsfrist erfolgt ist (*Erman/Riesenhuber* Rn 3; MüKo-BGB/*Henssler* Rn 7; *Soergel/Kraft* Rn 3; *Staudinger/Preis* Rn 15). Für befristete oder auflösend bedingte Arbeitsverhältnisse gilt jedoch die Sonderregelung des § 15 Abs. 5 TzBfG (vgl Rdn 3). Auf das Auslaufen **einzelner Arbeitsbedingungen** (zB befristet erhöhte Arbeitszeit) sind § 625 BGB bzw. § 15 Abs. 5 TzBfG nicht anwendbar (*BAG* 3.9.2003 EzA § 14 TzBfG Nr. 4; jPK-*Weth* Rn 8).

Endet außerhalb des Anwendungsbereichs des § 15 Abs. 5 TzBfG ein Dienstverhältnis durch **Zweckerfüllung** (§ 620 Abs. 2 BGB), kommt die durch § 625 BGB geregelte Fiktion der stillschweigenden Fortsetzung schon mangels Arbeitsaufgabe nicht in Betracht (HWK-*Bittner/Tiedemann* Rn 15; AnwK-ArbR/*Boecken* Rn 3, 6; MüKo-BGB/*Henssler* Rn 9 *Kramer* NZA 1993, 1116; HaKo-KSchR/*Spengler* Rn 7; **aA** APS-*Backhaus* Rn 8; *Soergel/Kraft* Rn 3; jPK-*Weth* Rn 7). Eine Fiktion nach § 625 BGB ist entbehrlich, weil die Fortsetzung des Vertrages nach seiner Zweckerreichung voraussetzt, dass sich die Parteien ausdrücklich oder konkludent darüber einigen, den Vertrag mit einer neuen Arbeitsaufgabe fortzusetzen (s. Rdn 6). Im Falle des Abschlusses eines **Aufhebungsvertrags** bestand Einigkeit über die Nichtfortsetzung (*RAG* 10.9.1931 ARS 13, 48, 51). Setzen die Parteien das Dienstverhältnis trotzdem fort, liegt dem regelmäßig eine nicht nur fingierte, sondern eine konkludente Vereinbarung über die Fortsetzung oder die Neubegründung des Vertrages zugrunde (vgl. HWK-*Bittner/Tiedemann* Rn 16; MüKo-BGB/*Henssler* Rn 7; **aA** APS-*Backhaus* Rn 7; *Erman/Riesenhuber* Rn 3; DDZ-*Däubler* Rn 9; BeckOK AR-*Gotthardt* Rn 7; HaKo-ArbR/*Griebeling/Herget* Rn 9; ErfK-*Müller-Glöge* Rn 3; *Nehls* DB 2001, 2718; HaKo-KSchR/*Spengler* Rn 6; jPK-*Weth* Rn 5). 20

II. Fortsetzung des Dienstverhältnisses

Die **Fortsetzung** seiner **Dienstleistung** muss durch den geschäftsfähigen (s. Rdn 8) **Dienstverpflichteten bewusst** und in der Bereitschaft geschehen, die Pflichten aus dem Dienstverhältnis weiter zu erfüllen (vgl zu § 15 Abs. 5 TzBfG *BAG* 28.9.2016, 7 AZR 377/14, EzA § 15 TzBfG Nr. 7 – Rn 30). Die weitere Dienstleistung zur Erfüllung eines mit einem Dritten abgeschlossenen neuen Vertrags genügt nicht (*BAG* 18.10.2006 FA 2007, 141). Dagegen genügt die bewusste Fortsetzung der Dienste auch an einem **neuen Arbeitsplatz** (*Soergel/Kraft* Rn 4). Wegen der Fiktionswirkung des § 625 ist es unerheblich, ob der Dienstverpflichtete seine Tätigkeit in Kenntnis des Ablaufs der Dienstzeit fortsetzt (APS-*Backhaus* Rn 12; AnwK-ArbR/*Boecken* Rn 8; DDZ-*Däubler* Rn 10; BeckOK-ArbR/*Gotthardt* Rn 17; MHH-TzBfG/*Meinel* § 15 Rn 53; *Kramer* NZA 1993, 1116; *Annuß/Thüsing/Maschmann* § 15 Rn 18; **aA** AnwaltKomm-*Klappstein* Rn 8; ErfK-*Müller-Glöge* Rn 4; AnwK-ArbR/*Worzalla* § 15 TzBfG Rn 18). 21

Ein **Widerspruch des Dienstverpflichteten** gegen die Fortsetzung des Dienstverhältnisses ist – anders als beim Dienstberechtigten – gesetzlich **nicht vorgesehen**. Das ist keine Regelungslücke, weil die bewusste Fortsetzung des Dienstverhältnisses durch den Dienstverpflichteten bereits eine Voraussetzung für die Anwendung des § 625 ist. Setzt er das Dienstverhältnis fort, ohne seinen Willen, sich künftig nicht mehr rechtlich binden zu wollen, dem Vertragspartner gegenüber kenntlich zu machen, dann ist sein **geheimer Vorbehalt** (§ 116 BGB) unbeachtlich (*Kramer* NZA 1993, 1116; *Staudinger/Preis* Rn 19; im Ergebnis auch APS-*Backhaus* Rn 12). 22

Die Rechtsfolge des § 625 tritt nur ein, wenn der Dienstverpflichtete **unmittelbar** nach dem Ablauf des Dienstverhältnisses seine **Tätigkeit tatsächlich fortsetzt** (*BAG* 30.11.1984 AP Nr. 1 zu § 22 MTV Ausbildung; 2.12.1998 EzA § 625 BGB Nr. 4; APS-*Backhaus* Rn 10; *Bader/Bram-Bader* Rn 7 ff.; HWK-*Bittner/Tiedemann* Rn 21 f.; MüKo-BGB/*Henssler* Rn 16; *Nehls* DB 2001, 2718 f.; **aA** DDZ-*Däubler* Rn 10). Es genügt zB nicht, wenn der Arbeitgeber dem Arbeitnehmer über den Kündigungstermin hinaus Urlaub bewilligt (vgl. *BAG* 2.12.1998 EzA § 625 BGB Nr. 4 [krit. *Schmitt* AiB 1999, 350]; 20.2.2002 EzA § 620 BGB Altersgrenze Nr. 11) oder wenn der **Arbeitnehmer** nach Ablauf der Kündigungsfrist **erkrankt** ist, keine Arbeitsleistung erbringt und ihm nur aus Versehen die Vergütung für den auf das Vertragsende folgenden Monat gezahlt wird (vgl. *LAG Hamm* 5.9.1990 LAGE § 625 BGB Nr. 1; eine nicht auf der Fiktion des § 625 BGB, sondern auf einer konkludenten Vereinbarung beruhende Fortsetzung des Arbeitsvertrages ist bei einer solchen 23

Fallgestaltung allerdings dann zu erwägen, wenn der Arbeitgeber anordnet, an den nach der Beendigung des Vertrages erkrankten Arbeitnehmer das Gehalt weiterzuzahlen).

III. Fortsetzung mit Wissen des Dienstberechtigten

24 Die fingierte Bereitschaft des Dienstberechtigten, das Dienstverhältnis fortzusetzen, setzt voraus, dass ihm bekannt ist, dass der Dienstverpflichtete für ihn weitere Dienstleistungen erbringt (*BAG* 30.11.1984 AP Nr. 1 zu § 22 MTV Ausbildung; *BAG* 2.12.1998 EzA § 625 BGB Nr. 4; *Erman/Riesenhuber* Rn 5; *MüKo-BGB/Henssler* Rn 11; *Staudinger/Preis* Rn 21). Es kommt auf die **Kenntnis** des geschäftsfähigen **Dienstberechtigten** oder seines **Vertreters** an, wobei sich die Vertretungsmacht auf den Abschluss eines Dienst- bzw. Arbeitsvertrages beziehen muss (s. Rdn 9; *BAG* 10.9.2020, 6 AZR 94/19 (A), EzA-SD 2020, Nr 26, 3–5 – Rn 30; 11.7.2007 EzA § 15 TzBfG Nr. 2; HWK-*Bittner/Tiedemann* Rn 28; *MüKo-BGB/Hesse* § 15 TzBfG Rn 47). Bei Leiharbeitsverhältnissen ist dem Verleiher als Dienstberechtigten die Kenntnis des Entleihers von der Weiterarbeit nur dann zuzurechnen, wenn der Verleiher den Entleiher zum Abschluss von Arbeitsverhältnissen bevollmächtigt hat oder dessen Handeln ihm nach den Grundsätzen der Duldungs- oder Anscheinsvollmacht zuzurechnen ist (*BAG* 28.9.2016, 7 AZR 377/14, EzA § 15 TzBfG Nr 7 – Rn 32).

25 Ein Arbeitsverhältnis auf unbestimmte Zeit kommt zB dann nicht zustande, wenn lediglich **Kollegen des Arbeitnehmers** über dessen weiteres Verbleiben am Arbeitsplatz unterrichtet sind, die den Endzeitpunkt des Arbeitsverhältnisses nicht kennen und nicht zur Entscheidung über das weitere Verbleiben des Arbeitnehmers befugt sind (*BAG* 10.9.2020, 6 AZR 94/19 (A), EzA-SD 2020, Nr 26, 3–5 – Rn 30). Das Gleiche gilt, wenn ein Arbeitnehmer nach Ablauf der Kündigungsfrist noch drei Wochen lang im **Außendienst** weiterarbeitet, ohne dem Arbeitgeber hiervon Kenntnis zu geben (*LAG Frankf.* 15.10.1971 AR-Blattei, Kündigungsschutz: Entsch. 131).

26 Mit Wissen des Dienstberechtigten wird das Dienstverhältnis auch dann fortgesetzt, wenn er die weitere Dienstleistung deswegen entgegennimmt, weil er **irrtümlich** davon ausgeht, das Dienstverhältnis sei noch nicht beendet worden (*LAG Düsseld.* 26.9.2002 LAGE § 15 TzBfG Nr. 1; *Arnold/Gräfl/Arnold* § 15 Rn 77; APS-*Backhaus* Rn 17; *Bader/Bram-Bader* Rn 10; BeckOK AR-*Bayreuther* § 15 TzBfG Rn 23; *Erman/Riesenhuber* Rn 5; DDZ-*Däubler* Rn 17; MHH-TzBfG/*Meinel* § 15 Rn 55; *Annuß/Thüsing/Maschmann* § 15 Rn 20; HaKo-KSchR/*Mestwerdt* § 15 TzBfG Rn 34; *Sievers* § 15 TzBfG Rn 53; *Staudinger/Preis* Rn 21; aA *Dörner* Befr. Arbeitsvertrag, Rn 743; *Hansen/Kelber/Zeißig* Rn 699; *Holwe/Kossens/Pielenz/Räder* § 15 Rn 35; ErfK-*Müller-Glöge* Rn 5). Entsprechendes gilt für die Fortsetzung eines zweckbefristeten oder auflösend bedingten Arbeitsverhältnisses durch den Arbeitgeber in Unkenntnis der Zweckerreichung bzw. des Bedingungseintritts (vgl. APS-*Backhaus* § 15 TzBfG Rn 78).

IV. Fehlender Widerspruch des Dienstberechtigten

27 Auch wenn die vorgenannten Voraussetzungen des § 625 BGB erfüllt sind, kann der Dienstberechtigte deren Rechtsfolgen ausschließen, wenn er **unverzüglich widerspricht** (zur Unverzüglichkeit s. Rdn 32.1). Im Fall eines zweckbefristeten oder auflösend bedingten Arbeitsverhältnisses genügt statt eines Widerspruchs auch die unverzügliche **Mitteilung der Zweckerreichung** bzw. des Bedingungseintritts an den Arbeitnehmer (vgl § 15 Abs. 5 TzBfG). Im Gegensatz zur Unterrichtung als Voraussetzung des Beginns der Ankündigungsfrist gem. § 15 Abs. 2 TzBfG bedarf diese Mitteilung zur Vereitelung der Fiktion gem. § 15 Abs. 5 TzBfG **nicht** der **Schriftform** (ebenso *Arnold/Gräfl/Arnold* § 15 Rn 35, 84; *Dörner* Befr. Arbeitsvertrag, Rn 710, 751; HaKo-TzBfG/*Joussen* § 15 Rn 85; *Staudinger/Preis* § 620 BGB Rn 235; *Sievers* § 15 Rn 56; HaKo-ArbR/*Tillmanns* § 15 TzBfG Rn 28; aA APS-*Backhaus* § 15 TzBfG Rn 80; DDZ-*Wroblewski* § 15 TzBfG Rn 19; MüKo-BGB/*Hesse* § 15 TzBfG Rn 52; *Annuß/Thüsing/Maschmann* § 15 Rn 21 f.; HaKo-KSchR/*Mestwerdt* § 15 TzBfG Rn 38; AnwK-ArbR/*Worzalla* § 15 TzBfG Rn 25).

28 Der Widerspruch ist eine **einseitige empfangsbedürftige Willenserklärung**, für welche die §§ 130 ff. BGB gelten (*BAG* 11.7.2007 EzA § 15 TzBfG Nr. 2; *Erman/Riesenhuber* Rn 6;

MüKo-BGB/*Henssler* Rn 18; *Soergel/Kraft* Rn 6; *Staudinger/Preis* Rn 25). Entgegen *Worzalla* (NK-GA § 15 TzBfG Rn 24) findet auch § 174 BGB Anwendung (vgl. APS-*Backhaus* Rn 19; ErfK-*Müller-Glöge* Rn 6).

Der Widerspruch kann **ausdrücklich oder konkludent** (zB durch Aushändigung der Arbeits- 29
papiere) erklärt werden (*BAG* 22.7.2014 EzA-SD 2014 Nr. 24 S. 4; 14.8.2002 AP Nr. 1 zu § 90 LPVG Brandenburg; 20.2.2002 EzA § 625 BGB Nr. 5; *Nehls* DB 2001, 2720; MüKo-BGB/*Henssler* Rn 18).

Dies kann bereits **kurz vor Ablauf der Dienstzeit** geschehen (vgl. *BAG* 7.10.2015, 7 AZR 40/14, 30
EzA § 15 TzBfG Nr. 6 – Rn 24; ErfK-*Müller-Glöge* Rn 6). Ein Widerspruch gegen die Fortsetzung eines Arbeitsverhältnisses auf unbestimmte Zeit kann zB darin liegen, dass der Arbeitgeber dem Arbeitnehmer nur den Abschluss eines **befristeten Vertrages** anbietet (*BAG* 7.10.2015, 7 AZR 40/14, EzA § 15 TzBfG Nr. 6 – Rn 25; HWK-*Bittner/Tiedemann* Rn 31; *Hennige* NZA 1999, 283; MüKo-BGB/*Henssler* Rn 18; *Sievers* § 15 Rn 59; *Staudinger/Preis* Rn 26; einschränkend *Erman/Riesenhuber* Rn 6). Nimmt der Arbeitnehmer dieses Angebot nicht an, dann kommt es weder zu einer befristeten noch zu einer unbefristeten Fortsetzung des Arbeitsverhältnisses nach §§ 625 BGB, 15 Abs. 5 TzBfG (*BAG* 5.5.2004 EzA § 15 TzBfG Nr. 1).

Das Gleiche gilt dann, wenn sich der Dienstberechtigte kurz vor dem Ende der Vertragszeit oder 31
unverzüglich danach nur zu einer **vorläufigen Weiterbeschäftigung** mit dem Hinweis bereit erklärt, er sei dazu nur aus sozialen Gründen oder bis zur endgültigen Regelung der künftigen Vertragsbeziehungen bereit. Auch wenn derartige Vorbehalte nicht zum vertraglichen Ausschluss der §§ 625 BGB, 15 Abs. 5 TzBfG führen (s. Rdn 14, 17), dann reichen sie doch als Widerspruch des Dienstberechtigten aus (ebenso HWK-*Bittner/Tiedemann* Rn 33; MüKo-BGB/*Henssler* Rn 18; ErfK-*Müller-Glöge* Rn 7; aA jPK-*Weth* Rn 16).

Wenn ein gekündigter Arbeitnehmer nach Ablauf der Kündigungsfrist und Erhebung der **Kündi-** 32
gungsschutzklage auf Veranlassung des Arbeitgebers seine Tätigkeit im Betrieb fortsetzt oder aus eigener Initiative nicht einstellt und der Arbeitgeber den Lohn fortzahlt, andererseits aber Klageabweisung beantragt und diesen Antrag aufrechterhält, dann hat der Arbeitgeber zwar einen Beschäftigungswillen, macht aber zugleich seine Absicht deutlich, an der Wirksamkeit der Kündigung festhalten und mit der Weiterbeschäftigung nur eine **Übergangsregelung bis zur gerichtlichen Klärung** treffen zu wollen. Das prozessuale Verhalten des Arbeitgebers stellt regelmäßig einen Widerspruch iSv § 625 BGB dar (vgl. *LAG Köln* 4.3.2004 LAGE § 625 BGB 2002 Nr. 1). Die Parteien wollen in diesem Fall das gekündigte Arbeitsverhältnis idR **auflösend bedingt** durch die rechtskräftige Abweisung der Kündigungsschutzklage fortsetzen (*BAG* 4.9.1986 EzA § 611 BGB Beschäftigungspflicht Nr. 27; 8.4.2014, 9 AZR 856/11, ZAT 2015, 27; DDZ-*Däubler* Rn 7; ErfK-*Müller-Glöge* § 21 TzBfG Rn 2, 8; *Staudinger/Preis* Rn 37). Da die §§ 21, 14 TzBfG für diese Konstellation keine Sonderregelung vorsehen, bedarf es für die Wirksamkeit dieser auflösenden Bedingung eines **Sachgrundes** und der **Einhaltung der Schriftform** nach § 14 Abs. 4 TzBfG (vgl. zur Zweckbefristung *BAG* 22.10.2003 EzA § 14 TzBfG Nr. 6; 19.1.2005 EzBAT § 53 BAT Beschäftigung Nr. 13; KR-*Lipke/Bubach* § 14 TzBfG Rdn 723; *Staudinger/Preis* Rn 37; *Arnold/Gräfl/Rambach* § 21 Rn 26; HWK-*Rennpferdt* TzBfG § 14 Rn 143 f.; aA *Fischermeier* KR 11. Aufl. mwN; APS-*Backhaus* TzBfG § 21 Rn 46; *Bayreuther* DB 2003, 1738; *Bengelsdorf* NZA 2005, 277, 281; *Dollmann* BB 2003, 2687). Als Sachgrund kommt ein gerichtlicher Vergleich nach § 14 Abs. 1 S. 2 Nr. 8 TzBfG in Betracht (ErfK-*Müller-Glöge* § 14 TzBfG Rn 76; KR-*Lipke/Bubach* § 14 TzBfG Rdn 724; vgl. auch APS-*Backhaus* TzBfG § 21 Rn 44). Beschäftigt der Arbeitgeber den Arbeitnehmer erkennbar nur zur **Abwendung der Zwangsvollstreckung** aus einer Verurteilung zur vorläufigen Weiterbeschäftigung fort, scheiden die Rechtsfolgen der §§ 625 BGB, 15 Abs. 5 TzBfG von vornherein aus (vgl. *BAG* 10.3.1987 EzA § 611 BGB Beschäftigungspflicht Nr. 28; *LAG* Hamm 16.2.2007 – 13 Sa 1126/06, nv). Setzt der Arbeitgeber eine solche Beschäftigung allerdings auch nach seinem Obsiegen in 2. Instanz noch fort, soll nach Ansicht des BAG ein unbefristetes Arbeitsverhältnis zustandekommen (*BAG* 8.4.2014, 9 AZR 856/11, ZAT 2015, 27). Demgegenüber beinhaltet die bloße Erfüllung des Weiterbeschäftigungsanspruchs nach dem Obsiegen des Arbeitnehmers in 1. Instanz auch dann

keinen Abschluss eines neuen Arbeitsvertrags, wenn der Arbeitnehmer diesen Anspruch nicht mit eingeklagt hatte (*BAG* 22.7.2014, 9 AZR 1066/12, EzA § 611 BGB 2002 Beschäftigungspflicht Nr. 3).

32.1 Der Widerspruch bzw. die ihm nach § 15 Abs. 5 TzBfG gleichgestellte Mitteilung muss **unverzüglich**, d. h. nach § 121 BGB ohne schuldhaftes Zögern erfolgen (*BAG* 13.8.1987 – 2 AZR 122/87). Die nach den Umständen des jeweiligen Einzelfalles unter Berücksichtigung der Interessenlage der Parteien zu bemessende Frist für den Widerspruch kann erst mit der Kenntnis des Dienstberechtigten von den für die Entscheidung über das Fortbestehen des Dienstverhältnisses maßgebenden Umständen beginnen. Dazu gehört ggf. die **Kenntnis**, dass der Dienstverpflichtete über die Vertragszeit hinaus seine Dienste weiter erbringt (*BAG* 13.8.1987 – 2 AZR 122/87; *Arnold/Gräfl/Arnold* § 15 Rn 76; HWK-*Bittner/Tiedemann* Rn 34; BeckOK AR-*Gotthardt* Rn 26; MüKo-BGB/*Henssler* Rn 17; HaKo-KSchR/*Mestwerdt* § 15 TzBfG Rn 35; *Staudinger/Preis* Rn 23; HaKo-ArbR/*Tillmanns* § 15 TzBfG Rn 27; **aA** APS-*Backhaus* Rn 24; BeckOK ArbR-*Bayreuther* § 15 TzBfG Rn 23; HaKo-TzBfG/*Joussen* § 15 Rn 83; *Annuß/Thüsing/Maschmann* § 15 Rn 21; *Sievers* § 15 Rn 64). Wartet der Dienstberechtigte dann noch länger als eine Woche, wird der Widerspruch idR verspätet sein (*Kramer* NZA 1993, 1117; *Nehls* DB 2001, 2720; MüKo-BGB/*Henssler* Rn 19).

33 Ein schuldhaftes Zögern ist dem Dienstberechtigten dann nicht vorzuwerfen, wenn er zunächst im Interesse des Betriebes oder des Dienstverpflichteten den **Versuch einer Einigung** über Dauer und Form einer Weiterbeschäftigung anstrebt (HWK-*Bittner/Tiedemann* Rn 34; MüKo-BGB/*Henssler* Rn 19) oder den Einwand des Betriebsrates überprüft, der Arbeitnehmer befinde sich bereits in einem Arbeitsverhältnis auf unbestimmte Zeit (*BAG* 13.8.1987 – 2 AZR 122/87). Dagegen sind an das Merkmal der Unverzüglichkeit besonders strenge Anforderungen zu stellen, wenn der Dienstberechtigte die Weiterbeschäftigung nicht nur geduldet, sondern darüber hinaus einen besonderen **Vertrauenstatbestand** gesetzt hat, aus dem der Dienstverpflichtete schließen durfte, der Dienstberechtigten sei mit der Fortsetzung des Dienstverhältnisses einverstanden (*BAG* 1.11.1966 AP Nr. 117 zu § 242 BGB Ruhegehalt; MüKo-BGB/*Henssler* Rn 19).

34 Wenn der Widerspruch unverzüglich erfolgt ist, greift die Fiktion des § 625 BGB nicht, sondern es kann dann aufgrund des weiteren Verhaltens der Parteien nur der Abschluss eines **neuen Dienstvertrages** in Betracht kommen (*Staudinger/Preis* Rn 23). Das ist denkbar, wenn ein Arbeitgeber zwar der Weiterbeschäftigung widerspricht, aber keine gesetzlich zulässige und ihm zumutbare Maßnahme ergreift, um den Arbeitnehmer daran zu hindern, wie bislang an seinem Arbeitsplatz tätig zu werden. Nimmt der Arbeitgeber nach erfolglosem Widerspruch die Arbeitsleistung nicht nur kurzfristig ohne weiteren Protest entgegen, dann muss er damit rechnen, dass sein Verhalten als Bereitschaft gewertet wird, das Arbeitsverhältnis trotz anfänglichen Widerspruches fortsetzen zu wollen (vgl. *Kliemt/Kramer* Anm. LAGE § 625 BGB Nr. 4 und DDZ-*Däubler* Rn 30, die in Anlehnung an § 626 Abs. 2 BGB für eine Reaktionszeit von 2 Wochen plädieren). Kommt es dagegen nicht zum Abschluss eines neuen Dienstvertrages, besteht ein sog. **faktisches Arbeitsverhältnis**, von dem sich der Arbeitgeber jederzeit durch einseitige Erklärung lösen kann (*BAG* 7.10.2015 EzA § 15 TzBfG Nr. 6; *Arnold/Gräfl/Arnold* § 15 Rn 86; BeckOK AR-*Gotthardt* Rn 29, HaKo-ArbR/*Griebeling/Herget* Rn 21; MüKo-BGB/*Henssler* Rn 24; **aA** KR-*Fischermeier* 11. Aufl., mwN; MüKo-BGB/*Hesse* § 15 TzBfG Rn 55; ErfK-*Müller-Glöge* Rn 8; *Nehls* DB 2001, 2721 f.; HaKo-ArbR/*Tillmanns* § 15 TzBfG Rn 29).

35 Von dem Widerspruch nach §§ 625 BGB, § 15 Abs. 5 TzBfG ist die einzelvertraglich mögliche und gelegentlich in Tarifverträgen vorgesehene Verpflichtung zu unterscheiden, dem Arbeitnehmer innerhalb einer bestimmten Frist vor Ablauf des Vertrages mitzuteilen, ob er das Arbeitsverhältnis über die Befristung hinaus fortsetzen will (sog. **Nichtverlängerungsmitteilung**; vgl. dazu KR-*Bader/Kreutzberg-Kowalczyk* § 3 TzBfG Rdn 39 ff.; zu § 69 NV Bühne vgl. *BAG* 20.3.2019, 7 AZR 237/17, EzA § 4 TVG Bühnen Nr 14; 2.8.2017, 7 AZR 601/15, EzA § 4 TVG Bühnen Nr 12). Es richtet sich nach den in den einschlägigen tariflichen Bestimmungen oder den in den vertraglichen Vereinbarungen vorgesehenen Rechtsfolgen, ob die Verletzung der Mitteilungspflicht durch den

Arbeitgeber zur Verlängerung des Arbeitsverhältnisses auf unbestimmte Zeit führt oder nur Schadenersatzansprüche des Arbeitnehmers auslöst. Der arbeitsvertraglichen Vereinbarung einer bloß befristeten Verlängerung des Arbeitsverhältnisses als Rechtsfolge der Unterlassung der Anzeige steht die Unabdingbarkeit des § 15 Abs. 5 TzBfG gem. § 22 TzBfG entgegen.

D. Rechtsfolgen

Wenn sämtliche Voraussetzungen für die Anwendung des § 625 BGB erfüllt sind, wird das Dienstverhältnis kraft Gesetzes mit den **bisherigen Rechten** und **Pflichten** fortgesetzt, ohne Rücksicht darauf, ob das dem tatsächlichen Willen der Parteien entspricht (Staudinger/*Preis* Rn 28 f.). Einen abweichenden Geschäftswillen können die Parteien nur noch durch eine **einverständliche Abänderung** des Vertrages verwirklichen. Betriebsverfassungsrechtlich stellt sich die Weiterbeschäftigung als Einstellung iSv **§ 99 BetrVG** dar (vgl. AnwK-ArbR/*Boecken* Rn 10, HaKo-ArbR/*Griebeling/Herget* Rn 20, *Nehls* DB 2001, 2722, *Sievers* Rn 68 und zu der ähnlichen Problematik bei der Weiterbeschäftigung von Auszubildenden KR-*Krumbiegel* § 24 BBiG Rdn 10 mwN; aA jPK-*Weth* Rn 25; diff. *Arnold/Gräfl/Arnold* § 15 Rn 88 f.; APS-*Backhaus* § 15 TzBfG Rn 95; HaKo-KSchR/*Spengler* Rn 16). Zur Problematik der Klagefrist des § 17 S. 3 TzBfG bei Fortsetzung eines befristeten oder auflösend bedingten Arbeitsverhältnisses vgl. KR-*Bader/Kreutzberg-Kowalczyk* § 17 TzBfG Rdn 29 ff. mwN. 36

Diejenigen Vereinbarungen der Parteien, welche die Beendigung des Vertrages betreffen (Kündigung oder Befristung), werden durch die gesetzliche Regelung ersetzt, nach der das Dienstverhältnis als auf **unbestimmte Zeit** verlängert gilt. Davon können auch die bisherigen Vereinbarungen der Parteien über die Dauer der Kündigungsfristen betroffen sein. Wenn die Parteien keine abweichende Vereinbarung treffen oder getroffen haben, werden die vereinbarten vertraglichen nunmehr durch die **gesetzlichen Kündigungsfristen** ersetzt (*RG* 14.1.1908 JW 1908, 138; *RAG* 21.9.1935 ARS 25, 59; 22.3.1939 ARS 36, 7; *Erman/Riesenhuber* Rn 9; HWK-*Bittner/Tiedemann* Rn 37; HaKo-TzBfG/*Joussen* § 15 Rn 90; *Soergel/Kraft* Rn 37; im Ergebnis ähnlich *Nehls* DB 2001, 2721; aA die wohl hM vgl. nur *Arnold/Gräfl/Arnold* § 15 Rn 85; APS-*Backhaus* § 15 TzBfG Rn 84; AnwK-ArbR/*Boecken* Rn 10; HaKo-ArbR/*Griebeling/Herget* Rn 19; ErfK-*Müller-Glöge* Rn 8; *Sievers* § 15 Rn 66; HaKo-KSchR/*Spengler* Rn 15; jPK-*Weth* Rn 22). Die Parteien können aber stattdessen die Fortgeltung der bisherigen vertraglichen Kündigungsfrist vereinbaren. Das kann entgegen der vom *RAG* (21.9.1935 ARS 25, 59; 22.3.1939 ARS 36, 7) vertretenen Ansicht nicht nur ausdrücklich, sondern auch konkludent geschehen (*BAG* 11.8.1988 EzA § 625 BGB Nr. 3 = EzBAT § 53 BAT Nr. 5 Fristen mit krit., insoweit aber zust. Anm. von *Berger-Delhey;* HWK-*Bittner/Tiedemann* Rn 37; MüKo-BGB/*Henssler* Rn 21; *Saarl. OLG* 20.3.2007 OLGR Saarbrücken 2007, 601). Die übrigen Vereinbarungen – insbes. auch über die Vergütung – gelten selbst bei verminderter oder geänderter Arbeitsleistung zunächst weiter (*Staudinger/Preis* Rn 29). Es kann dann allerdings auch ein verdeckter Einigungsmangel (§ 155 BGB) vorliegen, der eine **ergänzende Vertragsauslegung** erforderlich macht (ebenso MüKo-BGB/*Henssler* Rn 20). 37

E. Beweislast

Diejenige Partei, die für sich die Rechtsfolgen des § 625 BGB in Anspruch nimmt, muss darlegen und beweisen, dass das Dienstverhältnis mit Wissen des Dienstberechtigten fortgesetzt worden ist. Wer trotz der bekannten Fortsetzung der Dienstleistungen die stillschweigende Verlängerung bestreitet, ist für den unverzüglich erhobenen Widerspruch des Dienstberechtigten beweispflichtig (*BAG* 30.11.1984 AP Nr. 1 zu § 22 MTV Ausbildung; MüKo-BGB/*Henssler* Rn 28; Staudinger/ *Preis* Rn 41; *Sievers* § 15 Rn 69). 38

§ 626 BGB Fristlose Kündigung aus wichtigem Grund

(1) **Das Dienstverhältnis kann von jedem Vertragsteil aus wichtigem Grund ohne Einhaltung einer Kündigungsfrist gekündigt werden, wenn Tatsachen vorliegen, aufgrund derer dem**

Kündigenden unter Berücksichtigung aller Umstände des Einzelfalles und unter Abwägung der Interessen beider Vertragsteile die Fortsetzung des Dienstverhältnisses bis zum Ablauf der Kündigungsfrist oder bis zu der vereinbarten Beendigung des Dienstverhältnisses nicht zugemutet werden kann.

(2) ¹Die Kündigung kann nur innerhalb von zwei Wochen erfolgen. ²Die Frist beginnt mit dem Zeitpunkt, in dem der Kündigungsberechtigte von den für die Kündigung maßgebenden Tatsachen Kenntnis erlangt. ³Der Kündigende muss dem anderen Teil auf Verlangen den Kündigungsgrund unverzüglich schriftlich mitteilen.

Übersicht

		Rdn			Rdn
A.	Geltungsbereich	1	E.	Methoden der gesetzlichen Regelung zur außerordentlichen Kündigung und allgemeine Merkmale des wichtigen Grundes	81
I.	Unmittelbare Anwendung	1			
II.	Entsprechende Anwendung	5			
III.	Abschließende Sonderregelungen	6			
IV.	Ergänzende Sonderregelungen	13	I.	Rechtslage vor dem 1. September 1969	81
B.	Ausübung des Rechts zur außerordentlichen Kündigung	22	II.	Regelungsgehalt der Neufassung des § 626 BGB	85
I.	Rechtsgeschäftliche Willenserklärung	22	III.	Problematik des unbestimmten Rechtsbegriffs	88
II.	Rückwirkende Kündigung – Kündigung vor Dienstantritt	24	IV.	Nähere Bestimmung des wichtigen Grundes	90
III.	Arten der außerordentlichen Kündigung	26		1. Allgemeiner Prüfungsmaßstab	90
	1. Außerordentliche fristlose Kündigung	27		2. An sich geeignete Gründe	94
	2. Außerordentliche befristete Kündigung	29		3. Grundsätzlich ungeeignete Gründe	98
IV.	Anhörung des Gekündigten	32	F.	Begriff des Kündigungsgrundes und Folgerungen aus der Begriffsbestimmung	109
V.	Mitteilung der Kündigungsgründe	36			
C.	Abgrenzung der außerordentlichen Kündigung von anderen Beendigungstatbeständen	41	I.	Objektiver Tatbestand des wichtigen Grundes	109
I.	Rücktritt	41	II.	Kenntnis, Motiv des Kündigenden	112
II.	Wegfall der Geschäftsgrundlage	43	III.	Beurteilungszeitpunkt	116
III.	Anfechtung	45	IV.	Beurteilungsmaßstab	117
IV.	Berufung auf die Nichtigkeit des Arbeitsvertrages	49	G.	Nachteilige Auswirkung auf das Arbeitsverhältnis	118
V.	Aufhebungsvertrag	51	I.	Allgemeine Grundsätze, Prognoseprinzip	118
VI.	Fristlose Dienstentlassung als Dienststrafe	58	II.	Nebentätigkeit	121
VII.	Auflösungsantrag nach § 78a BetrVG	62	III.	Straftaten	122
VIII.	Sonstige Beendigungsgründe	63	IV.	Meinungsäußerungen, politische Betätigung	123
D.	Ausschluss, Beschränkung und Erweiterung der außerordentlichen Kündigung	64	V.	Tendenzbetriebe, Kirchen	129
I.	Ausschluss	64	VI.	Sicherheitsbedenken	133
	1. Grundsatz der Unabdingbarkeit	64	VII.	Ruhendes Arbeitsverhältnis	134
	2. Abgrenzung zu Verzicht und Verzeihung	68	H.	Systematisierung nach der Art der Kündigungsgründe	135
II.	Beschränkung	71	I.	Sachliche Abgrenzungskriterien	135
	1. Unzumutbare Erschwerungen	71	II.	Gründe in der Person des Gekündigten	136
	2. Ausschluss von Kündigungsgründen	73		1. Kündigung durch Arbeitgeber	137
III.	Erweiterungen	75		2. Kündigung durch Arbeitnehmer	143
	1. Vertragliche Regelungen	75	III.	Gründe im Verhalten des Gekündigten	144
	2. Tarifliche Regelungen	77			

		Rdn				Rdn
	1. Kündigung durch Arbeitgeber	154	L.	Die Interessenabwägung		249
	2. Kündigung durch Arbeitnehmer	156	I.	Notwendigkeit		249
IV.	Gründe in der Person des Kündigenden	157	II.	Umfassende Interessenabwägung		250
			III.	Abwägung bei mehreren Kündigungsgründen		260
	1. Kündigung durch Arbeitgeber	158		1. Einzelprüfung und Gesamtabwägung		260
	2. Kündigung durch Arbeitnehmer	159				
V.	Betriebsbedingte Gründe	162		2. Berücksichtigung verfristeter und verziehener Kündigungsgründe		263
VI.	Mischtatbestände	171				
I.	Systematisierung der Kündigungsgründe nach der Auswirkung auf das Arbeitsverhältnis	178	IV.	Außerordentliche Kündigung als ultima ratio		265
				1. Abmahnung		267
I.	Störungen verschiedener Bereiche des Arbeitsverhältnisses	178		a) Rügerecht		267
	1. Leistungsbereich	179		b) Abmahnung als Kündigungsvoraussetzung		270
	2. Bereich der betrieblichen Verbundenheit	180		c) Ausnahme einzelner Störbereiche?		275
	3. Vertrauensbereich	181		d) Grenzen der Erforderlichkeit		279
	4. Unternehmensbereich	182		e) Rechtsnatur der Abmahnung		283
II.	Bedeutung der Systematisierung	183		f) Funktionen der Abmahnung		284
J.	Systematisierung der Kündigungsgründe nach dem Zeitpunkt ihrer Entstehung und Geltendmachung	184		g) Abmahnungsberechtigte Personen		291
				h) Beteiligung des Betriebs-/Personalrates und der Schwerbehindertenvertretung		292
I.	Gründe vor Zugang der Kündigung	184				
	1. Objektiv vorliegende Gründe	184		i) Verhältnismäßigkeit der Abmahnung		293
	2. Der Zugang der Kündigung als maßgeblicher Zeitpunkt	185		j) Verzicht auf Kündigung		294
	3. Gründe vor Beginn des Arbeitsverhältnisses	187		k) Erneute Pflichtverstöße als Kündigungsgrund		295
II.	Gründe nach Zugang der Kündigung	188		l) Gerichtliche Überprüfung der Abmahnung		296
III.	Nachschieben von Gründen	190				
	1. Vor der Kündigung entstandene Gründe	190		2. Betriebsbußen		299
	a) Bekannte Gründe	190		3. Widerrufsvorbehalt, Direktionsrecht		300
	b) Unbekannte Gründe	192		4. Feststellungs-, Unterlassungsklage		301
	2. Nachschieben und Anhörung des Betriebsrates/Beteiligung der Schwerbehindertenvertretung	195		5. Betriebliches Eingliederungsmanagement (BEM)		302
	3. Nachschieben und Zustimmungserfordernis	198		6. Umsetzung, Versetzung		303
				7. Änderungskündigung		309
IV.	Nachschieben von Gründen als neue Kündigung	206		8. Ordentliche Kündigung		311
			V.	Bedeutung der Unkündbarkeit und der Dauer der Vertragsbindung		313
	1. Auslegungsgrundsätze	206		1. Verhältnis zwischen Kündigungsgrund und Vertragsdauer		313
	2. Beurteilung späterer Kündigungsgründe	210				
				2. Unkündbare Arbeitnehmer		316
K.	Besondere Arten der außerordentlichen Kündigung	212	VI.	Gleichbehandlungsgrundsatz		324
			VII.	Gesichtspunkt der Solidarität		327
I.	Außerordentliche Änderungskündigung	212	M.	Die Ausschlussfrist für die Kündigungserklärung		328
	1. Zulässigkeit	212				
	2. Prüfungsmaßstab	213	I.	Zweck und Bedeutung der Frist		328
II.	Druckkündigung	219		1. Verfassungsgemäße Konkretisierung der Verwirkung		329
	1. Begriff	219				
	2. Voraussetzungen	221		2. Zwingendes Recht für Vertrags- und Tarifvertragsparteien		335
	3. Schadenersatz	224				
III.	Die Verdachtskündigung	225	II.	Beginn und Hemmung der Ausschlussfrist		337
	1. Begriff und Typisierung	225				
	2. Voraussetzungen und allgemeine Grundsätze	227				

§ 626 BGB — Fristlose Kündigung aus wichtigem Grund

	Rdn
1. Kenntnis von den für die Kündigung maßgebenden Tatsachen	337
2. Fristbeginn bei Dauergründen	341
3. Hemmung des Beginns der Frist	348
4. Einfluss des Mitwirkungs- bzw. des Mitbestimmungsrechts des Betriebs- oder Personalrats auf die Ausschlussfrist	350
a) Anhörung des Betriebs- oder Personalrats	350
b) Verhältnis zwischen § 626 Abs. 2 BGB und § 15 KSchG	351
c) Mitbestimmung in anderen Fällen	354
5. Einfluss von § 17 MuSchG, § 18 BEEG, § 5 PflegeZG, § 2 Abs. 3 FPfZG und §§ 168, 174 SGB IX auf die Ausschlussfrist	355
a) Zulässigkeitserklärung nach § 17 Abs. 2 MuSchG	355
b) Kündigung während der Elternzeit oder (Familien-)Pflegezeit	356
c) Zustimmung nach §§ 168, 174 SGB IX	357
III. Für die Kenntnis maßgebender Personenkreis	361
1. Kreis der Kündigungsberechtigten	361
2. Vertragliche Regelung der Kündigungsbefugnis	371
3. Kenntnis anderer, nicht kündigungsberechtigter Personen	373
IV. Berechnung und Ablauf der Ausschlussfrist	374
1. Berechnung	374
2. Erfordernis des rechtzeitigen Zugangs	376
3. Hemmung des Ablaufs der Frist	377
V. Rechtsmissbräuchliche Berufung auf die Ausschlussfrist	379
N. Umdeutung einer unwirksamen außerordentlichen Kündigung	**383**
I. Vorrang der Auslegung	383
II. Umdeutung in eine ordentliche Kündigung	384
III. Umdeutung in Angebot zur Vertragsaufhebung	385
O. Verfahrensfragen	**386**
I. Frist und Form der Klage gegen eine außerordentliche Kündigung	386
1. Kündigungsschutzklage	386
2. Feststellungsklage nach § 256 ZPO	388
II. Fortbestand der Parteifähigkeit des Kündigenden	392
III. Darlegungs- und Beweislast	393
1. Erklärung einer außerordentlichen Kündigung	393
2. Vorliegen wichtiger Gründe	395
3. Wahrung der Ausschlussfrist	401
IV. Auswirkungen des Beschlussverfahrens nach § 103 Abs. 2 BetrVG auf den nachfolgenden Kündigungsschutzprozess	405
V. Nachprüfung des wichtigen Grundes in der Revisionsinstanz	406
VI. Materielle Rechtskraft und Präklusionswirkung	407
1. Klageabweisung	407
2. Wirkung des obsiegenden Urteils	409
3. Berufung auf Umdeutung in fristgemäße Kündigung	412
4. Wiederholungskündigung, Trotzkündigung	419
P. Fallgruppen des wichtigen Grundes aus der Rechtsprechung	**420**
I. Vorbemerkung	420
1. Abkehrwille	421
2. Abwerbung	422
3. Alkohol, Drogen, Medikamente	423
4. Anzeigen gegen den Arbeitgeber (Whistleblowing)	424
5. Arbeitsbummelei	425
6. Arbeitskampf	426
7. Arbeitspapiere	427
8. Arbeitsverweigerung	428
9. Arztbesuch	429
10. Außerdienstliches Verhalten	430
11. Beleidigungen	431
12. Betriebsfrieden, betriebliche Ordnung	432
13. Betriebsschließung und sonstige Fälle fehlender Beschäftigungsmöglichkeiten	433
14. Datenschutz, Computermissbrauch	434
15. Dienstfahrzeuge	435
16. Druckkündigung	436
17. Ehrenämter	437
18. Fähigkeiten, Eignung	438
19. Gruppenarbeitsverhältnis	439
20. Hafenarbeiter	440
21. Kirchliche Arbeitnehmer	441
22. Krankheit/Corona-Pandemie	442
23. Leiharbeitsverhältnis	448
24. Manko	449
25. Maßregelung	450
26. Mitteilungs- und Berichtspflichten	451
27. Nebenbeschäftigung	452
28. Offenbarungspflicht	453
29. Öffentlicher Dienst	454
30. Politische Betätigung, Werbung für Weltanschauung	455
31. Probearbeitsverhältnis	456
32. Rauchverbot	457
33. Rücksprache/Personalgespräch	458

		Rdn				Rdn
34.	Schlechtleistung	459	III.	Außerordentliche Kündigung durch den Arbeitnehmer		482
35.	Sexuelle Belästigungen, Stalking	460		1.	Allgemeiner Grundsatz	482
36.	Stechuhren und andere Kontrolleinrichtungen, Arbeitszeitbetrug	461		2.	Arbeitsplatzwechsel	484
37.	Strafbare Handlungen	462		3.	Arbeitsschutz	485
38.	Tätlichkeiten, Bedrohungen, vorsätzliche gefährdende Handlungen	468		4.	Gehaltsrückstand	486
				5.	Gewissenskonflikt	487
39.	Torkontrolle	469		6.	Maßregelung, Missachtung, Verdächtigung	488
40.	Untersuchungshaft – Freiheitsstrafe	470				
41.	Urlaub – Antritt, Überschreitung	471		7.	Verdienstminderung	489
42.	Verdachtskündigung	474		8.	Vertragsverletzungen	490
43.	Verschuldung des Arbeitnehmers	475		9.	Werkswohnung	491
44.	Verschwiegenheitspflicht	476		10.	Sonstige Gründe	492
45.	Vollmachtsüberschreitung	477	Q.	Recht des Arbeitgebers zur außerordentlichen Kündigung im öffentlichen Dienst der neuen Bundesländer		493
46.	Weisungen (Direktionsrecht)	478				
47.	Wettbewerb	479				

A. Geltungsbereich

I. Unmittelbare Anwendung

Das Recht der außerordentlichen Kündigung ist in § 626 BGB idF des ArbRBereinigG vom 14.8.1969 (vgl. zur Entstehungsgeschichte KR-*Spilger* § 622 BGB Rdn 8) bis auf wenige Sonderregelungen (s. Rdn 6 ff.) einheitlich für **alle Arten von Dienstverhältnissen** geregelt worden. Die wichtigste Erscheinungsform des Dienstverhältnisses ist das **Arbeitsverhältnis** (vgl. zur Abgrenzung zwischen dem freien unabhängigen Dienstvertrag und dem das Arbeitsverhältnis begründenden Arbeitsvertrag KR-*Kreutzberg-Kowalczyk* ArbNähnl. Pers. Rdn 1–3, 17 ff.). Die Vorschrift gilt sowohl für die Kündigung eines Arbeitsverhältnisses **durch den Arbeitnehmer** als auch für die Kündigung durch **den Arbeitgeber** (*BAG* 10.9.2020 – 6 AZR 94/19 (A) –; 22.3.2018, 8 AZR 190/17, EzA § 626 BGB 2002 Krankheit Nr. 6). § 626 BGB ist lex specialis gegenüber § 314 BGB, der die Kündigung von Dauerschuldverhältnissen aus wichtigem Grund allgemein regelt (zur Abmahnung s. Rdn 270). 1

Auf die Kündigung von Dienstverhältnissen, die keine Arbeitsverhältnisse sind, ist § 626 BGB grds. ohne Rücksicht darauf anwendbar, ob **Dienste höherer Art** oder einfache Tätigkeiten zu leisten sind (*BAG* 10.4.1975 EzA § 626 BGB nF Nr. 37; zur Kündigung des Anstellungsvertrages eines Vorstandsmitgliedes oder GmbH-Geschäftsführers (*Staudinger/Preis* Rn 19 mwN). Eine Ausnahme gilt aber für die in § 627 Abs. 1 BGB geregelten Fälle (s. Rdn 10). 2

Auch die außerordentliche Beendigung der Dienstverhältnisse **arbeitnehmerähnlicher Personen** richtet sich nach § 626 BGB (vgl. KR-*Kreutzberg-Kowalczyk* ArbNähnl. Pers. Rdn 75). 3

Wie sich bereits aus dem Wortlaut des § 626 Abs. 1 BGB ergibt, gilt die Vorschrift sowohl für **unbefristete** als auch für **befristete** Dienst- und Arbeitsverhältnisse. 4

II. Entsprechende Anwendung

Entsprechend anwendbar ist § 626 BGB für die Kündigung eines **Heimarbeitsverhältnisses** (§ 29 HAG; vgl. KR-*Kreutzberg-Kowalczyk* §§ 29, 29a HAG Rdn 40 f.). 5

III. Abschließende Sonderregelungen

Die Geltung des § 626 BGB für grds. alle Arten von Dienstverhältnissen wird von einigen **Sonderregelungen** durchbrochen, neben denen § 626 BGB nach dem Grundsatz des Vorrangs der lex specialis nicht anwendbar ist. 6

§ 626 BGB Fristlose Kündigung aus wichtigem Grund

7 Im Bereich der Arbeitsverhältnisse ist lex specialis die Regelung im **Einigungsvertrag** für die Kündigung aus wichtigem Grund gegenüber Arbeitnehmern im öffentlichen Dienst der neuen Bundesländer (s. Rdn 493 ff.).

8 Die außerordentliche Kündigung von Heuerverhältnissen in der **Seeschifffahrt** wird in den §§ 67 bis 69 SeeArbG geregelt. Bei der Kündigungsmöglichkeit des Besatzungsmitglieds gem. § 69 SeeArbG ist weiterhin keine Interessenabwägung erforderlich. Soweit in §§ 67 f. SeeArbG Tatbestände als wichtige Gründe aufgeführt werden, handelt es sich dagegen wegen der grds. Verweisung auf § 626 BGB nicht mehr um **absolute Kündigungsgründe**, sondern nur noch um Regelbeispiele (vgl. BT-Drs. 17/10959 S. 85). Die früher für die Binnenschifffahrt und Flößerei geltenden Sonderregelungen sind aufgehoben worden, so dass auch in diesem Bereich § 626 BGB anzuwenden ist.

9 Die außerordentliche Kündigung eines **Berufsausbildungsverhältnisses** richtet sich nach § 22 BBiG (vgl. zum Begriff des wichtigen Grundes iS dieser Vorschrift KR-*Weigand* §§ 21–23 BBiG Rdn 43 f.) bzw. § 88 SeeArbG.

10 Für Dienstverhältnisse, die keine Arbeitsverhältnisse sind, gilt gem. § 627 BGB dann, wenn kein dauerndes Dienstverhältnis mit festen Bezügen vorliegt und **Dienste höherer Art** zu leisten sind, die aufgrund besonderen Vertrauens übertragen zu werden pflegen, die Besonderheit, dass sie auch ohne einen wichtigen Grund iSd § 626 außerordentlich gekündigt werden können (vgl BGH 2.5.2019, IX ZR 11/18, DB 2019, 1379).

11 Das Vertragsverhältnis eines **Handelsvertreters** kann nach § 89a HGB von jedem Teil aus wichtigem Grunde ohne Einhaltung einer Kündigungsfrist gekündigt werden. Dieses Recht kann nicht ausgeschlossen oder beschränkt werden. Sachlich besteht kein Unterschied zwischen den Voraussetzungen der außerordentlichen Kündigung nach § 626 Abs. 1 BGB und nach § 89a HGB (s. KR-*Kreutzberg-Kowalczyk* ArbNähnl. Pers. Rdn 127 ff.; *Staudinger/Preis* Rn 28). Die Anwendbarkeit der Ausschlussfrist des § 626 Abs. 2 BGB auch für die außerordentliche Kündigung nach § 89a HGB wird vom BGH in st. Rspr. verneint, ist aber str. (vgl. zum Streitstand KR-*Kreutzberg-Kowalczyk* ArbNähnl. Pers. Rdn 132; ferner DDZ-*Däubler* Rn 9; *Staudinger/Preis* Rn 28).

12 Nicht die Kündigung von Dienstverhältnissen, sondern den **Widerruf der Bestellung** zum Vorstandsmitglied oder Geschäftsführer oder den **Ausschluss** als Betriebsrats- oder Personalratsmitglied betreffen § 84 AktG, § 38 GmbHG, § 23 BetrVG und § 30 BPersVG. Das der bisherigen Amts- oder Organstellung zugrundeliegende Dienstverhältnis wird durch die Abberufung von **Organmitgliedern** oder den Ausschluss von **Amtsträgern** nicht zugleich beendet. Es bedarf vielmehr einer Kündigung, die nicht schon allein wegen der Tatsache des Widerrufs oder der Abberufung aus wichtigem Grunde gerechtfertigt ist (*BAG* 17.8.1972 EzA § 626 BGB nF Nr. 16; MüKo-BGB/*Henssler* Rn 33 ff.; *Staudinger/Preis* Rn 19; HAS-*Popp* § 19 B Rn 222; HWK-*Sandmann* Rn 27 ff.).

IV. Ergänzende Sonderregelungen

13 Besonders ausgestaltete außerordentliche Kündigungen, bei denen die Voraussetzungen des § 626 BGB nicht erfüllt zu sein brauchen, sind im **Insolvenzverfahren** des Dienstberechtigten für den Dienstverpflichteten und den Insolvenzverwalter in § 113 InsO vorgesehen (vgl. dazu KR-*Spelge* § 113 InsO Rdn 29 ff.; *Staudinger/Preis* Rn 267). Daneben besteht beim Vorliegen eines wichtigen Grundes (wozu die Eröffnung des Insolvenzverfahrens allein nicht ausreicht, vgl. *BAG* 24.1.2013 EzASD 2013 Nr. 13 S. 3) auch in diesem Bereich die Befugnis zur außerordentlichen Kündigung nach § 626 BGB (vgl. KR-*Spelge* § 113 InsO Rdn 36; *Staudinger/Preis* Rn 267).

14 Auch für Arbeitnehmerinnen und Arbeitnehmer in der **Elternzeit** gibt es gem. § 19 BEEG ein fristgebundenes Sonderkündigungsrecht.

15 Ein zusätzliches Recht zur fristlosen Kündigung gewährte der zum 31.3.2012 aufgehobene § 270 SGB III beiden Arbeitsvertragsparteien, wenn die Agentur für Arbeit den im Rahmen einer **Arbeitsbeschaffungsmaßnahme** beschäftigten Arbeitnehmer abberief. Der Arbeitnehmer hatte dieses

Kündigungsrecht auch dann, wenn er eine andere Arbeit oder Ausbildungsstelle fand oder an einer Maßnahme zur beruflichen Bildung teilnehmen konnte.

Auch der Kündigungsschutz für **Soldatinnen und Soldaten** gem. §§ 2, 16a ArbPlSchG (vgl. dazu KR-*Weigand* § 2 ArbPlSchG Rdn 16 ff.) lässt das Recht zur Kündigung aus wichtigem Grunde grds. unberührt (§ 2 Abs. 3 ArbPlSchG). Das Recht wird aber dadurch eingeschränkt, dass – von Ausnahmen für unverheiratete Arbeitnehmer in Kleinbetrieben abgesehen – die Einberufung zum Wehrdienst kein wichtiger Grund zur Kündigung ist (vgl. dazu KR-*Weigand* § 2 ArbPlSchG Rdn 24 ff.). 16

Keine abschließenden, sondern den § 626 BGB ergänzende Sonderregelungen enthalten ferner die gesetzlichen Kündigungsbeschränkungen, nach denen eine außerordentliche Kündigung nur mit vorheriger **Zustimmung** einer **Behörde** oder der zuständigen **Arbeitnehmervertretung** bzw. nach deren **Mitwirkung** zulässig ist. 17

Nach § 17 MuSchG ist auch die außerordentliche Kündigung gegenüber einer **schwangeren** Arbeitnehmerin von der vorherigen Zulässigkeitserklärung der zuständigen Landesbehörde abhängig (vgl. dazu KR-*Gallner* § 17 MuSchG Rdn 126 ff.). Entsprechendes gilt gem. § 18 BEEG, § 5 PflegeZG und § 2 Abs. 3 FPfZG gegenüber Arbeitnehmern in **Elternzeit**, in **Pflegezeit** oder in **Familienpflegezeit** (zu den Einzelheiten s. KR-*Bader/Kreutzberg-Kowalczyk* § 18 BEEG Rdn 62 ff., KR-*Treber/Waskow* PflegeZG Rdn 61 ff. bzw. FPfZG Rdn 8). 18

Die außerordentliche Kündigung eines **schwerbehinderten Menschen** bedarf nach den §§ 168, 174 SGB IX der vorherigen Zustimmung durch das Integrationsamt (s. Rdn 357 ff.) sowie der Beteiligung der Schwerbehindertenvertretung nach § 178 Abs. 2 SGB IX. 19

Die Kündigung eines **Mitglieds des Betriebsrats**, Personalrats oder eines anderen in § 15 KSchG genannten **Amtsträgers** ist nach § 15 KSchG iVm § 103 BetrVG bzw. §§ 55, 127 BPersVG nur zulässig, wenn der Betriebs- oder Personalrat zuvor der Kündigung zugestimmt hat oder die verweigerte Zustimmung durch das Arbeits- oder Verwaltungsgericht ersetzt worden ist (vgl. zum Zustimmungs- und Ersetzungsverfahren KR-*Kreft* § 15 KSchG Rdn 40, KR-*Rinck* § 103 BetrVG Rdn 11 ff., § 127 BPersVG Rdn 2 ff.). In Betrieben und Verwaltungen, für die ein Betriebs- oder Personalrat gebildet worden ist, muss das zuständige Vertretungsorgan auch vor beabsichtigten außerordentlichen Kündigungen gegenüber anderen Arbeitnehmern nach § 102 BetrVG bzw. § 128 BPersVG angehört werden (vgl. dazu KR-*Rinck* § 102 BetrVG Rdn 10 ff., 34 und § 128 BPersVG Rdn 5 ff.). Eine ohne **Anhörung** des Betriebs- oder Personalrats ausgesprochene außerordentliche Kündigung ist unwirksam. 20

Die in den Rdn 13–20 behandelten ergänzenden Sonderregelungen wirken sich auf die **Auslegung** des Begriffs des wichtigen Grundes iSd § 626 BGB nur insoweit aus, als bei einer Zustimmungsverweigerung des Betriebs- bzw. Personalrats im Ersetzungsverfahren nach § 103 Abs. 2 BetrVG bzw. nach § 127 Abs. 1 Satz 2 BPersVG in Grenzfällen auch eventuelle kollektive Interessen an der Fortführung des Amtes gerade durch den betroffenen Arbeitnehmer bei der Interessenabwägung mit zu berücksichtigen sind (zu weitgehend *BAG* 22.8.1974 EzA § 103 BetrVG 1972 Nr. 6; gänzlich abl. dagegen jetzt *BAG* 16.11.2017 BB 2018, 699; vgl. auch KR-*Kreft* § 15 KSchG Rdn 47). Ansonsten wird die sachliche Bedeutung des § 626 BGB von den Sonderregelungen **nicht berührt** (zur Ausschlussfrist des § 626 Abs. 2 BGB im Regelungsbereich der ergänzenden Sondervorschriften s. Rdn 350 ff.). 21

B. Ausübung des Rechts zur außerordentlichen Kündigung

I. Rechtsgeschäftliche Willenserklärung

Ein Arbeitsverhältnis wird **nicht automatisch** beendet, wenn ein Vertragsteil einen wichtigen Grund zur außerordentlichen Kündigung hat. Der Kündigungsberechtigte muss vielmehr sein ihm zustehendes **Gestaltungsrecht** zur vorzeitigen Auflösung des Arbeitsverhältnisses auch ausüben, wenn er nicht mehr am Vertrag festhalten will. Dazu bedarf es der Erklärung einer außerordentlichen Kündigung. 22

§ 626 BGB Fristlose Kündigung aus wichtigem Grund

23 Die außerordentliche Kündigung ist eine einseitige rechtsgestaltende **Willenserklärung**, die dem Kündigungsempfänger gegenüber zu erklären ist. Ihre Wirksamkeitsvoraussetzungen richten sich nach den gesetzlichen Vorschriften, die für einseitige empfangsbedürftige Rechtsgeschäfte gelten. Vgl. zur Geschäftsfähigkeit und zur Vertretung des Kündigenden und des Gekündigten KR-*Treber/ Rennpferdt* § 13 KSchG Rdn 142 ff.; zur Form der Kündigung KR-*Spilger* § 623 BGB Rdn 131 ff.; zum Zugang der Kündigung KR-*Klose* § 4 KSchG Rdn 140 ff.; zur Bedingungsfeindlichkeit KR-*Rachor* § 1 KSchG Rdn 178.

II. Rückwirkende Kündigung – Kündigung vor Dienstantritt

24 Da ein wichtiger Grund nicht automatisch zur Beendigung des Arbeitsverhältnisses führt, kann die außerordentliche Kündigung das Arbeitsverhältnis frühestens mit ihrem **Zugang** beenden. Eine fristlose Kündigung kann deswegen **nicht rückwirkend** für den Zeitpunkt ausgesprochen werden, zu dem die Kündigungsgründe eingetreten sind oder der Kündigungsentschluss gefasst worden ist (HzA-*Isenhardt* 5/1 Rn 252). Eine rückwirkende fristlose Kündigung ist aber **nicht deswegen unwirksam**, weil sie die beabsichtigten Rechtsfolgen nicht voll erreichen kann. Sie führt vielmehr mit Zugang zur Beendigung des Arbeitsverhältnisses, wenn die sonstigen Voraussetzungen für ihre Wirksamkeit vorliegen (*BAG* 22.3.1979 – 2 AZR 360/77, nv; MüKo-BGB/*Henssler* Rn 79; HAS-*Popp* § 19 B Rn 329; SPV-*Preis* Rn 527).

25 Die Kündigung kann nach Vertragsschluss schon **vor** dem vorgesehenen **Dienstantritt** wirksam erklärt werden (*Linck* AR-Blattei SD 1010.1.3 Rn 5; *Soergel/Kraft* vor § 620 Rn 66). Anders als bei der ordentlichen Kündigung (vgl. dazu KR-*Spilger* § 622 BGB Rdn 149 f.) wirkt eine außerordentliche Kündigung vor Dienstantritt bereits sofort mit Zugang und beendet den Arbeitsvertrag vor seiner Realisierung (*Dreher* S. 133; MüKo-BGB/*Henssler* Rn 79; SPV-*Preis* Rn 147).

III. Arten der außerordentlichen Kündigung

26 Mit einer außerordentlichen Kündigung bringt der Kündigende seinen Willen zum Ausdruck, das Arbeitsverhältnis wegen der Unzumutbarkeit, es für die vorgesehene Zeit oder bis zum Ablauf der Kündigungsfrist fortzusetzen, sofort oder zu einem in der Zukunft liegenden Zeitpunkt zu beenden – außerordentliche **fristlose** Beendigungskündigung (s. Rdn 27 f.) oder außerordentliche **befristete** Beendigungskündigung (s. Rdn 29 f.) – oder den Inhalt des Arbeitsverhältnisses abzuändern – fristlose oder befristete außerordentliche **Änderungskündigung** (s. Rdn 212 ff.). Die Änderungskündigung ist von der **Teilkündigung** zu unterscheiden, durch die nur einzelne Vertragsbedingungen beseitigt oder geändert werden sollen und die nur ausnahmsweise zulässig ist (vgl. KR-*Kreft* § 2 KSchG Rdn 85 f.; *BAG* 7.10.1982 EzA § 315 BGB Nr. 28).

1. Außerordentliche fristlose Kündigung

27 Der **Regelfall** der außerordentlichen Kündigung ist die **fristlose** Kündigung, durch die das Arbeitsverhältnis sofort beendet werden soll. Diese **Wirkung tritt mit dem Zugang der Erklärung** ein, wenn sie durch einen wichtigen Grund gerechtfertigt ist (vgl. *LAG SchlH* 26.8.2014 AA 2014, 216; *Staudinger/Oetker* vor §§ 620 ff. Rn 354).

28 Die fristlose Kündigung braucht **nicht ausdrücklich** erklärt zu werden, sondern es genügt jede formgerechte Erklärung des Kündigungsberechtigten, aus der der Vertragspartner eindeutig und zweifelsfrei entnehmen kann, dass die Beschäftigung sofort endgültig eingestellt und das Arbeitsverhältnis nicht fortgesetzt werden soll (Grundsatz der Klarheit; zu der seit 1.5.2000 gebotenen **Schriftform** der Kündigung vgl. KR-*Spilger* § 623 BGB Rdn 132 ff.). Es ist unter Berücksichtigung der besonderen Umstände nach §§ 133, 157 BGB durch **Auslegung** zu ermitteln, ob eine fristlose Entlassung beabsichtigt und erklärt worden ist (vgl *BAG* 13.5.2015, 2 AZR 531/14, EzA § 626 BGB 2002 Nr. 50). An der Erkennbarkeit des Willens, das Arbeitsverhältnis aus einem wichtigen Grunde zu beenden, kann es mangeln, wenn der Kündigende sich auf einen Beendigungstatbestand beruft, der keinen wichtigen Grund voraussetzt (zB Anfechtung, Formmangel). Die

außerordentliche fristlose Kündigung stellt sich nach der Verkehrsauffassung vielfach als »Unwerturteil« über Person oder Verhalten des Gekündigten dar (*BAG* 20.3.1986 EzA § 256 ZPO Nr. 25). Nach ihrer rechtlichen Funktion ist sie aber **keine Sanktion** (*BAG* 21.1.1999 EzA § 626 BGB nF Nr. 178; 19.4.2007 EzTöD 100 § 34 Abs. 2 TVöD-AT Verhaltensbedingte Kündigung Nr. 7; s.a. Rdn 58; *Nicklaus* S. 17 ff.; aA *Gentges* S. 242).

2. Außerordentliche befristete Kündigung

Eine außerordentliche Kündigung führt zwar nach § 626 Abs. 1 BGB ohne Einhaltung einer Kündigungsfrist zur Beendigung des Dienstverhältnisses. Dies bedeutet aber nicht, dass sie zwangsläufig als fristlose Kündigung erklärt werden müsste, wenn einem Vertragspartner die Fortsetzung des Arbeitsverhältnisses bis zum Fristablauf unzumutbar geworden ist. Er ist dann vielmehr, zB aus sozialen Erwägungen, auch berechtigt, aus wichtigem Grund mit einer **Auslauffrist** zu kündigen, die der gesetzlichen, tariflichen oder vereinbarten Kündigungsfrist nicht zu entsprechen braucht (vgl. *BAG* 13.5.2015 EzA § 626 BGB 2002 Nr. 50; HzA-*Isenhardt* 5/1 Rn 270; SPV-*Preis* Rn 526; aA SPK-ArbR/*Stoffels* Rn 206, wonach in diesen Fällen von einer fristlosen Kündigung mit dem Angebot einer befristeten Fortsetzung des Arbeitsverhältnisses auszugehen ist; bei dieser Sichtweise würde allerdings häufig wegen Nichtbeachtung der Schriftform des § 14 Abs. 4 TzBfG ein neues unbefristetes Arbeitsverhältnis entstehen). Der Ablauf dieser Auslauffrist muss allerdings von vornherein bestimmt sein (vgl. *BGH* 22.10.2003 ZIP 2004, 317). Der Kündigungsberechtigte kann eine solche Auslauffrist sogar im eigenen Interesse gewähren, etwa um sich zunächst um eine Ersatzkraft oder eine neue Stellung zu bemühen. Beschäftigt der kündigende Arbeitgeber den Arbeitnehmer allerdings während einer längeren Auslauffrist tatsächlich weiter, wird es idR an der erforderlichen Unzumutbarkeit iSd § 626 Abs. 1 BGB fehlen, sofern er damit nicht nur seiner Schadensminderungspflicht nach § 254 Abs. 2 BGB (Fehlen einer Ersatzkraft) nachkommt (*BAG* 9.2.1960 AP Nr. 39 zu § 626 BGB; 6.2.1997 AuR 1997, 210; SPV-*Preis* Rn 526; aA zur Schadensminderungspflicht MüKo-BGB/*Henssler* Rn 369). Zur in Ausnahmefällen bestehenden Verpflichtung zur Einräumung einer Auslauffrist s. Rdn 321 ff.

29

Sofern dem Gekündigten nicht vorzuwerfen ist, er versuche rechtsmissbräuchlich aus seinem eigenen vertragswidrigen Verhalten Vorteile zu ziehen, braucht er sich auf die ihm freiwillig eingeräumte Frist nicht einzulassen, sondern kann auf sofortiger Beendigung des Arbeitsverhältnisses bestehen (MüKo-BGB/*Henssler* Rn 369; HzA-*Isenhardt* 5/1 Rn 270; GA-*Meyer* Rn 31; SPV-*Preis* Rn 526; ZLH-*Hergenröder* S. 276; aA HaKo-KSchR/*Gieseler* Rn 39; HaKo-ArbR//*Griebeling/Herget* Rn 35, ErfK-*Niemann* Rn 189; aA auch *Däubler* [DDZ Rn 19] für den Fall, dass der Arbeitgeber die Auslauffrist nicht allein im Interesse des Arbeitnehmers einräumt); *Sandmann* (HWK Rn 329) will darüber hinaus dem Arbeitnehmer, der sich zunächst auf die Auslauffrist eingelassen hat, grds. ein Recht zur Kündigung mit der Mindestkündigungsfrist zubilligen.

30

Wenn der Kündigungsberechtigte bei einer Kündigung aus wichtigem Grund die Frist für die ordentliche Kündigung einhält, muss er durch einen geeigneten Hinweis **klarstellen**, auf sein Recht zur außerordentlichen Kündigung nicht zu verzichten, sondern nur aus Entgegenkommen oder um eine Störung des Betriebsablaufs zu verhindern, eine befristete Weiterbeschäftigung hinnehmen zu wollen. Fehlt es an einer solchen Klarstellung, dann darf der Gekündigte berechtigt annehmen, ihm sei ordentlich gekündigt worden (*BAG* 12.9.1974 EzA § 1 TVG Auslegung Nr. 3; *Busemann/Schäfer* Rn 334; HK-*Dorndorf* § 1 Rn 122; HAS-*Popp* § 19 B Rn 334 f.; SPV-*Preis* Rn 526). Nicht jede aus einem möglicherweise wichtigen Grunde unter Einhaltung der gesetzlichen oder vertraglichen Frist ausgesprochene Kündigung ist darauf zu prüfen, ob eine außerordentliche Kündigung vorliegt.

31

IV. Anhörung des Gekündigten

Die **Anhörung** des Gekündigten vor dem Ausspruch einer Kündigung ist **keine Wirksamkeitsvoraussetzung** für eine außerordentliche Kündigung, sofern es nicht um eine sog. Verdachtskündigung geht (s. Rdn 244 ff.). In einer Entscheidung vom 14.7.1960 (EzA § 123 BGB Nr. 3) hat das *BAG* zwar angenommen, die Fürsorgepflicht des Arbeitgebers gebiete es, dem Arbeitnehmer vor

32

Ausspruch einer außerordentlichen Kündigung Gelegenheit zur Stellungnahme zu geben, wenn nicht auszuschließen sei, dass er sich hierdurch entlasten könne. Die Bedeutung dieses Grundsatzes blieb aber zunächst zweifelhaft, weil nicht bestimmt wurde, welche Rechtsfolgen sich aus der unterlassenen Anhörung ergeben sollen. Diese Zweifel sind durch spätere Entscheidungen ausgeräumt worden (vgl. *BAG* 23.6.2009, 2 AZR 474/07, EzA § 626 BGB 2002 Verdacht strafbarer Handlung Nr. 8; 10.2.1977 EzA § 103 BetrVG 1972 Nr. 18). Es gibt keinen allgemeinen Rechtssatz des Inhalts, dass eine außerordentliche Kündigung ausgeschlossen ist, wenn der Kündigende den Gekündigten vor der Kündigung nicht zu den Kündigungsgründen angehört oder sonstige Aufklärungsmaßnahmen, zB eine **Gegenüberstellung** mit Belastungszeugen, unterlassen hat (vgl. *BAG* 21.11.1996 EzA § 626 BGB nF Nr. 162; 18.9.1997 EzA § 626 BGB nF Nr. 169; aA für betriebsratslose Betriebe *ArbG Gelsenkirchen* 17.3.2010 LAGE § 242 BGB 2002 Kündigung Nr. 7). Dieser zutr. Auffassung ist die hM im Schrifttum gefolgt (*Erman/Riesenhuber* Rn 29; *Stahmer/Kerls/Confurius-Heilmann* 4/1.4; MüKo-BGB/*Henssler* Rn 77; ErfK-*Niemann* Rn 47; HAS-*Popp* § 19 B Rn 342 f.; SPV-*Preis* Rn 536; APS-*Vossen* Rn 55; aA *Backmeister/Trittin/Mayer* Rn 76; *Gaul* Das Arbeitsrecht im Betrieb, L II Rn 153; *Däubler* Das Arbeitsrecht 2 Rn 970a). Sie gilt auch für die Druckkündigung (*BAG* 24.10.1990 EzA § 626 BGB Druckkündigung Nr. 2).

33 Die Anhörung vermag an dem objektiven Tatbestand des wichtigen Grundes nichts zu ändern. Maßgeblich ist allein, ob objektiv die Fortsetzung des Arbeitsverhältnisses bis zum Fristablauf zumutbar ist (HAS-*Popp* § 19 B Rn 343). Mit der Anhörung handelt der Kündigende allerdings im eigenen Interesse. Wenn er sie unterlässt, geht er das Risiko ein, dass der Gekündigte im Prozess ihn entlastende Umstände vorträgt, die einen wichtigen Grund ausschließen und bei deren Kenntnis die Kündigung nicht ausgesprochen worden wäre. Schon um einen aussichtslosen Prozess zu vermeiden, empfiehlt es sich, vor Ausspruch einer außerordentlichen Kündigung den Sachverhalt durch Anhörung des Betroffenen aufzuklären.

34 Teilweise wird demgegenüber angenommen, der Arbeitgeber oder der Arbeitnehmer sei unter besonderen Umständen aufgrund der Fürsorge- oder Treuepflicht gehalten, eine Anhörung vorzunehmen. Die Verletzung dieser Pflicht könne einen **Schadenersatzanspruch** auslösen, der dann die Verpflichtung begründe, das Arbeitsverhältnis fortzusetzen, wenn der Gekündigte nachweise, die Kündigung wäre bei seiner Anhörung nicht erklärt worden (*Feichtinger/Huep* Rn 563; *Busemann/Schäfer* Rn 337; offen gelassen von *BAG* 10.2.1977 EzA § 103 BetrVG 1972 Nr. 18). Dabei wird übersehen, dass die Kündigung beim Fehlen eines wichtigen Grundes ohnehin unwirksam wäre. Besteht dagegen objektiv ein wichtiger Grund, könnte ihn der Kündigende auch nachschieben (s. Rdn 190 f.). Hat ein gekündigter Arbeitnehmer es versäumt, rechtzeitig gem. §§ 13, 4 KSchG Klage zu erheben, wäre auch ein etwaiger Schadensersatzanspruch verwirkt. Deshalb kommt es auch dann, wenn die Kündigung bei Anhörung des Gekündigten zunächst unterblieben wäre, allein darauf an, ob ein wichtiger Grund objektiv vorgelegen hat (ebenso HAS-*Popp* § 19 B Rn 345; HWK-*Sandmann* Rn 114; APS-*Vossen* Rn 95).

35 Die Unterlassung einer im Interesse des Gekündigten gebotenen Anhörung führt also nur dann zur Unwirksamkeit der Kündigung, wenn es sich um eine **Verdachtskündigung** handelt (s. Rdn 244 f.). Einer solchen gerade nicht mit der Behauptung der Tatbegehung begründeten Verdachtskündigung ist eine **Tatkündigung** aus den in Rdn 33 f. dargelegten Gründen auch dann nicht gleichzustellen, wenn objektiv nur eine unsubstantiierte Verdächtigung vorliegt (aA SPV-*Preis* Rn 537). Zur Bedeutung der Anhörung im Rahmen der **Ausschlussfrist** des § 626 Abs. 2 BGB s. Rdn 348 f.

V. Mitteilung der Kündigungsgründe

36 Nach § 626 Abs. 2 S. 3 BGB muss der Kündigende auf Verlangen des anderen Teiles den **Kündigungsgrund** unverzüglich **schriftlich mitteilen**, wobei »schriftlich« hier nicht gleichbedeutend ist mit »Schriftform« iSv § 126 BGB (vgl. *Gotthardt/Beck* NZA 2002, 880; HaKo-KSchR/*Gieseler* Rn 191; aA HaKo-ArbR/*Griebeling/Herget* Rn 165). Das Verlangen kann auch noch nach Ablauf der Frist des § 4 KSchG gestellt werden (vgl. DDZ-*Däubler* Rn 363; HaKo-KSchR/*Gieseler* Rn 190; HaKo-ArbR/*Herget* Rn 164; *Bader/Bram-Kreutzberg-Kowalczyk* Rn 92; HAS-*Popp* § 19 B Rn 337;

HWK-*Sandmann* Rn 395; APS-*Vossen* Rn 160 f.; aA KPK-*Bengelsdorf* Kap. 2 Rn 19; *Feichtinger/ Huep* Rn 534; MüKo-BGB/*Henssler* Rn 71; *Schaub/Linck* § 127 Rn 17; SPK-ArbR/*Stoffels* Rn 30) und im Klageweg geltend gemacht werden (*LG Zweibrücken* 14.8.2009 GmbHR 2009, 1159). Die Pflicht des Kündigenden, die Gründe für die Kündigung bei ihrem Ausspruch oder später anzugeben, kann sich nur auf die ihm bekannten Gründe beziehen (*Adomeit/Spinti* AR-Blattei SD 1010.9 Rn 19). Andererseits ist der Begriff des Kündigungsgrundes objektiv zu bestimmen (s. Rdn 109 ff.). Aus der deswegen relativen Bedeutung der Mitteilungspflicht folgt, dass der wichtige Grund zur außerordentlichen Kündigung durch eine Verletzung der Mitteilungspflicht nicht berührt wird. Die Mitteilung ist **keine Wirksamkeitsvoraussetzung** für die außerordentliche Kündigung (*BAG* 17.8.1972 EzA § 626 BGB nF Nr. 22; *Busemann/Schäfer* Rn 118, 346; MüKo-BGB/*Henssler* Rn 69; SPV-*Preis* Rn 539; HAS-*Popp* § 19 B Rn 336; *Soergel/Kraft* Rn 27).

Die Angabe des Kündigungsgrundes gehört nur dann zum notwendigen Inhalt der Kündigungserklärung, wenn das durch eine **konstitutive Formabrede** (Tarifvertrag [BAG 25.3.2004 EzA § 626 BGB 2002 Unkündbarkeit Nr. 4], Betriebsvereinbarung oder Arbeitsvertrag) vorgesehen **oder** – wie zB in § 22 BBiG und § 17 MuSchG – **gesetzlich vorgeschrieben** ist (MüKo-BGB/*Henssler* Rn 69). 37

Ansonsten kann aus der pflichtwidrigen Nichtangabe des Kündigungsgrundes für den Gekündigten ein Anspruch auf **Schadenersatz** wegen der Kosten des Prozesses erwachsen, den der Gekündigte zunächst im Vertrauen darauf anhängig gemacht hat, dass für die Kündigung kein wichtiger Grund vorlag (*BAG* 17.8.1972 EzA § 626 BGB nF Nr. 22; SPV-*Preis* Rn 540). Sie hindert den Kündigenden aber nicht daran, die Gründe später nachzuschieben (s. Rdn 190 f.). 38

Die Verpflichtung zur Mitteilung der Kündigungsgründe erstreckt sich auch darauf, diejenigen Gründe, die den Kündigenden zur Kündigung veranlasst haben oder auf die er sich weiter stützt, **wahrheitsgemäß** und **vollständig** anzugeben (*Staudinger/Preis* Rn 258). Ein Arbeitgeber macht sich somit schadensersatzpflichtig, wenn der Arbeitnehmer deswegen keine neue Anstellung findet, weil für die außerordentliche Kündigung nur vorgeschobene, nichtzutreffende Gründe angegeben wurden, während der Arbeitnehmer bei Mitteilung der richtigen Gründe in einem anderen Betrieb beschäftigt worden wäre. Der kündigende Arbeitgeber kann sich dann nicht darauf berufen, die außerordentliche Kündigung sei jedenfalls aus einem anderen, nicht genannten Grunde berechtigt. Seine Schadenersatzpflicht wird bereits durch die Verletzung der Mitteilungspflicht und nicht durch eine in der Kündigung liegende Vertragsverletzung begründet. Die Kausalität dürfte allerdings fast nie gegeben sein (vgl. HaKo-KSchR/*Gieseler* Rn 192). 39

Der Schadensersatzanspruch des Gekündigten richtet sich dagegen **nicht** auf die **Rücknahme der Kündigung** (vgl. MüKo-BGB/*Henssler* Rn 75; HAS-*Popp* § 19 B Rn 340). Das gilt auch dann, wenn der Gekündigte nachweisen kann, dass er die Kündigungsgründe bei rechtzeitiger Mitteilung hätte ausräumen können. Bei einem Streit um die Wirksamkeit der Kündigung muss der Kündigende im Prozess ohnehin das Vorliegen von Kündigungsgründen beweisen. Gelingt ihm der Nachweis nicht, so ist die Unwirksamkeit der Kündigung festzustellen, ohne dass es noch ihrer Rücknahme bedürfte. Zum Nachschieben von Kündigungsgründen s. Rdn 190 f. 40

C. Abgrenzung der außerordentlichen Kündigung von anderen Beendigungstatbeständen

I. Rücktritt

Das **Rücktrittsrecht** nach den §§ 323 ff. BGB ist durch § 626 BGB als lex specialis für die sofortige Beendigung von Dienstverhältnissen **ausgeschlossen** (*Ascheid* Rn 92; *Gotthardt* Rn 43; 254; HAS-*Popp* § 19 B Rn 115; SPV-*Preis* Rn 60). Da eine Kündigung schon vor Dienstantritt zulässig ist (s. Rdn 25) braucht auch für diesen Fall nicht auf die Vorschriften über das Rücktrittsrecht zurückgegriffen zu werden. 41

Wenn ein »Rücktritt« vom Arbeitsvertrag erklärt wird, liegt darin zumeist eine ungenaue Ausdrucksweise. Die Erklärung ist bei gewahrter Schriftform als Kündigung **auszulegen** oder in eine außerordentliche Kündigung **umzudeuten** (vgl. SPV-*Preis* Rn 60). 42

II. Wegfall der Geschäftsgrundlage

43 Eine wesentliche Veränderung oder ein **Wegfall der Geschäftsgrundlage** für den Abschluss eines Arbeitsvertrages (vgl. § 313 BGB) ist rechtlich idR nur dann erheblich, wenn deswegen eine außerordentliche Kündigung erklärt wird (vgl. § 313 Abs. 3 S. 2 BGB u. allg. zum Wegfall der Geschäftsgrundlage SPV-*Preis* Rn 59). Die Berufung auf den Wegfall der Geschäftsgrundlage ist grds. **kein selbständiger Beendigungsgrund** für ein Vertragsverhältnis, wenn nach den gesetzlichen oder vertraglichen Bestimmungen die Möglichkeit zur fristlosen Kündigung eines Vertrages besteht (*BAG* 21.4.2016 EzA § 626 BGB 2002 Unkündbarkeit Nr. 26; MüKo-BGB/*Hesse* vor § 620 Rn 62). Das gilt auch für die **nachträgliche** dauernde **Unmöglichkeit** der Erfüllung der Pflichten aus dem Arbeits- oder Dienstvertrag (MüKo-BGB/*Hesse* vor § 620 Rn 63; SPV-*Preis* Rn 60; *LAG Hamm* 13.1.1990 LAGE § 1 KSchG Krankheit Nr. 14). Ändert sich allerdings durch Gesetzesänderungen die Geschäftsgrundlage für ein Arbeitsverhältnis grundlegend, kann sich daraus die Notwendigkeit ergeben, die vertraglichen Abreden nach den Regeln über den Wegfall oder die Änderung der Geschäftsgrundlage anzupassen (*BAG* 25.2.1988 EzA § 611 BGB Krankenhausarzt Nr. 1). Nicht um eine Kündigung geht es auch dann, wenn die Parteien sich gegenseitig bei Wegfall oder Änderung der Geschäftsgrundlage ein **Bestimmungsrecht zur Anpassung** des Vertrages eingeräumt haben. Die Ausübung dieses Bestimmungsrechts, die keine Änderungs- oder Teilkündigung darstellt, ist dahin zu überprüfen, ob die Änderung der Billigkeit entspricht (*BAG* 10.12.1992 EzA § 315 BGB Nr. 40 m. abl. Anm. *Fabricius*).

44 Ebenso wie beim unzulässigen Rücktritt wird dann, wenn ein Vertragspartner wegen Wegfalls der Geschäftsgrundlage die Fortsetzung des Arbeitsverhältnisses ablehnt, darin eine außerordentliche Kündigung zu sehen sein, für deren Wirksamkeit allerdings die Schriftform gewahrt sein muss. Wenn eine Kündigung **ausnahmsweise** nicht möglich ist oder der **Arbeitsvertrag gegenstandslos** geworden ist, kann wegen Wegfalls der Geschäftsgrundlage gem. § 242 BGB die Berufung eines Arbeitnehmers auf das Fehlen einer Kündigung unbeachtlich sein (vgl. zu solchen Extremfällen *BAG* 24.8.1995 EzA § 242 BGB Geschäftsgrundlage Nr. 5; 3.10.1961 und 12.3.1963, AP Nr. 4 und 5 zu § 242 BGB Geschäftsgrundlage; MüKo-BGB/*Hesse* vor § 620 Rn 62).

III. Anfechtung

45 Unberührt durch das Recht zur außerordentlichen Kündigung bleibt die Möglichkeit, einen Arbeitsvertrag unter den Voraussetzungen der §§ 119, 123 BGB wegen **Irrtums** oder **Täuschung** anzufechten (vgl. SPV-*Preis* Rn 57). Die Ausübung dieses Gestaltungsrechts erfolgt durch eine empfangsbedürftige Willenserklärung (§ 143 BGB), die nicht der Schriftform gem. § 623 BGB bedarf, sondern formfrei möglich ist. Im Unterschied zur Kündigung setzt die Anfechtung einen **Grund** voraus, der schon **vor** oder **beim Abschluss des Arbeitsvertrages** vorgelegen hat (vgl. *BAG* 1.8.1985 EzA § 123 BGB Nr. 26). Die Anfechtung wegen Irrtums muss nach § 121 BGB unverzüglich erklärt werden. Bei einem Irrtum über verkehrswesentliche Eigenschaften wird dieser Begriff durch die Zwei-Wochen-Frist des § 626 BGB Abs. 2 konkretisiert (*BAG* 21.1.1981 EzA § 119 BGB Nr. 12); jedoch dürfen auch innerhalb dieser Frist keine schuldhaften Verzögerungen erfolgen (*BAG* 21.2.1991 EzA § 123 BGB Nr. 35). Im Übrigen findet auf die Anfechtung weder § 626 BGB noch § 1 KSchG Anwendung, insbes. bedarf es keiner Interessenabwägung (*BAG* 6.7.2000 EzA § 123 BGB Nr. 55). Für die Anfechtung wegen Täuschung ist allerdings nach deren Entdeckung die Jahresfrist des § 124 Abs. 1 BGB zu beachten; auch kann das Anfechtungsrecht ausnahmsweise schon vor Ablauf der Jahresfrist verwirken (*BAG* 16.12.2004 EzA § 123 BGB 2002 Nr. 5). Die Anfechtung kann ferner dann gegen Treu und Glauben (§ 242 BGB) verstoßen, wenn sich der Anfechtungsgrund nicht mehr auf das Arbeitsverhältnis auswirkt (vgl. *BAG* 16.12.2004 EzA § 123 BGB 2002 Nr. 5; 6.7.2000 EzA § 123 BGB Nr. 55).

46 Wenn ein Anfechtungsgrund so stark nachwirkt, dass er dem Anfechtungsberechtigten die Fortsetzung des Arbeitsverhältnisses unzumutbar macht, kann ein und derselbe Grund sowohl zur **Anfechtung** als auch zur ordentlichen oder außerordentlichen **Kündigung** berechtigen. In einem solchen Fall steht es dem Anfechtungs- und Kündigungsberechtigten frei, welche rechtliche

Gestaltungsmöglichkeit er ausüben will (*BAG* 16.12.2004 EzA § 123 BGB 2002 Nr. 5; *Ascheid* Rn 100; *Erman/Riesenhuber* Rn 11; *DDZ-Däubler* § 140 BGB Rn 17; MüKo-BGB/*Henssler* Rn 44). Eine schriftliche Anfechtungserklärung kann evtl. in eine außerordentliche Kündigung **umgedeutet** werden oder dahin **auszulegen** sein, eine solche Kündigung solle vorsorglich erklärt werden (vgl. *BGH* 27.2.1975 NJW 1975, 1700). Nimmt der Arbeitgeber den Anfechtungsgrund zum Anlass einer ordentlichen Kündigung, so gilt der allgemeine Kündigungsschutz. In der Kündigung kann uU eine **Bestätigung** des anfechtbaren Rechtsgeschäfts gem. § 144 BGB liegen (*BAG* 21.2.1991 EzA § 123 BGB Nr. 35 [*Behlert*]; s. aber auch *BAG* 16.12.2004 EzA § 123 BGB 2002 Nr. 5).

Eine Anfechtung des Arbeitsvertrags durch den Arbeitgeber **wegen arglistiger Täuschung** (§ 123 BGB) kommt insbes. dann in Betracht, wenn der Arbeitnehmer vor Abschluss des Arbeitsvertrages eine vom Arbeitgeber zulässigerweise gestellte Frage (vgl. *Braun* MDR 2004, 64; *Ehrich* DB 2000, 421; *Hergenröder* AR-Blattei SD 715 Rn 4 ff., 22 ff.; *Schaub/Linck* § 26 Rn 21 ff.; *Wisskirchen/Bissels* NZA 2007, 169 ff.; zur datenschutzrechtlichen Einordnung s. § 26 BDSG und *Riesenhuber* NZA 2012, 771 ff.) vorsätzlich falsch beantwortet hat. Die Täuschung muss für den Abschluss des Arbeitsvertrags ursächlich gewesen sein (vgl. *BAG* 7.7.2011 EzA § 123 BGB 2000 Nr. 11).

47

Die Anfechtung führt zwar grds. zur rückwirkenden Nichtigkeit der angefochtenen Willenserklärung; ein bereits in Vollzug gesetzter Arbeitsvertrag kann aber im Allgemeinen nicht mit Rückwirkung angefochten werden (st. Rspr. seit *BAG* 5.12.1957 EzA § 123 BGB Nr. 1 und hM, vgl. HK-*Dorndorf* § 1 Rn 126 mzN; **aA** *Boemke* AR-Blattei SD 220.5 Rn 143). Wurde jedoch die Arbeitsleistung schon vor der Anfechtung eingestellt (zB infolge krankheitsbedingter Arbeitsunfähigkeit), so macht die Rückabwicklung für die Folgezeit keine Schwierigkeiten und die Anfechtung wirkt auf diesen Zeitpunkt zurück (zutr. *BAG* 3.12.1998 EzA § 123 BGB Nr. 51; vgl. auch *BAG* 18.2.2021, 6 AZR 92/19 – Rn 9).

48

IV. Berufung auf die Nichtigkeit des Arbeitsvertrages

Nichtig kann ein Arbeitsvertrag zB wegen **Verstoßes gegen ein Gesetz** (§ 134 BGB) oder **gegen die guten Sitten** (§ 138 BGB) sein. Auch ein Verstoß **gegen gesetzliche Formvorschriften** führt zur Nichtigkeit des Arbeitsvertrages (§ 125 BGB). Das **Nachweisgesetz** stellt dagegen keine gesetzlichen Formerfordernisse in diesem Sinne auf (*Höland* AuR 1996, 92; *Schwarze* ZfA 1997, 45; *Wank* RdA 1996, 24).

49

Wurde dem nichtigen Vertrag gemäß gearbeitet, so liegt ein sog. **faktisches Arbeitsverhältnis** vor, das von jeder der Parteien zu jeder Zeit beendet werden kann. Bei der Ausübung dieses **Lossagungsrechts** unter Berufung auf die Nichtigkeit des Arbeitsvertrages handelt es sich um keine Kündigung. § 1 KSchG und § 626 BGB finden daher in diesen Fällen keine Anwendung (allg. Ansicht, vgl. auch KR-*Rachor* § 1 KSchG Rdn 56 mwN). Die Berufung auf die Nichtigkeit des Arbeitsvertrages wirkt allerdings idR nicht rückwirkend, sondern nur für die Zukunft (s. Rdn 48).

50

V. Aufhebungsvertrag

Ein Arbeitsvertrag kann auch durch einen **Aufhebungsvertrag** sofort oder zu einem bestimmten Zeitpunkt beendet werden. Der Aufhebungsvertrag bedarf weder eines wichtigen Grundes iSv § 626 BGB, noch findet auf ihn der allgemeine Kündigungsschutz gem. § 1 KSchG Anwendung (vgl. *BAG* 19.12.1974 EzA § 305 BGB Nr. 6; generell zum Aufhebungsvertrag KR-*Spilger* AufhebungsV Rdn 1 ff.).

51

(unbelegt)

52

(unbelegt)

53

(unbelegt)

54

55 *(unbelegt)*

56 *(unbelegt)*

57 Vom Aufhebungsvertrag ist der sog. **Abwicklungsvertrag** zu unterscheiden, der von den Arbeitsvertragsparteien **nach einer Kündigung** durch den Arbeitgeber abgeschlossen wird, die der Arbeitnehmer hinnimmt (vgl. hierzu KR-*Spilger* AufhebungsV Rdn 50 ff. und zur Abgrenzung *BAG* 23.11.2006 EzA § 278 ZPO 2002 Nr. 1; 25.4.2007 EzA § 113 InsO Nr. 19). Kündigungsschutzprobleme ergeben sich insoweit nicht.

VI. Fristlose Dienstentlassung als Dienststrafe

58 Von der außerordentlichen Kündigung ist die in Dienstordnungen vorgesehene fristlose **Dienstentlassung** von Bediensteten (**Dienstordnungs-Angestellten**) der Sozialversicherungsträger als **Disziplinarmaßnahme** zu unterscheiden (*BAG* 25.2.1998 RzK I 8e Nr. 2; eingehend *Palsherm* PersV 2011, 374 ff.; vgl. allg. zur Rechtsstellung der Dienstordnungsangestellten *Siebeck* Anm. zu AP Nr. 31 zu § 611 BGB Dienstordnungs-Angestellte; *Salzhuber* Anm. zu AP Nr. 32 zu § 611 BGB Dienstordnungs-Angestellte). Außerordentliche Kündigung und fristlose Dienstentlassung entsprechen sich zwar insoweit in ihren Wirkungen, als durch eine einseitige rechtsgeschäftliche Willenserklärung ein privatrechtliches Dienstverhältnis für die Zukunft beendet wird. Gleichwohl handelt es sich um unterschiedlich zu beurteilende Rechtsinstitute, weil ihre **Funktionen verschieden** sind. Die Entlassung als Dienststrafe bedeutet für den betroffenen Arbeitnehmer eine mit einem Unwerturteil verbundene Sanktion. Demgegenüber ist eine außerordentliche Kündigung, die nicht im Rahmen eines Disziplinarverfahrens erfolgt, keine Sanktion, sondern das von der Rechtsordnung vorgesehene Mittel, um ein Arbeitsverhältnis unter den gesetzlichen und vertraglichen Voraussetzungen zu beenden (*BAG* 17.1.1991 EzA § 1 KSchG Verhaltensbedingte Kündigung Nr. 37). Der aufgrund einer Kündigung ausgeschiedene Arbeitnehmer kann weiterhin für den öffentlichen Dienst geeignet und tragbar sein (*BAG* 11.11.1971, 3.2.1972 AP Nr. 31, 32 zu § 611 BGB Dienstordnungs-Angestellte; HAS-*Popp* § 19 B Rn 119).

59 Wegen der unterschiedlichen Voraussetzungen kann der Sozialversicherungsträger zwischen fristloser Dienstentlassung und außerordentlicher Kündigung nicht frei wählen (*BAG* 26.5.1966 AP Nr. 23 zu § 611 BGB Dienstordnungs-Angestellte; aA *Hillebrecht* KR, 4. Aufl. Rn 34). Die **Kündigung** ist gegenüber der Dienstentlassung auch **kein milderes Mittel** (*BAG* 25.2.1998 RzK I 8e Nr. 2). Im Bereich der Unfallversicherung dürfte die Kündigung gem. § 626 BGB durch die Möglichkeit der fristlosen Dienstentlassung nach der Dienstordnung sogar ausgeschlossen sein (vgl. *Palsherm* PersV 2011, 377 f.; s. zur Zulässigkeit einer solchen Beschränkung auch Rdn 74; aA *ArbG Düsseld.* 22.9.2010 – 4 Ca 3150/10, nv).

60 Für die Nachprüfung einer Dienstentlassung eines Dienstordnungs-Angestellten ist der **Rechtsweg** zu den Gerichten für Arbeitssachen gegeben (*BAG* 11.11.1971 AP Nr. 31 zu § 611 BGB Dienstordnungs- Angestellte). Die gerichtliche Überprüfung erstreckt sich darauf, ob das Dienststrafverfahren in der vorgeschriebenen Form (zB notw. Anhörung des Arbeitnehmers) und mit der vorgesehenen Beteiligung des Personalrats (vgl. *BAG* 2.12.1999 EzA § 94 BetrVG 1972 Nr. 4) ordnungsgemäß durchgeführt worden ist und ob der Dienstherr bei der Verhängung der Dienststrafe ohne **Ermessensfehler** gehandelt hat. Fehlerhaft ist die Entscheidung des Dienstherrn insbes. dann, wenn er den Grundsatz der **Verhältnismäßigkeit** verletzt hat, indem er zB nicht geprüft hat, ob der Arbeitnehmer bei Verhängung einer milderen Dienststrafe als der Dienstentlassung noch im Dienst tragbar wäre. Dagegen gilt bei der Verhängung der Dienststrafe der Dienstentlassung die **Ausschlussfrist** des § 626 Abs. 2 BGB weder unmittelbar noch entsprechend (*BAG* 3.2.1972 AP Nr. 32 zu § 611 BGB Dienstordnungs-Angestellte).

61 Außerhalb des Anwendungsbereichs der §§ 352 RVO, 145 SGB VII ermächtigen weder das BetrVG 1972 noch die Personalvertretungsgesetze des Bundes und der Länder zum Abschluss einer **Betriebs- oder Dienstvereinbarung**, aufgrund derer eine Entlassung im Disziplinarwege ausgesprochen werden kann (*BAG* 28.4.1982 EzA § 87 BetrVG 1972 Betriebsbuße Nr. 5). Spricht der

Arbeitgeber dennoch keine Kündigung aus, sondern gibt er als Disziplinarmaßnahme eine **andersartige Beendigungserklärung** ab, so führt diese Erklärung nicht zur Beendigung des Arbeitsverhältnisses, sofern sie nicht in eine Kündigung **umzudeuten** ist. Erklärt der Arbeitgeber hingegen eine Kündigung in Form einer Disziplinarmaßnahme, so ist auf Antrag des Arbeitnehmers zwar die Unwirksamkeit der Disziplinarmaßnahme festzustellen, aber unabhängig von diesem Formfehler die Wirksamkeit der in dem unzulässigen Dienststrafbescheid enthaltenen Kündigung zu prüfen (*BAG* 28.4.1982 EzA § 87 BetrVG 1972 Betriebsbuße Nr. 5).

VII. Auflösungsantrag nach § 78a BetrVG

Nicht um eine der außerordentlichen Kündigung vergleichbare Ausübung des Gestaltungsrechts geht es auch bei einem **Auflösungsantrag** des Arbeitgebers nach § 78a Abs. 4 Nr. 2 BetrVG. Die Zumutbarkeitsbegriffe in § 626 Abs. 1 BGB und in § 78a Abs. 4 BetrVG sind inhaltlich nicht identisch (*BAG* 18.9.2019, 7 ABR 44/17, EzA § 78a BetrVG 2001 Nr. 10 – Rn 39). § 626 Abs. 2 BGB ist auf den Auflösungsantrag weder unmittelbar noch entsprechend anwendbar (*BAG* 15.12.1983 EzA § 78a BetrVG 1972 Nr. 13; vgl. KR-*Rinck* § 78a BetrVG Rdn 39).

62

VIII. Sonstige Beendigungsgründe

Im Ergebnis zur sofortigen Beendigung führen ebenfalls **Fristablauf** oder **Bedingungseintritt** bei befristeten oder auflösend bedingten Dienst- bzw. Arbeitsverhältnissen (vgl. KR-*Lipke/Schlünder* § 620 BGB Rdn 8, 12, 16), der **Tod des Arbeitnehmers** (vgl. hierzu KR-*Rachor* § 1 KSchG Rdn 184 f.; *Soergel/Kraft* vor § 620 Rn 8), **Konfusion**, zB wenn der Arbeitnehmer den Arbeitgeber nach dessen Tod allein beerbt (aA *LAG SchlH* 25.1.2012 – 3 Sa 367/11, nv; soweit andererseits das *LAG Hamm* [4.1.2012 – 2 Ta 337/11] schon eine Miterbschaft genügen lassen will, ist dem nicht zu folgen, vgl. *Palandt/Weidlich* § 1922 Rn 6), der **vermutete Verlust von Schiff und Besatzung** gem. § 71 SeeArbG, die **Nichtfortsetzungserklärung** gem. § 12 KSchG (vgl. KR-*Lipke/Schlünder* § 620 BGB Rdn 34), das Verbleiben als **freiwilliger Soldat** in den Streitkräften gem. § 3 EignungsübungsG, die **lösende Aussperrung** (*BAG* 21.4.1971 EzA Art. 9 GG Nr. 6; vgl. KR-*Bader/Kreutzberg-Kowalczyk* § 25 KSchG Rdn 12 ff.) sowie die **Abkehrerklärung** des Arbeitnehmers **bei einer suspendierenden Aussperrung** (*BAG* 21.4.1971 EzA Art. 9 GG Nr. 6; *Löwisch/Krauß* Arbeitskampf 170.3.1 Rn 36 f.; aA ZLH-*Loritz* S. 450). Als weitere sofort wirkende gesetzliche Beendigungsgründe kommen ferner das Erlöschen der Verleiherlaubnis bei gewerbsmäßiger Arbeitnehmerüberlassung (§§ 9 Nr. 1, 10 Abs. 1 AÜG; vgl. KR-*Lipke/Schlünder* § 620 BGB Rdn 24), der Übergang des Arbeitsverhältnisses im Fall des Betriebsübergangs (§ 613a Abs. 1 S. 1 BGB; vgl. KR-*Treber/Schlünder* § 613a BGB Rdn 51), die Ernennung zum Beamten beim bisherigen Arbeitgeber (§ 12 Abs. 3 BBG, s. dazu *BAG* 24.4.1997 BAGE 85, 351) und die Schließung einer Innungs- oder Betriebskrankenkasse (§ 164 Abs. 4 S. 1 SGB V, vgl. dazu *BAG* 21.11.2013 EzA § 164 SGB V Nr. 1) in Betracht.

63

D. Ausschluss, Beschränkung und Erweiterung der außerordentlichen Kündigung

I. Ausschluss

1. Grundsatz der Unabdingbarkeit

Das **Recht zur außerordentlichen Kündigung** ist für beide Vertragsteile **unabdingbar** (*BAG* 1.6.2017, 6 AZR 720/15, EzA § 626 BGB 2002 Ausschlussfrist Nr. 7; *Erman/Riesenhuber* Rn 17; *Bröhl* S. 69 ff.; MüKo-BGB/*Henssler* Rn 56; ZLH-*Hergenröder* S. 274; *Schaub/Linck* § 127 Rn 10; HzK-*Mues* 2 Rn 179; SPV-*Preis* Rn 789; APS-*Vossen* Rn 7). Es kann weder durch einzelvertragliche noch durch kollektivrechtliche Vereinbarungen (**Betriebsvereinbarungen** oder **Tarifvertrag**) von vornherein ausgeschlossen werden (ErfK-*Niemann* Rn 194; HAS-*Popp* § 19 B Rn 126 f.). Diese Unabdingbarkeit ist wohl bereits gewohnheitsrechtlich anerkannt (*Oetker* S. 266; *Wiedemann* EWiR 1998, 538; s. ferner die Gesetzesbegründung zu § 314 BGB, BT-Drucks. 14/6040 S. 176).

64

Unzumutbares kann von Rechts wegen keiner Partei – auch dem Arbeitgeber nicht – zugemutet werden (vgl. *Ascheid* Rn 109; MüKo-BGB/*Henssler* Rn 61; *Kiel* NZA 2005, Beil. 1 S. 19; *Bader/*

65

Bram-Kreutzberg-Kowalczyk Rn 16; *Oetker* RdA 1997, 12; *Papier* RdA 1989, 140). Die außerordentliche Kündigung eines unzumutbar gewordenen Arbeitsverhältnisses als »fundamentales Recht« zum **Selbstschutz** kann deshalb auch durch einen **Tarifvertrag** nicht ausgeschlossen werden (aA *Gamillscheg* AuR 1981, 105 ff.; *Hamer* PersR 2000, 147). Dies folgt aus Art. 2 und 12 GG (vgl. *BAG* 5.2.1998 EzA § 626 BGB Unkündbarkeit Nr. 2 [*Walker*]; *Hergenröder* ZFA 2002, 373; *Kiel/Koch* Rn 16; HzK-*Mues* 2 Rn 179; *Oetker* RdA 1997, 12). Auch das Sozialstaatsprinzip rechtfertigt keine restriktive Auslegung einer Vorschrift zugunsten des Arbeitnehmers, wenn Wortlaut und Zweck eindeutig sind (*Rüthers* DB 1982, 1875). Hiervon zu unterscheiden ist die Zulässigkeit **zumutbarer Einschränkungen** des Kündigungsrechts des Arbeitgebers (vgl. *Erman/Riesenhuber* Rn 22). Insoweit ist eine beschränkte Regelungsbefugnis anzuerkennen und angemessen zu verwirklichen (s. Rdn 71 ff.).

66 Vereinbarungen, die das **Kündigungsrecht des Arbeitnehmers** zum Nachteil des Arbeitgebers **erweitern**, sind nicht grds. wirksam. Sowohl § 626 BGB als auch § 622 BGB sind keine reinen Arbeitnehmerschutzbestimmungen (die Mindestfristen des § 622 BGB sind vielmehr abgesehen von den dort genannten Ausnahmen beiderseitig zwingend: *BAG* 25.11.1971 EzA § 622 BGB nF Nr. 5; vgl. KR-*Spilger* § 622 BGB Rdn 84, 167 f. mwN).

67 An dem Grundsatz der Unabdingbarkeit (s. Rdn 64) sind auch **tarifliche Maßregelungsverbote** für das Verhalten von Arbeitnehmern bei **Arbeitskämpfen** zu messen. Tarifklauseln, die bereits im Hinblick auf künftige Kampfaktionen spätere Kündigungen ohne Differenzierung auch beim Vorliegen wichtiger Gründe ausschließen wollen, sind wegen Verletzung des § 626 BGB unwirksam (*Belling* Anm. EzA Art. 9 GG Arbeitskampf Nr. 71; *v. Hoyningen-Huene* DB 1989, 1466; *Zöllner* S. 15 ff.). Eine unzulässige Einschränkung des § 626 BGB ist auch dann anzunehmen, wenn tarifliche Maßregelungsverbote die außerordentliche Kündigung wegen vorausgegangener Arbeitskämpfe nicht nur bei schlichten Streikbeteiligungen, sondern auch bei Streikexzessen ohne Rücksicht auf die konkreten Umstände des Falles verbieten (AnwK-ArbR/*Bröhl* Rn 6; APS-*Vossen* Rn 11; *Zöllner* S. 15 ff.; aA *ArbG Stuttg.* 9.6.1976 EzA Art. 9 GG Arbeitskampf Nr. 20 m. abl. Anm. *Stahlhacke*; DDZ-*Däubler* Rn 376; HaKo-KSchR/*Gieseler* Rn 18; HaKo-ArbR/*Griebeling/ Herget* Rn 17).

2. Abgrenzung zu Verzicht und Verzeihung

68 Von dem vorherigen Ausschluss des Kündigungsrechts ist der **nachträgliche Verzicht** auf die Kündigungsbefugnis zu unterscheiden. Der Kündigungsberechtigte kann zwar nicht von vornherein darauf verzichten, das Arbeitsverhältnis beim Vorliegen eines wichtigen Grundes außerordentlich zu kündigen. Er kann aber davon absehen, ein auf bestimmte Gründe gestütztes und bereits konkret bestehendes Kündigungsrecht auszuüben (*Staudinger/Preis* Rn 70, 113; MüKo-BGB/*Henssler* Rn 58).

69 Ein Verzicht auf ein entstandenes Kündigungsrecht muss ausdrücklich oder konkludent durch eine empfangsbedürftige **Willenserklärung** des Kündigungsberechtigten erfolgen (*BAG* 6.3.2003 EzA § 626 BGB 2002 Nr. 3; HK-*Dorndorf* § 1 Rn 322; HAS-*Popp* § 19 B Rn 348). Vor Ablauf der Ausschlussfrist des § 626 Abs. 2 BGB (s. Rdn 337 ff.) ist ein Verzicht nur anzunehmen, wenn der Kündigungsberechtigte eindeutig seine Bereitschaft zu erkennen gibt, das Arbeitsverhältnis fortzusetzen (*BAG* 6.3.2003 EzA § 626 BGB 2002 Nr. 3). Da mit dem Ablauf der Ausschlussfrist das Kündigungsrecht ohnehin verwirkt (s. Rdn 329 f.), kommt dem Verzicht im Bereich des § 626 BGB keine große Bedeutung zu. Ein schlüssiger Verzicht auf das Recht zur außerordentlichen Kündigung liegt dann vor, wenn der Kündigungsberechtigte **vor Ablauf der Ausschlussfrist** des § 626 Abs. 2 BGB eine **Abmahnung** (s. Rdn 294) oder eine **ordentliche Kündigung** ausspricht (*BAG* 31.7.1986 RzK I 8c Nr. 10; MüKo-BGB/*Henssler* Rn 58; *Schaub/Linck* § 127 Rn 48; *Staudinger/Preis* Rn 70, 113), es sei denn, der Arbeitgeber hatte in Verkennung eines (tarif)vertraglichen Ausschlusses der ordentlichen Kündigung fristgerecht zu kündigen versucht (*BAG* 5.2.1998 EzA § 626 BGB Unkündbarkeit Nr. 2). Der Verzicht führt zum Erlöschen des Kündigungsrechts (*Ascheid* Rn 106).

Auch die sog. **Verzeihung** eines Kündigungsgrundes setzt voraus, dass der Kündigungsberechtigte 70
ausdrücklich oder durch schlüssiges Verhalten zu erkennen gegeben hat, einen bestimmten Kündigungsgrund nicht mehr zum Anlass für eine außerordentliche Kündigung nehmen zu wollen (*Preis* Prinzipien S. 369 f.; krit. KR-*Rachor* § 1 KSchG Rdn 263; GA-*Meyer* Rn 27). Zwischen einem Verzicht auf das Kündigungsrecht und einer Verzeihung der Kündigungsgründe besteht nur insoweit ein rechtlich erheblicher Unterschied (*Ascheid* Rn 106; HAS-*Popp* § 19 B Rn 353), als bei der Verzeihung der **Kündigungsgrund entfällt** und der Berechtigte auch nicht mehr ordentlich kündigen kann, weshalb eine Abmahnung jedenfalls auch verzeihende Wirkung hat. Eine **Verwirkung** des Kündigungsrechts kommt neben § 626 Abs. 2 BGB grds. nicht in Betracht (vgl. *BAG* 9.1.1986 EzA § 626 BGB nF Nr. 98; s.a. Rdn 211, 354; *Busemann/Schäfer* Rn 352; HzA-*Isenhardt* 5/1 Rn 285; aA HAS-*Popp* § 19 B Rn 354).

II. Beschränkung

1. Unzumutbare Erschwerungen

Nicht nur ein Ausschluss, sondern auch eine für den kündigenden Vertragspartner **unzumutbare** 71
Erschwerung seines Rechts zur außerordentlichen Kündigung ist unzulässig (*BAG* 8.8.1963 AP Nr. 2 zu § 626 BGB Kündigungserschwerung; *Erman/Riesenhuber* Rn 21; MüKo-BGB/*Henssler* Rn 63 ff.; *Soergel/Kraft* Rn 13; HAS-*Popp* § 19 B Rn 128; SPV-*Preis* Rn 790). Eine solche liegt nicht schon dann vor, wenn interne gesellschaftsrechtliche Bindungen bestehen bzw. arbeitsvertraglich modifiziert werden (zB Kündigung nur nach vorheriger Zustimmung der Gesellschafterversammlung [*BAG* 28.4.1994 EzA § 37 GmbHG Nr. 1 und 11.3.1998 EzA § 37 GmbHG Nr. 2] bzw. eines Gesellschafters [*BAG* 20.10.1960 AP Nr. 1 zu § 164 HGB]; vgl. ErfK-*Niemann* Rn 198; zur vertraglichen Beschränkung der Kündigungsberechtigung auf die Person des Arbeitgebers s. Rdn 371). Auch kann ein Begründungszwang vorgesehen werden (s. Rdn 37). Unzumutbar erschwert wird das Recht zur außerordentlichen Kündigung dagegen dann, wenn eine fristlose Entlassung durch den Arbeitgeber nur mit Zustimmung einer dritten Stelle zulässig sein soll, sofern nicht eine unabhängige Schiedsstelle vorgesehen ist, die die Versagung der Zustimmung nachprüfen und ersetzen kann (*BAG* 6.11.1956 AP Nr. 14 zu § 626 BGB). Ist eine echte **Schiedsgerichtsklausel** vereinbart, so muss ferner geprüft werden, ob nicht ein Verstoß gegen §§ 2, 101 ArbGG vorliegt (*BAG* 11.7.1958 AP Nr. 27 zu § 626 BGB). Da in den Fällen, in denen die außerordentliche Kündigung der Zustimmung des Betriebs- oder Personalrats oder einer Behörde bedarf (s. Rdn 17–20), die Verweigerung der Zustimmung gerichtlich überprüft werden kann, wird durch den gesetzlichen Sonderkündigungsschutz das Recht zur außerordentlichen Kündigung nicht unzumutbar erschwert (*Erman/Riesenhuber* Rn 21; *Oetker* RdA 1997, 12). Aus dem gleichen Grunde ist es unbedenklich, dass nach § 102 Abs. 6 BetrVG auch die außerordentliche Kündigung eines Arbeitnehmers, der keinen Sonderkündigungsschutz hat, durch **Betriebsvereinbarung** an die **Zustimmung des Betriebsrats** gebunden werden kann (vgl. KR-*Rinck* § 102 BetrVG Rdn 327; HzA-*Isenhardt* 5/1 Rn 260; aA *Matthes* FA 2004, 354), denn bei der Verweigerung der Zustimmung hat die neutrale Einigungsstelle zu entscheiden (vgl. dazu KR-*Rinck* § 102 BetrVG Rdn 338 ff.; *Staudinger/Preis* Rn 42). Das gilt auch für eine tarifliche Regelung, die bei Meinungsverschiedenheiten die Einschaltung einer Einigungsstelle vorsieht (*BAG* 12.11.1997 EzA § 611 BGB Einstellungsanspruch Nr. 12; *LAG* Köln 24.11.1983 DB 1984, 670; *LAG Düsseld.* 25.8.1995 LAGE Art. 9 GG Nr. 11; aA *Gamillscheg* Kollektives Arbeitsrecht I, S. 616: Möglichkeit zur Anrufung der Einigungsstelle nicht notwendig). Dagegen kann eine derartige Kompetenzerweiterung des Betriebsrats nicht individualvertraglich geregelt werden (*BAG* 23.4.2009 EzA § 102 BetrVG 2001 Nr. 24).

Eine für den Arbeitgeber **unzulässige Kündigungserschwerung** enthält die Vereinbarung, die ihn 72
bei einer ohne Zustimmung des Betriebsrats erfolgten außerordentlichen Kündigung des Arbeitsverhältnisses verpflichtet, während des anschließenden Kündigungsschutzprozesses teilw. vorbehaltlos und teilw. mit dem Recht der Rückforderung die Vergütung des gekündigten Arbeitnehmers weiterzuzahlen (*BAG* 18.12.1961 AP Nr. 1 zu § 626 BGB Kündigungserschwerung; HzA-*Isenhardt* 5/1 Rn 262; aA HaKo-ArbR/*Griebeling/Herget* Rn 22). Unzumutbar erschwert wird

eine außerordentliche Kündigung ferner, wenn der jeweils Kündigende trotz eines vom Gekündigten schuldhaft gesetzten wichtigen Grundes zur Zahlung einer **Vertragsstrafe** oder einer **Abfindung** verpflichtet sein soll (*BAG* 8.8.1963 AP Nr. 2 zu § 626 BGB Kündigungserschwerung; *BGH* 17.3.2008 WM 2008, 1021; MüKo-BGB/*Henssler* Rn 63; teilw. aA DDZ-*Däubler* Rn 380; *Backmeister/Trittin/Mayer* Rn 8) oder wenn dem Arbeitnehmer bei einer von ihm ausgesprochenen außerordentlichen Kündigung die **Rückzahlung** von Urlaubsentgelt, Urlaubsgeld oder Gratifikationen auferlegt wird (DLW-*Dörner* Kap. 4 Rn 1068; *Soergel/Kraft* Rn 13; *Staudinger/Preis* Rn 41; vgl. ferner *BAG* 6.9.1989, 5 AZR 586/88, EzA § 622 nF BGB Nr. 26; zu faktischen Kündigungsbeschränkungen KR-*Spilger* § 622 BGB Rdn 140 f.).

2. Ausschluss von Kündigungsgründen

73 Zumeist unwirksame Einschränkungen des Rechts zur außerordentlichen Kündigung sind auch in der Form denkbar, dass in Arbeits- oder Tarifverträgen **abschließend** festgelegt wird, welche **bestimmten Gründe** zur außerordentlichen Kündigung berechtigen sollen, und damit eine außerordentliche Kündigung in anderen als den vorgesehenen Fällen ausgeschlossen wird (*Staudinger/Preis* Rn 41; *Schaub/Linck* § 127 Rn 10; aA *Backmeister/Trittin/Mayer* Rn 6). Auch die Wirksamkeit dieser Vereinbarungen über den wichtigen Grund ist daran zu messen, ob sie für den Kündigenden eine unzumutbare Erschwerung bedeuten. Das ist schon dann anzunehmen, wenn für sog. unkündbare Arbeitnehmer das Recht zur außerordentlichen Beendigungskündigung auf Gründe beschränkt wird, die in der Person oder im Verhalten des Arbeitnehmers liegen, und für andere wichtige Gründe, insbes. dringende betriebliche Erfordernisse, **nur** eine außerordentliche **Änderungskündigung** zugelassen wird (vgl. zu § 55 Abs. 2 BAT *BAG* 27.11.2008, 2 AZR 757/07; KR/*Fischermeier*, 12. Aufl., Rn 73; APS-*Kiel* Rn 318o; *Bader/Bram-Kreutzberg-Kowalczyk* Rn 17; *Moll* FS Wiedemann 2002, 337; ErfK-*Niemann* Rn 194; *Schaub/Linck* § 127 Rn 10; *Walker* Anm. AP Nr. 4 zu § 55 BAT; **aA** DDZ-*Däubler* Rn 372; *Hamer* PersR 2000, 147; *Backmeister/Trittin/Mayer* Rn 6).

74 Mit der Beschränkung auf zumutbare Erschwerungen (vgl. *Erman/Riesenhuber* Rn 22) ist der Auffassung von *Herschel* (FS Nikisch 1958, S. 49; FS Müller 1981, S. 195 f.) zuzustimmen, dass die Parteien und die Tarifpartner die Grenzen der **relativen Unzumutbarkeit** bestimmen können (ähnlich *Staudinger/Preis* Rn 46). So ist es zB unbedenklich, die außerordentliche Kündigung wegen pflichtwidrigen Verhaltens auf Gründe zu beschränken, die bei einem Beamten die Entfernung aus dem Dienst rechtfertigen (vgl. auch *Buse* S. 117; weitergehend DDZ-*Däubler* Rn 371; *Herschel* FS Müller 1981, S. 197). Zur Übernahme des Vergütungsrisikos bei betrieblichen Gründen s. Rdn 168.

III. Erweiterungen

1. Vertragliche Regelungen

75 Die Parteien eines **Arbeitsvertrages** können das Recht zur außerordentlichen Kündigung auch vertraglich **nicht** über das gesetzliche Maß hinaus **erweitern** (*Erman/Riesenhuber* Rn 19; *Busemann/Schäfer* Rn 338; DDZ-*Däubler* Rn 368; HzA-*Isenhardt* 5/1 Rn 256; SPV-*Preis* Rn 791; *Soergel/Kraft* Rn 15; *Schaub/Linck* § 127 Rn 12–14). Wegen unzulässiger Umgehung unwirksam sind deshalb Vertragsklauseln, die ohne wichtigen Grund iSv § 626 BGB eine »Abbestellung«, einen »Widerruf« oÄ zulassen, was in der Rechtswirkung einer außerordentlichen Kündigung gleichkäme (*BAG* 9.2.2006 EzA § 308 BGB 2002 Nr. 3; 19.1.2005 EzBAT § 53 BAT Beschäftigung Nr. 13). Auch verstößt die **Festlegung bestimmter Tatbestände** als wichtige Gründe über den durch § 626 BGB gesetzten Rahmen hinaus gegen die in § 622 BGB zwingend festgelegten **Mindestkündigungsfristen** (*BAG* 22.11.1973 EzA § 626 BGB nF Nr. 33; vgl. KR-*Spilger* § 622 BGB Rdn 168; MüKo-BGB/*Henssler* Rn 66; HAS-*Popp* § 19 B Rn 136; HWK-*Sandmann* Rn 50). Die Kündigungsfristen des § 621 BGB für **sonstige Dienstverhältnisse** sind dagegen nicht unabdingbar, weshalb vertragliche Erleichterungen hier in den Grenzen der §§ 138, 242 BGB zulässig sind [vgl. *BGH* 2.7.1988 EzA § 626 BGB nF Nr. 117; AnwaltKomm-*Klappstein* Rn 12]).

Eine beschränkte rechtliche Bedeutung haben Vereinbarungen über Gründe zur außerordentlichen 76
Kündigung im Rahmen der **Interessenabwägung** nur dann, wenn die Parteien Tatbestände, die an
sich als wichtige Gründe geeignet sind, näher bestimmen und damit zu erkennen geben, welche
Umstände ihnen unter Berücksichtigung der Eigenart des jeweiligen Arbeitsverhältnisses als Gründe für die vorzeitige Beendigung besonders wichtig erscheinen (vgl. MüKo-BGB/*Henssler* Rn 67; *Soergel/Kraft* Rn 16; SPV-*Preis* Rn 791; HWK-*Sandmann* Rn 53; aA HaKo-ArbR/*Griebeling/Herget* Rn 24; *Stahmer/Kerls/Confurius-Heilmann* 4/1.2). Überschritten wird dieser Spielraum jedoch mit einer Vereinbarung der Parteien, wonach der Arbeitgeber zur fristlosen Kündigung berechtigt sein soll, wenn Fehlbestände in einer Verkaufsstelle festgestellt werden, und zwar ohne Rücksicht darauf, ob das Manko von der gekündigten Verkäuferin verursacht worden ist (*BAG* 22.11.1973 EzA § 626 BGB nF Nr. 33), oder wenn schon die einmalige Verletzung der Pflicht zur Krankmeldung für den Arbeitgeber ein wichtiger Grund sein soll (MüKo-BGB/*Henssler* Rn 66).

2. Tarifliche Regelungen

Auch die Tarifvertragsparteien können das gesetzliche Recht zur außerordentlichen Kündigung 77
nicht erweitern (*BAG* 24.6.2004 EzA § 626 BGB 2002 Unkündbarkeit Nr. 7; HzA-*Isenhardt* 5/1 Rn 257; SPV-*Preis* Rn 791; *Bader/Bram-Kreutzberg-Kowalczyk* Rn 19). Allerdings sind die Tarifvertragsparteien nach § 622 Abs. 4 BGB nicht an die gesetzlichen Mindestfristen gebunden, sondern können auch **entfristete Kündigungen** vereinbaren (vgl. KR-*Spilger* § 622 BGB Rdn 243 f.). Sie überschreiten deswegen nicht die Grenzen ihrer Regelungsbefugnis, wenn sie besondere Kündigungsgründe (sog. **minder wichtige Gründe**) für Kündigungen festlegen, die entfristet oder mit kürzeren Kündigungsfristen erfolgen können (*BAG* 19.1.1973 EzA § 626 BGB nF Nr. 24; *Staudinger/Preis* Rn 47). Grenzen setzt aber § 622 Abs. 6 BGB (s. Rdn 80).

Zumeist werden »wichtige Gründe« nur in solchen **Tarifvorschriften** näher bestimmt, die das Recht 78
zur »außerordentlichen Kündigung« von Arbeitnehmern regeln, denen mit Rücksicht auf ihr Alter und/oder die Dauer ihrer Betriebszugehörigkeit nicht mehr ordentlich gekündigt werden kann (sog. **unkündbare Arbeitnehmer**; zur Zulässigkeit von Unkündbarkeitsregelungen trotz des Verbots der Diskriminierung wegen des Alters s. *BAG* 20.6.2013 EzA § 626 BGB 2002 Unkündbarkeit Nr. 20 [z.T. krit. *Thieken* BB 2014, 576], *Schlachter* HSI-Schriftenreihe Bd. 10 S. 78 ff. und *Eylert/Sänger* RdA 2010, 39 mwN). Bei einer tariflich vorgesehenen Kündigung von an sich unkündbaren Arbeitnehmern aus bestimmten Gründen handelt es sich sachlich nicht um eine außerordentliche Kündigung iSd § 626 BGB, sondern um eine entfristete oder befristete **ordentliche Kündigung** (vgl. HzA-*Isenhardt* 5/1 Rn 257). Eine bloße **Ausnahme vom Verbot der ordentlichen Kündigung** kann zB vorliegen bei der Zulassung von Kündigungen gegenüber unkündbaren Arbeitnehmern, die unter den Geltungsbereich eines Sozialplans fallen (*BAG* 9.5.1985 EzA § 4 TVG Metallindustrie Nr. 25), oder von Kündigungen bei der Auflösung oder Verkleinerung von Orchestern (§ 42 Abs. 1 TVK, vgl. *BAG* 27.1.2011 EzASD 2011 Nr. 3 S. 3), bei der Stilllegung wesentlicher Betriebsteile oder in anderen »sachlich begründeten Fällen« (*BAG* 5.6.2014, 2 AZR 418/13, mwN).

Tariflichen Vorschriften, die das Recht zur außerordentlichen Kündigung regeln, muss eindeutig zu 79
entnehmen sein, dass die Tarifvertragsparteien dem **Begriff des wichtigen Grundes** eine andere Bedeutung beigemessen haben, als ihm nach § 626 BGB zukommt, wenn sie in Wahrheit die ordentliche Kündigung unter besonderen Voraussetzungen zulassen wollten (HzA-*Isenhardt* 5/1 Rn 257; HAS-*Popp* § 19 B Rn 138). Verwendet ein Tarifvertrag den Begriff des wichtigen Grundes, dann ist grds. davon auszugehen, dass die Tarifvertragsparteien diesen Begriff auch in seiner allgemein gültigen Bedeutung iSd § 626 BGB gebraucht haben und nicht anders verstanden wissen wollen (*BAG* 20.3.2014, 2 AZR 288/13) Wenn diese **Auslegungsregel** eingreift, sind die im Tarifvertrag genannten »wichtigen Gründe« an den Anforderungen des § 626 BGB zu messen.

Eine weitere Einschränkung der Wirksamkeit tariflicher Regelungen des »wichtigen Grundes« er- 80
gibt sich daraus, dass nach dem Sinn und Zweck des § 622 Abs. 6 BGB für die Kündigung durch den Arbeitgeber nicht nur keine kürzeren Fristen vereinbart werden können als für den Arbeitnehmer. Darüber hinaus dürfen auch im Übrigen die Anforderungen für die Kündigung durch den

Arbeitgeber nicht geringer sein als für den Arbeitnehmer (HAS-*Popp* § 19 B Rn 138). Aus diesem Grunde ist es nicht möglich, einseitig zuungunsten der Arbeitnehmer besondere Gründe für eine entfristete Kündigung vorzusehen. Die **minder wichtigen Gründe** müssen vielmehr für **beide Vertragsteile** gelten (*LAG Köln* 31.1.2001 ZTR 2001, 474).

E. Methoden der gesetzlichen Regelung zur außerordentlichen Kündigung und allgemeine Merkmale des wichtigen Grundes

I. Rechtslage vor dem 1. September 1969

81 Bis zur Neufassung des § 626 BGB und der damit verbundenen **Rechtsvereinheitlichung** durch das ArbRBereinigG vom 14.8.1969 gab es nebeneinander drei methodisch verschiedene Regelungsarten einer außerordentlichen Kündigung (s.a. *Kreft* FS Etzel 2011, S. 225 ff.).

82 Der nur im beschränkten Umfang auf Arbeitsverhältnisse anwendbare § 626 BGB enthielt eine **Generalklausel**, nach der das Dienstverhältnis von jedem Teil ohne Einhaltung einer Kündigungsfrist gekündigt werden konnte, wenn ein **wichtiger Grund** vorlag. Dieser unbestimmte Rechtsbegriff wurde in der Rspr. wie folgt umschrieben: »Ein wichtiger Grund zur fristlosen Kündigung eines Arbeitsverhältnisses ist dann anzunehmen, wenn dem einen Vertragsteil nicht zugemutet werden kann, unter Berücksichtigung aller Umstände nach Treu und Glauben das Arbeitsverhältnis mit dem anderen Vertragsteil weiter fortzusetzen, und zwar auch nicht für die Dauer der vorgesehenen Kündigungsfrist« (*BAG* 3.11.1955 EzA § 626 BGB Nr. 1).

83 Insbesondere für gewerbliche Arbeiter galt das sog. Enumerationsprinzip, dh das Gesetz zählte erschöpfend die Gründe für die außerordentliche Kündigung auf (vgl. § 123 GewO, §§ 82, 83 AllgBergG). Wenn einer der gesetzlich bestimmten Entlassungsgründe vorlag, brauchte nicht mehr unter Berücksichtigung aller Umstände geprüft zu werden (keine Interessenabwägung), ob nach der Sachlage die Fortsetzung des Arbeitsverhältnisses noch zumutbar war oder nicht (ebenso früher § 64 SeemG), was bei dem Erfordernis des wichtigen Grundes nach § 626 BGB aF zusätzlich erforderlich war (*BAG* 9.12.1954 AP Nr. 1 zu § 123 GewO; 30.11.1978 AP Nr. 1 zu § 64 SeemG).

84 Eine dritte Form zur Regelung der außerordentlichen Kündigung hatte der Gesetzgeber insbes. für kaufmännische und gewerbliche Angestellte gewählt (vgl. zB §§ 70–72 HGB und §§ 133b–133d GewO). Sie bestand darin, Beispiele für wichtige Gründe, die zur außerordentlichen Kündigung berechtigen, sofern nicht besondere Umstände eine andere Beurteilung rechtfertigen, anzuführen und ergänzend mit einer Generalklausel zu verbinden.

II. Regelungsgehalt der Neufassung des § 626 BGB

85 Der Gesetzgeber hat bei § 626 BGB die Methode der Regelung durch eine regulative **Generalklausel** (SPV-*Preis* Rn 547) bzw. **Blankettnorm** (*Ascheid* Rn 113) gewählt. Der wichtige Grund wird nur durch allgemeine Merkmale gekennzeichnet. Er ist damit als **umfassender unbestimmter Rechtsbegriff** ausgestaltet worden (vgl. eingehend *Preis* Prinzipien S. 94 ff. und S. 478 ff.). Bei seiner Ausfüllung ist der objektive Gehalt der **Grundrechte** zu beachten, wobei insbes. Art. 12 GG Bedeutung erlangt, der die Freiheit der beruflichen Betätigung sowohl von Arbeitnehmern als auch von privaten Arbeitgebern schützt (vgl. *BVerfG* 27.1.1998 EzA § 23 KSchG Nr. 17).

86 *(unbelegt)*

87 Sachlich bedeutet die Neufassung keine Änderung gegenüber der schon bisher nach § 626 BGB aF bestehenden Rechtslage bei einer außerordentlichen Kündigung aus wichtigem Grund (*Staudinger/Preis* Rn 2). Der Gesetzgeber hat mit unwesentlichen sprachlichen Änderungen **den in der Rspr. des BAG geprägten Begriff des wichtigen Grundes übernommen** (Entwurf der BReg., Drucks. 705/68, S. 4, 11; Bericht über Sitzung des Bundesrates vom 7.2.1969, S. 51; Regierungsvorlage vom 24.2.1969, Drucks. V/3913, S. 11; Protokoll der Sitzung des Deutschen Bundestages vom 23.4.1969, S. 12513 ff.; Bericht des Ausschusses für Arbeit, Drucks. V/4376, S. 3, 11; Sitzung des Deutschen Bundestages vom 26.6.1969, S. 13550. Nach den erkennbaren Vorstellungen des BAG

bestehen zwischen der früheren Fassung (wichtiger Grund) und der nunmehrigen gesetzlichen Umschreibung des wichtigen Grundes hinsichtlich der Möglichkeit und Notwendigkeit, zwischen der Erfassung des Grundes und der Interessenabwägung abzugrenzen, keine sachlichen Unterschiede.

III. Problematik des unbestimmten Rechtsbegriffs

Nach § 626 Abs. 1 BGB ist bei allen Kündigungsgründen eine Berücksichtigung aller **Umstände des Einzelfalles** und eine Abwägung der (jeweiligen) **Interessen beider Vertragsteile** erforderlich. Das Erfordernis, die Besonderheiten des Einzelfalles umfassend zu berücksichtigen, schließt es aus, bestimmte Tatsachen stets als wichtige Gründe zur außerordentlichen Kündigung anzuerkennen. Wegen dieser »relativen Erheblichkeit« des wichtigen Grundes gibt es im Rahmen des § 626 BGB (zur Ausnahme bei Sonderregelungen s. Rdn 8, 83) **keine unbedingten (absoluten) Kündigungsgründe** (*BAG* 10.6.2010 EzA § 626 BGB 2002 Nr. 32; MüKo-BGB/*Henssler* Rn 82; SPV-*Preis* Rn 547). Auch wenn ein an sich durchaus als wichtiger Grund geeigneter Umstand vorliegt, muss stets eine Abwägung aller für und gegen die Lösung des Arbeitsverhältnisses sprechenden Umstände erfolgen. Nur in seltenen Fällen kann der **Beurteilungsspielraum** der Tatsachengerichte so eingegrenzt sein, dass aus der »relativen« praktisch eine »absolute« Unzumutbarkeit der Fortsetzung des Arbeitsverhältnisses wird. 88

Auch dann, wenn **mehrere Kündigungen** vom Arbeitgeber **aus demselben Anlass** oder wegen eines gleichartigen Kündigungssachverhaltes, ausgesprochen werden, ist es bei Berücksichtigung aller Umstände des Einzelfalles und der beiderseitigen Interessen nicht nur möglich, sondern uU sogar geboten, die Wirksamkeit der von den gekündigten Arbeitnehmern angegriffenen Kündigungen unterschiedlich zu beurteilen (*BAG* 25.3.1976 EzA § 103 BetrVG 1972 Nr. 12). Im Interesse der gebotenen **Einzelfallgerechtigkeit** wird dadurch zwangsläufig die Rechtssicherheit beeinträchtigt (HAS-*Popp* § 19 B Rn 141; vgl. auch die eingehende krit. Darstellung von *Preis* Prinzipien S. 174 ff.). Gleichwohl ist die Regelung des § 626 BGB rechtspolitisch nicht verfehlt. Ein Versuch, die Tatbestände des wichtigen Grundes durch eine abschließende gesetzliche Regelung zu bestimmen, müsste an der Vielfältigkeit und der Unterschiedlichkeit der denkbaren Kündigungssachverhalte scheitern. Damit das Recht der außerordentlichen Kündigung nicht zu einem unübersichtlichen und unberechenbaren echten »**case-law**« wird (*Adomeit/Spinti* AR-Blattei SD 1010.9 Rn 50 f.), also zur Erhöhung der Rechtssicherheit, bedarf es allerdings einer **Strukturierung** des wichtigen Grundes, der Konkretisierung typischer Kündigungssachverhalte, einer **Systematisierung** der Kündigungsgründe und der Entwicklung allgemeiner Richtlinien für die Beurteilung bestimmter Kündigungsgründe. 89

IV. Nähere Bestimmung des wichtigen Grundes

1. Allgemeiner Prüfungsmaßstab

(unbelegt) 90

Der **wichtige Grund** ist **in zwei** systematisch zu trennenden **Abschnitten zu prüfen**. Zunächst ist zu prüfen, ob der Sachverhalt ohne seine besonderen Umstände »an sich«, und damit typischerweise als wichtiger Grund geeignet ist. Alsdann bedarf es der weiteren Prüfung, ob dem Kündigenden die Fortsetzung des Arbeitsverhältnisses unter Berücksichtigung der konkreten Umstände des Falls und unter **Abwägung der Interessen beider Vertragsteile** – jedenfalls bis zum Ablauf der (fiktiven) Kündigungsfrist – zumutbar ist oder nicht (st. Rspr., vgl. *BAG* 27.6.2019, 2 AZR 50/19, EzA-SD 2019, Nr. 19, 3–5; *Erman/Riesenhuber* Rn 42; HBS-*Holthausen* § 10 Rn 575; *Knorr/Bichlmeier/ Kremhelmer* 6 Rn 14; HAS-*Popp* § 19 B Rn 145 ff.; *Soergel/Kraft* Rn 33; APS-*Vossen* Rn 29 f.; *Wollschläger* S. 123, 128 ff.; **krit.** *Ascheid* Rn 125 ff., *Heimbach* S. 54 ff.; MüKo-BGB/*Henssler* Rn 84 ff.; ErfK-*Niemann* Rn 16; SPV-*Preis* Rn 552; *Wank* FS Kohte 2016, S. 367). *Brors* FS Düwell 2011, S. 199 ff., HK-*Dorndorf* § 1 Rn 511, HaKo-KSchR/*Gieseler* Rn 55 ff., HaKo-ArbR/*Griebeling/ Herget* Rn 50 ff. und GA-*Meyer* Rn 37 ff. wollen das Abmahnungserfordernis und die negative Prognose [dazu s. Rdn 118 ff., 270 ff.] ebenso wie die mangelnde Weiterbeschäftigungsmöglichkeit [dazu s. Rdn 303 ff.] separat in einer zweiten Stufe vor der Interessenabwägung prüfen, was jedoch 91 idR nicht möglich ist, ohne dabei schon die Interessen der Vertragsparteien unter Berücksichtigung aller Umstände des Einzelfalls einzubeziehen. Die von der Rechtsprechung vorgenommene Abgrenzung steht entgegen der Auffassung von *Adomeit/Spinti* (AR-Blattei SD 1010.9 Rn 57) zu der Bestimmung des wichtigen Grundes nicht in einem gewissen Widerspruch. Sie ermöglicht vielmehr die notwendige Systematik für die generell geeigneten Gründe und grenzt im Übrigen die voll überprüfbare Rechtsfrage (generelle Eignung als wichtiger Grund) von der beschränkt revisiblen Würdigung der besonderen Umstände des Falles und der jeweiligen Interessen (Zumutbarkeitsprüfung) ab. Der abgestufte Prüfungsmaßstab ist geeignet, den Begriff des wichtigen Grundes näher zu klären, weil für die vorrangige Frage, ob ein bestimmter Grund an sich eine außerordentliche Kündigung rechtfertigen kann, mehrere allgemeine Grundsätze gelten.

92 Diese Differenzierung macht zudem deutlich, dass nach der Rspr. des BAG für die Bestimmung des wichtigen Grundes die sog. **objektive Theorie** (Bindung an objektive Voraussetzungen) in der Praxis Bedeutung gewonnen hat. Die objektive Theorie ist allerdings nach Wortlaut und Zweck des § 626 Abs. 1 durch die sog. **subjektive Theorie** zu ergänzen, nach der die Wirksamkeit der außerordentlichen Kündigung auch von subjektiven Momenten (Zumutbarkeit oder Unzumutbarkeit der Fortsetzung für den Kündigenden) abhängt. Auch in dieser Verbindung objektiver und subjektiver Umstände zeigt sich die komplexe Rechtsnatur des wichtigen Grundes.

93 *(unbelegt)*

2. An sich geeignete Gründe

94 Die Beispiele für wichtige Gründe in den mit dem ArbRBereinigG von 1969 **aufgehobenen gesetzlichen Vorschriften** sind trotz ihrer im Einzelnen voneinander abweichenden Gestaltung weiterhin als **typische Sachverhalte** anzuerkennen, die an sich geeignet sind, einen wichtigen Grund zur außerordentlichen Kündigung zu bilden (*BAG* 15.11.1984 EzA § 626 BGB nF Nr. 95; KPK-*Bengelsdorf* Kap. 2 Rn 28; ArbRBGB-*Corts* Rn 30; ZLH-*Hergenröder* S. 270; HBS-*Holthausen* § 10 Rn 575; *Hromadka/Maschmann* § 10 Rn 109; APS-*Vossen* Rn 57; aA *Erman/Riesenhuber* Rn 42; DDZ-*Däubler* Rn 2; HAS-*Popp* § 19 B Rn 175; *Staudinger/Preis* Rn 53). Diesen »Regeltatbeständen« kommt allerdings nicht die Bedeutung zu, dass bei ihrem Vorliegen idR wichtige Gründe anzuerkennen sind, wenn keine besonderen Gründe für den Gekündigten sprechen. Sie begründen **keine** vom Gekündigten auszuräumende tatsächliche **Vermutung** für die Unzumutbarkeit der Fortsetzung des Arbeitsverhältnisses (HAS-*Popp* § 19 B Rn 175; *Preis* Prinzipien S. 479). Auch wenn ein bestimmter Kündigungssachverhalt einem in einer früheren Kündigungsbestimmung als wichtiger Grund genannten Tatbestand entspricht, kann sich der Kündigende nicht darauf beschränken, auf die regelmäßigen Auswirkungen des typischen Sachverhalts zu verweisen, wenn der Gekündigte eine konkrete Beeinträchtigung des Arbeitsverhältnisses bestreitet. Nicht nur die generell möglichen, sondern auch die jeweils **konkreten** betrieblichen oder wirtschaftlichen **Auswirkungen** einer bestimmten Störung des Arbeitsverhältnisses sind **bereits Teil des Kündigungsgrundes** und nicht erst und ausschließlich bei der Interessenabwägung zu berücksichtigen (*BAG* 15.11.1984 EzA § 626 BGB nF Nr. 95).

95 Mit dieser Maßgabe kommen zwar **nicht als absolute Kündigungsgründe** (s. Rdn 88), wohl aber als Gründe, die im Grundsatz eine außerordentliche Kündigung rechtfertigen können, nach wie vor in Betracht: **Anstellungsbetrug** (§ 123 Abs. 1 Nr. 1 GewO), dauernde oder **anhaltende Arbeitsunfähigkeit** (§ 72 Abs. 1 Nr. 3 HGB), beharrliche **Arbeitsverweigerung** oder **Arbeitsvertragsbruch** (§ 123 Abs. 1 Nr. 3 GewO und § 72 Abs. 1 Nr. 2 HGB), grobe Verletzung der **Treuepflicht** (§ 72 Abs. 1 Nr. 1 HGB), Verstöße gegen das **Wettbewerbsverbot** (§ 72 Abs. 1 Nr. 1 HGB), **Tätlichkeiten** oder erhebliche **Ehrverletzungen** gegenüber dem Arbeitgeber bzw. dessen Vertreter (§ 72 Abs. 1 Nr. 4 HGB; vgl. dazu *BAG* 11.7.1991 RzK I 5i Nr. 68) und Dienstverhinderungen des Arbeitnehmers durch eine längere **Freiheitsstrafe** (§ 72 Abs. 1 Nr. 3 HGB; vgl. dazu *BAG* 9.3.1995 EzA § 626 BGB nF Nr. 154).

96 Außerordentliche **Kündigungen durch Arbeitnehmer** sind an sich berechtigt, wenn sie **dauernd zur** Fortsetzung der **Arbeit unfähig** werden (§ 124 Abs. 1 Nr. 1 GewO und § 71 Nr. 1 HGB), wenn der Arbeitgeber die **Vergütung** nicht zahlt (§ 124 Abs. 1 Nr. 4 GewO und § 71 Nr. 2 HGB) oder

wenn der Arbeitgeber sich **Tätlichkeiten** oder erhebliche **Ehrverletzungen** (*BAG* 9.8.1990 RzK 5i Nr. 63, für die grobe Beleidigung) gegen den Arbeitnehmer zuschulden kommen lässt (§ 124 Abs. 1 Nr. 2 GewO, § 71 Nr. 4 HGB).

Es trägt allerdings kaum dazu bei, die Rechtssicherheit auf dem Gebiet des Kündigungsrechts zu verstärken, wenn bei einem Kündigungssachverhalt, der einen früher gesetzlich geregelten Tatbestand erfüllen kann, zunächst geprüft wird, ob die Voraussetzungen gegeben sind, unter denen nach früherem Recht eine außerordentliche Kündigung regelmäßig gerechtfertigt war. Angesichts der Fortentwicklung der Rechtsprechung und der wissenschaftlichen Diskussion zu § 626 Abs. 1 bedarf es heute letztlich keines Rückgriffs mehr auf das früher geltende Recht. 97

3. Grundsätzlich ungeeignete Gründe

Während positive abstrakte Rechtssätze für Gründe, die die Kündigung schlechthin rechtfertigen, nicht möglich sind (s. Rdn 88), lassen sich negative Obersätze für Fallgestaltungen bilden, bei denen eine außerordentliche Kündigung von vornherein ausgeschlossen ist. 98

So kann sich der Kündigende zur Begründung einer außerordentlichen Kündigung nicht auf **Umstände** berufen, die er **vor Vertragsschluss gekannt** hat, und zwar selbst dann nicht, wenn er sie oder ihre Folgen nicht richtig eingeschätzt hat (s. Rdn 187). 99

Auch die den **Diskriminierungsverboten** des Art. 3 GG und des AGG unterliegenden Tatbestände sind grds. absolut ungeeignete Kündigungsgründe (vgl. *HAS-Popp* § 19 B Rn 177). Auch die **politische** oder **gewerkschaftliche Tätigkeit** reicht für sich genommen nicht als Grund für eine außerordentliche Kündigung aus. Dasselbe gilt für die **gesetzlich geregelten** absoluten und relativen **Kündigungsverbote**, soweit sie bestimmte Tatsachen als Kündigungsgründe absolut ausschließen (*HAS-Popp* § 19 B Rn 178). 100

Nur vertragsbezogene Interessen beider Parteien des Arbeitsverhältnisses sind im Rahmen des § 626 Abs. 1 BGB geschützt. Interessen, die völlig außerhalb des Vertragsverhältnisses stehen, können eine Kündigung nicht rechtfertigen (*BAG* 20.9.1984 EzA § 626 BGB nF Nr. 91; *Erman/Riesenhuber* Rn 43;). Da nur auf die konkrete Rechtsbeziehung zwischen Arbeitnehmer und Arbeitgeber abzustellen ist, kann auch die Verletzung von »Drittinteressen« grundsätzlich nicht als wichtiger Grund anerkannt werden (*Preis* Prinzipien S. 237). 101

Daraus ist der allgemeine Grundsatz abzuleiten, dass alle Umstände und Verhaltensweisen, die sich offensichtlich nicht nachteilig auf das Arbeitsverhältnis auswirken, dh den durch Auslegung zu ermittelnden Vertragsinhalt verletzen oder die Abwicklung stören, als wichtige Gründe ausscheiden (*HAS-Popp* § 19 B Rn 176; *Preis* Prinzipien S. 491 f.). Ein bestimmter Vorfall ist von vornherein ungeeignet, einen wichtigen Grund abzugeben, wenn er nicht zu einer **konkreten Beeinträchtigung** des **Arbeitsverhältnisses** geführt hat (s. Rdn 118 ff.). 102

Der Arbeitgeber darf generell keine Gründe, die in den Bereich seines **Unternehmerrisikos** fallen, zum Anlass für eine außerordentliche Kündigung nehmen (s. Rdn 162 ff., 182). Wenn der Arbeitgeber bei einer **Betriebsstockung** verpflichtet ist, auch an die Arbeitnehmer, die deswegen nicht beschäftigt werden können, den Lohn fortzuzahlen, ist er folglich nicht berechtigt, deshalb aus wichtigem Grund zu kündigen (*BAG* 28.9.1972 EzA § 626 BGB nF Nr. 17). 103

Gründe, die dem Arbeitgeber schon **länger als zwei Wochen** vor Ausspruch der Kündigung bekannt gewesen sind, können allein keine außerordentliche Kündigung stützen (§ 626 Abs. 2; s. Rdn 328 ff.). 104

(unbelegt) 105

Str. ist, ob auch **Pflichtverletzungen** des Arbeitnehmers, die zu einer als **geringfügig** anzusehenden **Schädigung** des Arbeitgebers führen, von vornherein die Eignung für eine außerordentliche Kündigung abzusprechen ist. Nach der Auffassung des *BAG* ist diese Abgrenzung nicht möglich. Ein Arbeitnehmer, der die Integrität von Eigentum und Vermögen seines Arbeitgebers vorsätzlich und 106 rechtswidrig verletze, zeige ein Verhalten, das geeignet sei, die Zumutbarkeit seiner Weiterbeschäftigung in Frage zu stellen. Die durch ein solches Verhalten ausgelöste »Erschütterung« der für die Vertragsbeziehung notwendigen Vertrauensgrundlage trete unabhängig davon ein, welche konkreten wirtschaftlichen Schäden mit ihm verbunden sind. Aus diesem Grund sei die Festlegung einer nach dem Wert bestimmten Relevanzschwelle mit dem offen gestalteten Tatbestand des § 626 Abs. 1 nicht zu vereinbaren (*BAG* 10.6.2010, 2 AZR 541/09, EzA § 626 BGB 2002 Nr. 32 – Rn 26 f. mwN; 11.12.2003 EzA § 626 BGB 2002 Nr. 5). Dem ist zuzustimmen. Es ist bereits eine von den konkreten Umständen des Einzelfalles abhängende Wertungsfrage, ob eine bestimmte Vertragsverletzung und die daraus folgende Störung des Arbeitsverhältnisses als geringfügig anzusehen sind (s. Rdn 462; vgl *BAG* 17.5.1984, 2 AZR 3/83; HAS-*Popp* § 19 B Rn 180 *Berger* JArbR 2011, 48; APS-*Vossen* Rn 276 ff.; aA HK-*Dorndorf* § 1 Rn 533; DDZ-*Däubler* Rn 109 ff.; MüKo-BGB/*Henssler* Rn 85). Die Rspr. des BAG ist insoweit konsequent, weil bei einer fallbezogenen Würdigung bereits im ersten Prüfungsabschnitt die bisherige Systematik aufgegeben würde. Die Lösung des BAG führt im Übrigen schon deshalb nicht zwangsläufig zu unbilligen Ergebnissen, weil der Grad des Verschuldens und die Höhe des Schadens bei einer generellen Eignung jedenfalls im Rahmen der Interessenabwägung zu berücksichtigen sind (s. Rdn 146, 462) und in diesem Bereich auch bei Störungen im Vertrauensbereich die Notwendigkeit einer vorherigen vergeblichen Abmahnung zu prüfen ist (s. Rdn 278). Kein geeignetes Kriterium für die Abgrenzung zwischen an sich geeigneten wichtigen Gründen und von vornherein unerheblichen Gründen ist aus den gleichen Erwägungen auch das an sich zutr. Kriterium, dass der Kündigungsgrund von »einigem Gewicht« sein muss und § 626 BGB einen Kündigungsgrund von »noch höherem Gewicht« verlangt (so *Wank* RdA 1993, 81). Die unterschiedliche Gewichtung von Kündigungsgründen kann nur im Rahmen der Interessenabwägung und für das systematische Verhältnis zwischen der ordentlichen und der außerordentlichen Kündigung rechtserheblich sein, nicht aber für die Bestimmung eines an sich geeigneten Grundes im Rahmen der außerordentlichen Kündigung.

107 (unbelegt)

108 (unbelegt)

F. Begriff des Kündigungsgrundes und Folgerungen aus der Begriffsbestimmung

I. Objektiver Tatbestand des wichtigen Grundes

109 (unbelegt)

110 (unbelegt)

111 Nach § 626 Abs. 1 BGB kommt es darauf an, ob **Tatsachen** vorliegen, aufgrund derer dem Kündigenden die Fortsetzung des Dienstverhältnisses unter Berücksichtigung der Umstände des Einzelfalles und der beiderseitigen Interessen nicht zugemutet werden kann. Daraus folgern die hL und Rspr. zutr., der wichtige Grund werde durch die objektiv vorliegenden Tatsachen bestimmt, die (an sich) geeignet seien, die Fortsetzung des Arbeitsverhältnisses unzumutbar zu machen. Kündigungsgrund iSd § 626 Abs. 1 BGB ist damit jeder **Sachverhalt, der objektiv das Arbeitsverhältnis mit dem Gewicht eines wichtigen Grundes belastet** (*BAG* 18.1.1980 EzA § 626 BGB nF Nr. 71; MüKo-BGB/*Henssler* Rn 117). Im Interesse der Rechtssicherheit und aus systematischen und pragmatischen Gründen kann **nicht** das **Motiv** oder der **subjektive Kenntnisstand** des Kündigenden, sondern nur der objektiv vorliegende Sachverhalt, der objektive Anlass zum Ansatzpunkt für die Bestimmung des wichtigen Grundes gewählt werden (*Adomeit/Spinti* AR-Blattei SD 1010.9 Rn 11 ff.; SPV-*Preis* Rn 550). Das gilt auch dann, wenn der Wissensstand des Arbeitgebers auf einem **Irrtum** beruht, den der Arbeitnehmer hätte aufklären können (*BAG* 20.2.1986 RzK I 5h Nr. 2).

II. Kenntnis, Motiv des Kündigenden

112 Wie aus diesem Verständnis des Kündigungsgrundes folgt, sind als wichtige Gründe für eine bestimmte Kündigung nicht nur diejenigen Tatsachen geeignet, die dem Kündigenden im Zeitpunkt der Kündigung bereits bekannt waren. Die für eine außerordentliche Kündigung maßgeblichen

Tatsachen müssen nur objektiv vorgelegen haben, auf die **Kenntnis** des Kündigenden bei Erklärung der Kündigung kommt es nicht an (vgl. die Nachw. in Rdn 111; zur Verdachtskündigung s. Rdn 247). Grds. sind auch erst bei einer gezielten Suche aufgedeckte Kündigungsgründe verwertbar (*LAG Nbg.* 28.3.2003 LAGE § 626 BGB Nr. 149; *Küttner* FS Bartenbach 2005, S. 599 ff.; *Diller* NZA 2006, 569 ff.; aA *OLG Köln* 4.11.2002 NJW-RR 2003, 399).

Da das **Motiv** des Kündigenden idR **unerheblich** ist, verliert ein Kündigungsgrund nicht schon dann sein Gewicht als wichtiger Grund, wenn dem Kündigenden jeder Grund recht gewesen wäre, um das Vertragsverhältnis fristlos zu beenden. Es ist nach objektiven und nicht nach subjektiven Maßstäben zu beurteilen, ob für die Kündigung ein wichtiger Grund vorliegt (*BAG* 2.6.1960 AP Nr. 42 zu § 626 BGB; MüKo-BGB/*Henssler* Rn 117; HAS-*Popp* § 19 B Rn 181; SPV-*Preis* Rn 550). Verwertbar ist ein objektiv bestehender Grund also auch dann, wenn der Kündigungsentschluss weniger durch diesen (zB eine gewichtige Vertragsverletzung) als vielmehr durch Abneigung gegen den Gekündigten bestimmt wird. Zieht der Kündigende aus einem an sich bestehenden Grund zunächst keine Folgerung, sondern beruft er sich nur auf Umstände, die mit dem Arbeitsverhältnis nichts zu tun haben, so wäre das spätere Zurückgreifen auf den an sich erheblichen Grund nur dann unzulässig, wenn es sich als **widersprüchliches Verhalten** (venire contra factum proprium) darstellen würde (vgl. *Herschel* FS Müller 1981, S. 192). Zu sog. herausgreifenden Kündigungen und zur Änderung einer bisherigen Praxis, bestimmte Sachverhalte nicht zum Anlass einer Kündigung zu nehmen, s. noch Rdn 325 f. Neben diesen Ausnahmen gewinnt das Motiv nur dann Bedeutung, wenn der Kündigende in verwerflicher Gesinnung (§ 138 BGB) handelt.

113

Ob das AGG an der grundsätzlichen Unbeachtlichkeit des Motivs für die Kündigung etwas geändert hat, ist im Hinblick auf § 2 Abs. 4 AGG str. (s. einerseits *Diller/Krieger/Arnold* NZA 2006, 887 ff.; *Löwisch* BB 2006, 2189 f.; andererseits HaKo-KSchR/*Gieseler* Rn 65; *Hjort/Richter* AR-Blattei SD 800.1 Rn 227 ff.; *Richardi* NZA 2006, 886; *Sagan* NZA 2006, 1257 ff.). Zur ordentlichen Kündigung hat das BAG angenommen, die **Diskriminierungsverbote** seien bei unionsrechtskonformer Auslegung als Konkretisierungen des Begriffs der Sozialwidrigkeit beachtlich (*BAG* 6.11.2008 EzA § 1 KSchG Soziale Auswahl Nr. 82; *Griebeling* FS Etzel 2011, S. 185 ff.). Dies lässt sich auf den unbestimmten Rechtsbegriff der Unzumutbarkeit bei § 626 BGB übertragen: Bei einer aus einem diskriminierenden Motiv erklärten außerordentlichen Kündigung ergibt sich deren Unwirksamkeit trotz eines für sie ausreichenden objektiven Sachverhalts aus der fehlenden Unzumutbarkeit im konkreten Fall, wenn sie ohne diese Motivation unterblieben wäre (zust. *Erman/Riesenhuber* Rn 33; vgl. auch *BAG* 25.4.2013 EzA § 611 BGB 2002 Kirchliche Arbeitnehmer Nr. 26; aA LSSW-*Löwisch* vor § 1 Rn 27).

114

Die europäische Kommission hatte in den Vertragsverletzungsverfahren Nr. 2006/2519, 2007/2253 und 2007/2362 gegen die Bundesrepublik Deutschland u.a. wegen § 2 Abs. 4 AGG eine unzureichende Umsetzung der Anti-Diskriminierungs-Richtlinien gerügt (vgl. *Busch* AiB 2008, 184). Die Vertragsverletzungsverfahren wurden allerdings am 28.10. bzw. 24.11.2010 eingestellt (IP/10/1429 bzw. IP/10/1554). Zu Schadensersatz- bzw. Entschädigungsansprüchen nach dem AGG im Fall diskriminierender Kündigungen s. KR-*Treber/Plum* § 2 AGG Rdn 16 ff.

115

III. Beurteilungszeitpunkt

Die Bestimmung des wichtigen Grundes bedarf noch einer zeitlichen Begrenzung. Bei der Abwägung, ob ein Kündigungsgrund vorliegt, ist bei der außerordentlichen Kündigung ebenso wie bei der ordentlichen Kündigung (vgl. KR-*Rachor* § 1 KSchG Rdn 248 ff.) auf den Zeitpunkt des **Zugangs** der Kündigung abzustellen, so dass grds. auch nur die bis dahin eingetretenen Umstände darauf überprüft werden können, ob sie als Kündigungsgrund geeignet sind (*BAG* 10.6.2010, 2 AZR 541/09, EzA § 626 BGB 2002 Nr. 32 – Rn 52; SPV-*Preis* Rn 551; *Erman/Riesenhuber* Rn 34 f.; HWK-*Sandmann* Rn 119; s. ferner Rdn 185).

116

IV. Beurteilungsmaßstab

117 Die objektive Bestimmung des Kündigungsgrundes wirkt sich auch auf den Maßstab für die Prüfung aus, ob ein wichtiger Grund vorliegt. Es müssen Umstände gegeben sein, die nach verständigem Ermessen die Fortsetzung des Arbeitsverhältnisses als nicht zumutbar erscheinen lassen. Der subjektive Standpunkt des Kündigenden ist ebenso wenig entscheidend wie die subjektive Würdigung des Gekündigten. Es ist vielmehr bei der Wertung des Kündigungsgrundes und bei der Interessenabwägung ein **objektiver Maßstab** anzulegen (vgl. *Erman/Riesenhuber* Rn 32; SPV-*Preis* Rn 550; vgl. zum Prüfungsmaßstab bei § 1 KSchG KR-*Rachor* § 1 KSchG Rdn 215). Auch subjektive Umstände, die sich aus den Verhältnissen der Beteiligten ergeben, sind zwar zu berücksichtigen, aber einer objektiven Betrachtung zu unterziehen.

G. Nachteilige Auswirkung auf das Arbeitsverhältnis

I. Allgemeine Grundsätze, Prognoseprinzip

118 Eine außerordentliche Kündigung kann nur auf solche Gründe gestützt werden, die sich konkret nachteilig auf das Arbeitsverhältnis auswirken (*Preis* Prinzipien S. 224 ff.; HAS-*Popp* § 19 B Rn 158; aA *Adam* ZTR 1999, 297). Dieses Erfordernis gilt auch für die Gründe nach § 1 KSchG, die jedoch graduell geringere ungünstige Auswirkungen verlangen als die wichtigen Gründe iSd § 626 Abs. 1. Im Bereich der **verhaltensbedingten Kündigung** darf allerdings bei einer konkreten Beeinträchtigung des Arbeitsverhältnisses nicht ohne Weiteres ein **vertragswidriges Verhalten** des Arbeitnehmers unterstellt werden (vgl. *Preis* DB 1990, 632 f.; *Hillebrecht* ZfA 1991, 119 f.; *Nimmerjahn* S. 40). Der Grundsatz, dass die Verletzung einer vertraglichen Haupt- oder Nebenpflicht durch Arbeitgeber oder Arbeitnehmer regelmäßig zur **konkreten Störung** des arbeitsrechtlichen Austauschverhältnisses führt (*BAG* 17.1.1991 EzA § 1 KSchG Verhaltensbedingte Kündigung Nr. 37), lässt sich nicht umkehren. Da der **Kündigungsgrund** seiner Natur nach »zukunftsbezogen« ist, kommt es auf seine nachteiligen Auswirkungen für die Zukunft an (sog. **Prognoseprinzip**; vgl. *BAG* 18.10.2000, 2 AZR 131/00, EzA § 626 nF BGB Nr. 183; 10.6.2010, 2 AZR 541/09, EzA § 626 BGB 2002 Nr. 32 – Rn 35; HaKo-KSchR/*Gieseler* Rn 77; HaKoArbR/*Griebeling/Herget* Rn 67; HWK-*Sandmann* Rn 63; einschränkend HAS-*Popp* § 19 B Rn 172; aA KPK-*Bengelsdorf* Kap. 2 Rn 43, *Heimbach* S. 95 ff., *Picker* ZFA 2005, 367, *Rüthers/Müller* Anm. EzA § 1 KSchG Verhaltensbedingte Kündigung Nr. 41). Steht fest, dass die nachteiligen Auswirkungen zwar nicht sofort, aber ab einem bestimmten Zeitpunkt vor einer Möglichkeit zur ordentlichen Beendigung des Arbeitsverhältnisses eintreten werden, kann (bzw. muss wegen § 626 Abs. 2 BGB) die außerordentliche Kündigung sogleich erklärt werden, wirkt jedoch erst zu dem späteren Zeitpunkt (vgl. *BAG* 14.3.1968 EzA § 72 HGB Nr. 3 [Strafantritt]; 13.4.2000 EzA § 626 BGB nF Nr. 180 [Dienstantritt eines neuen Vorgesetzten, auf den sich das störende Verhalten des Arbeitnehmers bezog] m. zust. Anm. *Bittner*; zust. auch AnwK-ArbR/*Bröhl* Rn 12, HaKo-KSchR/*Gieseler* Rn 78, MüKoBGB/*Henssler* Rn 118, *Höland* Anm. AP § 626 BGB Nr. 162 und HWK-*Sandmann* Rn 64). Zurückliegende Ereignisse, die das Arbeitsverhältnis nicht mehr belasten, sind dagegen unerheblich, auch wenn sie zunächst schwerwiegend waren (*BAG* 23.10.2008 EzA § 626 BGB 2002 Nr. 25). Entscheidend ist, ob die Gründe ein **Indiz für die künftige Belastung des Arbeitsverhältnisses** sind (vgl. auch *Honstetter* S. 13 ff., 64 ff.; *Willemsen* RdA 2017, 116). Der wichtige Grund bezieht sich auf die Frage der **Zumutbarkeit der Weiterbeschäftigung**. Da es um den künftigen Bestand des Arbeitsverhältnisses geht, muss dessen Fortsetzung konkret beeinträchtigt sein.

119 **Verhaltensbedingte** Leistungsstörungen sind deshalb idR nur dann kündigungsrelevant, wenn auch zukünftige Vertragsverstöße zu besorgen sind oder von einer fortwirkenden Belastung des Arbeitsverhältnisses ausgegangen werden muss (*BAG* 23.10.2008 EzA § 626 BGB 2002 Nr. 25). Dies ist vom Kündigenden darzulegen, wenn sich die Besorgnis nicht bereits aus **Schwere** oder Nachhaltigkeit der bisherigen Störungen ergibt (*BAG* 24.10.1996 RzK I 5i Nr. 120; *Honstetter* S. 69 f.; *Preis* NZA 1997, 1077; s.a. Rdn 153). Die **Nichtbeachtung** einer **Abmahnung** rechtfertigt regelmäßig bereits die sichere negative Prognose der **Wiederholungsgefahr** (*BAG* 19.4.2007 EzTöD 100 § 34 Abs. 2 TVöD-AT Verhaltensbedingte Kündigung Nr. 7; *Erman/Riesenhuber* Rn 54;

SPV-*Preis* Rn 1205). Dagegen ist von dem Kündigenden nicht zu verlangen, bereits konkret die negativen Auswirkungen für in der Zukunft zu unterstellende Vertragsstörungen zu schildern (*BAG* 17.1.1991 EzA § 1 KSchG Verhaltensbedingte Kündigung Nr. 37).

Nachteilige Auswirkungen auf das Arbeitsverhältnis sind kündigungsrechtlich allerdings dann unerheblich, wenn zumutbare **Überbrückungsmöglichkeiten** bestehen (*BAG* 9.3.1995 EzA § 626 BGB nF Nr. 154). Auch wenn die nachteiligen Auswirkungen nur die Folge einer für den Gekündigten **unerwarteten Entwicklung** sind, ist idR keine negative Prognose gerechtfertigt (einschränkend ArbRBGB-*Corts* Rn 37 [nur bei Interessenabwägung zu berücksichtigen]). Diese Einschränkung ist insbes. bei einer abwertenden Kritik am Arbeitgeber oder an Vorgesetzten zu beachten, wenn die **Äußerungen im Kollegenkreis** erfolgen und der Arbeitnehmer als sicher davon ausgehen darf, das Gespräch werde vertraulich behandelt werden. Ob diese Erwartung gerechtfertigt ist, hängt davon ab, ob der Gesprächspartner die **Vertraulichkeit** der Unterhaltung ohne vernünftigen Grund missachtet hat (*BAG* 23.5.1985 RzK I 6e Nr. 4). Dieser **beschränkte Vertrauensschutz greift nicht ein**, wenn ein Arbeitnehmer sich gegenüber betriebsfremden Personen oder einer größeren Zahl von Belegschaftsmitgliedern, die nicht zu seinen engeren Mitarbeitern gehören, abfällig über Arbeitgeber oder Vorgesetzte äußert (*BAG* 6.2.1997 RzK I 6a Nr. 146). Entsprechendes gilt bei solchen **Äußerungen in sozialen Netzwerken** (vgl. iE *Bauer/Günther* NZA 2013, 67 ff., *Burr* NZA-Beil. 3/ 2015 S. 115 f., *Dzida/Förster* BB 2017, 760, *Hold/Kleinsorge* NWB 2013, 2237 ff., *Kock/Dittrich* DB 2013, 937 f. und *Notzon* öAT 2013, 181 f. mwN). Der Arbeitnehmer hat das im Vergleich zu einem persönlichen Gespräch erhöhte Risiko der digitalen Verbreitung in Betracht zu ziehen. Auch wenn er unter konkretisierenden Angaben Kollegen darauf hinweist, ihre Arbeitsplätze seien gefährdet, muss er grds. damit rechnen, dass die Vertraulichkeit nicht gewahrt bleibt (anders *BAG* 10.12.2009 EzA § 626 BGB 2002 Nr. 29).

II. Nebentätigkeit

Die Ausübung einer **Nebentätigkeit** außerhalb der Dienstzeit kann nur dann ein wichtiger Grund sein, wenn der Arbeitnehmer hierdurch seinem Arbeitgeber in dessen Handelszweig unerlaubte **Konkurrenz** macht (s. Rdn 479), wenn die Nebentätigkeit andere berechtigte **Interessen** des Arbeitgebers **beeinträchtigt**, zB weil sein Ansehen leidet bzw. seine Integrität in Frage gestellt wird (für den **öffentlichen Dienst** vgl. *BAG* 19.12.2019, 6 AZR 23/19, EzA Art 12 GG Nr. 50), oder wenn sich die vertraglich geschuldeten **Leistungen** durch die Nebentätigkeit **verschlechtern** (*BAG* 26.8.1976 EzA § 626 BGB nF Nr. 49). Letzteres ist zB anzunehmen, wenn der Arbeitnehmer durch eine anstrengende oder ihn zeitlich überfordernde Nebenbeschäftigung (zB Einsatz als Taxifahrer) seine arbeitsvertraglichen Verpflichtungen wegen Übermüdung oder Konzentrationsschwäche ganz oder teilw. nicht oder nicht mehr gehörig erfüllen kann. S. ferner Rdn 452, 454, 479 f.

III. Straftaten

Auch ein sonstiges **außerdienstliches Verhalten**, insbes. die Begehung einer Straftat, die sich nicht gegen den Arbeitgeber oder einen Arbeitskollegen richtet, kann nur dann ein Grund für eine außerordentliche Kündigung sein, wenn dadurch das Arbeitsverhältnis beeinträchtigt wird (*BAG* 6.11.2003 EzA § 626 BGB 2002 Verdacht strafbarer Handlung Nr. 2; vgl. auch *Mitterer* NZA-RR 2011, 450). Für im öffentlichen Dienst beschäftigte Arbeitnehmer wurde dies häufig aus §§ 6, 8 BAT abgeleitet (*BAG* 20.11.1997 EzA § 1 KSchG Verhaltensbedingte Kündigung Nr. 52; 8.6.2000 EzA § 626 BGB nF Nr. 182). Im Geltungsbereich des TVöD, der keine vergleichbaren Vorschriften enthält, kann diese Rspr. nicht fortgeführt werden (vgl. auch *BAG* 10.9.2009 EzA § 1 KSchG Verhaltensbedingte Kündigung Nr. 77; 10.4.2014, 2 AZR 684/13, EzA § 1 KSchG Personenbedingte Kündigung Nr. 33; *Wahlers* PersV 2011, 364 ff.). Eines der erklärten Ziele der Tarifvertragsparteien war nämlich gerade die Beseitigung der starken Anlehnung an das Beamtenrecht (zu diesem vgl. *BVerwG* 25.8.2009 NVwZ 2010, 713). Gewöhnlich ist streng zwischen der **Privatsphäre** und der Stellung als Arbeitnehmer zu unterscheiden (vgl. SPV-*Preis* Rn 639). Ebenso wie bei Straftaten, die sich gegen eine Partei des Arbeitsverhältnisses richten, kommt es auch bei anderen strafbaren Handlungen nicht auf die strafrechtliche Wertung, sondern darauf an, ob dem Kündigenden deswegen nach dem gesamten Sachverhalt die Fortsetzung des Arbeitsverhältnisses unzumutbar ist (*BAG* 27.1.1977 EzA § 103 BetrVG 1972 Nr. 16). Das setzt voraus, dass die Straftaten das Arbeitsverhältnis belasten, indem sie zB bei objektiver Betrachtung ernsthafte Zweifel an der **Zuverlässigkeit** oder der **Eignung** des Arbeitnehmers für die von ihm zu verrichtende Tätigkeit begründen (ebenso MüKo-BGB/*Henssler* Rn 213). Entgegen *LAG Bln.* (22.3.1996 LAGE § 626 BGB Nr. 100) ist es hierfür ohne Bedeutung, ob sich der Arbeitnehmer nach dem **BZRG** als nicht vorbestraft bezeichnen darf. So können außerdienstliche Straftaten eines im **öffentlichen Dienst** mit **hoheitlichen Aufgaben** betrauten Arbeitnehmers je nach den Umständen des Einzelfalls auch dann zu einem Eignungsmangel führen, wenn es an einem unmittelbaren Bezug zum Arbeitsverhältnis fehlt (*BAG* 10.4.2014,2 AZR 684/13, EzA § 1 KSchG Personenbedingte Kündigung Nr. 33). **Vermögensdelikte** können bei einem Buchhalter, Kassierer, Anlageberater, Lagerverwalter oder Geldboten die Fortsetzung des Arbeitsverhältnisses unzumutbar machen, wenn sie auf fehlende Vertrauenswürdigkeit schließen lassen (zu Diebstählen während der Freizeit s. Rdn 430). Das kann im Ausnahmefall auch bei sonstigen Delikten (zB Geldwäsche, Steuerhinterziehung oder Drogenhandel, vgl. *LAG Bln.-Bra.* 23.10.2014 BB 2015, 698; *LAG Hamm* 15.11.1990 LAGE § 626 BGB Nr. 53 bzw. hier Rdn 423) und sogar bei strafrechtlich irrelevantem privaten Verhalten möglich sein (s.a. *Adam* ZTR 2009, 570). Die diversen Formen der **Computerkriminalität** (s. Rdn 434) können eine Beschäftigung unzumutbar machen, die mit Verantwortung für oder auch nur Zugriff auf die betriebliche EDV verbunden ist. **Sittlichkeitsdelikte** belasten die Beschäftigung von Lehrern, Erziehern und Jugendpflegern. Bei dieser Gruppe von Arbeitnehmern können auch sonstige Straftaten oder Verhaltensweisen wichtige Gründe sein, wenn sie eine kriminelle Veranlagung oder Charaktermängel erkennen lassen, die es unverantwortlich machen, sie weiterhin als Erzieher einzusetzen (*BAG* 23.9.1976 EzA § 1 KSchG Nr. 35; 27.11.2008 EzA § 1 KSchG Verdachtskündigung Nr. 4). **Politische Straftaten** stehen dann im Zusammenhang mit dem Arbeitsverhältnis, wenn sie von Arbeitnehmern begangen werden, deren Beschäftigung beim Verfassungsschutz oder anderen öffentlichen Verwaltungen eine verfassungstreue Einstellung voraussetzen. Weitere Beispiele bei *Mayer* S. 159 ff.; s.a. Rdn 423, 430 und zur ordentlichen Kündigung KR-*Rachor* § 1 KSchG Rdn 450 f.

IV. Meinungsäußerungen, politische Betätigung

123 Im Arbeitsverhältnis besteht für Arbeitnehmer die Pflicht, auf die Interessen des Arbeitgebers **Rücksicht zu nehmen** (Wahrung schutzwürdiger Interessen, § 241 Abs. 2 BGB). Nachteilige Auswirkungen auf das Arbeitsverhältnis können auch öffentliche Aktionen gegen das Produktionsprogramm des eigenen Unternehmens durch dessen Arbeitnehmer haben (*Buchner* ZfA 1979, 352 f.). Ein leitender Angestellter darf nicht den Bau von Reaktoren oder Kriegswaffen in seinem Unternehmen öffentlich kritisieren, der Prokurist einer Brauerei oder einer Tabakfirma nicht in der Öffentlichkeit gegen den Genuss von Alkohol oder Tabakwaren protestieren (*Herschel* Anm. EzA § 1 KSchG Tendenzbetrieb Nr. 10; *Söllner* FS Herschel 1982, S. 390). Erheblich ist idR nur der gezielte Angriff auf Programm oder Existenz des eigenen Unternehmens, weil die Arbeitnehmer sonst zu stark in ihrer **Meinungsfreiheit** und ihrer politischen Betätigung eingeengt würden (*Söllner* FS Herschel 1982, S. 398; *Zielke* S. 36). Auch kann von Arbeitnehmern in **untergeordneter Stellung** kein vergleichbares Maß an Loyalität erwartet werden wie bei Arbeitnehmern in **leitender Stellung**; bei ihnen geht der Schutz ihrer Grundrechte idR vor. Sind kritische Äußerungen eines Arbeitnehmers vom Grundrecht der freien Meinungsäußerung gedeckt, verletzen sie auch keine arbeitsvertraglichen Rücksichtnahmepflichten (*LAG BW* 10.2.2010 ArbR 2010, 152).

124 Die Betätigung in einer verbotenen oder verfassungsfeindlichen Partei oder eine radikale und provozierende politische **Meinungsäußerung** kann ebenfalls nur dann kündigungsrechtlich erheblich sein, wenn sie **konkret das Arbeitsverhältnis beeinträchtigt** (*BAG* 6.6.1984 EzA § 1 KSchG Verhaltensbedingte Kündigung Nr. 12 [*Buchner*]; 28.9.1989 EzA § 1 KSchG Verhaltensbedingte Kündigung Nr. 28 mwN). Gleiches gilt für den bloßen Verdacht der Zugehörigkeit zu einer radikalmilitanten Organisation, zB zur »Jihad-Bewegung« (*LAG Nds.* 12.3.2018 – 15 Sa 319/17). Bei

entsprechenden Äußerungen **in sozialen Netzwerken** kann sich der Bezug zum Arbeitsverhältnis allerdings schon daraus ergeben, dass der Arbeitnehmer seinen Arbeitgeber im Nutzungsprofil erkennen lässt (vgl. *Dzida/Förster* BB 2017, 757 f.). Als wesentliche Pflicht zur Rücksichtnahme und Interessenwahrung gilt über § 74 Abs. 2 BetrVG hinaus das Verbot provozierender parteipolitischer oder sonstiger radikaler Betätigung im Betrieb für alle Arbeitnehmer insoweit, als hierdurch der **Betriebsfrieden** oder der **Arbeitsablauf** (s. Rdn 180) konkret gestört oder die Arbeitspflicht des Störers beeinträchtigt wird (*BAG* 9.12.1982 EzA § 626 BGB nF Nr. 86 mwN; *Galperin/Löwisch* § 74 BetrVG Rn 23a; *Mayer* S. 82 f.; *Richardi/Maschmann* § 74 Rn 69). Demgegenüber ist die bloße Äußerung einer politischen Meinung im Betrieb grds. von der Meinungsfreiheit gedeckt. Bei der Beschäftigung in der Privatwirtschaft (zum öffentlichen Dienst vgl. unten Rdn 118) genügt es **nicht**, wenn keine tatsächliche Störung der betrieblichen Ordnung eingetreten ist, sondern der Arbeitgeber nur auf eine mögliche **abstrakte Gefährdung** verweisen kann (*BAG* 9.12.1982 EzA § 626 BGB nF Nr. 86; 6.6.1984 EzA § 1 KSchG Verhaltensbedingte Kündigung Nr. 12; 28.9.1989 EzA § 1 KSchG Verhaltensbedingte Kündigung Nr. 28 mwN; *Löwisch/Schönfeld* Anm. EzA § 626 BGB nF Nr. 86; *Staudinger/Preis* Rn 186). Es reicht auch nicht eine sog. **konkrete Gefährdung** des Betriebsfriedens oder die Besorgnis bzw. Wahrscheinlichkeit aus, eine bestimmte Aktion oder eine politische Äußerung sei erfahrungsgemäß geeignet, Störungen innerhalb der Belegschaft auszulösen (*BAG* 17.3.1988 EzA § 626 BGB nF Nr. 116; *Kissel* NZA 1988, 151; *Löwisch/Schönfeld* Anm. EzA § 626 BGB nF Nr. 86; SPV-*Preis* Rn 671; *Preis/Stoffels* RdA 1996, 213; aA *Buchner* ZfA 1982, 72; *v. Hoyningen-Huene/Hoffmann* BB 1984, 1050; *Lansnicker/Schwirtzek* DB 2001, 866 ff.). Die Unterscheidung zwischen einer abstrakten und einer konkreten Gefährdung ist zu unklar und praktisch nicht durchführbar (APS-*Vossen* Rn 248). Eine kündigungsrechtlich erhebliche Störung des Arbeitsverhältnisses ist deswegen nur anzunehmen, wenn der Arbeitnehmer durch die Art und Weise seiner politischen Tätigkeit oder Meinungsäußerung entweder das für die Fortsetzung des Arbeitsverhältnisses notwendige Vertrauen (s. Rdn 181), den Betriebsfrieden oder den Arbeitsablauf tatsächlich beeinträchtigt hat. Es gehört zu den **Nebenpflichten** des Arbeitnehmers, Störungen des Betriebsfriedens oder des Betriebsablaufes zu vermeiden (SPV-*Preis* Rn 671).

Eine nicht nur abstrakte Gefährdung, sondern eine **tatsächliche Störung** tritt ein, wenn ein Arbeitnehmer **während der Arbeitszeit** an einer politischen **Demonstration** teilnimmt (*LAG SchlH* 18.1.1995 LAGE § 611 BGB Abmahnung Nr. 39; vgl. KR-*Rachor* § 1 KSchG Rdn 496) oder wenn er andere Mitarbeiter durch **ständige Angriffe** auf ihre politische Überzeugung, auf ihre Einstellung zu den Gewerkschaften oder ihre religiöse Einstellung reizt und dadurch erhebliche Unruhe in der Belegschaft hervorruft. Ein Arbeitnehmer darf in **Flugblättern** an alle Arbeitnehmer des Betriebes auch nicht bewusst wahrheitswidrige Behauptungen über den Arbeitgeber aufstellen und durch seine öffentlichen Aktionen den Betriebsfrieden stören (*BAG* 26.5.1977 EzA § 611 BGB Beschäftigungspflicht Nr. 2). Gleiches gilt bei entsprechenden Aussagen in digitaler Form, zB im **Intranet oder auf Social-Media Plattformen**. Auch das Tragen einer auffälligen **Plakette** im Betrieb während der Arbeitszeit, durch die eine parteipolitische Meinung sichtbar zum Ausdruck gebracht wird, kann ähnlich wie eine ständige verbale Agitation eine provozierende parteipolitische Betätigung darstellen, die einen wichtigen Grund zur außerordentlichen Kündigung abgeben kann, wenn hierdurch der Betriebsfrieden oder der Betriebsablauf konkret gestört wird (*BAG* 9.12.1982 EzA § 626 BGB nF Nr. 86; MüKo-BGB/*Henssler* Rn 247; krit. KR-*Rachor* § 1 KSchG Rdn 508). Eine Berufung auf das Recht der **freien Meinungsäußerung** (Art. 5 GG) versagt in diesen Fällen, weil es seine **Schranken** in den **Grundregeln des Arbeitsverhältnisses** findet. Das Grundrecht aus Art. 5 Abs. 1 GG ist gemäß Art. 5 Abs. 2 GG durch die allgemeinen Gesetze und das Recht der persönlichen Ehre beschränkt. Mit diesen muss es in ein ausgeglichenes Verhältnis gebracht werden. Die Verfassung gibt das Ergebnis einer solchen Abwägung nicht vor. Das gilt insbesondere dann, wenn auch auf Seiten des Arbeitgebers eine grundrechtlich geschützte Position betroffen ist. Durch Art. 12 GG wird die wirtschaftliche Betätigungsfreiheit des Arbeitgebers geschützt, die durch geschäftsschädigende Äußerungen verletzt sein kann. Auch gehört § 241 Abs. 2 BGB zu den allgemeinen, das Grundrecht auf Meinungsfreiheit beschränkenden Gesetzen. Zwischen der Meinungsfreiheit und dem beschränkenden Gesetz findet demnach eine **Wechselwirkung** statt.

Die Reichweite der Pflicht zur vertraglichen Rücksichtnahme muss ihrerseits unter Beachtung der Bedeutung des Grundrechts bestimmt, der Meinungsfreiheit muss dabei also die ihr gebührende Beachtung geschenkt werden – und umgekehrt (*BAG* 5.12.2019, 2 AZR 240/19, EzA § 1 KSchG Verhaltensbedingte Kündigung Nr. 87; 18.12.2014, 2 AZR 265/14, EzA-SD 2015, Nr. 11, 3–7; vgl. auch *Krummel/Küttner* NZA 1996, 75; HWK-*Sandmann* Rn 176; *Schmitt* S. 131 ff.; APS-*Vossen* Rn 249; krit. *Buschmann/Grimberg* AuR 1989, 65 f.; *Preis/Stoffels* RdA 1996, 212; *Schmitz-Scholemann* BB 2000, 928; *Zachert* BB 1998, 1313). Im Ergebnis muss eine Güter- und Interessenabwägung im Einzelfall vorgenommen werden, bei der einerseits der Meinungsfreiheit des Arbeitnehmers das ihr gebührende Gewicht beigemessen wird (vgl. SPV-*Preis* Rn 670), andererseits aber berücksichtigt werden muss, dass andere Arbeitnehmer und auch der Arbeitgeber sich unter dem Schutz ihrer Grundrechte nicht gegen ihren Willen einer nachhaltigen Agitation oder Provokation aussetzen müssen, der sie sich insbes. im betrieblichen Bereich während der Arbeitszeit nicht ohne Weiteres entziehen können. **Schmähkritik** oder **Formalbeleidigungen** scheiden von vornherein aus dem Schutzbereich des Art. 5 GG aus (*BVerfG* 30.5.2018, 1 BvR 1149/17, NZA 2018, 924). Allerdings macht auch eine überzogene oder gar ausfällige Kritik eine Erklärung für sich genommen noch nicht zur Schmähung. Dafür muss hinzutreten, dass bei der Äußerung nicht mehr die Auseinandersetzung in der Sache, sondern die Diffamierung der Person im Vordergrund steht, die diese jenseits polemischer und überspitzter Kritik in erster Linie herabsetzen soll (*BAG* 5.12.2019, 2 AZR 240/19, aaO; 18.12.2014 aaO). Die weitere eng zu verstehende Ausnahme vom Abwägungsgebot ist eine Äußerung, mit der die in Art. 1 Abs. 1 GG als unantastbar geschützte **Menschenwürde** verletzt wird. Da die Menschenwürde mit keinem Einzelgrundrecht abwägungsfähig ist, muss die Meinungsfreiheit dann stets zurücktreten (*BVerfG* 2.11.2020, 1 BvR 2727/19, NZA 2020, 1704, zur Adressierung eines Menschen als Affe). Äußerungen, in denen sich **Tatsachen und Meinungen vermengen**, fallen in den Schutzbereich des Rechts auf Meinungsfreiheit, sofern sie durch die Elemente der Stellungnahme, des Dafürhaltens oder Meinens geprägt sind (*BAG* 5.12.2019, 2 AZR 240/19, aaO). Ist nach diesen Grundsätzen eine Meinungsäußerung nicht als Verletzung der arbeitsvertraglichen Rücksichtnahmepflicht zu werten, vermag sie eine Kündigung auch dann nicht zu begründen, wenn der Betriebsfrieden durch sie tatsächlich gestört wurde (*BAG* 24.6.2004 EzA § 1 KSchG Verhaltensbedingte Kündigung Nr. 65; **aA** AR-*Kaiser* § 1 KSchG Rn 64; *Rieble/Wiebauer* ZFA 2010, 87). Entsprechendes gilt für Darstellungen in einem Roman (»Wer die Hölle fürchtet, kennt das Büro nicht«), wenn diese sich trotz gewisser Parallelen zur Wirklichkeit und realen Personen noch in den Grenzen der Fiktion halten und von der **Kunstfreiheit** des Art. 5 GG gedeckt sind (*LAG Hamm* 15.7.2011 ArbRB 2011, 225).

126 Geht es um das Verhalten von Arbeitnehmern im **öffentlichen Dienst**, dann ist zunächst zu beachten, dass nicht von allen Beschäftigten des öffentlichen Dienstes eine der beamtenrechtlichen Treuepflicht vergleichbare gesteigerte **politische Treuepflicht** zu fordern ist. Das kann auch nicht aus tariflichen Vorschriften wie § 41 TVöD-BT-V, § 3 Abs. 1 TV-L hergeleitet werden. Welches Maß an politischer Treue von den Beschäftigten zu verlangen ist, hängt in erster Linie von ihrem Amt und ihrem Aufgabenkreis ab (*BAG* 12.5.2011 EzA § 123 BGB 2002 Nr. 10; 6.6.1984 EzA § 1 KSchG Verhaltensbedingte Kündigung Nr. 12; vgl. auch *BAG* 10.9.2009 EzA § 1 KSchG Verhaltensbedingte Kündigung Nr. 77; 28.10.2010 EzA § 1 KSchG Verhaltensbedingte Kündigung Nr. 78). So darf etwa der Pressesprecher einer Stadt nicht in Flugblättern den Bürgermeister als selbstherrlich und weinerlich bezeichnen und ihn zum Rücktritt auffordern (*LAG Bra.* 26.6.1997 LAGE § 626 BGB Nr. 117). Von Lehrern, Erziehern, Sozialpädagogen oder Sozialarbeitern, die **erzieherische Aufgaben** wahrnehmen, kann die Unterlassung religiöser Bekundungen bei ihrer Tätigkeit verlangt werden, die sich mit der staatlichen Pflicht zur Neutralität nicht vereinbaren lassen (s. Rdn 148). Von ihnen muss ein positives Verhältnis zu den Grundwerten der Verfassung und ein aktives Eintreten für diese Wertordnung erwartet werden (*BAG* 16.12.2004 EzA § 123 BGB 2002 Nr. 5; 12.3.1986 EzA Art. 33 GG Nr. 13; *EGMR* 22.11.2001 NJW 2002, 3087). Ein Lehrer oder Erzieher, der sich mit den verfassungsfeindlichen Zielen einer Partei identifiziert und sie fördert, wird kaum bereit und fähig sein, die Grundwerte der Verfassung glaubwürdig darzustellen. Dieser über seine innere Überzeugung hinausgehende Einsatz kann sich auch bei einer außerdienstlichen

Betätigung auf das Arbeitsverhältnis belastend auswirken. Das gilt insbes., wenn er den ihm anvertrauten Schülern oder Kindern verfassungswidrige Ziele zu vermitteln versucht (*BAG* 20.7.1977 EzA Art. 33 GG Nr. 7). Bei Arbeitnehmern, deren Tätigkeit nicht der Vermittlung der Grundwerte unserer Verfassung dient, ist die politische Treuepflicht niedriger anzusetzen und auf die Pflicht zu beschränken, politische Zurückhaltung zu üben. Das gilt zB für die Tätigkeit eines Hauptvermittlers bei der Bundesagentur für Arbeit (*BAG* 6.6.1984 EzA § 1 KSchG Verhaltensbedingte Kündigung Nr. 12) oder eines Fernmeldehandwerkers (*BAG* 12.3.1986 RzK I 1 Nr. 10) sowie allg. bei der politischen Betätigung von **untergeordneten Arbeitnehmern** des öffentlichen Dienstes. Die Verbreitung eines Demonstrationsaufrufs, dessen Verfasser für einen gewaltsamen Umsturz eintreten, muss der öffentliche Arbeitgeber aber auch bei solchen Arbeitnehmern nicht hinnehmen (*BAG* 6.9.2012 EzA § 1 KSchG Personenbedingte Kündigung Nr. 30; vgl. auch *Brötzmann* öAT 2013, 70 ff.).

Auch bei Verletzungen der Pflicht zur Verfassungstreue ist grds. eine vorherige **Abmahnung** (s. Rdn 267 ff.) erforderlich, durch die der Angestellte auf den pflichtwidrigen Charakter der außerdienstlichen politischen Tätigkeit hingewiesen wird, wenn diese nicht bereits ein ausreichendes Indiz für einen dauernden und nicht behebbaren Eignungsmangel im öffentlichen Dienst ist (*BAG* 12.3.1986 EzA Art. 33 GG Nr. 13). 127

(unbelegt) 128

V. Tendenzbetriebe, Kirchen

Häufiger als in der übrigen Privatwirtschaft und im öffentlichen Dienst kann in Tendenzbetrieben (§ 118 BetrVG) – insbes. auch im **kirchlichen Dienst** (Art. 140 GG) – das außerdienstliche Verhalten von Arbeitnehmern mit den Pflichten aus dem Arbeitsverhältnis unvereinbar sein (*BAG* 23.10.2008 EzASD 2009 Nr. 8 S. 3; s.a. KR-*Rachor* § 1 KSchG Rdn 493 f.; SPV-*Preis* Rn 1242). Unabhängig davon, ob für die in Tendenzbetrieben beschäftigten Arbeitnehmer eine besondere **Tendenzförderungspflicht** besteht oder ob es insoweit nur um die Wahrung von **Obliegenheiten** geht, wirkt sich der »Tendenzschutz« auch auf die Rechte und Pflichten im Arbeitsverhältnis aus. Die Auswirkungen werden jeweils von der »Tendenznähe« der von den Arbeitnehmern zu erfüllenden Aufgabe bestimmt (*Zielke* S. 38 f.). Sie reichen von der Pflicht zur aktiven Tendenzförderung, die im Wesentlichen nur Tendenzträger in leitender oder besonders verantwortlicher Stellung trifft, bis zur Pflicht, in der Öffentlichkeit oder im Betrieb Meinungsäußerungen oder Aktivitäten zu unterlassen, die der Unternehmenszielsetzung widersprechen oder in ihrer provokativen Wirkung auf Arbeitskollegen den Arbeitsablauf oder den Betriebsfrieden stören (**Unterlassungs-, Rücksichtnahme-** oder **Neutralitätspflicht**; vgl. *Söllner* FS Herschel 1982, S. 391 f., 396 f.). 129

Im Verbandsbereich (zB **Gewerkschaften, Arbeitgeberverbände**) haben Tendenzträger auf den Verbandszweck auch im außerdienstlichen Verhalten Rücksicht zu nehmen. Soweit es um die Verletzung vertraglicher Nebenpflichten geht, ist keine personen-, sondern eine verhaltensbedingte Kündigung einschlägig (SPV-*Preis* Rn 1242). 130

Bei **Religionsgesellschaften** ist darüber hinaus das ihnen in Art. 4, 140 GG, 137 WRV garantierte **Selbstordnungs-** und **Selbstverwaltungsrecht** zu beachten. Die frühere Rechtsprechung des BAG zu Kündigungen im kirchlichen Bereich war geprägt durch das Bestreben, die Loyalitätspflichten der Arbeitnehmer jeweils an der übertragenen Aufgabe auszurichten und auch die Nähe zum sog Verkündigungsauftrag der Kirchen durch die Gerichte zu bestimmen. Dies hat das BVerfG (4.6.1985, 2 BvR 1703, 1718/83, 865/84, EzA § 611 BGB Kirchliche Arbeitnehmer Nr. 24) als Verstoß gegen die **Selbstordnungs-** und **Selbstverwaltungsgarantie der Kirchen** gewertet (Art 4, 140 GG, 137 WRV; die »Scientology Kirche« ist allerdings keine Religions- oder Weltanschauungsgemeinschaft iS dieser Bestimmungen, s *BAG* 22.3.1995, 5 AZB 21/94, EzA Art 140 GG Nr. 26). Die Arbeitsgerichte haben demnach idR die **kirchlichen Maßstäbe** für die Bewertung vertraglicher Loyalitätsobliegenheiten zugrunde zu legen. Die Kirchen sind grundsätzlich berechtigt, verbindlich festzulegen, was die Glaubwürdigkeit der Kirche und ihrer 131

Verkündigung erfordert, dh was »spezifisch kirchliche Aufgaben« sind, welches die wesentlichen Grundsätze der »Glaubens- und Sittenlehre« sind und wie schwerwiegend ein Verstoß dagegen ist (s iE *BVerfG* 22.10.2014, 2 BvR 661/12, EzA § 611 BGB 2002 Kirchliche Arbeitnehmer Nr. 32). Dabei sind sie allerdings an den **Gleichbehandlungsgrundsatz** gebunden. Auch ist bei der Überprüfung der außerordentlichen Kündigung kirchlicher Mitarbeiter eine **Interessenabwägung nicht entbehrlich** (*BVerfG* 22.10.2014, 2 BvR 661/12, EzA § 611 BGB 2002 Kirchliche Arbeitnehmer Nr. 32). Die **Antidiskriminierungsrichtlinie 2000/78/EG** (ABlEG L 303/16) zwingt nicht zur vollständigen Aufgabe der vom BVerfG aufgestellten Grundsätze. Diese sind auch mit dem Urteil des EuGH v 17.4.2018 (C-414/16, EzA § 611 BGB 2002 Kirchliche Arbeitnehmer Nr. 41) im Kern vereinbar. Wie das BVerfG betont der EuGH, dass es den staatlichen Arbeitsgerichten grundsätzlich nicht zustehe, über das der beruflichen Anforderung zugrundeliegende Ethos als solches zu befinden. Die vom EuGH geforderte Überprüfung anhand des Grundsatzes der Verhältnismäßigkeit hatte schon bislang im Rahmen der gebotenen Interessenabwägung zu erfolgen. Allerdings hebt der EuGH die diesbezügliche **Kontrollaufgabe der staatlichen Gerichte** hervor. Diese müssten prüfen, ob die fragliche berufliche Anforderung angemessen ist und nicht über das zur Erreichung des angestrebten Ziels Erforderliche hinausgeht. Hinsichtlich der **beruflichen Anforderung einer Kirchenmitgliedschaft** hat das BAG daraufhin entschieden, dass § 9 Abs. 1 Alt. 1 AGG wegen des fehlenden Tätigkeitsbezugs mit den Vorgaben der RL 2000/78/EG nicht vereinbar sei und unangewendet bleiben müsse. § 9 Abs. 1 Alt. 2 AGG sei unionsrechtskonform dahin auszulegen, dass eine unterschiedliche Behandlung wegen der Religion zulässig sei, wenn eine bestimmte Religion unter Beachtung des Selbstverständnisses der Religionsgemeinschaft nach der Art der Tätigkeiten oder den Umständen ihrer Ausübung eine wesentliche, rechtmäßige und gerechtfertigte berufliche Anforderung darstellt (*BAG* 25.10.2018, 8 AZR 501/14, EzA § 611 BGB 2002 Kirchliche Arbeitnehmer Nr. 47). Der **Kirchenaustritt** eines im verkündigungsnahen Bereich eingesetzten Mitarbeiters rechtfertigt idR eine Kündigung (*BAG* 25.4.2013, 2 AZR 579/12, EzA § 611 BGB 2002 Kirchliche Arbeitnehmer Nr. 26). Ein **Arzt** in einem **katholischen Krankenhaus** begeht einen schweren Loyalitätsverstoß, wenn er sich öffentlich **gegen** das von der Kirche vertretene absolute **Verbot** des **Schwangerschaftsabbruches** ausspricht (*BAG* 15.1.1986, 7 AZR 545/85, KirchE 24, 7) oder nach Äußerungen des Lehramts **unzulässige Behandlungsmethoden** anwendet (*BAG* 7.10.1993, 2 AZR 226/93, EzA § 611 BGB Kirchliche Arbeitnehmer Nr. 40). Bezüglich der **Wiederverheiratung eines geschiedenen Chefarztes** hat der EuGH seine tätigkeitsbezogene Sichtweise bestätigt und zudem klargestellt, dass ein kirchlicher Krankenhausträger an die Loyalitätspflichten seiner leitend tätigen Beschäftigten nicht abhängig von deren Konfession oder Konfessionslosigkeit unterschiedliche Anforderungen stellen kann, ohne dass dies einer gerichtlichen Kontrolle unterliegt (*EuGH* 11.9.2018, C-68/17, EzA § 611 BGB 2002 Kirchliche Arbeitnehmer Nr. 32c). Das BAG ist dem mit einer entsprechenden Auslegung von § 9 Abs. 2 AGG gefolgt und hat für den konkreten Fall entschieden, dass die Achtung des Gebots, keine nach kanonischem Recht ungültige Ehe einzugehen, für die Bekundung des kirchlichen Ethos keine im Hinblick auf die Art der beruflichen Tätigkeiten des Klägers oder die Umstände ihrer Ausübung wesentliche, rechtmäßige und gerechtfertigte berufliche Anforderung war und seine Ungleichbehandlung gegenüber den nicht der katholischen Kirche angehörigen Ärzten nicht gerechtfertigt war (*BAG* 20.2.2019, 2 AZR 746/14, EzA § 611 BGB 2002 Kirchliche Arbeitnehmer Nr. 32d). Wegen des **Vorrangs des Unionsrechts** musste die entgegenstehende Auffassung des BVerfG zurücktreten (vgl. zum Streitfall *BVerfG* 22.10.2014, 2 BvR 661/12, EzA § 611 BGB 2002 Kirchliche Arbeitnehmer Nr. 32). Zur Entziehung der **kirchlichen Lehrbefugnis** s *BAG* 25.5.1988, 7 AZR 506/87, EzA § 611 BGB Kirchliche Arbeitnehmer Nr. 27; 10.4.2014, 2 AZR 812/12, EzA-SD 2014 Nr. 11 S 3. Bei einem für **Öffentlichkeitsarbeit** zuständigen Angestellten der Kirche Jesu Christi der Heiligen der letzten Tage (**Mormonen**) rechtfertigt **Ehebruch** grundsätzlich eine fristlose Kündigung (*BAG* 24.4.1997, 2 AZR 268/96, EzA § 611 BGB Kirchliche Arbeitnehmer Nr. 43; s.a. EGMR 23.9.2010, 425/03, EuGRZ 2010, 571). Sie kann auch gegenüber der Arbeitnehmerin in einem **evangelischen Kindergarten** gerechtfertigt sein, wenn diese **in der Öffentlichkeit** die von evangelischen Glaubenssätzen erheblich abweichende **Lehre der »Universalen Kirche«** verbreitet (*BAG* 21.2.2001, 2 AZR 139/00, EzA aaO Nr. 47; s.a. EGMR 3.2.2011, 18136/02, EzA § 611 BGB 2002 Kirchliche Arbeitnehmer Nr. 17). Die

Weigerung des Arbeitnehmers, einer von allen anderen Mitarbeitern akzeptierten **Verschlechterung der Arbeitsvertragsbedingungen zuzustimmen**, ist dagegen keine zur Kündigung berechtigende Verletzung von Loyalitätsobliegenheiten (*BAG* 25.10.2001, 2 AZR 216/00, EzA § 626 BGB Änderungskündigung Nr. 2).

Im **Pressebereich** müssen vor allem die **Tendenzträger** (Schriftleiter, Redakteure) auch außerdienstlich (zB bei Veröffentlichungen in anderen Zeitschriften) eine tendenzkonforme Linie wahren (*BAG* 23.10.2008 EzASD 2009 Nr. 8 S. 3). Die übrigen Arbeitnehmer können dagegen, soweit es sich nicht um Publikationen von Verbänden oder kirchlichen Einrichtungen handelt, durch einen öffentlichen Beitrag zur politischen Meinungsbildung die Tendenz ihres Presseunternehmens kaum kündigungsrelevant beeinträchtigen. 132

VI. Sicherheitsbedenken

Bei Arbeitnehmern, die Aufgaben verrichten, bei denen eine erhöhte **Gefahr** von **Spionage** oder **Sabotage** besteht (zB Beschäftigung bei der Bundeswehr, den alliierten Streitkräften, Ministerien und Betrieben, die wichtige öffentliche Aufgaben erfüllen), besteht zwar ein erhöhtes Sicherheitsbedürfnis. Bei **Sicherheitsbedenken** (zB Mitgliedschaft bei verbotenen oder rechts-/linksextremen Parteien) genügt aber nicht schon eine allgemeine Besorgnis, sondern es ist zu prüfen, ob und wie stark durch **bestimmte Tatsachen** das Arbeitsverhältnis belastet wird (*BAG* 12.3.1986 – 7 AZR 468/81, nv; 20.7.1989 EzA § 2 KSchG Nr. 11). Es bedarf einer objektiv gerechtfertigten Prognose der künftigen Beeinträchtigung berechtigter Sicherheitsinteressen (vgl. *Plum*, NZA 2019, 497 ff). Auch wenn ein Unternehmen – wie die Versorgungswerke einer großen Stadt – gegen Terroranschläge besonders anfällig ist, reicht die subjektive Besorgnis des Arbeitgebers, es bestünden Sicherheitsbedenken, nicht aus, um eine konkrete Belastung des Arbeitsverhältnisses darzulegen. Die Sicherheitsbedenken müssen sich vielmehr objektiv aus den vorliegenden Umständen ergeben. Dazu reicht es noch nicht, wenn ein Arbeitnehmer enge persönliche Beziehungen zu Personen unterhält, die im Zusammenhang mit dem Terrorismus in der Bundesrepublik radikale Auffassungen vertreten. Fehlt es an einer Verletzung von Loyalitätspflichten durch den Arbeitnehmer, kommt allenfalls eine personenbedingte Kündigung in Betracht (SPV-*Preis* Rn 1242; *Meyer* Die Kündigung des Arbeitsverhältnisses wegen Sicherheitsbedenken, S. 107; *Adam* ZTR 2009, 573). Eine außerordentliche personenbedingte Kündigung kann zB dann gerechtfertigt sein, wenn einem Mitarbeiter des Bundesamts für Verfassungsschutz (BfV) die Ermächtigung zum Umgang mit Verschlusssachen entzogen wird, weil er Kontakte zu einem wegen schwerwiegender Straftaten verurteilten Schwager unterhält, der sich der Haft durch Flucht entzogen hat (*BAG* 26.11.2009 EzA § 626 BGB 2002 Unkündbarkeit Nr. 16). Dass der Entzug der VS-Ermächtigung im Verfahren nach dem SÜG auf einer vom Arbeitgeber selbst getroffenen Entscheidung beruht, steht nicht entgegen. 133

VII. Ruhendes Arbeitsverhältnis

Die Grundsätze über die beschränkte kündigungsrechtliche Relevanz außerdienstlichen Verhaltens sind auch dann anzuwenden, wenn einem Arbeitnehmer ein Fehlverhalten während eines Zeitraumes angelastet wird, in dem das Arbeitsverhältnis geruht hat (zB nach § 1 Abs. 1 ArbPlSchG). Das gilt selbst dann, wenn das beanstandete Verhalten Tätigkeiten betrifft, die von der **suspendierten Arbeitspflicht** des Arbeitnehmers erfasst wurden (*BAG* 17.2.1982 – 7 AZR 663/79, nv). Das ruhende Arbeitsverhältnis eines zu einem anderen Konzernunternehmen entsandten und dort aufgrund eines Dienstvertrags zum Geschäftsführer bestellten Angestellten kann allerdings durch vorsätzliche Missachtung von dienstvertraglichen Kompetenzregelungen erheblich beeinträchtigt werden, weil ein solches Verhalten geeignet ist, die Vertrauenswürdigkeit und Zuverlässigkeit auch hinsichtlich des Arbeitsverhältnisses in Frage zu stellen (*BAG* 27.11.2008 EzAÜG § 626 BGB Nr. 5). Nicht um eine Pflichtverletzung im außerdienstlichen Bereich, sondern um eine Verletzung der arbeitsvertraglichen Pflichten gegenüber dem vertraglichen Arbeitgeber geht es, wenn ein Arbeitnehmer, der nach seinem Arbeitsvertrag verpflichtet ist, gelegentlich auch in einem anderen Betrieb im Bereich des Konzerns oder des Firmenverbundes Tätigkeiten zu erbringen, während seiner Abordnung von ihm 134 wahrzunehmende Vermögensinteressen einer anderen Gesellschaft verletzt. Entspr. gilt für die Verletzung der auch im ruhenden Arbeitsverhältnis fortbestehenden Pflicht aus § 241 Abs. 2 BGB, den Arbeitgeber nicht zu schädigen bzw. nach Möglichkeit Schaden von ihm abzuwenden (vgl. *BAG* 27.11.2008 EzAÜG § 626 BGB Nr. 5).

H. Systematisierung nach der Art der Kündigungsgründe

I. Sachliche Abgrenzungskriterien

135 Im Schrifttum werden Kündigungsgründe nach ihrem sachlichen Gehalt unterschiedlich abgegrenzt. Überwiegend wird eine am Vorbild des § 1 KSchG orientierte **Dreiteilung in personen-, verhaltens- und betriebsbedingte Gründe** befürwortet (*Ascheid* Rn 132; *Erman/Riesenhuber* Rn 68; MüKo-BGB/*Henssler* Rn 2; SPV-*Preis* Rn 552). Dem ist mit der Einschränkung zu folgen, dass sich – freilich selten – ein wichtiger Grund auch in der **Person des Kündigenden** selbst ergeben kann. Soweit darüber hinaus z. T. auch noch sog. **objektive Gründe** als weitere Fallgruppe genannt werden (*Hillebrecht* KR, 4. Aufl. Rn 117 ff.; *Staudinger/Neumann* 12. Aufl. Rn 38; *Reuter* FS Richardi 2007, S. 369), zeigen die angeführten Beispiele (Todesfälle, Beschäftigungsverbote, behördliche Betriebsschließungen, dauernde Arbeitsunfähigkeit des Arbeitnehmers; Verhältnis mit Ehefrau des Arbeitgebers), dass sie sich entweder den personen- oder den betriebsbedingten Gründen zuordnen lassen.

II. Gründe in der Person des Gekündigten

136 Da ein wichtiger Grund nicht voraussetzt, dass dem Gekündigten ein Verschulden vorzuwerfen ist, können auch in der **Person des Gekündigten** liegende **unverschuldete** und von ihm nicht zu vertretende **Umstände** eine außerordentliche Kündigung rechtfertigen (*BAG* 26.11.2009 EzA § 626 BGB 2002 Unkündbarkeit Nr. 16; *Adomeit/Spinti* AR-Blattei SD 1010.9 Rn 98; *Preis* Prinzipien S. 333 f.). Auch personenbedingte Gründe sind nur dann kündigungsrelevant, wenn sie zu einer konkreten Störung des Arbeitsverhältnisses führen (s. Rdn 102, 118 ff.).

1. Kündigung durch Arbeitgeber

137 Besitzt ein ausländischer Arbeitnehmer keine **Arbeitsgenehmigung** oder wird ihm diese später entzogen, dann kann das einen personenbedingten Grund zur Kündigung darstellen (*BAG* 7.2.1990 EzA § 1 KSchG Personenbedingte Kündigung Nr. 8; s.a. KR-*Rachor* § 1 KSchG Rdn 306 f.; SPV-*Preis* Rn 1236). Ob der Arbeitgeber wegen des Fehlens oder des Ablaufes der Arbeitsgenehmigung zur ordentlichen oder außerordentlichen Kündigung berechtigt ist, hängt von den Umständen des Einzelfalles ab (*BAG* 13.1.1977 EzA § 19 AFG Nr. 2; s.a. Rdn 451). Entsprechendes gilt, wenn einem Arbeitnehmer die für seine Beschäftigung notwendige **Fahrerlaubnis** entzogen wird. Die Entziehung einer zusätzlichen »betrieblichen Fahrerlaubnis« durch den Betriebsleiter kann dagegen für sich genommen weder eine außerordentliche noch eine ordentliche Kündigung rechtfertigen (*BAG* 5.6.2008 EzA § 1 KSchG Personenbedingte Kündigung Nr. 22). Zum Entzug einer notwendigen **Zugangsberechtigung** bei sicherheitsempfindlichen Tätigkeiten vgl. *BAG* 26.11.2009 EzA § 626 BGB 2002 Unkündbarkeit Nr. 16.

138 Fehlt einem Arbeitnehmer aus **gesundheitlichen** oder **charakterlichen Gründen** die erforderliche Fähigkeit für die vertraglich übernommene Arbeit oder ist diese Eignung erheblich beeinträchtigt, dann kann das dem Arbeitgeber ein Recht zur außerordentlichen Kündigung geben (*BAG* 28.3.1974 EzA § 119 BGB Nr. 5). Die fehlende fachliche Qualifikation ist nur dann ein personenbedingter Kündigungsgrund, wenn die Eignung durch den Arbeitnehmer **nicht** mehr **steuerbar** ist (SPV-*Preis* Rn 1243). Zumeist wird es bei Leistungsmängeln darum gehen, ob nicht eine vorwerfbare Vertragsverletzung (Schlechtleistung) und deswegen ein verhaltensbedingter Grund vorliegt, der der Abmahnung bedarf (*BAG* 11.12.2003 EzA § 1 KSchG Verhaltensbedingte Kündigung Nr. 62). Zur Verdachtskündigung s. Rdn 226.

Eine fristlose Entlassung kann bei einer abschreckenden oder ansteckenden **Krankheit** (zB Dau- 139
erausscheidung von Typhuserregern) gerechtfertigt sein. Bei einer Kündigung wegen krankheitsbedingter Fehlzeiten ist zwar schon bei der ordentlichen Kündigung ein **strenger Maßstab** anzulegen (vgl. KR-*Rachor* § 1 KSchG Rdn 337 ff.), aber es ist nicht ausgeschlossen, krankheitsbedingte
Arbeitsunfähigkeit in besonderen Fällen als wichtigen Grund anzuerkennen (*BAG* 27.11.2003 EzA
§ 626 BGB 2002 Krankheit Nr. 1; *Lepke* Rn 310; HAS-*Popp* § 19 B Rn 162; SPV-*Preis* Rn 702;
aA *Volz* S. 40 ff.). Eine außerordentliche Kündigung kommt allerdings idR nur dann in Betracht,
wenn eine **ordentliche Kündigung** tariflich oder vertraglich **ausgeschlossen** ist, dauernde Leistungsunfähigkeit oder eine lang andauernde Erkrankung vorliegt und auch eine Weiterbeschäftigung auf
einem anderen Arbeitsplatz nicht möglich ist (*BAG* 25.4.2018, 2 AZR 6/18, EzA § 626 BGB 2002
Krankheit Nr. 5; 18.10.2000 EzA § 626 BGB Krankheit Nr. 3; ArbRBGB-*Corts* Rn 93; SPV-*Preis*
Rn 702; zur Auslauffrist s. Rdn 321 ff.). Dabei steht die Ungewissheit der Wiederherstellung der
Arbeitsfähigkeit einer dauernden Leistungsunfähigkeit dann gleich, wenn in den nächsten 24 Monaten mit einer anderen Prognose nicht gerechnet werden kann (*BAG* 12.4.2002 EzA § 1 KSchG
Krankheit Nr. 49; zu einer Verpflichtung des Arbeitnehmers an einer ärztlichen Untersuchung mit-
zuwirken vgl. BAG 25.1.2018, 2 AZR 382/17, EzA § 626 BGB 2002 Unkündbarkeit Nr. 29). Auch
häufige Kurzerkrankungen kommen als wichtiger Grund für eine außerordentliche Kündigung mit
Auslauffrist in Betracht, wenn künftige Fehlzeiten mit Entgeltfortzahlungspflicht von mehr als 1/
3 der jährlichen Arbeitstage zu erwarten sind (vgl *BAG* 25.4.2018,2 AZR 6/18, aaO; vgl. auch
Bredemeier öAT 2019, 221). An die Bemühungen des Arbeitgebers, eine leidensgerechte Beschäftigung zu finden, sind erhebliche Anforderungen zu stellen, wobei allerdings auch der Arbeitnehmer
gehalten ist, kooperativ mitzuwirken (*BAG* 13.5.2004 EzA § 626 BGB 2002 Krankheit Nr. 2).
§ 167 Abs. 2 SGB IX verlangt und regelt insoweit ein **betriebliches Eingliederungsmanagement**
(s. dazu KR-*Rachor* § 1 KSchG Rdn 343 ff.). Insbesondere vor der Erklärung einer Kündigung
wegen krankheitsbedingter Minderung der Leistungsfähigkeit muss der Arbeitgeber zunächst einen
Ausgleich durch **organisatorische Maßnahmen** (Änderung des Arbeitsablaufs, leidensgerechte Gestaltung des Arbeitsplatzes, Umverteilung der Aufgaben) versuchen (*BAG* 12.7.1995 EzA § 626
BGB nF Nr. 156). **Schwerbehinderte Menschen** können nach § 164 IV SGB IX bis zur Grenze
der Zumutbarkeit die Durchführung des Arbeitsverhältnisses entsprechend ihrer gesundheitlichen
Situation verlangen (*BAG* 16.5.2019, 6 AZR 329/18, EzA § 164 SGB IX 2018 Nr. 1). Ist dagegen
eine ordentliche Kündigung möglich, so ist die Fortsetzung des Arbeitsverhältnisses bis zum Ablauf
der Kündigungsfrist regelmäßig zumutbar, zumal der Arbeitgeber idR bereits von seiner Entgeltfortzahlungspflicht (§ 3 EFZG) befreit ist.

Auch das Arbeitsverhältnis eines **Betriebsratsmitgliedes** kann idR nicht wegen krankheitsbedingter 140
Arbeitsunfähigkeit außerordentlich gekündigt werden, weil in diesem Fall bei der Zumutbarkeits-
prüfung nach § 15 KSchG auf die **fiktive Kündigungsfrist** abzustellen ist (vgl *BAG* 17.1.2008
EzA § 15 nF KSchG Nr. 62; 21.6.2012 EzA § 15 KSchG nF Nr. 71; 13.5.2015 EzA § 626 BGB
2002 Nr. 51; *Erman/Riesenhuber* Rn 49; DDZ-*Deinert* § 15 KSchG Rn 48; MüKo-BGB/*Hergenröder* § 15 KSchG Rn 100; APS-Kiel Rn 313; *Pallasch* Anm. EzA § 15 KSchG nF Nr. 55; SPV-
Preis Rn 702; krit. *Lepke* Rn 323; LSSW/*Wertheimer* § 15 KSchG Rn 64). Nur bei **betrieblichen
Kündigungsgründen**, bei denen der Arbeitgeber andernfalls an der Umsetzung gerichtlich nur eingeschränkt überprüfbarer **Organisationsentscheidungen** gehindert wäre, ist bzgl. der Frage der Zumutbarkeit auf die Dauer des Sonderkündigungsschutzes, dh. auf die Amtszeit und die Zeit des
nachwirkenden Kündigungsschutzes, und der daran anschließenden Kündigungsfrist als fiktiven
Maßstab abzustellen. Bei diesen Kündigungsgründen wird aus der Regelung für die Stilllegung
von Betrieben und Betriebsabteilungen in § 15 Abs. 4 und Abs. 5 KSchG deutlich, dass sich die
in Art. 2, 12 und 14 GG verfassungsrechtlich fundierte Freiheit der Unternehmerentscheidungen
ggf. auch gegenüber dem erhöhten Bestandsschutz für Betriebsratsmitglieder durchsetzen können
soll, was bei einem Abstellen auf die fiktive Kündigungsfrist regelmäßig nicht möglich wäre (vgl zu
betriebsbedingten Massenänderungskündigungen *BAG* 21.6.1995 EzA § 15 KSchG nF Nr. 43;
7.10.2004 EzA § 15 KSchG nF Nr. 57; vgl. auch MüKo-BGB/*Henssler* Rn 126). Dagegen fehlen
bei **verhaltens-** und **personenbedingten Kündigungsgründen** vergleichbare verfassungsrechtliche

und gesetzliche Anhaltspunkte. Mit einer gegenüber sonstigen Arbeitnehmern leichteren Möglichkeit der fristlosen Kündigung würden Amtsträger bei gleichem Kündigungsgrund und vergleichbaren Sozialdaten entgegen § 78 BetrVG wegen ihrer Tätigkeit benachteiligt, wenn die Kündigung gegenüber den anderen Arbeitnehmern wegen des abweichenden Prüfungsmaßstabs nur fristgerecht möglich wäre (*BAG* 17.1.2008 EzA § 15 KSchG nF Nr. 62; 27.9.2001 EzA § 15 KSchG nF Nr. 54). Der generell bessere Kündigungsschutz kann die Benachteiligung im Einzelfall nicht rechtfertigen. Diese kann auch nicht durch eine entsprechende **Auslauffrist** kompensiert werden, denn § 15 KSchG sieht anders als § 626 BGB die Möglichkeit einer fristlosen Kündigung nicht erst als Rechtsfolge vor, sondern setzt ausdrücklich voraus, dass Tatsachen vorliegen, die den Arbeitgeber zur Kündigung aus wichtigem Grund **ohne Einhaltung einer Kündigungsfrist** berechtigen (vgl. *BAG* 18.2.1993 EzA § 15 KSchG nF Nr. 40; 20.3.2014 EzA § 626 BGB 2002 Krankheit Nr. 4 [für den nachwirkenden Kündigungsschutz nach § 15 Abs. 1 S. 2 KSchG]; im Ergebnis ebenso *BAG* 17.1.2008 EzA § 15 KSchG nF Nr. 62; 12.5.2010 EzA § 15 nF KSchG Nr. 67; 21.6.2012 EzA § 15 nF KSchG Nr. 71; *Bröhl* S. 43 ff., 174; KR-*Kreft* § 15 KSchG Rdn 44).

141 **Alkoholismus** ist – auch ohne beträchtliche Fehlzeiten (*BAG* 20.3.2014 EzA § 1 KSchG Krankheit Nr. 58) – kündigungsrechtlich dann einer **Krankheit** gleichzusetzen, wenn eine starke Alkoholabhängigkeit mit Suchtcharakter besteht, die vom Arbeitnehmer nicht mehr zu steuern ist (vgl. *BAG* 13.12.1990 EzA § 1 KSchG Krankheit Nr. 33; *LAG RhPf* 16.8.2012 öAT 2012, 262; *Schiefer* PampR 2013, 33 f.; diff. *Erman/Riesenhuber* Rn 72). Auch an eine Kündigung, die auf ein suchtbedingtes Fehlverhalten gestützt wird, sollen grds. die gleichen Anforderungen wie an eine krankheitsbedingte Kündigung zu stellen sein (*BAG* 20.12.2012 EzA § 1 KSchG Personenbedingte Kündigung Nr. 31; *LAG Bln.-Bra.* 12.8.2014 BB 2014, 2740; **aA** *Bengelsdorf* FA 2013, 323 f., der unter Hinweis auf § 827 BGB betont, dass die Sucht nicht ohne Weiteres zur Verschuldensunfähigkeit führt). Bei **gelegentlicher** Trunkenheit oder wiederholtem **Alkoholgenuss** im Betrieb, der nicht offenkundig auf eine Alkoholerkrankung zurückzuführen ist, kommt eine verhaltensbedingte Kündigung in Betracht (s. Rdn 144 ff., 423), ebenso, wenn ein Arbeitnehmer nach erfolgreicher **Entziehungskur** und längerer Abstinenz erneut **rückfällig** wird und unter Alkoholeinwirkung Vertragsverletzungen begeht (*BAG* 7.12.1989 RzK I 7c Nr. 7; **aA** *LAG Hamm* 15.1.1999 NZA 1999, 1221; s. auch *Linck/Krause/Bayreuther* § 1 Rn 322 f.).

142 Bei der Kündigung eines Arbeitnehmers wegen Arbeitsverhinderung durch die Verbüßung einer **Freiheitsstrafe** geht es nicht um einen verhaltens-, sondern um einen personenbedingten Kündigungsgrund (*BAG* 24.3.2011 EzA § 1 KSchG Personenbedingte Kündigung Nr. 27; SPV-*Preis* Rn 700; **aA** *Sieg* SAE 1986, 8 f., der eine vom Arbeitnehmer verschuldete Unmöglichkeit der Arbeitsleistung annimmt). Es hängt von Art und Ausmaß der betrieblichen Auswirkungen ab, ob eine haftbedingte Nichterfüllung der Arbeitspflicht durch den Arbeitnehmer eine außerordentliche oder eine ordentliche Kündigung rechtfertigt. Insbesondere kommt es darauf an, ob für den Arbeitgeber zumutbare **Überbrückungsmaßnahmen** bestehen (*BAG* 24.3.2011 EzA § 1 KSchG Personenbedingte Kündigung Nr. 27). Ein »an sich« wichtiger Grund iSv. § 626 Abs. 1 für eine Kündigung besteht jedenfalls dann, wenn die vorübergehende Unmöglichkeit der Arbeitsleistung iSv. § 275 Abs. 1 BGB mit einer »endgültigen« Unmöglichkeit gleichzusetzen ist. Ein zeitweiliges Erfüllungshindernis kommt einem dauernden gleich, wenn die Erreichung des Vertragszwecks durch die vorübergehende Unmöglichkeit in Frage gestellt wird und deshalb dem Vertragspartner nach dem Grundsatz von Treu und Glauben unter Abwägung der Belange beider Vertragsteile die Einhaltung des Vertrags nicht zugemutet werden kann. Das ist bei einem Dauerschuldverhältnis wie dem Arbeitsverhältnis wenigstens dann der Fall, wenn die vom Arbeitnehmer selbst zu vertretende Arbeitsverhinderung zu einer kompletten Entfremdung von Betrieb, Belegschaft und Arbeitsaufgaben führt und sich deshalb die »Wiederaufnahme« der Tätigkeit lediglich formal als Fortsetzung ein und desselben Arbeitsverhältnisses darstellt. So liegt es regelmäßig dann, wenn eine Dauer von zwei Jahren Freiheitsstrafe, die dem Arbeitgeber die Vornahme von Überbrückungsmaßnahmen zur Vermeidung einer ordentlichen Kündigung in jedem Fall unzumutbar macht, um ein Mehrfaches überschritten wird (*BAG* 22.10.2015, 2 AZR 381/14, EzA § 626 BGB 2002 Unkündbarkeit Nr. 25).

2. Kündigung durch Arbeitnehmer

Ein wichtiger personenbedingter Grund für eine Kündigung durch den Arbeitnehmer ist zB dann 143
gegeben, wenn einem Arbeitgeber oder dem von ihm eingesetzten Ausbilder die für die Anerkennung einer Ausbildung oder Zulassung zu einer Abschlussprüfung erforderliche **Ausbildungsbefugnis entzogen** wird (vgl. KR-*Weigand* §§ 21–23 BBiG Rdn 75).

III. Gründe im Verhalten des Gekündigten

Anders als die vorstehend behandelte personenbedingte Kündigung setzt eine **verhaltensbeding-** 144
te Kündigung stets ein **vertragswidriges Verhalten** des Gekündigten voraus (HAS-*Popp* § 19 B Rn 160; *Gentges* S. 244 f.). Verhaltensweisen eines Vertragspartners, die keine Haupt- oder Nebenpflichten aus dem Arbeitsvertrag verletzen, können keine verhaltensbedingte Kündigung rechtfertigen. Allerdings besteht generell gem. § 241 Abs. 2 BGB die Pflicht zur **Rücksichtnahme** auf die Interessen des Vertragspartners (*BAG* 20.10.2016, 6 AZR 471/15, EzA § 626 BGB 2002 Nr. 55; 12.5.2010 EzA § 626 BGB 2002 Nr. 31) und damit auch die arbeitsvertragliche **Nebenpflicht**, das Arbeitsverhältnis nicht durch ein steuerbares Verhalten konkret zu beeinträchtigen. Deshalb kann bei einem außerdienstlichen Verhalten, das die Eignung des Arbeitnehmers für die geschuldete Dienstleistung in Frage stellt, sowohl das Vorliegen personenbedingter als auch das Vorliegen verhaltensbedingter Kündigungsgründe in Betracht kommen (vgl. *BAG* 28.9.1989 EzA § 1 KSchG Verhaltensbedingte Kündigung Nr. 28; 20.11.1997 EzA § 1 KSchG Verhaltensbedingte Kündigung Nr. 52; 10.4.2014 EzA § 1 KSchG Personenbedingte Kündigung Nr. 33; aA SPV-*Preis* Rn 1240; zu Mischtatbeständen allg. s. Rdn 171 ff.).

(unbelegt) 145

Verhaltensbedingte Gründe bilden nur dann einen wichtigen Grund, wenn der Gekündigte 146
nicht nur objektiv, sondern auch **rechtswidrig** und **schuldhaft** seine Pflichten aus dem Vertrag verletzt hat, wobei allerdings auch **Fahrlässigkeit** ausreichen kann (*BAG* 25.4.1991 EzA § 626 BGB nF Nr. 140; *Adomeit/Spinti* AR-Blattei SD 1010.9 Rn 66; *Honstetter* S. 66; LSSW/*Schlünder* § 1 Rn 115 f.; SPV-*Preis* Rn 1197). Der Grad des Verschuldens ist für die **Interessenabwägung** erheblich (*BAG* 13.12.2018, 2 AZR 370/18, EzA § 626 BGB 2002 Nr. 67). Die Frage, ob bei einem besonders schwerwiegenden Fall einer **schuldlosen Vertragspflichtverletzung** ausnahmsweise eine verhaltensbedingte Kündigung in Betracht kommen kann, ist im Interesse einer **eindeutigen Abgrenzung** zur Kündigung aus Gründen in der Person des Gekündigten zu verneinen (vgl. auch *BAG* 14.2.1996 EzA § 626 BGB nF Nr. 160; *Ascheid* Rn 430; DDZ-*Däubler* Rn 32; HK-*Dorndorf* § 1 Rn 531; HaKo-KSchR/*Gieseler* Rn 67; AnwK-ArbR/*Holthausen* § 1 KSchG Rn 307; AnwaltKomm-*Klappstein* Rn 43; *Bader/Bram-Kreutzberg-Kowalczyk* Rn 23; LSSW/*Schlünder* § 1 Rn 117; *Backmeister/Trittin/Mayer* Rn 73; *St. Müller* Verhaltensbedingte Kündigung Rn 134; KR-*Rachor* § 1 KSchG Rdn 426 f.; *Henssler/Moll-Rost* B Rn 10 f.; APS-*Vossen* Rn 75; HaKo-KSchR/*Zimmermann* § 1 KSchG Rn 230; jedenfalls für Ordnungsverstöße ohne schwerwiegende Folgen ferner *BAG* 3.11.2011 EzA § 1 KSchG Verhaltensbedingte Kündigung Nr. 79; aA *BAG* 16.2.1989 RzK I 6a Nr. 49; 21.1.1999 EzA § 626 BGB nF Nr. 178; *Hess. LAG* 15.10.1999 RzK I 6a Nr. 179; *LAG Köln* 12.3. und 17.4.2002 RzK I 6a Nr. 221 und 223; *LAG SchlH* 25.2.2011 BB 2011, 1652; 9.6.2011 LAGE § 626 BGB 2002 Nr. 34; KPK-*Bengelsdorf* Kap. 2 Rn 46; ArbRBGB-*Corts* Rn 57; HzK-*Eisenbeis* 4 Rn 77; *Feichtinger/Huep* Rn 79; MüKo-BGB/*Henssler* Rn 113; *Hoß* MDR 1998, 869; HzA-*Isenhardt* 5/1 Rn 497; *Kaiser* FS Otto 2008, 173 ff.; TRL-*Liebscher* § 1 KSchG Rn 385; NK-GA-*Meyer* Rn 46; ErfK-*Niemann* Rn 40; HWK-*Sandmann* Rn 278). Ein **personenbedingter Kündigungsgrund** kommt bei fehlendem Verschulden insbes. dann in Betracht, wenn Wiederholungsgefahr besteht (s.a. Rdn 148 f.; zur Verdachtskündigung s. Rdn 226).

(unbelegt) 147

Keine rechtswidrige Verletzung des Arbeitsvertrages liegt idR vor, wenn der Arbeitnehmer im Ein- 148
verständnis mit seinem Vorgesetzten handelt. Dies gilt allerdings nicht bei einem kollusiven Zusammenwirken (vgl. *LAG RhPf* 23.7.2008 – 7 Sa 188, 189/08). Gerechtfertigt ist eine **Verweigerung von**

Arbeiten, deren Erfüllung für den Arbeitnehmer **unzumutbar** ist (§ 275 Abs. 3 BGB; s. dazu *BAG* 22.10.2015 EzA § 626 BGB 2002 Nr. 53). Zudem gilt der Grundsatz, dass der Arbeitgeber dem Arbeitnehmer bei verfassungskonformer Auslegung des § 106 GewO keine Arbeit zuweisen darf, die diesen in einen vermeidbaren **Gewissenskonflikt** bringt (*BAG* 24.2.2011 EzA § 1 KSchG Personenbedingte Kündigung Nr. 28; AR-*Kamanabrou* § 611 BGB Rn 409; NK-GA-*Kerwer* § 1 KSchG Rn 618; *Preis* NZA 2015, 4; *Ulber* JuS 2012, 1071; **aA** *Greiner* Anm. AP Nr. 9 zu Art. 4 GG, *Henssler* RdA 2002, 131 f., *Richardi* SAE 2012, 9 f. und *Scholl* BB 2012, 55, wonach idR auf § 275 Abs. 3 BGB abzustellen ist). Dabei ist als **Gewissensentscheidung** jede ernstliche sittliche Entscheidung anzuerkennen, die der einzelne in einer bestimmten Lage als für sich bindend und unbedingt verpflichtend innerlich erfährt und gegen die er nicht ohne ernste Gewissensnot handeln könnte (vgl. *BAG* 24.5.1989 EzA § 611 BGB Direktionsrecht Nr. 3). Der Arbeitnehmer hat ggf. seinen Gewissenskonflikt **nachvollziehbar zu erläutern**. Er kann sich für eine berechtigte Leistungsverweigerung aber nicht auf einen Gewissenskonflikt berufen, den er im Hinblick auf seine Überzeugungen bei Eingehung des Arbeitsverhältnisses, zB wegen der Art des Betriebes oder der vereinbarten Tätigkeit, voraussehen konnte (*BAG* 24.2.2011 EzA § 1 KSchG Personenbedingte Kündigung Nr. 28; 24.5.1989 EzA § 611 BGB Direktionsrecht Nr. 3; s.a. *LAG Hamm* 20.4.2011 EzASD 2011 Nr. 19 S. 8; *Weitnauer* ArbR 2011, 322 f.).Eine Muslimin kann aus religiösen Beweggründen darauf bestehen, nur mit **Kopftuch** zu arbeiten, wenn nicht konkrete Interessen des Arbeitgebers dem entgegenstehen und bei der gebotenen Abwägung der widerstreitenden Grundrechtspositionen überwiegen (*BAG* 24.2.2011 EzA § 1 KSchG Personenbedingte Kündigung Nr. 28; 10.10.2002 EzA § 1 KSchG Verhaltensbedingte Kündigung Nr. 58; zu kirchlichen Einrichtungen *BAG* 24.9.2014 EzA § 611 BGB 2002 Kirchliche Arbeitnehmer Nr. 33). Eine **generelle Regelung,** die bei Kundenkontakt das sichtbare Tragen jedes politischen, philosophischen oder religiösen Zeichens am Arbeitsplatz und damit auch das Tragen eines islamischen Kopftuchs verbietet, gehört bei privaten Unternehmen jedoch zur unternehmerischen Freiheit und stellt keine unzulässige Diskriminierung wegen der Religion oder der Weltanschauung iSd RL 2000/78/EG dar (*EuGH* 14.3.2017 EzA Richtlinie 2000/78 EG-Vertrag 1999 Nr. 42). Die Politik des Arbeitgebers muss jedoch einem wirklichen Bedürfnis entsprechen, die Regel muss konsequent und systematisch befolgt werden und das Verbot muss auf das unbedingt erforderliche Maß beschränkt sein (*EuGH* 15.7.2021, C-804/18 und C-341/19 auf Vorlage des *ArbG Hamburg* und *BAG* 30.1.2019, 10 AZR 299/18 (A), EzA Richtlinie 2000/78 EG-Vertrag 1999 Nr. 48; vgl. auch *Dornbusch* NJW 2021, 2723; *Fuhlrott* NZA-RR 2021, 448; *Horcher* FA 2021, 227; *Mohr* NZA Beilage 2019 Nr. 1, 34; *Sura* ZESAR 2019, 334). Mit dem bloßen **Wunsch eines Kunden**, nicht von einer Arbeitnehmerin mit islamischem Kopftuch bedient zu werden, kann keine Kündigung begründet werden (EuGH 14.3.2017 EzA Richtlinie 2000/78 EG-Vertrag 1999 Nr. 43). Im **staatlichen Schuldienst** setzt das Verbot des Tragens eines Kopftuchs eine konkrete Gefahr für den Schulfrieden oder die staatliche Neutralität voraus (*BVerfG* 27.1.2015, 1 BvR 471/10, 1 BvR 1181/10 EzA Art. 4 GG Nr. 3 u. 18.10.2016, NZA 2016, 1522; *BAG* 27.8.2020, 8 AZR 62/19; *Hecker* NZA 2021, 480; **krit** KR-*Fischermeier* Voraufl.; *Volkmann* Jura 2015, 1083 ff.). Gleiches gilt für den Erziehungsdienst in **Kindertagesstätten**. Wenn den Arbeitnehmern, die ihre Arbeit aus Gewissensgründen berechtigt verweigern, keine anderen Aufgaben übertragen werden können, kann sich daraus ein **personenbedingter Kündigungsgrund** ergeben, weil sie dann aufgrund ihrer an sich anerkennenswerten Einstellung auf Dauer unfähig sind, die vertraglich geschuldete Leistung zu erbringen, was auch nach dem AGG eine Schlechterstellung rechtfertigt (*BAG* 24.2.2011 EzA § 1 KSchG Personenbedingte Kündigung Nr. 28). Wie diese Konsequenz verdeutlicht, stellt die personenbedingte Kündigung bei nicht rechtswidrigem oder nicht vorwerfbarem Verhalten einen **Auffangtatbestand** dar (*Kraft* Anm. EzA § 1 KSchG Verhaltensbedingte Kündigung Nr. 43; SPV-*Preis* Rn 1219; so auch für ein von vornherein nicht vertragswidriges, jedoch die Eignung in Frage stellendes außerdienstliches Verhalten *Nimmerjahn* S. 103, 106). Zu Gewissenskonflikten eingehend *Scholl* BB 2012, 53 ff.; *Ulber* JuS 2012, 1069 ff.; *Weitnauer* ArbR 2011, 321 ff.; s. ferner *Hunold* DB 2011, 1580 ff. und zur ordentlichen Kündigung KR-*Rachor* § 1 KSchG Rdn 331 ff.

149 Es stellt idR keine die fristlose Kündigung begründende **Arbeitsverweigerung** dar, wenn ein Arbeitnehmer nach **gewonnenem Kündigungsschutzprozess** die Arbeit nicht binnen der Wochenfrist des § 12 KSchG wieder aufnimmt, sondern bei seinem inzwischen anderweitig eingegangenen

Arbeitsverhältnis die Kündigungsfrist einhält (*LAG Köln* 23.11.1994 LAGE § 12 KSchG Nr. 2; vgl. auch *BAG* 16.5.2012 EzA § 615 BGB 2002 Nr. 37; 19.1.2016 EzA § 626 BGB 2002 Nr. 54). Unzumutbarkeit und damit ein **Leistungsverweigerungsrecht** gem. § 275 Abs. 3 BGB besteht, soweit nicht für Wehrpflichtige aus ESC-Signaturstaaten ohnehin das ArbPlSchG gilt, idR auch bei einer **Kollision** zwischen der **Arbeitspflicht** und einer **ausländischen Wehrpflicht** (*BAG* 22.12.1982 EzA § 123 BGB Nr. 20; ebenso im Ergebnis *BAG* 7.9.1983 EzA § 626 BGB nF Nr. 87; 20.5.1988 EzA § 1 KSchG Personenbedingte Kündigung Nr. 3; *Mayer* AuR 1985, 109; s.a. KR-*Weigand* § 2 ArbPlSchG Rdn 4 ff.). Aus dem Ausfall des Arbeitnehmers kann sich aber ein personenbedingter Kündigungsgrund ergeben, wenn dadurch eine erhebliche Beeinträchtigung **betrieblicher Interessen** eintritt (zur Rechtfertigung der Benachteiligung wegen der Herkunft in diesen Fällen s. KR-*Rachor* § 1 KSchG Rdn 425). Die Kollision zwischen der Arbeitspflicht und familienrechtlichen Bindungen (**Betreuung von Kindern**) schließt nicht stets eine beharrliche Arbeitsverweigerung aus, sondern nur dann, wenn die Kinder nicht in zumutbarer Weise anderweitig betreut und die betrieblichen Notwendigkeiten und Dispositionen zumindest zeitweise zurückgestellt werden können (*BAG* 31.1.1985 EzA § 8a MuSchG Nr. 5; 21.5.1992 EzA § 1 KSchG Verhaltensbedingte Kündigung Nr. 43 = SAE 1993, 124 m. zust. Anm. *v. Stebut* = AuR 1993, 153 m. abl. Anm. *Trümmer*; zur Problematik der Kinderbetreuung während der COVID-19-Pandemie vgl. Hohenstatt/ Krois NZA 2020, 413; Kleinebrink DB 2020, 952; Müller FA 2020, 123). Mit einem **Interessenkonflikt**, den er hätte **vermeiden** können, kann der Arbeitnehmer die Verletzung der Arbeitspflicht nicht rechtfertigen oder entschuldigen. Er muss vielmehr bei seinen Planungen und Maßnahmen – auch in Abstimmung mit dem ebenfalls sorgepflichtigen anderen Elternteil – hinreichend versucht haben, die Kinderbetreuung anderweitig zu regeln (*BAG* 21.5.1992 EzA § 1 KSchG Verhaltensbedingte Kündigung Nr. 43; krit. *Kraft* Anm. EzA § 1 KSchG Verhaltensbedingte Kündigung Nr. 43, der einen personenbedingten Grund annimmt; zum Freistellungsanspruch und Sonderkündigungsschutz bei der Organisation und der Durchführung der **Pflege** pflegebedürftiger **naher Angehöriger** s. KR- PflegeZG Rdn 8 ff. und FPfZG Rdn 7 ff.; zur Betreuung eines erkrankten Kindes vgl. ferner § 45 SGB V, *LAG Hamm* 27.8.2007 AuR 2008, 117). Nach den gleichen Maßstäben ist die religiös motivierte Verweigerung von Sonntagsarbeit oder die Weigerung von ausländischen Arbeitnehmern zu beurteilen, an den **Feiertagen** ihrer **Religionsgemeinschaft** Arbeitsleistungen zu erbringen (ähnlich: *LAG Hamm* 8.11.2007 LAGE Art. 4 GG Nr. 5; SPV-*Preis* Rn 574; *Weitnauer* ArbR 2011, 320; strenger: *LAG Düsseld.* 14.2.1963 DB 1963, 522, wonach ausländische Arbeitnehmer, deren Arbeitsverhältnis sich **nach deutschem Recht** richtet, grds. keinen Anspruch auf Befreiung von der Arbeitsleistung an den **Feiertagen** ihrer Religionsgemeinschaft haben und wegen beharrlicher Arbeitsverweigerung entlassen werden können, wenn sie es trotz Belehrung ablehnen, zu arbeiten; krit. dazu MüKo-BGB/*Henssler* Rn 155; SPV-*Preis* Rn 574; zu Gebetspausen vgl. *LAG Hamm* 26.2.2002 NZA 2002, 1090; s. ferner *Adam* NZA 2003, 1376 f.).

Dem Arbeitnehmer steht ein **Zurückbehaltungsrecht** an seiner Arbeitsleistung zu, wenn der 150 Arbeitgeber seine **Lohnzahlungspflicht** in mehr als nur geringfügigem Umfang nicht erfüllt (*BAG* 9.5.1996 EzA § 626 BGB nF Nr. 161; 19.1.2016 EzA § 626 BGB 2002 Nr. 54).

Nicht vorwerfbar ist eine Arbeitsverweigerung auch dann, wenn der Arbeitnehmer aufgrund eines 151 **unverschuldeten Rechtsirrtums** angenommen hat, er brauche die ihm zugewiesene Arbeit nicht oder nicht in der angeordneten Form und Zeit zu verrichten. Dass er die Rechtslage sorgfältig geprüft und sachgemäße Beratung in Anspruch genommen hat, genügt nicht. Entschuldbar ist der Rechtsirrtum nur, wenn der Arbeitnehmer mit einem Unterliegen im Rechtsstreit nicht zu rechnen brauchte (*BAG* 29.8.2013 EzA § 626 BGB 2002 Nr. 44; 22.10.2015 EzA § 626 BGB 2002 Nr. 53; 17.11.2016 EzA § 4 BDSG Nr. 2; krit. APS-*Vossen* Rn 218 mit Verweis auf *BAG* 19.8.2015, 5 AZR 975/13, EzA § 615 BGB 2002 Nr. 45 – Rn 32). Dabei ist zu beachten, dass dem Arbeitnehmer über § 278 BGB idR auch ein Verschulden des von ihm in Anspruch genommenen juristischen Beraters zuzurechnen ist (s. KR-*Rachor* § 1 KSchG Rdn 433; **aA** DDZ-*Däubler* Rn 104).

Eine beharrliche Verletzung arbeitsvertraglicher Pflichten kommt sowohl bei der Verletzung der 152 Hauptleistungspflicht als auch der von **Nebenpflichten** in Betracht (*BAG* 23.8.2018, 2 AZR 235/ 18, EzA § 626 BGB 2002 Nr. 66). Die schuldhafte Verletzung einer Nebenpflicht setzt zwar für die Eignung als Kündigungsgrund idR eine vorherige vergebliche Abmahnung (s. Rdn 273), aber keine konkrete Störung speziell des Arbeitsablaufs, der Arbeitsorganisation oder des Betriebsfriedens voraus (*BAG* 16.8.1991 EzA § 1 KSchG Verhaltensbedingte Kündigung Nr. 41 gegen *BAG* 7.12.1988 EzA § 1 KSchG Verhaltensbedingte Kündigung Nr. 26; s.a. Rdn 118). Über die Störung des Arbeitsverhältnisses hinausgehende konkrete Beeinträchtigungen im betrieblichen Bereich sind erst für die Interessenabwägung erheblich.

153 Da die ordentliche verhaltensbedingte Kündigung die übliche und regelmäßig auch ausreichende Reaktion auf die Verletzung einer **Nebenpflicht** ist, kommt eine außerordentliche Kündigung nur in Betracht, wenn das regelmäßig **geringere Gewicht** dieser Pflichtverletzung durch erschwerende Umstände verstärkt wird (*BAG* 12.5.2010 EzA § 626 BGB 2002 Nr. 31; SPV-*Preis* Rn 611). Diese Voraussetzung ist zB dann erfüllt, wenn aus der **beharrlichen** Nichtbeachtung einer Nebenpflicht auf die insgesamt fehlende Bereitschaft zur ordnungsgemäßen Vertragserfüllung zu schließen ist (*BAG* 15.1.1986 EzA § 626 BGB nF Nr. 100), wenn sie zu einer **erheblichen Störung** des Betriebsablaufes oder der Betriebsorganisation führt oder wenn der **Grad des Verschuldens** und damit auch die Wiederholungsgefahr oder fortwirkende Belastung des Arbeitsverhältnisses besonders groß ist (*BAG* 13.12.2018, 2 AZR 370/18, EzA § 626 BGB 2002 Nr. 67; 16.8.1991 EzA § 1 KSchG Verhaltensbedingte Kündigung Nr. 41). Die Belastung kann auch in dem mit der Pflichtverletzung verbundenen **Vertrauensbruch** liegen (*BAG* 23.8.2018, 2 AZR 235/18, EzA § 626 BGB 2002 Nr. 66). Wenn sich die **Wiederholungsgefahr** oder **fortwirkende Belastung** bereits aus dem Gewicht oder der Nachhaltigkeit der bisherigen Vertragswidrigkeiten ergibt, bedarf es über die Leistungsstörung hinaus nicht noch der Darlegung, auch künftig seien Störungen des Betriebsablaufes oder des Betriebsfriedens zu besorgen (s.a. Rdn 119).

1. Kündigung durch Arbeitgeber

154 Ein Arbeitnehmer verletzt seine Leistungspflicht beharrlich, wenn er trotz mehrfacher Abmahnungen seine **Arbeitsleistung** bewusst **zurückhält** und nicht unter angemessener Anspannung seiner Kräfte und Fähigkeiten die ihm übertragenen Arbeiten verrichtet (*BAG* 11.12.2003 EzA § 1 KSchG Verhaltensbedingte Kündigung Nr. 62; MüKo-BGB/*Henssler* Rn 164 f.; vgl. zum Erfordernis der Abmahnung auch Rdn 267 ff.). Eine außerordentliche Kündigung ist idR gerechtfertigt, wenn wiederholt Vertragsverletzungen begangen werden, wiederholte Aufforderungen zum vertragsgemäßen Verhalten erfolglos sind oder wenn eine einmalige Vertragsverletzung den nachhaltigen Willen erkennen lässt, den arbeitsvertraglichen Pflichten nicht nachzukommen (*BAG* 31.1.1985 EzA § 8a MuSchG Nr. 5; 15.1.1986 EzA § 626 BGB nF Nr. 100; 17.6.1992 RzK I 6a Nr. 90; SPV-*Preis* Rn 578). Eine einmalige Pflichtverletzung wird für diese Prognose aber selten ausreichen (*Knorr/Bichlmeier/Kremhelmer* 6 Rn 57).

155 Ein verhaltensbedingter wichtiger Grund für eine außerordentliche Kündigung durch den Arbeitgeber kann insbes. auch bei **Straftaten** des Arbeitnehmers gegen den Arbeitgeber, Arbeitskollegen oder Geschäftspartner vorliegen. Es kommt aber nicht auf die strafrechtliche Wertung, sondern darauf an, ob dem Arbeitgeber angesichts des Vertrauensbruchs nach dem gesamten Sachverhalt die Fortsetzung des Arbeitsverhältnisses noch zuzumuten ist (*BAG* 23.8.2018, 2 AZR 235/18, EzA § 626 BGB 2002 Nr. 66). Allerdings kann für diese Prüfung die strafrechtliche Einordnung von Bedeutung sein (vgl. *Schall* RdA 2010, 225 ff.).

2. Kündigung durch Arbeitnehmer

156 Wegen einer Verletzung der **Leistungspflicht des Arbeitgebers** kommt als wichtiger Grund insbes. der Tatbestand in Betracht, dass der Arbeitgeber mit der **Zahlung** des Lohnes oder Gehaltes in **Verzug** gerät (*BAG* 17.1.2002, 2 AZR 494/00, EzA § 628 BGB Nr. 20). Der Arbeitnehmer kann zB ferner dann zur fristlosen Kündigung berechtigt sein, wenn der Arbeitgeber ihn **zu Unrecht verdächtigt**, an einem Diebstahl beteiligt gewesen zu sein. Dies gilt je nach den Umständen des Einzelfalles selbst dann, wenn für den Verdacht gewisse Anhaltspunkte sprachen (*BAG* 24.2.1964 EzA § 607 BGB Nr. 1). Auch nach dem AGG unzulässige **Diskriminierungen** des Arbeitnehmers durch den

Arbeitgeber kommen als wichtiger Grund für eine fristlose Kündigung in Betracht. Dagegen dürfte eine fristlose Kündigung wegen der Weigerung des Arbeitgebers, den Arbeitnehmer gem. § 12 AGG vor solchen Diskriminierungen durch andere Mitarbeiter oder Dritte zu schützen, idR deshalb ausscheiden, weil dem Arbeitnehmer mit dem Leistungsverweigerungsrecht des § 14 AGG ein milderes Mittel zur Verfügung steht. Für die Wirksamkeit einer vom Arbeitnehmer erklärten fristlosen Kündigung gelten dieselben Maßstäbe wie bei der fristlosen Kündigung durch den Arbeitgeber, dh es bedarf einer Interessenabwägung, die sich auf alle vernünftigerweise in Betracht kommenden Umstände zu erstrecken hat (*BAG* 26.7.2001 EzA § 628 BGB Nr. 19; *Soergel/Kraft* Rn 68).

IV. Gründe in der Person des Kündigenden

Gründe, die in der Person des Kündigenden selbst liegen, werden selten zum Anlass für eine Kündigung genommen und sind nur ausnahmsweise als wichtige Gründe anzuerkennen (HAS-*Popp* § 19 B Rn 162). 157

1. Kündigung durch Arbeitgeber

Die Erben eines Notars, der nur als Träger eines öffentlichen Amtes und nicht zugleich als Rechtsanwalt tätig war, haben nach dem Tod des Notars die Möglichkeit, die Arbeitsverhältnisse der Notariatsangestellten aus wichtigem Grunde zu kündigen (*BAG* 2.5.1958 AP Nr. 20 zu § 626 BGB). Unmittelbar durch den **Tod des Arbeitgebers** wird das Arbeitsverhältnis nur dann beendet, wenn der Arbeitnehmer Alleinerbe ist (s. Rdn 63) oder die Arbeitsleistung nach ihrem Inhalt notwendig das Leben des Arbeitgebers voraussetzt (zB. zweckbefristeter Pflegedienst). Für den Fall, dass es an einer formwirksamen Zweckbefristung fehlt, will *Aschmoneit* [FA 2013, 4 ff.] eine außerordentliche Kündigung mit kurzer Auslauffrist nach § 622 Abs. 1 BGB zulassen. Zum Tod des Arbeitgebers vgl. iÜ KR-*Rachor* § 1 KSchG Rdn 194. 158

2. Kündigung durch Arbeitnehmer

Ein Arbeitnehmer ist nicht schon dann zur fristlosen Kündigung berechtigt, wenn er ein **anderes Dienstverhältnis** mit erheblich **besseren Bedingungen** nur dann eingehen kann, wenn er sein bestehendes Arbeitsverhältnis, für das eine längere Kündigungsfrist gilt, vorzeitig löst (*BAG* 17.10.1969 EzA § 60 HGB Nr. 2; HAS-*Popp* § 19 B Rn 162; *Staudinger/Preis* Rn 239; s.a. Rdn 484). Ein wichtiger Grund des Arbeitnehmers zur außerordentlichen Kündigung seines gegenwärtigen Arbeitsverhältnisses kann allenfalls dann bestehen, wenn sich ihm eine ganz **außergewöhnliche Lebenschance** bietet, so dass der Arbeitgeber nach Treu und Glauben unter gewissen Umständen einer vorzeitigen Lösung zustimmen müsste (aA MüKo-BGB/*Henssler* Rn 298). 159

Eine außerordentliche Kündigung des Arbeitnehmers aus in seiner Person liegenden Gründen kann gerechtfertigt sein, wenn er sonst auf einen ihm kurzfristig angebotenen **Studienplatz** verzichten müsste (MüKo-BGB/*Henssler* Rn 298; aA HWK-*Sandmann* Rn 311) oder wenn ein Arbeitnehmer so kurzfristig zum **Strafantritt** geladen wurde, dass er die Frist zur ordentlichen Kündigung nicht mehr einhalten konnte. Die **Eheschließung** reicht allein nicht aus, um ein Recht zur außerordentlichen Kündigung zu geben (*LAG Düsseld.* 5.6.1962 DB 1962, 1216). Auch ein mit der Eheschließung verbundener sofortiger **Umzug** kann grds. keine andere Beurteilung rechtfertigen; dass ein daraus resultierender Interessenkonflikt unvorhersehbar und eine Verschiebung des Umzugs bis zum Ablauf der Kündigungsfrist unzumutbar ist, dürfte praktisch nicht vorkommen (so auch HWK-*Sandmann* Rn 314). 160

Aus einem in seiner Person liegenden Grunde kann ein Arbeitnehmer das Arbeitsverhältnis auch dann fristlos beenden, wenn er durch eine **Krankheit** auf Dauer unfähig wird, die vertraglichen Arbeitsleistungen zu erbringen (MüKo-BGB/*Henssler* Rn 300), oder wenn ihm seine weitere Tätigkeit durch ein vertrauensärztliches Gutachten untersagt wird. Wenn ein Arbeitnehmer nach ärztlichem Urteil wegen seines Gesundheitszustandes auf Dauer nur noch halbtags leichte Büroarbeiten verrichten kann, dann gibt ihm das aber noch nicht das Recht, das Arbeitsverhältnis ohne Weiteres 161 fristlos zu kündigen. Es ist vielmehr von ihm zu verlangen, dass er dem Arbeitgeber Gelegenheit gibt, ihn im Rahmen seiner eingeschränkten Arbeitsfähigkeit weiterzubeschäftigen (vgl. zur entsprechenden Verpflichtung des Arbeitgebers *BAG* 22.8.2018, 5 AZR 592/17, EzA § 297 BGB 2002 Nr. 4). Bemüht der Arbeitnehmer sich nicht um eine im Interesse des Arbeitgebers liegende Änderung der Arbeitsbedingungen, dann ist seine außerordentliche Kündigung in aller Regel unwirksam (*BAG* 2.2.1973 EzA § 626 BGB nF Nr. 23).

V. Betriebsbedingte Gründe

162 Dringende **betriebliche Erfordernisse,** die sich aus innerbetrieblichen Umständen (zB Rationalisierungsmaßnahmen, Umstellen oder Einstellung der Produktion) oder aus außerbetrieblichen Gründen (Auftragsmangel oder Umsatzrückgang) ergeben können, rechtfertigen nach § 1 KSchG regelmäßig nur eine ordentliche Kündigung des Arbeitgebers (SPV-*Preis* Rn 715). Eine auf **betriebliche Gründe** gestützte außerordentliche Kündigung kommt nur in Betracht, wenn die Möglichkeit einer ordentlichen Kündigung ausgeschlossen ist und dies dazu führt, dass der Arbeitgeber den Arbeitnehmer andernfalls trotz Wegfalls der Beschäftigungsmöglichkeit noch für Jahre vergüten müsste, ohne dass dem eine entsprechende Arbeitsleistung gegenüberstünde (»sinnentleertes Arbeitsverhältnis«; vgl. BAG 27.6.2019, 2 AZR 50/19, EzA-SD 2019, Nr. 19, 3–5; 26.3.2015, 2 AZR 783/13, EzA § 613a BGB 2002 Nr. 161, Rn 39; vgl. auch APS/*Kiel* 318a f.; MüKo-BGB/ *Henssler* Rn 231 f.; HAS-*Popp* § 19 B Rn 164 f.; *Soergel/Kraft* Rn 62 f.).

163 (unbelegt)

164 (unbelegt)

165 Im Fall der **Insolvenz des Arbeitgebers** nimmt **§ 113 S. 1 InsO** einem etwaigen Schutz des Arbeitnehmers vor ordentlichen Kündigungen die Wirksamkeit. Dabei macht es keinen Unterschied, ob das Recht zur ordentlichen Kündigung einzelvertraglich, tariflich oder durch eine Betriebsvereinbarung ausgeschlossen wurde (*BAG* 16.5.2019, 6 AZR 329/18; ausführlich KR/*Spelge* § 113 InsO Rdn 1 ff.). Der Insolvenzverwalter kann daher unter Wahrung der Höchstfrist des § 113 S. 2 InsO ordentlich kündigen, falls die Vorschriften des allgemeinen und besonderen Kündigungsschutzes dem nicht entgegenstehen (zu den insolvenzrechtlichen Spezialregelungen vgl. §§ 125 ff. InsO). Die Eröffnung des Insolvenzverfahrens berechtigt somit für sich genommen nicht zur fristlosen Kündigung (vgl. *BAG* 24.1.2013, 2 AZR 453/11, EzA-SD 2013 Nr. 13 S. 3). Der Gesetzgeber hat mit den §§ 113, 125 ff. InsO nur Kündigungserleichterungen bezogen auf die Möglichkeit der ordentlichen Kündigung vorgesehen. **Außerhalb der Insolvenz** kann dem Arbeitgeber mangels Geltung des § 113 InsO die Fortsetzung eines Arbeitsverhältnisses unzumutbar sein, **wenn** im Arbeitsvertrag, in einer unter Beachtung von § 77 Abs. 3 BetrVG abgeschlossenen Betriebsvereinbarung (vgl. *BAG* 18.3.2010 EzA § 626 BGB 2002 Unkündbarkeit Nr. 17) oder einem auf das Arbeitsverhältnis anwendbaren Tarifvertrag die **ordentliche Kündigung ausgeschlossen** ist oder längere Kündigungsfristen oder eine längere Vertragsdauer vereinbart worden sind und eine Weiterbeschäftigung auch in einem anderen Betrieb des Unternehmens – nicht möglich ist (*BAG* 18.6.2015, 2 AZR 480/14, EzA § 626 BGB 2002 Unkündbarkeit Nr. 23; *Bauer/Röder* S. 212; *Kappelhoff* ArbRB 2002, 369; *Kiel/ Koch* Rn 18, 535; *Moll* FS Wiedemann 2002, S. 338 ff.; *Soergel/Kraft* Rn 64; mit Einschränkungen auch *Däubler* GS Heinze S. 125 ff. und *Bröhl* S. 157 ff., 163 [nicht bei Outsourcing] sowie SPV-*Preis* Rn 715, 717 [nicht beim Wegfall nur einzelner Arbeitsplätze]; aA *Hamer* PersR 2000, 146; *Volz* S. 40 ff.; aA auch *Adam* NZA 1999, 846 ff., *Bengelsdorf* RdA 2005, 306 f., *Berkowsky* ZfPR 2003, 179, ArbRBGB-*Corts* Rn 27, *Houben* DB 2007, 744, *Neuner* Anm. EzA § 626 BGB Unkündbarkeit Nr. 3, *Oetker* ZFA 2001, 336 ff., *Pape* S. 267 ff., *Reuter* FS Richardi 2007, S. 375 f. und *Schindler/ Künzl* ZTR 2014, 402 f. insofern, als diese eine tarifliche Unkündbarkeitsklausel in den genannten Fällen nicht eingreifen lassen wollen). Schlechthin Unzumutbares darf die Rechtsordnung nicht fordern. Diesem Grundsatz soll § 626 BGB Rechnung tragen und insoweit ist die Vorschrift zwingend (s. Rdn 64 ff., 73 ff.). Außerhalb des öffentlichen Dienstes kann sich der Arbeitgeber zudem auf den Schutz der Grundrechte berufen. Bliebe ihm nur die Wahl, die unkündbaren Arbeitnehmer über längere Zeit bis zum Eintritt in den Ruhestand ohne Beschäftigungsmöglichkeit weiter zu entlohnen

oder auf die Durchführung seiner für sachdienlich erachteten unternehmerischen Entscheidung (zB **Betriebsstilllegung**) zu verzichten, wäre dies idR mit Art. 12 GG nicht vereinbar (*BAG* 5.2.1998 EzA § 626 BGB Unkündbarkeit Nr. 2; 20.6.2013 EzA § 626 BGB 2002 Unkündbarkeit Nr. 19 m. abl. Anm. *Adam*; ausführlich und grds. zust. dagegen *Krause* RdA 2016, 49 ff.; **aA** *LAG Bln.-Bra.* 5.7.2007 LAGE § 2 KSchG Nr. 59, das in diesen Fällen die Unternehmerentscheidung auf ihre Billigkeit bzw. betriebswirtschaftliche Notwendigkeit überprüfen will; s.a. *Stein* DB 2013, 1300). Für Arbeitgeber des öffentlichen Dienstes bietet jedenfalls das verfassungsrechtliche Demokratieprinzip iVm dem Haushaltsrecht vergleichbaren Schutz (vgl. *Kiel* NZA 2005, Beil. 1 S. 19; *Linck/Scholz* AR-Blattei SD 1010.7 Rn 28), wobei das *BAG* allerdings die Fortsetzung des Arbeitsverhältnisses ohne Beschäftigungsmöglichkeit für einen Zeitraum von 35 Monaten nicht als unzumutbar angesehen hat (6.10.2005 EzA § 626 BGB 2002 Nr. 14). Das *BAG* deutet an, dass es die 5-Jahresfrist des § 624 BGB zum Maßstab nehmen will (vgl. BAG 5.2.1998, 2 AZR 227/97; **abl.** *Marschner* Anm. EzBAT § 55 BAT Nr. 16; *Linck/Scholz* AR-Blattei SD 1010.7 Rn 35). Zur Einhaltung einer **Auslauffrist** bei einer außerordentlichen Kündigung aus betriebsbedingten Gründen s. Rdn 321.

In jedem Fall sind, unter Achtung der Freiheit der vorausgegangenen unternehmerischen Entscheidung (*BAG* 24.9.2015, 2 AZR 562/14, EzA § 626 BGB 2002 Unkündbarkeit Nr. 24 mwN; *Bitter/ Kiel* FS Schwerdtner 2003, S. 24; *Kappelhoff* ArbRB 2002, 370; *Kiel/Koch* Rn 538; *Moll* FS Wiedemann 2002, S. 353 ff.), **verschärfte Anforderungen an das Bemühen** zu stellen, diese Arbeitnehmer zur Vermeidung einer außerordentlichen Kündigung **anderweitig zu beschäftigen** (*BAG* 13.6.2002 EzA § 15 KSchG nF Nr. 55 [*Pallasch*]; 18.6.2015, 2 AZR 480/14, EzA § 626 BGB 2002 Unkündbarkeit Nr. 23). Das gilt auch dann, wenn der Arbeitnehmer dem Übergang seines Arbeitsverhältnisses auf einen Betriebserwerber widersprochen hat (*BAG* 29.3.2007 EzA § 626 BGB 2002 Unkündbarkeit Nr. 14). Ein wichtiger Grund zur außerordentlichen Kündigung besteht nicht, falls irgendeine Möglichkeit besteht, das Arbeitsverhältnis, und sei es zu geänderten Bedingungen und nach entsprechender Umschulung, sinnvoll fortzusetzen (*BAG* 27.4.2021, 2 AZR 357/20; *BAG* 27.6.2019, 2 AZR 50/19, aaO). Bei der Bestimmung der gebotenen Bemühungen ist stets die besondere Ausgestaltung des tariflichen Sonderkündigungsschutzes zu berücksichtigen (*BAG* 24.9.2015, 2 AZR 562/14, aaO; *BAG* 10.5.2007 EzA § 626 BGB 2002 Unkündbarkeit Nr. 15 zur Unterbringung im Konzern). Im **öffentlichen Dienst** muss der Arbeitgeber zumindest die nach dem »Tarifvertrag über Rationalisierungsschutz für Angestellte« vom 9.1.1987 (RatSchTV) in Betracht kommenden Bemühungen unternommen haben (*BAG* 6.10.2005 EzA § 626 BGB 2002 Nr. 14, mwN). Eine außerordentliche Kündigung kommt nur in Betracht, wenn eine Weiterbeschäftigung oder eine Vermittlung zu anderen Arbeitgebern des öffentlichen Dienstes auch nach einer Fortbildung oder Umschulung des Arbeitnehmers nicht möglich oder nicht zumutbar ist (*BAG* 17.9.1998 EzA § 626 BGB Unkündbarkeit Nr. 3; 27.6.2002 EzA § 626 BGB Unkündbarkeit Nr. 8; 6.10.2005 EzA § 626 BGB 2002 Nr. 14 mwN). Die Prüf- und Sondierungspflichten des öffentlichen Arbeitgebers erstrecken sich grds. auf alle Geschäftsbereiche in seinem gesamten territorialen Zuständigkeitsbereich (*BAG* 26.11.2009 EzA § 626 BGB 2002 Unkündbarkeit Nr. 16; 26.3.2015 – 2 AZR 783/13). Es sind auch solche Arbeitsplätze zu berücksichtigen, deren Freiwerden aufgrund üblicher Fluktuation innerhalb der zu gewährenden Auslauffrist (vgl. Rdn 321) zu erwarten ist oder die der Arbeitgeber durch Umorganisation und Umsetzungen in Ausübung seines Direktionsrechts freimachen kann (vgl. *BAG* 17.9.1998 EzA § 626 BGB Unkündbarkeit Nr. 3; 27.6.2002 EzA § 626 BGB Unkündbarkeit Nr. 8; 6.10.2005 EzA § 626 BGB 2002 Nr. 14; 18.3.2010 EzA § 626 BGB 2002 Unkündbarkeit Nr. 17; *Kiel* FS Kreutz 2010, S. 221; in anderem Zusammenhang auch *BAG* 29.1.1997 EzA § 1 KSchG Krankheit Nr. 42; *Moll* FS Wiedemann 2002, S. 352 f.). An die **Darlegungs- und Substantiierungspflicht des Arbeitgebers** zur Unmöglichkeit oder Unzumutbarkeit der anderweitigen Unterbringung des »unkündbaren« Arbeitnehmers sind insbes. dann strenge Anforderungen zu stellen, wenn dieser vorgetragen hat, wie er sich eine Weiterbeschäftigung vorstellt (*BAG* 17.9.1998 EzA § 626 BGB Unkündbarkeit Nr. 3; 6.10.2005 EzA § 626 BGB 2002 Nr. 14). Aber auch sonst zählt das Fehlen jeglicher Beschäftigungsmöglichkeit zum wichtigen Grund, weshalb der Arbeitgeber dazu von sich aus substantiiert vortragen muss

166

§ 626 BGB   Fristlose Kündigung aus wichtigem Grund

(*BAG* 27.4.2021, 2 AZR 357/20; *BAG* 20.6.2013, 2 AZR 295/12, EzA § 626 BGB 2002 Unkündbarkeit Nr. 20; 18.6.2015, 2 AZR 480/14, EzA § 626 BGB 2002 Unkündbarkeit Nr. 23).

167 Vergleichbaren, **nicht unkündbaren Arbeitnehmern** im Betrieb **ist** grds. **vorrangig zu kündigen** (ebenso *BAG* 17.5.1984 EzBAT § 55 BAT Nr. 1; *LAG Bra.* 29.10.1998 LAGE § 1 KSchG Soziale Auswahl Nr. 29; *LAG Nds.* 11.6.2001 LAGE § 1 KSchG Soziale Auswahl Nr. 37; *Breschendorf* BB 2007, 662; DDZ-*Däubler* Einl. Rn 206 ff.; *Horcher* NZA-RR 2006, 399 ff.; *Kappelhoff* ArbRB 2002, 370; APS/*Kiel* Rn 318j; ders. FS Kreutz 2010, S. 221 f.; *Schlachter* HSI-Schriftenreihe Bd. 10 S. 74 ff.; NK-GA-*Weber* § 1 KSchG Rn 1250; aA *Adam* MDR 2008, 607; *Bayreuther* S. 435 ff.; *Berkowsky* ZfPR 2003, 179; AnwaltKomm-*Klappstein* Rn 24; *Gusek* S. 89 ff.; AR-*Kaiser* § 1 KSchG Rn 188 f.; *Linck/Scholz* AR-Blattei SD 1010.7 Rn 138 ff.; *Moll* FS Wiedemann 2002, 356 ff.; *Rieble* NZA 2003, 1244; *Quecke* Betriebsbedingte Kündigung S. 87 ff.). Das gilt sogar dann, wenn der unkündbare Arbeitnehmer dem Übergang seines Arbeitsverhältnisses auf den Erwerber eines Betriebsteils widersprochen hat (*BAG* 17.9.1998 EzA § 626 BGB Unkündbarkeit Nr. 3 m. krit. Anm. *Neuner*; aA *Moll* FS Wiedemann 2002, S. 355). Der Rspr. und hM ist grds. zuzustimmen. **Das gilt auch für vertraglich vereinbarte Unkündbarkeitsregelungen**, soweit für sie ein sachlicher Grund besteht und sie nicht situationsbedingt zur Umgehung der **Sozialauswahl** eingesetzt werden (vgl. auch *LAG RhPf* 18.2.2011 AuA 2011, 433, *Dathe* NZA 2007, 1207 f., *Horcher* NZA-RR 2006, 401, *Künzel/Fink* NZA 2011, 1386 ff., ErfK-*Oetker* § 1 KSchG Rn 313, *Reuter* FS Richardi 2007, S. 376, *Ulrici* ZFA 2016, 399 f., NK-GA-*Weber* § 1 KSchG Rn 1262 und zur vertraglich vereinbarten Anrechnung früherer Beschäftigungszeiten *BAG* 2.6.2005 EzA § 1 KSchG Soziale Auswahl Nr. 63; aA *Lerch/Weinbrenner* NZA 2011, 1390 ff. mwN).Es ist nicht ungewöhnlich, dass vertragliche Vereinbarungen, etwa zur Reichweite des Direktionsrechts, den Kreis der vergleichbaren Arbeitnehmer iSd § 1 Abs. 3 KSchG beeinflussen. **Unkündbarkeitsregelungen müssen jedoch gewährleisten, dass sie grobe Auswahlfehler vermeiden.** Die sozialen Belange ordentlich kündbarer Arbeitnehmer dürfen nicht vernachlässigt werden, anderenfalls wäre deren Kündigungsschutz unverhältnismäßig verkürzt und das aus Art. 12 Abs. 1 GG in Verbindung mit dem Sozialstaatsprinzip folgende Gebot der Wahrung eines gewissen Maßes an sozialer Rücksichtnahme verletzt. Der **Maßstab** orientiert sich an dem Spielraum, den der Gesetzgeber den Sozialpartnern in § 1 Abs. 4 KSchG einräumt (*BAG* 20.6.2013, 2 AZR 295/12, EzA § 626 BGB 2002 Unkündbarkeit Nr. 20 – Rn 50 m. abl. Anm. *Adam*; im Ergebnis auch *Gaul* DB 2014 Nr. 12 M 8; HaKo-ArbR/*Griebeling/Herget* Rn 98; *Hanau* ZIP 2007, 2388 *Horcher* NZA-RR 2006, 400 f.; HzA-*Isenhardt* 5/1 Rn 567/1; AR-*Kappenhagen* § 10 AGG Rn 9; APS/*Kiel* § 1 KSchG Rn 627; *Linck/Krause/Bayreuther-Krause* § 1 KSchG Rn 913 ff.; *Bader/Bram-Kreutzberg-Kowalczyk* Rn 24a.3; *Rasper* S. 244 ff.; *Schlachter* HSI-Schriftenreihe Bd. 10 S. 76 ff.; TRL-*Thüsing* § 1 KSchG Rn 812 f.; NK-GA-*Weber* § 1 KSchG Rn 1256 ff.; *Wendeling-Schröder* NZA 2007, 1404; HaKoKSchR/*Zimmermann* § 1 KSchG Rn 850 f.; aA *Kamanabrou* NZA Beil. Nr. 3/2006 S. 146, *Lingemann/Gotham* NZA 2007, 665, *Löwisch* BB 2006, 2582 und *Quecke* Betriebsbedingte Kündigung S. 87 ff.: Unkündbarkeitsregelung im Bereich einer gebotenen Sozialauswahl völlig unwirksam; aA ferner *Schindler/Künzl* ZTR 2014, 401 f., die Unkündbare stets in die Sozialauswahl einbeziehen, dabei aber kollektive Unkündbarkeitsregelungen analog § 1 Abs. 4 KSchG wie Auswahlrichtlinien berücksichtigen wollen). Erfüllt die Unkündbarkeitsregelung diese Anforderungen nicht, kann sie insoweit keinen Ausschluss der ordentlichen Kündigung begründen (teleologische Reduktion). In diesen Fällen ist **gegenüber dem ansonsten »unkündbaren« Arbeitnehmer**, wenn eine anderweitige Beschäftigung trotz der gebotenen besonderen Anstrengungen nicht möglich ist, **ausnahmsweise eine echte ordentliche Kündigung zulässig** (vgl. auch *Bauer/Krieger* § 10 Rn 50a; *Gaul/Bonanni* ArbRB 2007, 116; HzK-*Laber* 3 Rn 72a; *Rasper* S. 259; *Schindler/Künzl* ZTR 2014, 403; inkonsequent dagegen *Bröhl* FS Küttner 2006, 300 f., *Emmert/Daneshian* DB 2017, 2675, *Graf* S. 340 f., *Linck/Krause/Bayreuther-Krause* § 1 KSchG Rn 919, AR-*Kappenhagen* § 10 AGG Rn 9 und *Zwanziger* DB 2000, 2166 f.: außerordentliche Kündigung mit notwendiger Auslauffrist).

168 Das weitergehende **Freikündigen** eines anderen Arbeitsplatzes **kann**, anders als im Fall des § 15 Abs. 5 KSchG, jedenfalls dann **nicht verlangt werden**, wenn der andere Arbeitnehmer Kündigungsschutz nach dem KSchG genießt (vgl. *BAG* 4.2.1993 EzA § 626 BGB nF Nr. 144 zu einer außerordentlichen Kündigung wegen Krankheit; vgl. auch *BAG* 20.11.2014, 2 AZR 664/13, EzA § 1

KSchG Krankheit Nr. 60; *Adam* MDR 2008, 607; *Bauer/Röder* S. 213; *Breschendorf* BB 2007, 665 ff.; *Emmert/Daneshian* DB 2017, 2676; *Gaul/Bonanni* ArbRB 2007, 117; *Graf* S. 179 ff.; *Gusek* S. 90; *Hasler-Hagedorn* S. 333 ff.; HzA-*Isenhardt* 5/1 Rn 443/1; *Linck/Scholz* AR-Blattei SD 1010.7 Rn 129 ff; *Rasper* S. 198 ff.; zweifelnd *BAG* 18.5.2006 EzA § 2 KSchG Nr. 60 und *Bröhl* S. 159 f.; aA *LAG Bln.* 14.11.2002 ZTR 2003, 249; *Bitter/Kiel* FS Schwerdtner 2003, S. 25 ff.; DDZ-*Däubler* Rn 280 f.; *Etzel* ZTR 2003, 212 f.; *Geller* S. 148; *Horcher* NZA-RR 2006, 398 ff.; APS/*Kiel* Rn 318i; ders. FS Kreutz 2010, S. 222 f.; *Kiel/Koch* Rn 539; jPK-*Weth* Rn 26; nicht eindeutig *BAG* 17.9.1998 EzA § 626 BGB Unkündbarkeit Nr. 3). Auch im Übrigen bestehen Bedenken gegen eine Freikündigungspflicht. Die Situation ist nicht vergleichbar mit der des § 15 Abs. 5 KSchG, weil kein übergeordnetes Ziel wie die Funktionsfähigkeit der Betriebsverfassung besteht. Das Freikündigen eines anderen Arbeitsplatzes würde nicht nur die durch die Verfassung geschützten Rechte des anderen Arbeitnehmers berühren, sondern auch die des Arbeitgebers, dem der Austausch der Arbeitnehmer mit Blick auf deren Qualifikation und Einsetzbarkeit zumutbar sein müsste.

Wird eine soziale **Auswahl zwischen unkündbaren Arbeitnehmern** erforderlich, hat sie analog § 1 Abs. 3 KSchG zu erfolgen (vgl. *BAG* 5.2.1998 EzA § 626 BGB Unkündbarkeit Nr. 2; *Bitter/Kiel* FS Schwerdtner 2003, S. 21, 28; *Bröhl* BB 2006, 1054 f.; *Geller* S. 147 ff.; s.a. KR-*Rachor* § 1 KSchG Rdn 649). 169

Bei einem **vertraglichen Ausschluss** der ordentlichen Kündigung oder bei einem solchen in **Rationalisierungsschutzabkommen** bzw. **Standortsicherungstarifverträgen** kann sich aus den Vereinbarungen oder eindeutigen Umständen ergeben, dass der Arbeitgeber auch das **Risiko übernommen** hat, das Arbeitsverhältnis ohne Beschäftigungsmöglichkeit fortzusetzen (*BAG* 22.7.1992 EzA § 626 BGB nF Nr. 141; 7.3.2002 EzA § 626 BGB nF Nr. 196; vgl. auch *BAG* 25.3.2004 EzA § 626 BGB 2002 Unkündbarkeit Nr. 3; 30.9.2004 EzA § 613a BGB 2002 Nr. 28; 29.3.2007 EzA § 626 BGB 2002 Unkündbarkeit Nr. 14; 20.6.2013 EzA § 626 BGB 2002 Unkündbarkeit Nr. 19; *LAG RhPf* 19.9.1997 LAGE § 2 KSchG Nr. 31; SPK-ArbR/*Bayreuther* § 15 TzBfG Rn 18; *Bitter/Kiel* FS Schwerdtner 2003, S. 23; *Bröhl* S. 78 ff., 135 f.; *Buse* S. 92 ff., 114 ff.; *Graf* S. 53 f., 349; HzA-*Isenhardt* 5/1 Rn 443/1; *Kappelhoff* ArbRB 2002, 369; APS/*Kiel* Rn 318r f.; *Kiel/Koch* Rn 537; *Moll* aaO S. 350; *Preis/Hamacher* FS 50 Jahre Arbeitsgerichtsbarkeit Rheinland-Pfalz 1999, S. 256 f., 261; HWK-*Sandmann* Rn 196; *Wank* FS Kohte 2016, S. 365; weitergehend *Kolitz* S. 284 ff. und SPV-*Preis* Rn 749 ff. Ein vertraglicher Ausschluss liegt auch dann vor, wenn sich die Unkündbarkeit aus der Bezugnahme auf einen nicht einschlägigen Tarifvertrag oder auf kirchliche Arbeitsvertragsrichtlinien (AVR; vgl. dazu *BAG* 27.4.2021, 2 AZR 357/20; *LAG Köln* 4.9.2008 AuR 2009, 369) ergibt. 170

VI. Mischtatbestände

Als »**Mischtatbestand**« von Kündigungsgründen werden Fallgestaltungen behandelt, bei denen ein einheitlicher Kündigungssachverhalt nicht eindeutig und zweifelsfrei dem Tatbestand der verhaltens-, der personen- oder der betriebsbedingten Kündigung zuzuordnen ist. Davon **zu unterscheiden** sind Kündigungen, die auf **mehrere** unterschiedliche **Lebenssachverhalte** gestützt werden (vgl. KR-*Rachor* § 1 KSchG Rdn 271 ff.). Bei kumulativ vorliegenden Kündigungssachverhalten (Doppeltatbeständen) ist jeder tatsächliche Vorgang getrennt auf seinen kündigungsrelevanten Gehalt zu überprüfen. 171

Ein **einheitlicher Kündigungssachverhalt** liegt zB dann vor, wenn ein Arbeitnehmer durch ein schuldhaftes Verhalten einen **Brand** im Betrieb **verursacht** hat und dadurch u. a. auch sein Arbeitsplatz vernichtet worden ist. Um mehrere, inhaltlich voneinander unabhängige tatsächliche Vorgänge geht es beispielsweise, wenn ein Arbeitnehmer **während** einer länger anhaltenden **Erkrankung** seinem Arbeitgeber unerlaubte **Konkurrenz** macht. 172

Bei einem einheitlichen Kündigungssachverhalt ist das *BAG* (21.11.1985 EzA § 1 KSchG Nr. 42) bislang davon ausgegangen, er sei ausschließlich einem der drei gesetzlich geregelten Kündigungstatbestände zuzuordnen (so auch *Knorr/Bichlmeier/Kremhelmer* 10 Rn 11; offen gelassen in *BAG* 6.11.1997 EzA § 1 KSchG Betriebsbedingte Kündigung Nr. 96). Dabei soll sich die Abgrenzung in erster Linie danach richten, aus welchem der im Gesetz genannten Bereiche die sich auf das Arbeitsverhältnis nachteilig auswirkende Störung primär stammt (so *BAG* 21.11.1985 EzA § 1 173

§ 626 BGB   Fristlose Kündigung aus wichtigem Grund

KSchG Nr. 42) bzw. danach, was als »**wesentliche Ursache**« anzusehen ist (so v. *Hoyningen-Huene* RdA 1990, 199 f.; vgl. auch *Wank* RdA 1993, 88: »Schwerpunkt der Kündigungsgründe«). Diese These ist vom *BAG* allerdings nur im Urteil vom 21.11.1985 (EzA § 1 KSchG Nr. 42) konsequent angewandt worden. Dagegen wurde im Urteil vom 17.5.1984 (EzA § 1 KSchG Betriebsbedingte Kündigung Nr. 32) trotz des »Überwiegens« des betriebsbedingten Grundes eine der personenbedingten Kündigung entsprechende Interessenabwägung verlangt. Kündigungen im öffentlichen Dienst wegen strafbaren Verhaltens oder wegen Falschbeantwortung von Fragen nach einer früheren Stasi-Tätigkeit werden gleichzeitig als verhaltens- und als personenbedingte Kündigungen geprüft (*BAG* 10.4.2014 EzA § 1 KSchG Personenbedingte Kündigung Nr. 33; 13.6.1996 EzA § 1 KSchG Verhaltensbedingte Kündigung Nr. 48).

174 Sowohl gegen die **Vermischung der Prüfungskriterien** als auch gegen die Prämisse, ein Kündigungssachverhalt sei stets **nur unter einem rechtlichen Aspekt** zu überprüfen, bestehen durchgreifende **Bedenken**. Die Vermischung der Prüfkriterien führt zu konturenlosen Billigkeitserwägungen und zur Auflösung der Dreiteilung der Kündigungsgründe (SPV-*Preis* Rn 897 f.). Die Prämisse, ein einheitlicher Kündigungssachverhalt dürfe auch nur unter einem rechtlichen Aspekt geprüft werden, ist nicht belegbar. Es ist kein rechtlich zwingender oder auch nur erheblicher Grund ersichtlich, einen Kündigungssachverhalt dann, wenn die gesetzlichen Tatbestandsmerkmale einschlägig sind, nicht sowohl unter dem Aspekt der verhaltens- oder personenbedingten als auch unter dem der betriebsbedingten Kündigung zu würdigen (AnwK-ArbR/*Bröhl* Rn 43; HzA-*Isenhardt* 5/1 Rn 441; *Linck/Krause/ Bayreuther-Krause* § 1 KSchG Rn 264; *Nimmerjahn* S. 92 ff.; LSSW/*Schlünder* § 1 KSchG Rn 90 f.).

175 Vor der Annahme eines Mischtatbestandes ist **vorrangig** eine sorgfältige und exakte Bestimmung und **Abgrenzung** der gesetzlich geregelten Kündigungsgründe erforderlich. Bei einer systemgerechten Beschränkung der betriebsbedingten Kündigung auf Fälle, in denen der Personalbestand größer ist als der Personalbedarf (s.a. Rdn 163) iVm der Prüfung, ob die Beschäftigungsmöglichkeit konkret entfallen ist, sowie der Eingrenzung der verhaltensbedingten Kündigungen auf vertragswidrige und auch schuldhafte Verhaltensweisen des Arbeitnehmers (s. Rdn 146 ff.) verbleiben wenige **einheitliche Kündigungssachverhalte,** die unter verschiedene rechtliche Kündigungsgründe zu subsumieren sind (so zutr. *Preis* DB 1988, 1450; *Rüthers/Henssler* ZfA 1988, 48). In diesen seltenen Fällen sind die einschlägigen **Kriterien** zB einer verhaltens- und einer personenbedingten Kündigung **jeweils gesondert zu prüfen,** wobei weder zwangsläufig auf spezielle wesentliche Aspekte verzichtet noch die verschiedenen rechtlichen Aspekte miteinander vermischt werden dürfen (zust. KR-*Rachor* § 1 KSchG Rdn 269 f.; LSSW/*Schlünder* § 1 Rn 92; NK-GA-*Meyer* Rn 59). Zur Interessenabwägung s. Rdn 260 ff., speziell zur Abmahnung s. Rdn 273.

176 *(unbelegt)*

177 *(unbelegt)*

I. Systematisierung der Kündigungsgründe nach der Auswirkung auf das Arbeitsverhältnis

I. Störungen verschiedener Bereiche des Arbeitsverhältnisses

178 Bezogen auf die Auswirkungen auf das Arbeitsverhältnis kann nach Störungen a) im **Leistungsbereich**, b) im Bereich der **betrieblichen Verbundenheit** aller Mitarbeiter, c) im persönlichen **Vertrauensbereich** der Vertragspartner und d) im **Unternehmensbereich** unterschieden werden (*BAG* 6.2.1969 EzA § 626 BGB Nr. 11; 3.12.1970 EzA § 626 BGB nF Nr. 7; 28.9.1972 EzA § 1 KSchG Nr. 25).

1. Leistungsbereich

179 Zu den Störungen im Leistungsbereich gehören insbes. die Verletzung der **Arbeitspflicht** durch den Arbeitnehmer (Schlechtleistung, beharrliche Verweigerung der Arbeit oder Arbeitsvertragsbruch) und die Verletzung der Pflicht des Arbeitgebers, die vereinbarte **Vergütung** zu zahlen. Eine Störung im Leistungsbereich liegt bei einem Arbeitnehmer, der im Zeitlohn arbeitet, auch dann vor, wenn er durch unpünktliches Erscheinen am Arbeitsplatz seine Pflicht verletzt, die Arbeit mit Beginn

der betrieblichen Arbeitszeit aufzunehmen (*BAG* 13.3.1987 EzA § 611 BGB Abmahnung Nr. 5). Das gilt auch dann, wenn es wegen der Verspätung nicht zu einer Störung des Betriebsablaufes (s. Rdn 180) kommt (*BAG* 17.3.1988 EzA § 626 BGB nF Nr. 116; 17.1.1991 EzA § 1 KSchG Verhaltensbedingte Kündigung Nr. 37). Auch die Verletzung von **Nebenpflichten** kann das Arbeitsverhältnis in seinem Leistungsbereich konkret beeinträchtigen (zB Verpflichtung des Arbeitnehmers, seine Erkrankung anzuzeigen, oder Pflicht des Arbeitgebers, eine Unterkunft zu beschaffen).

2. Bereich der betrieblichen Verbundenheit

Der Bereich der betrieblichen Verbundenheit aller Mitarbeiter wird zunächst durch die Vorschriften von Arbeitsordnungen gestaltet, die das Verhalten der Arbeitnehmer zueinander und zu den Vorgesetzten regeln. Daneben geht es insoweit um die Wahrung des Betriebsfriedens (*BAG* 9.12.1982 EzA § 626 BGB nF Nr. 86 [*Löwisch/Schönfeld*]). Die Begriffe **Betriebsordnung** und **Betriebsfrieden** umschreiben zwei unterschiedliche Aspekte der Störung des Bereiches der betrieblichen Verbundenheit. Unter der Betriebsordnung sind nicht nur die Regelungen einer Arbeitsordnung, sondern auch der äußere Ablauf der Arbeit im Betrieb zu verstehen. Der Betriebsfrieden wird von der Summe aller derjenigen Faktoren bestimmt, die – unter Einschluss des Betriebsinhabers – das Zusammenleben und Zusammenwirken der in einem Betrieb tätigen Betriebsangehörigen ermöglichen, erleichtern oder auch nur erträglich machen (krit. *Zielke* S. 34 f., 97 ff.). Es handelt sich insoweit nicht um einen von der Rspr. oder dem Schrifttum zur Reglementierung der Arbeitnehmer im Betrieb entwickelten Begriff, sondern bereits der Gesetzgeber hat in mehreren Vorschriften des BetrVG die Notwendigkeit der Wahrung des Betriebsfriedens betont und bei deren Verletzung Sanktionen vorgesehen (vgl. §§ 45, 74, 99 Abs. 2 Nr. 6, 104 BetrVG). An der Unterscheidung zwischen Arbeitsordnung (einschl. Produktions- bzw. Arbeitsverlauf) und Betriebsfrieden sollte festgehalten werden, weil es sich jeweils um Teilbereiche der betrieblichen Verbundenheit handelt, die auch jeweils isoliert gestört werden können (*Löwisch/Schönfeld* Anm. EzA § 626 BGB nF Nr. 86; *BAG* 17.3.1988 AP Nr. 99 zu § 626 BGB). So ist es denkbar, dass bei einer von einem Arbeitnehmer ausgelösten politischen Diskussion alle Arbeitnehmer übereinstimmen, der Betriebsfrieden also nicht tangiert, gleichwohl aber der Arbeitsablauf gestört wird, wenn die Arbeit zeitweise eingestellt wird. Andererseits kann ohne Störung des technischen Arbeitsablaufes das menschliche Zusammenleben im Betrieb durch eine politische Betätigung von Arbeitnehmern erheblich gestört werden, wenn es zB zu heftigen Auseinandersetzungen in den Pausen kommt. Ein Arbeitnehmer muss zB gegenüber Arbeitskollegen und Dritten über die wirtschaftliche Lage des Betriebes genau und vollständig berichten. Er darf gegenüber der Belegschaft keine sachlich unbegründeten Bedenken äußern, die den Betriebsfrieden stören (*BAG* 4.4.1974 EzA § 15 KSchG nF Nr. 1). Der Vorschlag von *Roemheld* (SAE 1984; 163; vgl. auch *Rieble/Wiebauer* ZFA 2010, 80 f.), den wenig »griffigen« Begriff des Betriebsfriedens durch den des »Betriebsablaufes« zu ersetzen, bringt systematisch und praktisch wenig Vorteile, weil dann drei Bereiche (Arbeitsordnung, technischer bzw. organisatorischer Betriebsablauf und »sonstiger Betriebsablauf«) zu unterscheiden wären und der sonstige »normale« Betriebsablauf in diesem Sinne ohnehin nur dann beeinträchtigt ist, wenn auf die konkrete Störung (s. Rdn 124) abgestellt wird.

3. Vertrauensbereich

In den Bereich des **Vertrauens** und der **gegenseitigen** persönlichen **Achtung** der Vertragspartner gehören Verletzungen der wechselseitigen **Rücksichtnahmepflicht** (§ 241 Abs. 2 BGB), zB Unterschlagungen, Betrug, Tätlichkeiten oder grobe Beleidigungen, die sich gegen den Vertragspartner richten. Darüber hinaus wirken sich auf den Vertrauensbereich alle Handlungen aus, die die für die Zusammenarbeit erforderliche **Vertrauensgrundlage** zerstören oder beeinträchtigen, zB weil sie den guten Ruf des Arbeitgebers schwerwiegend gefährden (*BAG* 11.3.1999 EzA § 626 BGB nF Nr. 177). In der Regel wird es um verschuldete Vertragsverletzungen gehen, aber das ist nicht unbedingt erforderlich. Die Vertrauensgrundlage kann vielmehr auch schuldlos durch objektiv vorliegende Umstände (zB auch bei einem durch Tatsachen begründeten schwerwiegenden Verdacht eines unredlichen oder vertragswidrigen Verhaltens) erschüttert sein (*Otto* Der Wegfall des Vertrauens S. 233; HAS-*Popp* § 19 B Rn 433; zur Verdachtskündigung s. Rdn 225 ff.).

4. Unternehmensbereich

182 Unter Störungen im Unternehmensbereich sind insbes. Einwirkungen auf den Betriebsablauf zu verstehen, die durch **außerbetriebliche Umstände** (zB schlechte Witterung, Zerstörung betrieblicher Einrichtungen) eintreten. Für die Praxis hat eine außerordentliche Kündigung wegen solcher Störungen im Unternehmensbereich kaum Bedeutung, weil der Arbeitgeber das grds. von ihm zu tragende **Betriebsrisiko** nicht durch eine außerordentliche Kündigung auf den Arbeitnehmer abwälzen kann (*BAG* 28.9.1972 AP Nr. 28 zu § 615 BGB Betriebsrisiko m. zust. Anm. *Beuthien*). Selbst eine so erhebliche Störung des Unternehmensbereiches wie die **Eröffnung des Insolvenzverfahrens** berechtigt den Arbeitgeber oder den Insolvenzverwalter nicht zur fristlosen Kündigung (vgl Rdn 165).

II. Bedeutung der Systematisierung

183 Der Ertrag dieser Systematisierung der Kündigungsgründe für eine normative Konkretisierung des wichtigen Grundes ist allerdings eher gering (vgl. SPV-*Preis* Rn 552). Im Zuge dieser Systematisierungsversuche hat das BAG jedoch **gemeinsame Voraussetzungen** für alle wichtigen Gründe und Unterschiede für bestimmte Bereiche herausgearbeitet. Insbesondere wurde verdeutlicht, dass alle Kündigungsgründe sich konkret auf das Arbeitsverhältnis auswirken müssen (s. Rdn 118 ff.)). Die Systematisierung trug ferner wesentlich zur Klärung der Frage bei, unter welchen Voraussetzungen eine vorherige vergebliche Abmahnung erforderlich ist (s. Rdn 267 ff.).

J. Systematisierung der Kündigungsgründe nach dem Zeitpunkt ihrer Entstehung und Geltendmachung

I. Gründe vor Zugang der Kündigung

1. Objektiv vorliegende Gründe

184 Eine außerordentliche Kündigung kann auf alle Gründe gestützt werden, die zum **Zeitpunkt des Zugangs der Kündigung** bereits **objektiv vorhanden** waren. Das gilt unabhängig davon, ob die Gründe dem Kündigenden bereits bei Erklärung der Kündigung bekannt waren oder ob er davon erst später erfahren hat (s. Rdn 112 und Rdn 190 f.; SPV-*Preis* Rn 95, 542).

2. Der Zugang der Kündigung als maßgeblicher Zeitpunkt

185 Da die außerordentliche Kündigung eine empfangsbedürftige Willenserklärung ist (s. Rdn 22 f.), kommt es auf die Verhältnisse im Zeitpunkt des **Zugangs** an. Es ist somit nicht auf den Zeitpunkt der Absendung, sondern des Zugangs des Kündigungsschreibens abzustellen, so dass auch Kündigungsgründe, die zwischen der Absendung und dem Zugang entstanden sind, zu berücksichtigen sind (*BAG* 30.4.1977 – 2 AZR 221/76, nv; APS-*Vossen* Rn 48).

186 Ein nach der **Absendung des Kündigungsschreibens** entstandener Grund kann allerdings dann nicht verwertet werden, wenn die Kündigungsgründe nach einer **konstitutiven Formvorschrift** schriftlich mitgeteilt werden müssen (vgl. zB *BAG* 25.11.1976 EzA § 15 BBiG Nr. 3).

3. Gründe vor Beginn des Arbeitsverhältnisses

187 Auch bereits **vor Beginn des Arbeitsverhältnisses** eingetretene Ereignisse oder Umstände können eine außerordentliche Kündigung rechtfertigen (*Staudinger*/*Preis* Rn 9). Voraussetzung ist allerdings, dass diese Umstände das Arbeitsverhältnis weiterhin erheblich belasten und dass sie dem Kündigenden bei Vertragsabschluss noch **nicht bekannt** waren (s. Rdn 46, 99; *BAG* 5.4.2001 EzA § 626 BGB nF Nr. 187; HAS-*Popp* § 19 B Rn 151).

II. Gründe nach Zugang der Kündigung

Kündigungsgründe, die erst **nach** der **Kündigung** entstanden sind, können dagegen nicht zur Rechtfertigung der bereits ausgesprochenen Kündigung herangezogen werden, sondern nur zum Anlass für eine **weitere Kündigung** genommen werden (*BAG* 10.6.2010, 2 AZR 541/09, EzA § 626 BGB 2002 Nr. 32 – Rn 52; SPV-*Preis* Rn 543). 188

Mit diesem Grundsatz ist es zu vereinbaren, dass nachträgliche Gründe ausnahmsweise für die zuvor erfolgte Kündigung dann von Bedeutung sein können, wenn sie die **früheren Umstände**, die zu der Kündigung geführt haben, weiter **aufhellen** und ihnen ein größeres Gewicht als Kündigungsgrund verleihen (*BAG* 28.10.1971 EzA § 626 BGB nF Nr. 9; ArbRBGB-*Corts* Rn 34; HAS-*Popp* § 19 B Rn 155; SPV-*Preis* Rn 543; aA *Husemann* RdA 2016, 38). Zwischen den neuen Vorgängen und den vor der Kündigung entstandenen Gründen müssen dann aber enge Beziehungen bestehen, die nicht außer Acht gelassen werden können, ohne einen **einheitlichen Lebensvorgang** zu zerreißen (*BAG* 10.6.2010 EzA § 626 BGB 2002 Nr. 32; zu entspr. nachträglichen Entlastungstatsachen vgl. *BAG* 23.10.2014 EzA § 626 BGB 2002 Nr. 48). Das ist nicht schon dann anzunehmen, wenn sich ein Arbeitnehmer mit zweifelhaftem Verteidigungsvorbringen im Prozess (*BAG* 10.6.2010 EzA § 626 BGB 2002 Nr. 32) bzw. in öffentlichen Aussagen gegen seine Kündigung wendet (*BAG* 11.12.1975 EzA § 15 KSchG nF Nr. 6; *Otto* Anm. zu EzA Art. 5 GG Nr. 4). Bei richtiger Betrachtung handelt es sich bei den unter diesen Voraussetzungen verwertbaren späteren Umständen nicht um echte neue Kündigungsgründe, sondern um später gewonnene Erkenntnisse, die eine bessere Würdigung der alten Gründe ermöglichen. Das ist zB anzunehmen, wenn das Verhalten des Gekündigten nach Zugang der Kündigung erkennen lässt, dass er endgültig nicht bereit war, seine vertraglichen Pflichten zu erfüllen (*BAG* 28.10.1971 EzA § 626 BGB nF Nr. 9; vgl. ferner *BAG* 13.10.1977 EzA § 74 BetrVG 1972 Nr. 3 und *Berger* JArbR 2011, 58 f.; generell kritisch APS-*Vossen* Rn 123a). 189

III. Nachschieben von Gründen

1. Vor der Kündigung entstandene Gründe

a) Bekannte Gründe

Von einem »**Nachschieben**« der Kündigungsgründe spricht man, wenn der Kündigende seine ursprüngliche Begründung der Kündigung später durch weitere Kündigungsgründe ergänzt oder ersetzt. Kündigungsgründe, die dem Kündigenden **bei Zugang der Kündigung noch nicht länger als zwei Wochen bekannt** gewesen sind (§ 626 Abs. 2 S. 1 und 2 BGB), können ohne materiellrechtliche Einschränkungen nachgeschoben werden, wenn sie bereits **vor der Kündigung entstanden** waren. Auch das folgt aus dem objektiv zu bestimmenden Begriff des Kündigungsgrundes (s. Rdn 109 ff., 36 ff.; *BAG* 4.6.1997 EzA § 626 BGB nF Nr. 167 mwN; BGH 7.3.2019, IX ZR 221/18, NJW 2019, 1870; Erman/*Riesenhuber* Rn 34; KPK-*Bengelsdorf* Kap. 2 Rn 39; ErfK-*Niemann* Rn 55; Soergel/*Kraft* Rn 27; Schaub/*Linck* § 127 Rn 19; HAS-*Popp* § 19 B Rn 190 f.; SPV-*Preis* Rn 95 f.; APS-*Vossen* Rn 49). 190

(unbelegt) 191

b) Unbekannte Gründe

Nach der überwiegenden und zutr. Ansicht der in Rdn 190 angeführten Rspr. und Literatur sind aus der Ausschlussfrist des § 626 Abs. 2 BGB auch **keine Bedenken gegen das Nachschieben von Gründen** herzuleiten, die bei Zugang der Kündigung objektiv schon vorlagen, aber dem Kündigungsberechtigten seinerzeit noch nicht bekannt waren (*BAG* 12.1.2021, 2 AZN 724/20, Rn 3). § 626 Abs. 2 S. 1 und 2 BGB ist auf später bekannt gewordene wichtige Gründe nicht anzuwenden (*BAG* 23.5.2013 EzA § 626 BGB 2002 Verdacht strafbarer Handlung Nr. 14; MüKoBGB/*Henssler* Rn 394; Schaub/*Linck* § 127 Rn 19; HWK-*Sandmann* Rn 119). Es ist deswegen unerheblich, ob die später bekannt gewordenen Gründe mit »demselben zeitlichen und sachlichen 192

Geschehen« zusammenhängen, aus dem zunächst das Kündigungsrecht abgeleitet wurde (*BAG* 18.6.2015 EzA § 102 BetrVG 2001 Nr. 33; SPV-*Preis* Rn 95). Ein solches Erfordernis würde zudem dem Gebot der Rechtssicherheit widersprechen, weil es unklar ist, wann ein zeitlicher und sachlicher Zusammenhang zwischen den ursprünglichen und den nachgeschobenen Gründen bestehen soll (*BAG* 18.1.1980 EzA § 626 BGB nF Nr. 71). Diese Bedenken greifen auch gegenüber der Ansicht, die Kündigung dürfe nicht durch das Auswechseln der Gründe einen »**völlig anderen Charakter**« erhalten (im Ergebnis ebenso *BAG* 12.1.2021, 2 AZN 724/20, Rn 4; **aA** *LAG Düsseld.* 24.6.2015, 7 Sa 1243/14, ArbR 2015, 432).

193 Allerdings muss die Kündigung bezogen auf die **ursprünglichen Gründe innerhalb der Frist** des § 626 Abs. 2 S. 1 und 2 BGB erklärt worden sein (so wohl noch *BAG* 23.5.2013, 2 AZR 102/12, EzA § 626 BGB 2002 Verdacht strafbarer Handlung Nr. 14). Anderenfalls würde über das Nachschieben von Kündigungsgründen die Regelung in § 626 Abs. 2 S. 1 und 2 BGB ausgehebelt werden (Bader NZA-RR 2020, 136, 141 f.; Gravenhorst jurisPR-ArbR 38/2020 Anm. 1). Die **Gegenansicht** (**BAG** 12.1.2021, 2 AZN 724/20, Rn 4; LAG Köln 16.10.2019, 5 Sa 221/19, NZA-RR 2020, 136; Fingerle/Schubert EWiR 2020, 633, 634) überzeugt nicht vollends. Soweit das BAG argumentiert, die Kündigung könne zunächst sogar ohne bekannten Grund (»gleichsam blanko«) mit der Hoffnung auf den Eintritt der Wirksamkeitsfiktion des § 7 KSchG, einen Vergleich oder die »Offenbarung« eines wichtigen Grundes im Lauf des Kündigungsschutzprozesses erklärt werden (*BAG* 12.1.2021, 2 AZN 724/20, Rn 4; zustimmend Bauer ArbRAktuell 2021, 188), ist dies zwar insoweit zutreffend, als es grundsätzlich nur auf das objektive Vorliegen eines wichtigen Grundes zum Zeitpunkt des Zugangs der Kündigung ankommt. Grundkonzeption und Zielsetzung des § 626 BGB sprechen jedoch gegen ein Nachschieben von Kündigungsgründen bei einer zunächst nicht begründbaren Kündigung. § 626 BGB geht von dem Normalfall aus, dass bei Erklärung der Kündigung jedenfalls aus Sicht des Arbeitgebers ein wichtiger Grund für die außerordentliche Kündigung des Arbeitsverhältnisses vorliegt. Dies belegt § 626 Abs. 2 Satz 3 BGB, der bereits ab Zugang der Kündigungserklärung bezogen auf den Kündigungsgrund eine Auskunftspflicht vorsieht. Ob der Grund tatsächlich wichtig im Rechtssinne ist, unterliegt dann einer gerichtlichen Prüfung, falls der Arbeitnehmer fristgerecht gegen die Kündigung geklagt hat (§ 13 Abs. 1 Satz 2, § 4 Satz 1 KSchG). § 626 BGB will den Arbeitnehmer damit vor einer nicht hinreichend begründeten Kündigung schützen. Erst recht gilt dies für eine ohne hinreichenden Anlass erklärte Kündigung, welche der Arbeitgeber aus taktischen Gründen trotz der gravierenden – ggf. auch sozialversicherungsrechtlichen – Folgen für den Arbeitnehmer erklärt hat. Mit Blick auf die persönlichen und wirtschaftlichen Auswirkungen einer außerordentlichen Kündigung kann nicht angenommen werden, dass »die Rechtsordnung ein solches Vorgehen grundsätzlich nicht missbilligt« (so aber *BAG* 12.1.2021, 2 AZN 724/20, Rn 4). Der Rechtsordnung ist die Erklärung einer selbst aus Sicht des Kündigenden nicht hinreichend begründbaren Kündigung vielmehr fremd. Der Hinweis des BAG auf die §§ 4, 7 KSchG steht dem nicht entgegen. Zwar kann der Arbeitnehmer – bewusst oder unbewusst – die Frist des § 4 Satz 1 KSchG versäumen und damit die Wirksamkeitsfiktion des § 7 KSchG auslösen. Daraus kann aber nicht geschlossen werden, dass der Gesetzgeber jedwedes Vorgehen des Arbeitgebers einschließlich der bewussten Umgehung der Erklärungsfrist des § 626 Abs. 2 BGB gebilligt hätte. Er hat nur im Rahmen des Rechtsschutzsystems ein Wirksamwerden der Kündigung durch Fristversäumnis ermöglicht. In diesem Fall bedarf es keines Nachschiebens von Kündigungsgründen. Wurde die Klagefrist hingegen gewahrt, kommt es zur Prüfung der Kündigungsgründe und es besteht kein Anlass für die Annahme, der Arbeitgeber solle sich durch die Erklärung einer zunächst nicht hinreichend begründbaren Kündigung von der zeitlichen Eingrenzung des § 626 Abs. 2 S. 1 und 2 BGB befreien können.

194 Eine zeitliche **Grenze** des Nachschiebens von Gründen, die dem Kündigungsberechtigten erst **nach Zugang der Kündigung bekannt** werden, kann durch die Grundsätze von **Treu und Glauben** gesetzt sein. Wenn der Gekündigte die berechtigte Erwartung haben darf, der Kündigende wolle sich auf bestimmte Gründe beschränken, kann ein **weiteres Nachschieben verwirkt** sein. Dies bedarf der Beurteilung im Einzelfall.

2. Nachschieben und Anhörung des Betriebsrates/Beteiligung der Schwerbehindertenvertretung

Durch die Rspr. des BAG ist inzwischen geklärt, ob und inwieweit der Arbeitgeber durch die Pflicht, dem Betriebsrat vor Erklärung der Kündigung die Kündigungsgründe mitzuteilen (§ 102 Abs. 1 BetrVG), daran gehindert ist, ihm im Zeitpunkt der Kündigung bereits **bekannte oder später bekannt gewordene Kündigungsgründe** nachzuschieben, zu denen der **Betriebsrat** vor der Kündigung nicht angehört worden ist (vgl. zum früheren Streitstand KR-*Etzel*, 10. Aufl., § 102 BetrVG Rn 185). Für **vor Einleitung des Anhörungsverfahrens bekannte Gründe** gilt Folgendes: Nachgeschobene Kündigungsgründe, die bereits vor Erklärung der Kündigung entstanden und dem Arbeitgeber bekannt gewesen sind, die er aber nicht dem Betriebsrat mitgeteilt hat, sind im Kündigungsschutzprozess nicht zu verwerten, weil der Arbeitgeber bei objektiver Betrachtung hinsichtlich der ihm bekannten, aber nicht mitgeteilten Gründe seine Mitteilungspflicht nach § 102 Abs. 1 BetrVG gegenüber dem Betriebsrat verletzt hat (*BAG* 18.12.1980 EzA § 102 BetrVG Nr. 44; 1.4.1981 EzA § 102 BetrVG Nr. 45; vgl. KR-*Rinck* § 102 BetrVG Rdn 243 ff.; ArbRBGB-*Corts* Rn 245; SPV-*Preis* Rn 355). Das gilt auch dann, wenn der Betriebsrat der Kündigung zugestimmt (*BAG* 26.09.1991 EzA § 1 KSchG Personenbedingte Kündigung Nr. 10) oder wenn ihm der Arbeitgeber die weiteren Gründe nachträglich mitgeteilt hat. In diesem Falle ist die Kündigung zwar nicht bereits wegen fehlerhafter Anhörung nach § 102 BetrVG unwirksam, weil der Arbeitgeber dem Betriebsrat nicht alle ihm bekannten, sondern nur diejenigen Kündigungstatsachen mitzuteilen braucht, die er zum Anlass für die beabsichtigte Kündigung nehmen will (vgl. KR-*Rinck* § 102 BetrVG Rdn 83 f.). Die **nicht mitgeteilten Gründe können aber nicht ergänzend im Kündigungsschutzprozess berücksichtigt** werden, weil das dem Zweck des § 102 BetrVG widersprechen würde. Dieses »**Verwertungsverbot**« bezieht sich nicht nur auf selbständige weitere Kündigungsgründe, sondern auch auf Tatsachen, die einen Sachverhalt erst zu einem kündigungsrechtlich relevanten Grund machen (zB für die spätere Berufung auf eine erforderliche Abmahnung oder die Schilderung der Auswirkung des Kündigungssachverhaltes auf das Arbeitsverhältnis). **Dagegen** ist der Arbeitgeber nicht gehindert, im Kündigungsschutzprozess Tatsachen nachzuschieben, die ohne wesentliche Veränderung des Kündigungssachverhaltes **lediglich die dem Betriebsrat mitgeteilten Kündigungsgründe näher erläutern oder konkretisieren** (*BAG* 11.4.1985 EzA § 102 BetrVG 1972 Nr. 62; vgl. KR-*Rinck* § 102 BetrVG Rdn 239). **Kündigungsgründe, die der Arbeitgeber im Zeitraum zwischen der Unterrichtung des Betriebsrates und der Erklärung der Kündigung erfahren hat**, kann er im Kündigungsschutzprozess nur dann nachschieben, wenn er wegen dieser weiteren Gründe vor der Kündigung die Möglichkeit genutzt hat, das Anhörungsverfahren um diese Gründe zu erweitern bzw. ein erneutes Anhörungsverfahren durchzuführen (s. KR-*Rinck* § 102 BetrVG Rdn 244). Da die Abgrenzung zwischen einer zulässigen Konkretisierung des Kündigungsgrundes und der unzulässigen Erweiterung oder Veränderung des Kündigungssachverhaltes durch das Nachschieben neuer Gründe schwierig ist und die Grenzen für eine **zulässige Substantiierung** eng zu ziehen sind, ist die Durchsetzung einer bestehenden Kündigungsbefugnis des Arbeitgebers nur dann gewährleistet, wenn er dem Betriebsrat gründlich und substantiiert den für ihn maßgebenden Kündigungssachverhalt mitteilt. 195

Aus dem Schutzzweck des § 102 BetrVG ergeben sich durchgreifende Bedenken aber auch gegen die Heranziehung solcher **Gründe, die dem Arbeitgeber bei Erklärung der Kündigung noch unbekannt waren**, wenn sich der Betriebsrat damit nicht befasst hat (*BAG* 11.4.1985 EzA § 102 BetrVG 1972 Nr. 62; 11.10.1989 EzA § 1 KSchG Betriebsbedingte Kündigung Nr. 64; 28.2.1990 EzA § 1 KSchG Personenbedingte Kündigung Nr. 5; vgl. KR-*Rinck* § 102 BetrVG Rdn 248). **§ 102 BetrVG** ist deshalb hinsichtlich der später bekannt gewordenen Kündigungsgründe **entsprechend anzuwenden**. Das Nachschieben von Kündigungsgründen ist insoweit der Erklärung der Kündigung gleichzustellen, und deswegen wird eine **weitere Anhörung des Betriebsrates erforderlich**, bevor die zunächst unbekannten Kündigungsgründe nachgeschoben werden können (SPV-*Preis* Rn 356). Dieses **nachträgliche Anhörungsverfahren** erfüllt den Sinn und den Zweck des § 102 BetrVG und dient auch der Prozessökonomie, indem hierdurch mehrere Kündigungen und mehrere Rechtsstreitigkeiten vermieden werden. Unterlässt es der Arbeitgeber, die ihm erst später bekannt gewordenen Gründe nachträglich dem Betriebsrat mitzuteilen, dann sind diese unbekannten Gründe im Prozess nicht verwertbar (zur Personalratsbeteiligung *BAG* 10.4.2014 – 2 AZR 684/13). Unverwertbar sind 196 nachgeschobene Kündigungsgründe darüber hinaus dann, wenn der Betriebsrat schon zu den ursprünglich geltend gemachten Gründen nicht oder nicht ordnungsgemäß angehört worden war. Die aus § 102 Abs. 1 BetrVG folgende Unwirksamkeit der Kündigung kann in diesem Fall nicht durch ein Nachschieben der erst später bekannt gewordenen Gründe geheilt werden (vgl. auch KR-*Rinck* § 102 BetrVG Rdn 240).

197 Die in den Rdn 195 f. dargestellten Grundsätze gelten entsprechend für das Nachschieben von Kündigungsgründen und die **Beteiligung der Schwerbehindertenvertretung** nach § 178 Abs. 2 SGB IX bei der außerordentlichen Kündigung gegenüber einem schwerbehinderten Menschen (vgl. hierzu Rdn 357).

3. Nachschieben und Zustimmungserfordernis

198 Bedarf die Kündigung der **Zustimmung des Betriebsrates** nach § 103 BetrVG i. V. m. § 15 KSchG, dann gelten die vorstehenden Grundsätze (s. Rdn 195 f.) für den Kündigungsschutzprozess des nach erteilter oder vom Gericht ersetzter Zustimmung gekündigten Amtsträgers mit den Konsequenzen, die von KR-*Kreft* (§ 15 KSchG Rdn 71 ff.) eingehend dargestellt werden. Im **Zustimmungsersetzungsverfahren** nach § 103 Abs. 2 BetrVG kann der Arbeitgeber weitere Kündigungsgründe nachschieben, sofern er zuvor dem Betriebsrat deswegen erneut Gelegenheit zur Stellungnahme gegeben hat (vgl. hierzu KR-*Rinck* § 103 BetrVG Rdn 123 ff.; *BAG* 27.1.1977 EzA § 103 BetrVG 1972 Nr. 16).

199 Wenn die **Zustimmung des Integrationsamtes** zur Kündigung eines **schwerbehinderten Menschen** (§ 168 SGB IX) erteilt ist, dann bestehen keine durchgreifenden Bedenken, dem Arbeitgeber im Kündigungsschutzprozess das Nachschieben von bekannten oder unbekannten Gründen zu gestatten, die er im behördlichen Zustimmungsverfahren noch nicht geltend gemacht hatte, soweit er damit im Zeitpunkt der Zustimmungserteilung nicht bereits gem. § 626 Abs. 2 BGB ausgeschlossen war. Wenn das Integrationsamt bereits aufgrund der ihm mitgeteilten Gründe die Zustimmung zur Kündigung erteilt hat, dann ist es sinnlos, eine weitere Vorbehandlung nachgeschobener Kündigungsgründe durch die Behörde zu verlangen, weil der Zweck des Verfahrens nach dem SGB IX, den betroffenen Arbeitnehmern einen besonderen Schutz zu gewähren, nach der gesetzlichen Eröffnung der Kündigungsmöglichkeit nicht mehr erreicht werden kann (vgl. KR-*Gallner* §§ 168–173 SGB IX Rdn 160; im Ergebnis auch HAS-*Popp* § 19 B Rn 202; zu dem vergleichbaren Tatbestand des Nachschiebens weiterer Kündigungsgründe nach rechtskräftiger Ersetzung der Zustimmung gem. § 103 Abs. 2 BetrVG vgl. KR-*Kreft* § 15 KSchG Rdn 74; teilw. aA HaKo-ArbR/*Griebeling/ Herget* Rn 56). Die Zustimmung des Integrationsamtes befreit den Arbeitgeber jedoch nicht von der **Beteiligungspflicht** nach § 178 Abs. 2 SGB IX und der **Anhörungspflicht** nach § 102 BetrVG und den sich daraus ergebenden Grenzen für das Nachschieben (s. Rdn 195 ff.).

200 Entsprechendes gilt, wenn die zuständige Behörde im Fall der **Eltern-, Pflege-oder Familienpflegezeit** die Kündigung gem. § 18 BEEG bzw. § 5 PflegeZG für zulässig erklärt hat. Wurde dagegen die Kündigung einer **Schwangeren** gem. § 17 MuSchG für zulässig erklärt, scheitert ein Nachschieben von Kündigungsgründen an dem Erfordernis des § 17 Abs. 2 S. 2 MuSchG, den Grund bereits im Kündigungsschreiben anzugeben (vgl. KR-*Gallner* § 17 MuSchG Rdn 174 mwN).

201 *(unbelegt)*

202 *(unbelegt)*

203 *(unbelegt)*

204 *(unbelegt)*

205 *(unbelegt)*

IV. Nachschieben von Gründen als neue Kündigung

1. Auslegungsgrundsätze

In dem Vortrag neuer Tatsachen, die eine weitere außerordentliche Kündigung rechtfertigen können, kann uU die Erklärung einer **neuen Kündigung** enthalten sein (sog. Prozesskündigung). Bei der Kündigung eines Arbeitsverhältnisses, bei dem mit Rücksicht auf den punktuellen Streitgegenstand des Kündigungsschutzprozesses grds. jede weitere Kündigung mit einer Kündigungsschutzklage angegriffen werden muss (vgl. hierzu KR-*Klose* § 4 KSchG Rdn 294), geht es zu weit, das Nachschieben eines späteren Grundes regelmäßig als neue Kündigung auszulegen (HAS-*Popp* § 19 B Rn 154; SPV-*Preis* Rn 95 Fn 104; aA BAG 3.5.1956 AP Nr. 9 zu § 626 BGB und BGH 28.4.1960 AP Nr. 41 zu § 626 BGB). Es muss vielmehr dem Gekündigten eindeutig **erkennbar** sein, dass mit der Berufung auf einen neuen Kündigungsgrund eine weitere Kündigung beabsichtigt ist (vgl. zur wiederholten ordentlichen Kündigung KR-*Rachor* § 1 KSchG Rdn 260). 206

Die abgelehnte Auffassung, wonach das Nachschieben eines neuen Kündigungsgrundes idR eine neue Kündigung bedeuten soll, wird in ihren Konsequenzen allerdings dann entschärft, wenn man es genügen lässt, dass der gekündigte Arbeitnehmer auch den neuen Kündigungsgründen widerspricht, und darin eine **Erweiterung** seines ursprünglich auf die erste Kündigung beschränkten **Antrages** sieht (vgl. KR-*Klose* § 4 KSchG Rdn 294). 207

(unbelegt) 208

(unbelegt) 209

2. Beurteilung späterer Kündigungsgründe

Für weitere Kündigungen, die deutlich erkennbar in dem Nachschieben später entstandener Gründe liegen oder vorsorglich ausdrücklich ausgesprochen werden, gelten folgende Besonderheiten: In Betracht kommen alle **Umstände**, die **nach** der ersten **Kündigung** bis zur rechtlichen Beendigung des Arbeitsverhältnisses eintreten. Das bedeutet, dass nach einer ordentlichen Kündigung und bei einer außerordentlichen befristeten Kündigung (s. Rdn 29 f.) bis zum Ablauf der einzuhaltenden oder gewährten Kündigungsfrist eintretende wichtige Gründe zur fristlosen außerordentlichen Kündigung berechtigen können. 210

Die in der Zeit **nach** einer **unwirksamen Kündigung** begangenen **Verfehlungen** des Gekündigten sind aber uU **milder zu beurteilen** als bei einem ungekündigten Vertragsverhältnis. Es darf nicht unberücksichtigt bleiben, dass der Kündigende durch eine unwirksame Kündigung – auch wenn darüber noch Streit herrscht – das Vertrauensverhältnis selbst erheblich belastet hat. Die zumindest objektiv begangene Vertragsverletzung entbindet den Gekündigten zwar nicht von der von ihm selbst weiter einzuhaltenden Vertragstreue. Sie kann aber ein aus verständlicher Verärgerung über das Vorgehen des Vertragspartners oder durch die Ungewissheit über den Fortbestand des Arbeitsverhältnisses provoziertes oder veranlasstes Verhalten entschuldigen (HAS-*Popp* § 19 B Rn 245 f.). So hängt das Gewicht eines **Wettbewerbsverstoßes**, den ein Arbeitnehmer im Anschluss an eine unwirksame Kündigung des Arbeitgebers begeht, von dem Grad des Verschuldens des Arbeitnehmers und von Art und Auswirkung der Wettbewerbshandlung ab (*BAG* 25.4.1991 EzA § 626 BGB nF Nr. 140; s. dazu aber Rdn 481). 211

K. Besondere Arten der außerordentlichen Kündigung

I. Außerordentliche Änderungskündigung

1. Zulässigkeit

Eine außerordentliche Kündigung ist nicht nur zum Zwecke der sofortigen Beendigung des Arbeitsverhältnisses, sondern beim Vorliegen eines wichtigen Grundes auch dann zulässig, wenn hierdurch eine **Änderung der Arbeitsvertragsbedingungen** durchgesetzt werden soll (*BAG* 28.10.2010 EzA § 2 KSchG Nr. 80; *Busemann/Schäfer* Rn 462; ErfK-*Niemann* Rn 191; s.a. KR-*Kreft* § 2 KSchG 212

Rdn 52 ff.). Zu den Besonderheiten des Beginns der Ausschlussfrist s. Rdn 347; zum Verhältnis zwischen der Änderungs- und Beendigungskündigung s. Rdn 309.

2. Prüfungsmaßstab

213 Die Änderungskündigung ist ein aus zwei Willenserklärungen zusammengesetztes Rechtsgeschäft. Zur **Kündigungserklärung** muss als zweites Element ein bestimmtes, zumindest bestimmbares und somit den Voraussetzungen des § 145 BGB entsprechendes **Angebot zur Fortsetzung des Arbeitsverhältnisses zu geänderten Bedingungen** hinzukommen (*BAG* 21.5.2019, 2 AZR 26/19, EzA § 4 nF KSchG Nr. 104). **Prüfungsmaßstab** für eine außerordentliche Änderungskündigung ist grds. nicht, ob dem Kündigenden jegliche Fortsetzung des Arbeitsverhältnisses unzumutbar geworden ist. Ein wichtiger Grund zur außerordentlichen Änderungskündigung setzt vielmehr voraus, dass die alsbaldige **Änderung der Arbeitsbedingungen unabweisbar notwendig ist** und die geänderten Bedingungen dem gekündigten Arbeitnehmer **zumutbar** sind (*BAG* 20.10.2017, 2 AZR 783/16 (F), EzA § 2 KSchG Nr. 102). Es ist auf das **Angebot** abzustellen, das Arbeitsverhältnis unter bestimmten anderen Bedingungen fortzusetzen. Die Änderungskündigung ist deswegen nicht nur dann wirksam, wenn auch eine Beendigungskündigung gerechtfertigt wäre (hM: *Bengelsdorf* Anm. AP Nr. 73 zu § 2 KSchG 1969; *Brenneis* S. 33 ff.; MüKo-BGB/*Henssler* Rn 290; *Hromadka* NZA 1996, 1 ff.; *Linck/Krause/Bayreuther-Krause* § 2 Rn 124 ff.; *Krois* ZFA 2009, 594 ff.; NK-GA-*Nübold* § 2 KSchG Rn 123 f.; *Otto* Änderungskündigung S. 26 f.; *Precklein* S. 25 ff.; SPV-*Preis* Rn 529; HWK-*Sandmann* Rn 334; *Spirolke/Regh* S. 124 f.; *Wallner* Rn 604; *Zirnbauer* NZA 1995, 1076; *BAG* 6.3.1986 EzA § 15 KSchG nF Nr. 34; 21.6.1995 EzA § 15 KSchG nF Nr. 43; aA *Berkowsky* NZA 1999, 296 ff.; *ders.* NZA-Beil. 2/2010, 50 ff.; *Boewer* BB 1996, 2620; *Herschel* FS Müller 1981, S. 206; HBS-*Holthausen* § 10 Rn 536).

214 Der Prüfungsmaßstab ist auch nicht davon abhängig, ob der gekündigte Arbeitnehmer das Angebot **unter Vorbehalt angenommen** oder schlechthin **abgelehnt** hat (*Krois* ZFA 2009, 597 f.; SPV-*Preis* Rn 532; *Spirolke/Regh* S. 37; *Wallner* Rn 605; aA HAS-*Popp* § 19 B Rn 592). Wie sich der Gekündigte auf das Änderungsangebot einlässt, wirkt sich vielmehr nur auf die **Rechtsfolgen** der außerordentlichen Kündigung aus (*BAG* 16.1.1997 RzK I 7a Nr. 37). Bei einer **vorbehaltlosen Ablehnung des Änderungsangebotes** muss sich der Gekündigte mit der Beendigung des Arbeitsverhältnisses abfinden, wenn die Kündigungsschutzklage rechtskräftig abgewiesen wird. Wenn der Arbeitnehmer dagegen die **Änderung unter Vorbehalt annimmt** und die gegen die Änderung gerichtete Klage erfolglos bleibt, wird das Arbeitsverhältnis mit dem geänderten Inhalt aufrechterhalten. Die Wirksamkeit der Änderung der Arbeitsbedingungen scheitert in diesem Fall nicht schon deshalb am fehlenden Kündigungsgrund bzw. am ultima-ratio-Prinzip, weil der Arbeitgeber die Änderung bereits durch Ausübung eines **Widerrufsvorbehalts** oder seines **Direktionsrechts** hätte bewirken können (vgl. hierzu *BAG* 22.9.2016, 2 AZR 509/15, EzA § 2 KSchG Nr. 98), denn ungerechtfertigt wäre nur die nicht mehr in Betracht kommende Rechtsfolge der Beendigung des Arbeitsverhältnisses (vgl. *BAG* 26.1.1995 EzA § 2 KSchG Nr. 22; 16.1.1997 RzK I 7a Nr. 37; 24.6.2004 EzBAT §§ 22, 23 BAT M Nr. 122; 24.8.2004 EzA § 2 KSchG Nr. 51; 26.1.2012 EzA § 2 KSchG Nr. 84; *Fischermeier* NZA 2000, 739 f.; *Friedrich/Kloppenburg* RdA 2001, 306; MüKo-BGB/*Henssler* Rn 292; HzK-*Mues* 2 Rn 213; *Oetker* Anm. AP Nr. 222 zu § 626 BGB; HWK-*Sandmann* Rn 337; *Spirolke/Regh* S. 81; s.a. KR-*Kreft* § 2 KSchG Rdn 167 ff.).Nach *LAG Bln.* 29.11.1999 LAGE § 2 KSchG Nr. 36 soll eine **Umdeutung** der Änderungskündigung in die Ausübung des Direktionsrechts möglich sein (ähnlich *Hromadka* NZA 1996, 10; *ders.* NZA 2008, 1340; vgl. auch *Hunold* NZA 2008, 862; HWK-*Molkenbur* § 2 KSchG Rn 27; SPV-*Preis* Rn 418; *Spirolke/Regh* S. 36; aA *Ahrens* Anm. EzA § 315 BGB Nr. 45; *Berkowsky* NZA 1999, 296 ff.; *Boewer* BB 1996, 2620; DWL-*Dörner* Kap. 4 Rn 3089; *Herbert/Oberrath* NJW 2008, 3181;/*Linck/Krause/Bayreuther-Krause* § 2 Rn 88; *Kappelhoff* ArbRB 2006, 185; *Knorr/Bichlmeier/Kremhelmer* 16 Rn 21; APS-*Künzl* § 2 KSchG Rn 119a; NK-GA-*Nübold* § 2 KSchG Rn 73; *Otto* Änderungskündigung S. 115 ff.; *Preis/Schneider* FS v. Hoyningen-Huene 2014, S. 400 ff.; *Reuter/Sagan/Witschen* NZA 2013, 936 ff.; *Schröder* S. 253 ff.; *Verstege* RdA 2010, 302 ff.; *ders.* Anm. AP Nr. 153 zu § 2 KSchG 1969; *Wallner* Rn 123 ff.; diff. *Benecke* NZA 2005, 1092). Die Annahme einer

Umdeutungsmöglichkeit ist abzulehnen. Eine Umdeutung nach § 140 BGB würde voraussetzen, dass der Erklärungsempfänger (Arbeitnehmer) erkennen konnte, dass der Erklärende (Arbeitgeber) das Änderungsangebot notfalls als Weisung verstanden wissen wollte (*BAG* 28.5.2009, 2 AZR 844/07, EzA § 1 KSchG Interessenausgleich Nr. 19). Änderungskündigung und Direktionsrechtsausübung weisen jedoch gänzlich unterschiedliche Zielrichtungen auf, denn die Änderungskündigung will den Vertragsinhalt ändern, welcher den Umfang des Direktionsrechts bestimmt. Vor diesem Hintergrund kann der Arbeitnehmer aus der Änderungskündigung keinen Willen zur – gleichsam hilfsweisen – Ausübung des Direktionsrechts entnehmen. Er muss sich nur auf die Situation einer Änderungskündigung einstellen und bei einer fristlosen Änderungskündigung die **Annahme unter Vorbehalt unverzüglich** erklären (vgl. dazu *BAG* 27.3.1987 EzA § 2 KSchG Nr. 10; KR-*Kreft* § 2 KSchG Rdn 56; HAS-*Popp* § 19 B Rn 407; SPV-*Preis* Rn 533). Falls eine Auslauffrist gewährt wurde, ist dagegen § 2 S. 2 KSchG entsprechend anzuwenden (vgl. KR-*Kreft* § 2 KSchG Rdn 56; *Linck/Krause/Bayreuther-Krause* § 2 Rn 114 f.; HWK-*Sandmann* Rn 337; offen gelassen v. *BAG* 28.10.2010 EzA § 2 KSchG Nr. 80, weil eine evtl. verspätete Annahme jedenfalls ein neues Angebot auf Abschluss eines Änderungsvertrags unter Vorbehalt darstellte, das der Arbeitgeber angenommen hatte).

Die Unwirksamkeit der Änderung gem. § 626 BGB muss der Arbeitnehmer **entsprechend § 4 S. 2 KSchG** innerhalb der dreiwöchigen **Klagefrist** geltend machen (*BAG* 28.10.2010 EzA § 2 KSchG Nr. 80; vgl. auch KR-*Kreft* § 2 KSchG Rdn 55). Zur Vermeidung der Rechtsfolgen des § 7 KSchG genügt es jedoch, wenn der Arbeitnehmer innerhalb der Klagefrist eine Kündigungsschutzklage nach § 4 Satz 1, § 13 Abs. 1 Satz 1 KSchG erhebt und den Antrag später entsprechend § 4 Satz 2 KSchG fasst (vgl. *BAG* 21.5.2019, 2 AZR 26/19, EzA § 4 nF KSchG Nr. 104; zum umgekehrten Fall vgl. *BAG* 24.5.2018, 2 AZR 67/18, EzA § 4 nF KSchG Nr. 102). Wenn die angestrebte Änderung schon nach dem bisherigen Arbeitsvertrag vom Direktionsrecht gedeckt war oder auf andere Weise, etwa durch eine Änderung des einschlägigen Tarifvertrages, bewirkt wurde und die **Änderungskündigung** eigentlich **überflüssig** war, kann die Änderungsschutzklage wegen ihres gem. § 4 S. 2 KSchG eingeschränkten Streitgegenstands trotz solcher sonstigen Kündigungsmängel keinen Erfolg haben (*BAG* 24.6.2004 ZTR 2004, 579 mwN; 29.9.2011 EzA § 2 KSchG Nr. 83 mwN; 26.1.2012 EzA § 2 KSchG Nr. 84; *LAG RhPf* 23.9.2010 LAGE § 2 KSchG Nr. 66; *LAG Köln* 9.10.2013 PersV 2014, 355; *Aszmons/Hoppe* ArbR 2016, 448; NK-GA-*Berger* § 4 KSchG Rn 248 ff.; *Fischermeier* NZA 2000, 739 f.; *Friedrich/Kloppenburg* RdA 2001, 306; vgl. auch KR-*Kreft* § 2 KSchG Rdn 169; aA jetzt *BAG* 22.10.2015 EzA § 2 KSchG Nr. 93 unter Verkennung des Streitgegenstands [»Änderungskündigung« statt richtig »Änderung der Arbeitsbedingungen«]; ferner *Niemann* RdA 2016, 339 ff.; NK-GA-*Nübold* § 2 KSchG Rn 73 ff.; *Preis* NZA 2015, 8; krit. auch *Hromadka* NZA 2012, 897 und *Reuter/Sagan/Witschen* NZA 2013, 938 ff., die zur Lösung der Problematik vorschlagen, der Arbeitgeber könne im Zweifelsfall eine Weisung erteilen und hilfsweise eine Änderungskündigung erklären, worauf der Arbeitnehmer ggf. mit einer allgemeinen Feststellungsklage und hilfsweise – für den Fall des Obsiegens – mit einer Änderungsschutzklage reagieren könne; s. zur Zulässigkeit dieses Weges *BAG* 17.12.2015 EzA § 2 KSchG Nr. 96, NK-GA-*Nübold* § 2 KSchG Rn 11 ff. und *B. Schmidt* FS Wank 2014, 554 ff.).

Wie oben in Rdn 213 bereits angeführt, muss die die Änderung der Arbeitsbedingungen aus Sicht des Kündigenden alsbaldig notwendig sein. Da die Änderung der Bedingungen schon vor Ablauf der Kündigungsfrist selten unabweisbar notwendig sein wird, kommt die **außerordentliche Änderungskündigung meist nur bei Unkündbarkeit** in Betracht (zur Versetzung bei krankheitsbedingtem dauerhaftem Unvermögen, die vertraglich vereinbarte Arbeitsleistung zu erbringen vgl. *BAG* 28.10.2010 EzA § 2 KSchG Nr. 80, für den Fall der Auflösung eines Orchesters *BAG* 25.3.1976 EzA § 626 BGB Änderungskündigung Nr. 1 und bei einer Betriebsverlagerung *BAG* 28.5.2009 EzA § 1 KSchG Interessenausgleich Nr. 19). Soweit die Unkündbarkeit auch für betriebsbedingte Änderungskündigungen Geltung beansprucht (zB § 34 Abs. 2 TVöD), ist Voraussetzung, dass das geänderte unternehmerische Konzept die Änderung der Arbeitsbedingungen erzwingt und ohne sie oder mit geringeren Änderungen wesentlich beeinträchtigt würde (*BAG* 26.6.2008 BB 2009, 108). Die neuen Bedingungen müssen dem Gekündigten **zumutbar** sein (*BAG* 20.10.2017, 2 AZR 783/16 (F),

EzA § 2 KSchG Nr. 102). Ob der Arbeitnehmer eine ihm vorgeschlagene Änderung billigerweise akzeptieren muss, ist nach dem **Verhältnismäßigkeitsgrundsatz** zu beurteilen. Die Änderungen müssen geeignet und erforderlich sein, um den Inhalt des Arbeitsvertrags den geänderten Beschäftigungsmöglichkeiten anzupassen. Diese **Voraussetzungen müssen für alle vorgesehenen Änderungen vorliegen**. Ausgangspunkt ist die bisherige vertragliche Regelung. Die angebotenen Änderungen dürfen sich von deren Inhalt nicht weiter entfernen, als zur Erreichung des angestrebten Ziels erforderlich ist (*BAG* 10.4.2014, 2 AZR 812/12, EzA § 2 KSchG Nr. 89; zu kirchlichen AVR vgl. LAG MV 16.6.2020, 5 Sa 53/20). Dabei ist auch zu prüfen, ob in bereits absehbarer Zeit eine sich weniger weit vom Vertragsinhalt entfernende Tätigkeit zur Verfügung steht (*BAG* 27.4.2021, 2 AZR 357/20, Rn. 20).

217 Um den Grundsatz der **Verhältnismäßigkeit** zwischen Beendigungs- und Änderungskündigung zu wahren (s. Rdn 309 f.), ist darauf abzustellen, ob sich der Arbeitgeber mit einer Änderungskündigung begnügt hat, um dem Arbeitnehmer überhaupt noch eine Weiterbeschäftigung anbieten zu können (*BAG* 28.10.2010 EzA § 2 KSchG Nr. 80). Die Änderungskündigung ist dann berechtigt, wenn sie das Ziel verfolgt und erreicht, eine sonst wirksame **Beendigungskündigung** zu **vermeiden** (vgl. ArbRBGB-*Corts* Rn 72). Diese Voraussetzung ist nicht schon dann erfüllt, wenn der Arbeitgeber allgemein auf dieses von ihm erstrebte Ziel verweist. Es bedarf vielmehr vorrangig der Prüfung, ob ohne die Wahl der Änderungskündigung eine Beendigungskündigung tatsächlich unumgänglich und gerechtfertigt wäre (*BAG* 12.11.1998 EzA § 2 KSchG Nr. 33; 20.1.2000 EzA § 15 KSchG nF Nr. 49; MüKo-BGB/*Henssler* Rn 289; SPV-*Preis* Rn 529; HWK-*Sandmann* Rn 334).

218 Soweit mit der Änderungskündigung die **Kürzung** dem Arbeitnehmer **zugesagter Leistungen** (insbes. Vergütung) bezweckt wird, sind folgende Grundsätze zu beachten: Die Änderung lässt sich nicht schon damit rechtfertigen, dass eine Gleichbehandlung mit anderen Arbeitnehmern herbeigeführt werden soll (*BAG* 20.1.2000 EzA § 15 KSchG nF Nr. 49). Auch die gesetzliche Eröffnung der Möglichkeit, von der »Equal-Pay«-Regelung des AÜG durch vertragliche Bezugnahme auf einen beim Verleiher anwendbaren TV abzuweichen, rechtfertigt keine entsprechende Vertragsänderung durch Änderungskündigung (*BAG* 12.1.2006 EzA § 2 KSchG Nr. 56). Weder der Entschluss, die Lohnkosten zu senken, noch die Änderungskündigung selbst sind sog. bindende, von den Gerichten nur auf Rechtsmissbrauch zu prüfende Unternehmerentscheidungen (*Fischermeier* NZA 2000, 742 mwN; vgl. ferner KR-*Rachor* § 1 KSchG Rdn 556 ff., 628). Die Kürzung zugesagter Leistungen hat mit unternehmerischer Freiheit nichts zu tun (*Hromadka* NZA 1996, 10; *Precklein* S. 96 f.). Ein wichtiger Grund für Entgeltsenkungen liegt nur vor, wenn sonst eine **Existenzgefährdung** für das Unternehmen eintreten würde. Allerdings muss der Arbeitgeber hierfür darlegen, dass die **Sanierung** mit den Eingriffen in die Arbeitsverträge steht und fällt und alle gegenüber der beabsichtigten Änderungskündigung milderen Mittel ausgeschöpft sind (*BAG* 20.10.2017, 2 AZR 783/16 (F), EzA § 2 KSchG Nr. 102; 20.1.2000 EzA § 15 KSchG nF Nr. 49; MüKo-BGB/*Henssler* Rn 291; aA *Breuckmann* S. 146, 158 f.; teilw. auch *Krois* ZFA 2009, 612 ff. und *Rasper* S. 322). Dabei ist auf die wirtschaftliche Situation des Gesamtbetriebes, nicht auf die eines unselbständigen Betriebsteils abzustellen (*BAG* 20.8.1998 EzA § 2 KSchG Nr. 31; 12.11.1998 EzA § 2 KSchG Nr. 33). Der Arbeitgeber darf grds. nicht einzelne Arbeitnehmer (zB die in einer unrentablen Abteilung beschäftigten) herausgreifen; auch müssen die Arbeitnehmer bei nur vorübergehenden Verlusten jedenfalls keine Entgeltsenkung auf Dauer hinnehmen (*BAG* 20.8.1998 EzA § 2 KSchG Nr. 31; aA *Otto* Änderungskündigung S. 121 ff.). Müsste allerdings ohne die angestrebte Personalkostensenkung alsbald Insolvenzantrag gestellt werden, kann sogar bei einem an Beamtenverhältnisse angelehnten Bestands- und Inhaltsschutz auch von tariflich unkündbaren Arbeitnehmern ein Sanierungsbeitrag verlangt werden, wenn sonstige Maßnahmen einschließlich entsprechender Änderungskündigungen gegenüber ordentlich kündbaren Arbeitnehmern nicht ausreichen würden (vgl. *BAG* 20.10.2017, 2 AZR 783/16 (F), EzA § 2 KSchG Nr. 102; 1.3.2007 EzA § 626 BGB 2002 Unkündbarkeit Nr. 13). Auch kann sich ein nach dem Sanierungsplan betroffener Arbeitnehmer nicht darauf berufen, die Änderungskündigung sei ihm gegenüber deshalb nicht mehr erforderlich, weil der Sanierungserfolg schon durch die freiwillige Akzeptanz der Vergütungsreduzierung seitens der meisten anderen Arbeitnehmer gesichert sei (*BAG* 26.6.2008 EzA § 2 KSchG Nr. 71). Die vorstehenden Grundsätze gelten aber nicht, wenn die **Änderung** der Arbeitsbedingungen nicht unmittelbar die Vergütung, sondern die Gestaltung der **Arbeit**

oder der **Arbeitszeit** betrifft und erst diese Änderung Auswirkungen auf die Vergütung des Arbeitnehmers hat, sei es aufgrund eines im Betrieb angewandten Vergütungssystems (»Tarifautomatik«, vgl. *BAG* 17.3.2005 EzA § 15 KSchG nF Nr. 59; 27.11.2008 EzTöD 100 § 34 Abs. 2 TVöD-AT Betriebsübergang Nr. 4; 28.10.2010 EzA § 2 KSchG Nr. 80) oder eines vom Arbeitgeber darzulegenden evident geringeren Marktwerts der neuen Tätigkeit (*BAG* 16.1.1997 RzK I 7a Nr. 37; 23.6.2005 EzA § 2 KSchG Nr. 54; vgl. auch *Krois* ZFA 2009, 610; *Precklein* S. 96; HWK-*Sandmann* Rn 336).

II. Druckkündigung

1. Begriff

Von einer **Druckkündigung,** die als außerordentliche oder auch als ordentliche Kündigung (vgl. 219 KR-*Rachor* § 1 KSchG Rdn 512; aA *Insam* DB 2005, 2300) in Betracht kommt, spricht man, wenn von dritter Seite (zB Belegschaft, Gewerkschaft oder Geschäftspartnern des Arbeitgebers) unter **Androhung von Nachteilen** für den Arbeitgeber (zB Ankündigung des Abbruchs der Geschäftsbeziehungen durch Kunden) vom Arbeitgeber die Entlassung eines bestimmten Arbeitnehmers verlangt wird (vgl. *BAG* 31.1.1996 EzA § 626 BGB Druckkündigung Nr. 3 mwN; *Däubler* Das Arbeitsrecht 2 Rn 1136; MüKo-BGB/*Henssler* Rn 283; *Kleinebrink* FA 2014, 98; ErfK-*Niemann* Rn 185; HAS-*Popp* § 19 B Rn 408; HWK-*Sandmann* Rn 295, 297; *Schaub/Linck* § 127 Rn 89).

Es ist zunächst zu klären, ob in der Person oder im Verhalten des betroffenen Arbeitnehmers liegen- 220 de Gründe gegeben sind, die das Entlassungsverlangen sachlich rechtfertigen und eine **personen- oder verhaltensbedingte** Kündigung ermöglichen (*BAG* 31.1.1996 EzA § 626 BGB Druckkündigung Nr. 3). Der von Dritten ausgeübte Druck kann ggf. bei der Interessenabwägung zu Lasten des Arbeitnehmers berücksichtigt werden (AnwK-ArbR/*Bröhl* Rn 54). Fehlt ein derartiger Kündigungssachverhalt, dann ist eine **betriebsbedingte** Druckkündigung nur unter den nachfolgenden Voraussetzungen zulässig (*BAG* 18.7.2013 EzA § 1 KSchG Betriebsbedingte Kündigung Nr. 175; *Kleinebrink* FA 2014, 98 f.; NK-GA-*Meyer* Rn 85 f.; grds. auch *Bergwitz/Vollstädt* DB 2015, 2635 ff.; **abl.** *Adam* AuR 2013, 18; *Berkowsky* NZA-RR 2001, 452 f.; HK-*Weller/Dorndorf* § 1 Rn 997; *Hamacher* NZA 2014, 134; SPV-*Preis* Rn 695; *Zielke* S. 155 f.; gegen die Einordnung als betriebsbedingt *Linck/Krause/Bayreuther-Krause* § 1 Rn 317; *Insam* DB 2005, 2300; GA-*Kerwer* § 1 KSchG Rn 415, 591 f.; *Rahmstorf* S. 28 ff.; *Reuter* FS Richardi 2007, S. 369; *Wolf* Druckkündigungen S. 37 ff.).

2. Voraussetzungen

Der Arbeitgeber darf nicht ohne weiteres dem Verlangen auf Entlassung eines Arbeitnehmers nach- 221 geben, sondern muss sich **schützend vor** den **Arbeitnehmer** stellen und versuchen, die diejenige Seite, von der der Druck ausgeübt wird, von ihrer Drohung abzubringen (*BAG* 15.12.2016 EzA § 1 KSchG Druckkündigung Nr. 2); uU ist auch eine Mediation anzubieten (vgl. *BAG* 19.7.2016 EzA § 1 KSchG Druckkündigung Nr. 1; teilw. aA *Bergwitz/Vollstädt* DB 2015, 2638, wonach hinsichtlich der Reaktion des Arbeitgebers die unternehmerische Freiheit zu achten sei). Das gilt selbst dann, wenn der Arbeitgeber verpflichtet ist, dem Verlangen eines Auftraggebers zu entsprechen, einen unerwünschten Arbeitnehmer abzuberufen (*BAG* 19.6.1986 EzA § 1 KSchG Betriebsbedingte Kündigung Nr. 39). Nachhaltige Bemühungen sind vom Arbeitgeber insbes. dann zu erwarten, wenn die Forderung auf Entlassung ohne sachlichen Grund erfolgt oder etwa gegen die Grundsätze der positiven und negativen Koalitionsfreiheit verstößt (vgl. *Wolf* Druckkündigungen S. 199 ff.; zu einer Druckkündigung gegenüber einem HIV-infizierten Arbeitnehmer EGMR 3.10.2013 – 552/10). Bei **Diskriminierungen** bestimmen sich die Verpflichtungen des Arbeitgebers nach § 12 AGG (vgl. *Bergwitz/Vollstädt* DB 2015, 2638 f.).

Die vorherige **Anhörung** des betroffenen Arbeitnehmers durch den Arbeitgeber ist keine Wirksam- 222 keitsvoraussetzung für die Druckkündigung (*BAG* 4.10.1990 EzA § 626 BGB Druckkündigung Nr. 2; HAS-*Popp* § 19 B Rn 414; *Rahmstorf* S. 84; *Schaub/Linck* § 127 Rn 89). Verlangt der **Betriebsrat** die Entlassung eines Arbeitnehmers, ist zu beachten, dass § 104 Satz 1 BetrVG ihm nicht das Recht gibt, eine fristlose Beendigung des Arbeitsverhältnisses des betroffenen Arbeitnehmers zu verlangen (*BAG* 28.3.2017, 2 AZR 551/16, EzA § 104 BetrVG 2001 Nr. 1; vgl. im Übrigen KR-*Rinck* § 104 BetrVG Rdn 24 ff.).

223 Der Arbeitgeber kann sich auf keine **Drucksituation** berufen, die er **selbst** in vorwerfbarer Weise **herbeigeführt** hat (*BAG* 26.1.1962 AP Nr. 8 zu § 626 BGB Druckkündigung; DDZ-*Däubler* Rn 296; MüKo-BGB/*Henssler* Rn 285; SPV-*Preis* Rn 695). Andererseits muss auch der Arbeitnehmer in einer Drucksituation versuchen, unzumutbare Nachteile von seinem Arbeitgeber abzuwenden, und uU bereit sein, in eine **Versetzung** einzuwilligen, wenn dadurch die Lage entspannt werden kann (vgl. DDZ-*Däubler* Rn 293; HAS-*Popp* § 19 B Rn 414; *Schaub/Linck* § 127 Rn 89). Nur dann, wenn alle Vermittlungsversuche des Arbeitgebers gescheitert sind und dem Arbeitgeber nur die Wahl bleibt, entweder den Arbeitnehmer zu entlassen oder schwere wirtschaftliche Nachteile hinzunehmen, kann ihm ein wichtiger Grund zur außerordentlichen Kündigung zugebilligt werden. Unter diesen Voraussetzungen kann auch eine nur auf die Änderung der Arbeitsbedingungen gerichtete außerordentliche Änderungskündigung auf einem wichtigen Grund beruhen (*BAG* 4.10.1990 EzA § 626 BGB Druckkündigung Nr. 2). Die europäischen Antidiskriminierungsrichtlinien und das AGG haben daran nichts geändert (vgl. *Deinert* RdA 2007, 282 f.; *Wolf* Druckkündigungen S. 231 f.; teilw. aA HaKo-ArbR/*Griebeling/Herget* Rn 101; *Pallasch* NZA 2013, 1178).

3. Schadenersatz

224 Wenn der Arbeitgeber wegen eines unabwendbaren Druckes eines Dritten eine wirksame Kündigung erklärt, die sonst sachlich nicht zu rechtfertigen wäre, kann dem gekündigten Arbeitnehmer **gegen den Dritten** ein **Schadensersatzanspruch** nach §§ 823 f., 826 BGB zustehen (vgl. *BAG* 4.6.1998 EzA § 823 BGB Nr. 9; KR-*Rinck* § 104 BetrVG Rdn 52 mwN; *Edenfeld* Anm. AP Nr. 9 zu § 823 BGB; HAS-*Popp* § 19 B Rn 418; *Schleusener* NZA 1999, 1079 ff.). Ein Schadensersatzanspruch **gegen den Arbeitgeber** kommt hingegen regelmäßig nicht in Betracht, weil der Arbeitgeber mit der Erklärung einer rechtmäßigen Kündigung keine Pflichtverletzung begeht. Schadensersatzansprüche können daher nur bestehen, wenn der Arbeitgeber einen von der Kündigung unabhängigen Pflichtenverstoß begangen hat, durch den der Arbeitnehmer (neben dem Arbeitsplatzverlust) einen Schaden erlitten hat (vgl. auch *Reuter* FS Richardi 2007, S. 369 f.; *Wolf* Druckkündigungen S. 65; aA HaKo-ArbR/*Herget* Rn 103: evt. § 15 AGG; APS-*Vossen* Rn 344a; *Breucker* NZA 2008, 1050 f.; DDZ-*Däubler* Rn 297: § 904 BGB analog; MüKoBGB/*Henssler* Rn 287: §§ 9, 10 KSchG analog).

III. Die Verdachtskündigung

1. Begriff und Typisierung

225 Nach der st. Rspr. des BAG kann nicht nur eine erwiesene strafbare Handlung oder eine erwiesene Vertragsverletzung eines Arbeitnehmers, sondern auch der **Verdacht**, dieser habe eine **strafbare Handlung** oder eine **schuldhafte Pflichtverletzung** begangen, ein wichtiger Grund für eine außerordentliche Kündigung sein. Der Verdacht einer Pflichtverletzung stellt gegenüber dem verhaltensbezogenen Vorwurf, der Arbeitnehmer habe die Pflichtverletzung tatsächlich begangen, einen **eigenständigen Kündigungsgrund** dar (*BAG* 31.1.2019, 2 AZR 426/18, EzA § 1 KSchG Verdachtskündigung Nr. 7 mwN). Eine »echte« Verdachtskündigung liegt nur dann vor, wenn es gerade der Verdacht ist, der das zur Fortsetzung des Arbeitsverhältnisses notwendige Vertrauen des Arbeitgebers in die Redlichkeit des Arbeitnehmers zerstört oder zu einer **unzumutbaren Belastung** des Arbeitsverhältnisses geführt hat. Dies kann auch noch dann der Fall sein, wenn der Arbeitnehmer bereits unwiderruflich bezahlt freigestellt wurde (*BAG* 5.4.2001 EzA § 626 BGB Verdacht strafbarer Handlung Nr. 10; zust. *Bernstein* Anm. AP § 626 BGB Verdacht strafbarer Handlung Nr. 34). Zumeist wird der Arbeitgeber bei einem solchen Verdacht die Kündigung als fristlose Kündigung erklären, jedoch ist auch die ordentliche Verdachtskündigung, zB wenn die Frist des § 626 Abs. 2 BGB versäumt wurde, nicht ohne praktische Bedeutung (zur ordentlichen Verdachtskündigung vgl. *BAG* 31.1.2019, 2 AZR 426/18, EzA § 1 KSchG Verdachtskündigung Nr. 7 mwN).

Jedes Arbeitsverhältnis setzt als personenbezogenes Dauerschuldverhältnis ein gewisses gegensei- 226
tiges Vertrauen der Vertragspartner voraus. Ein schwerwiegender Verdacht einer Pflichtverletzung
kann zum **Verlust der vertragsnotwendigen Vertrauenswürdigkeit** des Arbeitnehmers und damit
zu einem **Eignungsmangel** führen, der einem verständig und gerecht abwägenden Arbeitgeber
die Fortsetzung des Arbeitsverhältnisses unzumutbar macht. Der durch den Verdacht bedingte
Eignungsmangel stellt einen **Kündigungsgrund in der Person des Arbeitnehmers** dar und kann
abhängig von den Umständen des Einzelfalls eine ordentliche oder außerordentliche Kündigung
rechtfertigen. Die in Art. 6 Abs. 2 MRK verankerte **Unschuldsvermutung** steht nicht entgegen
(st. Rspr., vgl. *BAG* 31.1.2019, 2 AZR 426/18, EzA § 1 KSchG Verdachtskündigung Nr. 7; s.a.
BVerfG 15.12.2008, 1 BvR 347/08, BVerfGK 14, 507). Die Zulässigkeit der Verdachtskündigung
und ihre Einordnung als personenbedingte Kündigung wird vom überwiegenden Teil der Literatur
geteilt (s. *Alt* Jahrbuch des Rechtsschutzes 2010, S. 117, 120; *Berkowsky* Personen- und verhaltensbedingte Kündigung, § 12 Rn 9 f.; *Busch* WiVerw 2005, 163; *Ebeling* S. 182; AnwaltKomm-
Klappstein Rn 72; *Bamberger/Roth/Fuchs* Rn 42; HaKo-KSchR/*Denecke* § 1 KSchG Rn 630; *Hahn*
S. 64 f.; NK-GA-*Kerwer* § 1 KSchG Rn 668; *Linck/Krause/Bayreuther* § 1 Rn 465, 703; *Kraft* Anm.
EzA § 626 BGB Verdacht strafbarer Handlung Nr. 6; LSSW-Schlünder § 1 Rn 276; *Meyer* Die
Kündigung des Arbeitsverhältnisses wegen Sicherheitsbedenken, S. 117; *Hromadka/Maschmann*
§ 10 Rn 120; *Mitterer* NZA-RR 2011, 453; *Otto* Der Wegfall des Vertrauens S. 218 f.; SPV-*Preis*
Rn 703; SPK-ArbR/*Rolfs* § 1 KSchG Rn 194; SPK-ArbR/*Stoffels* Rn 151; *Wank* FS Kohte 2016,
S. 380; *Quecke* ZTR 2003, 9; *Zborowska* S. 56 ff.; ferner *Gilberg* RdA 2015, 211 und *Kalb* ZfA
2016, 468, allerdings im Rahmen ihres etwas abweichenden Konzepts der »Vertrauenskündigung«;
zweifelnd jetzt KR-*Rachor* § 1 KSchG Rdn 423; grundsätzlich **ablehnend** *Dörner* APS 4. Aufl.
Rn 374 ff. mwN; *Adam* AuR 2013, 17; DDZ-*Däubler* Rn 259, *Deinert* AuR 2005, 285, *Mittag/
Wroblewski* AuR 2011, 74, *Naujok* AuR 1998, 398 ff). Teilw. wird die Verdachtskündigung auch
als verhaltensbedingte Kündigung verstanden (*Gentges* S. 250; *Henssler* Anm. LAGE § 1 KSchG
Verhaltensbedingte Kündigung; *Seeling/Zwickel* MDR 2008, 120 f.; *C. Weber* SAE 1996, 60; im
Prinzip auch *Hoefs* S. 261). *Dorndorf* (HK § 1 Rn 844) meint, die Rspr. habe insoweit einen Kündigungsgrund eigener Art entwickelt (ähnl. MüKo-BGB/*Henssler* Rn 269). Der Rechtsprechung und
herrschenden Lehre ist zuzustimmen: Der **verdachtsbedingte Verlust der Vertrauenswürdigkeit**, dh
der Wegfall einer persönlichen Eigenschaft, ist ein **personenbedingter Kündigungsgrund**, bei dem
die nachfolgend dargestellten besonderen Kündigungsvoraussetzungen festgestellt sein müssen, um
der Gefahr vorzubeugen, dass die Kündigung einen Unschuldigen trifft (SPV-*Preis* Rn 704). Hiervon zu unterscheiden ist jedoch die Konstellation, dass der Arbeitnehmer durch eine nachweisbare
schuldhafte Vertragsverletzung einen über diese hinausgreifenden Verdacht verursacht hat. Dann
kommt wegen dieser Vertragsverletzung eine verhaltensbedingte Kündigung in Betracht (*Berkowsky*
Personen- und verhaltensbedingte Kündigung, § 12 Rn 13; AnwK-ArbR/*Bröhl* Rn 58; *Hahn* S. 79;
LSSW-Schlünder § 1 Rn 115), für die aber keine Besonderheiten gelten. Gegenstand der Prüfung
ist insoweit die **schuldhafte Pflichtverletzung** (Tat) und nicht in erster Linie das Defizit in der Vertrauenswürdigkeit des Arbeitnehmers.

2. Voraussetzungen und allgemeine Grundsätze

Der Verdacht muss **objektiv** durch bestimmte, **im Zeitpunkt der Kündigung** vorliegende 227
(Indiz-)Tatsachen begründet sein (*BAG* 18.6.2015, 2 AZR 256/14, EzA § 102 BetrVG 2001
Nr. 33).Der **Verdacht** muss sich aus Umständen ergeben, die so beschaffen sind, dass sie einen
verständigen und gerecht abwägenden Arbeitgeber zum Ausspruch der Kündigung veranlassen
können. Er muss insbes. **dringend** sein. Es muss eine große Wahrscheinlichkeit dafür bestehen,
dass er zutrifft (*BAG* 2.3.2017, 2 AZR 698/15, EzA § 626 BGB 2002 Verdacht strafbarer Handlung Nr. 16; diff. *Otto* Der Wegfall des Vertrauens S. 225 f.). Die Umstände, die ihn begründen,
dürfen nach allgemeiner Lebenserfahrung nicht ebenso gut durch ein Geschehen zu erklären
sein, das eine Kündigung nicht zu rechtfertigen vermöchte. Bloße, auf mehr oder weniger halt-
bare Vermutungen gestützte Verdächtigungen reichen nicht aus (*BAG* 31.1.2019, 2 AZR 426/
18, EzA § 1 KSchG Verdachtskündigung Nr. 7 mwN). Der Verdacht muss sich zudem auf eine

§ 626 BGB   Fristlose Kündigung aus wichtigem Grund

schwerwiegende Pflichtverletzung beziehen (*BAG* 5.4.2001 EzA § 626 BGB Verdacht strafbarer Handlung Nr. 10).

228 Entscheidungen im **Strafverfahren** sind für den Kündigungsschutzprozess **nicht bindend**, denn maßgeblich sind hierfür der Verstoß gegen vertragliche Pflichten und der mit ihm verbundene Vertrauensbruch (*BAG* 25.10.2012, 2 AZR 700/11, EzA § 626 BGB 2002 Verdacht strafbarer Handlung Nr. 13). Für sich genommen begründen daher weder die Einleitung eines strafrechtlichen Ermittlungsverfahrens noch ein Haftbefehl oder die Erhebung der Anklage bzw. die Eröffnung des Hauptverfahrens einen dringenden Tatverdacht, auch wenn sie den Kündigungsgrund unterstützen können (*BAG* 29.11.2007 EzA § 626 BGB 2002 Verdacht strafbarer Handlung Nr. 5; 24.5.2012 EzA § 626 BGB 2002 Verdacht strafbarer Handlung Nr. 11; teilw. aA *LAG SchlH* 21.4.2004 NZA-RR 2004, 666). Der Arbeitgeber muss ggf. die Ermittlungsergebnisse der Strafverfolgungsbehörden – zumindest durch Bezugnahme – als eigene Behauptungen vortragen (*BAG* 25.10.2012 EzA § 626 BGB 2002 Verdacht strafbarer Handlung Nr. 13). Ein Strafurteil, das den Verdacht eines vertragswidrigen Verhaltens »erhärtet«, stellt keinen selbständigen Kündigungsgrund dar, der tatrichterliche Würdigungen im Kündigungsschutzprozess entbehrlich macht (*BAG* 26.3.1992 EzA § 626 BGB Verdacht strafbarer Handlung Nr. 4). Ein **Freispruch** im Strafverfahren soll aber unter dem Gesichtspunkt einer Entlastung des Arbeitnehmers für die arbeitsgerichtliche Prüfung im Rahmen einer Verdachtskündigung von Bedeutung sein. Das gelte nicht nur, wenn der Verdacht gegen den Arbeitnehmer im Strafverfahren vollständig ausgeräumt worden sei. Es reiche vielmehr aus, wenn Tatsachen festgestellt worden sind, die den Verdacht zumindest wesentlich abschwächen (*BAG* 2.3.2017, 2 AZR 698/15, EzA § 626 BGB 2002 Verdacht strafbarer Handlung Nr. 16). Dies bedeutet aber nicht, dass ein Freispruch zwangsläufig zur Unwirksamkeit der Verdachtskündigung führt. Die Gerichte für Arbeitssachen haben auch bei einem Freispruch eine eigenständige Beweiswürdigung vorzunehmen und die Wirksamkeit der Kündigung nach arbeitsrechtlichen und zivilprozessualen Maßstäben zu beurteilen (vgl. hierzu mit Blick auf Art. 6 Abs. 2 EMRK *BAG* 31.1.2019, 2 AZR 426/18, EzA § 1 KSchG Verdachtskündigung Nr. 7 mwN). Abhängig von den Umständen des Einzelfalls kann aufgrund des Verdachts die für die Fortsetzung des Arbeitsverhältnisses erforderliche Vertrauensbasis auch bei einem späteren Freispruch zerstört sein.

229 (*unbelegt*)

230 (*unbelegt*)

231 Ein späteres **Nachschieben des Verdachts als Kündigungsgrund** ist materiellrechtlich möglich. Es unterliegt aber den kollektivrechtlichen Beschränkungen nach § 102 BetrVG (vgl. Rdn 195 und KR-*Rinck* § 102 BetrVG Rdn 239 ff.). Teilt der Arbeitgeber dem Betriebsrat nur mit, ein Arbeitnehmer solle wegen einer nachweisbaren strafbaren oder pflichtwidrigen Handlung entlassen werden und stützt er später die Kündigung bei unverändert gebliebenem Sachverhalt auch auf den Verdacht einer Verfehlung, dann ist der nachgeschobene Grund der Verdachtskündigung wegen fehlender Anhörung des Betriebsrates im Kündigungsschutzprozess nicht verwertbar (*BAG* 4.10.1990 RzK I 8c Nr. 21; 23.4.2008 EzA § 103 BetrVG 2001 Nr. 6; s. KR-*Rinck* § 102 BetrVG Rdn 103; SPV-*Preis* Rn 705). Dies bedeutet nicht, dass der Arbeitgeber bei der **Anhörung des Betriebsrates** stets den Kündigungssachverhalt auch ausdrücklich rechtlich als **Verdachts- oder Tatkündigung** qualifizieren muss (vgl. auch AnwK-ArbR/*Bröhl* Rn 62). Das ist nur dann geboten, wenn die Mitteilung der für den Kündigungsentschluss des Arbeitgebers maßgebenden Tatsachen dem Betriebsrat nicht hinreichend deutlich macht, ob eine Kündigung wegen eines Verdachts oder wegen eines Tatvorwurfs oder (vorsorglich) aus beiden Gründen ausgesprochen werden soll (vgl. *BAG* 20.6.2013 EzA § 611 BGB 2002 Persönlichkeitsrecht Nr. 14; 23.4.2008 EzA § 103 BetrVG 2001 Nr. 6; *LAG Köln* 31.10.1997 LAGE § 102 BetrVG 1972 Nr. 66). Außerdem kann der Arbeitgeber, der bereits wegen einer schuldhaften Pflichtverletzung gekündigt hat, solche Tatsachen nachschieben, die bereits bei Zugang der Kündigung vorgelegen haben, die ihm aber erst **nachträglich bekannt** geworden sind und den Verdacht einer (weiteren) Pflichtverletzung begründen. Ob die ursprünglich angeführten Kündigungsgründe beweisbar sind oder nicht, ist insoweit unerheblich.

Allerdings muss der Arbeitgeber in diesem Fall vor dem Nachschieben nochmals den Betriebsrat anhören (*BAG* 13.9.1995 EzA § 626 BGB Verdacht strafbarer Handlung Nr. 6). Die **Anhörung des Arbeitnehmers** (vgl zu diesem Erfordernis Rdn 244) ist dagegen **entbehrlich**, weil die Kündigung bereits ausgesprochen ist, die Stellungnahme des Arbeitnehmers also den Kündigungsentschluss nicht mehr beeinflussen und die Verteidigung gegen den Verdacht in dem bereits geführten Prozess erfolgen kann (ebenso *BAG* 23.5.2013 EzA § 626 BGB 2002 Verdacht strafbarer Handlung Nr. 14; *Behrens/Rinsdorf* FS Küttner 2006, S. 278 ff.; ArbRBGB-*Corts* Rn 173; *Eylert* NZA-RR 2014, 406; MAH-ArbR/*Reinartz* § 44 Rn 122, 131; *Zborowska* S. 306 f.).

Die beiden Kündigungsgründe des Verdachts und des Vorwurfs einer Pflichtwidrigkeit stehen trotz 232 ihrer Eigenständigkeit nicht völlig beziehungslos nebeneinander. Wenn die Kündigung nur mit dem Verdacht eines pflichtwidrigen Handelns begründet worden ist, nach der Überzeugung des Gerichts aber über den Verdacht des pflichtwidrigen Handelns hinaus die Pflichtwidrigkeit nachgewiesen ist, dann lässt das die Wirksamkeit der Kündigung aus materiell-rechtlichen Gründen unberührt. Das Gericht kann sich dann damit begnügen, auf einen zumindest begründeten dringenden Tatverdacht abzustellen. Es ist aber auch nicht gehindert, die **nachgewiesene Pflichtwidrigkeit** als wichtigen Grund anzuerkennen (*BAG* 6.12.2001 EzA § 626 BGB Verdacht strafbarer Handlung Nr. 11; 3.7.2003 EzA § 1 KSchG Verdachtskündigung Nr. 2; 27.1.2011 EzA § 626 BGB 2002 Verdacht strafbarer Handlung Nr. 10). Ob der Arbeitnehmer vor der Kündigung ausreichend angehört worden war (vgl hierzu Rdn 244), ist dann ohne Bedeutung, weshalb stets geprüft werden muss, ob die Begehung der Tat, derer der Arbeitnehmer verdächtigt wird, zur Überzeugung des Gerichts feststeht (*BAG* 23.6.2009 EzA § 626 BGB 2002 Verdacht strafbarer Handlung Nr. 8; 21.11.2013 EzA § 1 KSchG Verdachtskündigung Nr. 5). Dieser Würdigung steht auch nicht eine insoweit unzureichende Unterrichtung des Betriebsrates entgegen, wenn diesem – sei es auch im Wege zulässigen Nachschiebens – alle Tatsachen mitgeteilt worden sind, die nicht nur einen Verdacht, sondern den Tatvorwurf selbst begründen (*BAG* 23.6.2009 EzA § 626 BGB 2002 Verdacht strafbarer Handlung Nr. 8; 10.6.2010 EzA § 626 BGB 2002 Nr. 32; zu neuen Tatsachen s. dagegen KR-*Rinck* § 102 BetrVG Rdn 103). Der Normzweck des § 102 BetrVG wird bei dieser Fallgestaltung nicht vereitelt, weil der vom Arbeitgeber dem Betriebsrat ursprünglich mitgeteilte Verdacht dem Betriebsrat erfahrungsgemäß keinen geringeren, sondern einen stärkeren Anlass für eine gründliche Klärung des Kündigungssachverhaltes gegeben hat als eine Anhörung wegen einer als erwiesen behaupteten Handlung (*BAG* 3.4.1986 EzA § 102 BetrVG 1972 Nr. 63; vgl. auch AnwK-ArbR/*Bröhl* Rn 62; *Hoefs* S. 177; BGB-RGRK/*Weller* vor § 620 Rn 105; im Ergebnis ferner *Zborowska* S. 286 f.; aA *Eisemann* AuR 1990, 91 f.).

Aufgrund der Eigenständigkeit der Kündigungsgründe und der Unterschiedlichkeit der Streit- 233 gegenstände gilt für das Verhältnis zwischen zeitlich versetzten Verdachts- und Tatkündigungen folgendes: **Nach** der rechtskräftigen Feststellung der **Unwirksamkeit** einer **Verdachtskündigung** (zB wegen Versäumung der Frist des § 626 Abs. 2 BGB) ist der Arbeitgeber nicht gehindert, zB nach Abschluss des Strafverfahrens nunmehr eine **Tatkündigung** auszusprechen (*BAG* 12.12.1984 EzA § 626 BGB nF Nr. 97; *Ascheid* Rn 167). Ebenso wenig steht die rechtskräftige Feststellung der **Unwirksamkeit** einer **Tatkündigung** einer **späteren** (fristgerechten) **Verdachtskündigung** entgegen, wenn dieser Grund im Vorprozess nicht vorgebracht oder aus formellen Gründen nicht geprüft wurde (*BAG* 6.9.1990 EzA § 1 KSchG Verdachtskündigung Nr. 1).

(unbelegt) 234

Das *BAG* lässt es in st. Rspr. zu, dass der **Verdacht** gegen den Arbeitnehmer **im Laufe des Kün-** 235 **digungsschutzprozesses** bis zum Schluss der letzten mündlichen Verhandlung in der Tatsacheninstanz rückwirkend **ausgeräumt oder verstärkt** werden kann, wobei allerdings die **(Indiz-)Tatsachen bereits vor Zugang der Kündigung vorgelegen** haben müssen (*BAG* 14.9.1994 EzA § 626 BGB Verdacht strafbarer Handlung Nr. 5; 6.11.2003 EzA § 626 BGB 2002 Verdacht strafbarer Handlung Nr. 2; 12.5.2010 EzA § 15 nF KSchG Nr. 67; 24.5.2012 EzA § 626 BGB 2002 Verdacht strafbarer Handlung Nr. 11; auch *Fischermeier* FS ARGE ArbR im DAV 2006, S. 278 f.; *Behrens/Rinsdorf* FS Küttner 2006, S. 279 ff.; *Fiedler/Küntzer* FA 2005, 264 ff.; *Hoefs* S. 274 ff.;

Zborowska S. 299 ff.; MüKo-BGB/*Henssler* Rn 282; zur ausnahmsweisen Berücksichtigung nachträglicher Umstände s. Rdn 189). Hiervon erfasst sind Umstände, die den Verdacht eines eigenständigen – neuen – Kündigungsvorwurfs begründen (*BAG* 18.6.2015, 2 AZR 256/14, EzA § 102 BetrVG 2001 – Rn 46). Das gilt auch für entlastende Umstände, die der Arbeitnehmer bei der Anhörung nicht erwähnt hat (s. Rdn 229). Dem hat sich der *BGH* inzwischen grds. angeschlossen (19.06.2008 DB 2008, 1624; vgl. aber *BGH* 13.7.1956 AP Nr. 2 zu § 611 BGB Fürsorgepflicht; hierzu KR-*Fischermeier* Voraufl.). Entgegen gewichtiger Stimmen in der Literatur (*Grunsky* ZfA 1977, 170 f.; *Kontusch* S. 15 f.; *Moritz* NJW 1978, 403; *Toma/Reiter* NZA 2015, 460 ff. *Fuhlrott* ArbR 2012, 606 f; LSSW-*Schlünder* § 1 Rn 275; *Lunk* NJW 2010, 2757; SPK-ArbR/*Stoffels* Rn 157) ist dieser Rechtsprechung zuzustimmen. **Kündigungsgrund** bei der Verdachtskündigung ist nicht der subjektive Vertrauensverlust des konkreten Arbeitgebers im Kündigungszeitpunkt. Kündigungsgrund ist vielmehr die **verdachtsbedingte Beeinträchtigung der Vertrauenswürdigkeit** des Arbeitnehmers, wobei sich der Verdacht **aus objektiven, im Zeitpunkt der Kündigung vorliegenden (Indiz-)Tatsachen** ergeben muss. Ob diese Tatsachen schon im Zeitpunkt der Kündigung bekannt waren, ist unerheblich (insoweit zust. *Enderlein* RdA 2000, 330), wenn man davon absieht, dass dem Nachschieben von im Kündigungszeitpunkt schon bekannten Tatsachen durch den Arbeitgeber § 626 Abs. 2 BGB und die unterlassene Anhörung des Arbeitnehmers entgegenstehen kann (zu kollektivrechtlichen Beschränkungen des Nachschiebens s. Rdn 195 ff.). Die Frage der Unzumutbarkeit der Fortsetzung des Arbeitsverhältnisses ist aus der Sicht eines verständigen und gerecht abwägenden Arbeitgebers zu beurteilen, der nicht nur die Fakten kennt, welche schon im Zeitpunkt der Kündigung bekannt waren, sondern den gesamten Sachverhalt, wie er im Prozess bis zur letzten mündlichen Verhandlung des Tatsachengerichts aufgeklärt wurde. Mit Recht hat das *BAG* (14.9.1994 EzA § 626 BGB Verdacht strafbarer Handlung Nr. 5) darauf hingewiesen, dass insoweit für die Verdachtskündigung nichts anderes gilt als für eine ebenfalls personenbedingte Kündigung wegen Krankheit: Auch bei der krankheitsbedingten Kündigung sind neue Erkenntnisse zur Prognose, die im Prozess etwa durch Einholung eines Sachverständigengutachtens gewonnen werden, zu berücksichtigen. Lediglich erst **nach der Kündigung entstandene Tatsachen** haben, entgegen der früheren Rspr. (*BAG* 24.4.1975 EzA § 103 BetrVG 1972 Nr. 8; auch noch *BAG* 19.9.1991 RzK I 8c Nr. 24), unberücksichtigt zu bleiben.

236 *(unbelegt)*

237 *(unbelegt)*

238 *(unbelegt)*

239 *(unbelegt)*

240 *(unbelegt)*

241 *(unbelegt)*

242 Der **Anwendungsbereich** der Verdachtskündigung ist grundsätzlich nicht eingeschränkt. Eine Verdachtskündigung kommt nicht nur in einem **Kleinbetrieb**, in dem der einzelne Arbeitnehmer und sein Arbeitgeber oder dessen Repräsentant unmittelbar zusammenarbeiten, oder bei Arbeitnehmern in einer **besonderen Vertrauensstellung** in Betracht. Eine besondere Vertrauensstellung ist aber bei der Prüfung, ob dem Arbeitgeber im jeweiligen Einzelfall die Fortsetzung des Arbeitsverhältnisses zuzumuten ist, in die Interessenabwägung einzustellen *(BAG* 31.1.2019, 2 AZR 426/18, EzA § 1 KSchG Verdachtskündigung Nr. 7; HAS-*Popp* § 19 B Rn 442; *Hahn* S. 64, 93; aA *Moritz* NJW 1978, 402 ff.; *Däubler* DDZ Rn 259).Zu eng ist die Auffassung, die Vertrauensstörung müsse sich gerade auf die Art der geschuldeten Tätigkeit beziehen (ebenso *BAG* 6.9.1990 EzA § 1 KSchG Verdachtskündigung Nr. 1; ArbRBGB-*Corts* Rn 170). Allerdings ist die Verdachtskündigung bei bestimmten Tätigkeiten von erhöhter praktischer Bedeutung. Dies betrifft Arbeitnehmer, die bei der **Verwaltung von Geld- oder Sachmitteln** des Arbeitgebers oder der **Betätigung von Kontrolleinrichtungen** nicht ständig überwacht werden können und denen deswegen notwendigerweise ein gewisses Vertrauen entgegengebracht werden muss. Gleiches gilt zB für Buchhalter, Kassierer

und Lagerverwalter, für Reisende bei der **Abrechnung von Spesen** und für Erzieher und Ausbilder, die in den Verdacht von Straftaten nach den §§ 174 ff. StGB geraten sind (vgl. auch *Alt* Jahrbuch des Rechtsschutzes 2010, 118 f., *Eylert* NZA-RR 2014, 393 f., *Schlegeit* S. 83 ff. und im Ergebnis *Otto* Der Wegfall des Vertrauens S. 219 ff.). Ein grds. Ausschluss für **Berufsausbildungsverhältnisse** lässt sich nicht rechtfertigen (ebenso *BAG* 12.2.2015 EzA § 22 BBiG 2005 Nr. 1; zust. *Fuhrlott/ Oltmanns* DB 2015, 1720; *Lunk* Anm. AP § 22 BBiG Nr. 1; *Wertz* S. 88 ff.; vgl. auch KR-*Weigand* §§ 21–23 BBiG Rdn 47; aA LAG Köln 19.9.2006 LAGE § 22 BBiG 2005 Nr. 1).

(unbelegt) 243

Der Arbeitgeber muss alle **zumutbaren** Anstrengungen zur **Aufklärung des Sachverhalts** unternommen haben (SPV-*Preis* Rn 709; vgl. auch *Hess. LAG* 17.6.2008 PflR 2009, 22; *LAG SchlH* 19.6.2013 LAGE § 626 BGB 2002 Verdacht strafbarer Handlung Nr. 13). Er ist insbes. **verpflichtet, den verdächtigen Arbeitnehmer anzuhören**, um ihm Gelegenheit zur Stellungnahme zu geben. Die vorherige Anhörung des Arbeitnehmers ist – anders als bei der sog. Tatkündigung – **Voraussetzung für die Wirksamkeit** einer Verdachtskündigung. Das folgt aus dem **Grundsatz der Verhältnismäßigkeit** (*BAG* 31.1.2019, 2 AZR 426/18, EzA § 1 KSchG Verdachtskündigung Nr. 7 mwN; *Lembke* RdA 2013, 85 [87] will die Anhörungspflicht aus einer mittelbaren Drittwirkung von Art. 103 Abs. 1 GG ableiten; generell zweifelnd HAS-*Popp* § 19 B Rn 438 und aA *Bengelsdorf* AuA 1995, 197 f.; *Dörner* AiB 1993, 157; *Lücke* BB 1997, 1847). Der Arbeitgeber muss auch prüfen, ob nicht andere Personen als Täter in Betracht kommen. Kann sich der Arbeitnehmer bei seiner Anhörung zunächst entlasten, führen jedoch die weiteren Ermittlungen wieder zu einer Verdichtung des Verdachts, so ist der Arbeitnehmer zu den neuen Ermittlungsergebnissen auch **erneut zu hören** (*BAG* 13.9.1995 EzA § 626 BGB Verdacht strafbarer Handlung Nr. 6). Wenn der Arbeitgeber den Verdacht nicht selbst aufklären kann, darf er mit der Kündigung bis zum Abschluss eines Strafverfahrens warten (*BAG* 11.3.1976 EzA § 626 BGB nF Nr. 46; zur Auswirkung auf die Ausschlussfrist s. Rdn 338). Der Arbeitgeber ist andererseits nicht verpflichtet, die Staatsanwaltschaft zur Durchführung weiterer Ermittlungen einzuschalten (*BAG* 28.9.1989, 2 AZR 111/89, NZA 1990, 568 [LS]). Grds. braucht er den verdächtigen Arbeitnehmer auch nicht mit **Belastungszeugen** zu **konfrontieren** (*BAG* 26.2.1987 RzK I 8c Nr. 13; 27.11.2008 EzA § 1 KSchG Verdachtskündigung Nr. 4). Der Verdächtige ist gehalten, an der Aufklärung des Verdachtes mitzuwirken. Unterlässt er es, rechtzeitig auf entlastende Umstände hinzuweisen, dann werden dadurch zwar die gegen ihn sprechenden Verdachtsmomente verstärkt. Das schließt aber nach der Rspr. des *BAG* (15.5.1986 RzK I 8c Nr. 9) die Möglichkeit eines späteren »Reinigungsbeweises« durch den Verdächtigen nicht aus. Generell unerheblich ist die Anhörung des Arbeitnehmers nur bei erfolgreichem Tatnachweis. Die Anhörung muss **vor der Betriebsratsanhörung** (*LAG Köln* 30.11.1992 LAGE § 626 BGB Verdacht strafbarer Handlung Nr. 3; *LAG Hamm* 30.3.2012 RDG 2012, 280) und unter solchen äußeren Bedingungen erfolgen, dass dem Arbeitnehmer eine Einlassung zumutbar ist (*LAG Köln* 15.4.1997 LAGE § 626 BGB Verdacht strafbarer Handlung Nr. 6; *LAG Bln.-Bra.* 16.12.2010 LAGE § 626 BGB 2002 Verdacht strafbarer Handlung Nr. 10). Dabei muss der Verdacht, wenn der Arbeitnehmer die Vorwürfe und Indiztatsachen nicht schon kennt (*BAG* 28.11.2007 EzA § 626 BGB 2002 Verdacht strafbarer Handlung Nr. 4), zumindest soweit **konkretisiert** werden, dass dieser sich darauf substantiiert einlassen kann. Für die **Ordnungsgemäßheit der Anhörung** ist entscheidend, ob der Arbeitnehmer in einlassungsfähiger Weise mit den ihm vorgeworfenen Verhaltensweisen konfrontiert wird und ausreichende **Gelegenheit erhält, dazu Stellung zu nehmen.** Hieran fehlt es, wenn dem Arbeitnehmer der – ob zutreffende oder unzutreffende – Eindruck vermittelt wird, er vermöge die Kündigung durch etwaige Erklärungen ohnehin nicht mehr abzuwenden (*BAG* 23.8.2018, 2 AZR 133/18, EzA § 32 BDSG Nr. 7). Der erforderliche Umfang und damit auch die Ausgestaltung der Anhörung richten sich nach den **Umständen des Einzelfalls** (*BAG* 25.4.2018, 2 AZR 611/17, EzA § 626 BGB 2002 Verdacht strafbarer Handlung Nr. 17). Weiß der Arbeitnehmer, welche Straftaten ihm vorgeworfen werden, so braucht der Arbeitgeber nicht abzuwarten, bis der Arbeitnehmer die Ermittlungsakten der Staatsanwaltschaft einsehen konnte (*BAG* 13.3.2008 EzA § 626 BGB 2002 Verdacht strafbarer Handlung Nr. 6). Die Einlassung ist dem Arbeitnehmer nicht schon deshalb unzumutbar, weil er über den **Zweck des Gesprächs zuvor im Unklaren** 244

§ 626 BGB   Fristlose Kündigung aus wichtigem Grund

gelassen oder getäuscht wurde (vgl. *BAG* 12.2.2015, 6 AZR 845/13, EzA § 22 BBiG 2005 Nr. 1; MAH-ArbR/*Reinartz* § 44 Rn 121; aA *LAG Düsseld.* 25.6.2009 LAGE § 103 BetrVG 2001 Nr. 9; *LAG Bln.-Bra.* 16.12.2010 LAGE § 626 BGB 2002 Verdacht strafbarer Handlung Nr. 10; *Eylert* NZA-RR 2014, 402; *Hunold* NZA-RR 2012, 400 f.; NK-GA-*Kerwer* § 1 KSchG Rn 677; s.a. *LAG Bln.-Bra.* 30.3.2012 LAGE § 611 BGB 2002 Abmahnung Nr. 9 m. abl. Anm. *Dzida* NZA 2013, 412 ff.; diff. *Lembke* RdA 2013, 88; *Wertz* S. 143 ff.; *Zborowska* S. 179 ff.). Die bloße Anhörung unterfällt auch nicht den Anforderungen des § 26 Abs. 1 S. 2 BDSG. Allerdings kann es bei komplexen Sachverhalten, zu denen der Arbeitnehmer ohne Vorbereitung nicht substantiiert Stellung nehmen kann, geboten sein, ihm eine angemessene Vorbereitungszeit für eine Stellungnahme einzuräumen und ggf. eine zweite Anhörung durchzuführen (vgl. *BAG* 12.2.2015, 6 AZR 845/13, EzA § 22 BBiG 2005 Nr. 1; *Dzida* NZA 2013, 414). Der Arbeitnehmer kann grds. auch die Hinzuziehung eines **Anwalts** zum Anhörungsgespräch verlangen (*BAG* 13.3.2008, 2 AZR 961/06, EzA § 626 BGB 2002 Verdacht strafbarer Handlung Nr. 6; 24.5.2012, 2 AZR 206/11, EzA § 626 BGB 2002 Verdacht strafbarer Handlung Nr. 11; *Eylert/Friedrichs* DB 2007, 2204; *Lange/Vogel* DB 2010, 1066 ff.; *Wertz* S. 154 ff.; *Zborowska* S. 174 ff. aA KR-*Fischermeier*/Vorauß; LAG Hamm 23.5.2001, 14 Sa 497/01, MDR 2001, 1361; *Fink/Müller* Schnellbrief 2015, 89 f.; diff Hess LAG 1.8.2012, 16 Sa 202/11, ArbR 2011, 516; *Eylert* NZA-RR 2014, 404; *Hunold* NZA-RR 2012, 401 f.; *Lembke* RdA 2013, 88). Der Arbeitgeber muss den Arbeitnehmer aber **nicht** von sich aus auf die Möglichkeit der Kontaktierung eines Anwalts oder sonstiger Vertrauenspersonen **hinweisen** (*BAG* 12.2.2015, 6 AZR 845/13, EzA § 22 BBiG 2005 Nr. 1).

245 Nach der Rechtsprechung des BAG führt nur eine **schuldhafte Verletzung der Anhörungspflicht** zur Unwirksamkeit der Verdachtskündigung (ebenso *Löwisch* Anm. AR-Blattei, Kündigungsschutz E Nr. 278; vgl. auch *Mennemeyer/Dreymüller* NZA 2005, 384 f.; abl. *Bader/Bram-Kreutzberg-Kowalczyk* Rn 61b.1; HAS-*Popp* § 19 B Rn 439). Den Arbeitgeber trifft kein Verschulden, wenn er von der Anhörung deswegen absieht, weil der Arbeitnehmer von vornherein nicht bereit ist, sich zu den Verdachtsgründen substantiiert zu äußern (*BAG* 26.9.2002 EzA § 626 BGB 2002 Verdacht strafbarer Handlung Nr. 1 mwN). Ist dem Arbeitgeber diese fehlende Bereitschaft bekannt oder ergibt sie sich eindeutig aus den Umständen, dann darf er die Anhörung als **überflüssigen Versuch** zur Aufklärung des Sachverhaltes unterlassen. Ob die Weigerung des Arbeitnehmers, zu ihm vorgehaltenen Verdachtsgründen Stellung zu nehmen, auch erst danach bekannt gewordene weitere Verdachtsgründe erfasst, ist eine Frage der Auslegung der Äußerung des Arbeitnehmers im Einzelfall und entgegen *LAG Köln* 12.12.2007 (AuR 2008, 454) nicht im Zweifel zu verneinen. Grds. geht aber der Arbeitgeber bei einer nicht ausreichend durch Tatsachen belegten Vermutung einer **fehlenden Mitwirkungsbereitschaft** des Arbeitnehmers ein Risiko ein, das sich nur dann nicht zu seinen Ungunsten auswirkt, wenn die Annahme, der Arbeitnehmer sei nicht zur Aufklärung bereit, durch dessen späteres Verhalten bestätigt wird (*BAG* 30.4.1987 EzA § 626 BGB Verdacht strafbarer Handlung Nr. 3; vgl. auch *BAG* 28.10.1971 EzA § 626 BGB nF Nr. 9; *LAG RhPf* 9.10.1997 LAGE § 626 BGB Verdacht strafbarer Handlung Nr. 8; *Knorr/Bichlmeier/Kremhelmer* 6 Rn 81). Kann sich der Arbeitnehmer, zB krankheitsbedingt, nicht in absehbarer Zeit äußern, kann dem Arbeitgeber uU eine weitere **Verzögerung unzumutbar** sein, obwohl in solchen Fällen die Kündigungserklärungsfrist des § 626 Abs. 2 BGB idR auch bei einem längeren Zuwarten gehemmt wäre. Die Wirksamkeit der Verdachtskündigung scheitert dann nicht an der fehlenden Anhörung (*BAG* 20.3.2014 EzA § 626 BGB 2002 Ausschlussfrist Nr. 6); uU kann es aber auch zumutbar sein, zunächst eine Nachfrist zu setzen (*LAG Bln.-Bra.* 4.8.2016 NZA-RR 2017, 21). Bei einem besonders schwerwiegenden Verdacht gegen einen Arbeitnehmer ist dem Arbeitgeber das Recht zuzubilligen, den Arbeitnehmer für die angemessene Zeit der Sachverhaltsaufklärung sofort zu **suspendieren** (*Bengelsdorf* AuA 1995, 199; *Kraft* Anm. EzA § 102 BetrVG Nr. 62; *Ring* BuW 1994, 873; vgl. auch *Ascheid* Rn 161).

246 Nach dem **Grundsatz der Verhältnismäßigkeit** ist der Arbeitgeber zudem gehalten, vor Erklärung einer Verdachtskündigung eine **Versetzung** auf einen anderen Arbeitsplatz zu erwägen und dem Arbeitnehmer anzubieten, wenn sich der Verdacht bei einer anderweitigen Beschäftigung nicht

mehr nachteilig auswirkt (SPV-*Preis* Rn 712). Das wird allerdings wegen der Beeinträchtigung der Vertrauensgrundlage eher selten der Fall sein.

(unbelegt) 247

Gelingt einem Arbeitnehmer seine **Rehabilitation** erst **nach dem Kündigungsschutzprozess**, so 248 bleibt es nicht zwangsläufig beim endgültigen Verlust des Arbeitsplatzes. Das berechtigte Rehabilitationsinteresse des Arbeitnehmers kann nach § 242 BGB einen **Anspruch auf Wiedereinstellung** begründen (vgl. *BGH* 13.7.1956 AP Nr. 2 zu § 611 BGB Fürsorgepflicht; *BAG* 14.12.1956 AP Nr. 3 zu § 611 BGB Fürsorgepflicht; *Ascheid* Rn 165; *Erman/Riesenhuber* Rn 40; ArbRBGB-*Corts* Rn 184; *Ebeling* S. 251 f.; KR-*Rachor* § 1 KSchG Rdn 835; *Heilmann* Verdachtskündigung S. 78 ff., 95 ff.; HzA-*Isenhardt* 5/1 Rn 370; HAS-*Popp* § 19 B Rn 457 f.; *Ricken* NZA 1998, 464; *Zborowska* S. 310 ff.; aA HWK-*Sandmann* Rn 292; *Fuhlrott/Oltmanns* DB 2015, 1724). Das gilt auch dann, wenn der Arbeitnehmer davon absieht, wegen der zunächst aussichtslosen Lage einen Prozess zu führen. Ein bei unveränderter Faktenlage ergangener strafgerichtlicher Freispruch vermag allerdings für sich genommen die Rehabilitation des Arbeitnehmers nicht zu begründen (*LAG BW* 22.5.2015 NZA-RR 2016, 13; MüKo-BGB/*Henssler* Rn 282). Auch setzt der Wiedereinstellungsanspruch eine **zumutbare Beschäftigungsmöglichkeit** voraus (vgl. *Erman/Riesenhuber* Rn 40; *Tschöpe/Rinck* 3 F Rn 40a; *Zborowska* S. 321 ff.). Für die von *Gamillscheg* (Arbeitsrecht I, S. 580), *Ebeling* (S. 267 ff.), *Hahn* (S. 130 f.), *Isenhardt* (HzA 5/1 Rn 370) und *Welslau* (BuW 1998, 954) vertretene Ansicht, wenn die erneute Einstellung unmöglich sei oder vom Arbeitgeber nicht grundlos abgelehnt werde, könne der zu Unrecht verdächtigte, rehabilitierte Arbeitnehmer eine **Abfindung** analog §§ 9, 10 KSchG verlangen, fehlt es dagegen an einer Rechtsgrundlage (abl. auch ArbRBGB-*Corts* Rn 183; *Eylert* NZA-RR 2014, 408; *Zborowska* S. 328 f.).

L. Die Interessenabwägung

I. Notwendigkeit

Der nach § 626 Abs. 1 BGB erforderlichen Prüfung, ob Tatsachen vorliegen, aufgrund derer dem 249 Kündigenden **unter Berücksichtigung aller Umstände des Einzelfalles und unter Abwägung der Interessen beider Vertragsteile** die Fortsetzung des Arbeitsverhältnisses bis zum Ablauf der Kündigungsfrist oder bis zu der vereinbarten Beendigung des Arbeitsverhältnisses nicht zugemutet werden kann, bedarf es **erst** – aber in diesem Falle auch stets –, wenn ein kündigungsrechtlich erheblicher Sachverhalt vorliegt, dh **wenn ein bestimmter Kündigungssachverhalt »an sich« geeignet ist, eine außerordentliche Kündigung zu rechtfertigen.**

II. Umfassende Interessenabwägung

Bei der Prüfung, ob dem Arbeitgeber eine Weiterbeschäftigung des Arbeitnehmers trotz Vorliegens 250 einer erheblichen Pflichtverletzung jedenfalls bis zum Ablauf der – fiktiven – Kündigungsfrist zumutbar ist, ist in einer **Gesamtwürdigung das Interesse des Arbeitgebers an der sofortigen Beendigung des Arbeitsverhältnisses gegen das Interesse des Arbeitnehmers an dessen Fortbestand** abzuwägen. Es hat eine **Bewertung des Einzelfalls unter Beachtung des Verhältnismäßigkeitsgrundsatzes** zu erfolgen (st Rspr, vgl. BAG 13.12.2018, 2 AZR 370/18, EzA § 626 BGB 2002 Nr. 67).

Gegen diesen Prüfungsmaßstab wird eingewandt, er beruhe auf einer rein **topischen Rechtsmetho-** 251 **dik**, die auf die Prüfung verzichtet, ob und welche Kriterien bei der Interessenabwägung überhaupt rechtlich bedeutsam sind (*Preis* Prinzipien S. 222 ff.). Er sei deswegen **normativ** auf arbeitsvertraglich relevante Umstände **zu konkretisieren** und zu reduzieren (*Ascheid* Rn 137, 203 ff.; SPV-*Preis* Rn 555; BGB-RGRK/*Weller* vor § 620 Rn 161). Dabei sei von dem Grundsatz auszugehen, dass **nur vertragsbezogene Interessen** der Parteien des Arbeitsverhältnisses zu berücksichtigen seien (*Ascheid* Rn 208 ff.; KPK-*Bengelsdorf* Kap. 2 Rn 33; ErfK-*Niemann* Rn 24b; *Preis* Prinzipien S. 224 f.). Verletzungen von Interessen, die ausschließlich der **privaten Sphäre** des Arbeitnehmers oder des Arbeitgebers zuzurechnen sind, könnten weder die Unzumutbarkeit noch die Zumutbarkeit der Weiterbeschäftigung begründen.

§ 626 BGB   Fristlose Kündigung aus wichtigem Grund

252 Dem ist entgegenzuhalten, dass eine Beschränkung der zu berücksichtigenden Interessen auf solche mit Relevanz für den Arbeitsvertrag **vom Wortlaut** des § 626 Abs. 1 BGB **nicht gedeckt** ist und zudem oft erhebliche **Abgrenzungsprobleme** aufwirft. Das Interesse des Arbeitnehmers an der Aufrechterhaltung des Arbeitsverhältnisses wenigstens bis zum Fristablauf beruht vielfach gerade auf Faktoren, die mehr oder weniger aus seiner Privatsphäre stammen. Allerdings ist deren größere oder geringere »**Nähe zum Arbeitsvertrag**« für ihre **Gewichtung** im Einzelfall von Bedeutung. Je geringer ihr Bezug zum Arbeitsvertrag und zum Kündigungsgrund ist und je mehr sie der Privatsphäre zuzuordnen sind, umso weniger Gewicht kann ihnen bei der gebotenen Interessenabwägung beigemessen werden (*BAG* 27.4.2006 EzA § 626 BGB 2002 Nr. 17; *Berger* JArbR 2011, 54; HK-*Dorndorf* § 1 Rn 717a und b; HaKo-KSchR/*Gieseler* Rn 94; HaKo-ArbR/*Griebeling/Herget* Rn 82; *Heimbach* S. 68 f.; MüKo-BGB/*Henssler* Rn 91; HWK-*Sandmann* Rn 72, 77; SPK-ArbR/*Stoffels* Rn 74; im Ergebnis auch *Wollschläger* S. 156 ff.). Führt die Abwägung der stark arbeitsvertraglich relevanten Interessen zu einem eindeutigen Ergebnis, können die **sonstigen Gesichtspunkte** ggf. vernachlässigt werden (vgl. *BAG* 27.2.1997 EzA § 1 KSchG Verhaltensbedingte Kündigung Nr. 51; 27.4.2006 EzA § 626 BGB 2002 Nr. 17); sie sind dann iSd Rspr. des BAG nicht mehr »vernünftigerweise in Betracht zu ziehen«. Sie können aber **in Grenzfällen** den Ausschlag geben, dh wenn ohne ihre Berücksichtigung von einem Gleichgewicht der Interessen beider Vertragsteile auszugehen wäre (*Berger* JArbR 2011, 54; HaKo-KSchR/*Gieseler* Rn 96; HaKo-ArbR/*Griebeling/Herget* Rn 84; HWK-*Sandmann* Rn 72). Der EGMR will uU auch öffentliche Interessen berücksichtigt wissen (EGMR 21.7.2011, 28274/08, EzA § 626 BGB 2002 Anzeige gegen Arbeitgeber Nr. 1).

253 *(unbelegt)*

254 Für die **vertragsbezogenen Interessen** des Arbeitgebers sind insbes. das **Gewicht** und die **Auswirkungen** einer **Vertragsverletzung** des Arbeitnehmers, der **Grad des Verschuldens** sowie eine mögliche **Wiederholungsgefahr** von Bedeutung (*BAG* 13.12.2018, 2 AZR 370/18, EzA § 626 BGB 2002 Nr. 67; MüKo-BGB/*Henssler* Rn 89; zum Ruhen des Arbeitsverhältnisses bzw. zur **Freistellung** des Arbeitnehmers vgl. *BAG* 5.4.2001 EzA § 626 BGB Verdacht strafbarer Handlung Nr. 10 und *Hess. LAG* 29.8.2011 ZD 2012, 139). **Betriebliche Interessen** des Arbeitgebers werden u. a. verletzt, wenn der **Betriebsablauf** konkret gestört oder dem Produktionszweck geschadet wird (*Preis* Prinzipien S. 227 ff.). Im Einzelfall können auch Gesichtspunkte der **Betriebsdisziplin**, dh generalpräventive Motive des Arbeitgebers, eine Rolle spielen (*BAG* 4.6.1997 EzA § 626 BGB nF Nr. 168; *Hess. LAG* 21.1.2013 – 17 Sa 904/12; *Berger* JArbR 2011, 57; *Hunold* DB 2009, 2660; TRL-*Liebscher* § 1 KSchG Rn 436 f.; *Zborowska* S. 249 ff.).

255 Ob und mit welcher Folge **personenbezogene Umstände** des Arbeitnehmers vertragsbezogen und schutzwürdig sind, ist nach dem jeweiligen Kündigungssachverhalt und dem Zweck der Kündigung zu beurteilen. Weil sie im Arbeitsverhältnis selbst ihren Ursprung hat, ist die Dauer der **Betriebszugehörigkeit** des Arbeitnehmers stets zu beachten, und zwar auch dann, wenn es um ein Vermögensdelikt zum Nachteil des Arbeitgebers geht (*BAG* 13.12.1984 EzA § 626 BGB nF Nr. 94; SPV-*Preis* Rn 555; HAS-*Popp* § 19 B Rn 235; aA *Willemsen* RdA 2017, 117 ff.). Eine darin evtl. liegende mittelbare Benachteiligung jüngerer Arbeitnehmer ist gerechtfertigt (*BAG* 7.7.2011 EzA § 626 BGB 2002 Nr. 38; *Preis* Anm. AP § 626 BGB Nr. 229; *Kamanabrou* Anm. AP § 626 BGB Nr. 237). Die Dauer der Betriebszugehörigkeit wirkt sich allerdings nicht stets bei Straftaten zugunsten des Arbeitnehmers aus, sondern idR nur dann, wenn es um ein relativ geringes Delikt geht und der Arbeitnehmer sich in der früheren Zeit vertragstreu verhalten hatte (*Preis* DB 1990, 688). Eine langjährige ungestörte Vertrauensbeziehung zweier Vertragspartner wird nicht notwendig schon durch eine erstmalige Vertrauensenttäuschung vollständig und unwiederbringlich zerstört (*BAG* 10.6.2010 EzA § 626 BGB 2002 Nr. 32). Hat andererseits gerade die längere störungsfreie Betriebszugehörigkeit den Arbeitgeber veranlasst, den Arbeitnehmer weniger als andere zu kontrollieren, kann dies das Gewicht einer Vertrauensstörung auch erhöhen (vgl. *Bengelsdorf* SAE 1992, 140; *Berger* JArbR 2011, 57; s.a. Rdn 464). Von diesem Vorbehalt abgesehen sind die bisherigen Leistungen und die **Bewährung** des Arbeitnehmers im Betrieb aber zu seinen Gunsten zu verwerten (HAS-*Popp* § 19 B Rn 235 [störungsfreier Verlauf]; *Preis* Prinzipien S. 225). Da das **Alter** eines

Arbeitnehmers gewöhnlich keinen unmittelbaren Bezug zum Arbeitsvertrag hat, ist es idR nicht gerechtfertigt, allein das Lebensalter unabhängig von der Dauer des Arbeitsverhältnisses und den **Chancen auf dem Arbeitsmarkt** (s. dazu Rdn 257) als personenbedingtes Interesse des Arbeitnehmers anzuerkennen (*Preis* Prinzipien S. 232). Die Fortführung der gegenteiligen Rechtsprechung, die formelhaft und pauschal auch das Lebensalter in die Interessenabwägung einbeziehen will (vgl. *BAG* 22.2.1980 EzA § 1 KSchG Krankheit Nr. 5; offen gelassen jetzt von *BAG* 7.7.2011 EzA § 626 BGB 2002 Nr. 38), stünde im Widerspruch zum Gemeinschaftsrecht der EU (vgl. *EuGH* 22.11.2005 EzA § 14 TzBfG Nr. 21). Zudem wäre bei verhaltensbedingten Kündigungsgründen ggf. zu bedenken, ob nicht gerade von einem älteren Arbeitnehmer aufgrund seiner Lebenserfahrung die Vermeidung schuldhafter Pflichtverletzungen eher erwartet werden müsste als von einem jüngeren (s. auch *Hunold* DB 2009, 2661). **Unterhaltspflichten und Familienstand** beeinflussen zwar das Gewicht des Arbeitnehmerinteresses an der Erhaltung des Arbeitsplatzes. Je nach dem Gewicht des Kündigungsgrundes können sie bei der Interessenabwägung jedoch in den Hintergrund treten und im Extremfall sogar völlig vernachlässigt werden (*BAG* 16.12.2004, 2 ABR 7/04, EzA § 626 BGB 2002 Nr. 7). Auch ein Arbeitnehmer mit Unterhaltspflichten kann sich zB nicht beliebig vertragswidrig verhalten, ohne wegen seiner sozialen Schutzbedürftigkeit eine außerordentliche Kündigung befürchten zu müssen. Jedenfalls bei schwerwiegenden Pflichtverletzungen ist dem Arbeitgeber die Fortsetzung des Arbeitsverhältnisses auch dann nicht zumutbar, wenn der Arbeitnehmer wegen seiner Unterhaltspflichten auf den Arbeitsplatz dringend angewiesen ist. Im Übrigen sind weder die von der persönlichen Lebensführung abhängige Vermögenslage des Arbeitnehmers noch die allgemeine **wirtschaftliche Lage** des Unternehmens Kriterien für die Interessenabwägung (*Preis* Prinzipien S. 232; HK-*Dorndorf* § 1 Rn 717). Ein **betriebsverfassungsrechtliches Amt** darf schon wegen § 78 S. 2 BetrVG weder zu Gunsten noch zu Lasten des Arbeitnehmers berücksichtigt werden.

Vertrags- und personenbezogen und deswegen ein wichtiges Kriterium für die Abwägung ist bei einer verhaltensbedingten Kündigung das **Verhalten nach der Aufdeckung** bis zur Kündigung, dh ob der Arbeitnehmer die Pflichtverletzung einräumt und sich reuig zeigt oder ob er sie leugnet und zu vertuschen sucht (*BAG* 24.11.2005 EzA § 626 BGB 2002 Nr. 12; *LAG Bln.-Bra.* 1.12.2011 DB 2012, 866). Abhängig vom Grad des Verschuldens kann auch ein vermeidbarer **Irrtum** des Arbeitnehmers Bedeutung gewinnen (vgl. *BAG* 29.8.2013, 2 AZR 273/12, EzA § 626 BGB 2002 Nr. 44). Höhe oder Fehlen eines Schadens können die Interessenabwägung ausschlaggebend beeinflussen (*BAG* 26.3.2009 AP Nr. 220 zu § 626 BGB). Auch fahrlässige Pflichtverletzungen können schwerwiegend sein, wenn der Arbeitnehmer eine besondere Verantwortung trägt und das Verschulden zu hohem **Schaden** führt (*BAG* 4.7.1991 RzK I 6a Nr. 73). 256

Die **wirtschaftlichen Folgen** einer außerordentlichen Kündigung sind auf unterschiedliche Weise in die Interessenabwägung einzustellen. Im Vordergrund steht regelmäßig die Frage der künftigen Einkommenserzielung. Eine abstrakt »schlechte Lage auf dem Arbeitsmarkt« ist dabei kein geeignetes Kriterium für die Interessenabwägung (*Preis* Prinzipien S. 239). Berücksichtigungsfähig sind aber die **individuell zu beurteilenden Arbeitsmarktchancen** (*BAG* 29.1.1997, 2 AZR 292/96, EzA § 611 BGB Aufhebungsvertrag Nr. 27 – Rn 38; ErfK-*Niemann* Rn 44; HWK-*Sandmann* Rn 74). Die Auswirkung der sofortigen Vertragsbeendigung auf **Ruhegeldanwartschaften oder -ansprüche** hängt davon ab, ob es sich um bereits erworbene unverfallbare Anwartschaften handelt, weil dann eine wirksame außerordentliche Kündigung nicht automatisch zum Verlust der Ruhegeldansprüche führt, sondern nur solche Verstöße des Arbeitnehmers den Entzug von Versorgungsleistungen rechtfertigen, die so schwer wiegen, dass die Berufung auf die Versorgungszusage arglistig erscheint (vgl. *BVerfG* 28.6.2000 EzA § 1 BetrAVG Rechtsmissbrauch Nr. 5; *BAG* 18.10.1979 EzA § 242 BGB Ruhegeld Nr. 82; vgl auch MüKo-BGB/*Henssler* Rn 373). Bereits erworbene Ruhegeldansprüche haben für die Interessenabwägung grds. keine Bedeutung (HAS-*Popp* § 19 B Rn 251 f.). Demgegenüber soll es um einen im Rahmen der Interessenabwägung zu berücksichtigenden Nachteil des Arbeitnehmers gehen, wenn durch eine wirksame außerordentliche Kündigung der Eintritt einer unverfallbaren Anwartschaft auf den Bezug von Ruhegeld ausgeschlossen wird (HAS-*Popp* § 19 B Rn 252). Isoliert betrachtet sind Gesichtspunkte wie die Verhinderung der Unverfallbarkeit 257 einer Ruhegeldanwartschaft, der Verlust weiterer Vergütungsansprüche oder auch der Verlust von **Abfindungsansprüchen** aus einem Sozialplan oder Aufhebungsvertrag (vgl. zB *BAG* 29.1.1997 EzA § 611 BGB Aufhebungsvertrag Nr. 27; 5.4.2001 EzA § 626 BGB Verdacht strafbarer Handlung Nr. 10; *LAG Düsseld.* 13.8.1998 RzK I 6g Nr. 33) **ambivalent:** Dem Interesse des Arbeitnehmers am Erhalt des Anspruchs steht das Interesse des Arbeitgebers an der Befreiung von seiner Verpflichtung gegenüber. Welchem mehr Gewicht zukommt, lässt sich nicht ohne Rückgriff auf die Art der Kündigungsgründe entscheiden. Bei schuldhaften Vertragsverletzungen des Arbeitnehmers wird idR das Interesse des Arbeitgebers überwiegen, weil auf weitere Leistungen aus dem Arbeitsverhältnis grds. derjenige nicht mehr uneingeschränkt vertrauen kann, der selbst seine arbeitsvertraglichen Pflichten schuldhaft verletzt (vgl. *LAG Hamm* 3.4.2009 AuA 2010, 49). Im Regelfall unerheblich ist, ob sich der Gekündigte nach § 628 BGB **schadensersatzpflichtig** gemacht hat, weil es dabei nur um die unmittelbare gesetzliche Rechtsfolge einer wirksamen außerordentlichen Kündigung geht. Insbesondere kann die leichtere Realisierbarkeit von Schadenersatzansprüchen nicht als Argument für eine Weiterbeschäftigung des Arbeitnehmers angeführt werden (*BAG* 24.10.1996 RzK I 5i Nr. 120). Nicht zu berücksichtigen ist schließlich idR auch der **Verlust** weiterer **Vergütungsansprüche** des Arbeitnehmers, weil es sich insoweit um eine mittelbare gesetzliche Rechtsfolge einer wirksamen Kündigung handelt.

258 Da es bei jeder außerordentlichen Kündigung einer umfassenden Interessenabwägung bedarf, sind auch bei der Entlassung von Tendenzträgern in **Tendenzbetrieben** und Arbeitnehmern in **kirchlichen Einrichtungen** die Interessen der Arbeitnehmer an der Fortsetzung des Arbeitsverhältnisses zu berücksichtigen (vgl Rdn 131). Zu den Besonderheiten der Interessenabwägung bei der Kündigung eines Amtsträgers iSd § 15 KSchG s. Rdn 150.

259 Im Rahmen der Interessenabwägung kommt bei vergleichbarer arbeitsvertraglicher Relevanz keinem der Umstände ein absoluter Vorrang vor anderen Kriterien zu, sondern bei ihrer Gewichtung ist stets auf die **Besonderheiten des Einzelfalles** abzustellen (*Ascheid* Rn 214 ff.). Dabei können auch **andere**, hier nicht ausdrücklich behandelte **Umstände** eine entscheidende Bedeutung gewinnen (vgl. auch *Kleinebrink* FA 2010, 227).

III. Abwägung bei mehreren Kündigungsgründen

1. Einzelprüfung und Gesamtabwägung

260 In Kündigungsschutzprozessen wird vielfach eine außerordentliche Kündigung nicht nur auf einen Kündigungsgrund oder einen einheitlichen Kündigungssachverhalt gestützt, sondern auf **mehrere, verschiedenartige Kündigungsgründe** (zu den sog. Mischtatbeständen s. Rdn 171 ff.). Bei einer mehrfachen Begründung der Kündigung bedarf es zunächst einer gründlichen Prüfung der einzelnen Kündigungsgründe und der Würdigung, ob nicht bereits ein Grund die Fortsetzung des Arbeitsverhältnisses unzumutbar gemacht hat. Wenn bei dieser **Einzelprüfung** kein wichtiger Grund anzuerkennen ist, muss geprüft werden, ob die einzelnen Kündigungsgründe in ihrer Gesamtheit das Arbeitsverhältnis so belasten, dass dem Kündigenden die Fortsetzung nicht zuzumuten ist (*BAG* 10.12.1992 EzA § 611 BGB Kirchliche Arbeitnehmer Nr. 38; *Busemann/Schäfer* Rn 343; LzK-*Gräfl* 240 Rn 57; NK-GA-*Meyer* Rn 58; **aA** KR-*Rachor* § 1 KSchG Rdn 272 f.; AR-*Kaiser* § 1 KSchG Rn 18; LSSW-Schlünder § 1 Rn 90 f.).

261 Das gilt unbedenklich dann, wenn es um rechtlich gleich behandelte Gründe (zB mehrere verhaltens- oder personenbedingte Gründe) geht, weil dann die **Gesamtabwägung** nicht zu einer unzulässigen Auflösung und Vermischung der Kündigungsgründe führt (*Rüthers/Henssler* ZfA 1988, 33; *BAG* 10.12.1992 EzA § 611 BGB Kirchliche Arbeitnehmer Nr. 38; *LAG Hamm* 27.9.1992 RzK I 5i Nr. 78).

262 Umstritten ist hingegen, ob dann, wenn der Kündigungssachverhalt für eine verhaltensbedingte Kündigung nicht ausreicht, unerheblich ist, ob auch die Erfordernisse für eine personen- oder betriebsbedingte Kündigung »nur knapp« nicht erfüllt sind (so TRL-*Wege* § 626 BGB Rn 33; *Rüthers/Henssler* ZfA 1988, 33; HAS-*Preis* § 19 F Rn 29) oder ob jedenfalls bei der außerordentlichen

Kündigung in eine Gesamtwürdigung alle Umstände einbezogen werden können, die das Arbeitsverhältnis belasten, und zwar unabhängig davon, ob sie in einem sachlichen Zusammenhang zueinander stehen und ob es sich nach Art und Auswirkung um unterschiedliche Kündigungsgründe handelt (so HaKo-KSchR/*Gieseler* Rn 91; HAS-*Popp* § 19 B Rn 241). Nach zutr. Ansicht ist zu differenzieren: Nur die **aus der Sphäre des Arbeitnehmers** stammenden personen- und verhaltensbedingten Gründe dürfen »gebündelt« in die Interessenabwägung einbezogen werden, **nicht** aber zusätzlich – auch nicht unterstützend – **betriebsbedingte Gründe** (*Linck/Krause/Bayreuther-Krause* § 1 Rn 257 ff.; GA-*Meyer* Rn 58; HWK-*Sandmann* Rn 66; teilw. **aA** *Nimmerjahn* S. 96 f.).

2. Berücksichtigung verfristeter und verziehener Kündigungsgründe

Für Kündigungsgründe, die dem Kündigenden bei Ausspruch der Kündigung schon **länger als zwei Wochen bekannt** waren (§ 626 Abs. 2 BGB; s. Rdn 330 ff.), gilt die Besonderheit, dass sie die übrigen Kündigungsgründe bei der Interessenabwägung **nur dann unterstützen** können, wenn die weiter zurückliegenden Vorfälle mit den unverwirkten (unverfristeten) Kündigungsgründen in einem **engen sachlichen (inneren) Zusammenhang** stehen (*BGH* 10.9.2001 EzA § 611 BGB Abmahnung Nr. 43; HAS-*Popp* § 19 B Rn 242; s.a. hier Rdn 201 ff.). 263

Diese Einschränkung ist auch bei den **verziehenen Kündigungsgründen** (s. dazu Rdn 70) sachlich geboten. Verziehene oder verfristete Kündigungsgründe scheiden als selbständige Kündigungsgründe aus (*BAG* 21.2.1957 AP Nr. 22 zu § 1 KSchG; HAS-*Popp* § 19 B Rn 243; vgl. zur ordentlichen Kündigung KR-*Rachor* § 1 KSchG Rdn 261). Sie können nur bei einem inneren sachlichen Zusammenhang ggf. zur Unterstützung neuer Kündigungsgründe herangezogen werden (vgl. *BAG* 12.4.1956 AP Nr. 11 zu § 626 BGB). 264

IV. Außerordentliche Kündigung als ultima ratio

Eine außerordentliche Kündigung setzt nach § 626 Abs. 1 BGB voraus, dass die Fortsetzung des Arbeitsverhältnisses den Kündigenden unzumutbar belastet. Sie ist nur zulässig, wenn sie die unausweichlich letzte Maßnahme (**ultima ratio**) für den Kündigungsberechtigten ist (st.Rspr. und ganz hM, vgl. *BAG* 9.7.1998 EzA § 626 BGB Krankheit Nr. 1 mwN; 10.6.2010 EzA § 626 BGB 2002 Nr. 32; ArbRBGB-*Corts* Rn 39 ff.; *Erman/Riesenhuber* Rn 51; MüKo-BGB/*Henssler* Rn 95; HzA-*Isenhardt* 5/1 Rn 313; SPV-*Preis* Rn 553 f.; APS-*Vossen* Rn 88; BGB-RGRK/*Weller* vor § 620 Rn 157; eingehend zum Verhältnismäßigkeitsprinzip: *Preis* Prinzipien S. 254 ff.; *Stückmann/Kohlepp* RdA 2000, 331 ff.; krit. zum ultima-ratio-Prinzip *Bengelsdorf* Anm. AP Nr. 73 zu § 2 KSchG 1969; *Bickel* Anm. zu AP Nr. 12 zu § 1 KSchG 1969 Verhaltensbedingte Kündigung; *Heimbach* S. 107 ff.; *Picker* ZFA 2005, 366). Es reicht nicht aus, wenn dem Arbeitgeber die Fortsetzung des Arbeitsverhältnisses mit dem bisherigen Inhalt zwar nicht mehr zuzumuten ist, aber eine Beschäftigung auf einem freien Arbeitsplatz im Unternehmen zu anderen Bedingungen für den Arbeitgeber tragbar wäre. Nach dem Grundsatz der **Verhältnismäßigkeit** kommt somit eine außerordentliche Kündigung nur dann in Betracht, wenn alle anderen, nach den jeweiligen Umständen des konkreten Falles möglichen und angemessenen **milderen Mittel,** die es zulassen, das in der bisherigen Form nicht mehr tragbare Arbeitsverhältnis fortzusetzen, **erschöpft** sind (*BAG* 23.10.2008, 2 AZR 483/07, EzA-SD 2009, Nr. 8, 3–7; s auch *BAG* 22.3.2018, 8 AZR 190/17, EzA § 626 BGB 2002 Krankheit Nr. 6). 265

Das für die außerordentliche Kündigung spezifisch mildere Mittel ist die **ordentliche Kündigung** (*BAG* 10.6.2010 EzA § 626 BGB 2002 Nr. 32; s.a. Rdn 329; **aA** *Heimbach* S. 145 ff.). Wird sie erklärt, scheidet eine nachfolgende fristlose Kündigung wegen desselben Sachverhalts idR aus (vgl. *Hess. LAG* 26.2.2016 öAT 2016, 193). Alle sonstigen nach den konkreten Umständen zu erwägenden milderen Mittel (insbes. **Abmahnung, Umsetzung, Versetzung** und **Änderungskündigung**) müssen bereits bei der ordentlichen Kündigung dahin überprüft werden, ob sie objektiv möglich und **geeignet** sind (SPV-*Preis* Rn 553 f.). Der ultima-ratio-Grundsatz ist also schon für die Wirksamkeit einer nach § 1 KSchG zu beurteilenden ordentlichen Kündigung von wesentlicher Bedeutung und hat in § 12 Abs. 3 AGG auch einen gesetzlichen Niederschlag gefunden (vgl. 266

§ 626 BGB   Fristlose Kündigung aus wichtigem Grund

BAG 20.11.2014, 2 AZR 651/13, EzA § 626 BGB 2002 Nr. 47). Er beherrscht das **gesamte Kündigungsschutzrecht** (vgl. *BAG* 19.7.2016, 2 AZR 637/15, EzA § 1 KSchG Druckkündigung Nr. 1; 21.11.2018, 7 AZR 394/17, EzA § 21 TzBfG Nr. 9; zur ordentlichen Kündigung vgl. KR-*Rachor* § 1 KSchG Rdn 222 ff.; aA *Reuter* FS Richardi 2007, S. 372).

1. Abmahnung

a) Rügerecht

267   Das Recht des Arbeitgebers, ein Fehlverhalten des Arbeitnehmers zu beanstanden oder abzumahnen, folgt unmittelbar aus seiner Stellung als Gläubiger der vom Arbeitnehmer geschuldeten Arbeitsleistung. Der Arbeitgeber übt damit ein allgemeines **vertragliches Rügerecht** aus, das jedem Vertragspartner zusteht und es ihm erlaubt, den anderen Teil auf Vertragsverletzungen und sich daraus ergebende Rechtsfolgen hinzuweisen (*BAG* 17.1.1991 EzA § 1 KSchG Verhaltensbedingte Kündigung Nr. 37). Eine Regelausschlussfrist für dieses Recht gibt es nicht (*BAG* 15.1.1986 EzA § 611 BGB Fürsorgepflicht Nr. 39), es kann allenfalls **Verwirkung** eintreten (*BAG* 14.12.1994 EzA § 4 TVG Ausschlussfristen Nr. 109; *LAG Köln* 23.9.2003 AuR 2004, 235; *LAG Nbg.* 14.6.2005 LAGE § 611 BGB 2002 Abmahnung Nr. 3; *Koffka* S. 124; HzK-*Eisenbeis* 1 Rn 516 f.). Auch tarifliche **Ausschlussfristen** finden idR keine Anwendung (*BAG* 14.12.1994 EzA § 4 TVG Ausschlussfristen Nr. 109). So kann der Arbeitgeber nach einem verlorenen Kündigungsschutzprozess durchaus wegen desselben (für die Kündigung allein nicht ausreichenden) Sachverhalts noch eine Abmahnung aussprechen (*BAG* 7.9.1988 EzA § 611 BGB Abmahnung Nr. 17). Die vorherige **Anhörung des Arbeitnehmers** vor einer Abmahnung ist aus den gleichen Gründen **entbehrlich** wie vor einer Kündigung (ebenso *LAG RhPf* 11.12.2014 RDG 2015, 72; *Beckerle* S. 196; *Braun* RiA 2005, 269; HaKo-KSchR/*Zimmermann* § 1 KSchG Rn 285; *Kleinebrink* Rn 426 f.; HzK-*Eisenbeis* 1 Rn 520; TRL-*Liebscher* § 1 KSchG Rn 408; *St. Müller* Verhaltensbedingte Kündigung Rn 746; KPK-*Sowka* Kap. 3 Rn 1244a; *Wilhelm* NZA-RR 2002, 456; aA HK-*Dorndorf* § 1 Rn 645; *Hromadka/Maschmann* § 6 Rn 159; DDZ-*Deinert* § 314 BGB Rn 98; *Wetzling/Habel* BB 2011, 1077 f.; zu tariflichen Anhörungserfordernissen s. Rdn 281, 297). Auch für die Anwendung des **Gleichbehandlungsgrundsatzes** ist idR ebenso wenig Raum wie sonst im Kündigungsrecht (*LAG Köln* 12.5.1995 NZA-RR 1996, 204; *LAG SchlH* 29.11.2005 NZA-RR 2006, 180; *Hoß* MDR 1999, 334; s. Rdn 324 ff.). Erfolgt die Abmahnung **durch** einen **Bevollmächtigten**, kann sie unter den Voraussetzungen des § 174 BGB zurückgewiesen werden.

268   Nach der Rspr. (vgl. *BAG* 12.1.1988 EzA Art. 9 GG Arbeitskampf Nr. 73; 21.4.1993 EzA § 543 ZPO Nr. 8; 10.11.1993 EzA § 611 BGB Abmahnung Nr. 29; 11.12.2001 EzA § 611 BGB Nebentätigkeit Nr. 6) und der ganz hM im Schrifttum (*Braun* RiA 2005, 268; DDZ-*Deinert* § 314 BGB Rn 13; *Hartmann* BuW 2000, 829; HzA-*Isenhardt* 5/1 Rn 505; *Kammerer* Rn 320; *Kleinebrink* Rn 385 ff.; *Bader/Bram-Kreutzberg-Kowalczyk* Rn 25c; HBS-*Regh* § 6 Rn 439; *v. Stebut* Anm. zu *BAG* AP Nr. 74 zu Art. 9 GG Arbeitskampf) ist der Arbeitgeber schon dann berechtigt, eine Abmahnung zu erteilen, **wenn objektiv** ein **vertragswidriges Verhalten** des Arbeitnehmers vorliegt, also unabhängig davon, ob das Fehlverhalten dem Arbeitnehmer vorwerfbar ist oder nicht. Dem ist zuzustimmen. Ist dem Arbeitnehmer ein objektiver Pflichtverstoß subjektiv nicht vorzuwerfen, weil er zB aufgrund seiner Qualifikation oder seines Gesundheitszustandes nicht fähig ist, seine vertraglichen Pflichten zu erfüllen, dann ist die Abmahnung jedenfalls geeignet, weiter zur Klärung beizutragen, ob ein verhaltens- oder ein personenbedingter Grund für eine Kündigung gegeben ist (aA HzK-*Eisenbeis* 1 Rn 506; APS-*Vossen* § 1 KSchG Rn 400–402). Wenn einem Arbeitnehmer ein objektiver Pflichtverstoß wegen eines Rechtsirrtums nicht vorzuwerfen ist, erfüllt die Abmahnung ihre Funktionen, weil sie dann klarstellt, dass der Arbeitnehmer vertragswidrig handelt und in Zukunft bei gleichartigen Pflichtverstößen mit kündigungsrechtlichen Konsequenzen rechnen muss (so zutr. *v. Hoyningen-Huene* RdA 1990, 201; HK-*Dorndorf* § 1 Rn 640). Auch eine auf einer **Gewissensentscheidung** beruhende Vertragsverletzung ist einer Abmahnung zugänglich (*BAG* 20.8.2009 EzA § 611 BGB 2002 Abmahnung Nr. 4; HWK-*Sandmann* Rn 99). Zur Klarstellung des nicht geduldeten Verhaltens und der Gefährdung des Arbeitsverhältnisses bei entsprechenden

Pflichtverletzungen ist zudem ein weitgehend einer Abmahnung entsprechender Hinweis zulässig, wenn gegen den Arbeitnehmer lediglich der dringende Verdacht besteht, eine Vertragspflichtverletzung begangen zu haben (vgl. *Ritter* NZA 2012, 19 ff., der dies als **Verdachtsabmahnung** bezeichnet).

Verletzt ein BR-Mitglied ausschließlich betriebsverfassungsrechtliche Amtspflichten sind vertragsrechtliche Sanktionen wie die Erklärung einer außerordentlichen Kündigung oder einer individualrechtlichen Abmahnung, mit der kündigungsrechtliche Konsequenzen in Aussicht gestellt werden, ausgeschlossen (*BAG* 9.9.2015, 7 ABR 69/13, EzA § 78 BetrVG 2001 Nr. 5). Vertragliche Pflichtverletzungen können jedoch in einem Zusammenhang mit dem BR-Amt stehen. Nach *BAG* 15.7.1992 (EzA § 611 BGB Abmahnung Nr. 26 = BetrR 1993, 47 m. abl. Anm. *Schuster*) rechtfertigt zB. die Verletzung der vertraglichen Pflicht eines nicht freigestellten Betriebsratsmitgliedes, sich vor Beginn einer **Betriebsratstätigkeit** beim Arbeitgeber abzumelden, eine Abmahnung. Gleiches gilt für den Fall der Verletzung der Arbeitspflicht wegen Teilnahme an einer nicht erforderlichen Schulung bzw. Gerichtsverhandlung und zwar nicht nur bei einer groben Pflichtverletzung iSv § 23 Abs. 1 BetrVG (*BAG* 10.11.1993 EzA § 611 BGB Abmahnung Nr. 29; 31.8.1994 EzA § 611 BGB Abmahnung Nr. 33 [*Berger-Delhey*]; aA *Kossens* AiB 1996, 578). Selbst wegen der Teilnahme an einer Betriebsratssitzung kann ausnahmsweise eine Abmahnung in Betracht kommen, wenn dringende betriebliche Bedürfnisse die Arbeitsleistung des Betriebsratsmitglieds erforderten und es sich um eine bloße Routinesitzung des Betriebsrats handelte (*BAG* 11.6.1997, ZTR 1997, 524). Etwas anderes soll dann gelten, wenn ein Betriebsratsmitglied bei seiner objektiv fehlerhaften Ansicht, eine notwendige Betriebsratsaufgabe wahrzunehmen, schwierige und ungeklärte Rechtsfragen verkannt hat (*BAG* 31.8.1994 EzA § 611 BGB Abmahnung Nr. 33 mit insoweit krit. Anm. von *Berger-Delhey*). Dagegen ist eine »Abmahnung«, mit der der Arbeitgeber nur die Verletzung betriebsverfassungsrechtlicher Pflichten iSv § 23 BetrVG beanstandet, kündigungsrechtlich ohne Bedeutung. Soweit mit ihr eine Kündigung angedroht wird, ist sie unzulässig (*BAG* 31.8.1994 EzA § 611 BGB Abmahnung Nr. 33; 26.1.1994 RzK I 1 Nr. 87; *LAG Düsseld.* 23.2.1993 LAGE § 23 BetrVG 1972 Nr. 31; *LAG Hamm* 10.1.1996 LAGE § 611 BGB Abmahnung Nr. 46 [Teilnahme an einer Betriebsratssitzung]).

b) Abmahnung als Kündigungsvoraussetzung

Die **Voraussetzung einer vergeblichen Abmahnung des Vertragspartners vor** Erklärung einer **außerordentlichen Kündigung** besteht sowohl für den **Arbeitgeber** als auch für den **Arbeitnehmer** und folgt seit dem 1.1.2002 (Schuldrechtsmodernisierungsgesetz) aus **§ 314 Abs. 2 BGB** (aA *St. Müller* Verhaltensbedingte Kündigung Rn 723 f.: nur im Anwendungsbereich des KSchG). § 626 BGB enthält insoweit keine spezielle Regelung (aA HzK-*Eisenbeis* 1 Rn 503; *Kleinebrink* Rn 109), weshalb auf die allgemeinen Bestimmungen über die Beendigung von Schuldverhältnissen aus Verträgen zurückzugreifen ist. Inhaltlich hat sich durch die Normierung des Abmahnungserfordernisses in § 314 Abs. 2 BGB für das Kündigungsrecht nichts geändert (*Berkowsky* AuA 2002, 14; *Löwisch* FS Wiedemann 2002, S. 332).

Im Bereich der **ordentlichen Kündigung** ist Rechtsgrundlage des Abmahnungserfordernisses der **Grundsatz der Verhältnismäßigkeit** (s. Rdn 265 f.). Dieser ist immer dann anzuwenden, wenn einem Vertragsteil die besondere Berechtigung gegeben wird, in bestehende Rechtspositionen einzugreifen. Diesem besonderen Recht entspricht dann die Pflicht, dem anderen Teil nochmals Gelegenheit zu geben, die Gegenleistung zu erbringen, ihm also eine »Gnadenfrist« zu gewähren. Insoweit hat die **Fristsetzung mit Ablehnungsandrohung** bzw. Abmahnung (vgl. auch §§ 281, 323, 541, 543, 637, 643, 651e BGB) eine Warnfunktion, die Ausdruck eines **allgemeinen Rechtsgedankens** ist (*v. Hoyningen-Huene* RdA 1990, 196 f.; krit. *Walker* NZA 1995, 602). Auf das Erfordernis einer Abmahnung vor einer Kündigung kann deshalb nicht schon im Voraus generell verzichtet werden (*Backmeister/Trittin/Mayer* Rn 14). Auch vor Änderungskündigungen (*BAG* 21.11.1985 EzA § 1 KSchG Nr. 42) und Versetzungen wegen Leistungsmängeln (*BAG* 30.10.1985 EzA § 611 BGB Fürsorgepflicht Nr. 40) ist grds. eine Abmahnung erforderlich.

272 Dagegen lässt sich die Pflicht zur Abmahnung vor einer ordentlichen Kündigung nicht schon mit einem »Erst-recht-Schluss« aus § 314 Abs. 2 BGB herleiten (so aber *Berkowsky* AuA 2002, 14; *Wedde* AiB 2002, 272). **§ 314 BGB lässt ein evtl. bestehendes Recht zur ordentlichen Kündigung unberührt.** Im Bereich der ordentlichen Kündigung eines Arbeitsverhältnisses ist die Anwendung des Verhältnismäßigkeitsgrundsatzes **nur** dann zu rechtfertigen, **wenn** das Arbeitsverhältnis nach §§ 1, 23 KSchG einem besonderen **Bestandsschutz** unterliegt, während dann, wenn die ordentliche Kündigung keines Grundes bedarf, grds. nur der auf den Ablauf der Kündigungsfrist begrenzte zeitliche Kündigungsschutz zu beachten ist, der allein die Anwendung des Verhältnismäßigkeitsgrundsatzes nicht rechtfertigt (*BAG* 21.2.2001 EzA § 242 BGB Kündigung Nr. 2 mwN; 28.8.2003 EzA § 242 BGB 2002 Kündigung Nr. 4; 23.4.2009 EzA § 16 TzBfG Nr. 1; *Berkowsky* NZA-RR 2001, 73; *Braun* RiA 2005, 266 f.; *Cunow* S. 34; HzK-*Eisenbeis* 4 Rn 62; *v. Hoyningen-Huene* RdA 1990, 202; NK-GA-*Kerwer* § 1 KSchG Rn 784; *Kleinebrink* Rn 109 ff.; *Pflaum* S. 116 ff.; *Pietrzyk* AuA 2000, 124; HBS-*Regh* § 6 Rn 391; APS-*Vossen* § 1 KSchG Rn 345; *Wilhelm* NZA-RR 2002, 450; aA *Gerhards* BB 1996, 796 f.; *Kammerer* Rn 376).

273 Das Erfordernis der vorherigen Abmahnung besteht insbes. im Bereich der **verhaltensbedingten Kündigung**, und zwar nicht nur bei der Verletzung von Hauptleistungspflichten, sondern auch im Bereich der Verletzung von **Neben- und Schutzpflichten** (*v. Hase* NJW 2002, 2281 f.; *v. Hoyningen-Huene* RdA 1990, 200; SPV-*Preis* Rn 1204). Es ist aber gleichwohl mit dem Grundsatz der Verhältnismäßigkeit nicht zu vereinbaren, vor einer **personenbedingten Kündigung** stets auf eine Abmahnung zu verzichten. Kann der Arbeitnehmer den Kündigungsgrund durch sein **steuerbares Verhalten** beseitigen, bedarf es auch hier grds. vor einer Kündigung einer vergeblichen Abmahnung (*BAG* 4.6.1997 EzA § 626 BGB nF Nr. 168; zu kurzfristig behebbaren Eignungsmängeln vgl. *BAG* 15.8.1984 EzA § 1 KSchG Nr. 40; zur Beschaffung einer für die Tätigkeit notwendigen behördlichen Erlaubnis vgl. *BAG* 7.12.2000 EzA § 1 KSchG Personenbedingte Kündigung Nr. 15; wie hier *Braun* RiA 2005, 267; *Joussen* NZA-RR 2016, 2 f.; *Kammerer* Rn 369; *Kleinebrink* Rn 266; HBS-*Regh* § 6 Rn 400, 405; HWK-*Sandmann* Rn 95; *Waldenfels* ArbR 2012, 210; *Wilhelm* NZA-RR 2002, 450; aA *Adam* AuR 2001, 44; GA-*Kerwer* § 1 KSchG Rn 412, 786; APS-*Vossen* § 1 KSchG Rn 131; HK-*Weller/Dorndorf* § 1 Rn 371a; HaKo-KSchR/*Zimmermann* § 1 KSchG Rn 255). *Griebeling* (KR 10. Aufl. § 1 KSchG Rn 267) hat derartige Fallgestaltungen zutreffend als Mischtatbestände eingeordnet (s. dazu Rdn 171 ff.). Soweit die Kündigung unter dem Gesichtspunkt fehlerhaften Verhaltens mangels Abmahnung unwirksam wäre, würde die Bejahung der Wirksamkeit aus personenbedingten Gründen gegen den Grundsatz der Verhältnismäßigkeit verstoßen (vgl. auch KR-*Rachor* § 1 KSchG Rdn 285). Eine **vorsorgliche Abmahnung** kann bei übermäßigem Alkoholkonsum oder bei Minderleistung in Betracht kommen, wenn unklar ist, ob das Verhalten steuerbar ist (vgl. *Kammerer* Rn 401; *Kleinebrink* FA 2004, 163 f.; zu Formulierungsschwierigkeiten bei einer Abmahnung wegen Minderleistung s. *BAG* 27.11.2008 EzA § 314 BGB 2002 Nr. 4 und *Hunold* NZA 2009, 830 ff.). Bei Krankheit kann eine Abmahnung dann geboten sein, wenn der Arbeitnehmer durch sein Verhalten seine Genesung gefährdet oder verzögert (vgl. *Hess. LAG* 18.3.2014 ZMV 2015, 287 m. zust. Anm. *Joussen* = BB 2014, 2942 m. abl. Anm. *Kühn/Reich*; abl. auch *Kleinebrink* FA 2014, 326).

274 Die Abmahnung gehört zur sachlichen Begründetheit der Kündigung (*BAG* 21.2.2001 EzA § 242 BGB Kündigung Nr. 2 mwN; *Adam* AuR 2001, 41; *Ascheid* Rn 66; *Berkowsky* NZA-RR 2001, 73; NK-GA-*Kerwer* § 1 KSchG Rn 777). Wenn eine Abmahnung erforderlich ist, liegt nämlich ein Tatbestand vor, in dem der kündigungsrelevante Sachverhalt im konkreten Fall nur vollständig ist, wenn dem auslösenden Tatbestandselement eine Abmahnung vorausgegangen ist, dh die Abmahnung ist dann für den **Kündigungsgrund** mit konstitutiv (*Herschel* Anm. zu BAG AP Nr. 63 zu § 626 BGB; *Kammerer* Rn 298).

c) Ausnahme einzelner Störbereiche?

275 Vertragsverletzungen durch den Arbeitnehmer können sich sowohl im reinen Leistungsbereich als auch im Vertrauens- oder Betriebsbereich nachteilig auswirken (s. Rdn 178 ff.). Ausgehend von dieser »Sphärentheorie« nahm das *BAG* seit dem Urteil vom 19.6.1967 (EzA § 124a GewO

Nr. 1) in st.Rspr. an, vor einer verhaltensbedingten ordentlichen oder außerordentlichen Kündigung mit nachteiligen Auswirkungen ausschließlich im **Leistungsbereich** sei grds. eine vorherige **Abmahnung** des Arbeitnehmers durch den Arbeitgeber erforderlich (*BAG* 17.2.1994 EzA § 611 BGB Abmahnung Nr. 30 mwN). Demgegenüber sollte es nach der früheren Rechtsprechung bei Pflichtverletzungen, die zu einer Störung allein in einem anderen, insbes. im **Vertrauensbereich** des Arbeitgebers führen, grds. keiner Abmahnung vor Ausspruch einer verhaltensbedingten Kündigung bedürfen (*BAG* 4.4.1974 EzA § 15 KSchG nF Nr. 1; vgl. zum Begriff des Vertrauensbereichs *LAG Köln* 10.6.1994 RzK I 1 Nr. 91). Ausnahmen hiervon machte die Rspr. aber in solchen Fällen, in denen der Arbeitnehmer annehmen durfte, sein Verhalten sei nicht vertragswidrig bzw. der Arbeitgeber werde es zumindest nicht als ein erhebliches, den Bestand des Arbeitsverhältnisses gefährdendes Fehlverhalten ansehen (*BAG* 5.11.1992 EzA § 626 BGB nF Nr. 143; 14.2.1996 EzA § 626 BGB nF Nr. 160).

Die Beschränkung des Abmahnungserfordernisses auf Störungen im Leistungsbereich erwies sich jedoch als zu eng. Die sachlich gebotenen und auch vom BAG anerkannten Ausnahmen von diesem Grundsatz minderten die systematische und praktische Bedeutung der Abgrenzung zwischen verschiedenen Störbereichen (vgl. *BAG* 4.6.1997 EzA § 626 BGB nF Nr. 168). Zudem war häufig str. und wurde von den Instanzgerichten in tatrichterlicher Würdigung unterschiedlich beurteilt, ob die Auswirkungen von Vertragsstörungen ausschließlich den Vertrauensbereich betrafen oder ob nicht zugleich bzw. primär das Arbeitsverhältnis auch im Leistungsbereich gestört war (*Hillebrecht* ZfA 1991, 124). Die **Abgrenzung** nach verschiedenen **Störbereichen** traf **nicht** den »**Kern der Sache**« (*Preis* DB 1990, 687 f.; ähnlich *Bergwitz* BB 1998, 2310 ff.; *Felderhoff* Anm. AP Nr. 137 zu § 626 BGB; *Gerhards* BB 1996, 794 ff.; *Rüthers/Henssler* ZfA 1988, 41; *Tschöpe* NZA 1990, Beil. 2 S. 10). Das **BAG hat deshalb inzwischen klargestellt, dass das Abmahnungserfordernis auch bei Störungen im Vertrauensbereich stets zu prüfen ist** (*BAG* 12.5.2010, 2 AZR 845/08, EzA § 626 BGB 2002 Nr. 31; 4.6.1997 EzA § 626 BGB nF Nr. 168). Die Abmahnung hat die Funktion einer »gelben Karte«, die den Arbeitnehmer vor Erteilung der »roten Karte« (Kündigung) anhalten soll, künftig wieder vertragsgerechte Leistungen zu erbringen, und für den Fall der künftigen nicht vertragsgerechten Erfüllung der Pflichten aus dem Arbeitsvertrag Konsequenzen für Inhalt oder Bestand des Arbeitsverhältnisses androht (*v. Hoyningen-Huene* RdA 1990, 199; krit. *Kleinebrink* Rn 765). Diesen Zweck kann die Abmahnung **nur** dann erfüllen, wenn es um ein **steuerbares Fehlverhalten** des Arbeitnehmers geht, das bisherige vertragswidrige Verhalten noch keine klare Negativprognose für die weitere Vertragsbeziehung zulässt und deswegen von der Möglichkeit einer künftigen vertragskonformen Erfüllung auszugehen ist (*BAG* 4.6.1997 EzA § 626 BGB nF Nr. 168; SPV-*Preis* Rn 1203).

Bei der Prüfung dieser für das Erfordernis der Abmahnung wesentlichen Kriterien ist von der Regel auszugehen, dass jedes willensbestimmte Verhalten eines Arbeitnehmers für die Zukunft abänderbar und deswegen grds. abmahnungsfähig und -bedürftig ist. Auch bei Störungen im Vertrauens- oder Betriebsbereich ist deshalb vor Ausspruch einer Kündigung wegen vertragswidrigen Verhaltens zunächst grds. eine Abmahnung erforderlich (*Bartels* RdA 2010, 110 f.; *Bergwitz* BB 1998, 2310 ff.; DLW-*Dörner* Kap. 4 Rn 2307; *Erman/Riesenhuber* Rn 60; *Hoß* MDR 1998, 870 f.; NK-GA-*Kerwer* § 1 KSchG Rn 780; SPV-*Preis* Rn 1203; *Rüthers/Henssler* ZfA 1988, 41, 45). Auch bei **Störungen im Vertrauensbereich** ist es nicht stets und von vornherein ausgeschlossen, verlorenes Vertrauen wieder zurückzugewinnen (*BAG* 4.6.1997 EzA § 626 BGB nF Nr. 168; 10.6.2010 EzA § 626 BGB 2002 Nr. 32; *Preis* Prinzipien S. 458). Es besteht **nur** ein **gradueller**, nicht aber ein grundsätzlicher **Unterschied zu Störungen im Leistungsbereich**, weil jede Schlechtleistung insofern auch zu einer Vertrauensstörung führt, als dadurch die Erwartung des Arbeitgebers enttäuscht wird, der Arbeitnehmer werde seine Arbeit vertragsgemäß erfüllen (ebenso NK-GA-*Kerwer* § 1 KSchG Rn 779; *Schaub* NZA 1997, 1186; einschränkend dagegen *Hunold* NZA-RR 2000, 171). Bei einer primären Erschütterung der notwendigen Vertrauensgrundlage wird allerdings eher als bei einer schwerpunktmäßigen Störung des Leistungsbereichs die abschließende **negative Prognose** angebracht sein, die Wiederherstellung des notwendigen Vertrauensverhältnisses sei nicht mehr möglich und die Abmahnung sei deswegen nicht die geeignete und folglich eine entbehrliche Maßnahme (s. Rdn 282; DLW-*Dörner* Kap. 4 Rn 2309; *Lohmeyer* S. 51 f.).

278 Auch bei Störungen des Vertrauensbereichs durch **Eigentums- oder Vermögensdelikte** von Arbeitnehmern, durch die der Arbeitgeber nahezu nicht geschädigt wird und bei denen ein mutmaßliches Einverständnis des Arbeitgebers nicht von vornherein ausgeschlossen erscheint, kann **nicht ohne Weiteres auf das Erfordernis einer Abmahnung verzichtet werden** (anders noch das sog. »Bienenstich-Urteil« *BAG* 17.5.1984 EzA § 626 BGB nF Nr. 90 und nachfolgend *LAG Düsseld.* 17.10.1984 LAGE § 626 BGB Nr. 17). Bei solchen **Bagatelldelikten** und auch in anderen Fällen, in denen die Rechtswidrigkeit des Verhaltens und dessen Hinnahme durch den Arbeitgeber zweifelhaft erscheinen, ist jeweils **konkret zu prüfen**, ob die Negativprognose vertretbar ist, der Arbeitnehmer werde sich auch künftig vertragswidrig verhalten, und ob das Arbeitgeberinteresse, auf die Vertragswidrigkeit angemessen zu reagieren, durch eine Abmahnung befriedigt worden wäre (vgl. *BAG* 23.6.2009 NZA 2009, 1198 [Umgehung einer Sachbezugsregelung; zust. *Preis* AuR 2010, 244 f.]; 10.6.2010 EzA § 626 BGB 2002 Nr. 32 [unberechtigtes Einlösen von verloren gegangenen Pfandbons im Wert von 1,30 €; – »*Emmely*« – m. zust. Anm. *Thüsing/Pötters*; zust. ferner *Preis* Anm. AP § 626 BGB Nr. 229; teilw. krit. dazu *Walker* NZA 2011, 1 ff.; *Binkert* NZA 2016, 724 f.]; *LAG Hamm* 17.3.1977 DB 1977, 2002 [Entwendung einiger Zigaretten aus einer Besucherschatulle des Arbeitgebers]; *LAG Köln* 30.9.1999 NZA-RR 2001, 83 [Verdacht der Entwendung von 3 Briefumschlägen]; *LAG Düsseld.* 11.5.2005 LAGE § 626 BGB 2002 Nr. 6 [Mitverzehr von durch Arbeitskollegin entwendeten Wurstbrötchen]; *LAG SchlH* 13.1.2010 SchlHA 2010, 184 [Versuch der Mitnahme von Teilen einer ausrangierten Werkbank]; *Hess. LAG* 4.8.2010 dbr 2011 Nr. 2 S. 8 [Buchung von nicht in Anspruch genommenen Tankstellen-Bonuspunkten auf Kundenkarte eines Kollegen]; *LAG Hamm* 2.9.2010 LAGE § 626 BGB 2002 Nr. 28a [Aufladen eines Akkus an Steckdose im Betrieb]; *LAG SchlH* 29.9.2010 EzTöD 100 § 34 Abs. 2 TVöD-AT Verhaltensbedingte Kündigung Nr. 25 [Verzehr geringer Teile bzw. Reste von Patientenessen durch Pflegehelfer]; *LAG Bln.-Bra.* 4.6.2015 LAGE § 626 BGB 2002 Nr. 58 [Mitnahme einer wertlosen Schaumstoffmatte]; vgl. ferner *Reichel* AuR 2004, 251 f.; *Schlachter* NZA 2005, 436; KPK-*Sowka* Kap. 3 Rn 1216, 1221). Maßgeblich sind die **Umstände des Einzelfalls**. Verfehlt ist es deshalb, allg. bei **Entwendung »geringwertiger Gegenstände«** (DDZ-*Däubler* Rn 35) und selbst bei **Diebstählen oder Unterschlagungen** in einer Größenordnung von 35,– Euro (*ArbG Hmb.* 21.9.1998 EzA § 1 KSchG Verhaltensbedingte Kündigung Nr. 54; *Zuber* NZA 1999, 1144) bzw. von 50,– Euro (*Klueß* NZA 2009, 337 ff., der auf die Geringfügigkeitsgrenze des § 248a StGB abstellen will; dagegen zutr. *Erman/Riesenhuber* Rn 62; *Hunold* DB 2009, 2659; *Langen* AuA 2010, 22 f., *Reuter* NZA 2009, 594 f., *v. Steinau-Steinrück/Ziegler* NJW-Spezial 2009, 274 f. und *Walker* NZA 2009, 925) noch stets eine vergebliche Abmahnung zu fordern. Bei Vermögensdelikten ist vielmehr die **Pflichtverletzung evident** und eine Wiederherstellung des für die Fortsetzung des Arbeitsverhältnisses notwendigen Vertrauens kann oftmals nicht mehr erwartet werden (vgl. *BAG* 12.8.1999 EzA § 626 BGB Verdacht strafbarer Handlung Nr. 8 [*Walker*] für eine Zueignung von anvertrauten Waren im Wert von ca. 8,– Euro; 11.12.2003 EzA § 626 BGB 2002 Nr. 5; 16.12.2010 EzA § 626 BGB 2002 Nr. 33; *LAG Bln.-Bra.* 10.2.2012 LAGE § 626 BGB 2002 Verdacht strafbarer Handlung Nr. 11; *LAG RhPf* 3.5.2012 NZA-RR 2012, 520; MüKo-BGB/*Henssler* Rn 108; *Schlachter* NZA 2005, 434 ff.). Dies gilt erst recht, wenn die Eigentums- bzw. Vermögensverletzung insgesamt auf **Heimlichkeit** angelegt ist (*BAG* 21.6.2012 EzA § 611 BGB 2002 Persönlichkeitsrecht Nr. 13) oder aber **provokativ** erfolgt (verfehlt deshalb auch *LAG Hamm* 4.11.2010 LAGE § 626 BGB 2002 Nr. 30 [Verzehr von zwei Bouletten in Gegenwart und trotz ausdrücklichen Verbots des Vorgesetzten]).

d) Grenzen der Erforderlichkeit

279 Nicht abänderbar und deswegen nicht abmahnungsbedürftig ist das Verhalten eines Arbeitnehmers, wenn er aus physischen, persönlichkeitsbezogenen, rechtlichen oder anderen Gründen objektiv nicht in der Lage ist, vertragsgerechte Leistungen zu erbringen (*v. Hoyningen-Huene* RdA 1990, 199; SPV-*Preis* Rn 1207a).

Eine Abmahnung ist darüber hinaus **entbehrlich**, wenn aufgrund objektiver Anhaltspunkte bereits ex ante erkennbar ist, dass eine an sich mögliche Verhaltensänderung des Arbeitnehmers in der Zukunft auch nach einer Abmahnung nicht zu erwarten steht (für außerordentliche Kündigungen vgl. nunmehr § 314 Abs. 2 iVm § 323 Abs. 2 BGB und dazu *BAG* 19.4.2007 EzTöD 100 § 34 Abs. 2 TVöD-AT Verhaltensbedingte Kündigung Nr. 7; 25.10.2012 EzA § 626 BGB 2002 Nr. 41; 13.12.2018, 2 AZR 370/18, EzA § 626 BGB 2002 Nr. 67). Diese negative Prognose ist insbes. dann gerechtfertigt, wenn der Arbeitnehmer bereits ausdrücklich erklärt bzw. unmissverständlich konkludent zum Ausdruck gebracht hat, sein Fehlverhalten nicht ändern zu wollen (*Becker-Schaffner* ZTR 1999, 108 f.; *Gerhards* BB 1996, 796; SPV-*Preis* Rn 1207a) oder wenn eine Vertragsverletzung hartnäckig oder uneinsichtig begangen wird (*BAG* 18.5.1994 EzA § 611 BGB Abmahnung Nr. 31 [*Bährle*]; 27.4. 2006, 2 AZR 386/05, EzA-SD 2006, Nr. 16, 8–11; *Becker-Schaffner* ZTR 1999, 108 f.; *Braun* RiA 2005, 268). Bei **personenbedingten Kündigungen** sind Abmahnungen entbehrlich, wenn der AN keine Bereitschaft zeigt, an der an sich möglichen Behebung des personenbedingten Leistungshindernisses mitzuwirken (*BAG* 28.1.2010, 2 AZR 764/08, EzA § 1 KSchG Personenbedingte Kündigung Nr. 24). Eine negative Prognose ist ferner gerechtfertigt, wenn der Arbeitnehmer die Vertragswidrigkeit seines Verhaltens sowie die damit verbundene Gefährdung seines Arbeitsverhältnisses (vgl. Rdn 289) kannte oder kennen musste, zB aus entsprechenden Hinweisen bei früheren Anlässen, im **Arbeitsvertrag**, in **Rundschreiben** oder **Betriebsaushängen** (vgl. *BAG* 23.4.2009 EzA § 16 TzBfG Nr. 1; *LAG Köln* 6.8.1999 LAGE § 626 BGB Nr. 127; *LAG Nbg.* 9.1.2007 LAGE § 1 KSchG Verhaltensbedingte Kündigung Nr. 95; *LAG RhPf* 30.1.2009 NZA-RR 2009, 303; *LAG BW* 30.9.2010 NZA-RR 2011, 76; *Hess. LAG* 24.11.2010 NZA-RR 2011, 294; *Becker-Schaffner* ZTR 1999, 110; *Berkowsky* NZA-RR 2001, 72; *Braun* RiA 2005, 268; AnwK-ArbR/*Bröhl* Rn 8; *Cunow* S. 123 f.; *Hartmann* BuW 2000, 830; *Kleinebrink* Rn 253, 624 ff.; *Lohmeyer* S. 54; *Notzon* öAT 2013, 181; HBS-*Regh* § 6 Rn 407; KPK-*Sowka* Kap. 3 Rn 1223; *Preis* AuR 2010, 245; *Schrader* NJW 2012, 346 f.; *Wisskirchen/Schumacher/Bissels* BB 2012, 1473 ff. [beschränkt auf »Kardinalspflichten«]; aA *Adam* AuR 2001, 42; HzK-*Eisenbeis* 1 Rn 528; MüKo-BGB/*Henssler* Rn 109; *Koffka* S. 116; *Pflaum* S. 176 ff.; diff. DDZ-*Deinert* § 314 BGB Rn 66; APS-*Vossen* § 1 KSchG Rn 388), aus einer »**vorweggenommenen Abmahnung**« vor einer konkret befürchteten Pflichtverletzung (vgl. *BAG* 5.4.2001 EzA § 626 BGB nF Nr. 186; *LAG Hamm* 3.4.2008 – 15 Sa 2149/07; *LAG Bln.-Bra.* 26.11.2010 AA 2011, 86; *LAG SchlH* 29.6.2017 NZA-RR 2017, 591; *Becker-Schaffner* ZTR 1999, 110; NK-GA-*Kerwer* § 1 KSchG Rn 808; *St. Müller* Verhaltensbedingte Kündigung Rn 727; HBS-*Regh* § 6 Rn 407; HaKo-KSchR/*Zimmermann* § 1 KSchG Rn 272; aA *Adam* AuR 2001, 42; HK-*Dorndorf* § 1 Rn 628; diff. DDZ-*Deinert* § 314 BGB Rn 66, 74) oder aus einer bloßen Vertragsrüge (s. Rdn 285).

Auch eine **frühere Kündigung** kann die Funktion einer Abmahnung erfüllen, wenn der Kündigungssachverhalt feststeht und die Kündigung aus anderen Gründen – zB auch wegen fehlender Abmahnung – für sozialwidrig erachtet worden ist (*BAG* 31.8.1989 § 1 KSchG Verhaltensbedingte Kündigung Nr. 27; vgl. auch *BAG* 19.4.2007 EzTöD 100 § 34 Abs. 2 TVöD-AT Verhaltensbedingte Kündigung Nr. 7). Gleiches gilt für eine nach einer Tarifnorm wegen fehlender Anhörung des Arbeitnehmers **formell unwirksame Abmahnung** (*BAG* 21.5.1992 EzA § 1 KSchG Verhaltensbedingte Kündigung Nr. 42; 19.2.2009 EzA § 314 BGB 2002 Nr. 5; *Braun* RiA 2005, 269; HzK-*Eisenbeis* 4 Rn 58; *Wilhelm* NZA-RR 2002, 452; krit. *Conze* ZTR 1993, 318; DDZ-*Deinert* § 314 BGB Rn 62, 99; *Wetzling/Habel* BB 2011, 1083). Zu aus der Personalakte entfernten bzw. sachlich unbegründeten Abmahnungen s. Rdn 289.

Die Erforderlichkeit einer Abmahnung wird durch das Merkmal der **Geeignetheit** ferner in dem Sinne begrenzt, dass abzuwägen ist, ob die Abmahnung nicht mehr das ausreichende Mittel zur Wahrung der Interessen des Arbeitgebers ist. Eine Ausnahme, in der wegen der Art und der Auswirkung der Vertragsverletzung das Erfordernis der Abmahnung entfällt, ist zB dann anzuerkennen, wenn es sich um eine so **schwere Pflichtverletzung** handelt, dass selbst deren erstmalige Hinnahme dem Arbeitgeber nach objektiven Maßstäben unzumutbar und damit offensichtlich – auch für den Arbeitnehmer erkennbar – ausgeschlossen ist (*BAG* 13.12.2018, 2 AZR 370/18, EzA § 626 BGB 2002 Nr. 67; 25.10.2012 EzA § 626 BGB 2002 Nr. 41). Dies gilt selbstverständlich auch und erst recht bei derartigen Pflichtverletzungen im Vertrauensbereich (*BAG* 10.2.1999 EzA § 15 nF KSchG Nr. 47; für einen Auszubildenden 1.7.1999 EzA § 15 BBiG Nr. 13; zu **Bagatelldelikten und Diebstählen** vgl. Rdn 278). Die Möglichkeit einer positiven Prognose für das Arbeitsverhältnis ist in diesen Fällen deshalb auszuschließen, weil auch durch eine künftige Vertragstreue die **eingetretene Erschütterung oder Zerstörung des Vertrauensverhältnisses** nicht mehr behoben werden kann (vgl MüKo-BGB/*Henssler* Rn 108; *Hunold* DB 2009, 2658; SPV-*Preis* Rn 1207; ErfK-*Niemann* Rn 29c, e).

e) Rechtsnatur der Abmahnung

283 Bei der Abmahnung handelt es sich wegen des damit verbundenen Verzichts auf das Recht zur Kündigung aus den von der Rüge betroffenen Gründen (vgl. Rdn 294) um eine **empfangsbedürftige Willenserklärung** (*BAG* 6.3.2003 EzA § 626 BGB 2002 Nr. 3; aA die wohl hM [zB MüKo-BGB/*Henssler* Rn 101; ErfK-*Niemann* Rn 30; HWK-*Sandmann* Rn 100], die von einer bloß geschäftsähnlichen Handlung ausgeht). Damit sie die intendierte Warnfunktion entfalten kann, ist allerdings über den **Zugang** hinaus grds. auch noch die **Kenntnis des Empfängers** von ihrem Inhalt erforderlich (vgl. *BAG* 9.8.1984 EzA § 1 KSchG Verhaltensbedingte Kündigung Nr. 11; *Braun* RiA 2005, 269; DDZ-*Deinert* § 314 BGB Rn 76; DLW-*Dörner* Kap. 4 Rn 2350 f.; HzK-*Eisenbeis* 1 Rn 518; MüKo-BGB/*Henssler* Rn 101; NK-GA-*Kerwer* § 1 KSchG Rn 810; HBS-*Regh* § 6 Rn 436; SPV-*Preis* Rn 13; LSSW-*Schlünder* § 1 Rn 136; HWK-*Sandmann* Rn 100; aA *Bickel* Anm. zu AP Nr. 12 zu § 1 KSchG 1969 Verhaltensbedingte Kündigung; *Koffka* S. 114 f.; KPK-*Sowka* Kap. 3 Rn 1249: Zugang genügt). Jedoch kann es dem Arbeitnehmer nach Treu und Glauben verwehrt sein, sich auf fehlende Kenntnis zu berufen, wenn er Möglichkeiten zur Kenntnisnahme nicht genutzt oder, zB durch eigenmächtige Selbstbeurlaubung, vereitelt hat (vgl. *BAG* 9.8.1984 EzA § 1 KSchG Verhaltensbedingte Kündigung Nr. 11; LAG Köln 16.3.2001 RzK I 6a Nr. 199; DLW-*Dörner* Kap. 4 Rn 2352 ff.). Bei **unzureichenden Sprachkenntnissen** ist es dem Arbeitnehmer in der Regel zumutbar hierauf hinzuweisen oder unverzüglich selbst für eine Übersetzung Sorge zu tragen (*BAG* 23.8.2018, 2 AZR 235/18, EzA § 626 BGB 2002 Nr. 66).

f) Funktionen der Abmahnung

284 Die Abmahnung des Arbeitnehmers durch den Arbeitgeber wegen eines nicht vertragsgerechten Verhaltens hat je nach ihrem Inhalt und ihrer Zielsetzung unterschiedliche Formen und Funktionen: Sie kann, verbunden mit dem Hinweis auf eine Gefährdung von Inhalt oder Bestand des Arbeitsverhältnisses, der Vorbereitung einer Kündigung dienen (**Warnfunktion**, vgl. bereits Rdn 271, 276). Der Arbeitgeber kann eine Abmahnung aber auch in Ausübung des vertraglichen **Rügerechts** ohne Warnfunktion aussprechen. Mit der Abmahnung kann der Arbeitgeber zugleich **generalpräventive Zwecke** verfolgen (*BAG* 13.11.1991 EzA § 611 BGB Abmahnung Nr. 24), solange er nicht – etwa durch eine »betriebsöffentliche« Abmahnung – Datenschutzbestimmungen und die Persönlichkeitsrechte des Arbeitnehmers verletzt (HK-*Dorndorf* § 1 Rn 584 mwN; *Kleinebrink* DB 2012, 1511).

285 Eine Rüge **ohne Warnfunktion** ist nach dem Verständnis des *BAG* (10.11.1988 EzA § 611 BGB Abmahnung Nr. 18) nicht ohne Bedeutung. Sie kann vielmehr nach dem Grundsatz der Verhältnismäßigkeit die gebotene Reaktion auf ein vertragswidriges Verhalten sein, weil eine Kündigung nur dann erforderlich ist, wenn andere Mittel nicht mehr ausreichen und weil die Abmahnung – auch ohne Androhung möglicher Konsequenzen – gegenüber einer Kündigung das **mildere Mittel** ist, mit dem Arbeitnehmer Gelegenheit gegeben werden soll, die durch den Arbeitsvertrag begründeten Pflichten zu erfüllen, also sich künftig vertragstreu zu verhalten (*BAG* 7.11.1979 EzA § 87 BetrVG 1972 Betriebsbuße Nr. 4; 9.8.1984 EzA § 1 KSchG Verhaltensbedingte Kündigung Nr. 11). Wenn der Arbeitgeber dem Arbeitnehmer wegen eines bestimmten vertragswidrigen Verhaltens zunächst eine Vertragsrüge (»strengen Verweis«) erteilt hat, kann bei einer späteren Kündigung, die wegen der Fortsetzung des beanstandeten Verhaltens ausgesprochen wird, nicht ohne Weiteres angenommen werden, der Arbeitgeber habe mit seiner späteren Kündigung den Grundsatz der

Verhältnismäßigkeit verletzt. Es ist dann vielmehr zu prüfen, ob es einer Abmahnung mit Warnfunktion wegen Art und Gewichtes der erneuten Vertragswidrigkeit nicht bedurfte (*BAG* 8.12.1988 RzK I 5i Nr. 45).

Allerdings dient es nicht der Systematik und Rechtsklarheit, unter der Sammelbezeichnung »Abmahnung« sowohl eine Abmahnung ohne Warnfunktion als Ausübung des vertraglichen Rügerechts des Arbeitgebers als auch die »echte Abmahnung« mit Warnfunktion zur Vorbereitung einer Kündigung zusammenzufassen (so *BAG* 10.11.1988 EzA § 611 BGB Abmahnung Nr. 18 [*Peterek*]). Es ist vielmehr sachdienlich, die Ausübung des **vertraglichen Rügerechts in Form von Ermahnung oder Verwarnung** nicht nur in seiner Funktion, sondern auch begrifflich von der »**echten Abmahnung**« **zu trennen** und zur Verdeutlichung als Verwarnung, Ermahnung oder Beanstandung zu kennzeichnen (vgl. HK-*Dorndorf* § 1 Rn 580; *Peterek* Anm. EzA § 611 BGB Abmahnung Nr. 18; SPV-*Preis* Rn 8 Fn 4; HWK-*Sandmann* Rn 97; aA *Bader* ZTR 1999, 203 u. 202 Fn 15). 286

Eine **Abmahnung als Vorstufe zur Kündigung** darf sich für den Fall der Fortsetzung des beanstandeten Verhaltens nicht darauf beschränken, den Arbeitnehmer an seine vertraglichen Pflichten zu erinnern und deren künftige Einhaltung zu verlangen. Sie muss vielmehr geeignet sein, die **mit ihr bezweckte Ankündigungs- und Warnfunktion dem Arbeitnehmer zweifelsfrei zu verdeutlichen**. Dazu ist zwar nicht unbedingt die ausdrückliche Androhung einer Kündigung notwendig, der Arbeitgeber muss aber konkret bestimmte Leistungs- oder Verhaltensmängel beanstanden (*BAG* 23.6.2009 EzA § 1 KSchG Verhaltensbedingte Kündigung Nr. 75; 19.4.2012, 2 AZR 258/11, EzA § 626 BGB 2002 Nr. 39) und damit den **eindeutigen und unmissverständlichen Hinweis verbinden, bei künftigen gleichartigen Vertragsverletzungen seien Inhalt oder Bestand des Arbeitsverhältnisses gefährdet bzw. es drohten »arbeitsrechtliche Konsequenzen«**. Es muss zum Ausdruck kommen, dass der Arbeitnehmer im Wiederholungsfall mit allen denkbaren arbeitsrechtlichen Folgen bis hin zur Beendigung des Arbeitsverhältnisses rechnen muss (*BAG* 19.4.2012, 2 AZR 258/11, EzA § 626 BGB 2002 Nr. 39 mzN; aA *Bader* ZTR 1999, 201 f.; *v. Hase* NJW 2002, 2280, die einen entsprechenden Hinweis für entbehrlich halten; zur Androhung »arbeitsrechtlicher Konsequenzen« s. andererseits auch *BAG* 19.4.2012 EzA § 626 BGB 2002 Nr. 40 und *Hunold* Schnellbrief 2012 Nr. 22 S. 6). Dies kann auch im Rahmen einer sog. Korrekturvereinbarung erfolgen (vgl. *Wetzling/Habel* BB 2011, 1081 f.). Durch das Erfordernis einer vergeblich gebliebenen Abmahnung vor Ausspruch einer verhaltensbedingten Kündigung, insbes. bei Störungen im Leistungsbereich, soll der mögliche Einwand des Arbeitnehmers ausgeräumt werden, er habe die Pflichtwidrigkeit seines Verhaltens nicht erkannt oder jedenfalls nicht damit rechnen müssen, der Arbeitgeber sehe dieses Verhalten als so schwerwiegend an, dass er kündigungsrechtliche Konsequenzen ziehen werde. Dabei muss der Arbeitgeber dem Arbeitnehmer uU einen hinreichenden Zeitraum für die Korrektur der gerügten Leistungs- oder Verhaltensmängel einräumen. Entsprechend muss ggf. **auch der Arbeitnehmer** den Arbeitgeber abmahnen, bevor er zum Mittel der außerordentlichen Kündigung greift. 287

Im Einzelfall, insbes. bei **geringfügigen Pflichtverletzungen** oder **länger zurückliegenden** Abmahnungen kann es zwar zur Erhaltung der Warnfunktion erforderlich sein, den Arbeitnehmer vor Ausspruch einer Kündigung erneut oder ausnahmsweise mehrmals abzumahnen (*BAG* 15.11.2001 EzA § 1 KSchG Verhaltensbedingte Kündigung Nr. 56; 19.7.2012, 2 AZR 782/11, EzA § 611 BGB 2002 Abmahnung Nr. 7; *LAG Hamm* 25.9.1997 LAGE § 1 KSchG Verhaltensbedingte Kündigung Nr. 59; HK-*Dorndorf* § 1 Rn 657 f.; HzK-*Eisenbeis* 1 Rn 553; *Beckerle* S. 163 ff.; MüKo-BGB/*Hergenröder* § 1 KSchG Rn 249; aA *Adam* AuR 2001, 42). Es bedarf aber nicht stets einer **zweiten oder dritten Abmahnung**. Vielmehr kann durch eine nicht dringend gebotene mehrmalige Wiederholung die Erinnerungs- und Warnfunktion der Abmahnung auch entwertet werden (*BAG* 15.11.2001 EzA § 1 KSchG Verhaltensbedingte Kündigung Nr. 56; HaKo-KSchR/*Zimmermann* § 1 KSchG Rn 267; **krit.** *Krause* BAGReport 2005, 86 mwN), was allerdings nicht schon bei der dritten Abmahnung wegen gleichartiger Pflichtverletzungen angenommen werden kann (*BAG* 16.9.2004 EzA § 1 KSchG Verhaltensbedingte Kündigung Nr. 64; vgl. auch *BAG* 27.9.2012 EzA § 626 BGB 2002 Nr. 42). Um dem Vorwurf »leerer Drohungen« zu entgehen, sollte der Arbeitgeber danach aber weitere Abmahnungen **besonders eindringlich** abfassen (*BAG* 15.11.2001 EzA 288

§ 1 KSchG Verhaltensbedingte Kündigung Nr. 56; *LAG RhPf* 23.4.2009 ZTR 2009, 443; *Beckerle* S. 165; *Braun* RiA 2005, 268; HzK-*Eisenbeis* 1 Rn 534; NK-GA-*Kerwer* § 1 KSchG Rn 828; HBS-*Regh* § 6 Rn 428; *Wilhelm* NZA-RR 2002, 541; HaKo-KSchR/*Zimmermann* § 1 KSchG Rn 267; krit. *Kammerer* BB 2002, 1747 ff.). Einen »Kündigungszwang« gibt es freilich auch nach einer »letzten Abmahnung« nicht (insoweit zutr. *Kammerer* BB 2002, 1747 ff.). Der Arbeitgeber, der nach einer »letzten Abmahnung« trotz eines gleichartigen Fehlverhaltens, zB aus betrieblichem Interesse, von einer Kündigung absieht, sollte jedoch gegenüber dem Arbeitnehmer unter Hinweis auf dieses besondere Interesse klarstellen, dass er sich die Kündigung für den Fall erneuter Pflichtverstöße vorbehält, damit er sich bei einer späteren Kündigung nicht dem Vorwurf widersprüchlichen Verhaltens aussetzt.

289 Die **Warnfunktion der Abmahnung** kann auch dann **erhalten bleiben, wenn** der Arbeitgeber sie freiwillig oder aufgrund eines entsprechenden Urteils aus der Personalakte entfernt hat (*BAG* 20.12.2012 EzA § 1 KSchG Personenbedingte Kündigung Nr. 31; vgl. auch *Bader* ZTR 1999, 206; aA DDZ-*Deinert* § 314 BGB Rn 95; HaKo-ArbR/*Kreuder/Matthiessen-Kreuder* §§ 611, 611a BGB Rn 570). Es ist auch **nicht** unbedingt entscheidend, ob die Abmahnung **sachlich berechtigt** war (so aber *BAG* 5.8.1992 EzA § 611 BGB Abmahnung Nr. 25; *Bahntje* AuR 1996, 250; *Braun* RiA 2005, 271; HK-*Dorndorf* § 1 Rn 682; HaKo-KSchR/*Zimmermann* § 1 KSchG Rn 246; *Knorr/Bichlmeier/Kremhelmer* 2 Rn 100; ErfK-*Niemann* Rn 29a; SPV-*Preis* Rn 11; *Wetzling/Habel* BB 2011, 1084; *Wilhelm* NZA-RR 2002, 453; offen gelassen demgegenüber jetzt von *BAG* 23.6.2009 EzA § 1 KSchG Verhaltensbedingte Kündigung Nr. 75). Vielmehr kommt es auch in diesen Fällen darauf an, ob der Arbeitnehmer die Pflichtwidrigkeit des nunmehr störenden Verhaltens erkennen und der Abmahnung entnehmen musste, der Arbeitgeber werde es keinesfalls hinnehmen, sondern voraussichtlich zum Anlass nehmen, das Arbeitsverhältnis zu kündigen (wie hier *LAG Köln* 5.2.1999 RzK I 1 Nr. 111; *LAG Nbg.* 16.10.2007 LAGE § 626 BGB 2002 Nr. 14; *LAG RhPf* 7.5.2010 ZTR 2010, 600; *Gamillscheg* Arbeitsrecht I, S. 577; NK-GA-*Kerwer* § 1 KSchG Rn 814; *Kleinebrink* Rn 432; *St. Müller* Verhaltensbedingte Kündigung Rn 741; diff. *Novara/Knierim* NJW 2011, 1178). Auch **formell fehlerhafte Abmahnungen** können eine Warnfunktion aufweisen (vgl. *BAG* 28.6.2018, 2 AZR 436/17, EzA § 626 BGB 2002 Nr. 65 – Rn 48).

290 Obwohl die Wirksamkeit einer Abmahnung nicht davon abhängt, ist es doch empfehlenswert, eine Abmahnung schriftlich zu erteilen und zu den Personalakten zu nehmen (**Dokumentationsfunktion**). Allerdings erbringt der Nachweis der Erteilung einer Abmahnung allein noch keinen Beweis dafür, dass der Arbeitnehmer die ihm in der Abmahnung vorgeworfene Vertragsverletzung tatsächlich begangen hat (*BAG* 13.3.1987 EzA § 611 BGB Abmahnung Nr. 5; *v. Hoyningen-Huene* RdA 1990, 198; *Kleinebrink* Rn 455; SPV-*Preis* Rn 13).

g) Abmahnungsberechtigte Personen

291 Als **abmahnungsberechtigte Personen** kommen nicht nur kündigungsberechtigte Vorgesetzte, sondern alle Mitarbeiter in Betracht, die befugt sind, verbindliche Anweisungen hinsichtlich des Ortes, der Zeit sowie der Art und Weise der arbeitsvertraglich geschuldeten Arbeitsleistung zu erteilen (*BAG* 18.1.1980 EzA § 1 KSchG Verhaltensbedingte Kündigung Nr. 7 [*Peterek*]; *Ascheid* Rn 84; *Bader* ZTR 1999, 202 f.; *Erman/Riesenhuber* Rn 55; *Braun* RiA 2005, 268; HzK-*Eisenbeis* § 1 Rn 514; *Hartmann* BuW 2000, 832; MüKo-BGB/*Henssler* Rn 101; HzA-*Isenhardt* 5/1 Rn 504; NK-GA-*Kerwer* § 1 KSchG Rn 806; *Kleinebrink* Rn 498 ff.; TRL-*Liebscher* § 1 KSchG Rn 409; LSSW-*Schlünder* § 1 Rn 135; HWK-*Sandmann* Rn 101; KPK-*Sowka* Kap. 3 Rn 1245; APS-*Vossen* § 1 KSchG Rn 408; WEBF-*Ehrich* Teil 1 Rn 290; *Wilhelm* NZA-RR 2002, 451; aA *Adam* AuR 2001, 43; DDZ-*Deinert* § 314 BGB Rn 72; HK-*Dorndorf* § 1 Rn 641; HaKo-KSchR/*Zimmermann* § 1 KSchG Rn 279; *Kammerer* Rn 353 f. [Beschränkung auf Personalleiter und -referenten]; KZDH-*Appel/Altmann* § 79 Rn 8; *Koffka* S. 111 f.; *Lohmeyer* S. 91). Die Zuweisung einer derartigen Vorgesetztenfunktion umfasst idR auch eine stillschweigende Vollmacht für Abmahnungen (ebenso *LAG RhPf* 4.8.2004 – 10 Sa 222/04). Davon abweichend kann der Arbeitgeber die Abmahnungsberechtigung auf bestimmte Vorgesetzte beschränken. Mit der Bekanntgabe einer solchen

Regelung der Abmahnungsberechtigung im Betrieb kann er der Gefahr vorbeugen, dass es durch vorschnelle Abmahnungen seitens nachrangiger Mitarbeiter zu einem Kündigungsverzicht für den konkreten Fall kommt (s. Rdn 294; *Kleinebrink* Rn 512 ff.; HBS-*Regh* § 6 Rn 434).

h) Beteiligung des Betriebs-/Personalrates und der Schwerbehindertenvertretung

Vielfach sehen Landespersonalvertretungsgesetze eine Beteiligung des Personalrats bei Abmahnungen vor, wobei deren Unterlassung allerdings nicht stets als Unwirksamkeitsgrund vorgesehen ist (vgl. HaKo-KSchR/*Zimmermann* § 1 KSchG Rn 290 f.; *Kammerer* Rn 281 ff.). Auch die Unterlassung der uU gem. § 178 Abs. 2 S. 1 SGB IX vor der Abmahnung schwerbehinderter Menschen gebotene Beteiligung der Schwerbehindertenvertretung (vgl. *BAG* 17.8.2010 EzA § 95 SGB IX Nr. 3; *LAG BW* 7.4.2017 NZA-RR 2017, 639) führt nicht zur Unwirksamkeit der Abmahnung (vgl. *LAG Bln.-Bra.* 5.11.2010 LAGE § 611 BGB 2002 Abmahnung Nr. 7). Der **Mitbestimmung des Betriebsrates** nach dem BetrVG unterliegt die Abmahnung selbst dann nicht, wenn sie sich auf eine die betriebliche Ordnung berührende Vertragspflichtverletzung bezieht, denn als Ausübung eines Gläubigerrechtes ist die Abmahnung individualrechtlich zu beurteilen (*BAG* 17.9.2013 EzA § 80 BetrVG 2001 Nr. 17; vgl. auch *BAG* 9.9.2015, 7 ABR 69/13, EzA § 78 BetrVG 2001 Nr. 5; HK-*Dorndorf* § 1 Rn 586; HaKo-KSchR/*Zimmermann* § 1 KSchG Rn 288; *Kleinebrink* Rn 437 ff.; *Koffka* S. 120 f.; *Pflaum* S. 266 ff.; **krit.** *Kittner* AuR 1993, 250). Die Mitbestimmungspflichtigkeit kann auch nicht in einem Spruch der Einigungsstelle festgelegt werden (*BAG* 30.8.1995 EzA § 87 BetrVG 1972 Kontrolleinrichtung Nr. 21). Über die individualrechtliche Möglichkeit der Abmahnung hinaus gehen dagegen **Betriebsbußen**, die Sanktionscharakter haben und nur auf der Grundlage einer mitbestimmungspflichtigen Betriebsbußenordnung verhängt werden können. Es hängt von der unter Berücksichtigung des Wortlautes, des Gesamtzusammenhanges und der Begleitumstände erforderlichen Auslegung einer bestimmten Maßnahme des Arbeitgebers ab, ob es sich noch um eine Abmahnung oder schon um eine mitbestimmungspflichtige Betriebsbuße handelt. Dabei ist entscheidend darauf abzustellen, wie der Arbeitnehmer die »Abmahnung« verstehen musste (*BAG* 30.1.1979 EzA § 87 BetrVG 1972 Betriebsbuße Nr. 3; vgl. weiter zur Abgrenzung zwischen Abmahnung und Betriebsbuße: HK-*Dorndorf* § 1 Rn 587; *Heinze* NZA 1990, 169 ff.; *v. Hoyningen-Huene* RdA 1990, 203 ff.; *Schaller* DStR 1997, 203 f.; *Schaub* AR-Blattei SD 480 Rn 12 ff.).

i) Verhältnismäßigkeit der Abmahnung

Unter Anwendung des Grundsatzes der **Verhältnismäßigkeit** muss ein »vertretbares Verhältnis« **zwischen Abmahnung und Fehlverhalten** bestehen (*BAG* 13.11.1991 EzA § 611 BGB Abmahnung Nr. 24; 30.5.1996 EzA § 611 BGB Abmahnung Nr. 34; *Adam* AuR 2001, 42; DDZ-*Deinert* § 314 BGB Rn 69; HzK-*Eisenbeis* 1 Rn 512; MüKo-BGB/*Henssler* Rn 103; *Hromadka/Maschmann* § 6 Rn 162; HzA-*Isenhardt* 5/1 Rn 505; *Kammerer* Rn 357, 362; GA-*Koffka* S. 96 ff.; HBS-*Regh* § 6 Rn 442 ff.; SPK-ArbR/*Stoffels* Rn 61; WEBF-*Ehrich* Teil 1 Rn 289; *Wilhelm* NZA-RR 2002, 451).Der Grundsatz der Verhältnismäßigkeit begründet nicht nur das Erfordernis einer Abmahnung (s. Rdn 271), sondern begrenzt zugleich auch das Abmahnungsrecht (aA *Bader* ZTR 1999, 204; *Berkowsky* NZA-RR 2001, 74; *Buchner* RdA 2003, 177; *Weber* SAE 2003, 368). Ggf. sind verfassungsrechtlich geschützte Positionen des Vertragspartners zu berücksichtigen (vgl. *BAG* 15.6.2021, 9 AZR 413/19). Mit dem Hinweis auf die Bestandsgefährdung des Arbeitsverhältnisses greift der Abmahnende bereits in bestehende Rechtspositionen seines Vertragspartners ein, und eine solche Gefährdung des Arbeitsverhältnisses ist nur gerechtfertigt, wenn ein weiteres Fehlverhalten nach Ausspruch einer Abmahnung als Grund für eine Kündigung geeignet sein könnte, wofür ganz geringfügige Verstöße nicht in jedem Fall ausreichen (*BAG* 31.8.1994 EzA § 611 BGB Abmahnung Nr. 33 [*Berger-Delhey*]). Wenn die Abmahnung eine Kündigung vorbereiten soll, ist sie auf Pflichtverstöße zu beschränken, die nach einer Abmahnung geeignet sein könnten, eine Kündigung zu rechtfertigen (*v. Hoyningen-Huene* RdA 1990, 198; HWK-*Sandmann* Rn 105; aA *Heinze* FS Söllner 1990, S. 63, 86; MüKo-BGB/*Henssler* Rn 103; ErfK-*Niemann* Rn 34; krit. auch *Beckerle* S. 215 f.). So ist zu prüfen, ob ein verständiger Arbeitgeber die Pflichtverstöße im Wiederholungsfall ernsthaft für kündigungsrechtlich erheblich halten dürfte (vgl. *BAG* 16.1.1992 EzA § 123 BGB

Nr. 36; *LAG SchlH* 11.5.2004 EzBAT § 13 BAT Nr. 45; *St. Müller* Verhaltensbedingte Kündigung Rn 755; HWK-*Sandmann* Rn 105; ähnlich *Pflaum* S. 327; **aA** *LAG Köln* 14.3.1990 LAGE § 611 BGB Abmahnung Nr. 22). Diese Einschränkung gilt allerdings nicht für das vertragliche **Rügerecht**, das auch bei geringfügigen Pflichtverletzungen von allen Vorgesetzten ausgeübt werden kann, denen das Direktionsrecht zusteht (*v. Hoyningen-Huene* RdA 1990, 198).

j) Verzicht auf Kündigung

294 Abgemahnte Leistungs- oder Verhaltensmängel behalten nur dann kündigungsrechtliche Bedeutung, wenn **später weitere erhebliche Umstände** eintreten oder bekannt werden (*BAG* 27.2.1985 RzK I 1, Nr. 5). Mit der Abmahnung – idR dagegen nicht schon mit einer bloßen Ermahnung ohne Warnfunktion (*BAG* 6.3.2003 EzA § 626 BGB 2002 Nr. 3; *Hunold* ArbR 2016, 343 f.; NK-GA-*Kerwer* § 1 KSchG Rn 821; *Linck/Krause/Bayreuther-Krause* § 1 Rn 506; *St. Müller* Verhaltensbedingte Kündigung Rn 769; *Raab* FS Buchner 2009, 715 f.; APS-*Vossen* § 1 KSchG Rn 405; **aA** *LAG Hmb.* 20.5.2015 NZA-RR 2016, 70; DDZ-*Däubler* Rn 39; SPV-*Preis* Rn 8) – verzichtet der Arbeitgeber idR konkludent auf eine Kündigung, gleichgültig, ob das KSchG anwendbar ist oder nicht (*BAG* 13.12.2007 EzA § 623 BGB 2002 Nr. 9; *Kammerer* Rn 392; *Kleinebrink* Rn 749 f.; aA *Raab* FS Buchner 2009, 716 ff.; dagegen zutr. *BAG* 26.11.2009 EzA § 611 BGB 2002 Abmahnung Nr. 5). Der **Verzicht auf das Kündigungsrecht** betrifft grds. nur die abgemahnten, nicht dagegen alle zum Zeitpunkt der Abmahnung vorliegenden und bekannten Gründe. Dies folgt daraus, dass ein Verzicht auf Kündigungsrechte eindeutig sein muss und nur dann angenommen werden kann, wenn der Arbeitgeber unzweifelhaft zu erkennen gibt, dass er eine Pflichtverletzung hiermit als ausreichend sanktioniert und die Sache als »erledigt« ansieht (*BAG* 2.2.2006 EzTöD 100 § 34 Abs. 1 TVöD-AT Betriebsbedingte Kündigung Nr. 3). Insbesondere wird sich der Verzicht nicht auch auf eine weiter fortgesetzte (beharrliche) Verweigerung des eingeforderten pflichtgemäßen Verhaltens erstrecken (*BAG* 2.2.2006 EzTöD 100 § 34 Abs. 1 TVöD-AT Betriebsbedingte Kündigung Nr. 3). Zudem kann der Abmahnende der Verzichtsfolge dadurch entgehen, dass er sich das Recht zur Kündigung wegen des gerügten Fehlverhaltens unter bestimmten Voraussetzungen doch noch vorbehält (*LAG SchlH* 19.10.2004 LAGE § 1 KSchG Verhaltensbedingte Kündigung Nr. 86; s.a. *BAG* 19.11.2015 EzA § 1 KSchG Verhaltensbedingte Kündigung Nr. 85). Andererseits setzt die Wirkung des Kündigungsverzichts hinsichtlich der abgemahnten Pflichtverletzung nicht voraus, dass der Arbeitgeber deren »wahres Ausmaß« bei der Erteilung der Abmahnung kannte. Mahnt er ab, bevor er sich eine genaue Kenntnis verschafft hat, handelt er auf eigenes Risiko (vgl. *Hess. LAG* 15.2.2011 AA 2011, 144).

k) Erneute Pflichtverstöße als Kündigungsgrund

295 Festzuhalten ist bei der Abmahnung als Vorstufe zur Kündigung im Grundsatz auch an dem Erfordernis, dass nach vorheriger Abmahnung ein **weiterer Pflichtverstoß** des Arbeitnehmers nur dann zur Kündigung berechtigt, wenn das abgemahnte Fehlverhalten **auf der gleichen Ebene** gelegen hat wie der Kündigungsvorwurf. Nach der st.Rspr. des *BAG* (27.2.1985 RzK I 1 Nr. 5; 24.3.1988 RzK I 5i Nr. 35; 16.1.1992 EzA § 123 BGB Nr. 36) muss der auf eine Abmahnung folgende Wiederholungsfall **gleichartig bzw. vergleichbar** sein. Bei der Beurteilung der Gleichartigkeit ist »kein strenger formaler Maßstab« anzulegen« (HWK-*Sandmann* Rn 107), »die Konfliktbereiche dürfen nicht zu eng gesehen werden« (*Hunold* BB 1986, 2055). Es genügt eine »Gleichartigkeit im weiteren Sinne« (*Beckerle* S. 161) bzw. eine »Ähnlichkeit im Sachverhalt« (*Degel* FS 50 Jahre saarl. Arbeitsgerichtsbarkeit 1947–1997, S. 221). Pflichtverletzungen sind dann gleichartig, wenn sie unter einem **einheitlichen Kriterium zusammengefasst werden können** wie zB der Verletzung der vertraglichen Arbeitspflicht in Form von verzögerter, unpünktlicher oder unzuverlässiger Leistung (*v. Hoyningen-Huene* RdA 1990, 208; vgl. ferner *Becker-Schaffner* ZTR 1999, 109; HzK-*Eisenbeis* 1 Rn 538; *BAG* 10.12.1992 EzA § 103 BetrVG 1972 Nr. 33). Es ist für eine negative Prognose ausreichend, wenn die **jeweiligen Pflichtwidrigkeiten aus demselben Bereich stammen und somit Abmahnung und Kündigungsgründe in einem inneren Zusammenhang stehen** (*BAG* 19.4.2012 EzA § 626 BGB 2002 Nr. 39 mwN). Letztlich ist entscheidend, ob der Arbeitnehmer aus der

Abmahnung bei gehöriger Sorgfalt erkennen konnte, der Arbeitgeber werde das neuerlich störende Verhalten nicht einfach hinnehmen, sondern evtl. mit einer Kündigung reagieren (*BAG* 9.6.2011 EzA § 626 BGB 2002 Nr. 36; NK-GA-*Kerwer* § 1 KSchG Rn 824; HaKo-KSchR/*Zimmermann* § 1 KSchG Rn 265). Trotz der zwangsläufigen Unbestimmtheit dieses Maßstabs ist ein völliger Verzicht auf das Erfordernis der Gleichartigkeit weder systematisch geboten noch praktikabel. Die negative Prognose auf eine auch künftig anhaltende Unzuverlässigkeit des Arbeitnehmers setzt zwar nicht zwingend die Existenz einer »einschlägigen« Abmahnung voraus, macht aber die Prüfung einer etwaigen Vergleichbarkeit der Pflichtverstöße nicht völlig bedeutungslos (so zutr. *Sibben* NZA 1993, 587; ähnlich *Ascheid* Rn 63). Die negative Prognose ist evident bei wiederholten gleichartigen Störungshandlungen, während bei einer Verschiedenheit der Störakte ein »innerer Bezug im Rahmen der **negativen Prognose**« erforderlich ist (*Ascheid* Rn 63). Dieser kann allerdings bei einer Vielzahl von Abmahnungen wegen verschiedenartiger Vertragsverletzungen auch unter dem Gesichtspunkt **genereller Unzuverlässigkeit** zu bejahen sein (DDZ-*Deinert* § 314 BGB Rn 87; HK-*Dorndorf* § 1 Rn 652, 655, 662; NK-GA-*Kerwer* § 1 KSchG Rn 823; HaKo-KSchR/*Zimmermann* § 1 KSchG Rn 264; *Hartmann* BuW 2000, 833).

l) Gerichtliche Überprüfung der Abmahnung

Eine reine Vertragsrüge ohne Androhung kündigungsrechtlicher Konsequenzen unterliegt der gerichtlichen Nachprüfung nur dann, wenn sie die Rechtsstellung des Arbeitnehmers dadurch beeinträchtigt, dass sie in die Personalakte aufgenommen oder betriebsöffentlich zur Kenntnis gebracht wird oder wenn sie durch Form oder Inhalt in Grundrechte des Arbeitnehmers, zB Art. 5 GG, eingreift (SPV-*Preis* Rn 10 Fn. 16). Dagegen kann der Arbeitnehmer eine Abmahnung mit Warnfunktion schon deshalb **gerichtlich überprüfen** lassen, weil sie seine Rechtsstellung beeinträchtigt, indem sie als Vorstufe zur Kündigung dient. 296

Eine Klage auf Feststellung der Unwirksamkeit der Abmahnung wäre unzulässig (*BAG* 9.9.2015 EzA § 78 BetrVG 2001 Nr. 5). Der Arbeitnehmer kann aber in entsprechender Anwendung von §§ 242, 1004 Abs. 1 Satz 1 BGB auf **Entfernung der Abmahnung aus der Personalakte** klagen. Der Entfernungsanspruch besteht, wenn die Abmahnung inhaltlich unbestimmt ist, unrichtige Tatsachenbehauptungen enthält, auf einer unzutreffenden rechtlichen Bewertung des Verhaltens des Arbeitnehmers beruht oder den Grundsatz der Verhältnismäßigkeit verletzt. Auch eine zu Recht erteilte Abmahnung ist aus der Personalakte zu entfernen, wenn kein schutzwürdiges Interesse des Arbeitgebers mehr an deren Verbleib in der Personalakte besteht (*BAG* 2.11.2016, 10 AZR 596/15, EzA § 106 GewO Nr. 21 – Rn 10; 19.7.2012, 2 AZR 782/11, EzA § 611 BGB 2002 Abmahnung Nr. 7). Nach **Beendigung des Arbeitsverhältnisses** kann ein Anspruch auf Entfernung einer Abmahnung bestehen, wenn es objektive Anhaltspunkte dafür gibt, dass die Abmahnung dem Arbeitnehmer noch schaden kann (*BAG* 17.11.2016, 2 AZR 730/15, EzA § 4 BDSG Nr. 2 – Rn 47). Der **Arbeitgeber trägt die Beweislast** für die Richtigkeit der Vorwürfe. Dies entspricht der Beweislastverteilung im Kündigungsschutzprozess (vgl *BAG* 16.5.2007, 2 AZB 53/06, EzA § 61 ArbGG 1979 Nr. 20; *LAG Hamm* 19.3.2015 LAGE § 611 BGB 2002 Abmahnung Nr. 12; NK-GA-*Kerwer* § 1 KSchG Rn 847; *Linck/Krause/Bayreuther-Krause* § 1 Rn 525 mwN; AnwK-ArbR/*Holthausen* § 1 KSchG Rn 325 mwN; ErfK-*Niemann* Rn 35a; *Grobys/Panzer/Regh* 2 Rn 34; aA KR/*Fischermeier* Vorauﬂ.; HzK-*Eisenbeis* 4 Rn 61; *Kopke* NZA 2007, 1212 f.; *Bader/Bram-Kreutzberg-Kowalczyk* Rn 25c.1; *Schmülling* EWiR 2013, 140). Gegen eine erst **drohende Abmahnung** kommt keine einstweilige Verfügung in Betracht (*LAG Köln* 19.6.1996 BB 1996, 2255). Nimmt der Arbeitgeber eine nach einer Tarifnorm wegen fehlender Anhörung des Arbeitnehmers **formell unwirksame Abmahnung** zu den Personalakten, dann hat der Angestellte wegen Verletzung einer Nebenpflicht einen schuldrechtlichen Anspruch auf Entfernung (*BAG* 16.11.1989 EzA § 611 BGB Abmahnung Nr. 19; vgl. dazu aber Rdn 281). Auf den Entfernungsanspruch finden **tarifliche Ausschlussfristen** ebenso wenig Anwendung wie auf das Abmahnungsrecht des Arbeitgebers, es kann jedoch **Verwirkung** eintreten (*BAG* 14.12.1994 EzA § 4 TVG Ausschlussfristen Nr. 109). Werden in einer Abmahnung **mehrere Pflichtverletzungen** gerügt, dann müssen alle Vorwürfe berechtigt sein. Andernfalls ist die Abmahnung insgesamt aus der 297

Personalakte zu entfernen, kann aber berichtigt neu ausgesprochen werden (*BAG* 13.3.1991 EzA § 611 BGB Abmahnung Nr. 20; 27.11.2008, 2 AZR 98/07; EzA § 1 KSchG Verdachtskündigung Nr. 4). Entsprechendes gilt, wenn die Folgen der gerügten Pflichtverletzung übertrieben dargestellt wurden (*LAG Düsseld.* 23.2.1996 LAGE § 611 BGB Abmahnung Nr. 45). Neben dem Entfernungsanspruch kommt jedenfalls bei **digitalisierten Personalakten** auch ein **Löschungsanspruch nach § 17 Abs. 1 d) DSGVO** in Betracht (*Linck/Krause/Bayreuther-Krause* § 1 Rn 513). Zu **Personalakten in Papierform** vgl. einerseits zum BDSG aF *BAG* 16.11.2010, 9 AZR 573/09, EzA § 241 BGB 2002 Nr. 2 –Rn 24 ff., Sächs. LAG 14.1.2014, 1 Sa 266/13, ZTR 2014, 294, andererseits zum neuen Recht LAG Sachsen-Anhalt 23.11.2018, 5 Sa 7/17, welches auf Grundlage der datenschutzrechtlichen Vorschriften einen eigenständigen Entfernungsanspruch annimmt. Dieser setze nach Beendigung des Arbeitsverhältnisses nicht voraus, dass die Abmahnung dem Arbeitnehmer noch schaden könne (aus prozessualen Gründen offen gelassen von *BAG* 17.11.2016, 2 AZR 730/15, EzA § 4 BDSG Nr. 2 – Rn 46).

298 Der Arbeitnehmer ist nicht verpflichtet, die Berechtigung einer Abmahnung gerichtlich klären zu lassen. Er kann sich vielmehr darauf beschränken, die Abmahnung zunächst hinzunehmen und ihre Richtigkeit in einem möglichen späteren Kündigungsschutzprozess zu bestreiten (*BAG* 13.3.1987 EzA § 611 BGB Abmahnung Nr. 5). Eine Regelfrist, nach deren Ablauf die Abmahnung wirkungslos wird, gibt es nicht. Die Abmahnung kann zwar durch **Zeitablauf** ihre **Warnfunktion verlieren**, aber das kann nur im konkreten **Einzelfall** unter Berücksichtigung der besonderen Umstände beurteilt werden (*BAG* 10.10.2002 EzA § 626 BGB 2002 Unkündbarkeit Nr. 1 mwN; vgl. ferner *BVerfG* 16.10.1998 EzA § 611 BGB Abmahnung Nr. 40). Die Rspr. hat aus dem Bedeutungsverlust auch einen **Entfernungsanspruch** abgeleitet (vgl. *BAG* 14.12.1994 EzA § 4 TVG Ausschlussfristen Nr. 109; 19.7.2012, 2 AZR 782/11, EzA § 611 BGB 2002 Abmahnung Nr. 7; [s. dazu auch *Kort* FS v. Hoyningen-Huene 2014, S. 201 ff.; NK-GA-*Kerwer* § 1 KSchG Rn 827; *Salamon/Rogge* NZA 2013, 363 ff.; APS-*Vossen* § 1 KSchG Rn 424; *Wertz* S. 235 ff.; abl. *Ritter* DB 2013, 344 f.; *Schmülling* EWiR 2013, 140]). Stimmen in der Literatur lehnen dies mit Recht ab (vgl. *Bader* ZTR 1999, 205; *Kleinebrink* Rn 899; *Linck/Krause/Bayreuther-Krause* § 1 Rn 521; *Wilhelm* NZA-RR 2002, 451; *Zirnbauer* FA 2001, 171). Jedenfalls vor dem Hintergrund der auf eine ungestörte Vertragsbeziehung abstellenden Argumentation im sog. Emmely-Urteil (*BAG* 10.06.2010 EzA § 626 BGB 2002 Nr. 32) ist ein **solcher Anspruch zu verneinen** (vgl. *Fuhlrott* ArbR 2012, 500; *St. Müller* Verhaltensbedingte Kündigung Rn 777 f.; *Kleinebrink* Anm. AP Nr. 34 zu § 611 BGB Abmahnung; *Novara/Knierim* NJW 2011, 1176 f.; *Pawlak/Geißler* öAT 2011, 272; *Ritter* DB 2011, 175 ff.; *Schrader* NZA 2011, 180 ff.; *Schrader/Dohnke* NZA-RR 2012, 617 ff.; aA *Kreft* FS Etzel 2011, S. 235; *Waldenfels* ArbR 2012, 212; wegen datenschutzrechtlicher Bedenken auch *Zilkens* RDV 2013, 30 f.). Eine berechtigte Abmahnung unterliegt keinem Verfallsdatum und kann zur Dokumentation des Verlaufs des Arbeitsverhältnisses grundsätzlich unbegrenzt in der Personalakte verbleiben. Allerdings kann ein hinreichend lange zurückliegender, nicht schwerwiegender und durch beanstandungsfreies Verhalten faktisch überholter Pflichtenverstoß seine Bedeutung für eine später erforderlich werdende **Interessenabwägung** gänzlich verlieren (vgl. *BAG* 19.7.2012, 2 AZR 782/11, EzA § 611 BGB 2002 Abmahnung Nr. 7).

2. Betriebsbußen

299 Bei Verstößen gegen die betriebliche Ordnung sind in Betriebsvereinbarungen (Bußordnungen) als echte Sanktionen verschiedentlich **Betriebsbußen** vorgesehen (s. Rdn 292). Bei einer Pflichtverletzung, die sich zugleich als Verstoß gegen die betriebliche Ordnung darstelle, gebietet es das **ultima-ratio-Prinzip** vor einer Kündigung aber nicht, zunächst die in der Bußordnung vorgesehenen Maßnahmen zu ergreifen. Eine Erstreckung des Grundsatzes der Verhältnismäßigkeit im Bereich des Kündigungsrechtes auf kollektiv-rechtliche Sanktionsmaßnahmen wäre **systemwidrig**. Während bei der Kündigung nur das Anhörungsverfahren nach § 102 BetrVG einzuhalten ist, unterliegen kollektiv-rechtliche Sanktionen der Mitbestimmung des Betriebsrates nach § 87 Abs. 1 Nr. 1 BetrVG. Es ist verfehlt, Maßnahmen als »Vorstufen« zur Kündigung zu verlangen, die an strengere Voraussetzungen gebunden sind als die Kündigung (vgl. *BAG* 17.1.1991 EzA § 1 KSchG

Verhaltensbedingte Kündigung Nr. 37; ErfK-*Niemann* Rn 26; HAS-*Popp* § 19 B Rn 221; SPV-*Preis* Rn 18; HWK-*Sandmann* Rn 92; APS-*Vossen* Rn 90; **aA** LAG Brem. 18.11.2004 RzK I 6a Nr. 263; LzK-*Gräfl* 240 Rn 55).

3. Widerrufsvorbehalt, Direktionsrecht

Eine **Änderungskündigung** (s. Rdn 212 ff.) mit dem Ziel, eine unter **Widerrufsvorbehalt** gewährte freiwillige Sozialleistung rückgängig zu machen, verstößt wegen der damit verbundenen Bestandsgefährdung des Arbeitsverhältnisses gegen den Verhältnismäßigkeitsgrundsatz, wenn dieses Ziel auch durch Ausübung des vorbehaltenen Widerrufs hätte erreicht werden können (*BAG* 28.4.1982 EzA § 2 KSchG Nr. 4). Entsprechend verstößt eine Änderungskündigung gegen das ultima-ratio-Prinzip, wenn schon die Ausübung des **Direktionsrechts** (§ 106 GewO) genügt hätte (*BAG* 22.9.2016, 2 AZR 509/15, EzA § 2 KSchG Nr. 98; 6.9.2007 EzA § 2 KSchG Nr. 68; krit. *Hunold* NZA 2008, 862). Dies gilt aber nicht für die Vertragsänderung, wenn das mit der Änderungskündigung unterbreitete Angebot unter Vorbehalt angenommen wurde (s. Rdn 214). 300

4. Feststellungs-, Unterlassungsklage

Bei Verletzung von **Nebenpflichten,** deren Inhalt str. ist, kann es sowohl für den Arbeitgeber als auch den Arbeitnehmer geboten sein, Inhalt und Umfang der Pflichten durch eine **Feststellungs- oder Unterlassungsklage** klären zu lassen, bevor das Arbeitsverhältnis als solches durch eine Kündigung in Frage gestellt wird (HAS-*Popp* § 19 B Rn 224). 301

5. Betriebliches Eingliederungsmanagement (BEM)

Die Durchführung des BEM nach § 167 SGB IX ist selbst kein milderes Mittel und keine Wirksamkeitsvoraussetzung für eine Kündigung wegen Krankheit, sondern soll mildere Mittel aufdecken. Wird es unterlassen, verstärkt dies die **Darlegungslast** des Arbeitgebers. Dieser hat dann im Kündigungsschutzprozess von sich aus im Einzelnen darzulegen, weshalb weder eine leidensgerechte Ausgestaltung des bisherigen Arbeitsplatzes noch eine Beschäftigung auf einem anderen, leidensgerechten Arbeitsplatz in Betracht kommt (*BAG* 10.12.2009 EzA § 1 KSchG Krankheit Nr. 57). Letztlich muss er die objektive Nutzlosigkeit des BEM begründen (*BAG* 13.5.2015, 2 AZR 565/14, EzA § 1 KSchG Krankheit Nr. 61; 18.10.2017, 10 AZR 47/17, EzA § 106 GewO Nr. 24). 302

6. Umsetzung, Versetzung

Nach dem Grundsatz der Verhältnismäßigkeit kommt eine Beendigungskündigung, gleichgültig ob sie auf betriebs-, personen- oder verhaltensbedingte Gründe gestützt wird, und unabhängig davon, ob sie als ordentliche oder außerordentliche Kündigung ausgesprochen wird, nur dann in Betracht, wenn **keine Möglichkeit** zu einer **anderweitigen Beschäftigung** besteht. Wenn ein Arbeitnehmer auf seinem bisherigen Arbeitsplatz nicht weiterbeschäftigt werden kann, ist stets zu prüfen, ob eine Umsetzung oder Versetzung auf einen anderen freien Arbeitsplatz möglich ist (*BAG* 8.5.2014, 2 AZR 1001/12, EzA § 1 KSchG Betriebsbedingte Kündigung Nr. 179; 27.6. 2019, 2 AZR 50/19, EzA-SD 2019, Nr. 19, 3–5; zu den Rechten schwerbehinderter Menschen nach § 164 IV SGB IX vgl BAG 16.5.2019, 6 AZR 329/18, NZA 2019, 1198; vgl. auch KR-*Rachor* § 1 KSchG Rdn 287, 440 ff., 583 f.; SPV-*Preis* Rn 886). Die Beendigungskündigung ist allerdings nicht schon dann unwirksam, wenn der Arbeitgeber zuvor nicht geprüft hat, ob er den Arbeitnehmer auf einem anderen Arbeitsplatz weiterbeschäftigen kann, und deswegen auch keine Versetzung angeboten hat. Es kommt vielmehr darauf an, ob die Versetzung auf einen anderen freien Arbeitsplatz tatsächlich möglich war (*BAG* 30.5.1978 EzA § 626 BGB nF Nr. 66 [*Käppler*]). 303

Die Prüfung, ob eine Beendigungskündigung durch Versetzung auf einen anderen Arbeitsplatz vermieden werden kann, ist ebenso wie bei einer ordentlichen Kündigung nicht nur auf den Beschäftigungsbetrieb, sondern grds. auf das **gesamte Unternehmen** des Arbeitgebers zu erstrecken (vgl. *BAG* 20.9.2012, 6 AZR 253/11, EzA § 125 InsO Nr. 8). Dabei ist auch zu prüfen, ob eine 304

§ 626 BGB   Fristlose Kündigung aus wichtigem Grund

Weiterbeschäftigung zwar nicht auf Dauer, aber wenigstens bis zum Ablauf der ordentlichen **Kündigungsfrist** möglich ist (*BAG* 30.5.1978 EzA § 626 BGB nF Nr. 66).

305 Eine an sich mögliche **Versetzung** ist allerdings nur dann in Betracht zu ziehen, wenn der Grund, der einer Fortsetzung des Arbeitsverhältnisses mit dem bisherigen Inhalt entgegensteht, es nicht zugleich ausschließt, den Arbeitnehmer auf einem anderen Arbeitsplatz oder zu anderen Bedingungen weiterzubeschäftigen. Dabei geht es um eine tatsächliche Beschäftigung. Eine **Freistellung** ist demgegenüber idR keine mildere Maßnahme, die der Arbeitgeber für die Dauer der Kündigungsfrist in Betracht ziehen müsste, um die fristlose Kündigung zu vermeiden (*BAG* 11.3.1999 EzA § 626 BGB nF Nr. 176 gegen *LAG Düsseld.* 5.6.1998 LAGE § 626 BGB Nr. 120; DDZ-*Däubler* Rn 34; HzA-*Isenhardt* 5/1 Rn 315; HWK-*Sandmann* Rn 89; diff. HaKo-ArbR/*Griebeling/Herget* Rn 78). Die anderweitige Beschäftigung muss dem Arbeitgeber nicht nur **möglich**, sondern auch **zumutbar** sein (*BAG* 6.10.2005 EzA § 1 KSchG Verhaltensbedingte Kündigung Nr. 66). Bei personen- oder verhaltensbedingten Kündigungsgründen (zB erheblicher krankheits- oder altersbedingter Leistungsminderung oder ständigen Auseinandersetzungen mit Vorgesetzten und Mitarbeitern) ist deshalb zu prüfen, ob diese Gründe auch bei einer Beschäftigung auf einem anderen Arbeitsplatz fortwirken. Außerdem sind zur **Überbrückung** bei verhaltensbedingten und personenbedingten Gründen, die auf ein steuerbares Verhalten des Arbeitnehmers zurückzuführen sind, vom Arbeitgeber geringere Anstrengungen zu erwarten als zB bei einem krankheitsbedingten Ausfall (*BAG* 16.8.1990 RzK I 5h Nr. 18). So ist etwa im Fall einer Tätlichkeit eine Versetzung oder Umsetzung regelmäßig unzumutbar (*BAG* 6.10.2005 EzA § 1 KSchG Verhaltensbedingte Kündigung Nr. 66). Auch soll, wenn ein als Kraftfahrer eingestellter Arbeitnehmer wegen Entziehung des Führerscheins seine Arbeitspflicht vorübergehend nicht mehr erfüllen kann, eine mögliche Versetzung ausnahmsweise deswegen unzumutbar sein, weil die außerordentliche Kündigung zur Aufrechterhaltung der allgemeinen Disziplin geboten ist (*BAG* 22.8.1963 AP Nr. 51 zu § 626 BGB; krit. *Erman/Riesenhuber* Rn 78). Wenn eine andere Tätigkeit nur aufgrund besonderer, dem Arbeitgeber nicht bekannter Verhältnisse des Arbeitnehmers möglich ist, trifft den Arbeitgeber keine Initiativlast (*BAG* 14.2.1991 RzK I 6a Nr. 70).

306 Für die Frage, ob dem Arbeitgeber eine Versetzung »unzumutbar« ist, ist idR darauf abzustellen, ob ein Kündigungsgrund arbeitsplatzbezogen ist. Bei **arbeitsplatzbezogenen Gründen** (Schlechtleistung, Unfähigkeit für bestimmte Aufgaben) geht die mögliche Versetzung auf einen freien Arbeitsplatz der Kündigung vor, wenn die begründete Aussicht besteht, dass der Arbeitnehmer unter den veränderten Verhältnissen die Anforderungen vertragsgemäß erfüllen wird (*Hess. LAG* 8.3.2010 LAGE § 2 KSchG Nr. 65; SPV-*Preis* Rn 1211). Das gilt auch für Gründe, die sich zwar nicht nur auf die bisherige Tätigkeit auswirken, bei denen aber – wie zB bei Auseinandersetzungen mit Arbeitskollegen – das Risiko weiterer Vertragsverletzungen durch die Versetzung ausgeschlossen oder wesentlich verringert werden kann (SPV-*Preis* Rn 1211).

307 Bei verhaltensbedingten Gründen, die **arbeitsplatzunabhängig** sind (zB Vorlage unrichtiger Arbeitsunfähigkeitsbescheinigungen, fortwährende Unpünktlichkeit, Straftaten gegenüber dem Arbeitgeber), ist dagegen eine Versetzung regelmäßig kein geeignetes milderes Mittel im Verhältnis zur Kündigung. Bei Verstößen gegen das **Benachteiligungsverbot des § 7 I AGG** ist der Arbeitgeber nach § 12 Abs. 3 AGG verpflichtet, Maßnahmen zu ergreifen, von denen er annehmen darf, dass sie die Benachteiligung für die Zukunft abstellen (*BAG* 29.6.2017, 2 AZR 302/16, EzA § 626 BGB 2002 Nr. 60).

308 Der Grundsatz der Verhältnismäßigkeit ist auch dann zu wahren, wenn der Arbeitnehmer auf dem bisherigen oder einem anderen Arbeitsplatz nur zu **schlechteren Arbeitsbedingungen** weiterbeschäftigt werden kann. Der Arbeitgeber muss vor Ausspruch einer Beendigungskündigung eine solche Weiterbeschäftigung **anbieten** (s. Rdn 310; *BAG* 21.4.2005 EzA § 2 KSchG Nr. 53; vgl auch *BAG* 18.6.2015, 2 AZR 480/14, EzA § 626 BGB 2002 Unkündbarkeit Nr. 23; krit. *Bauer/Winzer* BB 2006, 266 ff.). Wenn der Arbeitgeber die Änderung der unhaltbar gewordenen Arbeitsbedingungen nicht einseitig aufgrund seines Direktionsrechtes anordnen kann, dann ist dazu das

Einverständnis des Arbeitnehmers und notfalls eine **Änderungskündigung** erforderlich (vgl. zur Abgrenzung zwischen Direktionsrecht und Änderungskündigung KR-*Kreft* § 2 KSchG Rdn 58 ff.).

7. Änderungskündigung

Wenn der Arbeitnehmer nicht vorbehaltlos bereit ist, dem Angebot des Arbeitgebers zu entsprechen, das Arbeitsverhältnis als Übergangslösung bis zum Ablauf der ordentlichen Kündigungsfrist oder unbefristet zu anderen Bedingungen fortzusetzen (zur Annahme des Angebots durch schlüssiges Verhalten vgl. KR-*Kreft* § 2 KSchG Rdn 116, 118), gelten für das Verhältnis zwischen Beendigungs- und **Änderungskündigung** (s.a. Rdn 212 ff.) folgende Grundsätze: Der Arbeitgeber muss dem Arbeitnehmer die Gelegenheit geben, das Änderungsangebot zumindest unter einem dem § 2 KSchG entsprechenden Vorbehalt unverzüglich anzunehmen. Bringt der Arbeitnehmer bei den Verhandlungen mit dem Arbeitnehmer unmissverständlich zum Ausdruck, er werde die geänderten Arbeitsbedingungen im Fall einer Änderungskündigung keinesfalls, auch nicht unter Vorbehalt, annehmen, dann ist der Arbeitgeber durch den Grundsatz der Verhältnismäßigkeit nicht gehindert, **sogleich** eine außerordentliche **Beendigungskündigung** zu erklären (vgl. *BAG* 21.4.2005 EzA § 2 KSchG Nr. 53; KR-*Kreft* § 2 KSchG Rdn 23 f.). Davon kann idR ausgegangen werden, wenn der Arbeitgeber seinerseits unmissverständlich (*BAG* 7.12.2000 EzA § 1 KSchG Betriebsbedingte Kündigung Nr. 108; 29.11.1990 RzK I 5a Nr. 4) **klargestellt hat**, dass bei Ablehnung des Änderungsangebotes eine außerordentliche **Beendigungskündigung beabsichtigt** ist, der **Arbeitnehmer** das Angebot aber gleichwohl **vorbehaltlos ablehnt** (*BAG* 30.5.1978 EzA § 626 BGB nF Nr. 66; *Nikisch* I, S. 704). Das gilt allerdings dann nicht, wenn der Arbeitgeber einen an sich anerkennenswerten Anlass zur Vertragsänderung dazu benutzt hat, dem Arbeitnehmer **Bedingungen** vorzuschlagen, die nicht **unabweisbar notwendig** sind (*BAG* 6.3.1986 EzA § 15 KSchG nF Nr. 34). Die Ablehnung des Änderungsangebotes durch den Arbeitnehmer verwehrt es diesem nur, den Arbeitgeber gegenüber einer daraufhin ausgesprochenen Beendigungskündigung auf eine Änderungskündigung mit dem abgelehnten Inhalt zu verweisen (*BAG* 27.9.1984 EzA § 2 KSchG Nr. 5). Die Klärung vor Ausspruch der Kündigung ist zwar wünschenswert, der Grundsatz der Verhältnismäßigkeit verwehrt es dem Arbeitgeber aber nicht, **ohne vorheriges Änderungsangebot** sogleich eine Kündigung mit einem Änderungsangebot zu verbinden (*BAG* 21.4.2005 EzA § 2 KSchG Nr. 53; vgl. KR-*Kreft* § 2 KSchG Rdn 25 ff.).

309

Nimmt der **Arbeitnehmer** das Änderungsangebot **unter Vorbehalt** nach § 2 KSchG **an**, dann entfällt der Grund für eine Beendigungskündigung. Der Arbeitgeber muss sich in diesem Fall mit einer außerordentlichen **Änderungskündigung** begnügen, die er dann, wenn ihm eine Weiterbeschäftigung zu geänderten Bedingungen nur als **Übergangsregelung** bis zum Ablauf der Kündigungsfrist möglich oder zumutbar ist, zugleich mit einer ordentlichen Beendigungskündigung verbinden kann.

310

(unbelegt)

311

8. Ordentliche Kündigung

Bereits gesetzlich konkretisiert ist der Grundsatz der Verhältnismäßigkeit insoweit, als nach § 626 Abs. 1 BGB stets zu prüfen ist, ob nicht eine **ordentliche Kündigung** als **mildere Maßnahme** gegenüber einer außerordentlichen Kündigung ausreicht (*Preis* Prinzipien S. 309; ArbRBGB-*Corts* Rn 47). Für diese Abwägung ist die Dauer der künftigen Vertragsbindung von entscheidender Bedeutung.

312

V. Bedeutung der Unkündbarkeit und der Dauer der Vertragsbindung

1. Verhältnis zwischen Kündigungsgrund und Vertragsdauer

Nach dem **Wortlaut des § 626 Abs. 1 BGB** wird als Voraussetzung für eine außerordentliche Kündigung gefordert, dass die Fortsetzung des Dienstverhältnisses bis zum Ablauf der Kündigungsfrist oder bis zu der vereinbarten Beendigung des Dienstverhältnisses unzumutbar ist. Es ist deshalb grundsätzlich für die **Interessenabwägung wesentlich**, wie lange die Parteien noch an den

313

Arbeitsvertrag gebunden wären, wenn die außerordentliche Kündigung nicht durchgreifen würde (*BAG* 21.6.2001 EzA § 626 BGB Unkündbarkeit Nr. 7; *Bröhl* S. 114 ff.; ErfK/*Niemann* Rn 49; SPV-*Preis* Rn 546, 556).

314 Daraus folgt aber nicht als feste Regel, dass eine außerordentliche Kündigung bei einer **langfristigen Bindung** (längere Dauer der Kündigungsfrist oder der Befristung) stets erleichtert ist, während dann, wenn eine kurzfristige Beendigung durch eine ordentliche Kündigung möglich ist oder infolge der Befristung demnächst eintritt, an eine außerordentliche Kündigung besonders strenge Anforderungen zu stellen sind. Ob sich die Länge der Kündigungsfrist oder die Dauer eines befristeten Vertrages **erleichternd oder erschwerend** für die Anerkennung eines wichtigen Grundes auswirken, kann sachgerecht nur unter Berücksichtigung der Umstände des jeweiligen Einzelfalles entschieden werden (vgl. DLW-*Dörner* Kap. 4 Rn 1103; HaKo-ArbR/*Griebeling/Herget* Rn 69; HzA-*Isenhardt* 5/1 Rn 315; *Soergel/Kraft* Rn 44).

315 Durch die **Vereinbarung langer Kündigungsfristen oder den Ausschluss der ordentlichen Kündigung** soll einerseits eine **verstärkte Bindung** zwischen dem Arbeitgeber und dem Arbeitnehmer geschaffen werden. Das spricht an sich dafür, an die Gründe für die außerordentliche Kündigung einen **strengeren Maßstab** anzulegen. Diese schematische Betrachtung steht jedoch andererseits im schwer lösbaren **Widerspruch** zu der Erwägung, dass dem Arbeitgeber die **kurzfristige Weiterbeschäftigung** eines Arbeitnehmers idR eher **zuzumuten** ist als die Fortsetzung eines langfristigen Vertrages (*BAG* 18.11.1986 EzA § 611 BGB Kirchliche Arbeitnehmer Nr. 26). Auch dieser Grundsatz gilt aber nur eingeschränkt: Der Kündigungsberechtigte kann auch dann, wenn das Arbeitsverhältnis ohnehin demnächst endet, ein zu billigendes besonderes Interesse an einer sofortigen Auflösung haben, und zwar zB dann, wenn die außerordentliche Kündigung zum Wegfall von Ansprüchen führt, die bei einer fristgerechten Vertragsbeendigung erhalten bleiben würden (s. Rdn 257). Die Dauer der an sich beabsichtigten Bindung ist deshalb nur ein – wenn auch wesentlicher – Umstand, der bei der erschöpfenden **Interessenabwägung** zu berücksichtigen ist (ähnlich HzA-*Isenhardt* 5/1 Rn 315).

2. Unkündbare Arbeitnehmer

316 Diese Schwierigkeiten treten insbes. bei der außerordentlichen Kündigung von sog. **unkündbaren Arbeitnehmern** auf, die aufgrund **tariflicher Vorschriften** nach längerer Betriebszugehörigkeit und höherem Lebensalter nur noch aus wichtigen Gründen gekündigt werden können. Bei der Prüfung, ob ein wichtiger Grund vorliegt, ist bei einem unkündbaren Arbeitnehmer zwar an sich ein besonders **strenger Maßstab** anzulegen. Das folgt aus dem Schutzzweck des Ausschlusses der ordentlichen Kündigung, gilt jedoch **nicht uneingeschränkt**. Der tarifliche Ausschluss der ordentlichen Kündigung und die daraus folgende Dauer der Vertragsbindung stellen vielmehr Umstände dar, die bei einer außerordentlichen Kündigung im Rahmen der einzelfallbezogenen **Interessenabwägung** entweder zugunsten oder zuungunsten des Arbeitnehmers zu berücksichtigen sind. Welche Betrachtungsweise im Einzelfall den Vorrang verdient, ist unter Beachtung des Sinns und Zwecks des Ausschlusses der ordentlichen Kündigung sowie insbes. unter Berücksichtigung der **Art des Kündigungsgrundes** zu entscheiden (*BAG* 22.7.1992 EzA § 626 BGB nF Nr. 141; HaKo-KSchR/ *Denecke* § 1 KSchG Rn 494; krit. *Bröhl* S. 96, 100; HAS-*Popp* § 19 B Rn 238).

317 Bei **betriebs- und personenbedingten Kündigungsgründen** handelt es sich idR um **Dauertatbestände**, die dem Arbeitgeber die Fortsetzung des Arbeitsverhältnisses bis zum Eintritt des Arbeitnehmers in den Ruhestand unzumutbar machen können, obgleich sie bei ordentlich kündbaren Arbeitnehmern eine Kündigung gem. § 626 BGB nicht rechtfertigen würden. Gleiches gilt für personenbedingte Gründe mit Wiederholungsgefahr. Selbstverständlich stellen betriebs- oder personenbedingte Gründe im Fall des Ausschlusses der ordentlichen Kündigung nicht schon allein deshalb einen wichtigen Grund für eine außerordentliche Kündigung dar, weil sie bei nicht vor ordentlichen Kündigungen geschützten Arbeitnehmern die Kündigung gem. § 1 KSchG sozial rechtfertigen würden. Nur in Ausnahmefällen, insbes. wenn sonst dem Arbeitgeber die Fortsetzung eines **sinnentleerten Arbeitsverhältnisses** über viele Jahre und womöglich noch unter Weiterzahlung der Vergütung zugemutet würde, kann eine außerordentliche Kündigung in Betracht kommen (*BAG*

18.6.2015, 2 AZR 480/14, EzA § 626 BGB 2002 Unkündbarkeit Nr. 23 zu betriebsbedingten Gründen; vgl. ausführlich Rn 162 ff.; 25.4.2018, 2 AZR 6/18, EzA § 626 BGB 2002 Krankheit Nr. 5; 23.1.2014, 2 AZR 582/13, EzA § 626 BGB 2002 Ausschlussfrist Nr. 5 zur dauerhaften Arbeitsunfähigkeit). Es darf keine andere Möglichkeit bestehen, die Fortsetzung des Arbeitsverhältnisses etwa durch eine anderweitige Beschäftigung, ggf. auch erst nach entsprechender Umschulung, zu vermeiden (*BAG* 27.6.2019, 2 AZR 50/19, EzA § 626 BGB 2002 Unkündbarkeit Nr. 30; *BAG* 24.9.2015, 2 AZR 562/14, EzA § 626 BGB 2002 Unkündbarkeit Nr. 24; *BAG* 29.3.2007, 8 AZR 538/06, EzA § 626 BGB 2002 Unkündbarkeit Nr. 14).

Bei **verhaltensbedingten Gründen** ist zu unterscheiden: Pflichtverletzungen können so **gravierend** sein, dass sie die Fortsetzung des Arbeitsverhältnisses auf Zeit schlechthin unzumutbar machen. In diesen Fällen kann auch ein tarifvertraglicher Ausschluss der ordentlichen Kündigung zu keiner anderen Interessenabwägung führen (*BAG* 10.10.2002 EzA § 626 BGB 2002 Unkündbarkeit Nr. 1; 27.4.2006 EzA § 626 BGB 2002 Unkündbarkeit Nr. 11; *Etzel* ZTR 2003, 212). Bei **Pflichtverletzungen mit Wiederholungsgefahr**, die im konkreten Fall bei ordentlicher Kündbarkeit nur eine fristgerechte Kündigung sozial rechtfertigen würden, kann bei Ausschluss dieser Kündigungsmöglichkeit gerade wegen der langen Vertragsbindung eine außerordentliche Kündigung gerechtfertigt sein (ebenso HaKo-KSchR/*Gieseler* Rn 79; *Linck/Scholz* AR-Blattei SD 1010.7 Rn 74; *Rasper* S. 304 f.). Bei **einmaligen Pflichtverletzungen**, die zwar unter Berücksichtigung aller Umstände und Abwägung der Interessen beider Vertragsteile keine fristlose Kündigung rechtfertigen, aber immerhin so gravierend sind, dass trotz fehlender Wiederholungsgefahr wegen der fortwirkenden Belastung des Arbeitsverhältnisses eine ordentliche Kündigung als sozial gerechtfertigt anzusehen wäre (vgl. KR-*Rachor* § 1 KSchG Rdn 438), kann sich dagegen der Ausschluss der ordentlichen Kündigung unter Berücksichtigung von Sinn und Zweck der Unkündbarkeitsklausel zugunsten des Arbeitnehmers auswirken und einer außerordentlichen Kündigung entgegenstehen, obwohl die lange Vertragsbindung sonst eher die Unzumutbarkeit iSv § 626 BGB begründet(vgl. *BAG* 13.5.2015, 2 AZR 531/14, EzA § 626 BGB 2002 Nr. 50 – Rn 46; DDZ-*Däubler* Rn 53; *Rasper* S. 303 f.; SPK-ArbR/*Stoffels* Rn 81; aA *Bröhl* S. 100, 126 ff.; *Etzel* ZTR 2003, 211; krit. ferner HAS-*Popp* § 19 B Rn 238; SPV-*Preis* Rn 744).

318

(unbelegt) 319

(unbelegt) 320

Das alleinige Abstellen auf die vertragliche Bindung führt daher bei ordentlich unkündbaren Arbeitnehmern nicht zu sachgerechten Ergebnissen. Wirkt sich die Dauer der Vertragsbindung bei der Interessenabwägung zum Nachteil für die altersgesicherten bzw. unkündbaren Arbeitnehmer aus, würden sie ihren Arbeitsplatz durch eine fristlose Kündigung früher verlieren als die kündbaren Arbeitnehmer, sodass ein **Wertungswiderspruch** entstünde. Der Arbeitnehmer, dessen Arbeitsverhältnis vom Arbeitgeber ordentlich nicht gekündigt werden kann, darf im Ergebnis nicht schlechter gestellt sein, als wenn er dem Sonderkündigungsschutz nicht unterfiele (*BAG* 17.11.2016, 2 AZR 730/15, EzA § 4 BDSG Nr. 2). **Fristlos kann solchen Arbeitnehmern deshalb nur gekündigt werden, wenn auch bei unterstellter Kündbarkeit die Einhaltung der Kündigungsfrist unzumutbar wäre.** Ansonsten gebietet es die bezweckte besondere Sicherung des Arbeitsplatzes, eine außerordentliche Kündigung nur unter **Einhaltung der bei unterstellter ordentlicher Kündbarkeit einschlägigen gesetzlichen oder tariflichen Kündigungsfrist (Auslauffrist)** zuzulassen (*BAG* 20.10.2017, 2 AZR 783/16 (F); BAG 13.5.2015, 2 AZR 531/14, EzA § 626 BGB 2002 Nr. 50 – Rn 42 f.; ErfK/*Niemann* Rn 49 f.; aA DDZ-*Däubler* Rn 279; W*ank* FS Kohte 2016, S. 364, 366; differenzierend *Krause* RdA 2016, 62 f.). *Bitter/Kiel* (FS Schwerdtner 2003, S. 16), *Geller* (S. 141 ff.) und *v. Koppenfels* (S. 207 f., 210 ff.) begründen dies mit einer »teleologischen Reduktion« (vgl. ferner *Buse* S. 84 f., 108 f.; MüKo-BGB/*Henssler* Rn 120 ff.; *Linck/Scholz* AR-Blattei SD 1010.7 Rn 76 ff.; *Moll* FS Wiedemann 2002, 343 ff.; SPV-*Preis* Rn 768; HWK-*Sandmann* Rn 82; APS/*Vossen* Rn 35 f.). Das gilt auch für andere Arbeitsverträge, bei denen zwar die ordentliche Kündigung nicht ausgeschlossen ist, aber eine langfristige Bindung zum Schutz des Arbeitnehmers vereinbart worden ist. Der Versuch, den Arbeitgeber in diesen Fällen in Rechtsanalogie zu § 15 Abs. 4 KSchG auf eine ordentliche Kündigung mit der sonst einschlägigen Frist zu

321

§ 626 BGB   Fristlose Kündigung aus wichtigem Grund

verweisen, scheitert an der längerfristigen vertraglichen Bindung bzw. am vertraglichen oder tariflichen Ausschluss der ordentlichen Kündigung (*BAG* 28.3.1985 EzA § 626 BGB nF Nr. 96).

322 Auf die Frist für die ordentliche Kündigung ist der Arbeitgeber in den Fällen, in denen eine ordentliche Kündigung ausgeschlossen oder zum Schutz des Arbeitnehmers eine langfristige Bindung vereinbart worden ist, nicht nur dann zu verweisen, wenn die **Gründe im betrieblichen Bereich** liegen. Auch wenn sie aus der **Sphäre des Arbeitnehmers** stammen, also zB verhaltensbedingt sind, würde es der Intention eines gesteigerten Kündigungsschutzes widersprechen, dem Arbeitnehmer eine der fiktiven Kündigungsfrist entsprechende Auslauffrist zu verweigern, wenn einem nach den Sozialdaten vergleichbaren Arbeitnehmer ohne gesteigerten Kündigungsschutz bei gleichem Kündigungssachverhalt nur fristgerecht gekündigt werden könnte (vgl. *BAG* 13.5.2015, 2 AZR 531/14, EzA § 626 BGB 2002 Nr. 50; *Bitter/Kiel* FS Schwerdtner 2003, S. 18 ff.; *Etzel* ZTR 2003, 211 f.; HaKo-KSchR/*Zimmermann* § 1 KSchG Rn 344; HaKo-KSchR/*Denecke* § 1 KSchG Rn 493; *Moll* Anm. AP Nr. 175 zu § 626 BGB; HWK-*Sandmann* Rn 83; *Geller* S. 134 f.; **aA** *Pomberg* S. 221 ff., 319 ff.).

323 Bei Einräumung einer der Kündigungsfrist entsprechenden **Auslauffrist** müssen die Modalitäten der **Betriebsrats-** bzw. **Personalratsbeteiligung** für eine ordentliche Kündigung beachtet werden, die für den Arbeitnehmer evtl. günstiger als bei einer außerordentlichen Kündigung gestaltet sind (*BAG* 18.1.2001 EzA § 626 BGB Krankheit Nr. 4; 12.1.2006 EzA § 626 BGB 2002 Unkündbarkeit Nr. 9; vgl. auch KR-*Rinck* § 102 BetrVG Rdn 268; HBS-*Holthausen* § 10 Rn 620; *Schaub/Linck* § 128 Rn 22; *Bauer/Röder* S. 213; HWK-*Sandmann* Rn 84; **aA** *Bitter/Kiel* FS Schwerdtner 2003, S. 28 ff.), es sei denn, der Betriebs- bzw. Personalrat hat der Kündigung ausdrücklich und vorbehaltlos zugestimmt (*BAG* 8.6.2000 EzA § 626 BGB nF Nr. 182). Auch die **Umdeutung** einer fristlosen Kündigung in eine außerordentliche Kündigung mit notwendiger Auslauffrist setzt die Zustimmung oder eine Beteiligung des Betriebs- bzw. Personalrats nach den für eine ordentliche Kündigung geltenden Bestimmungen voraus (*BAG* 8.6.2000 EzA § 626 BGB nF Nr. 182; 18.10.2000 EzA § 626 BGB Krankheit Nr. 3). Bei **schwerbehinderten Menschen** greift die Zustimmungsfiktion des § 174 III SGB IX und die Ermessensbeschränkung gem. § 174 IV SGB IX (*BAG* 22.10.2015, 2 AZR 381/14, AP Nr. 12 zu § 626 BGB Unkündbarkeit; *Linck/Scholz* AR-Blattei SD 1010.7 Rn 105; **aA** KR/*Fischermeier* 12. Aufl. Rn 323; *Däubler* GedS Heinze 2005 S. 129 f.; HaKo-KSchR/*Gieseler* Rn 46). Ein **Auflösungsantrag** des Arbeitgebers ist nicht möglich (*BAG* 30.9.2010 EzA § 9 nF KSchG Nr. 61).

VI. Gleichbehandlungsgrundsatz

324 Auch wenn **mehrere Kündigungen gegenüber verschiedenen Arbeitnehmern wegen eines gleichartigen Kündigungsgrundes** ausgesprochen werden, hängt es von den bei jeder Kündigung zu berücksichtigenden Besonderheiten, zB der kürzeren oder längeren Betriebszugehörigkeit ab, ob die Kündigung aller Arbeitnehmer berechtigt ist oder nicht (*BAG* 25.3.1976 EzA § 103 BetrVG 1972 Nr. 12). Nach der Rspr. des *BAG* (16.7.2015 EzA § 626 BGB 2002 Nr. 52) ist der **Gleichbehandlungsgrundsatz** bei der Beurteilung des wichtigen Grundes **nicht unmittelbar anzuwenden** (ebenso HAS-*Popp* § 19 B Rn 249; **aA** HaKo-KSchR/*Gieseler* Rn 73; KR-*Rachor* § 1 KSchG Rdn 246, SPV-*Preis* Rn 253, allerdings mit den gleichen Ergebnissen wie hier Rdn 325 f.). In der Tat ist der Gleichbehandlungsgrundsatz mit dem Gebot der umfassenden Abwägung der Umstände des jeweiligen Einzelfalles nur beschränkt zu vereinbaren (*Berger* JArbR 2011, 45; MüKo-BGB/*Henssler* Rn 115; krit. *Preis* Prinzipien S. 384).

325 Der Gedanke der Gleichbehandlung hat aber mittelbare Auswirkungen. Bei »gleicher Ausgangslage«, die der Arbeitgeber nicht zum Anlass genommen hat, wegen desselben Vorfalles allen beteiligten Arbeitnehmern zu kündigen, ist zwar nicht ohne Weiteres anzunehmen, dass nicht das beanstandete Verhalten, sondern ein anderer Grund für die Kündigung ausschlaggebend gewesen sei. Der Arbeitgeber muss allerdings darlegen, weshalb die Interessenabwägung nur in einem oder in einigen von mehreren Fällen ergeben soll, dass die Fortsetzung des Arbeitsverhältnisses mit den gekündigten Arbeitnehmern unzumutbar ist, während andere Arbeitnehmer weiterbeschäftigt werden, obwohl sie die gleichen Kündigungsgründe gesetzt haben (MüKo-BGB/*Henssler* Rn 115; *LAG Düsseld.* 25.3.2004 AiB 2004, 639; *Hess. LAG* 10.9.2008 AuA 2009, 302). So darf der

Arbeitgeber zB nicht ohne **sachliche Differenzierungskriterien** (vgl. dazu *Preis* Prinzipien S. 390) bei einem von mehreren Arbeitnehmern begangenen Prämienbetrug nur zwei Mitglieder des Betriebsrates **herausgreifen** und es bei den anderen, ebenso belasteten Arbeitnehmern bei einer Verwarnung belassen (*BAG* 22.2.1979 EzA § 103 BetrVG 1972 Nr. 23). Eine solche Differenzierung lässt eine Verletzung des **Benachteiligungsverbotes des § 78 S. 2 BetrVG** vermuten. Desweiteren darf kein Verstoß gegen das **Benachteiligungsverbot des § 7 Abs. 1 AGG** vorliegen.

Eine mittelbare Auswirkung auf die Interessenabwägung hat der Gleichbehandlungsgrundsatz auch dann, wenn die Behandlung vergleichbarer Kündigungssachverhalte durch den Arbeitgeber eine **Selbstbindung** erkennen lässt (*BAG* 14.10.1965 EzA § 133b GewO Nr. 1; 22.2.1979 – 2 AZR 116/78, nv; krit. KR/*Griebeling* 10. Aufl., § 1 KSchG Rn 234). Wenn der Arbeitgeber in vergleichbaren früheren Fällen von einer außerordentlichen Kündigung abgesehen hat, kann seine Nachsicht bei der Prüfung berücksichtigt werden, ob es ihm nicht auch im vorliegenden Fall, den er anders als sonst zum Anlass einer Kündigung genommen hat, zumutbar war, das Arbeitsverhältnis bis zum Ablauf der ordentlichen Kündigungsfrist fortzusetzen (ähnlich *Ascheid* Rn 16). Hat der Arbeitgeber sich durch ausdrücklich von ihm gesetzte Regeln, zB in einer Amnestieregelung, selbst gebunden, wird ausnahmsweise auch im Kündigungsrecht der Gleichbehandlungsgrundsatz unmittelbar anzuwenden sein (vgl. *Steinkühler/Kunze* RdA 2009, 371 f.). 326

VII. Gesichtspunkt der Solidarität

Das Problem der »**herausgreifenden Kündigung**« und der Gleichbehandlung bei einer Kündigung im Rahmen eines **Arbeitskampfes** entschärft das BAG, indem es den Gesichtspunkt der **Solidarität** bei der Interessenabwägung zugunsten des gekündigten Arbeitnehmers berücksichtigt (*BAG* 14.2.1978 EzA Art. 9 GG Arbeitskampf Nr. 24; vgl. auch HAS-*Popp* § 19 B Rn 249 und *Löwisch* Arbeitskampf 170.3.1 Rn 46 f.). Bei einer kollektiven Arbeitsniederlegung (zu Streik und Aussperrung s. Rdn 426) ist es für den einzelnen Arbeitnehmer schwer, sich von einer rechtswidrigen Streikmaßnahme zu distanzieren. Er steht in einer psychologischen Drucksituation. Auf eine Solidarisierung mit seinen Arbeitskollegen kann sich der Arbeitnehmer allerdings dann nicht mehr berufen, wenn er im Rahmen einer rechtswidrigen Arbeitsniederlegung besonders aktiv wird oder sich bei einer derartigen Aktion an Maßnahmen beteiligt, die offensichtlich auch im Rahmen eines rechtmäßigen Arbeitskampfes nicht hinzunehmen sind. Das gilt zB für eine Fabrikbesetzung, Blockademaßnahmen, Sabotageakte, Tätlichkeiten und Beleidigungen (vgl. *Kissel* § 46 Rn 94). 327

M. Die Ausschlussfrist für die Kündigungserklärung

I. Zweck und Bedeutung der Frist

Für die Praxis außerordentlich wichtig ist die durch das ArbRBereinigG in § 626 Abs. 2 S. 1 BGB eingefügte Bestimmung, wonach die außerordentliche Kündigung nur innerhalb einer Frist von **zwei Wochen** erfolgen kann. **Die Frist beginnt nach § 626 Abs. 2 S. 2 BGB mit dem Zeitpunkt, in dem der Kündigungsberechtigte von den für die Kündigung maßgebenden Tatsachen Kenntnis erlangt hat.** Die **Ausschlussfrist** gilt nach dem eindeutigen Gesetzeswortlaut für jede außerordentliche Kündigung aus wichtigem Grund iSd § 626 Abs. 1 BGB, also auch für die Kündigung eines freien Dienstverhältnisses (*BGH* 19.11.1998 BB 1999, 388) und für eine **Kündigung durch den Dienstverpflichteten bzw. Arbeitnehmer** (*BAG* 26.7.2001 EzA § 628 BGB Nr. 19; HWK-*Sandmann* Rn 341; aA *Gamillscheg* SAE 2002, 125 f.). Auch wenn die ordentliche Kündigung ausgeschlossen ist und ein Tarifvertrag für die außerordentliche Kündigung eine dem § 626 BGB entsprechende Regelung vorsieht, ist die Ausschlussfrist zu beachten (*BAG* 25.3.1976 EzA § 626 BGB Änderungskündigung Nr. 1; aA *Kiel* NZA 2005, Beil. 1 S. 20 für den Fall, dass der Arbeitgeber eine außerordentliche Kündigung unter Einhaltung der fiktiven Kündigungsfrist beabsichtigt). 328

§ 626 BGB Fristlose Kündigung aus wichtigem Grund

1. Verfassungsgemäße Konkretisierung der Verwirkung

329 Die Regelung konkretisiert den Grundsatz, dass die Befugnis zur außerordentlichen Kündigung ihrer Natur nach aus kollektiven und individual-rechtlichen Gründen zeitlich begrenzt ist. Bei einer so einschneidenden Maßnahme wie der außerordentlichen Kündigung erfordert es die Ordnung des Betriebs, eine mögliche Rechtsgestaltung alsbald vorzunehmen. Zum anderen hat auch derjenige, der einen wichtigen Grund zur außerordentlichen Kündigung setzt, ein berechtigtes Interesse daran, umgehend zu erfahren, ob der Kündigungsberechtigte daraus Folgen ziehen will. § 626 Abs. 2 BGB geht auf ältere Bestimmungen zurück (§ 123 Abs. 2 und § 124 Abs. 2 GewO aF), die nur eine einwöchige Ausschlussfrist vorsahen. Auch außerhalb des Geltungsbereichs von Vorschriften, die für die Ausübung des Kündigungsrechts eine feste Frist setzten, war anerkannt, dass der Kündigungsberechtigte sein Recht auf außerordentliche Kündigung verlieren konnte, wenn er es nicht binnen angemessener Frist ausübte (vgl. *Hueck/Nipperdey* I, S. 590 ff. mwN). Durch das ArbRBereinigG ist das Recht der außerordentlichen Kündigung auch insoweit **vereinheitlicht** und aus Gründen der **Rechtsklarheit** die Ausschlussfrist für die außerordentliche Kündigung von Dienst- und Arbeitsverhältnissen allgemein auf die Dauer von zwei Wochen verlängert worden. Da diese zeitliche Begrenzung aus sachlich gebotenen Gründen erfolgt ist, bestehen gegen die Beschränkung des Rechts der außerordentlichen Kündigung **keine durchgreifenden verfassungsrechtlichen Bedenken** (*BAG* 28.10.1971 EzA § 626 BGB nF Nr. 8; MüKo-BGB/*Henssler* Rn 311; SPV-*Preis* Rn 794). Während das BAG insbes. auf die **Schutzfunktion** der Ausschlussfrist für den Gekündigten abgestellt hat, betont *Popp* (HAS § 19 B Rn 259) zutr., der Zweck bestehe weiter darin, dem Kündigungsberechtigten zugleich eine angemessene **Überlegungsfrist** einzuräumen. Diese weitere Zweckbestimmung rechtfertigt auch das vom BAG anerkannte Interesse des Kündigungsberechtigten an einer umfassenden Sachaufklärung (s. Rdn 337 ff.; HAS-*Popp* § 19 B Rn 274).

330 Es handelt sich um eine **materiell-rechtliche Ausschlussfrist** für die Kündigungserklärung (*Ascheid* Rn 149; HzA-*Isenhardt* 5/1 Rn 274), die sachlich den Tatbestand einer **Verwirkung** des wichtigen Grundes **wegen des reinen Zeitablaufes** regelt (*BAG* 17.3.2005 EzA § 626 BGB 2002 Nr. 9). Nach Ablauf der Frist greift die **unwiderlegbare** gesetzliche **Vermutung** ein, dass auch ein möglicherweise erheblicher wichtiger Grund nicht mehr geeignet ist, die Fortsetzung des Arbeitsverhältnisses unzumutbar zu machen (*BAG* 17.8.1972 EzA § 626 BGB nF Nr. 22; SPV-*Preis* Rn 794). Die Kündigungsgründe sind dann »verfristet«, wobei es genauer ist, von einer Verwirkung des Kündigungsrechts zu sprechen (*Herschel* Anm. EzA § 626 BGB nF Nr. 37; aA HAS-*Popp* § 19 B Rn 266). Das Kündigungsrecht des § 626 Abs. 1 BGB kann nach Abs. 2 aber ohne **Kenntnis des Kündigungsberechtigten** vom Kündigungssachverhalt nicht verwirken (*BAG* 9.1.1986 EzA § 626 BGB nF Nr. 98; HzA-*Isenhardt* 5/1 Rn 285).

331 *(unbelegt)*

332 Gegen die Versäumung der Ausschlussfrist gibt es **keine Wiedereinsetzung** in den vorigen Stand nach den § 233 ff. ZPO (*BAG* 28.10.1971 EzA § 626 BGB nF Nr. 8; *Ascheid* Rn 149; ErfK-*Niemann* Rn 221; SPV-*Preis* Rn 794).

333 Auch ein »verfristeter« Kündigungsgrund kann allerdings noch zum Anlass für eine **ordentliche Kündigung** genommen werden, weil die Ausschlussfrist nur im Regelungsbereich des § 626 BGB eingreift (*BAG* 15.8.2002 EzA § 1 KSchG Nr. 56; MüKo-BGB/*Henssler* Rn 351; SPV-*Preis* Rn 796; APS/Vossen Rn 124). Das gilt nicht nur für eine weitere ordentliche Kündigung, sondern auch dann, wenn eine unwirksame außerordentliche in eine ordentliche Kündigung umzudeuten ist (HAS-*Popp* § 19 B Rn 323; zur **Unterstützung** unverfristeter durch verfristete Gründe s. Rdn 263 f.).

334 Unter Berücksichtigung des Zweckes der Ausschlussfrist kann eine **vollmachtslose Kündigung** nach den §§ 177, 180 BGB nur binnen der Frist von zwei Wochen genehmigt werden (s. Rdn 364).

2. Zwingendes Recht für Vertrags- und Tarifvertragsparteien

Die Ausschlussfrist kann durch Parteivereinbarung **weder ausgeschlossen noch abgeändert** werden, weil es sich bei § 626 Abs. 2 BGB um eine **zwingende gesetzliche Vorschrift** handelt (*BAG* 12.2.1973 AP Nr. 6 zu § 626 BGB Ausschlussfrist m. zust. Anm. *Martens* = EzA § 626 BGB nF Nr. 22; HaKo-KSchR/*Gieseler* Rn 117; MüKo-BGB/*Henssler* Rn 347; ErfK/*Niemann* Rn 220; SPV-*Preis* Rn 795; **aA** HaKo-ArbR/*GriebelingHerget* Rn 119). 335

Auch durch **Tarifvertrag** kann die Ausschlussfrist weder abgeändert noch ausgeschlossen werden (*BAG* 12.4.1978 EzA § 626 BGB nF Nr. 64; SPV-*Preis* Rn 795; HWK-*Sandmann* Rn 374; **aA** *Gamillscheg* Arbeitsrecht I, S. 584). Der Gesetzgeber hat kein dem § 622 Abs. 4 BGB entsprechendes tarifliches Vorrangprinzip normiert, was aber jedenfalls bei neueren Gesetzen zu verlangen wäre, weil sonst jede zwingende Schutzgesetzgebung unter Berufung auf die Tarifautonomie unterlaufen werden könnte (vgl. *Hölters* Anm. AP Nr. 5 zu § 626 BGB Ausschlussfrist). Auch aus der Schutzfunktion des § 626 Abs. 2 BGB folgt, dass die Ausschlussfrist nicht tarifdispositiv ist (für die Zulässigkeit der Konkretisierung der Voraussetzungen des Beginns der Frist und die Bestimmung des Kündigungsberechtigten allerdings MüKo-BGB/*Henssler* Rn 348). Beim Abweichen von der gesetzlichen Regelung könnte sich sowohl eine Verlängerung als auch eine Verkürzung der Frist im konkreten Fall für den Arbeitnehmer nachteilig auswirken. Die Verlängerung würde dem Arbeitgeber die Handhabung der außerordentlichen Kündigung im Ergebnis erleichtern, und bei einer Verkürzung ist zu besorgen, dass der Arbeitgeber übereilt kündigt und nicht die erforderliche Interessenabwägung anstellt. 336

II. Beginn und Hemmung der Ausschlussfrist

1. Kenntnis von den für die Kündigung maßgebenden Tatsachen

Die Frist beginnt, sobald der Kündigungsberechtigte eine zuverlässige und hinreichend vollständige **Kenntnis vom Kündigungssachverhalt** hat, die ihm die Entscheidung ermöglicht, ob die Fortsetzung des Arbeitsverhältnisses zumutbar ist oder nicht. Zu den für die Kündigung maßgebenden Tatsachen gehören **sowohl die für als auch die gegen die Kündigung sprechenden Umstände** (*BAG* 27.6.2019, 2 ABR 2/19, EzA § 626 BGB 2002 Ausschlussfrist Nr. 8; 1.6.2017, 6 AZR 720/15, EzA § 626 BGB 2002 Ausschlussfrist Nr. 7). Erheblich ist nur die **positive Kenntnis der maßgeblichen Tatsachen**. Selbst grob fahrlässige Unkenntnis setzt die Frist nicht in Gang (*BAG* 25.4.2018, 2 AZR 611/17, EzA § 626 BGB 2002 Verdacht strafbarer Handlung Nr. 17; 27.2.2020, 2 AZR 570/19, EzA-SD 2020, Nr. 13, 3–6; ErfK/*Niemann* Rn 209; *Soergel/Kraft* Rn 88; SPV-*Preis* Rn 797). Von der völligen Unkenntnis des Kündigungssachverhalts ist jedoch der Fall zu unterscheiden, dass zunächst nur einige Umstände bekannt werden, die auf einen wichtigen Grund zur außerordentlichen Kündigung hindeuten. Dann kann der Lauf der Ausschlussfrist ausgelöst werden (*BAG* 27.2.2020, 2 AZR 570/19, EzA-SD 2020, Nr. 13, 3–6). Versäumt oder **verzögert** der Kündigungsberechtigte die gebotene **Aufklärung**, kann dadurch die Ausschlussfrist ungenutzt verstreichen (s. Rdn 349, aber auch Rdn 339). 337

Auch auf die außerordentliche **Verdachtskündigung** (s. Rdn 225 ff.) ist die Ausschlussfrist anzuwenden (*BAG* 29.7.1993 EzA § 626 BGB Ausschlussfrist Nr. 4 [*Moll/Hottgenroth*]; ErfK-*Niemann* Rn 216; MüKo-BGB/*Henssler* Rn 344; *Staudinger/Preis* Rn 296 f.; zweifelnd NK-GA-*Meyer* Rn 106, der für die Annahme eines Dauertatbestands plädiert). Bei ihr ist der Beginn der Frist zwar schwieriger festzulegen als bei einer Tatkündigung, weil beim Verdacht die ihn begründenden Tatsachen sich durch den Ablauf der Ermittlungen ständig verändern. Darin liegt aber nur ein gradueller und kein grundsätzlicher Unterschied zu sonstigen außerordentlichen Kündigungen. Auch bei der Verdachtskündigung gibt es einen bestimmten Zeitpunkt, zudem dem Kündigungsberechtigten durch seine Ermittlungen die den Verdacht begründenden Umstände bekannt sind, die ihm die nötige Interessenabwägung und die Entscheidung darüber ermöglichen, ob ihm die Fortsetzung des Arbeitsverhältnisses zumutbar ist oder nicht (vgl BAG 2.3.2017, 2 AZR 698/15, EzA § 626 BGB 2002 Verdacht strafbarer Handlung Nr. 16; 24.5.2012, 2 AZR 206/11, EzA § 626 BGB 2002 338

Verdacht strafbarer Handlung Nr. 11). In diesem Zeitpunkt, der je nach den Umständen des Einzelfalles auch schon vor dem Abschluss eines Strafverfahrens liegen kann, beginnt die Ausschlussfrist des § 626 Abs. 2 S. 1 BGB. Dazu reicht idR ein **Geständnis** des Arbeitnehmers im Ermittlungsverfahren, wenn es dem Arbeitgeber bekannt wird (*BGH* 24.11.1975 LM Nr. 18 zu § 626 BGB; *LAG Düsseld.* 17.2.1981 EzA § 626 BGB nF Nr. 76).

339 Der Kündigungsberechtigte darf jedoch nicht nur das Ergebnis eines Ermittlungsverfahrens der Staatsanwaltschaft, sondern auch das eines **Strafverfahrens abwarten**, wenn ihm selbst keine vollständige tatbestandliche Klärung möglich ist, wenn er nicht wegen des Verdachts, sondern wegen einer erwiesenen Straftat kündigen will, oder wenn er auf das im Richterspruch liegende Unwerturteil (das Strafmaß) abstellen will (*BAG* 11.3.1976 EzA § 626 BGB nF Nr. 46; HaKo-KSchR/*Gieseler* Rn 122; ErfK-*Niemann* Rn 217; SPV-*Preis* Rn 804). Soweit es ihm dabei auf die Rechtskraft des Strafurteils oder des Strafbefehls ankommt, beginnt die Frist grds. erst ab Kenntnis der Rechtskraft, ohne dass er insoweit Erkundigungen einholen müsste (*BAG* 5.6.2008 EzTöD 100 § 34 Abs. 2 TVöD-AT Verhaltensbedingte Kündigung Nr. 10). Aber auch eine nicht rechtskräftige Verurteilung des Arbeitnehmers kann der Arbeitgeber zum Anlass der Kündigung nehmen, so dass die Frist des § 626 Abs. 2 BGB ab Kenntniserlangung von der Verurteilung zu laufen beginnt (*BAG* 18.11.1999 EzA § 626 BGB Ausschlussfrist Nr. 14). Allerdings kann er **nicht** zunächst von eigenen Ermittlungen absehen und dann später spontan ohne verändertem Kenntnisstand zu einem **willkürlich gewählten Zeitpunkt** fristwahrend selbständige Ermittlungen aufnehmen bzw. kündigen (*BAG* 17.3.2005 EzA § 626 BGB 2002 Nr. 9). Für den gewählten Zeitpunkt bedarf es eines sachlichen Grundes, etwa der Kenntniserlangung von neuen Tatsachen oder Beweismitteln oder bei einer Verdachtskündigung der Verstärkung des Verdachts durch die Erhebung der öffentlichen Klage bzw. die Verurteilung, die zudem Anlass für eine nochmalige Kündigung geben können, auch wenn eine solche schon zu einem früheren Zeitpunkt erklärt worden war (*BAG* 27.1.2011 EzA § 626 BGB 2002 Verdacht strafbarer Handlung Nr. 10; 22.11.2012 EzA § 626 BGB 2002 Ausschlussfrist Nr. 2; vgl. auch *Eylert* NZA-RR 2014, 406). Wenn eine vom Arbeitgeber ausgesprochene Verdachtskündigung rechtskräftig für unwirksam erklärt worden ist, weil dem Arbeitgeber die Verdachtsmomente für eine strafbare Handlung länger als zwei Wochen bekannt gewesen sind, dann hindert die Rechtskraft dieses Urteils den Arbeitgeber nicht daran, später nach dem Abschluss des gegen den Arbeitnehmer eingeleiteten Strafverfahrens nunmehr erneut eine auf die Tatbegehung selbst gestützte außerordentliche Kündigung auszusprechen (s. Rdn 233; ArbRBGB-*Corts* Rn 222). Das gilt selbst dann, wenn das Strafverfahren nicht zu einer Verurteilung des Arbeitnehmers geführt hat, sondern gegen Zahlung eines Geldbetrages nach § 153a Abs. 2 StPO eingestellt worden ist. Die Ausschlussfrist des § 626 Abs. 2 BGB für die erneute Kündigung beginnt jedenfalls dann nicht vor dem Abschluss des Strafverfahrens gegen den Arbeitnehmer, wenn der Arbeitgeber vorher zwar Verdachtsumstände kannte, diese aber noch keine jeden vernünftigen Zweifel ausschließende sichere Kenntnis der Tatbegehung selbst begründeten (*BAG* 12.12.1984 EzA § 626 BGB nF Nr. 97; MüKo-BGB/*Henssler* Rn 346; SPV-*Preis* Rn 804).

340 Die Ausschlussfrist des § 626 Abs. 2 BGB gilt auch dann, wenn die **ordentliche Kündigung** gesetzlich, tarifvertraglich oder einzelvertraglich **ausgeschlossen** ist (*Staudinger/Preis* Rn 285 mwN).

2. Fristbeginn bei Dauergründen

341 Bei sog. echten Dauergründen oder **Dauertatbeständen** ist zu differenzieren.

342 Systematisch ist zwischen fortdauernden wichtigen Gründen und Tatbeständen zu unterscheiden, die bereits abgeschlossen sind und nur noch fortwirken (*BAG* 25.3.1976 EzA § 626 BGB Änderungskündigung Nr. 1; MüKo-BGB/*Henssler* Rn 338; SPV-*Preis* Rn 801; vgl auch *Erman/Riesenhuber* Rn 144). Die Besonderheit des Dauergrundes besteht darin, dass **fortlaufend neue Tatsachen**, die für die Kündigung maßgeblich sind, eintreten (zB anhaltendes unentschuldigtes Fehlen durch einen Arbeitnehmer), oder ein noch nicht abgeschlossener, länger **andauernder Zustand** vorliegt (*BAG* 14.12.2017, 2 AZR 86/17, EzA § 626 BGB 2002 Nr. 64).

Bei Pflichtverletzungen, die zu einem **Gesamtverhalten** zusammengefasst werden können, beginnt 343
die Ausschlussfrist mit dem **letzten Vorfall**, der ein weiteres und letztes Glied in der Kette der Ereignisse bildet, die zum Anlass für eine Kündigung genommen werden (*BAG* 1.6.2017 EzA § 626
BGB 2002 Ausschlussfrist Nr. 7; SPV-*Preis* Rn 801). Das ist zB in den Fällen des sog. **Mobbings**
anzunehmen (*Wickler* DB 2002, 484). Ein pflichtwidriges Dauerverhalten liegt ferner in der **Insolvenzverschleppung** eines GmbH-Geschäftsführers (*BGH* 20.6.2005 BB 2005, 1698) oder im
Betreiben einer **Homepage** mit grob beleidigendem Inhalt (*LAG Nds.* 24.5.2013 – 14 Sa 1406/
12). Auch genügt es, wenn ein Arbeitgeber einen Arbeitnehmer, der drei Wochen lang **unentschuldigt gefehlt** hat (zB wegen eigenmächtigen Urlaubsantritts), innerhalb von zwei Wochen nach
seiner letzten Pflichtverletzung fristlos entlässt (vgl. *BAG* 25.2.1983 EzA § 626 BGB nF Nr. 83;
22.1.1998 EzA § 626 BGB Ausschlussfrist Nr. 11; *Kapitschke* BB 1989, 1061; ArbRBGB-*Corts*
Rn 223; MüKo-BGB/*Henssler* Rn 339; SPV-*Preis* Rn 802; **aA** *Gerauer* BB 1988, 2032; teilw. aA
auch HAS-*Popp* § 19 B Rn 281 f., der einen Dauergrund ablehnt, wenn die Eigenmächtigkeit des
Urlaubsantritts die maßgebliche Kündigungstatsache ist). Dabei ist das frühere Verhalten, das länger als zwei Wochen zurückliegt, ebenfalls zu berücksichtigen, und zwar anders als ein verfristeter
Vorfall nicht nur unterstützend (SPV-*Preis* Rn 801; *LAG Düsseld.* 29.4.1981 EzA § 626 BGB nF
Nr. 77).

Schwieriger als bei fortgesetzten Vertragsverletzungen ist der Beginn der Ausschlussfrist bei **nicht** 344
abgeschlossenen Dauerzuständen (insbes. personenbedingten Kündigungsgründen) zu bestimmen. Einen Dauergrund stellt etwa auch das **Fehlen bzw. der Entzug** der für die Beschäftigung
eines ausländischen Arbeitnehmers erforderlichen **Arbeitsgenehmigung** dar, weil sich der Arbeitgeber mit der Weiterbeschäftigung fortlaufend gesetzwidrig verhalten würde (*BAG* 13.1.1977 EzA
§ 19 AFG Nr. 2; ArbRBGB-*Corts* Rn 223; HBS-*Holthausen* § 10 Rn 595; aA *Herschel* Anm. EzA
§ 19 AFG Nr. 2). Bei einer längeren **Erkrankung** des Arbeitnehmers soll dagegen die Ausschlussfrist
schon dann beginnen, wenn der Arbeitgeber weiß, dass der Arbeitnehmer nicht nur vorübergehend
ausfällt, und er sich darauf in der Personalplanung einstellen muss (vgl. *Erman/Riesenhuber* Rn 144;
Bezani Anm. AP Nr. 8 zu § 626 BGB Krankheit; DDZ-*Däubler* Rn 345; *Feichtinger* AR-Blattei SD
1000.1 Rn 202 ff.; HaKo-KSchR/*Gieseler* Rn 127; HaKo-ArbR/*Griebeling/Herget* Rn 127; *Lepke*
Rn 327; HAS-*Popp* § 19 B Rn 283; APS-*Vossen* Rn 136 f.; vgl. zur Arbeitsverhinderung wegen
Trunksucht auch *BAG* 12.4.1978 EzA § 626 BGB nF Nr. 64). Wenn allerdings die Aufgaben des
erkrankten Arbeitnehmers zunächst noch durch andere Arbeitskräfte erledigt werden könnten und
sich erst später durch vermehrten Arbeitsanfall oder Verringerung der Zahl der Beschäftigten die
Notwendigkeit herausstelle, den Arbeitsplatz des länger erkrankten Arbeitnehmers sofort wieder
neu zu besetzen, beginne die Frist erst ab diesem Zeitpunkt (DDZ-*Däubler* Rn 345 und HAS-*Popp*
§ 19 B Rn 283). Auch dann, wenn sich eine länger dauernde Erkrankung erst zu einem späteren
Zeitpunkt als dauerndes Unvermögen herausstellt, die vertragliche Arbeitsleistung zu erbringen
(vgl. dazu KR-*Rachor* § 1 KSchG Rdn 403 ff.), oder wenn es um die unzumutbare Belastung durch
Entgeltfortzahlungskosten geht (vgl. KR-*Rachor* § 1 KSchG Rdn 365 ff., 389 f.) und dabei die Opfergrenze überschritten wird, soll die Frist ab diesem späteren Zeitpunkt beginnen. Entsprechend
soll bei einer **Druckkündigung** (s. Rdn 219 ff.) das Verlangen der Belegschaft, einen bestimmten
Arbeitnehmer zu entlassen, dann kein anhaltender Dauergrund sein, wenn der Arbeitgeber nichts
getan hat, um den Druck abzuwenden und die Tatsachen, die den Druck durch die Belegschaft ausgelöst haben, bereits »verfristet« sind (HAS-*Popp* § 19 B Rn 415; *BAG* 18.9.1975 EzA § 626 BGB
Druckkündigung Nr. 1). Bei der Druckkündigung ist der Zeitpunkt entscheidend, zu dem der
Kündigungsberechtigte die vollständige Kenntnis aller Umstände hat, welche die Schlussfolgerung
erlauben, die Drucksituation könne nur durch die außerordentliche Kündigung beseitigt werden
(ErfK-*Niemann* Rn 215).

Bei echten Dauertatbeständen wächst der Grad der Unzumutbarkeit des Festhaltens am Arbeits- 345
verhältnis mit zunehmender Dauer der negativen Auswirkungen auf das Arbeitsverhältnis beständig, solange sich an der negativen Prognose nichts ändert (ähnlich *Bauer/Röder* S. 216; HaKo-
KSchR/*Denecke* § 1 KSchG Rn 491; *Gusek* S. 78; *Bader/Bram-Kreutzberg-Kowalczyk* Rn 80; NK-
GA-*Meyer* Rn 103; HWK-*Sandmann* Rn 363, 365; ZLH-*Hergenröder* S. 273; zT auch SPK-ArbR/

Stoffels Rn 190 f.). Die Dauer der negativen Auswirkungen gehört deshalb mit zu den für die Kündigung maßgebenden Tatsachen, auf deren Kenntnis § 626 Abs. 2 S. 2 BGB für den Fristbeginn abstellt (ebenso *BAG* 26.7.2001 EzA § 628 BGB Nr. 19; *Etzel* ZTR 2003, 214). Insbesondere in den Fällen einer Kündigung wegen einer Langzeiterkrankung, deren Ende nicht abzusehen oder bei der von dauerhaftem Leistungsunvermögen auszugehen ist, wird es idR um altersgesicherte oder tariflich unkündbare Arbeitnehmer gehen. Die Unzumutbarkeit wird hier nicht dadurch geringer, dass der Arbeitgeber im Interesse des Arbeitnehmers durch Zuwarten die **Chance** einer an sich **unwahrscheinlichen Prognoseänderung** offenhält (vgl. für die dauerhafte Arbeitsunfähigkeit *BAG* 21.3.1996 EzA § 626 BGB Ausschlussfrist Nr. 10; 25.3.2004 EzA § 626 BGB 2002 Unkündbarkeit Nr. 4; HBS-*Holthausen* § 10 Rn 595; *Löw* MDR 2004, 1342; SPV-*Preis* Rn 803). Ein Dauertatbestand kann nach der neueren Rspr. selbst bei nicht durchgehender Arbeitsunfähigkeit und wechselnden Krankheitsursachen anzunehmen sein (*BAG* 27.11.2003 EzA § 626 BGB 2002 Krankheit Nr. 1; 23.1.2014 EzA § 626 BGB 2002 Ausschlussfrist Nr. 5).

346 Nur um einen **abgeschlossenen Kündigungsgrund mit Fortwirkung** handelt es sich dagegen idR bei beleidigenden **Äußerungen im Internet**, obgleich dieses »nichts vergisst« (s. aber Rdn 343). Entsprechendes gilt, wenn einem Berufskraftfahrer **vorübergehend** die **Fahrerlaubnis entzogen** wird (*LAG Köln* 22.6.1995 LAGE § 626 BGB Ausschlussfrist Nr. 7; DDZ-*Däubler* Rn 344; *Feichtinger/Huep* Rn 440; aA ArbRBGB-*Corts* Rn 223). Die Zumutbarkeit der Fortsetzung des Arbeitsverhältnisses kann jedenfalls ab dem Zeitpunkt beurteilt werden, in dem der Arbeitgeber ausreichend sichere Kenntnis über die voraussichtliche Dauer des Entzugs erhält. Ein Dauertatbestand ist ferner zu verneinen, wenn ein Arbeitgeber aus verfristeten Vorgängen den Vorwurf herleitet, die **Vertrauensgrundlage** sei nachhaltig **zerstört** oder es bestünden nach wie vor – wenn auch nicht durch neue Tatsachen zu belegende – Zweifel an der Einsatzbereitschaft des Arbeitnehmers oder eine weisungswidrige Einkaufspolitik wirke sich weiterhin nachteilig auf den Umsatz aus (*BAG* 15.3.1984 – 2 AZR 159/83, nv). Ob ein Vertrauensverlust oder eine fehlende Bereitschaft zur Zusammenarbeit vorliegt, ist eine **Schlussfolgerung**, die aufgrund bestimmter Tatsachen vorzunehmen ist. Nicht die Ergebnisse einer solchen Würdigung, sondern die Vorgänge, die eine solche Beurteilung rechtfertigen, sind die maßgebenden Tatsachen iSd § 626 Abs. 2 BGB (vgl. *BAG* 26.7.2001 EzA § 628 BGB Nr. 19; 2.3.2006 EzA § 91 SGB IX Nr. 3; ArbRBGB-*Corts* Rn 223; MüKo-BGB/*Henssler* Rn 338; HWK-*Sandmann* Rn 366). Diese einschränkende Bestimmung des schillernden Begriffs des Dauergrundes ist erforderlich, weil sonst zB ein Arbeitgeber einen Arbeitnehmer, der vor längerer Zeit einen Spesenbetrug oder eine Unterschlagung begangen hat, ohne zeitliche Begrenzung mit der Begründung fristlos entlassen könnte, der Arbeitnehmer habe sich zwar seither vertragstreu verhalten, aber keine besonderen Anstrengungen unternommen, um das nach wie vor gestörte Vertrauensverhältnis zu verbessern. Ein Dauergrund liegt bei einem dem Arbeitgeber seit längerer Zeit bekannten Diebstahl oder einer Unterschlagung nicht so lange vor, bis der Arbeitnehmer die entwendeten oder unterschlagenen Sachen von sich aus zurückgegeben hat. Verweigert er allerdings die Herausgabe, dann begeht er eine zusätzliche beharrliche fortgesetzte Pflichtverletzung.

347 Bei betriebsbedingten außerordentlichen Kündigungen, die wegen **Rationalisierungsmaßnahmen** oder wegen **Betriebsstilllegung** erfolgen, soll es ebenfalls nur um die Fortwirkung der veränderten betrieblichen Verhältnisse gehen. Wenn sich der Arbeitgeber entschließt, seinen Betrieb aufzugeben oder bestimmte Betriebsabteilungen zu schließen, beginne die Ausschlussfrist in dem Zeitpunkt, in dem die Unternehmerentscheidung getroffen wird, wenn zugleich feststehe, welche Arbeitnehmer ihren Arbeitsplatz verlieren oder nicht mehr zu den bisherigen Bedingungen beschäftigt werden können. Ansonsten beginne die Frist, wenn feststehe, wie sich die Unternehmerentscheidung konkret auswirkt (*BAG* 25.3.1976 EzA § 626 BGB Änderungskündigung Nr. 1; DDZ-*Däubler* Rn 346; HAS-*Popp* § 19 B Rn 406). Dabei wird noch folgende Einschränkung gemacht: Wenn die Änderung oder Stilllegung des Betriebes erst für die Zukunft geplant sei, beginne die Ausschlussfrist nicht vor Ablauf des Zeitraumes, in dem die betroffenen Arbeitnehmer noch weiterbeschäftigt werden können (*BAG* 28.3.1985 EzA § 626 BGB nF Nr. 96; 5.10.1995 RzK I 6g Nr. 26). Letzterem ist zuzustimmen. Im Übrigen gilt jedoch auch in diesen Fällen, dass die **Unzumutbarkeit** mit der zunehmenden Dauer der fehlenden Beschäftigungsmöglichkeit zunächst **wächst**, aber

später wieder abnimmt, wenn der Eintritt des Arbeitnehmers in den Ruhestand oder das Ende des Arbeitsverhältnisses durch Fristablauf bevorsteht. Die Dauer gehört zu den für die Kündigung maßgebenden Tatsachen iSv § 626 Abs. 2 S. 2 BGB. Es handelt sich also um einen **Dauertatbestand, solange sich eine Einsetzbarkeit des Arbeitnehmers nicht konkret abzeichnet** (so auch *BAG* 5.2.1998 EzA § 626 BGB Unkündbarkeit Nr. 2 [*Walker*]; 17.9.1998 EzA § 626 BGB Unkündbarkeit Nr. 3; 20.6.2013 EzA § 626 BGB 2002 Unkündbarkeit Nr. 19; *Bauer/Röder* S. 216; vgl. ferner *Grobys/Panzer/Biester* 37 Rn 28; *Etzel* ZTR 2003, 214; HBS-*Holthausen* § 10 Rn 595; *Kappelhoff* ArbRB 2002, 370; APS-*Kiel* Rn 318t; *Linck/Scholz* AR-Blattei SD 1010.7 Rn 93; HaKo-KSchR/*Zimmermann* § 1 KSchG Rn 757; NK-GA-*Meyer* Rn 104; HzK-*Mues* 2 Rn 181; HWK-*Sandmann* Rn 367). Dem Arbeitgeber kann es nicht zum Nachteil gereichen, wenn er dem Arbeitnehmer diese Chance offen hält, obgleich zunächst keine konkrete Beschäftigungsmöglichkeit ersichtlich ist. Andererseits braucht der Arbeitgeber mit der Kündigung nicht so lange zu warten, bis die letzten Arbeiten beendet sind. Er kann vielmehr schon vorher außerordentlich zu dem Zeitpunkt kündigen, zu dem die Beschäftigungsmöglichkeit voraussichtlich entfällt. Um eine verfrühte Kündigung zu vermeiden, ist der Arbeitgeber in diesem Sonderfall gehalten, eine befristete außerordentliche Kündigung auszusprechen (s. Rdn 29, 321).

3. Hemmung des Beginns der Frist

Der Kündigungsberechtigte, der bislang nur Anhaltspunkte für einen Sachverhalt hat, der zur außerordentlichen Kündigung berechtigen könnte, kann nach pflichtgemäßem Ermessen weitere **Ermittlungen** anstellen und den Betroffenen anhören, ohne dass die Frist des § 626 Abs. 2 BGB zu laufen begänne. Dies gilt allerdings nur so lange, wie er aus verständigen Gründen mit der **gebotenen Eile** Ermittlungen durchführt, die ihm eine umfassende und zuverlässige Kenntnis des Kündigungssachverhalts und der Beweismittel verschaffen sollen (*BAG* 27.6.2019, 2 ABR 2/19, EzA § 626 BGB 2002 Ausschlussfrist Nr. 8; 25.11.2010 EzA § 108 BPersVG Nr. 5; SPV-*Preis* Rn 798). Das Anlaufen der Kündigungserklärungsfrist setzt allerdings stets voraus, dass dem Kündigungsberechtigten die Tatsachen bereits im Wesentlichen bekannt und nur noch zusätzliche Ermittlungen erforderlich sind oder doch erscheinen dürfen, wie etwa die Anhörung des Betroffenen bei einer Verdachtskündigung oder die Ermittlung von gegen eine Kündigung sprechenden Tatsachen. Hingegen besteht **keine Obliegenheit des Arbeitgebers, den Arbeitnehmer belastende Tatsachen zu ermitteln**, die einen wichtigen Grund zur außerordentlichen Kündigung begründen (*BAG* 27.2.2020, 2 AZR 570/19, EzA-SD 2020, Nr. 13, 3–6). Vor Erklärung einer **Verdachtskündigung** hat der Arbeitgeber zumindest den **Versuch einer Anhörung** zu unternehmen. Wartet der Arbeitgeber, dem der Arbeitnehmer mitteilt, er könne sich wegen einer **Erkrankung** nicht, auch nicht schriftlich äußern, dessen Gesundung ab, um ihm eine Stellungnahme zu den Vorwürfen zu ermöglichen, liegen in der Regel hinreichende besondere Umstände vor, aufgrund derer der Beginn der Frist des § 626 Abs. 2 BGB entsprechend lange hinausgeschoben wird (*BAG* 20.3.2014, 2 AZR 1037/12, EzA § 626 BGB 2002 Ausschlussfrist Nr. 6). Die bloße Arbeitsunfähigkeit als solche hemmt den Lauf der Ausschlussfrist aber nicht. Letztlich hängt es davon ab, ob der Arbeitnehmer trotz Erkrankung in der Lage ist, die erforderliche Aufklärung zu geben. Dies kann letztlich nur bezogen auf den Einzelfall beurteilt werden. Der Arbeitgeber ist aber jedenfalls nach einer angemessenen Frist gehalten, mit dem Arbeitnehmer Kontakt aufzunehmen, um zu klären, ob dieser gesundheitlich in der Lage ist, an der gebotenen Sachverhaltsaufklärung mitzuwirken. Diese Anfrage kann der Arbeitgeber mit einer kurzen Erklärungsfrist verbinden (*BAG* 11.6.2020, 2 AZR 442/19, EzA-SD 2020, Nr. 20, 8–13). Entsprechendes gilt, wenn sich der Arbeitnehmer im **Urlaub** befindet (*Mennemeyer/Dreymüller* NZA 2005, 384 f.; teilw. aA *LAG* Nds. 6.3.2001 LAGE § 626 BGB Ausschlussfrist Nr. 14: ein Urlaub bis zu 2 Wochen kann abgewartet werden). Neben der Anhörung kann es geboten sein, Unterlagen oder Abrechnungen zu überprüfen, Erkundigungen bei Geschäftspartnern oder Kunden über das Verhalten des Arbeitnehmers einzuholen oder Vorgesetzte und Arbeitskollegen über den Vorfall zu vernehmen, selbst wenn der Arbeitnehmer schon ein allgemein gehaltenes Geständnis abgelegt hat (instruktiv *BAG* 5.12.2002 EzA § 123 BGB 2002 Nr. 1 und *LAG Köln* 13.3.2002 LAGE § 626 BGB Verdacht strafbarer Handlung Nr. 15; vgl. auch SPV-*Preis* Rn 798).

§ 626 BGB Fristlose Kündigung aus wichtigem Grund

Wenn eine angeforderte schriftliche Stellungnahme des Arbeitnehmers nicht ausreicht, um den Sachverhalt hinreichend aufzuklären, kann es gerechtfertigt sein, den Arbeitnehmer zu den gegen ihn erhobenen Vorwürfen noch einmal mündlich anzuhören (*BAG* 12.2.1973 EzA § 626 BGB nF Nr. 26). Solange der Kündigungsberechtigte die zur **Aufklärung** des Kündigungssachverhalts nach pflichtgemäßem Ermessen notwendig erscheinenden Maßnahmen **zügig** (s. Rdn 349) durchführt, ist der **Beginn** der Ausschlussfrist **gehemmt** (*BAG* 17.3.2005 EzA § 626 BGB 2002 Nr. 9; HAS-*Popp* § 19 B Rn 272). Das gilt auch dann, wenn die Maßnahmen rückblickend zur Feststellung des Sachverhalts nicht beitragen oder überflüssig erscheinen, weil sie **keine neuen Erkenntnisse** bringen (*BAG* 1.6.2017 EzA § 626 BGB 2002 Ausschlussfrist Nr. 7; 25.11.2010 EzA § 108 BPersVG Nr. 5; HAS-*Popp* § 19 B Rn 273; SPV-*Preis* Rn 798). Die Bitte Dritter, zB der Staatsanwaltschaft, bestimmte Erkenntnisse vorerst nicht zu verwerten, hemmt den Beginn der Frist dagegen idR nicht (*Hess. LAG* 4.4.2003 RzK I 6g Nr. 44).

349 Die Ermittlungen des Kündigungsberechtigten dürfen den Ausspruch der Kündigung aber nicht unnötig hinauszögern (*BAG* 5.12.2002 EzA § 123 BGB 2002 Nr. 1). Die weitere **Aufklärung** muss **aus verständigen Gründen veranlasst** worden sein und darf nicht willkürlich erfolgen (*BAG* 6.7.1972 EzA § 626 BGB nF Nr. 15; vgl. *Dzida* NZA 2014, 810 ff.). Dies hat der Kündigungsberechtigte im Prozess darzulegen (zB Umfang der zu prüfenden Unterlagen, vgl. *BAG* 1.2.2007 EzA § 626 BGB 2002 Verdacht strafbarer Handlung Nr. 3). Für zusätzliche Ermittlungen besteht kein Anlass mehr, wenn der Sachverhalt bereits geklärt und vom Gekündigten sogar zugestanden worden ist (*BAG* 17.3.2005 EzA § 626 BGB 2002 Nr. 9; 1.2.2007 EzA § 626 BGB 2002 Verdacht strafbarer Handlung Nr. 3; SPV-*Preis* Rn 798). Gerade im Fall einer **Verdachtskündigung** kann aber auch noch nach ihrer Erklärung Anlass zu weiteren Ermittlungen bestehen. Führen die weiteren Ermittlungen zu neuen Erkenntnissen, kann nach erneuter Anhörung des Arbeitnehmers durchaus eine weitere Verdachtskündigung erklärt werden, ohne dass es sich um eine Wiederholungskündigung handeln würde oder § 626 Abs. 2 BGB entgegengehalten werden könnte (vgl. *BAG* 27.1.2011 EzA § 626 BGB 2002 Verdacht strafbarer Handlung Nr. 10). Die erforderlichen Ermittlungen müssen stets mit der gebotenen **Eile** innerhalb einer kurz bemessenen Frist erfolgen, die hinsichtlich der **Anhörung** der Verdächtigten idR nicht über **eine Woche** hinausgehen darf. Bei Pflichtverletzungen, die sich zu einem **Gesamtverhalten** zusammenfassen lassen, läuft die einwöchige Anhörungsfrist jedoch erst mit Kenntnis des Vorfalls an, der ein weiteres und letztes Glied in der Kette der Ereignisse bildet, die in ihrer Gesamtheit den Kündigungsentschluss tragen (*BAG* 1.6.2017, 6 AZR 720/15, EzA § 626 BGB 2002 Ausschlussfrist Nr. 7; 2.3.2006 EzA § 91 SGB IX Nr. 3; SPV-*Preis* Rn 799; krit. *Zborowska* S. 268 f.). Wird die **Regelfrist** ohne erheblichen Grund wie zB eine von dem erkrankten Arbeitnehmer erbetene kurze Äußerungsfrist (*BAG* 20.3.2014 EzA § 626 BGB 2002 Ausschlussfrist Nr. 6), Terminschwierigkeiten des Anwalts des Verdächtigten (*BAG* 28.11.2007 EzA § 626 BGB 2002 Verdacht strafbarer Handlung Nr. 4) oder eine angemessene Ankündigungszeit für einen nicht mehr im Betrieb beschäftigten Arbeitnehmer (*BAG* 27.1.2011 EzA § 626 BGB 2002 Verdacht strafbarer Handlung Nr. 10) überschritten, dann beginnt die Ausschlussfrist mit dem Ende der Regelfrist (zust. HBS-*Holthausen* § 10 Rn 589; HWK-*Sandmann* Rn 361; APS-*Vossen* Rn 130; **aA** DDZ-*Däubler* Rn 337, der für diesen Fall eine Hemmung des Fristbeginns ablehnt). Für die **Durchführung anderer Ermittlungen** lässt sich **keine Regelfrist angeben** (*BAG* 27.6.2019, 2 ABR 2/19, EzA § 626 BGB 2002 Ausschlussfrist Nr. 8; SPV-*Preis* Rn 798; zu sog. Compliance-Ermittlungen *Horstmeier* BB 2021, 1140 ff.). Jedenfalls dann, wenn die Aufklärungsbemühungen ohne sachlichen Grund für mehr als zwei Wochen ins Stocken geraten, wird § 626 Abs. 2 BGB verletzt (*LAG Köln* 22.3.2012 ArbR 2012, 624). Wenn der Kündigungsgegner bereits auf den Kündigungssachverhalt angesprochen worden oder ihm die fristlose Kündigung angekündigt worden ist (zB Mitteilung, es werde noch geprüft, welche Konsequenzen aus einem bestimmten Vorfall zu ziehen seien), ist es weiter erheblich, ob er auch **erkennen kann,** dass zunächst noch **weitere Ermittlungen** angestellt werden. Darauf ist abzustellen, weil der Gekündigte sonst nach dem Ablauf von zwei Wochen annehmen kann, der Kündigungsberechtigte wolle den Vorfall auf sich beruhen lassen. Zur Kenntnis vom Kündigungssachverhalt gehören nicht mehr die daraus gezogenen Würdigungen und Folgerungen, für die dem Kündigungsberechtigten **keine zusätzliche** »**Bedenkzeit**« bzw. Zeit zur Einholung von Rechtsrat

einzuräumen ist (*LAG Hamm* 1.10.1998 LAGE § 626 BGB Ausschlussfrist Nr. 10; HAS-*Popp* § 19 B Rn 271; **aA** bei »komplexen Sachverhalten« *Dzida* NZA 2014, 811 f.).

4. Einfluss des Mitwirkungs- bzw. des Mitbestimmungsrechts des Betriebs- oder Personalrats auf die Ausschlussfrist

a) Anhörung des Betriebs- oder Personalrats

Nach § 102 BetrVG hat der Arbeitgeber einen für seinen Betrieb gewählten **Betriebsrat** vor der beabsichtigten außerordentlichen Kündigung eines Arbeitnehmers **anzuhören** (vgl. KR-*Rinck* § 102 BetrVG Rdn 67 ff.). Im öffentlichen Dienst ist der Personalrat zu beteiligen (vgl. §§ 85, 128 BPersVG und dazu KR-*Rinck* § 128 BPersVG Rdn 5 ff.). Die erforderliche Anhörung muss **innerhalb der Frist des § 626 Abs. 2 BGB** zum Abschluss gebracht werden (*BAG* 24.11.2011, 2 AZR 429/10, EzA § 88 SGB IX Nr. 2; MüKo-BGB/*Henssler* Rn 353; SPV-*Preis* Rn 805). Der Arbeitgeber muss somit spätestens am 10. Tage nach Kenntnis der für die Kündigung maßgebenden Tatsachen die Anhörung des Betriebsrats einleiten, um nach Ablauf der Anhörungsfrist von drei Tagen dann noch am folgenden letzten Tage der Ausschlussfrist die Kündigung aussprechen zu können (zur Berechnung der Frist s. Rdn 374 f.). Die Wahrung der Ausschlussfrist gehört nicht zu den »Gründen für die Kündigung« iSv. § 102 Abs. 1 Satz 2 BetrVG. Deshalb muss der Arbeitgeber hierzu keine gesonderten Ausführungen machen (*BAG* 7.5.2020, 2 AZR 678/19, NZA 2020, 1110; kritisch *Dudenbostel/Dudenbostel* ArbuR 2021, 227). Ein nach Landespersonalvertretungsrecht vorgeschriebenes weiteres Mitbestimmungsverfahren muss noch innerhalb der Frist eingeleitet und nach dessen Abschluss muss unverzüglich gekündigt werden (*BAG* 8.6.2000 EzA § 626 BGB Ausschlussfrist Nr. 15; 2.2.2006 EzA § 626 BGB 2002 Ausschlussfrist Nr. 1). 350

b) Verhältnis zwischen § 626 Abs. 2 BGB und § 15 KSchG

Die außerordentliche Kündigung des Mitglieds eines Betriebs- oder Personalrats oder eines anderen durch § 15 KSchG geschützten **Amtsträgers** ist erst zulässig, nachdem der Betriebs- oder Personalrat seine **Zustimmung** erteilt hat oder die verweigerte Zustimmung durch das Gericht rechtskräftig ersetzt worden ist (vgl. dazu KR-*Rinck* § 103 BetrVG Rdn 139 ff.). Nach der st.Rspr. des BAG, die allgemeine Zustimmung gefunden hat, gilt die Ausschlussfrist des § 626 Abs. 2 BGB auch für die außerordentliche Kündigung gegenüber den Arbeitnehmern, die den besonderen Kündigungsschutz des § 15 KSchG genießen (*BAG* 18.8.1977 EzA § 103 BetrVG 1972 Nr. 20; SPV-*Vossen* Rn 147; vgl. auch KR-*Kreft* § 15 KSchG Rdn 61 ff.). Auch im Regelungsbereich von § 15 KSchG und § 103 BetrVG beginnt die Zweiwochenfrist mit der Kenntnis des Arbeitgebers von den für die Kündigung maßgebenden Tatsachen. Die Frist von drei Tagen, die dem Betriebsrat für seine Entscheidung über den Zustimmungsantrag nach § 103 Abs. 1 BetrVG eingeräumt ist, wirkt sich auf den Ablauf der **Frist** des § 626 Abs. 2 BGB nicht aus, sie wird **weder unterbrochen noch gehemmt** (*BAG* 18.8.1977 EzA § 103 BetrVG 1972 Nr. 20; MüKo-BGB/*Henssler* Rn 355; *Richardi/Thüsing* § 103 Rn 59 f.; aA *Gamillscheg* SAE 2002, 127: fristgerechte Mitteilung der Kündigungsabsicht an den Arbeitnehmer und Einschaltung des Betriebsrats genügen; ähnlich *Herschel* Anm. EzA § 103 BetrVG 1972 Nr. 20). 351

Verweigert der Betriebsrat die Zustimmung oder gibt der Betriebsrat innerhalb von drei Tagen keine Stellungnahme ab (das Schweigen ist als Verweigerung zu werten), dann muss der Arbeitgeber, wenn er sein Kündigungsrecht nicht verlieren will, noch **innerhalb der Ausschlussfrist** des § 626 Abs. 2 BGB das gerichtliche **Verfahren auf Ersetzung der Zustimmung einleiten** (*BAG* 18.8.1977 EzA § 103 BetrVG 1972 Nr. 20 mwN; 24.11.2011, 2 AZR 429/10, EzA § 88 SGB IX Nr. 2 – Rn 31; ErfK-*Niemann* Rn 225; SPV-*Vossen* Rn 147). Wie das Anhörungsverfahren nach § 102 BetrVG (s. Rdn 350) ist auch das Zustimmungsverfahren nach § 103 BetrVG spätestens am 10. Tage nach der Kenntnis des Kündigungssachverhalts einzuleiten, um sicherzustellen, dass noch am letzten Tage der Ausschlussfrist die möglicherweise erforderlich werdende Ersetzung der Zustimmung beim Gericht beantragt werden kann. An die Stelle der Kündigung, auf die es nach § 626 Abs. 2 BGB ankommt, tritt im Regelungsbereich des § 103 BetrVG der Antrag auf gerichtliche 352

Ersetzung der Zustimmung. Dieser Antrag wahrt die Frist des § 626 Abs. 2 BGB, wenn er vor ihrem Ablauf bei Gericht eingeht, demnächst zugestellt wird (§ 167 ZPO; *BAG* 18.8.1977 EzA § 103 BetrVG 1972 Nr. 20) und **zulässig** ist (*BAG* 24.10.1996 EzA § 103 BetrVG 1972 Nr. 37; krit. HWK-*Sandmann* Rn 385).

353 Wenn das **Ersetzungsverfahren** rechtskräftig zugunsten des Arbeitgebers **abgeschlossen** ist, beginnt die Ausschlussfrist des § 626 Abs. 2 BGB nicht erneut zu laufen. Sobald die Entscheidung über die Ersetzung der Zustimmung rechtskräftig geworden ist, muss der Arbeitgeber vielmehr **unverzüglich** die außerordentliche Kündigung erklären (*BAG* 25.4.2018, 2 AZR 401/17, EzA § 103 BetrVG 2001 Nr. 12; vgl. KR-*Rinck* § 103 BetrVG Rdn 139 ff., KR-*Kreft* § 15 KSchG Rdn 62). Die Interessenlage ist mit dem Fall des Erfordernisses einer Zustimmung des Integrationsamts gem. § 174 Abs. 1 iVm. § 168 SGB IX vor einer außerordentlichen Kündigung vergleichbar, da auch die gerichtliche Ersetzung einer vom Betriebsrat verweigerten Zustimmung zu einer beabsichtigten außerordentlichen Kündigung innerhalb der Frist des § 626 Abs. 2 Satz 1 BGB nicht zu erlangen ist. Mangels einer § 174 Abs. 5 SGB IX entsprechenden Regelung besteht eine Regelungslücke, die durch die **analoge Anwendung von § 174 Abs. 5 SGB IX** zu schließen ist (*BAG* 1.10.2020, 2 AZR 238/20, EzA-SD 2020, Nr. 23, 3–4). Entsprechendes gilt, wenn während des Ersetzungsverfahrens der Betriebsrat seine Zustimmung nachträglich erteilt oder der besondere Kündigungsschutz des Amtsträgers endet (vgl. § 103 BetrVG Rz 99, 131; *BAG* 16.11.2017, 2 AZR 14/17, EzA § 103 BetrVG 2001 Nr. 11). Eine Kündigung, die nur **vorsorglich** für den Fall erklärt wurde, dass es einer Zustimmung des Betriebsrats nicht (mehr) bedarf, lässt das Ersuchen um Zustimmung gegenüber dem Betriebsrat und den Fortgang des gerichtlichen Verfahrens nach § 103 Abs. 2 BetrVG unberührt (*BAG* 1.10.2020, 2 AZR 238/20, EzA-SD 2020, Nr. 23, 3–4; vgl. auch *BAG* 27.1.2011 EzA § 103 BetrVG 2001 Nr. 8). Infolge der spezifischen **Bindungswirkung** einer rechtskräftigen Entscheidung im Zustimmungsersetzungsverfahren kann sich der in diesem nach § 83 Abs. 3 ArbGG beteiligte Arbeitnehmer im späteren, die außerordentliche Kündigung betreffenden Kündigungsschutzverfahren bezüglich des Vorliegens eines wichtigen Grundes iSv. § 626 Abs. 1 BGB nur auf solche Tatsachen berufen, die er im Zustimmungsersetzungsverfahren nicht geltend gemacht hat und auch nicht hätte geltend machen können (*BAG* 25.4.2018, 2 AZR 401/17, EzA § 103 BetrVG 2001 Nr. 12).

c) Mitbestimmung in anderen Fällen

354 Diese Grundsätze gelten entsprechend auch dann, wenn vor der Erklärung einer außerordentlichen Kündigung vom Arbeitgeber ein **betriebsverfassungsrechtliches** Zustimmungsverfahren gem. § 102 Abs. 6 BetrVG oder ein **personalvertretungsrechtliches** Zustimmungsverfahren durchzuführen ist (*BAG* 21.10.1983 AP Nr. 16 zu § 626 BGB Ausschlussfrist).

5. **Einfluss von § 17 MuSchG, § 18 BEEG, § 5 PflegeZG, § 2 Abs. 3 FPfZG und §§ 168, 174 SGB IX auf die Ausschlussfrist**

a) Zulässigkeitserklärung nach § 17 Abs. 2 MuSchG

355 Nach § 17 Abs. 1 MuSchG ist unter den dort geregelten Voraussetzungen auch die außerordentliche Kündigung einer Arbeitnehmerin während der **Schwangerschaft** und bis vier Monate nach einer Fehlgeburt nach der 12. Schwangerschaftswoche bzw. bis zum Ende der Schutzfrist nach der Entbindung unzulässig. Eine Ausnahme von diesem allgemeinen Kündigungsverbot gilt nach § 17 Abs. 2 MuSchG nur dann, wenn die zuständige Behörde die Kündigung vorher für zulässig erklärt hat. Da es regelmäßig nicht möglich ist, schon **innerhalb der Ausschlussfrist** des § 626 Abs. 2 BGB einen Bescheid über die **Zulässigkeitserklärung** zu erwirken, ist es ausreichend, aber auch erforderlich, dass der Arbeitgeber binnen zwei Wochen nach Kenntnis der Kündigungsgründe bei der Behörde **beantragt**, die beabsichtigte außerordentliche Kündigung für zulässig zu erklären. Wird die beabsichtigte Kündigung für zulässig erklärt, dann muss der Arbeitgeber nach Zustellung des Bescheides die Kündigung **unverzüglich** aussprechen (*BAG* 24.11.2011, 2 AZR 429/10, EzA § 88

SGB IX Nr. 2; 11.9.1979 EzA § 9 MuSchG 1968 Nr. 8; vgl. KR-*Gallner* § 17 MuSchG Rdn 112, 146; SPV-*Vossen* Rn 1430).

b) Kündigung während der Elternzeit oder (Familien-)Pflegezeit

Die unter Rdn 355 dargestellten Grundsätze gelten entsprechend auch für die außerordentliche Kündigung während der **Elternzeit**, der **Pflegezeit** oder der **Familienpflegezeit**. 356

c) Zustimmung nach §§ 168, 174 SGB IX

Nach §§ 168, 174 Abs. 1 SGB IX bedarf die außerordentliche Kündigung des Arbeitsverhältnisses eines **schwerbehinderten Menschen** der vorherigen **Zustimmung des Integrationsamtes**. Die Zustimmung kann nach **§ 174 Abs. 2 SGB IX** nur **innerhalb von zwei Wochen** nach Kenntnis der für die Kündigung maßgebenden Tatsachen **beantragt** werden. Die Einhaltung der Frist ist **Rechtmäßigkeitsvoraussetzung** für die Erteilung der Zustimmung. Sie ist allein **vom Integrationsamt bzw. im Falle der Anfechtung der Entscheidung von den Verwaltungsgerichten zu prüfen** (*BAG* 27.2.2020, 2 AZR 390/19, EzA § 91 SGB IX Nr. 7 – Rn 28). Die Arbeitsgerichte sind danach an eine erteilte Zustimmung gebunden und auf eine Prüfung der Unverzüglichkeit der Kündigung gemäß § 174 Abs. 5 SGB IX beschränkt. Das Integrationsamt hat bei seiner Entscheidung allerdings die Umstände zu berücksichtigen, die für das arbeitsrechtliche Kündigungsschutzverfahren von Bedeutung sind. Für die Beurteilung der Frage der Kenntniserlangung vom Kündigungsgrund iSd. § 174 Abs. 2 SGB IX gelten dieselben Erwägungen, die bei der Einhaltung der Zweiwochenfrist des § 626 Abs. 2 BGB zu beachten sind *(vgl.* BVerwG 15. September 2005 - 5 B 48.05*)*. Die **Frist beginnt im Grundsatz nicht zu laufen, bevor der Arbeitgeber von einer bereits festgestellten oder beantragten Schwerbehinderteneigenschaft des Arbeitnehmers Kenntnis hat.** Dies ist sachgerecht, wenn der Arbeitgeber erst nach einer rechtzeitig innerhalb der Frist des § 626 Abs. 2 BGB erklärten Kündigung Kenntnis von der Schwerbehinderung bzw. einer entsprechenden Antragstellung erlangt. Ob dies auch dann gelten kann, wenn der Arbeitgeber erst nach Ablauf von zwei Wochen nach Kenntnis von den Kündigungsgründen von der Schwerbehinderung des Arbeitnehmers bzw. einer entsprechenden Antragstellung erfährt, aber nicht schon innerhalb der Frist des § 626 Abs. 2 BGB eine Kündigung ohne Zustimmung des Integrationsamts erklärt hat, ist ebenfalls allein im Rahmen der Fristenprüfung nach § 174 Abs. 2 SGB IX zu klären. Das BAG hat die Frage deshalb nicht beantwortet (vgl. *BAG* 11.6.2020, 2 AZR 442/19, EzA-SD 2020, Nr. 20, 8–13). Da § 174 Abs. 2 SGB IX keine Wiedereröffnung einer Kündigungsmöglichkeit bezweckt, kommt eine außerordentliche Kündigung nach der hier vertretenen Auffassung nicht mehr in Betracht, wenn der Arbeitgeber **bereits die nach seinem Kenntnisstand allein maßgebliche Ausschlussfrist des § 626 Abs. 2 BGB** versäumt hatte (vgl auch *Korinth* ArbRB 2021, 57, 59). Mit dem Verstreichenlassen dieser Frist hat er zu erkennen gegeben, dass er einen bestimmten Sachverhalt nicht zum Anlass für eine außerordentliche Kündigung nehmen will. Hieran ist er festzuhalten (vgl. *Sandmann* RdA 2020, 309, 311). 357

Trifft die Behörde **innerhalb** einer Frist von **2 Wochen keine Entscheidung,** dann gilt die **Zustimmung** nach **§ 174 Abs. 3 S. 2 SGB IX** mit der Folge als erteilt, dass die Kündigung nach **§ 174 Abs. 5 SGB IX** nunmehr **unverzüglich** zu erklären ist. Es besteht eine **Obliegenheit des Arbeitgebers,** sich beim Integrationsamt **zu erkundigen**, ob es innerhalb der Frist des § 174 Abs. 3 S. 1 SGB IX eine Entscheidung getroffen hat, weil anderenfalls die Zustimmung fingiert wird. Dem Arbeitgeber ist es aber nicht zuzumuten, darauf zu dringen, ggf. auch über den Inhalt der getroffenen Entscheidung schon vorab in Kenntnis gesetzt zu werden. Zu einer solchen Auskunft ist das Integrationsamt nicht verpflichtet. Die Bekanntgabe der Entscheidung hat vielmehr durch Zustellung zu erfolgen. Teilt das Integrationsamt lediglich mit, dass es innerhalb der Frist eine Entscheidung getroffen habe, darf der Arbeitgeber die Zustellung des entsprechenden Bescheids eine – nicht gänzlich ungewöhnliche – Zeit lang abwarten (*BAG* 19.4.2012, 2 AZR 118/11, EzA § 91 SGB IX Nr. 5). Die **Kündigungserklärungsfrist** wird ebenso wie im Falle der ausdrücklichen Erteilung der Zustimmung in **§ 174 Abs. 5 SGB IX eigenständig geregelt** (ErfK-Niemann Rn 228b). Der 358

Ablauf der Frist des § 626 Abs. 2 BGB ist Anwendungsvoraussetzung von § 174 Abs. 5 SGB IX (*BAG* 27.2.2020, 2 AZR 390/19, EzA § 91 SGB IX Nr. 7 – Rn 24). § 174 Abs. 5 SGB IX ist nicht dahingehend teleologisch zu reduzieren, dass die Regelung nur Anwendung findet, wenn der Arbeitgeber die Zustimmung des Integrationsamts zur Kündigung innerhalb der Frist des § 626 Abs. 2 BGB beantragt hat (*BAG* 11.6.2020, 2 AZR 442/19, EzA-SD 2020, Nr. 20, 8–13, unter Aufgabe von BAG 2.3. 2006, 2 AZR 46/05, EzA § 91 SGB IX Nr. 3 und *BAG* 24.11.2011, 2 AZR 429/10, EzA § 88 SGB IX Nr. 2; kritisch *Sandmann* RdA 2020, 309, 310 ff.). Bei der Anwendung des § 174 Abs. 5 SGB IX kommt es darauf an, ob die Kündigung **unverzüglich** nach Erteilung der Zustimmung oder deren Fiktion erklärt wird. Entsprechend der Legaldefinition des § 121 Abs. 1 BGB bedeutet »unverzüglich« auch im Rahmen von § 174 Abs. 5 SGB IX »ohne schuldhaftes Zögern«. Nach einer Zeitspanne von **mehr als einer Woche** ist ohne das Vorliegen besonderer Umstände grundsätzlich keine Unverzüglichkeit mehr gegeben (*BAG* 27.2.2020, 2 AZR 390/19, EzA § 91 SGB IX Nr. 7 – Rn 17). Maßgeblich sind jedoch immer die **Umstände des Einzelfalls**. Da »unverzüglich« weder »sofort« bedeutet noch damit eine starre Zeitvorgabe verbunden ist, kommt es auf eine verständige **Abwägung der beiderseitigen Interessen** an. Dabei ist nicht allein die objektive Lage maßgebend. Solange derjenige, dem unverzügliches Handeln abverlangt wird, nicht weiß, dass er die betreffende Rechtshandlung vornehmen muss, oder es mit vertretbaren Gründen annehmen kann, er müsse sie noch nicht vornehmen, liegt kein »schuldhaftes« Zögern vor. Dies gilt auch, wenn der Arbeitgeber die zuständigen **Arbeitnehmervertretungen erst nach Abschluss des Verfahrens vor dem Integrationsamt** beteiligt (*BAG* 11.6.2020, 2 AZR 442/19, EzA-SD 2020, Nr. 20, 8–13; aA noch BAG 3.7.1980, 2 AZR 340/78).

359 Die vorstehenden Grundsätze sind auch dann anzuwenden, wenn ein **schwerbehinderter Mensch** zugleich **Mitglied des Betriebsrates** oder Personalrates ist. Auch in diesem Falle greift (nach Ablauf der Frist des § 626 Abs. 2 BGB) § 174 Abs. 5 SGB IX ein. Hat der Arbeitgeber bereits zugleich mit der Zustimmung beim Integrationsamt die Zustimmung nach § 103 Abs. 1 BetrVG beim Betriebsrat beantragt, so muss er dann, wenn der Betriebsrat die beantragte Zustimmung verweigert, unverzüglich nach Erteilung der Zustimmung durch das Integrationsamt oder nach Eintritt der Zustimmungsfiktion des § 174 Abs. 3 SGB IX das Beschlussverfahren auf Ersetzung der Zustimmung nach § 103 Abs. 2 BetrVG einleiten (s. KR-*Gallner* § 174 SGB IX Rdn 34). Es ist jedoch nicht erforderlich, dass der Arbeitgeber innerhalb von zwei Wochen nach Kenntnis der Kündigungsgründe zumindest bereits die Zustimmung beim Betriebsrat beantragt hatte. Es reicht vielmehr aus, wenn der Antrag nach § 174 Abs. 2 SGB IX fristgemäß gestellt worden ist und der Arbeitgeber dann nach erteilter oder fingierter Zustimmung unverzüglich beim Betriebsrat die Zustimmung nach § 103 Abs. 1 BetrVG beantragt und bei deren Ablehnung wiederum unverzüglich das gerichtliche Ersetzungsverfahren einleitet.

360 Hat der Arbeitgeber wegen eines ihm bekannten Antrages auf Feststellung der Schwerbehinderteneigenschaft **nur vorsorglich die Zustimmung des Integrationsamtes beantragt**, dann ist es dem Arbeitnehmer verwehrt, sich auf die Ausschlussfrist des § 626 Abs. 2 BGB zu berufen, wenn er nicht als schwerbehinderter Mensch anerkannt wird und die Kündigung keiner Zustimmung bedarf (*BAG* 27.2.1987 EzA § 626 BGB Ausschlussfrist Nr. 1; s.a. KR-*Gallner* § 174 SGB IX Rdn 11; aA HaKo-ArbR/*Griebeling/Herget* Rn 145). Entsprechendes gilt, wenn der Arbeitgeber die Zustimmung des Integrationsamtes beantragt hat, weil ihm ein Wegfall der Schwerbehinderteneigenschaft nicht bekannt und vom Arbeitnehmer nicht mitgeteilt worden war (vgl. *Grimm/Baron* DB 2000, 571).

III. Für die Kenntnis maßgebender Personenkreis

1. Kreis der Kündigungsberechtigten

361 Der Fristbeginn nach § 626 Abs. 2 BGB setzt weiter voraus, dass der zur Kündigung Berechtigte den Kündigungssachverhalt kennt. Der Begriff des **Kündigungsberechtigten** i. S. des § 626 Abs. 2 S. 2 BGB kennzeichnet nicht nur die Parteirolle im Arbeitsverhältnis, d.h. bei einer Kündigung durch den Arbeitgeber zB die juristische Person, in der der Arbeitgeber im Rechtsverkehr auftritt.

Kündigungsberechtigter ist vielmehr diejenige **natürliche Person**, der im gegebenen Fall das Recht zur außerordentlichen Kündigung zusteht (*BAG* 6.7.1972 EzA § 626 BGB nF Nr. 15; SPV-*Preis* Rn 808).

Zur Kündigung berechtigt sind auf **Arbeitnehmerseite** diejenigen Dienstpflichtigen, die das 18. Lebensjahr vollendet haben (vgl. § 2 BGB) und nicht nach § 104 Ziff. 2 und 3 BGB **geschäftsunfähig** sind. **Minderjährige** Arbeitnehmer können nur dann selbst kündigen, wenn sie der gesetzliche Vertreter ermächtigt hat, in Dienst oder Arbeit zu treten (§ 113 Abs. 1 BGB). Fehlt eine solche Ermächtigung, dann muss die Kündigung vom **gesetzlichen Vertreter** des minderjährigen Arbeitnehmers ausgesprochen werden. Wenn für einen minderjährigen Arbeitnehmer ein gesetzlicher Vertreter kündigungsberechtigt ist, dann ist nach dem in § 166 Abs. 1 BGB enthaltenen allgemeinen Rechtsgedanken für die Kenntnis von rechtserheblichen Umständen nicht der Wissensstand des Minderjährigen, sondern der seines gesetzlichen Vertreters maßgebend (vgl. *BAG* 25.11.1976 EzA § 15 BBiG Nr. 3; SPV-*Preis* Rn 808). 362

Auf der **Seite des Arbeitgebers** gehört zum Kreis der Kündigungsberechtigten bei kaufmännischen oder gewerblichen **Betrieben**, die von natürlichen Personen betrieben werden, zunächst der **Inhaber** als Vertragspartner des Arbeitnehmers. Bei **Personengesellschaften** des Handelsrechts hat grds. jeder **Gesellschafter** (OHG) bzw. jeder Komplementär (KG) **Einzelvertretungsmacht** (§§ 125 Abs. 1, 161 Abs. 2, 164 HGB). 363

Wenn der Arbeitnehmer bei einem rechtsfähigen **Verein**, einer **GmbH**, einer **AG** oder einer eingetragenen **Genossenschaft** beschäftigt ist, müssen dann, wenn die **Satzung** nichts anderes vorsieht, alle Mitglieder des **Vorstandes** bzw. alle **Geschäftsführer** gemeinsam handeln (**Gesamtvertretungsmacht**: vgl. § 26 Abs. 2 BGB, § 35 Abs. 2 GmbHG, § 78 Abs. 2 AktG, § 25 Abs. 1 GenG). Die außerordentliche Kündigung kann in diesem Falle nur aufgrund eines von allen gesetzlichen Vertretern gefassten Beschlusses oder durch einen Vertreter aufgrund einer ihm von den übrigen Mitgliedern des Vertretungsorgans erteilten **Ermächtigung** (vgl. § 78 Abs. 4 AktG) ausgesprochen werden (*BAG* 18.12.1980 EzA § 174 BGB Nr. 4). Eine nur von einem der Gesamtvertreter ausgesprochene Kündigung ist von den übrigen Vertretern nach §§ 180 S. 2, 177 BGB genehmigungsfähig, wenn der Kündigungsempfänger die fehlende Vertretungsmacht bei der Vornahme des Rechtsgeschäfts nicht beanstandet. Die **ohne** hinreichende **Vertretungsmacht** erklärte außerordentliche Kündigung kann vom Vertretenen mit rückwirkender Kraft nach § 184 BGB jedoch nur innerhalb der zweiwöchigen Ausschlussfrist des § 626 Abs. 2 genehmigt werden (*BAG* 26.3.1986 EzA § 626 BGB nF Nr. 99 und 4.2.1987 EzA § 626 BGB nF Nr. 106; ArbRBGB-*Corts* Rn 233; SPV-*Preis* Rn 809; HWK-*Sandmann* Rn 341; *Staudinger/Schilken* § 180 Rn 6; *Zimmermann* ZTR 2007, 124). 364

(unbelegt) 365

Handelt es sich bei dem Arbeitgeber um eine **juristische Person**, ist für den Fristbeginn des § 626 Abs. 2 BGB grundsätzlich die Kenntnis des gesetzlich oder satzungsgemäß **für die Kündigung zuständigen Organs** maßgeblich (*BAG* 27.2.2020, 2 AZR 570/19, EzA-SD 2020, Nr. 13, 3–6). Die Kündigung des Geschäftsführers einer GmbH hat grundsätzlich die Gesellschafterversammlung zu beschließen (vgl. *BGH* 3.7.2018, II ZR 452/17, MDR 2018, 1196; zu den Zuständigkeiten der Generalversammlung einer Genossenschaft für die Kündigung eines Vorstandsmitgliedes vgl. *BGH* 2.7.2019, II ZR 155/18, NZG 2019, 1023). 366

Wenn für den Arbeitgeber nur **mehrere Personen gemeinsam vertretungsberechtigt** sind, ist auf die allgemeinen Grundsätze über die Bedeutung der **Kenntnis eines Gesamtvertreters** bei passiver Stellvertretung (Empfang von Willenserklärungen, vgl. § 26 Abs. 2 BGB, § 78 Abs. 2 S. 2 AktG, § 35 Abs. 2 S. 3 GmbHG, § 25 Abs. 1 S. 3 GenG) zurückzugreifen, die auch für eine auf die Kenntnis abstellende fristgebundene Ausübung von Gestaltungsrechten gelten. **Die Ausschlussfrist nach § 626 Abs. 2 BGB beginnt demgemäß schon dann, wenn auch nur einer von mehreren Gesamtvertretern den Kündigungsgrund kennt** (*BAG* 27.6.2019, 2 ABR 2/19, EzA § 626 BGB 2002 Ausschlussfrist Nr. 8; 27.2.2020, 2 AZR 570/19, EzA-SD 2020, Nr. 13, 3–6; MüKo-BGB/*Henssler* Rn 322; SPV-*Preis* Rn 809; einschränkend *Reuter* Anm. AP Nr. 1 zu § 28 BGB). Seit Anerkennung der 367

Rechtsfähigkeit der GbR gilt dies auch für die Kenntnis eines der Gesellschafter (*BAG* 28.11.2007 EzA § 123 BGB 2002 Nr. 7; aA HzK-*Eisenbeis* 4 Rn 121). Unbillige Ergebnisse, die sich daraus ergeben, dass einer von mehreren Gesamtvertretern aus persönlicher Rücksichtnahme gegenüber einem Arbeitnehmer oder wegen Beteiligung an der Pflichtverletzung sein Wissen den übrigen Gesamtvertretern gegenüber verschweigt oder erst verspätet mitteilt, sind dann zu korrigieren, wenn die Berufung auf die Ausschlussfrist deswegen rechtsmissbräuchlich ist (s.a. *BAG* 18.6.2015 EzA § 102 BetrVG 2001 Nr. 33 und Rdn 379). Das ist insbes. anzunehmen, wenn ein Organmitglied mit dem Gekündigten gemeinsam zum Nachteil des Arbeitgebers zusammengewirkt hat (sog. **Kollusion**).

368 Nicht auf die Kenntnis eines einzelnen Mitglieds eines Kollektivorgans ist grds. dann abzustellen, wenn es an einer dem § 26 Abs. 2 BGB entsprechenden **Regelung der passiven Stellvertretung fehlt** und das **Kollegialorgan** seine Entscheidungen aufgrund einer **Beschlussfassung** zu treffen hat (ebenso HAS-*Popp* § 19 B Rn 303; SPV-*Preis* Rn 809; vgl. auch *BGH* 9.4.2013, II ZR 273/11; für das Kuratorium einer Stiftung privaten Rechts vgl. *LAG Hamm* 26.2.1985 LAGE § 626 BGB Nr. 19; für den Aufsichtsrat, die Gesellschafterversammlung oder die Generalversammlung einer Genossenschaft, wenn diese statt des Vorstands für die Kündigung zuständig sind, vgl. *BAG* 25.2.1998 EzA § 620 BGB Kündigung Nr. 1; *BGH* 9.11.1992 NJW 1993, 433; 15.6.1998 EzA § 626 BGB Ausschlussfrist Nr. 12; *OLG Düsseld.* 2.7.2007 AG 2008, 166; *Erman/Riesenhuber* Rn 148; *Gerkan* EWiR 1993, 133; aA für den Verwaltungsrat einer Sparkasse *BGH* 5.4.1990 EzA § 626 BGB Ausschlussfrist Nr. 3. Die Frist wird dabei nach der Rspr. des *BGH* (15.6.1998 EzA § 626 BGB Ausschlussfrist Nr. 12) nicht schon dadurch in Lauf gesetzt, dass alle Mitglieder des Kollegialorgans außerhalb der Aufsichtsratssitzung bzw. Gesellschafterversammlung Kenntnis erlangen, vielmehr beginnt die Frist erst mit der Unterbreitung des Sachverhalts gegenüber dem zur kollektiven Willensbildung einberufenen Kollegialorgan. Wird allerdings von einberufungsberechtigten Mitgliedern die Einberufung nach Kenntniserlangung unangemessen verzögert, so muss sich die Gesellschaft so behandeln lassen, als wäre die Einberufung mit der gehörigen Beschleunigung erfolgt (vgl. auch *BAG* 11.3.1998 EzA § 37 GmbHG Nr. 2; *OLG Düsseld.* 2.7.2007 AG 2008, 166; *BGH* 9.4.2013 NJW 2013, 2425; *Schumacher-Mohr* ZIP 2002, 2245 ff.; *Arnold/Schansker* NZG 2013, 1172 ff.).

369 Neben den gesetzlichen und satzungsgemäßen Vertretern des Arbeitgebers kommen als Kündigungsberechtigte weiter die Personen in Betracht, denen nach § 48 HGB **Prokura** (*BAG* 27.6.2019, 2 ABR 2/19, EzA § 626 BGB 2002 Ausschlussfrist Nr. 8) oder nach § 54 HGB **Handlungsvollmacht** erteilt worden ist, ferner diejenigen, regelmäßig leitenden Mitarbeiter des Arbeitgebers, denen er das Recht zur außerordentlichen Kündigung von Arbeitnehmern nach den Vorschriften über die **Stellvertretung** (§§ 164 ff. BGB) **übertragen** hat (*BAG* 27.6.2019, 2 ABR 2/19, EzA § 626 BGB 2002 Ausschlussfrist Nr. 8; 27.2.2020, 2 AZR 570/19, EzA-SD 2020, Nr. 13, 3–6). Wenn einem Vorgesetzten nur die Entlassungsbefugnis gegenüber einer bestimmten Gruppe von Arbeitnehmern zusteht, dann ist er nicht zur Kündigung berechtigt, wenn der Arbeitnehmer, um dessen Kündigung es geht, nicht zu dieser Gruppe gehört (*BAG* 28.10.1971 EzA § 626 BGB nF Nr. 8).

370 Für Kündigungen im **öffentlichen Dienst** sind die Zuständigkeitsregelungen des öffentlichen Rechts zu beachten. Dies betrifft insbesondere die Vorgaben der Gemeindeordnungen.

2. Vertragliche Regelung der Kündigungsbefugnis

371 Nach dem Grundsatz der **Vertragsfreiheit** ist es zulässig, durch Vereinbarung zwischen dem Arbeitnehmer und dem Arbeitgeber das **Recht zur** außerordentlichen **Kündigung auf die Person des Arbeitgebers zu beschränken** (SPV-*Preis* Rn 811), und zwar auch unter Einschränkung einer bestehenden Prokura. Darin liegt keine unzulässige Kündigungserschwerung, weil es im wohlverstandenen Interesse beider Vertragsparteien liegen kann, die Entscheidung über eine außerordentliche Kündigung nicht irgendwelchen an sich zur Kündigung berechtigten Vertretern des Arbeitgebers zu überlassen (*BAG* 9.10.1975 EzA § 626 BGB nF Nr. 43; HAS-*Popp* § 19 B Rn 309 ff.). Bei einer Absprache mit dem Arbeitnehmer, wonach er unmittelbar dem Firmeninhaber unterstellt werden soll, muss freilich genau geprüft werden, ob darin eine Kündigungsbeschränkung mit Außenwirkung liegt, die für alle übrigen an sich kündigungsberechtigten Betriebsangehörigen das Recht zur

außerordentlichen Kündigung ausschließen soll (vgl. *Herschel* Anm. AR-Blattei, Kündigung VIII Entsch. 53; *Nickel* Anm. AP Nr. 8 zu § 626 BGB Ausschlussfrist). Eine an sich zulässige Beschränkung der Kündigungsbefugnis im **Außenverhältnis** darf allerdings nicht dazu führen, bei längeren Verhinderungen des Arbeitgebers den Beginn der Ausschlussfrist unangemessen lange hinauszuschieben. Es ist dann vielmehr eine **ergänzende Vertragsauslegung** erforderlich, die zumindest bei Arbeitnehmern, die keine engen persönlichen Mitarbeiter des verhinderten Arbeitgebers sind, ergeben wird, dass bei notwendigen Vertretungsfällen auch andere Personen aufgrund der ihnen grds. erteilten Vollmacht für die Dauer der **Verhinderung** des Arbeitgebers als Kündigungsberechtigte anzusehen sind (*BAG* 9.10.1975 EzA § 626 BGB nF Nr. 43).

Unzulässig ist es, durch eine Vereinbarung nicht die **Kündigungsbefugnis selbst** zu regeln, sondern nur für den Fristbeginn auf die Kenntnis bestimmter Personen bzw. einer intern am Kündigungsvorgang beteiligten Stelle abzustellen (*BAG* 12.4.1978 EzA § 626 BGB nF Nr. 64; MüKo-BGB/ *Henssler* Rn 323). Wenn der Arbeitgeber sich nur im **Innenverhältnis** gegenüber anderen Kündigungsberechtigten das Recht zur außerordentlichen Kündigung gegenüber bestimmten Arbeitnehmern vorbehalten hat, verlieren die an sich Kündigungsberechtigten ihre Befugnis nicht, so dass auf ihre Kenntnis abzustellen ist. Das gilt auch bei einer Einschränkung der Kündigungsbefugnis mit Außenwirkung dann, wenn sie im Übrigen **zur Meldung** und zur Feststellung der für eine außerordentliche Kündigung maßgebenden Tatsachen (s. Rdn 373) **verpflichtet** bleiben. 372

3. Kenntnis anderer, nicht kündigungsberechtigter Personen

Die Kenntnis nicht kündigungsberechtigter Personen ist für die Zwei-Wochen-Frist **grundsätzlich unbeachtlich**. Dies gilt selbst dann, wenn ihnen Vorgesetzten- oder Aufsichtsfunktionen übertragen worden sind. Nur **ausnahmsweise** muss sich der Arbeitgeber die Kenntnis auch anderer Personen nach **Treu und Glauben zurechnen** lassen. Dazu müssen diese Personen eine **herausgehobene Position und Funktion** im Betrieb oder in der Verwaltung innehaben sowie tatsächlich und rechtlich in der Lage sein, den Sachverhalt so umfassend zu klären, dass mit ihrem Bericht an den Kündigungsberechtigten dieser ohne weitere Nachforschungen seine (Kündigungs-)Entscheidung abgewogen treffen kann. Voraussetzung dafür, dem Arbeitgeber solche Kenntnisse zuzurechnen, ist ferner, dass die Verspätung, mit der er in eigener Person Kenntnis erlangt hat, auf einer **unsachgemäßen Organisation** des Betriebs oder der Verwaltung beruht. Beide Voraussetzungen (ähnlich selbständige Stellung und schuldhafter Organisationsmangel in Bezug auf die Kenntniserlangung) müssen **kumulativ** vorliegen und bei einer Zurechnung vom Gericht positiv festgestellt werden (*BAG* 27.2.2020, 2 AZR 570/19, EzA-SD 2020, Nr. 13, 3–6; zustimmend *Hergenröder* AP BGB § 626 Nr. 277; vgl. auch *BAG* 16.7.2015, 2 AZR 85/15, EzA § 626 BGB 2002 Nr. 52; 20.10.2016, 2 AZR 395/15, EzA-SD 2017, Nr. 6, 3–6). Dies entspricht auch der im Schrifttum überwiegend vertretenen Auffassung (MüKo-BGB/*Henssler* Rn 324; *Herschel* Anm. AR-Blattei, Kündigung VIII Entsch. Nr. 31; SPV-*Preis* Rn 810; APS-*Vossen* Rn 132; krit. HaKo-ArbR/*Griebeling/Herget* Rn 135; HAS-*Popp* § 19 B Rn 313). 373

IV. Berechnung und Ablauf der Ausschlussfrist

1. Berechnung

Die **Berechnung der Ausschlussfrist** richtet sich nach den §§ 187 ff. BGB. Nach § 187 Abs. 1 BGB wird der Tag, an dem der Kündigungsberechtigte die für die Kündigung maßgebenden Tatsachen erfahren hat, bei der Berechnung der Frist nicht mitgerechnet. Die Frist beginnt damit erst am Tage nach der Kenntniserlangung. Nach § 188 Abs. 2 S. 1 Hs. 1 BGB endet eine Frist, die nach Wochen bestimmt ist, im Falle des § 187 Abs. 1 BGB mit dem Ablauf desjenigen Tages der letzten Woche, der durch seine Benennung dem Tage entspricht, in den das Ereignis fällt. Wenn der Kündigungsberechtigte von den Kündigungsgründen zB an einem Montag erfährt, endet die Ausschlussfrist demgemäß mit dem Ablauf des Montags der übernächsten Woche. Wenn die Ausschlussfrist an einem Sonnabend, einem Sonntag oder einem gesetzlichen Feiertag abläuft, tritt an 374 die Stelle dieses Tages nach § 193 BGB der nächste Werktag (*Busemann/Schäfer* Rn 349; *Schaub/ Linck* § 127 Rn 34–36; SPV-*Preis* Rn 806).

375 Da sich beim Wechsel des Arbeitgebers aufgrund **Betriebsübergangs** der neue Inhaber auf fortwirkende Kündigungsgründe stützen kann, die beim früheren Arbeitgeber entstanden sind (*BAG* 5.5.1977 EzA § 626 BGB nF Nr. 57), ist für den Beginn der Ausschlussfrist in diesen Fällen nach folgenden Tatbeständen zu unterscheiden (DDZ-*Däubler* Rn 352; MüKo-BGB/*Henssler* Rn 341; HAS-*Popp* § 19 B Rn 234): Wenn ein Sachverhalt erst wegen besonderer Interessen des neuen Arbeitgebers Kündigungsrelevanz erlangt oder dem Veräußerer unbekannt geblieben ist, läuft die Frist erst ab Kenntnis des neuen Arbeitgebers. Wird der Betrieb vor Ablauf der Frist in Kenntnis des für Veräußerer und Erwerber gleichermaßen relevanten Grundes an den unwissenden Erwerber veräußert, dann muss dieser sich das Wissen des Veräußerers zurechnen lassen. Es tritt keine Verlängerung der Frist ein, wenn der neue Arbeitgeber anlässlich des Betriebsübergangs von dem noch nicht verfristeten Grund erfährt (vgl. auch *Lipinski* NZA 2002, 81 mwN). Eine bereits verstrichene Frist lebt auch wegen des Wechsels des Arbeitgebers nicht wieder auf.

2. Erfordernis des rechtzeitigen Zugangs

376 Zur Wahrung der Ausschlussfrist genügt es nicht, wenn eine schriftliche Kündigung am letzten Tage der Frist zur Post gegeben wird und dadurch den Machtbereich des Kündigungsberechtigten verlassen hat. Auch arbeitsvertraglich kann dies nicht wirksam vereinbart werden (*Bauer/Röder* S. 33 f.; s.a. Rdn 335 f.). »Erfolgt« ist eine Kündigung iSd § 626 Abs. 2 BGB erst in dem Zeitpunkt, in dem sie dem Kündigungsempfänger nach den allgemeinen Regeln des bürgerlichen Rechts (§ 130 BGB) zugegangen ist, d.h. sobald sie in den Machtbereich des Gekündigten gelangt ist (vgl. zum Einwurf in den Briefkasten der Wohnadresse *BAG* 22.8.2019, 2 AZR 111/19, EzA-SD 2019, Nr. 23, 7–8). Zum **Zugang** schriftlicher Kündigungen unter Abwesenden, zu den besonderen Problemen der Kündigung per Einschreiben und der Verzögerung des Zuganges vgl. KR-*Klose* § 4 KSchG Rdn 144 ff.

3. Hemmung des Ablaufs der Frist

377 Die aus der Rechtsnatur der Kündigung und dem Zweck der Ausschlussfrist (schnelle Klärung, ob wegen eines bestimmten Grundes gekündigt wird) folgende Notwendigkeit, auf die mögliche Kenntnisnahme von der Kündigung abzustellen, verbietet es, bei **Beförderungsschwierigkeiten** aus Billigkeitsgründen auf den Zugang beim Empfänger zu verzichten (vgl. *Herschel* Anm. zu EzA § 103 BetrVG 1972 Nr. 20). *Herschel* ist darin zuzustimmen, dass sich als befriedigende Lösung bei unvermeidbaren Verzögerungen des Zugangs, die weder dem Einflussbereich des Kündigenden noch dem des Empfängers zuzurechnen sind, eine analoge Anwendung des § 206 BGB anbietet (vgl. HzA-*Isenhardt* 5/1 Rn 281; SPV-*Preis* Rn 807; APS-*Vossen* Rn 144; aA *Kraft* Anm. EzA § 626 BGB nF Nr. 63). Damit wird dem Kündigenden nicht das normale Beförderungsrisiko abgenommen. Die Hemmung der Verjährung setzt nach § 206 BGB voraus, dass der Berechtigte durch »höhere Gewalt« an der Geltendmachung seines Rechts verhindert ist. Die gleichen strengen Anforderungen sind an die Hemmung des Ablaufs der Ausschlussfrist des § 626 Abs. 2 BGB zu stellen. Dem fristgerechten Zugang der Kündigung muss ein Hindernis entgegengestanden haben, das von dem Kündigenden auch durch die größte, vernünftigerweise zu erwartende Vorsicht nicht abzuwenden war (*Herschel* Anm. zu EzA § 103 BetrVG 1972 Nr. 20).

378 »Höhere Gewalt« liegt nicht schon vor, wenn sich die Beförderung oder die Zustellung eines Kündigungsbriefes durch die Post über die üblichen Brieflaufzeiten hinaus verzögert (*BAG* 7.2.1973 AP Nr. 63 zu § 233 ZPO mwN). **Ungewöhnliche Verzögerungen der Beförderung**, denen der Absender machtlos gegenübersteht, sind insbes. dann denkbar, wenn der Kündigungsempfänger postalisch nur langfristig (Aufenthalt im Ausland mit fehlender oder schleppender Postbeförderung, Streik im Post- oder Luftpostdienst) erreichbar ist (*Herschel* Anm. zu EzA § 103 BetrVG 1972 Nr. 20; SPV-*Preis* Rn 807). Durch derartige Hindernisse bedingte Verzögerungen sind dem Kündigenden nicht anzulasten, sondern **hemmen** den Ablauf der Ausschlussfrist (SPV-*Preis* Rn 807;

aA HAS-*Popp* § 19 B Rn 292). Von diesen Fällen sind kürzere Abwesenheiten zu unterscheiden, durch die der Machtbereich des Empfängers für den Zugang von Postsendungen an seinem Wohnort nicht aufgehoben wird. Der Zugang kann dann weiter in der Wohnung bewirkt werden, selbst wenn dem Arbeitgeber die Ortsabwesenheit (zB wegen Urlaubs) bekannt ist; vgl. KR-*Klose* § 4 KSchG Rdn 155, 156. Zum Zugang bei **Inhaftierung** in einer JVA vgl. *BAG* 24.5.2018, 2 AZR 72/18, EzA § 130 BGB 2002 Nr. 8.

V. Rechtsmissbräuchliche Berufung auf die Ausschlussfrist

Die Ausschlussfrist konkretisiert zwar den Tatbestand der **Verwirkung des Kündigungsrechts** (s. Rdn 330) und ist **nicht nur auf Einrede des Gekündigten** zu berücksichtigen. Sie wird aber gleichwohl durch das **allgemeine Verbot der unzulässigen Rechtsausübung** begrenzt.   379

So kann die Berufung des Arbeitnehmers auf die Ausschlussfrist rechtsmissbräuchlich sein, wenn die Frist nur deshalb versäumt wurde, weil die Parteien in **Verhandlungen** nach einer Möglichkeit suchten, das Arbeitsverhältnis auf eine andere Weise als durch eine außerordentliche Kündigung des Berechtigten demnächst zu beenden (*BGH* 5.6.1975 EzA § 626 BGB nF Nr. 36; *Busemann/ Schäfer* Rn 348aE; *Schaub/Linck* § 127 Rn 34–36). Das kann aber nur der Fall sein, wenn die Verhandlungen **auf Wunsch oder mit Billigung des Gekündigten über den Ablauf der Frist** hinaus fortgesetzt werden sollten, oder wenn dem Gekündigten eine nach diesem Zeitpunkt ablaufende **Bedenkzeit** eingeräumt wurde. Es ist auch ausreichend, wenn der Gekündigte den Kündigungsberechtigten zB durch Verhandlungen über eine mögliche Versetzung davon abgehalten hat, die Ausschlussfrist einzuhalten (vgl. *BAG* 19.1.1973 EzA § 626 BGB nF Nr. 24; SPV-*Preis* Rn 812). Die Fristversäumung muss somit vom Gekündigten in seinem Interesse veranlasst und durch sein Verhalten verursacht worden sein (mit abw. Begründung auch HaKo-KSchR/*Gieseler* Rn 144). Dafür soll es nicht ausreichen, dass der Gekündigte sich zum Abschluss eines Aufhebungsvertrages bereit erklärt, sich dann aber nach Ablauf der Frist des § 626 Abs. 2 BGB weigert, den verabredeten Vertrag zu unterschreiben (*Hess. LAG* 9.2.2007 AuA 2007, 304). Rechtsmissbräuchlich kann die Berufung auf die Ausschlussfrist jedenfalls nur dann sein, wenn der Kündigungsberechtigte nach **Scheitern der Verhandlungen unverzüglich** kündigt (*BGH* 5.6.1975 EzA § 626 BGB nF Nr. 36).   380

Eine unverschuldete **Verhinderung des Kündigungsberechtigten**, die auf allein in seiner Sphäre liegenden Umständen (Krankheit, Geschäftsreise) beruht, kann den Einwand des Rechtsmissbrauchs idR nicht begründen; etwas anderes könnte allenfalls bei **ganz unerwarteten** und **unabwendbaren Verhinderungen** gelten, bei denen eine Vorsorge zur Fristwahrung nicht möglich war (zust. HWK-*Sandmann* Rn 381).   381

Wie bereits erwähnt (s. Rdn 367) kann auch ein bewusstes Zusammenwirken zwischen einem Kündigungsberechtigten und dem betroffenen Arbeitnehmer zu dem Zwecke, den Kündigungssachverhalt zu verdecken und zu verschweigen (**Kollusion**), den Einwand des Rechtsmissbrauches begründen, wenn sich der Gekündigte später nach Bekanntwerden des Kündigungsgrundes auf die Ausschlussfrist beruft.   382

N. Umdeutung einer unwirksamen außerordentlichen Kündigung
I. Vorrang der Auslegung

Eine unwirksame außerordentliche Kündigung kann nach § 140 BGB in ein anderes Rechtsgeschäft umgedeutet werden, das dem mutmaßlichen Willen des Kündigenden entspricht, falls die Kündigung den Erfordernissen dieses anderen Rechtsgeschäfts genügt und dieses keine weitergehenden Rechtsfolgen als eine außerordentliche Kündigung herbeiführt (vgl. SPV-*Preis* Rn 404 ff.). Vor der **Umdeutung** ist zunächst durch **Auslegung** zu ermitteln, ob trotz formeller Bezeichnung nicht statt einer außerordentlichen Kündigung eine rechtsgeschäftliche Willenserklärung mit einem anderen Inhalt (zB eine Anfechtung) vorliegt (s. Rdn 28).   383

II. Umdeutung in eine ordentliche Kündigung

384 Zu den Voraussetzungen der Umdeutung einer unwirksamen außerordentlichen in eine ordentliche Kündigung nach § 140 BGB und den sich aus § 102 BetrVG ergebenden Einschränkungen vgl. KR- § 13 KSchG Rdn 25 ff. und KR-*Rinck* § 102 BetrVG Rdn 234 ff. Der Grundsatz, dass eine Umdeutung gem. § 140 BGB im Prozess **nicht** »von Amts wegen« vorzunehmen ist, darf nicht dahin missverstanden werden, der Kündigende müsse sich auf die Umdeutung ausdrücklich berufen. Es genügt vielmehr ein **konkreter Sachvortrag**, aus dem sich die materiell-rechtlichen Voraussetzungen einer Umdeutung nach § 140 BGB ergeben und aus dem auf einen entsprechenden **mutmaßlichen Willen** des Kündigenden geschlossen werden kann, weil die Subsumtion des vorgetragenen Sachverhalts stets von »Amts« bzw. Rechts wegen zu erfolgen hat (*BAG* 15.11.2001 EzA § 140 BGB Nr. 24).

III. Umdeutung in Angebot zur Vertragsaufhebung

385 Seit 1.5.2000 bedarf der **Aufhebungsvertrag bei Arbeitsverhältnissen** gemäß § 623 BGB der **Schriftform**. Bis dahin spielte die Umdeutung einer unwirksamen Kündigung in ein Vertragsangebot zur sofortigen einverständlichen Beendigung des Arbeitsverhältnisses eine nicht unbedeutende Rolle, weil dieses Angebot formlos angenommen werden konnte (vgl. insoweit die Kommentierung in der 5. Aufl.). Bei **sonstigen Dienstverhältnissen** kann das Angebot zur Vertragsaufhebung weiterhin **formfrei** angenommen werden. Geht also der mutmaßliche Wille des Kündigenden dahin, das Dienstverhältnis unter allen Umständen zu beenden, und kann er aus der Reaktion des Kündigungsempfängers darauf schließen, dieser sei zur sofortigen Vertragsbeendigung auch seinerseits bereit, kommt es bei Unwirksamkeit der fristlosen Kündigung gleichwohl zu einer Beendigung des Dienstverhältnisses durch **Aufhebungsvertrag**.

O. Verfahrensfragen

I. Frist und Form der Klage gegen eine außerordentliche Kündigung

1. Kündigungsschutzklage

386 Die Rechtsunwirksamkeit einer schriftlichen außerordentlichen Kündigung muss der Arbeitnehmer nach § 13 Abs. 1 S. 2 iVm § 4 S. 1 KSchG **innerhalb** von **drei Wochen nach Zugang der Kündigung** durch eine **Klage** auf Feststellung geltend machen, dass das Arbeitsverhältnis durch die Kündigung nicht aufgelöst worden ist (vgl. hierzu KR-*Klose* § 4 KSchG Rdn 14 ff; zum **Auflösungsantrag** des Arbeitnehmers gem. § 13 Abs. 1 S. 3 KSchG s. KR-*Treber/Rennpferdt* § 13 KSchG Rdn 18 ff.). Den Anforderungen von § 4 S. 1 KSchG ist genügt, wenn die (wirksame) Klage dem Arbeitgeber fristgerecht Klarheit verschafft, ob der Arbeitnehmer eine bestimmte Kündigung hinnimmt oder ihre Unwirksamkeit gerichtlich geltend machen will (vgl. zu den **formalen Anforderungen** *BAG* 1.10.2020, 2 AZR 247/20, EzA-SD 2020, Nr. 25, 4–7).

387 Will sich der Arbeitnehmer gegen eine **außerordentliche Kündigung und gegen eine hilfsweise erklärte ordentliche Kündigung** wehren, ist sein Klagebegehren dahin zu verstehen, dass er sich mit einem Hauptantrag gegen die außerordentliche und mit einem unechten Hilfsantrag gegen die hilfsweise erklärte ordentliche Kündigung wendet. Der Hilfsantrag fällt bei Abweisung des Hauptantrags nicht zur Entscheidung an (vgl. *BAG* 10.12.2020, 2 AZR 308/20, auch zur Klageerhebung in einem Berufungsverfahren). Ein gegen eine außerordentliche Kündigung gerichteter Kündigungsschutzantrag umfasst regelmäßig auch das Begehren festzustellen, das Arbeitsverhältnis ende nicht aufgrund einer ggf. nach § 140 BGB eintretenden **Umdeutung der außerordentlichen Kündigung in eine ordentliche**. Dafür, dass sich ein Arbeitnehmer, der gegen eine außerordentliche Kündigung Kündigungsschutzklage erhebt, nicht auch gegen eine Auflösung des Arbeitsverhältnisses infolge einer solchen Umdeutung wenden möchte, bedarf es besonderer Anhaltspunkte (*BAG* 27.6.2019, 2 AZR 28/19, NZA 2019, 1343).

2. Feststellungsklage nach § 256 ZPO

Bei außerordentlichen Kündigungen eines **freien Dienstverhältnisses** ist eine Kündigungsschutzklage nach § 13 Abs. 1 S. 2 KSchG iVm § 4 S. 1 KSchG weder erforderlich noch möglich. Es genügt, wenn der Gekündigte die sich aus dem Fortbestand des Dienstverhältnisses ergebenden **Ansprüche** geltend macht. Gleiches gilt für den **Arbeitgeber**, der eine vom Arbeitnehmer ausgesprochene außerordentliche Kündigung für unwirksam hält. § 4 S. 1 KSchG ist für eine Klage gegen eine **Eigenkündigung des Arbeitnehmers** nicht einschlägig (*BAG* 1.10.2020, 2 AZR 214/20, EzA-SD 2020, Nr. 23, 14–15). In diesen Fällen ist im Rahmen einer Klage auf weitere Erfüllung der Pflichten aus dem Dienst- bzw. Arbeitsverhältnis als **Vorfrage** zu entscheiden, ob die außerordentliche Kündigung wirksam ist oder nicht. 388

Bei einem freien Dienstverhältnis schließt die Möglichkeit des Dienstverpflichteten, zugleich auf Zahlung der Vergütung nach § 615 BGB klagen zu können, das nach § 256 Abs. 1 ZPO erforderliche **Feststellungsinteresse** für eine Klage auf Feststellung, dass das Dienstverhältnis über den durch die außerordentliche Kündigung bestimmten Termin hinaus fortbesteht, nicht zwingend aus (vgl. HaKo-KSchR/*Gieseler* Rn 154; SPV-*Vossen* Rn 2062). Es müssen sich jedoch aus der erstrebten Feststellung konkrete **gegenwärtige oder zukünftige Rechtsfolgen** ableiten lassen Dabei muss das rechtliche Interesse iSv. § 256 Abs. 1 ZPO an der Feststellung des streitigen Rechtsverhältnisses selbst bestehen. Ein Interesse an der Klärung streitiger Vorfragen genügt nicht. Das gilt auch für eine Feststellungsklage des Arbeitgebers (vgl. *BAG* 1.10.2020, 2 AZR 214/20, EzA-SD 2020, Nr. 23, 14–15, zu Rehabilitations- und Schadensersatzansprüchen). 389

Streitgegenstand einer allgemeinen Feststellungsklage ist idR der Fortbestand des Dienst- bzw. Arbeitsverhältnisses bis zum Zeitpunkt der letzten mündlichen Verhandlung in der Tatsacheninstanz (*BAG* 26.9.2013, 2 AZR 682/12, EzA § 4 nF KSchG Nr. 93; 8.4.2014, 9 AZR 856/11). Durch Auslegung von Antrag und Begründung ist aber zu ermitteln, ob es um den Fortbestand nur für einen enger begrenzten Zeitraum (zB Dauer der Kündigungsfrist) geht. 390

Die Möglichkeit, sich mit einer Feststellungsklage nach § 256 ZPO gegen eine außerordentliche Kündigung zu wenden, ist zwar im Gegensatz zur Kündigungsschutzklage (§ 4 S. 1 KSchG) nicht fest befristet, unterliegt aber der **prozessualen Verwirkung**. Dies kommt jedoch nur unter besonderen Voraussetzungen in Betracht. Das Klagerecht kann ausnahmsweise verwirkt sein, wenn der Anspruchsteller die Klage erst nach Ablauf eines längeren Zeitraums erhebt und zusätzlich ein Vertrauenstatbestand beim Gegner geschaffen worden ist, er werde gerichtlich nicht mehr belangt werden. Hierbei muss das Erfordernis des Vertrauensschutzes das Interesse des Berechtigten an der sachlichen Prüfung des von ihm behaupteten Anspruchs derart überwiegen, dass dem Gegner die Einlassung auf die nicht innerhalb angemessener Frist erhobene Klage nicht mehr zumutbar ist. Durch die Annahme einer prozessualen Verwirkung darf der Weg zu den Gerichten nicht in unzumutbarer, aus Sachgründen nicht zu rechtfertigender Weise erschwert werden. Dies ist im Zusammenhang mit den an das Zeit- und Umstandsmoment zu stellenden Anforderungen zu berücksichtigen (*BAG* 21.9.2017, 2 AZR 57/17 EzA § 4 nF KSchG Nr. 101; 20.3.2018, 9 AZR 508/17, EzA § 10 AÜG Nr. 35). 391

II. Fortbestand der Parteifähigkeit des Kündigenden

Richtet sich die Klage eines Arbeitnehmers gegen eine juristische Person (GmbH, AG), die während des Rechtsstreits liquidiert und im Handelsregister gelöscht wird, wird sie dennoch **als parteifähig behandelt**, wenn mit der Klage vermögensrechtliche Ansprüche verfolgt werden und der Kläger substantiiert behauptet, die juristische Person habe noch Aktivvermögen (*BAG* 21.5.2008, 8 AZR 623/07; 19.12.2018, 7 ABR 79/16, EzA § 83 ArbGG 1979 Nr. 13 392

III. Darlegungs- und Beweislast

1. Erklärung einer außerordentlichen Kündigung

393 Wenn ein Arbeitnehmer in Form einer **Kündigungsschutzklage** nach § 13 Abs. 1 S. 2 KSchG iVm § 4 S. 1 KSchG auf Feststellung klagt, das Arbeitsverhältnis sei durch eine außerordentliche Kündigung des Arbeitgebers nicht aufgelöst worden, kann es str. werden, ob überhaupt eine Kündigung erklärt worden ist. Bei einem solchen Prozessverlauf ist der klagende Arbeitnehmer beweispflichtig dafür, dass der Arbeitgeber ihm außerordentlich gekündigt hat (vgl. HAS-*Popp* § 19 B Rn 367). Da Streitgegenstand im Kündigungsschutzprozess die Frage ist, ob das Arbeitsverhältnis gerade durch die angegriffene Kündigung zu dem in ihr vorgesehenen Termin aufgelöst worden ist (sog. **punktuelle Streitgegenstandstheorie**; vgl. KR-*Klose* § 4 KSchG Rdn 289), ist die vom Kläger **behauptete Kündigung** eine klagebegründende Tatsache, die von ihm **nachzuweisen** ist. Bleibt es zweifelhaft, ob diese Voraussetzung erfüllt ist, dann ist die Kündigungsschutzklage ohne Weiteres abzuweisen.

394 Ggf. kann der Arbeitnehmer neben der Kündigungsschutzklage eine auf den Bestand des Arbeitsverhältnisses gerichtete allgemeine **Feststellungsklage** erheben (vgl. KR-*Klose* § 4 KSchG Rdn 305). Der **Arbeitgeber** hat in deren Rahmen dann die **Beweislast** für die von ihm eingewandten **Auflösungsgründe**.

2. Vorliegen wichtiger Gründe

395 Der Kündigende ist darlegungs- und beweisbelastet für alle Umstände des wichtigen Grundes und der Unzumutbarkeit der Weiterbeschäftigung (*BAG* 27.6.2019, 2 AZR 28/19, NZA 2019, 1343; *Bader/Bram-Kreutzberg-Kowalczyk* Rn 26). Auch die ggf. zum Kündigungssachverhalt gehörende **Abmahnung** (s. Rdn 267 ff.) ist vom Kündigenden zu beweisen (SPV-*Preis* Rn 561).

396 Da im Vertragsrecht ein bestimmter Sachverhalt, der den objektiven Voraussetzungen für eine Vertragsverletzung entspricht, nicht zugleich ein rechtswidriges bzw. schuldhaftes Verhalten indiziert und auch die Beweislastregel des § 282 BGB bei einer Kündigung nicht gilt, muss die Rechtswidrigkeit eines beanstandeten Verhaltens des Gekündigten besonders begründet werden. Zu den die Kündigung bedingenden Tatsachen, die der Kündigende vortragen und ggf. beweisen muss, gehören auch diejenigen, die **Rechtfertigungs- oder Entschuldigungsgründe** für das Verhalten des Gekündigten ausschließen (*BAG* 17.3.2016, 2 AZR 110/15, EzA § 626 BGB 2002 Nr. 56; **aA** für Entschuldigungsgründe jPK-*Weth* Rn 70).

397 Durch diese Regelung der Darlegungs- und Beweislast wird der Kündigende nicht überfordert. Ihr Umfang richtet sich danach, wie **substantiiert** sich der Gekündigte auf die Kündigungsgründe einlässt. Der Kündigende braucht nicht von vornherein alle nur denkbaren Rechtfertigungsgründe zu widerlegen (*BAG* 16.7.2015, 2 AZR 85/15, EzA § 626 BGB 2002 Nr. 52; MüKo-BGB/*Henssler* Rn 380; HAS-*Popp* § 19 B Rn 370 f.; SPV-*Preis* Rn 562). Im Falle einer Kündigung durch den Arbeitgeber kann den **Arbeitnehmer** vielmehr schon auf der Tatbestandsebene des wichtigen Grundes bzgl. etwaiger Rechtfertigungsgründe eine **sekundäre Darlegungslast** treffen. Dies kommt insbesondere dann in Betracht, wenn der Arbeitgeber als primär darlegungsbelastete Partei außerhalb des fraglichen Geschehensablaufs steht, während der Arbeitnehmer aufgrund seiner Sachnähe die für eine Rechtfertigung wesentlichen Tatsachen kennt. In einer solchen Situation kann der Arbeitnehmer gehalten sein, dem Arbeitgeber durch nähere Angaben weiteren Sachvortrag zu ermöglichen. Kommt er in einer solchen Prozesslage seiner sekundären Darlegungslast nicht nach, gilt das tatsächliche Vorbringen des Arbeitgebers – soweit es nicht völlig »aus der Luft gegriffen« ist – iSv. § 138 Abs. 3 ZPO als zugestanden. Dabei dürfen an die sekundäre Behauptungslast des Arbeitnehmers **keine überzogenen Anforderungen** gestellt werden. Sie dient lediglich dazu, es dem kündigenden Arbeitgeber als primär darlegungs- und beweispflichtiger Partei zu ermöglichen, weitere Nachforschungen anzustellen und sodann substantiiert zum Kündigungsgrund vorzutragen und ggf. Beweis anzutreten (*BAG* 16.7.2015, 2 AZR 85/15, EzA § 626 BGB 2002 Nr. 52; 17.3.2016, 2 AZR 110/15, EzA § 626 BGB 2002 Nr. 56). So muss der Arbeitnehmer zB. dem Vorwurf, unberechtigt gefehlt zu haben, unter Angabe der Gründe entgegentreten, die ihn gehindert haben,

seine Arbeitsleistung zu erbringen. Dazu reicht der Hinweis auf eine angebliche Erkrankung oder Beurlaubung nicht aus, sondern der Arbeitnehmer muss die konkreten Umstände schildern, aus denen sich ergeben soll, dass er erkrankt oder beurlaubt worden war (*BAG* 23.9.1992, 2 AZR 199/ 92, EzA § 1 KSchG Verhaltensbedingte Kündigung Nr. 44). Falls es dem Arbeitgeber gelungen ist, den Beweiswert einer ärztlichen Arbeitsunfähigkeitsbescheinigung zu erschüttern, muss der Arbeitnehmer seinen Arzt von dessen Schweigepflicht entbinden (vgl. *BAG* 17.6.2003, 2 AZR 123/02, EzA § 626 BGB 2002 Nr. 4).

Trotz substantiierten Gegenvorbringens des Arbeitnehmers können allerdings uU die **Indizien**, die 398 für eine rechtswidrige Pflichtverletzung des Arbeitnehmers sprechen, so gewichtig sein, dass es ihm obliegt, diese zu entkräften (*BAG* 12.3.2009 EzA § 626 BGB 2002 Nr. 26). Dies kann nur im Einzelfall beurteilt werden.

Wenn der Gekündigte geltend macht, er habe eine Vertragsverletzung jedenfalls nicht **schuldhaft** 399 begangen, muss er wie bei der Berufung auf Rechtfertigungsgründe näher ausführen, warum ihm eine objektiv begangene Pflichtverletzung subjektiv nicht anzulasten sein soll (HAS-*Popp* § 19 B Rn 372 f.; *BAG* 18.10.1990 RzK I 10h Nr. 30). Das ist insbes. dann erforderlich, wenn sich der Gekündigte zu seiner Entlastung auf einen angeblich **unvermeidbaren Rechtsirrtum** beruft. Unverschuldet ist ein Rechtsirrtum nur dann, wenn der Gekündigte die Überzeugung haben durfte, sich vertragstreu zu verhalten, und mit einem Unterliegen im Rechtsstreit nicht zu rechnen brauchte (s. Rdn 151). Die dafür maßgebenden Tatsachen muss der Gekündigte in den Prozess einführen (vgl. *BAG* 31.1.1985 EzA § 8a MuSchG Nr. 5).

Beweismittel unterliegen einem **Beweisverwertungsverbot**, wenn sie unter **Verletzung des Per-** 400 **sönlichkeitsrechts des Gekündigten** beschafft wurden und nicht besonders schutzwürdige Interessen des Kündigenden überwiegen (§ 32 BDSG aF bzw in Umsetzung der Datenschutz-Grundverordnung (EU) 2016/679 jetzt **§ 26 BDSG**). Die Fallkonstellationen sind mannigfaltig: vgl. *VGH BW* 28.11.2000 AuR 2001, 469 [heimliche **DNA-Analyse**]; *BAG* 20.6.2013 EzA § 611 BGB 2002 Persönlichkeitsrecht Nr. 14 [heimliche **Durchsuchung** des persönlichen Spinds; krit. *Becker-Schäufler* BB 2015, 629 ff.]; *BAG* 27.3.2003 EzA § 611 BGB 2002 Persönlichkeitsrecht Nr. 1 [heimliche **Videoüberwachung**; s. hierzu auch *Bergwitz* NZA 2012, 353 ff., *Grimm/Schiefer* RdA 2009, 339 ff., *EGMR* 5.10.2010 EuGRZ 2011, 471, *BAG* 20.10.2016 EzA § 32 BDSG Nr. 4 mwN und *ArbG Düsseld.* 3.5.2011 ZD 2011, 185 m. Anm. *Grimm/Strauf*]; *BVerfG 19.*12.1991 EzA § 611 BGB Persönlichkeitsrecht Nr. 10, *BAG* 29.10.1997 EzA § 611 BGB Persönlichkeitsrecht Nr. 12 und *BVerfG* 9.10.2002 EzA § 611 BGB Persönlichkeitsrecht Nr. 15 [heimlich **mitgehörte Telefonate**]; 31.7.2001 EzA § 611 BGB Persönlichkeitsrecht Nr. 14 [heimliche **Tonaufzeichnung**]; *BGH* 15.5.2013 NJW 2013, 2668 [heimliche **GPS-Überwachung**]; *BAG* 27.7.2017 EzA § 32 BDSG Nr. 6, *LAG Bln.-Bra.* 14.1.2016 LAGE § 626 BGB 2002 Nr. 64, *LAG Nds.* 31.5.2010 EzTöD 100 § 34 Abs. 2 TVöD-AT Verhaltensbedingte Kündigung Nr. 21 und *LAG Hamm* 4.2.2004 RDV 2005, 170 [**Überwachung bzw. Überprüfung der IT-Nutzung**; s. hierzu auch *LAG Bln.-Bra.* 16.2.2011 LAGE Art. 10 GG Nr. 1, *LAG Hamm* 10.7.2012 ZD 2013, 135, KR-*Rachor* § 1 KSchG Rdn 541, *Brink/Wirtz* ArbR 2016, 255, *Fülbier/Splittgerber* NJW 2012, 1995 ff., *Kamppeter* DB 2016, 777, *Kiesche/Wilke* AiB 2012, 92 ff., *Korinth* ArbRB 2005, 178 ff. und *Schneider* jM 2016, 246; der *EGMR* will aus Art. 8 EMRK selbst bei generell untersagter Privatnutzung Grenzen für eine Überwachung bzw. Überprüfung ableiten: 5.9.2017 – NZA 2017, 1443]; weitere Beispiele bei *Butz/Brummer* AuA 2011, 400 ff., *Dzida/Grau* NZA 2010, 1201 ff., *Grimm* ArbRB 2012, 128, jM 2016, 25 ff., *Grosjean* DB 2003, 2650 ff., *Lunk* NZA 2009, 457 ff. und *Rigo* AE 2015, 5 ff.; speziell zu privaten E-Mails und zur privaten Internetnutzung *Bernhardt/Barthel* AuA 2008, 152, *Besgen/Prinz* § 2 Rn 54 ff, *Ehmann* jurisPR-ArbR 2012, 17 ff. [Chatprotokolle aus Skype], HzK-*Eisenbeis* 4 Rn 226 ff., *Gimmy* DRiZ 2007, 328 f., *Kömpf/Kunz* NZA 2007, 1344 f., *Kratz/Gubbels* NZA 2009, 652 ff. und *Unger-Hellmich* AuA 2016, 331). Die **Zeugenvernehmung** des Gesprächspartners des Gekündigten bleibt allerdings zulässig (vgl. *BVerfG 31.*7.2001 EzA § 611 BGB Persönlichkeitsrecht Nr. 14). Keine zu einem Verwertungsverbot führende Verletzung des Persönlichkeitsrechts des Gesprächspartners liegt i. Ü. dann vor, wenn ein Gespräch bzw. Telefonat ohne Zutun des Beweispflichtigen zufällig von einem Zeugen heimlich mitgehört wurde (*BAG* 23.4.2009 EzA § 611 BGB 2002 Persönlichkeitsrecht Nr. 9). Für **eine Datenerhebung (Videoüberwachung) zur Aufdeckung von Straftaten** gem. § 26 Abs. 1 S. 2 BDSG bedarf es keines dringenden Tatverdachts; ein durch konkrete Tatsachen gestützter Anfangsverdacht genügt (*BAG* 20.10.2016 EzA § 32 BDSG Nr. 4).Maßgeblich sind immer die **Umstände des Einzelfalls bei Berücksichtigung der beiderseitigen Interessen** (vgl. zur Öffnung einer nicht als privat gekennzeichneten **Datei auf einem Dienstrechner** *BAG* 31.1.2019, 2 AZR 426/18, EzA § 1 KSchG Verdachtskündigung Nr. 7; zu Art. 8 **EMRK**: EGMR 17.10.2019, 1874/13, 8567/13, NZA 2019, 1697). Die **Speicherung von Bildsequenzen**, die geeignet sind, den mit einer rechtmäßigen Videoaufzeichnung verfolgten Zweck zu fördern, bleibt grundsätzlich erforderlich, bis der Zweck entweder erreicht oder aufgegeben oder nicht mehr erreichbar ist (*BAG* 23.8.2018, 2 AZR 133/18, EzA § 32 BDSG Nr. 7). Die **Verwertung eines »Zufallsfundes«** kann aus einer als ultima ratio gerechtfertigten verdeckten Videoüberwachung zulässig sein (BAG 22.9.2016, 2 AZR 848/15, EzA § 32 BDSG Nr. 3). § 32 Abs. 1 S. 2 BDSG aF sperrt nicht den Rückgriff auf S. 1 dieser Vorschrift, wenn es nicht um die Aufdeckung einer Straftat, sondern einer anderen schweren Pflichtverletzung geht (*BAG* 29.6.2017 EzA § 32 BDSG Nr. 5 zur **Überwachung durch Detektive** beim konkreten Verdacht eines Verstoßes gegen das Wettbewerbsverbot). Gleiches gilt bei weniger intensiven, nach abstrakten Kriterien durchgeführten und keinen Arbeitnehmer besonders unter Verdacht stellenden offenen Überwachungsmaßnahmen zur Verhinderung von Pflichtverletzungen (BAG 27.7.2017 EzA § 32 BDSG Nr. 6). Ein bloßer Verstoß gegen formale **Datenschutzvorschriften** wie die Hinweispflicht gem. § 6b (jetzt § 4) Abs. 2 BDSG oder die Dokumentationspflicht gem. § 32 (jetzt § 26) Abs. 1 S. 2 BDSG (*BAG* 21.6.2012 EzA § 611 BGB 2002 Persönlichkeitsrecht Nr. 13 m. zust. Anm. *Thüsing/Pötters*; 20.10.2016 EzA § 32 BDSG Nr. 4) begründet idR kein Verwertungsverbot, ebenso wenig die **Verletzung von Mitbestimmungsrechten** des Betriebsrats (*BAG* 13.12.2007 EzA § 626 BGB 2002 Nr. 20; 20.10.2016 EzA § 32 BDSG Nr. 4), erst recht nicht, wenn der Betriebsrat der Kündigung in Kenntnis der erlangten Beweismittel zugestimmt hatte (vgl. *BAG* 27.3.2003 EzA § 611 BGB 2002 Persönlichkeitsrecht Nr. 1; im Ergebnis zust. *Otto* Anm. AP Nr. 36 zu § 87 BetrVG 1972 Überwachung mwN auch zu abw. Ansichten). **Unstreitiger Sachvortrag** ist grds. zu berücksichtigen (*BAG* 13.12.2007 EzA § 626 BGB 2002 Nr. 20), jedoch kann auch dem ausnahmsweise entgegenstehen, dass damit eine gravierende Verletzung rechtlich geschützter, hochrangiger Positionen des Gekündigten perpetuiert würde (*BAG* 16.12.2010 EzA § 626 BGB 2002 Nr. 33; zust. *Maschmann* NZA 2012 Beil. 2 S. 57 f.; krit. *Dzida/Grau* NZA 2010, 1205 mwN und *Grimm* ArbRB 2012, 129; vgl. auch *Reitz* NZA 2017, 273 ff.; *Rolf/Stöhr* RDV 2012, 119 [124 f.]).

3. Wahrung der Ausschlussfrist

401 Der Vertragsteil, der die außerordentliche Kündigung ausgesprochen hat, muss im Rahmen des § 626 Abs. 2 BGB darlegen und beweisen, er habe von den für die Kündigung maßgebenden Tatsachen erst **innerhalb** der letzten **zwei Wochen** vor Erklärung der Kündigung **Kenntnis** erlangt (*Ascheid* Beweislastfragen, S. 203; *Bader/Bram-Kreutzberg-Kowalczyk* Rn 87; *Busemann/Schäfer* Rn 351; MüKo-BGB/*Henssler* Rn 381 f.; SPV-*Preis* Rn 814; HWK-*Sandmann* Rn 425; krit. ZLH-*Hergenröder* S. 273). Diese Verteilung der Beweislast ist folgerichtig, weil die Regelung des § 626 Abs. 2 BGB sachlich in den Bereich der Zumutbarkeitserwägungen eingreift und auch sonst der Kündigende die Voraussetzungen für die Unzumutbarkeit darlegen und beweisen muss. Es geht zudem um Umstände, die in den Wahrnehmungs- und Kontrollbereich des Kündigenden fallen (SPV-*Preis* Rn 814).

402 Insoweit genügt nicht, dass der Kündigende abstrakt vorträgt, die angegebenen Kündigungsgründe seien nicht verfristet. Er muss vielmehr genau den **Tag der Kenntniserlangung** bezeichnen und vortragen, auf welche Weise das geschehen sein soll. Nur dann ist es dem Gekündigten möglich, die Darstellung zu überprüfen und ggf. qualifiziert zu bestreiten. Zur Kennzeichnung des Zeitpunktes der Kenntniserlangung reicht es nicht aus, wenn der Kündigende zB zur Begründung einer am 4. eines Monats ausgesprochene Kündigung vorträgt, die Verfehlungen seien erst »Ende des Vormonats« bemerkt worden (*BAG* 25.9.1972 – 2 AZR 29/72, nv; HBS-*Holthausen* § 10 Rn 627). Da

die Darlegungslast sich auch auf die Tatsachen erstreckt, aus denen sich eine Hemmung des Beginns der Ausschlussfrist ergeben soll, bedarf es genauer Angaben, weshalb ggf. noch **weitere Ermittlungen** notwendig waren und welche Nachforschungen angestellt worden sind (*BAG* 1.2.2007, 2 AZR 333/06, EzA § 626 BGB 2002 Verdacht strafbarer Handlung Nr. 3).

Die Frage, ob sich der Gekündigte darauf beschränken darf, den behaupteten Beginn der Ausschlussfrist nach § 138 Abs. 4 ZPO **mit Nichtwissen zu bestreiten** (so HAS-*Popp* § 19 B Rn 376; **aA** wohl *Oetker* Anm. LAGE Art. 20 EinigungsV Nr. 1), ist wegen unterschiedlicher Fallgestaltungen differenzierend wie folgt zu beantworten: Behauptet der Kündigende, aufgrund eines Vorganges, an dem der Gekündigte beteiligt war, an einem bestimmten Tage den Kündigungssachverhalt erfahren zu haben, dann fehlen die Voraussetzungen des § 138 Abs. 4 BGB, d. h. der Gekündigte muss den Sachverhalt substantiiert bestreiten. Auch einen »früheren Termin« hat er mit einem substantiierten Gegenvortrag darzulegen (*Ascheid* Beweislastfragen, S. 206). Das substantiierte Bestreiten muss, wenn es erheblich ist, vom Kündigenden widerlegt werden (zust. HWK-*Sandmann* Rn 427; APS-*Vossen* Rn 171; **aA** MüKo-BGB/*Henssler* Rn 382, der vom Gekündigten den Beweis verlangt). Beruft sich der Kündigende hingegen auf einen internen Vorgang, der sich der Mitwirkung oder der Wahrnehmung des Gekündigten entzogen hat, dann kann dieser den behaupteten Zeitpunkt der Kenntniserlangung mit Nichtwissen bestreiten (zust. HaKo-KSchR/*Gieseler* Rn 164; HWK-*Sandmann* Rn 428; APS-*Vossen* Rn 171). Dadurch wird der Kündigende nicht überfordert, weil dann nicht über eine »negative« Tatsache, sondern über die von ihm geschilderte Entwicklung des Kündigungssachverhaltes Beweis zu erheben ist.

403

Der Kündigende braucht allerdings **nicht schon in der Klageerwiderung** ausdrücklich und eingehend **darzulegen, die Ausschlussfrist sei gewahrt**. Das muss vielmehr erst und **nur** dann geschehen, **wenn** schon nach dem zeitlichen Abstand zwischen den behaupteten Kündigungsgründen und der Kündigungserklärung **zweifelhaft** erscheint, ob die Ausschlussfrist gewahrt ist, oder wenn der Gekündigte geltend macht, die Kündigungsgründe seien verfristet (*BAG* 28.3.1985 EzA § 626 BGB nF Nr. 96). Da die Parteien zudem auch die Voraussetzungen des § 626 Abs. 2 BGB **unstreitig stellen** können, darf einer Kündigungsschutzklage nicht ohne Berücksichtigung der Einlassung des Gekündigten mit der Begründung stattgegeben werden, der Kündigende habe nicht vorgetragen, dass die außerordentliche Kündigung fristgerecht erfolgt sei (ebenso MüKo-BGB/*Henssler* Rn 383; SPV-*Preis* Rn 814; APS-*Vossen* Rn 172; **aA** HAS-*Popp* § 19 B Rn 378).

404

IV. Auswirkungen des Beschlussverfahrens nach § 103 Abs. 2 BetrVG auf den nachfolgenden Kündigungsschutzprozess

Die **Ersetzung der Zustimmung des Betriebsrats** gem. § 103 Abs. 2 BetrVG wirkt **präjudiziell**. Der Arbeitnehmer kann sich, wenn er im Beschlussverfahren als Beteiligter hinzugezogen war, im nachfolgenden Kündigungsschutzprozess nicht mehr auf Unwirksamkeitsgründe oder Kündigungshindernisse berufen, die er schon im Zustimmungsersetzungsverfahren geltend gemacht hatte oder hätte einwenden können (*BAG* 25.4.2018, 2 AZR 401/17, EzA § 103 BetrVG 2001 Nr. 12; vgl. KR-*Rinck* § 103 BetrVG Rdn 142 ff.).

405

V. Nachprüfung des wichtigen Grundes in der Revisionsinstanz

Bei der Prüfung, ob eine außerordentliche Kündigung durch einen wichtigen Grund gerechtfertigt ist, geht es um die Anwendung eines unbestimmten Rechtsbegriffes durch den Tatsachenrichter, die nur einer **eingeschränkten Nachprüfung durch** das **Revisionsgericht** unterliegt. Im Revisionsverfahren ist nur zu prüfen, ob der Begriff des wichtigen Grundes als solcher richtig erkannt wurde und ob bei der Interessenabwägung alle vernünftigerweise in Betracht kommenden Umstände des Einzelfalles daraufhin geprüft wurden, ob dem Kündigenden die Fortsetzung des Arbeitsverhältnisses bis zum Ablauf der Frist für die ordentliche Kündigung oder bis zum vereinbarten Vertragsende unzumutbar geworden ist (vgl. *BAG* 19.1.2016, 2 AZR 449/15, EzA § 626 BGB 2002 Nr. 54; vgl. ferner *Adomeit/Spinti* AR-Blattei SD 1010.9 Rn 56 ff.; MüKo-BGB/*Henssler* Rn 404; *Soergel/Kraft* Rn 46; HWK-*Sandmann* Rn 432 f.; krit. *Adam*

406

ZTR 2001, 349 ff.; *Preis* Prinzipien S. 478 ff.). Die Bewertung der für und gegen die Unzumutbarkeit sprechenden Umstände liegt weitgehend im **Beurteilungsspielraum der Tatsacheninstanz.** Der Tatsachenrichter braucht sich zudem nicht mit jeder Einzelheit, die an sich für die Interessenabwägung erheblich ist, ausdrücklich zu befassen, sofern nur ersichtlich ist, dass auch dieser Umstand nicht übersehen worden ist. Wenn das Berufungsgericht den Begriff des wichtigen Grundes an sich richtig bestimmt hat und die Interessenabwägung sich im Rahmen des Beurteilungsspielraums hält, ist das Revisionsgericht nicht befugt, die angegriffene Würdigung durch eine eigene Beurteilung zu ersetzen. Andernfalls wird idR eine Zurückverweisung an das Berufungsgericht geboten sein. Eine eigene Interessenabwägung durch das BAG kann nur dann erfolgen, wenn sämtliche hierfür relevanten Tatsachen feststehen (vgl. *BAG* 27.1.2011 EzA § 626 BGB 2002 Verdacht strafbarer Handlung Nr. 10).

VI. Materielle Rechtskraft und Präklusionswirkung

1. Klageabweisung

407 Wird eine in der Form des § 4 KSchG gegen eine außerordentliche Kündigung erhobene **Klage rechtskräftig abgewiesen,** dann steht fest, dass das Arbeitsverhältnis zu dem vorgesehenen Termin beendet worden ist. Die gleiche Rechtskraftwirkung tritt dann ein, wenn der Gekündigte mit einer positiven Feststellungsklage nach § 256 ZPO, mit der er den Fortbestand des Arbeitsverhältnisses geltend gemacht hat, unterliegt (s. Rdn 388 ff.). Auch diese Entscheidung stellt die Auflösung des Arbeitsverhältnisses zum str. Termin rechtskräftig fest (vgl. zum Ganzen KR-*Klose* § 4 KSchG Rdn 318 ff.).

408 Da im Rahmen einer Kündigungsschutzklage nach § 4 KSchG über die Rechtswirksamkeit der außerordentlichen Kündigung schlechthin zu entscheiden ist, muss der Gekündigte in diesem Prozess neben dem Fehlen eines wichtigen Grundes auch **alle** etwaigen sonstigen **Nichtigkeitsgründe** geltend machen (vgl. HAS-*Popp* § 19 B Rn 385). Nach rechtskräftiger Abweisung seiner Klage ist es dem Gekündigten deswegen verwehrt, sich darauf zu berufen, die Kündigung sei jedenfalls aus anderen, bislang nicht behandelten Gründen rechtsunwirksam (SPV-*Vossen* Rn 2042; vgl. auch KR-*Klose* § 4 KSchG Rdn 331).

2. Wirkung des obsiegenden Urteils

409 Wenn der gekündigte Arbeitnehmer ein **rechtskräftiges obsiegendes** Urteil über seine Kündigungsschutzklage nach § 4 KSchG erstreitet, dann folgt aus der materiellen Rechtskraft, dass das Arbeitsverhältnis durch die Kündigung, die Streitgegenstand gewesen ist, nicht zu dem vorgesehenen Termin aufgelöst worden ist (vgl. KR-*Klose* § 4 KSchG Rdn 325). Das **Präklusionsprinzip** hindert den Arbeitgeber daran, geltend zu machen, die Kündigung sei aus **anderen** als im Verfahren vorgebrachten **Gründen** wirksam (*Ascheid* Rn 785; HAS-*Popp* § 19 B Rn 386). Die Rechtskraft des Urteils hindert den Arbeitgeber auch daran, sich in einem späteren Verfahren zwischen denselben Parteien darauf zu berufen, ein **Arbeitsverhältnis** habe zwischen ihnen **zu keiner Zeit** bestanden bzw. sei schon **vor oder zum** selben **Termin** durch Kündigung oder in anderer Weise **aufgelöst** worden (vgl. *BAG* 18.12.2014 EzA § 4 KSchG nF Nr. 96; 29.1.2015, 2 AZR 698/12, EzA § 4 nF KSchG Nr. 97; KR-*Klose* § 4 KSchG Rdn 325; aA HAS-*Popp* § 19 B Rn 387 f.; *Schwab* RdA 2013, 360 f.; SPV-*Vossen* Rn 2019). Dies gilt auch bzgl. einer Anfechtung (*BAG* 18.2.2021, 6 AZR 92/19, NZA 2021, 446). Die Berufung auf einen anderen streitbefangenen Auflösungstatbestand ist dem Arbeitgeber allerdings dann nicht verwehrt, wenn das Gericht diesen für beide Parteien klar ersichtlich **ausgeklammert** hatte (*BAG* 22.11.2012 EzA § 626 BGB 2002 Ausschlussfrist Nr. 2). Nicht ausgeschlossen ist der Arbeitgeber ferner mit dem Einwand, das Arbeitsverhältnis sei nach dem vorgesehenen Kündigungstermin beendet worden (vgl. KR-*Klose* § 4 KSchG Rdn 334).

410 Verbindet der Arbeitgeber eine außerordentliche Kündigung **vorsorglich** mit der **ordentlichen Kündigung** und stellt das Arbeitsgericht fest, dass das Arbeitsverhältnis durch die fristlose Kündigung

nicht beendet worden ist, während es die ordentliche Kündigung für wirksam hält, dann ist die Klage im Übrigen abzuweisen (zur Klageerhebung vgl. Rdn 387). Gleiches gilt, wenn gegenüber einem ordentlich nicht kündbaren Arbeitnehmer eine fristlose und vorsorglich eine außerordentliche Kündigung mit **Auslauffrist** (s. dazu Rdn 321 ff.) erklärt wurde.

Bei einer Feststellungsklage nach § 256 ZPO (s. Rdn 388 ff.) reicht die rechtskräftige Feststellung des Fortbestand des Arbeitsverhältnisses bis zu dem durch den Antrag des Klägers bestimmten Zeitpunkt, längstens bis zur letzten mündlichen Verhandlung in den Tatsacheninstanzen. Der Beklagte kann sich in einem späteren Rechtsstreit somit auf alle (auch während der Dauer des ersten Rechtsstreits eingetretene) Beendigungstatbestände berufen, die auf eine **Auflösung** des Arbeitsverhältnisses zu einem **späteren Zeitpunkt** gerichtet sind (*BAG* 31.5.1979 EzA § 4 KSchG nF Nr. 16). 411

3. Berufung auf Umdeutung in fristgemäße Kündigung

Wie vorstehend in Rdn 387 bereits erwähnt, umfasst ein gegen eine außerordentliche Kündigung 412 gerichteter Kündigungsschutzantrag regelmäßig auch das Begehren festzustellen, das Arbeitsverhältnis ende nicht aufgrund einer ggf. nach § 140 BGB eintretenden **Umdeutung der außerordentlichen Kündigung in eine ordentliche** (*BAG* 27.6.2019, 2 AZR 28/19, NZA 2019, 1343). Der Kündigende kann sich daher, wenn die Unwirksamkeit seiner außerordentlichen Kündigung rechtskräftig festgestellt worden ist, in einem **späteren Prozess** grds. **nicht** mehr darauf berufen die Kündigung sei in eine ordentliche umzudeuten (*BAG* 14.8.1974 EzA § 615 BGB Nr. 26; HzA-*Isenhardt* 5/1 Rn 291; LSSW-*Spinner* § 13 Rn 34). **Ausnahmen** von diesem Grundsatz bestehen nur dann, wenn entweder der Streitgegenstand des früheren Kündigungsschutzprozesses aufgrund eines **beschränkten Feststellungsantrages** von vornherein auf die Frage begrenzt war, ob die angegriffene Kündigung als außerordentliche wirksam war, oder wenn die Umdeutung in eine ordentliche Kündigung zwischen den Parteien erörtert wurde und str. war, das Gericht aber gleichwohl diese **Frage eindeutig** und ausdrücklich **ausgeklammert** hat (*BAG* 19.2.1970 EzA § 11 KSchG Nr. 2).

(unbelegt) 413

(unbelegt) 414

(unbelegt) 415

(unbelegt) 416

Entscheidet das Gericht **bewusst** nicht über die Wirksamkeit der ordentlichen Kündigung, dann 417 liegt der Sache nach ein **Teilurteil** vor, wodurch der Rechtsstreit wegen der ordentlichen Kündigung rechtshängig bleibt. Entscheidet das Gericht **versehentlich** nicht zugleich auch über die ebenfalls angegriffene ordentliche Kündigung, dann hat es diesen **Teil des Antrages** des Klägers iSd § 321 Abs. 1 ZPO **übergangen** (HzA-*Isenhardt* 5/1 Rn 293; HAS-*Popp* § 19 B Rn 391). Dieser Fehler kann nur behoben werden, wenn eine der Parteien binnen zwei Wochen nach Zustellung des Urteils, das nur über die fristlose Kündigung entschieden hat, dessen Ergänzung beantragt (§ 321 Abs. 2 ZPO). Wird der **Ergänzungsantrag** nicht oder nicht rechtzeitig gestellt, dann erlischt die Rechtshängigkeit des übergangenen Antrages auf Feststellung, dass das Arbeitsverhältnis durch die Kündigung auch nicht fristgemäß aufgelöst worden ist. Der Arbeitgeber kann sich dann in einem späteren Prozess darauf berufen, das Arbeitsverhältnis sei jedenfalls fristgemäß beendet worden, und das Gericht hat daraufhin nur noch zu überprüfen, ob die Voraussetzungen für die Umdeutung in eine ordentliche Kündigung vorgelegen haben. Eine etwaige Unwirksamkeit der ordentlichen Kündigung wird nach § 7 KSchG rückwirkend geheilt, weil das **Erlöschen der Rechtshängigkeit** der Klage gegen die ordentliche Kündigung zur Folge hat, dass ihre Unwirksamkeit nicht rechtzeitig geltend gemacht worden ist. Eine nachträgliche Zulassung der übergangenen Klage gegen die ordentliche Kündigung nach § 5 Abs. 1 KSchG wird mit Rücksicht auf die versäumte Möglichkeit, ein Ergänzungsurteil zu beantragen, regelmäßig ausscheiden.

(unbelegt) 418

4. Wiederholungskündigung, Trotzkündigung

419 Die Präklusionswirkung greift auch dann ein, wenn nach rechtskräftiger Feststellung der Unwirksamkeit einer Kündigung eine weitere Kündigung aus denselben Gründen ausgesprochen wird (sog. **Trotzkündigung**). Gleiches gilt für vor Rechtskraft des ersten Urteils aus denselben Gründen ausgesprochene Kündigungen (sog. **Wiederholungskündigungen**). Die in dem rechtskräftigen ersten Urteil geprüften und für unzureichend befundenen Kündigungsgründe können nicht nochmals zur Begründung einer weiteren Kündigung herangezogen werden (*BAG* 20.12.2012 EzA § 1 KSchG Betriebsbedingte Kündigung Nr. 172; jedenfalls im Ergebnis ebenso *BAG* 26.8.1993 EzA § 322 ZPO Nr. 9 m. zust. Anm. *Vogg*; 18.5.2006 EzA § 2 KSchG Nr. 60; KR-*Klose* § 4 KSchG Rdn 342; *Fischer* Wiederholungskündigung S. 212 ff.; MüKo-BGB/*Henssler* Rn 402). Entscheidend ist dabei, ob die spätere Kündigung auf **denselben Lebensvorgang** gestützt wird wie die frühere. *Ascheid* (FS Stahlhacke 1995, S. 1 ff.) und SPV-*Vossen* (Rn 2046) stellen darauf ab, ob die Kündigungsgründe identisch sind. Diese Voraussetzung fehlt u. a. dann, wenn der Arbeitgeber nach rechtskräftiger Feststellung der Unwirksamkeit einer Verdachtskündigung erneut mit dem Vorwurf der Tatbeteiligung kündigt (vgl. *BAG* 12.12.1984 EzA § 626 BGB nF Nr. 97; 26.8.1993 EzA § 322 ZPO Nr. 9). Keine **Präklusionswirkung** besteht für Kündigungsgründe, die schon zur Rechtfertigung einer früheren Kündigung im Prozess vorgebracht worden sind, wenn es bereits an einer rechtsgeschäftlich wirksamen Erklärung gefehlt hat (*BAG* 20.12.2012 EzA § 1 KSchG Betriebsbedingte Kündigung Nr. 172), die Kündigung bereits aus formellen Gründen wie der Betriebsratsanhörung unwirksam war (*BAG* 25.3.2004 EzA § 626 BGB 2002 Unkündbarkeit Nr. 4; SPV-*Vossen* Rn 2046a), wenn der Arbeitgeber einem sog. unkündbaren Arbeitnehmer nach einer für unwirksam erklärten fristlosen Kündigung nunmehr außerordentlich mit Auslauffrist kündigt (*BAG* 26.11.2009 EzA § 626 BGB 2002 Unkündbarkeit Nr. 16), wenn die Kündigende sich auf weitere neue Tatsachen berufen kann, die den bisherigen Kündigungssachverhalt verändern oder ergänzen (vgl. *BAG* 10.11.2005 EzA § 1 KSchG Krankheit Nr. 52; *Ascheid* FS Stahlhacke 1995, S. 10 f.; ArbRBGB-*Corts* Rn 274) oder wenn sich das Gericht im Vorprozess mit diesen Gründen eindeutig und ausdrücklich nicht befasst hat (*BAG* 12.4.1956 AP Nr. 11 zu § 626 BGB). Auch gegen solche Wiederholungs- oder Trotzkündigungen muss der Arbeitnehmer allerdings innerhalb der Frist des § 4 KSchG Klage erheben (vgl. *BAG* 26.8.1993 EzA § 322 ZPO Nr. 9; KR-*Klose* § 4 KSchG Rdn 341; aA *Schwab* RdA 2013, 364).

P. Fallgruppen des wichtigen Grundes aus der Rechtsprechung

I. Vorbemerkung

420 Eine begrenzte **Typologie des wichtigen Grundes** ergibt sich daraus, dass sich die Rspr. immer wieder mit ähnlich gelagerten Kündigungssachverhalten befassen muss. Diese typischen Sachverhalte werden im Folgenden zur besseren Übersicht nicht nach sachlichen Kriterien geordnet (Auswirkungen auf bestimmte Bereiche des Arbeitsverhältnisses oder sachlicher Gehalt der Kündigungsgründe), sondern in alphabetischer Reihenfolge dargestellt. Die ausgewählten Beispiele dürfen nicht verallgemeinert werden, weil es grds. **keine absoluten** (unbedingten) **Kündigungsgründe** gibt (s. Rdn 88). Aus diesem Grunde kann das Erfordernis einer konkreten und individuellen Interessenabwägung im Einzelfall abweichende Beurteilungen rechtfertigen. Die von der Rspr. aufgestellten Grundsätze können deswegen nur als Richtlinien und Hinweise dafür dienen, wie ähnlich gelagerte Sachverhalte zu würdigen sind.

II. Außerordentliche Kündigung durch den Arbeitgeber

1. Abkehrwille

421 Der **Abkehrwille** des Arbeitnehmers, dh seine Absicht, das Arbeitsverhältnis demnächst zu beenden, um sich selbständig zu machen oder eine andere Arbeitsstelle anzutreten, kann zwar zur Verwirkung des allgemeinen Kündigungsschutzes führen (aA HWK-*Sandmann* Rn 126), ist aber idR kein Grund zur außerordentlichen Kündigung durch den Arbeitgeber. Dieses Verhalten stellt

noch **keine Vertragswidrigkeit** dar (SPV-*Preis* Rn 621). Solange der Arbeitnehmer seine vertraglichen Pflichten erfüllt, kann es ihm schon wegen Art. 12 Abs. 1 Satz 1 GG nicht vorgeworfen werden, dass er sich nach einem anderen Arbeitsfeld umschaut (LAG MV 5.3.2013, 5 Sa 106/12). Der Arbeitnehmer ist auch nicht verpflichtet, dem Arbeitgeber seinen Abkehrwillen schon vor der Kündigung von sich aus mitzuteilen oder Auskunft über seinen **künftigen Arbeitgeber zu geben** (. Die Absicht des Arbeitnehmers, sich zu verändern, und die zu diesem Zwecke von ihm vorgenommenen Bewerbungen können eine ordentliche Kündigung allenfalls dann rechtfertigen, wenn besondere Umstände hinzutreten, etwa wenn der Arbeitnehmer auf Befragen seine Veränderungsabsicht gegenüber dem Arbeitgeber **geleugnet** hat (*LAG BW* 24.2.1969 BB 1969, 536). Ein leitender Angestellter, der sich bei einem mit seinem Arbeitgeber im Konkurrenzkampf stehenden Unternehmen beworben hat und auf Befragen des Arbeitgebers die Bewerbung bestreitet, kann uU sogar fristlos entlassen werden (*LAG Hamm* 14.2.1968 BB 1969, 797). Im Vordergrund steht hier die Frage des Vertrauensbruchs. Dagegen rechtfertigt die bloße Besorgnis der Interessengefährdung, die eine Kündigung des Arbeitnehmers wegen der Mitnahme von **Betriebs- und Geschäftsgeheimnissen** und ihrer Verwertung zu seinem Fortkommen beim neuen Arbeitgeber bedeuten kann, keine außerordentliche Kündigung. Der Arbeitgeber kann der Interessengefährdung vorbeugen, indem er ein Wettbewerbsverbot für die Zeit nach dem Ausscheiden vereinbart oder den Arbeitnehmer von der Arbeit freistellt. Vgl. zur ordentlichen Kündigung wegen eines bekundeten Abkehrwillens KR-*Rachor* § 1 KSchG Rdn 449 ff.

2. Abwerbung

Ein Arbeitnehmer ist zwar berechtigt, sich mit seinen Arbeitskollegen über die Möglichkeit zu unterhalten, die Arbeitsstelle zu wechseln oder einen eigenen Betrieb zu gründen. Eine unzulässige **Abwerbung** liegt aber dann vor, wenn der Arbeitnehmer auf Arbeitskollegen oder auch auf selbständige Handelsvertreter, die für seinen bisherigen Arbeitgeber tätig sind, ernstlich und **beharrlich einwirkt**, um sie zu veranlassen, für den Abwerbenden oder einen anderen Arbeitgeber tätig zu werden (*LAG BW* 21.2.2002 LAGE § 60 HGB Nr. 8). Die Verletzung der Treuepflicht ist dann besonders schwerwiegend, wenn der Arbeitnehmer seine Mitarbeiter oder Kollegen zu verleiten sucht, **unter Vertragsbruch** auszuscheiden (DDZ-*Däubler* Rn 165 f.) oder für ein **Konkurrenzunternehmen** tätig zu werden (*BAG* 30.1.1963 EzA § 60 HGB Nr. 1; aA DDZ-*Däubler* Rn 166), insbes. wenn er von dem Konkurrenzunternehmen eine Vergütung für seine Abwerbung erhält oder wenn er seinen Arbeitgeber planmäßig zu schädigen versucht (*LAG RhPf* 7.2.1992 LAGE § 626 BGB Nr. 64; HzA-*Isenhardt* 5/1 Rn 319). Der ernsthafte Versuch, Kollegen abzuwerben, ist aber auch dann an sich ein wichtiger Grund, wenn die Abwerbung nicht mit unlauteren Mitteln oder in verwerflicher Weise erfolgt (*LAG SchlH* 6.7.1989 LAGE § 626 BGB Nr. 42; *Hoß* MDR 1998, 872; HWK-*Sandmann* Rn 127; *Schmiedl* BB 2003, 1120 ff.; aA *LAG RhPf* 7.2.1992 LAGE § 626 BGB Nr. 64; DDZ-*Däubler* Rn 166). Die beiläufige Frage eines leitenden Angestellten an einen ihm unterstellten Mitarbeiter, ob er mit ihm gehe, wenn er sich selbständig mache, ist idR noch keine Abwerbung. Daran fehlt es insbes., wenn die Frage ersichtlich nicht ernst gemeint oder bloß auf eine momentane Verärgerung zurückzuführen ist (*LAG BW* 30.9.1970 BB 1970, 1538). Vgl. ferner SPV-*Preis* Rn 623 f., *Vogt/Oltmanns* ArbR 2011, 604 ff. und zur ordentlichen Kündigung wegen Abwerbung KR-*Rachor* § 1 KSchG Rdn 453 ff.

3. Alkohol, Drogen, Medikamente

Stellt ein **Krankenpfleger** eine schwerkranke Patientin durch Verabreichung ärztlich nicht verordneter **verschreibungspflichtiger Medikamente** ruhig, so kann dies eine außerordentliche Kündigung begründen (*LAG MV* 19.5.2006 PflR 2007, 76). Gleiches gilt, wenn ein Heimerzieher am **Haschischkonsum** eines Heiminsassen mitwirkt (*BAG* 18.10.2000 EzA § 626 BGB nF Nr. 183). Die strafrechtliche Verurteilung einer Bankkassiererin wegen **Drogenhandels** begründet ihre Unzuverlässigkeit iSv § 14 GwG und damit einen wichtigen Grund iSv § 626 BGB (*ArbG Freiburg* 28.5.2002 LAGE § 626 BGB Nr. 141a). Bei **Berufskraftfahrern** rechtfertigt der Konsum **harter**

Drogen eine fristlose Kündigung idR selbst dann, wenn nicht feststeht, dass ihre Fahrtüchtigkeit bei durchgeführten Fahrten konkret beeinträchtigt war (*BAG* 20.10.2016 EzA § 626 BGB 2002 Nr. 55). Dagegen stellt der **Cannabiskonsum** eines Zeitungsausträgers und Betriebsratsmitglieds im Betriebsratsbüro nicht ohne Weiteres einen wichtigen Grund gem. § 626 BGB dar (*LAG BW* 19.10.1993 RzK II 1b Nr. 12). Auch ohne vorherige Abmahnung darf ein leitender Angestellter nicht während der Dienstzeit Alkohol zu sich nehmen. Eine fristlose Kündigung ist berechtigt, wenn der **Alkoholgenuss** von den übrigen Betriebsangehörigen bemerkt und beanstandet wird (*LAG Düsseld.* 20.12.1955 DB 1956, 332). Die persönliche Eignung entfällt für einen Sachverständigen im Kraftfahrzeugwesen, wenn er betrunken (1,9 Promille) einen Unfall mit Fahrerflucht verursacht und ihm die Fahrerlaubnis entzogen wird (*LAG Köln* 25.8.1988, LAGE § 626 BGB Nr. 34). Ein Bauarbeiter kann fristlos entlassen werden, wenn er sich trotz wiederholter Abmahnung auf der Baustelle betrinkt, weil durch den Alkoholgenuss die Leistung beeinträchtigt und die **Unfallgefahr** erhöht wird (*LAG Düsseld.* 17.8.1967 BB 1967, 1425). Das gilt auch für einen Arbeitnehmer, der gefährliche Arbeiten (Reinigung von Tankanlagen für Gefahrstoffe) zu verrichten hat, wenn er betrunken zur Arbeit erscheint (*LAG RhPf* 30.8.2004 – 7 Sa 240/04, nv). Die vorsätzliche Verletzung eines betriebserheblichen **Alkoholverbotes** [im untertägigen Steinkohlenbergbau] kann ohne Abmahnung zur außerordentlichen Kündigung berechtigen (*LAG Hamm* 23.8.1990 LAGE § 626 BGB Nr. 52). Ein angestellter **Kraftfahrer** begeht eine gravierende Pflichtverletzung, wenn er einen Omnibus oder Gefahrguttransporter im Zustand der geminderten Fahrtüchtigkeit steuert (*BAG* 12.1.1956 EzA § 123 GewO Nr. 1; *LAG Nbg.* 17.12.2002 LAGE § 626 BGB Nr. 147; *LAG Köln* 19.3.2008 AuA 2009, 49; *ArbG Bln.* 21.11.2012 NZA-RR 2013, 194 [positiver Drogenschnelltest]). Aber auch gegenüber solchen Fahrern kann bei bloß ganz geringfügigen Verstößen gegen das Alkoholverbot eine vergebliche Abmahnung erforderlich sein (*LAG RhPf* 29.5.2008 AE 2009, 59). Die Entziehung der Fahrerlaubnis eines als Kraftfahrer beschäftigten Arbeitnehmers wegen Trunkenheit im Verkehr bei einer in der Freizeit durchgeführten **Privatfahrt** ist kein unbedingter Grund zur außerordentlichen Kündigung. Der Arbeitgeber muss vielmehr prüfen, ob er den Arbeitnehmer nicht bis zum Ablauf der Kündigungsfrist, bis zur Neuerteilung des Führerscheins oder für dauernd auf einen anderen Arbeitsplatz versetzen kann (*BAG* 30.5.1978 EzA § 626 BGB nF Nr. 66; vgl. auch *BAG* 4.6.1997 EzA § 626 BGB nF Nr. 168; schärfer bzgl. eines Postomnibusfahrers *BAG* 22.8.1963 AP Nr. 51 zu § 626 BGB). Bei **Außendienstmitarbeitern** kommt es darauf an, ob sie die Erbringung der geschuldeten Arbeitsleistung auch ohne Kraftfahrzeug oder mit einem Ersatzfahrer sicherstellen (vgl. *LAG RhPf* 11.8.1989 LAGE § 626 BGB Nr. 43; *LAG SchlH* 3.7.2014 NZA-RR 2014, 582; aA *LAG SchlH* 16.6.1986 RzK I 6a Nr. 21: Der Arbeitgeber braucht die Ehefrau als Fahrerin nicht zu akzeptieren; offen gelassen von *BAG* 14.2.1991 RzK I 6a Nr. 70). Zur Kündigung wegen **Tätlichkeiten** und Beleidigungen gegenüber Werkschutzmitarbeitern in Zusammenhang mit Alkoholmissbrauch vgl. *BAG* 30.9.1993 EzA § 626 BGB nF Nr. 152. Zum **Nachweis der Alkoholisierung** vgl. *BAG* 26.1.1995 EzA § 1 KSchG Verhaltensbedingte Kündigung Nr. 46 und 16.9.1999 EzA § 626 BGB Krankheit Nr. 2, zu einer **Alkoholsucht** Rdn 141 und zur ordentlichen Kündigung KR-*Rachor* § 1 KSchG Rdn 456 ff. Vgl. ferner *Becker-Schaffner* ZTR 1997, 10 f., *Hemming* BB 1998, 1998, *Schiefer* PR 2013, 33 ff. und zur Kündigung gegenüber einem Sportler wegen **Dopings** *Fischer* FA 2002, 135 f.

4. Anzeigen gegen den Arbeitgeber (Whistleblowing)

424 Wenn sich ein Arbeitnehmer gegen eine Beleidigung durch den Arbeitgeber dadurch wehrt, dass er eine **Strafanzeige** erstattet, dann rechtfertigt das keine fristlose Entlassung. Auch die Erfüllung der Zeugenpflicht in einem von der Staatsanwaltschaft eingeleiteten Ermittlungsverfahren berechtigt nicht zu einer Kündigung (vgl. *BVerfG* 2.7.2001 EzA § 626 BGB nF Nr. 188). Demgegenüber stellt idR die heimliche Mitnahme von Geschäftsunterlagen durch einen Arbeitnehmer zum Zwecke der Vorbereitung einer Strafanzeige gegen den Arbeitgeber einen wichtigen Grund zur fristlosen Entlassung dar, ebenso die Drohung, Geschäftsunterlagen an Medien und Politiker zu geben, weil durch dieses Verhalten das Vertrauensverhältnis zerstört wird (vgl. *BAG* 5.12.2019, 2 AZR 240/19, EzA § 1 KSchG Verhaltensbedingte Kündigung Nr. 87; *LAG RhPf* 15.5.2014 öAT 2014, 170).

Gleiches gilt für die **Drohung** eines Arbeitnehmers mit einer Strafanzeige wegen Bestechung, Betrug, Beihilfe zur Steuerhinterziehung, um die Befriedigung eigener, streitiger Vergütungsforderungen deklariert als Abfindung zu erreichen (*LAG SchlH* 17.8.2011 LAGE § 626 BGB 2002 Nr. 35). In solchen Fällen liegt die Verletzung der **Rücksichtnahmeverpflichtung** aus § 241 Abs. 2 BGB in einer inadäquaten Mittel-Zweck-Relation (*LAG Hamm* 24.2.2011 – 17 Sa 1669/10). Die Drohung, in einem (Kündigungsschutz-)Prozess entsprechenden Sachvortrag zu bringen, mit der beim Arbeitgeber Vergleichsbereitschaft erreicht werden soll, kann sich dagegen als Wahrnehmung berechtigter Interessen darstellen; in einem solchen Zusammenhang können auch die rechtswidrige Aneignung bzw. das Kopieren betrieblicher Unterlagen oder Daten in milderem Licht erscheinen (vgl. *BAG* 8.5.2014 EzASD 2014 Nr. 23 S. 3). Eine vom Arbeitnehmer gegen seinen gesetzwidrig handelnden Arbeitgeber erstattete Anzeige soll dann einen wichtigen Grund zur fristlosen Entlassung darstellen können, wenn der Arbeitnehmer der Gefahr, sich selbst wegen Beteiligung an den Gesetzwidrigkeiten strafbar zu machen, entgehen kann, indem er sich weigert, an Gesetzesverstößen mitzuwirken oder unter gesetzwidrigen Gesamtumständen zu arbeiten (*BAG* 5.2.1959 EzA § 70 HGB Nr. 1; mit Recht **krit.**: MüKo-BGB/*Henssler* Rn 184; *Preis/Reinfeld* AuR 1989, 361 ff.; *Söllner* FS Herschel 1982, 404; SPV-*Preis* Rn 632). Demgegenüber hält das *LAG Frankf.* (12.2.1987 LAGE § 626 BGB Nr. 28) nur völlig haltlose Vorwürfe in einer zudem nach Art und Inhalt zu beanstandenden Beschwerde für erheblich. Das entspricht der Rspr. des BAG, wenn es sich nicht um Strafanzeigen, sondern um Beschwerden im Rahmen des **Petitionsrechts** (Art. 17 GG; *BAG* 18.6.1970 AP Nr. 82 zu § 1 KSchG) oder um das Vorlegen von Bedenken eines Sicherheitsbeauftragten bei den zuständigen Stellen handelt (*BAG* 14.12.1972 EzA § 1 KSchG Nr. 27). Stets ist aufgrund der konkreten Umstände des Falles zu prüfen, aus welcher **Motivation** heraus die Anzeige erfolgt ist und ob darin eine verhältnismäßige Reaktion des Arbeitnehmers auf das Verhalten des Arbeitgebers liegt (*BAG* 4.7.1991 RzK I 6a Nr. 74; vgl. auch *BAG* 3.7.2003 EzA § 1 KSchG Verhaltensbedingte Kündigung Nr. 61; 27.9.2012 EzA § 626 BGB 2002 Nr. 43; 15.12.2016 EzA § 1 KSchG Verhaltensbedingte Kündigung Nr. 86; *LAG Köln* 7.1.2000 RzK I 6a Nr. 180; Gesamtüberblick bei Gerdemann RdA 2019, 16 ff.; **krit.** *Feichtinger/Huep* Rn 180 ff.; *Forst* NJW 2011, 3480 ff.). Wenn eine Arbeitnehmerin wegen der Zerrüttung privater Beziehungen zum Arbeitgeber diesen beim Finanzamt wegen angeblicher »Steuerdelikte« anzeigt, kann sie sich jedenfalls nicht auf Wahrnehmung berechtigter Interessen berufen (*BAG* 4.7.1991 RzK I 6a Nr. 74). Zeigen Kraftfahrer ihren Arbeitgeber deshalb an, weil sie verkehrsuntüchtige oder überladene Fahrzeuge fahren müssen, dann liegt in der Strafanzeige idR noch keine Pflichtverletzung, die eine außerordentliche Kündigung rechtfertigt (*LAG Köln* 23.2.1996 LAGE § 626 BGB Nr. 94). Nicht gerechtfertigt ist aber eine Anzeige **bei wissentlich unwahren oder leichtfertig falschen Angaben** (*BVerfG* 2.7.2001 EzA § 626 BGB nF Nr. 188; *BAG* 11.7.2013 EzA § 1 KSchG Verhaltensbedingte Kündigung Nr. 83; *LAG Bln.* 28.3.2006 LAGE § 626 BGB 2002 Nr. 7b m. abl. Anm. *Ulber/Wolf*; s. dazu auch die Kontroverse von *Deiseroth* und *Binkert* AuR 2007, 34, 195, 198 sowie *EGMR* 21.7.2011 EuGRZ 2001, 555 m. krit. Anm. *Bauer* ArbR 2011, 404; der *EGMR* hat der Beschwerde der gekündigten Altenpflegerin mit der Begründung stattgegeben, das Recht der Arbeitnehmerin auf freie Meinungsäußerung sowie das öffentliche Interesse an der Information hätten die Interessen der Arbeitgeberin überwogen]). Ein Hinweisgeber hat vor der Erstattung einer Strafanzeige sorgfältig zu prüfen, ob die Informationen zuverlässig und zutreffend sind (*EGMR* 16.2.2021, 23922/19; hierzu *Dzida* ArbRB 2021, 190; *Wienbracke* NZA-RR 2021, 425). Grds. muss der Arbeitnehmer wegen § 241 Abs. 2 BGB vor der Einschaltung betriebsexterner Stellen zudem den **Versuch** einer **innerbetrieblichen Bereinigung** des Missstands unternehmen (HK-*Dorndorf* § 1 Rn 798; *Sasse/Stelzer* ArbRB 2003, 20; *Schmitt* S. 56 ff.; *Söllner* FS Herschel 1982, S. 404; *Wiese* FS Otto 2008, S. 639 ff.; vgl. auch § 17 Abs. 2 ArbSchG, ferner *EGMR* 21.7.2011 EuGRZ 2001, 555; *BAG* 3.6.2003 EzA § 89 BetrVG 2001 Nr. 1 [zum Vorgehen des Betriebsrats]; 15.12.2016 EzA § 1 KSchG Verhaltensbedingte Kündigung Nr. 86; *LAG Bln.* 28.3.2006 LAGE § 626 BGB 2002 Nr. 7b; *LAG Köln* 5.7.2012 BB 2012, 3072; einschränkend *BAG* 7.12.2006 EzA § 1 KSchG Verhaltensbedingte Kündigung Nr. 70; *Otto* Anm. AP Nr. 45 zu § 1 KSchG 1969 Verhaltensbedingte Kündigung; *Stein* BB 2004, 1963 f.; APS-*Vossen* Rn 191 ff.). Ein solcher Versuch ist dem Arbeitnehmer besonders dann zumutbar, wenn der Arbeitgeber dafür einen effektiven, dem Persönlichkeitsschutz des Arbeitnehmers gerecht werdenden Weg im Rahmen institutioneller Präventionsmaßnahmen bereitgestellt hat (vgl. *Forst* NJW 2011, 3481; *Gänßle* KJ 2007, 275 ff.). Auch bei solch internen Anzeigen ist aber im Interesse des Betriebsfriedens auf Persönlichkeitsrechte von Kollegen und Vorgesetzten Rücksicht zu nehmen (*BAG* 27.9.2012 EzA § 626 BGB 2002 Nr. 43). Ggf. sind die Vorgaben und Wertungen des **Gesetzes zum Schutz von Geschäftsgeheimnissen (GeschGehG)** zu beachten (vgl. dort insbesondere § 5; zum GeschGehG vgl. Naber/Peukert/Seeger, NZA 2019, 583; Fuhlrott/Hiéramente, DB 2019, 967; Preis/Seiwerth RdA 2019, 351). Im Übrigen bleibt die Umsetzung der sog. **Whistleblowing-Richtlinie RL 2019/1937/EU** vom 23.10.2019 abzuwarten (vgl. hierzu Buchwald, ZESAR 2021, 69 ff.; Degenhart/Dziuba BB 2021, 570; Seifert ZfA 2021, 65, 92). Die Strafanzeige des Betriebsrats gegen den Arbeitgeber ist kein Grund für eine fristlose Kündigung, wenn der **Betriebsrat** vom Vorliegen einer der Tatbestände des § 119 Abs. 2 BetrVG ausgehen durfte (*LAG BW* 25.10.1957 DB 1958, 256); *Henssler* (MüKo-BGB Rn 186) hält selbst bei rechtsmissbräuchlichem Verhalten nur ein Amtsenthebungsverfahren für berechtigt. Vgl. im Übrigen *Bürkle* DB 2004, 2158, *Fuhlrott/Oltmanns* DB 2017, 2354 ff.; *Gänßle* KJ 2007 265 ff., *Herbert/Oberrath* NZA 2005, 193, *Sauer* DÖD 2005, 121 und zur ordentlichen Kündigung KR-*Rachor* § 1 KSchG Rdn 462 ff.

5. Arbeitsbummelei

425 Meldet sich der Arbeitnehmer, nachdem er krank gewesen und wieder arbeitsfähig geschrieben worden ist, nicht wieder zur Arbeit, dann liegt darin regelmäßig eine beharrliche Arbeitsverweigerung, die zur fristlosen Entlassung berechtigen kann (*BAG* 16.3.2000 EzA § 626 BGB nF Nr. 179 [*Kraft*]). Ein **einziger Fehltag** rechtfertigt grds. noch keine außerordentliche Kündigung (*LAG SchlH* 3.6.2020, 1 Sa 72/20). Eine andere Beurteilung kann jedoch dann gerechtfertigt sein, wenn der Arbeitnehmer über **längere Zeit** unentschuldigt fehlt (*LAG Hamm* 1.9.1995 LAGE § 611 BGB Persönlichkeitsrecht Nr. 7) oder sich **trotz** eines **ausdrücklichen Verbotes** des Arbeitgebers vom Arbeitsplatz entfernt hat (*LAG Düsseld.* 27.1.1970 DB 1970, 595). Wiederholte **Unpünktlichkeiten** eines Arbeitnehmers werden dann zum wichtigen Grund, wenn sie den Grad und die Auswirkung einer beharrlichen Verweigerung der Arbeitspflicht erreichen (*BAG* 17.3.1988 EzA § 626 BGB nF Nr. 116). Das trifft zu, wenn eine Pflichtverletzung trotz Abmahnung **wiederholt** begangen wird und sich daraus der nachhaltige Wille der vertragswidrig handelnden Partei ergibt, den vertraglichen Verpflichtungen nicht oder nicht ordnungsgemäß nachkommen zu wollen. Dass der Arbeitnehmer von seinem Arbeitsort weit entfernt wohnt und die pünktliche Anfahrt besondere Kosten verursacht, entschuldigt ihn nicht (*LAG Düsseld.* 15.3.1967 EzA § 123 GewO Nr. 6). Bereits der mit der Unpünktlichkeit bzw. dem Fehlen verbundene Verzug in der Erfüllung der Arbeitspflicht führt zu einer ausreichenden konkreten Störung im Leistungsbereich (*BAG* 17.3.1988 EzA § 626 BGB nF Nr. 116; 7.1.1991 EzA § 1 KSchG Verhaltensbedingte Kündigung Nr. 37; 15.3.2001 EzA § 626 BGB nF Nr. 185). Im Rahmen der Interessenabwägung wirkt es sich weiter für den Arbeitnehmer nachteilig aus, wenn seine Verspätungen darüber hinaus auch zu konkreten Störungen des Betriebsablaufes geführt haben (*BAG* 27.2.1997 EzA § 1 KSchG Verhaltensbedingte Kündigung Nr. 51). Ebenso ist die sog. Bummelei, dh das Überziehen von Pausen oder die Unterbrechung der Arbeit durch Zeitunglesen, privates Telefonieren, Computerspiele u. Ä. zu beurteilen (*LAG Hamm* 26.1.1970 AuR 1970, 287; *LAG Bln.* 18.1.1988 LAGE § 626 BGB Nr. 31; SPV-*Preis* Rn 602). Eine fristlose Kündigung ist zB berechtigt, wenn ein Fluglotse seine Pausen mehrfach erheblich überschreitet, dadurch ein Lotsenplatz vorschriftswidrig unbesetzt bleibt und der Arbeitsplatznachweis falsch ausgefüllt wird (*Hess. LAG* 24.11.2010 NZA-RR 2011, 294). Vgl. zur ordentlichen Kündigung wegen Arbeitsbummelei KR-*Rachor* § 1 KSchG Rdn 478.

6. Arbeitskampf

426 Ein von der Gewerkschaft beschlossener **legitimer Streik** um die Arbeitsbedingungen berechtigt die bestreikten Arbeitgeber nicht zur außerordentlichen fristlosen Einzelentlassung eines bestimmten Arbeitnehmers oder mehrerer einzelner Arbeitnehmer wegen Vertragsverletzung. Die Arbeitgeber können den legitimen Streik nur mit einer kollektiven Aussperrung beantworten, die im Allgemeinen nur suspendierende Wirkung hat (*BAG* [GS] 28.1.1955 AP Nr. 1 zu Art. 9 GG Arbeitskampf;

17.12.1976 EzA Art. 9 GG Arbeitskampf Nr. 19; vgl. allg. zu den Kampfmitteln des Arbeitskampfes und zur Abgrenzung zwischen rechtmäßigen und rechtswidrigen Arbeitskämpfen KR-*Bader/ Kreutzberg-Kowalczyk* § 25 KSchG Rdn 9 ff.). Eine von der zuständigen Gewerkschaft weder von vornherein gebilligte noch nachträglich genehmigte und übernommene Arbeitsniederlegung ist ein rechtswidriger **wilder Streik**. Der Arbeitgeber ist berechtigt, Arbeitnehmer, die sich an einem wilden Streik beteiligen, fristlos zu entlassen, wenn sie trotz wiederholter Aufforderung die Arbeit nicht aufnehmen (*BAG* 21.10.1969 EzA § 626 BGB nF Nr. 1; aA *ArbG Gelsenkirchen* 13.3.1998 EzA Art. 9 GG Arbeitskampf Nr. 130; DDZ-*Däubler* Rn 93; *Zachert* AuR 2001, 403 f.). Wenn sich Arbeitnehmer aus Gründen der **Solidarität** den Arbeitskollegen bei einer rechtswidrigen Arbeitskampfmaßnahme anschließen, wird ihr Verhalten zwar nicht gerechtfertigt, aber bei einer einfachen Arbeitsniederlegung kann im Rahmen der Interessenabwägung zu ihren Gunsten zu berücksichtigen sein, dass sie in einer psychologischen Drucksituation (Gesichtspunkt der Solidarität) gestanden haben (*BAG* 17.12.1976 EzA Art. 9 GG Arbeitskampf Nr. 20; 14.2.1978 EzA Art. 9 GG Arbeitskampf Nr. 22 und 24). Sorgfältig zu prüfen ist auch, ob die Arbeitnehmer in einem unverschuldeten **Rechtsirrtum** gehandelt haben, wenn die Gewerkschaft hinter der Belegschaft gestanden und eine breite Öffentlichkeit Sympathie mit der Arbeitsniederlegung bekundet hat (*BAG* 14.2.1978 EzA Art. 9 GG Arbeitskampf Nr. 22 und 24). Beteiligen sich Arbeitnehmer an einem von der Gewerkschaft geführten, auf drei Tage befristeten Streik, mit dem der Abschluss eines Firmentarifvertrages mit ihrem Arbeitgeber erzwungen werden soll, so soll dies auch dann nicht ohne weiteres eine fristlose oder fristgemäße Kündigung rechtfertigen, wenn die Arbeitnehmer mit der Möglichkeit rechnen mussten, dass die Gewerkschaft für ihren Betrieb nicht zuständig ist und der Streik deswegen rechtswidrig war (*BAG* 29.11.1983 EzA § 626 nF BGB Nr. 89; krit. MüKo-BGB/ *Henssler* Rn 263). Gleichzeitige und gleichartige Änderungskündigungen, die von einer Gruppe von Arbeitnehmern ausgesprochen werden, um den Arbeitgeber zu höheren Löhnen zu zwingen, sind kollektiver Arbeitskampf. Ein Arbeitnehmer, der einen solchen Arbeitskampf organisiert, obwohl die Gewerkschaften und der Betriebsrat noch über die erstrebte Lohnerhöhung verhandeln, kann wegen Verletzung seiner Treuepflicht fristlos entlassen werden (*BAG* 28.4.1966 EzA § 124a GewO Nr. 5; aA DDZ-*Däubler* Rn 94). Vgl. im Übrigen Rdn 327, *Kissel* § 47 Rn 76 ff., 142, *Löwisch* Arbeitskampf 170.3.1 Rn 44 ff., SPV-*Preis* Rn 584 ff. und zur ordentlichen Kündigung bei Arbeitskampf KR-*Rachor* § 1 KSchG Rdn 465 f.

7. Arbeitspapiere

Der Arbeitnehmer ist arbeitsvertraglich verpflichtet, dem Arbeitgeber seine **Arbeitspapiere** über den bisherigen beruflichen Werdegang **vorzulegen**. Kommt er dieser Verpflichtung trotz mehrfacher Aufforderung des Arbeitgebers nicht nach, dann verletzt er beharrlich seine Pflichten und kann deswegen fristlos entlassen werden (*LAG Düsseld.* 23.2.1961 BB 1961, 677). Vgl. zur ordentlichen Kündigung KR-*Rachor* § 1 KSchG Rdn 467. 427

8. Arbeitsverweigerung

Eine **beharrliche Arbeitsverweigerung** rechtfertigt grds. eine fristlose Kündigung (st.Rspr., u. a. *BAG* 21.11.1996 EzA § 1 KSchG Verhaltensbedingte Kündigung Nr. 50; 22.10.2015 EzA § 626 BGB 2002 Nr. 53; zur beharrlichen Unterschreitung des zulässigen Gleitzeitsaldos vgl. *LAG Hmb.* 2.11.2016 öAT 2017, 64). Schon die ernsthafte Ankündigung der künftigen Arbeitsverweigerung kann genügen (*LAG Nbg.* 16.10.2007 LAGE § 626 BGB 2002 Nr. 14). Das Weisungsrecht (Direktionsrecht) des Arbeitgebers folgt seit 1.1.2003 für alle Arbeitnehmer aus § 106 GewO, darf gem. dieser Vorschrift allerdings nur nach billigem Ermessen ausgeübt werden (bereits früher st. Rspr., vgl. *BAG* 24.5.1989 EzA § 611 BGB Direktionsrecht Nr. 3; 6.2.1997 – 2 AZR 38/96, nv; zur vertraglichen Erweiterung und zur Kontrolle entsprechender AGB-Klauseln s. *Bissels* jurisPR-ArbR 2008 Nr. 30 Anm. 3 mwN). Der Arbeitgeber kann zB einseitig eine vertraglich nur rahmenmäßig umschriebene Pflicht zur Leistung von Bereitschaftsdiensten zeitlich näher bestimmen (*BAG* 25.10.1989 EzA § 1 KSchG Verhaltensbedingte Kündigung Nr. 30). Die Ablehnung von Arbeiten, die der Arbeitgeber dem Arbeitnehmer unter **Überschreitung seines Direktionsrechts** oder des 428 damit verbundenen Ermessensspielraums nach Art, Zeit und Ort zuweist, rechtfertigt grds. keine Kündigung (*BAG* 18.10.2017 EzA § 106 GewO Nr. 23; 12.4.1973 EzA § 611 BGB Nr. 12; aA *Schmitt-Rolfes* AuA 2016, 658). Das gilt auch für die Anordnung von **Überstunden**, wenn eine (tarif)vertragliche Regelung fehlt (*LAG Frankf.* 21.3.1986 LAGE § 626 BGB nF Nr. 25; *LAG MV* 18.12.2014 DB 2015, 2274). Eine kurzfristige Anordnung von Überstunden für denselben Tag kann nur bei unvorhersehbaren, gewichtigen betrieblichen Erfordernissen billigem Ermessen entsprechen (vgl. *ArbG Frankf. a.M.* 26.11.1998 LAGE § 626 BGB Nr. 125). Der Arbeitnehmer darf sich insbes. weigern, nach dem AZG unzulässige Mehrarbeit zu verrichten (*BAG* 28.10.1971 EzA § 626 BGB nF Nr. 9). Das Direktionsrecht des Arbeitgebers umfasst zwar grds. auch die Anordnung von **Schulungen** für die vertragliche Arbeit; insbes. bei gruppendynamischen Trainingsprogrammen kann allerdings das Persönlichkeitsrecht des Arbeitnehmers Grenzen setzen (*Stoffels* AuR 1999, 457 ff.). Keine beharrliche Arbeitsverweigerung liegt dann vor, wenn ein Akkordarbeiter deswegen **Akkordarbeit** ablehnt, weil der **Betriebsrat** an der Einführung des Akkordsystems nicht beteiligt worden ist (*BAG* 14.2.1963 AP Nr. 22 zu § 66 BetrVG). Dagegen kann der Arbeitnehmer aus der fehlenden Zustimmung des Betriebsrats zur **Einstellung**, anders als im Fall der **Versetzung**, grds. kein Zurückbehaltungsrecht herleiten (*BAG* 5.4.2001 EzA § 626 BGB nF Nr. 186; zur Versetzung aA *Linck/Krause/Bayreuther*-Krause § 1 KSchG Rn 582 ff.). Die Teilnahme von Arbeitnehmern an einer nicht im Einvernehmen mit dem Arbeitgeber durchgeführten **Betriebsversammlung** ist keine unentschuldigte Arbeitsverweigerung, wenn sie darauf vertrauen durften, die Versammlung sei nicht gesetzwidrig (*BAG* 14.10.1960 EzA § 123 GewO Nr. 2). Eine Weigerung, an dem betriebsüblich arbeitsfreien **Samstag** zu arbeiten, kann entschuldigt sein, wenn der Arbeitnehmer schon vor der Anordnung des Arbeitgebers über den arbeitsfreien Tag verfügt hat (*LAG BW* 26.11.1964 BB 1965, 417). Auch ein Werkmeister, der grds. nur die Aufsicht zu führen hat, muss in Notfällen selbst mit Hand anlegen und Reparaturen durchführen (*LAG Düsseld.* 28.1.1964 DB 1964, 628). Die Weigerung eines Kraftfahrers, einen PKW mit abgeschliffenen Reifen und ausgeschlagener Lenkung zu fahren, berechtigt nicht zur fristlosen Entlassung. Wenn der Zustand des Wagens zur Zeit der Weigerung nicht geklärt werden kann, dann geht das zu Lasten des Arbeitgebers (*LAG Hamm* 17.9.1971 AuR 1972, 185). Zur Arbeitseinstellung in **Gefahrsituationen** vgl. § 9 Abs. 3 ArbSchG und § 13 GefStoffV. Ein Zurückbehaltungsrecht hinsichtlich der Arbeitsleistung besteht, wenn diese in Räumen mit unzulässiger Gefahrstoffbelastung erfolgen soll (§§ 273, 618 BGB; *BAG* 19.2.1997 EzA § 273 BGB Nr. 7). Kann der Arbeitnehmer wegen **ausstehender Vergütungszahlungen** berechtigterweise ein **Zurückbehaltungsrecht** geltend machen, so ist eine Kündigung wegen Arbeitsverweigerung idR unwirksam (*BAG* 9.5.1996 EzA § 626 BGB nF Nr. 161; *LAG MV* 21.7.2015 NZA-RR 2016, 133). Ist der Arbeitnehmer nach dem Arbeitsvertrag als **Verkaufsleiter** eingestellt worden und hat er bislang nur Großhandelskunden besucht, dann ist seine Weigerung, Einzelhandelskunden zu betreuen, selbst dann kein wichtiger Grund zur Entlassung, wenn der Arbeitgeber noch keine von dem Verkaufsleiter zu betreuenden Reisenden eingestellt hat (*LAG Düsseld.* 18.11.1966 DB 1967, 1000). Wenn der Arbeitnehmer vom Arzt **krankgeschrieben** worden ist, kann er davon ausgehen, zu keinerlei Dienstleistungen für die Dauer der Arbeitsunfähigkeit verpflichtet zu sein (*LAG Frankf.* 24.6.1958 BB 1959, 196). Dagegen kann eine fristlose Kündigung gerechtfertigt sein, wenn ein Arbeitnehmer in dem Bewusstsein, nicht krank zu sein, sich auf eine durch Täuschung erlangte Arbeitsunfähigkeitsbescheinigung beruft und der Arbeit fernbleibt (*LAG Bln.* 30.4.1979 EzA § 626 BGB nF Nr. 67). Zur Arbeitsverweigerung aus **Gewissensgründen** und bei anderen **Interessenkonflikten** vgl. Rdn 148 f. Vgl. im Übrigen zur ordentlichen Kündigung wegen Arbeitsverweigerung KR-*Rachor* § 1 KSchG Rdn 469 ff.

9. Arztbesuch

429 Ein Arbeitnehmer darf während der Arbeitszeit einen Arzt aufsuchen, wenn ihm das außerhalb der Arbeitszeit nicht möglich ist und wenn dem nicht ganz dringende betriebliche Bedürfnisse entgegenstehen. Das gilt insbes. dann, wenn der Arbeitnehmer bereit ist, die ausfallende Arbeitszeit vor- oder nachzuholen. Der **Arztbesuch** gegen den Willen des Arbeitgebers berechtigt dann nicht

zur fristlosen Kündigung (*LAG BW* 4.6.1964 BB 1964, 1008). Hinsichtlich der Vergütungspflicht gilt § 616 BGB (vgl. *Schaub/Linck* § 97 Rn 8).

10. Außerdienstliches Verhalten

Das **außerdienstliche Verhalten** eines Arbeitnehmers kommt nur dann als wichtiger Grund in Betracht, wenn hierdurch das Arbeitsverhältnis konkret beeinträchtigt wird (vgl. Rdn 122 ff. und zur ordentlichen Kündigung KR-*Rachor* § 1 KSchG Rdn 489 ff.). Ein Lehrer hat auch im Rahmen zufälliger Begegnungen mit Schülern in der Freizeit sein Verhalten so einzurichten, dass die Verwirklichung seines Erziehungsauftrags nicht ernsthaft gefährdet wird (*BAG* 27.11.2008 EzA § 1 KSchG Verdachtskündigung Nr. 4). Häufige **Spielbankbesuche** des Leiters einer Bankfiliale genügen für sich genommen nicht, uU aber iVm anderen für die Unzuverlässigkeit des Arbeitnehmers sprechenden Indizien (*LAG Hamm* 14.1.1998 LAGE § 626 BGB Nr. 119). Auch unmäßiger **Alkoholgenuss** und Teilnahme am großstädtischen **Nachtleben** durch einen Angestellten kann für sich genommen eine außerordentliche Kündigung idR nicht rechtfertigen, wohl aber dann, wenn er deshalb Dienstpflichten erheblich vernachlässigt und dadurch das Vertrauen des Arbeitgebers in die Eignung des Angestellten schwer erschüttert wird (*LAG BW* 3.4.1967 BB 1967, 757; ähnlich für einen Dienstordnungsangestellten: *BAG* 23.9.1958 AP Nr. 6 zu § 611 BGB Dienstordnungs-Angestellte). Zum **Drogenhandel** s. Rdn 423. Die Aufnahme **ehewidriger Beziehungen** durch einen Arbeitnehmer mit einer verheirateten Frau desselben Betriebes rechtfertigt keine außerordentliche Kündigung mit der Begründung, hierdurch werde das Ansehen des Arbeitgebers beeinträchtigt. Der Arbeitgeber ist nicht zum Sittenrichter über die in seinem Betrieb tätigen Arbeitnehmer berufen. Zur **Homosexualität** eines Arbeitnehmers vgl. *BAG* 23.6.1994 EzA § 242 BGB Nr. 39. Nur unter ganz besonderen Umständen kann durch den **schlechten Ruf** eines leitenden Angestellten das Ansehen des Unternehmens leiden. Dann wird idR jedoch nur eine ordentliche Kündigung in Betracht kommen (*LAG Düsseld.* 24.2.1969 DB 1969, 667). Einem jugendlichen Arbeitnehmer kann nicht ohne Weiteres deshalb gekündigt werden, weil er außerhalb seines Dienstes unter Alkoholeinwirkung einen **Diebstahl** begangen hat (*LAG Bln.* 26.3.1965 BB 1965, 910). Dagegen kann ein Diebstahl, den ein Arbeitnehmer außerhalb des Beschäftigungsbetriebes (Versandhaus) und der Arbeitszeit in einem anderen räumlich entfernten Betrieb des Arbeitgebers (Warenhaus) oder in einem rechtlich selbständigen **Konzernunternehmen** begeht, an sich geeignet sein, einen wichtigen Grund zur fristlosen Kündigung abzugeben. Wenn die Tat nicht in innerem Zusammenhang mit der im Beschäftigungsbetrieb auszuübenden Tätigkeit steht, dann ist das nur für den Grad der Auswirkung auf das Arbeitsverhältnis von Bedeutung. Auch wenn er keine Vertrauensstellung als Kassierer oder Verkäufer bekleidet bzw. wenn der Arbeitnehmer nach seinem Arbeitsvertrag nicht auch im Geschäftsbereich der Konzernschwester eingesetzt werden kann, kann gleichwohl eine störende Auswirkung auf das Arbeitsverhältnis vorliegen, wenn der Arbeitnehmer wegen eines ihm vom Arbeitgeber eingeräumten Personalrabattes nicht einem sonstigen Kunden gleichsteht, sondern dadurch eine unmittelbar auf dem Arbeitsvertrag beruhende Beziehung des Arbeitnehmers zu dem weiteren Betrieb hergestellt wird (*BAG* 20.9.1984 EzA § 1 KSchG Verhaltensbedingte Kündigung Nr. 14; 20.9.1984 EzA § 626 BGB nF Nr. 91 m. krit. Anm. *Dütz*; krit. auch *Erman/Riesenhuber* Rn 88; *Preis* Prinzipien S. 469; zust. dagegen *Mayer* S. 170). Bereits ein einmaliger Ladendiebstahl durch eine bei der Staatsanwaltschaft angestellte **Gerichtshelferin** kann an sich eine außerordentliche Kündigung rechtfertigen. Die Interessen des Arbeitgebers überwiegen dann, wenn die außerordentliche Kündigung unabweisbar ist, um sein Ansehen in der Öffentlichkeit zu wahren (*LAG Frankf.* 4.7.1985 LAGE § 626 BGB Nr. 22). Wenn ein Angestellter in leitender Position gegenüber Dritten ernsthaft erklärt, er werde den Interessen seines Arbeitgebers in einer dessen Existenz gefährdenden Weise zuwiderhandeln, dann ist dadurch das Vertrauensverhältnis restlos zerstört (*LAG München* 13.1.1993 LAGE § 626 BGB Nr. 67).

11. Beleidigungen

Bei einer auf eine **Beleidigung** des Arbeitgebers, eines Vorgesetzten, eines Arbeitskollegen oder eines Kunden gestützten fristlosen Kündigung kommt es nicht auf die strafrechtliche Wertung, sondern darauf an, ob dem Arbeitgeber deswegen nach dem gesamten Sachverhalt die Fortsetzung des Arbeitsverhältnisses noch zuzumuten ist; für die Beurteilung ist auch von Bedeutung, ob der Arbeitnehmer zu seiner Äußerung durch ein Verhalten des Beleidigten **provoziert** worden ist (*BAG* 22.12.1956 AP Nr. 13 zu § 626 BGB) bzw. ob die Äußerungen in einem Rechtsstreit mit dem Arbeitgeber erfolgten (*LAG Köln* 5.8.2009 AuR 2009, 434). Grobe Beleidigungen, wozu zB das Anspucken zählt (*LAG Düsseld.* 21.7.2004 LAGE § 1 KSchG Verhaltensbedingte Kündigung Nr. 85), berechtigen grds. ohne vorherige Abmahnung zur fristlosen Kündigung (*BAG* 10.10.2002 EzA § 626 BGB 2002 Unkündbarkeit Nr. 1 mwN). Unter einer **groben Beleidigung** ist nur eine besonders schwere, den Angesprochenen kränkende Beleidigung, dh eine bewusste und gewollte Ehrenkränkung aus gehässigen Motiven zu verstehen (*BAG* 18.7.1957 EzA § 124a GewO Nr. 1; 17.10.1980 – 7 AZR 687/78, nv; 22.5.1982 – 7 AZR 155/80, nv). Eine solche ist durch das Grundrecht der Meinungsfreiheit nicht gedeckt (vgl. *EGMR* 12.9.2011 NZA 2012, 1421 zu entsprechenden Karikaturen und Begleittexten im Mitteilungsblatt einer Gewerkschaft; zur Meinungsfreiheit vgl. Rdn 125). Entsprechendes gilt für bewusst **unwahre Tatsachenbehauptungen**, insbes. wenn sie den Tatbestand der üblen Nachrede erfüllen (*BAG* 27.9.2012 EzA § 626 BGB 2002 Nr. 43). Verletzt eine Äußerung die in Art. 1 Abs. 1 GG als unantastbar geschützte **Menschenwürde**, muss die Meinungsfreiheit stets zurücktreten (BVerfG 2.11.2020, 1 BvR 2727/19, NZA 2020, 1704, zur Adressierung eines Menschen als Affen – »Ugah, Ugah«; vgl. hierzu Metz NZA 2020, 1706). Grobe Beleidigungen rechtfertigen eine fristlose Kündigung auch dann, wenn sie (durch eine Altenpflegerin) gegenüber in ihrer Wahrnehmungsfähigkeit stark eingeschränkten Heimbewohnern erfolgen (*LAG München* 8.8.2007 PflR 2007, 529). Wenn ein Arbeitnehmer in einer Unterhaltung mit einem Mitarbeiter über Vorstandsmitglieder seines Arbeitgebers und Vorgesetzte unwahre und ehrenrührige Tatsachen behauptet, aber als sicher davon ausgehen darf, dass seine Äußerungen vertraulich behandelt werden, dann ist der Arbeitgeber regelmäßig nicht zur außerordentlichen Kündigung berechtigt, wenn der Gesprächspartner die **Vertraulichkeit** der Unterhaltung ohne vernünftigen Grund nicht wahrt und ihren Inhalt einem der angesprochenen Vorgesetzten mitteilt (s. Rdn 120); dies gilt aber nicht, wenn die Gelegenheit für Dritte, die Äußerungen wahrzunehmen, dem Arbeitnehmer zurechenbar ist (*BAG* 10.10.2002 EzA § 626 BGB 2002 Unkündbarkeit Nr. 1 mwN; vgl. auch *LAG Köln* 18.4.1997 LAGE § 626 BGB Nr. 111, das allerdings zu Unrecht annimmt, bloße **Formalbeleidigungen** kämen nicht als wichtiger Grund in Betracht; krit. *Hoß* MDR 1998, 878). Es kann ein wichtiger Grund für eine außerordentliche Kündigung sein, wenn ein Arbeitnehmer bei der Werbung für die **Wahl zum Betriebsrat** die Ehre der Mitglieder der Betriebsleitung und des Betriebsrats schwer verletzt, indem er ihnen persönliche Unehrenhaftigkeit und Machenschaften vorwirft und dabei gleichzeitig mit verfassungsfeindlicher Zielsetzung agiert (*BAG* 15.12.1977 EzA § 626 BGB nF Nr. 61). Insbesondere Arbeitnehmer im öffentlichen Dienst sind im Grundsatz zur Zurückhaltung verpflichtet, wenn es um derartige Äußerungen geht (vgl. EGMR 17.9.2015 NZA 2017, 237). Einen Vorgesetzten einem Hauptverantwortlichen für die Judenvernichtung gleichzusetzen, ist eine schwere Beleidigung, die eine fristlose Kündigung rechtfertigt (*LAG Bln.* 17.11.1980 EzA § 626 BGB nF Nr. 75). Gleiches gilt grds. für den Vergleich der betrieblichen Verhältnisse mit den »Zuständen unter Hitler« (*BAG* 24.11.2005 EzA § 626 BGB 2002 Nr. 13; vgl. auch *BAG* 7.7.2011 EzA § 626 BGB 2002 Nr. 38; *Hess. LAG* 14.9.2010 BB 2011, 1524) bzw. »in einem KZ« (*Hess. LAG* 3.9.2008 LAGE § 103 BetrVG 2001 Nr. 7; aA *LAG Bln.-Bra.* 2.10.2014 LAGE § 103 BetrVG 2001 Nr. 18) oder die Äußerung, ein in der ehemaligen DDR geborener Vorgesetzter zeige »Stasimentalität« (*LAG Düsseld.* 5.3.2007 LAGE § 626 BGB 2002 Nr. 11), ferner für die Beschimpfung des Arbeitgebers als Betrüger, Gauner und Halsabschneider bei einer Geburtstagsfeier vor der versammelten Belegschaft (*BAG* 6.2.1997 RzK I 6a Nr. 146), als Menschenschinder und Ausbeuter auf der Facebook-Seite eines Auszubildenden (*LAG Hamm* 10.10.2012 ZD 2013, 93) oder als »soziales Arschloch« im persönlichen Gespräch im Kleinbetrieb (*LAG SchlH* 24.1.2017 LAGE § 626 BGB 2002 Nr. 69). Nach *LAG RhPf* 4.5.2011 (AE 2012, 107) stellt auch die Äußerung gegenüber dem Arbeitgeber »Sie haben hier nichts mehr zu sagen, Ihre Zeit ist abgelaufen« eine grobe Beleidigung dar. Die **Verweigerung des Grußes** gegenüber dem Arbeitgeber oder Vorgesetzten ist idR keine grobe Beleidigung (*LAG Köln* 29.11.2005 EzASD 2006 Nr. 9 S. 12). Eine außerordentliche Kündigung kann aber gerechtfertigt sein, wenn eine Arbeitnehmerin gegenüber Kollegen wahrheitswidrig behauptet, sie habe mit ihrem verheirateten Chef ein sexuelles Verhältnis (*LAG SchlH* 20.9.2007 LAGE § 626 BGB 2002 Nr. 13). Kommt es im Zusammenhang mit einer **Scheidung** zu »unbedachten Äußerungen« gegenüber dem Arbeitgeber-Ehegatten, so rechtfertigt dies idR noch keine außerordentliche Kündigung (*ArbG Passau* 14.9.1995 RzK I 6a Nr. 130); in keinem Fall genügt die **Zerrüttung oder Scheidung der Ehe** für sich genommen als wichtiger Grund (vgl. KR-*Rachor* § 1 KSchG Rdn 318; *BAG* 9.2.1995 EzA § 1 KSchG Personenbedingte Kündigung Nr. 12). Für die Interessenabwägung wichtig ist stets die konkrete Gesprächssituation. Die Verwendung des bekannten **Götz-Zitates** unter Arbeitnehmern mag im Allgemeinen nicht besonders schwer wiegen (vgl. zu ähnlich ungehörigen oder ehrverletzenden Äußerungen: *LAG SchlH* 5.10.1998 LAGE § 626 BGB Nr. 123; *LAG RhPf* 8.11.2000 RzK I 6e Nr. 24; *LAG Hamm* 22.11.2001 RzK I 6 f Nr. 31; *LAG Nds.* 25.10.2004 NZA-RR 2005, 530; *LAG RhPf* 24.1.2008 – 11 Sa 564/07; *LAG SchlH* 8.4.2010 ArbR 2010, 350; zum Zeigen des »Stinkefingers« *BayVGH* 22.4.2013 PersV 2013, 349). Zur ordentlichen Kündigung vgl. KR-*Rachor* § 1 KSchG Rdn 500 ff. Vgl. ferner hier Rdn 125, 432, 455 sowie *Schmitz-Scholemann* BB 2000, 926 ff., *Kock/Dittrich* DB 2013, 934 ff., MüKo-BGB/*Henssler* Rn 202 ff. und SPV-*Preis* Rn 648 f.

12. Betriebsfrieden, betriebliche Ordnung

Eine außerordentliche Kündigung wegen **Störung des Betriebsfriedens** setzt voraus, dass der Betriebsfrieden nicht nur abstrakt gefährdet, sondern **konkret** gestört worden ist (s. Rdn 124 f.). Auch nach dem AGG verbotene Diskriminierungen und die diversen Erscheinungsformen des sog. **Mobbings** (s. dazu *BAG* 16.5.2007 EzA § 611 BGB 2002 Persönlichkeitsrecht Nr. 6; 25.10.2007 EzA § 611 BGB 2002 Persönlichkeitsrecht Nr. 7) kommen in diesem Zusammenhang als wichtiger Grund in Betracht, wobei die Störung nicht neben dem Opfer weitere Teile der Belegschaft zu betreffen braucht (vgl. § 12 Abs. 3 AGG und *Thür. LAG* 15.2.2001 LAGE § 626 BGB Nr. 133; *Kollmer* AR-Blattei SD 1215 Rn 44 mwN; zur ordentlichen Kündigung s. KR-*Rachor* § 1 KSchG Rdn 528 ff. mwN; mit Recht **krit.** zur vorschnellen Einordnung als Mobbing *Thür. LAG* 10.6.2004 LAGE Art. 2 GG Persönlichkeitsrecht Nr. 8a; *LAG Köln* 20.11.2008 – 7 Sa 857/08; s.a. APS-*Vossen* Rn 238e f.). Ein das Hausrecht des Arbeitgebers missachtender Sitzstreik im Zimmer des Vorgesetzten, zB zur Erzwingung einer höheren Vergütung, kann ein wichtiger Grund sein (vgl. *LAG SchlH* 6.5.2015 ArbR 2015, 459). Gleiches gilt für die Verbreitung von Flugblättern mit wahrheitswidrigen Behauptungen über den Arbeitgeber und/oder den Betriebsrat (*BAG* 15.12.1977 EzA § 626 BGB nF Nr. 61; 13.10.1977 EzA § 74 BetrVG 1972 Nr. 3). Beruhen falsche Tatsachenbehauptungen auf einem Missverständnis, ist der Irrtum für die Interessenabwägung selbst dann nicht völlig bedeutungslos, wenn er für den Arbeitnehmer vermeidbar war (*BAG* 27.9.2012 EzA § 626 BGB 2002 Nr. 43). Wenn ein **Arbeitnehmervertreter im Aufsichtsrat** Kenntnisse, die er in dieser Eigenschaft erlangt hat, in von ihm einberufenen Betriebsversammlungen an Vertrauensleute der Gewerkschaft und andere Mitarbeiter weitergibt, dann muss er genau und vollständig berichten und darf keine sachlich unbegründeten Bedenken gegen die Betriebsleitung äußern, die den Betriebsfrieden und das Ansehen des Unternehmens in der Öffentlichkeit schädigen können. Eine Verletzung dieser Pflicht kann die außerordentliche oder die ordentliche Kündigung rechtfertigen (*BAG* 4.4.1974 EzA § 15 KSchG nF Nr. 1). Gleiches gilt für **Intrigen** der Geschäftsführerin eines Vereins gegenüber dem Vorsitzenden mit dem Ziel, dessen Abwahl zu erreichen (*BAG* 1.6.2017 EzA § 626 BGB 2002 Ausschlussfrist Nr. 7). Beleidigt ein Arbeitnehmer in einer **Betriebsversammlung** den amtierenden Betriebsrat und den örtlichen Gewerkschaftsvertreter, dann kann darin eine Störung des Betriebsfriedens liegen, die den Arbeitgeber zur fristlosen Entlassung berechtigt (*LAG Düsseld.* 3.6.1955 DB 1956, 504). Wenn ein Arbeitnehmer in einer Betriebsversammlung die Aufhebung eines Alkoholverbotes fordert und dabei demonstrativ Bier trinkt, soll das noch durch Art. 5 GG gedeckt sein (*LAG Nds.* 13.3.1981 DB 1981, 1985). Das gilt auch für den Vorwurf, eine Betriebsratswahl sei undemokratisch gewesen (*LAG Bln.* 14.1.1985 LAGE § 626 BGB Nr. 21). Zur ordentlichen Kündigung vgl. KR-*Rachor* § 1 KSchG Rdn 506 ff. Vgl. ferner hier Rdn 468, 497, 406 und speziell zur politischen Betätigung und zu ausländerfeindlichem Verhalten Rdn 455.

13. Betriebsschließung und sonstige Fälle fehlender Beschäftigungsmöglichkeiten

433 Wie bereits bei der Erörterung der Auswirkungen auf den Unternehmensbereich (s. Rdn 182) und der betriebsbedingten außerordentlichen Kündigung (s. Rdn 162 ff.) dargelegt wurde, ist eine außerordentliche Kündigung aus betrieblichen Gründen insbes. wegen **Stilllegung des Betriebes** oder eines Betriebsteils grds. nur dann aus wichtigem Grund gerechtfertigt, wenn eine ordentliche **Kündigung ausgeschlossen** ist (*BAG* 28.3.1985 EzA § 626 BGB nF Nr. 96; 22.7.1992 EzA § 626 BGB nF Nr. 141). Zur ordentlichen Kündigung wegen Betriebsstilllegung und Betriebsveräußerung vgl. KR-*Rachor* § 1 KSchG Rdn 615 ff., 609 ff.

14. Datenschutz, Computermissbrauch

434 Verstöße gegen den **Datenschutz** geben nicht stets einen wichtigen Grund zur außerordentlichen Kündigung. So ist bei einem von einer Compliance-Beauftragten durchgeführten Datenscreening sorgfältig zu prüfen, ob dieses nach den Maßstäben des § 26 BDSG gerechtfertigt war bzw. ob die Beauftragte ohne grobes Verschulden von der Rechtmäßigkeit der Maßnahme ausging (*ArbG Bln.* 18.2.2010 LAGE § 1 KSchG Verhaltensbedingte Kündigung Nr. 105). In schwerwiegenden Fällen wird aber das für die Fortsetzung des Arbeitsverhältnisses notwendige Vertrauen zerstört, und eine fristlose Kündigung kann auch ohne vorherige Abmahnung berechtigt sein. Das gilt zB regelmäßig dann, wenn der Arbeitnehmer für ihn gesperrte Daten mit Personenbezug oder über Betriebsgeheimnisse abfragt (vgl. *LAG Saarl.* 1.12.1993 NJW-CoR 1994, 305; *LAG BW* 11.1.1994 NJW-CoR 1994, 305; *LAG SchlH* 3.6.2008 – 5 Sa 22/08 [unbefugter Eingriff in den persönlichen E-Mail-Account des Arbeitgebers; s.a. *LAG München* 8.7.2009 CR 2010, 269; *LAG Köln* 14.5.2010 CR 2011, 11]; *LAG Bln.-Bra.* 13.4.2017 LAGE § 626 BGB 2002 Nr. 71 [Abrufe von Einwohnermeldedaten aus Neugier]; SPV-*Preis* Rn 693), Dritten solches ermöglicht (*LAG Hamm* 4.2.2004 LAGReport 2004, 300) oder ohne Erlaubnis dienstliche Daten auf private Datenträger kopiert (*Sächs. LAG* 14.7.1999 LAGE § 626 BGB Nr. 129; *Hess. LAG* 29.8.2011 ZD 2012, 139; einschränkend *BAG* 24.3.2011 EzA § 626 BGB 2002 Nr. 34). Schon das Herunterladen von Hackersoftware auf einen dienstlichen Laptop kann ein wichtiger Grund für eine außerordentliche Kündigung sein (*OLG Celle* 27.1.2010 GmbHR 2010, 365), ebenso der Missbrauch eines dienstlichen PC zur Vervielfältigung von Musik- oder Film-CDs/DVDs unter Umgehung des Kopierschutzes, zumal, wenn dafür dienstlich angeschaffte Rohlinge verwendet werden (*BAG* 16.7.2015 EzA § 626 BGB 2002 Nr. 52). Auch die Manipulation von für das Geschäftsergebnis relevanten Daten durch leitende Angestellte (*LAG RhPf* 23.7.2008 – 7 Sa 188, 189/08), die eigenmächtige Änderung des Hauptpassworts zur Vereitelung des weiteren Zugriffs auf wichtige Geschäftsdaten oder die absichtliche **Löschung** solcher Daten (*Hess. LAG* 13.5.2002 RDV 2003, 148; 5.8.2013 ZD 2014, 377; LAG BW 17.9.2020, 17 Sa 8/20 mit Anm. Fuhlrott, NZA-RR 2021, 56) können eine fristlose Kündigung rechtfertigen. Für den Zugriff auf Geschäftsdaten wichtige Programme darf ein Arbeitnehmer auch dann nicht eigenmächtig löschen, wenn er sie selbst als Lizenznehmer installiert hatte (*Sächs. LAG* 17.1.2007 LAGE § 1 KSchG Verhaltensbedingte Kündigung Nr. 96; krit. *Redeker* CR 2008, 554). Zum **Missbrauch des Internet-Zugangs**: *Hess. LAG* 13.12.2001 RzK I 5i Nr. 172 (privater E-Mail-Verkehr und Virenschutz); *BAG* 7.7.2005 EzA § 626 BGB 2002 Nr. 10, 27.4.2006 EzA § 626 BGB 2002 Unkündbarkeit Nr. 11, *LAG Nds.* 26.4.2002 MMR 2002, 766 und *ArbG Frankf.* 2.1.2002 RzK I 5i Nr. 173 (pornografische Web-Seiten); *BAG* 12.1.2006 § 1 KSchG Verhaltensbedingte Kündigung Nr. 68 (verbotswidrige Installation einer Anonymisierungssoftware). Ein wichtiger Grund für eine fristlose Kündigung wird insbes. bei einschlägigen Straftaten (zB im Zusammenhang mit dem Ausspähen und Abfangen von Daten gem. §§ 202a ff. StGB, bei Computerbetrug gem. § 263a StGB, bei Datenfälschung iSd §§ 268 ff. StGB oder im Zusammenhang mit der Verbreitung, dem Erwerb oder Besitz von Pornographie gem. §§ 184 ff. StGB) regelmäßig zu bejahen sein. Vgl. ferner Rdn 462 f.; KR-*Rachor* § 1 KSchG Rdn 538, 540; *Besgen/Prinz* § 1 Rn 93 ff., 1121 ff.; *Kramer* NZA 2004, 463 f., *Mengel* NZA 2005, 752 ff.; *Trappehl/Schmidl* NZA 2009, 986 ff.; zur Nutzung von **Smartphones** vgl. *Stück* ArbR 2014, 163 ff.

15. Dienstfahrzeuge

Benutzt ein Arbeitnehmer trotz eines ausdrücklichen Verbotes ein Betriebsfahrzeug für eine **Wochenendheimfahrt**, dann kann eine außerordentliche Kündigung gerechtfertigt sein (*BAG* 9.3.1961 EzA § 123 GewO Nr. 5). Das gilt insbes. dann, wenn der Wagen wegen der **Eigenmächtigkeit** längere Zeit für betriebliche Zwecke nicht zur Verfügung steht. Ein wichtiger Kündigungsgrund fehlt hingegen, wenn der Arbeitnehmer den Wagen wegen einer durch Betriebsunfall erlittenen Verletzung eigenmächtig benutzt (*LAG BW* 19.12.1969 BB 1970, 534). S. zu unerlaubten Privatfahrten auch *LAG Düsseld.* 23.9.1952 DB 1953, 24; *LAG BW* 10.5.1963 WA 1963, 154; *LAG Köln* 18.4.2007 PersV 2008, 273; *LAG Köln* 2.11.2009 EzASD 2010 Nr. 2 S. 9. Zum Entzug der Fahrerlaubnis s. Rdn 423. Ein **Dienstfahrzeug**, das auch zur Privatnutzung überlassen wurde, ist grds. auch dann **herauszugeben**, wenn der Arbeitnehmer gegen die Kündigung seines Arbeitsverhältnisses Kündigungsschutzklage erhoben hat; verweigert er die Herausgabe trotz Abmahnung, rechtfertigt dies idR eine fristlose Kündigung (*LAG Nbg.* 25.1.2011 AA 2011, 142). Entfernt sich ein Berufskraftfahrer nach einem Unfall mit dem Dienstfahrzeug unerlaubt vom Unfallort (§ 142 StGB) kann dies eine außerordentliche Kündigung rechtfertigen (LAG Köln 19.6.2020, 4 Sa 655/19). 435

16. Druckkündigung

Zu den Voraussetzungen und den Folgen der **Druckkündigung** s. Rdn 218 ff. 436

17. Ehrenämter

Ein Arbeitnehmer, der Ratsmitglied einer Stadt und Kreistagsabgeordneter ist, ist für die zur Ausübung dieser **Ehrenämter** erforderliche Zeit ohne Vergütung vom Arbeitgeber freizustellen, soweit der Betrieb dadurch nicht geschädigt wird. Der Arbeitgeber kann den Arbeitnehmer nicht fristlos entlassen, wenn dieser sich die ihm nicht gewährte Freizeit selbst nimmt (*LAG Düsseld.* 7.1.1966 AP Nr. 2 zu Art. 48 GG). Vielfach bestehen für die Ausübung öffentlicher Ehrenämter gesetzliche Freistellungspflichten und Kündigungsverbote (vgl. iE SPV-*Preis* Rn 654). Private Ehrenämter (zB in einem **Verein**) sind dagegen in der Freizeit auszuüben. 437

18. Fähigkeiten, Eignung

Mangelnde Eignung rechtfertigt grds. allenfalls eine ordentliche Kündigung. Nur dann, wenn das Missverhältnis zwischen Stellung und Leistung so auffällig ist, dass die Angaben bei der Bewerbung des Arbeitnehmers als »Hochstapelei« erscheinen, kann ein Arbeitnehmer wegen **fehlender Eignung** fristlos gekündigt werden. Dazu reicht es nicht aus, wenn ein Arbeitnehmer bei an sich gegebener Vorbildung zunächst mangelhafte Leistungen erbringt. Der Arbeitgeber muss bei Stellenbesetzungen immer mit einer gewissen Überschätzung des Bewerbers rechnen (*LAG Düsseld.* 11.6.1954 DB 1954, 764). Dagegen kann ein Betriebsleiter, der bei einer den Bestand des Betriebes ernstlich bedrohenden Produktionsstörung völlig versagt und dadurch dem Arbeitgeber einen beträchtlichen **Schaden** zufügt, aus wichtigem Grunde fristlos entlassen werden (*LAG BW* 28.2.1964 BB 1964, 681). Bei einem gehobenen Angestellten, der eine besondere Verantwortung übernommen hat (Pilot), kann schon ein **einmaliges** fahrlässiges **Versagen** als wichtiger Grund ausreichen, wenn das Versehen geeignet war, einen besonders schweren Schaden herbeizuführen und der Arbeitgeber alles getan hat, um die Möglichkeiten eines solchen Versehens und seine Folgen einzuschränken. Das gilt zB dann, wenn der Pilot es unterlassen hat zu prüfen, ob ein Flugzeug ordnungsgemäß aufgetankt worden war (*BAG* 14.10.1965 EzA § 133b GewO Nr. 1). Zur ordentlichen Kündigung wegen fehlender Eignung und Leistungsmängeln vgl. KR-*Rachor* § 1 KSchG Rdn 320 ff., 487 f. 438

19. Gruppenarbeitsverhältnis

439 Verpflichtet sich eine sog. **Eigengruppe** (Musikkapelle, Maurerkolonne) gemeinsam zu einer einheitlich zu erbringenden Leistung, dann berechtigt die minderwertige Gesamtleistung ggf. auch dann zur außerordentlichen Kündigung gegenüber allen Gruppenmitgliedern, wenn sie auf das Versagen eines Mitglieds der Eigengruppe zurückzuführen ist (*BAG* 9.2.1960 AP Nr. 39 zu § 626 BGB; zur Abmahnung *LAG SA* 8.3.2000 NZA-RR 2000, 528; vgl. im Übrigen MüKo-BGB/*Henssler* Rn 13 f., HzA-*Isenhardt* 5/1 Rn 253 f., SPV-*Preis* Rn 175 ff., HWK-*Sandmann* Rn 118 und allg. zum Begriff des **Gruppenarbeitsverhältnisses**, zur Abgrenzung zwischen Eigen- und Betriebsgruppe und zum mittelbaren Arbeitsverhältnis KR-*Rachor* § 1 KSchG Rdn 58 ff., 71 f.).

20. Hafenarbeiter

440 Zum GesamthafenBetriebsG vgl. *BAG* 23.7.1970 AP Nr. 3 zu § 1 GesamthafenbetriebsG.

21. Kirchliche Arbeitnehmer

441 Ein wichtiger Grund zur fristlosen Kündigung kann sich bei **kirchlichen Arbeitnehmern** aus Verstößen gegen spezifische **Loyalitätspflichten** ergeben, die auch die private Lebensführung betreffen können (zur diesbezüglichen Rspr. vgl. Rdn 131).

22. Krankheit/Corona-Pandemie

442 Art und Dauer einer **Erkrankung** können **nur ausnahmsweise** einen wichtigen Grund zur außerordentlichen Kündigung bilden (s. Rdn 139 ff.). Zur Kündigung wegen Krankheit, die durch **Trunk- oder Drogensucht** des Arbeitnehmers bedingt ist, vgl. *BAG* 16.9.1999 EzA § 626 BGB Krankheit Nr. 2, *LAG RhPf* 10.2.2011 PflR 2011, 338; *LAG RhPf* 15.4.2021, 5 Sa 331/20. Nach *BAG* 16.2.1989 (RzK I 6a Nr. 49) kann ein wichtiger Grund auch dann gegeben sein, wenn ein Arbeitnehmer wegen Krankheit nicht in der Lage ist, sein Verhalten zu steuern (vgl. auch *LAG Köln* 12.3.2002 RzK I 6a Nr. 221 zu einem Diebstahl bei **Spielsucht**; dazu *Freihube* DB 2005, 1274). Überwiegend geht es in dieser Fallgruppe daher um die Verletzung von **Nebenpflichten**, die dem Arbeitnehmer im Zusammenhang mit der Krankheit anzulasten sind:

443 Die Verletzung der **Anzeigepflicht** nach § 5 Abs. 1 EFZG ist nur dann als beharrliche Arbeitspflichtverletzung zu werten, wenn entweder die Krankmeldung wiederholt und trotz einer Abmahnung unterlassen worden ist oder wenn sich aus der einmaligen Unterlassung der Wille des Arbeitnehmers ergibt, auch in Zukunft so zu verfahren (*BAG* 15.1.1986 EzA § 626 BGB nF Nr. 100; *LSG RhPf* 28.11.2002 ArbRB 2003, 67; *LAG RhPf* 19.1.2012 AuR 2012, 177; vgl. auch *BAG* 16.8.1991 EzA § 1 KSchG Verhaltensbedingte Kündigung Nr. 41; zur ordentlichen Kündigung *BAG* 7.5.2020, 2 AZR 619/19, EzA § 1 KSchG Verhaltensbedingte Kündigung Nr. 88). Entsprechendes gilt für die Verletzung der Pflicht zur **Vorlage** des Originals der **Arbeitsunfähigkeitsbescheinigung**, die auch noch nach Ablauf des Entgeltfortzahlungszeitraums besteht (vgl. *BAG* 15.1.1986 EzA § 626 BGB nF Nr. 100; *LAG SA* 24.4.1996 LAGE § 626 BGB Nr. 99; *LAG Köln* 9.2.2009 EzASD 2009 Nr. 6 S. 8; *LAG SchlH* 13.10.2009 PersF 2010 Nr. 1 S. 9; *LAG RhPf* 19.1.2012 AuR 2012, 177). Letzteres gilt nicht bei Anwendung des **elektronischen Meldeverfahrens** nach § 109 SGB IV, welches für gesetzlich krankenversicherte Arbeitnehmer die Vorlagepflicht entfallen lässt.

444 Ein Angestellter in **verantwortlicher Stellung** darf sich bei einer plötzlichen Erkrankung dann, wenn wegen des angesetzten Probelaufes einer von ihm entwickelten Maschine seine Anwesenheit im Betrieb notwendig ist, nicht darauf beschränken, dem Arbeitgeber seine Arbeitsunfähigkeit durch Übersendung einer ärztlichen Bescheinigung ohne jede Erläuterung anzuzeigen. Er muss sich vielmehr, soweit es ihm sein Gesundheitszustand erlaubt, darum kümmern und den Arbeitgeber entsprechend unterrichten, wie die anstehenden Aufgaben ohne seine Anwesenheit erledigt werden sollen (*BAG* 30.1.1976 EzA § 626 BGB nF Nr. 45).

Der Arbeitnehmer ist ggf. verpflichtet, an der Begutachtung seiner Berufs- bzw. Erwerbsfähigkeit 445
durch den **Amtsarzt** sachgerecht mitzuwirken, indem er durch Entbindung der ihn behandelnden
Ärzte von der Schweigepflicht die Zuziehung der Vorbefunde ermöglicht. Seine Weigerung kann nach
Abmahnung eine außerordentliche Kündigung begründen (*BAG* 7.11.2002 EzA § 130 BGB 2002
Nr. 1 mwN). Entsprechendes gilt für die Weigerung, an einer durch Unfallverhütungs- oder Tarifvorschriften (zB § 3 Abs. 4 TVöD) vorgeschriebenen Untersuchung teilzunehmen (*BAG* 25.1.2018,
2 AZR 382/17, EzA § 626 BGB 2002 Unkündbarkeit Nr. 29; *LAG SchlH* 12.5.2009 ZMV 2009,
334; *LAG Hamm* 9.6.2016 öAT 2016, 257; s.a. *BAG* 27.9.2012 EzA § 1 KSchG Verhaltensbedingte Kündigung Nr. 81). Beim Fehlen entsprechender arbeits- oder tarifvertraglicher Verpflichtungen
braucht sich ein Arbeitnehmer aber nicht der vom Arbeitgeber verlangten **betriebsärztlichen Untersuchung** zu unterziehen. Bei Zweifeln an der Arbeitsunfähigkeit kann der Arbeitgeber eine Überprüfung durch den medizinischen Dienst der Krankenkasse verlangen (§ 275 SGB V). Erbietet sich ein
Arbeitnehmer während bescheinigter Arbeitsunfähigkeit zur Leistung von Schwarzarbeit, durch die er
vergleichbar wie durch seine arbeitsvertraglich geschuldete Leistung belastet würde, ist der Beweiswert
der Arbeitsunfähigkeitsbescheinigung erschüttert. Die **Vortäuschung von Arbeitsunfähigkeit** oder die
Manipulation einer Arbeitsunfähigkeitsbescheinigung kann die fristlose Kündigung ohne vorherige
Abmahnung auch gegenüber einem langjährig beschäftigten Arbeitnehmer und unabhängig davon
begründen, ob dieser sich mit seinem Verhalten Entgeltfortzahlung erschleicht (*Hess. LAG* 1.4.2009
ArbRB 2010, 9; 23.3.2015 LAGE § 626 BGB 2002 Nr. 54). Auch der dringende **Verdacht**, der
Arbeitnehmer habe die **Arbeitsunfähigkeitsbescheinigung** mit unlauteren Mitteln **erschlichen**, kann
ein wichtiger Grund sein (*LAG Düsseld.* 3.6.1981 EzA § 626 BGB nF Nr. 78; *LAG Köln* 9.6.1982
EzA § 626 BGB Nr. 82; *LAG Bln.* 1.11.2000 NZA-RR 2001, 470; *LAG Köln* 7.7.2017 AuA 2017,
613; vgl. ferner Rdn 446, 472). Dieser Verdacht ist gegeben, wenn ein Arbeitnehmer nach einer
Auseinandersetzung mit dem Arbeitgeber innerhalb von zwei Monaten Bescheinigungen von fünf
verschiedenen Ärzten vorlegt (*LAG Hamm* 10.9.2003 LAGE § 5 EFZG Nr. 8). Er liegt auch dann
nahe, wenn der Arbeitnehmer, nachdem ihm Arbeitsbefreiung verweigert worden ist, den Nachweis
seiner **Erkrankung ankündigt** (*LAG Düsseld.* 17.2.1980 DB 1981, 1094). Droht ein weder objektiv
noch subjektiv »erkrankter Arbeitnehmer« für den Fall der Ablehnung einer Urlaubsverlängerung
oder Arbeitsfreistellung eine »Krankmeldung« an, dann liegt an sich schon darin ein wichtiger Grund
zur außerordentlichen Kündigung (*BAG* 5.11.1992 EzA § 626 BGB nF Nr. 143 m. zust. Anm.
Kraft; 17.6.2003 EzA § 626 BGB 2002 Nr. 4; 12.3.2009 EzA § 626 BGB 2002 Nr. 26; *LAG SchlH*
19.10.2004 LAGE § 1 KSchG Verhaltensbedingte Kündigung Nr. 86; *LAG MV* 13.12.2011 NZA-
RR 2012, 185; *LAG Köln* 29.1.2014 EzASD 2014 Nr. 13 S. 8; *Hess. LAG* 18.5.2015 PflR 2015, 663;
LAG Hamm 14.8.2015 PflR 2015,848; zust. auch SPV-*Preis* Rn 629). Gleiches gilt bei Verweigerung
der begehrten Schichteinteilung (vgl. *LAG MV* 4.5.2021, 5 Sa 319/20). Aber auch dann, wenn der
Arbeitgeber nicht zu einem bestimmten Verhalten genötigt werden soll, kann eine fristlose Kündigung
in diesem Fall gerechtfertigt sein (*LAG Köln* 14.9.2000 LAGE § 626 BGB Nr. 130b).

Es kann ein pflichtwidriges Verhalten vorliegen, wenn ein Arbeitnehmer bei bescheinigter Arbeits- 446
unfähigkeit den Heilungserfolg durch **gesundheitswidriges Verhalten** gefährdet. Damit verstößt
er nicht nur gegen eine Leistungspflicht, sondern zerstört insbesondere auch das Vertrauen des
Arbeitgebers in seine Redlichkeit. Dies ist nicht nur dann der Fall, wenn der Arbeitnehmer während
der Krankheit nebenher bei einem anderen Arbeitgeber arbeitet, sondern kann auch gegeben sein,
wenn er **Freizeitaktivitäten** nachgeht, die mit der Arbeitsunfähigkeit nur schwer in Einklang zu
bringen sind (*BAG* 2.3.2006, 2 AZR 53/05, EzA § 626 BGB 2002 Nr. 16). Ein einmaliger nächt-
licher Barbesuch oder der Ordnerdienst bei einem Fußballspiel ist idR aber noch nicht so schwerwiegend, dass eine außerordentliche Kündigung auch ohne Abmahnung gerechtfertigt sein könnte
(*LAG Düsseld.* 28.1.1970 DB 1970, 936; *LAG Hamm* 16.9.2005 dbr 2006 Nr. 6 S. 40). Etwas
anderes gilt, wenn ein Arbeitnehmer während seiner Arbeitsunfähigkeit Tätigkeiten verrichtet, die
den Heilungsprozess offensichtlich verzögern (*BAG* 26.8.1993 EzA § 626 BGB nF Nr. 148; *LAG
RhPf* 11.1.2002 AuA 2002, 378). Als Kündigungsgrund reicht also nicht schon die bloße Möglichkeit einer ungünstigen Auswirkung auf den Krankheitsverlauf (so aber *LAG Hamm* 28.8.1991
LAGE § 1 KSchG Verhaltensbedingte Kündigung Nr. 34; *Berning* Anm. AP Nr. 112 zu § 626

BGB; MüKo-BGB/*Henssler* Rn 175). Aus Art oder Intensität einer **Nebenbeschäftigung** kann sich der dringende Verdacht ergeben, dass die Arbeitsunfähigkeit vorgetäuscht war (s. Rdn 445; *BAG* 26.8.1993 EzA § 626 BGB nF Nr. 148; *LAG Düsseld.* 25.6.1981 BB 1981, 1522; *LAG Bln.* 14.8.1998 LAGE § 15 KSchG Nr. 17). UU ist zwischen Genesungsverzögerung und Vortäuschung der Arbeitsunfähigkeit eine »Wahlfeststellung« möglich (*LAG Bln.* 3.8.1998 LAGE § 15 KSchG Nr. 17; s.a. *LAG RhPf* 11.7.2013 AA 2013, 184). Vgl. i. Ü. SPV-*Preis* Rn 655; zur ordentlichen Kündigung wegen Pflichtwidrigkeiten bei Krankheit vgl. KR-*Rachor* § 1 KSchG Rdn 514 ff. und wegen der Erkrankung § 1 KSchG Rdn 337 ff.

447 Die sog. **Corona-Pandemie** (COVID-19; SARS-CoV-2) hat Fragen hinsichtlich der Verhaltenspflichten von Arbeitnehmern aufgeworfen. Dabei ist zu differenzieren. Soweit für den einzelnen Arbeitnehmer keine Unzumutbarkeit aufgrund seiner spezifischen Tätigkeit und körperlichen Konstitution festzustellen ist, hat er die vom Arbeitgeber im Rahmen des Weisungsrechts vorgegebenen **Schutzmaßnahmen zu beachten**, zB das Tragen einer Maske und die Einhaltung von Abstands- und Hygieneregelungen (vgl. § 15 Abs. 1 ArbSchG). Der Arbeitgeber hat schließlich seinerseits öffentlich-rechtliche Vorgaben umzusetzen (vgl. § 2 ff. Corona-ArbSchV). Aber auch »überschießende« Vorsichtsmaßnahmen, welche ggf. unter Mitbestimmung des Betriebsrats gemäß § 87 Abs. 1 Nr. 1, 7 BetrVG erlassen werden, dienen dem Schutz der gesamten Belegschaft und Dritter. Der Arbeitgeber erfüllt damit seine Schutzpflicht nach § 618 Abs. 1 BGB. Die Durchführung von **Schnelltests** erscheint zumutbar, soweit für eine **Testpflicht** nicht ohnehin eine öffentlich-rechtliche oder kollektivrechtliche Rechtsgrundlage besteht (vgl. *Müller/Becker* ArbRAktuell 2021, 201, 202). Im Grundsatz nicht verpflichtet ist der Arbeitnehmer aber zur **Impfung**. Es besteht (derzeit) **keine gesetzliche Impfpflicht**. Eine solche kann **auch nicht kollektivrechtlich oder durch Weisung des Arbeitgebers begründet** werden. Das Recht auf körperliche Unversehrtheit (Art. 2 Abs. 2 S. 1 GG) steht einem Impfzwang entgegen. Bei unvermeidbarem Kontakt des Arbeitnehmers mit **besonders vulnerablen Personengruppen**, zB in Krankenhäusern oder Pflegeeinrichtungen, ist deren Schutzbedürftigkeit jedoch zu beachten. Schuldet der Arbeitnehmer gerade die Betreuung oder Pflege solcher Personen, kann der Arbeitgeber zu deren Schutz die Impfung des Arbeitnehmers zur Voraussetzung für seine Beschäftigung machen, wenn andere Schutzmaßnahmen nicht ausreichend erscheinen (vgl. *Naber/Schulte* NZA 2021, 81, 83; *Thüsing/Bleckmann/Rombey* COVuR 2021, 66, 67; diff. *Fuhlrott/Fischer* NJW 2021, 657, 659; *Gutzeit* DB 2021, 955). Lehnt der Arbeitnehmer in dieser Situation eine Impfung ab, kann eine **personenbedingte Kündigung** in Betracht kommen, falls er nicht anderweitig einsetzbar ist (vgl. Wittek ArbRAktuell 2021, 61, 62). Im Übrigen kann ein Verstoß des Arbeitnehmers gegen arbeitgeberseitige Schutzmaßnahmen eine außerordentliche **verhaltensbedingte Kündigung** rechtfertigen (Kleinebrink NZA 2020, 1361,1364). Dies setzt allerdings eine einschlägige Abmahnung oder definitive Verweigerung voraus. Eine außerordentliche Kündigung ist auch ohne Abmahnung gerechtfertigt, wenn ein Arbeitnehmer **in Kenntnis seiner Infektion** und unter Verstoß gegen Quarantäne-Vorschriften seine **Arbeit aufnimmt** und damit wissentlich die Gesundheit anderer Menschen und die betriebliche Funktionsfähigkeit gefährdet. Ein solches Verhalten verstößt in schwerster Weise gegen die Pflicht zur Rücksichtnahme (§ 241 Abs. 2 BGB) und zerstört die Vertrauensbasis des Arbeitsverhältnisses. Verweigert der Arbeitnehmer hingegen die Arbeit unter Berufung auf ein **Leistungsverweigerungsrecht** ist zu unterscheiden. Der Arbeitnehmer kann nicht bestimmte von ihm gewünschte Schutzmaßnahmen verlangen oder grundsätzlich aus Furcht vor einer Infektion die Erbringung der Arbeitsleistung verweigern. Ein solches Verhalten kann ggf. eine Kündigung rechtfertigen (vgl. ErfK-Niemann Rn 77; Müller/Becker COVuR 2020, 126, 129). Wird der Arbeitgeber seinen objektiv bestehenden Schutzpflichten hingegen nicht gerecht, steht dem Arbeitnehmer ein Leistungsverweigerungsrecht nach § 273 Abs. 1 BGB zu (Sagan/Brockfeld NJW 2020, 1112, 1114).

23. Leiharbeitsverhältnis

448 Besitzt der Verleiher die nach § 1 Abs. 1 AÜG erforderliche Erlaubnis, dann steht die Kündigungsbefugnis gegenüber den entliehenen Arbeitnehmern ausschließlich ihm zu und nicht den

entleihenden Drittfirmen. Wichtige Gründe zur Entlassung des entliehenen Arbeitnehmers durch die Verleihfirma können aber auch in Verfehlungen liegen, die der entliehene Arbeitnehmer gegenüber dem Entleiher begangen hat.

24. Manko

Die außerordentliche Kündigung gegenüber einem Arbeitnehmer wegen eines Waren- oder Geldmankos, das in der Filiale entstanden ist, in der er beschäftigt war, ist nur dann wirksam, wenn der Arbeitgeber nachweisen kann, dass das **Manko** auf eine **schuldhafte Vertragsverletzung** des Arbeitnehmers zurückgeht (*BAG* 22.11.1973 EzA § 626 BGB nF Nr. 33). Eine Vereinbarung, wonach der Arbeitgeber berechtigt sein soll, einer Verkäuferin, die mit mehreren anderen Arbeitnehmern in einer Verkaufsstelle beschäftigt ist, dann fristlos zu kündigen, wenn Fehlbeträge festgestellt werden, ist allenfalls dann von Bedeutung, wenn feststeht, dass die Fehlbestände von der Verkäuferin (mit-) verursacht worden sind. Auch ein verhältnismäßig hoher Mankobetrag kann allein keine fristlose Entlassung rechtfertigen. 449

25. Maßregelung

Eine außerordentliche Kündigung des Arbeitgebers ist oftmals eine Reaktion auf ein Verhalten des Arbeitnehmers. Dabei ist ggf. zu prüfen, ob die Kündigung unabhängig von § 626 BGB unwirksam ist. Eine Kündigung kann allein nach § 134 BGB nichtig sein, wenn sie gegen das **Maßregelungsverbot** des § 612a BGB verstößt. Dies setzt voraus, dass eine zulässige Rechtsausübung der tragende Beweggrund, dh. das wesentliche Motiv, für die Kündigung ist (vgl. *BAG* 22.10.2015, 2 AZR 569/14, EzA § 626 BGB 2002 Nr. 53). 450

26. Mitteilungs- und Berichtspflichten

Es gehört zu den Pflichten eines leitenden Angestellten, die ihm erteilten Aufträge auf ihre Zweckmäßigkeit zu überprüfen und erforderlichenfalls seinem Arbeitgeber über **Bedenken** zu berichten und ihn vor der Ausführung zu warnen (*BAG* 26.5.1982 AP Nr. 1 zu § 628 BGB). Der Arbeitgeber ist zur fristlosen Entlassung eines **Außendienstmitarbeiters** berechtigt, wenn dieser es trotz mehrfacher Abmahnungen unterlässt, täglich **Besuchsberichte** zu verfassen und zu übersenden, oder wenn er sich weigert, über für den Geschäftsbetrieb wichtige Tatsachen Aufschluss zu geben (*LAG Brem.* 1.12.1954 DB 1955, 123; *LAG Düsseld.* 19.10.1955 DB 1956, 92). Ein wichtiger Grund liegt auch in der Verweigerung der Führung von Tätigkeitsaufzeichnungen nach vorgegebenem Formular zur Überprüfung einer Stellenbewertung im öffentlichen Dienst (*BAG* 19.4.2007 ZTR 2007, 564) oder von Tagesleistungszetteln durch einen Werkmeister (*LAG Bln.* 27.6.1968 BB 1969, 834). Kündigungsrelevant sein können ferner pflichtwidrig unterlassene bzw. falsche Angaben bei der **Dokumentation im Krankenhaus- oder Pflegebereich** (vgl. *LAG München* 26.4.2007 PflR 2007, 535; wN bei *Häcker* ArbRB 2011, 90). Ein Arbeitnehmer ist idR zur Meldung an die Betriebsleitung verpflichtet, wenn er beobachtet, dass ein Arbeitskollege Aufzeichnungen über **Betriebsgeheimnisse** macht (*Hess. LAG* 6.4.1955 SAE 1956, 198). Gleiches gilt, wenn er **Diebstähle** zu Lasten des Arbeitgebers beobachtet (*LAG Hamm* 29.7.1994 RzK I 5i Nr. 95). Hat er als Mitwisser von **Straftaten** zu Lasten des Arbeitgebers von den Tätern Geld erhalten, kann ihm idR auch ohne vorherige Abmahnung fristlos gekündigt werden (*LAG Köln* 3.12.2009 ArbR 2010, 587). Verschweigt ein ausländischer Arbeitnehmer arglistig, dass er zur Ausreise aufgefordert wurde und seine **Arbeitsgenehmigung** entfallen ist, so stellt auch dies eine gravierende Pflichtverletzung dar (*LAG Nbg.* 21.9.1994 RzK I 6a Nr. 114). Vgl. ferner Rdn 453. 451

27. Nebenbeschäftigung

Der Arbeitnehmer hat grundsätzlich jede **Nebentätigkeit** zu unterlassen, die mit seiner **Arbeitspflicht kollidiert**. Das ist der Fall, wenn sie gleichzeitig mit der Haupttätigkeit ausgeübt werden soll oder bei nicht gleichzeitiger Ausübung dann, wenn die vertraglich vereinbarte Arbeitsleistung unter ihr leidet. Zu unterlassen sind ferner Nebentätigkeiten, die gegen das vertragliche 452

Wettbewerbsverbot verstoßen oder sonst einen Interessenwiderstreit hervorrufen, der geeignet ist, das Vertrauen des Arbeitgebers in die **Loyalität und Integrität** des Arbeitnehmers zu zerstören (*BAG* 13.5.2015, 2 ABR 38/14, EzA § 626 BGB 2002 Nr. 51 – Rn 21). Bei der Prüfung, ob die Ausübung einer Nebentätigkeit eine Pflichtverletzung darstellt, ist der verfassungsrechtliche Rahmen zu berücksichtigen. **Nichtberufliche Tätigkeiten** sind durch das Recht auf freie Entfaltung der Persönlichkeit (Art. 2 Abs. 1 GG) geschützt (*BAG* 13.5.2015, 2 ABR 38/14, EzA § 626 BGB 2002 Nr. 51 – Rn 21). Die **Untersagung** einer **beruflichen Nebentätigkeit** durch den Arbeitgeber kann wegen Art. 12 Abs. 1 GG grundsätzlich nur wirksam sein, wenn dieser ein berechtigtes Interesse daran hat. Eine bloße **Anzeigepflicht** des Arbeitnehmers bzgl. einer Nebentätigkeit schränkt seine Berufsfreiheit inhaltlich jedoch nicht ein (vgl. zu § 3 Abs. 4 TV-L *BAG* 19.12.2019, 6 AZR 23/19 EzA Art 12 GG Nr. 50 – Rn 23; vgl. auch *BAG* 15.6.2021, 9 AZR 413/19). Eine vertragliche oder tarifvertragliche Anzeigepflicht bezweckt es in Verbindung mit einem Erlaubnisvorbehalt, den Arbeitgeber durch die Anzeige beabsichtigter Nebentätigkeiten in die Lage zu versetzen, vor deren Aufnahme zu prüfen, ob durch sie betriebliche Belange beeinträchtigt werden. Das Interesse, den Arbeitnehmer auch dann von der Ausübung einer – angezeigten – Nebentätigkeit abzuhalten, wenn er bei objektiver Betrachtung einen Anspruch auf ihre Erlaubnis hat, ist dagegen nicht schutzwürdig. Ein Arbeitnehmer, der mit der Ausübung einer rechtmäßigen Nebentätigkeit nicht bis zu einer gerichtlichen Entscheidung abwartet, handelt unter Berücksichtigung seiner Grundrechte aus Art. 12 Abs. 1 GG und Art. 2 Abs. 1 GG nicht pflichtwidrig (*BAG* 13.5.2015, 2 ABR 38/14, EzA § 626 BGB 2002 Nr. 51 – Rn 43). Eine zulässige Nebentätigkeit darf vom Arbeitnehmer auch während einer **Arbeitsunfähigkeit** ausgeübt werden, sofern dadurch der Heilungsprozess nicht verzögert wird (*BAG* 13.11.1979 EzA § 1 KSchG Verhaltensbedingte Kündigung Nr. 6; *LAG Köln* 7.1.1993 LAGE § 626 BGB Nr. 69); zur unzulässigen Nebentätigkeit während der Arbeitsunfähigkeit vgl. dagegen *BAG* 26.8.1993 EzA § 626 BGB nF Nr. 148; *LAG Nbg.* 7.9.2004 LAGE § 626 BGB 2002 Unkündbarkeit Nr. 1 und hier Rdn 446. Vgl. ferner SPV-*Preis* Rn 666 sowie zur ordentlichen Kündigung wegen Nebenbeschäftigung KR-*Rachor* § 1 KSchG Rdn 531 ff.

28. Offenbarungspflicht

453 Bestehen Anhaltspunkte für **unzulässige Nebentätigkeiten**, so hat der Arbeitnehmer über diese **Auskunft** zu geben. Wenn die Interessen des Arbeitgebers bedroht sind, hat der Arbeitnehmer eine bevorstehende Nebenbeschäftigung von sich aus anzuzeigen (*BAG* 18.1.1996 EzA § 242 BGB Auskunftspflicht Nr. 5). Zumindest Angestellte in leitenden Funktionen sind verpflichtet, den Arbeitgeber über **mögliche Konflikte** zwischen eigenen und Arbeitgeberinteressen zu unterrichten (*LAG Nbg.* 5.9.1990 LAGE § 626 BGB Nr. 51; *LAG Köln* 25.9.2006 LAGE § 626 BGB 2002 Nr. 10; für einen GmbH-Geschäftsführer *OLG Bra.* 2.7.2002 OLG-NL 2005, 174). Macht ein Arbeitnehmer, der für eine leitende Vertrauensstellung eingestellt wird, bei seiner Einstellung falsche Angaben über das zuletzt bezogene **Gehalt**, dann kann er wegen Verletzung seiner Offenbarungspflicht und Wegfalls der Vertrauensgrundlage fristlos entlassen werden (*LAG Düsseld.* 12.10.1962 BB 1963, 93). Das gilt nicht, wenn das bisherige Gehalt für die Eignung des Arbeitnehmers für die Stelle, um die er sich bewirbt, und für die Höhe der künftigen Vergütung ohne Bedeutung ist (*BAG* 19.5.1983 EzA § 123 BGB Nr. 23). Behauptet ein Arbeitnehmer auf Nachfrage wahrheitswidrig, eine ihm übertragene Aufgabe bereits erledigt zu haben, hängt die kündigungsrechtliche Bedeutung dieser Pflichtverletzung auch von der Art und dem Ausmaß der Nichterfüllung der Arbeitspflicht ab (*LAG MV* 15.9.2011 NZA-RR 2012, 246). Nach *Hess. LAG* 5.12.2011 (ArztR 2012, 237) berechtigt die Verletzung der vertraglich übernommenen Verpflichtung eines Chefarztes, über gegen ihn anhängige Strafverfahren und eine Verurteilung (hier: wegen fahrlässiger Tötung) Mitteilung zu machen, den Arbeitgeber zur fristlosen Kündigung. Nicht jede unwahre Beantwortung einer in einem **Einstellungsfragebogen** gestellten Frage ist jedoch eine arglistige Täuschung und eine Pflichtverletzung, die eine außerordentliche Kündigung rechtfertigen kann, sondern nur eine falsche Antwort auf eine zulässigerweise gestellte Frage. Nach **Vorstrafen** darf der Bewerber bei der Einstellung nur gefragt werden, wenn und soweit die Art des zu besetzenden Arbeitsplatzes und die vorgesehene Beschäftigung dies erfordern (*BAG* 5.12.1957 EzA § 123 BGB Nr. 1). Eine unspezifizierte Frage nach

eingestellten staatsanwaltlichen Ermittlungsverfahren ist i. d. R. schon aus Datenschutzgründen unzulässig (*BAG* 15.11.2012 EzA § 138 BGB 2002 Nr. 9). Keine Pflichtverletzung liegt darin, dass ein Arbeitnehmer dem Arbeitgeber einen Einblick in die Akten eines gegen ihn geführten staatsanwaltlichen Ermittlungsverfahrens verwehrt (*BAG* 23.10.2008 EzASD 2009 Nr. 8 S. 3). Die unrichtige Beantwortung der Frage nach einer Körperbehinderung durch einen Stellenbewerber stellt nur dann eine Verletzung der Offenbarungspflicht dar, wenn die verschwiegene **Körperbehinderung** erfahrungsgemäß die Eignung des Arbeitnehmers für die vorgesehene Tätigkeit beeinträchtigt (*BAG* 7.6.1984 EzA § 123 BGB Nr. 24). Nur unter dieser Voraussetzung ist der Arbeitnehmer verpflichtet, seine **Schwerbehinderteneigenschaft** oder eine Gleichstellung von sich aus zu offenbaren bzw. entsprechende Fragen des Arbeitgebers wahrheitsgemäß zu beantworten (vgl. KR-*Gallner* §§ 168–173 SGB IX Rdn 23 f.). Von sich aus offenbaren muss ein Fahrer von Gefahrguttransporten das Ergebnis einer **betriebsärztlichen Untersuchung**, wonach gesundheitliche Bedenken gegen seinen Einsatz bestehen (*LAG Köln* 20.8.2015 ArbR 2016, 331), ebenso ein LKW-Fahrer, dass ein von der Polizei bei einer Privatfahrt veranlasster **Drogentest** positiv war (*BAG* 20.10.2016 EzA § 626 BGB 2002 Nr. 55). Ein **ausländischer Arbeitnehmer** ist verpflichtet, auf Verlangen des Arbeitgebers die bevorstehende oder erfolgte Einberufung zum **Grundwehrdienst** in seiner Heimat zu offenbaren und durch geeignete behördliche Bescheinigungen zu belegen (*BAG* 7.9.1983 EzA § 626 BGB nF Nr. 87). Ein Bewerber muss dem möglichen Arbeitgeber ungefragt eine schon rechtskräftige und demnächst anzutretende mehrmonatige **Freiheitsstrafe** offenbaren (*LAG Frankf.* 7.8.1986 LAGE § 123 BGB Nr. 8).

29. Öffentlicher Dienst

Bei fristlosen Kündigungen, deren Wirksamkeit nach § 34 Abs. 2 S. 1 TVöD (vormals § 54 BAT) zu beurteilen ist, sind die zu § 626 BGB entwickelten Rechtsgrundsätze anzuwenden (*BAG* 20.4.1977 EzA § 626 BGB nF Nr. 55). Setzt ein Arbeitnehmer trotz Abmahnung eine nicht genehmigte **Nebentätigkeit** fort, kann darin ein wichtiger Grund zur außerordentlichen Kündigung liegen (*LAG Frankf.* 31.7.1980 AuR 1981, 219; s.a. Rdn 121, 452 f.). Gleiches gilt, wenn ein als Sachbearbeiter im Baureferat tätiger Angestellter über mehrere Jahre ohne Einholung einer Genehmigung eine offensichtlich nicht genehmigungsfähige Nebentätigkeit ausübt (*BAG* 18.9.2008 EzA § 626 BGB 2002 Nr. 24) oder dienstliche Angelegenheiten mit der Anmahnung und Durchsetzung zweifelhafter privatrechtlicher Ansprüche seiner Ehefrau verbindet (*BAG* 20.4.1977 EzA § 626 BGB nF Nr. 55). Als wichtiger Grund an sich geeignet ist ein Verstoß gegen das Verbot des § 20 VwVfG, in Verwaltungsverfahren tätig zu werden, die den Arbeitnehmer selbst oder seine Angehörigen betreffen (*BAG* 26.9.2013 EzA § 108 BPersVG Nr. 9). Ein wichtiger Grund liegt auch dann vor, wenn ein Angestellter der Bundeswehr eine **Witzesammlung** mit großteils menschenverachtenden rassistischen und sexistischen Witzen über ein dienstliches System verbreitet (*LAG Köln* 14.12.1998 LAGE § 626 BGB Nr. 124; 10.8.1999 RzK I 6a Nr. 178; aA *LAG Köln* 7.7.1999 RzK I 8c Nr. 49) oder wenn ein Angestellter im Ordnungsdienst eines Bundeslandes im Pausenraum offen eine Originalausgabe von »**Mein Kampf**« mit Hakenkreuz auf dem Einband liest (*LAG Bln.-Bra.* 25.9.2017 ZTR 2018, 163). Ist die Arbeitspflicht eines Angestellten im öffentlichen Dienst nicht auf eine genau bestimmte Tätigkeit konkretisiert, kann ihm jede Tätigkeit übertragen werden, die den Merkmalen seiner Entgeltgruppe und seinen Kräften und Fähigkeiten entspricht, sofern sie ihm auch im Übrigen billigerweise zugemutet werden kann. Die beharrliche Weigerung, die rechtmäßig veränderte Tätigkeit zu verrichten, kann eine fristlose Entlassung rechtfertigen (*BAG* 12.4.1973 EzA § 611 BGB Nr. 12). Eine nicht grundlos erhobene **Privatklage** gegen einen Arbeitskollegen wegen innerdienstlicher Vorgänge ist auch bei Arbeitnehmern des öffentlichen Dienstes kein Grund zur fristlosen Kündigung (*LAG Kiel* 5.1.1961 BB 1961, 485). Dagegen kann ein Angestellter beim Finanzamt, der in eigener Sache fortgesetzt **Steuerhinterziehungen** erheblichen Ausmaßes begeht, auch dann fristlos entlassen werden, wenn er im Dienst nur eine untergeordnete Position bekleidet (*LAG Düsseld.* 20.5.1980 EzA § 626 BGB nF Nr. 72); auch eine strafbefreiende Selbstanzeige steht der Kündigung nicht entgegen (*BAG* 21.6.2001 EzA § 626 BGB nF Nr. 189). Vgl. im Übrigen Rdn 122, 126.

30. Politische Betätigung, Werbung für Weltanschauung

455 **Ausländerfeindliche und rassistische Hetze** kann eine außerordentliche Kündigung begründen (*BAG* 9.3.1995 BB 1996, 434; 14.2.1996 EzA § 626 BGB nF Nr. 160; *LAG BW* 25.3.2009 LAGE § 626 BGB 2002 Nr. 20; LAG Köln 6.6.2019, 4 Sa 18/19, EzA-SD 2020, Nr. 2, 5; LAG BW 15.1.2020, 4 Sa 19/19, BB 2020, 825). Ggf. ist der Arbeitgeber hierzu sogar gemäß § 12 Abs. 3 iVm § 7 Abs. 1 AGG verpflichtet. Dies gilt insbes., wenn er im Betrieb eine größere Zahl von ausländischen Mitarbeitern beschäftigt (*LAG Hamm* 11.11.1994 RzK I 6a Nr. 120; *LAG Hamm* 30.1.1995 RzK I 6a Nr. 122) oder wenn es sich um einen Ausbildungsbetrieb handelt (*BVerfG* 2.1.1995 EzB Art. 103 Nr. 4; *BAG* 1.7.1999 EzA § 15 BBiG Nr. 13). Es macht grundsätzlich keinen Unterschied, auf welchem Kommunikationsweg rassistische Äußerungen verbreitet werden (vgl. zu WhatsApp-Nachrichten LAG BW 5.12.2019, 17 Sa 3/19). Entscheidend ist der Inhalt. Bei digitalen Formaten kann jedoch die Reichweite der Verbreitung zu Lasten des Arbeitnehmers berücksichtigt werden. Erzählt ein Lehrer im Schulunterricht einen antisemitischen Witz von menschenverachtendem Charakter, so rechtfertigt dies eine Kündigung auch ohne Abmahnung (*BAG* 5.11.1992 RzK I 5i Nr. 81). Gleiches gilt für den Hitler-Gruß einer Arbeitnehmerin gegenüber einer jüdischen Kollegin, verbunden mit einer zynischen Anspielung auf den Holocaust (*ArbG Frankf. a. M.* 21.1.2008 – 1 Ca 7033/07, nv) oder für das Abstempeln eines Lieferscheins mit dem Stempel »Waffen SS Berlin« (*LAG Hamm* 27.9.2012 LAGE § 626 BGB 2002 Nr. 36a). Die **Leugnung oder Verharmlosung nationalsozialistischer Verbrechen** bei dienstlichen Veranstaltungen rechtfertigt ebenfalls eine außerordentliche Kündigung (LAG Berl.- Bbg. 17.1.2020, 9 Sa 434/19). Wiederholte **parteipolitische Agitation** im Betrieb (insbes. mit verfassungsfeindlicher Zielsetzung) kann die fristlose Entlassung auch eines Betriebsratsmitglieds rechtfertigen (*BAG* 3.12.1954 AP Nr. 2 zu § 13 KSchG; 6.2.1969 EzA § 626 BGB Nr. 11; s.a. Rdn 124 ff.). Nimmt ein Arbeitnehmer trotz Warnung und Androhung der Entlassung während der Arbeitszeit an einer politischen **Demonstration** teil, so kann das die fristlose Kündigung begründen (*LAG Frankf.* 2.12.1952 BB 1953, 320). Auch der einzelne Arbeitnehmer hat zwar über § 74 Abs. 2 BetrVG hinaus das Verbot der provokativen parteipolitischen Betätigung im Betrieb zu respektieren (s. Rdn 125), aber insbes. beim Tragen von **Plaketten** mit politischen Parolen ist sorgfältig zu prüfen, ob dadurch eine solche Störung des Betriebsfriedens eintritt, dass sie die fristlose Kündigung rechtfertigt. Entsprechendes gilt für eine aggressive **Missionierung** für eine Religion oder Sekte bzw. Werbung für eine Weltanschauung (zur Werbung für die Scientology-Bewegung *ArbG Ludwigshafen* 12.5.1993 RzK II 1b Nr. 10; *LAG Bln.* 11.6.1997 LAGE § 626 BGB Nr. 112). Vgl. zur ordentlichen Kündigung wegen politischer Betätigung KR-*Rachor* § 1 KSchG Rdn 495 f., 507 ff.

31. Probearbeitsverhältnis

456 Da das **Probearbeitsverhältnis** den Sinn hat, in der Erprobungszeit festzustellen, ob der Arbeitnehmer sich für die Arbeit eignet, sind an eine außerordentliche Kündigung während der Probezeit wegen nicht ausreichender Kenntnisse, Fähigkeiten, Erfahrungen und Leistungen strenge Anforderungen zu stellen. **Mangelhafte Leistungen** rechtfertigen während der Probezeit grds. keine außerordentliche Kündigung. Eine solche kann allenfalls bei schwerwiegenden Pflichtverletzungen in Betracht zu ziehen sein (vgl. LAG Bln.-Bbg. 12.3.2015, 26 Sa 1910/14).

32. Rauchverbot

457 Der Verstoß gegen das Rauchverbot in einem Betrieb mit akuter Brandgefahr ist ein Grund zur fristlosen Entlassung (*BAG* 27.9.2012 EzA § 626 BGB 2002 Nr. 42). Gleiches gilt grds. bei der Missachtung eines Rauchverbotes durch Arbeitnehmer, die bei der Verarbeitung von Lebensmitteln beschäftigt sind (vgl. *LAG Düsseld.* 17.6.1997 LAGE § 1 KSchG Verhaltensbedingte Kündigung Nr. 58). Im Übrigen wird oftmals eine Abmahnung ausreichend sein (vgl. LAG Hamm 18.1.2017, 2 Sa 879/16; LAG SH 27.8.2013, 1 Sa 80/13).

33. Rücksprache/Personalgespräch

Der Arbeitgeber kann den Arbeitnehmer im Rahmen seines Weisungsrechts nach § 106 Satz 1 GewO zur Teilnahme an Gesprächen verpflichten (*BAG* 2.11.2016, 10 AZR 596/15, EzA § 106 GewO Nr. 21 – Rn 23 ff.). Weigert sich der Arbeitnehmer beharrlich, an einem solchen Gespräch teilzunehmen, kann dies unter Umständen eine außerordentliche Kündigung rechtfertigen. Der Arbeitnehmer darf sich aber weigern, an einem Personalgespräch teilzunehmen, dessen Thema eine von ihm bereits abgelehnte Verschlechterung der vertraglichen Arbeitsbedingungen sein soll (*BAG* 23.6.2009 EzA § 106 GewO Nr. 3). 458

34. Schlechtleistung

Quantitativ ungenügende und qualitativ **schlechte Leistungen** des Arbeitnehmers sind ein typischer Anlass für die ordentliche Kündigung (vgl. hierzu *BAG* 17.1.2008, 2 AZR 536/06, EzA-SD 2008, Nr. 12, 3–6 – Rn 14 ff.). Sie können nur ausnahmsweise eine außerordentliche Kündigung rechtfertigen, wenn der Arbeitnehmer bewusst (**vorsätzlich**) seine Arbeitskraft zurückhält und nicht unter angemessener Anspannung seiner Kräfte und Fähigkeiten arbeitet, wenn er wichtige Arbeitsleistungen bzw. Arbeitsergebnisse vortäuscht, die er tatsächlich nicht erbracht hat, oder wenn infolge der Fehlleistungen ein nicht wieder gutzumachender **Schaden** entsteht und bei Fortsetzung des Arbeitsverhältnisses ähnliche Fehlleistungen des Arbeitnehmers zu befürchten sind (*BAG* 20.3.1969 EzA § 123 GewO Nr. 11; *LAG Nds.* 16.9.2011 – 16 Sa 1827/10; *LAG Köln* 4.3.2013 öAT 2013, 150; LAG Düsseld. 11.12.2020, 6 Sa 420/20; APS-Vossen Rn 258). In Lebensmittelbetrieben beschäftigte Arbeitnehmer riskieren die fristlose Kündigung bei bewussten Verstößen gegen elementare Hygiene- und Lebensmittelvorschriften (*Hess. LAG* 27.4.2006 LAGE § 626 BGB 2002 Nr. 7a; *LAG Köln* 19.1.2009 LAGE § 626 BGB 2002 Nr. 18a). Bereits ein einmaliges fahrlässiges Versagen kann auch ohne vorausgegangene Abmahnung dann genügen, wenn es um die Nachlässigkeit eines gehobenen Angestellten geht, der eine besondere Verantwortung übernommen hat, deren Missachtung geeignet ist, einen besonders schweren Schaden herbeizuführen, und der Arbeitgeber das Seine getan hat, um die Möglichkeiten für ein solches Versehen und dessen Folgen einzuschränken (*BAG* 14.10.1965 EzA § 133b GewO Nr. 1 [unterlassene Überprüfung des Tankinhalts durch Co-Piloten]; *OLG Düssel.* 15.1.1987 DB 1987, 1099). Das gilt umso mehr, wenn dem Arbeitnehmer ein fortgesetztes grob fahrlässiges Verhalten vorzuwerfen ist (*BAG* 4.7.1991 RzK I 6a Nr. 73 [Gewährung überhöhter Sozialleistungen]; *LAG RhPf* 10.2.2005 ZTR 2005, 437 [unterlassene BSE-Untersuchungen eines Fleischbeschautierarztes]). Bei der Behandlung von Patienten ist jede gesundheitsgefährdende Fehlleistung eines Krankenhausarztes oder einer Arzthelferin ein gravierender Vorgang, der als wichtiger Grund in Betracht kommt (*LAG Düsseld.* 4.11.2005 LAGE § 626 BGB 2002 Nr. 7). Beim **Schlafen an der Arbeitsstelle** kommt es auf die konkreten Umstände an, ob eine Abmahnung ausreicht (*Hess. LAG* 5.6.2012 PflR 2013, 402) oder eine fristlose Kündigung berechtigt ist (*LAG RhPf* 16.4.2015 PflR 2015, 658). 459

35. Sexuelle Belästigungen, Stalking

Eine **sexuelle Belästigung** iSv. § 3 Abs. 4 AGG ist gemäß § 7 Abs. 3 AGG eine Verletzung vertraglicher Pflichten, die »an sich« als wichtiger Grund iSv. § 626 Abs. 1 BGB geeignet ist (*BAG* 20.5.2021, 2 AZR 596/20; *BAG* 29.6.2017, 2 AZR 302/16, EzA § 626 BGB 2002 Nr. 60 – Rn 15 ff.; *LAG RhPf* 31.8.2020, Sa 98/20; *LAG Köln* 27.8.2020, 8 Sa 135/20). Für die Frage, ob tatsächlich ein wichtiger Grund vorliegt, kommt es insbes. auf Umfang und Intensität der sexuellen Belästigungen an (*BAG* 20.11.2014 EzA § 626 BGB 2002 Nr. 47 [krit. *Schrader/Thoms* ArbR 2017, 31 ff., 60 ff.]; 9.6.2011 EzA § 626 BGB 2002 Nr. 36; 25.3.2004 EzA § 626 BGB 2002 Nr. 6; *LAG SchlH* 4.3.2009 PflR 2009, 490). Eine sexuelle Belästigung kann auch ohne sexuelle Motivation des Täters vorliegen (*BAG* 29.6.2017, 2 AZR 302/16, EzA § 626 BGB 2002 Nr. 60 – Rn 19). Der Umstand eines langjährig unbeanstandeten Arbeitsverhältnisses schützt jedenfalls bei schwerwiegender sexueller Belästigung nicht vor der außerordentlichen Kündigung ohne vorherige Abmahnung (vgl. *Hess. LAG* 27.1.2004 RzK I 6e Nr. 35; 27.2.2012 NZA-RR 2012, 471; *LAG Nds.* 6.12.2013 PflR 2014, 460

147 m. Anm. *Roßbruch*). Wenn ein als Krankenpfleger beschäftigtes Betriebsratsmitglied wiederholt Schwesternschülerinnen sexuell belästigt, ist die vom Betriebsrat verweigerte Zustimmung zur fristlosen Kündigung zu ersetzen (*LAG Hamm* 25.5.2007 PflR 2008, 81). Ebenso können intime Beziehungen eines bei einer psychiatrischen Einrichtung angestellten Kraftfahrers zu einer Patientin und vor allem der Missbrauch einer Patientin durch einen Krankenpfleger eine außerordentliche Kündigung begründen (*LAG Frankf.* 10.1.1984 AuR 1984, 346; *BAG* 12.3.2009 EzTöD 100 § 34 Abs. 2 TVöD-AT Arbeitnehmervertreter Nr. 1; dazu *Häcker* ArbRB 2011, 91). Gleiches gilt für den sexuellen Missbrauch eines Schulkindes durch einen Lehrer (vgl. *BAG* 23.10.2014 EzA § 286 ZPO 2002 Nr. 4; *LAG MV* 7.3.2017 EzTöD 100 § 34 Abs. 1 TVöD-AT Verhaltensbedingte Kündigung Nr. 28). Auch in den pädagogischen Auftrag einer Schule eingebundene Erzieher müssen durch ein dem Erziehungsauftrag angepasstes Verhalten bereits den objektiven Anschein vermeiden, sie wahrten aus einer sexuellen Motivation die gebotene Distanz nicht (*LAG RhPf* 12.5.2017 NZA-RR 2017, 468). Besteht ein ausreichender Bezug zum Arbeitsverhältnis, spielt es keine Rolle, wenn die sexuellen Handlungen außerhalb des Betriebes in der Freizeit erfolgen (s. zum sexuellen Missbrauch des Kindes eines Arbeitskollegen *BAG* 27.1.2011 EzA § 626 BGB 2002 Verdacht strafbarer Handlung Nr. 10). Selbst ohne sexuellen Bezug kann die ständige Belästigung einer Arbeitskollegin oder eines Arbeitskollegen (**Stalking**) einen wichtigen Grund für eine außerordentliche Kündigung darstellen (*BAG* 19.4.2012 EzA § 626 BGB 2002 Nr. 39). Zur ordentlichen Kündigung vgl. KR-*Rachor* § 1 KSchG Rdn 545.

36. Stechuhren und andere Kontrolleinrichtungen, Arbeitszeitbetrug

461 Der vorsätzliche Verstoß eines Arbeitnehmers gegen seine Verpflichtung, die abgeleistete, vom Arbeitgeber nur schwer zu kontrollierende **Arbeitszeit** korrekt zu dokumentieren, ist an sich geeignet, einen wichtigen Grund zur außerordentlichen Kündigung darzustellen. Dies gilt für den vorsätzlichen **Missbrauch einer Stempeluhr** oder eines elektronischen **Zeiterfassungsystems** ebenso wie für das wissentliche und vorsätzlich falsche Ausstellen entsprechender **Formulare**. Dabei kommt es nicht entscheidend auf die strafrechtliche Würdigung an, sondern auf den mit der Pflichtverletzung verbundenen schweren **Vertrauensbruch**. Der Arbeitgeber muss sich auf eine korrekte Dokumentation der Arbeitszeit seiner Arbeitnehmer verlassen können. Überträgt er den Nachweis der geleisteten Arbeitszeit den Arbeitnehmern selbst und macht ein Arbeitnehmer diesbezüglich wissentlich und vorsätzlich falsche Angaben, so stellt dies in aller Regel einen schweren Vertrauensmissbrauch dar. Der Arbeitnehmer verletzt damit in erheblicher Weise seine Pflicht zur Rücksichtnahme (§ 241 Abs. 2 BGB) gegenüber dem Arbeitgeber (*BAG* 13.12.2018, 2 AZR 370/18, EzA § 626 BGB 2002 Nr. 67 – Rn 17; vgl. auch *BAG* 9.6.2011 EzA § 626 BGB 2002 Nr. 3). Darauf, ob dem Arbeitgeber durch das Verhalten ein wirtschaftlicher Schaden entstanden ist oder das Verhalten des Arbeitnehmers auf andere – nicht wirtschaftliche – Vorteile ausgerichtet war, kommt es grundsätzlich nicht an (*BAG* 26.9.2013, 2 AZR 682/12, EzA-SD 2014, Nr. 8, 3–6 – Rn 54). Der Arbeitnehmer muss grds. die Kontrolleinrichtungen des Betriebs (zB. Stempeluhr) **selbst betätigen**. Lässt er das durch einen Kollegen vornehmen, kommt eine außerordentliche Kündigung in Betracht (*BAG* 24.11.2005 EzA § 626 BGB 2002 Nr. 12; SPV-*Preis* Rn 656). Auch einem Arbeitnehmer, der an der **Kontrolluhr** nicht nur seine eigene Anwesenheitskarte, sondern auch die eines abwesenden Kollegen abstempelt, kann fristlos gekündigt werden (*BAG* 23.1.1963 EzA § 124a GewO Nr. 3). Gleiches gilt, wenn der Arbeitnehmer den Fahrtenschreiber seines Dienstfahrzeugs manipuliert (*LAG RhPf* 27.1.2004 RzK I 6a Nr. 257). Jedweder **Arbeitszeitbetrug** kann zur außerordentlichen Kündigung führen (vgl. *Hess.* LAG 17.2.2014 BB 2014, 2164; *LAG RhPf* 23.7.2015 BtPrax 2017, 83; 26.4.2017, 4 Sa 372/16). In diesem Zusammenhang kann eine Auswertung elektronisch gespeicherter Arbeitsvorgänge datenschutzrechtlich zulässig sein (vgl. *LAG Köln* 29.9.2014 NZA-RR 2015, 128). Ein gravierender Fall des Arbeitszeitbetrugs ist zB dann gegeben, wenn ein Berufskraftfahrer seine schwer zu kontrollierenden Fahr- und Arbeitszeiten zu hoch angibt (*LAG Bln.-Bra.* 1.12.2011 DB 2012, 866) oder ein städtischer Angestellter einen Dienstgang für nicht angezeigte private Nebentätigkeiten unterbricht, ohne die Unterbrechung auf dem dafür vorgesehenen Zeiterfassungsblatt zu vermerken (*ArbG Göttingen* 7.10.2009 LAGE § 626 BGB 2002 Nr. 24). Im Fall

mehrfacher nicht unerheblicher Falschaufzeichnungen bedarf es idR nicht noch einer vergeblichen Abmahnung (*LAG RhPf* 15.11.2012 LAGE § 626 BGB 2002 Nr. 39). Eine langjährige Beschäftigung ändert daran nichts (**aA** *LAG Bln.-Bra.* 30.3.2012 LAGE § 611 BGB 2002 Abmahnung Nr. 9). Auch die hartnäckige Missachtung der Anweisung, bei **Raucherpausen** auszustempeln, ist geeignet, eine außerordentliche Kündigung zu begründen (*LAG RhPf* 7.5.2010 ZTR 2010, 600).

37. Strafbare Handlungen

Begeht ein Arbeitnehmer bei oder im Zusammenhang mit seiner Arbeit **rechtswidrige und vorsätzliche – ggf. strafbare – Handlungen unmittelbar gegen das Vermögen seines Arbeitgebers**, verletzt er in schwerwiegender Weise seine schuldrechtliche Pflicht zur Rücksichtnahme (§ 241 Abs. 2 BGB) und missbraucht das in ihn gesetzte Vertrauen. Ein solches Verhalten kann einen wichtigen Grund iSd. § 626 Abs. 1 BGB darstellen. Dies gilt auch dann, wenn die rechtswidrige Handlung Gegenstände von **geringem Wert** betrifft oder zu einem nur geringfügigen, möglicherweise zu gar keinem Schaden geführt hat Maßgebend ist der mit der Pflichtverletzung verbundene **Vertrauensbruch** (*BAG* 31.7.2014, 2 AZR 407/13, EzTöD 100 § 34 Abs. 2 TVöD-AT Verhaltensbedingte Kündigung Nr. 60 – Rn 27). Das gilt auch bei einem bloßen **Versuch** (vgl. *BAG* 11.12.2003 EzA § 626 BGB 2002 Nr. 5; *LAG Köln* 22.1.1996 AP Nr. 127 zu § 626 BGB). Im Einzelfall kann eine vergebliche **Abmahnung** notwendig sein (s. Rdn 278). Ob ein bestimmtes Verhalten ausreicht, eine außerordentliche Kündigung zu rechtfertigen, hängt von der unter Berücksichtigung der konkreten Umstände des Einzelfalls vorzunehmenden **Interessenabwägung** ab, wobei der Umfang des Schadens ein unterschiedliches Gewicht hat (vgl. *BAG* 12.8.1999 EzA § 626 BGB Verdacht strafbarer Handlung Nr. 8 [Mitnahme von drei Kaffeebechern und zwei Portionen Schinken durch ICE-Steward]; *BAG* 21.6.2012 EzA § 611 BGB 2002 Persönlichkeitsrecht Nr. 13 m. zust Anm. *Thüsing/Pötters* [Diebstahl von zwei Päckchen Zigaretten durch stellvertretende Filialleiterin eines Einzelhandelsunternehmens]; *LAG Düsseld.* 16.8.2005 NZA-RR 2006, 576 [Diebstahl eines Brotes]; *LAG RhPf* 30.1.2009 NZA-RR 2009, 303 [Mitnahme von nicht mehr regulär verkäuflichen Lebensmitteln vor Freigabe]; *LAG MV* 2.6.2009 LAGE § 626 BGB 2002 Nr. 20a [mehrfache Entwendung weniger Euro aus Spendenkörbchen in der Kantine]; *LAG Nds.* 12.2.2010 AE 2010, 174 [eigenmächtige Preisreduzierung für den Eigenerwerb von Waren]; *LAG BW* 23.2.2010 EzASD 2010 Nr. 12 S. 6 [Entwendung von Arbeitshandschuhen und Unterlegscheiben im Wert von 10,– bis 12,– Euro]; *LAG BW* 30.9.2010 NZA-RR 2011, 76 [Entwendung eines Kalenders im Verkaufswert von 9,– Euro]; *LAG RhPf* 3.8.2020, 3 Sa 90/19 [Unterschlagung von Wertgutscheinen im Wert von 15,– Euro]).Die unberechtigte Wegnahme einer Wurst durch einen Schlachter belastete das Arbeitsverhältnis nach *LAG Düsseld.* 16.2.1992 (LAGE § 626 BGB Nr. 66) nicht so stark, dass eine fristlose Entlassung gerechtfertigt gewesen wäre. Entsprechendes galt nach *LAG Köln* 24.8.1995 (LAGE § 626 BGB Nr. 86) für die Mitnahme von zwei Stücken gebratenen Fischs durch eine Küchenhilfe, nach *LAG BW* 20.10.2004 (AiB Newsletter 2006 Nr. 5 S. 4) für das verbotswidrige Trinken einer Tasse hoteleigenen Kaffees durch eine Hotelangestellte, nach *LAG Hamm* 18.9.2009 (EzASD 2009 Nr. 20 S. 3) für den Verzehr von Brotaufstrich im Wert von unter 0,10 Euro, nach *LAG Hamm* 12.5.2011 (LRE 63, 160) für die Wegnahme einer Tafel Schokolade mit abgelaufenem Verfallsdatum aus einem Retouren-Container und nach *LAG BW* 10.2.2010 (LAGE § 626 BGB 2002 Nr. 27) für die Mitnahme eines Kinderreisebetts aus dem Abfall bei einem Entsorgungsunternehmen ohne die für solche Fälle vorgesehene Nachfrage bei der Geschäftsleitung Erschwerend wirkt es, wenn es bei dem Vermögensdelikt um dem Arbeitnehmer **anvertraute Gegenstände oder Gelder** geht (*BAG* 12.8.1999 EzA § 626 BGB Verdacht strafbarer Handlung Nr. 8). Eine Kassiererin, die der Kasse unberechtigt Gelder entnimmt, ist nicht schon deswegen weiterhin tragbar, weil sie von vornherein beabsichtigte, das **eigenmächtig** beanspruchte »Darlehen« zurückzuzahlen (*LAG Düsseld.* 13.1.1976 DB 1976, 680). Ist wegen der Unehrlichkeit eines Arbeitnehmers mit weiteren Diebstählen zu rechnen, dann kann der Arbeitgeber nicht darauf verwiesen werden, strengere, aufwendige Kontrollen einzuführen (*BAG* 2.4.1987 RzK I 6d Nr. 7). Verschafft sich ein Arbeitnehmer, nachdem er seinen Schlüssel für die betrieblichen Räumlichkeiten abgeben und seinen Schreibtisch im Beisein des Vorgesetzten räumen musste, nachfolgend heimlich Zugang zu seinem ehemaligen Büro und nimmt er dort Kopien von Verkaufsvorgängen mit, um Provisionsabrechnungen überprüfen zu können, so begeht er einen schwerwiegenden Vertragsverstoß und Vertrauensbruch, der eine fristlose Kündigung rechtfertigen kann (*LAG Hamm* 4.6.2009 AA 2010, 45). Gleiches gilt, wenn ein Arbeitnehmer Notizen seines Arbeitgebers über Zahlungen auf Vergütungsansprüche entwendet (*LAG Hamm* 23.9.2011 LAGE § 626 BGB 2002 Nr. 36). Selbst **Beweisnot** rechtfertigt grds. keine Verletzung der Vertraulichkeit des gesprochenen Wortes: Die **heimliche Tonaufzeichnung** von Personalgesprächen kann unabhängig von der strafrechtlichen Würdigung (s. § 201 StGB) selbst dann eine fristlose Kündigung rechtfertigen, wenn sie durch eine Vertrauensperson der schwerbehinderten Menschen, einen betriebsverfassungsrechtlichen Funktionsträger iSd § 15 KSchG oder einen ordentlich unkündbaren Arbeitnehmer vorgenommen wurde (vgl. *BAG* 19.7.2012 EzA § 15 nF KSchG Nr. 72; *LAG RhPf* 3.2.2016 RDV 2016, 334; *Hess. LAG* 23.8.2017 NZA-RR 2018, 73).

463 Letztlich muss jeder Einzelfall gewürdigt werden. Folgende **Beispiele aus der Rechtsprechung zu Betrugsfällen** außerhalb des Arbeitszeitbetrugs (vgl hierzu Rdn 461) mögen eine Orientierungshilfe bieten: Bei einem Arbeitnehmer in besonderer Vertrauensstellung kann auch schon ein einmaliger und verhältnismäßig geringfügiger Fall von **Spesenbetrug** ein wichtiger Kündigungsgrund sein (*BAG* 11.7.2013 EzA § 1 KSchG Verhaltensbedingte Kündigung Nr. 83; *LAG RhPf* 14.3.2013 – 5 Sa 385/12; krit. MüKo-BGB/*Henssler* Rn 199; einschränkend, wenn der Arbeitgeber ein derartiges Verhalten in vergleichbaren Fällen hingenommen oder der Arbeitnehmer die Verfehlung zugegeben und den Schaden ersetzt hat, auch SPV-*Preis* Rn 685 f.; s. zu diversen Fallgestaltungen und bei der Interessenabwägung zu berücksichtigenden Gesichtspunkten ferner *Diller* GmbHR 2006, 333). Verfehlt ist eine Interessenabwägung, die unter Berufung auf *BAG* 10.6.2010 EzA § 626 BGB 2002 Nr. 32 (»Emmely«) beim Spesenbetrug einer Arbeitnehmerin über 166,- Euro im Zusammenhang mit ihrem 40-jährigen Dienstjubiläum dem Arbeitgeber eine Kündigung verwehrt (so aber *LAG Bln.-Bra.* 16.9.2010 LAGE § 626 BGB 2002 Nr. 29). Rechnet der Geschäftsführer einer GmbH den Aufwand für eine von ihm angeschaffte Arbeitsmittel vorsätzlich zu hoch ab, rechtfertigt dies selbst dann eine fristlose Kündigung, wenn es sich um einen kleinen Betrag handelt (*OLG Celle* 27.1.2010 GmbHR 2010, 365). Einen wichtigen Grund iSv § 626 BGB setzt ein Arbeitnehmer, der mit seinem Dienstfahrzeug **bewusst einen Unfall** verursacht, um gem. einer Verabredung mit dem andern Unfallbeteiligten die Haftpflichtversicherung des Arbeitgebers zu schädigen (*BAG* 29.11.2007 EzA § 626 BGB 2002 Verdacht strafbarer Handlung Nr. 5). Der **Missbrauch einer Tankkarte** kann eine außerordentliche Kündigung rechtfertigen (*BAG* 31.1.2019, 2 AZR 426/18, EzA § 1 KSchG Verdachtskündigung Nr. 7). Als wichtiger Grund geeignet ist auch ein Betrug, den ein am Bau Verantwortlicher begeht, indem er einem Subunternehmer nicht erbrachte Leistungen bescheinigt (vgl. *LAG Düsseld.* 27.7.1966 DB 1966, 1571). Bucht eine Kassiererin unberechtigt von Kunden nicht in Anspruch genommene **Bonuspunkte** auf ihre eigene Kundenkarte bzw. die Karte ihrer Tochter, kann dies eine fristlose Kündigung ohne Abmahnung rechtfertigen (*Hess. LAG* 11.12.2008 LAGE § 626 BGB 2002 Nr. 18). Gleiches gilt, wenn die Verkäuferin/Kassiererin eines Drogerieunternehmens einen **Personaleinkauf** unter missbräuchlicher Verwendung produktbezogener Rabatt-Coupons tätigt (*BAG* 16.12.2010 EzA § 626 BGB 2002 Nr. 33) oder wenn die Mitarbeiterin einer Fluggesellschaft ihrem Ehemann unberechtigt **Meilengutschriften** erteilt (*BAG* 3.7.2003 EzA § 1 KSchG Verdachtskündigung Nr. 2). Ein wichtiger Grund für eine außerordentliche Kündigung liegt auch darin, dass ein zur Privatliquidation berechtigter Chefarzt nachhaltig von ihm **nicht erbrachte Leistungen** abrechnet und damit den Ruf seines Arbeitgebers aufs Spiel setzt (*LAG Nds.* 17.4.2013 NZA-RR 2013, 351). Sagt ein Arbeitnehmer in einem Prozess gegen den Arbeitgeber vorsätzlich falsch aus bzw. gibt er vorsätzlich eine **falsche eidesstattliche Versicherung** ab, ist eine fristlose Kündigung grds. berechtigt (*BAG* 24.11.2005 EzA § 103 BetrVG 2001 Nr. 5 mwN; 8.11.2007 EzA § 626 BGB 2002 Nr. 19). Gleiches gilt, wenn ein Arbeitnehmer wiederholt seine **Privatpost auf Firmenkosten** verschickt (*Hess. LAG* 14.5.2007 AuA 2007, 686; *LAG RhPf* 18.12.2013 – 8 Sa 220/13). Auch dass ein Vorgesetzter während der Arbeitszeit Untergebene privat für sich arbeiten lässt oder von ihm wahrzunehmende Interessen seines Arbeitgebers mit eigenen verquickt, indem er private Bestellungen über eine Tochtergesellschaft seines Arbeitgebers abwickelt,

ist geeignet, eine außerordentliche Kündigung zu rechtfertigen (*LAG RhPf* 31.10.2008 – 9 Sa 296/07; *LAG Köln* 25.11.2016 AuA 2017, 179). Einen wichtigen Grund setzt ferner ein Arbeitnehmer, der über die betriebliche Fernsprechanlage oder ein Diensthandy umfangreiche **private Telefongespräche** auf Kosten des Arbeitgebers führt, wenn er mittels technischer Manipulation gesperrte Rufnummern angewählt hat (*LAG Köln* 13.3.2002 LAGE § 626 BGB Verdacht strafbarer Handlung Nr. 15 zu Telefonaten mit Sex-Hotlines), wenn er private Gespräche pflichtwidrig nicht zum Zweck der Abrechnung gekennzeichnet (*BAG* 5.12.2002 EzA § 123 BGB 2002 Nr. 1; *LAG Hamm* 28.11.2008 NZA-RR 2009, 476; *LAG Bln.-Bra.* 18.11.2009 LAGE § 626 BGB 2002 Nr. 25; *Hess. LAG* 25.7.2011 EzTöD 100 § 34 Abs. 2 TVöD-AT Verhaltensbedingte Kündigung Nr. 33) bzw. heimlich von Anschlüssen von Arbeitskollegen aus geführt hat (*BAG* 4.3.2004 EzA § 103 BetrVG 2001 Nr. 3; vgl. auch *VG Mainz* 2.2.2010 PersR 2010, 262) oder wenn ihm der Arbeitgeber solche Gespräche ausdrücklich untersagt hat (LAG Nbg 20.2.2019, 4 Sa 349/18, ZTR 2020, 45); s. ferner den Überblick von *Günther/Nolde* ArbR 2012, 597 ff. zur Nutzung eines Diensthandys. Entsprechendes gilt für das Anfertigen privater **Kopien** oder das private Surfen im Internet bzw. die private E-Mail-Korrespondenz. Auch wenn die **private Internetnutzung** nicht ausdrücklich untersagt wurde, verletzt ein Arbeitnehmer mit einer exzessiven Nutzung während der Arbeitszeit zugleich gravierend seine Arbeitspflicht, so dass eine außerordentliche Kündigung auch ohne Abmahnung wirksam sein kann (*BAG* 7.7.2005 EzA § 626 BGB 2002 Nr. 10; 27.4.2006 EzA § 626 BGB 2002 Unkündbarkeit Nr. 11; *LAG Nds.* 31.5.2010 EzTöD 100 § 34 Abs. 2 TVöD-AT Verhaltensbedingte Kündigung Nr. 21; *ArbG Düsseld.* 1.8.2001 RzK I 6a Nr. 210; s. ferner KR-*Rachor* § 1 KSchG Rdn 540; *Beckschulze* DB 2009, 2097, 2099; *Besgen/Prinz* § 1 Rn 118 ff.; *Kramer* NZA 2004, 463 f.; *Mengel* NZA 2005, 753 ff. mwN). Bei fehlendem Verbot 80 bis 100 Stunden im Jahr für irrelevant zu halten (*LAG Köln* 11.2.2005 LAGReport 2005, 229), erscheint zu großzügig.

Bei der stets erforderlichen **Interessenabwägung** ist es grds. nicht ausschlaggebend, dass die dem Arbeitnehmer wegen der Kündigung entstehenden Nachteile weitaus größer sind als der dem Arbeitgeber zugefügte Schaden (*LAG RhPf* 27.3.1996 LAGE § 626 BGB Nr. 113). Dagegen ist das sog. »**Nach-Tat-Verhalten**« von Bedeutung (s. Rdn 256), ferner die Dauer der **Betriebszugehörigkeit** des Arbeitnehmers. Dem Arbeitgeber wird allerdings auch nach der Rspr. des BAG nicht zugemutet, bei einer bestimmten Dauer der Betriebszugehörigkeit gewisse Eigentumsdelikte zu dulden. Bei der gebotenen Berücksichtigung der Betriebszugehörigkeit kann sich deren Dauer gelegentlich sogar zum Nachteil des Arbeitnehmers auswirken, wenn der Arbeitgeber gerade dadurch veranlasst worden ist, dem Arbeitnehmer ein besonderes Vertrauen entgegenzubringen und von den sonst üblichen Kontrollen abzusehen, weil dann ein Eigentumsdelikt die Vertrauensgrundlage besonders stark erschüttert haben kann (*BAG* 16.10.1986 RzK I 6d Nr. 5; *LAG Nbg.* 16.10.2007 LAGE § 626 BGB 2002 Verdacht strafbarer Handlung Nr. 4; zust. *Berger* JArbR 2011, 57; *Stoffels* NJW 2011, 121 f.). Zur Kündigung wegen während der Freizeit des Arbeitnehmers begangener Delikte s. Rdn 122, 430.

464

Ein Arbeitnehmer verstößt idR gegen § 299 Abs. 1 StGB, im öffentlichen Dienst gegen §§ 331 f. StGB sowie § 3 TVöD und jedenfalls gegen seine **Rücksichtnahmepflicht**, wenn er von einem Dritten **Schmiergeld** fordert oder annimmt. Er zerstört damit das Vertrauen in seine Zuverlässigkeit und Redlichkeit. Dieses Verhalten stellt in aller Regel einen wichtigen Grund zur außerordentlichen Kündigung dar (*BAG* 17.3.2005 EzA § 626 BGB 2002 Nr. 9; 24.5.2012 EzA § 626 BGB 2002 Verdacht strafbarer Handlung Nr. 11; *LAG Düsseld.* 23.2.2011 LAGE § 626 BGB 2002 Nr. 32; vgl. KR-*Rachor* § 1 KSchG Rdn 537, *Häcker* ArbRB 2010, 216 ff., MüKo-BGB/*Henssler* Rn 179 und SPV-*Preis* Rn 682 ff., die zutr. branchenübliche Gelegenheitsgeschenke und Trinkgelder ausklammern; s. dazu auch Rdn 478). Das gilt auch dann, wenn der Arbeitnehmer sich durch das Schmiergeld nicht dazu bewegen lässt, seine vertraglichen Pflichten unkorrekt zu erfüllen (*BAG* 15.11.2001 EzA § 626 BGB nF Nr. 192). Ein Betreuer darf grds. keine Geldgeschenke von Verwandten des Betreuten annehmen, auch wenn der Betreute bereits verstorben ist (*LAG SchlH* 27.10.2004 EzBAT § 54 BAT Unkündbare Angestellte Nr. 20). Fordert eine bei einem Rechtsanwalt als Dolmetscherin tätige ausländische Mitarbeiterin von den vorwiegend ausländischen Mandanten finanzielle Zuwendungen, dann verletzt sie in grober Weise ihre Rücksichtnahmepflicht

465

(*LAG Bln.* 16.5.1978 EzA § 626 BGB nF Nr. 62). Gleiches gilt, wenn ein Einkäufer einen Lieferanten seines Arbeitgebers veranlasst, ihm Waren privat kostenfrei zu liefern (vgl. *LAG SchlH* 6.5.1996 LAGE § 626 BGB Nr. 95). Dagegen soll es keine Kündigung rechtfertigen, wenn ein Arbeitnehmer von einem anderen Arbeitnehmer für die Vermittlung von dessen Einstellung eine Provision fordert und kassiert, wenn dadurch weder das Vertrauensverhältnis noch der Betriebsfrieden gestört wird (*BAG* 24.9.1987 EzA § 1 KSchG Verhaltensbedingte Kündigung Nr. 18 m. krit. Anm. *Löwisch*; aA mit Recht auch HK-*Dornbof* § 1 Rn 828; MüKo-BGB/*Henssler* Rn 179; SPV-*Preis* Rn 684; das BAG hat es bei dieser Fallgestaltung nämlich unterlassen, vorab zu prüfen, ob der Arbeitnehmer durch sein Verhalten nicht ein Zugangshindernis errichtet und dadurch eine vertragliche Nebenpflicht verletzt hat).

466 Eine außerordentliche Kündigung kommt auch dann in Betracht, wenn ein Arbeitnehmer **Schmiergelder** anbietet oder bezahlt (vgl. *BAG* 21.6.2012 EzA § 9 KSchG nF Nr. 63; *Häcker* ArbRB 2010, 217; *Dzida* NZA 2012, 881 ff.) oder sich am Aufbau einer **schwarzen Kasse** beteiligt, aus der Schmiergelder an Dritte gezahlt werden. Allerdings wird idR die Interessenabwägung die Zumutbarkeit der Fortsetzung des Arbeitsverhältnisses ergeben, wenn der Arbeitgeber solche Verhaltensweisen geduldet bzw. nicht durch kontrollierte Compliance-Regelungen zu verhindern versucht hat (vgl. *BAG* 21.6.2012 EzA § 9 KSchG nF Nr. 63; *Steinkühler/Kunze* RdA 2009, 367 ff.).

467 Ein wichtiger Grund kann vorliegen, wenn ein Tischchef in einer **Spielbank** einem Stammkunden ein Darlehen in nicht unerheblicher Höhe gewährt (*BAG* 26.3.2009 AP Nr. 220 zu § 626 BGB). Die verbotswidrig **zweckentfremdete** Verwendung eines vom Arbeitgeber gewährten **Baudarlehens** stellt eine Verletzung der Rücksichtnahmepflicht dar. Sie berechtigt zur außerordentlichen Kündigung, wenn der Arbeitnehmer den Arbeitgeber unter einem Vorwand zur Herausgabe des Darlehens bewogen hat (*LAG Düsseld.* 20.9.1967 BB 1967, 1426). Versucht ein Angestellter, einen Betriebsleiter seines Arbeitgebers zu **falschen Angaben** über die Verhältnisse des Arbeitnehmers **gegenüber** dem **Finanzamt** und der **Agentur für Arbeit** zu veranlassen, dann bildet ein solches Verhalten einen wichtigen Grund zur fristlosen Kündigung (*LAG Bay.* 21.11.1958 WA 1960 Nr. 94; zu entsprechenden Falschangaben einer Personalleiterin vgl. *LAG Brem.* 31.1.1997 LAGE § 626 BGB Nr. 107). **Geschäftsschädigende Äußerungen** eines Arbeitnehmers gegenüber einem Auftrag- oder Kreditgeber seines Arbeitgebers können eine fristlose Kündigung rechtfertigen (*BAG* 6.2.1997 RzK I 6a Nr. 146; *LAG Köln* 11.9.2012 ArbR 2013, 274). Das gilt auch, wenn ein Arbeitnehmer einen unzufriedenen Kunden an ein **Konkurrenzunternehmen** vermittelt (*Sächs. LAG* 25.6.1996 LAGE § 626 BGB Nr. 102), wenn eine ohne Kenntnis des Arbeitgebers als Heilpraktikerin tätige Krankenschwester einem Patienten eine Visitenkarte von ihrer Praxis überreicht und diesen bei der anschließenden Behandlung in ihrer Praxis zum Absetzen der ärztlich verordneten Medikamente und zur Verschiebung eines Operationstermins veranlasst (*LAG Köln* 11.9.1996 LAGE § 626 BGB Nr. 103), wenn ein Arbeitnehmer die Belegschaft oder Teile davon zur Schädigung des Arbeitgebers aufruft (*LAG Hamm* 23.2.1965 DB 1965, 1052) oder wenn er ernsthaft ankündigt, er selbst werde den Arbeitgeber in existenzgefährdender Weise schädigen (*LAG Nbg.* 13.1.1993 LAGE § 626 BGB Nr. 67; *LAG Hmb.* 7.9.2007 NZA-RR 2008, 577 [Nötigung zur Gehaltserhöhung]).

38. Tätlichkeiten, Bedrohungen, vorsätzliche gefährdende Handlungen

468 Bei einer **verbalen Auseinandersetzung** zwischen Arbeitskollegen im Betrieb ist die Entlassung aus wichtigem Grunde erst dann zulässig, wenn eine ernstliche **Störung** des **Betriebsfriedens**, der **betrieblichen Ordnung** oder des reibungslosen **Betriebsablaufs** eintritt (*LAG Saarl.* 22.1.1964 DB 1964, 1229 f.). Die massive **Bedrohung** des Arbeitgebers, eines Vorgesetzten oder von Arbeitskollegen kann eine fristlose Kündigung rechtfertigen (*BAG* 12.1.1995 RzK I 6a Nr. 121; *LAG Düsseld.* 16.7.2003 LAGE § 280 BGB 2002 Nr. 1; *LAG RhPf* 5.7.2005 LAGReport 2005, 350; *LAG Hamm* 10.1.2006 EzASD 2006 Nr. 8 S. 9; *LAG Köln* 21.3.2007 AE 2008, 35; *LAG SchlH* 21.10.2009 LAGE § 626 BGB 2002 Nr. 24a; *LAG Köln* 25.11.2009 AE 2010, 96; *LAG Düsseld.* 8.6.2017 AA 2017, 109). Auch die ernstliche **Drohung mit Selbstmord** verletzt § 241 Abs. 2 BGB unabhängig davon gravierend, ob der Arbeitnehmer den Arbeitgeber mittels ihrer zu einem bestimmten

Verhalten bestimmen will; allerdings verstärkt eine solche Intention das Gewicht des Fehlverhaltens (*BAG* 29.6.2017 EzASD 2017 Nr. 25 S. 3). Hat der Arbeitnehmer ernstliche **Drohungen bei der Durchführung eines bEM** iSv § 167 Abs. 2 SGB IX ausgesprochen, schließt dies die Verwertung im Kündigungsschutzprozess nicht aus und gebietet es auch nicht, den Drohungen ein geringeres Gewicht beizulegen (*BAG* 29.6.2017, 2 AZR 47/16, EzASD 2017 Nr. 25 S. 3). Bei schweren **Tätlichkeiten** kann auch schon ein einmaliger Vorfall einen wichtigen Grund zur außerordentlichen Kündigung geben, ohne dass der Arbeitgeber noch abmahnen oder begründen müsste, es bestehe Wiederholungsgefahr (*BAG* 24.10.1996 RzK I 5i Nr. 120; 6.10.2005 EzA § 1 KSchG Verhaltensbedingte Kündigung Nr. 66; 18.9.2008 EzTöD 100 § 34 Abs. 2 TVöD-AT Verhaltensdingte Kündigung Nr. 13; zur Messerattacke gegen Kollegin und Ex-Ehefrau außerhalb des Betriebes *LAG SchlH* 6.1.2009 BB 2009, 949; zur Ohrfeige eines Pflegehelfers gegenüber einem Patienten *LAG SchlH* 13.7.2000 PflR 2001, 311; weitere Bsp. zur Gewaltanwendung im Bereich der Pflege bei *Häcker* ArbRB 2011, 91). Gleiches gilt für eine schwere Personengefährdung durch Manipulationen am Bremssystem des Fahrzeugs eines Arbeitskollegen (*LAG Hamm* 14.6.2006 – 18 Sa 2183/05). Vgl. auch Rdn 423 und zur ordentlichen Kündigung *Rachor* § 1 KSchG Rdn 500 ff.

39. Torkontrolle

Ordnet der Arbeitgeber zur Vermeidung von Diebstählen eine Torkontrolle an, ist der Arbeitnehmer grundsätzlich verpflichtet, sich dieser Kontrolle zu unterziehen. Tut er dies nicht, kann eine außerordentliche Kündigung nach erfolgloser Abmahnung oder definitiver Verweigerung in Betracht zu ziehen sein. 469

40. Untersuchungshaft – Freiheitsstrafe

Die Verhaftung eines Arbeitnehmers wegen des Verdachts eines Verbrechens kann auch dann ein wichtiger Grund sein, wenn es nicht zur Eröffnung des Hauptverfahrens kommt oder das Verfahren mangels Beweises eingestellt wird. Dabei ist entscheidend auf die Dauer der **Untersuchungshaft** abzustellen. Entscheidend ist, ob der Arbeitnehmer bereits bei Erklärung der Kündigung durch die Untersuchungshaft verhältnismäßig erhebliche Zeit an der Arbeit verhindert war (*BAG* 10.6.1965 EzA § 124a GewO Nr. 4; vgl. auch *LAG RhPf* 20.10.2008 AA 2009, 126, das bei einer achtjährigen Beschäftigungsdauer zwei Monate noch nicht ausreichen lässt) und welche konkreten Auswirkungen auf das Arbeitsverhältnis sich ergeben (*BAG* 20.11.1997 RzK I 6a Nr. 154). Bei der Kündigung eines Arbeitnehmers wegen Arbeitsverhinderung durch die Verbüßung einer **Freiheitsstrafe** hängt es ebenfalls von Art und Ausmaß der betrieblichen Auswirkungen ab, ob eine haftbedingte Nichterfüllung der Arbeitspflicht eine außerordentliche oder eine ordentliche Kündigung rechtfertigt (*BAG* 15.11.1984 EzA § 626 BGB nF Nr. 95). Da der Arbeitgeber durch den Fortbestand des Arbeitsverhältnisses während der Strafverbüßung wirtschaftlich nicht belastet wird, weil der Arbeitnehmer die dadurch bedingte Unmöglichkeit der Arbeitsleistung zu vertreten hat, kommt es entscheidend darauf an, ob sich die Arbeitsverhinderung konkret nachteilig auf das Arbeitsverhältnis auswirkt und ob für den Arbeitgeber zumutbare **Überbrückungsmaßnahmen** bestehen (*BAG* 9.3.1995 EzA § 626 BGB nF Nr. 154). Er kann aufgrund seiner Rücksichtnahmepflicht gehalten sein, bei der Erlangung des **Freigängerstatus** mitzuwirken, um Störungen des Arbeitsverhältnisses zu vermeiden. Dies setzt allerdings voraus, dass das Arbeitsverhältnis nicht schon, wie zB bei einem im öffentlichen Dienst beschäftigten Drogenhändler, unmittelbar durch die Straftat beeinträchtigt ist (*LAG Köln* 13.2.2006 EzTöD 100 § 34 Abs. 2 TVöD-AT Verhaltensbedingte Kündigung Nr. 1) und dass der Arbeitnehmer den Arbeitgeber über die Umstände der Straftat, des Strafverfahrens und der Haft nicht täuscht bzw. im Unklaren lässt (*BAG* 9.3.1995 EzA § 626 BGB nF Nr. 154; *Franzen* SAE 1996, 37). **Nicht mehr zumutbar** sind Überbrückungsmaßnahmen idR dann, wenn im Kündigungszeitpunkt noch mit einer **Haft von mehr als zwei Jahren** zu rechnen ist (*BAG* 24.3.2011 EzA § 1 KSchG Personenbedingte Kündigung Nr. 27; teilw. krit. *Picker* RdA 2012, 40 ff., der dies schon bei mehr als sechs Monaten annimmt). Zur Kündigung vor Strafantritt s. Rdn 118. 470

41. Urlaub – Antritt, Überschreitung

471 Die **Manipulation von Urlaubsunterlagen** zur Erschleichung von zusätzlichem Urlaub bzw. ein entsprechender dringender Verdacht berechtigt den Arbeitgeber regelmäßig zur fristlosen Kündigung (*Hess. LAG* 20.8.2004 NZA-RR 2005, 301). Ein Arbeitnehmer, der gegen den Willen des Arbeitgebers einen Urlaub antritt (**Selbstbeurlaubung**), kann dem Arbeitgeber damit einen wichtigen Grund zur außerordentlichen Kündigung geben (*BAG* 20.1.1994 EzA § 626 BGB nF Nr. 153; 16.3.2000 EzA § 626 BGB nF Nr. 179 [*Kraft*]). Dies gilt auch bei einer Prozessbeschäftigung (*BAG* 20.5.2021, 2 AZR 457/20). Einer vorherigen **Abmahnung** bedarf es idR nicht (SPV-*Preis* Rn 592; aA HK-*Dorndorf* § 1 Rn 840). Ein Recht des Arbeitnehmers, sich selbst zu beurlauben, ist angesichts des umfassenden Systems gerichtlichen Rechtsschutzes grds. abzulehnen (*BAG* 20.1.1994 EzA § 626 BGB nF Nr. 153; zum Ausschluss eines Selbstbeurlaubungsrechts auch *BAG* 26.5.2020, 9 AZR 259/19 – Rn 25; 23.1.2001, 9 AZR 287/99, EzA-SD 2001, Nr. 17, 9–11). Es ist bei einer Kündigung wegen eigenmächtigen Urlaubsantritts bei der **Interessenabwägung** jedoch zugunsten des Arbeitnehmers zu berücksichtigen, wenn der Urlaubsantrag frühzeitig gestellt wurde, der Arbeitgeber den Antrag zu Unrecht abgelehnt hat oder wenn er den Betriebsablauf nicht so organisiert hat, dass die Urlaubsansprüche des Arbeitnehmers nach den gesetzlichen Vorschriften erfüllt werden konnten (*BAG* 20.1.1994 EzA § 626 BGB nF Nr. 153; vgl. auch *LAG SchlH* 6.1.2011 LAGE § 626 BGB 2002 Nr. 31; zu den Mitwirkungsobliegenheiten des Arbeitgebers *BAG* 19.2.2019, 9 AZR 423/16, EzA-SD 2019, Nr. 14, 5–8). In die Interessenabwägung ist ferner aufzunehmen, ob eine besondere Belastungssituation für den Betrieb aus dem ungeplanten Fehlen des Arbeitnehmers entstanden ist, welchem Zweck die Urlaubsabwesenheit diente und ob der Arbeitgeber eine Mitverantwortung dafür trägt, dass eine frühzeitige gerichtliche Klärung durch den Arbeitnehmer unterblieb (*LAG Köln* 6.12.2010 AuR 2011, 222). Auch der eigenmächtige Antritt einer nicht beantragten **Elternzeit** kann ein wichtiger Grund sein (vgl. *LAG Düsseld.* 29.8.1989 LAGE § 626 BGB Nr. 124).

472 Ein Arbeitnehmer, dem an seinem Urlaubsort von einem ausländischen Arzt eine Arbeitsunfähigkeitsbescheinigung erteilt wird, braucht nicht an seinen Arbeitsplatz zurückzukehren. Er kann sich auf die Beurteilung seines Gesundheitszustandes durch den Arzt verlassen. Dagegen zerstört der dringende Verdacht, dass der Arbeitnehmer eine Urlaubsüberschreitung von vornherein mit einer vorgetäuschten Arbeitsunfähigkeit geplant hatte, das Vertrauen in die charakterliche Eignung und die Redlichkeit des Arbeitnehmers (*BAG* 6.9.1990 EzA § 1 KSchG Verdachtskündigung Nr. 1). Allein die Häufigkeit und Regelmäßigkeit von ordnungsgemäß attestierten und vom Arbeitgeber durch Gewährung von Entgeltfortzahlung anerkannten **Urlaubserkrankungen** eines ausländischen Arbeitnehmers lassen aber ohne eine Auswertung der den Attesten jeweils zugrundeliegenden Befunde sowie der durchgeführten Behandlungsmaßnahmen noch keine zuverlässigen Rückschlüsse auf ein Vortäuschen von Erkrankungen zu. Die bestehenden Verdachtsmomente begründen ohne die gebotene Aufklärung auch noch keinen objektiv dringenden Verdacht (*LAG Düsseld.* 15.1.1986 LAGE § 1 KSchG Verhaltensbedingte Kündigung Nr. 7). Soweit der Arbeitgeber **ausländische Arbeitsunfähigkeitsbescheinigungen** (vgl. zu deren Anforderungen *BAG* 17.6.2003 EzA § 626 BGB 2002 Nr. 4) anzweifelt, hat er zu beweisen, dass diese rechtsmissbräuchlich oder betrügerisch erwirkt wurden. Der Beweis kann auch im Bereich der Europäischen Union durch Darlegung von **Indizien** geführt werden, wenn diese geeignet sind, dem Gericht die volle Überzeugung zu vermitteln (*EuGH* 2.5.1996 EzA § 5 EFZG Nr. 1; *BAG* 19.2.1997 EzA § 3 EFZG Nr. 2; 17.6.2003 EzA § 626 BGB 2002 Nr. 4).

473 Bei einer Kündigung wegen eigenmächtigen Urlaubsantritts muss der Arbeitgeber beweisen, dass der Arbeitnehmer unbefugt in Urlaub gegangen ist. Durch die Behauptung des Arbeitnehmers, der Arbeitgeber habe den Urlaub genehmigt, tritt keine Umkehrung der **Beweislast** ein (s. Rdn 396 f.). Kündigt der Arbeitnehmer bei einem ganz oder teilw. abgelehnten Urlaubsgesuch eine Erkrankung an und legt er dann später für die Zeit der Arbeitsversäumnis bzw. Urlaubsüberschreitung eine Arbeitsunfähigkeitsbescheinigung vor, dann ist deren Beweiswert erschüttert. Zudem kann auch schon die Ankündigung als solche einen wichtigen Grund darstellen (s. Rdn 445).

42. Verdachtskündigung

Zu den Voraussetzungen der **Verdachtskündigung** vgl. Rdn 226 ff. **Beispiele** aus der neueren Rechtsprechung: LAG Düsseld. 18.12.2020, 6 Sa 522/20 (Arbeitszeitbetrug); LAG RhPf. 3.8.2020, 3 Sa 52/20 (anonyme Anzeige gegen den Arbeitgeber); LAG RhPf. 10.3.2020, 8 Sa 40/19 (sexuelle Belästigung); LAG Köln 17.1.2019, 7 Sa 497/18 (Tabakschmuggel durch LKW-Fahrer); LAG MV 10.7.2018, 2 TaBV 1/18 (Entsorgung dienstlicher Unterlagen); LAG RhPf. 14.3.2018, 4 Sa 29/17 (Fehlbuchung von Gutscheinbeträgen); LAG Nds. 12.3.2018, 15 Sa 319/17 (Mitglied in terroristischer Vereinigung). 474

43. Verschuldung des Arbeitnehmers

Schulden des Arbeitnehmers und dadurch bedingte **Lohnpfändungen** sind grds. kein Grund zur außerordentlichen Kündigung, soweit es sich nicht um einen Arbeitnehmer in einer besonderen Vertrauensstellung (zB Börsenbevollmächtigter einer Bank) handelt (*BAG* 15.10.1992 EzA § 1 KSchG Verhaltensbedingte Kündigung Nr. 45). 475

44. Verschwiegenheitspflicht

Auch ohne besondere Vereinbarung muss der Arbeitnehmer **Geschäfts- und Betriebsgeheimnisse** (zum Begriff *BAG* 16.5.2019, 8 AZN 809/18) wahren. Die schuldhafte Verletzung dieser Pflicht kann eine außerordentliche Kündigung rechtfertigen (*BAG* 4.4.1974 EzA § 15 KSchG nF Nr. 1; *SPV-Preis* Rn 693). Diese allgemeine Nebenpflicht wird verletzt, wenn der Arbeitnehmer Wettbewerbern, die mit seinem Arbeitgeber in Konkurrenz stehen, Informationen aus dem Geschäftsbereich seines Arbeitgebers erteilt (*BAG* 26.9.1990, 2 AZR 602/89, RzK I 8c Nr. 20; *LAG Bln.* 10.7.2003 LAGE § 626 BGB 2002 Nr. 1a; Hess. LAG 12.3.2015, 9 TaBV 188/14). Auch die Weiterleitung von Mails mit betrieblichen Informationen auf einen privaten E-Mail-Account zur Vorbereitung einer Tätigkeit bei einem neuen Arbeitgeber stellt eine schwerwiegende Verletzung der vertraglichen Rücksichtnahmepflichten dar (*LAG Bln.-Bra.* 16.5.2017 LAGE § 626 BGB 2002 Nr. 72). Selbst bei einem leitenden Angestellten ist die Verletzung der **Verschwiegenheitspflicht** aber nicht immer ein Grund zur fristlosen Entlassung. Hat zB der Arbeitgeber seinen Gläubigern und Lieferanten durch ein Rundschreiben seine Zahlungsunfähigkeit mitgeteilt, dann kann er einen Betriebsleiter nicht deshalb fristlos entlassen, weil dieser daraufhin einen Lieferanten von weiteren Lieferungen abgehalten hat (*LAG Düsseld.* 6.7.1954 DB 1954, 764). Ein Arbeitnehmer kann hingegen außerordentlich gekündigt werden, wenn er über die wirtschaftliche und finanzielle Lage seines Arbeitgebers **unrichtige Behauptungen** verbreitet, die geeignet sind, den Arbeitgeber zu schädigen. Das gilt insbes. dann, wenn ein Auftraggeber aufgrund der unzutreffenden Mitteilungen Zahlungen zurückhält oder für die Abwicklung eines Auftrages Sicherheiten verlangt (*LAG BW* 16.11.1967 DB 1968, 359). Die fristlose Kündigung kann auch gegenüber einem Lehrer gerechtfertigt sein, der den Namen einer ehemaligen Schülerin, die sich mit dem Vorwurf eines sexuellen Missbrauchs an die Schulleitung gewandt und ersichtlich eine vertrauliche Behandlung gewünscht hat, Dritten offenbart (*Hess. LAG* 6.7.2011 – 2 TaBV 205/10), ebenso gegenüber einer Arzthelferin, die Patientendaten an eine Verwandte weitergibt (*LAG BW* 11.11.2016 GesR 2018, 59). 476

45. Vollmachtsüberschreitung

Überträgt der Arbeitgeber einem leitenden Angestellten uneingeschränkt die Führung des Betriebes und lässt er ihm jahrelang freie Hand, ohne ihn zu kontrollieren und seine Maßnahmen zu beanstanden, dann kann er ihm nicht später mit dem Vorwurf fristlos kündigen, seine **Befugnisse überschritten** zu haben (*BAG* 20.8.1964 AP Nr. 7 zu § 70 HGB). Ein leitender Angestellter darf von der ihm eingeräumten uneingeschränkten Vollmacht für Anschaffungen für den Betrieb ohne ausdrückliche Genehmigung keinen Gebrauch machen, wenn die Maßnahmen seinem persönlichen Nutzen dienen. Hält er sich nicht an diese Bindung, dann kann das, ggf. auch ohne Abmahnung, ein Grund zur außerordentlichen Kündigung sein (*BAG* 26.11.1964 AP Nr. 53 zu § 626 BGB; zur Vollmachtüberschreitung im Konzern *LAG Köln* 28.3.2001, 8 Sa 405/00, RzK I 6a Nr. 203). 477

46. Weisungen (Direktionsrecht)

478 Als Vertragspflichtverletzung, die grds. eine außerordentliche Kündigung zu rechtfertigen vermag, ist ein nachhaltiger Verstoß des Arbeitnehmers gegen **berechtigte Weisungen des Arbeitgebers** anzusehen (*BAG* 12.5.2010 EzA § 626 BGB 2002 Nr. 31; zum verbotswidrigen Sammeln von Pfandflaschen *BAG* 23.8.2018, 2 AZR 235/18, EzA § 626 BGB 2002 Nr. 66). Ein Arbeitnehmer kann allerdings dann von den Weisungen des Arbeitgebers abweichen, wenn er annehmen darf, der Arbeitgeber werde bei Kenntnis der Sachlage die Abweichung billigen. Eine außerordentliche Kündigung ist deswegen nicht ohne Weiteres berechtigt, wenn der Arbeitnehmer sich nicht an eine Weisung gehalten hat. Stets ist zu prüfen, ob es sich um eine arbeitsvertraglich zulässige Weisung handelte (SPV-*Preis* Rn 571 ff.). Bei einem Kellner kann die Weisung, Trinkgelder in eine Gemeinschaftskasse einzuzahlen bzw. künftig nicht mehr selbst zu kassieren, unzulässig sein (*LAG RhPf* 9.12.2010 DB 2011, 881). Von schwerwiegender Bedeutung ist die **Missachtung sicherheitsrelevanter Weisungen**. Die sofortige Entlassung kann gerechtfertigt sein, wenn der Arbeitnehmer sich nachhaltig weigert, die notwendigen **Arbeitsschutzbestimmungen** zu beachten, oder wenn er elementare Sicherheitsvorschriften missachtet (*LAG Hamm* 17.11.1989 LAGE § 626 BGB Nr. 48; *LAG Köln* 17.3.1993 LAGE § 626 BGB Nr. 71; *LAG SchlH* 14.8.2007 LAGE § 626 BGB 2002 Nr. 12; s.a. Rdn 428 f.).

47. Wettbewerb

479 Nach § 60 Abs. 1 HGB ist der Betrieb eines Handelsgewerbes durch einen kaufmännischen Angestellten nicht schlechthin, sondern nur im **Handelszweig des Arbeitgebers** an dessen **Einwilligung** gebunden. Eine Vertragsklausel, die jede Tätigkeit für ein anderes Unternehmen verbietet, schränkt die **Berufsfreiheit** unzulässig ein (*LAG Nbg.* 25.7.1996 LAGE § 626 BGB Nr. 98). Der kaufmännische Angestellte unterliegt dem **Wettbewerbsverbot** für die Dauer des Arbeitsverhältnisses so lange, wie das Arbeitsverhältnis seinem rechtlichen Bande nach besteht (*BAG* 21.6.1991 EzA § 626 BGB nF Nr. 140). Das gilt nicht nur für einen kaufmännischen Angestellten, sondern aufgrund der Rücksichtnahmepflicht für jeden Arbeitnehmer (SPV-*Preis* Rn 663). Der Arbeitsvertrag schließt für die Dauer seines Bestandes aufgrund § 241 Abs. 2 BGB ein Wettbewerbsverbot ein, das über den persönlichen und sachlichen Geltungsbereich des § 60 HGB hinausgeht. Verletzt ein Arbeitnehmer das für die Dauer des Arbeitsverhältnisses bestehende Wettbewerbsverbot, handelt es sich in der Regel um eine erhebliche Pflichtverletzung, die »an sich« geeignet ist, eine außerordentliche Kündigung zu rechtfertigen (*BAG* 29.6.2017, 2 AZR 597/16, EzA-SD 2017, Nr. 19, 3–6 – Rn 15). Ein Wettbewerbsverstoß, der geeignet ist, einen wichtigen Grund zu bilden, liegt zB vor, wenn der Arbeitnehmer einen bei seinem Arbeitgeber beschäftigten Mitarbeiter für ein Konkurrenzunternehmen abwirbt (*BAG* 30.1.1963 EzA § 60 HGB Nr. 1), wenn er Kunden des Arbeitgebers für ein Konkurrenzunternehmen abwirbt (*BAG* 28.1.2010 EzA § 626 BGB 2002 Nr. 30) oder bei ihnen bereits für eigene Zwecke wirbt (*BAG* 24.4.1970 EzA § 60 HGB Nr. 3; *LAG RhPf* 1.9.2017 EWiR 2017, 477), wenn er einem konkurrierenden Unternehmen als Gesellschafter beitritt und diesem Kapital zuführt (*LAG Köln* 29.4.1994 LAGE § 60 HGB Nr. 3; jedenfalls bei maßgeblichem Einfluss auf den Geschäftsbetrieb dieses Unternehmens auch *LAG SchlH* 12.4.2017 BB 2017, 1716) oder wenn er derzeitigen bzw. ehemaligen Arbeitskollegen bei einer aufgenommenen oder beabsichtigten konkurrierenden Tätigkeit hilft oder sonst einen Wettbewerber des Arbeitgebers unterstützt (*BAG* 21.11.1996 EzA § 626 BGB nF Nr. 162; 29.6.2017 EzA § 32 BDSG Nr. 5; *LAG RhPf* 12.1.2006 EzASD 2006 Nr. 11 S. 11; *LAG Hamm* 4.9.2015 AA 2016, 79). Ein in einem Unternehmen der Automobilindustrie beschäftigter Arbeitnehmer verletzt das Wettbewerbsverbot, wenn er sich an einem Handel mit sog. Jahreswagen beteiligt (*BAG* 15.3.1990 RzK I 5i Nr. 60).

480 Dagegen darf ein Arbeitnehmer, wenn kein **nachvertragliches** Wettbewerbsverbot (§ 74 HGB; vgl. hierzu Lembke BB 2020, 52) vereinbart worden ist, schon **vor Beendigung seines Arbeitsverhältnisses** für die Zeit nach seinem Ausscheiden einen Vertrag mit einem konkurrierenden Arbeitgeber abschließen oder die Gründung eines eigenen Unternehmens – auch im Handelszweig seines Arbeitgebers – vorbereiten (*BAG* 30.5.1978 EzA § 60 HGB Nr. 11). Für die Abgrenzung der

erlaubten **Vorbereitungshandlung** von der verbotenen Konkurrenztätigkeit ist entscheidend, ob durch das Verhalten des Arbeitnehmers bereits unmittelbar in die Geschäfts- oder Wettbewerbsinteressen des Arbeitgebers eingegriffen wird. Zulässig sind Vorbereitungshandlungen, durch die nur die formalen und organisatorischen Voraussetzungen für das geplante eigene Handelsunternehmen geschaffen werden sollen. Sie müssen sich aber in der Vorbereitung erschöpfen und dürfen nicht durch Kontaktaufnahme mit Kunden oder anderen Vertragspartnern des Arbeitgebers dessen Interessen gefährden. Als zulässige Vorbereitungshandlung für eine Konkurrenztätigkeit ist es zu werten, wenn der Arbeitnehmer zwar schon sein eigenes Unternehmen gegründet, aber den Geschäftsbetrieb noch nicht aufgenommen hat und der Geschäftsgegenstand des Unternehmens so allgemein gehalten ist, dass noch nicht erkennbar ist, ob der Angestellte dem Arbeitgeber künftig Konkurrenz machen wird (*BAG* 7.9.1972 EzA § 60 HGB Nr. 7). Der Abschluss eines **Franchise-Vertrages** zwischen einem Angestellten und einem Konkurrenten seines Arbeitgebers stellt sich in seiner verkehrstypischen Ausgestaltung grds. noch als erlaubte Vorbereitungshandlung dar (*BAG* 30.5.1978 EzA § 60 HGB Nr. 11). Auch die Zahlung einer Franchise-Gebühr durch den Arbeitnehmer ist idR nicht als kapitalmäßige Unterstützung eines Konkurrenzunternehmens zu werten. Schon das »**Vorfühlen**« **bei potentiellen Kunden** ist dagegen eine unzulässige Wettbewerbshandlung, und zwar selbst dann, wenn der Arbeitnehmer sich darauf beschränkt, »Kontakte« herzustellen und noch keine Geschäfte abschließt (*BAG* 28.9.1989 RzK I 6a Nr. 58; 26.1.1995 EzA § 626 BGB nF Nr. 155; *LAG RhPf* 5.3.2009 AuA 2009, 435). Gleiches gilt für **die Eintragung als Geschäftsführer** eines Konkurrenzunternehmens im Handelsregister (*Hess. LAG* 10.6.2013 ArbR 2013, 581). Vgl. im Übrigen zur ordentlichen Kündigung wegen Konkurrenztätigkeit KR-*Rachor* § 1 KSchG Rdn 531 ff.

Ein Arbeitnehmer ist an das für die Dauer des rechtlichen Bestandes des Arbeitsverhältnisses bestehende Wettbewerbsverbot auch noch gebunden, wenn ihm gekündigt wird und er diese Kündigung, weil er sie für unwirksam hält, gerichtlich angreift (*BAG* 23.10.2014 EzA § 626 BGB 2002 Nr. 48; für GmbH-Geschäftsführer *Diller* ZIP 2007, 201 ff.; aA *Nägele* NZA 2016, 271 ff.). Wettbewerbshandlungen, die der Arbeitnehmer im Anschluss an eine **unwirksame Kündigung** des Arbeitgebers begeht, können danach zu einem wichtigen Grund für eine weitere (außerordentliche) Kündigung werden (vgl. APS-Vossen KSchG § 1 Rn 324 mwN). Für die Interessenabwägung soll es auf den Grad des Schuldvorwurfes sowie auf Art und Auswirkung der Wettbewerbshandlung ankommen. Ein Interessenkonflikt, der einen Schuldvorwurf ausschließt oder mindert, könne eher vorliegen, wenn der Arbeitnehmer nur als Übergangslösung vorübergehend für einen Konkurrenten tätig werde, als dann, wenn er ein eigenes Konkurrenzunternehmen gründe und eine auf Dauer angelegte Konkurrenztätigkeit beginne oder wenn er Arbeitnehmer oder Kunden des Arbeitgebers abwerbe (*BAG* 23.10.2014 EzA § 626 BGB 2002 Nr. 48; *LAG Köln* 26.6.2006 LAGE § 626 BGB 2002 Nr. 8a; *LAG SchlH* 26.6.2012 NZA-RR 2012, 515; für GmbH-Geschäftsführer aA *Diller* ZIP 2007, 207). Demgegenüber wird man von dem Arbeitnehmer, der in dieser Situation die Aufnahme einer Wettbewerbstätigkeit beabsichtigt, zwar verlangen müssen, dass er seinen bisherigen Arbeitgeber um dessen Einwilligung ersucht. Schweigt der Arbeitgeber, ist darin jedoch vor dem Hintergrund seiner vorherigen Kündigung die stillschweigende Erklärung zu sehen, der Arbeitnehmer könne in Wettbewerb treten, ohne sich Sanktionen auszusetzen (ebenso *Fischer* NJW 2009, 333 f.). Widerspricht der Arbeitgeber der Wettbewerbstätigkeit, ist dies als widersprüchliches Verhalten gem. § 242 BGB unbeachtlich, soweit er dem Arbeitnehmer nicht zugleich die Zahlung einer Karenzentschädigung analog §§ 74 ff. HGB anbietet (aA *Fischer* NJW 2009, 333 f.).

III. Außerordentliche Kündigung durch den Arbeitnehmer

1. Allgemeiner Grundsatz

Für die außerordentliche **Kündigung durch** den **Arbeitnehmer** gelten grds. (insbes. für die Notwendigkeit einer Abmahnung – s. Rdn 267 ff. –, die Einhaltung der Ausschlussfrist – s. Rdn 328 ff. – und die Interessenabwägung – s. Rdn 249 ff.) die **gleichen Maßstäbe** und Grundsätze wie für die außerordentliche Kündigung durch den Arbeitgeber (*BAG* 22.3.2018, 8 AZR 190/17, EzA § 626 BGB 2002 Krankheit Nr. 6; 10.9.2020, 6 AZR 94/19 (A), EzA-SD 2020, Nr. 26, 3–5 – Rdn 22; HaKo-KSchR/*Gieseler* Rn 101; TRL-*Wege* § 626 BGB Rn 55; HWK-*Sandmann* Rn 307; **aA** DDZ-*Däubler* Rn 301; MüKo-BGB/*Henssler* Rn 297). Im Streitfall trägt der Arbeitnehmer die Darlegungs- und Beweislast für die Tatsachen, aus denen er die für ihn bestehende Unzumutbarkeit der Weiterbeschäftigung herleitet. Will ein **Arbeitnehmer** geltend machen, eine von ihm erklärte außerordentliche Kündigung sei **wegen Fehlens der Voraussetzungen des § 626 BGB unwirksam**, so kann dieses Recht nur in den Schranken von Treu und Glauben ausgeübt werden. Aus § 242 BGB folgt ua. der Grundsatz des Verbots widersprüchlichen Verhaltens (sog. »venire contra factum proprium«). Eine gemäß § 623 BGB schriftlich und ohne jedes Drängen des Arbeitgebers abgegebene Kündigungserklärung spricht hingegen regelmäßig für eine **ernsthafte und endgültige Lösungsabsicht**. Entschließt sich der Arbeitgeber, eine mit ernsthaftem Lösungswillen ausgesprochene fristlose Kündigung gegen sich gelten zu lassen, so liegt darin grundsätzlich eine hinzunehmende schutzwerte Disposition (*BAG* 10.9.2020, 6 AZR 94/19 (A), EzA-SD 2020, Nr. 26, 3–5 – Rdn 23; vgl. auch DDZ-*Däubler* Rn 323; MüKo-BGB/*Henssler* Rn 297; *Kühn* NZA 2008, 1328 ff.; HWK-*Sandmann* Rn 309; SPV-*Preis* Rn 721; APS-*Vossen* Rn 396; **aA** *Hess. LAG* 25.5.2011 LAGE § 626 BGB 2002 Eigenkündigung Nr. 2; HAS-*Popp* § 19 B Rn 466; *Singer* NZA 1998, 1314; für Umdeutung in ordentliche Kündigung *LAG RhPf* 22.4.2004 NZA-RR 2005, 251).

483 Zu den **prozessualen Möglichkeiten** des Arbeitgebers vgl. Rdn 388 ff.

2. Arbeitsplatzwechsel

484 Die **außerordentliche Chance** eines besonderen **beruflichen Fortkommens** berechtigt den Arbeitnehmer grds. **nicht** zur außerordentlichen Kündigung. Eine Ausnahme von diesem Grundsatz ist nicht bereits gegeben, wenn ein angestellter Krankenhausarzt deswegen fristlos kündigt, weil er eine selbständige Praxis übernehmen möchte (*LAG SchlH* 31.7.1962 DB 1962, 1543), wenn ein langfristig gebundener Arbeitnehmer eine Anstellung mit erheblich höherem Gehalt (*BAG* 1.10.1970 EzA § 626 BGB nF Nr. 6) bzw. zu wesentlich günstigeren Bedingungen (unbefristetes Arbeitsverhältnis; *LAG SchlH* 30.1.1991 LAGE § 626 BGB Nr. 55) erstrebt oder wenn ein angestellter Lehrer die Möglichkeit hat, in ein Beamtenverhältnis zu wechseln (*BAG* 24.10.1996 EzA Art. 12 GG Nr. 29).

3. Arbeitsschutz

485 Weigert sich der Arbeitgeber, zwingende **Arbeitsschutznormen** zu beachten, so kann dies eine fristlose Kündigung des Arbeitnehmers auch dann rechtfertigen, wenn der Arbeitnehmer zunächst weitergearbeitet hat (*BAG* 28.10.1971 EzA § 626 BGB nF Nr. 9). Insbesondere in Zeiten der **Corona-Pandemie** kann eine Arbeitnehmerkündigung begründet sein, wenn der Arbeitgeber keine oder unzureichende **Schutzmaßnahmen** im Betrieb vornimmt und keine der Tätigkeit angepasste **Schutzausrüstung** zur Verfügung stellt (zu den Schutzpflichten des Arbeitgebers § 2 ff. Corona-ArbSchV; vgl. auch Kleinebrink NZA 2020, 1361 und Rdn 447). In der Regel muss der Arbeitnehmer den Arbeitgeber vor einer Kündigung aber abmahnen (vgl. SPV-*Preis* Rn 726).

4. Gehaltsrückstand

486 Der Arbeitnehmer kann nach erfolgloser Abmahnung wegen Nichtgewährung des Gehaltes oder Lohnes schon dann fristlos kündigen, wenn der Arbeitgeber entweder zeitlich oder dem Betrage nach erheblich in **Verzug** kommt (*BAG* 17.1.2002 EzA § 628 BGB Nr. 20; 8.8.2002 EzA § 628 BGB Nr. 21; MüKo-BGB/*Henssler* Rn 301; SPV-*Preis* Rn 723; im Hinblick auf die Möglichkeit, die rückständigen Beträge einzuklagen, teilw. einschränkend HaKo-ArbR/*Griebeling/Herget* Rn 113). Ob der Arbeitgeber leistungsunwillig oder leistungsunfähig ist, spielt grundsätzlich keine Rolle (*BAG* 26.7.2007, 8 AZR 796/06, EzA § 628 BGB 2002 Nr. 6 – Rdn 24). Eine Abmahnung

ist jedoch entbehrlich, wenn der Arbeitgeber sich für zahlungsunfähig erklärt hat. Das Kündigungsrecht entfällt zwar idR, sobald der Arbeitgeber das rückständige Gehalt gezahlt hat, kommt der Arbeitgeber aber längere Zeit hindurch jeden Monat mit der **Gehaltszahlung** in Verzug, dann kann das nach Abmahnung für den Arbeitnehmer für sich genommen ein wichtiger Grund zur fristlosen Kündigung sein (*LAG RhPf* 21.4.2009 AE 2009, 329). Dem Arbeitnehmer wird die Fortsetzung des Arbeitsverhältnisses unzumutbar, wenn es der Arbeitgeber länger als ein Jahr unterlässt, die einbehaltene **Lohnsteuer** und die **Sozialversicherungsbeiträge** abzuführen (*LAG BW* 30.5.1968 BB 1968, 874; MüKo-BGB/*Henssler* Rn 301). Zum **Zurückbehaltungsrecht** an der Arbeitsleistung wegen Verletzung der Lohnzahlungspflicht vgl. *BAG* 25.10.1984 EzA § 273 BGB Nr. 3; *Saarl. LAG* 7.9.2016, 2 Sa 104/15. Danach darf der Arbeitnehmer seine Arbeitsleistung gem. § 273 BGB nur unter Beachtung des Grundsatzes von Treu und Glauben zurückhalten, dh nicht, wenn der Lohnrückstand verhältnismäßig geringfügig ist, nur eine kurzfristige Verzögerung der Zahlung zu erwarten steht, wenn dem Arbeitgeber ein unverhältnismäßig hoher Schaden entstehen kann oder wenn der Lohnanspruch auf andere Weise gesichert ist.

5. Gewissenskonflikt

Hat der Arbeitnehmer wegen eines anzuerkennenden **Gewissenskonflikts** ein Leistungsverweigerungsrecht (s. Rdn 148) und ist Abhilfe durch Zuweisung einer anderen zumutbaren Arbeit nicht möglich, so verliert er seinen Vergütungsanspruch (§ 326 Abs. 1 BGB). Dadurch kann sich für ihn ein wichtiger Grund zur fristlosen Kündigung ergeben (SPV-*Preis* Rn 734). 487

6. Maßregelung, Missachtung, Verdächtigung

Für grobe **Beleidigungen** seitens des Arbeitgebers gilt nichts anderes wie im umgekehrten Fall für solche seitens des Arbeitnehmers (s. Rdn 431). Hiervon zu unterscheiden sind **ehrverletzende Handlungen** des Arbeitgebers. So kann eine unberechtigte **Teilsuspendierung** dem Arbeitnehmer einen wichtigen Grund zur außerordentlichen Kündigung geben, wenn ihm wesentliche Aufgaben entzogen werden und die Anordnung des Arbeitgebers für ihn kränkend ist (*BAG* 15.6.1972 EzA § 626 BGB nF Nr. 14). **Verdächtigt** der Arbeitgeber den Arbeitnehmer zu Unrecht einer Unredlichkeit, dann kann – abhängig vom Gewicht des Verdachtes – der Arbeitnehmer zur fristlosen Kündigung berechtigt sein (*BAG* 24.2.1964 EzA § 607 BGB Nr. 1; SPV-*Preis* Rn 727). 488

7. Verdienstminderung

Ein Handlungsreisender, der ganz oder überwiegend auf **Provisionsbasis** arbeitet, kann zur außerordentlichen Kündigung berechtigt sein, wenn seine **Einkünfte** trotz unverminderten Einsatzes so **gesunken** sind, dass der Verdienst zur Bestreitung seines Lebensunterhaltes nicht mehr ausreicht. Das gilt insbes. dann, wenn der verminderte Umsatz auf veränderte Werbemethoden des Arbeitgebers zurückgeht. Der Arbeitnehmer muss jedoch zuvor den Arbeitgeber abmahnen oder sich um eine Neuregelung der Provisionsvereinbarung bemühen (*LAG BW* 24.7.1969 BB 1969, 1312). 489

8. Vertragsverletzungen

Ein Provisionsreisender ist zur fristlosen Kündigung berechtigt, wenn ihm der Arbeitgeber einen wesentlichen Teil des vertraglich zugesicherten Reisebezirks entzieht. Dagegen liegt kein wichtiger Grund vor, wenn der Arbeitgeber lediglich vorschlägt, Teile des Vertreterbezirks auszutauschen (*LAG Brem.* 17.4.1964 DB 1964, 847). Die Pflicht, einen Arbeitnehmer **tatsächlich** zu **beschäftigen**, besteht grds. auch nach Erklärung einer ordentlichen Kündigung durch den Arbeitgeber bis zum Ablauf der Kündigungsfrist. Wenn ein Verkaufsgebietsleiter ein gewichtiges und schutzwürdiges Interesse daran hat, bis zum Ablauf der Kündigungsfrist beschäftigt zu werden, weil der weit überwiegende Teil seiner Vergütung aus Provisionen besteht, ist er bei einer unzulässigen Suspendierung durch den Arbeitgeber zur fristlosen Kündigung berechtigt (*BAG* 19.8.1986 EzA § 611 490

BGB Beschäftigungspflicht Nr. 1). Auch die Nichteinhaltung der **Zusage**, einen Angestellten zum **Geschäftsführer** zu bestellen, kann diesen uU zur fristlosen Kündigung berechtigen (*BAG* 8.8.2002 EzA § 628 BGB Nr. 21). Entsprechendes gilt für den vertragswidrigen **Entzug** der **Prokura** (*BAG* 26.8.1986 EzA § 52 HGB Nr. 1). Das ständige Verlangen eines Arbeitgebers, über die nach dem ArbZG zulässigen Grenzen hinaus Mehrarbeit zu leisten, kann einem Arbeitnehmer einen wichtigen Grund zur fristlosen Kündigung auch dann geben, wenn er zwar zunächst bereit war, **verbotene Mehrarbeit** zu verrichten, dann aber vergeblich verlangt, künftig die Schutzvorschriften zu beachten (*BAG* 28.10.1971 EzA § 626 BGB nF Nr. 9). Vgl. ferner Rdn 486.

9. Werkswohnung

491 Der nicht vertragsgemäße **Zustand** einer **Werksdienstwohnung** berechtigt nicht ohne Weiteres zu einer fristlosen Kündigung durch den Arbeitnehmer. Eine außerordentliche Kündigung kommt vielmehr nur in Betracht, wenn die Wohnverhältnisse dem Arbeitnehmer unzumutbar sind (*LAG Düsseld.* 24.3.1964 BB 1964, 927). Wenn ein Arbeitgeber nach einer Beanstandung beim Einzug und der Zusage der Abhilfe keine vertragsgemäße Unterkunft zuweist, bedarf es vor einer von den Arbeitnehmern ausgesprochenen fristlosen Kündigung grds. der Abmahnung (*BAG* 19.6.1967 EzA § 124 GewO Nr. 1). Eine Teilkündigung allein der Werksdienstwohnung ist ohne entsprechende Vereinbarung nach *BAG* vom 23.8.1989 (EzA § 565b-e BGB Nr. 3) nicht möglich (ebenso MüKo-BGB/*Henssler* Rn 306; HWK-*Sandmann* Rn 321; **krit**. SPV-*Preis* Rn 730, wonach eine Teilkündigung gegenüber einer Vollkündigung des Arbeitsverhältnisses das mildere Mittel sei). Dagegen kann eine **Werksmietwohnung** separat gekündigt werden, weshalb deren Zustand eine Kündigung des Arbeitsverhältnisses gem. § 626 BGB grds. nicht zu rechtfertigen vermag (HaKo-KSchR/*Gieseler* Rn 113). Zur Abgrenzung der beiden Wohnungstypen s. *LAG Köln* 4.3.2008 ZMR 2008, 963.

10. Sonstige Gründe

492 Ein Arbeitnehmer, der von einem anderen Arbeitnehmer des Betriebes seines Arbeitgebers **tätlich angegriffen** wurde und eine Wiederholung dieser Übergriffe befürchten muss, kann fristlos kündigen, wenn ihn der Arbeitgeber vor dieser **Bedrohung** nicht zu schützen vermag (*LAG Frankf.* 2.9.1953 AuR 1954, 121). Gleiches gilt, falls der Arbeitgeber seine aus **§ 12 Abs. 3 und Abs. 4 AGG** folgenden Schutzpflichten nicht erfüllt. Wenn ein Arbeitnehmer wegen **Krankheit** nur noch halbtags arbeiten kann, ist er nicht zur fristlosen Kündigung berechtigt, wenn er dem Arbeitgeber nicht zuvor vergeblich angeboten hat, ihn nach Maßgabe seiner eingeschränkten Arbeitskraft weiter zu beschäftigen (*BAG* 2.2.1973 EzA § 626 BGB nF Nr. 23; SPV-*Preis* Rn 737). Dagegen kann der Arbeitnehmer fristlos kündigen, wenn der Arbeitgeber an einer ansteckenden Krankheit leidet (MüKo-BGB/*Henssler* Rn 300). Fristlos kündigen kann ferner ein Besatzungsmitglied gem. § 69 SeeArbG, wenn dies wegen einer dringenden Familienangelegenheit oder wegen eines anderen dringenden persönlichen Grundes erforderlich ist.

Q. Recht des Arbeitgebers zur außerordentlichen Kündigung im öffentlichen Dienst der neuen Bundesländer

493 Anlage I Kapitel XIX Sachgebiet A Abschnitt III Nr. 1 zum Einigungsvertrag enthält als Recht der im öffentlichen Dienst stehenden Personen folgende Regelungen:

»*Bundesrecht tritt in dem in Art. 3 des Vertrages genannten Gebiet mit folgenden Maßgaben in Kraft: 1. Rechtsverhältnisse der Arbeitnehmer im öffentlichen Dienst*

(1) Für die beim Wirksamwerden des Beitritts in der öffentlichen Verwaltung der Deutschen Demokratischen Republik einschließlich des Teils von Bln., in dem das Grundgesetz bisher nicht galt, beschäftigten Arbeitnehmer gelten die am Tage vor dem Wirksamwerden des Beitritts für sie geltenden Arbeitsbedingungen mit den Maßgaben dieses Vertrages, insbes. der Abs. 2 bis 7, fort. Diesen Maßgaben entgegenstehende oder abweichende Regelungen sind nicht anzuwenden. Die für den öffentlichen

Dienst im übrigen Bundesgebiet bestehenden Arbeitsbedingungen gelten erst, wenn und soweit die Tarifvertragsparteien dies vereinbaren.

(2 bis 3) ...

(4) Die ordentliche Kündigung eines Arbeitsverhältnisses in der öffentlichen Verwaltung ist auch zulässig, wenn

1. der Arbeitnehmer wegen mangelnder fachlicher Qualifikation oder persönlicher Eignung den Anforderungen nicht entspricht oder ...

(5) Ein wichtiger Grund für eine außerordentliche Kündigung ist insbes. dann gegeben, wenn der Arbeitnehmer

1. gegen die Grundsätze der Menschlichkeit oder Rechtsstaatlichkeit verstoßen hat, insbes. die im Internationalen Pakt über bürgerliche und politische Rechte vom 19. Dezember 1966 gewährleisteten Menschenrechte oder die in der Allgemeinen Erklärung der Menschenrechte vom 10. Dezember 1948 enthaltenen Grundsätze verletzt hat oder

2. für das frühere Ministerium für Staatssicherheit/Amt für nationale Sicherheit tätig war und deshalb ein Festhalten am Arbeitsverhältnis unzumutbar erscheint.

(6) ...«

Abs. 4 ist zum 31.12.1993 außer Kraft getreten. Abs. 5 gilt unbefristet. Die Regelung hat aber keine praktische Bedeutung mehr. Es darf daher auf die ausführliche Kommentierung von *Fischermeier* in der Vorauflage verwiesen werden.

§ 628 BGB Vergütung, Schadenersatz bei fristloser Kündigung

(1) ¹Wird nach dem Beginne der Dienstleistung das Dienstverhältnis aufgrund des § 626 oder des § 627 gekündigt, so kann der Verpflichtete einen seinen bisherigen Leistungen entsprechenden Teil der Vergütung verlangen. ²Kündigt er, ohne durch vertragswidriges Verhalten des anderen Teils dazu veranlaßt zu sein, oder veranlaßt er durch sein vertragswidriges Verhalten die Kündigung des anderen Teiles, so steht ihm ein Anspruch auf die Vergütung insoweit nicht zu, als seine bisherigen Leistungen infolge der Kündigung für den anderen Teil kein Interesse haben. ³Ist die Vergütung für eine spätere Zeit im voraus entrichtet, so hat der Verpflichtete sie nach Maßgabe des § 347 oder, wenn die Kündigung wegen eines Umstandes erfolgt, den er nicht zu vertreten hat, nach den Vorschriften über die Herausgabe einer ungerechtfertigten Bereicherung zurückzuerstatten.

(2) Wird die Kündigung durch vertragswidriges Verhalten des anderen Teiles veranlaßt, so ist dieser zum Ersatze des durch Aufhebung des Dienstverhältnisses entstehenden Schadens verpflichtet.

Übersicht	Rdn		Rdn
A. Allgemeines	1	1. Kündigung ohne Veranlassung	
I. Funktion des § 628 BGB	1	(§ 628 Abs. 1 S. 2 1. Alt.)	15
II. Abdingbarkeit	2	2. Veranlassung der Kündigung durch	
III. Anwendungsbereich und Sonderregelungen	3	vertragswidriges Verhalten	16
		3. Wegfall des Interesses	17
1. Vertragsstrafe	4	IV. Vorausgezahlte Vergütung	
2. Entschädigung gem. § 61 Abs. 2 ArbGG	8	(§ 628 Abs. 1 S. 3 BGB)	18
		C. Schadensersatz (§ 628 Abs. 2 BGB)	19
B. Vergütungsanspruch gem. § 628 Abs. 1 BGB	9	I. Kündigung iSd § 628 Abs. 2 BGB	20
I. Allgemeine Grundsätze	9	II. Auflösungsverschulden	25
II. Umfang und Bemessung des Vergütungsanspruchs (§ 628 Abs. 1 S. 1 BGB)	10	1. Vertragswidriges schuldhaftes Verhalten	25
		2. Mitverschulden	34
III. Minderung des Vergütungsanspruchs (§ 628 Abs. 1 S. 2 BGB)	14	3. Vertragswidriges Verhalten beider Parteien	35
		III. Schaden	36

	1. Allgemeine Grundsätze	36	VI. Sozialversicherung	59
	2. Zeitliche Begrenzung	38	1. Beitragspflicht	59
	3. Schaden des Arbeitnehmers	41	2. Anrechnung auf das Arbeitslosengeld	60
	4. Schaden des Arbeitgebers	47		
IV.	Beweislastregeln	57	VII. Schadensersatzanspruch gem. § 628 Abs. 2 BGB in der Insolvenz des Arbeitgebers	61
V.	Rechtsnatur und Verjährung des Anspruchs	58		

A. Allgemeines

I. Funktion des § 628 BGB

1 Nach § 628 BGB (früher auch § 70 HGB, der durch das Erste Arbeitsrechtsbereinigungsgesetz v. 14.8.1969, BGBl. I S. 1106, aufgehoben ist) wird das Arbeitsverhältnis, das gem. §§ 626 und 627 BGB gekündigt worden ist, nur noch als reines **Abwicklungsverhältnis** behandelt, das nicht mehr persönliche Leistungspflichten zum Gegenstand hat, sondern noch bestehende gegenseitige finanzielle Ansprüche ausgleichen soll. Dabei wird auf allgemeine Grundsätze der Dienstleistungsvergütung sowie des Schadensersatzrechts (insbes. §§ 323 ff. BGB) zurückgegriffen. Zur Abgrenzung der Schadensersatzansprüche gem. § 628 Abs. 2 BGB und § 325 Abs. 1 S. 1 BGB vgl. *Heinze* NZA 1994, 244. Der **Vergütungsanspruch gem. § 628 Abs. 1 BGB** entspricht dem allgemeinen Rechtsgedanken, dass der Lohn sich nach den erbrachten Leistungen bemisst. Wenn der Arbeitnehmer selbst kündigt oder durch sein Verhalten die Kündigung durch den Arbeitgeber provoziert, behält er den Lohnanspruch hinsichtlich der Teilleistung nur, soweit diese im Rahmen der projektierten Gesamtleistung für den Arbeitgeber von Interesse ist. Die Regel des **§ 628 Abs. 2 BGB** beruht ebenso auf allgemeinen Rechtsgrundsätzen, wonach der Veranlasser der Kündigung des Arbeitsverhältnisses – soweit ihm schuldhaftes vertragswidriges Verhalten vorgeworfen werden kann – dem anderen zum Ersatz des dadurch entstandenen **Schadens** verpflichtet ist.

II. Abdingbarkeit

2 Die Vorschrift des § 628 BGB ist **grds. abdingbar** (*BGH* 28.6.1952 LM § 611 BGB Nr. 8; ArbRBGB-*Corts* § 628 BGB Rn 3; HWK-*Sandmann* § 628 BGB Rn 7). **Grenzen der Abdingbarkeit** ergeben sich aus dem Sinn und Zweck der Vorschrift, die einen gerechten Ausgleich der in dem behandelten Konfliktfall widerstreitenden Interessen herbeiführen will (Rechtsgedanke § 242 BGB). Die Abdingbarkeit scheidet aus, wenn damit unmittelbar oder mittelbar zwingendes Arbeitsrecht unterlaufen wird (ErfK-*Müller-Glöge* § 628 BGB Rn 46; *Staudinger/Preis* § 628 Rn 14 differenziert bzgl. der Vergütungsregelung, für die zuungunsten des Arbeitnehmers eine abweichende Vereinbarung erst nach Beendigung des Vertragsverhältnisses geschlossen werden kann; hinsichtlich § 628 Abs. 1 BGB führen für APS-*Rolfs* [§ 628 BGB Rn 4] die arbeitsrechtlichen Schranken sogar zu einer faktischen Unabdingbarkeit der Teilvergütungsregelung). Eine Abweichung von der Dispositivnorm darf nur soweit gehen, dass der Gerechtigkeitsgehalt der gesetzlichen Vorschrift durch die Alternativregelung nicht gravierend vereitelt wird (*BGH* 4.6.1970 NJW 1970, 1596 ff. für Allg. Geschäftsbedingungen im Rahmen des § 628 Abs. 1 S. 1 BGB). Anstatt des § 628 Abs. 1 BGB können in diesem Rahmen zB die Rechtsfolgen des § 649 BGB vereinbart werden (*Palandt/Weidenkaff* § 628 Rn 2). Die Pauschalierung von Schadensersatzansprüchen ist zulässig (HWK-*Sandmann* § 628 BGB Rn 9), sie unterliegt der richterlichen Billigkeitskontrolle wie die Vertragsstrafen, § 309 Nr. 5 BGB. Ebenso ergeben sich für durch AGB gestaltete Arbeitsverhältnisse Beschränkungen gem. § 310 Abs. 4 S. 2 hinsichtlich des Verbots unangemessen hoher Vergütungen (§ 308 Nr. 7a BGB) und der Pauschalierung von Schadensersatzansprüchen (§ 309 Nr. 5 BGB).

III. Anwendungsbereich und Sonderregelungen

3 § 628 BGB ist anwendbar auf **alle Dienst- und Arbeitsverhältnisse** (*BAG* 8.8.2002 EzA § 628 BGB Nr. 21; MüKo-BGB/*Henssler* § 628 Rn 2; *Erman/Belling* § 628 Rn 1), auch im Falle einer Kündigung vor Dienstantritt (ArbRBGB-*Corts* § 628 BGB Rn 4; *Staudinger/Preis* § 628 BGB

Rn 3). Nicht anwendbar ist diese Vorschrift, soweit im Bereich des Arbeitsrechts **Sonderregelungen** bestehen, wie bei **Berufsausbildungsverhältnissen** (gem. § 23 BBiG, vgl. *Weigand* §§ 21–23 BBiG Rdn 132 ff.; *LAG Düsseld.* 26.6.1984 – 8 Sa 617/84), und beim **Handelsvertreter** (§ 89a Abs. 2 HGB, der inhaltlich der Regelung in § 628 Abs. 2 BGB entspricht; *BGH* 3.3.1993 EzA § 89a HGB Nr. 1; *Schlegelberger/Schröder* § 89a Rn 22 ff.; *Brüggemann* Großkomm. § 89a Rn 12; *Baumbach/Hopt* § 89a Rn 4). Bei Seeleuten findet die Regelung des § 628 Abs. 2 BGB im Falle der berechtigten außerordentlichen Kündigung neben § 68 Abs. 2 SeeArbG Anwendung (vgl. KR-*Weigand* SeeArbG Rdn 123; *BAG* 16.1.2003 EzA § 242 BGB 2002 Kündigung Nr. 3; ArbRBGB-*Corts* § 628 BGB Rn 23). Im Unterschied zu Berufsausbildungsverträgen sind Unterrichtsverträge als Dienstleistungsverträge anzusehen, auf die § 628 BGB anwendbar ist: Erfüllt ein Weiterbildungsträger die vertraglich geschuldeten Leistungen unzureichend, können die Teilnehmer außerordentlich kündigen und Schadensersatz verlangen (*OLG Hmb.* 18.5.1998 EzB aF § 626 BGB Nr. 35). Zum Geltungsbereich des § 628 BGB s. Rdn 9 und 20.

1. Vertragsstrafe

Zu unterscheiden vom Schadensersatzanspruch gem. § 628 Abs. 2 BGB ist die Verwirkung einer **Vertragsstrafe** (*Heinze* NZA 1994, 244). In Arbeitsverträgen (möglich auch in Tarifverträgen oder Betriebsvereinbarungen, *LAG Düsseld.* 7.12.1970 DB 1971, 1017) werden oft Vereinbarungen getroffen, wonach der Arbeitnehmer eine Vertragsstrafe zu zahlen hat, wenn er schuldhaft die Arbeit nicht aufnimmt (*Bengelsdorf* BB 1989, 2390) oder die Tätigkeit vertragswidrig beendet (*Popp* NZA 1988, 455). Individuell vereinbarte **Vertragsstrafenabreden** sind nach hM zulässig. Soweit es sich um einseitig vom Arbeitgeber vorformulierte, **standardisierte Arbeitsverträge** handelt, ist § 309 Nr. 6 BGB auf Vertragsstrafenklauseln nicht anwendbar. Eine Unwirksamkeit der Klausel kann sich nur aus § 307 BGB ergeben (*BAG* 17.3.2016 – 8 AZR 665/14, EzA § 309 BGB 2002 Nr. 7). Bei ihrer Auslegung und der Angemessenheitskontrolle gilt ein strenger Maßstab (*BAG* 23.1.2014 – 8 AZR 130/13, EzA § 307 BGB 2002 Nr. 65). Soweit die vorformulierten Vertragsstrafenbedingungen seit Inkrafttreten des Schuldrechtsreformgesetzes der Inhaltskontrolle gem. §§ 305 bis 309 BGB unterliegen, sind gem. § 310 Abs. 4 S. 2 BGB die im Arbeitsrecht geltenden Besonderheiten angemessen zu berücksichtigen (*BAG* 17.3.2016 – 8 AZR 665/14, EzA § 309 BGB 2002 Nr. 7). Im Fall des Vertragsbruchs wegen vertragswidriger Beendigung vermag der Arbeitgeber kaum einen Schadensnachweis zu führen und verfügt über kein angemessenes Sanktionsmittel; denn ein Arbeitnehmer kann zur Erbringung der Arbeitsleistung gem. § 888 Abs. 3 ZPO nicht durch Zwangsgeld oder -haft angehalten werden. Allerdings sind Vertragsstrafenabreden **unwirksam** gem. § 307 Abs. 1 S. 1 BGB (eine Herabsetzung des Vertragsstrafenbetrages kommt nicht infrage), wenn sie – zB wegen des Missverhältnisses zwischen Pflichtverletzung und Höhe der Vertragsstrafe (*BAG* 17.3.2016 – 8 AZR 665/14, EzA § 309 BGB 2002 Nr. 7) – den Arbeitnehmer entgegen Treu und Glauben unangemessen benachteiligen. Unangemessen ist jede Beeinträchtigung eines rechtlich anerkannten Interesses des Arbeitnehmers, die nicht durch begründete und billigenswerte Interessen des Arbeitgebers gerechtfertigt ist oder durch gleichwertige Vorteile ausgeglichen wird. ZB ist eine Regelung unangemessen, wonach eine Vertragsstrafe durch ein »schuldhaft vertragswidriges Verhalten des Arbeitnehmers, das den Arbeitgeber zur fristlosen Kündigung des Arbeitsverhältnisses veranlasst« verwirkt ist, weil die Pflichtverletzung für die Rechtsfolge nicht im Einzelnen erkennbar ist. Die eine Vertragsstrafe auslösende Pflichtverletzung muss so eindeutig beschrieben sein, dass sich der Vertragspartner darauf einstellen kann (*BAG* 14.8.2007 EzA § 307 BGB 2002 Nr. 28 = NJW 2008, 170; Anm. *Schramm* NJW 2008, 1494; 18.8.2005 EzA § 307 BGB 2002 Nr. 6; 21.4.2005 EzA § 309 BGB 2002 Nr. 3; 4.3.2004 EzA § 309 BGB 2002 Nr. 1; Bespr. *Joost* ZIP 2004, 1981; Anm. *Thüsing/Leder*; Anm. *v. Steinau-Steinrück/Hurek* NZA 2004, 965; *Hunold* NZA-RR 2006, 113, 120 ff.; *Nicolai* FA 2006, 76; *Herbert/Oberrath* NJW 2005, 3745; *Thüsing/Leder* BB 2005, 1563; krit. *Reinecke* Sonderbeil. NZA Heft 18/2004 S. 27, 31 ff.; *Stoffels* in *Preis* Arbeitsvertrag, S. 1268; *Gotthardt* ZIP 2002, 277, 283; *Lingemann* NZA 2002, 181, 191; im Ergebnis auch ErfK-*Müller-Glöge* §§ 339–345 BGB Rn 11; *Lederer-Morgenroth* NZA 2002, 952, 957; *Annuß* BB 2002, 458, 463; *Conein-Eikelmann* DB 2003, 2546.

5 Wenn im Arbeitsvertrag eine **Vertragsstrafe für den Fall des** »**Vertragsbruchs**« vereinbart ist, so umfasst der Begriff des »Vertragsbruchs« nach allgemeinem Sprachgebrauch (zum Begriff des Arbeitsvertragsbruchs *Stoffels* Vertragsbruch, S. 7 ff.) sowie seiner Verwendung in Rechtsprechung und Schrifttum das Verhalten des Arbeitnehmers, wenn er die **Arbeit nicht aufnimmt** oder vor Ablauf der vereinbarten Vertragszeit oder ohne Einhaltung der Kündigungsfrist ohne rechtfertigenden Grund aus dem Arbeitsverhältnis ausscheidet (*BAG* 18.9.1991 EzA § 339 BGB Nr. 7). Soll die Vertragsstrafe auch den Fall der vom Arbeitnehmer **schuldhaft veranlassten vorzeitigen Beendigung des Arbeitsverhältnisses** durch Kündigung des Arbeitgebers umfassen, muss dies ausdrücklich vereinbart werden (*BAG* 18.9.1991 EzA § 339 BGB Nr. 7; zur Zulässigkeit dieser Vereinbarungen *BAG* 23.5.1984 AP Nr. 9 zu § 339 BGB). Eine besondere Bedeutung kann der Vereinbarung einer Vertragsstrafe zukommen, wenn dadurch zB der Schutzbereich einer arbeitsvertraglichen Norm erweitert wird (*ArbG Hagen* 22.7.1980 DB 1980, 2294); denn die Schadensersatzpflicht wird durch den Schutzzweck der Vertragsnorm begrenzt (*BAG* 26.3.1981 EzA § 249 BGB Nr. 14; iE Rdn 48, 52 ff.). Wird eine Strafe für den Fall der »vorzeitigen Beendigung des Vertrages« vorgesehen, so ist hierunter regelmäßig die rechtliche Beendigung, nicht jedoch die bloße Nichtleistung der vertraglich geschuldeten Leistung zu verstehen. Eine Vertragsstrafe, die für den Fall der rechtlichen Beendigung des Vertrages durch den Arbeitnehmer versprochen wird, gilt auch dann nicht im Fall einer Kündigung durch den Arbeitgeber, wenn die Kündigung durch ein grob vertragswidriges Verhalten des Arbeitnehmers veranlasst ist (*BAG* 23.1.2014 – 8 AZR 130/13, EzA § 307 BGB 2002 Nr. 65).

6 **Unzulässig** ist jede derartige Vereinbarung einer Vertragsstrafe, wenn sie gegen ein Gesetz verstößt, ein Berufsausbildungsverhältnis betrifft (§ 12 Abs. 2 Nr. 2 BBiG) oder wenn sie das Kündigungsrecht des Arbeitnehmers gem. § 622 BGB einschränkt (*BAG* 11.3.1971 EzA § 622 BGB nF Nr. 2; 9.3.1972 EzA § 622 BGB nF Nr. 6; *Hueck/Nipperdey* § 39, 1; iE *Wolff* KR 3. Aufl., Grunds. Rn 578 ff.). Da § 12 Abs. 2 Nr. 2 BBiG nur ein Verbot für solche Vertragsstrafen enthält, die sich auf das Berufsausbildungsverhältnis beziehen, steht diese Vorschrift der Vereinbarung einer Vertragsstrafe für den Fall des Nichtantritts des sich einem Ausbildungsverhältnis anschließenden Arbeitsverhältnisses nicht entgegen, wenn der Anstellungsvertrag gem. § 12 Abs. 1 BBiG innerhalb der letzten sechs Monate des Ausbildungsverhältnisses geschlossen wird (*BAG* 23.6.1982 EzA § 5 BBiG aF Nr. 5).

7 Voraussetzung für eine ausreichende Bestimmtheit einer Vertragsstrafenvereinbarung ist auch, dass die zu leistende Strafe ihrer Höhe nach klar und bestimmt ist (*BAG* 14.8.2007 EzA § 307 BGB 2002 Nr. 28 = NJW 2008, 170; 21.4.2005 EzA § 309 BGB 2002 Nr. 3). Die Angemessenheit der Vertragsstrafe richtet sich regelmäßig im Falle einer außerordentlichen Kündigung ohne Vorliegen eines wichtigen Grundes iSv § 626 Abs. 1 BGB an den Vergütungsansprüchen für den Zeitraum der Kündigungsfrist für eine fristgemäße Kündigung aus. Ein darüberhinausgehender Vertragsstrafenbetrag ist nur dann keine unangemessene Benachteiligung iSv § 307 Abs. 1 S. 1 BGB, wenn das Interesse des Arbeitgebers den Wert der Arbeitsleistung, der sich in der bis zum Ablauf der maßgeblichen Kündigungsfrist geschuldeten Arbeitsleistung niederschlägt, aufgrund bes. Umstände typischerweise generell übersteigt. Wenn während der Probezeit eine vierzehntägige Kündigungsfrist vorgesehen ist, dann erscheint eine Vertragsstrafe in Höhe eines Monatslohnes für einen in der Nichteinhaltung dieser Kündigungsfrist liegenden Vertragsbruch des Arbeitnehmers unverhältnismäßig hoch iSv § 343 Abs. 1 S. 1 ZPO (*BAG* 17.3.2016 – 8 AZR 665/14, EzA § 309 BGB 2002 Nr. 7). Das bei der Herabsetzung der **unverhältnismäßig hohen Vertragsstrafe** zu berücksichtigende berechtigte Interesse des Arbeitgebers an der ordnungsgemäßen Vertragserfüllung übersteigt bei der Nichteinhaltung der Kündigungsfrist durch den Arbeitnehmer in aller Regel jedenfalls nicht den Betrag, den der Arbeitnehmer durch seine Arbeitsleistung in der Kündigungsfrist verdient hätte (*LAG Bln.* 12.10.1981 ARSt 1982, 143). Zum nachvertraglichen Wettbewerbsverbot bei Vertragsbruch vor Dienstantritt *BAG* 3.2.1987 EzA § 74 HGB Nr. 50.

2. Entschädigung gem. § 61 Abs. 2 ArbGG

Wenn bei vertragswidrigem Ausfall eines Arbeitnehmers (zB durch überstürztes Verlassen des 8
Arbeitsplatzes) der Schaden für den Arbeitgeber dem Grunde und der Höhe nach schwierig nachzuweisen ist, kann der Arbeitgeber gem. § 61 Abs. 2 ArbGG auf Leistung der Arbeit klagen und damit den Antrag verbinden, den Arbeitnehmer bei Nichtbefolgung zur Zahlung einer vom ArbG **nach freiem Ermessen festzusetzenden Entschädigung** – praktisch wie nach § 287 ZPO – zu verurteilen (*LAG Frankf.* 5.12.1960 BB 1961, 678; *ArbG Wilhelmshaven* 29.7.1960 BB 1961, 482; *Staudinger/ Preis* § 628 Rn 11). Ebenso kann der Arbeitnehmer seinen klageweise geltend gemachten Beschäftigungsanspruch mit einem Entschädigungsanspruch gem. § 61 Abs. 2 S. 1 ArbGG verknüpfen (ArbRBGB-*Corts* § 628 BGB Rn 24; aA *ArbG Wetzlar* NZA 1987, 536). Es handelt sich bei der Regelung gem. § 61 Abs. 2 ArbGG nicht um eine eigenständige Anspruchsgrundlage hinsichtlich eines zu ersetzenden Schadens, sondern um eine erleichterte Durchführung des dem Grunde nach bestehenden Schadensersatzanspruchs (GMPM-G/*Germelmann* § 61 ArbGG Rn 36). Für die Bemessung der Höhe des Entschädigungsanspruchs sind die Umstände des Einzelfalles zu berücksichtigen: Länge der vertragsmäßigen Kündigungsfrist, Aufwendungen für Ersatzkraft, Kosten für Suche nach neuer Arbeitskraft und andere Schäden wegen des vertragsbrüchigen Arbeitnehmers. Es muss im Einzelnen nicht festgestellt werden, wie hoch der Schaden tatsächlich war (*ArbG Frankf.* 28.8.1956 BB 1956, 1105).

B. Vergütungsanspruch gem. § 628 Abs. 1 BGB

I. Allgemeine Grundsätze

Wird ein Arbeitsverhältnis rechtswirksam aufgelöst – sei es durch eine einseitige Kündigung, durch 9
eine Parteivereinbarung oder einen anderen auflösenden Grund –, so hat der Arbeitnehmer einen **Vergütungsanspruch entsprechend seinen bisherigen Leistungen**. Wenn der Arbeitnehmer die Beendigung durch sein Verhalten veranlasst hat oder selbst ohne wichtigen Grund das Vertragsverhältnis löst, mindert sich sein Vergütungsanspruch auf den **Wert, den die Teilarbeit für den Arbeitgeber hat**. Sind die Vergütungen vom Arbeitgeber bereits im Voraus geleistet worden, so hat der Arbeitnehmer den zuviel gewährten Lohnanteil nach den Grundsätzen der ungerechtfertigten Bereicherung herauszugeben (§§ 812 ff. BGB). Diese allgemeinen Grundsätze (*Staudinger/Preis* § 628 Rn 13) erfahren ihre ausdrückliche Regelung für die Fälle der außerordentlichen Kündigung nach den §§ 626, 627 BGB im § 628 Abs. 1 BGB (*BGH* 26.1.1994 NJW 1994, 1069, 1070; APS-*Rolfs* § 628 BGB Rn 3). Allerdings tritt nach dieser Vorschrift eine **Haftungsverschärfung** für den Arbeitnehmer ein, wenn er wegen eines von ihm zu vertretenden Grundes gekündigt wird oder selbst kündigt, ohne durch das Verhalten des Arbeitgebers dazu veranlasst worden zu sein: Für die im Voraus empfangenen Vergütungen haftet er nach den §§ 347, 987 ff. BGB unbedingt; er muss für den entsprechenden Betrag Zinsen zahlen und kann sich nicht auf den Wegfall der Bereicherung berufen.

II. Umfang und Bemessung des Vergütungsanspruchs (§ 628 Abs. 1 S. 1 BGB)

Der Vergütungsanspruch bezieht sich nur auf die »**bisherigen Leistungen**«, die der Arbeitnehmer 10
im Voraus für den Arbeitgeber erbracht hat (vgl. § 614 BGB). Es handelt sich demnach nur um einen Vergütungsanteil entsprechend der anteiligen tatsächlichen Arbeitsleistung gegenüber der ursprünglich gedachten Gesamtleistung (HWK-*Sandmann* § 628 BGB Rn 13). Allerdings kann die Zahlung der vollen Vergütung vereinbart werden (*Soergel/Kraft* § 628 Rn 3). Hinsichtlich der **anteiligen Vergütungspflicht** kommt es nicht darauf an, welchen Wert der Leistungserfolg hat oder von welchem Interesse die Arbeitsleistung für den Arbeitgeber ist. Als Sondervorschrift für Seeleute gilt § 68 Abs. 2 SeeArbG. Der Anspruch auf die Teilvergütung umfasst auch die **Natural- und Nebenvergütungen**. Auslagen sind, soweit sie berechtigt sind, voll zu ersetzen (ErfK-*Müller-Glöge* § 628 Rn 4). Ist die Höhe der auszugleichenden Forderung streitig und ist die vollständige Aufklärung der maßgeblichen Umstände unverhältnismäßig schwierig, so entscheidet gem. § 287 ZPO das Gericht

unter Würdigung aller Umstände nach freier Überzeugung (*LG Hannover* 17.2.1981 NJW 1981, 1678 hinsichtlich eines Maklerdienstvertrages).

11 Die »**bisherigen Leistungen**« bestehen bei **Zeitlohn** in der bis zur wirksamen Kündigung abgeleisteten Arbeitszeit einschließlich der abzugeltenden Feiertage. Bei der Berechnung des anfallenden Teillohnes ist unter den verschiedenen Methoden diejenige zu wählen, die grds. den Interessen beider Parteien gerecht wird: Einerseits muss das legitime Interesse des Arbeitgebers an einem möglichst einfachen und gleichmäßigen Verfahren berücksichtigt werden, andererseits kann der Arbeitnehmer aber nicht den in seinem Einzelfall günstigsten Maßstab bei der Berechnung verlangen. Möglich ist die Wahl zwischen **typisierender und konkreter Berechnung**. Nach dem Prinzip des Monatsgehalts kann ein gleichbleibender **Durchschnittswert** als Berechnungsgrundlage genommen werden, wobei die im betreffenden Monat tatsächlich anfallenden Kalender-, Werk- und Arbeitstage unberücksichtigt bleiben (*BAG* 28.2.1975 EzA § 191 BGB Nr. 2; ErfK-*Müller-Glöge* § 628 Rn 5a). Diese Methode entspricht der Berechnungsregelung gem. § 18 Abs. 1 BBiG nF (*LAG Hamm* 6.9.1974 EzA § 611 BGB Nr. 17). Allerdings ist auch die **konkrete Berechnungsmethode** möglich, wonach das monatliche Bruttogehalt durch die in dem betreffenden Monat tatsächlich anfallenden Arbeitstage geteilt und der sich danach ergebende Betrag mit der Anzahl der bis zur Vertragsbeendigung angefallenen Tage dieses Monats zu multiplizieren ist. Diese konkrete Berechnungsmethode kann den Interessen der Arbeitsvertragsparteien am nächsten kommen (*BAG* 14.8.1985 EzA § 63 HGB Nr. 38; in diesem Sinne wohl *Sächs. LAG* 2.9.2011 – 3 Sa 127/11; ArbRBGB-*Corts* § 628 BGB Rn 7).

12 Neben der zeitlichen Dauer können die »**bisherigen Leistungen**« auch **qualitative Aspekte** wie die Schwierigkeit oder die besondere Gefährlichkeit der Tätigkeit (Zulagen) umfassen. Es sind alle im Zusammenhang mit den Arbeitsleistungen erbrachten Handlungen zu vergüten, mithin auch vorbereitende und nachbereitende Tätigkeiten, zB Dienstreisen. Erfolgt die Vergütung durch **Akkordlohn**, so ist wenigstens der versprochene Mindestsatz zu entrichten. In der Regel ist jedoch die bis zur wirksamen Kündigung erbrachte tatsächliche (Stück-)Leistung quantitativ zu bestimmen und entsprechend zu vergüten (*Soergel/Kraft* § 628 Rn 3; *Palandt/Weidenkaff* § 628 Rn 3). Im Falle eines Dienstleistungsvertrages für Personalberatungen, bei dem weder durch eine Vereinbarung noch durch eine Gebührenordnung ein eindeutig festgelegter Bezug zwischen einzelnen Dienstleistungen und einzelnen Vergütungsteilen festgelegt ist, kommt für die Rechtsfolgenseite in Ergänzung des § 628 Abs. 1 S. 1 BGB der Rückgriff auf den Grundgedanken des § 649 BGB in Frage (*OLG Bra.* 7.12.1999 NJW-RR 2001, 137).

13 Steht im Zeitpunkt der Kündigung noch **fälliger Urlaub** aus, so kann der Arbeitnehmer neben dem Urlaubsentgelt auch die vereinbarte Urlaubsgratifikation verlangen. **Provisionen** stehen dem Arbeitnehmer auch dann zu, wenn der Tätigkeitserfolg erst nach Beendigung des Arbeitsverhältnisses eintritt (§§ 87, 87a HGB, *BGH* 14.11.1966 AP Nr. 4 zu § 628 BGB sowie *RAG* 29.1.1930 ARS 26, 121). **Gewinnbeteiligungen** können erst am Ende des Geschäftsjahres errechnet werden, so dass erst zu diesem Zeitpunkt der anteilige Betrag fällig wird. **Sonderzuwendungen** wie das 13. Monatsgehalt, die fest in das Vergütungsgefüge eingebaut sind, stehen dem Arbeitnehmer als Entgelt anteilig seiner Beschäftigungszeit am Arbeitsjahr auch dann zu, wenn er sich im Zeitpunkt der Fälligkeit nicht mehr in den Diensten des Arbeitgebers befindet (*BAG* 8.11.1978 EzA § 611 BGB Gratifikation, Prämie Nr. 69; *LAG Hmb.* 2.10.1972 DB 1973, 479; *LAG Frankf.* 9.9.1971 DB 1972, 2116; ArbRBGB-*Corts* § 628 BGB Rn 8; *Staudinger/Preis* § 628 Rn 21; HWK-*Sandmann* § 628 BGB Rn 19; aA *LAG Düsseld. [Köln]* 19.11.1970 DB 1970, 2376; *LAG Bay.* 26.9.1967 ARSt 1969, 63; *Erman/Belling* § 628 Rn 6). **Gratifikationen** als Sondervergütungen anlässlich betrieblicher Ereignisse oder von Festtagen kann der Arbeitnehmer anteilig entsprechend seiner Tätigkeitsperiode im Betrieb verlangen, wenn sie ihm wie den anderen Arbeitnehmern zustehen, ohne dass ihre Begründung gerade an den weiteren Bestand des Arbeitsverhältnisses anknüpft. Wenn dagegen mit der Gratifikation die Betriebstreue für den gesamten Bezugszeitraum honoriert werden soll, entfällt der Anspruch darauf in vollem Umfang mit Ausscheiden des Arbeitnehmers vor dem Stichtag (*BAG* 27.10.1978 AP § 611 BGB Gratifikation Nr. 96). Liegt eine Vereinbarung über ein

Ruhegehalt vor, so kann der Arbeitnehmer neben den anteiligen Vergütungen auch die fälligen Leistungen aus dem Ruhegehaltsverhältnis verlangen.

III. Minderung des Vergütungsanspruchs (§ 628 Abs. 1 S. 2 BGB)

Der Vergütungsanspruch kann sich gem. den Voraussetzungen Abs. 1 S. 2 vermindern, wenn der Arbeitnehmer selbst kündigt, ohne durch ein vertragswidriges Verhalten des Arbeitgebers dazu veranlasst worden zu sein, oder wenn der Arbeitnehmer durch sein eigenes vertragswidriges Verhalten die Kündigung durch den Arbeitgeber veranlasst. Trotz des Wortlauts ist dabei nicht zwingend eine wirksame außerordentliche Kündigung vorauszusetzen; denn nach dem Sinn und Zweck der Regelung in § 628 Abs. 1 S. 2 sind auch Fälle, in denen ein Arbeitnehmer **wichtige (persönliche) Gründe iSd § 626 BGB** zur Beendigung des Arbeitsvertrages hat, erfasst (*Staudinger/Preis* § 628 Rn 22 m. Verw. auf *BAG* 21.10.1983 AP Nr. 2 zu § 628 BGB Teilvergütung; ArbRBGB-*Corts* § 628 Rn 9). Darüber hinaus dürfen nach § 628 Abs. 1 S. 2 die bisherigen Leistungen des Arbeitnehmers für den Arbeitgeber durch die Kündigung kein Interesse mehr haben. 14

1. Kündigung ohne Veranlassung (§ 628 Abs. 1 S. 2 1. Alt.)

Mit der Kündigung des Arbeitnehmers, ohne durch ein vertragswidriges Verhalten des Arbeitgebers veranlasst zu sein, werden die Fälle angesprochen, in denen zB der Arbeitnehmer ohne Berechtigung die Arbeit aufgibt, weil ihm die bisherige Tätigkeit nicht mehr zusagt oder er eine andere Arbeit aufnehmen will. Lehnt es zB der Arbeitgeber ab, einem Angestellten Prokura zu erteilen oder eine widerrufene Prokura zu erneuern, nachdem der Anlass für die Entziehung weggefallen ist, so rechtfertigt dies allein noch keine außerordentliche Kündigung durch den Angestellten, es sei denn, es ist ihm nach den besonderen Umständen des Einzelfalles unzumutbar, das Arbeitsverhältnis ohne diese vorherige Rechtsstellung fortzusetzen (*BAG* 17.9.1970 AP § 628 BGB Nr. 5). Auch **objektive Gründe** wie Heirat, Auswanderung, Krankheit, Tod eines Angehörigen, soweit diese zur Beendigung der Tätigkeit führen, sind als Kündigungsanlässe anzusehen, die der Arbeitgeber keinesfalls zu vertreten hat (*Staudinger/Preis* § 628 Rn 23). Der Arbeitgeber hat eine Veranlassung iS dieser Vorschrift nur gegeben, wenn er eine **schuldhafte** (§§ 276, 278 BGB) **Vertragsverletzung zu vertreten** hat. Dabei kommt dem schuldhaften Verhalten des Arbeitgebers das seiner Erfüllungsgehilfen gem. § 278 BGB gleich. Der Begriff des schuldhaft vertragswidrigen Verhaltens hat die gleiche Bedeutung wie beim Schadensersatzanspruch gem. § 628 Abs. 2 (s.a. Rdn 25). 15

2. Veranlassung der Kündigung durch vertragswidriges Verhalten

Die außerordentliche Kündigung durch den Arbeitgeber muss der Arbeitnehmer durch ein von ihm zu vertretendes schuldhaftes vertragswidriges Verhalten veranlasst haben (s.a. Rdn 26 ff.). Objektive Gründe (s. Rdn 15) können hier nicht berücksichtigt werden. Die **schuldhaften** Vertragsverletzungen können sich auf Haupt- und Nebenpflichten aus dem Arbeitsverhältnis beziehen, gleichwohl ob sie ausdrücklich vereinbart sind oder dem Vertragsverhältnis innewohnen (*Staudinger/Preis* § 628 Rn 25). Durch eine besondere Abrede kann auch eine **unverschuldete** Vertragswidrigkeit für eine Vergütungsminderung ausreichen (*Soergel/Kraft* § 628 Rn 4; *RG* Recht 1913, Nr. 340). 16

3. Wegfall des Interesses

Die vom Arbeitnehmer bis zum Ende seiner Tätigkeit erbrachten Leistungen haben für den Arbeitgeber dann kein Interesse, wenn sie für ihn wirtschaftlich nutzlos sind. Sowohl bei Zeitlohn- als auch bei Akkordlohnverhältnissen kommt es dabei auf den Einzelfall an, ob die vorzeitige Beendigung der Tätigkeit noch einen selbständig verwertbaren Arbeitsanteil hervorbrachte. **Interesse bedeutet Vorteil oder Wert der Leistung für den Arbeitgeber** (*BGH* 7.6.1984 LM § 628 BGB Nr. 7; *Staudinger/Preis* § 628 Rn 27; HWK-*Sandmann* § 628 BGB Rn 29). Soweit dem Arbeitgeber besondere Unkosten entstehen, um das Stücklohnwerk fertig zu stellen, kann er diese vom Gesamtakkordlohn in Abzug bringen. In der Regel dürfte aber bei normalen Arbeitsverhältnissen 17 die erbrachte Leistung ihren eigenständigen wirtschaftlichen Wert für den Arbeitgeber haben; denn die Teilleistung kann durch die Tätigkeit eines anderen Arbeitnehmers gewöhnlich fortgesetzt werden. Etwas anderes kann zB bei Forschungs- und Entwicklungs- sowie anderen wissenschaftlichen Tätigkeiten der Fall sein, bei denen die Teilleistung wertlos wird, weil ein neuer Mitarbeiter bereits erarbeiteten Wissensstand für sich selbst noch einmal nachvollziehen muss und der ausscheidende Mitarbeiter seine immateriellen Arbeitsergebnisse in Form von Spezialwissen bzgl. eines zu entwickelnden Produkts »mitnimmt«. Zu den Leistungen iSd § 628 Abs. 1 S. 2 BGB gehören nicht nur die geschuldeten Dienste im engeren Sinne, sondern auch alle vorbereitenden Tätigkeiten dazu. Soweit der Arbeitgeber sein »Interesse« an der Leistung iSd § 628 Abs. 1 S. 2 BGB für die Ferienzeit eines Lehrers verneint, ist dem entgegenzuhalten, dass auch Lehrer während eines dem üblichen Erholungsurlaub entsprechenden Zeitraums zu keinerlei Leistungen für den Dienstherrn verpflichtet sind und deshalb während dieses Zeitraums auch ein Interesse des Dienstherrn an diesen Leistungen nicht iSd § 628 Abs. 1 S. 2 BGB entfallen kann (*BAG* 21.10.1983 AP Nr. 2 zu § 628 BGB Teilvergütung m. abl. Anm. *Weitnauer*; *Hanau* ZfA 1984, 578). Das Interesse ist weggefallen zB für die Probe eines Musikers oder Schaustellers, wenn es nicht mehr zur vereinbarten Darbietung der Leistung kommt (*Soergel/Kraft* § 628 Rn 4). Die Darlegungs- und Beweislast für die Voraussetzungen des § 628 Abs. 1 S. 2 Alt. 2 BGB treffen den Dienstberechtigten, weil er sich gegenüber der grds Vergütungspflicht des § 628 Abs. 1 S. 1 BGB auf eine Ausnahme beruft (*BGH* 7.3.2019 IX ZR 221/18 NJW 2019, 1870).

IV. Vorausgezahlte Vergütung (§ 628 Abs. 1 S. 3 BGB)

18 Bei der Vorleistung der Vergütung ist der Arbeitnehmer zur **Rückerstattung** des Betrages verpflichtet, der »für die spätere Zeit« bereits geleistet ist. Soweit es sich um Geld handelt, ist es mit Zinsen (vom Tage des Empfanges an) zurückzuerstatten, Naturalvergütungen sind einschließlich der Nutzungen zurückzugeben. Dies folgt aus den §§ 347, 987 ff. BGB, wenn die Kündigung aus Gründen, die der Arbeitnehmer zu vertreten hat, ausgesprochen wurde (*BAG* 3.10.1985 – 2 AZR 601/84, nv, hinsichtlich eines per Handgeld-Abrede verpflichteten Fußballspielers, der unabgemeldet in einem wichtigen Spiel das Feld nach einem Streit mit anderen Spielern verlässt). Dies gilt auch, wenn der Arbeitgeber einen anderen Beendigungsmodus wählt, zB die ordentliche Kündigung oder einen Auflösungsvertrag schließt (*Hueck/Nipperdey* I, S. 713; *Nikisch* I, S. 853). Wird dem Arbeitnehmer gekündigt, ohne dass er die Umstände dafür zu vertreten hat, muss er die erlangte Bereicherung einschließlich der Nutzungen nach den Grundsätzen der §§ 812 ff. BGB zurückgewähren (*Staudinger/Preis* § 628 Rn 32; MüKo-BGB/*Henssler* § 628 Rn 22; HWK-*Sandmann* § 628 BGB Rn 35). Danach ist der Betrag herauszugeben, um den der Arbeitnehmer im Zeitpunkt der Kündigung noch bereichert war, § 818 Abs. 3 BGB (*Palandt/Weidenkaff* § 628 Rn 5).

C. Schadensersatz (§ 628 Abs. 2 BGB)

19 Zum Schadensersatz nach § 628 Abs. 2 ist derjenige verpflichtet, der durch sein vertragswidriges schuldhaftes Verhalten die Kündigung des Arbeitsverhältnisses veranlasst hat. Je nach der Gestaltung der Sachlage kann den Arbeitgeber oder den Arbeitnehmer die Ersatzpflicht treffen. Gesamtschuldnerische Haftung scheidet aus (s. Rdn 47). Nach Sinn und Zweck soll diese Vorschrift verhindern, dass der wegen eines Vertragsbruches zur fristlosen Kündigung veranlasste Vertragsteil die Ausübung seines Kündigungsrechts mit Vermögenseinbußen bezahlen muss, die darauf beruhen, dass infolge der Kündigung das Arbeitsverhältnis endet. Der **Kündigende soll so gestellt werden, als wäre das Arbeitsverhältnis ordnungsgemäß fortgeführt oder doch wenigstens durch eine fristgerechte Kündigung beendet worden** (*BAG* 23.8.1988 EzA § 113 BetrVG 1972 Nr. 17 mwN). Somit ist der durch die Beendigung des Arbeitsverhältnisses entstehende Schaden zukunftsbezogen, der bis zur Aufhebung des Vertragsverhältnisses entstandene Schaden ist gem. § 325 BGB zu regulieren (*Heinze* NZA 1994, 244). Der Schadensersatzanspruch nach § 628 Abs. 2 BGB setzt demnach grds. eine berechtigte und auch wirksame Kündigung (s. Rdn 21) voraus, die ihren Grund in dem vertragswidrigen schuldhaften Verhalten des anderen Vertragsteils hat (s. Rdn 25 ff.) und

einen Schaden beim Kündigenden verursacht hat (s. Rdn 36 ff.). Soweit der Ersatz anderer Schäden neben dem Beendigungsschaden in Frage kommt (zB rechtliche Beratung, Umzugskosten), die aber auch mit der Beendigung zusammenhängen, können diese nicht nach § 628 Abs. 2 BGB, sondern nach den §§ 280 ff. BGB geltend gemacht werden.

I. Kündigung iSd § 628 Abs. 2 BGB

Zunächst ergibt sich aus dem Wortlaut des Gesetzes, dass nur eine **fristlose Kündigung** im Rahmen des § 628 BGB gemeint ist (*Soergel/Kraft* § 628 Rn 6). Durch die Rechtsprechung des BAG ist der Anwendungsbereich des § 628 Abs. 2 BGB jedoch auch auf diejenigen Fälle ausgedehnt worden, in denen das Arbeitsverhältnis **in anderer Weise als durch fristlose Kündigung beendet** wurde, sofern nur der andere Vertragsteil durch ein vertragswidriges schuldhaftes Verhalten den Anlass für die Beendigung gegeben hat (BAG 8.8.2002 EzA § 628 BGB Nr. 21 mwN sowie Nachw. KR 7. Aufl. Rn 20). Das BAG stellt beim Schadensersatzanspruch gem. § 628 Abs. 2 BGB nicht auf die **Form der Vertragsbeendigung** ab, sondern auf den **Anlass**. Wesentliches Begründungsmerkmal für den Schadensersatzanspruch ist das Vorliegen eines Auflösungsverschulden (s. Rdn 25 ff.). Dabei muss das Auflösungsverschulden den Merkmalen des **wichtigen Grundes iSd § 626 Abs. 1 BGB** entsprechen (st.Rspr. *BAG* 12.6.2003 EzA § 628 BGB 2002 Nr. 1; 17.1.2002 EzA § 628 BGB Nr. 20; 22.6.1989 EzA § 628 BGB Nr. 17). Aus dem Zusammenhang der Absätze 1 und 2 des § 628 BGB folgt, dass nicht jede geringfügige schuldhafte Vertragsverletzung, die Anlass für eine Beendigung des Arbeitsverhältnisses gewesen ist, die Folge des Abs. 2 nach sich zieht (*BAG* 20.11.2003 EzA § 628 BGB 2002 Nr. 3). Unter dieser Voraussetzung bleibt der die Beendigung veranlassende Vertragspartner zum Schadensersatz auch dann verpflichtet, wenn das Arbeitsverhältnis im Wege der **Parteivereinbarung** aufgelöst wird (aA *Palandt/Weidenkaff* § 628 Rn 1). Allerdings muss sich in diesem Falle derjenige, der Rechte aus dem Auflösungsverschulden herleiten will, diese bei der Vereinbarung über die Auflösung des Arbeitsverhältnisses ausdrücklich vorbehalten (in dem vom BAG am 10.5.1971 entschiedenen Fall hatte der Arbeitnehmer behauptet, er sei durch wichtige Gründe iSd § 626 Abs. 1 BGB, die ihn sonst zur fristlosen Kündigung berechtigt hätten, zu dem Aufhebungsvertrag veranlasst worden; *Hess. LAG* 10.4.2006 – 17 Sa 1432/05, EzASD 17/2006, S. 13; MüKo-BGB/*Henssler* § 628 Rn 46; *Staudinger/Preis* § 628 Rn 41; *Stoffels* AR Blattei SD, Arbeitsvertragsbruch Rn 128; HWK-*Sandmann* § 628 BGB Rn 42; aA *Canaris* Anm. zu AP Nr. 6 zu § 628 BGB; ArbRBGB-*Corts* § 628 Rn 34, der die Erkennbarkeit des vertragswidrigen Verhaltens als Beendigungsgrund ausreichen lässt). Fehlt dieser Vorbehalt, so kann der andere Teil die Einigung über die Auflösung dahingehend verstehen, dass etwaige Rechte aus dem Auflösungsverschulden nicht mehr geltend gemacht werden sollen (*BAG* 10.5.1971 EzA § 628 BGB Nr. 1). Ebenso steht es dem Schadensersatzanspruch nicht entgegen, wenn ordentlich gekündigt wird (*Erman/Belling* § 628 Rn 23; MüKo-BGB/*Henssler* § 628 Rn 47; HWK-*Sandmann* § 628 BGB Rn 45) oder das Arbeitsverhältnis durch Zeitablauf endet (aA ErfK-*Müller-Glöge* § 628 BGB Rn 18; MüKo-BGB/ *Henssler* § 628 Rn 50), und es von beiden Seiten ohne Widerspruch unter anderen als den vertragsverletzenden Umständen fortgesetzt würde, sofern jeweils die Rechte aus dem Auflösungsverschulden ausdrücklich vorbehalten werden. Schließlich reicht auch die bloße Mitteilung, dass der Vertrag nicht mehr aufrechterhalten bleiben soll, weil es kein Vertrauen mehr in die Fertigkeiten des Vertragspartners gebe (*LG Frankf.* 9.12.1981 NJW 1982, 2610).

Liegt eine **fristlose Kündigung** vor, so setzt der Schadensersatzanspruch gem. § 628 Abs. 2 BGB voraus, dass sie **berechtigt und wirksam erklärt ist**. Fehlt es an einem wichtigen Grund iSd § 626 Abs. 1 BGB und ist daher die ausgesprochene fristlose Kündigung unwirksam, so entfällt auch der Schadensersatzanspruch (*BAG* 25.5.1962 AP Nr. 1 zu § 628 BGB; 15.6.1972 EzA § 626 BGB nF Nr. 14). Ob ein wichtiger Grund vorliegt, setzt nicht nur die Prüfung eines bestimmten Sachverhaltes voraus, sondern bei der zusätzlich erforderlichen Interessenabwägung müssen alle vernünftigerweise in Betracht kommenden Umstände des Einzelfalles daraufhin abgewogen werden, ob das Abwarten der Kündigungsfrist dem Kündigenden unzumutbar ist (*BGH* 19.10.1987 EzA § 628 BGB Nr. 16). Im Falle einer unwirksamen außerordentlichen Kündigung können Ersatzansprüche nach allgemeinem Schadensersatzrecht (positive Vertragsverletzung, § 280 BGB) in Frage kommen (anders *ArbG Köln* 3.2.2000 EzASD 2001, Heft 1, S. 9). Für die Wirksamkeit der außerordentlichen Kündigung eines Arbeitnehmers als Voraussetzung für einen Schadensersatzanspruch nach § 628 Abs. 2 BGB muss im Regelfall eine vergebliche **Abmahnung** vorausgegangen sein, dh der Arbeitnehmer muss gegenüber dem Arbeitgeber die Pflichtverletzungen im Einzelnen beanstandet und den Fortbestand des Arbeitsverhältnisses in Frage gestellt haben, wenn dieser die Vertragsverletzungen nicht abstellt (*BAG* 26.7.2007 EzA § 628 BGB 2002 Nr. 6; 20.11.2003 EzA § 628 BGB 2002 Nr. 3). Entbehrlich ist die Abmahnung, wenn die Pflichtverletzung das Vertragsverhältnis derartig schwerwiegend stört, dass nach objektiven Maßstäben das Interesse am Fortbestand des Vertrages entfällt oder auch die Abmahnung eine Rückkehr zum vertragskonformen Verhalten nicht erwarten lässt (*BAG* 26.7.2007 EzA § 628 BGB 2002 Nr. 6; 17.1.2002 EzA § 628 BGB Nr. 20). Im Falle eines Umschulungsverhältnisses ist eine Abmahnung vor der außerordentlichen Kündigung entbehrlich, wenn der Arbeitgeber nicht zur vertragskonformen Ausbildung in der Lage ist (*BAG* 8.6.1995 RzK I 6i Nr. 9).

22 **Der Schadensersatzanspruch gem. § 628 Abs. 2 BGB setzt die Wahrung der Zweiwochenfrist gem. § 626 Abs. 2 BGB voraus**; denn das Recht zur fristlosen Kündigung ist verwirkt, wenn die gesetzliche Ausschlussfrist gem. § 626 Abs. 2 BGB versäumt wird; denn dann ist ein möglicherweise erheblicher wichtiger Grund nicht mehr geeignet, die Fortsetzung des Arbeitsverhältnisses unzumutbar zu machen. Folglich kann das pflichtwidrige Verhalten nicht mehr zum Anlass einer vorzeitigen Beendigung des Arbeitsverhältnisses genommen werden und damit entfällt auch der Schadensersatzanspruch gem. § 628 Abs. 2 BGB wegen dieses Verhaltens (*BAG* 26.7.2007 EzA § 628 BGB 2002 Nr. 6; 20.11.2003 EzA § 628 BGB 2002 Nr. 3; DDZ-*Däubler* § 628 BGB Rn 15; HWK-*Sandmann* § 628 BGB Rn 48). Dies ergibt sich aus der Systematik der Regelungen gem. §§ 626 und 628 BGB. Der Schadensersatzanspruch gem. § 628 Abs. 2 BGB dient nicht als Auffangtatbestand, wenn wegen Versäumung der Ausschlussfrist nicht mehr fristlos gekündigt werden kann (*ArbG Freiburg/Br.* 13.10.1987 RzK I 6i Nr. 8).

23 Üben **beide Vertragsteile** aufgrund **vertragswidrigen schuldhaften Verhaltens** des jeweils anderen berechtigt ihr Kündigungsrecht aus, so entfallen beiderseits Schadensersatzansprüche aus § 628 Abs. 2 BGB (*BAG* 12.5.1966 EzA § 70 HGB Nr. 3; s.a. Rdn 35).

24 Wird das Arbeitsverhältnis nach unwirksamer außerordentlicher Kündigung durch das ArbG gem. § 9 KSchG aufgelöst, so besteht bis zum Zeitpunkt der gerichtlichen Beendigung die Entgeltzahlungspflicht des Arbeitgebers fort. In die Abfindung gem. §§ 9, 10 KSchG gehen diese Vergütungsansprüche mit ein (vgl. KR-*Spilger* § 10 KSchG Rdn 68). Für die Zeit nach Beendigung des Arbeitsverhältnisses können Schadensersatzansprüche auf Zahlung von Vergütungsbeträgen nicht mehr geltend gemacht werden; denn die Abfindung stellt eine »Entschädigung eigener Art« für die Auflösung des Arbeitsverhältnisses dar und soll pauschal die Vermögens- und Nichtvermögensschäden für den Verlust des Arbeitsplatzes ausgleichen (*BAG* 22.4.1971 EzA § 7 KSchG aF Nr. 6; 15.2.1973 EzA § 9 KSchG nF Nr. 1; ArbRBGB-*Corts* § 628 Rn 36). Dies gilt auch bzgl. des durch die Beendigung des Arbeitsverhältnisses eingetretenen Verlustes einer Anwartschaft auf betriebliche Altersversorgung vor Eintritt der Unverfallbarkeit, wenn das Arbeitsverhältnis im Rahmen einer gerichtlichen Auflösung unter Zuerkennung einer Abfindung nach §§ 9, 10 KSchG beendet wurde (*BAG* 12.6.2003 EzA § 628 BGB 2002 Nr. 1). Diesen Verlust kann der Arbeitnehmer in diesem Falle weder nach § 628 Abs. 2 BGB noch aus dem Gesichtspunkt einer positiven Vertragsverletzung gemäß §§ 280, 286 analog BGB ersetzt verlangen. Zum Schadensersatzanspruch des Arbeitnehmers in Höhe einer ihm zustehenden Abfindung gem. § 10 KSchG s. Rdn 44.

II. Auflösungsverschulden

1. Vertragswidriges schuldhaftes Verhalten

25 Die Kündigung oder die andere Beendigungsform des Arbeitsverhältnisses muss durch ein vertragswidriges, schuldhaftes Verhalten (sog. Auflösungsverschulden) des anderen Vertragsteils veranlasst

worden sein, wenn der Schadensersatzanspruch gem. § 628 Abs. 2 BGB begründet sein soll. Ein **unmittelbarer Zusammenhang zwischen der Vertragsverletzung und der Beendigung muss gegeben sein.** Keinen Schadensersatzanspruch begründet ein erst nach dem Kündigungszeitpunkt dem Kündigenden bekannt gewordener –zum Kündigungszeitpunkt bereits objektiv bestehender- wichtiger Grund (*BAG* 17.1.2002 EzA § 628 BGB Nr. 20). Aus dem Zusammenhang der Regelungen in Abs. 1 und in Abs. 2 des § 628 BGB folgt, dass nicht jede geringfügige schuldhafte Vertragsverletzung, die Anlass für eine Beendigung des Arbeitsverhältnisses gewesen ist, die Folge des Abs. 2 nach sich zieht (*BAG* 20.11.2003 EzA § 628 BGB 2002 Nr. 3; 17.1.2002 EzA § 628 BGB Nr. 20; *Staudinger/Preis* § 628 Rn 38).

Unter **vertragswidrigem Verhalten** iSd **§ 628 Abs. 2 BGB** ist die von einer Vertragspartei zu vertretende, also idR schuldhafte Vertragsverletzung zu verstehen (*BAG* 5.10.1962 AP Nr. 2 zu § 628 BGB m. Anm. *Larenz* SAE 1963, 59; 17.9.1970 EzA § 626 BGB Nr. 3 m. Anm. *Herschel* SAE 1971, 193; *Hueck/Nipperdey* I, S. 713; *Erman/Belling* § 628 Rn 21; *Staudinger/Preis* § 628 BGB Rn 37; MüKo-BGB/*Henssler* § 628 Rn 55). Nach dem Grundsatz der Verhältnismäßigkeit ist allerdings auch vom Arbeitnehmer zu verlangen, den pflichtwidrig handelnden Arbeitgeber vor Ausspruch einer außerordentlichen Kündigung wegen des »wichtigen Grundes« **abzumahnen**, es sei denn, dies wäre aussichtslos (*BAG* 26.7.2007 EzA § 628 BGB 2002 Nr. 6; zum Erlöschen des Kündigungsrechts durch Verzicht nach einer Abmahnung *BAG* 31.7.1986 – 2 AZR 559/85, RzK I 8c Nr. 10). 26

Schuldhaftes vertragswidriges Verhalten kann in den Umständen liegen, die einen – zu vertretenden – **wichtigen Grund** zur außerordentlichen Kündigung gem. § 626 Abs. 1 BGB darstellen und die die Fortsetzung des Arbeitsverhältnisses unzumutbar machen (st.Rspr. *BAG* 22.1.2009 – 8 AZR 808/07, EzA § 613a BGB 2002 Nr. 105). Insoweit wird auch die Wahrung der Zwei Wochen-Frist gem. § 626 Abs. 2 BGB vorausgesetzt (*BAG* 26.7.2001 – 8 AZR 739/00, EzA § 628 BGB Nr. 19). Ein wichtiger Grund kann vorliegen, wenn dem Arbeitnehmer eine nicht vertragsgemäße Arbeit zugewiesen wird und der Arbeitgeber dabei die Grenzen des Direktionsrechts überschritten hat sowie eine Abmahnung gegenüber dem Arbeitgeber erfolglos bleibt (*BAG* 20.11.2003 EzA § 628 BGB 2002 Nr. 3). 27

Werden dem Dienstverpflichteten die **Dienstbezüge** in erheblicher Höhe oder für einen längeren Zeitraum vorenthalten, berechtigt dies zur fristlosen Kündigung (st.Rspr. *BAG* 26.7.2007 EzA § 628 BGB 2002 Nr. 6; 17.1.2002 EzA § 628 BGB Nr. 20; 26.7.2001 EzA § 628 BGB Nr. 19 m. Anm. *Krause*; Anm. *Gamillscheg* SAE 2002, 123) und hat zur Folge, dass das Wettbewerbsverbot entfällt und Schadensersatz in Höhe der geschuldeten Vergütung verlangt werden kann (*BGH* 19.10.1987 EzA § 628 BGB Nr. 16; krit. *Grunsky* Anm. EWiR 1988, 249). Nach einer Entscheidung des *LAG Hamm* (25.3.2010 – 8 Sa 1663/09) kann auch schon in der vertragswidrigen Kürzung der Vergütung für drei Monate – wenn auch zwecks Überwindung wirtschaftlicher Schwierigkeiten – trotz Widerspruchs des Arbeitnehmers unter Berücksichtigung der beiderseitigen Interessen ein »wichtiger Grund« vorliegen. 28

Vertragswidriges und schuldhaftes Verhalten des Arbeitgebers liegt in dessen als **Beleidigung** iSd § 185 StGB zu wertender Äußerung gegenüber einer Mitarbeiterin im Beisein mehrerer Personen, sie habe auf dem Betriebsfest wie eine Dirne getanzt (Lambada) und sie sei eine »Nassauerin«. Nach ihrer wirksamen fristlosen Kündigung steht ihr ein Schadensersatzanspruch wegen Auflösungsverschuldens ihres Arbeitgebers zu (*ArbG Bocholt* 5.4.1990 BB 1990, 1562 mit erhellender Subsumtion auch zum Anspruch auf Schmerzensgeld). Zu den vielfältigen Ausprägungen **sexueller Handlungen und Verhaltensweisen**, die als vertragswidriges und schuldhaftes Verhalten zur fristlosen Kündigung und Geltendmachung des Auflösungsschadens berechtigen, vgl. die Studie des Ministeriums für Jugend, Familie, Frauen und Gesundheit (*Holzbecher/Braszeit/Müller/Plogstedt* Sexuelle Belästigung am Arbeitsplatz, 1991) mit Hinweisen auf die Rechtsprechung (S. 351 ff., 373 ff.; *ArbG Hameln* 12.12.1979 – 1 Ca 281/79, nv); *Herzog* Sexuelle Belästigung am Arbeitsplatz im US-amerikanischen und deutschen Recht, Heidelberg 1998 sowie *Linde* Sexuelle Belästigung am Arbeitsplatz, BB 1994, 2412 (insbes. S. 2416). Sog. **Mobbing** durch den Arbeitgeber oder 29 einen Arbeitnehmer gegenüber einem anderen Arbeitnehmer kann zur außerordentlichen Kündigung mit anschließendem Schadensersatzanspruch gem. § 628 Abs. 2 BGB berechtigen (*Thür. LAG* 15.2.2001 NZA-RR 2001, 577; *Wickler* S. 205 f.).

30 **Fehlt es an einem wichtigen Grund**, der den einen Vertragsteil zur fristlosen Kündigung berechtigt, so scheidet ein Auflösungsverschulden ebenso wie das darauf gestützte Schadensersatzbegehren als unbegründet aus (*BAG* 11.2.1981 EzA § 4 KSchG nF Nr. 20; 10.5.1971 EzA § 628 BGB Nr. 1). Denn aus dem Zusammenhang der Abs. 1 und 2 des § 628 BGB ergibt sich die gesetzliche Wertung, dass nicht jede geringfügige schuldhafte Vertragsverletzung, die Anlass für eine Beendigung des Arbeitsverhältnisses gewesen ist, die schwerwiegende Folge des § 628 Abs. 2 BGB nach sich zieht (DDZ-*Däubler* § 628 BGB Rn 13). Kein Auflösungsverschulden und damit kein wichtiger Grund liegt vor, wenn der Arbeitgeber die mit einem Arbeitnehmer besetzte Stelle ausschreibt (*LAG RhPf* 15.11.2005 – 2 Sa 688/05) oder der Arbeitnehmer bis zum Ende der Kündigungsfrist nicht tatsächlich beschäftigt wird (*BAG* 22.1.2009 – 8 AZR 808/07, EzA § 613a BGB 2002 Nr. 105). Ebenso stellt die Insolvenzeröffnung als solche noch keinen Grund iSd § 626 Abs. 1 BGB dar. Zur Frage des Bestehens von Ansprüchen aus Auflösungsverschulden wegen Vertragsverletzung (hier: Nichtbereinigung der ungeklärten Lage nach Ablauf der Besuchervisa für mitgereiste Familienangehörige) vgl. *BAG* 26.3.1985 – 3 AZR 200/82.

31 Davon ist zu trennen das Verhalten einer Partei, das zur fristlosen Kündigung gem. § 626 Abs. 1 BGB durch den anderen Vertragsteil berechtigt, das aber **keine schuldhafte Vertragsverletzung** darstellt und folglich auch keine Schadensersatzpflicht nach sich zieht. Hat der eine Vertragsteil sein vertragswidriges Verhalten nicht verschuldet, ist es aber kraft Arbeitsvertrags von ihm zu vertreten, so steht diese Vertragswidrigkeit einer verschuldeten gleich. Eine unwirksame außerordentliche Kündigung kann eine Vertragsverletzung sein (*BAG* 15.2.1973 EzA § 9 KSchG nF Nr. 1; *BGH* 14.11.1986 AP Nr. 4 zu § 628 BGB; *ArbG Wilhelmshaven* 13.2.1981 ARSt 1981, 111). Sie verpflichtet zum Schadensersatz dann, wenn der Kündigende die Unwirksamkeit der Kündigung kannte oder bei gehöriger Sorgfalt hätte kennen müssen (§ 276 Abs. 1 S. 1 und 2 BGB) und daraus ein Schaden entsteht (*BAG* 24.10.1974 EzA § 276 BGB Nr. 32).

32 Kündigt ein **GmbH-Geschäftsführer** von sich selbst aus fristlos, kann er Schadensersatz gem. § 628 Abs. 2 BGB nur verlangen, wenn seine Kündigung durch vertragswidriges Verhalten der Gesellschaft veranlasst worden ist. Die seiner Kündigung vorausgegangene organschaftliche Ablösung des Geschäftsführers gem. § 38 GmbHG stellt grds. kein vertragswidriges Verhalten der Firma dar (*BGH* 28.10.2002 NJW 2003, 351). Ein Weiterbeschäftigungsangebot des Betriebs auf einer unterhalb der Geschäftsführerposition angesiedelten, jedoch herausgehobenen und entsprechend dotierten Stelle beinhaltet auch kein vertragswidriges Verhalten der Gesellschaft (*OLG Frankf.* 28.11.1980 BB 1981, 265). Wird der Dienstnehmer vertragswidrig nicht zum Geschäftsführer bestellt, kann darin ein Auflösungsverschulden des Dienstgebers liegen (*BAG* 8.8.2002 EzA § 628 BGB Nr. 21). Dem Schadensersatzanspruch des Dienstnehmers gem. § 628 Abs. 2 steht auch nicht entgegen, dass seine Bestellung zum Geschäftsführer gem. § 38 Abs. 1 GmbHG jederzeit widerruflich ist (*BAG* 8.8.2002 EzA § 628 BGB Nr. 21)

33 Zur Schadensersatzpflicht beim sog. »**rechtmäßigen Alternativverhalten**«, dh, wenn der Schaden ebenso bei rechtmäßigem Verhalten entstanden wäre, s. Rdn 51–53.

2. Mitverschulden

34 Die Schadensersatzpflicht mindert sich nach den Grundsätzen des § 254 BGB, dessen Voraussetzungen von Amts wegen zu prüfen sind (*BAG* 18.12.1970 EzA § 611 BGB Gefahrgeneigte Arbeit Nr. 8; *Palandt/Weidenkaff* § 254 Rn 8; DDZ-*Däubler* § 628 Rn 17), wenn ein Mitverschulden des Kündigenden vorliegt. Dies kann zunächst dadurch gegeben sein, dass der Kündigende selbst durch vertragswidriges Verhalten die schuldhafte Vertragsverletzung provoziert hat (*ArbRBGB-Corts* § 628 BGB Rn 32; *Staudinger/Preis* § 628 Rn 39). In diesem Fall kann er zwar Schadensersatz fordern, aber er muss sich die Minderung des Anspruchs in der Höhe gefallen lassen, wie sie aufgrund seines

eigenen vertragswidrigen Verhaltens anrechenbar ist. Zur erschöpfenden Würdigung des schadensursächlichen Mitverschuldens vgl. *BAG* 29.9.1958 AP Nr. 17 zu § 64 ArbGG 1953. Daneben kann sich der Schadensersatzanspruch nach § 254 BGB mindern, wenn der Ersatzberechtigte es unterlassen hat, den Schaden zu mindern oder gar abzuwenden (s.a. Rdn 46).

3. Vertragswidriges Verhalten beider Parteien

Die Schadensersatzpflicht entfällt völlig, wenn beiden Parteien in gleicher Weise ein vertragswidriges schuldhaftes Verhalten vorgeworfen werden kann: Wird eine Partei durch schuldhaft vertragswidriges Verhalten des anderen Teils zur Kündigung des Arbeitsverhältnisses veranlasst, so ist dieser dann nicht zum Ersatz des durch die Aufhebung des Arbeitsvertrages entstandenen Schadens verpflichtet, wenn er selbst wegen eines ebenfalls schuldhaften vertragswidrigen Verhaltens der Gegenpartei hätte kündigen können. Hier **entfallen die wechselseitigen Schadensersatzansprüche**, auch wenn die beiderseitigen Kündigungsgründe nicht miteinander zusammenhängen (*BAG* 12.5.1966 EzA § 70 HGB Nr. 3 m. Anm. *E. Wolf* AP Nr. 9 zu § 70 HGB; *LAG Brem.* 3.6.1953 DB 1953, 555; *Hanau* Kausalität der Pflichtwidrigkeit, 1971, S. 160; ErfK-*Müller-Glöge* § 628 BGB Rn 32; *Hueck/Nipperdey* I, S. 713 f.; HWK-*Sandmann* § 628 BGB Rn 51; *Soergel/Kraft* § 628 Rn 6; *Staudinger/Preis* § 628 Rn 40; MüKo-BGB/*Henssler* § 628 Rn 51). Einer zusätzlichen Kündigung auch des anderen Vertragsteils bedarf es nicht. Zur Begründung verweist das BAG auf den Sinn des § 628 Abs. 2 BGB, jeweils nur denjenigen mit Schadensersatzforderungen zu belasten, der einseitig schuldhaft eine unzumutbare Situation schafft. Wenn aber beide Vertragspartner schuldhaft vertragswidrig handeln, sei das Arbeitsverhältnis inhaltsleer und als Grundlage für Schadensersatzansprüche nicht mehr geeignet. Auch § 254 BGB kann hier keine Anwendung mehr finden (*BAG* 12.5.1966 EzA § 70 HGB Nr. 3).

35

III. Schaden

1. Allgemeine Grundsätze

Es ist grds. der tatsächliche Schaden zu ersetzen, der dem Ersatzberechtigten durch die im Auflösungsverschulden des anderen begründete Beendigung des Arbeitsverhältnisses entstanden ist (möglich ist auch die Pauschalierung von Schadensersatzansprüchen, die der richterlichen Billigkeitskontrolle unterliegen; *Bengelsdorf* BB 1989, 2390; *Heinze* NZA 1994, 244, 248). Erfasst wird nur der **Ersatz von Vermögensschäden** (§ 253 Abs. 2 BGB nF; HWK-*Sandmann* § 628 BGB Rn 53). Der Schaden muss in einem unmittelbaren Zusammenhang mit der Auflösung des Vertrages stehen. Allerdings muss derjenige, der eine Vertragspflicht verletzt, nicht für alle schädigenden Folgen aufkommen, die in einem **adäquaten Kausalzusammenhang** zu dem vertragswidrigen Verhalten stehen. Vielmehr wird die **Schadensersatzpflicht durch den Schutzzweck der verletzten Vertragsnorm begrenzt** (*BAG* 26.3.1981 EzA § 249 BGB Nr. 14). Der Ersatz des Auflösungsschadens umfasst die Pflicht, den Anspruchsberechtigten so zu stellen, wie er bei Fortbestand des Arbeitsverhältnisses stehen würde (§§ 249, 252 BGB), denn der **Anspruch aus § 628 Abs. 2 BGB** geht auf das volle **Erfüllungsinteresse** (*BAG* 8.8.2002 EzA § 628 BGB Nr. 21; 26.7.2001 EzA § 628 BGB Nr. 19 Anm. *Krause*; Anm. *Gamillscheg* SAE 2002, 123; *Palandt/Weidenkaff* § 628 Rn 8; MüKo-BGB/ *Henssler* § 628 Rn 54; *Staudinger/Preis* § 628 Rn 45). Bei dem erforderlichen Vermögensvergleich (Rdn 37) sind sowohl die arbeitsvertraglichen Haupt- als auch die Nebenpflichten zu berücksichtigen (*BAG* 9.5.1975 EzA § 628 BGB Nr. 10; *Palandt/Weidenkaff* § 628 Rn 8). Ersatzfähig ist nur der nach Beendigung des Arbeitsverhältnisses entstandene Schaden, demgegenüber ist der vor dem Auflösungsereignis entstandene Schaden gem. § 325 BGB geltend zu machen (vgl. *Heinze* NZA 1994, 244). Zum Ersatz von fiktiven Kosten für eine nicht eingestellte Ersatzarbeitskraft s. Rdn 55.

36

Ermittelt wird der ersatzfähige Schaden nach der sog. **Differenzmethode**. Danach bestimmt sich der natürliche Schaden in der Differenz zwischen zwei Güterlagen: Dem tatsächlichen durch das schädigende Ereignis eingetretenen Zustand ist der hypothetische ohne das schädigende Ereignis zu verzeichnende Güterzustand gegenüberzustellen (*BAG* 8.8.2002 EzA § 628 BGB Nr. 21; *BGH* 29.4.1958 BGHZ 27, 183; 30.9.1963 BGHZ 40, 347). Allerdings wird die Differenzmethode

37

durch den sog. **normativen Schadensbegriff** korrigiert: Selbst wenn bei der Differenzrechnung keine Minderung des Vermögens erkennbar ist, kann durch normative Wertungen ein Schaden im Rechtssinne anerkannt werden (st.Rspr. BGH, zB *BGH* 30.11.1979 BGHZ 75, 372; *Palandt/ Grüneberg* vor § 249 Rn 13). Neben übrigen Grundsätzen des Schadensrechts wie der Vorteilsausgleichung (s. Rdn 46) oder der abstrakten und konkreten Schadensberechnung (s. Rdn 54) hat die Schadenszurechnung nach dem **Schutzzweck der verletzten Norm** besondere Bedeutung für den Schadensersatzanspruch gem. § 628 Abs. 2 BGB (s. Rdn 48, 52). Das Problem der hypothetischen Kausalität (s. Rdn 56) betrifft die Schadenszurechnung und Schadensberechnung.

2. Zeitliche Begrenzung

38 Die Schadensersatzpflicht unterliegt grds. keiner Grenze (*Staudinger/Preis* § 628 Rn 45), **zeitlich ist der Anspruch** grds. auf den dem Arbeitnehmer **bis zum Ablauf der Kündigungsfrist einer fiktiven Kündigung** entstehenden Vergütungsausfall **begrenzt** (*BAG* 22.4.2004 EzA § 628 BGB 2002 Nr. 4; MüKo-BGB/*Henssler* § 628 Rn 59; HWK-*Sandmann* § 628 BGB Rn 59; ErfK-*Müller-Glöge* § 628 BGB Rn 65). **Kumulativ** hinzutreten kann eine den Verlust des Bestandsschutzes ausgleichende angemessene Entschädigung entsprechend §§ 13 Abs. 1 S. 3, 10 KSchG (*BAG* 26.7.2001 EzA § 628 BGB Nr. 19 Anm. *Krause*, Anm. *Gamillscheg* SAE 2002, 123; s. Rdn 44; ErfK-*Müller-Glöge* § 628 BGB Rn 23). Bei der Regelung gem. § 628 Abs. 2 geht es laut Motiven zunächst nur um den **Ausgleich des sog. Verfrühungsschadens**, da jeder der Vertragsteile – seinerzeit mangels Bestehens eines Kündigungsschutzes – immer mit einer ordentlichen Kündigung rechnen muss. Der Ersatz des sog. Verfrühungsschadens ist zu **ergänzen durch die Ansprüche des Arbeitnehmers aus dem gesetzlichen Kündigungsschutz**, soweit diese im Einzelfall bestehen; denn der Arbeitnehmer verzichtet durch seine Kündigung gem. § 626 BGB – veranlasst durch das vertragswidrige Verhalten des Arbeitgebers – auf den durch die Kündigungsschutzbestimmungen eingeräumten Bestandsschutz. Nach den Entscheidungsgründen des BAG vom 26.7.2001 ist die Lage des wegen schuldhafter Vertragsverletzung des Arbeitgebers selbst kündigenden Arbeitnehmers vergleichbar derjenigen des Arbeitnehmers, dem gegenüber der Arbeitgeber eine unberechtigte Kündigung ausgesprochen hat und der sodann seinerseits einen Auflösungsantrag stellt, da ihm die Fortsetzung des Arbeitsverhältnisses unzumutbar ist (s. Rdn 44; ErfK-*Müller-Glöge* § 628 BGB Rn 28).

39 Diese Grundsätze zur Ersatzpflicht sowohl des sog. Verfrühungsschadens als auch kumulativ möglicher Ansprüche auf Abfindung für den Verlust des Arbeitsplatzes können auch auf Arbeitnehmer mit **besonderem Kündigungsschutz** zB gem. § 15 KSchG, § 9 MuSchG oder in Fällen tarifvertraglicher Unkündbarkeit angewandt werden (*BAG* 21.5.2008 – 8 AZR 623/07, FA 2008, 379; ErfK-*Müller-Glöge* § 628 BGB Rn 31). Findet das KSchG keine Anwendung, bildet der Ablauf der ordentlichen Kündigungsfrist für die Arbeitnehmer-Ansprüche die zeitliche Grenze. Der Schadensersatzanspruch endet jedoch mit dem Zeitpunkt, in dem das Vertragsverhältnis wegen seiner Befristung in jedem Fall abgelaufen wäre und eine Verlängerung nicht vorgesehen war und wenn der Arbeitnehmer schadlos gestellt ist und endgültig die Mittel für seinen Lebensunterhalt in einem anderen Betrieb erwirbt (ArbRBGB-*Corts* § 628 BGB Rn 49; MüKo-BGB/*Henssler* § 628 Rn 72).

40 Die zeitliche Begrenzung des Schadensersatzanspruchs gem. § 628 Abs. 2 BGB ist dem Wortlaut der Norm nicht zu entnehmen. Nach dem Zweck der Norm soll dem Berechtigten aber **kein Anspruch auf den Ersatz eines »Endlosschadens«** zustehen, vielmehr soll der Kündigende nicht in einem unzumutbaren Vertragsverhältnis festgehalten werden müssen und daher nur den Ersatz des sog. Verfrühungsschadens beanspruchen können, zumal da immer mit einer fristgerechten Kündigung des anderen Vertragspartners zu rechnen ist (*BAG* 22.4.2004 EzA § 628 BGB 2002 Nr. 4 mwN; *BGH* 3.3.1993 EzA § 89a HGB Nr. 1).

3. Schaden des Arbeitnehmers

41 Der Ersatzanspruch des Arbeitnehmers (s. a. Rdn 10 ff.) geht auf den Schaden, den er durch die in der Vertragsverletzung des Arbeitgebers begründete Auflösung des Arbeitsverhältnisses erlitten hat (zur zeitlichen Begrenzung s. Rdn 38 ff.). Grundsätzlich richtet sich der vom Arbeitgeber gem.

§ 628 Abs. 2 BGB zu ersetzende Schaden nach den §§ 249, 252 BGB, dh es ist das volle Interesse mit allen Haupt- und Nebenpflichten zu erfüllen (*LAG Hamm* 12.6.1984 NZA 1985, 159). Zunächst kann er den **Verlust seines Entgeltanspruchs** einschließlich aller besonderen Zuwendungen (*BAG* 8.8.2002 EzA § 628 BGB Nr. 21; 20.11.1996 EzA § 611 BGB Berufssport Nr. 9), der zu bezahlenden **Feiertage** gem. dem EFZG (*ArbG Marburg* 1.7.1963 BB 1963, 1376), der **Naturalvergütungen** sowie der entsprechenden **Tantiemen** ersetzt verlangen (*Staudinger/Preis* § 628 Rn 52; HWK-*Sandmann* § 628 BGB Rn 74).

Dem **Handelsvertreter**, dem ein bestimmter Bezirk oder Kundenkreis zugewiesen ist, stehen gem. 42 § 87 HGB die **Provisionen** auch für die Geschäfte zu, die ohne seine Mitwirkung mit Kunden in seinem Bezirk geschlossen worden sind. Ebenso kann er die Provisionen beanspruchen aus Geschäften, die während seines Arbeitsverhältnisses zustande gebracht und die erst nach Beendigung seiner Tätigkeit ausgeführt werden (§ 87 Abs. 3 HGB; ArbRBGB-*Corts* § 628 Rn 48). Für die möglichen Geschäfte, die der Handelsvertreter ohne die Vertragsauflösung in der Folgezeit noch durch seine Werbetätigkeit hätte abschließen können, muss der Arbeitgeber wegen positiver Vertragsverletzung in Höhe der entgangenen Provisionen Schadensersatz zahlen. Diesen Anspruch auf Erstattung des **entgangenen Gewinns** (§ 252 BGB) hat der *BGH* (14.11.1966 AP Nr. 4 zu § 628 BGB) einem fristlos gekündigten Bezirksvertreter für die Zeit der Frist für eine ordentliche Kündigung zugesprochen.

Zum **Schaden des Arbeitnehmers** gehört auch der durch die Abwertung einer Währung entstandene Verzugsschaden (Dollarabwertung: *LAG Hmb.* 2.8.1971 DB 1972, 1587). Der Arbeitnehmer 43 kann auch die ihm zustehenden **Gewinnanteile** am Betriebsertrag – sobald sie zum Geschäftsjahresabschluss ausgerechnet sind – beanspruchen. Ferner stehen dem Arbeitnehmer für entstandene **Ruhegeldansprüche** und **Sonderzuwendungen** wie **Gratifikationen** auch schon vor dem für die Gratifikation maßgebenden Zeitpunkt Schadensersatzleistungen zu (*Hueck/Nipperdey* I, S. 312, FN 63). Ist ein Arbeitsverhältnis durch Gerichtsurteil bei Festsetzung einer Abfindung gem. §§ 9, 10 KSchG aufgelöst worden, so ist als Schadensposition der Verlust der Anwartschaft auf die betriebliche Altersversorgung bei der Festsetzung der Abfindung zu berücksichtigen; er ist daneben nicht gem. § 628 Abs. 2 BGB erstattungsfähig (*BAG* 12.6.2003 EzA § 628 BGB 2002 Nr. 1). Zum Schaden bei Nichtgewährung von Prokura vgl. *BAG* 17.9.1970 EzA § 626 BGB nF Nr. 5.

Neben dem Entgeltanspruch zuzüglich aller bes. Zuwendungen (s. Rdn 41) beinhaltet der Schadensersatzanspruch nach § 628 Abs. 2 BGB – kumulativ – einen angemessenen **Ausgleich für den** 44 **Verlust des Arbeitsplatzes** nach Maßgabe der **Abfindungsregelung gem. §§ 13 Abs. 1 S. 3, 10 KSchG in entsprechender Anwendung**, soweit das KSchG auf das Arbeitsverhältnis anwendbar ist. Dabei ist nicht entscheidend, ob unter Berücksichtigung der tatsächlichen Umstände eine Abfindung gezahlt worden wäre, sondern ob der Arbeitnehmer in einem durch das KSchG bestandsgeschützten Arbeitsverhältnis stand (*BAG* 26.7.2007 EzA § 628 BGB 2002 Nr. 6 mwN; *LAG RhPf* 13.10.2010 – 7 Sa 177/10). Die Höhe dieses Schadensersatzanspruchs bemisst sich insoweit gem. § 10 KSchG. Damit soll der wirtschaftliche Verlust, der mit der Aufgabe des Arbeitsplatzes verbunden ist, angemessen ausgeglichen werden. Denn die Lage des wegen schuldhafter Vertragspflichtverletzung des Arbeitgebers selbst kündigenden Arbeitnehmers ist derjenigen des selbst kündigenden Arbeitnehmers vergleichbar, dem gegenüber der Arbeitgeber eine unberechtigte Kündigung ausgesprochen hat und der seinerseits einen Auflösungsantrag stellt, weil ihm die Fortsetzung des Arbeitsverhältnisses unzumutbar ist (*BAG* 20.11.2003 EzA § 628 BGB 2002 Nr. 3; 26.7.2001 EzA § 628 BGB Nr. 19). Ein Entschädigungsanspruch für den Verlust des Bestandsschutzes setzt neben der Anwendbarkeit des KSchG auch voraus, dass der Arbeitgeber zum Zeitpunkt der Arbeitnehmerkündigung das Arbeitsverhältnis nicht selbst hätte kündigen können, also **kein Kündigungsgrund gem. § 1 Abs. 2 KSchG** bestand. Denn der – hypothetische – Ausspruch einer Kündigung durch die für die Auflösung des Arbeitsverhältnisses verantwortliche Vertragspartei begrenzt den durch die Schadensersatzpflicht gewährleisteten Schutz. Der Arbeitgeber muss sich nicht auf die Kündigungsmöglichkeit berufen oder sie beweisen, da nach dem Schutzzwecke von § 628 Abs. 2 BGB ein über den Verdienstausfall für die Dauer der Kündigungsfrist hinaus auszugleichender Schaden nicht besteht, wenn der Arbeitgeber ordentlich kündigen kann (*BAG* 26.7.2007 EzA § 628 BGB 2002 Nr. 6 mwN). Diese Möglichkeit liegt zB beim Arbeitgeber schon vor, wenn die Umstände einer Betriebsstilllegung greifbare Formen angenommen haben und bis zum Ablauf der einzuhaltenden Kündigungsfrist die Stilllegung durchgeführt sein wird (*BAG* 21.5.2008 – 8 AZR 623/07, FA 2008, 379).

45 Schließlich steht dem Arbeitnehmer auch **Ersatz der Aufwendungen** zu, die ihm aufgrund der unerwarteten Suche eines neuen Arbeitsplatzes entstehen, einschließlich der Kosten für eine notwendige Ortsveränderung (zB Umzugskosten; MüKo-BGB/*Henssler* § 628 Rn 79; HWK-*Sandmann* § 628 BGB Rn 75; aA *Soergel/Kraft* § 628 Rn 7). Im Falle der Arbeitslosigkeit nach Auflösung des Arbeitsverhältnisses kann der Arbeitnehmer vom Arbeitgeber gem. § 628 Abs. 1 BGB Ersatz von Unterstützungsleistungen, die ihm die BA nach dem SGB III nicht gewährt, verlangen (ArbRBGB-*Corts* § 628 BGB Rn 56 und 60; *Staudinger/Preis* § 628 Rn 53).

46 Nach den Grundsätzen des **§ 254 BGB** muss der Arbeitnehmer sich anrechnen lassen, was er durch die Beendigung des Arbeitsverhältnisses erspart (**Vorteilsausgleichung**) oder durch anderweitige Verwendung seiner Arbeitskraft erwirbt oder zu erwerben schuldhaft unterlässt (*BAG* 17.9.1970 EzA § 626 BGB nF Nr. 5; *Staudinger/Preis* § 628 Rn 55; HWK-*Sandmann* § 628 BGB Rn 76). Hierbei reicht jede Fahrlässigkeit, die Unterlassung braucht nicht böswillig zu sein (§ 615 BGB gilt hier nicht). Die schuldhafte Nichtwahrnehmung anderer Verdienstmöglichkeiten ist im Prozess vom Arbeitgeber zu beweisen. Einen erzielten Neuverdienst durch anderweitige Verwertung der Arbeitskraft muss sich der Arbeitnehmer auf den gesamten Abgeltungszeitraum anrechnen lassen, er bleibt nicht auf die Zeitperiode beschränkt, während der er verdient (RGZ 158, 402). Hinsichtlich der Höhe des Schadensersatzes ist das beiderseitige Verschulden gegeneinander abzuwägen und zu schätzen. Eine Minderung des Schadensersatzanspruchs tritt auch ein, wenn das vertragswidrige Verhalten des Arbeitgebers, das zur Beendigung des Arbeitsverhältnisses führte, vom Arbeitnehmer provoziert wurde (zB Beleidigung, nachdem der Arbeitnehmer dazu gereizt hat). Steht dem vertragswidrigen Verhalten des Arbeitgebers ein ebensolches des Arbeitnehmers gegenüber, so entfällt der Schadensersatzanspruch völlig; denn hier findet § 254 BGB keine Anwendung (s. Rdn 34).

4. Schaden des Arbeitgebers

47 Ebenso wie der Arbeitnehmer kann der Arbeitgeber den **vollen Schaden** ohne Begrenzung im Umfang (zur zeitlichen Begrenzung s. Rdn 38–40) verlangen, soweit er durch das Auflösungsverschulden des Arbeitnehmers entstanden ist. Dabei hat er gem. **§ 276 BGB** Vorsatz und Fahrlässigkeit zu vertreten. Beruft sich der Arbeitnehmer wegen seines vertragswidrigen Verhaltens auf einen Rechtsirrtum, so entfällt das Verschulden nur, wenn der Irrtum nicht fahrlässig bestand. Dem Arbeitgeber steht kein Schadensersatzanspruch zu, wenn der Schaden nicht auf ein Verschulden des Arbeitnehmers zurückgeht, sondern als Schadensursache zB die Krankheit eines im Übrigen die Arbeit verweigernden Arbeitnehmers gilt (*BAG* 5.10.1962 AP Nr. 2 zu § 628 BGB verneint hier die hypothetische Kausalität). Der Schadensersatzanspruch des Arbeitgebers mindert sich gem. **§ 254 BGB**, wenn er es schuldhaft unterlässt, den entstehenden Schaden gering zu halten (indem er zB rasch eine Ersatzkraft einstellt) oder gänzlich abzuwenden. Entsteht ein Schaden durch das vertragswidrige Verhalten mehrerer Arbeitnehmer zB als Betriebsgruppe, haftet nicht jeder einzelne als Gesamtschuldner für den gesamten Schaden (keine Gesamtschuld, *Erman/Belling* § 628 BGB Rn 32; *Staudinger/Preis* § 628 Rn 56). Eine **gesamtschuldnerische Haftung** kommt nur bei entsprechender vertraglicher – ausdrücklicher oder auch konkludenter – Vereinbarung (*BAG* 30.5.1972 EzA § 4 ZVG Ausschlussfristen Nr. 16) und bei bewusstem und gewolltem Zusammenwirken der einzelnen Schädiger in Betracht (ArbRBGB-*Corts* § 628 BGB Rn 46; APS-*Rolfs* § 628 Rn 57).

48 Bei der Beurteilung der Schadensersatzpflicht ist vom **Schutzzweck** der verletzten Vertragsnorm auszugehen (s. Rdn 36). Grds. kann der Arbeitgeber nur dann Ersatz von Schäden bei Vertragsbruch des Arbeitnehmers verlangen, wenn die **dadurch verursachten Kosten bei vertragstreuem Verhalten des Arbeitnehmers vermeidbar gewesen wären** (*BAG* 26.3.1981 EzA § 249 BGB Nr. 14). Es

muss demnach ein **Rechtswidrigkeitszusammenhang** zwischen dem Verhalten des Handelnden und dem entstandenen Schaden bestehen.

Zur **Ermittlung des Schadensumfangs** ist die gegenwärtige tatsächliche Vermögenslage mit derjenigen zu vergleichen, die ohne das vertragswidrige Ereignis eingetreten wäre (sog. Differenzhypothese, *Stoffels* AR-Blattei SD, Arbeitsvertragsbruch Rn 134). Der Schaden kann zunächst in den entstandenen **angemessenen Mehrausgaben** durch die notwendige Fortsetzung der vom ausgeschiedenen Arbeitnehmer unterbrochenen Arbeiten bestehen (*LAG Bln.* 27.9.1973 BB 1974, 278). Als Aufwendungen kommen die **Mehrvergütungen für Arbeitnehmer** in Betracht, die durch Überstunden die Arbeit des ausgeschiedenen Arbeitnehmers verrichten (*LAG Düsseld. [Köln]* 19.10.1967 DB 1968, 90; *LAG BW* 21.12.1960 BB 1961, 529; MüKo-BGB/*Henssler* § 628 Rn 84; HWK-*Sandmann* § 628 BGB Rn 67; *Wuttke* DB 1967, 2227) oder die als Ersatzkräfte mit vergleichsweise höheren Entgeltansprüchen eingestellt (*LAG Stuttg.* 27.9.1957 BB 1958, 40; 21.12.1960 BB 1961, 529; *LAG Bln.* 27.9.1973 DB 1974, 638; *LAG SchlH* 13.4.1972 BB 1972, 1229) bzw. als Leiharbeitnehmer eingekauft werden (*Heinze* NZA 1994, 244). Wenn der Arbeitgeber die ausgefallene Arbeitskraft durch eigenen **überobligatorischen Arbeitseinsatz** kompensiert, kann er dafür Ersatz verlangen (s.a. Rdn 55). Zum Schadensersatzanspruch bei Abordnung von Arbeitnehmern einer anderen Filiale des gleichen Betriebs auf den vakanten Arbeitsplatz sowie bei Mehrleistung anderer Arbeitnehmer durch höhere Beanspruchung vgl. *BAG* 24.4.1970 EzA § 60 HGB Nr. 3. Die **Kosten wegen Stillstandes** einer vom Arbeitgeber gemieteten Maschine, die der ausgeschiedene Arbeitnehmer bedient hat, sind zu ersetzen (*Frey* BB 1959, 744). Das gleiche gilt für **Konventionalstrafen**, die der Arbeitgeber wegen Nichteinhaltung von Terminen zahlen muss, weil der Arbeitnehmer vertragsbrüchig geworden ist (*LAG Düsseld. [Köln]* 19.10.1967 DB 1968, 90). Verliert der Arbeitgeber durch die vorzeitige Vertragsbeendigung den **Konkurrenzschutz** nach § 60 HGB, so muss der vertragsbrüchige Arbeitnehmer für die dadurch verursachten Vermögenseinbußen des Arbeitgebers aufkommen (*BAG* 9.5.1975 EzA § 628 BGB Nr. 8; 23.2.1977 BB 1977, 847 m. Anm. *Hadding* SAE 1976, 219; *Erman/Belling* § 628 Rn 32). Verstößt der Dienstverpflichtete gegen ein **Wettbewerbsverbot**, kann dies einen Schadensersatzanspruch gem. § 628 Abs. 2 BGB auslösen, aber der Dienstberechtigte darf deshalb nicht die Vergütung der Dienste verweigern (*BGH* 19.10.1987 EzA § 628 BGB Nr. 16; krit. Anm. *Schwerdtner* EWiR 1988, 249). Zum nachvertraglichen Wettbewerbsverbot bei Vertragsbruch vor Dienstantritt *BAG* 3.2.1987 EzA § 74 HGB Nr. 50.

Nach der Rechtsprechung des BAG können zu den nach § 249 BGB ausgleichspflichtigen Schadensfolgen eines Vertragsbruchs des Arbeitnehmers auch die **Kosten für Zeitungsinserate** gehören, mit denen der Arbeitgeber eine Ersatzkraft sucht (*BAG* 26.3.1981 EzA § 249 BGB Nr. 14; 14.11.1975 EzA § 249 BGB Nr. 6; 18.12.1969 EzA § 249 BGB Nr. 5; 30.6.1961 EzA § 249 BGB Nr. 1; Rspr. und Lit. bei *Stoffels* AR-Blattei SD, Arbeitsvertragsbruch Rn 152 ff.). Allerdings muss sich der zu ersetzende Werbeaufwand in zulässigen und gebotenen Grenzen halten, eine Wiederholung der Insertion kann erst dann ersatzfähig sein, wenn der Misserfolg der ersten Anzeige feststeht (*BAG* 14.11.1975 EzA § 249 BGB Nr. 6). Die Inseratskosten müssen in einem angemessenen Verhältnis zur Bedeutung des Arbeitsplatzes stehen (*BAG* 18.12.1969 EzA § 249 BGB Nr. 5). Grundsätzlich sollen die **Inseratskosten** (vorbehaltlich besonders gelagerter Einzelumstände) bis zur Höhe eines Monatsbezugs des vertragsbrüchigen Arbeitnehmers erstattungsfähig sein (*LAG Frankf.* 23.1.1980 ARSt 1980, 169). Werden mehrere Inserate in Zeitungen geschaltet, so ist stets der Kausalzusammenhang für die Erstattungspflicht zu prüfen; im Übrigen muss der Arbeitgeber die Schadensminderungspflicht gem. § 254 BGB beachten. Die Kosten für die **Inanspruchnahme einer Unternehmensberatung** zur Wiederbesetzung des vakanten Arbeitsplatzes sind dann erstattungsfähig, wenn die Einschaltung einer Beratungsfirma notwendig ist (*Stoffels* AR-Blattei SD, Arbeitsvertragsbruch Rn 156), weil zB anderweitig eine adäquate Besetzung in angemessener Zeit nicht möglich erscheint oder dies aufgrund der beruflichen und qualifikatorischen Merkmale üblich ist bzw. dies ebenso bei dem vertragsbrüchigen Arbeitnehmer praktiziert wurde (*ArbG Düsseld.* 12.1.1993 – 1 Ca 4434/92, zit. n. *Staudinger/Preis* § 628 Rn 50; dagegen *BAG* 18.12.1969 EzA § 249 BGB Nr. 5; AP Nr. 3 zu § 276 BGB Vertragsbruch m. Anm. *Medicus*). Wenn ein Schulungsvertrag für den Beruf des Arztbesuchers mit Einmonatsfrist gekündigt werden kann und der

Schulungspflichtige die Schulung nicht beginnt mit der Begründung, er wolle den vorgesehenen Einsatz als Arztbesucher nicht wahrnehmen, kann der Arbeitgeber aus diesem Vertragsbruch des Schulungspflichtigen nicht ohne Weiteres dessen Pflicht herleiten, für eine Annonce, die 2.000 Euro kostet und mit der ein Ersatzmann gesucht wird, Schadensersatz zu leisten. Dies gilt insbes. in dem Fall, in dem der Arbeitgeber behauptet, einen Ersatzmann deshalb suchen zu müssen, weil ihm durch den Vertragsbruch des Arbeitnehmers die Chance entgangen sei, ihn zum Verbleiben im Vertragsverhältnis zu bewegen (*BAG* 22.5.1980 EzA § 249 BGB Nr. 13).

51 Im Zusammenhang mit dem Ersatz von **Inseratskosten** hat das *BAG* in seiner Entscheidung vom 26.3.1981 (EzA § 249 BGB Nr. 14) erstmals eine Schadensersatzpflicht des Arbeitnehmers verneint, wenn sich dieser auf ein **rechtmäßiges Alternativverhalten** beruft. Danach kann sich der Arbeitnehmer im Allgemeinen darauf berufen, dass die gleichen Kosten für Inserate auch bei einer vertragsmäßigen Auflösung des Arbeitsverhältnisses entstanden wären (*ArbG Hagen* 22.7.1980 DB 1980, 2294; *ArbG Wilhelmshaven* 13.2.1981 ARSt 1981, 111; *DDZ-Däubler* § 628 BGB Rn 22). Es bedarf keines Nachweises, dass der Arbeitnehmer von der vertraglich eingeräumten Kündigungsmöglichkeit fristgemäß Gebrauch gemacht hätte (*BAG* 23.3.1984 EzA § 249 BGB Nr. 16; *HWK-Sandmann* § 628 BGB Rn 72). Die Rechtsprechung schließt sich damit der überwiegenden Meinung in der Literatur zum Einwand des rechtmäßigen Alternativverhaltens an, der mit dem Fehlen des **Rechtswidrigkeitszusammenhangs** zwischen dem Verhalten des Handelnden und dem entstandenen Schaden begründet wird (MüKo-BGB/*Grunsky* vor § 249 Rn 43 ff. und 90; MüKo-BGB/*Henssler* § 626 Rn 66; *Erman/Belling* § 628 Rn 32; *v. Caemmerer* Ges. Schriften I, S. 445 ff.; *Grunsky* Anm. AP Nr. 6 zu § 276 BGB Vertragsbruch).

52 Auszugehen ist von der Begrenzung der Schadenspflicht durch den **Schutzzweck der verletzten Vertragsnorm**. Schäden, die auch bei einem normgerechten Verhalten entstanden wären, fallen nicht in den Schutzbereich der verletzten Norm und scheiden als Schadensposition stets aus (*ArbG Hagen* 22.7.1980 DB 1980, 2294). Tritt ein Arbeitnehmer die Arbeit nicht an oder beendet er das Vertragsverhältnis überstürzt, so verletzt er die Vorschriften über die Kündigungsfristen. Der Schutzzweck dieser Normen reicht aber nur bis zum Ablauf der Kündigungsfrist; denn der Normzweck der im Arbeitsvertrag vereinbarten Kündigungsfristen erstreckt sich lediglich darauf, den Arbeitgeber vor einer vorzeitigen Arbeitsaufgabe des Arbeitnehmers zu schützen (*LAG Düsseld.* 29.4.1981 ARSt 1981, 172; nach *LAG Hamm* 17.12.1980 DB 1981, 1243 sind Inseratskosten nicht zu ersetzen, wenn bei dem Zeitpunkt der Veröffentlichung nach aller Lebenserfahrung der Eintritt einer Ersatzkraft erst nach Ablauf der Kündigungsfrist in Betracht kommen konnte). Ersatzpflichtig ist der Arbeitnehmer nur für den Schaden, der durch die überstürzte Vertragsbeendigung entstanden ist. Dafür kommen zunächst in Betracht alle Kosten, die dem Arbeitgeber durch das Fehlen der Arbeitskraft des vertragsbrüchigen Arbeitnehmers entstehen (zB Differenzbetrag zu den Kosten für eine Ersatzkraft bzw. Überstundenzuschläge). Weiterhin stehen die Kosten für die Suche eines Nachfolgers im Rechtswidrigkeitszusammenhang mit dem Vertragsbruch, wenn sie bei vertragsgerechtem Verhalten vermeidbar gewesen wären. Nach der Entscheidung des *BAG* vom 26.3.1981 (EzA § 249 BGB Nr. 14) ist das zB dann anzunehmen, wenn die Kündigungsfrist für eine innerbetriebliche Ausschreibung, Erfolg versprechende Umfragen in Fachkreisen oder ähnliche Kosten sparende Maßnahmen ausgereicht hätte. Das BAG zitiert für diesen Sachverhalt den Begriff des »**Verfrühungsschadens**« (*Medicus* Anm. AP Nr. 5 zu § 276 BGB Vertragsbruch). Für die Vorstellungskosten eines Nachfolgers eines vertragsbrüchigen Arbeitnehmers ist ein »Verfrühungsschaden« zu verneinen (*BAG* 26.3.1981 EzA § 249 BGB Nr. 14; *Berkowsky* DB 1982, 1772). Dagegen ist der Arbeitnehmer zum Schadensersatz verpflichtet, wenn er die vertraglich vereinbarte Arbeit nicht antreten kann oder will und vor Antritt der Arbeit auch erkennen muss, dass der Arbeitgeber im Vertrauen auf die zugesagte Arbeitsaufnahme erhebliche Aufwendungen macht (*BAG* 14.9.1984 EzA § 611 BGB Arbeitnehmerhaftung Nr. 38: Anschaffung von Fahrzeugen).

53 Diese Rechtsprechung (*BAG* 26.3.1981 EzA § 249 BGB Nr. 14) tritt dem Prinzip der »zivilrechtlichen Prävention« entgegen, wonach im Interesse der Vertragstreue die Berufung auf das rechtmäßige Alternativverhalten abgelehnt wurde (*BAG* 18.12.1969 EzA § 249 BGB Nr. 5; so im Ergebnis

noch einmal *LAG Frankf.* 23.1.1980 ARSt 1980, 169; krit. *Kittner* DB 1970, 487 f.; *Beitzke* SAE 1970, 257 und SAE 1976, 195; *Herschel* AuR 1971, 160; *Medicus* Anm. AP Nr. 5 zu § 276 BGB Vertragsbruch). Bedenken gegen den Grundsatz der »zivilrechtlichen Prävention« äußerte schon das *BAG* vom 14.11.1975 (EzA § 249 BGB Nr. 6). Es billigte dem Arbeitgeber die Inseratskosten zu, weil nicht festgestanden habe, ob der vertragsbrüchige Arbeitnehmer wirklich bei vertragstreuem Verhalten alsbald wieder ausgeschieden wäre. Diese »Chance der Willensbeeinflussung« ist als rechtlich nicht geschützt bereits durch das *BAG* (22.5.1980 EzA § 249 BGB Nr. 13) — hinsichtlich des Nichtantritts eines Schulungsvertrages — als unzureichend für einen Schadensersatzanspruch hinsichtlich der Kosten für die Suche eines anderen Bewerbers angesehen worden; denn die Pflicht zur Einhaltung der Kündigungsfrist dient nicht dem Zweck, die beiden Vertragspartner für werbende Gespräche zusammenzuführen (*BAG* 26.3.1981 EzA § 249 BGB Nr. 14).

Der Arbeitgeber kann Schadensersatz für **entgangenen Gewinn** verlangen (*BAG* 5.10.1962 AP 54 Nr. 2 zu § 628 BGB; 27.1.1972 EzA § 628 BGB Nr. 5; ArbRBGB-*Corts* § 628 BGB Rn 46; HWK-*Sandmann* § 628 BGB Rn 66), wenn sich durch das Ausscheiden des Arbeitnehmers Verdiensteinbußen ergeben. In dem vom BAG entschiedenen Fall (*BAG* 27.1.1972 EzA § 628 BGB Nr. 5) hatte der Arbeitgeber den offenen Posten des ausgeschiedenen Arbeitnehmers notwendigerweise vorübergehend mit einem Arbeitnehmer aus einer anderen Betriebsabteilung besetzt, in der daraufhin angeblich Mindereinnahmen eintraten. Soweit sich der Gewinnausfall nicht einfach durch Vorlage der Geschäftsbücher ermitteln lässt (*BAG* 27.1.1972 EzA § 628 BGB Nr. 5), gilt das Gesetz wegen der hier oft schwierig zu führenden Nachweise für die Gewinnminderung mit den §§ 252 BGB und 287 ZPO Beweiserleichterungen sowohl für den Eintritt des Schadens (dh für die Annahme der sog. haftungsausfüllenden Kausalität) als auch für die Höhe des Schadens (zur Geltung des § 287 ZPO MüKo-BGB/*Henssler* § 628 Rn 67, 74; *Staudinger/Preis* § 628 BGB Rn 66). Danach reichen aus erstens **Anhaltspunkte für die Wahrscheinlichkeit des Verdienstausfalls** und zweitens **Angaben** des Arbeitgebers zur Schätzung der behaupteten Höhe der Verdienstminderung (Berechnung, die die Besonderheiten des Betriebes berücksichtigt: zB wenn in einer Reparaturwerkstatt, die in der fraglichen Zeit mit Aufträgen voll ausgelastet war, durch das Ausscheiden des Arbeitnehmers zahlreiche Aufträge abgelehnt werden müssen). Dies ergibt sich aus der Bedeutung der §§ 252 BGB und 287 ZPO für den Umfang der Darlegungslast; nach den genannten Vorschriften mindern die Beweiserleichterungen auch die Darlegungslast derjenigen Partei, die Ersatz des entgangenen Gewinns verlangt, weil Darlegungs- und Beweislast einander entsprechen (*BAG* 27.1.1972 EzA § 628 BGB Nr. 5; *Wieczorek* § 287 Anm. D). Es bedarf nicht der Prüfung, ob schon allein der Ausfall der Arbeitskraft des Arbeitnehmers ohne Rücksicht auf die konkreten wirtschaftlichen Auswirkungen auf den Betrieb des Arbeitgebers ein messbarer Vermögensschaden ist (*BAG* 24.4.1970 EzA § 60 HGB Nr. 3), sondern nach der **abstrakten Schadensberechnung** geht es nicht um die Ermittlung des unmittelbaren Wertes der Arbeitsleistung des Arbeitnehmers, sondern um deren weitere Vorteile, deren Wert nach objektiven Kriterien zu bestimmen ist (*BAG* 27.1.1972 EzA § 628 BGB Nr. 5).

Verrichtet der Arbeitgeber die Arbeit des ausgeschiedenen Arbeitnehmers selbst, weil er keine 55 Ersatzkraft gefunden hat und Geschäftseinbußen verhindern will (*BAG* 24.8.1967 EzA § 249 BGB Nr. 2; *C. Becker* BB 1976, 746), kann der Arbeitgeber den potentiellen Schaden, den er aber nur aufgrund eigener überobligatorischer Anstrengungen nicht erlitten hat, ersetzt verlangen. Der Anspruch ist allerdings auf die Differenz zwischen der Entgelthöhe des ersatzpflichtigen Arbeitnehmers und dem Wert der Eigenleistung des Arbeitgebers zu beschränken (*Staudinger/Preis* § 628 BGB Rn 51; *Erman/Belling* § 628 Rn 33). Abzulehnen ist dagegen der Schadensersatzanspruch, wenn der Arbeitgeber im Fall des im Auflösungsverschulden begründeten Ausscheidens des Arbeitnehmers keine neue Ersatzkraft einstellt (*LAG SchlH* 13.4.1972 BB 1972, 1229; *Baumbach/Duden* § 59 Anm. 6 D c; *Beuthien* BB 1973, 92; ArbRBGB-*Corts* § 628 BGB Rn 44; krit. *C. Becker* BB 1976, 746; aA *LAG Frankf.* 5.7.1966 DB 1967, 212, das die Grundsätze, die der BGH für den Ersatz der fiktiven Mietwagenkosten bei einem Verkehrsunfall aufgestellt hat, hier entsprechend anwendet; abl. Anm. zum *LAG Frankf.* von *Henschel* AR-Blattei, Vertragsbruch Entsch. 9 sowie von *Trinkner* DB 1967, 162: dagegen sieht *Hadding* SAE 1976, 219 die Nichteinstellung einer

Ersatzkraft lediglich als Verstoß gegen die Schadensminderungspflicht, § 254 Abs. 2 BGB an). Grds. können auch die Reisekosten für eine Ersatzkraft, die zu der Baustelle geschickt werden muss, als Schadensersatz geltend gemacht werden (*ArbG Wilhelmshaven* 13.2.1981 ARSt 1981, 111).

56 Dem Arbeitgeber steht kein Anspruch in Bezug auf Schadensersatz wegen Nichtleistung der Arbeit auf Erstattung des entgangenen Gewinns gem. § 252 BGB zu, wenn die Arbeitsleistung sowohl wegen Arbeitsverweigerung – was ein Auflösungsverschulden darstellen kann – als auch wegen gleichzeitiger Krankheit unterbleibt; denn solange ein Arbeitnehmer krank ist, besteht keine Arbeitspflicht, mithin macht er sich für diese Zeit nicht schadensersatzpflichtig (*BAG* 5.10.1962 AP Nr. 2 zu § 628 BGB verneint hier die **hypothetische Kausalität**; krit. Anm. *Brecher* ebenda).

IV. Beweislastregeln

57 Für das Begehren gem. **§ 628 Abs. 1 S. 1 BGB** muss der Arbeitnehmer darlegen und beweisen, dass der beanspruchte Teil der Vergütung seinen bisherigen Leistungen entspricht (HWK-*Sandmann* § 628 BGB Rn 91). Die Voraussetzungen des **§ 628 Abs. 1 S. 2 BGB** muss der Arbeitgeber beweisen, nämlich die Kündigung durch den Arbeitnehmer, ohne dass dieser durch vertragswidriges Verhalten des Arbeitgebers dazu veranlasst wurde, oder das vertragswidrige Verhalten des Arbeitnehmers, das den Arbeitgeber zur Kündigung veranlasste, sowie den Wegfall des Interesses an der Arbeitsleistung des Arbeitnehmers (*Palandt/Weidenkaff* § 628 Rn 9). Für den Rückerstattungsanspruch gem. **§ 628 Abs. 1 S. 3 BGB** bzgl. im Voraus entrichteter Vergütungen hat der Arbeitgeber die Beweislast für die Zahlung. Soweit es für den Arbeitnehmer nur um die bereicherungsrechtliche Haftung geht, hat er sein Nichtvertretenmüssen in der Weise zu beweisen, als er die vom Arbeitgeber substantiiert darzulegenden Umstände für die außerordentliche Kündigung zu widerlegen hat (ArbRBGB-*Corts* § 628 Rn 62; ErfK-*Müller-Glöge* § 628 BGB Rn 122; *Staudinger/Preis* § 628 BGB Rn 65). Im Rahmen des Schadensersatzanspruchs gem. **§ 628 Abs. 2 BGB** muss der Antragsteller das vertragswidrige Verhalten des anderen Teils und sein aus diesem Sachverhalt (kausal) folgendes Recht zur außerordentlichen Kündigung (*BGH* 13.11.1997 AP BGB § 628 Nr. 12) sowie seinen dadurch verursachten Schaden auch in der geltend gemachten Höhe darlegen und beweisen (*LAG Köln* 21.7.2006 – 4 Sa 574/06, NzA-RR 2007, 134), insbes. für die Zeit der potentiellen Fortsetzung der Tätigkeit, wenn das Vertragsverhältnis nicht aufgelöst worden wäre. Zur Anwendung des § 287 ZPO sowie den Beweiserleichterungen beim Anspruch auf entgangenen Gewinn gem. § 252 BGB s. Rdn 54.

V. Rechtsnatur und Verjährung des Anspruchs

58 Der Schadensersatzanspruch gem. § 628 Abs. 2 BGB ist zwar – soweit er auf Entgeltausfall des Arbeitnehmers geht – kein echter Erfüllungsanspruch auf Entgelt, wird aber wie ein Entgeltanspruch der **Verjährungsfrist der §§ 195, 199 BGB** unterstellt (*Staudinger/Preis* § 628 Rn 57 f. mwN; MüKo-BGB/*Henssler* § 628 Rn 88). Dieser Grundsatz gilt ebenso bei wiederkehrenden Vergütungsansprüchen, die aus ungerechtfertigter Bereicherung oder aus Geschäftsführung ohne Auftrag geltend gemacht werden. Insoweit unterliegen die Schadensersatzansprüche auch den Pfändungs- und Aufrechnungsbeschränkungen (*ArbG Krefeld* ARS 25, 217; *Staudinger/Preis* § 628 Rn 57 f.; *Erman/Belling* § 628 Rn 69; MüKo-BGB/*Henssler* § 628 Rn 88).

VI. Sozialversicherung

1. Beitragspflicht

59 Die Beitragspflicht zur Sozialversicherung wird an ein **bestehendes Arbeitsverhältnis geknüpft**. Daher sind Sozialversicherungsbeiträge auf Ersatzleistungen iSd § 628 Abs. 2 BGB nicht zu entrichten (§ 14 SGB IV, § 342 SGB III; *Link/Lau* SozR Rdn 202). Nach dem Grundsatz der Naturalrestitution ist der frühere Arbeitgeber gem. § 249 S. 1 BGB verpflichtet, dem Arbeitnehmer einen entsprechenden kranken- und rentenversicherungsrechtlichen Schutz zu finanzieren; im Falle der Arbeitslosigkeit ist entgehendes Arbeitslosengeld zu ersetzen (ArbRBGB-*Corts* § 628 BGB Rn 57).

2. Anrechnung auf das Arbeitslosengeld

Wird der Arbeitnehmer nach der Auflösung des Arbeitsverhältnisses arbeitslos und beantragt 60
Arbeitslosengeld, so kann ein Schadensersatz, den der Arbeitnehmer gem. § 628 Abs. 2 BGB erhält oder zu beanspruchen hat, gem. § 158 SGB III zum **Ruhen des Arbeitslosengeldes** führen; denn derartiger Schadensersatz ist eine der Abfindung ähnliche Leistung bzw. Entlassungsentschädigung, die »wegen Beendigung des Arbeitsverhältnisses« gezahlt wird bzw. beansprucht werden kann. Die Schadensersatzleistungen kompensieren entgangenen Lohn für den Zeitraum vom Ende des Arbeitsverhältnisses bis zum Ablauf der ordentlichen Kündigungsfrist und haben daher in gleicher Weise Lohnersatzfunktion wie eine Abfindung, mit der Arbeitsentgeltansprüche abgefunden werden. Steht dem Arbeitslosen neben einer Abfindung ein Schadensersatzanspruch gem. § 628 Abs. 2 BGB zu, so sind beide zu einer nach der Regelung gem. § 158 Abs. 1 SGB III zu berücksichtigenden »Gesamtabfindung« zusammenzurechnen (*BSG* 13.3.1990 EzA § 117 AFG Nr. 7). Nicht anders zu behandeln sind Schadensersatzansprüche nach § 113 S. 3 InsO (vgl. *Link/Lau* § 158 SGB III Rdn 23).

VII. Schadensersatzanspruch gem. § 628 Abs. 2 BGB in der Insolvenz des Arbeitgebers

Der Schadensersatzanspruch des Arbeitnehmers gem. § 628 Abs. 2 BGB ist mit dem Inkrafttreten 61
der InsO nur in den Fällen eine sonstige Masseverbindlichkeit gem. § 55 Abs. 1 InsO, wenn er durch eine Handlung des Insolvenzverwalters verursacht wurde. Im Übrigen kann der Arbeitnehmer Schadensersatzansprüche nur als **Insolvenzgläubiger** gem. § 38 InsO geltend machen (*BAG* 22.10.1998 – 8 AZR 73/98, nv). Bereits zur KO hatte das *BAG* (13.8.1980 EzA § 59 KO Nr. 10), den Schadensersatzanspruch des Arbeitnehmers gem. § 628 Abs. 2 BGB im Konkurs als einfache Konkursforderung iSv § 61 Abs. 1 Nr. 6 KO, und zwar für Ansprüche aus Zeiten sowohl vor dem Konkurs als auch nach der Konkurseröffnung eingeordnet. Schon diese Rspr. ist weitgehend auf Kritik gestoßen, da sie der Funktion des Schadensersatzanspruchs nicht gerecht wird (*Weigand* KR 6. Aufl., § 628 BGB Rn 56 ff.). Der Schadensersatzanspruch gem. § 628 Abs. 2 BGB ist **nicht insolvenzgeldfähig** (§ 166 Abs. 1 Nr. 1 SGB III).

Bundespersonalvertretungsgesetz (BPersVG)

Vom 9. Juni 2021 (BGBl. I S. 1614).

Erster Teil Personalvertretungen im Bundesdienst

§ 55 BPersVG Schutz vor Kündigung, Versetzung, Abordnung und Zuweisung

(1) ¹Die außerordentliche Kündigung von Mitgliedern des Personalrats, die in einem Arbeitsverhältnis stehen, bedarf der Zustimmung des Personalrats. ²Verweigert der Personalrat seine Zustimmung oder äußert er sich nicht innerhalb von drei Arbeitstagen nach Eingang des Antrags, so kann das Verwaltungsgericht sie auf Antrag der Leiterin oder des Leiters der Dienststelle ersetzen, wenn die außerordentliche Kündigung unter Berücksichtigung aller Umstände gerechtfertigt ist. ³In dem Verfahren vor dem Verwaltungsgericht ist die betroffene Person Beteiligte.

(2) ¹Mitglieder des Personalrats dürfen gegen ihren Willen nur versetzt, zugewiesen oder abgeordnet werden, wenn dies auch unter Berücksichtigung der Mitgliedschaft im Personalrat aus wichtigen dienstlichen Gründen unvermeidbar ist. ²Als Versetzung gilt auch die mit einem Wechsel des Dienstortes verbundene Umsetzung in derselben Dienststelle; das Einzugsgebiet im Sinne des Umzugskostenrechts gehört zum Dienstort. ³Die Versetzung, Zuweisung oder Abordnung von Mitgliedern des Personalrats bedarf der Zustimmung des Personalrats.

(3) ¹Für Beamtinnen und Beamte im Vorbereitungsdienst sowie Arbeitnehmerinnen und Arbeitnehmer in entsprechender Berufsausbildung gelten die Absätze 1 und 2 sowie die §§ 15 und 16 des Kündigungsschutzgesetzes nicht. ²Die Absätze 1 und 2 gelten ferner nicht bei der Versetzung oder Abordnung dieser Beschäftigten zu einer anderen Dienststelle im Anschluss an das Ausbildungsverhältnis. ³Die Mitgliedschaft der in Satz 1 bezeichneten Beschäftigten im Personalrat ruht unbeschadet des § 31, solange sie entsprechend den Erfordernissen ihrer Ausbildung zu einer anderen Dienststelle versetzt oder abgeordnet sind.

Teil 2 Für die Länder geltende Vorschriften

§ 127 BPersVG Besonderer Schutz von Funktionsträgern

(1) ¹Die außerordentliche Kündigung von Mitgliedern der Personalvertretungen, der Jugendvertretungen oder der Jugend- und Auszubildendenvertretungen, der Wahlvorstände sowie von Wahlbewerbern, die in einem Arbeitsverhältnis stehen, bedarf der Zustimmung der zuständigen Personalvertretung. ²Verweigert die zuständige Personalvertretung ihre Zustimmung oder äußert sie sich nicht innerhalb von drei Arbeitstagen nach Eingang des Antrags, so kann das Verwaltungsgericht sie auf Antrag der Leiterin oder des Leiters der Dienststelle ersetzen, wenn die außerordentliche Kündigung unter Berücksichtigung aller Umstände gerechtfertigt ist. ³In dem Verfahren vor dem Verwaltungsgericht ist die betroffene Person Beteiligte.

(2) Auf Auszubildende, die Mitglied einer Personalvertretung oder einer Jugend- und Auszubildendenvertretung sind, ist § 56 anzuwenden.

Übersicht	Rdn		Rdn
A. Zweck der Vorschriften.............	1	C. Umfang des Kündigungsschutzes........	7
B. Geschützter Personenkreis...........	2	D. Versetzungsschutz und Ausnahmen....	15

§§ 55, 127 BPersVG — Kündigung, Versetzung von Funktionsträgern

A. Zweck der Vorschriften

1 Das BPersVG vom 15.3.1974 (BGBl. I S. 693) ist durch die Gesetzesnovelle vom 9.6.2021 abgelöst worden (BGBl. I, 1614). Die Vorschriften der §§ 47 Abs. 1, 107 S. 2, 108 Abs. 1 BPersVG 1974 sind in der Sache unverändert geblieben und nunmehr in den §§ 55, 127 BPersVG geregelt. Dabei handelt es sich um arbeitsrechtliche Regelungen, für die dem Bund auch nach der Föderalismusreform die Gesetzgebungskompetenz in Form der konkurrierenden Zuständigkeit zusteht (Art. 74 Abs. 1 Nr. 12 GG). Die Vorschriften bezwecken den Schutz von Beschäftigten sowie Auszubildenden mit personalvertretungsrechtlichen Aufgaben. Sie **ergänzen den Kündigungsschutz des § 15 KSchG**. Ihre Zweckbestimmung entspricht der der §§ 78a, 103 BetrVG, die Auszubildende und Arbeitnehmer mit betriebsverfassungsrechtlichen Aufgaben schützen. Wegen der Einzelheiten des Schutzzwecks vgl. daher KR-*Rinck* § 78a BetrVG Rdn 1 und KR-*Rinck* § 103 BetrVG Rdn 10.

B. Geschützter Personenkreis

2 Die Vorschrift des § 55 Abs. 1 BPersVG schützt nach ihrem Wortlaut die Mitglieder des Personalrats in den Verwaltungen des Bundes und der bundesunmittelbaren Körperschaften, Anstalten und Stiftungen des öffentlichen Rechts sowie in den Gerichten des Bundes (vgl. § 1 BPersVG). Kraft Verweisung in anderen Vorschriften genießen jedoch in demselben Behördenbereich auch die Mitglieder des **Bezirkspersonalrats** und des **Hauptpersonalrats** (§ 91 BPersVG), des **Gesamtpersonalrats** (§§ 94, 91 BPersVG), der **Jugend- und Auszubildendenvertretung** (§ 105 BPersVG) und des **Wahlvorstands** sowie **Wahlbewerber** (§ 25 Abs. 1 S. 3 BPersVG) den Kündigungsschutz des § 55 Abs. 1 BPersVG. Der Kündigungsschutz des Wahlvorstands betrifft nicht nur den Wahlvorstand zur Personalratswahl, sondern kraft Verweisung auch den Wahlvorstand zur Wahl des Bezirkspersonalrats und Hauptpersonalrats (§ 89 Abs. 2 S. 1 BPersVG) und der Jugend- und Auszubildendenvertretung (§ 105 Abs. 1 S. 3 BPersVG). Auch die Wahlbewerber zu diesen Wahlen sind entsprechend geschützt. Die Ausführungen bei KR-*Rinck* § 103 BetrVG Rdn 14 ff. gelten hier sinngemäß. Anders als für die Initiatoren einer Betriebsratswahl (§ 15 Abs. 3a KSchG) ist für die Initiatoren einer Personalratswahl ein Sonderkündigungsschutz nicht vorgesehen. Diese haben im Personalvertretungsrecht nur eine untergeordnete Rolle. §§ 22 Abs. 2, 23 BPersVG und die entsprechenden landesgesetzlichen Vorschriften weisen in erster Linie der Dienststellenleitung die Initiative zur Bestellung eines Wahlvorstands zu, da nach § 13 BPersVG bzw. den entsprechenden landesrechtlichen Vorschriften eine Personalratspflicht besteht. **Ersatzmitglieder** (s. § 33 BPersVG; die Landespersonalvertretungsgesetze enthalten entsprechende Vorschriften) genießen den besonderen Kündigungsschutz während der Dauer des Vertretungsfalls unabhängig davon, ob sie tatsächlich Personalratsaufgaben wahrzunehmen haben. Das gilt auch dann, wenn das zu vertretende Personalratsmitglied objektiv nicht verhindert war (*BAG* 5.9.1986 EzA § 15 nF KSchG Nr. 36). Rückt das Ersatzmitglied nicht dauerhaft nach, besteht nach Ende des Vertretungsfalls der **nachwirkende Kündigungsschutz** des § 15 Abs. 2 S. 2 KSchG. ZT sehen die landesrechtlichen Vorschriften insoweit gesonderte Regelungen vor. So bestimmen zB § 38 Abs. 1 MBG SH und § 40 Abs. 1 PersVG MV, dass der nachwirkende Kündigungsschutz für zwei Jahre besteht. Gem. § 38 Abs. 4 MBG SH bzw. § 40 Abs. 4 PersVG MV erhält das Ersatzmitglied diesen Schutz, wenn es mindestens dreimal zur Vertretung herangezogen worden ist.

3 Die Mitglieder der **Schwerbehindertenvertretung** (§ 179 Abs. 3 SGB IX), der Konzern-, Gesamt-, Bezirks- und Hauptschwerbehindertenvertretung (§ 180 Abs. 7 SGB IX) sowie die **Wahlvorstände und Wahlbewerber für diese Schwerbehindertenvertretungen** (§ 177 Abs. 6 S. 2, § 180 Abs. 7 SGB IX) kommen durch Verweisung im SGB IX ebenfalls in den Genuss des Kündigungsschutzes nach § 55 Abs. 1 BPersVG. Dasselbe gilt für Mitglieder von **Betriebsvertretungen bei den alliierten Streitkräften** (vgl. KR-*Kreutzberg-Kowalczyk* Art. 56 NATO-ZusAbk Rdn 41).

4 Die Vorschrift des § 127 Abs. 1 BPersVG schützt **in den Verwaltungen und Betrieben der Länder, Gemeinden, Gemeindeverbände** und der sonstigen nicht bundesunmittelbaren Körperschaften, Anstalten und Stiftungen des öffentlichen Rechts sowie in den Gerichten der Länder die Mitglieder

der Personalvertretungen (Personalrat, Bezirkspersonalrat, Gesamtpersonalrat), der Jugend- und Auszubildendenvertretungen, der Wahlvorstände sowie die Wahlbewerber und die Schwerbehindertenvertretungen und deren Wahlvorstände und Wahlbewerber (vgl. § 179 Abs. 3, § 180 Abs. 7, § 177 Abs. 6 S. 2 SGB IX).

Nicht geschützt sind Arbeitnehmer in Dienststellen des Bundes, die **in einer Berufsausbildung** 5 stehen, die der Beamten im Vorbereitungsdienst entspricht (§ 55 Abs. 3 S. 1 BPersVG), ferner die Mitglieder der entsprechenden Vorschriften der PersVG der Länder, da diese Vertretungen nicht als Personalvertretungen anzusehen sind (LSSW-*Wertheimer* § 15 Rn 29, 30).

Geschützt sind **nur Arbeitnehmer** mit personalvertretungsrechtlichen Aufgaben. Hierzu zählen 6 auch grds. **Dienstordnungsangestellte.** Hingegen erstreckt sich der Schutz des § 55 Abs. 1 BPersVG nicht auf Mitglieder von Personalvertretungen, auf deren Dienstverhältnis als Dienstordnungsangestellte beamtenrechtliche Vorschriften Anwendung finden, nach denen sie entlassen werden. Denn die beamtenrechtlichen Vorschriften gewähren bereits ihrerseits ausreichenden Schutz (*BAG* 5.9.1986 AP Nr. 27 zu § 15 KSchG 1969).

C. Umfang des Kündigungsschutzes

Der Kündigungsschutz für Arbeitnehmervertreter im öffentlichen Dienst nach dem BPersVG ist 7 **ebenso ausgestaltet wie der Kündigungsschutz für Arbeitnehmervertreter in der privaten Wirtschaft** nach § 103 BetrVG. Zur Antragstellung nach § 127 Abs. 1 S. 2 BPersVG berechtigt ist die Leitung derjenigen Dienststelle, die für die Erklärung der außerordentlichen Kündigung zuständig ist (*BVerwG* 3.5.1999 PersR 1999, 494; *OVG Bln.-Bra.* 17.9.2009 – OVG 60 PV 18.07, nv). Für die Zustimmung zur Kündigung des Mitglieds einer Personalvertretung ist im Bereich des BPersVG **die Personalvertretung** (Personalrat, Gesamtpersonalrat, Bezirkspersonalrat, Hauptpersonalrat) **zuständig, der der betroffene Beschäftigte als Mitglied angehört**, weil es um die Kontinuität der Arbeit dieser Personalvertretung geht (*BVerwG* 9.7.1980 PersV 1981, 370; *LAG Chemnitz* 21.10.1992 AuR 1993, 62; *Lorenzen/Griebeling* § 47 Rn 30; zum Zweck des Kündigungsschutzes s. KR-*Kreft* § 15 KSchG Rdn 12 f.). Dies gilt jeweils unabhängig davon, von welcher Dienststelle die Kündigung erklärt werden kann. Ist zB für den Ausspruch der außerordentlichen Kündigung eines Personalratsmitglieds nicht die Leitung der Beschäftigungsbehörde, sondern die Leitung der übergeordneten Dienststelle oder der Hauptdienststelle zuständig, ist nicht die bei dieser Dienststelle gebildete Stufenvertretung oder der dort bestehende Gesamtpersonalrat zu beteiligen, wie es § 92 BPersVG nahelegen könnte. Vielmehr ist im Hinblick auf den Zweck des Kündigungsschutzes – Kontinuität der Personalratsarbeit – der Personalrat zuständig, dem der betroffene Arbeitnehmer angehört. Gehört das betroffene Personalratsmitglied mehreren Personalvertretungen an, bedarf die außerordentliche Kündigung der Zustimmung aller Personalvertretungen (*BVerwG* 8.12.1986 NJW 1987, 2601; 30.4.1998 NZA-RR 1998, 573; *Lorenzen/Griebeling* § 47 Rn 31; *Richardi/Treber* BPersVG § 47 Rn 19).

Handelt es sich bei dem betroffenen Arbeitnehmer nicht um ein Personalratsmitglied, sondern zB 8 um das Mitglied eines Wahlvorstands, um einen Wahlbewerber oder einen Jugend- und Auszubildendenvertreter, ist der **Personalrat der Dienststelle, bei der der Beschäftigte beschäftigt ist**, für die Zustimmung zur Kündigung zuständig (*Lorenzen/Griebeling* § 47 Rn 30; *Richardi/Treber* BPersVG § 47 Rn 19).

Aus der fast völligen Übereinstimmung der gesetzlichen Regelungen folgt, dass der **Kündigungs-** 9 **schutz für Arbeitnehmervertreter im öffentlichen Dienst** und für Arbeitnehmervertreter in der privaten Wirtschaft auch in allen Einzelheiten im Wesentlichen übereinstimmt (vgl. *Witt* AR-Blattei SD 530.9 unter F; vgl. zum Umfang der Unterrichtspflichten des Dienststellenleiters *BAG* 26.5.1994 AuA 1995, 205 und KR-*Rinck* §§ 81–83, 85, 86, 128 BPersVG Rdn 14 f.). Im öffentlichen Dienst tritt der Personalrat an die Stelle des Betriebsrats. Auf die Ausführungen zu § 103 BetrVG kann daher – bis auf folgende Ausnahmen – verwiesen werden.

10 In zwei Punkten weicht die Regelung des BPersVG von der Regelung des § 103 BetrVG ab:

a) Nach § 103 BetrVG muss der Betriebsrat zu der vom Arbeitgeber beantragten Zustimmung zur außerordentlichen Kündigung unverzüglich, spätestens aber innerhalb von drei Tagen Stellung nehmen. In § 55 Abs. 1, § 127 Abs. 1 BPersVG wird dem Personalrat hingegen eine **Frist von drei Arbeitstagen** zur Stellungnahme eingeräumt. Fällt der letzte Tag der Anhörungsfrist auf einen Sonntag, zB in Dienststellen mit regelmäßiger Sonntagsarbeit, läuft die Frist in entsprechender Anwendung von § 188 Abs. 1, § 193 BGB erst am nächstfolgenden Werktag ab (*LAG Köln* 22.6.1989 PersV 1991, 451). Dem Personalrat steht bei der Frage, ob er der Kündigung zustimmen soll, kein Mitbestimmungsrecht im technischen Sinne, sondern nur ein **Mitbeurteilungsrecht** zu (vgl. KR-*Rinck* § 103 BetrVG Rdn 90).

11 b) Die fehlende Zustimmung des Betriebsrats wird nach § 103 BetrVG vom ArbG, die fehlende Zustimmung des Personalrats hingegen nach § 55 Abs. 1, § 127 Abs. 1 S. 2 BPersVG vom **Verwaltungsgericht** ersetzt. Auch insoweit ist zur Wahrung der zweiwöchigen Ausschlussfrist des § 626 Abs. 2 BGB erforderlich, dass der Antrag auf Ersetzung der Zustimmung der Personalvertretung zur außerordentlichen Kündigung spätestens zwei Wochen, nachdem der Kündigungsberechtigte von den Kündigungstatsachen Kenntnis erlangt hat, beim Verwaltungsgericht eingeht (*BAG* 27.3.1991 RzK II 1a Nr. 5; *VGH BW* 28.11.1995 PersV 1997, 267; *OVG Lüneburg* 19.7.1989 PersR 1990, 342). Der Dienststellenleiter kann im Laufe des Beschlussverfahrens weitere Kündigungsgründe **nachschieben**. Voraussetzung ist, dass er den Personalrat auch insoweit beteiligt und die Gründe nach Abschluss des Zustimmungsverfahrens binnen der Ausschlussfrist des § 626 Abs. 2 BGB in das Beschlussverfahren einführt (*Lorenzen/Griebeling* § 47 Rn 90; *Richardi/Treber* BPersVG § 47 Rn 46; *Fischer/Goeres/Gronimus* § 47 Rn 32; zum Meinungsstand bei § 103 BetrVG s. KR-*Rinck* § 103 BetrVG Rdn 128). Für das personalvertretungsrechtliche Beschlussverfahren gelten die Vorschriften des ArbGG über das Beschlussverfahren entsprechend (§ 108 Abs. 2 BPersVG). In dem Verfahren ist die betroffene Person zu beteiligen (§ 55 Abs. 1 S. 3, § 127 Abs. 1 S. 3 BPersVG). Die Kündigung eines durch § 15 KSchG besonders geschützten Mitglieds der Personalvertretung kann in Fällen, in denen es der gerichtlichen Ersetzung der Zustimmung des Betriebs- oder Personalrats bedarf, wirksam erst nach Eintritt der Rechtskraft einer entsprechenden gerichtlichen Entscheidung erfolgen. Eine zuvor erklärte Kündigung ist – wie nach § 103 BetrVG bei Betriebsratsmitgliedern – unwirksam. § 15 Abs. 2 S. 1 KSchG verlangt – ebenso wie § 15 Abs. 1 S. 1 KSchG –, dass die Zustimmung der betreffenden Arbeitnehmervertretung »ersetzt ist«. Eine Ausnahme gilt für die Fälle, in denen sich ein Rechtsmittel oder Rechtsbehelf gegen den die Zustimmung ersetzenden Beschluss als offensichtlich aussichtslos darstellt. Unter dieser Voraussetzung kann die Kündigung schon vor Eintritt der formellen Rechtskraft der die Zustimmung des Betriebs- oder Personalrats ersetzenden gerichtlichen Entscheidung erfolgen (*BAG* 24.11.2011 EzA § 15 nF KSchG Nr. 70). Geht es um die Zustimmungsersetzung wegen einer **Tätigkeit für das frühere Ministerium für Staatssicherheit**/Amt für nationale Sicherheit (Anlage I Kapitel XIX Sachgebiet A Abschnitt III Nr. 1, Abs. 5 Nr. 2 des Einigungsvertrages), sind im Allgemeinen die über den ehemaligen Mitarbeiter des MfS beim Bundesbeauftragten für die Stasiunterlagen vorhandenen Akten vollständig beizuziehen (*BVerwG* 28.1.1998 ZTR 1998, 566). Zur Zustimmungsersetzung wegen Ausübung nicht genehmigter Nebentätigkeiten in größerem Umfang vgl. *VGH BW* 28.11.1995 PersV 1997, 267; zur Ersetzung der Zustimmung zu einer außerordentlichen Änderungskündigung wegen unzulänglicher Arbeitsleistungen vgl. *OVG SchlH* 2.12.1994 PersV 1997, 520; zur Zustimmungsersetzung bei groben Beleidigungen vgl. *BayVGH* 22.4.2013 PersV 2013, 349; zur Zustimmungsersetzung bei verbotswidriger Internetnutzung vgl. *OVG Lüneburg* 14.9.2011 PersR 2012, 40.

12 Für zwei weitere Fälle ist zur Klarstellung auf folgendes hinzuweisen:

a) Der **Kündigungsschutz für Wahlbewerber** beginnt mit der Aufstellung des Wahlvorschlags (*BVerwG* 13.6.2007 ZfPR online 2008 Nr. 1, 2; *Eylert/Rinck* PersV 2018, 284, 287). Ein Wahlvorschlag zur Wahl einer Personalvertretung nach dem Bundespersonalvertretungsrecht ist aufgestellt, sobald ein schriftlicher Wahlvorschlag vorliegt, der die erforderliche Zahl von Unterschriften aufweist, wenn in dem Zeitpunkt, in dem die letzte erforderliche Unterschrift geleistet wird, die Frist für die Einreichung von Wahlvorschlägen begonnen hat, aber noch nicht abgelaufen ist, die Bewerber auf dem Wahlvorschlag in erkennbarer Reihenfolge aufgeführt sind, der Wahlvorschlag keine Änderungen enthält und nicht aus sonstigen Gründen wegen Verletzung zwingender Vorschriften (zB Nichtwählbarkeit des Bewerbers) unheilbar nichtig ist (vgl. § 10 Abs. 2, § 32, § 42, § 45 WahlO BPersVG). Entsprechendes gilt auch für Wahlbewerber zur Wahl einer Jugend- und Auszubildendenvertretung des Personalvertretungsrechts (§ 46 WahlO BPersVG) und der Mitglieder der Schwerbehindertenvertretungen im öffentlichen Dienst (§ 177 Abs. 6 S. 2, § 180 Abs. 7 SGB IX).

b) Wenn keine Personalversammlung zur Wahl des Wahlvorstands stattfindet oder die Personalversammlung keinen Wahlvorstand wählt, wird der **Wahlvorstand** nicht – wie nach dem BetrVG – durch ein Gericht, sondern auf Antrag gem. § 23 BPersVG **durch den Leiter der Dienststelle bestellt**. 13

Auf das **Zustimmungsverfahren** beim Personalrat finden die Vorschriften über das Mitbestimmungsverfahren nach § 78 BPersVG und das Mitwirkungsverfahren nach § 81 BPersVG keine Anwendung (vgl. auch *BVerwG* 30.4.1998 ZfPR 1998, 153). Die verweigerte Zustimmung des Personalrats kann also **nicht durch eine Stufenvertretung** (Bezirkspersonalrat, Hauptpersonalrat) **ersetzt** werden. Das folgt daraus, dass § 55 Abs. 1, § 127 Abs. 1 BPersVG die Anrufung des Verwaltungsgerichts an die verweigerte Zustimmung des Personalrats anknüpfen und die Zustimmungspflichtigkeit der Kündigung nicht in dem Katalog der Mitbestimmungs- und Mitwirkungsfälle der §§ 84 ff. BPersVG aufgeführt ist. 14

D. Versetzungsschutz und Ausnahmen

Der Versetzungsschutz für Mitglieder von Personalvertretungen im **Bundesdienst** ist in § 55 Abs. 2 BPersVG geregelt. Er richtet sich nach beamtenrechtlichen Grundsätzen (»aus wichtigen dienstlichen Gründen«) und wird deshalb hier nicht näher erörtert. Zu beachten ist, dass eine vom Personalrat verweigerte Zustimmung zur Versetzung, Zuweisung oder Abordnung – anders als nach § 103 Abs. 3 BetrVG bei der Versetzung von Betriebsratsmitgliedern – nicht durch gerichtliche Entscheidung ersetzt werden kann. 15

Der Versetzungsschutz für Mitglieder von Personalvertretungen im **Landesdienst** richtet sich gem. § 131 BPersVG bis zum 31.12.2024 weiterhin nach § 99 Abs. 2 BPersVG aF. Diese Vorschrift steht aber nach der Föderalismusreform 2006 zur Disposition der Länder und ist nur noch anzuwenden, solange und soweit die Länder keine andere Regelung für ihren Bereich getroffen haben (Art. 125a GG). Die in § 131 BPersVG vorgesehene Übergangsfrist soll den Ländern ausreichend Zeit einräumen, etwaige Regelungslücken zu schließen, die in ihren Landespersonalvertretungsgesetzen mit Außerkrafttreten des BPersVG von 1974 unter Umständen entstehen (BT-Drucks. 19/26820, S. 148). Mit Ablauf der Frist entfallen die auf die vor der Föderalismusreform zum 1.9.2006 bestehende Rahmengesetzgebungskompetenz des Bundes gestützten Regelungen des Teils 2 des BPersVG. 16

Ausnahmen vom Kündigungs- und Versetzungsschutz für Mitglieder von Personalvertretungen im Bundesdienst sind in § 55 Abs. 3 BPersVG geregelt. Sie beruhen auf beamtenrechtlichen Überlegungen (Beschäftigte in Berufsausbildung, die dem Vorbereitungsdienst für Beamtinnen und Beamte entspricht) und werden deshalb hier nicht näher erörtert. 17

§ 127 **Abs. 2 BPersVG** entspricht inhaltlich dem vormaligen § 107 S. 2 BPersVG aF. Die Vorschrift sieht im Wege des Verweises auf § 56 BPersVG einen besonderen Schutz von **Auszubildenden** vor, die **Mitglied einer Personal- oder Jugend- und Auszubildendenvertretung** sind. Die Norm stimmt im Wesentlichen mit § 78a BetrVG überein, weshalb wegen der Einzelheiten auf KR-*Rinck* § 78a BetrVG Rdn 4 ff. verwiesen werden kann. Anders als § 78a BetrVG ist § 56 BPersVG allerdings auf Ausbildungen nach bestimmten Gesetzen beschränkt und setzt zudem eine »erfolgreiche« Beendigung des Berufsausbildungsverhältnisses voraus (s. KR-*Rinck* § 78a BetrVG Rdn 30). 18

§ 81 BPersVG Verfahren zwischen Dienststelle und Personalrat

(1) Soweit der Personalrat an Entscheidungen mitwirkt, ist die beabsichtigte Maßnahme vor der Durchführung mit dem Ziel einer Verständigung rechtzeitig und eingehend mit ihm zu erörtern.

(2) ¹Äußert sich der Personalrat nicht innerhalb von zehn Arbeitstagen oder hält er bei Erörterung seine Einwendungen oder Vorschläge nicht aufrecht, so gilt die beabsichtigte Maßnahme als gebilligt. ²Der Personalrat und die Leiterin oder der Leiter der Dienststelle können im Einzelfall oder für die Dauer der Amtszeit des Personalrats schriftlich oder elektronisch eine abweichende Frist vereinbaren. ³Erhebt der Personalrat Einwendungen, so hat er der Leiterin oder dem Leiter der Dienststelle die Gründe mitzuteilen. ⁴Soweit dabei Beschwerden oder Behauptungen tatsächlicher Art vorgetragen werden, die für eine Beschäftigte oder einen Beschäftigten ungünstig sind oder für sie oder ihn nachteilig werden können, hat die Dienststelle der oder dem Beschäftigten Gelegenheit zur Äußerung zu geben; die Äußerung ist aktenkundig zu machen.

(3) Entspricht die Dienststelle den Einwendungen des Personalrats nicht oder nicht in vollem Umfang, so teilt sie dem Personalrat ihre Entscheidung unter Angabe der Gründe schriftlich oder elektronisch mit.

§ 82 BPersVG Stufenverfahren

(1) ¹Der Personalrat einer nachgeordneten Dienststelle kann die Angelegenheit binnen drei Arbeitstagen nach Zugang der Mitteilung auf dem Dienstweg den übergeordneten Dienststellen, bei denen Stufenvertretungen bestehen, mit dem Antrag auf Entscheidung schriftlich oder elektronisch vorlegen. ²Die übergeordneten Dienststellen entscheiden nach Verhandlung mit der bei ihnen bestehenden Stufenvertretung. § 71 Absatz 1 Satz 2 bis 4 gilt entsprechend. ³Eine Kopie seines Antrags leitet der Personalrat seiner Dienststelle zu.

(2) Ist ein Antrag nach Absatz 1 gestellt, so ist die beabsichtigte Maßnahme bis zur Entscheidung der angerufenen Dienststelle auszusetzen.

§ 83 BPersVG Vorläufige Maßnahmen

¹Die Leiterin oder der Leiter der Dienststelle kann bei Maßnahmen, die der Natur der Sache nach keinen Aufschub dulden, bis zur endgültigen Entscheidung vorläufige Regelungen treffen. ²Sie oder er hat dem Personalrat die vorläufige Regelung mitzuteilen und zu begründen sowie unverzüglich das Verfahren der Mitwirkung einzuleiten oder fortzusetzen.

§ 85 BPersVG Ordentliche Kündigung

(1) ¹Der Personalrat wirkt bei der ordentlichen Kündigung durch den Arbeitgeber mit. § 78 Absatz 3 gilt entsprechend. ²Der Personalrat kann gegen die Kündigung Einwendungen erheben, wenn nach seiner Ansicht
1. bei der Auswahl der zu kündigenden Arbeitnehmerin oder des zu kündigenden Arbeitnehmers soziale Gesichtspunkte nicht oder nicht ausreichend berücksichtigt worden sind,
2. die Kündigung gegen eine Richtlinie nach § 80 Absatz 1 Nummer 12 verstößt,
3. die zu kündigende Arbeitnehmerin oder der zu kündigende Arbeitnehmer an einem anderen Arbeitsplatz in derselben Dienststelle oder in einer anderen Dienststelle desselben Verwaltungszweiges an demselben Dienstort einschließlich seines Einzugsgebietes weiterbeschäftigt werden kann,
4. die Weiterbeschäftigung der Arbeitnehmerin oder des Arbeitnehmers nach zumutbaren Umschulungs- oder Fortbildungsmaßnahmen möglich ist oder
5. die Weiterbeschäftigung der Arbeitnehmerin oder des Arbeitnehmers unter geänderten Vertragsbedingungen möglich ist und die Arbeitnehmerin oder der Arbeitnehmer sich damit einverstanden erklärt.

³Wird der Arbeitnehmerin oder dem Arbeitnehmer gekündigt, obwohl der Personalrat Einwendungen gegen die Kündigung erhoben hat, so ist dem Arbeitnehmer mit der Kündigung eine Kopie der Stellungnahme des Personalrats zuzuleiten, es sei denn, dass die Stufenvertretung in der Verhandlung nach § 82 Absatz 1 Satz 2 die Einwendungen nicht aufrechterhalten hat.

(2) ¹Hat die Arbeitnehmerin oder der Arbeitnehmer im Fall des Absatzes 1 Satz 4 nach dem Kündigungsschutzgesetz Klage auf Feststellung erhoben, dass das Arbeitsverhältnis durch die Kündigung nicht aufgelöst ist, so muss der Arbeitgeber auf Verlangen der Arbeitnehmerin oder des Arbeitnehmers diese oder diesen nach Ablauf der Kündigungsfrist bis zum rechtskräftigen Abschluss des Rechtsstreits bei unveränderten Arbeitsbedingungen weiterbeschäftigen. ²Auf Antrag des Arbeitgebers kann das Arbeitsgericht ihn durch einstweilige Verfügung von der Verpflichtung zur Weiterbeschäftigung nach Satz 1 entbinden, wenn
1. die Klage keine hinreichende Aussicht auf Erfolg bietet oder mutwillig erscheint,
2. die Weiterbeschäftigung zu einer unzumutbaren wirtschaftlichen Belastung des Arbeitgebers führen würde oder
3. der Widerspruch des Personalrats offensichtlich unbegründet war.

(3) Eine Kündigung ist unwirksam, wenn der Personalrat nicht beteiligt worden ist.

§ 86 BPersVG Außerordentliche Kündigung und fristlose Entlassung

¹Vor fristlosen Entlassungen und außerordentlichen Kündigungen ist der Personalrat anzuhören. ²Die Leiterin oder der Leiter der Dienststelle hat die beabsichtigte Maßnahme zu begründen. ³Hat der Personalrat Bedenken, so hat er sie unter Angabe der Gründe der Leiterin oder dem Leiter der Dienststelle unverzüglich, spätestens jedoch innerhalb von drei Arbeitstagen schriftlich oder elektronisch mitzuteilen. ⁴§ 85 Absatz 3 gilt entsprechend.

§ 128 BPersVG Beteiligung bei Kündigungen

Eine durch den Arbeitgeber ausgesprochene Kündigung des Arbeitsverhältnisses einer oder eines Beschäftigten ist unwirksam, wenn die Personalvertretung nicht beteiligt worden ist.

Übersicht	Rdn		Rdn
A. Zweck der Vorschriften	1	VI. Stellungnahme des Personalrats	32
B. Geschützter Personenkreis	5	1. Zustimmung, Schweigen	32
C. Voraussetzungen des Arbeitnehmerschutzes	9	2. Erörterung mit dem Dienststellenleiter	34
I. Vorhandensein und Funktionsfähigkeit eines Personalrats	9	3. Einwendungen	40
		4. Abgabe der Stellungnahme	43
II. Kündigung durch Arbeitgeber	11	VII. Entscheidung der Dienststellenleitung	44
D. Mitwirkung des Personalrats bei ordentlichen Kündigungen	14	VIII. Vorlage und Verfahren bei übergeordneten Dienststellen	48
I. Einleitung des Mitwirkungsverfahrens	14	IX. Rechtsfolgen bei Fehlern im Mitwirkungsverfahren	53
1. Mitteilungspflichten des Dienstherrn	14	E. Einwendungen des Personalrats bei einer ordentlichen Kündigung und Weiterbeschäftigungsanspruch	57
2. Vertretungsberechtigte Arbeitgebervertreter	16		
II. Empfangsberechtigung auf Seiten des Personalrats zur Entgegennahme von Arbeitgebererklärungen	20	F. Kündigung durch den Dienststellenleiter	63
		G. Anhörung bei außerordentlichen Kündigungen	65
III. Frist zur Stellungnahme für Personalrat	23	H. Länderregelungen	68
IV. Willensbildung des Personalrats, Anhörung des Arbeitnehmers	25	I. Allgemeines	68
V. Schweigepflicht des Personalrats	30	II. Baden-Württemberg	74

§§ 81–83, 85, 86, 128 BPersVG   Beteiligung bei Kündigungen

		Rdn			Rdn
III.	Bayern	76	XI.	Nordrhein-Westfalen	95
IV.	Berlin	78	XII.	Rheinland-Pfalz	98
V.	Brandenburg	81	XIII.	Saarland	101
VI.	Bremen	83	XIV.	Sachsen	103
VII.	Hamburg	85	XV.	Sachsen-Anhalt	104
VIII.	Hessen	88	XVI.	Schleswig-Holstein	106
IX.	Mecklenburg-Vorpommern	90	XVII.	Thüringen	108
X.	Niedersachsen	93			

A. Zweck der Vorschriften

1   Das BPersVG vom 15.3.1974 ist durch das Gesetz vom 9.6.2021 abgelöst worden (BGBl. I, 1614). Da sich die Strukturen und Prinzipien des Gesetzes zwar bewährt haben, das Gesetz seit 1974 aber nur punktuell fortgeschrieben worden ist, ist es sowohl inhaltlich als auch sprachlich vollständig überarbeitet und aktualisiert worden (vgl. BT-Drucks. 19/26820, S. 71). Es regelt unmittelbar (§§ 81 ff., 85 f. BPersVG) die Mitwirkung der Personalvertretungen bei Kündigungen gegenüber Arbeitnehmern **in den Verwaltungen des Bundes** und der bundesunmittelbaren Körperschaften, Anstalten und Stiftungen des öffentlichen Rechts sowie in den Gerichten des Bundes (vgl. § 1 BPersVG). Nachdem Art. 75 Abs. 1 Nr. 1 GG, der dem Bund das Recht zum Erlass von Rahmenvorschriften für die Rechtsverhältnisse der im öffentlichen Dienst der Länder und Kommunen Beschäftigten gewährte, durch die am 1.9.2006 in Kraft getretene Föderalismusreform (Gesetz v. 28.8.2006, BGBl. I S. 2034) aufgehoben worden ist, sind die Rahmenvorschriften für die Landesgesetzgebung (§§ 94 bis 109 BPersVG aF) nunmehr entfallen. Zwar gelten diese Regelungen gem. Art. 125a Abs. 1 GG als Bundesrecht fort, sie können jedoch durch Landesrecht ersetzt werden. Für Arbeitnehmer in den Verwaltungen und Betrieben **der Länder, Gemeinden, Gemeindeverbände** und der sonstigen nicht bundesunmittelbaren Körperschaften, Anstalten und Stiftungen des öffentlichen Rechts sowie in den Gerichten der Länder gelten bereits weitgehend ähnliche Regelungen (s. hierzu Rdn 68 ff.). Die in § 131 BPersVG geregelte Übergangsfrist bis zum 31.12.2024 soll den Ländern ausreichend Zeit einräumen, etwaige Regelungslücken zu schließen, die in ihren Landespersonalvertretungsgesetzen mit Außerkrafttreten des BPersVG von 1974 unter Umständen entstehen (BT-Drucks. 19/26820, S. 148). Fortgeführt werden in Teil 2 (§§ 127 und 128) BPersVG lediglich die §§ 107 und 108 BPersVG aF. Dabei handelt es sich um arbeitsrechtliche Regelungen, für die dem Bund auch nach der Föderalismusreform die Gesetzgebungskompetenz in Form der konkurrierenden Zuständigkeit zusteht (Art. 74 Abs. 1 Nr. 12 GG). Soweit nach einer Länderregelung eine Personalvertretung in irgendeiner Form vor einer Kündigung zu beteiligen ist, ist eine durch den Arbeitgeber ausgesprochene Kündigung unwirksam, wenn er die vorgeschriebene Beteiligung nicht durchführt (§ 128 BPersVG). Die Übernahme der Unwirksamkeitsfolge in ein Landesgesetz hat lediglich deklaratorischen Charakter (*BAG* 27.6.2019 – 2 AZR 28/19, Rn 24). Diese Vorschrift kann vom Landesgesetzgeber, da sie in die Gesetzgebungskompetenz des Bundes fällt, nicht abbedungen werden (*BAG* 27.6.2019 – 2 AZR 28/19, Rn 24), indem er etwa bestimmt, dass die mangelnde Beteiligung der Personalvertretung ohne Einfluss auf die Wirksamkeit der Kündigung ist (vgl. *BAG* 16.3.2000 EzA § 108 BPersVG Nr. 2). §§ 81 ff., 85 f., 128 BPersVG finden auch auf **Kündigungen nach dem Einigungsvertrag** (Anlage I Kapitel XIX Sachgebiet A Abschnitt III Nr. 1 Abs. 5) Anwendung (*BAG* 23.9.1993 EzA Art. 20 EinigungsV Nr. 25).

2   Die Regelungen über die Mitwirkung der Personalvertretungen bei ordentlichen Kündigungen sollen **Dienststellenleitungen und Personalvertretung dazu anhalten, vor Ausspruch einer Kündigung diese eingehend zu beraten** und Argumente auszutauschen, um eine Einigung zu erzielen, die notfalls auch durch eine übergeordnete Dienststelle mit der bei ihr bestehenden Stufenvertretung herbeigeführt werden kann. Dieses Mitwirkungsrecht der Personalvertretungen ist somit **stärker ausgestaltet als das Mitwirkungsrecht des Betriebsrats** bei ordentlichen Kündigungen. Hingegen reduziert sich das Mitwirkungsrecht der Personalvertretungen bei außerordentlichen Kündigungen

auf ein bloßes Anhörungsrecht und entspricht damit dem Anhörungsrecht des Betriebsrats vor jeder Kündigung.

Das **Widerspruchsrecht des Personalrats** nach § 85 Abs. 1 BPersVG (»Einwendungen«) bezweckt, dem Personalrat die Möglichkeit zu geben, den Arbeitgeber durch Erhebung eines Widerspruchs möglicherweise von der Kündigung abzuhalten. Außerdem begründet ein ordnungsgemäßer Widerspruch des Personalrats für den Arbeitnehmer gem. § 85 Abs. 2 BPersVG einen **Weiterbeschäftigungsanspruch** bis zum rechtskräftigen Abschluss des Kündigungsrechtsstreits. Widerspruchsrecht des Personalrats und Weiterbeschäftigungsanspruch des Arbeitnehmers entsprechen weitgehend dem Widerspruchsrecht des Betriebsrats und dem Weiterbeschäftigungsanspruch nach § 102 Abs. 5 BetrVG.

Eine **Erweiterung** der Mitwirkungsrechte des Personalrats **durch Tarifvertrag oder Dienstvereinbarung** ist ausgeschlossen (§ 3 BPersVG). Da im BPersVG eine dem § 102 Abs. 6 BetrVG entsprechende Vorschrift fehlt, kann im Bereich des BPersVG durch Dienstvereinbarung nicht geregelt werden, dass Kündigungen durch den öffentlichen Dienstherrn der Zustimmung des Personalrats bedürfen (*Richardi/Benecke* BPersVG § 79 Rn 8; *Lorenzen/Griebeling* § 79 Rn 4). Die Personalvertretungsgesetze der Länder können jedoch in ihrem Geltungsbereich die Zustimmungsbedürftigkeit von Kündigungen vorsehen oder den Abschluss entsprechender Dienstvereinbarungen erlauben (*Richardi/Benecke* BPersVG § 79 Rn 8, 145 ff.).

B. Geschützter Personenkreis

Die Beteiligungsrechte des Personalrats (in Verschlusssachen »VS-VERTRAULICH«: eines besonderen Ausschusses gem. § 125 BPersVG) bei Kündigungen gelten **grds. für alle Arbeitnehmer** in den Verwaltungen des Bundes und der bundesunmittelbaren Körperschaften, Anstalten und Stiftungen des öffentlichen Rechts sowie in den Gerichten des Bundes (vgl. § 1 BPersVG). Gem. § 78 Abs. 3 BPersVG **bestimmt der Personalrat** u.a. in Personalangelegenheiten der **in § 15 Abs. 2 Nr. 4 BPersVG genannten Beschäftigten** (Dienststellenleitung und Beschäftigte, die selbständig Personalentscheidungen treffen) **nur mit, wenn diese es beantragen.** Dazu gehören die in § 8 BPersVG genannten Personen, insbesondere die Leitung der Dienststelle und die ständige Vertretung sowie Beschäftigte, die zu selbständigen Entscheidungen in Personalangelegenheiten befugt sind. Das Antragserfordernis soll die Unabhängigkeit dieser Beschäftigten bei der Führung ihrer Dienstgeschäfte sicherstellen, bei der sie als Vertreter der Dienststelle dem die Interessen der Beschäftigten vertretenden Personalrat gegenüberstehen und in diesem Sinne dessen »Gegenspieler« sind (*BVerwG* 16.7.2020 – 5 P 8/19 – Rn 13; 21.10.1993 – 6 P 18.91). **Ausnahmen** bestehen ferner für den Bundesnachrichtendienst (kein Weiterbeschäftigungsanspruch nach § 85 Abs. 2 BPersVG) und für nicht entsandte Beschäftigte im Ausland (lokal Beschäftigte), weil diese nach § 119 Abs. 2 BPersVG keine Beschäftigten iSd § 4 Abs. 1 Nr. 5 BPersVG sind und deshalb nicht durch den Personalrat repräsentiert werden (*BAG* 21.11.1996 AP Nr. 85 zu § 1 KSchG 1969 Betriebsbedingte Kündigung Nr. 85). Überdies entfallen Beteiligungsrechte des Personalrats für die Angestellten, die auf einer Beamtenstelle von der Besoldungsgruppe A 16 aufwärts oder auf mit solchen Beamtenstellen vergleichbaren Stellen beschäftigt sind (§ 78 Abs. 4 Nr. 2 BPersVG; *BAG* 7.12.2000 AP Nr. 9 zu § 77 BPersVG). Diese Vorschrift verstößt nicht gegen höherrangiges Recht (vgl. *BAG* 16.3.2000 EzA § 108 BPersVG Nr. 1). Bei ordentlichen Kündigungen gegenüber diesen Angestellten hat der Personalrat weder ein Mitbestimmungs- noch ein Anhörungsrecht, jedoch wird man eine Unterrichtungspflicht des Dienststellenleiters bei der Monatsbesprechung nach § 65 BPersVG bejahen müssen. Vor außerordentlichen Kündigungen gegenüber Angestellten, die auf einer Beamtenstelle von der Besoldungsgruppe A 16 aufwärts beschäftigt werden, ist der Personalrat aber wie bei sonstigen außerordentlichen Kündigungen gem. § 86 BPersVG anzuhören. Das Mitwirkungsrecht des Personalrats nach § 86 BetrVG besteht auch bei der außerordentlichen Kündigung eines Berufsausbildungsverhältnisses (*Besgen* PersR 1987, 10).

Bei außerordentlichen Kündigungen gegenüber **Arbeitnehmern mit personalvertretungsrechtlichen Aufgaben** gilt die Sondervorschrift des § 127 iVm § 55 BPersVG (s. dort).

§§ 81–83, 85, 86, 128 BPersVG Beteiligung bei Kündigungen

7 Zur Beteiligung der Betriebsvertretung bei Kündigungen von Arbeitnehmern, die bei den **Stationierungsstreitkräften** beschäftigt sind, s. KR-*Kreutzberg-Kowalczyk* Art. 56 NATO-ZusAbk Rdn 41 ff.

8 Für **Arbeitnehmer der Länder und Gemeinden** gelten hinsichtlich der Mitwirkungsrechte des Personalrats bei Kündigungen die Landespersonalvertretungsgesetze. Der Landesgesetzgeber hat hierbei eine weitgehende Gestaltungsfreiheit. Nur die Rechtsfolgen bei Verletzung von normierten Beteiligungsrechten sind durch §§ 127, 128 BPersVG für die Länder unmittelbar geregelt (vgl. Rdn 1).

C. Voraussetzungen des Arbeitnehmerschutzes

I. Vorhandensein und Funktionsfähigkeit eines Personalrats

9 Die Mitwirkungsrechte des Personalrats können nur in den Dienststellen ausgeübt werden, in denen ein – funktionsfähiger – Personalrat gebildet ist. Es gelten hier dieselben Erwägungen wie bei der Anhörung des Betriebsrats (vgl. KR-*Rinck* § 102 BetrVG Rdn 19 ff.). Wird ein Arbeitnehmer eines öffentlichen Arbeitgebers von diesem einer in der Rechtsform einer GmbH gebildeten **Arbeitsgemeinschaft** zur Dienstleistung zugewiesen, ist grds. vor der Kündigung des Arbeitnehmers nicht der bei der Arbeitsgemeinschaft gebildete Betriebsrat gem. § 102 Abs. 1 S. 1 BetrVG anzuhören, sondern der beim Arbeitgeber errichtete Personalrat zu beteiligen (*BAG* 9.6.2011 EzA § 102 BetrVG 2001 Nr. 27). Ist ein **Arbeitnehmer der Bundeswehr** im Rahmen der Personalgestellung **bei einem Kooperationsbetrieb tätig**, bedarf es neben der Beteiligung des Personalrats der Dienststelle nicht auch der Anhörung des bei dem Kooperationsbetrieb bestehenden Betriebsrats (*BAG* 31.7.2014 EzTöD 100 § 34 Abs. 2 TVöD-AT Verhaltensbedingte Kündigung Nr. 60 mwN).

10 In Dienststellen, in denen ein **Personalrat nicht gebildet oder nicht funktionsfähig** ist, kann der Arbeitgeber eine Kündigung erklären, ohne an die Vorschriften über die Mitwirkung des Personalrats gebunden zu sein. Im Falle der Privatisierung einer Dienststelle endet das Amt des Personalrats. Die Änderung der Rechtsform des Trägers der Betriebsorganisation hat den Verlust der bisherigen personalvertretungsrechtlichen Repräsentation zur Folge. Die Überführung in eine privatrechtliche Trägerschaft stellt eine Auflösung der Dienststelle im personalvertretungsrechtlichen Sinne dar (*BAG* 27.1.2011 EzA § 626 BGB 2002 Verdacht strafbarer Handlung Nr. 10; s. dort auch zu den Voraussetzungen für die Annahme eines Übergangsmandats).

II. Kündigung durch Arbeitgeber

11 Die Vorschriften über die Mitwirkungsrechte des Personalrats gem. § 85 f. BPersVG sind **bei jeder Art von Kündigung durch den Arbeitgeber** anwendbar. Dies gilt auch für Änderungskündigungen, nicht aber für Teilkündigungen einer Nebenabrede. Letztere zielen nicht auf Entlassung des Arbeitnehmers (*BAG* 18.5.2017 – 2 AZR 721/16, Rn 39). Soll durch eine Änderungskündigung eine **Rückgruppierung** herbeigeführt werden, hat der Arbeitgeber nicht nur die Mitbestimmungsrechte des Personalrats bei einer Kündigung, sondern auch das Mitbestimmungsrecht bei einer Rückgruppierung (§ 78 Abs. 1 Nr. 4 BPersVG) zu beachten. Es handelt sich hier um zwei verschiedene Verfahren, die der Arbeitgeber aber miteinander verbinden kann (*BAG* 3.11.1977 AP Nr. 7 zu § 75 BPersVG; *Richardi/Benecke* BPersVG § 79 Rn 116). Wird das Arbeitsverhältnis nicht durch Kündigung des Arbeitgebers, sondern **auf andere Art beendet** (zB Ablauf eines wirksam befristeten Arbeitsvertrags, Aufhebungsvertrag), sind die Mitwirkungsrechte des Personalrats bei Kündigungen nicht zu beachten.

12 Eine außerordentliche Kündigung kann nur dann wirksam in eine ordentliche **umgedeutet** werden, wenn im konkreten Fall die Beteiligung des Personalrats den für eine ordentliche Kündigung vorgesehenen Anforderungen tatsächlich entsprochen hat (*BAG* 3.12.1981 – 2 AZR 679/79; s.a. Rdn 66). Ohne ein solches – gesondertes – Mitwirkungsverfahren ist die Umdeutung in eine ordentliche Kündigung dann zulässig, wenn der Personalrat der außerordentlichen Kündigung ausdrücklich und vorbehaltlos zugestimmt hat (*BAG* 26.3.2015 EzA § 613a BGB 2002 Nr. 161; APS-*Koch* § 102 BetrVG Rn 99 mwN). Bei einem **Wechsel der Kündigungsart** (ordentliche statt

zunächst vorgesehene außerordentliche Kündigung, zu der der Personalrat gehört wurde) ist der Personalrat erneut zu beteiligen (*LAG MV* 9.9.1996 RzK III 2b Nr. 14), ebenso wenn der Arbeitgeber wegen Bedenken gegen die Wirksamkeit einer von ihm ausgesprochenen Kündigung vorsorglich mit denselben Kündigungsgründen erneut kündigt (*BAG* 5.9.2002 RzK III 2a Nr. 51 = ZfPR 2003, 108 m. zust. Anm. *Ilbertz*; 31.1.1996 EzA § 102 BetrVG Nr. 90; für das BetrVG: *BAG* 10.11.2005 EzA § 626 BGB 2002 Nr. 11). Zum **Nachschieben von Kündigungsgründen** im Kündigungsschutzprozess mit oder ohne Beteiligung der Personalvertretung gelten die Ausführungen bei KR-*Rinck* § 102 BetrVG Rdn 239 ff. entsprechend. Waren dem Dienstherrn bei Zugang der Kündigung bestimmte Tatsachen nicht bekannt, darf er diese im Rechtsstreit zur Begründung der Kündigung zwar nachschieben, muss aber vorher den Personalrat zu ihnen – erneut – angehört haben. Einer weiteren Anhörung bedarf es nicht, wenn die neuen Tatsachen lediglich der Erläuterung und Konkretisierung der bisherigen, dem Personalrat bereits mitgeteilten Kündigungsgründe dienen. Das ist regelmäßig nicht der Fall, wenn die neuen Tatsachen dem mitgeteilten Kündigungssachverhalt erstmals das Gewicht eines Kündigungsgrundes geben oder weitere, selbständig zu würdigende Kündigungssachverhalte betreffen. Das gilt auch dann, wenn der Personalrat der Kündigung zugestimmt hat (*BAG* 10.4.2014 EzA § 1 KSchG Personenbedingte Kündigung Nr. 33). Werden dem Arbeitgeber nach Einleitung des personalvertretungsrechtlichen Anhörungsverfahrens, aber vor Ausspruch der Kündigung neue Kündigungsgründe bekannt, kann er diese nach Ausspruch der Kündigung im Kündigungsschutzprozess nicht nachschieben. Vielmehr kann er nur entweder den Personalrat vor Ausspruch der Kündigung unter Einhaltung der gesetzlichen Fristen und Formen beteiligen oder ein neues Beteiligungsverfahren zum Ausspruch einer (vorsorglichen) zweiten Kündigung einleiten (*LAG Köln* 4.2.1994 – 13 Sa 610/93).

Die Befugnis des Dienststellenleiters, vor Abschluss des Mitwirkungsverfahrens **vorläufige Regelungen** zu treffen (§ 83 BPersVG), umfasst nicht das Recht, eine Kündigung zu erklären. Die vorläufige Regelung darf keinen Zustand herstellen, der nicht wieder rückgängig gemacht werden kann (*Richardi/Weber* BPersVG § 69 Rn 110; *Fischer/Goeres/Gronimus* § 69 Rn 36b; vgl. auch *Ilbertz/Widmaier* § 69 Rn 36a). Das aber wäre bei einer Kündigung der Fall, da die Kündigung die Ausübung eines Gestaltungsrechts ist, das vom Zeitpunkt des Zugangs an rechtsgestaltend wirkt und nicht widerrufen werden kann (vgl. *Fischer/Goeres/Gronimus* § 69 Rn 36b). Als vorläufige Regelung vor einer Kündigung kommt die **Suspendierung** des Arbeitnehmers in Betracht. 13

D. Mitwirkung des Personalrats bei ordentlichen Kündigungen

I. Einleitung des Mitwirkungsverfahrens

1. Mitteilungspflichten des Dienstherrn

Das Mitwirkungsverfahren wird dadurch eingeleitet, dass die **Dienststellenleitung** dem nach § 92 BPersVG zuständigen Personalrat seine **Kündigungsabsicht** mitteilt. Die Unterrichtungspflicht ist im BPersVG zwar nicht ausdrücklich normiert, folgt aber daraus, dass – anders als nach § 102 BetrVG (vgl. *BAG* 25.5.2016 EzA § 102 BetrVG 2001 Nr. 37) – eine eingehende Erörterung der beabsichtigten Kündigung mit dem Personalrat vorgesehen ist (*Richardi/Weber* BPersVG § 72 Rn 12; vgl. auch *Fischer/Goeres/Gronimus* § 72 Rn 7). Allerdings ist es nicht erforderlich, dass die Dienststellenleitung den Personalrat zu einer Erörterung der Angelegenheit auffordert oder einen entsprechenden Antrag stellt (vgl. *BAG* 3.2.1982 AP Nr. 1 zu § 72 BPersVG). 14

Hinsichtlich des **Umfangs der Unterrichtungspflicht** gelten die gleichen Anforderungen wie an eine Anhörung des Betriebsrats nach § 102 Abs. 1 S. 2 BetrVG (*BAG* 15.12.2016 EzA § 1 KSchG Verhaltensbedingte Kündigung Nr. 86; 23.10.2014 EzA § 286 ZPO 2002 Nr. 4; s. iE KR-*Rinck* § 102 BetrVG Rdn 74 ff.). Die Unterrichtung des Personalrats soll diesem die Möglichkeit eröffnen, sachgerecht zur Kündigungsabsicht Stellung zu nehmen. Der Personalrat ist ordnungsgemäß unterrichtet, wenn der Dienstherr ihm die aus seiner subjektiven Sicht tragenden Umstände unterbreitet hat (**Grundsatz der subjektiven Determination**). Darauf, ob diese Umstände auch objektiv geeignet und ausreichend sind, die Kündigung zu stützen, kommt es für die Ordnungsgemäßheit 15 der Unterrichtung nicht an. Fehlerhaft ist die Unterrichtung, wenn der Dienstherr dem Personalrat bewusst unrichtige oder unvollständige Sachverhalte unterbreitet oder einen für dessen Entschließung wesentlichen, insbesondere einen den Arbeitnehmer entlastenden Umstand verschweigt (*BAG* 15.12.2016 EzA § 1 KSchG Verhaltensbedingte Kündigung Nr. 86; 23.1.2014 EzA § 108 BPersVG Nr. 10). Hat der Arbeitgeber den Personalrat über den aus seiner Sicht bestehenden Kündigungssachverhalt ordnungsgemäß unterrichtet, berührt die spätere Beschränkung des Sachverhalts im Kündigungsschutzprozess, etwa weil einzelne Vorwürfe nicht beweisbar sind, die Wirksamkeit der Personalratsbeteiligung nicht. Dem Arbeitgeber ist es auch nicht verwehrt, die Kündigung auf den verbliebenen Sachverhalt zu stützen, ohne den Personalrat erneut zu beteiligen (*BAG* 27.11.2008 EzA § 1 KSchG Verdachtskündigung Nr. 4).

2. Vertretungsberechtigte Arbeitgebervertreter

16 Die **Dienststellenleitung** oder – im Falle der Verhinderung – ihre ständige Vertretung hat **das Mitwirkungsverfahren** durch die erforderlichen Mitteilungen **einzuleiten**. Nach § 8 BPersVG handelt für die Dienststelle ihre Leiterin oder ihr Leiter, die oder der sich bei Verhinderung durch die ständige Vertreterin oder den ständigen Vertreter vertreten lassen muss. Das bedeutet, dass auch die Einleitung des Mitwirkungsverfahrens nach § 81 BPersVG von der Dienststellenleitung bzw. der ständigen Vertretung vorgenommen werden muss. Dies gilt unabhängig von der Größe der Dienststelle (zB Großstadt, Regierungspräsidium) sowie davon, ob das Verfahren mündlich oder schriftlich eingeleitet wird (vgl. *BAG* 10.3.1983, AP Nr. 1 zu § 66 LPVG NW). Lediglich bei obersten Dienstbehörden, bei Bundesbehörden ohne nachgeordnete Dienststellen und bei Behörden der Mittelstufe kann die Dienststellenleitung für den Verhinderungsfall auch die Abteilungsleitung für Personal- und Verwaltungsangelegenheiten als Vertreter bestimmen (§ 8 S. 3 BPersVG; *Lorenzen/Hebeler* § 7 Rn 23), wobei damit keine funktionale Vertretung in dem Sinne verbunden ist, dass der jeweilige Vertreter des Personalabteilungsleiters bei dessen Verhinderung automatisch an die Stelle des Personalabteilungsleiters tritt (*BAG* 29.10.1998 EzA § 79 BPersVG Nr. 1 = AP Nr. 13 zu § 79 BPersVG m. zust. Anm. *Ilbertz*). Ausschließlich bei diesen Behörden kann die Dienststellenleitung ferner für den Verhinderungsfall Beschäftigte der Dienststelle mit der Vertretung beauftragen, sofern sich der Personalrat mit dieser Beauftragung einverstanden erklärt (§ 8 S. 4 BPersVG; *Lorenzen/Hebeler* § 7 Rn 27). Das Einverständnis kann der Personalrat im Voraus oder bei der Behandlung der einzelnen Angelegenheiten erklären. Es ist jederzeit widerruflich (*Lorenzen/Hebeler* § 7 Rn 27). Die Pflicht der Dienststellenleitung, das Mitwirkungsverfahren grds. selbst einzuleiten, schließt es nicht aus und macht es auch nicht unzulässig, dass ein anderer Bediensteter (zB Personalsachbearbeiter) vor der Einleitung des Mitwirkungsverfahrens Vorbesprechungen oder Vorverhandlungen mit dem Personalrat führt (vgl. *BAG* 21.7.1977 AP Nr. 1 zu Art. 8 PersVG Bayern).

17 Die Vertretungsregelung des § 8 BPersVG greift bei **jeder Verhinderung** der Dienststellenleitung ein, gleichgültig ob er aus tatsächlichen (zB Krankheit, Urlaub, anderweitige Dienstgeschäfte) oder rechtlichen Gründen (zB Interessenkollision) verhindert ist oder ob es sich um eine dauernde oder vorübergehende Verhinderung handelt (*BAG* 31.3.1983 AP Nr. 1 zu § 8 LPVG Hessen m. zust. Anm. *Bickel* = AuR 1984, 381 m. abl. Anm. *Colneric*). Hierbei steht es im pflichtgemäßen Ermessen der Dienststellenleitung zu beurteilen, ob ein Fall der Verhinderung vorliegt. Sie ist nicht verpflichtet, unter Zurückstellung anderer Dienstaufgaben vorzugsweise zunächst mit der Personalvertretung Terminabsprachen zu treffen. Bei sich zeitlich überschneidenden Dienstaufgaben entscheidet sie frei, welche Termine sie selbst wahrnehmen und bei welchen sie sich vertreten lassen will (*BAG* 31.3.1983 AP Nr. 1 zu § 8 LPVG Hessen).

18 Die **Vertretungsregelung** in § 8 BPersVG ist **zugunsten der Personalvertretung abschließend und zwingend** (vgl. *BAG* 10.3.1983 AP Nr. 1 zu § 66 LPVG NW; *Lorenzen/Hebeler* § 7 Rn 1). Die Dienststellenleitung kann sich daher gegen den Willen der Personalvertretung nur bei Verhinderung und nur durch die in § 8 BPersVG aufgeführten Personen, aber nicht durch sonstige Beauftragte vertreten lassen (*BAG* 10.3.1983 AP Nr. 1 zu § 66 LPVG NW). Sie kann auch nicht im

Einzelfall andere Bedienstete mit der Vornahme einzelner Handlungen, zB mit der Einleitung des Mitwirkungsverfahrens oder mit der Erörterung mit dem Personalrat, beauftragen oder wirksam bevollmächtigen (*BAG* 26.10.1995 AP Nr. 8 zu § 79 BPersVG). **Rügt die Personalvertretung** jedoch **nicht**, dass das Beteiligungsverfahren durch eine personalvertretungsrechtlich nicht zuständige Vertretung der Dienststellenleitung eingeleitet bzw. durchgeführt wurde, und nimmt sie zu der beabsichtigten Kündigung abschließend Stellung, **führt dies nicht zur Unwirksamkeit der Kündigung** (*BAG* 25.2.1998 AP Nr. 2 zu § 72a LPVG NW; 27.2.1997 RzK III 2a Nr. 38; vgl. auch *BAG* 19.4.2007 AP Nr. 20 zu § 174 BGB). Im Übrigen ist es zulässig, dass die Dienststellenleitung im Einzelfall einen anderen Bediensteten beauftragt, dem Personalrat bestimmte Erklärungen (»Vertreter in der Erklärung«) als Bote zu übermitteln (*BAG* 27.2.1987 AP Nr. 41 zu § 1 KSchG 1969 Betriebsbedingte Kündigung; *Herschel* Anm. AP Nr. 37 zu § 133 BGB).

Die Dienststellenleitung braucht ihre Verhinderung gegenüber der Personalvertretung grds. nicht näher zu begründen. Die Personalvertretung kann jedoch die **Bekanntgabe des Verhinderungsgrundes** verlangen (*BAG* 31.3.1983 AP Nr. 1 zu § 8 LPVG Hessen). In diesem Fall muss der beklagte Arbeitgeber auch im Kündigungsschutzprozess auf Rüge des Arbeitnehmers darlegen und ggf. beweisen, dass ein Verhinderungsgrund vorlag. Andernfalls ist die Kündigung unwirksam. **Rügt die Personalvertretung** allerdings **nicht** eine fehlende Verhinderung der Dienststellenleitung, kann sich der Arbeitnehmer im Kündigungsschutzprozess auch bei fehlender Verhinderung **nicht auf diesen Mangel berufen** (*BAG* 26.10.1995 AP Nr. 8 zu § 79 BPersVG). 19

II. Empfangsberechtigung auf Seiten des Personalrats zur Entgegennahme von Arbeitgebererklärungen

Zuständig für das Beteiligungsverfahren ist die Personalvertretung bei der Dienststelle, deren Leitung die Kündigung gegenüber dem Beschäftigten erklären kann (*BAG* 25.11.2010 EzA § 108 BPersVG Nr. 5). Dies ist **regelmäßig der örtliche Personalrat**. Der Umstand, dass ggf. mehrere örtliche Personalräte zu beteiligen sind, führt nicht ohne Weiteres zur Zuständigkeit des Bezirks- oder Hauptpersonalrats (*BAG* 22.10.2015 EzA § 1 KSchG Betriebsbedingte Kündigung Nr. 185). Die Beteiligung des **Gesamtpersonalrats** kommt in Betracht, wenn die personelle Maßnahme zwar an sich nur den Bereich der Einsatzdienststelle betrifft, die Entscheidung hierüber aber von der Leitung der Gesamtdienststelle getroffen wird. Die Mitteilungen des Dienststellenleiters über die Kündigungsabsicht, die Kündigungsgründe sowie die sonstigen Umstände der Kündigung sind **grds. an den Vorsitzenden** des zuständigen Personalrats oder – im Verhinderungsfall – an den in der vom Personalrat festgelegten Reihenfolge nächsten Stellvertreter, der nicht verhindert ist, zu richten (vgl. *Fischer/Goeres/Gronimus* § 32 Rn 48). Anders als im BetrVG (§ 26 Abs. 3 S. 2 BetrVG) fehlt im BPersVG eine ausdrückliche Vorschrift, die regelt, wer zur Entgegennahme von Erklärungen berechtigt ist, die dem Personalrat gegenüber abzugeben sind. Aus § 35 Abs. 2 S. 1 BPersVG, der bestimmt, dass die oder der Vorsitzende den Personalrat im Rahmen der von diesem gefassten Beschlüsse vertritt, lässt sich jedoch ableiten, dass dieser der allein berechtigte Empfänger von Erklärungen ist, die für den Personalrat bestimmt sind (vgl. auch *Richardi/Jacobs* BPersVG § 32 Rn 81; *Fischer/Goeres/Gronimus* § 32 Rn 46). Soweit der Vorsitzende gemeinsam mit einem anderen Vorstandsmitglied den Personalrat vertritt (§ 35 Abs. 2 S. 2 BPersVG), genügt es, wenn der Arbeitgeber einem von ihnen seine Kündigungsabsicht, die Kündigungsgründe und die sonstigen Umstände mitteilt (aA APS-*Koch* § 79 BPersVG Rn 25; *Richardi/Jacobs* BPersVG § 32 Rn 81: nur der Vorsitzende ist zur Entgegennahme berechtigt). 20

Der Personalrat kann in Einzelfällen eines seiner Mitglieder **ausdrücklich bevollmächtigen**, ihn in einer bestimmten Kündigungsangelegenheit zu vertreten (*Fischer/Goeres/Gronimus* § 32 Rn 50). Dann ist dieses Personalratsmitglied neben dem Vorsitzenden des Personalrats berechtigt, in dieser Kündigungsangelegenheit Erklärungen des Arbeitgebers entgegenzunehmen (vgl. *Fischer/Goeres/Gronimus* § 32 Rn 52). 21

Gibt der Arbeitgeber eine Erklärung gegenüber einem zur Entgegennahme nicht berechtigten Personalratsmitglied ab, gelten die Ausführungen bei KR-*Rinck* § 102 BetrVG Rdn 121 sinngemäß. 22

III. Frist zur Stellungnahme für Personalrat

23 Der Personalrat hat nach der Unterrichtung durch den Dienststellenleiter Gelegenheit, sich binnen **zehn Arbeitstagen** zu der Kündigung zu äußern (§ 81 Abs. 2 S. 1 BPersVG). Da die gesetzliche Regelung auf Arbeitstage und nicht auf Werktage abstellt, hängt der Fristlauf dem Wortlaut nach davon ab, an wie vielen Tagen in der Woche in der betreffenden Dienststelle gearbeitet wird. Im Bereich des BPersVG als Arbeitstage stets (nur) die Wochentage Montag bis Freitag mit Ausnahme der gesetzlichen Feiertage, weil im öffentlichen Dienst die Fünf-Tage-Woche üblich ist (zu § 25 BPersVG *BVerwG* 23.10.2003 – 6 P 10.03; zu § 16 Abs. 6 BGleiG 27.6.2007 – 6 A 1.06 – Rn 23; *Richardi/Dörner* BPersVG § 25 Rn 36; *Altvater* § 69 Rn 21). Ein Abstellen auf die in der konkreten Dienststelle geltenden Arbeitstage würde in den Fällen aufgrund der dann erforderlichen – dem Fristenregime fremden – wertenden Betrachtung zu einer Rechtsunsicherheit führen, in denen für verschiedene Beschäftigte eine unterschiedliche Zahl von Arbeitstagen in der Woche gilt (*BAG* 15.12.2016 – 2 AZR 867/15, Rn 41; APS-*Koch* § 79 BPersVG Rn 27). Äußert sich der Personalrat innerhalb dieser Frist nicht, gilt die beabsichtigte Kündigung als gebilligt (§ 81 Abs. 2 S. 1 BPersVG). Für die Fristberechnung gelten § 187 Abs. 1, § 188 Abs. 1 BGB. Die Frist beginnt mit dem Tag nach der Unterrichtung durch den Dienststellenleiter (vgl. *Richardi/Weber* BPersVG § 72 Rn 30a). Nicht maßgebend ist insoweit der Zeitpunkt der Erörterung (*Lorenzen/Gerhold* § 72 Rn 18). Innerhalb der Frist kann die Personalvertretung vom Dienstherrn die mündliche Erörterung der Angelegenheit sowie weitere Informationen verlangen, Einwendungen erheben oder Gegenvorschläge machen. Durch eine Erörterung zwischen Dienststellenleiter und Personalvertretung wird die Äußerungsfrist weder unterbrochen noch gehemmt (*BVerwG* 27.4.1995 RzK III 2a Nr. 29).

24 Nur bei der Erhebung von **Einwendungen** kann die Personalvertretung die Entscheidung einer übergeordneten Dienststelle erreichen. Die Einwendungen müssen innerhalb der Frist begründet werden (§ 81 Abs. 2 S. 3 BPersVG). Nach der Novelle des BPersVG 2021 können der Personalrat und die Dienststellenleitung – was bislang umstritten war (vgl. dazu *Altvater* § 72 Rn 10; *Fischer/Goeres/Gronimus* § 72 Rn 8a; *Lorenzen/Griebeling* § 79 BPersVG Rn 61; **aA** *Richardi/Weber* Rn 30a: Verlängerung möglich) – im Einzelfall oder für die Dauer der Amtszeit des Personalrats **schriftlich oder elektronisch eine abweichende Frist vereinbaren** (§ 81 Abs. 2 S. 2 BPersVG). Überdies können Dienststellenleitung und Personalrat weiterhin den Beginn der Äußerungsfrist einvernehmlich klarstellen (BT-Drucks. 19/26820, S. 113; *BVerwG* 9.12.1992 – 6 P 16.91). Eine Abkürzung der Frist auf drei Arbeitstage durch die Dienststellenleitung in dringenden Fällen kommt nicht in Betracht. Eine solche Möglichkeit sieht nach der Gesetzesnovelle nur noch § 70 Abs. 3 S. 2 BPersVG für das Verfahren der Mitbestimmung vor. § 81 BPersVG enthält für das Mitwirkungsverfahren weder eine entsprechende Regelung noch eine Verweisung (zu § 72 aF vgl. APS-*Koch* § 79 BPersVG Rn 27).

IV. Willensbildung des Personalrats, Anhörung des Arbeitnehmers

25 Über die Stellungnahme zu der von dem Arbeitgeber erklärten Kündigungsabsicht **berät** der Personalrat in seiner Gesamtheit, an der **Beschlussfassung** dürfen jedoch nur die Personalratsmitglieder der Arbeitnehmergruppe teilnehmen (§ 40 Abs. 2 S. 1 BPersVG). Ist die Arbeitnehmergruppe im Personalrat nicht vertreten, beschließt der Personalrat in seiner Gesamtheit die Stellungnahme zur Kündigung (vgl. § 40 Abs. 2 S. 2 BPersVG).

26 Beraten und beschließen kann der Personalrat **nur in einer Sitzung** (vgl. § 39 BPersVG). Eine Beschlussfassung im schriftlichen Umlaufverfahren oder im Wege der fernmündlichen Umfrage ist unzulässig.

27 Werden im Rahmen des Stellungnahmeverfahrens beim Personalrat Beschwerden oder Behauptungen tatsächlicher Art vorgetragen, die für den von der beabsichtigten Kündigung betroffenen Beschäftigten ungünstig sind, **hat die Dienststelle diesem Gelegenheit zur Äußerung zu geben**. Falls der Arbeitnehmer sich äußert, hat der Personalrat die Äußerung aktenkundig zu machen (§ 81

Abs. 2 S. 4 BPersVG). Mit dieser Formulierung hat der Gesetzgeber nunmehr klargestellt, dass die Verpflichtung den Arbeitgeber und nicht den Personalrat trifft.

Zum Meinungsstand auf der Grundlage von § 72 Abs. 2 S. 3 iVm § 69 Abs. 2 S. 6 BPersVG aF s. Voraufl. Rdn 27 f. 28

Hält die Mehrheit der Arbeitnehmervertreter im Personalrat oder die Mehrheit der Jugend- und Auszubildendenvertreter oder die Schwerbehindertenvertretung einen Beschluss des Personalrats für eine erhebliche Beeinträchtigung wichtiger Interessen der durch sie vertretenen Arbeitnehmer, ist auf ihren Antrag der **Beschluss auf die Dauer von fünf Arbeitstagen vom Zeitpunkt der Beschlussfassung an auszusetzen**, damit in dieser Frist eine Verständigung, ggf. mit Hilfe der im Personalrat oder der Jugend- und Auszubildendenvertretung vertretenen Gewerkschaften, versucht werden kann. Erst nach Ablauf dieser Frist ist über die Angelegenheit neu zu beschließen (§ 42 BPersVG). Die Verkürzung der Aussetzungsfrist von sechs auf fünf Arbeitstage durch das BPersVG 2021 dient der Anpassung an die nunmehr übliche Fünf-Tage-Woche und der inhaltlichen Gleichsetzung mit § 35 Abs. 1 BetrVG (BR-Drucks. 19/26820, S. 103). Die Aussetzung des Beschlusses führt nicht zu einer Verlängerung der Äußerungsfrist des § 81 Abs. 2 BPersVG (vgl. § 42 Abs. 1 S. 3 BPersVG). 29

V. Schweigepflicht des Personalrats

Personalratsmitglieder haben über die ihnen im Mitwirkungsverfahren bekannt gewordenen Angelegenheiten und Tatsachen Stillschweigen zu bewahren (vgl. § 11 Abs. 1 S. 1 BPersVG; entsprechende Regelungen finden sich auch in allen Landespersonalvertretungsgesetzen; s.a. *Gronimus* PersV 2016, 55 ff.). Die Schweigepflicht besteht nicht für Angelegenheiten oder Tatsachen, die offenkundig sind oder ihrer Bedeutung nach keiner Geheimhaltung bedürfen (§ 11 Abs. 2 BPersVG). Ist eine Angelegenheit **nur einer beschränkten Öffentlichkeit bekannt** (zB innerhalb einer Dienststelle oder innerhalb der Abteilung), besteht nur gegenüber dieser keine Schweigepflicht (*Fischer/Goeres/Gronimus* § 10 Rn 18). Wann eine Angelegenheit ihrer Bedeutung nach keiner Geheimhaltung bedarf, ist eine Frage des Einzelfalls. Im Allgemeinen ist aber eine Schweigepflicht insbes. zu bejahen für persönliche Vorwürfe gegen einen Arbeitnehmer und Umstände privater Natur, zB Krankheiten, Schwangerschaften, Vorstrafen. 30

Eine Schweigepflicht besteht für Personalratsmitglieder und Jugend- und Auszubildendenvertreter **nicht gegenüber den übrigen Mitgliedern der Vertretung** sowie auch nicht gegenüber der vorgesetzten Dienststelle, der bei ihr gebildeten Stufenvertretung und gegenüber dem Gesamtpersonalrat (§ 11 Abs. 1 S. 2 BPersVG). 31

VI. Stellungnahme des Personalrats

1. Zustimmung, Schweigen

Der Personalrat hat **nach pflichtgemäßem Ermessen** über die Stellungnahme zu der beabsichtigten Kündigung zu entscheiden. Er kann der Kündigung ausdrücklich zustimmen. Dann ist das Mitwirkungsverfahren abgeschlossen, und der Arbeitgeber kann die Kündigung erklären. 32

Der Personalrat kann auch auf eine Stellungnahme gegenüber dem Dienststellenleiter verzichten. Dann gilt sein **Schweigen** nach Ablauf von zehn Arbeitstagen seit der Unterrichtung durch die Dienststellenleitung als Zustimmung (§ 81 Abs. 2 S. 1 BPersVG). 33

2. Erörterung mit dem Dienststellenleiter

Der Personalrat kann von der Dienststellenleitung eine **Erörterung** der Angelegenheiten verlangen. Nach dem Wortlaut des § 81 Abs. 1 S. 1 BPersVG ist die Erörterung sogar zwingend vorgeschrieben. Da der Personalrat sich zu der beabsichtigten Kündigung aber überhaupt nicht zu äußern braucht (vgl. § 81 Abs. 2 S. 1 BPersVG), liegt es in seiner Hand, ob eine Erörterung stattfindet. Stimmt er der Kündigung ausdrücklich zu, liegt darin ein wirksamer Verzicht auf die Erörterung 34

(*BAG* 27.2.1987 AP Nr. 41 zu § 1 KSchG 1969 Betriebsbedingte Kündigung). Unter diesen Umständen erscheint es sachgerecht, dass eine Erörterung nur auf Wunsch des Personalrats stattfinden muss (*BAG* 3.2.1982 AP Nr. 1 zu § 72 BPersVG). Davon ist auszugehen, wenn der Personalrat fristgerecht Einwendungen gegen eine beabsichtigte Kündigung erhebt (*BAG* 20.1.2000 EzA § 2 KSchG Nr. 39; vgl. auch *Sächs. LAG* 3.5.1994 PersR 1994, 437). Eine ohne notwendige Erörterung erklärte Kündigung ist unwirksam (*BAG* 20.1.2000 EzA § 2 KSchG Nr. 39).

35 Die Erörterung soll mit dem Ziel einer Verständigung und eingehend geführt werden (§ 81 Abs. 1 BPersVG). Daher sollte die Erörterung grds. **nur in einer mündlichen Besprechung stattfinden**. Da der Personalrat es aber in der Hand hat, ob überhaupt eine Erörterung stattfindet, kann diese auf seinen Wunsch aber auch im schriftlichen Verfahren erfolgen, wenn der Dienstherr damit einverstanden ist (*BVerwG* 26.7.1984 PersV 1986, 110).

36 Der Personalrat muss die Erörterung **innerhalb der – gesetzlichen oder einvernehmlich abweichend festgelegten – Frist** des § 81 Abs. 2 S. 1 und S. 2 BPersVG bei der Dienststellenleitung **beantragen**. Den Antrag kann er zwar auch noch am letzten Tag der Frist stellen (*Zöllner/Fuhrmann* PersV 1990, 105), jedoch wird dadurch die Äußerungsfrist nicht verlängert (vgl. *BVerwG* 27.1.1995 RzK III 2a Nr. 29). Er muss deshalb noch am selben Tag zur Kündigung Stellung nehmen, wenn er verhindern will, dass die beabsichtigte Kündigung gem. § 81 Abs. 2 S. 1 BPersVG als gebilligt gilt.

37 **Die Dienststellenleitung muss die Erörterung grds. selbst führen** und kann sich nur im Verhinderungsfall durch eine nach § 8 BPersVG befugte Person vertreten lassen (s. Rdn 16 ff.).

38 Sie darf aber zu der Erörterung andere Bedienstete (Personalsachbearbeiter) zu seiner Beratung und zur Sachaufklärung hinzuziehen (*Scholz* PersV 1979, 221).

39 Auf Seiten des Personalrats muss an der Erörterung **der gesamte Personalrat** und nicht etwa nur dessen Vorsitzender teilnehmen. Die Erörterung ist Bestandteil des Mitwirkungsverfahrens und gehört daher nicht zu den laufenden Geschäften des Personalrats (vgl. *LAG Frankf.* 20.8.1981 – 12 Sa 478/81, nv; *Richardi/Weber* BPersVG § 72 Rn 19; *Fischer/Goeres/Gronimus* § 72 Rn 9; *Ilbertz/Widmaier* § 72 Rn 8).

3. Einwendungen

40 Der Personalrat kann gegen die Kündigung **Einwendungen** erheben, die auch darin bestehen können, dass er Gegenvorschläge (zB Versetzung statt Kündigung) macht (**aA** *Fischer/Goeres/Gronimus* § 72 Rn 11). Sollen die Einwendungen beachtlich sein, muss der Personalrat sie begründen. Er ist nicht auf die Geltendmachung bestimmter Gründe beschränkt (*BAG* 29.9.1983 AP Nr. 1 BPersVG m. zust. Anm. *Löwisch/Bittner*; *Richardi/Weber* BPersVG § 72 Rn 27; *Zöllner/Fuhrmann* PersV 1990, 119). Werden die angegebenen Gründe jedoch offensichtlich rechtsmissbräuchlich vorgeschoben, sind sie unbeachtlich (ebenso *Zöllner/Fuhrmann* PersV 1990, 109). Einen offensichtlichen Rechtsmissbrauch hat das *BVerwG* (30.11.1994 AP Nr. 9 zu § 79 BPersVG) zB angenommen, wenn der Personalrat die Zustimmung zur Kündigung eines Angestellten im Probearbeitsverhältnis ausschließlich mit Einwendungen gegen eine rechtsfehlerfreie Eignungsbeurteilung des Dienstherrn verweigert.

41 Einwendungen gegen die Kündigung müssen **innerhalb von zehn Arbeitstagen – oder innerhalb der einvernehmlich vereinbarten abweichenden Frist – seit der Unterrichtung** durch den Dienstherrn **erhoben werden** (arg. § 81 Abs. 2 S. 1 und S. 2 BPersVG). Hält der Personalrat zunächst erhobene Einwendungen bei der Erörterung mit dem Dienststellenleiter nicht aufrecht, gilt die Kündigung gem. § 81 Abs. 2 S. 1 BPersVG als vom Personalrat gebilligt. Für die **Einwendungen** gegen die Kündigung und ihre Begründung ist **keine Form vorgeschrieben**. Die Einwendungen können also auch mündlich erhoben und begründet werden (*Matthiessen* ZfPR 2010, 74; *Wieland* PersonalR 2007, 113; aA *Fischer/Goeres/Gronimus* § 72 Rn 14). Nur wenn der Personalrat die Sache gem. § 82 Abs. 1 BPersVG der übergeordneten Dienststelle auf dem Dienstweg zur Entscheidung vorlegt, muss er seine Stellungnahme schriftlich oder elektronisch begründen. Dasselbe gilt, wenn

die Einwendungen des Personalrats einen Weiterbeschäftigungsanspruch des Beschäftigten begründen sollen (s. Rdn 58 ff.).

Jede Art von Einwendung des Personalrats, die ordnungsgemäß begründet wird, ist iSv § 81 42
BPersVG beachtlich und führt dazu, dass die Dienststellenleitung nach § 81 Abs. 3 BPersVG verfahren muss (Erörterung mit dem Personalrat, s. Rdn 45) und zunächst nicht kündigen darf. Eine gleichwohl ausgesprochene Kündigung ist unwirksam (*BAG* 20.1.2000 EzA § 2 KSchG Nr. 39; 29.9.1983, AP Nr. 1 zu § 79 BPersVG). Nur wenn die Einwendungen des Personalrats einen Weiterbeschäftigungsanspruch des Beschäftigten nach Ablauf des Kündigungstermins begründen sollen, ist der Personalrat auf bestimmte Widerspruchsgründe beschränkt (vgl. § 85 BPersVG; *Richardi/Weber* BPersVG § 72 Rn 27).

4. Abgabe der Stellungnahme

Die Stellungnahme des Personalrats gegenüber dem Dienststellenleiter hat **der Vorsitzende** abzu- 43
geben, da dieser den Personalrat im Rahmen der von ihm gefassten Beschlüsse vertritt (§ 35 Abs. 2 S. 1 BPersVG). Gehört der Vorsitzende jedoch nicht der Arbeitnehmergruppe an, hat er die Stellungnahme des Personalrats gemeinsam mit einem Vorstandsmitglied der Arbeitnehmergruppe abzugeben (vgl. § 35 Abs. 2 S. 2 BPersVG). Unterzeichnet in diesem Fall nur der Vorsitzende eine schriftliche Stellungnahme, ist diese unbeachtlich (vgl. *Wahlers* PersV 2006, 413).

VII. Entscheidung der Dienststellenleitung

Hat der Personalrat der Kündigung zugestimmt oder gilt die Kündigung von ihm gem. § 81 Abs. 2 44
BPersVG als gebilligt, kann die **Kündigung erklärt** werden.

Hat er frist- und ordnungsgemäß Einwendungen erhoben, kann die Dienststellenleitung diesen 45
Einwendungen folgen und **von der Kündigung absehen.** Die Angelegenheit ist damit erledigt.

Will die Dienststellenleitung trotz frist- und ordnungsgemäßer Einwendungen des Personalrats 46
an der Kündigungsabsicht festhalten, darf sie die Kündigung zunächst nicht erklären, sondern hat dem Personalrat alsbald seine **Entscheidung**, das Festhalten an der Kündigungsabsicht, **unter Angabe der Gründe schriftlich oder elektronisch mitzuteilen** (§ 81 Abs. 3 BPersVG). Beantragt der Personalrat innerhalb von drei Arbeitstagen nach Zugang dieser Mitteilung nicht auf dem Dienstweg die Entscheidung der übergeordneten Dienststelle, kann die Dienststellenleitung nunmehr die Kündigung erklären. Stellt jedoch der Personalrat fristgerecht einen solchen Antrag, muss die Dienststellenleitung die Kündigung bis zur Entscheidung der angerufenen Dienststelle auszusetzen (§ 82 Abs. 2 BPersVG), kann aber in dringenden Fällen eine vorläufige Regelung treffen (§ 83 BPersVG), wozu allerdings nicht die Kündigung gehört, weil sie eine endgültige Maßnahme wäre (s. Rdn 12). Wohl aber ist eine Suspendierung des Arbeitnehmers von der Arbeit unter Fortzahlung seiner Vergütung möglich. Trifft die Dienststellenleitung eine solche vorläufige Regelung, hat sie diese dem Personalrat mitzuteilen und zu begründen.

Bei **obersten Dienstbehörden** besteht für den Personalrat keine Vorlagemöglichkeit an eine über- 47
geordnete Dienststelle, weil es eine solche nicht gibt. Hier beendet die Mitteilung der Leitung der obersten Dienstbehörde an den Personalrat über das Festhalten an der Kündigungsabsicht das Mitwirkungsverfahren. Die Kündigung kann erklärt werden (vgl. *Richardi/Weber* BPersVG § 72 Rn 32; *Fischer/Goeres/Gronimus* § 72 Rn 16). Die abschließende Mitteilung durch die oberste Dienstbehörde ist aber keine Wirksamkeitsvoraussetzung für die Kündigung (*BAG* 5.10.1995 RzK III 2a Nr. 25 = SAE 1997, 292 m. zust. Anm. *Weth/Kerwer; BVerwG* 26.7.1984 BVerwGE 76, 182).

VIII. Vorlage und Verfahren bei übergeordneten Dienststellen

Hatte der Personalrat fristgerecht ordnungsgemäße Einwendungen gegen die Kündigung erhoben, 48
hat aber die Dienststellenleitung an der Kündigungsabsicht festgehalten, kann der Personalrat **binnen drei Arbeitstagen** nach Zugang der Mitteilung der Dienststellenleitung auf dem Dienstweg

bei der übergeordneten Dienststelle, bei der eine Stufenvertretung besteht, **schriftlich oder elektronisch** eine Entscheidung beantragen (§ 82 Abs. 1 S. 1 BPersVG). Die Bestimmung »schriftlich oder elektronisch« bedeutet, dass eine Erklärung sowohl unter Einhaltung der strengen Schriftform als auch in Textform iSv § 126b BGB oder auch in der einfachsten elektronischen Variante – zB als einfache E-Mail – zulässig ist (vgl. BT-Drucks. 19/26820, S. 114). Eine Kopie seines Antrags hat der Personalrat seiner Dienststelle zuzuleiten (§ 82 Abs. 1 S. 4 BPersVG). Auch mit der Stufenvertretung kann die Dienststellenleitung im Einzelfall schriftlich oder elektronisch eine abweichende Frist vereinbaren (§ 82 Abs. 1 S. 3 iVm § 71 Abs. 1 S. 2 BPersVG). Die Antragsfrist ist gewahrt, wenn der Antrag auf Entscheidung der übergeordneten Dienststelle innerhalb der Frist der Dienststellenleitung vorliegt, deren Entscheidung beanstandet wird (ähnlich *Richardi/Weber* BPersVG § 72 Rn 38: fristgemäße Absendung des Antrags durch den Personalrat genügt). In dem Antrag hat der Personalrat seine **Einwendungen gegen die Kündigung zu begründen**, sofern er das bisher noch nicht getan hat. Andernfalls ist der Antrag unzulässig, weil die übergeordnete Dienststelle nicht weiß, mit welchen Einwendungen sie sich auseinanderzusetzen hat (aA APS-*Koch* § 79 BPersVG Rn 35).

49 Die übergeordnete Dienststelle hat mit der bei ihr bestehenden Stufenvertretung (Bezirkspersonalrat oder Hauptpersonalrat) die Angelegenheit in derselben Weise zu erörtern wie der untergeordnete Dienststellenleiter mit der bei ihm bestehenden Personalvertretung (vgl. *Richardi/Weber* BPersVG § 72 Rn 45). Die Ausführungen Rdn 33 ff. gelten auch für dieses Verfahren. Jedoch **verdoppeln sich die Fristen des § 81 BPersVG**, da die Stufenvertretung vor ihrer Beschlussfassung dem Personalrat, der in der ersten Stufe entschieden hat, Gelegenheit zur Äußerung geben muss (§ 92 Abs. 2 BPersVG). Das heißt, die Stufenvertretung hat gem. § 81 Abs. 2 BPersVG eine Äußerungsfrist von 20 Arbeitstagen, sofern nicht die Stufenvertretung und die Dienststellenleitung eine abweichende Regelung vereinbaren.

50 **An die Auffassungen der Beteiligten der vorangegangenen Stufe** sind die Stufenvertretung und die übergeordnete Dienststelle **nicht gebunden** (*Fischer/Goeres/Gronimus* § 72 Rn 18). Erzielen sie Einvernehmen darüber, dass nicht gekündigt werden soll, hat die Kündigung zu unterbleiben. Erzielen sie Einverständnis über die Kündigung oder gilt die Entscheidung der übergeordneten Dienststelle gem. § 81 Abs. 2 BPersVG als von der Stufenvertretung gebilligt (§ 82 Abs. 1 S. 3 iVm §§ 71 Abs. 2 S. 2, 70 Abs. 3 S. 4 BPersVG), kann die Kündigung erklärt werden.

51 Hat die Stufenvertretung frist- und ordnungsgemäß Einwendungen gegen die von der übergeordneten Dienststelle erklärte Kündigungsabsicht erhoben, hat die Dienststelle, wenn sie an der Kündigungsabsicht festhält, dies **der Stufenvertretung unter Angabe der Gründe mitzuteilen** (§ 82 Abs. 1 S. 3 iVm § 71 Abs. 1 S. 5 BPersVG). Wenn es sich bei der übergeordneten Dienststelle um die oberste Dienstbehörde handelt, ist das Mitwirkungsverfahren damit abgeschlossen. Die Kündigung kann erklärt werden.

52 Handelt es sich bei der Stufenvertretung um den Bezirkspersonalrat, kann er gem. § 82 Abs. 1, § 92 Abs. 2 S. BPersVG innerhalb von sechs Arbeitstagen nach Zugang der schriftlichen oder elektronischen Mitteilung iSv § 81 Abs. 3 BPersVG auf dem Dienstweg die **Entscheidung der obersten Dienstbehörde** beantragen (aA *Richardi/Weber* BPersVG § 72 Rn 49: drei Arbeitstage). Für den Antrag und das Verfahren bei der obersten Dienstbehörde gelten die Ausführungen zu Rdn 47 ff. sinngemäß.

IX. Rechtsfolgen bei Fehlern im Mitwirkungsverfahren

53 Hat weder die Dienststellenleitung noch eine nach § 8 BPersVG befugte Person das Mitwirkungsverfahren eingeleitet oder die Erörterung mit dem Personalrat nach § 81 Abs. 1 BPersVG geführt, ist die **Kündigung unwirksam**, falls der Personalrat diesen Mangel beanstandet. Lässt er sich jedoch auf Verhandlungen mit dem nicht befugten Bediensteten ein, ohne den Mangel zu rügen, führt dies nicht zur Unwirksamkeit der Kündigung (s. Rdn 18, 19).

54 Hat die Dienststellenleitung den Personalrat **unzureichend unterrichtet**, führt dies zur Unwirksamkeit der Kündigung, ohne dass es darauf ankommt, ob der Personalrat der Kündigung zugestimmt

hat oder nicht (vgl. *BAG* 5.2.1981 EzA § 102 BetrVG 1972 Nr. 47 = AP Nr. 1 zu § 72 LPVG NW m. abl. Anm. *Meisel*; *Richardi/Benecke* BPersVG § 79 Rn 119; *Wieland* PersonalR 2007, 114; vgl. auch KR-*Rinck* § 102 BetrVG Rdn 152–165).

Lehnt die Dienststellenleitung den Wunsch des Personalrats nach einer Erörterung der Angelegenheit ab, nimmt sie durch arglistige Täuschung oder rechtswidrige Drohung in unzulässiger Weise Einfluss auf die Entscheidung des Personalrats oder erklärt sie die Kündigung, bevor die Äußerungsfrist für den Personalrat im Mitwirkungsverfahren nach § 81 BPersVG abgelaufen ist, ist die Kündigung unwirksam (vgl. *Fischer/Goeres/Gronimus* § 72 Rn 23). Das gilt auch, wenn die Dienststellenleitung nicht den zuständigen Personalrat, sondern zB eine Stufenvertretung (Bezirkspersonalrat oder Hauptpersonalrat) beteiligt (*BAG* 3.2.1982 AP Nr. 1 zu Art. 77 BayPVG). Die **Beteiligung einer unzuständigen Personalvertretung** gehört zu den in den Verantwortungsbereich des Dienstherrn fallenden Mängeln des Beteiligungsverfahrens (*BAG* 25.11.2010 EzA § 108 BPersVG Nr. 5; 19.5.1983 – 2 AZR 454/81, nv). 55

Mängel in dem Bereich, für den der Personalrat verantwortlich ist, also **Fehler bei seiner Willensbildung** über die Stellungnahme zu der beabsichtigten Kündigung, berühren die Ordnungsmäßigkeit des Mitwirkungsverfahrens grds. nicht. Hierzu gehört auch die Frage, ob der Personalrat in Gruppenangelegenheiten das gesetzlich vorgeschriebene Verfahren eingehalten hat (*BAG* 19.5.1983 – 2 AZR 454/81, nv). Im Übrigen gelten die Ausführungen bei KR-*Rinck* § 102 BetrVG Rdn 158 ff. sinngemäß. Jedoch sind Erklärungen des Personalrats in Gruppenangelegenheiten, die entgegen § 35 Abs. 2 S. 2 BPersVG nicht vom Vorsitzenden und dem Gruppenvertreter gemeinsam abgegeben werden (s. Rdn 42), unwirksam und damit für den Arbeitgeber unbeachtlich (*BAG* 13.10.1982 AP Nr. 1 zu § 40 LPVG Niedersachsen). 56

E. Einwendungen des Personalrats bei einer ordentlichen Kündigung und Weiterbeschäftigungsanspruch

Einwendungen des Personalrats gegen die Kündigung sind **ohne rechtliche Bedeutung** für eine nach ordnungsgemäßer Durchführung des Mitwirkungsverfahrens ausgesprochene Kündigung, wenn sich die vom Personalrat geltend gemachten Gründe nicht einem der Tatbestände des § 85 Abs. 1 S. 3 Nr. 1–5 BPersVG zuordnen lassen. Sie entfalten ferner keine Rechtswirkungen, wenn die Stufenvertretung sie nicht aufrechterhalten hat. Hingegen bleiben die Einwendungen rechtlich existent mit den in Rdn 58 ff. dargelegten Konsequenzen, wenn die Dienststellenleitung an ihrer Kündigungsabsicht festhält, der Personalrat die Angelegenheit aber nicht der übergeordneten Dienststelle vorlegt, so dass die Dienststellenleitung die Kündigung erklären darf (s. Rdn 45). 57

Fallen die vom Personalrat geltend gemachten Gründe unter einen dieser Tatbestände (§ 85 Abs. 1 S. 3 Nr. 1–5 BPersVG), kann dies einen **Weiterbeschäftigungsanspruch** des Beschäftigten nach Ablauf des Kündigungstermins begründen. Das setzt voraus, dass sie fristgerecht erhoben und begründet werden, weil andernfalls die Kündigung als vom Personalrat gebilligt gilt (s. Rdn 31 ff.). Zur ordnungsgemäßen Begründung gehört, dass die geltend gemachten Einwendungen durch Angabe von konkreten Tatsachen erläutert werden und die von der Personalvertretung zur Begründung ihrer Einwendungen angeführten Tatsachen es als möglich erscheinen lassen, dass einer der in § 85 Abs. 1 S. 3 BPersVG angeführten Widerspruchsgründe vorliegt. Die vorgebrachten Tatsachen müssen dabei zwar nicht schlüssig einen Widerspruchsgrund ergeben, die Einwendungen müssen sich jedoch zumindest auf einen der im Gesetz aufgeführten Gründe beziehen (*BAG* 27.2.1997 RzK III 2a Nr. 37). § 85 Abs. 1 S. 3–4 und § 85 Abs. 2 BPersVG stimmen im Übrigen in allen wesentlichen Punkten hinsichtlich der Einwendungen gegen die Kündigung, des Weiterbeschäftigungsanspruchs des Arbeitnehmers und der Entbindung des Arbeitgebers von der Weiterbeschäftigungspflicht mit § 102 Abs. 3–5 BetrVG überein. Die Ausführungen bei KR-*Rinck* § 102 BetrVG Rdn 184–226, 255–323 gelten deshalb hier sinngemäß. 58

Bei der Anwendung des § 85 Abs. 1 S. 3–4 und § 85 Abs. 2 BPersVG sind allerdings folgende Besonderheiten zu beachten: 59

60 a) § 85 Abs. 1 BPersVG sieht – ebenso wie § 81 BPersVG (s. Rdn 40) – nicht vor, dass die Einwendungen schriftlich erhoben werden müssten, während § 86 S. 3 BPersVG für den Fall der außerordentlichen Kündigung die schriftliche oder elektronische Mitteilung der Bedenken verlangt. An dieser Differenzierung hat der Gesetzgeber auch mit der Novellierung des BPersVG 2021 festgehalten, so dass dem Gesetz ein Schriftlichkeitsgebot nicht entnommen werden kann (APS-*Koch* § 79 BPersVG Rn 32; aA Vorauﬂ.; *Richardi/Benecke* BPersVG § 79 Rn 61; *Matthiessen* ZfPR 2010, 74; *Wieland* PersR 2007, 113). Allerdings **sollten die Einwendungen schriftlich erhoben und begründet werden**, weil dem gekündigten Arbeitnehmer gem. § 85 Abs. 1 S. 4 BPersVG eine Kopie der Stellungnahme zuzuleiten ist und die Einwendungen ggf. Grundlage für den Weiterbeschäftigungsanspruch nach § 85 Abs. 2 BPersVG sein können. Nachdem der Gesetzgeber aber an zahlreichen Stellen – insbes. in § 70 Abs. 3 S. 4, § 81, § 86 S. 3 BPersVG –, die Anforderung der Schriftlichkeit um die Formulierung »oder elektronisch« ergänzt hat, **genügt insoweit jedenfalls die einfachste elektronische Variante**, zB eine einfache E-Mail (vgl. BT-Drucks. 19/26820, S. 114).

61 b) An die Stelle des **Widerspruchsgrundes**, »dass der zu kündigende Arbeitnehmer an einem anderen Arbeitsplatz im selben Betrieb oder in einem anderen Betrieb des Unternehmens weiterbeschäftigt werden kann« (§ 102 Abs. 1 Nr. 3 BetrVG), tritt in § 85 Abs. 1 S. 3 Nr. 3 BPersVG der Grund, dass »die zu kündigende Arbeitnehmerin oder der zu kündigende Arbeitnehmer an einem anderen Arbeitsplatz in derselben Dienststelle oder in einer anderen Dienststelle desselben Verwaltungszweiges an demselben Dienstort einschließlich seines Einzugsgebietes weiterbeschäftigt werden kann«. Dieser Widerspruchsgrund ist zB nicht gegeben, wenn bei den Stationierungsstreitkräften der Entsendestaat aufgrund seiner Hoheitsgewalt entscheidet, Arbeitsplätze künftig nicht mehr mit örtlichen Arbeitskräften, sondern mit Zivilpersonen, die bei der Truppe beschäftigt sind und diese begleiten, zu besetzen. In einem solchen Fall kann der Personalrat (Betriebsvertretung) nicht geltend machen, örtliche Arbeitskräfte, die zur Kündigung anstehen, könnten auf solchen »freien« Arbeitsplätzen weiterbeschäftigt werden (*BAG* 27.2.1997 RzK III 2a Nr. 37).

62 c) Die Verpflichtung der Dienststellenleitung, dem Arbeitnehmer mit der Kündigung eine **Abschrift der Stellungnahme des Personalrats** zuzuleiten, in der dieser Einwendungen nach § 85 Abs. 1 S. 3 BPersVG erhebt, entfällt, wenn die Stufenvertretung in der Verhandlung mit der übergeordneten Dienststelle die Einwendungen nicht aufrechterhalten hat (§ 85 Abs. 1 S. 4 BPersVG). Hat sie andere Einwendungen erhoben, sind diese nach Sinn und Zweck des Gesetzes dem Arbeitnehmer mitzuteilen. Der Arbeitnehmer soll nämlich durch die Mitteilung der Einwendungen die Möglichkeit erhalten, die Chancen eines Kündigungsprozesses besser beurteilen zu können. Die Verletzung der Mitteilungspflicht ist ohne Einfluss auf die Wirksamkeit der Kündigung (*Richardi/Benecke* BPersVG § 79 Rn 82).

F. Kündigung durch den Dienststellenleiter

63 Zur Kündigung durch die Dienststellenleitung gelten die bei KR-*Rinck* § 102 BetrVG Rdn 227–254 dargestellten Grundsätze zur Abgabe der Kündigungserklärung, zur Zuleitung der Abschrift der Stellungnahme des Betriebsrats an den Arbeitnehmer, zur Umdeutung einer außerordentlichen Kündigung und zum Kündigungsschutzprozess entsprechend.

64 *(unbelegt)*

G. Anhörung bei außerordentlichen Kündigungen

65 Vor **fristlosen Entlassungen und außerordentlichen Kündigungen** ist der Personalrat anzuhören (§ 86 BPersVG). Die Dienststellenleitung hat die beabsichtigte Kündigung gegenüber dem Personalrat zu begründen und das Anhörungsverfahren durchzuführen (vgl. § 86 S. 2 BPersVG). Es ist wie das Anhörungsverfahren beim Betriebsrat vor außerordentlichen Kündigungen nach § 102 Abs. 1–2 BetrVG ausgestaltet. Anders als nach § 102 Abs. 2 S. 3 BetrVG hat der Personalrat jedoch Bedenken nicht innerhalb von drei Tagen, sondern innerhalb von **drei Arbeitstagen** mitzuteilen. Das Gesetz schreibt – anders als bei Einwendungen nach § 85 Abs. 1 BPersVG in § 86

S. 3 BPersVG ausdrücklich vor, dass der Personalrat der Dienststellenleitung **Bedenken schriftlich oder elektronisch mitteilen** muss. Danach genügt auch hier nunmehr die einfachste elektronische Variante, also zB eine einfache E-Mail (vgl. BT-Drucks. 19/26820, S. 114; zur bisherigen Rechtslage vgl. *Matthiessen* ZfPR 2010, 73; *BVerwG* 15.5.2020 NZA-RR 2020, 438 zu § 69 Abs. 2 S. 5 BPersVG aF: jede Verstetigung einer Gedankenerklärung durch Schriftzeichen genügt [dort: namentlich gekennzeichnete E-Mail des Personalratsvorsitzenden mit Anhang einer Textdatei, die die Gründe beinhaltet]; 15.12.2016 NZA-RR 2017, 334 zu § 69 Abs. 2 S. 5 BPersVG aF: eingescannte pdf-Datei als E-Mail-Anhang, die die Unterschrift des Personalratsvorsitzenden wiedergibt, genügt; aA *Richardi/Benecke* BPersVG § 79 Rn 61: nur Telefax genügt; wohl auch *Gronimus* PersR 2017, 25 unter Berufung auf *BVerwG* 15.12.2016 NZA-RR 2017, 334). Die ordnungsgemäße Anhörung des Personalrats ist Wirksamkeitsvoraussetzung für die Kündigung. Die Ausführungen bei KR-*Rinck* § 102 BetrVG Rdn 67–144, 146–183 bzgl. der Durchführung des Anhörungsverfahrens, der Bedeutung von Bedenken des Betriebsrats und der Rechtsfolgen bei Fehlern im Anhörungsverfahren gelten sinngemäß.

Will der öffentliche Arbeitgeber für den Fall einer außerordentlichen Kündigung sicherstellen, dass bei einer Unwirksamkeit dieser außerordentlichen Kündigung eine **Umdeutung in eine ordentliche Kündigung** nach § 140 BGB möglich ist, muss er bei Einleitung des Beteiligungsverfahrens auf beide Beendigungsvarianten – deutlich – hinweisen. Nur wenn der Personalrat der beabsichtigten außerordentlichen Kündigung ausdrücklich und vorbehaltlos zugestimmt hat und auch aus den sonstigen Umständen nicht erkennbar ist, dass er einer umgedeuteten ordentlichen Kündigung entgegengetreten wäre, scheitert eine Umdeutung nicht an der fehlenden Beteiligung des Personalrats (*BAG* 26.3.2015 EzA § 613a BGB 2002 Nr. 161; 23.10.2008 EzA § 626 BGB 2002 Nr. 23). 66

Geht es bei **ordentlich unkündbaren Arbeitnehmern** um eine außerordentliche Kündigung mit notwendiger Auslauffrist (s. KR-*Fischermeier/Krumbiegel* § 626 BGB Rdn 316 ff.), zB bei einer Betriebsstilllegung oder wegen krankheitsbedingter Fehlzeiten, ist der Personalrat vor Ausspruch der Kündigung nach den für eine ordentliche Kündigung geltenden Bestimmungen zu beteiligen (*BAG* 12.1.2006 EzA § 626 BGB 2002 Unkündbarkeit Nr. 9; 15.11.2001 EzA § 626 BGB nF Nr. 192; 5.2.1998 EzA § 626 BGB Unkündbarkeit Nr. 2; aA *Hess. LAG* 8.3.2001 RzK III 2b Nr. 21). Das gilt auch bei der Umdeutung einer außerordentlichen fristlosen Kündigung in eine außerordentliche Kündigung mit notwendiger Auslauffrist (*BAG* 18.10.2000 EzA § 626 BGB Krankheit Nr. 3). 67

H. Länderregelungen

I. Allgemeines

Im Bereich des öffentlichen Dienstes steht dem Bund die ausschließliche Gesetzgebung nur für »die Rechtsverhältnisse der im Dienste des Bundes und der bundesunmittelbaren Körperschaften des öffentlichen Rechts stehenden Personen« zu (Art. 73 Abs. 1 Nr. 8 GG). Dementsprechend hat er die **Beteiligung des Personalrats** bei der Kündigung von Arbeitsverhältnissen der Bundesbediensteten in §§ 85 und 86 BPersVG geregelt. 68

Für die Landesbediensteten steht dem Bund auch nach der Föderalismusreform 2006 und der Aufhebung des Art. 75 GG ein umfassendes Gesetzgebungsrecht zu, soweit es um **rein arbeitsrechtliche Fragen** geht (Art. 74 Abs. 1 Nr. 12 GG: konkurrierende Gesetzgebung). Hierzu gehören auch der Kündigungsschutz für personalvertretungsrechtliche Amtsträger, die in einem Arbeitsverhältnis stehen (§ 127 BPersVG; s. hierzu die Kommentierung zu §§ 55, 127 BPersVG), sowie die Rechtsfolgen einer fehlenden Beteiligung des Personalrats an der Kündigung von Arbeitsverhältnissen (§ 128 BPersVG: Unwirksamkeit der Kündigung). Die Landesgesetzgeber dürfen daher auch nach der Föderalismusreform 2006 nicht von der Regelung der §§ 127, 128 BPersVG abweichen (*Richardi/Kersten* BPersVG § 108 Rn 4). 69

Ob und wie Personalvertretungen bei Kündigungen von Arbeitsverhältnissen der Landesbediensteten zu beteiligen sind, ist Sache der Landesgesetzgeber. Die bislang in § 104 S. 1 Hs. 2 BPersVG aF enthaltene **Empfehlung**, dass eine Regelung angestrebt werden soll, wie sie für Personalvertretungen 70 in Bundesbehörden im BPersVG festgelegt ist, ist daher – neben den weiteren Rahmenvorschriften für die Landesgesetzgebung (§§ 94 bis 106 BPersVG aF) – mit dem BPersVG 2021 entfallen. Bayern, Rheinland-Pfalz und Sachsen waren dieser Empfehlung allerdings bereits gefolgt und haben Landesregelungen geschaffen, die im Kern mit dem BPersVG deckungsgleich sind, indem sie bei außerordentlichen Kündigungen ein **Anhörungs-** und bei ordentlichen Kündigungen ein **bloßes Mitwirkungsrecht** vorsehen. Die anderen Bundesländer haben jedoch weitergehend als der Bund ein **Mitbestimmungsrecht** des Personalrats bei außerordentlichen und ordentlichen (Berlin, Bremen, Mecklenburg-Vorpommern, Schleswig-Holstein) bzw. nur bei ordentlichen Kündigungen (Baden-Württemberg, Brandenburg, Hamburg, Hessen, Niedersachsen, Nordrhein-Westfalen, Saarland, Sachsen-Anhalt, Thüringen) eingeführt. Die Mitbestimmung hat zur Folge, dass für den Fall der Nichteinigung zwischen Dienststelle und Personalrat bzw. oberster Dienststelle und der bei ihr gebildeten Stufenvertretung eine Einigungsstelle mit der Angelegenheit befasst wird. Während der **Beschluss der Einigungsstelle** bei Kündigungen in den meisten Bundesländern (Baden-Württemberg, Brandenburg, Hamburg, Hessen, Niedersachsen, Nordrhein-Westfalen, Sachsen-Anhalt, Schleswig-Holstein, Thüringen) lediglich den Charakter einer **Empfehlung** besitzt, das Letztentscheidungsrecht also bei der obersten Dienstbehörde verbleibt (»eingeschränkte Mitbestimmung«), entscheidet die Einigungsstelle in den Ländern Berlin, Bremen, Mecklenburg-Vorpommern und Saarland **verbindlich** (»echte Mitbestimmung«), was verfassungsrechtlich bedenklich erscheint (dazu Rdn 73).

71 Ein **weiterer Unterschied in den Landespersonalvertretungsgesetzen** besteht darin, dass nur einige (Bayern: Art. 75 Abs. 2 BayPVG, Hamburg: § 80 Abs. 6 HmbPersVG, Hessen: § 77 Abs. 4 HPVG, Mecklenburg-Vorpommern: § 68 Abs. 5 PersVG MV, Rheinland-Pfalz: § 83 Abs. 1 S. 3 LPersVG RP, Sachsen: § 82 Abs. 2 SächsPersVG, Thüringen: § 78 Abs. 1 ThürPersVG) einen abschließenden gesetzlichen Katalog der Zustimmungsverweigerungsgründe in Personalangelegenheiten (**Versagungskatalog**) – teilweise entsprechend § 77 Abs. 2 BPersVG – enthalten, in anderen (Baden-Württemberg, Berlin, Brandenburg, Bremen, Niedersachsen, Nordrhein-Westfalen, Saarland [§ 80 Abs. 2 SPersVG: nur »insbesondere«-Aufzählung], Sachsen-Anhalt, Schleswig-Holstein) hingegen die Zustimmungsverweigerung nicht an das Vorliegen bestimmter Tatbestände geknüpft wird. Die letztgenannte, vor allem bei echter Mitbestimmung den Dienstherrn belastende Regelung wird in der Rechtsprechung dadurch abgemildert, dass die Zustimmungsverweigerung des Personalrats dann für **unbeachtlich** erklärt wird, wenn die von der Personalvertretung für die Zustimmungsverweigerung angegebenen Gründe offensichtlich außerhalb der Mitbestimmung liegen (*BAG* 19.6.2007 EzTöD 100 § 34 Abs. 1 TVöD-AT Beteiligung Arbeitnehmervertretung Nr. 2).

72 Ein gesetzlicher **Weiterbeschäftigungsanspruch** des Arbeitnehmers bis zum rechtskräftigen Abschluss des Kündigungsrechtsstreits ist nur im Landespersonalvertretungsrecht von Bayern, Baden-Württemberg, Mecklenburg-Vorpommern, Rheinland-Pfalz, Sachsen und Thüringen vorgesehen. Dabei haben Bayern, Rheinland-Pfalz und Sachsen, die wie der Bund bei ordentlichen Kündigungen nur ein Mitwirkungsrecht des Personalrats vorsehen, auch die Regelung des § 79 Abs. 2 BPersVG übernommen. Mecklenburg-Vorpommern und Thüringen sehen einen gesetzlichen Weiterbeschäftigungsanspruch auf der Grundlage ihrer Regelungen zur (eingeschränkten) Mitbestimmung vor, indem sie diesen daran knüpfen, dass der Personalrat die Zustimmung zur Kündigung aus einem im Versagungskatalog genannten Grund verweigert hat. Baden-Württemberg knüpft – ebenfalls auf der Grundlage eingeschränkter Mitbestimmung – den Weiterbeschäftigungsanspruch an den Ausspruch einer Kündigung trotz anderslautender Empfehlung der Einigungsstelle.

73 Das **Bundesverfassungsgericht** (BVerfG 24.5.1995 PersV 1995, 553) hat die nach dem Mitbestimmungsgesetz Schleswig-Holsteins vorgesehene umfassende Beteiligung der Personalvertretungen in Form einer **Mitbestimmung mit Entscheidungsrecht der unabhängigen Einigungsstelle als mit Art. 28 Abs. 1 S. 1 iVm Art. 20 Abs. 2 GG unvereinbar** angesehen. Es hat ausgeführt, das Demokratieprinzip verlange für die Ausübung von Staatsgewalt bei Entscheidungen von Bedeutung für die Erfüllung des Amtsauftrags jedenfalls, dass die Letztentscheidung eines dem Parlament verantwortlichen Verwaltungsträgers gesichert sei (sog. **Verantwortungsgrenze**). Hierunter fallen nach

Auffassung des BVerfG u.a. alle Maßnahmen, die den Rechtsstatus von Beamten, Angestellten und Arbeitern des öffentlichen Dienstes betreffen, also insbesondere Kündigungen. Schleswig-Holstein und später auch Brandenburg haben anschließend ihr Personalvertretungsrecht dahingehend geändert, dass der Spruch der Einigungsstelle nur noch Empfehlungscharakter besitzt, während Bremen, Berlin, Mecklenburg-Vorpommern und das Saarland nach wie vor ein Letztentscheidungsrecht der Einigungsstelle vorsehen. Das BVerwG hat im Anschluss an die Entscheidung des BVerfG in mehreren Fällen, in denen die Entscheidung der Einigungsstelle nach dem Wortlaut des jeweiligen Personalvertretungsgesetzes verbindlich war, das Regelwerk zur eingeschränkten Mitbestimmung analog angewandt, wenn dies zur Herstellung eines verfassungskonformen Ergebnisses geboten war. Diese Fälle betrafen allerdings nicht die Mitbestimmung bei Kündigungen (*BVerwG* 24.4.2002 PersV 2002, 546: HmbPersVG, Stundenverteilung für Teilzeitbeschäftigte; 24.4.2002 PersV 2002, 542: HmbPersVG, Geltendmachung von Ersatzansprüchen gegen Beschäftigte; 18.6.2002 EzBAT § 4 BAT Gestellungsvertrag Nr. 2: PersVG NW, Mitbestimmung bei Einstellung; 18.5.2004 EzBAT SR 2c BAT Dokumentation Nr. 1: PersVG BW, Maßnahmen zur Hebung der Arbeitsleistung; 30.6.2005 EzBAT § 17 BAT Nr. 25: BPersVG, Anordnung von Mehrarbeit und Überstunden; 14.6.2011 PersR 2011, 516: PersVG BE, Maßnahmen zur technischen Überwachung und Hebung der Arbeitsleistung). Voraussetzung für eine analoge Anwendung ist das Bestehen einer planwidrigen Gesetzeslücke. In dem einzigen beim BVerwG anhängig gewordenen Mitbestimmungsfall, der eine Kündigung betraf, ist es zu dem Ergebnis gelangt, angesichts eindeutiger Willensäußerungen des Gesetzgebers bei einer im Jahre 2008 erfolgten Änderung des PersVG BE, die in Wortlaut und Systematik des Gesetzes ihren unmissverständlichen Niederschlag gefunden hätten, könne von einer planwidrigen, im Analogiewege zu schließenden Lücke keine Rede sein (*BVerwG* 4.6.2010 ZTR 2010, 433). Das BVerwG hat in diesem Fall weiter die Auffassung vertreten, bei verfassungskonformer Auslegung verstoße § 83 Abs. 3 S. 3 iVm § 79 Abs. 1, § 87 Nr. 8 PersVG BE nicht gegen das Demokratieprinzip des Grundgesetzes. Die Vorschriften seien dahingehend auszulegen, dass die Einigungsstelle über die Zustimmungsersetzung nicht nach einem Ermessensmaßstab, sondern strikt rechtsgebunden entscheide und ihr Beschluss der vollen Überprüfung durch die Verwaltungsgerichte unterliege. Erweise sich die beabsichtigte außerordentliche Kündigung als rechtmäßig, sei die Einigungsstelle zwingend gehalten, die vom Personalrat verweigerte Zustimmung zu ersetzen. Der Beschluss der Einigungsstelle unterliege damit in tatsächlicher und rechtlicher Hinsicht zugleich der vollen gerichtlichen Überprüfung. Werde der Beschluss rechtskräftig für unwirksam erklärt oder aufgehoben, habe die Einigungsstelle dem Mitbestimmungsverfahren unter Vermeidung der gerichtlich festgestellten Rechtsfehler Fortgang zu geben (*BVerwG* 4.6.2010 ZTR 2010, 433). Diese Begründung hat das Bundesarbeitsgericht in einem ebenfalls das PersVG BE betreffenden Fall der Mitbestimmung bei außerordentlicher Kündigung übernommen (27.1.2011 EzA § 108 BPersVG Nr. 6). Die Argumentation erscheint jedoch problematisch, da die gerichtliche Überprüfbarkeit des Beschlusses der Einigungsstelle das Letztentscheidungsrecht eines dem Parlament verantwortlichen Entscheidungsträgers nicht hinreichend sicherstellen dürfte. Die Möglichkeit einer Überprüfung des Spruchs der Einigungsstelle war im Übrigen in § 88 MBG SH bereits vorgesehen, als die o.g. Entscheidung des BVerfG erging, änderte aber nichts am Verdikt der Verfassungswidrigkeit. Zudem geht allein mit der erheblichen Dauer des verwaltungsgerichtlichen Verfahrens eine wesentliche, verfassungsrechtlich wohl nicht mehr hinnehmbare Einschränkung des Entscheidungsrechts des Verwaltungsträgers einher, der auch im Obsiegensfall eine Kündigung erst mit uU mehrjähriger Verzögerung erklären kann. Es erscheint daher fraglich, ob die Normen derjenigen Länder, die nach wie vor ein Letztentscheidungsrecht der Einigungsstelle vorsehen, sofern sie nicht verfassungskonform ausgelegt werden können, vom BVerfG bei entsprechender Befassung (ein auf das damalige PersVG BB bezogener Normenkontrollantrag des LAG Berlin-Brandenburg scheiterte an der Darlegung der Entscheidungserheblichkeit, vgl. *BVerfG* 20.7.2001 AP Nr. 1 zu § 72 LPVG Brandenburg) als verfassungsgemäß angesehen würden. Für Maßnahmen nach dem SPersVG, die nach dem Gesetzestext der vollen Mitbestimmung unterliegen, verfassungsrechtlich aber nur einer eingeschränkten Mitbestimmung zugänglich sind, hat das BVerwG eine planwidrige Regelungslücke angenommen und diese in entsprechender Anwendung von § 75 Abs. 4 S. 1 SPersVG dahingehend geschlossen, dass die entsprechenden Beschlüsse der Einigungsstelle nur einen empfehlenden Charakter haben (*BVerwG* 15.7.2019 – 5 P 1/18, NZA-RR 2019, 602; ebenso *BVerwG* 18.5.2004 – 6 P 13/03 – zu § 79 Abs. 1 S. 1 Nr. 9 Alt. 1 PersVG BW und *BVerwG* 18.6.2002 – 6 P 12/01 – zu § 72 LPVG NRW).

II. Baden-Württemberg

74 Das PersVG BW ist mit Wirkung zum 1.1.2014 novelliert worden (s. *Kutzki* öAT 2014, 71; *Melzer* PersR 2014, 201; *Bieler* PersV 2014, 293; *Hauth* ZfPR 2014, 80). Bei allen außerordentlichen Kündigungen sowie Kündigungen in der Probezeit ist der Personalrat nur anzuhören (§ 87 Abs. 1 Nr. 9 LPVG BW). Bei ordentlichen Kündigungen besteht ein sog. eingeschränktes Mitbestimmungsrecht (§ 75 Abs. 1 Nr. 12 LPVG BW). Keine Beteiligung der Personalvertretungen findet bei ordentlichen Kündigungen von Arbeitnehmern statt, die auf einer den Beamten der Besoldungsgruppe A 16 und höher vergleichbaren Stelle beschäftigt werden. Bei den obersten Dienstbehörden des Landes gilt diese Ausnahmeregelung erst für der Besoldungsgruppe B 3 und höher vergleichbare Stellen.

75 Beantragt der Dienstherr im Rahmen der **eingeschränkten Mitbestimmung** die Zustimmung zur Kündigung, hat der Personalrat seinen Beschluss der Dienststelle innerhalb von drei Wochen mitzuteilen, § 76 Abs. 6 LPVG BW. Die Maßnahme gilt gem. § 76 Abs. 9 LPVG BW als gebilligt, wenn der Personalrat die Zustimmung nicht innerhalb der Frist unter Angabe der Gründe schriftlich verweigert oder die angeführten Gründe offenkundig keinen unmittelbaren Bezug zu den Mitbestimmungsangelegenheiten haben. Hat der Personalrat diese wirksam verweigert und kommt eine Einigung nicht zustande, ist im Stufenverfahren zwischen Dienststelle, übergeordneter Dienststelle bzw. oberster Dienstbehörde und der dort jeweils gebildeten Stufenvertretung eine Einigung zu versuchen (§ 77 LPVG BW). Ergibt sich zwischen der obersten Dienstbehörde und der bei ihr gebildeten zuständigen Personalvertretung keine Einigung, so kann jede Seite die Einigungsstelle anrufen (§ 78 Abs. 1 LPVG BW). Die Einigungsstelle beschließt, wenn sie sich nicht der Auffassung der obersten Dienstbehörde anschließt, eine Empfehlung an diese. Die oberste Dienstbehörde entscheidet sodann endgültig. Die Entscheidung ist zu begründen und der Einigungsstelle und den beteiligten Personalvertretungen bekanntzugeben (§ 78 Abs. 4 LPVG BW).

III. Bayern

76 Bayern sieht in Art. 77 Abs. 3 BayPVG für **außerordentliche Kündigungen** eine Anhörung des Personalrats vor. Auch für **ordentliche Kündigungen** hat Bayern eine mit §§ 85, 85 BPersVG im Wesentlichen übereinstimmende Regelung getroffen. Art. 75 Abs. 2 BayPVG enthält eine abschließende Aufzählung der Versagungsgründe, auf die sich der Personalrat stützen kann (**Versagungskatalog**). Durch die Verweisung in § 85 Abs. 1 S. 2 BPersVG auf § 78 Abs. 3 BPersVG wird für den Bund geregelt, für welche Personengruppen bei einer ordentlichen Kündigung keine Beteiligung des Personalrats erforderlich ist (vergleichbare Beamtenstellen von der Besoldungsgruppe A 16 an aufwärts). Bayern sieht in Art. 78 BayPVG weitergehende Ausnahmen von der Beteiligung des Personalrats vor (Lehrpersonen an bestimmten Einrichtungen, wissenschaftliches Personal an bestimmten Forschungsstätten, Mitglieder von Theatern und Orchestern, sonstige Bedienstete mit vorwiegend wissenschaftlicher oder künstlerischer Tätigkeit, leitende Arbeitnehmer). Bei der Beendigung des Arbeitsverhältnisses während der Probezeit ist der Personalrat nur anzuhören (Art. 77 Abs. 3 S. 1 BayPVG).

77 Gem. Art. 70 Abs. 1 S. 4, 72 Abs. 1 S. 3, 77 Abs. 1 S. 1 BayPVG soll die Mitbestimmung des Personalrats bei Gemeinden und Gemeindeverbänden, sonstigen Körperschaften, Anstalten und Stiftungen des öffentlichen Rechts erfolgen, bevor das zuständige Organ – zB der Gemeinderat – endgültig entscheidet. Der Beschluss des Personalrats ist dem zuständigen Organ zur Kenntnis zu bringen (Art. 70 Abs. 1 S. 5 BayPVG). Art. 70 Abs. 1 S. 4 BayPVG ist hingegen weder unmittelbar noch analog auf das Verfahren der Anhörung vor außerordentlichen Kündigungen anwendbar. Eine erst nach **Beschlussfassung des Gemeinderats** erfolgte Anhörung des Personalrats führt daher

nicht zur Unwirksamkeit der anschließend ausgesprochenen außerordentlichen Kündigung (*BAG* 21.2.2013 EzA § 626 BGB 2002 Ausschlussfrist Nr. 3).

IV. Berlin

Nach § 87 Nr. 8 PersVG BE bestimmt der Personalrat bei **allen Kündigungen**, dh sowohl bei außerordentlichen als auch ordentlichen Kündigungen einschließlich Probezeitkündigungen mit. Das Mitbestimmungsrecht entfällt (mit Ausnahme des Schuldienstes an der Berliner Schule) für Stellen ab Besoldungsgruppe 16 der Besoldungsordnung A, für Arbeitsgebiete der Vergütungsgruppe I BAT oder vergleichbare Arbeitsgebiete, für Dienstkräfte, die zu selbständigen Entscheidungen in Personalangelegenheiten von nicht untergeordneter Bedeutung befugt sind, ferner für personalrechtliche Entscheidungen, die Schulaufsichtsbeamte, Dirigierende Ärzte (Chefärzte) sowie die Arbeitnehmer an Bühnen betreffen, mit denen ein festes Gehalt (Gage) auf Grund eines Normalvertrags vereinbart ist (§ 89 Abs. 2, Abs. 3 iVm § 13 Abs. 3 Nr. 2 PersVG BE). Bei Kündigungen gegenüber Dienstkräften mit vorwiegend wissenschaftlicher oder künstlerischer Tätigkeit tritt an die Stelle des Mitbestimmungsrechts ein Mitwirkungsrecht des Personalrats (§ 89 Abs. 1 PersVG BE).

Kommt bei einer mitbestimmungspflichtigen Kündigung eine Einigung zwischen der zuständigen Dienstbehörde und der ihr zugeordneten Personalvertretung nicht zustande, entscheidet zunächst nach Verhandlung mit dem Hauptpersonalrat bzw. Gesamtpersonalrat der zuständige Dienststellenleiter (§ 80 PersVG BE). Gegen dessen Entscheidung kann der Hauptpersonalrat auf Antrag der zuständigen Personalvertretung die **Einigungsstelle** anrufen (§ 81 Abs. 1 PersVG BE). Diese entscheidet nach § 83 Abs. 3 PersVG BE **verbindlich**. Zu den verfassungsrechtlichen Bedenken an der Wirksamkeit dieser Regelung vgl. Rdn 73. Das Verfahren der Mitwirkung ist in § 84 PersVG BE geregelt. Die Dienststelle hat die beabsichtigte Maßnahme vor der Durchführung mit dem Ziele einer Verständigung rechtzeitig und eingehend mit der Personalvertretung zu erörtern. Äußert sich die Personalvertretung nicht innerhalb von zwei Wochen oder hält sie bei Erörterung ihre Einwendungen oder Vorschläge nicht aufrecht, so gilt die beabsichtigte Maßnahme als gebilligt (§ 84 Abs. 2 PersVG BE).

Verweigert der Personalrat vor Ausspruch einer Probezeitkündigung die erforderliche Zustimmung und sind die von ihm hierbei für die Zustimmungsverweigerung angeführten Gründe nach den von der Rspr. aufgestellten Grundsätzen (Rdn 39) rechtlich unbeachtlich, kann die Kündigung erst nach Ablauf der gesetzlichen Äußerungsfrist wirksam erfolgen (*BAG* 19.11.2009 EzA § 108 BPersVG Nr. 3). Die Darlegung einer Rechtsauffassung oder der Vortrag von Tatsachen seitens des Personalrats ist dann, wenn sich daraus ersichtlich, dh von vornherein und eindeutig, keiner der gesetzlichen Verweigerungsgründe ergeben kann, deren Vorliegen also nach keiner vertretbaren Betrachtungsweise als möglich erscheint, **unbeachtlich** (*OVG Bln.-Bra.* 13.6.2013 PersR 2013, 513). Sie kann nach Auffassung des Gerichts nicht anders behandelt werden als das Fehlen einer Begründung, bei der die Zustimmung nach st. Rspr. als erteilt gilt.

V. Brandenburg

Das brandenburgische Personalvertretungsrecht (zur Novellierung 2014 *Eylert* ZTR 2014, 642; *Förster* PersV 2014, 324) sieht in § 68 Abs. 1 Nr. 2 PersVG BB bei **außerordentlichen Kündigungen** eine Mitwirkung des Personalrats vor. Bei **ordentlichen Kündigungen** einschließlich Änderungskündigungen hat der Personalrat gem. § 63 Abs. 1 Nr. 17 PersVG BB ein Mitbestimmungsrecht. Diese Mitbestimmung entfällt bei personellen Maßnahmen für Arbeitnehmer, die Beamten der Besoldungsgruppe A 16 und höher vergleichbar beschäftigt werden. Bei Leitern öffentlicher Schulen bleibt das Mitbestimmungsrecht jedoch bestehen (§ 62 Abs. 5 PersVG BB). Erfolgt die Kündigung während der Probezeit, ist nur ein Mitwirkungsrecht gegeben (§ 68 Abs. 1 Nr. 2 PersVG BB).

§ 61 PersVG BB regelt für das Mitbestimmungsverfahren, dass die Dienststelle mit dem Personalrat und die übergeordnete Dienststelle und oberste Dienstbehörde mit der jeweils zuständigen Stufen- bzw. Personalvertretung eine Einigung versuchen sollen. Kommt zwischen der Leitung der obersten

Dienstbehörde und der bei ihr bestehenden zuständigen Personalvertretung eine Einigung nicht zustande, so kann die Leitung der obersten Dienstbehörde die Einigungsstelle anrufen (§ 61 Abs. 7 S. 1 PersVG BB). Die **Einigungsstelle** beschließt jedoch nach der Novellierung in Angelegenheiten, die Kündigungen betreffen, nur noch eine **Empfehlung** an die oberste Dienstbehörde, die sodann endgültig entscheidet (§ 72 Abs. 4, 5 PersVG BB). Zur Mitwirkung gehört die Erörterung der Angelegenheit mit dem Personalrat, die Möglichkeit der Erhebung von Einwendungen durch den Personalrat und die Einschaltung einer übergeordneten Dienststelle durch den Personalrat, falls die Dienststelle den Einwendungen des Personalrats nicht entspricht. Die übergeordnete Dienststelle entscheidet dann endgültig nach einer Erörterung mit der bei ihr bestehenden Stufenvertretung (§ 67 PersVG BB).

VI. Bremen

83 In Bremen besteht nach § 65 Abs. 1 Buchst. c PersVG BR bei allen Kündigungen, also außerordentlichen, ordentlichen und Probezeit-Kündigungen, von Arbeitnehmern ein Mitbestimmungsrecht des Personalrats. Nur bei – ordentlichen und außerordentlichen – Kündigungen gegenüber dem Leiter einer Dienststelle, seines ständigen Vertreters oder der Mitglieder des für die Leitung zuständigen Organs entfällt das Mitbestimmungsrecht des Personalrats (§ 65 Abs. 2 iVm § 66 Abs. 1 Buchst. d PersVG BR). Kommt es bei einer mitbestimmungspflichtigen Kündigung zwischen dem Personalrat und der zur Entscheidung befugten Stelle zu keiner Einigung, entscheidet die Schlichtungsstelle (§ 59 PersVG BR) oder, falls hier keine Einigung erzielt wird, die **Einigungsstelle** (§ 61 PersVG BR) **verbindlich**. Zu den verfassungsrechtlichen Bedenken an der Wirksamkeit dieser Regelung vgl. Rdn 73.

84 Das Mitbestimmungsverfahren gem. §§ 58 ff. PersVG BR findet bereits mit der Beschlussfassung der Einigungsstelle seinen Abschluss. Eine Kündigung kann – auch wenn eine Begründung des Beschlusses der Einigungsstelle gesetzlich vorgeschrieben ist – ausgesprochen werden, sobald der die Zustimmung des Personalrats ersetzende Spruch der Einigungsstelle vorliegt. Auf die Zustellung des Beschlusses kommt es nicht an (*BAG* 26.9.2013 EzA § 108 BPersVG Nr. 9).

VII. Hamburg

85 Das HmbPersVG ist **zum 1.9.2014 novelliert** worden (zur Novelle *Sievers* PersR 2014, 24). Inhaltliche Änderungen im Hinblick auf Beteiligungsrechte der Personalvertretung bei Kündigungen ergeben sich nicht. Vor der außerordentlichen Kündigung eines Arbeitnehmers ist der Personalrat anzuhören. Die Anhörung ist wie in § 79 Abs. 3 BPersVG ausgestaltet (§ 88 Abs. 4 S. 1–3 HmbPersVG). Für die außerordentliche Kündigung eines **tariflich ordentlich unkündbaren Arbeitnehmers** ist jedoch ausdrücklich normiert, dass eine Mitbestimmung wie bei einer ordentlichen Kündigung stattfindet, wenn bei ordentlicher Kündbarkeit lediglich eine ordentliche Kündigung gerechtfertigt wäre (§ 88 Abs. 4 S. 4 HmbPersVG). Bei ordentlichen Kündigungen durch die Dienststelle hat der Personalrat ein Mitbestimmungsrecht (§ 88 Abs. 1 Nr. 14 HmbPersVG). § 80 Abs. 6 HmbPersVG enthält eine abschließende Aufzählung der Versagungsgründe, auf die sich der Personalrat stützen kann (**Versagungskatalog**). Bei Kündigungen, die zur Beendigung des Arbeitsverhältnisses während der Probezeit führen, ist der Personalrat nur anzuhören, § 88 Abs. 4 S. 1 HmbPersVG.

86 Das Mitbestimmungsrecht des Personalrats bei ordentlichen Kündigungen entfällt für Arbeitnehmer, die auf mit Beamtenstellen der Bundesbesoldungsordnung B oder der Landesbesoldungsordnung B vergleichbaren Stellen beschäftigt werden, den Präsidenten der Hochschule der Polizei Hamburg, den Leiter der Norddeutschen Akademie für Finanzen und Steuerrecht Hamburg sowie für Arbeitnehmer mit Generalvollmacht oder Prokura für selbstständige Betriebseinheiten juristischer Personen des öffentlichen Rechts, die Personalangelegenheiten nicht als staatliche Auftragsangelegenheiten wahrnehmen (§ 89 Abs. 2 Nr. 1, 3–5 HmbPersVG). Für den Dienststellenleiter und seinen Vertreter sowie für Arbeitnehmer, die zu selbstständigen Entscheidungen in Angelegenheiten

der Dienststelle iSd § 88 Abs. 1 Nr. 1–27 und Abs. 3 HmbPersVG befugt sind, gilt das Mitbestimmungsrecht des Personalrats nur auf ihren Antrag (§ 89 Abs. 1 HmbPersVG).

Kommt es bei einer mitbestimmungspflichtigen Kündigung nicht zu einer Einigung zwischen Dienststelle und Personalrat, kann nach § 81 HmbPersVG die Schlichtungsstelle angerufen werden, soweit eine Schlichtungsstelle gebildet ist. Scheitert der Schlichtungsversuch oder besteht keine Schlichtungsstelle, kann die **Einigungsstelle** angerufen werden, die eine **Empfehlung** an den Senat beschließt, der dann endgültig entscheidet (§ 82 Abs. 7 S. 1–2 HmbPersVG). 87

VIII. Hessen

Vor außerordentlichen Kündigungen ist nach dem HPVG der Personalrat anzuhören. Das Anhörungsverfahren ist wie in § 86 BPersVG ausgestaltet (§ 78 Abs. 2 HPVG). Eine Zuständigkeit des Gesamtpersonalrats kommt nicht in Betracht (*BAG* 27.1.2011 EzA § 626 BGB 2002 Verdacht strafbarer Handlung Nr. 10). Bei einer ordentlichen Kündigung des Arbeitsverhältnisses außerhalb der Probezeit bestimmt der Personalrat nach § 77 Abs. 1 Nr. 2 Buchst. i HPVG mit. § 77 Abs. 4 HPVG enthält eine abschließende Aufzählung der Versagungsgründe, auf die sich der Personalrat stützen kann (**Versagungskatalog**). Die Mitbestimmungs- und Anhörungsrechte des Personalrats bei ordentlicher und außerordentlicher Kündigung entfallen für mit Beamten auf Probe vergleichbaren Angestellten, für den Präsidenten, den Vizepräsidenten und die Mitglieder des Rechnungshofs sowie den Datenschutzbeauftragten, für Angestellte in Stellungen, die Beamtenstellen der Besoldungsgruppe A 16 und höher entsprechen, für Dienststellenleiter, für Amtsleiter und den Amtsleitern vergleichbare Funktionsstellen sowie Leiter von allgemeinbildenden und beruflichen Schulen und von Schulen für Erwachsene, ferner für leitende Ärzte an Krankenhäusern, Sanatorien und Heilanstalten sowie für Verwaltungsdirektoren an Universitätskliniken (§ 79 Nr. 1 Buchst. a–e HPVG). Vor Kündigungen in der Probezeit hat nur eine Anhörung des Personalrats stattzufinden (§ 78 Abs. 2 HPVG). 88

Der Ablauf des Mitbestimmungsverfahrens ist in §§ 69 ff. HPVG geregelt. Kommt zwischen der Dienststelle und dem Personalrat, der übergeordneten Dienststelle und der bei ihr gebildeten Stufenvertretung und der obersten Dienstbehörde und dem Hauptpersonalrat keine Einigung zustande, kann die **Einigungsstelle** angerufen werden, die ihre Entscheidung als **Empfehlung** an die oberste Dienstbehörde trifft (§ 71 Abs. 4 S. 2 HPVG). 89

IX. Mecklenburg-Vorpommern

Das PersVG MV ordnet in § 68 Abs. 1 Nr. 2 eine Mitbestimmung der Personalvertretung bei außerordentlichen, ordentlichen und Probezeitkündigungen an. § 68 Abs. 5 PersVG MV enthält eine abschließende Aufzählung der Versagungsgründe, auf die sich der Personalrat stützen kann (**Versagungskatalog**). Zwar sind insbesondere die Regelungen der §§ 68 Abs. 5 S. 2 und 68 Abs. 6 PersVG MV schwer in die Systematik des (echten) Mitbestimmungsverfahrens einzugliedern, sie könnten eher zum anders ausgestalteten Mitwirkungsverfahren passen. Aus dem Umstand, dass § 68 PersVG MV seit seiner Neufassung eindeutig auf das Mitbestimmungsverfahren Bezug nimmt, ist jedoch zu schließen, dass der Gesetzgeber die genannten Inkohärenzen der von ihm geschaffenen Rechtslage bewusst in Kauf nimmt. Auch für ordentliche Kündigungen ist deshalb von **einem Mitbestimmungsrecht, nicht nur bloßen Mitwirkungsrecht**, des Personalrats auszugehen (*BAG* 23.6.2009 EzA § 1 KSchG Verhaltensbedingte Kündigung Nr. 76; aA noch *LAG MV* 30.5.2008 LAGE § 1 KSchG Verhaltensbedingte Kündigung Nr. 101). 90

Bei Arbeitnehmern, die auf mit Beamtenstellen von der Besoldungsgruppe A 16 an aufwärts vergleichbaren Stellen beschäftigt werden, hat der Personalrat jedoch kein Mitbestimmungsrecht (§ 68 Abs. 4 PersVG MV). **§ 68 Abs. 4 PersVG MV verstößt nicht gegen § 128 BPersVG** (*BAG* 29.9.2011 EzA § 2 KSchG Nr. 82). Der Landesgesetzgeber ist frei zu regeln, für welche Gruppen von Beschäftigten besondere Bestimmungen gelten, welche Angelegenheiten im Einzelnen der Beteiligung der Personalvertretung unterliegen und in welcher Form die Beteiligung erfolgen soll. 91

Weder der Kreis der Angelegenheiten, in denen die Personalvertretung zu beteiligen ist, noch Inhalt und Umfang der Beteiligungsrechte für bestimmte Angelegenheiten sind bundesrechtlich verbindlich festgelegt (*BVerfG* 27.3.1979 AP Nr. 1 zu § 108 BPersVG).

92 Kommt zwischen den zuständigen Stellen auf Seiten des Arbeitgebers und auf Seiten der Personalvertretung keine Einigung zustande, kann die **Einigungsstelle** angerufen werden. Die Einigungsstelle entscheidet durch Beschluss (§ 64 Abs. 2 S. 1 PersVG MV), der nach § 64 Abs. 3 PersVG MV **bindend** ist. Zu den verfassungsrechtlichen Bedenken an der Wirksamkeit dieser Regelung vgl. Rdn 73. Mit der Beschlussfassung durch die Einigungsstelle findet das personalvertretungsrechtliche Beteiligungsverfahren sein Ende. Die Bestimmungen des PersVG MV verlangen nicht, dass der Dienstherr vor einer Erklärung der Kündigung die Zuleitung des vom Vorsitzenden schriftlich begründeten und unterschriebenen Beschlusses der Einigungsstelle abwartet (*BAG* 23.1.2014 EzA § 108 BPersVG Nr. 10).

X. Niedersachsen

93 Das Niedersächsische Personalvertretungsgesetz (NPersVG) ist zuletzt mit Wirkung zum 1.1.2016 novelliert worden (s. iE *Dierssen* PersR 2016, 29). Bei **außerordentlichen Kündigungen sowie Kündigungen in der Probezeit** ist das **Benehmen** mit dem Personalrat herzustellen (§ 75 Abs. 1 Nr. 3 NPersVG), dh, es ist keine bloße Anhörung vorzunehmen, sondern ein Verfahren zu durchlaufen, das dem im BPersVG **für ordentliche Kündigungen** vorgesehenen **Mitwirkungsverfahren** gleichkommt. **Vor Ausspruch der außerordentlichen Kündigung** ist dem Personalrat **Gelegenheit zur Stellungnahme** zu geben (§ 76 Abs. 1 S. 1 NPersVG). Der Personalrat kann innerhalb einer Woche Stellung beziehen, wobei er auch verlangen kann, dass die Dienststelle die beabsichtigte Kündigung schriftlich begründet oder mit ihm erörtert (§ 76 Abs. 1 S. 2 iVm § 68 Abs. 2 S. 2 NPersVG). Die Dienststelle kann die Wochenfrist in dringenden Fällen auf drei Tage abkürzen (§ 76 Abs. 2 S. 2 NPersVG). Entspricht die Dienststelle Einwendungen des Personalrats nicht oder nicht im vollen Umfang, so teilt sie ihm ihre Entscheidung unter Angabe von Gründen schriftlich mit (§ 76 Abs. 3 NPersVG). Bei **ordentlichen Kündigungen einschließlich Änderungskündigungen** räumt § 65 Abs. 2 Nr. 10 NPersVG dem Personalrat ein Mitbestimmungsrecht ein. Statt einer Mitbestimmung ist bei Beschäftigten, soweit Stellen mit Vergütungs- oder Entgeltgruppen betroffen sind, die der Besoldungsgruppe A 16 und der Besoldungsordnung B entsprechen (§ 65 Abs. 3 Nr. 1 NPersVG), bei Dienststellenleitern und deren ständigen Vertretern sowie bei Beschäftigten, die in Personalangelegenheiten der Dienststelle entscheiden (§ 65 Abs. 3 Nr. 2 NPersVG), ferner bei Beschäftigten, die nach Umfang und Gewicht ihres Aufgabenbereichs überwiegend künstlerisch oder wissenschaftlich tätig sind, sofern für deren Beschäftigung die Beurteilung der künstlerischen oder wissenschaftlichen Befähigung entscheidend ist (§ 65 Abs. 3 Nr. 3 NPersVG), nur das Benehmen mit dem Personalrat herzustellen (§ 75 Abs. 1 Nr. 1 NPersVG), wobei in solchen Fällen § 76 Abs. 4 NPersVG zur Anwendung gelangt (Zwei-Wochen-Frist, Antrag auf Entscheidung der übergeordneten Dienststelle ist möglich).

94 Das Mitbestimmungsverfahren wird wie folgt durchgeführt: Nach Unterrichtung durch die Dienststelle ist der Beschluss des Personalrats der Dienststelle innerhalb von zwei Wochen mitzuteilen (§ 68 Abs. 2 S. 3 NPersVG). Die Zustimmung des Personalrats gilt als erteilt, wenn der Personalrat sie nicht innerhalb der Frist schriftlich unter Angabe von Gründen verweigert (§ 68 Abs. 2 S. 6 NPersVG). Die Erklärung des Personalrats, er werde zum Antrag auf Zustimmung zur Kündigung des Arbeitnehmers keine Stellung nehmen, bewirkt nicht den vorzeitigen Eintritt der Zustimmungsfiktion (*BAG* 28.1.2010 EzA § 108 BPersVG Nr. 4 = ZfPR 2010, 101 m. zust. Anm. *Ilbertz*). Einigen sich Dienststelle und Personalrat bzw. die übergeordnete Dienststelle und die oberste Dienstbehörde und die bei ihnen gebildeten Stufenvertretungen nicht, kann die **Einigungsstelle** angerufen werden, die durch Beschluss eine **Empfehlung** an die oberste Dienstbehörde ausspricht. Diese entscheidet sodann endgültig (§ 72 Abs. 4 NPersVG).

XI. Nordrhein-Westfalen

95 Bei **außerordentlichen Kündigungen** ist der Personalrat unter vollständiger Angabe der Kündigungsgründe anzuhören (§ 74 Abs. 2 LPVG NRW). Einwendungen gegen die Kündigung hat er der

Dienststelle binnen drei Arbeitstagen schriftlich zur Kenntnis zu bringen (§ 74 Abs. 6 LPVG NRW). **Bei ordentlichen Kündigungen** hat der Personalrat nach § 74 Abs. 1 LPVG NRW mitzubestimmen. **Vor Kündigungen in der Probezeit** ist der Personalrat nur anzuhören (§ 74 Abs. 2 LPVG NRW).

Das **Mitbestimmungsrecht bei ordentlichen Kündigungen** entfällt für Stellen der Abteilungsleitung der Generalstaatsanwaltschaften, für Arbeitnehmerinnen und Arbeitnehmer, die ein der Besoldungsgruppe B 3 an aufwärts vergleichbares Entgelt erhalten, für überwiegend und unmittelbar künstlerisch tätige Beschäftigte an Theatern, die unter den Geltungsbereich des Normalvertrages (NV) Bühne fallen sowie für Leiterinnen und Leiter von öffentlichen Betrieben in den Gemeinden, den Gemeindeverbänden und den sonstigen der Aufsicht des Landes unterstehenden Körperschaften, Anstalten und Stiftungen des öffentlichen Rechts (§ 74 Abs. 1 S. 2 iVm § 72 Abs. 1 S. 2 Hs. 2 Nr. 2, 3 und 5 LPVG NRW). Für Dozentinnen und Dozenten nach dem Fachhochschulgesetz öffentlicher Dienst sowie für bestimmte Beschäftigte in hervorgehobenen Positionen, die in § 8 Abs. 1 – 3 und § 11 Abs. 2b LPVG NRW aufgeführt sind, gilt das Mitbestimmungsrecht des Personalrats nur, wenn sie die Mitbestimmung beantragen. 96

Der Ablauf des Mitbestimmungsverfahrens wird in § 66 LPVG NRW detailliert geregelt. Kommt eine Einigung zwischen den zuständigen Dienststellen und Personalvertretungen nicht zustande, kann die **Einigungsstelle** angerufen werden (§ 66 Abs. 7 S. 1 LPVG NRW). Die Einigungsstelle beschließt eine **Empfehlung** an die nach § 68 LPVG NRW endgültig entscheidende Stelle (§ 66 Abs. 7 S. 3 LPVG NRW). 97

XII. Rheinland-Pfalz

Vor fristlosen Entlassungen und außerordentlichen Kündigungen ist der Personalrat gem. § 83 Abs. 3 LPersVG RP anzuhören. Bedenken hat der Personalrat der Dienststellenleitung unverzüglich, spätestens innerhalb von vier Werktagen, schriftlich unter Angabe der Gründe mitzuteilen (§ 83 Abs. 3 S. 3 LPersVG RP). **Bei ordentlichen Kündigungen einschließlich Probezeitkündigungen** besteht gem. § 83 Abs. 1 S. 1 LPersVG RP ein Mitwirkungsrecht des Betriebsrats. § 83 Abs. 1 S. 3 LPersVG RP enthält eine abschließende Aufzählung der Versagungsgründe, auf die sich der Personalrat stützen kann (**Versagungskatalog**). 98

Bei der ordentlichen Kündigung von Angestellten in Funktionen, die in § 41 Abs. 1 LBG RP aufgeführt sind, hat der Personalrat nicht mitzuwirken (§ 83 Abs. 1 S. 2 iVm § 81 S. 3 LPersVG RP). Ferner ist bei der ordentlichen Kündigung bestimmter Mitarbeiter in höheren Funktionen sowie bei der Kündigung Beschäftigter mit überwiegend wissenschaftlicher oder künstlerischer Tätigkeit der Personalrat nur zu beteiligen, wenn diese Personen es beantragen, wobei sie rechtzeitig vor der Kündigung auf ihr Antragsrecht hinzuweisen sind (§ 83 Abs. 1 S. 2 iVm § 81 S. 1 und 2 LPersVG RP). 99

Das **Verfahren der Mitwirkung** ist in § 82 LPersVG RP geregelt und entspricht weitgehend der Regelung in § 85 BPersVG. Die Dienststelle hat die beabsichtigte Maßnahme vor der Durchführung mit dem Ziel einer Verständigung rechtzeitig und eingehend mit dem Personalrat zu erörtern. Äußert sich der Personalrat nicht innerhalb von zehn Werktagen oder hält er bei Erörterung seine Einwendungen oder Vorschläge nicht aufrecht, so gilt die beabsichtigte Maßnahme als gebilligt. Erhebt der Personalrat Einwendungen, so hat er dem Leiter der Dienststelle die Gründe schriftlich mitzuteilen (§ 82 Abs. 2 LPersVG RP). Der Personalrat einer nachgeordneten Dienststelle kann, wenn seinen Einwendungen nicht entsprochen wird, die Angelegenheit binnen vier Werktagen nach Zugang der Mitteilung auf dem Dienstweg den übergeordneten Dienststellen, bei denen Stufenvertretungen bestehen, mit dem Antrag auf Entscheidung vorlegen. Diese entscheiden nach Verhandlung mit der bei ihnen bestehenden Stufenvertretung (§ 82 Abs. 4 LPersVG RP). Die oberste Dienstbehörde entscheidet dementsprechend letztverbindlich. 100

XIII. Saarland

Vor einer außerordentlichen Kündigung des Arbeitsverhältnisses ist der Personalrat anzuhören (§ 80 Abs. 3 SPersVG). **Bei ordentlichen Kündigungen** – ausgenommen bei Beendigung des 101

§§ 81–83, 85, 86, 128 BPersVG   Beteiligung bei Kündigungen

Arbeitsverhältnisses während der Probezeit (arg. § 80 Abs. 3 SPersVG) – steht dem Personalrat ein Mitbestimmungsrecht zu (§ 80 Abs. 1b Nr. 10 SPersVG). **Mitbestimmungs- und Anhörungsrecht entfallen** bei Kündigungen gegenüber dem Dienststellenleiter und seinem ständigen Vertreter, bei der obersten Dienstbehörde und der Mittelbehörde auch für den Leiter der Personalabteilung, bei der Vollzugspolizei auch für den Leiter der zuständigen Abteilung, soweit diese zu selbständigen Entscheidungen in Personalangelegenheiten der Dienststelle befugt sind (§ 81 Abs. 1 Buchst. a iVm § 7 SPersVG). Bei Beschäftigten mit vorwiegend wissenschaftlicher oder künstlerischer Tätigkeit und bei Angestellten, die auf Beamtenstellen der Besoldungsgruppe A 16 oder der Besoldungsordnung B vergleichbaren tariflichen oder außertariflichen Arbeitnehmerstellen beschäftigt werden, hat der Personalrat nur dann ein Mitbestimmungs- bzw. Anhörungsrecht, wenn die Betroffenen dies beantragen (§ 81 Abs. 2 SPersVG). Vor einer Kündigung, die zur Beendigung des Arbeitsverhältnisses während der **Probezeit** führt, ist der Personalrat nur anzuhören.

102 Das **Verfahren bei der Mitbestimmung** regelt § 73 SPersVG. Zunächst ist zwischen der Dienststelle und dem Personalrat bzw. zwischen der übergeordneten Dienststelle, der obersten Dienstbehörde und der jeweils zuständigen Stufenvertretung zu versuchen, eine Einigung herbeizuführen. Wird hierbei eine Einigung nicht erzielt, entscheidet auf Antrag des Leiters der obersten Dienstbehörde oder des zuständigen Hauptpersonalrats die **Einigungsstelle** (§ 73 Abs. 5 S. 2 SPersVG). Das Verfahren vor der Einigungsstelle ist in § 75 SPersVG geregelt. Der Beschluss der **Einigungsstelle** ist für die Beteiligten **verbindlich** (§ 75 Abs. 3 S. 7 SPersVG). Zu den verfassungsrechtlichen Bedenken an der Wirksamkeit dieser Regelung vgl. Rdn 73.

XIV. Sachsen

103 Das SächsPersVG wurde durch Gesetz vom 29.8.2018 mit Wirkung zum 1.1.2018 neu gefasst. Die Mitwirkungsrechte des Personalrats bei Kündigungen haben sich aber nicht verändert. Diese sind in § 78 und § 73 Abs. 6 SächsPersVG ebenso geregelt wie in §§ 85, 86 BPersVG, mit folgender Ausnahme: Bei ordentlichen Kündigungen während der **Probezeit** entfällt das Mitwirkungsrecht des Personalrats; vielmehr ist der Personalrat in diesen Fällen wie bei außerordentlichen Kündigungen nur anzuhören (§ 73 Abs. 6 SächsPersVG).

XV. Sachsen-Anhalt

104 Vor einer **außerordentlichen Kündigung** des Arbeitsverhältnisses ist der Personalrat anzuhören. Die Anhörung ist wie in § 86 BPersVG ausgestaltet mit der Einschränkung, dass der Personalrat Bedenken nicht schriftlich oder elektronisch mitteilen muss, sie somit auch mündlich geltend machen kann (§ 67 Abs. 2 PersVG LSA). **Bei ordentlichen Kündigungen** bestimmt der Personalrat mit (§ 67 Abs. 1 Nr. 8 PersVG LSA). Das Mitbestimmungsrecht des Personalrats entfällt für die Dienststellenleitung und ihre ständige Vertretung sowie für Beschäftigte, die zu selbständigen Entscheidungen in Personalangelegenheiten der Dienststelle befugt sind (§ 68 Abs. 1 Nr. 1 iVm § 7 PersVG LSA), ferner für Arbeitnehmer, die entsprechend der Besoldungsgruppe A 16 und höher eingruppiert sind (§ 68 Abs. 3 PersVG LSA). Vor einer Kündigung während der Probezeit ist der Personalrat nur anzuhören.

105 Der Ablauf des Mitbestimmungsverfahrens ist in §§ 61 ff. PersVG LSA geregelt. Zunächst ist zwischen der Dienststelle und dem Personalrat bzw. der übergeordneten Dienststelle, der obersten Dienstbehörde und der jeweils zuständigen Stufenvertretung zu versuchen, eine Einigung herbeizuführen. Einigen sich die zuständigen Stellen nicht, kann die **Einigungsstelle** angerufen werden, die eine **Empfehlung** abgibt. Anschließend entscheidet die Leitung der obersten Dienstbehörde (§ 62 Abs. 7 PersVG LSA).

XVI. Schleswig-Holstein

106 Der **Personalrat bestimmt bei außerordentlichen, ordentlichen und Probezeitkündigungen mit** (§ 51 Abs. 1 S. 1 MBG SH). Das Mitbestimmungsrecht des Personalrats bei Kündigungen **entfällt** für Angestellte, die mit Beamten der Besoldungsordnung B vergleichbar sind (§ 51 Abs. 6

MBG SH). Geht es um eine Kündigung gegenüber der Dienststellenleitung oder ihrer ständigen Vertretung oder gegenüber Beschäftigten, die zu Einstellungen, Entlassungen oder sonstigen Entscheidungen, die den Status der Beschäftigten verändern, befugt sind, bestimmt der Personalrat nur auf Antrag der Betroffenen mit. Die Betroffenen sind von der beabsichtigten Kündigung rechtzeitig vorher in Kenntnis zu setzen und auf ihr Antragsrecht hinzuweisen (§ 51 Abs. 4 iVm § 12 Abs. 3 S. 1 MBG SH).

Das **Mitbestimmungsverfahren** ist in § 52 MBG SH geregelt. Zunächst haben Dienststelle und Personalrat bzw. übergeordnete Dienststelle, oberste Dienstbehörde und die jeweils bei ihr gebildete Stufenvertretung zu versuchen, eine Einigung herbeizuführen. Kommt zwischen der Leitung der obersten Dienstbehörde und der bei ihr bestehenden zuständigen Personalvertretung eine Einigung nicht zustande, kann die Leitung der obersten Dienstbehörde oder die bei ihr bestehende zuständige Personalvertretung innerhalb von zehn Arbeitstagen die Einigungsstelle anrufen (§ 52 Abs. 5 S. 1 MBG SH). Die **Einigungsstelle** beschließt eine **Empfehlung** an die zuständige Dienststelle. Diese entscheidet sodann endgültig (§ 54 Abs. 4 S. 4 MBG SH). 107

XVII. Thüringen

Das ThürPersVG ist mit Wirkung zum 8.6.2019 novelliert worden. **Vor außerordentlichen Kündigungen** ist der Personalrat lediglich anzuhören (§ 78 Abs. 3 ThürPersVG). § 78 Abs. 1 ThürPersVG sieht **bei ordentlichen Kündigungen** ein Mitbestimmungsrecht des Personalrats vor. Das gilt auch für **Probezeitkündigungen**. § 78 Abs. 1 ThürPersVG enthält eine abschließende Aufzählung der Versagungsgründe, auf die sich der Personalrat stützen kann (**Versagungskatalog**). Anders als in § 85 Abs. 1 S. 4 BPersVG schreibt § 78 Abs. 1 S. 3 ThürPersVG bei Einwänden des Personalrats gegen eine ordentliche Kündigung ohne Einschränkungen vor, dass dem Arbeitnehmer mit der Kündigung eine Abschrift der Stellungnahme des Personalrats zuzuleiten ist, also auch dann, wenn die Stufenvertretung die Einwände nicht aufrechterhalten hat. 108

Die Vorschrift des § 78 ThürPersVG über die Mitbestimmung bei ordentlichen und die Anhörung bei außerordentlichen Kündigungen findet keine Anwendung auf Arbeitnehmer in Entgeltgruppen, die der Besoldungsgruppe A 16 und höher entsprechen (§ 69 Abs. 5 ThürPersVG). Für Dienststellenleiter und ihre ständigen Vertreter, für Beschäftigte, die zu Einstellungen, Entlassungen oder sonstigen Entscheidungen, den Status der Beschäftigten verändern, befugt sind, sowie für Beschäftigte, die in Gemeinden, Gemeindeverbänden und Landkreisen dem in ihrer Verfassung vorgesehenen obersten Organ angehören, gilt § 78 ThürPersVG **bei ordentlichen Kündigungen** nur, wenn sie es **beantragen** (§ 69 Abs. 3 iVm § 14 Abs. 2 Nr. 2 ThürPersVG). Bei **außerordentlichen Kündigungen** gilt hingegen für diesen Personenkreis § 78 Abs. 3 ThürPersVG **uneingeschränkt** (arg. § 78 Abs. 3 S. 4 ThürPersVG, der nur § 69 Abs. 5 S. 1 für entsprechend anwendbar erklärt). 109

Das Verfahren der Mitbestimmung ist in § 69a ThürPersVG geregelt. Zunächst haben Dienststelle und Personalrat bzw. übergeordnete Dienststelle, oberste Dienstbehörde und die jeweils bei ihr gebildete Stufenvertretung zu versuchen, eine Einigung herbeizuführen. Kommt eine Einigung nicht zustande, kann der Leiter der obersten Dienstbehörde oder der Hauptpersonalrat die Einigungsstelle anrufen. Die Anrufung soll innerhalb von zehn Arbeitstagen erfolgen. Das Verfahren vor der **Einigungsstelle** regelt § 71 ThürPersVG. Im Falle der Mitbestimmung bei ordentlichen Kündigungen beschließt die Einigungsstelle, wenn sie sich nicht der Auffassung der obersten Dienstbehörde anschließt, eine **Empfehlung** an diese. Die oberste Dienstbehörde entscheidet sodann letztverbindlich. 110

Einkommensteuergesetz – EStG – 24 Nr. 1a bis c, 34 Abs. 1 und 2

In der Fassung der Bekanntmachung vom 8. Oktober 2009 (BGBl. I S. 3366).

Zuletzt geändert durch Gesetz zur Modernisierung der Entlastung von Abzugsteuern und der Bescheinigung der Kapitalertragsteuer (Abzugsteuerentlastungsmodernisierungsgesetz – AbzStEntModG) vom 2. Juni 2021(BGBl. I S. 1259).

– Auszug –

§ 24 EStG Entschädigungen

(1) Zu den Einkünften im Sinne des § 2 Abs. 1 gehören auch
1. Entschädigungen, die gewährt worden sind
   a) als Ersatz für entgangene oder entgehende Einnahmen oder
   b) für die Aufgabe oder Nichtausübung einer Tätigkeit, für die Aufgabe einer Gewinnbeteiligung oder einer Anwartschaft auf eine solche;
   c) als Ausgleichzahlungen an Handelsvertreter nach § 89b des Handelsgesetzbuchs;
...

§ 34 EStG Außerordentliche Einkünfte

(1) ¹Sind in dem zu versteuernden Einkommen außerordentliche Einkünfte enthalten, so ist die auf alle im Veranlagungszeitraum bezogenen außerordentlichen Einkünfte entfallende Einkommensteuer nach den Sätzen 2 bis 4 zu berechnen. ²Die für die außerordentlichen Einkünfte anzusetzende Einkommensteuer beträgt das Fünffache des Unterschiedsbetrags zwischen der Einkommensteuer für das um diese Einkünfte verminderte zu versteuernde Einkommen (verbleibendes zu versteuerndes Einkommen) und der Einkommensteuer für das verbleibende zu versteuernde Einkommen zuzüglich eines Fünftels dieser Einkünfte. ³Ist das verbleibende zu versteuernde Einkommen negativ und das zu versteuernde Einkommen positiv, so beträgt die Einkommensteuer das Fünffache der auf ein Fünftel des zu versteuernden Einkommens entfallenden Einkommensteuer....

(2) Als außerordentliche Einkünfte kommen nur in Betracht:
1. ...
2. Entschädigungen im Sinne des § 24 Nr. 1;
...

Übersicht	Rdn		Rdn
A. Allgemeines	1	VI. Mitwirkung des Arbeitnehmers bei dem zum Einnahmeausfall führenden Ereignis unschädlich	11
B. Entschädigungen im Sinne von § 24 EStG	2	VII. Neue Rechtsgrundlage	15
I. Allgemeines	2	VIII. Entschädigung für die Aufgabe oder Nichtausübung einer Tätigkeit (§ 24 Nr. 1 lit. b) EStG)	24
II. Entschädigungszahlung unterliegt der Besteuerung	3	C. Tarifermäßigung	27
III. § 24 EStG als Vorschaltbestimmung zu § 34 EStG	5	I. Allgemeines	27
IV. Begriff der Entschädigung	6	II. Zusammenballung von Einnahmen	31
V. Inhaltliche Verknüpfung der bis zum Jahr 2005 geltenden Abfindung nach § 3 Nr. 9 EStG und der Entschädigung nach § 24 Nr. 1 lit. a) EStG	10	III. Zahlung aus Gründen der sozialen Fürsorge	39

		Rdn			Rdn
IV.	Gestaltungsmöglichkeiten zur Erlangung der Tarifbegünstigung	49	X.	Kapitalisierung von Versorgungs-/Rentenansprüchen aufgrund bestehenden Vertragsrechts	76
V.	Steuerberechnung	53			
VI.	Lohnsteuerverfahren	55	XI.	Kapitalisierung von Versorgungs-/Rentenansprüchen aufgrund bestehenden Wahlrechts oder Wunsch des Arbeitnehmers	77
D.	**ABC der Abfindungen/Entschädigungen**	56			
I.	Nachzahlung einer Altersrente	56			
II.	Abfindung einer Erfindervergütung	57	XII.	Karenzentschädigung	79
			XIII.	Nutzungsrecht	82
III.	Anwartschaften	58	XIV.	Optionsrecht	83
IV.	Arbeitsvertragsänderung	62	XV.	Pensionsabfindung	84
V.	Aussperrungsunterstützung	63	XVI.	Streikunterstützung	85
VI.	Gehaltsnachzahlung	64	XVII.	Tagegelder	86
VII.	Insassen-Unfallversicherung	65	XVIII.	Todesfall-Versicherung	87
VIII.	Jubiläumszuwendungen	66	XIX.	Vorruhestandsgeld	88
IX.	Kapitalisierung von Versorgungs-/Rentenansprüchen auf Wunsch des Arbeitgebers	69	XX.	Wettbewerbsverbot	89
			XXI.	Wiedereinstellung	90
			XXII.	Zahlungen in Pensionskassen im Zusammenhang mit vorzeitigem Ruhestand	91

A. Allgemeines

1 Wegen des Wegfalls der ohnehin in der Höhe bereits begrenzten Steuerfreiheit von Abfindungszahlungen bei Beendigung eines Arbeitsverhältnisses ab dem Jahr 2006 kommt nunmehr eine lediglich geringfügige steuerliche Entlastung in Betracht, sofern die Voraussetzungen der §§ 24, 34 EStG vorliegen.

B. Entschädigungen im Sinne von § 24 EStG

I. Allgemeines

2 Eine **Steuerermäßigung** gem. § 34 EStG iVm § 24 Nr. 1 EStG ist **immer dann zu prüfen**, wenn eine Entschädigung, dh eine Ersatzleistung für den Verlust von Einnahmen gezahlt wird.

II. Entschädigungszahlung unterliegt der Besteuerung

3 Durch § 24 EStG wird die Steuerpflicht der dort aufgezählten Einnahmen zunächst positiv klargestellt. Nach § 2 Abs. 1 S. 2 EStG gehört § 24 EStG zu den Vorschriften, die bestimmen, zu welcher Einkunftsart die Einkünfte im einzelnen Fall gehören. Die in § 24 EStG genannten Einnahmen bilden daher keine neue selbständige Einkunftsart (*Schmidt/Wacker* EStG § 24 Rn 2). Die Ersatzeinnahmen fallen grds. unter dieselbe Einkommensart, zu der die ursprünglichen Einnahmen, wären sie erzielt worden, gehört hätten. Wenn also Entschädigungen gezahlt werden für entgangene Einnahmen aus nichtselbständiger Arbeit, so stellen diese Entschädigungen Einkünfte aus nichtselbständiger Arbeit iSd § 2 Abs. 1 Nr. 4 EStG dar (§ 2 Abs. 2 Nr. 4 LStDV). Etwas anderes gilt bei Ersatz für entgangene oder entgehende Einnahmen (§ 24 Nr. 1 Buchst. a EStG) zB in den Fällen, in denen ein künftiges Wettbewerbsverbot nicht von vornherein in einem Anstellungsvertrag eines Arbeitnehmers festgelegt worden ist. Hier ist grds. entscheidend, zu welchen Einkünften die Tätigkeit geführt hätte, auf deren Ausübung der Steuerpflichtige verzichtet hat. Ist insoweit eine eindeutige Zuordnung zu einer der Einkunftsarten des § 2 Abs. 1 Nrn. 1 bis 6 EStG nicht möglich, weil die Entschädigung für die Nichtausübung mehrerer unterschiedlich zu qualifizierender Tätigkeiten (zB nichtselbständige Tätigkeit oder gewerbliche Tätigkeit) gezahlt wird, ist die Entschädigung der Einkunftsart des § 22 Nr. 3 EStG (sonstige Einkünfte sind Einkünfte aus Leistungen, soweit sie weder zu anderen Einkunftsarten (§ 2 Abs. 1 Nrn. 1 bis 6 EStG) noch zu den übrigen in § 22 EStG geregelten Einkünften gehören) zuzuordnen (*BFH* 12.6.1996 – XI R 43/94, BFHE 180, 433,

BStBl II 1996, 516). Ein für ein Wettbewerbsverbot bezogenes Entgelt stellt eine Entschädigung iSv § 24 Nr. 1 Buchst. b EStG dar (*BFH* 11.3.2003 – IX R 76/99, BFH/NV 2003, 1162). Ersatzleistungen für nicht steuerbare Einkünfte fallen nicht unter die Regelung des § 24 EStG (BFH 25.10.1994, VIII R 79/91, BFHE 175, 439).

Es entspricht der ständigen Rechtsprechung des BFH, Entschädigungen, die aus Anlass der Auflösung eines Arbeitsverhältnisses gewährt werden, einheitlich zu beurteilen (*BFH* 4.3.2016 – IX B 146/15, BFH/NV 2016, 925). 4

III. § 24 EStG als Vorschaltbestimmung zu § 34 EStG

Die besondere Bedeutung des § 24 EStG liegt darin, dass es sich um eine **Vorschaltbestimmung zu der Tarifvorschrift des § 34 EStG** handelt. Danach kommen als **außerordentliche Einkünfte** iSd § 34 Abs. 1 EStG u. a. **Entschädigungen** iSd § 24 Nr. 1 EStG in Betracht und unterliegen dementsprechend einem **ermäßigten Steuersatz** gem. § 34 Abs. 1 EStG. Der Gesetzgeber hat es als unbillig empfunden, einmalig erzielte außerordentliche Einkünfte, wie zB Entschädigungen wegen Verlustes einer Einnahmemöglichkeit, einer **erhöhten Steuerbelastung** zu unterwerfen. Diese erhöhte Steuerbelastung entstünde nämlich, wenn die laufend bezogenen Einkünfte zB aus nichtselbständiger Arbeit mit Entschädigungszahlungen zusammentreffen. Dadurch würden die laufenden Lohnzahlungen von der durch die Entschädigungszahlungen ausgelösten **Progressionswirkung** erfasst und entsprechend höher besteuert. 5

IV. Begriff der Entschädigung

Der Begriff »Entschädigung« wird im Gesetz nicht näher definiert. Er umfasst in § 24 Nr. 1 EStG in seiner allgemeinen für alle Fallgruppen (Buchst. a bis c) maßgeblichen Bedeutung Zahlungen, die eine finanzielle Einbuße ausgleichen, die ein Steuerpflichtiger infolge einer Beeinträchtigung seiner Rechtsgüter erlitten oder zu erwarten hat (*BFH* 8.8.1986 – VI R 28/84, BFHE 147, 370, BStBl II 1987, 106; 13.2.1987 – VI R 230/83, BFHE 149, 182, BStBl II 1987, 386; 12.6.1996 – XI R 43/94, BFHE 180, 433, BStBl II 1996, 516; 24.6.2009 – IV R 94/06, BFHE 225, 398 = DB 2009, 2129 = BFH/NV 2009, 1877; 8.4.2014 – IX R 28/13, BFH/NV 2014, 1514, HFR 2014, 994; 27.10.2015 – X R 12/13, BFH/NV 2016, 898, HFR 2016, 621; 12.7.2016 – IX R 33/15, BFHE 254, 568, BStBl II 2017, 158, DB 2016, 2644, DStR 2016, 2706, HFR 2016, 1084, BFH/NV 2017, 84; 11.7.2017 – IX R 28/16, BFHE 259, 272, BStBl II 2018, 86, DB 2017, 2779, DStR 2017, 2538, NJW 2017, 3807, BFH/NV 2018, 52, HFR 2018, 32; 11.10.2017 – IX R 11/17, BFHE 259, 529, DB 2018, 163, DStR 2018. 241, BFH/NV 2018, 360; *Claßen* in *Lademann* EStG, § 24 Rn 5; *Schindler* in *Littmann/Bitz/Pust*§ 24 EStG Rn 11; *Schmidt/Wacker* EStG § 24 Rn 4; *Blümich//Fischer* § 24 EStG Rn 10; *Horn* in *Herrmann/Heuer/Raupach*, § 24 Rn 15; *Offerhaus* DStZ 1997, 108; *ders*. DB 2000, 396; R 24.1 EStR 2010). 6

Aus der unterschiedlichen Zielrichtung der in § 24 Nr. 1 EStG geregelten Ersatzleistungen folgt, dass die verschiedenen Tatbestände jeweils spezielle Zusatzvoraussetzungen für den Begriff der Entschädigung aufstellen (*Schindler* in *Littmann/Bitz/Pust*§ 24 EStG Rn 12). 7

Entschädigung iSd § 24 Nr. 1a EStG sind solche Zahlungen, die als Ersatz für Einnahmen geleistet werden, die entweder entgangen sind oder noch entgehen und die an deren Stelle treten. Dementsprechend liegt keine Entschädigung iSd § 24 Nr. 1a EStG vor, wenn die Gegenleistung für eine Hauptleistung im Rahmen vertraglichen **Leistungsaustausches** erbracht wird (*BFH* 27.7.1978 – IV R 149/77, BFHE 126, 158, BStBl II 1979, 66; 11.1.2005 – IX R 67/02, BFH/NV 2005, 1044). Entsprechend dem Wortlaut der Vorschrift zählen zu den entgangenen oder entgehenden Einnahmen nicht Ersatzleistungen für jede beliebige Art von Schadensfolgen, sondern lediglich solche zur Abgeltung von erlittenen oder zu erwartenden Ausfällen an Einnahmen. Erfasst werden daher nur Entschädigungen, die Einnahmen ersetzen, nicht aber solche, die **Ausgaben ausgleichen**. Daher werden zunächst erhaltene und danach zurückzuzahlende Einnahmen ebenso wenig von § 24 8

Nr. 1 Buchst. a EStG erfasst wie Ausgaben, z. B. Werbungskosten (*BFH* 18.10.2011 – IX R 58/10, BFHE 235, 423, BStBl II 2012, 286).

9 Eine Entschädigung iSv § 24 Nr. 1 lit. a) EStG liegt hingegen auch vor bei Zahlungen, die entgangene oder entgehende Einnahmen auf Grund der verminderten Erwerbsfähigkeit ersetzen (BFH 11.10.2017 – IX R 11/17; s. Rdn 6).

V. Inhaltliche Verknüpfung der bis zum Jahr 2005 geltenden Abfindung nach § 3 Nr. 9 EStG und der Entschädigung nach § 24 Nr. 1 lit. a) EStG

10 Bei der in der 8. Auflage enthaltenen Darstellung der in früheren Jahren geltenden steuerfreien Abfindung nach § 3 Nr. 9 EStG ist bereits darauf hingewiesen worden, dass, sofern die Freibeträge nach § 3 Nr. 9 EStG überschritten wurden, die Anwendung des besonderen Steuersatzes nach § 34 EStG iVm § 24 Nr. 1 EStG in Betracht kommt. Aus dem in Rechtsprechung und Literatur herausgebildeten Begriff der Entschädigungen iSd § 24 Nr. 1 lit. a) EStG, wonach diese Zahlungen beinhalten, die als Ersatz für Einnahmen geleistet werden, die entweder entgangen sind oder noch entgehen und die nunmehr an deren Stelle treten, wird ersichtlich, dass **Abfindungs- und Entschädigungsbegriff** miteinander korrespondieren (*Offerhaus* DB 2000, 396). Diese inhaltliche Übereinstimmung der beiden Begriffe Abfindung und Entschädigung besteht aber nur hinsichtlich der Entschädigungen, die als Ersatz für entgangene oder entgehende Einnahmen gewährt werden (§ 24 Nr. 1 lit. a) EStG).

VI. Mitwirkung des Arbeitnehmers bei dem zum Einnahmeausfall führenden Ereignis unschädlich

11 Eine Entschädigungszahlung iSv § 24 Nr. 1 lit. a) EStG liegt auch dann vor, wenn der Empfänger der Zahlung bei den zum Einnahmeausfall führenden Ereignis insofern mitwirkt, als er Vereinbarungen (zB Vergleich vor dem Arbeitsgericht) über eine Ausgleichsleistung und deren Höhe abschließt. Voraussetzung ist lediglich, dass er unter einem **nicht unerheblichen tatsächlichen, rechtlichen oder wirtschaftlichen Druck** gehandelt und das schadenstiftende Ereignis nicht aus eigenem Antrieb herbeigeführt hat (BFH 20.7.1978 – IV R 43/74, BFHE 125, 271, BStBl II 1979, 9; 16.4.1980 – VI R 86/77, BFHE 130, 168, BStBl II 1980, 393; 5.10.1989 – IV R 126/85, BFHE 158, 404, BStBl II 1990, 155; 9.7.1992 – XI R 5/91, BFHE 168, 338, BStBl II 1993, 27; 21.4.1993 – XI R 62/92, BFH/NV 1993, 721; 6.3.2002 – IX R 51/00, BFHE 198, 489, BStBl II 2002, 516; 11.1.2005 – IX R 67/02, BFH/NV 2005, 1044; 29.2.2012 – IX R 28/11, BFHE 237, 56, BStBl II 2012, 569; *Mellinghoff* in *Kirchhof*, EStG, § 24 Rn 8; *Schmidt/Wacker* EStG § 24 Rn 6; *Schindler* in *Littmann/Bitz/Pust* § 24 EStG Rn 20; *Horn* in *Herrmann/Heuer/Raupach*, § 24 EStG Rn 35). In der jüngeren Rechtsprechung wird von dem Merkmal der Zwangslage für § 24 Nr. 1 a (anders als idR für § 34) abgerückt. So bedarf es bei einer Abfindung eines Versorgungsausgleiches keiner Zwangslage (BFH vom 23.11.2016, X R 48/14, BFHE 2017, 290), der IX. Senat lässt bereits eine »konfligierende Interessenlage« ausreichen (BFH vom 26.9.2012, IX R 12/11, BFH/NV 2013, 28).

12 Diesem Erfordernis liegt die Überlegung zu Grunde, dass die Steuerermäßigung nach § 34 Abs. 1, Abs. 2 Nr. 2 EStG nur in den Fällen gerechtfertigt ist, in denen sich der Steuerpflichtige in einer Zwangssituation befindet und sich dem zusammengeballten Zufluss der Einnahmen nicht entziehen kann.

13 Diese Voraussetzung ist bei einer Entschädigung wegen Auflösung eines Arbeitsverhältnisses gegeben, wenn der Arbeitgeber die Beendigung des Dienstverhältnisses veranlasst hat (*BFH* 20.10.1978 – VI R 107/77, BFHE 126, 408 = BStBl II 1979, 176). Die Veranlassung der Auflösung des Arbeitsverhältnisses durch den Arbeitgeber ist aber identisch mit dem früheren gesetzlichen Tatbestandsmerkmal in § 3 Nr. 9 EStG.

14 Der Bundesfinanzhof hat die erwähnte Zwangslage auch dann als gegeben angesehen, wenn ein Alleingesellschafter und Geschäftsführer einer GmbH freiwillig alle seine Anteile an der GmbH

veräußert. Er hat für die fristlose Beendigung des Geschäftsführer-Anstellungsvertrages eine Abfindung erhalten (*BFH* 13.8.2003 – XI 18/02, BFHE 203, 420, BStBl II 2004, 106). Nach dieser Entscheidung hat der Geschäftsführer/Gesellschafter das Schaden stiftende Ereignis durch Veräußerung seiner Gesellschaftsanteile nicht selbst herbeigeführt. Trotz Verkaufs der GmbH-Anteile aus freien Stücken hat der Geschäftsführer seine Tätigkeit zwangsweise aufgegeben, da der Erwerber der Anteile die Geschäftsführung der GmbH in die »eigenen Hände« nehmen wollte. Umstände, aus denen sich hätte ergeben können, dass der Geschäftsführer möglicherweise auch an einer Beendigung seiner Geschäftsführertätigkeit interessiert gewesen sei und deshalb die Beendigung des Dienstverhältnisses selbst veranlasst habe, sind nicht festgestellt worden. Die vorzeitige Beendigung des Dienstverhältnisses des Geschäftsführers mit der GmbH ist durch die GmbH betrieben worden, weil diese die Durchsetzung einer neuen Geschäftspolitik mit einem anderen Geschäftsführer vornehmen wollte, deshalb an einer möglichst zeitnahen Auflösung des Dienstverhältnisses mit dem früheren Geschäftsführer interessiert war.

VII. Neue Rechtsgrundlage

Für die Entschädigung nach § 24 Nr. 1 lit. a) EStG folgt aus dem Erfordernis des Zusammenhangs zwischen entgangenen oder entgehenden Einnahmen und der Ersatzzahlung, dass durch das Schadensereignis die Rechtsgrundlage für die Einnahmen weggefallen sein muss, mit denen der Steuerpflichtige rechnen konnte (*BFH* 17.3.1978 – VI R 63/75, BFHE 124, 543, BStBl II 1978, 357; 20.10.1978 – VI R 107/77, BFHE 126, 408, BStBl II 1979, 176; 6.2.1987 – VI R 229/83, BFH/NV 1987, 572; 13.2.1987 – VI R 168/83, BFH/NV 1987, 574; 22.1.1988 – VI R 135/84, BFHE 152, 461, BStBl II 1988, 525; 16.3.1993 – XI R 52/88, BFHE 171, 70, BStBl II 1993, 507; 16.6.2004 – XI R 55/03, BFHE 206, 554, BStBl II 2004, 1005; 11.1.2005 – IX R 67/02, BFH/NV 2005, 1044; *Schmidt/Wacker*EStG § 24 Rn 6; *Horn* in *Herrmann/Heuer/Raupach*, § 24 EStG Rn 26; *Offerhaus* DB 2000, 396; *Schindler* in *Littmann/Bitz/Pust* EStG, § 24 Rn 20). 15

Die Zahlungen dürfen mithin nicht in Erfüllung eines Anspruchs des Empfängers erfolgen, sondern müssen auf einer neuen Rechts- oder Billigkeitsgrundlage beruhen (*Mellinghoff* in Kirchhof, EStG, § 24 Rn 7). Die Notwendigkeit einer neuen Rechts- oder Billigkeitsgrundlage folgt aus dem Wortlaut des § 24 Nr. 1 Buchst. a EStG. Ein »Ersatz« für entgangene oder entgehende Einnahmen liegt vor, wenn die bisherige rechtliche Grundlage für die Einnahme wegfällt und eine andere an ihre Stelle tritt (*BFH* 10.9.2003 – XI R 9/02, BFHE 204, 65 = BStBl II 2004, 349). Zahlungen in Erfüllung eines fortbestehenden Anspruchs sind keine Entschädigungen iSd § 24 Nr. 1 lit. a) EStG. Bei Einkünften aus nichtselbständiger Tätigkeit liegt eine Entschädigung nach § 24 Nr. 1 lit. a) EStG bei Abgeltung von Ansprüchen dann nicht vor, wenn der Arbeitnehmer nach dem Arbeitsvertrag einen Rechtsanspruch darauf hat. Allerdings gilt dies nicht, wenn diese bereits entstandenen vertraglichen Ansprüche durch nachträgliche Vereinbarung aufgehoben werden und die dem Arbeitnehmer dadurch entstehenden Nachteile aufgrund neuer Rechtsgrundlagen ganz oder teilweise abgegolten werden. Hierbei sind Vertrag, arbeitsrechtliche Urteile, Prozessvergleiche und Betriebsvereinbarungen als die gängigen Rechtsgrundlagen für die Entschädigungen anzusehen. 16

▶ Beispiel (BFH 6.2.1987 – VI R 229/83, BFH/NV 1987, 572):

Der Kläger war Vorstandsmitglied einer Aktiengesellschaft. Die AG kündigte am 20.11.1978 den Vorstandsvertrag zum 31.3.1980. Am 31.3.1979 (mithin ein Jahr vor Beendigung des Dienstverhältnisses) beendeten die Vertragspartner einvernehmlich das Anstellungsverhältnis. Der Kläger erhielt u.a. als Abfindung auch einen Betrag, auf den er nach Ablauf der Kündigungsfrist einen vertraglichen Anspruch gehabt hätte. 17

Die Vereinbarung vom 31.3.1979 stellt eine neue Rechtsgrundlage für die Abfindung dar. Die Auflösung des Arbeitsverhältnisses ist auch durch die AG veranlasst worden. Die AG hat am 20.11.1978 den Anstellungsvertrag gekündigt. Die Beendigung des Arbeitsverhältnisses vor Ablauf der Kündigungsfrist ist als Folge des von der AG durch die Kündigung bewirkten tatsächlichen

Drucks auf den Kläger zu werten. Die Abfindungszahlung stellt einen Ersatz für entgangene oder entgehende Einnahmen iSd § 24 Nr. 1 lit. a) EStG dar.

18 Auch Zahlungen, die **im Arbeitsvertrag oder in einem Tarifvertrag für den Fall der betriebsbedingten Kündigung des Arbeitsverhältnisses** vereinbart worden sind, beruhen für den Fall der Entlassung des Arbeitnehmers auf einer neuen Rechtsgrundlage.

▶ Beispiel (BFH 10.9.2003 – XI R 9/02, BFHE 204, 65, BStBl II 2004, 349):

19 Der Kläger schloss am 15.12.1988 mit der B-GmbH einen Geschäftsführer-Anstellungsvertrag für die Zeit vom 1.4.1989 bis 31.3.1994. Die B-GmbH war Gesellschaft innerhalb eines Konzerns. Bereits am 7.12.1988 billigte die G-AG, ebenso eine Gesellschaft innerhalb des Konzerns, dem Kläger u.a. für den Fall der Aufhebung des Dienstvertrags vor Vollendung des 60. Lebensjahres des Klägers eine Abfindung von 1/24 des Jahresgehalts pro angefangenem Beschäftigungsjahr zu. Der mit der B-GmbH geschlossene Geschäftsführer-Anstellungsvertrag sah vor, dass die B-GmbH dem Kläger ein Jahr vor Vertragsablauf mitzuteilen hatte, ob sie bereit sei, ihn erneut zum Geschäftsführer zu bestellen und den Dienstvertrag mit ihm zu verlängern. Auf Grund später geplanter Personalreduzierungen und Sitzverlegung der B-GmbH haben der Kläger und die B-GmbH am 30. Dezember vereinbart, das Dienstverhältnis des Klägers zum 31.3.1994 zu beenden. Die B-GmbH verpflichtete sich, unter Berücksichtigung und Erfüllung der Vereinbarung vom 7.12.1988 mit der G-AG an den Kläger eine Entschädigung iHv 450.000 DM für den Verlust des Arbeitsplatzes zu zahlen.

20 Das Finanzamt unterwarf den Abfindungsbetrag dem regulären Einkommensteuertarif mit der Begründung, das Dienstverhältnis des Klägers bei der B-GmbH sei vertragsgemäß zum 31.3.1994 ausgelaufen und die Abfindung ersetze daher keine entgehenden Einnahmen iSd § 24 Nr. 1 lit. a) EStG.

21 Der *BFH* führte im Wesentlichen aus: »... die einem gekündigten Arbeitnehmer geleistete Entschädigung beruht auch dann auf einer neuen Rechtsgrundlage, wenn sie bereits im Dienstvertrag für den Fall der Entlassung vereinbart wurde. Soweit sich aus dem Urteil des erkennenden Senats vom 27.2.1991 (– XI R 8/87, BFHE 164, 243 = BStBl II 1991, 703) und den sich darauf berufenden Entscheidungen (vgl. zB *BFH*-Urt. in BFHE 165, 285, BStBl II 1992, 34) etwas anderes ergibt, hält der Senat hieran nicht mehr fest.... Keine Entschädigung iSd § 24 Nr. 1 lit. a) EStG, sondern Erfüllung iSd genannten Rechtsprechung liegt demgegenüber vor, wenn bzw. solange das Dienstverhältnis fortbesteht und dementsprechend kein »Ersatz«, sondern die für die Arbeitsleistung geschuldete Gegenleistung erbracht wird (...). Ebenso wenig wie jede Leistung auf Grund einer Vertragsänderung bereits eine Entschädigung ist (...), ist jede in einem Vertrag für den Fall der Entlassung vorgesehene Abfindungsregelung eine die Entschädigung ausschließende Erfüllungsleistung iSd Rechtsprechung. Bis zu welchem Zeitpunkt bestehende Ansprüche erfüllt bzw. ab welchem Zeitpunkt Ersatzleistung erbracht werden, richtet sich nach dem Zeitpunkt der wirksamen Vertragsbeendigung (...). Insbesondere im Hinblick auf den in § 34 Abs. 1 iVm § 24 Nr. 1 EStG verfolgten Zweck, die Progression bei zusammengeballtem Zufluss von Entschädigungen zu glätten, macht es keinen entscheidungserheblichen Unterschied, ob der Ersatzanspruch bereits mit der Beendigung des Dienstverhältnisses auf Grund Gesetzes (§ 10 KSchG), Tarifvertrags, Betriebsvereinbarung bzw. individualvertraglicher Vereinbarung entsteht oder erst anlässlich der Beendigung vereinbart wird ...«.

22 Der IX. Senat des BFH hat mit seiner Entscheidung vom 25.8.2009 – IX R 3/09, BFHE 226, 261 = BStBl II 2010, 1030) klargestellt, dass die Vorschrift des § 24 Nr. 1 lit. a) EStG nicht verlangt, das zugrundeliegende Rechtsverhältnis (im Entscheidungsfall: Arbeitsverhältnis) müsse gänzlich beendet werden. So liegt auch eine Entschädigung dann vor, wenn der Arbeitgeber seinen Arbeitnehmer abfindet, weil dieser seine Wochenarbeitszeit aufgrund eines Vertrags zur Änderung des Arbeitsvertrages unbefristet reduziert. Diese sog. Teilabfindung dient als Ersatz für die durch Verminderung der Arbeitszeit entgehenden Einnahmen und beruht mit dem Änderungsvertrag auf einer neuen Rechtsgrundlage.

Der IX. Senat des BFH ist seit dem Jahr 2009 unverändert auch nach dem Geschäftsverteilungsplan 23
für 2018 zuständig für Entschädigungen iSv § 24 Nr. 1 EStG bei Einkünften aus nichtselbständiger
Arbeit. Infolgedessen ist bei unveränderter Zuständigkeit davon auszugehen, dass in zukünftigen
Streitfällen die Rechtsprechung des XI. Senats des BFH, wonach in Fällen des Betriebsübergangs
und Fortsetzung des Arbeitsverhältnisses mit einem neuen Arbeitgeber gem. § 613a BGB eine Ausgleichszahlung des bisherigen Arbeitgebers keine Entschädigung darstellt (*BFH* 1.8.2007 – XI R 18/05, BFH/NV 2007, 2104; 12.12.2007 – XI B 23/07, BFH/NV 2008, 376), nicht fortgesetzt wird.

VIII. Entschädigung für die Aufgabe oder Nichtausübung einer Tätigkeit (§ 24 Nr. 1 lit. b) EStG)

Entgegen dem von Rechtsprechung und Literatur zu § 24 Nr. 1 lit. a) EStG entwickelten Erforder- 24
nis braucht die Aufgabe oder Nichtausübung einer Tätigkeit nach § 24 Nr. 1 lit. b) EStG nicht
auf **tatsächlichem, rechtlichem oder wirtschaftlichem Druck** des Arbeitgebers zu beruhen (*BFH*
8.8.1986 – VI R 28/84, BFHE 147, 370, BStBl II 1987, 106). Im BFH-Fall beendete eine Stewardess das Arbeitsverhältnis mit einer Fluggesellschaft. Sie erhielt eine Abfindung nach einer Bestimmung des Manteltarifvertrages für das Bordpersonal. Diese Bestimmung gibt den Flugbegleitern
ein Optionsrecht, mit Vollendung des 32. Lebensjahres gegen Zahlung einer Abfindung aus dem
Arbeitsverhältnis auszuscheiden. Dieses Optionsrecht war arbeitsvertraglich bereits bei Einstellung
der Stewardess geregelt. Die Abfindungszahlung dient dem Ausgleich des finanziellen Schadens, der
durch den Wegfall der Einnahmen als Flugbegleiterin eintritt. Dieser Schaden wäre ohne die Ausübung des Optionsrechts nicht eingetreten. Entgegen § 24 Nr. 1 lit. a) EStG regelt Nr. 1 lit. b) der
Vorschrift die Fälle, in denen die Tätigkeit mit Willen oder mit Zustimmung des Arbeitnehmers
aufgegeben wird.

Im Unterschied zu einer Entschädigung iSd § 24 Nr. 1 lit. a) EStG, die Ersatzleistungen wegen 25
oder infolge entgangener Einnahmen betrifft, dient die Entschädigung nach § 24 Nr. 1 lit. b)
EStG nicht der Abgeltung und Abwicklung von Interessen aus dem bisherigen Rechtsverhältnis; sie erfasst vielmehr jegliche Gegenleistung **für** die Aufgabe oder Nichtausübung einer Tätigkeit und damit Gegenleistungen für den Verzicht auf eine mögliche Einkunftserzielung (*BFH*
12.6.1996 – XI R 43/94, BFHE 180, 433, BStBl II 1996, 516). Die Vorschrift verlangt nur die
Aufgabe oder Nichtausübung einer Tätigkeit, nicht des Berufs (*Horn* in *Herrmann/Heuer/Raupach*, § 24 EStG Rn 50).

Die Entscheidungen des *BFH* (8.8.1986 – VI R 28/84, BFHE 147, 370, BStBl II 1987, 106 sowie 26
13.2.1987 – VI R 230/83, BFHE 149, 182 = BStBl II 1987, 386) brachten neben der Klarstellung,
dass die Aufgabe der Tätigkeit nicht auf tatsächlichem, rechtlichem oder wirtschaftlichem Druck
des Arbeitgebers zu beruhen braucht, eine zusätzliche klarstellende Rechtsentwicklung. Im Rahmen
des § 24 Nr. 1 lit. b) EStG ist **keine neue Rechts- oder Billigkeitsgrundlage für den Ersatzanspruch erforderlich**. Für die Anwendung des § 24 Nr. 1 lit. b) EStG ist mithin im Gegensatz zu
§ 24 Nr. 1 lit. a) EStG unschädlich, wenn die Abfindungsregelung und -zahlung auf dem ursprünglichen Arbeitsvertrag beruht.

C. Tarifermäßigung

I. Allgemeines

Die Tarifvorschrift des § 34 Abs. 1 EStG soll steuerliche Härten abmildern, die ein **zusammenge-** 27
ballter Zufluss von Einnahmen in einem Veranlagungsjahr durch Erhöhung der Steuerprogression
regelmäßig verursacht. Die Vorschrift soll eine Progressionsglättung zB in den Fällen bewirken,
in denen laufend bezogene Einkünfte zB aus nichtselbständiger Arbeit mit außerordentlichen,
nicht regelmäßig erzielbaren Einkünften zB Abfindungen zusammentreffen. Danach sind außerordentliche Einkünfte stets einmalige für die jeweilige Einkunftsart ungewöhnliche Einkünfte,
die das zusammengeballte Ergebnis mehrerer Jahre darstellen (*Mellinghoff* in Kirchhof, EStG § 34
Rn 8). Es ist somit eine Billigkeitsvorschrift, die Ausfluss des Prinzips der Besteuerung nach der

wirtschaftlichen Leistungsfähigkeit ist (*Blümich/Lindberg* § 34 EStG Rn 4; Graf in *Littmann/Bitz/ Pust* EStG, § 34 Rn 8).

28 Als Tarifvorschrift des Einkommensteuerrechts (IV. Abschnitt des EStG) gilt § 34 EStG grds. für Einkünfte aus allen Einkunftsarten. Allerdings bestimmt § 34 Abs. 2 EStG für welche außerordentlichen Einkünfte eine Tarifermäßigung nach § 34 Abs. 1 und Abs. 3 EStG in Betracht kommt.

29 Die Anwendung der Vorschrift ist nicht mehr von einem Antrag abhängig. Ein Antragserfordernis wurde durch das Steuerentlastungsgesetz 1999/2000/2002 mit Wirkung ab dem Jahr 1999 in das Gesetz aufgenommen. Das Steueränderungsgesetz 2001 vom 20.12.2001 (BGBl. I S. 3792, BStBl I 2002, 4) hat das Antragserfordernis des § 34 Abs. 1 EStG ersatzlos gestrichen (Art. 1 Nr. 17).

30 Bei den außerordentlichen Einkünften iSd § 34 EStG handelt es sich um eine besondere Art von Einkünften im Rahmen einer Einkunftsart. Sie sind dementsprechend von anderen Einkünften der gleichen Einkunftsart zu trennen (*BFH* 29.10.1998 − XI R 63/97, BFHE 188, 143, BStBl II 1999, 588; *Mellinghoff* in Kirchhof, § 34 EStG Rn 7). Mit den außerordentlichen Einkünften unmittelbar zusammenhängende Werbungskosten sind von diesen abzuziehen. Der Arbeitnehmer-Pauschbetrag, der mit Wirkung ab 1.1.2012 1.000 Euro; beträgt (§ 9a EStG idF des Gesetzes vom 1.11.2011), ist bei außerordentlichen Einkünften aus nichtselbständiger Tätigkeit nur dann und insoweit abzuziehen, als tariflich voll zu besteuernde Einnahmen dieser Einkunftsart dafür nicht zur Verfügung stehen (*BFH* 29.10.1998 − XI R 63/97; *Mellinghoff* in Kirchhof, § 34 EStG Rn 36). Ebenso sind die Sonderausgaben und die außergewöhnlichen Belastungen zunächst bei den nicht nach § 34 EStG begünstigten Einkünften zu berücksichtigen (R 34.1 EStR 2012). Des Weiteren sind alle sonstigen vom so ermittelten Einkommen (§ 2 Abs. 4 EStG) abzuziehenden Beträge (zB Kinderfreibetrag) zunächst bei den nicht nach § 34 EStG begünstigten Einkünften zu berücksichtigen.

II. Zusammenballung von Einnahmen

31 Eine Entschädigung gem. § 24 Nr. 1 EStG ist nur dann gem. § 34 Abs. 1 und 2 Nr. 2 EStG tarifbegünstigt, wenn die steuerlich zu begünstigenden Einkünfte in **einem Veranlagungsjahr** steuerlich zu erfassen sind (*BFH* 21.5.2007 − XI B 169/06, BFH/NV 2007, 1648; 11.5.2010 − IX R 39/ 09). Sie führen zu einer **Zusammenballung** von Einnahmen innerhalb eines Veranlagungszeitraums und dadurch entsteht eine erhöhte steuerliche Belastung. Dementsprechend sind Entschädigungen iSd § 24 Nr. 1a EStG grds. nur dann außerordentliche Einkünfte, wenn die Entschädigung für entgangene oder entgehende Einnahmen, die sich bei normalem Ablauf auf mehrere Jahre verteilt hätten, vollständig in einem Betrag gezahlt wird, oder wenn die Entschädigung nur Einnahmen eines Jahres ersetzt, sofern sie im Jahr der Zahlung mit weiteren Einkünften zusammenfällt (*BFH* 16.3.1993 − XI R 10/92, BFHE 170, 445, BStBl II 1993, 497; 16.7.1997 − XI R 13/97, BFHE 183, 535, BStBl II 1997, 753; 4.3.1998 − XI R 46/97, BFHE 185, 429, BStBl II 1998, 787). Eine Zusammenballung von Einkünften ist mithin nur dann gegeben, wenn der Steuerpflichtige infolge der Entschädigung in einem Veranlagungszeitraum mehr erhält, als er bei normalem Ablauf der Dinge erhalten hätte. Nur in diesem Fall ist die Ermäßigung der Steuer aufgrund der Billigkeitsregelung des § 34 EStG gerechtfertigt. Die im Wege der Auslegung nach Maßgabe der ratio legis zu konkretisierenden außerordentlichen Einkünfte iSd § 34 Abs. 1 und 2 EStG sind solche, deren Zufluss in einem Veranlagungszeitraum zu einer für den jeweiligen Steuerpflichtigen im Vergleich zu seiner regelmäßigen sonstigen Besteuerung einmaligen und außergewöhnlichen Progressionsbelastung führen (*BFH* 11.10.2017 − IX R 11/17). Was der Steuerpflichtige bei normalem Ablauf der Dinge erhalten würde, kann nur aufgrund einer hypothetischen und prognostischen Beurteilung ermittelt werden (*BFH* 27.1.2010 − IX R 31/09, BFHE 229, 90, BStBl II 2011, 28). Erhält der Steuerpflichtige weniger oder ebenso viel, wie er bei Fortsetzung des Arbeitsverhältnisses erhalten hätte, besteht für eine Milderung kein Anlass. Dementsprechend kommt es nicht darauf an, ob die Entschädigung entgehende Einnahmen mehrerer Jahre abdecken soll. Entscheidend ist vielmehr, ob es unter Einschluss der Entschädigungszahlung infolge der Beendigung des Arbeitsverhältnisses in dem Veranlagungszeitraum des Zuflusses der Zahlungen insgesamt zu einer über die normalen

Verhältnisse hinausgehenden Zusammenballung von Einkünften kommt, denn nur in diesen Fällen kann eine progressionsbedingte Härte eintreten (*BFH* 4.3.1998 – XI R 46/97, BFHE 185, 429, BStBl II 1998, 787, BFH vom 08.04.2014, IX R 33/13, BFH/NV 2014, 1358). Eine Zusammenballung liegt auch dann vor, wenn im Jahr des Zuflusses der Entschädigung weitere Einkünfte erzielt werden, die der Steuerpflichtige nicht bezogen hätte, wenn das Dienstverhältnis ungestört fortgesetzt worden wäre und er dadurch mehr erhält, als er bei normalem Ablauf der Dinge erhalten hätte (siehe auch *BMF* 18.12.1998 BStBl I 1998, 1512 Rn 15).

Eine Zusammenballung von Einnahmen ist auch dann als gegeben anzunehmen, wenn **mehrere** Entschädigungszahlungen allerdings in **einem** Veranlagungszeitraum erbracht werden. Da § 34 Abs. 1 EStG als Billigkeitsvorschrift bezweckt, erhöhte Steuerbelastungen infolge Zusammenballung von Einkünften abzumildern und die Einkommensteuer jährlich mit Ablauf des Kalenderjahres entsteht (§§ 2 Abs. 7, 36 Abs. 1 EStG), ist die Außerordentlichkeit der Einkünfte auch dann anzunehmen, wenn mehrere Zahlungen nur in einem Veranlagungszeitraum zufließen (s. *Offerhaus* DStZ 1981, 445 [451]; *ders*. DB 1982, Beil. 10 und DB 1993, 651; *BMF* 18.12.1998 BStBl I 1998, 1512 Rn 10; *BFH* 21.3.1996 – XI R 51/95, BFHE 180, 152, BStBl II 1996, 416). 32

Eine Zusammenballung von Einnahmen ist hingegen dann nicht mehr anzunehmen, wenn in einem zwischen Arbeitgeber und Arbeitnehmer geschlossenen Vertrag über die Aufhebung eines Arbeitsvertrages gleichzeitig zwei Entschädigungszahlungen vereinbart werden, die in verschiedenen Veranlagungszeiträumen vom Arbeitgeber bezahlt werden. In einem vom BFH entschiedenen Fall hatten Arbeitgeber und Arbeitnehmer über die Aufhebung eines Arbeitsvertrages vereinbart, dass der Arbeitnehmer bis zur Beendigung des Arbeitsverhältnisses einen mehrjährigen unbezahlten Übergangsurlaub nimmt. Der Arbeitnehmer erhielt als »finanzielle Hilfe für die berufliche oder private Umorientierung« eine Einmalzahlung. Gleichzeitig wurde das Arbeitsverhältnis in unmittelbarem Anschluss an den Übergangsurlaub im gegenseitigen Einvernehmen aufgehoben. Es wurde »als Ausgleich für die materiellen und immateriellen Folgen der Aufhebung des Arbeitsverhältnisses« eine Abfindung gezahlt. Die »Umorientierungshilfe« sowie die Abfindung für den Verlust des Arbeitsplatzes stellen Entschädigungszahlungen iSd § 34 Abs. 2 Nr. 2, § 24 Nr. 1a EStG für den Verlust des Arbeitsplatzes dar; denn mangels weiterlaufenden Gehaltsanspruchs ist die Umorientierungshilfe keine Vergütung im Rahmen des noch laufenden, wenn auch abgeänderten Arbeitsvertrages. Die einheitlich zu beurteilenden Entschädigungen für den Verlust des Arbeitsplatzes (vgl. *BFH* 6.3.2002 – XI R 16/01, BFHE 198, 484, BFH/NV 2002, 1379) umfasst mithin zwei Abfindungen. Dass die »Umorientierungshilfe« vorab, gewissermaßen als Vorschuss, noch während des laufenden Arbeitsverhältnisses ausgezahlt wurde, steht dem nicht entgegen. Da die Entschädigungszahlungen auf zwei Veranlagungszeiträume verteilt wurden und eine Zusammenballung nicht gegeben ist, fehlt es an der Voraussetzung einer außerordentlichen Einkunft iSd § 34 Abs. 1 EStG (*BFH* 14.5.2003 – XI R 16/02, BFHE 202, 486, BStBl II 2003, 881). 33

Im Hinblick auf den ab 2009 erfolgten Senatswechsel für die Verfahrenszuständigkeit (s. Rdn 23) ist nicht auszuschließen, dass der nun zuständige IX. BFH-Senat in ähnlich gelagertem Fall im Wege der Auslegung nach Maßgabe der ratio legis die »Umorientierungshilfe« als eine Entschädigungszahlung im Zuflussjahr einerseits und die Abfindung für den Verlust des Arbeitsplatzes als eine weitere mit der ersten Zahlung nicht zusammenhängende Entschädigungszahlung im entsprechenden Zuflussjahr und dementsprechend als keine einheitliche Gesamtentschädigung wertet. Infolgedessen bestünden »zusammengeballte« Einnahmen in zwei Veranlagungsjahren. 34

Des Weiteren kommt die Prüfung in Betracht, ob die »Umorientierungshilfe« als Ersatz für entgangene Einnahmen iSd § 24 Nr. 1 lit. a) EStG gewährt worden ist. Denkbar ist auch, dass in der »Umorientierungshilfe« eine sonstige Leistung nach § 22 Nr. 3 S. 1 EStG zu sehen ist. Die genannte Norm erfasst, ergänzend zu den übrigen Einkunftsarten des § 2 Abs. 1 S. 1 Nr. 1 bis 6 EStG, das Ergebnis einer Erwerbstätigkeit und setzt wie diese die allgemeinen Merkmale des Erzielens von Einkünften nach § 2 EStG voraus (s. BFH 11.7.2017 – IX R 28/16). 35

36 Es ist durch Auslegung der vertraglichen Gestaltung festzustellen, ob die »Umorientierungshilfe« eine **steuerbare** Leistung darstellt.

37 Die Finanzverwaltung lässt aus Billigkeitsgesichtspunkten in den Fällen eine Korrekturmöglichkeit zu, in denen ein planwidriger Zufluss von Entschädigungszahlungen in mehreren Veranlagungszeiträumen erfolgt ist (*BMF* 18.12.1998 BStBl I 1998, 1512 Rn 20). Sind die Vereinbarungen zwischen dem Arbeitgeber und dem Arbeitnehmer eindeutig auf einen einmaligen Zufluss der Entschädigung gerichtet, und sind gleichwohl Zahlungen in zwei Veranlagungszeiträumen erfolgt, dann lässt die Verwaltung auf Antrag des Steuerpflichtigen zu, dass beide Zahlungen als in dem Jahr erbracht angesehen werden, in dem die vereinbarte Hauptentschädigung zugeflossen ist. In dem genannten BMF- Schreiben sind folgende Fälle eines planwidrigen Zuflusses in mehreren Veranlagungszeiträumen genannt:
- eine Entschädigung wird an einen ausscheidenden Arbeitnehmer versehentlich – zB aufgrund eines Rechenfehlers – im Jahr des Ausscheidens zu niedrig ausgezahlt. Der Fehler wird im Laufe eines späteren Veranlagungszeitraums erkannt und der Differenzbetrag ausgezahlt
- Der Arbeitgeber zahlt an den Arbeitnehmer während eines gerichtlichen Streits über die Höhe der Entschädigung im Jahr des Ausscheidens des Arbeitnehmers nur den von ihm für zutreffend gehaltenen Entschädigungsbetrag und leistet erst in einem späteren Veranlagungszeitraum aufgrund der gerichtlichen Entscheidung oder eines Vergleichs eine weitere Zahlung.

Der Arbeitnehmer kann in diesen Fällen aufgrund der Billigkeitsvorschrift des § 163 AO 1977 den Antrag auf Zusammenfassung der Entschädigungszahlungen und Berücksichtigung in einem Veranlagungsjahr beim Finanzamt stellen. Der ggf. bestandskräftige Steuerbescheid des Veranlagungsjahres 01 ist nach § 175 Abs. 1 S. 1 Nr. 2 AO zu ändern.

38 Voraussetzung für die Anwendung der Billigkeitsregelung nach § 163 AO ist in diesen Fällen, dass der ausgeschiedene Arbeitnehmer keinen Ersatzanspruch hinsichtlich einer aus der Nachzahlung resultierenden eventuellen ertragsteuerlichen Mehrbelastung gegenüber dem früheren Arbeitgeber hat (BMF-Schreiben v. 1.11.2013, BStBl I 2013, 1326 Rn 19).

III. Zahlung aus Gründen der sozialen Fürsorge

39 Entschädigungen, die aus Anlass der Auflösung eines Arbeitsverhältnisses gewährt werden, sind grds. einheitlich zu beurteilen (*BFH* 11.5.2010 – IX R 39/09, BFH/NV 2010, 1801). Sie müssen zum Zweck der Tarifvergünstigung grds. in einem Veranlagungszeitraum zufließen. Eine Ausnahme von diesem Grundsatz wird in solchen Fällen anerkannt, in denen neben einer Hauptentschädigungsleistung aus Gründen der **sozialen Fürsorge** für eine gewisse Übergangszeit in späteren Veranlagungszeiträumen Entschädigungszusatzleistungen gewährt werden. Das sind bspw. solche Leistungen, die der Arbeitgeber dem Steuerpflichtigen zur Erleichterung des Arbeitsplatz- oder Berufswechsels oder als Anpassung an eine dauerhafte Berufsaufgabe und Arbeitslosigkeit erbringt. Die Unbeachtlichkeit solcher ergänzenden Zusatzleistungen beruht auf einer zweckentsprechenden Auslegung des § 34 EStG unter Berücksichtigung des Grundsatzes der Verhältnismäßigkeit. Dieser Grundsatz enthält neben den Elementen der Eignung und Erforderlichkeit auch das Element der Angemessenheit. Diesem Grundsatz widerspricht es, die anlässlich der Entlassung eines Arbeitnehmers aus **Fürsorgegesichtspunkten** für eine Übergangszeit erbrachten Zusatzleistungen als schädlich für die ermäßigte Besteuerung der Hauptleistung zu beurteilen. Die Unangemessenheit einer solchen Rechtsfolge verdeutlicht sich insbes. in solchen Fällen, in denen die in späteren Veranlagungszeiträumen zugeflossenen Zusatzleistungen niedriger sind, als die tarifliche Steuerbegünstigung für die Hauptleistung (*BFH* 24.1.2002 – XI R 43/99, BFH/NV 2002, 717). In dem vom BFH entschiedenen Fall hat der Arbeitgeber mit dem Betriebsrat eine Regelungsabrede getroffen, um den Arbeitnehmern die freiwillige Beendigung des Arbeitsverhältnisses zu erleichtern. Bei Ausscheiden sollte ein einmaliger Betrag als Abfindung gezahlt werden. Außerdem sollten diese Mitarbeiter, soweit sie nach dem Ausscheiden arbeitslos würden und sich sofort arbeitslos meldeten, von dem Arbeitgeber bis zu 12 Monaten eine Ausgleichszahlung in Höhe der Differenz zwischen 85 vH der bisherigen Nettobezüge und dem von der Arbeitsverwaltung gezahlten Arbeitslosengeld erhalten.

Die vom Arbeitgeber gezahlten monatlichen Ausgleichszahlungen wurden in zwei Veranlagungszeiträumen 12 Monate lang bezahlt. Das Finanzamt hatte zwar die Abfindung der Steuerfreiheit nach § 3 Nr. 9 EStG unterworfen, jedoch sämtliche Ausgleichszahlungen mit dem normalen Einkommensteuertarif belegt, weil es an dem in § 34 Abs. 1 und 2 EStG geforderten Tatbestandsmerkmal der außerordentlichen Einkünfte, die in einem Veranlagungszeitraum zusammengeballt zugeflossen seien, fehle. Der BFH ist dieser Ansicht **nicht** gefolgt.

▶ Beispiel (BFH 6.3.2002 – XI 16/01, BFH/NV 2002, 1379):

> Arbeitgeber gerät in Konkurs; der Konkursverwalter schließt mit dem Betriebsrat eine Vereinbarung über die den Arbeitnehmern zu erbringenden Zahlungen. Es wird ein sozialer Härtefonds errichtet. Mit den Mitteln des Härtefonds sollen mit dem Konkurs, dem Betriebsübergang oder dem Verlust des Arbeitsplatzes verbundene besondere Härten ausgeglichen werden. Der Konkursverwalter zahlte eine einmalige Abfindung an die Arbeitnehmer. Im selben Jahr wurden aus dem Härtefonds vom Betriebsrat Zahlungen erbracht und in dem folgenden Jahr ein weiterer Betrag an die Arbeitnehmer ausgezahlt. Unstreitig ist, dass die im ersten Jahr gezahlte Abfindung nach altem Recht bis zu den Höchstbeträgen des § 3 Nr. 9 EStG steuerfrei zu belassen ist. Zwischen den Beteiligten (Finanzamt und Steuerpflichtiger) war strittig, ob die über den Höchstbetrag des § 3 Nr. 9 EStG hinausgehende Zahlung sowie die Zahlungen aus dem Härtefonds in zwei Veranlagungszeiträumen nach § 34 EStG ermäßigt zu besteuernde Einkünfte darstellen.

40

Der BFH hat die im ersten Jahr zugeflossene Abfindung und Teilzahlung aus dem Härtefonds als nach § 34 Abs. 1 EStG ermäßigt zu besteuern beurteilt. Die im zweiten Jahr erhaltene Restzahlung ist als ergänzende Zusatzleistung aus **sozialer Fürsorge** erfolgt und unschädlich für die Beurteilung der im ersten Jahr zugeflossenen Hauptleistung als einer zusammengeballten Entschädigung. Die im zweiten Jahr erfolgte Restzahlung erfolgte außerhalb des zusammengeballten Zuflusses im ersten Jahr und unterliegt damit nicht der Tarifbegünstigung des § 34 Abs. 1 EStG.

In einem weiteren Verfahren hat der *BFH* (21.1.2004 – XI R 33/02, BFHE 205, 125, BStBl II 2004, 715) aus Gründen der sozialen Fürsorge die späteren Nachbesserungen, die in einem Jahr nach Zahlung der Hauptentschädigung zugeflossen sind, auch dann als tarifbegünstigt zu besteuern angesehen, wenn diese im Sozialplan vorgesehene Aufstockung 42,3 vH der Hauptentschädigung beträgt.

41

▶ Beispiel (BFH 21.1.2004 – XI 33/02 – BStBl II 2004, 715):

> Wegen Aufgabe des Produktionsstandortes wurde das Arbeitsverhältnis zum 30.9.1993 beendet. Nach einem Sozialplan vom März 1993 erhielt der Kläger für den Verlust seines Arbeitsplatzes im Jahr 1993 eine Abfindung iHv 54.052 DM. Ferner war vereinbart worden, dass der Abfindungsbetrag neu geregelt werden sollte, wenn sich aus dem nächst gültigen Sozialplan hinsichtlich der Abfindungssumme für den Kläger eine finanzielle Verbesserung ergeben sollte. Im Jahr 1994 wurde ein weiterer Sozialplan aufgestellt, auf Grund dessen der Kläger im Jahr 1994 für den Verlust seines Arbeitsplatzes weitere 22.862 DM erhielt.

42

Nachdem das Finanzamt von der Nachzahlung im Jahr 1994 Kenntnis erlangt hatte, unterwarf es im Jahr 1993 die gezahlte Abfindung dem vollen Steuersatz.

43

Der BFH hat die Zahlungen der Entschädigungen in zwei Zahlungsjahren als unschädlich angesehen und im Wesentlichen ausgeführt, dass solche ergänzende Zusatzleistungen der tarifbegünstigten Besteuerung der Hauptentschädigung nicht entgegenstünden. Dies beruhe auf einer zweckentsprechenden Auslegung des § 34 EStG unter Berücksichtigung des Grundsatzes der Verhältnismäßigkeit. Diesem Grundsatz widerspräche es, die anlässlich der Entlassung eines Arbeitnehmers aus Fürsorgegesichtspunkten für eine Übergangszeit erbrachten Zusatzleistungen als für die tarifbegünstigte Besteuerung der Hauptentschädigungsleistung schädlich zu beurteilen. Auch der Höhe nach sei die dem Kläger nachträglich zugeflossene Erhöhung der Abfindung eine ergänzende Zusatzleistung.

44

45 Die dem Kläger nachträglich zugeflossene Aufstockung seiner Entschädigung betrug 42,3 vH der Hauptentschädigung und 29,7 vH der Gesamtentschädigung.

46 Allerdings gilt, dass die zusätzlichen Leistungen auch betragsmäßig nur einen ergänzenden Zusatz zur Hauptleistung bilden dürfen, diese also bei weitem nicht erreichen oder nur so geringfügig sind, dass eine Versagung der Begünstigung gem. § 34 EStG gegen den Grundsatz der Verhältnismäßigkeit verstoßen würde (*BFH* 11.5.2010 – IX R 39/09, BFH/NV 2010, 1801).

47 Die Finanzverwaltung hat im Hinblick auf diese Rechtsprechung zwischenzeitlich reagiert und eine 50 %-Grenze festgelegt. Werden zusätzliche Entschädigungsleistungen, die Teil einer einheitlichen Entschädigung sind, aus Gründen der sozialen Fürsorge für eine gewisse Übergangszeit in späteren Veranlagungszeiträumen gewährt, sind diese für die Beurteilung der Hauptleistung als einer zusammengeballten Entschädigung unschädlich, wenn sie weniger als 50 % der Hauptleistung betragen (BMF-Schreiben v. 1.11.2013, BStBl I 2013, 1326 Rn 14).

48 Davon abweichend kann eine Teilauszahlung ausnahmsweise unschädlich sein, wenn anderenfalls der Zweck des Gesetzes verfehlt würde. Liegen keine besonderen Umstände vor, die die Teilleistung bedingen oder prägen (zB soziale Motivation, persönliche Notlage), kommt es allein auf die Höhe der Teilleistung an. Die Auszahlung einer einheitlichen Abfindung in zwei Teilbeträgen steht danach der Anwendung des ermäßigten Steuersatzes ausnahmsweise nicht entgegen, wenn sich die Teilzahlungen im Verhältnis zueinander eindeutig als Haupt- und Nebenleistung darstellen und wenn die Nebenleistung geringfügig ist. Unter welchen Umständen von einer geringfügigen Teilleistung auszugehen ist, bestimmt sich nach dem Vorliegen einer Ausnahmesituation in der individuellen Steuerbelastung des einzelnen Steuerpflichtigen. Eine starre Prozentgrenze (im Verhältnis der Teilleistungen zueinander oder zur Gesamtabfindung) sieht das Gesetz weder vor noch kann eine solche die gesetzlich geforderte Prüfung der Außerordentlichkeit im Einzelfall ersetzen (*BFH* 13.10.2015 – IX R 46/14, BFHE 251, 331, BStBl II 2016, 214, DStR 2015, 2658, DB 2015, 2795, BFH/NV 2016, 133). Im Streitfall belief sich die Teilleistung auf 8,87 % der Gesamtabfindung. Die Finanzverwaltung geht aus Gründen der Verwaltungsvereinfachung davon aus, dass eine geringfügige Zahlung anzunehmen ist, wenn diese nicht mehr als 10 % der Hauptleistung beträgt (BMF-Schreiben vom 4.3.2016, BStBl I 2016, 277).

IV. Gestaltungsmöglichkeiten zur Erlangung der Tarifbegünstigung

49 Das Erfordernis der Zusammenballung der Einnahmen gibt den Vertragsparteien Arbeitgeber und Arbeitnehmer die Gestaltungsmöglichkeit dahingehend, ob Entschädigungszahlungen tarifbegünstigt zu versteuern sind oder nicht.

▶ **Beispiel:**

50 Der Arbeitgeber spricht am 7.7.2018 eine fristlose Kündigung aus. Der Arbeitnehmer ist ordentlich nur kündbar mit einer Frist von sechs Monaten zum 30.6. oder 31.12. Arbeitgeber und Arbeitnehmer schließen im November 2018 vor dem Arbeitsgericht einen Vergleich. Das Arbeitsverhältnis soll am 30.9.2018 enden. Der Arbeitgeber zahlt eine Abfindung iHv insgesamt 30.000 Euro. Dieser Betrag soll 12 Monatsgehältern á 2.500 Euro für die Zeit vom Juli 2018 bis Juni 2019 entsprechen.

51 1. Fall: Einmalige Zahlung des gesamten Betrages im Jahre 2018: Da der Arbeitnehmer für drei Monate (Juli bis September 2018) noch einen Anspruch auf Arbeitslohn hat, ist der hierauf entfallende Teil der Abfindung mit dem normalen Steuersatz steuerpflichtig. Auf den übrig bleibenden Teil der Entschädigungszahlung ist § 34 Abs. 1 EStG anzuwenden.

2. **Fall:** Zahlung eines Betrages von 15.000 Euro (6 Monate × 2.500 Euro) im Jahre 2018 und die übrigen 15.000 Euro in den Monaten Januar bis Juni 2019: In der Abfindung liegt wiederum eine steuerliche Lohnzahlung iHv 7.500 Euro. Für den restlichen Betrag ist **keine** Progressionsglättung gem. § 34 Abs. 1 EStG vorzunehmen. Es liegt keine Zusammenballung von Einnahmen in einem Veranlagungsjahr vor.

3. Fall: Zahlung des Gesamtbetrages in zwei Raten im November und Dezember 2018: Wie Ergebnis 1. Fall. Zahlung in zwei Raten ist unschädlich. Es liegt eine Zusammenballung von Einnahmen im Veranlagungszeitraum 2018 vor.

4. Fall: Zahlung des gesamten Betrages im Januar 2019: 7.500 Euro sind steuerpflichtige Lohnzahlungen für die Monate Juli bis September 2018. Auf den übrig bleibenden Betrag ist § 34 Abs. 1 EStG anzuwenden. Es ist nicht erforderlich, dass zwischen der Vertragsauflösung und dem Zeitpunkt der Entschädigungszahlung ein enger zeitlicher Zusammenhang besteht.

Die genannten Fallgestaltungen geben Anlass, darauf hinzuweisen, dass Arbeitgeber und Arbeitnehmer den Zeitpunkt des Zuflusses einer Abfindung/Entschädigung oder eines Teilbetrages einer solchen beim Arbeitnehmer in der Weise auch dann steuerwirksam gestalten, wenn sie deren ursprünglich vorgesehene Fälligkeit vor ihrem Eintritt auf einen späteren Zeitpunkt verschieben. Gem. § 11 Abs. 1 S. 1 EStG sind Einnahmen innerhalb des Kalenderjahres bezogen, in dem sie dem Steuerpflichtigen zugeflossen sind. Die Fälligkeit eines Anspruchs allein führt noch nicht zu einem gegenwärtigen Zufluss. Entscheidend ist allein der uneingeschränkte, volle wirtschaftliche Übergang des geschuldeten Gutes oder das Erlangen der wirtschaftlichen Dispositionsbefugnis darüber. Grundsätzlich können Gläubiger und Schuldner einer Geldforderung im Rahmen der zivilrechtlichen Gestaltung des Erfüllungszeitpunkts auch die steuerrechtliche Zuordnung der Erfüllung zu einem Veranlagungszeitraum gestalten. Rechtsmissbrauch (§ 42 AO) kommt in diesen Fällen regelmäßig nicht in Betracht (*BFH* 11.11.2009 – IX R 1/09, BFHE 227, 93, BStBl II 2010, 746). 52

V. Steuerberechnung

Die außerordentlichen Einkünfte iSd § 34 Abs. 2 EStG werden durch eine rechnerische Verteilung auf fünf Jahre besteuert. Die Einkünfte werden mit dem Steuersatz besteuert, der sich ergeben würde, wenn im Jahr des Zuflusses nur ein Fünftel der außerordentlichen Einkünfte erzielt worden wäre. § 34 Abs. 1 S. 2 EStG sieht folgende Berechnungsschritte vor: 53

1. Der Steuerbetrag wird auf der Grundlage des zu versteuernden Einkommens ohne die außerordentlichen Einkünfte (gesetzliche Definition: verbleibendes zu versteuerndes Einkommen) ermittelt.
2. Das verbleibende zu versteuernde Einkommen wird um ein Fünftel der außerordentlichen Einkünfte erhöht und auf dieser Grundlage die Einkommensteuer festgestellt.
3. Für die so ermittelten Steuerbeträge wird die Differenz errechnet und verfünffacht.
4. Der unter 3. errechnete Steuerbetrag wird zu dem für das zu versteuernde Einkommen ohne die außerordentlichen Einkünfte ermittelten Steuerbetrag hinzugerechnet. Die so ermittelte Summe ist die im Jahr des Zuflusses der Entschädigungszahlungen festzusetzende Einkommensteuer.

Berechnungsbeispiel auf der Grundlage der Einkommensteuer-Grundtabelle 2021 (es wird davon abgesehen, den zutreffenden stufenlosen Einzelwert der Einkommensteuer darzustellen):		Euro
Einkünfte aus nichtselbständiger Arbeit		40.000
sonstige vom Einkommen abzuziehende Beträge (z.B. Sonderausgaben)		5.000
verbleibendes zu versteuerndes Einkommen		35.000
Steuer lt. Grundtabelle		6.660
verbleibendes zu versteuerndes Einkommen		35.000
zuzüglich Abfindung	50.000	
davon 1/5	10.000	10.000

erhöhtes zu versteuerndes Einkommen	45.000
Steuer auf erhöhtes zu versteuerndes Einkommen lt. Grundtabelle	10.111
Steuer lt. Grundtabelle auf verbleibendes zu versteuerndes Einkommen (s. o.)	6.660
Unterschiedsbetrag	3.451
Fünffaches des Unterschiedsbetrages	17.255
Steuerfestsetzung:	
Steuer lt. Grundtabelle auf verbleibendes zu versteuerndes Einkommen	6.660
Steuer auf außerordentliche Einkünfte	17.255
Einkommensteuer	23.915
zum Vergleich die Einkommensteuer ohne die Tarifglättung des § 34 Abs. 1 EStG:	
Verbleibendes zu versteuerndes Einkommen	35.000
zuzüglich außerordentliche Einkünfte	50.000
zu versteuerndes Einkommen	85.000
Einkommensteuer lt. Grundtabelle	26.563

Die Tarifermäßigung nach § 34 Abs. 1 EStG bringt somit eine Steuerersparnis von 2.648 Euro.

54 Die Vorschrift des § 34 Abs. 1 S. 3 EStG stellt eine Besteuerung der außerordentlichen Einkünfte, wenn auch ermäßigt, auch für den Fall sicher, dass das **verbleibende zu versteuernde Einkommen** negativ, aber das zu versteuernde Einkommen insgesamt positiv ist. Der Arbeitnehmer hat zB neben seinen geringen Lohneinkünften hohe Verluste aus der Vermietung eines Gebäudes (§ 21 EStG) und erhält eine Abfindungszahlung.

Berechnungsbeispiel auf der Grundlage der Einkommensteuer-Grundtabelle 2021(es wird davon abgesehen, den zutreffenden stufenlosen Einzelwert der Einkommensteuer darzustellen):		Euro
Verbleibendes zu versteuerndes Einkommen (Einkünfte aus nichtselbständiger Tätigkeit./. Verlust aus Vermietung)		./. 20.000
Abfindung	60.000	
zu versteuerndes Einkommen ohne Anwendung des § 34 Abs. 1 EStG		40.000
Steuer lt. Grundtabelle ohne Anwendung des § 34 Abs. 1 EStG		8.333
Ermittlung der Steuer nach § 34 Abs. 1 S. 3 EStG:		
1/5 des zu versteuernden Einkommens (1/5 von 40.000)		8.000
Steuer lt. Grundtabelle		0
Steuer verfünffacht		0

VI. Lohnsteuerverfahren

55 Der steuerpflichtige Arbeitslohn, der nicht als laufender Arbeitslohn gezahlt wird, ist ein sonstiger Bezug iSv § 39b Abs. 3 EStG. Dazu zählen insbes. Entschädigungen iSv § 24 EStG. Die Steuerermäßigungen nach § 34 Abs. 1 EStG sind vom Arbeitgeber im Lohnsteuerabzug zu berücksichtigen. Bei Vorliegen der Voraussetzungen ermittelt der Arbeitgeber im Lohnsteuerabzugsverfahren gem. § 39b Abs. 3 S. 9 EStG die Lohnsteuer in der Weise, dass der tarifbegünstigte sonstige Bezug mit einem Fünftel angesetzt wird und die ermittelte Lohnsteuer auf den tarifbegünstigten sonstigen Bezug verfünffacht wird. Hierbei ist zu beachten, dass die so ermittelte Steuer nicht höher sein darf,

als die Steuer ohne Berücksichtigung der Tarifglättung. Dementsprechend hat der Arbeitgeber eine Vergleichsberechnung durchzuführen und die jeweils für den Arbeitnehmer günstigere Steuerberechnung bei der Einbehaltung der Lohnsteuer zugrunde zu legen.

D. ABC der Abfindungen/Entschädigungen

I. Nachzahlung einer Altersrente

Die Nachzahlung einer Altersrente aus der Bundesversicherungsanstalt für Angestellte ist keine Entschädigung iSd § 24 Nr. 1 lit. a) EStG. Sie stellt nur die verspätet erbrachte Leistung dar, die dem Rentenempfänger aus dem Versicherungsverhältnis zusteht (*BFH* 31.7.1970 – VI R 177/68, BFHE 100, 42, BStBl II 1970, 784). 56

II. Abfindung einer Erfindervergütung

Gibt der Arbeitnehmer mit seinem Interesse an einer Weiterführung der Vereinbarung auf Arbeitnehmererfindervergütung im Konflikt mit seinem Arbeitgeber nach und nimmt dessen Abfindungsangebot an, so beruht die Zustimmung auf einer Zwangssituation und die Abfindung stellt eine Entschädigung iSv § 24 Nr. 1 Buchst a EStG dar (*BFH* 29.2.2012 – IX R 28/11, BFHE 237, 56, BStBl II 2012, 569). 57

III. Anwartschaften

Hatte der Arbeitnehmer zur Zeit der Beendigung des Arbeitsverhältnisses bereits einen **unverfallbaren** Anspruch auf künftige betriebliche Pensionsleistungen erworben, so stand ihm die Steuerfreiheit nach § 3 Nr. 9 EStG für die hierauf gezahlte Abfindung nicht zu (*BFH* 24.4.1991 – XI R 9/87, BFHE 164, 279, BStBl II 1991, 723). Eine Abfindung iSd § 3 Nr. 9 EStG lag aber dann vor, wenn der Arbeitgeber dem Arbeitnehmer für die Zeit nach Auflösung des Dienstverhältnisses Beträge zahlt, auf die dieser bei Fortbestand des Dienstverhältnisses einen Anspruch gehabt hätte, der aber durch die Auflösung zivilrechtlich weggefallen ist (*BFH* 11.1.1980 – VI R 165/77, BFHE 129, 479, BStBl II 1980, 205). Diese zur Steuerfreiheit nach § 3 Nr. 9 EStG ergangene Rechtsprechung ist entsprechend übertragbar auf § 24 EStG. In der Abfindungszahlung des Arbeitgebers liegt eine Entschädigungszahlung iSd § 24 Nr. 1 lit. a) EStG. 58

Ob ein unverfallbarer Rechtsanspruch bereits bei Beendigung des Arbeitsverhältnisses besteht, bestimmt sich nach dem Arbeitsrecht. Eine entgeltliche Herabsetzung einer Pensionszusage ohne weitere Änderungen des Dienstverhältnisses wird nicht zu einer steuerbegünstigten Abfindung (*BFH* 6.3.2002 – XI R 36/01, BFH/NV 2002, 1144). 59

▶ **Beispiel (BFH-Fall):**

Arbeitgeber gewährte dem Arbeitnehmer in Ergänzung zu seinem Anstellungsvertrag durch Zusatzvereinbarung eine Alters-, Invaliden- und Hinterbliebenenversorgung. Nach wirtschaftlichen Schwierigkeiten vereinbarte der Arbeitgeber mit dem Arbeitnehmer eine Reduzierung der Versorgungsleistungen. Das Ruhegeld wurde herabgesetzt. Zur Vermeidung eines Rechtsstreits für den Verlust der noch verfallbaren Pensionsanwartschaft zahlte der Arbeitgeber eine Abfindung. 60

Diese Abfindung war nicht nach § 3 Nr. 9 EStG steuerfrei, weil die Pensionszusage lediglich der Höhe nach herabgesetzt wird, ohne dass es zu einer Auflösung des Dienstverhältnisses gekommen ist. Ebenso scheidet aus dem gleichen Grunde eine Entschädigung iSd § 24 Nr. 1 lit. a) EStG aus. Auch eine Anwendung des § 24 Nr. 1 lit. b) EStG kommt nicht in Betracht, weil weder eine Tätigkeit beendet noch eine Gewinnbeteiligung aufgegeben worden ist.

Ruhegehalt, das ein Arbeitgeber seinem Arbeitnehmer auf Grund Dienstvertrages zahlt, gehört nach § 19 Abs. 1 Nr. 2 EStG ausdrücklich zu den Einkünften aus nichtselbständiger Arbeit und damit zu den Einkünften aus früherer Tätigkeit iSd § 24 Nr. 2 EStG. Zu den Ruhegeldern iSd § 19 Abs. 1 Nr. 2 EStG gehören auch solche, die erst im Zeitpunkt der vertraglich vorgesehenen 61

Beendigung des Arbeitsverhältnisses vereinbart oder auch ggf. erhöht werden. Auch solche nachträglich vereinbarten Ruhegelder sind nicht Entschädigung iSd § 24 Nr. 1a EStG, da sie nicht für entgehende Lohnansprüche gezahlt werden, denn im Zeitpunkt des vereinbarten Eintritts in den Ruhestand endet die Lohnzahlungsverpflichtung des Arbeitgebers, so dass Ruhegelder nicht für entgangene Lohnzahlungen geleistet werden. Das Ruhegeld findet seine Rechtsgrundlage in der früheren Tätigkeit des Arbeitnehmers für seinen Arbeitgeber (*BFH* 6.3.2002 – XI R 51/00 – BFHE 198, 468, BStBl II 2002, 516).

IV. Arbeitsvertragsänderung

62 Zahlt der Arbeitgeber seinem Arbeitnehmer eine Abfindung, weil dieser seine Wochenarbeitszeit aufgrund eines Vertrags zur Änderung des Arbeitsvertrags unbefristet reduziert, so kann darin eine begünstigt zu besteuernde Entschädigung iSv § 24 Nr. 1 lit. a) EStG liegen (*BFH* 25.8.2009 – IX R 3/09, BFHE 226, 261, BStBl II 2010, 1030). Die Abfindung dient als Ersatz für die durch die Verminderung der Arbeitszeit entgehenden Einnahmen und beruht mit dem Änderungsvertrag auf einer neuen Rechtsgrundlage. Voraussetzung ist, dass der Steuerpflichtige bei der Änderung des Arbeitsvertrages unter rechtlichem, wirtschaftlichem oder tatsächlichem Druck gehandelt hat.

V. Aussperrungsunterstützung

63 Aussperrungsunterstützungen, die eine Gewerkschaft an ihre Mitglieder zählt, sind nicht steuerbar; dh sie unterliegen nicht der Einkommensteuer. Dies gilt gleichermaßen für die Streikunterstützungen, die eine Gewerkschaft an ihre streikenden Mitglieder zahlt (*BFH* 24.10.1990 – X R 161/88, BFHE 162, 329, BStBl II 1991, 337). Die Streikunterstützungen haben ihre Rechtsgrundlage in der Mitgliedschaft des Arbeitnehmers in der Gewerkschaft und sind auch im weitesten Sinne nicht Gegenleistungen für das zur Verfügung stellen der individuellen Arbeitskraft des streikenden Arbeitnehmers. Die Gewerkschaft gewährt die Unterstützung zur Durchsetzung ihrer gewerkschaftlichen Ziele. Der von ihr initiierte Streik als Mittel des kollektiven Arbeitskampfes soll nicht daran scheitern, dass die Mitglieder infolge des Ausfalls ihrer Arbeitsbezüge in soziale Not geraten. Der Arbeitgeber – ansonsten Vertragspartner des nicht streikenden Arbeitnehmers – hat mit der Unterstützungsleistung nichts zu tun; Streik und Streikunterstützung richten sich vielmehr gegen seine Interessen. Dem steht nicht die Abziehbarkeit der Gewerkschaftsbeiträge als Werbungskosten gem. § 9 Abs. 1 Nr. 3 EStG entgegen, weil die Ziele der Gewerkschaften geeignet sind, den Beruf zu erhalten und zu fördern.

VI. Gehaltsnachzahlung

64 Eine Gehaltsnachzahlung aufgrund des Ergebnisses eines Arbeitsgerichtsprozesses ist eine Zahlung in Erfüllung eines fortbestehenden Anspruchs und dementsprechend keine Entschädigung iSd § 24 Nr. 1a (*BFH* 16.3.1993 – XI R 52/88, BFHE 171, 70, BStBl II 1993, 507).

VII. Insassen-Unfallversicherung

65 Eine Todesfall-Versicherungssumme, die aufgrund einer vom Arbeitgeber für Betriebsfahrzeuge abgeschlossenen Autoinsassen-Unfallversicherung den Hinterbliebenen eines auf einer Dienstreise tödlich verunglückten Arbeitnehmers wegen des eingetretenen Personenschadens zufließt, gehört zu den nicht steuerbaren Einnahmen, und ist nicht etwa eine Entschädigung nach § 24 Nr. 1 lit. a) EStG. Die Versicherungsleistung dient nicht, jedenfalls nicht in erster Linie, dem Zweck, Einnahmeausfälle des tödlich verunglückten Arbeitnehmers zu ersetzen. Die Versicherungssumme hat nicht die Funktion von Lohnersatz, sie soll vielmehr alle denkbaren Belastungen mildern, die der Tod des Verunglückten zur Folge hat (*BFH* 22.4.1982 – III R 135/79, BFHE 135, 512, BStBl II 1982, 496).

VIII. Jubiläumszuwendungen

66 Jubiläumszuwendungen waren nach § 3 Nr. 52 EStG iVm § 3 LStDV vor dem Jahr 1999 in gestaffelter Höhe steuerfrei, wenn sie anlässlich eines 10-, 25-, 40-, 50- oder 60-jährigen

Arbeitnehmerjubiläums oder eines 25-jährigen Geschäftsjubiläums oder eines Mehrfachen davon gewährt wurden. Ab dem Jahr 1999 sind nur übliche Sachleistungen des Arbeitgebers aus Anlass eines runden Arbeitnehmerjubiläums im Wert von 110 Euro einschließlich Umsatzsteuer steuerfrei (R 19.3 Abs. 2 Nr. 3 LStH 2018).

Zahlt nun ein Arbeitgeber einem Arbeitnehmer zum Zeitpunkt der Entlassung eine Abfindung und in einem späteren Veranlagungszeitraum eine Jubiläumszuwendung, die der Arbeitnehmer bei Fortsetzen des Arbeitsverhältnisses erhalten hätte, kann die Jubiläumszuwendung eine für die Tarifbegünstigung der Hauptentschädigung unschädliche Entschädigungszusatzleistung sein (BFH 14.5.2003 – XI R 23/02, BB 2003, 2213). 67

Die Tarifbegünstigung nach § 34 Abs. 1 EStG setzt grds. den zusammengeballten Zufluss der Entschädigung in einem Veranlagungszeitraum voraus; nur dann handelt es sich um außerordentliche Einkünfte iSd § 34 EStG. Einkünfte, die keine Entschädigung sind, wie bspw. Leistungen, die in Erfüllung bestehender Ansprüche erbracht werden, heben die Tarifbegünstigung außerordentlicher Einkünfte auch dann nicht auf, wenn sie im Rahmen der Vereinbarung über die Beendigung des Dienstverhältnisses mitgeregelt werden und dem Arbeitnehmer nicht im Jahr der Abfindungszahlungen zufließen. Hat der Arbeitnehmer im Zeitpunkt der Beendigung des Arbeitsverhältnisses bereits einen arbeitsrechtlichen Anspruch auf ein, wenn auch zeitanteilig gekürztes, Jubiläumsgeld erworben, so stellt die Zahlung der Jubiläumszuwendung keine Entschädigungsleistung iSd § 24 Nr. 1 lit. a) EStG, sondern Erfüllungsleistung dar. Als solche Erfüllungsleistung berührt es die Tarifbegünstigung der Entschädigungszahlungen nicht. Aber auch, wenn kein arbeitsrechtlicher Anspruch auf ein Jubiläumsgeld bereits erworben ist, kommt eine Bewertung solch einer Zahlung im Zeitpunkt des Dienstjubiläums, also nach Beendigung des Arbeitsverhältnisses, als Zahlung aus sozialer Fürsorge des früheren Arbeitgebers zu seinem entlassenen Arbeitnehmer in Betracht. Der Arbeitgeber erbringt die Leistung wegen der bis zum Ausscheiden des Arbeitnehmers durch diesen erwiesenen Betriebstreue. Eine solche Zahlung in einem der Zahlung der Hauptentschädigung nachfolgendem Veranlagungszeitraum lässt die Tarifbegünstigung des § 34 EStG für die Hauptentschädigung nicht entfallen. 68

IX. Kapitalisierung von Versorgungs-/Rentenansprüchen auf Wunsch des Arbeitgebers

Eine steuerbegünstigte Entschädigung nach § 24 Nr. 1 lit. a) EStG iVm § 34 Abs. 1 kann gegeben sein, wenn der Arbeitnehmer beim Auslaufen eines befristeten Arbeitsvertrages sich dem Verlangen des Arbeitgebers, in eine Kapitalisierung seines fortbestehenden Anspruchs auflaufende Versorgungsleistungen einzuwilligen, praktisch nicht entziehen kann (BFH 16.4.1980 – VI R 86/77, BFHE 130, 168, BStBl II 1980, 393). 69

Die Abfindung, die der Gesellschafter-Geschäftsführer, der seine GmbH-Anteile veräußert, für den Verzicht auf seine Pensionsansprüche gegen die GmbH erhält, kann eine Entschädigung iSd § 24 Nr. 1 lit. a) EStG sein. Eine Entschädigung iSd § 24 Nr. 1 lit. a) EStG setzt voraus, dass der Ausfall der Einnahmen entweder durch den Arbeitgeber veranlasst wurde oder wenn er vom Arbeitnehmer selbst oder mit dessen Zustimmung herbeigeführt worden ist, dieser unter rechtlichem, wirtschaftlichem oder tatsächlichem Druck stand. Diesem Erfordernis liegt die Überlegung zu Grunde, dass eine Steuerermäßigung nach § 34 Abs. 1 EStG nur dann gerechtfertigt ist, wenn sich der Arbeitnehmer hinsichtlich der Aufgabe seiner Pensionsansprüche in einer Zwangssituation befindet und sich dem zusammengeballten Zufluss der Einnahmen nicht entziehen kann. So kann bei einem zunächst freiwilligen Entschluss des Gesellschafter-Geschäftsführers zum Anteilsverkauf eine Zwangslage zum Verzicht auf Pensionsansprüche dadurch entstehen, dass der Erwerber der Anteile nicht bereit ist, die Versorgungsverpflichtungen zu übernehmen. Der Gesellschafter-Geschäftsführer, der sich zur Veräußerung seiner GmbH-Anteile entschließt, muss nicht damit rechnen, dass dies nur bei gleichzeitigem Verzicht auf seine Pensionsansprüche gegen Abfindung durch die GmbH möglich ist (BFH 10.4.2003 – XI R 4/02, BFHE 202, 290, BStBl II 2003, 748). 70

71 Nach ständiger höchstrichterlicher Rechtsprechung setzt eine Entschädigung iSd § 24 Nr. 1 lit. a) EStG voraus, dass der Ausfall der Einnahmen entweder von dritter Seite veranlasst ist oder, wenn der Steuerpflichtige bei dem zum Einnahmeausfall führenden Ereignis selbst mitgewirkt hat, der Steuerpflichtige unter rechtlichem, wirtschaftlichem oder tatsächlichem Druck gehandelt hat; der Steuerpflichtige darf das Schaden stiftende Ereignis nicht aus eigenem Antrieb herbeigeführt haben. An einer Zwangslage fehlt es dann, wenn der Steuerpflichtige in seiner Sphäre freiwillig eine Ursachenkette in Gang gesetzt hat, die ihm später keinen Entscheidungsraum mehr belässt. Die Entwicklung der Ursachenkette muss sich allerdings in einem überschaubaren Rahmen halten. Ereignisse, mit denen der Steuerpflichtige nicht rechnen konnte und die für ihn außerhalb seiner Vorstellung lagen, unterbrechen den Ursachenzusammenhang und können eine für die Anwendung des § 24 Nr. 1 lit. a) EStG relevante Zwangslage herbeiführen. So kann bei einem zunächst freiwilligen Entschluss zum Anteilsverkauf eine Zwangslage zum Verzicht auf Versorgungsansprüche dadurch entstehen, dass der Erwerber nicht bereit ist, die Versorgungsverpflichtungen zu übernehmen. Der Gesellschafter-Geschäftsführer, der sich bspw. aus Altersgründen zur Veräußerung seiner GmbH-Anteile entschließt, muss nicht damit rechnen, dass dies nur bei gleichzeitigem Verzicht auf seine Pensionsansprüche gegen Abfindung durch die GmbH möglich ist. Zur Auflösung eines bestehenden Arbeitsverhältnisses und Ablösung der Versorgungszusage auf Veranlassung oder Druck des Unternehmens kommt es im Regelfall auch, wenn dieses liquidiert wird (*BFH* 10.4.2003 – XI R 32/02, BFH/NV 2004, 17).

72 Werden einem Arbeitnehmer in einer Vereinbarung über die vom Arbeitgeber veranlasste Auflösung des Arbeitsverhältnisses eine Abfindung und monatliche Übergangsgelder zugesagt und nimmt er in einer späteren Vereinbarung das Angebot des Arbeitgebers an, ihm insgesamt einen Einmalbetrag zu zahlen, so steht das ihm insoweit eingeräumte Wahlrecht auf Kapitalisierung einer begünstigten Besteuerung des Einmalbetrages nach § 34 Abs. 1 und 2 EStG nicht entgegen (*BFH* 14.5.2003 – XI R 12/00, BFHE 203, 38, BStBl II 2004, 449).

73 Die Rechtsprechung hat den Erfahrungssatz aufgestellt, dass die Liquidation eines Unternehmens im Regelfall dazu führt, dass bestehende Versorgungszusagen auf Veranlassung oder Druck des Unternehmens abgelöst werden (*BFH* 14.1.2004 – X R 37/02, BFHE 205, 96, BStBl II 2004, 493).

74 Die steuerrechtliche Behandlung der Pensionszahlungen als verdeckte Gewinnausschüttungen schließt eine Einordnung der Abfindung als Entschädigung iSd § 24 Nr. 1 lit. a) EStG nicht aus.

75 Jedoch führt nicht nur die Liquidation eines Unternehmens dazu, dass bestehende Versorgungszusagen auf Veranlassung oder Druck des Unternehmens abgelöst werden, sondern eine Abfindung von Versorgungsansprüchen ist als Entschädigung auch dann tarifbegünstigt zu versteuern, wenn sie durch eine ernst zu nehmende wirtschaftliche Gefährdung der Ansprüche veranlasst ist. Jedoch liegt eine ernst zu nehmende wirtschaftliche Gefährdung der Ansprüche nicht bereits dann vor, wenn die Schuldnerin der Versorgungsansprüche im Zeitpunkt des Abschlusses der Vereinbarung über den Verzicht gegen Abfindungszahlungen bilanziell überschuldet gewesen ist (*BFH* 14.12.2004 – XI R 12/04, BFH/NV 2005, 1251).

X. Kapitalisierung von Versorgungs-/Rentenansprüchen aufgrund bestehenden Vertragsrechts

76 Keine Entschädigung iSd § 24 Nr. 1 lit. a) EStG ist gegeben, wenn der Arbeitgeber von seinem im Versorgungsvertrag festgesetzten Recht Gebrauch macht, laufende Ruhegehaltszahlungen durch Kapitalisierung abzulösen (*BFH* 17.3.1978 – VI R 63/75, BFHE 124, 543, BStBl II 1978, 375). Die Entschädigungszahlung beruht nicht auf einer neuen Rechts- oder Billigkeitsgrundlage.

XI. Kapitalisierung von Versorgungs-/Rentenansprüchen aufgrund bestehenden Wahlrechts oder Wunsch des Arbeitnehmers

77 Werden auf Wunsch eines Arbeitnehmers die künftigen Ruhegehaltsbezüge kapitalisiert, so stellt der Kapitalbetrag keine Entschädigung iSv § 24 Nr. 1 lit. a) EStG dar. Die Kapitalisierung ist nicht durch den Arbeitgeber veranlasst worden (*BFH* 13.12.1987 – VI R 168/83, BFH/NV 1987, 574;

9.7.1992 – XI R 5/91, BFHE 168, 338, BStBl II 1993, 27, FG München vom 5.12.2019, EFG 2020, 358, Rev. eingelegt, AZ BFH: XI R 3/20).

Etwas anderes gilt, wenn der Vereinbarung über die Ruhegehaltsbezüge eine vom Arbeitgeber veranlasste Auflösung des Arbeitsverhältnisses zugrunde lag. Werden einem Arbeitnehmer eine Abfindung und monatliche Übergangsgelder zugesagt und nimmt er in einer späteren Vereinbarung das Angebot des Arbeitgebers an, ihm insgesamt einen Einmalbetrag zu zahlen, so steht das ihm insoweit eingeräumte Wahlrecht auf Kapitalisierung einer begünstigten Besteuerung des Einmalbetrages nach § 34 Abs. 1 EStG nicht entgegen. Entschädigungen, die aus Anlass der Auflösung eines Arbeitsverhältnisses gewährt werden, sind grds. einheitlich zu beurteilen (Grundsatz der Einheitlichkeit der Entschädigung); dementsprechend gehören zur Entschädigung für entgehende Einnahmen sämtliche Leistungen, zu denen sich der Arbeitgeber im Aufhebungsvertrag verpflichtet hat, soweit sie nicht Erfüllung des bisherigen Arbeitsvertrages sind. Eine spätere Vereinbarung zwischen Arbeitgeber und Arbeitnehmer auf Kapitalisierung von Versorgungsansprüchen beinhaltet lediglich eine Veränderung der Auszahlungsmodalitäten der für die Auflösung des Arbeitsverhältnisses zu zahlenden Entschädigung. Eine ursprünglich vereinbarte Entschädigung in Form einer Abfindung und von laufenden monatlichen Teilbeträgen wird ersetzt durch die Auszahlung der Gesamtsumme als Einmalbetrag. Der Entschädigungscharakter der einzelnen Leistungen erfährt dadurch keine Änderung (*BFH* 14.5.2003 – XI R 12/00, BFHE 203, 38, BStBl II 2004, 449, BFH/NV 2003, 1630). 78

XII. Karenzentschädigung

Die einem Arbeitnehmer im Arbeitsvertrag für eine Wettbewerbsenthaltung nach Vertragsbeendigung zugesagte Karenzentschädigung ist eine Entschädigung iSv § 24 Nr. 1 lit. b) EStG (*BFH* 13.2.1987 – VI R 230/83, BFHE 149, 182, BStBl II 1987, 386). Wenn auch der Arbeitnehmer sich von vornherein im Arbeitsvertrag verpflichtet hat, für die Zeit nach Beendigung des Arbeitsverhältnisses eine bestimmte Tätigkeit in einem bestimmten Gebiet für eine festgelegte Zeit nicht auszuüben und der Arbeitgeber hierfür eine Abfindung zahlt, so ist diese Zahlung gleichwohl eine Entschädigung iSd § 24 Nr. 1 EStG, weil für das Vorliegen der Voraussetzungen des § 24 Nr. 1 lit. b) EStG eine neue Rechts- oder Billigkeitsgrundlage nicht erforderlich ist. 79

Die Beendigung des Arbeitsverhältnisses bringt es mit sich, dass die Zahlung einer Karenzentschädigung mit der einer Abfindung wegen Auflösung des Arbeitsverhältnisses zusammenfallen kann, möglicherweise sogar beide in einem Betrag gezahlt werden. Da beide Beträge Entschädigungszahlungen iSv § 24 Nr. 1 EStG darstellen und die Steuerfreiheit nach § 3 Nr. 9 EStG nicht mehr gewährt wird, kommt eine einheitliche Begünstigung nach § 34 EStG in Betracht. 80

Auch das Entgelt, das für die Einhaltung eines **umfassenden** Wettbewerbsverbots gezahlt wird und deswegen den sonstigen Einkünften nach § 22 Nr. 3 EStG zugeordnet wird, ist eine Entschädigung iSd § 24 Nr. 1 lit. b) EStG (*BFH* 12.6.1996 – XI R 43/94, BFHE 180, 433, BStBl II 1996, 516). 81

XIII. Nutzungsrecht

Eine Entschädigung iSv § 24 Nr. 1 lit. a) EStG kann auch dann vorliegen, wenn Arbeitgeber und Arbeitnehmer anlässlich der Kündigung des Arbeitsverhältnisses durch den Arbeitgeber die Übertragung eines Grundstücks an den Arbeitnehmer zu einem wegen des bestehenden Wohnrechts des Arbeitnehmers in Höhe des Kapitalwerts des Wohnrechts geminderten Kaufpreis vereinbaren. Der hierin liegende geldwerte Vorteil ist als Entschädigung iSv § 24 Nr. 1 lit. a) EStG anzusehen (*BFH* 22.1.1988 – VI R 135/84, BFHE 152, 461, BStBl II 1988, 525). 82

XIV. Optionsrecht

Eine Entschädigung iSv § 24 Nr. 1 lit. b) EStG liegt auch dann vor, wenn ein Arbeitnehmer aufgrund arbeitsvertraglicher Regelungen von seinem Optionsrecht, gegen Zahlung einer Abfindung aus dem Arbeitsverhältnis auszuscheiden, Gebrauch macht (*BFH* 8.8.1986 – VI R 28/84, BFHE 147, 370, BStBl II 1987, 106). 83

XV. Pensionsabfindung

84 Siehe Anwartschaften und Kapitalisierung von Versorgungs-/Rentenansprüchen.

XVI. Streikunterstützung

85 Siehe Aussperrungsunterstützung.

XVII. Tagegelder

86 Die aus einer Unfallversicherung an die Erben eines tödlich verunglückten Arbeitnehmers zum Ausgleich der Einnahmeausfälle gezahlten Tagegelder stellen Entschädigungszahlungen iSv § 24 Nr. 1a EStG dar (*BFH* 13.4.1976 – VI R 216/72, BFHE 119, 247, BStBl II 1976, 694).

XVIII. Todesfall-Versicherung

87 Siehe Insassen-Unfallversicherung.

XIX. Vorruhestandsgeld

88 Vorruhestandsgelder, die auf Grund eines Manteltarifvertrages vereinbart werden, sind Teil der Entschädigung für den Verlust des Arbeitsplatzes. Für die Annahme einer Entschädigung in diesem Sinne muss die an die Stelle der bisherigen Einnahmen tretende Ersatzleistung auf einer neuen Rechts- oder Billigkeitsgrundlage beruhen. Es reicht nicht aus, wenn die bisherige vertragliche Basis bestehen geblieben ist und sich nur Zahlungsmodalitäten geändert haben. Für die Frage, ab wann vertragliche Ansprüche nicht mehr auf der alten Rechtsgrundlage entstehen können, ist dabei von dem Zeitpunkt auszugehen, zu dem Arbeitgeber und Arbeitnehmer das Dienstverhältnis wirksam beendet haben. Eine Zahlung beruht auch dann – verglichen mit dem bisherigen Anspruch auf Erfüllung von Gehaltsforderungen – auf einem neuen Rechtsgrund und stellt damit eine Ersatzleistung dar, wenn sie bereits im Arbeitsvertrag oder in einem Tarifvertrag für den Fall der betriebsbedingten Kündigung des Arbeitsverhältnisses vereinbart wird (*BFH* 16.6.2004 – XI R 55/03, BFHE 206, 544, BStBl II 2004, 1055, BFH/NV 2004, 1705).

XX. Wettbewerbsverbot

89 Siehe Karenzentschädigung.

XXI. Wiedereinstellung

90 Schadensersatz, der einem Steuerpflichtigen infolge einer schuldhaft verweigerten Wiedereinstellung zufließt, ist eine Entschädigung iSd § 24 Nr. 1 lit. a) EStG, die bei zusammengeballtem Zufluss tarifbegünstigt zu besteuern ist. Dies gilt sowohl bei Vorliegen einer vertraglichen Vereinbarung eines Ersatzanspruches bei Verweigerung der Wiedereinstellung als auch auf der Grundlage der Wiedereinstellungsklausel iVm den gesetzlichen Erfüllungsvorschriften nach BGB. Es ist im Rahmen des § 24 Nr. 1 lit. a) EStG irrelevant, ob Ersatzansprüche vertraglich oder gesetzlich begründet sind (*BFH* 6.7.2005 – XI R 46/04, BFHE 210, 498, BStBl II 2006, 55, BFH/NV 2006, 158).

XXII. Zahlungen in Pensionskassen im Zusammenhang mit vorzeitigem Ruhestand

91 Eine Spezialeinlage, die ein Arbeitgeber in eine Pensionskasse zur Erleichterung des vorzeitigen Ruhestandes seines Arbeitnehmers und zum Ausgleich der damit verbundenen Rentenminderung leistet, ist, soweit sie nicht gem. § 3 Nr. 28 EStG zur Hälfte steuerfrei ist, gem. § 34 iVm § 24 Nr. 1 lit. a) EStG ermäßigt zu besteuern (BFH 17.5.2017 – X R 10/15, BFHE 259, 59, BStBl II 2017, 1251, DB 2017, 2715, BFH/NV 2017, 1655).

92 Die Entscheidung ist zwar ergangen zu Zahlungen in eine Schweizerische Pensionskasse, ist jedoch gleichermaßen anzuwenden bei Zahlungen in inländische Pensionskassen.

Gesetz über die Familienpflegezeit (Familienpflegezeitgesetz – FPfZG)

Vom 6. Dezember 2011 (BGBl. I S. 2564).
Zuletzt geändert durch Art. 4 des Kitafinanzhilfenänderungsgesetzes vom 25. Juni 2021 (BGBl. I S. 2020).

– Auszug –

§ 1 FPfZG Ziel des Gesetzes

Durch die Einführung der Familienpflegezeit werden die Möglichkeiten zur Vereinbarkeit von Beruf und familiärer Pflege verbessert.

§ 2 FPfZG Familienpflegezeit

(1) ¹Beschäftigte sind von der Arbeitsleistung für längstens 24 Monate (Höchstdauer) teilweise freizustellen, wenn sie einen pflegebedürftigen nahen Angehörigen in häuslicher Umgebung pflegen (Familienpflegezeit). ²Während der Familienpflegezeit muss die verringerte Arbeitszeit wöchentlich mindestens 15 Stunden betragen. ³Bei unterschiedlichen wöchentlichen Arbeitszeiten oder einer unterschiedlichen Verteilung der wöchentlichen Arbeitszeit darf die wöchentliche Arbeitszeit im Durchschnitt eines Zeitraums von bis zu einem Jahr 15 Stunden nicht unterschreiten (Mindestarbeitszeit). Der Anspruch nach Satz 1 besteht nicht gegenüber Arbeitgebern mit in der Regel 25 oder weniger Beschäftigten ausschließlich der zu ihrer Berufsbildung Beschäftigten.

(2) Pflegezeit und Familienpflegezeit dürfen gemeinsam 24 Monate je pflegebedürftigem nahen Angehörigen nicht überschreiten (Gesamtdauer).

(3) Die §§ 5 bis 8 des Pflegezeitgesetzes gelten entsprechend.

(4) Die Familienpflegezeit wird auf Berufsbildungszeiten nicht angerechnet.

(5) ¹Beschäftigte sind von der Arbeitsleistung für längstens 24 Monate (Höchstdauer) teilweise freizustellen, wenn sie einen minderjährigen pflegebedürftigen nahen Angehörigen in häuslicher oder außerhäuslicher Umgebung betreuen. ²Die Inanspruchnahme dieser Freistellung ist jederzeit im Wechsel mit der Freistellung nach Absatz 1 im Rahmen der Gesamtdauer nach Absatz 2 möglich. ³Absatz 1 Satz 2 bis 4 und die Absätze 2 bis 4 gelten entsprechend. ⁴Beschäftigte können diesen Anspruch wahlweise statt des Anspruchs auf Familienpflegezeit nach Absatz 1 geltend machen.

§ 2a FPfZG Inanspruchnahme der Familienpflegezeit

(1) ¹Wer Familienpflegezeit nach § 2 beanspruchen will, muss dies dem Arbeitgeber spätestens acht Wochen vor dem gewünschten Beginn schriftlich ankündigen und gleichzeitig erklären, für welchen Zeitraum und in welchem Umfang innerhalb der Gesamtdauer nach § 2 Absatz 2 die Freistellung von der Arbeitsleistung in Anspruch genommen werden soll. ²Dabei ist auch die gewünschte Verteilung der Arbeitszeit anzugeben. ³Enthält die Ankündigung keine eindeutige Festlegung, ob die oder der Beschäftigte Pflegezeit nach § 3 des Pflegezeitgesetzes oder Familienpflegezeit in Anspruch nehmen will, und liegen die Voraussetzungen beider Freistellungsansprüche vor, gilt die Erklärung als Ankündigung von Pflegezeit. ⁴Wird die Familienpflegezeit nach einer Freistellung nach § 3 Absatz 1 oder Absatz 5 des Pflegezeitgesetzes zur Pflege oder Betreuung desselben pflegebedürftigen Angehörigen in Anspruch genommen, muss sich die Familienpflegezeit unmittelbar an die Freistellung nach § 3 Absatz 1 oder Absatz 5 des Pflegezeitgesetzes anschließen. ⁵In diesem Fall soll die oder der Beschäftigte möglichst frühzeitig erklären,

ob sie oder er Familienpflegezeit in Anspruch nehmen wird; abweichend von Satz 1 muss die Ankündigung spätestens drei Monate vor Beginn der Familienpflegezeit erfolgen. [6]Wird eine Freistellung nach § 3 Absatz 1 oder Absatz 5 des Pflegezeitgesetzes nach einer Familienpflegezeit in Anspruch genommen, ist die Freistellung nach § 3 Absatz 1 oder Absatz 5 des Pflegezeitgesetzes in unmittelbarem Anschluss an die Familienpflegezeit zu beanspruchen und dem Arbeitgeber spätestens acht Wochen vor Beginn der Freistellung nach § 3 Absatz 1 oder Absatz 5 des Pflegezeitgesetzes schriftlich anzukündigen.

(2) [1]Arbeitgeber und Beschäftigte haben über die Verringerung und Verteilung der Arbeitszeit eine schriftliche Vereinbarung zu treffen. [2]Hierbei hat der Arbeitgeber den Wünschen der Beschäftigten zu entsprechen, es sei denn, dass dringende betriebliche Gründe entgegenstehen.

(3) [1]Für einen kürzeren Zeitraum in Anspruch genommene Familienpflegezeit kann bis zur Gesamtdauer nach § 2 Absatz 2 verlängert werden, wenn der Arbeitgeber zustimmt. [2]Eine Verlängerung bis zur Gesamtdauer kann verlangt werden, wenn ein vorgesehener Wechsel in der Person der oder des Pflegenden aus einem wichtigen Grund nicht erfolgen kann.

(4) [1]Die Beschäftigten haben die Pflegebedürftigkeit der oder des nahen Angehörigen durch Vorlage einer Bescheinigung der Pflegekasse oder des Medizinischen Dienstes der Krankenversicherung nachzuweisen. [2]Bei in der privaten Pflege-Pflichtversicherung versicherten Pflegebedürftigen ist ein entsprechender Nachweis zu erbringen.

(5) [1]Ist die oder der nahe Angehörige nicht mehr pflegebedürftig oder die häusliche Pflege der oder des nahen Angehörigen unmöglich oder unzumutbar, endet die Familienpflegezeit vier Wochen nach Eintritt der veränderten Umstände. [2]Der Arbeitgeber ist hierüber unverzüglich zu unterrichten. [3]Im Übrigen kann die Familienpflegezeit nur vorzeitig beendet werden, wenn der Arbeitgeber zustimmt.

(6) Die Absätze 1 bis 5 gelten entsprechend für die Freistellung von der Arbeitsleistung nach § 2 Absatz 5.

§ 2b FPfZG Erneute Familienpflegezeit nach Inanspruchnahme einer Freistellung auf Grundlage der Sonderregelungen aus Anlass der COVID-19-Pandemie

(1) Abweichend von § 2a Absatz 3 können Beschäftigte einmalig nach einer beendeten Familienpflegezeit zur Pflege und Betreuung desselben pflegebedürftigen Angehörigen Familienpflegezeit erneut, jedoch insgesamt nur bis zur Höchstdauer nach § 2 Absatz 1 in Anspruch nehmen, wenn die Gesamtdauer von 24 Monaten nach § 2 Absatz 2 nicht überschritten wird und die Inanspruchnahme der beendeten Familienpflegezeit auf der Grundlage der Sonderregelungen aus Anlass der COVID-19-Pandemie erfolgte

(2) Abweichend von § 2a Absatz 1 Satz 4 muss sich die Familienpflegezeit nicht unmittelbar an die Freistellung nach § 3 Absatz 1 oder Absatz 5 des Pflegezeitgesetzes anschließen, wenn die Freistellung aufgrund der Sonderregelungen aus Anlass der COVID-19-Pandemie in Anspruch genommen wurde und die Gesamtdauer nach § 2 Absatz 2 von 24 Monaten nicht überschritten wird.

(3) Abweichend von § 2a Absatz 1 Satz 6 muss sich die Freistellung nach § 3 Absatz 1 oder Absatz 5 des Pflegezeitgesetzes nicht unmittelbar an die Familienpflegezeit anschließen, wenn die Inanspruchnahme der Familienpflegezeit aufgrund der Sonderregelungen aus Anlass der COVID-19-Pandemie erfolgte und die Gesamtdauer nach § 2 Absatz 2 von 24 Monaten ab Beginn der ersten Freistellung nicht überschritten wird.

§ 3 FPfZG Förderung der pflegebedingten Freistellung von der Arbeitsleistung

(1) [1]Für die Dauer der Freistellungen nach § 2 dieses Gesetzes oder nach § 3 des Pflegezeitgesetzes gewährt das Bundesamt für Familie und zivilgesellschaftliche Aufgaben Beschäftigten auf

Antrag ein in monatlichen Raten zu zahlendes zinsloses Darlehen nach Maßgabe der Absätze 2 bis 5. ²Der Anspruch gilt auch für alle Vereinbarungen über Freistellungen von der Arbeitsleistung, die die Voraussetzungen von § 2 Absatz 1 Satz 1 bis 3 dieses Gesetzes oder des § 3 Absatz 1 Satz 1, Absatz 5 Satz 1 oder Absatz 6 Satz 1 des Pflegezeitgesetzes erfüllen.

(2) Die monatlichen Darlehensraten werden in Höhe der Hälfte der Differenz zwischen den pauschalierten monatlichen Nettoentgelten vor und während der Freistellung nach Absatz 1 gewährt.

(3) ¹Das pauschalierte monatliche Nettoentgelt vor der Freistellung nach Absatz 1 wird berechnet auf der Grundlage des regelmäßigen durchschnittlichen monatlichen Bruttoarbeitsentgelts ausschließlich der Sachbezüge der letzten zwölf Kalendermonate vor Beginn der Freistellung. ²Das pauschalierte monatliche Nettoentgelt während der Freistellung wird berechnet auf der Grundlage des Bruttoarbeitsentgelts, das sich aus dem Produkt aus der vereinbarten durchschnittlichen monatlichen Stundenzahl während der Freistellung und dem durchschnittlichen Entgelt je Arbeitsstunde ergibt. ³Durchschnittliches Entgelt je Arbeitsstunde ist das Verhältnis des regelmäßigen gesamten Bruttoarbeitsentgelts ausschließlich der Sachbezüge der letzten zwölf Kalendermonate vor Beginn der Freistellung zur arbeitsvertraglichen Gesamtstundenzahl der letzten zwölf Kalendermonate vor Beginn der Freistellung. ⁴Die Berechnung der pauschalierten Nettoentgelte erfolgt entsprechend der Berechnung der pauschalierten Nettoentgelte gemäß § 106 Absatz 1 Satz 5 bis 7 des Dritten Buches Sozialgesetzbuch. ⁵Bei einem weniger als zwölf Monate vor Beginn der Freistellung bestehenden Beschäftigungsverhältnis verkürzt sich der der Berechnung zugrunde zu legende Zeitraum entsprechend. ⁶Für die Berechnung des durchschnittlichen Entgelts je Arbeitsstunde bleiben Mutterschutzfristen, Freistellungen nach § 2, kurzzeitige Arbeitsverhinderungen nach § 2 des Pflegezeitgesetzes, Freistellungen nach § 3 des Pflegezeitgesetzes sowie die Einbringung von Arbeitsentgelt in und die Entnahme von Arbeitsentgelt aus Wertguthaben nach § 7b des Vierten Buches Sozialgesetzbuch außer Betracht. ⁷Abweichend von Satz 6 bleiben auf Antrag für die Berechnung des durchschnittlichen Arbeitsentgelts je Arbeitsstunde in der Zeit vom 1. März 2020 bis zum Ablauf des 31. Dezember 2021 auch Kalendermonate mit einem wegen der durch das Coronavirus SARS-CoV-2 verursachten epidemischen Lage von nationaler Tragweite geringeren Entgelt unberücksichtigt.

(4) In den Fällen der Freistellung nach § 3 des Pflegezeitgesetzes ist die monatliche Darlehensrate auf den Betrag begrenzt, der bei einer durchschnittlichen Arbeitszeit während der Familienpflegezeit von 15 Wochenstunden zu gewähren ist.

(5) Abweichend von Absatz 2 können Beschäftigte auch einen geringeren Darlehensbetrag in Anspruch nehmen, wobei die monatliche Darlehensrate mindestens 50 Euro betragen muss.

(6) ¹Das Darlehen ist in der in Absatz 2 genannten Höhe, in den Fällen der Pflegezeit in der in Absatz 4 genannten Höhe, vorrangig vor dem Bezug von bedürftigkeitsabhängigen Sozialleistungen in Anspruch zu nehmen und von den Beschäftigten zu beantragen; Absatz 5 ist insoweit nicht anzuwenden. ²Bei der Berechnung von Sozialleistungen nach Satz 1 sind die Zuflüsse aus dem Darlehen als Einkommen zu berücksichtigen.

...

§ 5 FPfZG Ende der Förderfähigkeit

(1) ¹Die Förderfähigkeit endet mit dem Ende der Freistellung nach § 3 Absatz 1. ²Die Förderfähigkeit endet auch dann, wenn die oder der Beschäftigte während der Freistellung nach § 2 den Mindestumfang der wöchentlichen Arbeitszeit aufgrund gesetzlicher oder kollektivvertraglicher Bestimmungen oder aufgrund von Bestimmungen, die in den Arbeitsrechtsregelungen der Kirchen enthalten sind. ²Die Unterschreitung der Mindestarbeitszeit aufgrund von Kurzarbeit oder eines Beschäftigungsverbots lässt die Förderfähigkeit unberührt.

(2) Die Darlehensnehmerin oder der Darlehensnehmer hat dem Bundesamt für Familie und zivilgesellschaftliche Aufgaben unverzüglich jede Änderung in den Verhältnissen, die für den Anspruch nach § 3 Absatz 1 erheblich sind, mitzuteilen, insbesondere die Beendigung der häuslichen Pflege der oder des nahen Angehörigen, die Beendigung der Betreuung nach § 2 Absatz 5 dieses Gesetzes oder § 3 Absatz 5 des Pflegezeitgesetzes, die Beendigung der Freistellung nach § 3 Absatz 6 des Pflegezeitgesetzes, die vorzeitige Beendigung der Freistellung nach § 3 Absatz 1 sowie die Unterschreitung des Mindestumfangs der wöchentlichen Arbeitszeit während der Freistellung nach § 2 aus anderen als den in Absatz 1 Satz 2 genannten Gründen.

§ 6 FPfZG Rückzahlung des Darlehens

(1) ¹Im Anschluss an die Freistellung nach § 3 Absatz 1 ist die Darlehensnehmerin oder der Darlehensnehmer verpflichtet, das Darlehen innerhalb von 48 Monaten nach Beginn der Freistellung nach § 3 Absatz 1 zurückzuzahlen. ²Die Rückzahlung erfolgt in möglichst gleichbleibenden monatlichen Raten in Höhe des im Bescheid nach § 9 festgesetzten monatlichen Betrags jeweils spätestens zum letzten Bankarbeitstag des laufenden Monats. ³Für die Rückzahlung gelten alle nach § 3 an die Darlehensnehmerin oder den Darlehensnehmer geleisteten Darlehensbeiträge als ein Darlehen.

(2) ¹Die Rückzahlung beginnt in dem Monat, der auf das Ende der Förderung der Freistellung nach § 3 Absatz 1 folgt. ²Das Bundesamt für Familie und zivilgesellschaftliche Aufgaben kann auf Antrag der Darlehensnehmerin oder des Darlehensnehmers den Beginn der Rückzahlung auf einen späteren Zeitpunkt, spätestens jedoch auf den 25. Monat nach Beginn der Förderung festsetzen, wenn die übrigen Voraussetzungen für den Anspruch nach den §§ 2 und 3 weiterhin vorliegen. ³Befindet sich die Darlehensnehmerin oder der Darlehensnehmer während des Rückzahlungszeitraums in einer Freistellung nach § 3 Absatz 1, setzt das Bundesamt für Familie und zivilgesellschaftliche Aufgaben auf Antrag der oder des Beschäftigten die monatlichen Rückzahlungsraten bis zur Beendigung der Freistellung von der Arbeitsleistung aus. ⁴Der Rückzahlungszeitraum verlängert sich um den Zeitraum der Aussetzung.

§§ 7–14 FPfZG

– hier nicht kommentiert –

§ 15 FPfZG Übergangsvorschrift

Die Vorschriften des Familienpflegezeitgesetzes in der Fassung vom 6. Dezember 2011 gelten in den Fällen fort, in denen die Voraussetzungen für die Gewährung eines Darlehens nach § 3 Absatz 1 in Verbindung mit § 12 Absatz 1 Satz 1 bis einschließlich 31. Dezember 2014 vorlagen..

§ 16 FPfZG Sonderregelungen aus Anlass der COVID-19-Pandemie

(1) Abweichend von § 2 Absatz 1 Satz 2 gilt, dass die wöchentliche Mindestarbeitszeit von 15 Wochenstunden vorübergehend unterschritten werden darf, längstens jedoch für die Dauer von einem Monat.

(2) Abweichend von § 2a Absatz 1 Satz 1 gilt für Familienpflegezeit, die spätestens am 1. Dezember 2021 beginnt, dass die Ankündigung gegenüber dem Arbeitgeber spätestens zehn Arbeitstage vor dem gewünschten Beginn in Textform erfolgen muss.

(3) Abweichend von § 2a Absatz 1 Satz 4 muss sich die Familienpflegezeit nicht unmittelbar an die Freistellung nach § 3 Absatz 1 oder Absatz 5 des Pflegezeitgesetzes anschließen, wenn der Arbeitgeber zustimmt, die Gesamtdauer nach § 2 Absatz 2 von 24 Monaten nicht überschritten wird und die Familienpflegezeit spätestens mit Ablauf des 31. Dezember 2021 endet. Die Ankündigung muss abweichend von § 2a Absatz 1 Satz 5 spätestens zehn Tage vor Beginn der Familienpflegezeit erfolgen.

(4) Abweichend von § 2a Absatz 1 Satz 6 muss sich die Freistellung nach § 3 Absatz 1 oder Absatz 5 des Pflegezeitgesetzes nicht unmittelbar an die Familienpflegezeit anschließen, wenn der Arbeitgeber zustimmt, die Gesamtdauer nach § 2 Absatz 2 von 24 Monaten nicht überschritten wird und die Pflegezeit spätestens mit Ablauf des 31. Dezember 2021 endet. Die Inanspruchnahme ist dem Arbeitgeber spätestens zehn Tage vor Beginn der Freistellung nach § 3 Absatz 1 oder Absatz 5 des Pflegezeitgesetzes in Textform anzukündigen.

(5) Abweichend von § 2a Absatz 2 Satz 1 gilt, dass die Vereinbarung in Textform zu treffen ist.

(6) Abweichend von § 2a Absatz 3 können Beschäftigte mit Zustimmung des Arbeitgebers nach einer beendeten Familienpflegezeit zur Pflege oder Betreuung desselben pflegebedürftigen Angehörigen Familienpflegezeit erneut, jedoch insgesamt nur bis zur Höchstdauer nach § 2 Absatz 1 in Anspruch nehmen, wenn die Gesamtdauer von 24 Monaten nach § 2 Absatz 2 nicht überschritten wird und die Familienpflegezeit spätestens mit Ablauf des 31. Dezember 2021 endet.

Übersicht	Rdn		Rdn
A. Grundlagen	1	2. Betreuungszeit nach § 2a Abs. 5 FPfZG	13
I. Entstehungsgeschichte	1		
II. Gesetzeszweck	3	3. Inanspruchnahme von Freistellungen nach § 2 Abs. 1 und 5 FPfZG und solchen nach § 3 Abs. 1 und 5 PflegeZG	14
III. Überblick	6		
B. Besonderer Kündigungsschutz (§ 2 Abs. 3 FPfZG)	8		
I. Grundsatz	8	III. Beginn, Dauer und Rechtsfolgen des besonderen Kündigungsschutzes	15
II. Voraussetzungen des Kündigungsschutzes	10	C. Sachlicher Befristungsgrund	17
1. Familienpflegezeit nach § 2a Abs. 1 FPfZG	10		

A. Grundlagen

I. Entstehungsgeschichte

Mit dem **Entwurf eines Gesetzes zur Vereinbarkeit von Pflege und Beruf** (v. 15.4.2011, BR-Drs. 207/11) sollte erreicht werden, »Erwerbstätigkeit und die Unterstützung der Pflegebedürftigkeit besser in Einklang zu bringen«. Dessen Art. 1 enthielt das **Gesetz über die Familienpflegezeit** (Familienpflegezeitgesetz – FPfZG –; weitere Gesetzesmaterialien: Empfehlungen der Ausschüsse, BR-Drs. 207/11; BT-Drucks. 17/6000, S. 27; Beschlussempfehlung des Ausschusses für Familie, Senioren, Frauen und Jugend BT-Drucks. 17/7387; Gesetzentwurf der Bundesregierung, Stellungnahme des BR, Gegenäußerung der BReg BT-Drucks. 17/6000). **In Kraft getreten ist das FPfl G am 1.1.2012** als Art. 1 des Gesetzes zur Vereinbarkeit vom Pflege und Beruf (v. 6.12.2011, BGBl. I S. 2564). Art. 2 und 3 des Gesetzes betreffen Änderungen des § 130 Abs. 2 S. 1 Nr. 3a SGB III und § 18 Abs. 3 SGB XI (dazu *Göttling/Neumann* NZA 2012, 126; *Schwerdle* ZTR 2012, 11 f.). Das FPfZG will die Pflege von nahen Angehörigen für Berufstätige durch die Einführung einer Familienpflegezeit erleichtern (BT-Drs. 17/6000 S. 1; BT-Drs. 17/7387 S. 1). Die Familienpflegezeit wurde zunächst, nicht zuletzt aufgrund des fehlenden Rechtsanspruchs, skeptisch beurteilt (Nachw. in der 11. Aufl. Rn 2). Da es an konkreten Daten zur Inanspruchnahme zur Familienpflegezeit fehlt, sind lediglich – letzlich nicht sehr aussagekräftige – Rückschlüsse aus der geringen Anzahl aufgenommener zinsloser Darlehen möglich (vgl. Antwort der BReg. auf Kleine Anfragen, BT-Drucks. 17/12330, S. 2; BT-Drucks. 19/7322, 18/911).

Durch Art. 1 des am 1.1.2015 in Kraft getretenen **Gesetzes zur besseren Vereinbarkeit von Familie, Pflege und Beruf** (vom 23.12.2014, BGBl. I S. 2462 – Gesetzesmaterialien s. KR-*Treber/Waskow* PflegeZG Rdn 1, 3) wurde das FPfZG umfassend geändert (s. dazu *Harion* ZTR 2015, 193; *Karb* öAT 2016, 248; *dies.* ZTR 2015, 427; *Kuhner* ZMV 2016, 61; *Müller* BB 2016, 1338 f.; *Oberthür* ArbRB 2016, 49; *Richter* NJW 2015. 1271). Zu nennen sind insbes. der eingeführte **Rechtsanspruch auf Familienpflegezeit** (*Tamm* PersV 2019, 164, 169) und auf Freistellung nach

§ 2 Abs. 5 FPfZG soweit es sich nicht um einen Arbeitgeber mit idR 25 oder weniger Beschäftigten ausschließlich der zur Berufsausbildung Beschäftigten (anders noch im ursprünglichen Entwurf: 15 oder weniger Beschäftigte) handelt (Rdn 10 ff.), zur Förderung der Zeiten teilweiser Freistellung der **Anspruch des Beschäftigten auf ein zinsloses Darlehen** unter Wegfall der bisherigen Bestimmungen zur Aufstockung des Arbeitsentgelts durch den Arbeitgeber (Rdn 5) sowie die Erweiterung des Begriffs der nahen Angehörigen (ausf. KR-*Treber/Waskow* PflegeZG Rdn 25 f.). Beibehalten wurde ein **Sonderkündigungsschutz**, und zwar nach Maßgabe des § 5 PflegeZG, sowie die Möglichkeit zur **Sachgrundbefristung** nach § 6 PflegeZG (Rdn 15 f.), die durch Verweisung in § 2 Abs. 3 FPfZG erfasst werden. Durch Art. 5a des Zweiten G zum **Schutz der Bevölkerung bei einer epidemischen Lage** von nationaler Tragweite v. 19.5.2020 wurde das FPfZG zT – in § 3 Abs. 3 S. 5 und 6 – unbefristet geändert. Mit § 16 wurden dem FPfZG zunächst bis 30.9.2020 befristete Sonderregelungen aus Anlass der COVID-19-Pandemie beigefügt. Mit dem 30.9.2020 trat § 16 zunächst außer Kraft (Art. 18 Abs. 8 a des Zweiten Gesetzes zum Schutz der Bevölkerung bei einer epidemischen Lage von nationaler Tragweite). Mit Art. 8 des Krankenhauszukunftsgesetzes vom 23.10.2020 (BGBl. I S. 2208) wurden mit Wirkung zum 29.10.2020 bis zum 31.12.2020 wirkende Sonderregelungen aus Anlass der Covid-19-Pandemie in § 16 wiedereingeführt und gleichzeitig ein neuer § 2b zu einer erneuten Familienpflegezeit nach Inanspruchnahme einer Freistellung auf Grundlage der **Sonderregelungen aus Anlass der COVID-19-Pandemie** geschaffen. Weitere pandemiebedingte Änderungen in § 16 und § 3 Abs. 3 folgten mit Art. 4b des Gesundheitsversorgungs- und Pflegeverbesserungsgesetzes vom 22.12.2020 (BGBl. I S. 3299), Art. 6 des Gesetzes zur Fortgeltung der die epidemische Lage von nationaler Tragweite betreffenden Regelungen vom 29.3.2021 (BGBl. I S. 370), sowie Art. 4 des Kitafinanzhilfenänderungsgesetzes vom 25.6.2021 (BGBl. I S. 2020). Zum Regelungsinhalt der in § 16 enthaltenen nunmehr bis 31.12.2021 wirkenden Sonderregelungen aus Anlass der COVID-19-Pandemie vgl. Beck-OK/*Rolfs* § 16 FPfZG Rn 1 ff.

II. Gesetzeszweck

3 Das FPfZG stellt – wie bereits das eigenständig gebliebene PflegeZG (dazu KR-*Treber/Waskow* PflegeZG Rdn 4) – eine Maßnahme zur **Förderung der Vereinbarkeit von Pflege und Beruf** dar. Es »soll pflegenden Angehörigen die Möglichkeit eröffnet werden, in einem Zeitraum von bis zu zwei Jahren zur häuslichen Pflege von Angehörigen oder zur Betreuung eines pflegebedürftigen minderjährigen Angehörigen mit reduzierter Stundenzahl im Beruf weiter zu arbeiten und durch ein zinsloses Darlehen, welches im Anschluss an die Freistellungsphase in monatlichen Raten zurückzuzahlen ist dennoch ihre finanzielle Lebensgrundlage weitgehend zu erhalten« (BT-Drucks. 17/6000 S. 1, 11 f.; 18/3124, S. 27).

4 Ausgangspunkt ist der Umstand, dass mehr als zwei Drittel aller Pflegebedürftigen zu Hause, sei es durch Angehörige oder ambulante Dienste, versorgt werden. Dies entspricht den Wünschen einer großen Mehrheit der Pflegebedürftigen (s. KR-*Treber/Waskow* PflegeZG Rdn 4 f. mwN). Der Vorrang der häuslichen Pflege hat in § 3 SGB XI seinen Niederschlag gefunden. Neben den Optionen nach § 2 und § 3 PflegeZG (s. KR-*Treber/Waskow* PflegeZG Rdn 27 ff., 38 ff.) wird mit der Familienpflegezeit die Möglichkeit eröffnet, in einem **Zeitraum von bis zu zwei Jahren mit reduzierter Arbeitszeit** – von regelmäßig mindestens fünfzehn Wochenstunden – weiterhin berufstätig zu bleiben und zeitlich parallel dazu einen Angehörigen pflegen oder einen pflegebedürftigen minderjährigen Angehörigen betreuen zu können (BT-Drucks. 17/6000, S. 12 f, dort auch weitere Daten zur Entwicklung der häuslichen Pflege, S. 11 f.; weiterhin *Barkow von Creytz* DStR 2012, 191). Die maximale Dauer orientiert sich an der durchschnittlichen Lebenserwartung eines Pflegebedürftigen nach dem ersten Leistungsbezug aus der Pflegeversicherung (so ausdr. BT-Drucks. 17/6000, S. 13).

5 Umgesetzt wird dies u.a. durch ein **zinsloses Darlehen** »in Höhe der Hälfte der Differenz zwischen den pauschalierten monatlichen Nettoentgelten vor und während der Freistellung« (§ 3 Abs. 1 FPfZG), welches durch das Bundesamt für Familie und zivilgesellschaftliche Aufgaben (BAFzA, vormals Bundesamt für Zivildienst, die Umbenennung erfolgte durch § 14 Abs. 1 des Gesetzes über

den Bundesfreiwilligendienst – Bundesfreiwilligendienstgesetz – BFDG, vom 28.4.2011, BGBl. I S. 687) vergeben wird. Für beide Freistellungsoptionen sieht § 2 Abs. 3 FPfZG iVm § 5 PflegeZG einen **besonderen Kündigungsschutz** vor.

III. Überblick

Das FPfZG umfasst gegenwärtig nach den pandemiebedingten Anpassungen achtzehn Paragrafen. Sein Ziel ist die Verbesserung der Vereinbarkeit von Beruf und familiärer Pflege (§ 1 FPfZG, allerdings ohne die Freistellungsmöglichkeit zur Betreuung eines pflegebedürftigen minderjährigen Angehörigen im Wortlaut zu berücksichtigen). Gefördert wird die in § 2 Abs. 1 S 1. FPfZG legal definierte Familienpflegezeit und die weitere Freistellung nach § 2 Abs. 5 FPfZG nach § 3 FPfZG über ein **zinsloses Darlehen** durch das BAFzA (zur Inanspruchnahme bei einer Freistellung nach dem PflegeZG KR-*Treber/Waskow* PflegeZG Rdn 3). Die Bereitstellung der Mittel erfolgt nach § 13 FPfZG durch den Bund. Grundlage dieser Förderung bildet eine schriftliche Vereinbarung iSd § 2a Abs. 2 FPfZG zwischen dem Arbeitgeber und dem Beschäftigten über die Inanspruchnahme einer **Familienpflegezeit** oder einer Freistellung nach § 2a Abs. 5 FPfZG, die **längstens zwei Jahre** andauern kann. Durch die Gesetzesänderung besteht ab dem 1.1.2015 **ein Rechtsanspruch des Beschäftigten** auf Abschluss einer solchen Vereinbarung, mit der der Umfang und die Verteilung der Arbeitszeit festgelegt werden. Voraussetzung ist allerdings, dass (abweichend vom Schwellenwert des § 3 Abs. 1 S. 2 PflegeZG, s. KR-*Treber/Waskow* PflegeZG Rdn 42 f.) bei dem Arbeitgeber mehr als 25 Beschäftigte tätig sind, § 2 Abs. 1 S. 4 FPfZG. Die Förderung wird iE in § 3 FPfZG festgelegt; § 4 FPfZG regelt die Mitwirkungspflicht des Arbeitgebers, §§ 5, 6 FPfZG das **Ende der Förderfähigkeit** und die **Rückzahlung des Darlehens** durch den Arbeitnehmer, für den ggf. die Härtefallregelung des § 7 FPfZG eingreift. §§ 8 bis 10 FPfZG handeln von den erforderlichen Anträgen, dem Darlehensbescheid und der Zahlweise. Bußgeldvorschriften sieht § 12 FPfZG vor (dazu *Göttling/Neumann* NZA 2012, 125). Ein unabhängiger Beirat für die Vereinbarkeit von Pflege und Beruf wird nach § 14 FPfZG vom BMAS eingesetzt. Schließlich ist in § 15 FPfZG eine Übergangsregelung enthalten. Pandemiebedingte Sonderregelungen enthalten derzeit § 2b und § 16 FPfZG.

Arbeitsrechtliche Bestimmungen enthält § 2 Abs. 3 FPfZG, der die §§ 5 bis 8 PflegeZG für entsprechend anwendbar erklärt. Maßgebend für die Freistellungen ist der **Angehörigenbegriff** iSd § 7 PflegZG (dazu KR-*Treber/Waskow* PflegeZG Rdn 25 ff.). Während der Familienpflegezeit und der Betreuung eines minderjährigen pflegebedürftigen nahen Angehörigen besteht nach § 2 Abs. 3 iVm § 5 PflegeZG **ein Sonderkündigungsschutz** (Rdn 15 f.; sowie KR-*Treber/Waskow* PflegeZG Rdn 56 ff.). Für die Dauer der Familienpflegezeit ist über die entsprechende Anwendung von § 6 PflegeZG (s. KR-*Treber/Waskow* PflegeZG Rdn 71 ff.) die sachlich begründete **befristete Beschäftigung einer Ersatzkraft** möglich. Die Unabdingbarkeit der Vorschriften zugunsten der Beschäftigten wird über die Verweisung auf § 8 PflegeZG sichergestellt.

B. Besonderer Kündigungsschutz (§ 2 Abs. 3 FPfZG)

I. Grundsatz

§ 2 Abs. 3 FPfZG bestimmt iVm § 5 PflegeZG einen **Sonderkündigungsschutz für Beschäftigte** während der Inanspruchnahme der Familienpflegezeit (§ 2a Abs. 1 FPfZG) oder der teilweisen Freistellung zur Betreuung eines minderjährigen pflegebedürftigen Angehörigen (§ 2a Abs. 5 FPfZG; iE KR-*Treber/Waskow* PflegeZG Rdn 56 ff.).

Der besondere Kündigungsschutz gilt für **alle Beschäftigungsverhältnisse**. Über die entsprechende Geltung des § 7 PflegeZG (abgedruckt bei PflegeZG) nach § 2 Abs. 3 FPfZG besteht auch hier der Kündigungsschutz nicht nur für **Arbeitnehmer** und unabhängig von einer Wartezeit (s.a. KR-*Treber/Waskow* PflegeZG Rdn 14), sondern auch für die zu ihrer **Berufsausbildung Beschäftigten** und für **arbeitnehmerähnliche Personen** sowie die in Heimarbeit Beschäftigten und die ihnen Gleichgestellten (iE s. KR-*Treber/Waskow* PflegeZG Rdn 12 ff.).

II. Voraussetzungen des Kündigungsschutzes

1. Familienpflegezeit nach § 2a Abs. 1 FPfZG

10 Die **Familienpflegezeit** ist in **§ 2a Abs. 1 FPfZG legal definiert**. Voraussetzung ist die nach § 2a Abs. 4 FPfZG nachzuweisende Pflegebedürftigkeit eines nahen Angehörigen. Maßgebend ist aufgrund der Verweisung in § 2 Abs. 2 FPfZG der in § 7 Abs. 2 PflegeZG abschließend bestimmte Kreis der **nahen Angehörigen** (vgl. dazu KR-*Treber/Waskow* PflegeZG Rdn 25 ff.). Die **Pflegebedürftigkeit** bestimmt sich über den gleichfalls nach § 2 Abs. 2 FPfZG entsprechend geltenden § 7 Abs. 4 S. 1 PflegeZG gem. §§ 14, 15 SGB XI (iE KR-*Treber/Waskow* PflegeZG Rdn 22 ff.).

11 Erforderlich ist nach § 2a Abs. 1 S. 1 und 2 FPfZG – wie bei der Inanspruchnahme von Pflegezeit nach § 3 Abs. 1 PflegeZG – eine **schriftliche Ankündigung**, die allerdings **spätestens acht Wochen vor dem Beginn** erfolgen muss. Abweichend von § 2a Abs. 1 S. 1 gilt (pandemiebedingt) nach § 16 FPfZG für Familienpflegezeit, die spätestens am 1.12.2021 beginnt, dass die Ankündigung gegenüber dem Arbeitgeber spätestens zehn Arbeitstage vor dem gewünschten Beginn in Textform erfolgen muss. Anzugeben ist der Zeitraum und in welchem Umfang die Freistellung von der Arbeitsleistung begehrt wird sowie die gewünschte Verteilung der Arbeitszeit (iE s.a. KR-*Treber* PflegeZG Rdn 44 ff.). Zur Auslegung der Erklärung enthält § 2a Abs. 1 S. 3 eine dem § 3 Abs. 3 S. 3 PflegeZG entsprechende »**Auslegungsregel**« (KR-*Treber* PflegeZG Rdn 45). Weiterhin ist eine **Familienzeitpflegevereinbarung** nach § 3 Abs. 3 FPfZG, die die Reduzierung des Umfangs der Arbeitszeit und deren Verteilung festlegt erforderlich (zum Verfahren bei fehlender Einigung KR-*Treber* PflegeZG Rdn 48; zum einstweiligen Rechtsschutz LAG Bln.-Bra. 20.9.2017 – 15 SaGa 823/17; LAG Hamm 28.12.2016 NZA-RR 2017, 176). Diese muss den Anforderungen des Schriftformgebots des § 126 BGB entsprechen (vgl. nur KR-*Spilger* § 623 BGB Rdn 95 ff.; zu einer Vereinbarung unter der aufschiebenden Bedingung der Förderung *Novara* AuA 2011, 573; ähnlich *Sasse* DB 2011, 2660: Vorabbestätigung; siehe aber derzeit § 16 Abs. 2: nur Textform). Keine Voraussetzung ist die Inanspruchnahme eines zinslosen Darlehens nach § 3 FPfZG – es besteht keine Antragspflicht.

12 Die Familienpflegezeit darf – zusammen mit einer Pflegezeit (einschließlich einer Freistellung zur Betreuung eines pflegebedürftigen minderjährigen Angehörigen, § 3 Abs. 5 PflegeZG) – nach § 2 Abs. 2 FPfZG eine **Gesamtdauer von 24 Monaten** nicht überschreiten. Eine Verlängerung bei zunächst nicht ausgeschöpfter Gesamtdauer bedarf der Zustimmung des Arbeitgebers (§ 2a Abs. 3 S. 1 FPfZG, s.a. iE KR-*Treber/Waskow* PflegeZG Rdn 44; siehe auch § 16 Abs. 6 FPfZG). Die **Familienpflegezeit endet** mit dem Ablauf der längstens auf zwei Jahre vereinbarten Dauer nach § 2 Abs. 1 S. 1. Ein weiterer Beendigungszeitpunkt kann sich – neben dem frei vereinbarten nach § 2 Abs. 5 S. 3 FPfZG – ergeben, wenn die häusliche Pflege des pflegebedürftigen nahen Angehörigen bereits zuvor beendet wird, etwa wenn die Pflegebedürftigkeit entfällt oder eine häusliche Pflege nicht mehr möglich ist (vgl. § 2a Abs. 5 S. 1 FPfZG). Anders als bei der Vorgängerregelung tritt die vorzeitige Beendigung nach § 2a Abs. 5 S. 2 FPfZG »vier Wochen nach Eintritt der veränderten Umstände« automatisch ein. Damit einher geht das Ende der Förderfähigkeit gem. § 5 Abs. 1 S. 1 FPfZG.

2. Betreuungszeit nach § 2a Abs. 5 FPfZG

13 Eine teilweise Freistellung von bis zu vierundzwanzig Monaten ist seit 1.1.2015 auch möglich, um einen **minderjährigen pflegebedürftigen nahen Angehörigen in häuslicher oder ausserhäuslicher Umgebung betreuen** zu können, § 2 Abs. 5 FPfZG. Das entspricht § 3 Abs. 5 PflegeZG (iE KR-*Treber/Waskow* PflegeZG Rdn 52).

3. Inanspruchnahme von Freistellungen nach § 2 Abs. 1 und 5 FPfZG und solchen nach § 3 Abs. 1und 5 PflegeZG

14 Familienpflegezeit oder eine Freistellung nach § 2 Abs. 5 FPflZG (Rdn 13) sowie eine Pflegezeit oder eine Freistellung nach § 3 Abs. 5 PflegeZG können **insgesamt bis zur Dauer von 24 Monaten**

für jeden **Angehörigen** in Anspruch genommen werden. Dies kann auch nacheinander der Fall sein, die Zeiten müssen aber unmittelbar aufeinander folgen, § 2a Abs. 1 S. 4 FPfZG (zu den Varianten *Müller* BB 2014, 3125, 3129). Die Regelung stellt das »Pendant« zu § 3 Abs. 3 S. 4 und 6 PflegeZG dar (iE KR-*Treber/Waskow* PflegeZG Rdn 54). Nach § 2b FPfIZG gelten Sonderregelungen zur erneuten Familienpflegezeit nach Inanspruchnahme einer Freistellung auf Grundlage der Sonderregelungen aus Anlass der COVID-19-Pandemie.

III. Beginn, Dauer und Rechtsfolgen des besonderen Kündigungsschutzes

Der Kündigungsschutz besteht abweichend von der Vorgängerregelung des § 9 Abs. 3 FPfZG aF (»während der Inanspruchnahme der Familienpflegezeit«) ab der Ankündigung der Familienpflegezeit oder der Betreuungszeit nach § 2a Abs. 5 FPfZG, längstens aber zwölf Wochen vor deren Beginn, § 5 Abs. 1 PflegeZG (iE KR-*Treber/Waskow* PflegeZG Rdn 56 ff.). Der Kündigungsschutz erstreckt sich über die **gesamte Familienpflegezeit** oder die Betreuungszeit nach § 2a Abs. 5 FPfZG. 15

Entsprechend der Regelung in § 5 Abs. 1 PflegeZG, die nach der Verweisung in § 2 Abs. 3 FPfZG maßgebend ist, kann in besonderen Fällen eine Kündigung durch **Zustimmung der** für den Arbeitsschutz zuständigen **obersten Landesbehörde** oder einer von ihr bestimmten Stelle (zur Zuständigkeit s. KR-*Gallner* § 17 MuSchG Rdn 133 ff.) ausnahmsweise für zulässig erklärt werden (iE KR-*Treber/Waskow* PflegeZG Rdn 66, mwN; krit hierzu *Schiefer/Worzalla* DB 2012, 522: »völlig überzogen«, die ohne nähere Begründung »entgegen dem Wortlaut eine Kündigung zulassen wollen, wenn die Gründe nicht im Zusammenhang mit der Familienpflege stehen.« Das ist so schwerlich vertretbar). 16

C. Sachlicher Befristungsgrund

Nach § 2 Abs. 3 FPfZG gilt die Bestimmung des § 6 PflegeZG über »Befristete Verträge« entsprechend. Daher kann für die Dauer der verringerten Arbeitszeit während der Familienpflegezeit oder der Betreuungszeit nach § 2a Abs. 5 FPfZG zur Vertretung ein **Arbeitnehmer mit Sachgrund befristet beschäftigt werden.** Hinsichtlich der näheren Einzelheiten wird auf die Kommentierung zum PflegeZG verwiesen (vgl. KR-*Treber/Waskow* PflegeZG Rdn 71 bis 82). 17

Heimarbeitsgesetz (HAG)

Vom 14. März 1951 (BGBl. I S. 191).

Zuletzt geändert durch Art. 11 des Gesetzes vom 20. Mai 2020 (BGBl. I S. 1055).

§ 29 HAG Allgemeiner Kündigungsschutz

(1) Das Beschäftigungsverhältnis eines in Heimarbeit Beschäftigten kann beiderseits an jedem Tag für den Ablauf des folgenden Tages gekündigt werden.

(2) Wird ein in Heimarbeit Beschäftigter von einem Auftraggeber oder Zwischenmeister länger als vier Wochen beschäftigt, so kann das Beschäftigungsverhältnis beiderseits nur mit einer Frist von zwei Wochen gekündigt werden.

(3) ¹Wird ein in Heimarbeit Beschäftigter überwiegend von einem Auftraggeber oder Zwischenmeister beschäftigt, so kann das Beschäftigungsverhältnis mit einer Frist von vier Wochen zum Fünfzehnten oder zum Ende eines Kalendermonats gekündigt werden. ²Während einer vereinbarten Probezeit, längstens für die Dauer von sechs Monaten, beträgt die Kündigungsfrist zwei Wochen.

(4) ¹Unter der in Absatz 3 Satz 1 genannten Voraussetzung beträgt die Frist für eine Kündigung durch den Auftraggeber oder Zwischenmeister, wenn das Beschäftigungsverhältnis
1. zwei Jahre bestanden hat, einen Monat zum Ende eines Kalendermonats,
2. fünf Jahre bestanden hat, zwei Monate zum Ende eines Kalendermonats,
3. acht Jahre bestanden hat, drei Monate zum Ende eines Kalendermonats,
4. zehn Jahre bestanden hat, vier Monate zum Ende eines Kalendermonats,
5. zwölf Jahre bestanden hat, fünf Monate zum Ende eines Kalendermonats,
6. fünfzehn Jahre bestanden hat, sechs Monate zum Ende eines Kalendermonats,
7. zwanzig Jahre bestanden hat, sieben Monate zum Ende eines Kalendermonats.

(5) § 622 Abs. 4 bis 6 des Bürgerlichen Gesetzbuches gilt entsprechend.

(6) Für die Kündigung aus wichtigem Grund gilt § 626 des Bürgerlichen Gesetzbuches entsprechend.

(7) ¹Für die Dauer der Kündigungsfrist nach den Absätzen 2 bis 5 hat der Beschäftigte auch bei Ausgabe einer geringeren Arbeitsmenge Anspruch auf Arbeitsentgelt in Höhe von einem Zwölftel bei einer Kündigungsfrist von zwei Wochen, zwei Zwölftel bei einer Kündigungsfrist von vier Wochen, drei Zwölftel bei einer Kündigungsfrist von einem Monat, vier Zwölftel bei einer Kündigungsfrist von zwei Monaten, sechs Zwölftel bei einer Kündigungsfrist von drei Monaten, acht Zwölftel bei einer Kündigungsfrist von vier Monaten, zehn Zwölftel bei einer Kündigungsfrist von fünf Monaten, zwölf Zwölftel bei einer Kündigungsfrist von sechs Monaten und vierzehn Zwölftel bei einer Kündigungsfrist von sieben Monaten des Gesamtbetrages, den er in den dem Zugang der Kündigung vorausgegangenen 24 Wochen als Entgelt erhalten hat. ²Zeiten des Bezugs von Krankengeld oder Kurzarbeitergeld sind in den Berechnungszeitraum nicht mit einzubeziehen.

(8) ¹Absatz 7 gilt entsprechend, wenn ein Auftraggeber oder Zwischenmeister die Arbeitsmenge, die er mindestens ein Jahr regelmäßig an einen Beschäftigten, auf den die Voraussetzungen der Absätze 2, 3, 4 oder 5 zutreffen, ausgegeben hat, um mindestens ein Viertel verringert, es sei denn, dass die Verringerung auf einer Festsetzung gemäß § 11 Abs. 2 beruht. ²Hat das Beschäftigungsverhältnis im Falle des Absatzes 2 ein Jahr noch nicht erreicht, so ist von der während der Dauer des Beschäftigungsverhältnisses ausgegebenen Arbeitsmenge auszugehen. ³Die Sätze 1 und 2 finden keine Anwendung, wenn die Verringerung der Arbeitsmenge auf rechtswirksam eingeführter Kurzarbeit beruht.

(9) Teilt ein Auftraggeber einem Zwischenmeister, der überwiegend für ihn Arbeit weitergibt, eine künftige Herabminderung der regelmäßig zu verteilenden Arbeitsmenge nicht rechtzeitig mit, so kann dieser vom Auftraggeber Ersatz der durch Einhaltung der Kündigungsfrist verursachten Aufwendungen insoweit verlangen, als während der Kündigungsfrist die Beschäftigung wegen des Verhaltens des Auftraggebers nicht möglich war.

§ 29a HAG Kündigungsschutz im Rahmen der Betriebsverfassung

(1) ¹Die Kündigung des Beschäftigungsverhältnisses eines in Heimarbeit beschäftigten Mitglieds eines Betriebsrats oder einer Jugendvertretung ist unzulässig, es sei denn, dass Tatsachen vorliegen, die einen Arbeitgeber zur Kündigung eines Arbeitsverhältnisses aus wichtigem Grund ohne Einhaltung einer Kündigungsfrist berechtigen würden, und dass die nach § 103 des Betriebsverfassungsgesetzes erforderliche Zustimmung vorliegt oder durch gerichtliche Entscheidung ersetzt ist. ²Nach Beendigung der Amtszeit ist die Kündigung innerhalb eines Jahres, jeweils vom Zeitpunkt der Beendigung der Amtszeit angerechnet, unzulässig, es sei denn, dass Tatsachen vorliegen, die einen Arbeitgeber zur Kündigung eines Arbeitsverhältnisses aus wichtigem Grund ohne Einhaltung einer Kündigungsfrist berechtigen würden; dies gilt nicht, wenn die Beendigung der Mitgliedschaft auf einer gerichtlichen Entscheidung beruht.

(2) ¹Die Kündigung eines in Heimarbeit beschäftigten Mitglieds eines Wahlvorstands ist vom Zeitpunkt seiner Bestellung an, die Kündigung eines in Heimarbeit beschäftigten Wahlbewerbers vom Zeitpunkt der Aufstellung des Wahlvorschlags an jeweils bis zur Bekanntgabe des Wahlergebnisses unzulässig, es sei denn, dass Tatsachen vorliegen, die einen Arbeitgeber zur Kündigung eines Arbeitsverhältnisses aus wichtigem Grunde ohne Einhaltung einer Kündigungsfrist berechtigen würden, und dass die nach § 103 des Betriebsverfassungsgesetzes erforderliche Zustimmung vorliegt oder durch eine gerichtliche Entscheidung ersetzt ist. ²Innerhalb von sechs Monaten nach Bekanntgabe des Wahlergebnisses ist die Kündigung unzulässig, es sei denn, dass Tatsachen vorliegen, die einen Arbeitgeber zur Kündigung eines Arbeitsverhältnisses aus wichtigem Grund ohne Einhaltung einer Kündigungsfrist berechtigen würden; dies gilt nicht für Mitglieder des Wahlvorstandes, wenn dieser nach § 18 Abs. 1 des Betriebsverfassungsgesetzes durch gerichtliche Entscheidung durch einen anderen Wahlvorstand ersetzt worden ist.

(3) Wird die Vergabe von Heimarbeit eingestellt, so ist die Kündigung des Beschäftigungsverhältnisses der in den Absätzen 1 und 2 genannten Personen frühestens zum Zeitpunkt der Einstellung der Vergabe zulässig, es sei denn, dass die Kündigung zu einem früheren Zeitpunkt durch zwingende betriebliche Erfordernisse bedingt ist.

Übersicht

	Rdn
A. Allgemeines und Begriffsbestimmung	1
I. Allgemeines	1
II. Geltungsbereich des HAG	4
III. Heimarbeit und Hausgewerbetreibende, § 1 Abs. 1 HAG	5
1. Heimarbeiter	5
2. Hausgewerbetreibender	10
IV. Gleichgestellte, § 1 Abs. 2 HAG	14
1. Heimarbeiterähnliche Personen	15
2. Hausgewerbetreibende	16
3. Lohngewerbetreibende	17
4. Zwischenmeister	18
5. Voraussetzung der Gleichstellung	19
6. Verfahren der Gleichstellung	20
B. Kündigung des Heimarbeitsverhältnisses	21
I. Anwendungsbereich	21
II. Form der Kündigung	23
III. Die fristgerechte Kündigung	24
1. Kündigung während der ersten vier Wochen, § 29 Abs. 1 HAG	24
2. Kündigung nach vier Wochen, § 29 Abs. 2 HAG	25
3. Längere Kündigungsfristen, § 29 Abs. 3, 4 HAG	27
4. Abweichende Regelungen	34
5. Anhörung des Betriebsrats	38
IV. Die außerordentliche Kündigung, § 29 Abs. 6 HAG	40
V. Entgeltschutz während der Kündigungsfrist, § 29 Abs. 7 HAG	44
VI. Umgehungsschutz bei Herabsetzung der Auftragsmenge, § 29 Abs. 8 HAG	51
1. Herabsetzung der Auftragsmenge	51
2. Verringerung der Auftragsmenge nach § 11 Abs. 2 HAG	54

	Rdn		Rdn
3. Kurzarbeit.	55	4. PflegeZG, FPfZG	77
4. Fortsetzung des Beschäftigungsverhältnisses nach Ablauf der Frist.	60	5. Schwerbehinderte Menschen in Heimarbeit	78
VII. Sonderregelung für Zwischenmeister, § 29 Abs. 9 HAG.	63	6. ArbPlSchG.	82
		7. § 613a BGB.	83
VIII. Anwendung anderer kündigungsrechtlicher Bestimmungen auf das Heimarbeitsverhältnis	69	IX. Geltendmachung der Unwirksamkeit einer Kündigung	84
1. KSchG.	69	C. Kündigungsschutz im Rahmen der Betriebsverfassung, § 29a HAG	86
2. §§ 138, 242 BGB, § 6 AGG	70	D. Befristete Heimarbeitsverhältnisse . . .	90
3. MuSchG, BEEG	73		

A. Allgemeines und Begriffsbestimmung

I. Allgemeines

Die **im Bereich der Heimarbeit Beschäftigten** sind keine Arbeitnehmer, sondern wegen der fehlen- 1
den Weisungsabhängigkeit **Selbstständige** (*BAG* 24.8.2016 – 7 AZR 625/15, Rn 15; 14.6.2016 – 9
AZR 305/15; 8.5.2007 – 9 AZR 777/06, Rn 18; vgl. auch *Deinert* RdA 2018, 359, 361; *Wank* NZA
1999, 225, 233; *Schmidt/Koberski/Tiemann/Wascher* § 2 HAG Rn 7, 93; MünchArbR-*Heinkel* § 200
Rn 2; auch **keine Arbeitnehmer iSd Unionsrechts**, vgl. *BAG* 20.8.2019 – 9 AZR 41/19, Rn 18 ff.;
24.8.2016 – 7 AZR 342/14, Rn 29 ff.; zum unionsrechtlichen Arbeitnehmerbegriff s. KR-*Kreutzberg-Kowalczyk* ArbNähnl. Pers. Rdn 18). Der **Unterschied zum Arbeitnehmer** liegt in ihrer größeren persönlichen Unabhängigkeit. Im Gegensatz zum Arbeitnehmer können sie ihre Tätigkeit im Wesentlichen frei gestalten (zur Abgrenzung s. Rdn 9). Andererseits sind sie auch keine typischen **Unternehmer**, da sie nicht – oder beim Hausgewerbetreibenden nur vorübergehend – für den allgemeinen Absatzmarkt tätig sind und damit weder das wirtschaftliche Risiko der Verwertung ihrer Leistungen tragen (vgl. *Haupt* Der virtuelle Arbeitsplatz S. 90; *Schmidt/Koberski/Tiemann/Wascher* § 2 HAG Rn 6, 23, 93; *Kappus* NJW 1984, 2384, 2388), noch die wirtschaftlichen Chancen eines Unternehmers haben (s. Rdn 5). Sie sind regelmäßig von dem Unternehmer, für den sie tätig werden, wirtschaftlich abhängig (vgl. *BAG* 20.1.2004 – 9 AZR 291/02, zu B I 3 a der Gründe; *Otten* NZA 1995, 289, 290). Damit sind die im Bereich der Heimarbeit Beschäftigten bei typisierender Betrachtung zwar nicht in gleicher Weise schutzwürdig wie ein Arbeitnehmer (vgl. in Bezug auf den Bestandsschutz *BAG* 24.8.2016 – 7 AZR 625/15, Rn 46), jedoch in bestimmten Belangen ähnlich schutzwürdig, weshalb sie durch die Regelungen des Heimarbeitsgesetzes (zur rechtsgeschichtlichen Entwicklung des HAG *Hromadka* NZA 1997, 1249; s.a. *Rost* KR 11. Aufl., §§ 29, 29a HAG Rn 3–5) besonders geschützt und vielfach in die arbeitsrechtlichen Schutzgesetze einbezogen sind (zu diesen gesetzl. Bestimmungen s. *Küttner* Heimarbeit Rn 7, 27; einen Überblick liefert auch *Deinert* RdA 2018, 359, 360 f.; s.a. Rdn 70 ff.).

Die im Bereich der Heimarbeit Beschäftigten werden überwiegend den **arbeitnehmerähnlichen** 2
Personen zugerechnet (*BAG* 20.1.2004 – 9 AZR 291/02, zu B I 3 a der Gründe; *Frank* NZA 2020,
292; *Deinert* RdA 2018, 359; APS-*Preis* Grundlagen C. Rn 68; *Brecht* § 2 Rn 20 ff.; ErfK-*Preis*
§ 611a Rn 84; *Fitting* § 5 Rn 9; *Gröninger/Rost* § 2 Rn 4; *Löwisch/Kaiser* § 5 BetrVG Rn 8, 14;
MünchArbR-*Richardi* § 20 Rn 6; MünchArbR-*Heinkel* § 200 Rn 2; *Rosenfelder* S. 275; *Schaub/Vogelsang* § 10 Rn 4, 9; *Wiedemann/Wank* § 12a Rn 6; *Schmidt/Koberski/Tiemann/Wascher* Anh. nach
§ 19 Rn 11 – Dauerschuldverhältnis eigner Art, das zwischen dem Rechtsverhältnis eines Arbeitnehmers und einer arbeitnehmerähnlichen Person steht und eine besondere Teilgruppe der arbeitnehmerähnlichen Personen ist; unklar *Otten* NZA 1995, 289 – zumindest eine Sondergruppe von arbeitnehmerähnlichen Personen, aber keine arbeitnehmerähnlichen Personen schlechthin, sondern Rechtsverhältnis eigener Art). Entgegen der Auffassung des 21. Ausschusses für Arbeit, der in seinem Bericht über den von der Fraktion der SPD eingebrachten Entwurf eines Gesetzes über Mindesturlaub für Arbeitnehmer die in Heimarbeit Beschäftigten als »Hauptfall der arbeitnehmerähnlichen Personen« bezeichnete (BT-Drucks. 4/785 S. 2; so auch *Frank* NZA 2020, 292), handelt es sich lediglich um eine Untergruppe der arbeitnehmerähnlichen Personen, deren Rechtsverhältnisse

eine besondere Ausgestaltung erfahren haben, durch die es weiter als die Rechtsverhältnisse anderer arbeitnehmerähnlicher Personen dem Arbeitsverhältnis angenähert wird (ebenso *Schmidt/Koberski/ Tiemann/Wascher* Anh. nach § 19 Rn 11; *Hromadka* NZA 1997, 1255 f.). Aufgrund dieser besonderen gesetzlichen Ausgestaltung ist nach zutreffender Auffassung des BAG eine Statusklage auf Bestehen eines Heimarbeitsverhältnisses zulässig (*BAG* 14.6.2016 – 9 AZR 305/15). Das zwingt aber nicht dazu, die in Heimarbeit Beschäftigten als vom Typus her grds. unterschiedlich zu arbeitnehmerähnlichen Personen einzustufen. Auch die Rechtsverhältnisse bestimmter Arbeitnehmergruppen sind teils mehr, teils weniger umfassend besonders ausgestaltet, ohne dass die Betreffenden deshalb die Arbeitnehmereigenschaft verlieren (dazu *Bayreuther* NZA 2013, 1238).

3 Mit dieser Zuordnung zu der Kategorie der arbeitnehmerähnlichen Personen ist noch keine Aussage über die schuldrechtliche Einordnung des Rechtsverhältnisses der in Heimarbeit Beschäftigten getroffen. Der Siebente Senat des BAG geht davon aus, das Heimarbeitsverhältnis sei durch Merkmale des Arbeitsrechts wie auch des Werkvertragsrechts gekennzeichnet und der in Heimarbeit Beschäftigte schulde nicht eine bestimmte Dienstleistung, sondern ein bestimmtes Arbeitsergebnis (*BAG* 24.8.2016 – 7 AZR 625/15, Rn 14 f.). Demgegenüber hält es der Neunte Senat für möglich, dass einem Heimarbeitsverhältnis auch ein Dienstvertrag zugrunde liegen könne (*BAG* 14.6.2016 – 9 AZR 305/15; s. nun aber auch *BAG* 20.8.2019 – 9 AZR 41/19, Rn 33). Nach zutreffender Auffassung kann Heimarbeit auf der Grundlage eines Dienst- oder Werkvertrags oder in der Form eines aus diesen Vertragstypen gemischten Vertrags erbracht werden. Auch wenn der Heimarbeiter auf der Grundlage von Einzelaufträgen, die als selbständige Verträge bezogen auf eine nach Art und Menge bestimmte Heimarbeit zustande kommen, tätig wird, tritt flankierend daneben ein gesetzlich fingierter Rahmenvertrag, der das »Beschäftigungsverhältnis eines in Heimarbeit Beschäftigten« (§ 29 Abs. 1 S. 1 HAG) von Anfang an zu einem **Dauerrechtsverhältnis** macht, das nur nach den im HAG dafür vorgesehenen Regeln beendet werden kann (MünchArbR-*Heinkel* § 200 Rn 2; vgl. auch *Schmidt/Koberski/Tiemann/Wascher* Anh. nach § 19 Rn 11, 14; *Otten* NZA 1995, 289).

II. Geltungsbereich des HAG

4 Der **Geltungsbereich** des HAG umfasst **zwei Gruppen:**
 - die **in Heimarbeit Beschäftigten**, nämlich **Heimarbeiter** und **Hausgewerbebetreibende** (§ 1 Abs. 1 iVm § 2 Abs. 1 und 2 HAG); auf diese Personen findet das HAG ohne Weiteres Anwendung;
 - die **Gleichgestellten**, nämlich bestimmte Personen, die nicht Heimarbeiter iSd § 1 Abs. 1 HAG sind, ihnen aber wegen vergleichbarer Schutzbedürftigkeit gleichgestellt werden können (§ 1 Abs. 2 HAG). Auf sie findet das HAG nur dann und nur insoweit Anwendung, als sie seinem Schutz durch einen besonderen rechtsbegründenden Akt des Heimatarbeitsausschusses – die Gleichstellung – unterstellt werden.

III. Heimarbeit und Hausgewerbetreibende, § 1 Abs. 1 HAG

1. Heimarbeiter

5 **Heimarbeiter** ist, wer in selbst gewählter Arbeitsstätte (eigener Wohnung oder selbst gewählter Betriebsstätte) allein oder mit seinen Familienangehörigen erwerbsmäßig arbeitet im Auftrag von Gewerbebetreibenden oder Zwischenmeistern, den Auftraggebern jedoch die Verwertung des Arbeitsergebnisses überlässt (§ 2 Abs. 1 S. 1 HAG). Ein Heimarbeiter kann die **Zeit, die Durchführung sowie den Ort ihrer Arbeitsleistung frei bestimmen**, Hilfspersonen hinzuziehen und die Werkzeuge sowie die Arbeitsmethode selbständig wählen. Er ist – anders als ein Arbeitnehmer – nicht in das Unternehmen des Auftraggebers eingegliedert (*BAG* 20.8.2019 – 9 AZR 41/19, Rn 21; 24.8.2016 – 7 AZR 625/15, Rn 15; dazu auch *Martina* NZA 2020, 988, 990 f.). Er darf zudem **nicht selbst für den Absatzmarkt arbeiten**. Vielmehr trägt das wirtschaftliche Risiko der Verwertung seiner Arbeitsergebnisse – ebenso wie die daraus erwachsenden wirtschaftlichen Chancen – der Gewerbetreibende, in dessen Auftrag er tätig wird (vgl. *BAG* 14.6.2016 – 9 AZR 305/15, Rn 51;

vgl. zu diesem Abgrenzungsmerkmal: *Haupt* Der virtuelle Arbeitsplatz S. 90; *Schmidt/Koberski/Tiemann/Wascher* § 2 Rn 6, 23, 93; *Kappus* NJW 1984, 2384, 2388). Dabei ist es unerheblich, ob der Auftraggeber die Arbeitsergebnisse des Auftragnehmers unmittelbar am Markt oder lediglich intern verwertet, da es nach der gesetzlichen Konzeption vor allem darum geht, dass der Heimarbeiter nicht das unternehmerische Risiko der Verwertung trägt (*Deinert* RdA 2018, 359, 363 f. mwN). Seine Tätigkeit muss zudem **erwerbsmäßig** sein, dh sie muss von gewisser Dauer und auf die Erzielung von Lebensunterhalt angelegt sein (*Brecht* § 2 Rn 9; *Gröninger/Rost* § 2 Rn 2a; *Schmidt/ Koberski/Tiemann/Wascher* § 2 Rn 9; MünchArbR-*Heinkel* § 200 Rn 6; *BAG* 14.6.2016 – 9 AZR 305/15, Rn 45 mwN). Eine erwerbsmäßige Tätigkeit kann dabei auch dann gegeben sein, wenn das Entgelt nur gering ist und nur unregelmäßig gearbeitet wird (*BSG* 18.12.1969 – 2 RU 241/65).

Im Unterschied zum früheren Recht braucht die Tätigkeit des Heimarbeiters **nicht mehr gewerblich** zu sein. Das HAÄndG vom 29.10.1974 (BGBl. I S. 2879) hat diese Einschränkung durch das Merkmal der **erwerbsmäßigen Tätigkeit** ersetzt, um klarzustellen, dass **Angestelltentätigkeiten** insoweit in den Schutzbereich des HAG einbezogen sind, als solche Tätigkeiten unter den Bedingungen der Heimarbeit ausgeführt werden (zum Hintergrund dieser Gesetzesänderung *BAG* 25.3.1992 – 7 ABR 52/91, zu B II 1 b der Gründe unter Bezugnahme auf BT-Drucks. 7/975 S. 14; s.a. *Schmidt/Koberski/Tiemann/Wascher* § 2 Rn 56 ff.; *Kappus* NJW 1984, 2384, 2386). Damit sind alle Zweifel daran beseitigt, dass auch Tätigkeiten, die eine **höherwertige Qualifikation** erfordern, im Rahmen eines Heimarbeitsverhältnisses ausgeübt werden können (so mwN und ausf. Begr. *BAG* 14.6.2016 – 9 AZR 305/15, Rn 47 ff. [für eine **Programmiertätigkeit im Home-Office**]; *Deinert* RdA 2018, 359, 361 f.; *Kappus* NZA 1987, 408, 409; *ders.* NJW 1984, 2386, 2387; *Kilian/Borsum/Hoffmeister* NZA 1987, 401, 404; *Schmidt/Koberski/Tiemann/Wascher* § 2 Rn 62; *Haupt* Der virtuelle Arbeitsplatz S. 90 f.; *Wank* NZA 1999, 225, 233). Einwendungen, dass gerade die höherwertige Qualifikation der Einbeziehung in die Heimarbeit entgegenstehe, weil es an einer Verkehrsanschauung fehle, derartige Tätigkeiten als Heimarbeit anzusehen (*Wlotzke* DB 1974, 2252), sind nicht berechtigt. Eine Beschränkung auf »einfache« Angestelltentätigkeiten oder die Feststellung einer nach der Verkehrsanschauung bestehenden Schutzbedürftigkeit ist weder der gesetzlichen Regelung noch den Gesetzesmaterialien zu entnehmen (*BAG* 14.6.2016 – 9 AZR 305/15, Rn 48; so auch *Deinert* RdA 2018, 359, 362; vgl. auch *Bosmann* NZA 1984, 187; *Collardin* S. 28. f.; *Fenski* Rn 363; *Herb* DB 1986, 1825; *Kappus* NJW 1984, 2386, 2387; *ders.* Recht der Telearbeit, S. 239 ff.; *ders.* NZA 1987, 409; *Kilian/Borsun/Hoffmeister* NZA 1987, 404, 405; MünchArbR-*Heinkel* § 200 Rn 6; *Otten* C Rn 76; *Rehbinder* UFITA Bd. 102 S. 80; *Schmidt/Koberski/Tiemann/Wascher* § 2 Rn 63; *Simon/Kuhne* BB 1987, 203; *Tiefenbacher* AR-Blattei SD 120 Rn 51; *Wank* Telearbeit, Rn 324; offengelassen in *BAG* 25.3.1992 – 7 ABR 52/91). Vielmehr hat der Gesetzgeber die Prüfung einer besonderen Schutzbedürftigkeit dort, wo er es für erforderlich gehalten hat, ausdrücklich als Tatbestandsmerkmal normiert (zB § 1 Abs. 2 HAG).

Für den Status als Heimarbeiter grds. unbeachtlich ist auch die **Anzahl der Auftraggeber** (so auch *Martina* NZA 2020, 988, 988 f.; *Deinert* RdA 2018, 359, 366). Der Heimarbeiter kann für mehrere zugleich tätig sein. Allerdings setzt gerade der besondere Kündigungsschutz des § 29 Abs. 3 HAG die Beschäftigung überwiegend durch **einen Auftraggeber** voraus (s. Rdn 27 ff.). Unerheblich ist auch der **zeitliche Umfang der Tätigkeit**, die **Höhe des Verdiensts** und ob der Lebensunterhalt überwiegend mit Heimarbeit verdient wird (*BAG* 14.6.2016 – 9 AZR 305/15, Rn 49 mwN; BeckOK AR-*Besgen* § 5 BetrVG Rn 22; ErfK-*Koch* § 5 BetrVG Rn 8; *Fenski* Rn 21; *Fitting* § 5 Rn 312; *Schmidt/Koberski/Tiemann/Wascher* § 2 Rn 12). Die Eigenschaft als Heimarbeiter wird auch dadurch nicht beeinträchtigt, dass der Heimarbeiter die **Roh- und Hilfsstoffe selbst beschafft**, § 2 Abs. 1 S. 2 HAG (vgl. dazu *BAG* 14.6.2016 – 9 AZR 305/15, Rn 51; s.a. KR-*Kreutzberg-Kowalczyk* ArbNähnl. Pers. Rdn 14). Schließlich ist es auch unerheblich, ob der Heimarbeiter ein **Gewerbe angemeldet** hat (*BAG* 14.6.2016 – 9 AZR 305/15, Rn 52; *Kappus* NJW 1984, 2384, 2387 f.; *Schmidt/Koberski/Tiemann/Wascher* § 2 Rn 97; *Wank* NZA 1999, 225, 234).

Heimarbeiter iSd § 2 Abs. 1 HAG kann nur sein, wer allein oder mit seinen Familienangehörigen arbeitet. Der Heimarbeiter kann also lediglich **Familienangehörige** (zur Definition § 2 Abs. 5 HAG)

§§ 29, 29a HAG Kündigungsschutz

als **Erfüllungsgehilfen** einsetzen. Das HAG sieht keine Begrenzung der Anzahl der mitarbeitenden Familienangehörigen vor. Allerdings dürfen die mitarbeitenden Familienangehörigen nicht auf vertraglicher Grundlage, sondern gerade (nur) wegen der Familienbande tätig werden (GA-*Horcher* § 2 HAG Rn 18; aA *Schmidt/Koberski/Tiemann/Wascher* § 2 Rn 15; *Deinert* RdA 2018, 359, 364). Dem Status als Heimarbeiter steht es aber nicht entgegen, wenn ihm lediglich die rechtliche Möglichkeit eingeräumt wird, eigene Mitarbeiter, die keine Familienangehörigen sein müssen, als Erfüllungsgehilfen einzusetzen, es aber nicht zu einem tatsächlichen Einsatz kommt. Entscheidend ist nicht die rechtliche Möglichkeit, sondern allein, ob der zur Leistung Verpflichtete von dieser Möglichkeit auch Gebrauch macht oder seine Leistungen persönlich oder ausschließlich unter Mitwirkung seiner Familienangehörigen erbringt (vgl. *BAG* 14.6.2016 – 9 AZR 305/15, Rn 53). Andersherum steht es der Heimarbeit auch nicht entgegen, wenn die Mitwirkung von Familienangehörigen vertraglich (*BAG* 24.8.2016 – 7 AZR 625/15, Rn 23) oder aufgrund der Anforderungen der Tätigkeit faktisch ausgeschlossen ist (*BAG* 14.6.2016 – 9 AZR 305/15, Rn 53; *Deinert* RdA 2018, 359, 364; *Kappus* NJW 1984, 2384, 2388). Letzteres wird ohnehin selten der Fall sein, da auch bei Tätigkeiten mit hohen Qualifikationsanforderungen regelmäßig einfache Zuarbeiten anfallen können.

9 Arbeits- und Heimarbeitsverhältnis schließen sich gegenseitig aus. Ob ein Arbeitsverhältnis oder ein Heimarbeitsverhältnis besteht, ist anhand der Gesamtwürdigung aller maßgebenden Umstände des Einzelfalls zu ermitteln (*BAG* 24.8.2016 – 7 AZR 625/15, Rn 16 ff.; 14.6.2016 – 9 AZR 305/15). Der **Unterschied zum Arbeitnehmer** liegt in der größeren persönlichen Unabhängigkeit des Heimarbeiters, der – im Gegensatz zum Arbeitnehmer – seine Tätigkeit im Wesentlichen frei gestaltet. Der Heimarbeiter kann seinen Arbeitsplatz sowie Zeitpunkt und Zeitdauer seiner Tätigkeit frei bestimmen, darf Hilfspersonen hinzuziehen und seine Werkzeuge und Geräte sowie seine Arbeitsmethode selbständig wählen (*BAG* 24.8.2016 – 7 AZR 625/15, Rn 15 mwN). Davon zu unterscheiden ist die auch einem Heimarbeiter gegenüber bestehende Befugnis, Weisungen hinsichtlich des Arbeitsergebnisses zu erteilen (vgl. *BAG* 24.8.2016 – 7 AZR 625/15, Rn 16). Denn auch ein Selbstständiger kann bei seiner Tätigkeit Weisungen seines Vertragspartners unterworfen sein (mwN und Bsp. hinsichtlich verschiedener Vertragsverhältnisse *BAG* 14.6.2016 – 9 AZR 305/15, Rn 26). Im Gegensatz dazu umfasst das in § 106 GewO normierte Weisungsrecht eines Arbeitgebers neben dem Inhalt der Tätigkeit auch deren Durchführung, Zeit und Ort (vgl. nunmehr auch § 611a Abs. 1 S. 2 BGB). Zur Abgrenzung eines Arbeitnehmers von einer arbeitnehmerähnlichen Person s. KR-*Kreutzberg-Kowalczyk* ArbNähnl. Pers. Rdn 17 ff. Zu **neuen Beschäftigungsformen** wie etwa **Crowdwork** und der Frage ihrer denkbaren Einordnung als Heimarbeit siehe etwa: *Waltermann* NZA 2021, 297, 300; *ders*. RdA 2019, 94, 98; *Martina* NZA 2020, 988; *Frank/Heine* NZA 2020, 292; *Fuhlrott/Oltmanns* NJW 2020, 958; *Ruland* NZS 2019, 681; *Deinert* RdA 2018, 359; *Schubert* RdA 2018, 200; *Däubler/Klebe* NZA 2015, 1032).

2. Hausgewerbetreibender

10 Die zweite Gruppe geborener Heimarbeiter ist die der sog. **kleinen Hausgewerbetreibenden**. Hausgewerbetreibender ist, wer im Auftrag eines Gewerbetreibenden in eigener Arbeitsstätte mit nicht mehr als zwei fremden Hilfskräften (vgl. § 2 Abs. 6 HAG) oder Heimarbeitern Waren herstellt, bearbeitet oder verpackt unter eigener Mitarbeit, die Verwertung der Arbeitsergebnisse jedoch dem auftraggebenden Gewerbetreibenden überlässt (§ 2 Abs. 2 HAG; vgl. auch *BAG* 3.4.1990 – 3 AZR 258/88). Der Hausgewerbetreibende kann im Unterschied zum Heimarbeiter fremde Hilfskräfte oder Heimarbeiter beschäftigen. Dies ist allerdings nicht zwingende Voraussetzung. Auch ein Gewerbetreibender, der lediglich Maschinen – zB Strickmaschinen – einsetzt, kann seinem sozialen und wirtschaftlichen Status nach einem Heimarbeiter gleichstehen und damit als Hausgewerbetreibender iSd § 2 Abs. 2 HAG angesehen werden (*BAG* 27.10.1972 – 3 AZR 151/72; *Brecht* § 2 Rn 29; *Gröninger/Rost* § 2 Rn 3b; *Schmidt/Koberski/Tiemann/Wascher* § 2 Rn 27).

11 Anders als der Heimarbeiter wird der Hausgewerbetreibende iSd § 2 Abs. 2 HAG **nur gewerblich** tätig, wie die Begrenzung auf Herstellung, Bearbeiten und Verpackung von Waren zeigt. Sie lässt keinen Raum für Angestelltentätigkeiten. Ein Hausgewerbetreibender, der Büroheimarbeiten

ausführt bzw. ausführen lässt – etwa ein Schreibbüro unterhält – kann deshalb nicht Hausgewerbetreibender iSd § 2 Abs. 2 HAG sein (vgl. auch *Schmidt/Koberski/Tiemann/Wascher* § 2 Rn 36; *Fenski* Rn 12; offen gelassen in *BAG* 25.3.1992 – 7 ABR 52/91). Das gilt auch für die sog. Telearbeit (s. zum Begriff s. KR-*Kreutzberg-Kowalczyk* ArbNähnl. Pers. Rdn 5; s.a. Rdn 6). Der eindeutige Gesetzeswortlaut lässt eine Einbeziehung nicht zu (so auch *Kilian/Borsun/Hoffmeister* NZA 1987, 405; *Herb* DB 1986, 1824; abw. *Kappus* NJW 1984, 2388, der eine Einordnung auch der zum Gewerbe angemeldeten »Heimangestellten« unter § 2 Abs. 1 HAG vorschlägt; s.a. *ders.* NZA 1987, 408 zu Möglichkeiten einer gesetzgeberischen Neuregelung).

Eine vorübergehende unmittelbare Tätigkeit für den Absatzmarkt beeinträchtigt die Stellung des Hausgewerbetreibenden nicht (§ 2 Abs. 2 S. 2 HAG). Steuerrechtlich wird auch derjenige als Hausgewerbetreibender betrachtet, der zwar ständig unmittelbar für den Arbeitsmarkt arbeitet, wobei diese Tätigkeit aber im Verhältnis zu seiner übrigen Tätigkeit für den oder die Auftraggeber gering ist; als gering ist ein Anteil von weniger als 10 vH anzusehen (*BFH* 4.10.1962 – IV 100/60 U). Eine entsprechende Auslegung des Begriffs der vorübergehenden Tätigkeit für den Absatzmarkt ist für die arbeitsrechtliche Einordnung angebracht (vgl. *Gröninger/Rost* § 2 Rn 3b; *Schmidt/Koberski/ Tiemann/Wascher* § 2 Rn 41). 12

Beschäftigt der Hausgewerbetreibende **mehr als zwei fremde Hilfskräfte und/oder Heimarbeiter**, verliert er seine Stellung als in Heimarbeit Beschäftigter. Die Zahl der Beschäftigten ist dabei zusammenzurechnen. Der Hausgewerbebetreibende iSd § 2 Abs. 2 HAG darf also entweder zwei fremde Hilfskräfte, zwei Heimarbeiter oder eine fremde Hilfskraft und einen Heimarbeiter beschäftigen. Liegen die Beschäftigtenzahlen höher, kommt nur eine Gleichstellung gem. § 1 Abs. 2 S. 1 lit. b HAG in Frage (s. Rdn 16). 13

IV. Gleichgestellte, § 1 Abs. 2 HAG

Den in Heimarbeit Beschäftigten gem. § 1 Abs. 1 HAG können gem. § 1 Abs. 2 HAG **folgende Personengruppen gleichgestellt** werden: 14

1. Heimarbeiterähnliche Personen

Personen, die idR allein oder mit ihren Familienangehörigen (§ 2 Abs. 5 HAG) in eigener Wohnung oder selbst gewählter Betriebsstätte eine sich in regelmäßigen Arbeitsvorgängen wiederholende Arbeit im Auftrag eines anderen gegen Entgelt ausüben, ohne dass ihre Tätigkeit als gewerblich anzusehen oder dass der Auftraggeber ein Gewerbetreibender oder Zwischenmeister ist (§ 1 Abs. 2 S. 1 lit. a HAG). Man spricht von den sog. **heimarbeiterähnlichen Personen** (vgl. *Brecht* § 1 Rn 6; *Schmidt/Koberski/Tiemann/Wascher* § 1 Rn 8; *Mehrle* AR-Blattei, SD 910 Rn 20). Sie unterscheiden sich vom Heimarbeiter vor allem dadurch, dass ihre Tätigkeit **in keinem Fall gewerblich** (s. Rdn 11) und der Auftraggeber **kein Gewerbetreibender** oder Zwischenmeister sein darf. Als nicht gewerbliche Tätigkeiten kommen etwa in Betracht Schreibarbeiten oder Tätigkeiten in der Landwirtschaft, wie das Auslesen von Kartoffeln oder Samen. Auftraggeber können zB staatliche Stellen oder gemeinnützige private Einrichtungen sein, Landwirte, aber auch Rechtsanwälte, Notare, Ärzte (vgl. *Brecht* § 1 Rn 7, 8; *Schmidt/Koberski/Tiemann/Wascher* § 1 Rn 12 ff.). 15

2. Hausgewerbetreibende

Gleichgestellt werden können weiter **Hausgewerbetreibende** iSd § 2 Abs. 2 HAG, die mehr als zwei fremde Hilfskräfte oder Heimarbeiter beschäftigen (§ 1 Abs. 2 S. 1 lit. b HAG; vgl. iE Rdn 10 ff.). 16

3. Lohngewerbetreibende

Entsprechendes gilt nach § 1 Abs. 2 S. 1 lit. c HAG für andere in Lohnauftrag arbeitende Gewerbetreibende, die infolge ihrer wirtschaftlichen Abhängigkeit eine ähnliche Stellung wie Hausgewerbetreibende einnehmen, die sog. **Lohngewerbetreibenden** (s. *Brecht* § 1 Rn 14 ff.; *Schmidt/ Koberski/Tiemann/Wascher* § 1 Rn 21 ff.). Die Grenze zu den Hausgewerbetreibenden ist fließend. 17

Eine Abgrenzung lässt sich am ehesten aus § 2 Abs. 2 HAG gewinnen. Arbeitet der Gewerbetreibende nicht am Stück mit, arbeitet er überwiegend unmittelbar für den Absatzmarkt oder führt er nichtgewerbliche Tätigkeiten aus, kann er nicht Hausgewerbetreibender iSd § 2 Abs. 2 HAG oder des § 1 Abs. 1 S. 2 lit. b HAG sein. Dann kommt eine Gleichstellung nur über § 1 Abs. 2 S. 1 lit. c HAG als Lohngewerbetreibender in Betracht (vgl. auch *Schmidt/Koberski/Tiemann/Wascher* § 1 Rn 21 ff.). Die Lohngewerbetreibenden müssen infolge ihrer wirtschaftlichen Abhängigkeit eine den Hausgewerbetreibenden vergleichbare Stellung haben. Letztlich erfüllt § 1 Abs. 2 S. 1 lit. c HAG eine Auffangfunktion.

4. Zwischenmeister

18 Gleichgestellt werden können schließlich auch die **Zwischenmeister** (§ 1 Abs. 2 S. 1 lit. d HAG). Zwischenmeister ist, wer ohne Arbeitnehmer zu sein, die ihm von Gewerbetreibenden übertragenen Arbeiten an Heimarbeiter oder Hausgewerbetreibende weitergibt (§ 2 Abs. 3 HAG). Der Zwischenmeister ist gegenüber den einzelnen Heimarbeitern selbst Auftraggeber. Er ist seinerseits aber nicht Arbeitnehmer seines Auftraggebers. Aus seiner Mittlerstellung ergeben sich besondere Probleme im Rahmen des Kündigungsschutzes der Heimarbeiter (vgl. § 29 Abs. 7 HAG, s. iE Rdn 63 ff.). Der Zwischenmeister kann selbst Heimarbeiter oder Hausgewerbetreibender iSd § 2 Abs. 1, Abs. 2 HAG sein, wenn er am Stück mitarbeitet (*BAG* 15.12.1960 – 5 AZR 437/58). Insoweit unterfällt er ohne Weiteres dem HAG, ohne dass es einer Gleichstellung bedarf (*Brecht* § 1 Rn 18).

5. Voraussetzung der Gleichstellung

19 **Voraussetzung** der Gleichstellung ist die vergleichbare **soziale Schutzbedürftigkeit**, für deren Feststellung wiederum das Maß der wirtschaftlichen Abhängigkeit entscheidend ist (§ 1 Abs. 2 S. 2 und 3 HAG; s. zur Bedeutung dieses Kriteriums für den Begriff der arbeitnehmerähnlichen Person KR-*Kreutzberg-Kowalczyk* ArbNähnl. Pers. Rdn 35). § 1 Abs. 2 HAG nennt insoweit zu berücksichtigende Umstände: Zahl der Hilfskräfte, Abhängigkeit von einem oder mehreren Auftraggebern, Möglichkeiten des unmittelbaren Zugangs zum Absatzmarkt, Höhe und Art der Eigeninvestition sowie Umsatz. Diese Aufzählung ist jedoch **nicht abschließend** (vgl. auch *BAG* 8.3.1988 – 3 AZR 426/87; *Brecht* § 1 Rn 26; *Gröninger/Rost* § 1 Rn 4a; *Schmidt/Koberski/Tiemann/Wascher* § 1 Rn 38 ff.).

6. Verfahren der Gleichstellung

20 Zum **Verfahren der Gleichstellung** vgl. iE § 1 Abs. 3, 4 und 5 HAG. Der Gleichgestellte ist **nicht verpflichtet**, von sich aus dem Auftraggeber die Gleichstellung **bekannt zu geben**. Nur **ausnahmsweise** und unter besonderen Umständen besteht nach § 242 BGB eine **Offenbarungsobliegenheit** des Gleichgestellten, bei deren Verletzung die Berufung auf die Gleichstellung eine unzulässige Rechtsausübung sein kann (*BAG* 19.1.1988 – 3 AZR 424/87). Die Gleichstellung ist konstitutiv. Sie kann auf bestimmte Vorschriften des HAG beschränkt werden. Soweit nichts anderes bestimmt ist, erstreckt sie sich nur auf die allgemeinen Schutzvorschriften, die Vorschriften über die Entgeltregelung, den Entgeltschutz und die Auskunftspflicht über Entgelte (§ 1 Abs. 3 S. 1 HAG). Sie umfasst also grds. nicht die Bestimmungen über die Kündigung des Heimarbeitsverhältnisses (9. Abschn. des HAG). Hierzu bedarf es einer – zulässigen – ausdrücklichen Erweiterung der Gleichstellung. Sind in anderen Gesetzen Vorschriften über die in Heimarbeit Beschäftigten enthalten, gelten diese für Gleichgestellte nur dann, wenn sie ausdrücklich Erwähnung finden (so etwa in § 6 Abs. 1 S. 1 Nr. 3 AGG; § 12 BUrlG; § 1 Abs. 2 Nr. 6 MuSchG nF [zuvor § 1 Nr. 2 MuSchG aF]; § 210 Abs. 1 SGB IX nF [zuvor § 127 Abs. 1 SGB IX aF]; anders zB in § 5 BetrVG, § 7 ArbPlSchG). Fehlt die entsprechende Verweisung, kann der jeweils den in Heimarbeit Beschäftigten eingeräumte Schutz nicht durch Gleichstellung auf den Personenkreis des § 1 Abs. 2 HAG erweitert werden. Eine Gleichstellung, die auf bestimmte Tätigkeiten abstellt, gilt im Zweifel auch **für Mischbetriebe**, wenn die dort überwiegend ausgeführten Arbeiten, die dem Mischbetrieb das Gepräge geben, von der Gleichstellung erfasst werden (*BAG* 8.4.1986 – 3 AZR 489/84).

B. Kündigung des Heimarbeitsverhältnisses

I. Anwendungsbereich

§ 29 HAG findet Anwendung auf die Beschäftigungsverhältnisse der **in Heimarbeit Beschäftigten.** **Das sind die Heimarbeiter und die Hausgewerbetreibenden (§ 1 Abs. 1 HAG und § 2 Abs. 1 u. 2 HAG;** s. iE Rdn 5 ff.). **Gleichgestellte** iSd § 1 Abs. 2 HAG genießen den allgemeinen Kündigungsschutz des § 29 HAG **nur dann,** wenn die Gleichstellung dies **ausdrücklich anordnet** (s. Rdn 20). § 29 HAG gilt – wie auch § 622 BGB – **nicht für Vertragsverhältnisse mit arbeitnehmerähnlichen Personen,** die nicht unter den Geltungsbereich des HAG fallen, und ist auf diese Vertragsverhältnisse auch **nicht analog anwendbar** (*BAG* 8.5.2007 – 9 AZR 777/06, Rn 18 ff.; so auch Bader/Bram-*Bader* § 622 Rn 25; *Küttner* 7. Beendigung der Rechtsverhältnisse arbeitnehmerähnlicher Personen Rn 19 f.; Staudinger/*Preis* § 621 Rn 10; vgl. auch ErfK-*Müller-Glöge* § 622 Rn 6; MüKo-BGB/*Hesse* § 622 Rn 9; **aA** *Rost* KR 11. Aufl., §§ 29, 29a HAG Rn 25 sowie ArbNähnl. Pers. Rn 78 ff.; *Hromadka* NZA 1997, 1250; *ders.* FS Söllner, S. 475; *Oetker* FS ArbG Rheinland-Pfalz, S. 326; *Schubert* S. 440 ff.; s. dort auch zur Ableitung einer angemessenen Kündigungsfrist aus § 20 Abs. 1 und 2 GWB; *dies.* Anm. zu *BAG* 5.8.2007 AP § 611 BGB Arbeitnehmerähnlichkeit Nr. 15). 21

Vertragspartner der in Heimarbeit Beschäftigten und damit gleichzeitig von § 29 HAG erfasst sind die **Auftraggeber und Zwischenmeister.** Im Unterschied zu den von ihnen Beschäftigten haben sie unter den Voraussetzungen des § 29 Abs. 3 HAG längere Kündigungsfristen einzuhalten (s. Rdn 33). 22

II. Form der Kündigung

Das Gesetz sieht für die Kündigung eines in Heimarbeit Beschäftigten **keine besondere Form** vor. Sie kann aber einzelvertraglich vereinbart oder tarifvertraglich oder durch bindende Festsetzung (§ 19 HAG) vorgeschrieben sein. Ein Verstoß führt dann ggf. zur Nichtigkeit der Kündigung. Da es sich bei dem Heimarbeitsverhältnis nicht um ein Arbeitsverhältnis handelt, findet **§ 623 BGB keine – auch keine analoge – Anwendung** (Bader/Bram-*Bader* § 623 Rn 4; ErfK-*Müller-Glöge* § 623 Rn 2; HaKo-KSchR/*Spengler* § 623 Rn 6; MüKo-BGB/*Henssler* § 623 Rn 6; *Müller-Glöge/von Senden* AuA 2000, 199; *Preis/Gotthardt* NZA 2000, 349; *Richardi/Annuß* NJW 2000, 1232; **aA** DDZ-*Däubler* § 623 BGB Rn 9 – jeweils generell für arbeitnehmerähnliche Personen; s. KR-*Spilger* § 623 BGB Rdn 41, 43; s. aber auch KR- *Kreutzberg-Kowalczyk* ArbNähnl. Pers. Rdn 42 ff.). Es fehlt für eine analoge Anwendung an der dafür erforderlichen unbewussten Regelungslücke (MüKo-BGB/*Henssler* § 623 Rn 6). § 29 Abs. 5 und 6 HAG erklären nur bestimmte Kündigungsschutzvorschriften des BGB für entsprechend anwendbar, § 623 BGB ist dort jedoch nicht genannt. Es sind keine Anhaltspunkte dafür ersichtlich, der Gesetzgeber habe Heimarbeiter auch insofern mit Arbeitnehmern gleichstellen wollen. Vielmehr hat er bewusst Heimarbeiter nur partiell und durch ausdrückliche gesetzliche Anordnung Arbeitnehmern gleichgestellt (vgl. *Küttner* Heimarbeit Rn 17). 23

III. Die fristgerechte Kündigung

1. Kündigung während der ersten vier Wochen, § 29 Abs. 1 HAG

Das Beschäftigungsverhältnis eines in Heimarbeit Beschäftigten kann während der **ersten vier Wochen** seines Bestehens von beiden Seiten an jedem Tag für den Ablauf des folgenden Tages gekündigt werden (§ 29 Abs. 1 HAG). Die kürzeste Kündigungsfrist beträgt mithin einen Tag. Sie ist vom ersten Tage des Bestehens des Beschäftigungsverhältnisses an einzuhalten. 24

2. Kündigung nach vier Wochen, § 29 Abs. 2 HAG

Beschäftigt der Auftraggeber oder Zwischenmeister den Heimarbeiter **länger als vier Wochen,** so kann das Beschäftigungsverhältnis beiderseits nur mit einer **Frist von zwei Wochen** gekündigt werden (§ 29 Abs. 2 HAG). Der erweiterte Kündigungsschutz beginnt am ersten Tag nach Ablauf der ersten vier Wochen. Da es für die Kündigungsfrist auf den Zeitpunkt des Ausspruchs der 25

Kündigung ankommt, kann der Auftraggeber oder Zwischenmeister noch am letzten Tag der vier Wochen eine Kündigung zum folgenden Tag aussprechen gem. § 29 Abs. 1 HAG.

26 Die Einhaltung dieser Frist – wie im Übrigen auch der Frist des § 29 Abs. 1 HAG – ist **unabhängig davon**, dass der Beschäftigte **überwiegend** oder **ausschließlich** durch den Kündigenden beschäftigt wird und zugleich seinen überwiegenden Lebensunterhalt aus dieser Beschäftigung bezieht. Auch wenn der in Heimarbeit Beschäftigte für mehrere Auftraggeber tätig wird, hat jeder dieser Auftraggeber die Frist des § 29 Abs. 2 HAG zu wahren.

3. Längere Kündigungsfristen, § 29 Abs. 3, 4 HAG

27 § 29 Abs. 3 HAG trifft eine § 622 Abs. 1 BGB vergleichbare Regelung. Wird ein Heimarbeiter, Hausgewerbetreibender oder Gleichgestellter iSd § 1 Abs. 1 und 2 HAG **überwiegend** von einem Auftraggeber oder Zwischenmeister beschäftigt, kann das Beschäftigungsverhältnis mit einer Frist von vier Wochen zum 15. oder zum Ende eines Kalendermonats gekündigt werden. Diese Frist entspricht der nunmehr einheitlichen Grundfrist für Arbeiter und Angestellte. Wie für diese (vgl. § 622 Abs. 3 BGB) gilt auch hier, dass die Kündigungsfrist während einer vereinbarten Probezeit – längstens für die Dauer von sechs Monaten – zwei Wochen beträgt. Bei längerem Bestand des Beschäftigungsverhältnisses erhöhen sich die Kündigungsfristen wiederum entsprechend den verlängerten Fristen für Arbeitnehmer (§ 622 Abs. 2 BGB) nachfolgender Staffelung: ein Monat zum Ende eines Kalendermonats nach zweijährigem Bestand, zwei Monate nach fünfjährigem, drei Monate nach achtjährigem, vier Monate nach zehnjährigem, fünf Monate nach zwölfjährigem, sechs Monate nach fünfzehnjährigem und sieben Monate nach zwanzigjährigem Bestand. § 29 Abs. 4 S. 2 HAG aF, wonach bei Berechnung der Beschäftigungsdauer nur Zeiten nach Vollendung des 25. Lebensjahres berücksichtigt wurden, verstieß gegen das unionsrechtliche Diskriminierungsverbot wegen Alters und war daher unangewendet zu lassen. Insoweit gelten die gleichen Überlegungen wie zu § 622 Abs. 2 S. 2 BGB (grundlegend *EuGH* 19.1.2010 – C-555/07 [Kücükdeveci], Rn 43; *BAG* 9.9.2010 – 2 AZR 714/08, Rn 15 ff.; wie hier auch APS-*Linck* Rn 14; *Schaub/Vogelsang* § 163 Rn 48; s. iE KR-*Spilger* § 622 BGB Rdn 59 ff.). Seit dem 1.1.2019 ist diese Norm durch das QualChancenG aufgehoben. Die von der Beschäftigungsdauer abhängige Staffelung der Kündigungsfristen verletzt das Verbot der Altersdiskriminierung hingegen nicht (so zu § 622 Abs. 2 S. 1 BGB: *BAG* 18.9.2014 – 6 AZR 636/13, Rn 8 ff.).

28 Durch die Vereinheitlichung der Kündigungsfristen im Arbeitnehmerbereich ist der Streit um die Verfassungswidrigkeit unterschiedlicher gesetzlicher Kündigungsfristen zwischen Arbeitern und Angestellten erledigt (vgl. dazu die 6. Aufl. ArbNähnl. Pers. Rn 107a; iE s. KR-*Spilger* § 622 BGB Rdn 11 ff.). Für das HAG hatte das BAG ohnehin angenommen, dass eine unterschiedliche Kündigungsregelung zwischen Heimarbeitern und Arbeitnehmern keine unzulässige Ungleichbehandlung ist, da zwischen beiden Gruppen erhebliche tatsächliche und rechtliche Unterschiede bestehen (*BAG* 24.6.1986 – 3 AZR 1/85). Heimarbeiter sind aufgrund ihrer Selbständigkeit typischerweise nicht in dem Maße wie Arbeitnehmer im Hinblick auf den Bestand des Heimarbeitsverhältnisses schutzbedürftig (zu § 14 TzBfG *BAG* 24.8.2016 – 7 AZR 625/15, Rn 46).

29 Voraussetzung für die Verlängerung der Kündigungsfrist ist die **überwiegende Beschäftigung** des Gekündigten durch den Auftraggeber. Überwiegend bei einem Auftraggeber beschäftigt ist der Heimarbeiter dann, wenn diese Beschäftigung im Verhältnis zu anderen Beschäftigungen für ihn die eindeutige **Hauptbeschäftigung** darstellt. Abzustellen ist dabei in erster Linie auf den **Zeitaufwand**, den die Arbeit für einen Auftraggeber im Verhältnis zu Arbeiten für andere Auftraggeber – und zwar nur Arbeiten als Heimarbeiter – erfordert. Grds. wird dem größeren Zeitaufwand auch der **höhere Verdienst** entsprechen. Das ist jedoch nicht zwingend. Ist das Arbeitseinkommen aus einer Tätigkeit zeitlich geringeren Umfangs höher, kann diese Tätigkeit unter Umständen überwiegend sein, jedenfalls dann, wenn der Unterschied zum Einkommen aus der zeitlich längeren Tätigkeit hoch, der zeitliche Unterschied selbst hingegen gering ist. Das gilt erst recht bei Tätigkeiten im Wesentlichen gleichen Umfangs. Hier kann das höhere Entgelt den Ausschlag geben (wie hier

Brecht § 29 Rn 16; *Mehrle* AR-Blattei, SD 910 Rn 129; teilweise abw. *Schmidt/Koberski/Tiemann/ Wascher* § 29 Rn 48, wonach das überwiegende Moment auch allein im Verdienst liegen kann).

In dieser Auslegung entspricht der Begriff der überwiegenden Beschäftigung dem in § 5 Abs. 1 S. 2 BetrVG (§ 6 Abs. 1 S. 2 u. Abs. 2 S. 2 BetrVG aF) enthaltenen Begriff des **in der Hauptsache für den Betrieb arbeitenden Heimarbeiters**. Dieser gilt als Arbeitnehmer iSd BetrVG. Die zum 28.7.2001 in Kraft getretene Neufassung des BetrVG hat insoweit keine sachliche Änderung gebracht (s.a. KR- *Kreutzberg-Kowalczyk* ArbNähnl. Pers. Rdn 51). Abzustellen ist dabei auch darauf, ob die Tätigkeit gerade für diesen Betrieb die Tätigkeit für andere Betriebe überwiegt (*BAG* 27.9.1974 – 1 ABR 90/73; s.a. *BAG* 25.3.1992 – 7 ABR 52/91; *Fitting* § 5 Rn 311; GK-BetrVG/ *Raab* § 5 Rn 99; *Löwisch/Kaiser* § 5 Rn 14; *Rost* NZA 1999, 115; *Richardi* § 5 Rn 128). Nicht entscheidend ist, ob die Tätigkeit die Existenzgrundlage für den Heimarbeiter darstellt (s. iE *Rost* NZA 1999, 116). Die vom *BAG* (27.9.1974 – 1 ABR 90/73) geäußerten Bedenken gegen eine Vergleichbarkeit von § 6 BetrVG (jetzt § 5 Abs. 1 S. 2 BetrVG) einerseits und § 29 HAG andererseits gingen aus von § 29 HAG aF. Danach wurde verlangt, dass der Heimarbeiter seinen Lebensunterhalt überwiegend aus dem Beschäftigungsverhältnis bezog (§ 29 Abs. 1 S. 1 HAG aF). Dieses Abgrenzungskriterium enthält § 29 HAG nicht mehr. Es bietet sich daher an, den Begriff der **überwiegenden Beschäftigung** und des **in der Hauptsache für den Betrieb** tätigen Heimarbeiters gleich auszulegen. Eine solche Auslegung dient einer einheitlichen Rechtsanwendung. Sie hat zur Folge, dass der als Arbeitnehmer des Betriebes iSd § 5 Abs. 1 S. 2 BetrVG geltende Heimarbeiter immer auch bei Erfüllung der entsprechenden zeitlichen Voraussetzungen den erweiterten Kündigungsschutz des § 29 Abs. 3 HAG genießt.

Überwiegend muss die Beschäftigung sein **zum Zeitpunkt der Kündigung** (*Brecht* § 29 Rn 24; *Schmidt/Koberski/Tiemann/Wascher* § 29 Rn 56). Es ist also nicht erforderlich, dass der Arbeitnehmer die überwiegende Beschäftigung für die gesamte zurückliegende Zeit nachweist. § 29 HAG aF verlangte demgegenüber noch, dass der Auftraggeber den Heimarbeiter ein Jahr lang tatsächlich überwiegend beschäftigt hatte.

Die **Berechnung der Beschäftigungsdauer** entspricht der Regelung des § 622 Abs. 2 BGB, auf die bzgl. der Einzelheiten verwiesen werden kann (s. KR-*Spilger* § 622 BGB Rdn 142 ff.). Entscheidend ist der **rechtliche Bestand** des Beschäftigungsverhältnisses, nicht die tatsächliche Beschäftigung. Die Beschäftigungsdauer muss **ununterbrochen** sein, wobei kurzfristige Unterbrechungen nicht schaden, wenn zwischen den einzelnen Beschäftigungsabschnitten ein innerer Zusammenhang besteht (vgl. *Schmidt/Koberski/Tiemann/Wascher* § 29 Rn 53; s. zur gleich gelagerten Problematik des § 1 KSchG: KR-*Rachor* § 1 KSchG Rdn 123 ff.). Anrechenbar kann auch eine Beschäftigung als fremde Hilfskraft (§ 2 Abs. 6 HAG) sein, wenn dieses Beschäftigungsverhältnis später in eine Beschäftigung als Heimarbeiter umgewandelt wurde (vgl. *Schmidt/Koberski/Tiemann/Wascher* § 29 Rn 54). Keine Bedenken bestehen auch gegen die Anrechnung von Zeiten eines Arbeitsverhältnisses, wenn sich das Heimarbeitsverhältnis unmittelbar anschließt (vgl. für den umgekehrten Fall *BAG* 6.12.1978 – 5 AZR 545/77).

Im Unterschied zu § 29 Abs. 1 bis 3 HAG, die auf beiderseitige Kündigungen Anwendung finden, gelten die längeren Kündigungsfristen des § 29 Abs. 4 HAG **nur für Kündigungen durch den Auftraggeber oder Zwischenmeister**. Das HAG hat damit eine Frage geklärt, die für § 622 Abs. S. 2 BGB aF str. war, überwiegend aber in eben diesem Sinne gelöst wurde (*BAG* 26.11.1971 – 2 AZR 62/71). § 622 Abs. 2 BGB nF stellt dies nunmehr auch für dessen Anwendungsbereich außer Streit. Der in Heimarbeit Beschäftigte kann sich also – nach vier Wochen Beschäftigung – jederzeit unter Einhaltung einer Frist von zwei Wochen aus dem Beschäftigungsverhältnis lösen.

4. Abweichende Regelungen

Gem. § 29 Abs. 5 HAG gelten § 622 Abs. 4 bis 6 BGB entsprechend. Danach können kürzere Kündigungsfristen uneingeschränkt nur durch Tarifvertrag vereinbart werden (§ 622 Abs. 4 S. 1 BGB). Eine einzelvertragliche Herabsetzung der Kündigungsfristen kommt nur unter den

Voraussetzungen des § 622 Abs. 5 BGB in Betracht, der gleichfalls in Bezug genommen worden ist: Bei Einstellung nur zur vorübergehenden Aushilfe für einen Zeitraum von nicht mehr als drei Monaten (§ 622 Abs. 5 Nr. 1 BGB) oder bei kleinen Auftraggebern oder Zwischenmeistern mit idR nicht mehr als 20 Beschäftigten (vgl. § 622 Abs. 5 Nr. 2 BGB). Beschäftigt der Auftraggeber sowohl Arbeitnehmer wie Heimarbeiter, wird man jedenfalls für die Beurteilung der einzelvertraglichen Abdingbarkeit von Kündigungsfristen der Heimarbeiter beide Gruppen zusammenrechnen müssen. Die einzelvertragliche Verlängerung der Fristen ist uneingeschränkt zulässig; dabei darf die Frist für eine Kündigung durch den Heimarbeiter nicht länger sein als die des Unternehmers, § 29 Abs. 5 HAG iVm § 622 Abs. 6 BGB (vgl. zu allen Einzelheiten der Anwendung des in Bezug genommenen § 622 Abs. 4 bis 6 BGB die Erläuterungen bei § 622 BGB).

35 Tarifverträge iSv § 29 Abs. 5 HAG iVm § 622 Abs. 5 BGB sind neben den eigentlichen Tarifverträgen auch die sog. **schriftlichen Vereinbarungen** zwischen Gewerkschaften einerseits und Auftraggebern und deren Vereinigungen andererseits über Inhalt, Abschluss oder Beendigung von Vertragsverhältnissen der in Heimarbeit Beschäftigten, die als Tarifverträge gelten (§ 17 Abs. 1 HAG; vgl. zum Begriff und zur Abgrenzung von den eigentlichen Tarifverträgen *Brecht* § 17 Rn 4, 5; *Gröninger/Rost* § 17 Rn 2; *Schmidt/Koberski/Tiemann/Wascher* § 17 Rn 20 ff.). Darüber hinaus erfasst die entsprechende Anwendung des § 622 Abs. 4 BGB auch die Abkürzung der Kündigungsfristen durch **bindende Festsetzungen** iSd § 19 HAG. Bindende Festsetzungen haben gem. § 19 Abs. 3 HAG die Wirkung eines allgemeinverbindlichen Tarifvertrages, so dass gegen ihre Einbeziehung in den Anwendungsbereich des § 622 Abs. 4 BGB, § 29 Abs. 5 HAG keine Bedenken bestehen.

36 Anwendbar ist auch § 622 Abs. 4 S. 2 BGB. Nicht organisierte Beschäftigte und Auftraggeber können also die Anwendung der kürzeren tariflichen Fristen vereinbaren durch entsprechende Inbezugnahme. Das entfällt naturgemäß für abgekürzte Kündigungsfristen bei bindenden Festsetzungen, da diese ohnehin allgemeinverbindlich sind.

37 Anwendbar ist auch **§ 113 InsO** (*Fenski* Rn 302). Soweit also der Heimarbeiter gem. § 29 Abs. 4 HAG eine längere Kündigungsfrist hat, reduziert sich diese bei Kündigung durch den Insolvenzverwalter auf drei Monate (iE s. KR-*Spelge* § 113 InsO Rdn 30; DDZ-*Däubler* § 113 InsO Rn 11).

5. Anhörung des Betriebsrats

38 In Heimarbeit Beschäftigte, welche **in der Hauptsache für einen Betrieb** arbeiten, gelten als Arbeitnehmer dieses Betriebes iSd BetrVG, § 5 Abs. 1 S. 2 BetrVG (s. Rdn 30). Vor ihrer Kündigung ist daher gem. § 102 Abs. 1 BetrVG der Betriebsrat anzuhören, soweit ein solcher im Betrieb besteht (*BAG* 7.11.1995 – 9 AZR 268/94, zu I 1 der Gründe). Unterbleibt die Anhörung, ist die Kündigung unwirksam (vgl. zu den Einzelheiten die Erl. zu § 102 BetrVG). Berücksichtigt der Arbeitgeber bei der Auswahl der zu kündigenden Heimarbeiter soziale Gesichtspunkte, so hat er dem Betriebsrat die entsprechenden Daten aller Heimarbeiter mitzuteilen, die er in die soziale Auswahl einbezogen hat; unterlässt er dies, ist die Kündigung unwirksam (*BAG* 7.11.1995 – 9 AZR 268/94, zu I 1 der Gründe).

39 Nicht anwendbar ist § 102 Abs. 5 BetrVG. Der Betriebsrat kann daher zwar der Kündigung nach Maßgabe des § 102 Abs. 3 BetrVG widersprechen (so auch *Brecht* § 29 Rn 39; *Schmidt/Koberski/Tiemann/Wascher* § 29 Rn 12). Der Beschäftigte kann jedoch in diesem Fall nicht die vorläufige Weiterbeschäftigung nach Ablauf der Kündigungsfrist bis zum rechtskräftigen Abschluss des Rechtsstreits verlangen. Tatbestandsvoraussetzung für die Anwendung des § 102 Abs. 5 BetrVG ist die Erhebung einer Klage nach dem KSchG auf Feststellung, dass das Arbeitsverhältnis durch die Kündigung nicht aufgelöst worden ist (§ 102 Abs. 5 BetrVG; vgl. *Fitting* § 102 Rn 107; *Löwisch/Kaiser* § 102 Rn 76; *Richardi/Thüsing* § 102 Rn 224 ff.; DKKW-*Kittner* § 102 Rn 284; *Schmidt/Koberski/Tiemann/Wascher* § 29 Rn 11 ff.; *Deinert* RdA 2018, 359, 360; **aA** *Fuchs* AuR 1973, 174; s. iE KR-*Rinck* § 102 BetrVG Rdn 274). Eine solche Klage kann der in Heimarbeit Beschäftigte

aber nicht erheben, und zwar zu keinem Zeitpunkt, da er nicht dem KSchG unterfällt (s. Rdn 69; *Rost* NZA 1999, 119; *Schmidt/Koberski/Tiemann/Wascher* § 29 Rn 17 f.; *Schmidt* NJW 1976, 930; vgl. auch *Brecht* § 29 Rn 35; *Mehrle* AR-Blattei, SD 910 Rn 142; *Fitting* § 102 Rn 106).

IV. Die außerordentliche Kündigung, § 29 Abs. 6 HAG

Gem. dem durch das HAÄndG auch insoweit abgeänderten § 29 Abs. 6 HAG gilt für eine **Kündi-** **gung des Heimarbeitsverhältnisses aus wichtigem Grund** § 626 BGB entsprechend. § 29 HAG aF hatte verwiesen auf den Grund, der zur Lösung des Arbeitsverhältnisses eines vergleichbaren Betriebsarbeiters ohne Einhaltung der Kündigungsfrist berechtigen würde. Nach der Neuregelung des Rechts der außerordentlichen Kündigung durch das Erste Arbeitsrechtsbereinigungsgesetz vom 14.8.1969 (BGBl. I S. 1106) war die klarstellende Verweisung auf § 626 BGB erforderlich geworden.

40

Das Beschäftigungsverhältnis eines in Heimarbeit Beschäftigten kann demnach von jedem Vertragsteil ohne Einhaltung einer Kündigungsfrist gekündigt werden, wenn Tatsachen vorliegen, aufgrund derer dem Kündigenden unter Berücksichtigung aller Umstände des Einzelfalles und unter Abwägung der Interessen beider Vertragsteile die Fortsetzung des Beschäftigungsverhältnisses bis zum Ablauf der Kündigungsfrist oder bis zu der vereinbarten Beendigung nicht zugemutet werden kann (§ 626 Abs. 1 BGB). Dabei kann die Kündigung nur innerhalb von zwei Wochen erfolgen, nachdem der Kündigungsberechtigte von den für die Kündigung maßgebenden Tatsachen erfahren hat (§ 626 Abs. 2 S. 1 BGB). Der Kündigende muss dem anderen Teil auf Verlangen den Kündigungsgrund unverzüglich schriftlich mitteilen (§ 626 Abs. 2 BGB).

41

Wegen der reichhaltigen Rechtsprechung zum Begriff des wichtigen Grundes und der dort entwickelten Fallgruppen vgl. die Erl. zu § 626 BGB.

42

Auch vor Ausspruch einer fristlosen Kündigung ist der **Betriebsrat zu hören**, soweit der in Heimarbeit Beschäftigte Arbeitnehmer iSd § 5 BetrVG ist (s. Rdn 38). Die Frage der vorläufigen Weiterbeschäftigung gem. § 102 Abs. 5 BetrVG stellt sich hier allerdings schon deshalb nicht, weil § 102 Abs. 5 BetrVG nur die fristgerechte Kündigung erfasst. Die unwirksame außerordentliche Kündigung kann ggf. in eine ordentliche **umgedeutet** werden, wobei jedoch die Rechte des Betriebsrats gewahrt sein müssen (iE s. KR-*Treber/Rennpferdt* § 13 KSchG Rdn 25 ff.)

43

V. Entgeltschutz während der Kündigungsfrist, § 29 Abs. 7 HAG

Da die Vergütung des in Heimarbeit Beschäftigten sich nach den ihm übertragenen Aufträgen richtet und der Auftraggeber grds. – also vorbehaltlich besonderer Absprachen – auch nicht zur Ausgabe einer bestimmten Arbeitsmenge verpflichtet ist (vgl. *BAG* 20.8.2019 – 9 AZR 41/19, Rn 36; 11.7.2006 – 9 AZR 516/05, Rn 20), hätte der Auftraggeber es in der Hand, diese Aufträge nach ausgesprochener Kündigung während der Kündigungsfrist so zu reduzieren, dass der Beschäftigte praktisch nichts mehr verdienen würde. Das gilt jedenfalls in den Fällen, in denen eine bestimmte Auftragsmenge innerhalb bestimmter Frist nicht vertraglich festgelegt ist (zu konkludenten vertraglichen Festlegung *BAG* 20.8.2019 – 9 AZR 41/19, Rn 40 mwN). Gegen eine derartige Aushöhlung der Kündigungsfristen gem. § 29 Abs. 2 bis 5 HAG trifft § 29 Abs. 7 HAG Abhilfe (vgl. *BAG* 20.8.2019 – 9 AZR 41/19, Rn 44 mwN). Für die **Dauer der Kündigungsfrist** behält der in Heimarbeit Beschäftigte auch bei **Verringerung** der Auftragsmenge den Anspruch auf Zahlung des durchschnittlich in den letzten 24 Wochen erzielten Arbeitsentgelts (dazu *BAG* 20.8.2019 – 9 AZR 41/19, Rn 43 ff.). Die Berechnung erfolgt in der Weise, dass je nach Dauer der Kündigungsfrist ein Betrag von einem Zwölftel bis höchstens vierzehn Zwölfteln des in den dem Zugang der Kündigung vorausgegangenen 24 Wochen erhaltenen Entgelts zu zahlen ist. Auch wenn das Gesetz dazu schweigt (vgl. *Hromadka* FS Söllner S. 472), ist nach dem Schutzzweck der Norm davon auszugehen, dass sie nicht abdingbar ist. Nur das entspricht auch der grundsätzlich zwingenden Fristenregelung der Abs. 1–4, von der nur nach Maßgabe von § 622 Abs. 4–6 BGB abgewichen werden kann, § 29 Abs. 5 HAG (s. Rdn 34).

44

45 Maßgeblich ist dabei die **gesetzliche Kündigungsfrist**, nicht eine etwa vertraglich eingeräumte längere Kündigungsfrist (*BAG* 20.8.2019 – 9 AZR 41/19, Rn 43; 13.9.1983 – 3 AZR 270/81; *Brecht* § 29 Rn 25; *Schmidt/Koberski/Tiemann/Wascher* § 29 Rn 83; *Gröninger/Rost* § 29 Rn 5). Wortlaut, Sinn und Zweck der Regelung lassen eine Ausdehnung des Entgeltschutzes nicht zu. Das wird deutlich auch aus der vorzunehmenden Berechnungsweise. Der Anspruch kann auch nicht aus § 29 Abs. 6 HAG oder aus § 615 BGB hergeleitet werden. Dem Heimarbeiter kann aber ggf. ein Schadenersatzanspruch zustehen, wenn er aufgrund einer Zusicherung – welche sich auch konkludent aus jahrelanger Praxis ableiten lassen kann – für eine absehbare Zeit mit bestimmten Arbeitsmengen rechnen konnte (s. iE *BAG* 13.9.1983 – 3 AZR 270/81; vgl. auch *BAG* 20.8.2019 – 9 AZR 41/19, Rn 42). Dass der Auftraggeber an einen Heimarbeiter für einen bestimmten Zeitraum in bestimmtem Umfang Heimarbeit ausgibt, reicht für sich genommen nicht aus, um eine konkludente Zusicherung einer Mindestauftragsmenge anzunehmen (vgl. auch *BAG* 20.8.2019 – 9 AZR 41/19, Rn 42).

46 Abzustellen ist grds. auf den **Gesamtbetrag einschließlich der Zuschläge und Unkostenzuschläge** (s.a. *Brecht* § 29 Rn 26; MünchArbR-*Heinkel* § 200 Rn 41; *Schmidt/Koberski/Tiemann/Wascher* § 29 Rn 85 f.; s. aber auch *Otten* A § 29 Rn 47). Der Beschäftigte soll so gestellt werden, wie er bei ordnungsgemäßer Auftragsausgabe gestanden hätte. Dabei ist allerdings nach *BAG* (11.7.2006 – 9 AZR 516/05) zu differenzieren zwischen Zuschlägen, die unmittelbar vom monatlichen Entgelt abhängen und davon unabhängigen Zuschlägen. Stets außer Ansatz zu lassen sind danach Feiertagsgelder nach Maßgabe von § 11 Abs. 2 EFZG, deren Berechnung unabhängig vom Arbeitsentgelt des laufenden Monats erfolgt. Urlaubszahlungen sind (nur) insoweit einzubeziehen, als dem Heimarbeiter auf seinen Antrag Urlaub gewährt worden ist (s. iE *BAG* 11.7.2006 – 9 AZR 516/05, Rn 21 ff.).

47 Bei **Entgelterhöhungen** während des Berechnungszeitraums oder der Kündigungsfrist ist von dem erhöhten Entgelt auszugehen. Zeiten des Bezugs von **Krankengeld** oder **Kurzarbeitergeld** sind nicht einzubeziehen (§ 29 Abs. 7 S. 2 und 3 HAG). Das entspricht der in § 11 BUrlG bzw. § 21 MuSchG nF (§ 11 MuSchG aF) enthaltenen Regelung für die Bemessung des Urlaubsentgelts bzw. des Arbeitsentgeltes bei Beschäftigungsverboten. Wie dort ausdrücklich geregelt, ist auch für § 29 Abs. 7 HAG davon auszugehen, dass es sich bei den Verdiensterhöhungen nicht um solche lediglich vorübergehender Natur handeln darf (vgl. dazu *Dersch/Neumann* § 11 Rn 14; *Bulla/Buchner* § 11 Rn 95).

48 Hat das Heimarbeitsverhältnis noch keine 24 Wochen bestanden, so ist von dem durchschnittlichen Entgelt während der Dauer des tatsächlichen Bestehens auszugehen. Das ergibt sich zwar nicht ohne Weiteres aus § 29 Abs. 7 HAG. Es ist aber kein vernünftiger Grund ersichtlich, kürzer Beschäftigte schlechter zu stellen. Auch § 29 Abs. 8 HAG zeigt, dass die kurzzeitige Beschäftigung (dort unter einem Jahr) gleichbehandelt werden soll. Eine solche Berechnungsweise ist für Leistungen nach dem MuSchG nunmehr ausdrücklich in § 21 Abs. 1 S. 2 MuSchG nF vorgesehen. Eine entsprechende Auslegung erfährt auch § 11 BUrlG.

49 Während der **Dauer der Kündigungsfrist** ist der Auftraggeber berechtigt, jedoch nicht verpflichtet, dem Beschäftigten Aufträge in der vorhergehenden Größenordnung zu erteilen. Der Beschäftigte muss sie ausführen, andernfalls verliert er den Anspruch auf Zahlung der Vergütung (*Gröninger/Rost* § 29 Rn 5; *Schmidt/Koberski/Tiemann/Wascher* § 29 Rn 89).

50 Gibt der Auftraggeber hingegen **mehr Aufträge** aus, als der Beschäftigte während der Kündigungsfrist verarbeiten kann, kann hierin unter Umständen das Angebot des Auftraggebers auf eine **Einigung über die Rücknahme der Kündigung**, also die Fortsetzung des Vertragsverhältnisses, liegen. Dieses Angebot kann durch die stillschweigende Übernahme der Aufträge angenommen werden (vgl. *Gröninger/Rost* § 29 Rn 5; *Schmidt/Koberski/Tiemann/Wascher* § 29 Rn 88). Was gewollt ist, muss nach den Umständen des Einzelfalles beurteilt werden. Denkbar ist auch, dass der Auftraggeber nur noch die Erledigung dieser bestimmten Aufträge wollte, also eine befristete Fortsetzung des Heimarbeitsverhältnisses über den Zeitpunkt der Kündigung hinaus, wenn die Kündigungsfrist dazu nicht ausreichen sollte (vgl. auch *Schmidt/Koberski/Tiemann/Wascher* § 29 Rn 87).

VI. Umgehungsschutz bei Herabsetzung der Auftragsmenge, § 29 Abs. 8 HAG

1. Herabsetzung der Auftragsmenge

Eine weitere **Sicherung gegen eine Umgehung** des § 29 Abs. 2 bis 5 HAG enthält § 29 Abs. 8 **51** HAG. Verringert der Auftraggeber die Auftragsmenge erheblich – wozu er an sich grds. mangels entgegenstehender vertraglicher Vereinbarungen berechtigt ist –, ohne zugleich eine Kündigung auszusprechen, könnte er auf diese Weise den Beschäftigten praktisch zur Aufgabe der sich für ihn nicht mehr lohnenden Arbeit zwingen, ohne Kündigungsfristen einhalten zu müssen. § 29 Abs. 8 HAG lässt für diesen Fall § 29 Abs. 7 HAG entsprechend zur Anwendung kommen (vgl. dazu *BAG* 20.8.2019 – 9 AZR 41/19, Rn 45). Der Beschäftigte hat für die Dauer eines der gesetzlichen Kündigungsfrist entsprechenden Zeitraumes einen Anspruch auf Zahlung eines entsprechenden Teils des durchschnittlichen Entgelts der letzten 24 Wochen bzw. des kürzeren Zeitraums bei kürzerem Bestehen des Beschäftigungsverhältnisses. Da der Entgeltschutz des Heimarbeiters nach § 29 Abs. 7 und Abs. 8 S. 1 HAG zeitlich nicht weiter als die gesetzlichen Kündigungsfristen nach § 29 Abs. 2 bis Abs. 5 HAG reicht, steht dem Heimarbeiter der gesetzliche Entgeltschutz nur einmal zu. Kündigt also der Auftraggeber das Heimarbeitsverhältnis, nachdem der Zeitraum, für den er nach § 29 Abs. 8 S. 1 HAG Entgeltsicherung schuldet, verstrichen ist, besteht kein Entgeltanspruch des Heimarbeiters nach § 29 Abs. 7 HAG für einen weiteren Zeitraum (*BAG* 20.8.2019 – 9 AZR 41/19, Rn 43 ff.). Trotz fehlender gesetzlicher Regelung ist auch der Schutz nach Abs. 8 ebenso wie der Entgeltschutz nach Abs. 7 nicht abdingbar (s. Rdn 44).

Auslösend für den **Beginn der Frist** ist die **Herabsetzung** der Auftragsmenge, welche mindestens **52** ein Jahr lang durchschnittlich ausgegeben wurde, um **mindestens ein Viertel**. Bei einer unter einem Jahr liegenden Beschäftigungsdauer ist von der während dieser Zeit ausgegebenen Auftragsmenge auszugehen.

§ 29 Abs. 8 HAG regelt die **schlagartige und in einem Akt** erfolgende Herabsetzung des Auftrags- **53** volumens. Vermindert der Auftraggeber die Auftragsmenge **schrittweise** um insgesamt mindestens ein Viertel, kommt § 29 Abs. 8 HAG an sich nicht zur Anwendung (APS-*Linck* § 29 Rn 33; *Brecht* § 29 Rn 32; *Fitting/Karpf* § 29 Rn 8; aA *Fenski* Rn 287; MünchArbR-*Heinkel* § 200 Rn 43). Allerdings kann auch die etappenweise Herabsetzung die Folgen des § 29 Abs. 8 HAG auslösen, wenn aus den Gesamtumständen eine **Umgehungsabsicht** des Auftraggebers hervorgeht (im Ergebnis so auch *Schmidt/Koberski/Tiemann/Wascher* § 29 Rn 70, die auf die jeweils geltende Kündigungsfrist abstellen; auch MünchArbR-*Heinkel* § 200 Rn 43; nach DDZ-*Däubler* §§ 29, 29a HAG Rn 17 setzt die Lohnsicherung von dem Moment an ein, in dem 75 % der ursprünglichen Arbeitsmenge erreicht sind). In Frage kommt das insbes. bei den längeren Kündigungsfristen des § 29 Abs. 4 HAG (vgl. *Gröninger/Rost* § 29 Rn 6).

2. Verringerung der Auftragsmenge nach § 11 Abs. 2 HAG

§ 29 Abs. 8 S. 1 und 2 HAG findet keine Anwendung, wenn die Verringerung der Auftragsmenge **54** auf einer **Festsetzung gem. § 11 Abs. 2 HAG** beruht. Nach § 11 Abs. 2 HAG kann der Heimarbeitsausschuss (§ 4 HAG) zur Beseitigung von Missständen, die durch die ungleichmäßige Verteilung der Heimarbeit entstehen, für einzelne Gewerbezweige oder Arten von Heimarbeit die Arbeitsmenge festsetzen, die für einen bestimmten Zeitraum auf einen Entgeltbeleg (§ 9 HAG) ausgegeben werden darf. Sinn dieser Bestimmung ist, Missständen vorzubeugen, die durch einen ungesunden Wettbewerb der Heimarbeiter um die Vergabe von Aufträgen entstehen könnten. Dient die Herabsetzung der Auftragsmenge also gerade dem Schutz des Heimarbeiters, bleibt für eine Anwendung des § 29 Abs. 8 HAG kein Bedürfnis. Die Interessen der Beschäftigten sind hinreichend durch das nach § 11 HAG einzuhaltende Verfahren gesichert.

3. Kurzarbeit

Die Anwendung des § 29 Abs. 8 S. 1 und 2 HAG scheidet weiter aus, wenn die Herabsetzung der **55** Auftragsmenge auf der **rechtmäßigen Einführung von Kurzarbeit** beruht (§ 29 Abs. 8 S. 3 HAG).

Soweit der Auftraggeber zur Abgabe einer bestimmten Vertragsmenge innerhalb bestimmter Fristen nicht verpflichtet ist, kann er die Herabsetzung ohnehin grds. frei vornehmen – vorbehaltlich des § 29 Abs. 8 S. 1 und 2 HAG (s.a. Rdn 51). Die Zulässigkeit von Kurzarbeit in diesem Fall wirkt sich also dahin aus, dass er nicht nur die Auftragsmenge senken darf, sondern auch von seiner Zahlungsverpflichtung gem. § 29 Abs. 8 HAG frei wird.

56 Ist der Auftraggeber zur Abgabe einer bestimmten Menge verpflichtet, kann er diese grds. nicht beliebig herabsetzen. Hier eröffnet die Zulässigkeit von Kurzarbeit dem Auftraggeber überhaupt erst die Möglichkeit der Herabsetzung der Auftragsmenge und zugleich der Befreiung von der Zahlungsverpflichtung des § 29 Abs. 8 HAG.

57 Die **Einführung von Kurzarbeit** kann **einzelvertraglich** vereinbart werden. Dem Auftraggeber kann ein **tarifliches** Recht zur einseitigen Einführung von Kurzarbeit unter gewissen Voraussetzungen eingeräumt sein. Das gilt entsprechend für eine **schriftliche Vereinbarung** gem. § 17 HAG und für eine **bindende Festsetzung** nach § 19 HAG, welchen beiden die Wirkung eines Tarifvertrages bzw. eines allgemeinverbindlichen Tarifvertrages zugeschrieben ist (s. Rdn 35). Fehlen entsprechende einzelvertragliche oder kollektivrechtliche Regelungen, bleibt nur der Weg der **Änderungskündigung**, wobei allerdings regelmäßig die Kündigungsfrist einzuhalten ist (vgl. iE KR-*Weigand/Heinkel* § 19 KSchG Rdn 3).

58 Nicht hierher gehört die Einführung von **Kurzarbeit gem. § 19 KSchG** aufgrund einer entsprechenden Genehmigung des Landesarbeitsamtes im Zusammenhang mit Massenentlassungen (so aber *Schmidt/Koberski/Tiemann/Wascher* § 29 Rn 77 ff.). In Heimarbeit Beschäftigte sind keine Arbeitnehmer und fallen daher nicht unter den Anwendungsbereich des KSchG. Sie unterfallen auch nicht dessen dritten Abschnitt über Massenentlassungen (davon gehen auch *Schmidt/Koberski/Tiemann/Wascher* § 29 Rn 77 ff.), da sie auch keine Arbeitnehmer iSd Unionsrechts sind (vgl. *BAG* 20.8.2019 – 9 AZR 41/19, Rn 18 ff.; 24.8.2016 – 7 AZR 342/14, Rn 29 ff.; sh. zur Heranziehung des autonomen Arbeitnehmerbegriffs des Art. 45 AEUV auch für die Massenentlassungsrichtlinie *EuGH* 9.7.2015 – C-229/14 [Balkaya], Rn 34; zum unionsrechtlichen Arbeitnehmerbegriff s. KR-*Kreutzberg-Kowalczyk* ArbNähnl. Pers. Rdn 18). Ihre Entlassungen sind daher nicht nach § 17 KSchG anzuzeigen.

59 Die Bezugnahme auf gem. § 19 KSchG eingeführte Kurzarbeit im Rahmen des § 29 Abs. 8 S. 3 HAG verbietet sich, weil diese Norm den Auftraggeber oder Zwischenmeister von der Verpflichtung entbindet, für die Dauer der nach § 29 Abs. 2 bis 5 HAG einzuhaltenden Fristen trotz verringerter Auftragsmenge das unveränderte Entgelt weiterzuzahlen, wenn die Verringerung der Auftragsmenge auf der rechtmäßigen Einführung von Kurzarbeit beruht. § 19 KSchG verpflichtet aber den Auftraggeber gerade, während der Dauer der allgemeinen gesetzlichen oder der vereinbarten Kündigungsfrist trotz Einführung von Kurzarbeit das ungekürzte Arbeitsentgelt fortzuzahlen (§ 19 Abs. 2 KSchG). Damit wird aber ein § 29 Abs. 8 S. 3 HAG entgegengesetztes Ergebnis erreicht. Die Vorschriften widersprechen sich. Es fehlt an jedem Anhaltspunkt dafür, dass § 29 Abs. 8 S. 3 HAG etwa als spezielleres Gesetz den § 19 Abs. 2 KSchG abändern wollte für den Bereich der Heimarbeit, auf den das KSchG gerade keine Anwendung findet.

4. Fortsetzung des Beschäftigungsverhältnisses nach Ablauf der Frist

60 **Die bloße Herabsetzung** des Auftragsvolumens nach Maßgabe des § 29 Abs. 8 HAG **führt nicht zur Beendigung** des Beschäftigungsverhältnisses. Eine Ausnahme gilt nur insoweit, als die Herabsetzung als konkludente Kündigung anzusehen ist. Angesichts der strengen Anforderungen, welche an die Eindeutigkeit einer solchen Erklärung gestellt werden müssen, dürfte eine derartige Auslegung des Verhaltens des Auftraggebers in den wenigsten Fällen berechtigt sein.

61 Das Beschäftigungsverhältnis besteht also fort. **Nach Ablauf des der Kündigungsfrist entsprechenden Zeitraums**, für den das Durchschnittsentgelt zu zahlen ist, ist der Beschäftigte nunmehr verpflichtet, zu dem entsprechend der verringerten Auftragsmenge verminderten Entgelt weiterzuarbeiten. Folgt sodann die Kündigung durch den Auftraggeber, besteht kein Entgeltanspruch des Heimarbeiters nach § 29 Abs. 7 HAG für einen weiteren Zeitraum (*BAG* 20.8.2019 – 9 AZR 41/19, Rn 43 ff.).

(unbelegt) 62

VII. Sonderregelung für Zwischenmeister, § 29 Abs. 9 HAG

§ 29 Abs. 9 HAG trifft eine besondere Regelung für den **Zwischenmeister**. Der Zwischenmeister, 63
der Aufträge an in Heimarbeit Beschäftigte weitergibt, hat diesen gegenüber die Kündigungsfristen des § 29 Abs. 2–5 HAG zu wahren. Entsprechend treffen ihn die Entgeltschutzbestimmungen des § 29 Abs. 7 und 8 HAG. Er ist allerdings seinerseits von den Aufträgen abhängig, die ihm sein Auftraggeber zur Weitergabe an die Beschäftigten zuweist. Mindert der Auftraggeber diese Aufträge unvorhergesehen, so entlastet dies den Zwischenmeister gegenüber seinen Heimarbeitern nicht. Er kann ihnen zwar kündigen, aber nur unter Einhaltung der Fristen, während derer er das Entgelt in voller Höhe weiterzahlen muss, ohne entsprechende Aufträge weitergeben zu können.

Hier greift § 29 Abs. 9 HAG zum Schutz des Zwischenmeisters ein. Der Zwischenmeister hat einen An- 64
spruch auf **Ersatz** der durch die Einhaltung von Kündigungsfristen entstandenen **Aufwendungen**, welche durch die fehlenden Beschäftigungsmöglichkeiten entstehen, wenn der Auftraggeber die künftige Herabsetzung der regelmäßig zu verteilenden Arbeitsmenge nicht rechtzeitig mitteilt. Nicht rechtzeitig erfolgt die Mitteilung, wenn der Zwischenmeister keine Gelegenheit mehr hat, gegenüber den Beschäftigten Maßnahmen zu ergreifen, die ihn von der Verpflichtung zur Zahlung von Entgelt ohne entsprechende Aufträge entlasten. Eine solche Maßnahme kann zum Beispiel darin liegen, dass der Zwischenmeister sich andere Aufträge zur Weitergabe erschließt, eine Umverteilung der Aufträge vornimmt, so dass eine Kürzung evtl. nur in den nach § 29 Abs. 8 HAG unschädlichen Grenzen (weniger als ein Viertel) zu erfolgen braucht, oder als letztes Mittel eine fristgerechte Kündigung aussprechen kann.

§ 29 Abs. 9 HAG schützt allerdings nur den Zwischenmeister, der **überwiegend** für einen Auf- 65
traggeber Heimarbeit verteilt (vgl. zum Begriff Rdn 29). Der Zwischenmeister, der für mehrere Auftraggeber arbeitet, wird eher in der Lage sein, Auftragsminderungen des einen durch verstärkte Übernahme von Aufträgen des anderen auszugleichen. Gelingt ihm das nicht, fallen die aus § 29 Abs. 7 und 8 HAG entstehenden Kosten ihm zur Last.

Keine Voraussetzung für die Anwendung des § 29 Abs. 8 HAG ist die **Gleichstellung** des Zwi- 66
schenmeisters nach § 1 Abs. 2 S. 1 lit. d HAG. Diese hat nur Bedeutung für eine evtl. Kündigung des Auftraggebers gegenüber dem Zwischenmeister.

Beruht die Verminderung der Auftragsmenge auf einer Entscheidung gem. **§ 11 Abs. 2 HAG** (s. 67
Rdn 54), entfallen die Ansprüche der Beschäftigten gegenüber dem Zwischenmeister (§ 29 Abs. 8 S. 1, letzter Hs. HAG). § 29 Abs. 9 HAG kommt in diesem Fall nicht zur Anwendung, da dem Zwischenmeister keine Aufwendungen durch die fehlenden Aufträge entstehen (im Ergebnis wie hier *Schmidt/Koberski/Tiemann/Wascher* § 29 Rn 95, wonach der Schutz des Zwischenmeisters nicht eintreten soll).

Der Anspruch des Zwischenmeisters gegen den Auftraggeber berührt nicht das Verhältnis zu den 68
Beschäftigten. Diesen steht **kein Durchgriffsrecht** auf den Auftraggeber zu. Sie haben sich an den Zwischenmeister als ihren Vertragspartner zu halten. Eine direkte Haftung des Auftraggebers gegenüber den Beschäftigten kommt nur im Falle des § 21 Abs. 2 HAG in Betracht, wenn nämlich der Auftraggeber an den Zwischenmeister Entgelte auszahlt, von denen er weiß oder den Umständen nach wissen muss, dass sie zur Zahlung der in einer Entgeltregelung festgelegten Entgelte an die Beschäftigten nicht ausreichen. Dann haftet er neben dem Zwischenmeister für diese Entgelte. Entsprechendes gilt, wenn er an einen Zwischenmeister zahlt, dessen Unzuverlässigkeit er kennt oder kennen muss.

VIII. Anwendung anderer kündigungsrechtlicher Bestimmungen auf das Heimarbeitsverhältnis

1. KSchG

In Heimarbeit Beschäftigte fallen **nicht unter den Schutz des KSchG** (*BAG* 24.3.1998 – 9 AZR 69
218/97, m. Anm. *Hromadka* in AP Nr. 178 zu § 613a BGB; *Brecht* § 29 Rn 1; *Gröninger/Rost* § 29 Rn 1; HK-*Dorndorf* § 1 Rn 22; DDZ-*Däubler* §§ 29, 29a HAG Rn 18; *v. Hoyningen-Huene/*

Linck § 1 Rn 75; *Mehrle* AR-Blattei, SD 910 Rn 140). Es fehlt an einem **Arbeitsverhältnis**, welches Voraussetzung für die Anwendung des KSchG ist (s.a. *BAG* 20.1.2004 – 9 AZR 291/02). Dass der Gesetzgeber gleichfalls dieser Auffassung war, ergibt sich aus der Einfügung des § 29a HAG, der als Parallelregelung zu § 15 KSchG überflüssig wäre, fände das KSchG ohnehin Anwendung. Der Heimarbeiter ist daher auch nicht gebunden an das Kündigungsschutzverfahren der §§ 4 ff. KSchG bei Geltendmachung der Unwirksamkeit der Kündigung (s. Rdn 84).

2. §§ 138, 242 BGB, § 6 AGG

70 Auch für das Heimarbeitsverhältnis gelten die **Generalklauseln der §§ 138, 242 BGB**. Über sie ist der nach den grundgesetzlichen Schutzpflichten aus Art. 12 Abs. 1 GG gebotene Mindestkündigungsschutz (*BVerfG* 27.1.1998 – 1 BvL 15/87, m. Anm. *Dieterich* in AR-Blattei ES 830 Nr. 18; vgl. dazu a. *BAG* 5.12.2019 – 2 AZR 107/19, Rn 13 mwN) auch für arbeitnehmerähnliche Personen und damit auch für Heimarbeiter zu gewährleisten (*BAG* 24.3.1998 – 9 AZR 218/97, m. Anm. *Hromadka* in AP Nr. 178 zu § 613a BGB; DDZ-*Däubler* §§ 29, 29a HAG Rn 20; *Oetker* FS ArbG Rheinland-Pfalz S. 325 ff.; *Däubler* ZIAS 2000, 331; zurückhaltend *Buchner* NZA 1998, 1149). Dabei ist allerdings zu berücksichtigen, dass dies schon für ein nicht dem KSchG unterliegendes Arbeitsverhältnis und damit erst recht für ein arbeitnehmerähnliches Rechtsverhältnis nicht dazu führt, dass die Sozialwidrigkeitsgründe des § 1 KSchG über die Generalklauseln zur Anwendung kommen (*BVerfG* 27.1.1998 27.1.1998 – 1 BvL 15/87, m. Anm. *Dieterich* in AR-Blattei ES 830 Nr. 18; *BAG* 21.2.2001 – 2 AZR 15/00; *Oetker* FS ArbG Rheinland-Pfalz S. 325 ff.). Zur Anwendung des **AGG** s. § 6 Abs. 1 S. 3 AGG und KR-*Kreutzberg-Kowalczyk* ArbNähnl. Pers. Rdn 56 (vgl. auch DDZ-*Däubler* §§ 29, 29a HAG Rn 20; *Schaub/Vogelsang* § 163 Rn 56; s. im Übrigen KR-*Treber/Plum* § 6 AGG Rdn 7). Eine gegen ein Diskriminierungsverbot verstoßende Kündigung ist nach § 134 BGB unwirksam (s. zur Kündigung eines wegen Nichterfüllung der Wartezeit des § 1 Abs. 1 KSchG noch keinen Kündigungsschutz genießenden Arbeitnehmers *BAG* 18.12.2013 – 6 AZR 190/12, Rn 14 – Diskriminierung wegen einer HIV-Infektion).

71 Die Kündigung des Beschäftigungsverhältnisses eines in Heimarbeit Beschäftigten kann daher **sittenwidrig** und damit gem. § 138 BGB nichtig sein. Die Grenze der Sittenwidrigkeit ist allgemein im Rechtsverkehr zu beachten. Bezüglich der Einzelheiten vgl. KR-*Treber/Rennpferdt* § 13 KSchG Rdn 40 ff.).

72 Entsprechendes gilt für einen Verstoß des Kündigenden gegen **Treu und Glauben**. Auch hierbei handelt es sich um einen allgemeinen Rechtsgrundsatz (vgl. iE KR-*Lipke/Schlünder* §§ 242 BGB). Ein solcher Verstoß dürfte jedoch nur in Ausnahmefällen vorliegen. Insbesondere reicht für die Annahme einer sittenwidrigen oder treuewidrigen Kündigung nicht ein Grund aus, der die Sozialwidrigkeit einer Kündigung nach § 1 KSchG bedingt. Eine solche Auslegung würde zu einer unzulässigen Erweiterung des KSchG führen, welches auf die Beschäftigungsverhältnisse der Heimarbeiter gerade keine Anwendung findet.

3. MuSchG, BEEG

73 Auch in der **seit dem 1.1.2018 geltenden Neufassung des MuSchG** (Gesetz zum Schutz von Müttern bei der Arbeit, in der Ausbildung und im Studium, BGBl. I S. 1228) sind Frauen, die in Heimarbeit beschäftigt sind, und ihnen Gleichgestellte iSv § 1 Abs. 1 und 2 des HAG, soweit sie am Stück mitarbeiten, kraft ausdrücklicher Regelung dem MuSchG unterstellt (§ 1 Abs. 2 Nr. 6 MuSchG nF [zuvor § 1 Nr. 2 MuSchG aF]); dies jedoch mit der Maßgabe, dass die §§ 10 und 14 MuSchG nF auf sie nicht anzuwenden sind und § 9 Abs. 1 bis 5 MuSchG nF auf sie entsprechend anzuwenden ist. Der mutterschutzrechtliche Sonderkündigungsschutz ist nunmehr in § 17 MuSchG nF (zuvor § 9 MuSchG aF) geregelt. Gem. § 17 Abs. 1 S. 1 MuSchG nF ist die Kündigung gegenüber einer Frau während der Schwangerschaft, bis zum Ablauf von vier Monaten nach einer Fehlgeburt nach der zwölften Schwangerschaftswoche und bis zum Ende ihrer Schutzfrist nach der Entbindung, mindestens jedoch bis zum Ablauf

von vier Monaten nach der Entbindung unwirksam, wenn dem kündigenden Arbeitgeber – hier: Auftraggeber bzw. Zwischenmeister – zur Zeit der Kündigung die Schwangerschaft, die Fehlgeburt nach der zwölften Schwangerschaftswoche oder die Entbindung bekannt ist oder wenn sie ihm innerhalb von zwei Wochen nach Zugang der Kündigung mitgeteilt wird. Das Überschreiten dieser Frist ist unschädlich, wenn die Überschreitung auf einem von der Frau nicht zu vertretenden Grund beruht und die Mitteilung unverzüglich nachgeholt wird (§ 17 Abs. 1 S. 2 MuSchG nF). Das Kündigungsverbot gilt gem. § 18 BEEG auch während der **Elternzeit** (vgl. iE Erl. zu § 17 MuSchG, § 18 BEEG). Für gleichgestellte Heimarbeiter gilt § 17 Abs. 1 MuSchG nF allerdings nur dann, wenn sich die Gleichstellung auch auf § 29 HAG erstreckt (§ 17 Abs. 4 S. 2 MuSchG nF). Im Gegensatz zu der bis zum 31.12.2017 geltenden Fassung des MuSchG gilt das mutterschutzrechtliche Kündigungsverbot entsprechend für **Vorbereitungsmaßnahmen** des Arbeitgebers – hier: Auftraggeber bzw. Zwischenmeister –, die er im Hinblick auf eine Kündigung der Frau trifft (§ 17 Abs. 1 S. 3 MuSchG nF). Leitet der Arbeitgeber solche Maßnahmen ein, obwohl die in Heimarbeit Beschäftigte sich noch im Mutterschutz befindet, so ist die nach Ablauf der Schutzfristen ausgesprochene Kündigung nach § 134 BGB nichtig (*Bayreuther* NZA 2017, 1145), was faktisch zu einer Verlängerung des Sonderkündigungsschutzes führt. Denn anders als bisher ist es künftig kaum mehr möglich, eine Kündigung so vorzubereiten, dass sie unmittelbar nach dem Ende der Schutzfristen ausgesprochen werden kann (vgl. *Benkert* NJW-Spezial 2017, 562).

Das Kündigungsverbot des § 17 MuSchG nF, das **unmittelbar mit Aufnahme der Beschäftigung** 74 einsetzt, ist absolut. Es erfasst sowohl fristgerechte wie fristlose Kündigungen und Änderungskündigungen. Während der Sperrfrist ist eine Kündigung nur nach vorheriger Genehmigung der für den Arbeitsschutz zuständigen obersten Landesbehörde zulässig (§ 17 Abs. 2 MuSchG nF). Zu den Einzelheiten vgl. die Erl. zu § 17 MuSchG.

Damit der Kündigungsschutz des § 17 MuSchG nF nicht dadurch unterlaufen wird, dass der Auf- 75 traggeber die Auftragsmenge herabsetzt, bestimmt § 17 Abs. 3 S. 1 MuSchG nF ausdrücklich, dass der Auftraggeber oder Zwischenmeister eine in Heimarbeit beschäftigte Frau in den Fristen nach § 17 Abs. 1 S. 1 MuSchG nF nicht gegen ihren Willen bei der Ausgabe von Heimarbeit **ausschließen** darf. Ausgehend von dem Schutzzweck, dass den Heimarbeiterinnen der Stand erhalten bleiben soll, den sie vor Eintritt der Schwangerschaft hatten, ist zu folgern, dass § 17 Abs. 3 S. 1 MuSchG nF nicht nur den **völligen** Ausschluss von der Vergabe von Heimarbeit untersagt, sondern auch die **Kürzung** der Auftragsmenge (s. KR-*Gallner* § 17 MuSchG Rdn 224; *Buchner/Becker* § 9 Rn 284). Ein Ausschluss bzw. eine Verringerung kann natürlich in Frage kommen, soweit sie durch ein Verbot der Ausgabe von Heimarbeit (§ 2 Abs. 3 S. 3 MuSchG nF) nach §§ 3, 8, 13 Abs. 2, 16 MuSchG nF bedingt ist; auf die Anwendung dieser Vorschriften weist § 17 Abs. 3 S. 1 MuSchG ausdrücklich hin.

Für die **Berechnung der durchschnittlichen Auftragsmenge**, auf welche die in Heimarbeit Be- 76 schäftigte einen Anspruch hat, ist in entsprechender Anwendung von § 18 S. 2 MuSchG nF auf die letzten drei abgerechneten Monate vor Beginn der Schwangerschaft abzustellen (vgl. KR-*Gallner* § 17 MuSchG Rdn 225; *Buchner/Becker* § 9 Rn 284). War das Beschäftigungsverhältnis kürzer als drei Monate, ist entsprechend § 21 Abs. 1 S. 2 MuSchG nF der Berechnung der tatsächliche Zeitraum des Beschäftigungsverhältnisses zugrunde zu legen. Verteilt der Arbeitgeber weniger Aufträge, hat er der Beschäftigten trotzdem das durchschnittliche Entgelt der letzten 3 Monate vor Beginn der Schwangerschaft zu zahlen in entsprechender Anwendung des § 615 BGB (*Buchner/Becker* § 9 Rn 284). Bei Freistellungen für Untersuchungen und zum Stillen gilt § 23 Abs. 2 MuSchG nF. Danach hat der Auftraggeber oder Zwischenmeister einer in Heimarbeit beschäftigten Frau und der ihr Gleichgestellten für die Stillzeit ein Entgelt zu zahlen, das nach der Höhe des durchschnittlichen Stundenentgelts für jeden Werktag zu berechnen ist. Bei einer Tätigkeit für mehrere Auftraggeber oder Zwischenmeister, haben diese das Entgelt für die Stillzeit zu gleichen Teilen zu zahlen. Die Vorschriften der §§ 23 bis 25 HAG über den Entgeltschutz finden auf das Entgelt Anwendung.

4. PflegeZG, FPfZG

77 In Heimarbeit Beschäftigte und die ihnen Gleichgestellten genießen, wie alle arbeitnehmerähnlichen Personen, auch den **Sonderkündigungsschutz nach § 5 PflegeZG**. Sie gelten gem. § 7 Abs. 1 Nr. 1 PflegeZG als Beschäftigte iSd Gesetzes (s. KR-*Treber/Waskow* §§ 1–8 PflegeZG Rdn 13 ff.; iE KR-*Kreutzberg-Kowalczyk* ArbNähnl. Pers. Rdn 53 f.). Dieser Sonderkündigungsschutz gilt nach § 2 Abs. 3 FPfZG auch für die Inanspruchnahme von **Familienpflegezeit** (s. KR-*Treber/Waskow* FPfZG Rdn 10). Da der Sonderkündigungsschutz gem. § 5 Abs. 1 PflegeZG bereits mit der Ankündigung – also bereits vor der Freistellung – beginnt, besteht die Gefahr, dass der Schutz unterlaufen wird, indem der Auftraggeber die Aufträge absenkt. Eine § 17 Abs. 3 MuSchG nF (§ 9 Abs. 4 MuSchG aF) entsprechende Regelung (s. Rdn 75) sieht § 5 PflegeZG nicht vor; eine analoge Anwendung ist angesichts der klaren gesetzlichen Regelung ausgeschlossen. **§ 612a BGB ist nicht anzuwenden**, da die Regelung arbeitnehmerähnliche Personen nicht erfasst (*BAG* 14.12.2004 – 9 AZR 23/04; aA ErfK-*Preis* § 612a Rn 4; MüKo-BGB/*Müller-Glöge* § 612a Rn 4; s.a. KR-*Kreutzberg-Kowalczyk* ArbNähnl. Pers. Rdn 50). Zu denken ist allerdings an einen auf §§ 138, 242 BGB gestützten Anspruch, wenn es dem Mitarbeiter gelingt, den ihm obliegenden Nachweis zu führen, dass die Absenkung der Aufträge zur Umgehung des Sonderkündigungsschutzes erfolgte und daher rechtsmissbräuchlich ist.

5. Schwerbehinderte Menschen in Heimarbeit

78 In Heimarbeit Beschäftigte unterstehen dem Schutz der §§ 168 ff., 210 Abs. 2 SGB IX nF (zuvor §§ 85 ff., 127 Abs. 2 SGB IX aF). Das gilt auch für Gleichgestellte, ohne dass es einer besonderen Gleichstellung bzgl. des neunten Abschnitts des HAG bedarf. § 210 Abs. 2 SGB IX nF (zuvor § 127 Abs. 2 SGB IX aF) enthält keine diesbezügliche Einschränkung wie etwa § 17 Abs. 3 S. 2 MuSchG nF (zuvor § 9 Abs. 1 S. 2 letzter Hs. MuSchG aF; vgl. *Schmidt/Koberski/Tiemann/Wascher* § 29 Rn 118; vgl. auch *Neumann/Pahlen/Pahlen-Majerski* § 127 Rn 12).

79 Zum **Begriff des schwerbehinderten Menschen** s. § 2 SGB IX (vgl. die Erläut. zu §§ 85 ff. SGB IX). Die Kündigung des in Heimarbeit beschäftigten schwerbehinderten Menschen kann nur nach vorheriger Zustimmung des Integrationsamtes erfolgen (§ 168 iVm § 210 Abs. 2 S. 2 SGB IX nF [zuvor § 85 iVm § 127 Abs. 2 S. 2 SGB IX aF]; iE die Erl. zu § 168 SGB IX). Das gilt auch für die fristlose Kündigung (§ 174 SGB IX nF [zuvor § 91 SGB IX aF]). Die Mindestkündigungsfrist beträgt nach § 210 Abs. 2 S. 1 SGB IX nF vier Wochen (zuvor § 127 Abs. 2 S. 1 SGB IX aF). § 29 Abs. 7 HAG findet dabei gem. § 210 Abs. 2 S. 1 SGB IX nF (zuvor § 127 Abs. 2 S. 1 SGB IX aF) sinngemäße Anwendung. Einer vorherigen Anhörung der Schwerbehindertenvertretung nach § 178 Abs. 2 S. 3 SGB IX nF bedarf es nicht, da § 210 SGB IX nF auf diese Norm nicht verweist.

80 Unter dem Zustimmungsvorbehalt des § 168 SGB IX nF (zuvor § 85 SGB IX aF) stehen auch **Änderungskündigungen** (s. KR-*Kreft* § 2 KSchG Rdn 281). Da § 29 Abs. 8 HAG eine Änderungskündigung fingiert (s. Rdn 61), ist es gerechtfertigt, die nach § 29 Abs. 8 HAG relevante Herabsetzung der Auftragsmenge gleichfalls dem Zustimmungserfordernis des § 168 SGB IX nF (bisher § 85 SGB IX aF) zu unterwerfen (*Gröninger/Rost* § 29 Rn 8; *Schmidt/Koberski/Tiemann/Wascher* § 29 Rn 115; *Neumann/Pahlen/Pahlen-Majerski* § 127 SGB IX Rn 22). Der Auftraggeber ist bei fehlender Zustimmung des Integrationsamtes in diesem Fall also gehalten, nicht nur für die Dauer des der Kündigungsfrist entsprechenden Zeitraums, sondern darüber hinaus das ursprüngliche durchschnittliche Entgelt weiterzuzahlen, vorausgesetzt, der in Heimarbeit Beschäftigte macht die Unwirksamkeit der »Änderungskündigung« geltend (s. dazu Rdn 84).

81 Eine dem § 29 Abs. 9 HAG vergleichbare Regelung trifft § 210 Abs. 4 S. 2 SGB IX nF (bisher § 127 Abs. 4 S. 2 SGB IX aF). Wird einer **schwerbehinderten Hilfskraft** (vgl. § 2 Abs. 6 HAG), die von einem Hausgewerbebetreibenden oder Gleichgestellten beschäftigt wird, gekündigt, weil der Auftraggeber gegenüber dem Arbeitgeber der fremden Hilfskraft die Zuteilung von Arbeit

einstellt oder die regelmäßige Arbeitsmenge erheblich herabgesetzt hat, ist der Auftraggeber verpflichtet, dem Arbeitgeber die Aufwendungen für die Zahlung des regelmäßigen Arbeitsentgelts an die schwerbehinderte Hilfskraft bis zur rechtmäßigen Lösung ihres Arbeitsverhältnisses zu erstatten (s.a. Rdn 63).

6. ArbPlSchG

In Heimarbeit Beschäftigte genießen den Kündigungsschutz des **ArbPlSchG** (§§ 7, 2 ArbPlSchG). 82 Dies gilt allerdings nur, soweit sie ihren **Lebensunterhalt überwiegend aus der Heimarbeit** beziehen (§ 7 Abs. 1 ArbPlSchG), dann aber für alle Beschäftigungsverhältnisse (vgl. *Schmidt/Koberski/ Tiemann/Wascher* Anh. nach § 19 Rn 156). Nicht erfasst sind Gleichgestellte iSd § 1 Abs. 2 HAG, die in § 7 ArbPlSchG keine Erwähnung finden. Das Beschäftigungsverhältnis eines in Heimarbeit Beschäftigten darf während des Grundwehrdienstes oder während einer Wehrübung nicht, vor und nach dem Wehrdienst nicht aus Anlass des Wehrdienstes gekündigt werden (§ 2 Abs. 1 und 2 ArbPlSchG). Unberührt bleibt das Recht zur fristlosen Kündigung (§ 2 Abs. 3 ArbPlSchG). § 7 Abs. 2 ArbPlSchG beugt wiederum einer Aushöhlung des Kündigungsschutzes durch Senkung der Auftragsmenge vor. Die in Heimarbeit beschäftigten Wehrpflichtigen dürfen vor und nach dem Wehrdienst bei der Ausgabe von Heimarbeit im Vergleich zu den anderen in Heimarbeit Beschäftigten des gleichen Auftraggebers oder Zwischenmeisters nicht benachteiligt werden. Geschieht dies doch, haben sie Anspruch auf das dadurch entgangene Entgelt. Dabei ist auszugehen von dem durchschnittlichen Entgelt der letzten 52 Wochen, welches der Beschäftigte vor der Vorlage des Einberufungsbescheides beim Auftraggeber oder Zwischenmeister erzielt hat (§ 7 Abs. 2 S. 2 und 3 ArbPlSchG).

7. § 613a BGB

Nicht anwendbar auf Heimarbeitsverhältnisse ist **§ 613a BGB** (*BAG* 3.7.1980 – 3 AZR 1077/78; 83 24.3.1998 – 9 AZR 218/97, m. Anm. *Hromadka* in AP Nr. 178 zu § 613a BGB; ErfK-*Preis* § 613a Rn 67; *Deinert* RdA 2018, 359, 360; *Lepke* BB 1979, 528; *Mehrle* AR-Blattei, SD 910 Rn 138; MüKo-BGB/*Müller-Glöge* § 613a Rn 80; *Palandt/Weidenkaff* § 613a Rn 5; *Schwerdtner* FS für Gerhard Müller, S. 562; aA aber KR-*Treber/Schlünder* § 613a BGB Rdn 9; *Gaul* BB 1979, 1668; *Heinze* DB 1980, 209; *Schmidt/Koberski/Tiemann/Wascher* § 29 Rn 55 – s. aber auch Anhang § 19 Rn 37; einschränkend auch DDZ-*Däubler* §§ 29, 29a HAG Rn 21 mit dem berechtigten Hinweis auf eine ggf. aus den Umständen zu schließende bewusst gewollte »Betriebsnachfolge«; unklar *Bauschke* AR-Blattei SD 110 Rn 94; s.a. KR-*Kreutzberg-Kowalczyk* ArbNähnl. Pers. Rdn 52). Der Umstand allein, dass der Heimarbeiter gem. § 5 Abs. 1 S. 2 BetrVG unter Umständen als Arbeitnehmer im betriebsverfassungsrechtlichen Sinne gilt, rechtfertigt keine andere Entscheidung (*BAG* 24.3.1998 – 9 AZR 218/97). Der betriebsverfassungsrechtliche Funktionsschutz ist vom Übergang des Arbeitsverhältnisses abhängig. Soweit die Nichtanwendung des § 613a BGB hinsichtlich der Beschäftigungsverhältnisse von nach § 29a HAG geschützten Heimarbeitern die Funktionsfähigkeit des Betriebsrats beeinträchtigt, ist an eine entsprechende Anwendung von § 613a BGB zu denken (offen gelassen in *BAG* 24.3.1998 – 9 AZR 218/97, allerdings unter Hinweis auf die sonst unbefriedigenden Folgen).

IX. Geltendmachung der Unwirksamkeit einer Kündigung

Die **Unwirksamkeit einer Kündigung** nach § 29 HAG kann der in Heimarbeit Beschäftigte im 84 **Klagewege** geltend machen. **Rechtswegzuständig** für diese Klage sind nach ausdrücklicher gesetzlicher Regelung die **ArbG** (§ 2 Abs. 1 Nr. 3 lit. b iVm § 5 Abs. 1 S. 2 ArbGG). Der in Heimarbeit Beschäftigte kann **Leistungsklage** erheben auf Zahlung des jeweils fälligen Entgelts für die Zeit nach der Kündigung. Er kann aber auch **Feststellungsklage** erheben mit dem Antrag **festzustellen, dass das Beschäftigungsverhältnis der Parteien über den ... hinaus fortbesteht**, wenn die Kündigung – etwa wegen Verstoßes gegen § 17 MuSchG nF (bisher § 9 MuSchG aF) – überhaupt unwirksam ist, oder **festzustellen, dass das Beschäftigungsverhältnis der Parteien bis zum ... fortbestanden hat**, wenn lediglich die Einhaltung der Kündigungsfrist in Streit steht. Wegen der vielfachen Nebenwirkungen auch öffentlich-rechtlicher Art, welche an die Frage des Bestehens des Beschäftigungsverhältnisses geknüpft sind, ist regelmäßig ein rechtliches Interesse an einer solchen Feststellungsklage gem. § 256 ZPO zu bejahen (vgl. KR-*Klose* § 7 KSchG Rdn 34). Das gilt im Regelfall auch für die Geltendmachung nur der nicht eingehaltenen Kündigungsfrist. Die rechtskräftige Feststellung des genauen Beendigungszeitpunkts des Beschäftigungsverhältnisses kann mannigfache Bedeutung haben (einschränkend insoweit *Schmidt/Koberski/Tiemann/Wascher* § 29 Rn 107 – meistens allein Leistungsklage zulässig). Ist neben der Beendigung des Rechtsverhältnisses auch die Frage streitig, ob dieses Rechtsverhältnis ein Heimarbeitsverhältnis iSd HAG ist, kann der in Heimarbeit Beschäftigte auch beantragen, **festzustellen, dass zwischen den Parteien ein Heimarbeitsverhältnis iSd HAG besteht** (vgl. *BAG* 14.6.2016 – 9 AZR 305/15).

85 Die Klage ist an **keine bestimmte Frist** gebunden. § 4 KSchG findet keine Anwendung (DDZ-*Däubler* §§ 29, 29a HAG Rn 30; *Schmidt/Koberski/Tiemann/Wascher* § 29 Rn 109). Das gilt auch für die auf Sonderkündigungsschutz gestützten Unwirksamkeitsgründe (s. KR-*Kreutzberg-Kowalczyk* ArbNähnl. Pers. Rdn 79). Das Recht des Beschäftigten, die Unwirksamkeit der Kündigung geltend zu machen, kann jedoch nach allgemeinen Grundsätzen **verwirken** (vgl. iE dazu KR-*Klose* § 7 KSchG Rdn 37 ff.).

C. Kündigungsschutz im Rahmen der Betriebsverfassung, § 29a HAG

86 In Heimarbeit Beschäftigte gelten gem. § 5 Abs. 1 S. 2 BetrVG als **Arbeitnehmer des Betriebs**, wenn sie in der Hauptsache für den Betrieb tätig werden (s. Rdn 38). Das BetrVG kennt keinen spezifisch betriebsverfassungsrechtlichen Begriff des Heimarbeiters, sondern verwendet ihn iSd Bestimmungen des HAG (*BAG* 25.3.1992 – 7 ABR 52/91). Nicht einbezogen werden Gleichgestellte iSv § 1 Abs. 2 HAG (vgl. *Fitting* § 5 Rn 309 ff.; *Löwisch/Kaiser* § 5 Rn 14; *Richardi* § 5 Rn 118 ff.; ErfK-*Koch* § 5 Rn 8).

87 Die in Heimarbeit Beschäftigten, die als Arbeitnehmer iSd BetrVG anzusehen sind, können **betriebsverfassungsrechtliche Funktionen** wahrnehmen, insbes. Mitglied des Betriebsrats werden. Nach dem durch das HAÄndG eingefügten § 29a HAG haben sie auch einen besondere Kündigungsschutz wie er für Arbeitnehmer iSd § 611a BGB bei Wahrnehmung betriebsverfassungsrechtlicher Aufgaben in § 15 KSchG geregelt ist. Soweit nach personalvertretungsrechtlichen Bestimmungen arbeitnehmerähnliche Personen Mitglied einer Personalvertretung sein können (s. § 112 LPersVG Rheinland-Pfalz), ist eine analoge Anwendung des § 29a HAG in Betracht zu ziehen (offengelassen – aber wohl eher abl. – *BAG* 20.1.2004 – 9 AZR 291/02).

88 Von § 29a HAG erfasst werden **Mitglieder des Betriebsrats** oder einer **Jugendvertretung** (§ 29a Abs. 1 HAG), **Mitglieder des Wahlvorstands** und **Wahlbewerber** nach Maßgabe des § 29a Abs. 2 HAG. Ihr Beschäftigungsverhältnis kann während der jeweiligen Amtszeiten nur nach vorheriger Zustimmung des Betriebsrats bzw. deren Ersetzung durch das ArbG (§ 103 BetrVG) und nur aus wichtigem Grund gekündigt werden. § 29a HAG entspricht inhaltlich der in § 15 Abs. 1, 3 und 4 KSchG getroffenen Regelung. Wegen der Einzelheiten kann daher auf die Erläuterung zu § 15 KSchG verwiesen werden (s. Erl. zu § 15 KSchG). Zur Frage einer entsprechenden Anwendung von § 613a BGB auf nach § 29a HAG geschützte Funktionsträger s. Rdn 83.

89 Der in § 15 Abs. 4 KSchG geregelten **Betriebsstilllegung** stellt § 29 Abs. 3 HAG die Einstellung der Vergabe von Heimarbeit gleich. Hier wie dort besteht keine Beschäftigungsmöglichkeit mehr. Wie die Betriebsstilllegung darf auch die Einstellung der Vergabe von Heimarbeit **nicht lediglich vorübergehender Natur** sein. Sie muss vielmehr auf Dauer oder jedenfalls doch auf eine unbestimmte, wirtschaftlich nicht unerhebliche Zeitspanne angelegt sein (vgl. KR-*Kreft* § 15 KSchG Rdn 120; *BAG* 17.9.1957 – 1 AZR 352/56). Insbes. darf sie auch nicht lediglich zur Umgehung des besonderen Kündigungsschutzes des § 29a HAG erfolgen.

D. Befristete Heimarbeitsverhältnisse

§ 29 HAG regelt die Auflösung eines nicht von vornherein befristeten Beschäftigungsverhältnisses. 90
Sie kann nur durch Kündigung unter Einhaltung der entsprechenden Fristen erfolgen. Das Heimarbeitsverhältnis kann aber auch **von vornherein befristet** werden mit der Maßgabe, dass Aufträge nur bis zu einem gewissen Zeitpunkt erteilt werden. Gegen die grds. Zulässigkeit einer solchen Befristung bestehen keine Bedenken. Soweit das Heimarbeitsverhältnis dienstvertragliche Elemente hat, ergibt sich das schon aus § 620 BGB (vgl. zur Befristung des Vertragsverhältnisses einer arbeitnehmerähnlichen Person *BAG* 15.11.2005 – 9 AZR 626/04). Soweit werkvertragliche Elemente vorherrschen, ist es gleichfalls möglich, eine Vereinbarung des Inhalts abzuschließen, dass Aufträge nur bis zu einem zeitlich im Voraus fixierten Zeitpunkt erteilt werden.

Das Beschäftigungsverhältnis endet in diesem Fall mit dem **Ablauf der Befristung**, ohne dass es 91
einer Kündigung oder der Einhaltung einer Kündigungsfrist bedarf. Da keine Kündigung vorliegt, greift der den in Heimarbeit Beschäftigten nach den einzelnen Sonderkündigungsschutzbestimmungen zustehende Kündigungsschutz nicht ein. Einer Anhörung des Betriebsrats nach § 102 BetrVG bedarf es gleichfalls nicht. Durch den Abschluss befristeter Beschäftigungsverträge könnte also der Auftraggeber den – wenn auch geringen – Kündigungsschutz der in Heimarbeit Beschäftigten unterlaufen.

Die Gefahr der **Umgehung des Kündigungsschutzes** – insbes. des Schutzes des KSchG – hat 92
im Arbeitsrecht dazu geführt, die Befristung eines Arbeitsverhältnisses dann als unwirksam anzusehen, wenn für die Befristung kein sachlicher Grund besteht (vgl. grundlegend *BAG* [GS] 12.10.1960 – GS 1/59). An die Stelle der bisher von der Rechtsprechung entwickelten Grundsätze zur Befristungskontrolle ist das TzBfG getreten (s. KR-*Kreutzberg-Kowalczyk* ArbNähnl. Pers. Rdn 58 f.). Dieses findet auf das Heimarbeitsverhältnis jedoch keine Anwendung (*BAG* 24.8.2016 – 7 AZR 625/15, Rn 36 ff.; Bader/Bram-*Bader* § 620 BGB Rn 2; MünchArbR-*Heinkel* § 200 Rn 37 mwN; allgem. für arbeitnehmerähnliche Personen s. KR-*Bader/Kreutzberg-Kowalczyk* § 1 TzBfG Rdn 6 mwN; *Arnold/Gräfl/Gräfl* § 3 TzBfG Rn 3; ErfK-*Müller-Glöge* § 3 TzBfG Rn 2; MüKo-BGB/*Hesse* § 3 TzBfG Rn 4; *BAG* 15.11.2005 – 9 AZR 626/04, Rn 30). Auch unionsrechtlich ist es nicht geboten, § 14 TzBfG auf in Heimarbeit Beschäftigte anzuwenden. Zum einen sind in Heimarbeit Beschäftigte schon keine Arbeitnehmer iSd Unionsrechts s (so *BAG* 20.8.2019 – 9 AZR 41/19, Rn 18 ff.; 24.8.2016 – 7 AZR 625/15, Rn 43 ff. mwN zum unionsrechtlichen Arbeitnehmerbegriff; dazu a. KR-*Kreutzberg-Kowalczyk* ArbNähnl. Pers. Rdn 18). Überdies sind sie aufgrund ihrer Selbstständigkeit im Hinblick auf den Bestand ihres Vertragsverhältnisses typischerweise weniger schutzwürdig als Arbeitnehmer (*BAG* 24.8.2016 – 7 AZR 625/15, Rn 36 ff.; s.a. Rdn 1).

Die in Heimarbeit Beschäftigten genießen zwar keinen Kündigungsschutz nach dem KSchG. Ein 93
gewisser Schutz besteht aber durch den Zwang der Einhaltung von Fristen und die einzelnen Sonderkündigungsschutzbestimmungen. Gegen die **rechtsmissbräuchliche Umgehung** dieses Schutzes durch die Vereinbarung befristeter Beschäftigungsverhältnisse ist der in Heimarbeit Beschäftigte über § 242 BGB geschützt (*BAG* 24.8.2016 – 7 AZR 625/15, Rn 46). Insoweit können die Grundsätze der früheren Befristungsrechtsprechung (dazu KR-*Lipke/Bubach* § 14 TzBfG Rdn 89 f. sowie dessen Erl. Rn 62–76 in der 7. Aufl.), wonach die **Befristung des Beschäftigungsverhältnisses unwirksam ist, wenn für sie kein sachlicher Grund besteht**, für das Heimarbeitsverhältnis Bedeutung behalten. Zutreffend weist allerdings *Heinkel* (MünchArbR § 200 Rn 37) darauf hin, dass ein sachlicher Grund für die Befristung nur erforderlich ist, soweit Sonderkündigungsschutzgesetze auch für Heimarbeiter gelten und etwa bei Vertragsschluss aufgrund objektiver Umstände die Prognose gestellt werden muss, dass beim vereinbarten Vertragsende die Voraussetzung des besonderen Kündigungsschutzes gegeben sind (für das uneingeschränkte Erfordernis eines Sachgrundes für die Befristung eines in Heimarbeit Beschäftigten: *Rost* KR 11. Aufl., §§ 29, 29a HAG Rn 99; KR-*Lipke/Schlünder* § 620 BGB Rdn 6; Bader/Bram-*Bram* § 620 BGB Rn 2; *Brecht* § 29 Rn 6; DDZ-*Däubler* §§ 29, 29a HAG Rn 29; *Schmidt/Koberski/Tiemann/Wascher* vor § 29 Rn 9 ff.; wohl auch *Fenski* S. 242; vgl. aber auch *BAG* 25.8.1982 – 5 AZR 7/81, wonach nur

die Befristung eines Arbeitsverhältnisses unwirksam sein kann). Denn der Bestandsschutz der befristet eingestellten Person soll grds. nicht weitergehen, als er nach dem Gesetz besteht, das im konkreten Fall objektiv umgangen würde. Der allgemeine Kündigungsschutz des § 29 HAG soll den in Heimarbeit Beschäftigten lediglich Kalkulationssicherheit geben, die bei einer Befristungsvereinbarung stets gegeben ist (s.a. KR-*Lipke/Schlünder* § 620 BGB Rdn 6).

94 Für die Geltendmachung der Unwirksamkeit gilt keine Frist. § 17 TzBfG wonach ein Arbeitnehmer die Unwirksamkeit der Befristung eines Arbeitsverhältnisses innerhalb von drei Wochen nach dem Ende des befristeten Arbeitsvertrages geltend machen muss, findet keine Anwendung, da ein Arbeitsverhältnis nicht vorliegt. Allerdings kann das Recht verwirken (s. KR-*Klose* § 7 KSchG Rdn 37 ff.; s.a. Rdn 85).

Insolvenzordnung (InsO)

Vom 5. Oktober 1994 (BGBl. I S. 2866).

Zuletzt geändert durch Art. 24 Abs. 3 des Zweiten Finanzmarktnovellierungsgesetzes –
2. FiMaNOG vom 23. Juni 2017 (BGBl. I S. 1693).

– Auszug –

§ 113 InsO Kündigung eines Dienstverhältnisses

¹Ein Dienstverhältnis, bei dem der Schuldner der Dienstberechtigte ist, kann vom Insolvenzverwalter und vom anderen Teil ohne Rücksicht auf eine vereinbarte Vertragsdauer oder einen vereinbarten Ausschluß des Rechts zur ordentlichen Kündigung gekündigt werden. ²Die Kündigungsfrist beträgt drei Monate zum Monatsende, wenn nicht eine kürzere Frist maßgeblich ist. ³Kündigt der Verwalter, so kann der andere Teil wegen der vorzeitigen Beendigung des Dienstverhältnisses als Insolvenzgläubiger Schadenersatz verlangen.

Übersicht

	Rdn			Rdn
A. Das Arbeitsverhältnis in der Insolvenz des Arbeitgebers	1	B.	Normzweck, Unabdingbarkeit und Verfassungskonformität des § 113 InsO	19
I. Reformwerk InsO	1	I.	Normzweck	19
II. Das Arbeitsverhältnis im Insolvenzeröffnungsverfahren	2	II.	Verfassungskonformität	20
1. Bestellung eines vorläufigen Insolvenzverwalters	2	III.	Unabdingbarkeit	21
2. Kündigungsbefugnisse des vorläufigen Insolvenzverwalters	5	IV.	Normaufbau	22
III. Das Arbeitsverhältnis im eröffneten Insolvenzverfahren	7	V.	Anwendungsbereich des § 113 InsO	23
			1. Zeitlicher Geltungsbereich	23
IV. Prozessuale Folgen des Eröffnungsverfahrens und der Insolvenzeröffnung auf den Kündigungsschutzprozess	8		a) Kündigung vor Dienstantritt	23
			b) Neueinstellung durch den Insolvenzverwalter	24
1. Unterbrechung von Prozessen	8		2. Erfasste Rechtsbeziehungen	27
a) Unterbrechung rechtshängiger Prozesse	8		a) Arbeitsverhältnisse	27
b) Keine Unterbrechung anhängiger Prozesse	9		b) Dienstverträge mit Organen juristischer Personen	28
c) Behandlung von PKH-Verfahren	10		c) Berufsausbildungsverhältnisse	29
d) Prozessuale Folgen der Unterbrechung des Prozesses	11		d) Sonstige Rechtsverhältnisse	30
e) Aufnahme unterbrochener Kündigungsschutzprozesse	13		3. Erfasste Kündigungen und Insolvenzverfahren, Kündigungsberechtigung	31
2. Prozessgegner im Kündigungsschutzprozess	14	VI.	Vorrang vor vertraglichem oder tariflichem Kündigungsausschluss und verlängerten Kündigungsfristen (Satz 1)	32
V. Insolvenzen mit Auslandsbezug	15		1. Keine Durchbrechung des gesetzlichen Kündigungsschutzes	32
1. Insolvenzen im Anwendungsbereich der EuInsVO	15		2. Durchbrechung eines (tarif-)vertraglichen Ausschlusses ordentlicher Kündigungen	35
2. Insolvenzen im Anwendungsbereich des Deutschen Internationalen Insolvenzrechts	17		3. Kein Ausschluss außerordentlicher Kündigungen, Insolvenz kein Grund zur außerordentlichen Kündigung	36
3. Internationale Zuständigkeit	18			

	Rdn		Rdn
4. Durchbrechung sonstiger vereinbarter Kündigungserschwerungen und -hindernisse	37	d) Behandlung von bezogenen Sozialversicherungsleistungen	67
a) Vereinbarter Zustimmungsvorbehalt	37	e) Kein Ruhen des Arbeitslosengeldanspruchs	68
b) Kündigungshindernisse sonstiger Art	38	C. Insolvenzrechtlicher Rang typischer Folgeansprüche von Kündigungen und deren Durchsetzung in der Insolvenz	69
5. Durchbrechung längerer Kündigungsfristen	39	I. Grundsätze	69
VII. Höchstkündigungsfrist (Satz 2)	40	1. Massezulängliche Insolvenz	70
1. Rechtscharakter	40	a) Insolvenzforderungen	70
2. »Maßgebliche« kürzere Kündigungsfrist	41	b) Masseverbindlichkeiten	71
a) Grundsatz	41	2. Masseunzulängliche Insolvenz	72
b) Kürzere vertragliche, tarifliche oder gesetzliche Frist	42	a) Neumasseverbindlichkeiten	73
		b) Altmasseverbindlichkeiten	74
c) Vertragliche Vereinbarung einer längeren Kündigungsfrist als der gesetzlichen Frist	43	II. Einzelne Ansprüche	75
		1. Massezulängliche Insolvenz	75
		a) Arbeitsentgelt	75
d) Kündigungsausschluss und Befristung ohne Möglichkeit der ordentlichen Kündigung	45	b) Annahmeverzug	76
		c) Abfindungen	78
		aa) Vertragliche Vereinbarungen	79
e) Außerordentliche Kündigung mit Auslauffrist	48	bb) Prozessvergleiche	80
f) Kündigung vor Dienstantritt	49	cc) Abfindungen nach § 1a KSchG	81
g) Vertragsstrafenklausel	50		
VIII. Ersatz des Verfrühungsschadens (Satz 3)	51	dd) Abfindungen nach §§ 9, 10 KSchG	82
1. Zweck und insolvenzrechtliche Behandlung des Schadenersatzanspruchs	51	ee) Ansprüche auf Sozialplanabfindung und Nachteilsausgleich	83
2. Anspruchsvoraussetzungen	55	d) Urlaub	84
3. Anspruchsumfang	57	e) Vergütung des Einigungsstellenvorsitzenden	85
a) Grundsatz	57	f) Wiedereinstellungsanspruch	86
b) Kein Ersatz des »Endlosschadens« bei Unkündbarkeit	58	g) Zeugnis	87
		h) Ausschlussfristen	88
4. Anspruchsberechnung	61	2. Masseunzulängliche Insolvenz	89
a) Bruttolohnmethode	61	a) Arbeitsentgelt	89
b) Vorteilsausgleichung	63	b) Annahmeverzug	90
c) Berücksichtigung von Mitverschulden	65	c) Abfindungen	91
		d) Urlaub	92

A. Das Arbeitsverhältnis in der Insolvenz des Arbeitgebers

I. Reformwerk InsO

1 Die gem. Art. 110 Abs. 1 des Einführungsgesetzes zur Insolvenzordnung (EGInsO) vom 5.10.1994 (BGBl. I S. 2911) am **1.1.1999 in Kraft getretene InsO** vom 5.10.1994 (BGBl. I S. 2866) erfasst alle Insolvenzverfahren, die nach dem 31.12.1998 beantragt worden sind. Das gilt auch für Arbeitsverhältnisse, die vor dem 1.1.1999 begründet worden sind, und die daraus erwachsenen Rechte (§ 104 EGInsO). Für die vor dem 1.1.1999 beantragten Konkurs-, Vergleichs- und Gesamtvollstreckungsverfahren, die bisher nicht abgeschlossen sind, gilt dagegen weiterhin die KO (Art. 103 EGInsO). Das Insolvenzverfahren dient der gleichmäßigen Befriedigung der Gläubiger (*BAG* 29.1.2014 EzA § 133 InsO Nr. 4). Es soll sicherstellen, dass die Insolvenzmasse der Gesamtheit der Insolvenzgläubiger zur Befriedigung zur Verfügung steht. **Ziel der InsO** ist es, die Masse vor unberechtigten Zugriffen einzelner Gläubiger zu schützen. Ihr oberster Grundsatz ist darum

die **Gleichbehandlung aller Gläubiger**. **Arbeitnehmern** kommt dabei aufgrund der Abschaffung der Privilegierung rückständigen Arbeitsentgelts, das § 59 Abs. 1 Nr. 3 Buchst. a KO noch vorsah, **kein Gläubigervorrang** mehr zu. Vielmehr sind die Vorschriften der InsO uneingeschränkt auch auf Arbeitnehmer anzuwenden (vgl. *BAG* 8.5.2014 EzA § 131 InsO Nr. 5). Der deutsche Gesetzgeber hat sich allerdings dafür entschieden, in der Insolvenz des Arbeitgebers das Arbeitsverhältnis zunächst fortbestehen zu lassen (§ 108 InsO). Die §§ 113 ff. InsO gewähren allerdings dem Insolvenzverwalter im Interesse einer Sanierung des insolventen Unternehmens die Möglichkeit, Arbeitsverhältnisse, die zum Erhalt der Masse nicht mehr benötigt werden, schneller bzw. leichter zu beenden, als es außerhalb der Insolvenz möglich wäre. Insbes. durchbricht § 113 S. 1 InsO die vertraglich oder tariflich vereinbarte ordentliche Unkündbarkeit (Rdn 35).

II. Das Arbeitsverhältnis im Insolvenzeröffnungsverfahren

1. Bestellung eines vorläufigen Insolvenzverwalters

Ist wegen der (drohenden) Zahlungsunfähigkeit des Schuldners, die sich nach § 17 InsO bestimmt (dazu *BAG* 20.9.2017 NZA 2018, 468; 6.10.2011 EzA § 133 InsO Nr. 1), die Eröffnung des Insolvenzverfahrens beantragt, kann das Insolvenzgericht nach § 21 Abs. 2 Nr. 1 InsO einen vorläufigen Insolvenzverwalter bestellen. Im insolvenzrechtlichen Sprachgebrauch wird dabei je nach dem Umfang der übertragenen Befugnisse zwischen dem »schwachen«, dem »halbstarken« und dem »starken« vorläufigen Insolvenzverwalter unterschieden. Der »schwache« **vorläufige Insolvenzverwalter** wird nach § 21 Abs. 2 S. 1 Nr. 1 InsO bestellt, ohne dass ein allg. Verfügungsverbot erlassen wird. Vielmehr bestimmt das Insolvenzgericht gem. § 22 Abs. 2 S. 1 InsO die Pflichten des vorläufigen Insolvenzverwalters (HK-InsO/*Rüntz/Laroche* § 22 Rn 47). IdR wird ein **Zustimmungsvorbehalt** nach § 21 Abs. 2 S. 1 Nr. 2 Alt. 2 InsO angeordnet. Der schwache vorläufige Verwalter rückt nicht in die Arbeitgeberstellung ein. Die Fortführungspflicht des § 22 Abs. 1 S. 2 Nr. 2 InsO trifft ihn nicht (*BGH* 18.7.2002 NJW 2002, 3326). Er kann keine Masseverbindlichkeiten begründen (*BAG* 12.9.2013 EzA § 55 InsO Nr. 19; s. die Zusammenstellung der Folgen der Bestellung eines »schwachen« vorläufigen Insolvenzverwalters bei *Uhlenbruck/Ries* § 22 InsO Rn 65). Zu den Befugnissen des Schuldners in der **vorläufigen Eigenverwaltung** nach § 270a Abs. 1 S. 2 InsO s. *BAG* 14.5.2020 – 6 AZR 235/19 Rn 99 ff.

Dem »**halbstarken**« vorläufigen Insolvenzverwalter werden durch das Insolvenzgericht gem. **§ 22 Abs. 2 S. 2 InsO** bereits **partiell Verfügungsbefugnisse** übertragen (zu den insoweit geltenden Voraussetzungen *BGH* 18.7.2002 NJW 2002, 3326; zu den Möglichkeiten der Ausgestaltung der Befugnisse des halbstarken vorläufigen Verwalters *Waltenberger* NZI 2018, 505, 507). Zu den zulässig zu übertragenden Befugnissen gehört die **Ermächtigung zur Kündigung** von Arbeitsverhältnissen, weil es sich dabei um eine bestimmbare Art von Dauerschuldverhältnissen handelt. In Bezug auf die übertragenen Rechte rückt der halbstarke vorläufige Insolvenzverwalter in die Arbeitgeberstellung ein (*BAG* 16.2.2012 EzA § 3 AGG Nr. 7) und kann insoweit Masseverbindlichkeiten begründen (*BAG* 27.7.2017 EzA § 55 InsO Nr. 22). Das Insolvenzgericht kann jedoch zur Schonung der Masse die Verwaltungs- und Verfügungsbefugnis über die Arbeitsverhältnisse auch noch beim Schuldner belassen und nur einem Zustimmungsvorbehalt des schwachen Verwalters unterstellen. So wird vermieden, dass Masseverbindlichkeiten nach § 55 Abs. 2 S. 2 InsO begründet werden (*Waltenberger* NZI 2018, 505, 507).

Schließlich kann das Insolvenzgericht nach **§ 21 Abs. 2 Nr. 2 Alt. 1 InsO** einen »**starken**« vorläufigen Insolvenzverwalter bestellen, indem es dem Schuldner ein allgemeines Verfügungsverbot auferlegt (Musterformulierung bei *Waltenberger* NZI 2018, 505, 507). Ein »starker« vorläufiger Insolvenzverwalter mit Verfügungsbefugnis begründet durch sein Handeln bzw. Unterlassen für die Zeit nach der Eröffnung des Verfahrens Masseverbindlichkeiten. Das gilt gem. § 55 Abs. 2 S. 2 InsO insbes. dann, wenn er die Gegenleistung aus dem Arbeitsverhältnis weiter in Anspruch nimmt (*BAG* 10.9.2020 – 6 AZR 94/19 (A) Rn 41; *ausführl* 27.7.2017 – 6 AZR 801/16 Rn 28 ff). Im Rang einer Masseverbindlichkeit stehen dann nicht nur die Ansprüche, die unmittelbar auf einer vom Arbeitnehmer tatsächlich erbrachten Gegenleistung beruhen, sondern auch alle Verpflichtungen, die der Insolvenzverwalter als Arbeitgeber für »**unproduktive Ausfallzeiten**« zu erfüllen hat. Darunter fallen insbes Urlaubs- und Urlaubsabgeltungsansprüche sowie die Entgeltfortzahlung (*BAG* 10.9.2020 – 6 AZR 94/19 (A) Rn 42). Die Arbeitsgerichte sind an die Anordnungen des Insolvenzgerichts über die Befugnisse des vorläufigen Insolvenzverwalters **gebunden** (*BAG* 10.10.2002 EzA § 21 InsO Nr. 1). Bei Unklarheiten im Anordnungsbeschluss können sie den Insolvenzrichter vernehmen (*Berscheid* Arbeitsverhältnisse Rn 506). Zu den prozessualen Folgen der Bestellung eines vorläufigen Insolvenzverwalters Rdn 8 ff.

2. Kündigungsbefugnisse des vorläufigen Insolvenzverwalters

5 Während des **Insolvenzeröffnungsverfahrens** bleiben die **Rechte und Pflichten aus dem Arbeitsverhältnis zunächst unverändert**. Der »schwache« Insolvenzverwalter kann das Arbeitsverhältnis nicht selbst kündigen. Der Schuldner behält gegenüber den Arbeitnehmern die Arbeitgeberfunktion. Hat das Insolvenzgericht einen **Zustimmungsvorbehalt** nach § 21 Abs. 2 S. 1 Nr. 2 Alt. 2 InsO angeordnet, erstreckt sich dieser auch auf die Kündigung von Arbeitsverhältnissen. Der Arbeitgeber bleibt dann zwar weiterhin kündigungsbefugt. Die Kündigung bedarf dann aber der Zustimmung des vorläufigen Insolvenzverwalters. **Fehlt diese**, ist die Kündigung gem. § 182 Abs. 1 BGB unrettbar nichtig. Eine **Genehmigung** durch den Verwalter ist nicht möglich (vgl. *Spelge* RdA 2016, 309, 316). Hat der Verwalter zugestimmt, liegt der Kündigung diese **Einwilligung** aber **nicht schriftlich** bei, kann der Arbeitnehmer die **Kündigung** nach § 182 Abs. 3 BGB iVm § 111 S. 2 BGB **zurückweisen** (abl. *Uhlenbruck* Anm. *LAG Düsseld.* 24.8.2001 LAGE § 21 InsO Nr. 1). Das muss **unverzüglich** geschehen (*BAG* 10.10.2002 EzA § 21 InsO Nr. 1). Wie bei der Zurückweisung wegen fehlender Vorlage einer Vollmacht nach § 174 S. 1 BGB und wegen fehlenden Nachweises der Vertretungsmacht nach § 180 S. 2 BGB (dazu *BAG* 13.12.2012 ZInsO 2013, 1366) ist die Zurückweisung nach einer Zeitspanne von **mehr als einer Woche** idR nicht mehr unverzüglich. Der »**halbstarke**« **Insolvenzverwalter**, dem die Kündigungsbefugnis übertragen worden ist, und »**starke**« **vorläufige Insolvenzverwalter** können dagegen selbst wirksam kündigen. Fehlt es an der für eine **Stilllegung** des Betriebs erforderlichen Zustimmung des Insolvenzgerichts nach § 22 Abs. 1 S. 2 Nr. 2 InsO, ist die Kündigung im **Außenverhältnis** gegenüber den Arbeitnehmern gleichwohl wirksam. Die Sanktion dafür, dass der vorläufige Insolvenzverwalter im Innenverhältnis seine Befugnisse überschritten hat, ist allein der Schadenersatzanspruch nach § 60 InsO (*BAG* 27.10.2005 EzA § 22 InsO Nr. 1; *Gerhardt* FS Heinze S. 221). Bei ihrer Kündigung müssen »halbstarke« und »starke« vorläufige Insolvenzverwalter die tariflichen und gesetzlichen Fristen einhalten. Ordentlich unkündbaren Arbeitnehmern können sie nicht betriebsbedingt kündigen. Nach Wortlaut und Systematik der InsO **findet** § 113 InsO im Insolvenzeröffnungsverfahren **weder unmittelbar noch analog Anwendung** (*BAG* 20.1.2005 EzA § 113 InsO Nr. 15; krit. *Bund Richter/innen Arbeitsgerichtsbarkeit* NZA 2004, IX).

6 Dem »schwachen« vorläufigen Insolvenzverwalter kommen mangels Arbeitgeberstellung noch keine **betriebsverfassungsrechtlichen Befugnisse** zu. Er kann darum von den Rechten nach §§ 120 bis 122 und §§ 125 bis 128 InsO noch keinen Gebrauch machen. Allerdings läuft die Dreiwochenfrist der §§ 122 Abs. 1 und 126 Abs. 1 InsO mit der Insolvenzeröffnung nicht neu an, wenn der Schuldner bzw. der vorläufige Verwalter schon vor der Eröffnung mit dem Betriebsrat verhandelt haben. Ist vor der Eröffnung mindestens 2 Wochen verhandelt worden, kann der Verwalter sofort die Zustimmung des Insolvenzgerichts zu den beabsichtigten Kündigungen beantragen, wenn er sich dabei an den Verhandlungsinhalt hält (*Jaeger/Giesen* § 122 Rn 5, § 126 Rn 10 f.; HK-InsO/*Linck* § 122 Rn 11; *Uhlenbruck/Zobel* §§ 121, 122 Rn 69, §§ 126, 127 Rn 13; aA DKKW/*Däubler* Anh zu §§ 111–113, § 122 InsO Rn 6; *Friese* ZInsO 2001, 350, 352). Die Anhörung des Betriebsrats nach § **102 BetrVG** kann der **Schuldner** als Arbeitgeber im Eröffnungsverfahren noch **selbst** wirksam vornehmen. Es handelt sich dabei noch nicht um eine dem Schuldner nach § 22 Abs. 2 S. 1 Nr. 2 InsO untersagte Verfügung, weil dadurch noch nicht unmittelbar auf das Arbeitsverhältnis eingewirkt wird. Die **Mitunterzeichnung** des Anhörungsschreibens durch den vorläufigen »schwachen« Insolvenzverwalter ist darum nicht erforderlich, aber unschädlich (*BAG* 22.9.2005 EzA § 113 InsO Nr. 18; *Jaeger/Giesen* Vor § 113 Rn 182).

III. Das Arbeitsverhältnis im eröffneten Insolvenzverfahren

Durch die Eröffnung des Insolvenzverfahrens geht die Befugnis zur Ausübung des Verwaltungs- und Verfügungsrechts über das zur Insolvenzmasse gehörige Vermögen des Arbeitgebers als Schuldner auf den Insolvenzverwalter über (§ 80 Abs. 1 InsO). Die **Arbeitsverhältnisse bestehen** unverändert mit Wirkung für die Insolvenzmasse **fort** (§ 108 Abs. 1 InsO). Arbeits-, Beschäftigungs- und Entgeltzahlungspflichten bleiben bestehen. Stellt der Insolvenzverwalter Arbeitnehmer frei, behalten diese den Anspruch auf Entgeltzahlung gem. § 615 BGB (Annahmeverzug). Der Schuldner ist nicht mehr berechtigt, die Rechte und Pflichten aus den bestehen gebliebenen Arbeitsverhältnissen auszuüben. Die Wahrnehmung der die **Arbeitsverhältnisse betreffenden Rechtshandlungen** obliegen nunmehr allein dem **Insolvenzverwalter.** Dieser tritt in die Arbeitgeberstellung ein und übt für die Dauer des Insolvenzverfahrens die Funktion des Arbeitgebers aus (*BAG* 21.11.2013 EzA § 35 InsO Nr. 3). Eine Stilllegungentscheidung, die der Schuldner in der **vorläufigen Eigenverwaltung** getroffen hat, darf er sich zu eigen machen, ohne einen neuen Entschluss fassen zu müssen (*BAG* 14.5.2020 – 6 AZR 235/19 Rn 94 ff). Er ist bei der Umsetzung dieser Entscheidung ebenso wie bei der Umsetzung eigener Kündigungsentscheidungen uneingeschränkt **an die arbeitsrechtlichen Bestimmungen gebunden**, soweit nicht Modifikationen durch § 113 InsO für die Kündigungsfristen, durch §§ 123–125 InsO für Sozialplan und Interessenausgleich sowie in § 120 InsO für die Kündigung von Betriebsvereinbarungen angeordnet sind. Insbesondere **gilt das KSchG**, sofern dessen persönlicher und betrieblicher Geltungsbereich eröffnet ist. § 113 InsO ist dabei kein eigenständiger Kündigungsgrund (*BAG* 23.2.2017 – 6 AZR 665/15 Rn 33). Ferner treffen den Insolvenzverwalter die Pflichten aus § 111 BetrVG (*BAG* 13.12.1978 EzA § 112 BetrVG 1972 Nr. 15) und aus § 102 BetrVG. Er bleibt, auch wenn es nur noch um die Abwicklung von Restaufträgen geht, an Tarifverträge (vgl. *BAG* 28.1.1987 EzA § 3 TVG Nr. 5; *LAG BW* 9.11.1998 LAGE § 113 Nr. 6) und Betriebsvereinbarungen (*BAG* 28.1.1987 EzA § 3 TVG Nr. 5) gebunden. Die Wirksamkeit einer Kündigung, die der Insolvenzverwalter wegen einer von ihm beschlossenen Stilllegung ausspricht, ist nicht von einer Zustimmung der Gläubigerversammlung oder des Gläubigerausschusses zur Kündigung oder Stilllegung abhängig (*LAG Köln* 5.7.2002 EzASD 2002, S. 14). Zur Freistellung von Arbeitnehmern s. Rdn 77, 90.

IV. Prozessuale Folgen des Eröffnungsverfahrens und der Insolvenzeröffnung auf den Kündigungsschutzprozess

1. Unterbrechung von Prozessen

a) Unterbrechung rechtshängiger Prozesse

Die **Eröffnung des Insolvenzverfahrens** nimmt dem Schuldner die Prozessführungsbefugnis. Das wird durch die Prozesssperre des **§ 240 ZPO** abgesichert, die dem Insolvenzverwalter und dem Prozessgegner in **bereits rechtshängigen Verfahren** Gelegenheit gibt, sich auf die Insolvenzeröffnung einzustellen (*BGH* 16.5.2013 ZInsO 2013, 1516). Für die Unterbrechung genügt es, wenn nur **einer von mehreren** im Prozess geltend gemachten **Streitgegenständen** die Insolvenzmasse betrifft (*BGH* 10.12.2014 NJW-RR 2015, 433). Die Unterbrechung tritt auch in rechtshängigen Verfahren der **Eigenverwaltung** nach §§ 270 ff. InsO ein (*BAG* 5.5.2015 EzA § 613a BGB 2002 Nr. 164). Diese Sperren greifen auch im **Kündigungsrechtsstreit**. Der dafür erforderliche mittelbare Bezug des Streitgegenstands zur Insolvenzmasse ergibt sich **in der Insolvenz des Arbeitgebers** daraus, dass der Arbeitnehmer nach Obsiegen mit einer Feststellungsklage nach § 4 KSchG zahlreiche vermögensrechtliche Ansprüche gegen die Masse geltend machen kann (*BAG* 18.10.2006 EzA § 240 ZPO 2002 Nr. 2). Durch die Bestellung eines »starken« vorläufigen Insolvenzverwalters (Rdn 4) wird der Prozess unterbrochen (§ 240 S. 2 ZPO). Ist dem Schuldner hinsichtlich der von ihm geführten Aktiv- und Passivprozesse ein Verfügungsverbot auferlegt worden und ist die Verfügungsbefugnis auf den »**halbstarken« vorläufigen Verwalter** (Rdn 3) übergegangen, ist bereits der Wechsel der Prozessführungsbefugnis erfolgt, der durch die Unterbrechung anhängiger Prozesse gesichert werden soll. Deshalb werden rechtshängige, die Masse betreffende Prozesse auch in diesem Fall unterbrochen (*BGH* 16.5.2013 ZInsO 2013, 1516). Wird – wie üblich – nur ein »schwacher« **vorläufiger Insolvenzverwalter** bestellt oder wird die **vorläufige Eigenverwaltung** nach § 270a InsO angeordnet, greift § 240 ZPO dagegen **nicht**. Allerdings kann es wegen der geänderten Prozesssituation zur Gewährleistung eines fairen Verfahrens geboten sein, Fristen zu verlängern oder Termine zu verlegen (*BAG* 25.4.2001 EzA § 242 BGB Kündigung Nr. 4; *BGH* 4.5.2006 NJW-RR 2006, 1208; *BAG* 14.5.2020 – 6 AZR 235/19 Rn 53 ff). Ebenso wenig wird der Kündigungsschutzprozess durch die Eröffnung des Verbraucherinsolvenzverfahrens über das **Vermögen des Arbeitnehmers** unterbrochen. Der Prozess betrifft einen höchstpersönlichen Anspruch des Arbeitnehmers (*BAG* 5.11.2009 EzA § 626 BGB 2002 Nr. 28). Tritt allerdings die Insolvenz erst nach dem Tod des Arbeitnehmers ein, sind nur noch Annahmeverzugsansprüche betroffen. Das **Nachlassinsolvenzverfahren** betrifft die Insolvenzmasse und führt deshalb zur Unterbrechung nach § 239 Abs. 1 ZPO bzw. im Fall des § 246 Abs. 1 ZPO zur Aussetzung (vgl. *BAG* 13.4.2017 EzA § 239 ZPO 2002 Nr. 1). Zur Aufnahme des Rechtsstreits im **Nachlassinsolvenzverfahren** über das Vermögen des Arbeitnehmers Rdn 13. Zur Unterbrechung bei Insolvenzen mit Auslandsbezug Rdn 9, 16, 17. Zu den Folgen des Antrags auf Eröffnung des **Verbraucherinsolvenzverfahrens** und dessen Eröffnung, insbes. zu den dem Arbeitnehmer nach Eröffnung dieses Verfahrens und in einem etwaigen **Restschuldbefreiungsverfahren** verbleibenden Handlungsmöglichkeiten im Arbeitsverhältnis, iE *BAG* 15.7.2021 – 6 AZR 460/20; 20.6.2013 EzA § 35 InsO Nr. 1; *Reinfelder* NZA 2009, 124; *ders.* NZA 2014, 633). Ist streitig, ob das Verfahren unterbrochen ist, ist darüber durch **Zwischenurteil** zu entscheiden (*LAG Hamm* 5.3.2021 – 16 Sa 100/20, Revision unter 6 AZR 224/21; grundlegend *BGH* 28.10.1981 – II ZR 129/80).

b) **Keine Unterbrechung anhängiger Prozesse**

9   Ist die **Klage** im Zeitpunkt der Eröffnung des Insolvenzverfahrens nur **anhängig**, findet § 240 ZPO noch keine Anwendung (*BGH* 11.12.2008 NJW-RR 2009, 566). Ungeachtet des abweichenden Wortlauts des § 352 InsO, der ausdrücklich die Unterbrechung »anhängiger« Prozesse anordnet, verlangt auch diese Vorschrift nach Wortsinn und Zweck die Rechtshängigkeit des Rechtsstreits bei Eröffnung des ausländischen Insolvenzverfahrens (*BAG* 18.7.2013 NZA-RR 2014, 32). Die **Klage** ist deshalb noch **zuzustellen**, weil der Schuldner ungeachtet der Insolvenzeröffnung partei- und prozessfähig geblieben ist. Allerdings ist sie **unzulässig**, weil ihm die Prozessführungsbefugnis fehlt. Betrifft die Klage Insolvenzforderungen, fehlt ihr zudem das Rechtsschutzbedürfnis, weil die Forderung nur noch durch Anmeldung zur Tabelle realisiert werden kann (*BGH* 11.12.2008 NJW-RR 2009, 566). Ist das Insolvenzverfahren bereits **vor Anhängigkeit** eröffnet worden, ist das Verfahren nicht unterbrochen, die Klage ist zuzustellen. Hat die gegen den Schuldner gerichtete Klage Massebezug, ist sie mangels Prozessführungsbefugnis des Schuldners unzulässig. Eine Partei- oder Rubrumsberichtigung scheidet idR aus, weil der Schuldner noch parteifähig ist (HK-InsO/*Kayser* § 85 Rn 12).

c) **Behandlung von PKH-Verfahren**

10   Im **PKH-Verfahren** ist zu unterscheiden: Fällt der **Prozessgegner der PKH begehrenden Partei** in Insolvenz, wird das PKH-Verfahren nicht unterbrochen (*BAG* 24.8.2010 – 3 AZB 13/10 Rn 11; *BGH* 4.5.2006 NJW-RR 2006, 1208; aA KPB-*Lüke* § 85 Rn 32). Wird dagegen die PKH begehrende Partei selbst insolvent, ist nach dem Zweck des § 240 ZPO (Rdn 8) dem Verwalter Gelegenheit zur Einarbeitung und Entscheidung über die Fortführung des PKH-Verfahrens zu geben (*BFH* 27.9.2006 BB 2006, 2737; idS auch Jaeger/*Windel* § 85 Rn 67). Etwas anderes gilt nur dann, wenn das Hauptverfahren bereits abgeschlossen ist und nur noch über die Höhe der Ratenzahlung gestritten wird (dazu *LAG RhPf* 27.4.2016 NZI 2016, 587). Ist nur ein **isolierter**, dem Klageverfahren vorangehender **PKH-Antrag** gestellt, wird dieser durch die Insolvenzeröffnung über das Vermögen des Klägers gegenstandslos, wenn die Klageforderung in die Masse fällt. Wird die Insolvenz über das Vermögen des Beklagten eröffnet und betrifft der PKH-Antrag eine Insolvenzforderung, bedarf es einer Unterbrechung nach § 240 ZPO ebenfalls nicht. Vielmehr muss der Insolvenzgläubiger die Forderung zunächst anmelden und dann uU unter Berücksichtigung des Ergebnisses des Erörterungstermins einen neuen Antrag stellen (Jaeger/*Windel* § 85 Rn 66). Das **Kostenfestsetzungsverfahren** wird auch dann unterbrochen, wenn die Hauptsache abgeschlossen ist oder die Unterbrechungswirkung erst in einem höheren Rechtszug eintritt (*BGH* 29.6.2005 NZI 2006, 128).

d) **Prozessuale Folgen der Unterbrechung des Prozesses**

§ 240 ZPO macht nur Prozesshandlungen gegenüber der anderen Partei unwirksam (§ 249 Abs. 2 ZPO). **Handlungen gegenüber dem Gericht bleiben wirksam.** Darum kann die unterlegene Partei **wirksam Rechtsmittel einlegen,** wenn das Gericht trotz einer bereits eingetretenen Unterbrechung ein Urteil verkündet hat. Dafür muss sie nicht den Rechtsstreit wiederaufnehmen. Soll das Urteil nur deswegen aus der Welt geschafft werden, weil es unter Missachtung des § 240 ZPO ergangen ist, wird der Rechtsstreit in der Sache nicht weiter betrieben. Voraussetzung für ein wirksames Rechtsmittel ist allein die materielle Beschwer durch die angegriffene Entscheidung (*BAG* 24.1.2001 ZInsO 2001, 727). Aus dieser Beschwer ergibt sich das ungeachtet der fortdauernden Unterbrechung bestehende **Rechtsschutzbedürfnis** (*BAG* 26.6.2008 EzA § 240 ZPO 2002 Nr. 4). Das Rechtsmittel kann **durch den** noch **vom Schuldner bestellten Prozessbevollmächtigten** eingelegt werden. Insoweit ist **§ 117 Abs. 1 InsO**, wonach durch die Insolvenzeröffnung grds. die Prozessvollmacht erlischt, **einschränkend auszulegen.** Die Vollmacht besteht für das Einlegen und das Betreiben des Rechtsmittels fort, weil der Rechtsstreit sachlich nicht weiterbetrieben wird (*BAG* 26.6.2008 EzA § 240 ZPO 2002 Nr. 4).

Ist der Rechtsstreit unterbrochen, **laufen** sämtliche **Rechtsmittelfristen nicht. Zustellungen** gerichtlicher Entscheidungen **können nicht erfolgen.** Das gilt auch, wenn das Urteil vor der Insolvenzeröffnung verkündet worden ist (**Stuhlurteil**). Die Instanz ist vor der Zustellung noch nicht abgeschlossen. Eine in Unkenntnis der Insolvenzeröffnung erfolgte Zustellung ist unwirksam (*BAG* 5.5.2015 – 1 AZR 763/13 Rn 18). Ist das Urteil zwar vor Insolvenzeröffnung gefällt, aber erst nach der Eröffnung verkündet worden (**Tütenurteil**), ist es ohne rechtliche Wirkung (§ 249 Abs. 2 ZPO) und nach seiner zu Unrecht erfolgten Zustellung aus Gründen der Klarstellung aufzuheben (*BFH* 10.10.2018 – X R 18/16 Rn 5). Im **schriftlichen Verfahren** ist entsprechend § 249 Abs. 3 ZPO das Urteil noch zu verkünden, wenn der nach § 128 Abs. 2 Satz 2 ZPO zu bestimmende Termin, bis zu dem Schriftsätze eingereicht werden können, vor der Insolvenzeröffnung liegt (*Zöller/Greger* § 249 Rn 8). Eine fehlerhaft erfolgte Zustellung an den richtigen Empfänger wird **durch die Aufhebung des Insolvenzverfahrens** nach § 189 Abs. 2 ZPO **geheilt.** Dann hat die Zustellung ihren Zweck erfüllt. In der Insolvenz des Arbeitgebers erlischt die Prozessvollmacht des Prozessbevollmächtigten des Arbeitnehmers nicht. Mit der Aufhebung des Insolvenzverfahrens und der dadurch erfolgten Beendigung der Unterbrechung beginnen darum die **Rechtsmittelfristen für den Arbeitnehmer wieder zu laufen** (*BAG* 5.5.2015 – 1 AZR 763/13 Rn 20 ff). Dagegen erlischt die Prozessvollmacht für die Bevollmächtigten des **Schuldners** idR mit der Insolvenzeröffnung (§ 117 Abs. 1 InsO; zur Ausnahme bei der Einlegung eines Rechtsmittels zur Beseitigung eines während der Unterbrechung verkündeten Urteils s. Rdn 11). Beauftragt aber der Schuldner nach der Aufhebung des Insolvenzverfahrens seinen ehemaligen Prozessbevollmächtigten erneut, werden mit dieser erneuten Bestellung die während der Unterbrechung erfolgten Zustellungen in analoger Anwendung des § 189 ZPO geheilt. Die Zustellungen werden mit der erneuten Bestellung wirksam (*BAG* 5.5.2015 – 1 AZR 763/13 Rn 30 ff).

e) **Aufnahme unterbrochener Kündigungsschutzprozesse**

Betrifft der Rechtsstreit eine **Masseverbindlichkeit** (Rdn 71), kann er sowohl vom Insolvenzverwalter als auch vom Arbeitnehmer aufgenommen werden (§ 86 Abs. 1 Nr. 3 InsO). Bestandsschutzprozesse betreffen Masseverbindlichkeiten, wenn der **Bestand des Arbeitsverhältnisses über den Eröffnungszeitpunkt** hinaus im Prozess **geltend gemacht** wird und deshalb Ansprüche und Forderungen begründet werden können, die nach Eröffnung des Insolvenzverfahrens als Masseverbindlichkeiten zu erfüllen gewesen wären (*BAG* 18.10.2006 EzA § 240 ZPO 2002 Nr. 2). Ob das auch für den **Anspruch auf den Abschluss eines Arbeitsvertrags,** zB aufgrund eines Wiedereinstellungsanspruchs, der auf die Zeit vor Insolvenzeröffnung zurückwirken soll, gilt, ist Gegenstand des Revisionsverfahrens 6 AZR 224/11 (Vorinstanz *LAG Hamm* 5.3.2021 – 16 Sa 100/20). Mit der Zustellung der Aufnahmeerklärung endet die Unterbrechung. Der Prozess wird in der Lage, in der er sich bei Eintritt der Unterbrechung befand, fortgesetzt. Der Verwalter muss deshalb die bisherige Prozessführung des Schuldners gegen sich gelten lassen (HK-InsO/*Kayser* § 85 Rn 57). Auch im **Nachlassinsolvenzverfahren** über das **Vermögen des Arbeitnehmers** kann eine Aufnahme erfolgen, wenn die Insolvenz erst nach dem Tod des Arbeitnehmers eintritt. Hat das Gericht den Rechtsstreit nach § 246 Abs. 1 ZPO ausgesetzt und verzögert der Verwalter die Aufnahme, ist dessen Aufnahmeerklärung nach § 246 Abs. 2, 239 Abs. 2 ZPO zu ersetzen (*BAG* 13.4.2017 EzA § 239 ZPO 2002 Nr. 1). **Lehnt der Verwalter** die **Aufnahme ab**, fällt die Prozessführungsbefugnis an den Schuldner zurück. Dann können gem. § 85 Abs. 2 InsO sowohl der Schuldner als auch der Prozessgegner den Rechtsstreit aufnehmen. Dagegen können Insolvenzgläubiger **Insolvenzforderungen** (Rdn 70) nur nach den Vorschriften über das Insolvenzverfahren verfolgen (§ 87 InsO). Trotz des bereits anhängigen Rechtsstreits muss der Insolvenzgläubiger deshalb seine Forderung zunächst nach § 174 InsO zur Insolvenztabelle anmelden. Die Forderung muss sodann in einem Prüfungstermin vor dem Insolvenzgericht oder im schriftlichen Verfahren geprüft werden (§ 29 Abs. 1 Nr. 2, §§ 176 f. InsO). Erst wenn im Feststellungsverfahren widersprochen wird, kann der Gläubiger den anhängigen Rechtsstreit mit dem Ziel der Feststellung der Forderung zur Tabelle aufnehmen (§ 179 Abs. 1, § 180 Abs. 2 InsO). Dieses Procedere ist **nicht abdingbar** (*BGH* 3.7.2014 ZInsO 2014, 1608).

2. Prozessgegner im Kündigungsschutzprozess

14 Die Kündigungsschutzklage ist **gegen den Insolvenzverwalter** zu richten. Das gilt auch dann, wenn die Kündigung noch vor Eröffnung des Verfahrens vom Schuldner oder im Eröffnungsverfahren mit Zustimmung des Verwalters erklärt wurde, im Zeitpunkt der Klageerhebung aber ein Verwalter bestellt ist (*BAG* 21.11.2013 EzA § 35 InsO Nr. 3). UU kann aber durch **Auslegung** der richtige Klagegegner ermittelt werden (dazu *BAG* 18.10.2012 EzA § 1 KSchG Betriebsbedingte Kündigung Nr. 170; für Insolvenzen mit Auslandsbezug *BAG* 13.12.2012 EzA § 174 BGB 2002 Nr. 8). **Kündigt der Schuldner** nach Insolvenzeröffnung, ohne dazu vom Verwalter bevollmächtigt zu sein, ist dem Verwalter die Kündigung nicht zuzurechnen. Die Klagefrist des § 4 KSchG läuft bis zu einer Genehmigung der Kündigung nicht (*BAG* 26.3.2009 NZA 2009, 1146; zur Genehmigungsmöglichkeit von Kündigungen und deren Rückwirkung *Spelge* RdA 2016, 309, 314 ff.). Hat der Insolvenzverwalter das Vermögen aus der selbständigen Tätigkeit des Arbeitgebers gem. **§ 35 Abs. 2 InsO** aus der Insolvenzmasse **freigegeben**, ist die Klage gegen den **Arbeitgeber** als Schuldner zu richten. Das gilt auch, wenn das Arbeitsverhältnis bereits vor der Freigabe bestand. Eine gegen den Verwalter gerichtete Klage ist mangels Passivlegitimation abzuweisen (*BAG* 21.11.2013 EzA § 35 InsO Nr. 3). Kündigt der **starke vorläufige Insolvenzverwalter** (Rdn 4), ist dieser passivlegitimiert (HK-InsO/*Linck* Vor § 113 Rn 81). War für die Kündigung die **Zustimmung des schwachen vorläufigen Verwalters** erforderlich (Rdn 2), ist bis zur Eröffnung des Insolvenzverfahrens die Klage gegen den Schuldner zu richten, weil dieser bis dahin Arbeitgeber bleibt (HK-InsO/*Linck* Vor § 113 Rn 81). Zum Klagegegner bei Insolvenzen mit **Auslandsbezug** Rdn 15 ff. Im **Verbraucherinsolvenzverfahren** muss die Arbeitgeberkündigung dem Arbeitnehmer als Schuldner zugehen. Nur dieser kann Kündigungsschutzklage erheben, weil das Klagerecht nach § 4 KSchG höchstpersönlicher Natur ist (*BAG* 20.6.2013 EzA § 35 InsO Nr. 1).

V. Insolvenzen mit Auslandsbezug

1. Insolvenzen im Anwendungsbereich der EuInsVO

15 Liegt ein grenzüberschreitender Sachverhalt vor, ist bei **Insolvenzen mit Bezug zum EU-Ausland** die am 25.6.2015 in Kraft getretene (HK-InsO/*Schultz* EuInsVO Art. 92 Rn 1) VO (EU) 2015/848 (**EuInsVO**) vom 20.5.2015 (ABl. L 141, 19) anwendbar. Ist das Insolvenzverfahren **vor dem 26.6.2017** eröffnet worden, findet gem. Art. 84 EuInsVO allerdings noch die VO (EG) Nr. 1346/2000 (EuInsVO aF) vom 29.5.2000 (ABl. 2000 L 160, 1) Anwendung. Für **am 26.6.2017** eröffnete Verfahren findet ebenfalls bereits die EuInsVO Anwendung. Art. 84 ordnet die Anwendung des alten Rechts nur für alle »vor dem« 26.6.2017 eröffneten Verfahren, dh für alle Verfahren an, die spätestens um 23.59 Uhr am 25.6.2017 eröffnet worden sind. Der 26.6.2017 wird deshalb von

Art. 84 EuInsVO nicht mehr erfasst (im Ergebnis ebenso HK-InsO/*Schultz* EuInsVO Art. 84 Rn 3; *Braun* InsO Art. 84 EuInsVO Rn 13; *Mankowski/Müller/J. Schmidt* EuInsVO 2015 Art. 84 Rn 4).

Kommt ein Gericht eines Mitgliedstaats der EU zu dem Ergebnis, dass der Schuldner den Mittelpunkt seiner hauptsächlichen Interessen (center of main interests – **COMI**) in diesem Staat hat, wird nach Art. 19 EuInsVO (Art. 16 EuInsVO aF) die **Eröffnung** des Insolvenzverfahrens in diesem Staat **automatisch** auch in allen anderen Mitgliedstaaten **anerkannt**, solange kein Sekundärinsolvenzverfahren eröffnet ist. Die Bejahung des COMI kann nur in dem Staat der Eröffnung mit den dort vorgesehenen Rechtsmitteln angefochten werden (*BAG* 20.9.2012 EzA § 125 InsO Nr. 8). Mit der Eröffnung des Insolvenzverfahrens im Staat des COMI ist gem. der **Grundregel** des **Art. 7 EuInsVO** (Art. 4 EuInsVO aF) das Insolvenzrecht des Staats des COMI und damit das Recht des Staats der Verfahrenseröffnung (**lex fori concursus**) auch für alle anderen Mitgliedstaaten **maßgeblich**, die die Befugnisse des nach diesem Recht (Insolvenzstatut) bestellten Verwalters anerkennen müssen (*BAG* 20.9.2012 EzA § 125 InsO Nr. 8). Eine **Ausnahme** von dieser Grundregel sieht **Art. 13 EuInsVO** (Art. 10 EuInsVO aF) für **Arbeitsverträge** vor. Danach ist die **lex causae**, dh das Recht des Mitgliedstaates maßgeblich, das nach den Kollisionsregeln des IPR, also nach der VO (EG) Nr. 593/2008 – Rom I – (zur Anwendung dieser VO auf vor dem 17.12.2009 geschlossene Arbeitsverhältnisse *EuGH* 18.10.2016 EzA Verordnung 593/2008 EG-Vertrag 1999 Nr. 5a – Nikiforidis; vgl. auch KR-*Weigand/Horcher* Int. ArbvertragsR Rdn 34 ff.), bzw. nach Art. 27 ff. EGBGB aF auf das **Arbeitsverhältnis** Anwendung findet. Ist nach dem IPR deutsches Arbeitsrecht anzuwenden, gilt dies aufgrund der Sonderkollisionsnorm des Art. 13 EuInsVO auch in grenzüberschreitenden Insolvenzen mit Bezug zum EU-Ausland. In der Insolvenz soll kein anderes Arbeitnehmerschutzrecht gelten als im »gesunden« Arbeitsverhältnis. Zur Gewährleistung der Anerkennungswirkung der **Art. 20 und 21 EuInsVO** (Art. 16, 17 EuInsVO aF), die es gebietet, dass die ausländische Verwalter die ihm im Staat der Verfahrenseröffnung zukommenden Rechte auch in Deutschland effektiv nutzen kann, sind jedoch §§ 113 und 125 InsO unionsrechtskonform auszulegen. Auf diese die Arbeitnehmerrechte einschränkenden Bestimmungen können sich auch Verwalter berufen, deren Befugnisse mit denen eines Insolvenzverwalters nach deutschem Recht nicht übereinstimmen. Handelt ein nach dem Recht eines anderen Mitgliedstaates der EU bestellter Verwalter in der vom Insolvenzrecht dieses Staats vorgesehenen Weise für den Schuldner, ist er **als Insolvenzverwalter iSd §§ 113, 125 InsO zu behandeln** (vgl. für den administrator nach engl. Recht: *BAG* 20.9.2012 EzA § 125 InsO Nr. 8). Nach **Art. 20 EuInsVO** (Art. 15 EuInsVO aF) bestimmt sich nach deutschem Recht, ob durch die Eröffnung eines Insolvenzverfahrens in einem anderen Mitgliedstaat ein anhängiger Rechtsstreit **unterbrochen** wird. Maßgeblich ist deshalb § 240 ZPO (Graf-Schlicker/*Bornemann/Sabel/Schlegel* Art. 15 EuInsVO Rn 3).

2. Insolvenzen im Anwendungsbereich des Deutschen Internationalen Insolvenzrechts

Haben grenzüberschreitende Insolvenzen nur Bezug zu einem Staat **außerhalb der EU**, bestimmt sich das maßgebliche Recht nach dem in **§§ 335 ff. InsO** geregelten deutschen autonomen Internationalen Insolvenzrecht. Diese Normen sind auch für Insolvenzverfahren gegen **Versicherungsunternehmen** und **Banken** sowie die weiteren in **Art. 1 Abs. 2 EuInsVO** genannten Unternehmen maßgeblich, die ihren Sitz in einem EU-Mitgliedstaat haben, weil diese Unternehmen aus dem Anwendungsbereich der EuInsVO ausdrücklich ausgenommen sind. Ein ausländisches Verfahren ist nach § 343 InsO zu qualifizieren, dh von § 335 ff. InsO erfasst, wenn es im Wesentlichen den gleichen Zielen wie das deutsche Insolvenzverfahren verpflichtet ist. Erfasst sind deshalb jedenfalls Gesamtverfahren, die die Zahlungsunfähigkeit und die Zahlungseinstellung des Schuldners voraussetzen und einen zumindest teilweisen Vermögensbeschlag zur Folge haben. Ob die Abwicklung eines solchen Verfahrens erheblich vom deutschen Recht abweicht, ist nur bei der Prüfung nach § 343 Abs. 1 Nr. 2 InsO zu berücksichtigen (*BAG* 18.7.2013 EzA § 352 InsO Nr. 1). Diese Voraussetzungen hat das BAG für das **brasilianische Insolvenzverfahren** nach Art. 73, 75 ff. des Gesetzes Nr. 11.101/05 (*BAG* 18.7.2013 EzA § 352 InsO Nr. 1) und für das Verfahren nach **Chapter 11 B.C.** (zuletzt *BAG* 24.9.2015 EzA § 174 BGB 2002 Nr. 10) anerkannt. Für das **griechische Sonderliquidationsverfahren** nach Art. 14 A des Gesetzes 3429/2005 idF des Art. 40 des Gesetzes

3710/2008 hat es die Anwendbarkeit des § 343 InsO offengelassen (*BAG* 13.12.2012 EzA § 17 KSchG Nr. 29). Greift § 343 InsO ein, wird die Eröffnung des ausländischen Verfahrens auch in Deutschland automatisch anerkannt, das ausländische Insolvenzrecht ist gem. § 335 InsO grds. auch auf in Deutschland rechtshängige Prozesse anzuwenden. Zur ausnahmsweisen **Versagung der Anerkennung** nach § 343 Abs. 1 Nr. 2 InsO wegen eines **Verstoßes gegen den ordre public** *BAG* 18.7.2013 EzA § 352 InsO Nr. 1. Allerdings unterliegen die Auswirkungen des anzuerkennenden ausländischen Insolvenzverfahrens auf das **Arbeitsverhältnis** gem. § 337 InsO dem nach dem Arbeitsrechtsstatut maßgeblichen Recht. Dieses bestimmte sich nach der bis zum 29.2.2012 geltenden Fassung des § 337 InsO nach Art. 30 EGBGB, nunmehr ist die **ROM I-VO** maßgeblich. Diese entfaltet als »loi uniforme« **auch gegenüber Nichtmitgliedstaaten der EU** Wirkung (*BAG* 24.9.2015 EzA § 174 BGB 2002 Nr. 10). Auch wenn über § 337 InsO deutsches Arbeitsrecht anzuwenden ist, kann der nach ausländischem Recht bestellte Verwalter in Wahrnehmung der Befugnisse, die ihm sein Heimatrecht verleiht, **von den dem Insolvenzverwalter gem. § 108, 113, 121 und §§ 123 bis 125 InsO zukommenden Befugnissen Gebrauch machen**, wenn seine Stellung, die ihm das ausländische Recht verleiht, der des deutschen Insolvenzverwalters »funktionsäquivalent« ist. Ist ein ausländisches Insolvenzverfahren nach § 343 InsO anzuerkennen, ist eine solche Äquivalenz idR zu bejahen. Etwas anderes kann allenfalls gelten, wenn eine über § 337 InsO anzuwendende Norm des deutschen Arbeitsrechts spezifisch an die dem deutschen Recht eigentümliche Stellung des Insolvenzverwalters als natürliche Person anknüpft. Das BAG hat eine solche spezielle Anknüpfung für die §§ 108, 113, 121, 123 bis 125 InsO verneint und darum dem »debtor in possession« im Verfahren nach **Chapter 11 B.C.** das Recht zur Kündigung mit der Frist des § 113 InsO eingeräumt (*BAG* 24.9.2015 EzA § 174 BGB 2002 Nr. 10). Durch ein nach §§ 337 ff. InsO anzuerkennendes Insolvenzverfahren werden Kündigungsschutzprozesse gem. **§ 352 Abs. 1 S. 1 InsO unterbrochen**. Ungeachtet des missverständlichen Wortlauts gilt das nur für rechtshängige Prozesse (*BAG* 18.7.2013 EzA § 352 InsO Nr. 1; s. Rdn 9). Kennt das maßgebliche ausländische Insolvenzrecht keine Unterbrechungswirkung, tritt gleichwohl eine Unterbrechung nach § 352 InsO ein, wenn auch das ausländische Recht den **Verlust der Prozessführungsbefugnis** anordnet. Das hat zwingend die Unterbrechung des rechtshängigen Streits zur Folge (*BAG* 18.7.2013 EzA § 352 InsO Nr. 1).

3. Internationale Zuständigkeit

18 Auch im Anwendungsbereich des Art. 3 EuInsVO bestimmt sich die internationale Zuständigkeit deutscher Gerichte nach der gem. ihrem Art. 81 seit dem 10.1.2015 geltenden VO (EU) Nr. 1215/2012 vom 12.12.2012 (**EuGVVO**, ABl. L 351, 1), die die VO (EG) Nr. 44/2001 vom 22.12.2000 (**EuGVVO aF**) ersetzt hat. **Kündigungsschutzklagen** gegen nach deutschem Arbeitsrecht erklärte Kündigungen sind **keine** der internationalen Zuständigkeit der Gerichte des Staats der Verfahrenseröffnung zugeordneten **Annexverfahren** iSd Art. 1 Abs. 2 Buchst. b EuGVVO, weil sie keinen spezifischen Insolvenzbezug haben. Das gilt auch bei Kündigungen, die ein nach dem Recht eines anderen Mitgliedstaates der EU bestellter Verwalter mit der **Frist des § 113 InsO** auf der Grundlage des § 125 InsO erklärt (*BAG* 20.9.2012 EzA § 125 InsO Nr. 8). Bei Insolvenzverfahren, die in Mitgliedstaaten **außerhalb der EU** eröffnet worden sind, und auf die **keine anderen bilateralen oder internationalen Abkommen** Anwendung finden, richtet sich die internationale Zuständigkeit nach den Vorschriften der **ZPO** über die örtliche Zuständigkeit (*BAG* 18.7.2013 EzA § 352 InsO Nr. 1).

B. Normzweck, Unabdingbarkeit und Verfassungskonformität des § 113 InsO

I. Normzweck

19 § 113 InsO ist eine in sich geschlossene **Spezialregelung**, die die sozialen **Belange** der von einer Insolvenz betroffenen Arbeitnehmer einerseits und das Interesse der Insolvenzgläubiger, die die Masse als Grundlage ihrer Befriedigung so weit als möglich erhalten wollen, **ausgleichen** soll (*BAG* 19.11.2015 EzA § 113 InsO Nr. 23), die auch in der Eigenverwaltung gilt (§ 279 Abs. 1 InsO).

Sie soll verhindern, dass die Masse dadurch entleert wird, dass Arbeitnehmer wegen ihrer langen Kündigungsfrist nicht bis zum Ende dieser Frist beschäftigt werden können, gleichwohl aber Annahmeverzugsansprüche im Rang einer Masseverbindlichkeit haben (BT-Drucks. 12/7302 S. 169). Unabhängig von etwaigen individualrechtlichen oder kollektivrechtlichen Vereinbarungen der Arbeitsvertragsparteien soll **Verteilungsgerechtigkeit** zwischen den Insolvenzgläubigern gewährleistet werden (*BAG* 17.11.2005 EzA § 125 InsO Nr. 4). Der Gesetzgeber hat zur Erreichung dieses Zwecks dem Insolvenzverwalter allerdings **kein Sonderkündigungsrecht** (Einzelheiten Rdn 32), sondern nur die Möglichkeit eingeräumt, das Arbeitsverhältnis auch bei Ausschluss der ordentlichen Kündigung und mit verkürzter Frist zu kündigen. Der Arbeitnehmer ist durch § 113 S. 3 InsO darauf beschränkt, den durch die vorzeitige Beendigung des Arbeitsverhältnisses entstandenen »Verfrühungsschaden« als Insolvenzforderung zur Tabelle anzumelden. Zur Normhistorie Jaeger/*Giesen* § 113 Rn 1.

II. Verfassungskonformität

§ 113 InsO verletzt nicht die durch Art. 9 Abs. 3 GG geschützte **Tarifautonomie**, soweit dadurch auch ein **tarifvertraglicher Ausschluss einer ordentlichen Kündigung** durchbrochen oder **eine tarifliche Kündigungsfrist verkürzt** wird. Der darin liegende Eingriff ist durch den Normzweck (Rdn 19) gerechtfertigt. Ohne die Möglichkeit, sinnentleerte Arbeitsverhältnisse wenigstens mit einer dreimonatigen Frist zu beenden, wäre die im Gemeinwohl stehende Sanierung insolventer Unternehmen gefährdet (*BAG* 16.6.2018 – 6 AZR 329/18 Rn 26 f mwN zum Streitstand; zum Streitstand s auch KPB-*Moll* § 113 Rn 124 f; vgl. bereits *BVerfG* 21.5.1999 NZA 1999, 923; 8.2.1999 EzA § 113 InsO Nr. 7). Auch **Art. 2 Abs. 1 GG** ist durch § 113 S. 1 InsO nicht verletzt (*BAG* 22.9.2005 EzA § 113 InsO Nr. 18). Die Abkürzung vertraglicher und gesetzlicher Kündigungsfristen durch § 113 S. 2 InsO ist mit **Art. 12 Abs. 1 GG** vereinbar (*BAG* 24.9.2015 EzA § 174 BGB 2002 Nr. 10). Mit dem in § 113 S. 3 InsO als Ausgleich für die (verfrühte) Beendigung des Arbeitsverhältnisses vorgesehenen Schadenersatzanspruch hat der Gesetzgeber unter Berücksichtigung des Umstands, dass der gesetzliche Sonderkündigungsschutz des § 17 MuSchG bestehen bleibt, seiner **Schutzpflicht nach Art. 6 Abs. 1 und Abs. 2 GG** noch genügt (*BAG* 24.9.2015 EzA § 174 BGB 2002 Nr. 10; 27.2.2014 EzA § 113 InsO Nr. 21).

III. Unabdingbarkeit

Die Anwendung des § 113 InsO kann aufgrund der gesetzlichen Anordnung in **§ 119 InsO nicht im Voraus** ausgeschlossen oder beschränkt werden. Dadurch wird sichergestellt, dass gegenseitige Verträge im Interesse der Gläubigergesamtheit ausschließlich nach den §§ 103 ff. InsO abgewickelt werden. Jede im Voraus getroffene Vereinbarung, die zu einer abweichenden Verfahrensabwicklung führt, ist unwirksam. Auch § 119 InsO selbst ist darum unabdingbar (Uhlenbruck/*Sinz* § 119 InsO Rn 1). § 119 InsO erfasst auch Kollektivregelungen. Die Norm gilt auch im **Schutzschirmverfahren** nach § 270b InsO als spezielle Variante des Eröffnungsverfahrens, das auf den Zeitraum vom Eröffnungsantrag bis zur Eröffnung des Insolvenzverfahrens beschränkt ist und in dem der Schuldner noch Masseverbindlichkeiten begründen kann (*BAG* 23.2.2017 – 6 AZR 665/15 Rn 32; aA *Kraft/Lamprecht* NZI 2015, 639, 642). Für ein Eingreifen des § 119 InsO ist allerdings stets ein **Bezug der Vereinbarung auf eine mögliche Insolvenz** erforderlich. Können die Voraussetzungen, an die eine Vereinbarung anknüpft, auch außerhalb der Insolvenz eintreten, greift § 119 InsO nicht ein (*BGH* 17.11.2005 NJW 2006, 915). **Unkündbarkeitsklauseln** in Tarifverträgen werden daher von § 119 InsO nicht erfasst (das übersieht *BAG* 20.9.2006 EzA § 613a BGB 2002 Nr. 62), sie werden allerdings gem. § 113 S. 1 InsO verdrängt. Dagegen sind **Rückfallklauseln** in Tarifverträgen, die für den Fall der Insolvenzeröffnung einen Kündigungsausschluss oder längere Kündigungsfristen als in § 113 InsO vorsehen oder **Zustimmungsvorbehalte**, die zB nach § 102 Abs. 6 BetrVG oder in einem Tarifvertrag die Zustimmung des Betriebsrats zur Voraussetzung der Kündigung machen (str., s. Rdn 37), unwirksam (vgl. Jaeger/*Giesen* § 113 Rn 165). Das gilt auch dann, wenn die Arbeitnehmer eine **Gegenleistung**, etwa in Form eines Lohnverzichts, erbracht haben (*BAG* 17.11.2005 EzA § 125 InsO Nr. 4). **Nach Eröffnung der Insolvenz** kann dagegen in einer Vereinbarung mit dem Insolvenzverwalter von § 113 InsO abgewichen werden (Jaeger/ *Giesen* § 113 Rn 164). Der Streit, ob **Lösungsklauseln**, also Vereinbarungen, die für den Fall der Eröffnung eines Insolvenzverfahrens den gegenseitigen Vertrag auflösen bzw. dem Insolvenzgläubiger das Recht geben, sich einseitig vom Arbeitsvertrag zu lösen (Überblick zum Meinungsstand bei HK-InsO/*Marotzke* § 119 Rn 3 ff.; Jaeger/*Jacoby* § 119 Rn 9 ff.), wirksam sind, hat im Arbeitsrecht keine erkennbare praktische Bedeutung. Der in einer derartigen Klausel liegende vorherige Verzicht des Arbeitnehmers auf den gesetzlichen Kündigungsschutz nach § 1 KSchG ist unwirksam (*BAG* 20.2.2014 EzA § 1 KSchG Nr. 66; 19.2.1974 EzA § 305 BGB Nr. 6; APS-*Vossen* § 1 KSchG Rn 5 ff.). Das Wahlrecht des Insolvenzverwalters nach § 103 InsO, das durch ein einseitiges Lösungsrecht beschränkt würde, wird **durch** die speziellere Regelung des **§ 108 InsO** ohnehin **verdrängt** (*BAG* 23.2.2017 EzA § 113 InsO Nr. 24). Der Arbeitnehmer hat aufgrund der auch für ihn geltenden Spezialregelung des § 113 InsO nach Eröffnung der Insolvenz jederzeit die Möglichkeit, das Arbeitsverhältnis mit der kurzen Frist des S. 2 zu beenden.

IV. Normaufbau

22 § 113 S. 1 InsO erlaubt es dem Insolvenzverwalter und dem Arbeitnehmer, jedes Dienstverhältnis zu kündigen, auch wenn die Kündigung an sich (tarif-)vertraglich ausgeschlossen ist. S. 2 legt fest, welche Kündigungsfrist dabei einzuhalten ist (*BAG* 6.7.2000 EzA § 113 Nr. 11). Der in S. 3 geregelte Schadenersatzanspruch ist der dem Insolvenzrecht immanente und dem System der Insolvenzordnung entsprechende Ausgleich für die Nachteile, die dem Gekündigten durch die gesetzlich eröffnete Verkürzung der Kündigungsfrist bzw. die Durchbrechung eines Kündigungsausschlusses entstehen (*BAG* 27.2.2014 EzA § 113 InsO Nr. 21).

V. Anwendungsbereich des § 113 InsO

1. Zeitlicher Geltungsbereich

a) Kündigung vor Dienstantritt

23 § 113 InsO findet – anders als die Vorgängerregelung in § 22 KO, die ausdrücklich nur für »angetretene Dienstverhältnisse« galt – auch auf **Kündigungen**, die **vor Antritt des Arbeitsverhältnisses** erklärt werden, Anwendung. Ein **Wahlrecht** des Insolvenzverwalters **nach § 103 InsO** besteht daher auch für noch nicht in Vollzug gesetzte Arbeitsverhältnis **nicht** (*BAG* 23.2.2017 EzA § 113 InsO Nr. 24). Zum Beginn der Kündigungsfrist in diesen Fällen Rdn 49.

b) Neueinstellung durch den Insolvenzverwalter

24 Höchst umstritten und höchstrichterlich nach wie vor ungeklärt ist die Frage, ob § 113 InsO auf **Arbeitsverhältnisse** Anwendung findet, die erst der **Insolvenzverwalter begründet** hat. Obwohl eine die Höchstfrist des S. 2 übersteigende gesetzliche Kündigungsfrist nach § 622 Abs. 1 BGB erst nach einer Betriebszugehörigkeit von mehr als acht Jahren entsteht, auch tarifliche Kündigungsfristen idR erst nach einer Beschäftigungszeit von mehreren Jahren längere Kündigungsfristen als drei Monate vorsehen und Insolvenzverfahren darum in der Mehrzahl der Fälle abgeschlossen sind, bevor die Abkürzung der Kündigungsfrist durch § 113 S. 2 InsO für vom Insolvenzverwalter geschlossene Arbeitsverhältnisse Relevanz entfaltet, ist die Streitfrage nicht gänzlich ohne **praktische Bedeutung**. In Betracht kommen insbes. Wiedereinstellungen von Arbeitnehmern des Schuldners durch den Insolvenzverwalter unter Anrechnung der bisherigen Betriebszugehörigkeit (so die Konstellation in *LAG Bln-Bra* 11.7.2007 ZIP 2007, 2002) oder Einstellungen von Arbeitnehmern, auf die der Verwalter wegen ihrer bes. Fachkenntnisse angewiesen ist und die eine längere vertragliche Kündigungsfrist als die gesetzliche verlangen.

25 Entgegen der hM (*LAG Bln-Bra* 11.7.2007 ZIP 2007, 2002; HK-InsO/*Linck* § 113 Rn 10 f.; MHdB ArbR/*Krumbiegel* § 122 Rn 6; Jaeger/*Giesen* § 113 Rn 57 ff.; Uhlenbruck/*Zobel* § 113 Rn 9; ErfK/*Müller-Glöge* § 113 Rn 5) findet § 113 InsO **nicht nur** auf vom Insolvenzverwalter eingestellte **Hilfskräfte**, die er für die Erledigung der Verwalteraufgaben benötigt, keine Anwendung.

§ 113 InsO ist generell auf **alle Arbeitsverhältnisse, die der Insolvenzverwalter zu Lasten der Masse begründet, nicht anzuwenden** (KPB-*Moll* § 113 Rn 90; *Zwanziger* § 113 Rn 6; *Henkel* ZIP 2008, 1265; *Kraft/Lambrecht* NZI 2015, 639, 641 f.). Dafür spricht bereits der **Wortlaut** des S. 1, der ausdrücklich zwischen Schuldner und Verwalter differenziert. »Schuldner« iSd Vorschrift ist schon danach nur der Insolvenzschuldner selbst, nicht aber der Insolvenzverwalter, auf den die Verfügungs- und Verwaltungsbefugnis übergegangen ist (*Henkel* ZIP 2008, 1265; im Ergebnis ebenso Jaeger/*Giesen* § 113 Rn 57). Entscheidend für den Ausschluss des § 113 InsO bei Einstellungen durch den Insolvenzverwalter streiten jedoch die **gesetzliche Systematik** und der **Gesetzeszweck:** § 113 InsO ist im Dritten Teil (»Wirkung der Eröffnung des Insolvenzverfahrens«) und dort im Zweiten Abschnitt (»Erfüllung der Rechtsgeschäfte ...«) verankert. Arbeitsverhältnisse »des Schuldners« bestehen nach der ebenfalls in diesem Abschnitt enthaltenen Regelung des § 108 Abs. 1 InsO fort. Erst diese Anordnung führt zu dem Interessenkonflikt, den der Gesetzgeber durch § 113 InsO aufgelöst hat (Rdn 19). Nach dieser Systematik kann § 113 InsO nur bereits vom Schuldner begründete Arbeitsverhältnisse erfassen (*Henkel* ZIP 2008, 1265, 1266; wohl auch Jaeger/*Giesen* § 113 Rn 58). Zudem besteht der Interessenkonflikt, den § 113 InsO auflöst, bei Einstellungen durch den Insolvenzverwalter nicht: Der **Verwalter** ist **nicht schutzwürdig.** Ihm ist das Arbeitsverhältnis anders als im Fall des § 108 Abs. 1 InsO nicht »aufgedrängt« worden. Bei der Einstellung muss er abwägen, ob eine S. 2 übersteigende Kündigungsfrist auch im Falle eines evtl. Annahmeverzugs von der Masse finanziert werden kann. Warum die Masse bei einer Fehleinschätzung des Verwalters gleichwohl entlastet werden muss, vermag die Gegenmeinung nicht zu erklären. Auch vermag sie den Widerspruch zu dem auch von ihr angenommenen Ausschluss des § 113 InsO für Hilfskräfte, die der Verwalter eingestellt hat, nicht aufzulösen. Auch diese Einstellungen belasten die Masse, wenn sie nach § 4 Abs. 1 S. 3 InsVV erstattungsfähig sind. Der **Arbeitnehmer** ist ebenfalls **nicht schutzwürdig.** Er weiß bei seiner Einstellung, dass er für ein insolventes Unternehmen tätig ist. Es ist ihm daher zuzumuten, auch bei einer Verschlechterung der Vermögenslage, die zu einer Masseunzulänglichkeit und ausbleibenden Entgeltzahlungen führen kann, die (tarif)vertragliche oder gesetzliche Kündigungsfrist einzuhalten (*Henkel* ZIP 2008, 1265, 1266; KPB-*Moll* § 113 Rn 90). Reicht die Masse zur Befriedigung seiner Entgeltansprüche während der längeren Kündigungsfrist nicht aus, kann der geschädigte Arbeitnehmer den Insolvenzverwalter nach § 61 InsO persönlich in Haftung nehmen.

Wird ein Arbeitnehmer im **Eröffnungsverfahren** von einem Schuldner mit Zustimmung des »schwachen« vorläufigen Insolvenzverwalters (Rdn 2) eingestellt und nach Eröffnung des Verfahrens vom Insolvenzverwalter gekündigt, findet § 113 InsO nach Wortlaut und Systematik dieser Vorschrift Anwendung. Auch ein venire contra factum proprium ist zu verneinen (*Kraft/Lambrecht* NZI 2015, 639, 640). Im Eröffnungsverfahren selbst findet § 113 InsO auch für den starken Insolvenzverwalter (Rdn 4) keine Anwendung (Rdn 5). 26

2. Erfasste Rechtsbeziehungen

a) Arbeitsverhältnisse

§ 113 InsO erfasst alle **Dienst- bzw. Arbeitsverhältnisse iSd §§ 611, 620 ff BGB** einschließlich **befristeter Arbeitsverträge** (*BAG* 6.7.2000 EzA § 113 InsO Nr. 11) und Arbeitsverhältnisse mit **auflösender Bedingung.** Das gilt nach dem unmissverständlichen Wortlaut der Vorschrift (»ohne Rücksicht auf eine vereinbarte Vertragsdauer«) auch dann, wenn kein Recht zur ordentlichen Kündigung vereinbart worden ist. Ein befristetes Arbeitsverhältnis endet aus der Natur dieses Rechtsverhältnisses heraus erst mit Ende der Vertragslaufzeit (vgl. § 620 Abs. 2 BGB). Soll gleichwohl eine ordentliche Kündigung möglich sein, bedarf dies einer ausdrücklichen, vertraglichen oder tarifvertraglichen Regelung. Das stellt § 15 Abs. 3 TzBfG nur klar. Diese Bestimmung ist also kein gesetzlicher Kündigungsausschluss, gegenüber dem § 113 S. 1 zurückträte (Rdn 32), sondern nur eine Auslegungsregel. § 113 InsO verdrängt als Spezialregelung diese allg Auslegungsregel (vgl. ErfK-*Müller-Glöge* § 113 Rn 6a). Aus demselben Grund werden auch **verblockte Altersteilzeitarbeitsverhältnisse** erfasst, selbst wenn kein ordentliches Kündigungsrecht vereinbart worden ist (*BAG* 16.6.2005 EzA § 1 KSchG 27

Betriebsbedingte Kündigung Nr. 137). Allerdings ist eine wirksame betriebsbedingte Kündigung nur in der **Arbeitsphase** möglich. In der Freistellungsphase besteht kein betriebliches Erfordernis mehr, das eine Kündigung sozial rechtfertigen könnte (*BAG* 5.12.2002 EzA § 1 KSchG Betriebsbedingte Kündigung Nr. 125; Einzelheiten KR-*Rachor* § 1 KSchG Rdn 616). **Dienst-** (**oder Werksvertrags-**) **verhältnisse**, die einen Auftrag oder eine Geschäftsbesorgung nach den §§ 662, 675 BGB zum Gegenstand haben, unterfallen § 113 InsO nicht. Sie erlöschen vielmehr nach § 115 f. InsO. Darum endet der **Handelvertretervertrag** als Geschäftsbesorgungsvertrag bei Insolvenzeröffnung nach § 115 iVm § 116 InsO (vgl. zu § 23 KO *BGH* 10.12.2002 NJW 2003, 743).

b) Dienstverträge mit Organen juristischer Personen

28 **Dienstverträge**, die mit Organen juristischer Personen geschlossen sind, unterfallen § 113 InsO. Das gilt auch, wenn insoweit kein Arbeitsverhältnis, sondern ein **freies Dienstverhältnis** besteht (*BAG* 16.5.2007 EzA § 113 InsO Nr. 20) und selbst für den Alleingesellschafter-Geschäftsführer einer Einpersonen-GmbH (BGH 20.6.2005 – II ZR 18/03). Auf die **Organstellung** findet § 113 InsO dagegen keine Anwendung, sie bleibt durch die Eröffnung des Insolvenzverfahrens unberührt (*BAG* 4.2.2013 – 10 AZB 78/12 Rn 14). Allerdings wird die darauf beruhende gesetzliche Vertretungsmacht des Organs durch das Verwaltungs- und Verfügungsrecht des Verwalters nach § 80 InsO verdrängt. Das Organ kann seine Kompetenzen bis zu seiner Abberufung darum nur noch wahrnehmen, soweit sie nicht die Insolvenzmasse betreffen (*BGH* 26.1.2006 ZInsO 2006, 260). Der Insolvenzverwalter kann über die Organstellung nicht verfügen (*BGH* 11.2.2007 NJW-RR 2007, 624). Über eine **Abberufung** kann vielmehr nur das dafür gesellschaftsrechtlich vorgesehene Organ entscheiden (Lutter/Hommelhoff/*Kleindiek* Anh. zu § 64 Rn 72 f.; Scholz/*Bitter* Vor § 64 Rn 3200; MüKo-AktG/*Spindler* § 84 Rn 235 f.). Das ist für den **GmbH**-Geschäftsführer die Gesellschafterversammlung (§ 46 Nr. 5 GmbHG), falls der Gesellschaftsvertrag keine abweichende Regelung trifft (*BGH* 24.3.2016 NZI 2016, 702; die Entsch. des *BGH* v. 20.6.2005 NJW 2005, 3069 betrifft nur die Kündigung des Anstellungsvertrags). Die Bestellung von Vorstandsmitgliedern einer **AG** kann nur vom Aufsichtsrat nach § 84 Abs. 3 AktG wegen wichtigen Grundes widerrufen werden, wobei die Insolvenzeröffnung regelmäßig einen wichtigen Grund darstellen soll (MüKo-AktG/*Spindler* § 84 Rn 235). Zu weiteren Problemen bei der Anwendung des § 113 InsO auf Dienstverträge s. HK-InsO/*Linck* § 113 Rn 4; Jaeger/*Giesen* § 113 Rn 33 ff.; Uhlenbruck/*Zobel* § 113 Rn 15 ff.

c) Berufsausbildungsverhältnisse

29 Auf Berufsausbildungsverhältnisse nach dem **BBiG** kommen § 113 S. 1 und S. 2 InsO idR nicht zur Anwendung. In der maximal viermonatigen **Probezeit** (§ 20 S. 2 BBiG) kann das Ausbildungsverhältnis ohnehin von beiden Seiten mit einer entfristeten ordentlichen Kündigung gekündigt werden (*BAG* 8.12.2011 EzA § 174 BGB 2002 Nr. 7). **Nach dem Ende der Probezeit** kann das Arbeitsverhältnis vom Insolvenzverwalter nur noch außerordentlich gekündigt werden (§ 22 Abs. 2 Nr. 1 BBiG). Dieser gesetzliche Ausschluss der ordentlichen Kündigung wird von § 113 InsO nicht verdrängt (Rdn 34). Zur vom **Insolvenzverwalter** einzuhaltenden Frist bei einer außerordentlichen Kündigung des Berufsausbildungsverhältnisses Rdn 45. Der **Auszubildende** kann nach dem Ende der Probezeit eine Berufsaufgabekündigung (§ 20 Abs. 2 Nr. 2 BBiG) mit einer kürzeren Frist als der des § 113 S. 2 erklären. § 113 InsO kann daher nur in dem ungewöhnlichen Fall Wirkung entfalten, dass die Beendigung des Ausbildungsverhältnisses in der Probezeit vertraglich oder durch Kollektivregelungen erschwert oder ausgeschlossen ist (Jaeger/*Giesen* § 113 Rn 23).

d) Sonstige Rechtsverhältnisse

30 Sind **arbeitnehmerähnliche Personen** auf der Grundlage eines Dienstvertrags tätig, findet § 113 in der Insolvenz des Schuldners Anwendung (HK-InsO/*Linck* § 113 Rn 6; KPB-*Moll* § 113 Rn 80). Auf **Heimarbeitsverhältnisse** ist § 113 InsO ebenfalls anwendbar, sofern der Heimarbeiter **überwiegend von einem Auftraggeber oder Zwischenmeister beschäftigt** wird. Dies folgt entgegen der hM nicht allein daraus, dass wegen der bes. Schutzbedürftigkeit dieser Heimarbeiter für ihre

Kündigung in § 29 Abs. 4 HAG eine § 622 Abs. 4 BGB entsprechende Verlängerung der Kündigungsfristen angeordnet ist (HK-InsO/*Linck* § 113 Rn 7; MüKo-InsO/*Caspers* § 113 Rn 9; **aA** ohne Begründung KPB-*Moll* § 113 Rn 80). Ausgehend vom Normzweck des § 113 (Rdn 19) ist vielmehr ausschlaggebend, dass § 29 Abs. 7 HAG für die Dauer der Kündigungsfrist des § 29 Abs. 4 HAG eine **Entgeltsicherung** vorsieht, die wie die Annahmeverzugsvergütung nach § 615 BGB zu einer Aushöhlung der Masse zu Lasten der Insolvenzgläubiger führen kann. Das rechtfertigt es, dem Insolvenzverwalter durch die Anwendung des § 113 InsO im Interesse des Masseerhalts die Abkürzung von Kündigungsfristen zu ermöglichen. Sind bei Heimarbeitern die Voraussetzungen des **§ 29 Abs. 3 S. 1 HAG nicht erfüllt** und tritt daher keine Verlängerung der Kündigungsfristen ein, bedarf es der Anwendung des § 113 InsO dagegen nicht, weil keine gesetzliche Kündigungsfrist von mehr als drei Monaten gelten kann. Eine vertragliche Verlängerung der Kündigungsfrist in solchen Heimarbeitsverhältnissen dürfte es in der Praxis nicht geben.

3. Erfasste Kündigungen und Insolvenzverfahren, Kündigungsberechtigung

§ 113 S. 1 InsO setzt voraus, dass der Schuldner der Dienstberechtigte ist. In der **Insolvenz des Arbeitnehmers** scheidet die Anwendung des § 113 InsO daher aus. Dagegen kommt die Vorschrift aufgrund der Verweisung in § 279 Abs. 1 InsO auch in der **Eigenverwaltung** zur Anwendung. In diesem Verfahren bleibt der Schuldner selbst kündigungsberechtigt. Stellt er entgegen § 279 S. 2 InsO zuvor kein Einvernehmen mit dem Sachwalter her, ist die Kündigung gleichwohl wirksam. Ist dagegen nach § 277 InsO für die Kündigung die Zustimmung des Sachwalters nötig, ist die Kündigung ohne diese unwirksam (*BAG* 23.2.2017 EzA § 113 InsO Nr. 24). In der **Regelinsolvenz** ist der Insolvenzverwalter kündigungsbefugt, weil er in die Arbeitgeberstellung eingerückt ist, Rdn 7. Der **vorläufige starke Insolvenzverwalter** Rdn 4) ist zwar kündigungsbefugt, § 113 findet auf ihn aber weder direkt noch analog Anwendung (*BAG* 20.1.2005 EzA § 113 InsO Nr. 15; iE Rdn 5). § 113 InsO gilt auch für die **Kündigung durch den Arbeitnehmer** (*BAG* 27.2.2014 EzA § 113 InsO Nr. 21) und für die **Änderungskündigung** (BT-Drs 12/7302, S. 169).

VI. Vorrang vor vertraglichem oder tariflichem Kündigungsausschluss und verlängerten Kündigungsfristen (Satz 1)

1. Keine Durchbrechung des gesetzlichen Kündigungsschutzes

§ 113 InsO gibt dem Insolvenzverwalter **kein eigenständiges Kündigungsrecht**. Die Norm erfasst nur »vereinbarte« Regelungen und **schränkt** darum **einen bestehenden gesetzlichen Kündigungsschutz in der Insolvenz nicht ein**. Deshalb hat der Insolvenzverwalter bzw. der Schuldner in der Eigenverwaltung das KSchG uneingeschränkt **zu beachten**, wenn es nach seinem persönlichen und betrieblichen Geltungsbereich eingreift (*BAG* 23.2.2017 EzA § 113 InsO Nr. 24). Er kann sich bei Abschluss eines Interessenausgleichs mit Namensliste allerdings auf die **Vermutung des § 125 Abs. 1 S. 1 Nr. 1 InsO** berufen. Das gilt auch bei der Kündigung **schwerbehinderter Menschen**. In diesem Fall muss er allerdings deren sich aus § 164 Abs. 4 S. 1 Nr. 1 SGB IX ergebenden Beschäftigungsanspruch beachten (BAG 16.5.2019 – 6 AZR 329/18 Rn 33 ff). Er muss den Betriebsrat ordnungsgemäß nach **§ 102 BetrVG** anhören (*BAG* 20.9.2012 EzA § 125 InsO Nr. 8), ohne dass ihm ein etwaiger Interessenausgleich mit Namensliste insoweit Erleichterungen gewährt (*BAG* 28.3.2003 EzA § 102 BetrVG 2001 Nr. 4). Das Verfahren nach **§ 17 KSchG** muss er ordnungsgemäß durchführen (für das Konsultationsverfahren nach § 17 Abs. 2 KSchG *BAG* 13.6.2019 – 6 AZR 459/18 Rn 20, 39 ff; für die Anzeige nach **§ 17 Abs. 1** KSchG *BAG* 13.2.2020 – 6 AZR 146/19 Rn 29 ff.). Ihm kommt im Massenentlassungsverfahren nur die Erleichterung des § 125 Abs. 2 InsO zugute, die ihn von der Verpflichtung entbindet, der Massenentlassungsanzeige neben dem Interessenausgleich mit Namensliste noch eine gesonderte Stellungnahme des Betriebsrats zu den beabsichtigten Entlassungen beizufügen. Liegt ein Betriebsübergang vor, gilt der Schutz des **§ 613a Abs. 4 BGB**. Allerdings erstreckt sich gem. **§ 128 Abs. 2 InsO** die Vermutungswirkung des § 125 Abs. 1 S. 1 Nr. 1 InsO bei Abschluss eines Interessenausgleichs mit Namensliste auch darauf, dass die Kündigung nicht »wegen« des Betriebsübergangs erfolgt ist. Erforderliche behördliche Zustimmungen, etwa nach §§ 168, 174 SGB IX, § 17 MuSchG, § 18 BEEG und § 5 PflegeZG, muss der Verwalter vor der Kündigung **einholen** (vgl. für § 18 BEEG *BAG* 3.7.2003 EzA § 113 InsO Nr. 14; für die Zustimmung zur Kündigung eines schwerbehinderten Menschen *BAG* 4.6.2003 EzA § 209 InsO Nr. 1; HK-InsO/*Linck* § 113 Rn 20). Die gesetzliche **Schriftform** des § 623 BGB muss der Insolvenzverwalter beachten (*BAG* 20.9.2012 EzA § 125 InsO Nr. 8; für die Eigenverwaltung *BAG* 23.2.2017 EzA § 113 InsO Nr. 24), ebenso gesetzliche **Begründungserfordernisse**, zB nach § 22 Abs. 3 BBiG und § 17 Abs. 2 S. 2 MuSchG (HK-InsO/*Linck* § 113 Rn 24). Der Schutz des **§ 323 UmwG** bleibt uneingeschränkt bestehen. Die Regelungsbereiche des § 113 InsO und des § 323 UmwG überschneiden sich nicht. § 113 InsO ist aber auch nach einer Umwandlung zu beachten (*BAG* 22.9.2005 EzA § 113 InsO Nr. 18).

33 Ein **Wiedereinstellungsanspruch** besteht **nach Ablauf der Kündigungsfrist** nach einer wirksamen Kündigung auch bei einer sanierenden Übertragung auf einen Erwerber **nicht**. Anderenfalls würde die Rechtssicherheit, die mit §§ 113, 125–128 InsO erreicht werden soll, konterkariert (*BAG* 16.2.2012 – 8 AZR 693/10 Rn 56; 28.10.2004 – 8 AZR 199/04; 13.5.2004 – 8 AZR 198/03 unter Aufgabe von *BAG* 13.11.1997 EzA § 613a BGB Nr. 154). Ungeklärt ist noch, ob ein Wiedereinstellungsanspruch gegen den Erwerber besteht, wenn sich die der wirksamen Kündigung zugrundeliegende Prognose noch **während der Kündigungsfrist** als unzutreffend erweist (bejahend ArbG Düss 3.12.2020 – 10 Ca 3223/20, Berufung 8 Sa 911/20; ablehnend *Weber* NZA-RR 2021, 275). Eine »**Nachkündigung**« ist **zulässig**. Darin liegt keine Wiederholungskündigung. Die Nachkündigung wird vom Insolvenzverwalter mit der kurzen Frist des § 113 S. 2 InsO erklärt, um das Arbeitsverhältnis vor Ablauf der Kündigungsfrist einer bereits vor Eröffnung des Insolvenzverfahrens erklärten Kündigung zu beenden. Die vorzeitige Beendigung von Arbeitsverhältnissen, die die Masse nicht mehr benötigt, ist Teil der ordnungsgemäßen Verwaltung der Masse. Das gilt auch dann, wenn die Kündigung durch den Schuldner erst im Eröffnungsverfahren mit Zustimmung des späteren Insolvenzverwalters erfolgt ist (vgl. *BAG* 26.7.2007 NZA 2008, 112).

34 Ein **gesetzlicher Ausschluss der (ordentlichen) Kündigung besteht fort**. Darum kann **Betriebsratsmitgliedern** nur unter den Voraussetzungen des § 15 Abs. 4 und 5 KSchG bzw. des § 103 BetrVG, **Auszubildenden** nur nach § 22 Abs. 2 BBiG und **Wehr- und Zivildienstleistenden** nur nach § 2 Abs. 1 ArbPlSchG, § 78 ZDG gekündigt werden. Zum Kündigungsausschluss bei **Beauftragten** nach dem BDSG, dem BImSchG, nach Gleichstellungsgesetzen sowie nach dem Wasserhaushaltsgesetz und dem Kreislaufwirtschafts- und Abfallgesetz KR-*Treber/Rennpferdt* § 13 KSchG Rdn 81 ff., 85, 88 f., 90, 101. Zur Vereinbarung eines **Zustimmungsvorbehalts** s. Rdn 37.

2. Durchbrechung eines (tarif-)vertraglichen Ausschlusses ordentlicher Kündigungen

35 **Tarifverträge** schließen häufig ordentliche Kündigungen des Arbeitgebers aus, wenn der Arbeitnehmer eine bestimmte Betriebszugehörigkeit und Lebensalter erreicht hat. Im Geltungsbereich eines solchen Tarifvertrages kann durch **Betriebsvereinbarungen** wegen der Regelungssperre des § 77 Abs. 3 BetrVG auch dann keine ordentliche Unkündbarkeit vereinbart werden, wenn die betriebliche Regelung für den Arbeitnehmer günstiger ist (*BAG* 18.3.2010 EzA § 626 BGB 2002 Unkündbarkeit Nr. 17). Auch **Arbeitsverträge** können eine ordentliche Kündigung des Arbeitgebers ausschließen. Häufigster Anwendungsfall ist das befristete Arbeitsverhältnis ohne vorbehaltene ordentliche Kündigung (Rdn 27). Ein wirksamer Ausschluss des Rechts des Arbeitgebers, das Arbeitsverhältnis ordentlich zu kündigen, in Tarif- und Arbeitsverträgen oder in Betriebsvereinbarungen ist »vereinbart« iSd. S. 1 und wird deshalb in der Insolvenz obsolet (für eine Betriebsvereinbarung, bei der der maßgebliche Tarifvertrag insoweit keine Sperre enthielt *BAG* 22.9.2005 EzA § 113 InsO Nr. 18). Das gilt auch dann, wenn ein **Sanierungstarifvertrag** den Kündigungsausschluss gerade als **Gegenleistung für einen Lohnverzicht** der Arbeitnehmer vorsieht (vgl. *BAG* 17.11.2005 EzA § 125 InsO Nr. 4). Dem Normzweck des § 113 InsO, die Aushöhlung der Masse durch eine allzu lange Bindung des Verwalters an nicht mehr sinnvolle Arbeitsverhältnisse zu verhindern (Rdn 19), widersprechen gerade (tarif-)vertragliche Unkündbarkeitsklauseln (*BAG* 20.9.2006 EzA § 613a

BGB 2002 Nr. 62). Diese Durchbrechung einer vereinbarten Unkündbarkeit ist verfassungskonform (Rdn 20). Der Insolvenzverwalter kann das Arbeitsverhältnis trotz eines Ausschlusses der **ordentlichen Kündigung** also **wirksam kündigen**, muss dabei allerdings unabhängig von der Dauer des Arbeitsverhältnisses und der sich daraus ergebenden gesetzlichen Kündigungsfrist die **Frist des S. 2 wahren** (*BAG* 6.7.2000 EzA § 113 InsO Nr. 11; iE s. Rdn 46 f.).

3. Kein Ausschluss außerordentlicher Kündigungen, Insolvenz kein Grund zur außerordentlichen Kündigung

Das **Recht zur außerordentlichen Kündigung** ist **unabdingbar** und kann daher nicht im Voraus ausgeschlossen werden. Das folgt aus § 314 Abs. 1 S. 2 BGB (vgl. *BGH* 8.2.2012 NJW 2012, 1431). Das gilt auch für den Kündigungsausschluss durch Tarifverträge. Ein solcher Ausschluss, der den Arbeitgeber zwänge, sinnentleerte Arbeitsverhältnisse fortzusetzen, verletzt die durch Art. 2 Abs. 1, 12 Abs. 1 GG geschützte unternehmerische Entscheidungsfreiheit (*BAG* 5.2.1998 EzA § 626 BGB Unkündbarkeit Nr. 2). Der Insolvenzverwalter kann daher auch bei einem Ausschluss des Rechts zur Kündigung schon unabhängig von § 113 S. 1 InsO stets außerordentlich kündigen, wenn dafür ein wichtiger Grund nach § 626 Abs. 1 BGB besteht. Die **(drohende) Insolvenz** allein ist noch kein wichtiger Grund. Der Insolvenzverwalter kann daher das Arbeitsverhältnis auch bei einer Betriebsstilllegung grds. nur ordentlich kündigen (*BAG* 24.1.2013 – 2 AZR 453/11 Rn 22; KR-*Fischermeier/Krumbiegel* § 626 BGB Rdn 165, 182). Auch die Anzeige der **Masseunzulänglichkeit** nach § 208 InsO allein rechtfertigt noch keine außerordentliche Kündigung (*Berscheid* Arbeitsverhältnisse Rn 768). Auf die im Schrifttum diskutierte (Jaeger/*Giesen* Vor § 113 Rn 200; *Zwanziger* § 113 Rn 34) Möglichkeit, eine **außerordentliche Kündigung mit notwendiger Auslauffrist** zu erklären, kann der Insolvenzverwalter idR **nicht zurückgreifen**. Diese Rechtsfigur ist vor allem entwickelt worden, um im Fall einer Betriebsstilllegung ein sinnentleertes, ordentlich unkündbares Arbeitsverhältnis beenden zu können, wenn ein wichtiger Grund für eine außerordentliche Kündigung vorliegt, das Arbeitsverhältnis deshalb noch Jahre fortbestünde und noch Entgeltleistungen für erhebliche Zeiträume erfolgen müssten, ohne dass dem eine Gegenleistung gegenübersteht (für Fälle außerhalb der Insolvenz *BAG* 24.1.2013 – 2 AZR 453/11 Rn 22). Ist das Arbeitsverhältnis ordentlich kündbar, scheidet eine außerordentliche Kündigung mit Auslauffrist von vornherein aus (*BAG* 20.3.2014 EzA § 4 TVG Stahlindustrie Nr. 3; Schaub/*Linck* § 128 Rn 15). Ist ein bereits ordentlich unkündbar gewordenes Arbeitsverhältnis wegen § 113 S. 1 InsO wieder ordentlich kündbar geworden (HK-InsO/*Linck* § 113 Rn 16; Rdn 35), besteht ebenfalls kein Bedürfnis, eine außerordentliche Kündigung mit Auslauffrist zuzulassen (vgl. *BAG* 16.5.2007 EzA § 113 InsO Nr. 20). § 113 S. 1 und S. 2 InsO sind die speziellere Regelung. Ein **Wahlrecht**, ob er das gesetzlich eröffnete Recht des § 113 S. 1 und S. 2 InsO in Anspruch nimmt, **hat der Insolvenzverwalter** darum in diesen Fällen **nicht**. Eine außerordentliche Kündigung mit Auslauffrist ist dagegen **zuzulassen**, wenn die **ordentliche Kündigung** wie etwa im Ausbildungsverhältnis nach § 22 Abs. 2 BBiG **gesetzlich ausgeschlossen** ist (vgl. *BAG* 27.5.1993 EzA § 22 KO Nr. 5). § 113 S. 1 InsO greift in diesem Fall nicht (Rdn 29, 34). Zum Einfluss dieser Rechtsfigur auf die Höhe des Schadenersatzanspruchs nach S. 3 s. Rdn 58 ff. Erst Recht besteht kein Bedürfnis für eine **außerordentliche Kündigung mit sozialer Auslauffrist**, also einer Frist, die der Arbeitgeber bei einer außerordentlichen Kündigung freiwillig gewährt, ohne hierzu verpflichtet zu sein (Schaub/*Linck* § 128 Rn 20, 21). Zu der vom Insolvenzverwalter bei durch § 113 S. 1 ermöglichten Kündigungen einzuhaltenden **Kündigungsfrist** s. Rdn 45 ff.

4. Durchbrechung sonstiger vereinbarter Kündigungserschwerungen und -hindernisse

a) Vereinbarter Zustimmungsvorbehalt

Ein Zustimmungsvorbehalt für Kündigungen kann sowohl in **Tarifverträgen** (vgl. *BAG* 19.1.2000 4 AZR 911/98) als auch **einzelvertraglich** (vgl. *BAG* 23.4.2009 EzA § 102 BetrVG 2001 Nr. 24) vereinbart sein. Verlangt sein kann die **Zustimmung des Betriebsrats** (vgl. *BAG* 19.1.2000 4 AZR 911/98) oder der **Gewerkschaft** (vgl. *BAG* 24.2.2011 EzA-SD 2011, Nr. 12, 16). Das **BAG** nimmt an, dass derartige Vereinbarungen nicht von § 113 InsO erfasst würden. Damit werde weder eine ordentliche Kündigung zeitweilig ausgeschlossen noch werde dadurch die Kündigungsfrist verlängert. Es werde lediglich der individuelle Kündigungsschutz in einer Weise kollektiv abgesichert, die sonderkündigungsschutzrechtlichen Bestimmungen wie § 103 BetrVG, §§ 168, 174 SGB IX und § 17 MuSchG ähnele (*BAG* 19.1.2000 – 4 AZR 911/98; zust. HK-InsO/*Linck* § 113 Rn 17; MHdB ArbR/*Krumbiegel* § 122 Rn 13; *Zwanziger* § 113 Rn 28; zweifelnd ErfK-*Müller-Glöge* § 113 Rn 6). Dem ist **nicht zu folgen**. Ein solcher Zustimmungsvorbehalt ist der Sache nach ein **Kündigungsverbot mit Erlaubnisvorbehalt** (vgl. *LAG Düsseld.* 18.11.2015 NZI 2016, 368). Eine Begünstigung einer solchen Form des Kündigungsverbots gegenüber einem gänzlichen Ausschluss einer (ordentlichen) Kündigung ist nicht zu rechtfertigen, sondern führt zu einem **Wertungswiderspruch** (MüKo-InsO/*Caspers* § 113 Rn 18; KPB-*Moll* § 113 Rn 116). Der vom BAG gezogene Vergleich mit dem gesetzlich angeordneten behördlichen Zustimmungsvorbehalten berücksichtigt nicht, dass diese Zustimmungsvorbehalte vor § 113 InsO nur Bestand haben, weil sie **gesetzlich** angeordnet sind (Rdn 32). Ein vertraglich oder kollektivrechtlich vereinbarter Zustimmungsvorbehalt wird dagegen wie jeder andere vereinbarte Kündigungsausschluss durch § 113 S. 1 InsO verdrängt. Nur das entspricht dem Zweck des § 113 InsO (vgl. *LAG Düsseld.* 18.11.2015 NZI 2016, 368; KPB-*Moll* § 113 Rn 116; Jaeger/*Giesen* § 113 Rn 95). Dieses Ergebnis erspart zudem die einschränkende Auslegung des Zustimmungsvorbehalts, die das BAG zur Vermeidung der von ihm erkannten Wertungswidersprüche als erforderlich angesehen hat. Es hat angenommen, im Fall einer insolvenzbedingten Betriebsstilllegung greife der Vorbehalt nicht. Ist ein Zustimmungsvorbehalt explizit für den Fall der Insolvenz vereinbart, ist er bereits nach **§ 119 InsO** unwirksam (Rdn 21), ist er nur zwischen Arbeitnehmer und Arbeitgeber vereinbart, ist er mangels gesetzlicher Ermächtigungsgrundlage unwirksam (*BAG* 23.4.2009 EzA § 102 BetrVG 2001 Nr. 24).

b) Kündigungshindernisse sonstiger Art

38 § 113 InsO verdrängt auch alle anderen vor der Insolvenz im Arbeitsverhältnis vereinbarten Kündigungshindernisse, die im **Ausgangspunkt ein Kündigungsverbot** enthalten, das erst vom Insolvenzverwalter beseitigt werden muss, um kündigen zu können. Solche Hindernisse bewirken im Ergebnis eine **Verlängerung der Kündigungsfrist** um die Zeit, die der Verwalter für die Beseitigung dieses Hindernisses benötigt. Derartige Belastungen der Masse sollen durch § 113 InsO gerade verhindert werden (vgl. *Moll* EWiR 1999, 467, 468). Auch **finanzielle Beschränkungen** des Kündigungsrechts wie die Verpflichtung zur Zahlung einer einzelvertraglichen **Abfindung** (KPB-*Moll* § 113 Rn 116a) oder einer Sozialplanabfindung sind gegenstandslos (*LAG Hamm* 26.11.1998 BB 1999, 1333; *Moll* EWiR 1999, 467, 468; MüKo-InsO/*Caspers* § 113 Rn 18). Der Insolvenzverwalter müsste sich in solchen Fällen das **Kündigungsrecht** erst »erkaufen«. Auch solche Begünstigungen, die die Masse zu Lasten der Insolvenzgläubiger aushöhlen und daher dem Zweck des § 113 InsO widersprechen (Rdn 19), sind nicht insolvenzfest.

5. Durchbrechung längerer Kündigungsfristen

39 § 113 S. 1 InsO durchbricht alle gesetzlich geltenden sowie alle vertraglich oder kollektivrechtlich vereinbarten Kündigungsfristen, die länger als drei Monate sind (*BAG* 27.2.2014 EzA § 112 InsO Nr. 21). Längere Kündigungsfristen werden also »gekappt« (Jaeger/*Giesen* § 113 Rn 67, 70 ff.). Das gilt auch für **tarifliche Kündigungsfristen**. Der Gesetzgeber wollte bewusst die nach § 22 KO geltende Rechtslage, nach der tarifliche längere Kündigungsfristen Bestand hatten (*BAG* 7.6.1984 EzA § 22 KO Nr. 4), ändern (*BAG* 16.6.1999 EzA § 113 InsO Nr. 9). S. 1 erfasst auch Kündigungsregelungen, durch die ein vom Gesetz **abweichender Kündigungstermin** vereinbart ist, wenn das Arbeitsverhältnis deshalb erst mehr als drei Monate nach der Kündigung enden würde (Uhlenbruck/*Zobel* § 113 Rn 98; Jaeger/*Giesen* § 113 Rn 72 mit einem Berechnungsbeispiel). Ist die im Arbeitsverhältnis geltende Kündigungsfrist noch kürzer als drei Monate, kann der Insolvenzverwalter mit dieser kürzeren Frist kündigen (*BAG* 3.12.1998 EzA § 113 InsO Nr. 6; Jaeger/*Giesen* § 113 Rn 77; *Boemke* NZI 2001, 460; iE Rdn 43).

VII. Höchstkündigungsfrist (Satz 2)

1. Rechtscharakter

Die in S. 2 geregelte Kündigungsfrist ist eine **gesetzliche Spezialregelung**, die allen längeren (ta- 40 rif-)vertraglichen oder gesetzlichen Kündigungsfristen vorgeht (*BAG* 27.2.2014 EzA § 113 InsO Nr. 21). Es handelt sich dabei um eine **Höchstkündigungsfrist** (*BAG* 23.2.2017 EzA § 113 InsO Nr. 24), die aufgrund dieses Rechtscharakters nur **einseitig zwingend** ist. Höchstkündigungsfristen sollen übermäßig lange Bindungen an das Arbeitsverhältnis verhindern. Sie sollen die Interessen des Kündigungsberechtigten schützen. Ob er von diesem Schutz Gebrauch macht, entscheidet allein der Kündigungsberechtigte. Er kann darauf auch verzichten (zu diesem Rechtscharakter *BAG* 22.2.2018 NZA 2018, 575). Darum kann der Insolvenzverwalter das Arbeitsverhältnis **auch mit einer längeren Frist als der des S. 2 kündigen**. Das kommt insbes. in Betracht, wenn ein Schadenersatzanspruch gem. § 113 S. 3 InsO vermieden werden soll oder wenn die Arbeitskraft des Arbeitnehmers wegen Abwicklungsarbeiten noch länger als drei Monate benötigt wird. Ausgehend vom Rechtscharakter als Höchstkündigungsfrist besteht jedoch **kein Anspruch** des Arbeitnehmers darauf, dass der Verwalter auf die Möglichkeit verzichtet, das Arbeitsverhältnis unter Wahrung der Frist des S. 2 zu beenden. Das gilt auch dann, wenn durch eine längere Frist keine Nachteile zulasten der Masse entstehen, weil der Arbeitnehmer ohnehin – etwa wegen der Inanspruchnahme von Elternzeit – keinen Entgeltanspruch hat (*BAG* 27.2.2014 EzA § 113 InsO Nr. 21). Die Wahl der Kündigungsfrist unterliegt auch **keiner Billigkeitskontrolle nach § 315 Abs. 3 BGB**. Das gilt auch bei individuellen Härten für den Arbeitnehmer wie zB bei sozialversicherungsrechtlichen Nachteilen, die er bei Inanspruchnahme von Elternzeit wegen § 192 Abs. 1 Nr. 2 SGB V durch die insolvenzspezifische Kündigungsfrist erleidet. Gesetzliche Kündigungsfristen sind keiner Billigkeitskontrolle, sondern **allein einer Rechtskontrolle** zu unterziehen. Der Gesetzgeber hat zudem **allein den Schadenersatzanspruch** gem. § 113 S. 3 InsO als den dem Insolvenzrecht immanenten und dem System der InsO entsprechenden **Ausgleich für die Nachteile** durch die Verkürzung vertraglicher und gesetzlicher Kündigungsfristen vorgesehen (*BAG* 27.2.2014 EzA § 113 InsO Nr. 21).

2. »Maßgebliche« kürzere Kündigungsfrist

a) Grundsatz

Maßgeblich iSd S. 2 ist die Kündigungsfrist, die im konkreten Arbeitsverhältnis nach der privat- 41 autonomen Vereinbarung der Parteien gelten soll (*BAG* 3.12.1998 EzA § 113 InsO Nr. 6). »Maßgeblich« ist deshalb die **Kündigungsfrist, die anzuwenden gewesen wäre, wenn kein Insolvenzverfahren eröffnet worden wäre** (vgl. *BAG* 6.7.2000 EzA § 113 InsO Nr. 11; HK-InsO/*Linck* § 113 Rn 25). Kollidieren unterschiedliche vertragliche, tarifliche und gesetzliche Fristen, ist diese **Kollision** nach den allg. Grundsätzen, insbes. dem Günstigkeitsprinzip des § 4 Abs. 3 TVG, nach § 77 Abs. 3 BetrVG sowie den Vorgaben des § 622 Abs. 4 und Abs. 5 BGB, aufzulösen (HK-InsO/*Linck* § 113 Rn 25; KPB-*Moll* § 113 Rn 95).

b) Kürzere vertragliche, tarifliche oder gesetzliche Frist

Gilt vertraglich oder gesetzlich eine Frist, die kürzer als 3 Monate ist, ist diese kürzere Frist die nach 42 S. 2 maßgebliche. Der Insolvenzverwalter kann mit dieser **kürzeren Frist kündigen** (*Boemke* NZI 2001, 460).

c) Vertragliche Vereinbarung einer längeren Kündigungsfrist als der gesetzlichen Frist

Ist die vertraglich oder tariflich geltende Kündigungsfrist länger als die gesetzliche, aber kürzer als 43 3 Monate oder genauso lang, muss der Insolvenzverwalter diese **vertragliche bzw. tarifliche Frist einhalten** (*BAG* 3.12.1998 EzA § 113 InsO Nr. 6; *Oetker* EWiR 1999, 267, 268; HK-InsO/*Linck* § 113 InsO Rn 25; KPB-*Moll* § 113 Rn 95, 97; MüKo-InsO/*Caspers* § 113 Rn 26; aA Uhlenbruck/*Zobel* § 113 Rn 99; *Boemke* NZI 2001, 460, 462.). Ist zB einzelvertraglich eine Kündigungsfrist von 6 Wochen zum Monatsende vereinbart, besteht das Arbeitsverhältnis 3 Jahre und kündigt der Verwalter am 28.12., wird diese Kündigung nicht mit der Frist des § 622 Abs. 2 S. 1 Nr. 1 BGB am 31.1. wirksam, sondern erst mit Ablauf der längeren vertraglichen Frist am 28./29.2. **Die kürzere gesetzliche Frist** ist in diesem Arbeitsverhältnis **nicht** »maßgeblich« iSd S. 2, weil sie auch bei einer Kündigung außerhalb der Insolvenz keine Wirksamkeit entfaltet hätte (Rdn 41). Dieses Auslegungsergebnis steht im Einklang mit dem **Sinn und Zweck** des § 113 und entspricht dem **Willen des Gesetzgebers**. Dieser hat es zur Erreichung des bezweckten sozialen Ausgleichs der Belange der Arbeitnehmer und der übrigen Insolvenzgläubiger und der Vermeidung einer Aushöhlung der Insolvenzmasse zugunsten der Arbeitnehmer (Rdn 19) als ausreichend angesehen, wenn die nach Gesetz, Tarifvertrag oder Einzelvertrag geltenden kürzeren Kündigungsfristen auch für die Kündigung im Insolvenzverfahren gelten (BT-Drucks. 12/7302, 169). Dass im Insolvenzfall die vertraglich vereinbarte Kündigungsfrist gegenüber einer kürzeren gesetzlichen Frist zurücktreten soll, lässt sich nicht erkennen (*BAG* 3.12.1998 EzA § 113 InsO Nr. 6).

44 Die **Gegenmeinung** nimmt an, der Insolvenzverwalter könne **mit der gesetzlichen Frist kündigen**, wenn diese die kürzeste Frist sei (*LAG Köln* 26.3.1998 LAGE § 113 InsO Nr. 3; *LAG Hamm* 27.3.1998 LAGE § 113 InsO Nr. 5; *Boemke* NZI 2001, 460, 463; Uhlenbruck/*Zobel* § 113 Rn 99). Die dieser Auffassung zugrundeliegende Annahme, in der Insolvenz gelte ein **umgekehrtes Günstigkeitsprinzip**, so dass nur solche vertraglichen oder tariflichen Kündigungsregelungen zu berücksichtigen seien, die die Rechtsstellung des Insolvenzverwalters gegenüber S. 2 verbesserten (*Boemke* NZI 2001, 460, 462), **trifft nicht zu** (KPB-*Moll* § 113 Rn 97). Der Gesetzgeber wollte durch § 113 InsO die **Rechtsstellung der Arbeitnehmer nicht generell verschlechtern**, sondern mit der Höchstfrist des S. 2 einen sozialen Ausgleich zwischen den divergierenden Rechtspositionen der Arbeitnehmer und der übrigen Insolvenzgläubiger schaffen (*BAG* 3.12.1998 EzA § 113 InsO Nr. 6). Solange die vom Insolvenzverwalter zu beachtende vertragliche oder tarifliche Kündigungsfrist kürzer als 3 Monate ist, ist dieser Ausgleich erreicht, so dass auch § 113 InsO nicht unter Durchbrechung des privatautonom Vereinbarten den Rückgriff auf die gesetzliche Kündigungsfrist erlaubt. Zwar werden nach hM Kündigungsfristen von Arbeitnehmern von mehr als 3 Monaten zum Monatsende »gekappt«, was idR langjährig Beschäftigte trifft, während die für kurzfristig Beschäftigte geltenden Fristen nicht gekürzt werden, sofern sie kürzer als 3 Monate sind. Das ist jedoch entgegen der Annahme der Gegenmeinung (Uhlenbruck/*Zobel* § 113 Rn 100) **kein Wertungswiderspruch**, sondern im Gegenteil nach der bewussten Entscheidung des Gesetzgebers (Rdn 43) in § 113 InsO angelegt. Alle für das Arbeitsverhältnis maßgeblichen Kündigungsfristen, die kürzer als 3 Monate sind, haben in der Insolvenz Bestand, alle längeren werden auf 3 Monate gekappt, um den angestrebten sozialen Ausgleich zu erreichen. Warum eine Frist länger als 3 Monate ist, spielt nach dieser typisierenden Betrachtung keine Rolle. Der Gesetzgeber hat mit dieser Unterscheidung seine Einschätzungsprärogative offenkundig nicht überschritten, so dass die von der Gegenmeinung der Sache nach angenommene Verletzung des Gleichheitssatzes des **Art. 3 Abs. 1 GG** nicht vorliegt.

d) Kündigungsausschluss und Befristung ohne Möglichkeit der ordentlichen Kündigung

45 Ist die ordentliche Kündigung **gesetzlich ausgeschlossen**, wie es zB im Berufsausbildungsverhältnis gem. 22 Abs. 2 Nr. 1 BBiG der Fall ist, ist keine Kündigung des Verwalters nach § 113 S. 1 InsO möglich (Rdn 29, 34). Die Frage der Länge der Kündigungsfrist nach S. 2 stellt sich nicht. Der Insolvenzverwalter kann allerdings das Ausbildungsverhältnis bei Vorliegen eines wichtigen Grundes iSv **§ 626 BGB außerordentlich mit notwendiger Auslauffrist kündigen** (Rdn 36). Das ist insbes. bei einer Betriebsstilllegung möglich (*Taubert* BBiG, 3. Aufl., § 22 Rn 83). Er muss dann die Grundkündigungsfrist des § 622 BGB einhalten (Jaeger/*Giesen* § 113 Rn 102 f.; vgl. für § 22 KO *BAG* 27.5.1993 EzA § 22 KO Nr. 5; aA MHdB ArbR/*Krumbiegel* § 122 Rn 9: Frist des § 113 S. 2 InsO). Soweit unter Berufung auf die Entscheidung des *BAG* vom 3.12.1998 (EzA § 113 InsO Nr. 6) angenommen wird, der Insolvenzverwalter müsse bei der außerordentlichen Kündigung als Auslauffrist die Frist des S. 2 einhalten (*Taubert* BBiG, 3. Aufl., § 22 Rn 83), wird übersehen, dass sich die BAG-Entscheidung nur auf vertragliche Ausschlüsse des Rechts zur ordentlichen Kündigung bezieht und weder S. 1 noch S. 2 auf § 22 BBiG Anwendung finden (Jaeger/*Giesen* § 113 Rn 103).

Die Höchstkündigungsfrist gilt dagegen für **befristete Arbeitsverhältnisse**, in denen **keine ordent-** 46
liche Kündigungsmöglichkeit vorbehalten ist, und **unbefristete Arbeitsverhältnisse**, in denen die
ordentliche Kündigung ausgeschlossen ist. Eine Kündigungsfrist hat in solchen Arbeitsverhältnissen mangels Kündigungsmöglichkeit nie gegolten. Darum ist die **gesetzliche Kündigungsfrist**
für sie **nicht »maßgeblich«** iSd S. 2. Verbleiben im Zeitpunkt der **Kündigung** eines **befristeten**
Arbeitsverhältnisses durch den Insolvenzverwalter **noch mindestens 3 Monate Befristungsdauer**,
muss der Verwalter die Höchstfrist des S. 2 einhalten, auch wenn das Arbeitsverhältnis noch keine
8 Jahre bestanden hat und in einem unbefristeten Arbeitsverhältnis darum eine kürzere gesetzliche
Frist gölte (*BAG* 6.7.2000 EzA § 113 InsO Nr. 11). Ist **tariflich oder vertraglich** ein **Ausschluss der**
ordentlichen Kündigung vereinbart, kann der Insolvenzverwalter aus demselben Grund auch bei
Arbeitsverhältnissen, die noch keine 8 Jahre bestehen, **ordentlich** nur unter Wahrung der **Höchst-**
frist des S. 2 kündigen (*BAG* 19.1.2000 EzA § 113 Nr. 10; MHdB ArbR/*Krumbiegel* § 122 Rn 16;
Jaeger/*Giesen* § 113 Rn 88).

Die **Gegenmeinung** (*LAG Hamm* 25.10.2000 ZInsO 2001, 282; KPB-*Moll* § 113 Rn 104 ff.; 47
MüKo-InsO/*Caspers* § 113 Rn 27; Uhlenbruck/*Zobel* § 113 Rn 104 f) kritisiert zwar zu Recht,
dass das BAG unterstützend darauf abstellt, dass befristete Arbeitsverhältnisse so zu behandeln seien, als sei eine Kündigungsfrist vereinbart worden, der jeweils verbleibenden Befristungsdauer
entspreche, und dass für Arbeitsverhältnisse mit Kündigungsausschluss fiktiv eine unendlich lange
Kündigungsfrist anzunehmen sei. In der Tat haben Befristung, Unkündbarkeit und Kündigungsfristen unterschiedliche Zwecke (MüKo-InsO/*Caspers* § 113 Rn 27). Darum können ordentlich unkündbare (befristete) Arbeitsverhältnisse nicht als Arbeitsverhältnisse mit überlangen bzw. unendlichen Kündigungsfristen verstanden werden (KPB-*Moll* § 113 Rn 107). Sie entziehen sich vielmehr
einer solchen Kategorisierung. Für sie gelten gerade keinerlei Kündigungsfristen. Das führt jedoch
nicht dazu, dass Arbeitnehmer in unkündbaren Arbeitsverhältnissen mit der nach der **Dauer des**
Arbeitsverhältnisses maßgeblichen Kündigungsfrist, sofern sie kürzer als die Frist nach § 113 S. 2
InsO ist (KPB-*Moll* § 113 Rn 106; MüKo-InsO/*Caspers* § 113 Rn 27), bzw. stets mit der gesetzlichen Grundkündigungsfrist des § 622 Abs. 1 bzw. Abs. 2 S. 1 Nr. 1 BGB (*LAG Hamm* 25.10.2000
ZInsO 2001, 282; Uhlenbruck/*Zobel* § 113 Rn 104 f.) gekündigt werden können. Die Gegenmeinung **übersieht** nämlich, dass S. 1 zwar die Unkündbarkeit »beiseiteschiebt« (zutr. KPB-*Moll* § 113
Rn 106), dass die nunmehr einzuhaltende Kündigungsfrist aber durch S. 2 festgelegt wird. S. 2 lässt
jedoch nur dann eine Kündigung mit einer kürzeren Frist als 3 Monate zu, wenn diese kürzere Frist für das zu kündigende Arbeitsverhältnis außerhalb der Insolvenz tatsächlich maßgeblich
war (Rdn 41). An einer solchen Frist fehlt es bei den Arbeitsverhältnissen ordentlich unkündbarer
Arbeitnehmer jedoch. Insoweit setzt das Gesetz keine völlige Gleichstellung von Arbeitnehmern
in ordentlich kündbaren Arbeitsverhältnissen und von unkündbaren Arbeitnehmern voraus (das
berücksichtigt KPB-*Moll* § 113 Rn 109 nicht). § 113 InsO stellt auch nicht darauf ab, auf welche
Anpassungsfristen die von einer Insolvenz betroffenen Arbeitnehmer vertrauen können (so aber
MüKo-InsO/*Caspers* § 113 Rn 27). Vertrauensschutzgesichtspunkte sind § 113 InsO fremd (vgl.
BAG 16.5.2007 EzA § 113 InsO Nr. 20). Auch die sanierungsfreundliche Auslegung, die das *LAG*
Hamm (25.10.2000 ZInsO 2001, 282) für erforderlich gehalten hat, verlangt das Gesetz nicht,
sondern verbietet sie im Gegenteil. Wenn der Gesetzgeber Abweichungen von der Höchstfrist des
S. 2 nur zugelassen hat, wenn ohne die Insolvenz kürzere Fristen maßgeblich gewesen wären, hat
er damit zugleich unmissverständlich deutlich gemacht, dass er bei **Arbeitsverhältnissen, die erst**
durch die Regelung in S. 1 kündbar werden, die **Wahrung der Höchstkündigungsfrist des S. 2** als
erforderlich angesehen hat, um die sozialen Belange dieser Arbeitnehmer, die durch den Verlust des
bes. Kündigungsschutzes von der Insolvenz bes. hart getroffen werden, angemessen auszugleichen
(zum Normzweck Rdn 19).

e) Außerordentliche Kündigung mit Auslauffrist

Auf die im Schrifttum erörterte Möglichkeit für den Insolvenzverwalter, eine **außerordentliche** 48
Kündigung mit Auslauffrist zu erklären (Jaeger/*Giesen* § 113 Rn 89; *Zwanziger* § 113 Rn 9) kann
der Insolvenzverwalter nur zurückgreifen, wenn die Kündigung gesetzlich ausgeschlossen ist. § 113

InsO als Spezialregelung findet dann keine Anwendung (Rdn 34, 36). Darum ist als Auslauffrist die Frist einzuhalten, die gelten würde, wenn das Arbeitsverhältnis ordentlich kündbar wäre, sofern diese Frist nicht länger als 3 Monate ist (Jaeger/*Giesen* § 113 Rn 88; *Zwanziger* § 113 Rn 34). Im praxisrelevanten Fall der außerordentlichen Kündigung des Berufsausbildungsverhältnisses nach § 22 Abs. 2 BBiG ist das wegen der Kürze des Bestands des Ausbildungsverhältnisses die Grundkündigungsfrist des § 622 Abs. 1 BGB (vgl. *BAG* 27.5.1993 EzA § 22 KO Nr. 5).

f) Kündigung vor Dienstantritt

49 § 113 S. 1 InsO findet auch auf Kündigungen vor Dienstantritt Anwendung (Rdn 23). Die Höchstfrist des S. 2 beginnt mit dem Zugang der Kündigungserklärung zu laufen. Eine entsprechende Vereinbarung der Parteien im Arbeitsvertrag ist dafür nicht erforderlich. Würde die Kündigungsfrist erst ab dem Zeitpunkt zu laufen beginnen, in dem das Arbeitsverhältnis aufgenommen werden sollte, würde dies die Beendigung des Arbeitsverhältnisses verzögern. Das wäre mit dem Zweck des § 113 InsO (Rdn 19) nicht vereinbar. Die Interessen der Insolvenzgläubiger würden vernachlässigt (*BAG* 23.2.2017 EzA § 113 InsO Nr. 24).

g) Vertragsstrafenklausel

50 Das BAG hat die Frage aufgeworfen, ob eine **Vertragsstrafenklausel**, die daran anknüpft, dass der Arbeitnehmer das Arbeitsverhältnis **ohne Einhaltung »der« Kündigungsfrist beendet**, im Insolvenzfall hinreichend transparent ist, wenn sie sich auf die vertraglich vereinbarte Kündigungsfrist bezieht. Es erscheine nicht unproblematisch, eine solche Klausel nach Eintritt der Insolvenz auch auf die Höchstfrist des § 113 S. 2 InsO anzuwenden (*BAG* 23.1.2014 EzA § 307 BGB 2002 Nr. 65). Es konnte diese Frage offenlassen, weil die Vertragsstrafe aus anderen Gründen nicht verwirkt war. **Legt** man die **Klausel** interessengerecht und nach dem Verständnis der betroffenen Verkehrskreise so **aus**, dass der Arbeitnehmer verpflichtet sein soll, die für das Arbeitsverhältnis geltende Kündigungsfrist einzuhalten und sich deshalb die Klausel nur für den Normalfall des »gesunden« Arbeitsverhältnisses auf die vertraglich vereinbarte Kündigungsfrist bezieht, im Insolvenzfall aber auch bei einer vertraglichen Frist von mehr als 3 Monaten nur die Höchstfrist des S. 2 eingehalten werden muss, stellt sich das Problem nicht. Die **Vertragsstrafe** wird dann **nicht verwirkt, wenn** der Arbeitnehmer nach Eintritt der Insolvenz des Arbeitgebers **mit der Kündigungsfrist des § 113 S. 2 InsO kündigt.**

VIII. Ersatz des Verfrühungsschadens (Satz 3)

1. Zweck und insolvenzrechtliche Behandlung des Schadenersatzanspruchs

51 Der Schadensersatzanspruch des § 113 S. 3 soll nicht allg. die mit einer Insolvenz verbundenen Nachteile und Risiken ausgleichen. Er ist vielmehr nur der dem Insolvenzrecht immanente und dem System der Insolvenzordnung entsprechende **schadensrechtliche Ausgleich** für die **Nachteile**, die dem Arbeitnehmer dadurch entstehen, dass der Insolvenzverwalter von der ihm durch § 113 S. 1 und S. 2 InsO eröffneten Möglichkeit, das **Arbeitsverhältnis vorzeitig zu beenden**, Gebrauch gemacht hat (*BAG* 25.4.2007 EzA § 113 InsO Nr. 19). Zu ersetzen ist also allein der **Verfrühungsschaden**. S. 3 gewährt **keinen Ersatz für Auflösungsverschulden**. Der Schadensersatzanspruch hängt darum nicht davon ab, wer die Insolvenz verschuldet oder verursacht hat (*BAG* 27.2.2014 EzA § 113 InsO Nr. 21; 16.5.2007 EzA § 113 InsO Nr. 20). Der Anspruch ist **verschuldensunabhängig** ausgestaltet. Der Arbeitnehmer wird dadurch im Ausgangspunkt finanziell so gestellt, wie er bei Anwendung der für ihn ohne das Insolvenzverfahren maßgeblichen Regelungen stehen würde (*BAG* 25.4.2007 EzA § 113 InsO Nr. 19). Der Anspruch ist allerdings dadurch wirtschaftlich entwertet, dass er nur im Rang einer Insolvenzforderung steht (Rdn 52).

52 Der Anspruch nach S. 3 stünde nach der Systematik der InsO an sich im Rang einer Masseverbindlichkeit nach § 55 Abs. 1 Nr. 1 InsO, weil er durch eine Handlung des Insolvenzverwalters begründet wird (Rdn 71). Gleichwohl hat der Gesetzgeber als Teil des mit § 113 InsO verfolgten

Gesamtkonzepts (Rdn 19) diesem Anspruch ausdrücklich nur den Rang einer einfachen **Insolvenzforderung** (Rdn 70) zugewiesen, die gem. §§ 87, 174 InsO durch **Anmeldung zur Insolvenztabelle** zu verfolgen ist. Nur so konnte das Ziel, die Masse umfassend zu entlasten, erreicht werden (*BAG* 19.11.2015 EzA § 113 InsO Nr. 23). Wegen dieses insolvenzrechtlichen Rangs beschränkt sich der Ersatzanspruch auf die häufig sehr geringe **Insolvenzquote** und hat darum weder große wirtschaftliche noch praktische Bedeutung. Außerdem finden aufgrund des Rangs als Insolvenzforderung tarifliche oder vertragliche **Ausschlussfristen** auf den Schadenersatzanspruch nach S. 3 **keine Anwendung.** Insoweit enthält die InsO mit den §§ 174 ff. für Forderungen, die bei Insolvenzeröffnung noch nicht verfallen waren, was bei dem Ersatzanspruch nach S. 3 begriffsnotwendig der Fall ist, ein eigenes Fristenregime, das vertraglichen oder tariflichen Ausschlussfristen vorgeht (*BAG* 19.11.2015 EzA § 113 InsO Nr. 23). Zur Geltung von Ausschlussfristen in der Insolvenz s.a. Rdn 88.

Der Anspruch nach S. 3 kann im Voraus **nicht abbedungen** werden. Das ergibt sich zwingend aus 53 § 119 InsO (Jaeger/*Giesen* § 113 Rn 168; Uhlenbruck/*Zobel* § 113 Rn 194; zur Unabdingbarkeit allg. Rdn 21). Darum ist zB die Vereinbarung einer abgesonderten Befriedigung unwirksam (*LG Wiesbaden* 20.3.1980 ZIP 1980, 1074). Die **Gegenmeinung**, die Vereinbarungen über Voraussetzungen und Umfang des Schadenersatzanspruchs zulassen will, die den Arbeitnehmer nicht besser stellen als andere Insolvenzgläubiger (*Weigand* KR 11. Aufl., §§ 113, 120–124 InsO Rn 93), verkennt den Grundgedanken der §§ 103 ff. InsO, den § 119 InsO schützt: Jede von §§ 103 ff. InsO abweichende Vereinbarung benachteiligt potentiell die anderen Insolvenzgläubiger, weil sie letztlich die Masse schmälert und ist deshalb unwirksam. Arbeitnehmer sind aus diesem Regelungskonzept nicht ausgenommen. Ihnen kommt kein Gläubigervorrang zu (Rdn 1).

Der Anspruch soll als **bedingte Forderung** zur Tabelle angemeldet werden können, wenn sein An- 54 spruch der Höhe nach zunächst noch nicht feststeht (*Zwanziger* § 113 InsO Rn 42). Es handelt sich dabei jedoch nicht um eine aufschiebend bedingte Forderung, die unter § 38 InsO fällt und zur Tabelle angemeldet werden kann (dazu *BGH* 22.3.2018 NZI 2018, 488), sondern um eine im Zeitpunkt der Anmeldung noch nicht hinreichend bezifferbare Forderung. Insoweit genügt es jedoch, einen **Pauschbetrag anzumelden.** Dieser Anmeldung wird der Verwalter im Prüfungstermin zwar (vorläufig) widersprechen, jedoch seinen Widerspruch zurücknehmen, wenn in der Folge die genaue Höhe des Anspruchs ermittelt werden kann. So kann ein nachträglicher Prüfungstermin mit den dadurch entstehenden Kosten vermieden werden (MüKo-InsO/*Riedel* § 174 Rn 29).

2. Anspruchsvoraussetzungen

Der Schadenersatzanspruch nach S. 3 setzt nach seinem unmissverständlichen Wortlaut voraus, 55 dass das Arbeitsverhältnis durch **Kündigung des Insolvenzverwalters** bzw. in der **Eigenverwaltung** durch Kündigung des Schuldners geendet hat und der Insolvenzverwalter/Schuldner dabei von den Rechten aus S. 1 und S. 2 Gebrauch gemacht hat. Endet das Arbeitsverhältnis durch einen **anderen Beendigungstatbestand**, entsteht der Anspruch nach S. 3 auch dann nicht, wenn der Insolvenzverwalter zuvor eine Kündigung erklärt hatte, die sich letztlich für die Beendigung des Arbeitsverhältnisses als nicht ursächlich erweist (*BAG* 19.11.2015 EzA § 113 InsO Nr. 22). Die **Eigenkündigung des Arbeitnehmers** löst den Anspruch darum nicht aus (KPB-*Moll* § 113 Rn 140; *Zwanziger* § 113 Rn 36). Ebenso wenig entsteht er, wenn das Arbeitsverhältnis durch einen **Aufhebungsvertrag** als eigenständigen Beendigungsgrund (*BAG* 25.4.2007 EzA § 113 InsO Nr. 19) endet. In diesem Fall ist dem Arbeitnehmer auch **kein Schadenersatzanspruch in analoger Anwendung des** S. 3 zuzubilligen. Dafür fehlt es an der erforderlichen, planwidrigen Regelungslücke. Der Gesetzgeber hat bewusst nur einen Ausgleich schaffen wollen, wenn der Insolvenzverwalter von seinen Rechten nach § 113 S. 1 und S. 2 InsO Gebrauch macht. Nur dieser Schaden wird ausgeglichen (Rdn 51). Zudem hat er mit § 628 Abs. 2 BGB für den Fall, dass ein Auflösungsverschulden vorliegt, eine eigene Schadenersatznorm geschaffen. Selbst wenn Pflichtverletzungen des Insolvenzverwalters oder des Schuldners unterhalb der Schwelle des Auflösungsverschuldens vorliegen sollten, die zur Eröffnung der Insolvenz oder zur Kündigung geführt haben, besteht nach dem Willen des Gesetzgebers darum kein Schadenersatzanspruch (*BAG* 25.4.2007 EzA § 113 InsO Nr. 19). Zur Minderung des Schadenersatzanspruches bei Verschulden des Anspruchsberechtigten Rdn 66.

56 Schließen die Parteien nach einer vom Insolvenzverwalter erklärten Kündigung einen (**Prozess-)Vergleich**, nach dem das Arbeitsverhältnis nicht mit der der Kündigung zugrundeliegenden Höchstfrist des S. 2, sondern erst zu einem späteren Zeitpunkt enden soll, liegt darin ein **neuer Beendigungstatbestand**, der an die Stelle der zunächst erklärten Kündigung tritt und diese gegenstandslos macht. Das **schließt den Anspruch nach S. 3 aus**. Dagegen berührt ein **Vergleich**, der **keinen eigenständigen Beendigungstatbestand schafft**, sondern mit dem nur die zunächst mit der Kündigungsschutzklage angegriffene Kündigung hingenommen und uU eine Abfindung als Entschädigung für den Verlust des Arbeitsplatzes vereinbart wird, den Anspruch nach S. 3 nicht. Das Arbeitsverhältnis endet in diesen Fällen weiterhin durch die vom Verwalter unter Inanspruchnahme der Rechte aus S. 1 und S. 2 erklärte Kündigung (*BAG* 19.11.2015 EzA § 113 InsO Nr. 23). Aus demselben Grund bleibt es beim Anspruch nach S. 3, wenn zwischen Arbeitnehmer und Insolvenzverwalter lediglich ein **Abwicklungsvertrag** geschlossen wird, dh ein Vertrag, mit dem nach Erklären einer Kündigung durch den Insolvenzverwalter mit der Höchstfrist des S. 2 der Arbeitnehmer die Kündigung des Verwalters hinnimmt und die Modalitäten des Ausscheidens geregelt werden (*BAG* 25.4.2007 EzA § 113 InsO Nr. 19).

3. Anspruchsumfang

a) Grundsatz

57 Entsprechend dem Zweck des S. 3 (Rdn 51), den Nachteil auszugleichen, der durch die **vorzeitige Beendigung des Arbeitsverhältnisses** entstanden ist, ist der Arbeitnehmer grds. so zu stellen, wie er im Fall der Kündigung durch den Arbeitgeber außerhalb der Insolvenz stehen würde. Zu ersetzen ist der entstandene Verdienstausfall (*BAG* 16.5.2007 EzA § 113 InsO Nr. 20). In der Praxis sind bei der Verkürzung gesetzlicher Kündigungsfristen ein bis vier Monatsverdienste der Berechnung zugrunde zu legen, während bei (tarif-)vertraglichen Fristen erheblich längere Zeiträume maßgeblich sein können (Bsp. bei Uhlenbruck/*Zobel* § 113 Rn 155 f.).

b) Kein Ersatz des »Endlosschadens« bei Unkündbarkeit

58 Nach wie vor streitig ist, wie der Verfrühungsschaden im Fall des **Ausschlusses** der **ordentlichen Kündigung** zu berechnen ist. Von Relevanz ist diese Frage nur bei vertraglichen und tariflichen Ausschlüssen des ordentlichen Kündigungsrechts sowie in befristeten Arbeitsverhältnissen, in denen kein ordentliches Kündigungsrecht vorbehalten ist. Ohne Bedeutung ist der Streit dagegen in Fällen des gesetzlichen Ausschlusses des ordentlichen Kündigungsrechts, wie er zB in § 22 Abs. 2 Nr. 1 BBiG im Berufsausbildungsverhältnis für die Zeit nach dem Ende der Probezeit angeordnet ist. In diesen Fällen greift § 113 InsO nicht ein (Rdn 29, 34, 45). Der **Wortlaut** des S. 3 **lässt es zu**, in den Fällen der Unkündbarkeit den Verfrühungsschaden in dem gesamten hochzurechnenden Verdienstausfall bis zum Befristungsende bzw. bis zum Ende des Arbeitsverhältnisses (»Endlosschaden«) zu sehen (*BAG* 16.5.2007 EzA § 113 InsO Nr. 20). Der Wortlaut **schließt** jedoch die Auffassung **aus**, der Schaden sei in entsprechender Anwendung der **§§ 9, 10 KSchG** zu berechnen. Ob die Heranziehung dieser Vorschriften »angebracht« erscheint (so *Zwanziger* § 113 Rn 40) ist deshalb unerheblich. S. 3 gewährt unmissverständlich nur einen Ersatz für die vorzeitige Beendigung des Rechtsverhältnisses, nicht jedoch für den Verlust des Arbeitsplatzes (*BAG* 16.5.2007 EzA § 113 Nr. 20). Der Verlust des Arbeitsplatzes selbst ist nach dem **Normzweck** (Rdn 19, 51) des § 113 InsO gerade nicht schutz- und ausgleichspflichtig und soll deshalb nicht durch den Anspruch nach S. 3 ausgeglichen werden. Dieser Verlust wird vielmehr durch § 113 S. 1 und S. 2 InsO gerade ermöglicht, um die Aushöhlung der Masse zu vermeiden (vgl. *Henssen* jurisPR-ArbR 47/2007 Anm. 4).

59 Ungeachtet des offenen Wortlauts des S. 3 ist nur der in der Zeit bis zum **Ablauf der ohne die Unkündbarkeit maßgeblichen ordentlichen Kündigungsfrist** entstandene Schaden zu ersetzen. Maßgeblich kann insoweit auch eine vertragliche Kündigungsfrist sein, die für die Zeit vor Eintritt der

Unkündbarkeit vereinbart worden ist und länger als die gesetzliche Frist ist (Jaeger/*Giesen* § 113 Rn 137). Diese Begrenzung ergibt sich **entgegen** der Auffassung des *BAG* (16.5.2007 EzA § 113 Nr. 20) allerdings **nicht aus dem Zweck** des § 113 InsO (dazu Rdn 19). Der Anspruch auf den Verfrühungsschaden ist gerade die Kompensation dafür, dass der Verwalter das Arbeitsverhältnis trotz bestehender Unkündbarkeit ordentlich kündigen kann. Aufgrund seines Rangs als Insolvenzforderung (Rdn 52) ist er zudem von geringer wirtschaftlicher Werthaltigkeit. Dies impliziert an sich den Anspruch auf den Ersatz des Endlosschadens (zutr. MüKo-InsO/*Caspers* § 113 Rn 33; KPB-*Moll* § 113 Rn 146). Die zeitliche Begrenzung des Verfrühungsschadens folgt jedoch, wie das BAG unterstützend zu Recht angenommen hat, aus dem anhand der **Entstehungsgeschichte** des § 113 InsO erkennbaren **Willen des Gesetzgebers**. Nach der KO konnte der Verwalter unkündbare Arbeitsverhältnisse nur außerordentlich mit notwendiger Auslauffrist kündigen. Ein Schadenersatzanspruch nach § 22 Abs. 2 KO konnte nicht entstehen: Entweder konnte das Arbeitsverhältnis nicht gekündigt werden oder die individuell maßgebliche Kündigungsfrist musste im Ergebnis eingehalten werden. Unkündbare Arbeitnehmer wurden nach der KO damit **innerhalb und außerhalb des Konkurses gleichbehandelt.** Diese Rechtslage bewirkte den schon vom Gesetzgeber der KO für erforderlich gehaltenen sozialen Ausgleich. Nunmehr kann der Insolvenzverwalter das Arbeitsverhältnis zwar auch bei unkündbaren Arbeitsverhältnissen stets mit der Höchstfrist des S. 2 beenden (Rdn 46 f.). Es lässt sich aber **nicht erkennen,** dass der Gesetzgeber den **Gleichlauf** in der Behandlung von unkündbaren Arbeitnehmern innerhalb und außerhalb der Insolvenz auch darüber hinaus **aufgeben wollte.** Außerhalb der Insolvenz können unkündbare Arbeitnehmer nach wie vor bei Vorliegen eines entsprechenden Grundes außerordentlich mit Auslauffrist gekündigt werden. Nach dem Ende dieser Frist bestehen keine finanziellen Ansprüche mehr. Das spricht dafür, dass auch der Verfrühungsschaden auf die fiktive Kündigungsfrist begrenzt werden sollte. Für diesen Willen des Gesetzgebers spricht auch der Gedanke der **Praktikabilität,** der bei Zweifeln, wie eine Gesetzesnorm zu verstehen ist, zur Ermittlung des Willens des Gesetzgebers herangezogen werden kann (*BVerfG 14.3.1967* BVerfGE 21, 209). Ist das Dienstverhältnis nicht, wie im Fall des BAG (16.5.2007 EzA § 113 InsO Nr. 20) auf das 65. Lebensjahr oder den Beginn des Anspruchs auf eine gesetzliche (Regel)Altersrente befristet, lässt sich nur durch Spekulation ermitteln, ob und wann das Dienstverhältnis ohne die Insolvenz vor dem Tod des Dienstberechtigten geendet hätte. Nur für Vorstandsmitglieder von Aktiengesellschaften hat der Gesetzgeber mit **§ 87 Abs. 3 AktG** den Schadenersatzanspruch auf die ersten zwei Jahre nach der Beendigung des Dienstverhältnisses des Vorstandsmitglieds durch den Insolvenzverwalter begrenzt. Es ist nicht anzunehmen, dass der Gesetzgeber in den übrigen Fällen, in denen er keine vergleichbaren Schadensbegrenzungen geschaffen hat, die vorstehend dargelegte Ungewissheit schaffen wollte, die regelmäßig zu gerichtlichen Auseinandersetzungen führen wird und darum die Abwicklung der Insolvenz verzögert. Das *BAG* (16.5.2007 EzA § 113 InsO Nr. 20) hat daher zu Recht angenommen, der Gesetzgeber habe typisierend den Verfrühungsschaden auf die Zeit bis zum Ablauf der fiktiven Kündigungsfrist begrenzen wollen (*Henssen* jurisPR-ArbR 47/2007 Anm. 4).

Die generelle Begrenzung des Verfrühungsschadens auf die fiktive Kündigungsfrist führt **nicht zu Wertungswidersprüchen im Vergleich** zur Rechtslage bei **befristeten Arbeitsverhältnissen** ohne vorbehaltene ordentliche Kündigungsmöglichkeit. Auch in solchen Fällen begrenzt das Befristungsende nur im Ausgangspunkt den Ersatzanspruch (missverständlich *BAG* 16.5.2007 EzA § 113 InsO Nr. 20). Auch insoweit ist der Verfrühungsschaden durch S. 3 auf die fiktive Kündigungsfrist begrenzt. Es gibt keinen Grund, befristete Arbeitsverhältnisse ohne ordentliche Kündigungsmöglichkeit anders als Arbeitsverhältnisse zu behandeln, in denen die Unkündbarkeit vertraglich vereinbart ist oder auf einem Tarifvertrag beruht (ähnlich *Henssen* jurisPR-ArbR 47/2007 Anm. 4). Das Befristungsende hat daher für die Berechnung des Verfrühungsschadens nur Bedeutung, wenn die Befristung früher als die fiktive Kündigungsfrist endet. Dann wird der **Verfrühungsschaden auf das Befristungsende »gekappt«.** Diese Begrenzung vermeidet zudem Auseinandersetzungen darüber, ob fiktiv eine betriebsbedingte außerordentliche Kündigung mit notwendiger Auslauffrist berechtigt gewesen wäre, die auch nach der Gegenmeinung die Begrenzung des Verfrühungsschadens auf diese Frist rechtfertigt (KPB-*Moll* § 113 Rn 146 f; MüKo-InsO/*Caspers* § 113 Rn 33).

4. Anspruchsberechnung

a) Bruttolohnmethode

61 Ausgangspunkt der Schadensberechnung ist das entgangene Bruttoentgelt, das nach der für alle Fälle des Verdienstausfalls maßgeblichen **Bruttolohnmethode** zu berechnen ist. Zu berücksichtigen sind deshalb alle geschuldeten Entgeltbestandteile einschließlich **Zulagen, Boni,** (entgangene) **Sonderzahlungen, Provisionen** und **Urlaubsgeld** (*BAG* 19.11.2015 EzA § 113 InsO Nr. 22). Der nach den Grundsätzen des Verdienstausfalls ebenfalls grds. zu berücksichtigende entgangene oder verspätete **berufliche Aufstieg** (Palandt/*Grüneberg* § 252 Rn 8) ist wegen der Begrenzung des Schadens auf den Ablauf der maßgeblichen Kündigungsfrist nur selten zu ersetzen. In Betracht kommt vor allem eine höhere Vergütung, die während des Laufs der vertraglichen oder gesetzlichen ordentlichen Kündigungsfrist zu zahlen gewesen wäre, weil ein im Entgeltsystem vorgesehener Stufenaufstieg erfolgt wäre oder weil schon der Zeitpunkt der Übertragung einer höherwertigen Tätigkeit bzw. einer Entgelterhöhung festgelegt war. Bei **Auszubildenden** ist auch der Schaden zu ersetzen, der dadurch eintritt, dass sich durch die Kündigung der Ausbildungsabschluss und damit der **Eintritt ins Erwerbsleben verzögert** hat. Ist anzunehmen, dass der Auszubildende die Abschlussprüfung bestanden hätte und nach dem normalen Gang der Dinge unmittelbar darauf eine Stelle angetreten hätte, ist nicht nur die entgangene Ausbildungsvergütung, sondern auch der **entgangene Verdienst im fiktiven Arbeitsverhältnis** zu ersetzen (Jaeger/*Giesen* § 113 Rn 132; vgl. auch Palandt/*Grüneberg* § 252 Rn 17). Praxisrelevant wird diese Frage nur in den seltenen Fällen, in denen der Verwalter keinen wichtigen Grund zur Kündigung des Auszubildendenverhältnisses hatte. Hatte er einen wichtigen Grund zur Kündigung, etwa wegen Betriebsstilllegung, endet das Ausbildungsverhältnis durch außerordentliche Kündigung des Verwalters nach Ablauf der Grundkündigungsfrist des § 622 Abs. 1 BGB (Rdn 45). Fällt die Abschlussprüfung in diesen kurzen Zeitraum, kann der Auszubildende häufig nach § 43 Abs. 1 Nr. 1 Hs. 1 BBiG zur Prüfung zugelassen werden. Nur wenn sich durch die Kündigung die erfolgreiche Prüfung erheblich verzögert, kommt deshalb ein Schadenersatzanspruch wegen verzögerten Eintritts ins Erwerbsleben in Betracht. **Nicht einzubeziehen** sind bei der Berechnung des Verfrühungsschadens **Aufwandsentschädigungen, Fahrtkostenersatz, Trennungsgelder** (Palandt/*Grüneberg* § 252 Rn 7; **aA** Jaeger/*Giesen* § 113 Rn 132: Einbeziehung von Sachleistungen).

62 Außerdem kann im Einzelfall dem Arbeitnehmer auch der Schaden zu ersetzen sein, der ihm dadurch entsteht, dass durch die Verkürzung der Kündigungsfrist die **Anspruchsdauer des Arbeitslosengelds I eher ausgeschöpft** ist. Praxisrelevant kann das bei langen vertraglichen Kündigungsfristen und kurzer Anspruchsdauer werden. Die Zeitdauer, in der der Arbeitnehmer bei einer ordentlichen Kündigung außerhalb der Insolvenz abgesichert wäre, verkürzt sich **um die Zeitspanne, um die die Höchstfrist des § 113 S. 2 die individuell maßgebliche Kündigungsfrist unterschreitet.** Die Ausschöpfung des Arbeitslosengeldanspruchs beginnt entsprechend eher. Ist zB eine Kündigungsfrist von 1 Jahr zum Jahresende vereinbart und kündigt der Verwalter am 28.3. zum 30.6., verkürzt sich die soziale Absicherung um 18 Monate, der Arbeitnehmer muss entsprechend eher Arbeitslosengeld in Anspruch nehmen, das Arbeitslosengeld ist ausgeschöpft, bevor die vertragliche Kündigungsfrist abgelaufen wäre. Bleibt der Arbeitnehmer über den 31.12. hinaus arbeitslos, ist ihm Arbeitslosengeld entgangen. Das ist als Schaden zu berücksichtigen. Ebenso ist bis zum Ablauf der individuell maßgeblichen Kündigungsfrist auch ein etwaiger **Minderverdienst** des Arbeitnehmers zu ersetzen, den dieser in einem neuen Arbeitsverhältnis erzielt. Zu weiteren denkbaren **sozialversicherungsrechtlichen Nachteilen**, die nach S. 3 zu ersetzen sein können Jaeger/*Giesen* § 113 Rn 133.

b) Vorteilsausgleichung

63 Der Arbeitnehmer muss sich im Wege des Vorteilsausgleichs alle **Ersparnisse**, die durch die vorzeitige Beendigung des Arbeitsverhältnisses eingetreten sind, **anrechnen** lassen. Dazu gehört der Wegfall von Steuern und Sozialversicherungsbeiträgen, von Aufwendungen für die Fahrt zur Arbeit (*BAG* 19.11.2015 EzA § 113 InsO Nr. 22), ferner gezahltes Insolvenzgeld (*BAG* 15.12.2005 EzA

§ 611 BGB 2002 Arbeitgeberhaftung Nr. 4). Erhaltenes Arbeitslosengeld oder andere **Leistungen der Sozialversicherung** sind dagegen **nicht anzurechnen.** Sie sollen den Schädiger nicht entlasten. Das macht der gesetzliche Anspruchsübergang nach § 116 SGB X deutlich (Palandt/*Grüneberg* Vor § 249 Rn 85). S auch Rdn 67.

Abfindungen sind nicht auf den Anspruch nach S. 3 anzurechnen. Dafür kann allerdings nicht auf die durch das *BAG* (26.7.2007 EzA § 628 BGB 2002 Nr. 6) für § 628 Abs. 2 BGB geklärte Rechtslage zurückgegriffen werden (aA *Zwanziger* § 113 Rn 42). Maßgeblich ist vielmehr, ob der für eine Vorteilsausgleichung erforderliche **adäquate Kausalzusammenhang** (dazu *BAG* 22.3.2001 EzBAT § 8 BAT Schadensersatzpflicht des Arbeitgebers Nr. 31; *BGH* 15.4.1983 NJW 1983, 2137) vorliegt. Wird das **Arbeitsverhältnis** nach §§ 9, 10 KSchG gegen Zahlung einer Abfindung **aufgelöst,** oder schließen die Parteien einen **Vergleich,** der eine Abfindung für den Verlust des Arbeitsplatzes vorsieht, **erfolgt keine Anrechnung** (Jaeger/*Giesen* § 113 Rn 160). S. 3 soll nicht den Schaden ersetzen, der durch den Verlust des Arbeitsplatzes als solchen entsteht, sondern den Arbeitnehmer nur wegen der vorzeitigen Beendigung des Arbeitsverhältnisses entschädigen (Rdn 51 f., 58). Der erforderliche Kausalzusammenhang zwischen dem schädigenden Ereignis (vorzeitige Beendigung) und dem Vorteil (Abfindung für den Verlust des Arbeitsplatzes) fehlt deshalb. Erhält der Arbeitnehmer eine **Sozialplanabfindung,** ist diese auf den Ersatzanspruch nach S. 3 aus diesem Grund ebenfalls **nicht anzurechnen.** Ungeachtet der zukunftsbezogenen Ausgleichs- und Überbrückungsfunktion von Sozialplänen sollen die darin in Form einer Abfindung vorgesehenen Geldleistungen letztlich ebenfalls die voraussichtlich entstehenden wirtschaftlichen Nachteile eines Arbeitsplatzverlustes ausgleichen oder zumindest abmildern (*BAG* st.Rspr., zB EzA § 112 BetrVG 2001 Nr. 57). Eine Anrechnung erfolgt auch dann nicht, wenn die Abfindung nach der Zeit bis zur Vollendung eines bestimmten Lebensjahres berechnet wird. Auch dann liegt keine Überschneidung zwischen dem Abfindungs- und dem Schadenersatzanspruch vor (aA Jaeger/*Giesen* § 113 InsO Rn 161 f.). Auch eine solche Ausgestaltung des Sozialplans ändert nichts an den unterschiedlichen Zwecken von Abfindung und Schadenersatzanspruch nach S. 3, die einer Anrechnung entgegenstehen. Ansprüche auf **Nachteilsausgleich** sind ebenfalls nicht anzurechnen (*Zwanziger* § 113 Rn 42). Auch insoweit fehlt der erforderliche Kausalzusammenhang. § 113 BGB ist eine Sanktionsnorm, die die Rechte des Betriebsrats sichern soll. Sanktionsmittel ist die Einräumung eines individualrechtlichen Ausgleichsanspruchs des Arbeitnehmers (*Fitting* § 113 Rn 2). Dieser Anspruch dient auch dem Ausgleich wirtschaftlicher Nachteile, die Arbeitnehmer infolge ihrer Entlassung auf Grund einer Betriebsänderung erleiden (*BAG* 20.11.2001 EzA § 113 BetrVG 1972 Nr. 29). Zudem hat die Länge der Kündigungsfrist keinen Einfluss auf die Höhe des Ausgleichsanspruchs. Dieser bemisst sich vielmehr nach den Grundsätzen des § 10 KSchG. Auch der Schadenersatzanspruch nach **§ 628 Abs. 2 BGB** ist auf den Anspruch nach § 113 S. 3 InsO nicht anzurechnen (Jaeger/*Giesen* § 113 Rn 159). Er gilt den Verlust des durch das Kündigungsschutzgesetz vermittelten Bestandsschutzes ab (*BAG* 26.7.2007 EzA § 628 BGB 2002 Nr. 6) und ist daher mit dem Anspruch nach S. 3 nicht adäquat kausal.

c) **Berücksichtigung von Mitverschulden**

Mitverschulden des Arbeitnehmers ist nach den Grundsätzen des **§ 254 Abs. 2 S. 1 BGB** bei der Berechnung des Schadens zu berücksichtigen. Er muss seine Arbeitskraft soweit als möglich und zumutbar zur Abwendung und Milderung des Schadens einsetzen (vgl. *BGH* 29.9.1998 NJW 1998, 3706). Er muss sich Einkommen, das er anderweitig erzielt hat oder hätte erzielen können, anrechnen lassen. Erforderlich ist allerdings, dass ihm die unterlassene Tätigkeit zumutbar war und es ihm nach der Arbeitsmarktlage bei gehöriger Anstrengung gelungen wäre, die Tätigkeit aufzunehmen (*BAG* 19.11.2015 EzA § 113 InsO Nr. 22). Ebenso muss er sich nicht beantragte, aber zu gewährende Leistungen der Sozialversicherung anrechnen lassen (missverständlich *BAG* 19.11.2015 EzA § 113 InsO Nr. 22: gemeint ist offenkundig nur der unterlassene Bezug von Sozialleistungen). Zur Behandlung bezogener Sozialversicherungsleistungen s. Rdn 67. Die nur für Annahmeverzugsansprüche geltende Bestimmung des **§ 615 S. 2 BGB** findet auf den Schadensersatzanspruch nach S. 3 **keine Anwendung** (*BAG* 19.11.2015 EzA § 113 InsO Nr. 22).

64

65

66 Ob der Schadenersatzanspruch gemindert sein kann, wenn der **Berechtigte die Insolvenz mitverschuldet** hat, was insbes. bei **Organen juristischer Personen bei Verletzung gesellschaftsrechtlicher Haftungstatbestände**, außerdem bei Prokuristen und anderen leitenden Angestellten in Betracht kommt, ist **str**. Das **BAG** hat angenommen, Verstöße gegen die Sorgfaltspflichten des GmbH-Geschäftsführers nach **§ 43 Abs. 1 GmbHG** seien nicht nach § 254 BGB zu berücksichtigen. Der Schutzzweck dieser Norm erfasse nicht die Verhinderung des nach § 113 S. 3 InsO zu ersetzenden Schadens, weil sie nicht die vorzeitige Beendigung des Dienstvertrags des Geschäftsführers verhindern solle (*BAG* 16.5.2007 EzA § 113 InsO Nr. 20). Diese Argumentation ließe sich auf die Verletzung von Pflichten aus §§ 93, 116 AktG und nach § 52 Abs. 1 GmbHG iVm § 116 AktG übertragen (Jaeger/*Giesen* § 113 Rn 146). Ihr lässt sich jedoch **entgegenhalten**, dass diese Schutzbestimmungen sämtlich zumindest auch den Zweck haben, Schaden von der juristischen Person abzuwenden und darum eine Insolvenz zu verhindern. Tritt die Insolvenz durch Verletzungen der o.g. Haftungstatbestände ein, werden die Vermögensinteressen der juristischen Person und die der dahinterstehenden Gesellschafter bzw. Aktionäre betroffen, weil der Wert der juristischen Person und der Anteile daran geschmälert wird. Das spricht dafür, gewichtige Pflichtverletzungen im Rahmen von § 254 BGB zu berücksichtigen (KPB-*Moll* § 113 Rn 152; HK-InsO/*Linck* § 113 Rn 30; MüKo-InsO/*Caspers* § 113 Rn 85; Jaeger/*Giesen* § 113 Rn 147). Folgt man dieser Ansicht, hat das jedoch erhebliche **Anwendungsprobleme** zur Folge. Es müsste ein Prüfungsmaßstab dafür entwickelt werden, welche Pflichtverletzungen hinreichend »gewichtig« sind, um im Rahmen von § 254 BGB berücksichtigt zu werden. Ob dabei auf den Maßstab des § 626 BGB zurückgegriffen werden kann, erscheint zweifelhaft. Besteht ein wichtiger Grund, kann der Insolvenzverwalter schon außerordentlich kündigen, so dass gar kein Anspruch nach S. 3 entsteht (KPB-*Moll* § 113 Rn 152). Auch liegt – insbes. bei gelungener Sanierung – der Einwand nahe, die Insolvenz habe sich insgesamt günstig auf die juristische Person ausgewirkt, so dass das Mitverschulden nicht zum Tragen gekommen sei (Jaeger/*Giesen* § 113 Rn 148). Der Gesichtspunkt der **Praktikabilität**, der bei der Gesetzesauslegung zu berücksichtigen ist (Rdn 59), könnte daher gegen eine Berücksichtigung der Verletzung von gesellschaftsrechtlichen Haftungstatbeständen unter dem Gesichtspunkt des Mitverschuldens sprechen.

d) Behandlung von bezogenen Sozialversicherungsleistungen

67 Bezieht der Arbeitnehmer Leistungen der gesetzlichen Sozialversicherung, geht der Schadenersatzanspruch insoweit gem. **§ 116 SGB X** auf den Versicherungsträger über. Das gilt auch für den Anspruch nach S. 3 (HWK-*Giesen* § 116 SGB X Rn 3). Liegt kein Rückabtritt an den Arbeitnehmer vor, kann dieser darum den Anspruch nach S. 3 nur bezogen auf den bei ihm verbliebenen Anspruch, dh **in Höhe der Differenz zwischen der bezogenen Leistung und dem Arbeitsentgelt**, zur Tabelle anmelden. Den übergegangenen Teil des Anspruchs kann nur der Sozialversicherungsträger selbst anmelden (Jaeger/*Giesen* § 113 Rn 150 f.). Aus der Entscheidung des *BAG* (15.12.2005 EzA § 611 BGB 2002 Arbeitgeberhaftung Nr. 4) folgt nichts anderes. Sie betraf nicht den Anspruch nach § 113 S. 3. Das BAG hat die erforderliche Kongruenz zwischen dem geltend gemachten Schadensersatzanspruch, der sich auf das entgangene Honorar eines anderen Auftraggebers bezog, und der Zahlung von Insolvenzgeld verneint. Das lässt sich auf den Anspruch nach S. 3 nicht übertragen (zutr. Jaeger/*Giesen* § 113, Fn 124). Zur Vorteilsausgleichung s Rdn 63.

e) Kein Ruhen des Arbeitslosengeldanspruchs

68 Nach **§ 158 SGB III** ruht der Anspruch auf Arbeitslosengeld, wenn wegen der Beendigung des Arbeitsverhältnisses eine Abfindung, Entschädigung oder ähnliche Leistung (Entlassungsentschädigung) gezahlt worden ist oder beansprucht werden kann. Weitere Voraussetzung ist, dass das Arbeitsverhältnis ohne Einhaltung einer der ordentlichen Kündigungsfrist des Arbeitgebers entsprechenden Frist beendet worden ist. Der Ruhenstatbestand erstreckt sich bis zu dem Tag, an dem das Arbeitsverhältnis bei Einhaltung dieser Frist geendet hätte. Der Gesetzgeber hat insoweit die **unwiderlegbare Vermutung** aufgestellt, dass in einer Entlassungsentschädigung immer ein Teil des Arbeitsentgeltes für die Nichteinhaltung der Kündigungsfrist enthalten ist (Hauck/Noftz/*Valgolio* § 158 SGB III Rn 8). Darum wird verbreitet angenommen, dass der Anspruch nach S. 3 zum

Ruhen des Arbeitslosengeldes führt (KR-*Link/Lau* § 158 SGB III Rdn 23; Hauck/Noftz/*Valgolio* § 158 SGB III Rn 36). Dem ist nicht zu folgen. Der Anspruch nach S. 3 ist der Ausgleich für die Nachteile, die dem Arbeitnehmer dadurch entstehen, dass der Insolvenzverwalter von der ihm durch § 113 InsO eröffneten Möglichkeit, das Arbeitsverhältnis vorzeitig zu beenden, Gebrauch gemacht hat (*BAG* 25.4.2007 EzA § 113 InsO Nr. 19; Rdn 51). Dieser Ersatzanspruch wird aber **nicht**, wie von § 158 SGB III ausdrücklich verlangt, »**wegen der Beendigung des Arbeitsverhältnisses**« gewährt, sondern nur als Entschädigung für die Verkürzung des Arbeitsverhältnisses (Rdn 51). Außerdem wird das Arbeitsverhältnis **nicht** iSv § 158 SGB III »**vorzeitig**« **beendet**, wenn der Insolvenzverwalter mit der Frist des § 113 S. 2 InsO kündigt. Eine Kündigung mit dieser Frist ist wirksam und beendet das Arbeitsverhältnis mit Ablauf dieser Frist. Die gesetzliche Vermutung, ein Teil der Entlassungsentschädigung sei Ausgleich für das während der eigentlich einzuhaltenden Kündigungsfrist zu gewährende Entgelt, passt für diesen Fall nicht (vgl. KR-*Link/Lau* § 158 SGB III Rdn 34). Der Anspruch nach S. 3 ist **keine Entlassungsentschädigung iS des SGB III**. Außerdem übersieht die Gegenmeinung, dass der Anspruch nach S. 3 nur im Rang einer **Insolvenzforderung** steht und darum nur mit der Insolvenzquote erfüllt wird. Diese ist idR dem Arbeitslosengeld wirtschaftlich nicht gleichwertig und wird zudem erst mit Abschluss des Insolvenzverfahrens gezahlt. Es fehlt damit an der typischen, von § 158 SGB III vorausgesetzten Situation, dass der durch das Arbeitslosengeld zu deckende Bedarf im Zeitpunkt des Auszahlungsanspruchs bereits vorab erfüllt ist. Auch das bestätigt, dass § **113 S. 3 InsO** eine auf den Sonderfall der Insolvenz zugeschnittene **Regelung** ist, **die in das System des § 158 SGB III nicht passt** (im Ergebnis ähnlich Jaeger/*Giesen* § 113 Rn 154 f.; Gagel/*Bender* SGB II/SGB III § 158 SGB III Rn 33).

C. Insolvenzrechtlicher Rang typischer Folgeansprüche von Kündigungen und deren Durchsetzung in der Insolvenz

I. Grundsätze

Im Insolvenzverfahren sind die Ansprüche der Gläubiger in Insolvenzforderungen und Masseverbindlichkeiten unterteilt. Im Fall der Masseunzulänglichkeit ist zusätzlich zwischen Alt- und Neumasseverbindlichkeiten zu unterscheiden. Zu den hier nicht angesprochenen Ansprüchen vgl. die **Übersichten** bei HK-InsO/*Linck* Vor § 113 Rn 10 ff.; *Röger* Insolvenzarbeitsrecht § 3 Rn 85.

1. Massezulängliche Insolvenz

a) Insolvenzforderungen

Eine Insolvenzforderung iSd § **38 InsO** liegt vor, wenn der Gläubiger einen zur Zeit der Eröffnung des Verfahrens iSd Insolvenzrechts bereits »begründeten« Anspruch hat. Erforderlich ist, dass der **anspruchsbegründende Tatbestand vor Verfahrenseröffnung abgeschlossen** ist. Das ist insolvenzrechtlich betrachtet bereits der Fall, wenn das Schuldverhältnis schon vor Verfahrenseröffnung bestand, selbst wenn sich eine Forderung daraus erst nach Verfahrenseröffnung ergibt. Es genügt, dass die schuldrechtliche Grundlage des Anspruchs vor Eröffnung entstanden ist, also ihr Rechtsgrund bei Eröffnung gelegt war. Der »Schuldrechtsorganismus«, der die Grundlage des Anspruchs bildet, muss **bereits bestanden** haben (*BAG* 14.3.2019 – 6 AZR 4/18 Rn 13; 25.1.2018 ZIP 2018, 589). **Insolvenzforderungen** sind nach §§ 174 ff. InsO zur Tabelle anzumelden und werden nur mit der Insolvenzquote befriedigt (Einzelheiten zum Ablauf des Insolvenzverfahrens *Zwanziger* Einf. Rn 187 ff.; zur Forderungsanmeldung *Zwanziger* Einf. Rn 197 ff.). Sie können gem. § 180 Abs. 1 InsO nur mit einer **Feststellungsklage**, wonach eine bestimmte Forderung zur Tabelle festzustellen ist, gerichtlich verfolgt werden. Eine **Zwangsvollstreckung** aus Insolvenzforderungen ist gem. § 89 Abs. 1 InsO weder in die Masse noch in das Vermögen des Schuldners möglich.

b) Masseverbindlichkeiten

Masseverbindlichkeiten sind nach § **53 InsO** die Kosten und Verbindlichkeiten, die vom Verwalter aus der Masse vorweg in voller Höhe zu berichten, also **wie geschuldet zu erfüllen** sind. Damit hat der Gesetzgeber der Erkenntnis Rechnung getragen, dass die Verwaltung und Verwertung des Schuldnervermögens zum Zweck der Befriedigung der Insolvenzgläubiger nicht möglich wäre, wenn der Verwalter Verträge nicht erfüllen könnte, die er zur Erhaltung, Vermehrung und Verwertung der Masse schließt oder fortsetzt. Der Gesetzgeber hat den Kreis dieser Verbindlichkeiten in § 55 InsO jedoch bewusst eng gefasst. Die Annahme einer **Insolvenzforderung** ist darum die **Regel**, die Begründung einer **Masseverbindlichkeit** die **Ausnahme** (*BAG* 25.1.2018 ZIP 2018, 589). Masseverbindlichkeiten sind dadurch gekennzeichnet, dass der **Masse** für die von ihr aufzubringende Leistung eine **äquivalente Gegenleistung zufließt**. Masseverbindlichkeiten nach § 55 Abs. 1 Nr. 1 InsO begründet der Verwalter darum nur, wenn er mit dem Ziel handelt, der Masse etwas zuzuführen. **Wickelt** er dagegen nur **Verpflichtungen ab**, die bereits der Schuldner begründet hat, ohne dadurch die Masse zu mehren, stellt das idR **keine Handlung iSv § 55 Abs. 1 Nr. 1 InsO** dar (*BAG* 25.1.2018 ZIP 2018, 589), sondern es handelt sich noch um sog. »Altgeschäfte«. **§ 55 Abs. 1 Nr. 2 InsO** erfasst die Verbindlichkeiten aus noch nicht vollständig erfüllten gegenseitigen Verträgen. Diese Regelung stellt sicher, dass der Gläubiger, der noch voll zur Masse leisten muss, auch die volle Gegenleistung erhält und die Masse nicht auf seine Kosten bereichert wird (*BAG* 19.7.2007 EzA § 55 InsO Nr. 14). Masseverbindlichkeiten nach dieser Bestimmung begründet der Verwalter nur, wenn er eine Leistung mit Entgeltcharakter in Anspruch nimmt, die »für die Zeit nach Eröffnung des Insolvenzverfahrens« erfolgen muss. Der **Masse muss die Arbeitsleistung zugutekommen** (*BAG* 21.2.2013 EzA § 55 InsO Nr. 18). Darum reicht es zur Begründung einer Masseverbindlichkeit nicht aus, dass die Forderung erst nach der Insolvenzeröffnung fällig wird. Erforderlich ist vielmehr, dass der Anspruch in einem zumindest teilweise synallagmatischen Verhältnis zu der nach der Eröffnung erbrachten Arbeitsleistung steht, also eine Leistung mit Entgeltcharakter vorliegt, die **im weitesten Sinne »für die Zeit« nach Eröffnung des Insolvenzverfahrens geschuldet** ist (*BAG* 25.1.2018 ZIP 2018, 589; 12.9.2013 EzA § 55 InsO Nr. 19). Ist das der Fall, stehen nicht nur die Ansprüche des Arbeitnehmers, die unmittelbar auf der erbrachten Leistung beruhen, sondern auch die Ansprüche auf Vergütung ohne tatsächliche Arbeitsleistung (**unproduktive Ausfallzeiten**), zB Entgeltfortzahlungsansprüche, im Rang der Masseverbindlichkeit (*BAG* 10.9.2020 – 6 AZR 94/19 (A) Rn 42). Zur Begründung von Masseansprüchen durch den **starken vorläufigen Insolvenzverwalter** nach § 55 Abs. 2 S. 2 *BAG* 10.9.2020 – 6 AZR 94/19 (A) Rn 41 ff. Entgeltansprüchen »für die Zeit vor der Eröffnung des Insolvenzverfahrens« weist **§ 108 Abs. 3 InsO** den Rang einer **Insolvenzforderung** zu, um die Masse zu schützen. Diese gesetzlich angeordnete Rangordnung ist gem. § 119 InsO **unabdingbar**. Masseverbindlichkeiten können mit der **Leistungsklage** gegenüber dem Insolvenzverwalter verfolgt werden, das **Vollstreckungsverbot** des § 89 Abs. 1 InsO gilt für sie nicht (*BGH* 21.7.2011 NJW 2011, 3098).

2. Masseunzulängliche Insolvenz

72 Reicht die Masse nur für die Kosten des Verfahrens, nicht jedoch zur Erfüllung der restlichen Masseverbindlichkeiten, muss der Verwalter gem. **§ 208 InsO Masseunzulänglichkeit** anzeigen. Plastisch wird dies auch als »Insolvenz in der Insolvenz« bezeichnet. Diese **Anzeige bindet** nicht nur das Insolvenzgericht, sondern auch die **Arbeitsgerichte** als Prozessgerichte (*BAG* 11.12.2001 EzA § 210 InsO Nr. 1; *BGH* 3.4.2003 NJW 2003, 2454). Der Verwalter muss trotz der Anzeige der Masseunzulänglichkeit die noch vorhandene Masse weiter verwalten und verwerten (§ 208 Abs. 3 InsO). Ansprüche, die er erst nach der Anzeige der Masseunzulänglichkeit begründet, muss er darum erfüllen können. Insoweit gilt nichts anderes als für Masseverbindlichkeiten (Rdn 71). Darum führt die Anzeige der **Masseunzulänglichkeit** zu einer **Neuordnung** der insolvenzrechtlichen Rangfolge der **Masseverbindlichkeiten**. Es ist zwischen **Altmasse- und Neumasseverbindlichkeiten** zu unterscheiden (*BAG* 10.9.2020 – 6 AZR 94/19 (A) Rn 51). Erweist sich auch die **Neumasse als unzulänglich**, muss der Insolvenzverwalter erneute Masseunzulänglichkeit anzeigen. Diese Anzeige entfaltet keine Bindungswirkung (*BGH* 13.4.2006 NJW 2006, 2997). Wie die Ansprüche dann zu befriedigen sind, ist umstritten. Das BAG hat angenommen, die Neumasseverbindlichkeiten seien dann anteilig zu bedienen (*BAG* 31.3.2004 EzA § 209 InsO Nr. 2). Zum Stand der Diskussion im insolvenzrechtlichen Schrifttum s *Thole* ZIP 2018, 2241; *Ganter* NZI 2019, 7). Der Einwand der Neumasseunzulänglichkeit führt zur Unzulässigkeit der Leistungsklage (st.Rspr. zuletzt *BAG*

22.2.2018 NZA 2018, 666). Einzelheiten zur Behandlung von Ansprüchen bei weiterer Masseunzulänglichkeit *Zwanziger* NZA 2015, 577, 582.

a) **Neumasseverbindlichkeiten**

Die **Grundregel** zur Ermittlung von Neumasseverbindlichkeiten findet sich in § 209 Abs. 1 Nr. 2 InsO. Danach sind Neumasseverbindlichkeiten die **Verbindlichkeiten**, die dem Verwalter nicht aufgezwungen (**oktroyiert**) worden sind, sondern zu denen er sich nach der Anzeige der Masseunzulänglichkeit »bekannt« hat, weil sie die Fortführung der Verwaltung der Masse mit sich bringt. Diese Grundregel wird durch § 209 Abs. 2 Nr. 2 und Nr. 3 InsO für Arbeitsverhältnisse konkretisiert. Abs. 2 Nr. 2 regelt, wann Neumasseverbindlichkeiten entstehen, wenn der **Arbeitnehmer nicht arbeitet**. Das betrifft vor allem die **Freistellung** von der Arbeitsleistung durch den Verwalter. Maßgeblich ist, wann dieser das Arbeitsverhältnis zum ersten Termin nach Anzeige der Masseunzulänglichkeit kündigen konnte (Einzelheiten Rdn 90). Auch bei Neumasseverbindlichkeiten sind **unproduktive Ausfallzeiten** in diesem Rang zu vergüten (BAG 10.9.2020 – 6 AZR 94/19 (A) Rn 51). **Nr. 3** regelt die Fälle, in denen der Verwalter **Arbeitnehmer zur Arbeitsleistung heranzieht** (Einzelheiten Rdn 89; zum Ganzen *BAG* 22.2.2018 NZA 2018, 666). Neumasseverbindlichkeiten können mit der **Leistungsklage** verfolgt werden. Liegt tatsächlich keine Neumasseverbindlichkeit vor, ist die Klage nicht als unzulässig, sondern als unbegründet abzuweisen (st.Rspr. zuletzt *BAG* 22.2.2018 NZA 2018, 666).

73

b) **Altmasseverbindlichkeiten**

Alle Masseverbindlichkeiten, die nicht nach § 209 Abs. 1 Nr. 1 und Nr. 2 InsO Neumasseverbindlichkeiten sind, werden nach § **209 Abs. 1 Nr. 3 InsO** in den Rang der Altmasseverbindlichkeit zurückgestuft. Sie unterliegen dem **Vollstreckungsverbot** des § 210 InsO und können darum **nicht mit der Leistungsklage verfolgt** werden (*BAG* 11.12.2001 EzA § 210 InsO Nr. 1; *BGH* 3.4.2003 NJW 2003, 2454). Ansprüche können nur als **Feststellungsklage** mit dem **Antrag**, eine genau bezeichnete Forderung als Masseverbindlichkeit nach § 209 Abs. 1 Nr. 3 InsO festzustellen, verfolgt werden. Das dafür erforderliche **Feststellungsinteresse** besteht nur, wenn die Forderung streitig ist. Bestreitet der Verwalter einen Sozialplananspruch nicht und tritt dem Begehren auf dessen Erfüllung nur wegen des Vollstreckungsverbots des § 210 InsO entgegen, ist die Feststellungsklage darum unzulässig (*BAG* 21.1.2010 EzA § 123 InsO Nr. 1). Altmasseverbindlichkeiten können **kein Zurückbehaltungsrecht** gem. § 273 Abs. 1 BGB begründen. Für die mit einem solchen Druckmittel zur Durchsetzung nicht erfüllter Altmasseverbindlichkeiten verbundene Bevorzugung einzelner Gläubiger gibt es im Insolvenzrecht keine Rechtsgrundlage (*BAG* 8.5.2014 EzA § 209 InsO Nr. 9).

74

II. **Einzelne Ansprüche**

1. **Massezulängliche Insolvenz**

a) **Arbeitsentgelt**

Wird der Arbeitnehmer nach Eröffnung der Insolvenz und bis zum Ende der Kündigungsfrist vom Insolvenzverwalter zur **Arbeitsleistung herangezogen**, erbringt er grds. eine Leistung mit Entgeltcharakter für die Masse und für die Zeit nach der Eröffnung der Insolvenz (Rdn 71). Diese Leistung ist darum eine **Masseverbindlichkeit nach § 55 Abs. 1 Nr. 2 InsO**, wenn die Zeitabschnitte, nach denen die Vergütung zu bemessen ist (§ 614 S. 2 BGB), in die Zeit nach Insolvenzeröffnung fallen (*BAG* 21.2.2013 EzA § 55 InsO Nr. 18). Zur Behandlung sog. »unproduktiver Ausfallzeiten« Rdn 71. War die **Leistung** dagegen schon **vor der Insolvenzeröffnung** erfolgt und hat sie der Schuldner lediglich nicht erfüllt, handelt es sich um eine **Insolvenzforderung** nach § 38 InsO. Gleiches gilt, wenn die Arbeitsleistung noch vor Insolvenzeröffnung erbracht worden ist, das dafür geschuldete Entgelt aber erst nach Eröffnung des Verfahrens fällig geworden ist. Es fehlt an der erforderlichen Leistung zur Masse (*BAG* 12.9.2013 EzA § 133 InsO Nr. 2 InsO; s.a. Rdn 69). Etwas anderes gilt nur, wenn die Arbeitsleistung im vorläufigen Insolvenzverfahren von einem »starken«

75

vorläufigen Verwalter (Rdn 4) entgegengenommen worden ist. Die dadurch entstandenen **Entgeltansprüche** gelten gem. **§ 55 Abs. 2 S. 2 InsO** nach Verfahrenseröffnung als **Masseverbindlichkeiten** (Einzelheiten *BAG* 10.9.2020 – 6 AZR 94/19 (A) Rn 45 ff). Auf den »schwachen« vorläufigen Insolvenzverwalter (Rdn 2) ist § 55 Abs. 2 S. 2 InsO nicht anzuwenden (*BAG* 12.9.2013 EzA § 55 InsO Nr. 19). Die dafür maßgeblichen Erwägungen treffen auch für den »halbstarken« Insolvenzverwalter (Rdn 3) zu. **Sonderzahlungen und Bonusleistungen**, die lediglich aus einem vor Insolvenzeröffnung begründeten »Stammrecht« resultieren, sind auch dann Insolvenzforderungen, wenn sie erst nach der Eröffnung des Verfahrens fällig werden. Handelt es sich dagegen um Einzelforderungen, für die Voraussetzung ist, dass der Arbeitnehmer nach der Insolvenzeröffnung eine Leistung »für« die Masse erbringt, sind sie Masseverbindlichkeiten. Als Leistung reicht dabei die bloße Erbringung von Betriebstreue aus. Darauf, ob die Forderung **auflösend bedingt** ist, kommt es nicht an (*BAG* 12.9.2013 EzA § 133 InsO Nr. 2). Muss der Insolvenzverwalter vom Schuldner begründete **Verpflichtungen** nur noch **abwickeln**, liegt auch dann keine eine Masseverbindlichkeit begründende Handlung des Verwalters nach § 55 Abs, 1 Nr. 1 InsO vor, wenn er dafür eine Betriebsvereinbarung schließen muss (*BAG* 25.1.2018 ZIP 2018, 589; s.a. Rdn 71). Sieht ein **Sanierungstarifvertrag** die Absenkung des Arbeitsentgelts oder die unentgeltliche Erbringung von Mehrarbeit vor und soll dieser Verzicht bei einer betriebsbedingten Kündigung hinfällig sein (sog. **Rückfallklausel**), handelt es sich bei dem daraus erwachsenden **Nachzahlungsanspruch** um eine **Insolvenzforderung**. Solche Forderungen sind weder synallagmatisch mit Arbeitsleistungen nach Insolvenzeröffnung verknüpft noch ergeben sie sich aus dem bloßen Fortbestand des Arbeitsverhältnisses. Sie lassen sich darum nicht unter § 55 Abs. 1 Nr. 2 InsO fassen (*BAG* 21.2.2013 EzA § 55 InsO Nr. 18). Ansprüche auf Auszahlung aus dem **ERA-Anpassungsfonds** nach dem TV-ERA APF für Baden-Württemberg vom 11.11.2013 lassen sich nicht mehr Arbeitsleistungen, die nach dem 1.3.2014 erbracht worden sind, zuordnen und sind deshalb in allen nach diesem Zeitpunkt eröffneten Insolvenzen Insolvenzforderungen (*BAG* 25.1.2018 ZIP 2018, 589).

b) **Annahmeverzug**

76 Für Ansprüche aus Annahmeverzug (§ 615 iVm § 611 BGB) gelten die in Rdn 70 f. und Rdn 75 dargestellten Grundsätze. Maßgeblich ist also, ob die **Zeitabschnitte**, nach denen die Vergütung für die nicht erbrachte Arbeitsleistung zu bemessen ist, in die Zeit vor oder **nach Insolvenzeröffnung** fallen. Fällt der Zeitabschnitt in die Zeit nach der Eröffnung des Verfahrens, ist der Anspruch auf **Annahmeverzug** gem. **§ 55 Abs. 1 Nr. 2 Alt. 2 InsO** eine **Masseverbindlichkeit**. Muss der Arbeitnehmer trotz Insolvenz seine vertraglich geschuldete Arbeitsleistung zugunsten der Masse erbringen, behält er im Gegenzug den Entgeltanspruch. Beruhen die Annahmeverzugsansprüche auf einer unwirksamen Kündigung, ist unerheblich, ob die Kündigung vor oder nach Insolvenzeröffnung erklärt worden ist. Alle Annahmeverzugsansprüche, die der Zeit nach Eröffnung des Verfahrens zuzuordnen sind, sind als Masseverbindlichkeiten zu befriedigen.

77 In der Insolvenz stellt der **Insolvenzverwalter** regelmäßig Arbeitnehmer, die er zur Verwertung und Verwaltung der Masse nicht benötigt, von der Arbeitsleistung frei (ob ein insolvenzspezifisches Freistellungsrecht besteht, hat das *BAG* offengelassen, 10.9.2020 – 6 AZR 94/19 (A) Rn 47; 6.9.2017, 6 AZR 367/17). Die aus einer solchen **Freistellung** erwachsenden Annahmeverzugsansprüche sind Masseverbindlichkeiten nach **§ 55 Abs. 1 Nr. 2 Alt. 2 InsO**, wenn sie der **Zeit nach der Eröffnung des Verfahrens zuzuordnen** sind. Sog »**unproduktive Ausfallzeiten**« sind ebenfalls Masseverbindlichkeiten (Rdn 71). Hat bereits der **Schuldner** den Arbeitnehmer **freigestellt**, sind die der Zeit nach Insolvenzeröffnung zuzuordnenden Annahmeverzugsansprüche ebenfalls Masseverbindlichkeiten (Jaeger/*Giesen* Vor § 113 Rn 51), die Ansprüche aus der Zeit davor sind Insolvenzforderungen. Hält ein »**starker**« vorläufiger Insolvenzverwalter (Rdn 4) entweder an einer Freistellung des Schuldners fest oder stellt er selbst den Arbeitnehmer frei, greift die Fiktion des § 55 Abs. 2 S. 2 InsO nicht. Sie setzt ausdrücklich voraus, dass der starke vorläufige Insolvenzverwalter die Arbeitsleistung in Anspruch genommen hat. Annahmeverzugsansprüche aus der **Zeit vor der Insolvenzeröffnung** bleiben daher auch in diesem Fall **Insolvenzforderungen** (*BAG* 20.1.2005 EzA § 113 InsO Nr. 15; HK-InsO/*Linck* Vor § 113 Rn 29; Jaeger/*Giesen* Vor

§ 113 Rn 50). Für Freistellungen durch den »schwachen« oder »halbstarken« vorläufigen Insolvenzverwalter (Rdn 2 f.) gilt das erst recht. Zur **Haftung des Insolvenzverwalters** nach §§ 60 f. InsO, die aufgrund der Verweisungen in § 21 Abs. 2 Nr. 1 und in §§ 274 Abs. 1, 270a Abs. 1 S. 2 InsO auch für den vorläufigen Insolvenzverwalter und den vorläufigen Sachwalter in der Eigenverwaltung gilt, im Zusammenhang mit (unterbliebenen) Freistellungen *BAG* 15.11.2012 EzA § 61 InsO Nr. 4.

c) Abfindungen

Hinsichtlich des insolvenzrechtlichen Rangs von Abfindungen ist danach zu differenzieren, auf welcher Grundlage und durch wen und wann der Entstehungsgrund der Forderung gelegt worden ist. Das BAG hat in seiner Entscheidung vom 14.8.2019 – 6 AZR 4/18 – Rn 15 ff die verschiedenen Fallkonstellationen umfassend dargestellt.

78

aa) Vertragliche Vereinbarungen

Auf individual- oder kollektivvertraglichen Vereinbarungen beruhende Abfindungen sind immer dann **Insolvenzforderungen**, wenn sie auf einer Vereinbarung **zwischen Schuldner und Arbeitnehmer** bzw. Schuldner und Betriebsrat/Gewerkschaft beruhen. Das gilt auch dann, wenn sie **erst nach Verfahrenseröffnung entstehen**, weil die Beendigung des Arbeitsverhältnisses Voraussetzung für die Abfindung ist und die Beendigung erst nach Verfahrenseröffnung eintritt. Das gilt ebenso, wenn die Kündigung als Abwicklungstätigkeit (dazu *BAG* 25.1.2018 ZIP 2018, 589; iE Rdn 71) erst durch den Verwalter erklärt wird. Solche Abfindungen beruhen nicht auf Handlungen des Insolvenzverwalters. Vielmehr ist der rechtsbegründende Akt noch vom Schuldner gesetzt und vor Eröffnung des Insolvenzverfahrens vollständig abgeschlossen (*BAG* 14.3.2019 – 6 AZR 4/18 Rn 22). Die Abfindung ist zudem kein Entgelt für eine nach Eröffnung erbrachte Arbeitsleistung, sondern eine Entschädigung für durch den Verlust des Arbeitsplatzes entstehende Nachteile und/oder eine Honorierung der Zustimmung des Arbeitnehmers zur vorzeitigen Vertragsauflösung. Vertraglich vereinbarte Abfindungen sind deshalb nur dann **Masseverbindlichkeiten**, wenn sie auf einer **mit dem starken vorläufigen Insolvenzverwalter bzw. dem Insolvenzverwalter geschlossenen Vereinbarung** beruhen (*BAG* 14.3.2019 – 6 AZR 4/18 Rn 15 f.). Zahlt der Insolvenzverwalter eine vor Insolvenzeröffnung mit dem Schuldner vereinbarte Abfindung nicht aus, weil sie nur eine Insolvenzforderung ist, kann der Arbeitnehmer vom **Aufhebungsvertrag** bzw. **Vergleich nicht zurücktreten**. Das gesetzliche Rücktrittsrecht nach § 323 Abs. 1 BGB setzt voraus, dass die nicht erfüllte Forderung im Zeitpunkt der Erklärung des Rücktritts durchsetzbar ist. Das ist bei einer Insolvenzforderung nicht der Fall. Jedenfalls daran scheitert das Rücktrittsrecht (*BAG* 10.11.2011 ZInsO 2012, 450 unter Offenlassen der Frage, ob bei Anerkenntnis zur Tabelle überhaupt eine Nichterfüllung vorliegt). Zur Möglichkeit der Absicherung des Arbeitnehmers durch Zahlung der Abfindung auf ein zur Aussonderung berechtigendes Konto Jaeger/*Giesen* Vor § 113 Rn 58 f.; zur fehlenden Anfechtbarkeit einer solchen Vereinbarung aufgrund ihres Bargeschäftscharakters *BAG* 21.2.2008 EzA § 143 InsO Nr. 1).

79

bb) Prozessvergleiche

Ist der Vergleich noch zwischen dem Schuldner und dem Arbeitnehmer geschlossen, ist die Abfindung **Insolvenzforderung**. Das gilt auch, wenn im Zeitpunkt der Insolvenzeröffnung noch eine **Widerrufsfrist** lief und der Insolvenzverwalter den Vergleich hätte widerrufen können, es nach Aufnahme des Rechtsstreits aber nicht tut (Jaeger/*Giesen* Vor § 113 Rn 62; offengelassen von *BAG* 12.6.2002 EzA § 55 InsO Nr. 2). Es fehlt an der erforderlichen Handlung des Verwalters nach § 55 Abs. 1 Nr. 1 InsO. Die Aufnahme des unterbrochenen Kündigungsschutzprozesses (Rdn 8, 13) als Handlung des Insolvenzverwalters führt noch nicht zur Wirksamkeit des Vergleichs. Der Prozess wird in der Lage aufgenommen, in der er sich befand, der Verwalter kann alle Verteidigungs- und Angriffsmittel, die dem Schuldner zustanden, noch vorbringen (*BGH* 28.9.2006 NZI 2007, 104). Die Widerrufsfrist läuft darum zunächst noch weiter. Erklärt der Insolvenzverwalter keinen

80

Widerruf, hält er lediglich an dem bereits vom Schuldner gesetzten Rechtsgrund fest, darum liegt ein »Altgeschäft« (Rdn 71) vor (vgl. *BAG* 14.3.2019 – 6 AZR 4/18 Rn 22).

cc) Abfindungen nach § 1a KSchG

81 Der Anspruch auf Abfindung nach § 1a KSchG ist ebenfalls nur dann eine **Masseverbindlichkeit**, wenn die **Kündigung** mit Abfindungsankündigung **vom** (starken vorläufigen) **Insolvenzverwalter erklärt** worden ist. In allen anderen Fällen liegt eine bloße Insolvenzforderung vor. Das gilt auch dann, wenn die Kündigungsfrist der noch vom Schuldner erklärten Kündigung erst nach Insolvenzeröffnung abläuft (KR-*Spilger* § 1a KSchG Rdn 104; HK-InsO/*Linck* Vor § 113 Rn 10; Jaeger/*Giesen* Vor § 113 Rn 60; aA *Zwanziger* § 108 InsO Rn 47). Es liegt weder eine Handlung des Verwalters noch eine Leistung mit Entgeltcharakter für die Masse vor. Insoweit gilt nichts anderes als für vertraglich vereinbarte Abfindungen (Rdn 79).

dd) Abfindungen nach §§ 9, 10 KSchG

82 Der insolvenzrechtliche Rang einer durch Auflösungsurteil zuerkannten Abfindung bestimmt sich nach dem Zeitpunkt, in dem die **Grundlage für den Abfindungsanspruch** gesetzt worden ist. Diese Grundlage ist nicht schon die Kündigung und nicht erst das Auflösungsurteil. Bei dem Anspruch auf Aufhebung des Arbeitsverhältnisses handelt es sich um ein Gestaltungsrecht, das nicht einseitig durchgesetzt werden kann, sondern der gerichtlichen Zuerkennung bedarf. Dabei hat das ArbG bei Vorliegen der Auflösungsvoraussetzungen dem Antrag durch Gestaltungsurteil stattzugeben. Entscheidende Grundlage für die Abfindung nach §§ 9, 10 KSchG ist darum der **Antrag auf Auflösung des Arbeitsverhältnisses**. Nach dem Zeitpunkt dieses Antrags und der Person des Antragstellers bestimmt sich der insolvenzrechtliche Rang der gerichtlich zuerkannten Abfindung (*BAG* 14.3.2019 – 6 AZR 4/18 Rn 17 ff). Wird das Arbeitsverhältnis auf Antrag des Arbeitnehmers oder des Schuldners noch vor Insolvenzeröffnung nach §§ 9, 10 KSchG aufgelöst, ist die Abfindung eine **Insolvenzforderung** (Jaeger/*Giesen* Vor § 113 Rn 62). **Stellt** in dem zunächst noch vom Schuldner geführten Prozess nach dessen Wiederaufnahme der **Insolvenzverwalter** den **Auflösungsantrag** oder führt er diesen Antrag erstmals wirksam in den Prozess ein, liegt ein Neugeschäft und damit eine **Masseverbindlichkeit** vor *BAG* 14.3.2019 – 6 AZR 4/18 Rn 21 f). Um eine bloße **Insolvenzforderung** handelt es sich hingegen, wenn der Verwalter lediglich den von ihm vorgefundenen, bereits rechtshängigen Antrag des Schuldners weiterverfolgt und an dem so schon von diesem gelegten Rechtsgrund festhält. Nach denselben Grundsätzen ist der Rang einer Abfindung zu bestimmen, wenn der Auflösungsantrag in einem auf einer Kündigung des Verwalters beruhenden Kündigungsschutzprozess erfolgt. **Stellt** dagegen der **Arbeitnehmer** den **Auflösungsantrag**, ist die Abfindung stets eine **Insolvenzforderung** (aA Jaeger/*Giesen*: Masseverbindlichkeit, wenn die Unzumutbarkeit der Fortsetzung des Arbeitsverhältnisses vom Verwalter zumindest mitverursacht wurde). Es fehlt an der für eine Masseverbindlichkeit nach § 55 Abs. 1 Nr. 1 InsO erforderlichen Handlung des Verwalters. Das bloße Festhalten am Klageabweisungsantrag ist noch keine solche Handlung, weil dies allein noch nicht zum Auflösungsurteil führen kann.

ee) Ansprüche auf Sozialplanabfindung und Nachteilsausgleich

83 Alle Ansprüche aus Sozialplänen, die **vor der Eröffnung des Insolvenzverfahrens** mit dem Schuldner, einem schwachen (Rdn 2) oder halbstarken (Rdn 3) Insolvenzverwalter **abgeschlossen** wurden, sind **Insolvenzforderungen**. Das gilt nach den in Rdn 79 dargestellten Grundsätzen auch dann, wenn die Abfindung erst nach der Eröffnung des Verfahrens fällig wird. Darauf, ob der Sozialplan nach § 124 Abs. 1 InsO hätte widerrufen werden können, aber nicht widerrufen worden ist, kommt es nicht an. Unterlässt der Insolvenzverwalter den möglichen Widerruf, liegt darin mangels Rechtspflicht keine Handlung iSv § 55 Abs. 1 Nr. 1 (*BAG* 31.7.2002 EzA § 55 InsO Nr. 3; s.a. Rdn 80). § 123 Abs. 2 InsO ordnet unmissverständlich an, dass nur Abfindungen aus Sozialplänen, die **nach der Eröffnung des Verfahrens** vom Verwalter abgeschlossen worden sind, **Masseverbindlichkeiten** sind. Auch Ansprüche aus insolvenznah abgeschlossenen Sozialplänen sind vom

Gesetzgeber bewusst nicht in diesen Rang gestellt worden. Einzige Ausnahme ist aufgrund der Sonderregelung in § 55 Abs. 2 InsO die Abfindung, die sich aus einem von einem **starken vorläufigen Insolvenzverwalter** (Rdn 4) abgeschlossenen Sozialplan ergibt (*BAG* 31.7.2002 EzA § 55 InsO Nr. 3). Ungeachtet der Einordnung als Masseverbindlichkeit kann eine Sozialplanabfindung aus einem nach Insolvenzeröffnung geschlossenen Sozialplan **nicht mit der Leistungsklage** verfolgt werden, weil dieser Klage wegen des in § 123 Abs. 3 S. 2 InsO angeordneten Vollstreckungsverbots das Rechtsschutzinteresse fehlt (*BAG* 21.1.2010 EzA § 123 InsO Nr. 1). **Nachteilsausgleichsansprüche** können nur dann **Masseverbindlichkeiten** sein, wenn sie aus einem betriebsverfassungswidrigen **Verhalten des Insolvenzverwalters selbst** resultieren, in allen anderen Fällen sind sie lediglich Insolvenzforderungen (Einzelheiten *BAG* 7.11.2017 EzA § 113 BetrVG 2001 Nr. 13; Jaeger/*Giesen* Vor § 113 Rn 73 ff.; HK-InsO/*Linck* Vor § 113 Rn 69). Das gilt auch dann, wenn die dem Anspruch zugrundeliegende Betriebsänderung im Eröffnungsverfahren mit Zustimmung des vorläufigen Insolvenzverwalters erfolgt ist (*BAG* 8.4.2003 EzA § InsO Nr. 4).

d) Urlaub

Nach dem neuen, unionsrechtskonformen Verständnis der **Urlaubsansprüche** ist eine Aufspaltung des Urlaubs in einen Anspruch auf Freistellung von der Arbeitspflicht und einen Geldanspruch für den Urlaub nicht mehr möglich. Eine Trennung zwischen der Befreiung von der Arbeitspflicht und der Fortzahlung der vertraglichen Vergütung ist ausgeschlossen. Die Verpflichtung zur Zahlung des Urlaubsentgelts ist integraler Bestandteil des Anspruchs auf bezahlten Urlaub. Dabei entsteht der Anspruch auf den gesetzlichen Mindesturlaub am Jahresanfang als einheitlicher Anspruch. Er ist **keine Gegenleistung für eine bestimmte Arbeitsleistung** und wird **nicht »ratierlich«** verdient. Er kann bis zu seiner zeitlichen Festlegung **keinem bestimmten Zeitabschnitt zugeordnet** werden. Der Anspruch auf Urlaubsentgelt wird darum erst mit Urlaubsantritt fällig (*BAG* 16.2.2021 – 9 AS 1/21 Rn 10, 13, 17, 19, 21). Diese Grundsätze gelten auch für den Anspruch auf **Urlaubsabgeltung**, der sich erst mit Beendigung des Arbeitsverhältnisses in einen reinen Geldanspruch umwandelt und gleichzeitig fällig wird (*BAG* 16.2.2021 – 9 AS 1/21 Rn 15, 21). Sie gelten außerdem für Ansprüche auf Urlaubsentgelt und Urlaubsabgeltung, die auf nicht genommenem **Urlaub der Vorjahre** beruhen (*BAG* 16.2.2021 – 9 AS 1/21 Rn 4, 22). In diese vom gesetzlichen Urlaubsrecht vorgegebene Rechtslage tritt der Insolvenzverwalter ein (vgl. *BAG* 16.2.2021 – 9 AS 1/21 Rn 4). Die Neuausrichtung des Urlaubsrechts mit der vom Unionsrecht erzwungenen **neuen Dogmatik** hat darum **auch Konsequenzen für die insolvenzrechtliche Behandlung urlaubsrechtlicher Ansprüche** (*Arnold* ArbRAktuell 2021, 244), sie schlägt auf den inovenzrechtlichen Rang dieser Ansprüche durch. Offene Urlaubs- und Urlaubsabgeltungsansprüche sind darum vom Insolvenzverwalter auch dann, wenn sie aus den Vorjahren stammen, als **Masseverbindlichkeit** nach § 55 Abs. 1 Nr. 2 Alt. 2 InsO zu erfüllen (*BAG* 16.2.2021 – 9 AS 1/21 Rn 4). Dagegen wird eingewandt (*Ganter* NZI 2021, 450 f, *Ries* EWiR 2021, 49), eine derartige Rangeinstufung differenziere zu Unrecht nicht zwischen dem materiellen Recht und dessen vollstreckungsrechtlicher Verwirklichung in der InsO und verletze den das Insolvenzrecht beherrschenden Grundsatz der Gläubigergleichbehandlung (Rdn 1). Diese vom Gedanken der Erfüllungswahl (§ 103 InsO) her argumentierende Sichtweise verkennt, dass aufgrund der § 103 InsO als lex specialis vorgehenden Bestimmung des **§ 108 InsO** der Insolvenzverwalter in das bestehende Arbeitsverhältnis als »Gesamtpaket« eintritt und die Masse mit diesem Gesamtpaket, zu dem auch der vom Schuldner nicht erfüllte Urlaub gehört, belastet ist, ohne dass der Insolvenzverwalter daran durch sein Verhalten etwas ändern kann (vgl. *BAG* 10.9.2020 – 6 AZR 94/19 (A) Rn 42, 56). Wesen des Urlaubs- bzw. -abgeltungsanspruchs ist es aber gerade, dass er bis zu seiner Fälligkeit **keinem Zeitabschnitt zugeordnet** werden kann. Ob er rechnerisch iSv § 105 InsO teilbar wäre, ist unerheblich, weil es für die Einordnung als Insolvenz- bzw. Masseforderung nach **§ 108 Abs. 3 InsO** allein auf die zeitliche Zuordnung der Leistung zur Zeit vor und nach Insolvenz ankommt. Das ist bei Urlaubs- und -abgeltungsansprüchen nicht möglich, so dass diese Ansprüche nicht in Insolvenzforderung und Masseverbindlichkeit bzw. in Alt- und Neumasseverbindlichkeiten (dazu Rdn 92) aufgespalten werden können (das übersieht *Ries* EWiR 2021, 49). Darin liegt der **Unterschied zB zu Mietzinsansprüchen**, die für den Monat, in

84

dem das Verfahren eröffnet wird, anteilig aufzuteilen sind und nur für die Zeit nach Eröffnung des Insolvenzverfahrens eine Masseverbindlichkeit darstellen (*BGH* 11.3.2021 – IX ZR 152/20 Rn 3) oder zu **Sonderzahlungen**, die ratierlich verdient werden, daher Zeitabschnitten zugeordnet werden können und in Insolvenz- und Masseverbindlichkeiten aufzuspalten sind (vgl. *BAG* 10.9.2020 – 6 AZR 94/19 (A) Rn 59).

e) **Vergütung des Einigungsstellenvorsitzenden**

85 Der Vergütungsanspruch des Einigungsstellenvorsitzenden ist auch dann eine **Masseverbindlichkeit**, wenn die Einigungsstelle bereits vor Eröffnung des Insolvenzverfahrens bestellt war und ihre Tätigkeit aufgenommen hatte, diese Tätigkeit aber erst nach Eröffnung des Verfahrens abgeschlossen worden ist. Eine quotale Berichtigung erfolgt nicht, weil eine Aufteilung in fachliche oder zeitliche Abschnitte ausgeschlossen ist. Maßgeblich für den insolvenzrechtlichen Rang des Vergütungsanspruchs sind daher die Verhältnisse am Stichtag des Abschlusses des Einigungsstellenverfahrens (*BAG* 11.12.2018 – 7 ABR 4/18 Rn 33 ff).

f) **Wiedereinstellungsanspruch**

86 Das LAG Hamm (5.3.2021 – 16 Sa 100/20, Revision unter 6 AZR 224/21) hat den Anspruch auf **rückwirkenden Abschluss eines Arbeitsvertrags** auch dann als **Insolvenzforderung** angesehen, wenn der Vertrag auf einen Zeitpunkt vor Eröffnung der Insolvenz zurückwirken soll. Es hat darum die Aufnahme des Rechtsstreits abgelehnt.

g) **Zeugnis**

87 Richtet sich der **Zeugnisanspruch gegen** den **Schuldner**, weil das Arbeitsverhältnis bereits vor der Eröffnung des Insolvenzverfahrens beendet worden ist, bleibt der Schuldner auch in der Insolvenz Anspruchsgegner. Der Zeugnisanspruch ist kein Vermögensanspruch iSd § 38 InsO, so dass der Insolvenzverwalter ihn nicht nach § 108 Abs. 1 InsO erfüllen muss. Der **Insolvenzverwalter** muss das Zeugnis **nur** dann selbst erteilen, wenn das **Arbeitsverhältnis erst nach Insolvenzeröffnung** geendet hat oder wenn es während des Eröffnungsverfahrens endet und ein starker oder halbstarker Verwalter (Rdn 3 f.) bestellt ist. In diesem Fall schuldet der Verwalter das Arbeitszeugnis, unabhängig davon, ob und wie lange er den Arbeitnehmer beschäftigt hat oder ob er eigene Kenntnisse über dessen Arbeitsleistung gewinnen konnte. Insoweit muss er sich ggf. nach § 97 InsO **Auskunft** beim Schuldner holen (*BAG* 23.6.2004 EzA § 109 GewO Nr. 2). Gelingt es dem Insolvenzverwalter auch nach zumutbarer Anstrengung dadurch nicht, die für die Erstellung des Arbeitszeugnisses erforderlichen Informationen zu erlangen, geht der Zeugnisanspruch ins Leere (*Richter* EWiR 2004, 1185, 1186). Als nichtvermögensrechtliche Streitigkeit wird **weder das Verfahren auf Zeugniserteilung** selbst (*BAG* 23.6.2004 EzA § 109 GewO Nr. 2) noch ein deswegen betriebenes **Zwangsvollstreckungsverfahren** (*LAG Frankf.* 30.3.2016 – 8 Ta 120/16) durch die Insolvenzeröffnung **unterbrochen**. Die Erteilung des Zeugnisses ist eine unvertretbare Handlung. Die **Zwangsvollstreckung** richtet sich deshalb nach **§ 888 ZPO** (*BAG* 9.9.2011 EzA § 109 GewO Nr. 8). Das **Zwangsvollstreckungsverbot** des § 89 Abs. 1 InsO **erfasst daher Zeugnisstreitigkeiten nicht**. Es gilt nur für Insolvenzgläubiger, nicht aber für Gläubiger von Nichtvermögensansprüchen. Zu diesen Ansprüchen gehören alle Ansprüche auf Vornahme einer unvertretbaren Handlung (vgl. HK-InsO/*Kayser* § 89 Rn 15). Einzelheiten zur Zeugniserteilungspflicht des Insolvenzverwalters s. *Stiller* NZA 2005, 330; *Diller/Yalcin* FA 2006, 98, *Rieger/Philipp* NZI 2004, 190.

h) **Ausschlussfristen**

88 Auf **Insolvenzforderungen** finden vertragliche oder tarifliche Ausschlussfristen keine Anwendung (Rdn 52). **Masseverbindlichkeiten** unterfallen dagegen uneingeschränkt diesen Fristen (*BAG* 15.2.2005 EzA § 55 InsO Nr. 9). Verlangt eine Ausschlussfrist nur die **schriftliche Geltendmachung** oder reicht eine solche Geltendmachung für die erste Stufe der Frist aus, wird sie **nicht dadurch gewahrt**, dass der Arbeitnehmer eine Masseforderung **zur Insolvenztabelle anmeldet**. Zwar

bleibt es dem Arbeitnehmer unbenommen, bei Zweifeln über den insolvenzrechtlichen Rang einer Forderung diese zur Tabelle anzumelden und parallel mit der Leistungsklage gegen den Verwalter vorzugehen, weil Masseforderungen auch durch Anmeldung, Anerkennung und Feststellung zur Tabelle nicht zu Insolvenzforderungen werden (*Windel* Gem. Anm. zu BAG AP § 113 InsO Nr. 16 und 17; *BAG* st.Rspr. seit 13.6.1989 EzA § 113 BetrVG 1972 Nr. 19; *BGH* 13.6.2006 NJW 2006, 3068). Die Anmeldung zur Tabelle warnt den Verwalter aber gerade nicht hinreichend davor, dass der Anspruch auch noch als Masseverbindlichkeit verfolgt werden soll. Dass eine solche Verfolgung rechtlich möglich ist, reicht zur Erfüllung der Warnfunktion einer Ausschlussfrist (dazu *BAG* 18.2.2016 EzA § 4 TVG Ausschlussfristen Nr. 212) nicht aus. Erforderlich ist, dass der Arbeitnehmer den Verwalter darauf hinweist, dass er Leistungsklage erheben wolle (*Windel* Anm. zu BAG AP § 108 InsO Nr. 4; HK-InsO/*Linck* Vor § 113 Rn 40; aA – nicht tragend – *BAG* 15.2.2005 EzA § 55 InsO Nr. 9).

2. Masseunzulängliche Insolvenz

a) Arbeitsentgelt

Zieht der Insolvenzverwalter den Arbeitnehmer nach Anzeige der Masseunzulänglichkeit zur Arbeitsleistung heran, leistet dieser zur Neumasse. Die dadurch begründeten Entgeltansprüche sind **Neumasseverbindlichkeiten** nach **§ 209 Abs. 2 Nr. 3 InsO** (*BAG* 22.2.2018 NZA 2018, 666; 23.3.2017 EzA § 209 InsO Nr. 10). Das gilt auch für das Entgelt für die sog. »unproduktiven« **Ausfallzeiten** wie Feiertage, krankheitsbedingte Arbeitsunfähigkeit oder Urlaub. Diese sind Teil des Synallagmas (*BAG* 8.5.2014 EzA § 209 InsO Nr. 9). Im Gegenzug für die Arbeitsleistung muss der Verwalter alle Verpflichtungen aus dem fortbestehenden Arbeitsverhältnis erfüllen, auch wenn sie nicht auf eine konkrete Arbeitsleistung zurückzuführen sind, weil er in das **arbeitsrechtliche »Gesamtpaket«** eingetreten ist (vgl. BAG 10.9.2020 – 6 AZR 94/19 (A) Rn 42, 56; Rdn 71). Erforderlich ist allerdings, dass die Arbeitsleistung des Arbeitnehmers der Neumasse **tatsächlich zugutekommt**. Fordert der Verwalter den bisher freigestellten Arbeitnehmer zur Arbeitsleistung auf und übt der Arbeitnehmer ein berechtigtes **Zurückbehaltungsrecht** aus, verhindert er, dass seine Arbeitskraft der Neumasse tatsächlich zugutekommt. Seine Annahmeverzugsansprüche stehen deshalb nicht im Rang einer Neumasseverbindlichkeit (*BAG* 8.5.2014 EzA § 209 InsO Nr. 9).

b) Annahmeverzug

Stellt der Insolvenzverwalter den Arbeitnehmer frei oder **unterbleibt** aus anderen Gründen eine **Arbeitsleistung** des Arbeitnehmers unter Umständen, die den Insolvenzverwalter in Annahmeverzug setzen, können Neumasseverbindlichkeiten nur nach **§ 209 Abs. 2 Nr. 2 InsO** entstehen. Der Verwalter muss zum ersten Termin nach Anzeige der Masseunzulänglichkeit, zu dem er »kündigen konnte«, das Arbeitsverhältnis beenden, um für die Zeit danach Neumasseverbindlichkeiten zu vermeiden. Gemeint ist insoweit ein »rechtliches Können« (*BAG* 21.7.2005 EzA § 125 InsO Nr. 2). Entscheidend ist deshalb, ob es dem **Verwalter gelingt**, das **Arbeitsverhältnis rechtzeitig**, dh zum ersten Termin nach der Anzeige der Masseunzulänglichkeit, zu dem er das »rechtlich kann«, **wirksam zu kündigen**. Dann sind die Annahmeverzugsansprüche bis zum Ablauf der Kündigungsfrist Altmasseverbindlichkeiten. Neumasseverbindlichkeiten entstehen nicht, weil das Arbeitsverhältnis mit Ablauf der Kündigungsfrist endet. **Kündigt er verspätet oder erweist sich die rechtzeitig erklärte Kündigung im Kündigungsschutzprozess als unwirksam**, sind alle **Verzugsansprüche**, die **nach dem Ablauf der Kündigungsfrist**, zu dem das Arbeitsverhältnis frühestmöglich hätte beendet werden können, entstehen, **Neumasseverbindlichkeiten**. Diese Ansprüche sind deshalb wie Ansprüche zu behandeln, die der Insolvenzverwalter neu begründet hat, weil es ihm nicht gelungen ist, die Masse von den Entgeltansprüchen freizuhalten. Der **Insolvenzverwalter**, der rechtlich wirksam kündigen »kann«, trägt das **Risiko, dass die Kündigung formell und materiell wirksam ist**. Die Neumasse trägt das Risiko, wenn ihm das nicht gelingt (*BAG* 22.2.2018 – 6 AZR 868/16). Das gilt auch für eine **vorzeitige Kündigung**, dh eine Kündigung, die der Insolvenzverwalter oder der Schuldner zu einem früheren oder demselben Termin erklärt haben, zu dem das Arbeitsverhältnis nach Anzeige der

Masseunzulänglichkeit frühestmöglich beendet werden konnte. Hält der Verwalter an dieser Kündigung fest und vermeidet er zur Schonung der Masse, die durch erwartbare Prozesskosten belastet würde, eine erneute Kündigung, trägt er das Risiko, dass sich die vorzeitige Kündigung als unwirksam erweist. Ist sie wirksam, kommt § 209 Abs. 2 InsO nicht zur Anwendung. Ist sie **unwirksam**, sind alle **Annahmeverzugsansprüche nach dem frühestmöglichen Kündigungstermin Neumasseverbindlichkeiten** (*BAG* 22.2.2018 – 6 AZR 868/16). Neumasseverbindlichkeiten entstehen auch dann, wenn der Insolvenzverwalter die formalen Hindernisse einer Kündigung, insbes. die Anhörung des Betriebsrats nach § 102 BetrVG, das Konsultationsverfahren nach § 17 Abs. 2 KSchG und behördliche Zustimmungserfordernisse, nicht zügig genug beseitigt. Auch die Annahmeverzugsansprüche, die nach dem frühestmöglichen Kündigungstermin dadurch entstehen, dass der Verwalter zwar die formalen Hindernisse beseitigt hat, aber noch nicht wirksam kündigen kann, weil die **Voraussetzungen für eine materiell-wirksame Kündigung**, insbes. Kündigungsgründe nach § 1 KSchG, **noch nicht vorliegen**, sind **Neumasseverbindlichkeiten**. Verhandelt der Verwalter zB mit einem Erwerber und kann deshalb noch nicht wirksam betriebsbedingt kündigen, kann er Neumasseverbindlichkeiten für die Zeit nach dem frühestmöglichen Kündigungstermin nicht vermeiden. Das ist Konsequenz seiner Entscheidung, sich noch nicht endgültig festzulegen, ob er auf die Arbeitskraft des Arbeitnehmers verzichten will oder ob er sie einem Erwerber zur Verfügung stellen will (*BAG* 22.2.2018 – 6 AZR 868/16). Die Freistellung eines Arbeitnehmers ändert an vorstehenden Grundsätzen nichts. Auch dann sind die Annahmeverzugsansprüche aus der Zeit nach dem frühestmöglichen Kündigungstermin Neumasseverbindlichkeiten (*BAG* 22.2.2018 – 6 AZR 868/16).

c) Abfindungen

91 Neumasseverbindlichkeiten können nur die Abfindungen sein, die ursprünglich eine Masseverbindlichkeit waren, also vom (starken vorläufigen) Insolvenzverwalter begründet worden sind (Rdn 79–83). Maßgeblich ist der Zeitpunkt, in dem der Verwalter die Verpflichtung zur Zahlung der Abfindung eingegangen ist. Wird der Abfindungsanspruch erst **nach Anzeige der Masseunzulänglichkeit** begründet, liegt eine **Neumasseverbindlichkeit** vor. Ist dies schon **vor der Anzeige** der Masseunzulänglichkeit erfolgt, liegt eine **Altmasseverbindlichkeit** vor (Jaeger/*Giesen* Vor § 113 Rn 267, 279). UU kommt dann eine Haftung des Verwalters nach § 61 InsO wegen eines Verteilungsfehlers in Betracht (*BAG* 6.10.2011 EzA § 61 InsO Nr. 3). **Sozialplanabfindungen** aus einem nach Eröffnung des Insolvenzverfahrens geschlossenen Sozialplan können auch dann mangels Rechtsschutzinteresse **nicht mit der Leistungsklage** verfolgt werden, wenn der Insolvenzverwalter den Sozialplan erst nach Anzeige der Masseunzulänglichkeit geschlossen hat. § 209 Abs. 1 Nr. 2 InsO findet insoweit keine Anwendung, sondern wird von der spezielleren Vorschrift des § 123 Abs. 3 S. 2 InsO verdrängt (*BAG* 21.1.2010 EzA § 123 InsO Nr. 1).

d) Urlaub

92 Für die Einordnung von Urlaubs- und Urlaubsabgeltungsansprüchen als Alt- oder Neumasseverbindlichkeit ist maßgeblich, **ob der Arbeitnehmer am Stichtag der Fälligkeit des Urlaubsanspruchs** (Rdn 84) **(noch) zur Gegenleistung herangezogen** worden ist (vgl. *BAG* 10.9.2020 – 6 AZR 94/19 (A) Rn 46). Dabei ist der Anspruch stets entweder Alt- oder Neumasseverbindlichkeit, nicht aber in Alt- oder Neumasseverbindlichkeiten aufzuspalten: Setzt der Insolvenzverwalter nach Anzeige der Masseunzulänglichkeit die Arbeitskraft des Arbeitnehmers bis zur Beendigung des Arbeitsverhältnisses bzw bis zur Gewährung des Urlaubs weiterhin für die Neumasse ein, muss er offene Urlaubsansprüche uneingeschränkt erfüllen. Darauf, ob sie aus dem Urlaubsjahr, aus der Zeit vor oder nach der Insolvenzeröffnung und vor oder nach der Anzeige stammen, kommt es nicht an. Der Anspruch ist dann **in vollem Umfang** und nicht nur quotal als **Neumasseverbindlichkeit** zu berichtigen. Seine gegenteilige Auffassung hat der 9. Senat des BAG auf Anfrage des 6. Senats aufgegeben (*BAG* 10.9.2020 – 6 AZR 94/19 (A) Rn 45, 55 ff; 16.2.2021 – 9 AS 1/21; zur unberechtigten Kritik an dieser Rechtsprechungsänderung s. Rdn 84). Stellt der Verwalter den Arbeitnehmer vor der Beendigung des Arbeitsverhältnisses frei, sind die Urlaubsabgeltungsansprüche insgesamt **Altmasseverbindlichkeiten**. Gleiches gilt bei einer Freistellung unter Anrechnung auf die Urlaubsansprüche

für das Urlaubsentgelt. Insoweit sind die Grenzen des Freistellungsrechts noch zu klären (*BAG* 10.9.2020 – 6 AZR 94/19 (A) Rn 47). Auch wie Ansprüche auf Urlaubsentgelt und Urlaubsgeld einzuordnen sind, **wenn** der Insolvenzverwalter den Arbeitnehmer nach Anzeige der Masseunzulänglichkeit zur Arbeitsleistung heranzieht und die **Zeit der aktiven Beschäftigung durch Urlaubsgewährung unterbrochen wird**, ist noch ungeklärt (offengelassen von BAG 15.6.2004 EzA § 209 InsO Nr. 3).

§ 125 InsO Interessenausgleich und Kündigungsschutz

(1) Ist eine Betriebsänderung (§ 111 des Betriebsverfassungsgesetzes) geplant und kommt zwischen Insolvenzverwalter und Betriebsrat ein Interessenausgleich zustande, in dem die Arbeitnehmer, denen gekündigt werden soll, namentlich bezeichnet sind, so ist § 1 des Kündigungsschutzgesetzes mit folgenden Maßgaben anzuwenden:
1. es wird vermutet, dass die Kündigung der Arbeitsverhältnisse der bezeichneten Arbeitnehmer durch dringende betriebliche Erfordernisse, die einer Weiterbeschäftigung in diesem Betrieb oder einer Weiterbeschäftigung zu unveränderten Arbeitsbedingungen entgegenstehen, bedingt ist;
2. die soziale Auswahl der Arbeitnehmer kann nur im Hinblick auf die Dauer der Betriebszugehörigkeit, das Lebensalter und die Unterhaltspflichten und auch insoweit nur auf grobe Fehlerhaftigkeit nachgeprüft werden; sie ist nicht als grob fehlerhaft anzusehen, wenn eine ausgewogene Personalstruktur erhalten oder geschaffen wird. Satz 1 gilt nicht, soweit sich die Sachlage nach Zustandekommen des Interessenausgleichs wesentlich geändert hat.

(2) Der Interessenausgleich nach Absatz 1 ersetzt die Stellungnahme des Betriebsrats nach § 17 Abs. 3 Satz 2 des Kündigungsschutzgesetzes.

Übersicht	Rdn		Rdn
A. Inhalt, Zweck und Anwendungsbereich	1	1. Anzuwendende Grundsätze der Sozialauswahl und Abweichungen davon	22
B. Tatbestandsvoraussetzungen	6		
I. Geplante Betriebsänderung	6		
II. Interessenausgleich mit Namensliste	8	2. Herausnahme des Kriteriums der Schwerbehinderung	23
1. Zuständiges Gremium	9		
2. Maßgeblicher Zeitpunkt	10	3. Unterhaltspflichten	25
3. Schriftform	11	4. Beschränkung der Überprüfung auf grobe Fehlerhaftigkeit	26
4. Namentliche Bezeichnung in einer Liste	13	a) Verkennung des auswahlrelevanten Personenkreises	28
C. Vermutungswirkung	14	b) Abweichung von einer Auswahlrichtlinie	31
I. Vermutung des Wegfalls des Beschäftigungsbedürfnisses (§ 125 Abs. 1 S. 1 Nr. 1 InsO)	14	c) Ausgewogene Personalstruktur	32
1. Reichweite der Vermutungswirkung	15	aa) Personalstruktur	33
a) Grundsätze	15	bb) Schaffung und Erhaltung einer Personalstruktur	34
b) Erstreckung der Vermutung auf ausländische Betriebe	17	cc) Sonderfall: Altersgruppen	35
c) Vermutungswirkung bei Änderungskündigungen	18	d) Darlegungslast	36
d) Anwendung auf die Kündigung schwerbehinderter Menschen	19	IV. Änderung der Sachlage (§ 125 Abs. 1 S. 2 InsO)	39
2. Verteilung der Beweislast	20	D. Massenentlassung (§ 125 Abs. 2 InsO)	41
II. Nachprüfbarkeit der Sozialauswahl	22	E. Anhörung des Betriebsrats (§ 102 BetrVG)	42

A. Inhalt, Zweck und Anwendungsbereich

§ 125 Abs. 1 InsO **modifiziert** § 1 Abs. 5 KSchG und geht als **lex specialis** dieser Vorschrift vor. 1 In den gesetzlichen Kündigungsschutz nach anderen Bestimmungen greift die Bestimmung nicht ein (vgl. BAG 17.11.2005 EzA § 1 KSchG Soziale Auswahl Nr. 64; Einzelheiten Rdn 22). Der

Insolvenzverwalter soll nicht einer Fülle von langwierigen Kündigungsschutzprozessen ausgesetzt werden, damit zur Sanierung erforderliche Betriebsänderungen zügig durchgeführt werden können (BT-Drucks. 12/2443, S. 149). Dem Erwerber bzw. Schuldner soll eine **funktions- und wettbewerbsfähige Belegschaft** zur Verfügung stehen (BT-Drs 12/7302, S. 172). Insbes. sollen beabsichtigte Sanierungsmaßnahmen nicht daran scheitern, dass potentielle Erwerber nicht übersehen können, welche Arbeitsverhältnisse im Hinblick auf die Regelung gem. § 613a BGB zu übernehmen sind. Massenverfahren wie das der Air Berlin-Insolvenz zeigen, dass die Vorschrift ihr Ziel verfehlt, auch wenn § 125 Abs. 2 die Übersendung einer gesonderten Stellungnahme des Betriebsrats an die Arbeitsverwaltung überflüssig macht.

2 Die insolvenzspezifische Regelung gem. § 125 InsO bedeutet eine **Einschränkung des individuellen Kündigungsschutzes** gem. § 1 KSchG zugunsten einer kollektivrechtlichen Regelungsbefugnis von Insolvenzverwalter und Betriebsrat als Betriebsparteien. § 125 Abs. 1 Satz 1 Nr. 1 InsO kehrt die Darlegungs- und Beweislast für die Betriebsbedingtheit der auf einem Interessenausgleich mit Namensliste beruhenden Kündigung um (Rdn 20), § 125 Abs. 1 S. 1 Nr. 2 InsO eröffnet Möglichkeiten bei der Sozialauswahl, die über die des § 1 Abs. 5 S. 2 KSchG hinausgehen (*BAG* 19.12.2013 EzA § 125 InsO Nr. 12).

3 § 125 gilt auch für **Änderungskündigungen** (HK-InsO/*Linck* § 125 Rn 2; ErfK/*Gallner* § 125 Rn 1; *Fischer* NZA 2002, 536). Insoweit gilt nichts anderes als für § 1 Abs. 5 KSchG (dazu *BAG* 19.6.2007 EzA § 1 KSchG Interessenausgleich Nr. 13). § 125 InsO modifiziert nur die Vorschrift des § 1 KSchG, auf die wiederum § 2 KSchG verweist. Zur Reichweite der Vermutungswirkung Rdn 15 ff.

4 § 125 InsO entfaltet erst im eröffneten Insolvenzverfahren Wirkung und findet **im Eröffnungsverfahren weder direkt noch analog Anwendung**. Die Befugnisse des vorläufigen Insolvenzverwalters sind in § 22 InsO abschließend festgelegt. Allerdings kann der Schuldner mit Zustimmung des vorläufigen Verwalters mit dem Betriebsrat einen Interessenausgleich mit Namensliste schließen, der die Wirkungen nach **§ 1 Abs. 5 KSchG** entfaltet (*BAG* 28.6.2012 – 6 AZR 780/10 Rn 25 f). Zur Wirkung eines noch vom Schuldner geschlossenen Interessenausgleichs Rdn 8.

5 In **kirchlichen Einrichtungen** iSv § 118 Abs. 2 BetrVG kann kein wirksamer Interessenausgleich mit Namensliste geschlossen werden, weil der Gesetzgeber den kirchlichen Mitarbeitervertretungen insoweit keine Regelungskompetenz eingeräumt hat (LAG *Niedersachsen* 9.12.2009 – 17 Sa 850/09; *Bepler* ZAT 2019, 116, 119). Soweit dies vereinzelt in Frage gestellt wird (*Rieble/Vielmeier* ZIP 2019, 1789, 1793 ff; *Keilich/Andelewski* ZMV 2006, 221, 224 f), wird die Trennung zwischen kirchlichem und säkularem Rechtskreis (dazu J/M/N/S/*Spelge* MVG.EKD § 36 Rn 8 f) nicht hinreichend beachtet. Aus der verfassungsrechtlichen Gewährleistung eines kirchlichen Mitarbeitervertretungsrechts folgt nicht, dass die nach diesem Recht errichteten Gremien im staatlichen Rechtskreis dieselben Befugnisse haben müssen wie Betriebsräte. Dafür bedarf es vielmehr einer staatlichen Anordnung, an der es vorliegend fehlt (*Bepler* ZAT 2019, 116, 120 f). Ob eine analoge Anwendung des § 125 InsO nach dessen Sinn und Zweck geboten ist und ob die für eine Analogie erforderliche Regelungslücke besteht, bedarf der Prüfung im konkreten Einzelfall.

B. Tatbestandsvoraussetzungen

I. Geplante Betriebsänderung

6 § 125 InsO greift nur ein, wenn eine **Betriebsänderung iSd § 111 BetrVG** vorliegt. Dafür genügt ein **bloßer Personalabbau**, wenn die § 17 KSchG entsprechende Anzahl von Kündigungen erreicht ist (*BAG* 16.5.2019 – 6 AZR 329/18 Rn 29). Zu den Folgen einer Änderung der Planung Rdn 7. Wird keine Betriebsänderung, sondern ein **Betriebsübergang** geplant, ist der Anwendungsbereich des § 125 nicht eröffnet. Bei einem bloßen Betriebsinhaberwechsel fehlt es an den für eine Betriebsänderung erforderlichen wesentlichen Nachteilen (BAG 26.4.2007 – 8 AZR 695/05 Rn 38, 55; MHdB ArbR/*Krumbiegel* § 122 Rn 25; HK-InsO/*Linck* § 125 Rn 4). In einem Betrieb ohne gewählten Betriebsrat, insbes. in **Kleinbetrieben**, kann der Insolvenzverwalter

die Regelung des § 125 InsO trotz einer ähnlichen Interessenlage darum nicht – auch nicht im Rahmen eines »freiwilligen« Interessenausgleichs – zur Anwendung bringen. Der Gesetzgeber hat bewusst auf § 111 BetrVG verwiesen, der Betriebe ohne gewählten Betriebsrat seinerseits bewusst nicht erfasst. Das ist mit Art. 3 GG vereinbar (*BAG* 21.9.1999 – 9 AZR 912/98 B I 2 b und c; Uhlenbruck/*Zobel* § 125 Rn 18 mwN). Ein Verweis auf §§ 112, 112a BetrVG ist allerdings nicht erfolgt. § 125 InsO setzt also **nicht** voraus, dass es auch zu einem Sozialplan kommt oder die geplante Betriebsänderung **sozialplanpflichtig** ist (HK-InsO/*Linck* § 125 Rn 3; MHdB ArbR/ *Krumbiegel* § 122 Rn 23).

Die Betriebsänderung muss zum Zeitpunkt des Abschlusses des Interessenausgleichs entweder **vom Insolvenzverwalter geplant oder** eine vom Schuldner geplante Änderung muss vom Verwalter fortgesetzt und damit von ihm »**zu eigen**« **gemacht** worden sein (HK-InsO/*Linck* § 125 Rn 7). Sie darf sich nicht bereits im Stadium der Umsetzung befinden; denn nach der ratio legis sollen die Verhandlungen über einen Interessenausgleich eine Einflussnahme des Betriebsrats auf die Sanierungsmaßnahmen des Betriebs iRd § 125 InsO ermöglichen (DDZ-*Däubler* Rn 6). Allerdings setzt § 125 InsO nicht voraus, dass die Betriebsänderung später so, wie ursprünglich geplant, auch tatsächlich durchgeführt wird. Das Merkmal der »Planung« verdeutlicht, dass es ausreicht, wenn nach vernünftiger betriebswirtschaftlicher Betrachtung ein sachlicher und zeitlicher Zusammenhang zwischen der Betriebsänderung und dem insolvenzspezifischen Interessenausgleich besteht. Unzulässig ist ein lediglich prophylaktisches Verfahren gem. § 125 InsO (HK-InsO/*Linck* § 125 Rn 7). Werden im Verlauf der Verhandlungen die Schwellenwerte für eine Betriebsänderung durch reinen Personalabbau unterschritten oder liegt aus anderen Gründen **keine Betriebsänderung mehr** vor, etwa weil die erforderliche Betriebsgröße unterschritten wird, kann kein Interessenausgleich mit den Wirkungen des § 125 InsO mehr geschlossen werden (MHdB ArbR/*Krumbiegel* § 122 Rn 4; Uhlenbruck/*Zobel* § 125 Rn 18; aA KPB/*Schöne* § 125 Rn 12; HWK/*Annuß* § 125 InsO Rn 2). Zwar stellt § 125 auf eine »geplante« Betriebsänderung ab (darauf weist *Heinze* NZA 1999, 57, 59 zu Recht hin). Die Norm greift nach ihrem Schutzzweck aber nicht mehr ein, wenn keine Betriebsänderung (mehr) vorliegt. Dann ist die vom Gesetzgeber bezweckte Einschränkung des individuellen Kündigungsschutzes zur Ermöglichung der Sanierung (Rdn 1) nicht mehr gerechtfertigt. Insoweit ist der Anwendungsbereich der Norm daher **teleologisch zu reduzieren**.

II. Interessenausgleich mit Namensliste

§ 125 InsO entfaltet seine Wirkung nur, wenn ein **wirksamer** Interessenausgleich im Rahmen einer geplanten Betriebsänderung iSd § 111 BetrVG **zwischen Insolvenzverwalter und dem zuständigen Betriebsratsgremium** (Rdn 9) **geschlossen** wird. Dabei sind **nach ausländischem Recht bestellte Verwalter**, die in Wahrnehmung ihrer ihnen von ihrem Heimatrecht verliehenen Rechte handeln, grds. als Insolvenzverwalter iSd § 125 InsO anzusehen (*BAG* 24.9.2015 EzA § 174 BGB 2002 Nr. 10 für den Verwalter nach Chapter 11 B.C.; 20.9.2012 EzA § 125 InsO Nr. 8 für den Administrator nach englischem Recht; iE KR-*Spelge* § 113 InsO Rdn 15 ff.). § 125 InsO findet dagegen **keine Anwendung**, wenn der Interessenausgleich noch **zwischen dem Schuldner und dem Betriebsrat geschlossen** worden ist. Ein solcher Interessenausgleich mit Namensliste entfaltet nur die Wirkungen des § 1 Abs. 5 KSchG. Das gilt auch dann, wenn der **vorläufige schwache Insolvenzverwalter** (dazu KR-*Spelge* § 113 Rdn 2) dem Interessenausgleich zugestimmt hat. Sowohl eine unmittelbare als auch eine analoge **Anwendung des § 125 InsO im Eröffnungsverfahren scheiden aus** (*BAG* 28.6.2012 EzA § 17 KSchG Nr. 26). Die vom BAG offengelassene Frage, ob ein vor Eröffnung des Insolvenzverfahrens geschlossener Interessenausgleich mit Namensliste vom Insolvenzverwalter **genehmigt** werden kann und dann rückwirkend auf den Zeitpunkt der Insolvenzeröffnung die Wirkungen des § 125 InsO entfaltet, ist zu verneinen. Nur eine Genehmigung von Verträgen wirkt nach § 184 BGB wegen der schwebenden Unwirksamkeit des fehlerhaften Rechtsgeschäfts zurück. Der zwischen Schuldner und Betriebsrat geschlossene Interessenausgleich ist aber nicht schwebend unwirksam, sondern ein wirksamer Interessenausgleich nach § 1 Abs. 5 KSchG. Er ist daher **nicht genehmigungsfähig** (im Ergebnis ebenso Jaeger/*Giesen* § 125 Rn 15). Ließe man eine Genehmigung des Insolvenzverwalters gleichwohl zu, wäre darüber hinaus auch die Genehmigung des Betriebsrats erforderlich, weil der Interessenausgleich nach § 125 InsO weitergehende rechtliche Folgen entfaltet als der im vorläufigen Insolvenzverfahren geschlossene Interessenausgleich nach § 1 Abs. 5 KSchG (in diesem Sinn *BAG* 28.6.2012 EzA § 17 KSchG Nr. 26; aA *Mückl* BB 2012, 2570, 2571; *Mückl/Krings* ZIP 2012, 106, 109 ff.). Im Eröffnungsverfahren besteht keine Möglichkeit, einen Interessenausgleich mit Namensliste nach § 125 abzuschließen (Rdn 4).

1. Zuständiges Gremium

9 Für den Abschluss des Interessenausgleichs mit Namensliste ist der **Gesamtbetriebsrat** zuständig, wenn der geplante Personalabbau auf Grundlage eines unternehmenseinheitlichen Konzepts erfolgen soll und mehrere Betriebe von der geplanten Änderung betroffen sind (*BAG* 20.9.2011 EzA § 125 InsO Nr. 8). Der Interessenausgleich mit Namensliste kann mit einer nach § 117 **Abs. 2 BetrVG** gebildeten bes. betriebsverfassungsrechtlichen Vertretung geschlossen werden (*BAG* 26.4.2007 ZIP 2007, 2136), nicht dagegen mit einer **Mitarbeitervertretung** nach kirchlichem Mitarbeitvertretungsrecht (Rdn 5)) oder einer **Personalvertretung** (HK-InsO/*Linck* § 125 Rn 2). Die Rechtsfolgen des § 125 InsO treten nur ein, wenn zwischen beiden Seiten Einvernehmen besteht. Der Interessenausgleich ist nicht erzwingbar. Es ist nicht erforderlich, dass der Interessenausgleich alle die Betriebsänderung betreffenden Sachverhalte regelt. Für den Interessenausgleich nach § 125 InsO reicht der **Konsens über die Liste der zu Kündigenden** aus, allerdings muss die **Festlegung der zu kündigenden Arbeitnehmer** in dem Interessenausgleich **abschließend** sein (*BAG* 6.12.2001 EzA § 1 KSchG Interessenausgleich Nr. 8). Eine Bezeichnung eines zwischen dem zuständigen Gremium und dem Verwalter vereinbarten Regelwerks mit Namensliste als »Sozialplan« ist unschädlich, sofern es sich tatsächlich um einen Interessenausgleich handelt, also ein Fall der **falsa demonstratio** vorliegt (*Ascheid* RdA 1997, 342; *Fischermeier* NZA 1997, 1097). Beschließt die Einigungsstelle einen Sozialplan mit Namensliste, überschreitet sie ihre Kompetenzen, das Regelwerk entfaltet nicht die Wirkungen des § 125 (HK-InsO/*Linck* § 125 Rn 9; *Ascheid* RdA 1997, 342 f.; *Fischermeier* NZA 1997, 1097).

2. Maßgeblicher Zeitpunkt

10 Der Interessenausgleich muss **vor der Kündigungserklärung** des Insolvenzverwalters abgeschlossen sein (*Zwanziger* AuR 1997, 428; *Preis* DB 1998, 1615; *Matthes* RdA 1999, 178; *Berscheid* MDR 1998, 817; aA *Ettwig* S. 87 f.). Er kann noch nach seinem Abschluss um eine **Namensliste ergänzt** werden (*BAG* 19.6.2007 2 AZR 304/06 Rn 33), sofern dies vor Zugang der Kündigungen erfolgt.

3. Schriftform

11 Der **Interessenausgleich** muss wirksam sein (Rdn 8). Dazu ist erforderlich, dass er **schriftlich niedergelegt** und vom Arbeitgeber und Betriebsrat unterzeichnet wird (§ 112 Abs. 1 S. 1 BetrVG), nach Einschaltung einer Einigungsstelle auch von deren Vorsitzenden (§ 112 Abs. 3 S. 3 BetrVG). Da die Anwendung des § 125 voraussetzt, dass die Namensliste der zu entlassenden Arbeitnehmer in den Interessenausgleich aufzunehmen ist, erstreckt sich das **Schriftformerfordernis auch auf die Namensliste**. Wird die Namensliste getrennt vom Interessenausgleich erstellt, reicht es aus, wenn sie von den Betriebspartnern unterzeichnet ist, in ihr auf den Interessenausgleich oder im Interessenausgleich ausdrücklich auf sie Bezug genommen ist und diese Anlage ihrerseits unterzeichnet ist und die einzelnen Seiten **paraphiert** sind. Eine körperliche Verbindung von Interessenausgleich und Namensliste ist dann nicht erforderlich (*BAG* 19.6.2007 EzA § 1 KSchG Interessenausgleich Nr. 13). Sind Interessenausgleich und Liste körperlich miteinander verbunden, liegt eine **einheitliche Urkunde** vor. Eine gesonderte Unterzeichnung der Namensliste ist dann nicht erforderlich (für § 1 Abs. 5 KSchG: *BAG* 19.7.2012 EzA § 1 KSchG Interessenausgleich Nr. 24). Dafür reicht es aus, wenn eine Verbindung durch Heftklammern – Heftmaschine – erfolgt ist (*BAG* 6.12.2001 EzA § 1 KSchG Interessenausgleich Nr. 8). Eine erst **nach Unterzeichnung** des Interessenausgleichs **erfolgte Verbindung** mit der Namensliste **genügt** dagegen dem Schriftformerfordernis **nicht** (für § 1 Abs. 5 KSchG: *BAG* 6.7.2006 EzA § 1 KSchG Soziale Auswahl Nr. 68). Bei Erfüllung dieser

Voraussetzungen genügt auch ein **Teil-Interessenausgleich** über einen **abgrenzbaren Teil** der geplanten Betriebsänderung, um die Wirkungen des § 125 auszulösen (MHdB ArbR/*Krumbiegel* § 122 Rn 27; für § 1 Abs. 5 KSchG ohne Problematisierung bejahend *BAG* 19.6.2007 – 2 AZR 304/06 Rn 27 ff). Dann liegen in Wirklichkeit mehrere Betriebsänderungen vor, über die jeweils ein eigener Interessenausgleich geschlossen werden kann, der auch als »Teil-Interessenausgleich« bezeichnet werden kann. Ein Interessenausgleich über einen nicht abgrenzbaren Teil der Betriebsänderung genügt dagegen nicht, weil es an der erforderlichen Einigung der Betriebsparteien über den Stellenabbau fehlt (für § 1 Abs. 5 KSchG *BAG* 17.3.2016 – 2 AZR 182/15 Rn 34 ff). Ist ein Interessenausgleich über eine Betriebsänderung geschlossen worden, die gestaffelte Entlassungen vorsieht, kann für jede dieser **einheitlich geplanten »Wellen« eine eigene Namensliste** erstellt werden (*BAG* 17.3.2016 – 2 AZR 182/15 – Rn 33).

Für die Wahrung der Schriftform reicht es aus, wenn Interessenausgleich und Namensliste eine unterzeichnete **Urkundeneinheit** bilden, was zB zu bejahen ist, wenn sich dies aus fortlaufender Paginierung, einheitlicher grafischer Gestaltung und inhaltlichem Zusammenhang des Textes zweifelsfrei ergibt (sog. »Auflockerungsrechtsprechung«, vgl. *BAG* 18.1.2012 EzA § 6 KSchG Nr. 4; *BGH* 30.6. 1999 NJW 1999, 2591; *Berscheid* ZAP ERW 1998, 20). 12

4. Namentliche Bezeichnung in einer Liste

Eine wirksame Namensliste iSv § 125 Abs. 1 InsO setzt voraus, dass jeder der zu entlassenden Arbeitnehmer **mit seinem Namen, ggf. auch Vornamen oder Spitznamen**, so bezeichnet wird, dass er identifiziert werden kann. Dafür genügt weder die Angabe nur der Zahl der zu entlassenden Arbeitnehmer und eines Punkteschemas, nach dem sie auszuwählen sind, noch die Bezeichnung der Arbeitnehmer nur nach **Kostenstellen** (HK-InsO/*Linck* § 125 Rn 14; MHdB ArbR/*Krumbiegel* § 122 Rn 28). Auch die Bezeichnung der Arbeitnehmer allein nach **Personalnummern** soll nicht genügen (MHdB ArbR/*Krumbiegel* § 122 Rn 28; KPB/*Schöne* § 125 Rn 20). Das dürfte eine zu formale Betrachtung sein, weil über die Personalnummer ohne Weiteres eine eindeutige Identifizierung der nach dem Willen der Betriebspartner zu kündigenden Arbeitnehmer möglich ist. Dagegen kann auf das Erfordernis einer Bezeichnung der zu kündigenden Arbeitnehmer, die diese identifizierbar macht, auch bei **Betriebsstilllegungen** aufgrund des Gesetzeswortlauts nicht verzichtet werden (KPB/*Schöne* § 125 Rn 22; aA Andres/Leithaus/*Andres* § 125 InsO Rn 6). Nur dann ist gewährleistet, dass sich die Betriebspartner tatsächlich über die Kündigung aller Arbeitnehmer geeinigt haben. Sog. **»Negativ-Listen«**, in denen nur die Arbeitnehmer benannt sind, denen nicht gekündigt werden soll, **genügen** den Anforderungen des § 125 InsO **nicht**. § 125 Abs. 1 InsO verlangt ausdrücklich, dass »die Arbeitnehmer, denen gekündigt werden soll, namentlich bezeichnet werden«. Nur dann, wenn auf diese Weise feststeht, dass sich Arbeitgeber und Betriebsrat auf die zu kündigenden Arbeitnehmer endgültig geeinigt haben, ist es zu rechtfertigen, die Überprüfung der Sozialauswahl in der durch § 125 Abs. 1 S. 1 Nr. 2 InsO erfolgten Weise zu beschränken. Nur dann besteht die Gewähr, dass sich die Betriebspartner iE Gedanken darübergemacht haben, welche Arbeitnehmer als vergleichbar für eine Sozialauswahl in Betracht kommen, welche soziale Rangfolge zwischen ihnen besteht und wer aus der Sozialauswahl auszuscheiden ist (vgl. für § 1 Abs. 5 KSchG *BAG* 22.1.2004 EzA § 1 KSchG Interessenausgleich Nr. 11; für § 125 InsO: HK-InsO/*Linck* § 125 Rn 14; MHdB ArbR/*Krumbiegel* § 122 Rn 28; KPB-*Schöne* § 125 InsO Rn 21;). 13

C. Vermutungswirkung

I. Vermutung des Wegfalls des Beschäftigungsbedürfnisses (§ 125 Abs. 1 S. 1 Nr. 1 InsO)

Liegt ein wirksamer Interessenausgleich mit Namensliste nach § 125 InsO vor, begründet § 125 Abs. 1 S. 1 Nr. 1 InsO eine **gesetzliche Vermutung**, die gem. § 292 ZPO widerlegbar ist (*BAG* 29.9.2005 EzA § 1 KSchG Betriebsbedingte Kündigung Nr. 140). Diese Vermutungsregel erstreckt sich im Falle eines Betriebsübergangs auch darauf, dass die Kündigung der Arbeitsverhältnisse nicht wegen des Betriebsübergangs erfolgt ist (§ 128 Abs. 2 InsO). Liegt aber keine Betriebsänderung 14 vor, sondern handelt es sich in Wahrheit um einen (Teil-)Betriebsübergang, so greift § 125 InsO jedenfalls für die vom (Teil-)Betriebsübergang betroffenen Arbeitsverhältnisse nicht ein (Rdn 6).

1. Reichweite der Vermutungswirkung

a) Grundsätze

15 Die **Vermutungswirkung des § 125 Abs. 1 S. 1 Nr. 1 InsO** erstreckt sich auf den **Wegfall von Beschäftigungsmöglichkeiten** des auf der Namensliste stehenden Arbeitnehmers **zu unveränderten Bedingungen** und darauf, dass der Arbeitnehmer **an keinem anderen Arbeitsplatz – auch nicht zu veränderten Bedingungen – in demselben Betrieb weiterbeschäftigt** werden kann. Schließlich erstreckt sich die Vermutungswirkung auch darauf, dass **keine Möglichkeit zur Beschäftigung** auf einem anderen **freien Arbeitsplatz in einem anderen Betrieb des Unternehmens** besteht. Voraussetzung ist insoweit, dass sich die Betriebspartner mit dem Fehlen solcher Beschäftigungsmöglichkeiten befasst haben. Davon ist idR auszugehen, auch wenn diese Frage im Interessenausgleich nicht ausdrücklich angesprochen ist. Diese Reichweite der Vermutungswirkung ergibt sich aus der Gesetzgebungsgeschichte, wonach die Vermutungswirkungen des § 125 Abs. 1 S. 1 Nr. 1 InsO und § 1 Abs. 5 KSchG im Einklang stehen sollten. Da sich die Vermutungswirkung des § 1 Abs. 5 KSchG auch auf das Fehlen von Beschäftigungsmöglichkeiten in anderen Betrieben des Unternehmens bezieht (*BAG* 6.9.2007 EzA § 1 KSchG Interessenausgleich Nr. 14), kann für § 125 InsO nichts anderes gelten (*BAG* 20.9.2012 EzA § 125 InsO Nr. 8; HK-InsO/*Linck* § 125 Rn 20; ErfK-*Gallner* § 125 InsO Rn 7; MüKo-InsO/*Caspers* § 125 Rn 86; *Bader* NZA 1996, 1133; aA *Kohte* BB 1998, 950; FK-InsO/*Eisenbeis* § 125 Rn 8).

16 Die Vermutung gilt nur für die im Interessenausgleich geregelte Betriebsänderung (*BAG* 20.9.2006 EzA § 613a BGB 2002 Nr. 62; 28.3.2003 EzA § 102 BetrVG Nr. 4) und auch dann, wenn die Kündigung im Interessenausgleich von dem Eintritt einer **Bedingung** abhängig gemacht wird, zB von dem Widerspruch des Arbeitnehmers gegen den Übergang seines Arbeitsverhältnisses gem. § 613a BGB (*BAG* 24.2.2000 EzA § 1 KSchG Interessenausgleich Nr. 7).

b) Erstreckung der Vermutung auf ausländische Betriebe

17 Diese Vermutungswirkungen erstrecken sich auch auf **ausländische Betriebe des Schuldners**. Der Verwalter muss also wiederlegen, dass es keine Beschäftigungsmöglichkeiten in ausländischen Betrieben gibt. Anders als das KSchG (dazu *BAG* 28.9.2013 – 2 AZR 809/12 Rn 30 ff) misst sich die InsO grds auch Geltung im Ausland zu (das übersieht KPB/*Schöne* § 125 Rn 42). Insoweit gilt das **Universalitätsprinzip**, wonach auch ausländisches Vermögen grds dem Insolvenzbeschlag unterliegt und der Verwalter verpflichtet ist, auch dieses Vermögen zu verwalten und zu verwerten (für die KO *BGH* 13.7.1983 – VIII ZR 246/82 zu II 1 d Gr; für die InsO *BGH* 18.9.2003 – IX ZR 75/03 Rn 6; *Gotzen* ZVI 2011, 439, 440 f). Voraussetzung ist allerdings, dass auch für das ausländische Vermögen das deutsche Insolvenzrecht gilt, weil in Deutschland das COMI liegt und kein Sekundärinsolvenzverfahren eröffnet ist (iE KR-*Spelge* § 113 InsO Rdn 15 ff; Mönning/*Unditz/Meyer-Sommer* Betriebsfortführung in Restrukturierung und Insolvenz 3. Aufl. § 20 Rn 6). Liegen diese Voraussetzungen vor, gilt auch für das ausländische Vermögen § 125 als Bestandteil der InsO. Dann ist kein Grund ersichtlich, die Vermutungswirkungen dieser Norm nicht auch auf das ausländische Vermögen zu erstrecken.

c) Vermutungswirkung bei Änderungskündigungen

18 Die Vermutungswirkung erstreckt sich bei **Änderungskündigungen**, die von § 125 InsO erfasst werden (Rdn 3) zum einen darauf, dass es keine Beschäftigungsmöglichkeit mehr gibt. Sind die vorgesehenen Änderungen in den Interessenausgleich aufgenommen, wird zum anderen vermutet, dass die vorgeschlagene Änderung vom Arbeitnehmer billigerweise hinzunehmen ist (HK-InsO/*Linck* § 125 Rn 23; MHdB ArbR/*Krumbiegel* § 122 Rn 31; vgl. für § 1 Abs. 5 KSchG *BAG* 19.6.2007 – 2 AZR 304/06 Rn 26).

d) Anwendung auf die Kündigung schwerbehinderter Menschen

Die Vermutungswirkung kommt auch bei der Kündigung **schwerbehinderter Menschen** zum Tragen. Der Beschäftigungsanspruch des behinderten Menschen nach § 164 Abs. 4 SGB IX tritt in diesem Fall zurück. Insoweit ist die unternehmerische Entscheidung, die dem Interessenausgleich zugrunde liegt, nur einer Missbrauchskontrolle zu unterziehen. Auch aus der Mindestbeschäftigungsquote (§ 154 Abs. 1 SGB IX) folgt keine Pflicht zur Schaffung oder Erhaltung nicht benötigter Arbeitsplätze (*BAG* 16.5.2019 – 6 AZR 329/18 Rn 39 ff; zustimmend *Ries* ZInsO 2019, 2021; *v. Roetteken* jurisPR-ArbR 39/2019 Anm 1 hält eine Diskriminierung wegen der Behinderung für möglich). 19

2. Verteilung der Beweislast

Die gesetzliche Vermutung des § 125 Abs. 1 S. 1 Nr. 1 InsO ist eine Bestimmung, die sich zugunsten des **Insolvenzverwalters** auswirkt. Deshalb hat er die **Tatbestandsvoraussetzungen** des § 125 InsO (Rdn 6 ff.) als Vermutungsbasis darzulegen und zu beweisen Die dann eingreifende Vermutungswirkung ist erst dann widerlegt, wenn der **Arbeitnehmer** substantiiert darlegt und im Bestreitensfall beweist, dass der nach dem Interessenausgleich in Betracht kommende **betriebliche Grund in Wirklichkeit nicht besteht** (s. *BAG* 24.10.2013 – 6 AZR 854/11 Rn 23). Dabei kommen ihm ggf. die allgemeinen Regelungen zur **sekundären Behauptungslast** zugute, wenn deren Voraussetzungen vorliegen (dazu *BAG* 3.12.2019 – 9 AZR 78/19 Rn 17). 20

Der in einem Interessenausgleich mit Namensliste zugelassene Einsatz von **Leiharbeitnehmern** in einem Umfang von bis zu 10 % der Belegschaft für den vorübergehenden **Personalmehrbedarf** widerlegt die **Vermutung** der dringenden betrieblichen Erfordernisse gem. § 125 Abs. 1 S. 1 Nr. 1 InsO allein noch **nicht**. Diese Quote ist noch nicht so hoch, dass der angegebene Grund, mit dem Einsatz von Leiharbeitnehmern nur einen vorübergehenden Bedarf zu decken, vorgeschoben war (*BAG* 18.10.2012 EzA § 1 KSchG Betriebsbedingte Kündigung Nr. 169). 21

II. Nachprüfbarkeit der Sozialauswahl

1. Anzuwendende Grundsätze der Sozialauswahl und Abweichungen davon

§ 125 Abs. 2 S. 1 Nr. 2 InsO **entbindet** den Insolvenzverwalter **nicht von der Sozialauswahl**, die unter Zugrundelegung des kündigungsschutzrechtlichen Betriebsbegriffs bezogen auf den gesamten Betrieb vorzunehmen ist (Rdn 27 f). Nr. 2 verschafft aber den Betriebspartnern **Spielräume und Einschätzungsprärogativen** hinsichtlich der Vergleichbarkeit der Arbeitnehmer, insbes. hinsichtlich der tatsächlichen Austauschbarkeit der Arbeitnehmer und der zumutbaren Dauer der Einarbeitungszeit, die noch über die durch § 1 Abs. 5 KSchG eröffneten hinausgehen (vgl. *BAG* 19.12.2013 – 6 AZR 790/12 Rn 43). Zudem erlaubt sie, von den allg. Grundsätzen der Sozialauswahl **abzuweichen**, um eine ausgewogene Personalstruktur zu erhalten oder sogar erst zu schaffen. Sie **modifiziert** aber **nur** § 1 KSchG und lässt den Kündigungsschutz nach anderen Bestimmungen unangetastet (Rdn 1). Daher sind Arbeitnehmer, deren Arbeitsverhältnis auch in der Insolvenz nicht durch ordentliche Kündigung beendet werden kann, nicht in die Sozialauswahl einzubeziehen. **Gesetzlicher Kündigungsschutz** wird durch § 113 InsO nicht durchbrochen (KR-*Spelge* § 113 InsO Rdn 32). Das lässt § 125 InsO unangetastet, so dass zB Betriebsratsmitglieder nicht in die Sozialauswahl einzubeziehen sind. Dagegen sind Arbeitnehmer, denen (tarif-)vertraglich nicht mehr ordentlich gekündigt werden kann, in die Sozialauswahl einzubeziehen (HK-InsO/*Linck* § 125 Rn 2). Dieser besondere Kündigungsschutz ist in der Insolvenz obsolet (KR-*Spelge* § 113 InsO Rdn 35). 22

2. Herausnahme des Kriteriums der Schwerbehinderung

Bei der sozialen Auswahl sind **nur** die Merkmale der **Dauer der Betriebszugehörigkeit**, das **Lebensalter** (das stellt **keine Diskriminierung wegen des Lebensalters** dar, zuletzt *BAG* 20.6.2013 EzA § 626 BGB 2002 Unkündbarkeit Nr. 20; s.a. Rdn 38) und die **Unterhaltspflichten** zu beachten. Eine Rangfolge zu Gunsten eines dieser Kriterien besteht nicht (*BAG* 20.12.2006 EzA § 613a 23

BGB Nr. 62 mwN). Der Arbeitgeber hat insoweit einen Wertungsspielraum. Dagegen **darf** im Unterschied zu § 1 Abs. 5 S. 2 KSchG eine **Schwerbehinderung** bei der Sozialauswahl nicht berücksichtigt werden (*BAG* 16.5.2019 – 6 AZR 329/18 Rn 40; 19.12.2013 – 6 AZR 790/12 Rn 22; 28.6.2012 – 6 AZR 780/10 Rn 35). Werden andere Kriterien, insbes. die in § 1 Abs. 3 KSchG ausdrücklich genannte Schwerbehinderung, berücksichtigt, führt das zum **Wegfall der Vermutungswirkung** (KPB/*Schöne* § 125 Rn 52; HK-InsO/*Linck* § 125 Rn 29; wohl auch ErfK/*Gallner* § 125 InsO Rn 12; aA *Boemke* NZI 2005, 211; Uhlenbruck/*Zobel* § 125 Rn 62: Schwerbehinderung darf berücksichtigt werden; wohl auch MHdB ArbR/*Krumbiegel* § 122 Rn 34). Die Nichtberücksichtigung der Schwerbehinderten ist **kein redaktionelles Versehen** des Gesetzgebers (aA Jaeger/*Giesen* InsO § 125 Rn 9; *Boemke* NZI 2005, 209, 210 führt die für und gegen ein redaktionelles Versehen sprechenden Argumente an). Der Wortlaut ist unmissverständlich. Der Gesetzgeber hat im Zuge des Gesetzgebungsverfahrens zur Reform des KSchG das Kriterium der Schwerbehinderung in § 1 Abs. 3 (wieder) aufgenommen, um den bisherigen sozialen Schutz dieses Personenkreises aufrecht zu erhalten (BT-Drs 15/1587 S. 24, 27). Im selben Gesetzgebungsverfahren hat er die in § 113 Abs. 2 InsO aF geregelte gesonderte Frist für die Erhebung einer Kündigungsschutzklage aufgehoben. Es gibt keine Anhaltspunkte dafür, dass ihm ungeachtet dessen entgangen ist, dass § 1 Abs. 3, Abs. 5 KSchG und § 125 Abs. 1 S. 1 Nr. 2 InsO nunmehr unterschiedliche Sozialauswahlkriterien enthalten. Im Gegenteil spricht der Umstand, dass auch **§ 126 Abs. 1 S. 2 InsO** die Schwerbehinderung nicht nennt, für eine bewusste Entscheidung des Gesetzgebes. Zudem soll § 125 Abs. 1 S. 1 Nr. 2 InsO gerade Rechtssicherheit bei der Kündigung in der Insolvenz schaffen und nimmt dafür die Verschlechterung der sozialen Absicherung der Arbeitnehmer in Kauf (Rdn 1). Ausgehend von diesem Gesetzeszweck gibt es keinen Anlass für einen Gleichlauf zwischen der vom Gesetzgeber in § 1 Abs. 3 KSchG nachträglich eingefügten Verbesserung der sozialen Absicherung der Arbeitnehmer außerhalb der Insolvenz und der Regelung in § 125 InsO. Schließlich führt die von der Gegenmeinung zugelassene Berücksichtigung des Kriteriums der Schwerbehinderung gerade zu der Rechtsunsicherheit, die der Gesetzgeber ausräumen wollte. Auch die Gegenmeinung räumt ein, dass letztlich nur im Einzelfall entschieden werden könnte, wann die gesetzlichen Grunddaten durch die Berücksichtigung der Schwerbehinderung so in den Hintergrund gedrängt werden, dass nicht mehr von einer »ausreichenden« Berücksichtigung dieser Daten gesprochen werden kann. Sie empfiehlt daher, dass die Schwerbehinderung »keines der drei in § 125 I 1 Nr. 2 InsO ausdrücklich genannten Kriterien überwiegen« solle (*Boemke* NZI 2005, 2009, 210 f). Wie das in der Insolvenz, in der häufig besonders schnell Personalentscheidungen getroffen werden müssen, sicherzustellen sein soll, bleibt im Dunkeln.

24 Die Regelung des § 125 Abs. 1 S. 1 Nr. 2 steht **im Einklang mit Art. 3 Abs. 1 GG** und mit den **Diskriminierungsverboten** des AGG (ohne eigenständige Begründung *BAG* 28.6.2012 – 6 AZR 780/10 Rn 35; krit *Zwanziger* § 125 InsO Rn 136). Das folgt allerdings nicht daraus, dass Schwerbehinderte durch § 168 ff SGB IX hinreichend geschützt seien (so aber HK-InsO/*Linck* § 125 Rn 29; MHdB ArbR/*Krumbiegel* § 122 Rn 34). Dieser Schutz greift gerade in der Insolvenz letztlich nicht, weil das Integrationsamt gem. § 172 Abs. 3 Nr. 1 SGB IX der Kündigung zustimmen soll, wenn der Schwerbehinderte in einer Namensliste aufgeführt ist. Die **Verfassungskonformität** der Regelung ergibt sich vielmehr aus der **besonderen Insolvenzsituation**. Der Gesetzgeber hat erkannt, dass die Sanierungsfähigkeit der Betriebe in der Insolvenz gefährdet würde, wenn der besondere Schutz schwerbehinderter Menschen dazu führen würde, dass diese vorrangig weiter zu beschäftigen wären. Darum hat er den Schutz dieses Personenkreises in § 125 Abs. 1 S. 1 Nr. 2 InsO und § 172 Abs. 3 Nr. 1 SGB IX im Interesse des Erhalts des Betriebs und der Gläubigergesamtheit (dazu KR-*Spelge* § 113 InsO Rdn 1) zurückgenommen. Damit hat er seine Einschätzungsprärogative nicht überschritten, sondern für die Insolvenzpraxis Praktikabilität und Rechtssicherheit geschaffen.

3. Unterhaltspflichten

25 Bei der einem Interessenausgleich mit Namensliste zugrundeliegenden Sozialauswahl dürfen die Betriebspartner sich darauf beschränken, nur die **Unterhaltspflichten von Kindern** zu berücksichtigen, die **aus der Lohnsteuerkarte entnommen** werden können. Sie dürfen davon ausgehen, dass

ungeachtet der insoweit bestehenden Unsicherheiten derartige Unterhaltspflichten typischerweise noch erfasst werden. Dagegen dürfen sie die Verpflichtung zur Gewährung von Familienunterhalt an den mit dem Arbeitnehmer in ehelicher Lebensgemeinschaft lebenden **Ehegatten** gem. § 1360 BGB nicht gänzlich außer Betracht lassen, bei der es sich um die wichtigste Ausprägung der ehelichen Grundpflicht zur Lebensgemeinschaft handelt (*BAG* 28.6.2012 EzA § 125 InsO Nr. 7). Seit dem 1.1.2013 ist die Lohnsteuerkarte durch das **ELStAM**-Verfahren abgelöst. Die bis dahin auf der Lohnsteuerkarte angegebenen Merkmale werden in einer Datenbank der Finanzverwaltung erfasst und dem Arbeitgeber zum elektronischen Abruf zur Verfügung gestellt. Die Rspr. des BAG dürfte auf dieses Verfahren zu übertragen sein (Küttner/*Seidel* »Lohnsteuerabzugsmerkmale« Rn 2; HK-InsO/*Linck* § 125 Rn 36; *LAG Düsseld.* 2.9.2015 LAGE Art. 3 GG Nr. 20; zweifelnd *LAG BW* 21.2.2013 – 11 Sa 130/12 – das dagegen durchgeführte Revisionsverfahren – 1 AZR 358/13 – ist durch Vergleich erledigt).

4. Beschränkung der Überprüfung auf grobe Fehlerhaftigkeit

Die der Namensliste zugrundeliegende Sozialauswahl ist nur auf **grobe Fehlerhaftigkeit** hin nachzuprüfen. Das gilt auch für die Herausnahme der sog. **Leistungsträger** aus der sozialen Auswahl (*BAG* 10.6.2010 EzA § 1 KSchG Interessenausgleich Nr. 22). Dabei ist ausgehend vom Zweck des § 125 (Rdn 1) dieser Prüfungsmaßstab weit auszudehnen, eine **grobe Fehlerhaftigkeit** also nur im **Ausnahmefall** anzunehmen. **Grob fehlerhaft ist die Gewichtung** der genannten Sozialdaten erst dann, **wenn ein evidenter Auswahlfehler vorliegt und der Interessenausgleich deshalb jede Ausgewogenheit vermissen lässt** (st.Rspr. *BAG* zuletzt 19.12.2013 – 6 AZR 790/12 Rn 22). Selbst dann ist die Sozialauswahl aber **im Ergebnis nicht zu beanstanden**, wenn sie gleichwohl, bezogen auf den konkreten, klagenden Arbeitnehmer, zu einem nicht grob fehlerhaften Auswahlergebnis geführt hat (*BAG* 19.12.2013 – 6 AZR 790/12 Rn 22). Die durch den Maßstab der groben Fehlerhaftigkeit eingeschränkte Prüfungsmöglichkeit gilt nicht nur für die **Auswahlkriterien** und ihre relative **Gewichtung** selbst. Auch die Bildung der auswahlrelevanten **Arbeitnehmergruppe** kann gerichtlich lediglich auf grobe Fehler überprüft werden (st. Rspr. *BAG* 19.12.2013 – 6 AZR 790/12 Rn 22; aA *Kohte* BB 1998, 951; *Zwanziger* AuR 1997, 434; *U. Preis* NZA 1997, 1086).

Eine grobe Fehlerhaftigkeit kommt vor allem in Betracht, wenn der **auswahlrelevante Personenkreis** – bewusst oder unbewusst – **verkannt** worden ist, oder wenn die Sozialauswahl auf Arbeitnehmer beschränkt wird, die **ohne jegliche Einarbeitungszeit** sofort austauschbar sind (dazu *BAG* 19.12.2013 – 6 AZR 790/12 Rn 43 ff). In letzterem Fall haben die Betriebspartner die ihnen zukommende Einschätzungsprärogative (Rdn 22) überschritten. Sie kommt ferner in Betracht, wenn sie Kriterien bei der Sozialauswahl berücksichtigen, die gesetzlich ausgeschlossen sind, wie es insbes. bei der **Schwerbehinderung** der Fall ist (Rdn 23). Ob das Landesarbeitsgericht das zu Recht bejaht oder verneint hat, unterliegt nur einer **eingeschränkten revisionsrechtlichen Überprüfung**, weil es sich dabei um einen unbestimmten Rechtsbegriff handelt (*BAG* 20.9.2012 – 6 AZR 483/11 Rn 23).

a) Verkennung des auswahlrelevanten Personenkreises

Nach der Konzeption des KSchG ist die **Sozialauswahl betriebsbezogen** durchzuführen. Diese gesetzliche Grundbedingung der sozialen Auswahl modifiziert Nr. 2 nicht (Rdn 22), sie **steht daher nicht zur Disposition der Betriebspartner**. Sie dürfen daher insoweit den Kreis der in die Sozialauswahl einzubeziehenden Arbeitnehmer nicht enger oder weiterziehen, als es das Kündigungsschutzgesetz in seiner Auslegung durch das Bundesarbeitsgericht zulässt. Die in der Entscheidung vom 17.11.2005 (EzA § 125 InsO Nr. 4) noch offen gelassene Frage, ob es von § 125 Abs. 1 S. 2 Nr. 2 InsO gedeckt ist, wenn die Betriebsparteien in einem Interessenausgleich mit Namensliste die Sozialauswahl auf einen der Geschäftsbereiche beschränken, weil dort die Arbeitnehmer anderer Geschäftsbereiche nicht ohne Einarbeitungszeit beschäftigt werden können, hat das BAG damit abschlägig beantwortet (vgl. auch BAG 28.10.2004 EzA § 1 KSchG Soziale Auswahl Nr. 56). **Eine abteilungsbezogene Sozialauswahl** ist grds. ein grober Auswahlfehler. Etwas anderes gilt nur dann, wenn sich die Vergleichbarkeit der Arbeitnehmer ohnehin auf eine Abteilung beschränkt (*BAG* 19.12.2013 – 6 AZR 790/12 Rn 44). **Verkennen** die Betriebspartner den **Betriebsbegriff** und legen damit den auswahlrelevanten Personenkreis unzutreffend fest, liegt noch keine grobe Fehlerhaftigkeit vor, wenn sie den Betriebsbegriff in ersichtlich nicht auf Missbrauch zielender Weise falsch bewertet haben, was insbes. in Filialstrukturen leicht passieren kann (*BAG* 20.9.2012 – 6 AZR 483/11 Rn 22).

29 Bilden mehrere Unternehmen einen **gemeinschaftlichen Betrieb**, so ist die **Sozialauswahl** auf den gesamten Betrieb zu erstrecken, es sei denn, dass im Zeitpunkt der Kündigung einer der Betriebe stillgelegt ist oder aufgrund einer unternehmerischen Entscheidung, die bereits greifbare Formen angenommen hat, feststeht, dass das bei Ablauf der Kündigungsfrist der Fall sein wird. Dann ist der Gemeinschaftsbetrieb aufgelöst (BAG 13.6.2019 – 6 AZR 459/18 Rn 55). Damit ist die »gemeinsame Klammer«, die eine unternehmensübergreifende Sozialauswahl veranlasst hat, entfallen (*BAG* 24.2.2005 EzA § 1 KSchG Soziale Auswahl Nr. 59). Auch eine unternehmensbezogene **Weiterbeschäftigungspflicht** besteht unter diesen Voraussetzungen nicht (*BAG* 18.10.2012 EzA § 1 KSchG Betriebsbedingte Kündigung Nr. 170). Auch von einer in einem **abgespaltenen Unternehmen** (§ 1 Abs. 1 Nr. 2 UmwG) getroffenen Unternehmerentscheidung zur Betriebsänderung (§ 125 InsO) werden die Arbeitnehmer in dem übrigen Unternehmen nicht erfasst, wenn im Zeitpunkt der Kündigung kein Gemeinschaftsbetrieb mehr besteht. Es bedarf dann keiner unternehmensübergreifenden Sozialauswahl (*BAG* 22.9.2005 EzA § 113 InsO Nr. 18).

30 Kommt es zu einer **Teilbetriebsstilllegung** in Kombination mit einem **Teil-Betriebsübergang**, sind entgegen der bisherigen Rspr (*BAG* 14.3.2013 – 8 AZR 153/12 Rn 37, 41) die tatsächlich **übergehenden Arbeitnehmern nicht durch Sozial**auswahl nach § 1 Abs. 3 KSchG zu ermitteln. Vielmehr gehen die Arbeitnehmer, die der übergegangenen Einheit zugeordnet waren, auf den Erwerber über (in diesem Sinn *BAG* 27.2.2020 – 8 AZR 215/19 Rn 157). Diese Zuordnung kann nicht durch eine vor oder nach dem Betriebsübergang durchzuführende Sozialauswahl erfolgen (*BAG* 14.5.2020 – 6 AZR 235/19 Rn 80). Eine Sozialauswahl ist unter den verbliebenen Arbeitnehmern nur erforderlich, wenn die Stilllegung in Etappen erfolgt oder der verbliebene Betriebsteil verkleinert wird. Nur insoweit ist Raum für die Anwendung von § 125 Abs. 1 S. 1 Nr. 2 InsO.

b) Abweichung von einer Auswahlrichtlinie

31 Weicht die als Ergebnis eines Interessenausgleichs erstellte Namensliste von einer zuvor nach § 1 Abs. 4 KSchG erstellten **Auswahlrichtlinie** ab, führt nicht schon dieser Umstand allein zur groben Fehlerhaftigkeit der Sozialauswahl. Die Betriebsparteien sind an die von ihnen selbst gesetzte Richtlinie nicht gebunden, sondern bleiben insoweit »Herren des Verfahrens«. Sie können darum ihren Willen, diese Richtlinie zu ändern, dadurch dokumentieren, dass sie einen Interessenausgleich mit Namensliste schließen, die mit der Richtlinie nicht zu vereinbaren wäre. Setzen sie sich in dieser Weise über die Auswahlrichtlinie hinweg, gilt allein die Namensliste (BAG 24.10.2013 – 6 AZR 854/11 Rn 41 ff; 15.12.2011 EzA § 1 KSchG Soziale Auswahl Nr. 84; *Schöne* SAE 2014, 53). Der Sache nach liegt eine neue, in den Interessenausgleich mit Namensliste integrierte Auswahlrichtlinie vor. Den Abschluss einer neuen, die geänderten Kriterien berücksichtigende Auswahlrichtlinie zu verlangen, wäre eine überflüssige Förmelei.

c) Ausgewogene Personalstruktur

32 § 125 Abs. 1 S. 1 Nr. 2 Hs. 2 InsO fingiert (vgl. *Warrikoff* BB 1994, 2338, 2342) eine fehlende grobe Fehlerhaftigkeit, wenn die der Namensliste zugrundeliegende Sozialauswahl dazu dient, eine **ausgewogene Personalstruktur zu erhalten oder zu schaffen**. Es handelt sich insoweit um einen Sonderfall der berechtigten betrieblichen Bedürfnisse iSd § 1 Abs. 3 S. 2 KSchG (*BAG* 19.12.2013 – 6 AZR 790/12 Rn 23; vgl. auch KR-*Rachor* § 1 KSchG Rdn 690 ff.).

aa) Personalstruktur

Aus dem Begriff der »Personalstruktur« folgt nicht, dass § 125 Abs. 2 S. 1 Nr. 2 Hs. 2 InsO nur bei 33 Massenentlassungen anwendbar ist (*Linck* AR-Blattei SD 1020.1.2 Rn 89; aA *U. Preis* NJW 1996, 3371 und NZA 1998, 1085). Eine »Struktur« kann auch durch die Kündigung einiger weniger Arbeitnehmer vorteilhaft verändert werden. Der Begriff ist auch nicht deckungsgleich mit dem Begriff der »Altersstruktur«, sondern umfassender. Der Gesetzgeber wollte dem Schuldner oder Übernehmer ein **funktions- und wettbewerbsfähiges Arbeitnehmerteam** zur Verfügung stellen (Rdn 1). Ausgehend davonkommen als Aspekte der zu erhaltenden oder zu schaffenden Personalstruktur daher auch **Ausbildung** und **Qualifikation** und damit die Bildung entsprechender Qualifikationsgruppen und -bereiche sowie auch die Berücksichtigung der Funktionsfähigkeit »eingespielter Teams« in Betracht. Auch können die Betriebsparteien **mehrere Personalstrukturen parallel** erhalten oder verbessern, also zB eine ausgewogene Altersstruktur und zugleich eine Verbesserung der Qualifikationsstruktur anstreben (*BAG* 19.12.2013 – 6 AZR 790/12 Rn 49). Nicht von § 125 InsO gedeckt ist eine Gruppenbildung, die auf nach dem **AGG** »verpönte« **Merkmale** wie Behinderung, Religion oder Herkunft oder auf andere diskriminierende Merkmale wie **Gewerkschaftszugehörigkeit** (*Fischermeier* NZA 1997, 1083) abstellt. Auch eine Gruppenbildung nach **Geschlechtern** wird daher idR grob fehlerhaft sein. Eine Ausnahme dürfte nur zu machen sein, wenn die Art der Tätigkeit oder die Bedingungen ihrer Ausübung objektiv ein bestimmtes Geschlecht verlangen, etwa bei der Stimmlage von Sängern. Die bloße subjektive Erwägung der Betriebsparteien, man müsse mit einer bestimmten Geschlechterverteilung besonderen Kundenwünschen entsprechen, dürfte dagegen nicht genügen (vgl. *EuGH* 14.3.2017 EzA Richtlinie 2000/78 EG-Vertrag 1999 Nr. 43 – Bougnaoui und ADDH). Der diskutierte Ausnahmefall der Belegschaft eines Modegeschäfts (ErfK-*Gallner* § 125 InsO Rn 16) dürfte diesen Anforderungen idR nicht genügen und allenfalls für ein Dessous-Geschäft erfüllt sein. Ausgehend vom Zweck des Gesetzes dürfte dagegen eine Gruppenbildung unter Heranziehung der **Leistungsstärke** zulässig sein (*LAG Nds.* 12.4.2002 LAGE § 125 InsO Nr. 2; für § 1 Abs. 5 KSchG APS-*Kiel* § 1 KSchG Rn 718). Das Verfahren 6 AZR 288/17 (Vorinstanz: *Sächs. LAG* 16.5.2017 – 3 Sa 630/16) hat dem BAG keine Gelegenheit gegeben, diese Frage zu klären. Das Verfahren ist verglichen worden. Ebenso zulässig ist es, durch den Interessenausgleich mit Namensliste eine Personalstruktur anzustreben, die die **Fehlzeiten der Belegschaften** vergleichbarer Betriebe erreichen soll oder sicherstellen soll, dass sich diese Fehlzeiten jedenfalls nach der Durchführung der Betriebsänderung nicht verschlechtern. Allerdings dürfte eine hinreichend sichere **Prognose**, wie sich die Fehlzeiten künftig entwickeln, schwer möglich und eine derartige Gruppenbildung damit faktisch unmöglich sein (iErg ebenso KR-*Rachor* § 1 KSchG Rdn 700; ErfK-*Gallner* § 125 InsO Rn 16). Die ebenfalls diskutierte Möglichkeit, Vergleichsgruppen danach zu bilden, ob Gruppen nach der Zahl der erteilten **Abmahnungen** gebildet werden können (ErfK-*Gallner* § 125 Rn 16) dürfte ebenfalls daran scheitern, dass eine Prognose, ob abgemahnte Arbeitnehmer sich künftig weniger vertragstreu verhalten als nicht abgemahnte, nicht sicher möglich ist. Das gilt umso mehr, als das Institut der Abmahnung gerade unter der Prämisse steht, dass dadurch wieder Vertragstreue erreicht wird.

bb) Schaffung und Erhaltung einer Personalstruktur

Der Gesetzgeber hat den Betriebspartnern nicht nur die Möglichkeit eingeräumt, die bisherige 34 Personalstruktur dadurch zu **erhalten**, dass mehr ältere und länger betriebszugehörige Arbeitnehmer gekündigt werden, als es bei einer Sozialauswahl nach § 1 Abs. 3 KSchG möglich wäre. Im Interesse der Steigerung der Sanierungsfähigkeit (Rdn 1) hat er auch die Möglichkeit eröffnet, die Sozialauswahl so zu gestalten, dass die Personalstruktur verbessert wird, indem eine ausgewogene Struktur erst geschaffen wird. Damit können Versäumnisse der Personalpolitik oder die Folgen früherer Kündigungswellen korrigiert werden (vgl. HK-InsO/*Linck* § 125 Rn 31; Jaeger/*Giesen* § 125 Rn 23). Praxisrelevant ist insofern vor allem die Sozialauswahl nach **Altersgruppen** (Rdn 35) und die Berücksichtigung der Möglichkeit, bereits eine **Regelaltersrente zu beziehen**. Dies darf – ebenso wie bei der »normalen« Sozialauswahl (*BAG* 27.4.2017 EzA § 1 KSchG Soziale Auswahl Nr. 89) – berücksichtigt werden. Das dürfte aber angesichts der geringen Zahl betroffener Arbeitnehmer wenig praxisrelevant sein. Ob die **Rentennähe** und die darin liegende soziale Absicherung bei der Sozialauswahl berücksichtigt werden darf, ist umstritten. Das BAG hat das bisher offengelassen (*BAG* 23.7.2015 EzA § 134 BGB 2002 Nr. 5; zum Streitstand APS-*Kiel* § 1 KSchG Rn 642). Jedenfalls bei einer Namensliste, die mit dem Ziel der **Schaffung einer verbesserten Altersstruktur** aufgestellt wird, ist die besondere Heranziehung rentennaher Arbeitnehmer nach dem gesetzgeberischen Ziel aber **gerechtfertigt**.

cc) Sonderfall: Altersgruppen

35 In einem Interessenausgleich mit Namensliste kann wirksam eine Sozialauswahl auf der Grundlage einer **Altersgruppenbildung** vorgenommen werden. Eine solche Gruppenbildung verletzt das Verbot der **Altersdiskriminierung** nicht. Auch die durch § 125 Abs. 1 S. 1 Nr. 2 InsO eröffnete Möglichkeit, erst über die Altersgruppenbildung in einem Interessenausgleich mit Namensliste eine ausgewogene Personalstruktur zu schaffen, ist mit dem Verbot der Altersdiskriminierung vereinbar (*BAG* 19.12.2013 – 6 AZR 790/12 Rn 24 ff). Allerdings muss innerhalb der Vergleichsgruppen ein proportionaler Arbeitsplatzabbau entsprechend den gebildeten Altersgruppen erfolgen. Ist das nach dem Zuschnitt der Vergleichs- und Altersgruppen nicht möglich, ist die Altersgruppenbildung zur Erhaltung der Altersstruktur in jedem Fall ungeeignet und damit grob fehlerhaft (Einzelheiten *BAG* 24.10.2013 EzA § 125 InsO Nr. 11; 19.7.2012 EzA § 1 KSchG Soziale Auswahl Nr. 86; 28.6.2012 EzA § 125 InsO Nr. 7; 22.3.2012 EzA § 1 KSchG Soziale Auswahl Nr. 85; 15.12.2011 EzA § 1 KSchG Soziale Auswahl Nr. 84. Diese Anforderung macht im Ergebnis bei kleinen Vergleichsgruppen eine wirksame Altersgruppenbildung zur Erhaltung der Altersstruktur idR unmöglich. Praxisrelevant ist sie insoweit daher nur in größeren Betrieben (*Lingemann/Pohlmann* RdA 2014, 374, 378) bzw. im Rahmen der von § 125 Abs. 2 S. 1 Nr. 2 Alt. 2 InsO eröffneten Möglichkeit, mit Hilfe eines Interessenausgleichs mit Namensliste die Altersstruktur zu verbessern.

d) Darlegungslast

36 Für die **Darlegungs- und Beweislast** für die **grobe Fehlerhaftigkeit der Sozialauswahl** gilt im Grundsatz nichts anderes als für die Wirksamkeit der Sozialauswahl nach § 1 Abs. 3 KSchG (dazu KR-*Rachor* § 1 KSchG Rdn 760 ff): Um die grobe Fehlerhaftigkeit der getroffenen Sozialauswahl überhaupt mit Aussicht auf Erfolg geltend machen zu können, ist der Arbeitnehmer auf eine **Auskunft** des Insolvenzverwalters angewiesen, welche Erwägungen der Betriebspartner der Namensliste zugrundeliegend. Dazu gehören auch die Gründe für die vorgenommene Vergleichsgruppenbildung und die Gründe, die die Betriebsparteien zur Ausklammerung von im Übrigen vergleichbaren Arbeitnehmern aus der sozialen Auswahl veranlassten, deren Weiterbeschäftigung insbes. wegen ihrer Kenntnisse, Fähigkeiten und Leistungen oder zur Sicherung einer ausgewogenen Personalstruktur des Betriebs im berechtigten betrieblichen Interesse liegt (*BAG* 19.12.2013 19.12.2013 – 6 AZR 790/12 Rn 51 ff). Wird dieses Verlangen nicht erfüllt, ist die Kündigung sozialwidrig. Auf den Prüfungsmaßstab der groben Fehlerhaftigkeit der sozialen Auswahl kommt es dann nicht an (*BAG* 10.2.1999 NZA 1999, 702). Genügt der Insolvenzverwalter seiner Darlegungslast, obliegt es dem Arbeitnehmer aufzuzeigen, dass eine grob fehlerhafte Auswahl vorlag (*BAG* 22.1.2004 EzA § 1 KSchG Interessenausgleich Nr. 11; 17.11.2005 EzA § 125 InsO Nr. 4). Dafür genügt es nicht, wenn er seine Vergleichbarkeit mit anderen Arbeitnehmern lediglich behauptet, ohne die maßgeblichen Qualifikationsanforderungen und seine entsprechenden Fähigkeiten im Einzelnen darzulegen und ggf. zu beweisen (*BAG* 17.11.2005 EzA § 125 InsO Nr. 4). **Vergleichbar** sind die Arbeitnehmer, die **qualifikationsmäßig** (*BAG* 2.6.2005 EzA § 1 KSchG Soziale Auswahl Nr. 63) und **arbeitsvertraglich** (*BAG* 2.3.2006 EzA § 1 KSchG Soziale Auswahl Nr. 67) austauschbar oder – bei weitem Beurteilungsspielraum der Betriebspartner – nach kurzfristiger Anpassungsqualifizierung oder Einarbeitungszeit (*BAG* 19.12.2013 EzA § 125 InsO Nr. 12) austauschbar sind.

37 Abweichend von diesen Grundsätzen trägt der Verwalter die Darlegungslast dafür, dass mit der Sozialauswahl eine **ausgewogene Personalstruktur erhalten oder geschaffen** werden sollte. Dabei handelt es sich um einen Spezialfall der Herausnahme einzelner Arbeitnehmer aus der

Sozialauswahl im berechtigten betrieblichen Interesse (Rdn 32). Dies führt zur Darlegungslast des Verwalters für das Vorliegen dieser Voraussetzung. Sind allerdings die **Schwellenwerte des § 17 KSchG** erreicht, ist ein berechtigtes betriebliches Interesse an der Beibehaltung der Altersstruktur indiziert. Offen ist nach der Rspr. des BAG, ob Voraussetzung für diese Erleichterung der Darlegungslast ist, dass der Schwellenwert des § 17 KSchG bezogen auf die Anzahl aller Arbeitnehmer im Betrieb erreicht ist, oder ob erforderlich ist, dass die Anzahl der Entlassungen innerhalb der Vergleichsgruppe im Verhältnis zur Anzahl aller Arbeitnehmer des Betriebs den Schwellenwert erreicht (Einzelheiten BAG 24.10.2013 EzA § 125 InsO Nr. 11; 19.7.2012 EzA § 1 KSchG Soziale Auswahl Nr. 86).

Seiner **Darlegungslast** für die beabsichtigte **Schaffung einer neuen Struktur** genügt der Insolvenzverwalter nur, wenn er vorträgt, **welche konkrete Altersstruktur** die Betriebsparteien schaffen wollten und **aus welchem Grund** dies **erforderlich** war. Es muss ersichtlich werden, dass die vereinbarte Altersgruppenbildung zur Erreichung des Ziels der sanierungsbedingten Schaffung einer ausgewogenen Altersstruktur angemessen und erforderlich ist. Die Vorlage des Interessenausgleichs reicht dafür nur aus, wenn in diesem die erforderlichen Angaben bereits enthalten sind. Das bloße Bestreben, das Durchschnittsalter der Beschäftigten zu reduzieren, ist für sich allein betrachtet kein legitimes Ziel (*BAG* 19.12.2013 – 6 AZR 790/12 Rn 34). 38

IV. Änderung der Sachlage (§ 125 Abs. 1 S. 2 InsO)

Die Kündigungserleichterungen des § 125 Abs. 1 Satz 1 InsO greifen nicht, wenn sich die **Sachlage** nach Zustandekommen des Interessenausgleichs **wesentlich geändert** hat (§ 125 Abs. 1 S. 2 InsO). Das ist nur zu bejahen, wenn **im Kündigungszeitpunkt** vom **Wegfall der Geschäftsgrundlage** auszugehen ist (*BAG* 18.10.2012 EzA § 1 KSchG Betriebsbedingte Kündigung Nr. 169; krit. Jaeger/*Giesen* § 125 Rn 29 f.: Entfall des Regelungsgegenstands). Ein solcher Fall liegt vor, wenn beide oder eine der beiden Betriebsparteien den **Interessenausgleich** in Kenntnis der späteren Änderung **nicht oder mit anderem Inhalt vereinbart** hätten (*BAG* 24.10.2013 – 6 AZR 854/11 Rn 24 mwN). In Betracht kommen wesentliche **Änderungen** der von den Betriebsparteien zugrunde gelegten **betrieblichen Situation** (etwa der unerwartete Verkauf an einen Erwerber: Jaeger/*Giesen* § 125 Rn 38), wesentliche Änderungen **des erfassten Personenkreises** (Jaeger/*Giesen* § 125 Rn 31) oder die **erhebliche Verringerung** der im Interessenausgleich genannten Zahl der zur Kündigung vorgesehenen Arbeitnehmer (*BAG* 18.10.2012 EzA § 1 KSchG Betriebsbedingte Kündigung Nr. 169). Eine geringfügige Erhöhung oder Verringerung der Anzahl der Kündigungen genügt dagegen nicht (*Bader* NZA 1996, 1133; A/G/R-*Hergenröder* § 125 InsO Rn 39; aA *Zwanziger* DB 1997, 2179), ebenso wenig der dem Interessenausgleich zugrundeliegende Wechsel einer Vielzahl von Arbeitnehmern in eine **Transfergesellschaft**, wenn dies von den Betriebsparteien gerade gewollt ist (*BAG* 20.9.2012 EzA § 125 InsO Nr. 8). Für diese Voraussetzungen trägt nach den allg. Grundsätzen des Beweisrechts der Arbeitnehmer die Darlegungs- und Beweislast (MHdB ArbR/*Krumbiegel* § 122 Rn 43). 39

Maßgeblicher Zeitpunkt für die Beurteilung, ob sich die Sachlage wesentlich geändert hat, ist der **Zugang der Kündigung**. Die Änderung muss also zwischen Abschluss des Interessenausgleichs und Zugang der Kündigung erfolgt sein. Bei späteren Änderungen soll nach allg. Meinung ein **Wiedereinstellungsanspruch** in Betracht kommen (zu § 1 Abs. 5 S. 3 KSchG aF *BAG* 15.12.2011 EzA § 1 KSchG Soziale Auswahl Nr. 84; 21.2.2001 EzA § 1 KSchG Interessenausgleich Nr. 8; HK-InsO/*Linck* § 125 Rn 40; ErfK-*Gallner* § 125 InsO Rn 18; zum Wiedereinstellungsanspruch allg. ArbG Düss 3.12.2020 – 10 Ca 3223/20, Berufung 8 Sa 911/20; *Weber* NZA-RR 2021, 275; vgl. KR-*Rachor* § 1 KSchG Rdn 823 ff.). Tatsächlich ist zu differenzieren (i. Erg. ebenso ErfK-*Gallner* § 125 InsO Rn 18). Ein **Wiedereinstellungsanspruch** kann allenfalls bei einer Änderung der Sachlage zwischen Kündigungszugang und **Ablauf der Kündigungsfrist** bestehen. Tritt in diesem Zeitraum ein unerwarteter Beschäftigungsbedarf auf, dürfte auch in einer Insolvenz eine Wiedereinstellung zumutbar sein. Dagegen besteht **nach dem Ablauf der Kündigungsfrist** nach einer wirksamen Kündigung des Insolvenzverwalters bei einer sanierenden Übertragung auf einen Erwerber **kein** 40

Wiedereinstellungsanspruch. Anderenfalls würde die Rechtssicherheit, die mit §§ 113, 125–128 InsO erreicht werden soll, konterkariert (*BAG* 16.2.2012 – 8 AZR 693/10 Rn 56; 28.10.2004 – 8 AZR 199/04; 13.5.2004 8 AZR 198/03 unter Aufgabe von *BAG* 13.11.1997 EzA § 613a BGB Nr. 154; s.a. KR-*Spelge* § 113 InsO Rdn 33). Mit denselben Erwägungen dürfte bei Änderungen der Sachlage nach Ablauf der Kündigungsfrist auch außerhalb von Betriebsübergangsfällen eine Wiedereinstellung ausscheiden.

D. Massenentlassung (§ 125 Abs. 2 InsO)

41   Der Insolvenzverwalter muss das Massenentlassungsverfahren nach § 17 KSchG durchführen (vgl. nur *BAG* 13.2.2020 – 6 AZR 146/19; KR-*Heinkel* § 17 Rdn 67; Einzelheiten zum Massenentlassungsschutz in der Insolvenz EuArbRK-*Spelge* Art. 1 Rn 155 ff). Einzige Erleichterung, die ihm das Gesetz gewährt, ist die in § 125 Abs. 2 InsO geregelte Ersetzung der Stellungnahme des Betriebsrats, die der Insolvenzverwalter nach § 17 Abs. 3 S. 2 KSchG einer **Massenentlassungsanzeige** beim Arbeitsamt beifügen muss. Der Interessenausgleich mit Namensliste beendet deshalb wie eine Stellungnahme des Betriebsrats das Konsultationsverfahren. Das ist **unionsrechtskonform**, weil die Massenentlassungs-Richtlinie eine Stellungnahme des Betriebsrats nicht zur Wirksamkeitsvoraussetzung der Anzeige macht (EuArbRK-*Spelge* Art. 2 Rn 63). Bei einer **betriebsübergreifenden Betriebsänderung** ersetzt gem. § 125 Abs. 2 InsO ein vom Insolvenzverwalter mit dem **Gesamtbetriebsrat** (zur Zuständigkeit des Gesamtbetriebsrats für den Interessenausgleich Rdn 9) abgeschlossener Interessenausgleich mit Namensliste die Stellungnahmen der örtlichen Betriebsräte nach § 17 Abs. 3 S. 2 KSchG (*BAG* 7.7.2011 EzA § 26 BetrVG 2001 Nr. 3). Bei einem **Interessenausgleich ohne Namensliste** bedarf es dagegen einer Stellungnahme des zuständigen Gremiums. Diese kann allerdings in den Interessenausgleich integriert werden (*BAG* 21.3.2012 EzA § 17 KSchG Nr. 25).

E. Anhörung des Betriebsrats (§ 102 BetrVG)

42   Der Interessenausgleich mit Namensliste **ersetzt nicht die Anhörung des Betriebsrats** zu den Kündigungen dieser Arbeitnehmer nach § 102 BetrVG; grds. gelten auch **keine erleichterten Anforderungen** an die Anhörung (*BAG* 28.8.2003 EzA § 102 BetrVG 2001 Nr. 4; 20.5.1999 EzA § 102 BetrVG Nr. 101). Dem Insolvenzverwalter bleibt es aber unbenommen, im Zusammenhang mit dem Interessenausgleich das Anhörungsverfahren nach § 102 BetrVG durchzuführen, soweit er bzgl. der einzelnen Kündigungen die Erfordernisse gem. § 102 BetrVG beachtet (*BAG* 21.7.2005 EzA § 125 InsO Nr. 2). Wenn jedoch im Interessenausgleich mit Namensliste ausdrücklich festgeschrieben wird, dass der Insolvenzverwalter gleichzeitig das Anhörungsverfahren bzgl. der in der Namensliste angegebenen Personen einleitet und der Betriebsrat hinsichtlich aller Kündigungen eine abschließende Stellungnahme abgibt, kann auf das gesonderte Anhörungsverfahren gem. § 102 Abs. 1 S. 1 BetrVG zumindest insoweit verzichtet werden, als der Arbeitgeber die aus den Verhandlungen dem Betriebsrat bekannten Tatsachen nicht erneut darzulegen hat (*BAG* 28.8.2003 EzA § 102 BetrVG 2001 Nr. 4).

§ 126 InsO Beschlußverfahren zum Kündigungsschutz

(1) ¹Hat der Betrieb keinen Betriebsrat oder kommt aus anderen Gründen innerhalb von drei Wochen nach Verhandlungsbeginn oder schriftlicher Aufforderung zur Aufnahme von Verhandlungen ein Interessenausgleich nach § 125 Abs. 1 nicht zustande, obwohl der Verwalter den Betriebsrat rechtzeitig und umfassend unterrichtet hat, so kann der Insolvenzverwalter beim Arbeitsgericht beantragen, festzustellen, dass die Kündigung der Arbeitsverhältnisse bestimmter, im Antrag bezeichneter Arbeitnehmer durch dringende betriebliche Erfordernisse bedingt und sozial gerechtfertigt ist. ²Die soziale Auswahl der Arbeitnehmer kann nur im Hinblick auf die Dauer der Betriebszugehörigkeit, das Lebensalter und die Unterhaltspflichten nachgeprüft werden.

(2) ¹Die Vorschriften des Arbeitsgerichtsgesetzes über das Beschlußverfahren gelten entsprechend; Beteiligte sind der Insolvenzverwalter, der Betriebsrat und die bezeichneten Arbeitnehmer, soweit sie nicht mit der Beendigung der Arbeitsverhältnisse oder mit den geänderten Arbeitsbedingungen einverstanden sind. ²§ 122 Abs. 2 Satz 3, Abs. 3 gilt entsprechend.

(3) Für die Kosten, die den Beteiligten im Verfahren des ersten Rechtszugs entstehen, gilt § 12a Abs. 1 Satz 1 und 2 des Arbeitsgerichtsgesetzes entsprechend. Im Verfahren vor dem Bundesarbeitsgericht gelten die Vorschriften der Zivilprozeßordnung über die Erstattung der Kosten des Rechtsstreits entsprechend.

Übersicht

	Rdn		Rdn
A. Inhalt und Zweck der Regelung.......	1	I. Beteiligte	9
B. Antragsvoraussetzungen	3	II. Antragsgegenstand und -inhalt........	11
I. Betrieb ohne Betriebsrat.............	3	III. Gerichtliche Überprüfung	15
II. Kein Interessenausgleich.............	4	IV. Individuelle Kündigungsschutzklage....	19
III. Betriebsbedingte Kündigungen.........	7	D. Rechtsmittel......................	20
C. Beschlussverfahren.................	9	E. Kosten	21

A. Inhalt und Zweck der Regelung

§ 126 InsO eröffnet dem Insolvenzverwalter die Möglichkeit, rechtssicher Kündigungen zu erklären, wenn entweder kein Betriebsrat gewählt ist oder die Verhandlungen zum Abschluss eines Interessenausgleichs nicht zum Erfolg geführt haben. Gemäß § 126 InsO kann der Insolvenzverwalter nunmehr das kollektive Kündigungsverfahren im Rahmen eines arbeitsgerichtlichen Beschlussverfahrens betreiben, um eine **Vielzahl von Einzelverfahren zu vermeiden**. Darum ist das »Beschlussverfahren zum Kündigungsschutz« gem. § 126 InsO unzulässig, wenn über dieselbe Betriebsänderung bereits ein Interessenausgleich gem. § 125 vereinbart worden ist (*BAG* 20.1.2000 EzA § 126 InsO Nr. 1). Parallel zum Verfahren gem. § 126 InsO kann der Insolvenzverwalter auch gem. § 122 InsO die gerichtliche Zustimmung zur Durchführung der Betriebsänderung beantragen (DDZ-*Däubler* § 126 Rn 1). Das Beschlussverfahren gem. § 126 InsO kann vom Insolvenzverwalter **sowohl für beabsichtigte als auch für bereits erklärte Kündigungen** beantragt werden (*BAG* 29.6.2000 EzA § 126 InsO Nr. 2). 1

§ 126 InsO ermöglicht der Insolvenzverwalter nicht die gleichen Erleichterungen in der Darlegungs- und Beweislast wie § 125 InsO. Darum hat das Verfahren bisher keine praktische Bedeutung erlangt. 2

B. Antragsvoraussetzungen

I. Betrieb ohne Betriebsrat

Besteht kein Betriebsrat und ist dieser auch nicht bis zu dem Zeitpunkt gewählt, zu dem die Planung abgeschlossen ist und das Beteiligungsrecht des Betriebsrats ausgelöst wird (*Rieble* NZA 2007, 1393), kann es nicht zu einem Interessenausgleich gem. § 125 InsO kommen. Dann steht dem Insolvenzverwalter als kollektives Kündigungsverfahren nur der Weg über das Beschlussverfahren gem. § 126 InsO zur Verfügung (HK-InsO/*Linck* § 126 Rn 2). Besteht ein Betriebsrat, ist aber der **Schwellenwert des § 111 BetrVG nicht erreicht**, greift § 126 InsO nach seinem unmissverständlichen Wortlaut nicht ein (ebenso HK-InsO/*Linck* § 126 Rn 5; MHdB ArbR/*Krumbiegel* § 122 Rn 50 mwN zum Streitstand). Aus Sicht des Gesetzgebers bestand offenkundig in derartigen »Kleinbetrieben« keine Notwendigkeit für das komplizierte Verfahren nach § 126 InsO. 3

II. Kein Interessenausgleich

Ist kein Interessenausgleich gem. § 125 InsO zustande gekommen, steht es dem Insolvenzverwalter frei, das Beschlussverfahren nach § 126 InsO einzuleiten. Zusätzlich zu einem vorhandenen Interessenausgleich ist das Verfahren nach § 126 InsO zulässig, wenn Verhandlungen über einen 4 weiteren Interessenausgleich über eine andere Betriebsänderung scheitern (*BAG* 20.1.2000 EzA § 126 InsO Nr. 1).

5 Der Insolvenzverwalter muss den Betriebsrat schriftlich zur Aufnahme von Verhandlungen zu einem Interessenausgleich aufgefordert und ihn **rechtzeitig und umfassend über die Betriebsänderung unterrichtet** haben (A/G/R-*Hergenröder* § 126 Rn 20). Rechtzeitig erfolgt die Unterrichtung in dem Stadium, in dem die Betriebsänderung noch nicht – auch nicht teilweise – verwirklicht ist. Der Insolvenzverwalter muss den Betriebsrat vor seiner Entscheidung unterrichten. Umfassend ist die Unterrichtung, wenn sie den Inhalt, Umfang und die Auswirkungen der geplanten Betriebsänderung auf die Arbeitnehmer einschließlich erforderlicher Unterlagen enthält. Die Erfüllung des Erfordernisses der rechtzeitigen und umfassenden Unterrichtung ist vom Insolvenzverwalter im Beschlussverfahren darzulegen und zu beweisen.

6 Seit Beginn der Verhandlungen müssen drei Wochen verstrichen sein. Allerdings kann das endgültige Scheitern der Verhandlungen einvernehmlich auch von beiden Seiten vor Ablauf dieser Frist mit der Folge erklärt werden, dass bereits ab diesem Zeitpunkt das Beschlussverfahren beantragt werden kann (HK-InsO/*Linck* § 126 Rn 3; MHdB ArbR/*Krumbiegel* § 122 Rn 49).

III. Betriebsbedingte Kündigungen

7 Das kollektive Kündigungsverfahren gem. § 126 betrifft nur Kündigungen, die durch dringende betriebliche Erfordernisse bedingt sind. Dazu zählen nicht nur **Beendigungs**-, sondern auch **Änderungskündigungen**. Es muss sich um Kündigungen von Arbeitsverhältnissen handeln, auf die das **KSchG anzuwenden** ist (ErfK-*Gallner* § 126 Rn 1; *Heinze* NZA 1999, 61).

8 Die Kündigungen können auch bereits **vor der Einleitung des Beschlussverfahrens** ausgesprochen werden. Das ergibt sich aus § 127 Abs. 2 InsO (*BAG* 29.6.2000 EzA § 126 InsO Nr. 2). Allerdings hat der Insolvenzverwalter dabei entsprechend das Anhörungsrecht des Betriebsrats gem. § 102 BetrVG zu beachten.

C. Beschlussverfahren

I. Beteiligte

9 Beteiligte des Beschlussverfahrens sind der **Insolvenzverwalter**, der **Betriebsrat** und die im Antrag bezeichneten **Arbeitnehmer**, soweit sie sich nicht mit der Beendigung oder Änderung des Arbeitsvertrags einverstanden erklärt haben (§ 126 Abs. 2 S. 1 InsO). Gemäß § 128 Abs. 1 S. 2 InsO ist auch der **mögliche Erwerber** des insolventen Betriebs Beteiligter.

10 Damit bestimmt der Insolvenzverwalter als Antragsteller durch die Auflistung in seinem Antrag an das Arbeitsgericht, welche Arbeitnehmer Beteiligte sind. Im Verfahren hängt die **Beteiligtenstellung** dann vom **individuellen Verhalten jedes betroffenen Arbeitnehmers** ab (*Grunsky* FS Lüke, S. 199). Erklärt er noch im Beschlussverfahren sein Einverständnis zur Kündigung, verliert er seinen Beteiligtenstatus (*BAG* 20.1.2000 EzA § 126 InsO Nr. 1; 29.6.2000 EzA § 126 InsO Nr. 2 mit Verweis auf den Streit, ob der Statusverlust durch bloßes Einverständnis – so *Nerlich/Römermann-Hamacher* § 126 Rn 23 – oder ein darin zu sehendes prozessuales Anerkenntnis – so *KPB-Moll* Rn 48 – oder Prozessvergleich – so *Grunsky* FS Lüke, S. 199 – erfolgt).

II. Antragsgegenstand und -inhalt

11 Der Antrag des Insolvenzverwalters auf Einleitung des Beschlussverfahrens hat die **Liste derjenigen Arbeitnehmer** zu enthalten, deren Kündigung durch dringende betriebliche Gründe bedingt und durch die getroffene Sozialauswahl gerechtfertigt sein soll. Die Arbeitnehmer sind im Einzelnen so genau zu benennen, dass sie identifiziert werden können (iE vgl. KR-/*Spelge* § 125 InsO Rdn 13). Dabei kann es sich um Arbeitnehmer handeln, deren Kündigung beabsichtigt oder denen die Kündigung bereits erklärt worden ist.

Aus Gründen der Praktikabilität kann es sich für den Insolvenzverwalter anbieten, die Namen in einer **Reihenfolge zu strukturieren**, da sich während des Beschlussverfahrens bereits Änderungen durch Auflösungsverträge oder Eigenkündigungen der Arbeitnehmer ergeben können und damit eine Neubewertung der Sozialauswahl notwendig werden könnte. Mit **Hilfsanträgen** kann der Insolvenzverwalter weitere Arbeitnehmer in den Kreis der zu Kündigenden für den Fall aufnehmen, dass der Hauptantrag teilweise abgewiesen wird (HK-InsO/*Linck* § 126 Rn 11). 12

Der Insolvenzverwalter hat die **dringenden betrieblichen Erfordernisse** nach den Voraussetzungen gem. § 1 Abs. 2 KSchG im Einzelnen **darzulegen und zu beweisen** (§ 1 Abs. 2 S. 4 KSchG). Die **soziale Auswahl** ist nur nach den drei Merkmalen der Dauer der Betriebszugehörigkeit, des Lebensalters und der Unterhaltspflichten (KR-*Spelge* § 125 Inso Rdn 22 ff.) zu treffen. Allerdings hat der Insolvenzverwalter ggf. die Herausnahme bestimmter Arbeitnehmer aus der Sozialauswahl gem. § 1 Abs. 3 S. 2 KSchG zu begründen (aA *Lakies* RdA 1997, 151). Anders als im Rahmen der Regelung gem. § 125 kann der Insolvenzverwalter hier die Beschränkung der Nachprüfbarkeit nach dem Merkmal grober Fehlerhaftigkeit nicht in Anspruch nehmen. Ebenso wenig kann die Sozialauswahl durch die Schaffung oder Erhaltung einer ausgewogenen Personalstruktur gerechtfertigt werden. 13

Soweit der Antrag Namen von Arbeitnehmern enthält, die gem. **SGB IX, MuSchG, BEEG** nur nach behördlicher Zustimmung gekündigt werden dürfen, berührt das Beschlussverfahren gem. § 126 nicht deren Sonderkündigungsschutz (HK-InsO/*Linck* § 126 Rn 15). Die behördlichen Verfahren sind vom Insolvenzverwalter gesondert durchzuführen. 14

III. Gerichtliche Überprüfung

Der Antrag ist entsprechend § 61a Abs. 3 bis 6 ArbGG vorrangig zu erledigen (§§ 126 Abs. 2 S. 2, 122 Abs. 2 S. 3, Abs. 3 InsO). 15

Es gelten die Verfahrensregelungen über das **Beschlussverfahren gem. §§ 80 ff. ArbGG** (§ 126 Abs. 2 InsO). Unter anderem hat danach das Arbeitsgericht zwar von Amts wegen den Sachverhalt im Rahmen der gestellten Anträge zu erforschen, allerdings haben die am Verfahren Beteiligten an der Aufklärung des Sachverhalts mitzuwirken (§ 83 Abs. 1 ArbGG). Im Rahmen der Kombination von Untersuchungs- und Beibringungsmaxime obliegt es dem antragstellenden Insolvenzverwalter, alle erforderlichen Tatsachen, die sein Begehren auf Kündigung der Arbeitnehmer begründen (*Lakies* RdA 1997, 145, 152), im Einzelnen **darzulegen** und **nachzuweisen**. Soweit kein entsprechender ausreichender Sachvortrag von Beteiligten vorliegt, ist es dem Arbeitsgericht nach dem eingeschränkten Amtsermittlungsprinzip verwehrt, von sich aus Überlegungen anzustellen, ob ein nicht vorgetragener Sachverhalt geeignet wäre, eine ausreichende Begründung für das mit dem Antrag verfolgte Begehren zu liefern (*BAG* 29.6.2000 EzA § 126 InsO Nr. 2). 16

Das Arbeitsgericht hat **umfassend nachzuprüfen**, ob eine **unternehmerische Entscheidung** des Insolvenzverwalters zur Betriebsänderung tatsächlich vorliegt, wirksam getroffen wurde und durch ihre Umsetzung das Beschäftigungsbedürfnis für die benannten Arbeitnehmer entfallen ist. Weiterhin hat das Arbeitsgericht das **Vorliegen dringender betrieblicher Erfordernisse** (vgl. dazu KR-*Rachor* § 1 KSchG Rdn 552 ff.) sowie die Voraussetzungen der **ordnungsgemäßen sozialen Auswahl** (nur nach Maßgabe der drei Merkmale Betriebszugehörigkeit, Lebensalter und Unterhaltspflichten, vgl. KR-*Spelge* § 125 InsO Rdn 23) **umfassend zu überprüfen**. § 126 Abs. 1 S. 2 InsO entspricht den Regelungen gem. § 125 Abs. 1 S. 1 Nr. 2 InsO und gem. § 1 Abs. 3 KSchG. Dies hat besondere Bedeutung in den Fällen, in denen die Kündigungen gegenüber den Betroffenen noch nicht erklärt sind, weil hier auch noch keine Anhörung des Betriebsrats gem. § 102 BetrVG stattgefunden hat. 17

Wenn die im Antrag bezeichneten Arbeitnehmer bereits die Kündigungserklärungen vor dem Zeitpunkt des Beschlussverfahrens vom Insolvenzverwalter erhalten haben, bezieht sich die umfassende Prüfungspflicht des Arbeitsgerichts **nicht auch auf sonstige, außerhalb** 18 der Merkmale des § 126 Abs. 1 InsO liegende Voraussetzungen für eine rechtmäßige Kündigung. Insbesondere die Verletzung von Vorschriften des Sonderkündigungsschutzes (s. Rdn 14) oder die nicht ordnungsgemäße Anhörung des Betriebsrats gem. § 102 BetrVG kann der Arbeitnehmer nur im Individualkündigungsschutzverfahren überprüfen lassen (*Ettwig* S. 131; *Giesen* ZIP 1998, 53; *Lakies* BB 1999, 209; *Fischermeier* NZA 1997, 1100; aA *Zwanziger* ZIP 1998, 53).

IV. Individuelle Kündigungsschutzklage

19 Das Beschlussverfahren gem. § 126 InsO gilt für beabsichtigte wie auch bereits erfolgte Kündigungen (*Löwisch* RdA 1997, 80, 85). Hat ein bereits gekündigter Arbeitnehmer Kündigungsschutzklage erhoben, bevor im Beschlussverfahren eine Entscheidung ergangen ist, weil er die Kündigungen nicht für sozial gerechtfertigt ansieht, ist die Kündigungsschutzklage solange auszusetzen (§ 127 Abs. 2 InsO), bis die Entscheidung des Beschlussverfahrens rechtskräftig ist.

D. Rechtsmittel

20 Die Beschwerde zum Landesarbeitsgericht ist nicht vorgesehen. Das Arbeitsgericht kann die Rechtsbeschwerde zulassen. An diese Entscheidung ist das BAG gem. § 72 Abs. 3 ArbGG (analog) gebunden (*BAG* 29.6.2000 EzA § 126 InsO Nr. 2 mwN). Jeder der beteiligten Arbeitnehmer kann selbständig Rechtsbeschwerde einlegen, sonst erlangt der Beschluss des ArbG insoweit Rechtskraft (*BAG* 29.6.2000 EzA § 126 InsO Nr. 2). Wird die Rechtsbeschwerde nicht zugelassen, steht dem Arbeitnehmer die Nichtzulassungsbeschwerde nicht zu (*BAG* 14.8.2001 AP Nr. 44 zu § 72a ArbGG 1979 Divergenz).

E. Kosten

21 Im Beschlussverfahren werden gem. § 2 Abs. 2 GKG keine Gerichtskosten erhoben. Gemäß § 12a Abs. 1 ArbGG tragen die Parteien ihre Kosten für die Zuziehung eines Prozessbevollmächtigten oder Beistands selbst. Es besteht kein Anspruch der obsiegenden Partei auf Entschädigung wegen Zeitversäumnis. Im Rechtsbeschwerdeverfahren hat die unterliegende Partei auch die außergerichtlichen Kosten der obsiegenden Partei zu tragen. Die Kosten des Betriebsrats trägt der Insolvenzverwalter als Arbeitgeber (§ 40 BetrVG; HK-InsO/*Linck* § 126 Rn 19).

§ 127 InsO Klage des Arbeitnehmers

(1) ¹Kündigt der Insolvenzverwalter einem Arbeitnehmer, der in dem Antrag nach § 126 Abs. 1 bezeichnet ist, und erhebt der Arbeitnehmer Klage auf Feststellung, dass das Arbeitsverhältnis durch die Kündigung nicht aufgelöst oder die Änderung der Arbeitsbedingungen sozial ungerechtfertigt ist, so ist die rechtskräftige Entscheidung im Verfahren nach § 126 für die Parteien bindend. ²Dies gilt nicht, soweit sich die Sachlage nach dem Schluß der letzten mündlichen Verhandlung wesentlich geändert hat.

(2) Hat der Arbeitnehmer schon vor der Rechtskraft der Entscheidung im Verfahren nach § 126 Klage erhoben, so ist die Verhandlung über die Klage auf Antrag des Verwalters bis zu diesem Zeitpunkt auszusetzen.

Übersicht	Rdn		Rdn
A. Bindungswirkung	1	C. Aussetzung des Individualklageverfahrens	4
B. Änderung der Sachlage	3		

A. Bindungswirkung

1 § 127 InsO stellt zunächst die Rechtsfolgen des Beschlusses gem. § 126 InsO für die Parteien eines möglicherweise folgenden Individualkündigungsschutzverfahrens klar. Die **Entscheidung nach**

§ 126 ist bindend sowohl im Fall der Stattgabe des Antrages des Insolvenzverwalters als auch in dem Fall, in dem das Arbeitsgericht feststellt, dass die Kündigungen der im Antrag bezeichneten Arbeitnehmer nicht durch dringende betriebliche Erfordernisse bedingt bzw. nicht sozial gerechtfertigt sind (*Ettwig* S. 134; *Giesen* ZIP 1998, 53; *Löwisch* RdA 1997, 85; aA *Grunsky* FS Lüke S. 195; *Warrikoff* BB 1994, 2343). Allerdings erfasst die Bindungswirkung nicht andere Unwirksamkeitsgründe wie zB die nicht ordnungsgemäße Anhörung des Betriebsrats (vgl. KR-*Spelge* § 126 InsO Rdn 18). Diese **begrenzte Bindungswirkung** ist die entscheidende Schwäche des Verfahrens nach §§ 126 ff InsO und erklärt, warum das Verfahren keine praktische Bedeutung erlangt hat (MHdB ArbR/*Krumbiegel* § 122 Rn 61). Die Bindungswirkung setzt die ordnungsgemäße Beteiligung der betroffenen Arbeitnehmer am Beschlussverfahren voraus (ErfK-*Gallner* § 127 Rn 2).

Die Bindungswirkung betrifft Kündigungen von Arbeitnehmern, die in dem Antrag gem. § 126 Abs. 1 InsO aufgelistet sind, unabhängig davon, ob die Kündigungserklärung vor oder nach Einleitung des Beschlussverfahrens erfolgte (ErfK-*Gallner* § 127 Rn 3; APS-*Dörner* § 127 Rn 30; *Warrikoff* BB 1994, 2338, 2343; aA *Lakies* RdA 1997, 154). 2

B. Änderung der Sachlage

Die Bindungswirkung gem. § 127 Abs. 1 S. 1 InsO tritt nicht ein, wenn sich die **Sachlage** nach dem Schluss der letzten mündlichen Verhandlung **wesentlich geändert** hat. Insofern entspricht diese Regelung derjenigen gem. § 125 Abs. 1 S. 2 InsO (vgl. dazu KR-*Spelge* § 125 InsO Rdn 39 f). 3

C. Aussetzung des Individualklageverfahrens

Gemäß § 127 Abs. 2 InsO ist das Individualverfahren auf Antrag des Verwalters bis zum Zeitpunkt der Rechtskraft des Beschlussverfahrens auszusetzen ist. Es steht dem Verwalter folglich frei, zunächst betriebsbedingte Kündigungen zu erklären und dann abzuwarten, welche Arbeitnehmer die Kündigungen nicht hinnehmen. Er kann dann seinen Feststellungsantrag auf diejenigen Fälle beschränken, in denen die Arbeitnehmer Kündigungsschutzklage erheben und den Antrag gem. § 127 Abs. 2 InsO stellen (vgl. BT-Drucks. 12/2443, S. 150; krit. *Lakies* RdA 1997, 145, 155). Unterlässt der Verwalter die Antragstellung gem. § 127 Abs. 2 InsO und wird die Entscheidung im Individualkündigungsschutzverfahren vor derjenigen im Beschlussverfahren rechtskräftig, so geht die Individualentscheidung vor. 4

Für das Kündigungsschutzverfahren hat der Arbeitnehmer die **dreiwöchige Klagefrist** einzuhalten (§ 4 KSchG). 5

§ 128 InsO Betriebsveräußerung

(1) ¹Die Anwendung der §§ 125 bis 127 wird nicht dadurch ausgeschlossen, dass die Betriebsänderung, die dem Interessenausgleich oder dem Feststellungsantrag zugrundeliegt, erst nach einer Betriebsveräußerung durchgeführt werden soll. ²An dem Verfahren nach § 126 ist der Erwerber des Betriebs beteiligt.

(2) Im Falle eines Betriebsübergangs erstreckt sich die Vermutung nach § 125 Abs. 1 Satz 1 Nr. 1 oder die gerichtliche Feststellung nach § 126 Abs. 1 Satz 1 auch darauf, dass die Kündigung der Arbeitsverhältnisse nicht wegen des Betriebsübergangs erfolgt.

Die Regelung des § 128 InsO soll den wirtschaftlich zweckmäßigen Ablauf von Personalreduzierungen im Hinblick auf einen beabsichtigten bzw. erfolgenden Betriebsübergang fördern (vgl. auch *Hess* FS Arbeitsrecht und Arbeitsgerichtsbarkeit S. 485, 494; *Laux* Betriebsveräußerungen S. 43 ff.). Wenn der Insolvenzverwalter einen Interessenausgleich gem. § 125 InsO vereinbart oder das Beschlussverfahren gem. § 126 InsO betrieben hat, bleiben die entsprechenden Rechtsfolgen auch in dem Fall verbindlich, dass die zugrundeliegende Betriebsänderung erst durchgeführt wird, wenn der Betrieb auf einen Erwerber übergegangen ist. Im Hinblick auf einen bevorstehenden Betriebsübergang iSd § 613a BGB soll der Verwalter einerseits nicht gehindert sein, die Verfahren 1 gem. §§ 125, 126 InsO zum Erfolg zu bringen, andererseits aber nicht darauf verwiesen sein, die Betriebsänderungen noch vor dem Betriebsübergang selbst durchzuführen. Notwendige Kündigungen können so schon vor dem Übergang des Betriebs erklärt und auf ihre Rechtmäßigkeit hin überprüft werden. Sie können aber auch nach dem Übergang vollzogen werden. In diesem Fall sind Kündigungsschutzklagen allerdings gegen den Erwerber zu richten (*Löwisch* RdA 1997, 80, 85). Dem Erwerber wird im Beschlussverfahren nach § 126 InsO vor dem Arbeitsgericht gem. § 128 Abs. 1 S. 2 InsO die Stellung eines Beteiligten eingeräumt (vgl. auch *BAG* 29.6.2000 EzA § 126 InsO Nr. 2).

2 Grds. gilt die Regelung gem. § 613a BGB auch im Fall der Insolvenz. Hat der Insolvenzverwalter einen Interessenausgleich mit dem Betriebsrat gem. § 125 InsO vereinbart oder das Beschlussverfahren gem. § 126 InsO durchgeführt, so erstreckt sich die Vermutung des Vorliegens der Voraussetzungen für die Rechtmäßigkeit der betrieblichen Kündigung (vgl. KR-*Spelge* § 125 InsO Rdn 15 ff.) bzw. die gerichtliche Feststellung nach § 126 InsO (vgl. Komm. dort) gesetzlich auch darauf, dass die Kündigung der Arbeitsverhältnisse nicht wegen des Betriebsübergangs erfolgt (§ 128 Abs. 2 InsO). Die Vermutungswirkung erstreckt sich auf die im Interessenausgleich geregelte Betriebsänderung. Liegt keine Betriebsänderung vor, sondern der Sachverhalt eines (Teil-)Betriebsüberganges, so greift § 125 InsO jedenfalls für die vom (Teil-)Betriebsübergang betroffenen Arbeitsverhältnisse nicht ein (*BAG* 20.9.2006 EzA § 613a BGB Nr. 62; 28.8.2003 EzA § 102 BetrVG 2001 Nr. 4).

3 Wendet sich der Arbeitnehmer gegen eine Kündigung, die nach einem Betriebsübergang erklärt wurde, aber vorher in einem Interessenausgleich (§ 125 InsO) vereinbart worden ist bzw. auf einem gerichtlichen Beschluss (§ 126 InsO) basiert und der gesetzlichen Vermutungsregel gem. § 128 Abs. 2 InsO unterliegt, so trifft den **Arbeitnehmer** eine doppelte **Darlegungs- und Beweislast**. Er muss einerseits beweisen, dass die Kündigung nicht durchdringende betriebliche Erfordernisse bedingt ist (KR-Spelge § 125 Rdn 36), und andererseits die Vermutung widerlegen, dass die Kündigung nicht wegen des Betriebsübergangs erfolgt ist (*LAG Düsseld.* 23.1.2003 DB 2003, 2292; *LAG Hamm* 4.6.2002 BB 2003, 159 = NZA-RR 2003, 293). Für die Erhebung der Klage gegen die Kündigung anlässlich des Betriebsübergangs durch den Insolvenzverwalter hat der Arbeitnehmer die Dreiwochenfrist einzuhalten (§ 4 KSchG).

Internationales Arbeitsvertragsrecht – VO [EG] 593/2008 –

Verordnung (EG) Nr. 593/2008 des Europäischen Parlaments und des Rates vom 17. Juni 2008 über das auf vertragliche Schuldverhältnisse anzuwendende Recht (Rom I)

ABl.EG L 177 S. 6 vom 4.7.2008, ber. 2009 ABl. EG L 309 S. 87 vom 24.11.2009.

– Auszug –

Artikel 3 Freie Rechtswahl

(1) Der Vertrag unterliegt dem von den Parteien gewählten Recht. Die Rechtswahl muss ausdrücklich erfolgen oder sich eindeutig aus den Bestimmungen des Vertrags oder aus den Umständen des Falles ergeben. Die Parteien können die Rechtswahl für ihren ganzen Vertrag oder nur für einen Teil desselben treffen.

(2) Die Parteien können jederzeit vereinbaren, dass der Vertrag nach einem anderen Recht zu beurteilen ist als dem, das zuvor entweder aufgrund einer früheren Rechtswahl nach diesem Artikel oder aufgrund anderer Vorschriften dieser Verordnung für ihn maßgebend war. Die Formgültigkeit des Vertrags im Sinne des Artikels 11 und Rechte Dritter werden durch eine nach Vertragsschluss erfolgende Änderung der Bestimmung des anzuwendenden Rechts nicht berührt.

(3) Sind alle anderen Elemente des Sachverhalts zum Zeitpunkt der Rechtswahl in einem anderen als demjenigen Staat belegen, dessen Recht gewählt wurde, so berührt die Rechtswahl der Parteien nicht die Anwendung derjenigen Bestimmungen des Rechts dieses anderen Staates, von denen nicht durch Vereinbarung abgewichen werden kann.

(4) Sind alle anderen Elemente des Sachverhalts zum Zeitpunkt der Rechtswahl in einem oder mehreren Mitgliedstaaten belegen, so berührt die Wahl des Rechts eines Drittstaats durch die Parteien nicht die Anwendung der Bestimmungen des Gemeinschaftsrechts – gegebenenfalls in der von dem Mitgliedstaat des angerufenen Gerichts umgesetzten Form –, von denen nicht durch Vereinbarung abgewichen werden kann.

(5) Auf das Zustandekommen und die Wirksamkeit der Einigung der Parteien über das anzuwendende Recht finden die Artikel 10, 11 und 13 Anwendung.

Artikel 8 Individualarbeitsverträge

(1) Individualarbeitsverträge unterliegen dem von den Parteien nach Artikel 3 gewählten Recht. Die Rechtswahl der Parteien darf jedoch nicht dazu führen, dass dem Arbeitnehmer der Schutz entzogen wird, der ihm durch Bestimmungen gewährt wird, von denen nach dem Recht, das nach den Absätzen 2, 3 und 4 des vorliegenden Artikels mangels einer Rechtswahl anzuwenden wäre, nicht durch Vereinbarung abgewichen werden darf.

(2) Soweit das auf den Arbeitsvertrag anzuwendende Recht nicht durch Rechtswahl bestimmt ist, unterliegt der Arbeitsvertrag dem Recht des Staates, in dem oder andernfalls von dem aus der Arbeitnehmer in Erfüllung des Vertrags gewöhnlich seine Arbeit verrichtet. Der Staat, in dem die Arbeit gewöhnlich verrichtet wird, wechselt nicht, wenn der Arbeitnehmer seine Arbeit vorübergehend in einem anderen Staat verrichtet.

(3) Kann das anzuwendende Recht nicht nach Absatz 2 bestimmt werden, so unterliegt der Vertrag dem Recht des Staates, in dem sich die Niederlassung befindet, die den Arbeitnehmer eingestellt hat.

(4) Ergibt sich aus der Gesamtheit der Umstände, dass der Vertrag eine engere Verbindung zu einem anderen als dem in Absatz 2 oder 3 bezeichneten Staat aufweist, ist das Recht dieses anderen Staates anzuwenden.

Artikel 9 Eingriffsnormen

(1) Eine Eingriffsnorm ist eine zwingende Vorschrift, deren Einhaltung von einem Staat als so entscheidend für die Wahrung seines öffentlichen Interesses, insbesondere seiner politischen, sozialen oder wirtschaftlichen Organisation, angesehen wird, dass sie ungeachtet des nach Maßgabe dieser Verordnung auf den Vertrag anzuwendenden Rechts auf alle Sachverhalte anzuwenden ist, die in ihren Anwendungsbereich fallen.

(2) Diese Verordnung berührt nicht die Anwendung der Eingriffsnormen des Rechts des angerufenen Gerichts.

(3) Den Eingriffsnormen des Staates, in dem die durch den Vertrag begründeten Verpflichtungen erfüllt werden sollen oder erfüllt worden sind, kann Wirkung verliehen werden, soweit diese Eingriffsnormen die Erfüllung des Vertrags unrechtmäßig werden lassen. Bei der Entscheidung, ob diesen Eingriffsnormen Wirkung zu verleihen ist, werden Art und Zweck dieser Normen sowie die Folgen berücksichtigt, die sich aus ihrer Anwendung oder Nichtanwendung ergeben würden.

Artikel 21 Öffentliche Ordnung im Staat des angerufenen Gerichts

Die Anwendung einer Vorschrift des nach dieser Verordnung bezeichneten Rechts kann nur versagt werden, wenn ihre Anwendung mit der öffentlichen Ordnung (»ordre public«) des Staates des angerufenen Gerichts offensichtlich unvereinbar ist.

Artikel 28 Zeitliche Anwendbarkeit

Diese Verordnung wird auf Verträge angewandt, die ab dem 17. Dezember 2009 geschlossen werden.

Literatur:
Bayreuther Arbeitnehmerüberlassung auf Offshore-Windernergieanlagen in der Ausschließlichen Wirtschaftszone, NZA 2019, 1256; *Benecke* Eingriffsnormen und Revisibilität ausländischen Rechts – Bekanntes und Neues zum Internationalen Arbeitsrecht und Arbeitsgerichtsprozess in BAG 7.5.2020 – 2 AZR 692/19, RdA 2020, 366; *Deinert* Territoriale Betriebsverfassung in einer international verflochtenen Wirtschaft, AuR 2021, 100; *ders.* Konzerninterne Entsendung ins Inland, ZESAR 2016, 107; *Franzen* Die geänderte Arbeitnehmer-Entsenderichtlinie, EuZA 2019, 3; *Fuchs* Licht und Schatten des europäischen Entsenderechts, ZESAR 2019, 105; *Gumnior/Pfaffenberger* Kündigungsrechtliche Herausforderungen bei grenzüberschreitenden Arbeitsverträgen, NZA 2019, 1326; *Herfs-Röttgen* Beschäftigung von Arbeitnehmern im Ausland – Anwendbares Recht und Vertragsgestaltung, NZA 2017, 873; *Hördt* Das Arbeitsverhältnis im internationalen Kontext – Ein Überblick über das anwendbare Arbeits- und Sozialrecht, die Arbeitnehmerentsendung und das Home-Office im Ausland, ArbRAktuell 2020, 485; *Mankowski* Immunität, Günstigkeitsvergleich bei Rechtswahl und Sonderanknüpfung von Normen des AÜG – Ein Panorama im Sachvalt mit Auslandsberührung, Anm. BAG 21.3.2017 – 7 AZR 207/15, RdA 2018, 181; *ders.* Brexit und Internationales Privat- und Zivilverfahrensrecht, EuZW-Sonderausgabe 1/2020, 3; *Martiny* Europäisches Schuldrecht – Feinarbeit an Rom I- und Rom II-Verordnungen, ZEuP 2018, 218; *Noltin* Arbeitnehmerüberlassung auf Offshore-Installationen, RdTW 2020, 1; *Rauscher* Die Entwicklung des Internationalen Privatrechts 2019 bis 2020, NJW 2020, 3632; *Temming* Der arbeitsrechtliche Kündigungsschutz: Zwischen Bestandsschutzkonzeption und Abfindungsrealität, RdA 2019, 102; *Weller/Thomale/Zwirlein* Brexit: Statutenwechsel und Acquis communautaire, ZEuP 2018, 892.

Übersicht	Rdn			Rdn
A. Übersicht über die VO (EG) 593/2008	1	a)	Fliegendes Personal	64
I. Anwendungsbereich	1	b)	Besatzung von Hochseeschiffen	67
II. Brexit	4	c)	Mitarbeiter multinationaler Unternehmen	73
III. Wesentlicher Inhalt der VO (EG) 593/2008	5	d)	Mitarbeiter öffentlich-rechtlicher und ähnlicher Einrichtungen	76
IV. Sonderfall: Ausschließliche Wirtschaftszone (AWZ)	10	e)	Arbeitnehmerüberlassung	81
B. Erläuterungen	11	f)	Telearbeit/Crowdworking	82
I. Anwendungsbereich Art. 8 VO (EG) Nr. 593/2008	11	g)	Sonstiges	84
II. Rechtswahlfreiheit und ihre Einschränkungen	13	IV. Einzelheiten zur Beendigung von Arbeitsverhältnissen mit Auslandsberührung		87
1. Umfang der Rechtswahlfreiheit	13	1. Anzuwendende Rechtsordnung gem. Art. 12 Abs. 1 lit. d) VO (EG) 593/2008		87
2. Vereinbarung des anzuwendenden Rechts	17	2. Rechts- und Geschäftsfähigkeit		88
3. Teilrechtswahl	19	3. Form der Beendigung		89
4. Stillschweigende Rechtswahl	20	4. Einzelne Beendigungstatbestände		90
5. Einschränkungen der Rechtswahl	23	a)	Befristung	90
a) Inlandssachverhalt gem. Art. 3 Abs. 3 VO (EG) 593/2008	24	b)	Auflösungsvertrag	93
b) EU-Binnenmarktsachverhalt gem. Art. 3 Abs. 4 VO (EG) 593/2008	27	c)	Kündigung	94
		5. Kündigungsschutz		97
c) Zwingende Schutzbestimmungen gem. Art. 8 Abs. 1 S. 2 VO (EG) 593/2008	28	a)	Allgemeiner Kündigungsschutz	97
		b)	Besonderer Kündigungsschutz	107
d) Eingriffsnormen gem. Art. 9 VO (EG) 593/2008	34	aa)	Schwerbehinderte	107
aa) Allgemeines	34	bb)	Schwangere, Wöchnerinnen, Elternzeit	110
bb) Kündigungsschutzbestimmungen	37	cc)	Auszubildende	112
cc) Befristungsrecht	38	dd)	Wehrdienstleistende	113
dd) AEntG und Entsenderichtlinie	39	ee)	Parlamentarier	115
		ff)	Betriebsräte	117
ee) Kollektivverträge	42	c)	Betriebsübergang	120
ff) Sonstiges	43	d)	Massenentlassung	123
e) Ordre public gem. Art. 21 VO (EG) 593/2008	45	6. Anhörung des Betriebsrates		124
		7. Rechtsfolgen der Beendigung		132
III. Arbeitsvertragsstatut bei fehlender Rechtswahl gem. Art. 8 Abs. 2 bis 4 VO (EG) 593/2008	50	a)	Schadensersatzansprüche	132
		b)	Urlaubsabgeltung	133
1. Recht des gewöhnlichen Arbeitsortes gem. Art. 8 Abs. 2 VO (EG) 593/2008	52	c)	Entgeltfortzahlungen	134
		d)	Insolvenzgeld	135
2. Recht am Ort der einstellenden Niederlassung gem. Art. 8 Abs. 3 VO (EG) 593/2008	58	e)	Wettbewerbsklausel	136
		f)	Betriebliche Altersversorgung	137
		g)	Zeugnis	138
		h)	Ausgleichsquittung	139
3. Engere Verbindung zu einem anderen Staat gem. Art. 8 Abs. 4 VO (EG) 593/2008	60	i)	Rückzahlungsklausel	140
	V. Auslegungsregeln		142
	VI. Aufklärung ausländischen Rechts (§ 293 ZPO)		144
4. Einzelne Arbeitnehmer- und Berufsgruppen	64	VII. Internationale Zuständigkeit der Gerichte		146
	VIII. Gerichtsstand bei immunen Einrichtungen		159

A. Übersicht über die VO (EG) 593/2008

I. Anwendungsbereich

1 Bei Arbeitsverhältnissen mit **Auslandsberührung**, sei dies zB in Fällen einer dauerhaften oder vorübergehenden Beschäftigung außerhalb des Herkunftsstaates, sei dies im Fall einer Beschäftigung bei einem Arbeitgeber mit Sitz im Ausland, sei dies bei unterschiedlicher Staatsangehörigkeit der Arbeitsvertragsparteien oder sei dies durch Vereinbarung der Arbeitsrechtsordnung eines anderen Staates, kann sich die Frage nach der anzuwendenden Rechtsordnung stellen. Danach richten sich die Regelungen für die Eingehung, die einzelnen Rechte und Pflichten während der Durchführung und für die Beendigung des Arbeitsverhältnisses. Angesichts der unterschiedlichen Ausgestaltung von Rechten und Pflichten allein schon in den europäischen Staaten (*Henssler/Braun* 3. Aufl. 2011) und auf anderen Kontinenten (vgl. Literaturübersicht DDZ-*Däubler* Einl. Rn 613 ff.) kann das maßgebliche Arbeitsvertragsstatut sich als vorteilhaft oder nachteilig entweder für die Arbeitnehmer- oder für die Arbeitgeberseite erweisen.

2 Das auf Arbeitsverhältnisse mit Auslandsberührung anzuwendende Statut richtet sich nach der »Verordnung (EG) Nr. 593/2008 des Europäischen Parlaments und des Rates vom 17. Juni 2008 über das auf vertragliche Schuldverhältnisse anzuwendende Recht (**Rom I**)« (ABlEG L 177/06 v. 4.7.2008). Diese VO gilt gem. ihres Art. 1 Abs. 1 S. 1 für alle Schuldverhältnisse in Zivil- und Handelssachen, die eine Verbindung zum Recht verschiedener Staaten aufweisen, wobei nicht notwendig ein **Auslandsbezug** zu einem Mitgliedstaat gegeben sein muss (*BAG* 24.9.2015 EzA § 174 BGB 2002 Nr. 10).Sie enthält **allseitige Kollisionsnormen** und ist damit unabhängig davon anwendbar, ob das berufene Recht das eines Mitgliedsstaates iSv Art. 1 Abs. 4 S. 1 dieser VO oder das eines Drittstaates ist (*BAG* 15.12.2016 – 6 AZR 430/15, EzA § 4 KSchG nF Nr. 100). Gem. Art. 28 dieser VO ist sie auf Arbeitsverhältnisse anzuwenden, die seit dem 17.12.2009 begründet wurden, wobei für die Begründung auf den Vertragsschluss, nicht auf eine Eingliederung in den Betrieb abzustellen ist (vgl. *EuGH* 18.10.2016 – C-135/15, EzA EG-Vertrag 1999 VO 593/2008 Nr. 5a; *BAG* 25.2.2015 EzA Verordnung 593/2008 EG-Vertrag 1999 Nr. 5). Bis zum 16.12.2009 galten die Vorschriften gem. Art. 27 ff. EGBGB für Verträge mit Auslandsberührung, die auf das völkerrechtliche Übereinkommen über das auf vertragliche Schuldverhältnisse anzuwendende Recht vom 19.6.1980 (ABlEG L 266 vom 9.10.1980: kurz: **EVÜ**) zurückgingen. Mit Gesetz vom 25.6.2009 (BGBl. I S. 1574) sind diese Vorschriften des EGBGB durch die Regelungen der VO (EG) Nr. 593/2008 verdrängt worden. Allerdings gelten die Vorschriften der Art. 27 ff. EGBGB für Arbeitsverhältnisse, die bis zum **16.12.2009** eingegangen wurden, über dieses Datum hinaus fort (*BAG* 10.4.2014 EzA Art 30 EGBGB Nr. 11; 19.3.2014 – 5 AZR 252/12, NZA 2014, 1076); denn diese Vorschriften wurden erst mit Wirkung vom 17.12.2009 aufgehoben. Insofern kommt es bis zum Auslaufen aller dieser Verträge, für deren Statut das EGBGB maßgeblich bleibt, zu einem Nebeneinander des **zeitlichen Geltungsbereichs** der Vorschriften des EGBGB (vgl. KR 9. Aufl.) für »Altverträge« und der VO (EG) Nr. 593/2008 für »Neuverträge«. Möglich ist, für das Vertragsverhältnis aus der Zeit vor dem 17.12.2009 durch ausdrückliche Vereinbarung oder konkludent die Geltung der Normen der VO (EG) Nr. 593/2008 vorzusehen. Für Arbeitsverträge, die vor dem 17.12.2009 geschlossen wurden, führt die nach diesem Datum getroffene Abrede, das Arbeitsverhältnis verändert oder unverändert fortzusetzen, grds. nicht zur Anwendbarkeit der VO (EG) 593/2008. Dies ist ausnahmsweise dann anders, wenn die Änderung praktisch einem **Neuabschluss** gleichkommt (*EuGH* 18.10.2016 – C-135/15, EzA EG-Vertrag 1999 VO 593/2008 Nr. 5a; *BAG* 21.3.2017 – 7 AZR 207/15 – MDR 2017, 1371; MünchArbR-*Oetker* § 13 Rn 6; ErfK-*Schlachter* Rn 1).

3 Gem. Art. 288 Abs. 2 AEUV gilt die VO (EG) 593/2008 in allen ihren Teilen **verbindlich und unmittelbar in jedem Mitgliedstaat** und verdrängt innerhalb ihres Anwendungsbereichs bestehendes nationales Recht (BR-Drs. 7/09, S. 8). Für die verbindliche innerstaatliche Geltung bedarf es keines weiteren gesetzgeberischen Aktes. Damit ist das auf vertragliche Schuldverhältnisse anzuwendende Recht unionseinheitlich geregelt. Ausgenommen vom **räumlichen Geltungsbereich** der VO (EG) 593/2008 ist lediglich Dänemark (Erwägungsgrund Nr. 46). Dieser Staat wendet weiterhin das

EVÜ an, während die anderen Mitgliedstaaten auch in Fällen, die eine Verbindung zu Dänemark aufweisen, die VO anwenden (*Deinert* RdA 2009, 144, 145; ErfK-*Schlachter* Rn 3).

II. Brexit

Problematisch ist, ob die VO (EG) 593/2008 (weiter) auf Sachverhalte Anwendung findet, die einen Bezug zu dem Vereinigten Königreich aufweisen. Hierzu bestimmt Art. 66 lit. a des Abkommens über den Austritt des Vereinigten Königreichs Großbritannien und Nordirland aus der Europäischen Union und der Europäischen Atomgemeinschaft vom 24.1.2020 (ABl. 2020 L 29, 7; kurz: **Brexit-Abkommen**), dass die VO (EG) 593/2008 auf vertragliche Schuldverhältnisse Anwendung findet, die vor dem Ablauf der Übergangszeit abgeschlossen worden sind. Der Übergangszeitraum lief nach Art. 126 Brexit-Abkommen vom 1.1.2020 bis zum 31.12.2020. Für diese **Altfälle** gilt die VO (EG) 593/2008 somit nach wie vor (BeckOGK-*Paulus* Art. 28 Rom I-VO Rn 9; *Mankowski* EuZW-Sonderausgabe 1/2020, 3, 6). Für sog. **Neufälle**, in denen das Arbeitsverhältnis nach dem 31.12.2020 begründet worden ist, ist zunächst festzustellen, dass die VO im Vereinigten Königreich als genuines Unionsrecht nicht mehr gilt; dieses ist vielmehr nunmehr als Drittstaat anzusehen (BeckOGK-*Paulus* Art. 28 Rom I-VO Rn 9). Allerdings geht die VO von einer universelle Anwendbarkeit aus – sog. **loi uniforme** – (*Weller/Thomale/Zwirlein* ZEuP 2018, 892, 908; *Mankowski* EuZW-Sonderausgabe 1/2020, 3, 6), sie setzt nach Art. 2 VO gerade nicht einen Bezug nur zu einem der Mitgliedstaaten voraus, sondern gilt bei jeder Art von Auslandsberührung (s.a. oben Rdn 2). Aus Sicht der Mitgliedstaaten sind damit auch für Neufälle Art. 3, 8 VO ff. mit ihren Rechtswahlmöglichkeiten etc. anzuwenden, möglich wäre dann zB die Wahl englischen Rechts. Aus Sicht des Vereinigten Königreichs ist die Lage komplizierter. Erwogen wurde, das EVÜ (wieder) im Verhältnis zu den Mitgliedstaaten der EU anzuwenden, doch hat das Vereinigte Königreich selbst hiervon wieder Abstand genommen (vgl. *Mankowski* EuZW-Sonderausgabe 1/2020, 3, 6; Müko-*v. Hein* Art. 3 EGBGB Rn 57). Gem. dem Gesetz zu der Notifikation betreffend die Regeln für die **Entsendung** von Arbeitnehmerinnen und Arbeitnehmern gem. dem Protokoll über die Koordinierung der sozialen Sicherheit zum Handels- und Kooperationsabkommen vom 30. Dezember 2020 zwischen der Europäischen Union und der Europäischen Atomgemeinschaft einerseits und dem Vereinigten Königreich Großbritannien und Nordirland andererseits vom 30.3.2021 (BGBl. 2021 II Nr. 6, 259) gelten die Vorschriften über die **Systeme der sozialen Sicherungen** für kurzfristig entsandte Arbeitnehmer (bis zu 24 Monate) fort (BT-Drucks. 19/26891). Für Arbeitsverträge, die in Deutschland durchgeführt werden und die englischem Recht unterliegen, sind – wie bei jedem Drittstaat – die im AEntG geregelten Mindestbedingungen einzuhalten. Für das **internationale Prozessrecht** findet sich in Art. 67 Brexit-Abkommen eine vergleichbare Regelung, die darauf abstellt, ob vor dem Ablauf der Übergangszeit ein Gerichtsverfahren eingeleitet worden ist (näher unten Rdn 146).

III. Wesentlicher Inhalt der VO (EG) 593/2008

Mit der Geltung der VO (EG) 593/2008 ab dem 17.12.2009 sind im Vergleich zu den Regelungen gem. Art. 27 ff. EGBGB keine wesentliche Änderungen des Arbeitskollisionsrechts eingetreten (HWK-*Tillmanns* Rn 5). Die Unterschiede bestehen überwiegend in **redaktionellen Anpassungen** (AR-*Krebber* Rn 1). Bei der stillschweigenden Rechtswahl sind nach Art. 27 Abs. 1 S. 2 EGBGB Merkmale der »hinreichenden Sicherheit« und nach Art. 3 Abs. 1 S. 2 VO (EG) 593/2008 »eindeutige« Merkmale zu bestimmen. In Art. 3 VO (EG) 593/2008 ist der Abs. 4 mit bes. Bezug zum Unionsrecht im Fall der Wahl des Rechts eines Drittstaates eingefügt worden. Art. 8 VO (EG) 593/2008 ist im Aufbau neu gegliedert, entspricht aber inhaltlich im Wesentlichen Art. 30 EGBGB. Tatbestandlich eingefügt ist in Art. 8 Abs. 2 S. 1 VO (EG) 593/2008 der Fall, in dem die Tätigkeit von einem Staat aus in einem anderen oder verschiedenen anderen Staaten ausgeübt wird. Bezüglich des anschließenden S. 2 ist zudem auf den Erwägungsgrund (36) der VO (EG) 593/2008 zum Merkmal der »vorübergehend in einem anderen Staat« zu verrichtenden Tätigkeit aufmerksam zu machen. Erstmals gesetzlich geregelt ist für Deutschland die Anwendung **ausländischer Eingriffsnormen** (Art. 9 Abs. 3 VO [EG] 593/2008). Änderungen zum Kollisionsrecht gem. der VO (EG)

593/2008 im Vergleich zu den Art. 27 ff. EGBGB können sich jedoch daraus ergeben, dass zwar bisher schon gem. Art. 36 EGBGB diese auf dem EVÜ beruhenden Vorschriften in den Vertragsstaaten einheitlich auszulegen waren, aber nunmehr gem. Art. 267 AEUV die **Auslegungszuständigkeit beim EuGH** liegt (AR-*Krebber* Rn 1).

6 Nach der VO (EG) 593/2008 soll die **Rechtswahlfreiheit** der Parteien (wie schon gem. dem EVÜ bzw. EGBGB) »einer der Ecksteine des Systems der Kollisionsnormen im Bereich der vertraglichen Schuldverhältnisse sein« (Erwägungsgrund 11). Allerdings wird wegen der im Arbeitsrecht zum Ausdruck kommenden bes. Interessenlage die Rechtswahlfreiheit zugunsten des Arbeitnehmerschutzes gem. Art. 8 VO (EG) 593/2008 stark eingeschränkt. Zunächst soll gem. Art. 8 Abs. 1 und dem Erwägungsgrund (35) Arbeitnehmern nicht der Schutz entzogen werden, der ihnen durch Bestimmungen gewährt wird, von denen nicht oder nur zu ihrem Vorteil durch Vereinbarung abgewichen werden darf. Davon zu unterscheiden und auch enger auszulegen sind die Eingriffsnormen (vgl. Erwägungsgrund 37 S. 2). Im Übrigen wird an der **vorrangigen objektiven Anknüpfung** an den gewöhnlichen Arbeitsort (Art. 8 Abs. 2), der Niederlassung der Einstellung (Abs. 3) sowie der Ausnahmeklausel der Sachnähe (Abs. 4) wie auch schon nach Art. 30 EGBGB festgehalten. Art. 8 VO (EG) 593/2008 ist sedes materiae der Dienstverhältnisse zwischen Arbeitgeber und Arbeitnehmer, die weisungsgebundene Tätigkeiten gegen Entgelt zum Gegenstand haben. Kommt es danach zu einer Verweisung auf eine andere Rechtsordnung, sind die dort geltenden materiell-rechtlichen Vorschriften anzuwenden. Gem. Art. 20 VO (EG) 593/2008 wird eine **Rück- oder Weiterverweisung** ausgeschlossen.

7 **Die Eingriffsnormen** gem. Art. 9 VO (EG) 593/2008 sind abschließend geregelt (*EuGH* 18.10.2016 – C-135/15, EzA EG-Vertrag 1999 VO 593/2008 Nr. 5a). Sie gehen der freien Rechtswahl und den objektiven Anknüpfungen gem. Art. 8 vor, weil sie mit dem öffentlichen Interesse eines Staates verbunden sind. Die Regelung betrifft Sachverhalte, die nach früherem Recht gem. Art. 34 EGBGB unter die »zwingenden Vorschriften« fielen. Gem. Erwägungsgrund (34) VO (EG) 593/2008 soll die Kollisionsnorm für Arbeitsverträge die Anwendung von Eingriffsnormen desjenigen Staates, in dem der Arbeitnehmer im Rahmen der Erbringung einer Dienstleistung gem. RL 96/71/EG entsandt ist, unberührt lassen. Damit ist für Deutschland die Geltung des AEntG (unten Rdn 39) vor den möglicherweise konkurrierenden Normen des Entsendestaates angezeigt. Der »**ordre public**« gem. Art. 21 VO (EG) 593/2008 entspricht den Merkmalen, wie sie gem. Art. 6 EGBGB galten. Er verdrängt diejenigen Normen, die mit der öffentlichen Ordnung eines Staates unvereinbar sind.

8 In der VO (EG) 593/2008 sind für Arbeitsverträge keine eigenen Formvorschriften vorgesehen. Für die **Rechtswahlvereinbarung** gelten die Regelungen gem. Art. 3 Abs. 5 VO (EG) 593/2008, für den **Arbeitsvertrag** und seinen Vollzug sind Art. 11 Abs. 1 bis 3 VO maßgeblich (*Erman/Stürner* Art. 8 Rn 9). Für die bei vertraglichen Vereinbarungen einzuhaltende **Form** (s.a. Rdn 89) werden in Art. 11 VO drei Fälle unterschieden: Befinden sich die vertragsschließenden Personen in demselben Staat, so finden die dort geltenden Formvorschriften oder jene derjenigen Rechtsordnung, die sich aus dem gem. dieser VO anzuwendenden materiellen Rechts ergibt, Anwendung (Abs. 1). Bei einem Aufenthaltsstatus der Vertragspartner in unterschiedlichen Staaten wird entweder an die Rechtsordnung angeknüpft, die sich aus dem gem. dieser VO anzuwendenden materiellen Recht ergibt, oder des Recht des Aufenthaltsstaates einer der beiden Parteien zum Zeitpunkt des Vertragsschlusses oder die Rechtsordnung des gewöhnlichen Aufenthaltsstaates einer der beiden Parteien (Abs. 2). Bei einseitigen auf einen Vertrag bezogenen Rechtsgeschäften finden entweder die Formvorschriften des sich aus der VO ergebenden Vertragsstatuts oder der Rechtsordnung desjenigen Staates Anwendung, wo das Rechtsgeschäft vorgenommen wurde oder wo die rechtsgeschäftliche tätige Person ihren gewöhnlichen Aufenthalt hat (Abs. 3). Die alternativ ausgestalteten Anknüpfungen erlauben i.E. die Anwendung des Rechts mit den geringsten Formanforderungen. Auf das NachwG kommt es nicht an (*Staudinger/Magnus* Art. 8 Rn 179). Nur im Rahmen der Bestimmung des für die Form maßgeblichen Geschäftsstatuts gem. Art. 8 VO (EG) 593/2008 kann die für den Arbeitnehmer günstigere Form ermittelt werden (*Staudinger/Magnus* Art. 8 Rn 179).

Gem. Art. 1 Abs. 2 lit. a) VO (EG) 593/2008 sind die **Rechts-, Geschäfts- und Handlungsfähigkeit** vom Anwendungsbereich der VO ausgenommen (s.a. Rdn 88). Insoweit gilt weiter Art. 7 EGBGB (Müko-*Martiny* Art. 8 Rn 106). Gem. Art. 7 Abs. 1 EGBGB unterliegen die Rechtsfähigkeit und die Geschäftsfähigkeit von Arbeitgeber und Arbeitnehmer dem Recht des Staates, dem die Person angehört. Dies gilt auch, soweit die Geschäftsfähigkeit durch Eheschließung erweitert wird. Bei Staatenlosen ist die Rechtsordnung des Staates des gewöhnlichen Aufenthaltes anzuwenden (Art. 5 Abs. 2 EGBGB), bei mehrfachen Staatsangehörigkeiten ist das Recht des Staates maßgeblich, mit dem die Person durch ihren gewöhnlichen Aufenthalt oder durch den Verlauf ihres Lebens am engsten verbunden ist (Art. 5 Abs. 1 S. 1 EGBGB). Ist die Person auch Deutscher, so geht diese Rechtsstellung vor (Art. 5 Abs. 1 S. 2 EGBGB). Gem. Art. 13 VO (EG) 593/2008 wird der gute Glaube an die nach dem Ortsrecht bestehende Geschäftsfähigkeit besonders geschützt.

IV. Sonderfall: Ausschließliche Wirtschaftszone (AWZ)

Ob es sich bei einer Tätigkeit auf sog. **Offshore-Anlagen** um Arbeitsverhältnisses mit Auslandsberührung handelt, hängt davon ab, wo die Anlagen belegen sind. Befindet sich der Tätigkeitsort auf dem **Festlandsockel** – dieser umfasst ein Gebiet von 12 Seemeilen vor der Küste (*Bayreuther* NZA 2019, 1256) –, so ist das Arbeitsverhältnis kollisionsrechtlich dem Küstenstaat zuzuordnen. Nicht zum Staatsgebiet Deutschlands in der Nord- und Ostsee zählen die Gebiete, die durch die Proklamation der Bundesrepublik v. 25.11.1994 (BGBl. II S. 3769) der **ausschließlichen Wirtschaftszone (AWZ)** zugeordnet sind. Die ausschließlichen Hoheitsbefugnisse Deutschlands umfassen das öffentliche Arbeitsrecht (*Bayreuther* RIW 2011, 446), insbesondere die Geltung des ArbZG hat der Gesetzgeber durch § 1 Nr. 1 ArbZG klargestellt. Die Arbeitsverhältnisse der Offshore-Arbeitnehmer in Betrieben der AWZ sind nach Maßgabe des internationalen Arbeitsvertragsrechts zu behandeln (*Lunk/Minze* NVwZ 2014, 278), es sei denn, der Küstenstaat hat von seiner Rechtsetzungskompetenz gem. Art. 60 Abs. 2 Seerechtsübereinkommen der Vereinten Nationen (SRÜ) v. 10.12.1982 (BGBl. 1994 II S. 1798) Gebrauch gemacht und damit das nationale Arbeitsrecht zur Anwendung gebracht (*Mückl* DB 2012, 2456 mwN; *Noltin* RdTW 2020, 1; *Block* EuZA 2013, 20). Das **AÜG** findet Anwendung auf eine Arbeitnehmerüberlassung in die AWZ, wenn der Verleiher im Bundesgebiet ansässig ist, ist er das nicht, findet das AÜG keine Anwendung (*Noltin* RdTW 2020, 1, 2; aA zu letzterem *Bayreuther* NZA 2019, 1256, 1257). Offshore-Anlagen auf **Hoher See** iSv Art 86 ff. SRÜ sind völkerrechtlich einem Staat nicht zuzuordnen. Für die Arbeitsverhältnisse ist hier in erster Linie gem. Art. 8 Abs. 2 VO (EG) 593/2008 von der Rechtsordnung des Staates auszugehen, von dem aus der Arbeitnehmer in Erfüllung des Vertrages gewöhnlich seine Arbeit verrichtet. Im Übrigen gelten Art. 8 Abs. 3 sowie die Ausweichklausel gem. Abs. 4 VO (EG) 593/2008.

B. Erläuterungen

I. Anwendungsbereich Art. 8 VO (EG) Nr. 593/2008

Die Regelungen gem. Art. 8 VO (EG) 593/2008 betreffen **Individualarbeitsverträge**, also Dienstverhältnisse zwischen Arbeitgeber und Arbeitnehmer, die abhängige, weisungsgebundene Tätigkeiten umfassen, für die als Gegenleistung ein Entgelt gezahlt wird. Dienstleistungsverträge in wirtschaftlicher und persönlicher Selbständigkeit unterfallen Art. 8 VO nicht. Für diese Vertragsverhältnisse gelten die Art. 3 und 4 VO (EG) 593/2008. Eine Legaldefinition des Individualvertrages gibt es nicht. Der Begriff des Individualarbeitsvertrags ist **autonom** nach dem Unionsrecht **auszulegen**, um dessen Geltung in allen Mitgliedstaaten zu gewährleisten (*BAG* 15.12.2016 – 6 AZR 430/15, EzA KSchG § 4 nF Nr. 100; *Deinert* RdA 2009, 144, 154). Damit ist es ausgeschlossen, auch nur hilfsweise auf den jeweiligen nationalen Begriff des Arbeitsvertrags abzustellen (aA AR-*Krebber* Rn 3; vgl. HWK-*Tillmanns* Rn 9: Orientierung am nationalen Arbeitsvertragsbegriff). Ein ganz einheitlicher Begriff des Arbeitsverhältnisses existiert im Unionsrecht nicht, weil der EuGH eine Auslegung stets unter Berücksichtigung von Sinn und Zweck der jeweiligen Norm des Unionsrechts vornimmt (zB *EuGH* 15.5.2003 – C-160/01, NJW 2003, 2371: sozialer Zweck der RL 80/987/EWG). Allerdings kann an die Rspr. des EuGH zu Art. 45 AEUV angeknüpft werden (zB

EuGH 17.7.2008 – C-94/07, NZA 2008, 995 mwN) sowie an die Rspr. zu der Verordnung (EU) 1215/2012 über die gerichtliche Zuständigkeit (EuGVVO), weil letztere VO ebenso der Rechtsvereinheitlichung auf dem Gebiet des internationalen Privatrechts dient (*EuGH* 14.9.2017 – C-168/16, EzA VO 44/2001 EG-Vertrag 1999 Nr. 11). Danach besteht das wesentliche Merkmal des Arbeitsverhältnisses darin, dass jemand während einer bestimmten Zeit für einen anderen nach dessen **Weisung** Leistungen erbringt, für die er als Gegenleistung eine Vergütung erhält (*EuGH* 11.4.2019 – C-603/17, EzA VO 44/2001 EG-Vertrag 1999 Nr. 12; *BAG* 24.6.2020 – 5 AZR 55/19 (A), Rn 33; 15.12.2016 – 6 AZR 430/15, EzA KSchG § 4 nF Nr. 100). Es muss ein **Unterordnungsverhältnis** bestehen, was anhand aller Umstände des Einzelfalls festzustellen ist. Ein solches Unterordnungsverhältnis kann auch bei einem **Geschäftsführer** anzunehmen sein, der keine Anteile an der Gesellschaft besitzt oder über keine Sperrminorität verfügt (*EuGH* 10.9.2015 – C-47/14, RIW 2015, 816; 9.7.2015 – C-229/14, EzA RL 98/59/EG-Vertrag 1999 Nr. 7; so ebenso zu Art. 8 VO MünchArbR-*Oetker* § 13 Rn 11; NK-GA/*Mauer* Rom I Art. 3, 8 Rn 18; Müko-*Martiny* Art. 8 Rn 23). Keine Arbeitnehmereigenschaft hat der EuGH angenommen, sofern der Geschäftsführer die Bedingungen des Vertrags selbst bestimmen konnte und autonom in Bezug auf das Tagesgeschäft handelte (*EuGH* 11.4.2019 – C-603/17, EzA VO 44/2001 EG-Vertrag 1999 Nr. 12).

12 Die formale Einstufung als Selbständiger nach innerstaatlichem Recht schließt nicht aus, dass eine Person europarechtlich als Arbeitnehmer einzustufen ist, wenn ihre Selbständigkeit nur fiktiv ist und damit der Arbeitnehmerstatus verschleiert wird (*EuGH* 11.11.2010 – C-232/09, EzA EG-Vertrag 1999 RL 92/85 Nr. 6). Problematisch ist, ob die für Wanderarbeiter oder entsandte Arbeitnehmer ausgestellten sog. **E 101- bzw neu A 1-Bescheinigungen** gem. Art. 19 Abs. 2 VO (EG) 987/2009 eine Bindungswirkung für die Einordnung als Arbeitsverhältnis haben. Dadurch, dass die Bescheinigungen relativ leicht in einem Online-Verfahren zu erhalten sind, besteht die Gefahr eines **Missbrauchs** (vgl. *Fuchs* ZESAR 2019, 105, 110). Insoweit existiert nach der st. Rspr. des EuGH zwar grds. eine Bindungswirkung (*EuGH* 2.4.2020 – C-370/17, EuZW 2020, 716), diese ist aber auf das Sozialrecht beschränkt und erfasst das Arbeitsrecht nicht (*EuGH* 14.5.2020 – C-17/19, NZA 2020, 1237). Vom Geltungsbereich des Art. 8 VO (EG) Nr. 593/2008 erfasst werden nichtige in Vollzug gesetzte (Art. 12 Abs. 1e VO (EG) 593/2008) sowie **faktische Arbeitsverhältnisse** und die Beschäftigungsverhältnisse von sog. Scheinselbständigen. Zu weiteren Einzelheiten des nationalen Arbeitnehmerbegriffs vgl. auch KR-*Kreutzberg-Kowalcyk* ArbNähnl. Pers. Rdn 2 ff., 18 ff., 39 ff.; KR-*Rachor* § 1 KSchG Rdn 46 ff). Hinsichtlich der Mitarbeiter öffentlich-rechtlicher und ähnlicher Einrichtungen s.a. Rdn 76 ff.

II. Rechtswahlfreiheit und ihre Einschränkungen

1. Umfang der Rechtswahlfreiheit

13 Gem. Art. 8 Abs. 1, Art. 3 Abs. 1 VO (EG) 593/2008 können die Arbeitsvertragsparteien die auf das Arbeitsverhältnis anwendbare Rechtsordnung frei bestimmen. Der Umstand, dass das deutsche Kündigungsrecht grds. einseitig zwingend ist (KR-*Rachor* § 1 KSchG Rn 36), steht einer Rechtswahl nicht entgegen. Die im Kündigungsrecht geltende **Parteiautonomie** (*BAG* 24.8.1989 – 2 AZR 3/89, EzA Art. 30 EGBGB Nr. 1; *Deinert* RdA 2009, 144, 148; *Däubler* RiW 1987, 254) wird allerdings neben den Fällen gem. Art. 3 Abs. 3 und Abs. 4 sowie gem. Art. 9 VO insbes. gem. Art. 8 Abs. 1 S. 2 VO insoweit beschränkt, als die **Rechtswahl** die aufgrund objektiver Anknüpfung nach den Abs. 2 bis 4 anzuwendenden zwingenden Vorschriften des Arbeitsrechts nicht vereiteln darf. Auf die bes. Interessenlage der Arbeitnehmerseite wird ausdrücklich im Erwägungsgrund (35) zur VO (EG) 593/2008 hingewiesen, wonach Schutzvorschriften nicht entzogen werden sollen, von denen nicht oder nur zugunsten der Arbeitnehmer durch Vereinbarung abgewichen werden darf (*BAG* 10.4.2014 EzA Art. 30 EGBGB Nr. 11).

14 Mit der **Rechtswahl** unterliegt der Vertrag dem gewählten Recht (Art. 3 VO (EG) Nr. 593/2008). Gewählt werden kann auch »neutrales« Recht, zB von deutschen Vertragsparteien portugiesisches Recht bei einem spanischen Arbeitsort oder eine ausländische Rechtsordnung bei einem reinen Inlandsfall (*Gravenhorst* RdA 2007, 283, 284). Soweit es sich allerdings um einen reinen deutschen

Inlandsfall im Seearbeitsrecht handelt, dh Heuerverhältnisse zwischen deutschem Reeder und deutschen Besatzungsmitgliedern auf Seeschiffen mit der Bundesflagge, wird gem. § 1 SeeArbG deutsches Recht angewendet (s. a. Rdn 67). Im Übrigen ist grds. ein **besonderer Bezug** des Arbeitsverhältnisses zur vereinbarten Rechtsordnung **nicht erforderlich**, soweit zwingendes Recht nicht umgangen wird.

Die **Rechtswahlfreiheit** gem. Art. 8 Abs. 1, Art. 3 Abs. 1 VO (EG) 593/2008 betrifft das Einzelarbeitsverhältnis zwischen Arbeitgeber und Arbeitnehmer. Kollektivvereinbarungen – zB **Tarifverträge, Betriebsvereinbarungen** – werden vom Wortlaut der Art. 8 Abs. 1 und 3 Abs. 1 grds. nicht erfasst (zur EVÜ: *Giuliano* und *Lagarde* ABlEG C 282 v. 31.10.1980, S. 57; *Birk* RdA 1989, 201; *Otto* SAE 1993, 185, 192 f.; MüKo-*Martiny* Art. 8 Rn 137; vgl. aber auch Rdn 16). Davon zu unterscheiden ist die Frage, ob das anwendbare Arbeitsrecht durch eine **Kollektivnorm** gewählt werden kann. Dies ist zumindest für den Tarifvertrag zu bejahen (HWK-*Tillmanns* Rn 14; weitergehend auch für Betriebsvereinbarung MünchArbR-*Oetker* § 13 Rn 18; EUArbR/*Krebber* Art. 8 Rn 9; aA *Birk* RdA 1984, 129, 136; *Thüsing* NZA 2003, 1303, 1304). 15

Nach zutreffender hM ist eine Rechtswahl bei **Tarifverträgen**, also die Bestimmung des Tarifvertragsstatuts, zuzulassen, und zwar nicht nur in Bezug auf den schuldrechtlichen Teil (so *Ebenroth/Fischer/Sorek* ZVglRW 188 (1989), 145; *Friedrich* RdA 1980, 112), sondern insgesamt unter Einschluss des normativen Teils (*Hergenröder* AR-Blattei SD 1550.15 Rn 57 ff.; *Däubler/Däubler* TVG Einl. Rn 781; Müko-*Martiny* Art. 8 Rn 157; *Junker* Internationales Arbeitsrecht S. 422 *Günther/Pfister* ArbRAktuell 2014, 215). Dies hat das BAG in dem Fall des Goethe-Instituts, bei dem Mitarbeiter nur für eine Tätigkeit im Ausland eingestellt wurden, im Grundsatz ebenfalls angenommen (BAG 11.9.1991 EzA § 1 TVG Durchführungspflicht Nr. 1). Eine Bestätigung der Rechtswahlmöglichkeit findet sich in § 21 Abs. 4 S. 2 Flaggenrechtsgesetz. Für die **Betriebsverfassung** wird eine Rechtswahlmöglichkeit nach hM abgelehnt (aA *Agel-Pahlke* Der internationale Geltungsbereich des BetrVG, 1988, 136 ff.). Für Abmachungen, die mit dem Europäischen Betriebsrat ohne ausdrückliche gesetzliche Grundlage abgeschlossen wurden (vgl. *Rehberg* NZA 2013, 73; *Schiek* RdA 2001, 218), ist sie zumindest zu erwägen (*Horcher* Internationale betriebliche Vereinbarungen, 2003, 255 ff.) 16

2. Vereinbarung des anzuwendenden Rechts

Die parteiautonome Vereinbarung über die auf das Arbeitsverhältnis anzuwendende Rechtsordnung ist ein **selbständiger Vertrag**, der eigenständig oder als Teil des Arbeitsvertrages geschlossen werden kann. Auch nach Abschluss des Arbeitsvertrages oder zu einem noch späteren Zeitpunkt kann die **Rechtswahl** getroffen oder geändert werden (vgl. Art. 3 Abs. 2 VO). Auch nachträglich – zB im Prozess (BAG 27.8.1964 EzA § 3 BUrlG Nr. 1) – ist die Rechtswahl noch möglich. Eine **Rückwirkung** der Vereinbarung hängt vom Willen der Parteien ab (ErfK-*Schlachter* Rn 5; MüKo-*Martiny* Art. 3 Rn 80). Zum Zustandekommen und zur Wirksamkeit der Einigung der Parteien vgl. Art. 10, 11, 13 VO (EG) 593/2008; vgl. auch Rdn 8, 88, 89; im Übrigen bedarf es keiner weiteren **Form**. Nach dem NachwG muss bei einem längeren als einmonatigen Auslandsaufenthalt die dem Arbeitnehmer auszuhändigende Niederschrift der wesentlichen Vertragsbedingungen (§ 2 Abs. 1 Ziff. 1–10 NachwG) gem. § 2 Abs. 2 NachwG zusätzliche Angaben über die Dauer der Auslandstätigkeit, die Währung des Entgelts sowie zusätzlicher Leistungen und die vereinbarten Bedingungen für die Rückkehr des Arbeitnehmers enthalten (*Birk* NZA 1996, 281, 287). Die Wirksamkeit der Rechtswahl richtet sich nach der gewählten Rechtsordnung, die insoweit bereits vorwirkt (BAG 13.11.2007 EzA EGBGB Art. 30 Nr. 9; MünchArbR-*Oetker* § 13 Rn 21). Unklarheiten der Rechtswahl führen zu deren Unwirksamkeit (MünchArbR-*Oetker* § 13 Rn 18). 17

Zur Rechtswahl kann es konkludent durch schlüssiges Handeln kommen (BAG 5.12.2019 – 2 AZR 223/19, EzA § 4f BDSG Nr. 5; 23.3.2016 – 5 AZR 767/14, EzA EG-Vertrag 1999 VO 593/2008 Nr. 6); näher zur konkludenten Rechtswahl Rdn 20 ff. Die Voraussetzungen der **konkludenten Rechtswahl** bestimmen sich nicht nach dem gewählten Recht, sondern sie müssen sich mit hinreichender Sicherheit aus den Bestimmungen des Vertrages oder den Umständen des Falles ergeben 18

(*BAG* 19.3.2014 – 5 AZR 252/12, NZA 2014, 1076; 13.11.2007 EzA EGBGB Art. 30 Nr. 9; *Riesenhuber* DB 2005, 1571). Die Rechtswahl kann auch durch **Formularvertrag** getroffen werden (*EuGH* 15.7.2021 – C-152/20, Rn 40; *BAG* 21.3.1985 EzA § 13 BUrlG Nr. 23; MüKo-*Martiny* Art. 8 Rn 30 f.; *Thüsing* NZA 2003, 1303). Die §§ 305 BGB ff. sind aber nur dann anzuwenden, wenn Gegenstand der Rechtswahl deutsches Recht ist, vgl. Art. 10 Abs. 1 VO (EG) 593/2008. Ist fremdes Recht berufen, findet auch keine Einbeziehungskontrolle nach §§ 305 Abs. 2, 306 BGB statt (EUArbR/*Krebber* Rn 11; ErfK-*Schlachter* Rn 6; aA MünchArbR-*Oetker* § 13 Rn 21; *Hergenröder* ZfA 1999, 1, 20). Eine inhaltliche **AGB-Kontrolle** gem. § 307 Abs. 1 BGB kommt nicht zur Anwendung (anders für eine Verbandsklage unter Beachtung der Richtlinie 93/13/EWG *EuGH* 28.7.2016 – C-191/15, NJW 2016, 2727), insoweit gehen die Regelungen in Art. 3, 8 VO, die einen ausreichenden Arbeitnehmerschutz verwirklichen, vor (MünchArbR-*Oetker* § 13 Rn 21; NK-GA/*Mauer* Art. 3, 8 Rom I Rn 55; ErfK-*Schlachter* Rn 6).

3. Teilrechtswahl

19 Art. 3 Abs. 1 S. 3 VO (EG) 593/2008 lässt ausdrücklich eine **Teilrechtswahl** zu. Das Zustandekommen und die Wirksamkeit der Einigung der Parteien richtet sich nach den Regelungen gem. Art. 3 Abs. 5 (Art. 10, 11, 13) VO. Möglich ist somit die Anwendbarkeit mehrerer verschiedener Rechtsordnungen auf ein und denselben Arbeitsvertrag. So kann zB für einen in die USA entsandten Mitarbeiter grds. die Geltung US-amerikanischen Rechts mit der Ausnahme vereinbart werden, dass im Übrigen deutsches Kündigungsschutzrecht anzuwenden ist (st. Rspr. *BAG* 23.4.1998 EzA § 23 KSchG Nr. 19; 20.11.1997 EzA Art. 30 EGBGB Nr. 4 mit krit. Anm. *Krebber* IPRax 1999, 164; Anm *Mankowski* AR Blattei ES 920 Nr. 5; MüKo-*Martiny* Art. 3 Rn 74). Maßgeblich für den sozialen Schutzstandard des Arbeitsverhältnisses ist der Günstigkeitsvergleich gem. Art. 8 Abs. 1 S. 2 (*Däubler* RIW 1987, 253). Von besonderer praktischer Bedeutung ist die Sanktionierung der Teilrechtswahl in Art. 3 Abs. 3 und 4 VO (EG) 593/2008 zB im Falle einer Rechtswahlvereinbarung und der späteren ausdrücklichen oder stillschweigenden Modifizierung, weil das gewählte materielle Recht in Teilen geändert wurde.

4. Stillschweigende Rechtswahl

20 Die Rechtswahl braucht nicht ausdrücklich getroffen zu werden, sie kann sich vielmehr auch aufgrund einer **konkludenten Vereinbarung** – was durch **Auslegung** anhand aller Umstände des Einzelfalls zu ermitteln ist – ergeben (*BAG* 12.12.2017 – 3 AZR 305/16, Rn 29; 15.12.2016 – 6 AZR 430/15, EzA KSchG § 4 nF Nr. 100; 23.3.2016 – 5 AZR 767/14, EzA EG-Vertrag 1999 VO 593/2008 Nr. 6). Sie muss in jedem Fall eindeutig sein. Gehen die Parteien während eines **Rechtsstreits** übereinstimmend von der Anwendung deutschen Rechts aus, so liegt hierin regelmäßig eine stillschweigende Rechtswahl (*BAG* 15.12.2016 – 6 AZR 430/15, EzA KSchG § 4 nF Nr. 100; 19.3.2014 – 5 AZR 252/12, NZA 2014, 1076; *Hess. LAG* 13.2.2019 – 6 Sa 567/18). Dem prozessualen Verhalten der Parteien kommt nach der Rspr. des BAG eine große praktische Bedeutung zu und führte in der Vergangenheit idR zur Anwendung deutschen Rechts. Freilich kann aus dem **Verhalten der Prozessparteien** für ein stillschweigende Rechtswahl nichts abgeleitet werden, wenn diese nicht mit den Parteien des Vertrags, aus dem Rechte hergeleitet werden, identisch sind (vgl. für einen Vertrag zugunsten Dritter *BAG* 23.3.2016 – 5 AZR 767/14, EzA EG-Vertrag 1999 VO 593/2008 Nr. 6). Eine zeitliche Beschränkung wie bei der Wahl des Gerichtsstands (*BAG* 24.9.2009 – 8 AZR 306/08, EzA VO 44/2001 EG-Vertrag 1999 Nr. 4) gibt es insoweit nicht (aA ErfK-*Schlachter* Rn 6).

21 Zu der Frage, wann von einer konkludenten Rechtswahl auszugehen ist, hat sich eine reichhaltige Kasuistik entwickelt. Die Geltung deutschen **Tarifrechts** oder eine einzelvertragliche Vereinbarung eines umfassenden Katalogs deutscher materieller Arbeitsrechtsvorschriften lassen erkennen, dass insgesamt deutsches Recht gewollt ist (*BAG* 28.5.2014 – 5 AZR 422/12, DB 2014, 1688; 13.11.2007 EzA Art. 30 EGBGB Nr. 9; 12.12.2001 EzA Art. 30 EGBGB Nr. 5; 26.7.1995 EzA § 133 BGB Nr. 19). Der **Ort des Vertragsschlusses** kann lediglich unterstützend herangezogen

werden (*BAG* 23.3.2016 – 5 AZR 767/14, EzA EG-Vertrag 1999 VO 593/2008 Nr. 6). Ein Fall schlüssiger Rechtswahl kann in der ausdrücklichen Bezeichnung »gesetzlich« im Arbeitsvertrag gesehen werden, wenn damit die gesetzlich vorgesehene Kündigungsfrist einer bestimmten Rechtsordnung beziffert und vereinbart wird (*Gamillscheg* ZfA 1983, 329; *Hickl* NZA-Beil. 1/1987, S. 10). Obwohl idR eine **Gerichtsstandsvereinbarung** nicht direkt auf das anzuwendende Recht schließen lässt, kann die Vereinbarung über die Zuständigkeit eines bestimmten Gerichts für alle Streitigkeiten aus dem Arbeitsverhältnis als erkennbare Rechtswahl angesehen werden (*BAG* 10.4.2013 – 5 AZR 78/12, NZA 2013, 1102; 13.11.2007 EzA Art. 30 EGBGB Nr. 9; *LAG* Nds. 20.11.1998 AR-Blattei ES Internationales Arbeitsrecht Nr. 6 m. Anm. *Mankowski*; *Hess. LAG* 12.9.2012 – 12 Sa 273/11, IPRspr 2012, 130; für den Fall der Vereinbarung eines Tarifschiedsgerichts *BAG* 30.5.1963 AP Nr. 7 zu IPR Arbeitsrecht).

Ebenso kann als Merkmal die Verwendung von für eine Rechtsordnung typischen **Formularverträ-** 22 **gen** (*Mook* DB 1987, 2252), das Zitat von Rechtsnormen eines Staates – zB von § 615 S. 2 BGB – im Vertrag (*BAG* 15.12.2016 – 6 AZR 430/15, EzA KSchG § 4 nF Nr. 100), die Bezugnahme auf Betriebsvereinbarungen (ErfK-*Schlachter* Rn 6) und die Rechtswahl bei einem früheren ähnlichen Vertragsverhältnis dienen (*Hönsch* NZA 1988, 113). Der **Sprache**, in der ein Arbeitsvertrag abgefasst ist, kommt dagegen nur geringe indizielle Bedeutung zu (st. Rspr. *BAG* 23.3.2016 – 5 AZR 767/14, EzA EG-Vertrag 1999 VO 593/2008 Nr. 6; 1.7.2010 – 2 AZR 270/09, EzA § 20 GVG Nr. 5); denn in vielen internationalen Unternehmen, in denen Arbeitsverhältnisse mit Auslandsberührung vorkommen, hat sich aus rationellen Gründen eine Sprache (oft englisch) durchgesetzt (*BAG* 18.12.1967 AP Nr. 11 zu IPR Arbeitsrecht). Ebenso kommt der **Währung**, in der die Vergütung gezahlt wird, geringes Gewicht zu angesichts der internationalen Verflechtungen und dem Trend, sich an bestimmten »festen« Währungen zu orientieren im Bereich der Arbeitsverhältnisse mit Auslandsberührungen (*Hess. LAG* 12.9.2012 – 12 Sa 273/11, IPRspr 2012, 130; anders *BAG* 23.3.2016 – 5 AZR 767/14, EzA EG-Vertrag 1999 VO 593/2008 Nr. 6). Auch **sozialversicherungsrechtliche** Bezüge stellen keine starken Indizien dar (*Opperthäuser* NZA-RR 2000, 393), soweit sie überhaupt als Gestaltungselement in Frage kommen (*Mankowski* Anm. zu LAG BW 15.10.2002 LAGE Art. 30 EGBGB Nr. 6, S. 23 f.).

5. Einschränkungen der Rechtswahl

Zwar wird der Parteiautonomie allgemein für vertragliche Schuldverhältnisse und im Einzelnen 23 auch für Individualarbeitsverträge vom Verordnungsgeber eine besondere Bedeutung beigemessen, doch dürften die **Einschränkungen der Rechtswahl** gem. Art. 3 Abs. 3, Art. 8 Abs. 1 S. 2, Art. 9 und Art. 21 VO (EG) 593/2008 zu deren weitgehender Beschränkung auf eine bes. Klasse von wenigen Vertragsverhältnissen in der Praxis führen. Dabei stehen für die Regelung gem. Art. 8 Abs. 1 S. 2 VO die besonderen Interessenlagen im Arbeitsverhältnis (vgl. Erwägungsgrund Nr. 35) im Vordergrund. Die inhaltliche Bestimmung und die Abgrenzung derjenigen vorgenannten Vorschriften voneinander, die zu einer Einschränkung der Rechtswahl führen, ist gesetzlich nicht festgeschrieben und ergibt sich im Einzelfall aus der Auslegung durch die Rechtsprechung und die Erörterungen in der Literatur (HWK-*Tillmanns* Rn 30 f.; MüKo-*Martiny* Art. 8 Rn 36 ff.; *Markovska* RdA 2007, 352 ff.).

a) Inlandssachverhalt gem. Art. 3 Abs. 3 VO (EG) 593/2008

Wenn das Arbeitsverhältnis in einem Staat vollzogen wird (**reiner Inlandsfall**), so kann trotzdem die 24 Geltung des Rechts eines anderen Staates (umfassend oder teilweise) vereinbart werden. Die Wirkung der Rechtswahl beschränkt sich jedoch auf eine materiell-rechtliche Verweisung (*Palandt/Thorn* Art. 3 Rn 5; *Staudinger/Magnus* Art. 8 Rn 53; MüKo-*Martiny* Art. 8 Rn 127; *Däubler* RIW 1987, 250). Von den zwingenden Bestimmungen des Staates, wo der Arbeitsvertrag erfüllt wird und dessen Recht durch die Rechtswahl abgewählt wurde, darf in diesem Fall nicht abgewichen werden. Bei diesen sog. **einfach zwingenden Bestimmungen** handelt es sich um Normen, die in der maßgeblichen Rechtsordnung für die einzelvertragliche Abrede nicht dispositiv sind, also unabdingbar sind (zB § 613a BGB in der deutschen Rechtsordnung, *BAG* 29.10.1992 EzA Art. 30 EGBGB Nr. 2; s.a. Rdn 120 f.). Die gleiche Grenze gilt im Rahmen des Art. 8 Abs. 1 S. 2 VO (EUArbR/*Krebber* Art. 8 Rn 25; hierzu näher Rdn 28 ff.). Wird zB das Arbeitsverhältnis in Deutschland durchgeführt und vereinbaren die Arbeitsvertragsparteien die Anwendung US-amerikanischen Rechts, weil die Konzernmutter in den USA belegen ist, so käme für die Beendigung des Arbeitsverhältnisses gleichwohl das unabdingbare KSchG zur Anwendung. Umstr. ist die Frage, ob Art. 3 Abs. 3 VO die Anwendung des **Günstigkeitsvergleichs** nach Art. 8 VO ausschließt; diese Frage ist mit der wohl hM richtigerweise zu verneinen (HWK-*Tillmanns* Rn 27; *Staudinger/Magnus* Art. 8 Rn 54; ErfK-*Schlachter* Rn 20; *Junker* IPrax 1989, 69; aA *Ferrari-Staudinger* IntVertragsR Art. 8 Rn 4; Müko-*Martiny* Art. 8 Rn 130 mwN). Der über Art. 8 Abs. 1 S. 2 VO etablierte Arbeitnehmerschutz muss sich auch insoweit durchsetzen. Haben die Vertragsparteien demnach zB in einem reinen Inlandsfall in Frankreich deutsches Recht gewählt, würde sich bei der Beendigung das KSchG durchsetzen, wenn und soweit es günstiger ist als das Kündigungsschutzrecht in Frankreich. Gilt demnach stets das günstigere Recht, kommt der Regelung in Art. 3 Abs. 3 VO im Arbeitsrecht im Ergebnis kaum praktische Bedeutung zu.

25 Die Charakterisierung von Normen iSv Art. 3 Abs. 3 VO (EG) 593/2008, von denen individualvertraglich nicht abgewichen werden darf, ergibt sich aus dem Recht des Staates, mit dem das Arbeitsverhältnis mit allen Elementen des Sachverhalts zum Zeitpunkt der Rechtswahl allein verbunden ist, also idR des Staats des Erfüllungsortes. Diese **einfach zwingenden Bestimmungen** umfassen das öffentliche Recht genauso wie das Sonderprivatrecht. Gerade im Arbeitsrecht ist es charakteristisch, dass viele Normen einseitig zwingend sind. Anders als bei Art. 8 Abs. 1 S. 2 VO kommt es aber nicht darauf an, ob es sich gerade um solche zwingende Bestimmungen handelt, die dem Arbeitnehmerschutz dienen (EUArbR/*Krebber* Art. 8 Rn 25). Zu den einseitig zwingenden Normen gehören auch **Tarifverträge**, soweit sie für das Arbeitsverhältnis kraft Tarifbindung oder Allgemeinverbindlicherklärung gelten (MünchArbR-*Oetker* § 13 Rn 33). Auch **Richterrecht** wird dazu gezählt (ErfK-*Schlachter* Rn 20; HWK-*Tillmanns* Rn 27).

26 Welche Elemente des Sachverhalts hinreichend sind, um einen reinen Inlandsfall zu verneinen, weil es einzelne Bezüge zum Ausland gibt, hängt vom Einzelfall ab. Gelegentliche Auslandsberührungen reichen nicht aus. Allerdings sind keine strengen Anforderungen an den **Auslandsbezug** zu stellen. Die unterschiedliche **Staatsangehörigkeit** allein dürfte nicht ausreichen (*Palandt/Thorn* Art. 3 Rn 5; *Staudinger/Magnus* Art. 8 Rn 55; aA ErfK-*Schlachter* Rn 20), ebenso wenig die Vereinbarung eines ausländischen Gerichtsstandes (HWK-*Tillmanns* Rn 27; ErfK-*Schlachter* Rn 20). Aber der Vertragsabschluss im Ausland, insbes. im Fall eines Betriebssitzes des Arbeitgebers im Ausland, stellt einen Bezug dorthin her (ErfK-*Schlachter* Rn 20; aA *v. Hoffmann/Thorn* IPR § 10 Rn 30; HWK-*Tillmanns* Rn 27). Selbständige inländische Betriebe eines ausländischen Konzerns bedeuten keine Auslandsberührung (ErfK-*Schlachter* Rn 20).

b) EU-Binnenmarktsachverhalt gem. Art. 3 Abs. 4 VO (EG) 593/2008

27 Eine parallele Regelung wie zu den Inlandssachverhalten (s. Rdn 24–26) sieht Art. 3 Abs. 4 VO in dem Fall der Wahl einer Rechtsordnung von einem Staat außerhalb der EU-Mitgliedsstaaten vor, wenn alle anderen Elemente des Sachverhalts zum Zeitpunkt der Rechtswahl in einem oder mehreren Mitgliedsstaaten belegen sind. Bei reinen **Binnenmarktsachverhalten** darf trotz anderweitiger Rechtswahl nicht vom zwingenden Gemeinschaftsrecht, von nicht dispositiven Normen (MüKo-*Martiny* Art. 3 Rn 98) abgewichen werden. In erster Linie sind damit Vorschriften der Richtlinien angesprochen. Dazu zählt auch die gemeinschaftsrechtskonforme Auslegung durch die Rechtsprechung. Zur Frage der Geltung des für das Arbeitsrecht bes. bedeutsamen Günstigkeitsprinzips bietet sich an, dass die Regelung gem. Art. 8 Abs. 1 VO als lex specialis die Regelung gem. Art. 3 Abs. 4 VO verdrängt (*Deinert* RdA 2009, 144, 150; EUArbR/*Krebber* Art. 8 Rn 26; s.a. oben Rdn 24).

c) Zwingende Schutzbestimmungen gem. Art. 8 Abs. 1 S. 2 VO (EG) 593/2008

28 Bei Arbeitsverhältnissen mit Auslandsberührung (s.a. Rdn 26) darf dem Arbeitnehmer nach Art. 8 Abs. 1 S. 2 VO (EG) 593/2008 nicht der Schutz entzogen werden, der ihm mangels Rechtswahl

durch **zwingende Vorschriften** gem. Art. 8 Abs. 2 bis 4 VO gewährt wird (*EuGH* 15.7.2021 – C-152/20, Rn 23 ff.). Das sind die Arbeitnehmerschutzbestimmungen der Rechtsordnung des Staates des Erfüllungsortes (Abs. 2) oder der einstellenden Niederlassung des Arbeitgebers (Abs. 3) oder schließlich des Staates, zu dem die Gesamtheit der tatsächlichen und rechtlichen Umstände des Arbeitsverhältnisses eine engere Verbindung ausweist (Abs. 4). Diese zwingenden Vorschriften verdrängen die Rechtswahl insoweit, als sie die Rechtsstellung des Arbeitnehmers vergleichsweise verbessern. Es gilt damit das **Günstigkeitsprinzip** (*BAG* 15.12.2016 – 6 AZR 430/15, EzA KSchG § 4 nF Nr. 100). Die Anwendung des kraft objektiver Anknüpfung geltenden Rechts setzt also voraus, dass dieses zu günstigeren Ergebnissen führt als das gewählte Recht (*BAG* 10.4.2014 – 2 AZR 741/13, EzA Art. 30 EGBGB Nr. 11). Möglich ist bei grenzüberschreitenden Arbeitsverhältnissen ein **Nebeneinander von Normen** der gewählten Rechtsordnung und zwingenden Vorschriften der Rechtsordnungen gem. Abs. 2 bis 4. Bei diesen zwingenden Vorschriften kann es sich also um in- oder ausländisches Recht handeln (MüKo-*Martiny* Art. 8 Rn 43). Bei der Wahl deutschen Rechts kann ggf. die für den Arbeitnehmer günstigere Bestimmung des ausländischen objektiven Arbeitsvertragsstatuts vorgehen (MüKo-*Martiny* Art. 8 Rn 43).

Zwingende Bestimmungen iSd Norm sind solche, die **vertraglich nicht abbedungen** werden können und dem **Schutz des Arbeitnehmers** dienen (*BAG* 10.4.2014 – 2 AZR 741/13, EzA Art. 30 EGBGB Nr. 11). Die Regelung gem. Art. 8 Abs. 1 S. 2 geht als lex specialis derjenigen gem. Art. 3 Abs. 3 VO vor (Rdn 24; *Junker* Internationales Arbeitsrecht S. 258). Der arbeitsrechtliche Schutzgedanke zugunsten des sozial schwächeren Arbeitnehmers steht im Vordergrund (zB **Kündigungsschutzvorschriften**, *BAG* 10.4.2014 – 2 AZR 741/13, EzA Art. 30 EGBGB Nr. 11; 20.11.1997 EzA Art. 30 EGBGB Nr. 4; § 613a BGB, *BAG* 29.10.1992 EzA Art. 30 EGBGB Nr. 2; gesetzliche Schriftform der Kündigung gem. § 623 BGB). Dazu zählen auch im **Befristungsrecht** die §§ 14 ff. TzBfG (*BAG* 21.3.2017 – 7 AZR 207/15, MDR 2017, 1371). Unabdingbare arbeitsrechtliche Schutzvorschriften können privatrechtlicher oder öffentlich-rechtlicher Natur sein (*Palandt/Thorn* Art. 8 Rn 9). Der arbeitsrechtliche Schutzgedanke, der eine weite Auslegung zulässt (*Staudinger/ Magnus* Art. 8 Rn 75; MüKo-*Martiny* Art. 8 Rn 38), erfordert auch die Beachtung von **Tarifverträgen**, sofern die Arbeitsvertragsparteien tarifgebunden oder die Tarifnormen allgemeinverbindlich erklärt sind (vgl. *Gamillscheg* ZfA 1983, 307, 336; MüKo-*Martiny* Art. 8 Rn 40). Des Weiteren sind auch **Betriebsvereinbarungen** als zwingend anzusehen (*Gumnior/Pfaffenberg* NZA 2019, 1326, 1328; *Mankowski* RdA 2018, 181, 183). Schließlich zählen auch Normen des **allgemeinen Vertragsrechts**, wie zB des Verjährungsrechts oder die AGB-Kontrolle, sowie des Richterrechts zum Kanon der vorgehenden zwingenden Vorschriften, soweit sie auf das Arbeitsverhältnis i. E. anzuwenden sind (MünchArbR-*Oetker* § 13 Rn 28; *Ferrari-Staudinger* IntVertragsR Art. 8 Rn 14; ErfK-*Schlachter* Rn 19; *Staudinger/Magnus* Art. 8 Rn 80). Inwieweit einzelne Vorschriften der deutschen Rechtsordnung im Zusammenhang mit der Beendigung von Arbeitsverhältnissen als zwingend iSv Art. 8 Abs. 1 S. 2 VO (EG) Nr. 593/2008 anzusehen sind, vgl. Rdn 87 ff.

Beziehen sich Vorschriften der gewählten Rechtsordnung und **zwingende Vorschriften** gem. Art. 8 Abs. 2 bis 4 VO (EG) 593/2008 auf denselben Regelungsgegenstand, kommen aber trotz gleicher oder ähnlicher rechtlicher Handhabungen zu unterschiedlichen Ergebnissen hinsichtlich des Arbeitnehmerschutzes, so wird ein Vergleich zugunsten der für den Arbeitnehmer **günstigeren Schutznormen** durchgeführt (*BAG* 13.11.2007 EzA Art. 30 EGBGB Nr. 9; 29.10.1992 EzA Art. 30 EGBGB Nr. 2; 24.8.1989 EzA Art. 30 EGBGB Nr. 1). Sieht das Recht eines Staates für verschiedene Gruppen von Arbeitnehmern unterschiedliche Regelungen vor, sind diejenigen Vorschriften mit dem Recht des anderen Staates zu vergleichen, die auf den betroffenen Arbeitnehmer anzuwenden sind (st. Rspr *BAG* 10.4.2014 – 2 AZR 741/13, EzA Art. 30 EGBGB Nr. 11).

Bei der Durchführung des **Günstigkeitsvergleichs** ist eine Gesamtbetrachtung der beiden in Frage kommenden Rechtsordnungen wenig praktikabel und daher abzulehnen (*BAG* 10.4.2014 – 2 AZR 741/13 – EzA Art. 30 EGBGB Nr. 11). Ebenso stößt das punktuelle Günstigkeitsprinzip zB nur eng auf den str. Rechtsanspruch bezogen auf Bedenken, weil es im Einzelfall zu unsachgerechten Ergebnissen führen kann. Denn ungünstigere Regelungen in einer Rechtsordnung erfahren möglicherweise Kompensationen in anderen – nicht zum Vergleich anstehenden – Bereichen (vgl. zB Bestandsschutz eines Arbeitsverhältnisses einerseits, relativ höheres Vergütungsniveau andererseits, s. Rdn 46), es drohte außerdem die Gefahr eines »Rosinenpickens« (vgl. *BAG* 10.4.2014 – 2 AZR 741/13, EzA Art. 30 EGBGB Nr. 11). Zu vergleichen sind die in einem **inneren, sachlichen Zusammenhang** stehenden Teilkomplexe der fraglichen Rechtsordnungen (**Sachgruppenvergleich**: *BAG* 21.3.2017 – 7 AZR 207/15, MDR 2017, 1371; 10.4.2014 – 2 AZR 741/13, EzA Art. 30 EGBGB Nr. 11; 19.3.2014 – 5 AZR 252/12, NZA 2014, 1076; *Gumnior/Pfaffenberg* NZA 2019, 1326, 1329; *Schlachter* NZA 2000, 57; *MünchArbR-Oetker* § 13 Rn 31; *Staudinger/Magnus* Art. 8 Rn 84; *Krebber* S. 335 ff.). Im Bereich des **Kündigungsschutzrechts** sind deshalb die Anforderungen an das Vorliegen eines Kündigungsgrunds, die Kündigungsfrist und die Möglichkeit des Arbeitnehmers, im Falle einer ungerechtfertigten Kündigung den Erhalt des Arbeitsplatzes (kein »Abfindungsgesetz«; insoweit aA *Gumnior/Pfaffenberg* NZA 2019, 1326, 1330) und seine Weiterbeschäftigung zu erreichen, in den Blick zu nehmen (*BAG* 10.4.2014 – 2 AZR 741/13, EzA Art. 30 EGBGB Nr. 11). Auch eine mögliche Kompensation, etwa durch einen Abfindungsanspruch, ist zu berücksichtigen. Im **Befristungsrecht** sind die Anforderungen an Sachgründe für eine Befristung, die maximal zulässige Dauer aufeinander folgender Befristungen und die zulässige Zahl der Verlängerungen zu vergleichen (*BAG* 21.3.2017 – 7 AZR 207/15, MDR 2017, 1371). Maßgeblich ist eine verobjektivierte Sicht, nicht die subjektive Sicht des betroffenen Arbeitnehmers (*Mankowski* RdA 2018, 181, 185).

32 Bei der Bestimmung der **Günstigkeit** handelt es sich um eine **Rechtsfrage** (*BAG* 21.3.2017 – 7 AZR 207/15, MDR 2017, 1371; 10.4.2014 – 2 AZR 741/13, EzA EGBGB Art. 30 Nr. 11). Sie richtet sich nach der Rechtsordnung des angerufenen Gerichts. So hat das deutsche Gericht den Inhalt des ausländischen Rechts nach § 293 ZPO umfassend von **Amts wegen** (*BAG* 7.5.2020 – 2 AZR 692/19, Rn 67; HWK-*Tillmanns* Rn 51) nicht nur durch Heranziehung von Rechtsquellen, sondern unter Ausschöpfung der ihm zugänglichen Erkenntnismöglichkeiten auch die Ausgestaltungen des Rechts im Einzelnen durch die jeweilige Rechtsprechung (*BAG* 7.5.2020 – 2 AZR 692/19, Rn 66; *BGH* 23.6.2003 NJW 2003, 2685), zu ermitteln (vgl. näher unten Rdn 144 f.). Es gilt das **Freibeweisverfahren** (*BAG* 20.10.2017 – 2 AZR 783/16 (F), EzA § 2 KSchG Nr. 102; 21.3.2017 – 7 AZR 207/15, MDR 2017, 1371). Haben die Parteien selbst umfassend zu der Rechtslage im Ausland vorgetragen und bestehen keine Anhaltspunkte, dass eine abweichende Beurteilung geboten ist, darf das Gericht von dieser Grundlage ausgehen (*BAG* 20.10.2017 – 2 AZR 783/16 (F), EzA § 2 KSchG Nr. 102). Auch in der Revisionsinstanz kann das BAG aber das ausländische Recht – ggf. ergänzend – selbst ermitteln (*BAG* 10.4.2014 – 2 AZR 741/13, EzA Art. 30 EGBGB Nr. 11). Nach neuerer Rspr. des BAG soll das ausländische Recht aber gem. § 73 ArbGG **nicht revisibel** sein (*BAG* 7.5.2020 – 2 AZR 692/19, Rn 76). Dies überzeugt nicht (Rdn 145); es geht um Rechtsanwendung, nicht um die Ermittlung von Tatsachen. Muss bei einem Sachverhalt mit Auslandsberührung fremdes Recht angewandt werden, ist für diese Subsumtion nach deutschem Recht als letzte Instanz das BAG, nicht das LAG berufen.

33 Während der Laufzeit eines Arbeitsvertrages kann durch nationale gesetzliche Änderungen ein **Wechsel** in der Geltung von Arbeitnehmerschutzklauseln nach einem **Günstigkeitsvergleich** mit der Folge von Änderungen des Arbeitsvertragsstatuts eintreten.

d) Eingriffsnormen gem. Art. 9 VO (EG) 593/2008

aa) Allgemeines

34 Zwingende Vorschriften iSd Art. 9 VO (EG) 593/2008 sind deutsche **Eingriffsnormen**, die den Sachverhalt oder einen Teil desselben ungeachtet der Auslandsberührung und der Rechtswahl international zwingend – und nicht nur innerstaatlich oder national zwingend – regeln (zur Frage einer einheitlichen Auslegung vgl. *Weber* IPrax 1988, 82). Eingriffsnormen (frz.: »lois de police«) widerstehen der parteiautonomen Rechtswahl, sie ersetzen die Rechtswahl und gelangen selbst zu unmittelbarer Anwendung. Im Unterschied zu den »zwingenden Bestimmungen« gem. Art. 3 Abs. 3 VO (EG) 593/2008 (unabdingbare, »vertragsfeste« Bestimmungen, Rdn 24 ff.)

und gem. Art. 8 Abs. 1 VO (EG) 593/2008 (Normen zum sozialen Arbeitnehmerschutz nach Günstigkeitsvergleich, Rdn 28 ff.) zielt die ratio legis der Eingriffsnormen gem. Art. 9 VO (EG) 593/2008 auf die Wahrung der **tragenden inländischen sozial- und wirtschaftspolitischen Wertvorstellungen** (Normen, »die als Säulen der staatlichen und sozialen Ordnung nicht hinweggedacht werden können, ohne dass diese Ordnung gefährdet wäre«, *Gamillscheg* ZfA 1983, 345; ähnlich *Deinert* ZESAR 2016, 107 110; Müko-*Martiny* Art. 9 Rn 13; *Ferrari-Staudinger* IntVertragsR Art. 8 Rn 15; zur Abgrenzung der drei Regelungsbereiche von »zwingenden Bestimmungen« vgl. *Markovska* RdA 2007, 352, 357). Daher müssen Eingriffsnormen auf alle in Betracht kommenden Sachverhalte angewendet werden (*BAG* 18.4.2012 – 10 AZR 200/11, EzA-SD 16/2012, 7; zust. Anm. *Abele* FA 2013, 7). Ein Günstigkeitsvergleich findet insoweit nicht mehr statt (*Benecke* RdA 2020, 366, 367; ErfK-*Schlachter* Rn 21). Die Anwendung der jeweiligen Eingriffsnorm erfordert einen hinreichenden **Bezug zu der jeweiligen Rechtsordnung** (*BAG* 22.10.2015 – 2 AZR 720/14, EzA Art 30 EGBGB Nr. 12; *Herfs-Röttgen* NZA 2017, 873, 874), wobei der Wohnsitz einer Partei als Bezug nicht ausreichend sein dürfte (ErfK-*Schlachter* Rn 21).

Nach der Rspr. des BAG erfordert die Qualifikation als Eingriffsnorm, dass das inländische Gesetz **35** entweder ausdrücklich oder nach seinem Sinn und Zweck ohne Rücksicht auf das nach deutschen Kollisionsrecht anwendbaren Recht gelten soll (*BAG* 7.5.2020 – 2 AZR 692/19, Rn 48). Erforderlich ist dabei, dass die Vorschrift nicht nur auf den Schutz von Individualinteressen der Arbeitnehmer gerichtet ist, sondern mit ihr **zumindest auch öffentliche Gemeinwohlinteressen** verfolgt werden (*BAG* 7.5.2020 – 2 AZR 692/19, Rn 48; 21.3.2017 – 7 AZR 207/15, MDR 2017, 1371; 13.11.2007 – 9 AZR 134/07, EzA Art. 30 EGBGB Nr. 9). Ein Indiz liegt nach der Rspr. des BAG für ein hinreichend starkes Gemeinwohlinteresse dann vor, wenn die Handlungsfreiheit des Arbeitgebers durch **Genehmigungsvorbehalte** von Behörden eingeschränkt wird (*BAG* 13.11.2007 – 9 AZR 134/07, EzA Art. 30 EGBGB Nr. 9; 6.11.2002 EzA § 1a AEntG Nr. 1; 12.12.2001 EzA Art. 30 EGBGB Nr. 5). Es reicht nicht aus, dass die Vorschrift, wie das bei dem **Sonderprivatrecht**, zu dem auch das Arbeitsrecht gehört, häufig der Fall ist, einseitig zwingend ist; ansonsten wäre auch eine Abgrenzung zu den zwingenden Normen iSd Art. 8 Abs. 1 S. 2 VO nicht möglich. Art. 9 VO ist nach Sinn und Zweck daher eng auszulegen (*BAG* 7.5.2020 – 2 AZR 692/19, Rn 49; ErfK-*Schlachter* Rn 21; HWK-*Tillmanns* Rn 35; *Palandt/Thorn* Art. 9 Rn 5). Ein bloß **reflexartiger Schutz** von Gemeinwohlinteressen genügt **nicht** (ebenso *BAG* 13.11.2007 – 9 AZR 134/07, EzA Art. 30 EGBGB Nr. 9). Soweit sich aus dem Wortlaut einer Vorschrift nicht schon ihr international zwingender Charakter ergibt wie zB im Fall des § 2 AEntG, ist er nach dem Gesetzeszweck (*BAG* 3.5.1995 EzA Art. 30 EGBGB Nr. 3) im Wege der einheitlichen Auslegung zu ermitteln (MüKo-*Martiny* Art. 9 Rn 9). Dabei können als Indizien Berücksichtigung finden, ob ein Verstoß gegen das Gesetz mit **hoheitlichen Mitteln sanktioniert** wird, also zB eine Ordnungswidrigkeit darstellt (Müko-*Martiny* Art. 9 Rn 20 f.; *Markovska* RdA 2007, 352, 356) oder ob es auf **Richtlinien der EU**, wie zB die Entsende-RL, beruht (zu § 2 Nr. 4 AEntG *BAG* 21.3.2017 – 7 AZR 207/15, MDR 2017, 1371; zu § 2 Nr. 7 AEntG und das AGG *BAG* 22.10.2015 – 2 AZR 720/14, EzA EGBGB Art 30 Nr. 12). Gemeinwohlinteressen sieht das *BAG* (24.8.1989 – 2 AZR 3/98, EzA Art. 30 EGBGB Nr. 1) ursprünglich bei solchen Kündigungsschutzvorschriften im Vordergrund, bei denen **staatliche Stellen** mit Genehmigungsvorbehalten, Betriebsverfassungsorgane oder Gerichte eingeschaltet werden. Freilich sagt die Einbindung von Behörden noch nichts aus über den überwiegenden Charakter eines Normenkomplexes; das prozedurale Einbinden einer Behörde kann auch ganz vorrangig nur dem Arbeitnehmerschutz dienen. Nach einer neueren Tendenz in der Rspr. ist eine unbedingter Geltungswille einer Norm umso weniger anzunehmen, als das **Zusammenspiel mit anderen inländischen Normen**, auch des Sozialrechts, zu erheblichen Friktionen in der praktischen Abwicklung führen würde (*BAG* 7.5.2020 – 2 AZR 692/19, Rn 56 für das Verhältnis von § 18 BEEG und dem Anspruch auf Elterngeld nach § 1 ff. BEEG; ähnlich *Benecke* RdA 2020, 366, 368).

Nach **Art. 9 Abs. 2, 3** VO (EG) 593/2008 sind die Eingriffsnormen des Staates des angerufenen **36** Gerichts oder des Staates, in dem die vertraglichen Pflichten erfüllt werden, grds. anzuwenden.

Die Geltung **fremder Eingriffsnormen** des Staats, in dem die Vertragspflichten zu erfüllen sind, können nach einer Ermessensentscheidung des Gerichts berücksichtigt werden. Es handelt sich um eine Ausnahmeregelung, die eng auszulegen ist (*Martiny* ZEuP 2018, 218, 237). Anderweitige Eingriffsnormen können jedoch als **tatsächliche Umstände** im Rahmen des nach der VO geltenden nationalen Rechts, soweit ausfüllungsbedürftige Normen anzuwenden sind, berücksichtigt werden (*EuGH* 18.10.2016 – C-135/15, EzA EG-Vertrag 1999 VO 593/2008 Nr. 5a; st. Rspr. *BAG* 26.4.2017 – 5 AZR 962/13, EzA EG-Vertrag 1999 VO 593/2008 Nr. 8 für den Fall der griechischen Spargesetze, die keine Eingriffsnormen darstellen und die auch über § 241 Abs. 2 BGB keine Wirkung auf die nationale deutsche Rechtslage entfalten; zum Problem auch *Freitag* NJW 2018, 430 ff.).

bb) Kündigungsschutzbestimmungen

37 Zu den **international zwingenden Vorschriften** iSd Art. 9 VO (EG) 593/2008 zählen nicht die Regelungen im Ersten Abschnitt (§§ 1–14) **des KSchG**; denn sie bezwecken in erster Linie einen Interessenausgleich zwischen den Bestandsschutzinteressen des Arbeitnehmers und der Vertragsfreiheit des Arbeitgebers (*BAG* 7.5.2020 – 2 AZR 692/19, Rn 51; 22.10.2015 – 2 AZR 720/14, EzA Art 30 EGBGB Nr. 12; 10.4.2014 EzA Art. 30 EGBGB Nr. 11; 24.8.1989 – 2 AZR 3/89, EzA Art. 30 EGBGB Nr. 1; *Staudinger/Magnus* Art. 8 Rn 236 f.; *Rauscher* NJW 2020, 3632, 3638; *Heilmann* AR-Blattei SD 340 Auslandsarbeit Rn 255; *Deinert* RdA 2009, 144, 152; MünchArbR-*Oetker* § 13 Rn 143; aA *Däubler* RIW 1987, 249, 255; *Birk* RdA 1989, 201, 207; *Krebber* S. 305 ff.). Entsprechendes gilt für kündigungsrelevante Normen des BGB, also für die **§§ 626, 622** sowie **174 BGB** (*BAG* 7.5.2020 – 2 AZR 692/19, Rn 51 f.). Demgegenüber verfolgen die Vorschriften über **Massenentlassungen in den §§ 17 ff.** KSchG zumindest auch einen arbeitsmarktpolitischen Zweck, sie dienen nicht allein Individual-, sondern auch den Interessen der Allgemeinheit und zählen damit zu den Eingriffsnormen iSd Art. 9 VO (EG) Nr. 593/2008 (näher unten Rdn 123; *BAG* 24.8.1989 – 2 AZR 3/98, EzA Art. 30 EGBGB Nr. 1; *Ferrari-Staudinger* IntVertragsR Art. 8 Rn 15; *Deinert* S. 373). Das Erfordernis einer vorherigen Zustimmung des Integrationsamts nach § 168 SGB IX bei der Kündigung eines Arbeitsverhältnisses einer **schwerbehinderten Person** gilt nicht, wenn die Voraussetzungen des § 2 Abs. 2 SGB IX nicht gegeben sind, also die Person nicht ihren gewöhnlichen Aufenthalt in Deutschland hat. Außerdem verlangt die Prüfungskontrolle des Integrationsamts, dass deutsches Arbeitsvertragsstatut gilt. Damit hat das BAG die Qualifikation von **§ 168 SGB IX als Eingriffsnorm abgelehnt** (*BAG* 22.10.2015 – 2 AZR 720/14, EzA Art. 30 EGBGB Nr. 12; s.a. unten Rdn 107). Das BAG hat auch **§ 18 BEEG** nicht als Eingriffsnorm eingeordnet, jedenfalls dann, wenn der Arbeitnehmer nicht in Deutschland tätig war (*BAG* 7.5.2020 – 2 AZR 692/19, Rn 53 ff.; zust. *Benecke* RdA 2020, 366, ff. aA *LAG Frankf.* 16.11.1999 – 4 Sa 463/99). Die Begründung, die auch darauf abstellt, dass sich die Unwirksamkeitsfolge nicht aus der Norm selbst, sondern erst aus § 134 BGB ergibt, ist allerdings auch auf den Fall zu übertragen, dass der Arbeitnehmer im Inland arbeitete; in diesem Fall dürfte der Arbeitnehmerschutz indes schon durch Art. 8 Abs. 1 S. 2 und Abs. 2 VO gewährleistet sein. Eine Sonderanknüpfung wird allgemein für den Sonderkündigungsschutz von **Betriebsratsmitgliedern** gem. § 15 KSchG und § 103 BetrVG bejaht (*Staudinger/Magnus* Art. 8 Rn 238; HWK-*Tillmanns* Rn 36; *Ferrari-Staudinger* IntVertragsR Art. 8 Rn 15), wobei für das BetrVG das Territorialitätsprinzip gilt (Rdn 117 ff.). Entsprechendes gilt für den besonderen Kündigungsschutz nach dem **MuSchG** (*BAG* 24.8.1989 – 2 AZR 3/98, EzA Art. 30 EGBGB Nr. 1; *Staudinger/Magnus* Art. 8 Rn 238). Die Qualifizierung des **§ 613a BGB** als nicht international zwingend durch das BAG (vgl. Rdn 120 ff.) wird wegen des in Art. 1 Abs. 2 Richtlinie 2001/23/EG definierten Anwendungsbereichs und im Lichte der Regelung in Art. 3 Abs. 4 VO (EG) 593/2008 teilweise kritisiert (AR-*Krebber* Rn 22, 23; *Staudinger/Magnus* Rn 218; aA MüKo-*Martiny* Art. 8 Rn 135). Weitere Einzelfragen im Zusammenhang mit der Kündigung des Arbeitsverhältnisses werden weiter unten behandelt Rdn 94 ff.

cc) Befristungsrecht

Im **Befristungsrecht** ist es unstreitig, dass die Sachgründe gem. § 14 Abs. 1 TzBfG dem Arbeitsvertragsstatut folgen (aA *Falder* NZA 2016, 401, 402). Entschieden ist bislang nur, dass § 14 TzBfG zu den zwingenden Bestimmungen iSv Art. 8 S. 2 VO gehört (*BAG* 21.3.2017 – 7 AZR 207/15, MDR 2017, 1371). Überwiegend wird aber betont, dass die Regelungen in **§ 14 Abs. 2 und 3 TzBfG** vorrangig einen beschäftigungsfördernden Charakter haben und damit als Eingriffsnormen anzusehen seien (MünchArbR-*Oetker* § 13 Rn 88; *Staudinger/Magnus* Art. 8 Rn 217; *Mauer/Lindemann* Personaleinsatz Rn 510; *Schneider* NZA 2010, 1380, 1382). Richtigerweise dürfte indes zu differenzieren sein. Bei § 14 Abs. 2 TzBfG geht es um Beschränkungen der Befristungsmöglichkeit, wie sie letztlich von der Rahmenvereinbarung RL 1999/70/EG gefordert werden. Dabei steht aber nach wie vor der Arbeitnehmerschutz im Spannungsverhältnis mit dem Flexibilisierungsinteresse des Arbeitgebers im Vordergrund. Zwar wird auch das arbeitsmarktpolitische Anliegen verfolgt, allgemein die Einstellung von Arbeitnehmern zu fördern. Dieser öffentliche Zweck ist jedenfalls aber nicht höher einzuordnen als der angestrebte Ausgleich privater Interessen. Auch die Regelungen in §§ 1 Abs. 1 KSchG und 622 Abs. 3 BGB dienen der Erleichterung von Einstellungen, werden aber nicht einer Sonderanknüpfung unterworfen. Deshalb ist ein unbedingter Geltungswille iSv Art. 9 VO abzulehnen. Entsprechendes gilt für sachgrundlose Befristungen auf tarifvertraglicher Grundlage nach **§ 14 Abs. 2 S. 3 TzBfG**; die Tarifpartner nehmen insoweit keine Gemeinwohlinteressen des Staates wahr. Hingegen stehen bei den § 14 Abs. 2a und 3 TzBfG **beschäftigungspolitische Aspekte** im Vordergrund. Bei Abs. 2a geht um eine Risikoentlastung zugunsten von Existenzgründern. Bei der Regelung in Abs. 3 geht es um eine Anreizsetzung zur Einstellung von »älteren« Arbeitnehmern ab dem 52. Lebensjahr. Hier wird schon durch die Bezugnahme auf § 138 SGB III die enge Verzahnung mit dem deutschen Sozialrecht deutlich, so dass auch dieser Gesichtspunkt für eine Sonderanknüpfung spricht (zu Befristungen auch unten Rdn 90 ff.). Richtigerweise sind auch die §§ 11 und 15 Abs. 3 TzBfG nicht als Eingriffsnormen anzusehen (Müko-*Hergenröder* Einl. KSchG Rn 24).

dd) AEntG und Entsenderichtlinie

Paradebeispiel einer international zwingenden Sonderanknüpfung sind diejenigen Regelungsgegenstände, die unter das **AEntG** fallen. Der international sich durchsetzende Geltungswille ergibt sich aus dem Wortlaut in § 1 AEntG, dh die dort geregelten Normbereiche setzen sich stets unabhängig von dem Arbeitsvertragsstatut der nach Deutschland entsandten Arbeitnehmer durch. Das AEntG ist mit der »**Entsende-Richtlinie**« Richtlinie 96/71/EG verzahnt und wurde wiederholt an die europäischen Vorgaben angepasst. Die Entsenderichtlinie wurde zuletzt mit der Änderungsrichtlinie (EU) 2018/957 vom 28. Juni 2018 (ABl. 2018 L 173/16) geändert. Infolge dieser unionsrechtlichen Vorgaben wurde das AEntG mit Wirkung von 30.7.2020 durch das Gesetz vom 10.7.2020 zur Umsetzung der Richtlinie (EU) 2018/957 vom 28. Juni 2018 modifiziert. Wesentliche Änderungen sind, dass die Pflicht zur Gewährung gesetzlicher oder tariflicher Entgelte auf alle zwingend geregelten Entgelttatbestände ausgedehnt worden ist. Nach einer Entsendedauer von 12 bzw. 18 Monaten gelten für die entsandten Arbeitnehmer nahezu alle zwingend vorgeschriebenen Beschäftigungsbedingungen des Inlands (zu den Änderungen *Franzen* EuZA 2019, 3 ff.; *Riesenhuber* NZA 2018, 1333 ff; *Fuchs* ZESAR 2019, 105 ff.; *Krebber* EuZA 2019, 62 ff.; ErfK-*Franzen* § 1 AEntG Rn 3). Diese Modifikationen infolge der Änderungsrichtlinie sind entgegen der Ansicht von Ungarn und Polen auch zulässig gewesen (*EuGH* 8.12.2020 – C-620/18, NZA 2021, 113). Nach der Rspr. des EuGH sind sowohl Art. 3 Abs. 1 als auch Art. 3 Abs. 1a der geänderten Richtlinie 96/71 in Bezug auf entsandte Arbeitnehmer, die länger als – im Allgemeinen zwölf Monate – entsandt werden, als **spezielle Kollisionsnormen** iSd Art. 23 der VO (EG) 593/2008 anzusehen (*EuGH* 8.12.2020 – C-620/18, NZA 2021, 113). Damit gehen diese Regeln auch Art. 8 Abs. 2 VO vor.

Auszug aus dem **AEntG** vom 20.4.2009 (BGBl. I S. 799), zuletzt geändert durch das Gesetz vom 10.7.2020 (BGBl. I S. 1657):

> **§ 2 AentG**
> *Allgemeine Arbeitsbedingungen*
>
> (1) *Die in Rechts- oder Verwaltungsvorschriften enthaltenen Regelungen über folgende Arbeitsbedingungen sind auch auf Arbeitsverhältnisse zwischen einem im Ausland ansässigen Arbeitgeber und seinen im Inland beschäftigten Arbeitnehmern und Arbeitnehmerinnen zwingend anzuwenden:*
> 1. *die Entlohnung einschließlich der Überstundensätze ohne die Regelungen über die betriebliche Altersversorgung,*
> 2. *der bezahlte Mindestjahresurlaub,*
> 3. *die Höchstarbeitszeiten und Mindestruhezeiten,*
> 4. *die Bedingungen für die Überlassung von Arbeitskräften, insbesondere durch Leiharbeitsunternehmen,*
> 5. *die Sicherheit, der Gesundheitsschutz und die Hygiene am Arbeitsplatz, einschließlich der Anforderungen an die Unterkünfte von Arbeitnehmern und Arbeitnehmerinnen, wenn sie vom Arbeitgeber für Arbeitnehmer und Arbeitnehmerinnen, die von ihrem regelmäßigen Arbeitsplatz entfernt eingesetzt werden, unmittelbar oder mittelbar, entgeltlich oder unentgeltlich zur Verfügung gestellt werden,*
> 6. *die Schutzmaßnahmen im Zusammenhang mit den Arbeits- und Beschäftigungsbedingungen von Schwangeren und Wöchnerinnen, Kindern und Jugendlichen,*
> 7. *die Gleichbehandlung der Geschlechter sowie andere Nichtdiskriminierungsbestimmungen und*
> 8. *die Zulagen oder die Kostenerstattung zur Deckung der Reise-, Unterbringungs- und Verpflegungskosten für Arbeitnehmer und Arbeitnehmerinnen, die aus beruflichen Gründen von ihrem Wohnort entfernt sind.*
>
> (2) *Ein Arbeitgeber mit Sitz im Ausland beschäftigt einen Arbeitnehmer oder eine Arbeitnehmerin auch dann im Inland, wenn er ihn oder sie einem Entleiher mit Sitz im Ausland oder im Inland überlässt und der Entleiher den Arbeitnehmer oder die Arbeitnehmerin im Inland beschäftigt.*
>
> (3) *Absatz 1 Nummer 8 gilt für Arbeitgeber mit Sitz im Ausland, wenn der Arbeitnehmer oder die Arbeitnehmerin*
> 1. *zu oder von seinem oder ihrem regelmäßigen Arbeitsort im Inland reisen muss oder*
> 2. *von dem Arbeitgeber von seinem oder ihrem regelmäßigen Arbeitsort im Inland vorübergehend zu einem anderen Arbeitsort geschickt wird.*

41 Im Bereich der **Arbeitnehmerüberlassung** hat das BAG § 9 Nr. 1 AÜG mit Blick auf § 2 Abs. 1 Nr. 4 AEntG als international zwingende Eingriffsnorm angesehen (*BAG* 21.3.2017 – 7 AZR 207/15, EzA § 14 TzBfG Sonstiger Sachgrund Nr. 1; zust. *Mankowski* RdA 2018, 181, 186; *Rauscher* NJW 2017, 3486; 3493). Gleiches dürfte wegen § 2 Nr. 7 AEntG für das **AGG** gelten (*BAG* 22.10.2015 – 2 AZR 720/14, EzA EGBGB Art 30 Nr. 12; 24.9.2015 – 2 AZR 3/14, Rn 96; aA HWK-*Tillmanns* Rn 36). Nach §§ 3 Nr. 1, 4 Abs. 1 Nr. 1, 5 Nr. 3 AEntG werden die Rechtsnormen eines allgemeinverbindlichen Tarifvertrags des Bauhaupt- oder Nebengewerbes auf Arbeitsverhältnisse mit Arbeitgebern mit Sitz im Ausland erstreckt, soweit das **Urlaubsverfahren der ULAK** betroffen ist (*BAG* 15.2.2012 – 10 AZR 711/10, EzA VO 44/2001 EG-Vertrag 1999 Nr. 6, 25.1.2005 – 9 AZR 258/04, NZA 2005, 1130). Das Gleiche folgt nun aus § 7 Abs. 11 Sozialkassenverfahrenssicherungsgesetz (SokaSiG).

ee) Kollektivverträge

42 Nach ganz hM sind **Tarifvertragsnormen** nicht als Eingriffsrecht ausgestaltet (*BAG* 7.5.2020 – 2 AZR 692/19, AP Art. 30 EGBGB nF Nr. 11; *Junker* Internationales Arbeitsrecht S. 443; *Deinert* RdA 2009, 144, 151; ErfK-*Schlachter* Rn 25; krit. *Thüsing/Müller* BB 2004, 1333; aA *Hergenröder* ZfA 1999, 1, 40; *Däubler* AuR 1990, 1; *Hönsch* NZA 1987, 113). Es muss also für die Geltung von Tarifnormen ein Gleichlauf zwischen Tarifvertrags- und Arbeitsvertragsstatut bestehen. Ein tarifliches Kündigungsverbot wäre daher nicht als Eingriffsrecht einzuordnen (Müko-*Hergenröder* Einl. KSchG Rn 24). Trotz des staatlichen Normsetzungsaktes stellen auch für **allgemeinverbindlich erklärte Tarifverträge** keine **Eingriffsnormen** iSd Art. 9 VO (EG) 593/2008 dar; denn der Begriff des öffentlichen Interesses iSv § 5 Abs. 1 TVG ist von dem Begriff des Gemeinwohls als Merkmal einer Eingriffsnorm gem. Art. 9 VO zu unterscheiden. Das zeigt sich zB anhand einer für allgemein verbindlich erklärten tariflichen Ausschlussfrist im Baugewerbe, denn mit dieser Regelung werden

keine bedeutenden Gemeinwohlinteressen verfolgt (*BAG* 12.1.2005 – 5 AZR 279/01, EzA § 1a AEntG Nr. 3; vgl. zum früheren Recht *BAG* 4.5.1977 – 4 AZR 10/76, EzA § 4 TVG Bauindustrie Nr. 25; HWK-*Tillmanns* Rn 35; aA *Deinert* RdA 2009, 144, 151). Soweit Tarifverträge vom Regelungsbereich des AEntG betroffen sind, ergibt sich für diese Normen jedoch gem. §§ 2 bzw. 3 AEntG ihr international zwingender Charakter (*BAG* 3.5.2006 EzA § 1 AEntG Nr. 10; 28.9.2005 EzA § 1 AEntG Nr. 9; 25.1.2005 EzA § 1 AEntG Nr. 5). Bei dem BetrVG gilt das Territorialitätsprinzip (*BAG* 24.5.2018 – 2 AZR 54/18, NZA 2018, 1369; hierzu Rdn 124). Das Gesetz gilt räumlich somit zwingend für alle Betriebe, die im Inland belegen sind. **Betriebsvereinbarungen** gelten folglich mit normativer Wirkung unabhängig von dem jeweiligen Arbeitsvertragsstatut des Arbeitnehmers (*Fitting* § 1 Rn 12; GK-BetrVG/*Franzen* § 1 Rn 5; *Horcher* Internationale betriebl. Vereinbarungen, 2003, 185 ff.).

ff) Sonstiges

Der **Mindestlohnanspruch** nach § 1 MiLoG ist nach § 20 MiLoG als Eingriffsrecht ausgestaltet 43 (vgl. *EuGH* 8.7.2021 – C-428/19, Rn 41; *LAG Bln.-Bra.* 17.8.2020 – 21 Sa 1900/19; *FG Bln.-Bra.* 16.1.2019 – 1 K 1161/17, NZA-RR 2019, 230 mit Anm. *Sura*; *Riechert/Nimmerjahn* § 20 Rn 3; ErfK-*Franzen* § 20 MiLoG Rn 1). Ob dies auch gilt, wenn ein LKW-Fahrer das Bundesgebiet bloß bei einer Transitfahrt durchquert, ist str. (so nun *EuGH* 8.7.2021 – C-428/19, Rn 36; *Moll/Katerndahl* DB 2015, 555 ff.; *Rauscher* NJW 2020, 3632, 3638: Frage der sachlichen Selbstbeschränkung der Norm). Den **Zuschuss zum Mutterschaftsgeld** (zur Frage der Verfassungsmäßigkeit *BVerfG 18.*11.2003 NJW 2004, 146) gem. § 20 Abs. 1 MuSchG sieht das BAG als eine »Verwirklichung des Verfassungsgebots aus Art. 6 Abs. 4 GG« und damit als ein bes. wichtiges Gemeinschaftsgut an, das international zwingend iSd Art. 9 VO (EG) Nr. 593/2008 sei. Im Übrigen werde ein Gemeinwohlbelang dadurch verfolgt, weil durch den Zuschuss die Sozialversicherungskasse entlastet werde (*BAG* 12.12.2001 EzA Art. 30 EGBGB Nr. 5; zust. *Franzen* IPRax 2003, 239, 243 mwN; *Markovska* RdA 2007, 352). Auch bei der **Entgeltfortzahlung** gem. § 3 Abs. 1 EFZG sind nach dem BAG nicht nur Individualinteressen betroffen. Die Qualifizierung als Eingriffsnorm setzt allerdings die Anwendung des deutschen Sozialversicherungsrechts voraus (*BAG* 18.4.2012 – 10 AZR 200/11, EzA-SD 16/2012, 7; zust. Anm. *Abele* FA 2013, 7; 12.12.2001 EzA Art. 30 EGBGB Nr. 5; *Gamillscheg* ZfA 1983, 307, 360; MüKo-*Martiny* Art. 8 Rn 94 nach internationalem Sozialversicherungsrecht; *Mankowski* Anm. AR-Blattei ES 920 Nr. 7; *Gragert/Drenckhahn* NZA 2003, 305; *Schneider* NZA 2010, 1380; aA Vorinstanz *Hess. LAG* 16.11.1999 LAGE Art. 30 EGBGB Nr. 5; *Junker* RIW 2001, 94, 103 mwN). Dagegen betrifft die Regelung gem. **§ 2 EFZG** in erster Linie das vertragsrechtliche Verhältnis von Leistung und Gegenleistung und stellt keine Eingriffsnorm gem. Art. 9 VO (EG) 593/2008 dar (*BAG* 18.4.2012 – 10 AZR 200/11, EzA-SD 16/2012, 7, Anm. *Abele* FA 2013, 7). Keine international zwingende Eingriffsnorm stellt § 8 TzBfG dar, da diese Norm vorrangig den Individualinteressen des Arbeitnehmers dient und die – dem öffentlichen Interesse dienenden – Entlastungseffekte für den Arbeitsmarkt durch die Förderung der **Teilzeitarbeit** lediglich als Reflex wirken (*BAG* 13.11.2007 – 9 AZR 134/07, EzA Art. 30 EGBGB Nr. 9). Auch die Vorschriften des SeeArbG (vgl. Rdn 67 ff.) stellen keine Eingriffsnormen dar (*BAG* 3.5.1995 EzA Art. 30 EGBGB Nr. 3).

Wird ein **Insolvenzverfahren** in einem EU-Mitgliedsstaat eröffnet und ist ein Unternehmen in 44 einem anderen Mitgliedsstaat betroffen, so richten sich die prozessualen und materiell-rechtlichen Wirkungen des Insolvenzverfahrens gem. Art. 4 Abs. 1 EuInsVO (VO [EG] 1346/2000 v. 29.5.2000 über Insolvenzverfahren, ABlEG L 160 v. 30.6.2000, S. 1; ab 26.6.2017 gilt die Neufassung VO [EU] 2015/848 v. 20.5.2015 über Insolvenzverfahren [ABlEG L 141/19]) grds. nach der Rechtsordnung des Ortes, wo das Verfahren eröffnet wird (lex fori concursus). Allerdings gilt gem. Art. 10 EuInsVO für die Wirkungen des Insolvenzverfahrens auf einen Arbeitsvertrag oder das Arbeitsverhältnis ausschließlich das Recht des Mitgliedsstaates, das nach den Kollisionsregeln des internationalen Privatrechts auf den Arbeitsvertrag anzuwenden ist (lex causae). Folglich richten sich die Bedingungen für die weitere Tätigkeit oder auch einer Vertragsbeendigung nach der Insolvenzeröffnung nach dem Arbeitsvertragsstatut (*BAG* 20.9.2012 – 6 AZR 253/11, EzA § 125 InsO Nr. 8; *Hess. LAG* 14.12.2010 LAGE § 113 InsO Nr. 15, Anm. *Cranshaw* jurisPR-InsR 11/

2011 Anm. 2; MünchArbR-*Oetker* § 13 Rn 102), dagegen die insolvenzrechtliche Einordnung von Entgeltforderungen nach der Rechtsordnung des Insolvenzeröffnungsstaates (*Göpfert/Müller* NZA 2009, 1057). In Umsetzung der EuInsVO sind die §§ 335 ff. in die InsO eingefügt worden. Gem. § 337 InsO unterliegen die Wirkungen des Insolvenzverfahrens auf das Arbeitsverhältnis dem Recht, das nach Art. 8 VO (EG) 593/2008 für das Arbeitsverhältnis maßgebend ist. So hat das BAG im Fall eines Drittstaaten-Insolvenzverfahrens bei Anwendbarkeit deutschen Arbeitsrechts gem. § 337 InsO iVm Art. 8 VO (EG) 593/2008 die Geltung der deutschen Bestandsschutznormen festgestellt (*BAG* 27.2.2007 – 3 AZR 618/06, EzA § 240 ZPO 2002 Nr. 3).

e) Ordre public gem. Art. 21 VO (EG) 593/2008

45 Der ordre public wehrt die Anwendung einer Rechtsnorm eines anderen Staates ab, die sonst nach der Rechtswahl oder der objektiven Anknüpfung gelten würde. Ein Verstoß gegen den Zweck eines deutschen Gesetzes liegt vor, wenn das Ergebnis der Anwendung des ausländischen Rechts zu den Grundgedanken der deutschen Regelung und der ihr innewohnenden Gerechtigkeitsvorstellungen in so starkem Widerspruch steht, dass es unter Abwägung aller Umstände des Einzelfalles für **nicht tragbar** zu halten ist (BAG 18.7.2013 – 6 AZR 882/11, NZA 2014, 279; 3.5.1995 EzA Art. 30 EGBGB Nr. 3; 24.8.1989 EzA Art. 30 EGBGB Nr. 1; 4.5.1977 EzA § 4 TVG Bauindustrie Nr. 25). Bei der Prüfung anhand des restriktiv auszulegenden ordre public kommt es nicht auf die abstrakte ausländische Rechtsnorm als solche an, sondern auf das Ergebnis ihrer Anwendung. Das ausländische Recht muss daher zunächst ermittelt werden, um dann den Vergleich anstellen zu können (*BGH* 8.5.2014 – III ZR 371/12, MDR 2014, 980). Beim Begriff der guten Sitten, der in etwa dem im § 138 BGB entspricht, sind auch die im Ausland herrschenden Vorstellungen zu berücksichtigen. Im Einzelfall kann ein Verstoß gegen den Grundsatz der **Gleichbehandlung** dem ordre public widersprechen (*BAG* 20.7.1967 EzA § 1 KSchG Nr. 8; *Bittner* NZA 1993, 161). Dies gilt nicht, wenn sachliche Gründe für eine differenzierende Behandlung vorliegen oder die Schlechterstellung in einem Teilbereich des Arbeitsverhältnisses zB durch materielle Leistungen kompensiert werden (s. Rdn 46). Sonderkonditionen für ausländische Arbeitnehmer inländischer Unternehmen können die Wettbewerbsgleichheit einer Branche sowohl arbeitsmarkt- als auch geschäftspolitisch unzulässig verzerren und bei Vorliegen unerträglicher Folgen die Anwendung der ordre-public-Klausel rechtfertigen. Wenn allerdings die Beschäftigung ausländischer Arbeitnehmer der deutschen behördlichen Aufsicht und Steuerung unterliegt, greift Art. 21 VO (EG) 593/2008 nicht ein (im Fall der Nichtanwendung der Sozialtarife des Baugewerbes, wo schon deshalb nicht gegen den ordre public verstoßen wird, wenn bereits die Grundnormen der sozialen Sicherheit im Bereich des öffentlichen Rechts aufgrund zwischenstaatlicher Vereinbarungen ausgeschlossen sind; *BAG* 4.5.1977 EzA § 4 TVG Bauindustrie Nr. 25).

46 Keinen Verstoß gegen den **ordre public** sieht das BAG in der Geltung des **amerikanischen** (Staat New York) **Kündigungsrechts**, das keinen Bestandsschutz iSd deutschen KSchG kennt, sondern lediglich eine geringe Abfindungszahlung bei Beendigung des Arbeitsverhältnisses vorsieht (*BAG* 10.4.1975 AP Nr. 12 zu IPR Arbeitsrecht). Als Begründung für die Geltung amerikanischen Kündigungsrechts führt das BAG an, die relativ höheren Löhne amerikanischer Arbeitnehmer würden das Fehlen des Kündigungsschutzes kompensieren. An dieser verallgemeinernden These ist Kritik angebracht (so zutr. *Krebber* S. 339). Dieser Erwägung kann allerdings nähergetreten werden, wenn im Einzelfall ein direkter Zusammenhang zwischen hohem Entgelt- und relativ niedrigem Kündigungsschutzniveau besteht (*BAG* 20.7.1967 AP Nr. 10 zu IPR Arbeitsrecht; *Krebber* S. 339). Wenn allerdings weder ein Kündigungsschutz noch eine monetäre Kompensation im Falle einer grundlosen Kündigung vorgesehen ist, kann ein Verstoß gegen den ordre public wie zB nach der italienischen Rspr. bejaht werden (*Deinert* S. 364).

47 Ebenso liegt kein Verstoß gegen den **ordre public** vor, wenn zu Beginn einer Beschäftigungszeit der Kündigungsschutz ausgeschlossen wird, wie zB in den ersten beiden Beschäftigungsjahren nach dem **britischen Kündigungsschutzrecht** (*BAG* 24.8.1989 EzA Art. 30 EGBGB Nr. 1, S. 10 f.; zust.

BeckOGK BGB-*Knöfel* Art. 8 Rn 99; *Staudinger/Magnus* Art. 8 Rn 24). Das BAG verweist zur Begründung auf die beschränkte Anwendbarkeit des deutschen KSchG sowie auf die Wertung des damaligen deutschen BeschFG 1985, das auch in Deutschland praktisch in vielen Fällen zu einem Ausschluss des Kündigungsschutzes entsprechend der Dauer der Befristungsmöglichkeiten führte (nunmehr §§ 14 ff. TzBfG). Ebenso wird ein Kündigungsschutzrecht, das im Unterschied zum deutschen Bestandsschutzkonzept ein Abfindungssystem vorsieht, als nicht im Widerspruch zu den wesentlichen Grundsätzen der deutschen Arbeitsrechtsordnung angesehen (*LAG Bln.* 4.12.2003 – 10 Sa 1368/03).

In einer Entscheidung vom 26.9.1978 (AP Nr. 8 zu § 38 ZPO) hat das *BAG* – ohne nähere Begründung – einen im Voraus erklärten allgemeinen **Verzicht auf den Kündigungsschutz** als Verstoß gegen den **ordre public** angesehen. Dies erscheint in dieser allgemeinen Form zweifelhaft. Es bedarf einer Einzelfallprüfung, wie im Rahmen einer anderen Rechtsordnung die arbeitsvertragliche Vereinbarung zB einer relativ hohen Vergütung oder längerfristiger Urlaubsansprüche den Verzicht auf einen Kündigungsschutz zu kompensieren vermag. In diesem Sinn hat das BAG schon in einer Entscheidung vom 20.7.1967 ausgeführt, ratio legis des ordre public sei nicht darin zu sehen, die deutsche Ansicht über das Verhältnis von der Freiheit im wirtschaftlichen Handeln zur Sicherung des Arbeitsplatzes Dritten, die die Geltung einer anderen Rechtsordnung für das Arbeitsverhältnis vereinbaren und damit das deutsche Kündigungsschutzrecht ausschließen, aufzuzwingen. Dies gilt umso weniger, als vielfach in den sehr hohen von ausländischen Firmen gezahlten Gehältern das Risiko der nach ausländischem Recht möglichen fristlosen Kündigung einkalkuliert sei (*BAG* 20.7.1967 AP Nr. 10 zu IPR Arbeitsrecht).   48

Die praktische Bedeutung des **ordre public** ist allerdings angesichts der Regelung gem. Art. 3 Abs. 3, Art. 8 Abs. 1 S. 2 (s. Rdn 28 ff.) und Art. 9 VO (EG) 593/2008 (s. Rdn 34 ff.) relativ **eingeschränkt** (HWK-*Tillmanns* Rn 37; *Staudinger/Magnus* Art. 8 Rn 25; ErfK-*Schlachter* Rn 26).   49

III. Arbeitsvertragsstatut bei fehlender Rechtswahl gem. Art. 8 Abs. 2 bis 4 VO (EG) 593/2008

In dem Falle eines Arbeitsverhältnisses mit Auslandsberührung, bei dem die Vertragsparteien von der Möglichkeit der Rechtswahl keinen Gebrauch gemacht haben oder die Rechtswahl rechtsgeschäftlich nicht wirksam zustande gekommen ist, gilt die objektive Anknüpfung gem. Art. 8 Abs. 1 S. 2, Abs. 2 bis 4 VO (EG) 593/2008. Diese Regelungen knüpfen an die beiden häufigsten Sachverhaltskonstellationen an: das **Recht am gewöhnlichen Arbeitsort** – lex loci laboris – (Abs. 2) oder das **Recht am Ort der einstellenden Niederlassung** – lex loci contractus – (Abs. 3). Die Regelanknüpfungen des Arbeitsortes und der einstellenden Niederlassung können nur alternativ vorliegen: Die Tätigkeit wird hauptsächlich entweder genau in einem Staat oder nicht genau in einem Staat verrichtet (*BAG* 11.12.2003 EzA Art. 30 EGBGB Nr. 7). Das Merkmal des »gewöhnlichen Arbeitsortes« ist insbes. ob der ratio legis des angemessenen Arbeitnehmerschutzes nach der Rspr. des EuGH (*EuGH* 12.9.2013 – C-64/12, EzA EG-Vertrag 1999 VO 593/2008 Nr. 4) weit auszulegen und vorrangig zu berücksichtigen, während das Merkmal des Ortes der einstellenden Niederlassung nur anzuwenden ist, wenn das angerufene Gericht nicht in der Lage ist, den Staat zu bestimmen, in dem gewöhnlich die Arbeit verrichtet wird (*EuGH* 15.3.2011 – C-29/10, EzA EG-Vertrag 1999 Verordnung 593/2008 Nr. 1).   50

Nachrangig nach diesen Regelanknüpfungen ist der **Ausnahmetatbestand** zu prüfen, wenn sich aus der Gesamtheit der Umstände ergibt, dass der Arbeitsvertrag oder das Arbeitsverhältnis eine **engere Verbindung zu einem anderen Staat** aufweist (Abs. 4); dann ist das dort geltende Recht anzuwenden (*BAG* 22.10.2015 – 2 AZR 720/14, EzA Art. 30 EGBGB Nr. 12; 3.5.1995 EzA Art. 30 EGBGB Nr. 3; 29.10.1992 EzA Art. 30 EGBGB Nr. 2; 24.8.1989 EzA Art. 30 EGBGB Nr. 1 m. in diesem Punkt krit. Anm. *Rüthers/Heilmann*). Nach der Rspr. des EuGH ergibt sich schon aus dem Wortlaut und der Zielsetzung des Art. 8 Abs. 2 bis 4 VO (EG) 593/2008, dass der Gesetzgeber eine Rangordnung unter den Anknüpfungsmerkmalen aufstellen wollte (*EuGH* 15.12.2011 C-384/10, EzA VO 593/2008 EG-Vertrag 1999 Nr. 2 Rn 34 f.):   51

1. Recht des gewöhnlichen Arbeitsortes gem. Art. 8 Abs. 2 VO (EG) 593/2008

52 Ausgegangen wird von der besonders prägenden Wirkung des Arbeitsortes für die Gestaltung des Arbeitsverhältnisses. Das Kriterium des Staates, in dem die **Arbeit gewöhnlich** verrichtet wird, bezieht sich auf den Ort, an dem oder von dem aus der Arbeitnehmer seine beruflichen Tätigkeiten tatsächlich ausübt, und – in Ermangelung eines Mittelpunkts seiner Tätigkeiten – auf den Ort, an dem der Arbeitnehmer den größten Teil seiner Tätigkeiten verrichtet (*BAG* 7.5.2020 – 2 AZR 692/19, AP Art. 30 EGBGB nF Nr. 11; 19.3.2014 – 5 AZR 252/12 (B), EzA Art. 30 EGBGB Nr. 10). Der gewöhnliche Arbeitsort ist also als das Zentrum der arbeitsrechtlichen Beziehungen des Arbeitnehmers anzusehen, als der Ort, an dem die vertraglichen Pflichten in der Hauptsache erfüllt werden, dh regelmäßig der wirtschaftlich-technische, organisatorische Mittelpunkt bzw. **Schwerpunkt des Arbeitsverhältnisses** – auch zeitlich – liegt (*BAG* 15.2.2005 BB 2006, 1391; 20.11.1997 EzA Art. 30 EGBGB Nr. 6; *Junker* FS Heldrich 2005, S. 719 ff.). Der Begriff des gewöhnlichen Arbeitsortes ist im Interesse des Arbeitnehmerschutzes **europarechtlich autonom** sowie **weit auszulegen** (*BAG* 7.5.2020 – 2 AZR 692/19, AP Art. 30 EGBGB nF Nr. 11; *EuGH* 12.9.2013 – C-64/12, EzA EG-Vertrag 1999 VO 593/2008 Nr. 4). Es geht darum, Umgehungsstrategien des Arbeitgebers entgegenzuwirken (*EuGH* 14.7.2017 – C-168/16, EzA VO 44/2001 EG-Vertrag 1999 Nr. 11). Es handelt sich um eine **indiziengestützte Methode**, bei der zB eine Rolle spielen kann, von wo aus der Arbeitnehmer seine Arbeitsleistung erbringt, ob er an einen bestimmten Ort regelmäßig zurückkehrt, wo er Anweisungen erhält, wo die Arbeit organisiert wird, wo sich die Arbeitsmittel befinden und ob es eine »Heimatbasis« gibt (*EuGH* 14.7.2017 – C-168/16, EzA VO 44/2001 EG-Vertrag 1999 Nr. 11). Maßstäbe für die Annahme eines gewöhnlichen Arbeitsortes können sein der Ort, von dem aus die Arbeitspflicht hauptsächlich erfüllt wird (*EuGH* 13.7.1993 – C-125/92, IPRax 1997, 110 mwN), oder der Ort des tatsächlichen Mittelpunktes der Berufstätigkeit oder der Ort, wo der Arbeitnehmer mangels festen Büros den größten Teil der Arbeit verrichtet (*EuGH* 27.2.2002 NJW 2002, 1635) oder er die überwiegende Arbeitszeit verbringt (*EuGH* 9.1.1997 – C-383/95, Rutten, AP Brüsseler Abkommen Art. 5 Nr. 2). Dabei kann zur Auslegung des Begriffs des gewöhnlichen Arbeitsorts auch auf die Rspr. zurückgegriffen werden, die zu Art. 21 VO (EU) Nr. 1215/2012 in Bezug auf Gerichtsstände ergangen ist (*BAG* 7.5.2020 – 2 AZR 692/19, AP Art. 30 EGBGB nF Nr. 11; *EuGH* 14.7.2017 – C-168/16, EzA VO 44/2001 EG-Vertrag 1999 Nr. 11).

53 Arbeitsort kann der **Sitz des Betriebes** oder auch eine **Zweigstelle des Betriebs** des Arbeitgebers sein, wo der Arbeitnehmer eingegliedert ist (MüKo-*Martiny* Art. 8 Rn 51), es kommt aber auf die Eingliederung in einen bestimmten Betrieb nicht an (ErfK-*Schlachter* Rn 9). Wird ein Arbeitsverhältnis schon vor seinem faktischen Beginn aufgelöst und entsteht damit kein gewöhnlicher Arbeitsort, so ist an den **geplanten Ort** anzuknüpfen (vgl. *EuGH* 25.2.2021 – C-804/19, Rn 41; *Staudinger/Magnus* Art. 8 Rn 106). Der Begriff des Arbeitsortes ist nicht beschränkt auf kommunale Grenzen, sondern umfasst bei Einsatz an wechselnden Orten innerhalb eines Staates das gesamte Einsatz- bzw. Staatsgebiet (*BAG* 20.6.2007 NZA-RR 2008, 24; 9.7.2003 NZA 2003, 1424; 29.10.1992 EzA Art. 30 EGBGB Nr. 2), zB im Fall von Musikern einer Kapelle eines ausländischen Zirkus in der Bundesrepublik Deutschland, die ihre vertraglichen Pflichten hauptsächlich auf deutschem Gebiet erfüllten und daher der bundesdeutschen Rechtsordnung unterstanden (*BAG* 27.8.1964 EzA § 3 BUrlG Nr. 1). In einem anderen Fall war englisches Recht anzuwenden wegen des gewöhnlichen Arbeitsortes in Großbritannien eines britischen Flugzeugverkäufers mit zugewiesenem Vertragsgebiet und geschäftlichem Domizil in Großbritannien für ein US-Unternehmen und einem Büro in der Bundesrepublik Deutschland (*BAG* 26.2.1985 AP Nr. 23 zu IPR Arbeitsrecht). Für **Heim- bzw. Telearbeit** kommt es auf den Ort der Tätigkeit an, nicht etwa auf den Standort des Servers (ErfK-*Schlachter* Rn 11; Müko-*Martiny* Art. 8 Rn 53).

54 Am Merkmal des gewöhnlichen Arbeitsortes ändert sich auch dann nichts, wenn es für den Arbeitnehmer zum tatsächlichen Arbeitseinsatz in **verschiedenen Mitgliedsstaaten** kommt. Für diesen Sachverhalt hat der Verordnungsgeber (im Unterschied zu Art. 30 Abs. 2 Nr. 1 EGBGB) in Art. 8 Abs. 2 S. 1 VO (EG) 593/2008 den Zusatz des Ortes bzw. Staates, **von dem aus** der Arbeitnehmer

die Arbeit zu verrichten hat, eingefügt (zu den Motiven *Knöfel* RdA 2006, 274). Mit diesem erweiterten Begriff des Arbeitsortes wird international tätiges Personal erfasst, dessen **Arbeitsplätze beweglich sind** (*Behr* FS Buchner 2009, S. 81), insbes. im Transportbereich zur See (*BAG* 22.10.2015 – 2 AZR 720/14, EzA Art. 30 EGBGB Nr. 12; Rdn 68 ff., 86), auf Offshore-Anlagen (Rdn 10, 86), auf Binnengewässern (*BAG* 27.1.2011 NZA 2011, 1309; krit. Anm. *Ulrici* jurisPR-ArbR 30/2011 Anm. 3), in der Luft (*EuGH* 14.7.2017 – C-168/16, EzA VO 44/2001 EG-Vertrag 1999 Nr. 11 und Rdn 66), auf der Schiene (Rdn 86) und auf der Straße (*EuGH* 15.3.2011 – C-29/10, EzA EG-Vertrag 1999 Verordnung 593/2008 Nr. 1). Der bewegliche Arbeitsplatz ist neben dem festen Stützpunkt mit zentraler Vor- und Nachbereitungsfunktion für den Einsatz (*EuGH* 15.3.2011 EzA EG-Vertrag 1999 Verordnung 593/2008 Nr. 1 Rn 49 und Schlussanträge GA 16.12.2010 – C-29/10) das Schiff, das Flugzeug oder das (Last-)Kraftfahrzeug, auf dem die Arbeitspflicht zu erfüllen ist und mit dem der Arbeitnehmer seine grenzüberschreitende Tätigkeit regelmäßig an einem Ort beginnt, an den er auch wieder zurückkehrt (*EuGH* 9.1.1997 – C-383/95, NZA 1997, 225). An diesem gewöhnlichen Arbeitsort ist auch ein Gerichtsstand (s. Rdn 152).

Das Merkmal des gewöhnlichen Arbeitsortes ist **vorrangig zu prüfen** und zu berücksichtigen (*EuGH* 12.9.2013 – C-64/12, EzA EG-Vertrag 1999 VO 593/2008 Nr. 4; *BAG* 22.10.2015 – 2 AZR 720/14, EzA Art 30 EGBGB Nr. 12), dh dass **Art. 8 Abs. 3 VO** (Anknüpfung an den Sitz der einstellenden Niederlassung; dazu Rdn 58) nur dann eingreift, falls sich ein gewöhnlicher Arbeitsort nicht feststellen lässt (*BAG* 7.5.2020 – 2 AZR 692/19, AP Art. 30 EGBGB nF Nr. 11). 55

Gem. Art. 8 Abs. 2 S. 2 VO (EG) 593/2008 ändert sich für **vorübergehend** an einen anderen Arbeitsort mit anderer Rechtsordnung entsandte Arbeitnehmer nichts an dieser Regelanknüpfung der lex loci laboris (*Krebber* EuZA 2019, 62, 75). Zwingende Vorschriften des Arbeitnehmerschutzes wie zB der Kündigungsschutz gem. §§ 1 bis 14 KSchG (vgl. Rdn 97 f.) können nicht abbedungen werden. **Entsendung** (*Günther/Pfister* ArbRAktuell 2014, 346) setzt in Anlehnung an die sozialrechtliche Beschreibung gem. § 4 Abs. 1 SGB IV voraus, dass die Entsendung infolge der Eigenart der Beschäftigung oder vertraglich im Voraus **zeitlich begrenzt** ist (*Ferrari-Staudinger* IntVertragsR Rom I-VO Art. 8 Rn 22). Dies kann zB Fach- und Führungskräfte internationaler Unternehmungen oder Monteure betreffen, die idR dem entsendenden Betrieb verbunden bleiben. Das Merkmal der »vorübergehenden Entsendung« ist zeitlich nicht exakt mit Minimal- oder Maximalperioden zu definieren (*BAG* 25.4.1978 EzA § 8 BetrVG 1972 Nr. 6 Anm. *Simitis* AP Nr. 16 zu IPR Arbeitsrecht; *Deinert* ZESAR 2016, 107, 108; *Reiter* NZA-Beil. 2014, 22, 24; MüKo-*Martiny* Art 8 Rn 66). Es können darunter kurze Zeiträume, aber auch mehrjährige Aufenthalte außerhalb des regelmäßigen Arbeitsortes (auch bei fester Eingliederung in die dortige betriebliche Organisation, *BAG* 25.4.1978 EzA § 8 BetrVG 1972 Nr. 6) verstanden werden. Die Dauer der Entsendung muss auch nicht von vornherein festgelegt sein (für Zeitlimit 2–3 Jahre *Kraushaar* BB 1989, 2121; Zeitlimit 1 Jahr *LAG Bln.* 23.5.1977 BB 1977, 1302; Zeitlimit 3 Jahre: *Gamillscheg* ZfA 1983, 333 und *Lorenz* RdA 1989, 220, 223; Zeitlimit 2 Jahre *Heilmann* Arbeitsvertragsstatut, S. 144), wenn deren Anlass nicht exakt terminierbar ist, das Arbeitsverhältnis aber durch arbeitstechnische oder personalrechtliche Kontakte mit dem entsendenden Betrieb verbunden bleibt. 56

Der Begriff der **Entsendung** setzt voraus, dass die Rückkehr nach Deutschland bzw. das Entsendeland von **vornherein geplant** ist (MünchArbR/*Oetker* § 13 Rn 41; NK-GA/*Mauer* Art. 3, 8 Rom I Rn 31; zu Vertragsgestaltungen *Herfs-Röttgen* NZA 2017, 873 ff.; zur Entsendung nach Frankreich *Kettenberger* BB 2017, 117). Häufig bleibt mit der inländischen Muttergesellschaft ein **Rumpfarbeitsvertrag** bestehen, während mit der im Ausland belegenen Tochtergesellschaft ein neues Arbeitsverhältnis (sog Lokalarbeitsvertrag) geschlossen wird (Müko-*Martiny* Art. 8 Rn 69; zum Ein- bzw. Zweivertragsmodell *Herfs-Röttgen* NZA 2017, 873, 876). Zum Merkmal der »vorübergehenden« Verrichtung in einem anderen Staat bestimmt der Erwägungsgrund Nr. 6 der VO (EG) 593/2008: »Bezogen auf Individualarbeitsverträge sollte die Erbringung der Arbeitsleistung in einem anderen Staat als vorübergehend gelten, wenn von dem Arbeitnehmer erwartet wird, dass er nach seinem Auslandseinsatz seine Arbeit im Herkunftsstaat wieder aufnimmt.« Lediglich eine Rückkehrmöglichkeit reicht nicht aus (HWK-*Tillmanns* Rn 23). Entscheidend ist die **Würdigung der** 57

Umstände des Einzelfalles (Müko-*Martiny* Art. 8 Rn 66; ErfK-*Schlachter* Rn 14; zur Abgrenzung gegenüber der grenzüberschreitenden Arbeitnehmerüberlassung *Spieler* EuZA 2013, 168,173). Ein Indiz kann die Versetzung unter ausdrücklicher Bezugnahme auf »Entsendungs- und Arbeitsbedingungen« sein (*BAG* 16.12.2010 EzASD 2011 Nr. 13, S. 16). Bei einer Einstellung im Ausland und dem beabsichtigten späteren Wechsel auf einen Stammarbeitsplatz im inländischen Betriebssitz des Arbeitgebers kann von einem Entsendetatbestand ausgegangen werden (ErfK-*Schlachter* Rn 13), nicht jedoch, wenn weder vor noch nach dem Arbeitseinsatz eine Inlandstätigkeit verrichtet wird (*BAG* 21.10.1980 AP IPR-Arbeitsrecht Nr. 17 für einen in Kolumbien eingesetzten Entwicklungshelfer). Bei dauerhafter Entsendung in das Ausland kommt es für den Arbeitnehmer, für dessen Arbeitsverhältnis keine Rechtswahl getroffen wurde, regelmäßig zu einem Wechsel des anzuwendenden Rechts, sog. **Statutenwechsel** (*BAG* 26.5.2011 – 8 AZR 37/10, NZA 2011, 1143; MünchArbR-*Oetker* § 13 Rn 41; HWK-*Tillmanns* Rn 23; *Deinert* ZESAR 2016, 107, 108), es sei denn, es bestehen weiterhin engere Verbindungen des Arbeitsvertrages zum Recht des bisherigen Staates. Auch über Art. 8 Abs. 4 VO kann ein hinreichender Arbeitnehmerschutz bei langen Entsendezeiträumen gewährleistet werden (*Ferrari-Staudinger* IntVertragsR Art. 8 Rn 22). Ausländische zwingende Normen sind im Fall der Entsendung jedenfalls anzuwenden, soweit sie den öffentlich-rechtlichen Arbeitsschutz betreffen. Streitig ist, inwieweit im Übrigen zwingendes ausländisches Arbeitsrecht zu beachten ist (vgl. *Junker* Internationales Arbeitsrecht S. 294 ff.; *Reiter* NZA-Beil. 2014, 22, 25 mwN).

2. Recht am Ort der einstellenden Niederlassung gem. Art. 8 Abs. 3 VO (EG) 593/2008

58 Verrichtet der Arbeitnehmer seine Arbeit gewöhnlich nicht in ein und demselben Staat, so führt die Regelanknüpfung mangels Rechtswahl zur Rechtsordnung am Ort der Niederlassung des Arbeitgebers, wo der Arbeitnehmer eingestellt wurde, wenn das angerufene Gericht einen gewöhnlichen Arbeitsort gem. Art. 8 Abs. 2 VO (EG) 593/2008 nicht zu bestimmen vermag (*EuGH* 15.3.2011 EzA EG-Vertrag 1999 Verordnung 593/2008 Nr. 1). Die Anknüpfung an den Ort der einstellenden Niederlassung steht der Anknüpfung an den gewöhnlichen Arbeitsort nach dem Willen des Verordnungsgebers nach (Vorschlag KOM [2005] 650 endgültig, S. 8; *Mankowski/Knöfel* EuZA 2011, 521, 528) und ist nur zu prüfen, wenn das angerufene Gericht nicht in der Lage ist, den Staat zu bestimmen, in dem gewöhnlich die Arbeit verrichtet wird (st. Rspr. *EuGH* 12.9.2013 – C-64/12, EzA EG-Vertrag 1999 VO 593/2008 Nr. 4, Rn 31 f. mwN). Wegen der weiten Auslegung des Begriffs des gewöhnlichen Arbeitsorts durch den EuGH dürfte die **subsidiäre Anknüpfung** an die Niederlassung aber eine immer geringere Rolle spielen (Rdn 52). Als **Niederlassung** ist der Betrieb oder Betriebsteil des Arbeitgebers anzusehen, der auf gewisse Dauer angelegt ist, aber nicht eine eigene Rechtspersönlichkeit zu besitzen braucht (*EuGH* 15.12.2011 – C-384/10, EuZW 2012, 61; MüKo-*Martiny* Art. 8 Rn 73). Es genügt die für die Einstellung erforderliche personalrechtliche Kompetenz der Niederlassung. Lediglich ein Beauftragter des Arbeitgebers vor Ort reicht für den Begriff der Niederlassung nicht aus, ebenso wenig ein Anwerbebüro für Arbeitskräfte (ErfK-*Schlachter* Rn 16); denn dies würde offensichtlich Missbrauchsmöglichkeiten eröffnen. Der Sinn und Zweck der Anknüpfung liegt in der Verstetigung der Rechtsbeziehungen bei Arbeitsverhältnissen mit normalerweise Einsatzorten in verschiedenen Staaten. Daher ist unter dem Merkmal der einstellenden Niederlassung nur jene zu verstehen, die den Arbeitnehmer eingestellt hat, nicht aber die Niederlassung, bei der er tatsächlich beschäftigt ist (*EuGH* 15.12.2011 – C-384/10, EuZW 2012, 61; *Deinert* ZESAR 2016, 107, 109). **Anwendungsfälle** der Regelanknüpfung gem. Art. 8 Abs. 3 VO (EG) 593/2008 sind zB Monteure im internationalen Einsatz, Artisten auf Tourneen durch verschiedene Staaten, Journalisten in internationalem Einsatz, Reisebegleiter, Mitarbeiter auf einer Bohrinsel auf hoher See ohne staatliche Zuordnung (vgl. *Giuliano/Lagarde* BT-Drucks. 10/503, S. 58; *Staudinger/Magnus* Art. 8 Rn 119). Zur Anknüpfungsproblematik bei einzelnen Arbeitnehmer- und Berufsgruppen s. Rdn 64 ff.

59 Das Merkmal der **Einstellung** erfordert den Abschluss des Arbeitsvertrages sowie die personalrechtliche Betreuung, nicht aber die Eingliederung in den Betrieb (*EuGH* 15.12.2011 – C-384/10, EuZW 2012, 61; Müko-*Martiny* Art. 8 Rn 76; *Hess. LAG* 16.11.1999 NZA-RR 2000, 401;

5.3.2007 – 17 Sa 122/06, mwN; ErfK-*Schlachter* Rn 16; aA wegen Missbrauchsgefahr *Gamillscheg* ZfA 1983, 307, 334; *Däubler* RIW 1987, 249, 251; unentschieden: *BAG* 13.11.2007 EzA Art. 30 EGBGB Nr. 9; 12.12.2001 EzA Art. 30 EGBGB Nr. 5), denn die ratio legis des Art. 8 Abs. 3 VO (EG) 593/2008 bezieht sich gerade auf die Konstellation, dass nicht die Eingliederung in die Arbeitsorganisation der einstellenden Niederlassung, sondern lediglich deren personalrechtliche Betreuung Ausgangspunkt der Regelanknüpfung ist. Missbräuchlichen Konstellationen kann mit der Auffangklausel nach Art. 8 Abs. 4 VO begegnet werden (krit. *Lüttringhaus/Schmidt-Westphal* EuZW 2012, 139, 141).

3. Engere Verbindung zu einem anderen Staat gem. Art. 8 Abs. 4 VO (EG) 593/2008

Die Regelanknüpfung an die lex loci laboris (Rdn 52 ff.) oder an die lex loci contractus (Rdn 58 f.) tritt ausnahmsweise zurück, wenn sich aus der Gesamtheit der Umstände ergibt, dass der Arbeitsvertrag oder das Arbeitsverhältnis eine engere Verbindung zu einem anderen Staat aufweist. Für diese Feststellung bedarf es einer Bewertung der **Gesamtheit der Umstände** (*BAG* 7.5.2020 – 2 AZR 692/19, AP Art. 30 EGBGB nF Nr. 11; 22.10.2015 – 2 AZR 720/14, EzA Art. 30 EGBGB Nr. 12; 13.11.2007 EzA Art. 30 EGBGB Nr. 9). Erforderlich sind mehrere Umstände (*BAG* 24.8.1989 EzA Art. 30 EGBGB Nr. 1; 3.5.1995 EzA Art. 30 EGBGB Nr. 3; 20.11.1997 EzA Art. 30 EGBGB Nr. 4), die vom Tatsachengericht für den Einzelfall zu würdigen sind (*BAG* 13.11.2007 EzA Art. 30 EGBGB Nr. 9). Nicht allein die Anzahl der Anknüpfungsmomente ist entscheidend, vielmehr müssen diese auch **gewichtet** werden (*BAG* 7.5.2020 – 2 AZR 692/19, AP Art. 30 EGBGB nF Nr. 11). Damit die subsidiäre Anknüpfung greift, müssen die maßgeblichen Umstände insgesamt das Gewicht der einschlägigen Regelanknüpfung deutlich überschreiten (*BAG* 7.5.2020 – 2 AZR 692/19, AP Art. 30 EGBGB nF Nr. 11). Die Korrektur durch Anwendung des Art. 8 Abs. 4 VO stellt mithin eine eng zu fassende **Ausnahme** dar. 60

Die Gesamtschau der wichtigen Einzelumstände, die das Arbeitsverhältnis kennzeichnen, muss sich eindeutig **stärker** (»enger«) **auf die Rechtsordnung eines anderen Staates** beziehen, als dies aus den Regelanknüpfungen ableitbar ist. Nach der jüngeren Rspr. des BAG unter Berufung auf den EuGH (*EuGH* 12.9.2013 – C-64/12, EzA EG-Vertrag 1999 VO 593/2008 Nr. 4, Rn 41; krit. dazu *Lüttringhaus* EuZW 2013, 821; *Knöfel* EuZA 2014, 375, 384 insbes. zum Merkmal »Besteuerung«) wird eine stärkere Gewichtung dem Ort der **Steuer- und Abgabenleistung** sowie der **Sozialversicherung** des Arbeitnehmers beigemessen (*BAG* 7.5.2020 – 2 AZR 692/19, AP Art. 30 EGBGB nF Nr. 11; 22.10.2015 – 2 AZR 720/14, EzA Art. 30 EGBGB Nr. 12; 10.4.2014 EzA Art. 30 EGBGB Nr. 11). Vormals galten primär andere Anknüpfungsmerkmale der räumlichen Dimension des Arbeitsverhältnisses: **Erfüllungsort** (*BAG* 26.2.1985 AP Nr. 23 zu IPR Arbeitsrecht; 10.4.1975 AP Nr. 12 zu IPR Arbeitsrecht), **Betriebssitz des Arbeitgebers** (*BAG* 10.4.1975 AP Nr. 12 zu IPR Arbeitsrecht), Ort der Ausübung der Disziplinargewalt des Arbeitgebers (*BAG* 13.11.2007 EzA Art. 30 EGBGB Nr. 9) und **Wohnsitz des Arbeitnehmers** (*BAG* 3.5.1995 EzA Art. 30 EGBGB Nr. 3; 10.4.1975 AP Nr. 12 zu IPR Arbeitsrecht). Dabei hat der gewöhnliche Arbeitsort gem. Art. 8 Abs. 2 VO (EG) 593/2008 ein stärkeres Gewicht als die einstellende Niederlassung gem. Abs. 3 VO (*BAG* 11.12.2003 EzA Art. 30 EGBGB Nr. 7). 61

Ergänzende Anknüpfungsmerkmale (*BAG* 11.12.2003 EzA Art. 30 EGBGB Nr. 7) mit Indizfunktion können sich aus dem Arbeitsvertrag ergeben: **Währung** der Vergütung (*BAG* 7.5.2020 – 2 AZR 692/19, AP Art. 30 EGBGB nF Nr. 11; *BAG* 13.11.2007 EzA Art. 30 EGBGB Nr. 9), **Vertragssprache** (nicht indizielle, sondern nur unterstützende Funktion: *BAG* 15.12.2016 – 6 AZR 430/15, EzA § 4 KSchG nF Nr. 100) sowie weitere vertragswesentliche Gesichtspunkte wie zB die Vereinbarung typischer Vertragsbestandteile einer bestimmtem **Rechtsordnung**, eines **Gerichtsstandes** oder eines bestimmten **Sozialversicherungssystems** (*BAG* 9.7.2003 EzA Art. 30 EGBGB Nr. 6), die in ihrer Gesamtheit hinreichendes Gewicht haben, um die Regelanknüpfung zu verdrängen. Angesichts globalisierter Wirtschafts- und Arbeitsbeziehungen verliert das Merkmal der **Staatsangehörigkeit** (so noch *BAG* 26.2.1985 AP Nr. 23 zu IPR Arbeitsrecht; 10.4.1975 AP Nr. 12 zu IPR Arbeitsrecht; aA HWK-*Tillmanns* Rn 25) zwar zunehmend an Bedeutung, insbes. im Falle einer 62 nicht gemeinsamen Staatsangehörigkeit (*BAG* 22.10.2015 – 2 AZR 720/14, EzA Art. 30 EGBGB Nr. 12; 13.11.2007 EzA Art. 30 EGBGB Nr. 9; so im Ergebnis auch MüKo-*Martiny* Art. 8 Rn 68), als ein Abwägungsfaktor unter mehreren bleibt es aber weiter erhalten (*BAG* 7.5.2020 – 2 AZR 692/19, AP Art 30 EGBGB nF Nr. 11; 13.11.2007 EzA Art. 30 EGBGB Nr. 9). Auch die gemeinsame **Interessenlage** kann ein Indiz darstellen, nicht jedoch das einseitige Interesse einer Arbeitsvertragspartei wegen der für sie vorteilhaften Ergebnisse einer Rechtsordnung oder bloße Schutzbedürftigkeitserwägungen (ErfK-*Schlachter* Rn 17; MüKo-*Martiny* Art. 8 Rn 82).

63 ZB kann die Anwendung des Rechts am ständigen (hier: holländischen) Erfüllungsort nach der Rspr. des EuGH aufgrund folgender Gesamtumstände, die eine engere Verbindung zur Rechtsordnung eines anderen Staates (hier: Deutschland) anzeigen, verdrängt werden: Arbeitgeber ist eine deutsche juristische Person, Gehalt in DM, **deutsche Rentenversicherung**, Wohnsitz des Arbeitnehmers in Deutschland, Beiträge zur deutschen Sozialversicherung, Erstattung der Fahrkosten von Deutschland in die Niederlande durch den Arbeitgeber in Deutschland (*EuGH* 12.9.2013 – C-64/12, EzA EG-Vertrag 1999 VO 593/2008 Nr. 4). Das BAG hat angenommen, dass eine engere Verbindung zu Italien bei einer Tätigkeit auf einem Kreuzfahrtschiff anzunehmen ist, wenn der Arbeitsvertrag auf italienische Tarifverträge Bezug nimmt, in Italien Lohnsteuer abgeführt wird, das dortige Sozialsystem zur Anwendung kommt und das Schiff unter **italienischer Flagge** fährt (*BAG* 22.10.2015 – 2 AZR 720/14, EzA Art. 30 EGBGB Nr. 12). Wenn beide Parteien des Arbeitsvertrages Ausländer sind und Teile der arbeitsvertraglichen Regelungen einen Auslandsbezug dokumentieren (zB zwei US-Bürger, Gehalt in US-Dollar), so ist dennoch bei fehlender Bestimmung des Arbeitsvertragsstatuts an den **Arbeitsort** in Deutschland anzuknüpfen, zumal auch dann, wenn hier der Wohnort liegt. Insofern ist in diesem Fall das Merkmal der »Gesamtheit der Umstände« zur Anknüpfung an die Rechtsordnung des anderen Staates nicht erfüllt (*ArbG Kaiserslautern* 22.5.1986 IPrax 1988, 250).

4. Einzelne Arbeitnehmer- und Berufsgruppen

a) Fliegendes Personal

64 Maßgebliche Bedeutung für die Anknüpfung bei Flugpersonal kommt der Entscheidung des **EuGH** »Nogueira u.a.« zu (*EuGH* 14.9.2017 – C-168/16, EzA EG-Vertrag 1999 VO 44/2001 Nr. 11; vgl. Rdn 66). Freilich kommt es für die Ermittlung des anzuwendenden Rechts auf diese Entscheidung bei rein inländischen Flügen nicht an. Wenn **fliegendes Personal** vom Luftfahrtunternehmen nur auf **nationalen Strecken** eingesetzt wird, unterliegen die Arbeitsverhältnisse ebenso wie beim ortsgebundenen Bodenpersonal regelmäßig der nationalen Rechtsordnung (st. Rspr. *BAG* 29.10.1992 EzA Art. 30 EGBGB Nr. 2). Anzuknüpfen ist an den Ort der tatsächlichen Ausführung der geschuldeten Arbeitsleistung (*BAG* 12.12.2001 EzA Art. 30 EGBGB Nr. 5). An dieser Regelanknüpfung gem. Art. 8 Abs. 2 S. 1 VO (EG) 593/2008 ändert sich nichts, wenn vorübergehend auch grenzüberschreitende Einsätze erfolgen (vgl. Rdn 56 f.). Fliegendes Personal im dauerhaften **internationalen Einsatz** verrichtet die vertragsgemäß zu leistende Arbeit hingegen naturgemäß nicht in einem Staat; denn die überwiegenden Arbeitsleistungen werden während des Flugs ohne Bezug zu einem bestimmten Staat erbracht.

65 Die Anknüpfung in diesen Fällen bereitete vor der Entscheidung des EuGH in der Sache »Nogueira u.a.« erhebliche Schwierigkeiten. Bisher hat es in der Rechtsprechung und Literatur (noch zu Art. 30 EGBGB) verschiedene Lösungsansätze für eine sachgerechte Anknüpfung für das international fliegende Personal gegeben. An die **Nationalität des Flugzeuges** (Staat der Registrierung) anzuknüpfen (so seinerzeit *Mankowski* AR-Blattei ES 920 Nr. 7; *Junker* Internationales Arbeitsrecht, S. 188; *ders.* RIW 2006, 401; *Behr* FS Buchner 2009 S. 94), wird den Organisationsstrukturen der Branche und der Praxis des Personaleinsatzes nicht gerecht (*BAG* 13.11.2007 – 9 AZR 134/07, EzA Art. 30 EGBGB Nr. 9). Denn zB bei einer europäischen Fluggesellschaft, die Strecken in Südamerika bedient und dort in ihrer Niederlassung Personal einstellt, wird bzgl. der Arbeitsverhältnisse sachgerechterweise an die Rechtsordnung des Landes, wo das Personal gewöhnlich eingesetzt wird bzw. – im Fall des internationalen Einsatzes – sich die einstellende Niederlassung befindet, anzuknüpfen

sein (im Ergebnis auch *BAG* 13.11.2007 – 9 AZR 134/07, EzA Art. 30 EGBGB Nr. 9; 12.12.2001 EzA Art. 30 EGBGB Nr. 5; *Benecke* IPRax 2001, 449, 450). An die Nationalität des Flugzeuges anzuknüpfen könnte auch in jenen Fällen zu ungerechtfertigten und sogar ungewollten Ergebnissen führen, in denen ein Flugzeug von einem beliebigen ausländischen Luftfahrtunternehmen geleast wird (vgl. *Schmid/Roßmann* Rn 107). Nach der bisherigen Rspr. des BAG konnte im Regelfall von der Anknüpfung an das Recht der **einstellenden Niederlassung** gem. Art. 8 Abs. 3 VO (EG) 593/2008 ausgegangen werden (noch zu Art. 30 Abs. 2 Nr. 2 EGBGB: *BAG* 13.11.2007 – 9 AZR 134/07, EzA Art. 30 EGBGB Nr. 9; 12.12.2001 EzA Art. 30 EGBGB Nr. 5).

Mit der Geltung der VO (EG) 593/2008 kommt infrage, für fliegendes Personal im dauerhaften internationalen Einsatz an den Stützpunkt anzuknüpfen, von dem aus der Einsatz gesteuert wird (**Einsatzstützpunkt, base-rule**) und es entsprechend seine Arbeit verrichtet (*BAG* 20.12.2012 – 2 AZR 481/11, EzA EG-Vertrag 1999 VO 44/2001 Nr. 8). Die »**von dem aus**«-Klausel in Art. 8 Abs. 2 S. 1 VO (EG) 593/2008 (Rdn 54) ist auf diesen Tätigkeitsbereich zugeschnitten (*EuGH* 14.9.2017 – C-168/16, EzA EG-Vertrag 1999 VO 44/2001 Nr. 11; *Staudinger/Magnus* Art. 8 Rn 163; *Deinert* RdA 2009, 144; *Günther/Pfister* ArbRAktuell 2014, 451; krit. *Wurmnest* EuZA 2009, 481, 495 ff.). Das Urteil des EuGH »Nogueira ua.« befasst sich zwar mit der Frage der internationalen Zuständigkeit, die Grundsätze sind aber auf die Ermittlung des Arbeitsvertragsstatuts übertragbar (*Temming* NZA 2017, 1437, 1440). Die **Heimatbasis** ist zwar ein gewichtiges, aber kein hinreichendes Kriterium, vielmehr kommt es – wie stets sonst auch – auf eine Abwägung der Gesamtumstände an. Die Gerichte müssen insbesondere ermitteln, in welchem Mitgliedstaat der Ort liegt, von dem aus der Arbeitnehmer seine Verkehrsdienste erbringt, an den er danach zurückkehrt, an dem er Anweisungen dazu erhält und seine Arbeit organisiert und an dem sich die Arbeitsmittel befinden (*EuGH* 14.9.2017 – C-168/16, EzA EG-Vertrag 1999 VO 44/2001 Nr. 11). Auf die »**Staatsangehörigkeit**« des Flugzeugs kommt es nicht entscheidend an (*EuGH* 14.9.2017 – C-168/16, EzA EG-Vertrag 1999 VO 44/2001 Nr. 11). Dieser neueren Linie der Rspr. sind die Gerichte und die Lit. nahezu einhellig gefolgt (*LAG Bln.-Bra.* 27.2.2018 – 6 SHa 140/18, NZA-RR 2018, 442; *LAG Brem.* 30.10.2018 – 1 Sa 157/17, LAGE Art. 21 EuGVVO Nr. 1; *Temming* NZA 2017, 1437, 1440; *Winkler v. Mohrenfels* EuZA 2018, 236 ff.; ErfK/*Schlachter* Rn 12).

b) **Besatzung von Hochseeschiffen**

Bei grenzüberschreitenden Sachverhalten bestimmt sich die anzuwendende Rechtsordnung für vor dem 17.12.2009 abgeschlossene Heuerverhältnisse nach den Art. 27 ff. EGBGB, für danach eingegangene Verträge gelten die Art. 3, 8, 9 VO (EG) 593/2008. Grds können die Parteien des Heuervertrages die anzuwendende Rechtsordnung frei wählen (s. Rdn 13 ff.; KR-*Weigand* SeeArbG Rdn 9). Allein bei einem reinen **Inlandsfall**, wenn der Reeder mit Sitz in Deutschland auf deutschen Schiffen Inländer von deutschen Heimathäfen aus in nationalen Hoheitsgewässern beschäftigt, gilt deutsches zwingendes Arbeitsrecht (vgl. auch *EuGH* 27.2.2002 – C-37/00, NJW 2002, 1635 im Falle eines Kranschiffes). Unbenommen bleibt die Möglichkeit, im Rahmen des Art. 8 Abs. 1 VO (EG) 593/2008 – auch nur für Teile des Vertrages (s. Rdn 19) – ausländisches Arbeitsrecht für Seeleute auch auf Schiffen zu wählen, die die Bundesflagge führen, soweit den Seeleuten nicht der Schutz gem. Art. 8 Abs. 2 bis 4 VO entzogen wird. Bei einem sog. **Binnenmarktfall**, wenn Arbeitgeber und Seeleute EU-Mitgliedstaaten angehören und innerhalb deren Hoheitsgewässer tätig sind, geht einer Rechtswahl zwingendes Unionsrecht gemäß Art. 3 Abs. 4 VO vor. Die Geltung zwingenden deutschen Arbeitsrechts bei einem Inlandsfall und zwingenden Unionsrechts bei einem Binnenmarktfall bleibt unberührt, wenn es lediglich gelegentlich außerhalb der jeweiligen Hoheitsgewässer zum Einsatz kommt (*Staudinger/Magnus* Art. 8 Rn 143).

Nach früher hM wurde über Art. 30 Abs. 2 Nr. 1 EGBGB an das Recht des Staates angeknüpft, dessen **Flagge** das Seeschiff führt (*BAG* 24.9.2009, NZA-RR 2010, 604; *BVerfG* 10.1.1995 NZA 1995, 272; *Gräf* ZfA 2012, 557, 585; *Gamillscheg* ZfA 1983, 342; *Däubler* RIW 1987, 251; *Geffken* NZA 1989, 88, 91; *Mankowski* RabelsZ 53 [1989], 495; *Martiny* RIW 2009, 747; *Lorenz* RdA 1989, 220; *Magnus* IPrax 1990, 141; *ders.* IPrax 1991, 382 mwN; *Behr* FS Buchner 2009, S. 81,

93 f.; *Winkler von Mohrenfels/Block* in Oetker/Preis EAS B 3000 Rn 132; *Wurmnest* EuZA 2009, 481, 497; offen MünchArbR-*Giesen* § 333 Rn 5 f.; aA *Temming* NZA 2017, 1437; 1440; *Palandt/ Thorn* Art. 8 Rn 12: Recht der einstellenden Niederlassung). Nach Art. 92 Abs. 1 S. 1 des Seerechtsübereinkommens der Vereinten Nationen vom 10.12.1982 (SRÜ) unterstehen Schiffe auf Hoher See, die unter einer einzigen Flagge fahren, der Hoheitsgewalt dieses Staats. Die Anknüpfung an die Flagge trägt auch zur Rechtssicherheit bei (*BAG* 22.10.2015 – 2 AZR 720/14, EzA Art. 30 EGBGB Nr. 12). Hier befindet sich der tatsächliche Arbeitsschwerpunkt des Arbeitnehmers, hier verbringt er den größten Teil seiner Arbeitszeit (*Franzen* IPRax 2003, 239; *Mankowski/Knöfel* EuZA 2011, 521, 530). Wiewohl Kauffahrteischiffe keinen integralen Bestandteil eines Staates darstellen, besteht doch ein besonderes Schutzverhältnis des Schiffes zu dem Staat, dessen Flagge es führt (*Franzen* AR-Blattei, Internationales Arbeitsrecht 2006 Rn 83 ff.). Gegen eine Anknüpfung an die Flagge kann angeführt werden, dass damit die Gefahr einer Manipulation und von Lohndumping einhergeht (vgl. *Ferrari-Staudinger* IntVertragsR Art. 8 Rn 21). Bei **Billigflaggen** müssen aber mehr Verbindungen als nur die Flagge zum Flaggenstaat bestehen, um dessen Rechtsordnung zu unterstehen (*Staudinger/Magnus* Art. 8 Rn 155).

69 Nachdem der **EuGH** allerdings **nicht an die Flagge anknüpft** (s. Rdn 70), verbietet sich nach hM ein isoliertes Abstellen auf den Staat der Flagge (*BAG* 22.10.2015 – 2 AZR 720/14, EzA Art. 30 EGBGB Nr. 12; *Martiny* ZEuP 2018, 218, 233). Andere Stimmen stellen eher auf den Ort der »einstellenden Niederlassung« ab (*Palandt/Thorn* Art. 8 Rn 12; *Ferrari-Staudinger* IntVertragsR Art. 8 Rn 21). Insbesondere nach der Entscheidung zu dem Flugpersonal in der Sache »Nogueira u.a.« (*EuGH* 14.9.2017 – C-168/16, EzA EG-Vertrag 1999 VO 44/2001 Nr. 11) stellt sich verschärft die Frage, ob ein gewöhnlicher Arbeitsort gefunden werden kann, wenn der Arbeitnehmer in der Regel von einer bestimmten Heimatbasis aus tätig wird. Insoweit erscheint es möglich, die Grundsätze aus dem Urteil des EuGH auch auf das Seearbeitsrecht zu übertragen (MünchArbR/ Oetker § 13 Rn 52; BeckOGK BGB-*Knöfel* Art. 8 Rn 65; ErfK-*Schlachter* Rn 12; *Staudinger/Magnus* Art. 8 Rn 148). Maßgeblich ist dann das **Recht des Heimathafens**, zu dem zB die Besatzungen von Kreuzfahrtschiffen oder Linienschiffen regelmäßig zurückkehren.

70 Ist kein Heimathafen feststellbar, kommt es in Betracht, auf die einstellende **Niederlassung** nach Art. 8 Abs. 3 VO zu rekrutieren. Nach der Rspr des EuGH ist unter dem Merkmal der einstellenden Niederlassung diejenige zu verstehen, in der formal die Einstellung, zB in Form der Vertragsunterzeichnung, vorgenommen wird, nicht aber die Niederlassung, bei der der Arbeitnehmer tatsächlich beschäftigt ist (*EuGH* 15.12.2011 – C-384/10, EzA VO 593/2008 EG-Vertrag 1999 Nr. 2 Rn 35 mwN; *Knöfel* IPRax 2014, 130; vgl. Rdn 59). Dabei bleibt aber stets zu prüfen, ob das Vertragsverhältnis nicht nach **Art. 8 Abs. 4 VO (EG) 593/2008 eine engere Verbindung** zu einem anderen Staat aufweist. Der Ausnahmeklausel gem. Art. 8 Abs. 4 VO kommt – auch angesichts der Billigflaggenschiffe, wenn deren Flagge die einzige Verbindung zur nationalen Rechtsordnung darstellt – eine bes. Bedeutung zu, wenn das Heuerverhältnis engere Verbindungen zu einem anderen Staat als demjenigen aufweist, dessen Recht nach den genannten Regelanknüpfungen anzuwenden wäre (*BAG* 24.8.1989 EzA Art. 30 EGBGB Nr. 1; Anm. *Junker* SAE 1990, 923; Anm. *Magnus* IPrax 1991, 382). Bei dieser Frage, bei der eine Abwägung der Gesamtumstände des Einzelfalls erforderlich ist, kann als ein Kriterium unter mehreren auch auf das Recht der **Flagge** abgestellt werden (*BAG* 22.10.2015 – 2 AZR 720/14, EzA Art. 30 EGBGB Nr. 12).

71 Das BAG hat angenommen, dass bei einer Tätigkeit auf einem Kreuzfahrtschiff eine engere Verbindung zu Italien anzunehmen ist, wenn der Arbeitsvertrag auf italienische Tarifverträge Bezug nimmt, in Italien Lohnsteuer abgeführt wird, das dortige Sozialsystem zur Anwendung kommt und das Schiff unter **italienischer Flagge** fährt (*BAG* 22.10.2015 – 2 AZR 720/14, EzA Art. 30 EGBGB Nr. 12). Einer anderen Entscheidung des BAG lag folgender Sachverhalt zugrunde (*BAG* 24.8.1989 EzA Art. 30 EGBGB):: Das Arbeitsverhältnis einer englischen Staatsangehörigen mit Wohnsitz in England, die aufgrund eines in englischer Sprache in England abgeschlossenen Vertrages auf einem die Bundesflagge führenden, in Hamburg registrierten und zwischen den Niederlanden und England eingesetzten Fährschiff von einer englischen Gesellschaft beschäftigt und in

englischer Währung nach einem englischen Tarifvertrag bezahlt wird, weist engere Beziehungen zu England iSd Ausnahmeklausel auf. Ebenso liegen engere Verbindungen zur deutschen Rechtsordnung iSd Art. 8 Abs. 4 VO (EG) 593/2008 vorbei in Deutschland auf deutsch abgeschlossenen Seearbeitsverträgen eines deutschen Staatsangehörigen mit einer »Billig-Flaggen«-Reederei eines anderen Landes, deren Anteilseigner auch Deutsche sind, die Vergütung in DM vereinbart und auf das Konto bei einer deutschen Bank überwiesen wird (*LAG BW* 17.7.1980 AP Nr. 19 zu IPR Arbeitsrecht).

Für Heuerverhältnisse auf Schiffen unter deutscher Flagge, die gem. § 21 Abs. 1 FlaggRG in das **Internationale Schiffsregister** (Zweitregister) eingetragen sind, ist die seinerzeit maßgebliche Kollisionsnorm des deutschen Rechts (Art. 30 EGBGB) bis zum Inkrafttreten der VO (EG) 593/2008 durch § 21 Abs. 4 S. 1 FlaggRG modifiziert worden. Nach dieser Vorschrift lässt sich allein aus der Tatsache, dass das Schiff die deutsche Flagge führt, nicht herleiten, dass deutsches Recht anzuwenden ist. Es gelten insoweit die arbeitsrechtlichen Bestimmungen desjenigen Staates, auf den die Gesamtheit aller maßgeblichen Umstände iSd Ausnahmeklausel hindeutet. Zu den Umständen (s. Rdn 60 ff.) zählen auch die Staatsangehörigkeit der Vertragsparteien, Vertragssprache, Ort des Vertragsschlusses und der Zahlung der Heuer sowie die Modalitäten für die Heuer (*BAG* 3.5.1995 EzA Art. 30 EGBGB Nr. 3). Ob mit nunmehr geltenden Regelung der VO (EG) 593/2008 die Vorschrift des § 21 Abs. 4 S. 1 FlaggRG noch vereinbar ist, wird bezweifelt (*Deinert* RdA 2009, 144, 147 f.; *Gräf* ZfA 2012, 557; ErfK-*Schlachter* Rn 12; *Palandt/Thorn* Art. 8 Rn 12; HWK-*Tillmanns* Rn 19). Richtig ist, dass Art. 8 VO vorgeht (HWK-*Tillmanns* Rn 19); die Regelung in § 21 Abs. 4 S. 1 FlaggRG kann aber als Interpretationsnorm weiterbestehen (*Staudinger/Magnus* Art. 8 Rn 155). Vom Ergebnis her entspricht die Regelung gem. § 21 Abs. 4 S. 1 FlaggRG im Übrigen der Anknüpfung, wie sie bei Heuerverhältnissen ohne Rechtswahl getroffen wird: Ist kein Heimathafen feststellbar, ist allgemein an das Recht der Flagge anzuknüpfen (s. Rdn 69). 72

c) Mitarbeiter multinationaler Unternehmen

Eine Entsendung in einem multinationalen Unternehmen ist prinzipiell auf mehreren Wegen rechtstechnisch umsetzbar: Der Arbeitnehmer hat nur einen Arbeitsvertrag geschlossen, innerhalb dieses Vertrags erfolgt eine **Versetzung** in das Ausland (sog. Einvertragsmodell). In diesem Fall untersteht der Arbeitsvertrag nach wie vor deutschem Recht. Denkbar ist aber auch, dass der ursprüngliche, in der Regel mit der Konzernmutter geschlossene Vertrag **ruhend gestellt** wird und ein **neues Arbeitsverhältnis** für die Tätigkeit im Ausland daneben begründet wird (sog. Zweivertragsmodell; dazu näher *Herfs-Röttgen* NZA 2017, 873, 875; *Deinert* ZESAR 2016, 107, 111; *Mauer/ Lindemann* Personaleinsatz Teil 2 Rn 524 ff.; *Reiter* NZA-Beil. 2014, 22). Auch kommt es vor, dass die Entsendung im Rahmen einer konzernweiten **Arbeitnehmerüberlassung** erfolgt (*Deinert* ZESAR 2016, 107, 112; *Reiter* NZA-Beil. 2014, 22). Im Hinblick auf die in der Regel beabsichtigte zeitliche Begrenzung der Dauer der Entsendung ist im ersten Fall auf eine Kontrolle der Befristung des Auslandseinsatzes nach den §§ 305 BGB ff abzustellen, während bei einem separaten Vertrag § 14 TzBfG eingreift (*Falder* NZA 2016, 401, 402). 73

Erfolgt der grenzüberschreitende Einsatz eines Arbeitnehmers innerhalb **multinationaler Unternehmen** durch Versetzungen in verschiedene Länder zu jeweils rechtlich selbständigen Betrieben, so ist gem. der Regelanknüpfung gem. Art. 8 Abs. 2 VO (EG) 593/2008 das Recht im Land der Zentrale anzuwenden, wenn der Arbeitnehmer persönlich und rechtlich an die Zentrale gebunden bleibt (zB durch Vertragsschluss, Weisungs- und Versetzungsrecht qua Zentrale), insbes. wenn seine Rückkehr erwartet wird (vgl. Erwägungsgrund 36 der VO [EG] 593/2008). Bedeutung kann dann insbesondere **Art. 8 Abs. 2 S. 2 VO** zukommen, wonach der Staat, in dem die Arbeit verrichtet wird, nicht wechselt, wenn der Arbeitnehmer seine Arbeit nur »**vorübergehend**« in einem anderen Staat verrichtet (*Deinert* ZESAR 2016, 107, 111; *Reiter* NZA-Beil. 2014, 24; s. oben Rdn 56 f.). Ein **Statutenwechsel** findet dann nicht statt. Befindet sich die Zentrale in Deutschland, so kommt das deutsche KSchG (s.a. Rdn 75) zur Anwendung. Das gilt für leitende Mitarbeiter und Geschäftsführer, die in Tochtergesellschaften im Ausland entsandt sind (*Falder* NZA 2000, 74

868), für Führungskräfte (*Pohl* NZA 1998, 735) und für sog. entgrenzte Arbeitnehmer in matrixorganisierten Personalstrukturen, in denen die Mitarbeiter oft nicht von einem festen Arbeitsort aus tätig sind, sondern ihre Tätigkeit an verschiedenen Tätigkeitsorten mittels mobiler Informationstechniken organisieren (*Gimmy/Hügel* NZA 2013, 764: Anknüpfung an das Recht der einstellenden Niederlassung; s. Rdn 58 f.). Auch die Beteiligungsrechte des Betriebsrates gem. § 102 BetrVG bleiben im Wege der Ausstrahlung (s. Rdn 126) für das sog. **Ausführungsarbeitsverhältnis** bestehen. Zur Kündigung verschiedener Vertragsmodelle iR einer Entsendung vgl. *Mastmann/Stark* BB 2005, 1849, 1852. Entsendungsvereinbarungen sind idR nach den Voraussetzungen der Änderungskündigung kündbar (*Mauer* RiW 2007, 92). Die Ausübung eines vereinbarten **Rückrufrechts** unterliegt der Billigkeitskontrolle (§ 315 BGB) und bedarf einer angemessenen Ankündigungsfrist (*Reichel/Spieler* BB 2011, 2741; zur Fragen des Rückrufs wegen der Corona-Pandemie *Herfs-Röttgen* NZA 2021, 596 ff.). Eine den Arbeitsvertrag ergänzende Entsendevereinbarung kann auch gesondert gekündigt werden, um zur vorzeitigen Beendigung der Entsendung zu kommen. Zum vorzeitigen Rückruf (*Falder* NZA 2016, 401) von einer Entsendung reicht die Ausübung des Direktionsrecht des Arbeitgebers grds. nicht aus (*Franzen* AR-Blattei SD 920 Internationales Arbeitsrecht Rn 169).

75 Wenn der Arbeitnehmer jeweils ein neues Vertragsverhältnis mit den verschiedenen rechtlich selbständigen Betrieben desselben **multinationalen Unternehmens** im Ausland begründet, ist von der Regelanknüpfung gem. Art. 8 Abs. 2 S. 1 VO (EG) 593/2008 (lex loci laboris) für das Lokalarbeitsverhältnis auszugehen (*Deinert* ZESAR 2016, 107, 108). Soweit daneben in einem zweiten Vertragsverhältnis mit dem entsendenden Arbeitgeber Modalitäten des Ruhens der Hauptpflichten, der späteren Wiederaufnahme der Arbeit und parallel weiterlaufende Leistungen vereinbart werden, bleibt es bei der für das ursprüngliche Arbeitsverhältnis geltenden Anknüpfung gem. Art. 8 Abs. 2 S. 2 VO (EG) 593/2008 (ErfK-*Schlachter* Rn 15; zur Anknüpfung des sog. **Rumpfarbeitsverhältnisses** vgl. auch *Franzen* AR-Blattei SD 920 Internationales Arbeitsrecht Rn 107 ff.). Dieses Restarbeitsverhältnis ist zwar nur schwer anzuknüpfen, weil dort keine Pflichten mehr zu erfüllen sind, es bleibt gleichwohl die Qualifikation als Arbeitsverhältnis (ErfK-*Schlachter* Rn 15). Rumpf- und Lokalarbeitsverhältnis können demnach **unterschiedlichem Recht unterstehen**. Eine Anwendung des deutschen Kündigungsschutzes scheidet in diesem Fall beim Einsatz in einem ausländischen Betrieb des Konzerns aus, weil die Regelungen des KSchG betriebs- bzw. unternehmensbezogen und das **KSchG** nur auf dem **Gebiet der BRD** gilt (vgl. BAG 29.8.2013 – 2 AZR 809/12, EzA § 1 KSchG Betriebsbedingte Kündigung Nr. 177; KR-*Bader/Kreutzberg-Kowalczyk* § 23 KSchG Rdn 23; *Horcher* FA 2010, 43, 44; *Windbichler* Arbeitsrecht im Konzern, S. 259 ff.; diff. *Eser* BB 1994, 1991; *ders.* Arbeitsrecht im Multinationalen Unternehmen, 1994; aA NK-GA/ *Mauer* Art. 3, 8 Rom I Rn 86; *ders.* RiW 2007, 92; *A. C. Gravenhorst* RdA 2007, 283 ff., nach denen es für die Anwendbarkeit des KSchG grds. nicht darauf ankommt, ob der Arbeitnehmer im In- oder Ausland tätig ist; eingehend hierzu Rdn 97 ff.). Für die Kündigung des ruhend gestellten Rumpfarbeitsvertrags im Inland gilt freilich das KSchG. Für den Erfolg einer Kündigungsschutzklage kann maßgeblich sein, ob das Arbeitsverhältnis **konzerndimensional ausgestaltet** und eine Pflicht zur Weiterbeschäftigung in einem anderen Betrieb aus einer **Selbstverpflichtung** abzuleiten ist, also zB im Arbeitsvertrag eine Konzernversetzungsklausel enthalten ist oder es in der Vergangenheit diverse Abordnungen gegeben hat (vgl. BAG 22.11.2012 – 2 AZR 673/11, EzA § 626 BGB 2002 Unkündbarkeit Nr. 18; BAG 18.10.2012 – 6 AZR 41/11, EzA § 1 KSchG Betriebsbedingte Kündigung Nr. 170; APS-*Kiel* § 1 KSchG Rn 551; KR-*Rachor* § 1 KSchG Rn 155 f.; *Reiter* NZA-Beil. 2014, 22, 26; zu Matrixstrukturen unten Rdn 102 sowie *Bodenstedt/ Schnabel* BB 2014, 1525, 1528; zu der Frage, wann ein »einheitliches Arbeitsverhältnis« zu mehreren juristischen Personen bestehen kann vgl. BAG 5.12.2019 – 2 AZR 147/19, EzA § 174 BGB 2002 Nr. 11). Bei einer Weiterbeschäftigungsmöglichkeit bei einem Tochterunternehmen muss sichergestellt sein, dass das vertragsschließende Unternehmen Einfluss auf die in Frage kommende Versetzung ausüben kann (*Reiter* NZA-Beil. 2014, 22, 26). Beim internationalen Joint Venture scheidet die konzernweite Geltung des KSchG ebenfalls aus (*Eser* Arbeitsrecht im Multinationalen Unternehmen, S. 118).

d) Mitarbeiter öffentlich-rechtlicher und ähnlicher Einrichtungen

Nach § 20 Abs. 2 GVG iVm. dem allgemeinen Völkergewohnheitsrecht als Bestandteil des Bundesrechts (Art. 25 GG) sind Staaten und die für sie handelnden Organe der Gerichtsbarkeit anderer Staaten nicht unterworfen, soweit ihre **hoheitliche Tätigkeit** betroffen ist (*BAG* 29.6.2017 – 2 AZR 759/16, EzA § 20 GVG Nr. 14). Für die Einordnung arbeitsrechtlicher Streitigkeiten ist vorbehaltlich einer besonderen Regelung maßgebend, ob die dem Arbeitnehmer übertragenen Aufgaben ihrer Art nach hoheitlich oder nicht-hoheitlich sind. Dies wiederum richtet sich nicht nach der Form der Rechtsbeziehung als entweder privatrechtlicher Vertrag oder öffentlich-rechtliches Dienstverhältnis. Vielmehr kommt es auf den Inhalt der ausgeübten Tätigkeit und deren **funktionalen Zusammenhang** mit diplomatischen und konsularischen **Aufgaben** an (*BAG* 29.6.2017 – 2 AZR 759/16, EzA § 20 GVG Nr. 14; *BAG* 18.12.2014 – 2 AZR 1004/13, EzA § 20 GVG Nr. 11). Es kommt darauf an, ob der ausländische Staat in Ausübung der ihm zustehenden Hoheitsgewalt oder wie eine Privatperson tätig geworden ist (*BAG* 18.12.2014 – 2 AZR 1004/13, EzA § 20 GVG Nr. 11). Hoheitlich ist stets, quasi als »Kernbereich«, die Ausübung der **auswärtigen, militärischen** und **polizeilichen Gewalt**, die Gesetzgebung und die Rechtspflege (*BVerfG* 17.3.2014 – 2 BvR 736/13, EzA § 20 GVG Nr. 10; *BAG* 18.12.2014 – 2 AZR 1004/13, EzA § 20 GVG Nr. 11; *BAG* 25.4.2013 – 2 AZR 960/11, NZA 2014, 280; *Majer* NZA 2010, 1395). Die Einordnung als hoheitlich oder nicht-hoheitliche Maßnahme ist, wenn es keine spezielleren völkerrechtlichen Abkommen gibt, nach dem nationalen Recht zu beurteilen (*BVerfG* 17.3.2014 – 2 BvR 736/13, EzA § 20 GVG Nr. 10; *BAG* 14.12.2017 – 2 AZR 216/17, EzA § 20 GVG Nr. 15; *EuGH* 19.7.2012 – C-154/11, EzA EG-Vertrag 1999 Verordnung 44/2001 Nr. 7 Rn 62). Insoweit ist es unerheblich, dass die Tätigkeit in dem Staat, der die Einrichtung unterhält, anders als in der Rechtsordnung des entscheidenden Gerichts qualifiziert wird (*BAG* 10.4.2013 – 5 AZR 78/12, NZA 2013, 1102).

Mitarbeiter im **öffentlich-rechtlichen Dienstbereich** unterstehen idR auch im Ausland wegen ihrer hoheitlichen oder quasi-öffentlichen Aufgaben entweder dem öffentlichen Dienstrecht oder dem allgemeinen Arbeitsrecht des Entsendestaates, soweit es sich um aus dem Heimatland **entsandte Mitarbeiter** handelt. Der deutschen Gerichtsbarkeit ist grds. nicht unterworfen ein ausländischer Staat (Generalkonsulat) hinsichtlich arbeitsrechtlicher Bestandsstreitigkeiten mit Konsularangestellten, die nach dem Inhalt ihres Arbeitsverhältnisses originär konsularische (hoheitliche) Aufgaben wahrzunehmen haben (*BAG* 14.12.2017 – 2 AZR 216/17, EzA § 20 GVG Nr. 15; *BAG* 16.5.2002 – 2 AZR 688/00); dies gilt auch vice versa im Fall nichthoheitlicher Tätigkeit eines in Deutschland beschäftigten französischen Sprachlehrers (vgl. *LAG Bln.* 20.7.1998 LAGE Art. 30 EGBGB Nr. 2).

Bei einer Tätigkeit einer »**Chefsekretärin**« in einem venezolanischen Konsulat spricht alles für einen engen Zusammenhang mit konsularischen Tätigkeiten (*BAG* 18.12.2014 – 2 AZR 1004/13, EzA § 20 GVG Nr. 11). Entsprechendes gilt bei einer **Verwaltungshilfsangestellten** im spanischen Generalkonsulat (*BAG* 14.12.2017 – 2 AZR 216/17, EzA § 20 GVG Nr. 15). Die Pressearbeit in herausragender Position an der US-Botschaft kann als **hoheitliche Tätigkeit** angesehen werden (*BAG* 23.11.2000 EzA § 20 GVG Nr. 3). Keine hoheitliche Tätigkeit üben hingegen **Lehrer** der allgemeinbildenden staatlichen oder staatlich anerkannten Schulen aus (*BAG* 2.3.2017 – 2 AZR 698/15, EzA § 626 BGB 2002 Verdacht strafbarer Handlung Nr. 16 für Lehrer an griechischer Grundschule; *BAG* 25.4.2013 – 2 AZR 960/11, EzA § 20 GVG Nr. 8). Ebenso ist die Tätigkeit eines bei einer Botschaft beschäftigten **Fahrers**, der nicht regelmäßig den Botschafter fährt und keine Diplomatenpost befördert, nicht hoheitlich geprägt (*BAG* 10.4.2014 – 2 AZR 741/13, EzA Art. 30 EGBGB Nr. 11; Anm. *Mankowski* in IPRax 2015, 309).

Bei sog. **Ortskräften** – das sind Arbeitnehmer, die im Ausland eingestellt und auch nur im dortigen Betrieb, also ohne ein Rückkehrrecht, arbeiten sollen – kann deutsches Recht kraft einer Rechtswahl vereinbart werden (*BAG* 24.6.2004 – 2 AZR 656/02, EzA § 626 BGB Unkündbarkeit Nr. 7; *MünchArbR/Oetker* § 13 Rn 55). Im Grundsatz befindet sich deren gewöhnlicher Arbeitsort im Ausland, so dass mangels einer Rechtswahl das Recht des gewöhnlichen Arbeitsort (lex loci laboris) nach Art. 8 Abs. 2 S. 1 VO maßgeblich ist (*Reiter* NZA-Beil. 2014, 22, 24; *Mauer/Mauer*

Personaleinsatz Teil 2 Rn 427). In den §§ 1 Abs. 3 lit. c TVöD und 1 Abs. 2 lit. m TVL ist jeweils geregelt, dass für die Ortskräfte der tarifliche Geltungsbereich nicht eröffnet ist. Nur ausnahmsweise kann an deutsches Recht angeknüpft werden, wenn es sich um deutsche Staatsbürger handelt und sich die vereinbarten Arbeitsbedingungen im Wesentlichen an Vorschriften des deutschen Arbeitsrechts anlehnen (*BAG* 10.5.1962 AP Nr. 6 zu IPR Arbeitsrecht). Ausländische Ortskräfte in einer deutschen **diplomatischen Vertretung** unterliegen der lex loci laboris insbes. dann, wenn die Umstände einen überwiegenden Bezug zur ausländischen Rechtsordnung herstellen (*LAG Bln.* 4.12.2003 – 10 Sa 1368/03, für eine türkische Ortskraft in Istanbul). Allerdings sind nach der Rspr. des BAG hinsichtlich aller Aspekte des Arbeitsverhältnisses, die durch das Recht (einschließlich Tarifverträge, vgl. dazu auch §§ 31, 32, 33 des Gesetzes über den Auswärtigen Dienst – GAD – v. 30.8.1990 BGBl. I S. 1842; dazu *BAG* 20.11.1997 EzA Art. 30 EGBGB Nr. 4 Rn 35) des beschäftigenden Mitgliedstaates der EU geregelt sind, Staatsangehörige anderer Mitgliedstaaten den deutschen Ortskräften einer Botschaft gleich zu behandeln (Fall einer Belgierin, die ständig in Algerien lebt und dort einen Arbeitsvertrag mit der deutschen Botschaft schließt und dort dauerhaft erfüllt). Dies ergibt sich aus Art. 48 Abs. 2 EGV aF, Art. 7 Abs. 1 und 4 VO (EWG) Nr. 1612/68 v. 15.10.1968 (*BAG* 8.8.1996 EzA Art. 48 EGV Nr. 5; *EuGH* 30.4.1996 NZA 1996, 971; krit. dazu *Junker* RdA 1998, 42). Die lex loci laboris gilt für deutsche Ortskräfte mit nicht hoheitlichen Aufgaben an der US-Botschaft in Deutschland, zumal da Gebäude einer diplomatischen Vertretung als solche nicht exterritorial sind, sondern zum Staatsgebiet des Gastgeberlandes gehören (*BAG* 15.2.2005 BB 2006, 1391; 20.11.1997 EzA Art. 30 EGBGB Nr. 4; Anm. *Krebber* IPRax 1999, 164; 10.5.1962 AP Nr. 6 zu Internationales Arbeitsrecht). Wird eine französische Staatsangehörige, die als Beamtin des französischen Erziehungsministeriums in den Zuständigkeitsbereich des französischen Außenministeriums abgeordnet ist (détachement) und auf der Grundlage eines in Berlin abgeschlossenen contrat local (rechtlich ein contrat de droit public) ohne Rechtswahlklausel im Centre Culturel in Berlin beschäftigt ist, zu ihrem Dienstherrn in das Erziehungsministerium rückbeordert, so unterliegt dieser Rechtsakt wie die zugrunde liegenden Rechtsverhältnisse wegen der engen Verbindung dem französischen Recht (*LAG Bln.* 20.7.1998 LAGE Art. 30 EGBGB Nr. 2; im Ergebnis zust. *Junker* RiW 2001, 94, 100).

80 Diese Grundsätze gelten auch für Mitarbeiter in **deutschen Institutionen** im Ausland, die unabhängig von ihrer möglicherweise privatrechtlichen Organisationsform öffentliche Aufgaben erfüllen, aus öffentlichen Finanzmitteln unterhalten werden und hinsichtlich der Arbeitsverhältnisse auf Tarifwerke des deutschen öffentlichen Dienstes Bezug nehmen. Das trifft idR so auch auf Ortskräfte der **Goethe-Institute** im Ausland zu (fällt aufgrund der Schließung einer Zweigstelle ein Arbeitsplatz weg, rechtfertigt dies regelmäßig keine außerordentliche Kündigung iSd § 626 Abs. 1 BGB, *BAG* 24.6.2004 EzA § 626 BGB 2002 Unkündbarkeit Nr. 5). Dagegen ist bei **ausländischen Ortskräften** die lex loci laboris anzuwenden (s.a. Rdn 129). So scheidet die Anwendbarkeit deutschen Kündigungsschutzrechts auf eine gem. Art. 9 Abs. 4 NATO-Truppenstatut in die in den USA gelegene Verwaltungsstelle der Bundeswehr eingestellte Ortskraft aus (*LAG Köln* 19.8.2008 – 7 Ta 322/07). Es bleibt allerdings der deutschen Einrichtung (Goethe-Institut) und der deutschen Arbeitnehmerin (Sprachlehrerin) unbenommen, dem Arbeitsvertrag ausländisches (englisches) Arbeitsrecht, wo Kollektivvereinbarungen nur einzelvertraglich in das Arbeitsverhältnis einbezogen werden, zugrunde zu legen und damit trotz beiderseitiger Tarifbindung die sonst gem. §§ 3, 4 TVG geltende normative Wirkung des Tarifvertrages auf das Arbeitsverhältnis zu vermeiden (*BAG* 20.8.2003 – 5 AZR 362/02, EWiR 2004, 401). Auf die Arbeitsverhältnisse eines rechtlich selbständigen Tochterunternehmens im Ausland sind die Regelungen des Haustarifvertrages des deutschen Arbeitgebers nicht unmittelbar anzuwenden. Allerdings kann eine Einwirkungspflicht auf die rechtlich selbständige Tochter auf Anwendung des Haustarifvertrages bestehen, wenn das Tochterunternehmen nur aus Gründen des internationalen Rechts verselbständigt wurde, aber tatsächlich von der Haustarifvertragspartei ideell, wirtschaftlich und verwaltungsmäßig abhängt. Dies hat das *BAG* (11.9.1991 EzA § 1 TVG Durchführungspflicht Nr. 1) im Fall des **Goethe-Instituts** entschieden, das die Arbeitsverhältnisse der in Mexiko beschäftigten Sprachlehrer nur deswegen auf den neu gegründeten rechtlich selbständigen Instituto Goethe Asociación Civil übertragen hat, um

die Arbeitsbedingungen abzusenken (m. krit. Anm. zu diesem Ergebnis: *Otto* SAE 1993, 185). Für Mitarbeiter **internationaler Organisationen** gilt entweder das aufgrund von Staatsverträgen vereinbarte eigenständige Dienstrecht oder – falls ein solches nicht besteht – das gem. Art. 8 VO (EG) 593/2008 bestimmte Statut (MüKo-*Martiny* Art. 8 Rn 26 ff.). So beschäftigen Einrichtungen der **Europäischen Union** ihre Bediensteten nicht nur nach dem Europäischen Beamtenstatut und den Beschäftigungsbedingungen für die sonstigen Bediensteten der europäischen Gemeinschaften vom 5.3.1968, sondern auch nach dem jeweiligen nationalen Arbeitsrecht. In diesen Fällen gelten die Regelungen der VO (EG) 593/2008 auch für diese Arbeitsverhältnisse (*Löwisch/Brar* EuZA 2010, 481). Zu den besonderen Beschäftigungsbedingungen und Dienstvorschriften (Satzung und Geschäftsordnung) der Mitarbeiter der **Europäischen Zentralbank** sowie den Rechtsschutzverfahren verwaltungsintern und gerichtlich vor dem EuGH vgl. *Feyerbacher* ZESAR 2006, 11; zur »Europäischen Schule« vgl. Rdn 164.

e) Arbeitnehmerüberlassung

Bei der **Arbeitnehmerüberlassung** ist zwischen der echten und der unechten Leiharbeit zu unterscheiden. Wird ein Arbeitnehmer gelegentlich (vgl. § 1 Abs. 3 Nr. 2a AÜG) einem anderen Betrieb überlassen (sog. echte Leiharbeit), gilt zwischen dem Verleiher und dem Arbeitnehmer das bisherige Arbeitsvertragsstatut (Müko-*Martiny* Art. 8 Rn 71). Bei nur vorübergehender Überlassung ändert sich das Arbeitsvertragsstatut also nicht (Art. 8 Abs. 2 S. 2 VO (EG) 593/2008). Zwischen Verleiher und Entleiher gelten die allgemeinen Regelungen gem. Art. 4 Abs. 1 lit. b) VO (EG) 593/2008, für diesen Werk- oder Dienstvertrag kann zB auch eine Rechtswahl erfolgen. Der Überlassungsvertrag zwischen Verleiher und Entleiher unterliegt bei objektiver Anknüpfung der Rechtsordnung am Ort der Niederlassung des Verleihers (*Junker* Internationales Arbeitsrecht S. 225). Handelt es sich um eine sog. unechte Leiharbeit, dh gewerbsmäßige Arbeitnehmerüberlassung, ist für das Arbeitsverhältnis zwischen Verleiher und Leiharbeitnehmer gem. Art. 8 Abs. 2 VO (EG) 593/2008 das Recht am gewöhnlichen Ort der Arbeitsleistung bestimmend (Müko-*Martiny* Art. 8 Rn 71). Ist ein gewöhnlicher Arbeitsort im Ausland nicht feststellbar, weil die Einsätze dauerhaft wechseln, so kann ggf. nach Art. 8 Abs. 2 S. 1 die sog. base rule (»von dem aus«) fruchtbar und auf das Recht des Verleihunternehmens abgestellt werden (ErfK-*Schlachter* Rn 15); hilfsweise ist nach Art. 8 Abs. 3 VO an den Ort der Niederlassung anzuknüpfen (so verallgemeinernd NK-GA/*Mauer* Art. 3, 8 Rom I Rn 27). Allerdings gehen gem. § 2 Nr. 4 AEntG die Vorschriften über die Bedingungen für die Überlassung von Arbeitskräften, insbes. durch Leiharbeitsunternehmen, als **international zwingende Normen** iSv Art. 9 VO (EG) 593/2008 gegenüber einem ausländischen Arbeitsvertragsstatut vor (*BAG* 21.3.2017 – 7 AZR 206/15, MDR 2017, 1371; MünchArbR/*Oetker* § 13 Rn 134; vgl. Rdn 34 ff.). Wird also ein Arbeitnehmer aus dem Ausland bei einem Entleiher im Inland eingesetzt und fehlt es an der Erlaubnis, so kommt nach §§ 9 Nr. 1, 10 AÜG ein Arbeitsverhältnis mit dem Entleiher zustande. Problematisch kann allerdings sein, ob ein ausländisches Gericht dieses Ergebnis anerkennen wird (*Deinert* ZESAR 2016, 107, 115). Die §§ 9, 10 AÜG gelten auch im umgekehrten Fall, wenn ein Arbeitnehmer aus Deutschland in ein Unternehmen im Ausland verliehen werden soll (MünchArbR-*Oetker* § 13 Rn 135). Das **Konzernprivileg** nach § 1 Abs. 3 Nr. 2 AÜG gilt nach hM auch im Rahmen einer grenzüberschreitenden Arbeitnehmerüberlassung (*Deinert* ZESAR 2016, 107, 112; *Schüren/Hamann* § 1 Rn 630; AR-*Beck* § 1 AÜG Rn 61); allerdings werden generell Zweifel an der Unionsrechtskonformität von § 1 Abs. 3 Nr. 2 AÜG geäußert, weil die zugrundeliegende Richtlinie keine Lockerungen für Konzerne vorsieht (*Schüren/Hamann* § 1 Rn 668; *Deinert* ZESAR 2016, 107, 112). Im Ergebnis wird man in diesen Fällen unionsrechtskonform die materiellen Vorgaben der Richtlinie, ohne die Erlaubnispflicht, anzuwenden haben (*Deinert* ZESAR 2016, 107, 113 f.; AR-*Beck* § 1 AÜG Rn 60).

81

f) Telearbeit/Crowdworking

Bei **Telearbeit** ist nach Art. 8 Abs. 2 S. 1 VO der Ort der tatsächlichen Arbeitsleistung entscheidend (EUArbR/*Krebber* Art. 8 Rn 54; BeckOGK BGB-*Knöfel* Art. 8 Rn 68; ErfK-*Schlachter* Rn 9; *Palandt/Thorn* Art. 8 Rn 10; *Fenski* FA 2000, 41; *Springer* Virtuelle Wanderarbeit 2002). Bei nur

82

partieller Telearbeit kann gem. Art. 8 Abs. 2 S. 1 Alt. 2 VO das Recht der Betriebsstätte objektives Arbeitsverhältnisstatut sein (EUArbR/*Krebber* Art. 8 Rn 54). Bei nur vorübergehender Arbeit im **Homeoffice im Ausland** kann ggf. nach Art. 8 Abs. 4 VO eine stärkere Verbindung zu Deutschland bestehen bleiben; dies kann gerade dann infrage kommen, falls der Homeofficeeinsatz bloß wegen des Coronavirus erfolgte (*Hördt* ArbRAktuell 2020, 485, 488; dort auch zu den sich stellenden steuer- und sozialversicherungsrechtlichen Fragen). Auch nach dem Willen der Politik soll mobiles Arbeiten ausgebaut werden (zu dem 2. Referentenentwurf eines »Mobile-Arbeit-Gesetzes« MAG *Schiefer* DB 2021, 114 ff.).

83 In letzter Zeit wird verstärkt diskutiert, wie mit Personen umzugehen ist, die ihre Arbeit über **Plattformen im Internet** beziehen (vgl. *Rinck* RdA 2019, 127 ff; *Schubert* RdA 2020, 248 ff.; *Ladas* EuZA 2021, 25 ff. aus griechischer Perspektive; zu einem Eckpunktepapier des BMAS vom 27.11.2020 Schaer MDR 2/2021 R21). Da das Internet in jedem Land verfügbar ist und zur Arbeitserledigung häufig nur ein PC benötigt wird, stellt sich auch die Frage der kollisionsrechtlichen Einordnung, wenn der Sachverhalt einen Bezug zum Ausland aufweist (Beispiel: Ein Softwareentwickler im Ausland erledigt einen Programmierauftrag, den ein deutscher Plattformbetreiber ausgegeben hat). Zunächst stellt sich die Frage, wie das betreffende Rechtsverhältnis zu qualifizieren ist. Ist es als **Arbeitsverhältnis** anzusehen (*BAG* 1.12.2020 – 9 AZR 102/20, Rn 42 ff.; hierzu *Martina* NZA 2021, 616 ff.; *Fuhlrott/Bodendieck* ArbRAktuell 2021, 639 ff.; *Eckert/Reinbach* GWR 2021, 45), gilt Art. 8 VO. In aller Regel vereinbaren Plattformen die Anwendung einer ihnen nahestehenden Rechtsordnung; bei clickworker gilt grds. deutsches Recht, bei Amazon Mechanical Turk das Recht von Massachusetts (*Däubler/Klebe* NZA 2015, 1032, 1039). Arbeitet der Crowdworker in Deutschland, führt dies über die Schutzbestimmungen der Art. 8 Abs. 1 S. 2 und Art. 9 Abs. 1 VO dennoch in wesentlichen Fragen des Bestandsschutzes zum deutschen Recht. Handelt es sich um einen (echten) **Soloselbständigen**, ist ebenfalls zunächst zu fragen, ob die Parteien eine Rechtswahl nach Art. 3 VO getroffen haben. Haben die Parteien keine Rechtswahl getroffen, bestimmt sich das anzuwendende Recht nach Art. 4 Abs. 1 lit. b VO. Der dort enthaltene Begriff der Dienstleistung wird sehr weit gefasst und erfasst neben dem deutschen Dienstvertrag auch den Werkvertrag. Das mit der Plattform abgeschlossene Vertragsverhältnis wird in aller Regel als Dienst- oder Werkvertragsverhältnis ausgestaltet sein. Damit gilt das Recht am Ort des Crowdworkers (*Däubler/Klebe* NZA 2015, 1032, 1039; *Hötte* MMR 2014, 795, 796; Maschmann/Sieg/Göpfert-*Heise* Vertragsgestaltung im Arbeitsrecht 255 Rn 27).

g) Sonstiges

84 Bei **international tätigen Handelsvertretern** ist zunächst zu klären, ob es sich um selbständige Handelsvertreter handelt oder solche mit Arbeitnehmerstatus (zur unterschiedlichen rechtlichen Würdigung des voyageur/représentant/placier nach französischem Recht als Arbeitnehmer und des Handelsvertreters nach deutschem Recht als Selbständigem vgl. *BAG* 24.3.1992 AP Nr. 28 zu IPR Arbeitsrecht). Gem. § 84 Abs. 1 S. 2 HGB ist selbständig, wer im Wesentlichen frei seine Tätigkeit gestalten und seine Arbeitszeit bestimmen kann. Die Anknüpfung an eine Rechtsordnung ergibt sich beim **selbständigen Handelsvertreter** entweder aus der getroffenen Rechtswahl gem. Art. 3 Abs. 1 VO (EG) 593/2008 (modifiziert durch die »zwingenden Bestimmungen« gem. Abs. 3) oder bei fehlender Rechtswahl aus Art. 4 Abs. 1 lit. b) VO bzw. aus den Ausweichklauseln gem. Abs. 3 oder auch Abs. 4 (*BGH* 28.11.1980 AP Nr. 20 zu IPR Arbeitsrecht; MüKo-*Martiny* Art 4 Rn 147 ff.; *Junker* Anm. zu AP Nr. 28 zu IPR Arbeitsrecht). So findet auf das einem Handelsvertreterverhältnis ähnliche Verhältnis eines literarischen Scout, der auf dem amerikanischen Buchmarkt für einen deutschen Verlag tätig ist, amerikanisches Recht Anwendung (*LAG Frankf./M.* 18.9.1980 AP Nr. 18 zu IPR Arbeitsrecht). Für den **Handelsvertreter, der als Arbeitnehmer tätig ist** (zum Begriff vgl. KR-*Kreutzberg-Kowalczyk* ArbNähnl. Pers. Rdn 97 ff.), gelten die Regelungen gem. Art. 8 VO (EG) 593/2008. Wird der Handelsvertreter von seinem Büro/Wohnsitz aus regelmäßig tätig, so kann der gewöhnliche Arbeitsort – »von dem aus« – iSd Art. 8 Abs. 2 S. 1 VO am Wohnsitz begründet sein (NK-GA/*Mauer* Art. 3, 8 Rom I Rn 28). Im Falle eines deutschen Handlungsreisenden eines belgischen Unternehmens mit Einsatzgebiet in mehreren Staaten kann die

Abwägung ergeben, dass deutsches Recht nach Art. 8 Abs. 4 VO zur Anwendung kommt (*LAG BW* 15.10.2002 LAGE Art. 30 EGBGB Nr. 6 m. Anm. *Mankowski*; vgl. auch *Thüsing* BB 2003, 898).

Auf **arbeitnehmerähnliche Personen** finden die Regelungen gem. Art. 8 VO (EG) 593/2008 keine 85 unmittelbare Anwendung. Dieser – wirtschaftlich abhängig und Arbeitnehmern vergleichbar sozial schutzbedürftige – Personenkreis (vgl. Legaldefinition gem. § 12a TVG) umfasst im Wesentlichen die Heimarbeiter (hierzu auch NK-GA/*Horcher* § 2 HAG Rn 2 ff.), die kleinen Handelsvertreter und die sog. freien Mitarbeiter (KR-*Kreutzberg-Kowalczyk* ArbNähnl. Pers. Rdn 3, 39 ff., 84 ff., 88 ff.). Je nach Ausgestaltung des Auftrags- bzw. Dienstverhältnisses gelten die nationalen arbeitsrechtlichen Sondervorschriften oder aber die Regelungen entsprechend dem Status von Arbeitnehmern bzw. Selbständigen. Die Bestimmungen des HAG gelten nur für in Heimarbeit Beschäftigte auf dem Gebiet der Bundesrepublik Deutschland und sind auch von ausländischen Auftraggebern zu beachten. Eine Rechtswahl oder objektive Anknüpfung an eine andere Rechtsordnung kommt für im Inland Beschäftigte wegen des öffentlich-rechtlich ausgestalteten Schutzes der **Heimarbeiter** im HAG nicht in Frage. Auf die sog. **kleinen Handelsvertreter** (§ 5 Abs. 3 ArbGG, § 92b HGB) können die für arbeitnehmerähnliche Personen geltenden Vorschriften anzuwenden sein (vgl. KR-*Kreutzberg-Kowalczyk* ArbNähnl. Pers. Rdn 104 ff.). Im Falle der Auslandsberührung darf dem kleinen Handelsvertreter bei entsprechender Anwendung des Art. 8 VO (EG) 593/2008 nicht durch eine Rechtswahlvereinbarung der Mindestschutz entzogen werden, der ihm gem. dem objektiv bestimmten Vertragsstatut zustehen würde. Dieser Grundsatz gilt auch für sog. freie **Mitarbeiter**, soweit sie als arbeitnehmerähnliche Personen tätig sind (vgl. KR-*Kreutzberg-Kowalczyk* ArbNähnl. Pers. Rdn 3 ff.).

Bei den verschiedenen Berufsgruppen (zB Forscher, Monteure, Dienstleister), die ihre Arbeit auf 86 einer festen oder schwimmenden Einrichtung (**Bohrinsel**, Ölplattform, Kranschiff) verrichten, ist im Falle fehlender Rechtswahl zu differenzieren, ob sich der Arbeitsort auf dem Festlandssockel, der **ausschließlichen Wirtschaftszone (AWZ)** oder auf der hohen See befindet. Bei einer Tätigkeit über dem an einen Staat angrenzenden Festlandssockel ist hinsichtlich des Merkmals des Arbeitsortes an das Hoheitsgebiet dieses Staates anzuknüpfen (*EuGH* 27.2.2002 – C-37/00, NJW 2002, 1635; *Bayreuther* RIW 2011, 446, 451; *Staudinger/Magnus* Art. 8 Rn 100; diff. *Gräf* ZfA 2012, 557). Im Übrigen wird das Recht des Staates, »von dem aus« der Arbeitnehmer seine Tätigkeit verrichtet (Art. 8 Abs. 2 S. 1 VO [EG] 593/2008), idR anzuwenden sein (vgl. MünchArbR/*Oetker* § 13 Rn 56; iE oben Rdn 10). Für Arbeitnehmer im internationalen Transportwesen gilt, wie bei Flugpersonal, grds die sog base rule (oben Rdn 66). Für Personal im **internationalen Straßenfernverkehr** (LKW, Reisebus) ist typischerweise an das Recht des gewöhnlichen Arbeitsortes, von dem aus die Arbeitsleistung erbracht wird, anzuknüpfen. Das ist der Ort, von dem aus die Fahrten regelmäßig begonnen werden und wohin die Fahrer auch zurückkehren (*BAG* 19.3.2014 – 5 AZR 252/12, NZA 2014, 1076; *EuGH* 15.3.2011 EzA EG-Vertrag 1999 Verordnung 593/2008 Nr. 1 m. Anm. *Noltin*; Anm. *Boehmke* jurisPR-ArbR 21/2011 Nr. 1; Anm. *Lüttringhaus* IPRax 2011, 554; Anm. *Mankowski/Knöfel* EuZA 2011, 521 mwN zu Fernfahrerfällen; *Moll/Katerndahl* DB 2015, 555, 557; EUArbR/*Krebber* Art. 8 Rn 55; aA *Behr* FS Buchner 2009, S. 81, 95: Anknüpfung an die Nationalität des Kfz-Kennzeichens). Die bloße **Durchfahrt** durch das Hoheitsgebiet eines Staats begründet noch keinen Beschäftigungsort (*Moll/Katerndahl* DB 2015, 555, 557). Nichts anderes gilt für den **internationalen Zugverkehr** für Schaffner und das Personal im Speisewagen (*Staudinger/Magnus* Art. 8 Rn 100, 166; *Wurmnest* EuZA 2009, 481, 492; aA *Behr* FS Buchner 2009, S. 81, 94 f.: Anknüpfung an Nationalität der Eisenbahngesellschaft/Zug-Registrierung). Wenn sich kein Ort, an dem oder von dem aus die Tätigkeit verrichtet wird, ermitteln lässt, ist an das Recht der einstellenden Niederlassung gem. Art. 8 VO Abs. 3 (EG) 593/2008 anzuknüpfen (*Deinert* S. 164).

IV. Einzelheiten zur Beendigung von Arbeitsverhältnissen mit Auslandsberührung

1. Anzuwendende Rechtsordnung gem. Art. 12 Abs. 1 lit. d) VO (EG) 593/2008

Das Arbeitsverhältnis kann nach den Regelungen gem. dem auf den Arbeitsvertrag anzuwendenden 87 Arbeitsvertragsstatut beendet werden, **Art. 12 Abs. 1 lit. d) VO.** Die Frage der **Beendigung** des Arbeitsverhältnisses beurteilt sich nach dem **Arbeitsvertragsstatut** (Müko-*Martiny* Art. 8 Rn 119;

ErfK-*Schlachter* Rn 27). Damit gilt grds. das gleiche Recht für die Frage der Entstehung (hierzu *BAG* 14.11.2014 – 5 AZR 252/12 (B), EzA Art. 30 EGBGB Nr. 10), der Durchführung und schließlich der Beendigung des Vertragsverhältnisses. Allerdings ist Art. 8 Abs. 1 S. 2 VO (EG) 593/2008 zu beachten: Die kündigungsschutzrechtlichen Vorschriften zB des **Ersten Abschnitts des KSchG** oder gem. **§ 622 BGB** sind **inländische zwingende Vorschriften** (s. Rdn 28 ff.), deren Schutz dem Arbeitnehmer nicht durch Rechtswahl entzogen werden darf (unter Beachtung des Günstigkeitsvergleichs, s. Rdn 30 f.) So ist zB trotz konkludenter Vereinbarung algerischen Rechts eine Kündigung gegenüber einem Fahrer der algerischen Botschaft in Deutschland an den Bestimmungen des deutschen KSchG zu messen, weil das Arbeitsverhältnis keine engeren Verbindungen zu Algerien aufwies und es dort auch keine dem deutschen Kündigungsrecht vergleichbare Schutzvorschriften gab (*BAG* 10.4.2014 EzA Art. 30 EGBGB Nr. 11 Rn 49). Besonderheiten zu diesen Grundsätzen können sich für besondere Arbeitnehmergruppen ergeben (s. Rdn 107 ff.).

2. Rechts- und Geschäftsfähigkeit

88 Die Regelungen gem. Art. 7 EGBGB, Art. 13 VO (EG) 593/2008 (vgl. Rdn 9) gelten für schuldrechtliche Verträge wie Arbeitsverträge und entsprechend Auflösungsverträge wie auch für einseitige Rechtsgeschäfte (Art. 11 Abs. 3 VO) wie zB die zugangsbedürftige Willenserklärung der Kündigung. Der Schutz des guten Glaubens gem. Art. 13 VO betrifft zB den Empfänger einer Kündigungserklärung des nicht (voll) Geschäftsfähigen, wenn er sich auf die Erklärung einstellt (MüKo-*Spellenberg* Art. 13 Rn 24). Will der Arbeitgeber das Arbeitsverhältnis durch Vertrag oder Kündigung beenden, kommt es hinsichtlich der Geschäftsfähigkeit auf die Rechtsordnung des Staates an, dem der Arbeitnehmer angehört. Handelt es sich bei dem Arbeitnehmer um einen **minderjährigen Deutschen**, richtet sich die Arbeitsvertrags- bzw. Kündigungsfähigkeit nicht nach § 113 BGB (vgl. KR-*Weigand* §§ 21, 22 BBiG Rdn 109). Will ein deutscher Arbeitgeber im Inland nach dessen Heimatrecht – im Unterschied zum deutschen Recht – **minderjährigen ausländischen Arbeitnehmer** kündigen bzw. einen Auflösungsvertrag schließen, so kann sich der Arbeitnehmer auf seine mangelnde Geschäftsfähigkeit nur berufen, wenn der Arbeitgeber diese kannte oder kennen musste (vgl. Art. 13 VO [EG] 593/2008).

3. Form der Beendigung

89 Gem. **Art. 11 Abs. 1 VO (EG) 593/2008** ist die einvernehmliche Vertragsauflösung zwischen zu diesem Zeitpunkt im selben Staat befindlichen Parteien formgültig, wenn die Formerfordernisse des auf das Arbeitsverhältnis anwendbaren Rechts oder die am Ort des Abschlusses des Arbeitsvertrages geltenden Formvorschriften erfüllt sind. Befinden sich die Arbeitsvertragsparteien bzw. deren Vertreter zum Zeitpunkt des Aufhebungsvertrages nicht in demselben Staat, folgt die Formgültigkeit aus der Anwendung der Rechtsordnung des Arbeitsvertragsstatuts oder des Aufenthaltsortes einer der Parteien zum Zeitpunkt der Auflösungsvereinbarung oder des gewöhnlichen Aufenthaltsortes einer der Parteien zu eben diesem Zeitpunkt (Art. 11 Abs. 2 VO). Sinn und Zweck der Regelung ist es, die Formwirksamkeit von Rechtsgeschäften zu begünstigen, das Rechtsgeschäft soll grds. nicht an der Form scheitern. Die uneingeschränkte Anwendung der Regelung im Arbeitsrecht kann aber zu **unliebsamen Ergebnissen** führen, weil die Formvorschriften häufig gerade dem **Arbeitnehmerschutz** dienen (*Deinert* RdA 2009, 144, 152; EUArbR/*Krebber* Art. 11 Rn 2). Gilt an sich deutsches Arbeitsvertragsstatut und arbeitet der Arbeitnehmer in einer im Ausland belegenen Niederlassung, so kann ggf. trotz des **§ 623 BGB** nach Art. 11 Abs. 3 VO das Arbeitsverhältnis mündlich gekündigt werden. Entsprechend stellt sich die Problematik zB bei § 14 Abs. 4 TzBfG oder tarifvertraglichen Formvorschriften. Teilweise wird in der Lit. vorgeschlagen, auch für Formfragen das in Art. 8 VO verankerte Günstigkeitsprinzip anzuwenden (Staudinger/*Magnus* Art. 8 Rn 182), teilweise wird stets an das Arbeitsvertragsstatut angeknüpft (EUArbR/*Krebber* Art. 11 Rn 2; iE wohl auch ErfK-*Schlachter* Rn 27). Richtiger dürfte sein, dass man de lege lata Art. 11 Abs. 3 VO nicht ignorieren kann. Geht der Arbeitgeber gezielt vor, um Formvorschriften auszuhöhlen, kann aber ein Rechtsmissbrauch anzunehmen sein (MünchArbR-*Oetker* § 13 Rn 66; *Lorenz* RdA 1989, 220, 226; *Junker* Internationales Arbeitsrecht S. 62). Das in Deutschland geltende

Schriftformerfordernis gem. § 623 BGB für Erklärungen zur Beendigung von Arbeitsverhältnissen ist eine **zwingende Bestimmung** iSd Art. 8 Abs. 1 S. 2 VO (EG) 593/2008 (s. oben Rdn 29; vgl. auch KR-*Spilger* § 623 BGB Rdn 32).

4. Einzelne Beendigungstatbestände

a) Befristung

Abreden zur Befristung des Arbeitsverhältnisses unterliegen grds. dem Arbeitsvertragsstatut (*Ferrari-* 90 *Staudinger* IntVertragsR Art. 8 Rn 28; MünchArbR-*Oetker* § 13 Rn 141; MüKo-*Martiny* Art. 8 Rn 105: in den Grenzen des deutschen ordre public). Soweit der deutsche Gesetzgeber und die Rechtsprechung des BAG Kriterien zur Zulässigkeit der **Befristung** gem. § 14 Abs. 1 TzBfG aufgestellt haben, dienen diese dem Schutzinteresse der Arbeitnehmer. Die deutsche Regelung geht einer anderen gewählten Rechtsordnung bei einer Rechtswahl als zwingende Normen gem. Art. 8 Abs. 1 S. 2 VO vor, soweit diese keinen entsprechenden Rechtsschutz bietet (*BAG* 21.3.2017 – 7 AZR 207/15, MDR 2017, 1371; MünchArbR-*Oetker* § 13 Rn 87). Dies ist durch einen Günstigkeitsvergleich zu ermitteln (s. Rdn 30 ff.). Das deutsche Befristungsrecht ist im Vergleich zu demjenigen in den Niederlanden günstiger (vgl. ausf. *BAG* 21.3.2017 – 7 AZR 207/15, MDR 2017, 1371).

Die hM sieht die Befristungsmöglichkeit nach **§ 14 Abs. 2 TzBfG** wegen den damit verfolgten ord- 91 nungspolitischen Zwecken als **Eingriffsrecht iSd Art. 9 VO** an (oben Rdn 38; MünchArbR-*Oetker* § 13 Rn 88). Dem kann nicht gefolgt werden. Die Norm stellt eine Umsetzung von Unionsrecht dar, sie beschränkt im Interesse des Arbeitnehmerschutzes die Möglichkeiten von sachgrundlosen Befristungen und dient überwiegend dem Ausgleich privater Interessen. Richtigerweise ist damit die hohe Schwelle einer Eingriffsnorm noch nicht erreicht (Rdn 38). Anders ist für die Tatbestände in § 14 Abs. 2a und Abs. 3 TzBfG zu entscheiden (Rdn 38).

Die Befristungsmöglichkeit nach **§ 1 WissZeitVG** dient überwiegend öffentlichen Interessen. Es 92 geht um die Sicherstellung der Leistungs- und Funktionsfähigkeit von staatlichen oder staatlich anerkannten Hochschulen (APS-*Schmidt* § 1 WZVG Rn 5). Dies rechtfertigt es, die Normen als Eingriffsrecht gem. Art. 9 VO zu qualifizieren. **§ 21 BEEG** sieht vor, dass ein sachlicher Befristungsgrund vorliegt, wenn der Arbeitnehmer zur Vertretung für die Dauer eines Beschäftigungsverbots nach dem MuSchG, für eine Elternzeit oder für andere Fälle zur Betreuung eines Kindes eingestellt wird. Mit dieser Norm werden auch bestimmte beschäftigungspolitische Zwecke verfolgt, es sollen Mütter besonders geschützt werden. Dies ist aber nur ein Reflex im Verhältnis zu dem Arbeitnehmer, der eine Sachgrundbefristung erhalten hat, dieser zählt selbst nicht zu der Gruppe der besonders schützenswerten Personen. Daher ist auch hier der Charakter einer Eingriffsnorm abzulehnen. Entsprechendes gilt für **§ 6 PflegeZG**.

b) Auflösungsvertrag

Die Beendigung des Arbeitsverhältnisses durch eine vertragliche Abrede unterliegt dem Arbeits- 93 vertragsstatut (*Deinert* RdA 2009, 144, 153; *Ferrari-Staudinger* IntVertragsR Art. 8 Rn 28; *Deinert* S. 347; *Gamillscheg* ZfA 1983, 307, 362; ErfK-*Schlachter* Rn 27; MünchArbR-*Oetker* § 13 Rn 141; aA BeckOGK BGB-*Knöfel* Art. 8 Rn 25; *ders./* ZfA 2006, 397, 402, 415; wohl auch *Winkler v. Mohrenfels/Block* in Oetker/Preis EAS B 3000 Rn 226 f.). Insofern gelten die Regeln wie beim Abschluss des Arbeitsvertrages. S.a. Rdn 89.

c) Kündigung

Das Recht der **Kündigung** von Arbeitsverhältnissen bestimmt sich nach dem Vertragsstatut (Art. 12 94 Abs. 1 lit. d) VO [EG] 593/2008). Demgemäß ist als erstes zu fragen, ob die Parteien eine **Rechtswahl** nach den Art. 3, 8 Abs. 1 S. 1 VO getroffen haben (Rdn 13). Eine **Rechtswahlvereinbarung** kann sich auf den Arbeitsvertrag insgesamt oder nur auf **Teile** wie zB die **Kündigung** beziehen (Rdn 19). Eine Teilrechtswahl ist im Grundsatz in Art. 3 Abs. 1 S. 3 VO anerkannt. Denkbar ist zB eine gesonderte Rechtswahl für besondere Kündigungsarten (zB Änderungskündigung, vgl. *Reiserer*

NZA 1994, 673, 675) oder Arbeitnehmergruppen (zB leitende Angestellte iSd § 14 KSchG). Lässt man eine **Teilrechtswahl** zu, besteht indes die Gefahr, dass sich Arbeitgeber die »Rosinen herauspicken« und Schutzlücken zulasten der Arbeitnehmer entstehen (*Deinert* RdA 2009, 144, 149; *Gamillscheg* ZfA 1983, 307, 328). Die hM gestattet nach allgemeinen Grundsätzen aber auch im Kündigungsrecht eine Teilrechtswahl, weil der Arbeitnehmer über die zwingenden Vorschriften iSd Art. 8 Abs. 1 S. 2 und 9 VO ausreichend geschützt wird (ErfK-*Schlachter* Rn 5). Die Rechtswahltatbestände müssen in jedem Fall als Teilfrage abspaltbar sein (*Erman/Stürner* Art. 3 Rn 21), so dass ein tatsächlicher und rechtlicher Zusammenhang im Rahmen der Kündigung nicht zerrissen wird (zB Herausnahme der Sozialauswahl bei der betriebsbedingten Kündigung, vgl. *Reiserer* NZA 1994, 673, 675). Haben die Arbeitsvertragsparteien keine Rechtswahl getroffen, so ergibt sich das anzuwendende Recht bei einer objektiven Anknüpfung aus der **lex loci laboris**, der lex loci contractus bzw. gem. dem Staat, zu dem engere Verbindungen bestehen (Art. 8 Abs. 2 bis 4 VO (EG) 593/2008).

95 Welche Kündigungsfristen einzuhalten sind, regelt sich nach dem Arbeitsvertragsstatut (*BAG* 10.4.2014 – 2 AZR 741/13, EzA Art. 30 EGBGB Nr. 11). Im Rahmen der Prüfung gem. Art. 8 Abs. 1 S. 2 VO (EG) 593/2008 sind grds. nach dem **Günstigkeitsvergleich** die für den Arbeitnehmer längeren Fristen zu berücksichtigen (s. Rdn 30 f. und Bericht von *Giuliano* und *Lagarde* ABlEG C 282 v. 31.10.1980, S. 57). Bei der für die Bemessung der **Kündigungsfrist** zugrunde gelegten Dauer der Betriebszugehörigkeit zählt die gesamte im Betrieb oder Unternehmen zurückgelegte Beschäftigungszeit im In- und Ausland (Rdn 103). Unerheblich ist, ob sich während dieser Periode das Arbeitsvertragsstatut geändert hat, zB durch Vereinbarung oder Ortswechsel. Zu eng erscheint die Begrenzung auf Tätigkeiten im Ausland, die den Bereich der »Ausstrahlung« nicht überschreiten (*Schmidt-Hermesdorf* RIW 1988, 938, 941). Die Beschäftigungszeiten in verschiedenen Unternehmen eines Konzerns können nicht kumuliert werden (s. Rdn 73 f.; APS-*Linck* BGB § 622 Rn 33; KR-*Rachor* § 1 KSchG Rdn 126). Sieht die gewählte Rechtsordnung für die Beendigung von Arbeitsverhältnissen keine oder nur eine geringfügige Kündigungsfrist vor, greift der deutsche ordre public nur dann ein, wenn eine entsprechende Kompensation zB in Form relativ höherer Vergütungen oder Abfindungen nicht vorgesehen ist (vgl. *BAG* 20.7.1967 AP Nr. 10 zu IPR Arbeitsrecht; s. Rdn 45).

96 Ob eine Kündigung die **Mitteilung** der **Kündigungsgründe** erfordert, ergibt sich aus dem Arbeitsvertragsstatut (allerdings könnte sich gem. § 102 Abs. 1 BetrVG zwingend ergeben, dass die Kündigungsgründe dem Betriebsrat mitzuteilen sind, s. Rdn 124 ff.). Ebenso richtet sich die Notwendigkeit der Einhaltung eines bestimmten **Kündigungsverfahrens** wie zB in Frankreich (vgl. *Weigand* KR, 2. Aufl. Kündigungsrecht in der EG Rn 69–74 [außer 73]) nach dem Vertragsstatut. Beides dient dem Arbeitnehmerschutz und ist beim Günstigkeitsvergleich gem. Art. 8 Abs. 1 S. 2 VO (EG) 593/2008 zu beachten (s. Rdn 30 f.).

5. Kündigungsschutz

a) Allgemeiner Kündigungsschutz

97 Die anzuwendenden Regelungen zum **allgemeinen Kündigungsschutz** ergeben sich aus dem Arbeitsvertragsstatut (hM, vgl. zB *Deinert* Anm. AP KSchG 1969 § 1 Betriebsbedingte Kündigung Nr. 202, S. 13). In Deutschland sind die §§ 1–14 KSchG zwingende inländische Bestimmungen iSd Art. 8 Abs. 1 VO (EG) 593/2008, nicht aber Eingriffsnormen iSv Art. 9 VO (st. Rspr. *BAG* 7.5.2020 – 2 AZR 692/19, Rn 51; 22.10.2015 – 2 AZR 720/14, EzA Art. 30 EGBGB Nr. 12; 10.4.2014 – 2 AZR 741/13, EzA Art. 30 EGBGB Nr. 11 Rn 38; 29.08.2013 – 2 AZR 809/12 EzA § 1 KSchG Betriebsbedingte Kündigung Nr. 177; *Deinert* S. 358; MüKo-*Martiny* Art. 8 Rn 119; *Staudinger/Magnus* Art. 8 Rn 79; aA *Birk* RdA 1989, 202, 207; *Schneider* NZA 2010, 1380; *Krebber* S. 305 ff.; *Däubler* RIW 1987, 249, 255; *Hönsch* NZA 1988, 113, 117). Nur in Ausnahmefällen internationaler Arbeitsverhältnisse, in denen das Arbeitsvertragsstatut keine Regelungen zum Kündigungsschutz (zB Kündigungsfristen, -verfahren, -beschränkungen, -verbote) vorsieht, greift der deutsche ordre public ein (*BAG* 20.7.1967 AP

Nr. 10 zu IPR Arbeitsrecht; MüKo-*Martiny* Art. 8 Rn 119; *Deinert* S. 360; *Krebber* S. 338, 341; *Heilmann* AR-Blattei SD 340 Auslandsarbeit Rn 327; vgl. Rdn 46 ff.). Das gilt auch für den im Voraus erklärten Verzicht auf Kündigungsschutz (*BAG* 29.6.1978 AP Nr. 8 zu § 38 ZPO Internationale Zuständigkeit; offen aber *BAG* 24.8.1989 EzA Art. 30 EGBGB Nr. 1). Stehen zwingende inländische Bestimmungen des Kündigungsschutzes solchen einer ausländischen Rechtsordnung hinsichtlich der Geltung für ein Vertragsverhältnis gegenüber (s. Rdn 30 f.), so ist die für den Arbeitnehmer günstigere Schutznorm im direkten Vergleich der Ergebnisse aus beiden für den Anwendungsfall maßgeblichen Rechtsordnungen zu ermitteln (zum Kündigungsschutzrecht anderer EU-Staaten vgl. *Weigand* KR, 2. Aufl. Internationales Arbeitsrecht; *Henssler/Braun* 3. Aufl. 2011; *Eser* Arbeitsrecht im Multinationalen Unternehmen).

Ist nach einer kollisionsrechtlichen Vorprüfung das deutsche Kündigungsrecht berufen, sind damit Fälle von Kündigungen mit Auslandsberührung noch nicht gelöst. Es besteht die Besonderheit, dass nach st. Rspr. und hM der **räumliche Geltungsbereich des KSchG** nach **§ 23 Abs. 1 KSchG** auf das **Gebiet der Bundesrepublik beschränkt** ist (*BAG* 17.01.2008 – 2 AZR 902/06, EzA § 23 KSchG Nr. 31; 26.3.2009 – 2 AZR 883/07, DB 2009, 1409; vgl. *BAG* 19.7.2016 – 2 AZR 468/15, Rn 19). Während früher das BAG das Territorialitätsprinzip bemühte, leitet es dieses Ergebnis nunmehr aufgrund einer Auslegung des im KSchG verwendeten Betriebsbegriffs und des systematischen Zusammenhangs mit der Betriebsverfassung, zB in § 1 Abs. 2 S. 2, § 1 Abs. 4 und 5 KSchG, her. Ferner argumentiert es mit einem Gegenschluss aus den Sonderregeln für Schifffahrts- und Luftverkehrsbetriebe nach Art. 24 Abs. 1 S. 2 KSchG (*BAG* 17.01.2008 – 2 AZR 902/06, EzA § 23 KSchG Nr. 31; zust. APS-*Moll* § 23 KSchG Rn 68; *Otto/Mückl* BB 2008, 1231, 1234; MünchArbR-*Greiner* § 112 Rn 19; *Leuchten* ZESAR 2014, 319). Ein Großteil der Lit. sieht hingegen keine belastbaren Gründe für eine Selbstbeschränkung des KSchG (*Deinert* Anm. AP KSchG 1969 § 1 Betriebsbedingte Kündigung Nr. 202, S. 13 ff.; *ders*. AuR 2008, 300, 301; *Temming* RdA 2019, 102, 108; MüKo-*Martiny* Art. 8 Rn 119; *Gravenhorst* RdA 2007, 283, 286). Bei einer rein kollisionsrechtlichen Betrachtung wären **selbstbeschränkende Sachnormen** an sich unbeachtlich (EUArbR/*Krebber* Art. 8 Rn 48), nach zutreffender Auffassung sind sie hingegen im IPR beachtlich (MünchArbR-*Oetker* § 13 Rn 60). Aus dem Konzept des BAG, dass der räumliche Geltungsbereich des KSchG auf das Gebiet der BRD begrenzt sei, ergibt sich eine Vielzahl von Folgefragen. Insbesondere stellt sich die Frage, ob es richtig sein kann, dass kein Kündigungsschutz besteht, wenn im Falle einer **Rechtswahl** deutsches Recht an sich zur Anwendung gelangt, das Arbeitsverhältnis aber im Ausland vollzogen wird (vgl. *BAG* 24.5.2018 – 2 AZR 54/18, Rn 30). *Krebber* spricht hier von einer »Schieflage« und von einem Ergebnis, das gegen den ordre public verstoße (AR-*Krebber* Rn 21). Eine schuldrechtliche Selbstverpflichtung des Arbeitgebers ist aber stets zulässig. Ist in einer Rechtswahlvereinbarung hinreichend deutlich geregelt, dass deutsches Kündigungsschutzrecht ohne Ansehung des räumlichen Geltungsbereichs des § 23 KSchG zur Anwendung kommen soll, dürfte dies zulässig sein (in diese Richtung gehend *Heise* NZA-RR 2018, 191). 98

Werden Arbeitnehmer nur **vorübergehend ins Ausland entsandt**, verlieren sie nicht ihre Betriebszugehörigkeit zum inländischen Betrieb (ErfK-*Kiel* § 23 KSchG Rn 6; *Günther/Pfister* ArbRAktuell 2014, 346). Wie beim BetrVG, das von dem Territorialitätsprinzip ausgeht, besteht in den sog. »**Ausstrahlungsfällen**« die Betriebszugehörigkeit fort (unten Rdn 126). Es kommt dabei auf eine Gesamtwürdigung der Umstände an, wobei eine Rolle spielt, ob der Arbeitnehmer nur für den Auslandsbetrieb eingestellt war, von wo aus er arbeitsrechtliche Weisungen erhält und ob ein Rückkehrrecht besteht (*BAG* 24.5.2018 – 2 AZR 54/18, Rn 13). Diese Gruppe der Arbeitnehmer ist für die Erreichung des Schwellenwerts nach **§ 23 Abs. 1 KSchG mitzuzählen** (*LAG Rheinland-Pfalz* 19.08.2015 – 4 Sa 709/14; *ArbG Bonn* 19.1.2017 – 3 Ca 2022/16; *Horcher* FA 2010, 43, 44; APS-*Moll* § 23 KSchG Rn 69). In der Rspr. des BAG ist die Rechtsfigur der »Ausstrahlung« für das KSchG freilich nicht explizit anerkannt (gegen eine Übertragung der Ausstrahlungsgrundsätze auch *Hoffmann-Remy* DB 2018, 2940), wobei andere mit dem Begriff der vorübergehenden Entsendung zu im Prinzip gleichen Ergebnissen gelangen. 99

100 Nach Ansicht des BAG sind solche Arbeitsverhältnisse iRv § 23 Abs. 1 KSchG nicht mitzuzählen, die **ausländischem Arbeitsvertragsstatut** unterliegen (*BAG* 17.01.2008 – 2 AZR 902/06, EzA § 23 KSchG Nr. 31; diese Frage offenlassend *BAG* 26.3.2009 – 2 AZR 883/07, DB 2009, 1409). Dies ist nach der hier vertretenen Meinung keine kollisionsrechtliche Frage, sondern eine Frage, wie weit die Selbstbeschränkung im Anwendungsbereich des § 23 Abs. 1 KSchG geht. Die Auslegung der Norm nach ihrem Sinn und Zweck ergibt, dass derjenige Arbeitnehmer in den Genuss des Kündigungsschutzes kommen soll, der in einem Betrieb arbeitet, der die Schwelle zum Kleinbetrieb verlassen hat und bei dem die persönlichen Bindungen nicht im Vordergrund stehen. Dabei kommt es auf die Frage, unter welchem Arbeitsvertragsstatut gearbeitet wird, aber nicht an (*Deinert* RdA 2007, 283, 285). Für den persönlichen Geltungsbereich des BetrVG geht auch das BAG davon aus, dass es auf das Arbeitsvertragsstatut nicht ankommt (*BAG* 24.5.2018 – 2 AZR 54/18, Rn 13). Die vom BAG befürchteten Friktionen mit ausländischen Rechtsordnungen bestehen jedenfalls nicht, soweit andere Arbeitsverhältnisse lediglich »**Zählposten**« iRv § 23 Abs. 1 KSchG zugunsten eines anderen Arbeitnehmers sind. Auch Leiharbeitsverhältnisse finden bei § 23 KSchG grds. Berücksichtigung (*BAG* 24.1.2013 – 2 AZR 140/12, EzA § 23 KSchG Br. 38). Eine weite Auslegung des Anwendungsbereichs der Norm ist auch im Hinblick auf den verfassungsrechtlich gebotenen **Mindestschutz nach Art. 12 GG** angezeigt (*Deinert* Anm. AP KSchG 1969 § 1 Betriebsbedingte Kündigung Nr. 202 S. 15); freilich sieht das BAG die Anknüpfung an den Betrieb und nicht an das Unternehmen nach wie vor als verfassungsrechtlich zulässig an (*BAG* 19.7.2016 – 2 AZR 468/15, Rn 20) Jedenfalls dann, wenn im Ausland tätige Arbeitnehmer kraft einer Rechtswahl deutschem Recht unterliegen, dürfte iE nichts gegen eine Berücksichtigung sprechen (ErfK-*Kiel* § 23 KSchG Rn 6).

101 Es wird diskutiert, ob sich aus der räumlichen Beschränkung des Geltungsbereichs des KSchG Möglichkeiten der **Umgehung oder Schutzlücken** ergeben. Beispiel: Ein US-Unternehmen siedelt seine für Deutschland zuständige Vertriebstochter in Basel an und leitet von dort aus 200 in Deutschland tätige Außendienstmitarbeiter (*Gravenhorst* FA 2005, 34, 36; *Deinert* AuR 2008, 300, 301). In einem solchen Fall wäre auch nach Ansicht des BAG – wohl im Rahmen einer **Missbrauchskontrolle** – zu überprüfen, ob die 200 Mitarbeiter nicht als ein Betrieb iSd § 23 Abs. 1 KSchG anzusehen wären (*BAG* 17.01.2008 – 2 AZR 902/06, EzA § 23 KSchG Nr. 31). Eine solche »Missbrauchskonstellation« liegt noch nicht vor, wenn ein in Belgien ansässiges Unternehmen, das mehr als zehn Arbeitnehmer beschäftigt, in Deutschland nur drei Außendienstmitarbeiter einsetzte (*BVerfG* 12.03.2009 – 1 BvR 1250/08).

102 Bei einem grenzüberschreitenden **Gemeinschaftsbetrieb** sollen nach hM die Arbeitsverhältnisse im Ausland für § 23 KSchG ohne Bedeutung sein (*BAG* 26.3.2009 – 2 AZR 883/07, DB 2009, 1409; s.a. KR-*Bader/Kreutzberg-Kowalczyk* § 23 KSchG Rdn 23; ErfK-*Kiel* § 23 KSchG Rn 3; MüKo-*Hergenröder* § 23 KSchG Rn 9; APS-*Moll* § 23 KSchG Rn 70). Nach der Gegenmeinung kann es, sofern kollisionsrechtlich der Arbeitsvertrag dem deutschen allgemeinen Kündigungsschutz unterliegt, für die erforderliche Anzahl an Mitarbeitern gem. § 23 Abs. 1 S. 2 und 3 KSchG nicht darauf ankommen, ob der Betrieb des Arbeitgebers im In- oder Ausland belegen ist (*Deinert* Anm. AP KSchG 1969 § 1 Betriebsbedingte Kündigung Nr. 202; *ders.* RdA 2009, 144; *ders.* AuR 2008, 300; *ders.* S. 361 ff.; *Temming* RdA 2019, 102, 108; *Horcher* FA 2010, 43; *Straube* DB 2009, 1406; *Junker* FS Konzen 2006, S. 367, 376; *Staudinger/Magnus* Art. 8 Rn 237; *Däubler* FS Birk 2008, S. 27, 38; *A. C. Gravenhorst* RdA 2007, 283, 285; *W. Gravenhorst* FA 2005, 34; *Mauer* FS Leinemann, 2006, S. 733; so wohl auch *Franzen* AR-Blattei SD 920 Internationales Arbeitsrecht Rn 246 f.). Probleme bereiten auch die Fälle, in denen Arbeitnehmer (zB Führungskräfte) in einem multinationalen Unternehmen arbeiten, welches länderübergreifend nach **Funktionsbereichen (Matrixstruktur)** gegliedert ist (*Günther/Böglmüller* NZA 2017, 546, 548; *Bodenstedt/Schnabel* BB 2014, 1525 ff.). Hier besteht die Hauptschwierigkeit darin, den Arbeitnehmer überhaupt einer betrieblichen Struktur zuzuordnen. Beispiel: Vertragsarbeitgeber ist ein deutsches Unternehmen, das aber keine Weisungen ausspricht, zumindest fachliche Weisungen werden aber an dem Arbeitsort im Ausland ausgesprochen. Vorgeschlagen wird darauf abzustellen, von wo aus der Mitarbeiter seine Weisungen erhält,

hilfsweise ist auf den einstellenden Betrieb abzustellen (*Gimmy/Hügel* NZA 2013, 764, 768). Ferner ist sorgfältig zu prüfen, ob nicht aufgrund des Konzernbezugs des Arbeitsverhältnisses ausnahmsweise eine Beschäftigungsmöglichkeit im Ausland relevant sein kann (vgl. Rdn 75; *Bodenstedt/Schnabel* BB 2014, 1525, 1528). Die Überlegungen des BAG zu § 102 BetrVG und § 14 Abs. 1 AÜG (Rdn 127) dürften zwar nicht unmittelbar auf das KSchG übertragbar sein, weil das Territorialitätsprinzip beim KSchG nicht (mehr) gilt, der wesentliche Grundgedanke ist aber der gleiche: Es ist zu untersuchen, in welche betriebliche Organisation der Arbeitnehmer eingegliedert ist und von wo aus er seine Weisungen erhält. Wie bei Leiharbeitnehmern ist bei entsandten Arbeitnehmern auch eine doppelte Betriebszugehörigkeit denkbar.

Eine ähnliche Frage wie bei der Berücksichtigungsfähigkeit anderer Arbeitnehmer bei dem betrieblichen Geltungsbereich des KSchG stellt sich, wenn ein Arbeitnehmer die **Wartezeit** nach § 1 Abs. 1 KSchG ganz oder teilweise im **Ausland** absolviert hat. Nach der hier vertretenen Ansicht sprechen Sinn und Zweck der Regelung dafür, die »Erprobung« in einem ausländischen Betrieb des gleichen Unternehmens genügen zu lassen (*Müko-Hergenröder* § 23 KSchG Rn 10; *Horcher* FA 2010, 43, 45; *Straube* DB 2009, 1406, 1408; *A.C. Gravenhorst* RdA 2007, 283, 287). Auch nach Ansicht des BAG ist es nicht erforderlich, dass die Wartezeit unter **deutschem Arbeitsvertragsstatut** zurückgelegt werden muss (*BAG* 7.7.2011 – 2 AZR 12/10, Rn 23). 103

Geht es nicht um den Geltungsbereich des KSchG, sondern die Reichweite des materiell-rechtlichen Kündigungsschutzes, ist zusammen mit der hM davon auszugehen, dass das Gesetz auf das Gebiet der BRD räumlich beschränkt ist. Das bedeutet konkret, dass dies auch für das Verhältnismäßigkeitsprinzip gilt. Der Arbeitgeber ist folglich nicht gehalten, bei einer betriebsbedingten Kündigung für die Frage der **Weiterbeschäftigung freie Arbeitsplätze im Ausland** anzubieten (*BAG* 24.9.2015 – 2 AZR 3/14, Rn 18; 29.8.2013 – 2 AZR 809/12 EzA § 1 KSchG Betriebsbedingte Kündigung Nr. 177; *Leuchten* ZESAR 2014, 319, 320; *Hoffmann-Remy/Zaumseil* DB 2012, 1624 ff.; wohl ebenso, wenn auch kritisch APS-*Kiel* § 1 KSchG Rn 549). Die Gegenauffassung betont, dass der Kündigungsschutz bei einer Verlagerung der Arbeit ins Ausland umgangen werden könnte (*Deinert* Anm. AP KSchG 1969 § 1 Betriebsbedingte Kündigung Nr. 202). Richtigerweise muss aber auch beachtet werden, dass der Arbeitgeber nicht gehalten sein kann, »irgendeinen« freien Arbeitsplatz im Ausland anzubieten, damit würde sich eine erhebliche Gefahr der Ausweitung der Risiken bei einer Kündigung aus Sicht eines international agierenden Arbeitgebers und damit eine Beeinträchtigung der Rechtssicherheit ergeben. 104

Bei der Frage der **Sozialauswahl** nach § 1 Abs. 3 KSchG ist mit der hM davon auszugehen, dass nur solche Arbeitsverhältnisse einzubeziehen sind, die im Inland belegen sind und deutschem Arbeitsvertragsstatut unterstehen. Das Argument des BAG, dass **Friktionen mit dem ausländischen Recht** möglichst zu vermeiden sind, bedeutet auch, dass demjenigen Arbeitnehmer, der am wenigstens sozial schutzwürdig ist, am Ende auch tatsächlich gekündigt werden kann. Dies ist nicht sicher gewährleistet, wenn ausländisches Vertragsrecht berufen ist (**aA** *Deinert* Anm. AP KSchG 1969 § 1 Betriebsbedingte Kündigung Nr. 202, S. 17; *Otto/Mückl* BB 2008, 1231, 1235; noch offener *Horcher* FA 2010, 43, 47). Insoweit ist ein strengerer Maßstab angebracht als bei der Frage, welche Arbeitnehmer bloß »mitzählen« iRv § 23 Abs. 1 KSchG. 105

Die Anwendung der §§ 4 – 7 KSchG richtet sich trotz der prozessualen Ausrichtung nach dem materiell-rechtlichen Arbeitsvertragsstatut (MünchArbR-*Oetker* § 13 Rn 145). Gilt gem. Art. 8 VO (EG) 593/2008 deutsches Kündigungsschutzrecht bei einem ins Ausland entsandten Arbeitnehmer eines Inlandsbetriebes und geht ihm dort eine Kündigung zu, so hat er gem. § 4 KSchG binnen drei Wochen Klage bei dem zuständigen deutschen ArbG zu erheben (zur internationalen Zuständigkeit der Gerichte Rdn 146 ff.). Der Arbeitnehmer muss alle ihm persönlich zumutbaren Mittel in Anspruch nehmen, um diese **Klagefrist** – auch vom Ausland aus – zu wahren (KR-*Kreft* § 5 KSchG Rdn 39, 111 *Hickl* NZA Beil. 1/1987, 10, 16). Ebenso ist die Dreiwochenfrist zu beachten, wenn sich der Arbeitnehmer vor einem ausländischen Gericht auf den deutschen Kündigungsschutz gem. dem KSchG beruft (*Gamillscheg* Anm. zu AP Nr. 15 zu § 12 SchwbG; *Junker* Internationales Arbeitsrecht S. 242 FN 381). 106

b) Besonderer Kündigungsschutz

aa) Schwerbehinderte

107 Die deutschen Vorschriften zum Kündigungsschutz für **Schwerbehinderte** gem. §§ 168 ff. SGB IX (früher §§ 85 ff. SGB IX) sind nur in den Fällen zu beachten, in denen das Arbeitsverhältnis dem **deutschen Vertragsstatut unterliegt** (*BAG* 22.10.2015 – 2 AZR 720/14, EzA Art. 30 EGBGB Nr. 12). Dies folgt nach Ansicht des BAG nicht aus dem Territorialitätsprinzip, sondern aus einer Auslegung des Gesetzes (vgl. etwa § 2 Abs. 2 SGB IX). Die Zustimmung des Integrationsamts sei ein VA, hier bestünde ein enger Zusammenhang zu öffentlich-rechtlichen Normen (*BAG* 22.10.2015 – 2 AZR 720/14, Rn 65; iE zust. *Joussen* RdA 2017, 57, 61; aA *Mankowski* RIW 2016, 383, 384). Außerdem folge die Unwirksamkeit der Kündigung nicht aus § 168 SGB IX, sondern aus § 134 BGB. Die **Lit.** ist **überwiegend aA** und qualifiziert die §§ 168 ff. SGB IX wegen des gemeinwohlorientierten besonderen Schutzes der Gruppe der schwerbehinderten Personen als **Eingriffsnormen** (MüKo-*Martiny* Art. 8 Rn 145; NK-GA/*Mauer* Art. 3, 8 Rom I Rn 87; *Staudinger/Magnus* Art. 8 Rn 238; *Deinert* RdA 2009, 144, 152; *Gamillscheg* ZfA 1983, 358; wohl auch MünchArbR-*Oetker* § 13 Rn 146). Der Ansicht des BAG ist aus praktischen Erwägungen zuzustimmen, da auf diesem Weg Friktionen mit anderen Teilen der Rechtsordnung vermieden werden. Eine andere Frage ist, inwieweit das Unionsrecht zwingende Vorgaben macht für den Schutz von schwerbehinderten Personen. Das BAG betont, die fehlende Geltung des § 168 SGB IX sei nicht unionsrechtswidrig (*BAG* 22.10.2015 – 2 AZR 720/14, Rn 73), doch bleibt im Anwendungsbereich des Unionrechts die Regelung des Art. 5 RL 2000/78/EG (vgl. auch Art. 3 Abs. 4 VO sowie § 8 AGG) zu beachten (*Joussen* RdA 2017, 57, 62). Die Mindestkündigungsfrist des § 169 SGX IX sowie das Präventionsverfahren und das bEM nach § 167 Abs. 1 und 2 SGB IX sind nicht als Eingriffsnormen anzusehen (MünchArbR-*Oetker* § 13 Rn 146). Bei einer nur vorübergehenden Entsendung ins Ausland (»Ausstrahlungsfälle«) verbleibt es bei der Anwendung der §§ 168 SGB IX ff.

108 Bei einem **reinen Auslandsarbeitsverhältnis** eines **Schwerbehinderten**, das nach Vertrag und Abwicklung auf den Einsatz des Arbeitnehmers bei ausländischen Baustellen beschränkt ist und keinerlei Ausstrahlung auf den inländischen Betrieb des Arbeitgebers hat, bedarf die Kündigung des Arbeitgebers wegen des allgemein im öffentlichen Recht geltenden Territorialitätsprinzips auch dann keiner Zustimmung des **Integrationsamts**, wenn die Arbeitsvertragsparteien die Anwendung deutschen Rechts vereinbart haben und die Kündigung im Bundesgebiet ausgesprochen wird (*BAG* 30.4.1987 – 2 AZR 192/86, EzA § 12 SchwbG Nr. 14).

109 Die Pflicht zur Anhörung der **Schwerbehindertenvertretung** vor Ausspruch der Kündigung nach § 178 Abs. 2 S. 3 SGB IX ist als Eingriffsnorm anzusehen. Die Regelung zählt zu dem Bereich des Organisationsrechts der Mitbestimmung, das grds. zu den Eingriffsnormen zählt. Es kann eine Parallele zu der Anhörung des Betriebsrats nach § 102 BetrVG (s. Rdn 126) gezogen werden. Arbeitet ein Arbeitnehmer in einem inländischen Betrieb unter einem ausländischen Arbeitsvertragsstatut, ist vor dessen Kündigung also gleichwohl die Schwerbehindertenvertretung zu beteiligen. Wird ein Arbeitnehmer vorübergehend in einen ausländischen Betrieb entsandt, bleibt im Rahmen der »Ausstrahlung« seine Betriebszugehörigkeit erhalten.

bb) Schwangere, Wöchnerinnen, Elternzeit

110 Die deutschen Kündigungsschutzvorschriften (§ 17 MuSchG) wie auch die übrigen Schutzbestimmungen zugunsten von **Schwangeren** und **Wöchnerinnen** wie Beschäftigungsverbote gem. § 3 MuSchG, der Anspruch auf Mutterschaftsgeld gem. § 19 Abs. 1 MuSchG, soweit der Beschäftigungsort in Deutschland liegt, sind gem. § 2 Abs. 1 Nr. 6 AEntG als international zwingende **Eingriffsnormen** zu beachten. Sie gelten unabhängig von der Anwendbarkeit ausländischen Rechts (*BAG* 24.8.1989 – 2 AZR 3/89, IPrax 1991, 407; 12.12.2001 – 5 AZR 255/00, EzA Art. 30 EGBGB Nr. 5; ErfK-*Schlachter* Rn 24; Müko-*Martiny* Rn 144; *Mauer/Mauer* Personaleinsatz Rn 621; MünchArbR-*Oetker* § 13 Rn 147; *Gamillscheg* Internationales Arbeitsrecht, S. 113 ff.; *Deinert* S. 372). Fraglich ist, ob die neuere Rspr. des BAG zu § 168 SGB IX auch auf § 17 MuSchG

zu übertragen ist (s. Rdn 107). Dafür könnte sprechen, dass über § 17 Abs. 2 MuSchG auch hier eine Verzahnung mit öffentlich-rechtlichen Vorschriften besteht, die einen Gleichlauf mit deutschen Vertragsstatut zumindest nahelegt. Allerdings ist der Schutz werdender Mütter noch stärker ausgeprägt als bei schwerbehinderten Personen. Die Unzulässigkeit der Kündigung ergibt sich hier direkt aus dem Gesetzeswortlaut. Letztlich folgt auch schon aus § 2 Abs. 1 Nr. 6 AEntG, dass sich § 17 MuSchG gegenüber einem ausländischen Vertragsstatut durchsetzen muss.

Das BAG hat entschieden, dass die §§ 15 ff. BEEG jedenfalls dann nicht als Eingriffsnormen ausgestaltet sind, wenn der die **Elternzeit** beanspruchende Arbeitnehmer seinen gewöhnlichen Arbeitsort nicht im Inland hat (*BAG* 7.5.2020 – 2 AZR 692/19, Rn 54 ff.). Die bislang hM in der Lit. hat angenommen, § 18 BEEG komme wegen der ebenfalls verfolgten Gemeinwohlbelange Eingriffscharakter zu (HWK-*Tillmanns* Rn 36; MünchArbR-*Oetker* § 13 Rn 147; ErfK-*Schlachter* Rn 24). Diese Rspr. knüpft im Prinzip an das Urteil zu § 168 SGB IX an, macht anders als dort aber nicht die Einschränkung, dass deutsches Arbeitsvertragsrecht Anwendung finden müsse, sondern stellt auf den gewöhnlichen Aufenthalt ab. Diese Differenzierung irritiert; liegt der gewöhnliche Aufenthalt in Deutschland, dürfte man aber über Art. 8 Abs. 1 S. 2, Abs. 2 VO wohl häufig zu gleichen Ergebnissen gelangen. Selbstverständlich handelt es sich bei § 18 BEEG um eine nicht abdingbare und damit zwingende Regelung. Letztlich ist der Rspr. beizupflichten, da bei der Annahme zwingender Eingriffsnormen iSv Art. 9 VO Zurückhaltung angebracht ist. 111

cc) Auszubildende

Berufsausbildungsverhältnisse im Inland sind im Rahmen des BBiG nach dem deutschen dualen Berufsausbildungssystem an öffentlich-rechtliche Normen zur Ordnung der Berufsbildung (Dritter bis Siebenter Teil BBiG) gebunden. Im Inland gelten diese Normen **zwingend** iSd Art. 9 VO (EG) 593/2008. Auch soweit der Berufsausbildungsvertrag gem. § 3 ff. BBiG den Regelungen des Arbeitsvertrages gleichgestellt wird (vgl. *Weigand* §§ 21 ff. BBiG Rdn 3), steht eine Wahl einer ausländischen Rechtsordnung den deutschen Eingriffsnormen gem. Art. 9 VO (EG) 593/2008 nach. Wegen des engen Sachzusammenhangs zu öffentlich-rechtlichen Vorschriften ist auch § 22 BBiG als Eingriffsnorm anzusehen (MünchArbR-*Oetker* § 13 Rn 146). 112

dd) Wehrdienstleistende

Bei einer Einberufung (seit 1.7.2011 zum »freiwilligen Wehrdienst«) aufgrund des Wehrpflichtgesetzes zur Bundeswehr der Bundesrepublik Deutschland (s. KR-*Weigand* § 2 ArbPlSchG Rdn 2) gelten die Vorschriften über das Ruhen und den Kündigungsschutz (§§ 1 und 2 ArbPlSchG) von Arbeitsverhältnissen im Inland **zwingend als Eingriffsnormen** gem. Art. 9 VO (EG) 593/2008 (so wohl auch *Birk* RdA 1984, 129, 134). Der gleiche Schutz gebührt einem deutschen Arbeitnehmer nach den jeweils nationalen Schutznormen in den Signatarstaaten der ESC (vgl. KR-*Weigand* § 2 ArbPlSchG Rdn 4). Auf Rechtsordnungen anderer Staaten vermögen diese Schutzvorschriften ohne gesonderte Vereinbarung keine Wirkung für deutsche **Wehrdienstleistende** zu entfalten. 113

Bei **Wehrdienstleistenden**, die Staatsangehörige der Signatarstaaten der ESC sind, ist eine Ungleichbehandlung mit deutschen Arbeitnehmern in Deutschland unzulässig, der Arbeitsplatzschutz ist zwingend zu gewähren (vgl. KR-*Weigand* § 2 ArbPlSchG Rdn 4 f.); dagegen steht dieser Schutz Ausländern aus anderen als den Signatarstaaten grds. nicht zu. In engen Grenzen gesteht die deutsche Rechtsprechung den ausländischen Wehrpflichtigen ein Leistungsverweigerungsrecht für einen eng begrenzten Zeitraum zu (vgl. KR-*Weigand* § 2 ArbPlSchG Rdn 6 f.). 114

ee) Parlamentarier

Die Vorschriften zum Schutz vor Behinderungen und Kündigungen von **Abgeordneten** wegen oder anlässlich der Mandatsausübung für ein Parlament, sei es auf europäischer, auf Bundes-, Landes-, Kommunal- oder Kreisebene, sind Ausfluss des Demokratieprinzips (vgl. KR-*Weigand* ParlKSch Rdn 2) und daher zwingende Eingriffsnormen iSd Art. 9 VO (EG) 593/2008. Ihre 115

Geltung unterliegt dem Territorialitätsprinzip, die Schutzvorschriften wirken über das deutsche Staatsgebiet nur bei sog. Ausstrahlungen im Rahmen einer vorübergehenden Entsendung des Arbeitnehmers hinaus. Von der Geltung können auch ausländische Arbeitnehmer mit ausländischem Arbeitsvertragsstatut in einem im Inland gelegenen Betrieb betroffen sein, sofern sie ein Mandat in einem der vorgenannten Parlamente ausüben (vgl. zB das passive und aktive Kommunalwahlrecht für ausländische Mitbürger nach Art. 72 Abs. 1 S. 2 der Verfassung von Baden-Württemberg).

116 Der Behinderungs- und Kündigungsschutz für **Abgeordnete** und andere Volksvertreter, soweit er sich aus nationalen Vorschriften anderer EU-Staaten ergibt, ist vom deutschen Arbeitgeber aufgrund des allgemeinen Diskriminierungsverbotes (Art. 18 und 45 AEUV) zu beachten. Vice versa können deutsche Arbeitnehmer mit Auslandsarbeitsverhältnissen in dem EU-Staat diesen Schutz von ihrem EU-ausländischen Arbeitgeber beanspruchen.

ff) Betriebsräte

117 Der besondere Kündigungsschutz von Betriebsräten und der weiteren in § 15 Abs. 1, 2 und 3 aufgezählten Personengruppen bezweckt neben dem Individualschutz vor evtl. Repressalien des Arbeitgebers vor allem die Stetigkeit der Arbeit der jeweiligen Arbeitnehmervertretung und dient damit dem kollektiven Interesse der Arbeitnehmerschaft im Betrieb (s. KR-*Kreft* § 15 KSchG Rdn 12, 13, 24). Der Individualschutz wird von einem kollektiven Interessenziel der Sozialordnung überlagert, so dass eine Anknüpfung an das Arbeitsvertragsstatut ausscheidet (*Birk* RdA 1984, 129, 135). Insofern handelt es sich bei der Regelung des § 15 KSchG um eine **zwingende Bestimmung iSd Art. 9 VO (EG) 593/2008** (*BAG* 24.8.1989 EzA Art. 30 EGBGB Nr. 1 [unter A II 6c der Gründe]; *Staudinger/Magnus* Art. 8 Rn 238; HWK/*Tillmanns* Rn 36; *Mauer/Mauer* Personaleinsatz Rn 621). Entsprechendes gilt für die § 15 KSchG ergänzende Bestimmung des § 103 BetrVG (MünchArbR-*Oetker* § 103 Rn 147).

118 § 103 BetrVG als Teil der Betriebsverfassung und dem folgend auch § 15 KSchG (*Deinert* S. 373) unterliegen dem **Territorialitätsprinzip** (st. Rspr., Rdn 124, 130). Diese Vorschriften sind nur im Gebiet des Geltungsbereiches des Grundgesetzes anwendbar. Ausnahmen sind möglich im Rahmen von Ausstrahlungen des Beschäftigungsverhältnisses aufgrund von vorübergehenden Entsendungen ins Ausland; auch während dieses Zeitraums behält das Mitglied der og. Arbeitnehmervertretung – unabhängig vom Arbeitsvertragsstatut und der Staatsangehörigkeit – den zwingenden Kündigungsschutz. Seine Kündigung bedarf unabhängig vom aktuellen Arbeitsort der (vorherigen) Zustimmung des Betriebsrates gem. § 103 BetrVG.

119 Das oben Gesagte gilt entsprechend für im Inland beschäftigte Mitglieder in einem **Europäischen Betriebsrat**. § 40 Abs. 1 EBRG verweist explizit auf § 15 Abs. 1 KSchG.

c) Betriebsübergang

120 Beim **Betriebsübergang** in das Ausland sind die Regelungen gem. § 613a BGB anzuwenden (st. Rspr. des *BAG* 26.5.2011 – 8 AZR 37/10, NZA 2011, 1143; 16.5.2002 EzA § 613a BGB Nr. 210). § 613a BGB unterliegt nicht dem Territorialitätsprinzip. Ob die maßgeblichen kündigungsschutzrechtlichen Regelungen beim Betriebsübergang gem. § 613a BGB dem Arbeitsvertragsstatut gem. Art. 8 VO (EG) 593/2008 folgen oder international zwingende Eingriffsnormen gem. Art. 9 VO (EG) 593/2008 darstellen, ist **umstritten**. Nach der Rspr. (*BAG* 25.4.2013 – 6 AZR 49/12, Rn 166; 26.5.2011 – 8 AZR 37/10, NZA 2011, 1143; 29.10.1992 EzA Art. 30 EGBGB Nr. 2; Anm. *Junker* SAE 1994, 37; wohl auch schon *BAG* 20.4.1989 EzA § 1 KSchG Betriebsbedingte Kündigung Nr. 61) und einem Teil der Literatur (Müko-*Martiny* Art. 8 Rn 107; *Gamillscheg* Internationales Arbeitsrecht, S. 237; *Deinert* RdA 2009, 144, 153; *Gaul/Mückl* DB 2011, 2318; *Däubler* RIW 1987, 249; *ders*. DB 1988, 1850; *Franzen* AR-Blattei SD 920 Internationales Arbeitsrecht Rn 143; *ders*. Der Betriebsinhaberwechsel nach § 613a BGB im internationalen Arbeitsrecht, 1994, S. 74 ff.) ist dem Arbeitsvertragsstatut zu folgen. Danach soll die Bestimmung in erster Linie

die Arbeitsverhältnisse in ihrem Bestand schützen und damit den allgemeinen und besonderen Kündigungsschutz ergänzen. Insoweit diene diese Vorschrift dem Ausgleich zwischen den Bestandsschutzinteressen der Arbeitnehmer und der Vertragsfreiheit des Arbeitgebers, seinen Betrieb ohne Bindung an die bestehenden Arbeitsverhältnisse zu veräußern oder einem Dritten zur Nutzung zu überlassen (*BAG* 29.10.1992 EzA Art. 30 EGBGB Nr. 2). Nach **aA** sei bei § 613a BGB vom Betriebssitz auszugehen und die Norm als **Eingriffsnorm** zu qualifizieren, da nur so die einheitliche Anwendung auf alle vom Betriebsübergang betroffene Arbeitsverhältnisse unabhängig von dem Vertragsstatut gewährleistet sei (*Kania* Grenzüberschreitende Betriebsübergänge aus europarechtlicher Sicht, 2012, 181 ff.; *Krebber* S. 322 f.).

Für Arbeitsverträge, für die keine Rechtswahl getroffen wurde, ändert sich mit dem **Betriebsübergang** in das Ausland regelmäßig das Arbeitsvertragsstatut; denn das Arbeitsverhältnis unterliegt dem Recht des Staates am gewöhnlichen Arbeitsort, es sei denn, aus der Gesamtheit der Umstände ergibt sich eine engere Verbindung zu einem anderen Staat. Zu einer Anwendung der Rechtsordnung des Staates, wohin der Betrieb verlagert wurde, kommt es aber erst nach dem Betriebsübergang, nach dem Übergang der Arbeitsverhältnisse. Folglich fallen die Arbeitnehmerrechte aus § 613a BGB bzw. der RL 2001/23/EG v. 12.3.2001 bei einem Betriebsübergang in einen Staat außerhalb der EU erst nach dem Übergang der Arbeitsverhältnisse und erst ab dem Zeitpunkt der Geltung des neuen Arbeitsvertragsstatuts ersatzlos weg. Die vor diesem Zeitpunkt erklärte Kündigung wird also von dieser Änderung des Arbeitsvertragsstatuts nicht erfasst und unterliegt noch deutschem Kündigungsschutzrecht (*BAG* 25.4.2013 – 6 AZR 49/12, Rn 166; 26.5.2011 – 8 AZR 37/10, NZA 2011, 1143). 121

Die der Regelung gem. § 613a BGB zugrundeliegende **Richtlinie 2001/23/EG v. 12.3.2001** sieht in Art. 1 Abs. 2 ihre Anwendbarkeit vor, »wenn und soweit sich das Unternehmen, der Betrieb oder der Unternehmens- bzw. Betriebsteil, das bzw. der übergeht, innerhalb des räumlichen Geltungsbereichs des Vertrages befindet.« Es wird vertreten, dass beim **Betriebsübergang** diese Geltungsregel der Richtlinie als speziellere Regelung des räumlichen Anwendungsbereichs auch der Anknüpfung gem. Art. 3 Abs. 4 VO (EG) 593/2008 vorgeht und die Vorschriften der Richtlinie ohne die Möglichkeit einer Rechtswahl anwendbar sind, wenn der Betrieb vor dem Übergang seinen Sitz auf dem Gebiet des Geltungsbereiches der EU hat (EUArbR/*Krebber* Rn 29; AR-*ders.* Rn 22; *Pfeiffer* FS v. Hoyningen-Huene, 2014, S. 361). Damit wäre § 613a BGB als Eingriffsrecht einzuordnen. Dem ist aber nicht zu folgen. Bei einem EU-Binnensachverhalt gilt nach Art. 3 Abs. 4 VO ohnehin die Richtlinie 2001/23/EG. Bei einem Betriebsübergang aus einem Mitgliedstaat in das EU-Ausland scheidet eine Sonderanknüpfung aus, da der Richtlinie keine (eindeutige) Entscheidung über das nach dem IPR zur Anwendung kommende Recht zu entnehmen ist (i.E. Müko-*Martiny* Art. 8 Rn 107; den Vorrang der Vertragsautonomie betonend auch *EuGH* 17.10.2013 – C-184/12, Rn 49; vgl. auch *Martiny* ZEuP 2018, 218, 236). 122

d) Massenentlassung

Vor Ausspruch einer Massenentlassung hat der Arbeitgeber nach § 17 Abs. 1 und 2 KSchG gegenüber der Agentur für Arbeit eine Anzeige abzugeben und den Betriebsrat zu beteiligen. Bei Verstößen greift ggf. die Entlassungssperre nach § 18 KSchG oder die Kündigung ist nach § 134 BGB unwirksam. Die §§ 17 – 22 KSchG dienen zwar auch dem Schutz des einzelnen Arbeitnehmers vor Arbeitslosigkeit, sie dienen aber auch arbeitsmarktpolitischen Zwecken (KR-*Weigand/Heinkel* § 17 KSchG Rdn 17). Durch die besondere Funktion der Agentur für Arbeit besteht eine enge Verknüpfung mit dem öffentlichen Recht. Nach **ganz hM** zählen die Bestimmungen des Dritten Abschn. des KSchG daher zu den **Eingriffsnormen iSv Art. 9 VO** (*BAG* 24.8.1989 – 2 AZR 3/89, IPrax 1991, 407; *Gumnior/Pfaffenberger* NZA 2019, 1326, 1329; Müko-*Hergenröder* Einl. KSchG Rn 24; *Deinert* RdA 2009, 144, 152; Müko-*Martiny* Art. 8 Rn 146; *Mauer/Mauer* Personaleinsatz Rn 621). Ist auf ein Arbeitsverhältnis im Ausland kraft einer Rechtswahl deutsches Recht anwendbar, gelten die §§ 17 – 22 KSchG freilich nicht, weil dort die Agentur für Arbeit, abgesehen von Fällen der vorübergehenden Entsendung, nicht zuständig ist. Da die Regelungen 123 zum Massenentlassungsrecht auf der Richtlinie 98/59/EG beruhen, können sie bei einem Binnenmarktsachverhalt auch über Art. 3 Abs. 4 VO zur Geltung kommen.

6. Anhörung des Betriebsrates

124 Gem. § 102 Abs. 1 BetrVG ist der Betriebsrat vor jeder Kündigung zu hören (in besonderen Fällen bedarf die Kündigung gem. § 103 BetrVG seiner Zustimmung), ohne seine Anhörung ist eine ausgesprochene Kündigung unwirksam. Dies gilt für alle Arbeitsverhältnisse in Betrieben im Geltungsbereich des Grundgesetzes. Nach st. Rspr. (vgl. *BAG* 24.5.2018 – 2 AZR 54/18, Rn 13; 23.5.2018 – 7 ABR 60/16, Rn 23 ff.; 7.12.1989 EzA § 102 BetrVG 1972 Nr. 74; 30.4.1987 EzA § 12 SchwbG Nr. 15) und der hM in der Literatur (vgl. KR-*Rinck* § 102 BetrVG Rdn 17; GK-BetrVG/*Franzen* § 1 Rn 5; ErfK-*Koch* § 1 BetrVG Rn 5; NK-GA/*Mauer* Art. 8 Rom I Rn 102) gilt für den räumlichen Anwendungsbereich des BetrVG das **Territorialitätsprinzip**. Die hM nimmt demnach eine **einseitige Sonderanknüpfung** vor und legt zugrunde, dass das BetrVG im Sinne einer Selbstbeschränkung nur auf dem Gebiet der BRD gelten will. Gegen diese Meinung wurden und werden **beachtliche Gegenargumente** angeführt (*Deinert* AuR 2021, 100 ff.; *Däubler* Betriebsverfassung in globalisierter Wirtschaft, 1999, S. 25 ff.; *Junker* Internationales Arbeitsrecht S. 374 ff.; *ders.* RIW 2001, 94, 105; *Fischer* RdA 2002, 160 ff.; *Horcher* Internationale betriebl. Vereinbarungen, 2003, S. 124 ff.). Das Territorialitätsprinzip ist dem öffentlichen Recht entliehen – die Hoheitsgewalt einer Behörde erstreckt sich nur auf das Hoheitsgebiet – und passt daher an sich nicht für einen privatrechtlich geprägten Sachverhalt. Dem klassischen IPR nach ist die Herausbildung allseitiger Kollisionsnormen vorzugswürdig und auch im Bereich der Betriebsverfassung nicht unmöglich. *Deinert* schlägt zB vor, die engste Verbindung zu einem Staat dort anzunehmen, wo der arbeitstechnische Zweck verfolgt und die überwiegende Anzahl der Arbeitnehmer beschäftigt wird (*Deinert* AuR 2021, 100, 102; im Prinzip ebenso MünchArbR-*Boemke* § 284 Rn 25; *Müko-Martiny* Art. 8 Rn 149: Betriebssitz entscheidend – lex rei sitae). Auch die Annahme einer **Rechtswahl** für die Betriebsverfassung als Ganzes (*Junker* Internationales Arbeitsrecht S. 377 ff., *Agel-Pahlke* Der Internationale Geltungsbereich des BetrVG, 1988, S. 136 ff.; *Hergenröder* ZfA 1999, 1, 34) oder für freiwillige Vereinbarungen mit dem EBR oder dem Konzernbetriebsrat erscheint nicht zwingend ausgeschlossen (*Horcher* Internationale betriebl. Vereinbarungen, 2003, S. 141 ff.; vgl. auch *Zimmer* EuZA 2013, 459, 467; anders aber die hM). Schließlich lassen sich durch die Heranziehung des Territorialitätsgrundsatzes auch nicht durchweg befriedigende Ergebnisse erzielen, sondern es müssen Schutzlücken in der Mitbestimmung bei multinationalen Unternehmen in Kauf genommen werden. So kann ein Konzernbetriebsrat im Inland nur dann errichtet werden, wenn das herrschende Unternehmen seinen Sitz im Inland hat oder eine **Teilkonzernspitze im Inland** besteht (*BAG* 23.5.2018 – 7 ABR 60/16, Rn 23; zust. *Salamon* NZA 2019, 283 ff.; aA *Fitting* § 54 Rn 34 ff; *Deinert* AuR 2021, 100, 105; zur Vergabe von Aktienoptionen durch eine ausländische Konzernobergesellschaft: *BAG* 12.6.2019 – 1 ABR 57/17, Rn 20: Kein eigener Handlungsspielraums des Vertragsarbeitgebers; zust. *Zaumseil* NZA 2019, 1331 ff.; ebenso *LAG Baden-Württemberg* 17.1.2017 – 19 TaBV 3/16).

125 Die Vorschriften des **BetrVG**, so auch die Verpflichtung des Arbeitgebers zur Anhörung des Betriebsrats vor einer Kündigung gem. § 102 Abs. 1 BetrVG, sind im Inland international zwingend und gelten auch dann, wenn die Arbeitsverhältnisse im Betrieb **ausländischen Arbeitsvertragsstatut** unterstellt sind (*BAG* 30.4.1987 – 2 AZR 192/86, EzA § 12 SchwbG Nr. 15; KR-*Rinck* § 102 BetrVG Rdn 18; APS-*Koch* § 102 BetrVG Rn 11; *Deinert* AuR 2021, 100, 102; MünchArbR-*Boemke* § 284 Rn 26; MüKo-*Martiny* Art. 8 Rn 149; aA *Heilmann* AR-Blattei SD 340 Auslandsarbeit Rn 342). Es liegt nicht in der Rechtsmacht der Arbeitsvertragsparteien, die betriebsverfassungsrechtliche Stellung der Belegschaft und ihrer Organe durch Vereinbarung eines ausländischen Arbeitsstatuts zu schmälern (*BAG* 9.11.1977 EzA § 102 BetrVG 1972 Nr. 31). Die Normen des BetrVG und auch § 102 BetrVG stellen damit **Eingriffsnormen iSd Art. 9 VO (EG) 593/2008** dar. Auch die Staatsangehörigkeit der Arbeitnehmer oder des Unternehmers spielt keine Rolle. Unterliegt ein Arbeitnehmer, der in einem Betrieb in der Bundesrepublik Deutschland tätig ist, einem ausländischen Arbeitsvertragsstatut und ist das KSchG gem. Art. 8 VO (EG) 593/2008 auf ihn nicht anwendbar, so ist vor der ihm gegenüber beabsichtigten Kündigung der Betriebsrat gem.

§ 102 Abs. 1 BetrVG gleichwohl zwingend anzuhören. Unterbleibt die Anhörung, so ist die auf einem ausländischen Arbeitsvertragsstatut beruhende Kündigung gem. § 102 Abs. 1 S. 3 BetrVG unwirksam. Findet deutsches Arbeitsvertragsrecht keine Anwendung, so kann sich der Arbeitnehmer aber nicht auf den besonderen **Weiterbeschäftigungsanspruch** nach § 102 Abs. 5 BetrVG berufen, da dieser voraussetzt, dass eine Kündigungsschutzklage nach dem KSchG erhoben worden ist.

Das BetrVG findet auf ein Arbeitsverhältnis eines im Ausland eingesetzten Arbeitnehmers in Ausnahme von dem Territorialitätsgrundsatz dann Anwendung, wenn dieser nur vorübergehend entsandt worden ist und sich dessen Tätigkeit als »**Ausstrahlung**« des Inlandsbetriebs darstellt (*BAG* 24.5.2018 – 2 AZR 54/18, Rn 13; 22.3.2000 EzA § 14 AÜG Nr. 4; 7.12.1989 EzA § 102 BetrVG 1972 Nr. 74; 30.4.1987 EzA § 12 SchwbG Nr. 15). Der Begriff der Ausstrahlung ist an sich dem öffentlichen Sozialrecht entliehen (§ 4 Abs. 1 SGB IV). Das BAG betont, es handele sich um eine Frage des **persönlichen Geltungsbereichs** des BetrVG, verwendet aber gleichzeitig den Begriff der Ausstrahlung (*BAG* 24.5.2018 – 2 AZR 54/18, Rn 13). Voraussetzung für eine fortbestehende **Betriebszugehörigkeit** sei, dass der Arbeitnehmer in die Arbeitsorganisation des im Inland belegenen Betriebs eingegliedert sei. Dafür sei kennzeichnend, dass von dort aus Weisungen in Bezug auf Zeit, Dauer, Ort und Inhalt der übernommenen Dienste erteilt werden (*BAG* 24.5.2018 – 2 AZR 54/18, Rn 13). Wesentliche Bedeutung kann einem vorbehaltenen Rückrufrecht zukommen. Dagegen sei es nicht ausreichend, wenn in dem Inlandsbetrieb nur die bloße Personalverwaltung erledigt wird (*BAG* 24.5.2018 – 2 AZR 54/18, Rn 13). Eine »rudimentäre Weisungsgebundenheit« bezogen auf einen Betrieb im Inland ist ebenfalls nicht ausreichend (*BAG* 24.5.2018 – 2 AZR 54/18, Rn 21). Arbeitnehmer können betriebsverfassungsrechtlich auch **zwei Betrieben** angehören (*BAG* 26.5.2021 – 7 ABR 17/20, Rn 43; 22.10.2019 – 1 ABR 13/18, Rn 19).

126

Das BAG argumentiert in erster Linie mit dem Begriff der Betriebszugehörigkeit und hat zum Ausdruck gebracht, dass eine analoge Anwendung von § **14 Abs. 1 AÜG** bei einem **drittbezogenen Auslandseinsatz** in Betracht zu ziehen sei (*BAG* 24.5.2018 – 2 AZR 54/18, Rn 16). Bei einem Mitarbeiter eines international tätigen Konzerns der Öl- und Gasindustrie, der durchgehend im Ausland eingesetzt war, war eine durch Weisungen vermittelte Zuordnung zu einem Inlandsbetrieb nicht festzustellen. Eine Herabsetzung des Prüfungsmaßstabs angesichts zunehmender Globalisierung sowie verbreiteter »Matrixstrukturen« (*LAG Nds.* 9.11.2017 – 5 Sa 176/17, NZA-RR 2018, 187) ließ das BAG entgegen der Vorinstanz nicht gelten (*BAG* 24.5.2018 – 2 AZR 54/18, Rn 20). Mit dem Begriff der Ausstrahlung wird man zu ähnlichen Ergebnissen kommen. Zu beurteilen ist die **Ausstrahlung des Betriebs**, nicht des Betriebsverfassungsrechts (*BAG* 21.10.1980 EzA § 102 BetrVG 1972 Nr. 43). Beispiele für Ausstrahlungen sind die in dem inländischen Betrieb integrierten, aber vorübergehend im Ausland tätigen Filialleiter oder Montagearbeiter, die dann ihre Tätigkeit im Inlandsbetrieb fortsetzen. IdR liegt ein hinreichender Inlandsbezug im Fall der Entsendung eines Mitarbeiters in eine leitende Funktion eines Auslandsunternehmens, insbes. als Geschäftsführer einer ausländischen Tochtergesellschaft, vor (*Falder* NZA 2000, 868; zum grenzüberschreitenden Einsatz von Führungskräften *Pohl* NZA 1998, 735). Ist ein Arbeitnehmer langjährig bei einer Tochterfirma seines Arbeitgebers im Ausland tätig, so muss er darlegen, dass er noch als Betriebsangehöriger iSd § 102 Abs. 1 BetrVG anzusehen ist (*LAG RhPf* 10.12.1996 RzK I 2b Nr. 24; aA APS-*Koch* § 102 BetrVG Rn 13).

127

Bei einem **reinen Auslandsarbeitsverhältnis**, das nach Vertrag und Abwicklung auf den Einsatz des Arbeitnehmers an ausländischen Arbeitsorten beschränkt ist (befristet oder unbefristet) und keinerlei Bindung an die inländische Betriebsorganisation aufweist, liegt eine **Ausstrahlung** nicht vor. In diesem Fall scheidet das Mitwirkungsrecht des Betriebsrates gem. § 102 Abs. 1 BetrVG bei der Kündigung des Arbeitnehmers aus. Dies hat das BAG im Falle eines ausschließlich für eine Baustelle in Saudi-Arabien befristet eingestellten Elektrofachmeisters (*BAG* 30.4.1987 EzA § 12 SchwbG Nr. 15) und eines befristeten »Auslands-Arbeitsverhältnisses« eines Projektleiters in einem deutsch-kolumbianischen Sportförderungsprogramm in Bogotá (*BAG* 21.10.1980 EzA § 12 SchwbG Nr. 15) entschieden. Der Nichtanwendbarkeit des § 102 Abs. 1 BetrVG steht auch nicht entgegen, wenn das reine Auslandsarbeitsverhältnis in Deutschland begründet wurde (*Gaul* BB 1990, 697), für dieses deutsches Arbeitsvertragsstatut vereinbart wird, die Grundvergütung in Deutschland zahlbar ist, als Gerichtsstand ein deutsches ArbG vereinbart wird und die Kündigung in Deutschland ausgesprochen wird (*BAG* 30.4.1987 EzA § 12 SchwbG Nr. 15).

128

129 Dies gilt auch für die im Ausland eingestellten sog. **Ortskräfte** in Auslandsvertretungen im Hinblick auf die §§ 85, 86, 128 BPersVG (*BAG* 21.11.1996 NZA 1997, 493; s. Rdn 79 f.). Demgegenüber stellt das *BVerwG* (10.11.2005 – 6PB 14/05) das **Territorialitätsprinzip** des Betriebsverfassungsrechts für »das **Personalvertretungsrecht** mit seiner Dienststellenverfassung« infrage. Die Eingliederung von Ortskräften in das Auslandsbüro einer der Aufsicht eines Bundeslandes unterstehenden Anstalt des öffentlichen Rechts (hier: Ortskraft in das ARD-Studio Brüssel des WDR) unterliegt der Anwendung des Personalvertretungsrechts (hier: NWPersVG), weil die Anstalt eine einzige Dienststelle unter Einschluss der auswärtigen Büros bilde. Fremde Staatsangehörigkeit, Wohnsitz im Ausland und Vereinbarung ausländischen Rechts für das Arbeitsverhältnis hindern auch in dieser Fallkonstellation nicht die Anwendung deutschen Personalvertretungsrechts (*BVerwG* 10.11.2005 – 6PB 14/05). Anwendung findet das BetrVG auch auf Einrichtungen der Europäischen Gemeinschaften, soweit die Arbeitnehmer dort nach nationalem deutschen Arbeitsrecht beschäftigt sind (*Löwisch/Brar* EuZA 2010, 198; vgl. Rdn 80).

130 Für **ausländische Betriebe** gilt das BetrVG – sofern nicht die Grundsätze der Ausstrahlung eingreifen – nicht, auch wenn sie zu einem deutschen Unternehmen gehören (MünchArbR-*Boemke* § 284 Rn 29). Daran ändert sich auch nichts dadurch, dass deutsches Arbeitsvertragsstatut vereinbart wird. Vielmehr gilt das jeweilige ausländische Betriebsverfassungsrecht. Wird ein Arbeitnehmer eines im Ausland ansässigen Unternehmens vorübergehend im Inland tätig, kann sich dessen Tätigkeit – spiegelbildlich zum Ausstrahlungsprinzip – als »**Einstrahlung**« des ausländischen Betriebsverfassungsrechts darstellen (MünchArbR-*Boemke* § 284 Rn 34).

131 **Betriebsverfassungsrechtliche Normen**, die (nur) **kraft eines Tarifvertrags** gelten, sind nicht international zwingende Eingriffsnormen iSd Art. 9 Abs. 1 VO. Dies gilt zB für das fliegende Kabinenpersonal nach § 102 TV PV iVm § 102 BetrVG (*BAG* 7.5.2020 – 2 AZR 692/19, Rn 59). Tarifverträge sind allenfalls dann Eingriffsnormen, falls ihnen eine durch das AEntG vermittelte gesetzliche Geltungserstreckung zukommt (Rdn 42).

7. Rechtsfolgen der Beendigung

a) Schadensersatzansprüche

132 Die gegenseitigen Ansprüche, wie sie gem. § 628 BGB geregelt sind, richten sich nach dem Arbeitsvertragsstatut. **§ 628 BGB ist abdingbar** (s. KR-*Weigand* § 628 BGB Rdn 2) und Rechtswahlvereinbarungen ohne Einschränkung zugänglich. Wurde keine Rechtswahl getroffen, richtet sich die anzuwendende Rechtsordnung nach der Regelanknüpfung bzw. der Ausnahmeklausel gem. Art. 8 Abs. 2 bis 4 VO (EG) 593/2008. Die kollisionsrechtliche Anknüpfung für den **Schadensersatz** aus deliktischen Ansprüchen wird in der VO (EG) Nr. 864/2007 v. 11. Juli 2007 (AblEU L 199/40) auch für die Parteien des Arbeitsvertrages geregelt.

b) Urlaubsabgeltung

133 Der bezahlte **Mindesturlaubsanspruch** geht als international zwingende Eingriffsvorschrift gem. § 2 Abs. 1 Nr. 2 AEntG (s. Rdn 40) jeder Rechtswahl und objektiven Anknüpfung vor (*Deinert* RdA 1996, 339; *Neumann* in Neumann/Fenski/Kühn § 2 Rn 5; MünchArbR-*Oetker* § 13 Rn 118). Darüberhinausgehende **Urlaubsansprüche** und entsprechende Ansprüche auf Urlaubsabgeltung richten sich nach dem Arbeitsvertragsstatut (*BAG* 27.8.1964 AP Nr. 9 zu IPR Arbeitsrecht; MüKo-*Martiny* Art. 8 Rn 115; *Gamillscheg* Internationales Arbeitsrecht, S. 293). Anders zu beurteilen sind zusätzliche Urlaubsansprüche besonderer Arbeitnehmergruppen, zB gem. § 208 SGB IX für Schwerbehinderte (s. Rdn 107 ff.).

c) Entgeltfortzahlungen

134 Der Anspruch auf **Entgeltfortzahlung** im Krankheitsfall gem. § 3 EFZG ist dann als Eingriffsnorm iSd Art. 9 VO anzusehen, wenn ein hinreichender Inlandsbezug besteht. Die Norm verfolgt ein öffentliches Interesse, da sie auch der Entlastung der Krankenkassen dient (*BAG* 18.4.2012 – 10 AZR 200/11, Rn 18; 12.12.2001 EzA Art. 30 EGBGB Nr. 5; HWK-*Tillmanns* Rn 36). Untersteht

das Arbeitsverhältnis aber nicht der deutschen Sozialversicherung, greift dieser Ansatz nicht und die Norm ist auch nicht als Eingriffsrecht anzusehen (*BAG* 18.4.2012 – 10 AZR 200/11, Rn 18). § 2 EFZG ist kein Eingriffsrecht (*BAG* 18.4.2012 – 10 AZR 200/11, Rn 16).

d) Insolvenzgeld

Der Anspruch auf **Insolvenzgeld** gegen den deutschen Insolvenzträger setzt eine Beschäftigung im Inland voraus, deutsches Arbeits- und Sozialrecht muss anwendbar sein oder es muss eine sog. Ausstrahlung iSd § 4 SGB IV vorliegen. Unter diesen Voraussetzungen begründet auch ein ausländisches Insolvenzereignis einen Anspruch auf Insolvenzgeld für im Inland beschäftigte Arbeitnehmer (§ 165 Abs. 1 S. 3 SGB III). Die Anspruchsnormen sind international zwingende Eingriffsnormen (MüKo-*Martiny* Art. 8 Rn 114 mwN). Gem. Art. 9 RL 2008/94/EG richtet sich der Umfang der Arbeitnehmerrechte im Falle der Zahlungsunfähigkeit des Unternehmens, das im Hoheitsgebiet mindestens zweier Mitgliedsstaaten tätig ist, nach dem für die zuständige Garantieeinrichtung geltenden Recht. Zuständig für die Befriedigung der nicht erfüllten Arbeitnehmeransprüche ist in diesem Fall die Einrichtung desjenigen Mitgliedsstaates, in dessen Hoheitsgebiet die betreffenden Arbeitnehmer ihre Arbeit gewöhnlich verrichten oder verrichtet haben. Im Übrigen unterliegen die Wirkungen des **Insolvenzverfahrens** auf das Arbeitsverhältnis gem. § 337 InsO dem Recht, das nach Art. 8 VO (EG) 593/2008 für das Arbeitsverhältnis maßgebend ist (vgl. auch Rdn 44).

135

e) Wettbewerbsklausel

Das Recht des nachvertraglichen **Wettbewerbsverbots** richtet sich grds. nach dem Arbeitsvertragsstatut (MüKo-*Martiny* Art. 8 Rn 121; *Thomas/Weidmann* DB 2004, 2694; *Deinert* RdA 2009, 144, 153). Der deutsche **ordre public** greift ein, wenn keine zeitliche Befristung vorgesehen ist (*Gamillscheg* Internationales Arbeitsrecht, S. 243 ff.). Die §§ 74 ff. HGB sind als Eingriffsnormen iSv Art. 9 VO (EG) 593/2008 anzusehen (MünchArbR-*Oetker* § 13 Rn 149; *Staudinger/Magnus* Art. 8 Rn 245).

136

f) Betriebliche Altersversorgung

Ansprüche aus der **betrieblichen Altersversorgung** (zur betrieblichen Altersversorgung mit Auslandsberührung allgemein vgl. *Birk* FS G. Müller 1981, S. 29; *ders.* IPrax 1984, 137; *Fenge* DB 1976, 51; *Rey* DB 1982, 806; *Schwerdtner* ZfA 18 [1987], 163) unterliegen bei individualrechtlicher Versorgungszusage dem Arbeitsvertragsstatut (*BAG* 25.6.2013 – 3 AZR 138/11, Rn 37; 18.12.1967 AP Nr. 11 zu IPR Arbeitsrecht; MüKo-*Martiny* Art. 8 Rn 122; MünchArbR-*Oetker* § 13 Rn 150). Eine **Rechtswahl**, auch eine Teilrechtswahl, ist zulässig (*BAG* 25.6.2013 – 3 AZR 138/11, Rn 37).

137

g) Zeugnis

Der Anspruch auf Erteilung eines schriftlichen **Zeugnisses** (§ 630 BGB, § 109 GewO) unterliegt ebenso wie die Freistellung zur Stellensuche (vgl. § 629 BGB) dem Arbeitsvertragsstatut (*Gamillscheg* Internationales Arbeitsrecht, S. 354 f.).

138

h) Ausgleichsquittung

Das auf die **Ausgleichsquittung** anwendbare Recht (vgl. zu Einzelproblemen mit Saudi-Arabien *Bendref* RIW 1986, 186) richtet sich nach dem Arbeitsvertragsstatut. Zu beachten sind hierbei allerdings Beschränkungen der Vertragsfreiheit für den Arbeitgeber in anderen Rechtsordnungen wie zB in Frankreich, wo einzelne Regelungen dem Territorialitätsprinzip unterliegen. Nach diesen Grundsätzen ist auch hinsichtlich des Anspruchs auf Herausgabe der Arbeitspapiere und von Werkzeugen und anderen Arbeitsinstrumenten zu verfahren.

139

i) Rückzahlungsklausel

Anlässlich des grenzüberschreitenden Arbeitseinsatzes werden oft Vereinbarungen über die Rückzahlung von **Reisekosten** getroffen, die der Arbeitnehmer vom Arbeitgeber erhält (*Hickl* NZA Beil.

140

1/1987, S. 10, 16). Diese Vereinbarungen unterliegen dem Arbeitsvertragsstatut. Der Arbeitnehmer hat keinen Anspruch darauf, die Reisekosten zum Arbeitsort erstattet zu bekommen. Veranlasst der Arbeitnehmer die fristlose Beendigung des Arbeitsverhältnisses, kann der Arbeitgeber die verauslagten Reisekosten zurückverlangen (*LAG Frankf./M.* 11.5.1981 – 11 Sa 1064/80, zit. nach *Hickl* NZA Beil. 1/1987, S. 10, 16). Setzt dagegen der Arbeitgeber den Grund zur Beendigung des Arbeitsverhältnisses, kann die Rückzahlungsverpflichtung entfallen.

141 Wenn hinsichtlich anderer Kosten eine **Rückzahlungsklausel** vereinbart ist und für den Arbeitgeber trotz der Arbeitnehmerrechte aus Art. 12 GG daran ein berechtigtes Interesse besteht (wie etwa bei Qualifizierungs- oder Umzugskosten), ist eine zweijährige Bindungszeit bei einer 50 %igen Tilgung nach einem Jahr gerechtfertigt (*BAG* 25.7.1984 – 5 AZR 219/82, zit. nach *Hickl* NZA Beil. 1/1987, S. 10, 16). Maßgeblich für die Rückzahlungsverpflichtung ist der Kündigungszeitpunkt, nicht das Datum der Beendigung des Arbeitsverhältnisses (*BAG* 15.1.1985 – 3 AZR 200/82, zit. nach *Hickl* NZA Beil. 1/1987, S. 10, 16).

V. Auslegungsregeln

142 Die wesentliche mit der VO (EG) Nr. 593/2008 verbundene Absicht besteht in der EU-weiten Vereinheitlichung der Regeln über das auf vertragliche Schuldverhältnisse anzuwendende Recht. Eine einheitliche Anwendung setzt eine diesem Maßstab entsprechende **einheitliche Auslegung** der Normen der VO (EG) Nr. 593/2008 nach den für europäisches Sekundärrecht geltenden Grundsätzen voraus. Wiewohl in die VO eine dem Art. 36 EGBGB vergleichbare Norm zur Auslegung nicht aufgenommen wurde, kann wegen der großen Ähnlichkeit der VO-Textes zur früheren Regelung gem. den Art. 27 ff. EGBGB bzw. der EVÜ auf die bisher in Rechtsprechung und Literatur gefundenen Auslegungsergebnisse zurückgegriffen werden (*Magnus* IPRax 2010, 27; *Winkler v. Mohrenfels/Block* in Oetker/Preis EAS B 3000 Rn 25). Aus Art. 267 AEUV folgt die Zuständigkeit des EuGH für die **autonom unionsrechtliche Auslegung** nach den gebräuchlichen Methoden der am Wortlaut orientierten, grammatischen, der nach dem Willen des Verordnungsgebers fragenden historischen (insbes. Erwägungsgründe), der den Aufbau und den Zusammenhang einer Vorschrift betrachtenden systematischen sowie der entlang den Zielen der VO und dem »effet utile« dienenden teleologischen Erkenntnissen (vgl. zB instruktiv Schlussanträge Generalanwältin 16.12.2010 – C-29/10, Rn 58–83). Herausragende Leitlinien der Auslegung sind der **Arbeitnehmerschutz** (Erwägungsgrund Nr. 35 und *EuGH* 15.3.2011 – C-29/10, EzA EG-Vertrag 1999 Verordnung 593/2008 Nr. 1, Rn 40 f., 46; 9.1.1997 – C-383/95, *Rutten* AP Brüsseler Abkommen Art. 5 Nr. 2, Rn 22; 10.4.2003 – C-437/00, *Giuglia Pugliese*, NJW 2003, 2224, Rn 18; *BAG* 27.1.2011 NZA 2011, 1309 Rn 22 mwN) und der **Einklang** zwischen den Begriffen im Kollisionsrecht und im Verfahrensrecht (vgl. Erwägungsgrund Nr. 7 und *EuGH* 15.3.2011 – C-29/10, EzA EG-Vertrag 1999 Verordnung 593/2008 Nr. 1, Rn 33; s.a. Rdn 52 und Rdn 151 ff.). Der EuGH strebt eine möglichst gleichlautende Auslegung der VO (EG) Nr. 593/2008 mit der VO (EU) 1215/2012 über die gerichtliche Zuständigkeit (EuGVVO) an, weil letztere VO ebenso der Rechtsvereinheitlichung auf dem Gebiet des internationalen Privatrechts dient (*EuGH* 14.9.2017 – C-169/16, EzA VO 44/2001 EG-Vertrag 1999 Nr. 11).

143 Für die Anrufung des EuGH bei Fragen zur **Auslegung** der VO (EG) Nr. 593/2008 als sekundärem Unionsrecht ist das **Vorabentscheidungsverfahren** gem. Art. 267 AEUV vorgesehen, nach dessen S. 2 die Instanzgerichte der Mitgliedsstaaten zur Vorlage berechtigt, nach S. 3 letztinstanzliche Gerichte zur Vorlage verpflichtet sind (*Deinert* RdA 2009, 144). Ist ein Vorabentscheidungsverfahren anhängig, so kommt wegen der gleichen Rechtsfrage eine Aussetzung nach § 148 ZPO analog in Betracht (*BAG* 10.9.2020 – 6 AZR 136/19 (A), Rn 38; 30.1.2019 – 10 AZR 299/18 (A), Rn 114).

VI. Aufklärung ausländischen Rechts (§ 293 ZPO)

144 § 293 ZPO lautet: »*Das in einem anderen Staate geltende Recht, die Gewohnheitsrechte und Statuten bedürfen des Beweises nur insofern, als sie dem Gericht unbekannt sind. Bei Ermittlung dieser Rechtsnormen ist das Gericht auf die von den Parteien beigebrachten Nachweise nicht beschränkt; es ist befugt,*

auch andere Erkenntnisquellen zu benutzen und zum Zwecke einer solchen Benutzung das Erforderliche anzuordnen.« Grds. muss der Richter das geltende Recht kennen (iura novit curia). Soweit er das Recht nicht kennen muss, weil es zB nicht zur inländischen Rechtsordnung gehört, hat er es von **Amts wegen zu ermitteln** (*BAG* 7.5.2020 – 2 AZR 692/19, Rn 67). Dabei darf das Gericht die Mithilfe der Parteien beanspruchen und sich bei der Ermittlung der Formen des Beweises bedienen. Das Gericht hat ausländisches Recht als Ganzes zu ermitteln, wie es sich aufgrund der Rechtspraxis, -lehre und Rechtsprechung entwickelt hat (*BAG* 7.5.2020 – 2 AZR 692/19, Rn 66) und dabei ausländische Rechtssätze entsprechend der jeweiligen Rechtsordnung auszulegen. Es gilt prinzipiell das **Freibeweisverfahren** (*Zöller/Geimer* § 293 Rn 21; PG-*Laumen* § 293 Rn 8), das Gericht kann – vermittelt über das Justizministerium – Auskünfte im Ausland einholen, sich Informationen aus sonst frei zugänglichen Quellen verschaffen oder auch ein Sachverständigengutachten einholen (zB beim Max-Planck-Institut für ausländisches und internationales Privatrecht in Hamburg). Entscheidet es sich für die Einholung eines Gutachtens, gelten insoweit die Regeln des förmlichen Beweisverfahrens. Das Gericht kann auch im Ausland um Rechtshilfe ersuchen, zB in den Mitgliedsstaaten der EU über die VO (EG) Nr. 1206/2001 v. 28.5.2001 ABlEG L 174/1 v. 27.6.2001 (*Mankowski/Knöfel* EuZA 2011, 521 [534]).

Eine Entscheidung nach den Grundsätzen der **Darlegungs- und Beweislast** kommt hinsichtlich des Inhalts des ausländischen Rechts nicht in Betracht, auch gibt es keine prozessuale Beweisführungslast für eine Partei (*BAG* 7.5.2020 – 2 AZR 692/19, Rn 67). Gleichwohl kann das Gericht die Parteien auffordern, ebenfalls zu dem Aspekt des anwendbaren Rechts vorzutragen. Haben die Parteien selbst umfassend zu der Rechtslage im Ausland vorgetragen und bestehen keine Anhaltspunkte, dass eine abweichende Beurteilung geboten ist, darf das Gericht von dieser Grundlage ausgehen (*BAG* 20.10.2017 – 2 AZR 783/16 (F), EzA KSchG § 2 Nr. 102). Ist das an sich berufene **ausländische Recht** nicht oder nur mit unverhältnismäßigem Aufwand und erheblicher Verfahrensverzögerung feststellbar, dann können nach einer älteren Rspr., jedenfalls bei starken Inlandsbeziehungen und mangelndem Widerspruch der Beteiligten, die Sachnormen des deutschen Rechts angewendet werden (*BAG* 26.10.1977 AP Nr. 15 zu IPR Arbeitsrecht; 23.12.1981 AP Nr. 21 zu IPR Arbeitsrecht; aA zu Recht die hL, *Zöller/Geimer* § 293 Rn 27). Nicht ganz eindeutig ist die Frage zu entscheiden, ob die Anwendung ausländischen Rechts revisibel ist. Der BGH hat diese Frage verneint (vgl. *BGH* 4.7.2013 – V ZB 197/12, Rn 20; hierzu *Jacobs/Frieling* ZZP 2014, 137 ff.), während das BAG die **Revisibilität** mit Rücksicht auf den gegenüber § 545 Abs. 1 ZPO (§ 549 Abs. 1 ZPO aF) unterschiedlichen Wortlaut in § 73 Abs. 1 ArbGG bejaht hat (*BAG* 10.4.1975 – 2 AZR 128/74; GK-ArbGG/*Mikosch* § 73 Rn 16 ff. mwN; Düwell/Lipke-*Düwell* § 73 Rn 56). Das BAG hat sich – wenn auch nicht tragend – zuletzt aber der Ansicht des BGH angeschlossen (*BAG* 7.5.2020 – 2 AZR 692/19, Rn 76). Dies erscheint wenig überzeugend (vgl. Rdn 32; wohl zust. aber *Benecke* RdA 2020, 366, 368). Die Anwendung ausländischen Rechts – auch unter Berücksichtigung der dortigen Rspr. – ist keine Tatsachenfeststellung und somit Aufgabe des Revisionsgerichts. Folgt man dem BAG, so darf zwar das ArbG bei einer ähnlichen Rechtsordnung offenlassen, welches Recht es auf den Streitfall zur Anwendung bringt, das Berufungsgericht darf dies indes nicht. Bleibt unklar, ob das LAG das maßgebliche ausländische Recht ausreichend oder überhaupt ermittelt hat, führt dies idR zur Zurückverweisung (*BAG* 7.5.2020 – 2 AZR 692/19, Rn 79).

VII. Internationale Zuständigkeit der Gerichte

Für Streitigkeiten aus einem Arbeitsverhältnis mit internationaler Berührung enthalten weder die ZPO noch das ArbGG bes. Regelungen zur **internationalen Zuständigkeit** der Gerichte. In der Praxis ist vorrangig die für die Mitgliedstaaten der EU geltende **VO (EU) 1215/2012** über die gerichtliche Zuständigkeit und die Anerkennung und Vollstreckung von Entscheidungen in Zivil- und Handelssachen vom 12.12.2012 (ABl. EU L 351/1; auch als **EuGVVO** bzw. **Brüssel Ia VO** bezeichnet) heranzuziehen. Ist diese VO nicht einschlägig, richtet sich die internationale Zuständigkeit nach völkerrechtlichen Verträgen, sind auch diese nicht einschlägig, folgt die internationale Zuständigkeit des Gerichts aus den **örtlichen Gerichtsständen** (*BAG* 12.12.2017 – 3 AZR 305/16, Rn 23; vgl *BAG* 25.2.2021 – 8 AZR 171/19, Rn 44 ff für Abtretung von Schadensersatzansprüchen von Konzernunternehmen im Ausland). Die internationale Zuständigkeit ist eine in allen drei Instanzen stets zu prüfende Prozessvoraussetzung (*BAG* 12.12.2017 – 3 AZR 305/16, Rn 22). Nach Vollzug des **Brexit** gilt die VO (EU) 1215/2012 für das Vereinigte Königreich nicht mehr. Allerdings enthält Art. 67 Abs. 1 des Brexit-Abkommens (s. oben Rdn 4) eine Übergangsregelung. Danach gelten die Zuständigkeitsregeln ua der VO (EU) 1215/2012 weiter, wenn das Verfahren vor dem 1.1.2021 eingeleitet worden ist. Entsprechendes gilt für bestimmte Vollstreckungsakte gem. Art. 67 Abs. 2 Brexit-Abkommen. Ein Rückgriff auf das EuGVÜ oder das LugÜ dürfte ausscheiden (str., vgl. *Saenger/Dörner* Vor EuGVVO Rn 7.1 ff.; *Mankowski* EuZW-Sonderausgabe 1/2020, 3, 9; aA EUArbR/*Krebber* Art. 1 Brüssel Ia VO Rn 13). Soweit die Regeln der VO (EU) 1215/2012 auf einen Anknüpfungspunkt in einem Mitgliedstaat abstellen, dürften sie auch weiterhin zur Anwendung kommen. Dies gilt etwa für Art. 20 Abs. 2 und Art. 22 Abs. 2 der VO. Hat der Arbeitgeber seinen Sitz im Vereinigten Königreich, dürfte Art. 21 der VO hingegen nicht zur Anwendung kommen. Geht man davon aus, dass eine vorrangige völkerrechtliche Regelung nicht eingreift, könnte sich die internationale Zuständigkeit letztlich nach der örtlichen richten, so dass es über § 48 Abs. 1a ArbGG doch wieder auf den gewöhnlichen Arbeitsort ankäme.

147 Ein Gericht ist örtlich insbesondere dann nach § 48 Abs. 1a ArbGG zuständig, wenn der Arbeitnehmer in dessen Bezirk gewöhnlich seine Arbeit verrichtet (hierzu näher GK-ArbGG/*Horcher* § 48 Rn 131 ff.). Ergänzend gelten über § 46 Abs. 2 ArbGG die §§ 17 ff. ZPO. Ob sich eine internationale Zuständigkeit im Anwendungsbereich der VO (EU) 1215/2012 (ersatzweise) auch aus der örtlichen Zuständigkeit ergeben kann, ist **str.** Das BAG hat ua diese Frage dem EuGH zur Klärung vorgelegt (*BAG* 24.6.2020 – 5 AZR/19 (A), Rn 51 ff.); zur Zuständigkeit der deutschen Arbeitsgerichte bzgl. des Tribunal Arbitral du Sport in der Schweiz *Pfister* SpuRT 2006, 137; bei seearbeitsrechtlichen Streitigkeiten vgl. KR-*Weigand* SeeArbG Rdn 162 f. Bei den Bestimmungen der VO handelt es sich um **abschließende Regelungen**, es kann damit auch dann nicht (hilfsweise) auf nationale Zuständigkeitsnormen abgestellt werden, wenn diese **günstiger** wären (*EuGH* 25.2.2021 – C-804/19, Rn 33).

148 Für internationale Rechtsstreitigkeiten mit einer Anknüpfung an das Hoheitsgebiet eines Mitgliedstaates der EU ergibt sich die **Zuständigkeit des Gerichts** aus der VO (EU) 1215/2012 [vor dem 10.1.2015: VO (EG) Nr. 44/2001]). Diese VO tritt gem. ihrem Art. 68 Abs. 1 im Verhältnis zwischen den Mitgliedsstaaten an die Stelle des Brüsseler Übereinkommens über die gerichtliche Zuständigkeit und Vollstreckung gerichtlicher Entscheidungen in Zivil- und Handelssachen (EuGVÜ, vgl. *Weigand* KR 6. Aufl., IPR Rn 136 ff.). Die VO (EU) 1215/2012 gilt unmittelbar und geht nationalem Recht im Rang vor (*BAG* 25.6.2013 – 3 AZR 138/11, mwN). Die Zuständigkeit der Gerichte für Rechtsstreitigkeiten mit Bezug (im Wesentlichen) zu den EFTA-Staaten Schweiz, Norwegen und Island ergibt sich aus dem **Lugano-Übereinkommen** über die gerichtliche Zuständigkeit und die Vollstreckung gerichtlicher Entscheidungen in Zivil- und Handelssachen vom 30.10.2007 (ABlEU 21.12.2007 L 339/3 ff.; BGBl. 2008 I S. 2399), das weitgehend mit dem EuGVÜ übereinstimmt. Das Lugano-Übereinkommen kann selbst dann Anwendung finden, wenn beide Parteien ihren Wohnsitz in Deutschland haben, aber weitere maßgebliche Gesichtspunkte wie die Anwendung schweizerischen Arbeitsrechts und Erbringung der Arbeitsleistung in der Schweiz auf den LugÜ-Staat Schweiz verweisen. Gem. Art. 24 LugÜ kann sich die internationale Zuständigkeit eines Gerichts auch durch rügelose Einlassung ergeben (*BAG* 15.12.2016 – 6 AZR 430/15, EzA § 4 KSchG nF Nr. 100). Die Vereinbarung, mit der das Arbeitsverhältnis aufgehoben und abgewickelt wird, ist ein »individueller Arbeitsvertrag« iSv Art. 17 Abs. 5 LugÜ (*BAG* 8.12.2010 EzA § 38 ZPO 2002 Nr. 1). Nach der Rspr des EuGH noch zur bis zum 9.1.2015 anzuwendenden VO (EG) Nr. 44/2001 ist diese Regelung als »ein umfassendes System«, insbes. Kapitel II mit Art. 18, nicht nur für die Beziehungen zwischen den Mitgliedsstaaten, sondern auch für die Beziehungen zwischen einem Mitgliedstaat und einem Drittstaat anzusehen (*EuGH* 19.7.2012 – C-54/11, EzA EG-Vertrag 1999 VO 44/2001 Nr. 7). Die VO (EG) Nr. 44/2001 ist mit Wirkung vom 10.1.2015 reformiert und durch die VO (EU) Nr. 1215/2012 vom 12.12.2012 (ABlEU Nr. L 351 S. 1)), ersetzt worden. Entsprechend gilt die neue Fassung gem. Art 68 VO (EU) Nr. 1215/2012 für alle Verfahren, die ab dem 10.1.2015 eingeleitet werden. Die Regelungen gem. Art 18 bis 21 VO (EG) Nr. 44/2001 wurden ersetzt durch Art. 20 bis 23 der VO (EU) Nr. 1215/2012. Mit der neuen

Regelung werden die **Gerichtsstände** der klagenden Arbeitnehmer mit Wohnsitz in der EU bzgl. der außerhalb der EU residierenden Arbeitgeber erweitert (*Abele* FA 2013, 357).

Geltung ab dem 10. Januar 2015:

Verordnung (EU) Nr. 1215/2012 des Rates über die gerichtliche Zuständigkeit und die Anerkennung und Vollstreckung von Entscheidungen in Zivil- und Handelssachen

Vom 12.12.2012 (ABlEU L 351 S. 1), zuletzt geändert durch Art. 1 ÄndVO (EU) 281/2015 vom 26.11.2014 (ABlEU 2015 L 54 S. 1)

– Auszug –

Abschnitt 5 Individuelle Arbeitsverträge

Artikel 20

(1) Bilden ein individueller Arbeitsvertrag oder Ansprüche aus einem individuellen Arbeitsvertrag den Gegenstand des Verfahrens, so bestimmt sich die Zuständigkeit unbeschadet des Artikels 6, des Artikels 7 Nummer 5 und, wenn die Klage gegen den Arbeitgeber erhoben wurde, des Artikels 8 Nummer 1 nach diesem Abschnitt.

(2) Hat der Arbeitgeber, mit dem der Arbeitnehmer einen individuellen Arbeitsvertrag geschlossen hat, im Hoheitsgebiet eines Mitgliedstaats keinen Wohnsitz, besitzt er aber in einem Mitgliedstaat eine Zweigniederlassung, Agentur oder sonstige Niederlassung, so wird er für Streitigkeiten aus ihrem Betrieb so behandelt, wie wenn er seinen Wohnsitz im Hoheitsgebiet dieses Mitgliedstaats hätte.

Artikel 21

(1) Ein Arbeitgeber, der seinen Wohnsitz im Hoheitsgebiet eines Mitgliedstaats hat, kann verklagt werden:
a) vor den Gerichten des Mitgliedstaats, in dem er seinen Wohnsitz hat, oder
b) in einem anderen Mitgliedstaat
  i) vor dem Gericht des Ortes, an dem oder von dem aus der Arbeitnehmer gewöhnlich seine Arbeit verrichtet oder zuletzt gewöhnlich verrichtet hat, oder
  ii) wenn der Arbeitnehmer seine Arbeit gewöhnlich nicht in ein und demselben Staat verrichtet oder verrichtet hat, vor dem Gericht des Ortes, an dem sich die Niederlassung, die den Arbeitnehmer eingestellt hat, befindet oder befand.

(2) Ein Arbeitgeber, der seinen Wohnsitz nicht im Hoheitsgebiet eines Mitgliedstaats hat, kann vor dem Gericht eines Mitgliedstaats gemäß Absatz 1 Buchstabe b verklagt werden.

Artikel 22

(1) Die Klage des Arbeitgebers kann nur vor den Gerichten des Mitgliedstaats erhoben werden, in dessen Hoheitsgebiet der Arbeitnehmer seinen Wohnsitz hat.

(2) Die Vorschriften dieses Abschnitts lassen das Recht unberührt, eine Widerklage vor dem Gericht zu erheben, bei dem die Klage selbst gemäß den Bestimmungen dieses Abschnitts anhängig ist.

Artikel 23

Von den Vorschriften dieses Abschnitts kann im Wege der Vereinbarung nur abgewichen werden,
1. wenn die Vereinbarung nach der Entstehung der Streitigkeit getroffen wird oder
2. wenn sie dem Arbeitnehmer die Befugnis einräumt, andere als die in diesem Abschnitt angeführten Gerichte anzurufen.

(unbelegt)

Die VO (EU) 1215/2012 betrifft **Ansprüche aus einem »individuellen Arbeitsvertrag«**, womit Formulararbeitsverträge allerdings nicht ausgeschlossen werden sollen (*Junker* NZA 2005, 199). Der Begriff des »individuellen Arbeitsvertrages« ist nicht nach nationalen Merkmalen, sondern als genuiner Begriff der VO gem. Art. 45 AEUV vertragsautonom auszulegen. Das wesentliche Merkmal des Arbeitsverhältnisses besteht darin, dass jemand während einer bestimmten Zeit für einen anderen nach dessen Weisung Leistungen erbringt, für die er als Gegenleistung eine Vergütung erhält (*EuGH* 11.4.2019 – C-603/17, Rn 26; 10.9.2015 – C-47/14, NZA 2016,183; *BAG* 24.6.2020 – 5 AZR/19 (A), Rn 33; *BAG* 20.10.2015 EzA EG-Vertrag 1999 VO 44/2001 Nr. 10). Es muss zwischen Arbeitnehmer und Arbeitgeber ein Subordinationsverhältnis bestehen, welches im Falle eines angestellten **Geschäftsführers**, der die Bedingungen des Vertrags und sein Tagesgeschäft selbst bestimmt hat, fehlen kann (*EuGH* 11.4.2019 – C-603/17, Rn 26). Das BAG hat den EuGH nach Art. 267 AEUV angerufen zur Beantwortung der Frage, ob Art. 21 Abs. 2 VO – ggf. in erweiternder Auslegung – auch eine internationale Zuständigkeit vorsieht, wenn mit der beklagten Partei kein Arbeitsverhältnis, sondern eine **Patronatsvereinbarung** abgeschlossen worden ist (*BAG* 24.6.2020 – 5 AZR/19 (A), Rn 39 ff.). Individualrechtliche Streitigkeiten betreffen Ansprüche und Rechte einzelner Arbeitnehmer, auch wenn der individuelle Anspruch auf einer kollektivrechtlichen Grundlage beruht. Dazu zählen auch Ansprüche aus einer vom Arbeitgeber erteilten Versorgungszusage auf eine Betriebsrente (*BAG* 25.6.2013 EzA EG-Vertrag 1999 VO 44/2001 Nr. 9). Dies ist abzugrenzen gegenüber kollektivrechtlichen Streitigkeiten, bei denen ein Betriebsrat oder eine Gewerkschaft aus eigenem materiellen Recht klagt und selbst Partei ist. Die Art. 20 – 22 VO sind nur auf Individualarbeitsverhältnisse zugeschnitten. Teilweise wird vertreten, dass **kollektive Streitigkeiten** unter Art. 7 VO fallen (Müko-ZPO/*Gottwald* Art. 20 Brüssel Ia-VO Rn 9; MünchArbR-*Oetker* § 13 Rn 173). Dem ist jedenfalls für ein Beschlussverfahren nach § 103 BetrVG nicht zu folgen; hier ergibt sich die internationale aus der örtlichen Zuständigkeit nach § 82 ArbGG (ebenso EUArbR/*Krebber* Art. 1 Brüssel Ia-VO Rn 6). Für Klagen aus Aktienoptionsplänen gegenüber einer Konzernobergesellschaft im Ausland kann es an einer Klagemöglichkeit im Inland fehlen (*Junker* EuZA 2016, 281 f.)

152 Findet die VO (EU) 1215/2012 Anwendung, so kommen für den Arbeitnehmer drei alternative **Gerichtsstände** gem. Art. 21 in Frage: am Ort des Wohnsitzes des Arbeitgebers (Art. 21 Abs. 1 lit. a), am Ort der Zweigniederlassung bei Streitigkeiten aus deren Betrieb (Art. 21 Abs. 1 lit. b ii), Art. 20 Abs. 2) oder am **Ort der gewöhnlichen Verrichtung** der Arbeit (Art. 21 Abs. 1 lit. b i). Der Ort der gewöhnlichen Verrichtung ist jener, an dem der Arbeitnehmer die mit dem Arbeitgeber vereinbarten Tätigkeiten tatsächlich ausübt (*BAG* 21.3.2017 – 7 AZR 207/15, EzA § 14 TzBfG Sonstiger Sachgrund Nr. 1 mwN). Der Begriff ist im Interesse des Arbeitnehmerschutzes weit auszulegen. Zuständig ist auch ein Gericht des Mitgliedstaates des Ortes, »von dem aus« der Arbeitnehmer gewöhnlich seine Arbeitsleistung erbringt. Für das fliegende Personal hat der EuGH in der Rs. Nogueira entschieden, dass bei der stets erforderlichen Gesamtabwägung der »**Heimatbasis**« eine wesentliche Bedeutung zukommen kann (*EuGH* 14.9.2017 – C-168/16, Rn 69). Diese arbeitnehmerfreundliche Rechtsprechungslinie wird auch für die örtliche Zuständigkeit iSv § 48 Abs. 1a ArbGG fruchtbar gemacht (*LAG Bln.-Bra.* – 6 SHa 140/18, Rn 28). Es bietet sich an, diese auch auf sonstige Konstellationen zu übertragen wie Berufskraftfahrer bzw. die Schifffahrt (GK-ArbGG/*Horcher* § 48 Rn 144; *Temming* NZA 2017, 1437, 1440; s.a. Rdn 154). Auf den gewöhnlichen Arbeitsort kann auch dann abgestellt werden, wenn es an dem vorgesehenen Ort **nicht** zur tatsächlichen **Vertragsdurchführung** gekommen ist (*EuGH* 25.2.2021 – C-804/19, Rn 41; hierzu *Wilke* EWiR 2021, 187 ff.)

153 Der **Ort der gewöhnlichen Verrichtung** (s.a. Rdn 52 ff. zu der parallelen Auslegung von Art. 8 Abs. 2 S. 1 VO (EG) 593/2008) ist bei einem Arbeitsverhältnis, zu dessen Erfüllung der Arbeitnehmer seine Tätigkeit in mehr als einem Mitgliedstaat verrichtet, der Ort, den der Arbeitnehmer zum tatsächlichen Mittelpunkt seiner Berufstätigkeit gemacht hat (st. Rspr. *BAG* 20.12.2012 EzA EG-Vertrag 1999 VO 44/2001 Nr. 8; 24.9.2009 EzA EG-Vertrag 1999 VO 44/2001 Nr. 4; 9.10.2002 EzA § 29 ZPO 2002 Nr. 1; *EuGH* 10.4.2003 – C-437/00, *Giuglia Pugliese* NJW 2003, 2224). Für die Bestimmung dieses Ortes des tatsächlichen Mittelpunktes ist der Umstand zu berücksichtigen, dass der Arbeitnehmer den größten Teil seiner Arbeitszeit in einem Vertragsstaat zubringt, in dem er ein Büro hat, von dem aus er seine Tätigkeit für seinen Arbeitgeber organisiert und wohin er nach jeder im Zusammenhang mit seiner Arbeit stehenden Auslandsreise zurückkehrt (*EuGH* 9.1.1997 – C-383/95), dh den wesentlichen Teil seiner Verpflichtungen gegenüber seinem Arbeitgeber tatsächlich erfüllt (*EuGH* 9.1.1997 – C-383/95, *Rutten* AP Brüsseler Abkommen Art. 5

Nr. 2; krit. *Mankowski* IPRax 1999, 332; *EuGH* 27.2.2002 – C-37/00, NJW 2002, 1635). Dies gilt nicht nur, wenn der Arbeitnehmer in verschiedenen Staaten tätig ist, sondern auch, wenn er nur in einem Mitgliedstaat an verschiedenen Arbeitsorten arbeitet (*BAG* 29.5.2002 FA 2002, 353).

Für Seeschiffe knüpft das BAG ua an die **Flagge**, unter der das Schiff fährt, an (*BAG* 22.10.2015 – 154 2 AZR 720/14, EzA Art. 30 EGBGB Nr. 12), während der EuGH auf dieses Merkmal nicht abstellt (Rdn 68 ff.). Nach dem Urteil in der Rs. Nogueira (s.a. Rdn 152) wird man auch hier prüfen müssen, ob eine »Heimatbasis« auszumachen ist. Bei **Binnenschiffen** geht das BAG unter Berücksichtigung aller die Tätigkeit kennzeichnenden Gesichtspunkte von demjenigen Ort aus, **an dem oder von dem** aus der Arbeitnehmer den wesentlichen Teil der Verpflichtungen gegenüber seinem Arbeitgeber tatsächlich erfüllt (*BAG* 27.1.2011 NZA 2011, 1309 m. krit. Anm. *Ulrici* jurisPR-ArbR 30/2011 Anm. 3).

Die VO findet grds. Anwendung, wenn der Beklagte seinen Wohnsitz in einem der Mitgliedstaa- 155 ten der EU hat oder gem. Art. 20 Abs. 2, wenn der Wohnsitz außerhalb der EU liegt, er aber eine Zweigniederlassung, Agentur oder sonstige Niederlassung in einem Mitgliedstaat hat (*LAG Düsseld.* 17.3.2008 – 14 Sa 1312/07). Eine **Niederlassung** ist eine von dem Inhaber an einem anderen Ort als dem seines Sitzes für eine gewisse Dauer errichtete, auf seinen Namen und für seine Rechnung betriebene und im Regelfall zum selbständigen Geschäftsabschluss und Handeln berechtigte Geschäftsstelle, die bei Klageerhebung besteht (*BAG* 25.6.2013 EzA EG-Vertrag 1999 VO 44/2001 Nr. 9). Der Begriff der Niederlassung ist anhand der vom EuGH zu Art. 5 Nr. 5 Brüsseler Übereinkommen angegebenen Maßstäbe (*EuGH* 19.7.2012 – C-154/11, EzA EG-Vertrag 1999 VO 44/2001 Nr. 7) weit auszulegen. Die alternativ zitierten Begriffe der Agentur, Zweig- oder sonstigen Niederlassung stehen für ein einheitliches Phänomen (*Däubler* NZA 2003, 1297 mwN). Es reicht aus, dass eine auf Dauer angelegte betriebliche Organisation auch unterhalb der Schwelle zum Betrieb vorhanden ist (EUArbR/*Krebber* Art. 20 Brüssel Ia VO Rn 10). Das angerufene Gericht hat bei der Frage, ob ein Wohnsitz in seinem Mitgliedstaat vorliegt, nationales Recht anzuwenden (Art. 62 Abs. 1), und ob ein Wohnsitz in einem anderen Mitgliedstaat gegeben ist, nach dem nationalen Recht des anderen Mitgliedstaates zu prüfen (Art. 62 Abs. 2). Für Gesellschaften und juristische Personen bestimmt sich der Wohnsitz nach dem satzungsmäßigen Sitz, der Hauptverwaltung oder -niederlassung (Art. 63 Abs. 1; anhand der vom EuGH zu Art. 5 Nr. 5 Brüsseler Übereinkommen angegebenen Maßstäbe, vgl. *EuGH* 19.7.2012 – C-154/11, EzA EG-Vertrag 1999 Verordnung 44/2001 Nr. 7). Für die Anwendbarkeit der VO (EU) 1215/2012 wird weiterhin vorausgesetzt, dass der Rechtsstreit entweder Handlungen betrifft, die sich **auf den Betrieb** der Zweigniederlassung, Agentur oder sonstigen Niederlassung **beziehen**, oder die diese betrieblichen Einheiten im Namen des Stammhauses eingegangen sind, wenn die Verpflichtungen in dem Staat zu erfüllen sind, in dem sich diese Einheiten befinden. Eine Botschaft ist als Niederlassung iSd Art. 20 Abs. 2 VO (EU) 1215/2012 anzusehen, wenn es um Arbeitsverträge geht, die sie im Namen ihres Staates geschlossen hat, und die nicht hoheitliche Tätigkeiten der Botschaft betreffen (*EuGH* 19.7.2012 – C-154/11, EzA EG-Vertrag 1999 VO 44/2001 Nr. 7).

Es ist zu unterscheiden, ob klagende Partei ein Arbeitnehmer oder Arbeitgeber ist. Gem. Art. 22 156 Abs. 1 VO (EU) 1215/2012 stehen für eine **Klage des Arbeitgebers** gegen den Arbeitnehmer nur die Gerichte in dessen **Wohnsitzstaat** gem. den allg. nationalen Vorschriften über den **Gerichtsstand** zur Verfügung. Gemäß Art 26 VO (EU) 1215/2012 ist das Gericht eines Mitgliedstaates zuständig, vor dem der Beklagte sich auf das Verfahren rügelos einlässt, sofern das Gericht nicht bereits nach anderen Vorschriften der VO zuständig ist. Wenn der Arbeitgeber Beklagter ist, erfordert eine **rügelose Einlassung** anders als nach § 39 ZPO weder eine Belehrung noch eine Verhandlung in mündlicher Verhandlung zur Hauptsache (*BAG* 15.12.2016 – 6 AZR 430/15, Rn 26).

Gerichtsstandsvereinbarungen sind nur unter den engen Voraussetzungen gem. Art. 23 VO (EU) 157 Nr. 1215/2012 zulässig. Eine vor Entstehung der Streitigkeit getroffene Gerichtsstandsvereinbarung darf für den Arbeitnehmer nicht den Ausschluss der in der VO (EU) Nr. 1215/2012 vorgesehenen Gerichtsstände bewirken, sondern kann lediglich die Befugnis begründen oder erweitern, unter mehreren zuständigen Gerichten zu wählen (*BAG* 10.4.2014 EzA Art. 30 EGBGB Nr. 11 Rn 27;

EuGH 19.7.2012 – C-154/11, EzA EG-Vertrag 1999 Verordnung 44/2001 Nr. 7 Rn 62). Das Merkmal »nach der Entstehung der Streitigkeit« setzt nicht voraus, dass bereits eine Klage erhoben ist. Gem. Art. 25 Abs. 1 lit. a VO (EU) Nr. 1215/2012 bedarf die Gerichtsstandsvereinbarung der Schriftform; sie entfaltet keine Wirkung, wenn sie der Vorschrift gem. Art. 23 zuwiderläuft (Art. 25 Abs. 4 VO [EU] Nr. 1215/2012; *BAG* 20.12.2012 – 2 AZR 481/11, NZA 2013, 925). Die Frage, ob eine Gerichtsstandsvereinbarung zustande gekommen ist, unterliegt der Rechtsordnung des Vertragsstatus (*BAG* 13.11.2007 EzA Art. 30 EGBGB Nr. 9). Auf Gerichtsstandsvereinbarungen in Tarifverträgen ist im EU-Bereich Art. 23 EuGVVO anwendbar (*Mankowski* NZA 2009, 584), bei Inbezugnahme gelten auch die Einschränkungen gem. § 21 EuGVVO, wie sie bei Vereinbarungen im Einzelvertrag zu beachten sind (krit. *Günther/Pfister* ArbRAktuell 2014, 215).

158 Die **internationale Zuständigkeit** ist als Sachurteilsvoraussetzung von Amts wegen zu beachten (st. Rspr. *BAG* 20.10.2015 – 9 AZR 525/14, EzA EG-Vertrag 1999 VO 44/2001 Nr. 10; 20.9.2012 EzA § 125 InsO Nr. 8 mwN), da es um die Ausübung staatlicher Hoheitsrechte und die Belange der Gerichtsbarkeit geht. Die Prüfung der internationalen Zuständigkeit von Amts wegen beinhaltet jedoch keine Verpflichtung zur Amtsermittlung nach dem Untersuchungsgrundsatz, sondern besagt, dass das Gericht in der Tatsachenfeststellung an Wahrunterstellungen wegen Nichtbestreitens (§ 138 Abs. 3 ZPO), Geständnis (§ 288 ZPO) oder Säumnis (§ 331 ZPO) nicht gebunden ist und diese nicht als zugestanden ansehen darf (vgl. MüKo-ZPO/*Gottwald* Art. 27 Brüssel Ia-VO Rn 3). Es genügt ein schlüssiger Klägervortrag der zuständigkeitsbegründenden Tatsachen, eine Beweiserhebung für **doppelrelevante Tatsachen** (Sic-non-Fall) ist aus Sicht des deutschen Rechts nicht erforderlich (*BAG* 25.2.2021 – 8 AZR 171/19, Rn 42; 24.9.2009 – 8 AZR 305/08, Rn 38; EUArbR/*Krebber* Art. 20 Brüssel Ia VO Rn 16; GK-ArbGG/*Horcher* § 48 Rn 177).

VIII. Gerichtsstand bei immunen Einrichtungen

159 Ein ausländischer Staat ist hinsichtlich arbeitsrechtlicher Bestandsstreitigkeiten mit Konsularangestellten, die nach dem Inhalt ihres Arbeitsverhältnisses originär konsularische (**hoheitliche**) **Aufgaben** iSv § 20 Abs. 2 GVG wahrzunehmen haben, grds. nicht der deutschen Gerichtsbarkeit unterworfen. Der ausländische Staat genießt in derartigen Fällen Immunität (**Staatenimmunität**; *BVerfG* 17.3.2014 – 2 BvR 736/13, NJW 2014, 1723 Rn 20; 6.12.2006 NJW 2007, 2605; *BAG* 21.3.2017 – 7 AZR 207/15, Rn 38; 26.4.2017 – 5 AZR 962/13, Rn 16; 1.7.2010 EzA § 20 GVG Nr. 5). Ob es sich um eine hoheitliche Staatstätigkeit handelt, bestimmt sich nach dem rechtlichen Charakter des staatlichen Handelns oder den einem Arbeitnehmer im Einzelnen übertragenen Aufgaben unabhängig vom quantitativen oder zeitlichen Umfang der tatsächlichen Ausübung zB der konsularischen Aufgaben (*BAG* 14.12.2017 – 2 AZR 216/17, EzA § 20 GVG Nr. 15). Wenn hoheitliche Aufgaben auszuüben sind, kommt es dabei nicht auf die rechtliche Gestaltung des Dienstverhältnisses als privatrechtliches oder öffentlich-rechtliches an (*BAG* 29.6.2017 – 2 AZR 759/16, EzA § 20 GVG Nr. 14). Soweit der Staat sich auf die Hoheitlichkeit der auszuübenden Tätigkeiten beruft, obliegt es dem Arbeitnehmer im Rahmen einer abgestuften Darlegungslast entgegenstehende Umstände aufzuzeigen (*BAG* 18.12.2014 – 2 AZR 1004/13, EzA § 20 GVG Nr. 11).

160 Handelt es sich dagegen um Streitigkeiten ausländischer Staaten mit an ihren diplomatischen Vertretungen in Deutschland nach privatem Recht (Arbeitsrecht) beschäftigten Ortskräften, die **keine hoheitlichen Aufgaben** zu erfüllen haben, so ist die deutsche Gerichtsbarkeit zuständig (*EuGH* 19.7.2012 – C-154/11, EzA EG-Vertrag 1999 Verordnung 44/2001 Nr. 7; *BAG* 20.11.1997 EzA Art. 30 EGBGB Nr. 4). Bei einer **Botschaft** handelt es sich um eine »Niederlassung« iSv Art. 20 Abs. 2 VO (EU) Nr. 1215/2012, soweit Arbeitsverträge im Namen des Staates abgeschlossen werden, die Aufgaben aus dem Bereich der wirtschaftlichen Betätigung der Botschaft im Empfangsstaat betreffen (st. Rspr. *BAG* 10.4.2014 EzA Art. 30 EGBGB Nr. 11; *EuGH* 19.7.2012 – C-154/11, EzA EG-Vertrag 1999 Verordnung 44/2001 Nr. 7). Das gilt ebenso für ein Konsulat (*BAG* 18.12.2014 – 2 AZR 1004/13, EzA § 20 GVG Nr. 11). Die Annahme eines Immunitätsverzichts des ausländischen Staates unterliegt strengen Anforderungen (*BAG* 29.6.2017 – 2 AZR 759/16, EzA § 20 GVG Nr. 14).

Die Abgrenzung zwischen hoheitlicher und **nichthoheitlicher Staatstätigkeit** (Rdn 76 ff.) richtet 161
sich nicht nach deren Motiv oder Zweck (*BAG* 23.11.2000 EzA § 20 GVG Nr. 3). Maßgebend
ist die Natur der umstrittenen staatlichen Handlung oder des streitigen Rechtsverhältnisses (*BAG*
10.4.2014 EzA Art. 30 EGBGB Nr. 11; 1.7.2010 – 2 AZR 270/09, EzA § 20 GVG Nr. 5). Mangels
völkerrechtlicher Abgrenzungsmerkmale ist dies grds. nach dem Recht des entscheidenden Gerichts
zu beurteilen (*BVerfG 17*.3.2014 – 2 BvR 736/13, NJW 2014, 1723 Rn 20; 12.4.1983 BVerfGE
64, 1; st. Rspr *BAG* 21.3.2017 – 7 AZR 207/15, Rn 38; 25.4.2013 EzA § 20 GVG Nr. 6).

Beim **Botschaftspersonal** kommt es auf die im Einzelnen ausgeübten Aufgaben an: Die Tätigkeiten 162
eines Haustechnikers zur Einrichtung und Wartung von Alarmanlagen, Zugangskontroll- und Zeiterfassungseinrichtungen einer Botschaft (hier: USA) stellen rein tatsächliche Vorgänge dar, die in
keinem funktionellen Zusammenhang mit den konsularischen oder diplomatischen Aufgaben der
Auslandsvertretung stehen (*BAG* 15.2.2005 EzA § 612a BGB 2002 Nr. 2). Ebenso ist die Tätigkeit eines bei einer Botschaft beschäftigten Fahrers, der nicht regelmäßig den Botschafter fährt und
keine Diplomatenpost befördert, nicht hoheitlich geprägt (*BAG* 10.4.2014 EzA Art. 30 EGBGB
Nr. 11; krit. Anm *Bauschke* öAT 2014, 112 zur vorgehenden vom BAG bestätigten Entscheidung
LAG Bln.-Bra. 10.7.2013 – 17 Sa 2620/10). Dagegen kann ein einschlägiger funktioneller Zusammenhang bei der Tätigkeit als Dolmetscher bestehen (*BAG* 1.7.2010 – 2 AZR 270/09, EzA
§ 20 GVG Nr. 5). Zu den Aufgaben einer Botschaft im Rahmen des Art. 3 WÜD können auch
Informationsdienstleistungen kommerzieller und wirtschaftlicher Art zur Förderung der Handelsbeziehungen, somit nicht typisch hoheitliche Aufgaben, gehören. Wegen deren engem funktionalen
Zusammenhang mit den diplomatischen Tätigkeiten können sie als hoheitlich angesehen werden
(*BAG* 21.3.2017 – 7 AZR 207/15, Rn 43 ff.).

Die gewöhnlich auf der Basis der Tarifverträge des öffentlichen Dienstes in Deutschland ausgeübte 163
Tätigkeit einer **Lehrkraft** an einer Schule gehört nicht zum Kernbereich der originär konsularischen
Aufgaben gem. Art. 5 des Wiener Übereinkommens über konsularische Beziehungen v. 24.4.1963
(BGBl. 1969 II S. 585, 587, 595) und ist somit **nicht hoheitlich** iSv § 20 Abs. 2 GVG geprägt. Dies
gilt auch für die Tätigkeit einer angestellten Lehrkraft an einer von der Republik Griechenland in
Deutschland betriebenen Privatschule bzw. allgemeinbildenden staatlichen oder staatlich anerkannten Schule (*BAG* 25.4.2013 EzA § 20 GVG Nr. 6; 10.4.2013 EzA § 20 GVG Nr. 7; 14.2.2013 – 3
AZB 5/12, NZA 2013, 603; *LAG Köln* 13.1.2012 – 10 Sa 575/11). Trotz der verfassungsrechtlichen Einstufung der Bildung als staatliche Grundaufgabe, einer neunjährigen Schulpflicht und
einer allgemeinen Schulgeldfreiheit in staatlichen Einrichtungen wie in Griechenland nehmen Lehrer nicht schwerpunktmäßig hoheitlich geprägte Aufgaben wahr, die der besonderen Absicherung
durch den Beamtenstatus bedürften (*BVerfG 19*.9.2007 – 2 BvF 3/02, NVwZ 2007, 1396).

Die »**Europäische Schule**«, die eine zwischenstaatliche Organisation mit »Völkerrechtspersönlich- 164
keit« ist, genießt Immunität. Für Rechtsstreitigkeiten für vom Direktor der Europäischen Schule
mit dem Lehrpersonal abgeschlossene Arbeitsverträge ist – im Unterschied zu den Vertragsverhältnissen für das Verwaltungs- und Dienstpersonal – gem. Art. 27 Abs. 2 S. 1 der Vereinbarung
über die Satzung der Europäischen Schulen (SES) v. 21.6.1994 (ABlEG L 212 v. 17.8.1994 S. 3;
BGBl. II 2003, S. 459) ausschließlich die Beschwerdekammer gem. Art. 27 SES zuständig (*BAG*
12.8.2015 – 7 AZR 930/11, EzA § 20 GVG Nr. 12).

Gesetz zum Schutz von Müttern bei der Arbeit, in der Ausbildung und im Studium (Mutterschutzgesetz – MuSchG)

Vom 23. Mai 2017 (BGBl. I S. 1228).
Zuletzt geändert durch Art. 57 Abs. 8 des Gesetzes vom 12. Dezember 2019 (BGBl. I S. 2652).

§ 17 MuSchG Kündigungsverbot

(1) ¹Die Kündigung gegenüber einer Frau ist unzulässig
1. während ihrer Schwangerschaft,
2. bis zum Ablauf von vier Monaten nach einer Fehlgeburt nach der zwölften Schwangerschaftswoche und
3. bis zum Ende ihrer Schutzfrist nach der Entbindung, mindestens jedoch bis zum Ablauf von vier Monaten nach der Entbindung,

wenn dem Arbeitgeber zum Zeitpunkt der Kündigung die Schwangerschaft, die Fehlgeburt nach der zwölften Schwangerschaftswoche oder die Entbindung bekannt ist oder wenn sie ihm innerhalb von zwei Wochen nach Zugang der Kündigung mitgeteilt wird. ²Das Überschreiten dieser Frist ist unschädlich, wenn die Überschreitung auf einem von der Frau nicht zu vertretenden Grund beruht und die Mitteilung unverzüglich nachgeholt wird. ³Die Sätze 1 und 2 gelten entsprechend für Vorbereitungsmaßnahmen des Arbeitgebers, die er im Hinblick auf eine Kündigung der Frau trifft.

(2) ¹Die für den Arbeitsschutz zuständige oberste Landesbehörde oder die von ihr bestimmte Stelle kann in besonderen Fällen, die nicht mit dem Zustand der Frau in der Schwangerschaft, nach einer Fehlgeburt nach der zwölften Schwangerschaftswoche oder nach der Entbindung in Zusammenhang stehen, ausnahmsweise die Kündigung für zulässig erklären. ²Die Kündigung bedarf der Schriftform und muss den Kündigungsgrund angeben.

(3) ¹Der Auftraggeber oder Zwischenmeister darf eine in Heimarbeit beschäftigte Frau in den Fristen nach Absatz 1 Satz 1 nicht gegen ihren Willen bei der Ausgabe von Heimarbeit ausschließen; die §§ 3, 8, 11, 12, 13 Absatz 2 und § 16 bleiben unberührt. ²Absatz 1 gilt auch für eine Frau, die der in Heimarbeit beschäftigten Frau gleichgestellt ist und deren Gleichstellung sich auch auf § 29 des Heimarbeitsgesetzes erstreckt. ³Absatz 2 gilt für eine in Heimarbeit beschäftigte Frau und eine ihr Gleichgestellte entsprechend.

Übersicht	Rdn		Rdn
A. Entstehungsgeschichte und unionsrechtliche Bezüge	1	3. Beamtinnen, Richterinnen, Soldatinnen	44
B. Grundkonzeption des mutterschutzrechtlichen Kündigungsschutzes	27	D. Voraussetzungen des mutterschutzrechtlichen Kündigungsschutzes	46
I. Grundgedanken und Zweck	27	I. Vorliegen einer Schwangerschaft, einer Fehlgeburt nach der zwölften Schwangerschaftswoche oder einer Entbindung	46
II. Sonderregelungen für bestimmte Gruppen von Beschäftigten und ihnen Gleichgestellten	35	1. Schwangerschaft	47
C. Persönlicher Geltungsbereich des mutterschutzrechtlichen Kündigungsschutzes	38	2. Entbindung	50
		3. Fehlgeburt	52
I. Geschützter Personenkreis	38	II. Kenntnis des Arbeitgebers oder des ihm Gleichgestellten von Schwangerschaft, Fehlgeburt oder Entbindung	53
II. Ausgenommene und beschränkt geschützte Personengruppen	42	1. Kenntnis	53
1. Familien-Haushaltskräfte	42	2. Arbeitgeber oder ihm gleichgestellte Personen	55
2. Heimarbeitskräfte	43		

			Rdn				Rdn
		3. Art und Weise der Kenntniserlangung	62		II.	Verfahren der behördlichen Zulassung	136
		4. Maßgeblicher Zeitpunkt	66			1. Verfahrensgrundsätze	137
		5. Darlegungs- und Beweislast	67			2. Zuständigkeit	143
	III.	Nachträgliche Mitteilung der Schwangerschaft, der Fehlgeburt oder der Entbindung nach erfolgter Kündigung	68			3. Form und Inhalt des Antrags	144
						4. Fristen	146
					III.	Entscheidung der Behörde	147
		1. Allgemeines	68			1. Form	147
		2. Rechtsnatur der Mitteilung	69			2. Beurteilungsmaßstäbe (Verwaltungsrichtlinien)	148
		3. Inhalt der Mitteilung	70			3. Behördliche Entscheidungsmöglichkeiten	151
		4. Form der Mitteilung	75				
		5. Mitteilung durch Dritte	76			4. Voraussetzungen der Zulässigkeitserklärung	153
		6. Adressatenkreis	77				
		7. Mitteilungsfrist	78			5. Bekanntgabe der Entscheidung	162
		8. Verschulden	81			6. Wirkung der Zulässigkeitserklärung	163
		9. Darlegungs- und Beweislast	87				
	IV.	Nachweis der Schwangerschaft, der Fehlgeburt oder der Entbindung/Mitteilungspflicht der Beschäftigten oder ihr Gleichgestellten bei vorzeitigem Ende der Schwangerschaft	88			7. Rücknahme und Widerruf	166
					IV.	Rechtsbehelfe gegen die Entscheidung der Behörde	167
						1. Vorverfahren	167
						2. Klage	168
E.	**Dauer des Kündigungsverbots**		93		V.	Leistungen bei erfolgter Zulässigkeitserklärung und Kündigung	169
	I.	Beginn des Kündigungsverbots	94				
	II.	Ende des Kündigungsverbots	97			1. Mutterschaftsgeld und Zuschuss zum Mutterschaftsgeld	169
F.	**Rechtsnatur, gegenständliche Reichweite und Rechtsfolgen des Kündigungsverbots**		99				
						2. Arbeitslosengeld und Arbeitslosengeld II	170
	I.	Rechtsnatur des Kündigungsverbots	99	H.	**Kündigung: Form- und Begründungserfordernis/Zeitpunkt**		171
	II.	Gegenständliche Reichweite des Kündigungsverbots: Kündigungen und Vorbereitungsmaßnahmen	100				
					I.	Zweck und unionsrechtliche Vorgaben	171
		1. Ordentliche Kündigung des Arbeitgebers oder des ihm Gleichgestellten	105				
					II.	Schriftformerfordernis	172
					III.	Begründungserfordernis	173
		2. Außerordentliche Kündigung des Arbeitgebers oder des ihm Gleichgestellten	108			IV. Zeitpunkt	175
				I.	**Beendigung des Arbeitsverhältnisses aus anderen Gründen als durch Kündigung des Arbeitgebers oder des ihm Gleichgestellten**		176
	III.	Rechtsfolgen bei Verletzung des Kündigungsverbots	114				
		1. Kein Straf- bzw. Ordnungswidrigkeitstatbestand	114				
					I.	Nichtiger Arbeitsvertrag	177
		2. Nichtigkeit der verbotswidrig erklärten Kündigung des Arbeitgebers oder des ihm Gleichgestellten	115		II.	Anfechtung der im Arbeitsvertrag enthaltenen Willenserklärung	180
					III.	Beendigung des Arbeitsverhältnisses durch Zeitablauf	184
		3. Annahmeverzug des Arbeitgebers	119				
		4. Schadensersatzpflicht des Arbeitgebers	122		IV.	Beendigung des Arbeitsverhältnisses durch Eintritt einer auflösenden Bedingung	191
		5. Sonstige Leistungen	124		V.	Beendigung des Arbeitsverhältnisses durch gesetzliche Regelung	192
G.	**Behördliche Zulassung der Kündigung des Arbeitgebers oder des ihm Gleichgestellten**		126				
					VI.	Beendigung des Arbeitsverhältnisses durch gerichtliche Entscheidung	193
	I.	Rechtsnatur und Bedeutung der Zulässigkeitserklärung	126				
					VII.	Verzicht auf den Kündigungsschutz	194
		1. Rechtsnatur der behördlichen Entscheidung	130		VIII.	Aufhebungsvertrag	195
					IX.	Kündigung durch die Beschäftigte oder ihr Gleichgestellte	196
		2. Bedeutung der behördlichen Zulässigkeitserklärung	131				
						1. Kündigungstatbestände	196
						2. Kündigungserklärung	197

	Rdn		Rdn
3. Keine Belehrungspflicht des Arbeitgebers oder des ihm Gleichgestellten	198	I. Verhältnis zum allgemeinen Kündigungsrecht	211
4. Rücknahme der Kündigung	199	II. Verhältnis zum allgemeinen Kündigungsschutzrecht	213
5. Anfechtung der Kündigungserklärung	200	1. Allgemeines	213
		2. Rechtszustand ab 1.1.2004	214
6. Leistungen (Mutterschaftsgeld, Arbeitslosengeld, Arbeitslosengeld II)	203	III. Verhältnis zum anderen besonderen Kündigungsschutzrecht	219
7. Benachrichtigung der Aufsichtsbehörde	208	IV. Verhältnis zum kollektiven Kündigungsschutzrecht	220
X. Arbeitskampfmaßnahmen	209	K. Kündigungs- und Beschäftigungsschutz für Beschäftigte in Heimarbeit und Gleichgestellte	221
J. Verhältnis zum allgemeinen Kündigungsrecht, zum allgemeinen und anderen besonderen Kündigungsschutzrecht	211	I. Kündigungsschutz	221
		II. Beschäftigungsschutz (§ 17 Abs. 3 MuSchG)	224

A. Entstehungsgeschichte und unionsrechtliche Bezüge

Der in § 17 MuSchG geregelte mutterschutzrechtliche Kündigungsschutz geht auf die in § 4 des **Gesetzes über die Beschäftigung vor und nach der Niederkunft** vom 16.7.1927 (RGBl. I S. 184) enthaltene Regelung zurück. Nach dieser Bestimmung war die Kündigung für den Arbeitgeber während der Schutzfrist von sechs Wochen vor bis sechs Wochen nach der Entbindung verboten, wenn dem Arbeitgeber die Schwangerschaft oder Entbindung zur Zeit der Kündigung bekannt war oder ihm die Arbeitnehmerin einen der beiden Tatbestände unverzüglich nach Zugang der Kündigung mitteilte. Nicht mit der Schwangerschaft oder der Entbindung im Zusammenhang stehende wichtige Gründe berechtigten den Arbeitgeber zum Ausspruch einer außerordentlichen Kündigung.

Eine zeitliche Ausdehnung des Kündigungsverbots auf die gesamte Dauer der Schwangerschaft bis zum Ablauf von vier Monaten nach der Entbindung brachte § 6 des **Gesetzes zum Schutz der erwerbstätigen Mutter (MuSchG)** v. 17.5.1942 (RGBl. I S. 321). Außerdem wurde der mutterschutzrechtliche Kündigungsschutz zu einem absoluten Kündigungsverbot mit behördlichem Erlaubnisvorbehalt ausgebaut. Bei Einverständnis der Arbeitnehmerin war keine behördliche Erlaubnis erforderlich.

Eine weitere Verbesserung des mutterschutzrechtlichen Kündigungsschutzes erfolgte durch § 9 des **Gesetzes zum Schutze der erwerbstätigen Mutter (MuSchG) vom 24.1.1952** (BGBl. I S. 69). Das absolute Kündigungsverbot wurde auf Hausgehilfinnen und Tagesmädchen ausgedehnt, allerdings beschränkt bis zum Ende des fünften Monats der Schwangerschaft. Neu eingefügt wurde die Regelung, wonach sich die Arbeitnehmerinnen den besonderen Kündigungsschutz auch dann erhalten konnten, wenn sie dem Arbeitgeber die Schwangerschaft oder Entbindung innerhalb einer Woche nach Zugang der Kündigung mitteilten.

Das **Gesetz zur Änderung des MuSchG und der RVO vom 24.8.1965** (BGBl. I S. 912) brachte nur unwesentliche Änderungen im Bereich des mutterschutzrechtlichen Kündigungsschutzes. Mit Wirkung vom 1.1.1966 wurde die Frist für die Mitteilung der Schwangerschaft von einer Woche auf zwei Wochen verlängert. Zum gleichen Zeitpunkt wurde in § 9 Abs. 2 MuSchG aF die Verweisung auf § 5 Abs. 1 S. 3 MuSchG aF eingefügt, wonach der Arbeitgeber die Aufsichtsbehörde unverzüglich von der Kündigung seitens der schwangeren Arbeitnehmerin zu unterrichten hatte. Redaktionell wurde in § 9 Abs. 1 und Abs. 4 MuSchG aF »Niederkunft« durch »Entbindung« ersetzt. Das auf die Zeit der ersten fünf Monate der Schwangerschaft beschränkte absolute Kündigungsverbot für Haushaltskräfte wurde mit Wirkung v. 1.1.1986 auf solche Frauen erstreckt, die im Familienhaushalt mit erzieherischen oder pflegerischen Arbeiten beschäftigt werden.

5   Durch das »**Gesetz zur Einführung eines Mutterschaftsurlaubs**« vom **25.6.1979** (BGBl. I S. 797) wurde zusätzlich § 9a aF in das MuSchG eingefügt. Danach bestand für den Arbeitgeber während des Mutterschaftsurlaubs und bis zum Ablauf von zwei Monaten nach dessen Beendigung ein absolutes Kündigungsverbot. Durch § 38 Nr. 1 BErzGG wurde § 9a MuSchG aF zum 31.12.1985 aufgehoben. Während der **Elternzeit** wirkt der weitere besondere Kündigungsschutz des **§ 18 BEEG**, der § 18 BErzGG abgelöst hat (KR-*Bader* § 18 BEEG Rdn 14–21 zu Sinn und Zweck der Regelung).

6   Für eine Übergangszeit bewirkte der durch das Zustimmungsgesetz vom 16.9.1990 (BGBl. II S. 885) ratifizierte Vertrag zwischen der Bundesrepublik Deutschland und der Deutschen Demokratischen Republik zur Herstellung der Einheit Deutschlands – **Einigungsvertrag** – ein innerdeutsch auch im Bereich des Mutterschutzes noch nicht vollständig einheitliches Arbeitsrecht. Zentrales Anliegen der im Einigungsvertrag verstreuten arbeitsrechtlichen Regelungen war es, das Bundesrecht sozialverträglich auf das Beitrittsgebiet überzuleiten. Nach dem Einigungsvertrag galt ab 1.1.1991 auch im Beitrittsgebiet weitgehend Bundesrecht. Für Geburten vor diesem Zeitpunkt war zum Teil weiter DDR-Recht anwendbar (Überblick etwa bei *Pfeiffer/Birkenfeld-Pfeiffer* DtZ 1990, 325; s. iE *Etzel* KR 4. Aufl., Rn 184 ff.). Allerdings mussten auch die besonderen Kündigungsregelungen des Einigungsvertrags dem Mutterschutz Rechnung tragen (*BVerfG* 24.4.1991 EzA Art. 13 Einigungsvertrag Nr. 1).

7   Durch das **Erste Gesetz zur Änderung des MuSchG v. 3.7.1992** (BGBl. I S. 1191) wurde die Regelung über die Folgen der versäumten Zweiwochenfrist des § 9 Abs. 1 S. 1 MuSchG aF um eine Entschuldigungsmöglichkeit in § 9 Abs. 1 S. 1 Hs. 2 MuSchG aF (heute: § 17 Abs. 1 S. 2 MuSchG) ergänzt und damit den verfassungsrechtlichen Anforderungen aus Art. 6 Abs. 4 GG angepasst. Mit Beschluss v. 13.11.1979 hatte das BVerfG entschieden, es sei mit Art. 6 Abs. 4 GG unvereinbar, Arbeitnehmerinnen den besonderen Kündigungsschutz des § 9 Abs. 1 MuSchG aF zu entziehen, die im Zeitpunkt der Kündigung schwanger seien, ihren Arbeitgeber darüber unverschuldet nicht innerhalb der Zweiwochenfrist des § 9 Abs. 1 S. 1 MuSchG aF unterrichtet, dies aber unverzüglich nachgeholt hätten (*BVerfG 13.*11.1979 EzA Art. 3 GG Nr. 9). Mit der Änderung wurde zugleich die Ermächtigung zum Erlass von Verwaltungsvorschriften auf das damals neu geschaffene Ministerium für Frauen und Jugend übertragen.

8   Mit Wirkung vom **1.1.2004** brachte das Gesetz zu Reformen am Arbeitsmarkt v. 24.12.2003 (BGBl. I S. 3002) eine Änderung, die § 9 MuSchG aF und § 17 Abs. 1 MuSchG nF mittelbar betrifft. **§ 5 Abs. 1 KSchG** wurde ein S. 2 hinzugefügt: »Gleiches gilt, wenn eine Frau von ihrer Schwangerschaft aus einem von ihr zu vertretenden Grund erst nach Ablauf der Frist des § 4 Satz 2 Kenntnis erlangt hat.« Vgl. dazu Rdn 3 und KR-*Kreft* § 5 KSchG Rdn 96.

9   Das Gesetz zur Neuregelung des Mutterschutzrechts (MuSchRNRG) ist am 23.5.2017 beschlossen worden und im Wesentlichen am 1.1.2018 in Kraft getreten (BGBl. I S. 1228). Teile des Gesetzes sind schon am 30.5.2017 in Kraft getreten. Zuletzt ist die Bußgeldvorschrift des § 32 Abs. 1 Nr. 6 MuSchG in Kraft getreten. Art. 1 des MuSchRNRG ist das neue Mutterschutzgesetz mit dem Titel »**Gesetz zum Schutz von Müttern bei der Arbeit, in der Ausbildung und im Studium (Mutterschutzgesetz – MuSchG)**«. Der Referentenentwurf ist federführend vom Bundesministerium für Familie, Senioren, Frauen und Jugend (BMFSFJ) erarbeitet worden. Ziel der Novelle ist, das seit 1952 in weiten Teilen unveränderte MuSchG den geänderten gesellschaftlichen und rechtlichen Rahmenbedingungen anzupassen (zu der Novelle zB *Bayreuther* NZA 2017, 1145; *Benkert* NJW-Spezial 2017, 562; *Evermann* NZA 2018, 550; *Hartmeyer* ZAT 2017, 111; *Knorr* WzS 2018, 99; *Nebe* jurisPR-ArbR 25/2017 Anm. 1; *Richter/Kirchbach* ArbRAktuell 2017, 293; *Schiefer/Baumann* DB 2017, 2929). Zwischen dem Gesundheitsschutz für eine schwangere oder stillende Frau und ihr (ungeborenes) Kind und der selbstbestimmten Entscheidung der Frau über ihre Erwerbstätigkeit soll verantwortungsvoll abgewogen werden. Ein wirkungsvoller Gesundheitsschutz soll sichergestellt werden (BT-Drs. 18/8963 S. 1; das Arbeitsschutzkonzept des MuSchRNRG begrüßend *Marburger* DÖD 2018, 229; *Plümecke* neue caritas Heft 16, 21). Frauen sollen während der Schwangerschaft und der Stillzeit ohne Beeinträchtigung ihrer Gesundheit oder der des Kindes

ihrem Beruf einfacher weiter nachgehen können. Zu diesem Zweck wurden die mutterschutzrechtlichen Arbeitgeberpflichten deutlicher konturiert und die Beschäftigungsverbote grundlegend überarbeitet. Zugleich wurde die bisherige Verordnung zum Schutze der Mütter am Arbeitsplatz (MuSchArbV) in das MuSchG integriert. Der persönliche Anwendungsbereich des MuSchG wurde erheblich erweitert (Roos/Bieresborn/*Betz* § 17 MuSchG Rn 1; *Hamdan* NVwZ 2018, 1098; zu dem mutterschutzspezifischen Entgeltschutz vor dem Hintergrund der jüngsten Mutterschutzreform *Hoffer* SR 2021, 17 ff., 31 ff.; zu der Berechnung des Zuschusses zum Mutterschaftsgeld BAG 19.5.2021 – 5 AZR 378/20 – Rn 12 ff.; zu den Auswirkungen von Kurzarbeit auf die sog. Entgeltfortzahlung nach dem Mutterschutzgesetz *Klocke/Dittmar* NZA 2020, 770, 771 f.; zu der mutterschutzrechtlichen Gefährdungsbeurteilung *Kühn* NZA 2021, 536 ff.; *Nebe/Schneider* AuR 2021, 301 ff.; zu Mutterschutz in Zeiten von Sars-CoV-2 *Aligbe* ArbRAktuell 2020, 284 ff.; zu dem Diskriminierungsschutz von Sorgeleistenden *Nebe/Gröhl/Thoma* ZESAR 2021, 157 ff.).

Das neue MuSchG ist deutlich **umstrukturiert** worden. Es ist wie bisher in sieben Abschnitte mit etwas veränderten Überschriften unterteilt: **10**
– Abschnitt 1. Allgemeine Vorschriften,
– Abschnitt 2. Gesundheitsschutz,
– Abschnitt 3. Kündigungsschutz,
– Abschnitt 4. Leistungen,
– Abschnitt 5. Durchführung des Gesetzes,
– Abschnitt 6. Bußgeldvorschriften, Strafvorschriften,
– Abschnitt 7. Schlussvorschriften.

§ 1 MuSchG regelt den Anwendungsbereich des Gesetzes. In § 2 MuSchG finden sich Begriffsbestimmungen:
– Abs. 1: Arbeitgeber und ihm gleichstehende Personen, Personengesellschaften oder Einrichtungen,
– Abs. 2: Beschäftigung,
– Abs. 3: Beschäftigungsverbot,
– Abs. 4: Alleinarbeit,
– Abs. 5: Arbeitsentgelt iSd MuSchG.

Nach § 1 Nr. 1 MuSchG aF galt das MuSchG für Frauen, die in einem Arbeitsverhältnis standen. Aufgrund von § 1 Abs. 2 S. 1 MuSchG nF gilt das MuSchG nun für Frauen, die in einer **Beschäftigung iSv § 7 Abs. 1 SGB IV** stehen. Dadurch wird der Personenkreis, der unter das Mutterschutzgesetz fällt, erweitert (krit. *Knorr* WzS 2018, 99, 100 mwN; begrüßend *Plümecke* neue caritas Heft 16, S. 21). Nach § 7 Abs. 1 S. 1 SGB IV ist »Beschäftigung die nichtselbständige Arbeit, insbes. in einem Arbeitsverhältnis. Anhaltspunkte für eine Beschäftigung sind eine Tätigkeit nach Weisungen und eine Eingliederung in die Arbeitsorganisation des Weisungsgebers« (zum neuen öffentlich-rechtlichen Mutterschutzrecht für Beamtinnen, Richterinnen und ggf. Soldatinnen *Hamdan* NVwZ 2018, 1097). Ein Arbeitsverhältnis iSv § 611a BGB ist deshalb stets ein Beschäftigungsverhältnis, ein Beschäftigungsverhältnis ist dagegen nicht immer ein Arbeitsverhältnis (*Knorr* WzS 2018, 99, 100 mwN). Das BVerfG nimmt an, § 7 SGB IV bediene sich keines tatbestandlich scharf kontrollierten Begriffs. Die versicherten Personen würden nicht im Detail definiert, sondern ausgehend vom Normalfall in der Form eines Typus beschrieben. Das BVerfG erhebt in diesem Zusammenhang keine verfassungsrechtlichen Bestimmtheitsbedenken (*BVerfG 20.5.1996 zu II 2 b der Gründe, NZA 1996, 1063*). Die Regelungen in § 1 Abs. 2 S. 2 Nr. 1 bis Nr. 8 MuSchG beziehen bestimmte Personengruppen in den Geltungsbereich des MuSchG ein – unabhängig davon, ob ein Beschäftigungsverhältnis besteht: Frauen in betrieblicher Berufsbildung, Praktikantinnen iSv § 26 BBiG, Frauen mit Behinderung, die in einer Werkstatt für behinderte Menschen beschäftigt sind, Entwicklungshelferinnen, Frauen als Freiwillige iSd Jugendfreiwilligendienstegesetzes oder des Bundesfreiwilligendienstgesetzes, Frauen als Mitglieder einer geistlichen Genossenschaft, Diakonissen oder Angehörige einer ähnlichen Gemeinschaft auf einer Planstelle oder aufgrund eines Gestellungsvertrags, Heimarbeiterinnen oder ihnen Gleichgestellte mit Maßgaben, Frauen **11** als wirtschaftlich unselbständige **arbeitnehmerähnliche Personen** mit Maßgaben sowie Schülerinnen und Studentinnen unter bestimmten Voraussetzungen und mit Maßgaben. Auf Auszubildende fand das MuSchG schon bisher nach § 10 Abs. 2 BBiG Anwendung.

12 Die **Beschäftigungsverbote** wurden umgestaltet. Beschäftigungsverbote iSv § 2 Abs. 3 S. 1 MuSchG sind die Schutzfristen vor und nach der Entbindung (§ 3 MuSchG), das Verbot der Mehrarbeit (§ 4 MuSchG), das Verbot der Nachtarbeit (§ 5 MuSchG), das Verbot der Sonn- und Feiertagsarbeit (§ 6 MuSchG), die Schutzmaßnahmen (§ 10 Abs. 3 MuSchG), das betriebliche Beschäftigungsverbot (§ 13 Abs. 1 Nr. 3 MuSchG) und das ärztliche Beschäftigungsverbot (§ 16 MuSchG). Für Heimarbeiterinnen und ihnen Gleichgestellte tritt nach § 2 Abs. 3 S. 2 MuSchG das Verbot der Ausgabe von Heimarbeit an die Stelle des Beschäftigungsverbots. Für arbeitnehmerähnliche Personen wird das Beschäftigungsverbot durch die Befreiung von der vertraglich vereinbarten Leistungspflicht ersetzt (§ 2 Abs. 3 S. 3 MuSchG). Neuerungen sind die Öffnung für arbeitnehmerähnliche Personen und das betriebliche Beschäftigungsverbot.

13 Die **Schutzfristen** vor und nach der Entbindung sind weitgehend unverändert. Die Schutzfrist vor der Entbindung beträgt nach § 3 Abs. 1 MuSchG sechs Wochen bis zum voraussichtlichen Tag der Entbindung. Die Schutzfrist nach der Entbindung beläuft sich grds. auf acht Wochen (§ 3 Abs. 2 S. 1 MuSchG). Sie verlängert sich bei Frühgeburten, Mehrlingsgeburten und ggf. bei der Entbindung eines Kindes mit Behinderung auf bis zu zwölf Wochen (§ 3 Abs. 2 S. 2, 4 MuSchG). Verändert ist, dass die Frau ihre Bereitschaft, während der Schutzfrist vor der Entbindung zu arbeiten, nach § 3 Abs. 1 S. 2 MuSchG jederzeit nur mit Wirkung für die Zukunft widerrufen kann. Eine weitere Neuerung ist, dass sich die Schutzfrist nach der Entbindung auf zwölf Wochen verlängert, wenn bei dem Kind vor Ablauf von acht Wochen nach der Entbindung eine Behinderung iSv § 2 Abs. 1 S. 1 SGB IX ärztlich festgestellt wird und die Frau diese Verlängerung verlangt (§ 3 Abs. 2 S. 2 Nr. 3, S. 4 MuSchG). Dieser Anspruch besteht bereits, wenn eine Behinderung zu erwarten ist.

14 Das **Verbot der Mehrarbeit** in § 4 MuSchG ist weitgehend unverändert. Die Frau kann nicht auf diesen Schutz verzichten. Der schwangeren oder stillenden Frau muss eine ununterbrochene Ruhezeit von mindestens elf Stunden zukommen. Die Ausnahmeregelungen des § 5 ArbZG sind nicht anzuwenden. Die Behörde kann in besonders begründeten Einzelfällen Ausnahmen vom Verbot der Mehrarbeit nach § 4 Abs. 1 S. 1, 2 oder S. 4 MuSchG bewilligen, sofern sich die Frau dazu ausdrücklich bereit erklärt und nach ärztlichem Zeugnis nichts gegen die Beschäftigung spricht (§ 29 Abs. 3 S. 2 Nr. 1 MuSchG).

15 Auch die **Ausnahmen vom Verbot der Nachtarbeit** sind verändert. Eine schwangere oder stillende Frau darf zwischen 20:00 Uhr und 06:00 Uhr grds. nicht arbeiten (§ 5 Abs. 1 S. 1 MuSchG). Die Behörde darf auf Antrag des Arbeitgebers Ausnahmen vom Verbot der Nachtarbeit für die Zeit zwischen 20:00 Uhr und 22:00 Uhr genehmigen (§ 28 Abs. 1 S. 1 MuSchG). Die Frau darf ab Antragstellung beschäftigt werden, wenn die Behörde das nicht vorläufig untersagt (§ 28 Abs. 2 MuSchG). Eine Genehmigung gilt nach § 28 Abs. 3 MuSchG als erteilt, wenn die zuständige Behörde einen vollständigen Antrag nicht innerhalb von sechs Wochen nach seinem Eingang ablehnt. Für den Zeitraum zwischen 22:00 Uhr und 06:00 Uhr kann die Behörde in besonders begründeten Einzelfällen Ausnahmen bewilligen (§ 29 Abs. 3 S. 3 Nr. 1 MuSchG). Die behördliche Entscheidung ist für diesen Nachtzeitraum konstitutiv. Die Frau darf nicht vorläufig eingesetzt werden. Eine Genehmigungsfiktion besteht nicht. Beide Ausnahmetatbestände des § 28 MuSchG und des § 29 Abs. 3 MuSchG setzen voraus, dass die Frau sich ausdrücklich zur Nachtarbeit bereit erklärt, nach ärztlichem Zeugnis nichts gegen die Beschäftigung spricht und eine unverantwortbare Gefährdung der Frau oder des Kindes ausgeschlossen ist (§ 28 Abs. 1 S. 1, § 29 Abs. 3 S. 1 MuSchG).

16 Die **Ausnahmen vom Verbot der Sonn- und Feiertagsarbeit** sind nicht mehr branchenbezogen. Unter den Voraussetzungen des § 6 MuSchG darf eine schwangere oder stillende Frau ohne behördliche Genehmigung beschäftigt werden. Die Behörde kann die Beschäftigung aber nach § 29 Abs. 3 S. 2 Nr. 2 lit. b MuSchG verbieten.

Der **betriebliche Gesundheitsschutz** in §§ 9 bis 16 MuSchG führt § 2 MuSchG aF und die am 17 1.1.2018 außer Kraft getretene MuSchArbV zusammen. Der Arbeitgeber hat bei der Gestaltung der Arbeitsbedingungen alle erforderlichen Maßnahmen zu treffen, die für den Schutz der physischen und psychischen Gesundheit der schwangeren oder stillenden Frau und ihres Kindes erforderlich sind (§ 9 MuSchG). **Gefährdungen** müssen möglichst vermieden werden. Eine unverantwortbare Gefährdung muss ausgeschlossen sein. Um eine Gefährdung handelt es sich, wenn die Möglichkeit besteht, dass die Frau oder ihr Kind durch eine bestimmte Tätigkeit gesundheitlich beeinträchtigt werden. Unverantwortbar ist eine Gefährdung, wenn die Eintrittswahrscheinlichkeit einer Gesundheitsbeeinträchtigung angesichts der zu erwartenden Schwere des möglichen Gesundheitsschadens nicht hinnehmbar ist (§ 9 Abs. 2 S. 2 MuSchG). §§ 10 und 11 MuSchG nennen bestimmte Gefährdungsfaktoren. Rechtsfolge einer Gefährdung kann nicht mehr nur ein Beschäftigungsverbot sein. § 10 Abs. 3 und § 13 Abs. 1 MuSchG geben eine bestimmte **Rangfolge möglicher Maßnahmen** vor:
– Umgestaltung des Arbeitsplatzes durch Schutzmaßnahmen,
– Versetzung an einen anderen geeigneten Arbeitsplatz
– und als letztes Mittel ein Beschäftigungsverbot.

Die Frau soll ihre Tätigkeit während der Schwangerschaft fortführen, nach der Entbindung und während der Stillzeit möglichst frühzeitig wiederaufnehmen können, soweit das verantwortbar ist. Durchzuführen ist eine Gesamtabwägung zwischen der Art und dem Ausmaß der festgestellten Gefährdung, dem Schutzbedürfnis der Frau und des Kindes, dem Aufwand für den Arbeitgeber und der Zumutbarkeit der Schutzmaßnahme für die Frau (*Bayreuther* NZA 2017, 1145, 1148; *Knorr* WzS 2018, 99, 102). Der Arbeitgeber muss die Frau auf der zweiten Stufe nicht nur auf einen freien, sondern auch auf einen besetzten Arbeitsplatz innerhalb des Betriebs versetzen, wenn er den Ersatzarbeitsplatz durch Weisung iSv § 106 S. 1 GewO freimachen kann. Gegen eine unternehmensweite Versetzungspflicht spricht BR-Drs. 230/16 S. 94. Der Arbeitgeber braucht keine (Änderungs-)Kündigung gegenüber dem originären Arbeitsplatzinhaber zu erklären. Er muss auch keinen neuen Arbeitsplatz schaffen.

Der neue § 10 MuSchG bestimmt, dass der Arbeitgeber bei jeder **Gefährdungsbeurteilung** nach 18 § 5 ArbSchG die Tätigkeit auch daraufhin zu überprüfen hat, ob und ggf. in welchem Ausmaß mit ihr Risiken für schwangere oder stillende Frauen oder ihre Kinder auftreten, welche Schutzmaßnahmen ggf. erforderlich sind, ob eine Umgestaltung des Arbeitsplatzes erforderlich sein wird oder ob eine Fortführung der Tätigkeit solcher Frauen ausscheidet. Das führt zu größerem Aufwand für Arbeitgeber (näher *Börkircher* PuR 2018, 177). Auch § 1 der aufgehobenen MuSchArbV ordnete eine solche Überprüfung von Arbeitsplätzen an, allerdings nur, wenn auf dem Arbeitsplatz eine geschützte Frau tätig war oder tätig werden sollte. Nach neuem Recht ist die Gefährdungsbeurteilung anlasslos vorzunehmen, auch wenn der Arbeitsplatz von einem Mann oder einer nicht geschützten Frau besetzt ist oder werden soll. Die Pflicht zur erweiterten Vornahme einer Gefährdungsbeurteilung ist nach einer Übergangsfrist ab dem 1.1.2019 bußgeldbewehrt (§ 32 Abs. 1 Nr. 6 MuSchG). Die fehlende oder fehlerhafte Risikobeurteilung des Arbeitsplatzes einer stillenden Arbeitnehmerin iSv Art. 4 Abs. 1 der MuSchRL ist nach der Rspr. des EuGH eine durch die Richtlinie 2006/54/EG verbotene unmittelbare Diskriminierung aufgrund des Geschlechts (*EuGH* 19.10.2017 [Otero Ramos] Rn 44 ff., NZA 2017, 1448; zust. *Graue* ZESAR 2018, 294, 295 ff.; zu der unionsrechtlich erforderlichen Risikobeurteilung auch *EuGH* 19.9.2018 [González Castro] Rn 38 ff., NZA 2018, 1391; zu der mutterschutzrechtlichen Gefährdungsbeurteilung und ihrer unionsrechtlichen Verschränkung *Nebe/Schneider* AuR 2021, 301 ff.).

Die Regelung des ärztlichen Beschäftigungsverbots in § 16 MuSchG ist selbsterklärend. 19

Der **Sonderkündigungsschutz**, den nun § 17 MuSchG regelt, ist nicht völlig grundlegend verändert 20 worden, es gibt aber einige Neuerungen im Detail. Das **neue Verbot von Vorbereitungshandlungen** führt zu einer faktischen Verlängerung des Sonderkündigungsschutzes. Die eigentliche Dauer des Kündigungsverbots bleibt jedoch gegenüber § 9 MuSchG aF unverändert (zu den Neuerungen bei Entbindungen von Mehrlingen, behinderten Kindern und Fehlgeburten iE Rdn 50–54).

Nach § 17 Abs. 1 S. 3 MuSchG gilt das Kündigungsverbot auch für Vorbereitungsmaßnahmen des Arbeitgebers, die er im Hinblick auf eine Kündigung der Frau trifft (detailliert Rdn 101).

21 Das Sonderrecht der Frau aus § 10 Abs. 1 MuSchG aF, das Arbeitsverhältnis jederzeit zum Ende der Schutzfrist nach der Entbindung zu kündigen, ist nicht in das reformierte MuSchG aufgenommen worden. Es war praktisch bedeutungslos, seitdem das aufgehobene BErzGG und das jetzige BEEG galten. Vgl. dazu KR 11. Auflage.

22 **Unionsrechtlich** ist seit November 1992 die **RL 92/85/EWG** des Rates vom 19.10.1992 über die Durchführung von Maßnahmen zur Verbesserung der Sicherheit und des Gesundheitsschutzes von schwangeren Arbeitnehmerinnen, Wöchnerinnen und stillenden Arbeitnehmerinnen am Arbeitsplatz zu beachten (ABl. EG L 348, zuletzt geändert durch Art. 3 Nr. 11 der RL 2007/30/EG vom 27.6.2007, ABl. EU L 165 S. 21; vgl. etwa Roos/Bieresborn/*Betz* § 17 MuSchG Rn 7). Die Kommission hat am 1.7.2015 ihren Vorschlag vom 3.10.2008 für eine Richtlinie des Europäischen Parlaments und des Rates zur Änderung der Richtlinie 92/85/EWG des Rates vom 19.10.1992 über die Durchführung von Maßnahmen zur Verbesserung der Sicherheit und des Gesundheitsschutzes von schwangeren Arbeitnehmerinnen, Wöchnerinnen und stillenden Arbeitnehmerinnen am Arbeitsplatz (KOM [2008] 637) zurückgenommen (zu der zuvor geplanten Novelle *Bünger/Klauk/Klempt* EuZA 2010, 484). Rat und Parlament konnten sich nicht einigen. Die Kommission hatte 2008 vorgeschlagen, die Mutterschutzfrist von 14 auf 18 Wochen gegen grds. volle Entgeltfortzahlung (mit der Möglichkeit der Beschränkung auf das Krankengeld) auszudehnen. Das Parlament forderte 2010 eine Ausweitung auf 20 Wochen und einen Vaterschaftsurlaub von mindestens zwei Wochen. Der mutterschutzrechtliche Sonderkündigungsschutz sollte dahin erweitert werden, dass es während des Mutterschaftsurlaubs auch verboten sein sollte, eine Kündigung für die Zeit nach dem Mutterschutz vorzubereiten. Das spiegelt sich im jetzigen Verbot der Vorbereitungshandlungen in § 17 Abs. 1 S. 3 MuSchG. Mütter, die binnen sechs Monaten nach dem Ende des Mutterschaftsurlaubs gekündigt werden sollten, sollten verlangen können, dass ihnen die Kündigungsgründe schriftlich dargelegt würden. Dagegen wandten sich im Rat die Bundesrepublik Deutschland, Dänemark, die Niederlande, das Vereinigte Königreich, Lettland, Schweden, die Slowakei, Slowenien, Ungarn und Zypern. Die Kommission hatte angekündigt, 2016 einen neuen Vorschlag vorzulegen. Das ist unterblieben. Im Elternzeit- und Pflegezeitrecht besteht dagegen aufgrund der mit dem 2.8.2022 umzusetzenden Vereinbarkeitsrichtlinie 2019/1158/EU zum Teil Umsetzungsbedarf in der Bundesrepublik Deutschland. Der noch immer maßgebliche Art. 10 der Mutterschutzrichtlinie 92/85/EWG (Verbot der Kündigung) lautet:

> *»Um den Arbeitnehmerinnen im Sinne des Artikels 2 die Ausübung der in diesem Artikel anerkannten Rechte in bezug auf ihre Sicherheit und ihren Gesundheitsschutz zu gewährleisten, wird folgendes vorgesehen:*
> 1. *Die Mitgliedstaaten treffen die erforderlichen Maßnahmen, um die Kündigung der Arbeitnehmerinnen im Sinne des Artikels 2 während der Zeit vom Beginn der Schwangerschaft bis zum Ende des Mutterschaftsurlaubs nach Artikel 8 Absatz 1 zu verbieten; davon ausgenommen sind die nicht mit ihrem Zustand in Zusammenhang stehenden Ausnahmefälle, die entsprechend den einzelstaatlichen Rechtsvorschriften oder Gepflogenheiten zulässig sind, wobei gegebenenfalls die zuständige Behörde ihre Zustimmung erteilen muß.*
> 2. *Wird einer Arbeitnehmerin im Sinne des Artikels 2 während der in Nummer 1 genannten Zeit gekündigt, so muß der Arbeitgeber schriftlich berechtigte Kündigungsgründe anführen.*
> 3. *Die Mitgliedstaaten treffen die erforderlichen Maßnahmen, um Arbeitnehmerinnen im Sinne des Artikels 2 vor den Folgen einer nach Nummer 1 widerrechtlichen Kündigung zu schützen.«*

23 Die Mutterschutzrichtlinie 92/85/EWG v. 19.10.1992 (ABl. EG L 348 S. 1) idF der Änderungsrichtlinie 2007/30/EG v. 27.6.2007 (ABl. EU L 165 S. 21) lässt Kündigungen nach den einzelstaatlichen Regelungen nur in **Ausnahmefällen** zu, die mit dem Zustand der Arbeitnehmerin als einer Schwangeren, einer Wöchnerin oder einer stillenden Mutter nichts zu tun haben (*EuGH* 11.10.2007 [Paquay] EzA Richtlinie 92/85 EG-Vertrag 1999 Nr. 2). Den damit begründeten gemeinschaftsrechtlichen (heute: unionsrechtlichen) Anforderungen wurde § 9 MuSchG aF (heute: § 17 MuSchG) schon vor der Richtlinienumsetzung grds. gerecht (vgl. dazu etwa Rdn 127,

135). Das beruht insbes. darauf, dass Art. 10 Nr. 1 der RL 92/85/EWG hinsichtlich der zulässigen Kündigungsgründe im Wesentlichen auf das nationale Recht verweist und in Art. 10 Nr. 3 der RL lediglich vorgesehen ist, dass bei einer entgegen Art. 10 Nr. 1 der RL ausgesprochenen widerrechtlichen Kündigung der nationale Kündigungsschutz – in Deutschland also die unterbliebene Auflösung des Arbeitsverhältnisses durch die unwirksame Kündigung – eingreift. Unklarheiten können ggf. durch Vorlagen an den EuGH nach Art. 267 AEUV beseitigt werden. Der EuGH hat im Bereich des unionsrechtlich gewährleisteten **Mutterschutzes** eine rege Rechtsprechungstätigkeit entfaltet (*EuGH* 22.2.2018 [Porras Guisado] EzA Richtlinie 92/85 EG-Vertrag 1999 Nr. 6 m. zust. Anm. *Burger-Ehrnhofer* ZESAR 2018, 349; 19.10.2017 [Otero Ramos] NZA 2017, 1448, zust. *Graue* ZESAR 2018, 294; 14.7.2016 [Ornano] NZA 2016, 933; 16.6.2016 [Rodríguez Sánchez] NZA 2016, 935; 21.5.2015 [Rosselle] NZA 2015, 795; 18.3.2014 EzA Richtlinie 2006/54 EG-Vertrag 1999 Nr. 2, erl. *Kohler/Pintens* FamRZ 2014, 1498; 18.3.2014 EzA Richtlinie 2006/54 EG-Vertrag 1999 Nr. 3; 6.3.2014 [Napoli] EzA Richtlinie 2006/54 EG-Vertrag 1999 Nr. 1; 19.9.2013 [Betriu Montull] ZESAR 2014, 182, krit. *Graue* ZESAR 2014, 190; 13.2.2014 [Terveys] EzA Richtlinie 96/34 EG-Vertrag 1999 Nr. 3 [Unterbrechung eines unbezahlten Elternurlaubs durch Mutterschaftsurlaub, Anspruch auf zusätzliche tarifliche Entgeltfortzahlung während des Mutterschaftsurlaubs]; 11.11.2010 [Danosa] EzA Richtlinie 92/85 EG-Vertrag 1999 Nr. 5, für den Arbeitnehmerbegriff der Massenentlassungsrichtlinie fortgeführt durch *EuGH* 9.7.2015 [Balkaya] EzA Richtlinie 98/59 EG-Vertrag 1999 Nr. 7, krit. *Bauer* NZA-Editorial 14/2015, III, zu der zugrundeliegenden Vorlage des ArbG Verden *Hohenstatt/Naber* NZA 2014, 637, *Vielmeier* NJW 2014, 2678; 30.9.2010 [Álvarez] NZA 2010, 1281; 1.7.2010 [Gassmayr] NZA 2010, 1113 mit teils zust., teils abl. Anm. *Donath* ZESAR 2011, 134; 1.7.2010 [Parviainen] NZA 2010, 1284; 29.10.2009 [Pontin] EzA Richtlinie 92/85 EG-Vertrag 1999 Nr. 4; 26.2.2008 [Mayr] EzA Richtlinie 92/85 EG-Vertrag 1999 Nr. 3; 11.10.2007 [Paquay] EzA Richtlinie 92/85 EG-Vertrag 1999 Nr. 2; 20.9.2007 [Kiiski] EzA Richtlinie 76/207 EG-Vertrag 1999 Nr. 7; 16.2.2006 [Sarkatzis Herrero] EzA Richtlinie 76/207 EG-Vertrag 1999 Nr. 6; 18.3.2004 [Merino Gómez] Slg. 2004, I-2605; s.a. *EuGöD* 15.3.2011 – F-120/07, [Strack]; zu der Mutterschutzrichtlinie näher EuArbR/*Risak* 2. Aufl. RL 92/85/EWG; zu dem vom Mutterschaftsurlaub zu unterscheidenden unionsrechtlich verbürgten **Elternurlaub** *EUGH* 16.7.2015 – C-222/14 – [Maïstrellis], *Krebber* GPR 2016, 188, 192; 27.2.2014 [Lyreco Belgium] NZA 2014, 359; 19.9.2013 [Hliddal und Bornand] ZESAR 2014, 334; 16.9.2010 [Chatzi] EuZW 2011, 62; 22.4.2010 [Zentralbetriebsrat der Landeskrankenhäuser Tirols] EzA Richtlinie 99/70 EG-Vertrag 1999 Nr. 3; 22.10.2009 [Meerts] EzA Richtlinie 96/34 EG-Vertrag 1999 Nr. 2; 16.7.2009 [Gómez-Limón Sánchez-Camacho] Slg. 2009, I-6525; zu der Elternurlaubsrichtlinie iE EuArbRK/*Risak* 3. Aufl., RL 2010/18/EU). Notwendig war allerdings eine Anpassung an die in Art. 10 Nr. 2 der RL 92/85/EWG vorgesehene Pflicht, **berechtigte Kündigungsgründe schriftlich anzuführen** (aA *Zmarzlik* DB 1994, 96). In dieser Bestimmung wird zwar nicht ausdrücklich ausgesprochen, wem gegenüber die berechtigten Gründe schriftlich anzuführen sind. Aus dem systematischen Zusammenhang mit der im ersten Hs. der Vorschrift angesprochenen Kündigungserklärung ist jedoch zu folgern, dass die schriftlich anzuführende Begründung gegenüber der geschützten Frau und nicht nur gegenüber der um Zustimmung ersuchten Verwaltungsbehörde abzugeben ist (aA wohl *Zmarzlik* DB 1994, 96, 97). Diese Auffassung hat sich auch der deutsche Gesetzgeber mit dem **Schriftform- und Begründungserfordernis** in § 17 Abs. 2 S. 2 MuSchG (§ 9 Abs. 3 S. 2 MuSchG aF) zu eigen gemacht (BT-Drucks. 13/2763 S. 10), der die RL durch das **Gesetz zur Änderung des Mutterschutzgesetzes v. 20.12.1996** (BGBl. 1996 I S. 2110) **verspätet umgesetzt** hat. Im Rahmen dieser Novelle wurde ferner § 9 Abs. 3 S. 1 MuSchG aF (heute verändert in § 17 Abs. 2 S. 1 MuSchG) aufgrund der Vorgabe in Art. 10 Nr. 1 der RL dahin ergänzt, dass die nur ausnahmsweise mögliche behördliche Erklärung der Zulässigkeit der Kündigung nicht auf den Zustand während der Schwangerschaft oder die Lage der Frau bis zum Ablauf von vier Monaten nach der Entbindung gestützt werden darf. Das entsprach zwar schon zuvor der in Deutschland geltenden Rechtslage. Der Gesetzgeber wollte aber aus Gründen gemeinschaftsrechtlicher (heute: unionsrechtlicher) Rechtssicherheit nicht auf eine Klarstellung im deutschen Recht verzichten (BT-Drucks. 13/2763 S. 10). Nicht gemeinschafts- oder heute unionsrechtlich veranlasst war demgegenüber die in dieser Novelle erfolgte Beseitigung

§ 17 MuSchG   Kündigungsverbot

der bislang geltenden Einschränkung des Kündigungsschutzes für Familienhaushaltskräfte und der Ermächtigung des BMA (heute: BMAS) zum Erlass von Verwaltungsvorschriften für die Zulässigkeitserklärung. Soweit § 17 MuSchG im Einzelfall über die RL hinausgeht, bestehen dagegen keine Bedenken. Art. 1 Abs. 3 der RL 92/85 EWG lässt nur keine Unterschreitung des richtlinienrechtlichen Schutzniveaus zu. Nach Art. 7 des Gesetzes v. 20.12.1996 trat diese Neufassung des § 9 MuSchG am 1.1.1997 in Kraft. Diese Fassung des Gesetzes wurde am 20.1.1997 und 20.6.2002 neu bekannt gemacht (BGBl. I S. 22, BGBl. I S. 2318). Zu den Rechtsfolgen der verspäteten Richtlinienumsetzung *Etzel* KR 6. Aufl., § 9 MuSchG Rn 181 und 5. Aufl., § 9 MuSchG Rn 182–183.

24 Kompetenzrechtlich gestützt war die RL 92/85/EWG auf den damals geltenden **Art. 118a EGV** idF des Vertrags von Maastricht (später: Art. 138 EG idF des Vertrags von Amsterdam, heute: Art. 154 AEUV). Schwerpunkt der Regelungen der MutterschutzRL ist der **Gesundheitsschutz** von schwangeren oder stillenden Arbeitnehmerinnen und Wöchnerinnen. Die Erwägungsgründe der MutterschutzRL gehen davon aus, die Gefahr der **Entlassung** könne sich nachteilig auf die psychische oder physische Verfassung des schutzbedürftigen Personenkreises auswirken. Die RL enthält daher in Art. 10 (abgedr. in Rdn 22) eine **gemeinschaftsrechtliche (heute: unionsrechtliche) Verpflichtung der Mitgliedstaaten, einen mutterschutzrechtlichen Kündigungsschutz zu gewährleisten** (*Zmarzlik* DB 1994, 96). Das Mutterschutzrecht ist damit Teil des **europäischen Arbeitsrechts** (*EuGH* 14.7.1994 [Webb] Rn 21, EzA Art. 119 EWG-Vertrag Nr. 17 s.a. HaKo-MuSchG/BEEG/*Pepping* Vor §§ 1 und 2 MuSchG Rn 1; HaKo-MuSchG/BEEG/*Schöllmann* § 17 MuSchG Rn 10).

25 Art. 33 **Abs. 2** der am 1.12.2009 mit dem Vertrag von Lissabon als Primärrecht (Art. 6 Abs. 1 Hs. 2 EUV) in Kraft getretenen **Charta der Grundrechte der Europäischen Union** (in der angepassten Fassung v. 12.12.2007 [ABl. EG C S. 1] zu der am 7.12.2000 proklamierten Ursprungsfassung [ABl. EG C 364 S. 1]) gewährleistet den **Schutz der Familie** und sieht für jede Person u.a. »das Recht auf **Schutz vor Entlassung aus einem mit der Mutterschaft zusammenhängenden Grund**« vor. Das lehnt sich einerseits an die Richtlinie 92/85/EWG an und stützt sich andererseits auf Art. 8 der Europäischen Sozialcharta (Roos/Bieresborn/*Betz* § 17 MuSchG Rn 10; Brose/Weth/Volk/*Latterner*/Weth Einleitung MuSchG Rn 28). Zu dem **Übereinkommen Nr. 3 der IAO** und dem **Folgeübereinkommen Nr. 183** (Mutterschutzübereinkommen) s. Rdn 128.

26 Auch die **RL 76/207/EWG** des Rates vom 9.2.1976 zur Verwirklichung des Grundsatzes der Gleichbehandlung von Männern und Frauen hinsichtlich des Zugangs zur Beschäftigung, zur Berufsbildung und zum beruflichen Aufstieg sowie in bezug auf die Arbeitsbedingungen (ABl. EG L 39 v. 14.2.1976 S. 40) konnte für Kündigungen von Schwangeren relevant werden. Nach der Entscheidung Brown des EuGH verstößt es gegen diese RL, wenn eine Arbeitnehmerin während einer bestehenden Schwangerschaft aufgrund von Fehlzeiten wegen einer schwangerschaftsbedingten Erkrankung entlassen wird (*EuGH* 30.6.1998 [Brown] Rn 25, Slg. 1998, I-4185). Diese RL wurde inzwischen im hier interessierenden Zusammenhang der Diskriminierung wegen des Geschlechts durch die **RL 2006/54/EG** vom 5.7.2006 zur Verwirklichung des Grundsatzes der Chancengleichheit und der Gleichbehandlung von Männern und Frauen in Arbeits- und Beschäftigungsfragen abgelöst (ABl. EU L 204 S. 23; zu der Rückkehr aus dem Mutterschaftsurlaub insbes. Art. 15 RL). Eine an Schwangerschaft oder Mutterschaft anknüpfende Regelung differenziert unmittelbar nach dem Geschlecht (Art. 2 Abs. 2 Buchst. c RL 2006/54/EG, § 3 Abs. 1 S. 2; *BVerfG* 28.4.2011 EzA Art. 3 GG Nr. 111 Rn 53). Die RL 2006/54/EG lässt die Mutterschutzrichtlinie 92/85/EWG (dazu s. Rdn 22) nach ihrem Erwägungsgrund 24 S. 2 ausdrücklich unberührt (zu der Mutterschutzrichtlinie näher Rdn 22 ff.). Art. 14 und 28 der RL 2006/54/EG lassen auch im Licht der Mutterschutzrichtlinie 92/85/EWG eine nationale Tarifregelung zu, die einen Anspruch auf weiteren Mutterschaftsurlaub nach dem Ende des unionsrechtlich verbürgten Mutterschaftsurlaubs **nur für Mütter, nicht auch für Väter** begründet. Das schließt Väter nicht diskriminierend von dem tarifvertraglichen Mutterschaftsurlaub aus (*EuGH* 18.11.2020 [Syndicat CFTC] Rn 54 ff., 61 ff., EzA Richtlinie 2006/54 EG-Vertrag 1999 Nr. 5). Der EuGH hebt erneut hervor, dass der Zweck des unionsrechtlichen Mutterschaftsurlaubs nicht nur in dem Schutz der körperlichen Verfassung der Mutter besteht, sondern auch in dem Schutz der zwischen ihr und dem Kind bestehenden

besonderen Beziehung (*EuGH* 18.11.2020 [Syndicat CFTC] Rn 52 ff. mwN, EzA Richtlinie 2006/54 EG-Vertrag 1999 Nr. 5; krit. *Krimphove* ArbRAktuell 2021, 1, 2).

B. Grundkonzeption des mutterschutzrechtlichen Kündigungsschutzes

I. Grundgedanken und Zweck

Das primäre Anliegen des mutterschutzrechtlichen Kündigungsschutzes besteht darin, der werdenden Mutter und der Wöchnerin trotz ihrer möglichen mutterschaftsbedingten Leistungsminderung oder Arbeitsunfähigkeit **den Arbeitsplatz als wirtschaftliche Existenzgrundlage** zu erhalten (*BAG* [GS] 26.4.1956 EzA § 615 BGB Nr. 1). Zugleich schützt § 17 MuSchG die Gesundheit von Mutter und Kind vor seelischen Zusatzbelastungen durch einen Kündigungsschutzprozess (*BAG* [GS] 26.4.1956 EzA § 615 BGB Nr. 1; 31.3.1993 EzA § 9 nF MuSchG Nr. 32 noch zu § 9 Abs. 1 MuSchG aF). Der durch generelle und individuelle Beschäftigungsverbote gekennzeichnete Gefahrenschutz (§§ 3 ff. MuSchG) sowie der Entgeltschutz (§§ 18 ff. MuSchG) können ihre Schutzfunktion nur dann wirksam entfalten, wenn bei Schwangerschaft und Entbindung hinreichend gesichert ist, dass der Arbeitsplatz erhalten bleibt. Ein weitreichender **Arbeitsplatzschutz** ist Grundvoraussetzung eines wirkungsvollen Mutterschutzes. 27

Das im MuSchG geregelte Mutterschutzrecht beruht auf dem bindenden Auftrag des **Art. 6 Abs. 4 GG**, wonach »jede Mutter den Anspruch auf den Schutz und die Fürsorge der Gemeinschaft hat«. Das *BVerfG* hat in seinem Beschluss vom 25.1.1972 (III 1 BVerfGE 32, 273) ausdrücklich klargestellt, dass es sich bei Art. 6 Abs. 4 GG nicht um einen bloßen Programmsatz, sondern um einen bindenden Auftrag an den Gesetzgeber handelt. Ein wirksamer Kündigungsschutz für Schwangere und Mütter nach der Entbindung ist verfassungsrechtlich geboten (*BVerfG* 24.4.1991 – C III 4, EzA Art. 13 Einigungsvertrag Nr. 1). Dabei kann schon wegen der im Bereich der Wirtschafts- und Sozialpolitik bestehenden gesetzgeberischen Gestaltungsprärogative nicht davon ausgegangen werden, dass die heute bestehenden Regelungen des MuSchG in allen Einzelheiten verfassungsrechtlich geboten sind (offengelassen von *BVerfG* 24.4.1991 – C III 4, EzA Art. 13 Einigungsvertrag Nr. 1). Das BVerfG hat die gegenwärtigen Regelungen jedenfalls für ausreichend gehalten, um den verfassungsrechtlich gebotenen Mutterschutz zu gewährleisten (*BVerfG* 24.4.1991 – C III 4, EzA Art. 13 Einigungsvertrag Nr. 1). Auch unter dem Gesichtspunkt **der Eingriffswirkung in die grundrechtlichen Positionen des Arbeitgebers** aus Art. 12 und 14 GG war das in § 9 Abs. 1 S. 1 MuSchG (heute § 17 Abs. 1 MuSchG) enthaltene Kündigungsverbot verfassungsgemäß (*BAG* 11.9.1979 EzA § 9 MuSchG Nr. 18; vgl. ferner *BVerfG* 22.10.1980 – C 1, BVerfGE 55, 154; 13.11.1979 – C I, BVerfGE 52, 357; *Zmarzlik* Anm. zu BAG AP Nr. 6 zu § 9 MuSchG 1968; aA *Pestalozza* SAE 1980, 173). Als gesetzliche Konkretisierung des Art. 6 Abs. 4 GG ist die kündigungsrechtliche Besserstellung der erwerbstätigen Frau durch sachliche Gründe (ihre erhöhte soziale Schutzbedürftigkeit in der Schwangerschaft und nach der Geburt) gerechtfertigt und verstößt daher auch nicht gegen den Gleichheitssatz des Art. 3 Abs. 1 GG. Aufgrund dieser Rechtfertigung durch Art. 6 Abs. 4 GG wird die Grenze des verfassungsrechtlich Zulässigen erst bei einem Verstoß gegen das Übermaßverbot erreicht (vgl. *BVerfG* 22.10.1980 – C 1, BVerfGE 55, 154; 13.11.1979 – C I, BVerfGE 52, 357). Schon wegen § 17 Abs. 2 MuSchG (§ 9 Abs. 3 MuSchG aF), wonach die Kündigung für zulässig erklärt werden kann, ist nicht anzunehmen, dass das Übermaßverbot verletzt ist (vgl. auch *BVerwG* 2.7.1981 AP Nr. 1 zu § 9a MuSchG 1968). Neben Art. 6 Abs. 4 GG kommt dem **Sozialstaatsprinzip** keine weiter reichende Bedeutung zu (*BVerfG* 25.1.1972 BVerfGE 32, 273; *BAG* 11.9.1979 EzA § 9 nF MuSchG Nr. 16). Zu den verfassungsrechtlichen Aspekten des Mutterschutzrechts zB auch *Schleicher* RdA 1984, 280; *ders.* RiA 1984, 173; *ders.* BB 1985, 340; zu verfassungsrechtlichen Aspekten insbes. des § 9 MuSchG aF bzw. § 17 MuSchG nF *Eich* DB 1981, 1233 und *Wenzel* BB 1981, 674; HaKo-MuSchG/BEEG/*Schöllmann* § 17 MuSchG Rn 11; vgl. auch Roos/Bieresborn/*Betz* § 17 MuSchG Rn 6; Brose/Weth/Volk/*Latterner/Weth* Einleitung MuSchG Rn 29 ff.; Brose/Weth/Volk/*Volk* § 17 MuSchG Rn 3 f. mwN. 28

Das MuSchG verfolgt sein arbeitsplatzsicherndes Ziel mithilfe **eines temporären Kündigungsverbots mit Erlaubnisvorbehalt** (§ 17 Abs. 1 MuSchG). 29

30 Der Dritte Abschnitt des MuSchG enthält als wichtigste Regelung dieses zeitweilige Kündigungsverbot mit Erlaubnisvorbehalt in § 17 Abs. 1 MuSchG. Dem sehr stark ausgestalteten Schutz gegen Arbeitgeberkündigungen – aus dem jedoch kein generelles Verbot der Beendigung von Arbeitsverhältnissen folgt (*BAG* 23.10.1991 AP Nr. 45 zu § 611 BGB Bühnenengagementsvertrag; ErfK-*Schlachter* § 17 MuSchG Rn 1) – steht nicht länger ein **Sonderkündigungsrecht** der geschützten Frau gegenüber (früher § 10 Abs. 1 MuSchG aF; Rdn 21). Der **fast völlige Ausschluss des Kündigungsrechts auf Arbeitgeberseite** versucht, der besonderen Interessenlage der erwerbstätigen Mutter gerecht zu werden.

31 Dem mutterschutzrechtlichen Kündigungsschutz kommt eine Doppelfunktion zu. Er will die Beschäftigte oder ihr Gleichgestellte neben dem wirtschaftlichen Schutz zugleich vor den **psychischen Belastungen** eines Kündigungsschutzprozesses oder auch nur vor der Sorge um den Arbeitsplatz schützen (*BAG* 31.3.1993 EzA § 9 nF MuSchG Nr. 32; APS-*Rolfs* § 17 MuSchG Rn 1; HaKo-MuSchG/BEEG/*Schöllmann* § 17 MuSchG Rn 1a). Der psychische Gefahrenschutz tritt nach der Konzeption des Gesetzes zurück, wenn die Kündigung nach § 17 Abs. 2 MuSchG bestands- oder rechtskräftig für zulässig erklärt wird. Der Mutterschutz der im Wesentlichen am 1.1.2018 in Kraft getretenen Novelle des MuSchG soll Frauen und ihre Kinder vor gesundheitlichen Gefährdungen während der Schwangerschaft, nach der Entbindung und in der Stillzeit schützen. Zugleich will er die gestiegene Bedeutung und Wertschätzung der eigenen Erwerbstätigkeit für Frauen berücksichtigen. Schließlich soll er Diskriminierungen von schwangeren und stillenden Frauen entgegenwirken (BT-Drucks. 18/8963 S. 34 ff.).

32 Der als **zeitlich befristetes absolutes Kündigungsverbot mit Erlaubnisvorbehalt** ausgestaltete mutterschutzrechtliche Kündigungsschutz geht über den allg. Kündigungsschutz hinaus (die Neufassung des § 4 S. 1 KSchG und die Einfügung des § 5 Abs. 1 S. 2 KSchG haben daran grds. nichts geändert: aA *ArbG Hannover* 17.11.2005 DB 2006, 2522). Im Interesse einer möglichst umfassenden Arbeitsplatzsicherung bietet der mutterschutzrechtliche Kündigungsschutz der (werdenden) Mutter bis zum Ablauf der Schutzfrist nach der Entbindung auch Schutz vor **außerordentlichen Kündigungen** und vor **ordentlichen Kündigungen**, die nach § 1 KSchG als sozial gerechtfertigt zu betrachten wären. Das gilt insbes. für betriebsbedingte Kündigungen.

33 Von diesem absoluten Kündigungsverbot will das Gesetz nur in bestimmten Ausnahmesituationen abrücken. **Den Ausnahmecharakter der behördlichen Zulässigkeitserklärung** der Kündigung bringt der Gesetzgeber dadurch zum Ausdruck, dass er der obersten für den Arbeitsschutz zuständigen Landesbehörde in § 17 Abs. 2 S. 1 MuSchG nur in »besonderen Fällen« und auch dann nur »ausnahmsweise« die Möglichkeit einräumt, das Kündigungsverbot zu durchbrechen. Als flankierenden Schutz sieht § 17 Abs. 2 S. 2 MuSchG in Umsetzung einer unionsrechtlichen Verpflichtung aus Art. 10 Nr. 1 RL 92/85/EWG die Schriftform der Kündigung und ein Begründungserfordernis für sie vor (Rdn 22). Nach welchen Kriterien die oberste Arbeitsschutzbehörde des Landes zu beurteilen hat, ob ein »besonderer Fall« vorliegt, legt das Gesetz nur insofern fest, als der Zustand der Frau in der Schwangerschaft, nach einer Fehlgeburt nach der zwölften Schwangerschaftswoche oder nach der Entbindung als Zulassungsgründe ausgeschlossen sind. Das stimmt mit Art. 10 Nr. 1 der MutterschutzRL 92/85/EWG idF der Änderungsrichtlinie 2007/30/EG überein. Welche Gründe die Zulässigkeitserklärung positiv rechtfertigen, bestimmt das Gesetz nicht. Die ursprünglich vorhandene Ermächtigung zum Erlass allgemeiner Verwaltungsvorschriften, wie sie das BMAS aufgrund der in § 18 Abs. 1 S. 6 BEEG enthaltenen Ermächtigung am 3.1.2007 mit Zustimmung des Bundesrats erlassen hat (abgedr. bei § 18 BEEG vor Rdn 1), wurde schon aus § 9 Abs. 3 MuSchG aF gestrichen und ist auch in § 17 Abs. 2 MuSchG nF nicht enthalten.

34 Rechtstechnisch ist der mutterschutzrechtliche Kündigungsschutz so ausgestaltet, dass nicht allein die **Schwangerschaft**, die Fehlgeburt nach der zwölften Schwangerschaftswoche oder die **Entbindung** zur Unwirksamkeit einer Arbeitgeberkündigung führen. Vielmehr kommt es nach § 17 Abs. 1 S. 1 und S. 2 MuSchG in mehrfacher Hinsicht auf **subjektive Tatbestandsmerkmale** an. Grds. muss der Arbeitgeber zur Zeit der Kündigung positive Kenntnis von der Schwangerschaft oder Entbindung haben, damit das Kündigungsverbot eingreift. Dem steht eine nachträgliche Mitteilung

innerhalb einer Ausschlussfrist von zwei Wochen gleich. Den Anforderungen an die Fristwahrung wird außerdem auch dann genügt, wenn die Mitteilung – bei unverschuldeter Fristversäumung – unverzüglich nachgeholt wird.

II. Sonderregelungen für bestimmte Gruppen von Beschäftigten und ihnen Gleichgestellten

Die im **Familienhaushalt** beschäftigten Frauen genossen bis zu der am 1.1.1997 in Kraft getretenen 35
Neufassung des Gesetzes nur einen eingeschränkten Kündigungsschutz. Das absolute Kündigungsverbot galt lediglich bis zum Ablauf des fünften Monats der Schwangerschaft. Die – inzwischen beseitigte (s. Rdn 3) – Beschränkung des Kündigungsschutzes beruhte auf der Erwägung, dass der Familienhaushalt eine von Betrieben und Verwaltungen verschiedene Struktur sowie eine geringere wirtschaftliche Belastungsmöglichkeit aufweist. Diese Besonderheiten sollten es rechtfertigen, die Beschäftigtengruppe abweichend von den übrigen Arbeitnehmerinnen zu behandeln. Die Streichung der Sonderregelung geht auf eine Bundesratsinitiative zurück. Sie dient der **Gleichbehandlung** (BT-Drucks. 13/6110 S. 11 f.).

Für die **in Heimarbeit beschäftigten Frauen** (Heimarbeiterinnen oder Hausgewerbetreibende iSd 36
§ 1 Abs. 1 iVm § 2 Abs. 1 und Abs. 2 HAG), soweit sie am Stück mitarbeiten, gilt nach § 1 Abs. 2 S. 2 Nr. 6 MuSchG das Kündigungsverbot des § 17 Abs. 1 MuSchG uneingeschränkt wie für andere Beschäftigte oder ihnen Gleichgestellte. Der Schutz gilt mit Abschluss des Vertrags, nicht erst nach der vierwöchigen Beschäftigungsdauer des § 29 HAG (*BAG* 22.9.1961 AP Nr. 22 zu § 9 MuSchG; zu den von § 1 Abs. 2 MuSchG geschützten Personengruppen Rdn 11; s.a. Rdn 12). Die wegen ihrer Schutzbedürftigkeit den Heimarbeiterinnen und Hausgewerbetreibenden **gleichgestellten Personen** (§ 1 Abs. 2 HAG) fallen zwar, soweit sie am Stück mitarbeiten, unter das MuSchG (§ 1 Abs. 2 S. 2 Nr. 6 MuSchG). Sie werden auch vom **mutterschutzrechtlichen Kündigungsschutz** erfasst, wenn sich die Gleichstellung nach § 1 Abs. 3 HAG auch auf den in § 29 HAG geregelten heimarbeitsrechtlichen Kündigungsschutz erstreckt (§ 17 Abs. 3 S. 2 MuSchG; zum Kündigungs-, Beschäftigungs- und Entgeltschutz der in Heimarbeit beschäftigten Frauen Rdn 4, 221–226).

Eine kündigungsrechtliche Sonderregelung außerhalb des MuSchG galt für die bei den **alliierten** 37
Streitkräften beschäftigten Frauen. Das Kündigungsverbot des § 9 Abs. 1 MuSchG aF und des § 17 Abs. 1 MuSchG nF war und ist zwar grds. auch auf diese Beschäftigtengruppe anwendbar. Hinsichtlich der Rechtsfolgen enthielt § 56 Abs. 2 des Zusatzabkommens zu dem Abkommen zwischen den Parteien des Nordatlantik-Vertrages vom 3.8.1959 (BGBl. 1961 II S. 1218) aber eine Sonderregelung. Das ArbG hatte im Feststellungsurteil trotz nichtiger Kündigung eine Abfindung für den Fall festzusetzen, dass die Dienststelle der Stationierungsstreitkräfte die Weiterbeschäftigung ablehnte. Machte die Dienststelle von ihrem Wahlrecht innerhalb von zwei Wochen nach Zustellung des Urteils Gebrauch, stand der Arbeitnehmerin lediglich ein Anspruch auf eine angemessene Abfindung zu. Etwaige Ansprüche aus Annahmeverzug (§ 611a Abs. 2, § 615 S. 1, §§ 293 ff. BGB) wurden dadurch nicht berührt. Mit Wirkung v. 29.3.1998 hat sich diese Rechtslage geändert (s. dazu Rdn 118; KR-*Spilger* § 9 KSchG Rdn 79; zu den Einzelheiten des Kündigungsschutzes bei den Stationierungsstreitkräften KR-*Kreutzberg-Kowalczyk* Art. 56 NATO-ZusAbk Rdn 12, 39–45).

C. Persönlicher Geltungsbereich des mutterschutzrechtlichen Kündigungsschutzes

I. Geschützter Personenkreis

Der persönliche Geltungsbereich des mutterschutzrechtlichen Kündigungsschutzes nach § 17 38
MuSchG deckt sich im Wesentlichen mit dem in § **1 Abs. 2 MuSchG** festgelegten Personenkreis. Das absolute Kündigungsverbot gilt grds. für alle Frauen in einer Beschäftigung iSv § 7 Abs. 1 SGB IV oder unabhängig von einem Beschäftigungsverhältnis für die in § 1 Abs. 2 S. 2 MuSchG genannten Personengruppen mit Ausnahme der Schülerinnen und Studentinnen des § 1 Abs. 2 S. 2 Nr. 8 MuSchG, die nicht in einem Rechtsverhältnis stehen, das von der Gegenseite gekündigt werden könnte (zu den von § 1 Abs. 2 MuSchG geschützten Personengruppen näher Rdn 11). Mit der Einbeziehung von arbeitnehmerähnlichen Personen in den Anwendungsbereich des MuSchG

nach § 1 Abs. 2 S. 2 Nr. 7 MuSchG wird der Weg des § 2 Abs. 2 Nr. 3 ArbSchG gewählt. Der Gesetzgeber geht davon aus, er sei dazu in der Folge von EuGH »Danosa« verpflichtet (*EuGH* 11.11.2010 [Danosa] EzA Richtlinie 92/85 EG-Vertrag 1999 Nr. 5, BT-Drucks. 18/8963 S. 51). Mit dieser Entscheidung war eine schwangere Frau, die Mitglied des Vertretungsorgans einer Gesellschaft lettischen Rechts war, in den Schutzbereich der Mutterschutzrichtlinie 92/85/EWG einbezogen worden. Ihre gesellschaftsrechtliche Stellung ähnelte der einer Fremdgeschäftsführerin einer GmbH deutschen Rechts. Der Gesetzgeber nimmt an, dass die Aussagen von EuGH Danosa allgemein auf wirtschaftlich abhängige, nominell selbständige Erwerbstätige zu übertragen seien (BT-Drucks. 18/8963 S. 51). Für Frauen, die arbeitnehmerähnliche Personen iSv § 1 Abs. 2 S. 2 Nr. 7 MuSchG sind, gelten grds. auch die Beschäftigungsverbote. Nach § 2 Abs. 3 S. 3 MuSchG tritt die Befreiung von der vertraglichen Leistungspflicht an die Stelle eines Beschäftigungsverbots. Die Frau kann sich jedoch bereit erklären, die vertraglich vereinbarte Leistung zu erbringen. Das Schrifttum geht überwiegend davon aus, dass die arbeitnehmerähnliche Person, die bereit ist, die vertraglich vereinbarten Leistungen weiter zu erbringen, nur auf das allgemeine Beschäftigungsverbot vor der Entbindung verzichten kann (§ 3 Abs. 1 S. 1 MuSchG). Dagegen soll die arbeitnehmerähnliche Person nicht auf das Beschäftigungsverbot nach der Entbindung (§ 3 Abs. 2 MuSchG) verzichten können und erst recht nicht auf Beschäftigungsverbote, die sich mit Blick auf besondere oder unverantwortbare Gefährdungen der Frau oder ihres Kindes ergeben (§§ 10 ff., § 13 Abs. 1 Nr. 3 MuSchG; *Bayreuther* NZA 2017, 1145, 1149; *Knorr* WzS 2018, 99, 100). Die Bereitschaftserklärung, die vertraglich vereinbarten Leistungen weiter zu erbringen, kann widerrufen werden (§ 3 Abs. 1 S. 2 MuSchG). Arbeitnehmerähnliche Personen erhalten nach § 1 Abs. 2 S. 2 Nr. 7 MuSchG keinen Mutterschutzlohn (§ 18 MuSchG), kein Mutterschaftsgeld (§ 19 Abs. 2 MuSchG) und keinen Zuschuss zum Mutterschaftsgeld (§ 20 MuSchG). Der EuGH hat das Vorabentscheidungsersuchen des belgischen Tribunal du travail de Nivelles vom 3.2.2020, das die Zahlung von Mutterschaftsgeld an eine in Teilzeit arbeitende nebenberuflich Selbständige behandelte, mit Beschluss vom 21.1.2021 für offensichtlich unzulässig gehalten (EuGH 21.1.2021 – C-105/20 – [UNMLibres] Rn 10 ff., 22 ff.). Die Einbeziehung von Fremdgeschäftsführerinnen oder Minderheitsgesellschafterinnen einer GmbH in den mutterschutzrechtlichen Kündigungsschutz ist unionsrechtskonform, wenn sie der Gesellschaft gegenüber Leistungen erbringen und in sie eingegliedert sind, sofern sie ihre Tätigkeit für eine bestimmte Zeit nach der Weisung und unter der Aufsicht eines anderen Organs dieser Gesellschaft ausüben und als Gegenleistung für die Tätigkeit ein Entgelt erhalten (*EuGH* 11.11.2010 [Danosa] Rn 56, EzA Richtlinie 92/85 EG-Vertrag 1999 Nr. 5; HaKo-MuSchG/BEEG/*Schöllmann* § 17 MuSchG Rn 15). »Danosa« hat eine Flut von Besprechungen, Anmerkungen und Aufsätzen ausgelöst oder zumindest mitveranlasst (zB *Bauer/Arnold* ZIP 2012, 597; *Dzida/Naber* ArbRB 2012, 373, 374 f.; *Fischer* NJW 2011, 2329; *Forst* GmbHR 2012, 821, 824; *Kruse/Stenslik* NZA 2013, 596, 597; *Schiefer/Worzalla* ZfA 2013, 41, 70 f.; *Leopold* ZESAR 2011, 362; *Lunk/Rodenbusch* GmbHR 2012, 188; *Oberthür* NZA 2011, 253; *dies.* RdA 2018, 286, 288; *Reiserer* DB 2011, 2262; *Schubert* EuZA 2011, 362; *Schulze/Hintzen* ArbRAktuell 2012, 263; *von Steinau-Steinrück/Mosch* NJW-Spezial 2011, 178; *Wank* EWiR 2011, 27; *Wilsing/ Meyer* DB 2011, 341, weiterführend *Boemke* RdA 2018, 1, 2 ff., 23 f., *Lunk* RdA 2013, 110, 112; *Preis/Sagan* ZGR 2013, 26; *Reill-Ruppe* AuR 2018, 173, 174, *Rost* FS Bohl S. 531, 536; *Schubert* ZESAR 2013, 5; zusammenfassend *Lunk* FS Moll 2019 S. 451, 461 f.; *Gallner* FS Moll 2019 S. 133, 134 ff.; zu der Frage von Mutterschutz und Elternzeit für Vorstandsmitglieder de lege ferenda [Gesetzesinitiative # stayonboard] *Scholz* AG 2021, 9 ff.). Der EuGH hat seine Sichtweise für die Massenentlassungsrichtlinie 98/59/EG bekräftigt. Arbeitnehmer iSv Art. 1 Abs. 1 Buchst. a der Massenentlassungsrichtlinie sind auch Mitglieder der Unternehmensleitung, die Tätigkeiten nach Weisung und Aufsicht eines anderen Organs der Gesellschaft ausüben, als Gegenleistung für ihre Tätigkeiten Vergütung erhalten und selbst keine Anteile an der Gesellschaft innehaben (*EuGH* 9.7.2015 [Balkaya] Rn 48, EzA Richtlinie 98/59 EG-Vertrag 1999 Nr. 7; dazu zu Beginn der Rezeption dieser Entscheidung *Lunk* NZA 2015, 917, 919 f.; näher *Hildebrand* Arbeitnehmerschutz von geschäftsführenden Gesellschaftsorganen im Lichte der Danosa-Entscheidung des EuGH, S. 50 ff.; *Junker* EuZA 2016, 185, 201; abl. *Giesen* ZfA 2016, 47, 55, 65 f.; *Hohenstatt/Naber* EuZA 2016, 22, 25 f.; *Lunk* NZA 2015, 917, 919 f.; *Lunk/Hildebrand* NZA 2016, 129, 130 f. *Oberthür*

RdA 2018, 286, 288; *Weber* NZA 2016, 727, 731 f.; *Weber/Zimmer* EuZA 2016, 224, 231 ff.; *Ulrici* jurisPR-ArbR 35/2015; *Vielmeier* NJW 2014, 2678, 2680; vor allem methodisch kritisierend *Morgenbrodt* ZESAR 2017, 17, 19 ff.; zust. *Lindemann* EWiR 2015, 553 f.; erl. *Sittard/Köllmann* jM 2016, 458, 460; zusammenfassend *Gallner* FS Moll 2019 S. 133, 135). Der EuGH hat in der Sache Balkaya erneut betont, dass die Natur des Beschäftigungsverhältnisses nach nationalem Recht für die (autonom zu bestimmende) Arbeitnehmereigenschaft iSd Unionsrechts ohne Bedeutung ist. Es kommt deshalb nicht darauf an, dass der Geschäftsführer-Anstellungsvertrag nach deutscher Rspr. kein Arbeitsvertrag ist (*EuGH* 9.7.2015 [Balkaya] Rn 33 und 35, EzA Richtlinie 98/59 EG-Vertrag 1999 Nr. 7). Diese Überlegungen sind auf den Arbeitnehmerbegriff des Art. 1 Abs. 1 der Mutterschutzrichtlinie zu übertragen. Die frühere Auffassung des BAG, Fremd- oder Minderheitsgesellschaftergeschäftsführerinnen einer GmbH, die die genannten Kriterien erfüllten, seien nicht in den mutterschutzrechtlichen Kündigungsschutz einzubeziehen (BAG 26.5.1999 DB 1999, 1906), war richtlinienwidrig. Nach dem Schutzzweck des Mutterschutzgesetzes werden auch Fälle erfasst, in denen der Arbeits- oder Dienstvertrag bereits geschlossen ist, das Arbeitsverhältnis aber erst zu einem späteren Zeitpunkt beginnen soll (*LAG Düsseld.* 30.9.1992 LAGE § 9 MuSchG Nr. 18). Auf **Teilzeitarbeitnehmerinnen** findet der mutterschutzrechtliche Kündigungsschutz unabhängig von der Dauer und Lage der Arbeitszeit uneingeschränkt Anwendung. Das gilt auch für besondere Erscheinungsformen der Teilzeitarbeit (zB Jobsharing oder Bedarfsarbeit; vgl. zum Jobsharing auch Rdn 39). § 17 MuSchG hat Vorrang vor der Möglichkeit der Änderungskündigung nach § 13 Abs. 2 S. 2 TzBfG. § 17 MuSchG gilt dagegen nicht für ein nur **faktisches Arbeitsverhältnis**, das jederzeit durch Lösungserklärung ohne Kündigung beendet werden kann (Rdn 177). Besondere Probleme treten auf, wenn **gegen Schutzvorschriften des Mutterschutzrechts** verstoßen wird. Der Arbeitsvertrag ist nur in seltenen Fällen nichtig. Sonst würde der Schutz des § 17 MuSchG preisgegeben (vgl. dazu etwa *BAG* 8.9.1988 EzA § 8 MuSchG Nr. 1; 20.12.1972 AP Nr. 7 zu § 11 MuSchG 1968; DDZ-*Söhngen/Brecht-Heitzmann* § 17 MuSchG Rn 8). Bei mutterschutzrechtlichen Beschäftigungsverboten ist eine Nichtigkeit des Arbeitsvertrags vor dem Hintergrund des Unionsrechts kaum anzunehmen (DDZ-*Söhngen/Brecht-Heitzmann* § 17 MuSchG Rn 9; Brose/Weth/Volk/*Volk* § 16 MuSchG Rn 50; s. dazu ausführlicher Rdn 179). Die EU-Mitgliedstaaten sind nicht verpflichtet, Anspruch auf Mutterschaftsurlaub für eine sog. Bestellmutter zu begründen, selbst wenn sie das Kind nach der Geburt möglicherweise oder tatsächlich stillt. Eine Bestellmutter erhält aufgrund einer Ersatzmuttervereinbarung ein Kind (etwa durch eine Samenspende ihres Partners), ist selbst aber nicht schwanger und entbindet nicht. Sie ist auf den besonderen Schutz ihrer Gesundheit und körperlichen Verfassung durch den Mutterschaftsurlaub deshalb nicht angewiesen (*EuGH* 18.3.2014 [D.] Rn 28 ff., EzA Richtlinie 2006/54 EG-Vertrag 1999 Nr. 2; 18.3.2014 [Z.] Rn 34 ff., EzA Richtlinie 2006/54 EG-Vertrag 1999 Nr. 3).

Bei bestimmten Vertragskonstellationen – insbes. bei bestimmten Formen des **Gruppenarbeitsverhältnisses** (etwa der Eigengruppe: ErfK-*Schlachter* § 17 MuSchG Rn 2) – kann der mutterschutzrechtliche Kündigungsschutz seinem Schutzzweck nach auch bei **dritten Personen** zu einer vorübergehenden Unkündbarkeit führen. Das gilt aber nur, wenn zwischen den Parteien eines Gruppenarbeitsverhältnisses vereinbart ist, dass der Arbeitgeber lediglich allen Gruppenmitgliedern gegenüber einheitlich kündigen kann. Entsprechendes kann bei **Jobsharingarbeitsverhältnissen** mit Gruppenarbeitssystem oder im Job-Pairing-Team gelten [näher dazu HWK-*Hergenröder* § 17 MuSchG Rn 3; s.a. Roos/Biersborn/*Betz* § 17 MuSchG Rn 14; aA Brose/Weth/Volk/*Volk* § 17 MuSchG Rn 15 wegen des anderen Schutzziels des § 13 Abs. 2 TzBfG). Eine derartige Vertragsklausel findet sich häufig in Verträgen mit **Hausmeisterehepaaren**. Sie hat zur Folge, dass die gegenüber dem Hausmeisterehepaar erklärte Kündigung auch dem Ehemann gegenüber unwirksam ist, wenn die Ehefrau unter den mutterschutzrechtlichen Kündigungsschutz fällt (*BAG* 21.10.1971 EzA § 1 KSchG Nr. 23; HaKo-MuSchG/BEEG/*Schöllmann* § 17 MuSchG Rn 14). Etwas anderes soll nach überwiegender Auffassung dann gelten, wenn der Arbeitsvertrag der Frau abhängig vom Bestand des Arbeitsverhältnisses des Ehemanns **auflösend bedingt** geschlossen und dem Ehemann wirksam gekündigt wurde (*BAG* 17.5.1962 EzA § 9 aF MuSchG Nr. 2; HaKo-MuSchG/BEEG/*Schöllmann* § 17 MuSchG Rn 14; s.a. Rdn 191). 39

40 Das Kündigungsverbot des § 17 MuSchG gilt nach § 10 Abs. 2 BBiG auch für **Berufsausbildungsverhältnisse**. Es dauert vom Beginn der Probezeit bis zum Ende der vereinbarten Vertragsdauer an (*LAG Bln.* 1.7.1985 LAGE § 9 MuSchG Nr. 6). Sofern die Vertragsparteien nichts anderes vereinbart haben, endet das Ausbildungsverhältnis mit dem Ende der Ausbildungszeit (§ 21 Abs. 1 S. 1 BBiG). Für diesen Beendigungstatbestand ist keine Kündigung erforderlich. Der mutterschutzrechtliche Kündigungsschutz besteht nicht. Für Kündigungen während der Ausbildungszeit ist dagegen das mutterschutzrechtliche Kündigungsverbot zu beachten. Das gilt auch für Kündigungen während der Vertragsdauer von befristeten sog. **Umschulungs- und Anlernverhältnissen**.

41 Zur Benachteiligung von **Arbeitsplatzbewerberinnen** bei der Begründung eines Arbeitsverhältnisses wegen des Bestehens einer Schwangerschaft s. KR-*Treber/Plum* § 3 AGG Rdn 15 ff. Zu der **kollisionsrechtlichen Reichweite** DDZ-*Söhngen/Brecht-Heitzmann* § 17 MuSchG Rn 10.

II. Ausgenommene und beschränkt geschützte Personengruppen

1. Familien-Haushaltskräfte

42 Für bestimmte im Familienhaushalt beschäftigte Frauen sah § 9 Abs. 1 S. 2 MuSchG **in der bis 31.12.1996 geltenden Fassung** eine Begrenzung des mutterschutzrechtlichen Kündigungsschutzes auf die Zeit der ersten fünf Monate der Schwangerschaft vor (s. Rdn 35). Diese Einschränkung wurde mit der am 1.1.1997 in Kraft getretenen Neufassung des § 9 MuSchG gestrichen (s. Rdn 23). Der Kündigungsschutz des § 17 MuSchG gilt auch für Familien-Haushaltskräfte uneingeschränkt und unabhängig von der im Haushalt ausgeübten Tätigkeit.

2. Heimarbeitskräfte

43 Der mutterschutzrechtliche **Kündigungsschutz** des § 17 Abs. 1 MuSchG **gilt** grds. auch für die in Heimarbeit beschäftigten Frauen (Rdn 36). Ausgenommen hiervon sind solche Frauen, die Heimarbeiterinnen und Hausgewerbetreibenden gleichgestellt sind, deren Gleichstellung sich aber nicht ausdrücklich auf den heimarbeitsrechtlichen Kündigungsschutz des § 29 HAG erstreckt (Rdn 36). Maßgeblich für den Umfang der Gleichstellung ist der Inhalt des Gleichstellungsbescheids. Nach § 1 Abs. 3 S. 1 HAG bezieht sich die Gleichstellung, wenn in ihr nichts anderes bestimmt ist, lediglich auf die allg. Schutzvorschriften und die Vorschriften über die Entgeltregelung, den Entgeltschutz und die Auskunftspflicht über Entgelte (Dritter, Sechster, Siebenter und Achter Abschnitt des HAG). Eine Ausdehnung auf den im Neunten Abschnitt des HAG geregelten heimarbeitsrechtlichen Kündigungsschutz gehört damit nicht zum Normalinhalt eines Gleichstellungsbescheids. § 1 Abs. 3 S. 2 HAG erweitert die Gleichstellungsmöglichkeiten. Die zuständige Arbeitsschutzbehörde kann die Gleichstellung auch auf den heimarbeitsrechtlichen Kündigungsschutz erstrecken. Wegen Einzelheiten des mutterschutzrechtlichen Kündigungs- und Beschäftigungsschutzes von Heimarbeiterinnen und hausgewerbetreibenden Frauen s. Rdn 221–226.

3. Beamtinnen, Richterinnen, Soldatinnen

44 Beamtinnen, Richterinnen und manche Soldatinnen gehören nach § 1 Abs. 3 MuSchG nicht dem von § 17 Abs. 1 MuSchG geschützten Personenkreis an. Das ist vom EuGH noch nicht gebilligt. Die nationale Regelung dürfte jedoch unionsrechtlich unbedenklich sein, weil Beamtinnen, Richterinnen und Soldatinnen im deutschen Recht einen äquivalenten eigenen Mutterschutz genießen (vgl. zu dem regelmäßig weiteren primärrechtlichen Arbeitnehmerbegriff iSv Art. 45 AEUV zB [im Urlaubsrecht] *EuGH* 3.5.2012 [Neidel] EzA-SD 2012 Nr. 10, 6 oder [im Recht der Arbeitnehmerfreizügigkeit] *EuGH* 28.6.2012 – C-172/11 [Erny]; *Borelli* AuR 2011, 472; *Rebhahn* EuZA 2012, 3).

45 Seit 14.2.2009 gilt die Verordnung zur Neuregelung mutterschutz- und elternzeitrechtlicher Vorschriften vom 12.2.2009 – **Mutterschutz- und Elternzeitverordnung** (MuSchEltZV) – (BGBl. I S. 320, zuletzt geändert durch Art. 6 des Gesetzes vom 15.2.2021, BGBl. I S. 239), die aufgrund von § 79 Abs. 1 S. 1 BBG, § 46 DRiG und § 28 Abs. 7 S. 2 SG erlassen wurde. In den Ländern

gibt es Sondervorschriften, die zum Teil umfänglich auf das Bundesrecht verweisen. In einigen Ländern bestehen eigenständige Sonderregelungen. Alle Bundes- und Landesregelungen mussten an die Änderung des Bundesrechts durch das Gesetz zur Neuregelung des Mutterschutzrechts angepasst werden (vgl. iE *Hamdan* NVwZ 2018, 1097 ff.). **§ 4 Abs. 1, 2 und 3 der MuSchEltZV** lautet:

> »(1) ¹*Während der Schwangerschaft, bis zum Ablauf von vier Monaten nach einer Fehlgeburt nach der zwölften Schwangerschaftswoche und bis zum Ende der Schutzfrist nach der Entbindung, mindestens bis zum Ablauf von vier Monaten nach der Entbindung, darf die Entlassung von Beamtinnen auf Probe und von Beamtinnen auf Widerruf gegen ihren Willen nicht ausgesprochen werden, wenn der oder dem Dienstvorgesetzten die Schwangerschaft, die Fehlgeburt nach der zwölften Schwangerschaftswoche oder die Entbindung bekannt ist.* ²*Eine ohne diese Kenntnis ergangene Entlassungsverfügung ist zurückzunehmen, wenn innerhalb von zwei Wochen nach ihrer Zustellung der oder dem Dienstvorgesetzten die Schwangerschaft, die Fehlgeburt nach der zwölften Schwangerschaftswoche oder die Entbindung mitgeteilt wird.* ³*Das Überschreiten dieser Frist ist unbeachtlich, wenn dies auf einem von der Beamtin nicht zu vertretenden Grund beruht und die Mitteilung über die Schwangerschaft, die Fehlgeburt oder die Entbindung unverzüglich nachgeholt wird.* ⁴*Die Sätze 1 bis 3 gelten entsprechend für Vorbereitungsmaßnahmen des Dienstherrn, die er im Hinblick auf eine Entlassung einer Beamtin trifft.*
>
> *(2) Die oberste Dienstbehörde kann in besonderen Fällen, die nicht mit dem Zustand der Beamtin in der Schwangerschaft, nach einer Fehlgeburt nach der zwölften Schwangerschaftswoche oder nach der Entbindung in Zusammenhang stehen, ausnahmsweise die Entlassung für zulässig erklären.*
>
> *(3) Die §§ 31, 32, 34 Absatz 4, § 35 Satz 1, letzterer vorbehaltlich der Fälle des § 24 Absatz 3, sowie die §§ 36 und 37 Absatz 1 Satz 3 des Bundesbeamtengesetzes bleiben unberührt.*«

D. Voraussetzungen des mutterschutzrechtlichen Kündigungsschutzes

I. Vorliegen einer Schwangerschaft, einer Fehlgeburt nach der zwölften Schwangerschaftswoche oder einer Entbindung

§ 17 Abs. 1 S. 1 MuSchG greift ein, während eine Schwangerschaft besteht (§ 17 Abs. 1 S. 1 Nr. 1 MuSchG; Rdn 47–49). Der Schutz erstreckt sich darüber hinaus auf die Zeit bis zum Ablauf von vier Monaten nach einer Fehlgeburt nach der zwölften Schwangerschaftswoche (§ 17 Abs. 1 S. 1 Nr. 2 MuSchG) oder bis zum Ende der Schutzfrist nach der Entbindung, mindestens jedoch bis zum Ablauf von vier Monaten nach der Entbindung (§ 17 Abs. 1 S. 1 Nr. 3 MuSchG; Rdn 50–52). 46

1. Schwangerschaft

Das Kündigungsverbot des § 17 Abs. 1 S. 1 Nr. 1 MuSchG setzt voraus, dass eine Schwangerschaft im Zeitpunkt des Zugangs der Kündigungserklärung **objektiv** besteht (vgl. *BVerfG* 14.7.1981 BVerfGE 58, 153; die Mitteilung einer begonnenen Behandlung, die der künstlichen Befruchtung dient, reicht nicht aus: *LAG SchlH* 17.11.1997 LAGE § 242 BGB Nr. 3; *ArbG Elmshorn* 29.11.1996 EzA § 242 BGB Nr. 40; [für Annahme eines Verstoßes gegen § 138 Abs. 1, §§ 242, 612a BGB bei Kündigung nach derartiger Mitteilung *Willikonsky* § 9 MuSchG Rn 26]; s.a. Rdn 48). Der besondere Kündigungsschutz besteht deshalb nicht, wenn die erwerbstätige Frau (zB aufgrund einer unrichtigen ärztlichen Bescheinigung) irrtümlich davon ausgeht, sie sei schwanger (*BAG* 13.6.1996 EzA § 9 nF MuSchG Nr. 34 m. Anm. *Winterfeld;* Roos/Bieresborn/*Betz* § 17 MuSchG Rn 20; Brose/Weth/Volk/ *Volk* § 17 MuSchG Rn 17). Tritt die Schwangerschaft erst während der Kündigungsfrist ein, gilt das Kündigungsverbot nicht (ebenso ErfK-*Schlachter* § 17 MuSchG Rn 3). Vgl. zur Ermittlung des **Schwangerschaftsbeginns**, für den die Beschäftigte oder ihr Gleichgestellte **darlegungs- und beweispflichtig** ist, Rdn 94. 47

Schwangerschaft iSv § 17 MuSchG besteht in der **Zeit von der** Befruchtung (Konzeption; HaKo-KSchR/*Böhm* § 17 MuSchG Rn 7, 19 ff.; DDZ-*Söhngen/Brecht-Heitzmann* § 17 MuSchG Rn 21) **bis zur** Entbindung (s. Rdn 50), bis zu einer **Fehlgeburt** (s. Rdn 50) oder einem **Schwangerschaftsabbruch** iSv § 218 StGB (s. Rdn 51). Auch eine **Bauchhöhlenschwangerschaft** oder eine sonstige **extrauterine Gravidität** reicht aus (HaKo-MuSchG/BEEG/*Schöllmann* § 17 MuSchG Rn 33; 48

DDZ-*Söhngen/Brecht-Heitzmann* § 17 MuSchG Rn 21 [für eine Bauchhöhlenschwangerschaft]; offengelassen für die Bauchhöhlenschwangerschaft von *BAG* 3.3.1966 AuR 1966, 153). Eine **künstliche Befruchtung** führt ab dem Zeitpunkt der Einsetzung einer befruchteten Eizelle in die Gebärmutter (Embryonentransfer) und nicht bereits mit der Befruchtung der Eizelle außerhalb des Körpers der Frau zu einer Schwangerschaft iSv § 17 MuSchG (*BAG* 26.3.2015 NZA 2015, 734 Rn 18 ff.; ErfK-*Schlachter* § 17 MuSchG Rn 3; HaKo-MuSchG/BEEG/*Schöllmann* § 17 MuSchG Rn 33; im Ergebnis ebenso *EuGH* 26.2.2008 [Mayr] EzA Richtlinie 92/85 EG-Vertrag 1999 Nr. 3 Rn 41 f.; allerdings sah der EuGH bei einer Kündigung in vorgerücktem Behandlungsstadium einer In-vitro-Fertilisation [zwischen Follikelpunktion und sofortiger Einsetzung der in vitro befruchteten Eizelle in die Gebärmutter] einen Verstoß gegen Art. 2 Abs. 1 und Art. 5 Abs. der RL 76/207/EWG des Rates vom 9.2.1976, sofern nachgewiesen ist, dass die Tatsache, dass sich die Arbeitnehmerin iSd Unionsrechts einer solchen Behandlung unterzogen hat, der hauptsächliche Grund für die Kündigung ist [zu dieser RL s.a. Rdn 26; die RL wurde im hier interessierenden Zusammenhang der Diskriminierung wegen des Geschlechts durch die **RL 2006/54/EG** vom 5.7.2006 zur Verwirklichung des Grundsatzes der Chancengleichheit und der Gleichbehandlung von Männern und Frauen in Arbeits- und Beschäftigungsfragen abgelöst, ABl. EU L 204 S. 23; zu der RL näher s. Rdn 26 ff.]; s.a. Roos/Bieresborn/*Betz* § 17 MuSchG Rn 27). Eine außerhalb des Geltungsbereichs des KSchG ausgesprochene Kündigung ist nach § 134 BGB iVm § 7 Abs. 1, §§ 1, 3 AGG nichtig, wenn sie wegen einer beabsichtigten In-vitro-Fertilisation und der damit verbundenen Möglichkeit einer Schwangerschaft erklärt wird (*BAG* 26.3.2015 NZA 2015, 734, Rn 32, 37; zu den vom MuSchRNRG nicht gelösten Fragen der Reproduktionsmedizin iE *Brose* NZA 2016, 604, die die Rechtsprechungskonzepte des EuGH und des BAG für stimmig hält).

49 Es ist selbstverständlich unerheblich, ob die Schwangere ledig, verheiratet, geschieden oder verwitwet ist (*BVerfG* 26.8.1970 AP Nr. 32 zu § 9 MuSchG).

2. Entbindung

50 Der besondere Kündigungsschutz besteht nur dann über den Zeitraum der Schwangerschaft (§ 17 Abs. 1 S. 1 Nr. 1 MuSchG) hinaus bis zum Ende der Schutzfrist nach der Entbindung (§ 3 Abs. 2 MuSchG), mindestens jedoch bis zum Ablauf von vier Monaten nach der Entbindung (§ 17 Abs. 1 S. 1 Nr. 3), wenn die Schwangerschaft zur Entbindung geführt hat (*LAG Köln* 21.1.2000 NZA-RR 2001, 303; *LAG Hmb.* 26.11.2003 NZA-RR 2005, 72). Dazu muss sich das Kind bereits zu einem Stadium entwickelt haben, in dem es zu einem selbständigen Leben grds. fähig ist (*BAG* 15.12.2005 EzA § 9 nF MuSchG Nr. 41). Die **viermonatige Mindestfrist** ist eine Ereignisfrist. Sie berechnet sich nach § 187 Abs. 1, § 188 Abs. 2 Alt. 1 BGB ab dem Tag der Entbindung (Brose/Weth/*Volk*/*Volk* § 17 MuSchG Rn 40). Wird die Mutter zB am 8.1. entbunden, endet die Mindestschutzfrist am 8.5. Die Gesetzesneufassung des § 17 Abs. 1 S. 1 Nr. 3 MuSchG stellt übereinstimmend mit der Vorgabe in Art. 10 der Mutterschutzrichtlinie 92/85/EWG klar, dass eine Kündigung bis zum Ende der Schutzfrist nach der Entbindung (§ 3 Abs. 2 MuSchG) grds. unzulässig ist. Art. 10 der Mutterschutzrichtlinie gibt vor, dass eine Kündigung während der Schwangerschaft und bis zum Ende des Mutterschaftsurlaubs unzulässig ist. Die bisherige Regelung in § 9 Abs. 1 S. 1 MuSchG aF sah lediglich einen Kündigungsschutz bis zum Ablauf von vier Monaten, also weniger als 18 Wochen nach der Entbindung, vor. In Fällen, in denen eine achtzehnwöchige Schutzfrist nach der Entbindung bestand, kam es aus Sicht des Gesetzgebers zu einer Lücke im besonderen Kündigungsschutz. Diese angenommene Lücke schließt § 17 Abs. 1 S. 1 Nr. 3 MuSchG. Eine Schutzfrist von 18 Wochen nach der Entbindung besteht zB dann, wenn das Kind vor der sechswöchigen vorgeburtlichen Schutzfrist geboren wird und die Schutzfrist nach der Geburt wegen einer Frühgeburt zwölf Wochen beträgt (BT-Drucks. 18/8963 S. 87; HaKo-KSchR/*Böhm* § 17 MuSchG Rn 22; Tillmanns/Mutschler/*Just* § 17 MuSchG Rn 19; krit. dazu HaKo-MuSchG/BEEG/*Schöllmann* § 17 MuSchG Rn 41 mit dem Argument, Art. 8 Abs. 1 der Mutterschutzrichtlinie gebe nur vor, dass der Mutterschaftsurlaub mindestens 14 Wochen umfassen muss, wobei nach Art. 8 Abs. 2 der Richtlinie mindestens zwei Wochen vor und/oder nach der Entbindung liegen müssen). Entbindung ist grds. die Trennung der Leibesfrucht vom Mutterleib (*BAG* 12.12.2013 EzA § 15 AGG

Nr. 23, Rn 28). Das Merkmal **Entbindung** erfasst damit **jede Lebendgeburt** (§ 31 Abs. 1 PStV), auch **Frühgeburten** (vgl. zum Begriff der Frühgeburt auch *LSG Nds.* 3.3.1987 NZA 1987, 544). Eine Entbindung liegt auch bei einer **Totgeburt** (§ 31 Abs. 2 PStV) vor. Der Kündigungsschutz bleibt trotz der Totgeburt in der Zeit zwischen dem Versterben des Kindes in der Gebärmutter mit einem Gewicht von mindestens 500 Gramm und der Entbindung erhalten (*BAG* 12.12.2013 EzA § 15 AGG Nr. 23, Rn 28; ErfK-*Schlachter* § 17 MuSchG Rn 5; HaKo-MuSchG/BEEG/*Schöllmann* § 17 MuSchG Rn 38; DDZ-*Söhngen/Brecht-Heitzmann* § 17 MuSchG Rn 22). Um eine Totgeburt handelt es sich, wenn das Gewicht der Leibesfrucht mindestens 500 Gramm beträgt, bei dem Kind nach der Scheidung vom Mutterleib aber weder das Herz geschlagen noch die Nabelschnur pulsiert oder die natürliche Lungenatmung eingesetzt hat (§ 31 Abs. 2 iVm Abs. 1 PStV). Ein Arbeitgeber erklärt eine Kündigung zur Unzeit, wenn er sie einer Arbeitnehmerin am Vorabend eines Krankenhausaufenthalts zugehen lässt, bei dem die Arbeitnehmerin einen sog. artifiziellen Abort vornehmen lassen muss und dem Arbeitgeber das bekannt ist. Die Kündigung ist treuwidrig iSv § 242 BGB, weil sie die Arbeitnehmerin geschlechtsspezifisch diskriminiert (*BAG* 12.12.2013 EzA § 15 AGG Nr. 23, Rn 33). Von der Totgeburt zu unterscheiden ist die **Fehlgeburt** (Roos/Bieresborn/*Betz* § 17 MuSchG Rn 28; Brose/Weth/Volk/*Volk* § 17 MuSchG Rn 37). Nach früherer verbreiteter Auffassung bestand der besondere Kündigungsschutz nach der Entbindung bei einer Fehlgeburt nicht (*BAG* 16.2.1973 EzA § 9 nF MuSchG Nr. 14; *LAG Hmb.* 26.11.2003 NZA-RR 2005, 72; *LAG Köln* 21.1.2000 NZA-RR 2001, 303; *Buchner/Becker* 8. Aufl. § 9 MuSchG Rn 17 u. § 1 MuSchG Rn 158 ff., in Rn 159 mit ausführlicher Auseinandersetzung mit den Gegenstimmen; *Richardi* JZ 1974, 188 f.; aA DDZ-*Söhngen* § 9 MuSchG 10. Aufl. Rn 22; *Schwerdtner* JZ 1974, 480; *E. Wolf* Anm. AP Nr. 2 zu § 9 MuSchG 1968). Das *BAG* (16.2.1973 EzA § 9 nF MuSchG Nr. 14) rechtfertigte die Unterscheidung von Tot- und Fehlgeburt auf der Grundlage von § 9 MuSchG aF unter Hinweis auf den Zweck des besonderen Kündigungsschutzes, mögliche Konflikte der erwerbstätigen Mutter zwischen ihren mutterschaftlichen Aufgaben und ihren Bindungen aus der Erwerbstätigkeit durch verstärkten Arbeitsplatzschutz auszugleichen. Ob eine **Fehlgeburt vorlag**, bestimmte sich aus Sicht des BAG nach der Begriffsbestimmung in § 31 Abs. 1, Abs. 3 S. 1 PStV (*BAG* 15.12.2005 EzA § 9 nF MuSchG Nr. 41). Danach handelt es sich um eine Fehlgeburt, wenn das Gewicht der Leibesfrucht bei der Geburt weniger als 500 Gramm beträgt und nach der Scheidung vom Mutterleib weder das Herz geschlagen noch die Nabelschnur pulsiert oder die natürliche Lungenatmung eingesetzt hat. Ist eine dieser Voraussetzungen erfüllt, liegt dagegen keine Fehlgeburt vor (zur Totgeburt schon oben). Dementsprechend ging das BAG bei einem Geburtsgewicht von 600 Gramm grds. davon aus, dass das Kind zu selbständigem Leben fähig war (*BAG* 15.12.2005 EzA § 9 nF MuSchG Nr. 41). Die nach dieser Auffassung auftretende Schutzlücke schließt § 17 Abs. 1 S. 1 Nr. 2 MuSchG nF für Fehlgeburten nach der zwölften Schwangerschaftswoche (Roos/Bieresborn/*Betz* § 17 MuSchG Rn 28 f.; DDZ-*Söhngen/Brecht-Heitzmann* § 17 MuSchG Rn 23; Brose/Weth/Volk/*Volk* § 17 MuSchG Rn 29, 37). Frauen sind nach einer Fehlgeburt unabhängig von der Gewichtsgrenze des Kindes von 500 Gramm einer besonderen Belastung ausgesetzt. Mit der Stichtagsregelung nach der zwölften Schwangerschaftswoche wird dem Umstand Rechnung getragen, dass die Schwangerschaft danach aus psychologischer Sicht als »sicher« bewertet wird und sich die Bindung der Mutter zu ihrem ungeborenen Kind ab diesem Zeitpunkt besonders intensiviert (BT-Drucks. 18/8963 S. 87 f.; Roos/Bieresborn/*Betz* § 17 MuSchG Rn 29; HaKo-MuSchG/BEEG/*Schöllmann* § 17 MuSchG Rn 39; Brose/Weth/Volk/*Volk* § 17 MuSchG Rn 30). Der besondere Kündigungsschutz besteht während der Dauer von vier Monaten nach der Fehlgeburt. Bei einer Fehlgeburt bis zum Ablauf der zwölften Schwangerschaftswoche endet der besondere Kündigungsschutz mit der Fehlgeburt (Roos/Bieresborn/*Betz* § 17 MuSchG Rn 30; HaKo-MuSchG/BEEG/*Schöllmann* § 17 MuSchG Rn 39).

Stirbt das Kind nach der Entbindung, bleibt der besondere mutterschutzrechtliche Kündigungsschutz bestehen. Dasselbe gilt bei einer **Freigabe zur Adoption** (HaKo-MuSchG/BEEG/*Schöllmann* § 17 MuSchG Rn 38; DDZ-*Söhngen/Brecht-Heitzmann* § 17 MuSchG Rn 22) Tritt innerhalb der viermonatigen Schutzfrist nach der Entbindung eine **erneute Schwangerschaft** ein, dauert der besondere Kündigungsschutz fort. In keiner dieser Fallgestaltungen kann es als rechtsmissbräuchlich angesehen werden, wenn sich die Frau auf den besonderen Kündigungsschutz beruft (*Meisel/Sowka* § 9 MuSchG Rn 102; *Zmarzlik/Zipperer/Viethen/Vieß/Viethen/Wascher* § 9 MuSchG Rn 12 f.). Endete die Schwangerschaft dagegen durch einen **Schwangerschaftsabbruch iSv § 218 StGB**, war der besondere Kündigungsschutz des § 9 MuSchG aF damit nach überwiegender Auffassung grds. beendet. Die frühere Frist von vier Monaten kam nicht zum Tragen (*Buchner/Becker* 8. Aufl. Rn 18; *Meisel/Sowka* Rn 101). Das BAG weist aber zu Recht darauf hin, dass nicht jeder Abbruch einer Schwangerschaft ein Fall des § 218 StGB (Abtreibung) ist (*BAG* 15.12.2005 EzA § 9 nF MuSchG Nr. 41: Fall eines medizinisch indizierten vorzeitigen Abbruchs). Mit Blick auf den nun in das Gesetz aufgenommenen Kündigungsschutz des § 17 Abs. 1 S. 1 Nr. 2 MuSchG bei Fehlgeburten nach der zwölften Schwangerschaftswoche stellt sich die Frage des mutterschutzrechtlichen Kündigungsschutzes bei Schwangerschaftsabbrüchen neu. Medizinisch sind Fehlgeburten sowohl Fehlgeburten aus natürlichen Ursachen (Spontanaborte) als auch Schwangerschaftsabbrüche (artifizielle Aborte). Der Wortlaut des § 17 Abs. 1 S. 1 Nr. 2 MuSchG unterscheidet nicht klar nach der Art der Fehlgeburt (Roos/Bieresborn/*Betz* § 17 MuSchG Rn 32; HaKo-MuSchG/BEEG/*Schöllmann* § 17 MuSchG Rn 40). Der Zweck der Neuregelung ist jedoch, die Belastungssituation zumindest arbeitsrechtlich aufzufangen, die mit dem Abbruch einer nach der zwölften Schwangerschaftswoche als »sicher« bewerteten Schwangerschaft und dem Verlust der intensiveren seelischen Bindung der Frau an das ungeborene Kind verbunden ist (BT-Drucks. 18/8963 S. 87 f.; s. Rdn 50). Das spricht dagegen, Schwangerschaftsabbrüche iS artifizieller Aborte in den Kündigungsschutz des § 17 Abs. 1 S. 1 Nr. 2 MuSchG einzubeziehen (ähnlich HaKo-MuSchG/BEEG/*Schöllmann* § 17 MuSchG Rn 40). Jedenfalls dann, wenn die Schwangerschaft früher als zum mutmaßlichen Entbindungstermin beendet wurde, ohne dass die Lebensfähigkeit der Leibesfrucht zielgerichtet beeinträchtigt werden sollte, kann eine Entbindung iSv § 17 Abs. 1 S. 1 Nr. 2 MuSchG anzunehmen sein (vgl. zum alten Recht *BAG* 15.12.2005 EzA § 9 nF MuSchG Nr. 41; wie hier HaKo-KSchR/*Böhm* § 17 MuSchG Rn 8; HaKo-MuSchG/BEEG/*Schöllmann* § 17 MuSchG Rn 40; DDZ-*Söhngen/Brecht-Heitzmann* § 17 MuSchG Rn 24). Die Beschäftigte oder ihr Gleichgestellte verliert den besonderen Kündigungsschutz auch im Fall eines artifiziellen Aborts nicht rückwirkend. Eine während der Schwangerschaft ohne behördliche Zustimmung erklärte Kündigung bleibt unwirksam.

3. Fehlgeburt

52 Neu ist der durch das MuSchRNRG eingeführte viermonatige Sonderkündigungsschutz für Beschäftigte und ihnen Gleichgestellte, die nach der zwölften Schwangerschaftswoche eine Fehlgeburt erleiden (§ 17 Abs. 1 S. 1 Nr. 2 MuSchG). Berücksichtigt wird die besondere Belastung, die ein so später Verlust des ungeborenen Kindes für die Eltern bedeutet (BT-Drucks. 18/8963 S. 87 f.; Rdn 50; *Benkert* NJW-Spezial 2017, 562, 563; vgl. schon Rdn 51; zum Begriff der Fehlgeburt Rdn 50 f.).

II. Kenntnis des Arbeitgebers oder des ihm Gleichgestellten von Schwangerschaft, Fehlgeburt oder Entbindung

1. Kenntnis

53 Neben den objektiven Tatbestandsmerkmalen (Bestehen einer Schwangerschaft, Fehlgeburt nach der zwölften Schwangerschaftswoche oder Dauer bis zum Ende der Schutzfrist nach der Entbindung, mindestens jedoch bis zum Ablauf von vier Monaten nach der Entbindung) enthält das gesetzliche Kündigungsverbot des § 17 Abs. 1 S. 1 MuSchG auch subjektive Kriterien. Nur wenn der Arbeitgeber zur Zeit der Kündigung **positive Kenntnis** von der Schwangerschaft oder der Entbindung hat, greift der mutterschutzrechtliche Kündigungsschutz ein. Dieses Tatbestandsmerkmal ist von der Novelle durch das MuSchRNRG unberührt geblieben. Der positiven Kenntnis zur Zeit der Kündigung hat das Gesetz den Fall gleichgestellt, dass dem Arbeitgeber innerhalb einer Frist von zwei Wochen nach Zugang der Kündigung die Schwangerschaft oder Entbindung mitgeteilt wird (*BAG* 17.10.2013 EzA § 3 AGG Nr. 8, Rn 27). Dass die Zweiwochenfrist überschritten wird,

ist unschädlich, wenn die Überschreitung auf einem von der Frau nicht zu vertretenden Grund beruht und die Mitteilung unverzüglich nachgeholt wird (§ 17 Abs. 1 S. 1 2. Alt. MuSchG).

Da das Gesetz die »Kenntnis« des Arbeitgebers fordert, greift das mutterschutzrechtliche Kündigungsverbot selbst bei **fahrlässiger und sogar grob fahrlässiger Unkenntnis** des Arbeitgebers nicht ein (vgl. zu § 9 MuSchG aF schon *LAG BW* 30.11.1967 DB 1968, 624; *LAG Düsseld.* 21.7.1964 DB 1964, 1416; *Larenz* Anm. AP Nr. 9 zu § 9 MuSchG; Roos/Bieresborn/*Betz* § 17 MuSchG Rn 37; Brose/Weth/Volk/*Volk* § 17 MuSchG Rn 43). Eine bloße **Vermutung** des Arbeitgebers genügt nicht (Brose/Weth/Volk/*Volk* § 17 MuSchG Rn 44), auch keine bloßen **Gerüchte** (*LAG BW* 30.11.1967 DB 1968, 624). Dem Arbeitgeber obliegt in Fällen einer nur vermuteten Schwangerschaft oder Entbindung auch keine **Erkundigungspflicht** (ebenso etwa Roos/Bieresborn/*Betz* § 17 MuSchG Rn 37; Tillmanns/Mutschler/*Just* § 17 MuSchG Rn 25; APS-*Rolfs* § 17 MuSchG Rn 46; HaKo-MuSchG/BEEG/*Schöllmann* § 17 MuSchG Rn 47; DDZ-*Söngen/Brecht-Heitzmann* § 17 MuSchG Rn 26; aA HaKo-KSchR/*Böhm* § 17 MuSchG Rn 9; HWK-*Hergenröder* § 17 MuSchG Rn 8; ErfK-*Schlachter* § 17 MuSchG Rn 7 jeweils unter Hinweis auf *EuGH* 11.11.2010 [Danosa] EzA Richtlinie 92/85 EG-Vertrag 1999 Nr. 5, *Schlachter* insbes. auch für den Fall, dass sich der Hinweis aus einer Arbeitsunfähigkeitsbescheinigung ergibt, mit Bezug auf *BAG* 13.4.1956 AP Nr. 9 zu § 9 MuSchG; *LAG Düsseld.* 21.7.1964 DB 1964, 1416: Kenntnis von der Schwangerschaft durch Gerüchte im Betrieb; s.a. Rdn 62–65). Die Annahme einer Erkundigungspflicht setzte zunächst voraus, dass entgegen der nahezu allg. Auffassung fahrlässige oder grob fahrlässige Unkenntnis des Arbeitgebers von der Schwangerschaft doch zum Eingreifen des § 17 MuSchG führte. Das widerspräche dem Erfordernis positiver Kenntnis des Arbeitgebers. Mangels Bestehens einer gesetzlichen Aufklärungspflicht des Arbeitgebers könnte eine entsprechende Nebenpflicht zudem allenfalls aus einer Rücksichtnahmepflicht iSv § 241 Abs. 2 BGB gefolgert werden. Das Gesetz knüpft an eine schuldhaft verspätete Mitteilung jedoch den Verlust des besonderen Kündigungsschutzes. Diese Rechtsfolge darf durch die Annahme einer vertraglichen Aufklärungspflicht des Arbeitgebers nicht wieder beseitigt werden (*LAG BW* 30.11.1967 DB 1968, 624; *ArbG Köln* 8.4.1968 DB 1968, 1140). Die Kündigung des Arbeitsverhältnisses einer schwangeren Beschäftigten oder ihr Gleichgestellten ist unabhängig von § 17 MuSchG auch nichtdiskriminierend, wenn der Arbeitgeber die Schwangerschaft nicht kennt. Geschlechtsspezifische Gründe können den Arbeitgeber in diesem Fall nicht zur Kündigung motiviert haben (*BAG* 17.10.2013 EzA § 3 AGG Nr. 8, Rn 25). Den Befürwortern einer Erkundigungspflicht ist zuzugeben, dass der EuGH es bereits als richtlinienzweckwidrig angesehen hat, den Kündigungsschutz zu verweigern, wenn der Arbeitgeber zwar nicht von der Beschäftigten oder ihr Gleichgestellten über die Schwangerschaft informiert worden war, aber dennoch Kenntnis von der Schwangerschaft hatte (*EuGH* 11.11.2010 [Danosa] EzA Richtlinie 92/85 EG-Vertrag 1999 Nr. 5; ErfK-*Schlachter* § 17 MuSchG Rn 7). Das ist jedoch ein anderer Fall, in dem der Arbeitgeber gerade positive Kenntnis von der Schwangerschaft erlangt. Eine Erkundigungspflicht kann demgegenüber nur dann bestehen, wenn der Arbeitgeber nicht positiv um die Schwangerschaft weiß, sondern sie allenfalls aus Indizien schließen kann.

2. Arbeitgeber oder ihm gleichgestellte Personen

Arbeitgeber iSv § 17 Abs. 1 ist das Rechtssubjekt, mit dem die Arbeitnehmerin in einem Arbeitsverhältnis steht. Dabei kann es sich um eine juristische oder natürliche Person oder eine gesamthänderisch verbundene Personenmehrheit handeln. Entscheidend ist, ob der Arbeitgeber als natürliche Person Kenntnis erlangt oder der gesetzliche Vertreter informiert ist. Besteht der Arbeitgeber aus **mehreren Personen** (etwa bei einer Gesellschaft bürgerlichen Rechts) oder gibt es **mehrere gesetzliche Vertreter**, reicht die Information gegenüber einem von ihnen aus (*ArbG Marburg* 13.2.1964 DB 1964, 846; Roos/Bieresborn/*Betz* § 17 MuSchG Rn 38; Brose/Weth/Volk/*Volk* § 17 MuSchG Rn 51; Meisel/*Sowka* § 9 MuSchG Rn 89; 1964, 846). Entsprechendes gilt bei **mehreren Arbeitgebern** in einem einheitlichen Arbeitsverhältnis (Roos/Bieresborn/*Betz* § 17 MuSchG Rn 38; ErfK-*Schlachter* § 17 MuSchG Rn 2; HaKo-MuSchG/BEEG/*Schöllmann* § 17 MuSchG Rn 14; DDZ-*Söngen/Brecht-Heitzmann* § 17 MuSchG Rn 28). Da in einem größeren Unternehmen meist eine Vielzahl von Personen beschäftigt ist, denen die Wahrnehmung spezifischer Arbeitgeberfunktionen

§ 17 MuSchG   Kündigungsverbot

obliegt, tritt in der Praxis häufig die Frage auf, ob dem Arbeitgeber die Kenntnis dieser Personen zuzurechnen ist. Es handelt sich um ein Problem **zuzurechnenden Wissens**, wie es zB auch bei § 626 Abs. 2 BGB auftritt (vgl. etwa *BAG* 28.10.1971 EzA § 626 nF BGB Nr. 8). Die dem Arbeitgeber gleichgestellten Personen, Einrichtungen und Gemeinschaften listet § 2 Abs. 1 S. 2 MuSchG auf.

56 Dem Arbeitgeber ist die Kenntnis der Personen zuzurechnen, die als seine **Vertreter oder Beauftragten** verantwortlich sind (*BAG* 18.2.1965 AP Nr. 26 zu § 9 MuSchG m. zust. Anm. *Bulla;* Tillmanns/Mutschler/*Just § 17 MuSchG* Rn 27; ErfK-*Schlachter* § 17 MuSchG Rn 7; HaKo-MuSchG/BEEG/*Schöllmann* § 17 MuSchG Rn 50). Die Mitteilung muss deshalb solchen Personen gegenüber erfolgen, die der Arbeitgeber nach allg. rechtsgeschäftlichen Grundsätzen zur Entgegennahme von Schwangerschaftsmitteilungen ermächtigt hat (*BAG* 20.5.1988 EzA § 9 nF MuSchG Nr. 27: Arbeitgeberanwalt im Prozess über eine schon ausgesprochene Kündigung). Eine solche Ermächtigung kann sich auch aus betrieblicher Übung ergeben (*LAG Köln* 10.10.1990 LAGE § 9 MuSchG Nr. 12 Roos/Bieresborn/*Betz* § 17 MuSchG Rn 39). Bei anderen Vorgesetzten ist idR erforderlich, dass sie mit **Aufgaben im personellen Bereich** betraut und aufgrund ihrer Stellung **zur Erklärung einer Kündigung berechtigt** sind (*BAG* 30.5.1972 EzA § 174 BGB Nr. 1; 18.2.1965 AP Nr. 26 zu § 9 MuSchG; 21.12.1961 AP Nr. 1 zu § 37 GmbHG; *LAG München* 23.8.1990 LAGE § 9 MuSchG Nr. 13; APS-*Rolfs* § 17 MuSchG Rn 49; Brose/Weth/Volk/*Volk* § 17 MuSchG Rn 53 stellt auf die Wahrnehmung speziell der Arbeitgeberpflichten aus dem MuSchG ab). Auf die Kenntnis solcher Vorgesetzter, die nicht kündigungsberechtigt sind, kommt es nur ausnahmsweise an. Das ist insbes. dann der Fall, wenn der Vorgesetzte im Innenverhältnis zum Arbeitgeber nicht kündigungsbefugt ist, aber im Außenverhältnis – zB bei Prokura – unbeschränkt handeln darf (vgl. für die entsprechende Wissenszurechnung nach § 626 Abs. 2 BGB Roos/Bieresborn/*Betz* § 17 MuSchG Rn 39; KR-*Fischermeier/Krumbiegel* § 626 BGB Rdn 361 ff.; DDZ-*Söhngen/Brecht-Heitzmann* § 17 MuSchG Rn 29 stellen darauf ab, ob die Stellung des Empfängers im Betrieb erwarten lässt, er werde den Kündigungsberechtigten informieren, ErfK-*Schlachter* § 17 MuSchG Rn 7 hält für entscheidend, ob die Information tatsächlich weitergegeben wird [in Wirklichkeit keine Frage der Wissenszurechnung, sondern der Botenstellung: s. dazu Rdn 60]). »**Untergeordnete**« **Arbeitnehmer** der Personalabteilung (zB Schreibkräfte) gehören nicht zum Kreis der Arbeitgeberrepräsentanten. Das Wissen des Vorgesetzten um die Schwangerschaft oder Entbindung wird auch nicht zugerechnet, wenn sich die Vorgesetztenstellung auf den **rein arbeitstechnischen Bereich** beschränkt (zB Vorarbeiter – vgl. *BAG* 18.2.1965 AP Nr. 26 zu § 9 MuSchG; *Wenzel* BB 1981, 675). S. aber Rdn 60.

57 Ob auch der Ehegatte oder sonstige **Familienangehörige** des Arbeitgebers als dessen Repräsentanten angesehen werden können, richtet sich nach den Umständen des Einzelfalls. Bei mitarbeitenden Familienangehörigen dürfte das idR zu bejahen sein, wenn sie spezifische Arbeitgeberfunktionen wahrzunehmen haben (vgl. *LAG Düsseld.* 22.11.1968 EzA § 9 nF MuSchG Nr. 3; HaKo-MuSchG/BEEG/*Schöllmann* § 17 MuSchG Rn 50; DDZ-*Söhngen/Brecht-Heitzmann* § 17 MuSchG Rn 29).

58 Dagegen ist der **Betriebsarzt** oder **Werksarzt** nicht als »funktioneller Arbeitgeber« anzusehen. Seine Kenntnis kann dem Arbeitgeber nicht zugerechnet werden (für alle: Roos/Bieresborn/*Betz* § 17 MuSchG Rn 40; HWK-*Hergenröder* § 17 MuSchG Rn 8; APS-*Rolfs* § 17 MuSchG Rn 50; ErfK-*Schlachter* § 17 MuSchG Rn 7; HaKo-MuSchG/BEEG/*Schöllmann* § 17 MuSchG Rn 50).

59 Die Kenntnis **von betriebsverfassungsrechtlichen Funktionsträgern** (zB von Betriebsrats- oder Personalratsmitgliedern) kann dem Arbeitgeber nur dann zugerechnet werden, wenn sie aufgrund ihrer arbeitsvertraglichen Funktionen zugleich Vorgesetzte im personellen Bereich sind (*BAG* 18.2.1965 AP Nr. 26 zu § 9 MuSchG; Roos/Bieresborn/*Betz* § 17 MuSchG Rn 40).

60 Kann das Wissen eines Mitteilungsempfängers dem Arbeitgeber nicht zugerechnet werden, können diese Personen allenfalls als **Erklärungsboten** der Beschäftigten oder Gleichgestellten angesehen werden – mit der Maßgabe, dass Wissen des Arbeitgebers erst anzunehmen ist, wenn es weitergegeben wird (Tillmanns/Mutschler/*Just § 17 MuSchG* Rn 27; *Wenzel* BB 1981, 675). Unterlässt ein Bote die Mitteilung ganz oder wird die Mitteilung verspätet weitergeleitet, kann sich die

Beschäftigte oder Gleichgestellte nicht mehr auf § 17 MuSchG berufen, wenn ihr das Verschulden des Boten zugerechnet werden kann (dazu iE s. Rdn 85).

Bei einem **Betriebsinhaberwechsel** (§ 613a BGB) muss sich der Erwerber die dem bisherigen 61 Betriebsinhaber bereits vermittelte positive Kenntnis von der Schwangerschaft oder Entbindung zurechnen lassen. Der Eintritt des neuen Arbeitgebers in die Arbeitgeberstellung nach § 613a BGB bezieht sich auch auf den kündigungsschutzrechtlichen Status der einzelnen Arbeitnehmer und bewirkt einen Eintritt in sich entwickelnde vertragliche Rechtslagen. Da die Kenntnis von der Schwangerschaft oder der Entbindung zu den konstitutiven Merkmalen des mutterschutzrechtlichen Kündigungsschutzes gehört, verschlechterte es den kündigungsschutzrechtlichen Status der unter § 17 MuSchG fallenden Beschäftigten oder Gleichgestellten unzulässig, würde die Kenntnis des früheren Betriebsinhabers nicht berücksichtigt. Um die Rechte aus § 17 MuSchG zu erhalten, ist deshalb keine Mitteilung gegenüber dem neuen Betriebsinhaber erforderlich (ebenso etwa Roos/Bieresborn/*Betz* § 17 MuSchG Rn 41; HWK-*Hergenröder* § 17 MuSchG Rn 8; HaKo-MuSchG/BEEG/*Schöllmann* § 17 MuSchG Rn 50; Brose/Weth/Volk/*Volk* § 17 MuSchG Rn 55). Der neue Arbeitgeber hat sich kundig zu machen. **Nach einem Betriebsinhaberwechsel** iSv § 613a BGB muss die Arbeitnehmerin die Schwangerschaft oder Entbindung dem neuen Betriebsinhaber mitteilen, sofern der bisherige Inhaber nicht bereits Kenntnis von ihr hatte (*LAG München* 28.7.1976 ARSt 1977 Nr. 152; DDZ-*Söhngen/Brecht-Heitzmann* § 17 MuSchG Rn 28). Widerspricht die Arbeitnehmerin dagegen dem Übergang ihres Arbeitsverhältnisses, hat sie die Mitteilung an den bisherigen Betriebsinhaber zu richten (ebenso DDZ-*Söhngen/Brecht-Heitzmann* § 17 MuSchG Rn 28). Unterbleibt die Unterrichtung der Arbeitnehmerin über den Betriebsübergang (§ 613a Abs. 5 BGB) und ist der Zeitpunkt des Übergangs deshalb ungewiss für sie, kann sie auswählen, ob sie die Schwangerschaft oder Entbindung dem bisherigen Arbeitgeber oder dem Erwerber mitteilt.

3. Art und Weise der Kenntniserlangung

Das Kündigungsverbot greift unabhängig davon ein, auf welche Art und Weise der Arbeitgeber von 62 der Schwangerschaft oder der Entbindung Kenntnis erhält. Insbes. ist es nicht erforderlich, dass die Kenntnis des Arbeitgebers oder seines Repräsentanten auf einer **Mitteilung der Beschäftigten oder ihr Gleichgestellten** beruht. Es muss sich auch nicht um eine auf das Arbeitsverhältnis bezogene Mitteilung handeln (Brose/Weth/Volk/*Volk* § 17 MuSchG Rn 48; vgl. auch Rdn 74). Nach § **15 Abs. 1 S. 1 MuSchG** sollen werdende Mütter dem Arbeitgeber ihre Schwangerschaft und den mutmaßlichen Tag der Entbindung mitteilen, sobald sie wissen, dass sie schwanger sind. Eine Verletzung dieser allg. Mitteilungspflicht hat aber keinen Einfluss auf das gesetzliche Kündigungsverbot, sofern der Arbeitgeber aufgrund anderer Erkenntnisquellen sichere Kenntnis von einer bestehenden Schwangerschaft oder einer erfolgten Entbindung hat. Dieses Ergebnis entspricht auch den unionsrechtlichen Vorgaben. Es liefe dem Zweck und dem »Geist« der RL 92/85/EWG zuwider, den Wortlaut ihres Art. 2 Buchst. a eng auszulegen und der Arbeitnehmerin iSd primärrechtlichen unionalen Arbeitnehmerbegriffs den in Art. 10 RL vorgesehenen Kündigungsschutz zu verweigern, wenn der Arbeitgeber von der Schwangerschaft wusste, ohne von der Arbeitnehmerin iSd Unionsrechts selbst formal darüber unterrichtet worden zu sein (*EuGH* 11.11.2010 [Danosa] Rn 55, EzA Richtlinie 92/85 EG-Vertrag 1999 Nr. 5; zum unionsrechtlich gewährleisteten Mutterschutz s.a. Rdn 22 ff.).

Als Erkenntnisquellen kommen insbes. **eigene Wahrnehmungen** des Arbeitgebers oder seiner Re- 63 präsentanten (s. Rdn 56) in Betracht. Wegen der erforderlichen positiven Kenntnis reichen aber nur solche Wahrnehmungen aus, die **sicheres Wissen** über eine bestehende Schwangerschaft oder eine erfolgte Entbindung vermitteln. Beschwerden in der Anfangsphase der Schwangerschaft (zB Erbrechen) sind idR nicht geeignet, weil sie auch andere medizinische Ursachen haben können (zB Magenleiden). Kenntnis kann aber ggf. durch das äußere Erscheinungsbild der Schwangeren vermittelt werden (Brose/Weth/Volk/*Volk* § 17 MuSchG Rn 48 mwN). Dabei ist größte Vorsicht geboten (krit. dazu *Willikonsky* § 9 MuSchG Rn 27).

64 Die Kenntnis des Arbeitgebers (oder seiner Repräsentanten, Rdn 56) kann auch auf **Mitteilungen dritter Personen** beruhen, wenn sie dem Arbeitgeber sicheres Wissen über eine Schwangerschaft oder Entbindung vermitteln. Zum Kreis dieser Personen können insbes. die Familienangehörigen der Beschäftigten oder ihr Gleichgestellten oder ihre Arbeitskollegen, daneben betriebsverfassungsrechtliche Funktionsträger oder der Betriebsarzt (wenn er befugt ist, darüber zu sprechen) gehören. Dabei können die dritten Personen von der Beschäftigten oder ihr Gleichgestellten beauftragt sein (s. Rdn 60). Das ist aber nicht zwingend. Besteht die Mitteilung lediglich darin, dass Gerüchte weitergegeben werden, genügt das nicht, um positive Kenntnis annehmen zu können (*BAG* 3.3.1966 AuR 1966, 153; *LAG BW* 30.11.1967 DB 1968, 624).

65 Auch eine ärztliche **Arbeitsunfähigkeitsbescheinigung** kann dem Arbeitgeber die notwendige positive Kenntnis vermitteln, sofern sich aus ihrem Inhalt eine Schwangerschaft oder Entbindung eindeutig ergibt (zum Beweiswert einer ärztlichen Schwangerschaftsbescheinigung *ArbG Kassel* 22.2.1980 BB 1980, 417). Wird die schwangerschaftsbedingte Krankheit jedoch unter Verwendung eines nicht allgemein verständlichen medizinischen Fachausdrucks (zB »Hyperemesis gravid.« = Schwangerschaftserbrechen) bezeichnet, ist die ärztliche Arbeitsunfähigkeitsbescheinigung als solche idR nicht dazu geeignet, dem Arbeitgeber die erforderliche positive Kenntnis zu vermitteln (Brose/Weth/Volk/*Volk* § 17 MuSchG Rn 49; Tillmanns/Mutschler/*Just § 17 MuSchG* Rn 26; HaKo-MuSchG/BEEG/*Schöllmann* § 17 MuSchG Rn 47; aA DDZ-*Söhngen/Brecht-Heitzmann* § 17 MuSchG Rn 27). Nach älterer Auffassung des *BAG* (13.4.1956 AP Nr. 9 zu § 9 MuSchG m. krit. Anm. *Larenz*) trifft den Arbeitgeber in diesem Fall eine Erkundigungspflicht mit der Maßgabe, dass er bei fehlender Aufklärung so zu behandeln ist, als hätte er von der Schwangerschaft positive Kenntnis erlangt (krit. schon *Hofmann* BB 1957, 222; *Hueck/Nipperdey* I, S. 730 Anm. 64; *Nikisch* I, S. 816; in jüngerer Vergangenheit zB Brose/Weth/Volk/*Volk* § 17 MuSchG Rn 49). Hinreichende Kenntnis kann trotz eines nicht verständlichen Fachausdrucks allerdings dann begründet werden, wenn die Bescheinigung individuelle Beschäftigungsverbote attestiert, aus denen der Arbeitgeber zuverlässig auf eine Schwangerschaft schließen kann (HaKo-MuSchG/BEEG/*Schöllmann* § 17 MuSchG Rn 47).

4. Maßgeblicher Zeitpunkt

66 § 17 Abs. 1 S. 1 MuSchG stellt darauf ab, ob dem Arbeitgeber »**zum Zeitpunkt der Kündigung** die Schwangerschaft, die Fehlgeburt nach der zwölften Schwangerschaftswoche oder die Entbindung bekannt war«. Das Tatbestandsmerkmal »zum Zeitpunkt der Kündigung« ist nicht eindeutig. Es ist insbes. nicht klar ersichtlich, ob der Gesetzgeber mit dieser Formulierung den Zeitpunkt der Abgabe der Kündigungserklärung (so *LAG Düssel.* 11.5.1979 EzA § 9 nF MuSchG Nr. 19 m. abl. Anm. *Buchner*) oder den Zeitpunkt des Zugangs der Kündigungserklärung kennzeichnen wollte. Eine systematische Auslegung des § 17 Abs. 1 S. 1 MuSchG führt zu dem Ergebnis, dass der **Zugang der Kündigungserklärung** der maßgebliche Zeitpunkt für die Kenntnis des Arbeitgebers ist (Roos/Bieresborn/*Betz* § 17 MuSchG Rn 42; Tillmanns/Mutschler/*Just § 17 MuSchG* Rn 28; APS-*Rolfs* § 17 MuSchG Rn 48; HaKo-MuSchG/BEEG/*Schöllmann* § 17 MuSchG Rn 47; DDZ-*Söhngen/Brecht-Heitzmann* § 17 MuSchG Rn 26). Dafür spricht, dass die vom Gesetz vorgesehene nachträgliche Mitteilung der Schwangerschaft an den Zugang der Kündigung anknüpft. Erfährt der Arbeitgeber nach Abgabe der Kündigungserklärung, aber vor ihrem Zugang bei der Beschäftigten oder ihr Gleichgestellten von der Schwangerschaft, ist die Kündigung auch ohne Tätigwerden der Schwangeren nach § 17 Abs. 1 S. 1 1. Alt. MuSchG unwirksam (**aA** Brose/Weth/Volk/*Volk* § 17 MuSchG Rn 47).

5. Darlegungs- und Beweislast

67 Die Darlegungs- und Beweislast dafür, dass der Arbeitgeber oder dessen Repräsentant (s. Rdn 56) von der Schwangerschaft oder der Entbindung Kenntnis erlangt hat, **trägt die Beschäftigte oder ihr Gleichgestellte** (*LAG SchlH* 11.12.2001 – 3 Sa 357/01 – zit. nach *Willikonsky* § 9 MuSchG Rn 27; HWK-*Hergenröder* § 17 MuSchG Rn 8; Tillmanns/Mutschler/*Just* § 17 MuSchG Rn 27;

ErfK-*Schlachter* § 17 MuSchG Rn 7; vgl. auch *BAG* 13.1.1982 EzA § 9 nF MuSchG Nr. 20 zur Frage der Darlegungs- und Beweislast für eine unverschuldete Versäumung der Zweiwochenfrist des § 9 Abs. 1 S. 1 MuSchG aF). Dabei ist der Nachweis der positiven Kenntnis im Zeitpunkt des Zugangs der Kündigung erforderlich (s. Rdn 66). Der Nachweis einer vom Arbeitgeber lediglich vermuteten Schwangerschaft oder Entbindung genügt nicht. Da es sich bei der positiven Kenntnis um ein in der Sphäre des Arbeitgebers liegendes subjektives Moment handelt, dürfen aber keine allzu strengen Anforderungen an die Beweisführung der Beschäftigten oder ihr Gleichgestellten gestellt werden. Eine Beweiserleichterung kann sich uU durch die Anwendung der Grundsätze über den Beweis des ersten Anscheins ergeben (ebenso *OVG Bln.-Bra.* 27.8.2015 NZA-RR 2015, 638; Brose/Weth/*Volk*/*Volk* § 17 MuSchG Rn 88; HWK-*Hergenröder* § 17 MuSchG Rn 8). Ggf. ist eine Parteivernehmung geboten. Ist für die Frau nicht erkennbar, dass der Arbeitgeber schwerhörig ist, ist er nach Treu und Glauben so zu behandeln, als hätte er von der Schwangerschaft oder Entbindung Kenntnis genommen (vgl. *LAG BW* 9.4.1980 DB 1980, 1127).

III. Nachträgliche Mitteilung der Schwangerschaft, der Fehlgeburt oder der Entbindung nach erfolgter Kündigung

1. Allgemeines

Das Kündigungsverbot des § 17 Abs. 1 S. 1 MuSchG besteht auch dann, wenn die Schwangerschaft oder Entbindung dem Arbeitgeber oder einem seiner Repräsentanten (s. Rdn 56) **innerhalb zweier Wochen** nach Zugang der Kündigung mitgeteilt wird. Um den besonderen Kündigungsschutz zu erhalten, ist lediglich die fristgemäße Mitteilung, nicht der Nachweis der Schwangerschaft, der Fehlgeburt nach der zwölften Schwangerschaftswoche, oder der Entbindung erforderlich (zum alten Recht *BAG* 6.6.1974 EzA § 9 nF MuSchG Nr. 15). Durch die Möglichkeit einer nachträglichen Mitteilung werden auch solche Frauen in den besonderen Kündigungsschutz einbezogen, die es versäumt haben, ihrer Verpflichtung aus § 15 Abs. 1 S. 1 MuSchG nachzukommen. Danach sollen werdende Mütter dem Arbeitgeber ihre Schwangerschaft und den mutmaßlichen Tag der Entbindung mitteilen, sobald sie wissen, dass sie schwanger sind. Das gesetzliche Kündigungsverbot des § 17 Abs. 1 S. 1 MuSchG knüpft damit an zwei Fallkonstellationen an:

– die positive Kenntnis des Arbeitgebers im Zeitpunkt des Zugangs der Kündigung oder
– die an ihn gerichtete **Mitteilung innerhalb zweier Wochen nach Zugang der Kündigung**.

Zur Rechtslage in den Fällen **unverschuldeter Unkenntnis** einer Schwangerschaft s. Rdn 81.

2. Rechtsnatur der Mitteilung

Bei der in § 17 Abs. 1 S. 1 MuSchG geregelten Mitteilung handelt es sich um eine **Obliegenheit**. Ihre Einhaltung ist nicht erzwingbar, ihre schuldhafte Verletzung zieht aber den Verlust des besonderen Kündigungsschutzes nach sich (*BAG* 15.11.1990 EzA § 9 nF MuSchG Nr. 28). Die Mitteilung ist eine **geschäftsähnliche Handlung**, weil die Rechtsfolgen kraft Gesetzes eintreten (Eintritt des Kündigungsverbots und damit verbunden die zeitweilige Sperre des Kündigungsrechts). Die für empfangsbedürftige Willenserklärungen geltenden Grundsätze sind entsprechend anzuwenden (*BAG* 15.11.1990 EzA § 9 nF MuSchG Nr. 28; 13.4.1956 AP Nr. 9 zu § 9 MuSchG; HWK-*Hergenröder* § 17 MuSchG Rn 9; HaKo-MuSchG/BEEG/*Schöllmann* § 17 MuSchG Rn 59). Anwendbar sind insbes. die Vorschriften über

– die Geschäftsfähigkeit (§§ 104 ff. BGB),
– die Willensmängel (§§ 116–124 BGB),
– das Wirksamwerden von Willenserklärungen (§§ 130–132 BGB – es gelten die üblichen Grundsätze hinsichtlich des Zugangs; s.a. Rdn 73),
– die Vertretung (§§ 164 ff. BGB) und
– die Zustimmung (§§ 182–184 BGB).

Vgl. zum Ganzen auch *BGH* 6.12.1988 BGHZ 106, 163.

3. Inhalt der Mitteilung

70 Nach dem Wortlaut des § 17 Abs. 1 S. 1 aE MuSchG muss die Mitteilung, die an keine besondere **Form** gebunden ist (s. Rdn 75), »die Schwangerschaft, die Fehlgeburt nach der zwölften Schwangerschaftswoche oder die Entbindung« zum Gegenstand haben. Dafür genügt es, wenn hinreichend deutlich zum Ausdruck kommt, dass eine **Schwangerschaft besteht oder** eine **Fehlgeburt nach der zwölften Schwangerschaftswoche** oder eine **Entbindung erfolgt** ist. Es kommt zwar darauf an, ob die **Schwangerschaft bei Kündigungszugang** bereits bestand, die Mitteilung muss entsprechend auszulegen sein. Wegen des engen zeitlichen Zusammenhangs wird das jedoch regelmäßig anzunehmen sein (Roos/Bieresborn/*Betz* § 17 MuSchG Rn 44; ErfK-*Schlachter* § 17 MuSchG Rn 8; DDZ-*Söhngen/Brecht-Heitzmann* § 17 MuSchG Rn 31; vgl. auch *BAG* 15.11.1990 EzA § 9 nF MuSchG Nr. 28; s.a. Rdn 72). Aus der Mitteilung muss nicht hervorgehen, dass sich die Beschäftigte oder ihr Gleichgestellte **auf den besonderen Kündigungsschutz beruft** (vgl. *BAG* 15.11.1990 EzA § 9 nF MuSchG Nr. 28; ErfK-*Schlachter* § 17 MuSchG Rn 8; aA *LAG Köln* 28.3.1990 NZA 1990, 746; *LAG Hamm* 11.2.1958 DB 1958, 988; *ArbG Mannheim* 23.3.1955 ARSt Bd. XV Nr. 687, die annehmen, es müsse klar sein, dass die Arbeitnehmerin den Kündigungsschutz für sich in Anspruch nehme). Der besondere Kündigungsschutz des § 17 MuSchG greift kraft Gesetzes ein. Daher muss die Beschäftigte oder ihr Gleichgestellte ihren Willen nicht gerichtet auf diese Rechtsfolge bekunden (wie hier: *ArbG Münster* 7.7.1959 BB 1959, 1103). Über die Schwangerschaft oder Entbindung hinaus wird der Mitteilungsinhalt in § 17 Abs. 1 S. 1 2. Alt. MuSchG nicht konkretisiert. Im Interesse der Effektivität des Mutterschutzes sind solche Beeinträchtigungen der Rechtssicherheit des Arbeitgebers hinzunehmen, die sich aufgrund der besonderen Ungewissheitslage, wie sie für beginnende Schwangerschaften typisch ist, nicht vermeiden lassen. Die Mitteilung muss dem Arbeitgeber deswegen noch keine sichere Kenntnis von der Schwangerschaft vermitteln (vgl. *BAG* 6.6.1974 EzA § 9 nF MuSchG Nr. 15; 19.12.1968 EzA § 9 nF MuSchG Nr. 6; 5.5.1961 EzA § 9 aF MuSchG Nr. 1). Es reicht aus, wenn die Beschäftigte oder ihr Gleichgestellte dem Arbeitgeber innerhalb der Zweiwochenfrist des § 17 Abs. 1 S. 1 1. Hs. 2. Alt. MuSchG ohne sofortigen Nachweis eine dem Arbeitgeber noch nicht bekannte Schwangerschaft anzeigt oder ihm mitteilt, sie sei zum Zeitpunkt der Kündigung vermutlich schwanger gewesen – anders nach § 17 Abs. 1 S. 1 1. Hs. 1. Alt. MuSchG (s. Rdn 53). Um den besonderen Kündigungsschutz zu erhalten, genügt auch eine **nur vorsorgliche Mitteilung** der Beschäftigten oder ihr Gleichgestellten, eine **Schwangerschaft sei wahrscheinlich oder werde zB wegen ausbleibender Regelblutungen vermutet** (*BAG* 6.6.1974 EzA § 9 nF MuSchG Nr. 15; Tillmanns/Mutschler/*Just § 17 MuSchG* Rn 35; APS-*Rolfs* § 17 MuSchG Rn 47; HaKo-MuSchG/BEEG/*Schöllmann* § 17 MuSchG Rn 64; DDZ-*Söhngen/ Brecht-Heitzmann* § 17 MuSchG Rn 31). Das gilt dann nicht, wenn die Beschäftigte oder ihr Gleichgestellte gegenüber dem Arbeitgeber nach der Mitteilung der vermuteten Schwangerschaft später nach einem Arztbesuch erklärt, sie sei doch nicht schwanger – auch dann nicht, wenn sich nachträglich tatsächlich eine Schwangerschaft herausstellt (*LAG Hamm* 20.12.1974 – 3 Sa 881/84, ARSt 1976, 112).

71 An der durch nur vermutete Schwangerschaft erleichterten Mitteilung hat sich weder durch die Rspr. des BVerfG noch durch die ausdrückliche Aufnahme des Verschuldenserfordernisses in § 9 Abs. 1 S. 1 MuSchG aF und § 17 MuSchG nF etwas geändert (Brose/Weth/Volk/*Volk* § 17 MuSchG Rn 75; aA *Meisel/Sowka* § 9 MuSchG Rn 96; *Wenzel* BB 1981, 676). Das *BVerfG* hat in seiner Entscheidung vom 13.11.1979 (EzA § 9 nF MuSchG Nr. 17) zwar darauf hingewiesen, dass sich die vom *BAG* (6.6.1974 EzA § 9 nF MuSchG Nr. 15) entwickelte Möglichkeit, den besonderen Kündigungsschutz durch Mitteilung einer nur vermuteten Schwangerschaft zu erhalten, nicht aus dem Gesetz selbst ergebe. Das habe zur Folge, dass die unterlassene fristgemäße Mitteilung einer vermuteten oder wahrscheinlichen Schwangerschaft der Beschäftigten oder ihr Gleichgestellten nicht als schuldhaft angelastet werden könne. Entgegen der Ansicht *Wenzels* (BB 1981, 676) ist die Rspr. des *BAG* über die ausreichende Mitteilung einer vermuteten Schwangerschaft (6.6.1974 EzA § 9 nF MuSchG Nr. 15) aber nicht gegenstandslos geworden. In den Fällen, in denen die Beschäftigte oder ihr Gleichgestellte ihre vermutete Schwangerschaft zwar fristgemäß mitteilt, es jedoch versäumt, dem Arbeitgeber ihre positive Kenntnis von einer bestehenden Schwangerschaft

unverzüglich nach erlangter Kenntnis mitzuteilen, bleibt die bisherige Rspr. des *BAG* (6.6.1974 EzA § 9 nF MuSchG Nr. 15) von Bedeutung. Stellt sich später heraus, dass die vorsorgliche Mitteilung einer vermuteten Schwangerschaft zu Recht erfolgt ist, ist eine gleichwohl erklärte Kündigung nach § 17 Abs. 1 MuSchG unwirksam. Erweist sich die Schwangerschaftsvermutung als unzutreffend, verstößt eine Kündigung nicht gegen § 17 Abs. 1 MuSchG. Die Frau kann die Kündigung dann aber aus anderen Gründen angreifen (zB § 168 SGB IX, § 1 Abs. 2 KSchG, § 102 BetrVG).

Im Übrigen sind **Unklarheiten möglichst zu vermeiden.** Der Arbeitgeber muss der nachträglichen Mitteilung entnehmen können, dass die tatsächliche oder vermutete Schwangerschaft **zum Zeitpunkt der Kündigung bereits bestand** (*BAG* 15.11.1990 EzA § 9 nF MuSchG Nr. 28). Eine zeitlich konkretisierte Mitteilung setzt allerdings nicht notwendig eine genaue Zeitangabe voraus. Teilt die Beschäftigte oder ihr Gleichgestellte ausdrücklich nur mit, sie sei schwanger, kann dem der konkludente Mitteilungsgehalt zu entnehmen sein, dass die Beschäftigte oder ihr Gleichgestellte schon zum Zeitpunkt der Kündigung schwanger war (§ 133 BGB). Das *BAG* lässt insbes. den engen zeitlichen Zusammenhang zwischen Kündigung und Mitteilung als Auslegungsindiz genügen (15.11.1990 EzA § 9 nF MuSchG Nr. 28). Fehle er, könne der »betrieblich-offizielle« Charakter der Mitteilung eine solche Auslegung gebieten. Demgegenüber seien Mitteilungen anlässlich gesellschaftlich-privater Kontakte oder persönlich-inoffizieller Gespräche regelmäßig nicht in dem Sinn zu verstehen, dass sich die Mitteilung auf den Zeitpunkt der Kündigung beziehe. Für eine darüberhinausgehende Frageobliegenheit des Arbeitgebers, etwaige Unklarheiten der Mitteilung aufzuklären (dafür *Kittner* Anm. *BAG* EzA § 9 nF MuSchG Nr. 28), besteht keine Grundlage, weil es dafür bei Mitteilungen in persönlichen Gesprächen regelmäßig keinen Anlass gibt (s.a. Rdn 54). 72

Als Mitteilung iSd § 17 Abs. 1 MuSchG kann es auch angesehen werden, wenn die **Bescheinigung eines Arztes oder einer Hebamme** über eine bestehende Schwangerschaft oder eine erfolgte Fehlgeburt nach der zwölften Schwangerschaftswoche oder Entbindung vorgelegt wird. Das setzt voraus, dass sich die Schwangerschaft, die Fehlgeburt nach der zwölften Schwangerschaftswoche oder die Entbindung aus der Bescheinigung unzweifelhaft und verständlich ergibt (s. Rdn 65 u. Rdn 72). Bei einem solchen objektiven Erklärungswert der Bescheinigung (vgl. *BAG* 13.4.1956 AP Nr. 9 zu § 9 MuSchG) muss der Arbeitgeber sie auch dann gegen sich gelten lassen, wenn er von ihrem Inhalt keine oder nur eine unvollständige Kenntnis genommen hat, sofern sie fristgemäß in seinen Machtbereich gelangt ist (*Larenz* Anm. *BAG* AP Nr. 9 zu § 9 MuSchG; krit. *Wenzel* BB 1981, 675). 73

Auch vertrauliche Mitteilungen erhalten den besonderen Kündigungsschutz, weil in ihnen nur der Wunsch der Beschäftigten oder ihr Gleichgestellten zu sehen ist, eine Schwangerschaft oder Entbindung Dritten nicht bekannt zu machen (vgl. *LAG Düsseld.* 16.6.1953 DB 1953, 868). 74

4. Form der Mitteilung

Eine besondere **Form** ist für die nachträgliche Mitteilung **nicht vorgeschrieben** (für alle: Roos/Bieresborn/*Betz* § 17 MuSchG Rn 45; ErfK-*Schlachter* § 17 MuSchG Rn 8; HaKo-MuSchG/BEEG/*Schöllmann* § 17 MuSchG Rn 54). Es genügt jede mündliche, telefonische, telegraphische oder schriftliche Anzeige an den Arbeitgeber über eine (vermutlich) bestehende Schwangerschaft oder eine erfolgte Entbindung; auch eine E-Mail, SMS oder WhatsApp-Nachricht reicht aus. Die Mitteilung kann in prozessualen Akten enthalten sein (zB in einer innerhalb der zweiwöchigen Ausschlussfrist zugestellten Klageschrift, vgl. *ArbG Hmb.* 11.5.1960 ARSt Bd. XXIV Nr. 306). Nach Ansicht des *BAG* (27.10.1983 EzA § 9 nF MuSchG Nr. 24) liegt eine schuldhafte Verzögerung der Mitteilung nicht bereits darin, dass die Beschäftigte oder ihr Gleichgestellte kurz nach Kenntnis der Schwangerschaft einen Prozessbevollmächtigten mit der Klageerhebung gegen die zuvor nicht angegriffene Kündigung beauftragt und die Schwangerschaft nur in der Klageschrift mitteilt. Die Beschäftigte oder ihr Gleichgestellte sollte wegen der noch nicht völlig gefestigten neueren Rechtsanwendung jedoch dafür sorgen, dass die Kündigungsschutzklage dem Arbeitgeber innerhalb der Zweiwochenfrist zugeht. Das BAG hat es früher abgelehnt, die Vorwirkung des § 167 ZPO auf außergerichtliche Fristen zu übertragen (vgl. schon *BAG* 8.3.1976 EzA § 4 TVG Ausschlussfristen Nr. 26 für die erste Stufe der schriftlichen Geltendmachung einer Verfallfrist). Inzwischen hat sich 75 das BAG zwar für die Schriftform zur Geltendmachung von Schadensersatz- und Entschädigungsansprüchen aus § 15 Abs. 1 und 2 AGG der Rspr. des BGH angeschlossen, die Vorwirkung bejaht (*BGH* 17.7.2008 NJW 2009, 765; zust. *Nägele/Gertler* NZA 2010, 1377, 1379). Für solche Ansprüche genügt der rechtzeitige Eingang der Klage bei Gericht, wenn die Klage demnächst zugestellt wird. Der **Achte Senat** hat angenommen, § 167 ZPO sei grds. in den Fällen anwendbar, in denen durch die Zustellung der Klage eine Frist gewahrt werden solle, die auch durch außergerichtliche Geltendmachung eingehalten werden könne. Nur in Sonderfällen komme die Rückwirkungsregelung nicht zur Anwendung (*BAG* 22.5.2014 EzA § 15 AGG Nr. 25, Rn 12 ff.). Der **Dritte Senat** hat aber offengelassen, ob § 167 ZPO lediglich auf Fristen anzuwenden ist, die durch gerichtliche Geltendmachung einzuhalten sind, oder ob die Bestimmung auch in Fällen gilt, in denen durch die Zustellung eine Frist gewahrt werden soll, die auch durch außergerichtliche Geltendmachung eingehalten werden kann. Jedenfalls für die Frist zur Rüge einer unrichtigen Anpassungsentscheidung des Arbeitgebers nach § 16 BetrAVG durch den Versorgungsempfänger sei eine Ausnahme von der Rückwirkung der Zustellung auf den Zeitpunkt der Einreichung bei Gericht geboten (*BAG* 21.10.2014 EzA § 16 BetrAVG Nr. 71, Rn 12 ff., 53; s.a. Roos/Biesborn/*Betz* § 17 MuSchG Rn 50). Der **Vierte Senat** hat angenommen, ein Anspruch könne nicht rechtswirksam mithilfe der Vorwirkung bei Anhängigkeit nach § 167 ZPO schriftlich geltend gemacht werden iS einer tariflichen Ausschlussfrist. Es komme auf den Zugang einer solchen rechtsgeschäftsähnlichen Erklärung beim Empfänger an. Die Klage müsse deshalb innerhalb der Frist zugestellt sein (*BAG* 16.3.2016 EzA § 4 TVG Ausschlussfristen Nr. 213, Rn 20 ff.). Zur Mitteilung durch Dritte s. Rdn 76; zur Frage der Zurechenbarkeit des Verschuldens des Prozessbevollmächtigten bei einer Verzögerung der Mitteilung s. Rdn 85.

5. Mitteilung durch Dritte

76 Es ist **nicht erforderlich**, dass die **Beschäftigte oder ihr Gleichgestellte die Schwangerschaft oder Entbindung persönlich** mitteilt. Die Mitteilung kann auch durch Dritte (zB durch gesetzliche oder rechtsgeschäftliche Vertreter, durch Familienangehörige oder Arbeitskollegen) erfolgen. Auch Personen, die von der Beschäftigten oder ihr Gleichgestellten nicht ausdrücklich dazu **beauftragt** wurden, können die Schwangerschaft oder Entbindung mitteilen (Roos/Biesborn/*Betz* § 17 MuSchG Rn 46; ErfK-*Schlachter* § 17 MuSchG Rn 8; HaKo-MuSchG/BEEG/*Schöllmann* § 17 MuSchG Rn 56). Die Mitteilung iSv § 17 Abs. 1 S. 1 MuSchG ist keine Verpflichtung der Beschäftigten oder ihr Gleichgestellten gegenüber dem Arbeitgeber (ebenso *BAG* 27.10.1983 EzA § 9 nF MuSchG Nr. 24; 6.10.1983 EzA § 9 nF MuSchG Nr. 23). Es handelt sich um eine Verpflichtung gegen sich selbst iS einer Obliegenheit (vgl. *BAG* 26.9.2002 EzA § 9 nF MuSchG Nr. 38; 27.10.1983 EzA § 9 nF MuSchG Nr. 24; 6.10.1983 EzA § 9 nF MuSchG Nr. 23; s.a. Rdn 69, 84). Zum Teil wird angenommen, aus der Mitteilung müsse der **Zusammenhang mit dem Kündigungsschutz des § 17 MuSchG** und der ausgesprochenen Kündigung deutlich werden (zB *LAG Hamm* 11.2.1958 DB 1968, 988). Dem ist nicht zuzustimmen (s. Rdn 70). Es reicht aus, wenn die Mitteilung als solche **hinreichend klar** ist (*BAG* 15.11.1990 EzA § 9 nF MuSchG Nr. 28, zu II 4 d bb der Gründe; Roos/Biesborn/*Betz* § 17 MuSchG Rn 46; ErfK-*Schlachter* § 17 MuSchG Rn 8; HaKo-MuSchG/BEEG/*Schöllmann* § 17 MuSchG Rn 54).

6. Adressatenkreis

77 Die nachträgliche Mitteilung hat gegenüber dem **Arbeitgeber** zu erfolgen. Sie ist zweckmäßigerweise unter Verwendung der Firmenadresse vorzunehmen, kann aber wirksam auch dem Arbeitgeber unter dessen Privatanschrift zugehen (*ArbG Hmb.* 11.5.1956 ARSt Bd. XVI Nr. 407). Bei **mehreren Unternehmenseigentümern** genügt es, wenn die Mitteilung nur an einen der Eigentümer gerichtet wird (*ArbG Marburg* 13.2.1964 DB 1964, 846; vgl. Rdn 55). Da es sich bei der Mitteilung um eine **rechtsgeschäftsähnliche Handlung** handelt (s. Rdn 69), finden die Bestimmungen über die Vertretung (§§ 164 ff. BGB) entsprechende Anwendung. Zum Empfängerkreis der Mitteilung gehören insbes. die Vertreter und Beauftragten des Arbeitgebers, denen im personellen Bereich Weisungsbefugnisse zustehen (s. iE Rdn 56). Der fristgemäße Zugang der Mitteilung an einen

dieser Arbeitgeberrepräsentanten wirkt fristwahrend, dh der besondere Kündigungsschutz greift auch dann ein, wenn die Mitteilung an den Arbeitgeber selbst überhaupt nicht oder erst nach Ablauf der Zweiwochenfrist weitergeleitet wird (vgl. hierzu *LAG Düsseld.* 22.11.1968 DB 1968, 2287; *LAG Freiburg* 24.9.1953 ARSt Bd. XI Nr. 461; *LAG Düsseld.* 16.6.1953 DB 1953, 868; HaKo-MuSchG/BEEG/*Schöllmann* § 17 MuSchG Rn 56). Eine Mitteilung gegenüber solchen Personen, die nicht zum Kreis der empfangsberechtigten Arbeitgeberrepräsentanten gehören (s. Rdn 56–59), begründet dagegen nur dann den besonderen Kündigungsschutz, wenn die Mitteilung innerhalb der Zweiwochenfrist an den Arbeitgeber oder einen seiner zuständigen Repräsentanten weitergeleitet wird. Zur Rechtslage in den Fällen einer unverschuldeten Unkenntnis von einer bestehenden Schwangerschaft s. Rdn 81.

7. Mitteilungsfrist

Die zweiwöchige Dauer der Mitteilungsfrist verfolgt den **Zweck**, auch den kündigungsrechtlichen Status derjenigen Beschäftigten oder ihnen Gleichgestellten zu verbessern, denen ihre Schwangerschaft beim Zugang der Kündigung unbekannt ist. **78**

Bei der Zweiwochenfrist des § 17 Abs. 1 S. 1 MuSchG handelt es sich um eine **materiell-rechtliche** **79** **Ausschlussfrist** (vgl. *BAG* 6.6.1974 EzA § 9 nF MuSchG Nr. 15; 19.12.1968 EzA § 9 nF MuSchG Nr. 6; Roos/Bieresborn/*Betz* § 17 MuSchG Rn 48; HaKo-MuSchG/BEEG/*Schöllmann* § 17 MuSchG Rn 58; DDZ-*Söhngen/Brecht-Heitzmann* § 17 MuSchG Rn 32). Die Versäumung der Zweiwochenfrist führt nur dann zum Verlust des mutterschutzrechtlichen Kündigungsschutzes – ohne die Möglichkeit der Wiedereinsetzung in den vorigen Stand – (*LAG Brem.* 5.1.1968 DB 1968, 492), wenn die Arbeitnehmerin schuldhaft die Mitteilungsfrist versäumt. Nach Ansicht des BVerfG ist es verfassungsrechtlich nicht zu beanstanden, dass die schwangere Arbeitnehmerin den Kündigungsschutz jedenfalls dann verliert, wenn sie trotz Kenntnis der Schwangerschaft die Mitteilungsfrist schuldhaft versäumt (*BVerfG* 25.1.1972 BVerfGE 32, 273; Roos/Bieresborn/*Betz* § 17 MuSchG Rn 51). Das BVerfG hat die Frage auf sich beruhen lassen, ob auch in den Fällen einer unverschuldeten Unkenntnis der Schwangerschaft oder des gesetzlichen Kündigungsverbots keine verfassungsrechtlichen Bedenken gegen das Eingreifen der Zweiwochenfrist bestehen. Nach der ursprünglichen Auffassung des *BAG* (19.12.1968 EzA § 9 nF MuSchG Nr. 6) sollte die materiell-rechtliche Ausschlussfrist des § 9 Abs. 1 MuSchG aF unabhängig vom Verschulden eingreifen, auch bei unverschuldeter Unkenntnis des bestehenden gesetzlichen Kündigungsverbots. Das *BAG* (19.12.1968 EzA § 9 nF MuSchG Nr. 6) hatte lediglich offengelassen, ob für den Fall der höheren Gewalt eine Ausnahme von der starren Fristenregelung zu machen ist (zum Verschulden s. Rdn 81).

Für den **Beginn** der zweiwöchigen Mitteilungsfrist stellt das Gesetz auf den **Zugang der Kündigung** **80** ab. Es gelten die allg. Grundsätze über den Zugang von Kündigungserklärungen. Vor Zugang der Kündigung besteht keine Obliegenheit zur Anzeige, sie folgt insbes. nicht aus § 15 Abs. 1 MuSchG (noch zu § 5 Abs. 1 MuSchG aF *BAG* 13.6.1996 EzA § 9 nF MuSchG Nr. 34 m. krit. Anm. *Winterfeld*). Die **Bestimmung des Endes** der Zweiwochenfrist richtet sich nach §§ 187, 188, 193 BGB (Roos/Bieresborn/*Betz* § 17 MuSchG Rn 49). Geht die Kündigung – wie regelmäßig – im Lauf eines Tages zu, kommen § 187 Abs. 1, § 188 Abs. 2 Fall 1 BGB zur Anwendung. Bei einer bspw. im Lauf eines Dienstags zugegangenen Kündigung muss die Mitteilung dem Arbeitgeber oder einem seiner für den Empfang zuständigen Repräsentanten bis zum Ende des übernächsten Dienstags (s. Rdn 79 u. 56) zugegangen sein. Die bloße **Absendung** innerhalb der Zweiwochenfrist genügt regelmäßig nicht (Brose/Weth/Volk/*Volk* § 17 MuSchG Rn 73). Demgegenüber ist die rechtzeitige Absendung trotz verzögerten Zugangs ausreichend, wenn mit rechtzeitigem Zugang zu rechnen war, aber unverschuldete Verzögerungen eintreten. Mit einem ungeklärten Verlust des Briefs auf dem Postweg muss die schwangere Frau nicht von vornherein rechnen, wenn sie den Brief rechtzeitig abgesandt hat (*BAG* 16.5.2002 EzA § 9 nF MuSchG Nr. 37, zu B II 2 a dd der Gründe; Tillmanns/Mutschler/*Just* § 17 MuSchG Rn 37; HaKo-MuSchG/BEEG/*Schöllmann* § 17 MuSchG Rn 66). Das ergibt sich aus § 17 Abs. 1 S. 2 MuSchG (s. Rdn 84–86). Da die nachträgliche Mitteilung eine rechtsgeschäftsähnliche Handlung ist (Rdn 69 u. 77), gelten die Bestimmungen über das

§ 17 MuSchG   Kündigungsverbot

Wirksamwerden von Willenserklärungen (§§ 130–132 BGB) entsprechend. Die Grundsätze über die Zugangsvereitelung sind ebenfalls entsprechend anzuwenden (vgl. *BAG* 4.3.1965 AP Nr. 5 zu § 130 BGB; 15.11.1962 EzA § 130 BGB Nr. 2; HaKo-MuSchG/BEEG/*Schöllmann* § 17 MuSchG Rn 59). In den Fällen unverschuldeter Unkenntnis einer bestehenden Schwangerschaft kann sich die Arbeitnehmerin auch noch nach Ablauf der zweiwöchigen Ausschlussfrist des § 17 Abs. 1 S. 1 MuSchG auf den besonderen Kündigungsschutz berufen, sofern sie die Mitteilung unverzüglich, dh ohne schuldhaftes Zögern, nachholt (§ 17 Abs. 1 S. 2 MuSchG; s. näher Rdn 81–86).

8. Verschulden

81   Die Versäumung der Zweiwochenfrist für die nachträgliche Mitteilung führt nur dann zum Verlust des mutterschutzrechtlichen Kündigungsschutzes, wenn sie auf **Verschulden** beruht oder die Arbeitnehmerin die Mitteilung **nicht unverzüglich**, also ohne schuldhaftes Zögern (§ 121 Abs. 1 S. 1 BGB), **nachholt**. Diese durch Gesetz vom 3.7.1992 (BGBl. I S. 1191) eingefügte Einschränkung der Folgen der Fristversäumung erklärt sich aus den in der **verfassungsgerichtlichen Rechtsprechung** entwickelten Anforderungen an den Mutterschutz. Ihre Grundsätze sind für das Verständnis des Gesetzeszwecks und den Umfang seiner verfassungsrechtlichen Absicherung auch heute noch relevant: Das *BVerfG* hatte mit Beschluss v. 13.11.1979 (EzA § 9 nF MuSchG Nr. 17) entschieden, es sei mit **Art. 6 Abs. 4 GG** unvereinbar, Arbeitnehmerinnen den besonderen Kündigungsschutz des § 9 Abs. 1 MuSchG aF (§ 17 Abs. 1 MuSchG nF) zu entziehen, die im Zeitpunkt der Kündigung schwanger gewesen seien, ihren Arbeitgeber darüber unverschuldet nicht innerhalb der **Zweiwochenfrist des § 9 Abs. 1 MuSchG** aF (§ 17 Abs. 1 MuSchG nF) unterrichtet hätten, das aber **unverzüglich nachgeholt hätten**. In den zugrundeliegenden Ausgangsstreitigkeiten war es stets um Fälle einer unverschuldeten Unkenntnis einer bestehenden Schwangerschaft gegangen, die bis zum Ablauf der Mitteilungsfrist angedauert hatte. Das *BVerfG* (13.11.1979 EzA § 9 nF MuSchG Nr. 17; fortgeführt von *BVerfG* 22.10.1980 AP Nr. 8 zu § 9 MuSchG 1968; 14.7.1981 DB 1981, 1939) begründete die Verfassungswidrigkeit der vom Gesetzgeber als echte Ausschlussfrist – ursprünglich – ohne Wiedereinsetzungsmöglichkeit geschaffenen Regelungen damit, dass der Arbeitgeber selbst im allg. Kündigungsschutzrecht wegen der in § 5 KSchG vorgesehenen Möglichkeit der nachträglichen Klagezulassung Beeinträchtigungen der Rechtssicherheit und Rechtsklarheit hinnehmen müsse. Wegen des verfassungsrechtlich begründeten verstärkten Schutzes der werdenden Mutter aus Art. 6 Abs. 4 GG sei es geboten, auch im Bereich des besonderen Kündigungsschutzes eine entsprechende Einschränkung der Arbeitgeberinteressen vorzunehmen. Hinzu komme, dass es sich um eine sehr geringe Zahl von Fällen handle. IdR werde dem Arbeitgeber die Schwangerschaft nach § 5 MuSchG aF (heute: § 15 Abs. 1 MuSchG nF) bekannt.

82   Das BVerfG brauchte nicht über die Frage zu entscheiden, ob es mit dem Grundgesetz vereinbar ist, dass eine schwangere Arbeitnehmerin den Kündigungsschutz des § 9 MuSchG aF (§ 17 MuSchG nF) verliert, wenn sie innerhalb der Mitteilungsfrist Kenntnis von ihrer Schwangerschaft erlangt, sie dem Arbeitgeber die Schwangerschaft **unverschuldet** nicht mitteilen kann, die **Anzeige an den Arbeitgeber aber nach Fristablauf unverzüglich** nachholt (dazu *ArbG Köln* Vorlagebeschl. 8.10.1981 DB 1982, 441; *Wenzel* BB 1981, 675). Der Vorlagebeschluss ist zwar durch das BVerfG wegen einer vergleichsweisen Regelung im Ausgangsrechtsstreit für gegenstandslos erklärt worden (– 1 BvL 29/81). Die Antwort ergibt sich jedoch bereits aus dem mit Verfassungsrang versehenen und mittlerweile auch von § 17 Abs. 1 S. 2 MuSchG (§ 9 Abs. 1 S. 1 2. Hs. MuSchG aF) zugrunde gelegten Verschuldensprinzip selbst: **Zweck der Frist** ist die Verschaffung eines ausreichenden zeitlichen Handlungsspielraums, innerhalb dessen eine nachträgliche Mitteilung idR möglich sein soll (zust. *BAG* 13.6.1996 EzA § 9 nF MuSchG Nr. 34 m. krit. Anm. *Winterfeld;* Brose/Weth/Volk/*Volk* § 17 MuSchG Rn 82). Die Beschäftigte oder ihr Gleichgestellte darf die Frist ausschöpfen. Wird die schwangere Beschäftigte oder ihr Gleichgestellte vor Fristablauf durch von ihr nicht zu vertretende Umstände (zB Unglücksfälle, schwere Erkrankungen, Auslandsaufenthalte) daran gehindert, ihre Kenntnis von ihrer Schwangerschaft dem Arbeitgeber vor Fristablauf bekannt zu geben, darf das nach dem Wortlaut des § 17 Abs. 1 S. 2 MuSchG ausschlaggebende Verschulden nicht angenommen werden. Eine teleologische Reduktion der Vorschrift kommt nicht in Betracht

und lässt sich nicht damit begründen, dass das Verschuldenserfordernis lediglich die Anforderungen der Entscheidung des *BVerfG* v. 13.11.1979 habe umsetzen wollen (aA *Winterfeld* Anm. BAG 13.6.1996 EzA § 9 nF MuSchG Nr. 34). Das BVerfG hat diese Frage nicht beantwortet. Die Möglichkeit, die Mitteilung nachzuholen, besteht demnach selbst dann, wenn die Beschäftigte oder ihr Gleichgestellte bereits bei Zugang der Kündigung einige Zeit Kenntnis von der Schwangerschaft hat und erst nach Zugang der Kündigung an einer nachträglichen Mitteilung schuldlos gehindert wird (*BAG* 13.6.1996 EzA § 9 nF MuSchG Nr. 34). Der mutterschutzrechtliche Kündigungsschutz bleibt erhalten, wenn die Beschäftigte oder ihr Gleichgestellte die Anzeige an den Arbeitgeber nach Fristablauf unverzüglich nachholt (*BAG* 13.6.1996 EzA nF § 9 MuSchG Nr. 34; *Wenzel* BB 1981, 676). Zum Prozessrecht s. Rdn 217.

Da die **Mitteilungsobliegenheit der Beschäftigten oder ihr Gleichgestellten erst ab Zugang der Kündigung** besteht (s. Rdn 80), handelt die Frau grds. unverschuldet, wenn sie dem Arbeitgeber die Schwangerschaft bis zur Kündigung nicht mitteilt, obwohl sie dazu die Möglichkeit gehabt hätte (Tillmanns/Mutschler/*Just* § 17 MuSchG Rn 36; ErfK-*Schlachter* § 17 MuSchG Rn 9). Anderes gilt, wenn die Schwangere weiß, dass ihr die Kündigung droht und sie sich gleichwohl bewusst – etwa durch Antritt einer Urlaubsreise – in eine Situation begibt, in der ein Mitteilungshindernis besteht (vgl. *BAG* 13.6.1996 EzA § 9 nF MuSchG Nr. 34 mit aus anderen Gründen krit. Anm. *Winterfeld;* HaKo-MuSchG/BEEG/*Schöllmann* § 17 MuSchG Rn 65). 83

Der für § 17 Abs. 1 S. 2 MuSchG anzuwendende **Verschuldensmaßstab** ergibt sich daraus, dass die Mitteilung an den Arbeitgeber eine von der Beschäftigten oder ihr Gleichgestellten in ihrem eigenen Interesse zu erfüllende Obliegenheit ist, deren Zweck es ist, der Frau den besonderen mutterschutzrechtlichen Kündigungsschutz zu erhalten. Deshalb setzt § 17 Abs. 1 S. 2 MuSchG ein »**Verschulden der Beschäftigten oder ihr Gleichgestellten gegen sich selbst**« voraus (s. Rdn 76; Roos/Biersborn/*Betz* § 17 MuSchG Rn 52), das dann vorliegt, wenn ein grober Verstoß gegen den von einem verständigen Menschen im eigenen Interesse einzuhaltenden Sorgfaltsmaßstab festzustellen ist (*BAG* 16.5.2002 EzA § 9 nF MuSchG Nr. 37; 13.6.1996 EzA § 9 nF MuSchG Nr. 34; 27.10.1983 EzA § 9 nF MuSchG Nr. 24; 6.10.1983 EzA § 9 nF MuSchG Nr. 23; HWK-*Hergenröder* § 17 MuSchG Rn 10; APS-*Rolfs* § 17 MuSchG Rn 57; DDZ-*Söhngen/Brecht-Heitzmann* § 17 MuSchG Rn 34). Mit den verfassungsrechtlichen Anforderungen unvereinbar ist die Auffassung, die ein Verschulden im eigentlichen Sinn nicht für erforderlich hält und allein Zumutbarkeitserwägungen anstellt oder die das Verschuldenserfordernis durch übermäßige Erkundigungs- und Klärungspflichten der schwangeren Beschäftigten oder ihr Gleichgestellten aushöhlt (zB *Eich* DB 1981, 1233, 1236). Die abweichende Auffassung von *Wenzel* (BB 1981, 678), der auf die für die Wiedereinsetzung in den vorigen Stand nach § 233 ZPO anerkannten Prinzipien abstellt, enthält insofern einen berechtigten Kern, als der Beschäftigten oder ihr Gleichgestellten zuzugestehen ist, dass sie die ihr vom Gesetz eingeräumte Frist voll ausschöpfen darf (s. Rdn 82). 84

Schuldhaft ist die Versäumung der Frist in erster Linie dann, wenn die Beschäftigte oder ihr Gleichgestellte von ihrer Schwangerschaft weiß, also **positive Kenntnis** hat und sie dem Arbeitgeber die Schwangerschaft dennoch nicht mitteilt. Dabei kommt es nicht auf die Umstände an, durch die die Schwangere an der Fristeinhaltung gehindert ist, sondern darauf, ob die Fristversäumung als solche schuldhaft oder unverschuldet ist (*BAG* 16.5.2002 EzA § 9 nF MuSchG Nr. 37 mwN [m. teilw. krit. Anm. *Löwisch/Picker*]; Roos/Biersborn/*Betz* § 17 MuSchG Rn 52). Schuldhaft ist die Versäumung der Frist auch dann, wenn die Beschäftigte oder ihr Gleichgestellte zwar keine positive Kenntnis von der Schwangerschaft hat, aber **zwingende Anhaltspunkte** bestehen, die **eine Schwangerschaft unabweisbar** erscheinen lassen. In einem solchen Fall einer zwingenden und unabweisbaren Schwangerschaftsvermutung muss sich die Frau im eigenen Interesse über das Bestehen einer Schwangerschaft durch geeignete Maßnahmen (Schwangerschaftstest, ärztliche Untersuchung) vergewissern (*BAG* 28.3.1990 EzA § 9 nF MuSchG Nr. 28; 6.10.1983 EzA § 9 nF MuSchG Nr. 23; *LAG Düsseld.* 10.2.2005 NZA-RR 2005, 382). Demgegenüber begründet die bloße Schwangerschaftsvermutung noch keine entsprechende Handlungsobliegenheit (*BAG* 6.10.1983 EzA § 9 nF MuSchG Nr. 23). Einer Beschäftigten oder ihr Gleichgestellten kann es deshalb nach Ausbleiben 85 einer Regelblutung nicht als Verschulden angelastet werden, wenn sie sich nicht sofort untersuchen lässt. Vielmehr muss sie im Hinblick auf mögliche Zyklusstörungen oder -verschiebungen oder beim Absetzen von Schwangerschaftsverhütungsmitteln (*LAG Nbg.* 30.4.1974 ARSt 1975 Nr. 1094) eine angemessene Zeit abwarten dürfen (*BAG* 6.10.1983 EzA § 9 nF MuSchG Nr. 23: 50 Tage nach Beginn der letzten Regelblutung genügen; vgl. auch *BAG* 20.5.1988 nF § 9 MuSchG Nr. 27; Roos/Bieresborn/*Betz* § 17 MuSchG Rn 54; HaKo-MuSchG/BEEG/*Schöllmann* § 17 MuSchG Rn 64; Brose/Weth/Volk/*Volk* § 17 MuSchG Rn 80; aA *Eich* DB 1981, 1236). Ist die Beschäftigte oder ihr Gleichgestellte im Zweifel, kann sie mit der Mitteilung warten, bis sie Gewissheit über die Schwangerschaft erlangt hat (*LAG Nbg.* 17.3.1992 LAGE § 9 MuSchG Nr. 17; Roos/Bieresborn/*Betz* § 17 MuSchG Rn 54). Zu der Einhaltung der im eigenen Interesse erforderlichen Sorgfalt gehört auch, die Mitteilung **rechtzeitig abzusenden**. Die Beschäftigte oder ihr Gleichgestellte trägt aber nicht schlechthin das **Risiko des rechtzeitigen Zugangs** (*BAG* 16.5.2002 EzA § 9 nF MuSchG Nr. 37). Sie muss reagieren, sobald sie erfährt, dass die Mitteilung nicht zugegangen ist (*Sieg* AuA 2002, 472). Inwieweit die Beschäftigte oder ihr Gleichgestellte für **Verzögerungen durch Dritte** einstehen muss, die sie bei der Mitteilung eingebunden hat, ist umstr. Die Lösung hängt davon ab, ob § 278 BGB auf Obliegenheiten angewandt wird (abgelehnt von *BAG* 27.10.1983 EzA § 9 nF MuSchG Nr. 24; ebenso Roos/Bieresborn/*Betz* § 17 MuSchG Rn 55; abw. vom BAG *Etzel* KR 6. Aufl., § 9 MuSchG Rn 57a). Sachgerecht ist eine differenzierte Lösung in Anlehnung an die Grundsätze der sog. versicherungsrechtlichen Repräsentantenhaftung (**aA** *BAG* 27.10.1983 EzA § 9 nF MuSchG Nr. 24; zu der Repräsentantenhaftung *BGH* 7.9.1976 NJW 1976, 2271). § 278 BGB ist anzuwenden, wenn dem eingeschalteten Dritten eine eigene Einwirkungsmöglichkeit darauf eingeräumt ist, die Obliegenheit zu erfüllen. Soweit zB die Post, das ArbG (bei der Zustellung von Schriftsätzen, die die Mitteilung enthalten; dazu *LAG Köln* 16.6.1997 LAGE § 9 MuSchG Nr. 22) oder sonstige staatliche Stellen eingeschaltet sind, obliegt es ihnen, die Mitteilung pflichtgemäß zu übermitteln. Die Beschäftigte oder ihr Gleichgestellte darf darauf vertrauen. Zugangsverzögerungen durch die Post oder durch sachwidrige Behandlung des ArbG sind der Beschäftigten oder ihr Gleichgestellten nicht als Verschulden anzulasten (*BAG* 16.5.2002 EzA § 9 nF MuSchG Nr. 37 unter Hinw. auf *BVerfG* 29.12.1994 EzA § 233 ZPO Nr. 28; Rdn 80). Nichts anderes gilt für Boten, die mit ausreichender Sorgfalt ausgewählt sind (zB *LAG München* 23.8.1990 LAGE § 9 MuSchG Nr. 13 – Mitteilung an den Filialleiter eines Filialbetriebs). Im Hinblick auf Prozesshandlungen und Gründe der nachträglichen Zulassung der Kündigungsschutzklage treten die Erklärungen eines **Prozessbevollmächtigten** dagegen an die Stelle von Erklärungen der Beschäftigten oder ihr Gleichgestellten. **§ 85 Abs. 2 ZPO** gilt unmittelbar nur für Prozesshandlungen. Zu ihnen gehört die Mitteilung einer Schwangerschaft nicht, weil sie eine materiell-rechtliche Ausschlussfrist (§ 17 Abs. 1 S. 1 und S. 2 MuSchG) betrifft (*BAG* 27.10.1983 EzA § 9 nF MuSchG Nr. 24; *Wenzel* BB 1981, 678). Der **Zweite Senat** hat § 5 KSchG aufgrund zweier nach Inkrafttreten von Art. 3 des Gesetzes zur Änderung des Sozialgerichtsgesetzes und des Arbeitsgerichtsgesetzes vom 26.3.2008 mit Wirkung vom 1.4.2008 zugelassener Revisionen dahin ausgelegt, dass dem Arbeitnehmer verschuldete Fehler seines Prozessbevollmächtigten bei der Versäumung der Klagefrist nach § 85 Abs. 2 ZPO **zuzurechnen sind** (grundlegend *BAG* 11.12.2008 EzA § 5 KSchG Nr. 35 [Rechtsanwalt]; fortgeführt von *BAG* 28.5.2009 EzA § 5 KSchG Nr. 36 [Gewerkschafts- und später Rechtssekretär]; 24.11.2011 EzA § 5 KSchG Nr. 40; 22.3.2012 EzA § 5 KSchG Nr. 41; 25.4.2013 EzA-SD 2013 Nr. 14, 4; dazu näher HaKo-KSchR/*Gallner* § 5 KSchG Rn 4, 13 ff.). Das betrifft die materiell-rechtliche Frist des § 17 Abs. 1 S. 1 MuSchG nicht unmittelbar. Dennoch spricht § 5 Abs. 1 S. 2 KSchG dafür, der Beschäftigten oder ihr Gleichgestellten Versäumnisse ihres Prozessbevollmächtigten entsprechend § 85 Abs. 2 ZPO zuzurechnen, wenn sie von ihrer Schwangerschaft erst nach Ablauf der Klagefrist des § 4 S. 1 KSchG Kenntnis erlangt hat und den Prozessbevollmächtigten deswegen damit betraut, nachträglich Kündigungsschutzklage zu erheben. Kann sie (nur) auf dieser Grundlage die nachträgliche Zulassung der Klage erwirken, sind ihr auch Versäumnisse ihres Prozessbevollmächtigten bei der Mitteilung der Schwangerschaft zuzurechnen (ebenso Roos/Bieresborn/*Betz* § 17 MuSchG Rn 55; aA auf anderer gesetzlicher Grundlage *BAG* 27.10.1983 EzA § 9 nF MuSchG Nr. 24; *Buchner/Becker* 8. Aufl. § 9 MuSchG Rn 140; *Wenzel* BB 1981, 674, 678; *Willikonsky* § 9 MuSchG Rn 30; vgl. auch *Griebeling* NZA 2002, 838, 844; offengelassen von Tillmanns/Mutschler/*Just* § 17

MuSchG Rn 37; meine Sichtweise dürfte wegen der Möglichkeit der nachträglichen Zulassung der Klage richtlinienkonform sein, vgl. zu Fristerfordernissen für die Geltendmachung der Schwangerschaft *EuGH* 29.10.2009 [Pontin] EzA Richtlinie 92/85 EG-Vertrag 1999 Nr. 4).

Unverzüglich ist die nachgeholte Mitteilung nur dann, wenn die Beschäftigte oder ihr Gleichgestellte ohne schuldhaftes Zögern (§ 121 Abs. 1 S. 1 BGB) das ihr Zumutbare unternommen hat, damit die Mitteilung von einer bestehenden Schwangerschaft dem Arbeitgeber sofort zugeht. Es kann **weder** auf eine **Mindestfrist** (in der die Verzögerung der Mitteilung regelmäßig als unverschuldet anzusehen ist) **noch** auf eine **Höchstfrist** (nach deren Ablauf stets von schuldhaftem Zögern auszugehen ist) abgestellt werden. Entscheidend sind stets die **besonderen Umstände des Einzelfalls** (*BAG* 20.5.1988 EzA § 9 nF MuSchG Nr. 27; *Thür. LAG* 20.9.2007 LAGE § 242 BGB 2002 Kündigung Nr. 3; Roos/Bieresborn/*Betz* § 17 MuSchG Rn 56; *Linck* AuA 1992, 176, 178; DDZ-*Söhngen/Brecht-Heitzmann* § 17 MuSchG Rn 36; aus Gründen der Rechtssicherheit krit. APS-*Rolfs* § 17 MuSchG Rn 60). Eine Überlegungs- oder Wartefrist (zB um sich rechtlich beraten zu lassen) von zwei Wochen (so *LAG Bln.* 30.3.1984 NZA 1984, 260; *Wenzel* BB 1981, 677) kommt der Beschäftigten oder ihr Gleichgestellten aus Gründen der Rechtsklarheit und Rechtssicherheit jedenfalls nicht zu (*LAG Bln.* 17.8.1981 DB 1982, 440; *Eich* DB 1981, 1233, 1236). Nach Ansicht des *ArbG Kassel* (22.2.1980 DB 1980, 790) soll eine unverzügliche Mitteilung noch dann anzunehmen sein, wenn die Beschäftigte oder ihr Gleichgestellte dem Arbeitgeber die Schwangerschaft anlässlich eines Gütetermins vor dem ArbG mitteilt, der am neunten Tag nach dem Zeitpunkt stattfindet, in dem die Frau von der Schwangerschaft Kenntnis erlangt hat. Eine solche Frist ist zu lang. Sie ist auch unter Berücksichtigung einer von Art. 6 Abs. 4 GG geforderten **Überlegungsfrist** kaum mehr mit dem Erfordernis einer »unverzüglichen« Mitteilung (Roos/Bieresborn/*Betz* § 17 MuSchG Rn 56; Tillmanns/Mutschler/*Just* § 17 MuSchG Rn 38; HaKo-MuSchG/BEEG/*Schöllmann* § 17 MuSchG Rn 66) zu vereinbaren (Brose/Weth/Volk/*Volk* § 17 MuSchG Rn 83). Ein Zeitraum von einer Woche wird regelmäßig nicht zu lang sein (*BAG* 27.10.1983 EzA § 9 nF MuSchG Nr. 24; *LAG Bln.* 17.8.1981 DB 1982, 677; HWK-*Hergenröder* § 17 MuSchG Rn 10; Tillmanns/Mutschler/*Just* § 17 MuSchG Rn 38; APS-*Rolfs* § 17 MuSchG Rn 60; ErfK-*Schlachter* § 17 MuSchG Rn 9 mwN; HaKo-MuSchG/BEEG/*Schöllmann* § 17 MuSchG Rn 66; vgl. auch *BAG* 26.9.2002 EzA § 9 nF MuSchG Nr. 38; *LAG Hamm* 17.10.2006 LAGE § 9 MuSchG Nr. 26 akzeptiert im Einzelfall 13 Kalendertage). Eine am zweiten Tag nach Kenntniserlangung eingereichte Kündigungsschutzklage genügt nicht, wenn die Klage dem Arbeitgeber infolge einer unrichtigen Anschrift erst zwei Wochen später zugestellt wird (*LAG Hamm* 25.3.1982 DB 1982, 1678) und die unrichtige Adressenangabe auf die Beschäftigte oder ihr Gleichgestellte zurückzuführen ist (*BAG* 27.10.1983 EzA § 9 nF MuSchG Nr. 24). Umgekehrt wird die Frau ihrer Mitteilungsobliegenheit meist genügen, wenn sie so handelt, dass mit einem Zugang binnen einer Woche zu rechnen ist (APS-*Rolfs* § 17 MuSchG Rn 61; Brose/Weth/Volk/*Volk* § 17 MuSchG Rn 83). Das *BAG* hat es jedenfalls genügen lassen, dass die Arbeitnehmerin die Mitteilung an den Arbeitgeber am Tag, nachdem das Mitteilungshindernis des Urlaubs und damit der Unkenntnis der Kündigung entfallen war, zur Post gab, und die Mitteilung dem Arbeitgeber zwei weitere Tage später zuging (*BAG* 13.6.1996 EzA § 9 nF MuSchG Nr. 34 m. krit. Anm. *Winterfeld*). 86

9. Darlegungs- und Beweislast

Die Darlegungs- und Beweislast für eine fristgemäß erfolgte Mitteilung trägt die gekündigte **Beschäftigte oder ihr Gleichgestellte** (Brose/Weth/Volk/*Volk* § 17 MuSchG Rn 89; HWK-*Hergenröder* § 17 MuSchG Rn 10). Dazu gehört die Darlegung des Zugangszeitpunkts der **Kündigung** (Roos/Bieresborn/*Betz* § 17 MuSchG Rn 120; Tillmanns/Mutschler/*Just* § 17 MuSchG Rn 39) sowie grds. die Darstellung, **gegenüber wem und auf welche Art und Weise** die **Mitteilung** erfolgt ist (Roos/Bieresborn/*Betz* § 17 MuSchG Rn 120; Tillmanns/Mutschler/*Just* § 17 MuSchG Rn 39). Da die Frau aber vor allem bei Postsendungen keine Kenntnis vom genauen Zeitpunkt des Zugangs der Mitteilung hat, genügt in diesen Fällen die Angabe des genauen Absendezeitpunkts. Über den Beweis des ersten Anscheins kann der Beschäftigten oder ihr Gleichgestellten in solchen Fällen ggf. die Beweisführung erleichtert werden (vgl. Brose/Weth/Volk/*Volk* § 17 MuSchG Rn 88 f.). In den 87

Fällen unverschuldeter Unkenntnis einer bestehenden Schwangerschaft hat die Beschäftigte oder ihr Gleichgestellte die Umstände darzulegen und im Bestreitensfall zu beweisen, aus denen sich ergibt, dass sie **ohne Verschulden keine Kenntnis von der Schwangerschaft** hatte. Die Darlegungs- und Beweislast erstreckt sich zudem auf den **Zeitpunkt der Kenntniserlangung** und auf die **Unverzüglichkeit der nachträglichen Mitteilung** (*BAG* 13.1.1982 EzA § 9 nF MuSchG Nr. 20; *LAG Bln.* 5.7.1993 LAGE § 9 MuSchG Nr. 19; Brose/Weth/Volk/*Volk* § 17 MuSchG Rn 88, 90; *Eich* DB 1981, 1237).

IV. Nachweis der Schwangerschaft, der Fehlgeburt oder der Entbindung/Mitteilungspflicht der Beschäftigten oder ihr Gleichgestellten bei vorzeitigem Ende der Schwangerschaft

88 Zur Erhaltung des besonderen Kündigungsschutzes genügt die fristgemäße Mitteilung, dass eine Schwangerschaft bestehe oder vermutet werde oder eine Fehlgeburt nach der zwölften Schwangerschaftswoche oder eine Entbindung erfolgt sei (zur Rechtslage bei unverschuldeter Unkenntnis der Schwangerschaft s. Rdn 81). Ein **Nachweis der Schwangerschaft, der Fehlgeburt nach der zwölften Schwangerschaftswoche oder der Entbindung gegenüber dem Arbeitgeber wird durch § 17 Abs. 1 S. 1 MuSchG nicht gefordert** (Brose/Weth/Volk/*Volk* § 17 MuSchG Rn 85 f.). Lediglich in § 15 Abs. 2 S. 1 MuSchG ist vorgesehen, dass schwangere Frauen auf Verlangen des Arbeitgebers ein ärztliches Zeugnis oder das Zeugnis einer Hebamme oder eines Entbindungspflegers vorlegen sollen. § 15 Abs. 2 S. 1 MuSchG begründet aber keine Rechtspflicht der Beschäftigten oder ihr Gleichgestellten ieS. Es handelt sich nur um eine Sollbestimmung, die der Frau eine nachdrückliche Empfehlung in ihrem eigenen Interesse auferlegt (*BAG* 6.6.1974 EzA § 9 nF MuSchG Nr. 15; *Meisel* DB 1968, 2128). Die werdende Mutter trifft nur die Obliegenheit der Mitteilung (*BAG* 27.10.1983 EzA § 9 nF MuSchG Nr. 25; Brose/Weth/Volk/*Volk* § 17 MuSchG Rn 85). Sie kann daher aufgrund von § 15 Abs. 2 S. 1 MuSchG nicht gezwungen werden, ein Zeugnis über ihre Schwangerschaft vorzulegen. Sie handelt auch nicht ordnungswidrig, wenn sie dem Verlangen des Arbeitgebers nicht nachkommt. Eine **Verpflichtung** der Schwangeren, dem Arbeitgeber eine bestehende Schwangerschaft oder eine erfolgte Entbindung innerhalb angemessener Frist nachzuweisen, kann sich nur **ausnahmsweise aus § 241 Abs. 2 BGB** aufgrund vertraglicher Rücksichtnahmepflicht ergeben (noch vor Inkrafttreten des § 241 Abs. 2 BGB *BAG* 6.6.1974 EzA § 9 nF MuSchG Nr. 15: Treuepflicht; Brose/Weth/Volk/*Volk* § 17 MuSchG Rn 87). Zu einem Nachweis ist die Arbeitnehmerin insbes. dann verpflichtet, wenn ernsthafte Zweifel an der Schwangerschaft, der Fehlgeburt nach der zwölften Schwangerschaftswoche oder der Entbindung bestehen. Für die Bemessung der »angemessenen Frist« gibt es keinen festen zeitlichen Maßstab. Für die angemessene Frist sind stets die Umstände des Einzelfalls zu berücksichtigen (zB das Entwicklungsstadium der Schwangerschaft, ärztliche Untersuchungstermine usw.; Brose/Weth/Volk/*Volk* § 17 MuSchG Rn 87 mwN). Das BAG hat eine Frist von zehn Tagen noch für angemessen erachtet (*BAG* 5.5.1961 EzA § 9 aF MuSchG Nr. 1). Die **Kosten**, die der Frau durch den Nachweis der Schwangerschaft entstehen, hat der Arbeitgeber zu tragen (Tillmanns/Mutschler/*Just* § 17 MuSchG Rn 14). Das folgt aus dem nötigen Verlangen des Arbeitgebers nach § 15 Abs. 2 S. 1 MuSchG.

89 Eine **Verletzung** der als Nebenpflicht iSv § 241 Abs. 2 BGB zu wertenden **Nachweispflicht** führt als solche **nicht** zum **Verlust des besonderen Kündigungsschutzes**. Das gilt selbst dann, wenn die schwangere Arbeitnehmerin die bestehende Schwangerschaft nach fristgerechter Mitteilung auf Verlangen des Arbeitgebers nicht binnen angemessener Frist nachweist (*BAG* 6.6.1974 EzA § 9 nF MuSchG Nr. 15). Die ältere gegenteilige Ansicht (*LAG Düsseld.* 20.3.1953 BB 1953, 737; *LAG Nds.* 21.5.1971 BB 1972, 41; *Bulla* ArbRdGgw. Bd. 1, S. 42 ff.; *Meisel* DB 1968, 2131; *Menkens* AuR 1968, 234) beruht auf dem unzutreffenden Ausgangspunkt, dass die in § 17 Abs. 1 MuSchG vorgesehene Mitteilung zugleich auch ihren Nachweis umfasse (Brose/Weth/Volk/*Volk* § 17 MuSchG Rn 86 – jetzt allg. Meinung).

90 Die **Verletzung der Nachweispflicht** wirkt sich damit jedenfalls nicht unmittelbar auf das Kündigungsverbot des § 17 Abs. 1 S. 1 MuSchG aus. Der besondere Kündigungsschutz konnte bis 31.12.2003 aber aufgrund materiell-rechtlicher oder prozessrechtlicher **Verwirkung** verloren gehen

(*BAG* 6.6.1974 EzA § 9 nF MuSchG Nr. 15; *Buchner/Becker* 8. Aufl. § 9 MuSchG Rn 145: nur in krassen Fällen; *Meisel/Sowka* § 9 MuSchG Rn 98). Seit Inkrafttreten des Gesetzes zu Reformen am Arbeitsmarkt vom 24.12.2003 (BGBl. I S. 3002) am 1.1.2004 stellen sich die Probleme der materiellen oder prozessualen Verwirkung nicht mehr, weil der besondere Unwirksamkeitsgrund des § 17 Abs. 1 S. 1 MuSchG seitdem innerhalb der Klagefrist des **§ 4 S. 1 KSchG** gerichtlich geltend gemacht werden muss (näher s. Rdn 214–218; zu dem Spannungsverhältnis von Fristerfordernissen für die Geltendmachung der Schwangerschaft und dem Richtlinienrecht *EuGH* 29.10.2009 [Pontin] EzA Richtlinie 92/85 EG-Vertrag 1999 Nr. 4). *Gokel* hält das Klageerfordernis und die damit verbundene **prozessuale Initiativlast** mit Blick auf die Vorgaben der Mutterschutzrichtlinie 92/85/EWG zur Gewährleistung eines effektiven und effizienten Schutzes der Rechte schwangerer Arbeitnehmerinnen für fragwürdig (*Gokel* djbZ 2020, 32 f. mit Bezug auf EuGH 29.10.2009 [Pontin] EzA Richtlinie 92/85 EG-Vertrag 1999 Nr. 4, Rn 42).

Bei einer **schuldhaften Verletzung der Nachweispflicht** gilt § 280 Abs. 1 BGB. Die Arbeitnehmerin hat dem Arbeitgeber allen **Schaden** zu ersetzen, der adäquat kausal auf die schuldhafte Verletzung der arbeitsvertraglichen Nebenpflicht iSv § 241 Abs. 2 BGB zurückzuführen ist (zB Einstellungskosten für eine Ersatzkraft). Die Frage, ob eine Schwangerschaft besteht, hat Auswirkungen auf die Frage eines Beschäftigungsverbots nach §§ 3–8 MuSchG. Die Verletzung der Nachweispflicht kann deshalb dazu führen, dass kein **Annahmeverzug** iSv § 611a Abs. 2, § 615 S. 1, §§ 293 ff. BGB besteht (*BAG* 6.6.1974 EzA § 9 nF MuSchG Nr. 15; zu dieser Rechtsfolge in anderen Konstellationen s. Rdn 92, 120 f.). 91

Die **schuldhafte Verletzung von Unterrichtungspflichten** kann auch in einer anderen Fallgestaltung zu Schadensersatzansprüchen des Arbeitgebers führen. Die Beschäftigte oder ihr Gleichgestellte, die ihren Arbeitgeber über eine Schwangerschaft informiert hat, ist verpflichtet, den Arbeitgeber **unverzüglich zu unterrichten**, wenn die **Schwangerschaft vorzeitig endet** (*BAG* 18.1.2000 EzA § 615 BGB Nr. 98; 13.1.2001 EzA § 9 nF MuSchG Nr. 36). Ein Verstoß gegen diese Pflicht führt bei Verschulden zu Schadensersatzansprüchen, obwohl die Ansprüche nicht das aufgrund des **Annahmeverzugs** geschuldete Entgelt umfassen (*BAG* 13.11.2001 EzA § 9 nF MuSchG Nr. 36; ebenso *Hergenröder* AR-Blattei ES 1220 Nr. 125; aA *Bittner* RdA 2001, 336, 337). Aus Sicht des *BAG* soll regelmäßig nicht davon auszugehen sein, dass die Beschäftigte oder ihr Gleichgestellte **rechtsmissbräuchlich** iSv § 242 BGB handelt, wenn sie ihre Annahmeverzugsansprüche verfolgt (13.11.2001 EzA § 9 nF MuSchG Nr. 36; aA *Bittner* RdA 2001, 336; anders noch *BAG* 6.6.1974 EzA § 9 nF MuSchG Nr. 15 für den Nachweis der Schwangerschaft; dazu s. Rdn 91). Diese Rspr. ist wegen des durch das MuSchRNRG in § 17 Abs. 1 S. 1 Nr. 2 MuSchG geschaffenen Kündigungsschutzes bei Fehlgeburten nach der zwölften Schwangerschaftswoche in Teilen überholt. 92

E. Dauer des Kündigungsverbots

Der in § 17 Abs. 1 S. 1 MuSchG geregelte besondere Kündigungsschutz begründet ein nur temporäres Kündigungsverbot. Der **Beginn** des besonderen Kündigungsschutzes ist für alle Beschäftigten oder ihnen Gleichgestellte einheitlich auf den Zeitpunkt des Eintritts der Schwangerschaft festgelegt (s. Rdn 94–96). Der besondere Kündigungsschutz **endet** regelmäßig mit dem Ende der Schutzfrist nach der Entbindung, mindestens mit dem Ablauf des vierten Monats nach der Entbindung (§ 17 Abs. 1 S. 1 Nr. 3 MuSchG; s. Rdn 97–98). In besonderen Fällen endet der Kündigungsschutz schon früher (s. Rdn 50–51). 93

I. Beginn des Kündigungsverbots

Für den Beginn des besonderen Kündigungsschutzes ist der **Eintritt der Schwangerschaft** maßgeblich (zum Begriff s. Rdn 48; zur Darlegungs- und Beweislast s. Rdn 47). Während der Tag der Entbindung eindeutig feststellbar ist, kann der Zeitpunkt des Beginns der Schwangerschaft häufig nur annähernd ermittelt werden. Welche Konsequenzen sich daraus ergeben, ist streitig. Unbestrittener Ausgangspunkt ist, dass das Gesetz selbst an den Zeitpunkt des **objektiven Bestehens einer Schwangerschaft** anknüpft (*BAG* 27.10.1983 EzA § 9 nF MuSchG Nr. 25). Der Tag der 94

§ 17 MuSchG Kündigungsverbot

Empfängnis steht demgegenüber idR nicht eindeutig fest und kann vom Arzt oder einer Hebamme auch nicht eindeutig festgestellt werden. Die wohl noch immer hM bestimmt den Zeitpunkt des Schwangerschaftsbeginns aus Gründen der Rechtssicherheit mithilfe einer Wahrscheinlichkeitsberechnung. Sie stellt daher regelmäßig auf den mutmaßlichen Schwangerschaftsbeginn ab, der das Kündigungsverbot auslösen soll. Den mutmaßlichen Schwangerschaftsbeginn errechnet die hM anhand des voraussichtlichen Tags der Entbindung und einer mutmaßlichen Schwangerschaftsdauer von 280 Tagen. Entsprechend § 15 Abs. 2 MuSchG ist das Zeugnis eines Arztes, einer Hebamme oder eines Entbindungspflegers über den voraussichtlichen Entbindungstermin maßgeblich (insoweit zust. Brose/Weth/Volk/*Volk* § 17 MuSchG Rn 23). Der Beginn des mutterschutzrechtlichen Kündigungsschutzes soll sich ergeben, indem vom **voraussichtlichen – durch einen Arzt oder eine Hebamme errechneten – Geburtstermin aus 280 Tage zurückgerechnet** wird (*BAG* 26.3.2015 EzA § 9 nF MuSchG Nr. 42, Rn 16; 7.5.1998 EzA § 9 nF MuSchG Nr. 35; 12.12.1985 EzA § 9 nF MuSchG Nr. 26; zu dem im Elternzeitrecht für den Beginn des Sonderkündigungsschutzes aus § 18 Abs. 1 S. 1 BEEG maßgeblichen prognostischen, nicht tatsächlichen Zeitpunkt der Entbindung *BAG* 12.5.2011 EzA § 18 BEEG Nr. 1). Selbst wenn der tatsächliche Beginn der Schwangerschaft feststellbar ist, will ein Teil der Literatur an der Wahrscheinlichkeitsmethode und der 280-Tages-Rückrechnung festhalten (HaKo-KSchR/*Böhm* § 17 MuSchG Rn 19 ff.).

95 Dieser Auffassung ist nur eingeschränkt zuzustimmen. Sie vermengt materiell-rechtliche und prozessuale Gesichtspunkte und entfernt sich vom Inhalt des § 17 MuSchG. **Maßgeblich ist regelmäßig die tatsächliche Schwangerschaft.** Dieser Grundsatz muss insofern mit der Rspr. des BAG ergänzt werden, als sich der Zweck des § 17 MuSchG – zuverlässiger und rechtssicherer Kündigungsschutz für die Schwangere – nur erreichen lässt, wenn der **Kenntnisstand der Beteiligten während der Schwangerschaft** zugrunde gelegt wird. Ein erst aufgrund der tatsächlichen Niederkunft und ihres Datums mögliches zuverlässiges Urteil über den Schwangerschaftsbeginn ist nach dem Zweck des § 17 MuSchG unerheblich. Steht der tatsächliche Schwangerschaftsbeginn aber schon während der Schwangerschaft fest, sind Wahrscheinlichkeitsüberlegungen entbehrlich (*LAG Nds.* 12.5.1997 LAGE § 9 MuSchG Nr. 23). Für andere Fälle ist dem BAG zu folgen. Die Beschäftigte oder ihr Gleichgestellte kann ihrer Darlegungs- und Beweislast für eine bestehende Schwangerschaft bei Zugang der Kündigung dadurch genügen, dass sie das Zeugnis eines Arztes, einer Hebamme oder eines Entbindungspflegers über den voraussichtlichen Entbindungstermin beibringt. Auf seiner Grundlage ist analog § 15 Abs. 2 MuSchG zurückzurechnen. Eine entsprechende Anwendung des § 15 Abs. 2 MuSchG ist nicht nur für während der Schwangerschaft laufende sonstige Schutzfristen geboten (zB für die Berechnung der früheren fünfmonatigen Kündigungssperre für vollzeitbeschäftigte Haushaltskräfte nach § 9 Abs. 1 S. 2 MuSchG aF; *BAG* 27.1.1966 AP Nr. 27 zu § 9 MuSchG). Die Regelung ist auch für die Berechnung des Schwangerschaftsbeginns iSv § 17 Abs. 1 S. 1 MuSchG analog heranzuziehen (*BAG* 27.10.1983 EzA § 9 nF MuSchG Nr. 25). Ein **ärztliches Zeugnis** oder das Zeugnis der Hebamme oder des Entbindungspflegers bleibt grds. auch dann maßgeblich, wenn sich der Arzt, die Hebamme oder der Entbindungspfleger **geirrt** haben. In diesem Fall verkürzen oder verlängern sich nur die Schutzfristen nach § 3 MuSchG (aA *Eich* DB 1981, 1234, der ausgehend vom Termin der tatsächlichen Entbindung durch Rückrechnung die Wirksamkeit der Kündigung beurteilen will). Grds. ist deshalb auch bei der Feststellung des Schwangerschaftsbeginns iSv § 17 Abs. 1 S. 1 MuSchG von dem Zeugnis eines Arztes, einer Hebamme oder eines Entbindungspflegers auszugehen und von dem darin angegebenen Tag der Geburt zurückzurechnen. Der Arbeitgeber kann wegen der heute bestehenden diagnostischen Erkenntnisquellen jedoch den **Gegenbeweis** führen, dass die Kündigung der Beschäftigten oder ihr Gleichgestellten noch vor dem letzten Tag ihrer letzten Regelblutung zugegangen ist, sodass sie zum maßgeblichen Zugangszeitpunkt noch nicht schwanger sein konnte (*BAG* 7.5.1998 EzA § 9 nF MuSchG Nr. 35; *LAG Nds.* 12.5.1997 LAGE § 9 MuSchG Nr. 23). Bei der Rückrechnung ist der voraussichtliche Entbindungstag nicht mitzuzählen (§§ 187 Abs. 1, 188 Abs. 2 Fall 1 BGB; *BAG* 12.12.1985 EzA § 9 nF MuSchG Nr. 26).

96 Abweichend von der Auffassung des *BAG* (26.3.2015 EzA § 9 nF MuSchG Nr. 42, Rn 16; 7.5.1998 EzA § 9 nF MuSchG Nr. 35; 27.10.1983 EzA § 9 nF MuSchG Nr. 25) ist höchstens von einer **Schwangerschaftsdauer von 266 Tagen** und nicht von einer Dauer von 280 Tagen auszugehen

(ebenso Tillmanns/Mutschler/*Just* § 17 MuSchG Rn 16; APS-*Rolfs* § 17 MuSchG Rn 64; HaKo-MuSchG/BEEG/*Schöllmann* § 17 MuSchG Rn 36; *Töns* BB 1987, 1801; ferner *Eich* DB 1981, 1233, der zwar 267 Tage zugrunde legt, aber offenlässt, ob der Tag der Entbindung mitzurechnen ist; *ders.* SAE 1985, 104, 105; krit. auch Roos/Bieresborn/*Betz* § 17 MuSchG Rn 23, der jedoch darauf aufmerksam macht, dass die Novelle des Mutterschutzgesetzes nicht die Gelegenheit ergriffen habe, das Problem zu behandeln). Die vom BAG angenommene Schwangerschaftsdauer entspricht der regelmäßigen und statistischen Durchschnittsdauer der Schwangerschaft von zehn Lunarmonaten mit je 28 Tagen vom Zeitpunkt zwischen dem ersten Tag der letzten Regelblutung und dem Tag der Entbindung (»post menstruationem«), beruht also auf einem nicht mehr zeitgemäßen medizinischen Standard (Brose/Weth/Volk/*Volk* § 17 MuSchG Rn 25; offengelassen von ErfK-*Schlachter* § 17 MuSchG Rn 3). Tatsächlich beginnt die Schwangerschaft aber später, frühestens mit der Befruchtung (Konzeption) und dauert zwischen Konzeption und Entbindung regelmäßig zwischen 273 und 263 Tagen, im Durchschnitt also neuneinhalb Lunarmonate zu je 28 Tagen, dh 266 Tage (»post conceptionem«). Ggf. endet die Schwangerschaft nach der Konzeption, wenn die Nidation oder auch Einnistung ausbleibt (*BAG* 26.3.2015 NZA 2015, 734, Rn 26). Da allein die Schwangerschaft »post conceptionem« »echte« Schwangerschaft sein kann, kann höchstens diese Dauer als Schwangerschaft iSv § 17 MuSchG anerkannt werden. Dieser Erkenntnis verschließt sich die Gegenauffassung nicht. Sie zieht daraus aber nicht die gebotenen Konsequenzen. Das *BAG* begründet seine abweichende Auffassung mit dem Ziel umfassenden Mutterschutzes (27.10.1983 EzA § 9 nF MuSchG Nr. 25; bestätigend 7.5.1998 EzA § 9 nF MuSchG Nr. 35; 26.3.2015 EzA § 9 nF MuSchG Nr. 42, Rn 16): Da die Schwangerschaft zu einem Zeitpunkt beginnen könne, der von dem voraussichtlichen Entbindungstermin mehr als 266 Tage entfernt liege und sich der genaue Zeitpunkt kaum feststellen lasse, müsse von 280 Tagen ausgegangen werden, um umfassenden Mutterschutz zu erreichen. Das berücksichtigt nicht hinreichend, dass die statistisch begründete Darlegung und der Beweis des Schwangerschaftsbeginns durch die Beschäftigte oder ihr Gleichgestellte nur wegen eines Anscheinsbeweises möglich sind, der auf einem Wahrscheinlichkeitsurteil beruht. Eine solche Wahrscheinlichkeitsbeurteilung kann nur für einen Zeitraum von 266 Tagen vor der Entbindung getroffen werden. Die – letztlich fiktive – Vorverlegung des Schwangerschaftsbeginns auf den ersten Tag der letzten Regelblutung bezieht den Kündigungsschutz auf einen Zeitpunkt, zu dem eine Schwangerschaft nicht nur wenig wahrscheinlich, sondern extrem unwahrscheinlich und praktisch fast ausgeschlossen ist. Eine solche Vorverlegung des Kündigungsschutzes auf einen Zeitpunkt vor Beginn der Schwangerschaft hat zugleich den Effekt, dass einer zunächst wirksamen Kündigung durch den praktisch stets zeitlich später liegenden tatsächlichen Schwangerschaftsbeginn nachträglich die Wirksamkeit genommen wird. Die wohl noch hM steht damit auch mit dem vertragsrechtlichen Grundprinzip in Widerspruch, dass die Wirksamkeit eines Rechtsgeschäfts zum Zeitpunkt der Vornahme objektiv feststehen muss. Die Beschäftigte oder ihr Gleichgestellte kann sich also nur für den Zeitraum von 266 Tagen vor der Entbindung auf einen statistischen Anscheinsbeweis stützen. Für einen früheren Schwangerschaftsbeginn muss sie im Einzelfall den Beweis führen. Dafür hat sie verschiedene Möglichkeiten. Sie kann sich etwa auf eine Ultraschalluntersuchung durch einen Sachverständigen oder das sachverständige Zeugnis eines Arztes stützen (zu der Möglichkeit, den Tag der Konzeption auf diesem Weg bis auf drei Tage einzugrenzen: *ArbG Stuttg.* 19.6.1986 BB 1986, 1988). Darüber hinaus kann sie durch Aufzeichnungen, sachverständiges Gutachten oder Zeugnis beweisen, dass nach ihrem individuellen Zyklus der Eisprung (Ovulation) regelmäßig schon vor dem 13. Tag des Zyklus erfolgt, sodass ein Beweis des ersten Anscheins für einen früheren Schwangerschaftsbeginn spricht. Auch das persönliche Zeugnis des Vaters kann in Betracht kommen. Für die Lösung des BAG besteht deshalb auch keine praktische Notwendigkeit. Der Zweite Senat lässt jedoch in st. Rspr. keinen Anscheinsbeweis eingreifen (*BAG* 26.3.2015 NZA 2015, 734, Rn 17).

II. Ende des Kündigungsverbots

Maßgeblicher Zeitpunkt für das Ende des Kündigungsverbots ist idR das Ende der Schutzfrist nach der Entbindung, mindestens jedoch der Ablauf des vierten Monats **nach der Entbindung** (§ 17

Abs. 1 S. 1 Nr. 3 MuSchG). Die nach § 3 Abs. 2 S. 1 MuSchG regelmäßig achtwöchige Schutzfrist nach der Entbindung verlängert sich auf zwölf Wochen bei Frühgeburten (§ 3 Abs. 2 S. 2 Nr. 1 MuSchG), bei Mehrlingsgeburten (§ 3 Abs. 2 S. 2 Nr. 2 MuSchG) und nach dem MuSchRNRG auch dann, wenn bei dem Kind vor Ablauf von acht Wochen nach der Entbindung eine Behinderung iSv § 2 Abs. 1 S. 1 SGB IX ärztlich festgestellt wird und die Frau diese Verlängerung verlangt (§ 3 Abs. 2 S. 2 Nr. 3, S. 4 MuSchG). Dieser Anspruch besteht bereits, wenn eine Behinderung zu erwarten ist (Rdn 13). Die Berechnung der Dauer des **viermonatigen Mindestzeitraums** des § 17 Abs. 1 S. 1 Nr. 3 MuSchG richtet sich nach den Vorschriften der **§ 187 Abs. 1, § 188 Abs. 2 Fall 1 und Abs. 3, 191 BGB**. Danach endet die Viermonatsfrist mit dem Ende des Tages im folgenden vierten Monat, der durch seine Zahl dem Tag der Entbindung entspricht. Fand die Entbindung zB am 14.3. statt, endet die Viermonatsfrist am 14.7. des laufenden Jahres. Fehlt im vierten Monat der dem Datum der Entbindung entsprechende Tag, endet die Frist bereits mit dem Ende des letzten Tages dieses Monats (§ 188 Abs. 3 BGB). Fand die Entbindung bspw. am 31.5. statt, endet die Schutzfrist bereits am 30.9. des laufenden Jahres. Die Bestimmung des § 193 BGB findet dagegen keine Anwendung, weil weder eine Willenserklärung abgegeben noch eine Leistung bewirkt wird (; Roos/Bieresborn/*Betz* § 17 MuSchG Rn 35; HaKo-KSchR/*Böhm* § 17 MuSchG Rn 24; Tillmanns/Mutschler/*Just* § 17 MuSchG Rn 20; APS-*Rolfs* § 17 MuSchG Rn 66; Brose/Weth/Volk/ *Volk* § 17 MuSchG Rn 40). Die Viermonatsfrist endet daher auch an einem Sonntag, einem staatlich anerkannten Feiertag oder einem Sonnabend. Wird die Beschäftigte oder ihr Gleichgestellte vor dem Ende der Schutzfrist erneut schwanger, besteht erneut Kündigungsschutz nach § 17 Abs. 1 MuSchG. Der besondere Kündigungsschutz wird in tatsächlicher Hinsicht nicht unterbrochen.

98 Der mutterschutzrechtliche Kündigungsschutz des § 17 Abs. 1 S. 1 MuSchG griff nach bisherigem nationalen Rechtsverständnis vor Inkrafttreten des MuSchRNRG nur dann ein, wenn die Arbeitgeberkündigung der Beschäftigten oder ihr Gleichgestellten vor Ablauf, dh spätestens am letzten Tag des Viermonatszeitraums nach der Entbindung **zuging**. Maßgeblich für die Geltung des absoluten Kündigungsverbots war grds. der Zugang der Kündigung innerhalb der Viermonatsfrist. Daran kann aufgrund **unionsrechtlicher Vorgaben** nur eingeschränkt festgehalten werden (s. näher Rdn 101, 102). Der Arbeitgeber muss vom **Zeitpunkt der Entbindung wissen**. Die Beschäftigte oder ihr Gleichgestellte hat dem Arbeitgeber diesen **Zeitpunkt** (formlos) **mitzuteilen**. Gibt es keine Mitteilung über den Zeitpunkt der Entbindung, darf der Arbeitgeber von dem in der Schwangerschaftsbescheinigung angegebenen mutmaßlichen Entbindungstermin ausgehen (*LAG Köln* 21.1.2000 NZA-RR 2001, 303).

F. Rechtsnatur, gegenständliche Reichweite und Rechtsfolgen des Kündigungsverbots

I. Rechtsnatur des Kündigungsverbots

99 Im Interesse eines wirksamen Arbeitsplatzschutzes enthält § 17 Abs. 1 S. 1 MuSchG für die Zeit der Schwangerschaft, bis zum Ablauf von vier Monaten nach einer Fehlgeburt nach der zwölften Schwangerschaftswoche oder bis zum Ende der Schutzfrist nach der Entbindung, mindestens jedoch bis zum Ablauf von vier Monaten nach der Entbindung ein **absolutes Kündigungsverbot**. Die Ausgestaltung des mutterschutzrechtlichen Kündigungsschutzes in Form eines gesetzlichen Verbots iSv § 134 BGB hat zur Folge, dass eine innerhalb der Schutzfristen erklärte Arbeitgeberkündigung **nichtig** ist (*BAG* 27.2.2020 EzA § 17 MuSchG 2018 Nr. 1, Rn 9; Roos/Bieresborn/*Betz* § 17 MuSchG Rn 86). Sie ist nicht nur schwebend unwirksam bis zu einer behördlichen Entscheidung über den Zulassungsantrag. Der Arbeitgeber kann die Kündigungserklärung deshalb gegenüber der Beschäftigten oder ihr Gleichgestellten nicht »zurücknehmen« (aA *LAG RhPf* 3.11.1992 LAGE § 615 BGB Nr. 34). Eine solche »**Rücknahme**« der Kündigung hat rechtlich die Bedeutung, dass der Arbeitgeber anbietet, darauf zu verzichten, aus der etwaigen Wirksamkeit der Kündigung Rechtsfolgen abzuleiten. Der Frau steht es frei, ein solches Angebot anzunehmen. Das absolute Kündigungsverbot ist ein **repressives gesetzliches Verbot mit Erlaubnisvorbehalt**. Eine Befreiung von ihm setzt eine **vorherige Zulässigkeitserklärung** durch die nach § 17 Abs. 2 S. 1 MuSchG zuständige Arbeitsschutzbehörde voraus (zu deren Wirkungen s. Rdn 163–164). Die innerhalb der

Schutzfristen des § 17 Abs. 1 MuSchG erklärte Arbeitgeberkündigung ist daher selbst dann nach § 134 BGB nichtig, wenn zwar die Voraussetzungen für eine behördliche Zulässigkeitserklärung objektiv erfüllt sind, die behördliche Entscheidung aber noch aussteht (*BAG* 29.7.1968 EzA § 9 nF MuSchG Nr. 1). Das in § 17 Abs. 1 S. 1 MuSchG enthaltene absolute Kündigungsverbot ist verfassungsgemäß (*BVerfG* 22.10.1980 – C 1, BVerfGE 55, 154; 13.11.1979 – C I, BVerfGE 52, 357; *BAG* 11.9.1979 EzA § 9 nF MuSchG Nr. 8; zu den verfassungsrechtlichen Aspekten des Mutterschutzes *Schleicher* RdA 1984, 280; *ders.* BB 1985, 340 sowie hier Rdn 28). Zur Geltendmachung der Unwirksamkeit der Kündigung s. Rdn 213 ff. Auf den Schutz des § 17 MuSchG kann die Beschäftigte oder ihr Gleichgestellte **nicht im Voraus verzichten** (ErfK-*Schlachter* § 17 MuSchG Rn 1; vgl. auch Rdn 194). Allerdings kann sie jederzeit selbst kündigen oder auf die Geltendmachung der Unwirksamkeit der Kündigung durch fristgerechte Klage (Folge: § 7 1. Hs. KSchG) verzichten, sodass ein **späterer Verzicht** wirksam sein kann (*LAG Bln.* 31.10.1988 LAGE § 9 MuSchG Nr. 9; ErfK-*Schlachter* § 17 MuSchG Rn 1). Er muss ausdrücklich erklärt werden. Konkludentes Handeln genügt in aller Regel nicht (HWK-*Hergenröder* § 17 MuSchG Rn 2; vgl. auch Rdn 194). Die Frau kann nach Treu und Glauben (§ 242 BGB) gehindert sein, sich auf § 17 MuSchG zu berufen (*LAG Bln.* 31.10.1988 LAGE § 9 MuSchG Nr. 9).

II. Gegenständliche Reichweite des Kündigungsverbots: Kündigungen und Vorbereitungsmaßnahmen

Gegenstand des gesetzlichen Kündigungsverbots des § 17 Abs. 1 S. 1 MuSchG ist die innerhalb der Schutzfristen dieser Norm zugegangene Kündigungserklärung des Arbeitgebers, unabhängig davon, wann die Kündigungswirkung eintreten soll (Brose/Weth/Volk/*Volk* § 17 MuSchG Rn 91). Ausgeschlossen ist sowohl die **ordentliche** (s. Rdn 105 ff.) als auch die **außerordentliche** (s. Rdn 108 ff.) **Arbeitgeberkündigung.** Das gilt selbst dann, wenn eine ordentliche Kündigung nach den Vorschriften des KSchG sozial gerechtfertigt oder eine außerordentliche Kündigung nach § 626 BGB wirksam wäre (*Willikonsky* § 9 MuSchG Rn 4). Ausgeschlossen ist auch die **Änderungskündigung** (*BAG* 7.4.1970 AP Nr. 3 zu § 615 BGB Kurzarbeit; s. Rdn 106 u. 113), die Kündigung im Rahmen einer **Massenentlassung** (s. Rdn 107) und die Kündigung aufgrund einer **Betriebsstilllegung** (HaKo-MuSchG/BEEG/*Schöllmann* § 17 MuSchG Rn 20) oder im Rahmen einer **Insolvenz** (s. Rdn 107; APS-*Rolfs* § 17 MuSchG Rn 70; ErfK-*Schlachter* § 17 MuSchG Rn 6). Gleichgültig ist es, ob die Kündigung in der **Wartezeit** oder **Probezeit** (Brose/Weth/Volk/*Volk* § 17 MuSchG Rn 94), einem **befristeten Arbeitsverhältnis** oder einem auflösend bedingten Arbeitsverhältnis ausgesprochen wird (HaKo-MuSchG/BEEG/*Schöllmann* § 17 MuSchG Rn 20). Das Kündigungsverbot des § 17 Abs. 1 S. 1 Nr. 1 MuSchG gilt auch für eine nach Vertragsschluss, aber vor vereinbarter Aufnahme der Tätigkeit erklärte Kündigung des Arbeitgebers, eine sog. **Kündigung vor Dienstantritt** (*BAG* 27.2.2020 EzA § 17 MuSchG 2018 Nr. 1, Rn 10 mwN zum Streitstand; zust. *Blattner* DB 2020, 1631; *Joussen* Anm. ZMV 2020, 217; *Marcone* B+P 2020, 538, 540 f.; *Mittländer* AiB 9/2020, 45; *Oehlschläger* jurisPR-ArbR 30/2020 Anm. 1 zu C und D; *Peter* BB 2020, 1599; *Pröpper* GmbHR 2020, R203, R204; *Reidel* öAT 2020, 205 ff.; vgl. auch die zust. und weiterführende Besprechung von *Nebel/Tschech* zu der durch das BAG überprüften Entscheidung des Hessischen LAG v. 13.6.2019 – 5 Sa 751/18 – in jurisPR-ArbR 6/2020 Anm. 5 zu C). Dafür sprechen vor allem der Zusammenhang und der Zweck der Norm und die das Auslegungsergebnis stützende Entstehungsgeschichte (*BAG* 27.2.2020 EzA § 17 MuSchG 2018 Nr. 1, Rn 12, 13 ff., 18 ff.). Der Zweite Senat hält § 17 Abs. 1 S. 1 Nr. 1 MuSchG mit Blick auf **Art. 1 Abs. 1 und Art. 10 Nr. 1 der RL 92/85/EWG** und deren Mindestschutzcharakter für unionsrechtskonform. Dafür bezieht er sich auf die Entscheidung **Danosa** des EuGH (*BAG* 27.2.2020 EzA § 17 MuSchG 2018 Nr. 1, Rn 23 mwN). Der Zweite Senat nimmt ferner an, § 17 Abs. 1 S. 1 Nr. 1 MuSchG verstoße nicht gegen die Berufsausübungsfreiheit der Arbeitgeber aus **Art. 12 Abs. 1 GG** oder ihre allgemeine Handlungsfreiheit aus **Art. 2 Abs. 1 GG**. Der Eingriff in den Schutzbereich dieser Gewährleistungen sei durch den verfolgten Schutzzweck gerechtfertigt (*BAG* 27.2.2020 EzA § 17 MuSchG 2018 Nr. 1, Rn 25 ff.). Der Zweite Senat hat offengelassen, ob das Kündigungsverbot des § 17 Abs. 1 S. 1 Nr. 1 MuSchG auch dann gilt, wenn die Kündigung einen Arbeitsvertrag betrifft, nach dem

100

die Tätigkeit zu einem Zeitpunkt aufgenommen werden soll, in dem **die Schutzzeiten bereits beendet sein werden**. Er hat jedoch angenommen, eine psychische Belastung könne sich auch daraus ergeben, dass die Frau für die Zeit nach Ablauf der Schutzfristen wirtschaftlich nicht abgesichert sei. Der Arbeitgeber kann nach dem Ende der Schutzfristen ohnehin ohne die Beschränkungen des § 17 MuSchG kündigen (*BAG* 27.2.2020 EzA § 17 MuSchG 2018 Nr. 1, Rn 17). Nicht erfasst wird demgegenüber die kollektivrechtliche Anordnung von Kurzarbeit zB durch eine Betriebsvereinbarung oder ein im Rahmen allg. Grundsätze zulässiger Widerruf einzelner Arbeitsbedingungen (Brose/Weth/Volk/*Volk* § 17 MuSchG Rn 98, 100; zu **anderweitigen Beendigungstatbeständen** außerhalb der Kündigung s. Rdn 176–195). Verboten sind seit Inkrafttreten des MuSchNRG außerdem Vorbereitungsmaßnahmen (Rdn 102).

101 Die Ausgestaltung des mutterschutzrechtlichen Kündigungsschutzes iS eines temporären, arbeitgeberseitigen Kündigungserklärungsverbots hat nach früherem nationalen Rechtsverständnis grds. zur Folge, dass die Kündigung nicht unter das Verbot fällt, wenn die **Kündigungserklärung außerhalb** des Zeitraums der **Schutzfristen** zugeht (teilw. aA bereits *LAG Düsseld.* 11.5.1979 EzA § 9 nF MuSchG Nr. 19). Darin wurde bisher keine Umgehung des mutterschutzrechtlichen Kündigungsschutzes gesehen, weil der Arbeitgeber eine künftige Schwangerschaft idR nicht in seine kündigungsrechtlichen Erwägungen einbezieht (*BAG* 22.8.1964 EzA § 620 BGB Nr. 1). Aufgrund der unionsrechtlichen Vorgaben kann inzwischen nicht mehr in jedem Fall auf den Zugangszeitpunkt abgestellt werden. Schon die **Kündigungsentscheidung** und **Maßnahmen zur Vorbereitung einer Kündigung** (etwa die Suche nach einer Ersatzkraft, die Anhörung des Betriebsrats oder die Beteiligung des Personalrats [*ArbG Gelsenkirchen* 9.6.1983 AuR 1984, 155 zur Auslegung des damaligen § 9a MuSchG aF]) können in den Schutzbereich des Art. 10 der RL 92/85/EWG (Text in Rdn 22) und des Art. 2 Abs. 1 sowie des Art. 5 Abs. 1 der RL 76/207/EWG fallen (im hier interessierenden Zusammenhang der Diskriminierung wegen des Geschlechts inzwischen durch die RL 2006/54/EG abgelöst; zu der Rückkehr aus dem Mutterschaftsurlaub insbes. Art. 15 RL; s.a. Rdn 22 ff., 102). Dabei ist es unerheblich, ob die Kündigung erst nach Ablauf der Schutzfrist zugeht (*EuGH* 11.10.2007 [Paquay] Rn 42, EzA Richtlinie 92/85 EG-Vertrag 1999 Nr. 2). Die MutterschutzRL verbietet nicht nur Kündigungen »wegen« der Schwangerschaft, sondern allgemeiner »während« der Schwangerschaft. § 17 MuSchG ist deshalb richtlinienkonform auszulegen. Auf den Zeitpunkt des Zugangs der Kündigung kommt es dann nicht an, wenn die Kündigungsentscheidung oder Maßnahmen zur Vorbereitung der Kündigung bereits innerhalb der Schutzfristen erfolgen. Die Schutzfrist des Art. 8 Abs. 1 der RL 92/85/EWG, auf die sich Art. 10 Nr. 1 der RL bezieht, ist zwar kürzer als die deutsche Schutzfrist (mindestens 14 Wochen mit Aufteilung auf die Zeit vor und nach der Entbindung entsprechend den nationalen Regelungen). Die Rspr. des EuGH ist jedoch insgesamt auf die nationalen Schutzfristen zu beziehen, zumal Art. 8 Abs. 1 der RL 92/85/EWG nur einen Mindeststandard vorgibt und im Übrigen auf die nationalen Regelungen verweist (s.a. Rdn 102).

102 Nach § 17 Abs. 1 S. 3 MuSchG gilt das **Kündigungsverbot auch für Vorbereitungsmaßnahmen** des Arbeitgebers, die er im Hinblick auf eine Kündigung der Frau trifft. Die Gesetzesbegründung verweist darauf, dass nach *EuGH* Paquay (11.10.2007 EzA Richtlinie 92/85 EG-Vertrag 1999 Nr. 2) bereits dann gegen das Kündigungsverbot des Art. 10 der MuSchRL verstoßen werde, wenn vor Ablauf dieser Zeit Maßnahmen zur Vorbereitung einer solchen Entscheidung – etwa die Suche und Planung eines endgültigen Ersatzes für die betroffene Beschäftigte oder Gleichgestellte – getroffen würden (BT-Drs. 18/8963 S. 88; Roos/Bieresborn/*Betz* § 17 MuSchG Rn 62). Trifft der Arbeitgeber eine solche Vorbereitungsmaßnahme noch während des Sonderkündigungsschutzes, ist die Kündigung nach § 134 BGB nichtig (*BAG* 27.2.2020 EzA § 17 MuSchG 2018 Nr. 1, Rn 9). Daraus ergeben sich verschiedene Fragen. Problematisch sind während des Sonderkündigungsschutzes vor allem **Abmahnungen, Anhörungen** im Rahmen der Vorbereitung einer Verdachtskündigung, Anhörungen des Betriebsrats nach § 102 BetrVG, an den Betriebsrat gerichtete Zustimmungsanträge nach § 103 BetrVG, Zustimmungsanträge an das Integrationsamt nach § 168 SGB IX, Beteiligungen der Schwerbehindertenvertretung nach § 178 Abs. 2 S. 1 SGB IX, Massenentlassungsanzeigen nach § 17 Abs. 1 S. 1 KSchG, Unternehmerentscheidungen im Rahmen

betriebsbedingter Kündigungen oder Aufnahmen von geschützten Arbeitnehmerinnen in die Namensliste eines Interessenausgleichs iSv § 1 Abs. 5 KSchG (*Evermann* NZA 2018, 550, 551; s.a. Roos/Bieresborn/*Betz* § 17 MuSchG Rn 69 f.). **Abmahnungen** sind schon nach dem Wortlaut des § 17 Abs. 1 S. 3 MuSchG nicht als Vorbereitungsmaßnahmen einzuordnen (ebenso Roos/Bieresborn/*Betz* § 17 MuSchG Rn 70; *Evermann* NZA 2018, 550, 551, 555). Es handelt sich um bloße Ankündigungen weiterer arbeitsrechtlicher Sanktionen im Fall wiederholten gleichartigen Fehlverhaltens (Warnfunktion; zB *BAG* 19.7.2012 EzA § 611 BGB 2002 Abmahnung Nr. 7, Rn 20). Außerdem verzichtet der Arbeitgeber mit einer Abmahnung idR gerade konkludent auf das Kündigungsrecht (*BAG* 26.11.2009 EzA § 611 BGB 2002 Abmahnung Nr. 5, Rn 12). Das **Präventionsverfahren** des § 167 Abs. 1 SGB IX und das **betriebliche Eingliederungsmanagement** des § 167 Abs. 2 S. 1 SGB IX sollen das Arbeitsverhältnis erhalten und sind deshalb keine Vorbereitungsmaßnahmen iSv § 17 Abs. 1 S. 3 MuSchG (Roos/Bieresborn/*Betz* § 17 MuSchG Rn 70). Für die anderen genannten Handlungen gilt aus meiner Sicht, dass sie nur dann Vorbereitungsmaßnahmen iSv § 17 Abs. 1 S. 3 MuSchG sind, wenn sie sich auf eine beabsichtigte Kündigung beziehen, **die auf der »Schwangerschaft und/oder der Geburt eines Kindes beruhen« soll** (*EuGH* 11.10.2007 [Paquay] EzA Richtlinie 92/85 EG-Vertrag 1999 Nr. 2, Rn 38). Lediglich in solchen Fällen sind diese Vorbereitungsmaßnahmen unzulässig (wie hier *Evermann* NZA 2018, 550, 551, 555 ff.; HaKo-MuSchG/BEEG/*Schöllmann* § 17 MuSchG Rn 22 ff.; abw. *Bayreuther* NZA 2017, 1145 f. und *Benkert* NJW-Spezial 2017, 562, die es genügen lassen, dass die Vorbereitungsmaßnahmen zielgerichtet auf das Arbeitsverhältnis der Arbeitnehmerin bezogen sind; aA Roos/Bieresborn/*Betz* § 17 MuSchG Rn 64. Dafür spricht nicht nur die für sich betrachtet unmaßgebliche Gesetzesbegründung, die sich auf EuGH Paquay bezieht (BT-Drucks. 18/8963 S. 88), zumal der nationale Gesetzgeber das Schutzniveau der MuSchRL überschreiten darf (*Evermann* NZA 2018, 550, 556). Entscheidend sind Zusammenhang und Zweck des § 17 Abs. 1 S. 3 MuSchG. Die Kündigung des Arbeitsverhältnisses einer geschützten Frau kann nach § 17 Abs. 2 S. 1 MuSchG in besonderen Fällen ausnahmsweise für zulässig erklärt werden, wenn sie nicht mit dem Zustand der Frau in der Schwangerschaft, nach einer Fehlgeburt nach der zwölften Schwangerschaftswoche oder nach der Entbindung in Zusammenhang steht. Diese Regelung setzt die Vorbereitungsmaßnahme eines Antrags auf Zulässigkeitserklärung voraus (*Evermann* NZA 2018, 550, 556). Eine solche Lösung entspricht auch der jüngeren Rechtsprechung des EuGH. Nach **EuGH Porras Guisado** ist die Kündigung einer schwangeren Arbeitnehmerin dann zulässig, wenn sie aus Gründen erfolgt, die mit der Schwangerschaft nicht im Zusammenhang stehen, sofern das innerstaatliche Recht im Fall einer widerrechtlichen Kündigung eine Wiedergutmachung vorsieht (*EuGH* 22.2.2018 [Porras Guisado] EzA Richtlinie 92/85 EG-Vertrag 1999 Nr. 6, Rn 50, 66 mit zust. Anm. *Burger-Ehrnhofer* ZESAR 2018, 349 ff.; zu der nationalen verfassungsrechtlichen Rechtslage für § 17 KSchG *BVerfG* 8.6.2016 EzA § 17 KSchG Nr. 36, Rn 14 ff., das BAG 25.4.2013 EzA-SD 2013 Nr. 14, 4–8 aufhebt; krit. dazu *Moll* FS Willemsen 2018 S. 320, 321 ff.; abl. *von Steinau-Steinrück/Kuntzsch* NJW-Spezial 2018, 242, 243; s.a. die Folgeentscheidung *BAG* 26.1.2017 EzA § 17 KSchG Nr. 40, Rn 20 ff.). Die Kündigung des Arbeitsverhältnisses einer schwangeren Arbeitnehmerin im Rahmen einer Massenentlassung kann nach zuvor durchgeführter Konsultation der Arbeitnehmervertretung wirksam erklärt werden.

Eine Arbeitgeberkündigung verstößt nach den dargestellten Grundsätzen gegen das mutterschutzrechtliche Kündigungsverbot, wenn die Kündigung **während der Schutzfristen erklärt** wird, ihre **Wirkung aber erst nach Ablauf der Schutzfristen** eintreten soll (allg. Ansicht: Roos/Bieresborn/*Betz* § 17 MuSchG Rn 60; Brose/Weth/Volk/*Volk* § 17 MuSchG Rn 152). Bei der Bestimmung des Zeitpunkts der Kündigungserklärung kommt es auf ihren **Zugang** an (*BAG* 18.2.1977 EzA § 130 BGB Nr. 8; Brose/Weth/Volk/*Volk* § 17 MuSchG Rn 155; s. a. Rdn 101). Wird die Kündigung vor Beginn der Schutzfristen abgesandt, ist es der Beschäftigten oder ihr Gleichgestellten aber erst nach Beginn der Schutzfristen möglich, von der Kündigung Kenntnis zu nehmen (Zugang), ist die Kündigung unwirksam (*BAG* 18.2.1977 AP Nr. 10 zu § 130 BGB; *LAG Düsseld.* 11.5.1979 EzA § 9 nF MuSchG Nr. 19). Das gilt auch für **Zugangsverzögerungen**, solange der **Zugang nicht vereitelt** wird (*BAG* 18.2.1977 AP Nr. 10 zu § 130 BGB; Brose/Weth/Volk/*Volk* § 17 MuSchG Rn 155).

§ 17 MuSchG Kündigungsverbot

104 Eine ordentliche Kündigung, die wegen Verletzung des mutterschutzrechtlichen Kündigungsverbots nichtig ist, kann grds. **nicht in** eine **Anfechtung** wegen Irrtums (§ 119 BGB) oder arglistiger Täuschung (§ 123 BGB) **umgedeutet** werden (BAG 14.10.1975 EzA § 140 BGB Nr. 3; APS-*Rolfs* § 17 MuSchG Rn 85). Die Anfechtung hat ebenso wie die fristlose Kündigung eine sofortige Beendigung des Arbeitsverhältnisses zum Ziel. Nach § 140 BGB kann ein nichtiges Rechtsgeschäft aber nur in ein anderes Rechtsgeschäft mit gleichen oder weniger weitgehenden Folgen umgedeutet werden. Das Ersatzgeschäft darf keine weiter gehenden Wirkungen als das ursprünglich beabsichtigte Rechtsgeschäft haben.

1. Ordentliche Kündigung des Arbeitgebers oder des ihm Gleichgestellten

105 Unter das Kündigungsverbot des § 17 Abs. 1 MuSchG fällt zunächst die vom Arbeitgeber innerhalb der Schutzfristen erklärte **ordentliche Kündigung**. Das Kündigungsverbot besteht unabhängig davon, ob die ordentliche Kündigung bereits aus anderen Gründen (zB wegen Verstoßes gegen §§ 102, 103 BetrVG, §§ 1, 15 KSchG, § 168 SGB IX) unwirksam ist. Umgekehrt greift das mutterschutzrechtliche Kündigungsverbot auch dann ein, wenn die ordentliche Kündigung aus verhaltens-, personen- oder betriebsbedingten Gründen iSv § 1 Abs. 2 KSchG sozial gerechtfertigt wäre.

106 Die vom Arbeitgeber innerhalb der Schutzfristen erklärte (ordentliche oder außerordentliche [s. Rdn 113]) **Änderungskündigung** unterfällt ebenfalls dem gesetzlichen Kündigungsverbot des § 17 Abs. 1 S. 1 MuSchG (APS-*Rolfs* § 17 MuSchG Rn 69). Der Umstand, dass der Arbeitgeber mit der Änderungskündigung in aller Regel vorrangig keine Beendigung des Arbeitsverhältnisses, sondern eine Änderung der Arbeitsbedingungen zu seinen Gunsten durchzusetzen versucht, ändert daran nichts (für die allg. Auffassung BAG 7.4.1970 EzA § 615 BGB Nr. 13; Roos/Bieresborn/*Betz* § 17 MuSchG Rn 58; ErfK-*Schlachter* § 17 MuSchG Rn 6; Brose/Weth/Volk/*Volk* § 17 MuSchG Rn 97). Das mutterschutzrechtliche Kündigungsverbot gilt auch, wenn durch Änderungskündigung **Kurzarbeit** eingeführt werden soll. Wird die Kurzarbeit dagegen auf kollektivvertraglicher Grundlage (zB aufgrund einer Betriebsvereinbarung) eingeführt, kann § 17 Abs. 1 MuSchG weder unmittelbar noch entsprechend angewandt werden (BAG 7.4.1970 EzA § 615 BGB Nr. 13; Brose/Weth/Volk/*Volk* § 17 MuSchG Rn 98). Im letztgenannten Fall kann die Beschäftigte oder ihr Gleichgestellte den durch die Kurzarbeit bedingten Entgeltausfall auch nicht nach § 18 MuSchG ersetzt erhalten. Die Gewährung des in dieser Vorschrift geregelten Mutterschutzlohns kommt nur dann in Betracht, wenn wegen eines der in § 18 S. 1 MuSchG genannten Beschäftigungsverbote oder wegen eines Wechsels der Beschäftigung oder Entlohnungsart ein Entgeltausfall eintritt (§ 18 S. 3 MuSchG). Das ist jedoch bei betrieblich bedingter Kurzarbeit nicht der Fall. Änderungen der Arbeitsbedingungen, die nicht mit einer Kündigung durchgesetzt werden sollen, fallen nicht unter das Kündigungsverbot.

107 Das mutterschutzrechtliche Kündigungsverbot gilt im **Insolvenzverfahren** (APS-*Rolfs* § 17 MuSchG Rn 70; ErfK-*Schlachter* § 17 MuSchG Rn 6). Die Kündigung muss auch in diesen Fällen durch die nach § 17 Abs. 2 S. 1 MuSchG zuständige Arbeitsschutzbehörde vorher für zulässig erklärt werden. §§ 125, 126 InsO ändern daran nichts (für alle: Brose/Weth/Volk/*Volk* § 17 MuSchG Rn 94; zu § 18 BEEG BVerfG 8.6.2016 EzA § 17 KSchG Nr. 36, das BAG 25.4.2013 EzA-SD 2013 Nr. 14, 4–8 aufhebt; krit. dazu *Moll* FS Willemsen 2018, S. 320, 321 ff.; abl. von *Steinau-Steinrück/Kuntzsch* NJW-Spezial 2018, 242, 243; s.a. die Folgeentscheidung BAG 26.1.2017 EzA § 17 KSchG Nr. 40; 18.10.2012 EzA § 1 KSchG Betriebsbedingte Kündigung Nr. 170; s.a. Rdn 102). Das gilt ebenso für beabsichtigte ordentliche Kündigungen im Rahmen von **Massenentlassungen** iSv §§ 17 ff. KSchG und bei **Betriebseinschränkungen** oder **-stilllegungen** (HaKo-MuSchG/BEEG/*Schöllmann* § 17 MuSchG Rn 20). Unter das mutterschutzrechtliche Kündigungsverbot fallen auch sog. **Kampfkündigungen** (Roos/Bieresborn/*Betz* § 17 MuSchG Rn 58; HWK-*Hergenröder* § 17 MuSchG Rn 6; s.a. Rdn 210). Bei ihnen handelt es sich nicht um eine kollektivrechtliche, sondern um eine individualrechtliche Reaktion des Arbeitgebers auf rechtswidrige kollektive Arbeitsniederlegungen (Brose/Weth/Volk/*Volk* § 17 MuSchG Rn 96). Zu **Arbeitskampfmaßnahmen** s. Rdn 209 f.

2. Außerordentliche Kündigung des Arbeitgebers oder des ihm Gleichgestellten

Von dem mutterschutzrechtlichen Kündigungsverbot wird auch die vom Arbeitgeber innerhalb der 108
Schutzfristen erklärte außerordentliche Kündigung erfasst. Das gilt sowohl für die **fristlos** erklärte
außerordentliche Kündigung als auch für die außerordentliche Kündigung mit **sozialer Auslauffrist**
(vgl. etwa *BAG* [GS] 26.4.1956 EzA § 615 BGB Nr. 1; 8.12.1955 AP Nr. 4 zu § 9 MuSchG; s. aber
Rdn 120). Es ist unerheblich, ob die außerordentliche Kündigung im Rahmen eines befristeten
oder unbefristeten Arbeitsverhältnisses (oder eines auflösend bedingten Arbeitsverhältnisses) erklärt
werden soll.

Von der außerordentlichen Kündigung zu unterscheiden ist die **Anfechtung** der im Arbeitsver- 109
trag enthaltenen Willenserklärung (dazu s. iE Rdn 180–183). Ggf. muss durch **Auslegung** ermittelt werden, ob eine Kündigung ausgesprochen oder eine Anfechtung erklärt worden ist (*BAG*
6.10.1962 AP Nr. 24 zu § 9 MuSchG). Die Anfechtung wegen Irrtums (§ 119 BGB) oder arglistiger Täuschung (§ 123 BGB) fällt nicht unter das mutterschutzrechtliche Kündigungsverbot (*BAG*
6.10.1962 EzA § 119 BGB Nr. 1; 22.9.1961 AP Nr. 15 zu § 123 BGB; 5.12.1957 AP Nr. 2 zu
§ 123 BGB; APS-*Rolfs* § 17 MuSchG Rn 83). Im Unterschied zur außerordentlichen Kündigung
setzt die Anfechtung einen Grund voraus, der vor oder bei Abschluss des Arbeitsvertrags vorlag. Die
Umdeutung einer ordentlichen Kündigung in eine Anfechtung scheidet schon deswegen aus, weil
die Anfechtung weitergehende Wirkungen hat (*BAG* 14.10.1975 AP Nr. 4 zu § 9 MuSchG). Die
Umdeutung einer unwirksamen außerordentlichen Kündigung in eine Anfechtung soll möglich
sein, sofern das dem mutmaßlichen Willen des Arbeitgebers entspricht, dieser Wille dem Arbeitnehmer erkennbar geworden ist (s.a. Roos/Bieresborn/*Betz* § 17 MuSchG Rn 77; zu der Problematik dieses Kriteriums *Gallner* KR 11. Aufl., § 10 MuSchG Rn 22) und die beabsichtigte sofortige
Auflösung des Arbeitsverhältnisses auf einen Grund gestützt wird, der vor oder bei Abschluss des
Arbeitsvertrags vorlag (*ArbG Wiesbaden* 8.11.1975 BB 1975, 136).

Die außerordentliche Kündigung ist auch dann wegen Verstoßes gegen das mutterschutzrechtliche 110
Kündigungsverbot unwirksam, wenn objektiv ein wichtiger Grund iSd § 626 Abs. 1 BGB vorliegt.
Die Berufung der Beschäftigten oder ihr Gleichgestellten auf den besonderen Kündigungsschutz
kann in diesen Fällen nicht als **unzulässige Rechtsausübung** iSv § 242 BGB angesehen werden
(*BAG* [GS] 26.4.1956 AP Nr. 5 zu § 9 MuSchG; Roos/Bieresborn/*Betz* § 17 MuSchG Rn 59). Das
gilt selbst dann, wenn die Frau zuvor erklärt hatte, eine Kündigung widerspruchslos akzeptieren zu
wollen (aA *LAG Bln.* 31.10.1988 DB 1989, 387). Bei besonders schwerwiegenden Pflichtverletzungen der Frau (zB Straftaten gegenüber dem Arbeitgeber) kann der wichtige Grund jedoch uU zu
einem Ausschluss des **Annahmeverzugs** des Arbeitgebers führen (*BAG* 29.10.1987 DB 1988, 867;
BAG [GS] 26.4.1956 AP Nr. 5 zu § 9 MuSchG).

Liegt objektiv ein wichtiger Grund iSd § 626 Abs. 1 BGB vor, kann der Arbeitgeber das Arbeits- 111
verhältnis nur dann wirksam kündigen, wenn die nach § 17 Abs. 2 S. 1 MuSchG zuständige
Arbeitsschutzbehörde die beabsichtigte außerordentliche Kündigung für zulässig erklärt (zu den
Wirkungen der Zulässigkeitserklärung s. Rdn 163–164 ff.). Diese behördliche **Zulässigkeitserklärung** muss stets **vor Erklärung der außerordentlichen Kündigung** eingeholt werden. Ohne vorherige Zulässigkeitserklärung ist die außerordentliche Kündigung selbst dann **unheilbar nichtig**,
wenn die Voraussetzungen eines »besonderen Falls« iSv § 17 Abs. 2 S. 1 MuSchG erfüllt sind (*BAG*
31.3.1993 NZA 1993, 646; 29.7.1968 EzA § 9 nF MuSchG Nr. 1; *Eylert/Sänger* RdA 2010, 24,
30; APS-*Rolfs* § 17 MuSchG Rn 110). Unzulässig ist auch eine unter der Bedingung einer späteren
Zulässigkeitserklärung erklärte außerordentliche Kündigung. Erfolgt die behördliche Zulässigkeitserklärung erst später, muss eine erneute Kündigung erklärt werden.

Die in § 626 Abs. 2 S. 1 BGB geregelte **Ausschlussfrist von zwei Wochen** ist auch im Rahmen des 112
behördlichen Zulassungsverfahrens nach § 17 Abs. 2 S. 1 MuSchG zu beachten. Wegen der weitgehenden Identität der Interessenlage empfiehlt es sich, an die vom BAG aufgestellten Grundsätze
im Rahmen des Zustimmungsverfahrens nach § 103 BetrVG anzuknüpfen (*BAG* 11.9.1979 EzA
§ 9 nF MuSchG Nr. 16; 27.5.1975 EzA § 103 BetrVG 1972 Nr. 9; 24.4.1975 EzA § 103 BetrVG

§ 17 MuSchG Kündigungsverbot

1972 Nr. 8; 20.3.1975 EzA § 103 BetrVG 1972 Nr. 7; 22.8.1974 EzA § 103 BetrVG 1972 Nr. 6). Danach beginnt der Lauf der Zweiwochenfrist mit der Kenntnis des Arbeitgebers von den für die Kündigung maßgebenden Tatsachen. Zu den maßgeblichen Tatsachen gehört auch die Kenntnis des Arbeitgebers von der Schwangerschaft. Die Ausschlussfrist ist deshalb auch gewahrt, wenn der Arbeitgeber zunächst in Unkenntnis der Schwangerschaft innerhalb der Frist des § 626 Abs. 2 S. 1 BGB unwirksam kündigt, den Antrag auf Zulässigkeitserklärung aber binnen zwei Wochen ab Kenntnis von der Schwangerschaft stellt (*LAG SA* 13.2.2007 – 11 Sa 409/06, Revision unter – 2 AZR 282/07, durch Vergleich erledigt; Roos/Bieresborn/*Betz* § 17 MuSchG Rn 59; vgl. zum Verhältnis von § 626 Abs. 2 BGB zu § 91 Abs. 2 S. 1 SGB IX aF *BAG* 2.3.2006 EzA § 91 SGB IX Nr. 3). Zur Wahrung der Ausschlussfrist ist es erforderlich, dass der Arbeitgeber vor ihrem Ablauf die Zulässigkeitserklärung bei der nach § 17 Abs. 2 S. 1 MuSchG zuständigen Arbeitsschutzbehörde **beantragt** (*LAG Hamm* 3.10.1986 BB 1986, 2419; *LAG Köln* 21.1.2000 AiB 2001, 233; *ArbG Passau* 19.10.1987 BB 1987, 2375). Dagegen kann er die gegen eine ablehnende Entscheidung der Arbeitsschutzbehörde laufenden Rechtsbehelfs- und Rechtsmittelfristen sowohl im Widerspruchs- als auch im Klageverfahren voll ausschöpfen. **Nach erfolgter Zulässigkeitserklärung** hat der Arbeitgeber die beabsichtigte außerordentliche Kündigung **unverzüglich** zu erklären (Roos/Bieresborn/*Betz* § 17 MuSchG Rn 106). Entscheidend ist der Zeitpunkt des **Zugangs bei der Beschäftigten oder ihr Gleichgestellten**. Unverzüglich ist auch zu kündigen, wenn das Zustimmungserfordernis entfällt (*LAG Köln* 21.1.2000 AiB 2001, 233). Die nötige unverzügliche Erklärung folgt aus einer entsprechenden Anwendung des § 174 Abs. 5 SGB IX (*LAG Hamm* 3.10.1986 BB 1986, 2419; APS-*Rolfs* § 17 MuSchG Rn 115). Der Arbeitgeber kann den Betriebs- oder Personalrat sowohl vor als auch nach dem Ende des behördlichen Zulässigkeitserklärungsverfahrens wegen der beabsichtigten außerordentlichen Kündigung beteiligen (*LAG Hamm* 3.10.1986 BB 1986, 2419; zu der ähnlichen Rechtslage beim Kündigungsschutz für schwerbehinderte Menschen *BAG* 2.3.2006 EzA § 91 SGB IX Nr. 3). Bei einer nachträglichen Beteiligung muss der Arbeitgeber den Betriebs- oder Personalrat unverzüglich nach Erhalt der behördlichen Zulässigkeitserklärung anhören (*LAG Hamm* 3.10.1986 BB 1986, 2419).

113 Unter das mutterschutzrechtliche Kündigungsverbot fällt auch die vom Arbeitgeber innerhalb der Schutzfristen erklärte oder vorbereitete (s. Rdn 101) **außerordentliche Änderungskündigung** (s. Rdn 106).

III. Rechtsfolgen bei Verletzung des Kündigungsverbots

1. Kein Straf- bzw. Ordnungswidrigkeitstatbestand

114 Die Verletzung des in § 17 Abs. 1 MuSchG geregelten Kündigungsverbots durch den Arbeitgeber ist weder eine Straftat noch eine Ordnungswidrigkeit.

2. Nichtigkeit der verbotswidrig erklärten Kündigung des Arbeitgebers oder des ihm Gleichgestellten

115 Der Verstoß gegen das mutterschutzrechtliche Kündigungsverbot führt nach **§ 134 BGB** zur **Nichtigkeit** der ausgesprochenen Arbeitgeberkündigung (*BAG* 27.2.2020 EzA § 17 MuSchG 2018 Nr. 1, Rn 9; iE s. Rdn 99–104 u. 98). Eine nachträgliche Genehmigung durch die zuständige Arbeitsschutzbehörde sieht das Gesetz nicht vor. Die eingetretene Nichtigkeitsfolge wird auch nicht dadurch rückwirkend beseitigt, dass die Schwangerschaft mit einer Fehlgeburt endet (s. Rdn 50). Die erwerbstätige Frau scheidet erst mit Eintritt der Fehlgeburt aus dem Geltungsbereich des MuSchG aus (*BAG* 16.2.1973 EzA § 9 nF MuSchG Nr. 14; *LAG Hamm* 3.10.1986 BB 1986, 2419).

116 Die ohne behördliche Zustimmung ausgesprochene Kündigung ist **offensichtlich unwirksam**. Die unwirksam gekündigte Beschäftigte oder ihr Gleichgestellte hat daher schon vor einem stattgebenden Urteil erster Instanz Anspruch auf **Weiterbeschäftigung** gegen den Arbeitgeber (*BAG [GS]* 27.2.1985 EzA § 611 BGB Beschäftigungspflicht Nr. 9 m. Anm. *Gamillscheg*; umfassend zum

Beschäftigungs- und Weiterbeschäftigungsanspruch *Nungeßer* Weiterbeschäftigungsanspruch AR-Blattei SD 1805). Dieser Anspruch kann ggf. auch mit einer **einstweiligen Verfügung** gerichtlich durchgesetzt werden (ausführlich und mwN *Walker* Der einstweilige Rechtsschutz im Zivilprozess, 1993, Rn 680). Der Verfügungsanspruch ergibt sich in einem solchen Fall aus dem arbeitsrechtlichen allgemeinen Beschäftigungsanspruch, der jedenfalls durch eine offensichtlich unwirksame Kündigung nicht beschränkt wird. Der erforderliche Verfügungsgrund ist jedenfalls dann zu bejahen, wenn die Beschäftigte oder ihr Gleichgestellte sonst Gefahr läuft, Fachkenntnisse zu verlieren (Roos/Bieresborn/*Betz* § 17 MuSchG Rn 88).

Die nichtige Kündigung kann nicht in eine Kündigung zum nächstzulässigen Zeitpunkt nach Ablauf der Schutzfristen des § 17 Abs. 1 MuSchG umgedeutet werden (APS-*Rolfs* § 17 MuSchG Rn 99). Die **Unzulässigkeit der Umdeutung** ergibt sich daraus, dass auch eine solche Kündigung während der Schutzfristen nicht rechtswirksam erklärt werden kann. In diesen Fällen muss nach Ablauf der Schutzfristen erneut – ggf. nach neuerlicher Anhörung eines bestehenden Betriebsrats – in der Schriftform des § 623 BGB gekündigt werden. 117

Für die bei den **Stationierungsstreitkräften** beschäftigten Arbeitnehmerinnen bestand bis 28. März 1998 insofern eine Sonderregelung, als nach Art. 56 Abs. 2a des Zusatzabkommens zum NATO-Truppenstatut v. 3.8.1959 (BGBl. 1961 II S. 1218) idF des Änderungsabkommens v. 21.10.1971 (BGBl. 1973 II S. 1022) bei einer unwirksamen Kündigung (zB nach § 9 MuSchG aF) eine Auflösung des Arbeitsverhältnisses gegen eine Abfindung in Betracht kam, wenn der Arbeitgeber erklärte, dass der Weiterbeschäftigung besonders schutzwürdige militärische Interessen entgegenstünden. Diese Sonderregelung ist durch das Änderungsabkommen v. 18. März 1993 (BGBl. 1994 II S. 2598), das am 29. März 1998 (BGBl. II S. 1691) in Kraft trat, modifiziert worden (s.a. das Gesetz vom 28.9.1994 zu dem Abkommen vom 18.3.1993 zur Änderung des Zusatzabkommens zum NATO-Truppenstatut und zu weiteren Übereinkünften, BGBl. II S. 2594). Seitdem gelten für die Zivilbediensteten bei den NATO-Truppen in der Bundesrepublik Deutschland die arbeitsrechtlichen Vorschriften, die auch für zivile Bundeswehrbedienstete gelten (HaKo-MuSchG/BEEG/*Schöllmann* § 17 MuSchG Rn 18). Der Arbeitgeber kann einen Auflösungsantrag nur noch im Rahmen des § 9 Abs. 1 S. 2 KSchG, also bei einer sozialwidrigen Kündigung, auf besonders schutzwürdige militärische Interessen stützen. Dh: Bei einer allein nach § 17 MuSchG unwirksamen Kündigung kann der Arbeitgeber auf der Basis der Rspr. des BAG keinen Auflösungsantrag stellen. 118

3. Annahmeverzug des Arbeitgebers

Infolge der Nichtigkeit der verbotswidrig erklärten Kündigung gerät der Arbeitgeber nach § 611a Abs. 2, § 615 S. 1, §§ 293 ff. BGB in **Annahmeverzug**, wenn er die Arbeitsleistung der arbeitsbereiten Arbeitnehmerin nicht entgegennimmt (s.a. Rdn 110). Eine fehlende Arbeitsbereitschaft folgt nach zutreffender Ansicht des *LAG RhPf* (14.3.1995 LAGE § 615 BGB Nr. 43) nicht schon daraus, dass die Arbeitnehmerin – bevor sie von ihrer Schwangerschaft Kenntnis hat – zunächst Verständnis für die Kündigung zeigt und die Klagefrist des § 4 KSchG verstreichen lässt. Die Verpflichtung des Arbeitgebers, die Vergütung fortzuzahlen, richtet sich nur dann allein nach § 611a Abs. 2, § 615 S. 1, §§ 293 ff. BGB, wenn keine der generellen oder individuellen Beschäftigungsverbote eingreifen. Bei **Beschäftigungsverboten** außerhalb der Schutzfristen vor und nach der Entbindung gilt für die Entgeltzahlung § 18 MuSchG. Für die Beschäftigungsverbote während der Schutzfristen vor und nach der Entbindung des § 3 MuSchG besteht insofern eine Sonderregelung, als die Bestimmungen über das **Mutterschaftsgeld** (§ 19 MuSchG) sowie die Vorschrift des § 20 MuSchG über den **Zuschuss zum Mutterschaftsgeld** anzuwenden sind (Roos/Bieresborn/*Betz* § 17 MuSchG Rn 87; zu der Frage der **Verfassungswidrigkeit** des § 14 Abs. 1 S. 1 MuSchG aF s. Rdn 169 mwN). 119

In **Ausnahmefällen** kann die Vergütungspflicht des Arbeitgebers entfallen. Allein das objektive Bestehen eines wichtigen Grundes iSv § 626 BGB oder eines verhaltensbedingten Grundes iSv § 1 Abs. 2 KSchG führt zwar grds. noch nicht dazu, dass die Vergütungspflicht entfällt (*BAG [GS]* 26.4.1956 EzA § 615 BGB Nr. 1; *BAG* 29.10.1987 EzA § 615 BGB Nr. 54; 23.5.1969 EzA § 9 120 nF MuSchG Nr. 7). Der Arbeitgeber kommt aber dann **nicht in Annahmeverzug,** wenn die Arbeitnehmerin sich so verhält, dass der Arbeitgeber nach **Treu und Glauben** und unter Berücksichtigung der Gepflogenheiten des Arbeitslebens sowie des Zwecks des Mutterschutzes die Annahme der Leistung zu Recht ablehnt (*BAG [GS]* 26.4.1956 EzA § 615 BGB Nr. 1; 29.10.1987 EzA § 615 BGB Nr. 54; APS-*Rolfs* § 17 MuSchG Rn 107). Geboten ist eine **Gesamtabwägung** (Roos/Bieresborn/*Betz* § 17 MuSchG Rn 87; HaKo-MuSchG/BEEG/*Schöllmann* § 17 MuSchG Rn 30). Dem Arbeitgeber ist es insbes. dann **unzumutbar,** das Leistungsangebot der Arbeitnehmerin anzunehmen, wenn sie die von **§ 823 Abs. 1 BGB** geschützten Rechtsgüter des Arbeitgebers schuldhaft verletzt (*ArbG München* 18.6.2004 – 35 Ca 1822/04, zu einem Fall bewiesener Geldentnahmen aus der Kasse; Brose/Weth/Volk/*Volk* § 17 MuSchG Rn 165). Eine schwere Pflichtverletzung, die die Vergütungspflicht entfallen lässt, ist nur dann anzunehmen, wenn die Arbeitnehmerin in grober Weise gegen die ihr obliegenden Pflichten aus dem Arbeitsverhältnis verstoßen hat und eine Gefährdung von Rechtsgütern des Arbeitgebers, seiner Familienangehörigen oder von Arbeitskollegen zu besorgen ist, deren Schutz Vorrang vor den Bestandsinteressen der Arbeitnehmerin hat (*BAG* 29.10.1987 EzA § 615 BGB Nr. 54). Das gilt zB für schwere **Beleidigungen** des Arbeitgebers (HaKo-MuSchG/BEEG/*Schöllmann* § 17 MuSchG Rn 30: das Gewicht eines wichtigen Grundes iSv § 626 Abs. 1 BGB reicht allein nicht aus). Weigern sich andere Arbeitnehmer, mit der Arbeitnehmerin zusammenzuarbeiten, muss sich der Arbeitgeber zunächst schützend vor die Arbeitnehmerin stellen (vgl. Brose/Weth/Volk/*Volk* § 17 MuSchG Rn 165 mwN).

121 Der Annahmeverzug des Arbeitgebers kann entfallen, wenn die Schwangere nicht innerhalb angemessener Frist ihrer Nachweispflicht nachkommt (*BAG* 6.6.1974 EzA § 9 nF MuSchG Nr. 15; s. dazu Rdn 88–91). Der Arbeitgeber kommt auch dann nicht in Annahmeverzug, wenn die Arbeitnehmerin nicht dazu in der Lage ist, ihrer Arbeitspflicht nachzukommen (zB infolge **krankheitsbedingter Arbeitsunfähigkeit**). Der Arbeitnehmerin steht dann aber ein Entgeltfortzahlungsanspruch zu (§ 3 EFZG).

4. Schadensersatzpflicht des Arbeitgebers

122 Das Kündigungsverbot des § 17 Abs. 1 S. 1 MuSchG begründet für den Arbeitgeber eine **Unterlassungspflicht.** Der Verstoß gegen das Kündigungsverbot des § 17 Abs. 1 MuSchG kann einen Entschädigungsanspruch aus § 15 Abs. 2 AGG begründen, weil die Frau durch die mutterschutzwidrige Kündigung unmittelbar wegen ihres Geschlechts diskriminiert wird (HWK-*Hergenröder* § 17 MuSchG Rn 11; APS-*Rolfs* § 17 MuSchG Rn 108). § 2 Abs. 4 AGG sperrt Ansprüche aus § 15 AGG jedenfalls nicht bei Benachteiligungen, die über das Normalmaß hinausgehen (*BAG* 12.12.2013 EzA § 15 AGG Nr. 23; APS-*Rolfs* § 17 MuSchG Rn 108). Aus diesem Grund kann der Frau auch ein Schadensersatzanspruch aus § 15 Abs. 1 AGG zustehen (APS-*Rolfs* § 17 MuSchG Rn 108). Verstößt der Arbeitgeber trotz positiver Kenntnis von der Schwangerschaft, der Fehlgeburt nach der zwölften Schwangerschaftswoche oder der Entbindung oder entgegen einer rechtzeitigen nachträglichen Mitteilung **schuldhaft** (Brose/Weth/Volk/*Volk* § 17 MuSchG Rn 170 f.: fahrlässige Unkenntnis genügt nicht) gegen diese arbeitsvertragliche Nebenpflicht, begründet das auch eine **vertragliche Schadensersatzpflicht.** Neben dem vertraglichen Schadensersatzanspruch aus **§ 280 Abs. 1 BGB** kommt ein deliktischer Anspruch in Betracht. Da § 17 Abs. 1 MuSchG nicht den Schutz der Allgemeinheit, sondern den Schutz eines bestimmten sozial besonders schutzbedürftigen Personenkreises bezweckt, handelt es sich um ein **Schutzgesetz** iSv **§ 823 Abs. 2 BGB** (HWK-*Hergenröder* § 17 MuSchG Rn 11; Brose/Weth/Volk/*Volk* § 17 MuSchG Rn 170).

123 Zu den erstattungsfähigen Schäden gehören alle **Vermögensnachteile,** die **adäquat kausal** auf der Verletzung des Kündigungsverbots beruhen. Hierzu gehören insbes. Aufwendungen, die ihre Ursache in den kündigungsbedingten psychischen Belastungen der Arbeitnehmerin haben (zB Krankenhauskosten bei einer Früh- oder Fehlgeburt). Führt der bewusste Verstoß gegen das Kündigungsverbot bei der Beschäftigten oder ihr Gleichgestellten zu einer körperlichen oder gesundheitlichen Beeinträchtigung, kann nach § 253 Abs. 2 BGB auch ein **Schmerzensgeldanspruch** bestehen (Roos/Bieresborn/*Betz* § 17 MuSchG Rn 89).

5. Sonstige Leistungen

Kommt der Arbeitgeber bei Annahmeverzug seiner Verpflichtung aus § 611a Abs. 2, § 615 S. 1, §§ 293 ff. BGB, die Vergütung fortzuzahlen, nicht nach, kann der Arbeitnehmerin uU ein Anspruch auf **Arbeitslosengeld** nach §§ 136 ff. SGB III oder **Arbeitslosengeld II** nach §§ 19 ff. SGB II zustehen. Die Arbeitnehmerin ist zwar nicht arbeitslos iSv § 138 Abs. 1 SGB III, weil ihr Arbeitsverhältnis wegen der nach § 17 Abs. 1 MuSchG unwirksamen Kündigung fortbesteht. Der Anspruch auf Arbeitslosengeld ruht nach § 157 Abs. 1 SGB III grds. auch in der Zeit, für die der Arbeitslose Arbeitsentgelt erhält oder zu beanspruchen hat. Wird die aus Annahmeverzug geschuldete Vergütung tatsächlich aber nicht geleistet, kann die faktisch arbeitslose Arbeitnehmerin nach § 157 Abs. 3 S. 1 SGB III Arbeitslosengeld beanspruchen. Für den Anspruch auf Arbeitslosengeld muss die Arbeitnehmerin zwar grds. **verfügbar** iSv § 138 Abs. 1 Nr. 3 SGB III sein (zu den mutterschutzrechtlichen Besonderheiten etwa: *BSG* 9.9.1999 NZA-RR 2000, 45). **Unionsrechtskonform** ausgelegt, dürften mutterschutzrechtliche Beschäftigungsverbote die Verfügbarkeit jedoch nicht ausschließen (vgl. nur *EuGH* 16.2.2006 [Sarkatzis Herrero] EzA Richtlinie 76/207 EG-Vertrag 1999 Nr. 6; Roos/Bieresborn/*Betz* § 17 MuSchG Rn 90; Brose/Weth/*Volk* § 17 MuSchG Rn 168). In Höhe des gezahlten Arbeitslosengeldes geht der Vergütungsanspruch auf die Bundesagentur für Arbeit über (§ 115 Abs. 1 SGB X). Leistet der Arbeitgeber gleichwohl mit befreiender Wirkung an die Arbeitnehmerin, muss sie das Arbeitslosengeld zurückerstatten (§ 157 Abs. 3 S. 2 SGB III; Roos/Bieresborn/*Betz* § 17 MuSchG Rn 90).

Während der Schutzfristen des § 3 MuSchG erhält die unwirksam gekündigte Beschäftigte oder ihr Gleichgestellte unter den Voraussetzungen des § 19 MuSchG **Mutterschaftsgeld**. Daneben können die unter den Geltungsbereich des § 20 Abs. 1 MuSchG fallenden Beschäftigten oder ihnen Gleichgestellten vom Arbeitgeber oder ihm Gleichgestellten einen **Zuschuss zum Mutterschaftsgeld** beanspruchen (zum Zuschuss zum Mutterschaftsgeld zB *BAG* 14.12.2011 NJW 2012, 1900). Eine Tagespflegeperson, die nach §§ 22 ff., § 43 SGB VIII Kinder in ihrem Haushalt in der Kindertagespflege betreut, hat keinen Anspruch auf Zuschuss zum Mutterschaftsgeld. Sie ist keine Arbeitnehmerin (zu § 14 Abs. 1 S. 1 MuSchG aF BAG 23.5.2018 – 5 AZR 263/17, Rn 13 ff.). Eine jährliche tarifvertragliche **Sonderzahlung** darf wegen der Fehlzeiten während der Schutzfristen des § 3 MuSchG nicht anteilig gekürzt werden (*BAG* 8.10.1986 DB 1987, 795; 13.10.1982 EzA § 611 BGB Gratifikation, Prämie Nr. 72).

G. Behördliche Zulassung der Kündigung des Arbeitgebers oder des ihm Gleichgestellten

I. Rechtsnatur und Bedeutung der Zulässigkeitserklärung

Der in § 17 Abs. 1 S. 1 MuSchG angeordnete zeitweilige Ausschluss des Kündigungsrechts wird für den Arbeitgeber insofern gemildert, als die nach § 17 Abs. 2 S. 1 MuSchG zuständige Behörde die Kündigung in besonderen Fällen ausnahmsweise für zulässig erklären kann. Ein ausnahmsloses Kündigungsverbot wäre verfassungswidrig, weil dem Arbeitgeber damit Unzumutbares abverlangt würde (Art. 2 Abs. 1, 14 GG; s.a. Rdn 28; Roos/Bieresborn/*Betz* § 17 MuSchG Rn 92; APS-*Rolfs* § 17 MuSchG Rn 109; HaKo-MuSchG/BEEG/*Schöllmann* § 17 MuSchG Rn 85). Da der Zweck der Vorschrift Kündigungen gegenüber Schwangeren verhindern soll, handelt es sich um ein **repressives Verbot mit Erlaubnisvorbehalt** (*BAG [GS]* 26.4.1956 AP Nr. 5 zu § 9 MuSchG).

Gegen diese gesetzliche Ausgestaltung des mutterschutzrechtlichen Kündigungsschutzes bestehen **keine** grundlegenden **verfassungsrechtlichen Bedenken**, insbes. nicht im Hinblick auf **Art. 6 Abs. 4 GG** und **Art. 3 GG** (*BVerfG* 24.4.1991 EzA Art. 13 Einigungsvertrag Nr. 1; 25.1.1972 AP Nr. 1 zu § 9 MuSchG 1968; *BAG* 11.9.1979 EzA § 9 nF MuSchG Nr. 8; 29.7.1968 EzA § 9 nF MuSchG Nr. 1; *BVerwG* 19.10.1958 AP Nr. 14 zu § 9 MuSchG [m. zust. Anm. *Wertenbruch*]; s.a. Rdn 28). Die Möglichkeit, die Kündigung ausnahmsweise für zulässig zu erklären, stimmt mit **Art. 10 der MutterschutzRL** 92/85/EWG überein (Roos/Bieresborn/*Betz* § 17 MuSchG Rn 92; Brose/Weth/*Volk* § 17 MuSchG Rn 185; s. zu der Unionsrechtskonformität von § 9 MuSchG aF und

§ 17 MuSchG im Übrigen Rdn 22 ff.). Art. 10 Nr. 1 der RL erlaubt es den Mitgliedstaaten ausdrücklich, die Kündigung in Ausnahmefällen zuzulassen, wenn die Ausnahmefälle nicht mit dem Zustand der Arbeitnehmerin in Zusammenhang stehen (*EuGH* 11.10.2007 [Paquay] EzA Richtlinie 92/85 EG-Vertrag 1999 Nr. 2; APS-*Rolfs* § 17 MuSchG Rn 109; HaKo-MuSchG/BEEG/*Schöllmann* § 17 MuSchG Rn 85).

128 Zu der Frage, ob § 17 Abs. 2 MuSchG mit dem strengen Kündigungsverbot in Art. 4 des **Übereinkommen Nr. 3 der IAO** über die Beschäftigung von Frauen vor und nach der Niederkunft in Einklang steht, vgl. APS-*Rolfs* § 17 MuSchG Rn 7 f., 9 f. (der das teilweise infrage stellt); *Beitzke* RdA 1983, 141 ff. (verneinend); Brose/Weth/Volk/*Volk* § 17 MuSchG Rn 183 (bejahend). Entscheidend ist für die Anwendung des § 17 MuSchG zunächst, dass der Regelung des IAO-Übereinkommens keine unmittelbare Wirkung auf das Arbeitsverhältnis zukommt (Roos/Bieresborn/*Betz* § 17 MuSchG Rn 93; HaKo-MuSchG/BEEG/*Schöllmann* § 17 MuSchG Rn 85; im Ergebnis auch APS-*Rolfs* § 17 MuSchG Rn 10). Durch die **Neufassung** des Mutterschutzübereinkommens durch das von der Bundesrepublik Deutschland mit Gesetz vom 20.8.2021 ratifizierte Übereinkommen Nr. 103 der IAO über den Mutterschutz vom 15.6.2000 (APS-*Rolfs* § 17 MuSchG Rn 8 aE) ist der Kündigungsschutz zudem zeitlich ausgedehnt worden (Brose/Weth/Volk/*Volk* § 17 MuSchG Rn 184). Es sind jedoch zugleich **Ausnahmen ermöglicht** worden, wie sie zB in § 17 Abs. 2 S. 1 MuSchG vorgesehen sind (Roos/Bieresborn/*Betz* § 17 MuSchG Rn 93; HaKo-MuSchG/BEEG/*Schöllmann* § 17 MuSchG Rn 85). **Ziele** des Übereinkommens Nr. 183 sind es, die Gleichstellung aller erwerbstätigen Frauen sowie die Gesundheit und Sicherheit von Müttern und Kindern weiter zu fördern. Die Bundesregierung geht davon aus, Änderungen oder Ergänzungen des innerstaatlichen Mutterschutzrechts seien mit Blick auf die Ratifizierung nicht erforderlich (BT-Drucks. 19/29115).

129 Die »**Doppelspurigkeit**« des Rechtswegs vor den Arbeits- und den Verwaltungsgerichten führt zu einer erheblichen Verfahrensverzögerung, die rechtspolitisch kritikwürdig ist (vgl. etwa *Bauer/Powietzka* NZA-RR 2004, 505, 514 f.; HaKo-MuSchG/BEEG/*Schöllmann* § 17 MuSchG Rn 88). Eine Rechtswegzuweisung an die Arbeitsgerichtsbarkeit könnte Abhilfe schaffen, wenn die Gerichte für Arbeitssachen die Entscheidung der Behörde auf einen entsprechenden Antrag hin als Vorfrage überprüfen könnten.

1. Rechtsnatur der behördlichen Entscheidung

130 Bei der behördlichen Entscheidung über den vom Arbeitgeber vor Ausspruch der Kündigung zu stellenden Antrag auf Zulässigkeitserklärung handelt es sich um die behördliche Regelung eines Einzelfalls auf dem Gebiet des öffentlichen Rechts mit unmittelbarer Rechtswirkung nach außen und damit um einen (privatrechtsgestaltenden; s. Rdn 131) **Verwaltungsakt** (allg. Ansicht; statt aller Roos/Bieresborn/*Betz* § 17 MuSchG Rn 94; HaKo-MuSchG/BEEG/*Schöllmann* § 17 MuSchG Rn 86). Unmittelbare Rechtswirkung entfaltet die Entscheidung sowohl gegenüber dem Arbeitgeber als auch gegenüber der betroffenen Beschäftigten oder ihr Gleichgestellten. Mit Blick auf die unterschiedliche Interessenlage des Arbeitgebers und der Frau ist die behördliche Entscheidung für die eine/den einen Verfahrensbeteiligte(n) ein **begünstigender**, für die andere/den anderen Verfahrensbeteiligte(n) ein **belastender** Verwaltungsakt.

2. Bedeutung der behördlichen Zulässigkeitserklärung

131 Die behördliche Zulässigkeitserklärung **hebt** das zeitweilige Kündigungsverbot des § 17 Abs. 1 S. 1 MuSchG **auf**. Es handelt sich folglich um einen Verwaltungsakt mit **rechtsgestaltender Wirkung**. Erst nach erfolgter Zulässigkeitserklärung kann der Arbeitgeber innerhalb der Schutzfristen des § 17 Abs. 1 MuSchG eine Kündigung aussprechen. Eine zuvor erklärte Arbeitgeberkündigung ist **unheilbar nichtig** (*BAG* 31.3.1993 EzA § 9 nF MuSchG Nr. 32; zu mehreren behördlichen Zustimmungserfordernissen *BVerfG* 28.6.2014 – 1 BvR 1157/12; *BAG* 24.11.2011 NZA 2012, 610;

Roos/Bieresborn/*Betz* § 17 MuSchG Rn 94). Sie ist **nicht** bis zur Entscheidung über den Antrag, die Kündigung ausnahmsweise für zulässig zu erklären, **schwebend unwirksam** (allg. Ansicht: *BAG* 29.7.1968 EzA § 9 nF MuSchG Nr. 1; APS-*Rolfs* § 17 MuSchG Rn 99; HaKo-MuSchG/BEEG/ *Schöllmann* § 17 MuSchG Rn 86; Brose/Weth/Volk/*Volk* § 17 MuSchG Rn 186, 189). Nach erfolgter Zulässigkeitserklärung muss grds. erneut gekündigt werden (s. Rdn 117; Roos/Bieresborn/ *Betz* § 17 MuSchG Rn 94; APS-*Rolfs* § 17 MuSchG Rn 99).

Das Erfordernis der vorherigen Zulässigkeitserklärung gilt innerhalb der Schutzfristen des § 9 Abs. 1 MuSchG für **jede Art** der beabsichtigten **Arbeitgeberkündigung** (*BAG [GS]* 26.4.1956 EzA § 615 BGB Nr. 1; s. Rdn 100–113). Besonders schwerwiegende Pflichtverletzungen der Beschäftigten oder ihr Gleichgestellten können aber ihre Vergütungsansprüche aus Annahmeverzug (§ 611a Abs. 2, § 615 S. 1, §§ 293 ff. BGB) entfallen lassen (s. Rdn 120). 132

Die behördliche Zulässigkeitserklärung durch die nach § 17 Abs. 2 S. 1 MuSchG zuständige Arbeitsschutzbehörde gehört nicht zum kündigungsrechtlichen Erklärungstatbestand. Eine vor der behördlichen Entscheidung innerhalb der Schutzfristen des § 17 Abs. 1 ausgesprochene Arbeitgeberkündigung kann daher auch **nicht** – iS einer bloßen Rechtsbedingung – **von** der späteren **Zulässigkeitserklärung abhängig** gemacht werden. Eine Arbeitgeberkündigung unter der Bedingung der nachträglichen Zulässigkeitserklärung ist eine **unzulässige bedingte Kündigung** (Roos/Bieresborn/ *Betz* § 17 MuSchG Rn 94; Brose/Weth/Volk/*Volk* § 17 MuSchG Rn 188, 190). 133

Die Bestimmung des § 17 Abs. 2 S. 1 MuSchG enthält eine gesetzliche Ermächtigungsgrundlage lediglich für eine vorherige behördliche Zulässigkeitserklärung. Die Entscheidungskompetenz der zuständigen Behörde ist damit auch öffentlich-rechtlich dahin begrenzt, dass eine nachträgliche Genehmigung einer verbotswidrig ausgesprochenen Kündigung nicht in Betracht kommt (allg. Meinung, etwa Brose/Weth/Volk/*Volk* § 17 MuSchG Rn 189 mwN). Erlässt die Behörde dennoch einen **rückwirkenden Genehmigungsbescheid**, ist dieser Verwaltungsakt wegen Verstoßes gegen das zwingende gesetzliche Verbot des § 17 Abs. 1 MuSchG **nichtig** iSv § 44 des Verwaltungsverfahrensgesetzes des jeweiligen Bundeslandes. Im arbeitsgerichtlichen Verfahren über eine verbotswidrig ausgesprochene Kündigung kann die Nichtigkeit eines derartigen Verwaltungsakts als Vorfrage festgestellt werden. Steht die Entscheidung der Behörde noch aus, kann das ArbG gleichwohl bereits die Nichtigkeit der entgegen § 17 Abs. 1 MuSchG ausgesprochenen Kündigung feststellen. Da eine behördliche Genehmigung ausgeschlossen ist, darf das ArbG den Kündigungsrechtsstreit regelmäßig **nicht** nach § 148 ZPO bis zur Entscheidung der Behörde **aussetzen** (*LAG Düsseld.* 26.2.1954 DB 1954, 456; *LAG Brem.* 26.1.1955 BB 1955, 258; Roos/Bieresborn/*Betz* § 17 MuSchG Rn 94; HaKo-MuSchG/BEEG/*Schöllmann* § 17 MuSchG Rn 88; Brose/Weth/Volk/*Volk* § 17 MuSchG Rn 191). Auch die Anhängigkeit eines Verwaltungsgerichtsverfahrens führt zu keinem anderen Ergebnis (*BAG* 29.7.1968 AP Nr. 28 zu § 9 MuSchG; Brose/Weth/Volk/*Volk* § 17 MuSchG Rn 191). 134

Nicht unter das Erfordernis der vorherigen Zulässigkeitserklärung fallen alle nicht als Arbeitgeberkündigung zu qualifizierenden **sonstigen Beendigungstatbestände** des Arbeitsverhältnisses (zB Anfechtung, Aufhebungsvertrag, Befristungsende [zu der Wirksamkeit von Befristungen der Arbeitsverhältnisse schwangerer Arbeitnehmerinnen iE s. Rdn 184 ff.], Eintritt einer auflösenden Bedingung). Diese Beendigungstatbestände werden von dem mutterschutzrechtlichen Kündigungsverbot nicht erfasst (*BAG* 23.10.1991 EzA § 9 nF MuSchG Nr. 29; diese Auffassung ist unionsrechtlich grds. unbedenklich: *EuGH* 4.10.2001 [Jiménez Melgar] EzA § 611a BGB Nr. 17; s. aber auch 4.10.2001 [Tele Danmark] EzA § 611a BGB Nr. 16; zu den einzelnen sonstigen Beendigungstatbeständen s. Rdn 176–210). Sie können und brauchen deshalb nicht behördlich für zulässig erklärt zu werden. Zum behördlichen **Negativattest** s. Rdn 152. 135

II. Verfahren der behördlichen Zulassung

Maßgeblich für das bei der Zulässigkeitserklärung nach § 17 Abs. 2 S. 1 MuSchG zu beachtende Verwaltungsverfahren ist das jeweilige **Verwaltungsverfahrensgesetz des zuständigen Bundeslandes** (Roos/Bieresborn/*Betz* § 17 MuSchG Rn 98; Brose/Weth/Volk/*Volk* § 17 MuSchG Rn 213–215). 136

§ 17 MuSchG Kündigungsverbot

Die Ausführung des MuSchG obliegt nach Art. 83 GG den Ländern als eigene Angelegenheit. Dabei sind sie nach Art. 84 GG befugt, die Einrichtung der Behörden und das Verwaltungsverfahren zu regeln, soweit nicht Bundesgesetze mit Zustimmung des Bundesrats etwas anderes bestimmen. Eine solche – mit Zustimmung des Bundesrats erlassene – anderweitige bundesgesetzliche Regelung besteht mit dem Verwaltungsverfahrensgesetz des Bundes (VwVfG) zwar. Die Vorschriften dieses Gesetzes gelten für Landesbehörden, soweit diese Bundesrecht als eigene Angelegenheit nach Art. 84 GG ausführen, jedoch nur in solchen Bundesländern, in denen keine landesrechtlichen Verwaltungsverfahrensgesetze bestehen (§ 1 Abs. 3 VwVfG). Die Ausnahmeregelung trifft auf keines der Bundesländer zu. Allerdings stimmen die Verwaltungsverfahrensgesetze der meisten Länder nach Inhalt und Wortlaut mit dem Verwaltungsverfahrensgesetz des Bundes überein oder verweisen auf den Inhalt des VwVfG (Roos/Bieresborn/*Betz* § 17 MuSchG Rn 98; die Regelungen des VwVfG liegen daher der weiteren Darstellung zugrunde). Nicht anwendbar sind die verwaltungsverfahrensrechtlichen Vorschriften der §§ 1 ff. SGB X, weil die Entscheidung nach § 17 Abs. 2 S. 1 MuSchG keine Entscheidung nach dem SGB iSv §§ 1 ff. SGB I darstellt, wie das von § 1 Abs. 1 SGB X vorausgesetzt wird.

1. Verfahrensgrundsätze

137 Maßgeblich sind die in den §§ 9 ff. VwVfG niedergelegten Verfahrensgrundsätze für das **nichtförmliche Verwaltungsverfahren**. Die in §§ 63 ff. VwVfG enthaltenen Vorschriften über das förmliche Verwaltungsverfahren kommen dagegen nicht zur Anwendung, weil das MuSchG keine entsprechende Anordnung enthält (Roos/Bieresborn/*Betz* § 17 MuSchG Rn 98).

138 **Beteiligte** an dem Verwaltungsverfahren sind der Arbeitgeber als Antragsteller und die Beschäftigte oder ihr Gleichgestellte als Antragsgegnerin. Weitere Verfahrensbeteiligte kann die nach § 17 Abs. 3 S. 1 MuSchG zuständige Behörde von Amts wegen oder auf Antrag hinzuziehen (Roos/Bieresborn/*Betz* § 17 MuSchG Rn 100). In der Regel dürfte die Beteiligung des **Betriebs- oder Personalrats** zweckmäßig sein. Eine Pflicht dazu besteht jedoch nicht (ebenso Roos/Bieresborn/*Betz* § 17 MuSchG Rn 100; Brose/Weth/Volk/*Volk* § 17 MuSchG Rn 222).

139 Wegen der besonderen Eilbedürftigkeit der Entscheidung ist das Verwaltungsverfahren möglichst **schnell** durchzuführen. Bei einer schuldhaften Verzögerung kann der Arbeitgeber einen Amtshaftungsanspruch aus Art. 34 GG iVm § 839 BGB haben.

140 Wegen des nichtförmlichen Verwaltungsverfahrens ist keine mündliche Anhörung der Beteiligten erforderlich (§ 10 VwVfG). Sie dürfte aber zur Aufklärung des Sachverhalts beitragen und sollte grds. durchgeführt werden. Da eine behördliche Zulässigkeitserklärung für die Beschäftigte oder ihr Gleichgestellte ein belastender Verwaltungsakt ist, ist sie vor Erlass einer solchen Entscheidung zumindest schriftlich **anzuhören** (vgl. § 28 Abs. 1 VwVfG; zur Nachholung der Anhörung im Widerspruchsverfahren oder im verwaltungsgerichtlichen Verfahren § 45 Abs. 1 Nr. 3 und Abs. 2 VwVfG; *BVerwG* 18.8.1977 AP Nr. 5 zu § 9 MuSchG 1968; Roos/Bieresborn/*Betz* § 17 MuSchG Rn 100). Nur im Fall eines der in § 28 Abs. 2 und Abs. 3 VwVfG geregelten Ausnahmetatbestände kann von einer Anhörung abgesehen werden.

141 Die nach § 17 Abs. 2 S. 1 MuSchG zuständige Behörde hat den **Sachverhalt von Amts wegen zu ermitteln**. Es gilt der **Untersuchungsgrundsatz**. Die Behörde ist deshalb nicht an das Vorbringen und an die Beweisanträge der Beteiligten gebunden (vgl. § 24 Abs. 1 VwVfG). Die behördliche Ermittlungspflicht hat sich auf alle für den Einzelfall bedeutsamen Umstände zu erstrecken. Dazu gehören insbes. die Überprüfung der Kündigungsgründe, die Ermittlung der genauen Sozialdaten der Beschäftigten oder ihr Gleichgestellten (zB Lebensalter, Familienstand, Dauer der Betriebszugehörigkeit, Vermögensverhältnisse) sowie Feststellungen über die möglichen Auswirkungen einer Kündigung auf die psychische Konstitution der Frau.

142 Die Erhebung von **Beweisen** liegt im pflichtgemäßen Ermessen der nach § 17 Abs. 2 S. 1 MuSchG zuständigen Behörde (§ 26 VwVfG). Zur Ermittlung des Kündigungssachverhalts kann sie insbes. Auskünfte jeder Art einholen, Beteiligte anhören, Zeugen und Sachverständige vernehmen oder

die schriftliche Äußerung von Beteiligten, Sachverständigen und Zeugen einholen, Urkunden und Akten beiziehen sowie einen Augenschein einnehmen (§ 26 Abs. 1 VwVfG). Die Beteiligten sollen bei der Ermittlung des Sachverhalts mitwirken (§ 26 Abs. 2 S. 1 VwVfG).

2. Zuständigkeit

Zuständig für den Erlass einer Zulässigkeitserklärung ist nach § 17 Abs. 2 S. 1 MuSchG die **für den Arbeitsschutz zuständige oberste Landesbehörde** oder die **von ihr bestimmte Stelle**. Von der gesetzlichen Ermächtigung zur Übertragung der Befugnis ist in den einzelnen Bundesländern in unterschiedlicher Weise Gebrauch gemacht (vgl. dazu iE Roos/Bieresborn/*Betz* § 17 MuSchG Rn 97; Brose/Weth/Volk/*Volk* § 17 MuSchG Rn 214 mit Nachweisen zu den Regelungen der einzelnen Bundesländer; eine detaillierte aktuelle Liste mit Adressen und Telefonnummern ist verfügbar über die Internetseite des Bundesministeriums für Familie, Senioren, Frauen und Jugend: https://www.bmfsfj.de/bmfsfj/themen/familie/familienleistungen/mutterschaftsleistungen/aufsichtsbehoerden-fuer-den-mutterschutz-und-kuendigungsschutz/aufsichtsbehoerden-fuer-mutterschutz-und-kuendigungsschutz--informationen-der-laender/73648). Zuständig sind danach: 143

– in Baden-Württemberg: die Regierungspräsidien,
– in Bayern: die Regierungen der Bezirke,
– in Berlin: das Landesamt für Arbeitsschutz, Gesundheitsschutz und technische Sicherheit Berlin,
– in Brandenburg: die Landesämter für Arbeitsschutz, Verbraucherschutz und Gesundheit,
– in Bremen: Dienstorte Bremen und Bremerhaven der Gewerbeaufsicht des Landes Bremen,
– in Hamburg: die Behörde für Gesundheit und Verbraucherschutz (Amt für Arbeitsschutz),
– in Hessen: die Regierungspräsidien,
– in Mecklenburg-Vorpommern: Abteilungen Arbeitsschutz und technische Sicherheit der Landesämter für Gesundheit und Soziales,
– in Niedersachsen: die Staatlichen Gewerbeaufsichtsämter,
– in Nordrhein-Westfalen: die Bezirksregierungen,
– in Rheinland-Pfalz: die Struktur- und Genehmigungsdirektionen Nord und Süd,
– im Saarland: das Landesamt für Umwelt- und Arbeitsschutz,
– in Sachsen: die regionalen Dienststellen und Außenstellen der Landesdirektion Sachsen,
– in Sachsen-Anhalt: die regional zuständigen Fachbereiche und Dezernate des Landesamts für Verbraucherschutz (Gewerbeaufsicht),
– in Schleswig-Holstein: die Standorte Kiel, Lübeck und Itzehoe der Staatlichen Arbeitsschutzbehörde bei der Unfallkasse Nord,
– in Thüringen: die Abteilungen und Dezernate des Landesamts für Verbraucherschutz.

3. Form und Inhalt des Antrags

Das behördliche Zulassungsverfahren nach § 17 Abs. 3 MuSchG wird nicht von Amts wegen, sondern nur **auf Antrag** des Arbeitgebers eingeleitet. Der Antrag bedarf **keiner bestimmten Form** (APS-*Rolfs* § 17 MuSchG Rn 112). Er kann auch mündlich oder elektronisch gestellt werden. Schon aus Gründen der Beweissicherung empfiehlt es sich jedoch, den Antrag schriftlich zu stellen (Roos/Bieresborn/*Betz* § 17 MuSchG Rn 99; APS-*Rolfs* § 17 MuSchG Rn 112). Das Erfordernis des Art. 10 Nr. 2 der Mutterschutzrichtlinie 92/85/EWG, schriftlich berechtigte Kündigungsgründe anzuführen, bezieht sich nicht auf den Antrag bei der Behörde, sondern auf die Kündigungserklärung (s. Rdn 22; Roos/Bieresborn/*Betz* § 17 MuSchG Rn 99). 144

Der Antrag muss inhaltlich bestimmt sein. Für die Behörde muss insbes. **erkennbar** sein, dass der Arbeitgeber eine **Zulässigkeitserklärung nach § 17 Abs. 2 S. 1 MuSchG** begehrt. Die genaue gesetzliche Formulierung braucht nicht wiederholt zu werden (Brose/Weth/Volk/*Volk* § 17 MuSchG Rn 21)). Da der Arbeitgeber als Beteiligter an der Ermittlung des Sachverhalts mitwirken soll (s. Rdn 142), hat er den Antrag mit allen **wesentlichen Tatsachen** für einen sog. **besonderen Fall** zu begründen (Roos/Bieresborn/*Betz* § 17 MuSchG Rn 99; APS-*Rolfs* § 17 MuSchG Rn 112). Zu den für die behördliche Entscheidung wesentlichen Tatsachen gehören neben der ladungsfähigen 145

Anschrift der Beschäftigten oder ihr Gleichgestellten und des Arbeitgebers insbes. die folgenden Umstände (vgl. dazu auch Roos/Bieresborn/*Betz* § 17 MuSchG Rn 99; APS-*Rolfs* § 17 MuSchG Rn 112): die Art der beabsichtigten Kündigung (zB außerordentliche oder ordentliche Kündigung, bei der ordentlichen Kündigung auch die korrekte Kündigungsfrist), der Kündigungszeitpunkt, die Sozialdaten der Frau (Lebensalter, Familienstand, Unterhaltspflichten, Dauer des Arbeitsverhältnisses), der Tag der voraussichtlichen oder erfolgten Entbindung (zweckmäßigerweise unter Beifügung einer entsprechenden ärztlichen Bescheinigung) sowie die substantiierte Angabe der Kündigungsgründe (zweckmäßigerweise mit Beweismitteln). Im Übrigen trifft die Behörde die Pflicht zur Amtsermittlung (s. Rdn 142). Sie muss im Fall eines unzureichend begründeten Antrags nachfragen.

4. Fristen

146 Eine bestimmte Frist für die Stellung des Antrags ist im MuSchG **nicht vorgesehen**. Bei einer außerordentlichen Kündigung ist jedoch die **zweiwöchige Ausschlussfrist des § 626 Abs. 2 S. 1 BGB** zu beachten. Der Arbeitgeber hat innerhalb von zwei Wochen nach Kenntniserlangung von den maßgeblichen Kündigungstatsachen den Antrag bei der nach § 17 Abs. 2 S. 1 MuSchG zuständigen Behörde zu stellen (vgl. hierzu ausf. Rdn 112; Roos/Bieresborn/*Betz* § 17 MuSchG Rn 100).

III. Entscheidung der Behörde
1. Form

147 Eine besondere Form ist für die Entscheidung der Behörde nicht ausdrücklich vorgeschrieben (§ 37 Abs. 2 VwVfG). **Schriftform** ist wegen der Art des Verwaltungsakts aber jedenfalls zweckmäßig (Brose/Weth/Volk/*Volk* § 17 MuSchG Rn 2). Aus Gründen der Rechtssicherheit und Rechtsklarheit muss die Entscheidung inhaltlich hinreichend **bestimmt** sein (§ 37 Abs. 1 VwVfG). Die Entscheidung ist zu **begründen**. In der Begründung sind die wesentlichen tatsächlichen und rechtlichen Gründe mitzuteilen, die die Arbeitsschutzbehörde zu ihrer Entscheidung bewogen haben (§ 39 Abs. 1 S. 1 und S. 2 VwVfG). Da der Behörde nach § 17 Abs. 2 S. 1 MuSchG ein Ermessensspielraum zusteht, soll die Entscheidung auch die Gesichtspunkte erkennen lassen, von denen die Behörde bei der **Ausübung ihres Ermessens** ausgegangen ist (§ 39 Abs. 1 S. 3 VwVfG; zu Unrecht einschränkend *OVG Hmb.* 10.9.1982 NJW 1983, 1748). Um die Rechtsbehelfsfristen in Lauf zu setzen, ist eine **Rechtsbehelfsbelehrung** erforderlich (§ 58 Abs. 1 und Abs. 2 VwGO). Die Entscheidung ist den Beteiligten, für die sie bestimmt und die von ihr betroffen sind (hier: dem Arbeitgeber und der Beschäftigten oder ihr Gleichgestellten) **bekannt zu geben** (§ 41 Abs. 1 S. 1 VwVfG; vgl. auch § 41 Abs. 2 und 5 VwVfG; Brose/Weth/Volk/*Volk* § 17 MuSchG Rn 226: Zustellung zweckmäßig; vgl. ferner Rdn 162). Der **Wert** bemisst sich nach § 52 Abs. 2 GKG auf 5.000 Euro (*OVG NRW* 20.1.2009 – 12 E 1660/08).

2. Beurteilungsmaßstäbe (Verwaltungsrichtlinien)

148 Hinsichtlich der von der Behörde zugrunde zu legenden Beurteilungsmaßstäbe enthält das MuSchG in § 17 Abs. 2 S. 1 eine unvollkommene Regelung. Durch den **unbestimmten Rechtsbegriff** »**besonderer Fall**« auf der Tatbestandsseite der Norm (s. näher Rdn 153) und einen **beschränkten Ermessensspielraum** (»**kann ... ausnahmsweise**«) auf der Rechtsfolgenseite wird dem Bedürfnis nach Rechtsklarheit und Rechtssicherheit nur wenig Rechnung getragen. Um gleichwohl eine einheitliche Verwaltungspraxis sicherzustellen, enthielt § 9 Abs. 3 S. 2 MuSchG aF früher eine Ermächtigung an den Bundesminister für Arbeit, mit Zustimmung des Bundesrats allgemeine Verwaltungsvorschriften zur Durchführung des Verwaltungsverfahrens zu erlassen, von der aber kein Gebrauch gemacht worden war. Im Hinblick darauf und wegen vorhandener Länderrichtlinien wurde die Ermächtigung durch das Gesetz v. 20.12.1996 als obsolet gestrichen (BT-Drucks. 13/6110 S. 12).

149 Aufgrund der früher in § 18 Abs. 1 S. 3 BErzGG (jetzt: § 18 Abs. 1 S. 4 BEEG) enthaltenen Ermächtigung hat allerdings der (damals nach dieser Vorschrift noch zuständige) Bundesminister für

Arbeit mit Zustimmung des Bundesrats am 2.1.1986 »**Allgemeine Verwaltungsvorschriften zum Kündigungsschutz bei Erziehungsurlaub**« erlassen (BAnz Nr. 1 v. 3.1.1986, S. 4). Heute sind die Voraussetzungen besonderer Fälle iSv § 18 Abs. 1 S. 4 BEEG in der **Allgemeinen Verwaltungsvorschrift zum Kündigungsschutz bei Elternzeit** (§ 18 Abs. 1 S. 4 BEEG) v. 3.1.2007 erläutert (www.verwaltungsvorschriften-im-internet.de; BAnz. 2007 Nr. 5 S. 247). Diese Verwaltungsvorschrift kann auf das behördliche Zulassungsverfahren nach § 17 Abs. 2 S. 1 MuSchG **nicht** entsprechend angewandt werden (DDZ-*Söhngen/Brecht-Heitzmann* § 17 MuSchG Rn 46; aA wohl *Meisel/Sowka* Rn 113). Abgesehen davon, dass der persönliche Geltungsbereich des § 18 BEEG über denjenigen des § 17 MuSchG hinausgeht, ist auch die Interessenlage unterschiedlich. Dies zeigt sich insbes. daran, dass die dem Kündigungsverbot des § 17 Abs. 1 MuSchG zugrundeliegenden mutterschaftlichen Erwägungen (zB Schutz der Schwangeren und Mutter vor den mit einer Kündigung verbundenen psychischen Belastungen) für das Kündigungsverbot des § 18 BEEG nicht in vollem Umfang zutreffen (vgl. auch *BAG* 31.3.1993 EzA § 9 nF MuSchG Nr. 32). Für das MuSchG hat die Bundesregierung bisher keinen Gebrauch davon gemacht, nach Art. 84 Abs. 2 GG mit Zustimmung des Bundesrats Allgemeine Verwaltungsvorschriften zu erlassen (vgl. den Hinweis im Regierungsentwurf in BT-Drucks. 18/8963 S. 88; Roos/Bieresborn/*Betz* § 17 MuSchG Rn 98).

In einigen Bundesländern gibt es **jedoch Verwaltungsrichtlinien des Landesarbeitsministeriums**. 150
Es handelt sich um **innerdienstliche Anweisungen** ohne Rechtssatzcharakter an die mit dem behördlichen Verfahren der Zulässigkeitserklärung betrauten Stellen, die allenfalls im Rahmen einer Selbstbindung der Verwaltung für Dritte bedeutsam werden (Roos/Bieresborn/*Betz* § 17 MuSchG Rn 102). Inhaltlich regeln diese Verwaltungsrichtlinien insbes. die Frage, welche Fallgruppen als »besonderer Fall« iSv § 17 Abs. 2 S. 1 MuSchG anzusehen sind (s. Rdn 154 ff.).

3. Behördliche Entscheidungsmöglichkeiten

Die Zulässigkeitserklärung darf mit Nebenbestimmungen versehen werden. Das ergibt sich mittelbar aus der im Elternzeitrecht zu § 18 Abs. 1 S. 2 BEEG ergangenen Entscheidung des *BVerwG* 151
v. 30.9.2009 (Rn 28 BVerwGE 135, 67). Dort ist ausgeführt, dass sich im konkreten Fall nur eine Zulässigkeitserklärung ohne Einschränkung als rechtmäßig darstellt. Das BVerwG lässt zwar offen, ob im Fall einer Betriebsstilllegung stets eine solche Ermessensreduzierung auf null anzunehmen ist. Die Entscheidung lässt aber erkennen, dass eine Einschränkung der Zulässigkeitserklärung jedenfalls in anderen Fällen denkbar ist. Diese Grundsätze sind auf die Zulässigkeitserklärung des § 17 Abs. 2 S. 1 MuSchG übertragbar. Gestattet ist deshalb zB die Auflage, die Kündigung nicht innerhalb der letzten vier Wochen vor dem voraussichtlichen Entbindungstermin oder frühestens zum Ablauf der Schutzfrist nach der Entbindung zu erklären (APS-*Rolfs* § 17 MuSchG Rn 128). Nebenbestimmungen, die über den Schutzzweck des § 17 MuSchG hinausgehen, einen zeitweiligen Bestandsschutz während der Schutzfristen zu gewährleisten, zB späteren Sozialversicherungsschutz herbeiführen sollen, sind dagegen ermessensfehlerhaft und damit rechtswidrig (APS-*Rolfs* § 17 MuSchG Rn 128). Rechtswidrig, weil nicht vom Schutzzweck des § 17 MuSchG gedeckt, ist demnach eine Entscheidung, mit der ausgesprochen wird, dass die Kündigung nur zum Ende der Elternzeit erklärt werden darf (*VG München* 22.10.2008 – M 18 K 07.5580).

Die Arbeitsschutzbehörde ist nicht dazu berechtigt, dem Arbeitgeber durch ein sog. **Negativattest** 152
mit konstitutiver Wirkung zu bescheinigen, dass die Kündigung zulässig ist, ohne dass es einer vorherigen behördlichen Zulassung bedarf. Darüber, ob bei Zugang der Kündigung besonderer Kündigungsschutz nach § 17 MuSchG besteht, entscheiden verbindlich allein die Arbeitsgerichte, die an die Rechtsauffassung der Behörde nicht gebunden sind (*BAG* 28.1.1965 AP Nr. 25 zu § 9 MuSchG; Roos/Bieresborn/*Betz* § 17 MuSchG Rn 96; aA APS-*Rolfs* § 17 MuSchG Rn 111). Auch die irrige Annahme der Behörde, im Einzelfall sei eine Zulässigkeitserklärung nicht erforderlich, ersetzt die Zulässigkeitserklärung nicht (*BAG* 28.1.1965 AP Nr. 25 zu § 9 MuSchG; Roos/Bieresborn/*Betz* § 17 MuSchG Rn 96). In Zweifelsfällen kommt eine prophylaktische Zulässigkeitserklärung in Betracht. Im Übrigen ist der behördliche Hinweis möglich, eine Zulässigkeitserklärung sei nicht erforderlich, weil keine Kündigung, sondern zB die Anfechtung der im Arbeitsvertrag enthaltenen

§ 17 MuSchG   Kündigungsverbot

Willenserklärung beabsichtigt sei (ähnlich APS-*Rolfs* § 17 MuSchG Rn 111). Ein Negativattest hat in keinem Fall **die Wirkung einer Zulässigkeitserklärung iSv § 17 Abs. 2 S. 1 MuSchG** (APS-*Rolfs* § 17 MuSchG Rn 111; Brose/Weth/Volk/*Volk* § 17 MuSchG Rn 195).

4. Voraussetzungen der Zulässigkeitserklärung

153 Die Zulässigkeitserklärung durch die nach § 17 Abs. 2 S. 1 MuSchG zuständige Arbeitsschutzbehörde ist **Wirksamkeitsvoraussetzung** für die vom Arbeitgeber in den Schutzfristen des § 17 Abs. 1 MuSchG beabsichtigte Kündigung. Die Zulässigkeitserklärung darf nur unter der Voraussetzung erteilt werden, dass ein »**besonderer Fall**« vorliegt. Ist diese voll justiziable Voraussetzung im Einzelfall zu bejahen, ordnet die Formulierung »kann« auf der **Rechtsfolgeseite** der Vorschrift eine **Ermessensentscheidung** der Behörde an; es steht im (ggf. auf null reduzierten) Ermessen der Behörde, ob dem Antrag des Arbeitgebers stattgegeben wird (*BVerwG* 30.9.2009 BVerwGE 135, 67, Rn 28).

154 Mit dem Merkmal »besonderer Fall« knüpft § 17 Abs. 2 S. 1 MuSchG auf der Tatbestandsseite der Vorschrift an einen **unbestimmten Rechtsbegriff** an. Die Frage, ob ein »besonderer Fall« iSv § 17 Abs. 2 MuSchG vorliegt, ist **verwaltungsgerichtlich voll überprüfbar** (*BVerwG* 18.8.1977 BVerwGE 54, 276; 21.10.1970 AP Nr. 33 zu § 9 MuSchG; 21.10.1970 Buchholz 436.4 MuSchG § 9 Nr. 4; zu § 18 Abs. 1 S. 2 BEEG *BVerwG* 30.9.2009 BVerwGE 135, 67, Rn 14; Roos/Biersborn/*Betz* § 17 MuSchG Rn 102). Zum Inhalt dieses unbestimmten Rechtsbegriffs ordnen § 17 Abs. 2 S. 1 MuSchG nF und § 9 Abs. 3 S. 1 Teils. 2 MuSchG aF seit Einfügung von § 9 Abs. 3 S. 1 Teils. 2 MuSchG aF durch das Gesetz v. 20.12.1996 (s. Rdn 22) in Übereinstimmung mit Art. 10 Nr. 1 der MutterschutzRL 92/85/EWG an, dass ein besonderer Fall nur aus Gründen angenommen werden darf, die **mit dem Zustand der Schwangerschaft und/oder der Situation der Schwangeren** nach der Entbindung **nicht in Zusammenhang** stehen (*EuGH* 11.11.2010 [Danosa] EzA Richtlinie 92/85 EG-Vertrag 1999 Nr. 5; 11.10.2007 [Paquay] EzA Richtlinie 92/85 EG-Vertrag 1999 Nr. 2; 4.10.2001 [Tele Danmark] EzA § 611a BGB Nr. 16; 4.10.2001 [Jiménez Melgar] EzA § 611a BGB Nr. 17). Das muss zweifelsfrei sein (HaKo-MuSchG/BEEG/*Schöllmann* § 17 MuSchG Rn 103; *Kossens* RdA 1997, 209, 212; vgl. auch Brose/Weth/Volk/*Volk* § 17 MuSchG Rn 196 ff.). Die Regelung entspricht der bereits zuvor bestehenden Praxis und hat nur klarstellende Funktion (BT-Drucks. 13/2763 S. 10). Bei der Konkretisierung des Merkmals »besonderer Fall« iSv § 17 Abs. 2 S. 1 MuSchG ist zu beachten, dass es **nicht identisch mit einem »wichtigen Grund« iSv § 626 Abs. 1 BGB ist** (Roos/Biersborn/*Betz* § 17 MuSchG Rn 102; APS-*Rolfs* § 17 MuSchG Rn 126; HaKo-MuSchG/BEEG/*Schöllmann* § 17 MuSchG Rn 98). Ein besonderer Fall liegt nur dann vor, wenn außergewöhnliche Umstände es rechtfertigen, die vom MuSchG als regelmäßig vorrangig angesehenen Interessen der werdenden Mutter oder Wöchnerin hinter die des Arbeitgebers zurücktreten zu lassen (*BVerwG* 18.8.1977 BVerwGE 54, 276; Roos/Biersborn/*Betz* § 17 MuSchG Rn 102). Stets ist eine **Interessenabwägung** erforderlich, der **mutterschutzrechtliche Erwägungen** zugrunde liegen müssen (Roos/Biersborn/*Betz* § 17 MuSchG Rn 102; APS-*Rolfs* § 17 MuSchG Rn 119, 127; HaKo-MuSchG/BEEG/*Schöllmann* § 17 MuSchG Rn 98). Maßgebliches Beurteilungskriterium ist – anders als bei § 626 Abs. 1 BGB – nicht die Zumutbarkeit der Weiterbeschäftigung für den Arbeitgeber. Die Arbeitsschutzbehörde hat sich an dem mit dem Kündigungsverbot verfolgten Zweck zu orientieren, der Beschäftigten oder ihr Gleichgestellten während der Schutzfristen des § 17 Abs. 1 MuSchG möglichst die materielle Existenzgrundlage zu erhalten und die mit einer Kündigung in dieser Zeitspanne verbundenen besonderen psychischen Belastungen zu vermeiden. Entscheidend ist daher, ob ein Ausnahme-Sachverhalt vorliegt, aufgrund dessen der Schwangeren die materiellen und immateriellen Belastungen der Kündigung in der Schutzfrist zugemutet werden können (zu der entsprechenden Vorgabe in Art. 10 Nr. 1 der MutterschutzRL 92/85/EWG zB *EuGH* 11.10.2007 [Paquay] EzA Richtlinie 92/85 EG-Vertrag 1999 Nr. 2; 4.10.2001 [Tele Danmark] EzA § 611a BGB Nr. 16; ebenso Roos/Biersborn/*Betz* § 17 MuSchG Rn 102).

155 Als »besonderer Fall« können nicht nur solche Kündigungssachverhalte angesehen werden, die den Arbeitgeber nach § 626 Abs. 1 BGB zum Ausspruch einer außerordentlichen Kündigung berechtigen. Die Arbeitsschutzbehörde kann vielmehr auch eine vom Arbeitgeber beabsichtigte ordentliche

Kündigung für zulässig erklären (vgl.; APS-*Rolfs* § 17 MuSchG Rn 118; Brose/Weth/Volk/*Volk* § 17 MuSchG Rn 198). Auch eine beabsichtigte außerordentliche oder ordentliche Änderungskündigung kann Gegenstand einer Zulässigkeitserklärung sein.

Hinsichtlich der Art der Kündigungsgründe lassen sich bestimmte **Fallgruppen unterscheiden: Personenbedingte Gründe** (zB schwangerschaftsbedingte Krankheiten) sind grds. nicht dazu geeignet, einen »besonderen Fall« zu begründen (*EuGH* 30.6.1998 [Brown] Slg. 1998, I-4185; APS-*Rolfs* § 17 MuSchG Rn 120; HaKo-MuSchG/BEEG/*Schöllmann* § 17 MuSchG Rn 100; s.a. Rdn 154; Brose/Weth/Volk/*Volk* § 17 MuSchG Rn 203). Das gilt selbst dann, wenn dem Arbeitgeber aufgrund mutterschutzrechtlicher Beschäftigungsverbote (zB des Nachtarbeitsverbots) noch nicht einmal die geminderte Arbeitskraft zur Verfügung steht (vgl. nur *EuGH* 16.2.2006 [Sarkatzis Herrero] EzA Richtlinie 76/207 EG-Vertrag 1999 Nr. 6; *BVerwG* 21.10.1970 AP Nr. 33 zu § 9 MuSchG; Roos/Bieresborn/*Betz* § 17 MuSchG Rn 103). Ein »besonderer Fall« ist erst dann anzunehmen, wenn aufgrund der personenbedingten Gründe die wirtschaftliche Belastung des Arbeitgebers in die Nähe einer Existenzgefährdung rückt (APS-*Rolfs* § 17 MuSchG Rn 120; HaKo-MuSchG/BEEG/*Schöllmann* § 17 MuSchG Rn 100). Die Existenzgefährdung braucht allerdings nicht tatsächlich zu bestehen (*BVerwG* 21.10.1970 AP Nr. 33 zu § 9 MuSchG). Mit der Neuregelung des Ausgleichsverfahrens durch das **Aufwendungsausgleichsgesetz** dürfte eine wirtschaftliche Existenzgefährdung zudem nicht mehr auftreten (Brose/Weth/Volk/*Volk* § 17 MuSchG Rn 204). Nicht als personenbedingte Gründe sind subjektive Bewertungen – insbes. moralische Vorstellungen – des Arbeitgebers über die Schwangerschaft anzusehen. Daher war die außereheliche Schwangerschaft schon in Zeiten anderer öffentlicher Moralvorstellungen kein »besonderer Fall«, der die Zulässigkeitserklärung rechtfertigte (*BVerwG* 26.8.1970 AP Nr. 32 zu § 9 MuSchG). Selbst eine sittenwidrige »Leihmutterschaft« ist – für sich betrachtet – kein besonderer Fall iSv § 17 Abs. 2 S. 1 MuSchG. 156

Verhaltensbedingte Gründe sind nur dann als »besonderer Fall« anzuerkennen, wenn die Beschäftigte oder ihr Gleichgestellte besonders schwerwiegende Pflichtverletzungen begangen hat und ihr Verhalten ggf. wiederholt (zB schwerwiegende vorsätzliche Vertragspflichtverletzungen; strafbare Handlungen zum Nachteil des Arbeitgebers oder zum Nachteil von Arbeitskollegen [*VG Frankfurt/M.* 16.11.2001 NZA-RR 2002, 638: Verdacht reicht noch nicht]; tätliche Drohungen; zutr. verneint demgegenüber zB bei wahrheitsgemäßer Mitteilung an die Ehefrau des Geschäftsführers, ihr Ehemann gehe fremd, durch *VGH BW* 28.10.1992 BB 1994, 940 [s. dort auch: Indiskretionen über das Privatleben des Arbeitgebers reichen nicht aus]; vgl. weiter *BAG* 17.6.2003 EzA § 9 nF MuSchG Nr. 39; s.a. Roos/Bieresborn/*Betz* § 17 MuSchG Rn 103). Die Beurteilung des Pflichtverstoßes hat die Arbeitsschutzbehörde nach mutterschutzrechtlichen Maßstäben vorzunehmen. Dabei ist insbes. die psychische Konstitution der Arbeitnehmerin zu ihren Gunsten zu berücksichtigen (Brose/Weth/Volk/*Volk* § 17 MuSchG Rn 206). 157

Betriebliche Gründe können nur dann als »besonderer Fall« anerkannt werden, wenn keinerlei Möglichkeiten bestehen, die Beschäftigte oder ihr Gleichgestellte weiterzubeschäftigen (*BVerwG* 18.8.1977 AP Nr. 5 zu § 9 MuSchG 1968). Das ist zB bei einer **Stilllegung** des ganzen Betriebs oder eines Betriebsteils der Fall, sofern im restlichen Betrieb kein geeigneter Arbeitsplatz für die Frau vorhanden ist (Roos/Bieresborn/*Betz* § 17 MuSchG Rn 103; zu der insolvenzbedingten Stilllegung auch *VG Hannover* 12.12.2000 NZA-RR 2002, 136, dort auch zur Frage des **Betriebsübergangs** [s.a. *BAG* 20.1.2005 AP Nr. 8 zu § 18 BErzGG; APS-*Rolfs* § 17 MuSchG Rn 123; s. hier KR-*Bader* § 18 BEEG Rdn 67]). Ist str., ob ein Betrieb stillgelegt oder auf einen anderen Inhaber übergegangen ist, darf die zuständige Behörde die Zulässigkeitserklärung nicht mit der Begründung verweigern, es liege ein Betriebsübergang vor. Diese Frage können nur die Gerichte für Arbeitssachen verbindlich beantworten (zu § 18 BEEG *BAG* 18.10.2012 EzA § 1 KSchG Betriebsbedingte Kündigung Nr. 170; 22.6.2011 EzA § 613a BGB 2002 Nr. 126; *VG München* 21.9.2011 – M 18 K 10.5658). Auch eine **Verlegung** des ganzen Betriebs oder eines Betriebsteils kann uU als »besonderer Fall« angesehen werden, insbes. dann, wenn die Beschäftigte oder ihr Gleichgestellte es ablehnt, in der neuen Betriebsstätte weiterbeschäftigt zu werden. **Massenentlassungen** allein rechtfertigen dagegen noch nicht die Annahme eines »besonderen Falls« (*BAG* 18.10.2012 EzA § 1 158

KSchG Betriebsbedingte Kündigung Nr. 170; Roos/Bieresborn/*Betz* § 17 MuSchG Rn 103). Vielmehr ist erforderlich, dass die Fortführung gerade des konkreten Arbeitsverhältnisses der Schwangeren zu einer drückenden wirtschaftlichen Belastung führte, die den Betrieb des Arbeitgebers in die Nähe einer wirtschaftlichen Existenzgefährdung brächte (*BVerwG* 21.10.1970 AP Nr. 33 zu § 9 MuSchG; *OVG Hmb.* 10.9.1982 NJW 1983, 1748; Roos/Bieresborn/*Betz* § 17 MuSchG Rn 103). Der gegenteiligen älteren Ansicht, dass eine Existenzgefährdung tatsächlich bestehen müsse (*Gröninger/Thomas* § 9 MuSchG Rn 102; *Heilmann* § 9 MuSchG Rn 179), ist jedoch nicht zuzustimmen. Dem Arbeitgeber kann nicht abverlangt werden, Existenzgefährdungen hinzunehmen.

159 Als ermessensfehlerfrei anerkannt wird in der Rspr. der Verwaltungsgerichte, dass die Kündigung für zulässig erklärt wird, wenn das **Arbeitsverhältnis** unstreitig **zerrüttet** ist (*BayVGH* 29.3.2007 – 9 C 06.2456).

160 Auch wenn sie einen »besonderen Fall« bejaht, ist die Arbeitsschutzbehörde nicht verpflichtet, dem Antrag des Arbeitgebers stattzugeben. Die Zulässigkeitserklärung steht in ihrem **pflichtgemäßen Ermessen** (*BVerwG* 18.8.1977 AP Nr. 5 zu § 9 MuSchG 1968; *BAG* 31.3.1993 EzA § 9 nF MuSchG Nr. 32). Das folgt aus der Formulierung »kann ... für zulässig erklären« (Roos/Bieresborn/*Betz* § 17 MuSchG Rn 104; zu der Frage, ob § 17 Abs. 2 S. 1 MuSchG mit dem strengen Kündigungsverbot des Art. 4 des **Übereinkommen Nr. 3 der IAO** über die Beschäftigung von Frauen vor und nach der Niederkunft vereinbar ist, s. Rdn 128). Bei der Ausübung des Ermessens hat sich die Arbeitsschutzbehörde am Zweck der Ermächtigung zu orientieren. Dabei darf sie die gesetzlichen Grenzen, die für die Ausübung des Ermessens gelten, nicht überschreiten.

161 Eine gesetzliche Einschränkung des behördlichen Ermessens ergibt sich aus dem Wort »**ausnahmsweise**« in § 17 Abs. 2 S. 1 MuSchG. Hierin liegt eine spezielle gesetzliche Anweisung, von dem bei »Kann-Vorschriften« sonst üblichen weiten Ermessensspielraum grds. zugunsten der Frau Gebrauch zu machen. Eine Ermessensausübung zugunsten des Arbeitgebers hat Ausnahmecharakter. Unter Berücksichtigung der gesetzlich vorgeschriebenen Ermessensrichtung kann dem Antrag auf Zulässigkeitserklärung daher **nur bei erheblich vorrangigen Interessen des Arbeitgebers** stattgegeben werden (Roos/Bieresborn/*Betz* § 17 MuSchG Rn 104; APS-*Rolfs* § 17 MuSchG Rn 127; HaKo-MuSchG/BEEG/*Schöllmann* § 17 MuSchG Rn 104).

5. Bekanntgabe der Entscheidung

162 Die **Form** der Bekanntgabe des nach § 17 Abs. 2 S. 1 MuSchG zu erlassenden behördlichen Bescheids richtet sich nach den Bestimmungen der landesrechtlichen Verwaltungsverfahrensgesetze (§ 41 VwVfG; s. Rdn 147). Es ist nicht zwingend, aber zweckmäßig, den Bescheid der jeweils beschwerten Arbeitsvertragspartei mit Rechtsbehelfsbelehrung zuzustellen (HaKo-MuSchG/BEEG/*Schöllmann* § 17 MuSchG Rn 105; Brose/Weth/Volk/*Volk* § 17 MuSchG Rn 226; aA wohl APS-*Rolfs* § 17 MuSchG Rn 129).

6. Wirkung der Zulässigkeitserklärung

163 Die Wirkung der behördlichen Zulässigkeitserklärung besteht darin, dass die zeitweilige Kündigungssperre für den Arbeitgeber aufgehoben ist. Der Bescheid befreit nur von dem mutterschutzrechtlichen Kündigungsverbot nach § 17 Abs. 1 S. 1 MuSchG. Er besagt nichts darüber, ob die beabsichtigte Kündigung mit den sonstigen Vorschriften des individuellen oder kollektiven Kündigungsschutzrechts im Einklang steht. Dies zu prüfen, ist allein Aufgabe der Gerichte für Arbeitssachen (Roos/Bieresborn/*Betz* § 17 MuSchG Rn 107). Dagegen sind die Arbeitsgerichte nicht berechtigt, eine fehlende Zulässigkeitserklärung zu ersetzen oder zu prüfen, ob die Zulässigkeitserklärung zu Recht erteilt oder abgelehnt worden ist (Roos/Bieresborn/*Betz* § 17 MuSchG Rn 107). Das folgt aus der grds. Bindung der ordentlichen Gerichte und der Gerichte für Arbeitssachen an rechtsgestaltende Verwaltungsakte im Verhältnis zum Adressaten des Verwaltungsakts und gegenüber den Betroffenen, denen er bekannt gegeben wurde (zu dieser eingeschränkten Bindung in dem anderen Zusammenhang der Massenentlassungsanzeige *BAG* 28.6.2012 EzA § 17 KSchG Nr. 26

Rn 74). Im Rahmen der den Arbeitsgerichten zustehenden Vorfragenkompetenz dürfen sie nur prüfen, ob der Verwaltungsakt besteht (dh erlassen und nicht aufgehoben ist) oder nicht besteht (dh nicht erlassen, nichtig oder aufgehoben ist). Dagegen dürfen sie nicht prüfen, ob der Verwaltungsakt rechtmäßig, mit oder ohne Erfolg anfechtbar ist (*BAG* 20.1.2005 EzA § 18 BErzGG Nr. 7).

Ob ein **noch nicht bestandskräftiger Zulassungsbescheid** von dem mutterschutzrechtlichen Kündigungsverbot befreit (dazu *Bulla* Anm. zu *BAG* AP Nr. 25 zu § 9 MuSchG), ist umstritten. Es ist zu differenzieren: Hat die Beschäftigte oder ihr Gleichgestellte gegen die behördliche Zulässigkeitserklärung der Kündigung im maßgeblichen Zeitpunkt des Kündigungszugangs (noch) **keinen Widerspruch oder keine Anfechtungsklage** erhoben, braucht der Arbeitgeber die Bestandskraft der behördlichen Entscheidung nicht abzuwarten, sondern kann kündigen (Roos/Biersborn/*Betz* § 17 MuSchG Rn 106; im Ergebnis ebenso etwa APS-*Rolfs* § 17 MuSchG Rn 131 mwN; vgl. dazu auch *BAG* 17.6.2003 EzA § 9 nF MuSchG Nr. 39; 17.6.2003 EzA-SD 2004 Nr. 1, 6; zu § 18 Abs. 1 S. 2 BEEG s.a. *BAG* 24.11.2011 NZA 2012, 610; **aA** *LAG Hamm* 23.4.2002 LAG Report 2002, 340). Im Fall einer außerordentlichen Kündigung wäre das Abwarten im Hinblick auf § 626 Abs. 2 S. 1 BGB auch wenig sinnvoll (Roos/Biersborn/*Betz* § 17 MuSchG Rn 106; APS-*Rolfs* § 17 MuSchG Rn 131 mwN). Die Kündigung ist dann – bis zur Bestandskraft oder rechtskräftigen Entscheidung schwebend und danach endgültig – wirksam. 164

Darüber hinaus nimmt das *BAG* (25.3.2004 EzA § 9 nF MuSchG Nr. 40; 17.6.2003 EzA § 9 nF MuSchG Nr. 39; s.a. *BAG* 3.7.2003 EzA § 113 InsO Nr. 14; *LAG Hmb.* 4.3.2005 LAG Report 2005, 351) unter eingehender Würdigung von § 80 Abs. 1 S. 1 VwGO (vgl. dazu auch *BVerwG* 18.8.1977 BVerwGE 54, 276) an, dass ein Widerspruch und eine Anfechtungsklage gegen die Zulässigkeitserklärung der zuständigen Behörde zwar aufschiebende Wirkung nach § 80 Abs. 1 VwGO haben (dagegen *Meisel*/*Sowka* § 9 MuSchG Rn 111; die analoge Anwendung von § 171 Abs. 4 SGB IX, wie sie etwa das *LAG RhPf* 14.2.1996 LAGE § 9 MuSchG Nr. 21 oder das *LAG Hamm* 27.11.2002 NZA-RR 2003, 529 annehmen, wird vom BAG mangels Lücke ausdrücklich abgelehnt; in Einklang mit dem BAG *Thür. LAG* 31.1.2002 LAGE § 9 MuSchG Nr. 25). Die **Zulässigkeitserklärung** bleibt aus Sicht des BAG aber **schwebend wirksam**. Der Arbeitgeber darf kündigen (zu § 9 Abs. 1 S. 2 MuSchG aF *BAG* 25.3.2004 EzA § 9 nF MuSchG Nr. 40; zu § 18 Abs. 1 S. 2 BEEG s.a. *BAG* 24.11.2011 NZA 2012, 610). Die ausgesprochene **Kündigung** ist damit nicht unwirksam, sondern **schwebend wirksam** (APS-*Rolfs* § 17 MuSchG Rn 134; HaKo-MuSchG/BEEG/*Schöllmann* § 17 MuSchG Rn 107; zu § 18 BErzGG – inhaltsgleich jetzt § 18 BEEG – *LAG Nds.* 18.3.2003 LAGE § 18 BErzGG Nr. 2). Die Praxis hat sich darauf einzustellen (Roos/Biersborn/*Betz* § 17 MuSchG Rn 106; **aA** mit guten Gründen *Etzel* KR 6. Aufl., § 9 MuSchG Rn 127 mwN; ErfK-*Schlachter* 5. Aufl., § 9 MuSchG Rn 19, seit der 7. Aufl. aber dem BAG folgend, zurzeit § 17 MuSchG Rn 16; krit. gegenüber der Lösung des BAG zB auch *Schäfer* NZA 2004, 833; abl. APS-*Rolfs* § 17 MuSchG Rn 135 f.). Die gegenteilige Auffassung spricht sich mangels Analogiefähigkeit des § 171 Abs. 4 SGB IX (**aA** *LAG RhPf* 14.2.1996 LAGE § 9 MuSchG Nr. 21) dafür aus, **Widerspruch oder Anfechtungsklage** (s. Rdn 131 ff. zu der Rechtsnatur der Zulässigkeitserklärung) **aufschiebende Wirkung** in dem Sinn beizumessen, dass die behördliche Erlaubnis im Fall des Widerspruchs oder der Anfechtungsklage keine vorläufige Wirkung entfalten kann. Ist die Kündigung erkennbar eilbedürftig, kann (idR muss) die Behörde die **sofortige Vollziehbarkeit** der Zulässigkeitserklärung anordnen, um den Suspensiveffekt des § 80 Abs. 2 Nr. 4 VwGO zu beseitigen (dagegen nach wie vor aufgrund des oben dargestellten anderen Ansatzes etwa *BAG* 25.3.2004 EzA § 9 nF MuSchG Nr. 40). Wird der Gegenauffassung zum BAG zugestimmt, ist ein Antrag des Arbeitgebers an die Behörde nach § 80a Abs. 1 Nr. 1, § 80 Abs. 2 Nr. 4 VwGO möglich (nach APS-*Rolfs* § 17 MuSchG Rn 136 zweckmäßigerweise gleich zu verbinden mit dem Antrag auf Zulässigkeitserklärung) und ein gegenläufiger Antrag der Beschäftigten oder ihr Gleichgestellten nach § 80a Abs. 1 Nr. 2, § 80 Abs. 4 S. 1 VwGO. Gegen die Anordnung oder Nichtanordnung des Sofortvollzugs steht dem Arbeitgeber und der Frau **vorläufiger Rechtsschutz** nach § 80 Abs. 5 VwGO zu (oder § 80a Abs. 3 VwGO). Die Gerichte für Arbeitssachen sind nicht verpflichtet, die Verhandlung eines von der Frau eingeleiteten Kündigungsrechtsstreits nach § 148 ZPO bis zum Abschluss des Verwaltungs(-gerichts)verfahrens **auszusetzen** (*LAG Düsseld.* 26.2.1954 165

DB 1954, 456; *LAG Brem.* 26.1.1955 BB 1955, 258; Roos/Bieresborn/*Betz* § 17 MuSchG Rn 107; HaKo-MuSchG/BEEG/*Schöllmann* § 17 MuSchG Rn 88; weiter gehend Brose/Weth/Volk/*Volk* § 17 MuSchG Rn 191 [kein Recht auszusetzen]; aA *BAG* 25.11.1980 EzA § 580 ZPO Nr. 1 [für den Schutz schwerbehinderter Menschen]; *LAG Nds.* 18.3.2003 LAGE § 18 BErzGG Nr. 2 [zu § 18 BErzGG, jetzt § 18 BEEG]). Im Einzelfall kann eine Aussetzung jedoch zweckmäßig sein. Wird in dem Verwaltungs(-gerichts)verfahren die Zulässigkeitserklärung bestands- oder rechtskräftig versagt, ist das für das bereits abgeschlossene arbeitsgerichtliche Verfahren ein Restitutionsgrund iSv § 580 Abs. 1 Nr. 6 ZPO (*BAG* 25.11.1980 EzA § 580 ZPO Nr. 1Roos/Bieresborn/*Betz* § 17 MuSchG Rn 107; APS-*Rolfs* § 17 MuSchG Rn 140).

7. Rücknahme und Widerruf

166 Die Zulässigkeit der Rücknahme einer rechtswidrig erteilten Zulässigkeitserklärung oder der Widerruf einer rechtmäßigen behördlichen Zulassung richtet sich nach den einschlägigen Bestimmungen der landesrechtlichen Verwaltungsverfahrensgesetze (vgl. §§ 48, 49 VwVfG).

IV. Rechtsbehelfe gegen die Entscheidung der Behörde

1. Vorverfahren

167 Ein verwaltungsbehördliches **Widerspruchsverfahren** (Vorverfahren) muss nach § 68 Abs. 1 S. 2 Nr. 1, 2. Alt. VwGO nur dann durchgeführt werden, wenn die oberste Arbeitsschutzbehörde eines Landes von ihrer Delegationsbefugnis aus § 17 Abs. 2 S. 1 MuSchG Gebrauch gemacht hat (§ 68 Abs. 1 S. 1, Abs. 2 VwGO; s. Rdn 143). Sofern eine von der obersten Arbeitsschutzbehörde eines Landes beauftragte Stelle (zB ein Gewerbeaufsichtsamt) den Bescheid erlassen hat, kann dagegen innerhalb eines Monats nach Bekanntgabe Widerspruch nach §§ 68 ff. VwGO eingelegt werden (Roos/Bieresborn/*Betz* § 17 MuSchG Rn 107; zu der Unzulässigkeit des Widerspruchs der Beschäftigten oder ihr Gleichgestellten wegen widersprüchlichen Verhaltens *OVG Münster* 8.8.1997 NZA-RR 1998, 159; zu der Frage der **aufschiebenden Wirkung** eines Widerspruchs s. Rdn 164).

2. Klage

168 Gegen den Bescheid der obersten Arbeitsschutzbehörde eines Landes oder der Behörde, an die subdelegiert ist, und gegen den Widerspruchsbescheid kann innerhalb eines Monats Klage beim **Verwaltungsgericht** (§ 40 Abs. 1 S. 1 VwGO; dazu *BVerwG* 10.2.1960 AP Nr. 21 zu § 9 MuSchG) erhoben werden (§ 74 VwGO; zu der Frage des Rechtsschutzbedürfnisses Brose/Weth/Volk/*Volk* § 17 MuSchG Rn 237 ff. mwN). Diese Klagefrist gilt sowohl für eine Anfechtungsklage der Beschäftigten oder ihr Gleichgestellten gegen einen Zulassungsbescheid (§ 74 Abs. 1 VwGO) als auch für eine Verpflichtungsklage des Arbeitgebers auf Erlass eines derartigen Bescheids (§ 74 Abs. 2 VwGO; zu der Frage der **aufschiebenden Wirkung** einer Klage s. Rdn 164).

V. Leistungen bei erfolgter Zulässigkeitserklärung und Kündigung

1. Mutterschaftsgeld und Zuschuss zum Mutterschaftsgeld

169 Nach § 19 Abs. 1 MuSchG iVm dem SGB V oder dem Zweiten Gesetz über die Krankenversicherung der Landwirte erhalten (werdende) Mütter unter den dort näher geregelten Voraussetzungen **Mutterschaftsgeld** (s. Rdn 204 und *Conze* öAT 2012, 55). Das erfasst auch solche Beschäftigte oder ihnen Gleichgestellte, deren Beschäftigungsverhältnis während der Schwangerschaft oder der Schutzfrist nach § 3 Abs. 2 MuSchG – maßgebend ist der Zugangszeitpunkt – nach § 17 Abs. 2 S. 1 MuSchG infolge einer entsprechenden Arbeitgeberkündigung nach erfolgter Zulässigkeitserklärung unter Beachtung von § 17 Abs. 2 S. 2 MuSchG **aufgelöst** worden ist (§ 19 Abs. 2 S. 2 MuSchG). Entsprechendes gilt nach § 19 Abs. 2 S. 1 und 2 MuSchG auch für solche Frauen, die nicht in der gesetzlichen Krankenversicherung versichert sind. Außerdem ist nach § 20 Abs. 3 MuSchG ein **Zuschuss zum Mutterschaftsgeld** zu zahlen (Brose/Weth/Volk/*Herrmann* § 20 MuSchG Rn 31). Das BVerfG hatte den Arbeitgeberzuschuss zum Mutterschaftsgeld nach § 14 Abs. 1 S. 1 MuSchG

aF wegen Verstoßes gegen Art. 12 Abs. 1 GG für **nicht verfassungsgemäß** befunden und dem Gesetzgeber aufgegeben, bis zum Jahresende 2005 eine verfassungskonforme Neuregelung zu treffen (*BVerfG 18.*11.2003 EzBAT § 8 BAT Zuschuss zum Mutterschaftsgeld Nr. 22; dazu *Eichenhofer* BB 2004, 382; *Leisner* DB 2004, 598). § 14 Abs. 2 MuSchG aF (heute: § 20 Abs. 3 MuSchG) als solcher war davon nicht berührt (*Buchner* NZA 2006, 121). Nach der Neuregelung durch das **Aufwendungsausgleichsgesetz** v. 22.12.2005 (BGBl. I S. 3686) idF der Novelle vom 23.10.2012 (BGBl. I S. 2246), das ein gesetzliches Ausgleichs- und Umlageverfahren vorsieht, muss § 14 Abs. 1 MuSchG aF (§ 20 Abs. 1 MuSchG nF) jetzt als verfassungsgemäß zugrunde gelegt werden, dh der Mutterschaftsgeldzuschuss ist nach Maßgabe dieser Vorschrift zu erbringen.

2. Arbeitslosengeld und Arbeitslosengeld II

Sind die übrigen Anspruchsvoraussetzungen erfüllt (zB die Anwartschaftszeit verstrichen), erhält die nach § 17 Abs. 2 MuSchG zulässigerweise gekündigte Arbeitnehmerin bis zum Beginn der Schutzfrist des § 3 Abs. 1 MuSchG Arbeitslosengeld oder Arbeitslosengeld II. Mit Beginn der Schutzfrist des § 3 Abs. 1 MuSchG steht sie wegen des gesetzlichen Beschäftigungsverbots nicht mehr der Arbeitsvermittlung zur Verfügung und erhält daher weder Arbeitslosengeld noch Arbeitslosengeld II. Ihr steht jedoch Mutterschaftsgeld und Zuschuss zum Mutterschaftsgeld zu (s. Rdn 169).

170

H. Kündigung: Form- und Begründungserfordernis/Zeitpunkt

I. Zweck und unionsrechtliche Vorgaben

§ 17 Abs. 2 S. 2 MuSchG sieht für die ausnahmsweise für zulässig erklärte Arbeitgeberkündigung ein **Schriftformerfordernis** und ein **Begründungserfordernis** vor. Damit soll zum einen Rechtsklarheit für die Frau geschaffen werden, dass eine Kündigung ausgesprochen wurde. Außerdem soll die Frau erfahren, aus welchem Grund gekündigt wurde. Diese Regelung **soll** Art. 10 Nr. 2 der RL 92/85/EWG umsetzen (s. Rdn 8). Die RL begründet drei Anforderungen. Erstens verlangt sie eine **Begründung** der Kündigung. Zweitens muss diese Begründung **schriftlich** erfolgen. Drittens muss die Begründung **berechtigte Gründe** anführen. Nach dieser Systematik bezieht sich das unionsrechtliche Schriftformerfordernis nur auf die Kündigungsgründe, nicht auf den Kündigungsausspruch selbst. Damit geht das deutsche Recht über die RL hinaus, wenn es verlangt, dass auch die Kündigung selbst schriftlich erklärt wird (Roos/Bieresborn/*Betz* § 17 MuSchG Rn 109; *Sowka* NZA 1997, 296, 297). Das ist angesichts der korrespondierenden Regelung in § 623 BGB für das nationale Recht praktisch bedeutungslos. Unionsrechtliche Vorgaben bestehen aber lediglich für das Erfordernis der schriftlichen Begründung, nicht für das der Schriftform des Kündigungsausspruchs. Das deutsche überschreitet das von Art. 1 Abs. 3 der RL gewährleistete bisherige Schutzniveau. Die MutterschutzRL macht den Mitgliedstaaten keine ausdrücklichen Sanktionsvorgaben für den Fall einer Kündigung, die die Vorgabe in Art. 10 Nr. 2 der RL missachtet. Anstelle der Unwirksamkeit der Kündigung wäre nach der Rspr. des EuGH wohl auch ein hinreichend effektiver Schadensersatzanspruch unionsrechtskonform (*EuGH* 29.10.2009 [Pontin] EzA Richtlinie 92/85 EG-Vertrag 1999 Nr. 4).

171

II. Schriftformerfordernis

Bei der von § 17 Abs. 2 S. 2 MuSchG verlangten Form handelt es sich um ein **gesetzliches Schriftformerfordernis** iSd § 126 BGB, das in seiner Wirkung mit § 623 BGB übereinstimmt. Die Kündigung muss vom Arbeitgeber oder einer vertretungsberechtigten Person eigenhändig durch Namensunterschrift unterzeichnet werden (§ 126 Abs. 1 BGB). Die schriftformwidrige Kündigung ist nach § 125 S. 1 BGB nichtig (Roos/Bieresborn/*Betz* § 17 MuSchG Rn 111; ein Fax genügt nicht: *LAG RhPf* 21.1.2004 ArbRB 2005, 106; zu der Unterscheidung der Schriftlichkeit von der Schriftform *Lützen* NJW 2012, 1627). Diese Rechtsfolge wird den unionsrechtlichen Vorgaben gerecht (s. Rdn 171). § 126 Abs. 3 BGB lässt statt der Schriftform zwar auch die **elektronische Form** zu, wenn das Gesetz das nicht anders regelt. § 17 Abs. 2 S. 2 MuSchG

172

enthält keine solche Einschränkung. § 623 2. Hs. BGB schließt die elektronische Form für Kündigungen aber generell und damit auch hier aus (Roos/Bieresborn/*Betz* § 17 MuSchG Rn 110; im Ergebnis wie hier HaKo-MuSchG/BEEG/*Schöllmann* § 17 MuSchG Rn 114). Das Formerfordernis gilt nach § 17 Abs. 2 S. 2 MuSchG sowohl für die eigentliche **Kündigungserklärung** als auch für die für die Kündigung bestehende **Begründungspflicht**. Die Kündigung ist also nicht nur formunwirksam, wenn der Kündigungsausspruch nicht der Schriftform genügt, sondern auch dann, wenn die Begründung die Schriftform nicht wahrt (s. Rdn 173 und 174; Roos/Bieresborn/*Betz* § 17 MuSchG Rn 110).

III. Begründungserfordernis

173 § 17 Abs. 2 S. 2 MuSchG verlangt vom Arbeitgeber, dass die Kündigung den zulässigen Kündigungsgrund angibt und sieht damit ein Begründungserfordernis im Fall der ausnahmsweisen Zulässigkeit der Kündigung vor. Mit dem Merkmal »die Kündigung« ist nicht die eigentliche Kündigungserklärung, sondern das von der Vorschrift verlangte **Kündigungsschreiben** gemeint, das über die Kündigungserklärung hinaus noch die Kündigungsgründe enthalten muss. Dieses Merkmal dient der **Information der Beschäftigten oder ihr Gleichgestellten**. Sie soll bereits mit dem Kündigungsschreiben erfahren, **aufgrund welchen Sachverhalts** und aufgrund welcher Erwägungen des Arbeitgebers ihr gekündigt wird. Die Frau soll in die Lage versetzt werden, die Aussichten eines Kündigungsschutzprozesses zu beurteilen. Das Formerfordernis richtet sich nach § 126 BGB. Ihm ist auch genügt, wenn sich die Einheit der Erklärung aus anderen eindeutigen Umständen ergibt, etwa einer festen körperlichen Verbindung durch Heftung oder sogar nur einer fortlaufenden Paginierung oder Paraphierung der einzelnen Blätter und abschließender Unterschrift (zu § 1 Abs. 5 KSchG *BAG* 12.5.2010 EzA § 1 KSchG Interessenausgleich Nr. 21; zu § 1 Abs. 2 TVG *BAG* 21.9.2011 DB 2012, 867; APS-*Rolfs* § 17 MuSchG Rn 148). Damit die Frau die Rechtmäßigkeit der Kündigung beurteilen kann, müssen die Kündigungsgründe mit Tatsachen versehen werden. Bloße **schlagwortartige Kurzhinweise reichen nicht aus** (zu § 15 BBiG aF [jetzt § 22 BBiG] *BAG* 25.11.1976 EzA § 15 BBiG Nr. 3; zu § 54 BMT-G II *BAG* 25.8.1977 EzA § 125 BGB Nr. 3; s.a. Brose/Weth/Volk/*Volk* § 17 MuSchG Rn 245, 248). Die Substantiierungsanforderungen im Prozess brauchen aber nicht erreicht zu werden (Roos/Bieresborn/*Betz* § 17 MuSchG Rn 111; APS-*Rolfs* § 17 MuSchG Rn 146; HaKo-MuSchG/BEEG/*Schöllmann* § 17 MuSchG Rn 115).

174 Erforderlich ist ferner, dass es sich um »**zulässige**« (nach der RL 92/85/EWG: »berechtigte«) **Kündigungsgründe** handelt. Diese Vorgabe ist ebenfalls Ausdruck des Informationszwecks der Vorschrift. Sie ist dahin zu verstehen, dass **der von der Behörde gebilligte Kündigungsgrund** anzugeben ist (APS-*Rolfs* § 17 MuSchG Rn 149; HaKo-MuSchG/BEEG/*Schöllmann* § 17 MuSchG Rn 117). Der bloße Verweis auf die behördliche Zustimmung reicht nicht aus (Brose/Weth/Volk/*Volk* § 17 MuSchG Rn 225). Es müssen nachvollziehbare Ausführungen in der Sache erfolgen, die nicht nur schlagwortartig sein dürfen (s. Rdn 173). Dagegen ist die Kündigungserklärung nicht bereits deswegen formunwirksam, weil sich im Rechtsstreit herausstellt, dass die angegebenen Gründe die Kündigung nicht rechtfertigen. Sinn und Zweck der Vorschrift ergeben im Übrigen, dass **nicht angeführte Kündigungsgründe** im Rechtsstreit **nicht nachgeschoben** werden können (ungeachtet der Regelung des § 6 KSchG nF; ebenso Roos/Bieresborn/*Betz* § 17 MuSchG Rn 111; APS-*Rolfs* § 17 MuSchG Rn 149; Brose/Weth/Volk/*Volk* § 17 MuSchG Rn 248).

IV. Zeitpunkt

175 Grundsätzlich besteht nach der behördlichen Zulässigkeitserklärung (§ 17 Abs. 2 S. 1 MuSchG) keine Frist, um die Kündigung zu erklären. Handelt es sich um eine **außerordentliche Kündigung**, ist sie jedoch entsprechend dem Rechtsgedanken des § 174 Abs. 5 SGB IX unverzüglich nach Bekanntgabe der behördlichen Erklärung auszusprechen (APS-*Rolfs* § 17 MuSchG Rn 144). Entfällt das Zustimmungserfordernis, ist die Kündigung unverzüglich nach erlangter Kenntnis davon auszusprechen (*LAG Köln* 21.1.2000 NZA-RR 2001, 303; s.a. Rdn 112, 146).

I. Beendigung des Arbeitsverhältnisses aus anderen Gründen als durch Kündigung des Arbeitgebers oder des ihm Gleichgestellten

Das in § 17 Abs. 1 MuSchG enthaltene Kündigungsverbot gilt nur für Arbeitgeberkündigungen (iE s. Rdn 100–113). Gegen **sonstige Beendigungstatbestände** begründet das MuSchG keinen Bestandsschutz (*LAG MV* 16.3.2021 – 5 Sa 295/20 – zu 2 der Gründe; *Gravenhorst* jurisPR-ArbR 31/2021 Anm. 6 zu C). Das gesetzliche Kündigungsverbot dient auch nicht dem Zweck, der (werdenden) Mutter einen Arbeitsplatz zu verschaffen. Es soll lediglich einen bereits bestehenden Arbeitsplatz erhalten (*BAG* 27.11.1956 EzA § 4 aF MuSchG Nr. 1). Daran ist auch nach den Vorgaben in Art. 10 der RL 85/92/EWG festzuhalten (zu der RL u.a. s. Rdn 22 ff.). Sie beziehen sich nicht nur nach ihrem deutschen Wortlaut allein auf die einseitige Beendigung des Arbeitsverhältnisses durch Erklärung des Arbeitgebers (Roos/Bieresborn/*Betz* § 17 MuSchG Rn 75). In Frankreich wird zB nur das der Kündigung funktionell entsprechende »licenciement« erfasst.

176

I. Nichtiger Arbeitsvertrag

Ist der Arbeitsvertrag der Arbeitnehmerin nichtig, zB wegen eines Verstoßes gegen ein gesetzliches Verbot (§ 134 BGB) oder gegen die guten Sitten (§ 138 BGB), wird von einem »**faktischen**« **Arbeitsverhältnis** gesprochen, sobald es vollzogen worden ist. Um eine solche faktische Rechtsbeziehung zu beenden, muss keine Kündigung erklärt werden. Beiden Arbeitsvertragsparteien steht ein einseitiges **Lossagungsrecht** zu, das auch fristlos geltend gemacht werden kann (allg. Meinung: *BAG* 19.12.1966 AP Nr. 3 zu § 12 MuSchG; s.a. 27.7.2010 EzA § 4 BBiG 2005 Nr. 1; Roos/Bieresborn/*Betz* § 17 MuSchG Rn 76; APS-*Rolfs* § 17 MuSchG Rn 83; HaKo-MuSchG/BEEG/*Schöllmann* § 17 MuSchG Rn 68; Brose/Weth/Volk/*Volk* § 17 MuSchG Rn 109).

177

Soweit ein ohne die erforderliche **Arbeitserlaubnis-EU** geschlossener Arbeitsvertrag nach § 134 BGB iVm § 284 SGB III nichtig ist (regelmäßig nicht der Fall), gilt nichts anderes. Demgegenüber ist § 17 MuSchG anwendbar, wenn eine zunächst vorliegende Arbeitserlaubnis-EU entfällt oder nicht verlängert wird und deswegen gekündigt werden soll. Der Arbeitgeber gerät wegen des Beschäftigungsverbots aber idR nicht in Annahmeverzug. Eine Nichtigkeit des Arbeitsvertrags ist regelmäßig nicht anzunehmen bei der Abrede, dass die **Vergütung »schwarz« ausgezahlt** wird (*BAG* 26.2.2003 EzA § 134 BGB 2002 Nr. 1; *Willikonsky* § 9 MuSchG Rn 15). Problematisch ist die Annahme, dass Arbeitsverträge mit Frauen, die die Herstellung pornographischer Filme oder die Mitwirkung an Peepshows zum Gegenstand haben, nichtig (sittenwidrig) sein sollen (abl. dazu *Willikonsky* § 9 MuSchG Rn 15).

178

Ob und unter welchen Voraussetzungen ein Verstoß gegen die in **§ 5 MuSchG** festgelegten Nachtarbeitsverbote zur Nichtigkeit des Arbeitsvertrags führt, ist umstritten. Nach der früheren Rspr. des BAG sollte eine solche Nichtigkeit jedenfalls grds. eintreten (*BAG* 6.10.1962 EzA § 119 BGB Nr. 1; offengelassen von *BAG* 8.9.1988 EzA § 8 MuSchG Nr. 1), es sei denn, es konnte noch mit einer Ausnahmegenehmigung nach § 8 Abs. 6 MuSchG aF gerechnet werden (*BAG* 8.9.1988 EzA § 8 MuSchG Nr. 1). Eine Ausnahme sollte ferner dann gelten, wenn das Arbeitsverhältnis zumindest teilweise, dh in einem zeitlich eingeschränkten Umfang, durchgeführt werden konnte. Daran kann nach den Vorgaben des Richtlinienrechts nicht festgehalten werden. Zunächst unterschied der **EuGH** noch zwischen befristeten und unbefristeten Arbeitsverhältnissen: Eine Anknüpfung gesetzlicher Nichtigkeitstatbestände an den Sachverhalt der Schwangerschaft und die damit verbundenen Beschäftigungsverbote war bei **unbefristeten Arbeitsverhältnissen** als unmittelbare Diskriminierung stets mit der RL 76/207/EWG unvereinbar (im hier interessierenden Zusammenhang der Diskriminierung wegen des Geschlechts inzwischen durch die RL 2006/54/EG vom 5.7.2006 zur Verwirklichung des Grundsatzes der Chancengleichheit und der Gleichbehandlung von Männern und Frauen in Arbeits- und Beschäftigungsfragen [ABl. EU L 204 S. 23] abgelöst, zu der Rückkehr aus dem Mutterschaftsurlaub insbes. Art. 15 RL; s.a. Rdn 22 ff.; noch zu der RL 76/207/EWG *EuGH* 3.2.2000 [Mahlburg] EzA § 611a BGB Nr. 15; 5.5.1994 [Habermann-Beltermann] EzA § 8 MuSchG Nr. 3; rezipiert von *BAG* 6.2.2003 EzA § 123 BGB 2002 Nr. 2 zum Fragerecht bei einem unbefristeten Vertrag, wobei das Beschäftigungshindernis nur vorübergehend gewesen wäre). In solchen Fällen

179

§ 17 MuSchG Kündigungsverbot

scheidet die Nichtigkeitsfolge des § 134 BGB wegen der gebotenen richtlinienkonformen Auslegung des nationalen Rechts aus (Roos/Bieresborn/*Betz* § 17 MuSchG Rn 76). Der EuGH differenziert für die frühere RL 76/207/EWG (Art. 5 Abs. 1) und die RL 92/85/EWG (Art. 10) mittlerweile nicht mehr zwischen befristeten und unbefristeten Arbeitsverhältnissen (*EuGH* 11.10.2007 [Paquay] EzA Richtlinie 92/85 EG-Vertrag 1999 Nr. 2; 16.2.2006 [Sarkatzis Herrero] EzA Richtlinie 76/207 EG-Vertrag 1999 Nr. 6; 27.2.2003 [Busch] EzA § 16 BErzGG Nr. 6; 4.10.2001 [Tele Danmark] EzA § 611a BGB Nr. 16; 4.10.2001 [Jiménez Melgar] EzA § 611a BGB Nr. 17). Das gilt auch für Dienstverhältnisse von GmbH-Geschäftsführerinnen (*EuGH* 11.11.2010 [Danosa] EzA Richtlinie 92/85 EG-Vertrag 1999 Nr. 5). **Befristete Arbeitsverträge** können wegen der mit §§ 1, 7 AGG in deutsches Recht umgesetzten Richtlinienvorgaben selbst bei Verstößen gegen Beschäftigungsverbote nicht nichtig sein (Rdn 185 [mit Einschränkung: Nichtigkeit, wenn das Arbeitsverhältnis nach Absicht beider Parteien trotz Kenntnis des Beschäftigungsverbots durchgeführt werden soll]; Roos/Bieresborn/*Betz* § 17 MuSchG Rn 76; APS-*Rolfs* § 17 MuSchG Rn 83; krit. etwa *Nicolai* SAE 2001, 77; *Stahlhacke* Anm. zu *EuGH* 4.10.2001 EAS Entscheidungen RL 76/207/EWG Art. 5 Nr. 16; *Thüsing* BB 2002, 1146 f.). Die eindeutige Auslegung der Richtlinienvorgaben durch den EuGH lässt es nicht zu, einen vermeintlich angemessenen **Interessenausgleich** zu suchen oder einen Rechtfertigungsgrund iSv **§ 8 AGG** anzunehmen (so aber *Wank* FS Richardi S. 458), um Nichtigkeit jedenfalls dann annehmen zu können, wenn die Arbeitnehmerin für die gesamte oder die wesentliche Laufzeit des vorgesehenen Arbeitsverhältnisses wegen eines Beschäftigungsverbots ausfällt (nur in diesem Fall für Nichtigkeit APS-*Rolfs* § 17 MuSchG Rn 88). Dasselbe gilt für den Versuch, mit dem Gesichtspunkt des **Rechtsmissbrauchs** zu arbeiten (dafür *Gröninger/Thomas* § 5 MuSchG Rn 10; vgl. dazu auch *Kaehler* ZfA 2006, 538; *Thüsing* BB 2002, 1146).

II. Anfechtung der im Arbeitsvertrag enthaltenen Willenserklärung

180 Eine **Anfechtung der im Arbeitsvertrag** enthaltenen Willenserklärung (zB wegen Irrtums über die verkehrswesentliche Eigenschaft einer Person nach § 119 Abs. 2 BGB oder wegen arglistiger Täuschung nach § 123 BGB) **fällt nicht unter das mutterschutzrechtliche Kündigungsverbot** (s. Rdn 109, dort auch zu Umdeutungsfragen [dazu auch Rdn 183]; *BAG* 6.10.1962 EzA § 119 BGB Nr. 1; 22.9.1961 EzA § 123 BGB Nr. 4; 5.12.1957 EzA § 123 BGB Nr. 1; Roos/Bieresborn/*Betz* § 17 MuSchG Rn 77; APS-*Rolfs* § 17 MuSchG Rn 84; HaKo-MuSchG/BEEG/*Schöllmann* § 17 MuSchG Rn 69; **aA** *Gamillscheg* FS Werner Weber S. 793 ff.). Der mutterschutzrechtliche Kündigungsschutz bezweckt lediglich einen verstärkten Bestandsschutz von rechtsfehlerfrei zustande gekommenen Arbeitsverhältnissen. Die durch die Anfechtungsvorschriften (§§ 119, 123 BGB) geschützte freie Willensentschließung beim Abschluss des Arbeitsvertrags wird durch das Kündigungsverbot des § 17 Abs. 1 MuSchG nicht eingeschränkt (*Picker* ZfA 1981, 1 ff., 28).

181 Die Schwangerschaft kann wegen ihrer vorübergehenden Natur grds. nicht als eine **verkehrswesentliche Eigenschaft** iSd § 119 Abs. 2 BGB anerkannt werden (*BAG* 22.9.1961 EzA § 123 BGB Nr. 4; 8.6.1955 AP Nr. 2 zu § 9 MuSchG; vgl. auch *BAG* 8.9.1988 EzA § 8 MuSchG Nr. 1; Roos/Bieresborn/*Betz* § 17 MuSchG Rn 78; **aA** *Gamillscheg* FS Molitor S. 79, der § 119 Abs. 2 BGB wegen des Schutzzwecks des § 9 MuSchG aF nicht für anwendbar hielt). Die Rspr. des BAG steht mit der Auslegung der früheren RL 76/207/EWG (s. Rdn 22 ff., 179) in Einklang (*EuGH* 5.5.1994 [Habermann-Beltermann] EzA § 8 MuSchG Nr. 3 m. zust. Anm. *Colneric*; 14.7.1994 [Webb] EzA Art. 119 EWG-Vertrag Nr. 17). Die **irrtümliche Unkenntnis** des Arbeitgebers von einer Schwangerschaft der einzustellenden Arbeitnehmerin sollte den Arbeitgeber nach früherer BAG-Rspr. auf der Grundlage von § 119 BGB zur Anfechtung berechtigen, wenn die Arbeitnehmerin bei einem befristeten Arbeitsverhältnis infolge der mutterschutzrechtlichen Beschäftigungsverbote für einen erheblichen Teil ihrer Arbeitskraft nicht einsatzfähig war (*BAG* 6.10.1962 EzA § 119 BGB Nr. 1). Diese ältere nationale Rspr. ließ sich angesichts der EuGH-Rspr. (dazu s. Rdn 179) nicht aufrechterhalten.

182 Eine **Frage nach der Schwangerschaft** ist unzulässig, weil sie eine unmittelbare Diskriminierung wegen des Geschlechts darstellt und damit gegen § 7 Abs. 1 i.V.m. § 2 Abs. 1 Nr. 1 AGG verstößt (vgl. iE APS-*Rolfs* § 17 MuSchG Rn 84; HaKo-MuSchG/BEEG/*Schöllmann* § 17 MuSchG Rn 70).

Die **Umdeutung** einer nach § 17 Abs. 1 MuSchG unzulässigen **fristlosen Kündigung** in eine An- 183
fechtung ist unter bestimmten Voraussetzungen möglich, scheidet aber regelmäßig aus (s. Rdn 109).
Dagegen kann eine nach § 17 Abs. 1 MuSchG unwirksame **fristgemäße Kündigung** grds. nicht in
eine Anfechtung wegen Irrtums (§ 119 BGB) oder arglistiger Täuschung (§ 123 BGB) umgedeutet
werden (s. Rdn 104).

III. Beendigung des Arbeitsverhältnisses durch Zeitablauf

Bei einer wirksamen Befristung des Arbeitsvertrags (vgl. dazu die Erläuterungen zu § 14 TzBfG) 184
endet das Arbeitsverhältnis der Arbeitnehmerin zu dem arbeitsvertraglich vereinbarten Zeitpunkt
oder bei Eintritt eines bestimmten Ereignisses, ohne dass eine Kündigung ausgesprochen werden
müsste. Die Dauer des Arbeitsverhältnisses kann sich aber auch aus Art, Zweck oder Beschaffenheit
der geschuldeten Arbeitsleistung ergeben (§ 3 Abs. 1 S. 2 2. Alt., § 15 Abs. 2 TzBfG: sog. Zweckbefristung). Ein befristetes Arbeitsverhältnis kann auch mit einer schwangeren Frau begründet
werden (*BAG* 6.11.1996 EzA § 620 BGB Nr. 146). Auf die Beendigung durch Fristablauf findet
das mutterschutzrechtliche Kündigungsverbot im Fall wirksam befristeter Arbeitsverhältnisse keine
Anwendung (ebenso Roos/Bieresborn/*Betz* § 17 MuSchG Rn 79; unionsrechtlich grds. unbedenklich: *EuGH* 4.10.2001 [Jiménez Melgar] EzA § 611a BGB Nr. 17; s. aber auch 4.10.2001 [Tele
Danmark] EzA § 611a BGB Nr. 16). Das gilt grds. auch dann, wenn während des Arbeitsverhältnisses eine Schwangerschaft eintritt (*BAG [GS]* 12.10.1960 EzA § 620 BGB Nr. 2; 28.11.1963 EzA
§ 620 BGB Nr. 5; Roos/Bieresborn/*Betz* § 17 MuSchG Rn 79; APS-*Rolfs* § 17 MuSchG Rn 86 ff.;
HaKo-MuSchG/BEEG/*Schöllmann* § 17 MuSchG Rn 73 ff.). Entsprechendes ist für zweckbefristete oder auflösend bedingte Arbeitsverhältnisse anzunehmen, deren Beendigung eine Nichtverlängerungsanzeige iSv § 15 Abs. 2 (ggf. iVm § 21 TzBfG) voraussetzt. § 17 MuSchG ist anzuwenden,
wenn der Arbeitgeber das befristete Arbeitsverhältnis außerordentlich oder – bei einem vereinbarten
ordentlichen Kündigungsrecht – ordentlich kündigen will.

Nur in besonderen Fällen und nur **nach Vorschriften außerhalb des Mutterschutzrechts** kann die 185
Berufung auf die **Befristungsabrede unwirksam** oder ihre Geltendmachung durch den Arbeitgeber
unzulässig sein oder ein Anspruch auf Begründung eines unbefristeten Arbeitsverhältnisses oder ein
Fortsetzungsanspruch bestehen. Rechtswidrig ist die unterbleibende Fortsetzung des befristeten
Arbeitsverhältnisses stets auch dann, wenn sie wegen der Schwangerschaft erfolgt oder ein anderer
Fall der **Diskriminierung wegen des Geschlechts** gegeben ist (Roos/Bieresborn/*Betz* § 17 MuSchG
Rn 76). Es handelt sich um einen Verstoß gegen § 7 Abs. 1 AGG. Hier stellt sich das Problem, ob
§ 15 Abs. 6 AGG anzuwenden ist. Die Bestimmung schließt einen Einstellungsanspruch aus und
belässt es bei Ansprüchen auf Schadensersatz (§ 15 Abs. 1 AGG, materieller Schaden) und Entschädigung (§ 15 Abs. 2 AGG, immaterieller Schaden). Das BAG hat **§ 15 Abs. 6 AGG** bei einer
wegen Altersdiskriminierung nach §§ 1, 7 Abs. 1 und Abs. 2 AGG unwirksamen Befristungsabrede
im Rahmen einer **Befristungskontrollklage** nicht analog angewandt. Die Befristungskontrollklage war erfolgreich (*BAG* 6.4.2011 EzA § 620 BGB 2002 Hochschulen Nr. 7). Ein entsprechender Ansatz dürfte im Bereich der Diskriminierung wegen des Geschlechts mit der Auslegung des
Unionsrechts durch den EuGH übereinstimmen. Der EuGH nimmt an, der Arbeitgeber dürfe sich
nicht auf die Befristung des Arbeitsvertrags der schwangeren Arbeitnehmerin berufen, wenn die
befristeten Arbeitsverhältnisse vergleichbarer anderer Arbeitnehmer »verlängert« würden (*EuGH*
4.10.2001 [Tele Danmark] EzA § 611a BGB Nr. 16). Einen **Wiedereinstellungsanspruch** mithilfe einer auf Abgabe einer Willenserklärung zu richtenden Klage hat das BAG dagegen bei einem
Verstoß gegen das Maßregelungsverbot des § 612a BGB in Analogie zu § 15 Abs. 6 AGG verneint
(*BAG* 21.9.2011 EzA-SD 2012 Nr. 5, 4 Rn 46). Es hat dazu ausgeführt, seine Entscheidung vom
6.4.2011 (EzA § 620 BGB 2002 Hochschulen Nr. 7) hindere eine analoge Anwendung von § 15
Abs. 6 AGG in den Fällen des § 612a BGB nicht. Eine Analogie zu § 15 Abs. 6 AGG sei bei einer
aufgrund von § 7 Abs. 2 AGG unwirksamen Befristungsabrede nicht geboten. Im Streitfall gehe
es dagegen nicht um die Wirksamkeit einer Befristungsvereinbarung und den Fortbestand eines
Arbeitsverhältnisses, der sich regelmäßig aus der Unwirksamkeit der Befristungsabrede ergebe, sondern um die Neubegründung eines Arbeitsverhältnisses. Erst dadurch werde die grundrechtlich

geschützte Auswahlfreiheit des Arbeitgebers berührt. Ihr trage § 15 Abs. 6 AGG Rechnung. Die Obersätze dieser beiden Entscheidungen dürften auf eine Diskriminierung wegen des Geschlechts bei Schwangerschaft zu **übertragen** sein (ähnlich Roos/Biesresborn/*Betz* § 17 MuSchG Rn 76).

186 **Ist die Befristung** des Arbeitsvertrags unwirksam (zB weil ein sachlicher Grund für die Befristung bei Abschluss des Vertrags fehlt), befindet sich die Arbeitnehmerin in einem **unbefristeten Arbeitsverhältnis** (§ 16 TzBfG). Die Unwirksamkeit der Befristung muss **rechtzeitig klageweise geltend gemacht** werden (§ 17 S. 1 TzBfG). Ob in der Berufung des Arbeitgebers auf eine unwirksame Befristung (etwa in Form einer Nichtverlängerungsmitteilung) im Einzelfall eine Kündigungserklärung zu sehen ist, richtet sich nach allg. Auslegungsmaßstäben (*BAG* 19.1.1956 AP Nr. 1 zu § 620 BGB Kündigungserklärung). IdR wird in diesen Fällen eine Kündigungserklärung zu verneinen sein (vgl. *BAG* 23.10.1991 EzA § 9 nF MuSchG Nr. 29; 15.3.1978 EzA § 620 BGB Nr. 34). Ergibt die Auslegung ausnahmsweise, dass eine Kündigung erklärt wurde, gilt das mutterschutzrechtliche Kündigungsverbot.

187 Das Kündigungsverbot des § 17 Abs. 1 MuSchG gilt auch im Rahmen des **Probearbeitsverhältnisses.** Die Vereinbarung einer Probezeit bedeutet für sich allein allerdings nicht, dass ein befristetes Arbeitsverhältnis eingegangen wird (*ArbG Frankf.* 19.2.1981 NJW 1981, 2832). Der Erprobungszweck ist jedoch ein sachlicher Grund für den Abschluss eines befristeten Arbeitsvertrages (vgl. schon *BAG* 15.3.1978 EzA § 620 BGB Nr. 34 u. jetzt § 14 Abs. 1 S 2 Nr. 5 TzBfG). Die Auslegung der Absprache muss aber ergeben, dass das Arbeitsverhältnis unabhängig von der Erprobung der Arbeitnehmerin zum Ende der Probezeit zunächst enden soll (s. KR-*Bader* § 3 TzBfG Rdn 10; KR-*Lipke* § 14 TzBfG Rdn 346). Auf eine Kündigung, die während einer vorgeschalteten Probezeit eines unbefristet eingegangenen Arbeitsverhältnisses erklärt wird (zur Kündigungsfrist § 622 Abs. 3 BGB), findet das mutterschutzrechtliche Kündigungsverbot des § 17 Abs. 1 MuSchG uneingeschränkt Anwendung.

188 Ist das Probearbeitsverhältnis demgegenüber wirksam **befristet**, endet es durch Zeitablauf, ohne dass eine Kündigung erklärt werden müsste. Für eine Anwendung von § 17 MuSchG besteht kein Raum (s. KR-*Bader* § 17 TzBfG Rdn 68, 69, 71–104). Daneben kann auch ein Verstoß gegen § 7 Abs. 1 AGG vorliegen (s. Rdn 185).

189 Auch für **Aushilfsarbeitsverhältnisse** (vgl. KR-*Bader* § 3 TzBfG Rdn 11–12) gilt das mutterschutzrechtliche Kündigungsverbot uneingeschränkt, sofern es gekündigt werden muss. Das trifft in gleicher Weise auf Saisonarbeitsverhältnisse sowie Ausbildungs- und **Anlernverhältnisse** zu. Das mutterschutzrechtliche Kündigungsverbot greift in diesen Fällen bei wirksamen Befristungen nicht ein.

190 Das Kündigungsverbot des § 17 Abs. 1 MuSchG gilt grds. auch im Rahmen eines **Leiharbeitsverhältnisses**, soweit es gekündigt werden muss, während es bei wirksamer Befristung nicht eingreift.

IV. Beendigung des Arbeitsverhältnisses durch Eintritt einer auflösenden Bedingung

191 Ist der **Arbeitsvertrag** unter einer **auflösenden Bedingung** abgeschlossen, so endet dieser bei Eintritt der Bedingung, ohne dass es einer Kündigung bedarf (vgl. zur Zulässigkeit einer auflösenden Bedingung die Erläuterungen zu § 21 TzBfG; s.a. BAG 27.7.2011 EzA § 17 TzBfG Nr. 14; 9.2.2011 EzA § 17 TzBfG Nr. 11). Bei einer rechtswirksam vereinbarten auflösenden Bedingung gilt § 17 Abs. 1 S. 1 MuSchG nicht (allg. Ansicht, etwa *LAG Düsseld.* 10.2.1969 DB 1969, 931; Roos/ Bieresborn/*Betz* § 17 MuSchG Rn 80; Brose/Weth/Volk/*Volk* § 17 MuSchG Rn 121). Das kann bei **ehebezogenen Gruppenarbeitsverhältnissen** (Hausmeister- oder Melkerehepaar) dazu führen, dass das Arbeitsverhältnis der schwangeren Frau oder Wöchnerin endet, wenn es wirksam auflösend bedingt vom Bestand des Arbeitsverhältnisses des Ehemannes abgeschlossen und letzterem wirksam gekündigt wurde (*BAG* 17.5.1962 EzA § 9 aF MuSchG Nr. 2; APS-*Rolfs* § 17 MuSchG Rn 90 mit Zweifeln an dieser Lösung; HaKo-MuSchG/BEEG/*Schöllmann* § 17 MuSchG Rn 76; s.a. Rdn 39). Dagegen ist es unzulässig, den Arbeitsvertrag für den Fall des **Eintritts einer Schwangerschaft** auflösend zu bedingen. Das folgt aus dem grundgesetzlich gebotenen Schutz von Ehe und Familie (*BAG* 28.11.1958 AP Nr. 3 zu Art. 6 Abs. 1 GG Ehe und Familie; vgl. auch Brose/Weth/Volk/*Volk*

§ 17 MuSchG Rn 121 mwN) und ist heute auch unionsrechtlich geboten und im AGG umgesetzt. Das gilt selbst dann, wenn die in § 4 MuSchG enthaltenen Beschäftigungsverbote eingreifen (vgl. iE Rdn 179).

V. Beendigung des Arbeitsverhältnisses durch gesetzliche Regelung

Die Beendigung von Arbeitsverhältnissen kraft Gesetzes ist im deutschen Arbeitsrecht schon wegen der verfassungsrechtlich durch Art. 2 Abs. 1 GG geschützten Vertragsfreiheit und der mit gesetzlichen Beendigungstatbeständen verbundenen Eingriffswirkung in die Berufsfreiheit des Art. 12 Abs. 1 GG nur ausnahmsweise möglich. Zulässig können solche Regelungen lediglich dann sein, wenn sie die verfassungsrechtlichen Anforderungen an den Mutterschutz beachten und ausreichende Schutzvorkehrungen für die Beendigung eines Arbeitsverhältnisses in der unions- und verfassungsrechtlichen »Schutzzone« des Mutterschutzes treffen. Eine in dieser Hinsicht zweifelhafte Beendigungsregelung fand sich wegen der **Sondersituation bei der deutschen Vereinigung** in Anl. I, Kap. XIX, Sachgebiet A, Abschn. III Nr. 1, Abs. 2 EV. Dort wurde ein vorläufiges Ruhen der Arbeitsverhältnisse solcher Arbeitnehmer des öffentlichen Dienstes der früheren DDR angeordnet, deren Einrichtungen nicht auf den Bund überführt wurden – »**Warteschleife**«. Diese grds. verfassungsgemäße Regelung erklärte das BVerfG insoweit für mit Art. 6 Abs. 4 GG unvereinbar und nichtig, als dadurch die besonderen Vorschriften des mutterschutzrechtlichen Kündigungsschutzes durchbrochen wurden (*BVerfG* 24.4.1991 BVerfGE 84, 133; ebenso 10.3.1992 BVerfGE 85, 360 – DDR-Akademie der Wissenschaften). Das BAG hat diese verfassungsrechtliche Vorgabe nach Maßgabe der Anl. II, Kap. X, Sachgebiet A, Abschn. III EV in der Weise konkretisiert, als es die zeitliche Dauer des Kündigungsschutzes nach § 244 AGB-DDR bestimmt hat (bis 20 bzw. 22 Wochen nach Entbindung), sofern das Kind vor dem 1.1.1991 geboren war (*BAG* 10.12.1992 EzA § 58 AGB 1990 DDR Nr. 2).

192

VI. Beendigung des Arbeitsverhältnisses durch gerichtliche Entscheidung

Vgl. zum **Auflösungsantrag der Arbeitnehmerin** Rdn 218. Für den **Auflösungsantrag des Arbeitgebers** gelten zunächst die **allg. Grundsätze** (vgl. KR-*Spilger* § 9 KSchG Rdn 31–36 mwN; vgl. weiter *BAG* 24.3.2011 EzA § 9 nF KSchG Nr. 62). Ein Auflösungsantrag des Arbeitgebers scheidet aus, wenn die Arbeitnehmerin bei Zugang der Kündigung bereits schwanger war und die Kündigung gegen § 17 Abs. 1 MuSchG verstößt. Auf Antrag des Arbeitgebers kann das Arbeitsverhältnis nur aufgelöst werden, wenn die Kündigung ausschließlich sozialwidrig ist (*BAG* 28.5.2009 – 2 AZR 949/07; s.a. *BAG* 30.9.2010 EzA § 9 nF KSchG Nr. 61). Unter welchen Voraussetzungen der Arbeitgeber mit einem Auflösungsantrag nach § 9 Abs. 1 S. 2 KSchG trotz einer **nach Zugang der Kündigung eingetretenen Schwangerschaft** der Arbeitnehmerin durchdringen kann, ist **nicht abschließend geklärt**. Richtigerweise ist eine **analoge Anwendung des § 17 MuSchG** zu verneinen Die **Grundsätze des mutterschutzrechtlichen Kündigungsschutzes** sind bei der gerichtlichen Auflösungsentscheidung jedoch zu beachten. Das ergibt sich zunächst aus dem Wortlaut des § 17 MuSchG, der seinem sachlichen Anwendungsbereich nach nur die Kündigung, nicht aber sonstige Beendigungstatbestände erfasst. Das Verfassungsgebot des Mutterschutzes in Art. 6 Abs. 4 GG, das bei der gesetzlichen Auflösung zu einer entsprechenden Anwendung mutterschutzrechtlicher Regelungen führt (s. Rdn 192), könnte zwar auch bei der gerichtlichen Auflösung für eine entsprechende Anwendung des § 17 MuSchG sprechen, wenn die Arbeitnehmerin zum Zeitpunkt der Antragstellung durch den Arbeitgeber schwanger ist (so tendenziell *Sächs. LAG* 12.4.1996 LAGE § 1 KSchG Betriebsbedingte Kündigung Nr. 37; ebenso *OVG Lüneburg* 12.7.1989 NZA 1990, 66 zum Parallelproblem bei § 21 SchwbG). Verfassungsrechtlich geboten ist es aber nicht, dass bei gerichtlicher Auflösung gerade eine § 17 MuSchG entsprechende Schutzregelung besteht. Eine Analogie ist verfassungsrechtlich jedenfalls nicht zwingend. Gegen eine Analogie spricht auf der Ebene des einfachen Gesetzesrechts insbes., dass der präventive Schutzmechanismus des behördlichen Zustimmungsverfahrens nicht passt, wenn der Rechtsstreit bereits das Stadium der arbeitsgerichtlichen Entscheidung über einen Auflösungsantrag erreicht hat. Dem berechtigten Anliegen der Gegenauffassung ist allerdings dadurch Rechnung zu tragen, dass das Gericht bei der Entscheidung

193

über den Auflösungsantrag die Tatsache der Schwangerschaft und das **Verfassungsprinzip** des **Mutterschutzes** beachten muss. Dem Auflösungsantrag wird daher im Ergebnis nur stattgegeben werden können, wenn es sich um einen **besonderen Fall** iSd § 17 Abs. 2 S. 1 MuSchG handelt (Roos/Bieresborn/*Betz* § 17 MuSchG Rn 81).

VII. Verzicht auf den Kündigungsschutz

194 Wegen der zwingenden Ausgestaltung des mutterschutzrechtlichen Kündigungsverbots ist ein **vorheriger Verzicht** auf den besonderen Kündigungsschutz unwirksam (allg. Meinung, etwa *BAG* 28.11.1958 AP Nr. 3 zu Art. 6 Abs. 1 GG Ehe und Familie; *LAG Düsseld.* 13.4.1961 BB 1962, 223; *LAG Bln.* 31.10.1988 LAGE § 9 MuSchG Nr. 9; HWK-*Hergenröder* § 17 MuSchG Rn 2; ErfK-*Schlachter* § 17 MuSchG Rn 1; iE s. Rdn 99). Das gilt auch für kollektivvertragliche Verzichtsregelungen. Im Einzelfall kann es allenfalls **rechtsmissbräuchlich** sein, wenn die Arbeitnehmerin sich auf den mutterschutzrechtlichen Kündigungsschutz beruft. Das kommt zB in Betracht, wenn die Arbeitnehmerin den Arbeitgeber selbst zur Kündigung auffordert (*LAG Bln.* 31.10.1988 LAGE § 9 MuSchG Nr. 9) oder für ihr Einverständnis mit der Kündigung eine Abfindung annimmt (*OVG NRW* DB 1998, 83). Dagegen ist ein **nachträglicher Verzicht** auf Kündigungsschutz gegenüber einer vom Arbeitgeber bereits ausgesprochenen und nach § 17 Abs. 1 MuSchG unwirksamen Kündigung unproblematisch zulässig (ebenfalls allg. Meinung, etwa *LAG Bln.* 7.1.1964 BB 1964, 966; HWK-*Hergenröder* § 17 MuSchG Rn 2; ErfK-*Schlachter* § 17 MuSchG Rn 1; iE Rdn 99). Eine unwirksame Kündigung müsste auch nicht klageweise angegriffen werden und würde dann nach § 7 Hs. 1 KSchG als wirksam fingiert. Ein Verzicht kann grds. auch in Form einer **Ausgleichsquittung** erklärt werden (*BAG* 29.6.1978 EzA § 4 nF KSchG Nr. 13). Dazu ist es erforderlich, dass der Verzicht auf den mutterschutzrechtlichen Kündigungsschutz eindeutig im Wortlaut der Ausgleichsquittung zum Ausdruck kommt. Der ohne Gegenleistung erklärte, formularmäßige Verzicht des Arbeitnehmers auf die Erhebung einer Kündigungsschutzklage stellt jedoch eine unangemessene Benachteiligung iSv § 307 Abs. 1 S. 1 BGB dar (*BAG* 6.9.2007 EzA § 307 BGB 2002 Nr. 29). Ein wirksamer Verzicht auf den mutterschutzrechtlichen Kündigungsschutz setzt ferner voraus, dass die Arbeitnehmerin zum Zeitpunkt der Unterzeichnung der Ausgleichsquittung Kenntnis von einer bestehenden Schwangerschaft hat. Dagegen liegt in dem bloßen **Schweigen** auf eine nach § 17 Abs. 1 MuSchG unwirksame Kündigung idR kein Verzicht der Beschäftigten oder ihr Gleichgestellten auf den besonderen Kündigungsschutz (Brose/Weth/Volk/*Volk* § 17 MuSchG Rn 131; zu der Frage der Auslegung in eindeutigen Fällen *LAG Kiel* 25.5.1955 AP Nr. 3 zu § 9 MuSchG). Eine Verzichtserklärung kann beispielsweise angenommen werden bei Verständigung auf eine Abfindung nach ausgesprochener Kündigung (*BVerwG* 18.8.1977 AP MuSchG 1968 § 9 Nr. 5) oder bei einer Vereinbarung der Weiterbeschäftigung zu geänderten Bedingungen nach ausgesprochener Kündigung. Für die Frage der **Anfechtung der Verzichtserklärung** wegen Irrtums, arglistiger Täuschung oder widerrechtlicher Drohung gelten die für die Anfechtung einer Eigenkündigung bestehenden Grundsätze entsprechend (s. Rdn 200–202).

VIII. Aufhebungsvertrag

195 Das Kündigungsverbot des § 17 Abs. 1 MuSchG greift auch dann nicht ein, wenn sich die Arbeitsvertragsparteien einvernehmlich auf eine Beendigung des Arbeitsverhältnisses einigen (hM, zB *BAG* 8.12.1955 AP Nr. 4 zu § 9 MuSchG; *BSG* 16.2.2005 NZA-RR 2005, 542; APS-*Rolfs* § 17 MuSchG Rn 91; HaKo-MuSchG/BEEG/*Schöllmann* § 17 MuSchG Rn 77; aA *ArbG Hmb.* 14.10.1994 AuR 1995, 29). Der **Aufhebungsvertrag** unterliegt der **Schriftform** (§ 623 BGB; vgl. die dortigen Erläuterungen). Selbst wenn eine unwirksame Kündigung des Arbeitgebers in ein Angebot zum Abschluss eines Aufhebungsvertrags umgedeutet werden kann, kann die Beschäftigte oder ihr Gleichgestellte dieses Angebot weder durch einseitige schriftliche Erklärung noch durch schlüssiges Verhalten wirksam annehmen (Brose/Weth/Volk/*Volk* § 17 MuSchG Rn 131). Das *ArbG Celle* hat mit Urteil vom 20.8.2008 (– 2 Ca 209/08) entschieden (Berufung vor dem *LAG Nds.* unter – 2 Sa 1435/08, der Ausgang des Berufungsverfahrens ist nicht dokumentiert), die in einem **Aufhebungsvertrag** mit einer Schwangeren in der Probezeit enthaltene Willenserklärung der

Arbeitnehmerin sei nach § 123 Abs. 1 BGB **anfechtbar**, wenn der Arbeitgeber mit einer Probezeitkündigung gedroht habe, die Arbeitnehmerin bei Abschluss des Aufhebungsvertrags schwanger gewesen sei und die Schwangerschaft rechtzeitig iSv § 9 MuSchG aF nachträglich dem Arbeitgeber mitgeteilt habe. Das Arbeitsgericht hat sich dabei auf den fragwürdigen Standpunkt gestellt, eine Kündigungsandrohung könne auch dann rechtswidrig sein, wenn der Arbeitgeber die Schwangerschaft einer Arbeitnehmerin bei Drohung mit der Kündigung nicht gekannt habe. Aufgrund des verfassungsrechtlichen Schutzes, dem werdende Mütter durch Art. 6 Abs. 4 GG unterlägen, müsse eine unverzügliche Nachmeldung iSv § 9 MuSchG aF in die Rechtswidrigkeitsprüfung einbezogen werden. Zu der Anfechtbarkeit eines Aufhebungsvertrags s.a. Rdn 202.

IX. Kündigung durch die Beschäftigte oder ihr Gleichgestellte

1. Kündigungstatbestände

Durch das mutterschutzrechtliche Kündigungsverbot ist die Beschäftigte oder ihr Gleichgestellte nicht daran gehindert, das Arbeitsverhältnis innerhalb der Schutzfristen des § 17 Abs. 1 MuSchG **selbst** zu **kündigen** (allg. Ansicht, vgl. nur *BAG* 8.12.1955 AP Nr. 4 zu § 9 MuSchG; Roos/Bieresborn/*Betz* § 17 MuSchG Rn 83; APS-*Rolfs* § 17 MuSchG Rn 92; HaKo-MuSchG/BEEG/*Schöllmann* § 17 MuSchG Rn 78). Hat sie in Unkenntnis der Schwangerschaft gekündigt, kann sie die Eigenkündigung nicht wegen Irrtums anfechten (*BAG* 6.2.1992 EzA § 119 BGB Nr. 16; s.a. Rdn 200 ff.). Das MuSchRNRG hat das Sonderkündigungsrecht der Arbeitnehmerin während der Schwangerschaft und der Schutzfrist nach der Entbindung, das in § 10 MuSchG aF enthalten war, aufgehoben (Rdn 21). Nach Ablauf der Schutzfrist nach der Entbindung (§ 3 Abs. 2 MuSchG) richtet sich die Zulässigkeit und Wirksamkeit einer Eigenkündigung der Arbeitnehmerin nach den allg. kündigungsrechtlichen Grundsätzen. Eine Arbeitnehmerin hat bei einer ordentlichen Kündigung deshalb die für sie maßgeblichen Kündigungsfristen einzuhalten. Eine außerordentliche Kündigung ist nur unter den Voraussetzungen des § 626 BGB wirksam. Macht die Arbeitnehmerin von ihrem Recht auf Elternzeit Gebrauch, kann sie das Arbeitsverhältnis nach **§ 19 BEEG** unter Einhaltung einer Kündigungsfrist von drei Monaten zum Ende der Elternzeit kündigen (vgl. KR-*Bader* § 19 BEEG Rdn 8–19).

196

2. Kündigungserklärung

Die Kündigung der Beschäftigten oder ihr Gleichgestellten unterliegt der **Schriftform** (§ 623 BGB; Roos/Bieresborn/*Betz* § 17 MuSchG Rn 83). Das schließt es nicht aus, dass aus schriftlichen Äußerungen der Frau, in denen nicht ausdrücklich von einer Kündigung die Rede ist, auf eine Kündigungserklärung geschlossen werden kann. Ob eine Kündigung erklärt ist, richtet sich **nach allg. Auslegungsgrundsätzen**. Besondere Schwierigkeiten können Erklärungen bereiten, die von der Beschäftigten oder ihr Gleichgestellten unmittelbar vor Beginn der Schutzfrist des § 3 Abs. 1 MuSchG abgegeben werden (zB schriftliche Mitteilungen an den Arbeitgeber, wonach sie sich voraussichtlich nur noch der Betreuung des Kindes widmen wolle oder nur weiterarbeiten werde, wenn sie eine Betreuung für das Kind finde). Derartige Mitteilungen können – nicht zuletzt wegen der Möglichkeit, Elternzeit zu nehmen – grds. nur dann als Kündigungserklärungen ausgelegt werden, wenn für einen objektiven Dritten mit dem Sonderwissen des Arbeitgebers die eindeutige Äußerung eines unbedingten Lösungswillens der Frau erkennbar ist. Da im Zweifel nicht anzunehmen ist, dass die Frau ihre mutterschutzrechtliche Position freiwillig aufgibt, ist ein **strenger Auslegungsmaßstab** zugrunde zu legen (*BAG* 19.8.1982 EzA § 9 nF MuSchG Nr. 21; HaKo-MuSchG/BEEG/*Schöllmann* § 17 MuSchG Rn 79; Brose/Weth/Volk/*Volk* § 17 MuSchG Rn 125).

197

3. Keine Belehrungspflicht des Arbeitgebers oder des ihm Gleichgestellten

Eine Belehrungspflicht in Form einer Rücksichtnahmepflicht iSv § 241 Abs. 2 BGB über die mutterschutzrechtlichen Folgen einer Eigenkündigung besteht grds. nicht (*LAG Hamm* 15.9.1961 BB 1961, 1325; Roos/Bieresborn/*Betz* § 17 MuSchG Rn 84; *Bulla* DB 1963, 1151; APS-*Rolfs* § 17 MuSchG Rn 92; HaKo-MuSchG/BEEG/*Schöllmann* § 17 MuSchG Rn 78; **aA** *Gamillscheg* FS

198

Molitor S. 80; *Heilmann* § 9 MuSchG Rn 135; DDZ-*Söhngen/Brecht-Heitzmann* § 17 MuSchG Rn 82; **offengelassen** von *BAG* 6.2.1992 EzA § 119 BGB Nr. 16). Häufig scheitert eine solche Pflicht schon daran, dass der Arbeitgeber von der Schwangerschaft nichts weiß und nicht gehalten sein kann, von sich aus Nachforschungen anzustellen (*BAG* 6.2.1992 EzA § 119 BGB Nr. 16). Zwar hat die Rspr. bei Arbeitgebern des öffentlichen Dienstes aus der Fürsorgepflicht eine Pflicht zur Beratung über Sozialeinrichtungen, vor allem im Bereich der Altersvorsorge, angenommen. Aus der Fürsorgepflicht – heute der Rücksichtnahmepflicht iSv § 241 Abs. 2 BGB – folgt jedoch keine Pflicht zur ungefragten Beratung durch den Arbeitgeber über die rechtlichen Folgen der Beendigung des Arbeitsverhältnisses, wenn die Arbeitnehmerin von sich aus die Beendigung betreibt (vgl. *BAG* 18.9.1984 EzA § 611 BGB Fürsorgepflicht Nr. 37).

4. Rücknahme der Kündigung

199 Bei Unkenntnis der Schwangerschaft oder der mit einer Eigenkündigung verbundenen mutterschutzrechtlichen Folgen kann die Beschäftigte oder ihr Gleichgestellte die Rechtswirkungen einer bereits erklärten Kündigung **nicht durch Rücknahme beseitigen** (*BAG* 6.2.1992 EzA § 119 BGB Nr. 16). Eine unwirksame Rücknahme kann aber uU in ein Angebot zur Fortsetzung des Arbeitsverhältnisses **umgedeutet** werden, zu dessen Annahme der Arbeitgeber aber nicht verpflichtet ist (Roos/Bieresborn/*Betz* § 17 MuSchG Rn 84; Brose/Weth/Volk/*Volk* § 17 MuSchG Rn 129). Eine Umdeutung in eine Anfechtung ist uU ebenfalls möglich (*BAG* 6.2.1992 EzA § 119 BGB Nr. 16). Hält der Arbeitgeber an der Kündigung fest, nachdem er von der Schwangerschaft Kenntnis erlangt hat, ist das jedenfalls dann keine Benachteiligung wegen des Geschlechts, wenn die Arbeitnehmerin ihrerseits nicht zur außergerichtlichen Bereinigung des Interessenkonflikts beiträgt (*BAG* 17.10.2013 EzA § 3 AGG Nr. 8, Rn 33).

5. Anfechtung der Kündigungserklärung

200 Eine Anfechtung der Kündigungserklärung wegen **Irrtums über** die mit einer Kündigung verbundenen **mutterschutzrechtlichen Folgen** scheidet aus. Es handelt sich um einen nicht zur Anfechtung berechtigenden Irrtum über die mittelbaren Rechtsfolgen eines Rechtsgeschäfts (*BAG* 6.2.1992 EzA § 119 BGB Nr. 16; vgl. ferner *BAG* 16.2.1983 EzA § 123 BGB Nr. 21; Roos/Bieresborn/*Betz* § 17 MuSchG Rn 84; APS-*Rolfs* § 17 MuSchG Rn 94; HaKo-MuSchG/BEEG/*Schöllmann* § 17 MuSchG Rn 80; Brose/Weth/Volk/*Volk* § 17 MuSchG Rn 127; aA *Gamillscheg* RdA 1968, 118). Die Beschäftigte oder ihr Gleichgestellte ist auch dann nicht zur Irrtumsanfechtung berechtigt, wenn sie in der irrigen Annahme gekündigt hat, lediglich das Arbeitsverhältnis werde beendet, ohne dass hierdurch ihre Ansprüche aus dem Mutterschutzgesetz berührt würden. Auch dabei handelt es sich um einen unbeachtlichen Rechtsfolgenirrtum. Der Verlust der mutterschutzrechtlichen Position ist eine vom Willen der Frau nicht umfasste – kraft Gesetzes – eintretende Rechtsfolge. Die in diesem Zusammenhang vertretene Konstruktion eines anfechtbaren fiktiven Verzichtsvertrags steht in solchen Fällen im Widerspruch zum erklärten Parteiwillen und ist daher abzulehnen (ebenso Brose/Weth/Volk/*Volk* § 17 MuSchG Rn 127; aA *Bulla* DB 1963, 1152; *Heilmann* § 9 MuSchG Rn 136). Schließlich liegt ein unbeachtlicher **Motivirrtum** vor, wenn die Beschäftigte oder ihr Gleichgestellte in Unkenntnis des Kündigungsschutzes aus § 17 Abs. 1 MuSchG eine Eigenkündigung ausspricht, um einer befürchteten Arbeitgeberkündigung zuvorzukommen (Brose/Weth/Volk/*Volk* § 17 MuSchG Rn 127).

201 Auch eine Anfechtung wegen **Irrtums über das Bestehen einer Schwangerschaft** kommt nicht in Betracht. Ein derartiger Irrtum berechtigt die Beschäftigte oder ihr Gleichgestellte nicht nach § 119 BGB zur Anfechtung der Kündigungserklärung (*BAG* 6.2.1992 EzA § 119 BGB Nr. 16). Da in einem solchen Fall weder ein Inhalts- noch ein Erklärungsirrtum gegeben sind, könnte allein eine Anfechtung nach § 119 Abs. 2 BGB möglich sein. Aber auch ein Irrtum über die **verkehrswesentliche Eigenschaft** einer Person iSv § 119 Abs. 2 BGB liegt **nicht** vor (APS-*Rolfs* § 17 MuSchG Rn 94; HaKo-MuSchG/BEEG/*Schöllmann* § 17 MuSchG Rn 80; Brose/Weth/Volk/*Volk* § 17 MuSchG Rn 127). Zweifelhaft ist bereits, ob die nur vorübergehende Schwangerschaft die für eine

Eigenschaft erforderliche Dauer aufweist. Jedenfalls können nur solche Eigenschaften berücksichtigt werden, die der Erklärung erkennbar als wahrscheinlich zugrunde gelegt werden. Dafür reicht die allg. Überlegung nicht aus, dass Schwangere idR nicht freiwillig ausscheiden. Bei einem erkennbaren gemeinsamen Irrtum über die Geschäftsgrundlage der Kündigung (zB die fehlende Betreuungsperson für das erwartete Kind) sind die Grundsätze über den Wegfall der **Geschäftsgrundlage** anzuwenden, die heute in § 313 BGB kodifiziert sind (offengelassen von *BAG* 19.8.1982 EzA § 9 nF MuSchG Nr. 21; Roos/Bieresborn/*Betz* § 17 MuSchG Rn 84). Außerhalb dieses Sonderfalls wird eine nicht bestehende Schwangerschaft regelmäßig nicht als Geschäftsgrundlage der Eigenkündigung der Frau anzusehen sein (*BAG* 6.2.1992 EzA § 119 BGB Nr. 16; Roos/Bieresborn/*Betz* § 17 MuSchG Rn 84).

Eine Anfechtung wegen **arglistiger Täuschung oder widerrechtlicher Drohung** ist dagegen nach § 123 BGB zulässig, sofern der Arbeitgeber in einer entsprechenden Art und Weise auf die rechtsgeschäftliche Entscheidungsfreiheit der Arbeitnehmerin eingewirkt hat (allg. Ansicht, etwa *BAG* 8.12.1955 AP Nr. 4 zu § 9 MuSchG; HaKo-MuSchG/BEEG/*Schöllmann* § 17 MuSchG Rn 80; Brose/Weth/Volk/*Volk* § 17 MuSchG Rn 128). Mangels vergleichbarer Interessenlage ist es aber nicht gerechtfertigt, in derartigen Fällen entgegen der Regelung des § 124 BGB die dreiwöchige Klagefrist des § 4 S. 1 KSchG entsprechend anzuwenden. Bietet der Arbeitgeber einer schwangeren Arbeitnehmerin den Abschluss eines **Aufhebungsvertrags** an und lehnt er eine von ihr erbetene Bedenkzeit ab, kann die Arbeitnehmerin den gleichwohl geschlossenen Aufhebungsvertrag nicht allein wegen des Zeitdrucks nach § 123 Abs. 1 BGB anfechten (*BAG* 16.2.1983 EzA § 123 BGB Nr. 21). Es gelten die gewöhnlichen Grundsätze, etwa in der Frage, wann eine Drohung mit einer Kündigung widerrechtlich ist (*BAG* 20.11.1969 AP Nr. 16 zu § 123 BGB; zu der Anfechtung der in einem Aufhebungsvertrag enthaltenen Willenserklärung s.a. Rdn 195). 202

6. Leistungen (Mutterschaftsgeld, Arbeitslosengeld, Arbeitslosengeld II)

Auch im Fall einer Eigenkündigung können der Beschäftigten oder ihr Gleichgestellten uU Ansprüche auf öffentlich-rechtliche Leistungen (Mutterschaftsgeld, Arbeitslosengeld oder Arbeitslosengeld II) zustehen. Das gilt grds. ebenso bei einer Beendigung des Arbeitsverhältnisses aufgrund eines wirksamen Aufhebungsvertrags (s. Rdn 195; s. dazu zB *SG Dortmund* 27.2.2012 – S 31 AL 262/08) und bei einem wirksamen Verzicht auf den mutterschutzrechtlichen Kündigungsschutz (s. Rdn 194). 203

Ein Anspruch auf **Mutterschaftsgeld** steht nach § 19 Abs. 1 MuSchG (s. Rdn 169) für die darin genannten Zeiträume solchen in der **gesetzlichen Krankenversicherung** versicherten Frauen zu, die bei Beginn der Schutzfrist des § 3 Abs. 1 MuSchG in einem Beschäftigungsverhältnis iSv § 7 Abs. 1 SGB IV stehen (§ 1 Abs. 2 S. 1 MuSchG) oder nach § 1 Abs. 2 S. 2 Nr. 1, Nr. 2, Nr. 4, Nr. 5, Nr. 6, oder Nr. 8 MuSchG in den Anwendungsbereich des § 19 MuSchG fallen. Das Mutterschaftsgeld richtet sich nach den Vorschriften des SGB V oder des Zweiten Gesetzes über die Krankenversicherung der Landwirte, die weitgehend, aber nicht völlig deckungsgleich sind (zu den Unterschieden *Willikonsky* § 13 MuSchG Rn 6). Im Fall der Eigenkündigung einer versicherten Beschäftigten oder ihr Gleichgestellten steht ihr ein Anspruch auf Mutterschaftsgeld zu, wenn die Kündigung erst nach Beginn der Schutzfrist des § 3 Abs. 1 MuSchG ihre Wirkung entfaltet (*Zmarzlik/Zipperer/Viethen/Vieß* § 13 MuSchG Rn 29). Das gilt entsprechend für einen nach Beginn der Schutzfrist des § 3 Abs. 2 MuSchG wirksam werdenden Aufhebungsvertrag oder den Eintritt einer auflösenden Bedingung. Maßgeblich ist der rechtliche Bestand des Arbeitsverhältnisses. Scheidet die Frau nach Beginn der Schutzfrist des § 3 Abs. 1 MuSchG aus einer versicherungspflichtigen Beschäftigung aus (zB infolge einer Eigenkündigung oder aufgrund eines Aufhebungsvertrags), steht ihr dennoch für die gesamte Dauer der Schutzfristen vor und nach der Entbindung ein Anspruch auf Mutterschaftsgeld zu (dazu *Conze* öAT 2012, 55). Das folgt aus § 192 Abs. 1 Nr. 2 SGB V. Danach bleibt die Mitgliedschaft versicherungspflichtiger Frauen erhalten, solange Anspruch auf Kranken- oder Mutterschaftsgeld besteht, Erziehungs- oder Elterngeld bezogen oder Elternzeit in Anspruch genommen wird. Für Frauen, die **nicht in der gesetzlichen Krankenversicherung** versichert sind, gilt § 19 204

Abs. 2 MuSchG. Für die Dauer einer **rechtmäßigen Aussperrung** besteht kein Anspruch auf Zuschuss zum Mutterschaftsgeld nach § 20 Abs. 1 MuSchG gegen den Arbeitgeber (*BAG* 22.10.1986 EzA Art. 9 GG Arbeitskampf Nr. 65; zum Zuschuss zum Mutterschaftsgeld und seiner Verfassungskonformität s. Rdn 169). Für die Dauer der **Elternzeit**, während der die Hauptleistungspflichten suspendiert sind, steht dem Elternzeitberechtigten – anders als bei Elternteilzeit – kein Vergütungsanspruch gegenüber dem Arbeitgeber zu. Sind die gesetzl. Voraussetzungen erfüllt, kann der Elternzeitberechtigte Elterngeld nach dem BEEG beanspruchen. Der Anspruch auf Zuschuss zum Mutterschaftsgeld aus § 20 Abs. 1 MuSchG entfällt nicht für den gesamten Zeitraum der Schutzfristen, wenn das Arbeitsverhältnis bei Beginn der Schutzfrist des § 3 Abs. 1 MuSchG wegen Elternzeit geruht hat. Der Anspruch auf Zuschuss zum Mutterschaftsgeld ist nur bis zum Ende der Elternzeit ausgeschlossen (*BAG* 22.8.2012 EzA § 14 MuSchG Nr. 20, Rn 17).

205 Endet das Arbeitsverhältnis der schwangeren Frau bereits vor Beginn der Schutzfrist des § 3 Abs. 1 MuSchG, hat sie gleichwohl Anspruch auf Mutterschaftsgeld, wenn das Beschäftigungsverhältnis nach Maßgabe von § 17 Abs. 2 MuSchG durch eine Kündigung endet (§ 19 Abs. 2 S. 3 MuSchG). Darunter fällt insbes. die Beendigung des Arbeitsverhältnisses aufgrund einer nach § 17 Abs. 2 S. 1 MuSchG für zulässig erklärten Arbeitgeberkündigung, dagegen nicht die mangels Kenntnis von der Schwangerschaft oder infolge verspäteter Mitteilung wirksame Arbeitgeberkündigung (*BSG* 10.9.1975 BB 1976, 420).

206 Die Anspruchsberechtigung einer aufgrund einer Eigenkündigung ausgeschiedenen Arbeitnehmerin auf **Arbeitslosengeld** oder **Arbeitslosengeld II** richtet sich nach den einschlägigen Bestimmungen des SGB III und des SGB II. Nach §§ 137, 138 SGB III ist für den Anspruch auf Arbeitslosengeld insbes. erforderlich, dass die Arbeitnehmerin eine versicherungspflichtige, mindestens 15 Stunden wöchentlich umfassende Beschäftigung sucht (§ 138 Abs. 5 Nr. 1 SGB III) und die Anwartschaftszeit (§ 142 SGB III) erfüllt hat. Für das Arbeitslosengeld II gelten die Regelungen des SGB II.

207 Bei einer freiwilligen Lösung des Arbeitsverhältnisses durch die Arbeitnehmerin kann uU eine **Sperrzeit** für den Bezug von Arbeitslosengeld eintreten (§ 159 Abs. 1 S. 2 Nr. 1 SGB III; dazu iE die Erläuterungen zu § 159 SGB III). Die Sperrzeit tritt nicht ein, wenn die Arbeitnehmerin für die freiwillige Lösung des Arbeitsverhältnisses einen wichtigen Grund hatte. Das gilt auch dann, wenn die Schwangere dem Arbeitgeber ihre Schwangerschaft aus Unkenntnis der Schwangerschaft oder des mutterschutzrechtlichen Kündigungsverbots nicht rechtzeitig mitteilt. Dagegen kann eine Sperrzeit eintreten, wenn die Arbeitnehmerin ihren Arbeitgeber in Kenntnis ihrer Schwangerschaft und des mutterschutzrechtlichen Kündigungsverbots weder bei der Kündigung noch innerhalb von zwei Wochen nach Zugang der Kündigung über die Schwangerschaft unterrichtet (*BSG* 5.9.1957 AP Nr. 20 zu § 9 MuSchG).

7. Benachrichtigung der Aufsichtsbehörde

208 Der Arbeitgeber war nach § 9 Abs. 2 i.V.m. § 5 Abs. 1 S. 3 MuSchG aF verpflichtet, die Aufsichtsbehörde unverzüglich zu benachrichtigen, wenn eine schwangere Arbeitnehmerin ihr Arbeitsverhältnis kündigte. Diese Verpflichtung entfiel mit Inkrafttreten des § 17 MuSchG nF (HaKoMuSchG/BEEG/*Schöllmann* § 17 MuSchG Rn 83).

X. Arbeitskampfmaßnahmen

209 Nach dem Beschluss des Großen Senats des *BAG* v. 21.4.1971 (EzA Art. 9 GG Nr. 6) kann eine sonst lösende **Aussperrung** gegenüber Frauen, die unter den Schutz des § 9 Abs. 1 MuSchG aF fallen, **nur mit suspendierender Wirkung** erfolgen (s.a. *BAG* 22.10.1986 EzA Art. 9 GG Arbeitskampf Nr. 65). Der Bestandsschutz aus § 17 Abs. 1 MuSchG hat aus Gründen der Verhältnismäßigkeit Vorrang gegenüber Arbeitskampfmaßnahmen. Durch die Entscheidungen des *BAG* v. 10.6.1980 (EzA Art. 9 GG Arbeitskampf Nr. 36; EzA Art. 9 GG Arbeitskampf Nr. 37; EzA Art. 9 GG Arbeitskampf Nr. 38) wurden strengere Zulässigkeitsvoraussetzungen für (suspendierende)

Abwehraussperrungen aufgestellt (vgl. KR-*Bader* § 25 KSchG Rdn 12 ff.). Der kündigungsschutzrechtliche Status der unter § 17 Abs. 1 MuSchG fallenden Arbeitnehmerinnen wird durch diese Rspr. nicht berührt. Die suspendierende Aussperrung wird von § 17 Abs. 1 MuSchG nicht erfasst, weil sie das Arbeitsverhältnis nicht in ihrem Bestand berührt. Daher sind weiter die Grundsätze der Entscheidung des Großen Senats des *BAG* v. 21.4.1971 (EzA Art. 9 GG Nr. 6) heranzuziehen (APS-*Rolfs* § 17 MuSchG Rn 97 f.; HaKo-MuSchG/BEEG/*Schöllmann* § 17 MuSchG Rn 782; zur sog. **Kampfkündigung** vgl. Rdn 107, 210).

Auf eine vom Arbeitgeber im Arbeitskampf ausgesprochene **Kündigung** findet das mutterschutzrechtliche Kündigungsverbot des § 17 Abs. 1 MuSchG unmittelbar Anwendung (ebenso Brose/Weth/Volk/*Volk* § 17 MuSchG Rn 96). Das gilt sowohl für solche Kündigungen, die der Arbeitgeber wegen rechtswidriger Arbeitsniederlegungen erklärt (sog. **Kampfkündigungen**) als auch für die von ihm im Arbeitskampf aus anderen Gründen ausgesprochenen Kündigungen (zB wegen eines wichtigen Grundes iSv § 626 Abs. 1 BGB oder wegen betriebsbedingter Gründe iSv § 1 Abs. 2 S. 1 Fall 3 KSchG). 210

J. Verhältnis zum allgemeinen Kündigungsrecht, zum allgemeinen und anderen besonderen Kündigungsschutzrecht

I. Verhältnis zum allgemeinen Kündigungsrecht

Das mutterschutzrechtliche Kündigungsverbot des § 17 Abs. 1 MuSchG bezieht sich auf eine Arbeitgeberkündigung, die nicht bereits aus allg. kündigungsrechtlichen Gründen (zB wegen fehlender Vertretungsmacht) unwirksam ist (zu der Frage, ob eine nach § 17 Abs. 1 MuSchG unzulässige Kündigung bereits aus **sonstigen Gründen** iSv § 13 Abs. 3 KSchG unwirksam sein kann). Die Beschäftigte oder ihr Gleichgestellte ist prozessual aber keineswegs daran gehindert, sich vorrangig auf die Nichtigkeit der Kündigung wegen Verstoßes gegen § 17 Abs. 1 S. 1 MuSchG zu berufen (vgl. § 6 KSchG in der ab 1.1.2004 geltenden Fassung; dazu *Bader* NZA 2004, 65, 68 f.; s. iE auch die Kommentierung zu § 6 KSchG). 211

Eine Kündigung, die mangels Kenntnis des Arbeitgebers von der Schwangerschaft oder wegen verspäteter Mitteilung nicht unter das mutterschutzrechtliche Kündigungsverbot fällt, kann gleichwohl nach den **allg. Grundsätzen des Kündigungsrechts** unwirksam sein (Roos/Biersborn/*Betz* § 17 MuSchG Rn 112). Das gilt ebenso für eine nach § 17 Abs. 2 S. 1 MuSchG für zulässig erklärte Kündigung, weil die behördliche Zulässigkeitserklärung lediglich zu einer Befreiung von dem gesetzlichen Kündigungsverbot führt. Trotz behördlicher Zulässigkeitserklärung kann sich die Unwirksamkeit einer außerordentlichen Kündigung deshalb zB aus § 623 BGB oder aus § 626 Abs. 1 oder Abs. 2 BGB ergeben. Wegen der unterschiedlichen Prüfungsmaßstäbe (s. Rdn 148–150) ist das ArbG auch nicht daran gehindert, eine von der Arbeitsschutzbehörde wegen eines »besonderen Falls« für zulässig erklärte außerordentliche Kündigung für unwirksam zu erklären, weil es einen wichtigen Grund iSv § 626 Abs. 1 BGB verneint. Beruht die Kündigung auf der Schwangerschaft, kann sie trotz behördlicher Zulässigkeitserklärung unwirksam sein, weil sie die Arbeitnehmerin wegen ihres Geschlechts nach §§ 1, 7 Abs. 1 AGG benachteiligt. Verstößt eine ordentliche Kündigung gegen das in § 7 Abs. 1 AGG enthaltene Benachteiligungsverbot, kann sie sozialwidrig iSv § 1 KSchG sein. Die Diskriminierungsverbote des Allgemeinen Gleichbehandlungsgesetzes (AGG) gelten auch für die Erklärung von Kündigungen. Sie sind im Rahmen der Prüfung der Rechtfertigung der Kündigung zu beachten. Eine Kündigung kann sozialwidrig sein, weil sie gegen ein im AGG näher ausgestaltetes Benachteiligungsverbot verstößt (*BAG* 15.12.2011 EzA § 1 KSchG Soziale Auswahl Nr. 84; 5.11.2009 EzA § 1 KSchG Interessenausgleich Nr. 20; 6.11.2008 EzA § 1 KSchG Soziale Auswahl Nr. 82). § 2 Abs. 4 AGG steht dem nicht entgegen. Die Norm zielt darauf ab, den Diskriminierungsverboten in Übereinstimmung mit dem Unionsrecht bei Kündigungen dadurch Geltung zu verschaffen, dass sie im Rahmen der Regelungen zum allgemeinen und besonderen Kündigungsschutz berücksichtigt werden (*BAG* 15.12.2011 EzA § 1 KSchG Soziale Auswahl Nr. 84; 6.11.2008 EzA § 1 KSchG Soziale Auswahl Nr. 82). Eine außerordentliche Kündigung kann in einem solchen Fall nach § 626 BGB unwirksam sein (s.a. die Erl. zu § 2 Abs. 4, § 7 AGG). 212

II. Verhältnis zum allgemeinen Kündigungsschutzrecht

1. Allgemeines

213 Sind die Voraussetzungen des KSchG erfüllt (sechsmonatiger Bestand des Arbeitsverhältnisses, Beschäftigung in einem Betrieb oder einer Verwaltung iSv § 23 Abs. 1 S. 2 bis S. 4 KSchG; vgl. dazu die Erl. zu § 23 KSchG), kann sich die nach § 17 Abs. 1 S. 1 KSchG unwirksam gekündigte Arbeitnehmerin **neben dem mutterschutzrechtlichen Kündigungsschutz auch auf den allg. Kündigungsschutz** nach dem KSchG berufen (s. Rdn 211; Roos/Bieresborn/*Betz* § 17 MuSchG Rn 113). Eine Geltendmachung der Sozialwidrigkeit der Kündigung kommt insbes. dann in Betracht, wenn die Kündigung wegen Unkenntnis des Arbeitgebers von der Schwangerschaft oder verspäteter Mitteilung mutterschutzrechtlich nicht zu beanstanden ist. Das gilt ebenso für den Fall einer von der Behörde nach § 17 Abs. 2 S. 1 MuSchG für zulässig erklärten Kündigung. Der allg. Kündigungsschutz nach dem KSchG gilt nur für Arbeitnehmerinnen, nicht für in **Heimarbeit** beschäftigte Frauen. Auf diesen Personenkreis findet § 29 HAG Anwendung.

2. Rechtszustand ab 1.1.2004

214 §§ 4, 7, 13 Abs. 3 KSchG gelten seit 1.1.2004 mit Inkrafttreten des Gesetzes zu Reformen am Arbeitsmarkt v. 24.12.2003 (BGBl. I S. 3002) in veränderter Fassung. Die **fristgebundene Klage nach § 4 S. 1 KSchG** bezieht sich nun auf fast **alle Unwirksamkeitsgründe** (Roos/Bieresborn/*Betz* § 17 MuSchG Rn 117; vgl. zu den neben dem Schriftformverstoß von der Klagefrist ausgenommenen Unwirksamkeitsgründen iE HaKo-KSchR/*Gallner* § 4 KSchG Rn 4, 9, 139 ff.). **§ 113 Abs. 2 InsO** wurde folgerichtig **aufgehoben**. Die Unwirksamkeit einer Kündigung, die gegen § 17 MuSchG verstößt, muss nun grds. in der dreiwöchigen Klagefrist nach Zugang der Kündigung (§ 4 S. 1 KSchG) geltend gemacht werden. Das dürfte wegen der Möglichkeit der nachträglichen Zulassung der Klage nach § 5 Abs. 1 S. 2 KSchG unionsrechtskonform sein, ist vom EuGH aber noch nicht geklärt (vgl. zu Fristerfordernissen für die Geltendmachung der Schwangerschaft *EuGH* 29.10.2009 [Pontin] EzA Richtlinie 92/85 EG-Vertrag 1999 Nr. 4; krit. zu der Transparenz des Zusammenspiels von § 4 S. 1 und S. 4 sowie § 5 Abs. 1 S. 2 KSchG *Nebe* EuZA 2010, 383, 394 f.). Bei rechtskräftiger Klageabweisung gilt die Kündigung nach § 7 Hs. 1 KSchG als von Anfang an rechtswirksam. Die **Mitteilungspflicht** der Arbeitnehmerin hinsichtlich einer ihr, aber nicht dem Arbeitgeber bekannten Schwangerschaft binnen zwei Wochen ab Kündigungszugang (**§ 17 Abs. 1 S. 1 MuSchG**) bleibt davon unberührt. Sie ändert aber auch nichts an dem Erfordernis der fristgerechten Klageerhebung (dazu gleich).

215 Probleme bereitet der unverändert gebliebene **§ 4 S. 4 KSchG**. Muss eine Behörde der Kündigung zustimmen, beginnt die dreiwöchige Klagefrist nicht schon mit Zugang der Kündigung, sondern erst mit Bekanntgabe der Entscheidung der Behörde an den Arbeitnehmer (§ 4 S. 4 KSchG). Die durch das Arbeitsmarktreformgesetz unberührt gebliebene Bestimmung steht seit der Erstreckung der Klagefrist auf nahezu alle Unwirksamkeitsgründe in einem noch deutlicheren Spannungsverhältnis zu § 4 S. 1 KSchG. § 4 S. 1 KSchG will die Frage des Fortbestands des Arbeitsverhältnisses möglichst schnell klären. § 4 S. 4 KSchG schützt dagegen das Vertrauen des Arbeitnehmers darauf, dass die Kündigung bis zur erforderlichen behördlichen Zustimmung nicht wirksam erklärt ist (*Schmidt* NZA 2004, 79, 80 mwN). § 4 S. 4 KSchG gilt nicht nur für Kündigungen, deren Wirksamkeit von **der nachträglichen Zustimmung einer Behörde** abhängt, sondern auch dann, wenn die Behörde der Kündigung **bereits vor ihrem Ausspruch zustimmen muss**, dem Arbeitnehmer die behördliche Entscheidung jedoch erst nach Zugang der Kündigung oder überhaupt nicht bekannt gegeben wird (vgl. schon vor Inkrafttreten des Gesetzes zu Reformen am Arbeitsmarkt *BAG* 3.7.2003 EzA § 113 InsO Nr. 14). Hat die Behörde im Voraus einer noch auszusprechenden Kündigung zuzustimmen, beginnt die Klagefrist nach § 4 S. 1 KSchG mit **Zugang der Kündigung**, wenn die Behörde zuvor eine Entscheidung getroffen und sie dem Arbeitnehmer oder der Arbeitnehmerin bekannt gegeben hat. Das gilt u.a. für die **Zulässigkeitserklärung nach § 17 Abs. 2 S. 1 MuSchG**. Das Zusammenwirken von § 17 Abs. 1 S. 1 und Abs. 2 S. 1 MuSchG zeigt besonders deutlich, dass § 4 S. 4 KSchG nicht gilt, wenn der Arbeitgeber bei Abgabe der Kündigungserklärung nicht um die Voraussetzung

des Sonderkündigungsschutzes – die Schwangerschaft oder Entbindung – wusste (zu § 9 MuSchG aF: *BAG* 19.2.2009 EzA § 4 nF KSchG Nr. 88; zu § 85 SGB IX aF: 13.2.2008 EzA § 4 nF KSchG Nr. 83; s.a. 23.2.2010 EzA § 85 SGB IX Nr. 6; dem schließt sich *BAG* 9.2.2011 EzA § 17 TzBfG Nr. 11 für das Bedingungskontrollrecht an). Die Kündigung der Arbeitnehmerin ist **ohne behördliche Zulässigkeitserklärung zulässig**, wenn dem Arbeitgeber die Schwangerschaft, die Fehlgeburt nach der zwölften Schwangerschaftswoche oder die Entbindung zur Zeit der Kündigung **nicht bekannt war** und sie ihm entweder **nicht oder schuldhaft erst über zwei Wochen nach Zugang der Kündigung mitgeteilt wurde**. § 4 S. 4 KSchG lässt die Klagefrist nur dann mit der **Bekanntgabe der Entscheidung der Behörde** beginnen, **soweit** die Kündigung der Zustimmung einer Behörde bedarf (*Schmidt* NZA 2004, 79, 81). Ein solches Zustimmungserfordernis besteht bei Unkenntnis des Arbeitgebers gerade nicht. In diesen Fällen beginnt die Klagefrist nach § 4 S. 1 KSchG mit Zugang der Kündigung. Voraussetzung für die Anwendbarkeit der **Ausnahmeregelung des § 4 S. 4 KSchG** ist die Kenntnis des Arbeitgebers von den **Tatsachen, die den Sonderkündigungsschutz begründen**, zum Zeitpunkt des Zugangs der Kündigung. Erlangt der Arbeitgeber erst nach Zugang der Kündigung Kenntnis von der Schwangerschaft oder Entbindung der Arbeitnehmerin, ist § 4 S. 4 KSchG nicht anwendbar (*BAG* 19.2.2009 EzA § 4 nF KSchG Nr. 88; 13.2.2008 EzA § 4 nF KSchG Nr. 83; s.a. 23.2.2010 EzA § 85 SGB IX Nr. 6; Roos/Bieresborn/*Betz* § 17 MuSchG Rn 117). Dafür sprechen Gesetzeszusammenhang und -zweck. Der besondere Zulassungsgrund des § 5 Abs. 1 S. 2 KSchG wäre überflüssig, wenn der Arbeitgeber immer – unabhängig von seiner Kenntnis – ein behördliches Zulässigkeitserklärungsverfahren einleiten müsste, selbst wenn er erst nach Ausspruch der Kündigung von der Schwangerschaft Kenntnis erlangt (*BAG* 19.2.2009 EzA § 4 nF KSchG Nr. 88; Roos/Bieresborn/*Betz* § 17 MuSchG Rn 117). Zweck der Regelung des § 4 S. 4 KSchG ist es zudem, ein **Informationsdefizit** der Arbeitnehmerin im Hinblick auf die behördliche Zulässigkeitserklärung auszugleichen. Hat sie den Arbeitgeber bis zum Zugang der Kündigung **nicht über ihre Schwangerschaft unterrichtet** und ist die Schwangerschaft **nicht offensichtlich**, muss der Arbeitnehmerin bewusst sein, dass der Arbeitgeber keinen Anlass hat, die behördliche Zulässigkeitserklärung zu beantragen (*BAG* 19.2.2009 EzA § 4 nF KSchG Nr. 88).

Auch § 6 KSchG nF führt zu Problemen (vgl. dazu *BAG* 18.1.2012 EzA § 6 KSchG Nr. 4; 4.5.2011 EzA § 6 KSchG Nr. 3; die Erl. zu § 6 KSchG und HaKo-KSchR/*Gallner* § 6 KSchG Rn 10 ff., 30 ff.). **216**

Schließlich ist auf den Stellenwert des seit 1.1.2004 geltenden Satzes 2 des **§ 5 Abs. 1 KSchG** einzugehen (s. Rdn 8). Diese Bestimmung lautet: »Gleiches gilt, wenn eine Frau von ihrer Schwangerschaft aus einem von ihr nicht zu vertretenden Grund erst nach Ablauf der Frist des § 4 S. 1 Kenntnis erlangt hat.« Sie korrespondiert erkennbar mit § 17 Abs. 1 S. 2 MuSchG und meint die Fälle, in denen eine Frau, die bei Kündigungszugang bereits schwanger ist, dies aber unverschuldet noch nicht weiß, eine Kündigung erhält. Die Frau kann die Kündigung über § 17 Abs. 1 S. 2 MuSchG zu Fall bringen, wenn sie die Mitteilung unverzüglich nachholt (näher s. Rdn 78–86). Das allein hilft ihr nach dem seit dem 1.1.2004 geltenden Rechtszustand jedoch nicht, weil die Kündigung nach § 7 Hs. 1 KSchG als rechtswirksam gilt, wenn gegen sie nicht binnen drei Wochen ab Kündigungszugang Klage erhoben worden ist. Diesen Fall regelt § 5 Abs. 1 S. 2 KSchG. Mithilfe der nachträglichen Zulassung der Kündigungsschutzklage kann die Kündigung noch mit Erfolg angegriffen werden (Roos/Bieresborn/*Betz* § 17 MuSchG Rn 118; näher dazu KR-*Kreft* § 5 KSchG Rdn 124 ff., HaKo-KSchR/*Gallner* § 5 KSchG Rn 2, jeweils mwN; s.a. *LAG Nds.* 22.1.2007 LAGE § 4 KSchG Nr. 53). **217**

Stellt die Arbeitnehmerin den **Auflösungsantrag**, liegt darin auch nach der Novelle durch das Gesetz zu Reformen am Arbeitsmarkt grds. **kein Verzicht** auf den mutterschutzrechtlichen Kündigungsschutz (aA *Gröninger/Thomas* § 9 MuSchG Rn 113). Stützt die Arbeitnehmerin die Kündigungsschutzklage allein auf einen Verstoß gegen § 17 Abs. 1 MuSchG, kommt eine Auflösung des Arbeitsverhältnisses nach § 9 Abs. 1 S. 1 KSchG ohnehin nicht in Betracht. Ein Auflösungsantrag des Arbeitnehmers ist nur zulässig, wenn die Kündigung aus anderen Gründen unwirksam, aber auch sozialwidrig ist (unveränderte st. Rspr., vgl. schon *BAG* 30.4.1987 RzK I 11b Nr. 5; in **218** jüngerer Vergangenheit zB *BAG* 31.7.2014 EzA § 1 KSchG Verhaltensbedingte Kündigung Nr. 84; Roos/Bieresborn/*Betz* § 17 MuSchG Rn 81). Das hat sich seit 1.1.2004 nicht geändert. Die Gleichstellung aller sonstigen Unwirksamkeitsgründe mit der Sozialwidrigkeit nach § 13 Abs. 3 KSchG bezieht sich nur auf den punktuellen Streitgegenstand und die Klagefrist, nicht auf die im Zusammenhang mit der Sozialwidrigkeit stehenden Regelungen des KSchG wie zB § 9 Abs. 1 S. 1 KSchG. Selbst wenn die Klägerin einen Auflösungsantrag stellt, den Kündigungsschutzantrag nur auf einen Verstoß gegen § 17 Abs. 1 MuSchG stützt und trotz gerichtlichen Hinweises an dem Auflösungsantrag festhält, verbietet sich eine Auslegung ihrer Prozesshandlung dahin, dass sie auf den einzigen oder einen wesentlichen Unwirksamkeitsgrund verzichten will. Stützt sich die Arbeitnehmerin dagegen sowohl auf § 1 KSchG als auch auf § 17 MuSchG und stellt sie zudem einen Auflösungsantrag, kann es zu einer Auflösung des Arbeitsverhältnisses kommen, wenn das Arbeitsgericht die Kündigung jedenfalls auch für sozialwidrig erachtet (APS-*Rolfs* § 17 MuSchG Rn 96; HaKo-MuSchG/BEEG/*Schöllmann* § 17 MuSchG Rn 81). Das ist dann die Folge der Regelungen in § 9 Abs. 1 S. 1 KSchG und § 13 Abs. 3 KSchG sowie der Antragstellung im Rechtsstreit, hat aber nichts mit einem Verzicht auf den Kündigungsschutz nach § 17 MuSchG zu tun (Roos/Bieresborn/*Betz* § 17 MuSchG Rn 81).

III. Verhältnis zum anderen besonderen Kündigungsschutzrecht

219 Soweit für bestimmte Personengruppen besonderer Kündigungsschutz besteht (zB für Elternzeitberechtigte, schwerbehinderte Menschen, betriebsverfassungsrechtliche Funktionsträger, politische Mandatsträger), gilt er **neben** dem mutterschutzrechtlichen Kündigungsverbot (Roos/Bieresborn/*Betz* § 17 MuSchG Rn 115). Eine nach diesen Kündigungsvorschriften erforderliche Zustimmung (zB nach § 18 BEEG, § 168 SGB IX, § 103 BetrVG) ersetzt nicht die nach § 17 Abs. 2 S. 1 MuSchG erforderliche Zulässigkeitserklärung durch die zuständige Behörde. Bei einem schwangeren Betriebsratsmitglied, das schwerbehindert ist, ist neben der Zulässigkeitserklärung durch die zuständige Behörde nach § 17 Abs. 2 S. 1 MuSchG sowohl die vorherige Zustimmung des Betriebsrats nach § 103 Abs. 1 BetrVG (oder ihre Ersetzung, § 103 Abs. 2 S. 1 BetrVG) als auch die vorherige Zustimmung des Integrationsamts nach § 168 SGB IX erforderlich (Roos/Bieresborn/*Betz* § 17 MuSchG Rn 115). Mittlerweile ist geklärt, wie sich eine Kombination von besonderem Kündigungsschutz nach § 18 Abs. 1 S. 1 BEEG und § 168 SGB IX auf die Frist zur Erklärung der Kündigung nach § 171 Abs. 3 SGB IX auswirkt. Die Frist zur Kündigung des Arbeitsverhältnisses des schwerbehinderten Menschen von einem Monat nach förmlicher Zustellung des Zustimmungsbescheids ist eine materiell-rechtliche Ausschlussfrist. Solange sie andauert, ist die gesetzliche Kündigungssperre aufgehoben. Die Ausschlussfrist des § 171 Abs. 3 SGB IX gilt auch dann, wenn die Wirksamkeit der Kündigung nicht nur von der Zustimmung des Integrationsamts abhängt, sondern außerdem unter dem Vorbehalt einer behördlichen unbefristeten Zulassung nach § 18 Abs. 1 S. 2 und S. 3 BEEG steht. Liegt die Zulässigkeitserklärung nach § 18 Abs. 1 S. 2 BEEG bei Ablauf der Monatsfrist des § 171 Abs. 3 SGB IX noch nicht vor, ist sie aber in dieser Frist beantragt worden, ist die nach Ablauf der Monatsfrist erklärte Kündigung nicht unwirksam. An die Stelle des Zugangs der Kündigung iSv § 171 Abs. 3 SGB IX tritt der Antrag auf Zustimmung durch die weitere Behörde (*BAG* 24.11.2011 NZA 2012, 610). Für die Verbindung von Schwerbehindertenschutz nach §§ 168 ff. SGB IX und Mutterschutz nach § 17 MuSchG gilt nichts anderes (Roos/Bieresborn/*Betz* § 17 MuSchG Rn 115).

IV. Verhältnis zum kollektiven Kündigungsschutzrecht

220 Der kollektive Kündigungsschutz besteht unabhängig von dem mutterschutzrechtlichen Kündigungsverbot. Praxisrelevant ist vor allem die Betriebsratsanhörung nach **§ 102 Abs. 1 S. 1 BetrVG**, die für jede Kündigung im Geltungsbereich des BetrVG durchzuführen ist, wenn ein Betriebsrat gebildet ist. Die Anhörungspflicht besteht unabhängig davon, ob die nach § 17 Abs. 2 MuSchG zuständige Arbeitsschutzbehörde den Betriebsrat im Rahmen des behördlichen Zulassungsverfahrens beteiligt hat. Bis zur 8. Aufl. wurde an dieser Stelle die Auffassung vertreten, das Anhörungsverfahren nach § 102 BetrVG könne bereits vor dem Ende der viermonatigen Schutzfrist des § 9 Abs. 1

S. 1 MuSchG aF durchgeführt werden. Das Gesetz enthalte lediglich ein Kündigungsverbot, kein Anhörungsverbot (aA bereits *ArbG Gelsenkirchen* 9.6.1983 AuR 1984, 155). Daran kann vor dem Hintergrund der Rspr. des EuGH nicht in vollem Umfang festgehalten werden (*EuGH* 11.10.2007 [Paquay] Rn 42, EzA Richtlinie 92/85 EG-Vertrag 1999 Nr. 2; dazu näher Rdn 102). Die Betriebsratsanhörung ist nur dann keine Vorbereitungsmaßnahme iSv EuGH Paquay, die innerhalb der Schutzfristen nicht durchgeführt werden darf, wenn die Kündigung nicht mit dem Zustand der Frau in der Schwangerschaft, nach einer Fehlgeburt (Rdn 52) nach der zwölften Schwangerschaftswoche oder nach der Entbindung in Zusammenhang steht. Soweit durch eine Betriebsvereinbarung iSv **§ 102 Abs. 6 BetrVG** das Mitwirkungsrecht des Betriebsrats bei Kündigungen erweitert ist, gelten diese Regelungen auch für die Kündigungen von (werdenden) Müttern (Roos/Bieresborn/ *Betz* § 17 MuSchG Rn 116). Auch die kollektivrechtlichen Kündigungsschutzbestimmungen der **Personalvertretungsgesetze** bestehen selbständig neben dem besonderen Kündigungsschutz aus § 17 Abs. 1 MuSchG (Roos/Bieresborn/*Betz* § 17 MuSchG Rn 116).

K. Kündigungs- und Beschäftigungsschutz für Beschäftigte in Heimarbeit und Gleichgestellte

I. Kündigungsschutz

Für die in Heimarbeit beschäftigten Frauen gilt das mutterschutzrechtliche Kündigungsverbot uneingeschränkt, sofern sie als Heimarbeiterin oder Hausgewerbetreibende iSv § 2 Abs. 1 und Abs. 2 HAG anzusehen sind (s. Rdn 36, 43). Die nach § 1 Abs. 2 HAG den Heimarbeiterinnen und Hausgewerbetreibenden gleichgestellten Frauen fallen nur dann unter den besonderen Kündigungsschutz des § 17 Abs. 1 S. 1 MuSchG, wenn sich die Gleichstellung auch auf den im Neunten Abschnitt des HAG geregelten heimarbeitsrechtlichen Kündigungsschutz erstreckt. Das folgt aus § 17 Abs. 3 S. 2 MuSchG. Gegenüber diesem Personenkreis ist die Kündigung des Beschäftigungsverhältnisses unzulässig, wenn dem Auftraggeber oder Zwischenmeister die Schwangerschaft oder Entbindung zur Zeit der Kündigung bekannt war oder innerhalb zweier Wochen nach Zugang der Kündigung mitgeteilt wird (§ 17 Abs. 1 S. 1 MuSchG). Für diese Beschäftigten gilt auch § 17 Abs. 1 S. 2 MuSchG (zum mutterschutzrechtlichen Kündigungsschutz bei Telearbeit etwa *Kappus* Rechtsfragen der Telearbeit (1986) S. 159 f.). 221

Der besondere Kündigungsschutz des § 17 Abs. 1 MuSchG beginnt für die in Heimarbeit beschäftigten Frauen und die – auch kündigungsrechtlich – Gleichgestellten mit Eintritt der Schwangerschaft. Die in § 29 HAG geregelten Beschäftigungszeiträume sind seit dem Heimarbeitsänderungsgesetz vom 29.10.1974 (BGBl. I S. 2879) nur noch für die Kündigungsfristen von Bedeutung. 222

Die für die behördliche Zulässigkeitserklärung von Arbeitgeberkündigungen geltenden Grundsätze (s. Rdn 126–168) sind auch für die unter das Kündigungsverbot des § 17 Abs. 1 MuSchG fallenden Kündigungen von Auftraggebern und Zwischenmeistern maßgeblich. Wird das Beschäftigungsverhältnis vom Auftraggeber oder Zwischenmeister nach erfolgter Zulässigkeitserklärung gekündigt, steht der in Heimarbeit beschäftigten Frau Mutterschaftsgeld nach Maßgabe des §§ 19 MuSchG zu. 223

II. Beschäftigungsschutz (§ 17 Abs. 3 MuSchG)

Um zu **verhindern**, dass das mutterschutzrechtliche Kündigungsverbot **umgangen** wird (dazu *BAG* 22.9.1961 AP Nr. 22 zu § 9 MuSchG), bestimmt § 17 Abs. 3 MuSchG, dass in Heimarbeit Beschäftigte und ihnen Gleichgestellte während der Schwangerschaft, bis zum Ablauf von vier Monaten nach einer Fehlgeburt und bis zum Ende der Schutzfrist nach der Entbindung, mindestens jedoch bis zum Ablauf von vier Monaten nach der Entbindung nicht gegen ihren Willen bei der Ausgabe von Heimarbeit ausgeschlossen werden dürfen (Roos/Bieresborn/*Betz* § 17 MuSchG Rn 123). Der Zweck dieser Regelung besteht darin, den in Heimarbeit beschäftigten und gleichgestellten Frauen während der Schutzfristen des § 17 Abs. 1 MuSchG eine **Beschäftigungsgarantie** einzuräumen (Roos/Bieresborn/*Betz* § 17 MuSchG Rn 123). Unzulässig ist sowohl der völlige als auch der teilweise Ausschluss von der Vergabe von Aufträgen (Roos/Bieresborn/*Betz* § 17 MuSchG Rn 123; 224

APS-*Rolfs* § 17 MuSchG Rn 154; HaKo-MuSchG/BEEG/*Schöllmann* § 17 MuSchG Rn 118; Brose/Weth/*Volk*/*Volk* § 17 MuSchG Rn 271). Der Beschäftigungsschutz greift selbst dann ein, wenn die in Heimarbeit beschäftigte oder gleichgestellte Frau aus schwangerschaftsbedingten Gründen daran gehindert ist, die Arbeit persönlich abzuholen oder zurückzugeben (Roos/Bieresborn/*Betz* § 17 MuSchG Rn 123). Die nach § 1 Abs. 2 HAG den Heimarbeiterinnen und Hausgewerbetreibenden gleichgestellten Frauen sind wegen § 17 Abs. 3 S. 2 MuSchG jedoch nur dann nach § 17 Abs. 1 besonders gegen Kündigungen geschützt, wenn sich die Gleichstellung auch auf **§ 29 HAG** erstreckt (vgl. näher Roos/Bieresborn/*Betz* § 17 MuSchG Rn 124).

225 § 17 Abs. 3 MuSchG legt keinen **Bezugszeitraum** für den Umfang der Arbeitszuteilung fest. In entsprechender Anwendung des § 21 Abs. 1 MuSchG ist von dem Zeitraum der **letzten drei abgerechneten Kalendermonate** auszugehen (Tillmanns/Mutschler/*Just* § 17 MuSchG Rn 96). Bei einer geringeren Arbeitsausgabe oder bei einem völligen Ausschluss von der Vergabe von Aufträgen gerät der Auftraggeber oder Zwischenmeister nach § 611a Abs. 2, § 615 S. 1, §§ 293 ff. BGB in **Annahmeverzug** (Roos/Bieresborn/*Betz* § 17 MuSchG Rn 123). § 29 Abs. 7 HAG ist dagegen nicht anwendbar, weil es sich bei dieser Vorschrift um ein auf die Dauer der jeweiligen Kündigungsfrist beschränktes Benachteiligungsverbot handelt (Roos/Bieresborn/*Betz* § 17 MuSchG Rn 123).

226 § 17 Abs. 3 S. 1 MuSchG besagt klarstellend, dass u.a. **§ 3 MuSchG** unberührt bleibt. Die in **§ 3 MuSchG** geregelten Beschäftigungsverbote sind anstelle des Arbeitgebers auch von **Auftraggebern und Zwischenmeistern** zu beachten (Roos/Bieresborn/*Betz* § 17 MuSchG Rn 123). An die Stelle der Beschäftigungsverbote tritt das **Verbot der Ausgabe von Heimarbeit**. Ergänzend gilt § 8 MuSchG.

Zusatzabkommen zu den Abkommen zwischen den Parteien des Nordatlantikvertrages über die Rechtsstellung ihrer Truppen hinsichtlich der in der Bundesrepublik Deutschland stationierten ausländischen Truppen (NATO-ZusAbk)

Vom 3. August 1959 (BGBl. 1961 II S. 1218).

In der Fassung des Änderungsabkommens vom 18. März 1993 (BGBl. 1994 II S. 2598), in Kraft getreten am 29. März 1998 (BGBl. 1998 II S. 1691).

– Auszug –

Art. 56 NATO-ZusAbk Kündigungsrecht für die bei den Stationierungsstreitkräften beschäftigten deutschen Arbeitnehmer

(1) a) Die für die zivilen Bediensteten bei der Bundeswehr maßgebenden arbeitsrechtlichen – einschließlich arbeitsschutzrechtlichen – Vorschriften, mit Ausnahme der Dienstordnungen, der Dienstvereinbarungen und der tariflichen Bestimmungen, gelten auch für die Beschäftigungsverhältnisse der zivilen Arbeitskräfte bei einer Truppe und einem zivilen Gefolge, soweit nicht in diesem Artikel und in dem auf diesen Artikel Bezug nehmenden Abschnitt des Unterzeichnungsprotokolls etwas anderes bestimmt ist.
  b) nicht abgedruckt
  c) aufgehoben
  d) Versetzungen aus dienstlichen Gründen innerhalb der Bundesrepublik bedürfen des schriftlichen Einverständnisses der zivilen Arbeitskräfte; diese Einverständniserklärung kann jederzeit abgegeben werden.
  e) aufgehoben
  f) nicht abgedruckt

(2) a) ¹§ 9 Absatz (1) Satz 2 des Kündigungsschutzgesetzes gilt mit der Maßgabe, daß der Antrag des Arbeitgebers auch darauf gestützt werden kann, daß der Fortsetzung des Arbeitsverhältnisses besonders schutzwürdige militärische Interessen entgegenstehen. ²Die oberste Dienstbehörde kann die besonders schutzwürdigen militärischen Interessen glaubhaft machen; in diesem Falle ist die Verhandlung vor dem erkennenden Gericht nicht öffentlich. ³Sofern die Offenlegung der Gründe die Gefahr eines schweren Schadens für die Sicherheit des Entsendestaates oder seiner Truppe verursachen könnte, kann die oberste Dienstbehörde der Truppe im Einvernehmen mit dem Chef des Bundeskanzleramts die Glaubhaftmachung durch eine förmliche Erklärung bewirken.
  b) Oberste Dienstbehörde im Sinne dieses Absatzes ist die in der Bundesrepublik Deutschland gelegene höchste, für die Beschäftigungsdienststelle des gekündigten Arbeitnehmers verwaltungsmäßig zuständige Dienststelle.
  c) Dieser Absatz gilt nicht für die Mitglieder der Betriebsvertretungen.

(3) ¹Auf die bei einer Truppe und einem zivilen Gefolge beschäftigten Arbeitskräfte finden die Vorschriften des deutschen Rechts über die Sozialversicherung einschließlich der Unfallversicherung, über die Arbeitslosenversicherung und über das Kindergeld Anwendung. ²Träger der Unfallversicherung ist die Bundesrepublik.

(4) Die bei einer Truppe und einem zivilen Gefolge beschäftigten deutschen zivilen Arbeitskräfte werden nur zu Diensten nichtsoldatischer Art, einschließlich ziviler Wachdienste, verwendet.

(5) Den deutschen Behörden obliegt es, im Einvernehmen mit den Behörden einer Truppe oder eines zivilen Gefolges

Art. 56 NATO-ZusAbk Kündigungsrecht für die bei den Stationierungsstreitkräften

a) die als Grundlage für die einzelnen Arbeitsverträge dienenden Arbeitsbedingungen, einschließlich der Löhne, der Gehälter und der Einreihung der einzelnen Tätigkeitsarten in Lohn- und Gehaltsgruppen, festzusetzen und Tarifverträge abzuschließen und
b) das Entlohnungsverfahren zu regeln.

(6) Die Behörden einer Truppe und eines zivilen Gefolges haben gegenüber den Arbeitskräften, einschließlich der Mitglieder der zivilen Dienstgruppen, die Befugnis zur Einstellung, Zuweisung des Arbeitsplatzes, Ausbildung, Versetzung, Kündigung und Entgegennahme von Kündigungen.

(7) nicht abgedruckt

(8) Streitigkeiten aus dem Arbeitsverhältnis und aus dem Sozialversicherungsverhältnis unterliegen der deutschen Gerichtsbarkeit. Klagen gegen den Arbeitgeber sind gegen die Bundesrepublik zu richten. Klagen für den Arbeitgeber werden von der Bundesrepublik erhoben.

(9) Die für die zivilen Bediensteten bei der Bundeswehr maßgebenden Vorschriften des deutschen Rechts über die Personalvertretung gelten für die Betriebsvertretung der zivilen Arbeitskräfte bei einer Truppe und einem zivilen Gefolge, soweit in dem auf diesen Artikel Bezug nehmenden Abschnitt des Unterzeichnungsprotokolls nicht etwas anderes bestimmt ist.

(10) nicht abgedruckt

Übersicht	Rdn		Rdn
A. Vorbemerkungen	1	5. Besonderer tarifrechtlicher Kündigungsschutz	26
I. Die rechtlichen Grundlagen	1	II. Der Kündigungsschutzanspruch des Arbeitnehmers	29
II. Das Arbeitsverhältnis	9		
III. Kritik an der jetzigen Rechtslage	11	1. Kündigungsschutz nach Art. 56 Abs. 2 lit. a NATO-ZusAbk	29
B. Erläuterungen	14		
I. Die Beendigung des Arbeitsverhältnisses durch Kündigung	14	2. Kündigungsschutz bei Massenentlassungen	37
1. Geltung von Tarifverträgen	14	3. Betriebsübergang	38
2. Kündigung während der Probezeit	15	4. Mutterschutz	39
3. Ordentliche Kündigung	16	5. Schwerbehinderte	40
a) Form	17	6. Mitglieder der Betriebsvertretung	41
b) Fristen	18	III. Beteiligung der Betriebsvertretung	42
c) Gründe	19	IV. Beendigung des Beschäftigungsverhältnisses ohne Kündigung	46
d) Ansprüche des Arbeitnehmers nach der Kündigung	20	1. Altersgrenze	46
4. Außerordentliche Kündigung	23	2. Erwerbsminderung	47
a) Form und Frist	23	V. Gerichtsbarkeit	48
b) Wichtige Gründe	24	VI. Folgen aus dem Beschäftigungsende	49

A. Vorbemerkungen

I. Die rechtlichen Grundlagen

1 Die Regelung der Dienstverhältnisse deutscher bzw. ortsansässiger Arbeitnehmer bei den Stationierungsstreitkräften beruht auf dem von der Bundesrepublik Deutschland angenommenen NATO-Truppenstatut (NATO-TrStat) und Art. 56 des dazu vereinbarten Zusatzabkommens (NATO-ZusAbk) (BGBl. II S. 1218, 1275) sowie dem auf seinen Abs. 9 Bezug nehmenden Abschnitt des Unterzeichnungsprotokolls (BGBl. II S. 1313, 1334). Diese Regelungen gelten mit geringen Abänderungen auch für die Arbeitsverhältnisse der deutschen Beschäftigten bei den französischen Stationierungsstreitkräften. Das NATO-TrStat, das NATO-ZusAbk sowie das Unterzeichnungsprotokoll gelten in Berlin sowie in den fünf neuen Bundesländern nicht (§ 3 Nrn. 5 u. 6 des Gesetzes zur Überleitung von Bundesrecht nach Berlin (West) – 6. Überleitungsgesetz v. 25.9.1990 BGBl. I S. 2106; Anl. 1 Kap. 1 Abschn. 1 Nrn. 5 u. 6 EV v. 31.8.1990 BGBl. II S. 889; VO zu dem

Notenwechsel v. 25.9.1990 zu dem Abkommen zwischen den Parteien des Nordatlantikvertrages über die Rechtsstellung ihrer Truppen v. 19.6.1951 und zu dem Zusatzabkommen zu diesem Abkommen v. 3.8.1959 nebst zugehörigen Übereinkünften sowie zu dem Notenwechsel v. 25.9.1990 zu dem befristeten Verbleib von Streitkräften der Französischen Republik, des Vereinigten Königreichs von Großbritannien und Nordirland und der Vereinigten Staaten von Amerika in Berlin v. 28.9.1990 BGBl. II S. 1250; m. ausf. Begr. *Lansnicker/Schwirtzek* MDR 1991, 922 f.).

Für eine analoge Anwendung von NATO-TrStat, NATO-ZusAbk und Unterzeichnungsprotokoll 2 in Berlin – wie zT unter Berufung auf die Regelung der Nr. 3 des »Notenwechsels zu dem befristeten Verbleib« gefordert wird – besteht kein Raum. Dies gilt umso mehr, als Nr. 3 des Notenwechsels lediglich den Truppen, dem zivilen Gefolge, ihren Mitgliedern und Angehörigen in Berlin (nicht den zivilen Arbeitnehmern) die »gleiche Rechtsstellung« einräumt, die ihnen in den alten Bundesländern gewährt wird (zur Unterscheidung von zivilen Arbeitnehmern und zivilem Gefolge s. Rdn 5). Für die bei den Stationierungsstreitkräften in Berlin (West) beschäftigten deutschen Arbeitnehmer, für die bis zum 2.10.1990 in Gestalt der Anordnung der Alliierten Kommandantur Berlin vom 30.12.1980 – BK/O (80) 13 – (GVBl. 1981 S. 230) eine inhaltlich den Bestimmungen des Art. 56 NATO-ZusAbk weitgehend angenäherte besatzungsrechtliche Regelung galt, findet in Ermangelung anderweitiger Bestimmungen das BPersVG uneingeschränkt Anwendung (*Lansnicker/Schwirtzek* MDR 1991, 925).

Von den Dienstverhältnissen deutscher Arbeitnehmer bei den Stationierungsstreitkräften gem. 3 Art. 56 NATO-ZusAbk zu unterscheiden sind **Arbeitsverhältnisse bei nichtdeutschen Unternehmen wirtschaftlichen Charakters** iSv Art. 72 Abs. 1 NATO-ZusAbk (lt. Unterzeichnungsprotokoll sind dies »American Express Int. Banking Corp.«, »Chase Manhatten Bank (Heidelberg)« und »Bank of Montreal«), die von deutschen Vorschriften über die Ausübung von Handel und Gewerbe, außer den Vorschriften des deutschen Arbeitsschutzrechts, befreit sind, soweit es sich um truppenspezifische Geschäftsaktivitäten handelt (Art. 72 Abs. 2 NATO-ZusAbk). Für Arbeitsverhältnisse in diesen Unternehmen gelten die deutschen Arbeitnehmerschutzvorschriften wie zB das KSchG nicht ohne Weiteres, sondern gem. der VO (EG) Nr. 593/2008 (Rom I) ist das Vertragsstatut zu ermitteln (vgl. KR Internationales Arbeitsvertragsrecht). Liegen die Voraussetzungen für die Anwendung US-amerikanischen Rechts vor, kann zB eine »**at-will**«-**Kündigung**, nach der ein unbefristetes Arbeitsverhältnis von jeder der beiden Parteien jederzeit ohne Einhaltung einer Kündigungsfrist gekündigt werden kann, rechtmäßig sein (*Hess. LAG* 4.10.2010 – 16 Sa 1982/09; *Jander/Lorenz* RdA 1990, 97; *Kittner/Kohler* BB 2000, Beil. 4, S. 1). Da die Streitparteien nicht Repräsentanten diplomatischer oder konsularischer Vertretungen und damit auch nicht Exterritoriale gem. §§ 18 GVG sind, unterliegen sie der deutschen Gerichtsbarkeit.

Arbeitnehmer, die bei nichtdeutschen nichtwirtschaftlichen Organisationen gem. Art. 71 NATO- 4 ZusAbk (s. iE Unterzeichnungsprotokoll) oder die als technische Fachkräfte für die Truppe gem. Art. 73 NATO-ZusAbk tätig sind, zählen zum **zivilen Gefolge** und unterliegen nicht der deutschen Gerichtsbarkeit, es sei denn, es handelt sich um deutsche Staatsangehörige, Angehörige eines Staates, der nicht Partei der NATO ist, Staatenlose oder um Personen, die ihren Wohnsitz oder ihren gewöhnlichen Aufenthalt im Bundesgebiet haben (Art. 73 S. 2, Art. 71 Abs. 6 NATO-TrStat; *LAG RhPf* 14.1.2010 – 11 Sa 200/09).

Bei den **zivilen Arbeitskräften** bei einer Truppe oder einem zivilen Gefolge gem. Art. 56 Abs. 1 lit. a 5 NATO-ZusAbk handelt es sich um **örtliche zivile Arbeitnehmer** am Standort der militärischen Einheit bzw. des zivilen Gefolges. **Ziviles Gefolge** meint nach Art. I Abs. 1 lit. b NATO-TrStat das die Truppe einer Vertragspartei begleitende Zivilpersonal, das bei deren Streitkräften beschäftigt ist und die Staatsangehörigkeit eines Entsendestaates der Streitkräfte hat, ohne seinen gewöhnlichen Aufenthalt im Bundesgebiet zu haben. Nur die **zivilen Arbeitnehmer**, nicht dagegen die Mitglieder des zivilen Gefolges werden von den Bestimmungen des NATO-ZusAbk erfasst. Eine zivile Arbeitskraft kann nicht zugleich ein Mitglied des zivilen Gefolges sein (*BAG* 28.5.2002 – 1 ABR 35/01); denn die bei der Truppe beschäftigten und die diese begleitenden Zivilpersonen iSv Art. 1 Abs. 1b NATO-TrStat gehören nicht notwendig zu der Kategorie von Personen, die nach dem NATO-TrStat den Status eines Mitglieds des zivilen Gefolges haben (*BAG* 12.2.1985 – 1 ABR 3/83). Eine US-amerikanische Lektorin der »University of Maryland«, die für deren europäischen Aufgabenbereich – wissenschaftliche Betreuung der amerikanischen Truppen – in der Bundesrepublik tätig ist und ihren gewöhnlichen Wohnsitz in den USA hat, gilt als Mitglied des zivilen Gefolges der US-amerikanischen Streitkräfte. Von daher ist weder das NATO-ZusAbk anwendbar noch unterliegen Rechtsstreitigkeiten zwischen ihr und der »University of Maryland« der deutschen Gerichtsbarkeit (*BAG* 18.4.1979 – 5 AZR 1065/77, m. Anm. *Beitzke* in AP Nr. 1 zu Art. 71 ZA-NATO-Truppenstatut).

6 Nach Art. 56 Abs. 1 lit. a NATO-ZusAbk gelten für die Beschäftigungsverhältnisse der zivilen Arbeitskräfte bei einer Truppe und einem zivilen Gefolge **alle für die zivilen Arbeitnehmer der Bundeswehr maßgeblichen arbeitsrechtlichen Vorschriften**, soweit nicht ausdrücklich in diesem Artikel und in dem auf diesen Artikel Bezug nehmenden Abschnitt des Unterzeichnungsprotokolls etwas anderes bestimmt ist (*BAG* 22.9.2005 – 2 AZR 544/04, Rn 24).

Die näheren Ausgestaltungen dieser Arbeitsbedingungen finden sich in den für alle Arbeitsverhältnisse verbindlichen **Tarifverträgen** zwischen den zuständigen Tarifvertragsparteien, gewerkschaftsseitig ursprünglich abgeschlossen mit den inzwischen in der Vereinten Dienstleistungsgewerkschaft (ver.di) aufgegangenen Gewerkschaften DAG und ÖTV als federführende für noch andere DGB-Gewerkschaften einerseits und der Bundesrepublik Deutschland andererseits (s. Rdn 14). Nach einer Reihe von regionalen, einem bundeseinheitlichen und verschiedenen, auf bestimmte Personengruppen bezogenen Tarifverträgen gilt seit dem 1.1.1967 der »Tarifvertrag für die Arbeitnehmer bei den Stationierungsstreitkräften im Gebiet der BR Deutschland« vom 16.12.1966 in der zuletzt geänderten Fassung (TV AL II). Weitere Bestimmungen über Kündigungs- und Einkommensschutz sind im Tarifvertrag vom 2. Juli 1997 über Rationalisierungs-, Kündigungs- und Einkommensschutz (SchutzTV) vereinbart (s. Rdn 26 ff.).

7 Beschäftigungsverhältnisse zwischen der Verwaltung der Truppen der ehemaligen Sowjetunion und Arbeitnehmern (ausgenommen Mitgliedern der sowjetischen Truppen und deren Familienangehörigen) unterliegen gem. Art. 21 Abs. 1 des Vertrages zwischen der Bundesrepublik Deutschland und der Union der Sozialistischen Sowjetrepubliken über die Bedingungen des befristeten Aufenthalts und die Modalitäten des planmäßigen Abzugs der sowjetischen Truppen aus dem Gebiet der Bundesrepublik Deutschland, in Kraft gesetzt zum 3.10.1990 durch Verordnung vom 28.9.1990 (BGBl. II S. 1254), dem »deutschen Arbeits-, Arbeitsschutz- und Sozialversicherungsrecht«.

8 Die durch die sehr offene Formulierung des Art. 21 Abs. 1 naheliegende extensive Auslegung dieser Vorschrift hat bereits erste Einschränkungen durch die Rechtsprechung des BAG erfahren, das eine Besserstellung der Zivilbeschäftigten bei den sowjetischen Streitkräften gegenüber den Zivilbeschäftigten bei den Truppen der Unterzeichnerstaaten des NATO-TrStat sowie bei der Bundeswehr für von den Vertragsstaaten nicht gewollt ansieht (*BAG* 28.4.1993 – 10 AZR 391/92). Jedenfalls findet das BetrVG in den Betrieben der sowjetischen Stationierungskräfte keine Anwendung (*BAG* 8.2.1995 – 10 AZR 518/94). Allerdings verlieren diese Regelungen seit dem Abschluss des Truppenabzugs am 31.8.1994 ihre praktische Bedeutung.

II. Das Arbeitsverhältnis

9 Bei den vertraglichen Beziehungen zwischen einem ortsansässigen Zivilbeschäftigten und der jeweiligen Stationierungsstreitmacht handelt es sich um ein **privatrechtliches Arbeitsverhältnis**. Wiewohl die Entgeltzahlung durch den Bund erfolgt (Art. 56 Abs. 5 NATO-ZusAbk) und der Bund passiv legitimiert ist (Art. 56 Abs. 8 NATO-ZusAbk), sind die Stationierungsstreitkräfte Arbeitgeber mit allen Rechten und Pflichten gegenüber den Beschäftigten (*BAG* 20.12.1957 – 1 AZR 87/57). **Arbeitgeber** ist nicht die Beschäftigungsdienststelle oder die Truppe als solche, sondern der jeweilige Entsendestaat (*BAG* 26.3.2015 – 2 AZR 783/13, Rn 15 mwN; 22.9.2005 – 2 AZR 544/04, Rn 50 mwN). Allerdings delegiert der Entsendestaat

die Arbeitsgeberfunktion idR auf den jeweiligen Dienststellenleiter (*BAG* 22.9.2005 – 2 AZR 544/04, Rn 50 mwN). Die Tätigkeit gilt nicht als Beschäftigung im deutschen öffentlichen Dienst (Art. 56 Abs. 1 lit. f NATO-ZusAbk). Das Arbeitsverhältnis unterliegt grds. den Normen des **deutschen Arbeitsrechts** und erfährt seine konkrete Ausgestaltung im Rahmen der angeführten Tarifverträge.

Voraussetzung für einen gültigen Arbeitsvertrag ist die **Schriftform**. Das gilt auch für Nebenabreden. Dem Arbeitnehmer ist eine Ausfertigung auszuhändigen (§ 4 TV AL II). Für die grds. auf unbestimmte Zeit abgeschlossenen Arbeitsverhältnisse beträgt die Probezeit gem. § 5 TV AL II drei Monate (Verlängerung möglich). Daneben gehen weitere Regelungen des TV AL II wie Arbeitszeit, Entlohnung, Arbeitsunfähigkeit, Urlaub- und Sozialleistungen in den Individualvertrag ein. Schließlich gelten noch eine Reihe von teilweise von den Vorschriften des deutschen Arbeitsrechts abweichenden tarifvertraglichen Regelungen über die Beendigung von Arbeitsverhältnissen, die grds. auch dem KSchG unterfallen.   10

III. Kritik an der jetzigen Rechtslage

Auch nach Inkrafttreten der Änderungsvereinbarung vom 18.3.1993 (BGBl. 1994 II S. 2594) ist die Rechtsstellung der Zivilangestellten bei den Stationierungsstreitkräften (vgl. *Burkhardt/Granow* NJW 1995, 424) der Rechtsstellung der Zivilbeschäftigten bei der Bundeswehr nicht vollständig angeglichen. **Der Personalvertretung stehen zT lediglich Mitwirkungsrechte anstelle von Mitbestimmungsrechten zu** (vgl. dazu auch *BAG* 11.12.2007 – 1 ABR 67/06, Rn 33). Allerdings ist die dem allgemeinen Gleichheitssatz (Art. 3 Abs. 1 GG) widersprechende personalvertretungsrechtliche Benachteiligung der Zivilangestellten bei den ausländischen Stationierungsstreitkräften im Hinblick auf Einschränkungen der außenpolitischen Gestaltungsmöglichkeiten der Bundesrepublik Deutschland hinzunehmen (*BVerfG* 8.10.1996 NZA 1997, 263; ausf. dazu *Pfeifer* Die Mitbestimmung der Betriebsvertretungen der Zivilbeschäftigten im Spannungsfeld zwischen NATO und nationalem Recht [Diss. Ffm 1995], sowie *Kissel* NZA 1996, 57). Zwar hat für die Rechtsstellung entlassener Arbeitnehmer der 16. Tarifvertrag zum BAT eine Verbesserung insofern gebracht, als Vordienstzeiten bei ausländischen Stationierungsstreitkräften im deutschen öffentlichen Dienst angerechnet werden, wenn der Arbeitnehmer nach unverzüglicher Bewerbung innerhalb von sechs Monaten im öffentlichen Dienst eingestellt wird oder aber ganze Einrichtungen oder Teile der ausländischen Stationierungsstreitkräfte vom Bund übernommen werden. Aber gerade bei Massenentlassungen finden kaum alle Arbeitnehmer Weiterbeschäftigung im deutschen öffentlichen Dienst, was für ältere Arbeitnehmer mit langjähriger Dienstzeit zu erheblichen Schwierigkeiten führen kann (zur ausführlichen [teilweise überholten] Kritik vgl. *Volk* S. 149 ff.; *Rehbinder* S. 51 ff.).   11

Die Bemühungen der Bundesregierung zur Verbesserung der Rechtsstellung der deutschen Arbeitnehmer bei den Stationierungsstreitkräften haben einen ersten Erfolg im Abkommen zur Änderung des Zusatzabkommens vom 3.8.1959 gefunden, das Änderungen auf dem Gebiet des Kündigungsschutzrechts und der Personalvertretung gebracht hat. Weitere Verbesserungen konnten im Zuge der seit 1991 laufenden Revisionsverhandlungen erzielt werden, die ihren Abschluss mit Unterzeichnung des Änderungsabkommens vom 18.3.1993 gefunden haben.   12

Das Ziel der deutschen Seite, den Zivilbeschäftigten bei den Stationierungsstreitkräften dieselbe arbeitsrechtliche Stellung zu verschaffen, die für die Zivilbeschäftigten der Bundeswehr maßgeblich ist (vgl. Entschließung des Bundesrates vom 14.12.1990 BR-Drs. 683/90) wurde jedoch nicht erreicht (vgl. dazu *BVerfG* 8.10.1996 – 1 BvL 15/91, insbes. unter A II 2 der Gründe). Immerhin ist nunmehr die verfassungswidrige Regelung des Art. 56 Abs. 1 lit. c NATO-ZusAbk **aF**, wonach grds. das Recht einer zivilen Arbeitskraft auf tatsächliche Beschäftigung gesetzlich ausgeschlossen war, ersatzlos weggefallen (zur ausführlichen Kritik an der Verfassungsmäßigkeit des Art. 56 Abs. 1 lit. c NATO-ZusAbk aF vgl. *Weigand* KR 3. Aufl., Art. 56 NATO-ZusAbk Rn 25 mwN).   13

B. Erläuterungen

I. Die Beendigung des Arbeitsverhältnisses durch Kündigung

1. Geltung von Tarifverträgen

14 Gem. Art. 56 NATO-ZusAbk obliegt es den deutschen Behörden, im Einvernehmen (zur Auseinandersetzung um die Rechtsnatur des »Einvernehmens« vgl. *Volk* S. 214 ff.) mit den Behörden der Stationierungsstreitkräfte oder eines zivilen Gefolges die als Grundlage für die einzelnen Arbeitsverträge dienenden Arbeitsbedingungen festzusetzen und Tarifverträge abzuschließen. Zwar gelten diese Tarifverträge normativ gem. § 3 TVG nur für die Mitglieder der beteiligten Gewerkschaften (*BAG* 27.11.1958 AP Nr. 26 zu Art. 44 Truppenvertrag), doch zeigen die Entwicklungsgeschichte dieser Verträge und ihre Rechtsgrundlagen (vgl. *Volk* S. 65 ff., 70 ff., 143 ff., 305 ff.), dass die Arbeitsbedingungen hiermit allgemeingültig festgelegt werden sollen (*Beitzke* AR-Blattei D, Stationierungsstreitkräfte I, Beschäftigung deutscher Arbeitnehmer; *ders.* Anm. zu *BAG* 20.12.1957 – 1 AZR 87/57). Im Übrigen hat der Finanzminister (s. www.bundesfinanzministerium.de/.../schutztv) die Hauptquartiere der Stationierungsstreitkräfte veranlasst, dass von jedem Arbeitnehmer, der am 1.1.1967 in einem Beschäftigungsverhältnis des TV AL II/TV AL II (Frz.) stand, oder der nach dem 1.1.1967 eingestellt wurde oder wird, eine Erklärung eingeholt wird, durch die der Arbeitnehmer die Anwendung des TV AL II/TV AL II (Frz.) in der jeweils geltenden Fassung auf sein Beschäftigungsverhältnis anerkennt (MinBlFin 1967, 118). Insoweit **gelten die Tarifverträge auch ohne Allgemeinverbindlicherklärung für alle Arbeitsverhältnisse der Arbeitnehmer bei den Stationierungsstreitkräften.** Aus dem Tarifvertrag vom 16.12.1966 – TV AL II (MinBlFin 1967, 121) bzw. TV AL II (Frz.; MinBlFin 1967, 121) – ergeben sich die folgenden Grundsätze zur Kündigung von Arbeitsverhältnissen (zum besonderen Kündigungsschutz s. Rdn 26–28).

2. Kündigung während der Probezeit

15 Während der **Probezeit** (idR 3 Monate, § 5 TV AL II) kann das Beschäftigungsverhältnis von beiden Seiten jederzeit mit einer Kündigungsfrist von mindestens zwei Wochen zum Ende eines Kalendermonats gekündigt werden (§ 43 Abs. 1 TV AL II idF der Änderungsvereinbarung v. 4.5.1993). Diese Regelung gilt einheitlich für Arbeiter und Angestellte. Gemäß § 47 Abs. 1 TV AL II und § 623 BGB unterliegt die Kündigungserklärung dem Erfordernis der Schriftform.

3. Ordentliche Kündigung

16 Zur Kündigung berechtigt sind gem. Art. 56 Abs. 6 NATO-ZusAbk die **Behörden der Streitkräfte,** nicht aber die deutschen Dienststellen. Nach Art. 56 Abs. 9 NATO-ZusAbk, Unterzeichnungsprotokoll zu Art. 56 Abs. 7 NATO-ZusAbk, § 79 BPersVG muss **vor jeder Kündigung – als Wirksamkeitsvoraussetzung – die Personalvertretung gehört werden** (s.a. Rdn 43–45).

a) Form

17 Eine ordentliche Kündigungserklärung muss **schriftlich** (§ 623 BGB) und – außer bei einer Kündigung während der Probezeit sowie bei einer ordentlichen Kündigung durch den Arbeitnehmer – **unter Angabe der Gründe** ausgesprochen werden (§ 47 TV AL II). Dies dient der Rechtsklarheit und der Beweissicherung. Es müssen die für die Kündigung maßgebenden Tatsachen angegeben werden. Nicht ausreichend ist die Bezugnahme auf mündlich mitgeteilte Gründe oder lediglich auf »Vorfälle in der Vergangenheit« oder eine andere nur schlagwortartige Beschreibung der kündigungsbegründenden Tatsachen.

b) Fristen

18 Seit dem 1.1.1995 gilt für die Kündigung beider Vertragspartner eine Kündigungsfrist von **vier Wochen zum Monatsende.** Diese Grundkündigungsfrist erhöht sich für Kündigungen durch die Beschäftigungsdienststelle nach einer Beschäftigungszeit von sechs Monaten auf zwei Monate zum

Monatsende, von vier Jahren auf drei Monate zum Monatsende, von sechs Jahren auf vier Monate zum Monatsende, von neun Jahren auf fünf Monate zum Monatsende, von 12 Jahren auf sechs Monate zum Monatsende und von 20 Jahren auf sieben Monate zu Monatsende (§ 44 TV AL II idF des Änderungstarifvertrages v. 9.6.1994). Vom 1.1.1995 an ist bei der Berechnung der Dauer der Beschäftigungszeit (gem. § 8 TV AL II) nicht mehr nur die nach Vollendung des 25. Lebensjahres bei den alliierten Behörden und Streitkräften erreichte Zeit zu berücksichtigen.

c) Gründe

Neben **verhaltens- und personenbedingten Gründen** kann eine Kündigung auch durch »betrieb- 19 liche Gründe« gerechtfertigt sein: Stellenkürzungen im Rahmen eines (vom Hauptquartier der Britischen Rheinarmee für die einzelnen Einheiten) erlassenen Stellenplans, der den zivilen Arbeitskräftebedarf verbindlich regelt, reichen für eine betriebsbedingte Kündigung aus (*LAG Hamm* 27.3.1985 – 14 Sa 721/84, nv); Wegfall des Aufgabenbereichs wegen Schließung der Beschäftigungsdienststelle (bei Fortbestehen der Verwaltungsabteilung: *BAG* 22.9.2005 – 2 AZR 544/04).

d) Ansprüche des Arbeitnehmers nach der Kündigung

Der Arbeitnehmer soll **grds. bis zum Ablauf der Kündigungsfrist beschäftigt werden**. Zu diesem 20 Zweck kann er auch einer anderen Beschäftigungsdienststelle an demselben Ort für eine zumutbare Beschäftigung befristet zugewiesen werden. Ein Anspruch auf Zahlung des Arbeitsverdienstes während der Kündigungsfrist besteht jedoch auch dann, wenn der Arbeitnehmer aus einem nicht von ihm selbst zu vertretenden Grund vor Ablauf der Kündigungsfrist von der Arbeit freigestellt wird. Für die Zeit der Freistellung wird der Arbeitsverdienst gezahlt, den der Arbeitnehmer ohne die Freistellung für seine regelmäßigen Arbeitsstunden erhalten hätte (§ 44 Abs. 2a–b TV AL II, unter Berücksichtigung der Änderungsvereinbarung Nr. 18 zum Hauptteil I TV AL II v. 1.1.1989).

Ist das Beschäftigungsverhältnis gekündigt, so muss dem Arbeitnehmer der noch zustehende 21 **Urlaub** ohne besonderen Antrag während der Kündigungsfrist in bezahlter Freizeit erteilt werden – es sei denn, dass dringende betriebliche Gründe oder dringende persönliche Gründe entgegenstehen (§ 33 Ziff. 7b TV AL II).

Wenn die Kündigung von der Beschäftigungsdienststelle ausgesprochen worden ist, erhält der 22 Arbeitnehmer auf Antrag **Arbeitsbefreiung in angemessenem Umfang** bis zu insgesamt zwei Arbeitstagen, damit er sich eine andere Arbeit suchen kann. Dies gilt nicht bei Kündigungen während der Probezeit. Ist die Kündigung von der Beschäftigungsdienststelle aus einem nicht vom Arbeitnehmer zu vertretenden Grund ausgesprochen worden, so wird für die Dauer der Arbeitsbefreiung der Arbeitsverdienst gezahlt, den der Arbeitnehmer ohne die Arbeitsbefreiung für seine regelmäßigen Arbeitsstunden erhalten hätte. Der Arbeitnehmer erhält die Arbeitsbefreiung in dem vorstehend vereinbarten Ausmaß auch dann, wenn er das Beschäftigungsverhältnis zwar selbst gekündigt, aber sein Ausscheiden nach den Bestimmungen des § 8 Ziff. 4 TV AL II nicht zu vertreten hat (§ 44 Abs. 3a–c TV AL II unter Berücksichtigung der Änderungsvereinbarung Nr. 9 zum Hauptteil I TV AL II v. 12.2.1976). Tarifvertragliche Regelungen außerhalb des TV AL II gewähren darüber hinaus bei Entlassungen wegen Truppenreduzierung weitere Leistungen (u.a. Abfindungsansprüche, Freistellung zur Teilnahme an Maßnahmen der beruflichen Bildung).

4. Außerordentliche Kündigung

a) Form und Frist

Das Beschäftigungsverhältnis kann aus wichtigem Grund ohne Einhaltung einer Frist gekündigt 23 werden (§ 45 TV AL II). Die Kündigungserklärung unterliegt dem Erfordernis der Schriftform gem. § 623 BGB. Gemäß § 47 Abs. 2 TV AL II sind – außer bei Kündigungen während der Probezeit sowie bei ordentlichen Kündigungen durch den Arbeitnehmer – die Gründe für die Kündigung mitzuteilen. Eine **fristlose Kündigung** ist nicht mehr zulässig, wenn die zugrundeliegenden

Tatsachen festgestellt und der Beschäftigungsdienststelle länger als zwei Wochen bekannt sind (§ 45 Abs. 3 TV AL II).

b) Wichtige Gründe

24 Durch die Änderungsvereinbarung Nr. 6 vom 30.10.1973 zum Hauptteil I TV AL II (MinBlFin 1974, 284) sind die Voraussetzungen für eine **fristlose Kündigung aus wichtigem Grund** an die Regelung des § 626 BGB im Wesentlichen angeglichen worden. Nach § 45 Abs. 2 TV AL II ist ein wichtiger Grund für eine außerordentliche Kündigung nur dann gegeben, wenn Tatsachen vorliegen, aufgrund derer dem Kündigenden – unter Berücksichtigung aller Umstände des Einzelfalles und unter Abwägung der Interessen beider Vertragsteile – die Fortsetzung des Beschäftigungsverhältnisses bis zum Ablauf der Kündigungsfrist (§ 44 Ziff. 1) oder bis zu der vereinbarten Beendigung des Beschäftigungsverhältnisses nicht zugemutet werden kann.

25 In der alten Fassung des § 45 Abs. 2 TV AL II waren als **Regelbeispiele** (vgl. auch *BAG* 12.9.1974 – 2 AZR 535/73) **für wichtige Gründe** angegeben:
   – Vorlegung falscher oder gefälschter Urkunden bei der Einstellung,
   – unbefugtes Verlassen der Arbeitsstelle während einer den Umständen nach erheblichen Zeit,
   – beharrliche Weigerung, den Verpflichtungen aus dem Arbeitsvertrag nachzukommen,
   – Tätlichkeiten oder erhebliche Ehrverletzungen,
   – Diebstahl, Unterschlagung oder Betrug,
   – Teilnahme an Bestrebungen gegen die demokratische Grundordnung iSd Grundgesetzes oder an Bestrebungen, die darauf abzielen, den Bestand oder die Sicherheit der Bundesrepublik Deutschland oder der Stationierungsstreitkräfte der Entsendestaaten zu beeinträchtigen. Vgl. zu den wichtigen Gründen im Übrigen vgl. KR-*Fischermeier/Krumbiegel* § 626 BGB Rdn 111 ff. und KR-*Weigand* §§ 21–23 BBiG Rdn 49 ff.

5. Besonderer tarifrechtlicher Kündigungsschutz

26 Die Bestimmungen gem. TV vom 2.7.1997 über Rationalisierungs-, Kündigungs- und Einkommensschutz (§ 8 SchutzTV) sehen einen **besonderen Kündigungsschutz für langjährig beschäftigte Arbeitnehmer** vor. Gem. § 8 Abs. 1 SchutzTV kann das Beschäftigungsverhältnis eines Arbeitnehmers, der das 40. Lebensjahr vollendet hat, nach einer iSv § 8 TV AL II Ziff. 1, 2 und 4 ununterbrochenen Beschäftigungszeit von 15 Jahren nicht mehr durch ordentliche Kündigung beendet werden. Dieser Kündigungsschutz erstreckt sich nicht auf Kündigungen aus einem der folgenden Gründe:
   a) Alle Gründe, die eine außerordentliche Kündigung rechtfertigen (§ 45 TV AL II),
   b) Auflösung der Beschäftigungsdienststelle, (der Begriff der Dienststelle als Verwaltungsstelle und Betrieb einer Truppe und eines zivilen Gefolges in der Bundesrepublik wird durch die betreffende Truppe näher bestimmt; s. a. Rdn 43),
   c) Verlegung der Beschäftigungsdienststelle außerhalb des Geltungsbereiches des TV AL II (Bundesrepublik Deutschland),
   d) Fortfall des Aufgabenbereichs des Arbeitnehmers aus den unter b) und c) genannten Gründen,
   e) Verlegung des Aufgabenbereichs des Arbeitnehmers mit seiner Beschäftigungsdienststelle oder zu einer anderen Beschäftigungsdienststelle im Geltungsbereich des TV AL II (Bundesrepublik Deutschland),
   f) Änderung des Arbeitsvertrages.

Zur **außerordentlichen Kündigung nach a)** s. Rdn 23–25. Für die **Auflösungsgründe nach b) bis f) ist die ordentliche Kündigung** vorgesehen, bei der die Fristen gem. § 44 TV AL II (s. Rdn 11) oder gem. der in Betracht kommenden gesetzlichen Vorschriften zu beachten sind.

27 Verliert ein Arbeitnehmer, der in einem Beschäftigungsverhältnis auf unbestimmte Dauer steht und eine anrechenbare Beschäftigungszeit (§ 8 Ziff. 1, 2 und 4 SchutzTV) bei den Stationierungsstreitkräften desselben Entsendestaates von mindestens zwei Jahren erreicht hat, infolge einer

organisatorischen Maßnahme seinen bisherigen Arbeitsplatz oder ändert sich die Wertigkeit seines Arbeitsplatzes, so wird ihm ein verfügbarer Arbeitsplatz angeboten, wenn er für diesen Arbeitsplatz geeignet ist. Ist der Arbeitnehmer aus den in Rdn 26 lit. d) oder 28 lit. e) genannten Gründen auf einem anderen Arbeitsplatz untergebracht (**Unterbringungsanspruch** gem. § 4 SchutzTV s. Rdn 28) worden, oder hat er eine **Änderungskündigung** angenommen und unterschreitet die tarifvertragliche Grundvergütung für die neue Tätigkeit bei gleicher Arbeitszeit die Bemessungsgrenze, so hat er Anspruch auf eine persönliche Zulage (§ 8 Abs. 4a SchutzTV).

Gem. § 4 Nr. 1 S. 1 SchutzTV ist einem Arbeitnehmer, der die Anspruchsvoraussetzungen nach § 2 SchutzTV erfüllt und seinen Arbeitsplatz verliert, ein verfügbarer oder bis zum Ablauf der Kündigungsfrist verfügbar werdender Arbeitsplatz iSv Nr. 2 bis 6 der Bestimmung anzubieten, wenn er für diesen Arbeitsplatz geeignet ist (**Unterbringungsanspruch**). In § 4 SchutzTV ist iE geregelt, wie die Eignung des Arbeitnehmers für verfügbare Arbeitsplätze festzustellen ist (§ 4 Nr. 1 S. 2 SchutzTV) und welche Arbeitsplätze in welcher Reihenfolge anzubieten sind. Dementsprechend ist »zunächst« ein gleichwertiger Arbeitsplatz (dh in derselben Lohn-/Gehaltsgruppe oder in einer Lohn-/Gehaltsgruppe mit gleichwertigen Tätigkeitsmerkmalen in einem anderen Lohn-/Gehaltstarif) anzubieten (§ 4 Nr. 2 lit. a und b SchutzTV). Steht ein solcher nicht zur Verfügung, hat das Angebot eines zumutbaren Arbeitsplatzes zu erfolgen (§ 4 Nr. 2 lit. c SchutzTV). Arbeitnehmern, deren regelmäßige Arbeitszeit entsprechend § 9 Ziff. 1 oder 2 festgesetzt war, wird ein Arbeitsplatz mit einer Arbeitszeit angeboten, die mindestens der regelmäßigen Arbeitszeit gem. § 9 Ziff. 1 entspricht. Die Angebote nach § 4 Nr. 2 lit. a bis c SchutzTV beziehen sich auf alle Arbeitsplätze bei derselben oder bei einer anderen Beschäftigungsdienststelle desselben Entsendestaates innerhalb des Einzugsbereichs (§ 4 Nr. 2 lit. d SchutzTV). Auf Wunsch des Arbeitnehmers wird ihm auch ein gleichwertiger Arbeitsplatz an einem anderen Ort angeboten, der im Bereich einer Garnison/RAF-Station, jedoch außerhalb des Einzugsbereichs liegt (§ 4 Nr. 3 lit. a SchutzTV iVm der zugehörigen Protokollnotiz). Gemäß § 4 Nr. 4 lit. d SchutzTV umfasst der Einzugsbereich alle Gemeinden in einem Radius von 60 km von der Gemeinde des bisherigen ständigen Beschäftigungsortes, alternativ – wenn der Wohnort des Arbeitnehmers außerhalb dieses Radius liegt – alle Gemeinden in einem Radius von 60 km vom Wohnort des Arbeitnehmers (s. zum Ganzen *BAG* 26.1.2017 – 2 AZR 61/16, Rn 38 ff.). Der Unterbringungsanspruch wird nach § 4 Nr. 1 S. 2 SchutzTV durch den Abschluss eines neuen Arbeitsvertrags erfüllt (*BAG* 26.1.2017 – 2 AZR 61/16, Rn 16 mwN). Das Angebot erstreckt sich auf alle Arbeitsplätze bei derselben oder bei einer anderen Beschäftigungsdienststelle desselben Entsendestaates am selben Ort oder im Einzugsbereich (*BAG* 26.3.2015 – 2 AZR 783/12, Rn 42 f.). Durch § 4 SchutzTV wird allerdings die Weiterbeschäftigungsobliegenheit nach § 1 Abs. 2 S. 2 Nr. 2 lit. b KSchG nicht räumlich ausgedehnt (*BAG* 27.7.2017 – 2 AZR 476/16, Rn 27; 26.1.2017 – 2 AZR 61/16, Rn 36; 15.12.2016 – 2 AZR 867/15, Rn 19 ff.; zweifelnd schon 22.9.2005 – 2 AZR 544/04, zu B III 3 der Gründe). Denn der tarifliche Unterbringungsanspruch betrifft nur die Rechtsfolgen- und nicht die Tatbestandsseite einer Kündigung.

II. Der Kündigungsschutzanspruch des Arbeitnehmers

1. Kündigungsschutz nach Art. 56 Abs. 2 lit. a NATO-ZusAbk

Das KSchG ist grds. auf die Arbeitsverhältnisse der Arbeitnehmer bei den Stationierungsstreitkräften anwendbar (st.Rspr. *BAG* 25.10.2012 – 2 AZR 552/11 –, Rn 22 f. mwN). Allerdings sind die Dienststellen der Stationierungsstreitkräfte als **Tendenzbetriebe** anzusehen; Verstöße gegen die besondere Treuepflicht können die Kündigung rechtfertigen (*ArbG Heidelberg* 27.4.1957 ARSt Bd. XIX, Nr. 45, S. 16). Die Beweislast für die Wirksamkeit der Kündigung trägt im Kündigungsschutzprozess die beklagte Bundesrepublik Deutschland (*Beitzke* AR-Blattei, D II 2). Nachdem mit Inkrafttreten des Änderungsabkommens vom 18.3.1993 Art. 56 Abs. 1 lit. c NATO-ZusAbk ersatzlos weggefallen ist, können die zivilen Arbeitskräfte bei den alliierten Streitkräften nunmehr ihren **Weiterbeschäftigungsanspruch** bei laufendem Kündigungsrechtsstreit im einstweiligen Verfügungsverfahren durchsetzen; zur Rechtslage bis zum Inkrafttreten der Änderungsvereinbarung s. *Weigand* KR, 3. Aufl. Art. 56 NATO-ZusAbk Rn 22). Den möglichen Anspruch auf tatsächliche

Weiterbeschäftigung wird allerdings die beklagte Bundesrepublik Deutschland rechtlich und tatsächlich selbst nicht erfüllen können, da sie völkerrechtlich gegenüber einem anderen Staat bzw. dessen Streitkraft keine hoheitlichen Befugnisse ausüben kann. Sie kann bestenfalls in ihrer Funktion als Prozessstandschafterin gegenüber dem betreffenden Staat auf eine Weiterbeschäftigung hinwirken (*LAG BW* 22.12.1999 – 12 Sa 58/99).

30 Durch Neufassung des Art. 56 Abs. 2 lit. a NATO-ZusAbk ist die bisherige Regelung über Abweichungen von den Vorschriften des KSchG neugestaltet worden (zu der bis zum Inkrafttreten des Änderungsabkommens geltenden Rechtslage s. zusammenfassend *Weigand* KR, 4. Aufl. Rn 36 f und ausführlich *ders*. 3. Aufl. Rn 22 ff. zu Art. 56 NATO-ZusAbk). Die Neuregelung soll wie bisher den Interessen der Entsendestaaten Rechnung tragen, die im Fall der gerichtlichen Nachprüfung der arbeitgeberseitigen Kündigung ihre besonders **schutzwürdigen militärischen Interessen** gewahrt wissen wollen. Andererseits ist eine Verbesserung der Rechtsposition der gekündigten Arbeitnehmer im gerichtlichen Kündigungsschutzverfahren unübersehbar (vgl. BR-Drs. 670/93, S. 69).

31 Der seit Inkrafttreten des Änd.-Abk. vom 18.3.1993 geltenden Regelung liegt folgendes »Stufensystem« zugrunde: Auszugehen ist von der – auch bei den Entsendestaaten als Normalfall anzusehenden – Gestaltung, dass der Arbeitgeber nach einer von ihm ausgesprochenen Kündigung die Gründe darlegt, die die Kündigung als sozial gerechtfertigt iSd § 1 Abs. 2 KSchG erscheinen lassen. Stellt das angerufene Gericht fest, dass die vorgebrachten Gründe die Kündigung nicht tragen, – das Gleiche gilt, wenn der Arbeitgeber von vornherein darauf verzichtet, rechtserhebliche Kündigungsgründe vorzutragen – besteht das Arbeitsverhältnis fort (die nach altem Recht durch schlichte Ablehnung der Weiterbeschäftigung herbeiführbare Auflösung des Arbeitsverhältnisses ist somit nicht mehr möglich). Das Gericht kann jedoch das Arbeitsverhältnis gem. § 9 Abs. 1 S. 2 KSchG unter den dort genannten Voraussetzungen durch **gestaltendes Urteil auflösen**. Dies gilt nicht im Fall des Verstoßes gegen § 17 MuSchG nF (§ 9 MuSchG aF), da eine Auflösung nur noch im Rahmen des § 9 Abs. 1 S. 2 KSchG infrage kommt.

32 Durch Art. 56 Abs. 2 lit. a S. 1 NATO-ZusAbk nF wird § 9 Abs. 1 S. 2 KSchG dahingehend erweitert, dass der Entsendestaat einen Antrag auf Auflösung des Arbeitsverhältnisses auch darauf stützen kann, dass der Fortsetzung des Arbeitsverhältnisses besonders **schutzwürdige militärische Interessen** entgegenstehen. Die in Art. 56 Abs. 2 lit. a NATO-ZusAbk enthaltene **Beweiserleichterung** (entweder Glaubhaftmachung der entgegenstehenden militärischen Interessen im Rahmen der – insoweit nicht öffentlich geführten – Verhandlung bzw. – bei Vorliegen besonderer Geheimhaltungsinteressen – Erklärung der obersten Dienstbehörde im Einvernehmen mit dem Chef des Bundeskanzleramtes) trägt den gegenüber der Regelung nach altem Recht bestehenden erheblichen verfassungsrechtlichen Bedenken (vgl. *Weigand* KR 3. Aufl., Art. 56 NATO-ZusAbk Rn 25) zwar nicht umfassend, jedoch zumindest ansatzweise Rechnung (krit. auch *Matissek* FS 50 Jahre Arbeitsgerichtsbarkeit Rheinland-Pfalz, S. 287, 301).

33 Ein **dringendes betriebliches Erfordernis zur Kündigung** kann gegeben sein, wenn auf Grund der Entscheidung der Stationierungskräfte die bisher in einer Dienststelle erbrachten Aufgaben in die USA zurückverlegt werden und das in der Dienststelle verbleibende Personal deswegen auf eine bestimmte Anzahl reduziert wird oder eine Betriebsabteilung aufgrund einer unternehmerischen Entscheidung der Stationierungsstreitkräfte geschlossen wird (*BAG* 25.10.2012 – 2 AZR 552/11, Rn 26 mwN; *LAG Düsseld.* 10.5.2011 – 16 Sa 113/11; 10.5.2011 – 16 Sa 242/11; zur **Auflösung einer Dienststelle** *LAG Düsseld.* 13.6.2016 – 9 Sa 135/16; *LAG Düsseld.* 3.6.2016 – 6 Sa 206/16). Die entsprechende Änderung des für die Dienststelle geltenden Stellenplans ist die unternehmerische Entscheidung, die zum Wegfall der überzähligen Arbeitsplätze führt. Soweit der Kommandeur des Hauptquartiers eine entsprechende Entscheidung trifft, wird diese von der Rechtsprechung als nicht offenbar unsachlich, unvernünftig oder willkürlich angesehen und damit wird ihre Bindungswirkung für die Gerichte für Arbeitssachen anerkannt (*LAG RhPf* 20.11.2008 – 10 Sa 424/08).

34 Der Entsendestaat kann bei den Stationierungskräften auch das Verhältnis zwischen den Zivilpersonen iSv Art. I Abs. 1 lit b NATO-TrStat und den örtlichen Arbeitskräften iSv Art. IX Abs. 4

NATO-TrStat auf Grund seiner Hoheitsgewalt autonom bestimmen. Deshalb führt eine Veränderung dieses Verhältnisses durch den Entsendestaat zu Lasten der örtlichen Arbeitskräfte nicht zur Negierung eines **dringenden Erfordernisses** (*BAG* 18.5.2006 – 2 AZR 245/05; *LAG Hamm* 22.9.2010 – 5 Sa 1315/09, zur Wirksamkeit der **Änderungskündigung** einer örtlichen Arbeitskraft wegen Personalreduzierung und -verlagerung auf im Entsendestaat eingestellte Kräfte des zivilen Gefolges).

Wenn bei den Stationierungsstreitkräften im Falle einer Kündigung wegen dringender betrieblicher Gründe eine Möglichkeit der anderweitigen Beschäftigung gem. § 1 Abs. 2 S. 2 lit. b) KSchG nicht vorhanden sein sollte (iE KR-*Rachor* § 1 KSchG Rdn 583 f.), obliegt der Dienststelle dafür die Darlegungs- und Beweislast gem. § 1 Abs. 2 S. 4 KSchG (iE KR-*Rachor* § 1 KSchG Rdn 591 ff.). Es gilt die abgestufte Darlegungslast. Diese allgemeine **Darlegungs- und Beweislastregel** wird durch die Merkmale zum Unterbringungsanspruch des Arbeitnehmers gem. § 4 SchutzTV nicht geändert. Insbesondere müssen die Stationierungsstreitkräfte, die sich auf fehlende anderweitige geeignete Arbeitsplätze berufen, nicht unabhängig vom Vorbringen des Arbeitnehmers alle denkbaren Weiterbeschäftigungsmöglichkeiten im maßgeblichen Einzugsbereich gem. § 4 Nr. 2 lit. d) iVm § 4 Nr. 4 lit. d) SchutzTV ausschließen (*BAG* 25.10.2012 – 2 AZR 552/11, Rn 31 mwN). 35

Bei der **Sozialauswahl** gem. § 1 Abs. 3 KSchG ergibt sich die Bezugsgröße der Dienststelle nach dem personalvertretungsrechtlichen Begriff (*BAG* 26.1.2017 – 2 AZR 61/16, Rn 17; s. KR-*Bader/Kreutzberg-Kowalczyk* § 23 KSchG Rdn 36). Das sind die einzelnen Verwaltungsstellen und Betriebe einer Truppe und eines zivilen Gefolges nach näherer Bestimmung durch die betreffende Truppe gem. Art. 56 Abs. 9 NATO-ZusAbk iVm Abs. 1 des Unterzeichnungsprotokolls zu Art. 56 Abs. 9 NATO-ZusAbk als – völkerrechtlich vorgegebener – lex specialis. Auf die den Dienststellenbegriff nach § 6 BPersVG im Allgemeinen kennzeichnenden Merkmale kommt es demnach im Bereich der Stationierungsstreitkräfte auch wegen der spezifischen militärischen Organisations- und Befehlsstruktur nicht an (*BAG* 27.7.2017 – 2 AZR 476/16, Rn 29; 25.10.2012 – 2 AZR 552/11, Rn 51 mwN; *Hess. LAG* 31.10.2018 – 2 Sa 249/18, Rn 26; *LAG Düsseld*. 13.6.2016 – 9 Sa 135/16, Rn 56). 36

2. Kündigungsschutz bei Massenentlassungen

Nach Art. 56 Abs. 1 lit. a NATO-ZusAbk gelten für die Beschäftigungsverhältnisse der zivilen Arbeitskräfte bei einer Truppe und einem zivilen Gefolge **alle** die für die zivilen Arbeitnehmer der Bundeswehr maßgeblichen arbeitsrechtlichen Vorschriften, soweit nicht ausdrücklich nach dieser Vorschrift in Verordnungen und Tarifverträgen und an anderen Stellen des Abkommens etwas anderes bestimmt ist. In den Geltungsbereich mit einbezogen sind auch die dem Schutz der Arbeitnehmer mittelbar dienenden Vorschriften des Dritten Abschnitts des KSchG (*BAG* 22.9.2005 – 2 AZR 544/04; 21.5.1970 – 2 AZR 294/69; *LAG Düsseld*. 3.6.2016 – 6 Sa 206/16, Rn 128). Bei **Massenentlassungen** gelten die §§ 17 ff. KSchG gem. § 23 Abs. 2 S. 1 KSchG nur, soweit die Dienststelle bei den Stationierungsstreitkräften, die zur öffentlichen Verwaltung iSd § 23 Abs. 2 S. 1 KSchG zählen (*BAG* 27.7.2017 – 2 AZR 476/16, Rn 66 mwN; s.a. *EuGH* 18.10.2012 – C-583/10 [Nolan], Rn 34), wirtschaftliche Zwecke verfolgt. Wirtschaftliche Zwecke werden verfolgt, wenn die Dienststelle sich wie ein privatwirtschaftlich geführter Betrieb am – privaten – Wirtschaftsleben beteiligt (*BAG* 27.7.2017 – 2 AZR 476/16, Rn 66 mwN). Dafür genügt es nicht, wenn Einrichtungen bei der Truppe auch der Versorgung von Angehörigen der Stationierungsstreitkräfte dienen (zB Wäscherei oder eine allein den Streitkräften kostendeckend zuarbeitende Druckerei *BAG* 22.9.2005 – 2 AZR 544/04). Denn gem. Art. 67 Abs. 1 S. 3 NATO-ZusAbk sind Lieferungen und Leistungen der Truppe an ihre Mitglieder, an die Mitglieder des zivilen Gefolges sowie an deren Angehörige nicht als Beteiligung am deutschen Wirtschaftsverkehr anzusehen (*BAG* 27.7.2017 – 2 AZR 476/16, Rn 67; 15.12.2016 – 2 AZR 867/15, Rn 26). Vgl. aber zur zivilen Belegschaft einer Militärbasis KR-*Weigand/Heinkel* § 17 KSchG Rdn 42. 37

3. Betriebsübergang

38 Insbesondere in den Fällen, in denen bisher den Alliierten vorbehaltene Aufgaben auch nach Rückzug der alliierten Streitkräfte weiterzuführen sind (zB der früher der französischen Militärregierung vorbehaltene Betrieb der Flughafenfeuerwehr auf dem Flughafen Berlin-Tegel; die Wartung der dortigen elektrischen Anlagen sowie der Erhalt der Sicherheit und Ordnung auf den Start- und Landebahnen und anderen Betriebsflächen), kommt bei Übernahme des in diesen Bereichen tätigen Personals eine Anwendung des § 613a BGB in Betracht (vgl. die Kommentierung zu § 613a BGB). Klagt ein Arbeitnehmer in subjektiver Klagehäufung gegen den bisherigen Arbeitgeber und Betriebsinhaber auf Feststellung, dass das Arbeitsverhältnis durch eine von diesem ausgesprochene Kündigung nicht aufgelöst worden ist, und gegen den behaupteten Betriebsübernehmer zugleich auf Feststellung, dass mit ihm das beim bisherigen Arbeitgeber begründete Arbeitsverhältnis mit unverändertem Inhalt fortbesteht, dann entsteht zwischen den beklagten Arbeitgebern keine notwendige Streitgenossenschaft nach § 62 ZPO (*BAG* 4.3.1994 – 2 AZR 507/92, zu A 1 b der Gründe). In der ganz überwiegenden Zahl der Fälle, in denen eine Überführung der ehemaligen Zivilangestellten in einen anderen Tätigkeitsbereich – meist in den allgemeinen Verwaltungsdienst – stattfindet, wird der Tatbestand des Betriebsübergangs iSd § 613a BGB jedoch schon deshalb nicht erfüllt sein, da der »übernehmende« Betrieb einen grundlegenden anderen arbeitstechnischen Zweck verfolgt.

4. Mutterschutz

39 Das MuSchG ist auf die Arbeitsverhältnisse von Arbeitnehmerinnen bei den alliierten Stationierungsstreitkräften anzuwenden (Art. 56 Abs. 1 lit. a NATO-ZusAbk). Allerdings erfährt das **Kündigungsverbot** gem. § 17 MuSchG nF (§ 9 MuSchG aF) für werdende und niedergekommene Mütter insofern eine **Einschränkung**, als im Falle einer vom ArbG als unwirksam erkannten Kündigung die Weiterbeschäftigung von der Stationierungsstreitmacht abgelehnt werden kann. In diesem Fall ist vom ArbG eine Abfindungssumme zugunsten der Arbeitnehmerin festzusetzen (so auch *Buchner/Becker* § 9 MuSchG Rn 175).

5. Schwerbehinderte

40 Für schwerbehinderte Arbeitnehmer bei den Stationierungsstreitkräften gilt die vierwöchige Kündigungsfrist nach § 169 SGB IX nF (§ 86 SGB IX aF) ebenso wie der Kündigungsschutz gem. § 168 SGB IX nF (§ 85 SGB IX aF). Danach kann eine Kündigung gegenüber einem Schwerbehinderten wirksam nur ausgesprochen werden, wenn die **Zustimmung des Integrationsamtes** vorliegt (*BAG* 20.5.1958 – 3 AZR 541/55). Deutsche Gerichte sind bei der Rechtsanwendung bei Streitigkeiten zwischen den Dienststellen der alliierten Streitkräfte und den dort gebildeten Schwerbehindertenvertretungen beschränkt (*BAG* 11.9.2013 – 7 ABR 18/11, Rn 40).

6. Mitglieder der Betriebsvertretung

41 Mitglieder der Betriebsvertretung unterliegen dem **Kündigungsschutz** nach Art. 56 Abs. 9 NATO-ZusAbk iVm dem Unterzeichnungsprotokoll, §§ 15, 16 KSchG und dem BPersVG 1974 (vgl. auch *BAG* 22.9.2005 – 2 AZR 544/04; 20.1.2000 – 2 ABR 19/99 mwN bzgl. der belgischen Streitkräfte). Gem. § 47 Abs. 1 des auf die Betriebsvertretung anzuwendenden BPersVG bedarf die außerordentliche Kündigung von Mitgliedern der Betriebsvertretung, die in einem Arbeitsverhältnis stehen, der Zustimmung der Betriebsvertretung, die ggf. auf Antrag des Dienststellenleiters vom Arbeitsgericht ersetzt werden kann. Die Rechtfertigung der **außerordentlichen Kündigung** eines Mitglieds der Betriebsvertretung setzt gem. § 15 Abs. 2 KSchG einen wichtigen Grund iSd § 626 Abs. 1 BGB voraus sowie auch die Einhaltung der Ausschlussfrist gem. § 626 Abs. 2 BGB, innerhalb derer der Zustimmungsantrag bei der Betriebsvertretung zu stellen ist oder ggf. auch das Zustimmungsersetzungsverfahren beim Arbeitsgericht einzuleiten ist. Ein wichtiger Grund iSd § 626 Abs. 1 BGB kann in der »täglichen Mitnahme von Kleinteilen« aus US-Armeebeständen liegen (*LAG RhPf* 20.9.2011 – 3 TaBV 12/11, mwN). Zu den gem. § 15 Abs. 3 KSchG geschützten

Arbeitnehmern gehören aufgrund von Art. 56 Abs. 9 NATO-ZusAbk auch die Bewerber für das Amt der **Vertrauensperson** und der **stellvertretenden Mitglieder der Schwerbehindertenvertretung** bei den alliierten Streitkräften (*BAG* 27.7.2017 – 2 AZR 476/16, Rn 17). Auf **Jugendvertreter** iSd für die Arbeitnehmer bei den Stationierungsstreitkräften geltenden – und unter Berücksichtigung des Unterzeichnungsprotokolls zu Art. 56 Abs. 9 NATO-ZusAbk modifizierten – BPersVG vom 5.8.1955 wird das KSchG auch dann angewendet, wenn der Jugendvertreter das 18. Lebensjahr noch nicht vollendet hat oder wenn sein Arbeitsverhältnis in derselben Beschäftigungsdienststelle ohne Unterbrechung noch keine sechs Monate bestanden hat (§ 44 Abs. 4 TV AL II; vgl. Änderungsvereinbarung v. 22.12.1971 MinBlFin 1972, 116 und 1974, 279). Die Geltung des § 15 KSchG für Mitglieder einer Betriebsvertretung für deutsche Arbeitnehmer bei den alliierten Streitkräften ist von der Rechtsprechung ausdrücklich bestätigt worden (*BAG* 29.1.1981 – 2 AZR 778/78). In dem vom BAG entschiedenen Fall wurde die Änderungskündigung u. a. eines Busfahrers bei einer britischen Einheit für unwirksam erklärt, weil ordentliche Kündigungen des Arbeitsverhältnisses eines nach § 15 KSchG geschützten Arbeitnehmers zur Änderung der Arbeitsbedingungen weder als Einzelmaßnahme noch als sog. Gruppen- oder Massenänderungskündigungen gegenüber einer Mehrzahl von Arbeitnehmern zulässig sind (*BAG* 29.1.1981 – 2 AZR 778/78).

III. Beteiligung der Betriebsvertretung

Das Recht der **Betriebsvertretung bei den Stationierungsstreitkräften** beruht auf dem **BPersVG** 42 von 1974. Nachdem diese Regelungen bereits seit geraumer Zeit ständige Praxis für die Arbeitnehmer bei den Stationierungsstreitkräften gewesen waren, das BAG aber dennoch in seinen Entscheidungen vom 21.8.1979 (– 6 ABR 77/77) und vom 23.7.1981 (– 6 ABR 74/78) sowie vom 3.12.1981 (– 2 AZR 679/79) von der Geltung des PersVG von 1955 ausging, vereinbarte schließlich die Bundesregierung mit den Botschaftern der sechs Staaten, die Stationierungsstreitkräfte in der Bundesrepublik Deutschland unterhalten, dass das Unterzeichnungsprotokoll zu Art. 56 Abs. 9 NATO-ZusAbk (BGBl. 1961 II S. 1313) mit Rückwirkung auf den 1.4.1974 dahin geändert wird, dass es jetzt auf das BPersVG vom 15.3.1974 Bezug nimmt (*Beitzke* RdA 1981, 380). Nachdem die in Abs. 1 des Unterzeichnungsprotokolls zu Art. 56 Abs. 9 NATO-ZusAbk bisher enthaltene statische Verweisung auf das BPersVG 1974 durch Änderungsabkommen vom 18.5.1994 (BGBl. II S. 3710) geändert worden ist, findet das BPersVG nunmehr auch auf die Betriebsvertretungen bei den Stationierungsstreitkräften in der durch Gesetz vom 16.1.1991 (BGBl. I S. 47) geänderten Fassung einschließlich der bis dahin in Kraft getretenen Änderung Anwendung (vgl. auch *BAG* 7.11.2000 – 1 ABR 55/99; 7.7.1999 – 7 ABR 4/98). Deutsches Personalvertretungsrecht findet nur hinsichtlich derjenigen Zivilpersonen Anwendung, die der Entsendestaat als örtliche Arbeitskräfte iSv Art. IX Abs. 4 NATO-TrStat anstellt (*BAG* 12.2.1985 – 1 ABR 3/83), nicht jedoch auf das zivile Gefolge gem. Art. I Abs. 1b NATO-TrStat (vgl. auch Rdn 5). Das im BPersVG vorgesehene Mitbestimmungsrecht kann allerdings, soweit im Einzelfall besonders schutzwürdige militärische Interessen entgegenstehen, nach dem Unterzeichnungsprotokoll zu Art. 56 Abs. 9 NATO-ZusAbk (BGBl. 1994 II S. 2622) *»in seinem Umfang beschränkt werden. Die oberste Dienstbehörde hat die Gründe für die Beschränkung des Mitbestimmungsrechts schriftlich darzulegen und den Umfang der Beschränkung zu bezeichnen. Sofern die Offenlegung der Gründe die Gefahr eines schweren Schadens für die Sicherheit des Entsendestaates oder seiner Truppe verursachen könnte, kann die oberste Dienstbehörde den Nachweis durch eine förmliche Erklärung bewirken, die durch den Präsidenten des Bundesarbeitsgerichts zu bestätigen ist«.* In Fällen, in denen die Mitbestimmungsrechte aus vorgenannten Gründen eingeschränkt sind, gilt das Mitwirkungsverfahren; allerdings nicht für Bedienstete des zivilen Gefolges.

Die **Mitwirkung der Betriebsvertretung** bei einer vom Arbeitgeber beabsichtigten **Kündigung** 43 richtet sich nach Art. 56 Abs. 9 NATO-ZusAbk iVm §§ 79 Abs. 1, 72 BPersVG. Es gelten die Anforderungen an eine ordnungsgemäße Anhörung des Betriebsrats iSd § 102 BetrVG entsprechend (*BAG* 27.7.2017 – 2 AZR 476/16, Rn 59; 26.1.2017 – 2 AZR 61/16, Rn 19; 25.10.2012 – 2 AZR 552/11, Rn 55 mwN). Dienststellen iSd BPersVG sind nach dem Unterzeichnungsprotokoll zu Art. 56 Abs. 9 NATO-ZusAbk (BGBl. 1961 II S. 1313 und BGBl. 1994 II S. 2622) *»die einzelnen*

Art. 56 NATO-ZusAbk   Kündigungsrecht für die bei den Stationierungsstreitkräften

Verwaltungsstellen und Betriebe einer Truppe und eines zivilen Gefolges in der Bundesrepublik Deutschland nach näherer Bestimmung durch die betreffende Truppe. Mittelbehörden sind die der obersten Dienstbehörde einer Truppe verwaltungsmäßig unmittelbar unterstellten Behörden, denen verwaltungsmäßig weitere Dienststellen nachgeordnet sind. Oberste Dienstbehörden sind die Hauptquartiere einer Truppe, wie sie von den entsprechenden Entsendestaaten näher bestimmt werden und die die endgültige Entscheidung über Angelegenheiten haben, an denen die Betriebsvertretungen beteiligt sind. Werden Entscheidungen oberhalb der Ebene der obersten Dienstbehörde getroffen, so sorgt die Truppe dafür, dass die Betriebsvertretung ohne Verzögerung unterrichtet wird.« Wenn der zu kündigende Arbeitnehmer Mitglied der örtlichen Betriebsvertretung und der Hauptbetriebsvertretung ist, sind nach der maßgeblichen Zuständigkeitsregelung des § 82 Abs. 1 BPersVG nicht mehrere Vertretungen nebeneinander zuständig. Ob die örtliche Betriebsvertretung oder die Hauptbetriebsvertretung zu beteiligen ist, hängt ausschließlich davon ab, welche Dienststelle zur Entscheidung über die Kündigung befugt ist (*BAG* 30.3.1994 – 7 ABR 46/93). Wenn das Hauptquartier nach Auflösung einer Dienststelle gegenüber den ehemals dort beschäftigten Arbeitnehmern, die noch keiner anderen Dienststelle zugeordnet sind, eine Änderungskündigung ausspricht, ist in entsprechender Anwendung der allgemeinen Zuständigkeitsregelung des § 82 Abs. 1 BPersVG vor Ausspruch der Änderungskündigung die bei dem Hauptquartier gebildete Stufenvertretung zu beteiligen (*BAG* 14.12.1994 – 1 ABR 4/95).

44 Die **Mitbestimmungsrechte** der bei den Stationierungsstreitkräften bestehenden Personalvertretung bleiben auch dann erhalten, wenn die Entscheidung oder Weisung (zB Anordnung der Schließung militärischer Einrichtungen) direkt im Heimatland der Stationierungsstreitkraft getroffen wird (*BAG* 9.2.1993 – 1 ABR 33/92). Zur Frage der Vertretung des Kommandanten einer NATO-Truppeneinheit gegenüber der Betriebsvertretung hat das *BAG* mit Beschl. v. 11.7.1990 – 7 ABR 23/89 – festgestellt, dass sich der Kommandant als Dienststellenleiter im personalvertretungsrechtlichen Beteiligungsverfahren von Anfang an gem. Abs. 3 Unterzeichnungsprotokoll zu Art. 56 Abs. 9 NATO-ZusAbk vertreten lassen kann (in dem der Entscheidung zugrunde liegenden Fall durch den Civil Labour Supervisor bei den britischen Stationierungstruppen).

45 Im Falle der gem. § 15 Abs. 4 und 5 KSchG zulässigen ordentlichen Kündigung eines Mitgliedes einer Betriebsvertretung wegen Betriebsstilllegung bedarf es nicht der Zustimmung der Betriebsvertretung; denn Art. 56 Abs. 9 NATO-ZusAbk iVm § 70 Abs. 1 SoldatenG, § 54 Abs. 1 und § 47 Abs. 1 BPersVG ist nicht entsprechend anwendbar (*BAG* 22.9.2005 – 2 AZR 544/04; 30.3.1994 – 7 ABR 46/93 mwN). Die Betriebsvertretung wirkt lediglich mit (§ 79 BPersVG). Der Schutz des einzelnen Amtsträgers und der Arbeitnehmervertretung als solcher endet mit dem Wegfall des Betriebs bzw. der Betriebsabteilung, sofern keine anderweitige Beschäftigungsmöglichkeit mehr besteht. In diesem Falle steht der Betriebsvertretung nur das **Mitwirkungsrecht** gem. § 79 BPersVG zu (*BAG* 22.9.2005 – 2 AZR 544/04). Die außerordentliche Kündigung von Mitgliedern der Betriebsvertretung bedarf nach Art. 56 Abs. 9 NATO-ZusAbk iVm § 70 Abs. 1 SoldatenG und § 47 Abs. 1 BPersVG der Zustimmung der Betriebsvertretung.

IV. Beendigung des Beschäftigungsverhältnisses ohne Kündigung

1. Altersgrenze

46 § 46 Abs. 1 TV AL II sieht vor, dass das Beschäftigungsverhältnis mit Ablauf des Kalendermonats, in dem der Arbeitnehmer das gesetzlich festgelegte Alter zum Erreichen der Regelaltersrente vollendet hat, endet, ohne dass es einer Kündigung bedarf. Diese tarifliche Regelung ist rechtlich nicht zu beanstanden. Insbesondere verstößt sie nicht gegen das Verbot der Altersdiskriminierung aus § 7 Abs. 1 iVm § 1 AGG (vgl. *BAG* 21.9.2011 – 7 AZR 134/10, Rn 24).

2. Erwerbsminderung

47 Wird durch Bescheid eines Rentenversicherungsträgers festgestellt, dass der Arbeitnehmer **erwerbsgemindert** ist, so endet das Beschäftigungsverhältnis, ohne dass es einer Kündigung bedarf, mit Ablauf des Kalendermonats, in dem der Bescheid zugestellt wird (§ 46 Abs. 2 lit. a TV AL II). Etwas

anderes dürfte gelten, wenn der Arbeitnehmer innerhalb der Frist des § 84 SGG Widerspruch gegen den Rentenbescheid einlegt und den Arbeitgeber hierüber alsbald unterrichtet, er den Rentenantrag vor Beendigung des Arbeitsverhältnisses nach §§ 21, 15 Abs. 2 TzBfG zurücknimmt oder einschränkt und dem Arbeitgeber dies innerhalb der Klagefrist nach §§ 21, 17 S. 1 TzBfG mitteilt (vgl. zu § 33 TV-L *BAG* 23.3.2016 – 7 AZR 827/13, Rn 26 ff.).

V. Gerichtsbarkeit

Für gem. Art. 56 Abs. 8 NATO-ZusAbk gegen die **Bundesrepublik Deutschland als Prozessstandschafterin** (vgl. *BAG* 22.1.2019 – 9 AZR 10/17, Rn 9 mwN; 27.7.2017 – 2 AZR 476/16, Rn 13; 26.1.2017 – 2 AZR 61/16, Rn 11 mwN) des Entsendestaates erhobene Klagen ist die **deutsche Gerichtsbarkeit** stets gegeben (*BAG* 27.7.2017 – 2 AZR 476/16, Rn 14). In diesen Fällen hängt die Prozessführungsbefugnis der Bundesrepublik davon ab, ob die jeweilige Streitigkeit nach Sinn und Zweck des NATO-TrStat und des NATO-ZusAbk der Entscheidung durch deutsche Gerichte unterworfen werden sollte. Dies ist nicht der Fall bei Streitigkeiten aus Beschäftigungsverhältnissen, die durch einseitigen Hoheitsakt nach dem Dienstrecht des Entsendestaates begründet worden sind (*BAG* 30.11.1984 – 7 AZR 499/83). Eine gegen den ausländischen militärischen Arbeitgeber selbst statt gegen die Prozessstandschafterin gerichtete Kündigungsschutzklage wahrt die Klagefrist gem. § 4 KSchG; denn bei nicht eindeutiger, aber auch offenkundig unrichtiger Bezeichnung der beklagten Partei ist bei objektiver Würdigung des Erklärungsinhaltes der in der Klageschrift bezeichneten Partei und bei Wahrung der rechtlichen Identität durch Auslegung zu erkennen (vgl. *BAG* 28.8.2008 – 2 AZR 279/07, Rn 14), dass als Beklagte gem. Art. 56 Abs. 8 NATO-ZusAbk die Bundesrepublik Deutschland zu verstehen ist (*LAG RhPf* 27.3.2009 – 9 Sa 737/08; aA *ArbG Bln.* 10.3.1988 – 19 Ca 128/87). Schon wenn aus der Klageschrift klar hervorgeht, dass der klagende Arbeitnehmer eine zivile Arbeitskraft iSv Art. 56 NATO-ZusAbk ist, kann als wahre Beklagte einer gegen den Entsendestaat als Arbeitgeber gerichteten Klage die BR Deutschland als Prozessstandschafterin angesehen werden (*BAG* 20.2.2014 – 2 AZR 248/13, Rn 19). 48

VI. Folgen aus dem Beschäftigungsende

Zeugnisse für die bei den Stationierungsstreitkräften tätigen zivilen Arbeitnehmer haben die von den Streitkräften dazu bestimmten Dienststellen zu erteilen (§ 48 TV AL II). Damit tragen die Tarifvertragsparteien des IV AL II dem allgemeinen zeugnisrechtlichen Grundsatz Rechnung, dass Zeugnisse vom Arbeitgeber selbst zu erteilen sind. Gleichwohl sind entsprechende zeugnisrechtliche Ansprüche gerichtlich gegenüber der Bundesrepublik Deutschland als Prozessstandschafterin geltend zu machen (s. Rdn 48). Die »dienstliche Führung« eines Arbeitnehmers ist auch dann betroffen, wenn dieser unbefugt ein Dienstfahrzeug seines Arbeitgebers in fahruntüchtigem Zustand zu seiner Privatfahrt benutzt und deswegen strafgerichtlich verurteilt wird (*BAG* 29.1.1986 – 4 AZR 479/84). 49

Die wegen Personaleinschränkung infolge von Verringerung alliierter Dienststellen sowie Auflösung von Beschäftigungsdienststellen oder deren Verlegung entlassenen Arbeitnehmer haben Anspruch auf **Wiedereingliederung** in den Arbeitsprozess, auf **Überbrückungsbeihilfen** und **Beitragszuschüsse** gem. dem Tarifvertrag vom 31.8.1971 (in Berlin West: vom 10.4.1974) zur sozialen Sicherung der Arbeitnehmer bei den alliierten Behörden und Streitkräften (TV Soziale Sicherung). 50

Kündigungsschutz für Parlamentarier (ParlKSch)

Übersicht

		Rdn			Rdn
A.	Vorbemerkungen	1		2. Mitglieder der Landkreis- und Gemeindeparlamente bzw. Bezirksversammlungen	58
I.	Schutz vor Behinderungen und Benachteiligungen	2		3. Angehörige des öffentlichen Dienstes, Geistliche und Ordensleute	59
II.	Rechtsquellen des Kündigungsschutzes	5		4. Örtliche Geltung	60
B.	Kündigungsschutz für Wahlbewerber und Mitglieder des Deutschen Bundestages	11	III.	Baden-Württemberg	61
I.	Vorschriften	11		5. Angehörige des öffentlichen Dienstes	65
II.	Entstehungsgeschichte und Funktion des Art. 48 Abs. 2 GG sowie des Abgeordnetengesetzes	16	IV.	Freistaat Bayern	66
			V.	Berlin	68
	1. Entstehungsgeschichte	16		4. Erläuterung	71
	a) Vorkonstitutionelles Recht	16	VI.	Brandenburg	72
	b) Beratungen zum Grundgesetz	17	VII.	Freie Hansestadt Bremen	75
	c) Abgeordnetengesetz	19	VIII.	Freie und Hansestadt Hamburg	77
	2. Funktion des arbeitsrechtlichen Schutzes	22		3. Erläuterung	79
			IX.	Hessen	80
III.	Erläuterungen zu Art. 48 Abs. 2 GG und § 2 AbgG	26		1. Verfassung des Landes Hessen	80
	1. Geltungsbereich	26		2. Gesetz über die Rechtsverhältnisse der Abgeordneten des Hessischen Landtags (Hessisches Abgeordnetengesetz – HessAbgG)	81
	a) Persönlicher Geltungsbereich	26			
	b) Zeitlicher Geltungsbereich	35		3. Erläuterungen	82
	c) Sachlicher Geltungsbereich	37		4. Hessische Gemeindeordnung	85
	2. Das Behinderungsverbot	39		5. Hessische Landkreisordnung	86
	3. Das Benachteiligungsverbot	41	X.	Mecklenburg-Vorpommern	87
	4. Der Kündigungsschutz im Einzelnen	44	XI.	Niedersachsen	91
			XII.	Nordrhein-Westfalen	98
	5. Rechtsfolgen bei Verstoß gegen Art. 48 Abs. 2 GG und § 2 AbgG	51	XIII.	Rheinland-Pfalz	102
			XIV.	Saarland	106
			XV.	Sachsen	108
C.	Landesrechtlicher und sonstiger Kündigungsschutz für Parlamentarier	54	XVI.	Sachsen-Anhalt	112
			XVII.	Schleswig-Holstein	115
I.	Gesetzgebungskompetenz der Länder	54	XVIII.	Thüringen	119
			D.	Kündigungsschutz für Wahlbewerber und Mitglieder des Europaparlaments	123
II.	Landesrechtliche Vorschriften	55			
	1. Mitglieder der Landesparlamente	55	II.	Erläuterungen	124

A. Vorbemerkungen

Die Rechtsstellung von Parlamentariern im Hinblick auf ihre privatrechtlichen Arbeitsverhältnisse während und nach ihrer Mandatsausübung sowie während der Wahlbewerbung wird in Gesetzen für die Bundes-, Länder-, Kreis- und Gemeindeebene geregelt. Neben Verfassungsnormen im Grundgesetz und den einzelnen Landesverfassungen regeln **Abgeordnetengesetze** sowohl für Mitglieder des Bundestages als auch für die Landtage den rechtlichen Schutz für die Beschäftigungsverhältnisse der Abgeordneten. In der Folge des »Diätenurteils« des *BVerfG* vom 5.11.1975 (NJW 1975, 2331; s.a. Rdn 19) wurde zunächst das Abgeordnetengesetz für Mitglieder des Bundestages verabschiedet; später ergingen in Anlehnung an diese bundesgesetzliche Regelung der Musterentwurf der Landtagspräsidentenkonferenz sowie in den Jahren 1978/1979 die Abgeordnetengesetze der einzelnen deutschen

Bundesländer und in der Folge der deutschen Wiedervereinigung entsprechende gesetzliche Regelungen in den neuen Bundesländern. Dieser weitgehenden Vereinheitlichung stehen auf der Kreis- und Gemeindeebene in den Bundesländern zT noch sehr weitgehende Unterschiede hinsichtlich des Regelungsumfangs gegenüber. **Soweit Bundes- und Landesvorschriften vorsehen, dass die Kündigung eines Abgeordneten unzulässig ist, verstößt eine ordentliche Kündigung des Arbeitgebers gegen ein gesetzliches Verbot und ist nichtig (§ 134 BGB).** Nach der verfassungsrechtlichen Grundnorm des relativen Sonderkündigungsschutzes gem. Art. 48 Abs. 2 S. 2 GG sind Kündigungen aus Gründen, die im Zusammenhang mit der Abgeordnetentätigkeit stehen, unzulässig; die Kündigung aus anderen Gründen bleibt nach Maßgabe der allgemeinen Vorschriften möglich (*BAG* 30.6.1994 EzA Art. 48 GG Nr. 1; *von Mangoldt/Klein/Achterberg/Schulte* Art. 48 GG Rn 31 f.).

I. Schutz vor Behinderungen und Benachteiligungen

2 Der Schutz der Parlamentarier vor Behinderungen und Benachteiligungen bei ihrer Mandatsausübung insbes. durch private und öffentliche Arbeitgeber ist Ausfluss der parlamentarisch und demokratisch ausgerichteten Staatsgestaltung und wird als Teil der »**staatsbürgerlichen Betätigungsfreiheit**« (*Oertmann* S. 437) und Konkretisierung der »**Abgeordnetenfreiheit**« (*BVerfG* 21.9.1976 DÖV 1977, 51) verstanden. Für die parlamentarisch-repräsentative Demokratie sind das allgemeine aktive und passive Wahlrecht und die Freiheit und Unabhängigkeit des gewählten Abgeordneten wesentlich. Aus dem im Grundgesetz konkretisierten Demokratieprinzip folgt, dass Einschränkungen der Allgemeinheit der Wahl und Behinderungen im Zugang zum Mandat und in der Ausübung des Mandats grds. verfassungswidrig sind (*BVerfG* 21.9.1976 DÖV 1977, 51). Das Verbot der Behinderung als »Demokratieprinzip« ist »hineingesprochen in die Gesellschaft der Bundesrepublik Deutschland und in die durch das Grundgesetz konstituierte Staatlichkeit. Soweit dieser Verfassungssatz reicht, bedarf es einer in der Verfassung zugelassenen Ausnahme, wenn er soll eingeschränkt werden können« (*BVerfG* 21.9.1976 DÖV 1977, 51). Zu Inkompatibilitätsregelungen s. Rdn 54.

3 Das **allgemeine Behinderungsverbot** nach Art. 48 Abs. 2 GG, § 2 AbgG und den Gesetzen in den Bundesländern als **soziales Grundrecht** und als eines der **besonderen Statusrechte** des Abgeordneten (*Stern* S. 835) bezieht sich auf jedweden Zwang gegenüber dem Parlamentarier in wirtschaftlicher, beruflicher oder persönlicher Hinsicht (*v. Münch* Art. 48 Rn 9; *Maunz/Dürig/Herzog* Art. 48 Rn 8; *Hamann/Lenz* Art. 48 B 2; Bonner Kommentar-*von Arnim* Art. 48; *v. Mangoldt/Klein* Art. 48 III 4; krit. *E. Wolf* SAE 1966, 3 f.; Rdn 37 ff.). Die beispielhafte Aufzählung von Kündigung und Entlassung im Art. 48 Abs. 2 GG und in den Landesvorschriften einiger Bundesländer wird nach der Systematik des § 2 AbgG – der sich nur auf Bundestagsabgeordnete bezieht – gesondert neben dem Verbot von Benachteiligungen am Arbeitsplatz hervorgehoben. Soweit landesrechtliche Vorschriften sich in ihrer Formulierung auf ein allgemeines Behinderungsverbot beschränken, sind diese Regelungen im Lichte der beispielhaften Konkretisierung von Benachteiligungen am Arbeitsplatz in Art. 48 Abs. 2 GG sowie in § 2 AbgG weit auszulegen; denn das Behinderungsverbot des Art. 48 Abs. 2 GG bestimmt insoweit gem. Art. 28 Abs. 1 GG auch die entsprechenden landesrechtlichen Vorschriften (*BVerfG* 5.6.1998 NJW 1999, 1095). Das allgemeine Benachteiligungsverbot geht nicht so weit, dass nach langjähriger Abgeordnetentätigkeit ein Anspruch auf fiktive Fortschreibung der letzten Regelbeurteilung einer Beamtin bestünde (*BVerwG* 16.12.2010 ZTR 2011, 327; Anm. *Kugele* jurisPR-BVerwG 11/2011 Nr. 5).

4 Zur Geltung des Kündigungsschutzes für deutsche Parlamentarier bzgl. ihres Arbeitsplatzes bei einem Arbeitgeber im Ausland und für ausländische Parlamentarier bzgl. ihres Arbeitsplatzes bei einem Arbeitgeber in Deutschland vgl. KR-*Weigand* Int. ArbVertragsR Rdn 108 f. Zu Schutzregelungen zugunsten der Abgeordneten der Volkskammer der ehemaligen DDR vgl. *Welti* S. 98 ff.

II. Rechtsquellen des Kündigungsschutzes

5 Die Kündigung oder Entlassung eines Abgeordneten, soweit sie aus dem Grund der Mandatsausübung oder der Wahlbewerbung ausgesprochen wurde, ist unzulässig. Kündigungen aus anderen

Gründen bleiben nach Maßgabe der allgemeinen Vorschriften vom relativen Sonderkündigungsschutz für Parlamentarier unberührt (*BAG* 30.6.1994 EzA Art. 48 GG Nr. 1).

Für die **Abgeordneten des Deutschen Bundestages** ergibt sich dieser verfassungsrechtliche Grundsatz aus **Art. 48 Abs. 2 GG** sowie aus **§ 2 Abs. 2 AbgG**. Für die Mitglieder der Bundesversammlung gilt der Schutz gem. Art. 48 Abs. 2 GG durch den Verweis im **Gesetz über die Wahl des Bundespräsidenten durch die Bundesversammlung** vom 25.4.1959. 6

In den Verfassungen und Gesetzen der deutschen Bundesländer wird der Kündigungs- und Entlassungsschutz für Abgeordnete in den Landes-, Kreis- und Gemeindeparlamenten nur teilweise ausdrücklich gewährleistet: Dem Wortlaut des Art. 48 Abs. 2 GG nachgebildete **landesverfassungsrechtliche Vorschriften** finden sich in Baden-Württemberg (Art. 29 Abs. 2 LV), Bremen (Art. 82 Abs. 1 LV), Brandenburg (Art. 22 Abs. 4 LV), Hamburg (Art. 13 Abs. 3 LV), Mecklenburg-Vorpommern (Art. 23 Abs. 2 LV), Niedersachsen (Art. 13 Abs. 2 LV), Nordrhein-Westfalen (Art. 46 Abs. 1 LV), Rheinland-Pfalz (Art. 96 Abs. 1 LV), Sachsen (Art. 42 Abs. 2 LV), Sachsen-Anhalt (Art. 56 Abs. 2 LV), Schleswig-Holstein (Art. 5 Abs. 1 LV) und Thüringen (Art. 51 Abs. 2 LV). Allgemeine Behinderungsverbote – insb. im Rahmen von Arbeits- bzw. Arbeits- und Dienstverhältnissen – bei der Wahrnehmung staatsbürgerlicher Rechte und Pflichten in öffentlichen Ehrenämtern enthalten Art. 19 der Verfassung von Berlin und Art. 13 der Verfassung der Freien Hansestadt Hamburg. Die letztgenannte Vorschrift wird ergänzt durch das Gesetz über die Wahl zur hamburgischen Bürgerschaft, das die Entlassung eines Beamten oder Richters oder die Kündigung eines Angestellten im öffentlichen Dienst wegen seiner Tätigkeit als Abgeordneter für unzulässig erklärt. Die Unzulässigkeit von Kündigung und Entlassung eines Abgeordneten des Landtages findet sich für die übrigen Bundesländer in den jeweiligen Abgeordnetengesetzen, die in Anlehnung an die bundesgesetzliche Regelung weitgehend vereinheitlicht sind. Eine Besonderheit ist mit Art. 21 in der Verfassung des Landes Brandenburg gewährleistet: Wer sich an der politischen Mitgestaltung durch Betätigung in Bürgerinitiativen, Verbänden, Religionsgemeinschaften oder Parteien beteiligt, darf deswegen nicht entlassen werden. 7

Für die Volksvertreter auf **kommunaler und auf Kreisebene** (s.a. Rdn 58) liegen landesrechtliche Schutzvorschriften im Hinblick auf Kündigungen und Entlassungen während der Mandatsausübung vor in Baden-Württemberg, Berlin (Bezirke), Brandenburg, Bremen (Stadtbezirke), Hamburg (Bezirke), Hessen, Mecklenburg- Vorpommern, Niedersachsen, Nordrhein-Westfalen, Rheinland-Pfalz, Sachsen und Sachsen-Anhalt. Die Gemeindeordnung Schleswig-Holsteins und die Thüringer Kommunalordnung enthalten für ehrenamtliche Tätigkeiten in der Gemeinde bzw. im Landkreis ein allgemeines Behinderungsverbot. 8

Die Rechtsstellung von Mitgliedern der Volksvertretungen ist auch im Lichte vorkonstitutionellen Verfassungsrechts zu bestimmen. Das Recht auf die freie Ausübung des Abgeordnetenmandats war in **Art. 160 WRV** wie folgt geregelt: 9

»Art. 160 WRV

[1] Wer in einem Dienst- oder Arbeitsverhältnis als Angestellter oder Arbeiter steht, hat das Recht auf die zur Wahrnehmung staatsbürgerlicher Rechte und, soweit dadurch der Betrieb nicht erheblich geschädigt wird, zur Ausübung ihm übertragener öffentlicher Ehrenämter nötige freie Zeit. [2] Wieweit ihm der Anspruch auf Vergütung erhalten bleibt, bestimmt das Gesetz.«

Dieser Rechtsgrundsatz gilt gem. Art. 123 Abs. 1 GG für die Bundesrepublik Deutschland fort (ebenso: *Sadtler* S. 93–96; *LAG Düsseld.* 7.1.1966 AP Nr. 2 zu Art. 48 GG; aA *Plüm* S. 202–206); denn er widerspricht nicht dem Verfassungssatz des Art. 48 Abs. 2 GG. Aus der Beschränkung des Behinderungsverbotes auf Mitglieder des Deutschen Bundestages in Art. 48 Abs. 2 GG folgt nicht, dass Abgeordnete anderer Parlamente etwa auf Länder, Kreis- und Kommunalebene, die wesentlicher Bestandteil der repräsentativen Demokratie in der Bundesrepublik Deutschland sind, 10 keinen Schutz vor Behinderungen genießen (soweit dort kein ausdrückliches Behinderungsverbot gesetzlich normiert ist). Vielmehr greift dort, wo kein Gesetz zum Schutz der Abgeordneten vor Behinderungen besteht, der Rechtsgrundsatz aus Art. 160 WRV ein, der auch unabhängig von seiner heutigen Geltung (sei es als einfaches Gesetz oder als fortgeltender Verfassungsgrundsatz) als allgemeiner Rechtsgrundsatz des Verfassungsrechts eines demokratischen Gemeinwesens besteht (*LAG Düsseld.* 7.1.1966 AP Nr. 2 zu Art. 48 GG).

B. Kündigungsschutz für Wahlbewerber und Mitglieder des Deutschen Bundestages

I. Vorschriften

11 Grundgesetz für die Bundesrepublik Deutschland

Vom 23. Mai 1949 (BGBl. I S. 1), zuletzt geändert durch Art. 1 und 2 S. 2 Gesetz vom 29. 9. 2020 (BGBl. I 2048).

Art. 48 GG
Ansprüche der Abgeordneten

(1) Wer sich um einen Sitz im Bundestage bewirbt, hat Anspruch auf den zur Vorbereitung seiner Wahl erforderlichen Urlaub.

(2) ¹Niemand darf gehindert werden, das Amt eines Abgeordneten zu übernehmen und auszuüben. ²Eine Kündigung oder Entlassung aus diesem Grunde ist unzulässig.

(3) ¹Die Abgeordneten haben Anspruch auf eine angemessene, ihre Unabhängigkeit sichernde Entschädigung. ²Sie haben das Recht der freien Benutzung aller staatlichen Verkehrsmittel. ³Das Nähere regelt ein Bundesgesetz.

12 Gesetz über die Rechtsverhältnisse der Mitglieder des Deutschen Bundestages (Abgeordnetengesetz – AbgG)

Vom 18. Februar 1977 (BGBl. I S. 297) idF der Bek. vom 21. Februar 1996 (BGBl. I S. 326), zuletzt geändert durch Art. 1 Gesetz vom 9. 4 2021 (BGBl. I S. 741).

§ 2 AbgG
Schutz der freien Mandatsausübung

(1) Niemand darf gehindert werden, sich um ein Mandat im Bundestag zu bewerben, es zu erwerben, anzunehmen oder auszuüben.

(2) Benachteiligungen am Arbeitsplatz im Zusammenhang mit der Bewerbung um ein Mandat sowie dem Erwerb, der Annahme und Ausübung eines Mandats sind unzulässig.

(3) ¹Eine Kündigung oder Entlassung wegen des Erwerbs, der Annahme oder Ausübung des Mandats ist unzulässig. ²Eine Kündigung ist im Übrigen nur aus wichtigem Grunde zulässig. ³Der Kündigungsschutz beginnt mit der Aufstellung des Bewerbers durch das dafür zuständige Organ der Partei oder mit der Einreichung des Wahlvorschlags. ⁴Er gilt ein Jahr nach Beendigung des Mandats fort.

§ 3 AbgG
Wahlvorbereitungsurlaub

(1) ¹Einem Bewerber um einen Sitz im Bundestag ist zur Vorbereitung seiner Wahl innerhalb der letzten zwei Monate vor dem Wahltag auf Antrag Urlaub von bis zu zwei Monaten zu gewähren. ²Ein Anspruch auf Fortzahlung seiner Bezüge besteht für die Dauer der Beurlaubung nicht.

§ 4 AbgG
Berufs- und Betriebszeiten

(1) Die Zeit der Mitgliedschaft im Bundestag ist nach Beendigung des Mandats auf die Berufs- und Betriebszugehörigkeit anzurechnen.

(2) Im Rahmen einer bestehenden betrieblichen oder überbetrieblichen Altersversorgung wird die Anrechnung nach Absatz 1 nur im Hinblick auf die Erfüllung der Unverfallbarkeitsfristen des § 1 des Gesetzes zur Verbesserung der betrieblichen Altersversorgung vorgenommen.

Für Angehörige des öffentlichen Dienstes, die in den Bundestag gewählt werden, ist die berufliche Rechtsstellung gesondert geregelt worden. Das Gesetz geht a priori nur vom Ruhen der Rechte und Pflichten aus dem öffentlich-rechtlichen Dienstverhältnis aus. Das vormals geltende Gesetz über die Rechtsstellung der in den Deutschen Bundestag gewählten Angehörigen des öffentlichen Dienstes vom 4.8.1953 (Nr. 2030 - 3 des BGBl. III) wurde abgelöst durch den mit gleicher Formulierung betitelten Dritten Abschnitt des Abgeordnetengesetzes vom 18.2.1977 (s. Rdn 12). Die Beschränkung der entsprechenden Anwendung der §§ 5, 6 und 7 Abs. 1-4 AbgG auf **Angestellte** (§ 8 Abs. 3 AbgG) erscheint unsachgemäß und bedenklich gegenüber Arbeitern im öffentlichen Dienst angesichts des Gleichbehandlungsgrundsatzes. In Hessen zB sind die Arbeiter ausdrücklich in den Geltungsbereich der Vorschriften über das Ruhen der Rechte und Pflichten aus einem öffentlich-rechtlichen Dienstverhältnis (§ 30 HessAbgG), Wiederverwendung nach Beendigung des Mandats (§ 32 HessAbgG), Dienstzeiten im öffentlichen Dienst (§ 33 HessAbgG), Entlassung (§ 34 HessAbgG), das Beförderungsverbot (§ 35 HessAbgG) u. ä. miteinbezogen (§ 37 Abs. 1 HessAbgG). Inhaltlich weitgehend übereinstimmende Vorschriften wie in dem nachstehenden Abgeordnetengesetz betreffend Angehörige des öffentlichen Dienstes befinden sich in den Abgeordnetengesetzen der einzelnen Bundesländer. Zu Inkompatibilitätsregelungen s. a. Rdn 54.

Dritter Abschnitt
Rechtsstellung der in den Bundestag gewählten Angehörigen des öffentlichen Dienstes

§ 5 AbgG
Ruhen der Rechte und Pflichten aus einem öffentlich-rechtlichen Dienstverhältnis

(1) [1]Die Rechte und Pflichten aus dem Dienstverhältnis eines in den Bundestag gewählten Beamten mit Dienstbezügen ruhen vom Tage der Feststellung des Bundeswahlausschusses (§ 42 Abs. 2 Satz 1 des Bundeswahlgesetzes) oder der Annahme des Mandats für die Dauer der Mitgliedschaft mit Ausnahme der Pflicht zur Amtsverschwiegenheit und des Verbots der Annahme von Belohnungen und Geschenken. [2]Das gleiche gilt, wenn ein Mitglied des Bundestages in ein solches Dienstverhältnis berufen wird, von dem Tage an, mit dem seine Ernennung wirksam wird. [3]Der Beamte hat das Recht, seine Amts- oder Dienstbezeichnung mit dem Zusatz »außer Dienst« (»a. D.«) zu führen. [4]Bei unfallverletzten Beamten bleiben die Ansprüche auf das Heilverfahren und einen Unfallausgleich unberührt. [5]S. 1 gilt längstens bis zum Eintritt oder bis zur Versetzung in den Ruhestand.

(2) Für den in den einstweiligen Ruhestand versetzten Beamten gilt Absatz 1 längstens bis zum Eintritt oder bis zur Versetzung in den dauernden Ruhestand sinngemäß.

(3) [1]Einem in den Bundestag gewählten Beamten auf Widerruf im Vorbereitungsdienst ist auf seinen Antrag Urlaub ohne Anwärterbezüge zu gewähren. [2]Wird der Beamte nach Bestehen der Laufbahnprüfung zum Beamten auf Probe ernannt, so ruhen seine Rechte und Pflichten aus diesem Dienstverhältnis nach Absatz 1 von dem Tage an, mit dem die Ernennung wirksam wird.

§ 6 AbgG
Wiederverwendung nach Beendigung des Mandats

(1) [1]Nach der Beendigung der Mitgliedschaft im Bundestag ruhen die in dem Dienstverhältnis eines Beamten begründeten Rechte und Pflichten für längstens weitere sechs Monate. [2]Der Beamte ist auf seinen Antrag, der binnen drei Monaten seit der Beendigung der Mitgliedschaft zu stellen ist, spätestens drei Monate nach Antragstellung wieder in das frühere Dienstverhältnis zurückzuführen. [3]Das ihm zu übertragende Amt muß derselben oder einer gleichwertigen Laufbahn angehören wie das zuletzt bekleidete Amt und mit mindestens demselben Endgrundgehalt ausgestattet sein. [4]Vom Tage der Antragstellung an erhält er die Dienstbezüge des zuletzt bekleideten Amtes.

(2) ¹Stellt der Beamte nicht binnen drei Monaten seit der Beendigung der Mitgliedschaft im Bundestag einen Antrag nach Absatz 1, so ruhen die in dem Dienstverhältnis begründeten Rechte und Pflichten (§ 5 Abs. 1) weiter bis zum Eintritt oder bis zur Versetzung in den Ruhestand. ²Die oberste Dienstbehörde kann den Beamten jedoch, wenn er weder dem Bundestag mindestens zwei Wahlperioden angehört noch bei Beendigung der Mitgliedschaft im Bundestag das fünfundfünfzigste Lebensjahr vollendet hat, unter Übertragung eines Amtes im Sinne des Absatzes 1 S. 3 wieder in das frühere Dienstverhältnis zurückführen; lehnt der Beamte die Rückführung ab oder folgt er ihr nicht, so ist er entlassen. ³S. 2 ist nicht anzuwenden, wenn der Beamte während der Dauer seiner Mitgliedschaft im Bundestag Mitglied der Bundesregierung gewesen ist.

§ 7 AbgG
Dienstzeiten im öffentlichen Dienst

(1) Abweichend von § 27 Abs. 3 Satz 3 des Bundesbesoldungsgesetzes und unbeschadet des § 23 Abs. 5 verzögert die Zeit der Mitgliedschaft im Bundestag den Aufstieg eines Bundesbeamten in den Grundgehaltsstufen in dem Umfang, der sich bei entsprechender Anwendung des § 28 Abs. 1 und 2 des Bundesbesoldungsgesetzes in der bis zum 30. Juni 2009 geltenden Fassung ergibt.

(2) Wird der Beamte nicht nach § 6 in das frühere Dienstverhältnis zurückgeführt, so wird das Besoldungsdienstalter um die Zeit nach Beendigung der Mitgliedschaft im Bundestag bis zum Eintritt des Versorgungsfalles hinausgeschoben. Wird der Bundesbeamte nicht nach § 6 in das frühere Dienstverhältnis zurückgeführt, verbleibt er bis zum Eintritt des Versorgungsfalles in der sich nach Absatz 1 ergebenden Stufe des Grundgehaltes.

(3) Die Zeit der Mitgliedschaft im Bundestag gilt unbeschadet der Regelung des § 23 Abs. 5 nicht als Dienstzeit im Sinne des Versorgungsrechts. Das gleiche gilt für die Zeit nach der Beendigung der Mitgliedschaft im Bundestag, wenn der Beamte nicht nach § 6 in das frühere Dienstverhältnis zurückgeführt wird.

(4) Nach Beendigung der Mitgliedschaft im Bundestag ist die Zeit der Mitgliedschaft auf laufbahnrechtliche Dienstzeiten, mit Ausnahme der Probezeit, anzurechnen.

(5) Nach Beendigung der Mitgliedschaft im Bundestag ist die Zeit der Mitgliedschaft auf Dienst- und Beschäftigungszeiten bei Arbeitnehmern des öffentlichen Dienstes anzurechnen; im Rahmen einer bestehenden zusätzlichen Alters- und Hinterbliebenenversorgung gilt dies nur im Hinblick auf Vorschriften, die die Anwartschaft oder den Anspruch dem Grunde nach regeln.

§ 8 AbgG
Beamte auf Zeit, Richter, Soldaten und Angestellte des öffentlichen Dienstes

(1) Die §§ 5 bis 7 gelten für Richter, Berufssoldaten und Soldaten auf Zeit entsprechend.

(2) Die Rechte und Pflichten aus dem Dienstverhältnis eines Soldaten auf Zeit ruhen längstens für die Dauer der Verpflichtungszeit und eines Beamten auf Zeit längstens für die Zeit, für die er in das Beamtenverhältnis berufen worden ist.

(3) ¹Absatz 2 und die Vorschriften der §§ 5, 6 und 7 Abs. 1 bis 4 gelten sinngemäß für Angestellte des öffentlichen Dienstes. ²Öffentlicher Dienst im Sinne dieser Vorschrift ist die Tätigkeit im Dienste des Bundes, eines Landes, einer Gemeinde oder anderer Körperschaften, Anstalten oder Stiftungen des öffentlichen Rechts oder ihrer Verbände mit Ausnahme der öffentlich-rechtlichen Religionsgesellschaften und ihrer Verbände.

§ 9 AbgG
Hochschullehrer

(1) Für die Rechtsstellung der in den Deutschen Bundestag gewählten Hochschullehrer im Sinne des § 42 des Hochschulrahmengesetzes findet § 6 mit der Maßgabe Anwendung, daß sie in ihrem bisherigen Amt an der gleichen Hochschule wiederverwendet werden müssen.

(2) ¹Hochschullehrer können eine Tätigkeit in Forschung und Lehre sowie die Betreuung von Doktoranden und Habilitanden während der Mitgliedschaft im Bundestag wahrnehmen. ²Die Vergütung für diese Tätigkeit ist entsprechend den tatsächlich erbrachten Leistungen zu bemessen. ³Die Vergütung darf 25 vom Hundert der Bezüge, die aus dem Dienstverhältnis als Hochschullehrer zu zahlen wären, nicht übersteigen. ⁴Im übrigen sind die für Bundesbeamte geltenden Vorschriften entsprechend anzuwenden.

§ 10 AbgG
Wahlbeamte auf Zeit

Die Länder können durch Gesetz für Wahlbeamte auf Zeit von § 6 abweichende Regelungen treffen.

Gesetz über die Wahl des Bundespräsidenten durch die Bundesversammlung

Vom 25. April 1959 (BGBl. I S. 230), zuletzt geändert durch Gesetz vom 12. Juli 2007 (BGBl. I S. 1326).

§ 7 BPräsWahlG

¹*Artikel 46, 47, 48 Abs. 2 des Grundgesetzes finden auf die Mitglieder der Bundesversammlung entsprechende Anwendung.* ²*Für Immunitätsangelegenheiten ist der Bundestag zuständig; die vom Bundestag oder seinem zuständigen Ausschuss erlassenen Regelungen in Immunitätsangelegenheiten gelten entsprechend.* ³*Die Mitglieder sind an Aufträge und Weisungen nicht gebunden.*

II. Entstehungsgeschichte und Funktion des Art. 48 Abs. 2 GG sowie des Abgeordnetengesetzes

1. Entstehungsgeschichte

a) Vorkonstitutionelles Recht

Während die Reichsverfassung vor 1871 noch über die arbeitsrechtliche Stellung der Abgeordneten schwieg, wurde durch die Badische Verfassung vom 21.3.1919 zum ersten Mal in Deutschland ein Mandatsschutz geschaffen, wonach »niemand, insbes. kein Beamter, Angestellter oder Arbeiter an der Übernahme oder Ausübung des Landtagsmandats gehindert und deshalb entlassen noch ihm hier wegen gekündigt werden darf« (*BGH* 2.5.1985 – III ZR 4/84, NJW 1985, 2635). Danach begründete die Weimarer Reichsverfassung von 1919 erstmals einen arbeitsrechtlichen Schutz für die in den Reichstag gewählten Abgeordneten. Allerdings blieb die arbeitsrechtliche Sonderstellung der Arbeitnehmer, wie sie sich in Art. 160 WRV (Rdn 9), dem unmittelbare Drittwirkung zukam, zeigt, weit hinter der dienstrechtlichen Absicherung der Angehörigen des öffentlichen Dienstes nach Art. 39 WRV zurück. Bedurften danach Beamte und Angehörige der Wehrmacht zur Ausübung ihres Amtes keines Urlaubs und erhielten ihre Bezüge ungekürzt weitergezahlt, so wurde den in einem privatrechtlichen Arbeitsverhältnis stehenden Beschäftigten lediglich die erforderliche Freizeit zugestanden. Entgegen *Kühn* (PreußVerwBl. 1922, 224 f.), wonach die Tätigkeit als Abgeordneter keinen Kündigungsgrund schaffe, entschied das RAG in der grundlegenden Entscheidung vom 3.12.1930 noch: »Seinem klaren Wortlaut nach soll Art. 160 **allen in einem Dienstverhältnis stehenden Arbeitern und Angestellten**, dh solange sie in ihm stehen, die zur Ausübung staatsbürgerlicher Rechte und etwaiger ihnen übertragener öffentlicher Ehrenämter erforderliche Freizeit, nicht aber den Fortbestand des Dienstverhältnisses selbst und den Ausschluss der vertraglich ausbedungenen Kündigung für die Dauer des Ehrenamtes gewährleisten«.

b) Beratungen zum Grundgesetz

Die Entwicklung des Abgeordnetenmandats vom Ehrenamt zu einer immer stärker expandierenden Beschäftigung sowie das Bemühen um Chancengleichheit der Parlamentarier hinsichtlich der beruflichen Risiken bei ihrer Mandatsausübung waren die Ausgangspunkte für die Diskussion um die Ausdehnung der für die Angehörigen des öffentlichen Dienstes aus der Weimarer Reichsverfassung bekannten Schutzregelungen auf die in einem privatrechtlichen Arbeitsverhältnis stehenden Arbeitnehmer. Im Mittelpunkt der Auseinandersetzungen im Herrenchiemseer Verfassungskonvent und in den Ausschüssen des Parlamentarischen Rates um den unmittelbaren Schutz der arbeitsrechtlichen Stellung durch den vorgesehenen Art. 48 Abs. 2 GG – die direkte Auswirkung auf das Arbeitsrecht ist gewollt (Nachweise auf Protokolle bei *Plüm* S. 13, FN 40) – stand die Frage, welche Belastungen durch die Schutznorm (zB Kündigungsverbot) dem Arbeitgeber zugemutet werden können.

18 Zunächst war in Art. 62 Abs. 1 HchE die Unkündbarkeit der Arbeitsstelle eines Abgeordneten nur für Angestellte des öffentlichen Dienstes gesichert (HchE, kommentierender Teil zu Art. 62, S. 87). Der dem jetzt geltenden Text des Art. 48 Abs. 2 GG zugrunde liegende Inhalt, der auch auf Art. 69 Badische Verfassung zurückgeht, entsprang einem Vorschlag der Fraktion der CDU/CSU, wonach der Kündigungs- und Entlassungsschutz den Angestellten des öffentlichen Dienstes ebenso zustehen soll wie den Arbeitnehmern privatrechtlicher Arbeitsverhältnisse (vgl. zur Entstehungsgeschichte: *v. Doemming/Füsslein/Malz* Entstehungsgeschichte der Artikel des Grundgesetzes, Jahrbuch des öffentlichen Rechts der Gegenwart, hrsg. von *Leibholz/v. Mangoldt* NF Bd. 1 S. 375 ff.). Art. 69 Badische Verfassung vom 22. Mai 1947 lautet:

Art. 69 Badische Verfassung

»*Niemand, insbesondere kein Beamter, Angestellter oder Arbeiter, darf an der Übernahme oder Ausübung des Mandats im Landtag gehindert oder deshalb entlassen, noch darf ihm hierwegen gekündigt werden.*«

c) Abgeordnetengesetz

19 Mit dem erklärten Ziel, die Rechtsstellung der **Mitglieder des Deutschen Bundestages** umfassend neu zu regeln und alle die Abgeordneten betreffenden Bestimmungen in einem Gesetz zusammenzufassen, hat der Deutsche Bundestag am 10.12.1975 auf Antrag der Fraktionen der SPD, CDU/CSU und der FDP den 2. Sonderausschuss eingesetzt mit dem Auftrag, einen Gesetzentwurf zur Rechtsstellung der Mitglieder des Deutschen Bundestages und zur Ausführung des Art. 48 GG zu erarbeiten (vgl. Materialien zum Gesetzentwurf BT-Drucks. VII/5525 v. 30.6.1976 sowie die Ausschuss-Drucks. Nr. 46 des 2. Sonderausschusses v. 23.6.1976 in BT-Drucks. VII/5531). In den Entwurf gingen ein die Grundsätze des sog. Diätenurteils des *BVerfG* vom 5.11.1975 (NJW 1975, 2331) zur Entschädigung der Mitglieder des Deutschen Bundestages sowie die Folgerungen aus dem »egalitären Gleichheitssatz« (*BVerfG* 5.11.1975 NJW 1975, 2331 mwN), insbesondere auch die einheitliche Regelung des Wahlvorbereitungsurlaubs sowie die Erweiterung des Kündigungsschutzes als Ausprägungen der Chancengleichheit und des Schutzes der freien Mandatsausübung.

20 Soweit es um die Regelung des Schutzes der freien Mandatsausübung ging, ist der 2. Sonderausschuss den Anregungen des Ausschusses für Arbeit und Sozialordnung auf Ausdehnung des Kündigungsschutzes gem. § 2 Abs. 3 AbgG auf nicht gewählte Bewerber sowie die Anwendung der Grundsätze gem. Abs. 1 auf Angehörige freier Berufe und andere Selbständige nicht gefolgt (vgl. Bericht und Antrag des 2. Sonderausschusses v. 30.11.1976 BT-Drucks. VII/5903, S. 9). Die schließlich vom Bundestag verabschiedete Fassung des Abgeordnetengesetzes vom 18.2.1977 ist hinsichtlich des § 2 wortidentisch mit den Beschlüssen des 2. Sonderausschusses. Das Abgeordnetengesetz trat unbeschadet der Regelungen in den Abs. 2 und 3 des § 46 am 1.4.1977 in Kraft.

21 § 2 Abs. 1 AbgG wiederholt, die Absätze 2 und 3 konkretisieren Art. 48 Abs. 2 GG.

2. Funktion des arbeitsrechtlichen Schutzes

22 Als Staatsform der Bundesrepublik Deutschland sieht Art. 20 Abs. 2 GG die **repräsentative Demokratie** vor, dh das deutsche Volk übt seine politische Gewalt in Wahlen zum Bundestag aus, wo die **Abgeordneten im freien Mandat** als handelndes Subjekt zur Wahrnehmung der Staatsgewalt aufgerufen sind. Die Mittelbarkeit der Demokratie und die weitgehende Unabhängigkeit des Abgeordneten aufgrund des freien Mandats verdeutlichen die zentrale Stellung des Abgeordneten in unserem demokratischen Staatsgefüge. Der Begriff des Mandats beschreibt das auf einer Wahl beruhende Amt eines Abgeordneten mit Sitz und Stimme im Parlament, das in der parlamentarischen Demokratie durch die zeitliche Begrenzung des durch die Wahl erteilten Auftrags zur Vertretung gekennzeichnet ist (*BAG* 18.5.2017 – 2 AZR 79/16, EzA § 626 BGB 2002 Unkündbarkeit Nr. 27).

23 Setzten sich im 19. und zu Beginn des 20. Jahrhunderts die ersten deutschen Parlamente hauptsächlich aus Honoratioren, die sich aus ihrem Privatvermögen oder von der Arbeit anderer ernährten, zusammen, so befinden sich demgegenüber in den Volksvertretungen der Weimarer Republik und

in der Bundesrepublik Deutschland mehr Abgeordnete, die sonst als Arbeitnehmer tätig sind. Dieser Gruppe von Abgeordneten gilt der Schutzgedanke des Art. 48 Abs. 2 GG nebst des § 2 AbgG; denn die Bewerbung um ein Bundestagsmandat und seine Ausübung bergen für den abhängig Beschäftigten wesentlich größere Risiken bzgl. seiner beruflichen Stellung als für wirtschaftlich und beruflich abgesicherte Parlamentarier.

Aus Art. 48 Abs. 2 GG sowie § 2 AbgG wird das Bemühen erkennbar, die Chancengleichheit 24 bei der Bewerbung um ein Mandat und bei seiner Ausübung zu sichern. Dem Grundgesetz liegt nach der Rechtsprechung des BVerfG zu den Abgeordneten-Diäten (s. Rdn 1) grds. ein privilegienfeindliches Demokratieverständnis zugrunde, was sich im »**egalitären Gleichheitssatz**« ausprägt: Alle Mitglieder des Parlaments sind einander formal gleichgestellt. Daraus folgt, dass jeder ohne Rücksicht auf soziale Unterschiede die gleiche Chance haben muss, Mitglied des Parlaments zu werden.

Art. 48 Abs. 2 GG als **besonderes Statusrecht** sowie § 2 AbgG als dessen konkrete gesetzliche Ausprägung sollen sicherstellen, dass zum einen die berufliche Stellung den Staatsbürger nicht von der politischen Beteiligung und der Wahrnehmung parlamentarischer Aufgaben abhält (Ausgestaltung des passiven Wahlrechts) und zum anderen sich das Abhängigkeitsverhältnis des Arbeitnehmers vom Arbeitgeber nicht nachteilig auf die Wahrnehmung staatsbürgerlicher Rechte auswirkt. 25

III. Erläuterungen zu Art. 48 Abs. 2 GG und § 2 AbgG

1. Geltungsbereich

a) Persönlicher Geltungsbereich

Art. 48 GG und das Abgeordnetengesetz gelten allein für **Bundestagsabgeordnete**. Mitglieder anderer Parlamente, etwa auf Länder-, Kreis- und Kommunalebene, können sich auf diese Vorschriften nicht berufen. Diese Beschränkung auf Bundestagsmandate stellt einen Unterschied zu Art. 39 WRV dar, der sich als vergleichbare Regelung – allerdings nur für Beamte und Angehörige der Wehrmacht – sowohl auf Reichstags- wie auch auf Landtagsmandate bezog. Allerdings sind **landesgesetzliche Regelungen direkt an Art. 48 GG zu messen** (*BVerfGE* 40, 296, 319; *BAG* 30.6.1994 EzA Art. 48 GG Nr. 1); denn die Bestimmungen des Art. 48 GG gehören zu den Grundsätzen der Demokratie, denen die verfassungsmäßige Ordnung in den Ländern entsprechen muss (*BAG* 30.6.1994 EzA Art. 48 GG Nr. 1; Bonner Kommentar-*v. Arnim* Art. 48 GG Rn 11 f.). 26

Wahlbewerber auf ein Bundestagsmandat haben zunächst Anspruch auf Wahlvorbereitungsurlaub (Art. 48 Abs. 1 GG und § 3 AbgG). Sie genießen aber auch den Schutz vor Behinderungen (§ 2 Abs. 1 AbgG) und Benachteiligungen am Arbeitsplatz (§ 2 Abs. 2 AbgG). Diese Ausdehnung des umfassenden Schutzes der Mandatsträger auf die Wahlbewerber entspricht der Zielsetzung des Art. 48 GG – der hier auch im Zusammenhang mit den Grundsätzen in Art. 38 GG zu sehen ist – und wurde erst durch § 2 AbgG eindeutig festgelegt. 27

Wahlbewerber ist derjenige, der seine ernste Absicht zur Teilnahme an der Bundestagswahl glaubhaft machen und (auf Verlangen dem Arbeitgeber) nachweisen kann. »Bewerbung« ist formal zu bestimmen und liegt jedenfalls dann vor, wenn der Kandidat als Parteibewerber nach Maßgabe des § 21 BWG aufgestellt ist und der Wahlvorschlag von der Partei (oder wenn sich der Kandidat zB aus einer Wählergruppe bewirbt nach Maßgabe des § 20 BWG von Wahlberechtigten) dem Kreisbzw. Landeswahlleiter gem. § 19 BWG eingereicht ist (Bonner Kommentar-*Schneider* Art. 48 II 1b; *Hamann/Lenz* Art. 48 B 1). Die ernste Absicht zur Kandidatur kann aber auch schon früher nachgewiesen werden, nämlich wenn konkrete Aussichten bestehen, von einer Partei aufgestellt zu werden (zB Aufnahme in die Bewerberliste der Partei) und der Zeitpunkt des Wahltermins zumindest annähernd feststeht (*v. Mangoldt/Klein* Art. 48 III 2; *Plüm* S. 171). 28

Wahlbewerber können Direktkandidaten oder Listenbewerber sein. Der Listenplatz ist für die Qualifizierung als Wahlbewerber unerheblich, er unterfällt dem Schutz auch dann, wenn er weit hinten rangiert, und die Liste mangels genügender Wähler nicht berücksichtigt worden ist; denn 29 der Erfolg gehört nicht zum Wesensmerkmal einer Partei und eines von ihr aufgestellten Wahlbewerbers (*LAG Frankf.* 2.9.1975 NJW 1976, 1655).

30 Der Wirksamkeit der Wahlbewerbung steht nicht entgegen, dass die Übereinstimmung der Ziele einer Partei mit den Grundsätzen der freiheitlichen demokratischen Grundordnung in Zweifel gezogen wird. Solange die Verfassungswidrigkeit der Partei gem. Art. 21 GG nicht vom BVerfG festgestellt worden ist, kann jeder **Wahlbewerber** den verfassungsrechtlichen Schutz vor Behinderungen und Benachteiligungen am Arbeitsplatz beanspruchen. Sehr bedenklich ist insofern die Rechtsprechung des BVerfG sowie des BVerwG (*BVerwG* 26.5.1981 DPersV 1983, 14, 18), wonach die Kandidatur für eine nicht verbotene kommunistische Partei bei den Kommunalwahlen bei der Begründung herangezogen wird, um eine Weiterbeschäftigung gem. § 9 BPersVG zu versagen. Diese Rechtsprechung steht im Widerspruch zu § 2 Abs. 2 AbgG. Ebenso wenig kann die Rechtsprechung des *BVerwG* (10.5.1984 BVerwGE 76, 157) überzeugen, nach der ein Beamter durch die Übernahme von Kandidaturen für eine nicht verbotene kommunistische Partei gegen seine politischen Treuepflichten verstößt, unabhängig davon, ob er nach seiner inneren Einstellung das Programm und die Ziele der Partei in ihrer Gesamtheit oder nur insoweit billigt, als er sie für verfassungskonform hält.

31 Nicht zu den Wahlbewerbern zählt der sog. **Ersatzkandidat**, der den Status des Wahlbewerbers erst erhält, wenn er wegen des Todes oder des Verlustes der Wählbarkeit des Parlamentsbewerbers an dessen Stelle tritt (*LAG Frankf.* 2.9.1975 NJW 1976, 1655).

32 Die Schutzregelungen des Art. 48 Abs. 2 GG und § 2 AbgG stehen **jedem** zu, der sich um ein Mandat bewirbt oder es ausübt. Angesprochen sind in erster Linie **Arbeitnehmer** (Arbeiter und Angestellte), deren Arbeitsverhältnis gerade durch die Weisungsgebundenheit gegenüber dem Arbeitgeber gekennzeichnet ist und deshalb im Rahmen des Abgeordnetenmandats des Schutzes gem. Art. 48 Abs. 2 GG und § 2 AbgG bedarf. **Arbeitnehmerähnliche Personen** wie Heimarbeiter und Hausgewerbetreibende iSd § 2 HAG, arbeitnehmerähnliche Handelsvertreter (§ 84 Abs. 2 HGB) sowie »freie Mitarbeiter«, die in einem in § 12a TVG beschriebenen Verhältnis wirtschaftlicher und sozialer Abhängigkeit stehen, sind ebenso schutzwürdig und in den Geltungsbereich des Art. 48 Abs. 2 GG und § 2 AbgG mit einzubeziehen (*Plüm* S. 26–28).

33 Unerheblich für die Anwendbarkeit des Art. 48 Abs. 2 GG und § 2 AbgG ist, ob es sich um Arbeitnehmer **im öffentlichen Dienst oder in der privaten Wirtschaft** handelt. Allerdings wird den Angestellten des öffentlichen Dienstes insofern gesetzlich ein Sonderstatus eingeräumt, als auf sie ein Teil der sonst nur für die in den Bundestag gewählten Beamten geltenden Vorschriften der §§ 5, 6 und 7 Abs. 1–4 AbgG (s. Rdn 13 f.) angewendet werden: Vom Tage der Annahme der Wahl in den Bundestag ruhen die Rechte und Pflichten aus dem Dienstverhältnis (§ 5 Abs. 1 AbgG) und nach der Beendigung der Mitgliedschaft im Bundestag noch weiter für längstens sechs Monate, innerhalb derer der Angestellte auf Antrag wieder in das frühere Dienstverhältnis zurückzuführen ist (§ 6 Abs. 1 AbgG). Daneben kann der Angestellte des öffentlichen Dienstes sich auch auf den Schutz der freien Mandatsausübung des Art. 48 Abs. 2 GG und § 2 AbgG berufen. Dieser absolute Schutz der Abgeordneten und Wahlbewerber, die Angestellte des öffentlichen Dienstes sind, gegen Entlassungen und Kündigungen ist verfassungsrechtlich nicht unbedenklich im Hinblick auf die Besserstellung gegenüber den Arbeitnehmern der Privatwirtschaft (*Zinn/Stein* HessLV, Art. 76 Anm. 4c). Ein **Zivildienstleistender** gem. dem ZDG (nach § 1a ZDG ist die Verpflichtung zur Ableistung des Zivildienstes ausgesetzt, Art. 6 Abs. 5 des Gesetzes v. 20.6.2011, BGBl. I Sa. 1114) hatte im Falle einer erfolglosen Kandidatur um einen Sitz im Bundestag, in einem Landesparlament oder im Europäischen Parlament, für die er aus dem Zivildienst entlassen worden war, einer erneuten Einberufung für die noch nicht abgeleistete Restdienstzeit Folge zu leisten, sofern zum Abschluss des Wahlvorgangs die allgemeinen Voraussetzungen für die Einberufung noch erfüllt war und keine Zivildienstausnahme vorlag (*VG München* 20.12.1983 NJW 1985, 215).

34 Das Behinderungsverbot des Art. 48 Abs. 2 GG und § 2 Abs. 1 AbgG wirkt nicht nur zugunsten jedes Bewerbers bzw. Mandatsträgers, sondern auch gegenüber jedermann (*BGH* 6.5.1965 NJW

1965, 1958 f.). Damit sind nicht nur die Arbeitgeber abhängig Beschäftigter betroffen, sondern auch die Vertragspartner von Gesellschaftsverträgen; denn der Behinderungsschutz geht grds. jeder vertraglichen Bindung vor (*BGH* 6.5.1965 NJW 1965, 1958 f.; so auch *Spreng/Birn/Feuchte* Bad.-Württ. LV Art. 29, 3, S. 140; *Feuchte* AöR 1986, 358; vgl. auch *Dobberahn* NZA 1994 397; *Welti* S. 104 ff.; s. a. Rdn 49, 93; krit. zu BGH *Kühne* ZPart 1986, 347; aA APS-*Preis* Art. 48 GG Rn 7, 11).

b) Zeitlicher Geltungsbereich

Der Schutz vor Behinderungen und Benachteiligungen am Arbeitsplatz, insbes. Kündigung und 35
Entlassung, beginnt mit dem Datum der Bewerbung und endet für gewählte Parlamentsabgeordnete mit Ablauf eines Jahres nach Beendigung der Mitgliedschaft im Bundestag (§ 2 AbgG). Mit der Ausdehnung der zeitlichen Geltung auf ein Jahr nach Beendigung des Mandats wird der Kündigungsschutz durch § 2 Abs. 3 S. 4 AbgG erweitert gegenüber Art. 48 Abs. 2 GG. Die Regelung des § 2 Abs. 3 S. 4 AbgG entspricht im Grundsatz dem Kündigungsschutz für Mitglieder eines Betriebsrates oder einer Personalvertretung nach § 15 Abs. 1 KSchG. Für das Datum des Beginns des Schutzes ist nicht notwendig, dass der Arbeitnehmer den Arbeitgeber während des Bestehens des Arbeitsverhältnisses von seiner Bewerbung selbst informiert. Eine **Mitteilungspflicht** über eine beabsichtigte oder bestehende Kandidatur oder die Wahrnehmung eines Abgeordnetenamtes besteht auch bei Abschluss eines Arbeitsverhältnisses nicht. Auf ein ausdrückliches Befragen nach der Arbeitsaufnahme oder bei der Einstellung braucht der Arbeitnehmer nur Auskunft zu geben, wenn das Arbeitsverhältnis mit einer besonderen Vertrauensstellung verbunden ist.

Nicht gewählte Parlamentsbewerber können sich vom Datum ihrer Wahlniederlage an nicht mehr 36
auf den Schutz gem. Art. 48 Abs. 2 GG und § 2 AbgG berufen; denn das Ende einer Kandidatur ist nicht mit dem Mandatsende gem. § 2 Abs. 3 S. 4 AbgG gleichzusetzen (*BAG* 18.5.2017 – 2 AZR 79/16, EzA § 626 BGB 2002 Unkündbarkeit Nr. 27). Eine zeitlich begrenzte Weitergeltung des Kündigungsschutzes gem. § 2 Abs. 3 AbgG (wie etwa in § 15 KSchG) ist nach dem Wortlaut des Gesetzes nicht vorgesehen und wird ebenso wenig vom Normzweck gedeckt; denn der erfolglos gebliebene Wahlbewerber ist angesichts eines relativ kurzfristigen Wahlvorbereitungsurlaubes von bis zu zwei Monaten gem. § 3 AbgG nicht den gleichen beruflichen Risiken ausgesetzt wie ein Mandatsträger, der für die längere Zeitspanne des Mandats vom Arbeitsplatz abwesend ist und dadurch typischerweise berufsspezifische Einbußen und die Lockerung der sozialen Bindungen zu gewärtigen hat. In den Beratungen im 2. Sonderausschuss zum Entwurf des Abgeordnetengesetzes ist der Empfehlung des Ausschusses für Arbeit und Soziales, den Kündigungsschutz des Abs. 3 für sechs Monate nach dem Wahltag auch auf nicht gewählte Bewerber auszudehnen, nicht gefolgt worden, da eine solche Erweiterung des Kündigungsschutzes als nicht geboten und als Überschreitung des Regelungsbereiches des Abgeordnetengesetzes angesehen wurde (Bericht und Antrag des 2. Sonderausschusses v. 30.11.1976 in BT-Drucks. VII/5903, S. 9). Folglich kann sich der nicht gewählte Parlamentsbewerber vom Datum der Wahlniederlage an nur noch auf den allgemeinen Kündigungsschutz berufen. Da aber die Wahlvorbereitungen mit dem Wahltag abgeschlossen sind und die Versäumnisse der Arbeitspflichten des Arbeitnehmers im Zusammenhang mit seiner Wahlbewerbung nicht mehr andauern, gibt es jedenfalls keine Kündigungsgründe für den Arbeitgeber, die sich auf die Wahlbewerbung beziehen.

c) Sachlicher Geltungsbereich

Das Behinderungsverbot des Art. 48 Abs. 2 GG und § 2 Abs. 1 AbgG als subjektives Recht wirkt 37
zunächst zugunsten jedes Bewerbers bzw. Mandatsträgers und gegenüber jedermann. Wiewohl ursprünglich die Grundsätze des Mandatsschutzes auf abhängig Beschäftigte gerichtet war (s. Rdn 16 ff.; *BGH* 2.5.1985 – III ZR 4/84, NJW 1985, 2635), wird durch die Regelungen gem. Art. 48 Abs. 2 GG und § 2 Abs. 2 AbgG grds. **jede vertragliche Bindung**, die irgendwelchen Zwang oder Druck bei der Bewerbung oder Ausübung eines Mandats auf den Abgeordneten ausübt, angesprochen. Art. 48 Abs. 2 GG geht jeder vertraglichen Bindung vor. Es handelt sich bei

dieser Vorschrift um ein gesetzliches Verbot iSd § 134 BGB, das nach der Rechtsprechung des *BGH* (6.5.1965 NJW 1965, 1958 f.) uneingeschränkt in allen Bereichen des Rechtslebens gilt, insbes. auch in der Streitsache beim BGH, bei **gesellschaftsrechtlichen Vertragsverhältnissen** zwischen den Gesellschaftern, wenn der Abgeordnete nach dem Gesellschaftsvertrag verpflichtet ist, seine Arbeitskraft ausschließlich der Geschäftsführung zu widmen. Die Kündigung einer Rechtsanwalts-Sozietät, wenn der Sozius sich um ein Mandat als (Landtags-) Abgeordneter bewirbt oder dieses ausübt, hält der BGH nach Abwägung des Grundsatzes des Mandatsschutzes einerseits und der Freiheit der Berufsausübung des Partners des Abgeordneten andererseits hingegen für zulässig (*BGH* 2.5.1985 – III ZR 4/84, NJW 1985, 2635 mwN str., krit. Austermann/Schmahl-*Welti* § 2 AbgG Rn 22; s.a. Rdn 93).

38 Diese grds. Feststellung bedarf der Differenzierung. Der absolute Behinderungsschutz findet dort seine Grenzen, wo **berechtigte Belange der Vertragspartner** etwa aus den Grundrechten unter Abwägung mit dem Grundsatz aus Art. 48 Abs. 2 S. 1 GG den Rechten aus dem Abgeordnetenstatus überzuordnen sind. Dazu können die Pflichten aus dem Arztvertrag mit dem Patienten bei akuter Gefahr für Leib und Leben zählen. Ebenso steht die Ehe und Familie unter dem besonderen Schutz des Grundgesetzes, so dass die Erfüllung ehelicher Pflichten nicht sinnvollerweise durch das Behinderungsverbot begrenzt werden kann.

2. Das Behinderungsverbot

39 Gegenüber der Formulierung im Art. 48 GG ist der Behinderungsschutz im § 2 Abs. 3 S. 3 AbgG auch auf Wahlbewerber ausgedehnt worden. »Gehindert werden« meint jede Art von Androhen und Inaussichtstellen sowie die Ausübung von Zwang, Druck oder anderen unfreiwilligen Einflussnahmen, die den geschützten Personenkreis in der Wahrnehmung seiner staatsbürgerlichen Rechte beeinträchtigen. Das Behinderungsverbot ist **weit auszulegen**. Im Rahmen von Arbeitsverhältnissen besteht – im Gegensatz zur Regelung in Art. 160 S. 1 WRV (Rdn 9) – keine Pflicht des Arbeitnehmers zur Rücksichtnahme auf betriebliche Belange (*Plüm* S. 29).

40 Im Einzelnen können unter das Behinderungsverbot fallen: Vertragliche Abreden, die den Abgeordneten oder Wahlbewerber bei der Wahrnehmung seiner staatsbürgerlichen Rechte beeinträchtigen, tatsächliche Behinderungen durch den Arbeitgeber, zB die Verweigerung der Freistellung. Soweit es sich um Behinderungen mit politischem Hintergrund handelt, zB durch innerparteiliche Maßnahmen im Zusammenhang mit der Meinungsbildung und der Aufstellung zur Kandidatur, fallen diese nicht unter das Verbot des Art. 48 Abs. 2 GG und § 2 Abs. 1 AbgG. Aber auch im Fall der Kündigung eines erfolglos gebliebenen Wahlbewerbers, die in einem Zusammenhang mit der Kandidatur steht, kann das allgemeine Behinderungsverbot gem. § 2 Abs. 2 AbgG Schutz bieten (*BAG* 18.5.2017 – 2 AZR 79/16, EzA § 626 BGB 2002 Unkündbarkeit Nr. 27).

3. Das Benachteiligungsverbot

41 Das Benachteiligungsverbot klingt zwar in Art. 48 Abs. 2 GG (»Kündigung oder Entlassung«) an, findet aber ausdrückliche Erwähnung erst in § 2 Abs. 2 AbgG. Benachteiligungen am Arbeitsplatz anlässlich der Bewerbung oder Ausübung des Mandats sind allgemein unzulässig, insbes. in Form der Kündigung oder Entlassung (Abs. 3). Der arbeitsrechtliche und beamtenrechtliche Schutz in § 2 Abs. 2 AbgG bezieht sich auf das **Androhen und Inaussichtstellen von Benachteiligungen** (*Maunz/Dürig-Klein* Art. 48 Rn 101; *Jarass/Pieroth* Art. 48 Rn 4). Die Beweislast obliegt grds. dem Arbeitnehmer, es sei denn, der Abgeordnete bzw. Wahlbewerber belegt seinen Vortrag mit Indizien. Dann trifft den Arbeitgeber die Beweislast (Austermann/Schmahl-*Welti* § 2 AbgG Rn 26).

42 Neben den schwerwiegendsten Benachteiligungen der Kündigung oder Entlassung (s. Rdn 44–53) sind auch Versetzungen, Umsetzungen, niedrigere Eingruppierung, die Verweigerung von betrieblichen Sozialleistungen und der Anrechnung der Zeit der Mitgliedschaft im Bundestag auf Berufs- und Betriebszugehörigkeit (§ 4 AbgG), die Nichtberücksichtigung bei arbeitsplatzbedingten Fortbildungsschulungen sowie andere arbeitsrechtliche oder tatsächliche Beeinträchtigungen wie zB die

ungünstige Einteilung der Arbeitszeit (Materialien, BT-Drucks. VII/5531, Erläut. zu § 4 Abs. 2, S. 15) oder die im Hinblick auf eine Mandatsübernahme vereinbarte Befristung des Arbeitsverhältnisses (*Welti* AuR 1998, 345) vom Benachteiligungsverbot erfasst, nicht jedoch ein Anspruch auf fiktive Fortschreibung der letzten Regelbeurteilung nach langjähriger Abgeordnetentätigkeit (*BVerwG* 16.12.2010 – 2 C 11/09, ZTR 2011, 327).

Das Benachteiligungsverbot soll den Arbeitnehmer, der parlamentarischen Aufgaben nachgeht, **vor** 43 **den spezifisch mandatsbedingten Nachteilen absichern.** Nicht dagegen intendiert der Schutzgedanke die allgemeine rechtliche Besserstellung gegenüber den anderen Arbeitnehmern, die nicht Abgeordnete sind. Art. 48 Abs. 2 GG und § 2 Abs. 2 AbgG sichern nur die normale Stellung im Betrieb. Maßnahmen, die allen Arbeitnehmern im Betrieb gelten und ihre Position verändern, müssen auch vom Mandatsträger hingenommen werden (s.a. Rdn 47). Keinen Verstoß gegen das Behinderungsverbot des Art. 48 Abs. 2 GG oder gegen das Willkürverbot des Art. 3 GG sieht das *SG Bln.* (23.4.1986 Breith. 1986, 711–715) darin, dass ein Anspruch auf **Arbeitslosengeld** aus der Wahrnehmung eines Bundestagsmandats nicht abgeleitet wird; denn das Bundestagsmandat ist weder eine beitragspflichtige Beschäftigung noch einer solchen gem. § 131 SGB III gleichgestellt.

4. Der Kündigungsschutz im Einzelnen

Nach Art. 48 Abs. 2 GG und § 2 Abs. 3 AbgG ist eine Kündigung oder Entlassung wegen der An- 44 nahme oder Ausübung des Mandats unzulässig. Die Begriffe der »**Kündigung**« und »**Entlassung**« (zu den Begriffen im Allgemeinen s. KR-*Rachor* § 1 KSchG Rdn 159 ff.; KR-*Weigand/Heinkel* § 17 KSchG Rdn 59 ff.) meinen jede unfreiwillige Beendigung eines Beschäftigungsverhältnisses. Es werden alle privat- und öffentlich-rechtlichen Beschäftigungsverhältnisse erfasst (s. Rdn 32, 33). Angehörige des öffentlichen Dienstes haben darüber hinaus noch einen Anspruch auf das Ruhen ihrer Hauptpflichten aus dem Dienstverhältnis während der Mitgliedschaft im Bundestag (§ 5 AbgG) und auf Wiederverwendung nach der Beendigung des Mandats (§ 6 AbgG).

Der Kündigungs- bzw. Entlassungsschutz bezieht sich nur auf Gründe, die mit der Bewerbung, An- 45 nahme oder Ausübung des Bundestagsmandats in Zusammenhang stehen. Dazu zählen auch **Kündigungsgründe**, die dem Wortlaut nach keinen Bezug zur Abgeordnetentätigkeit aufweisen, aber darin letztlich ihre Ursache haben. So ist der Arbeitgeber zur Kündigung nicht berechtigt, wenn der Arbeitnehmer im Rahmen seines Mandats längere Zeit dem Arbeitsplatz fernbleibt und dadurch innerbetriebliche Umdispositionen veranlasst werden (zB Neueinstellung eines anderen Arbeitnehmers oder gar die Wegrationalisierung des Arbeitsplatzes). Kündigungen aus anderen Gründen bleiben nach Maßgabe der allgemeinen Vorschriften möglich (*BAG* 30.6.1994 EzA Art. 48 GG Nr. 1).

Sowohl die **ordentliche** als auch die **außerordentliche** Kündigung sind ausgeschlossen, wenn die 46 Gründe mit dem Bundestagsmandat zusammenhängen (*BAG* 18.5.2017 – 2 AZR 79/16, EzA § 626 BGB 2002 Unkündbarkeit Nr. 27).

Eine Kündigung aus anderen Gründen als der Bewerbung, Annahme oder Ausübung des Bundes- 47 tagsmandats ist nur aus **wichtigem Grunde** zulässig (§ 2 Abs. 3 S. 2 AbgG). Nach allgemeinem Sprachgebrauch des Arbeitsrechts ist hierunter die außerordentliche Kündigung zu verstehen; denn der wichtige Grund findet sich ausschließlich in Vorschriften über die außerordentliche Kündigung wie zB § 626 Abs. 1 BGB, wobei das in dieser Vorschrift enthaltene Merkmal »ohne Einhaltung einer Kündigungsfrist« kein konstitutives Merkmal der außerordentlichen Kündigung darstellt (*LAG SchlH* 26.1.1989 – 6 Sa 460/88; so im Ergebnis auch MünchArbR-*Berkowski* § 160 Rn 16; aA APS-*Preis* Art. 48 GG Rn 12, 15). Damit wird durch das Abgeordnetengesetz der Kündigungsschutz des Art. 48 Abs. 2 GG erweitert. Bevor das Abgeordnetengesetz in Kraft trat, unterlag der Mandatsträger bei der nicht mandatsbedingten Kündigung den gleichen rechtlichen Voraussetzungen wie andere Arbeitnehmer. Der weitergehende Kündigungsschutz des Art. 48 Abs. 2 GG iVm § 2 Abs. 3 S. 2 AbgG privilegiert den Parlamentsbewerber bzw. Abgeordneten gegenüber den übrigen Arbeitnehmern. Damit ist eine **Änderungskündigung** ausgeschlossen, mit Hilfe derer der Arbeitnehmer niedriger eingestuft werden soll (vgl. Materialien, BT-Drucks. VII/5531, Erl. zu § 4

Abs. 3, S. 14), wie auch andere Kündigungsgründe, zB betriebsbedingte, die mehrere Arbeitnehmer treffen können, den Arbeitgeber nicht zur Kündigung berechtigen. Die wegen der Mandatsübernahme notwendig gewordenen betrieblichen Um- und Neudispositionen berechtigen den Arbeitgeber auch dann nicht zur Kündigung, wenn sie kostenträchtig sind, weil sie zumindest mittelbar mandatsbedingt sind (*Maunz/Dürig-Klein* Art. 48 GG Rn 102; *v. Mangold/Klein/Achterberg/Schulte* Art. 48 GG Rn 32). Eine **betriebsbedingte Kündigung** ist allerdings zulässig, wenn der Betrieb stillgelegt wird; denn dieses betriebliche Erfordernis stellt einen wichtigen Grund dar. Die vollständige Aufgabe eines **Produktionszweiges** kann für einen Arbeitgeber gegenüber einem Arbeitnehmer, der unauswechselbar in diesem Produktionszweig beschäftigt ist, ein wichtiger Grund zur Kündigung des Arbeitsverhältnisses sein, wenn das Arbeitsverhältnis des Arbeitnehmers als Mandatsträger nur aus wichtigem Grund kündbar ist. **Im Fall betrieblicher Erfordernisse ist die Kündigung aus wichtigem Grund nicht fristlos, sondern nur fristgemäß zulässig.** Kündigungsfrist ist die Frist, die für das Arbeitsverhältnis ohne Mandatssicherung gelten würde (*LSG Darmstadt* 30.4.1981 – L 1 AR 1242/79). Die Stilllegung lediglich eines Betriebsteils berechtigt aber dann nicht zur Kündigung des Abgeordneten, wenn die Möglichkeit der Beschäftigung in anderen Teilen des Betriebs besteht. Zur – berechtigten – betriebsbedingten Kündigung eines Mitgliedes der Berliner Bezirksverordnetenversammlung s. Rdn 71; *ArbG Bln.* 15.10.1991 NZA 1992, 843.

48 Wenn der Parlamentsbewerber den erforderlichen **Wahlvorbereitungsurlaub** gem. Art. 48 Abs. 1 GG und § 3 AbgG oder wenn der Abgeordnete die zur Ausübung seines Mandats erforderliche unbezahlte Freizeit in Anspruch nimmt, ist in diesem Fernbleiben kein wichtiger Grund zur fristlosen Kündigung zu sehen (*LAG Düsseld.* 7.1.1966 AP Nr. 2 zu Art. 48 GG). Dagegen kann in Einzelfällen die Fortsetzung eines Arbeitsverhältnisses für den Arbeitgeber unzumutbar sein, zB in einem **Tendenzbetrieb**, wenn der Mandatsträger bzw. Wahlbewerber der politischen Richtung konterkariert (*Zinn/Stein* HessLV, Art. 76 Rn 4c; aA DDZ-*Däubler* Vorb. §§ 2–4 AbgG Rn 11).

49 Wie bei Arbeitnehmern so ist auch bei Personengesellschaften, Organmitgliedern von Kapitalgesellschaften und anderen Dienstnehmern die **Kündigung aus wichtigem Grund** zulässig, denn nach dem Wortlaut des § 2 Abs. 3 S. 2 AbgG ergibt sich keine Beschränkung des Kündigungsschutzes nur auf Arbeitnehmer. Hierfür spricht auch der Wille des Gesetzgebers, der dem Gesetzentwurf der drei Fraktionen, wonach die Kündigung aus wichtigem Grunde nur »durch den Arbeitgeber« möglich sein sollte, nicht folgte (BT-Drucks. VII/5903, S. 9, 23).

50 Dem Wahlbewerber bzw. Abgeordneten bleibt es unbenommen, das Arbeitsverhältnis (bzw. andere Vertragsverhältnisse) zu kündigen, und zwar je nach den Erfordernissen der Abgeordnetenpflichten ohne Einhaltung der vorgeschriebenen Frist. Die Interessen des Arbeitgebers sind hier weniger schutzbedürftig, da der Schutzgedanke in Art. 48 Abs. 2 GG und § 2 AbgG in erster Linie dem Abgeordneten und dessen ungehinderter Wahrnehmung seiner staatsbürgerlichen Pflichten dient.

5. Rechtsfolgen bei Verstoß gegen Art. 48 Abs. 2 GG und § 2 AbgG

51 Art. 48 Abs. 2 GG kommt unmittelbare »Drittwirkung« zu. Vertragliche Abreden, die den Rechten des Wahlbewerbers oder Bundestagsabgeordneten gem. Art. 48 Abs. 2 GG und § 2 AbgG zuwiderlaufen, sind gem. § 134 BGB **nichtig**: denn bei diesen Statusrechten des geschützten Personenkreises handelt es sich um gesetzliche Verbote gegenüber dem Arbeitgeber oder anderen Vertragspartnern des Mandatsträgers. Ebenso sind jegliche behindernden oder benachteiligenden tatsächlichen Maßnahmen, die gegen die Schutzvorschriften verstoßen, unzulässig.

52 Bei Zuwiderhandlungen gegen diese Rechte des Wahlbewerbers bzw. Abgeordneten durch den Arbeitgeber oder anderer Vertragspartner (zB Gesellschafter) stehen **Unterlassungs- und Schadensersatzansprüche** zur Verfügung, da Art. 48 Abs. 2 GG und § 2 AbgG Schutzgesetze iSd § 823 Abs. 2 BGB sind (ähnlich APS-*Preis* Art. 48 GG Rn 17). Für das Vorliegen eines wichtigen Grundes zur Kündigung selbst trägt dann nach allg. Grundsätzen der Arbeitgeber (*LAG SchlH* 26.1.1989 – 6 Sa 460/88). Zuständig sind die **Arbeits- bzw. Zivilgerichte, bei Beamten die Verwaltungsgerichte**.

Die **Darlegungs- und Beweislast** für das Vorliegen einer Behinderung oder Benachteiligung bzw. 53
eines Verstoßes gegen das Entlassungs- und Kündigungsverbot obliegt dem Arbeitnehmer. Dabei
reicht es nicht aus, dass der Arbeitnehmer lediglich einen Verdacht äußert, die Kündigung habe in
der Bewerbung, Annahme oder Ausübung des Mandats ihre Ursache. Vielmehr muss dieser Zusammenhang eindeutig dargelegt werden. Für das Vorliegen eines wichtigen Grundes, der zur Kündigung Anlass gegeben hat, trägt nach allg. Grundsätzen der Arbeitgeber (*LAG SchlH* 26.1.1989 – 6
SA 460/88) die Beweislast.

C. Landesrechtlicher und sonstiger Kündigungsschutz für Parlamentarier

I. Gesetzgebungskompetenz der Länder

In dem föderativ gestalteten Bundesstaat des GG stehen die Verfassungsbereiche des Bundes und 54
der Länder grds. selbständig nebeneinander. Im Rahmen der Bestimmungen, die das GG den Verfassungen der Länder vorgibt, können die Länder ihr Verfassungs- und Staatsorganisationsrecht
selbst ordnen (*BVerfG* E 96, 345, 363 f.). Das gilt insbes. für das Landeswahlrecht sowie für das
Landesparlaments- und das Statusrecht der Landtagsabgeordneten (*BVerfG* 5.6.1998 – 2 BvL 2/97,
mwN). Die nachfolgenden Schutzregelungen im Range von Landesverfassungsrecht und einfachen
Landesgesetzen gehören materiell zum **Statusrecht der Abgeordneten** (s. a. Rdn 24 f.). Gleichzeitig
werden zT auch arbeitsrechtliche Regelungen getroffen. Soweit das Statusrecht von Parlamentariern
des Landes, der Kreise und der Kommunen festgeschrieben wird, fällt dies in die ausschließliche
Gesetzgebungskompetenz der Länder. Dagegen unterfällt das Arbeitsrecht gem. Art. 74 Nr. 12 GG
der konkurrierenden Gesetzgebungskompetenz des Bundes und ist durch Bundesgesetze weitgehend geregelt. Allerdings kann der Landesgesetzgeber in das Arbeitsrecht hineinwirken, wenn er
die Statusrechte der Parlamentarier im Lande regelt (*LAG Frankf.* 2.9.1975 NJW 1976, 1655;
8.11.1978 AuR 1980, 58); denn das Arbeitsrecht wird von dem allgemeinen Verfassungsgrundsatz
der Abgeordnetenfreiheit und des Mandatsschutzes überlagert (s. Rdn 2 f., 22 ff.). Die landesrechtlichen Regelungen müssen aber im Einklang stehen mit den einschlägigen verfassungsrechtlichen
Normen in Bund und Ländern und müssen im Lichte der bundesrechtlichen Normen zum Arbeitsrecht gesehen werden (s. Rdn 26; *Zinn/Stein* HessLV, Art. 76 Anm. 4d). Die Anordnung einer
Inkompatibilität der beruflichen Stellung mit dem Abgeordnetenmandat ist – als sachgerechte
Ausgestaltung des passiven Wahlrechts – nur dann von der Ermächtigung des Art. 137 Abs. 1 GG
gedeckt, wenn sie nur gewählte Bewerber betrifft, deren berufliche Stellung die Möglichkeit oder
Wahrscheinlichkeit von Interessen- und Entscheidungskonflikten nahelegt. Insofern ist § 26 Abs. 1
Nr. 6 des Berliner Gesetzes über Wahlen zum Abgeordnetenhaus und zu den Bezirksversammlungen (LWahlG v. 25.9.1987 GVBl. S. 2370, idF v. 3.9.1990 GVBl. S. 1881) mit dem GG vereinbar, soweit danach Mitglieder des zur Geschäftsführung berufenen Organs eines privatrechtlichen
Unternehmens, an dem das Land Berlin mit mehr als 50 % beteiligt ist, mit dem Erwerb der Mitgliedschaft im Abgeordnetenhaus aus ihrer beruflichen Funktion ausscheiden (*BVerfG* 5.6.1998 – 2
BvL 2/97).

II. Landesrechtliche Vorschriften

1. Mitglieder der Landesparlamente

Nach dem »Diätenurteil« des *BVerfG* vom 5.11.1975 (NJW 1975, 2331) war die gesamte Rechts- 55
stellung der Landtagsabgeordneten neu zu regeln. In Anlehnung an einen Musterentwurf der
Landtagspräsidentenkonferenz wurden in den einzelnen Bundesländern **Abgeordnetengesetze** verabschiedet, die weitgehend übereinstimmen, teilweise sich lediglich durch geringe redaktionelle
Nuancen unterscheiden und insb. in der Hansestadt Bremen (Kündigungsschutz auch für nicht
gewählte Bewerber), in Berlin und Sachsen (jeweils Anspruch auf Teilzeitarbeit neben dem Mandat)
Sonderregelungen von Bedeutung zu Einzelfragen aufweisen. Der **Schutz der freien Mandatsausübung** ist jeweils im § 2 AbgG geregelt. Neben dem Behinderungs- (Abs. 1) und Benachteiligungsverbot (Abs. 2) sieht Abs. 3 den **besonderen Kündigungsschutz für Landtagsabgeordnete** vor.
Danach ist in allen Bundesländern **eine Kündigung oder Entlassung wegen der Annahme oder**

Ausübung des Mandats unzulässig. Davon unberührt bleiben Regelungen zur Inkompatibilität (s. Rdn 54). Die landesgesetzlichen Regelungen sind direkt an Art. 48 GG zu messen (BVerfGE 40, 296, 319). Art. 48 GG, der unmittelbar nur für Bundestagsabgeordnete gilt, kommt, vermittelt über Art. 28 GG, für Landtagsabgeordnete und Mitglieder kommunaler Parlamente Bedeutung zu, weil die Bestimmungen des Art. 48 GG zu den Grundsätzen der Demokratie gehören, denen die verfassungsmäßige Ordnung in den Ländern entsprechen muss (*BAG* 30.6.1994 EzA Art. 48 GG Nr. 1).

56 Weiter gefasst sind die Formulierungen in den Abgeordnetengesetzen von Bremen, Brandenburg, Nordrhein-Westfalen und Sachsen-Anhalt, wonach eine Kündigung oder Entlassung »im Zusammenhang mit der Annahme oder Ausübung des Mandats« unzulässig ist. Die Kündigungsschutzvorschriften in der Freien und Hansestadt Hamburg beziehen sich (einschränkend) auf die Entlassungen bzw. Kündigungen wegen der »Tätigkeit als Abgeordneter«. Außer in Hamburg, Hessen und Thüringen, wo eine nicht mandatsbezogene ordentliche Kündigung mangels einer entsprechenden beschränkenden Regelung zulässig ist, kann in den übrigen Bundesländern das Arbeits- bzw. Dienstverhältnis eines Abgeordneten nur bei Vorliegen eines – nicht mandatsbezogenen – wichtigen Grundes (Rdn 46, 47) gekündigt werden. Betroffen vom Kündigungsschutz sind nach allen Abgeordnetengesetzen der Bundesländer **Bewerber** sowie **Mandatsträger**. § 2 Abs. 1 Thüringer Abgeordnetengesetz gewährt den Schutz der Bewerbung und Freien Mandatsausübung ausdrücklich nur jeder »**wählbaren** Person«. Durch diese Eingrenzung des geschützten Personenkreises ergibt sich im Ergebnis jedoch kein qualitativ gegenüber den Regelungen in den anderen Bundesländern geringerer Schutz. Auch in den übrigen Bundesländern kann zB die Inanspruchnahme des Wahlvorbereitungsurlaubs durch nicht wählbare Personen ohne Verstoß gegen die Parlamentarierschutznormen verweigert werden. Der Kündigung eines zB aufgrund des Verlustes zur Bekleidung öffentlicher Ämter als strafrechtliche Nebenfolge nicht wählbaren Wahlbewerbers stehen auch in den übrigen Bundesländern die Parlamentarierschutznormen nicht entgegen. Mit der Novellierung des HessAbgG in 1989 ist der bis dahin geltende Kündigungsschutz auch für Ersatzbewerber weggefallen (s. Rdn 83). In den meisten Bundesländern **beginnt der Kündigungsschutz mit der Aufstellung des Bewerbers** durch das dafür zuständige Organ der Partei oder mit der Einreichung des Wahlvorschlags (in Schleswig-Holstein frühestens drei Jahre nach Beginn der laufenden Wahlperiode des Landtags) und **endet für Abgeordnete nach einem Jahr nach Beendigung des Mandats**. Für **nicht gewählte Bewerber** besteht ein **nachwirkender Kündigungsschutz** nur in **Bremen** (ein Jahr nach dem Wahltag) sowie in **Hessen** und **Thüringen** (jeweils drei Monate nach dem Wahltag). Die Abgeordnetengesetze der Länder Baden-Württemberg, Bayern, Bremen, Hamburg, Hessen, Nordrhein-Westfalen, Rheinland-Pfalz, Saarland, Sachsen und Thüringen (jeweils gem. § 2 Abs. 1 AbgG) sehen explizit vor, dass sie auch auf Bewerber und Mitglieder in einer gesetzgebenden Körperschaft eines **anderen Bundeslandes** anzuwenden sind. Soweit eine ausdrückliche länderübergreifende Regelung in den Landesgesetzen der übrigen Bundesländer nicht getroffen worden ist, gebieten Sinn und Zweck des arbeitsrechtlichen Schutzes von Mitgliedern in Volksvertretungen auf Länder, Kreis- und Kommunalebene (s.a. Rdn 22 ff.), wie er in der Bundes- und den Länderverfassungen sowie den Kreis- und Kommunalvorschriften gewährleistet wird (allgemeiner Verfassungsgrundsatz), die analoge Anwendung der Schutznormen auch in den Fällen, in denen der **Ort des Arbeitsverhältnisses und der Ort der Volksvertretung in unterschiedlichen Bundesländern** liegen. Wegen der weitgehenden Übereinstimmung zwischen dem Abgeordnetengesetz für Bundestagsabgeordnete und den Abgeordnetengesetzen der deutschen Bundesländer wird auf die Kommentierung in Rdn 26–53 verwiesen. Allein in Brandenburg ist über den Kündigungsschutz für gewählte Volksvertreter und Wahlbewerber hinausgehend auch »eine Entlassung oder Disziplinierung wegen einer **Betätigung in Bürgerinitiativen**, Verbänden, Religionsgemeinschaften oder Parteien ... unzulässig« (Art. 21 Abs. 2 Verfassung Brandenburg).

57 Die Abgeordnetengesetze der Bundesländer sehen inhaltlich entsprechend der Regelung in § 3 BT AbgG (s. Rdn 12) vor, dass einem Bewerber um einen Sitz im Landtag in den letzten zwei Monaten vor dem Wahltag auf Antrag bis zu zwei Monaten **Wahlvorbereitungsurlaub** zu gewähren ist. Für diese Zeit besteht kein Anspruch auf Fortzahlung der Vergütung. Ebenso in Anlehnung an § 4 BT

AbgG wird nach den Abgeordnetengesetzen der Länder die **Zeit der Mitgliedschaft im Landtag** nach Beendigung des Mandats auf die **Berufs- und Betriebszugehörigkeit** angerechnet. Wie gem. § 4 Abs. 2 BT AbgG wird nach den entsprechenden Vorschriften in den Abgeordnetengesetzen der Bundesländer im Rahmen einer bestehenden betrieblichen oder überbetrieblichen **Altersversorgung** die Anrechnung der Betriebszugehörigkeitszeiten während des Mandats nur im Hinblick auf die Erfüllung der Unverfallbarkeitsfristen des BetrAVG vom 29.8.2005 (BGBl. I S. 2546) vorgenommen.

2. Mitglieder der Landkreis- und Gemeindeparlamente bzw. Bezirksversammlungen

Für **Bewerber und Mitglieder in Landkreis- und Gemeindeparlamenten** sowie übrigen kommunalen Vertretungskörperschaften **gelten die Grundsätze der Abgeordnetengesetze hinsichtlich der Behinderungs- und Benachteiligungsverbote sowie des besonderen Kündigungsschutzes** für den Bundestag und die Landtage **entsprechend, soweit nicht spezielle Vorschriften eine ausdrückliche Regelung treffen** (zB für die Berliner Bezirksverordneten s. Rdn 71). Dies folgt aus den Grundsätzen der staatsbürgerlichen Betätigungsfreiheit bzw. Abgeordnetenfreiheit, die als wesentliche Statusrechte Ausfluss der parlamentarisch und demokratisch ausgerichteten Gestaltung politischer Willensbildungsprozesse in der Bundesrepublik Deutschland sind. Nach der Rechtsprechung des BVerfG liegt dem Grundgesetz grds. ein privilegienfeindliches Demokratieverständnis zugrunde, was sich im »egalitären Gleichheitssatz« ausprägt: Da alle Mitglieder des Parlaments einander formal gleichgestellt sind, muss jeder ohne Rücksicht auf soziale Unterschiede die gleiche Chance haben, Mitglied des Parlaments zu werden und zu sein (*BVerfG* 5.11.1975 NJW 1975, 2331). Dieser Grundsatz gilt uneingeschränkt auch für Bewerber und Mitglieder in Landkreis- und Gemeindeparlamenten; denn Art. 28 Abs. 1 S. 2 GG sieht vor: »In den Ländern, Kreisen und Gemeinden muss das Volk eine Vertretung haben, die aus allgemeinen, unmittelbaren, freien, gleichen und geheimen Wahlen hervorgegangen ist.« Schließlich handelt es sich bei den Behinderungs- und Benachteiligungsverboten sowie dem besonderen Kündigungsschutz vom Zweck her nicht um einen individuellen, sozialen Schutz des einzelnen Arbeitnehmers, sondern die Teilnahme und -habe in der politischen Willensbildung in der repräsentativen Demokratie auch im Landkreis und in der Kommune sind angesprochen. In Ausführung der Forderung gem. Art. 28 Abs. 1 S. 2 GG sowie dem Willen der Gesetzgeber in Bund und Ländern erscheint das Tätigwerden der Legislative in einigen Bundesländern für Parlamentarier in Landkreis- und Gemeindeparlamenten geboten (MünchArbR-*Berkowski* § 160 Rn 22).

3. Angehörige des öffentlichen Dienstes, Geistliche und Ordensleute

Für **Angehörige des öffentlichen Dienstes** (Beamte, Beamte auf Zeit, Wahlbeamte auf Zeit und Beamte, die jederzeit in den einstweiligen Ruhestand versetzt werden können sowie Angestellte, Arbeiter, Richter, Professoren, Soldaten) gelten besondere und in den einzelnen Bundesländern geringfügig abweichende Vorschriften über »Ruhen der Rechte und Pflichten aus dem öffentlichrechtlichen Dienstverhältnis«, »Wiederverwendung nach Beendigung des Mandats«, »Dienstzeiten im öffentlichen Dienst« u.a. Es wird hier auf die gesetzliche Regelung für die Mitglieder des Bundestages gem. §§ 5 bis 10 BT AbgG (s. Rdn 14) verwiesen; denn in Anlehnung an diese Vorschriften erfolgte die Verabschiedung des Musterentwurfs der Landtagspräsidentenkonferenz eines Abgeordnetengesetzes, dem die Landesgesetzgeber weitgehend gefolgt sind (s.a. Rdn 13).

4. Örtliche Geltung

Auf Beschäftigungsverhältnisse von Mitgliedern einer Volksvertretung mit Arbeitsplatz in einem anderen Bundesland **finden die am Arbeitsort geltenden Regelungen** zum Parlamentarierkündigungsschutz **Anwendung**. Dies folgt bereits aus der zwangsläufig räumlich auf das Gebiet des jeweiligen Bundeslandes begrenzten Regelungskompetenz landesrechtlicher Normen. Sofern am Ort der Ausübung eines Mandats und am Arbeitsort unterschiedlich ausgestaltete Parlamentarierschutznormen gelten, liegt keine nach dem Günstigkeitsprinzip zu lösende Regelungskonkurrenz vor, da eine »Ausstrahlung« der am »Mandatsort« geltenden Regelungen zum Parlamentarierschutz auf den Arbeitsort nicht möglich ist. Folgerichtig stellen die Abgeordnetengesetze derjenigen Länder, die einen landesgrenzenübergreifenden Parlamentarierschutz ausdrücklich gewährleisten (Baden-Württemberg, Bayern, Bremen, Hessen, Nordrhein-Westfalen, Rheinland-Pfalz, Saarland und Sachsen) auch die Bewerbung um ein bzw. die Annahme und Ausübung eines Mandats in einer Volksvertretung eines anderen Bundeslandes unter den – am Arbeitsort geltenden – Schutz der jeweiligen eigenen Landesnorm.

III. Baden-Württemberg

61 **1. Verfassung des Landes Baden-Württemberg**

Vom 11. November 1953 (GBl. S. 173), zuletzt geänd. durch Gesetz v. 26. Mai 2020 (GBl. S. 305).

Art. 29

(1) Wer sich um einen Sitz im Landtag bewirbt, hat Anspruch auf den zur Vorbereitung seiner Wahl erforderlichen Urlaub.

(2) Niemand darf gehindert werden, das Amt eines Abgeordneten zu übernehmen und auszuüben. Eine Kündigung oder Entlassung aus einem Dienst- oder Arbeitsverhältnis aus diesem Grunde ist unzulässig.

62 **2. Gesetz über die Rechtsverhältnisse der Mitglieder des Landtags (Abgeordnetengesetz)**

Vom 12. September 1978 (GBl. S. 473), zuletzt geänd. durch Gesetz v. 24. Juni 2020 (GBl. S. 421).

§ 2 Schutz der freien Mandatsausübung

(1) Niemand darf gehindert werden, sich um ein Mandat im Landtag oder in der gesetzgebenden Körperschaft eines anderen Landes zu bewerben, es zu übernehmen oder auszuüben.

(2) [1]Benachteiligungen am Arbeitsplatz im Zusammenhang mit der Bewerbung um ein Mandat sowie der Annahme und Ausübung eines Mandats sind unzulässig. [2]Es ist insbesondere unzulässig, den Abgeordneten gegen seinen Willen zu beurlauben.

(3) [1]Eine Kündigung oder Entlassung wegen der Annahme oder Ausübung des Mandats ist unzulässig. [2]Eine Kündigung ist im übrigen nur aus wichtigem Grunde zulässig. [3]Der Kündigungsschutz beginnt mit der Aufstellung des Bewerbers durch das dafür zuständige Organ der Partei oder mit der Einreichung des Wahlvorschlags. [4]Er gilt ein Jahr nach Beendigung des Mandats fort.

63 **3. Gemeindeordnung für Baden-Württemberg**

IdF vom 24. Juli 2000 (GBl. S. 581, ber. S. 698), zuletzt geänd. durch Gesetz v. 2. 12 2020 (GBl. S. 1095).

§ 32 Rechtsstellung der Gemeinderäte

(2) [1]Niemand darf gehindert werden, das Amt eines Gemeinderats zu übernehmen und auszuüben. [2]Eine Kündigung oder Entlassung aus einem Dienst- oder Arbeitsverhältnis, eine Versetzung an einen anderen Beschäftigungsort und jede sonstige berufliche Benachteiligung aus diesem Grunde sind unzulässig. [3]Steht der Gemeinderat in einem Dienst- oder Arbeitsverhältnis, ist ihm die für seine Tätigkeit erforderliche freie Zeit zu gewähren.

64 **4. Landkreisordnung für Baden-Württemberg (Landkreisordnung – KrO)**

IdF v. 19. Juni 1987 (GBl. S. 289), zuletzt geänd. Gesetz v. 15.10. 2020 (GBl. S. 910).

§ 26 Rechtsstellung der Kreisräte

(2) [1]Niemand darf gehindert werden, das Amt eines Kreisrats zu übernehmen und auszuüben. [2]Eine Kündigung oder Entlassung aus einem Dienst- oder Arbeitsverhältnis, eine Versetzung an einen anderen Beschäftigungsort

und jede sonstige berufliche Benachteiligung aus diesem Grunde sind unzulässig. ³Steht der Kreisrat in einem Dienst- oder Arbeitsverhältnis, ist ihm die für seine Tätigkeit erforderliche freie Zeit zu gewähren.

5. Angehörige des öffentlichen Dienstes

Nach § 2 Abs. 1 AbgG (Rdn 62) ist einem **Bewerber** um eine Sitz im Landtag oder in der gesetzgebenden Körperschaft eines **anderen Landes** zur Vorbereitung seiner Wahl innerhalb der letzten zwei Monate vor dem Wahltag auf Antrag Urlaub bis zu zwei Monaten – ohne Anspruch auf Entgeltfortzahlung – zu gewähren. Die **Rechtsstellung der Angehörigen des öffentlichen Dienstes** im Landtag ist in den §§ 26 ff. AbgG geregelt: Beamte, Angestellte des öffentlichen Dienstes und Bedienstete in der gesetzgebenden Körperschaft eines anderen Landes scheiden mit der Annahme der Wahl aus dem Amt aus (Ruhen der Rechte und Pflichten). 65

IV. Freistaat Bayern

1. Verfassung des Freistaates Bayern 66

IdF v. 15. Dezember 1998 (GVBl. S. 991, BayRS 100–1-S), zuletzt geänd. durch Gesetz v. 11. November 2013 (GVBl. S. 642).

Art. 30 Urlaub von Abgeordneten

Abgeordnete bedürfen zur Ausübung ihres Amtes als Mitglied des Landtags keines Urlaubs von ihrem Arbeitgeber.

2. Gesetz über die Rechtsverhältnisse der Mitglieder des Bayerischen Landtags (Bayerisches Abgeordnetengesetz) 67

IdF v. 6. März 1996 (GVBl. S. 82), zuletzt geänd. durch Gesetz v. 24. Mai 2019 (GVBl. S. 300).

Art. 2 Schutz der freien Mandatsausübung

(1) Niemand darf gehindert werden, sich um ein Mandat im Bayerischen Landtag oder in der gesetzgebenden Körperschaft eines anderen Landes zu bewerben, es zu übernehmen oder auszuüben.

(2) Benachteiligungen am Arbeitsplatz im Zusammenhang mit der Bewerbung um ein Mandat sowie der Annahme und Ausübung eines Mandats sind unzulässig.

(3) ¹Eine Kündigung oder Entlassung wegen Annahme oder Ausübung eines Mandats ist unzulässig. ²Eine Kündigung ist im übrigen nur aus wichtigem Grund zulässig. ³Der Kündigungsschutz beginnt mit der Aufstellung des Bewerbers durch das dafür zuständige Organ der Partei oder mit der Einreichung des Wahlvorschlags. ⁴Er gilt ein Jahr nach Beendigung des Mandats fort.

V. Berlin

1. Verfassung von Berlin 68

Vom 23. November 1995 (GVBl. S. 779), zuletzt geänd. durch Gesetz v. 22. Februar 2016 (GVBl. S. 114).

Art. 19 Schutz staatsbürgerlicher Rechte

(1) Niemand darf im Rahmen der geltenden Gesetze an der Wahrnehmung staatsbürgerlicher Rechte oder öffentlicher Ehrenämter gehindert werden, insbesondere nicht durch sein Arbeitsverhältnis.

2. Gesetz über die Rechtsverhältnisse der Mitglieder des Abgeordnetenhauses von Berlin (Landesabgeordnetengesetz – LAbgG –) 69

Vom 21. Juli 1978 (GVBl. S. 1497), zuletzt geänd. durch Gesetz v. 11.6.2020 (GVBl. S. 530).

§ 2 Schutz der freien Mandatsausübung

(1) Niemand darf gehindert werden, sich um ein Mandat im Abgeordnetenhaus zu bewerben, es zu übernehmen oder auszuüben.

(2) Benachteiligungen am Arbeitsplatz im Zusammenhang mit der Bewerbung um ein Mandat sowie der Annahme und Ausübung eines Mandats sind unzulässig.

(3) ¹Eine Kündigung oder Entlassung wegen der Annahme oder Ausübung des Mandats ist unzulässig. ²Eine Kündigung ist im Übrigen nur aus wichtigem Grunde zulässig. ³Der Kündigungsschutz beginnt mit der Einreichung des Wahlvorschlags. ⁴Er gilt ein Jahr nach Beendigung des Mandats fort.

(4) ¹Für die Dauer der Mandatszeit ist auf Antrag Teilzeitarbeit oder Sonderurlaub ohne Fortzahlung der Bezüge zu gewähren. ²Nach Beendigung der Mandatszeit muß ein gleichwertiger Arbeitsplatz zur Verfügung gestellt werden. ³Der Antrag auf Gewährung von Teilzeitarbeit oder Sonderurlaub unter Fortfall der Bezüge kann von dem Arbeitgeber nur abgelehnt werden, wenn zwingende betriebliche Belange der Gewährung entgegenstehen. ⁴Dies ist insbesondere anzunehmen, wenn ausgeschlossen erscheint, für die Ausfallzeit des Abgeordneten eine Teilzeitkraft oder eine Ersatzkraft einzustellen, und dem Arbeitgeber der Verzicht auf eine solche Aushilfskraft nicht zugemutet werden kann.

70 **3. Bezirksverwaltungsgesetz von Berlin**

IdF v. 10. November 2011 (GVBl. S. 693) zuletzt geänd. durch Gesetz v. 12. 10. 2020 (GVBl. S. 807).

§ 10 Verbot der Entlassung

Die Entlassung eines Beamten oder die Kündigung eines Angestellten oder Arbeiters wegen der Tätigkeit als Bezirksverordneter ist auch nach Beendigung der Mitgliedschaft in einer Bezirksverordnetenversammlung unzulässig.

4. Erläuterung

71 Gem. § 5 LAbgG gelten die Regelungen in § 2 sowie die Vorschriften über den Wahlvorbereitungsurlaub und die Berufs- und Betriebszeiten auch zugunsten von Mitgliedern anderer gesetzgebender Körperschaften im Geltungsbereich des Grundgesetzes, dh des Bundestages sowie der Landesparlamente (*Zivier* Verfassung und Verwaltung in Berlin, 1990, Rn 49.3). Nicht dagegen gelten die Regelungen gem. § 2 LAbgG für die Mitglieder der Berliner Bezirksverordnetenversammlungen; denn gem. Art. 56 Verfassung von Berlin ist die Bezirksverordnetenversammlung ein Organ der bezirklichen Selbstverwaltung, in ihrer organisationsrechtlichen Stellung aber eine Verwaltungsbehörde (*Pfennig/Neumann* Verfassung von Berlin, 2. Aufl. 1987, Art. 53 Rn 2, Art. 56 Rn 1). Eine analoge Anwendung der Regelungen gem. § 2 LAbgG scheidet schon deshalb aus, weil § 10 Bezirksverwaltungsgesetz (s. Rdn 70) zum Kündigungsschutz (nur wegen der Tätigkeit als Bezirksverordneter) eine eindeutige Regelung getroffen hat (*ArbG Bln.* 15.10.1991 NZA 1992, 843). Mitglieder der Berliner Bezirksverordnetenversammlungen genießen bei betriebsbedingten Kündigungen keinen besonderen Kündigungsschutz wegen ihres parlamentarischen Status (*ArbG Bln.* 15.10.1991 NZA 1992, 843).

VI. Brandenburg

72 **1. Verfassung des Landes Brandenburg**

Vom 20. August 1992 (GVBl. I S. 298), zuletzt geänd. durch Gesetz v. 16. 3. 2019 (GVBl. I/19 Nr. 16).

Art. 21 Recht auf politische Mitgestaltung

(1) Das Recht auf politische Mitgestaltung ist gewährleistet.

(2) ¹Jeder hat nach Maßgabe der Eignung, Befähigung und fachlichen Leistung das gleiche Recht auf Zugang zu öffentlichen Ämtern, soweit nicht für die Wahrnehmung hoheitlicher Befugnisse etwas anderes gesetzlich bestimmt ist. ²Eine Entlassung oder Disziplinierung wegen einer Betätigung in Bürgerinitiativen, Verbänden, Religionsgemeinschaften oder Parteien ist unzulässig.

Art. 22 Wahlen und Volksabstimmungen

(4) ¹*Wer sich um einen Sitz in einer Volksvertretung bewirbt, hat Anspruch auf eine zur Vorbereitung seiner Wahl erforderliche Freistellung.* ²*Niemand darf gehindert werden, das Abgeordnetenmandat anzustreben, zu übernehmen oder auszuüben.* ³*Eine Kündigung oder Entlassung ist nur zulässig, wenn Tatsachen vorliegen, die den Arbeitgeber zur fristlosen Kündigung berechtigen.*

2. Gesetz über die Rechtsverhältnisse der Mitglieder des Landtages Brandenburg (Abgeordnetengesetz – AbgG)

IdF der Bek. v. 2. 12. 2019, zuletzt geänd. durch Gesetz v. 18. 12. 2020 (GVBl. I, 20 Nr. 39).

§ 2 Schutz der freien Mandatsausübung

(1) Niemand darf gehindert werden, sich um ein Mandat im Landtag zu bewerben, es zu übernehmen oder auszuüben.

(2) Benachteiligungen am Arbeitsplatz im Zusammenhang mit der Bewerbung um ein Mandat sowie der Annahme und Ausübung eines Mandates sind unzulässig.

(3) In der Zeit vom Einreichen des Wahlvorschlags bis ein Jahr nach der Beendigung des Mandats sind Kündigungen und Entlassungen nur aus wichtigem Grund zulässig; sie sind unzulässig, wenn sie im Zusammenhang mit der Annahme und Ausübung des Mandats erfolgen.

3. Kommunalverfassung des Landes Brandenburg (Gemeindeordnung – GO)

Vom 18. Dezember 2007 (GVBl. I S. 286), zuletzt geänd. durch Gesetz v. 18. Jul12. 2020 (GVBl. I 120, Nr. 38, S. 2).

§ 30 Rechte der Gemeindevertreter

(1) …

(2) ¹*Die Gemeindevertreter dürfen an der Bewerbung sowie an Übernahme und Ausübung ihrer Tätigkeit nicht gehindert oder in ihrem Dienst- oder Arbeitsverhältnis benachteiligt werden.* ²*Entgegenstehende Vereinbarungen sind nichtig.* ³*Stehen sie in einem Dienst- oder Arbeitsverhältnis, ist es unzulässig, sie aufgrund ihrer Tätigkeit als Gemeindevertreter zu entlassen oder ihnen aus diesem Grund zu kündigen.* ⁴*Den Gemeindevertretern, die in einem Dienst- oder Arbeitsverhältnis stehen, ist die für ihre Tätigkeit erforderliche freie Zeit zu gewähren.*

VII. Freie Hansestadt Bremen

1. Landesverfassung der Freien Hansestadt Bremen

idF der Bekanntmachung vom 12. 8. 2019 (Brem. Gbl. 2019 S. 524, 527), zuletzt geänd. durch Gesetz v. 11. Mai 2021 (Brem. GBl. S. 475).

Art. 82

(1) Niemand darf bei der Übernahme oder Ausübung eines Mandats behindert oder benachteiligt werden. Kündigung oder Entlassung aus einem Arbeits- oder Dienstverhältnis und Benachteiligungen am Arbeitsplatz aus diesen Gründen sind unzulässig.

Art. 97

(2) Die Mitglieder der Bürgerschaft üben ihre Abgeordnetentätigkeit mindestens mit der Hälfte der üblichen wöchentlichen Arbeitszeit aus. Die dafür erforderlichen Arbeits- und Dienstbefreiung ist zu gewähren.

2. Gesetz über die Rechtsverhältnisse der Mitglieder der Bremischen Bürgerschaft (Bremisches Abgeordnetengesetz)

Vom 16. Oktober 1978 (GBl. S. 209), zuletzt geänd. durch Gesetz v. 16. 6. 2020 (Brem. GBl. S. 469).

§ 2 Mandatsausübung

(2) Niemand darf gehindert werden, sich um ein Mandat in der Bürgerschaft oder in der gesetzgebenden Körperschaft eines anderen Landes zu bewerben, es zu übernehmen oder auszuüben.

(3) Benachteiligungen am Arbeitsplatz wegen der Bewerbung um ein Mandat sowie der Annahme und Ausübung eines Mandats sind unzulässig.

(4) Eine Kündigung oder Entlassung wegen der Bewerbung, der Annahme oder Ausübung des Mandats ist unzulässig. Eine Kündigung ist im Übrigen nur aus wichtigem Grunde zulässig. Der Kündigungsschutz beginnt mit der Aufstellung des Bewerbers durch das dafür zuständige Organ der Partei oder der Wählervereinigung. Er gilt ein Jahr nach dem Wahltag oder nach Beendigung des Mandats fort.

(5) Soweit zur ordnungsgemäßen Durchführung der Aufgaben eines Mitglieds der Bürgerschaft eine Arbeitsbefreiung erforderlich ist, ist es in entsprechendem Umfang von seiner Verpflichtung zur Arbeitsleistung befreit. Einer Zustimmung des Arbeitgebers zur Arbeitsbefreiung bedarf es nicht.

VIII. Freie und Hansestadt Hamburg

77   **1. Verfassung der Freien Hansestadt Hamburg**

Vom 6. Juni 1952 (GVBl. S. 117), zuletzt geänd. durch Gesetz v. 3. 11. 2020 (HmbGVBl. S. 559).

Artikel 13 (1) ...

(2) ¹Die Vereinbarkeit des Amtes einer oder eines Abgeordneten mit einer Berufstätigkeit ist gewährleistet. ²Das Gesetz kann für Angehörige des hamburgischen öffentlichen Dienstes und für leitende Angestellte in Unternehmen, an denen die Freie und Hansestadt Hamburg unmittelbar oder mittelbar beteiligt ist, Beschränkungen der Wählbarkeit vorsehen.

(3) ¹Niemand darf gehindert werden, das Amt einer oder eines Abgeordneten zu übernehmen und auszuüben; insbesondere ist Arbeitnehmerinnen oder Arbeitnehmern die dafür nötige freie Zeit zu gewähren. ²Eine Kündigung oder Entlassung aus einem Arbeits- oder Dienstverhältnis aus diesem Grunde ist unzulässig. ³Das Gesetz bestimmt das Nähere.

78   **2. Hamburgisches Abgeordnetengesetz**

Vom 21. Juni 1996 (HmbGVBl. S. 141), zuletzt geänd. durch Gesetz v. 18. 12. 2020 (HmbGVBl. S. 706).

§ 8 Mandat und Beruf

(1) Niemand darf gehindert werden, sich um ein Mandat in der Bürgerschaft oder der gesetzgebenden Körperschaft eines anderen Landes zu bewerben, es zu übernehmen und auszuüben.

(2) Benachteiligungen insbesondere am Arbeitsplatz im Zusammenhang mit der Bewerbung um ein Mandat sowie dessen Übernahme und Ausübung sind unzulässig.

(3) ¹Eine Kündigung oder Entlassung wegen der Übernahme oder Ausübung des Mandats ist unzulässig. ²Eine Kündigung ist im übrigen nur aus wichtigem Grund zulässig. ³Der Kündigungsschutz beginnt mit der Aufstellung der Bewerberin oder des Bewerbers durch das dafür zuständige Organ der Partei oder mit der Einreichung des Wahlvorschlags. ⁴Er gilt ein Jahr nach Beendigung der Mitgliedschaft in der gesetzgebenden Körperschaft fort.

(4) ¹Soweit zur ordnungsgemäßen Durchführung der Aufgaben eines Mitglieds eine Arbeitsbefreiung erforderlich ist, ist es in entsprechendem Umfang von seiner Verpflichtung zur Arbeitsleistung befreit. ²Einer Zustimmung der Arbeitgeberin oder des Arbeitgebers zur Arbeitsbefreiung bedarf es nicht.

3. Erläuterung

79   Steht eine zur hamburgischen Bürgerschaft gewählte Person im Beamten- oder Angestelltenverhältnis zur Freien und Hansestadt Hamburg oder zu einer landesunmittelbaren Körperschaft, Anstalt

oder Stiftung des öffentlichen Rechts mit Dienstbezügen oder ist sie Richterin oder Richter iSv § 4 DRiG, hat sie oder er ihrem oder seinem Dienstherren unverzüglich die Annahme der Wahl anzuzeigen. Der Dienstherr stellt dann fest, ob das Dienstverhältnis gem. § 5 AbgG des Bundes (s. Rdn 14) iVm §§ 18 Abs. 1, 20 Abs. 4 Hamburgisches AbgG vom 21.6.1996 (HmbGVBl. S 141) ruht (§ 34 Abs. 3 Gesetz über die Wahl zur hamburgischen Bürgerschaft vom 22.7.1986 HmbGVBl. S. 223, zul. geänd. 13.9.2019 HmbGVBl. S. 280).

IX. Hessen

1. Verfassung des Landes Hessen

80

Vom 1. Dezember 1946 (GVBl. S. 229), zuletzt geänd. durch Gesetz v. 12. 12. 2018 (GVBl. I S. 752).

Art. 76

(1) Jedermann ist die Möglichkeit zu sichern, in den Landtag gewählt zu werden und sein Mandat ungehindert und ohne Nachteil auszuüben.

(2) Das Nähere regelt das Gesetz.

2. Gesetz über die Rechtsverhältnisse der Abgeordneten des Hessischen Landtags (Hessisches Abgeordnetengesetz – HessAbgG)

Vom 18. Oktober 1989 (GVBl. I S. 261), zuletzt geänd. durch Gesetz v. 29. 5. 2020 (GVBl. I S. 362).

81

§ 2 Freie Mandatsausübung

(1) Jede wählbare Person darf sich ungehindert um ein Mandat im Landtag oder in der gesetzgebenden Körperschaft eines anderen Landes bewerben, es annehmen und ausüben.

(2) [1]Dabei darf sie am Arbeitsplatz nicht benachteiligt werden. [2]Insbesondere ist eine ordentliche Kündigung oder eine Entlassung wegen der Bewerbung um ein Mandat oder wegen der Annahme oder Ausübung des Mandats unzulässig.

(3) [1]Der Kündigungsschutz beginnt mit der Aufstellung der Bewerber und Bewerberinnen durch das dafür zuständige Organ der Partei oder mit der Einreichung des Wahlvorschlags. [2]Er gilt ein Jahr nach Beendigung des Mandats fort, für nicht gewählte Bewerber und Bewerberinnen drei Monate nach dem Tag der Wahl.

3. Erläuterungen

Das HessAbgG ist nach der Initiative der Landtagspräsidentenkonferenz (s. a. Rdn 55 f.) erlassen worden und löste im Jahre 1978 das Gesetz zur Sicherung der Mandatsausübung (MASG) vom 9.7.1973 (GVBl. I S. 248) ab. Die Regelungen des MASG enthielten zT einen weitergehenden Schutz – allerdings nur für Abgeordnete – als die heute geltenden Vorschriften des HessAbgG. Insbesondere der persönliche Geltungsbereich des MASG war im Einzelnen hinsichtlich der verschiedenen Volksvertretungen aufgezählt. § 1 Abs. 2 S. 2 MASG sah das Behinderungs- und Benachteiligungsverbot sowie den besonderen Kündigungsschutz vor für Mitglieder von Ortsbeiräten, Gemeindevertreter, Stadtverordnete, Kreistagsabgeordnete, ehrenamtliche Mitglieder der Gemeindevorstände, der Magistrate und der Kreisausschüsse.

82

Mit der Novellierung des HessAbgG vom 19.10.1989 – insbes. wegen gravierender Zweifel an der Verfassungsgemäßheit vor allem der Abgeordnetenentschädigung initiiert – ist der besondere Kündigungsschutz für Ersatzbewerber weggefallen. Die ehemals geltende Regelung sah vor, dass der Ersatzbewerber dem besonderen Kündigungsschutz ab dem Zeitpunkt der Aufstellung durch das zuständige Organ der Partei oder mit der Einreichung des Wahlvorschlags für die Dauer bis zum Ablauf von drei Monaten nach dem Tag der Wahl unterfällt.

83

84 **4. Hessische Gemeindeordnung**

IdF v. 1. April 2005 (GVBl. I S. 142), zuletzt geänd. durch Gesetz v. 11. 12. 2020 (GVBl. I S. 915).

§ 35a Sicherung der Mandatsausübung

(1) ¹*Niemand darf gehindert werden, sich um ein Mandat als Gemeindevertreter zu bewerben, es anzunehmen oder auszuüben.* ²*Benachteiligungen am Arbeitsplatz im Zusammenhang mit der Bewerbung um ein Mandat, der Annahme und Ausübung eines Mandats sind unzulässig.* ³*Entgegenstehende Vereinbarungen sind nichtig.* ⁴*Die Bestimmungen der Abs. 2 bis 4 gelten nur für außerhalb des öffentlichen Dienstes beschäftigte Gemeindevertreter.*

(2) ¹*Die Arbeitsverhältnisse von Gemeindevertretern können vom Arbeitgeber nur aus wichtigem Grund gekündigt werden; das gilt nicht für Kündigungen während der Probezeit.* ²*Der Kündigungsschutz beginnt mit der Aufstellung des Bewerbers durch das dafür zuständige Gremium.* ³*Er gilt ein Jahr nach Beendigung des Mandats fort.* ⁴*Gehörte der Gemeindevertreter weniger als ein Jahr der Gemeindevertretung an, besteht Kündigungsschutz für sechs Monate nach Beendigung des Mandats.*

(3) ¹*Der Gemeindevertreter ist auf dem bisherigen Arbeitsplatz zu belassen.* ²*Die Umsetzung auf einen anderen gleichwertigen Arbeitsplatz oder an einen anderen Beschäftigungsort ist nur zulässig, wenn der Gemeindevertreter zustimmt oder dem Arbeitgeber eine Belassung auf dem bisherigen Arbeitsplatz oder an dem bisherigen Beschäftigungsort bei Abwägung aller Umstände nicht zugemutet werden kann.* ³*Die niedrigere Eingruppierung des Gemeindevertreters auf dem bisherigen oder zukünftigen Arbeitsplatz nach S. 2 ist ausgeschlossen.* ⁴*Abs. 2 S. 2 gilt entsprechend.*

(4) ¹*Dem Gemeindevertreter ist die für die Mandatsausübung erforderliche Freistellung von der Arbeit zu gewähren.* ²*Dem Gemeindevertreter ist unabhängig von der Freistellung jährlich bis zu zwei Wochen Urlaub für die Teilnahme an Fortbildungsveranstaltungen im Zusammenhang mit dem Mandat zu gewähren.* ³*Die Entschädigung des Verdienstausfalls richtet sich nach § 27.*

85 Die Regelung gem. § 35a HGO gilt gem. § 82 Abs. 2 HGO entsprechend für **Ortsbeiräte**, die für Ortsbezirke gem. § 81 HGO eingerichtet werden können.

86 **5. Hessische Landkreisordnung**

IdF v. 1. April 2005 (GVBl. I S. 183), zuletzt geänd. durch Gesetz v. 11. 12. 2020 (GVBl. I S. 915).

§ 28a Sicherung der Mandatsausübung

(1) ¹*Niemand darf gehindert werden, sich um ein Mandat als Kreistagsabgeordneter zu bewerben, es anzunehmen oder auszuüben.* ²*Benachteiligungen am Arbeitsplatz im Zusammenhang mit der Bewerbung um ein Mandat, der Annahme und Ausübung eines Mandats sind unzulässig.* ³*Entgegenstehende Vereinbarungen sind nichtig.* ⁴*Die Bestimmungen der Abs. 2 bis 4 gelten nur für außerhalb des öffentlichen Dienstes beschäftigte Kreistagsabgeordnete.*

(2) ¹*Die Arbeitsverhältnisse von Kreistagsabgeordneten können vom Arbeitgeber nur aus wichtigem Grund gekündigt werden; das gilt nicht für Kündigungen während der Probezeit.* ²*Der Kündigungsschutz beginnt mit der Aufstellung des Bewerbers durch das dafür zuständige Gremium.* ³*Er gilt ein Jahr nach Beendigung des Mandats fort.* ⁴*Gehörte der Kreistagsabgeordnete weniger als ein Jahr dem Kreistag an, besteht Kündigungsschutz für sechs Monate nach Beendigung des Mandats.*

(3) ¹*Der Kreistagsabgeordnete ist auf dem bisherigen Arbeitsplatz zu belassen.* ²*Die Umsetzung auf einen anderen gleichwertigen Arbeitsplatz oder an einen anderen Beschäftigungsort ist nur zulässig, wenn der Kreistagsabgeordnete zustimmt oder dem Arbeitgeber eine Belassung auf dem bisherigen Arbeitsplatz oder an dem bisherigen Beschäftigungsort bei Abwägung aller Umstände nicht zugemutet werden kann.* ³*Die niedrigere Eingruppierung des Kreistagsabgeordneten auf dem bisherigen oder zukünftigen Arbeitsplatz nach S. 2 ist ausgeschlossen.* ⁴*Abs. 2 S. 2 gilt entsprechend.*

(4) ¹*Dem Kreistagsabgeordneten ist die für die Mandatsausübung erforderliche Freistellung von der Arbeit zu gewähren.* ²*Dem Kreistagsabgeordneten ist unabhängig von der Freistellung jährlich bis zu*

zwei Wochen Urlaub für die Teilnahme an Fortbildungsveranstaltungen im Zusammenhang mit dem Mandat zu gewähren. ³Die Entschädigung des Verdienstausfalls richtet sich nach § 18 Abs. 1 S. 1.

X. Mecklenburg-Vorpommern

1. Verfassung des Landes Mecklenburg-Vorpommern 87

Vom 23. Mai 1993 (GVOBl. M-V Nr. 10/1993 v. 23. Mai 1993), zuletzt geänd. durch Gesetz v. 14. Juli 2016 (GVOBl. M-V S. 573).

Art. 23 Kandidatur

(1) Wer sich um einen Sitz im Landtag bewirbt, hat Anspruch auf den zur Vorbereitung seiner Wahl erforderlichen Urlaub.

(2) Niemand darf gehindert werden, das Amt eines Abgeordneten zu übernehmen und auszuüben. Eine Kündigung oder Entlassung aus diesem Grunde ist unzulässig.

2. Gesetz über die Rechtsverhältnisse der Mitglieder des Landtages von Mecklenburg-Vorpommern (Abgeordnetengesetz) 88

IdF der Bek. v. 1. Februar 2007 (GVOBl. 2007 S. 54), zuletzt geänd. durch Gesetz v. 5. 2 2019 (GVOBl. M-V S. 66).

§ 2 Schutz der freien Mandatsausübung

(1) Niemand darf gehindert werden, sich um ein Mandat im Landtag zu bewerben, es zu übernehmen oder auszuüben.

(2) Benachteiligungen am Arbeitsplatz im Zusammenhang mit der Bewerbung um ein Mandat sowie der Annahme und Ausübung eines Mandats sind unzulässig.

(3) ¹Eine Kündigung oder Entlassung wegen der Annahme oder Ausübung des Mandats ist unzulässig. ²Eine Kündigung ist im übrigen nur aus wichtigem Grund zulässig. ³Der Kündigungsschutz beginnt mit der Aufstellung des Bewerbers durch das dafür zuständige Organ der Partei oder mit der Einreichung des Wahlvorschlags, jedoch frühestens drei Jahre nach Beginn der laufenden Wahlperiode des Landtags, im Fall der Auflösung des Landtags vor Ende dieser Frist, frühestens mit seiner Auflösung. ⁴Er gilt ein Jahr nach Beendigung des Mandats fort.

3. Kommunalverfassung für das Land Mecklenburg-Vorpommern (KV M-V) 89

Vom 13. Juli 2011 (GVOBl. M-V S. 777), zuletzt geänd. d Gesetz v. 23.7.2019 (GVOBl. M-V S. 467).

1. Teil Gemeindeordnung

§ 19 Rechte und Pflichten der Bürger

(1) –(3) ...

(4) Für die Ausübung von Ehrenämtern und ehrenamtlichen Tätigkeiten für die Gemeinde gelten die Bestimmungen über die Verschwiegenheit (§ 23 Abs. 6), Mitwirkungsverbote (§ 24), Vertretungsverbot (§ 26), Entschädigungen, Kündigungsschutz (§ 27) und die Verpflichtung (§ 28 Abs. 1 S. 6) entsprechend.

§ 27 Entschädigungen, Kündigungsschutz

(1) –(4) ...

(6) ¹Niemand darf gehindert werden, sich um ein Mandat als Gemeindevertreter zu bewerben, es anzunehmen oder auszuüben. ²Benachteiligung am Arbeitsplatz im Zusammenhang mit der Bewerbung um ein Mandat, der Annahme und Ausübung eines Mandats sind unzulässig. ³Entgegenstehende Vereinbarungen sind nichtig.

90 **2. Teil Landkreisordnung**

§ 102 Rechte und Pflichten der Bürgerinnen und Bürger, Bürgerentscheid

(1) ¹Die Bürgerinnen und Bürger sind verpflichtet, Ehrenämter und ehrenamtliche Tätigkeiten für den Landkreis zu übernehmen und gewissenhaft und unparteiisch auszuüben. ²§ 19 Abs. 3 und 4 gilt entsprechend.

XI. Niedersachsen

91 **1. Niedersächsische Verfassung**

Vom 19. Mai 1993 (GVBl. S. 107), zuletzt geänd. durch Gesetz v. 1. 12. 2020 (Nds. GVBl. S. 464).

Art. 13

(1) Wer sich um einen Sitz im Landtag bewirbt, hat Anspruch auf den zur Vorbereitung seiner Wahl erforderlichen Urlaub.

(2) ¹Niemand darf gehindert werden, ein Landtagsmandat zu übernehmen und auszuüben. ²Die Kündigung eines Beschäftigungsverhältnisses aus diesem Grunde ist unzulässig.

(3) ¹Die Mitglieder des Landtages haben Anspruch auf eine angemessene, ihre Unabhängigkeit sichernde Entschädigung. ²Das Nähere bestimmt ein Gesetz.

92 **2. Gesetz über die Rechtsverhältnisse der Abgeordneten des Niedersächsischen Landtages (Niedersächsisches Abgeordnetengesetz)**

IdF v. 20. Juni 2000 (Nds. GVBl. S. 129), zuletzt geänd. durch Gesetz v. 11. 11. 2020 (Nds. GVBl. S. 393).

§ 2 Schutz der freien Mandatsausübung

(1) Niemand darf gehindert werden, sich um ein Mandat zu bewerben, es anzunehmen oder auszuüben.

(2) Benachteiligungen am Arbeitsplatz im Zusammenhang mit der Bewerbung um das Mandat sowie der Annahme und Ausübung des Mandats sind unzulässig.

(3) ¹Eine Kündigung oder Entlassung wegen der Annahme oder Ausübung des Mandats ist unzulässig. ²Eine Kündigung ist im Übrigen nur aus wichtigem Grund zulässig. ³Der Kündigungsschutz beginnt mit der Aufstellung des Bewerbers durch das dafür zuständige Organ der Partei oder mit der Einreichung des Wahlvorschlages. ⁴Er gilt ein Jahr nach dem Ausscheiden aus dem Landtag fort.

93 Der Kündigungsschutz des Art. 13 Abs. 2 S. 2 (vormals Art. 17 Abs. 2 S. 2) der Verfassung des Landes Niedersachsen erstreckt sich nach der Rspr. des BGH **nicht auf Rechtsanwälte als freiberuflich Tätige** (*BGH* 2.5.1985 AP Nr. 5 zu Art. 48 GG). Dies ergebe sich bereits aus dem Wortlaut der Vorschrift. Der BGH hatte einen Fall anhand der vorherigen Fassung des Art. 17 Abs. 2 S. 2 (*Weigand* KR, 3. Aufl. ParlKSch Rn 87), die sich auch auf »Dienstverhältnisse« bezog, zu entscheiden. Nach dem BGH ist durch die zitierte Verfassungsnorm – in ihrer vormaligen Fassung – die Kündigung einer Anwaltssozietät allenfalls dann untersagt, wenn sie auf die Erschwerung oder Verhinderung der Abgeordnetentätigkeit abzielt, nicht aber, wenn sie nur die Mehrbelastung der Mitgesellschafter des Abgeordneten als Folge seiner Inanspruchnahme durch das Mandat abwenden will. Dieser Rechtsprechung des BGH begegnen erhebliche Bedenken (Austermann/Schmahl-*Welti* AbgG § 2 Rn 22); denn das verfassungsrechtliche Behinderungsverbot gilt für jede vertragliche Bindung mit der Qualität eines gesetzlichen Verbotes (frühere Rspr. des *BGH* 6.5.1965 NJW 1965, 1958 f.; s. Rdn 37 f.) und landesrechtliche Regelungen müssen sich nach der Rspr. des BVerfG direkt an den Grundsätzen des Art. 48 GG messen lassen (s. Rdn 26, 34).

94 § 3 Niedersächsisches AbgG sieht eine Regelung über einen Wahlvorbereitungsurlaub vor in Anlehnung an § 3 BT AbgG (s. Rdn 12). Allerdings gilt die Anrechnung der Mandatszeit auf die Berufs- und Betriebszugehörigkeit weder für die Berechnung der Höhe der Leistungen, die nach

der Berufs- oder Betriebszugehörigkeit bemessen werden, noch für Probezeiten, noch für Zeiten einer praktischen Tätigkeit, die Voraussetzung für die Ausübung eines Berufs sind. Die Mandatszeit kann jedoch angerechnet werden, soweit sie der praktischen Tätigkeit vergleichbar ist (§ 4 Niedersächsisches AbgG).

Unvereinbar ist der Status des Beamten mit Dienstbezügen mit dem Abgeordnetenmandat. Soll das Mandat nicht erlöschen, müssen die Rechte und Pflichten aus dem Beamtenverhältnis ruhen oder es muss eine ähnliche Regelung getroffen werden oder das Beamtenverhältnis muss beendet werden. Diese Vorschrift (§ 5 Niedersächsisches AbgG) gilt entsprechend für Richter, Berufssoldaten und Soldaten auf Zeit, für Angestellte bei juristischen Personen des öffentlichen Rechts mit Ausnahme der Religionsgesellschaften sowie für Angestellte von Kapitalgesellschaften, Vereinen, Verbänden oder Stiftungen, wenn zu mehr als 50 vH juristische Personen nach Nummer 2 Kapitaleigner oder Mitglieder sind, das Stiftungsvermögen bereitgestellt haben oder die Aufwendungen tragen.

3. Niedersächsisches Kommunalverfassungsgesetz

Vom 17. Dezember 2010 (Nds. GVBl. S. 576), zul. geänd. durch Gesetz v. 15.7.2020 (Nds. GVBl. S. 244).

§ 54 Rechtsstellung der Mitglieder der Vertretung

(1) ...

(2) ^{1}*Niemand darf gehindert werden, das Amt eines Mitglieds der Vertretung zu übernehmen und auszuüben.* ^{2}*Es ist unzulässig, Abgeordnete wegen ihrer Mitgliedschaft aus einem Dienst- oder Arbeitsverhältnis zu entlassen oder ihnen zu kündigen.* ^{3}*Den Abgeordneten ist die für ihre Tätigkeit notwendige freie Zeit zu gewähren.* ^{4}*Ihnen ist darüber hinaus in jeder Wahlperiode bis zu fünf Arbeitstage Urlaub zu gewähren, damit sie an Fortbildungsveranstaltungen teilnehmen können, die im Zusammenhang mit dem Amt der oder des Abgeordneten stehen.* ^{5}*Für die Zeit dieses Urlaubs haben die Abgeordneten gegen die Kommune Anspruch auf Ersatz des nachgewiesenen Verdienstausfalls bis zu einem durch Satzung festzulegenden Höchstbetrag.* ^{6}*Sind die Abgeordneten einer Gemeinde zugleich auch Abgeordnete einer Samtgemeinde, eines Landkreises oder der Region Hannover, so entsteht der Anspruch auf Urlaub nach Satz 4 in jeder Wahlperiode nur einmal.*

(3) und (4) ...

Das Kommunalverfassungsgesetz vom 17. Dezember 2010 ist am 1. November 2011 in Kraft getreten.

XII. Nordrhein-Westfalen

1. Verfassung des Landes Nordrhein-Westfalen

Vom 18. Juni 1950 (GV NW S. 127/GS NW S. 3/SGV NW 100), zuletzt geänd. durch Gesetz v. 30. 6. 2020 (GV NRW S. 644).

Art. 46 Schutz der Mandatsausübung

(1) ^{1}*Abgeordnete dürfen an der Übernahme und Ausübung ihres Mandats nicht gehindert oder hierdurch in ihrem Amt oder Arbeitsverhältnis benachteiligt werden.* ^{2}*Insbesondere ist unzulässig, sie aus diesem Grunde zu entlassen oder ihnen zu kündigen.*

(2) ^{1}*Beamte, Angestellte und Arbeiter bedürfen zu der mit den Obliegenheiten ihres Mandats als Mitglieder des Landtags verbundenen Tätigkeit keines Urlaubs.* ^{2}*Bewerben sie sich um einen Sitz im Landtag, so ist ihnen der zur Vorbereitung ihrer Wahl erforderliche Urlaub zu gewähren.*

(3) Die Wählbarkeit von Beamten, Angestellten des öffentlichen Dienstes und Richtern im Lande Nordrhein-Westfalen kann gesetzlich beschränkt werden.

2. Abgeordnetengesetz des Landes Nordrhein-Westfalen – AbgG NRW –

Vom 5. April 2005, zuletzt geänd. durch Gesetz v. 29. 5. 2020 (GV NRW S. 358).

§ 2 Schutz der freien Mandatsausübung

(1) ¹Niemand darf gehindert werden, sich um ein Mandat im Landtag oder in der gesetzgebenden Körperschaft eines anderen Landes zu bewerben, es zu übernehmen oder auszuüben. ²Zu den Pflichten der Abgeordneten gehört die Teilnahme an Plenar- und Ausschusssitzungen, an den Sitzungen der Fraktionen und Arbeitskreise sowie des Ältestenrates und des Präsidiums (Pflichtsitzungen).

(2) Benachteiligungen am Arbeitsplatz im Zusammenhang mit der Bewerbung um ein Mandat sowie der Annahme und Ausübung eines Mandats sind unzulässig.

(3) ¹Eine Kündigung oder Entlassung im Zusammenhang mit der Annahme oder Ausübung des Mandats ist unzulässig. ²Eine Kündigung ist im Übrigen nur aus wichtigem Grunde zulässig. ³Der Kündigungsschutz beginnt mit der Aufstellung des Bewerbers durch das dafür zuständige Organ der Partei oder mit der Einreichung des Wahlvorschlags. ⁴Er gilt ein Jahr nach Beendigung des Mandats fort.

100 **3. Gemeindeordnung für das Land Nordrhein-Westfalen**

IdF d. Bek. v. 14. Juli 1994 (GV NW S. 666/SGV NW 2023), zuletzt geänd. durch Gesetz v. 29. 11. 2020 (GV NRW S. 916).

§ 44 Freistellung

(1) ¹Niemand darf gehindert werden, sich um ein Mandat als Mitglied des Rates, einer Bezirksvertretung oder eines Ausschusses zu bewerben, es anzunehmen oder auszuüben. ²Benachteiligungen am Arbeitsplatz im Zusammenhang mit der Bewerbung, der Annahme oder der Ausübung eines Mandats sind unzulässig. ³Entgegenstehende Vereinbarungen sind nichtig. ⁴Kündigungen oder Entlassungen aus Anlaß der Bewerbung, Annahme oder Ausübung eines Mandats sind unzulässig.

(2) ¹Die Ratsmitglieder, Mitglieder der Bezirksvertretungen oder Mitglieder der Ausschüsse sind für die Zeit der Ausübung des Mandats von der Arbeit freizustellen. (…)

101 **4. Kreisordnung für das Land Nordrhein-Westfalen**

IdF der Bek. v. 14. Juli 1994 (GV NW S. 646/SGV NW 2021), zuletzt geänd. durch Gesetz v. 29. 11. 2020 (GV NRW S. 916).

§ 29 Freistellung

(1) ¹Niemand darf gehindert werden, sich um ein Mandat als Mitglied des Kreistags oder eines Ausschusses zu bewerben, es anzunehmen oder auszuüben. ²Benachteiligungen am Arbeitsplatz in Zusammenhang mit der Bewerbung, der Annahme oder der Ausübung eines Mandats sind unzulässig. ³Entgegenstehende Vereinbarungen sind nichtig. ⁴Kündigungen oder Entlassungen aus Anlaß der Bewerbung, Annahme oder Ausübung eines Mandats sind unzulässig.

(2) ¹Die Kreistagsmitglieder und Mitglieder der Ausschüsse sind für die Zeit der Ausübung des Mandats von der Arbeit freizustellen. (…)

XIII. Rheinland-Pfalz

102 **1. Verfassung für Rheinland-Pfalz**

Vom 18. Mai 1947 (VOBl. S. 209), zuletzt geänd. durch Gesetz v. 8. Mai 2015 (GVBl. S. 35).

Artikel 96

(1) ¹Wer sich um einen Sitz im Landtag bewirbt, hat Anspruch auf den zur Vorbereitung seiner Wahl erforderlichen Urlaub. ²Niemand darf gehindert werden, das Amt eines Abgeordneten zu übernehmen und auszuüben. ³Eine Kündigung oder Entlassung aus diesem Grunde ist unzulässig.

(2) Auf Geistliche und Ordensleute finden diese Bestimmungen keine Anwendung.

2. Landesgesetz über die Rechtsverhältnisse der Mitglieder des Landtags Rheinland-Pfalz (Abgeordnetengesetz Rheinland-Pfalz – AbgG RhPf –)

Vom 21. Juli 1978 (GVBl. S. 587), zuletzt geänd. durch Gesetz v. 4. April 2017 (GVBl. S. 78).

§ 2 Schutz der freien Mandatsausübung

(1) Niemand darf gehindert werden, sich um ein Mandat im Landtag oder in der gesetzgebenden Körperschaft eines anderen Landes zu bewerben, es anzunehmen oder auszuüben.

(2) Benachteiligungen am Arbeitsplatz im Zusammenhang mit der Bewerbung um ein Mandat sowie der Annahme und Ausübung eines Mandats sind unzulässig.

(3) [1]Eine Kündigung oder Entlassung wegen der Annahme oder Ausübung des Mandats ist unzulässig. [2]Eine Kündigung ist im Übrigen nur aus wichtigem Grunde zulässig. [3]Der Kündigungsschutz beginnt mit der Aufstellung des Bewerbers durch die nach den Vorschriften des Landeswahlgesetzes zuständigen Organe. [4]Er gilt ein Jahr nach Beendigung des Mandats fort.

3. Gemeindeordnung für Rheinland-Pfalz

Vom 31. Januar 1994 (GVBl. S. 153), zuletzt geänd. durch Gesetz v. 17.12. 2020 (GVBl. S. 728).

§ 18a Arbeitsrechtliche und dienstrechtliche Sicherung

(1) [1]Die Bewerbung um ein Ehrenamt oder eine ehrenamtliche Tätigkeit sowie die Annahme und die Ausübung dürfen nicht behindert werden. [2]Entgegenstehende Vereinbarungen sind nichtig.

(2) Wer ein Ehrenamt oder eine ehrenamtliche Tätigkeit ausübt, darf, wenn er in einem Dienst- oder Arbeitsverhältnis steht, nicht aus diesem Grunde entlassen, gekündigt oder in eine andere Gemeinde versetzt werden.

(3) Ratsmitglieder sowie ehrenamtliche Bürgermeister, Beigeordnete und Ortsvorsteher können nur mit ihrer Zustimmung auf einen anderen Arbeitsplatz umgesetzt werden, es sei denn, daß ihre Belassung auf dem bisherigen Arbeitsplatz aus zwingenden betrieblichen Gründen dem Arbeitgeber nicht zugemutet werden kann.

(4) [1]Die Kündigung der Arbeitsverhältnisse der Ratsmitglieder, der ehrenamtlichen Bürgermeister, Beigeordneten und Ortsvorsteher ist unzulässig, es sei denn, daß Tatsachen vorliegen, die den Arbeitgeber zur Kündigung nach § 626 des Bürgerlichen Gesetzbuches berechtigen; dies gilt nicht für Kündigungen während der Probezeit. [2]Für die Bewerber zum Gemeinderat besteht in der Reihenfolge des Wahlvorschlags bis zu der in § 29 Abs. 2 bestimmten Zahl und für Bewerber für das Amt des ehrenamtlichen Bürgermeisters der Kündigungsschutz mit dem Eingang des Wahlvorschlags beim Wahlleiter. [3]§ 15 Abs. 4 und 5 des Kündigungsschutzgesetzes gilt entsprechend.

(5) Die für die Wahrnehmung eines Ehrenamts oder einer ehrenamtlichen Tätigkeit notwendige freie Zeit ist auf Antrag demjenigen, der in einem Dienst- oder Arbeitsverhältnis steht, zu gewähren.

(6) [1]Dem Inhaber eines Ehrenamts steht Sonderurlaub zur Teilnahme an Fortbildungsveranstaltungen im Zusammenhang mit seinem Ehrenamt zu. [2]Der Sonderurlaub beträgt bis zu fünf Arbeitstage im Kalenderjahr; entsprechende Freistellungen, die in einem Kalenderjahr auf Grund anderer Vorschriften gewährt werden, sind anzurechnen. [3]Für Beamte werden nähere Bestimmungen über die Anrechnung von anderen Freistellungen auf den Anspruch nach S. 1 in der Urlaubsverordnung getroffen. [4]§ 18 Abs. 4 gilt entsprechend.

4. Landkreisordnung für Rheinland-Pfalz

IdF der Bek. v. 31. Januar 1994 (GVBl. S. 188), zuletzt geänd. durch Gesetz v. 17.12. 2020 (GVBl. S. 728).

§ 12a Arbeitsrechtliche und dienstrechtliche Sicherung

(1) [1]Die Bewerbung um ein Ehrenamt oder eine ehrenamtliche Tätigkeit sowie die Annahme und die Ausübung dürfen nicht behindert werden. [2]Entgegenstehende Vereinbarungen sind nichtig.

(2) Wer ein Ehrenamt oder eine ehrenamtliche Tätigkeit ausübt, darf, wenn er in einem Dienst- oder Arbeitsverhältnis steht, nicht aus diesem Grunde entlassen, gekündigt oder in einen anderen Landkreis versetzt werden.

(3) Kreistagsmitglieder sowie ehrenamtliche Kreisbeigeordnete können nur mit ihrer Zustimmung auf einen anderen Arbeitsplatz umgesetzt werden, es sei denn, daß ihre Belassung auf dem bisherigen Arbeitsplatz aus zwingenden betrieblichen Gründen dem Arbeitgeber nicht zugemutet werden kann.

(4) [1]Die Kündigung der Arbeitsverhältnisse der Kreistagsmitglieder sowie der ehrenamtlichen Kreisbeigeordneten ist unzulässig, es sei denn, daß Tatsachen vorliegen, die den Arbeitgeber zur Kündigung nach § 626 des Bürgerlichen Gesetzbuches berechtigen; dies gilt nicht für Kündigungen während der Probezeit. [2]Für die Bewerber zum Kreistag besteht in der Reihenfolge des Wahlvorschlags bis zu der in § 22 Abs. 2 bestimmten Zahl der Kündigungsschutz mit dem Eingang des Wahlvorschlags beim Wahlleiter. [3]§ 15 Abs. 4 und 5 des Kündigungsschutzgesetzes gilt entsprechend.

(5) Die für die Wahrnehmung eines Ehrenamts oder einer ehrenamtlichen Tätigkeit notwendige freie Zeit ist auf Antrag demjenigen, der in einem Dienst- oder Arbeitsverhältnis steht, zu gewähren.

(6) [1]Dem Inhaber eines Ehrenamts steht Sonderurlaub zur Teilnahme an Fortbildungsveranstaltungen im Zusammenhang mit seinem Ehrenamt zu. [2]Der Sonderurlaub beträgt bis zu fünf Arbeitstage im Kalenderjahr; entsprechende Freistellungen, die in einem Kalenderjahr auf Grund anderer Vorschriften gewährt werden, sind anzurechnen. [3]Für Beamte werden nähere Bestimmungen über die Anrechnung von anderen Freistellungen auf den Anspruch nach S. 1 in der Urlaubsverordnung getroffen. [4]§ 12 Abs. 4 gilt entsprechend.

XIV. Saarland

106 **1. Verfassung des Saarlandes**

Vom 15. Dezember 1947 (ABl. S. 1077), zuletzt geänd. durch Gesetz v. 10. 4. 2019 (ABl. I S. 446).

Art. 84 [Wahlurlaub, Mandatsausübung]

[1]Abgeordnete bedürfen zur Ausübung ihres Mandats keines Urlaubs. [2]Bewirbt sich jemand um einen Sitz im Landtag, so ist ihm der zur Vorbereitung der Wahl erforderliche Urlaub zu gewähren.

107 **2. Gesetz Nr. 1103 über die Rechtsverhältnisse der Mitglieder des Landtages des Saarlandes (Abgeordnetengesetz – AbgG SL)**

Vom 4. Juli 1979 (Amtsbl. S. 656), zuletzt geänd. durch Gesetz v. 19. Juni 2019 (ABl. I S. 572).

§ 2 Schutz der freien Mandatsausübung

(1) Niemand darf gehindert werden, sich um ein Mandat im Landtag oder in der gesetzgebenden Körperschaft eines anderen Landes zu bewerben, es zu übernehmen oder auszuüben.

(2) Benachteiligungen am Arbeitsplatz im Zusammenhang mit der Bewerbung um ein Mandat sowie der Annahme und Ausübung eines Mandats sind unzulässig.

(3) [1]Eine Kündigung oder Entlassung wegen der Annahme oder Ausübung des Mandats ist unzulässig. [2]Eine Kündigung ist im Übrigen nur aus wichtigem Grund zulässig. [3]Der Kündigungsschutz beginnt mit der Aufstellung des Bewerbers durch das dafür zuständige Organ der Partei oder mit der Einreichung des Wahlvorschlags. [4]Er gilt ein Jahr nach Beendigung des Mandats fort.

XV. Sachsen

108 **1. Verfassung des Freistaates Sachsen**

Vom 27. Mai 1992 (GVBl. S. 243), zuletzt geänd. durch Gesetz v. 11. Juli 2013 (SächsGVBl. S. 502).

Art. 42 Rechte der Abgeordneten

(1) Wer sich um einen Sitz im Landtag bewirbt, hat Anspruch auf den zur Vorbereitung seiner Wahl erforderlichen Urlaub.

(2) [1]Niemand darf gehindert werden, das Amt eines Abgeordneten zu übernehmen und auszuüben. [2]Eine Kündigung oder Entlassung aus einem Dienst- oder Arbeitsverhältnis aus diesem Grund ist unzulässig.

(3) [1]Die Abgeordneten haben Anspruch auf eine angemessene, ihre Unabhängigkeit sichernde Entschädigung. [2]Sie haben innerhalb des Landes das Recht der kostenfreien Benutzung aller staatlichen Verkehrsmittel.

(4) Das Nähere bestimmt ein Gesetz.

2. Gesetz über die Rechtsverhältnisse der Mitglieder des sächsischen Landtages (Abgeordnetengesetz)

Vom 4. Juli 2000 (GVBl. S. 326), zuletzt geänd. durch Gesetz v. 29. April 2015 (GVBl. S. 349).

§ 2 Schutz der freien Mandatsausübung

(1) Niemand darf gehindert werden, sich um ein Mandat im Landtag oder in der gesetzgebenden Körperschaft eines anderen Landes zu bewerben, es anzunehmen oder auszuüben.

(2) [1]Benachteiligungen am Arbeitsplatz im Zusammenhang mit der Bewerbung um ein Mandat sowie der Annahme und Ausübung eines Mandats sind unzulässig. [2]Es ist unzulässig, ein Mitglied des Landtages gegen seinen Willen wegen seiner Abgeordneteneigenschaft zu beurlauben.

(3) [1]Eine Kündigung oder Entlassung wegen der Annahme oder Ausübung des Mandats ist unzulässig. [2]Eine Kündigung ist im übrigen nur aus wichtigem Grund zulässig. [3]Der Kündigungsschutz beginnt mit der Aufstellung des Bewerbers durch das dafür zuständige Organ der Partei oder mit der Einreichung des Wahlvorschlages. [4]Er gilt nach Beendigung des Mandats ein Jahr lang.

(4) [1]Das Arbeitsverhältnis eines Mitglieds des Landtags ruht. [2]Auf Antrag des Mitglieds wird es bei Einverständnis des Arbeitgebers im Umfang der dem Mitglied unter Berücksichtigung des Mandats noch zur Verfügung stehenden Arbeitszeit weitergeführt. [3]Der Arbeitgeber kann sein Einverständnis nur aus wichtigem Grunde versagen. [4]Im Fall der Weiterführung hat das Mandat Vorrang. [5]Auf Antrag des Mitglieds, welcher auf das Ende jedes Kalendermonats zwei Monate im voraus gestellt werden kann, ruht das Arbeitsverhältnis neuerlich. [6]§ 30 bleibt unberührt.

3. Sächsische Gemeindordnung (SächsGemO)

IdF d. Bek. v. 9. März 2018 (GVBl. S. 62), zuletzt geänd. durch Gesetz v. 6. 12. 2020 (Sächs. GVBl. S. 722).

§ 35 Rechtsstellung der Gemeinderäte

(1) ...

(2) [1]Niemand darf gehindert werden, sich um das Mandat eines Gemeinderats zu bewerben, es zu übernehmen und auszuüben. [2]Eine Kündigung oder Entlassung aus einem Dienst- oder Arbeitsverhältnis, eine Versetzung an einen anderen Beschäftigungsort sowie sonstige berufliche Benachteiligungen aus diesem Grunde sind unzulässig. [3]Steht der Gemeinderat in einem Dienst- oder Arbeitsverhältnis, ist ihm die für die Mandatsausübung erforderliche freie Zeit zu gewähren.

4. Sächsische Landkreisordnung (SächsLKrO)

IdF d. Bek. v. 9. März 2018 (SächsGVBl. S. 99), zuletzt geänd. d Gesetz v. 6. 12. 2020 (SächsGVBl. S. 722).

§ 31 Rechtsstellung der Kreisräte

(1) ...

(2) [1]Niemand darf gehindert werden, sich um das Mandat eines Kreisrates zu bewerben, es zu übernehmen und auszuüben. [2]Eine Kündigung oder Entlassung aus einem Dienst- oder Arbeitsverhältnis, eine Versetzung an einen anderen Beschäftigungsort sowie sonstige berufliche Benachteiligungen aus diesem

Grunde sind unzulässig. ³Steht der Kreisrat in einem Dienst- oder Arbeitsverhältnis, ist ihm die für die Mandatsausübung erforderliche freie Zeit zu gewähren.

XVI. Sachsen-Anhalt

112 **1. Verfassung des Landes Sachsen-Anhalt**

Vom 16. Juli 1992 (GVBl. S. 600), zuletzt geänd. durch Gesetz v. 20. 3. 2020 (GVBl. LSA S. 64).

Art. 56 Erwerb und Sicherung des Mandats

(1) Wer sich um ein Landtagsmandat bewirbt, hat Anspruch auf den zur Vorbereitung seiner Wahl erforderlichen Urlaub.

(2) ¹Niemand darf gehindert werden, ein Landtagsmandat zu übernehmen und auszuüben. ²Niemand darf deswegen aus seinem Dienst- oder Arbeitsverhältnis entlassen werden.

(3) Die Eigenschaft als Mitglied des Landtages beginnt mit Annahme der Wahl.

(4) Die Mitglieder des Landtages haben das Recht, im Landtag das Wort zu ergreifen und Fragen zu stellen sowie bei Wahlen oder Beschlüssen ihre Stimme abzugeben.

(5) ¹Die Mitglieder des Landtages haben Anspruch auf eine angemessene, ihre Unabhängigkeit sichernde Entschädigung und die Bereitstellung der zur wirksamen Amtsausübung erforderlichen Mittel. ²Darüber holt der Präsident des Landtages den Rat einer unabhängigen Kommission ein.

(6) Das Nähere regelt ein Gesetz.

113 **2. Gesetz über die Rechtsverhältnisse der Mitglieder des Landtages von Sachsen-Anhalt (Abgeordnetengesetz Sachsen-Anhalt – AbgG SAn)**

IdF d. Bek. v. 14. Juni 2002 (GVBl. LSA S. 270), zuletzt geänd. d. G. v. 20. 12. 2016 (GVBl. LSA S. 65).

§ 2 Schutz der freien Mandatsausübung

(1) Niemand darf gehindert werden, sich um ein Mandat im Landtag zu bewerben, es anzunehmen oder auszuüben.

(2) ¹Benachteiligungen am Arbeitsplatz im Zusammenhang mit der Bewerbung um ein Mandat sowie der Annahme und Ausübung eines Mandats sind unzulässig. ²Es ist besonders unzulässig, den Abgeordneten gegen seinen Willen zu beurlauben.

(3) ¹Eine Kündigung oder Entlassung im Zusammenhang mit der Annahme oder Ausübung des Mandats ist unzulässig. ²Eine Kündigung ist im übrigen nur aus wichtigem Grund zulässig. ³Der Kündigungsschutz beginnt mit der Aufstellung des Bewerbers durch das dafür zuständige Organ der Partei oder mit der Einreichung des Wahlvorschlags, jedoch frühestens drei Jahre nach Beginn der laufenden Wahlperiode des Landtages, im Fall der Auflösung des Landtages vor Ende dieser Frist, frühestens mit seiner Auflösung. ⁴Er gilt ein Jahr nach Beendigung des Mandats fort.

114 **3. Kommunalverfassungsgesetz des Landes Sachsen-Anhalt (KVG LSA)**

Vom 17. Juni 2014 (GVBl. LAS S. 288), zul. geänd. d. G. v. 15. 12. 2020 (GVBl. LSA S. 712).

§ 43 Rechtsstellung der Mitglieder der Vertretung

(1) …

(2) ¹Kein Bürger darf gehindert werden, sich um das Amt eines ehrenamtlichen Mitglieds der Vertretung zu bewerben, es zu übernehmen und auszuüben. ²Eine Kündigung oder Entlassung aus einem Dienst- oder Arbeitsverhältnis, eine Versetzung an einen anderen Beschäftigungsort und jede sonstige berufliche Benachteiligung aus diesem Grunde sind unzulässig. ³Dies gilt auch für den Zeitraum von sechs Monaten

nach Beendigung des Mandats. ⁴*Dem ehrenamtlichen Mitglied der Vertretung ist die für seine Tätigkeit erforderliche freie Zeit zu gewähren.*

XVII. Schleswig-Holstein

1. Verfassung des Landes Schleswig-Holstein 115

IdF v. 2. Dezember 2014 (GVOBl. 2014, 344), zuletzt geänd. durch Gesetz v. 19. Dezember 2016 (GVBl. S. 1008).

Art. 5 Kandidatur

¹*Wer sich um einen Sitz in einer Volksvertretung bewirbt, hat Anspruch auf den zur Vorbereitung seiner Wahl erforderlichen Urlaub.* ²*Niemand darf gehindert werden, das Abgeordnetenamt zu übernehmen und auszuüben.* ³*Eine Kündigung oder Entlassung aus diesem Grund ist unzulässig.*

2. Gesetz über die Rechtsverhältnisse der Mitglieder des Schleswig-Holsteinischen Landtages 116 (Schleswig-Holsteinisches Abgeordnetengesetz – SH AbgG –)

IdF v. 13. Februar 1991 (GVOBl. Schl-H., S. 100), zuletzt geänd. durch Gesetz v. 1. 12 2020 (GVOBl. Schl.-H. S. 510).

§ 2 Schutz der freien Mandatsausübung

(1) Niemand darf gehindert werden, sich um ein Mandat im Landtag zu bewerben, es zu übernehmen oder auszuüben.

(2) Benachteiligungen am Arbeitsplatz im Zusammenhang mit der Bewerbung um ein Mandat sowie der Annahme und Ausübung eines Mandats sind unzulässig.

(3) ¹*Eine Kündigung oder Entlassung wegen der Bewerbung für ein Mandat sowie der Annahme oder Ausübung des Mandats ist unzulässig.* ²*Eine Kündigung ist im Übrigen nur aus wichtigem Grund zulässig.* ³*Der Kündigungsschutz beginnt mit der Aufstellung der Bewerber und Bewerberinnen durch das dafür zuständige Organ der Partei oder mit der Einreichung des Wahlvorschlags.* ⁴*Er gilt ein Jahr nach Beendigung des Mandats fort, für nicht gewählte Bewerber und Bewerberinnen sechs Monate nach dem Tag der Wahl.*

§ 5 Mitglieder anderer Volksvertretungen

Die §§ 2 bis 4 gelten auch zugunsten von Mitgliedern anderer Volksvertretungen im Geltungsbereich des Grundgesetzes.

3. Gemeindeordnung für Schleswig-Holstein (Gemeindeordnung – GO) 117

IdF vom 28. Februar 2003, zuletzt geänd. durch Gesetz v. 7. 9. 2020 (GVOBl. Schl.-H. S. 514).

§ 24a Kündigungsschutz, Freizeitgewährung

¹*Niemand darf gehindert werden, sich um eine Tätigkeit als Ehrenbeamtin oder -beamter sowie als ehrenamtlich tätige Bürgerin oder ehrenamtlich tätiger Bürger zu bewerben und die Tätigkeit auszuüben.* ²*Damit zusammenhängende Benachteilungen am Arbeitsplatz sind unzulässig.* ³*Entgegenstehende Vereinbarungen sind nichtig.* ⁴*Wer als Ehrenbeamtin oder -beamter oder ehrenamtlich als Bürgerin oder Bürger tätig ist, darf aus dem Dienst- oder Arbeitsverhältnis nicht aus diesem Grund entlassen, gekündigt oder in eine andere Gemeinde versetzt werden.* ⁵*Ihr oder ihm ist die für die Tätigkeit notwendige freie Zeit zu gewähren.*

4. Kreisordnung für Schleswig-Holstein (Kreisordnung – KrO) 118

IdF v. 28. Februar 2003, zuletzt geänd. durch Gesetz v. 7. 9. 2020 (GVOBl. Schl.-H. S. 514).

§ 27 Rechte und Pflichten

(1) und (2) ...

(3) ¹*§ 21 Abs. 2 bis 5 (Verschwiegenheitspflicht), § 22 (Ausschließungsgründe), § 23 Satz 1 und 2 (Treuepflicht), § 24 (Entschädigungen, Ersatz für Sachschäden, Zuwendungen), § 24a (Kündigungsschutz, Freizeitgewährung) und § 25 (Vertretung der Gemeinde in Vereinigungen) der Gemeindeordnung gelten für Kreistagsabgeordnete entsprechend. (...)*

(4) und (5) ...

XVIII. Thüringen

119 1. Verfassung des Freistaats Thüringen

Vom 25. Oktober 1993 (GVBl. S. 625). zuletzt geänd. durch Gesetz v. 11. Oktober 2004 (GVBl. S. 745).

Art. 51

(1) Wer sich um einen Sitz im Landtag bewirbt, hat Anspruch auf den zur Vorbereitung seiner Wahl erforderlichen Urlaub.

(2) Niemand darf gehindert werden, ein Mandat zu übernehmen oder auszuüben; eine Kündigung oder Entlassung aus diesem Grund ist unzulässig.

120 2. Gesetz über die Rechtsverhältnisse der Abgeordneten des Thüringer Landtages (Thüringer Abgeordnetengesetz – ThürAbgG)

Vom 9. März 1995 (GVBl. S. 121), zuletzt geänd. durch Gesetz v. 21. 12. 2020 (GVBl. S. 680).

§ 2 Freie Mandatsausübung

(1) Jede wählbare Person darf sich ungehindert um ein Mandat im Landtag oder in der gesetzgebenden Körperschaft eines anderen Landes bewerben, es annehmen und ausüben.

(2) ¹*Dabei darf sie am Arbeitsplatz nicht benachteiligt werden.* ²*Insbesondere ist eine ordentliche Kündigung oder eine Entlassung wegen der Bewerbung um ein Mandat oder wegen der Annahme oder Ausübung eines Mandats unzulässig.*

(3) ¹*Der Kündigungsschutz beginnt mit der Aufstellung der Bewerber durch das dafür zuständige Gremium der jeweiligen Partei oder politischen Vereinigung oder mit der Einreichung des Wahlvorschlags.* ²*Er gilt ein Jahr nach Beendigung des Mandats fort, für nicht gewählte Bewerber drei Monate nach dem Tag der Wahl.*

121 3. Thüringer Kommunalordnung – ThürKO

IdF d. Bek. v. 28. Januar 2003 (GVBl. S. 41), zuletzt geänd. durch Gesetz v. 11. 6. 2017 (GVBl. S. 277, 278).

Erster Teil Gemeindeordnung

§ 12 Ehrenamtliche Tätigkeit

(1) ¹*Die Bürger nehmen nach den gesetzlichen Vorschriften an der Verwaltung der Gemeinde teil.* ²*Sie sind zur Übernahme von Ehrenämtern in der Gemeinde verpflichtet; dies gilt nicht für die Ämter des ehrenamtlichen Bürgermeisters und Beigeordneten, des Gemeinderatsmitglieds des Ortsteil- und Ortschaftsbürgermeisters sowie der Ortsteil- und Ortschaftsratsmitglieder.* ³*Die Bewerbung um ein Ehrenamt sowie dessen Annahme und Ausübung dürfen nicht behindert werden.*

Zweiter Teil Landkreisordnung

§ 94 Ehrenamtliche Tätigkeit

(1) ¹Die Bürger nehmen nach den gesetzlichen Vorschriften an der Verwaltung des Landkreises teil. ²Sie sind zur Übernahme von Ehrenämtern im Landkreis verpflichtet; dies gilt nicht für die Ämter des ehrenamtlichen Beigeordneten und des Kreistagsmitglieds. ³Die Bewerbung um ein Ehrenamt sowie dessen Annahme und Ausübung dürfen nicht behindert werden.

D. Kündigungsschutz für Wahlbewerber und Mitglieder des Europaparlaments

I. Gesetz über die Rechtsverhältnisse der Mitglieder des Europäischen Parlaments aus der Bundesrepublik Deutschland (Europaabgeordnetengesetz – EuAbgG)

Vom 6. April 1979 (BGBl. I S. 413), zuletzt geänd. durch Gesetz v. 11. Juli 2014 (BGBl. I S. 906).

§ 3 Schutz der Mandatsbewerber und der Mandatsausübung

(1) Niemand darf gehindert werden, sich um ein Mandat im Europäischen Parlament zu bewerben, es anzunehmen oder auszuüben.

(2) Benachteiligungen am Arbeitsplatz im Zusammenhang mit der Bewerbung um ein Mandat sowie der Annahme und Ausübung eines Mandats sind unzulässig.

(3) ¹Eine Kündigung oder Entlassung wegen der Annahme oder Ausübung des Mandats ist unzulässig. ²Im übrigen ist eine Kündigung nur aus wichtigem Grunde zulässig. ³Der Kündigungsschutz beginnt mit der Aufstellung des Bewerbers durch das dafür zuständige Organ des Wahlvorschlagsberechtigten. ⁴Er gilt ein Jahr nach Beendigung des Mandats fort.

II. Erläuterungen

§ 3 EuAbgG wurde nach dem Vorbild des § 2 AbgG (s. Rdn 12) formuliert. Damit kommt den deutschen Europaabgeordneten der gleiche Kündigungsschutz zu wie den Mitgliedern des deutschen Bundestages. Ebenso sind die Bewerber um einen Sitz im Europaparlament den Bewerbern um ein Bundestagsmandat hinsichtlich des Wahlvorbereitungsurlaubs (§ 3 BT AbgG, s. Rdn 12) und der Anrechnung der Mandatsdauer auf Berufs- und Betriebszeiten (§ 4 BT AbgG, s. Rdn 12) gleichgestellt. Zum Begriff des Mandats vgl. Rdn 22. Für erfolglos gebliebene Wahlbewerber besteht kein nachwirkender Kündigungsschutz gem. § 3 Abs. 3 EuAbgG, auch nicht im Wege der Analogie, s. Rdn 36. Diese Einschränkung des nachwirkenden Kündigungsschutzes im Vergleich zu Mandatsträgern, deren Mandat beendet ist, entspricht dem Unionsrecht (*BAG* 18.5.2017 – 2 AZR 79/16, EzA § 626 BGB 2002 Unkündbarkeit Nr. 27). Im Übrigen kann sich der erfolglose Wahlbewerber im Falle einer Kündigung auch auf das allgemeine Behinderungsverbot gem. § 3 Abs. 2 EuAbgG berufen (s. Rdn 40).

Gem. § 8 EuAbgG steht der zweimonatige Wahlvorbereitungsurlaub unter Wegfall der Besoldung oder des Arbeitsentgelts auch Beamten, Richtern, Berufssoldaten, Soldaten auf Zeit oder Arbeitnehmern zu, die dem öffentlichen Dienst des Bundes, der Länder, der Gemeinden und anderer Körperschaften, Anstalten und Stiftungen des öffentlichen Rechts und ihrer Verbände mit Ausnahme der öffentlich-rechtlichen Religionsgesellschaften und ihrer Verbände angehören. Im Übrigen gelten die §§ 5–9 BT AbgG sowie die aufgrund des § 10 BT AbgG (s. Rdn 12) erlassenen Gesetze für Abgeordnete des Europaparlaments entsprechend. Zum Behinderungsverbot und Kündigungsschutz in anderen Staaten der EU vgl. *Uppenbrink* S. 88 ff.

Gesetz über die Pflegezeit (Pflegezeitgesetz – PflegeZG)

Vom 28. Mai 2008 (BGBl. I S. 874).
Zuletzt geändert durch zuletzt geändert durch Art. 3 des Kitafinanzhilfenänderungsgesetzes vom 25. Juni 2021 (BGBl. I S. 2020).
– Auszug –

§ 1 PflegeZG Ziel des Gesetzes

Ziel des Gesetzes ist, Beschäftigten die Möglichkeit zu eröffnen, pflegebedürftige nahe Angehörige in häuslicher Umgebung zu pflegen und damit die Vereinbarkeit von Beruf und familiärer Pflege zu verbessern.

§ 2 PflegeZG Kurzzeitige Arbeitsverhinderung

(1) Beschäftigte haben das Recht, bis zu zehn Arbeitstage der Arbeit fernzubleiben, wenn dies erforderlich ist, um für einen pflegebedürftigen nahen Angehörigen in einer akut aufgetretenen Pflegesituation eine bedarfsgerechte Pflege zu organisieren oder eine pflegerische Versorgung in dieser Zeit sicherzustellen.

(2) ¹Beschäftigte sind verpflichtet, dem Arbeitgeber ihre Verhinderung an der Arbeitsleistung und deren voraussichtliche Dauer unverzüglich mitzuteilen. ²Dem Arbeitgeber ist auf Verlangen eine ärztliche Bescheinigung über die Pflegebedürftigkeit des nahen Angehörigen und die Erforderlichkeit der in Absatz 1 genannten Maßnahmen vorzulegen.

(3) ¹Der Arbeitgeber ist zur Fortzahlung der Vergütung nur verpflichtet, soweit sich eine solche Verpflichtung aus anderen gesetzlichen Vorschriften oder aufgrund einer Vereinbarung ergibt. ²Ein Anspruch der Beschäftigten auf Zahlung von Pflegeunterstützungsgeld richtet sich nach § 44a Absatz 3 des Elften Buches Sozialgesetzbuch.

§ 3 PflegeZG Pflegezeit

(1) ¹Beschäftigte sind von der Arbeitsleistung vollständig oder teilweise freizustellen, wenn sie einen pflegebedürftigen nahen Angehörigen in häuslicher Umgebung pflegen (Pflegezeit). ²Der Anspruch nach Satz 1 besteht nicht gegenüber Arbeitgebern mit in der Regel 15 oder weniger Beschäftigten.

(2) ¹Die Beschäftigten haben die Pflegebedürftigkeit des nahen Angehörigen durch Vorlage einer Bescheinigung der Pflegekasse oder des Medizinischen Dienstes der Krankenversicherung nachzuweisen. ²Bei in der privaten Pflege-Pflichtversicherung versicherten Pflegebedürftigen ist ein entsprechender Nachweis zu erbringen.

(3) ¹Wer Pflegezeit beanspruchen will, muss dies dem Arbeitgeber spätestens zehn Arbeitstage vor Beginn schriftlich ankündigen und gleichzeitig erklären, für welchen Zeitraum und in welchem Umfang die Freistellung von der Arbeitsleistung in Anspruch genommen werden soll. ²Wenn nur teilweise Freistellung in Anspruch genommen wird, ist auch die gewünschte Verteilung der Arbeitszeit anzugeben. ³Enthält die Ankündigung keine eindeutige Festlegung, ob die oder der Beschäftigte Pflegezeit oder Familienpflegezeit nach § 2 des Familienpflegezeitgesetzes in Anspruch nehmen will, und liegen die Voraussetzungen beider Freistellungsansprüche vor, gilt die Erklärung als Ankündigung von Pflegezeit. ⁴Beansprucht die oder der Beschäftigte nach der Pflegezeit Familienpflegezeit oder eine Freistellung nach § 2 Absatz 5 des Familienpflegezeitgesetzes zur Pflege oder Betreuung desselben pflegebedürftigen Angehörigen, muss sich die

Familienpflegezeit oder die Freistellung nach § 2 Absatz 5 des Familienpflegezeitgesetzes unmittelbar an die Pflegezeit anschließen. [5]In diesem Fall soll die oder der Beschäftigte möglichst frühzeitig erklären, ob sie oder er Familienpflegezeit oder eine Freistellung nach § 2 Absatz 5 des Familienpflegezeitgesetzes in Anspruch nehmen wird; abweichend von § 2a Absatz 1 Satz 1 des Familienpflegezeitgesetzes muss die Ankündigung spätestens drei Monate vor Beginn der Familienpflegezeit erfolgen. [6]Wird Pflegezeit nach einer Familienpflegezeit oder einer Freistellung nach § 2 Absatz 5 des Familienpflegezeitgesetzes in Anspruch genommen, ist die Pflegezeit in unmittelbarem Anschluss an die Familienpflegezeit oder die Freistellung nach § 2 Absatz 5 des Familienpflegezeitgesetzes zu beanspruchen und abweichend von Satz 1 dem Arbeitgeber spätestens acht Wochen vor Beginn der Pflegezeit schriftlich anzukündigen.

(4) [1]Wenn nur teilweise Freistellung in Anspruch genommen wird, haben Arbeitgeber und Beschäftigte über die Verringerung und die Verteilung der Arbeitszeit eine schriftliche Vereinbarung zu treffen. [2]Hierbei hat der Arbeitgeber den Wünschen der Beschäftigten zu entsprechen, es sei denn, dass dringende betriebliche Belange entgegenstehen.

(5) [1]Beschäftigte sind von der Arbeitsleistung vollständig oder teilweise freizustellen, wenn sie einen minderjährigen pflegebedürftigen nahen Angehörigen in häuslicher oder außerhäuslicher Umgebung betreuen. [2]Die Inanspruchnahme dieser Freistellung ist jederzeit im Wechsel mit der Freistellung nach Absatz 1 im Rahmen der Gesamtdauer nach § 4 Absatz 1 Satz 4 möglich. [3]Absatz 1 Satz 2 und die Absätze 2 bis 4 gelten entsprechend. [4]Beschäftigte können diesen Anspruch wahlweise statt des Anspruchs auf Pflegezeit nach Absatz 1 geltend machen.

(6) [1]Beschäftigte sind zur Begleitung eines nahen Angehörigen von der Arbeitsleistung vollständig oder teilweise freizustellen, wenn dieser an einer Erkrankung leidet, die progredient verläuft und bereits ein weit fortgeschrittenes Stadium erreicht hat, bei der eine Heilung ausgeschlossen und eine palliativmedizinische Behandlung notwendig ist und die lediglich eine begrenzte Lebenserwartung von Wochen oder wenigen Monaten erwarten lässt. [2]Beschäftigte haben diese gegenüber dem Arbeitgeber durch ein ärztliches Zeugnis nachzuweisen. [3]Absatz 1 Satz 2, Absatz 3 Satz 1 und 2 und Absatz 4 gelten entsprechend. § 45 des Fünften Buches Sozialgesetzbuch bleibt unberührt.

(7) Ein Anspruch auf Förderung richtet sich nach den §§ 3, 4, 5 Absatz 1 Satz 1 und Absatz 2 sowie den §§ 6 bis 10 des Familienpflegezeitgesetzes.

§ 4 PflegeZG Dauer der Pflegezeit

(1) [1]Die Pflegezeit nach § 3 beträgt für jeden pflegebedürftigen nahen Angehörigen längstens sechs Monate (Höchstdauer). [2]Für einen kürzeren Zeitraum in Anspruch genommene Pflegezeit kann bis zur Höchstdauer verlängert werden, wenn der Arbeitgeber zustimmt. [3]Eine Verlängerung bis zur Höchstdauer kann verlangt werden, wenn ein vorgesehener Wechsel in der Person des Pflegenden aus einem wichtigen Grund nicht erfolgen kann. [4]Pflegezeit und Familienpflegezeit nach § 2 des Familienpflegezeitgesetzes dürfen gemeinsam die Gesamtdauer von 24 Monaten je pflegebedürftigem nahen Angehörigen nicht überschreiten. [5]Die Pflegezeit wird auf Berufsbildungszeiten nicht angerechnet.

(2) [1]Ist der nahe Angehörige nicht mehr pflegebedürftig oder die häusliche Pflege des nahen Angehörigen unmöglich oder unzumutbar, endet die Pflegezeit vier Wochen nach Eintritt der veränderten Umstände. [2]Der Arbeitgeber ist über die veränderten Umstände unverzüglich zu unterrichten. [3]Im Übrigen kann die Pflegezeit nur vorzeitig beendet werden, wenn der Arbeitgeber zustimmt.

(3) [1]Für die Betreuung nach § 3 Absatz 5 gelten die Absätze 1 und 2 entsprechend. [2]Für die Freistellung nach § 3 Absatz 6 gilt eine Höchstdauer von drei Monaten je nahem Angehörigen. [3]Für die Freistellung nach § 3 Absatz 6 gelten Absatz 1 Satz 2, 3 und 5 sowie Absatz 2 entsprechend; bei zusätzlicher Inanspruchnahme von Pflegezeit oder einer Freistellung nach § 3 Absatz 5 oder

Familienpflegezeit oder einer Freistellung nach § 2 Absatz 5 des Familienpflegezeitgesetzes dürfen die Freistellungen insgesamt 24 Monate je nahem Angehörigen nicht überschreiten.

(4) Der Arbeitgeber kann den Erholungsurlaub, der der oder dem Beschäftigten für das Urlaubsjahr zusteht, für jeden vollen Kalendermonat der vollständigen Freistellung von der Arbeitsleistung um ein Zwölftel kürzen.

§ 4a PflegeZG   Erneute Pflegezeit nach Inanspruchnahme einer Freistellung auf Grundlage der Sonderregelungen aus Anlass der COVID-19-Pandemie

(1) Abweichend von § 4 Absatz 1 Satz 2 und 3 können Beschäftigte einmalig nach einer beendeten Pflegezeit zur Pflege oder Betreuung desselben pflegebedürftigen Angehörigen Pflegezeit erneut, jedoch insgesamt nur bis zur Höchstdauer nach § 4 Absatz 1 Satz 1 in Anspruch nehmen, wenn die Gesamtdauer nach § 4 Absatz 1 Satz 4 nicht überschritten wird und die Inanspruchnahme der beendeten Pflegezeit auf der Grundlage der Sonderregelungen aus Anlass der COVID-19-Pandemie erfolgte.

(2) Abweichend von § 3 Absatz 3 Satz 4 muss sich die Familienpflegezeit oder eine Freistellung nach § 2 Absatz 5 des Familienpflegezeitgesetzes nicht unmittelbar an die Pflegezeit anschließen, wenn die Pflegezeit auf Grund der Sonderregelungen aus Anlass der COVID-19-Pandemie in Anspruch genommen wurde und die Gesamtdauer nach § 4 Absatz 1 Satz 4 nicht überschritten wird.

(3) Abweichend von § 3 Absatz 3 Satz 6 muss sich die Pflegezeit nicht unmittelbar an die Familienpflegezeit oder an die Freistellung nach § 2 Absatz 5 des Familienpflegezeitgesetzes anschließen, wenn die Familienpflegezeit oder Freistellung auf Grund der Sonderregelungen aus Anlass der COVID-19-Pandemie erfolgte und die Gesamtdauer nach § 4 Absatz 1 Satz 4 nicht überschritten wird.

§ 5 PflegeZG   Kündigungsschutz

(1) Der Arbeitgeber darf das Beschäftigungsverhältnis von der Ankündigung, höchstens jedoch zwölf Wochen vor dem angekündigten Beginn, bis zur Beendigung der kurzzeitigen Arbeitsverhinderung nach § 2 oder der Freistellung nach § 3 nicht kündigen.

(2) [1]In besonderen Fällen kann eine Kündigung von der für den Arbeitsschutz zuständigen obersten Landesbehörde oder der von ihr bestimmten Stelle ausnahmsweise für zulässig erklärt werden. [2]Die Bundesregierung kann hierzu mit Zustimmung des Bundesrates allgemeine Verwaltungsvorschriften erlassen.

§ 6 PflegeZG   Befristete Verträge

(1) [1]Wenn zur Vertretung einer Beschäftigten oder eines Beschäftigten für die Dauer der kurzzeitigen Arbeitsverhinderung nach § 2 oder der Freistellung nach § 3 eine Arbeitnehmerin oder ein Arbeitnehmer eingestellt wird, liegt hierin ein sachlicher Grund für die Befristung des Arbeitsverhältnisses. [2]Über die Dauer der Vertretung nach Satz 1 hinaus ist die Befristung für notwendige Zeiten einer Einarbeitung zulässig.

(2) Die Dauer der Befristung des Arbeitsvertrages muss kalendermäßig bestimmt oder bestimmbar sein oder den in Absatz 1 genannten Zwecken zu entnehmen sein.

(3) [1]Der Arbeitgeber kann den befristeten Arbeitsvertrag unter Einhaltung einer Frist von zwei Wochen kündigen, wenn die Freistellung nach § 4 Abs. 2 Satz 1 vorzeitig endet. [2]Das Kündigungsschutzgesetz ist in diesen Fällen nicht anzuwenden. Satz 1 gilt nicht, soweit seine Anwendung vertraglich ausgeschlossen ist.

(4) [1]Wird im Rahmen arbeitsrechtlicher Gesetze oder Verordnungen auf die Zahl der beschäftigten Arbeitnehmerinnen und Arbeitnehmer abgestellt, sind bei der Ermittlung dieser Zahl

Arbeitnehmerinnen und Arbeitnehmer, die nach § 2 kurzzeitig an der Arbeitsleistung verhindert oder nach § 3 freigestellt sind, nicht mitzuzählen, solange für sie auf Grund von Absatz 1 eine Vertreterin oder ein Vertreter eingestellt ist. ²Dies gilt nicht, wenn die Vertreterin oder der Vertreter nicht mitzuzählen ist. ³Die Sätze 1 und 2 gelten entsprechend, wenn im Rahmen arbeitsrechtlicher Gesetze oder Verordnungen auf die Zahl der Arbeitsplätze abgestellt wird.

§ 7 PflegeZG Begriffsbestimmungen

(1) Beschäftigte im Sinne dieses Gesetzes sind
1. Arbeitnehmerinnen und Arbeitnehmer,
2. die zu ihrer Berufsbildung Beschäftigten,
3. Personen, die wegen ihrer wirtschaftlichen Unselbständigkeit als arbeitnehmerähnliche Personen anzusehen sind; zu diesen gehören auch die in Heimarbeit Beschäftigten und die ihnen Gleichgestellten.

(2) ¹Arbeitgeber im Sinne dieses Gesetzes sind natürliche und juristische Personen sowie rechtsfähige Personengesellschaften, die Personen nach Absatz 1 beschäftigen. ²Für die arbeitnehmerähnlichen Personen, insbes. für die in Heimarbeit Beschäftigten und die ihnen Gleichgestellten, tritt an die Stelle des Arbeitgebers der Auftraggeber oder Zwischenmeister.

(3) Nahe Angehörige im Sinne dieses Gesetzes sind
1. Großeltern, Eltern, Schwiegereltern, Stiefeltern,
2. Ehegatten, Lebenspartner, Partner einer eheähnlichen oder lebenspartnerschaftsähnlichen Gemeinschaft, Geschwister, Ehegatten der Geschwister und Geschwister der Ehegatten, Lebenspartner der Geschwister und Geschwister der Lebenspartner,
3. Kinder, Adoptiv- oder Pflegekinder, die Kinder, Adoptiv- oder Pflegekinder des Ehegatten oder Lebenspartners, Schwiegerkinder und Enkelkinder.

(4) ¹Pflegebedürftig im Sinne dieses Gesetzes sind Personen, die die Voraussetzungen nach den §§ 14 und 15 des Elften Buches Sozialgesetzbuch erfüllen. ²Pflegebedürftig im Sinne von § 2 sind auch Personen, die die Voraussetzungen nach den §§ 14 und 15 des Elften Buches Sozialgesetzbuch voraussichtlich erfüllen.

§ 8 PflegeZG

Unabdingbarkeit Von den Vorschriften dieses Gesetzes kann nicht zuungunsten der Beschäftigten abgewichen werden.

§ 9 PflegeZG Sonderregelungen aus Anlass der COVID-19-Pandemie

(1) ¹Abweichend von § 2 Absatz 1 haben Beschäftigte das Recht, in dem Zeitraum vom 29. Oktober 2020 bis einschließlich 31. Dezember 2021 bis zu 20 Arbeitstage der Arbeit fernzubleiben, wenn die akute Pflegesituation auf Grund der COVID-19-Pandemie aufgetreten ist. ²Der Zusammenhang wird vermutet.

(2) § 2 Absatz 3 Satz 2 ist bis zum Ablauf des 31. Dezember 2021 mit der Maßgabe anzuwenden, dass sich der Anspruch auch nach § 150 Absatz 5d Satz 1 des Elften Buches Sozialgesetzbuch richtet.

(3) Abweichend von § 3 Absatz 3 Satz 1 gilt, dass die Ankündigung in Textform erfolgen muss.

(4) ¹Abweichend von § 3 Absatz 3 Satz 4 muss sich die Familienpflegezeit oder die Freistellung nach § 2 Absatz 5 des Familienpflegezeitgesetzes nicht unmittelbar an die Pflegezeit anschließen, wenn der Arbeitgeber zustimmt, die Gesamtdauer nach § 4 Absatz 1 Satz 4 nicht überschritten wird und die Familienpflegezeit oder die Freistellung nach § 2 Absatz 5 des Familienpflegezeitgesetzes spätestens mit Ablauf des 31. Dezember 2021 endet. ²Die Ankündigung muss

abweichend von § 3 Absatz 3 Satz 5 spätestens zehn Tage vor Beginn der Familienpflegezeit erfolgen.

(5) Abweichend von § 3 Absatz 3 Satz 6 muss sich die Pflegezeit nicht unmittelbar an die Familienpflegezeit oder an die Freistellung nach § 2 Absatz 5 des Familienpflegezeitgesetzes anschließen, wenn der Arbeitgeber zustimmt, die Gesamtdauer nach § 4 Absatz 1 Satz 4 nicht überschritten wird und die Pflegezeit spätestens mit Ablauf des 31. Dezember 2021 endet; die Inanspruchnahme ist dem Arbeitgeber spätestens zehn Tage vor Beginn der Pflegezeit in Textform anzukündigen.

(6) Abweichend von § 3 Absatz 4 Satz 1 gilt, dass die Vereinbarung in Textform zu treffen ist.

(7) Abweichend von § 4 Absatz 1 Satz 2 und 3 können Beschäftigte mit Zustimmung des Arbeitgebers nach einer beendeten Pflegezeit zur Pflege oder Betreuung desselben pflegebedürftigen Angehörigen Pflegezeit erneut, jedoch insgesamt nur bis zur Höchstdauer nach § 4 Absatz 1 Satz 1 in Anspruch nehmen, wenn die Gesamtdauer nach § 4 Absatz 1 Satz 4 nicht überschritten wird und die Pflegezeit spätestens mit Ablauf des 31. Dezember 2021 endet.

Übersicht

	Rdn
A. Grundlagen	1
I. Entstehungsgeschichte	1
II. Gesetzeszweck	5
III. Überblick	8
B. Besonderer Kündigungsschutz (§ 5 PflegeZG)	10
I. Rechtsnatur und Zweck	10
II. Sachlicher und räumlicher Geltungsbereich	11
III. Persönlicher Geltungsbereich	13
1. Beschäftigte	13
a) Arbeitnehmer	16
b) Zur Berufsbildung Beschäftigte	17
c) Arbeitnehmerähnliche Personen, insbesondere in Heimarbeit Beschäftigte	18
2. Arbeitgeber	20
IV. Voraussetzungen des besonderen Kündigungsschutzes	21
1. Grundsatz	21
2. Pflegebedürftigkeit naher Angehöriger	22
a) Pflegebedürftigkeit	22
b) Nahe Angehörige	25
3. Anspruch auf Fernbleiben (§ 2 PflegeZG) und auf Freistellung (§ 3 PflegeZG)	26
a) Fernbleiben von der Arbeit – kurzfristige Arbeitsverhinderung.	26
aa) Akut auftretende Pflegesituation	26
bb) Mitteilungs- und Nachweispflichten	31
cc) Fortzahlung der Vergütung – Pflegeunterstützungsgeld.	34
b) Anspruch auf Freistellung – Pflegezeit (§ 3 Abs. 1 PflegeZG)	35
aa) Pflege eines pflegebedürftigen nahen Angehörigen	35
bb) Anzahl der beim Arbeitgeber Beschäftigten	39
cc) Schriftliche fristgebundene Ankündigung	40
dd) Freistellung von der Arbeitsleistung	45
c) Weitere Ansprüche auf Freistellung – § 3 Abs. 5 und 6 PflegeZG	48
aa) Betreuung eines minderjährigen pflegebedürftigen nahen Angehörigen	48
bb) »Sterbebegleitung«	49
d) Inanspruchnahme von Freistellungen nach § 3 Abs. 1 und 5 PflegeZG und solchen nach § 2a Abs. 1 und 5 FPfZG	50
V. Beginn, Dauer und Rechtsfolgen des Kündigungsschutzes	51
1. Grundsatz	51
2. Beginn	52
3. Dauer	57
4. Zustimmungsvorbehalt	61
5. Verhältnis zum Kündigungs- und Kündigungsschutzrecht	62
C. Sachlicher Befristungsgrund (§ 6 PflegeZG)	64
I. Gesetzeszweck	64
II. Sachgrund und Befristungsdauer	65
III. Rechtsfolgen der Befristung	69
1. Beendigung infolge Befristung	69
2. Vorzeitige Beendigung durch Kündigung	70
IV. Auswirkungen der befristeten Einstellung auf die Beschäftigtenzahl	74
V. Verhältnis zu anderen Befristungsregelungen	75
D. Darlegungs- und Beweislast	76

§ 9 PflegeZG Sonderregelungen aus Anlass der COVID-19-Pandemie

A. Grundlagen

I. Entstehungsgeschichte

1 Die Weiterentwicklung der Pflegeversicherung war als zentraler Baustein sozialer Sicherungssysteme im Koalitionsvertrag von CDU, CSU und SPD in der 16. Legislaturperiode vereinbart. Der Entwurf eines **Gesetzes zur strukturellen Weiterentwicklung der Pflegeversicherung** (Pflege-Weiterentwicklungsgesetz – PfWG) enthielt in Art. 3 das Gesetz über die Pflegezeit – Pflegezeitgesetz – (PflegeZG – Gesetzesmaterialien: Gesetzentwurf der Bundesregierung BR-Drs. 718/07; Empfehlungen der Ausschüsse des Bundesrates BR-Drs. 718/1/07; Gesetzentwurf der Bundesregierung BT-Drucks. 16/7439; Gegenäußerung der Bundesregierung zur Stellungnahme des Bundesrates BT-Drucks. 16/7486; Beschlussempfehlung und Bericht des Ausschusses BT-Drucks. 16/8525). Das PflegeZG ist – wie der weit überwiegende Teil des PfWG – am 1.7.2008 in Kraft getreten (Art. 17 Abs. 1 PfWG).

2 Bereits im Gesetzgebungsverfahren wurde das PflegeZG als weiteres »Beispiel für Rechtszersplitterung und Überregulierung« kritisiert (*Preis/Weber* NZA 2008, 82; zur Kritik der Arbeitgeberverbände s. *Linke/Linke* S. 110 f.). Beanstandet wurde auch die **Anknüpfung an das sozialrechtliche Beschäftigungsverhältnis** einerseits und das Arbeitsverhältnis andererseits (*Preis/Weber* NZA 2008, 82, 83). Das führt zu begrifflichen Unschärfen im Gesetz. So wird dem »Beschäftigten« der Arbeitgeber als Vertragspartner gegenübergestellt (etwa § 2 Abs. 2, § 5 Abs. 1 PflegeZG). Die Begriffsbestimmung in § 7 Abs. 2 PflegeZG hilft dem nur teilweise ab, wenn weiterhin von Arbeitstagen oder Arbeitsleistung die Rede ist (§ 2 Abs. 1, § 3 Abs. 1, 3 PflegeZG), obwohl die Regelung auch für arbeitnehmerähnliche Personen gilt, die Dienst- oder gar Werkleistungen erbringen (ausf. zu den möglichen Vertragsgrundlagen vgl. KR-*Rost/Kreutzberg-Kowalczyk* ArbNähnl. Pers. Rdn 12 ff.).

3 Schließlich wurde – wenig kohärent zu den bisher bestehenden Regelungen, auch wenn ein Schutzbedürfnis für diesen Personenkreis gleichermaßen angenommen werden kann (vgl. DDZ-*Brecht-Heitzmann* § 5 Rn 6) – erstmals ein **Sonderkündigungsschutz für arbeitnehmerähnliche Personen** etabliert, für die noch nicht einmal der allgemeine Kündigungsschutz des KSchG oder ein Sonderkündigungsschutztatbestand (s. *BAG* 8.5.2007 – 9 AZR 777/06 – AP BGB § 611 Arbeitnehmerähnlichkeit Nr. 15; krit. daher *Freihube/Sasse* DB 2008, 1320, 1322; *Linck* BB 2008, 2739 f.; *Preis/Nehring* NZA 2008, 729, 730; *Preis/Weber* NZA 2008, 82, 83; APS-*Rolfs* § 5 Rn 5; *Weinbrenner* S. 27 ff. s.a. *Boewer* S. 11; aA DDZ-*Brecht-Heitzmann* § 5 Rn 7). Gleiches lässt sich auch für die den Heimarbeitern lediglich Gleichgestellten anführen (krit. daher APS-*Rolfs* § 5 Rn 5; Bedenken im Hinblick auf Art. 3 GG bei *Preis* AuR 2009, 112; aA *Weinbrenner* S. 29 f.).

4 Wesentliche Änderungen haben sowohl das PflegeZG und das nunmehr mit diesem »verzahnte« FPfZG (dazu KR-*Treber/Waskow* FPfZG Rdn 3; krit. zu Gesetzessystematik und der Trennung in zwei Gesetze etwa *Thüsing/Pötter* BB 2015, 181, 183; *Sievers* jM 2015, 160, 166) durch das **am 1.1.2015 in Kraft getretene Gesetz zur besseren Vereinbarkeit von Familie, Pflege und Beruf** erfahren (vom 23.12.2014, BGBl. I S. 2462 – Gesetzesmaterialien: BR-Drucks. 463/14, BT-Drucks. 18/3124 – Gesetzentwurf der Bundesregierung; BR-Drucks. 18/3449 – Beschlussempfehlung und Bericht des Ausschusses für Familie, Senioren, Frauen und Jugend). Bereits der Abschlussbericht des Bundesministeriums für Gesundheit (*BMAS* [Hrsg.] Abschlussbericht zur Studie »Wirkungen des Pflege-Weiterentwicklungsgesetzes«, 2011, insb. S. 31 ff.) hatte eine geringe Inanspruchnahme von Pflegezeit und der Familienpflegezeit festgestellt (s.a. BT-Drucks. 18/3124, S. 26). Durch die Neuregelungen sollen Impulse für Erwerbstätige ausgehen. Namentlich die Lohnersatzleistung in Form eines Pflegeunterstützungsgelds bei kurzfristiger Arbeitsverhinderung (§ 2 Abs. 3 S. 3 PflegeZG, s. Rdn 37) soll dazu beitragen (BT-Drucks. 18/3124, S. 26). Schließlich wird der Begriff des »nahen Anhörigen« erweitert. Neu eingeführt wird ein Anspruch auf Freistellung zur Betreuung minderjähriger pflegebedürftiger naher Angehöriger im eigenen Zuhause oder in einer außerhäuslichen Einrichtung (§ 3 Abs. 5 PflegeZG, s. Rdn 52) und »zur

Begleitung in der letzten Lebensphase« (§ 3 Abs. 5 PflegeZG, s. Rdn 53). Die Pflegezeit oder eine andere Freistellung können nach den Bestimmungen des FPfZG durch ein **zinsloses Darlehen** gefördert werden (§ 3 Abs. 7 PflegeZG iVm §§ 3–10 FPfZG, KR-*Treber/Waskow* FPfZG Rdn 6). Neu eingeführt wird eine Regelung zur Kürzung des Urlaubsanspruchs (§ 4 Abs. 4 PflegeZG; zu den weiteren Aspekten des Gesetzes s. *Herion* ZTR 2015, 193; *Sasse* DB 2015, 310; *Schroth* PKR 2015, 2; *Stüben/von Schwanenflügel* NJW 2015, 577; zu den sozialrechtlichen Änderungen Nachw. Rdn 8). Durch das **Zweite Gesetz zur Stärkung der pflegerischen Versorgung und zur Änderung weiterer Vorschriften** (Zweites Pflegestärkungsgesetz, vom 21. Dezember 2015, BGBl. I S. 2424) wurden in § 7 Abs. 3 Nr. 2 PflegeZG die Wörter »Schwägerinnen und Schwäger« durch »Ehegatten der Geschwister und Geschwister der Ehegatten, Lebenspartner der Geschwister und Geschwister der Lebenspartner« ersetzt. Weiterhin wurde ein neuer **Pflegebedürftigkeitsbegriff** und ein neues **Bewertungsgesetzsystem** eingeführt. Schließlich trat zum 1.1.2017 der Wechsel von der Zuordnung zu drei Pflegestufen hin zu nunmehr jetzt **fünf Pflegegraden** in Kraft (zum Gesetz s. etwa *Müller* BB 2016, 1338 f.). Im Jahr 2020 wurden durch Art. 10 Krankenhauszukunftsgesetz (KHZG) vom 23.10.2020 (BGBl. I S. 2208) in § 4a eine neue Regelung zu einer erneuten Pflegezeit nach Inanspruchnahme einer Freistellung auf Grundlage der **Sonderregelungen aus Anlass der COVID-19-Pandemie** und durch Art. 5b des Zweiten Gesetzes zum Schutz der Bevölkerung bei einer epidemischen Lage von nationaler Tragweite vom 19.05.2020 (BGBl. I S. 1018 (Nr. 23)) in § 9 für den Zeitraum vom 23.5.2020 bis (zuletzt) zum 31.12.2021 verschiedene durch die COVID-19-Pandemie bedingte Sonderregelungen für die Anwendung des Gesetzes (vgl. dazu iE. BeckOK-*Rolfs* § 9 PflZG Rn 1 ff) eingeführt.

II. Gesetzeszweck

Mit der Reform der Pflegeversicherung sollte die ambulante und dabei insbes. die **häusliche** 5 **Pflege gestärkt werden** (BT-Drucks. 16/7439, S. 37, 90). Das Pflege-Weiterentwicklungsgesetz wie auch das Gesetz zur besseren Vereinbarkeit von Familie, Pflege und Beruf will den Bedürfnissen sowie den Wünschen der Pflegebedürftigen und ihrer Angehörigen nachkommen und als bevorzugte Form (von 2,63 Mio. pflegebedürftiger Menschen werden 1,85 Mio. ambulant versorgt, vgl. BT-Drucks. 18/3124, S. 25) der Versorgung die häusliche durch vertraute Angehörige stützen und fördern (Daten bei *Stüben/v. Schwanenflügel* NJW 2015, 577, 577). Prägnant zusammengefasst ist dies im ursprünglichen Gesetzentwurf: »**ambulant vor stationär**« (BT-Drucks. 16/7439, S. 37). Unterstützt wird dies durch die Regelungen im PflegeZG wie auch im FPfZG. Es soll – wie es § 1 PflegeZG formuliert –, Beschäftigten die Möglichkeit eröffnen, pflegebedürftige nahe Angehörige in häuslicher Umgebung zu pflegen und eine Verbesserung der Rahmenbedingungen für die Vereinbarkeit von Beruf und familiärer Pflege zu fördern (ohne allerdings die weiteren Fallgestaltungen nach § 3 Abs. 5 und 6 PflegeZG [Rdn 48, 49] aufzugreifen). Lässt sich der Pflegebedürftige ohne Inanspruchnahme von Pflegepersonal der Pflegekasse oder kommerzieller Anbieter etwa durch einen Angehörigen pflegen, kann er nach § 37 SGB XI Pflegegeld beanspruchen.

Die Regelungen des PflegeZG basieren dabei nach wie vor auf »zwei Säulen« (BT-Drucks. 17/ 6 7439, S. 90 f.); die Pflegezeit wird aber mit der Familienpflegezeit dergestalt rechtlich »verzahnt« (BT-Drucks. 18/3124, S. 26), dass insgesamt (nur) eine Zeitdauer von 24 Monaten in Anspruch genommen werden kann (§ 4 Abs. 1 S. 3 PflegeZG, § 2 Abs. 2 FPfZG). Kommt es zu einem unerwarteten Eintritt einer besonderen Pflegesituation, haben die Beschäftigten nach § 2 Abs. 1 PflegeZG das Recht, bis zu zehn Arbeitstage der Arbeit fernzubleiben – Fall der **kurzzeitigen Arbeitsverhinderung** (s. Rdn 26 ff.). Das soll den beschäftigten Angehörigen ermöglichen, zeitnah und zügig eine bedarfsgerechte Pflege zu organisieren (BT-Drucks. 16/7439, S. 91). Zugleich besteht ein Anspruch auf ein Pflegeunterstützungsgeld (Rdn 34). Für die Pflege naher Angehöriger verankert § 3 Abs. 1 PflegeZG einen gesetzlichen Anspruch auf **vollständige oder teilweise Freistellung bis längstens sechs Monate – Pflegezeit**, jedoch nicht gegenüber Arbeitgebern, bei denen idR fünfzehn oder weniger Beschäftigte tätig sind (s. Rdn 39 ff.). Hinzu treten seit dem 1.1.2015 zwei weitere Freistellungstatbestände nach § 3 Abs. 5, 6 PflegeZG (s. Rdn 48 f.). Damit soll vor allem in Fällen der Pflegezeit eine Verschlechterung der beruflichen Entwicklungschancen auf Grund der Unterbrechung des Beschäftigungsverhältnisses vermieden werden (*Düwell* jurisPR-ArbR 51/2007, Anm. 6). Die Rechte der Beschäftigten werden erweitert, da unabhängig von den teilweise engeren und anderen Voraussetzungen des § 275 Abs. 3 BGB (zum Verhältnis von § 275 Abs. 3 BGB und § 2 Abs. 1 PflegeZG *Preis/Nehring* NZA 2008, 731; ErfK-*Gallner* § 2 Rn 1, *Linck* BB 2007, 2739) ein **Leistungsverweigerungsrecht** (§ 2 PflegeZG; dazu *Treber* JbArbR 46 [2009], 97) und ein Gestaltungsrecht (§ 3 PflegeZG) eingeräumt werden. Die Neuregelung soll hier einen **Rechtsfortschritt durch Schaffung von Rechtssicherheit** für die Beschäftigten bringen, die sich in dem schwierigen Konfliktfeld zwischen familiären Pflichten und beruflichem Engagement befinden und die konfligierenden Interessen bisher abwägen mussten (so zu § 2 Abs. 1 PflegeZG BT-Drucks. 16/7349, S. 91 f.).

7 Sowohl für den Fall der kurzfristigen Arbeitsverhinderung nach § 2 PflegeZG als auch der Freistellungen nach § 3 PflegeZG regelt **§ 5 PflegeZG** einen **Sonderkündigungsschutz** (für *Preis/Weber* NZA 2008, 82, 82 f.: »Kern des Gesetzes«; anders APS-*Rolfs* § 5 Rn 2: flankierende Maßnahme; ausf. Rdn 10 ff.). Beschäftigten soll dadurch die Sorge vor dem Verlust des Arbeitsplatzes genommen werden (BT-Drucks. 16/7439, S. 91). Dabei lehnt sich die gesetzliche Regelung an diejenige über die Inanspruchnahme von Elternzeit, §§ 15 ff. BEEG, an (BT-Drucks. 16/7439, S. 91), wobei die im Detail bestehenden Unterschiede zu beachten sind.

III. Überblick

8 Das aktuell zehn Paragrafen umfassende PflegeZG will für Beschäftigte die Vereinbarkeit von Beruf und familiärer Pflege verbessern (§ 1 PflegeZG). Das Gesetz regelt nunmehr **zwei Grundkonstellationen**: Um bei akut aufgetretenen Pflegesituationen den Pflegebedarf für nahe Angehörige kurzfristig sicher zu stellen, können Beschäftigte bis zu zehn Arbeitstage der Arbeit fernbleiben – **kurzzeitige Arbeitsverhinderung** (§ 2 PflegeZG). Für eine länger andauernde Pflege eines nahen Angehörigen, die Betreuung eines minderjährigen pflegebedürftigen nahen Angehörigen in häuslicher oder außerhäuslicher Umgebung sieht § 3 Abs. 1 und § 5 PflegeZG gegenüber Arbeitgebern mit idR mehr als fünfzehn Beschäftigten einen **Rechtsanspruch auf Freistellung** bis zu einer Höchstdauer von längstens sechs Monaten (§ 4 Abs. 1 S. 1, Abs. 3 S. 1 PflegeZG) sowie bei der Begleitung eines nahen Angehörigen in der letzten Lebensphase von drei Monaten vor (§ 3 Abs. 6 PflegeZG). Der Beschäftigte unterliegt in allen Fällen **Anzeige- und Nachweispflichten** (§§ 2 Abs. 2, 3 Abs. 2 und 3 PflegeZG). Gefördert werden die Zeiten einer Freistellung durch ein zinsloses Darlehen nach Maßgabe der Bestimmungen des FPfZG (§ 3 Abs. 7 PflegeZG). Die Inanspruchnahme von Pflegezeit oder anderen Zeiten nach § 3 PflegeZG wird **sozialversicherungsrechtlich flankiert** (s. hierzu auch das »Gemeinsame Rundschreiben der Spitzenverbände der Pflegekassen, des Verbandes der privaten Krankenversicherung und der Bundesagentur für Arbeit« vom 1.7.2008), jedoch soll eine Überforderung der Pflegeversicherung vermieden werden (BT-Drucks. 16/7439, S. 59 f.; zu den sozialversicherungsrechtlichen Regelungen *Freihube/Sasse* DB 2008, 1320, 1323; *Igl* NJW 2008, 2218, *Schlegel* jurisPR-SozR 10/2008, Anm. 4; *Stuhlmann* AuA 2008, 332; ausf. *Marburger* Die Beiträge 2008, 449; *Müller/Stuhlmann* S. 42 ff.; sowie zu der seit 1.1.2015 geltenden Regelung *Richter* NJW 2015, 1271; *Udsching* jurisPR-SozR 3/2015, Anm. 1; *Winkel* SozSich 2015, 116 f.).

9 Sowohl bei der kurzfristigen Arbeitsverhinderung als auch bei der Freistellung besteht nach § 5 PflegeZG ein **Sonderkündigungsschutz**. Nur in besonderen Fällen kann die für den Arbeitsschutz zuständige oberste Landesbehörde eine Kündigung für zulässig erklären (§ 5 Abs. 2 PflegeZG). Für die Dauer einer kurzfristigen Arbeitsverhinderung wie auch einer Freistellung bestimmt § 6 PflegeZG, dass ein **sachlicher Grund für ein befristetes Arbeitsverhältnis** gegeben ist, wenn der andere Arbeitnehmer für die Dauer der kurzfristigen Arbeitsverhinderung nach § 2 PflegeZG oder der Pflegezeit nach § 3 PflegeZG eingestellt wird. Die für die Anwendung des PflegeZG erforderlichen **Begriffsbestimmungen** werden in § 7 PflegeZG vorgenommen. Schließlich untersagt § 8 PflegeZG **nachteilige Abmachungen** zu Lasten der Beschäftigten.

B. Besonderer Kündigungsschutz (§ 5 PflegeZG)

I. Rechtsnatur und Zweck

§ 5 Abs. 1 PflegeZG regelt einen **Sonderkündigungsschutz für Beschäftigte**, die nahe Angehörige pflegen. Es handelt sich um ein Kündigungsverbot mit Erlaubnisvorbehalt, das § 18 BEEG ähnelt. Der besondere Kündigungsschutz beginnt **ab dem Zeitpunkt der Ankündigung**, jedoch höchstens zwölf Wochen vor dem angekündigten Beginn, bis zur Beendigung der kurzfristigen Arbeitsverhinderung nach § 2 PflegeZG (s. Rdn 26 ff.) oder bis zum Ende der Pflegezeit oder der Freistellungen nach § 3 PflegeZG oder § 4 Abs. 2 PflegeZG (s. Rdn 35 ff.). Mit dem Kündigungsverbot soll das mit dem PflegeZG verfolgte Ziel, die bessere Vereinbarkeit von Beruf und familiärer Pflege, gefördert werden, indem Beschäftigten die Sorge vor dem Verlust des Arbeitsplatzes genommen wird. In Anlehnung an § 18 Abs. 1 S. 2 BEEG regelt Abs. 2 eine Ausnahme vom Kündigungsverbot, um betrieblichen Belangen Rechnung zu tragen. In besonderen Fällen kann die für den Arbeitsschutz zuständige oberste Landesbehörde oder eine von ihr bestimmte Stelle eine Kündigung ausnahmsweise für zulässig erklären (BT-Drucks. 16/7439, S. 93). Ohne vorherige Zulässigkeitserklärung der zuständigen Behörde – für die dem Arbeitgeber die Darlegungs- und Beweislast obliegt – kann er für die Dauer des Kündigungsverbots nicht wirksam kündigen. Es handelt sich um ein **gesetzliches Verbot iSd § 134 BGB**. Eine dennoch ausgesprochene Kündigung ist nichtig.

10

II. Sachlicher und räumlicher Geltungsbereich

Der besondere Kündigungsschutz **erfasst nur Kündigungen des Arbeitgebers** oder des Auftraggebers einer arbeitnehmerähnlichen Person und gilt unabhängig davon, ob ein Arbeitsverhältnis unter den allgemeinen Kündigungsschutz des KSchG fällt. Das Kündigungsverbot gilt sowohl für ordentliche als auch für außerordentliche Kündigungen sowie für Änderungskündigungen. Der besondere Kündigungsschutz gilt auch in der Insolvenz. § 113 S. 1 InsO ist nur für die Kündigungsfrist maßgebend (vgl. BAG 27.3.2003 – 2 AZR 272/02 – EzA § 113 InsO Nr. 13; 27.2.2014 – 6 AZR 301/12 – EzA § 113 InsO Nr. 21). Demgegenüber werden Kündigungen des Beschäftigten nicht eingeschränkt. Ebenso greift der besondere Kündigungsschutz **nicht bei anderen Beendigungstatbeständen** wie Befristungen, Aufhebungsverträgen oder Anfechtungen des Arbeitsvertrages (s.a. KR-*Bader* § 18 BEEG Rdn 23 f., 72 f.; weiterhin KR-*Gallner* § 17 MuSchG Rdn 166 ff.) sowie anderen Verträgen, die dem arbeitnehmerähnlichen Rechtsverhältnis zu Grunde liegen (dazu s. KR-*Rost/Kreutzberg-Kowalczyk* ArbNähnl. Pers. Rdn 12 ff.).

11

Vom **räumlichen Geltungsbereich** werden alle Beschäftigte erfasst, die in der Bundesrepublik Deutschland (s. Rdn 13 ff.) tätig sind (vgl. auch KR-*Bader* § 23 KSchG Rdn 22; s.a. KR-*Weigand* Int. ArbvertragsR Rdn 46 ff.). Weiterhin gilt das PflegeZG auch bei einer **vorübergehenden Entsendung** (dazu KR-*Weigand* Int. ArbvertragsR Rdn 50 f.) in das Ausland (hierzu sowie zum Auslandsbezug des Pflegebedürftigen ausf. *Hilgenfeld/Krogull* AuA 2009 Sonderbeil. S. 44). Allein die Vereinbarung des Deutschen Arbeitsrechts als Vertragsstatut reicht nicht aus, wenn es an jeglichem räumlichen Bezug zur Bundesrepublik Deutschland fehlt (APS-*Rolfs* § 5 PflegeZG Rn 3).

12

III. Persönlicher Geltungsbereich

1. Beschäftigte

Der durch die Arbeitsverhinderung oder die Pflegezeit bestehende Kündigungsschutz gilt für **alle Beschäftigten**, die in § 7 Abs. 1 definiert werden. Das sind nicht nur **Arbeitnehmer** und zu ihrer **Berufsausbildung Beschäftigte**, sondern auch Personen, die wegen ihrer wirtschaftlichen Unselbstständigkeit als **arbeitnehmerähnliche Personen** anzusehen sind, wozu auch die in Heimarbeit Beschäftigten und die ihnen Gleichgestellten gerechnet werden, § 7 Abs. 1 Nr. 3 PflegeZG. Dabei stellt der durch das PflegeZG eingeführte Kündigungsschutz für arbeitnehmerähnliche Personen ein Novum dar (s. Rdn 3). Die Bestimmung des persönlichen Geltungsbereichs orientiert sich unausgesprochen an § 6 Abs. 1 AGG (s. § 6 AGG).

13

14 Die Bestimmungen des PflegeZG und damit der besondere Kündigungsschutz gelten **nicht für Beamte** (BT-Drucks. 16/749, S. 40). Hier regeln § 92a Abs. 1 Nr. 1 lit. b BBG und die Beamtengesetze der Länder die Möglichkeiten einer (teilweisen) Freistellung zur Pflege naher Angehöriger. Ob und wie die Regelungen des PflegeZG auf Beamte übertragen werden können, soll – bisher ohne Ergebnis – geprüft werden (BR-Drs. 718/07, S. 91).

15 Eine bestimmte **Beschäftigungsdauer (Wartezeit)** ist für den Anspruch auf Fernbleiben von der Arbeit nach § 2 PflegeZG oder auf Pflegezeit nach § 3 PflegeZG und somit für den Sonderkündigungsschutz nach § 5 PflegeZG ist **nicht erforderlich** (krit: *Baeck/Winzer* NZG 2008, 703; *Langer/Damm* AuA 2008, 538). Das kann dazu führen, dass die sechsmonatige Wartezeit nach § 1 Abs. 1 KSchG zur Prüfung der Geeignetheit des Arbeitnehmers dem Arbeitgeber nicht zur Verfügung steht, weil bereits ein Kündigungsverbot nach § 5 PflegeZG besteht (krit. etwa *Preis/Nehring* NZA 2008, 729, 736; Schaub/*Linck* § 107 Rn 53 f.). Dann ist die Zustimmung nach § 5 PflegeZG erforderlich (zu rechtspolitischen Forderungen in diesem Zusammenhang *Rose/Dörstling* DB 2008, 2137, 2139 f.; zu einer möglichen Hemmung der Wartefrist Schaub/*Linck* § 107 Rn 54 mwN).

a) Arbeitnehmer

16 Zu den Beschäftigten, für die der Sonderkündigungsschutz eingreift, gehören nach § 7 Abs. 1 Nr. 1 PflegeZG zunächst die **Arbeitnehmerinnen und Arbeitnehmer**. Hier gelten die allgemeinen Grundsätze des Arbeitnehmerbegriffs (ausf. KR-*Rost/Kreutzberg-Kowalczyk* ArbNähnl. Pers. Rdn 1 ff., mwN.). Für sie muss das bundesdeutsche Arbeitsrecht gelten (zu § 18 BEEG vgl. KR-*Bader* § 18 BEEG Rdn 26).

b) Zur Berufsbildung Beschäftigte

17 Der Sonderkündigungsschutz erfasst nicht nur die **zur Berufsausbildung**, sondern **auch die zur ihrer Berufsbildung Beschäftigten**. Damit werden alle Bereiche der Berufsbildung nach § 1 Abs. 1 BBiG erfasst, also die Berufsausbildungsvorbereitung, die Berufsausbildung (zum Berufsausbildungsverhältnis s. KR-*Weigand* §§ 21–23 BBiG Rdn 9 ff.), die berufliche Fortbildung, die berufliche Umschulung (dazu KR-*Weigand* §§ 21–23 BBiG Rdn 12) sowie die in anderen Vertragsverhältnissen nach § 26 BBiG Beschäftigten. Deshalb können auch **Praktikanten** und **Volontäre** in den Kündigungsschutz mit einbezogen sein (zur Auslegung in § 6 AGG ebenso SSV-*Schleusener* § 6 Rn 9; aA *Linke/Linke* S. 84 f.; zu diesem Personenkreis s. hier KR-*Weigand* §§ 21–23 BBiG Rdn 13). Eine in Anspruch genommene Pflegezeit wird auf die Berufsbildungszeiten nach § 4 Abs. 1 S. 5 PflegeZG nicht angerechnet (s. Rdn 46).

c) Arbeitnehmerähnliche Personen, insbesondere in Heimarbeit Beschäftigte

18 Beschäftigte sind nach § 7 Abs. 1 Nr. 3 PflegeZG auch **Personen, die wegen ihrer wirtschaftlichen Unselbständigkeit als arbeitnehmerähnliche Personen anzusehen sind** (iE vgl. KR-*Rost/Kreutzberg-Kowalczyk* ArbNähnl. Pers. Rdn 12 ff., Fallbeispiele s. ArbNähnl. Pers. Rdn 38 ff.). Anders als in § 12a Abs. 1 Nr. 1 TVG (abgedruckt bei KR-*Rost/Kreutzberg-Kowalczyk* ArbNähnl. Pers. Rdn 8) – aber gleichlautend zu § 5 Abs. 1 S. 1 ArbGG, § 2 BUrlG, § 1 Abs. 2 Nr. 1 BeschäftigtenschutzG und vor allem zu § 6 Abs. 1 Nr. 1 bis 3 AGG – hat der Gesetzgeber davon abgesehen, die vergleichbare **soziale Schutzbedürftigkeit** als weiteres Tatbestandsmerkmal in den Gesetzeswortlaut aufzunehmen. Gleichwohl wird man mit der ständigen Rechtsprechung des BAG davon auszugehen haben, dass der wirtschaftlich Abhängige zudem seinem gesamten sozialen Status nach einem Arbeitnehmer vergleichbar schutzbedürftig ist (s. KR-*Rost/Kreutzberg-Kowalczyk* ArbNähnl. Pers. Rdn 7 ff., insb. Rdn 10, 26; so auch *Müller* BB 2008, 1058; *Linke/Linke* S. 85; ErfK-*Gallner* § 7 Rn 1; *Preis/Nehring* NZA 2008, 732). Dem entspricht auch die Gesetzesbegründung: »Arbeitnehmerähnliche Personen sind im Hinblick auf die Inanspruchnahme der Pflegeversicherung wegen ihrer wirtschaftlichen Abhängigkeit ebenso sozial schutzbedürftig wie Arbeitnehmer.« (BT-Drucks. 16/7349, S. 94).

Als besondere Gruppe werden in § 7 Abs. 1 Nr. 3 PflegeZG die in **Heimarbeit Beschäftigten** und die ihnen **Gleichgestellten** genannt (iE vgl. KR-*Kreutzberg-Kowalczyk* §§ 29, 29a HAG Rdn 5 ff., 14 ff.). 19

2. Arbeitgeber

Als Arbeitgeber werden nach § 7 Abs. 2 S. 1 PflegeZG die natürlichen oder juristischen Personen bezeichnet, **die Personen nach § 7 Abs. 1 PflegeZG beschäftigen**. Damit definiert sich der Begriff über die Person des Beschäftigten. Die Begriffsbestimmung entspricht derjenigen in § 6 Abs. 2 AGG. Es kommt darauf an, wer eine der in § 7 Abs. 1 PflegeZG genannten Personen – unabhängig von der Rechtsnatur des zugrundeliegenden Vertragsverhältnisses (zu den möglichen Vertragstypen s. KR-*Rost/Kreutzberg-Kowalczyk* ArbNähnl. Pers. Rdn 12 ff.) – als Arbeitnehmer oder arbeitnehmerähnliche Person beschäftigt (zur Frage, wer iE Arbeitgeber als Partner eines Arbeitsvertrages ist vgl. KR-*Klose* § 4 KSchG Rdn 111 ff.). Deshalb wird in § 7 Abs. 2 S. 2 PflegeZG klargestellt, dass für arbeitnehmerähnliche Personen, insbes. für die in Heimarbeit Beschäftigten und die ihnen Gleichgestellten, an die Stelle des Arbeitgebers der Auftraggeber oder Zwischenmeister tritt (hierzu vgl. KR-*Kreutzberg-Kowalczyk* ArbNähnl. Pers. Rdn 12 ff., §§ 29, 29a HAG Rdn 18, 63 ff.). 20

IV. Voraussetzungen des besonderen Kündigungsschutzes

1. Grundsatz

Der besondere Kündigungsschutz greift ein in den Fällen des § 2 Abs. 1 PflegeZG – kurzzeitige Arbeitsverhinderung – und des § 3 Abs. 1, 5 und 6 PflegeZG – Inanspruchnahme von Pflegezeit oder anderen Freistellungen – und zwar nicht erst ab Beginn der Arbeitsverhinderung oder der Freistellung (ebenso ab dem 1.1.2015 für das FPfZG, KR-*Treber/Waskow* FPfZG Rdn 16), sondern **ab Zugang der Ankündigung** der kurzfristigen Arbeitsverhinderung, der Pflegezeit; seit dem 1.1.2015 allerdings **begrenzt auf die letzten zwölf Wochen vor dem angekündigten Beginn** der Freistellung (§ 5 Abs. 1 S. 1 PflegeZG). Im Rahmen der kurzzeitigen Arbeitsverhinderung nach § 2 Abs. 1 PflegeZG reicht es aus, dass die Voraussetzungen der Pflegebedürftigkeit voraussichtlich erfüllt werden (§ 7 Abs. 4 PflegeZG, s. Rdn 24). 21

2. Pflegebedürftigkeit naher Angehöriger

a) Pflegebedürftigkeit

Pflegebedürftig iSd PflegeZG sind nach § 7 Abs. 4 S. 1 PflegeZG Personen, bei denen die **Voraussetzungen nach §§ 14 und 15 SGB XI erfüllt** sind. Danach ist pflegebedürftig, wer gesundheitlich bedingte Beeinträchtigungen der Selbständigkeit oder der Fähigkeiten aufweist und deshalb der Hilfe Anderer bedarf. Die vorhandene körperliche, kognitive oder psychische Beeinträchtigung oder gesundheitlich bedingte Belastung oder Anforderung kann durch die betreffende Person nicht selbstständig kompensiert oder bewältigt werden. Diese Pflegebedürftigkeit muss voraussichtlich für mindestens sechs Monate bestehen (§ 14 Abs. 1 SGB XI). 22

Näher bestimmt wird nach § 14 Abs. 2 SGB XI das Vorliegen von gesundheitlich bedingten Beeinträchtigungen der Selbstständigkeit oder der Fähigkeiten nach pflegefachlich begründeten Kriterien in sechs Bereichen. Ob eine Person einer solchen Hilfe bedarf, bestimmt sich nach § 15 SGB XI, der für den Grad der Pflegebedürftigkeit von pflegebedürftigen Personen iSd § 14 SGB XI seit dem 1.1.2017 durch das zweite Pflegestärkungsgesetz (Rdn 4) **fünf Pflegegrade** festlegt, die nach einem pflegefachlich begründeten Begutachtungsinstrument festlegt werden. 23

Für die **kurzzeitige Arbeitsverhinderung nach § 2 Abs. 1 PflegeZG** wird der Begriff der **Pflegebedürftigkeit modifiziert**. Da es sich um akute Pflegesituationen handelt, wird eine Entscheidung der Pflegekasse idR nicht rechtzeitig vorliegen, weil das Verfahren über die Einstufung in Pflegegrade, zur Bewilligung von Leistungen oder zur Unterbringung in einer Pflegeeinrichtung erst eingeleitet worden ist oder werden soll. Es genügt für die Inanspruchnahme des Rechts, von der 24

Arbeit fernzubleiben, wenn die **Voraussetzungen nach den §§ 14 und 15 SGB XI voraussichtlich erfüllt werden**. Hierfür bedarf es einer anhand von Tatsachen getroffenen Prognose, dass der Eintritt der Pflegebedürftigkeit mit mindestens dem Pflegegrad 1 wahrscheinlich ist (ähnlich *Müller* DB 2008, 1059).

b) Nahe Angehörige

25 Die Pflegebedürftigkeit muss bei einem **nahen Angehörigen** eingetreten sein. Welcher Personenkreis das ist, wird in § 7 Abs. 2 PflegeZG abschließend (*Joussen* NZA 2009, 69, 72) geregelt. Danach sind nahe Angehörige folgende Personen (krit. zur Weite des Personenkreises *Preis/Nehring* NZA 2008, 730):
- die Großeltern, Eltern, Schwiegereltern und – neu – die Stiefeltern (Nr. 1),
- die Ehegatten, Lebenspartner, Partner einer eheähnlichen Gemeinschaft oder lebenspartnerschaftsähnlichen Gemeinschaft und statt den Schwägerinnen und Schwäger seit dem Zweiten Pflegestärkungsgesetz Ehegatten der Geschwister und Geschwister der Ehegatten, Lebenspartner der Geschwister und Geschwister der Lebenspartner (Nr. 2),
- Kinder, Adoptiv- oder Pflegekinder des Beschäftigten, ebenso die Kinder, Adoptiv- oder Pflegekinder des Ehegatten oder Lebenspartners, Schwiegerkinder und Enkelkinder (Nr. 3),

Nicht erfasst werden allerdings daher Tanten und Onkel (*Treber* JbArbR 46 [2009], 96; zu Recht Rdn 26 krit. *Karb* öAT 2016, 248), sowie Kinder, Adoptiv- oder Pflegekinder des Partners einer eheähnlichen Gemeinschaft, allerdings seit dem 1.1.2015 die Partner einer lebenspartnerschaftsähnlichen Gemeinschaft. Durch die letztgenannte Erweiterung ist der Kritik an der Vorgängerregelung im Hinblick auf das Verbot der Diskriminierung wegen der sexuellen Identität nach § 1 AGG (s. KR-*Treber/Rennpferdt* § 1 AGG Rdn 37 ff.) nachgekommen worden. Im Hinblick auf die verfassungsrechtlich gebotene Gleichbehandlung von Ehe und Partnerschaft erscheint die **Nichtberücksichtigung der Schwiegereltern des Lebenspartners** problematisch und legt eine verfassungskonforme Auslegung nahe (Schaub/*Linck* § 107 Rn 13; *Thüsing/Pötters* BB 2015, 181, 182). Dem Umstand, dass nach § 1590 Abs. 2 BGB die **Schwägerschaft fortdauert**, auch wenn die Ehe, durch die sie begründet wird, aufgelöst ist, trägt die Änderung des Gesetzes in § 7 Abs. 3 Nr. 2 PflegeZG Rechnung.

3. Anspruch auf Fernbleiben (§ 2 PflegeZG) und auf Freistellung (§ 3 PflegeZG)

a) Fernbleiben von der Arbeit – kurzfristige Arbeitsverhinderung

aa) Akut auftretende Pflegesituation

26 § 2 Abs. 1 PflegeZG gibt dem Beschäftigten gegenüber jedem Arbeitgeber unabhängig von der Beschäftigtenzahl das Recht, bei akut auftretenden Pflegesituationen **bis zu zehn Arbeitstage der Arbeit fern zu bleiben**, wenn dies erforderlich ist, um eine bedarfsgerechte Pflege für einen nahen Angehörigen zu organisieren oder dessen pflegerische Versorgung in dieser Zeit sicher zu stellen (BT-Drucks. 16/7439 S. 91). Durch das von einer Mitwirkungshandlung des Arbeitgebers unabhängige Leistungsverweigerungsrecht soll dem Beschäftigten ermöglicht werden, zeitnah und zügig reagieren zu können. Arbeitstage sind grds. diejenigen Tage, an denen der Beschäftigte nach seinem Arbeitsvertrag oder nach den betrieblichen Gegebenheiten üblicherweise arbeitet. Bei **Teilzeitbeschäftigten** kann zur Berechnung die ähnlichen Zwecken dienende Regelung in § 45 Abs. 2 S. 1 SGB V herangezogen werden und Tage, an denen der Beschäftigte nicht zur Arbeitsleistung verpflichtet ist, unberücksichtigt zu lassen (*Treber* JbArbR 46 [2009] 99; so auch im Ergebnis *Zetl* ZMV 2008, 174, 174). Eine Umrechnung anhand der Grundsätze zur Bemessung von Urlaubsansprüchen bei unregelmäßiger Verteilung der Arbeitszeit (so: ErfK-*Gallner* § 2 Rn 1; HWK-*Lembke* § 2 Rn 9; Schaub/*Linck* § 107 Rn 29; aA AR-*Krumbiegel* § 2 Rn 10; DDZ-*Brecht-Heitzmann* § 5 Rn 17; *Kossens* PersR 2009, 195; *Oberthür/Becker* ArbRB 2009, 78) ist nicht geboten. Ausreichendes Korrektiv ist – etwa bei einem Teilzeitbeschäftigten mit einem Arbeitstag in der Woche – das Merkmal der »Erforderlichkeit« der Arbeitsverhinderung.

Das Recht ist nach der Gesetzesbegründung ausdrücklich **auf Akutfälle begrenzt**. Das setzt voraus, 27
dass die Pflegebedürftigkeit »plötzlich«, also derart unvermittelt eingetreten ist, dass der Beschäftigte bereits zeitlich nicht in der Lage gewesen ist, anderweitig Vorsorge treffen zu können (*Müller* BB 2008, 1059; *Preis/Nehring* NZA 2008, 730; ErfK-*Gallner* § 2 Rn 2; APS-*Rolfs* § 5 Rn 10). Das kann etwa beim überraschenden Ausfall einer Pflegekraft der Fall sein, nicht aber beim unveränderten Fortbestand einer bereits bestehenden Pflegebedürftigkeit (*BAG* 15.11.2011 – 9 AZR 348/10 – EzA § 4 PflegeZG Nr. 1; ErfK-*Gallner* § 2 Rn 2).

Das **Fernbleiben von der Arbeit** muss erforderlich sein, um die bedarfsgerechte Pflege zu organisieren oder die pflegerische Versorgung sicher zu stellen. Das Merkmal bezieht sich auf die **Pflegebedürftigkeit des nahen Angehörigen**. Es ist nicht notwendig, dass allein der Beschäftigte in der Lage ist, die notwendigen Maßnahmen zu ergreifen (so aber *Haas* BC 2008, 213, *Langer/Damm* AuA 2008, 53, *Müller* BB 2008, 1059; wohl auch ErfK-*Gallner* § 2 Rn 2). § 2 Abs. 1 PflegeZG enthält keine Einschränkung, das nicht andere nahe Angehörige diese Aufgaben übernehmen könnten. Anders verhält es sich aber, wenn bereits eine andere Person dies organisiert oder die Pflege sicherstellt (*Linck* BB 2008, 2740; SPV-*Vossen* Rn 1621). Der Gesetzeszweck, dem Wunsch vieler pflegebedürftiger Menschen zu entsprechen, durch vertraute Angehörige in gewohnter Umgebung gepflegt zu werden (BT-Drucks. 16/7349 S. 90), wie auch das Selbstbestimmungsrecht des Pflegebedürftigen (§ 2 SGB XI) sprechen im Rahmen des § 2 Abs. 1 PflegeZG gegen eine Beschränkung des Kreises der Angehörigen, die die dort genannten Maßnahmen in der akuten Pflegesituation durchführen sollen (eingeschränkt *Linke/Linke* S. 90: Wunsch des Pflegebedürftigen oder aus dessen Sicht psychisch erforderlich). 28

Darüber hinaus müssen die erforderlichen Maßnahmen durch den Beschäftigten auch die **Dauer** 29
des Fernbleibens von der Arbeit **objektiv rechtfertigen** können. Der Anspruch besteht »bis zu« zehn Arbeitstagen (DDZ-*Brecht-Heitzmann* § 5 Rn 11; *Kossens* AuA 2008, 328; *Langer/Damm* AuA 2008, 536; *Preis/Nehring* NZA 2008, 731; ErfK-*Gallner* § 2 Rn 2). Nicht erforderlich ist allerdings, dass die Arbeitstage »am Stück« in Anspruch genommen werden (*Boewer* S. 20). Eine Freistellung nur für den Teil eines Arbeitstages ist lediglich auf Grund freier Vereinbarung möglich (*Preis/Nehring* NZA 2008, 731; APS-*Rolfs* § 5 Rn 12 f.).

Der Gesetzgeber geht davon aus, dass die Notwendigkeit der pflegerischen Versorgung für jede 30
pflegebedürftige Person nur einmal eintreten wird: »sodass dieses Recht regelmäßig auch nur einmal pro Pflegefall ausgeübt wird« (BT-Drucks. 16/7439, S. 91). Zwingend ist das allerdings nicht, etwa wenn eine häusliche Pflegekraft kurzfristig ausfällt und in dieser »Akutsituation« eine pflegerische Versorgung »erneut« sichergestellt werden muss sowie bei wechselnden Erkrankungen, die eine akute Pflegesituation mehrfach auftreten lassen (*Bauer* PersF 2008, Heft 10, S. 87; ErfK-*Gallner* § 2 Rn 2; APS-*Rolfs* § 5 Rn 10; *Schwerdle* ZTR 2007, 657). Jedenfalls steht der Wortlaut einer **mehrfachen Inanspruchnahme** nicht entgegen (*Bauer* PersF 2008, Heft 19, S. 87; AR-*Klose* § 2 Rn 3; *Hexel/Lüders* NZS 2009, 266; *Joussen* NZA 2009, 70; *Linck* BB 2008, 2740; APS-*Rolfs* § 5 Rn 15, begrenzend auf insgesamt zehn Arbeitstage je pflegebedürftigem Angehörigen; *Schwerdle* ZTR 2007, 657; *Winbrenner* S. 48; aA *Freihube/Sasse* DB 2008, 1320, 1321: Der Beschäftigte sei zu Vorkehrungen [für einen Akutfall?] verpflichtet), wenngleich die Gesetzesmaterialien eine enge Auslegung nahelegen. Allerdings wird man nicht darauf abstellen können, das stets eine andere Ursache vorliegt (so ErfK-*Gallner* Rn 2: unter Hinw. auf die Differenzierung zwischen Fortsetzungs- und Wiederholungserkrankungen iRd EntgeltFG). Das zeigt der kurzfristige Ausfall einer Pflegekraft sowie der Umstand, dass die Pflegebedürftigkeit regelmäßig auf einer fortdauernden Ursache beruht.

bb) Mitteilungs- und Nachweispflichten

Für denjenigen Beschäftigten, der nach den in § 2 Abs. 1 PflegeZG genannten Gründen kurzzeitig 31
an der Arbeitsleistung gehindert ist, bestehen nach § 2 Abs. 2 PflegeZG **Anzeige- und Nachweispflichten gegenüber dem Arbeitgeber**. Nach Satz 1 müssen Beschäftigte dem Arbeitgeber den Eintritt der Verhinderung und die voraussichtliche Dauer unverzüglich mitteilen (*Düwell* FA 2008,

109; ErfK-*Gallner* § 2 Rn 3). Eine besondere Form ist nicht vorgesehen, aus Beweisgründen kann sie aber geboten sein (s.a. *Böhm* ArbRB 2011, 321). Damit soll dem Arbeitgeber u.a. ermöglicht werden, sich auf die Arbeitsverhinderung des Beschäftigten einzustellen und die erforderlichen Maßnahmen treffen zu können. Diese Anzeigepflichten sollen für arbeitnehmerähnliche Personen, die gerade nicht zur Arbeitsleistung verpflichtet sind, nicht anzuwenden sein (*Preis/Weber* NZA 2008, 82, 83). Hier ist aber daran zu denken, dass es zu Verzögerungen bei geschuldeten Leistungen kommen kann. Der Zweck der Mitteilungspflicht spricht dann gleichermaßen für eine entsprechende Obliegenheit. Die Anzeigepflicht besteht auch bei Fortdauer der Arbeitsverhinderung über den mitgeteilten voraussichtlichen Zeitpunkt hinaus. Das folgt aus dem Zweck der Mitteilung. Da der Arbeitgeber übersehen können muss, ob tatsächlich die Voraussetzungen des § 2 Abs. 1 PflegeZG vorliegen, ist der pflegebedürftige Angehörige zu benennen. Allerdings sind nähere Angaben zu Art und Ursache der Pflegebedürftigkeit nicht erforderlich (*Müller* BB 2008, 1060; *Linck* BB 2008, 2740). Hier kann der Arbeitgeber einen Nachweis nach § 2 Abs. 2 S. 2 PflegeZG verlangen. Die **Mitteilung** muss **unverzüglich**, dh ohne schuldhaftes Zögern (§ 121 Abs. 1 S. 1 BGB) erfolgen. Insoweit wie auch hinsichtlich des Inhalts, des Adressaten und der Form der Mitteilung kann auf die **Maßstäbe iRd § 5 Abs. 1 EFZG** zurückgegriffen werden (dazu AR-*Vossen* § 5 EFZG Rn 6).

32 Neben der Mitteilungspflicht obliegt dem Beschäftigten nach § 2 Abs. 2 S. 1 PflegeZG eine **Nachweispflicht**. Da bei Akutereignissen eine Begutachtung durch den Medizinischen Dienst der Krankenversicherung meist noch nicht vorliegt (vgl. § 18 Abs. 3 SGB XI, dazu *Linke/Linke* S. 97 f.), hat der Beschäftigte nach Satz 2 dem Arbeitgeber auf **Verlangen eine ärztliche Bescheinigung vorzulegen** (zum gegenüber der Arbeitsunfähigkeitsbescheinigung beschränkten Beweiswert *Linck* BB 2008, 2740; *Treber* JbArbR 46 [2009], 101; s.a. *Weinbrenner* S. 60 ff.; aA ErfK-*Gallner* § 2 Rn 3; AR-*Krumbiegel* § 2 Rn 9; HaKo-KSchR/*Böhm* § 5 Rn 23), die neben der voraussichtlichen Pflegebedürftigkeit des Angehörigen auch die Notwendigkeit der in Abs. 1 genannten Maßnahmen durch den approbierten Arzt bestätigt (BT-Drucks. 16/7439, S. 92). Aus der Gesetzesbegründung folgt, dass eine Begründung der ärztlichen Bescheinigung ebenso wenig erforderlich ist (*Müller* BB 2008, 1060) wie die Angabe der voraussichtlichen Dauer (*Preis/Nehring* NZA 2008, 731). Die Kosten hat der Beschäftigte zu tragen (Schaub/*Linck* § 107 Rn 27).

33 Eine **Verletzung der Anzeige- und Nachweispflichten** steht dem Recht auf Fernbleiben von der Arbeit nicht entgegen, kann aber zu Schadensersatzansprüchen des Arbeitgebers führen oder personalrechtliche Maßnahmen begründen. Allerdings gilt der **besondere Kündigungsschutz** nach § 5 PflegeZG frühestens **mit der Ankündigung** der Arbeitsverhinderung (zu § 18 BEEG: s. KR-*Bader* § 18 BEEG Rdn 43; *BAG* 26.6.2008 – 2 AZR 23/07 – EzA § 18 BErzGG Nr. 9), sodass der Beschäftigte schon aus diesem Grund zu dieser angehalten ist.

cc) Fortzahlung der Vergütung – Pflegeunterstützungsgeld

34 Eine Verpflichtung zur **Fortzahlung der Vergütung** für die Zeit der kurzfristigen Arbeitsverhinderung wird **durch das PflegeZG nicht geregelt**, wie § 2 Abs. 3 S. 1 PflegeZG klarstellt (*Tamm* PersV 2019, 164, 165: zu Recht kritisch *Bauer* PersF 2008, Heft 10, S. 87; *Langer/Damm* AuA 2008, 537; *Preis/Weber* NZA 2008, 82, 84; *Preis/Nehring* NZA 2008, 731; zur Vereinbarkeit mit Art. 6 Abs. 1, Art. 8 Abs. 1 der bis zum 2.8.2022 umzusetzenden Richtlinie zur Vereinbarkeit von Beruf und Privatleben für Eltern und pflegende Angehörige – VereinbarkeitsRL – 2019/1158/EU ErfK-*Gallner* § 2 Rn 4). Ein im Referentenentwurf zum PfWG (Rdn 1) enthaltener Anspruch auf Ersatzleistung gegen die Pflegekasse – sog. **Pflegeunterstützungsgeld** – wurde durch das Gesetz zur besseren Vereinbarkeit von Familie, Pflege und Beruf als **Lohnersatzleistung in § 44 Abs. 3 SGB XI** übernommen, wenn der Beschäftigte insbes. keinen Entgeltzahlungsanspruch gegen den Arbeitgeber hat. Beschäftigte können seit 1.1.2015 während der kurzzeitigen Arbeitsverhinderung nach § 2 Pflegeunterstützungsgeld beanspruchen (§ 2 Abs. 3 S. 2 PflegeZG). Dieses folgt in der Bemessung dem Kinderkrankengeld, § 45 Abs. 2 S. 3 bis 5 SGB V und ist, auch wenn mehrere Beschäftigte den Anspruch für die gleiche Person geltend machen, auf zehn Tage begrenzt (vgl. BT-Drucks. 18/3124, S. 31 und 56 ff., sowie BT-Drucks. 18/3449, S. 13 f.; ausf. *Udsching* jurisPR-SozR 3/2015,

Anm. 1; s.a. *Müller* BB 2014, 3125, 3132). Erforderlich ist eine Fortzahlungspflicht auf Grund anderer gesetzlicher Bestimmungen oder einer individual- oder kollektivrechtlichen Vereinbarung. Als gesetzliche **Anspruchsgrundlage** kommt insbes. **§ 616 BGB** in Betracht (so ausdrücklich die Gesetzesbegründung, BT-Drucks. 16/7439, S. 92; hierzu *Boewer* S. 22 ff.; *Freihube/Sasse* DB 2008, 1320, 1321; *Joussen* NZA 2009, 71; *Linke/Linke* S. 94 ff.; *Marburger* PersV 2008, 378; *Müller/Stuhlmann* ZTR 2008, 291; *Schwerdle* ZTR 2008, 657 f.; ausf. ErfK-*Gallner* § 2 Rn 4; *Preis/ Nehring* NZA 2008, 731 f.; *Treber* JbArbR 46 [2009], 102), der allerdings (insbes. tariflich: *BAG* 25.4.1960 EzA § 616 BGB Nr. 2) abdingbar ist (AR-*Krumbiegel* § 2 Rn 11).

b) **Anspruch auf Freistellung – Pflegezeit (§ 3 Abs. 1 PflegeZG)**

aa) **Pflege eines pflegebedürftigen nahen Angehörigen**

Die Vorschrift begründet einen Anspruch des Beschäftigten auf Freistellung von der Arbeitsleistung, wenn er einen pflegebedürftigen Angehörigen in häuslicher Umgebung pflegt – so die **Legaldefinition der Pflegezeit in § 3 Abs. 1 PflegeZG**. Sie orientiert sich – wenngleich mit wichtigen Unterschieden – an den Bestimmungen über die Eltern(teil)zeit in §§ 15 f. BEEG (BT-Drucks. 16/ 7439, S. 91). Es handelt sich nicht um einen im Wege der Leistungsklage verfolgbaren Anspruch iSd § 194 BGB, sondern um ein **einseitiges Gestaltungsrecht** (*BAG* 15.11.2011 – 9 AZR 348/ 10 – EzA § 4 PflegeZG Nr. 1). 35

Der Anspruch setzt die Pflege eines bereits pflegebedürftigen (s. Rdn 22 ff.) nahen Angehörigen (s. Rdn 25 f.) **in häuslicher Umgebung** voraus. Allein die voraussichtliche Pflegebedürftigkeit genügt anders als in § 2 PflegeZG nicht. Die Pflege muss nicht in der eigenen häuslichen Umgebung des Angehörigen oder des pflegenden Beschäftigten stattfinden. Sie soll (lediglich) »vertraute Angehörige in gewohnter Umgebung« erfolgen (BT-Drucks. 16/7439, S. 91). Das Tatbestandsmerkmal der »häuslichen Pflege« dient der Abgrenzung zur Versorgung in Pflegeheimen (§ 71 Abs. 2 SGB XI) oder in Einrichtungen iSd. § 71 Abs. 4 SGB XI (*Boewer* S. 25 f.; *Joussen* NZA 2009, 72; *Linke/Linke* S. 82 f.; *Müller* BB 2008, 1060 f.; *Müller/Stuhlmann* ZTR 2008, 291; *Schlegel* jurisPR-SozR 10/2008, Anm. 4; ebenso *Preis/Nehring* NZA 2008, 733). Eine **wöchentliche Mindestpflegezeit**, wie sie etwa § 19 S. 2 SGB XI für den Beitragszuschuss zur gesetzlichen Rentenversicherung fordert oder § 28a Abs. 1 Nr. 1 SGB III voraussetzt, ist **nicht erforderlich** (krit. *Preis/Nehring* NZA 2008, 733, 734). 36

Nach § 3 Abs. 2 S. 1 PflegeZG ist der Beschäftigte verpflichtet, die **Pflegebedürftigkeit** des nahen Angehörigen durch eine Bescheinigung der Pflegekasse oder des Medizinischen Dienstes der Krankenkasse **gegenüber dem Arbeitgeber nachzuweisen**. Für die in der Privat-Pflegeversicherung Versicherten gilt nach S. 2 Entsprechendes. Dabei genügt es, wenn die Pflegebedürftigkeit bei Beginn der begehrten Freistellung tatsächlich vorliegt, auch wenn sie erst später rückwirkend festgestellt wird (*Müller* BB 2008, 1063; *Nielebock* AiB 2008, 365; *Preis/Nehring* NZA 2008, 733; ErfK-*Gallner* § 3 Rn 3). 37

Der Anspruch steht **auch mehreren Beschäftigten zur Pflege desselben nahen Angehörigen** zu (näher dazu *Müller* BB 2008, 1058, 1061). Der Wortlaut des § 4 Abs. 1 PflegeZG, wonach die Pflegezeit »für jeden pflegebedürftigen nahen Angehörigen« längstens sechs Monate beträgt, steht dem nicht entgegen. Ihm kann nicht der gesetzgeberische Wille entnommen werden, pro Pflegefall solle für alle Angehörigen nur insgesamt ein Freistellungsanspruch von sechs Monaten bestehen. Nach dem Gesetzeszweck soll die Pflege durch vertraute »Angehörige« ermöglicht werden (wie hier *Hexel/Lüders* NZS 2009, 268; *Müller* BB 2008, 1061; APS-*Rolfs* § 5 Rn 19; ebenso ErfK-*Gallner* § 3 Rn 1; krit., aber iE ebenso *Preis/Nehring* NZA 2008, 733 f. aA *Braun* RiA 2008, 197; *Rose/ Dörsting* DB 2008, 2137). Darüber hinaus spricht der Umstand, dass die durchschnittliche Pflegezeit zwei Jahre beträgt (s. KR-*Treber/Waskow* FPfZG Rdn 4 mwN), gegen eine solche Begrenzungsabsicht des Gesetzgebers (*Müller* BB 2008, 1061; *Schwerdle* ZTR 2007, 659). Die Pflegezeit kann weiterhin für »jeden« pflegebedürftigen Angehörigen, also auch mehrfach in Anspruch genommen werden (s. nur *Göttling/Neumann* NZA 2012, 119, 126; *Thüsing/Pötters* BB 2015, 181, 184). Hat 38 der Arbeitnehmer die Pflegezeit durch Erklärung gegenüber dem Arbeitgeber in Anspruch genommen, ist er aber gehindert, von seinem Recht erneut Gebrauch zu machen, sofern sich die Pflegezeit auf denselben Angehörigen bezieht (einmaliges Gestaltungsrecht, *BAG* 15.11.2011 – 9 AZR 348/10 – EzA § 4 PflegeZG Nr. 1, Rn 31).

bb) Anzahl der beim Arbeitgeber Beschäftigten

39 Der nicht an eine Mindestbeschäftigungsdauer gebundene Anspruch auf Freistellung besteht **nicht gegenüber Arbeitgebern mit idR 15 oder weniger Beschäftigten** (krit. zur Herausnahme der Kleinunternehmen *Nielebock* AiB 2008, 365; *Schlegel* jurisPR-SozR 10/2008, Anm. 4). Maßgebend ist die Zahl der beim jeweiligen Arbeitgeber Beschäftigten, nicht die Größe des betreffenden Betriebes, in dem der Beschäftigte tätig ist (ausf. *Boewer* S. 13 f.). Die Berechnung des Schwellenwertes erfolgt »**nach Köpfen**« und nicht etwa wie in § 23 Abs. 1 S. 4 KSchG nach Arbeitszeitanteilen (BT-Drucks. 16/7486, S. 4; s.a. *Fröhlich* ArbRB 2008, 96; *Kossens* AuA 2008, 328; ErfK-*Gallner* § 3 Rn 1). Zu berücksichtigen sind neben den Arbeitnehmern auch die anderen in § 7 Abs. 1 PflegeZG genannten Personen (s. Rdn 13 ff.) einschließlich der zur Berufsausbildung Beschäftigten (anders der Vorschlag des Bundesrats, BR-Drs. 718/07, S. 35; s.a. *Preis/Weber* NZA 2008, 82, 84). Abzustellen ist grds. auf die Verhältnisse im Zeitpunkt der Ankündigung der Pflegezeit (ausf. *Weinbrenner* S. 75 ff.).

cc) Schriftliche fristgebundene Ankündigung

40 Die beanspruchte Pflegezeit muss dem Arbeitgeber **spätestens zehn Arbeitstage vor dem Beginn schriftlich mitgeteilt** werden, § 3 Abs. 3 S. 1 PflegeZG, und gleichzeitig die Erklärung beinhalten, für welchen **Zeitraum** und – bei nur teilweiser Freistellung – in welchem **Umfang** die Freistellung von der Arbeitsleistung begehrt wird (Formulierungsvorschläge bei *Böhm* ArbRB 2011, 321). Sachgerechterweise ist für die Fristberechnung auf die für Vollzeitbeschäftigte geltende Fünf-Tage-Woche abzustellen und nicht auf die individuellen Arbeitstage, namentlich bei Teilzeitbeschäftigten (*Linck* BB 2008, 2742; *Treber* JbArbR 46 [2009], 108; aA *Novera* DB 2010, 504). Erforderlich ist ein bestimmtes oder bestimmbares Datum (*Schwerdle* ZTR 2007, 661). Der beantragte Zeitraum muss nicht die vollen sechs Monate betragen, jedoch hängt eine **Verlängerung der Pflegezeit** von der Zustimmung des Arbeitgebers ab, § 4 Abs. 1 S. 2 PflegeZG. Nur wenn ein vorgesehener Wechsel in der Person des Pflegenden aus einem wichtigen Grund nicht erfolgen kann, besteht nach § 4 Abs. 1 S. 3 PflegeZG ein Anspruch auf Verlängerung bis zur Höchstdauer. Das kann bei einer Erkrankung der eingeplanten Pflegeperson der Fall sein (so BT-Drucks. 16/7329 S. 92 f.) oder wenn ein Wechsel in der Person des Pflegenden den Pflegeerfolg erheblich gefährden würde (*Linke/Linke* S. 105). Der Anspruch, für dessen Geltendmachung das Gesetz keine besondere Form vorsieht, ist auf »Verlängerung« gerichtet und daher innerhalb der laufenden Pflegezeit zu beantragen (*Boewer* S. 35).

41 Ist der **Ankündigung des Beschäftigten nicht eindeutig** zu entnehmen, ob er Pflegezeit oder Familienpflegezeit in Anspruch nehmen will (also wenn die Dauer der Freistellung sechs Monate nicht überschreitet), enthält § 3 Abs. 3 S. 3 PflegeZG eine »**Auslegungsregel**« (BR-Drs. 463/14, S. 14, 33; richtigerweise ist von einer gesetzlichen Fiktion auszugehen, so auch *Sievers* jM 2015, 160, 165): Liegen die Voraussetzungen beider Möglichkeiten vor, »gilt« die Erklärung als Ankündigung von Pflegezeit. Das »gilt« nach § 4 Abs. 5 S. 3 PflegeZG entsprechend im Falle einer Ankündigung zur Betreuung eines minderjährigen pflegebedürftigen nahen Angehörigen (Rdn 48).

42 In Fällen der **teilweisen Freistellung** ist die **gewünschte Verteilung der Arbeitszeit** abweichend vom Recht der Elternteilzeit nach §§ 15 Abs. 5 bis 7 BEEG (dazu *BAG* 15.4.2008 – 9 AZR 380/07 – NZA 2008, 998) zugleich mitzuteilen. Die erheblich kürzere Ankündigungszeit als die siebenwöchige nach § 16 Abs. 1 S. 1, 15 Abs. 7 Nr. 5 BEEG ist bereits im Gesetzgebungsverfahren kritisiert worden (krit.: *Berger-Delhey* ZTR 2007, 605, dagegen *Kreutz* ZTR 2008, 247; *Freihube/Sasse* DB 2008, 1320, 1322; *Kossens* AuA 2008, 330; *Preis/Nehring* NZA 2008, 733; *Schwerdle* ZTR 2007, 660).

Die **Schutzfrist von zehn Arbeitstagen** soll den Arbeitgeber in die Lage versetzen, die notwendigen 43
organisatorischen oder personellen Maßnahmen zu treffen, um den Ausfall des Beschäftigten auffangen zu können. Für die Fristberechnung ist, obwohl der Wortlaut dies zuließe, nicht auf die individuelle Verteilung, sondern auf die »betriebsübliche« Verteilung der Arbeitszeit abzustellen (ErfK-*Gallner* § 3 Rn 2; anders Schaub/*Linck* § 107 Rn 39: generell sei eine »Fünf-Tage-Woche« zugrunde zu legen). Wahrt der Beschäftigte nicht die Ankündigungsfrist, führt das nicht zur Unwirksamkeit der Antragstellung, sondern es verschiebt sich lediglich der Beginn der Pflegezeit (*Müller* BB 2008, 1061).

Die Willenserklärung unterliegt grundsätzlich zwar nach § 3 Abs. 3 PflegeZG der **Schriftform nach** 44
§ 126 BGB (*Boewer* S. 26; ErfK-*Gallner* § 3 Rn 2; *Müller* BB 2008, 1063; zweifelnd, ebenso und bei der schriftlichen Vereinbarung über die Verringerung und Verteilung der Arbeitszeit *Preis/Nehring* NZA 2008, 733; *Joussen* NZA 2009, 72; anders zur Vereinbarung nach § 3 Abs. 4 PflegeZG unter Hinweis auf die Gesetzesbegründung [BT-Drucks. 16/7439 S. 92] *Boewer* S. 29; *Müller/Stuhlmann* ZTR 2008, 292: mündliche Vereinbarung ausreichend; weitergehender DDZ-*Brecht-Heitzmann* § 5 Rn 26: Textform ausreichend). Abweichend von § 3 Abs. 3 Satz 1 gilt gegenwärtig aufgrund **der Sonderregelungen aus Anlass der Covid19-Pandemie** nach § 9 Abs. 3 PflegeZG, dass die Ankündigung nach § 3 Abs. 3 nur in **Textform** erfolgen muss. Ohne wirksame Ankündigung greift der besondere Kündigungsschutz nach § 5 PflegeZG nicht ein (s. bereits Rdn 33, sowie Rdn 51).

dd) Freistellung von der Arbeitsleistung

Die Inanspruchnahme der Pflegezeit unter **vollständiger Freistellung** von der Arbeitsleistung führt 45
zum Ruhen der Hauptleistungspflichten. Es handelt sich dabei – entsprechend der Rechtsprechung zur Elternzeit (*BAG* 10.5.2016 – 9 AZR 145/15 – NZA 2016, 1137; 15.4.2008 – 9 AZR 380/07 – NZA 2008, 998; 15.11.2009 – 9 AZR 72/09 – NZA 2010, 447) – um ein **Gestaltungsrecht** (*BAG* 15.11.2011 – 9 AZR 348/10 – EzA § 4 PflegeZG Nr. 1; zust. *Göhle/Sanders* jurisPR-ArbR 15/2012, Anm. 1; *Freihube* AP Nr. 1 zu § 3 PflegeZG; *Weinbrenner* AiB 2013, 469 f.; ebenso ErfK-*Gallner* § 3 Rn 4; *Glatzel* NJW 2009, 1378; *Schwerdle* ZTR 2007, 655; aA *Preis/Nehring* NZA 2008, 734: unter Hinw. auf den vergleichbaren Freistellungsanspruch nach § 45 SGB V). § 3 Abs. 1 PflegeZG räumt dabei dem Beschäftigten für jeden pflegebedürftigen Angehörigen (*Preis/Weber* NZA 2008, 82, 84; APS-*Rolfs* § 5 Rn 20) nur ein **einmaliges Gestaltungsrecht** ein, welches durch Inanspruchnahme erlischt (*BAG* 15.11.2011 – 9 AZR 348/10 – EzA § 4 PflegeZG Nr. 1; ebenso APS-*Rolfs* § 5 Rn 20; *Roßbruch* PflR 2010, 502; aA DDZ-*Brecht-Heitzmann* § 5 Rn 38; *Joussen* NZA 2009, 73). Der Beschäftigte kann die Pflegezeit nicht mehrfach bis zu einer Zeitdauer von sechs Monaten in Anspruch nehmen. Das zeigt auch die Verlängerungsregelung in § 4 Abs. 1 S. 1 PflegeZG, deren besondere Voraussetzungen überflüssig wären, wenn eine mehrfache Inanspruchnahme möglich wäre wie auch die erforderliche »Akutsituation« nach § 2 PflegeZG, die sonst gleichfalls ihre Bedeutung verlieren würde. Offen gelassen hat das BAG, ob der Arbeitnehmer durch eine einmalige Gestaltungserklärung Pflegezeit für mehrere getrennte Zeitabschnitte herbeiführen kann (*BAG* 15.11.2011 – 9 AZR 348/10 – EzA § 4 PflegeZG Nr. 1). Das ist zu verneinen. Das Gesetz geht, wie § 4 Abs. 1 PflegeZG zeigt, in der Sache von jeweils einer Pflegezeit iS eines zusammenhängenden Zeitraums aus (ebenso *LAG BW* 31.3.2010 LAGE § 4 PflegeZG Nr. 1; *Notzon* öAT 2013, 136).

Auf **Berufsbildungszeiten** wird die Dauer der Pflegezeit nach § 4 Abs. 1 S. 5 PflegeZG nicht an- 46
gerechnet. Das entspricht § 20 Abs. 1 S. 2 BEEG. Bei vereinbarten Berufsausbildungszeiten – wie nach § 21 Abs. 1 S. 1 BBiG (s. dazu *BAG* 13.3.2007 – 9 AZR 494/06 – EzA § 14 BBiG Nr. 14) – besteht ein Anspruch auf Verlängerung (*Müller* BB 2008, 1063).

In den Fällen der **teilweisen Freistellung** haben Arbeitgeber und Beschäftigter eine schriftliche 47
(s. Rdn 44) **Vereinbarung zu treffen**, § 3 Abs. 4 PflegeZG. Abweichend von § 3 Abs. 4 Satz 1 gilt gegenwärtig aufgrund **der Sonderregelungen aus Anlass der Covid19-Pandemie** nach § 9 Abs. 6 PflegeZG, dass die Vereinbarung nach § 3 Abs. 4 S. 1 nur in **Textform** erfolgen muss. Das entspricht – mit Abweichungen – der sog. Vereinbarungslösung iRv § 15 Abs. 5 S. 2, Abs. 7 BEEG.

Die Vereinbarungspflicht bezieht sich nach dem Wortlaut auf das Maß der Verringerung und deren Verteilung, nicht aber das »Ob« einer Pflegeteilzeit (BeckOK-*Joussen* § 3 Rn 19). Hierbei hat der Arbeitgeber grds. den Wünschen des Beschäftigten zu entsprechen« (BT-Drucks. 16/7439 S. 92), es sei denn, »dringende betriebliche Gründe« stehen entgegen. Dabei kann die Rechtsprechung zu § 15 Abs. 7 S. 1 Nr. 4 BEEG herangezogen werden (s. etwa *BAG* 15.12.2009 – 9 AZR 72/09 – EzA § 15 BErzGG Nr. 18). Eine gesetzliche Regelung für den Fall, dass eine **Einigung nicht zustande kommt**, ist in das PflegeZG nicht aufgenommen worden (hierzu und zu den Möglichkeiten des einstweiligen Rechtsschutzes des Beschäftigten *Bordet* S. 226; *Freihubel Sasse* DB 2008, 1320, 1322; ErfK-*Gallner* § 7 Rn 4; *Linke/Linke* S. 102 f.; *Preis/Nehring* NZA 2008, 734 f.; *Schwerdle* ZTR 2007, 660). Der Beschäftigte ist dann gehalten, Leistungsklage auf Zustimmung zu erheben, die allerdings erst mit Rechtskraft des stattgebenden Urteils als erteilt gilt, § 894 ZPO (s.a. – krit. – *Sievers* jM 2015, 161, 162, 166, dort auch zum einstweiligen Rechtsschutz).

c) **Weitere Ansprüche auf Freistellung – § 3 Abs. 5 und 6 PflegeZG**

aa) **Betreuung eines minderjährigen pflegebedürftigen nahen Angehörigen**

48 Die am 1.1.2015 in Kraft getretene Vorschrift erweitert den Freistellungsanspruch des Beschäftigten um eine vollständige oder teilweise Freistellung von der Arbeitsleistung, um einen **minderjährigen** (vgl. § 2 BGB) **pflegebedürftigen nahen Angehörigen in häuslicher oder außerhäuslicher Umgebung betreuen** zu können. Eine Pflege durch den Beschäftigten ist nicht erforderlich (*Müller* BB 2014, 3125, 3131). Vor allem Eltern soll es ermöglicht werden, ihre minderjährigen Kinder in zeitaufwändigen und nähebedürftigen Lebens- oder Behandlungsphasen eng zu betreuen (BR-Drs. 463/14, S. 32 f.). Dieser Anspruch besteht alternativ zum Anspruch auf Pflegezeit nach Abs. 1 (§ 3 Abs. 5 S. 4 PflegeZG) und kann »jederzeit im Wechsel« mit einer Pflegezeit nach Abs. 1 erfolgen, ohne dass es dazu der Einhaltung besonderer Ankündigungsfristen bedarf (BT-Drucks. 18/3449, S. 12). Für jeden pflegebedürftigen nahen Angehörigen kann nur entweder Pflegezeit oder Freistellung wegen Betreuung in Anspruch genommen werden (BT-Drucks. 18/3124, S. 40). Die Dauer beträgt **maximal sechs Monate**, § 4 Abs. 3 S. 1 iVm § 4 Abs. 1 S. 1 PflegeZG. Damit kann der Beschäftigte abweichend von der Freistellungsmöglichkeit nach § 2 Abs. 5 FPfZG jedenfalls eine vollständige Freistellung ohne Vereinbarung erreichen und muss im Falle einer teilweisen Freistellung nicht die wöchentliche Mindestarbeitszeit nach § 2 Abs. 1 S. 2 FPfZG einhalten (*Müller* BB 2014, 3125, 3132; Schaub/*Linck* § 107 Rn 34). § 4 Abs. 2 PflegeZG über die Beendigung der Freistellung findet Anwendung (s. Rdn 58 f.).

bb) **»Sterbebegleitung«**

49 Ein Rechtsanspruch auf eine vollständige oder teilweise Freistellung besteht nach § 3 Abs. 6 PflegeZG, um Beschäftigten die Möglichkeit einzuräumen, **einen nahen Angehörigen in der letzten Lebensphase zu begleiten**, also Beistand zu leisten. Allerdings ist die Dauer der Freistellung auf **maximal drei Monate** begrenzt (§ 4 Abs. 3 S. 2 PflegeZG) und sie ist auf die Gesamtdauer von 24 Monaten nach § 4 Abs. 1 S. 4 PflegeZG anzurechnen. Zwar verweist § 4 Abs. 3 S. 3 PflegeZG nicht auf § 4 Abs. 1 S. 4 PflegeZG, die Rechtsfolge ergibt sich aber aus dem zweiten Halbsatz: Bei »zusätzlicher Inanspruchnahme« darf die Höchstdauer nicht überschritten werden (*Müller* BB 2014, 3125, 3128; *Sievers* jM 2015, 160, 165). Das kann zur Folge haben, dass nach längerer vorangegangener Pflege ein Anspruch nicht mehr besteht (zu Recht krit *Sievers* jM 2015, 160, 165; *Thüsing/Pötters* BB 2015, 181, 185). Ob die Begleitung in häuslicher Umgebung oder in einem Hospiz erfolgt, ist ohne Bedeutung (BR-Drucks. 463/14, S. 41). Anspruchsvoraussetzung ist eine fortschreitende Erkrankung, bei der eine Heilung ausgeschlossen und eine palliativmedizinische Behandlung erforderlich ist. Dies ist durch ärztliches Zeugnis nachzuweisen. Unberührt bleibt die Regelung des § 45 Abs. 4 SGB V. Für die Ankündigung gilt § 3 Abs. 2 PflegeZG (s. Rdn 40 ff.), für die Beendigung nach § 4 Abs. 3 S. 3 PflegeZG die Regelungen in § 4 Abs. 1 S. 2 bis 5 und Abs. 2 PflegeZG entsprechend (s. Rdn 58 ff.).

d) Inanspruchnahme von Freistellungen nach § 3 Abs. 1 und 5 PflegeZG und solchen nach § 2a Abs. 1 und 5 FPfZG

Pflegezeit oder eine Freistellung nach § 3 Abs. 5 PflegeZG einerseits und Familienpflegezeit oder eine Freistellung nach § 2a Abs. 5 FPfZG (KR-*Treber/Waskow* FPfZG Rdn 13) anderseits können, wie § 2 Abs. 2 FPfZG und § 4 Abs. 1 S. 4 PflegeZG zeigen, für jeden pflegebedürftigen oder zu betreuenden Angehörigen nacheinander, jedoch nach § 4 Abs. 3 S. 2 Hs. 2 PflegeZG **insgesamt nur für eine Gesamtdauer von 24 Monaten** in Anspruch genommen werden. In diesem Fall muss sich die Familienpflegezeit oder die Freistellung nach § 2 Abs. 5 FPfZG der Pflegezeit nach § 3 Abs. 1 PflegeZG oder der Freistellung zur Betreuung pflegebedürftiger minderjähriger Angehöriger nach § 3 Abs. 5 PflegeZG **unmittelbar anschließen**; Gleiches gilt im umgekehrten Fall (§ 3 Abs. 3 S. 4 und 6 PflegeZG). Eine zeitliche Unterbrechung ist nicht möglich (*Müller* BB 2014, 3125, 3127; Schaub/*Linck* § 107 Rn 41). In diesen Fallgestaltungen soll die weitere Inanspruchnahme »möglichst frühzeitig« mitgeteilt werden, nach § 3 Abs. 3 S. 5 und 6 PflegeZG sind aber in jedem Fall längere Ankündigungsfristen zu wahren: mindestens acht Wochen bei einer sich anschließenden Pflegezeit und drei Monate bei einer nachfolgenden Freistellung nach dem FPfZG. Abweichend von § 3 Abs. 3 S. 4 PflegeZG muss sich die Familienpflegezeit oder eine Freistellung nach § 2 Abs. 5 FPfZG nach dem neuen § 4a Abs. 2 PflegeZG nicht unmittelbar an die Pflegezeit anschließen, wenn die Pflegezeit auf Grund der **Sonderregelungen aus Anlass der COVID-19-Pandemie** in Anspruch genommen wurde und die Gesamtdauer nach § 4 Abs. 1 Satz 4 nicht überschritten wird. Nach § 9 Abs. 4 PflegeZG muss sich – pandemiebedingt – abweichend von § 3 Abs. 3 S. 4 die Familienpflegezeit oder die Freistellung nach § 2 Abs. 5 FPfZG nicht unmittelbar an die Pflegezeit anschließen, wenn der Arbeitgeber zustimmt, die Gesamtdauer nach § 4 Abs. 1 S. 4 nicht überschritten wird und die Familienpflegezeit oder die Freistellung nach § 2 Abs. 5 FPfZG spätestens mit Ablauf des 31. Dezember 2021 endet. Die Ankündigung muss abweichend von § 3 Abs. 3 S- 5 spätestens zehn Tage vor Beginn der Familienpflegezeit erfolgen; vgl. im Übrigen die weiteren Sonderregelungen in § 9.

V. Beginn, Dauer und Rechtsfolgen des Kündigungsschutzes

1. Grundsatz

Voraussetzung für den nicht an eine Wartezeit gebundenen besonderen Kündigungsschutz ist ein **objektiv bestehender Anspruch** auf Fernbleiben von der Arbeit (§ 2 PflegeZG) oder auf Pflegezeit (§ 3 PflegeZG) und deren **Ankündigung** gegenüber dem Arbeitgeber. In Folge des besonderen Kündigungsschutzes ist der betreffende Arbeitnehmer im Rahmen einer **Sozialauswahl** bei einer betriebsbedingten Kündigung nicht zu berücksichtigen (ausf. hier KR-*Rachor* § 1 KSchG Rdn 717 ff.). Anders als in § 18 Abs. 2 Nr. 2 BEEG (s. KR-*Bader* § 18 BEEG Rdn 39 f.) besteht für Teilzeitbeschäftigte, die eine der beiden Möglichkeiten nicht in Anspruch nehmen, kein besonderer Kündigungsschutz (*Düwell* FA 2008, 110; ErfK-*Gallner* § 5 Rn 1). Fehlt es an den gesetzlichen Voraussetzungen, greift der besondere Kündigungsschutz nicht ein. Sonderurlaub, Freistellungen auf Grund tariflicher Vereinbarungen (s. dazu *Schwerdle* ZTR 2007, 662 f.; *Schaller* KommunalPraxis BY 2011, 234, unter Hinweis auf §§ 28, 29 und 11 TVöD; weiterhin *Schwerdle* ZTR 2012, 14) oder individualvertraglicher Abreden begründen ebenso wenig einen Kündigungsschutz nach § 5 PflegeZG wie die Inanspruchnahme eines Leistungsverweigerungsrechts nach § 275 Abs. 3 BGB. Das **Kündigungsverbot entfällt** mit dem Ende der Arbeitsverhinderung oder der Pflegezeit, wobei beide Zeiträume miteinander kombiniert werden können (*Schwerdle* ZTR 2007, 660).

2. Beginn

Der Kündigungsschutz beginnt mit dem **Zugang der Ankündigungserklärung beim Arbeitgeber**, wenn die sonstigen Voraussetzungen (§§ 2, 3 PflegeZG, s. Rdn 45) gegeben sind (APS-*Rolfs* § 5 Rn 26; aA *Rose/Dörstling* DB 2008, 2140). Dabei ist die rückwirkende Feststellung der

Pflegebedürftigkeit (s. Rdn 24) ausreichend, wenngleich hier der Beschäftigte das Risiko trägt, dass der Medizinische Dienst anders entscheidet (*Preis/Nehring* NZA 2008, 733). Der Gesetzgeber hat nicht nur auf die Voraussetzungen nach § 2 PflegeZG oder § 3 PflegeZG abgestellt (anders etwa iRd § 85 SGB IX, s. KR-*Gallner* § 168 SGB IX Rdn 16), sondern die »Ankündigung« zum Tatbestandsmerkmal des besonderen Kündigungsschutzes erhoben. Deshalb ist diese auch bei einer »akuten Pflegesituation« erforderlich (aA *Weinbrenner* S. 36 ff.).

53 Der Zugang der Ankündigungserklärung ist auch dann maßgebend, wenn die Arbeitsverhinderung und insbes. die Pflegezeit erst später beginnen soll. Seit dem 1.1.2015 besteht zwar nach wie vor keine **Höchstfrist für die Ankündigung**, eine **Vorverlagerung des Kündigungsschutzes** ist allerdings auf die **letzten zwölf Wochen** vor Beginn der Arbeitsverhinderung, der Pflegezeit oder der Freistellung nach § 3 Abs. 5 und 6 PflegeZG begrenzt. Ungeregelt ist indes geblieben, zu welchem Zeitpunkt der Kündigungsschutz eintritt, wenn eine erforderliche Vereinbarung erst aufgrund gerichtlicher Entscheidung zustande kommt (Rdn 47). Hier wird man im Falle eines berechtigten Anliegens zu erwägen haben, den »angekündigten Beginn« iSd § 5 Abs. 1 PflegeZG als maßgebend anzusehen, um dem Sonderkündigungsschutz auch dann Geltung zu verschaffen.

54 Mit der Begrenzung auf zwölf Wochen vor dem Beginn einer Freistellung kann zwar immer noch zwischen der Ankündigung und der tatsächlichen Inanspruchnahme ein nicht unerheblicher Zeitraum liegen. Die **Gefahr des Missbrauchs** (s. etwa *ThürLAG* 2.10.2014 – 6 Sa 345/13, AuA 2015, 241 [Kurzwiedergabe]) wird allerdings erheblich eingeschränkt (krit. zur früheren Rechtslage *Baeck/Winzer* NZG 2008, 703; *Langer/Damm* AuA 2008, 538; *Müller* BB 2008, 1064; *Preis/Nehring* NZA 2008, 731, 734). Gleichwohl kann ein im Übrigen nicht bestehender Kündigungsschutz während der Wartezeit des § 1 KSchG erlangt werden (so *Boewer* S. 11; *Freihube/Sasse* DB 2008, 1320, 1323; *Fröhlich* DStR 2008, 86; *Waldenmaier/Langenhan-Komus* RdA 2008, 313).

55 Das ist in der Sache allerdings **nur bei der Pflegezeit nach § 3 PflegeZG** und den Freistellungen nach § 3 Abs. 5 und 6 PflegeZG **vorstellbar**. Bei der kurzfristigen Arbeitsverhinderung nach § 2 Abs. 1 PflegeZG bildet das Tatbestandsmerkmal der »akut eingetretenen Pflegesituation« bereits das erforderliche Korrektiv, um eine bewusste Prolongierung des Kündigungsschutzes zu verhindern. Zudem wirkt der Gefahr des Missbrauchs auch der fehlende Vergütungsanspruch für die Zeit der Freistellung entgegen. Das mag allenfalls dann anders zu beurteilen sein, wenn nur eine relativ geringe Freistellung beantragt wird (*Bauer* PersF 2008, Heft 10 S 89).

56 Allein ein befürchteter Rechtsmissbrauch kann – wie stets – nicht gegen ein Recht an sich in Stellung gebracht werden. Ihm ist im jeweiligen Einzelfall über die Grundsätze von Treu und Glauben zu begegnen (*Treber* JbArbR 46 [2009], 111; so wohl auch ErfK-*Gallner* § 5 Rn 1; krit. APS-*Rolfs* § 5 Rn 27: »Ketten-Pflegezeiten« mehrerer Angehöriger, ebenso *Joussen* NZA 2009, 74). Darlegungs- und beweispflichtig ist im Rahmen einer abgestuften Darlegungs- und Beweislast zunächst der Arbeitgeber (dazu etwa *ThürLAG* 2.10.2014 – 6 Sa 345/13, AuA 2015, 241 [Kurzwiedergabe]). Im Übrigen darf die Möglichkeit der behördlichen Zulassung nicht übersehen werden (zu den Problemen des Zustimmungsverfahrens im Hinblick auf die Wartezeit nach § 1 Abs. 1 KSchG: Schaub/*Linck* § 107 Rn 53).

3. Dauer

57 Der **besondere Kündigungsschutz entfällt** mit dem Ende der kurzfristigen Arbeitsverhinderung nach § 2 PflegeZG oder den Freistellungen nach § 3 Abs. 1, 5 und 6 PflegeZG. Grundsätzlich ist eine einseitige Beendigung durch den Beschäftigten vor Ablauf der in Anspruch genommenen Pflegezeit nicht möglich (BT-Drucks. 16/7439, S. 92; *Herget* dbr 2008 Heft 9 S. 20; *Marburger* PersV 2008, 379). Er ist an den gewünschten Zeitraum der Pflegezeit gebunden. Allerdings können Beschäftigter und Arbeitgeber **privatautonom das Ende der Pflegezeit vereinbaren**, § 4 Abs. 2 S. 3 PflegeZG.

Eine von der Zustimmung des Arbeitgebers unabhängige **vorzeitige Beendigung der Pflegezeit** 58
kraft Gesetzes sieht § 4 Abs. 2 S. 1 PflegeZG in den dort geregelten Ausnahmefällen vor. Ist der nahe Angehörige nicht mehr pflegebedürftig oder dem Beschäftigten die häusliche Pflege des nahen Angehörigen unmöglich oder unzumutbar, endet die Pflegezeit vier Wochen nach Eintritt der veränderten Umstände. Nach Satz 2 ist der Beschäftigte verpflichtet, den **Arbeitgeber unverzüglich** über diese **zu unterrichten**. Der Arbeitgeber hat ein berechtigtes Interesse daran, frühzeitig zu erfahren, wenn der Beschäftigte vor Ablauf der angekündigten Pflegezeit an seinen Arbeitsplatz zurückkehrt (zu den Folgen einer verspäteten Unterrichtung *Linke/Linke* S. 107 f.; zum Beginn der Frist s.a. *Boewer* S. 37, m.w. Beispielen).

Dem Beschäftigten wird die **Pflege unmöglich**, wenn der nahe Angehörige vor Ablauf der Pflegezeit 59
verstirbt oder in eine stationäre Pflegeeinrichtung aufgenommen werden muss. Eine **Unzumutbarkeit der weiteren Pflege** kann etwa angenommen werden, wenn aufgrund unvorhergesehener persönlicher Umstände die Finanzierung der Pflegezeit nicht mehr gesichert und der Beschäftigte auf die regelmäßige Arbeitsvergütung angewiesen ist (BT-Drucks. 16/7439, S. 93; weitere Beispiele bei *Linke/Linke* S. 105 f.).

Einen **nachwirkenden Kündigungsschutz** sieht § 5 PflegeZG nicht vor. Eine Kündigung des Beschäftigungsverhältnisses nach Beendigung des besonderen Kündigungsschutzes aus Anlass der 60
Wahrnehmung der Rechte nach §§ 2, 3 PflegeZG verstößt gegen das **Maßregelungsverbot** und ist nach § 612a BGB unwirksam (*Nielebock* AiB 2008, 364; ErfK-*Gallner* § 5 Rn 2).

4. Zustimmungsvorbehalt

Entsprechend den Regelungen in § 9 Abs. 3 MuSchG und § 18 Abs. 1 S. 2 BEEG (dazu ausf. KR- 61
Gallner § 9 MuSchG Rdn 113 ff., KR-*Bader* § 18 BEEG Rdn 60 ff.) sieht § 5 Abs. 2 S. 1 PflegeZG eine **behördliche Zulassung von Arbeitgeberkündigungen** gegenüber dem geschützten Personenkreis vor. Die für den Arbeitsschutz oberste Landesbehörde oder eine von ihr bestimmte Stelle (zur Zuständigkeit s. KR-*Gallner* § 17 MuSchG Rdn 133) kann **in besonderen Fällen** ausnahmsweise die Kündigung für zulässig erklären. Anhaltspunkte für besondere Fälle können die Allgemeinen Verwaltungsvorschriften zum Kündigungsschutz bei Erziehungsurlaub (Banz. Nr. 1 v. 3.1.1996, abgedr. bei KR-*Bader* § 18 BEEG vor Rdn 1) geben (zur Rechtsnatur und Bedeutung der Zulässigkeitserklärung s. KR-*Gallner* § 17 MuSchG Rdn 116 ff.).

5. Verhältnis zum Kündigungs- und Kündigungsschutzrecht

Eine das Kündigungsverbot des § 5 PflegeZG missachtende **Kündigung** des Arbeitgebers muss 62
innerhalb von drei Wochen nach Zugang gem. § 4 S. 1 KSchG durch Klage vor dem Arbeitsgericht angegriffen werden (s. iE KR-*Klose* § 4 KSchG Rdn 139 ff., 195 ff.). Die Kündigung des Arbeitgebers oder eines Auftraggebers kann zudem **aus anderen Gründen unwirksam** sein. Das betrifft sowohl die allgemeinen Kündigungsvoraussetzungen (etwa die erforderliche Schriftform nach § 623 BGB, vgl. KR-*Spilger* § 623 BGB Rdn 95) wie auch – soweit bei Arbeitnehmern der Anwendungsbereich eröffnet ist – die allgemeinen kündigungsschutzrechtlichen Vorschriften sowie diejenigen, die einen besonderen Kündigungsschutz voraussetzen (zB § 17 MuSchG, § 18 BEEG, § 168 SGB IX, § 15 KSchG; s.a. KR-*Bader* § 18 BEEG Rdn 73 ff., KR-*Gallner* § 17 MuSchG Rdn 204 ff.).

Spricht der Arbeitgeber eine Kündigung ohne die erforderliche Zulässigkeitserklärung nach § 5 63
Abs. 2 S. 1 PflegeZG aus, **gilt § 4 S. 4 KSchG** mit der Folge, dass die dreiwöchige Frist nach § 4 S. 1 KSchG trotz Zugang der Kündigung nicht zu laufen beginnt (vgl. *BAG* 3.7.2003 – 2 AZR 487/02 – EzA § 113 InsO Nr. 14; 13.2.2008 – 2 AZR 864/06- NZA 2008, 1055; s. dazu auch KR-*Bader* § 18 BEEG Rdn 76, mwN; ausf. KR-*Klose* § 4 KSchG Rdn 263 ff., insbes. Rdn 262 f.). Dann kann das Klagerecht allein auf Grund von Verwirkung entfallen (*BAG* 3.7.2003 – 2 AZR 487/02 – EzA § 113 InsO Nr. 14; 13.2.2008 – 2 AZR 864/06- NZA 2008, 1055; vgl. auch KR-*Bader* § 18 BEEG Rdn 76, mwN).

C. Sachlicher Befristungsgrund (§ 6 PflegeZG)

I. Gesetzeszweck

64 Nach § 6 PflegeZG ist die **Befristung eines Arbeitsvertrages mit einer Ersatzkraft** für die Zeit, in der der Beschäftigte nach § 2 PflegeZG kurzzeitig an der Arbeitsleistung gehindert ist oder Pflegezeit nach § 3 PflegeZG in Anspruch nimmt, sachlich gerechtfertigt (BT-Drucks. 16/7439, S. 93) Es handelt sich um eine in Anlehnung an § 21 BEEG geschaffene **spezialgesetzliche Befristungsregelung** für die beiden genannten Fälle. In Anbetracht des bestehenden § 14 Abs. 1 Nr. 3 TzBfG, der Vertretungsfälle bereits regelt, dient § 6 Abs. 1 PflegeZG – jedenfalls soweit es die Vertretung eines Arbeitnehmers betrifft – »im Interesse der Anwenderfreundlichkeit des Pflegezeitgesetzes [lediglich] der Klarstellung« (BT-Drucks. 16/7439, S. 93; krit. daher *Preis/Weber* NZA 2008, 82, 85). Anders als nach § 14 Abs. 1 Nr. 3 TzBfG erlaubt die Vorschrift allerdings auch die **Vertretung eines Beschäftigten iSd § 7 Abs. 1 PflegeZG**, der nicht Arbeitnehmer ist, durch einen Arbeitnehmer (ErfK-*Gallner* § 6 Rn 1; das übersehen *Freihube/Sasse* DB 2008, 1320, 1323; *Preis/Weber* NZA 2008, 82, 84).

II. Sachgrund und Befristungsdauer

65 Die Vorschrift ist ein besonderer Befristungsgrund, der teilweise der Regelung in § 21 BEEG entspricht. Der Arbeitnehmer muss **zur Vertretung** für die Dauer der kurzfristigen Arbeitsverhinderung nach § 2 PflegeZG oder – in der Praxis wohl eher anzutreffen – einer Pflegezeit nach § 3 PflegeZG eingestellt werden. Die befristete Einstellung muss mit dem zeitweiligen Ausfall eines Beschäftigten **kausal** verbunden sein (zu § 21 BEEG vgl. KR-*Lipke/Bubach* § 21 BEEG Rdn 21). Ob die jeweiligen Voraussetzungen für das Fernbleiben oder die Freistellung tatsächlich vorgelegen haben, ist auf die Wirksamkeit der Befristung ohne Einfluss (ErfK-*Gallner* § 6 Rn 1; s.a. KR-*Lipke/Bubach* § 21 BEEG Rdn 37 f.). Die bei der Befristung von Arbeitsverträgen erforderliche **Prognose des Arbeitgebers** erstreckt sich nur auf den künftigen Wegfall des Vertretungsbedarfs (s. iE KR-*Lipke/Bubach* § 21 BEEG Rdn 24 f.).

66 § 6 Abs. 1 S. 2 PflegeZG erlaubt eine **Verlängerung** der sich aus Satz 1 ergebenden zulässigen Höchstdauer der Befristung **um die für die Einarbeitung notwendige Zeit** (LS-*Schlachter* Anh. 2 § 6 PflegeZG Rn 3). Das entspricht § 21 Abs. 2 BEEG (dazu KR-*Lipke/Bubach* § 21 BEEG Rdn 45 ff.). Dabei darf die Zeit der Einarbeitung aber nicht in einem Missverhältnis zur Dauer der Arbeitsverhinderung oder der der Pflegezeit stehen (ErfK-*Gallner* § 6 Rn 1). Eine Mindestdauer für die Befristung ist nicht vorgegeben (LS-*Schlachter* Anh. 2 § 6 PflegeZG Rn 3).

67 Die **Dauer der Befristung** muss nach § 6 Abs. 2 PflegeZG kalendermäßig bestimmt oder bestimmbar oder den in § 6 Abs. 1 PflegeZG genannten Zwecken zu entnehmen sein. Damit soll gewährleistet werden, dass der Endzeitpunkt des befristeten Arbeitsverhältnisses für die Vertragsparteien von Anfang an klargestellt ist (BT-Drucks. 16/7439, S. 93). Insoweit kann auf die Erläuterungen zur gleichlautenden Regelung des § 21 Abs. 3 BEEG verwiesen werden (s. KR-*Lipke/Bubach* § 21 BEEG Rdn 48 ff.). Eine auflösende Bedingung sieht § 6 PflegeZG nicht vor; eine solche kann nur nach §§ 21, 14 TzBfG vereinbart werden (s. KR-*Lipke/Bubach* § 21 BEEG Rdn 56).

68 Die Befristungsabrede muss die **Schriftform** nach § 14 Abs. 4 TzBfG wahren. Die Angabe des Befristungsgrundes ist nicht erforderlich, § 6 Abs. 1 PflegeZG enthält **kein Zitiergebot** (ErfK-*Gallner* § 6 Rn 1).

III. Rechtsfolgen der Befristung

1. Beendigung infolge Befristung

69 Das Arbeitsverhältnis endet nach § 15 Abs. 1 TzBfG bei einer kalendermäßigen Befristung **nach Ablauf der vereinbarten Zeit**. Im Falle einer Zweckbefristung gilt § 15 Abs. 2 TzBfG (vgl. KR-*Lipke/Bubach* § 15 TzBfG Rdn 10 ff., 21 ff.). Die Klagefrist nach § 17 TzBfG ist zu beachten.

2. Vorzeitige Beendigung durch Kündigung

§ 6 Abs. 3 S. 1 PflegeZG gibt dem Arbeitgeber ein **gesetzliches Sonderkündigungsrecht** gegenüber dem befristet eingestellten Arbeitnehmer, wenn die Pflegezeit des Beschäftigten nach § 4 Abs. 2 S. 1 PflegeZG vorzeitig endet. Der Arbeitgeber kann der Ersatzkraft mit einer **zweiwöchigen Kündigungsfrist** kündigen. Mit dieser Regelung soll vermieden werden, dass der Arbeitgeber in den Fällen des § 4 Abs. 2 S. 1 PflegeZG, in denen der Beschäftigte ohne Zustimmung des Arbeitgebers früher als geplant an seinen Arbeitsplatz zurückkehren kann, mit einer doppelten Vergütungsverpflichtung belastet wird (BT-Drucks. 167/439, S. 93). Das Sonderkündigungsrecht besteht nicht, wenn der Arbeitgeber in anderen Fallgestaltungen einer vorzeitigen Rückkehr des Arbeitnehmers zustimmt (LS-*Schlachter* Anh. 2 § 6 PflegeZG Rn 10). Die Kündigung kann auch für einen Zeitpunkt vor dem Ende der Pflegezeit ausgesprochen werden. Anders als in § 21 Abs. 4 S. 1 BEEG, der die Kündigung frühestens zum (vorzeitigen) Ende der Elternzeit zulässt (dazu KR-*Lipke/Bubach* § 21 BEEG Rdn 71), hat der Gesetzgeber in § 6 Abs. 3 PflegeZG auf einen solchen Interessenausgleich verzichtet. 70

Nach § 6 Abs. 3 S. 3 PflegeZG ist das Sonderkündigungsrecht zu Gunsten des Arbeitnehmers **dispositiv** und kann vertraglich ausgeschlossen werden (s.a. KR-*Lipke/Bubach* § 21 BEEG Rdn 73). Es greift nicht ein, wenn der Arbeitgeber der vorzeitigen Rückkehr des Beschäftigten nach § 4 Abs. 2 S. 3 PflegeZG zugestimmt hat. 71

Ergänzend sieht § 6 Abs. 3 S. 2 PflegeZG vor, dass im Falle einer Kündigung nach Satz 1 das **KSchG nicht anzuwenden** ist. Die Regelung entspricht inhaltlich § 21 Abs. 5 BEEG. Dementsprechend braucht auch die **dreiwöchige Klagefrist** nach § 4 KSchG nicht eingehalten werden (s. KR-*Lipke/Bubach* § 21 BEEG Rdn 72, mwN). Allerdings dürfte die dreiwöchige Frist nach § 17 TzBfG – bezogen auf die planmäßige Beendigung des befristeten Arbeitsverhältnisses – zu beachten sein (s. KR-*Lipke/Bubach* § 21 BEEG Rdn 72). Demgegenüber sind außerhalb des KSchG bestehende Bestandsschutzbestimmungen zu beachten (s. iE KR-*Lipke/Bubach* § 21 BEEG Rdn 73). 72

Neben dem Sonderkündigungsrecht nach § 6 Abs. 3 S. 1 PflegeZG kann der Arbeitgeber das Arbeitsverhältnis ordentlich kündigen, vorausgesetzt das **Recht zur ordentlichen Kündigung** wurde arbeitsvertraglich **vereinbart** oder ist tariflich vorgesehen (§ 15 Abs. 3 TzBfG, s. dazu KR-*Lipke/Bubach* § 15 TzBfG Rdn 35 ff.). 73

IV. Auswirkungen der befristeten Einstellung auf die Beschäftigtenzahl

Die Einstellung der Ersatzkraft soll nicht dazu führen, dass der Arbeitgeber gesetzliche **Schwellenwerte** überschreitet, die auf die Zahl der beschäftigten Arbeitnehmer (§ 6 Abs. 4 S. 1 PflegeZG) oder die Zahl der Arbeitsplätze (§ 6 Abs. 4 S. 3 PflegeZG) abstellen. Deshalb werden bei der Ermittlung dieser Werte Arbeitnehmer, die nach § 2 PflegeZG kurzzeitig an der Arbeitsleistung verhindert oder nach § 3 PflegeZG freigestellt sind, nicht mitgezählt, solange noch eine zu berücksichtigende Ersatzkraft eingestellt ist. Zweck der Vorschrift ist es, eine **Doppelzählung** des Beschäftigten, der einen pflegebedürftigen nahen Angehörigen versorgt, und der vertretungsweise eingestellten Ersatzkraft **zu vermeiden**. Dieses Ergebnis wird auch erzielt, wenn der Vertreter nicht mitgezählt wird, § 6 Abs. 4 S. 2 PflegeZG. Die Bestimmung in § 6 Abs. 4 PflegeZG entspricht inhaltlich § 21 Abs. 7 BEEG, auf dessen Erläuterung verwiesen wird (s. KR-*Lipke/Bubach* § 21 BEEG Rdn 76 ff.). 74

V. Verhältnis zu anderen Befristungsregelungen

Die Befristung nach § 6 Abs. 1 PflegeZG ist eine **eigenständige Befristungsgrundlage**. Die Vorschrift verdrängt auf Grund des weiteren Anwendungsbereichs (s. Rdn 64) nicht § 14 Abs. 1 Nr. 3 TzBfG (ErfK-*Gallner* § 6 Rn 1; aA *Müller* BB 2008, 1064). Im Übrigen können befristete Arbeitsverhältnisse für die Zeit der Arbeitsverhinderung nach § 2 PflegeZG oder der Pflegezeit nach § 3 PflegeZG auch nach anderen gesetzlichen Bestimmungen geschlossen werden (s.a. KR-*Lipke/Bubach* § 21 BEEG Rdn 6 ff.). Allerdings besteht dann kein Sonderkündigungsrecht nach § 6 Abs. 3 S. 1 PflegeZG. 75

D. Darlegungs- und Beweislast

76 Nach den allgemeinen Grundsätzen obliegt es dem **Arbeitnehmer**, die Voraussetzungen für den Eintritt des besonderen Kündigungsschutzes nach § 5 PflegeZG darzulegen und ggf. zu beweisen. Hinsichtlich der Mindestanzahl der Beschäftigten nach § 3 Abs. 1 S. 2 PflegeZG kann auf die Grundsätze der abgestuften Darlegungs- und Beweislast nach § 23 Abs. 1 S. 4 KSchG (s. dazu KR-*Bader* § 23 KSchG Rdn 78 ff.) zurückgegriffen werden (so auch *Boewer* S. 15 f.; ErfK-*Gallner* § 2 Rn 1; *Linck* BB 2008, 2739; aA *Böggemann* FA 2008, 357; *Hexel/Lüders* NZS 2009, 268). Der Wortlaut steht dem – wie bei § 23 Abs. 1 S. 4 KSchG – nicht entgegen.

77 Der **Arbeitgeber** hat im Rechtsstreit die erforderliche behördliche Zustimmung nach § 5 Abs. 2 S. 1 PflegeZG nachzuweisen. Ihm obliegt es ebenfalls, durch substantiierten Vortrag eine rechtsmissbräuchliche Inanspruchnahme einer Pflegezeit – etwa im Vorfeld absehbarer betriebsbedingter Kündigungen (s. Rdn 54; weitere Fallgestaltungen bei *Böggemann* FA 2008, 358 f.) – darzulegen und ggf. zu beweisen.

Seearbeitsgesetz (SeeArbG)

Vom 20. April 2013 (BGBl. I S. 868).
Zuletzt geändert durch Art. 1 des Gesetzes vom 20. Mai 2021 (BGBl. I S. 1144).

Übersicht	Rdn			Rdn
A. Vorbemerkungen	1		1. Grundkündigungsfristen und gesetzliche Probezeit (§ 66 Abs. 1 SeeArbG)	93
I. Das deutsche Seearbeitsrecht	1			
II. Internationales Seearbeitsrecht	8			
III. Heuerverhältnisse auf Schiffen des Internationalen Seeschifffahrtsregisters (ISR)	11		2. Verlängerte Kündigungsfristen entsprechend der Dauer des Heuerverhältnisses (§ 66 Abs. 3 SeeArbG)	97
IV. Das Seearbeitsgesetz	17			
1. Allgemeines	17		3. Sinngemäße Anwendung des § 622 Abs. 3 bis 6 BGB (§ 66 Abs. 4 SeeArbG)	98
2. Geltungsbereich	21			
a) Kauffahrteischiffe	21			
b) Reeder	24		4. Fortsetzung des Heuerverhältnisses bei Kündigung auf einer Reise	99
c) Besatzungsmitglieder	25			
3. Das Heuerverhältnis	29		5. Bezüge während der Kündigungsfrist gem. MTV-See	101
4. Beendigungsgründe	31			
a) Tod und Verlust des Schiffes	31	III.	Außerordentliche Kündigung durch den Reeder gem. § 67 SeeArbG	102
b) Befristung des Heuerverhältnisses	32			
c) Aufhebungsvertrag	35		1. Außerordentliche Kündigung	103
d) Kündigung	38		2. Zu den Kündigungsgründen im Einzelnen	109
V. Kündigungsschutz	40			
1. Allgemeiner Kündigungsschutz	40		3. Schadensersatz	123
2. Kündigungsschutz besonderer Gruppen der Besatzungsmitglieder	43	IV.	Außerordentliche Kündigung durch das Besatzungsmitglied gem. § 68 SeeArbG	124
a) Mitglieder und Wahlbewerber der Seebetriebsverfassungsorgane	43	V.	Außerordentliche Kündigung durch das Besatzungsmitglied wegen dringender Familienangelegenheit gem. § 69 SeeArbG	132
b) Schwerbehinderte, Schwangere, Wehrdienstleistende	46			
c) Auszubildende	47	VI.	Entschädigung bei Arbeitslosigkeit wegen Schiffsverlustes oder Schiffbruchs	141
3. Kündigungsschutzverfahren	53			
4. Anhörung des Seebetriebsrates und der Bordvertretung	55	VII.	Beendigung des Heuerverhältnisses bei vermutetem Verlust von Schiff und Besatzung	146
B. Erläuterungen	61			
I. § 65 SeeArbG Kündigungsrecht	61	VIII.	Folgen der Beendigung des Heuerverhältnisses	148
1. Ordentliche Kündigung	62			
2. Formerfordernisse	64		1. Zurücklassung	148
3. Kündigungsbefugnis	67		2. Heimschaffung	152
4. Kündigungsgründe	72		3. Umschaufrist und -geld	157
a) Personenbedingte Gründe	72		4. Urlaubsanspruch	158
b) Verhaltensbedingte Gründe	75		5. Dienstbescheinigung und Arbeitszeugnis	160
c) Betriebsbedingte Gründe	79			
II. § 66 Kündigungsfristen	92	IX.	Gerichte für Arbeitssachen	162

A. Vorbemerkungen

I. Das deutsche Seearbeitsrecht

Mit dem Gesetz zur Umsetzung des **Seearbeitsübereinkommens 2006** (SeeArbÜ 2006) der Internationalen Arbeitsorganisation vom 20. April 2013 (BGBl. I S. 868) ist das Seearbeitsrecht neu geregelt worden. Das SeeArbG trat am 1. August 2013 in Kraft. Damit trat das bis zu diesem 1

Zeitpunkt geltende SeemG vom 26. Juli 1957 (vgl. KR 10. Aufl. SeemG) außer Kraft (Art. 7 Abs. 4 G v. 20.4.2013 BGBl. I S. 868, 916). Die **Neuregelung des Seearbeitsrechts** berücksichtigt die Entwicklungen und die Erfordernisse der inzwischen global ausgerichteten Handelsschifffahrt auch im Hinblick auf die überwiegend internationale Zusammensetzung der Besatzungen auf Schiffen unter deutscher Flagge (Begr. BT-Drucks. 17/10959 S. 53 ff.). Das SeeArbG dient im Übrigen der Umsetzung der Richtlinie 2009/13/EG des Rates vom 16.2.2009 zur Durchführung der Vereinbarung zwischen dem Verband der Reeder in der EG (ECSA) und der Europäischen Transportarbeiter-Föderation (ETF) über das SeeArbÜ 2006 und zur Änderung der Richtlinie 1999/63/EG (ABl. L 124 v. 20.5.2009, S. 30). Nach der Zustimmung des Bundestages zum SeeArbÜ 2006 in der Sitzung vom 16.5.2013 ist die Ratifikationsurkunde hinterlegt worden. Das SeeArbÜ 2006 ist am 20.8.2013 in Kraft getreten.

2 Die Europäische Kommission hat am 18.11.2013 einen »**Vorschlag für eine Richtlinie** des Europäischen Parlaments und des Rates zur Änderung der Richtlinien 2008/94/RG, 2009/14/EG, 98/59/EG und 2001/23EG in Bezug auf **Seeleute**« vorgelegt (COM [2013] 798 final, 2013/0390 [COD]). Ausgehend von dem Ziel der Kommission, im maritimen Bereich mehr und bessere Arbeitsplätze für europäische Bürger zu schaffen, sollen die Richtlinien zum Schutz der Arbeitnehmer bei **Zahlungsunfähigkeit des Arbeitgebers**, über die Einsetzung eines **Europäischen Betriebsrates**, über die **Unterrichtung und Anhörung der Arbeitnehmer**, über **Massenentlassungen**, zum **Betriebsübergang** und über die **Entsendung von Arbeitnehmern** dahingehend geändert werden, dass Seeleute nicht mehr von deren Anwendungsbereich ausgeschlossen bleiben. Dieser Vorschlag ist mit der RL(EU) 2015/1794 des Europäischen Parlaments und des Rates vom 6. Oktober 2015 zur Änderung der Richtlinien 2008/94/EG, 2009/38/EG und 2002/14/EG des Europäischen Parlaments und des Rates und der Richtlinien 98/59/EG und 2001/23/EG des Rates in Bezug auf Seeleute umgesetzt worden.

3 Auf **Heuerverhältnisse** sind neben dem SeeArbG die allgemeinen zivil- und arbeitsrechtlichen, tarif- und öffentlichrechtlichen Vorschriften anzuwenden. Sonderregelungen finden sich in den § 24 KSchG, §§ 114 ff. BetrVG, § 34 MitbestG und § 30 SprAuG sowie in der Wahlordnung Seeschifffahrt (WOS v. 7.2.2002 BGBl. I S. 594). Verschiedene Bundesministerien werden ermächtigt, **Rechtsverordnungen** für Regelungsbereiche wie die Seediensttauglichkeit (§ 20 SeeArbG), die Arbeits- und Ruhezeiten sowie Pausen auf bes. Schiffen und die Übersicht über die Arbeitsorganisation und die Arbeitszeitnachweise (§ 55 SeeArbG), die Berufsausbildung (§ 92 SeeArbG), die Wohn- und Sanitärverhältnisse sowie die medizinische Versorgung an Bord (§§ 96, 113 SeeArbG) und über Kontrollmaßnahmen zur Sicherstellung der Einhaltung der Arbeits- und Lebensbedingungen an Bord (§ 136 SeeArbG) zu erlassen. Die **Berufsgenossenschaft** für Transport und Verkehrswirtschaft nimmt im Auftrag des Bundes Aufgaben zur Sicherung der Einhaltung internationaler Übereinkommen und der Standards der Arbeitssicherheit und des Gesundheitsschutzes an Bord der Schiffe wahr.

4 Von großer praktischer Bedeutung sind **Tarifverträge**: *Manteltarifvertrag für die deutsche Seeschifffahrt (MTV-See)* zwischen dem Verband Deutscher Reeder e. V. und der Vereinten Dienstleistungsgewerkschaft (ver.di) v. 11.3.2002, gültig ab 1.7.2002, zul. geänd. TV v. 30.12.2014; *Heuertarifvertrag für die deutsche Seeschifffahrt (HTV-See)*, gültig ab 1.1.2020, abgeschlossen zwischen den gleichen TV-Parteien. Zur Bedeutung des Tarifrechts für die Seeschifffahrt ausf. *Lindemann* SeeArbG, Abschn. 3 Vorbem. Rn 4 ff.; *Schwedes/Franz* SeemG, vor § 23 Rn 13 ff. Die Tarifverträge sind nicht für allgemeinverbindlich erklärt worden. Aufgrund einzelvertraglicher Bezugnahme (KommSeeArbG-*Noltin* vor § 28 Rn 40) entfalten die Tarifverträge ihre Wirkung bei der überwiegenden Zahl der Heuerverhältnisse.

5 Das deutsche Seearbeitsrecht gilt **für die Heuerverhältnisse** von Seeleuten an Bord von Kauffahrteischiffen, die gem. § 1 FlaggRG die **Bundesflagge** führen (§ 1 SeeArbG). Davon unberührt bleiben die kollisionsrechtlichen Vorschriften der VO (EG) 593/2008 (s. Rdn 8 ff.) als höherrangiges Unionsrecht. Gemäß § 9 SeeArbG kann von den Vorschriften dieses Gesetzes zu Ungunsten des Besatzungsmitgliedes nur abgewichen werden, wenn es gesetzlich bestimmt ist. Die

Mindestarbeitsbedingungen nach dem SeeArbÜ 2006 sind auch im Fall der Wahl einer anderen Rechtsordnung zu beachten. Ausgenommen von der Geltung des SeeArbG sind gewerbsmäßig genutzte Sportboote mit einer Länge unter 24 Metern, wenn auf diesen nicht mehr als zwei Personen beschäftigt sind (§ 1 Abs. 1 S. 2 SeeArbG).

Seeleute auf Schiffen unter ausländischer Flagge können sich bei einem Aufenthalt in einem in- 6 ländischen Hafen oder bei einer Fahrt auf dem Nord-Ostsee-Kanal in den Fällen des Verstoßes gegen das SeeArbÜ 2006, der Verzögerung der Heimschaffung oder eines medizinischen Bedarfs an die Berufsgenossenschaft (Rdn 3) wenden, die zu angemessenen Abhilfemaßnahmen befugt ist (§§ 139 bis 141 SeeArbG).

Sonderregelungen gelten für die »Schiffsmannschaft« in der **Binnenschifffahrt** (§§ 21 ff. BinSchG 7 v. 15.6.1895, zuletzt geändert durch G v. 5.7.2016 (BGBl. I S. 1578), 2019 (BGBl. I S. 196)

II. Internationales Seearbeitsrecht

Für Heuerverhältnisse mit Auslandsberührung gelten seit der Übernahme der EVÜ v. 19.6.1980 8 durch Gesetz v. 25.7.1986 (BGBl. II S. 809) die Vorschriften des EGBGB und seit dem 17.12.2009 die VO (EG) 593/2008 (Rom I). Diese Regelungen sind in den Mitgliedsstaaten einheitlich auszulegen und anzuwenden (s. KR-*Weigand/Horcher* Int. ArbVertragsR Rdn 142 f.). Soweit es sich bei dem Heuerverhältnis um einen **EU-Binnenmarktfall** handelt, kommt zwingendes Gemeinschaftsrecht zur Geltung (KR-*Weigand/Horcher* Int. ArbVertragsR Rdn 67).

Gem. Art. 3 und Art. 8 Abs. 1 S. 1 VO (EG) 593/2008 (Rom I) kann die für Heuerverhältnisse 9 anzuwendende Rechtsordnung gewählt werden. Möglich ist zB die Vereinbarung der Rechtsordnung des Flaggenstaates oder die Anknüpfung gem. Art. 8 Abs. 2 S. 1 VO (EG) 593/2008 (Rom I). Eine entsprechende Klausel in einem vorformulierten Heuervertrag ist nicht als überraschend iSd § 305c BGB anzusehen (KommSeeArbG-*Noltin* Einf. Rn 34). Soweit die **Rechtswahl** einer fremden Rechtsordnung mit den guten Sitten als unvereinbar angesehen wird, weil dem deutschen Seemann seine Rechte ungerechtfertigt verkürzt und die tariflichen Normen umgangen werden sollen, greifen die Einschränkungen der Wahl gem. Art. 8 Abs. 1 S. 2 VO ein. Die anzuwendende Rechtsordnung ist dann anhand der Regelanknüpfungen gem. Art. 8 Abs. 2 bis 4 VO zu ermitteln. Die Vorschriften zum allgemeinen Kündigungsschutz gem. §§ 1 bis 14 KSchG (vgl. Rdn 40 ff.) und zum Betriebsübergang gem. § 613a BGB (vgl. Rdn 84) gelten nach der Rechtsprechung als inländisch zwingende Normen (vgl. KR-*Weigand/Horcher* Int. ArbVertragsR Rdn 97, 120).

Wurde bei Heuerverhältnissen mit Auslandsberührung eine Rechtswahl nicht getroffen, so sind 10 die Merkmale der **Regelanknüpfung** bzw. Ausweichklausel gem. Art 8 Abs. 2 VO (EG) 593/2008 (Rom I) nach der Rspr. des EuGH grds. gem. der vom Verordnungsgeber vorgegebenen Rangordnung anzuwenden. Vorrangig gilt die Rechtsordnung des Staates, in dem die Arbeit gewöhnlich bzw. überwiegend oder schließlich von dem aus die Tätigkeit verrichtet wird. Lässt sich danach der gewöhnliche Arbeitsort nicht bestimmen, kommt nachrangig die Rechtsordnung der – begrifflich eng auszulegenden – einstellenden Niederlassung als Ort des formellen Vetragsschlusses infrage (*EuGH* 15.12.2011 – C-384/10, EzA VO 593/2008 EG-Vertrag 1999 Nr. 2). Wiewohl in der Rspr. des EuGH die Anknüpfung an das **Recht des Flaggenstaates** nicht erwogen wird, spricht – der Rspr. des *BAG* 24.9.2009 EzA EG-Vertrag 1999 VO 44/2001 Nr. 4 folgend – die damit verbundene Rechtsklarheit dafür, zumal da sich auf dem Schiff der tatsächliche Arbeitsschwerpunkt des Besatzungsmitgliedes befindet, hier verbringt es den größten Teil seiner Arbeitszeit (vgl. KR-*Weigand/Horcher* Int. ArbVertragsR Rdn 50 ff., 153; *Gräf* ZfA 2012, 557). Allerdings kann bei der Anknüpfung an das Recht der Flagge der **Ausnahmeklausel** gem. Art. 8 Abs. 4 VO eine bes. Bedeutung zukommen, wenn das Heuerverhältnis engere Verbindungen zu einem anderen Staat als demjenigen aufweist, dessen Recht nach den genannten Regelanknüpfungen anzuwenden wäre (*BAG* 24.8.1989 EzA Art. 30 EGBGB Nr. 1; s. KR-*Weigand/Horcher* Int. ArbVertragsR Rdn 70 mwN). Wenn eine ausländische Rechtsordnung einem Seemann keinen arbeitsrechtlichen Schutz bietet, er zB im Falle einer Kündigung der Willkür des Arbeitgebers ausgesetzt ist oder sich im Heuervertrag ein im Voraus erklärter allgemeiner Verzicht auf Kündigungsschutz befindet, liegt darin ein Verstoß gegen den **ordre public** vor (*BAG* 26.9.1978 AP ZPO § 38 Nr. 8; s.a. KR-*Weigand/Horcher* Int. ArbVertragsR Rdn 45 ff.).

III. Heuerverhältnisse auf Schiffen des Internationalen Seeschifffahrtsregisters (ISR)

11 Eine Sonderregelung gilt für ausgeflaggte deutsche Schiffe: Gem. § 12 Abs. 1 FlaggRG idF der Bek. v. 26.10.1994 (BGBl. I S. 3140), das zuletzt durch Art. 339 der VO vom 19.6.2020 (BGBl. I S. 1328) geändert worden ist, sind die zur Führung der Bundesflagge berechtigten Kauffahrteischiffe (Rdn 21–23), die iSd EStG im internationalen Verkehr betrieben werden, auf Antrag des Eigentümers in das ISR einzutragen (sog. **Zweitregister**). Die Heuerverhältnisse auf nach dieser Regelung ausgeflaggten Schiffen von Besatzungsmitgliedern, die in Deutschland keinen Wohnsitz oder ständigen Aufenthalt haben, unterliegen grds. nicht mehr der deutschen Arbeitsrechtsordnung, es sei denn, die Anwendung deutschen Rechts ist ausdrücklich vereinbart. Allein aus der Führung der deutschen Flagge lässt sich nicht die Geltung deutschen Rechts herleiten (*BAG* 3.5.1995 EzA Art. 30 EGBGB Nr. 3). Soweit für diese Heuerverhältnisse von **ausländischen Gewerkschaften Tarifverträge** abgeschlossen werden, entfalten diese nur dann die Wirkungen gem. dem deutschen TVG, wenn dessen Geltung sowie die Zuständigkeit deutscher Gerichte vereinbart worden ist (§ 21 Abs. 4 FlaggRG; vgl. auch Rdn 13). Zur Rechtsprechung bzgl. Heuerverhältnissen auf Schiffen deutscher Reedereien unter ausländischen Flaggen im Einzelnen (insbes. auch bei Vertretung durch in- oder ausländische Agenten bzw. Crewing-Firmen) vgl. *Lindemann* SeeArbG Abschn. 3 Vorbem. Rn 65 ff. Trotzdem kann sich die **Zuständigkeit deutscher Gerichte** für ausländische Seeleute auf ausgeflaggten Schiffen deutscher Eigner bei hinreichendem Inlandsbezug zur Belegenheit des Vermögens des Beklagten aus § 23 ZPO ergeben, wenn sich das Schiff zum Zeitpunkt der Klageerhebung in einem deutschen Hafen befindet (DDZ-*Däubler* §§ 65–76 SeeArbG Rn 7 m. Verw. auf *BGH* 2.7.1991 NJW 1991, 3092; *BAG* 17.7.1997 EzA § 23 ZPO Nr. 1).

12 **§ 21 Abs. 4 FlaggRG** lautet:

»(4) ¹Arbeitsverhältnisse von Besatzungsmitgliedern eines im Internationalen Seeschifffahrtsregister eingetragenen Kauffahrteischiffes, die im Inland keinen Wohnsitz oder ständigen Aufenthalt haben, unterliegen bei der Anwendung des Artikels 8 der Verordnung (EG) Nr. 593/2008 des Europäischen Parlaments und des Rates vom 17. Juni 2008 über das auf vertragliche Schuldverhältnisse anzuwendende Recht (Rom I) (ABl. L 177 vom 4.7.2008, S. 6) vorbehaltlich anderer Rechtsvorschriften der Europäischen Gemeinschaft nicht schon auf Grund der Tatsache, daß das Schiff die Bundesflagge führt, dem deutschen Recht. ²Werden für die in Satz 1 genannten Arbeitsverhältnisse von ausländischen Gewerkschaften Tarifverträge abgeschlossen, so haben diese nur dann die im Tarifvertragsgesetz genannten Wirkungen, wenn für sie die Anwendung des im Geltungsbereich des Grundgesetzes geltenden Tarifrechts sowie die Zuständigkeit der deutschen Gerichte vereinbart worden ist. ³Nach Inkrafttreten dieses Absatzes abgeschlossene Tarifverträge beziehen sich auf die in Satz 1 genannten Arbeitsverhältnisse im Zweifel nur, wenn sie dies ausdrücklich vorsehen. Die Vorschriften des deutschen Sozialversicherungsrechts bleiben unberührt.«

13 Als Folge der Einführung des ISR im Jahr 1990 kann auf deutschen Schiffen, ohne dass sie auf ein »**Billig-Flaggen-Land**« umgeflaggt werden, mit ausländischen Besatzungsmitgliedern das **Arbeitsrecht deren Heimatlandes**, oftmals der »Billig-Flaggen-Länder« (s. Rdn 16) vereinbart werden (*BAG* 3.5.1995 EzA Art. 30 EGBGB Nr. 3; krit. *Geffken* AiB 1996, 29; *ders.* NZA 1989, 88). Fehlt eine Rechtswahlvereinbarung, so ist das anzuwendende Recht ohne Rücksicht auf das Führen der deutschen Bundesflagge zu ermitteln (*BAG* 3.5.1995 EzA Art. 30 EGBGB Nr. 3; krit. *Magnus* SAE 1997, 35, 37, der mit Hinw. auf den Wortlaut des § 21 Abs. 4 S. 1 FlaggRG und die Entscheidung des *BVerfG* v. 10.1.1995 [EzA Art. 9 GG Nr. 55] in der Flagge ein beachtliches Anknüpfungsmerkmal sieht). Es gelten dann die arbeitsrechtlichen Bestimmungen desjenigen Staates, auf den die Gesamtheit aller maßgeblichen Umstände iSd Art. 8 Abs. 4 VO (EG) 593/2008 (Rom I) hindeutet (**Ausweichklausel**). Zweifel bestehen an der Unionsrechtskonformität der Regelung gem. § 21 Abs. 4 FlaggRG im Hinblick auf die höherrangige VO (EG) 593/2008 *Gräf* ZfA 2012, 557,

600; s.a. KR-*Weigand/Horcher* Int. ArbVertragsR Rdn 72). Nach der Rspr. des *LAG Hmb.* findet der HeuerTV für die deutsche Seeschifffahrt für ausländische Besatzungsmitglieder auf einem Schiff des ISR nur dann Anwendung, wenn sowohl die Seeleute als auch der Reeder tarifgebunden sind (*LAG Hmb.* 24.8.1992 – 8 TA BV 1/92, nv). Wenn die Parteien des Heuerverhältnisses auf einem Schiff des ISR keine Wahl einer ausländischen Rechtsordnung gem. Art. 30 Abs. 2 EGBGB getroffen haben, erlaubt die Regelung gem. § 21 Abs. 4 FlaggRG dem Reeder nicht, mit den nicht im Inland ansässigen Besatzungsmitgliedern vom zwingenden deutschen Arbeitsrecht (zB Kündigungsschutzrecht) abweichende Regelungen im Heuervertrag zu vereinbaren (*ArbG Hmb.* 23.10.1990 – S 5 BV 14/90; *Lindemann* SeeArbG § 1 Rn 5).

Mit Ausnahme der vom BVerfG unter dem Aspekt der nicht zu rechtfertigenden Beschränkung der durch Art. 9 Abs. 3 GG geschützten koalitionsrechtlichen Betätigungsfreiheit der Gewerkschaften für verfassungswidrig und nichtig erklärten Erstreckungsklausel des § 21 Abs. 4 S. 3 FlaggRG sind die Vorschriften über das ISR verfassungsrechtlich nicht zu beanstanden (*BVerfG 10.*1.1995 EzA Art. 9 GG Nr. 55; aA *Geffken* AiB 1996, 29; *ders.* NZA 1989, 88; *Däubler* Das zweite Schiffsregister, 1988; krit. *Wimmer* NZA 1995, 250). Die durch die Regelungen des § 21 Abs. 4 S. 1 und 2 FlaggRG (s. Rdn 12) gebildete Einschränkung der Koalitionsfreiheit findet ihre Rechtfertigung in den Besonderheiten der deutschen Handelsschifffahrt und ist angesichts des mit diesen Regelungen bezweckten Schutzes wichtiger Gemeinschaftsgüter (u. a. Sicherheit des Schiffsverkehrs; Schutz von Leben und Gesundheit der Menschen an Bord; Umweltschutz; Erhalt einer deutschen Handelsflotte) zumutbar. **Verfassungskonform ist das ISR** auch im Hinblick auf die durch § 12 Abs. 1 GG geschützte Berufsfreiheit, da die Zielsetzung des FlaggRG – das vergleichbare Regelungen in fast allen Ländern mit Seeschifffahrtsflotten wie insbes. auch in Frankreich, Großbritannien und den Skandinavischen Ländern findet – gerade darauf gerichtet ist, deutschen Seeleuten zumindest einen gewissen Anteil an den ohne Ausflaggungsmöglichkeiten generell gefährdeten Arbeitsplätzen auf deutschen Handelsschiffen zu erhalten (*BVerfG 10.*1.1995 EzA Art. 9 GG Nr. 55); denn es wirkt lediglich der früheren Praxis der Ausflaggung entgegen, nach der das Recht der »Billig-Flaggen-Länder« ohnehin vereinbar war.

Nach der Entscheidung des *BAG* (3.5.1995 EzA Art. 30 EGBGB Nr. 3) verstößt es auch nicht gegen den allgemeinen Gleichheitssatz, dass nach § 21 Abs. 4 FlaggRG ausländische Seeleute auf deutschen Handelsschiffen zu Heimatheuern beschäftigt werden können (im entschiedenen Fall wurden 1,04 US $ pro Stunde, 1 US $ pro Überstunde auch an Feiertagen gezahlt; diese BAG-Entscheidung steht im Widerspruch zu *BGH* 22.4.1997 AuR 1997, 453 [zum **Lohnwucher** als Tatbestand § 302a Abs. 1 S. 1 Nr. 3 StGB 1975] m. Anm. *Reinecke*; *Nägele* BB 1997, 2162). Durch eine Rahmenvereinbarung zwischen dem Verband Deutscher Reeder (VDR) einerseits und der Dienstleistungsgewerkschaft ver.di und der Internationalen Transportarbeiter-Förderation (ITF) in London andererseits sind allgemeine Arbeitsbedingungen und ein Heuertarif für ausländische Seeleute auf Schiffen des ISR festgelegt worden (»**GIS-Fleet Agreement**«, vgl. Einzelheiten bei *Däubler* Der Kampf um einen weltweiten Tarifvertrag, 1997; KommSeeArbG-*Noltin* Einf. Rn 48 ff.). Zum Verhältnis dieser Rahmenvereinbarung (GIS-Fleet Agreement) zum MTV-See, der nicht aufgrund der Verweisung in diesem ISR-Sondervertrag Anwendung findet, *BAG* 14.4.2004 – 4 AZR 322/03.

Soweit auf ein Heuerverhältnis deutsches Arbeitsrecht im Allgemeinen und das SeeArbG im Einzelnen keine Anwendung finden, hat das angerufene Gericht, wenn die deutsche ZPO gilt, gem. § 293 ZPO das geltende Recht von Amts wegen zu ermitteln (vgl. KR-*Weigand/Horcher* Int. ArbVertragsR Rdn 153 f.). Hinweise zum **Arbeitsrecht in Europa** bei *Henssler/Braun* 3. Aufl. 2011, bei DDZ-*Däubler* Einl. Rn 492 ff., zu den **Billig-Flaggen-Ländern** bei *Leffler* Das Heuerverhältnis auf ausgeflaggten deutschen Schiffen, S. 52 ff. und 162 ff., DDZ-*Däubler* §§ 65 -76 SeeArbG Rn 9 und *Geffken* AiB 1995, 709. Eine dem deutschen Kündigungsschutzrecht näherkommende Regelung kennt lediglich das Arbeitsgesetzbuch von Panama. In den übrigen Billig-Flaggen-Ländern, Liberia, Singapur und Zypern ist kein besonderer Kündigungsschutz bei ungerechtfertigten Kündigungen vorgesehen (vgl. KR 9. Aufl., SeemG Rn 11–15).

IV. Das Seearbeitsgesetz

1. Allgemeines

17 Das SeeArbG folgt dem Aufbau und den Regelungen des **SeeArbÜ 2006** über die Mindestanforderungen für die Arbeit von Seeleuten auf Handelsschiffen, für die Beschäftigungs- und Aufenthaltsbedingungen an Bord, den Arbeits- und Gesundheitsschutz, die soziale Sicherung sowie die Anforderungen an die Durchsetzung dieser Vorschriften. Mit der Umsetzung des SeeArbÜ 2006 sind gem. Art. 19 Abs. 8 der Verfassung der IAO in Deutschland bereits geltende Regelungen, die für Besatzungsmitglieder günstigere als sie im SeeArbÜ 2006 vorgesehen sind, wie zB seefahrtsspezifische Regelungen des Kündigungsrechts, erhalten geblieben (Begr. BT-Drucks. 17/10959 S. 55). Im SeeArbG werden neben seinem allgemeinen Anwendungsbereich (vgl. Rdn 5, 21 ff.) auch im Gesetz verwendete Begriffe wie zB die der Arbeits- und Ruhezeit, der Feiertage, des sog. Servicepersonals und organisatorischer Einheiten bestimmt (§ 2 SeeArbG).

18 Im Unterschied zum bisherigen SeemG wird der persönliche Geltungsbereich des SeeArbG erweitert. Zu den **Besatzungsmitgliedern** zählen gem. § 3 Abs. 1 SeeArbG alle Personen, die an Bord des Schiffes tätig sind, unabhängig davon, ob sie vom Reeder oder einer anderen Person beschäftigt werden oder als Selbständige tätig sind, einschließlich der Kapitäne und Auszubildenden.

19 Die Regelungen zur Beendigung des Heuerverhältnisses, inbes. durch **Kündigung**, im SeeArbG stimmen im Wesentlichen mit denen im SeemG überein. In Einzelfällen sind Vorschriften klarer und vereinfachter gefasst. Unterschiedliche Regelungen zur außerordentlichen Kündigung gegenüber Kapitänen und den übrigen Besatzungsmitgliedern im SeemG sind im SeeArbG beseitigt. Es gelten jetzt im Wesentlichen die gleichen Voraussetzungen wie gem. § 626 BGB. Insbesondere ist nunmehr bei der außerordentlichen Kündigung eine umfassende Interessenabwägung vorzunehmen. Die bisher enumerative Aufzählung wichtiger Gründe für eine außerordentliche Kündigung durch den Reeder gem. § 64 Abs. 1 SeemG gilt im SeeArbG gem. § 67 Abs. 1 S. 2 als eine beispielhafte Darstellung. Entsprechend nur noch beispielhaft sind die wichtigen Gründe für eine außerordentliche Kündigung durch das Besatzungsmitglied gem. § 68 Abs. 1 SeeArbG aufgezählt. Neu vorgesehen ist gem. § 69 SeeArbG (in Umsetzung des SeeArbÜ 2006 der ILO) die Möglichkeit der außerordentlichen Kündigung durch das Besatzungsmitglied wegen dringender Familienangelegenheiten.

20 Die bisherige Regelung über die Zurücklassung gem. § 71 SeemG wird in § 72 SeeArbG einfacher gefasst. Nach § 73 SeeArbG hat das Besatzungsmitglied grds. immer einen Anspruch auf Heimschaffung. Das Procedere der Heimschaffung wird einfacher gestaltet. Im Unterschied zur bisherigen Regelung bei einer Kündigung auf einer Reise gem. § 63 Abs. 3 SeemG, wonach sich das Heuerverhältnis bis zur Ankunft in Deutschland oder einem angrenzenden Land fortsetzt, endet gem. § 66 Abs. 5 SeeArbG ein gekündigtes Heuerverhältnis nach Ablauf der Kündigungsfrist bereits bei der Ankunft im nächsten Hafen, von dem aus die Heimschaffung mit allgemein zugänglichen Verkehrsmitteln und die Ablösung durch Ersatzpersonal möglich ist.

2. Geltungsbereich

a) Kauffahrteischiffe

21 Die Vorschriften des SeeArbG gelten nicht für alle Seeschiffe, sondern nur für **Kauffahrteischiffe (Handelsschiffe)**, die nach dem Flaggenrechtsgesetz idF der Bekanntmachung vom 4.7.1990 (BGBl. I S. 1342) die **Bundesflagge** mit formeller Berechtigung führen (§ 1 Abs. 1 S. 1 SeeArbG). Zum Begriff des Kauffahrteischiffes vgl. *Maunz/Dürig/Herdegen* GG Art. 27 und die Vorschriften des HGB §§ 481 ff. Danach sind hierunter die zum dauernden Erwerb (entgeltliche Personen- oder Güterbeförderung) durch Seefahrt dienenden oder hierfür jedenfalls bestimmten Schiffe zu verstehen. Neben der Handelsschifffahrt werden von der Geltung des SeeArbG auch die Kleine und Große Hochsee- sowie die Küstenschifffahrt, Schlepp-, Bugsier- und Bergungsdienste, Kabelverlegungs-, Eisbrecherdienste und die Lotsenversetzboote erfasst. Für die Anwendung des

SeeArbG ist die Größe des Schiffes ohne Bedeutung, dagegen gilt der Manteltarifvertrag für die deutsche Seeschifffahrt nur für Schiffe ab einer Größe von 300 BRZ (§ 1 Abs. 1 MTV-See). Für einen Neubau liegt diese Zweckbestimmung mit der Abnahme vor, also auch schon bei Überführungsreisen. Anwendbar ist das Gesetz auch bei Ballastreisen, Werftliegezeiten und beim Aufliegen eines sonst regelmäßig zum Erwerb durch die Seefahrt verwendeten Schiffs (*Schaps/Abraham* § 1 SeemG Rn 1).

Für die Geltung der Vorschriften des SeeArbG ist der Dauercharakter des Schiffs als **See- und** 22 **Kauffahrteischiff** in seiner gegenwärtigen, regelmäßigen Verwendung (*BGH* 26.9.1957 BGHZ 25, 244) entscheidend, unabhängig davon, ob es in deutschen oder fremden Gewässern, auf hoher See oder in Binnengewässern (wenn der Zugang von der See erfolgt) fährt. **Binnenschiffe** sind vom Geltungsbereich des SeeArbG ausgeschlossen, auch wenn sie gelegentlich die Grenzen von der Binnen- zur Seeschifffahrt überschreiten. Gem. § 1 Abs. 2 SeeArbG gelten die in der Binnenschifffahrt anzuwendenden arbeitsrechtlichen Vorschriften für Beschäftigte an Bord eines Fahrzeugs, das die Förden, Bodden oder Haffs nicht seewärts verlässt bzw. nur auf Grund bes. Genehmigung verlassen darf.

Schiffe, die **hoheitlichen Zwecken** dienen, fallen nicht unter die Vorschriften des SeeArbG. Dazu 23 zählen alle im öffentlichen Dienst des Bundes, der Länder oder anderer Träger öffentl. Gewalt stehenden Schiffe (auch wenn sie im Eigentum Privater stehen), zB der Marine, des Zolls, des Fischereischutzes und Feuerschiffe. Nicht zum Erwerb dienen Schiffe (und unterfallen damit auch nicht den Vorschriften des SeeArbG), die in **privater Hand** stehen und speziellen Zwecken dienen, etwa private Lustfahrzeuge, private wissenschaftliche Forschungsschiffe, Schiffe gemeinnütziger Einrichtungen wie der Deutschen Gesellschaft zur Rettung Schiffbrüchiger. Von der Geltung des SeeArbG sind auch gewerbsmäßig genutzte Sportboote unter 24 Metern Länge ausgenommen, wenn auf diesen nicht mehr als zwei Personen beschäftigt sind (§ 1 Abs. 1 S. 2 SeeArbG). Private Schulschiffe unterliegen dem SeeArbG, wenn sie auch zur Frachtförderung dienen.

b) Reeder

Der **Reeder** als Eigentümer des Schiffes bzw. die Organisation oder Person, die von ihm die Ver- 24 antwortung für den Betrieb des Schiffes z. B. als Ausrüster oder Bare-Boat-Charterer (§ 510 HBG) übernommen hat, steht gem. § 4 Abs. 1 SeeArbG als Arbeitgeber im Heuerverhältnis für die Einhaltung der Rechte und Pflichten aus dem SeeArbG und den anderen zur Umsetzung des SeeArbÜ 2006 erlassenen Vorschriften ein. Soweit neben dem Reeder noch **andere Arbeitgeber** Personen an Bord beschäftigen, hat der Reeder sicherzustellen, dass die gesetzlichen Rechte und Pflichten gegenüber deren Beschäftigten durch diese anderen Arbeitgeber eingehalten werden (§ 4 Abs. 3 SeeArbG). Der Reeder bleibt aber auch selbst für die Erfüllung dieser Rechte und Pflichten verantwortlich, wenn er auf dem Schiff anfallende Aufgaben anderen Unternehmungen vertraglich zur selbständigen Ausführung überträgt und diese eigenes Personal zB in einem Bordrestaurant oder Ladengeschäft beschäftigen (§ 4 Abs. 2 SeeArbG). Er haftet für Zahlungsverpflichtungen der anderen Arbeitgeber aus den Heuer- oder Ausbildungsverhältnissen wie ein Bürge nach den Regeln gem. § 771 BGB in den Grenzen der gesetzlichen Ansprüche (§ 4 Abs. 4 SeeArbG).

c) Besatzungsmitglieder

Besatzungsmitglieder iSd SeeArbG sind – im Unterschied zum enger gefassten Personenkreis im 25 außer Kraft getretenen SeemG, im Unterschied zum handelsrechtlichen Begriff der Schiffsbesatzung gem. § 478 HGB und im Unterschied zum betriebsverfassungsrechtlichen Begriff (vgl. Rdn 55) – gem. § 3 Abs. 1 SeeArbG alle an Bord beschäftigten Personen, unabhängig davon, ob sie zum Reeder oder einem anderen Arbeitgeber in einem Vertragsverhältnis stehen oder zu ihrer Berufsausbildung beschäftigt werden oder als Selbständige tätig sind. Dazu zählen folglich auch Arbeitnehmer, die von einem anderen Reeder oder einem Verleiher im Rahmen eines Arbeitnehmerüberlassungsvertrages überlassen werden (Begr. BT-Drucks. 17/10959 S. 61). Für **Selbständige an Bord** iSv § 3 Abs. 1 SeeArbG gilt in Abschnitt 3 über die Beschäftigungsbedingungen § 28 Abs. 1 S. 1 SeeArbG mit der Maßgabe, dass anstelle des Heuervertrages der Vertrag mit dem Reeder tritt. Zur Geltung des SeeArbG für Selbstständige im Übrigen s. § 148 SeeArbG. Soweit **Leiharbeitnehmer** an Bord eines die Bundesflagge führenden Seeschiffes beschäftigt werden, ist das AÜG zu beachten. Ausländische Verleiher unterliegen dem AÜG nicht, wenn sie die Besetzung von Schiffsarbeitsplätzen durch sog. Crewing-Gesellschaften auf unter ausländischer Flagge fahrenden Schiffen vornehmen (st. Rspr. *BSG* 25.10.1988 – 12 RK 21/87, VersR 1989, 716; *ArbG Hmb.* 12.10.1993 – S 5 Ca 97/93; KommSeeArbG-*Noltin* § 3 Rn 33). Für **Auszubildende**, Praktikanten und andere zu ihrer Aus- und Fortbildung tätige Personen gelten teilweise besondere Regelungen des SeeArbG (§ 3 Abs. 2 SeeArbG). Als Besatzungsmitglieder dürfen Personen unter 16 Jahren, als Schiffsköche unter 18 Jahren, nicht beschäftigt werden. Ausnahmen hierzu gelten für Auszubildende ab 15 Jahren auf Fischereifahrzeugen (§ 10 SeeArbG). Als **jugendliche Besatzungsmitglieder** gelten solche, die das 18. Lebensjahr noch nicht vollendet haben (§ 7 SeeArbG). Voraussetzung für alle Besatzungsmitglieder ist deren Seediensttauglichkeit für die an Bord zu verrichtende Tätigkeit (§ 11 ff. SeeArbG).

26 **Keine Besatzungsmitglieder** sind Personen in Lotsen-, (staatl.) Beratungs- und Kontroll-, Wissenschafts-, (kurzzeitigen) Unterhaltungs- sowie (privaten) Sicherheitsdiensten, (Fach)Schulpraktikanten, Kanalsteurer auf dem Nord-Ostsee-Kanal sowie Arbeitskräfte, die vom Schiff aus Baugewerke auf See ausführen. Die Regelung für Personen gem. § 3Abs. 3 S. 1 SeeArbG, die keine Besatzungsmitglieder sind, ist abschließend. Der Aufenthalt dieser vorübergehend an Bord anwesenden Personen ist im Einzelnen zu dokumentieren (§ 3 Abs. 5 SeeArbG).

27 **Besatzungsmitglieder** sind auch der **Kapitän** und sein Stellvertreter (§ 5 SeeArbG). Der Kapitän (§ 4 SchBesV) ist vom Reeder zur Führung des Schiffes bestellt. Dazu muss er auf Grund eines staatlichen Befähigungszeugnisses (§ 2 Nr. 3 Seeleute-BefähigungsVO v. 8. Mai 2014, BGBl. I S. 460, zul. geänd. 2. Juni 2016, BGBl. S. 1257) berechtigt sein. Im Fall der Verhinderung des Kapitäns fällt seine Aufgabe dem ersten Offizier des Deckdienstes oder dem Alleinsteuermann zu (§ 5 SeeArbG). Der Kapitän ist gem. § 114 Abs. 6 S. 2 BetrVG leitender Angestellter iSv § 5 Abs. 3 BetrVG, auch wenn er tatsächlich keine Einstellungen oder Kündigungen vornimmt (*LAG SchlH* 7.5.1998 – 4 TaBV 34/97, zit. nach *Lindemann* SeeArbG § 5 Rn 25). Im Hinblick auf die kündigungsschutzrechtliche Sonderregelung gem. § 14 Abs. 2 KSchG gilt auch ein im Rahmen einer sog. Butterfahrt eingesetzter Kapitän als leitender Angestellter (*LAG SchlH* 13.6.1986 – 6/3 Sa 455/85).

28 Auch die übrigen an Bord beschäftigten Seeleute wie die **Schiffsoffiziere** (vgl. § 5 SchBesV) des technischen und nautischen Dienstes, die eines staatlichen Befähigungszeugnisses bedürfen, die **Schiffsärzte**, die **Seefunker** mit den entsprechenden Zeugnissen, die **Schiffselektroniker** und die **Zahlmeister** (§ 6 SeeArbG) sowie **sonstige Angestellte** mit weniger verantwortungsvollen Tätigkeiten im Deckdienst wie zB Funker mit Sonderzeugnis und Assistenten für die Schiffsoffiziere und schließlich die Schiffsleute mit weniger verantwortungsvollen Tätigkeiten im Decks-, Maschinen- und Verpflegungsdienst sind **Besatzungsmitglieder** iSd SeeArbG.

3. Das Heuerverhältnis

29 Gemäß § 28 Abs. 1 S. 1 SeeArbG darf ein Besatzungsmitglied ohne einen den gesetzlichen Vorgaben für Form und Inhalt entsprechenden Heuervertrag nicht an Bord eines Schiffes tätig werden. Das Heuerverhältnis wird durch einen Heuervertrag zwischen Reeder bzw. dem anderen Arbeitgeber (vgl. Rdn 24) und dem Besatzungsmitglied begründet. Die Voraussetzungen für einen gültigen **Heuervertrag** sind zwingend für das Heuerverhältnis. Neben dem SeeArbG (insbes. Abschnitt 3), Rechtsverordnungen (vgl. Rdn 3) und anderen auf Grund des SeeArbÜ 2006 erlassenen Vorschriften gelten auch die allgemeinen arbeitsrechtlichen Regelungen wie die §§ 611 ff. BGB, das KSchG und die übrigen arbeitsrechtlichen Einzelgesetze sowie idR die materiellen Bestimmungen des MTV-See (vgl. Rdn 4) für die Heuerverhältnisse. Wie allgemein beim Arbeitsverhältnis sind neben den gegenseitigen Hauptpflichten zur Dienstleistung (§§ 32, 34, 36 SeeArbG) und des Heueranspruchs (§ 37 ff. SeeArbG) die üblichen Fürsorge- und Treuepflichten zu beachten (vgl. KommSeeArbG-*Noltin* vor § 28 Rn 18 ff.). In den Fällen eines Verstoßes gegen die Vorschriften des SeeArbG oder der auf seiner Grundlage erlassenen Rechtsverordnungen oder einer Benachteiligung

oder ungerechten Behandlung hat das Besatzungsmitglied ein **Beschwerderecht** gem. dem Verfahren der §§ 127 ff. SeearbG (KommSeeArbG-*Bubenzer* Komm. zu §§ 127 ff.).

An den **Heuervertrag** wird ein Katalog gesetzlicher Voraussetzungen hinsichtlich sowohl seiner 30 Form als auch seines Inhaltes geknüpft. Gem. § 28 Abs. 1 S. 3 SeeArbG hat der Reeder rechtzeitig vor dem beabsichtigten Abschluss des Heuervertrages dem anzuheuernden Besatzungsmitglied einen Vertragsentwurf einschließlich der geltenden Kollektivvertragswerke auszuhändigen, um einem übereilten Vertragsabschluss vorzubeugen. **Rechtzeitig** erfolgt die Vorlage, wenn der Entwurf und die in Bezug genommenen Kollektivverträge vollständig übergeben werden und sie nicht nur im Einzelnen zur Kenntnis genommen, sondern auch unter Berücksichtigung von tatsächlichem und rechtlichem Klärungsbedarf nach gewerkschaftlicher oder anwaltlicher Beratung verstanden und ggf. auch modifiziert werden kann (vgl. Norm A2. 1 Abs. 1b SeeArbÜ 2006). Für eine angemessene Dauer der Prüfungsfrist ist auch der individuelle Kenntnis- und Erfahrungshorizont des Betroffenen zu berücksichtigen. In der Regel sollten dafür zwei Wochen ab Zugang des Entwurfs ausreichen (KommSeeArbG-*Noltin* § 28 Rn 6). Dem strengen **Schriftformerfordernis** für den Heuervertrag und bei seiner Änderung in wesentlichen Klauseln (§ 28 Abs. 6 SeeArbG) wird durch die elektronische Form nicht genügt (§ 28 Abs. 1 S. 4 SeeArbG). Abweichend von der Regelung gem. § 126 Abs. 2 S. 2 BGB sind beide Ausfertigungen des Heuervertrages von beiden Vertragspartnern zu unterzeichnen und jedem ist eines der Exemplare auszuhändigen. Die Merkmale für den **Mindestinhalt des Heuervertrages** gem. § 28 Abs. 2 SeeArbG berücksichtigen – über die Anforderungen des NachweisG hinausgehend – die entsprechenden Vorgaben des SeeArbÜ 2006 Norm A2. 1 Nr. 4 und Art. 2 Abs. 1 PL 91/533/EWG und werden ergänzt bzw. modifiziert für Besatzungsmitglieder auf Fischereifahrzeugen (Abs. 3), für längerfristige Aufenthalte an Bord (Abs. 4) und bei der Geltung von Kollektivverträgen (Abs. 5).

4. Beendigungsgründe

a) Tod und Verlust des Schiffes

Im Falle des **Todes des Besatzungsmitglieds** endet das Heuerverhältnis; die daraus folgenden Obliegenheiten für den Kapitän und den Reeder finden sich in den Verfahrensvorschriften der §§ 79 f. 31 SeeArbG. Der **Tod des Reeders** berührt zunächst nicht den Bestand des Heuerverhältnisses; seine Rechte und Pflichten gehen auf den Erben über, und eine Beendigung des Vertrages erfolgt dann entweder durch den Ablauf seiner Befristung, durch eine Auflösungsvereinbarung oder ist unter Einhaltung der allgemeinen Kündigungsregeln möglich. Bei vermutetem **Verlust von Schiff und Besatzung** gelten die Heuerverhältnisse gem. § 71 SeeArbG als beendet, wenn seit der letzten amtlich festgestellten Nachricht über das Schiff ein Monat verstrichen ist (vgl. Rdn 146 f).

b) Befristung des Heuerverhältnisses

Die **Befristungsvereinbarung** gem. § 28 Abs. 2 Nr. 5 SeeArbG muss kalendermäßig eindeutig bestimmt oder bestimmbar sein (vgl. KR-*Bader* § 3 TzBfG Rdn 17 ff.) oder im Falle der Zweckbefristung muss nach objektiven Merkmalen für beide Vertragspartner die Zweckbestimmung und 32 damit der Zeitpunkt des Endes des Heuerverhältnisses erkennbar sein (*ArbG Hmb.* 2.6.1988 – S 14 Ca 163/88; KR-*Bader/Kreutzberg-Kowalczyk* § 3 TzBfG Rdn 27 ff.). Dieser Voraussetzung genügen daher Formulierungen wie »Zeitraum für die Vertretung des erkrankten Besatzungsmitgliedes X« oder »Zeitraum der Reise nach Y« oder »Zeitraum für eine Rundreise, beendet voraussichtlich an einem bestimmten Tag in Z« (*ArbG Hmb.* 26.6.1972 SeeAE § 23 SeemG Nr. 1). Bei der Frage zur Zulässigkeit von Mehrfachbefristungen kommt es hinsichtlich der sachlichen Rechtfertigung auf den zuletzt geschlossenen Vertrag an (*BAG* 18.6.2008 EzA § 14 TzBfG Nr. 72; zu Einzelheiten KR-*Lipke* §§ 14 ff. TzBfG, insbes. § 14 TzBfG Rdn 129 ff.). Insoweit genügen die nationalen seearbeitsrechtlichen Regelungen den unionsrechtlichen Vorgaben gem. der Richtlinie 1999/70/EG (KR-*Lipke/Bubach* § 14 TzBfG Rdn 17 ff.), die auf Heuerverhältnisse anzuwenden ist (*EuGH* 3.7.2014 – C-362/13, EzA Richtlinie 99/0 EG-Vertrag 1999 Nr. 10 für Seeleute mit befristeten Heuerverträgen auf Fähren). Abzulehnen ist die Kontrolle der Rechtmäßigkeit einer Befristung iE durch die Berufsgenossenschaft im Rahmen der Flaggenstaat- und Hafenstaatkontrolle bei der Überprüfung der Arbeits- und Lebensbedingungen auf Schiffen gem. §§ 129 ff. SeeArbG (so aber *Lindemann* SeeArbG § 65 Rn 101); denn eine abschließende Beurteilung der Rechtslage zum Befristungsrecht kann von der Berufsgenossenschaft nicht erwartet werden.

33 Ein Heuerverhältnis ist grds. so zu befristen, dass dem Besatzungsmitglied **Urlaub** in Form von bezahlter Freizeit gewährt werden kann. Notfalls muss es verlängert werden (§ 64 SeeArbG). Erkrankt das Besatzungsmitglied während des angehängten Urlaubs, werden die Krankheitstage nicht auf den Urlaub angerechnet (§ 62 Abs. 1 S. 1 SeeArbG). Das Heuerverhältnis verlängert sich jedoch nicht noch einmal um die Dauer der Krankheit; es endet vielmehr zu dem zuvor vereinbarten Termin. Der restliche Urlaub ist in einem solchen Fall ausnahmsweise abzugelten (*BAG* 10.11.1976 AP Nr. 3 zu § 60 SeemG).

34 Ein Heuerverhältnis für eine von vornherein bestimmte Zeit endet mit Ablauf der gem. § 28 Abs. 2 SeeArbG vereinbarten Frist. Setzen die Parteien das Heuerverhältnis über den Zeitpunkt des Fristablaufs stillschweigend fort, gilt es nach § 625 BGB, § 15 Abs. 5 TzBfG auf unbestimmte Zeit eingegangen. Während der Laufzeit eines befristeten Heuervertrags kann idR nur eine **außerordentliche Kündigung** bei Vorliegen eines wichtigen Grundes oder ein Aufhebungsvertrag zur Beendigung führen (*ArbG Oldenburg* 1.2.1983 SeeAE § 23 SeemG Nr. 4). Wenn die **Kündbarkeit** während der Laufzeit des befristeten Vertrages gem. § 15 Abs. 3 TzBfG ausdrücklich schriftlich im Heuervertrag oder TV vorgesehen ist, müssen darin gleichzeitig die Voraussetzungen, Fristen und Termine für die Kündigung angegeben sein (§ 28 Abs. 2 Nr. 9 SeeArbG). Zur Befristungsrechtsprechung der Küstenarbeitsgerichte iE vgl. *Lindemann* SeeArbG § 28 Rn 32 ff.

c) Aufhebungsvertrag

35 Nach § 29 Abs. 1 MTV-See können der Reeder und die Beschäftigten die Beendigung des Heuerverhältnisses durch Aufhebungsvertrag grds. nur in einem Ort in Deutschland vereinbaren. Bei einer Vereinbarung desselben im Ausland oder auf See steht den Beschäftigten das Recht zu, innerhalb einer Frist von zwei Wochen nach Rückkehr an einen Ort gem. § 31 Abs. 2 MTV-See bzw. § 75 SeeArbG (s. Rdn 155) den Aufhebungsvertrag zu widerrufen. Ein Aufhebungsvertrag ist wegen »Überrumpelung« nicht allein deshalb unwirksam, weil der Arbeitgeber dem Arbeitnehmer weder eine Bedenkzeit noch ein Rücktritts- bzw. Widerrufsrecht eingeräumt und ihm auch das Thema des beabsichtigten Gesprächs vorher nicht mitgeteilt hat (*BAG* 30.9.1993 EzA § 611 BGB Aufhebungsvertrag Nr. 13). Vgl. hier iE die Erl. von *Spilger* zum Aufhebungsvertrag.

36 Die vorzeitige Aufhebung des Heuerverhältnisses im beiderseitigen Einvernehmen bedarf zu ihrer Wirksamkeit der **Schriftform** (§ 623 BGB bzw. § 30 Abs. 2 MTV-See). Die elektronische Form des Aufhebungsvertrages und seines Widerrufs ist ausgeschlossen. Die Schriftform ist bei ausländischen Beschäftigten auch in der festgelegten Arbeitssprache oder in der auf dem jeweiligen Schiff gesprochenen Sprache und in Englisch zu erfüllen (gem. Begr. der TV-Parteien zum MTV-See 2002 Anm. zu § 4 Nr. 4).

37 Im Fall des Aufhebungsvertrages verlängert sich das Heuerverhältnis um den noch nicht gewährten **Urlaub** über das vereinbarte Beendigungsdatum hinaus, § 64 Abs. 1 SeeArbG (*ArbG Hmb.* 19.1.1978 SeeAE § 73 MTV-See 1978 Nr. 1).

d) Kündigung

38 Die Vorschriften des Sechsten Unterabschnitts im Dritten Abschnitt des SeeArbG regeln die Beendigungsgründe, insbes. die Kündigung, nur soweit es sich um Besonderheiten im seemännischen Arbeitsrecht handelt. Für die ordentliche Kündigung gelten die §§ 65 und 66 SeeArbG, für die außerordentliche die §§ 67 ff. SeeArbG. Die Voraussetzungen wie gem. § 65, Fristen wie gem. § 66 und Termine für eine Kündigung sind gem. § 28 Abs. 2 Nr. 9 SeeArbG bereits bei Vertragsabschluss in den Heuervertrag aufzunehmen. Für die Kündigung gelten neben den §§ 65 ff.

SeeArbG noch die Vorschriften des KSchG nach Maßgabe des § 24 KSchG. Im Übrigen sind die kündigungsrechtlichen Regelungen des MTV-See (§ 27 f.) zu beachten, soweit Tarifbindung beiderseitig vorliegt.

Eine Kündigung wird erst wirksam, wenn sie dem zu kündigenden Vertragspartner zugeht. Vgl. 39 dazu iE KR-*Klose* § 4 KSchG Rdn 139 ff. Soweit nicht eine andere Vereinbarung getroffen ist, endet ein gekündigtes Heuerverhältnis nach Ablauf der Kündigungsfrist nicht erst – wie vormals nach dem SeemG – mit Erreichen eines Hafens in Deutschland oder eines angrenzenden Nachbarstaates, sondern bereits im nächsten angelaufenen Hafen, in dem die Heimschaffung des Besatzungsmitgliedes mit allgemein zugänglichen Verkehrsmitteln, insbes. auf dem Luftwege, und seine Ablösung durch eine Ersatzperson möglich ist (§ 66 Abs. 5 SeeArbG).

V. Kündigungsschutz

1. Allgemeiner Kündigungsschutz

Gem. § 24 Abs. 1 KSchG finden die Vorschriften über den Allgemeinen Kündigungsschutz 40 sowie den Kündigungsschutz der Betriebsratsmitglieder nach Maßgabe des § 24 Abs. 2–4 KSchG (vgl. iE KR-*Bader/Kreutzberg-Kowalzcyk* § 24 KSchG) Anwendung auch bei einer ordentlichen oder außerordentlichen Kündigung gegenüber Besatzungsmitgliedern von Seeschiffen. Nach § 23 Abs. 1 **KSchG** setzt die **Anwendbarkeit** des Gesetzes voraus, dass (ausschließlich der zu ihrer Berufsbildung Beschäftigten) mehr als fünf bzw. zehn seit dem 1.1.2004 Arbeitnehmer (Kapitäne und Besatzungsmitglieder) in dem Betrieb beschäftigt werden (Einzelheiten insbes. auch bzgl. Teilzeitbeschäftigten vgl. KR-*Bader/Kreutzberg-Kowalzyck* § 23 KSchG Rdn 40 ff., 49 ff.). Als eigenständiger **Betrieb** gelten einerseits gem. § 24 Abs. 2 KSchG die Gesamtheit der Seeschiffe des Schiffahrtsbetriebes, andererseits der Landbetrieb der Reederei (*BAG* 28.12.1956 DB 1957, 113; vgl. iE KR-*Bader* § 24 KSchG Rdn 21 ff.; zum Begriff des Betriebes bzw. Betriebsteils gem. § 613a BGB vgl. Rdn 86).

Der allgemeine Kündigungsschutz steht einem Besatzungsmitglied nur nach Ablauf der **Wartezeit** 41 gem. § 1 Abs. 1 KSchG zu (vgl. KR-*Rachor* § 1 KSchG Rdn 97 ff.). Bei der Berechnung der Frist von sechs Monaten kommt es auf den rechtlichen Bestand des Heuerverhältnisses an. Verzögerungen oder Unterbrechungen beim praktischen Vollzug bleiben für die Berechnung unbeachtlich. Grds. ist die Wartezeit an den ununterbrochenen Bestand des Heuerverhältnisses geknüpft (vgl. KR-*Rachor* § 1 KSchG Rdn 115). Soweit ein Heuerverhältnis mit demselben Reeder unterbrochen war, wird die Beschäftigungszeit des vorausgegangenen Heuerverhältnisses nur berücksichtigt, wenn zwischen beiden Verhältnissen ein enger sachlicher und zeitlicher Zusammenhang besteht (zu verneinen bei einer vier Monate dauernden Unterbrechung, *LAG Hmb.* 13.10.1986 und 10.11.1988, zu bejahen bei 15 Tagen Unterbrechung und Erklärung einer Wiedereinstellungsoption, *Lindemann* SeeArbG § 65 Rn 26). Beim Übergang eines Schiffes auf einen neuen Eigentümer ist die Beschäftigungszeit beim bisherigen Reeder anzurechnen (*ArbG Hmb.* 7.9.1978 – S 1 Ca 396/77, SeeAE § 1 KSchG Nr. 3).

Allerdings sind einige, **vom KSchG abweichende, Sonderregeln** zu beachten (iE vgl. KR-*Bader/* 42 *Kreutzberg-Kowalzyck* § 24 KSchG Rdn 26 ff.). Zur sozialen Rechtfertigung einer Kündigung iSv § 1 KSchG s. Rdn 72 ff. Die Betriebsvertretung ist vor jeder Kündigung eines Besatzungsmitgliedes anzuhören (§ 102 BetrVG). Zuständig ist bei der Kündigung durch den Kapitän gegenüber Besatzungsmitgliedern, die nicht Schiffsoffiziere sind, die Bordvertretung (§ 115 Abs. 7 Nr. 1 BetrVG), bei der Kündigung durch den Reeder der Seebetriebsrat (§ 116 Abs. 6 Nr. 1c BetrVG; vgl. iE Rdn 55 ff.). Von der Anhörungspflicht sind gem. § 114 Abs. 6 S. 1 BetrVG die Besatzungsmitglieder betroffen, die in einem Heuer- oder Berufsausbildungsverhältnis zu einem Schifffahrtsunternehmen stehen und im Seebetrieb beschäftigt sind. Ausgenommen davon ist der Kapitän. Dieser **betriebsverfassungsrechtliche Begriff des Besatzungsmitgliedes** unterscheidet sich somit vom entsprechenden seearbeitsrechtlichen gem. § 3 SeeArbG (vgl. Rdn 25 ff.), der auch Personen anderer Arbeitgeber und Selbständige umfasst.

2. Kündigungsschutz besonderer Gruppen der Besatzungsmitglieder

a) Mitglieder und Wahlbewerber der Seebetriebsverfassungsorgane

43 Die ordentliche Kündigung gegenüber Mitgliedern des Seebetriebsrates, der Bordvertretung, Wahlbewerbern und Wahlvorständen ist gem. § 15 Abs. 1 S. 1 KSchG unzulässig (KR-*Kreft* § 15 KSchG). Soweit wichtige Gründe für eine **außerordentliche Kündigung** (Rdn 103 ff., 109 ff.) vorliegen und der Seebetriebsrat oder die Bordvertretung dieser gem. § 103 Abs. 1 BetrVG zugestimmt haben, kann den o. g. Mitgliedern der Seebetriebsverfassungsorgane ohne Einhaltung einer Frist gekündigt werden (§ 15 Abs. 2 S. 1 KSchG). Gemäß § 103 Abs. 1 BetrVG bedarf die außerordentliche Kündigung eines Mitgliedes der Bordvertretung und des Seebetriebsrates der Zustimmung des Vertretungsgremiums, dem das Besatzungsmitglied angehört. Wenn die Zustimmung verweigert wird, kann sie auf Antrag des Reeders vom Arbeitsgericht ersetzt werden, wenn die außerordentliche Kündigung unter Berücksichtigung aller Umstände gerechtfertigt ist (KR-*Rinck* § 103 BetrVG).

44 Nach Ablauf der Amtszeit genießt das Mitglied des Seebetriebsrates für ein Jahr, das Mitglied der Bordvertretung für sechs Monate den Kündigungsschutz wie in § 15 Abs. 1 S. 2 KSchG. Für Wahlbewerber und Wahlvorstände gilt dieser Kündigungsschutz für sechs Monate nach Bekanntgabe des Wahlergebnisses (§ 15 Abs. 3 KSchG).

45 Im Falle einer **Betriebsstilllegung** kann den Mitgliedern und Wahlbewerbern der Seebetriebsverfassungsorgane unter Einhaltung der Kündigungsfrist frühestens zum Zeitpunkt der endgültigen Einstellung der betrieblichen Aktivitäten (§ 15 Abs. 4 KSchG) gekündigt werden. Wird lediglich das **Schiff ausgeflaggt**, auf dem das Mitglied des Seebetriebsrates bzw. der Bordvertretung tätig ist, so ist es auf ein anderes Schiff zu übernehmen. Nur wenn dies aus betrieblichen Gründen nicht möglich ist, kann es frühestens zum Zeitpunkt der Ausflaggung gekündigt werden (§ 15 Abs. 5 KSchG).

b) Schwerbehinderte, Schwangere, Wehrdienstleistende

46 Ohne vorherige Zustimmung des Integrationsamtes ist die ordentliche oder außerordentliche Kündigung eines Besatzungsmitgliedes oder des Kapitäns mit **Schwerbehinderteneigenschaft** nichtig (§ 168 SGB IX). Die Kündigungsfrist beträgt mindestens vier Wochen (§ 169 SGB IX). Im Übrigen wird auf KR-*Gallner* §§ 168–173 SGB IX verwiesen. Für **schwangere Besatzungsmitglieder** gelten ausnahmslos die zwingenden Vorschriften des MuSchG, hinsichtlich des Kündigungsschutzes ist § 17 MuSchG zu beachten (KR-*Gallner* § 17 MuSchG). Der Kündigungsschutz währt auch für die Dauer der Elternzeit nach Maßgabe des § 18 BEEG (KR-*Bader/Kreutzberg-Kowalczyk* § 18 BEEG). Die Mitteilung über die Schwangerschaft braucht nicht gegenüber dem Reeder selbst zu erfolgen, es reicht auch die Mitteilung gegenüber dem Personalchef (ArbG Hmb. 13.7.1971 – S 1 Ca 162/71). Von der Zustellung des Einberufungsbescheides bis zur Beendigung des Grundwehrdienstes bzw. des freiwilligen **Wehrdienstes** sowie während einer Wehrübung darf der Reeder das Heuerverhältnis eines wehrdienstleistenden Besatzungsmitgliedes nicht kündigen. Auch vor und nach diesen Zeiträumen darf der Reeder das Heuerverhältnis nicht aus Anlass des Wehrdienstes kündigen. Der Wehrdienst stellt auch keinen wichtigen Grund zur außerordentlichen Kündigung während des Wehrdienstes oder der Wehrübung dar. Im Rahmen einer betriebsbedingten Kündigung darf bei der sozialen Auswahl der Wehrdienst nicht zu Lasten des Wehrdienstleistenden berücksichtigt werden. Im Zweifel ist der Reeder dafür beweispflichtig. Diese Regelungen gem. § 2 ArbPlSchG werden ohne Unterschied auf Arbeitsverhältnisse an Land wie auf Heuerverhältnisse an Bord angewandt (KR-*Weigand* § 2 ArblSchG).

c) Auszubildende

47 Im Unterschied zum vormals geltenden SeemG hat der Gesetzgeber im SeeArbG der Berufsausbildung an Bord einen eigenen Abschnitt gewidmet. Die Regelungen im Abschnitt 4 des SeeArbG sind auf Berufsausbildungsverhältnisse an Bord von Kauffahrteischiffen und auch Seeschiffen mit einer Landes- oder Bundesflagge anzuwenden und hinsichtlich der Vorgaben für den **Vertragsabschluss** an § 28 SeeArbG (s. Rdn 29 f.) und wegen der Besonderheiten der Berufsausbildung an den

entsprechenden Vorschriften des BBiG orientiert. Ohne einen Vertrag entsprechend den inhaltlichen und formalen Anforderungen gem. § 82 SeeArbG ist die Ausbildung für einen Beruf an Bord nicht zulässig (§ 81 SeeArbG). Die Vorschriften der §§ 10 ff. BBiG gelten entsprechend (vgl. auch KR-*Weigand* §§ 21–23 BBiG Rdn 3 f.), allerdings modifiziert im Bereich der Kleinen Hochsee- oder Küstenfischerei. Im Unterschied zur Regelung in § 20 BBiG beträgt die **Probezeit** – gem. der bisherigen Regelung gem. § 4a Abs. 2 der Schiffsmechaniker-AusbildungsVO – höchstens fünf Monate. Bei Ausbildungsverhältnissen, die keine Berufsausbildung iSv § 81 darstellen (§ 3 Abs. 2 S. 3 SeeArbG), kann abweichend wie gem. § 26 BBiG eine kürzere Probezeit vereinbart werden.

Die Regelung gem. § 87 SeeArbG zur **regelmäßigen Beendigung des Berufsausbildungsverhältnisses** an Bord nach der vereinbarten Dauer gem. § 82 Abs. 3 Nr. 5 SeeArbG entspricht im Wesentlichen § 21 BBiG (s. KR-*Weigand* §§ 21–23 BBiG Rdn 20 ff.), lediglich die Terminierung einer möglichen Wiederholungsprüfung liegt gem. § 87 Abs. 2 SeeArbG allein beim Prüfungsausschuss. Auch die Voraussetzungen für eine Kündigung des Berufsausbildungsverhältnisses an Bord gem. § 88 SeeArbG folgen den Regelungen gem. § 22 BBiG mit Modifikationen, die auf den bes. Verhältnissen der Seeschifffahrt beruhen. Im Unterschied zu § 22 Abs. 1 BBiG (vgl. KR-*Weigand* §§ 21–23 BBiG Rdn 37 ff.) kann das Berufsausbildungsverhältnis an Bord während der gem. § 82 Abs. 1 SeeArbG zu vereinbarenden Probezeit mit einer Frist von einer Woche gekündigt werden. Bei einer **Probezeitkündigung** auf hoher See wird das Vertragsverhältnis nach Maßgabe des § 88 Abs. 1 S. 3 SeeArbG bis zum Anlaufen des nächsten Hafens, von dem aus die Heimschaffung des Auszubildenden mit allgemein zugänglichen Verkehrsmitteln möglich ist, fortgesetzt. Im Übrigen ist eine **ordentliche Kündigung** des Berufsausbildungsverhältnisses auf Seeschiffen ausgeschlossen, sie kann auch nicht ausdrücklich vereinbart werden (s. KR-*Weigand* §§ 21–23 BBiG Rdn 34 f.). Zur **Kündigung vor Antritt des Ausbildung** vgl. KR-*Weigand* §§ 21–23 BBiG Rdn 36. 48

Nach Ablauf der Probezeit kann das Berufsausbildungsverhältnis nur noch außerordentlich vom Ausbildenden und vom Auszubildenden nach Maßgabe des § 88 Abs. 2 Nr. 1 SeeArbG ohne Einhaltung einer Frist aus einem wichtigen Grund gem. § 626 BGB oder gem. § 88 Abs. 2 Nr. 2 SeeArbG vom Auszubildenden mit einer Frist von vier Wochen bei Aufgabe oder Wechsel der Berufsausbildung gekündigt werden. Hinsichtlich wichtiger Gründe für die außerordentliche Kündigung seitens des Reeders und des Auszubildenden wird in § 88 Abs. 2 S. 1 Nr. 1 und Nr. 2 SeeArbG auf die entsprechenden Regelungen für die außerordentliche Kündigung von Heuerverhältnissen gem. §§ 67 Abs. 1 und § 68 Abs. 1 SeeArbG verwiesen (vgl. iE Rdn 102 ff., Rdn 124 ff.). Allerdings sind an das Vorliegen eines **wichtigen Grundes bei der Kündigung des Berufsausbildungsverhältnisses** strengere Maßstäbe anzulegen als an die Kündigung des Heuerverhältnisses; denn die Besonderheiten des Ausbildungszweckes und der in der Entwicklung stehenden jungen Menschen, für die der Ausbildende im zumutbaren Rahmen pädagogische Verantwortung trägt, sowie die gravierenden Folgen einer außerordentlichen Kündigung für einen Auszubildenden lassen nach der Interessenabwägung insbes. auch unter Berücksichtigung des Stadiums der Ausbildung eine Kündigung nur zu, wenn die Kündigungsgründe dem Sinn und Zweck des Ausbildungsverhältnisses die Grundlage nehmen und entsprechend dessen Fortsetzung bis zum vereinbarten Beendigungszeitpunkt unzumutbar machen (KR-*Weigand* §§ 21–23 BBiG Rdn 44 ff.). Dieser Maßstab für die außerordentliche Kündigung folgt schon aus der Nachbildung der Regelung gem. § 88 Abs. 2 S. 1 Nr. 1, Abs. 3 und 4 SeeArbG nach § 22 BBiG (Begr. BT-Drucks. 17/10959 S. 92). Insofern wird, soweit sie iE auf die Seeschifffahrt übertragbar sind, auf die zu § 22 BBiG vorliegende Rspr. und Kommentierung verwiesen (s. KR-*Weigand* §§ 21–23 BBiG Rdn 49 ff.). 49

Im Falle eines steuerbaren (Fehl-)Verhaltens bedarf es vor der Kündigung einer **Abmahnung** (s. KR-*Weigand* §§ 21–23 BBiG Rdn 43). Angemessen erscheint auch die vorherige Anhörung (vgl. KR-*Fischermeier/Krumbiegel* § 626 BGB Rdn 31 ff.) des zu kündigenden Auszubildenden. Zwar ist dies keine Wirksamkeitsvoraussetzung für die außerordentliche Kündigung, wird aber den erwähnten Besonderheiten unter dem Aspekt der pädagogischen Verantwortung des Ausbildenden gerecht. 50

Die Kündigung des Berufsausbildungsverhältnisses bedarf gem. Abs. 3 der **Schriftform**, die außerordentliche Kündigung nach Ablauf der Probezeit zusätzlich der **Angabe der** 51

Kündigungsgründe (vgl. KR-*Weigand* §§ 21–23 BBiG Rdn 91 ff.) und muss gem. Abs. 4 innerhalb der Ausschlussfrist von zwei Wochen seit Kenntnis der zugrundeliegenden Tatsachen erklärt werden (vgl. KR-*Weigand* §§ 21–23 BBiG Rdn 95 ff.; KR-*Fischermeier/Krumbiegel* § 626 BGB Rdn 328 ff.).

52 Die Rechtsgrundlage für Ansprüche auf **Schadensersatz** wegen vorzeitiger Beendigung des Berufsausbildungsverhältnisses gem. § 89 SeeArbG ist den Regelungen gem. § 23 BBiG nachgebildet (s. KR-*Weigand* §§ 21–23 BBiG Rdn 132 ff.). Wird die Kündigung während der Fahrt des Schiffes erklärt, ergeben sich die Bedingungen für die **Heimschaffung** des Auszubildenden im Falle der Probezeitkündigung aus § 88 Abs. 1 S. 2 und 3 SeeArbG und im Falle der Kündigung wegen Aufgabe oder des Wechsels der Berufsausbildung durch den Auszubildenden aus § 88 Abs. 2 S. 3 SeeArbG. Im Falle der außerordentlichen Kündigung aus wichtigem Grund nach § 88 Abs. 2 S. 1 Nr. 1 SeeArbG hat der Auszubildende nach der Kündigung durch den Reeder auf See oder wenn er danach an Bord bleibt einen Abgeltungsbetrag gem. § 67 Abs. 3 SeeArbG zu entrichten und nach eigener Kündigung gem. § 68 Abs. 2 SeeArbG einen Anspruch auf Zahlung der Heuer für einen Monat (§ 88 Abs. 2 S. 2 SeeArbG).

3. Kündigungsschutzverfahren

53 Die **Kündigungsschutzklage** ist vom Besatzungsmitglied nach der sechsmonatigen Wartezeit des Bestehens des Heuerverhältnisses (s. Rdn 41) gem. § 4 KSchG innerhalb von drei Wochen zu erheben, nachdem ihm die Kündigung an Land zugegangen ist. Bei einer Kündigung während der Fahrt auf See ist die Klage innerhalb von sechs Wochen nach dem Dienstende an Bord zu erheben (§ 24 Abs. 4 S. 2 KSchG). Überdauert die erste Fahrt eines Besatzungsmitgliedes auf dem Schiff nach dem Beginn des Heuerverhältnisses die Wartefrist gem. § 1 Abs. 1 KSchG, so verlängert sich diese Frist um drei Tage nach Beendigung der Fahrt (§ 24 Abs. 3 KSchG).

54 Auf **Kapitäne** und sonstige **leitende Angestellte** finden die Regelungen des Allgemeinen Kündigungsschutzes mit Ausnahme des § 3 KSchG und der Modifikation gem. § 9 Abs. 1 S. 2, wonach der Antrag des Reeders auf Auflösung des Heuerverhältnisses keiner Begründung bedarf, Anwendung (vgl. iE KR-*Kreutzberg-Kowalczyk* § 14 KSchG Rdn 46 ff.). Es gelten die gleichen Grundsätze des Kündigungsschutzes wie bei den übrigen Arbeitnehmern bzw. Besatzungsmitgliedern, allerdings können sich bei der Interessenabwägung Besonderheiten aufgrund der Aufgabenstellung und Verantwortung ergeben, die bei der Prüfung der Sozialwidrigkeit zu berücksichtigen sind (KR-*Kreutzberg-Kowalczyk* § 14 KSchG Rdn 59 ff.).

4. Anhörung des Seebetriebsrates und der Bordvertretung

55 Gem. § 114 Abs. 1 BetrVG sind die Vorschriften des **BetrVG** vorbehaltlich der Sonderheiten gem. §§ 114 bis 116 BetrVG auf Schifffahrtsunternehmen und ihre Betriebe **zwingend anzuwenden**. Schifffahrtsunternehmen werden organisatorisch in den Landbetrieb mit Geltung der allgemeinen Vorschriften des BetrVG und in den Seebetrieb mit Geltung der §§ 114–116 BetrVG gegliedert. Die Vertretungen im Seebetrieb sind die Bordvertretung (§ 115 BetrVG) und der Seebetriebsrat (§ 116 BetrVG). Der Bordvertretung obliegen alle Mitwirkungs- und Mitbestimmungsgegenstände der §§ 80–105 BetrVG, mithin auch das Anhörungsrecht vor jeder Kündigung gem. § 102 Abs. 1 BetrVG, soweit der Bordbetrieb bzw. die Besatzungsmitglieder des Schiffes betroffen sind. Eine entsprechende Stellung hat der Seebetriebsrat, soweit alle oder mehrere Schiffe des Seebetriebs betroffen sind. Die Beteiligungsrechte der Bordvertretung bzw. des Seebetriebsrates betreffen die Besatzungsmitglieder iSd § 114 Abs. 6 BetrVG. Das sind – im Unterschied zum Begriff des Besatzungsmitgliedes gem. § 3 SeeArbG – die in einem Heuer- oder Berufsausbildungsverhältnis zu einem Schifffahrtsunternehmen stehenden im Seebetrieb beschäftigten Personen mit Ausnahme des Kapitäns, der leitender Angestellter iSd § 5 Abs. 3 BetrVG ist.

Die Anwendbarkeit des BetrVG setzt voraus, dass die Kauffahrteischiffe die **Bundesflagge** nach 56
dem FlaggRG führen (§ 114 Abs. 4 S. 1 BetrVG). Die Eintragung des Schiffes in das Internationale Schifffahrtsregister (s. Rdn 11 ff.) hindert die Geltung des BetrVG nicht (GK-BetrVG/*Franzen* § 114 BetrVG Rn 19 mwN). Das BetrVG gilt auf allen Kauffahrteischiffen der Hochseeschifffahrt mit Bundesflagge unabhängig davon, wo im In- oder Ausland sie sich befinden. Keine Anwendung findet das BetrVG auf Schifffahrtsunternehmen, die keinen Sitz im Inland haben, auch wenn sie ein Schiff bereedern, das nach dem FlaggRG die Bundesflagge führt (BAG 26.9.1978 EzA § 114 BetrVG Nr. 2). Schiffe, die sich nicht länger als 24 Stunden von ihrem Landbetrieb entfernen, werden diesem selbst zugerechnet (§ 114 Abs. 4 S. 2 BetrVG).

Vor der Kündigung eines Besatzungsmitgliedes ist die Bordvertretung oder der Seebetriebsrat 57
gem. § 102 BetrVG anzuhören. Erfolgt die Kündigung gem. § 65 SeeArbG durch den Reeder, ist für die vorherige **Anhörung** der **Seebetriebsrat** das zuständige Gremium (§ 116 Abs. 6 Nr. 1c BetrVG). Soll die Kündigung des Besatzungsmitgliedes durch den Kapitän erklärt werden, ist die **Bordvertretung** anzuhören (§ 115 Abs. 7 Nr. 1 BetrVG). Kommt es zwischen der Bordvertretung und dem Kapitän wegen der beabsichtigten Kündigung nicht zu einer Einigung, so kann der Anhörungsvorgang von der Bordvertretung an den Seebetriebsrat mit der Folge abgegeben werden, dass der Seebetriebsrat die Angelegenheit nunmehr mit dem Reeder zu verhandeln hat (§ 115 Abs. 7 Nr. 2 BetrVG). Erfolgt innerhalb der Frist zur Stellungnahme gem. § 102 Abs. 2 BetrVG keine Anzeige der Bordvertretung über die Abgabe gegenüber dem Kapitän, so gilt das Anhörungsverfahren als abgeschlossen und der Kapitän kann die Kündigung gegenüber dem Besatzungsmitglied erklären. Mit der Abgabe erlangt der Seebetriebsrat gem. § 116 Abs. 6 Nr. 1b BetrVG die Zuständigkeit für das Mitwirkungsverfahren gem. § 102 BetrVG. Wenn der Seebetriebsrat Bedenken gegen die Kündigung hat, so sind diese gem. § 102 Abs. 2 BetrVG innerhalb einer Woche bei einer ordentlichen bzw. binnen drei Tagen bei einer außerordentlichen Kündigung ab Zugang des Abgabebeschlusses der Bordvertretung an den Reeder zu richten. Der Seebetriebsrat hat gem. § 115 Abs. 7 Nr. 2 BetrVG die Bordvertretung über die weitere Behandlung der Kündigungsabsicht zu unterrichten.

Eine ordnungsgemäße Anhörung iSd § 102 Abs. 1 BetrVG erfordert eine substantiierte Darlegung 58
des Kündigungssachverhaltes, die es dem Betriebsrat ermöglicht, ohne eigene Erhebungen die Stichhaltigkeit des Sachverhaltes zu prüfen; allgemeine Umschreibungen, Schlagworte und Werturteile reichen nicht aus (vgl. KR-*Rinck* § 102 BetrVG Rdn 84 ff.; *ArbG Hmb*. 27.1.1998 – S 1 Ca 157/97; *Lindemann* SeeArbG § 65 Rn 68). Nicht erforderlich für eine ordnungsgemäße Anhörung ist die Angabe einer Rechtsnorm, aufgrund derer die Kündigung für gerechtfertigt gehalten wird (*LAG Hmb*. 30.11.1990 – 6 Sa 54/90, BeckRS 2014, 69019). Zu den Einzelheiten der Voraussetzungen, des Verfahrens gem. § 102 BetrVG und den Folgen der Anhörung wird auf die Kommentierung zu § 102 BetrVG verwiesen.

Die Kündigung des **Kapitäns** oder Leitenden Offiziers durch den Reeder bedarf nicht der vor- 59
herigen Anhörung des Seebetriebsrates, da es sich umleitende Angestellte iSv § 5 Abs. 3 BetrVG handelt (§ 114 Abs. 6 S. 2 BetrVG). Es genügt die rechtzeitige Mitteilung über die beabsichtigte Kündigung an die Bordvertretung bzw. den Seebetriebsrat (KR-*Rinck* § 105 BetrVG).

Wenn das **Besatzungsmitglied** die Kündigung für sozial nicht gerechtfertigt erachtet, kann es 60
binnen einer Woche nach Empfang der Kündigung beim Seebetriebsrat und auch bei der Bordvertretung (*Schwedes/Franz* SeemG, vor § 62 Rn 20) **Einspruch** einlegen (§ 3 KSchG, vgl. im Übrigen § 3 KSchG). Diese Regelung steht neben der gem. § 102 BetrVG und kommt vor allem dann infrage, wenn das Besatzungsmitglied von der Bordvertretung oder dem Seebetriebsrat gem. § 102 Abs. 2 S. 4 BetrVG nicht angehört wurde. Soweit der Einspruch der Bordvertretung bzw. dem Seebetriebsrat begründet erscheint, hat das Gremium auf eine Verständigung beim Kapitän bzw. beim Reeder oder wenigstens auf eine Milderung der Folgen der Kündigung hinzuwirken. Der Einspruch des Besatzungsmitglieds hemmt nicht den Lauf der Klagefrist gem. §§ 4, 24 Abs. 4 KSchG (vgl. Rdn 53).

B. Erläuterungen

I. § 65 SeeArbG Kündigungsrecht

61 »(1) Das Heuerverhältnis kann durch den Reeder und durch das Besatzungsmitglied gekündigt werden.

(2) Die Beendigung des Heuerverhältnisses durch Kündigung bedarf zu ihrer Wirksamkeit der Schriftform. Die elektronische Form ist ausgeschlossen.

(3) Die ordentliche Kündigung gegenüber einem Kapitän oder einem Schiffsoffizier kann nur vom Reeder ausgesprochen werden.

(4) Für die Kündigung des Heuerverhältnisses gelten die allgemeinen Vorschriften über die Kündigung von Arbeitsverhältnissen, soweit in diesem Unterabschnitt nichts anderes bestimmt ist.«

1. Ordentliche Kündigung

62 Grds. ist eine Kündigung als ordentliche Kündigung anzusehen, wenn eine Kündigungsfrist nicht genannt ist und sie zu dem gesetzlichen oder vertraglichen Kündigungstermin Wirkung zeigt, es sei denn, dass sie für den Kündigungsgegner unmissverständlich als Kündigung aus wichtigem Grund ohne Frist erklärt worden ist oder nach den Umständen von dem Kündigungsgegner so verstanden werden musste. Zum Begriff der Kündigung und den Voraussetzungen einer wirksamen Kündigungserklärung iE vgl. KR-*Rachor* § 1 KSchG Rdn 159 ff., KR-*Spilger* § 622 BGB Rdn 80 ff., KR-*Fischermeier/Krumbiegel* § 626 BGB Rdn 22 ff. Das Wort »Kündigung« selbst muss nicht in einer Erklärung vorkommen, allerdings muss der Wille zur Auflösung des Heuerverhältnisses eindeutig für den Empfänger erkennbar sein. Zum Zwecke der Änderung der Arbeitsbedingungen kann auch eine Änderungskündigung ausgesprochen werden (*ArbG Hmb.* 31.3.1995 – S 5 Ca 332/ 94, nv). Der Erklärungswille für eine Kündigung kann nicht automatisch schon in dem Verlassen des Schiffes durch ein Besatzungsmitglied erkannt werden (*ArbG Hmb.* 22.7.1988 – S 1 CA 55/88; *Lindemann* SeeArbG § 65 Rn 4 f.). Im Übrigen gelten gem. § 65 Abs. 4 SeeArbG die allgemeinen Vorschriften über die Kündigung von Arbeitsverhältnissen, der allgemeine Kündigungsschutz sowie jener für bes. Arbeitnehmergruppen sowie die kündigungsrechtlichen Regelungen in anderen Vorschriften wie zB der InsO.

63 Als **bedingte** ist die **Kündigung** (vgl. KR-*Rachor* § 1 KSchG Rdn 178) für den Fall zulässig, dass der Empfänger die angebotene Alternative des Abschlusses eines Aufhebungsvertrages ablehnt (*TSchG* 2.3.1967 Nr. 141/66, Hansa 1967, 1273). Teilt ein Mitglied der Besatzung der Reederei mit, dass wegen seiner Erkrankung eine Ablösung von dort vorzunehmen sei, so ist hierin keine Kündigung zu sehen (*TSchG* 12.7.1961 Nr. 175/60, Hansa 1961, 2167). Nicht möglich ist die Kündigung von nur einzelnen Teilen des Arbeitsverhältnisses, zB die Kündigung lediglich der Verwaltertätigkeit des Funkers (*ArbG Hmb.* 27.5.1982 – S 1 Ca 190/81; *Lindemann* SeeArbG § 65 Rn 6). Eine eindeutig als ordentlich bezeichnete Kündigung kann nicht umgedeutet werden in eine fristlose Kündigung gem. § 68 Abs. 1 S. 2 Nr. 1 (*LAG Brem.* 6.7.1983 SeeAE § 67 SeemG Nr. 3).

2. Formerfordernisse

64 Nach § 65 Abs. 2 SeeArbG bedarf die Erklärung der ordentlichen und außerordentlichen Kündigung wie auch der Änderungskündigung zu ihrer Wirksamkeit der **Schriftform** (vgl. KR-*Spilger* § 623 BGB). Die elektronische Form ist ausdrücklich ausgeschlossen. Dieser Ausschluss der elektronischen Form bezieht sich für tarifgebundene Seeleute auf die Unterschrift des Reeders oder seines Vertreters (gem. Begr. der TV-Parteien zum MTV-See 2002 Anm. zu § 29 iVm Anm. zu § 5 Nr. 3). Die Schriftform ist bei ausländischen Beschäftigten auch in der festgelegten Arbeitssprache oder in der auf dem jeweiligen Schiff gesprochenen Sprache und in Englisch zu erfüllen (gem. Begr. der TV-Parteien zum MTV-See 2002 Anm. zu § 4 Nr. 4). Die Nichtbeachtung dieser Formvorschrift führt nach § 125 S. 1 BGB zur Nichtigkeit der Kündigung (*LAG Hmb.* 16.1.1984 – 7 Sa 188/83).

Gem. § 126 BGB muss die Urkunde vom Aussteller eigenhändig durch **Namensunterschrift** unter- 65
zeichnet werden. Ein Radiogramm, Fernschreiben oder Telegramm genügt nicht der Schriftform
(*BAG* 28.9.1983 – 7 AZR 83/82, AP Nr. 1 zu § 62 SeemG zust. Anm. *Bemm*; *ArbG Oldenburg*
1.2.1983 – 4 Ca 1918/82, SeeAE Nr. 6 zu § 62 SeemG). Für die Kündigung auf hoher See oder
in einem anderen als dem Reedereihafen reicht es für die Wirksamkeit der Kündigung aus, dass
der Kapitän das Kündigungsschreiben eigenhändig unterschrieben hat. Die dafür erforderliche **Bevollmächtigung** durch den Reeder kann per Radiogramm erfolgen (§ 167 Abs. 2 BGB); denn für
§ 65 Abs. 2 SeeArbG sind keine schärferen Anforderungen zu stellen als bei den bei Rechtsmitteleinlegung zu beachtenden Förmlichkeiten. Der Kapitän kann vom Reeder auch in einer Urkunde
bevollmächtigt werden, ihn bei der schriftlichen Erklärung der Kündigung zu vertreten, die er
durch Radiogramm angeordnet hat (*BAG* 28.9.1983 AP Nr. 1 zu § 62 SeemG). Grundsätzlich
dient § 65 Abs. 2 SeeArbG in erster Linie Beweiszwecken, von daher sind an die zur Vornahme der
Kündigung erforderliche Bevollmächtigung keine besonderen Formerfordernisse zu stellen (*LAG
Hmb.* 1.4.1976 SeeAE § 62 SeemG Nr. 2).

Die ordentliche Kündigung gegenüber dem **Kapitän** oder **Schiffsoffizieren** nach § 65 Abs. 3 See- 66
ArbG (s.a. Rdn 71) muss vom Reeder angeordnet werden und ist dem Betroffenen vom Reeder
oder durch einen Beauftragten schriftlich mitzuteilen (§ 27 Abs. 3 MTV-See). Die Verletzung dieser Formvorschriften führt zur Nichtigkeit der Kündigung (§ 125 BGB). Vgl. hierzu die Grundsätze zur Bevollmächtigung des Kapitäns zur Vornahme der Kündigung gegenüber einem Schiffsoffizier in Rdn 70. Zur Umsetzung der am 19.1.2000 in Kraft getretenen Richtlinie 1999/93/
EG vom 13.12.1999 über gemeinschaftliche Rahmenbedingungen für elektronische Signaturen
(ABlEG L 13/12) vgl. KR-*Spilger* § 623 BGB Rdn 129. Eine gesetzliche Pflicht zur **Begründung**
der Kündigung im Rahmen des § 65 SeeArbG besteht nicht. Allerdings ist auch bei einer fristgemäßen Kündigung der Arbeitgeber aus einer arbeitsvertraglichen Nebenpflicht gehalten, dass
er – schon mit Rücksicht auf die Bestimmungen des KSchG – dem Arbeitnehmer den Grund für
dessen Entlassung eröffnet (*TSchG* 10.3.1966 AP Nr. 1 zu § 63 SeemG). Die Nichterfüllung dieser
Nebenpflicht kann zu einem Schadensersatzanspruch führen (KR-*Rachor* § 1 KSchG Rdn 252).

3. Kündigungsbefugnis

Befugt zur Abgabe der Kündigungserklärung gegenüber – den übrigen – Besatzungsmitgliedern 67
sind neben dem **Reeder** der **Kapitän** (KommSeeArbG-*Peetz* § 65 Rn 7) und **dessen Stellvertreter**
(1. Offizier) kraft ihrer gesetzlichen Vertretungsmacht (§ 479 HGB), die auf ihren Anstellungsverträgen beruhen, ebenso der Korrespondentreeder, der im eigenen Namen einstellt (*ArbG Hmb.*
7.4.1982 – S 15 Ca 250/81).

Im Übrigen kann der Reeder seine **Kündigungsbefugnis auf Dritte übertragen**, zB den Personallei- 68
ter/Inspektor bzw. deren Mitarbeiter. Ein von diesem Personenkreis unterzeichnetes Kündigungsschreiben ist insoweit ohne Formmangel (*ArbG Hmb.* 23.1.1990 – S 5 Ca 181/89). Der Vorlage
der Vollmachtsurkunde bedarf es gem. § 174 S. 2 BGB nicht (*BAG* 20.5.1981 SeeAE § 62 SeemG
Nr. 3). Die Regelung gem. § 174 BGB gilt auch auf Schiffen unter der Bundesdienstflagge, dh im
öffentlichen Dienst (*ArbG Hmb.* 14.3.1991 – S 14 Ca 264/88). Da es für rechtsunkundige Besatzungsmitglieder oftmals nur schwer zu durchschauen ist, welche Reederei gerade die Arbeitgeberfunktion ausübt, ist bei der Feststellung, »wer in wessen Namen welches Heuerverhältnis kündigt«
eine streng am Wortlaut zu orientierende Auslegung vorzunehmen (*Lindemann* SeeArbG Komm
§ 65 Rn 21).

Eine Kündigung durch Besatzungsmitglieder ohne besondere Bevollmächtigung ist unwirksam, 69
wobei auch eine nachträgliche Genehmigung durch die Kündigungsberechtigten nicht möglich ist
(*TSchG* 16.11.1967 Nr. 224/66, Hansa 1968, 2144). Bei der Kündigung ohne Vorlage der Vollmacht hat die Zurückweisung durch den Schiffsmann gem. § 174 BGB unverzüglich zu erfolgen.

Die Befugnis zur Erklärung der ordentlichen Kündigung findet ihre Einschränkung in § 65 Abs. 3 70
SeeArbG, wonach sie gegenüber **Schiffsoffizieren** (s. Rdn 28) nur vom **Reeder** ausgesprochen

werden darf. Der Reeder muss die Kündigungsentscheidung getroffen haben. Die Schriftform ist gem. § 65 Abs. 2 SeeArbG zu wahren (*LAG Hmb.* 3.7.1975 SeeAE § 62 SeemG Nr. 1). Gemäß § 28 Abs. 3 MTV-See muss die Kündigung gegenüber Schiffsoffizieren und sonstigen Angestellten vom Reeder angeordnet werden und sie ist den Betroffenen vom Reeder oder durch einen Beauftragten schriftlich mitzuteilen. Bei längerer Abwesenheit des Schiffes vom Heimathafen kann sich der Reeder einerseits des **Kapitäns als Boten** bedienen, andererseits kann der Reeder den **Kapitän durch eine Urkunde bevollmächtigen**, ihn bei der schriftlichen Erklärung der Kündigung zu vertreten, wenn er für den Einzelfall per Radiogramm eine solche anordnet. Darüber hinaus kann der Reeder den Kapitän durch ein Radiogramm auch formlos bevollmächtigen, eine Kündigung zu erklären (§ 167 Abs. 2 BGB; s.a. Rdn 65). Ebenso reicht die Einzelbevollmächtigung des Kapitäns durch den Reeder qua Telex (*LAG Hmb.* 1.4.1976 SeeAE § 62 SeemG Nr. 2). Allerdings ist die generelle Übertragung der Kündigungsbefugnis durch den Reeder auf den Kapitän oder Personalleiter mit der Regelung gem. § 65 Abs. 3 SeeArbG nicht vereinbar (*BAG* 28.9.1983 AP § 62 SeemG Nr. 1 m. Anm. *Bemm*; *Schwedes/Franz* SeemG, § 62 Rn 7). Die außerordentliche Kündigung gegenüber Schiffsoffizieren kann auch der Kapitän aufgrund seiner gesetzlichen Vertretungsbefugnis aussprechen (*LAG Hmb* 26.6.1985 4 Sa 36/85; *Lindemann* SeeArbG § 67 Rn 5).

71 Zur ordentlichen Kündigung des **Kapitäns** (s. Rdn 27) ist gem. § 65 Abs. 3 SeeArbG nur der **Reeder** bzw. der Geschäftsführer oder der Vorstand der Reederei befugt (*ArbG Hmb.* 26.5.1981 SeeAE Kapitäns-MTV 1978 Nr. 1; *Lindemann* SeeArbG § 65 Rn 23; KommSeeArbG-*Peetz* § 65 Rn 9). Dies entspricht der Regelung gem. § 27 Abs. 2 MTV-See für tarifgebundene Heuerverhältnisse. Hat gem. § 27 Abs. 2 MTV-See die Kündigung gegenüber dem Kapitän durch den Reeder zu erfolgen, so ist dessen persönliche Unterschrift als die des gesetzlichen Vertreters bei juristischen Personen erforderlich. Die Kündigungserklärung durch einen beauftragten Rechtsanwalt entspricht nicht der vorgeschriebenen Form (*BAG* 26.4.1990 – 2 AZR 170/89). Zur unzulässigen »Austauschkündigung« eines Kapitäns mit der Absicht der »Flucht« aus dem deutschen Arbeits- und Sozialrecht s. Rdn 81.

4. Kündigungsgründe

a) Personenbedingte Gründe

72 Eine Kündigung kann sozial gerechtfertigt sein iSv § 1 Abs. 2 KSchG, wenn **personenbedingte Gründe** vorliegen (vgl. KR-*Rachor* § 1 KSchG Rdn 280 ff.). Hierzu zählen persönliche Eigenschaften und Fähigkeiten, aufgrund derer das Besatzungsmitglied oder der Kapitän für die vertragsmäßige Leistung nicht geeignet ist: **Mängel hinsichtlich der Patentvoraussetzungen** (§ 5 Abs. 2, § 6 SeeArbG), **der Seediensttauglichkeit** (§ 11 ff. SeeArbG; KommSeeArbG-*Bubenzer* § 13 Rn 8) und der für den vertraglichen Einsatz an Bord erforderlichen **Befähigungszeugnisse** (KommSeeArbG-*Peetz* § 65 Rn 69). Sozial gerechtfertigt ist die Kündigung eines Schiffsoffiziers, der nur aufgrund einer befristeten Ausnahmegenehmigung tätig sein kann, wenn die Reederei einen anderen Schiffsoffizier mit vollem Patent einstellen kann (*TSchG* 4.6.1960 Nr. 195/59, Hansa 1960, 2035).

73 Wenn die Einschränkung der Tropendiensttauglichkeit die Einsetzbarkeit im Operationsgebiet der Reederei verhindert, kann dem Besatzungsmitglied gekündigt werden (*Schwedes/Franz* SeemG, vor § 62 Rn 27; *Lindemann* SeeArbG § 65 Rn 31). Bei dauernder Seedienstuntauglichkeit (hier sind die von der Rspr. entwickelten Grundsätze zur krankheitsbedingten dauernden Leistungsunfähigkeit – KR-*Rachor* § 1 KSchG Rdn 403 ff. – entsprechend anzuwenden, *ArbG Hmb.* 27.5.1997 – S 1 Ca 381/96, nv) ist der Reeder nicht verpflichtet, das Besatzungsmitglied im Landbetrieb einzusetzen, wenn sich die geschuldete Arbeitsleistung auf den Seebetrieb bezieht und kann zulässigerweise die personenbedingte Kündigung erklären (*ArbG Hmb.* 9.11.1982 – S 1 Ca 543/81; *LAG Hmb.* 30.10.1981 – 6 Sa 51/81, SeeAE § 615 BGB Nr. 1).

74 Ebenso kann eine **Krankheit**, die – verglichen mit der Gesamtdauer des Heuerverhältnisses – unverhältnismäßig lange dauert, eine Kündigung sozial rechtfertigen: Eine achtmonatige Krankheit bei einem Heuerverhältnis von 18 Monaten Dauer rechtfertigt eine Kündigung vor allem auch

dann, wenn mit der Wiederherstellung der Gesundheit in absehbarer Zeit nicht gerechnet werden kann (auch wegen fehlender Gesundheitskarte: *ArbG Hmb.* 24.2.1977 SeeAE § 1 KSchG Nr. 2). Im Übrigen gelten auch für Heuerverhältnisse die allgemeinen arbeitsrechtlichen Grundsätze für eine Kündigung wegen Krankheit (negative Prognose, betriebliche Belastung, Unzumutbarkeit, vgl. iE KR-*Rachor* § 1 KSchG Rdn 337 ff.). Allerdings kann aufgrund der Sonderregelung des § 12 SeeArbG nicht vom Vorliegen der Voraussetzung für die Kündigung wegen einer krankheitsbedingten Leistungsminderung ausgegangen werden, wenn die Seetauglichkeit noch vorliegt (*ArbG Hmb.* 20.6.1991 – S 5 Ca 171/90).

b) Verhaltensbedingte Gründe

Verhaltensbedingte Gründe (KR-*Rachor* § 1 KSchG Rdn 426 ff.) rechtfertigen eine Kündigung, 75
wenn Pflichtwidrigkeiten im Leistungsbereich, Verstöße gegen Ordnungsregeln, persönliches Fehlverhalten oder die Verletzung von Nebenpflichten (zB Treue- und Verschwiegenheitspflicht) vorliegen. Allgemeine Grundsätze zum **Verhalten an Bord** (§ 120 SeeArbG), der **Verantwortung des Kapitäns**, der Schiffsoffiziere und der anderen Vorgesetzten (§§ 121 bis 123 SeeArbG) sowie der **Pflichten der Besatzungsmitglieder** und der sonstigen an Bord befindlichen Personen (§ 124 SeeArbG) tragen den Besonderheiten der Schifffahrt Rechnung und können im Fall von Zuwiderhandlungen als Anhaltspunkte für Sanktionen dienen.

Bei Pflichtverletzungen im Bereich des steuerbaren Verhaltens, insbes. im Leistungsbereich muss 76
der Kündigung eine **Abmahnung** vorausgehen (vgl. iE KR-*Fischermeier/Krumbiegel* § 626 BGB Rdn 267 ff.); denn eine einmalige Verletzung heuervertraglicher Pflichten ist grds. nicht ausreichend. Die Abmahnung muss inhaltlich hinreichend bestimmt sein (*ArbG Hmb.* 23.1.1997 – S 1 Ca 380/96). Sie ist entbehrlich, wenn sie nicht dazu führen kann, ein zerstörtes Vertrauensverhältnis wieder zu heilen (*ArbG Hmb.* 29.3.1985 – S 1 Ca 407/83). Abmahnung und Kündigung müssen in einem zeitlichen Zusammenhang zueinanderstehen. Wenn innerhalb von drei Jahren keine vergleichbare Pflichtverletzung abgemahnt wurde, ist eine Abmahnung durch diesen Zeitablauf verwirkt und damit kündigungsrechtlich nicht mehr verwertbar (*ArbG Hmb.* 13.11.1986 – S 15 Ca 292/86). Unabhängig von der Voraussetzung der Abmahnung muss die Kündigung in einem zeitlichen Zusammenhang mit der kündigungsbegründenden Tatsache stehen; erfolgt sie erst nach einigen Wochen, so ist darin nicht schon eine Verzeihung oder Verwirkung zu sehen (*TSchG* 11.10.1967 Nr. 26/67, Hansa 1970, 1063).

Beispiele für **verhaltensbedingte Kündigungsgründe**: Wenn einem Ersten Offizier Fehler bei der 77
Verrichtung seiner Tätigkeit unterlaufen und er bei der Besatzung nicht für Ordnung und Disziplin sorgen kann, sondern sogar nachgibt, wenn ihm Schläge angedroht werden, so stellt dies verhaltensbedingte Kündigungsgründe dar (*TSchG* 4.1.1968 Nr. 131/67, Hansa 1968, 1751). Wegen mangelnder Pünktlichkeit (KommSeeArbG-*Peetz* § 65 Rn 102), Alkoholgenusses (zum absoluten Alkoholverbot für Besatzungsmitglieder, dem Gebot der Nüchternheit ab Dienstbeginn vgl. *LAG SchlH* 20.11.2007 LAGE § 87 BetrVG 2001 Betriebliche Ordnung Nr. 6 m. instruktiver Anm. *Bengelsdorf*) und Anlässen zu wiederholten Beanstandungen ist die Kündigung eines Kochs gerechtfertigt (*TSchG* 2.10.1958 Nr. 85/57, Hansa 1959, 563). Ferner stellt es einen ausreichenden Kündigungsgrund dar, wenn ein Bootsmann mit anderen trotz Verbots an Land geht, Weisungen des Kapitäns nicht folgt (§§ 121 Abs. 1, 122 Abs. 1, 124 Abs. 1 SeeArbG) und einen Offizier mit einem Stück Stauholz bedroht (*TSchG* 19.10.1967 Nr. 26/67, Hansa 1970, 1063), sowie tätliche Angriffe auf andere Besatzungsmitglieder ausübt (*LAG Hmb.* 5.9.1984 – 5 Sa 49/84 – wegen Wiederholungsgefahr). Die ordentliche Kündigung ist gerechtfertigt bei wiederholter Falsch- oder Nichtunterrichtung des Reeders durch den Kapitän über wesentliche Umstände des Schiffsbetriebes (*ArbG Hmb.* 29.3.1985 – S 1 Ca 407/83).

Nicht gerechtfertigt gem. §§ 612a, 134 BGB ist die Kündigung des Reeders als Reaktion auf die 78
zulässige Ausübung von tarifvertraglichen Rechten durch das Besatzungsmitglied (m. Hinw. auf die Beschleunigung des Verlustes von Arbeitsplätzen unter deutscher Flagge, *ArbG Hmb.* 4.10.1988 – S 5 Ca 195/88) oder die Ablehnung eines nach § 4 Abs. 3 TVG, § 134 BGB rechtswidrigen Angebots

auf untertarifliche Änderung der Heuer- und Arbeitsbedingungen bei bestehender Tarifbindung (*ArbG Hmb.* 23.2.1988 – S 1 Ca 330/87, zit. nach *Lindemann* SeeArbG § 65 Rn 39). Demgegenüber ist das eigenmächtige Fernbleiben vom Arbeitsplatz (»**Selbstbeurlaubung**«) zum Zwecke der längerfristigen Kinderbetreuung eine Arbeitspflichtverletzung, die den Reeder insbes. nach mehrfachen erfolglosen Aufforderungen zur Arbeitsleistung zu einer ordentlichen verhaltensbedingten oder auch fristlosen Kündigung berechtigt (*BAG* 21.5.1992 EzA § 1 KSchG Verhaltensbedingte Kündigung Nr. 43). Ebenso ist die Kündigung gerechtfertigt, wenn ein Steward gegenüber Passagieren den sog. »**Hitlergruß**« zeigt (§ 86a StGB, Gefährdung des internationalen Ansehens der Reederei, *ArbG Hmb.* 5.1.1995 – S 14 Ca 213/94).

c) Betriebsbedingte Gründe

79 Dringende betriebliche Erfordernisse für die Rechtfertigung einer Kündigung können sich aus innerbetrieblichen oder außerbetrieblichen Gründen ergeben (vgl. KR-*Rachor* § 1 KSchG Rdn 552 ff.). Sie führen in aller Regel zum **Wegfall von Bordarbeitsplätzen**, sei es infolge mangelnden Ladungsaufkommens, sei es aufgrund von Rationalisierungsmaßnahmen. Eine Kündigung ist aus innerbetrieblichen Gründen gerechtfertigt, wenn sich der Arbeitgeber im Unternehmensbereich zu einer organisatorischen Maßnahme entschließt, bei deren innerbetrieblicher Umsetzung das Bedürfnis für die Weiterbeschäftigung eines oder mehrerer Arbeitnehmer entfällt (*BAG* 26.9.1996 EzA § 1 KSchG Betriebsbedingte Kündigung Nr. 86). Eine für eine Kündigung geeignete **Rationalisierungsmaßnahme** liegt zB in der Umstellung des Schiffes vom klassischen Schiffsbetrieb mit Decks- und Maschinenbetrieb auf einen modernen Gesamtschiffsbetrieb (GSM) mit nur noch Schiffsmechanikern, für die gem. § 43 Seeleute-BefähigungsVO entsprechende Zertifikate erforderlich sind (*ArbG Hmb.* 23.1.1990 – S 5 Ca 181/89). Allerdings ist auch in diesem Fall für alle zu kündigenden Besatzungsmitglieder zunächst die Möglichkeit der anderweitigen Beschäftigung zu prüfen (*ArbG Hmb.* 20.1.1990 – S 5 Ca 224/90), die im Seebetrieb, nicht aber in Landbetrieben des Reeders vorhanden sein muss (KommSeeArbG-*Peetz* § 65 Rn 113).

80 Ob eine entsprechende unternehmerische Entscheidung tatsächlich vorliegt und durch ihre Umsetzung das Beschäftigungsbedürfnis für einzelne Arbeitnehmer entfallen ist, unterliegt der Nachprüfbarkeit der Arbeitsgerichte. Nicht dagegen ist die unternehmerische Entscheidung auf sachliche Rechtfertigung oder ihre Zweckmäßigkeit zu überprüfen, sondern nur darauf, ob sie offenbar unvernünftig oder willkürlich ist (*BAG* 26.9.1996 EzA § 1 KSchG Betriebsbedingte Kündigung Nr. 86). So rechtfertigt die unternehmerische Entscheidung, künftig nur mit dem nach den Besetzungsvorschriften (SchBesV v. 18.7.2013, BGBl. I S. 2575, geänd. G. v. 17.7.2017 BGBl. I S. 2581) notwendigen Mindestpersonal zu fahren, die Kündigung des überhängenden Personals (*ArbG Hmb.* 15.6.1989 – S 5 Ca 308/88; *Lindemann* SeeArbG § 65 Rn 44). Im Falle einer betriebsbedingten Änderungskündigung wegen **Personalüberhanges** sind die für den Personalbedarf maßgeblichen Bewertungskriterien substantiiert darzulegen (*ArbG Hmb.* 7.8.1990 – S 5 Ca 119/90; *Lindemann* SeeArbG § 65 Rn 7). Im Übrigen kann dem Reeder bei der Berechnung des Personalbedarfs für die verbliebenen Schiffe nicht vorgeschrieben werden, eine Personalreserve bestimmten Umfanges vorzuhalten, um unter Berücksichtigung von Urlaubs- und Krankheitszeiten einen reibungslosen Einsatz seiner Schiffe zu gewährleisten. Hierbei handelt es sich um eine Frage der Gestaltung des Betriebes, über die der Reeder zu befinden hat.

81 Keine die Kündigung bedingende Unternehmerentscheidung liegt in dem Entschluss des Arbeitgebers, die formale Arbeitgeberstellung aufzugeben, wenn er gegenüber den Beschäftigten (hier: Kapitän) im Wesentlichen weiterhin selbst die für die Durchführung der Arbeit erforderlichen Weisungen erteilt. Denn es entfällt nicht die Beschäftigungsmöglichkeit im Betrieb, vielmehr werden nur die eigenen Beschäftigten durch ausgeliehene Arbeitnehmer – via sog. Crewing-Firma – ersetzt (KommSeeArbG-*Peetz* § 65 Rn 130). Eine Kündigung aus diesem Grund ist als »**Austauschkündigung**« gem. § 1 Abs. 1 und 2 KSchG sozial ungerechtfertigt und deshalb unwirksam (vgl. dazu KR-*Rachor* § 1 KSchG Rdn 641). Die Absicht des Arbeitgebers, die Lohnkosten zu senken und sich durch eine Beschäftigung von Arbeitnehmern nach ausländischem Recht von den Bindungen des deutschen Arbeits- und Sozialrechts zu lösen, rechtfertigt keine Beendigungskündigung (*BAG* 26.9.1996 EzA § 1 KSchG Betriebsbedingte Kündigung Nr. 86). Als eine die Kündigung der Arbeitnehmer bedingende unternehmerische Entscheidung ist dagegen grds. hinzunehmen die Vergabe von bisher im Betrieb durchgeführter Arbeiten an einen Unternehmer zur selbständigen Durchführung bzw. die Übertragung der bisher von den Arbeitnehmern verrichteten Aufgaben nur noch zu Bedingungen einer selbständigen Tätigkeit an freie Mitarbeiter, weil – bei tatsächlicher und konsequenter Umsetzung der Entscheidung – die entsprechenden Arbeitsplätze als solche wegfallen (*BAG* 9.5.1996 EzA § 1 KSchG Betriebsbedingte Kündigung Nr. 85 m. Anm. *Franzen*). Gibt also der Reeder seine Arbeitgeberstellung iSd § 4 SeeArbG auf und lässt die Arbeitsplätze durch sog. Crewing-Gesellschaften besetzen, so sind die durch diese unternehmerische Maßnahme bedingten Kündigungen idR betrieblich gerechtfertigt iSd § 1 Abs. 2 KSchG (*ArbG Hmb.* 12.10.1993 – S 5 Ca 97/93; KommSeeArbG-*Peetz* § 65 Rn 107, 131).

Betriebliche Gründe können für die Kündigung nur berücksichtigt werden, wenn nach der Prognose zum Zeitpunkt der Erklärung eine Weiterbeschäftigung nach Ablauf der Kündigungsfrist nicht zu erwarten ist. So hat der Arbeitgeber bei einer mit Auftragsmangel begründeten Kündigung anhand der Auftragslage substantiiert darzulegen, dass die Beschäftigungsmöglichkeit zum Ablauf der Kündigungsfrist wegfällt (*ArbG Hmb.* 19.3.1987 – S 15 Ca 27/87). 82

Die **Betriebsaufgabe durch Schiffsverkauf** – insbes. bei Verkauf aller Schiffe des Reeders – ist ein betriebsbedingter Kündigungsgrund (st. Rspr. *LAG Hmb.* 22.10.1979 SeeAE § 613a BGB Nr. 4; *ArbG Hmb.* 18.5.1989 – 4 Ca 324/88; *Lindemann* SeeArbG § 65 Rn 43 mwN). Im Falle der Bare-Boat-Vercharterung ist eine betriebsbedingte Kündigung möglich, wenn das Besatzungsmitglied nicht bereit ist, unter fremder Flagge zu fahren und ein anderweitiger Einsatz auf einem Schiff unter deutscher Flagge nicht möglich ist (*ArbG Hmb.* 16.10.1989 – S 14 Ca 64/89). 83

Geht ein Schiff durch Rechtsgeschäft auf einen neuen Inhaber über (vgl. KR-*Treber/Schlünder* § 613a BGB Rdn 27), liegt darin kein Grund zur betriebsbedingten Kündigung, sondern die Heuerverhältnisse werden gem. § 613a BGB in ihrem Bestand nicht berührt (*Lindemann* SeeArbG § 65 Rn 54 ff.); denn die Regelung gem. § 613a BGB gilt auch für Schifffahrtsunternehmen und deren Betriebe. Schiffe können Betriebe bzw. Betriebsteile sein (*BAG* 18.3.1997 EzA § 613a BGB Nr. 150). Dies gilt auch im Falle der Vercharterung (*Lindemann* SeeArbG § 65 Rn 59). Die Stilllegung des Betriebes einerseits und dessen **rechtsgeschäftlicher Übergang gem. § 613a BGB** andererseits schließen einander aus (*Lindemann* SeeArbG § 65 Rn 60 m. Verw. auf die st. Rspr. des *ArbG Hmb.*; zB Kündigung aller Besatzungsmitglieder, um das Schiff einem Käufer unbemannt zu übergeben, als Betriebsübergang gem. § 613a BGB, *ArbG Hmb.* 5.7.1996 – S 5 Ca 335/95). 84

Ein rechtsgeschäftlicher Übergang mit den Folgen gem. **§ 613a BGB** liegt auch in der **Übertragung** eines Schiffes vom Eigentümer auf einen **Bereederer** (*ArbG Hmb.* 13.2.1990 – S 5 Bv 15/89). Wird die Bereederung eines **Forschungsschiffs** im Rahmen einer Ausschreibung auf Grund Vergaberechts auf einen anderen Betreiber übertragen, so kann hierin ein rechtsgeschäftlicher Betriebsübergang liegen, der zum Übergang der Heuerverhältnisse nach § 613a Abs. 1 S. 1 BGB auf den neuen Auftragnehmer führt. Ein Forschungsschiff mit seiner für Forschungszwecke erforderlichen wissenschaftlichen Einrichtung und Organisation ist als eine wirtschaftliche Einheit anzusehen, die bei einer Neubereederung und Fortführung als Forschungsschiff ihre Identität wahrt (*BAG* 2.3.2006 EzA § 613a BGB 2002 Nr. 50). 85

Die Regelung gem. § 613a BGB ist ferner bei einem **Flaggenwechsel** anzuwenden, wenn ein Schiff unter deutscher Flagge nach Verkauf, Vercharterung oder Bare-Boat-Vercharterung unter einer ausländischen Flagge fährt; denn nach den Grundsätzen des Kollisionsrechts gem. Art. 8 VO (EG) 593/2008 (Rom I) richtet sich die anzuwendende Rechtsordnung nach dem bisher maßgeblichen Arbeitsvertragsstatut (s. KR-*Weigand/Horcher* Int. ArbVertragsR Rdn 120 ff.; *Lindemann* SeeArbG § 65 Rn 65 mwN; *LAG Hmb.* 18.7.1995 – 2 Sa 3/95; *ArbG Hmb.* 5.7.1996 – S 5 Ca 335/95; *Franzen* Der Betriebsinhaberwechsel nach § 613a BGB im internationalen Arbeitsrecht, S. 43 f.; *Kronke* IPrax 1981, 157). Eine Kündigung wegen dieser genannten Formen des Betriebsübergangs 86 ist folglich unwirksam (§ 613a Abs. 4 BGB). Mit diesem Flaggenwechsel kann allerdings – unbeschadet der Regelungen gem. § 613a BGB – auch ein Wechsel der anwendbaren Rechtsordnung eintreten (vgl. KR-*Weigand/Horcher* Int. ArbVertragsR Rdn 120 ff.). Wird aus einem Betrieb mit mehreren Schiffen nur ein Schiff (bzw. ein Teil des Schiffes) rechtsgeschäftlich übertragen, so werden vom Betriebsübergang gem. § 613a BGB nur die Heuerverhältnisse derjenigen Besatzungsmitglieder erfasst, die zum Zeitpunkt des Übergangs auf dem übertragenen Schiff fahren (*ArbG Hmb.* 16.10.1989 – S 14 Ca 64/89).

87 Wenn der Kapitän bzw. das Besatzungsmitglied dem **Übergang des Beschäftigungsverhältnisses widerspricht**, greift § **613a BGB** nicht ein (*ArbG Hmb.* 15.4.1982 SeeAE § 613a BGB Nr. 6 auch zum stillschweigenden Einverständnis; *LAG Hmb.* 18.7.1995 – 2 Sa 3/95, nv: zur Unterrichtungspflicht des Arbeitgebers und dreiwöchigen Erklärungsfrist des Arbeitnehmers). Widerspricht das Besatzungsmitglied vor dem Übergang des Schiffes und besteht ein Heuerverhältnis zum bisherigen Reeder fort, so kann eine betriebsbedingte Kündigung gerechtfertigt sein, wenn es beim bisherigen Reeder keine Arbeitsmöglichkeit mehr gibt (*LAG Hmb.* 21.6.1989 – 8 Sa 24/89).

88 Ein betriebsbedingter Kündigungsgrund kann auch dann vorliegen, wenn nicht das Schiff verkauft worden ist, auf welchem das gekündigte Besatzungsmitglied beschäftigt war, sondern ein anderes Schiff der Reederei; denn einerseits ist der Reeder frei hinsichtlich des Einsatzes der bei ihm angestellten Kapitäne und Besatzungsmitglieder, weil diese grds. zum Dienst auf allen Schiffen des Reeders verpflichtet sind. Andererseits muss der Reeder alle vergleichbaren Besatzungsmitglieder der Gesamtheit seiner Schiffe (§ 24 Abs. 2 KSchG) in Betracht ziehen, um die Auswahl eines zu kündigenden Besatzungsmitgliedes nach sozialen Gesichtspunkten vornehmen zu können (*ArbG Hmb.* 23.12.1983 – S 1 Ca 9/83). Ein Abweichen vom **Grundsatz der Sozialauswahl** (vgl. iE KR-*Rachor* § 1 KSchG Rdn 646, 675 ff.) ist allein durch eine höhere Qualifikation sozial weniger schutzbedürftiger Besatzungsmitglieder noch nicht gerechtfertigt. Vielmehr müssen gem. § 1 Abs. 3 KSchG berechtigte betriebliche Bedürfnisse deren Weiterbeschäftigung bedingen (*ArbG Hmb.* 30.3.1979 – S 15 Ca 439/78; *Lindemann* SeeArbG § 65 Rn 49; *BAG* 24.3.1983 EzA § 1 KSchG Betriebsbedingte Kündigung Nr. 21). Wenn laut Heuervertrag der Einsatz nur auf einem bestimmten Schiff vereinbart ist und die Dienste wegen Auflegung dieses Schiffes nicht mehr benötigt werden, liegt ein betriebsbedingter Kündigungsgrund vor, weil das Besatzungsmitglied auf einem anderen Schiff nicht beschäftigt werden muss (*ArbG Hmb.* 21.9.2010 – S 1 Ca 43/10; zit. nach *Lindemann* SeeArbG § 65 Rn 44).

89 Bei der **sozialen Auswahl** ist grds. von der **Betriebsbezogenheit** des individuellen Kündigungsschutzes auszugehen. Arbeitnehmer anderer Betriebe der Reederei sind dabei nicht einzubeziehen (vgl. iE KR-*Rachor* § 1 KSchG Rdn 651 ff.). So sind Arbeitnehmer der zum Landbetrieb der Reederei gehörenden Binnenschiffe nicht bei der sozialen Auswahl zu berücksichtigen, wenn es um Kündigungen in einem Seebetrieb des Reeders geht (*ArbG Hmb.* 18.5.1995 – S 14 Ca 8/94; *Lindemann* SeeArbG § 65 Rn 49 mwN). Die Gründe für die getroffene soziale Auswahl sind dem Seebetriebsrat bzw. der Bordvertretung mitzuteilen (*BAG* 29.3.1984 EzA § 102 BetrVG 1972 Nr. 55). Zur Anhörungspflicht s. Rdn 55 ff.

90 Ein **Schiffsverkauf** (Rdn 83 ff.) kann auch eine **Betriebsänderung** iSv §§ 111 ff. BetrVG darstellen, für die gem. § 112 Abs. 1 S. 1 iVm § 116 Abs. 6 BetrVG ein Interessenausgleich zwischen Reeder und Seebetriebsrat (nicht Bordvertretung) stattfinden soll und ein Sozialplan abzuschließen ist (§ 112 Abs. 1 S. 2 iVm § 116 Abs. 6 BetrVG; *Schwedes/Franz* SeemG, vor § 62 Rn 32).

91 Bei der (Teil-)Betriebsstilllegung und damit verbundenen – betriebsbedingten – Kündigungen von Besatzungsmitgliedern sind die Regelungen über **anzeigepflichtige Massenentlassungen gem.** § **17 ff. KSchG** nicht anwendbar. Gemäß § 23 Abs. 2 S. 2 KSchG gelten die Vorschriften des Dritten Abschnitts des KSchG nicht für Seeschiffe und ihre Besatzungen (s. KR-*Weigand/Heinkel* § 17 KSchG Rdn 43; *ArbG Hmb.* 20.7.1979 – S 15 Ca 410/78, SeeAE Nr. 1 zu § 17 KSchG; *Lindemann* SeeArbG § 65 Rn 43). Gemäß Art. 4 des Vorschlages der Europäischen Kommission vom 18.11.2013 (COM [2013] 788 final; vgl. Rdn 2) zur Änderung u.a. der Massenentlassungsrichtlinie

ist beabsichtigt, zukünftig die Vorschriften zum Arbeitnehmerschutz bei Massenentlassungen auch auf die Besatzungen von Seeschiffen anzuwenden (krit. *Forst* EuZW 2014, 99 f).

II. § 66 Kündigungsfristen

»§ 66 Kündigungsfristen 92

(1) ¹Das Heuerverhältnis kann während der ersten drei Monate mit einer Frist von einer Woche gekündigt werden. ²Dauert die erste Reise länger als drei Monate, so kann die Kündigung während der ersten sechs Monate noch in den auf die Beendigung der Reise folgenden drei Tagen mit Wochenfrist ausgesprochen werden. ³Nach Ablauf der in den Sätzen 1 und 2 bezeichneten Zeiten beträgt die Kündigungsfrist vier Wochen zum 15. Tag oder zum Ende eines Kalendermonats. ⁴Die Kündigungsfrist erhöht sich auf zwei Monate zum Ende eines Kalendermonats, wenn das Heuerverhältnis in dem Betrieb oder Unternehmen zwei Jahre bestanden hat. ⁵Die Sätze 1 und 2 gelten nicht für den Kapitän; für ihn gelten von Beginn des Heuerverhältnisses an die Fristen nach Satz 3.

(2) ¹Abweichend von Absatz 1 kann das Heuerverhältnis des Besatzungsmitglieds auf einem Fischereifahrzeug mit einer Bruttoraumzahl von bis zu 1 300 mit einer Frist von 48 Stunden gekündigt werden. ²Dies gilt nicht für den Kapitän.

(3) Für eine Kündigung durch den Reeder beträgt die Kündigungsfrist, wenn das Heuerverhältnis in dem Betrieb oder Unternehmen
1. acht Jahre bestanden hat, drei Monate zum Ende eines Kalendermonats,
2. zehn Jahre bestanden hat, vier Monate zum Ende eines Kalendermonats,
3. zwölf Jahre bestanden hat, fünf Monate zum Ende eines Kalendermonats,
4. 15 Jahre bestanden hat, sechs Monate zum Ende eines Kalendermonats,
5. 20 Jahre bestanden hat, sieben Monate zum Ende eines Kalendermonats.

(4) § 622 Absatz 3 bis 6 des Bürgerlichen Gesetzbuchs ist entsprechend anzuwenden.

(5) Soweit nichts anderes vereinbart wird, setzt sich das Heuerverhältnis über den Ablauf der Kündigungsfrist bis zur Ankunft des Schiffes in einem Hafen fort, in dem die Heimschaffung des Besatzungsmitglieds und seine Ablösung durch eine Ersatzperson sicher und mit allgemein zugänglichen Verkehrsmitteln möglich ist.«

1. Grundkündigungsfristen und gesetzliche Probezeit (§ 66 Abs. 1 SeeArbG)

In der Seeschifffahrt gelten angesichts der besonderen Bedingungen bei Heuerverhältnissen (vgl. 93 Begr. KündFG BR-Drucks. 310/93) Kündigungsfristen, die von den allgemeinen für Arbeitsverhältnisse anwendbaren (vgl. KR-*Spilger* § 622 BGB) teilweise abweichen. Während der gesetzlichen Probezeit der ersten drei Monate des Heuerverhältnisses beträgt die Kündigungsfrist für den Reeder und für das Besatzungsmitglied außer dem Kapitän (§ 66 Abs. 1 S. 5 SeeArbG) eine Woche. Dauert die erste Reise länger als drei Monate, so kann bis zum Ablauf der verlängerten gesetzlichen Probezeit von bis zu sechs Monaten das Heuerverhältnis noch innerhalb von drei Tagen nach Beendigung der Reise mit der einwöchigen Frist erklärt werden. Diese **Probezeitkündigungsfristen** gelten gem. § 66 Abs. 1 S. 5 SeeArbG nicht für den Kapitän. Die Regelungen gem. § 66 Abs. 1 SeeArbG schließen die einzelvertragliche Vereinbarung einer insgesamt höchstens sechsmonatigen Probezeit mit einer mindestens zweiwöchigen Kündigungsfrist nach Maßgabe des § 622 Abs. 3 BGB, der gem. § 66 Abs. 4 SeeArbG auf Heuerverhältnisse sinngemäß Anwendung findet, nicht aus.

Nach Ablauf der drei- bzw. höchstens sechsmonatigen Probezeit kann das Heuerverhältnis vom 94 Reeder wie vom Besatzungsmitglied einschließlich des Kapitäns mit einer Frist von vier Wochen zum 15. Tag oder zum Monatsende gekündigt werden. Diese **Grundkündigungsfrist** von 28 Tagen entspricht der Regelung gem. § 622 Abs. 1 BGB.

Wenn das Heuerverhältnis zwei Jahre bestanden hat, beträgt die **verlängerte Grundkündigungs-** 95 **frist** zwei Monate zum Endes eines Kalendermonats für den Reeder und die Besatzungsmitglieder einschließlich des Kapitäns (§ 66 Abs. 1 S. 4 SeeArbG). Diese Regelung will den Besonderheiten der Seeschifffahrt, insbes. der Tatsache Rechnung tragen, dass Seeleute aufgrund der mit dem Seemannsberuf verbundenen Erschwernisse vielfach nur in jüngeren Lebensjahren und für begrenzte Zeit zur See fahren und deshalb längere Beschäftigungszeiten und damit längere Kündigungsfristen in geringerem Maße erreichen können als Arbeitnehmer an Land (Materialien zum KündFG, BR-Drucks. 310/93). Die Besserstellung, die Besatzungsmitglieder durch die Verlängerung der Grundkündigungsfrist auf zwei Monate zum Ende eines Kalendermonats bereits nach zweijährigem Bestehen des Heuerverhältnisses gegenüber den Arbeitnehmern an Land erfahren (§ 622 Abs. 2 Nr. 2 BGB sieht eine Kündigungsfrist von zwei Monaten zum Monatsende erst nach fünfjähriger Beschäftigungszeit vor), soll nach dem Willen des Gesetzgebers auch »ein Ausgleich dafür sein, dass während der ersten Zeit des Heuerverhältnisses besonders kurze Kündigungsfristen gelten« (s. Rdn 93). Im MTV-See werden Kündigungsfristen in § 28 Abs. 4 ff. geregelt.

96 Die Regelung gem. § 66 Abs. 2 SeeArbG betrifft kleine Fischereifahrzeuge und galt mit gleichem Inhalt bereits gem. der vormaligen Vorschrift § 140 Abs. 6 SeemG.

2. Verlängerte Kündigungsfristen entsprechend der Dauer des Heuerverhältnisses (§ 66 Abs. 3 SeeArbG)

97 § 66 Abs. 3 SeeArbG sieht in ähnlicher Weise eine Verlängerung der Kündigungsfristen in Abhängigkeit von der Dauer des Heuerverhältnisses wie § 622 Abs. 2 BGB (vgl. KR-*Spilger* § 622 BGB Rdn 197 ff.) vor. Der Gesetzgeber hatte schon bei der Einführung der im SeemG vorher nicht enthaltenen Stufenregelung von einer schlichten Übertragung der Vorschriften des § 622 Abs. 2 BGB abgesehen, um »den Besonderheiten der Seeschifffahrt besser Rechnung zu tragen« (vgl. Materialien zum KündFG, BR-Drs. 310/93). Die Schlechterstellung der in der Seeschifffahrt Beschäftigten durch den relativ späten Einstieg in die Stufenregelung **verlängerter Kündigungsfristen** des § 66 Abs. 3 SeeArbG erst bei achtjährigem Bestehen des Heuerverhältnisses findet seine Rechtfertigung und Kompensation in der Besserstellung der Besatzungsmitglieder durch die »vorgezogene Stufe« in Gestalt der Regelung des § 66 Abs. 1 S. 4 SeeArbG (s. Rdn 95).

3. Sinngemäße Anwendung des § 622 Abs. 3 bis 6 BGB (§ 66 Abs. 4 SeeArbG)

98 Gem. § 66 Abs. 4 SeeArbG findet § 622 Abs. 3 bis 6 BGB sinngemäß Anwendung. Damit wird auf die allgemein für Arbeitsverhältnisse geltenden Kündigungsfristen im Falle einer vereinbarten Probezeit, auf die Abweichungen von den gesetzlichen Kündigungsfristen aufgrund von Tarifverträgen oder nach einzelvertraglicher Abrede und auf die allgemeine Regel, dass für die Kündigung durch den Arbeitnehmer keine längere Frist als für die Arbeitgeber-Kündigung vereinbart werden darf, verwiesen. Vgl. iE die Erl. zu § 622 BGB.

4. Fortsetzung des Heuerverhältnisses bei Kündigung auf einer Reise

99 § 66 Abs. 5 SeeArbG gilt für Kündigungen, die auf einer Reise ausgesprochen werden. Die Vorschrift ist im Zusammenhang mit dem Zurücklassungsverbot in § 72 SeeArbG zu sehen. Dieses Verbot, das bereits in ehemaligen Seemannsordnungen enthalten war, geht auf den alten seerechtlichen Grundsatz zurück, dass kein Besatzungsmitglied in einer »unzivilisierten« Gegend zurückgelassen werden darf. *Monnerjahn* (S. 102) verweist auf Titel III Art. 8 des Hanseatischen Seerechts von 1614. Danach konnte »der Schiffer einen widerspenstigen oder untreuen Schiffsmann zu gelegener Zeit an Land setzen, jedoch dass Leute [wohl Christen!] darauf wohnen« (vgl. *Tecklenborg* Handbuch für Schiffs-Capitaine, Bremen 1853, S. 7 und *Wagner* S. 443 Anm. 27, der auf die Bestimmungen des Hamburger Schiffsrechts aus dem Jahr 1270 hinweist).

100 Im Unterschied zu den früher geltenden Regelungen im § 63 Abs. 3 SeemG (vgl. KR 10. Aufl. SeemG Rn 98 ff.), die eine Fortsetzung des Heuerverhältnisses über den Ablauf der Kündigungsfrist hinaus bis zur Ankunft in einem Hafen Deutschlands oder eines angrenzenden Staates längstens jedoch drei Monate vorsahen, endet das Heuerverhältnis gem. § 66 Abs. 5 SeeArbG bei der

Ankunft im nächsten Hafen, von dem die Heimschaffung des gekündigten Besatzungsmitgliedes mit allgemein zugänglichen Verkehrsmitteln, idR mit einem Flugzeug, möglich ist und in dem ein personeller Ersatz zur Verfügung steht. Die frühere Maximalfrist von drei Monaten über das Ende der Kündigungsfrist hinaus ist wegen der gegenüber früher stark veränderten Reise- und Hafenliegefrequenz der Schiffe nicht mehr zeitgemäß (Begr. BT-Drucks. 17/10959, S. 85). Im Übrigen bietet die Verkehrsinfrastruktur weltweit ausreichende Möglichkeiten einer angemessen sicheren und raschen Heimschaffung.

5. Bezüge während der Kündigungsfrist gem. MTV-See

§ 27 Abs. 9 MTV-See bestimmt hinsichtlich der Bezüge während der Kündigungsfrist: Werden die Beschäftigten während der Kündigungsfrist nicht beschäftigt, ist ihnen die Gesamtvergütung (Grundvergütung, pauschalierte Zuschläge für Sonntags-, Feiertags- und Nachtarbeit und Überstunden) und das Verpflegungsgeld weiterzuzahlen.

III. Außerordentliche Kündigung durch den Reeder gem. § 67 SeeArbG

»§ 67 Außerordentliche Kündigung durch den Reeder

(1) ¹Der Reeder kann das Heuerverhältnis aus wichtigem Grund ohne Einhaltung einer Kündigungsfrist nach § 626 des Bürgerlichen Gesetzbuchs kündigen. ²Ein wichtiger Grund liegt insbesondere vor, wenn das Besatzungsmitglied
1. für den übernommenen Dienst aus Gründen, die schon vor der Begründung des Heuerverhältnisses bestanden, ungeeignet ist; es sei denn, dass dem Reeder diese Gründe zu diesem Zeitpunkt bekannt waren oder den Umständen nach bekannt sein mussten,
2. eine ansteckende Krankheit verschweigt, durch die es andere gefährdet, oder nicht angibt, dass es Dauerausscheider von Erregern des Typhus oder des Paratyphus ist,
3. seine Pflichten aus dem Heuerverhältnis beharrlich oder in besonders grober Weise verletzt,
4. eine Straftat begeht, die sein weiteres Verbleiben an Bord unzumutbar macht,
5. durch eine von ihm begangene Straftat arbeitsunfähig wird.

(2) Der Kapitän ist verpflichtet, die außerordentliche Kündigung und deren Grund unverzüglich in das Seetagebuch einzutragen und dem Besatzungsmitglied eine von ihm unterzeichnete Abschrift der Eintragung auszuhändigen.

(3) Wird die außerordentliche Kündigung auf See ausgesprochen oder bleibt das Besatzungsmitglied nach einer außerordentlichen Kündigung an Bord, so hat es den Verpflegungssatz zu entrichten, der dem Abgeltungsbetrag für nicht gewährte Verpflegung während des Urlaubs (§ 61 Absatz 1 Satz 2) entspricht.«

1. Außerordentliche Kündigung

Wie allgemein bei Arbeitsverhältnissen so kann das Heuerverhältnis aus wichtigem Grunde nach § 626 BGB ohne Einhaltung einer Frist gekündigt werden (§ 67 Abs. 1 S. 1 SeeArbG). § 626 BGB gilt gem. seinem Wortlaut im Abs. 1 für unbefristete wie auch für befristete Heuerverhältnisse. Die vormals im SeemG unterschiedene fristlose Kündigung gegenüber Besatzungsmitgliedern (§ 64 SeemG) einerseits und gegenüber dem Kapitän (§ 78 SeemG) andererseits ist durch § 67 SeeArbG zugunsten einer **einheitlichen Regelung für alle an Bord tätigen Besatzungsmitglieder** abgelöst worden. Die Kündigungsbefugnis (vgl. Rdn 67 ff.) kann der Reeder im Falle der außerordentlichen Kündigung gegenüber dem Kapitän auch auf Dritte übertragen (KommSeeArbG-*Peetz* § 65 Rn 9). Eine eindeutig als ordentlich bezeichnete Kündigung kann nicht umgedeutet werden in eine fristlose Kündigung gem. § 67 S. 1 Ziff. 1 (*LAG Brem.* 6.7.1983 SeeAE § 67 SeemG Nr. 3). Zu den Voraussetzungen der außerordentlichen Kündigung gem. § 626 BGB vgl. KR-*Fischermeier* § 626 BGB.

Das Heuerverhältnis kann ohne Einhaltung der Kündigungsfrist nur gekündigt werden, wenn dem Kündigenden – bei objektiver Betrachtung – eine mildere Maßnahme nicht zugemutet werden kann. Nach dem Grundsatz der Verhältnismäßigkeit müssen alle milderen Mittel wie zB die

Möglichkeit der ordentlichen Kündigung erschöpft sein und die außerordentliche Kündigung muss als letztes Mittel (**ultima ratio**) unausweichlich sein (vgl. KR-*Fischermeier/Krumbiegel* § 626 BGB Rdn 265 ff.).

105 Im Unterschied zu den früheren gesetzlichen Anforderungen an eine fristlose Kündigung gem. den außer Kraft getretenen §§ 64 und 67 SeemG, wonach ein Katalog von absoluten Kündigungsgründen abschließend aufgezählt war, für die sich eine Interessenabwägung erübrigte (vgl. KR 10. Aufl. SeemG Rn 114, 137; s. dazu noch *BAG* 16.1.2003 EzA § 242 BGB Kündigung Nr. 3), setzt die außerordentliche Kündigung nach § 67 SeeArbG eine **umfassende Interessenabwägung** voraus. Die betrieblichen und vertraglichen Interessen des Reeders müssen die schutzwürdigen Interessen des Besatzungsmitgliedes am Bestand des Heuerverhältnisses so stark überwiegen, dass andere Maßnahmen als die außerordentliche Kündigung ausscheiden. Abzuwägen sind Gewicht und Auswirkungen einer Vertragsverletzung sowie die Wiederholungsgefahr einerseits und die Betriebsfunktion und -disziplin andererseits (vgl. KR-*Fischermeier/Krumbiegel* § 626 BGB Rdn 249 ff.).

106 Die Kündigung aus wichtigem Grund gem. § 67 Abs. 1 SeeArbG iVm § 626 Abs. 2 S. 1 BGB setzt voraus, dass sie innerhalb einer Ausschlussfrist von zwei Wochen seit vollständiger Kenntniserlangung der zugrundeliegenden Tatsachen durch den Kündigungsberechtigten (vgl. KR-*Fischermeier/Krumbiegel* § 626 BGB Rdn 361 ff.) erfolgt. Zum Kreis der Kündigungsberechtigten vgl. Rdn 67 ff. An Bord kommt es hinsichtlich des Fristbeginns zunächst auf die Kenntnis der maßgeblichen Tatsachen durch den Kapitän an. Dessen Kenntniserlangung reicht auch bei der außerordentlichen Kündigung gegenüber Schiffsoffizieren aus (vgl. Rdn 70; *LAG Hmb*. 26.6.1985 – 4 Sa 36/85; *Lindemann* SeeArbG § 67 Rn 7). Gegenüber Besatzungsmitgliedern, die zum Reeder nicht in einem Arbeitsverhältnis stehen (vgl. Rdn 24), ist der Kapitän nur dann kündigungsberechtigt, wenn er ausdrücklich dazu bevollmächtigt ist (KommSeeArbG-*Peetz* § 67 Rn 17 mwN). Das Anhörungsverfahren gegenüber der Bordvertretung bzw. dem Seebetriebsrat hemmt die **Zweiwochenfrist** nicht. Die Beachtung der Zweiwochenfrist wurde auch schon vor Inkrafttreten des SeeArbG in st. Rspr. für Heuerverhältnisse vorausgesetzt (*LAG Hmb*. 26.6.1985 – 4 Sa 36/85; *Lindemann* SeeArbG § 67 Rn 6 mwN). Zur Zweiwochenfrist iE vgl. KR-*Fischermeier/Krumbiegel* § 626 BGB Rdn 328 ff.

107 Auf Verlangen des Besatzungsmitgliedes hat ihm der Reeder gem. § 626 Abs. 2 S. 3 BGB die maßgeblichen **Kündigungsgründe schriftlich mitzuteilen**. Allerdings ist die Mitteilung keine Voraussetzung für die Wirksamkeit der Kündigung. Hinsichtlich der Schriftform sind die Maßstäbe dem § 126 BGB anzulegen. Nach der Rspr. des *ArbG Hmb*. (18.3.1982 SeeAE § 27 Kapitäns-MTV 1978 Nr. 2; 23.2.1993 – S 5 Ca 132/92) soll eine telegraphische Übermittlung der Unterschrift des Kündigenden nicht genügen. Das Verlangen kann vom Besatzungsmitglied auch noch nach der Frist für die Klageerhebung gem. § 4 KSchG an den Reeder gerichtet werden (vgl. iE KR-*Fischermeier/Krumbiegel* § 626 BGB Rdn 36 ff.). In der Regel dürfte sich das Verlangen des Besatzungsmitgliedes bereits durch die Verpflichtung des Kapitäns zur Eintragung der Kündigung samt der Gründe in das Seetagebuch gem. 67 Abs. 2 SeeArbG sowie der Aushändigung der unterzeichneten Abschrift davon an das Besatzungsmitglied erledigen lassen, auch wenn das Seetagebuch lediglich der Beweissicherung dient (*BAG* 26.9.1978 EzA § 114 BetrVG 1972 Nr. 2; *Schwedes/Franz* SeemG, § 64 Rn 12).

108 Gem. § 102 Abs. 1 S. 1 BetrVG ist die Bordvertretung bzw. der Seebetriebsrat vor der außerordentlichen Kündigung zu hören (s. Rdn 55 ff.). Bedenken gegen die Kündigung sind unverzüglich, spätestens binnen drei Tagen dem Reeder bzw. seinem kündigungsberechtigten Vertreter schriftlich mitzuteilen. Zu den Voraussetzungen und dem Verfahren der **Anhörung** vgl. KR-*Rinck* § 102 BetrVG. Die Kündigung des Kapitäns durch den Reeder bedarf nicht der vorherigen Anhörung des Seebetriebsrates, da der Kapitän als leitender Angestellter iSd § 5 Abs. 3 BetrVG gilt (§ 114 Abs. 6 S. 2 BetrVG).

2. Zu den Kündigungsgründen im Einzelnen

Die Bestimmung des **wichtigen Grundes** iSv § 67 Abs. 1 SeeArbG, § 626 BGB hängt wesentlich von objektiven und subjektiven Merkmalen seitens des Kündigenden ab, insbes. ob ihm die Fortsetzung des Vertragsverhältnisses bis zum Ablauf der Kündigungsfrist oder der vereinbarten Befristung unter Berücksichtigung aller Umstände des Einzelfalles und bei Abwägung der Interessen beider Vertragsteile zugemutet werden kann. Für eine Kündigung bedeutsame Tatsachen unterliegen einer »relativen Erheblichkeit« bei der Qualifizierung als wichtiger Grund (vgl. KR-*Fischermeier/Krumbiegel* § 626 BGB Rdn 88 ff.). Neben den allgemein für die außerordentliche Kündigung von Arbeitsverhältnissen vorausgesetzten wichtigen Gründe nach § 626 BGB (vgl. KR-*Fischermeier/Krumbiegel* § 626 BGB Rdn 94 ff., 108 ff.) werden in § 67 Abs. 1 Nr. 1 bis 5 SeeArbG beispielhaft einige bereits in früheren seearbeitsrechtlichen Gesetzen aufgeführte wichtige Gründe, die sich auf die Besonderheiten einer Tätigkeit an Bord beziehen, genannt. Zu diesen genannten Gründen iE:

Nr. 1: Ungeeignet bzw. **untauglich** ist ein Besatzungsmitglied grds. dann, wenn es krank ist oder ihm die erforderlichen Erfahrungen, Kenntnisse oder Befähigungszeugnisse für den vertraglich übernommenen Schiffsdienst fehlen (KommSeeArbG-*Peetz* § 67 Rn 40). Wird dagegen ein Besatzungsmitglied für eine bestimmte Tätigkeit eingestellt, obgleich bekannt ist, dass dieses die für diese Stellung üblichen Vorbedingungen hinsichtlich der Ausbildung und Berufserfahrung nicht erfüllt, kann keine fristlose Kündigung ausgesprochen werden, wenn es sich erweist, dass das Besatzungsmitglied trotz guten Willens nicht den an es gestellten Anforderungen entspricht. In diesem Fall kann sich der Arbeitgeber nur durch ordentliche Kündigung oder eine freie Vereinbarung mit dem Besatzungsmitglied von dem Heuerverhältnis lösen (*TSchG* 15.7.1959 Hansa 1959, 1692). Treten die Gründe für die Ungeeignetheit erst nach Begründung des Heuerverhältnisses auf, kommt nur die ordentliche Kündigung gem. § 66 SeeArbG in Betracht (*ArbG Hmb.* 14.4.1981 SeeAE Nr. 5 zu § 64 SeemG). Beantwortet ein Besatzungsmitglied bei der Einstellung die Frage nach dem Alkoholkonsum wahrheitswidrig, so rechtfertigt dies wie auch der übermäßige Alkoholkonsum (Rdn 77) an Bord (vgl. Promillegrenzen gem. § 3 Abs. 4 und 5 Seeschiffahrtsstraßen-Ordnung idF v. 22.10.1998 BGBl. I S. 3209; 1999 I S. 193; zul. geänd. 29.11.2016 BGBl. I S. 2668; KommSeeArbG-*Peetz* § 67 Rn 33) die fristlose Kündigung gem. § 67 Abs. 1 Nr. 1 SeeArbG (*ArbG Hmb.* 18.3.1982 – S 1 Ca 215/80). In diesem Fall hat es dem Reeder die Ablösekosten gem. § 628 Abs. 2 iVm § 827 S. 2 BGB zu ersetzen (*LAG Hmb.* 8.9.1982 – 5 Sa 49/82).

Nr. 2: Verschweigen und Nichtangabe einer Krankheit setzen voraus, dass dem betroffenen Besatzungsmitglied die Erkrankung bekannt war. Sonst kommt nur die ordentliche Kündigung gem. § 66 SeeArbG und nur ausnahmsweise die außerordentliche Kündigung gem. § 67 SeeArbG in Frage.

Nr. 3: Die Regelung in Nr. 3 unterscheidet zwei Fälle: die **beharrliche** und die besonders **grobe Pflichtverletzung**. In der ersten Alternative werden **wiederholte Pflichtverstöße**, die eine bewusste und nachhaltige Leistungsverweigerung offenbaren (*ArbG Hmb.* 19.9.1995 – S 5 Ca 108/94; *BAG* 31.1.1985 EzA § 8a MuSchG Nr. 5; s.a. KR-*Rachor* § 1 KSchG Rdn 468 ff.), und eine **Abmahnung** vorausgesetzt (*LAG Hmb.* 15.9.1983 – 7 Sa 133/83). Abmahnungsbefugt ist aufgrund seiner Stellung der Kapitän (*ArbG Hmb.* 1.9.1988 – S 14 Ca 246/88). Die bei Störungen im Leistungsbereich grds. erforderliche Abmahnung kann jedoch entbehrlich sein, wenn die Fehlhandlungen auf den Vertrauensbereich durchschlagen, weil zB durch das Verhalten des Arbeitnehmers der Arbeitgeber jegliches Vertrauen in dessen Leistungswillen oder in dessen Leistungsvermögen verloren hat (*BAG* 30.11.1978 AP Nr. 1 zu § 64 SeemG; 31.1.1985 EzA § 8a MuSchG Nr. 5; *Lindemann* SeeArbG § 67 Rn 14).

Noch Nr. 3: Bei der zweiten Alternative einer **besonders groben Pflichtverletzung** reicht schon nach dem Wortlaut und dem Sinn dieser Vorschrift eine einmalige Vertragsverletzung aus. Eine Abmahnung ist nicht notwendig (KommSeeArbG-*Peetz* § 67 Rn 31); denn nach Sinn und Zweck der Abmahnung müsste dem Arbeitnehmer eine Bewährungschance eingeräumt werden, was dieses unmittelbare Kündigungsrecht des Arbeitgebers wegen besonders grober Pflichtwidrigkeit im Ergebnis ausschließen würde. Die besonders grobe Verletzung von Pflichten aus dem Heuerverhältnis liegt zB vor, wenn dem (leitenden) 1. Ingenieur besonders schwere **Wartungsmängel** an der Maschine des Schiffes angelastet werden können (*BAG* 30.11.1978 AP Nr. 1 zu § 64 SeemG) oder wenn ein **Funkoffizier** ein Telegramm nicht sofort an den Kapitän weiterleitet und darüber hinaus die Daten der Telegrammausfertigung fälscht (*ArbG Hmb.* 15.10.1974 SeeAE § 64 SeemG Nr. 2; *Lindemann* SeeArbG § 67 Rn 33 mwN zur Rspr.).

114 **Noch Nr. 3:** Verstößt ein Decksmann wiederholt gegen seine **Bordanwesenheitspflicht** (§ 34 SeeArbG), liegt hierin eine beharrliche Pflichtverletzung, die auch deshalb eine fristlose Kündigung rechtfertigt, weil andere Schiffsleute dessen Arbeiten mit zu erledigen haben (*ArbG Emden* 4.4.1986 – 1 Ca 939/85). Dies gilt auch im Fall des Verlassens eines Hochseefährschiffes, wenn der Wachingenieur die Unterbesetzung des Schiffes oder die Erledigung des Dienstes durch einen anderen Kollegen aus der vorangegangenen Dienstschicht bewusst in Kauf nimmt (*ArbG Hmb.* 11.6.1987 – S 15 Ca 671/86; *Lindemann* SeeArbG § 67 Rn 26 f. mwN zur Rspr.).

115 **Noch Nr. 3:** Die »Selbstbeurlaubung« berechtigt den Reeder zur fristlosen Kündigung (*ArbG Hmb.* 5.2.1991 – S 5 Ca 317/90). Verweigert ein Schiffsoffizier den angeordneten Dienst, weil er vom vermeintlichen Recht auf Mutterschaftsurlaub (§ 8a MuSchG) ausgeht, sich aber nicht wenigstens per einstweiliger Verfügung um die umgehende Klärung der Rechtslage bemüht, so muss er das Risiko der von seiner Rechtsansicht abweichenden gerichtlichen Entscheidung tragen (*BAG* 31.1.1985 EzA § 8a MuSchG Nr. 5). Die mehrmalige Verletzung der Pflicht, rechtzeitig zur Auslaufzeit an Bord zurück zu sein (»Achteraussegeln«) und das grundlose Verlassen des Schiffes (*ArbG Stade* 14.6.1983 Hansa 1983, 1798) rechtfertigen eine fristlose Kündigung (*Lindemann* SeeArbG § 67 Rn 17 f.; KommSeeArbG-*Peetz* § 67 Rn 32). Diese Rechtsfolge wird verneint im Falle des Verlassens des Schiffes, um sich körperlicher Angriffe anderer Besatzungsmitglieder zu erwehren (*ArbG Hmb.* 22.7.1988 – S 1 Ca 55/88). Weitere wichtige Gründe: Nichtbefolgung des vereinbarten Dienstantritts auf einem im Ausland liegenden Schiff durch ein Besatzungsmitglied; pflichtwidriges, weil ohne Verständigung der Schiffsleitung, Verlassen des Schiffes im ausländischen Hafen durch einen Schiffsoffizier, um bei berechtigter Furcht vor TBC im Heimatland einen Arzt aufzusuchen (*TSchG* 27.7.1961 Hansa 1961, 2760); Verlassen des Schiffs ohne Erlaubnis und Weigerung zurückzukehren (*ArbG Hmb.* 22.1.1981 – S 1 Ca 131/80). Demgegenüber hat die Rspr. nicht als wichtigen Grund den verbotenen Landgang (*TSchG* 27.10.1964 Hansa 1965, 560) sowie das Verlassen des Schiffs ohne Nachweis der Arbeitsunfähigkeit (*TSchG* 10.11.1964 Hansa 1965, 559) angesehen.

116 **Noch Nr. 3:** Ein tätlicher Angriff auf den Vorgesetzten ist auch als einmaliger Vorfall eine schwerwiegende Pflichtverletzung, die folglich ohne Abmahnung zur fristlosen Kündigung berechtigt (*ArbG Hmb.* 27.2.1989 – S 14 Ca 289/88; *Lindemann* SeeArbG § 67 Rn 32). Allein die Beteiligung an einem **Raufhandel** stellt dann keine Pflichtverletzung dar, wenn ein Fall der Notwehr iSd § 227 StGB vorliegt (*LAG Hmb.* 18.10.1991 – 8 Sa 94/91; zit. nach *Lindemann* SeeArbG § 67 Rn 32). Ein wichtiger Grund wird in dem Verstoß gegen § 125 Abs. 1 SeeArbG wegen **Anbordbringens** von Personen durch leitende Angestellte (*TSchG* 30.4.1959 Hansa 1959, 1847) gesehen (s. dazu § 125 Abs. 1 SeeArbG), allerdings kommt es auf eine Einzelfallprüfung an (*ArbG Hmb.* 4.7.1986 – S 1 Ca 170/85). Ebenso kann im Falle von Einschließen mit Frauen an Bord, Bedrohen der Begleiter mit einer Axt und Freilassen der Frauen erst nach Eingreifen der Polizei ein wichtiger Grund liegen; allerdings wird keine Pflichtverletzung gesehen, wenn die Schiffsleitung die Anwesenheit von Frauen an Bord – ohne Erlaubnis – in großzügiger Weise toleriert hat (*ArbG Hmb.* 4.7.1986 – S 1 Ca 170/85, zit. nach *Lindemann* SeeArbG § 67 Rn 39).

117 **Noch Nr. 3:** Als wichtige Gründe hat die Rspr. ferner anerkannt: die schuldhafte und wiederholte Nichtbeachtung der Funkbetriebsvorschriften der (ehemaligen) DBP durch einen Funkoffizier (*TSchG* 22.1.1960 Hansa 1960, 1937); den mehrfachen groben Verstoß des 1. Stewards gegen seine Pflicht, fremde Vermögensinteressen zu wahren (*LAG Hmb.* 10.10.1996 – 1 Sa 27/96, nv); die Fälschung der Unterschrift bei einem Maschinenbericht (*TSchG* Nr. 345/26, Hansa 1928, 1802);

Trunkenheit (*ArbG Hmb.* 7.10.1980 – S 1 Ca 300/78); Weigerung eines Besatzungsmitgliedes, an der Aufklärung unbezahlter Telefonate beim Reeder, wofür er selbst in Frage kommt, mitzuwirken (*ArbG Hmb.* 25.2.1997 – S 5 Ca 262/96, nv); Wachpflichtverletzung (*ArbG Hmb.* 9.3.1983 – S 15 Ca 396/81); gröbliche Verleumdung (*TSchG* Hansa 1938, 313); Dienstverweigerung bei unzweifelhafter Bestimmtheit (*TSchG* 19.8.1960 Hansa 1960, 2615; 11.8.1961 Hansa 1961, 719); unberechtigtes Fotografieren des Schiffstagebuches durch ein Besatzungsmitglied (*TSchG* 27.4.1967 Nr. 128/65, Hansa 1967, 1844). Weitere Beispiele aus der Rspr. bei *Lindemann* SeeArbG § 67 Rn 17–44.

Noch Nr. 3: Aus dem Verhaltenskodex gem. § 123 SeeArbG (**Pflichten der Vorgesetzten**) und gem. § 124 SeeArbG (**Pflichten der Besatzungsmitglieder** und der sonstigen an Bord befindlichen Personen) lassen sich Anhaltspunkte entnehmen, die im Fall von Zuwiderhandlungen wichtige Gründe für eine außerordentliche Kündigung darstellen können. 118

Nr. 4: Ausreichend ist bereits das Begehen der **strafbaren Handlung**. Eine strafrechtliche Verurteilung muss für das Vorliegen eines wichtigen Grundes nicht erfolgt sein (Einzelfälle zu den Tatbeständen der Körperverletzung gem. §§ 223–233 StGB, Beleidigung gem. §§ 185–200 StGB, Eigentumsdelikte gem. §§ 242–248c, 263 StGB, Sachbeschädigung gem. §§ 303–305 StGB und der Nötigung gem. § 240 StGB s. *Lindemann* SeeArbG § 67 Rn 45 ff.). Die Handlung (zB körperlicher Angriff auf andere Schiffsleute) kann auch außerhalb des Schiffsbetriebs begangen sein (*ArbG Hmb.* 17.8.1989 – S 14 Ca 119/89). Ausreichend kann auch der dringende Verdacht einer strafbaren Handlung (zB Brandstiftung, Verstoß gegen Betäubungsmittelgesetz, Unterschlagung) sein, wenn das weitere Verbleiben des Besatzungsmitgliedes an Bord unzumutbar ist und es vor Ausspruch der Verdachtskündigung gehört worden ist (*ArbG Hmb.* 31.7.1997 – S 1 Ca 22/97, nv im Fall einer Kassiererin im Kiosk eines Fährschiffes, die Einnahmen mehrfach nicht in die Kasse registriert). 119

Nr. 5: Das Besatzungsmitglied ist erst **arbeitsunfähig** (§§ 104 SeeArbG, 3 EFZG), wenn es auf dem Schiff auch in einem anderen als dem vereinbarten Arbeitsbereich keine Verwendung mehr findet (aA KommSeeArbG-*Peetz* § 67 Rn 50). Bei dem bloßen Verdacht einer Straftat, die zur Arbeitsunfähigkeit geführt hat, sind die Voraussetzungen der Verdachtskündigung zu prüfen (s. KR-*Fischermeier/Krumbiegel* § 626 BGB Rdn 225 ff.; KR-*Rachor* § 1 KSchG Rdn 422 ff.; KommSeeArbG-*Peetz* § 67 Rn 48). 120

Wichtige Gründe für eine fristlose Kündigung des **Kapitäns** sind schwerwiegende Verletzungen der Pflichten aus dem Heuerverhältnis, wenn er durch offenbare Leistungsbeeinträchtigungen das für das Führen des Schiffes erforderliche Verantwortungsbewusstsein vermissen lässt (*ArbG Hmb.* 16.5.1995 – S 5 Ca 389/94, nv). Ferner: Entzug des Patents oder Unfähigkeit zur Führung des Schiffes; wenn der Kapitän während seiner Brückenwache in der Brückennock einschläft, dadurch das Schiff auf falschen Kurs gerät und damit Schiff und Besatzung gefährdet werden (*ArbG Hmb.* 26.5.1981 SeeAE § 78 SeemG Nr. 2); wenn der Kapitän wegen angeblicher Heuerrückstände seine Dienstleistung verweigert (*ArbG Hmb.* 22.6.1982 SeeAE § 78 SeemG Nr. 6; weitere Beispiele *Lindemann* SeeArbG § 67 Rn 21). Bei einer Kündigung wegen Störung im Leistungsbereich ist eine vorherige Abmahnung erforderlich. Diese ist dann nicht notwendig, wenn die Vertragsgrundlage zwischen Reeder und Kapitän nachhaltig gestört ist (*ArbG Hmb.* 22.10.1987 – S 15 Ca 106/87; *Lindemann* SeeArbG § 67 Rn 28 mwN zur Rspr). Im Übrigen können Verstöße gegen den **Pflichtenkodex** gem. § 123 SeeArbG eine außerordentlichen Kündigung des Kapitäns begründen. 121

Keine wichtigen Gründe hat die Rspr. in folgendem Verhalten des Kapitäns erkannt: **Alkoholismus**, der wie eine Krankheit zu werten ist (*ArbG Hmb.* 7.11.1986 – S 1 Ca 142/86; s.a. Rdn 77, 110); Verletzung der Pflicht zur Führung des Logbuches während der Werftliegezeit (*ArbG Hmb.* 22.10.1987 – S 15 Ca 106/87); Mitnahme von Familienangehörigen bzw. einer Frau, wenn Ähnliches bereits geduldet worden war (*ArbG Hmb.* 29.11.1979 – S 1 Ca 138/79; 28.4.1987 – S 1 Ca 512/86; *Lindemann* SeeArbG § 67 Rn 13); Veranlassung eines behördlichen Auslaufverbotes wegen 122

Unterbesetzung des Schiffes nach entsprechender – erfolgloser – Anzeige an den Reeder (*ArbG Hmb*. 24.2.1987 – S 1 Ca 372/85).

3. Schadensersatz

123   Hat das Besatzungsmitglied seine fristlose Kündigung schuldhaft verursacht, hat es dem Reeder den hieraus entstehenden Schaden zu ersetzen (§ 628 Abs. 2 BGB). Als Schaden des Reeders kommen in Betracht die Kosten für die Entsendung eines Ersatzmannes (*ArbG Hmb*. 27.2.1989 – S 14 Ca 289/88) und, wenn die Kündigung im Ausland erfolgte, die Heimschaffungskosten gem. GoA §§ 677, 684 BGB (*LAG Hmb*. 23.4.1982 – 6 Sa 73/81) Telex-, Musterungs- und Konsularkosten (*ArbG Hmb*. 22.9.1981 – S 1 Ca 217/80).

IV. Außerordentliche Kündigung durch das Besatzungsmitglied gem. § 68 SeeArbG

124   »§ 68 Außerordentliche Kündigung durch das Besatzungsmitglied

(1) ¹Das Besatzungsmitglied kann das Heuerverhältnis aus wichtigem Grund ohne Einhaltung einer Kündigungsfrist nach § 626 des Bürgerlichen Gesetzbuchs kündigen. ²Ein wichtiger Grund liegt insbesondere vor, wenn
1. sich der Reeder oder der Kapitän ihm gegenüber einer schweren Pflichtverletzung schuldig macht,
2. der Kapitän es in erheblicher Weise in der Ehre verletzt, es misshandelt oder seine Misshandlung durch andere Personen duldet,
3. das Schiff die Flagge wechselt,
4. der Vorschrift des § 58 Absatz 1 Satz 2 und 3 zuwider Urlaub nicht gewährt wird,
5. das Schiff einen verseuchten Hafen anlaufen soll oder einen Hafen bei Ausbruch einer Seuche nicht unverzüglich verlässt und sich daraus schwere gesundheitliche Gefahren für das Besatzungsmitglied ergeben können,
6. das Schiff ein Gebiet befahren soll, in dem es besonderen Gefahren durch bewaffnete Auseinandersetzungen ausgesetzt ist, oder wenn das Schiff ein solches Gebiet nicht unverzüglich verlässt,
7. das Schiff nicht seetüchtig ist,
8. die Aufenthaltsräume für die Besatzung gesundheitsschädlich sind,
9. die für die Schiffsbesatzung mitgenommenen Verpflegungsvorräte oder das Trinkwasser ungenügend oder verdorben sind oder
10. das Schiff unzureichend besetzt ist.

³Im Falle des Satzes 2 Nummer 7 bis 10 ist das Besatzungsmitglied zur außerordentlichen Kündigung jedoch nur berechtigt, wenn der Verstoß in angemessener Frist auf Beschwerde hin nicht beseitigt wird. ⁴Das Kündigungsrecht nach Satz 2 Nummer 5 oder 6 entfällt, wenn dem Besatzungsmitglied die Gründe, die zur Kündigung berechtigen, vor Antritt der Reise bekannt waren oder den Umständen nach bekannt sein mussten.

(2) ¹In den Fällen des Absatzes 1 hat das Besatzungsmitglied ab dem Zeitpunkt der Kündigung Anspruch auf Zahlung der Heuer für einen Monat. ²Schadensersatzansprüche auf Grund anderer Vorschriften bleiben unberührt.«

125   Die Besatzungsmitglieder einschl. des Kapitäns können das Heuerverhältnis ebenso wie der Reeder aus wichtigem Grunde gem. § 626 BGB kündigen. Insofern gelten die gleichen allgemeinen Grundsätzen zur Form und zu den Voraussetzungen der außerordentlichen Kündigung wie gem. § 67 SeeArbG (vgl. Rdn 103 ff.). In § 68 Abs. 1 S. 2 Nr. 1 bis 10 SeeArbG werden beispielhaft typische Fälle wichtiger Gründe aufgeführt. Die Beispielfälle nach Nr. 5 und 6 berechtigen nur dann zur Kündigung, wenn die Sachverhalte dem Besatzungsmitglied vor Antritt der Reise nicht bekannt waren oder nicht bekannt sein konnten. Soweit sich die außerordentliche Kündigung auf Mängel am oder auf dem Schiff gem. Nr. 7 bis 10 stützt, setzt die die Berechtigung zur Kündigung voraus, dass das Besatzungsmitglied von seinem **Beschwerderecht** gem. § 127 SeeArbG Gebrauch gemacht hat und das Beschwerdeverfahren gem. § 128 nicht zur Beseitigung rechtswidriger

Zustände geführt hat. Im Fall der berechtigten außerordentlichen Kündigung kann das Besatzungsmitglied neben dem Anspruch auf Zahlung der Heuer für einen Monat auch Schadenersatz nach den Voraussetzungen gem. § 628 Abs. 2 BGB verlangen (*BAG* 16.1.2003 – 2 AZR 653/01, EzA § 242 BGB 2002 Kündigung Nr. 3).

§ 68 Abs. 1 S. 2 Nr. 1 SeeArbG: Merkmale **schwerer Pflichtverletzungen** können sich je nach ihrer Intensität schon aus dem Verhaltenskodex für den Kapitän und andere Vorgesetzte gem. § 123 SeeArbG ergeben. Die Pflichtverletzung kann auch auf bloßer Fahrlässigkeit des Reeders oder der Kapitäns beruhen. Nur eine geringfügige Pflichtverletzung reicht nicht aus, wie etwa bei geringfügiger Heuerdifferenz, sondern sie muss so gravierend sein, dass dem Besatzungsmitglied die Fortsetzung des Heuerverhältnisses auch nur bis zum Ablauf der ordentlichen Kündigungsfrist nicht mehr zugemutet werden kann. Zahlt der Reeder über mehrere Monate die fällige Heuer nicht aus, kann das Besatzungsmitglied fristlos kündigen (im Fall von zwei Monaten *ArbG Hmb.* 15.1.1980 – S 1 Ca 443/78; bei längerfristigen Rückständen steht bereits ein Zurückbehaltungsrecht an der Arbeitsleistung zu, *Lindemann* SeeArbG § 68 Rn 5 mwN). Vor der Kündigung muss das Besatzungsmitglied den Reeder zur Zahlung aufgefordert haben (*ArbG Hmb.* 5.7.1983 – S 1 Ca 278/82). Vgl. iE KR-*Fischermeier/Krumbiegel* § 626 BGB Rdn 486 ff. 126

Im Fall der schweren Pflichtverletzung steht dem Besatzungsmitglied wegen der Besonderheiten in der Seeschifffahrt grds. nicht das Zurückbehaltungsrecht an der Arbeitskraft zu, sondern in erster Linie das Recht zur Kündigung gem. § 67 SeemG, damit auf dem Schiff klare Verhältnisse herrschen (*ArbG Hmb.* 19.1.1982 – S 1 Ca 128/81). 127

§ 68 Abs. 1 S. 2 Nr. 2 SeeArbG: Zur fristlosen Kündigung wegen **Ehrverletzung oder Misshandlung** ist bereits auf den Verhaltenskodex gem. § 123 Abs. 1 S. 2 SeeArbG hinzuweisen. Es muss wenigstens eine schwere **Beleidigung** vorliegen. Dafür müssen vom Besatzungsmitglied substantiierte Angaben gemacht werden, die pauschale Behauptung eines »beleidigenden Wortwechsels« reicht nicht aus (*ArbG Hmb.* 2.6.1981 – S 15 Ca 181/80). Der Vorhalt eines Verdachts einer im Heuerverhältnis begangenen Straftat oder erheblichen Pflichtverletzung stellt nicht in jedem Fall eine erhebliche Ehrverletzung dar. Eine Ehrverletzung kann aber vorliegen, wenn der Reeder das Besatzungsmitglied entweder mit einem völlig grundlosen, nicht auf konkrete Anhaltspunkte gestützten Verdacht leichtfertig konfrontiert oder das Besatzungsmitglied bei einem auf Tatsachen gestützten Verdacht einer nur geringen Pflichtverletzung mit unverhältnismäßigen Mitteln und Äußerungen unter Druck setzt (*BAG* 16.1.2003 EzA § 242 BGB 2002 Kündigung Nr. 3). Das TSchG sah in der Bemerkung des Kapitäns gegenüber einem Besatzungsmitglied, es sei homosexuell, eine erhebliche Ehrverletzung (*TSchG* 22.8.1967 Nr. 227/67, Hansa 1970, 1241). Vgl. KR-*Fischermeier/Krumbiegel* § 626 BGB Rdn 488. 128

§ 68 Abs. 1 S. 2 Nr. 3 SeeArbG: Diese Vorschrift soll ganz allgemein gewährleisten, dass ein Besatzungsmitglied vor den Unsicherheiten und möglichen Nachteilen bewahrt wird, die sich aus einem **Flaggenwechsel** (KommSeeArbG-*Peetz* § 68 Rn 14 ff.; zur früheren Sach- und Rechtslage *Leffler* RdA 1978, 97) ergeben. Die Besatzungsmitglieder werden zumeist nicht zuverlässig beurteilen können, ob die Verpflichtung zum Verrichten weiterer Schiffsdienste nach dem Flaggenwechsel unter fremder Rechtsordnung für sie besteht, weil es verschiedenartige gesetzliche Gründe für einen Flaggenwechsel gibt, die jeweils unterschiedliche Auswirkungen auf die Dienstpflicht und die damit verbundene Pflicht haben, weiterhin an Bord des Schiffes zu bleiben (§ 34 SeeArbG). Grundsätzlich gelten, wenn ein Schiff mit oder ohne Wechsel der Nationalflagge verkauft wird, für die Seeschifffahrt die gleichen Regeln wie für einen Wechsel des Arbeitgebers an Land (vgl. Rdn 84 ff.). Der Rückbeförderungsanspruch ergibt sich aus §§ 73 ff. SeeArbG. 129

Eine Kündigung gem. § 68 Abs. 1 S. 2 Nr. 3 SeeArbGG ist **rechtsmissbräuchlich**, wenn das kündigende Besatzungsmitglied schon vor Ausspruch seiner Kündigung weiß, dass es nach dem Flaggenwechsel auf Kosten des Reeders zurückbefördert und auf einem anderen Schiff des Reeders weiterbeschäftigt werden soll (*BAG* 8.11.1973 AP Nr. 1 zu § 67 SeemG). Dann sind nämlich die Ungewissheiten über die Folgen des Flaggenwechsels ausgeräumt. Die fristlose Kündigung kann dann 130 nur noch den Zweck verfolgen, treuwidrig die Voraussetzungen für die Zahlung einer Monatsheuer nach § 68 Abs. 2 SeeArbG zu schaffen. Keine Ungewissheit ist gegeben, wenn der Reeder dem Besatzungsmitglied vor dem Flaggenwechsel bereits ordentlich gekündigt und es bis Eintritt dieses Geschehens vom Dienst freigestellt hat. Hier besteht für das Besatzungsmitglied keine Gefahr, auf dem Schiff, für das es angeheuert war, nach dem Flaggenwechsel unter der Geltung eines fremden Rechts Dienst tun zu müssen (*ArbG Hmb*. 19.8.1975 SeeAE § 67 SeemG Nr. 2).

131 Die Regelungen gem. § 68 **Abs. 1 S. 2 Nr. 7 bis 10 SeeArbG**, die eine fristlose Kündigung nur zulässt, wenn die Mängel nach vorheriger **Beschwerde** des Besatzungsmitgliedes nicht abgestellt wurden, ist lex specialis zum Recht auf fristlose Kündigung gem. Nr. 1 (so noch zum ehemaligen SeemG *Lindemann* SeeArbG § 68 Rn 18). Hinsichtlich der Kündigungstatbestände gem. Nr. 7 bis 10 muss dem Reeder die Möglichkeit eingeräumt werden, ihr Vorliegen zu beseitigen. Insofern ist auch nicht rechtsmissbräuchlich, wenn sich der Reeder auf die Voraussetzung gem. § 68 Abs. 1 S. 3 SeeArbG beruft (*ArbG Hmb*. 18.12.1980 – S 1 Ca 354/80; *Lindemann* SeeArbG § 68 Rn 23). Zum Merkmal der **unzureichenden Bemannung** (zur Bemannung zählen Kapitäne, Schiffsoffiziere, Decks-, Maschinen- und sonstiges Hilfspersonal) vgl. SchBesV v. 18.7.2013, BGBl. I S. 2575, geänd. durch G. v. 17.7.2017 BGBl. I S. 2581.

V. Außerordentliche Kündigung durch das Besatzungsmitglied wegen dringender Familienangelegenheit gem. § 69 SeeArbG

132 »**§ 69 Außerordentliche Kündigung durch das Besatzungsmitglied wegen dringender Familienangelegenheit**

¹Das Besatzungsmitglied kann das Heuerverhältnis ohne Einhaltung einer Frist kündigen, wenn dies wegen einer dringenden Familienangelegenheit oder wegen eines anderen dringenden persönlichen Grundes erforderlich ist. ²Dringende Familienangelegenheiten sind insbesondere
1. Niederkunft der Ehefrau oder der Lebenspartnerin,
2. Tod der Ehefrau oder des Ehemanns, eines Kindes, eines Elternteiles oder des Lebenspartners,
3. schwere Erkrankung der Ehefrau oder des Ehemanns, eines Kindes, eines Elternteiles oder des Lebenspartners.«

133 Die Vorschrift ist neu im Seearbeitsrecht und dient der Umsetzung der sprachlich weiter gefassten Norm A2.1 Abs. 6 SeeArbÜ 2006 der ILO und folgt im Satz 2 einer Formulierung des deutschen Beamtenrechts (§ 12 SonderurlaubsVO, Begr. BT-Drucks. 17/10959 S. 86). Bei den Tatbestandsmerkmalen, die zu einer fristlosen Kündigung berechtigen, handelt es sich nicht um sog. absolute Kündigungsgründe (vgl. dazu *BAG* 16.1.2003 EzA § 242 BGB 2002 Kündigung Nr. 3 mwN noch zu § 67 SeemG; s. KR 10. Aufl. SeemG Rn 114, 137; aA KommSeeArbG-*Peetz* § 69 Rn 1), deren Vorliegen stets eine außerordentliche Kündigung rechtfertigen (APS-*Preis* Grundl. H Rn 2 ff.). Soweit seitens des Besatzungsmitgliedes eine dringende Familienangelegenheit oder ein anderer dringender persönlicher Grund geltend gemacht wird, ist anhand des Merkmals der Erfordernis zu prüfen, ob die Kündigung ohne die Einhaltung einer Frist gerechtfertigt ist. Dabei sind subjektive Prioritäten und objektive Maßstäbe im Einzelfall abzuwägen. Zwar ist dem Besatzungsmitglied angesichts von psychosozialen Eigenheiten seiner Persönlichkeitsstruktur ein weiter Entscheidungsspielraum einzuräumen, doch setzt das Merkmal der **Erforderlichkeit** die Prüfung voraus, dass der mit der fristlosen Kündigung verfolgte Zweck mit dem milderen Mittel der ordentlichen Kündigung bzw. des Abwartens bis zum Ablauf der Befristung des Vertrags nicht erreicht werden kann (SPV-*Preis* Rn 553). Das mildere Mittel muss bei objektiver Betrachtung möglich und geeignet sein (SPV-*Preis* Rn 554).

134 In Abgrenzung zur Regelung gem. § 626 Abs. 1 BGB sowie der dazu ergangenen st. Rspr. des BAG (vgl. iE KR-*Fischermeier/Krumbiegel* § 626 Rdn 250 ff.) wird im Falle der fristlosen Kündigung gem. § 69 SeeArbG eine umfassende Interessenabwägung nicht vorausgesetzt. Mit dem Merkmal der **Erforderlichkeit** ist die Kausalität der Tatsachen, wegen der das Besatzungsmitglied sein Heuerverhältnis löst, für die Kündigung gerade ohne Einhaltung einer Frist zu prüfen. Die Interessenlage

des Reeders, insbes. betriebsbedingte Faktoren, bleiben insoweit unberücksichtigt. Allerdings können nach dem Gebot der Verhältnismäßigkeit, an dem auch die Kündigung gem. § 69 SeeArbG zu messen ist, die Besonderheiten der Seeschifffahrt (vgl. zB § 2 SchBesV) im Falle der fristlosen Kündigung je nach den Umständen des Einzelfalles eine kurze Auslauffrist bedingen.

Das Kündigungsrecht des Besatzungsmitglieds setzt nicht die Beachtung einer Ausschlussfrist wie gem. § 626 Abs. 2 BGB voraus. Soweit Ereignisse aus dem persönlichen und familiären Bereich des Besatzungsmitgliedes vorhersehbar sind, zB die Niederkunft der Ehefrau, dürfte die Dringlichkeit und das Merkmal der Erfordernis für die Berechtigung zur Kündigung ohne Einhaltung einer Frist nur in bes. Fällen erfüllt sein. Gemäß § 65 SeeArbG bedarf die Kündigung zu ihrer Wirksamkeit der **Schriftform** (s. Rdn 64). Die Pflicht zur **Mitteilung der Kündigungsgründe** ergibt sich aus dem Wortlaut des § 69 SeeArbG nicht. Allerdings muss das Besatzungsmitglied dem Reeder auf dessen verlangen den Kündigungsgrund unverzüglich schriftlich mitteilen (§ 626 Abs. 2 S. 3 BGB; KR-*Fischermeier/Krumbiegel* § 626 BGB Rdn 36 ff.; s.a. Rdn 64). Die unterbliebene oder falsche Angabe des Kündigungsgrundes kann einen Schadensersatzanspruch auslösen, zB auf Erstattung von Verfahrenskosten, wenn der Reeder aufgrund unzutreffender Annahmen die Unwirksamkeit der Kündigung im Wege der Feststellungsklage gem. § 256 ZPO geltend macht (s. KR-*Fischermeier/Krumbiegel* § 626 Rdn 483). 135

Das Besatzungsmitglied trägt für das Vorliegen der familiären und persönlichen Tatsachen, auf die es die fristlose Kündigung stützt, die **Beweislast** (*BAG* 25.7.1963 – 2 AZR 510/62, NJW 1963, 2340; KR-*Fischermeier/Krumbiegel* § 626 BGB Rdn 482; KommSeeArbG-*Peetz* § 69 Rn 5). Dafür hat es aussagekräftige Dokumente oder Urkunden, die die Tatbestandsmerkmale dem § 69 SeeArbG ausfüllen, vorzulegen. Soweit der familiäre oder persönliche Grund medizinisch indiziert ist, kommt dafür ein eindeutig formuliertes Attest des behandelten Arztes, in den Fällen gem. § 69 S. 2 Nr. 2 SeeArbG die ärztliche oder behördliche Urkunde in Betracht. 136

Will das Besatzungsmitglied von seiner wirksam erklärten außerordentlichen Kündigung wieder Abstand nehmen, indem es sich auf die Unwirksamkeit der Kündigung wegen Fehlens der Gründe beruft, kann dies als **Rechtsmissbrauch** nach dem Grundsätzen des Verbots widersprüchlichen Verhaltens (Verstoß gegen § 242 BGB) angesehen werden (st. Rspr. *BAG* 12.3.2009 EzA § 242 BGB 2002 Kündigung Nr. 8 mwN). Im Falle der Kündigung gem. § 69 SeeArbG ist die Betrachtung der Umstände des Einzelfalles insofern geboten, als angesichts von Ereignissen im unmittelbaren familiären und persönlichen Umfeld schwerwiegende Pflichtenkollisionen hervorgerufen werden können, die zu unbedachten und übereilten Reaktionen wie auch einer Kündigung führen können. Wenn nicht eine ernsthafte und endgültige Lösungsabsicht der Kündigungserklärung zugrunde liegt, die idR durch die gem. § 65 SeeArbG vorgeschriebene Schriftform indiziert ist, muss im Einzelfall auch bei der Hinnahme der Kündigung durch den Reeder die Geltendmachung der Unwirksamkeit der Kündigung durch das Besatzungsmitglied nicht treuwidrig sein (*BAG* 16.1.2003 EzA § 242 BGB 2002 Kündigung Nr. 3; vgl. auch *LAG Bln.* 23.3.1989 – 14 Sa 10/89, DB 1989, 1826; *LAG Hamm* 17.2.1995 – 10 Sa 1126/94, EzASD 1995 Nr. 14 S. 7; *LAG Köln* 2.2.2000 – 3 Sa 1296/99, MDR 2000, 774; abl. Anm. *Fleddermann* EWiR 2000, 849). 137

Die Aufzählung **dringender Familienangelegenheiten** in § 69 S. 2 SeeArbG ist nicht abschließend. Wenn eines der genannten Beispiele oder ein gleichwertiger Tatbestand vorliegt, ist die Kündigung ohne Einhaltung einer Frist gerechtfertigt, wenn nicht ein milderes arbeitsrechtliches Mittel objektiv möglich ist. Es bedarf nicht der Prüfung, ob zB in den Fällen des § 69 S. 2 Nr. 3 SeeArbG andere Möglichkeiten der Krankenversorgung als durch den Kündigenden infrage kommen. Die Entscheidung über die Priorität der dringenden Familienangelegenheit aufgrund subjektiver sittlich moralischer Überzeugung gegenüber den vertraglichen Pflichten aus dem Heuerverhältnis liegt allein beim Besatzungsmitglied und ist insoweit der gerichtlichen Überprüfung nicht zugänglich. Anhand der aufgeführten Beispielsmerkmale wird deutlich, dass die kündigungsrelevanten Tatsachen auf schwerwiegende Sachverhalte von existenzieller Tragweite aus dem unmittelbaren familiären Umfeld beschränkt sind. Deren Bedienung durch das Besatzungsmitglied darf angesichts des Merkmals 138 der Dringlichkeit keinen Aufschub dulden und sie müssen idR auch unvorhersehbar gewesen sein, um die Kündigung ohne Einhaltung einer Frist zu rechtfertigen.

139 **Persönliche Gründe** reichen für die fristlose Eigenkündigung des Besatzungsmitgliedes wie eines jeden Arbeitnehmers zu Lande nur ausnahmsweise aus (s. KR-*Fischermeier/Krumbiegel* § 626 BGB Rdn 157). Bestehende Arbeitsverhältnisse müssen im Interesse beider Vertragsparteien gegenüber einem gewissen Maß an Lebensrisiken und -chancen bestandsfest sein können. Für die Kündigung gem. § 69 SeeArbG ist neben der Schwergewichtigkeit des Grundes seine Unvorhersehbarkeit und seine dringende Veranlassung für die Begründung der Nichteinhaltung einer Frist zu prüfen. Dringende persönliche Gründe können etwa durch eine kurzfristige Ladung zum Strafantritt (*ArbG Bremen* 16.2.1961 DB 1961, 375; KR-*Fischermeier/Krumbiegel* § 626 BGB Rdn 160), durch einen unlösbaren Gewissenskonflikt und keiner anderweitigen Beschäftigungsmöglichkeit (Staudinger/*Preis* § 626 BGB Rn 242 mwN; KR-*Fischermeier/Krumbiegel* § 626 Rdn 487) oder durch außergewöhnliche Ereignisse, die nachhaltig die Lebensgestaltung beeinflussen, wie z. B. ein Haus- oder Wohnungsbrand und nur im Ausnahmefall durch Krankheit (ErfK-*Müller-Glöge* § 626 BGB Rn 164) hervorgerufen werden. Nicht anzuerkennen als dringende persönliche Gründe sind eine anderweitige Beschäftigung zu besseren Bedingungen (*BAG* 17.10.1969 EzA § 60 HGB Nr. 2; KR-*Fischermeier/Krumbiegel* § 626 BGB Rdn 159, 484; Staudinger/*Preis* § 626 BGB Rn 239; HK-ArbR/*Griebeling* § 626 BGB Rn 105; jeweils mwN zur Rspr), der kurzfristig in Aussicht gestellte Studienplatz (Staudinger/*Preis* § 626 BGB Rn 239; HWK-*Sandmann* § 626 BGB Rn 311; ErfK-*Müller-Glöge* § 626 BGB Rn 168; aA *ArbG Bremen* 16.2.1961 DB 1961, 375; MüKo-BGB/*Henssler* § 626 BGB Rn 267) oder der mit einer Eheschließung kurzfristig verbundene Umzug (KR-*Fischermeier/Krumbiegel* § 626 BGB Rdn 160).

140 Wenn das Besatzungsmitglied das Heuerverhältnis gem. § 69 berechtigt gekündigt hat, steht ihm ein Anspruch auf Heimschaffung auf Kosten des Reeders gem. § 73 Abs. 3 SeeArbG zu (KommSeeArbG-*Peetz* § 69 Rn 2).

VI. Entschädigung bei Arbeitslosigkeit wegen Schiffsverlustes oder Schiffbruchs

141 »*§ 70 Entschädigung bei Arbeitslosigkeit wegen Schiffsverlustes oder Schiffbruchs*

> [1]*Kündigt der Reeder das Heuerverhältnis wegen Schiffsverlustes oder Schiffbruchs, hat das Besatzungsmitglied über das Ende des Heuerverhältnisses hinaus, längstens bis zum Ablauf von zwei Monaten nach dem Zugang der Kündigung, Anspruch auf Zahlung der Heuer für jeden Tag der Arbeitslosigkeit.* [2]*Auf den Heueranspruch muss sich das Besatzungsmitglied anrechnen lassen, was es*
> 1. *an Leistungen der Arbeitslosenversicherung zu beanspruchen hat oder*
> 2. *durch anderweitige Arbeit verdient oder zu verdienen böswillig unterlassen hat.*«

142 Aufgrund des unvorhersehbaren **Verlustes des Schiffes** oder wegen eines **Schiffbruchs**, nach dem das Schiff havariert, gekentert oder durch Feuer oder Leckage schwer beschädigt wurde und aufgegeben werden musste, kann das Heuerverhältnis gekündigt werden. Voraussetzung ist, dass der Reeder aus tatsächlichen oder rechtlichen Gründen nicht mehr über das Schiff verfügen kann. Das Heuerverhältnis endet nicht automatisch, sondern bedarf einer Kündigung innerhalb einer angemessenen Frist, die ausreicht, damit der Reeder sich umfassend über die Sachlage informieren kann.

143 Der Anspruch auf Zahlung von einer Tagesheuer für jeden Tag der tatsächlichen Arbeitslosigkeit geht schon auf das »Übereinkommen über die Gewährung einer Entschädigung für Arbeitslosigkeit infolge von Schiffbruch« auf Beschluss der ILO, das auch für Deutschland galt (RGBl. 1929 II S. 759 u. 1930 II S. 689 iVm BGBl. 1952 II S. 607), zurück und war bereits in § 66 Abs. 2 S. 1 SeemG festgeschrieben. Zum Umfang und der betragsmäßigen Begrenzung insbes. hinsichtlich der Anrechenbarkeit der Leistungen der Arbeitslosenversicherung auf den **Entschädigungsanspruch** wird in § 70 S. 1 SeeArbG die Regelung gem. Norm A2.6 Leitlinie B2.6.1 Nr. 1 SeeArbÜ 2006 umgesetzt.

Der **Entschädigungsanspruch** setzt die Beendigung des Heuerverhältnisses und die anschließende 144
Arbeitslosigkeit voraus. Er besteht nur, wenn das Heuerverhältnis aufgrund der gem. § 66 einzuhaltenden Kündigungsfrist vor Ablauf von zwei Monaten nach Zugang der Kündigung endet (Begr. BT-Drucks. 17/10959, S. 86). Zu zahlen ist die Heuer gem. § 37 SeeArbG für jeden Tag der Arbeitslosigkeit längstens bis zum Ablauf von zwei Monaten nach dem Zugang der Kündigung.

Anzurechnen auf den **Entschädigungsanspruch** ist Entgelt, das durch anderweitige Arbeit verdient 145
oder zu verdienen böswillig unterlassen bleibt. Voraussetzung ist, dass der anderweitige Erwerb während des Zwei-Monats-Zeitraums erzielt wird oder werden konnte. Auf die Fälligkeit des Verdienstes kommt es nicht an (*BAG* 16.6.2004 EzA § 615 BGB 2002 Nr. 7). Zwar wird bei dieser Erwerbsarbeit grds. von einer Stelle entsprechend der bisherigen Tätigkeit und der bisherigen Heuer ausgegangen, doch kann im Rahmen der Zumutbarkeit auch eine andere Tätigkeit erwartet werden. Die Zumutbarkeit der Tätigkeit hängt unter Beachtung von Art. 12 GG im Wesentlichen vom Einzelfall ab. Böswillig unterlässt das Besatzungsmitglied den Erwerb, wenn es grundlos zumutbare Arbeit ablehnt oder vorsätzlich verhindert, dass ihm zumutbare Arbeit angeboten wird. Die Böswilligkeit setzt nicht voraus, dass das Besatzungsmitglied den Reeder zu schädigen beabsichtigt. Der Vorsatz ist erforderlich, weder fahrlässiges noch grob fahrlässiges Verhalten reicht aus (*BAG* 16.5.2000 EzA § 615 BGB Nr. 99).

VII. Beendigung des Heuerverhältnisses bei vermutetem Verlust von Schiff und Besatzung

»*§ 71 Beendigung des Heuerverhältnisses bei vermutetem Verlust von Schiff und Besatzung* 146

(1) Ist der Verbleib eines Schiffes und seiner Besatzung nicht feststellbar und ist den Umständen nach anzunehmen, dass das Schiff verlorengegangen ist, so gilt das Heuerverhältnis des Besatzungsmitglieds als beendet, wenn seit der letzten amtlich festgestellten Nachricht über das Schiff ein Monat verstrichen ist.

(2) Wird später der Aufenthalt überlebender Besatzungsmitglieder festgestellt, so sind auf diese Besatzungsmitglieder die §§ 73, 75 und 76 über Heimschaffung und Fortzahlung der Heuer anzuwenden.«

Bei der widerlegbaren Rechtsvermutung des Verlorengehens des Schiffes und der Besatzung gilt 147
das Heuerverhältnis nach Ablauf von einem Monat seit der letzten Nachricht über das Schiff als beendet. Ab diesem Beendigungszeitpunkt können Leistungen der Sozialversicherungsträger beansprucht werden.

VIII. Folgen der Beendigung des Heuerverhältnisses

1. Zurücklassung

»*§ 72 Zurücklassung* 148

(1) ¹Unbeschadet der Vorschrift des § 101 darf das Besatzungsmitglied ohne Einwilligung der Berufsgenossenschaft nicht an einem Ort im Ausland zurückgelassen werden. ²Eine Zurücklassung liegt vor, wenn das Besatzungsmitglied auf Veranlassung des Kapitäns das Schiff verlassen muss.

(2) Ist im Falle der Zurücklassung eine Hilfsbedürftigkeit des Besatzungsmitglieds zu befürchten, so kann die Berufsgenossenschaft ihre Einwilligung von der Leistung eines Betrages abhängig machen, der den Unterhalt des Besatzungsmitglieds in den auf die Zurücklassung folgenden drei Monaten gewährleistet.

(3) Die Zurücklassung eines jugendlichen Besatzungsmitglieds bedarf auch der Einwilligung seines gesetzlichen Vertreters.«

Da in den Fällen ordentlicher Kündigungen gem. § 65 f. SeeArbG grds. das Heuerverhältnis über 149
den Ablauf der Kündigungsfrist hinaus bis zur Ankunft des Schiffes in einen Hafen fortgesetzt

wird (s. Rdn 99 f.) und bei außerordentlicher Kündigung gem. § 68 SeeArbG die Ansprüche auf Heimschaffung und Fortzahlung der Heuer bestehen, kommt § 72 SeeArbG im Wesentlichen im Rahmen der in § 67 SeeArbG geregelten außerordentlichen Kündigung seitens des Reeders oder Kapitäns zur Anwendung.

150 **Zurücklassung** bedeutet, dass das Besatzungsmitglied auf Veranlassung des Kapitäns das Schiff zu verlassen hat. »Zurücklassen« setzt ein aktives Handeln voraus (Begr. BT-Drucks. 9/1829, S. 9). Die Tatbestände, in denen das Besatzungsmitglied selbst auf sein Vonbordgehen Wert legt (Einverständnis des Besatzungsmitglieds oder Verlassen des Schiffs ohne Kenntnis des Kapitäns), insbes. bei einer berechtigten außerordentlichen Kündigung seinerseits oder im Fall eines Aufhebungsvertrages (s. Rdn 35 f.), fallen nicht in den Anwendungsbereich des § 72 SeeArbG.

151 Lässt der Kapitän entgegen der Vorschrift des § 72 SeeArbG ein Besatzungsmitglied zurück, so kann dies als Ordnungswidrigkeit mit einer Geldbuße von bis zu 50.000 EUR geahndet werden. In den Fällen einer beharrlichen Wiederholung der Zurücklassung und in Fällen vorsätzlicher Zurücklassung und dabei der gleichzeitigen Gefährdung der Gesundheit oder Arbeitskraft des Besatzungsmitgliedes kann eine Freiheitsstrafe von bis zu einem Jahr oder eine Geldstrafe verhängt werden.

2. Heimschaffung

152 *»§ 73 Anspruch auf Heimschaffung*

Das Besatzungsmitglied hat Anspruch auf Heimschaffung an den nach § 75 maßgebenden Bestimmungsort
1. *im Falle von Krankheit oder Verletzung nach Maßgabe des § 105,*
2. *wenn das Heuerverhältnis endet; im Falle einer ordentlichen Kündigung nach Ablauf der sich aus § 66 ergebenden Kündigungsfrist,*
3. *wenn der Reeder seine gesetzlichen oder arbeitsvertraglichen Verpflichtungen wegen Insolvenz, Veräußerung des Schiffes, Änderung der Eintragung im Schiffsregister oder aus einem ähnlichen Grund nicht mehr erfüllt,*
4. *wenn ein Schiff ein Gebiet befahren soll, in dem besondere Gefahren durch bewaffnete*

Auseinandersetzungen drohen und in das sich das Besatzungsmitglied nicht begeben will, oder wenn das Schiff ein solches Gebiet nicht unverzüglich verlässt.«

153 Wie bereits § 73 Nr. 2 verdeutlicht, besteht grds ein Anspruch auf Heimschaffung unabhängig von der Art der Beendigung des Heuerverhältnisses. Bei Beendigung des Heuerverhältnisses durch Irrtumsanfechtung ist im Wege ergänzender Auslegung § 73 SeeArbG ebenfalls anwendbar (*TSchG* 6.12.1967 Hansa 1968, 1269). Versagt wurde der Heimschaffungsanspruch im Fall des eigenmächtigen Verlassens des Schiffes ohne Kenntnis und Einverständnis des Kapitäns unter Verletzung des Heuervertrages (*ArbG Hmb.* 29.5.1984 – S 1 Ca 238/82) oder im Fall einer unberechtigten fristlosen Kündigung durch das Besatzungsmitglied (dem dann die Ablösekosten als zu leistender Schadensersatz anhaften, *ArbG Hmb.* 20.11.1987 – S 1 Ca 190/87 zit. nach *Lindemann* SeeArbG § 73 Rn 11).

154 *»§ 74 Heimschaffung eines jugendlichen Besatzungsmitglieds*

Hat ein jugendliches Besatzungsmitglied während seiner ersten Auslandsreise auf einem Schiff mindestens vier Monate lang Dienst getan und stellt sich während dieser Zeit heraus, dass es für das Leben auf See ungeeignet ist, so hat es einen Anspruch auf Heimschaffung von einem Hafen, in dem die Heimschaffung sicher und mit allgemein zugänglichen Verkehrsmitteln möglich ist.

155 § 75 Bestimmungsort der Heimschaffung

Bestimmungsort der Heimschaffung nach Wahl des Besatzungsmitglieds ist
1. *der Wohnort des Besatzungsmitglieds,*
2. *der Ort, an dem der Heuervertrag abgeschlossen worden ist,*

3. der durch Tarifvertrag festgelegte Ort oder
4. jeder andere im Heuervertrag vereinbarte Ort.

§ 76 Durchführung und Kosten der Heimschaffung

(1) ¹Der Reeder hat die Vorkehrungen für die Durchführung der Heimschaffung zu treffen. ²Er stellt sicher, dass das Besatzungsmitglied den Pass und sonstige für die Heimschaffung erforderliche Ausweispapiere erhält. ³Die Beförderung des Besatzungsmitglieds erfolgt grundsätzlich auf dem Luftweg. ⁴Für die Zeit vom Verlassen des Schiffes bis zum Eintreffen am Bestimmungsort hat das Besatzungsmitglied Anspruch auf Fortzahlung der Heuer.

(2) ¹Der Anspruch auf Heimschaffung umfasst
1. die Beförderung an den Bestimmungsort,
2. die Unterkunft und Verpflegung,
3. die Beförderung von bis zu 30 Kilogramm persönlichem Gepäck an den Bestimmungsort der Heimschaffung und
4. ärztliche Behandlung, soweit das Besatzungsmitglied dieser bedarf, um zum Bestimmungsort reisen zu können.

²Der Reeder trägt die notwendigen Kosten der Heimschaffung. ³Die Aufrechnung der Kosten der Heimschaffung mit der Heuer oder anderen Ansprüchen des Besatzungsmitglieds ist unwirksam. ⁴Eine Vorauszahlung zur Deckung der Kosten der Heimschaffung darf der Reeder nicht verlangen; eine entsprechende Vereinbarung ist unwirksam.

(3) Die Wartezeit bis zur Heimschaffung und die Dauer der Heimschaffung dürfen nicht auf den Urlaub angerechnet werden.

(4) ¹Ein Besatzungsmitglied ist heimgeschafft, wenn es am Bestimmungsort eingetroffen ist. ²Der Anspruch auf Heimschaffung erlischt, wenn er nicht innerhalb von drei Monaten, gerechnet ab dem Tag, an dem das Besatzungsmitglied den Anspruch erstmals geltend machen konnte, geltend gemacht worden ist.

(5) ¹Ist das Heuerverhältnis durch eine Kündigung nach § 67 beendet worden, kann der Reeder vom Besatzungsmitglied die Erstattung der Kosten der Heimschaffung verlangen. ²Absatz 1 Satz 4 und Absatz 2 Satz 3 gelten nicht.

(6) Ist der Reeder außerstande, die Vorkehrungen für die Heimschaffung zu treffen, hat das Besatzungsmitglied Anspruch auf Zahlung des für seine Heimschaffung erforderlichen Geldbetrages.

(7) Das Recht des Reeders, sich die Kosten für die Heimschaffung auf Grund vertraglicher Vereinbarungen mit Dritten erstatten zu lassen, bleibt unberührt.

(8) Der Reeder ist verpflichtet, zum Schutz der an Bord des Schiffes beschäftigten Besatzungsmitglieder für Fälle der Heimschaffung eine Zahlungsübernahmeerklärung nachzuweisen, die durch eine Bürgschaft oder Garantie durch eine Vereinigung von Reedern oder eine sonstige finanzielle Sicherheit abgedeckt ist.«

3. Umschaufrist und -geld

Gemäß **§ 629 BGB** hat der Arbeitnehmer, wenn sein dauerndes Arbeitsverhältnis vom Arbeitgeber gekündigt ist, Anspruch auf angemessene Zeit zum Aufsuchen einer anderen Arbeitsstelle. Mit dem Zugang der Kündigungserklärung entsteht der Anspruch auf Umschau unabhängig davon, ob der Reeder oder das Besatzungsmitglied die Kündigung erklärt hat (AR-*Weigand* § 629 BGB Rn 4; aA noch *ArbG Hmb.* 5.7.1983 – S 1 Ca 278/82; *Lindemann* SeeArbG § 66 Rn 30). Bei einer fristlosen Kündigung kann der Anspruch nur umgesetzt werden, wenn eine Auslauffrist gewährt wird. Soweit der **MTV-See** Anwendung findet, gilt Folgendes gem. § 32 MTV-See: Kündigt der Reeder den Beschäftigten unter Einhaltung einer Kündigungsfrist mit einer Frist von vier Wochen zum 15. oder zum Ende eines Kalendermonats oder mit einer längeren Frist, so hat der Reeder dem Beschäftigten außerhalb des Urlaubs Gelegenheit zu geben, sich innerhalb der Kündigungsfrist während einer Frist von drei Wochen in Deutschland nach einer anderen Stellung umzusehen (Umschaufrist). Von Bord aus kann die Gelegenheit zur Umschau in jedem deutschen Hafen gewährt werden, den das

Schiff zu einem Aufenthalt von mindestens 24 Stunden anläuft. Umschautag ist dabei jeder Werktag, an dem die Beschäftigten Gelegenheit haben, an Land zu gehen. Ist die vorgenannte Umschaufrist bis zur Beendigung der Heuerverhältnisse nicht abgelaufen, so hat der Reeder den Beschäftigten die bei der Beendigung der Heuerverhältnisse an der Umschaufrist fehlenden Umschautage zu vergüten (Umschaugeld). Das Umschaugeld besteht aus der Gesamtvergütung nach § 11 Abs. 1 MTV-See und dem Verpflegungsgeld nach § 17 Abs. 3 Nr. 9 MTV-See. Den Beschäftigten wird das Arbeitslosengeld, das sie bezogen haben oder bei rechtzeitiger Meldung vom Arbeitsamt hätten beziehen können, auf das Umschaugeld angerechnet

4. Urlaubsanspruch

158 *»§ 63 Urlaub bei Beendigung des Heuerverhältnisses*

(1) Endet das Heuerverhältnis des Besatzungsmitglieds vor Ablauf des Beschäftigungsjahres, so hat das Besatzungsmitglied für jeden angefangenen Beschäftigungsmonat Anspruch auf ein Zwölftel des Jahresurlaubs.

(2) Hat das Besatzungsmitglied bei Beendigung des Heuerverhältnisses mehr als den ihm zustehenden Urlaub erhalten, so kann das dafür gezahlte Urlaubsentgelt nicht zurückgefordert werden.

159 *§ 64 Verlängerung des Heuerverhältnisses, Urlaubsabgeltung*

(1) Hat das Besatzungsmitglied bei Beendigung des Heuerverhältnisses noch nicht den ihm zustehenden Urlaub erhalten, verlängert sich das Heuerverhältnis um die Dauer des nicht gewährten Urlaubs, es sei denn, dass
1. eine Verlängerung des Heuerverhältnisses infolge des Eingehens eines neuen Rechtsverhältnisses nicht möglich ist oder
2. das Besatzungsmitglied aus von seinem Willen unabhängigen Gründen nicht in der Lage ist, den Urlaub während des Zeitraums der Verlängerung zu nehmen. Der Urlaub ist im Zeitraum der Verlängerung des Heuerverhältnisses zu gewähren.

(2) Besteht nach Beendigung des Heuerverhältnisses ein Arbeitsverhältnis zum Reeder, hat der Reeder den dem Besatzungsmitglied noch aus dem Heuerverhältnis zustehenden Urlaub in diesem Arbeitsverhältnis zu gewähren.

(3) Der Reeder hat den Urlaub abzugelten, soweit dieser wegen Beendigung des Heuerverhältnisses nicht gewährt werden kann. Satz 1 gilt nicht, soweit die Voraussetzungen des Absatzes 1 oder 2 vorliegen.«

5. Dienstbescheinigung und Arbeitszeugnis

160 Das Besatzungsmitglied hat gem. § 33 SeeArbG einen Anspruch gegen den Reeder auf Bescheinigung über den an Bord geleisteten Dienst nach Art und Dauer in zeitlicher Abfolge, dessen Beginn und Ende, sowie die Daten zur Identifikation des Besatzungsmitgliedes, des Reeders bzw. anderen Arbeitgebers und die Beschreibung des Schiffes im Einzelnen. Dafür kann zur Erleichterung ein zweisprachiger Vordruck zum Ausfüllen verwendet werden. Diese Bescheinigung ist dem Besatzungsmitglied spätestens am Tag des Dienstendes vom Kapitän oder dessen Stellvertreter schriftlich in deutscher und englischer Sprache auszuhändigen oder per Post zuzustellen oder kann bei Einwilligung des Besatzungsmitgliedes elektronisch übermittelt werden. Die **Dienstbescheinigung**, die der Arbeitsuche und dem späteren beruflichen Fortkommen dienen soll, darf keine Beurteilung der Leistung und des Verhaltens des Besatzungsmitgliedes und keine Angaben über die Heuer enthalten (§ 33 Abs. 4 S. 1 SeeArbG).

161 Daneben hat des Besatzungsmitglied den allgemeinen arbeitsrechtlichen Anspruch auf ein einfaches oder ein qualifiziertes **Zeugnis** gem. § 109 GewO.

IX. Gerichte für Arbeitssachen

Bei Rechtsstreitigkeiten zwischen Besatzungsmitgliedern und dem Reeder können die Arbeitsgerichte angerufen werden. Aber auch wenn das Bestehen oder Nichtbestehen eines Heuerverhältnisses in Frage steht, sind die Gerichte für Arbeitssachen zuständig (*ArbG Bremen* 20.12.1983 2- Ca 2306/83, SeeAE Nr. 3 zu § 81 MTV-See 1978 zit. nach *Lindemann* SeeArbG Abschn. 3 Vorbem. Rn 44). Das Verfahren richtet sich nach den Regelungen im ArbGG. Aufgrund von tariflichen Absprachen zwischen dem Verband Deutscher Reeder e. V. und der Vereinten Dienstleistungsgewerkschaft e. V. ist als ausschließliche örtliche Zuständigkeit das ArbG Hamburg festgelegt worden (§ 36 MTV-See und Ziff. 7 HTV-See 2005). Die Vorschrift über die ausschließlich örtliche Zuständigkeit des ArbG Hamburg gilt nur, wenn beide Parteien des Rechtsstreits tarifgebunden sind. Nicht tarifgebundene Parteien können diese Zuständigkeitsregelung nur in der Weise übernehmen, dass die Anwendung des gesamten Tarifvertrages zwischen ihnen vereinbart wird (§ 48 Abs. 2 S. 2 ArbGG). Im Übrigen ist das Arbeitsgericht örtlich zuständig, in dessen Bezirk der aus einem Arbeitsverhältnis (§ 2 Abs. 1 Nr. 3a ArbGG) gerichtlich in Anspruch genommene Beklagte seinen allgemeinen Gerichtsstand hat (§ 17 Abs. 1 ZPO). Zu den einzelnen Gerichtsständen vgl. *Lindemann* SeeArbG Abschn. 3 Vorbem. Rn 48 ff. Ist ein deutsches Gericht örtlich zuständig, so ist damit idR auch die internationale Zuständigkeit der deutschen Gerichte gegeben (st. Rspr. *BAG* 3.5.1995 EzA Art. 30 EGBGB Nr. 3).

Beim ArbG Hamburg sind **Fachkammern für seearbeitsrechtliche Streitigkeiten** eingerichtet. Die Beisitzer kommen aus dem Kreis der Reeder bzw. Seeleute (Verbände), um einen notwendigen Praxisbezug des Spruchkörpers zu gewährleisten. Diese Spezialisierung an den genannten ArbG wahrt insofern die Tradition der fachspezifischen Schiedssprechung des zum 31. Dezember 1970 aufgelösten Tarifschiedsgerichts für die deutsche Seeschifffahrt.

Allgemeine Grundsätze des Sozialrechts

Konsequenzen der Kündigung und des Kündigungsschutzprozesses im Arbeitsförderungs- und Sozialversicherungsrecht

Übersicht

	Rdn
A. Einführung	1
I. Sozialversicherungsverhältnis, Merkmale und Bedeutung	1
II. Beschäftigungsverhältnis: Begriff und Abgrenzung zum Arbeitsverhältnis im arbeitsrechtlichen Sinne	3
1. Klassisches Dogma vom Beschäftigungsverhältnis und seine Entwicklung	4
2. Bedeutung der Entgeltlichkeit des Beschäftigungsverhältnisses	9
3. Beitragsrechtlicher und leistungsrechtlicher Begriff des Beschäftigungsverhältnisses	10
B. Sozialversicherungsrechtliche Rechtsstellung wirksam gekündigter Arbeitnehmer	21
I. Rechtsstellung im Beitragsrecht nach Auflösung des Arbeitsverhältnisses	21
1. Beendigung der Beitragspflicht	21
a) Grundsätze	21
b) Meldepflichten des Arbeitgebers	25
c) Arbeitsentgelt, Abfindungen	26
d) Einmalig gezahltes Arbeitsentgelt	37
e) Berücksichtigung von Einmalzahlungen bei der Leistungsbemessung	44
f) Entgeltfortzahlung im Krankheitsfalle	45
g) Urlaubsabgeltung	48
2. Beitragsrechtliche Rechtsstellung des arbeitslosen Arbeitnehmers	50
a) Krankenversicherung der Bezieher von Arbeitslosengeld	50
b) Pflegeversicherung der Bezieher von Arbeitslosengeld	53
c) Kranken- und Pflegeversicherung der Bezieher von Arbeitslosengeld II	54
d) Rentenversicherung der Bezieher von Arbeitslosengeld	56
e) Rentenversicherung der Bezieher von Arbeitslosengeld II	60
II. Rechtsstellung wirksam gekündigter Arbeitnehmer im sozialversicherungsrechtlichen Leistungsrecht	63
1. Grundsätze	63
2. Leistungsrechtliche Rechtsstellung in der Krankenversicherung	65

	Rdn
a) Ende der Mitgliedschaft	70
b) Nachgehende Ansprüche aus § 19 Abs. 2 SGB V	72
c) Fortbestehen der Mitgliedschaft	73
3. Leistungsrechtliche Rechtsstellung in der Rentenversicherung	80
a) Allgemeines	80
b) Altersrentenarten	86
aa) Regelaltersrente, Anhebung der Regelaltersgrenze auf 67	86
bb) Vorgezogene Altersrenten, Arten	88
c) Altersgrenzen, vorzeitige Inanspruchnahme der Renten gegen Rentenabschlag	89
d) Altersrente wegen Arbeitslosigkeit oder nach Altersteilzeitarbeit	94
e) Beitragszahlung zur Vermeidung von Rentenabschlägen	96
f) Freisetzung älterer Arbeitnehmer und Beitragszahlungen des Betriebes	97
g) Altersrenten nach Erreichen der Regelaltersgrenze	99
h) Altersrentenanspruch und Kündigungsrecht, § 41 S. 1 SGB VI	100
i) Altersteilzeitarbeit und Kündigungsrecht	102
j) Einzel- und tarifvertragliche Altersgrenzenregelungen, § 41 S. 2 SGB VI	103
k) Befristete Verlängerung, § 41 S. 3 SGB VI	104
l) Vollrente oder Teilrente, § 42 SGB VI	105
m) Hinzuverdienstgrenze	106
4. Rechtsstellung im Leistungsrecht der Unfallversicherung	107
5. Rechtsstellung im Leistungsrecht der Arbeitsförderung (SGB III)	110
a) Leistungen bei Arbeitslosigkeit, Rechtsänderungen 2012	110
b) Anspruch auf Arbeitslosengeld	111
aa) Voraussetzungen des Arbeitslosengeldanspruchs	114
bb) Arbeitslosigkeit, Voraussetzungen	115
cc) Kurzzeitigkeitsgrenze – Geringfügigkeitsgrenze	116

		Rdn			Rdn
	dd) Anwartschaftszeit	118	2.	Bedeutung des Annahmeverzugs des Arbeitgebers in der Sozialversicherung	183
	ee) Höhe des Arbeitslosengeldes	121			
	ff) Anspruchsdauer	126	3.	Besonderheiten der Arbeitslosenversicherung, Gleichwohlgewährung nach § 157 Abs. 3, § 158 Abs. 4 SGB III	186
	gg) Auswirkungen auf die Frühverrentungspraxis	131			
	hh) Minderung der Anspruchsdauer bei Sperrzeit	132		a) Bedeutung des tatsächlichen Endes der Beschäftigung im Leistungsrecht der Arbeitsförderung	186
	ii) Minderung des Arbeitslosengeldes bzw. Sperrzeit wegen verspäteter Arbeitsuchendmeldung	133		b) Bedeutung des § 157 SGB III für den Kündigungsschutzprozess	187
	jj) Arbeitslosengeld für 58-Jährige, § 428 SGB III	134		c) Leistungsrechtliche Rückabwicklung, beitragsrechtliche Ausgleichsregelung	188
	kk) Arbeitslosengeld und Altersrente	136	II.	Konsequenzen für die Rechtsstellung unwirksam gekündigter Arbeitnehmer nach erfolgreich durchgeführtem Kündigungsschutzprozess	196
c)	Teilarbeitslosengeld	138			
d)	Arbeitslosengeld II	139			
	aa) Arbeitslosengeld II, Allgemeines	139	1.	Grundsätze	196
	bb) Anspruchsvoraussetzungen für das Arbeitslosengeld II	141	2.	Beitragsrechtliche Rechtsstellung des Arbeitnehmers, wenn während des Kündigungsschutzprozesses keine Leistungen wegen Arbeitslosigkeit gewährt wurden	199
	cc) Höhe des Arbeitslosengeldes II – die Regelsatzurteile des BVerfG	142			
	dd) Befristeter Zuschlag nach Bezug von Arbeitslosengeld (I) bis 31.12.2010	146		a) Beitragspflicht und Nachzahlungsanspruch	199
				b) Beitragspflicht bei anderweitiger Beschäftigung während des Kündigungsschutzverfahrens	200
	ee) Arbeitslosengeld II und Altersrente, Vorrang	147			
e)	Ruhen der Leistungen nach dem SGB III, Ruhenstatbestände	150		c) Beitragspflicht bei Schadensersatzansprüchen	202
f)	Sperrzeit und Kündigung	156		d) Beitragspflicht und Urlaubsabgeltung	203
	aa) Bedeutung der Sperrzeit	156			
	bb) Versicherungsschutz während der Sperrzeit	157		e) Entstehen der Beitragspflicht, Fälligkeit der Beiträge	204
g)	Erstattungspflichten des Arbeitgebers gegenüber der BA	159		f) Fälligkeit der Beiträge nach Kündigungsschutzprozess	207
h)	Kurzarbeitergeld, kein Anspruch bei gekündigtem Arbeitsverhältnis	160		g) Beitragszahlung, Beitragstragung, Allgemeines	209
i)	Sonderformen des Kurzarbeitergeldes	168		h) Beitragsabzug durch den Arbeitgeber	216
	aa) Saison-Kurzarbeitergeld (§ 101 SGB III)	168		i) Beitragszuschuss nach § 257 SGB V	220
	bb) Strukturbedingtes Kurzarbeitergeld	170	3.	Beitragsrechtliche Rechtsstellung des Arbeitnehmers, wenn während des Kündigungsschutzprozesses Leistungen wegen Arbeitslosigkeit gewährt wurden	225
	cc) Transfer-Kurzarbeitergeld	172			
	dd) Erleichtertes Kurzarbeitergeld	180			
C. Sozialversicherungsrechtliche Rechtsstellung unwirksam gekündigter Arbeitnehmer		181		a) Beitragsausgleich nach § 335 Abs. 3 SGB III	225
I. Bedeutung des tatsächlichen Endes der Beschäftigung		181		b) Beitragsausgleich bei Ersatzkassen-Pflichtversicherten	226
				c) Beitragsausgleich bei freiwillig und privat Versicherten	227
1. Versicherungsrechtliche Grundproblematik		181		d) Bedeutung des § 11 Nr. 3 KSchG für den Beitragsausgleich	228

	Rdn			Rdn
4.	Leistungsrechtliche Rechtsstellung unwirksam gekündigter Arbeitnehmer nach Abschluss des Kündigungsschutzprozesses. 229		dd)	Abgrenzung von Arbeitsentgelt und Abfindung nach §§ 157, 158 SGB III, Bedeutung für die arbeitsgerichtliche Vergleichspraxis 269
	a) Gesetzlicher Forderungsübergang bei Sozialleistungsbezug, Grundsätze. 229			(1) Bedeutung des im Vergleich festgelegten Endes des Arbeitsverhältnisses; Dispositionsfreiheit der Vergleichsparteien 271
	aa) Konkurrenz zwischen § 115 SGB X und § 11 Nr. 3 KSchG 233			
	bb) Verfügungsbefugnis 238			(2) Grenzen der Dispositionsfreiheit gegenüber den Sozialversicherungsträgern. 274
	b) In der Krankenversicherung. 240			
	c) In der Unfallversicherung 249			
	d) In der Rentenversicherung. 250			
	e) In der Arbeitslosenversicherung. . 253			(3) Hinausschieben des Endes des Arbeitsverhältnisses ohne volle Lohnzahlung 276
	aa) Besonderheiten des Forderungsübergangs bei Gleichwohlgewährung nach § 157 Abs. 3 SGB III, § 158 Abs. 4 SGB III. . . . 253			
				(4) Einbeziehung von übergegangenen Ansprüchen in den Vergleich – Vergleichsauslegung 283
	bb) Zweck und Funktion der §§ 157, 158 SGB III 261			
	cc) Art und Umfang der von §§ 157, 158 SGB III erfassten Ansprüche des Arbeitnehmers 264			(5) Beratungs-, Hinweisund Mitwirkungspflichten des Arbeitgebers. 284
	(1) Arbeitsentgelt. 265			
	(2) Urlaubsabgeltung 267			
	(3) Abfindungen, Entlassungsentschädigungen . 268			

Alphabetische Übersicht

	Rdn.
Abfindung	26 ff., 33 ff., 35, 150, 230, 261 ff., 268 ff., s.a. *Entlassungsentschädigung*
Altersgrenzen im Rentenrecht	86 ff.
Altersgrenzen in Einzel- und Tarifverträgen	103
Altersrente wegen Arbeitslosigkeit	90, 251
Altersrenten	86 ff.
– Regelaltersrente	86
– Vorgezogene Altersrenten	88
– Anhebung der Altersgrenzen	86
– Vorzeitige Inanspruchnahme der Renten	88, 89
– Rentenabschläge	89, 91 ff.
– Hinzuverdienstgrenze	106
– Vollrente oder Teilrente	105
Altersrentenarten	86 ff.
Altersteilzeitarbeit	94, 102
Annahmeverzug des Arbeitgebers	183 ff., 197
Anrechnungszeit	57, 60
Anspruchsdauer des Arbeitslosengeldes	126 ff.
Anwartschaftszeit	118
Arbeitsentgelt	9, 22, 26 ff., 35, 37 ff., 45 ff., 48 ff., 230 ff., 253 ff., 261 ff.
Arbeitskampf	79
Arbeitslosengeld	111 ff.
– Anspruchsentstehung	114
– Anspruchsvoraussetzungen	114 ff.
– Anspruchshöhe	121
– Anspruchsdauer	126
– Minderung der Anspruchsdauer	126
– Teilarbeitslosengeld	138
– Ruhen des Anspruchs	150 ff., s.a. *Ruhenstatbestände*
Arbeitslosengeld II	139 ff.
Arbeitslosenversicherung	2, 21 ff., 23, 50 ff., 114 ff., 160 ff., 186 ff., 253 ff., 261 ff.

Arbeitslosigkeit	115
Arbeitslosenhilfe	143
Arbeitslosmeldung	58, 114
Arbeitsunfähigkeit	65 ff.
Arbeitsunfall	107
Arbeitsverhältnis	3 ff., 10 ff., 21 ff., 182 ff., 270 ff., 276 ff.
Beiträge zur Sozialversicherung	
– Abzug durch Arbeitgeber	216 ff.
– Beitragstragung	209 ff.
– Beitragszahlung	209 ff.
– Einzugsstellen	212 ff.
– Gesamtsozialversicherungsbeitrag	208, 212
– Beitragsausgleich	225 ff.
Beitragsabzug durch Arbeitgeber	216
Beitragsausgleich	225 ff.
Beitragseinzug durch Krankenkassen	212 ff.
Beitragspflicht	2 ff., 21 ff., 37 ff., 50 ff., 199, 201, 202, 203
Beitragszahlung	209 ff.
Beitragszuschuss	220 ff.
Beratungspflichten des Arbeitgebers	284
Berufsunfähigkeitsrente	80
Beschäftigung	
– abhängige	3 ff.
– geringfügige	117
– kurzzeitige	116
– tatsächliches Ende	10 ff., 115, 181 ff., 192 s.a. *Beschäftigungsverhältnis*
Beschäftigungslosigkeit	115, s.a. *Arbeitslosigkeit*
Beschäftigungssuche	115
Beschäftigungsverhältnis	
– Abgrenzung vom Arbeitsverhältnis	3 ff.
– Entgeltlichkeit	9
– Beitragsrechtlicher Begriff	10 ff.
– Leistungsrechtlicher Begriff	10 ff.
– Bedeutung der tatsächlichen Verhältnisse	4, 10 ff., 20, 115, 186 ff., 193
– tatsächliches Ende	10 ff., 115, 181 ff. 192, s.a. *Arbeitsverhältnis*
Bezieher von Arbeitslosengeld, Versicherung	50, 53, 56
Bezieher von Arbeitslosengeld II, Versicherung	54, 60

Eigenbemühungen	115
Einmalige Einnahmen	30
Einmalig gezahltes Arbeitsentgelt	37 ff.
Einzugsstellen	212
Entgelt, variables	42
Entgeltfortzahlung im Krankheitsfalle	45 ff.
Entgeltlichkeit der Beschäftigung	9
Entgeltumwandlung	27
Entlassungsentschädigung	150, 230, 253 ff. 268 ff.
Erstattungspflichten des Arbeitgebers	159
Erwerbsminderungsrenten	80
Erwerbsunfähigkeitsrente	80
Forderungsübergang bei Gleichwohlgewährung	253 ff.
Fortzahlung des Arbeitslosengeldes im Krankheitsfalle	65 ff.
Freistellung	6 ff., 23
Geringfügigkeitsgrenze	116
Gesamtsozialversicherungsbeitrag	209 ff.
Gleichwohlgewährung	186 ff., 253
Hinzuverdienstgrenze	106
Jahresarbeitsentgeltgrenze	220
Krankengeld	65 ff., 240
Krankenkassen als Beitragseinzugsstellen	212
Krankenversicherung	2, 22 ff., 50 ff., 65 ff., 73 ff., 157, 220 ff., 225 ff., 240 ff.
Krankheit	65
Kurzarbeitergeld	160 ff.
Kurzarbeitergeld, Sonderformen	168 ff.
Kurzzeitigkeitsgrenze	116
Leistungen bei Arbeitslosigkeit	110 ff.
Manipulation mit Wirkung für das Sozialversicherungsrecht	4
Meldepflichten des Arbeitgebers	25
Mitgliedschaft in der Krankenversicherung	22, 65 ff.
Nettolohnklage	18
Pflegeversicherung	2, 53, 54
Regelaltersrente	86
Rente wegen Erwerbsminderung	80
Rentenabschläge	89 ff.

Rente wegen Berufs-/Erwerbsunfähigkeit	80	Verfügungsbefugnis	238
		Verletztengeld	108
Rentenversicherung	2, 21, 23, 37 ff., 56 ff., 60, 63, 80 ff., 86 ff., 151, 158, 181, 199 ff., 250 ff.	Verletztenrente	109
		– Erhöhung bei Arbeitslosigkeit	109, 232, 249
		Versicherung der Bezieher von Arbeitslosengeld	50 ff.
Ruhen des Arbeitslosengeldes	150 ff., 187, 261 ff.	Versicherung der Bezieher von Arbeitslosengeld II	54, 60
Saisonkurzarbeitergeld	168 ff.		
Sozialauswahl und Altersrentenanspruch	101	Versicherungsfall in der Krankenversicherung	65
Sozialversicherung, Gliederung in Versicherungszweige	2	Versicherungsschutz	63
		Versicherungszweige in der Sozialversicherung	2, 63
Sozialversicherungsverhältnis	1		
Teilarbeitslosengeld	138	Vollrente oder Teilrente	105
Übergangsgeld, -beihilfe	32	Vorgezogene Altersrenten	88 ff.
Unfallversicherung	2, 23, 107 ff., 48 ff., 203 ff., 245	Vorzeitige Inanspruchnahme von Altersrenten	88, 89
Urlaubsabgeltung			
Vergleich im Kündigungsschutzprozess	269 ff.	Wegeunfall	107
		Winterausfallgeld	169, *s.a. Saisonkurzarbeitergeld*
Verfügbarkeit	115		

A. Einführung

I. Sozialversicherungsverhältnis, Merkmale und Bedeutung

Das **Sozialversicherungsverhältnis** mit seinen versicherungsrechtlichen, beitragsrechtlichen und leistungsrechtlichen Folgen ist ein **öffentlich-rechtliches Rechtsverhältnis**. Es besteht aus der im Sozialversicherungsrecht geregelten Gesamtheit der Beziehungen zwischen einem Versicherungsträger, einem Versicherten sowie ggf. dritten Personen, insbes. den Arbeitgebern abhängig Beschäftigter. Es ist darauf angelegt, vornehmlich abhängig Beschäftigte (und ggf. deren Angehörige) durch Vorsorge für den Fall der Beeinträchtigung ihrer Erwerbsfähigkeit (und des Todes; hierzu zählt auch die Absicherung von Hinterbliebenen durch die Witwen-/Witwerrente) sowie des Eintritts von Arbeitslosigkeit und ihren Folgen zu schützen.

Infolge der **Gliederung der Sozialversicherung** in mehrere **Versicherungszweige** ist ein gegen Entgelt beschäftigter Arbeitnehmer regelmäßig an sechs Sozialversicherungsverhältnissen – kraft Versicherungszwangs – beteiligt, dh **versicherungspflichtig** und idR auch **beitragspflichtig**:
– in der gesetzlichen **Krankenversicherung** nach § 5 Abs. 1 Nr. 1 SGB V,
– in der sozialen **Pflegeversicherung** nach § 20 Abs. 1 S. 2 Nr. 1 SGB XI,
– in der gesetzlichen **Rentenversicherung** nach § 1 S. 1 Nr. 1 SGB VI,
– in der gesetzlichen **Unfallversicherung** nach § 2 Abs. 1 Nr. 1 SGB VII,
– in der **Arbeitslosenversicherung** nach § 25 Abs. 1 SGB III,
– in der **Insolvenzgeldversicherung** (früher Konkursausfallgeldversicherung) nach Maßgabe der §§ 165 ff. u. §§ 358 ff. SGB III; vgl. hierzu *Weigand* InsO, Anh. I, Anspruch auf Insolvenzgeld nach dem SGB III.

Die Beiträge zur Kranken-, Pflege-, Renten- und Arbeitslosenversicherung, die jeweils einen bestimmten Prozentsatz des Bruttoeinkommens bis zur Beitragsbemessungsgrenze betragen und grds. zur Hälfte von Arbeitgeber und Arbeitnehmer getragen werden, werden vom Arbeitgeber vom Entgelt einbehalten und als sog. **Gesamtsozialversicherungsbeitrag** an die zuständige Einzugsstelle abgeführt (iE s. Rdn 209 ff.). In der gesetzlichen **Unfallversicherung** werden die Beiträge allein vom Unternehmer getragen (§ 150 SGB VII). Die **Beitragsbemessungsgrenze** beträgt im Jahr 2021 jährlich 85.200 € und monatlich 7.100 € (West) bzw. 80.400 € und 6.700 € (Ost) für die **allgemeine Rentenversicherung** (vgl. Sozialversicherungs-Rechengrößenverordnung 2021 v. 30.11.2020, BGBl. I S. 2612), auf die § 341 Abs. 4 SGB III auch für den **Bereich des SGB III** ausdrücklich Bezug nimmt (zur Beitragsbemessungsgrenze im SGB V s. § 223 Abs. 3 SGB V und Rdn 220).

II. Beschäftigungsverhältnis: Begriff und Abgrenzung zum Arbeitsverhältnis im arbeitsrechtlichen Sinne

3   Der Kreis der dem öffentlich-rechtlichen Versicherungszwang unterliegenden versicherungspflichtigen Arbeitnehmer wird durch Anknüpfung an den Tatbestand der »**abhängigen Beschäftigung**« bestimmt. Dieser als »**sozialversicherungsrechtliches Beschäftigungsverhältnis**« bezeichnete Tatbestand, der durch die Weisungsabhängigkeit bzgl. Ort, Zeit, Art und Ausführung der Arbeit und die Eingliederung in den Betrieb bzw. die dienende Teilhabe am Arbeitsprozess gekennzeichnet ist (vgl. hierzu *BSG* 24.11.2020 – B 12 KR 23/19 R, WKRS 2020, 61420; 14.3.2018 – B 12 KR 3/17 R, B 12 KR 3/17 R und B 12 KR 12/17 R; 31.3.2015 – B 12 KR 17/13 R; 17.12.2014 SozR 4 – 2400 § 28p Nr. 4; 20.3.2013 SozR 4 – 2500 § 5 Nr. 15), ist wesentliches Bindeglied zwischen Arbeits- und Sozialrecht. Dabei kommt der **arbeitsrechtlichen (privatrechtlichen) Vereinbarung** zwischen dem Arbeitgeber und dem Arbeitnehmer sozialversicherungsrechtlich lediglich die Bedeutung zu, dass sie den **Ausgangspunkt** einer Beurteilung nach § 7 Abs. 1 Sozialgesetzbuch – Gemeinsame Vorschriften für die Sozialversicherung – (SGB IV) darstellt (*BSG* 23.1.2018 – B 12 KR 55/17 B; 20.3.2013 SozR 4 – 2500 § 5 Nr. 15 mwN). § 7 Abs. 1 SGB IV definiert den Tatbestand abhängiger Beschäftigung als »nichtselbstständige Arbeit, insbes. in einem Arbeitsverhältnis«. Erforderlich ist damit grds. der Vollzug eines entsprechenden Rechtsverhältnisses, wie etwa des im Gesetz exemplarisch genannten Arbeitsverhältnisses (zur Fiktion eines dreimonatigen Beschäftigungsverhältnisses eines Ausländers, der ohne die nach § 284 Abs. 1 SGB III erforderliche Genehmigung oder ohne die nach § 4 Abs. 3 AufenthG erforderliche Berechtigung zur Erwerbstätigkeit illegal beschäftigt wird, s. § 7 Abs. 4 idF des Vierten Gesetzes zur Änderung des SGB IV und anderer Gesetze v. 22.12.2011 BGBl. I S. 3057). Diese gesetzliche Definition hat keine abschließende Klärung der Streitfrage gebracht, ob und inwieweit **Identität** zwischen **sozialversicherungsrechtlichem Beschäftigungsverhältnis** und **Arbeitsverhältnis** im arbeitsrechtlichen Sinne besteht und ob damit letztlich ein **besonderer Begriff des sozialversicherungsrechtlichen Beschäftigungsverhältnisses** entbehrlich ist oder ob im Hinblick auf die im Sozialversicherungsrecht gebotene Ausrichtung an den tatsächlichen Verhältnissen das Beschäftigungsverhältnis nur einen sozialrechtlich relevanten Ausschnitt aus dem Arbeitsverhältnis darstellt, der gegenüber dem Arbeitsrecht deutliche begriffliche Abgrenzung verlangt (zur Auslegung des § 7 SGB IV *Felix* NZS 2002, 225 mwN). Virulent wird diese Frage immer dann, wenn es um die Auswirkungen von arbeitsrechtlichen Vereinbarungen (zB Freistellung im Rahmen der Block-Altersteilzeit oder nach einer ordentlichen Kündigung) im Sozialrecht geht (ausf. zu den sozialversicherungsrechtlichen Folgen der Freistellung des Arbeitnehmers *Schweiger* NZS 2013, 767; *Greiner* NZS 2009, 657; s.a. *BSG* 11.3.2014 – B 11 AL 5/13 R, NZS 2014, 436; 20.3.2013 SozR 4 – 2400 § 7 Nr. 19; 24.9.2008 SozR 4 – 2400 § 7 Nr. 9 m. Anm. *Hoehl* jurisPR-SozR 25/2009 Anm. 5; vgl. zur Beitragspflicht von in der Freistellungsphase ausgezahltem Wertguthaben nach § 7 Abs. 1a SGB IV *BSG* 20.3.2013 SozR 4 – 2400 § 7 Nr. 18; zum Bemessungsrahmen und Bemessungszeitraum [§ 150 SGB III] bei unwiderruflicher Freistellung *Bienert* info also 2018, 11).

1. Klassisches Dogma vom Beschäftigungsverhältnis und seine Entwicklung

4   Die klassische Theorie von der **Maßgeblichkeit des Faktischen**, die auch in der Rechtsprechung des BSG übernommen wurde, sieht im Beschäftigungsverhältnis den soziologischen Grundsachverhalt der persönlichen Abhängigkeit eines Arbeitnehmers von einem Arbeitgeber, der sich in tatsächlicher Verfügungsmacht des Arbeitgebers und Arbeitsbereitschaft des Arbeitnehmers äußert. Trotz des Zugeständnisses, dass die inhaltlichen Kriterien für die Bestimmung des Arbeitsverhältnisses und Beschäftigungsverhältnisses weitgehend identisch sind, hält die Rechtsprechung des BSG weiterhin an der **Eigenständigkeit des sozialversicherungsrechtlichen Beschäftigungsverhältnisses** fest (zur

sog. **Trennungsthese** *Greiner* NZS 2009, 657 mwN; s.a. *Panzer* NJW 2010, 11, 12 ff.; *Schlegel* in *Eicher/Schlegel* SGB III § 25 Rn 41 ff.; s.a. *BSG* 23.1.2018 – B 12 KR 55/17 B). Die Betonung der Maßgeblichkeit des Tatsächlichen für das Beschäftigungsverhältnis wird vornehmlich mit dem **Schutzbedürfnis des Versicherten** begründet: Der Versicherungsschutz könne nicht von der zufälligen Einhaltung zivilrechtlicher Vertragsvoraussetzungen abhängen (auch tarifvertragliche Vereinbarungen können allenfalls als Indiz im Rahmen der erforderlichen Gesamtabwägung herangezogen werden – sie bestimmen jedenfalls nicht ipso iure darüber, ob zB eine Tätigkeit sozialversicherungsrechtlich dem Typus der Beschäftigung oder dem Typus der selbstständigen Tätigkeit zuzuordnen ist, vgl. *BSG* 20.3.2013 SozR 4 – 2400 § 7 Nr. 19). Ferner sei die Loslösung vom Arbeitsvertrag und das Abstellen auf die faktische Gestaltung deshalb erforderlich, um vertragliche **Manipulationen** mit Wirkung für das Sozialversicherungsrecht auszuschließen (vgl. die Nachw. bei *Seiter* VSSR 4, 179, 199 f.; zur Manipulation zu Lasten der Krankenversicherung bei einem Beschäftigungsverhältnis zwischen Ehegatten s. eingehend *LSG BW* 1.3.2011 – L 11 KR 2278/09, mwN; s.a. *BSG* 4.12.1997 BSGE 81, 231). Der **Parteiwille** allein, dahingehend ob eine (abhängige) Beschäftigung oder Selbstständigkeit vorliegt, ist nicht maßgebend, denn die Versicherungspflicht wird in einem Sozialversicherungssystem – bei Erfüllung der tatbestandlichen Voraussetzungen – gesetzlich angeordnet und ist somit der Disposition von Arbeitgeber/Auftraggeber und Arbeitnehmer/Auftragnehmer entzogen (*BSG* 23.1.2018 – B 12 KR 55/17 B).

Ein wesentlicher Grund für die Beibehaltung eines eigenständigen Begriffs des Beschäftigungsverhältnisses im Sozialrecht ist jedoch entfallen, nachdem das Arbeitsvertragsrecht, von dem ursprünglich das Arbeitsverhältnis noch ganz bestimmt war, unter Einwirkung der Eingliederungstheorie der tatsächlichen Gestaltung und Entwicklung des Arbeitsverhältnisses eine ganz erhebliche Bedeutung beimisst. Andererseits hat sich die Tatsächlichkeitstheorie und insbs. die Rechtsprechung des BSG gezwungen gesehen, zur Vermeidung sozialpolitisch unerwünschter Folgen einer Beendigung oder Unterbrechung des Beschäftigungsverhältnisses – zB bei Urlaub, Krankheit – den dogmatischen Ausgangspunkt von der Maßgeblichkeit des Faktischen im Laufe einer langjährigen Entwicklung mehr und mehr aufzulockern und das sozialversicherungsrechtliche Beschäftigungsverhältnis zunehmend an den arbeitsvertraglichen Beziehungen zu orientieren (s. zur Rechtsprechungshistorie *BSG* 24.9.2008 SozR 4 – 2400 § 7 Nr. 9 mwN). Dadurch ist im Laufe der Zeit das Beschäftigungsverhältnis dem Arbeitsverhältnis iSd **modifizierten Vertragstheorie** weitgehend angenähert worden mit der Folge, dass regelmäßig auch für die Sozialversicherung der Bestand des Arbeitsverhältnisses die entscheidende Voraussetzung ist, an die die **Versicherungspflicht** anknüpft. Dies bedeutet nicht nur, dass ein versicherungspflichtiges Beschäftigungsverhältnis grds. anzunehmen ist, wenn nach arbeitsrechtlichen Grundsätzen ein Arbeitsverhältnis besteht, sondern auch, dass ein **versicherungspflichtiges Beschäftigungsverhältnis** auch in Zeiten **fortdauert**, in denen **tatsächlich nicht gearbeitet** wird, sofern nur das Arbeitsverhältnis fortbesteht und Arbeitgeber und Arbeitnehmer den **Willen** haben, das Beschäftigungsverhältnis **fortzusetzen** (vgl. *BSG* 11.3.2014 – B 11 AL 5/13 R, NZS 2014, 436; 4.7.2012 SozR 4 – 4300 § 123 Nr. 6). So wird zB das Beschäftigungsverhältnis durch Urlaub (*BSG* 26.3.1980 – 3 RK 9/79, USK 8062), Krankheit, Lehrgänge, Wehrübungen (*BSG* 14.9.1989 BSGE 65, 266 = SozR 2400 § 2 Nr. 28), Kurzarbeit (*BSG* 11.3.2014 – B 11 AL 5/13 R, NZS 2014, 436), Inhaftierung (*BSG* 18.4.1991 BSGE 68, 236 = SozR 3 – 4100 § 104 Nr. 6) oder Freistellung von der Arbeit (*BSG* 20.3.2013 SozR 4 – 2400 § 7 Nr. 19) nicht beendet oder unterbrochen, wenn in dieser Zeit der Arbeitgeber zur Entgeltzahlung verpflichtet bleibt; dieses Entgelt unterliegt der **Versicherungs- und Beitragspflicht** (*BSG* 12.11.1975 BSGE 41, 24, 26; 31.8.1976 SozR 2200 § 1227 Nr. 4, jeweils mwN). Da es unerheblich ist, ob derartige Phasen ohne Arbeitsleistung am Anfang (s. hierzu § 7 Abs. 1a S. 2 SGB IV) oder am Ende des Arbeitsverhältnisses liegen, ist grds. auch während des **Annahmeverzugs des Arbeitgebers** nach unwirksamer Kündigung (*BSG* 26.11.1985 BSGE 59, 183 = SozR 4100 § 168 Nr. 19) von der Fortdauer eines versicherungspflichtigen Beschäftigungsverhältnisses auszugehen (s. Rdn 183 f.). Vgl. aber zur (Funktions-)Differenzierung zwischen Arbeits- und Beschäftigungsverhältnis im Leistungsrecht der Arbeitslosenversicherung Rdn 10 ff., 181 ff.

6 Die skizzierte Entwicklung der Rechtsprechung hat in der Entscheidungen des *BSG* v. 24.9.2008 (SozR 4 – 2400 § 7 Nr. 9; BSGE 101, 273 = SozR 4 – 2400 § 7 Nr. 10) zur **einvernehmlichen und unwiderruflichen Freistellung** von der Arbeitsleistung bis zum Ende des Arbeitsverhältnisses **bei fortlaufender Zahlung des Arbeitsentgelts** einen vorläufigen Endpunkt erreicht (vgl. hierzu auch *Seewald* SGb 2010, 448; *Panzer* NJW 2010, 11, 13 ff.; *Kock/Fandel* DB 2009, 2321), denn das *BSG* hat in den genannten Entscheidungen der bisherigen Praxis (zB Vereinbarung einer arbeitgeberdisponiblen, widerruflichen Freistellung zur Beibehaltung eines rudimentären »tatsächlichen Bandes« mit dem Ziel des Weiterbestehens eines Beschäftigungsverhältnisses) den Boden entzogen und die Dominanz des Faktischen in diesem Bereich aufgegeben (dazu ausf. *Greiner* NZS 2009. 657, 661 ff.; *Hoehl* jurisPR-SozR 25/2009 Anm. 5; zu den sozialversicherungsrechtlichen Folgen der Freistellung des Arbeitnehmers *Schweiger* NZS 2013, 767). Danach ergibt sich aus dem **Schutzzweck der Sozialversicherung**, dass die tatsächliche Arbeitsleistung »durch andere Umstände ersetzt werden« kann. Ein ausreichender Vollzug des Arbeitsverhältnisses liegt mithin auch dann vor, wenn der Dienstverpflichtete »bei Fortbestand des rechtlichen Bandes aufgrund gesetzlicher Anordnung oder durch eine besondere vertragliche Abrede von seiner – damit jeweils als grds. weiterbestehend vorausgesetzten – Leistungspflicht befreit wird« (*BSG* 24.9.2008 SozR 4 – 2400 § 7 Nr. 9). Eine **tatsächliche Wiederaufnahme** des Beschäftigungsverhältnisses wird mithin **nicht mehr gefordert**. Voraussetzung bleibt allerdings, dass das Arbeitsverhältnis in der **Vergangenheit tatsächlich vollzogen** worden war und bis zum Arbeitsende **Arbeitsentgelt geleistet** wird. Ohne diese »Vorbedingungen«, kann kein Beschäftigungsverhältnis ent- bzw. (weiter-)bestehen (Zweck: Abwehr von Missbrauch). Der umgekehrte Fall, nämlich der des Bestehens eines wirksamen Arbeitsvertrags mit einem erst späteren Beginn der tatsächlichen Beschäftigung (**Freistellung zu Beginn des Arbeitsvertrags**), führt – unter Beachtung der genannten Entscheidung des BSG – ebenfalls zur Bejahung eines Beschäftigungsverhältnisses, wenn dieses später tatsächlich vollzogen und zuvor bereits (angemessenes) Arbeitsentgelt geleistet wird. Diese neuere Entwicklung in der Rechtsprechung (bestätigt durch *BSG* 11.12.2014 – B 11 AL 2/14 R; 11.3.2014 – B 11 AL 5/13 R, NZS 2014, 436; 20.3.2013 SozR 4 – 2400 § 7 Nr. 19; 4.7.2012 SozR 4 – 4300 § 123 Nr. 6) ist uneingeschränkt zu begrüßen, da – insbes. im Hinblick auf die vom Gesetzgeber selbst normierten Durchbrechungen (vgl. § 7 Abs. 1a SGB IV zum Fortbestehen des Beschäftigungsverhältnisses in der Freistellungsphase bei Block-Altersteilzeit sowie § 7 Abs. 2 SGB IV zur Fiktion des Beschäftigungsverhältnisses bei betrieblicher Berufsbildung) – keine überzeugenden Gründe existieren, nach der rechtlichen Grundlage der fehlenden Arbeitsleistung zu differenzieren (zum Fortbestehen des Beschäftigungsverhältnisses auch im leistungsrechtlichen Sinn bei Freistellung im Blockmodell s. Rdn 11).

7 Die **einvernehmliche unwiderrufliche Freistellung** bei fortbestehendem Arbeitsverhältnis unter Fortzahlung des Arbeitsentgelts führt nicht zum Wegfall des **Sozialversicherungsschutzes** (in der gesetzlichen Kranken-, Pflege-, Renten- und Arbeitslosenversicherung; BSG 11.12.2014 – B 11 AL 2/14 R, SozR 4 – 4300 § 124 Nr. 6). Allerdings wird im Bereich der **gesetzlichen Unfallversicherung** die Auffassung vertreten, dass (iS einer funktionsdifferenten Auslegung des Begriffs der Beschäftigungslosigkeit – s. hierzu auch Rdn 11) bei einer einvernehmlichen und unwiderruflichen Freistellung wegen des Charakters der Unfallversicherung (iS einer »Haftpflichtversicherung«) kein beitragsrechtliches Beschäftigungsverhältnis mehr vorliegt (vgl. hierzu das Besprechungsergebnis des GKV-Spitzenverbandes, der Deutschen Rentenversicherung Bund und der Bundesagentur für Arbeit über Fragen des gemeinsamen Beitragseinzugs am 2./3.11.2010, Top 2, S. 5). Denn insoweit liege kein zu versicherndes Risiko mehr vor. Für diesen Fall sind vom Arbeitgeber in den Entgeltmeldungen mithin keine Daten mehr zur Unfallversicherung zu melden.

8 Ob es allerdings eine **zeitliche Obergrenze bei der Freistellung** (iS einer absoluten Höchstgrenze) im Hinblick auf einen Wegfall der Sozialversicherungspflicht gibt, hat das BSG bisher nicht entschieden (hierzu *Kock/Fandel* DB 2009, 2321, 2325). Eine fünfjährige Freistellung bei Altersteilzeit bei vorangegangenem tatsächlichen Vollzug des Arbeitsverhältnisses hat es für zulässig erachtet (*BSG* 24.9.2008 BSGE 101, 273 = SozR 4 – 2400 § 7 Nr. 10; zur Altersteilzeit »Null« *Panzer* NJW 2010, 11, 14 mwN). Maßgeblich dürfte das (angemessene) Verhältnis zwischen der Dauer des zuvor tatsächlich ausgeübten Beschäftigungsverhältnisses und der Freistellungsphase sein (so auch

Seewald SGb 2010, 448, 457). Bei Unklarheiten steht den Arbeitsvertragsparteien eine Anfrage bei der Deutschen Rentenversicherung (zum Bestehen einer Beschäftigung, § 7a SGB IV; s. hierzu *BSG* 11.3.2009 BSGE 103, 17 = SozR 4 – 2400 § 7a Nr. 2, wonach § 7a SGB IV nicht zur Elementenfeststellung des Vorliegens einer abhängigen Beschäftigung ermächtigt – es muss vielmehr die Versicherungspflicht in allen Zweigen der Sozialversicherung konkret geprüft werden) oder bei der zuständigen Einzugsstelle (zum Bestehen von Versicherungspflicht, § 28h SGB IV) offen.

2. Bedeutung der Entgeltlichkeit des Beschäftigungsverhältnisses

Wie für das Arbeitsverhältnis ist auch für das Beschäftigungsverhältnis streitig, ob die **Entgeltlichkeit** Merkmal dieses Verhältnisses ist (bejahend zB *Wertenbruch/Meier* SGb 1973, 297, 302 f.; *Greiner* NZS 2009, 657, 662; krit., zumindest bei kurzzeitigen Unterbrechungen des Beschäftigungsverhältnisses, *Seewald* SGb 2010, 448, 547). Im Sozialversicherungsrecht ist die Entgeltlichkeit richtigerweise als ein **selbstständiges Element** neben dem Beschäftigungsverhältnis anzusehen, das zusammen mit diesem erst die **Versicherungspflicht**, also das Sozialversicherungsverhältnis begründet (diese Ansicht wird bestätigt durch die neueren Entscheidungen des *BSG* 11.12.2014 – B 11 AL 2/14 R, SozR 4 – 4300 § 124 Nr. 6; 11.3.2014 – B 11 AL 5/13 R, NZS 2014, 436; 20.3.2013 SozR 4 – 2400 § 7 Nr. 19; 4.7.2012 SozR 4 – 4300 § 123 Nr. 6). Bei einer Abhängigkeit des Sozialversicherungsverhältnisses vom Bestand des Arbeitsverhältnisses bedarf es der Entgeltlichkeit als eines weiteren zusätzlichen Merkmals für die Versicherungspflicht schon deshalb, weil es arbeitsrechtlich ohne Weiteres möglich ist, suspendierte Arbeitsverhältnisse ohne Entgeltzahlung beliebig lange aufrecht zu erhalten. Dies kann vom Sozialversicherungsrecht aus nicht hingenommen werden, weil sonst der Versicherungsschutz – etwa durch Vereinbarung eines unbezahlten Urlaubs – auf unabsehbare Zeit erreicht werden könnte. Beim Erfordernis der Entgeltlichkeit gibt es jedoch **Ausnahmen** und **Modifizierungen**: Teilweise entsteht trotz des Bezugs von Arbeitsentgelt keine Versicherungspflicht (zB beim Überschreiten bestimmter Verdienstgrenzen, § 6 Abs. 1 Nr. 1, Abs. 6 und 7 SGB V), teilweise tritt auch ohne Arbeitsentgelt Versicherungspflicht ein (zB bei Berufsausbildung ohne Arbeitsentgelt, § 1 S. 1 Nr. 1 SGB VI – zu beachten ist, dass Auszubildende keinen Anspruch auf den ab 1.1.2015 geltenden gesetzlichen Mindestlohn haben, vgl. die Ausnahmeregelung in § 22 Abs. 3 MiLoG; allg. zu den Auswirkungen des gesetzlichen Mindestlohns auf die Sozialleistungssysteme *Bäcker* NDV 2014, 494). Beitragsfrei gestellte Versicherungsverhältnisse mit Leistungsanwartschaft können jedoch, wenn überhaupt, nur in zeitlich begrenzten Umfang hingenommen werden. So sieht § 7 Abs. 3 SGB IV seit 1.1.1999 – einheitlich für die Kranken-, Pflege-, Renten- und Arbeitslosenversicherung – vor, dass eine Beschäftigung gegen Arbeitsentgelt als fortbestehend gilt, solange das Beschäftigungsverhältnis ohne Anspruch auf Arbeitsentgelt fortdauert, jedoch nicht länger als 1 Monat (dies gilt allerdings nicht, wenn Krankengeld, Krankentagegeld, Verletztengeld, Versorgungskrankengeld, Übergangsgeld, Pflegeunterstützungsgeld oder Mutterschaftsgeld oder nach gesetzlichen Vorschriften Erziehungsgeld oder Elterngeld bezogen oder Elternzeit in Anspruch genommen oder Wehrdienst oder Zivildienst geleistet wird bzw. für die Freistellung nach § 3 PflegeZG, vgl. zu Letzterem *LSG Bay.* 25.2.2015 – L 2 P 25/13). Derart kurze Unterbrechungen der Arbeitsleistung galten auch nach bisherigem Recht als unschädlich für den Fortbestand des versicherungspflichtigen Beschäftigungsverhältnisses, zB nach § 192 Abs. 1 Nr. 1 SGB V aF für einen unbezahlten Urlaub (s. Rdn 78). Zu beachten ist, dass **pflegende Personen** während der Inanspruchnahme einer Pflegezeit iSd PflegeZG nach Maßgabe des SGB III versichert sind (§ 44a Abs. 2 SGB XI aF, seit 1.1.2017: § 26 Abs. 2b SGB III). Eine analoge Anwendung des § 44a SGB XI aF (seit 1.1.2017: § 26 Abs. 2b SGB III) bei bereits gekündigtem Beschäftigungsverhältnis scheidet aus (*LSG Bay.* 25.2.2015 – L 2 P 25/13).

3. Beitragsrechtlicher und leistungsrechtlicher Begriff des Beschäftigungsverhältnisses

Trotz des heute praktisch übereinstimmenden **gemeinsamen Grundtatbestandes** von Arbeitsverhältnis (vgl. § 611a BGB; hierzu *BAG* 21.11.2017 – 9 AZR 17/17) und **Beschäftigungsverhältnis** ist aber zu beachten, dass sich die beiden Begriffe in Sonderbereichen des Sozialversicherungsrechts im Hinblick auf die dort maßgeblichen **speziellen Schutzziele** erheblich unterscheiden; hierbei kann der Begriff des Beschäftigungsverhältnisses sogar innerhalb der einzelnen Versicherungszweige unterschiedliche Bedeutung haben (krit. hierzu *Greiner* NZS 2009, 657, 662 ff.). Dies gilt insbes. für das Recht der **Arbeitslosenversicherung**, das wegen seiner Funktion, dem Beschäftigungslosen Sofortleistungen für den ausgefallenen Lohn zur Verfügung zu stellen, im **Leistungsbereich** eine Ausrichtung am **Faktischen** – der tatsächlichen Beschäftigungslosigkeit – bedarf, während auch dort hinsichtlich der **Beitragspflicht** der mit dem Begriff des Arbeitsverhältnisses übereinstimmende Begriff Beschäftigungsverhältnis maßgebend bleibt.

11   Nach st. Rspr. des *BSG* ist der Begriff »Beschäftigungsverhältnis« in der Sozialversicherung **funktionsdifferent** auszulegen, dh der gleiche Begriff ist im Leistungsrecht der Arbeitslosenversicherung anders bzw. unabhängig davon auszulegen, wie er im Beitragsrecht bzw. im Bereich der Versicherungspflicht zu verstehen ist (vgl. BSG 10.7.2012 SozR 4 – 2600 § 96a Nr. 14 Rn 40 mwN; 21.7.2009 BSGE 104, 90 = SozR 4 – 4300 § 144 Nr. 18 m. Anm. *Rolfs/Heikel* SGb 2010, 307; *Gagel* jurisPR-SozR 26/2009 Anm. 2; *BSG* 24.9.2008 SozR 4 – 2400 § 7 Nr. 9; *Schlegel* NZA 2005, 972 ff., insbes. zur Freistellung von der Arbeit – zuletzt hierzu *Schweiger* NZS 2013, 767; zum Schutz der gesetzlichen Unfallversicherung, der nur bei tatsächlicher Arbeitsleistung eintritt, *Seewald* SGb 2010, 448, 456 f.; zur funktionsdifferenten Auslegung des Beschäftigungsverhältnisses im leistungsrechtlichen Sinn im Bereich der Rentenversicherung bei der Anrechnung der Urlaubsabgeltung als rentenschädlicher Hinzuverdienst BSG 26.4.2018 – B 5 R 26/16 R). Aber auch im **Leistungsrecht der Arbeitslosenversicherung selbst** gilt, dass der übliche leistungsrechtliche Begriff der Beschäftigungslosigkeit funktionsdifferent auszulegen ist. Dies hat das *BSG* in seiner Entscheidung v. 21.7.2009 (BSGE 104, 90 = SozR 4 – 4300 § 144 Nr. 18; fortgeführt in den Entscheidungen vom 12.10.2017 – B 11 AL 17/16 R, und 12.9.2017 – B 11 AL 25/16 R, SozR 4 – 4300 § 159 Nr. 3) zur Freistellungsphase im Rahmen der **Altersteilzeit im Blockmodell** ausdrücklich klargestellt. Danach ist – entgegen dem Regelfall bei Freistellungen außerhalb der Altersteilzeit – nach dem Sinn und Zweck des Altersteilzeitgesetzes bei der Altersteilzeit im Blockmodell die **rein tatsächliche Beschäftigungslosigkeit** – wie ansonsten in Sperrzeitfällen (vgl BSGE 89, 243, 249 = SozR 3 – 4300 § 144 Nr. 8 S. 18; BSGE 95, 232 ff = SozR 4 – 4300 § 144 Nr. 11, jeweils Rn 10) – auch **im leistungsrechtlichen Sinn nicht maßgebend** (zust. *Rolfs/Heikel* SGb 2010, 307, 308 f.; s. hierzu zuletzt auch *BSG* 12.10.2017 – B 11 AL 17/16 R; 12.9.2017 – B 11 AL 25/16 R, SozR 4 – 4300 § 159 Nr. 3). Insoweit tritt – unter Abweichung vom üblichen leistungsrechtlichen Begriff der Beschäftigungslosigkeit – während der Freistellungsphase bei Altersteilzeit im Blockmodell auch im leistungsrechtlichen Bereich **keine Beschäftigungslosigkeit** ein, mit der Folge, dass während der Freistellungsphase kein Anspruch auf Arbeitslosengeld entsteht (dies übersehen *Seewald* SGb 2010, 44, 455 und *Hoehl* jurisPR-SozR 25/2009 Anm. 5, die annehmen, wegen der Zahlung des Arbeitsentgelts ruhe der Anspruch auf Arbeitslosengeld nach § 157 SGB III). Denn während der Freistellungsphase verbleibt regelmäßig ein »**Restdirektionsrecht**« beim Arbeitgeber, sodass eine komplette Lösung noch nicht vorliegt. Erst nach dem Ende der Freistellungsphase tritt die Beschäftigungslosigkeit (im Beitrags- und Leistungsrecht) ein, sodass ein Anspruch auf Arbeitslosengeld erst ab diesem Zeitpunkt entstehen kann und eine etwaige Sperrzeit (bei Fehlen eines wichtigen Grundes) erst ab diesem Tag zu laufen beginnt (*BSG* 21.7.2009 BSGE 104, 90 = SozR 4 – 4300 § 144 Nr. 18; *BSG* 12.10.2017 – B 11 AL 17/16 R; 12.9.2017 – B 11 AL 25/16 R, SozR 4 – 4300 § 159 Nr. 3; s. hierzu auch KR-*Link/Lau* § 159 SGB III Rdn 69).

12   Der **leistungsrechtliche** Begriff des **Beschäftigungsverhältnisses** im Arbeitsförderungsrecht ist aus Gründen der Schutzbedürftigkeit der betroffenen Arbeitnehmer entwickelt worden (ausdrücklich auf den Schutzgedanken rekurrierend *BSG* 16.8.2017 – B 12 KR 14/16 R, SozR 4 – 2400 § 7 Nr. 31 Rn 32), weil diese der Sofortleistungen bedürfen, sobald sie **tatsächlich beschäftigungslos** sind und kein Arbeitsentgelt mehr erhalten, mag auch das Arbeitsverhältnis noch bestehen. Die Beschäftigung im leistungsrechtlichen Sinne ist mithin unabhängig vom (Fort-)Bestehen eines Arbeitsverhältnisses iSd Arbeitsrechts durch die tatsächliche Nichtbeschäftigung des Versicherten, dh die fehlende Arbeitsleistung gekennzeichnet (vgl *BSG* 25.4.2002 BSGE 89, 243 = SozR 3 – 4300 § 144 Nr. 8; 17.10.2002 – B 7 AL 92/01 R, info also 2003, 77; 18.12.2003 BSGE 92, 74 =

SozR 4 – 4300 § 144 Nr. 6). Selbst wenn Beschäftigungslosigkeit im leistungsrechtlichen Sinne gegeben ist, schließt dies aber das Vorliegen einer Beschäftigung im beitragsrechtlichen Sinne nicht aus. Denn das **beitragsrechtliche Beschäftigungsverhältnis** knüpft an die Invollzugsetzung eines beitragspflichtigen Beschäftigungsverhältnisses iS eines entgeltlichen Arbeitsverhältnisses an und es besteht solange, wie das Arbeitsverhältnis im rechtlichen Sinn fortbesteht (dh bis zu dessen Ende durch Kündigung; s.a. Rdn 23).

Maßgeblich für die Beurteilung, ob das **leistungsrechtliche Beschäftigungsverhältnis fortbesteht**, ist die Frage, ob der Betroffene während der Zeiten tatsächlicher Beschäftigungslosigkeit weiterhin einem **umfassenden Weisungsrecht** des Arbeitgebers untersteht oder ob dieses aufgegeben wurde (vgl. hierzu auch die Rspr. des BSG zum Restdirektionsrechts im Rahmen der Freistellungsphase bei Altersteilzeit im Blockmodell in Rdn 11). Wenn ein Mitarbeiter in Phasen, in denen er vertraglich keine Leistung schuldet, weiterhin (rechtlich und faktisch) einem Weisungsrecht des Arbeitgebers unterliegt und die gesamten Umstände der Vertrags- und Arbeitsgestaltung für das Fortbestehen eines Rechtsverhältnisses sprechen (iS einer »**Gesamtwürdigung**«), dann er ist er an diesen Tagen, obwohl eine Arbeitsleistung vertraglich nicht verlangt werden kann und er tatsächlich nicht arbeitet, nicht arbeitslos iSd Arbeitsförderungsrechts (*BSG* 11.3.2014 – B 11 AL 5/13 R, NZS 2014, 436 zu Nichteinsatzzeiten von ZDF-Mitarbeitern). 13

Ein weiteres signifikantes Beispiel ist der **Kündigungsschutzprozess**, während dessen Verlauf der Zeitpunkt der Beendigung des Arbeitsverhältnisses noch nicht feststeht. Hier tritt die Arbeitsverwaltung mit Arbeitslosengeld sogar dann ein, wenn sich der Arbeitgeber bei fortbestehendem Arbeitsverhältnis in Annahmeverzug befindet und der Anspruch auf Arbeitslosengeld an sich wegen des Anspruchs auf Arbeitsentgelt ruht (sog. Gleichwohlgewährung, s. Rdn 186 ff.; s.a. *Fuhlrott/Oltmanns* BB 2017, 2677). 14

Auch im **Sperrzeitenrecht** stellt das Gesetz mit dem Begriff »Lösung des Beschäftigungsverhältnisses« bewusst auf den leistungsrechtlichen Begriff, nämlich auf die faktische Beschäftigungslosigkeit ab, nicht hingegen auf die Beendigung des Arbeitsverhältnisses, sodass eine rechtsgeschäftliche Betrachtung hier nicht (allein) maßgeblich ist (vgl. KR-*Link/Lau* § 159 SGB III Rdn 43 ff.; ausf. zur Frage der sperrzeitrechtlichen Auswirkungen der Freistellung durch den Arbeitgeber *Schweiger* NZS 2013, 767). 15

Hiervon zu unterscheiden ist der **beitragsrechtliche** Begriff des Beschäftigungsverhältnisses, der weitgehend an den Merkmalen eines Arbeitsverhältnisses auszurichten ist, selbst wenn die Arbeitskraft des Versicherten tatsächlich nicht in Anspruch genommen wird (vgl. *BSG* 24.9.2008 SozR 4 – 2400 § 7 Nr. 9; B 12 KR 27/07 R, BSGE 101, 273 = SozR 4 – 2400 § 7 Nr. 10; *Panzer* NJW 2010, 11, 12; *Gagel* SGb 1981, 253 ff.; s. ausf. hierzu Rdn 6 und Rdn 12). 16

Versicherungspflicht und Beitragspflicht eines Beschäftigungsverhältnisses sind grds. dann anzunehmen, wenn ein Arbeitnehmer – ob mit oder ohne wirksamen Arbeitsvertrag – in den **Arbeitgeberbetrieb eingegliedert** ist und **tatsächliche Arbeit leistet**, sofern er ein Arbeitsentgelt erhält, das der Höhe nach Versicherungs- bzw. Beitragspflicht auslöst (dh über der Geringfügigkeitsgrenze iSv § 8 Abs. 1 SGB IV von zurzeit 450 EUR im Monat liegt; s. Rdn 117). 17

Versicherungs- und Beitragspflicht besteht aber auch dann, wenn der Arbeitgeber das Arbeitsentgelt nicht oder nicht rechtzeitig zahlt, sofern nur ein (wirksamer) **Anspruch auf Arbeitsentgelt** besteht. Der Anspruch steht der tatsächlichen Zahlung gleich (sog. »**Entstehungsprinzip**« [im Gegensatz zum »Zuflussprinzip«], s. hierzu *BSG* 7.5.2014 SozR 4 – 2400 § 17 Nr. 1), weil der Arbeitgeber anderenfalls durch Vorenthaltung des Arbeitsentgelts einseitig über den Sozialversicherungsschutz des Mitarbeiters disponieren könnte. Im Hinblick auf die Beitragshöhe kommt es im Übrigen nicht auf das tatsächlich ausgezahlte, sondern vielmehr auf das arbeitsrechtlich geschuldete Arbeitsentgelt an (*BSG* 29.7.2015 – B 12 KR 4/13 R; dies gilt selbst dann, wenn der versicherungspflichtig Beschäftigte in einem arbeitsgerichtlichen Rechtsstreit nur den Nettolohnanspruch geltend macht [Nettolohnklage], vgl. *LSG BW* 27.3.2009 – L 4 KR 1833/07, ZInsO 2009, 1832); dies gilt nur dann nicht, wenn das tatsächlich ausgezahlte Arbeitsentgelt höher ist als das vertraglich geschuldete. 18

Dann ist das tatsächlich gezahlte (höhere) Arbeitsentgelt zu verbeitragen (in diesem Fall gilt mithin das **Zuflussprinzip**; zu den beitragsrechtlichen Auswirkungen des Equal Pay-Anspruchs nach § 8 AÜG *BSG* 18.1.2018 – B 12 R 3/16 R; s.a. *Zieglmeier NZS 2017, 321*). In der Praxis sind dies die Fälle, die im Rahmen der Betriebsprüfung nach § 28p SGB IV oder bei Schwarzarbeitkontrollen auffallen.

19 Die Beitragspflicht besteht auch dann, wenn der Arbeitnehmer keine Arbeit leistet, etwa weil er vom Arbeitgeber gegen Fortzahlung des Arbeitsentgelts von der Arbeit **freigestellt** ist (s. Rdn 6) oder sonst eine Pflicht des Arbeitgebers zur Fortzahlung des Arbeitsentgelts besteht, insbes. bei **Annahmeverzug des Arbeitgebers**, wenn der Arbeitnehmer nach einer unwirksamen Kündigung diesem seine Arbeitskraft zur Verfügung stellt (st. Rspr. des *BSG*, vgl. *BSG* 25.9.1981 BSGE 52, 152, 155 f. = SozR 2100 § 25 Nr. 3; vgl. hierzu auch *Fuhlrott/Oltmanns* BB 2017, 2677).

20 Abgesehen von diesen Sonderbereichen dient die Beibehaltung eines eigenständigen Begriffs (Beschäftigungsverhältnis) heute vornehmlich nur noch dazu, die **besondere Bedeutung** der **tatsächlichen Verhältnisse** für das Sozialversicherungsrecht zu betonen, um zu verhindern, dass **privatrechtliche Gestaltungen** dazu benutzt werden, das Sozialversicherungsrecht bzw. **sozialversicherungsrechtliche Schutzziele zu umgehen** (s. hierzu *BSG* 23.1.2018 – B 12 KR 55/17 B). Privatrechtliche Manipulationen mit Wirkung für das Sozialversicherungsrecht, sei es, dass die Beteiligten der Beitragspflicht entgehen wollen, sei es, dass Versicherungsleistungen erschlichen werden sollen, sollen hierdurch ausgeschlossen werden (vgl. hierzu *BSG* 23.1.2018 – B 12 KR 55/17 B; *LSG BW* 1.3.2011 – L 11 KR 2278/09). Dies hat insbes. Bedeutung für die Auslegung von **Vergleichen**, die im Kündigungsschutzprozess mit Auswirkungen für das Sozialversicherungsrecht geschlossen werden (s. Rdn 269 f.).

B. Sozialversicherungsrechtliche Rechtsstellung wirksam gekündigter Arbeitnehmer

I. Rechtsstellung im Beitragsrecht nach Auflösung des Arbeitsverhältnisses

1. Beendigung der Beitragspflicht

a) Grundsätze

21 Die **Beiträge zur Sozialversicherung** sind grds. nur so lange zu erbringen, wie das Arbeitsverhältnis besteht. Mit der wirksamen Auflösung des Arbeitsverhältnisses endet grds. auch die Beitragspflicht (zu den Ausnahmen vgl. Rdn 24, 32 f., 45).

22 In der **Krankenversicherung** ergibt sich diese Rechtsfolge aus § 190 Abs. 2 SGB V. Danach endet die **Mitgliedschaft** versicherungspflichtig Beschäftigter mit dem Ablauf des Tages, an dem das Beschäftigungsverhältnis gegen Arbeitsentgelt endet. Mit der Mitgliedschaft endet auch die **Beitragspflicht**, § 223 Abs. 1 SGB V. Zu Beginn und Ende der Mitgliedschaft vgl. §§ 186 bis 192 SGB V (s. dazu *BSG* 15.12.1994 – 12 RK 7/93). Die Mitgliedschaft hat für die gesetzliche Krankenversicherung zentrale Bedeutung, nicht nur für die Versicherungs- und Beitragspflicht, sondern auch für die Leistungsansprüche (s. Rdn 65 f.). Das **Beschäftigungsverhältnis** – und damit die Beitragspflicht – endet nicht bereits durch tatsächliche Einstellung der Arbeit, zB infolge Annahmeverzugs des Arbeitgebers oder durch Freistellung von der Arbeit im Konkurs (*BSG* 26.11.1985 BSGE 59, 183 = SozR 4100 § 168 Nr. 19), weil Arbeits- und Beschäftigungsverhältnis samt den von ihrem Bestehen abhängigen Rechtsfolgen nach den sozialversicherungsrechtlichen Schutzzielen grds. nicht auseinanderfallen dürfen. Solange dem Arbeitnehmer **Arbeitsentgelt** zusteht, gebietet es die sozialversicherungsrechtliche **Solidarität**, dass er sich mit entsprechenden Beiträgen an der Finanzierung der Leistungen seiner Versichertengemeinschaft beteiligt. Zu Zweifelsfällen beim Ende der Mitgliedschaft vgl. *Gagel* SGb 1985, 268 ff. Trotz Fortdauer des Beschäftigungsverhältnisses endet die Versicherungs- und Beitragspflicht, wenn kein Arbeitsentgelt mehr oder nur noch geringfügiges Entgelt gezahlt wird. Mit dem Ende der **Entgeltlichkeit** muss auch das Ende der **Mitgliedschaft** angenommen werden, es sei denn, dass etwa die Mitgliedschaft nach Sonderregelungen

fortbesteht (zB bei fortbestehendem Beschäftigungsverhältnis ohne Entgeltzahlung für längstens einen Monat, § 7 Abs. 3 SGB IV; im Falle eines rechtmäßigen Arbeitskampfes bis zu dessen Beendigung, § 192 Abs. 1 Nr. 1 SGB V). Die **Mitgliedschaft Versicherungspflichtiger** bleibt über das Ende des Beschäftigungsverhältnisses hinaus erhalten, solange **Anspruch auf Krankengeld** (hierzu *BSG* 4.3.2014 SozR 4 – 2500 § 192 Nr. 6; 4.3.2014 – SozR 4 – 2500 § 5 Nr. 22; 5.5.2009 SozR 4 – 2500 § 192 Nr. 4), **Mutterschaftsgeld** oder **Erziehungsgeld** (hierzu *BSG* 30.11.2016 – B 12 KR 6/15 R, SozR 4 – 2500 § 224 Nr. 2) besteht oder eine dieser Leistungen oder Erziehungsgeld oder Elterngeld bezogen oder Elternzeit in Anspruch genommen oder Pflegeunterstützungsgeld (§ 44a Abs. 1 SGB XI) bezogen wird (§ 192 Abs. 1 Nr. 2 SGB V; s. Rdn 75 ff.). Während der **Schwangerschaft** bleibt die Mitgliedschaft einer versicherungspflichtigen Frau auch dann erhalten, wenn das Beschäftigungsverhältnis vom Arbeitgeber zulässig aufgelöst oder das Mitglied unter Wegfall des Arbeitsentgelts beurlaubt worden ist, es sei denn, es besteht eine Mitgliedschaft nach anderen Vorschriften (§ 192 Abs. 2 SGB V). Die Mitgliedschaft für die Dauer des Krankengeld- und Mutterschaftsgeld-Anspruchs oder des Bezugs von Elterngeld oder des für verfassungswidrig erklärten Betreuungsgeldes (vgl. *BVerfG* 21.7.2015 – 1 BvF 2/13) ist für die genannten Leistungen **beitragsfrei** (§ 224 Abs. 1 SGB V).

Bei den **übrigen Versicherungszweigen** (Rentenversicherung, Unfallversicherung, Arbeitslosenversicherung) endet die Beitragspflicht entsprechend dem für ihre Entstehung maßgebenden Grundgedanken, dass nur die abhängige Beschäftigung durch die Versicherung geschützt werden soll, grds. mit der Aufgabe des Beschäftigungs- bzw. Arbeitsverhältnisses. Bei der **einseitigen widerruflichen Freistellung** besteht das beitragsrechtliche Beschäftigungsverhältnis bis zum rechtlichen Ende des Arbeitsverhältnisses fort, und zwar auch dann, wenn (bei wirksamen Zahlungsanspruch) das Arbeitsentgelt tatsächlich nicht gezahlt wird (s. hierzu und im Folgenden ausf. *Schweiger* NZS 2013, 767). Solange die Dienstbereitschaft des Arbeitnehmers besteht, gilt dies auch für die **einseitige unwiderrufliche Freistellung,** da der Arbeitgeber sonst einseitig über den Sozialversicherungsschutz des Arbeitnehmers disponieren könnte. Bei der **einvernehmlichen widerruflichen Freistellung** besteht das beitragsrechtliche Beschäftigungsverhältnis ebenfalls fort, solange Arbeitsentgelt gezahlt wird (*BSG* 24.9.2008 SozR 4 – 2400 § 7 Nr. 9; ohne Entgeltzahlung [Ausnahme: Bezug von Kurzarbeitergeld, § 24 Abs. 3 SGB III] hat das Versicherungspflichtverhältnis für maximal einen Monat ab Freistellung Bestand, § 7 Abs. 3 S. 1 SGB IV). Im Falle **der einvernehmlichen unwiderruflichen Freistellung** bei Fortzahlung des Arbeitsentgelts und bei zuvor bereits vollzogenem Arbeitsverhältnis besteht die Versicherungspflicht weiter (einzige Ausnahme: die Beitragspflicht in der gesetzlichen Unfallversicherung erlischt, vgl. hierzu Rdn 7). Erfolgt die Freistellung unentgeltlich bzw. nur gegen Zahlung einer Abfindung, gilt die gesetzliche Fiktion des § 7 Abs. 3 S. 1 SGB IV. Mit Abschluss eines neuen Arbeitsverhältnisses entsteht aber wiederum neue Beitragspflicht, die nunmehr vom neuen Arbeitgeber erfüllt werden muss.

Eine Beitragspflicht kann über das Ende des Arbeitsverhältnisses hinaus fortbestehen, soweit gesetzliche Regelungen eine **Fortzahlung von Lohn** oder **Gehalt** oder ähnlichen Leistungen **für die Zeit nach Beendigung** des Arbeitsverhältnisses vorsehen (s. Rdn 45 ff.).

b) Meldepflichten des Arbeitgebers

Die entsprechenden **Meldepflichten** des Arbeitgebers bei Auflösung des Arbeitsverhältnisses, Ende der Beschäftigung, Ende der Entgeltzahlung usw. ergeben sich aus **§ 28a SGB IV.** Die Meldepflicht besteht gegenüber der Krankenkasse (**Einzugsstelle,** § 28h SGB IV). Hinsichtlich der Meldepflichten ist in § 198 SGB V u. § 190 SGB VI klarstellend auf § 28a SGB IV verwiesen. Der Inhalt der Meldungen ist dem Beschäftigten vom Arbeitgeber schriftlich mitzuteilen; dies gilt nicht, wenn die Meldung ausschließlich auf Grund einer Veränderung der Daten für die gesetzliche Unfallversicherung erfolgt (§ 28a Abs. 5 SGB V idF des Vierten Gesetzes zur Änderung des SGB IV und anderer Gesetze v. 22.12.2011 BGBl. I S. 3057). Ergibt sich aus der Meldung, dass der Beschäftigte **Ehegatte, Lebenspartner oder Abkömmling des Arbeitgebers oder geschäftsführender Gesellschafter** einer Gesellschaft mit beschränkter Haftung ist, hat die

Einzugstelle nach § 7a Abs. 1 S. 2 SGB IV einen Antrag bei der Deutschen Rentenversicherung auf Überprüfung des Vorliegens eines Beschäftigungsverhältnisses zu stellen (Anfrage- bzw. Statusfeststellungsverfahren). Für das **Meldeverfahren** gelten seit 1.1.1999 die Vorschriften der Datenerfassungs- und Übermittlungsverordnung – DEÜV – v. 10.2.1998 BGBl. I S. 343, derzeit idF v. 23.1.2006 (BGBl. I S. 152, zuletzt geändert durch Art. 18 des Gesetzes vom 11.11.2016, BGBl. I S. 2500). Beim Bezug von Arbeitslosengeld erstatten die Agenturen für Arbeit (AfA) die Meldung hinsichtlich der nach § 5 Abs. 1 Nr. 2 SGB V versicherten Arbeitslosen entsprechend §§ 28a bis 28c SGB IV. Für die nach § 5 Abs. 1 Nr. 2a SGB V versicherten Bezieher von Arbeitslosengeld II gilt Entsprechendes.

c) Arbeitsentgelt, Abfindungen

26 In der Kranken-, Pflege-, Renten- und Arbeitslosenversicherung wird bei versicherungspflichtig Beschäftigten der Beitragsbemessung das Arbeitsentgelt zugrunde gelegt (§ 226 Abs. 1 S. 1 Nr. 1 SGB V, § 57 Abs. 1 SGB XI, § 162 Nr. 1 SGB VI, § 342 SGB III). Der Beitragspflicht unterliegt grds. alles **Arbeitsentgelt**, das für die **Zeit bis zum Ablauf** des beendeten Arbeitsverhältnisses **gezahlt bzw. geschuldet** wird (Fälligkeit und Zahlung erst nach beendetem Arbeitsverhältnis sind grds. für die Beitragspflicht unerheblich, es gilt vielmehr das »Entstehungsprinzip«, vgl. *BSG* 7.5.2014 SozR 42 – 400 § 17 Nr. 1 Rn 30 mwN; s. zu den Fällen, in denen das »Zuflussprinzip« gilt Rdn 18). Hingegen begründen Leistungen des Arbeitgebers, die für Zeiten nach beendetem Arbeitsverhältnis bestimmt sind bzw. nicht mehr auf ein weiter bestehendes Beschäftigungsverhältnis bezogen werden können, grds. keine Beitragspflicht, mögen sie auch als Arbeitsentgelt bezeichnet sein oder wie solches fortlaufend gewährt werden (s. Rdn 31 ff.). Zur Beitragspflicht bei Zahlung von Arbeitsentgelt während einer **Freistellungsphase** s. *BSG* 24.9.2008 SozR 4 – 2400 § 7 Nr. 9; 24.9.2008 BSGE 101, 273 = SozR 4 – 2400 § 7 Nr. 10 (näher hierzu s. Rdn 6 ff., 23). Zu beachten ist, dass das BSG seine frühere Rechtsprechung, wonach die Beitragspflichtigkeit von Zahlungen nach Beginn der (leistungsrechtlichen) Beschäftigungslosigkeit (zB durch Freistellung oder auch bei Krankengeldbezug) grds. **nicht zur Erhöhung des Bemessungsentgelts** (Höhe Arbeitslosengeld) führt (*BSG* 8.7.2009 – B 11 AL 14/08 R, SozR 4 – 4300 § 130 Nr. 6) in seiner Entscheidung vom 30.8.2018 (B 11 AL 15/17 R) ausdrücklich aufgegeben hat. Nach der früheren Rechtsprechung konnten bei der Bemessung des Arbeitslosengeldes nur die vollständig bis zum (leistungsrechtlichen) Ende des Beschäftigungsverhältnisses abgerechneten Entgeltabrechnungszeiträume berücksichtigt werden (vgl. § 151 Abs. 1 S. 1 SGB III: »Der Bemessungszeitraum umfasst die beim Ausscheiden aus dem jeweiligen Beschäftigungsverhältnis abgerechneten Entgeltabrechnungszeiträume [...]«). Damit fiel auch Arbeitsentgelt, das beim Ausscheiden aus der (leistungsrechtlichen) Beschäftigung noch nicht abgerechnet war, nicht in den Bemessungszeitraum, genauso wenig Entgelt, das erst nach Freistellung des Arbeitnehmers abgerechnet wurde (*Eppelein* jurisPK-SGB III, § 150 Rn 14). Diese Rechtsprechung hat das *BSG* nunmehr in seiner Entscheidung vom 30.8.2018 (B 11 AL 15/17 R) ausdrücklich aufgegeben. Danach ist bei der Bemessung des Arbeitslosengeldes die während der Freistellung bis zum Ende des Arbeitsverhältnisses gezahlte und abgerechnete Vergütung einzubeziehen. Maßgebend für die Arbeitslosengeldbemessung iSd § 150 Abs. 1 S. 1 SGB III ist nunmehr der Begriff der Beschäftigung im versicherungsrechtlichen Sinn.

27 Zu dem in § 14 Abs. 1 SGB IV erstmals einheitlich für die Sozialversicherung (und Arbeitslosenversicherung) geregelten Begriff **Arbeitsentgelt** gehören alle **laufenden und einmaligen Einnahmen aus einem Beschäftigungsverhältnis**, die entweder unmittelbar aus oder im Zusammenhang mit diesem erzielt werden; gleichgültig ist, ob auf die Einnahmen ein Rechtsanspruch besteht und unter welcher Bezeichnung oder in welcher Form sie geleistet werden. Wird statt der bisherigen Vergütung arbeitsrechtlich wirksam die Zahlung eines reduzierten Barlohns sowie die Gewährung eines Sachbezugs vereinbart, so sind entsprechend der vereinbarten **Gehaltsumwandlung** Gesamtsozialversicherungsbeiträge lediglich hieraus zu erheben, auch wenn die Vereinbarung mündlich getroffen wurde (*BSG* 2.3.2010 SozR 4 – 2400 § 14 Nr. 12). Nach der Rechtsprechung des BSG ist die **Wirksamkeit einer Entgeltumwandlung** allein danach zu beurteilen, ob sie arbeitsrechtlich zulässig und wirksam ist, ohne dass für deren Beachtlichkeit im Beitragsrecht der Sozialversicherung

besondere zusätzliche Erfordernisse aufgestellt werden dürfen (*BSG* 2.3.2010 SozR 4 – 2400 § 14 Nr. 12). Die damit verbundene Reduzierung des Arbeitnehmerbeitragsanteils führt allerdings dazu, dass sich insbes. die Geldleistungsansprüche reduzieren, die der Beschäftigte in der Rentenversicherung erwirbt.

Die genannte **weite Begriffsbestimmung** erfasst grds. (vgl. aber Rdn 31 ff.) jegliche **Einnahmen**, 28
die dem Versicherten in ursächlichem Zusammenhang mit einer bestehenden Beschäftigung zufließen. Hierzu gehören die **Gegenleistungen des Arbeitgebers** (oder eines Dritten) für die Arbeitsleistung und solche Vergütungen, die zugleich einen Anreiz für weitere erfolgreiche Arbeit schaffen sollen, wie **Gratifikationen** (zu Provisionszahlungen an Angestellte *LSG Bln.-Bra.* 12.2.2010 – L 1 KR 97/08), **Gewinnbeteiligungen und sonstige Vorteile** (*BSG* 26.10.1988 SozR 2100 § 14 SGB IV Nr. 19), wie zB **Fahrvergünstigungen in Form von Freifahrten und Fahrpreisermäßigungen** (*BSG* 18.12.2013 SozR 4 – 2400 § 23a Nr. 7), ferner Leistungen des Arbeitgebers ohne entsprechende Arbeitsleistung wie **Entgeltfortzahlung im Krankheitsfalle** (auch Zuschüsse des Arbeitgebers zum Krankengeld zählen hierzu, vgl. *BSG* 6.9.2017 – B 13 R 33/16 R, SozR 4 – 2600 § 96a Nr. 17) und Urlaubsgeld. Zahlt der Arbeitgeber ein gegen seinen als Fahrer beschäftigten Arbeitnehmer im Ausland verhängtes **Bußgeld**, ist diese Zuwendung jedoch nicht beitragspflichtig, wenn die Zahlung überwiegend im eigenbetrieblichen Interesse des Arbeitgebers erfolgt (*BSG* 1.12.2009 BSGE 105, 66; wenn die Zahlung von Bußgeldern aber Teil des laufenden Geschäftsbetriebes ist und ebenso regelmäßig erfolgt wie die Zahlung von Arbeitsentgelt, ist deren Übernahme als steuerpflichtiger Arbeitslohn anzusehen, vgl. *LSG Nds.-Brem.* 25.2.2014 – L 4 KR 358/10). Werden vom **Verleiher** Zuschüsse für **Verpflegungsmehr- und Übernachtungsaufwendungen** sowie Fahrtkosten an den Leiharbeitnehmer gezahlt, handelt es nicht um weiteres Arbeitsentgelt, das auf den tatsächlich geleisteten Lohn erhöhend anzurechnen wäre. Denn hierbei handelt es sich nicht um Gegenleistungen des Arbeitgebers für erbrachte Arbeit, die beim Arbeitnehmer zu einem Vermögenszuwachs geführt haben. Die Zuschüsse kompensieren vielmehr als echter Aufwendungsersatz im Interesse des Verleihers getätigte Aufwendungen, die (nur) dadurch entstanden sind, dass die Arbeitnehmer ihre Arbeitsleistung nicht indessen, sondern auswärts im Betrieb des Entleihers verrichten mussten (*BSG* 18.1.2018 – B 12 R 3/16 R). Um Arbeitsentgelt handelt es sich aber weiter dann, wenn es in Form einer **Abfindung** bei Fortsetzung des Beschäftigungsverhältnisses im Falle einer Änderungskündigung oder nach einer einvernehmlichen Änderung des Arbeitsvertrags als **Gegenleistung für die Verschlechterung** von **Arbeitsbedingungen** gezahlt wird, zB bei Abfindungen wegen Rückführung auf die tarifliche Einstufung oder bei Umsetzung in einen anderen Betriebsteil, auf einen schlechter bezahlten oder geringer qualifizierten Arbeitsplatz, für eine Verringerung der Arbeitszeit oder den Fortfall bzw. die Herabsetzung von Einmalzahlungen wie Weihnachtsgeld, Urlaubsgeld, Gewinnbeteiligungen (vgl. *BSG* 28.1.1999 SGb 2000, S. 130 m. Anm. von *Rokita*). Auch derartige einmalige Abfindungen sind Arbeitsentgelt iSv § 14 SGB IV und daher als **einmalig gezahltes Arbeitsentgelt** (vgl. Rdn 37 f.) beitrags- und auch steuerpflichtig (*BSG* 28.1.1999 SGb 2000, S. 130). Zu »echten« Abfindungen s. Rdn 33; zu Abfindungen mit »verdecktem« Arbeitsentgelt s. Rdn 35.

Die gegenüber dem früheren § 160 RVO aF stärker generalisierende Fassung des § 14 SGB IV, die 29
die enge Bindung zwischen Steuer- und Sozialversicherungsrecht aufgegeben hat, steht gleichwohl – über die nach § 17 SGB IV zu erlassende »Verordnung über die sozialversicherungsrechtliche Beurteilung von Zuwendungen des Arbeitgebers als Arbeitsentgelt« (**Sozialversicherungsentgeltverordnung** – SvEV vom 21.12.2006, BGBl I 3385, in der ab dem 1.1.2021 geltenden Fassung vom 15.12.2020) heranzuziehen (vgl. *BSG* 6.9.2017 – B 13 R 21/15 R, SozR 4 – 2600 § 96a Nr. 16, mwN zu der am 31.12.2006 außer Kraft getretenen Arbeitsentgeltverordnung HArEVO») – unter dem Gebot der weitgehenden **Berücksichtigung des Steuerrechts**.

Danach werden **einmalige Einnahmen** (und sonstige laufende Nebenleistungen zum Lohn oder 30
Gehalt) nicht dem Arbeitsentgelt zugerechnet, soweit sie **lohnsteuerfrei** sind (§ 1 SvEV; zur beitragsrechtlichen Behandlung von steuerfreien Zuschlägen für Sonntags-, Feiertags- und Nachtarbeit s. *BSG* 7.5.2014 SozR 4 – 2400 § 17 Nr. 1; zu steuerfreien Zuwendungen an Pensionskassen, Pensionsfonds oder Direktversicherungen s. *BSG* 23.5.2017 – B 12 KR 6/16 R, SozR 4 – 5376 § 1

Nr. 1). Sie sind dann auch beitragsrechtlich kein Arbeitsentgelt und werden auch nicht als einmalig gezahltes Arbeitsentgelt iSv § 23a SGB IV behandelt (s. Rdn 37 f.). Voraussetzung ist allerdings stets, dass es sich überhaupt um Arbeitsentgelt iSv § 14 Abs. 1 SGB IV handelt, also um Leistungen, die aus oder doch im Zusammenhang mit einem fortbestehenden Beschäftigungsverhältnis erzielt werden. **Pauschal versteuerte** »Belobigungsprämien«, die ein Arbeitgeber den Mitarbeitern eines seiner Verkaufsteams anlassbezogen gewährt, unterliegen als »sonstige Sachbezüge« nicht der Beitragspflicht in der Sozial- und Arbeitslosenversicherung, unabhängig davon, ob sie einmalig oder wiederholt gewährt werden (*BSG* 31.10.2012 SozR 4 – 2400 § 23a Nr. 6).

31 Insoweit ist aber eine **zeitliche Zäsur** zu beachten: Arbeitsentgelt, das »für« Zeiten nach beendetem Arbeitsverhältnis gezahlt wird, ist – trotz seines ursächlichen Zusammenhangs mit dem Beschäftigungsverhältnis – nicht mehr Arbeitsentgelt, das der Beitragspflicht unterliegt, sondern eine Leistung anderer Art (Abfindung uÄ), die zeitlich nicht mehr einem **fortbestehenden, aktiven Beschäftigungsverhältnis** zugeordnet werden kann. Das ergibt sich zwar nicht unmittelbar aus § 14 SGB IV, sondern aus den Vorschriften über die Beitragspflicht bzw. Versicherungspflicht, die sich auf aktiv »gegen Arbeitsentgelt Beschäftigte« beziehen (zB § 5 Abs. 1 Nr. 1 SGB V, § 1 Abs. 1 Nr. 1 SGB VI). Arbeitsentgelt sind mithin solche Einnahmen, die einem Versicherten in ursächlichem Zusammenhang mit einer Beschäftigung zufließen (*BSG* 15.9.2011 – B 2 U 24/10 R, mwN). Das Erfordernis des ursächlichen Zusammenhangs umfasst dabei den zeitlichen mit, sodass Leistungen, die ihrem Zweck nach allein auf den Zeitraum nach Beendigung des Beschäftigungsverhältnisses bezogen sind, nicht erfasst werden (*BSG* 6.9.2017 – B 13 R 21/15 R, SozR 4 – 2600 § 96a Nr. 16 Rn 24).

32 Deshalb sind zB **Übergangsgelder und Übergangsbeihilfen,** die der Überleitung in den Ruhestand dienen, kein Arbeitsentgelt iSd § 14 Abs. 1 SGB IV (*BSG* 7.3.2007 SozR 4 – 2400 § 14 Nr. 8) und damit beitragsfrei (nicht nur, weil sie steuerfrei sind; zur Berücksichtigung derartiger Einnahmen bei der Festsetzung der Beitragshöhe von freiwillig Krankenversicherten im Rahmen von § 240 SGB V als »sonstige Einnahmen« s. aber *LSG BW* 22.7.2011 – L 4 KR 5088/10; zur Beitragspflicht von Abfindungszahlungen im Rahmen der betrieblichen Altersversorgung ausf. *Uckermann* NZS 2010, 489, 491 f.). Diese Rechtsprechung hat das *BSG* in seiner Entscheidung vom 20.7.2017 (– B 12 KR 12/15 R, SozR 4 – 2500 § 229 Nr. 21, m. zust. Anm. *Segebrecht* jurisPR-SozR 23/2017 Anm. 3) fortentwickelt. Es geht nunmehr davon aus, dass auch unbefristete Leistungen, die ein Arbeitgeber an Arbeitnehmer nach Ausscheiden aus dem Arbeitsverhältnis anfänglich mit Überbrückungsfunktion auch über den Renteneintritt hinaus zahlt, zunächst keine beitragspflichtigen Versorgungsbezüge sind. Jedoch sind sie ab dem Zeitpunkt des Renteneintritts, spätestens ab Erreichen der Regelaltersgrenze als beitragspflichtige Versorgungsbezüge anzusehen.

33 Auch **Abfindungen,** die wegen der Beendigung des Arbeits- oder Beschäftigungsverhältnisses gezahlt oder geschuldet werden, gehören nicht zum beitragspflichtigen Arbeitsentgelt; sie sind **Entschädigung für den Verlust des Arbeitsplatzes** und daraus künftig entstehender **Nachteile** sowie Abgeltung für den Verlust **sozialer Besitzstände** (Entschädigungs-, Vorsorge- und Übergangsfunktion; vgl. hierzu auch allg. *Riewe* DB 2010, 2503). Unabhängig von ihrer steuerrechtlichen Behandlung unterliegen derartige Leistungen (etwa auch Abfindungen auf Grund eines Sozialplanes nach §§ 112 f. BetrVG, Schadenersatzleistungen nach §§ 823 ff. BGB) schon deshalb nicht der Beitragspflicht zur Sozialversicherung, weil sie sich zeitlich nicht dem versicherungspflichtigen Beschäftigungsverhältnis zuordnen lassen, dh nicht auf die Zeit der Beschäftigung entfallen. Das gilt auch für solche **Abfindungen,** die wegen einer **vorzeitigen** (vor Ablauf der ordentlichen Kündigungsfrist erfolgten) **Beendigung** des Arbeitsverhältnisses gewährt werden; sie sind idR auch insoweit beitragsfrei, als mit ihnen entgangene Verdienstmöglichkeiten für die Zeit nach beendetem Arbeitsverhältnis bis zum Ende der Kündigungsfrist abgegolten werden. Wie das *BAG* (9.11.1988 AP Nr. 6 zu § 10 KSchG 1969) rechnet auch das BSG Abfindungen, die **wegen Beendigung** einer versicherungspflichtigen Beschäftigung als Entschädigung für die Zeit danach bestimmt sind, nicht zum beitragspflichtigen Arbeitsentgelt (*BSG* 6.9.2017 – B 13 R 21/15 R, SozR 4 – 2600 § 96a Nr. 16 Rn 24, 29; 14.12.2016 – B 13 R 34/15 R, SozR 4 – 2600 § 181 Nr. 3; 7.3.2007 SozR 42 – 400 § 14

Nr. 8; ebenso für Abfindungen nach §§ 9, 10 KSchG *BSG* 12.6.1989 SozR 2200 § 587 Nr. 7). Aus dem **Steuerrecht**, wonach auch Abfindungen der genannten Art den Einkünften aus nichtselbstständiger Arbeit zugerechnet werden (§ 24 EStG), ergibt sich nichts anderes; denn diese Vorschriften sind auf den eigenständig geregelten Begriff des Arbeitsentgelts in der Sozialversicherung (§ 14 SGB IV) nicht übertragbar und auch nicht durch die Sozialversicherungsentgeltverordnung auf die Sozialversicherung übertragen worden (*BSG* 21.2.1990 BSGE 66, 219 = SozR 3 – 2400 § 14 Nr. 2 = NJW 1990, 2274). Hinsichtlich des durch die vorzeitige Auflösung des Arbeitsverhältnisses **entgangenen Arbeitsentgelts** kann die Beitragspflicht nicht auf ein fortbestehendes Beschäftigungsverhältnis gestützt oder ein solches als fingiert angesehen werden, weil das Sozialversicherungsrecht hierfür keinen Anhalt bietet. Zur steuerrechtlichen Behandlung von Abfindungen vgl. KR-*Vogt/Schult* §§ 24, 34 EStG Rdn 1 ff. Zu den gesetzlichen Abfindungsansprüchen nach § 1a KSchG s. Rdn 36.

Für die **Beitragsfreiheit** der Abfindungen ist es unerheblich, auf Grund welcher **Rechtsgrundlage** sie gezahlt werden, ob sie etwa auf einer gerichtlich ausgesprochenen Auflösung des Arbeitsverhältnisses (§§ 9, 10 KSchG), auf einem arbeitsgerichtlichen Vergleich, auf dem Arbeitsvertrag selbst oder einer sonstigen Vereinbarung beruhen, ob sie im Rahmen eines Sozialplans (§ 112 BetrVG) oder eines Nachteilsausgleichs (§ 113 BetrVG) gewährt werden. 34

Soweit jedoch in den Abfindungsbetrag Ansprüche auf »**eigentliches**« Arbeitsentgelt (zB Ansprüche aus § 615 S. 1 BGB, § 3 EFZG) einbezogen sind oder die Abfindung ganz oder teilweise an die Stelle **rückständigen Arbeitsentgelts** tritt, unterliegt die Abfindung der Beitragspflicht. In diesen Fällen handelt es sich bei der Abfindung in Höhe des rückständigen Arbeitsentgelts lediglich um eine andere Form der Erfüllung dieser Ansprüche, die der Beitragspflicht unterliegen (sog. **verdecktes Arbeitsentgelt**). Eine Vereinbarung mit dem Ziel, die Arbeitsentgelteigenschaft dieser (als Abfindung bezeichneten) Vergütung für die restliche **Beschäftigungsdauer zu umgehen**, verstößt gegen § 32 SGB I und ist nichtig, weil sie zum Nachteil des Sozialleistungsberechtigten von Vorschriften des SGB abweicht (*BSG* 25.10.1990 DAngVers 1991, 180 mwN). Wenn die vereinbarte Zuwendung beitragsrechtlich als – beitragsfreie – Abfindung behandelt würde, wäre der Schutz des Arbeitnehmers für die Restdauer seines Arbeitsverhältnisses beeinträchtigt (zB in der Rentenversicherung keine Versicherung nach der Höhe des Arbeitsentgelts, sondern nur des Arbeitslosengeldes; vgl. Rdn 56). Eine solche **Umgehung** liegt idR vor, wenn für den Arbeitnehmer kein Anlass bestand, auf die in den restlichen Beschäftigungsmonaten anfallende Vergütung zu verzichten und stattdessen eine Abfindung zu fordern. Die **Freistellung von der Arbeit** schließt eine Zahlung von Arbeitsentgelt für die Zeit bis zum (vereinbarten) Ende des Arbeitsverhältnisses nicht aus. Beitragspflicht besteht nicht nur bis zum (faktischen) Ende der Arbeitsleistung, sondern bis zum rechtlichen Ende des sozialversicherungsrechtlichen Beschäftigungs- bzw. Arbeitsverhältnisses (vgl. Rdn 10 ff.; KR-*Link-Lau* § 157 SGB III Rdn 17 f.). 35

Beitragsfrei sind auch diejenigen **Abfindungsansprüche**, die nach Maßgabe des § 1a KSchG idF des Gesetzes zu Reformen am Arbeitsmarkt v. 24.12.2003 (BGBl. I S. 3002) kraft Gesetzes entstehen, wenn der Arbeitnehmer eine betriebsbedingte Kündigung seines Arbeitgebers unter den dort genannten Voraussetzungen hinnimmt und die Klagefrist verstreichen lässt. Auch diese Abfindungen lassen sich nicht Zeiten vor Beendigung des Arbeitsverhältnisses zuordnen (s. Rdn 33). 36

d) Einmalig gezahltes Arbeitsentgelt

Seit 1.1.1984 gelten beitragsrechtliche **Sonderregelungen** für **einmalig gezahltes Arbeitsentgelt**, deren Bedeutung hauptsächlich in der zeitlichen Zuordnung dieser Leistung und der **stärkeren Einbindung** in die **Beitragspflicht** liegt. Maßgebliche Norm ist seit 1.1.1997 § 23a SGB IV, der die bisherigen Regelungen in den verschiedenen Sozialversicherungszweigen, nämlich § 227 SGB V, § 164 SGB VI und auch den in der Arbeitslosenversicherung eingeführten § 343 SGB III ersetzt hat (vgl. die Erstreckung des SGB IV auf die Arbeitsförderung in § 1 Abs. 1 S. 2 SGB IV durch Gesetz v. 24.3.1997 BGBl. I S. 554). Zur Verfassungswidrigkeit der Regelungen, wonach 37 beitragspflichtige Einmalzahlungen bei der Leistungsbemessung kurzfristiger Lohnersatzleistungen nicht berücksichtigt wurden, und die bisherige Rechtsentwicklung s. Rdn 39 f.

38 Unter **einmalig gezahltem Arbeitsentgelt** sind nach der Legaldefinition in § 23a SGB IV Zuwendungen zu verstehen, die dem Arbeitsentgelt zuzurechnen sind und nicht für die Arbeit in einem **einzelnen Entgeltabrechnungszeitraum** gezahlt werden (vgl. hierzu *BSG* 31.10.2012 SozR 42 – 400 § 23a Nr. 6; 3.6.2009 BSGE 103, 229 = SozR 4 – 2400 § 23a Nr. 5; s.a. ausf. *Marburger* rv 2014, 148). Es muss sich also zunächst um Zahlungen handeln, die dem Arbeitsentgelt iSv § 14 Abs. 1 SGB IV zuzurechnen sind (s. Rdn 26 f.). Diese Zahlungen dürfen nicht nach der auf Grund des § 17 SGB IV ergangenen **SozialversicherungsentgeltVO** vom Arbeitsentgelt ausgenommen sein (zB lohnsteuerfreie Lohnzuschläge; vgl. zur beitragsrechtlichen Behandlung von steuerfreien Zuschlägen für Sonntags-, Feiertags- und Nachtarbeit *BSG* 7.5.2014 SozR 4 – 2400 § 17 Nr. 1; zu steuerfreien Zuwendungen an Pensionskassen, Pensionsfonds oder Direktversicherungen s. *BSG* 23.5.2017 – B 12 KR 6/16 R, SozR 4 – 5376 § 1 Nr. 1). Ferner muss es sich um einen Teil des Arbeitsentgelts handeln, der für die Arbeit in einem Zeitraum gezahlt wird, der sich über einen Abrechnungszeitraum (zB Monat) hinaus erstreckt. Maßgeblich ist, ob das gezahlte Entgelt Vergütung für die in einem **einzelnen (bestimmten) Abrechnungszeitraum geleistete Arbeit** ist, oder ob eine solche Beziehung zu einem bestimmten einzelnen Abrechnungszeitraum nicht besteht, wie insbes. bei den jährlich gezahlten **Sonderzuwendungen** (vgl. zur Abgrenzung des einmalig gezahlten vom laufenden Arbeitsentgelt *BSG* 26.1.2005 SozR 4 – 2400 § 14 Nr. 7 Rn 15; 7.2.2002 BSGE 89, 158, 165 f. = SozR 3 – 2400 § 28f Nr. 3 S. 11). Dazu gehören zB Weihnachts- und Urlaubsgelder, Tantiemen, Gratifikationen, aber auch zusätzliche Gehälter und einmalige Leistungen ohne Bezug zu einem bestimmten Lohnabrechnungszeitraum, etwa aus Anlass von Jubiläen. Zur Urlaubsabgeltung s. Rdn 48 ff.

39 Die frühere Einbeziehung dieser Sonderzahlungen in die Beitragserhebung nur im **Auszahlungsmonat** (nach dem sog. Zuflussprinzip) hatte zur Folge, dass sie häufig aus der Beitragspflicht herausfielen, weil im Auszahlungsmonat das laufende und einmalig gezahlte Arbeitsentgelt zusammen häufig die monatliche **Beitragsbemessungsgrenze** überstiegen. Das konnte zu erheblichen Nachteilen für die Versichertengemeinschaft, aber auch – besonders in der Rentenversicherung – für den einzelnen Versicherten führen. Die Rechtsprechung hatte deshalb versucht, die sog. **wiederkehrenden Sonderleistungen** – in Abweichung vom sog. Zuflussprinzip (*BSG* 26.1.2005 SozR 4 – 2400 § 14 Nr. 7) – wie laufendes Arbeitsentgelt den einzelnen Monaten des Beschäftigungsverhältnisses anteilig (zu einem Zwölftel) zuzurechnen, in dem sie erdient waren (vgl. zu dieser Entwicklung *BSG* 11.12.1987 BSGE 62, 281, 291 = SozR 2200 § 385 Nr. 18). § 385 Abs. 1a RVO aF und später § 227 SGB V sind dem jedenfalls in der Tendenz – wenn auch mit unterschiedlicher Einzelausgestaltung – gefolgt.

40 Nunmehr gilt im Grundsatz folgende Regelung: **Einmalzahlungen** werden – anders als nach dem vom *BSG* vorgezeichneten Weg – nicht gezwölftelt, sondern im Zeitpunkt ihrer Auszahlung unter Bildung einer auf die zurückliegenden Monate bezogenen **anteiligen Jahresarbeitsverdienstgrenze** der Beitragspflicht unterworfen. Damit wurde der Korrektur der Beitragsberechnung für abgelaufene Zeiträume vermieden, gleichwohl aber eine Nacherhebung der Beiträge für Sonderzahlungen ermöglicht.

41 § 23a SGB IV sieht im Einzelnen vor, dass die **Einmalzahlung** grds. dem Entgeltabrechnungszeitraum zuzuordnen ist, in dem sie **ausgezahlt** wird (Abs. 1 S. 3). Erfolgt die Zahlung erst nach dem Ende des Beschäftigungsverhältnisses oder bei ruhendem Beschäftigungsverhältnis, so ist sie dem **letzten Lohnabrechnungszeitraum** des laufenden Kalenderjahres zuzuordnen, auch wenn dieser nicht mit Arbeitsentgelt belegt ist (Abs. 2). Nach § 23a Abs. 3 u. 4 SGB IV, der die **rechnerische Verteilung** der Einmalzahlung zur Feststellung des beitragspflichtigen Arbeitsentgelts regelt, ist maßgeblich, ob das bisher gezahlte beitragspflichtige Arbeitsentgelt die **anteilige Jahresarbeitsentgeltgrenze** noch nicht erreicht hat (Abs. 3 S. 1). Die anteilige Jahresarbeitsentgeltgrenze ist der Teil des Jahresarbeitsentgelts, der der Dauer des Beschäftigungsverhältnisses im laufenden Kalenderjahr bis zum Ablauf des Entgeltabrechnungszeitraums entspricht, dem einmaliges Arbeitsentgelt

zuzuordnen ist (Abs. 3 S. 2). Ausgenommen sind Zeiten, die nicht mit Beiträgen auslaufendem Arbeitsentgelt belegt sind (Abs. 3 S. 2 2. Hs.). In den ersten drei Kalendermonaten eines Jahres einmalig gezahltes Arbeitsentgelt ist uU nach § 23a Abs. 4 SGB IV dem letzten Lohnabrechnungszeitraum des vergangenen Kalenderjahres zuzurechnen (sog. »März-Regelung«; vgl. dazu *BSG* 3.6.2009 BSGE 103, 229; *Pietrek* jurisPR-SozR 18/2010 Anm. 1; allg. zur Beitragspflicht in der gesetzlichen Rentenversicherung für einmalig gezahltes Arbeitsentgelt *Marburger* rv 2014, 148 sowie zur Sozialversicherung für Mehrfachbeschäftigte *ders.* Die Beiträge 2017, 169).

Arbeitsentgelte, die **laufend** erarbeitet, aber (zB auf Grund besonderer Abrechnungsverfahren) nur in mehrmonatigen Abständen in einer Summe ausgezahlt werden (sog. **aufgestautes** Arbeitsentgelt, zB Lohnzuschläge, Mehrarbeitsvergütungen, Akkordprämien, Montagebeteiligungen) sind **laufendes Arbeitsentgelt** und deshalb – unabhängig von § 23a SGB IV – dem Monat zuzuordnen, in dem sie jeweils verdient wurden. Trotz des nicht ganz eindeutigen Wortlauts des § 23a Abs. 1 S. 1 SGB IV soll nachgezahltes laufendes Arbeitsentgelt, soweit es erst später fällig wird, nicht dem einmalig gezahlten Arbeitsentgelt zugeordnet werden (zum früheren Recht *BSG* 27.10.1989 BSGE 66, 34, 42 f.). Gleiches gilt für **Lohnnachzahlungen**, die in Erfüllung eines von vornherein gegebenen Rechtsanspruchs geleistet (verspätet gezahlt) werden. Auch **Nachzahlungen** aus rückwirkend abgeschlossenen **tariflichen Lohnerhöhungen**, die vor 1984 wie einmalige Zuwendungen behandelt wurden, sind – als laufendes Arbeitsentgelt – auf die Abrechnungszeiträume zu verteilen, für die sie bestimmt sind. Die Zahlung **variabler Entgelte** an Beschäftigte stellt dann kein laufendes Arbeitsentgelt, sondern einmalig gezahltes Arbeitsentgelt dar, wenn der Zahlung des Entgelts zwar im Voraus bekannte Kriterien zur Festlegung des späteren Gesamtbetrags zugrunde liegen, aber zum Zeitpunkt der Auszahlung die Zahlung selbst keinem Entgeltabrechnungszeitraum zugeordnet werden kann (*BSG* 3.6.2009 BSGE 103, 229; dazu auch *Jochim* jurisPK-SGB IV, § 18 Rn 32). Das BSG hat in diesem Zusammenhang auch klargestellt, dass es rechtlich zulässig ist, dass ein Arbeitgeber durch die Wahl des Auszahlungszeitpunkts die zeitliche Zuordnung des einmalig gezahlten Arbeitsentgelts beeinflusst, um die Höhe der zu zahlenden Beiträge zu reduzieren (*BSG* 3.6.2009 BSGE 103, 229, zur Zahlung von variablem Entgelt im April eines Jahres zur Umgehung der sog. »März-Regelung« in § 23a Abs. 4 SGB IV; *Marburger* rv 2014, 148).

Seit 1.1.2003 gelten als einmalig gezahltes Arbeitsentgelt **nicht Zuwendungen** iSv § 23a Abs. 1 S. 1 SGB IV, wenn sie u.a. üblicherweise zur **Abgeltung bestimmter Aufwendungen** des Beschäftigten im Zusammenhang mit der Beschäftigung, ferner als **sonstige Sachbezüge** oder **vermögenswirksame Leistungen** vom Arbeitgeber erbracht werden (§ 23a Abs. 1 S. 2 SGB IV idF des Gesetzes v. 23.12.2002 BGBl. I S. 4621; pauschal versteuerte Belobigungsprämien, die ein Arbeitgeber den Mitarbeitern eines seiner Verkaufsteams anlassbezogen gewährt, unterliegen als »sonstige Sachbezüge« nicht der Beitragspflicht in der Sozial- und Arbeitslosenversicherung, unabhängig davon, ob sie einmalig oder wiederholt gewährt werden, *BSG* 31.10.2012 SozR 4 – 2400 § 23a Nr. 6 Rn 22 ff., mwN auch zum bisherigen Streitstand in der Literatur).

e) Berücksichtigung von Einmalzahlungen bei der Leistungsbemessung

Bereits mit Beschluss v. 11.1.1995 (BVerfGE 92, 93 = SozR 3 – 2200 § 385 RVO Nr. 6) hatte das BVerfG einen Verstoß gegen Art. 3 Abs. 1 GG darin gesehen, dass einmalig gezahltes Arbeitsentgelt zu Sozialversicherungsbeiträgen herangezogen wird, ohne dass es bei der **Berechnung von kurzfristigen Lohnersatzleistungen** (zB Krankengeld und Arbeitslosengeld, s. Rdn 110 ff.) berücksichtigt wird. Nachdem das erste Gesetz zur sozialrechtlichen Behandlung von einmalig gezahltem Arbeitsentgelt v. 12.12.1996 (BGBl. I S. 1859) wiederum für verfassungswidrig erklärt worden war (Beschl. v. 24.5.2000 – 4/98 und 15/99 NJW 2000, 2264), hat der Gesetzgeber mit dem am 1.1.2001 in Kraft getretenen **Einmalzahlungs-Neuregelungsgesetz** v. 21.12.2000 (BGBl. I S. 1971) die Rechtslage neu geregelt. An der **Beitragspflicht der Einmalzahlungen** ist festgehalten und bestimmt worden, dass diese Zahlungen in die Bemessung des Arbeitslosen- und Krankengeldes (sowie weiterer Lohnersatzleistungen wie Verletztengeld, Übergangsgeld, Unterhaltsgeld) einbezogen werden (vgl. zum Bemessungsentgelt § 151 SGB III). Dementsprechend sind die Regelungen, nach denen einmalig gezahlte Arbeitsentgelte bei der Leistungsbemessung unberücksichtigt blieben, gestrichen bzw. geändert worden (vgl. u.a. § 134 Abs. 1 S. 3 Nr. 1 und § 141 Abs. 1 S. 2 SGB III in der bis 31.12.2004 geltenden Fassung, § 47 Abs. 2 SGB V).

f) Entgeltfortzahlung im Krankheitsfalle

45 Nach § 8 Abs. 1 EntgFG reicht der Anspruch auf Fortzahlung des Arbeitsentgelts im Krankheitsfalle (§ 3 Abs. 1 EntgFG) **über den Zeitpunkt einer wirksamen Kündigung** hinaus, wenn der Arbeitgeber das Arbeitsverhältnis während der Krankheit aus **Anlass der Arbeitsunfähigkeit** kündigt (vgl. hierzu und zum Anspruchsübergang nach § 115 Abs. 1 SGB X bei Gewährung von Kranken- oder Verletztengeld *LAG SchlH* 6.2.2014 – 5 Sa 324/13, NZA-RR 2014, 291; *ArbG Halberstadt* 17.10.2007 – 3 Ca 594/07; *LAG RhPf* 10.11.2006 – 8 Sa 526/06) oder der Arbeitnehmer das Arbeitsverhältnis aus einem vom Arbeitgeber zu vertretenden Grund kündigt, der den Arbeitnehmer zur Kündigung aus wichtigem Grund ohne Einhaltung einer Kündigungsfrist berechtigt (allg. hierzu *Tiedemann* ArbRB 2013, 248; *Marburger* WzS 2010, 193, *ders.* Entgeltfortzahlung im Krankheitsfall, 2006). Der Anspruch bleibt über die Beendigung des Arbeitsverhältnisses hinaus für die Dauer **bis zu sechs Wochen bestehen.** Hinsichtlich dieses Anspruchs wird – soweit ersichtlich – allgemein die Auffassung vertreten, dass er wie ein echter Lohnanspruch zu behandeln ist und dass deshalb auch – jedenfalls im Bereich des sozialversicherungsrechtlichen Beitragsrechts – das **Fortbestehen eines Beschäftigungsverhältnisses** zu unterstellen ist (vgl. *Gagel* SGb 1981, 253, 257 mwN unter Fn. 20). Dies deckt sich auch mit der arbeitsrechtlichen Auffassung (vgl. zB *Kehrmann/Pelikan* LFG, § 6 Anm. 15). Auch die Rspr. des *BSG* (24.9.2008 SozR 4 – 2400 § 7 Nr. 9; B 12 KR 27/07 R, BSGE 101, 273 = SozR 4 – 2400 § 7 Nr. 10) zur unwiderruflichen Freistellung und den hierdurch bedingten Verzicht auf die Arbeitsleistung (s. hierzu Rdn 6) dürfte für die hier vertretene Auffassung sprechen. Dies hat zur Folge, dass die Beitragspflicht ungeachtet des Endes des Arbeitsverhältnisses bis zum Ende des Anspruchs auf Lohnfortzahlung wegen Arbeitsunfähigkeit reicht.

46 Grds. hat allerdings die Beendigung des Arbeitsverhältnisses den **Wegfall des Entgeltfortzahlungsanspruchs** nach § 3 Abs. 1 EntgFG zur Folge, weil es mit der Beendigung des Arbeitsverhältnisses an der Kausalität zwischen Arbeitsunfähigkeit und Verdienstausfall fehlt. Dieser Grundsatz wird durch § 8 Abs. 2 EntgFG bestätigt, wonach der Anspruch auf Entgeltfortzahlung trotz fortdauernder Arbeitsunfähigkeit und noch nicht abgelaufener Sechs-Wochen-Frist allein auf Grund der Beendigung des Arbeitsverhältnisses endet, sofern es hierfür überhaupt keiner Kündigung bedarf oder zwar eine Kündigung notwendig ist, diese jedoch aus anderen als den im § 8 Abs. 1 EntgFG bezeichneten Gründen erfolgt (s. Rdn 46).

47 Ein **Verzicht auf den Entgeltfortzahlungsanspruch** nach § 8 Abs. 1 EntgFG ist grds. ausgeschlossen (§ 12 EntgFG). Verzichtet der Arbeitnehmer aus Anlass der Kündigung (zB durch Ausgleichsquittung) auf weitere Rechtsansprüche aus dem Arbeitsverhältnis, so bringt dies die Ansprüche auf Lohnfortzahlung – und dementsprechend die Beitragspflicht – nicht zum Erlöschen, jedenfalls soweit die Ansprüche noch nicht entstanden und nicht fällig sind (*BAG* 28.11.1979 EzA § 6 LohnFG Nr. 12 mwN). Nur soweit Ansprüche bereits entstanden und fällig waren, hat das BAG einen – nach Beendigung des Arbeitsverhältnisses ausgesprochenen – Verzicht zugelassen, weil insoweit ein besonderes Schutzbedürfnis des Arbeitnehmers nicht mehr bestehe (*BAG* 11.6.1976 EzA § 9 LohnFG Nr. 4; vgl. auch *BAG* 20.8.1980 AP Nr. 3 zu § 9 LFG m. krit. Anm. II *Burg*). Ein lediglich zur Umgehung der Beitragspflicht ausgesprochener Verzicht ist jedoch auch hier unbeachtlich; desgleichen auch ein schuldhaft zum Schaden des Krankenversicherungsträgers ausgesprochener Verzicht (*BSG* 16.12.1980 BSGE 51, 82, 83 f.; vgl. zum Verzicht auf Lohnfortzahlung durch Ausgleichsquittung und seine Auswirkungen auf den Krankengeldanspruch nach § 189 RVO *Schmalz* BKK 1981, 173 mwH).

g) Urlaubsabgeltung

48 Seit dem 1.1.1986 sind sämtliche die Urlaubsabgeltung betreffenden Neuregelungen (außer § 117 Abs. 1a AFG; jetzt § 143 Abs. 2 SGB III) ersatzlos gestrichen worden (zur früheren Rechtslage

s. SozR Rn 48 f. in der 11. Aufl.). Nunmehr sind Urlaubsabgeltungen als **einmalig gezahltes Arbeitsentgelt** iSv § 23a SGB IV anzusehen und wie dieses beitragsrechtlich zuzuordnen (s. Rdn 37 f.; ausf. hierzu *BSG* 6.9.2017 – B 13 R 21/15 R, SozR 4 – 2600 § 96a Nr. 16 Rn 25 ff.). Es handelt sich – unabhängig vom Auszahlungszeitpunkt – um eine steuerpflichtige Einmalzahlung aus dem Arbeitsverhältnis und damit um Arbeitsentgelt, das – als Surrogat für entgangenen Urlaub – nicht einem bestimmten Lohnabrechnungszeitraum zugeordnet werden kann (vgl. *BSG* 1.4.1993 SozR 3 – 2200 § 182 Nr. 16; zur zeitlichen Begrenzung des Urlaubsabgeltungsanspruchs s.a. *EuGH* 22.11.2011 EzASD 2011, Nr. 24, S. 4 ff.). Soweit sich das *BSG* (6.9.2017 – B 13 R 21/15 R, SozR 4 – 2600 § 96a Nr. 16 Rn 25 ff.) bei seiner Einordnung des Urlaubsabgeltungsanspruchs als Arbeitsentgelt iSv § 14 SGB IV auf die sog. Surrogatstheorie des *BAG* bezogen hat, ändert sich durch deren Aufgabe (u.a. *BAG* 13.12.2011 – 9 AZR 399/10; 19.6.2012 – 9 AZR 652/10, BAGE 142, 64 in Folge der Rechtsprechung des *EuGH* 20.1.2009 – C-350/06 und C-520/06, Slg 2009, I-179) an der vorgenommenen Einordnung nichts. Denn trotz der Aufgabe der Surrogatstheorie bleibt für die grundsätzliche Einordnung der Urlaubsabgeltung als Arbeitsentgelt iSv § 14 SGB IV entscheidend, dass der Anspruch auf Urlaubsabgeltung eine seiner Grundvoraussetzungen und seinen Umfang dem laufenden Arbeitsverhältnis verdankt (*BSG* 6.9.2017 – B 13 R 21/15 R, SozR 4 – 2600 § 96a Nr. 16 Rn 25 ff.; *LSG Bay.* 4.5.2017 – L 9 AL 8/17 NZB).

Da die Urlaubsabgeltung **beitragsrechtlich** nicht mehr einer Zeit **nach** beendetem Arbeitsverhältnis zugeordnet wird, **leistungsrechtlich** aber zu einer Ruhenszeit nach dem Ende des Arbeitsverhältnisses führt (§ 157 Abs. 2 SGB III), trat zunächst während der Ruhenszeit eine **Lücke im Versicherungsschutz** auf: In der Kranken- und Pflegeversicherung der Arbeitslosen bestand keine Versicherungspflicht, weil diese den Bezug von Arbeitslosengeld oder -hilfe vorausgesetzt hat. Dies hat in der Praxis zur Häufung der Fälle geführt, in denen Arbeitslose während der Ruhenszeit wegen einer gezahlten Urlaubsabgeltung bei Krankheit ohne ausreichenden Versicherungsschutz blieben (vgl. dazu *Winkler* info also 1992, 171 f.). Diese **Lücke** hat der Gesetzgeber inzwischen durch **Änderung des § 5 Abs. 1 Nr. 2 SGB V und § 20 Abs. 1 Nr. 2 SGB XI geschlossen** (s. Rdn 52, 247). In der Rentenversicherung führt das Ruhen der Leistungen dazu, dass in dieser Zeit keine Beitragszeiten erworben werden (s. Rdn 56 f.). 49

2. Beitragsrechtliche Rechtsstellung des arbeitslosen Arbeitnehmers

a) Krankenversicherung der Bezieher von Arbeitslosengeld

Findet der Arbeitnehmer nach Beendigung des Arbeitsverhältnisses keinen neuen Arbeitsplatz und erhält er wegen Arbeitslosigkeit **Arbeitslosengeld** (s. Rdn 111 ff.), so ist er für die **Dauer des Bezugs** dieser Leistungen für **den Fall der Krankheit** nach § 5 Abs. 1 Nr. 2 SGB V **versichert** (zur Pflegeversicherung s. Rdn 53; zur Versicherung der Bezieher von Arbeitslosengeld II s. Rdn 54 u. Rdn 60). Eine etwaige zuvor erteilte Befreiung von der Krankenversicherungspflicht nach § 8 Abs. 1 Nr. 1 SGB V (wegen Änderung der Jahresarbeitsentgeltgrenze) erledigt sich nach § 39 Abs. 2 SGB X durch den Eintritt der Versicherungspflicht als Arbeitsloser nach § 5 Abs. 1 Nr. 2 SGB V (*BSG* 25.5.2011 – B 12 KR 9/09 R). Die Krankenversicherung der Arbeitslosen wird nach den Vorschriften der **gesetzlichen Krankenversicherung** durchgeführt, also nach dem SGB V. Durch das AFRG sind die zuvor im AFG enthaltenen Regelungen der §§ 155 ff. AFG in das SGB V übernommen worden. Es gelten seitdem die allgemeinen Vorschriften des Beitrags- und Leistungsrechts des SGB V, soweit dort nicht Abweichungen geregelt sind. Die Beiträge trägt allein die BA bzw. der Bund (§ 251 Abs. 4 u. 4a SGB V). Als beitragspflichtige Einnahmen gelten 80 vH des der Bemessung der Leistung zu Grunde liegenden Arbeitsentgelts (§ 232a SGB V). Beginn und Ende der Mitgliedschaft der Leistungsbezieher ergeben sich aus § 186 Abs. 2a, § 190 Abs. 12 SGB V. Höhe und Berechnung des **Krankengeldes** ergeben sich aus § 47b SGB V. **Krankengeld** wird in Höhe des zuletzt bezogenen **Arbeitslosengeldes** gewährt. Erhöht sich der Betrag des zuletzt bezogenen Arbeitslosengeldes nachträglich, weil die BA einem Antrag des Versicherten gem. § 44 SGB X stattgegeben hat, führt dies auch zu einem **höheren Krankengeldanspruch** des Versicherten. War das Krankengeld des Versicherten bereits bestandskräftig festgestellt, ist es auf der Grundlage von 50

§ 44 SGB X neu festzusetzen (*LSG BW* 7.11.2017 – L 11 KR 763/17). Zu beachten ist allerdings, dass nach § 46 Abs. 1 S. 1 Nr. 2 SGB V der Anspruch auf Krankengeld regelmäßig von dem Tag an entsteht, der auf den Tag der ärztlichen Feststellung der Arbeitsunfähigkeit folgt. War der Versicherte im Zeitpunkt der Feststellung der Arbeitsunfähigkeit nicht mehr mit einem Anspruch auf Krankengeld versichert, so ist ein Krankengeldanspruch ausgeschlossen. Dies ist u.a. dann der Fall, wenn der Betroffene im Zeitpunkt der ärztlichen Feststellung der Arbeitsunfähigkeit nicht mehr im Bezug von Arbeitslosengeld gestanden hat (hierzu *LSG Bln.-Bra.* 9.11.2017 – L 1 KR 197/17).

51 Maßgeblich für den Krankenversicherungsschutz der Arbeitslosen ist grds. der (tatsächliche) **Bezug** von Arbeitslosengeld. Bei Leistungsbezug kann also der Arbeitslose in jedem Fall auf bestehenden **Versicherungsschutz** in der Krankenversicherung vertrauen, auch wenn er die Leistung zu Unrecht erhalten hat (*BSG* 30.1.1990 BSGE 66, 176 = SozR 3 – 4100 § 155 AFG Nr. 1; 26.9.1990 SozR 3 – 4100 § 155 AFG Nr. 2). Denn nach § 5 Abs. 1 Nr. 2, letzter Teilsatz SGB V wird das Versicherungsverhältnis nicht berührt, wenn die Entscheidung, die zum Bezug der Leistung aus der Arbeitslosenversicherung geführt hat, rückwirkend aufgehoben oder die Leistung zurückgefordert oder zurückgezahlt worden ist. In diesen Fällen findet eine Rückabwicklung des Krankenversicherungsverhältnisses (Rückerstattung der **Leistungen** aus der Krankenversicherung) selbst dann nicht statt, wenn nach § 335 Abs. 1 SGB III Beiträge zur Krankenversicherung vom Leistungsempfänger zurückgefordert werden. Dieser seit 1.1.1993 gesetzlich geregelte öffentlich-rechtliche Erstattungsanspruch (früher § 157 Abs. 3a AFG aF) soll die Rückforderung der Beiträge im Falle der (berechtigten) Rückforderung der Arbeitsförderungsleistungen ermöglichen; auch insoweit bleibt aber das Krankenversicherungsverhältnis (hinsichtlich der bezogenen Krankenversicherungsleistungen) unberührt.

52 Wenn und solange ein Anspruch auf Arbeitslosengeld nicht besteht oder ruht, entfällt grds. auch die **Beitragspflicht in der Krankenversicherung der Arbeitslosen**, weil keine Leistungen **bezogen** werden. Allerdings sieht das Gesetz in § 5 Abs. 1 Nr. 2, 2. Hs. SGB V zwei Ausnahmen vor: Danach sind in der Krankenversicherung auch Personen versichert, die Arbeitslosengeld nur deshalb nicht beziehen, weil ihr Anspruch bis zu zwölf Wochen einer **Sperrzeit** (§ 159 SGB III) oder wegen einer **Urlaubsabgeltung** (§ 157 Abs. 2 SGB III) ruht (zum Versicherungsschutz während der Urlaubsabgeltung s. Rdn 48, 49; zum Versicherungsschutz während der Sperrzeit Rdn 157 f.). Zu beachten ist, dass die gewährte Urlaubsabgeltung **das Beschäftigungsverhältnis** und damit die Pflichtmitgliedschaft in der Krankenversicherung **nicht verlängert**. § 190 Abs. 2 SGB V ist zu entnehmen, dass Voraussetzung für den Fortbestand des Versicherungsverhältnisses u.a. eine Beschäftigung gegen Arbeitsentgelt ist. Die Urlaubsabgeltung stellt kein Arbeitsentgelt dar. Um keine Lücke im Versicherungsschutz entstehen zu lassen, wurde die Versicherungspflicht nach § 5 Abs. 1 Nr. 2 SGB V eingeführt. Hierbei war die Beschränkung des Beginns der Krankenversicherung nach § 5 Abs. 1 Nr. 2 SGB V aF (hierzu ausf. *BSG* 4.3.2014 SozR 4 – 2500 § 5 Nr. 2) erst ab dem zweiten Monat insoweit unschädlich, als in dem Monat zuvor § 19 Abs. 2 SGB V einen (einmonatigen) nachgehenden Versicherungsschutz gewährleistete (Voraussetzung war, dass kein anderweitiger aktueller Krankenversicherungsschutz besteht; in diesem Zusammenhang ist zu beachten, dass eine Familienversicherung während des einmonatigen nachgehenden Versicherungsschutzes gem. § 19 Abs. 2 S. 2 SGB V Vorrang hat, mit der Folge, dass während dieser Zeit kein Krankengeldanspruch besteht; vgl. zur Verfassungsmäßigkeit dieser Regelung *LSG Hessen* 26.10.2010 – L 1 KR 84/10, NZS 2010, 777). Zum **1.8.2017** wurde § 5 Abs. 1 Nr. 2 SGB V (durch Art. 1 Nr. 10a. des Gesetzes zur Stärkung der Heil- und Hilfsmittelversorgung vom 4.4.2017, BGBl. I S. 778) dahingehend geändert, dass die sog. »**Sperrzeit-Krankenversicherung**« nicht erst (wie zuvor) ab Beginn des zweiten Monats der Sperrzeit (bzw. des Ruhens wegen Urlaubsabgeltung), sondern **bereits von deren ersten Tag** an wirksam wird (ausf. hierzu *Minn* DB 2017, 1453 mit instruktiven Fallbeispielen). Die Beitragspflicht beginnt hingegen weiter erst mit Beginn des zweiten Monats, vgl. § 232a Abs. 1 S. 3 SGB V, wobei konsequenterweise auch hier eine entsprechende Rechtsänderung erforderlich gewesen wäre mit dem Ergebnis, dass bereits vom ersten Tag der Sperrzeit/des Ruhenszeitraums Beiträge zur Krankenversicherung gezahlt werden müssten (so zutr. *Minn* DB 2017, 1453, 1454). Gleiches gilt gem.

§ 20 Abs. 1 S. 2 Nr. 2 SGB XI auch für die Pflegeversicherung. Da aber für andere Ruhenszeiten, zB wegen einer Entlassungsentschädigung nach § 158 SGB III, eine entsprechende Regelung fehlt, entfällt dort ein Krankenversicherungsschutz des Arbeitslosen, soweit nicht nachgehender Versicherungsschutz durch § 19 Abs. 2 SGB V gewährleistet ist (s. Rdn 72). Der Arbeitslose muss sich für die Ruhenszeit ggf. freiwillig weiterversichern (mit der Folge, dass er die Beiträge zur Krankenversicherung selbst zu tragen hat, § 250 Abs. 2 SGB V).

b) Pflegeversicherung der Bezieher von Arbeitslosengeld

Arbeitslose Leistungsbezieher, die Mitglieder der gesetzlichen Krankenversicherung sind, sind nach § 20 Abs. 1 Nr. 2 SGB XI zugleich in der **sozialen Pflegeversicherung** versichert. Auch diese Regelung sieht – wie § 5 Abs. 1 Nr. 2 SGB V – vor, dass es für den Versicherungsschutz unerheblich ist, ob die Entscheidung der AfA, die zum Leistungsbezug geführt hat, rückwirkend aufgehoben wird und dass die Leistungen im Falle einer Sperrzeit (§ 159 SGB III) bis zur zwölften Woche oder wegen Urlaubsabgeltung (§ 157 SGB III) als bezogen gelten (zur Krankenversicherung der Arbeitslosen s. Rdn 52).   53

c) Kranken- und Pflegeversicherung der Bezieher von Arbeitslosengeld II

Wird **Arbeitslosengeld II** bezogen (s. Rdn 139 ff.), so ist der Bezieher dieser Leistung ebenfalls in der **Kranken- und Pflegeversicherung** gesetzlich versichert, soweit er nicht familienversichert ist, es sei denn, dass die Leistung nur darlehensweise gewährt wird oder nur besondere Leistungen nach § 24 Abs. 3 S. 1 SGB II bezogen werden; dies gilt auch, wenn die Entscheidung, die zum Leistungsbezug geführt hat, rückwirkend aufgehoben oder die Leistung zurückgefordert oder zurückgezahlt wird (§ 5 Abs. 1 Nr. 2a SGB V, § 20 Abs. 1 Nr. 2a SGB XI; hierzu *LSG BW* 22.6.2010 – L 11 KR 551/09). Zu beachten ist, dass Bezieher von Arbeitslosengeld II dann nicht in der gesetzlichen Krankenversicherung versicherungspflichtig sind, wenn sie »unmittelbar« vor dem Leistungsbezug privat krankenversichert waren (oder einen gleichgestellten Sachverhalt erfüllten) und dies zuletzt spätestens einen Monat vor dem Leistungsbeginn der Fall war (§ 5 Abs. 5a SGB V – *BSG* 3.7.2013 *SozR* 4 – 2500 § 5 Nr. 19). Besteht kein Anspruch auf Arbeitslosengeld II, zB mangels Bedürftigkeit, besteht auch kein Kranken- und Pflegeversicherungsschutz. Wird die Bewilligung des Arbeitslosengeldes II aufgehoben und diese Leistung zurückgefordert, hat dies zur Folge, dass der (unrechtmäßige) Bezieher die Beiträge zur Kranken- und Pflegeversicherung an die Arbeitsverwaltung zurückzuerstatten hat (§ 40 Abs. 1 Nr. 3 SGB II iVm § 335 Abs. 5 SGB III). Das Versicherungsverhältnis wird davon jedoch nicht berührt, dh die bezogenen Krankenversicherungsleistungen sind nicht zurückzuerstatten. Nach der Aufhebung der Leistungsbewilligung besteht – soweit kein aktuell vorrangiger Versicherungstatbestand erfüllt ist – Versicherungsschutz in der gesetzlichen Krankenversicherung nach § 5 Abs. 1 Nr. 13 SGB V (sog. Auffangversicherung; vgl. hierzu *LSG Bay.* 19.12.2014 – L 7 AS 757/14 B).   54

Beziehen Arbeitslosengeld-II-Leistungsempfänger neben den Leistungen nach dem SGB II **weitere Einnahmen**, so bestimmt § 232a Abs. 1 S. 1 Nr. 2 Hs. 2 SGB V zum einen, dass auch diese Einnahmen der Beitragspflicht unterliegen, und zum anderen, in welcher Rangfolge die Einnahmen heranzuziehen sind. Darüber hinaus bestimmt § 232a Abs. 3 SGB V, dass die Regelung des § 226 SGB V entsprechend gilt; d. h. »neben« den beitragspflichtigen Einnahmen nach § 232a Abs. 1 S. 1 Nr. 2 SGB V werden bei Beziehern von Arbeitslosengeld II die von ihnen bezogenen Renten, Versorgungsbezüge und Arbeitseinkommen der Beitragsberechnung bis zur Beitragsbemessungsgrenze zugrunde gelegt (s. hierzu ausf. *LSG BW* 22.6.2010 – L 11 KR 551/09).   55

d) Rentenversicherung der Bezieher von Arbeitslosengeld

Das SGB VI hat ab dem 1.1.1992 für Bezieher von Lohnersatzleistungen, insbes. Bezieher von Arbeitslosengeld (wieder) **Versicherungspflicht in der Rentenversicherung** eingeführt (§ 3 S. 1 Nr. 3 u. § 4 Abs. 3 S. 1 Nr. 1 SGB VI) mit der Folge, dass seitdem von den Leistungsbeziehern wieder echte Beitragszeiten zurückgelegt werden. Die Beiträge, die für Arbeitslosengeldbezieher   56 allein von der Bundesagentur für Arbeit (BA) getragen und entrichtet werden (§ 170 Abs. 1 Nr. 2b, § 173 S. 1 SGB VI), werden ab 1.1.1995 aus 80 vH des der Leistung zugrundeliegenden Arbeitsentgelts entrichtet (§ 166 Abs. 1 Nr. 2 SGB VI) und bei der Rentenberechnung ohne weitere versicherungsrechtliche Voraussetzungen – als rentenbegründende und rentensteigernde – Beitragszeiten berücksichtigt.

57 Soweit **mangels Bezugs von Arbeitslosengeld Versicherungspflicht** in der **Rentenversicherung nicht** bestanden hat, kommt für Zeiten der Arbeitslosigkeit lediglich eine **Anrechnungszeit** unter den Voraussetzungen des § 58 Abs. 1 Nr. 3 SGB VI in Betracht (Anrechnungszeiten sind für Versicherte durch die Bundesagentur für Arbeit zu melden, § 193 SGB VI; vgl. hierzu *LSG Bay.* 22.7.2010 – L 10 AL 194/08). Danach muss der Versicherte wegen **Arbeitslosigkeit** bei einer deutschen **Agentur für Arbeit (AfA)** – als **Arbeitsuchender gemeldet** gewesen (zur Meldepflicht *BSG* 11.3.2004 BSGE 92, 241) und eine **öffentlich-rechtliche Leistung bezogen** oder **nur** wegen des **zu berücksichtigenden Einkommens oder Vermögens nicht bezogen haben**. Von dieser Regelung erfasst sind zB Zeiten der – gemeldeten – Arbeitslosigkeit, in denen der Anspruch auf Arbeitslosengeld wegen Zahlung oder Anspruch auf Arbeitsentgelt, Urlaubsabgeltung oder Entlassungsentschädigung ruht (§§ 157, 158 SGB III) oder **Arbeitslosengeld II** wegen sonst zu berücksichtigenden Einkommens oder Vermögens nicht gewährt wird. Um eine Anrechnungszeit handelt es sich auch dann, wenn ein Leistungsanspruch des gemeldeten Arbeitslosen mangels Erfüllung sonstiger Anspruchsvoraussetzungen nicht besteht (zB die Antragstellung oder die Verfügbarkeit fehlt oder die Anwartschaftszeit nicht erfüllt ist) oder wegen einer Sperrzeit ruht **und** (wegen der Sperrzeit reduziertes, vgl. § 32 SGB II) **Arbeitslosengeld II** bezogen oder nur wegen anzurechnenden Einkommens nicht bezogen wird (aA zur Sperrzeit *Gürtner* in: Gagel, SGB III, Stand 9/2016, § 58 SGB VI Rn 30 unter Hinw. auf *BSG* 24.3.1988 – 5/5b RJ 84/86, BSGE 63, 112 [dort war die Frage der Folgen einer Sperrzeit aber schon mangels Antragstellung nicht entscheidungserheblich]). Insoweit haben die Entscheidungen der Arbeitsverwaltung oder des Jobcenters für den Rentenversicherungsträger **Tatbestandswirkung**; dieser hat nicht selbst darüber zu befinden, ob im fraglichen Zeitraum von einem anderen Träger eine Leistung gewährt worden oder nur wegen Berücksichtigung von Einkommen nicht gewährt worden wäre (*BSG* 18.7.1996 SozR 3 – 2600 § 58 SGB VI Nr. 6 mwN). Die Arbeitslosmeldung allein reicht also für die Anerkennung einer Anrechnungszeit grds. nicht aus.

58 In Fällen, in denen der Arbeitslose nur wegen des zu **berücksichtigenden Einkommens** oder **Vermögens** keine Leistungen bezieht, ist gleichwohl eine **regelmäßige Meldung** (jedenfalls alle drei Monate, *BSG* 15.12.1994 SozR 3–2600 § 58 Nr. 2) bei einer AfA bzw. Jobcenter erforderlich, damit der Tatbestand einer Anrechnungszeit überhaupt erfüllt werden kann (*BSG* 27.2.1991 SozR 3 – 2200 § 1259 Nr. 4). Eines zusätzlichen Leistungsantrags bedarf es grds. nicht (mehr), weil nach § 323 SGB III Leistungen wegen Arbeitslosigkeit ohnehin mit der persönlichen **Arbeitslosmeldung als beantragt gelten,** wenn der Arbeitslose keine andere Erklärung abgibt (zur fehlenden Fortwirkung einer Arbeitslosmeldung bei einer mehr als sechswöchigen Unterbrechung der Arbeitslosigkeit nach zwischenzeitlicher Teilnahme an einer medizinischen Reha-Maßnahme *BSG* 11.3.2014 SozR 4 – 4300 § 126 Nr. 3). Unabhängig davon ist ein fehlender Antrag auf Arbeitslosengeld II unschädlich, wenn wegen fehlender Bedürftigkeit offensichtlich kein Anspruch auf derartige Leistungen bestand; dem Versicherten ist nicht zuzumuten, eine offensichtlich nicht zustehende bzw. ruhende Leistung zu beantragen.

59 **Anders ist es hingegen,** wenn sich der Arbeitslose in einem Vertrag über die Auflösung seines Arbeitsverhältnisses gegen **Abfindung verpflichtet hat**, sich zwar arbeitslos zu melden, aber **keinen Antrag auf Arbeitslosengeld** zu stellen: Eine solche Vereinbarung ist gem. § 32 SGB I **nichtig**, weil sie zum Nachteil des Arbeitslosen von Vorschriften des SGB abweicht. Erhält die AfA von einer derartigen Verpflichtung Kenntnis (zB bei der Arbeitslosmeldung), so hat es den Arbeitslosen auf die **Nichtigkeit** sowie darauf hinzuweisen, dass der Bezug von Arbeitslosengeld **Voraussetzung für die Anerkennung einer entsprechenden Beitragszeit** (s. Rdn 56) und auch für den

Krankenversicherungsschutz des Arbeitslosen ist. Hätte der Versicherte bei entsprechender Belehrung Arbeitslosengeld beantragt, so hat ihn der Rentenversicherungsträger im Wege des sozialrechtlichen **Herstellungsanspruchs** so zu stellen, als ob er Arbeitslosengeld beantragt und bezogen hätte (*BSG* 24.3.1988 BSGE 63, 112 = SozR 1200 § 14 Nr. 28). Damit hat das *BSG* und später auch das *BAG* (22.6.1989 EzA § 128 AFG Nr. 2) **sog. 128er-Vereinbarungen für nichtig erklärt**, in denen Arbeitnehmern eine Abfindung gezahlt wurde, in die rechnerisch das zu erwartende **Arbeitslosengeld** bis zur Vollendung des 60. Lebensjahres **eingerechnet war**, und sich der Arbeitnehmer im Gegenzug verpflichtet hatte, **kein Arbeitslosengeld**, jedoch zum frühestmöglichen Zeitpunkt **vorgezogenes Altersruhegeld** zu beantragen.

e) Rentenversicherung der Bezieher von Arbeitslosengeld II

In der **gesetzlichen Rentenversicherung versichert waren bis zum 31.12.2010** grds. auch die Bezieher von Arbeitslosengeld II (s. Rdn 139 ff.), es sei denn, dass sie diese Leistung nur darlehensweise erhielten oder nur Hilfe iSv § 24 Abs. 3 S. 1 SGB II [§ 23 Abs. 3 S. 1 SGB II aF] bezogen (§ 3 S. 1 Nr. 3a SGB VI idF des Vierten Gesetzes für moderne Dienstleistungen am Arbeitsmarkt v. 24.12.2003 BGBl. I S. 2954, geändert durch Gesetz v. 20.7.2006, BGBl. I S. 1706). Durch Art. 19 Nr. 2b des **Haushaltsbegleitgesetzes 2011** v. 9.12.2010 (BGBl. I S. 1885) wurde **mit Wirkung zum 1.1.2011** die gesetzliche Rentenversicherungspflicht von Arbeitslosengeld-II-Beziehern (unter Streichung von § 3 S. 1 Nr. 3a SGB VI) **aufgehoben** und im Gegenzug § 58 Abs. 1 S. 1 SGB VI um die Nr. 6 ergänzt, wonach die Zeit des Bezugs von Arbeitslosengeld II **als Anrechnungszeit** berücksichtigt wird (Ausnahme: das Arbeitslosengeld II wurde nur darlehensweise oder es wurden nur Hilfen nach § 24 Abs. 3 S. 1 SGB II bezogen; vgl. hierzu § 58 Abs. 1 S. 1 Nr. 6a bis e). Mit dem Wegfall der Beitragszahlung für Bezieher von Arbeitslosengeld II sind Zeiten des Bezugs von Arbeitslosengeld II mithin keine Pflichtbeitragszeiten in der gesetzlichen Rentenversicherung mehr. In der Gesetzesbegründung heißt es hierzu (vgl. BR-Drs. 532/10, 66 zu Art. 18) »der Wegfall der Rentenversicherungspflicht für Bezieher von Arbeitslosengeld II sei systemgerecht, da die Leistungen eines Fürsorgesystems dazu dienten, akute Hilfebedürftigkeit zu beseitigen. Ihnen komme dagegen nicht die Funktion zu, bereits im Voraus pauschal Leistungen zu erbringen, um eine vielleicht zu einem späteren Zeitpunkt eintretende Hilfebedürftigkeit durch Begründung versicherungsrechtlicher Rentenanwartschaften zu beseitigen.« Diese (fiskalische) Sichtweise des Gesetzgebers dürfte allerdings nur der Verlagerung der finanziellen Lasten in die Zukunft (Stichwort Altersarmut) gedient haben.

Soweit **mangels Bezugs von Arbeitslosengeld II** (zB wegen fehlender Bedürftigkeit) auch in der Vergangenheit (dh vor dem 1.1.2011) ohnehin eine Versicherungspflicht in der Rentenversicherung nicht bestanden hat, kommt eine Anrechnungszeit (weiterhin) nur unter den Voraussetzungen des § 58 Abs. 1 Nr. 3 SGB VI in Betracht (s. Rdn 57). Insoweit ist zweifelhaft, ob es ausreicht, dass der Betroffene »Arbeitsuchender« iSd SGB II ist bzw. Leistungen der Grundsicherung für Arbeitsuchende nach § 37 SGB II beansprucht hat oder ob er daneben noch »wegen Arbeitslosigkeit bei einer deutschen Agentur für Arbeit als Arbeitsuchender gemeldet« gewesen sein muss. § 58 Abs. 1 SGB VI enthält insoweit keine spezielle Regelung bzw. ist weder durch das Haushaltsbegleitgesetz 2011 v. 9.12.2010 (BGBl. I S. 1885) noch durch das Gesetz zur Ermittlung von Regelbedarfen und zur Änderung des Zweiten und Zwölften Buches Sozialgesetzbuch v. 24.3.2011 (BGBl. I S. 453) mit Wirkung zum 1.4.2011 entsprechend geändert worden. Im Zweifel ist eine Meldung als Arbeitsuchender angezeigt.

Für die **Erstattung** von (bis 31.12.2010 geleisteten; s. Rdn 60) **Beiträgen** zur Rentenversicherung gilt § 335 Abs. 2 SGB III entsprechend (§ 40 Abs. 1 Nr. 5 SGB II).

II. Rechtsstellung wirksam gekündigter Arbeitnehmer im sozialversicherungsrechtlichen Leistungsrecht

1. Grundsätze

63 Die Frage, ob mit der Beendigung des Arbeitsverhältnisses und mit der grds. Beendigung der Beitragspflicht auch der **Versicherungsschutz** (die Anwartschaft auf Leistungen bei Eintritt des Versicherungsfalles) endet, ist für die einzelnen Versicherungszweige unterschiedlich geregelt. Während in der gesetzlichen **Rentenversicherung** der Versicherungsschutz aus den während des Arbeitsverhältnisses entrichteten Beiträgen grds. **unbegrenzt** erhalten bleibt (zu den gesetzlichen Einschränkungen bei Renten wegen Erwerbsminderung s. Rdn 80), ist in der gesetzlichen **Krankenversicherung** und **Unfallversicherung** mit dem Ende des Arbeitsverhältnisses das Versicherungsverhältnis sowohl in beitragsrechtlicher als auch in leistungsrechtlicher Hinsicht regelmäßig beendet. Danach eingetretene Versicherungsfälle begründen hier – abgesehen von den Fällen nachgehenden Versicherungsschutzes (s. Rdn 72) – regelmäßig keinen Leistungsanspruch; nur wenn wieder ein neues Arbeitsverhältnis begründet wird, entsteht ein neues Versicherungsverhältnis, aus dem der Arbeitnehmer bei Vorliegen der gesetzlichen Voraussetzungen wieder Anspruch auf die Versicherungsleistungen erwirbt. Allerdings kann auch für Bezieher von Arbeitslosengeld und Arbeitslosengeld II (zur aufgehobenen Rentenversicherungspflicht seit dem 1.1.2011 s. Rdn 60) ein Versicherungsschutz in der Kranken-, Renten- und Pflegeversicherung bestehen (s. Rdn 50 f., 56 f.).

64 In der **Arbeitslosenversicherung** ist der Versicherungsschutz gegen Arbeitslosigkeit grds. auf die Zeit nach wirksam beendetem Arbeitsverhältnis bezogen, wobei der Versicherungsschutz regelmäßig schon bei Eintritt der tatsächlichen Beschäftigungslosigkeit (Ende des Beschäftigungsverhältnisses im leistungsrechtlichen Sinn, s. hierzu Rdn 12) greift (zum Versicherungsschutz des gekündigten Arbeitnehmers während der Dauer des Kündigungsschutzverfahrens s. Rdn 181 f.). Der Versicherungsschutz des Arbeitslosen aus den während des Arbeitsverhältnisses entrichteten Beiträgen bleibt für eine gewisse, durch die Anwartschaftszeitregelung des § 142 SGB III und die Erlöschensregelung des § 161 SGB III näher bestimmte Zeit nach Beendigung des Arbeitsverhältnisses aufrechterhalten.

Im Einzelnen gilt für die nachstehenden Versicherungszweige Folgendes:

2. Leistungsrechtliche Rechtsstellung in der Krankenversicherung

65 Die Leistungsansprüche der in der gesetzlichen Krankenversicherung Versicherten (vgl. § 5 SGB V) ergeben sich aus §§ 27 ff. SGB V. **Versicherungsfall** in der Krankenversicherung, der die Leistungsansprüche auslöst, ist der Eintritt einer **Krankheit** (regelwidriger Körper- oder Geisteszustand), der die Notwendigkeit ärztlicher Heilbehandlung oder Arbeitsunfähigkeit oder beides zur Folge hat (*BSG* 20.10.1972 BSGE 35, 10, 12 = SozR Nr. 52 zu § 182 RVO). Dabei ist vom Versicherungsfall abzugrenzen der sog. **Leistungsfall**, der erst dann gegeben ist, wenn außer der Krankheit noch die weiteren für den Anspruch geforderten Voraussetzungen gegeben sind, zB die **Behandlungsbedürftigkeit für die Krankenbehandlung** (§ 27 SGB V), die **Arbeitsunfähigkeit für das Krankengeld** (§ 44 SGB V). Der Maßstab für die Beurteilung Arbeitsunfähigkeit ergibt sich allein aus dem **Umfang des Versicherungsschutzes** in dem jeweils konkret bestehenden Versicherungsverhältnis, das im **Zeitpunkt des jeweils in Betracht kommenden Entstehungstatbestandes** (zB für Krankengeld) vorliegt. Dies ist bei Personen, bei denen etwa der Krankengeldanspruch erst während der Versicherung in der Krankenversicherung der Arbeitslosen nach § 5 Abs. 1 Nr. 2 SGB V eintritt, der Status als Arbeitsloser (st. Rspr., vgl. *BSG* 4.4.2006 SozR 4 – 2500 § 44 Nr. 9 mwN).

66 **Arbeitsunfähigkeit** liegt bei Versicherten, die in einem Arbeitsverhältnis stehen und einen Arbeitsplatz innehaben, vor, wenn sie die an ihrem Arbeitsplatz gestellten beruflichen Anforderungen aus gesundheitlichen Gründen nicht mehr erfüllen können. Das ist der Fall, wenn sie überhaupt nicht oder nur auf die Gefahr hin ihren Zustand zu verschlimmern, fähig sind, ihrer bisher ausgeübten Erwerbstätigkeit nachzugehen (st. Rspr. des BSG, zB 12.3.2013 – B 1 KR 7/12 R). Die Arbeitsunfähigkeit ist also grds. an der zuletzt ausgeübten **arbeitsvertraglich geschuldeten Leistung** zu

messen und wird nicht durch die Möglichkeit ausgeschlossen, den Erwerb durch den Übergang auf eine andere gesundheitlich und beruflich zumutbare Erwerbstätigkeit zu gewinnen. Solange das Arbeitsverhältnis fortbesteht, kommt eine **Verweisung auf gleichartige Tätigkeiten außerhalb des Arbeitsverhältnisses** nicht in Betracht, selbst wenn der Arbeitnehmer schon lange arbeitsunfähig ist. Ausnahmsweise endet die Arbeitsunfähigkeit dann, wenn der Arbeitgeber in Ausübung seines Direktionsrechts dem Arbeitnehmer in zulässiger Weise einen anderen Arbeitsplatz im Betrieb anbietet, dem er gesundheitlich gewachsen ist und den er im Rahmen seines Arbeitsverhältnisses wahrzunehmen hat (*BSG* 7.8.1991 SozR 3 – 2200 § 182 RVO Nr. 9).

Nach Beendigung des Arbeitsverhältnisses ändert sich der rechtliche Maßstab für die Beurteilung der Arbeitsunfähigkeit zunächst (nur) insofern, als dafür nicht mehr die konkreten Verhältnisse am früheren Arbeitsplatz maßgebend sind, sondern nunmehr abstrakt auf die **Art** der zuletzt ausgeübten Beschäftigung abzustellen ist. Arbeitsunfähigkeit entfällt, wenn der Versicherte **gleichartige Tätigkeiten** bei anderen Arbeitgebern verrichten kann (*BSG* 9.12.1986 BSGE 61, 66). 67

Die **Arbeitsunfähigkeit** eines Versicherten **entfällt auch nicht allein dadurch**, dass er sich nach Beendigung seines bisherigen Arbeitsverhältnisses **arbeitslos meldet** und der Arbeitsvermittlung zur Verfügung stellt. Ein in der Krankenversicherung der Arbeitslosen versicherter Arbeitsloser ist nach st. Rspr. des BSG arbeitsunfähig iSv § 44 Abs. 1 S. 1 SGB V, wenn er auf Grund gesundheitlicher Einschränkungen nicht mehr in der Lage ist, Arbeiten zu verrichten, für die er sich der Arbeitsverwaltung zwecks Vermittlung zur Verfügung gestellt hat. Entscheidend für die Beurteilung der Arbeitsunfähigkeit Arbeitsloser sind im Grundsatz alle Arbeiten, die dem Versicherten **arbeitslosenversicherungsrechtlich zumutbar** sind, insoweit ist die Zumutbarkeit auch krankenversicherungsrechtlich an § 140 SGB III zu messen (*BSG* 10.5.2012 – B 1 KR 20/11 R, BSGE 111, 18; 22.3.2005 SozR 4 – 2500 § 44 Nr. 6). Danach hängt die **Zumutbarkeit** vom **Umfang der Einkommenseinbußen** ab, die mit einer Arbeitsaufnahme verbunden wären: In den ersten drei Monaten der Arbeitslosigkeit ist dem Arbeitslosen eine Minderung um mehr als 20 vH und in den folgenden drei Monaten um mehr als 30 vH des der Bemessung seines dem Arbeitslosengeld zu Grunde liegenden Arbeitsentgelts unzumutbar. Vom siebten Monat der Arbeitslosigkeit an ist dem Arbeitslosen eine Beschäftigung nur dann nicht zumutbar, wenn das daraus erzielbare Nettoarbeitsentgelt unter Berücksichtigung der mit der Beschäftigung zusammenhängenden Aufwendungen niedriger ist als das Arbeitslosengeld. Nicht nur ab dem siebten Monat der Arbeitslosigkeit, sondern schon in den ersten sechs Monaten der Arbeitslosigkeit sind Maßstab für die Beurteilung der Arbeitsunfähigkeit damit alle Beschäftigungen, für die sich der Versicherte der Arbeitsverwaltung zwecks Vermittlung zur Verfügung gestellt hat und die ihm arbeitslosenversicherungsrechtlich zumutbar sind. Einen darüberhinausgehenden besonderen krankenversicherungsrechtlichen Berufsschutz gibt es (auch in den ersten sechs Monaten der Arbeitslosigkeit) nicht. Hat die Arbeitsverwaltung dem Arbeitslosen ein konkretes Arbeitsangebot nicht unterbreitet, liegt krankheitsbedingte AU vor, wenn der Arbeitslose gesundheitlich nicht (mehr) in der Lage ist, auch leichte Arbeiten in einem Umfang (zB vollschichtig) zu verrichten, für die er sich zuvor zwecks Erlangung des Arbeitslosengeldanspruchs der Arbeitsverwaltung zur Verfügung gestellt hat. Ist der Arbeitslose zwar nicht mehr in der Lage, mittelschwere oder schwere, wohl aber noch leichte Arbeiten zu verrichten, beseitigt dies seine objektive Verfügbarkeit nicht (zum Ganzen *BSG* 4.4.2006 SozR 4 – 2500 § 44 Nr. 9 mwN). 68

Bezieher von Arbeitslosengeld haben im Krankheitsfalle – entsprechend der Entgeltfortzahlung im Krankheitsfalle – zunächst einen Anspruch auf **Fortzahlung des Arbeitslosengeldes** für die Dauer von sechs Wochen, wenn sie **während des Leistungsbezugs** arbeitsunfähig werden und sie daran kein Verschulden trifft (§ 146 SGB III). Der Arbeitslose soll nicht wegen kürzerer Erkrankung das Leistungssystem wechseln müssen. Solange er Arbeitslosengeld bezieht, **ruht sein Anspruch auf Krankengeld** (§ 49 Abs. 1 Nr. 3a SGB V). Er bekommt also bei Arbeitsunfähigkeit neben dem fortgezahlten Arbeitslosengeld aus der Krankenversicherung nur Krankenbehandlung und Krankenhausbehandlung. Nach Ablauf der sechs Wochen hat er unter den Voraussetzungen des § 46 SGB V Anspruch auf Krankengeld, dessen Höhe sich nach § 47b Abs. 1 SGB V bestimmt (Betrag der zuletzt bezogenen Leistung). § 47b SGB V setzt ebenso wie § 5 Abs. 1 Nr. 2 SGB V den 69 tatsächlichen Bezug von Leistungen voraus; das Bestehen eines Anspruchs ist insoweit nicht erforderlich, aber auch nicht ausreichend (*BSG* 5.5.2009 SozR 4 – 2500 § 192 Nr. 4 Rn 11 mwN; KassKomm-*Peters* § 5 SGB V Rn 40, Stand Dezember 2014). Zu den Leistungen bei ruhendem Arbeitslosengeld und Gleichwohlgewährung von Arbeitslosengeld s. Rdn 247 ff.

a) Ende der Mitgliedschaft

70 Versicherungsrechtliche Voraussetzung für die **Leistungsansprüche** aus der Krankenversicherung (insbes. Krankenbehandlung, § 27 f. SGB V, und Krankengeld, § 44 f. SGB V) ist grds. das Bestehen oder das Fortbestehen der **Mitgliedschaft**. Die Mitgliedschaft beginnt mit dem Tag des Eintritts in das Beschäftigungsverhältnis (§ 186 Abs. 1 SGB V) und endet regelmäßig mit dem Ablauf des Tages, an dem das Beschäftigungsverhältnis endet, also zB wirksam gekündigt ist (§ 190 Abs. 2 SGB V). Für die **Bezieher von Arbeitslosengeld nach dem SGB III und von Arbeitslosengeld II nach dem SGB II** beginnt die Mitgliedschaft mit dem Tag, von dem an die Leistung bezogen wird (§ 186 Abs. 2a SGB V) und endet mit Ablauf des letzten Tages des Leistungsbezugs (§ 190 Abs. 12 SGB V). Mit **dem Ende der Mitgliedschaft** (vgl. die einzelnen Beendigungsgründe in §§ 190, 191 SGB V; s. Rdn 22) enden grds. die **Ansprüche auf Leistungen**, soweit im SGB V nichts Abweichendes bestimmt ist (§ 19 Abs. 1 SGB V). Diese Regel weicht erheblich von dem früheren Recht der RVO ab. Dieses ging davon aus, dass bei Eintritt der Erkrankung während des Beschäftigungsverhältnisses Krankenpflege und Krankengeld **ohne zeitliche Begrenzung**, also prinzipiell unabhängig von der Fortdauer der Mitgliedschaft, gewährt werden (Grundsatz der Einheit des Versicherungsfalles, s. dazu die Ausführungen in SozR Rn 31 der 6. Aufl.); es musste aber zahlreiche Ausnahmen von diesem Grundsatz vorsehen. Das SGB V hat dieses **Regel-Ausnahmeverhältnis** umgekehrt und enthält nunmehr in § 19 Abs. 1 SGB V den Grundsatz, dass mit dem Ende der Mitgliedschaft (worunter auch der Wechsel einer Krankenkasse fällt, *BSG* 19.9.2007 SozR 4 – 2500 § 19 Nr. 4 Rn 12 mwN) der Leistungsanspruch erlischt, soweit keine Ausnahme vorgesehen ist (vgl. allg. hierzu *BSG* 18.5.2011 – B 3 KR 7/10 R; s.a. Rdn 73 f.).

71 Erlöschen bedeutet, dass bereits bestehende Ansprüche **enden**. Damit sind Fälle gemeint, in denen die Versicherten bereits Leistungen beziehen oder wenigstens der Versicherungsfall (zB die Krankheit) eingetreten ist. Neue Ansprüche, die erst auf Grund eines nach dem Ende der Mitgliedschaft eintretenden Versicherungsfalles ausgelöst werden, können danach grds. nicht mehr entstehen. Hinsichtlich der Versicherungspflichtigen sieht das Gesetz aber in § 19 Abs. 2 SGB V eine Ausnahme, nämlich **eine einmonatige Übergangszeit – sog. nachgehende Ansprüche –** vor (s. Rdn 72).

b) Nachgehende Ansprüche aus § 19 Abs. 2 SGB V

72 Ist die Pflichtmitgliedschaft beendet – zB mit dem Ende des Arbeitsverhältnisses oder bei anschließendem Bezug von Arbeitslosengeld mit dessen Ende –, besteht noch für eine **Übergangszeit von einem Monat** Anspruch auf die Leistungen der Krankenversicherung. Das bedeutet, dass nicht nur die schon vor dem Ende entstandenen Ansprüche bis zum Ablauf der Monatsfrist fortbestehen, sondern auch die während der Monatsfrist eintretenden Leistungsfälle noch Ansprüche bis zu deren Ende begründen. Ist zB die behandlungsbedürftige Krankheit erst in der Monatsfrist des § 19 Abs. 2 SGB V eingetreten, bleibt ein Anspruch auf Krankenbehandlung noch für diese Frist erhalten (zum Krankengeldanspruch s. Rdn 73 f.). Der nachgehende Anspruch wird jedoch durch eine **neue Mitgliedschaft** auf Grund neuer Erwerbstätigkeit **verdrängt**; er ist grds. **subsidiär** und zwar auch gegenüber der Familienversicherung nach § 10 SGB V (vgl. § 19 Abs. 2 S. 2 SGB V – zur Verfassungsmäßigkeit dieser Regelung *LSG Hessen* 26.10.2010 – L 1 KR 84/10, NZS 2010, 777) und gegenüber der Auffangversicherung nach § 5 Abs. 1 Nr. 13 SGB V (*LSG Bln.-Bra.* 9.11.2017 – L 1 KR 197/17). Kann der Betroffene nicht alsbald wieder eine Erwerbstätigkeit aufnehmen und ist er auch nicht als Arbeitsloser versichert (s. Rdn 50 f.), bleibt ihm die Möglichkeit, sich freiwillig weiter zu versichern (§ 9 SGB V).

c) Fortbestehen der Mitgliedschaft

Beim **Krankengeld** ergeben sich Besonderheiten aus § 192 Abs. 1 Nr. 2 SGB V: Solange der (bereits während des Arbeitsverhältnisses entstandene) **Anspruch auf Krankengeld fortbesteht** oder diese Leistung bezogen wird, bleibt die **Mitgliedschaft** Versicherungspflichtiger in der Krankenversicherung – ohne Beitragspflicht – erhalten (§ 192 Abs. 1 Nr. 2 SGB V; vgl. hierzu *BSG* 5.5.2009 SozR 4 – 2500 § 192 Nr. 4). Die fortbestehende Mitgliedschaft nach § 192 Abs. 1 SGB V erhält mithin den Status des Versicherten aufrecht, an den sie anknüpft (*BSG* 2.11.2007 SozR 4 – 2500 § 44 Nr. 14 Rn 19). Sie entfällt erst mit dem Wegfall des Krankengeldanspruchs. Der Anspruch besteht also ungeachtet des Endes des Arbeitsverhältnisses grds. unbeschränkt weiter und entfällt erst bei **Wiedereintritt der Arbeitsfähigkeit** oder bei **zeitlicher Erschöpfung des Anspruchs** (für den Fall der Arbeitsunfähigkeit wegen derselben Krankheit nach längstens 78 Wochen Leistungsbezug innerhalb von je drei Jahren, § 48 Abs. 1 SGB V). Deshalb schließt sich hier die Übergangszeit des § 19 Abs. 2 SGB V erst an den Wegfall des Krankengeldes an. Zu beachten ist, dass der (mitgliedschaftserhaltende) Anspruch auf Krankengeld nur während **ärztlich festgestellter Arbeitsunfähigkeit** besteht (zur rechtzeitigen Feststellung der Arbeitsunfähigkeit durch einen Vertragsarzt und ggf. Zurechnung des Verschuldens des Vertragsarztes bei fehlender Rechtzeitigkeit s. ausf. *BSG* 11.5.2017 – B 3 KR 22/15 R, SozR 4 – 2500 § 46 Nr. 8). Der Arzt muss hierfür den Arbeitsunfähigen persönlich untersuchen, ein Telefonat mit dem Arzt genügt (zB für die weitere Krankschreibung) grds. nicht (*BSG* 16.12.2014 – B 1 KR 25/14 R). Darüber hinaus kann der Krankengeldbezug die Mitgliedschaft nur dann erhalten, wenn die Arbeitsunfähigkeit jeweils nahtlos, dh noch innerhalb des jeweiligen Arbeitsunfähigkeitszeitraumes und damit vor dem Ende der Krankengeldbewilligung ärztlich festgestellt wird. Diese Rechtsprechung hat das BSG, trotz der nicht ganz unberechtigten Kritik hieran (vgl. nur *LSG NRW* 17.7.2014 – L 16 KR 429/13, mwN), in mehreren Entscheidungen vom 16.12.2014 ausdrücklich bestätigt (– B 1 KR 19/14 R, – B 1 KR 25/14 R, – B 1 KR 31/14 R, – B 1 KR 35/14 R und – B 1 KR 37/14 R). Dem ist der 3. Senat des *BSG* (11.5.2017 – B 3 KR 22/15 R, SozR 4 – 2500 § 46 Nr. 8; *Knispel* NZS 2018, 23) insoweit entgegengetreten, als § 46 Abs. 1 Nr. 2 SGB V in der bis zum 22.7.2015 geltenden Fassung zwar vorgesehen hatte, dass der Krankengeldanspruch erst ab dem Folgetag der Feststellung der Arbeitsunfähigkeit bestand, in Ausnahmefällen – so der 3. Senat – (wenn die fehlende Rechtzeitigkeit dem Vertragsarzt zuzurechnen sei) aber auch eine nachträgliche Feststellung genügen müsse (diese Rechtsprechung hat das *BSG* mit Urteil vom 26.3.2020 – B 3 KR 9/19 R – dahin konkretisiert, dass es einem »rechtzeitig« erfolgten persönlichen Arzt-Patienten-Kontakt gleichstehe, wenn der Versicherte alles in seiner Macht Stehende und ihm Zumutbare getan hat und rechtzeitig innerhalb der anspruchsbegründenden bzw. -erhaltenden zeitlichen Grenzen versucht hat, eine ärztliche Feststellung der AU als Voraussetzung des Anspruchs auf Krankengeld zu erhalten, und es zum persönlichen Arzt-Patienten-Kontakt aus dem Vertragsarzt und der Krankenkasse zurechenbaren Gründen erst verspätet, aber nach Wegfall dieser Gründe gekommen ist). Es ist davon auszugehen, dass diese Entscheidungen, die zwar zum alten Recht des § 46 SGB V ergingen, auch Auswirkungen für die ab dem 23.7.2015 geltende Regelung (wonach der Krankengeldanspruch bereits ab dem Tag der Feststellung der Arbeitsunfähigkeit besteht) haben werden (wie hier *Schroeder-Printzen* GesR 2018, 97).

Die Regelung des § 192 Abs. 1 Nr. 2 SGB V ist Ausdruck des früheren Grundsatzes, dass ein einmal begründeter Anspruch auf wiederkehrende Leistungen durch eine nachträgliche Änderung (Ausscheiden aus dem Beschäftigungsverhältnis) nicht berührt wird. Hingegen beseitigt § 19 Abs. 2 SGB V die sog. **Nachwirkungen der beendeten Mitgliedschaft** nach früherem Recht (vgl. dazu SozR Rn 31 in der 6. Aufl.) insoweit, als Leistungsansprüche grds. längstens für einen Monat nach dem Ende der Mitgliedschaft bestehen, nicht mehr darüber hinaus. Ist also die Krankheit vor dem Ende des Arbeitsverhältnisses bzw. der Mitgliedschaft eingetreten, die Arbeitsunfähigkeit aber erst innerhalb des anschließenden Monats, oder ist die Krankheit erst innerhalb der Monatsfrist eingetreten, besteht Anspruch auf Krankenbehandlung oder Krankengeld längstens für diesen Monat. Zu beachten ist, dass § 19 Abs. 2 SGB V eine »beendete« Mitgliedschaft voraussetzt und **keine** (während des einmonatigen nachgehenden Leistungsanspruchs) **neue Mitgliedschaft** (etwa nach § 192 Abs. 1 Nr. 2 SGB V) begründet (*BSG* 5.5.2009 SozR 4 – 2500 § 192 Nr. 4).

75 Die Mitgliedschaft bleibt nach § 192 Abs. 1 Nr. 2 SGB V auch erhalten, solange Anspruch auf **Mutterschaftsgeld** besteht oder **Mutterschaftsgeld** oder **Erziehungsgeld** oder **Elterngeld** bezogen oder **Elternzeit** in Anspruch genommen oder Pflegeunterstützungsgeld bezogen wird.

76 Die Mitgliedschaft bleibt ferner erhalten, wenn der Arbeitnehmer während einer Rehabilitationsmaßnahme **Verletztengeld, Versorgungskrankengeld** oder **Übergangsgeld** bezieht oder wenn er **Kurzarbeitergeld** erhält (§ 192 Abs. 1 Nr. 3 und 4 SGB V).

77 Die **Mitgliedschaft der Bezieher von Arbeitslosengeld endet mit dessen Wegfall**, sodass sich die nachgehende Frist des § 19 Abs. 2 SGB V an den Zeitpunkt des Wegfalls anschließt. Eine Verlängerung der Mitgliedschaft durch den Bezug von Krankengeld kommt bei Arbeitslosengeldbeziehern nicht in Betracht, weil der Anspruch auf Krankengeld ruht, solange der Versicherte Arbeitslosengeld bezieht (§ 49 Abs. 1 Nr. 3a SGB V). Das Krankengeld ruht auch, solange der Anspruch auf Arbeitslosengeld wegen einer Sperrzeit ruht (§ 49 Abs. 1 Nr. 3a, 2. Hs. SGB V; vgl. Rdn 157).

78 Die Mitgliedschaft Versicherungspflichtiger bleibt ferner erhalten, solange das Beschäftigungsverhältnis **ohne Entgeltzahlung** (dh ohne Lohnanspruch) fortbesteht, längstens jedoch für einen Monat. Diese früher in § 192 Abs. 1 Nr. 1 SGB V geregelte Rechtsfolge ergibt sich seit 1.1.1999 aus § 7 Abs. 3 SGB IV, wonach eine Beschäftigung gegen Arbeitsentgelt – für längstens einen Monat – **als fortbestehend gilt** (vgl. hierzu *BAG* 13.7.2010 EzA § 4 TVG Altersteilzeit Nr. 34), wenn und solange das Beschäftigungs- bzw. Arbeitsverhältnis ohne Anspruch auf Arbeitsentgelt fortdauert (s. Rdn 9 aE). Das gilt auch dann, wenn ein Arbeitnehmer mit seinem Arbeitgeber einen **unbezahlten Urlaub** auf unbestimmte Zeit vereinbart hat; ihm steht dann bei Arbeitsunfähigkeit für einen Monat Krankengeld zu (*BSG* 27.11.1990 SGb 1991, 358 m. Anm. *Kiemann*). Damit wurde die gegenteilige Ansicht in BSGE 43, 86 aufgegeben. Der Krankengeldanspruch besteht also auch für einen Zeitraum, in dem ohne die Urlaubsabrede ein **Lohnfortzahlungsanspruch** bestanden hätte. Dass insoweit das Risiko der Arbeitsunfähigkeit zeitweise auf die Krankenkasse verlagert wird, macht die Abrede nicht unwirksam, weil nicht von einem Fall willkürlicher Lastenverteilung gesprochen werden kann. Allerdings werden die Krankenkassen prüfen müssen, ob nicht doch ein vorrangiger **Anspruch auf Lohnfortzahlung** besteht, zB bei Absprachen, die Vereinbarung unbezahlten Urlaubs aufzuheben, falls der Urlaubszweck wegen Krankheit nicht zu verwirklichen ist.

79 Während der **Schwangerschaft** bleibt die **Mitgliedschaft** einer versicherungspflichtigen Frau auch erhalten, wenn das Beschäftigungsverhältnis vom Arbeitgeber **zulässig aufgelöst** oder wenn das Mitglied unter Wegfall des Arbeitsentgelts **beurlaubt** worden ist, es sei denn, es besteht eine Mitgliedschaft nach anderen Vorschriften (§ 192 Abs. 2 SGB V). Neu ist auch die unbegrenzte Fortdauer der Mitgliedschaft **während rechtmäßiger Arbeitskampfmaßnahmen**, mit der gegenüber dem bisherigen Recht der RVO eine erhebliche Verbesserung eintritt (§ 192 Abs. 1 Nr. 1 SGB V). Bei rechtswidrigem Streik verlängert sich die Mitgliedschaft jedoch nur um einen Monat.

3. Leistungsrechtliche Rechtsstellung in der Rentenversicherung

a) Allgemeines

80 In der **gesetzlichen Rentenversicherung** endet mit dem Ausscheiden aus dem Arbeitsverhältnis nur die Beitragspflicht, nicht aber das Versicherungsverhältnis; es besteht grds. als – beitragsloses – **Anwartschaftsverhältnis** fort mit der Folge, dass bei späterem Eintritt eines Versicherungsfalles ein Leistungsanspruch entsteht, wenn die Wartezeit und ggf. weitere Anspruchsvoraussetzungen erfüllt sind. Dieser Grundsatz ist jedoch seit 1.1.1984 für die **Renten wegen Erwerbsminderung** durchbrochen worden: Während es nach früherem Recht unerheblich war, ob in der Zwischenzeit Beiträge (zB aus einem neuen Arbeitsverhältnis oder auf Grund freiwilliger Weiterversicherung) entrichtet worden waren, wird seit 1.1.1984 ein Anspruch auf Berufs- bzw. Erwerbsunfähigkeitsrente

davon abhängig gemacht, dass der Versicherte in den letzten fünf Jahren vor Eintritt des Versicherungsfalles **drei Jahre Pflichtbeiträge** für eine versicherte **Beschäftigung oder Tätigkeit hat** (vgl. hierzu und zu den Einschränkungen dieser Leistungsvoraussetzung die §§ 43, 44 SGB VI in der bis 31.12.2000 geltenden Fassung). Entsprechende Voraussetzungen hinsichtlich der Vorversicherungszeit enthält auch § 43 Abs. 1 Nr. 2 SGB VI idF des ab 1.1.2001 geltenden Gesetzes zur Reform der Renten wegen verminderter Erwerbfähigkeit v. 20.12.2000 (BGBl. I S. 1827), das die Aufteilung der **Invaliditätsrenten** in eine **Berufs- und Erwerbsunfähigkeitsrente** abgeschafft und stattdessen – unter Beseitigung des Berufsschutzes – in § 43 SGB VI eine **zweistufige Rente wegen Erwerbsminderung** eingeführt hat. Danach erhält die **volle Erwerbsminderungsrente** grds. nur, wer auf nicht absehbare Zeit außer Stande ist, unter den üblichen Bedingungen des allgemeinen Arbeitsmarktes mindestens drei Stunden täglich erwerbstätig zu sein. Die **Rente wegen teilweiser Erwerbsminderung** erhält derjenige, der nicht mehr mindestens sechs Stunden täglich entsprechend erwerbstätig sein kann. Dabei ist die jeweilige Arbeitsmarktlage zu berücksichtigen (sog. konkrete Betrachtungsweise); dies gilt hingegen nicht für diejenigen, die mindestens sechs Stunden täglich erwerbstätig sein können (zum Übergangsrecht für vor dem 2.1.1961 geborene Versicherte bei Berufsunfähigkeit und zu Modifikationen der Vorversicherungszeit vgl. §§ 240, 241 SGB VI).

Eine ähnliche Einschränkung hinsichtlich der Vorversicherungszeit enthält § 237 SGB VI (früher § 38 SGB VI), wonach für die **Altersrente wegen Arbeitslosigkeit oder nach Altersteilzeitarbeit** in den letzten zehn Jahren vor Beginn der Rente mindestens acht Jahre Pflichtbeitragszeiten zurückgelegt worden sein müssen (s. Rdn 94). Diese Altersrente ist allerdings mittlerweile ausgelaufen. **81**

Bezieht der Versicherte im Anschluss an die Beendigung des Arbeitsverhältnisses **Arbeitslosengeld** (s. Rdn 111 ff.), so erwirbt er aus der Beitragsentrichtung durch die BA (§ 170 Abs. 1 Nr. 2b SGB VI) seit 1.1.1992 wieder Beitragszeiten (vgl. dazu Rdn 56). Entsprechendes galt bis zum 31.12.2010 für die Bezieher von Arbeitslosengeld II; seit dem 1.1.2011 gilt die Zeit des Arbeitslosengeld-II-Bezuges lediglich als Anrechnungszeit nach § 58 Abs. 1 S. 1 Nr. 6 SGB VI (s. Rdn 60). **82**

Die **Entstehung** bzw. der **Beginn** von Ansprüchen aus der **gesetzlichen Rentenversicherung** setzt nicht grds. die **Beendigung des Arbeitsverhältnisses** voraus. ZB können Ansprüche auf Rente wegen Erwerbsminderung (vgl. § 43 SGB VI) grds. auch während bestehender Arbeitsverhältnisse entstehen, wobei die tatsächliche Arbeitsleistung häufig gegen das Vorliegen einer Erwerbsminderung sprechen wird. Bei Weiterarbeit auf Kosten der Restgesundheit ist der Bezug einer Rente wegen verminderter Erwerbsfähigkeit allerdings nicht ausgeschlossen. Seit 1996 wird eine solche Rente jedoch nur noch geleistet, wenn die – neu eingeführten – **Hinzuverdienstgrenzen** des § 96a SGB VI nicht überschritten werden (vgl. hierzu BSG 6.9.2017 – B 13 R 21/15 R, SozR 4 – 2600 § 96a Nr. 16). Diese Vorschrift lehnt sich an § 34 Abs. 2 SGB VI an, der die Hinzuverdienstgrenzen bei Altersrenten festlegt (s. Rdn 106). Die Hinzuverdienstgrenze bei Renten wegen voller oder teilweiser Erwerbsminderung als Vollrente oder als Teilrente ergeben sich aus § 96a Abs. 1c SGB VI (in der ab dem 1.7.2017 geltenden Fassung v. 8.12.2016 [sog. Flexirentengesetz], BGBl. I S. 2838). Sie beträgt zB bei einer Vollrente wegen voller Erwerbsminderung seit dem 1.7.2017 6.300 €. Das entspricht einem Betrag von 14 × 450 € und damit der monatlichen Hinzuverdienstgrenze, die bis zum 30.6.2017 galt – einschließlich der bis dahin bestehenden Möglichkeit, diese Grenze zweimal im Jahr zu überschreiten. Seit dem 1.7.2017 wird der Hinzuverdienst allerdings nicht mehr monatlich, sondern nur noch **jährlich mit der Hinzuverdienstgrenze** verglichen. Das führt zu einer deutlichen Flexibilität. Die übrigen Grenzen bei Teilrenten wegen voller Erwerbsminderung und bei Renten wegen teilweiser Erwerbsminderung sind dynamisch nach den individuellen Verhältnissen bestimmt (§ 96a Abs. 1c Nr. 1 u. 3 SGB VI; sie orientiert sich an dem höchsten beitragspflichtigen Jahreseinkommen der letzten 15 Jahre und liegt im Jahr 2021 bei mindestens 15.989,40 € jährlich [39.480 € Bezugsgröße 2021 x 0,81 x 0,5]). Zu beachten ist, dass der **Bezug einer Urlaubsabgeltung** bzw. **einer Sonderzuwendung** aus dem früheren Arbeitsverhältnis nach dem Rentenbeginn **nicht zu einer Anrechnung** nach § 96a SGB VI führt, da es nicht aus einer während des Zeitraums des Bezugs der Leistung von Rente wegen verminderter Erwerbsfähigkeit bestandenen **83**

Beschäftigung resultiert (*BSG* 6.9.2017 – B 13 R 21/15 R, SozR 4 – 2600 § 96a Nr. 16; 10.7.2012 SozR 4 – 2600 § 96a Nr. 14).

84 Anderes galt nach § 94 SGB VI aF, wenn eine vor Beginn der Erwerbsminderungsrente aufgenommene Beschäftigung danach nicht mehr ausgeübt wurde, obwohl Arbeitsentgelt erzielt wurde und das Arbeitsverhältnis weiterbestand. In diesen Fällen war auf die Rente das für dieselbe Zeit erzielte Arbeitsentgelt anzurechnen (§ 94 Abs. 1 S. 1 SGB VI aF, s.a. Rdn 250). Diese Regelung ist ab 1.1.2008 weggefallen. Seitdem ist das (zB **während eines Kündigungsschutzprozesses**) erzielte Arbeitsentgelt **als Hinzuverdienst** zu behandeln, der nach § 96a SGB VI zum Wegfall der Erwerbsminderungsrente führt, wenn die jeweilige Hinzuverdienstgrenze überschritten wird (zur Anrechnung der Urlaubsabgeltung aus einer während des Rentenbezugs fortbestehenden Beschäftigung im leistungsrechtlichen Sinn BSG 26.4.2018 – B 5 R 26/16 R). Allerdings kann die rückwirkende Aufhebung des Rentenbescheides wegen »Erzielens von Arbeitsentgelt« nach § 48 Abs. 1 S. 2 Nr. 3 SGB X nur in Höhe des Mehrverdienstes, also des der Verdienstgrenze übersteigenden Teils des Arbeitsentgelts erfolgen (vgl. *BSG* 23.3.1995 – 13 RJ 39/94, SozR 3 – 1300 § 48 SGB X Nr. 37; s.a. Rdn 251 f.). In diesem Zusammenhang ist aber auch zu beachten, dass bis zum 30.6.2017 das zweimalige Überschreiten der jeweiligen Hinzuverdienstgrenze innerhalb eines Kalenderjahres (= privilegiertes, dh »rentenunschädliches« Überschreiten) iSd § 96a Abs. 1 S. 2 Hs. 2 SGB VI aF (bzw. des insoweit inhaltlich vergleichbaren § 34 Abs. 2 S. 2 Hs. 2 SGB VI) sich nicht auf die Rente auswirkte (*BSG* 9.12.2010 – B 13 R 10/10 R). Seit dem 1.7.2017 wurde zum einen durch die Anhebung der Hinzuverdienstgrenze in § 96 Abs. 1c Nr. 2 SGB VI die (unschädliche) zweimalige Überschreitung in die Regelung inkludiert (s. Rdn 83); zum anderen sind die bisherigen starren monatlichen Hinzuverdienstgrenzen sowie die Möglichkeit des zweimaligen Überschreitens dieser Grenzen bis zum doppelten Betrag pro Kalenderjahr zugunsten einer **kalenderjährlichen Hinzuverdienstgrenze** entfallen.

85 Anspruch auf Rente wegen Alters besteht vor Erreichen der Regelaltersgrenze (s. Rdn 86) nur, wenn die **Hinzuverdienstgrenzen** des § 34 Abs. 2 und 3 SGB VI nicht überschritten werden (s. Rdn 106).

b) Altersrentenarten

aa) Regelaltersrente, Anhebung der Regelaltersgrenze auf 67

86 Als Rente wegen Alters sieht das SGB VI – nach altem wie neuem Recht – in erster Linie die **Regelaltersrente** vor, die nur voraussetzt, dass die Regelaltersgrenze erreicht und die allgemeine Wartezeit von fünf Jahren (= 60 Monaten) erfüllt ist (§ 35 S. 1 SGB VI in der ab 1.1.2008 geltenden Fassung durch das Gesetz v. 20.4.2007, BGBl. I. S. 554). Die **Regelaltersgrenze**, die bisher mit Vollendung des 65. Lebensjahres erreicht wurde, wird nach dem ab 1.1.2008 geltenden Recht ab 2012 für die Jahrgänge ab 1947 bis 1958 in monatlichen, für die Jahrgänge von 1959 bis 1963 in zweimonatigen Schritten pro Lebensjahr angehoben (Vertrauensschutzregelung des § 235 Abs. 2 SGB VI, Tabelle). Sie beträgt für die ab 1964 Geborenen 67 Jahre (§ 35 S. 2 SGB VI). Für die vor dem 1.1.1947 Geborenen blieb die Regelaltersgrenze bei 65 (§ 235 Abs. 2 SGB VI). Für die dazwischenliegenden Jahrgänge 1947 bis 1963 wird die Regelaltersgrenze nach dem individuellen Geburtsdatum bestimmt. Sie liegt zB für einen im Januar 1953 Geborenen bei 65 Jahren und 7 Monaten, bei einem im Juli 1960 Geborenen bei 66 Jahren und 4 Monaten.

87 Die Bundesregierung hat in der 18. Wahlperiode mit dem am 1.7.2014 in Kraft getretenen »Gesetz über Leistungsverbesserungen in der gesetzlichen Rentenversicherung« vom 23.6.2014 (BGBl. I S. 787; sog. »**Rentenpaket**«) ein zentrales Wahlversprechen in die Tat umgesetzt, nämlich neben der »Mütterrente« ua die **abschlagsfreie Rente für besonders langjährig Versicherte mit 63 Jahren**. Hierbei handelt es sich um eine Sonderregelung mit zeitlich begrenztem Anwendungsbereich. Sie galt in vollem Umfang nur für die Geburtsjahrgänge bis einschließlich 1952 (also Personen, die bis Ende 2015 ihren 63. Geburtstag vollendet hatten). Für Versicherte, die in den Jahren 1953 bis 1963 geboren wurden, ist das frühestmögliche Renteneintrittsalter gestaffelt worden. Es steigt sukzessive für jedes Jahr der späteren Geburt um zwei Monate an (vgl. § 236b Abs. 2 SGB VI; vgl. zum Ganzen *Schmidt* in jurisPR-SozR 18/2014 Anm. 1 sowie Rdn 91).

bb) **Vorgezogene Altersrenten, Arten**

Neben der Regelaltersrente kennt das Gesetz u.a. vier **weitere Altersrentenarten**, die nach altem Recht vor Vollendung des 65. Lebensjahres mit Erreichen eines bestimmten Lebensalters (60 bzw. 63) und bei Vorliegen sonstiger Voraussetzungen ungekürzt (ohne Rentenabschlag) in Anspruch genommen werden konnten (**sog. vorgezogene Altersrenten**, vgl. zum neuen Recht Rdn 90):
1. Die Altersrente für langjährige Versicherte mit Vollendung des 63. Lebensjahres (§ 36 SGB VI aF),
2. Die Altersrente für Schwerbehinderte, Berufs- oder Erwerbsunfähige mit Vollendung des 60. Lebensjahres (§ 37 SGB VI aF),
3. Die Altersrente wegen Arbeitslosigkeit mit Vollendung des 60. Lebensjahres (§ 38 SGB VI aF),
4. Die Altersrente für Frauen mit Vollendung des 60. Lebensjahres (§ 39 SGB VI aF).

c) **Altersgrenzen, vorzeitige Inanspruchnahme der Renten gegen Rentenabschlag**

Im Zuge der Vereinheitlichung der Altersrenten sind die vorgezogenen Altersrenten in den vergangenen Jahren durch mehrere Gesetze erheblich umgestaltet worden. Die **vorgezogenen Altersgrenzen** sind sämtlich – in Stufen und mit unterschiedlichem Beginn – angehoben worden (auf das 65. bzw. 63. Lebensjahr, vgl. SozR Rn 41 ff. der 8. Aufl.); gleichzeitig ist aber die Möglichkeit der **vorzeitigen Inanspruchnahme mit Rentenabschlag** eingeführt worden (s. Rdn 92). Durch Gesetz v. 20.4.2007 (BGBl. I S. 554) sind die Renten erneut erheblich geändert worden. Wegen der Anhebung der Regelaltersgrenze (s. Rdn 86) war auch eine Änderung der sog. vorgezogenen Altersrenten erforderlich.

Das neue Recht sieht folgende Rentenarten vor:
1. Altersrente für langjährig Versicherte, § 36, § 236 SGB VI.
2. Altersrente für schwerbehinderte Menschen, § 37, § 236a SGB VI.
3. Altersrente für besonders langjährig Versicherte, § 38, § 236b SGB VI.
4. Altersrente wegen Arbeitslosigkeit oder nach Altersteilzeitarbeit, § 237 SGB VI.
5. Altersrente für Frauen, § 237a SGB VI.

Im Einzelnen gilt für diese:
1. **Die Altersrente für langjährig Versicherte** wird nach neuem Recht denjenigen (ab 1964 geborenen) Versicherten gewährt, die das 67. Lebensjahr vollendet und die Wartezeit von 35 Jahren erfüllt haben. Die vorzeitige Inanspruchnahme gegen Rentenabschläge ist nach Vollendung des 63. Lebensjahres möglich (§ 36 SGB VI in der ab 1.1.2008 geltenden Fassung durch das Gesetz v. 20.4.2007, BGBl. I S. 554). Die vor dem 1.1.1964 Geborenen erhalten diese Rente frühestens mit Vollendung des 65. Lebensjahres (§ 236 Abs. 2 SGB VI nF). Die vorzeitige Inanspruchnahme ist nach Vollendung des 63. Lebensjahres möglich (§ 236 Abs. 1 S. 2 SGB VI). Die frühere Altersgrenze von 63 für langjährig Versicherte war bereits ab dem Jahr 2000 in monatlichen Schritten für die 1937 und 1938 Geborenen auf das 65. Lebensjahr angehoben worden und betrug für die von Dezember 1938 bis 31.12.1948 Geborenen 65 Jahre (§ 236 Abs. 2 S. 1 SGB VI nF). Für die ab 1949 Geborenen sieht das neue Recht eine stufenweise Anhebung der Altersgrenze 65 auf das 67. Lebensjahr vor (§ 236 Abs. 2 S. 2 SGB VI nF, Tabelle) und beträgt – wie ausgeführt – für die ab 1964 Geborenen 67 Jahre.
2. **Die Altersrente für schwerbehinderte Menschen** wird nach neuem Recht denjenigen (ab 1964 geborenen) Versicherten gewährt, die das 65. Lebensjahr vollendet haben, bei Beginn der Altersrente als schwerbehinderte Menschen anerkannt sind (§ 2 Abs. 2 SGB IX: GdB von wenigstens 50), die Wartezeit von 35 Jahren erfüllt haben (zur eingeschränkten Aufhebbarkeit eines die Behinderung feststellenden Verwaltungsaktes bei Umzug ins Ausland *BSG* 5.7.2007 SozR 4 – 3250 § 69 Nr. 5) und sich im Geltungsbereich des SGB IX bzw. in einem nach Europarecht oder Abkommensrecht gleichgestellten Gebiet aufhalten (zur verfassungsrechtlichen Zulässigkeit des sog. »Inlandsbezugs« *BSG* 12.4.2017 – B 13 R 15/15 R, SozR 4 – 2600 § 236a Nr. 4). Die vorzeitige Inanspruchnahme ist nach Vollendung des 62. Lebensjahres möglich (§ 37

SGB VI in der ab 1.1.2008 geltenden Fassung). Ein Anspruch auf Gewährung der Altersrente für schwerbehinderte Menschen besteht nicht, wenn der GdB bei Beginn der Altersrente unanfechtbar auf weniger als 50 herabgesetzt ist, auch wenn in diesem Zeitpunkt die dreimonatige Schutzfrist des § 116 Abs. 1 SGB IX noch nicht abgelaufen ist (*LSG SA* 24.6.2010 – L 1 R 468/07). Die vor dem 1.1.1964 Geborenen erhalten diese Rente frühestens mit Vollendung des 63. Lebensjahres; die vorzeitige Inanspruchnahme dieser Rente ist frühestens nach Vollendung des 60. Lebensjahres möglich (§ 236a Abs. 1 SGB VI nF). Die frühere Altersgrenze von 60 für Schwerbehinderte, Berufs- und Erwerbsunfähige war bereits ab dem Jahre 2001 für die Geburtsjahrgänge 1941 bis 1943 auf das 63. Lebensjahr angehoben worden und betrug für die ab 1944 bis Ende 1951 Geborenen 63 Jahre. Diese Rentenart gibt es nur noch bei anerkannter Schwerbehinderung; die Alternativen Berufs- und Erwerbsunfähigkeit sind entfallen (seitdem Umbenennung in Altersrente für schwerbehinderte Menschen). Bei beiden Varianten blieb die vorzeitige Inanspruchnahme ab 60 möglich (§ 236a Abs. 2 S. 1 nF). Für die Geburtsjahrgänge 1952 bis 1963 werden die Altersgrenze 63 und die Altersgrenze 60 für die vorzeitige Inanspruchnahme in Stufen auf das 65. bzw. 62. Lebensjahr angehoben (§ 236a Abs. 2 S. 2 SGB VI nF, Tabelle). Sie beträgt dann für alle ab 1964 Geborenen 65 bzw. 62 Jahre (§ 37 SGB VI nF).

3. **Die Altersrente für besonders langjährig Versicherte** (§ 38 SGB VI, eingefügt durch Art. 1 Nr. 9 RV-Altersgrenzenanpassungsgesetz vom 20.4.2007, BGBl. I S. 564; zum Inkrafttreten vgl. Art. 10 RV-Altersgrenzenanpassungsgesetz) regelte bereits seit 2012, dass Versicherte Anspruch auf diese Rente haben, wenn sie das 65. Lebensjahr vollendet und die Wartezeit von 45 Jahren erfüllt haben. Durch das »**Rentenpaket**« vom 23.6.2014 (s. Rdn 87) wurde ab dem 1.7.2014 in § 236b SGB VI geregelt, dass Versicherte, die vor dem 1.1.1964 geboren sind, frühestens Anspruch auf Altersrente für besonders langjährig Versicherte haben, wenn sie das **63. Lebensjahr** vollendet und die Wartezeit von 45 Jahren erfüllt haben (vgl. hierzu *BSG* 17.8.2017 – B 5 R 8/16 R, SozR 4 – 2600 § 51 Nr. 1; zur Frage des Eintritts einer Sperrzeit bei Altersteilzeit im Blockmodell [verneinend] *BSG* 12.10.2017 – B 11 AL 17/16 R; 12.9.2017 – B 11 AL 25/16 R, SozR 4 – 4300 § 159 Nr. 3). Damit wurde das abschlagsfreie Renteneintrittsalter vorübergehend für gewisse Geburtenjahrgänge auf 63 Jahre abgesenkt. Für Versicherte, die nach dem 31.12.1952 geboren sind, wird die Altersgrenze von 63 Jahren aber in jährlichen Schritten um jeweils 2 Monate angehoben, sodass Versicherte mit Geburtsjahr 1963 diese Altersrente erst mit 64 Jahren und 10 Monaten abschlagsfrei erhalten können (vgl. die Tabelle in § 236b Abs. 2 SGB VI; vgl. hierzu allg. *Schlegel* jM 2014, 379; *Winkel/Nakielski* SozSich 2014, 236; *Wehovsky* rv 2014, 172). Zu berücksichtigen ist, dass im Hinblick auf die **Erfüllung der Wartezeit** von 45 Jahren Zeiten des **Bezugs von Arbeitslosenhilfe und Arbeitslosengeld II nicht anrechnungsfähig sind** (§ 244 Abs. 3 SGB VI in der ab dem 1.7.2014 geltenden Fassung durch das Gesetz vom 23.6.2014, BGBl. I S. 787). Wenn jedoch während des Bezugs von Arbeitslosengeld (etwa wegen einer geringfügigen Nebenbeschäftigung) Pflichtbeitragszeiten nach § 51 Abs. 3a S. 1 Nr. 1 SGB VI anfallen, kann mit diesen die Wartezeit bis zum Renteneintritt erfüllt werden (krit. hierzu *Thüsing* BB 2014, Heft 32, I). Zu erheblicher Kritik und Rechtsunsicherheit hat geführt, dass Zeiten des Bezuges von Entgeltersatzleistungen der Arbeitsförderung in den letzten zwei Jahren vor Rentenbeginn nicht berücksichtigt werden, es sei denn, der Bezug von Entgeltersatzleistungen der Arbeitsförderung ist durch eine Insolvenz oder vollständige Geschäftsaufgabe des Arbeitgebers bedingt (§ 51 Abs. 3a S. 1 HS. 2 SGB VI, sog. »rollierende Stichtagsregelung«). Kritisiert wird zu Recht, dass Entgeltersatzleistungen in den letzten zwei Jahren vor Rentenbeginn ausnahmsweise dann auf die Wartezeit anzurechnen sind, wenn der Bezug von Entgeltersatzleistungen der Arbeitsförderung durch eine Insolvenz oder vollständige Geschäftsaufgabe des Arbeitgebers bedingt ist, dies aber dann nicht der Fall ist, wenn die Arbeitslosigkeit zB auf einer **betriebsbedingten Kündigung** beruht, die Arbeitslosigkeit also (auch) eine unfreiwillige ist (vgl. hierzu *Schlegel* jM 2014, 382 mwN).

4. **Die Altersrente wegen Arbeitslosigkeit oder nach Altersteilzeitarbeit** wurde noch denjenigen Versicherten gewährt, die vor dem 1.1.1952 geboren sind, das 60. Lebensjahr (bzw. das 65. Lebensjahr) vollendet haben, bestimmte Voraussetzungen hinsichtlich der Arbeitslosigkeit und der Vorversicherungszeit erfüllen sowie eine Wartezeit von 15 Jahren zurückgelegt haben (§ 237

Abs. 1 SGB VI nF; vgl. dazu Rdn 94). Diese Rente wurde mithin **ab 2012** (für die Geburtsjahrgänge ab 1952) **abgeschafft**. Bereits ab 1997 war die frühere Altersgrenze 60 für Arbeitslose in Stufen für die Geburtsjahrgänge 1937 bis 1941 auf das 65. Lebensjahr angehoben worden und betrug für die von 1942 bis 1951 Geborenen 65 Jahre (zur Verfassungsmäßigkeit der Vorschriften über die Bestimmung von **Abschlägen bei vorzeitiger Inanspruchnahme** einer Altersrente wegen Arbeitslosigkeit nach § 237 Abs. 3 iVm Anl. 19 und § 77 Abs. 2 S. 1 Nr. 2a SGB VI und die Vertrauensschutzregelungen nach § 237 Abs. 4 S. 1 Nr. 1 und 3 SGB VI s. *BSG* 6.5.2010 – B 13 R 18/09 R). Die vorzeitige Inanspruchnahme blieb – für die Jahrgänge bis 1945 – ab 60 möglich. Später hat der Gesetzgeber – ab 2006 – die vorzeitige Inanspruchnahme ab 60 für die ab 1946 Geborenen eingeschränkt: Die Altersgrenze 60 für die vorzeitige Inanspruchnahme ist für die Geburtsjahrgänge 1946 bis 1948 jeweils in Monatsschritten auf das 63. Lebensjahr angehoben worden und ließ für die von 1949 bis 1951 Geborenen eine vorzeitige Inanspruchnahme nur noch mit vollendetem 63. Lebensjahr zu (§ 237 Abs. 3 SGB VI nF, Anl. 19). In § 237 Abs. 4 u. 5 SGB VI sind für bestimmte Versichertengruppen günstigere Regelungen vorgesehen, zB für vor dem 1.1.1942 Geborene mit 45 Jahren Pflichtbeitragszeiten (Abs. 4 S. 1 Nr. 3). Auch diesen Regelungen kommt aber keine Bedeutung mehr zu.

5. Die **Altersrente für Frauen** wurde noch denjenigen Versicherten gewährt, die vor dem 1.1.1952 geboren sind, das 60. Lebensjahr vollendet haben, nach Vollendung des 40. Lebensjahres mehr als zehn Jahre Pflichtbeiträge für eine versicherte Beschäftigung oder Tätigkeit und die Wartezeit von 15 Jahren erfüllt haben (§ 237a Abs. 1 SGB VI). Auch diese Rente wurde mithin **ab 2012** (für die Geburtsjahrgänge ab 1952) **nicht mehr gewährt**. Allerdings war bereits ab 1997 die frühere Altersgrenze 60 für Frauen der Geburtsjahrgänge 1940 bis 1944 in monatlichen Schritten auf das 65. Lebensjahr angehoben worden und betrug für die von 1945 bis 1951 Geborenen 65 Jahre (zur Verfassungsmäßigkeit der Festlegung von Rentenabschlägen bei vorzeitiger Inanspruchnahme einer solchen Rente nach § 237a Abs. 2 S. 2 iVm § 77 Abs. 2 S. 1 Nr. 2a SGB VI s. *BSG* 25.2.2010 – B 13 R 41/09 R). Die vorzeitige Inanspruchnahme ab 60 blieb möglich (§ 237a Abs. 2 SGB VI, Anl. 20). Für bestimmte Versichertengruppen wurde die Altersgrenze 60 nur um ein Jahr angehoben, u.a. für Frauen, die vor dem 1.1.1942 geboren sind und 45 Pflichtbeiträge für eine versicherte Beschäftigung oder Tätigkeit haben (§ 237a Abs. 3 SGB VI).

Die vom Gesetz ermöglichte **vorzeitige Inanspruchnahme von Altersrenten** bedeutet, dass derjenige, der doch vor der für ihn jetzt maßgeblichen (angehobenen) Altersgrenze – **vorzeitig** – in Rente gehen will, dies zwar tun kann, also die Rente ab dem **vor Anhebung maßgeblichen Rentenalter** (s. Rdn 88) oder ggf. ab dem zwischenzeitlich angehobenen Rentenalter verlangen kann, dafür aber **Rentenabschläge** (vgl. § 77 SGB VI) in Kauf nehmen muss (zur Verfassungsmäßigkeit der §§ 237, 237a SGB VI s. *BSG* 6.5.2010 – B 13 R 18/09 R und *BSG* 25.2.2010 – B 13 R 41/09 R). Die Höhe dieser Abschläge richtet sich danach, um wie viele Monate die Altersrente tatsächlich vorzeitig in Anspruch genommen wird (§§ 66, 77 SGB VI). Es ist ein Rentenabschlag von 0,3 vH pro Monat und von 3,6 vH für jedes vorgezogene Jahr hinzunehmen (§ 77 SGB VI); bei Vorziehen um drei Jahre beträgt der Rentenabschlag 10,8 vH des Monatsbetrages, und zwar für die **gesamte Rentenlaufzeit sowie auch für eine im Anschluss ggf. zu leistende Hinterbliebenenrente** (vgl. KR-*Link/Lau* § 158 SGB III Rdn 27). 92

Die vorgenannten Regelungen über die Anhebung der Altersgrenzen waren oder sind jeweils mit **Vertrauensschutzregelungen** versehen, die unter bestimmten Voraussetzungen die nach jeweils früherem Recht vorgesehenen Altersgrenzen **garantieren**. Von der Darstellung dieser Regelungen und weiterer Änderungen im Rentenversicherungsrecht wird abgesehen und insoweit auf das einschlägige Schrifttum verwiesen. 93

d) Altersrente wegen Arbeitslosigkeit oder nach Altersteilzeitarbeit

Nachdem sich die Zahl der **Altersrenten wegen Arbeitslosigkeit** in den Jahren 1992 bis 1995 mehr als verfünffacht hatte, wurde durch das Gesetz v. 23.7.1996 (BGBl. I S. 1078) die Frühverrentungspraxis mit 60 Jahren neu geregelt und die bisherige Regelung in § 38 SGB VI durch **eine** 94

Altersrente wegen Arbeitslosigkeit oder nach Altersteilzeitarbeit abgelöst. Diese Regelung (seit 1.1.2000 § 237 SGB VI) sah zwei Alternativen für die Altersrente vor: Der Arbeitnehmer musste die Wartezeit von 15 Jahren erfüllt und das 60. Lebensjahr vollendet haben und entweder bei Beginn der Rente arbeitslos sein und nach Vollendung eines Lebensalters von 58 $^{1}/_{2}$ Jahren insgesamt 52 Wochen arbeitslos gewesen sein oder er musste mindestens 24 Kalendermonate Altersteilzeitarbeit ausgeübt haben. **Altersteilzeitarbeit** (die schriftlich zu vereinbaren ist, vgl. hierzu *LSG BW* 29.4.2014 – L 11 R 1643/13) liegt vor, wenn die Arbeitszeit auf Grund von Altersteilzeitarbeit iSv § 2 u. § 3 Abs. 1 Nr. 1 ATG für mindestens 24 Monate vermindert war (§ 237 Abs. 1 Nr. 3b SGB VI; zur Frage, ob die Altersteilzeit auch im EU-Ausland vereinbart worden sein kann *EuGH* 18.12.2014 – C-523/13, NZA 2015, 91; zur Frage des Eintritts einer Sperrzeit bei Altersteilzeit im Blockmodell [verneinend] *BSG* 12.10.2017 – B 11 AL 17/16 R; 12.9.2017 – B 11 AL 25/16 R, SozR 4 – 4300 § 159 Nr. 3).

95   Mit Ablauf des Jahres 2016 wurde § 237 SGB VI **gegenstandslos**.

e) Beitragszahlung zur Vermeidung von Rentenabschlägen

96   Die **Rentenminderungen**, die auf Grund vorzeitiger Inanspruchnahme einer Altersrente eintreten (durch Rentenabschlag, vgl. Rdn 92), können durch **Beitragszahlungen** ausgeglichen werden (§ 187a Abs. 1 SGB VI iVm § 76a SGB VI [= Zuschläge an Entgeltpunkten]; s. hierzu *BSG* 13.12.2017 – B 13 R 13/17 R, SozR 4 – 2600 § 77 Nr. 11; 12.12.2006 SozR 4 – 2600 § 237 Nr. 11 Rn 55 f.; vgl. näher hierzu KR-*Link/Lau* § 158 SGB III Rdn 28 f.). Diese Beitragszahlung ist bis zum Erreichen der Regelaltersgrenze (vgl. Rdn 86) möglich und setzt die Erklärung des Versicherten voraus, eine Altersrente vorzeitig in Anspruch nehmen zu wollen (Abs. 1 S. 2). Eine Ausgleichszahlung auf Grundlage einer entsprechenden Auskunft ist ab dem Zeitpunkt nicht mehr zulässig, ab dem Versicherte die Rente wegen Alters, für die die Auskunft erteilt worden ist, nicht beansprucht haben oder ab dem eine Rente wegen Alters ohne Rentenminderungen bezogen werden kann (§ 187a Abs. 1 S. 3 SGB VI). § 187a Abs. 3 S. 3 SGB VI schließt die Rückzahlung der Beiträge ausdrücklich aus, und zwar auch für den Fall, dass dann doch eine Altersrente **nicht vorzeitig** in Anspruch genommen wird. Die Zahlung zusätzlicher Beiträge verpflichtet nicht zur Inanspruchnahme einer vorzeitigen Altersrente. Zwar wird die hierfür erforderliche Rentenauskunft nur erteilt, wenn der Versicherte erklärt, eine vorzeitige Altersrente in Anspruch nehmen zu wollen, § 187a Abs. 1 S. 2 SGB VI. Diese Erklärung ist jedoch nicht bindend. Sieht der Betroffene hiervon ab, wirken sich die zusätzlich gezahlten Beiträge rentensteigernd aus. Teilzahlungen sind zulässig; Beiträge können bis zu zweimal im Kalenderjahr gezahlt werden (§ 187a Abs. 3 S. 2 SGB VI). Nach der Vorstellung des Gesetzgebers soll dies einen früheren und flexibleren Ausstieg aus dem Erwerbsleben ermöglichen (BT-Drucks 18/9787, S. 46).

f) Freisetzung älterer Arbeitnehmer und Beitragszahlungen des Betriebes

97   Bei § 187a SGB VI geht der Gesetzgeber davon aus, dass durch **betriebliche oder tarifliche Regelungen** eine finanzielle **Belastung** der zwecks Übergangs in den **vorzeitigen Altersrentenbezug** freigesetzten Arbeitnehmer zB durch Übernahme der Beiträge durch den Arbeitgeber **vermieden oder verringert wird** (vgl. BR-Drs. 208/96, S. 27). Insbes. können und sollen für derartige Beitragszahlungen **Sozialplanmittel** eingesetzt werden. Beitragszahlungen, die der Arbeitgeber zum Ausgleich einer Rentenminderung bei vorzeitiger Inanspruchnahme einer Altersrente übernimmt, führen nach § 158 Abs. 1 S. 6 SGB III nicht zum Ruhen des Anspruchs auf Arbeitslosengeld (vgl. KR-*Link/Lau* § 158 SGB III Rdn 27 ff.). Über die Höhe der erforderlichen Ausgleichszahlungen können Versicherte, die das 54. Lebensjahr vollendet haben, von ihrem Rentenversicherungsträger eine **Auskunft** verlangen (§ 109 Abs. 1 S. 3 SGB VI; zur Berechnung vgl. § 187a Abs. 2 u. 3 SGB VI).

98   Nach § 187b Abs. 1 SGB VI, der durch das RRG 1999 eingefügt wurde, können Versicherte, die bei Beendigung des Arbeitsverhältnisses nach Maßgabe des BetrAVG eine **Abfindung** für eine **unverfallbare Anwartschaft auf betriebliche Altersversorgung** erhalten haben, innerhalb eines Jahres

nach Zahlung der Abfindung Beiträge zur Rentenversicherung bis zur Höhe der geleisteten Abfindung zahlen, und zwar bis zur bindenden Bewilligung einer Vollrente. Das gilt auch für die Abfindung von Anrechten, die bei der Versorgungsausgleichskasse begründet wurden (§ 187b Abs. 1a SGB VI). Nach bindender Bewilligung einer Vollrente wegen Alters ist eine Beitragszahlung nicht zulässig, wenn der Monat abgelaufen ist, in dem die Regelaltersgrenze erreicht wurde (§ 187b Abs. 2 SGB VI; s. hierzu und zu den Auswirkungen des Flexirentengesetzes *Domnauer/Stosberg* RVaktuell 2017, 7).

g) Altersrenten nach Erreichen der Regelaltersgrenze

Die Renten wegen Alters werden nach **Erreichen der Regelaltersgrenze** sämtlich unabhängig davon gewährt, ob ein Arbeitsverhältnis besteht und in welcher Höhe Arbeitsentgelt erzielt wird. Dies gilt nicht nur für die Regelaltersrente, sondern auch für die sonstigen Renten wegen Alters (s. Rdn 88), bei denen die Hinzuverdienstgrenze nur für Zeiten **vor Erreichen der Regelaltersgrenze zu beachten ist** (vgl. Rdn 86, 106). Nach Erreichen der Regelaltersgrenze können also Rentner grds. unbeschränkt weiterarbeiten, ohne eine Minderung ihrer Altersrente befürchten zu müssen. Allerdings bleiben die Rentenkürzungen auf Grund der vorzeitigen Inanspruchnahme dieser Renten (s. Rdn 89) auch über die Regelaltersgrenze hinaus wirksam. Zu der Frage, welche Auswirkungen Ansprüche auf Altersrente auf das Kündigungsrecht und auf die Zulässigkeit der Vereinbarung von Altersgrenzen haben, s. Rdn 100, 101.

99

h) Altersrentenanspruch und Kündigungsrecht, § 41 S. 1 SGB VI

Kein Kündigungsgrund: Der Anspruch des Versicherten auf eine Rente wegen Alters ist nicht als ein Grund anzusehen, der die **Kündigung** des Arbeitsverhältnisses durch den Arbeitgeber nach dem KSchG bedingen kann (§ 41 Abs. 4 S. 1 SGB VI aF; seit 1.1.2000 § 41 S. 1 SGB VI). Weder die Erreichung der gesetzlichen Altersgrenzen noch die Anspruchsberechtigung auf eine der Renten wegen Alters ist also für sich allein betrachtet ein Kündigungsgrund (zur Berücksichtigung des Alters bei der sozialen Auswahl KR-*Rachor* § 1 KSchG Rdn 696). Allerdings ist zu berücksichtigen, dass Arbeitsvertragsparteien, die eine Höchstaltersgrenzenregelung **einzelvertraglich** vereinbaren, in zulässiger Weise von einer Möglichkeit Gebrauch machen, die ihnen durch § 10 AGG sowie § 41 SGB VI eingeräumt wird (zur Zulässigkeit von Höchstaltersgrenzen, sofern sie ein legitimes Ziel verfolgen und im Hinblick auf dessen Erreichung angemessen und erforderlich sind, *EuGH* 12.10.2010 NZA 2010, 1167, ausf. hierzu: *Roß-Kirsch* BB 2011, 441, *Joussen* ZESAR 2011, 201, *Berg* BB 2010, 2885).

100

Sozialauswahl: Nach § 41 Abs. 4 S. 2 SGB VI in der bis Ende 1997 geltenden Fassung durfte bei einer **Kündigung** aus **dringenden betrieblichen Erfordernissen** bei der **sozialen Auswahl** nicht berücksichtigt werden, dass der Arbeitnehmer auf eine **Altersrente vor Vollendung des 65. Lebensjahres Anspruch** hat. Diese Regelung ist zwar durch Gesetz v. 6.4.1998 (BGBl. I S. 688) aufgehoben worden; sie wurde als entbehrlich angesehen, weil § 1 Abs. 3 S. 1 KSchG in der ab 1.10.1996 geltenden Neufassung ausdrücklich vorschrieb, welche sozialen Gesichtspunkte bei der Auswahl berücksichtigt werden durften. In den Motiven war klargestellt, dass ein Anspruch des Arbeitnehmers auf eine Altersrente oder die Möglichkeit der Inanspruchnahme von Altersteilzeit nicht zu den berücksichtigungsfähigen sozialen Gesichtspunkten gehören (BT-Drucks. 13/9818 zu § 41 Abs. 4 SGB VI). Nachdem § 1 Abs. 3 KSchG durch Gesetz v. 19.12.1998 (BGBl. I S. 3843) wieder in den Rechtszustand vor dem 1.10.1996 zurückgeführt worden ist, hätte an sich § 41 Abs. 4 S. 2 SGB VI wiedereingeführt werden müssen, was bisher nicht geschehen ist. Auch die ab 1.1.2000 geltende Fassung, in der der bisherige Abs. 4 zu § 41 SGB VI wurde, enthält ebenso wie die Änderung durch Gesetz vom 20.4.2007 (BGBl. I S. 554; vgl. dazu Rdn 103) keine entsprechende Regelung. Gleichwohl kann nach dieser Rechtsentwicklung ein Anspruch auf **Altersrente vor dem Erreichen der Regelaltersgrenze** auch nach derzeitiger Rechtslage nicht zu Lasten des Arbeitnehmers berücksichtigt werden. Dem steht auch entgegen, dass die sog. vorgezogenen Altersrenten (s. Rdn 88 ff.) wegen der zwischenzeitlichen **Anhebung der Altersgrenzen** heute regelmäßig nur noch

101

bei **Inkaufnahme von Rentenabschlägen vorzeitig** in Anspruch genommen werden können (vgl. Rdn 89, 92). Hingegen können **Altersrenten, die nach Erreichen der Regelaltersgrenze** gezahlt werden, zu Ungunsten des Arbeitnehmers berücksichtigt werden. Das *BAG* hat Letzteres in seiner Entscheidung vom 27.4.2017 (– 2 AZR 67/16, EzA-SD 2017, Nr. 15, 3–4; hierzu *Zimmermann/Völkerding* DB 2017, 2548) bestätigt, wobei es wegen der konkreten Fallgestaltung (der Kläger bezog bereits eine Regelaltersrente) nicht zwischen vorzeitiger Altersrente und Erreichen der Regelaltersrente differenzieren musste.

i) Altersteilzeitarbeit und Kündigungsrecht

102 Auch die Möglichkeit eines Arbeitnehmers zur Inanspruchnahme von Altersteilzeitarbeit gilt nach § 8 Abs. 1 des Altersteilzeitgesetzes v. 23.7.1996 (BGBl. I S. 1078) nicht als eine die Kündigung des Arbeitsverhältnisses durch den Arbeitgeber begründende Tatsache iSv § 1 Abs. 2 S. 1 KSchG. Sie kann auch nicht bei der sozialen Auswahl nach § 1 Abs. 3 S. 1 KSchG zum Nachteil des Arbeitnehmers berücksichtigt werden (vgl. allg. hierzu *BAG* 27.4.2017 – 2 AZR 67/16, EzA-SD 2017, Nr. 15, 3–4).

j) Einzel- und tarifvertragliche Altersgrenzenregelungen, § 41 S. 2 SGB VI

103 Der Grundsatz, dass ein Arbeitsverhältnis unbefristet fortbesteht, solange es nicht wirksam gekündigt bzw. durch Aufhebungsvertrag gelöst ist, gilt nicht für eine vertragliche Befristung, die an eine **Altersgrenze** anschließt. Nach früherem (bis Ende 2007) geltendem Recht markierte die für die Regelaltersrente maßgebliche **Altersgrenze** von 65 Jahren im Arbeitsrecht den Zeitpunkt, zu dem eine Vereinbarung über die Beendigung des Arbeitsvertrages ohne Kündigung im Regelfalle wirksam war (§ 41 S. 2 SGB VI idF v. 1.1.2000; vgl. zur Rechtsentwicklung SozR Rn 42d in der 6. Aufl. und KR-*Bader/Kreutzberg-Kowalczyk* § 23 TzBfG Rdn 21 ff.). Dies hat sich nach dem Gesetz v. 20.4.2007 (BGBl. I S. 554) insoweit geändert, als die Regelaltersgrenze 65 nur noch für die vor 1947 Geborenen gilt, während sie für die von 1947 bis 1963 Geborenen schrittweise auf das 67. Lebensjahr angehoben wird und dann für die ab 1964 Geborenen 67 Jahre beträgt. Die Regelaltersgrenze ist also für die Geburtsjahrgänge von 1947 bis 1963 nach ihrem individuellen Alter unterschiedlich hoch. Dementsprechend ist § 41 S. 2 SGB VI in der ab 1.1.2008 geltenden Fassung geändert worden: Eine Vereinbarung, die die Beendigung des Arbeitsverhältnisses eines Arbeitnehmers ohne Kündigung zu einem Zeitpunkt vorsieht, zu dem der Arbeitnehmer vor Erreichen der Altersgrenze eine Rente wegen Alters beantragen kann, gilt dem Arbeitnehmer gegenüber als auf das Erreichen der **Regelaltersgrenze** abgeschlossen, es sei denn, dass die Vereinbarung innerhalb der letzten drei Jahre vor diesem Zeitpunkt geschlossen wird oder vom Arbeitnehmer bestätigt worden ist. Damit enden Arbeitsverhältnisse seit 1.1.2008 – ohne Kündigung – für die ab 1947 Geborenen regelmäßig nicht mehr mit Vollendung eines bestimmten Lebensjahres (65), sondern nach der individuellen Altersgrenze zwischen dem 65. und 67. Lebensjahr. Eine derartige Altersgrenzenregelung ist mit Art. 12 GG vereinbar (vgl. allg. zur vertraglichen Festlegung von Altersgrenzen u. zur Bedeutung des § 41 S. 2 SGB VI: KR-*Lipke/Bubach* § 21 TzBfG Rdn 43 ff., KR-*Bader/Kreutzberg-Kowalczyk* § 23 TzBfG Rdn 21 f.). Sie ist auch mit dem Gleichbehandlungsgesetz v. 14.8.2006 (BGBl. I S. 1814) vereinbar; nach dessen § 10 Nr. 5 bleibt § 41 SGB VI unberührt (vgl. hierzu auch *EuGH* 12.10.2010 NZA 2010, 1167 m. Anm. *Rehwald* AiB 2011, 274 und *Schmitt-Rolfes* AuA 2010, 695; s.a. *Frieling* ZESAR 2017, 502).

k) Befristete Verlängerung, § 41 S. 3 SGB VI

104 Mit Wirkung zum 1.7.2014 (Gesetz vom 23.6.2014, BGBl. I S. 787) wurde mit **Satz 3** in § 41 SGB VI eine weitere arbeitsrechtliche Regelung eingefügt, die eine **Fortsetzung des Arbeitsverhältnisses über die Regelaltersgrenze hinaus** ermöglichen soll, ohne dabei dem TzBfG zu unterliegen (befristete Beschäftigung über die Regelaltersgrenze hinaus; sog. »Flexi-Vorschriften«, vgl. hierzu ausf. *Waltermann* NJW 2018, 193). Danach gilt: Sieht eine (arbeitsvertragliche oder kollektivrechtliche) Vereinbarung die Beendigung des Arbeitsverhältnisses mit dem Erreichen der

Regelaltersgrenze vor, können die Arbeitsvertragsparteien durch Vereinbarung während des Arbeitsverhältnisses den Beendigungszeitpunkt, ggf. auch mehrfach, hinausschieben. Der Gesetzgeber greift damit den berechtigten Wunsch von Arbeitnehmern/Versicherten und ihrer Arbeitgeber auf, das Arbeitsverhältnis auch nach Erreichen der Regelaltersgrenze rechtssicher fortsetzen zu können (BT-Drucks. 18/1489, S. 25 zu Nr. 1 Buchst. a). Die Regelung **privilegiert** aber nur die **Parteien des bisherigen Arbeitsverhältnisses**; sie gilt nicht in den Fällen, in denen der Arbeitnehmer nach Erreichen der Regelaltersgrenze bei einem neuen Arbeitgeber arbeiten will (krit. hierzu *Schlegel* jM 2014, 379 [385]). In den Fällen, in denen der Arbeitnehmer/Versicherter nach Erreichen der Regelaltersgrenze zunächst aus dem Betrieb ausgeschieden ist, dann aber wieder der Wunsch besteht, bei diesem (alten) Arbeitgeber **wieder** eine befristete Beschäftigung **aufzunehmen**, gilt § 14 Abs. 2 S. 2 TzBfG. Danach ist eine Befristung unzulässig, wenn mit demselben Arbeitgeber bereits zuvor ein befristetes oder unbefristetes Arbeitsverhältnis bestanden hat. Eine Ausnahme besteht nur dann, wenn der Arbeitnehmer unmittelbar vor Beginn des befristeten Arbeitsverhältnisses mindestens vier Monate beschäftigungslos iSd § 138 Abs. 1 Nr. 1 SGB III gewesen ist, Transferkurzarbeitergeld bezogen oder an einer öffentlich geförderten Beschäftigungsmaßnahme nach dem SGB II oder SGB III teilgenommen hat (§ 14 Abs. 3 TzBfG).

l) Vollrente oder Teilrente, § 42 SGB VI

Seit dem 1.1.1992 kann grds. jeder entscheiden, ob er seine Rente wegen Alters **in voller Höhe** **(Vollrente)** oder als **Teilrente** in Anspruch nehmen will (§ 42 Abs. 1 SGB VI). Damit wird dem Versicherten erstmals ein **Hineingleiten in den Ruhestand** – bei eingeschränkter Arbeitsleistung – ermöglicht, das allerdings vom Vorhandensein von **Teilzeitarbeitsplätzen** beim Arbeitgeber abhängig ist. Die Teilrente betrug bis zum 30.6.2017 entweder 1/3, 1/2 oder 2/3 der erreichten Vollrente (§ 42 Abs. 2 SGB VI aF). Seit dem 1.7.2017 besteht die Möglichkeit, eine stufenlose Teilrente in Anspruch zu nehmen, § 42 Abs. 2 SGB VI nF. Sie kann grds. frei gewählt werden, muss aber mindestens 10 % der Vollrente betragen. Zudem kann sie nur vorbehaltlich der Hinzuverdienstregelungen in § 34 Abs. 3 SGB VI beansprucht werden. Allerdings kann sie niedriger sein als die Teilrente, die sich unter Anrechnung von Hinzuverdienst ergeben würde. Die Höhe der Rente kann zwischen 10 und 99 % variieren, wobei sie mit Wirkung für die Zukunft änderbar ist. Nach der Vorstellung des Gesetzgebers wird mit dieser Regelung den individuellen Bedürfnissen der Versicherten nach einer selbstbestimmten Kombination von Erwerbstätigkeit und Rentenbezug stärker (als bisher) Rechnung getragen (BT-Drucks. 18/9787, S. 41). Daneben besteht (wie bisher) die Möglichkeit, gar keinen Rentenantrag zu stellen. In dem Fall wird für jeden Monat der verspäteten Inanspruchnahme der Zugangsfaktor um 0,5 % angehoben, was höher ist als der Abschlag bei einer vorzeitigen Inanspruchnahme von 0,3 %, vgl. § 77 Abs. 2 S. 1 Nr. 2b und 2a SGB VI. Versicherte, die wegen der beabsichtigten Inanspruchnahme einer Teilrente ihre **Arbeitsleistung einschränken wollen**, können von ihrem Arbeitgeber verlangen, dass er mit ihnen die Möglichkeiten einer solchen Einschränkung erörtert. Der Arbeitgeber hat zu ihren Vorschlägen Stellung zu nehmen (§ 42 Abs. 3 SGB VI). Hierdurch soll ein Anstoß für die Schaffung von mehr Teilzeitarbeitsplätzen gegeben werden. Zu beachten ist allerdings, dass eine Teilrente eine gesetzliche Altersrente ist, die den Arbeitnehmer wirtschaftlich absichert und deshalb nach der tariflichen Systematik und dem Zweck der Überbrückungsbeihilfe zur Beendigung des Anspruchs (§ 8 Nr. 1c des Tarifvertrags zur sozialen Sicherung der Arbeitnehmer bei den Stationierungsstreitkräften im Gebiet der Bundesrepublik Deutschland vom 31.8.1971) auf diese soziale Sonderleistung führt (*BAG* 22.9.2016 – 6 AZR 397/15, NZA 2017, 398).

m) Hinzuverdienstgrenze

Ein Anspruch auf Altersrente besteht vor Erreichen der Regelaltersgrenze nur, wenn die Hinzuverdienstgrenze nicht überschritten wird (§ 34 Abs. 2 S). Die **Hinzuverdienstgrenze** für eine **vorgezogene Altersrente** (s. Rdn 88) **als Vollrente** betrug nach § 34 Abs. 3 Nr. 1 SGB VI seit 1.4.1999 630 DM, seit 2002 325 € und seit 1.4.2003 ein Siebtel der monatlichen Bezugsgröße (2006: 350 € West, 295 € Ost; 2007: 350 € West, 300 € Ost). Seit 1.1.2008 betrug die Hinzuverdienstgrenze bei einer Rente wegen Alters als Vollrente 400 € und ab 1.1.2013 450 € monatlich und entspricht damit der Geringfügigkeitsgrenze des § 8 SGB IV (vgl. die Neufassung des § 34 Abs. 3 durch Gesetz v. 8.4.2008, BGBl. I S. 681 und Gesetz v. 5.12.2012, BGBl. I S. 2474). Durch das **Flexirentengesetz** vom 8.12.2016 (BGBl. I, 2838) wurde die Hinzuverdienstgrenze ab dem 1.7.2017 erneut geändert. Nunmehr beträgt die kalenderjährliche Hinzuverdienstgrenze 6.300 € (§ 34 Abs. 2 SGB VI). Die Jahresgrenze ist aus der bis 30.6.2017 geltenden monatlichen Hinzuverdienstgrenze von 450 € zuzüglich 2 x 450 € für das bisherige zweimalige kalenderjährliche Überschreiten (insgesamt 14 x 450 €) entstanden und berücksichtigt damit bereits Einkommensschwankungen. Die Hinzuverdienstgrenze für eine Teilrente wird nach mehreren Faktoren bestimmt und trägt den individuellen Gegebenheiten Rechnung. Mit dem Hinzuverdienstdeckel nach § 34 Abs. 3a SGB VI soll erreicht werden, dass (Teil-)Rente und Hinzuverdienst zusammen nicht über dem »besten« Einkommen der letzten 15 Kalenderjahre vor Rentenbeginn liegen. Mit der Verlängerung des Zeitraums (von bisher 3) auf 15 Kalenderjahre soll zum Beispiel der Erwerbsbiographie derjenigen Rechnung getragen werden, die schon einige Zeit vor dem Rentenbeginn ihre Arbeitszeit reduziert hatten. Der Hinzuverdienstdeckel wird berechnet, indem die monatliche Bezugsgröße iSv § 18 SGB IV (s. Rdn 83) mit den Entgeltpunkten (§ 66 Abs. 1 Nr. 1 bis 3 SGB VI) des Kalenderjahres mit den höchsten Entgeltpunkten aus den letzten 15 Kalenderjahren vor Beginn der ersten Rente wegen Alters vervielfältigt wird. Durch das Abstellen auf die monatliche Bezugsgröße ist der Hinzuverdienstdeckel dynamisch. Er beträgt mindestens die Summe aus einem Zwölftel von 6.300 € und dem Monatsbetrag der Vollrente. Der Hinzuverdienstdeckel wird jährlich zum 1.7. neu berechnet.

4. Rechtsstellung im Leistungsrecht der Unfallversicherung

107 Gesetzlicher Unfallversicherungsschutz besteht nach § 7 Abs. 1 SGB VII (idF des Art. 1 des Unfallversicherungs-Einordnungsgesetzes v. 7.8.1996 BGBl. I S. 1254) nur für **Arbeitsunfälle** einschl. der Wegeunfälle (§ 8 Abs. 1 u. 2 SGB VII) und **Berufskrankheiten** (§ 9 SGB VII; vgl. zu den Versicherungsfällen in der gesetzlichen Unfallversicherung ausf. *Becker* BG 2011, 339; *ders*. BG 2011, 224). Arbeitsunfälle sind Unfälle von Versicherten, die mit einer nach §§ 2, 3 oder 6 SGB VII Versicherungsschutz begründenden Tätigkeit in **ursächlichem, inneren Zusammenhang** stehen. Deshalb kommt in der Unfallversicherung der Frage, ob der Versicherungsschutz mit der Auflösung des Arbeitsverhältnisses endet oder darüber hinausgeht oder bereits mit dem Ende der tatsächlichen Beschäftigung entfällt, geringere Bedeutung zu. Grds. endet auch in der Unfallversicherung das Versicherungsverhältnis bzw. der Versicherungsschutz mit dem Ende des Arbeitsverhältnisses (vgl. *Brackmann* Handbuch II, S. 472/1). Die hiervon abweichende Auffassung, wonach bereits mit der **tatsächlichen Beendigung** der versicherten Tätigkeit das Unfallrisiko entfalle und deshalb auch kein Grund für einen Fortbestand des Versicherungsschutzes – einschließlich der Beitragspflicht des Arbeitgebers – bestehe (vgl. *BSG* 30.7.1981 SozR 2200 § 723 RVO Nr. 5), verkennt, dass zB nach § 8 Abs. 2 SGB VII (früher § 550 RVO) auch die **Zurücklegung von Wegen**, die mit der versicherten Tätigkeit in ursächlichem Zusammenhang stehen, dem Versicherungsschutz unterliegt, also auch Wege nach der tatsächlichen Entlassung oder nach der wirksamen Kündigung, sofern sie der Abwicklung der aus dem Arbeitsverhältnis folgenden Rechtsbeziehungen zwischen Arbeitnehmer und Unternehmer dienen (zB Abholen des Restlohns, des Kündigungsschreibens, der Arbeitspapiere u. Ä.; vgl. *BSG* 21.10.1958 BSGE 18, 176, 178; 30.8.1963 BSGE 20, 23, 24; zur sog. **subjektiven Handlungstendenz** *BSG* 31.8.2017 – B 2 U 2/16 R, SozR 4 – 2700 § 8 Nr. 61; zur Abgrenzung eigenwirtschaftlicher Tätigkeiten, die den Versicherungsschutz entfallen lassen *BSG* 31.8.2017 – B 2 U 11/16 R, SozR 4 – 2700 § 8 Nr. 62). Geschützt sind ferner **Wege zum Vorgesetzten**, zum Betriebsrat usw., die Erörterungen über die Auflösung des Arbeitsverhältnisses oder Einsprüchen gegen die Kündigung dienen (BSGE 8, 176; zum Wegeunfall *Becker* BG 2011, 462). Hingegen lassen sich Wege zum Arbeitsgericht, die der Durchführung des Kündigungsschutzprozesses oder einer Güteverhandlung dienen, der versicherten Tätigkeit nicht mehr zurechnen (so *BSG* 25.10.1989 SozR 2200 § 548 Nr. 96). Wege, die ein Arbeitsloser, der nach dem SGB II oder III der Meldepflicht unterliegt, in Befolgung einer besonderen Aufforderung einer Dienststelle der

BA oder anderer zuständiger Träger zurücklegt, sind nach § 2 Abs. 1 Nr. 14 SGB VII versichert (vgl. *BSG* 5.2.2008 – B 2 U 25/06 R, SozR 4 – 2700 § 2 Nr. 11; zum alten Recht *BSG* 11.9.2001 SozR 3 – 2700 § 2 Nr. 3).

Ist während des bestehenden Arbeitsverhältnisses ein **Arbeitsunfall** eingetreten und ein **Leistungsanspruch** aus der Unfallversicherung entstanden, so werden die Leistungen (Verletztengeld, § 45 SGB VII, Verletztenrente, § 56 SGB VII) unbeschadet des **Endes des Arbeitsverhältnisses** für die rechtliche Anspruchsdauer fortgezahlt (vgl. Rdn 249). 108

Erhöhung der Verletztenrente bei Arbeitslosigkeit: 109

Solange der Verletzte infolge des Arbeitsunfalls **ohne Arbeitsentgelt oder Arbeitseinkommen** ist, und die Verletztenrente zusammen mit dem Arbeitslosengeld oder dem Arbeitslosengeld II nicht den sich aus § 66 Abs. 1 SGB IX ergebenden Betrag des Übergangsgeldes erreicht, wird die Rente längstens für zwei Jahre um den Unterschiedsbetrag erhöht (§ 58 SGB VII). Dies gilt nicht, solange der Versicherte Anspruch auf weiteres Erwerbsersatzeinkommen (§ 18a Abs. 3 SGB IV) hat, das zusammen mit der Rente das Übergangsgeld erreicht. Wegen des Zusammentreffens von Aufstockungsbetrag und nachgezahltem Arbeitsentgelt s. Rdn 249. Der Unterschiedsbetrag wird beim Arbeitslosengeld II nicht als Einkommen berücksichtigt (§ 58 S. 2 SGB VII). Dies gilt allerdings nicht, wenn Arbeitslosengeld II nur darlehensweise gewährt wird oder der Versicherte nur Leistungen nach § 24 Abs. 3 S. 1 SGB II erhält (§ 58 S. 4 SGB VII).

5. Rechtsstellung im Leistungsrecht der Arbeitsförderung (SGB III)

a) Leistungen bei Arbeitslosigkeit, Rechtsänderungen 2012

Die bisherigen Vorschriften über das Arbeitslosengeld (§§ 117 bis 159 SGB III in der bis zum 110 31.3.2012 geltenden Fassung) sind durch das **Gesetz zur Verbesserung der Eingliederungschancen am Arbeitsmarkt** vom 20.12.2011 (BGBl. I S. 2854) mit Wirkung zum 1.4.2012 (vgl. Art. 51 Abs. 1 des genannten Gesetzes) im Vierten Kapitel (Arbeitslosengeld und Insolvenzgeld) – dort im Ersten Abschnitt (Arbeitslosengeld) – zusammengefasst und neu nummeriert worden (jetzt: §§ 136 bis 164 SGB III). Wesentliche inhaltliche Änderungen – mit Ausnahme von redaktionellen Änderungen und der sprachlichen Gleichbehandlung von Frauen und Männern (sog. Gendering) – in diesem Zusammenhang sind damit aber nicht verbunden (vgl. BT-Drucks. 17/6277 S. 104 ff.). Der Schwerpunkt des genannten Gesetzes liegt vielmehr im Bereich der Arbeitsmarktinstrumente, nachdem der Gesetzgeber weiteren Optimierungsbedarf im Hinblick auf die Rechtsgrundlagen der aktiven Arbeitsmarktpolitik gesehen hat (krit. zur Reform *Jakob/Kolf* SozSich 2011, 186). Hintergrund ist das von der Bundesregierung im Juni 2010 beschlossene Zukunftspaket, wonach die BA Effizienzsteigerungen und strukturelle Einsparungen in Höhe von 2,5 Milliarden € im Jahr 2012 und von jeweils 3,0 Milliarden € ab dem Jahr 2013 haushaltswirksam werden lassen muss. Deshalb sind die arbeitsmarktpolitischen Instrumente auf insgesamt sieben Schwerpunkte (Beratung und Vermittlung, Aktivierung und berufliche Eingliederung, Berufswahl und Berufsausbildung, berufliche Weiterbildung, Aufnahme einer Erwerbstätigkeit, Verbleib in Beschäftigung und Teilhabe behinderter Menschen am Arbeitsleben) mit wenigen, allgemeinen Fördertatbeständen konzentriert (u.a. Entfristung und Weiterentwicklung des Vermittlungsgutscheines, § 45 SGB III; unbefristete Einstiegsqualifizierung, § 54a SGB III; Zusammenfassung der Eingliederungszuschüsse, §§ 88 ff. SGB III) und die sog. Arbeitsbeschaffungsmaßnahmen (§§ 260 ff. SGB III aF) abgeschafft worden. Die gravierendste Änderung ist die Umstellung des Gründungszuschusses (§§ 57 und 58 SGB II) von einer Pflicht- zu einer Ermessensleistung bei geänderten Förderbedingungen (nunmehr wird nicht mehr ein Restanspruch von 90, sondern von 150 Tagen Arbeitslosengeld verlangt; Kürzung der ersten Förderphase [Zuschuss in Höhe des Arbeitslosengeldes plus Pauschale von 300 €] von neun auf sechs Monate und Verlängerung der zweiten Förderphase [Pauschale von 300 €] von sechs auf neun Monate), wobei diese Änderung gem. Art. 51 Abs. 3 des genannten Gesetzes v. 20.12.2011 bereits seit dem 28.12.2011, dem Tag nach dem Inkrafttreten des Gesetzes, gilt (zur Übergangsvorschrift s. § 434x Abs. 1 SGB III in der v. 28.12.2011 bis 31.3.2012 geltenden Fassung – zum

1.4.2012 wurde § 434x SGB III durch § 443 SGB III ersetzt, vgl. Art. 2 Nr. 110 des genannten Gesetzes). Die Kommentierung bezieht sich auf die seit 1.4.2012 geltende Rechtslage; zur Kommentierung der §§ 117 bis 119, 128, 143a ff. SGB III aF s. *Wolff* KR 9. Aufl., SozR Rn 46b ff.

b) Anspruch auf Arbeitslosengeld

111 Wer durch Beendigung seines Arbeits- oder Beschäftigungsverhältnisses **arbeitslos** wird (zum Begriff s. Rdn 114, 115 u. Rdn 187), erhält unter den weiteren Voraussetzungen der §§ 137 ff. SGB III **Arbeitslosengeld**. Die sich früher an den erschöpften Arbeitslosengeld-Anspruch anschließende **Arbeitslosenhilfe** ist nach dem **Vierten Gesetz für moderne Dienstleistungen am Arbeitsmarkt** v. 24.12.2003 (BGBl. I S. 2954) ab 1.1.2005 durch das **Arbeitslosengeld II** ersetzt worden (s. Rdn 141).

112 **Arbeitslosengeld** bietet Lohnersatz für den Fall der **Arbeitslosigkeit oder bei beruflicher Weiterbildung** (§ 136 Abs. 1 SGB III), und zwar ohne Rücksicht auf die Bedürftigkeit, die – wie bisher bei der Arbeitslosenhilfe – nur bei dem Arbeitslosengeld II eine Rolle spielt (s. Rdn 141). Lohnersatz wird beim Arbeitslosengeld aber nicht in voller Höhe gewährt, sondern nur **in Höhe von 67 %** (erhöhter Leistungssatz bei Arbeitslosen mit mindestens einem Kind iSd § 32 Abs. 1, 3 bis 5 EStG) bzw. **60 %** (allgemeiner Leistungssatz für die übrigen Arbeitslosen) des pauschalierten Nettoentgelts (Leistungsentgelt, § 153 SGB III), das sich aus dem im Bemessungszeitraum erzielten Bruttoentgelt (Bemessungsentgelt iSv § 151 SGB III) ergibt (§ 149 SGB III).

113 Wer das für die **Regelaltersrente** erforderliche Lebensalter erfüllt hat (vgl. Rdn 86), hat vom Beginn des folgenden Monats an **keinen Anspruch auf Arbeitslosengeld** (§ 136 Abs. 2 SGB III; *BAG* 27.4.2017 – 2 AZR 67/16, EzA-SD 2017, Nr. 15, 3–4).

aa) Voraussetzungen des Arbeitslosengeldanspruchs

114 Anspruch auf Arbeitslosengeld bei Arbeitslosigkeit haben nach § 137 SGB III Arbeitnehmer, die:
1. arbeitslos sind (§ 138 SGB III)
2. sich bei der Agentur für Arbeit arbeitslos gemeldet (§ 141 SGB III) und
3. die Anwartschaftszeit erfüllt haben (§§ 142, 143 SGB III).

Sind diese drei Voraussetzungen erfüllt, **entsteht der Gesamtanspruch auf Arbeitslosengeld (Stammrecht, Grundanspruch)** mit allen seinen Folgen, wobei die daraus abzuleitenden **Einzelansprüche** auf Zahlung jedoch erst beginnen, wenn ein Leistungsantrag gestellt ist. Eines **Antrags** als zusätzliche Anspruchsvoraussetzung bedarf es nicht (mehr), weil die Leistungen bei Arbeitslosigkeit mit der **persönlichen Arbeitslosmeldung** als beantragt gelten, wenn der Arbeitslose keine andere Erklärung abgibt (§ 323 Abs. 1 S. 2 SGB III; vgl. hierzu *BSG* 11.3.2014 SozR 4 – 4300 § 126 Nr. 3 zur Unterbrechung der Fortwirkung der Arbeitslosmeldung bei Krankengeldbezug nach einer Reha-Maßnahme). Der Arbeitslose kann seit dem 1.1.2005 sogar bis zur Entscheidung über den Anspruch bestimmen, dass dieser nicht oder erst zu einem späteren Zeitpunkt entstehen soll (§ 137 Abs. 2 SGB III; s. hierzu *BSG* 14.12.2014 – B 11 AL 2/14 R, Rn 36 ff. sowie KR-*Link/Lau* § 157 SGB III Rdn 12).

bb) Arbeitslosigkeit, Voraussetzungen

115 Arbeitslos ist nach § 138 Abs. 1 SGB III ein Arbeitnehmer, der:
1. nicht in einem Beschäftigungsverhältnis steht (Beschäftigungslosigkeit),
2. sich bemüht, seine Beschäftigungslosigkeit zu beenden (Eigenbemühungen) und
3. den Vermittlungsbemühungen der Agentur für Arbeit zur Verfügung steht (Verfügbarkeit).

Die Regelung hat mit Wirkung ab 1.1.2005 die bisherige Regelung über Arbeitslosigkeit und ihre Teilelemente »Beschäftigungslosigkeit und Beschäftigungssuche« (§ 118 Abs. 1 SGB III aF), letztere mit ihren Teilelementen der »Eigenbemühungen« und der »Verfügbarkeit« (§ 119 SGB III aF) **in einer Regelung zusammengefasst** und bisherige begriffliche Überschneidungen und Ungereimtheiten beseitigt (vgl. dazu Rn 47a der 6. Aufl.). Der Begriff »Beschäftigungssuche« als Oberbegriff für Eigenbemühungen und Verfügbarkeit ist entfallen. Die Anspruchsvoraussetzungen der Eigenbemühungen und der Verfügbarkeit sind also nicht mehr Teilelemente der Beschäftigungssuche, sondern selbstständige Teilelemente des Begriffs »Arbeitslosigkeit« neben der Beschäftigungslosigkeit.

Zu 1): **Beschäftigungslosigkeit** liegt grds. dann vor, wenn der Arbeitnehmer nicht in einem **Beschäftigungsverhältnis** steht, wobei die Ausübung einer weniger als 15 Stunden wöchentlich umfassenden Beschäftigung die Beschäftigungslosigkeit nicht ausschließt (zur **Kurzzeitigkeitsgrenze** s. Rdn 116). Beschäftigungslosigkeit liegt bereits dann vor, wenn die bisherige Beschäftigung **tatsächlich beendet ist**, eine neue Beschäftigung noch nicht aufgenommen worden ist und der bisherige Arbeitgeber die Verfügungsmacht über den Arbeitnehmer nicht mehr beansprucht. Das ist stets der Fall, wenn der Arbeitgeber kündigt und weitere Arbeit nicht annimmt, auch wenn das **Arbeitsverhältnis** fortbesteht. Auch bei Freistellung des Arbeitnehmers ist das Beschäftigungsverhältnis beendet; dies gilt aber nicht, wenn es sich um eine Freistellung im Rahmen der Altersteilzeit im Blockmodell handelt (s. Rdn 11).

Zu 2): Die Anspruchsvoraussetzung der **Eigenbemühungen** (§ 137 Abs. 4 SGB III) ist sowohl inhaltlich als auch hinsichtlich der Rechtsfolgen bereits mit Wirkung ab 1.1.2005 neu gefasst worden: Inhaltlich ist nunmehr genauer bestimmt, welche Anstrengungen der Arbeitslose zu unternehmen hat. Grds. hat er alle Möglichkeiten zur beruflichen Wiedereingliederung zu nutzen, insbes. auch die Wahrnehmung der Verpflichtungen aus einer Eingliederungsvereinbarung, die Mitwirkung bei der Vermittlung durch Dritte und die Inanspruchnahme der Selbstinformationseinrichtungen der Agentur für Arbeit. Falls eine Eingliederungsvereinbarung nicht abgeschlossen worden ist, bestimmt der Arbeitsvermittler im Einzelnen Art und Umfang der Eigenbemühungen, deren Wahrnehmung der Arbeitslose nachzuweisen hat. Die Frage, ob bzw. in welchen Fällen bei unzureichenden Eigenbemühungen künftig nicht die Arbeitslosigkeit und damit der Leistungsanspruch entfällt, sondern eine Sperrzeit eintritt (§ 159 Abs. 1 S. 2 Nr. 3 SGB III) ist im Gesetz nicht eindeutig gelöst (vgl. dazu KR-*Link/Lau* § 159 SGB III Rdn 184 f.).

Zu 3): **Verfügbarkeit** (§ 137 Abs. 5 SGB III):
Unter den Begriff der Arbeitslosigkeit subsumiert das Gesetz die **objektive und subjektive Verfügbarkeit**. Der Arbeitnehmer muss arbeitsfähig, seiner Arbeitsfähigkeit entsprechend arbeitsbereit und erreichbar sein, dh er muss eine versicherungspflichtige, mindestens 15 Stunden wöchentlich umfassende zumutbare Beschäftigung unter den üblichen Bedingungen des für ihn in Betracht kommenden Arbeitsmarktes ausüben können und dürfen, Vorschlägen der Agentur für Arbeit zur beruflichen Eingliederung »zeit- und ortsnah« Folge leisten können (vgl. hierzu die Erreichbarkeits-Anordnung v. 23.10.1997, zuletzt geändert durch die 2. Änderungsanordnung v. 26.9.2008, ANBA Nr. 12 S. 5) und bereit sein, jede Beschäftigung im vorgenannten Sinne anzunehmen und auszuüben. Die Beschränkung auf die Bereitschaft, nur Teilzeitbeschäftigungen auszuüben, schließt die Verfügbarkeit nicht aus, wenn die Teilzeitbeschäftigungen bestimmte Anforderungen erfüllen (§ 139 Abs. 4 SGB III). Wie nach bisherigen Recht stehen Einschränkungen hinsichtlich der Dauer, der Lage und Verteilung der Arbeitszeit auf Grund der Betreuung und Erziehung von aufsichtsbedürftigen Kindern oder der Pflege eines pflegebedürftigen Angehörigen der Verfügbarkeit nicht entgegen.

cc) **Kurzzeitigkeitsgrenze – Geringfügigkeitsgrenze**

Maßgebend für die Arbeitslosigkeit bzw. für die Leistungsansprüche bei Arbeitslosigkeit ist eine 15-Stunden-Grenze (vgl. hierzu zuletzt *BSG* 9.6.2017 – B 11 AL 13/16 R zur Beendigung von Arbeitslosigkeit durch Aufnahme einer selbstständigen Tätigkeit oder von Vorbereitungshandlungen im Umfang von mindestens 15 Stunden pro Woche): Die Ausübung einer weniger als 15 Stunden wöchentlich umfassenden Beschäftigung schließt Beschäftigungslosigkeit und damit Ansprüche auf

Arbeitslosengeld nicht aus; dabei werden mehrere Beschäftigungen zusammen gerechnet (§ 138 Abs. 3 S 1 und 2; Abs. 5 Nr. 1 SGB III). Diese im **Leistungsrecht des SGB III** durch eine Zeitgrenze definierte **kurzzeitige Beschäftigung** ist nicht mit der **geringfügig entlohnten Beschäftigung** iSd **Beitragsrechts** identisch, die nach § 8 SGB IV nunmehr allein durch eine Entgeltgrenze definiert wird. Sie betrug bis Ende 2001 bis zu 630 DM bzw. ab 1.1.2002 325 €; im Monat, ab 1.4.2003 400 €; im Monat und ab 1.1.2013 450 €, wobei die bisherige **zusätzliche Zeitgrenze** von weniger als 15 Stunden wöchentlich ab 1.4.2003 entfallen ist (§ 8 SGB IV idF des Zweiten Gesetzes über moderne Dienstleistungen am Arbeitsmarkt v. 23.12.2002 BGBl. I S. 4621). Eine geringfügig entlohnte und damit beitragsfreie Beschäftigung liegt daher – anders als nach dem bis 31.3.2003 geltenden Recht – auch dann vor, wenn die wöchentliche Arbeitszeit 15 Stunden und mehr beträgt, jedoch das Arbeitsentgelt regelmäßig im Monat 450 € nicht übersteigt. Nach wie vor versicherungsfrei sind daneben sog. **kurzfristige Beschäftigungen**, die innerhalb eines Kalenderjahres auf **längstens drei Monate** oder 70 Arbeitstage (bis 31.12.2018: zwei Monate oder 50 Arbeitstage) nach ihrer Eigenart begrenzt zu sein pflegen oder im Voraus vertraglich begrenzt sind, es sei denn, dass die Beschäftigung berufsmäßig ausgeübt wird und ihr Entgelt 450 € im Monat übersteigt (§ 8 Abs. 1 Nr. 2 SGB IV in der ab 1.1.2019 geltenden Fassung).

117 Auch in der **Arbeitslosenversicherung** sind Personen in geringfügig entlohnter Beschäftigung (bis 450 € im Monat) versicherungsfrei, allerdings werden abweichend von § 8 SGB IV geringfügige und nicht geringfügige Beschäftigungen **nicht** zusammengerechnet (§ 27 Abs. 2 S. 1 SGB III). Es ist danach für die Arbeitslosigkeit/Beschäftigungslosigkeit, nicht aber für die Beitragspflicht unschädlich, wenn der Arbeitslose weniger als 15 Stunden wöchentlich arbeitet, aber mehr als 450 € monatlich verdient. Ausnahmsweise sind derartige Beschäftigungen trotz der Verdiensthöhe versicherungsfrei, wenn sie während eines bestehenden Anspruchs auf Arbeitslosengeld ausgeübt werden. Sie sollen während eines Leistungsbezugs nicht gleichzeitig wieder zur Begründung einer Anwartschaftszeit dienen (§ 27 Abs. 5 SGB III). Dies gilt indes nicht für Beschäftigungen, die während einer Zeit, in der ein Anspruch auf Teilarbeitslosengeld besteht, ausgeübt werden (§ 27 Abs. 5 S. 2 SGB III; zum Teilarbeitslosengeld s. Rdn 138).

dd) Anwartschaftszeit

118 Anspruch auf Arbeitslosengeld hat nur, wer die Anwartschaftszeit erfüllt hat, dh in einem aktuellen Zeitraum vor Beginn der jeweiligen Arbeitslosigkeit (Rahmenfrist) der Arbeitslosenversicherung für eine bestimmte Dauer als Beitragszahler angehört hat. Die Anwartschaftszeit (hierzu zuletzt *BSG* 12.9.2017 – B 11 AL 18/16 R, zur Anwartschaftszeit bei Gefangenen; 23.2.2017 – B 11 AL 3/16 R) hat nach § 142 S. 1 SGB III erfüllt, wer in der **Rahmenfrist** (§ 143 SGB III) mindestens **zwölf Monate** in einem **Versicherungspflichtverhältnis** gestanden hat, dh als Beschäftigter oder aus sonstigen Gründen versicherungspflichtig war (§§ 24 bis 28 SGB III; vgl. *BSG* 14.12.2014 – B 11 AL 2/14 R; 4.7.2012 SozR 4 – 4300 § 123 Nr. 6). Damit wird sichergestellt, dass Leistungen bei Arbeitslosigkeit nur demjenigen gewährt werden, der bereits eine durch Beitragszahlung dokumentierte **engere und aktuelle Beziehung zur Arbeitslosenversicherung** hat; die Rahmenfrist legt den engeren zeitlichen Rahmen fest, in dem die Beziehung zur Arbeitslosenversicherung bestanden haben muss.

119 Die an die Erfüllung der Anspruchsvoraussetzungen gebundene und damit **fließende Rahmenfrist** umfasste für die bis 31.1.2006 entstandenen Arbeitslosengeld-Ansprüche noch drei Jahre (§ 124 Abs. 1 SGB III aF), für die bis 31.12.2019 entstandenen Ansprüche nur noch zwei Jahre (§ 143 Abs. 1 SGB III aF) und ab 1.1.2020 30 Monate, mithin zweieinhalb Jahre (§ 143 Abs. 1 SGB III nF); sie beginnt mit dem Tag vor Erfüllung aller sonstigen Voraussetzungen für das Arbeitslosengeld. Da der Anspruch häufig mit dem Tag der Arbeitslosmeldung entsteht, beginnt die Rahmenfrist am vorhergehenden Tag und läuft **zweieinhalb Jahre rückwärts**; sie darf aber nicht in eine frühere Rahmenfrist hineinreichen, in der eine Anwartschaftszeit erfüllt war (ausf. hierzu *BSG* 14.12.2014 – B 11 AL 2/14 R). Ist der **Anspruch entstanden** und wird der Arbeitslose nach einer kürzeren Beschäftigung wieder arbeitslos, so erhält er – mangels Erfüllung einer

neuen Anwartschaftszeit – Arbeitslosengeld aus dem bereits entstandenen Anspruch (Stammrecht; s. Rdn 114), bis dessen Dauer erschöpft ist. Erst wenn aus zwischenzeitlichen Beschäftigungen wieder eine neue Anwartschaftszeit erfüllt ist, **entsteht** ein **neuer Anspruch**.

Es gilt danach der **Grundsatz**, dass der Eintritt von Arbeitslosigkeit, die Arbeitslosmeldung und der Bezug von Arbeitslosengeld (auch im Wege der Gleichwohlgewährung, s. hierzu Rdn 186 ff.) den Beginn der zurückzurechnenden Rahmenfrist festlegt, soweit ein Stammrecht auf Arbeitslosengeld bestanden hat. Eine (spätere) Vereinbarung der Zahlung von Arbeitsentgelt in einem **gerichtlichen Vergleich** bringt den bereits entstandenen Anspruch auf Arbeitslosengeld – wie sich aus § 157 Abs. 1 SGB III ergibt – (nur) zum Ruhen. Das **Ruhen des Zahlungsanspruchs ändert aber nichts an der Lage der Rahmenfrist** (*BSG* 14.12.2014 – B 11 AL 2/14 R). In diesem Zusammenhang ist allerdings zu beachten, dass der Arbeitnehmer nach § 137 Abs. 2 SGB III bis zur Entscheidung der AfA über den Anspruch bestimmen kann, dass der Anspruch nicht oder zu einem späteren Zeitpunkt entstehen soll (s.a. KR-*Link/Lau* § 157 Rdn 12). 120

ee) Höhe des Arbeitslosengeldes

Bei der **Bemessung der Höhe des Arbeitslosengeldes** wird als Entgelt (Bemessungsentgelt) grds. das gesamte **beitragspflichtige Arbeitsentgelt** berücksichtigt, das der Arbeitslose in einem bestimmten **Bemessungszeitraum** vor dem Ausscheiden aus der Beschäftigung (iSd leistungsrechtlichen Beschäftigungslosigkeit) erzielt hat (§§ 150, 151 SGB III; vgl hierzu zuletzt *BSG* 24.8.2017 – B 11 AL 16/16 R, SozR 4 – 4300 § 151 Nr. 1; 4.7.2012 BSGE 111, 177 = SozR 4 – 4300 § 131 Nr. 5). Der Bemessungszeitraum umfasst die beim Ausscheiden des Arbeitslosen aus dem jeweiligen (leistungsrechtlichen) Beschäftigungsverhältnis **abgerechneten Entgeltzahlungszeiträume** der versicherungspflichtigen Beschäftigungsverhältnisse im **Bemessungsrahmen**; dieser umfasst ein Jahr und endet mit dem letzten Tag des letzten Versicherungspflichtverhältnisses vor der Entstehung des Anspruchs (§ 150 Abs. 1 SGB III; s. hierzu und zur Verfassungsmäßigkeit dieser Regelung *BSG* 16.12.2009 – B 7 AL 39/08 R). Der für die Bemessung maßgebliche Zeitraum kann erweitert werden, wenn er nicht genügend Tage mit Anspruch auf Arbeitsentgelt enthält (weniger als 150 Tage nach neuem Recht). Für Fälle unbilliger Härte sind Sonderregelungen vorgesehen (ausf. hierzu *BSG* 24.11.2010 BSGE 107, 114 Rn 16 ff.). Danach wird der Bemessungsrahmen (u.a.) auf zwei Jahre erweitert, wenn es mit Rücksicht auf das Bemessungsentgelt im erweiterten Bemessungsrahmen unbillig hart wäre, von dem Bemessungsentgelt im Bemessungszeitraum auszugehen (Abs. 3 S. 1 Nr. 2). Diese Regelung ist nur anzuwenden, wenn der Arbeitslose dies verlangt und die zur Bemessung erforderlichen Unterlagen vorlegt (Abs. 3 S. 2). **Bemessungsentgelt** ist das durchschnittlich auf den Tag (nach altem Recht auf die Woche) entfallende beitragspflichtige Arbeitsentgelt, das der Arbeitslose im Bemessungszeitraum erzielt hat (§ 151 Abs. 1 S. 1 SGB III). Arbeitsentgelte, auf die der Arbeitslose beim Ausscheiden aus dem Beschäftigungsverhältnis Anspruch hatte, **gelten als erzielt**, wenn sie (später) zugeflossen sind oder nur wegen Zahlungsunfähigkeit des Arbeitgebers nicht zugeflossen sind (§ 151 Abs. 1 S. 2 SGB III). Der Zufluss kann also auch nach Beendigung des Beschäftigungsverhältnisses erfolgen; wichtig ist allerdings, dass der nachträgliche Zufluss auf zu berücksichtigende (im Bemessungszeitraum abgerechnete) Entgeltabrechnungszeiträume zurückzuführen ist (s.a. Rdn 26). Damit ist der Rechtsprechung des *BSG* Rechnung getragen, wonach bei der Leistungsbemessung auch die **Lohnteile** zu berücksichtigen sind, die dem Arbeitnehmer nach seinem Ausscheiden in **nachträglicher Vertragserfüllung** gezahlt werden, also insbes. in Fällen, in denen die Arbeitsgerichte erfolgreich um Klärung des Entgeltanspruchs bemüht worden sind (*BSG* 28.6.1995 BSGE 76, 162). Insoweit kann es zu einer späteren Neubemessung des Arbeitslosengeldes kommen (allerdings nur, wenn die Nachzahlungen zu berücksichtigende [im Bemessungszeitraum abgerechnete] Entgeltabrechnungszeiträume betreffen; näher hierzu Rdn 26 aE). Nach wie vor bleiben jedoch diejenigen Lohnteile unberücksichtigt, die auf Grund rückwirkender Vertragsänderungen (zB rückwirkend gewährter tariflicher Lohnerhöhungen) nachgezahlt werden, jedenfalls wenn derartige Vereinbarungen nach Eintritt des Leistungsfalls getroffen bzw. wirksam werden (*BSG* 28.6.1995 BSGE 76, 156). Außer Betracht bleiben ferner **Arbeitsentgelte**, die der Arbeitslose **wegen** der **Beendigung des Arbeitsverhältnisses** erhält oder die im Hinblick auf die Arbeitslosigkeit 121 vereinbart worden sind (§ 151 Abs. 2 Nr. 1 SGB III), also »uneigentliche« Arbeitsentgelte (wie Abfindungen, Urlaubsabgeltungen, sachlich nicht begründbare Lohnerhöhungen für die letzten Beschäftigungszeiträume u. Ä.), die letztlich für Zeiten nach beendetem Arbeitsverhältnis bestimmt sind. Dies gilt auch, wenn zB die Urlaubsabgeltung nicht für das vor Eintritt der Arbeitslosigkeit letzte, sondern für das vorletzte – ebenfalls im Bemessungszeitraum endende – Beschäftigungsverhältnis gezahlt worden ist (*LSG Nds.-Brem.* 31.3.2014 – L 11 AL 129/10, Breith 2014, 880). **Verzichten** Arbeitnehmer als Beitrag zur Sicherung der Arbeitsplätze auf Arbeitsentgelt und wird für den Fall der Vergeblichkeit des Verzichts eine **Nachzahlung** dieses Entgelts vereinbart und tatsächlich geleistet, ist das gesamte im Bemessungszeitraum abgerechnete Entgelt als Bemessungsentgelt bei der Festsetzung des Arbeitslosengeldes zu berücksichtigen (*BSG* 24.8.2017 – B 11 AL 16/16 R, SozR 4 – 4300 § 151 Nr. 1). Denn die Beendigung des Arbeitsverhältnisses ist in diesem Fall nicht die im Rechtssinne »wesentliche« Ursache der Zahlung (s. aber auch *BSG* 11.6.2015 – B 11 AL 13/14 R, BSGE 119, 119, wonach Arbeitsentgelt, auf das die Arbeitnehmer im Rahmen eines Sanierungstarifvertrags verzichteten, auch wenn der Anspruch im Fall der Insolvenz des Arbeitgebers wiederauflebt, nicht als Bemessungsentgelt bei der Berechnung des Arbeitslosengelds zu berücksichtigen ist).

122 Nicht mehr von der Bemessung des Arbeitslosengeldes ausgenommen sind seitdem am 1.1.2001 in Kraft getretenen Einmalzahlungs-Neuregelungsgesetz **einmalig gezahlte Arbeitsentgelte**. Die frühere Regelung des § 134 Abs. 1 S. 3 Nr. 1 SGB III aF, die dies vorsah, war verfassungswidrig und ist durch das genannte Gesetz gestrichen worden (dazu und zum Übergangsrecht s. Rdn 44).

123 Bei der Leistungsbemessung werden nur noch versicherungspflichtige **Beschäftigungsverhältnisse** berücksichtigt; alle übrigen Versicherungspflichtverhältnisse, denen ein besonderes Entgelt zugeordnet ist, bleiben seit 1.1.2005 außer Betracht.

124 Die Berechnung des Arbeitslosengeldes knüpft an ein **pauschales Nettoentgelt** an (Leistungsentgelt nach § 153 SGB III). Dabei vermindert sich das Bemessungsentgelt um eine **Sozialversicherungspauschale** in Höhe von 20 % (bis 31.12.2018 21 %) des Bemessungsentgelts (bisher die bei Arbeitnehmern gewöhnlich anfallenden gesetzlichen Entgeltabzüge), ferner um die **Lohnsteuer** und den **Solidaritätszuschlag**. Die **Kirchensteuer** wird seit 2005 nicht mehr in Abzug gebracht.

125 Das Arbeitslosengeld wird für **Kalendertage** berechnet und geleistet; bei Zahlung für einen vollen Kalendermonat wird dieser mit 30 Tagen angesetzt (§ 154 SGB III), sodass das Arbeitslosengeld seit 2005 in monatlich gleichbleibender Höhe gezahlt werden kann. Eine **Dynamisierung** dieser Leistung findet seit 1.1.2003 nicht mehr statt; § 138 SGB III aF ist aufgehoben worden.

ff) Anspruchsdauer

126 Durch das 7. SGB III-ÄndG v. 8.4.2008 (BGBl. I S. 681) ist die Anspruchsdauer ab dem 1.1.2008 (wieder) verlängert worden (zur Rechtslage zuvor s. SozR Rn 128 f. in der 11. Aufl.), und zwar von höchstens 18 auf höchstens 24 Monate. Nach § 147 Abs. 2 SGB III beträgt die Dauer des Arbeitslosengeldanspruchs ab dem 50. Lebensjahr 15 Monate, ab dem 55. Lebensjahr 18 Monate und ab dem 58. Lebensjahr nunmehr 24 Monate, wenn die vorhergehenden Versicherungspflichtverhältnisse 30, 36 bzw. 48 Monate betragen. Durch das **Gesetz zur Verbesserung der Eingliederungschancen am Arbeitsmarkt** v. 20.12.2011 (BGBl. I S. 2854) wurden die Regelungen zur Anspruchsdauer inhaltlich nicht geändert (BT-Drucks. 17/6277 S. 104).

127 Auch nach neuem Recht richtet sich also die **Anspruchsdauer** nach dem **Lebensalter** des Arbeitslosen bei Eintritt der Arbeitslosigkeit **und der Dauer seiner Versicherungspflichtverhältnisse** innerhalb der nunmehr auf fünf Jahre (bisher vier Jahre) erweiterten Rahmenfrist (vgl. §§ 143 Abs. 1, 147 Abs. 1 Nr. 1 SGB III und die Tabelle zu § 147 Abs. 2 SGB III). Danach beträgt die Höchstdauer der Leistung 24 Monate und ist damit gegenüber der bisherigen Höchstdauer von 18 Monaten um sechs Monate angestiegen. Arbeitnehmer, die noch nicht 50 Jahre alt sind, erhalten höchstens für zwölf Monate Arbeitslosengeld und müssen ggf. nach dessen Erschöpfung Arbeitslosengeld II in Anspruch nehmen (s. Rdn 139).

Die **Übergangsregelung** des § 434r Abs. 1 SGB III idF des Gesetzes v. 8.4.2008 (seit 1.4.2012 geregelt in § 439 SGB III, wobei Abs. 2 bis 4 aufgehoben wurden; vgl. Art. 2 Nr. 106 des Gesetzes zur Verbesserung der Eingliederungschancen am Arbeitsmarkt vom 20.12.2011, BGBl. I S. 2854) sieht eine Anspruchsverlängerung auch für diejenigen vor, die vor dem 1.1.2008 das 50. Lebensjahr vollendet haben (auf 15 Monate) bzw. das 58. Lebensjahr vollendet haben (auf 24 Monate), wenn ihr Anspruch nach altem Recht mit einer ihrem Lebensalter entsprechenden Höchstdauer am Stichtag noch nicht erschöpft war. Die zweite Regelalternative hat ihre Bedeutung aufgrund des Zeitablaufs mittlerweile verloren. 128

§ 434r Abs. 3 und 4 SGB III (in der bis 31.3.2012 geltenden Fassung, s. Rdn 130) sahen für Personen, deren **Anspruch** sich nach Abs. 1 dieser Regelung **verlängert** hat, weitere Übergangsregelungen bezüglich eines Anspruchs auf Entgeltsicherung nach § 421j SGB III (ab 1.4.2012 geregelt in § 417 SGB III; vgl. Art. 2 Nr. 91 des Gesetzes zur Verbesserung der Eingliederungschancen am Arbeitsmarkt vom 20.12.2011, BGBl. I S. 2854) bzw. eines Gründungszuschusses nach § 57 SGB III aF vor. 129

§ 319c SGB VI sah ferner vor, dass für diejenigen, deren Anspruchsdauer sich nach § 439 SGB III (s.a. Rdn 131) verlängert hat, insoweit **kein Anspruch auf Rente wegen Alters** besteht. Die Vorschrift wurde mit Wirkung vom 17.11.2016 aufgehoben. 130

gg) Auswirkungen auf die Frühverrentungspraxis

Die **frühere Dauer** des Arbeitslosengeld-Anspruchs (bis zu 32 Monaten), der erhebliche Steuerungswirkung für den Zugang in Arbeitslosigkeit beigemessen wurde, soll zu der in weiten Bereichen der Wirtschaft praktizierten Form der Frühverrentung wesentlich beigetragen haben. Den dadurch entstehenden Ausgaben der Arbeitslosenversicherung, aber auch der gesetzlichen Rentenversicherung sollte durch die Verkürzung der Anspruchsdauer gegengesteuert und die **Frühverrentungspraxis bewusst erschwert** werden. Dabei sind die Rahmenbedingungen für die Frühverrentung schon insoweit eingeschränkt worden, als die Altersrente wegen Arbeitslosigkeit (s. Rdn 88, 91, 92, 94) infolge Anhebung der Altersgrenze auf das 65. Lebensjahr **vorzeitig** nur noch bei Inkaufnahme von Rentenabschlägen bezogen werden kann, und zwar auch nicht mehr ab dem 60. Lebensjahr, sondern für die Geburtsjahrgänge ab 1946 zu einem späteren Zeitpunkt. Nach altem Recht konnte ein 57-jähriger für 32 Monate Arbeitslosengeld beziehen und anschließend Altersrente wegen Arbeitslosigkeit **abschlagsfrei** in Anspruch nehmen. Nach dem ab Februar 2006 wirksam gewordenen § 127 SGB III (in der bis zum 31.12.2007 geltenden Fassung) konnte der Arbeitslose Arbeitslosengeld nur noch für längstens 18 Monate in Anspruch nehmen und musste, sofern er im Anschluss daran vorzeitig – ab 60 oder später – die Altersrente wegen Arbeitslosigkeit beziehen wollte, Rentenabschläge bis zu 18 % für die gesamte Rentenlaufzeit in Kauf nehmen (s. Rdn 92). Der gesetzlich ermöglichte Ausgleich der Rentenminderung durch Beitragszahlungen des Betriebs (s. Rdn 96, 97) erfordert bei einer vorzeitigen Inanspruchnahme der Altersrente sehr erhebliche Mittel (vgl. auch KR-*Link/Lau* § 158 SGB III Rdn 27), sodass die Neigung der Arbeitsvertragsparteien zu entsprechenden Frühverrentungen wesentlich eingeschränkt wurde. Diese Effekte der Anspruchsverkürzung sind durch die neuerliche Verlängerung der Anspruchsdauer wieder teilweise aufgehoben worden. Allerdings sind die sonstigen Rahmenbedingungen für eine Frühverrentung weiter erschwert worden, zB durch den Wegfall der 58er-Regelung beim Arbeitslosengeld (vgl. Rdn 134 ff.) und des Auslaufens der Altersrente wegen Arbeitslosigkeit (vgl. Rdn 95). 131

hh) Minderung der Anspruchsdauer bei Sperrzeit

Nach § 148 SGB III mindert sich die Anspruchsdauer zunächst um die Anzahl von Tagen, für die der Anspruch auf Arbeitslosengeld bei Arbeitslosigkeit erfüllt worden ist (Abs. 1 Nr. 1). Er mindert sich ferner um die Anzahl von Tagen einer **Sperrzeit bei Arbeitsaufgabe**; beträgt in diesen Fällen die Sperrzeit zwölf Wochen, mindert sich der Anspruch jedoch nicht nur um zwölf Wochen, sondern **um ein Viertel der Anspruchsdauer**, die dem Arbeitslosen bei erstmaliger Erfüllung der Anspruchsvoraussetzungen nach dem Sperrzeitereignis zusteht (§ 148 Abs. 1 Nr. 4 SGB III), ferner u.a. um 132 die Anzahl von Tagen einer Sperrzeit bei Arbeitsablehnung, unzureichenden Eigenbemühungen, Ablehnung oder Abbruch einer Eingliederungsmaßnahme, Meldeversäumnis oder verspäteter Arbeitsuchendmeldung (§ 148 Abs. 1 Nr. 3 SGB III). Zum Wegfall der Anspruchsminderung nach § 148 Abs. 2 S. 2 SGB III vgl. KR-*Link/Lau* § 159 SGB III Rdn 142.

ii) Minderung des Arbeitslosengeldes bzw. Sperrzeit wegen verspäteter Arbeitsuchendmeldung

133 Mit dem Ersten Gesetz für moderne Dienstleistungen am Arbeitsmarkt v. 23.12.2002 (BGBl. I S. 4607) wurde mit **§ 140 SGB III aF** ein neuer Tatbestand eingeführt, wonach sich das Arbeitslosengeld um bestimmte Beträge mindert, wenn sich der Arbeitslose entgegen dem ebenfalls neu eingeführten § 37b SGB III aF nicht **unverzüglich arbeitsuchend meldet**, dh nicht unverzüglich nach Kenntnis des Zeitpunkts, zu dem sein Beschäftigungsverhältnis endet (vgl. dazu *Wolff* KR 7. Aufl., § 140 SGB III Rn 1 ff.). § 140 SGB III ist zum 30.12.2005 **aufgehoben** und § 37b SGB III neu gefasst worden. Die Minderung des Arbeitslosengeldes nach dieser Regelung entfiel und wurde durch einen eigenständigen **Sperrzeittatbestand** in § 144 Abs. 1 S. 2 Nr. 7 SGB III aF ersetzt (Sperrzeit bei verspäteter Arbeitsuchendmeldung). Durch das Gesetz zur Neuausrichtung der arbeitsmarktpolitischen Instrumente v. 21.12.2008 (BGBl. I S. 2917) wurde § 37b SGB III aF zum 1.1.2009 aufgehoben und die diesbezüglichen Regelungen in § 38 Abs. 1 SGB III (Rechte und Pflichten der Ausbildungs- und Arbeitsuchenden) aufgenommen (zur weiterhin bestehenden Sperrzeitregelung s. § 159 Abs. 1 S. 2 Nr. 9 SGB III). Vgl. dazu KR-*Link/Lau* § 159 SGB III Rdn 147 ff.

jj) Arbeitslosengeld für 58-Jährige, § 428 SGB III

134 **Wegfall der Anspruchserleichterung:**

Arbeitslosengeldanspruch haben nach § 428 Abs. 1 S. 1 SGB III auch Arbeitnehmer **ab vollendetem 58. Lebensjahr**, wenn sie die **Regelvoraussetzungen** des Anspruchs nur deshalb **nicht erfüllen**, weil sie nicht arbeitsbereit sind und nicht jede Möglichkeit zur Beseitigung ihrer Beschäftigungslosigkeit nutzen und nutzen wollen. Diese erleichterten Voraussetzungen sind ab 1.1.2008 weggefallen. Von diesem Zeitpunkt an gilt S. 1 nur noch, wenn der Anspruch vor dem 1.1.2008 entstanden ist und der Arbeitslose vor diesem Tag das 58. Lebensjahr vollendet hat (§ 428 Abs. 1 S. 3 SGB III idF des Gesetzes v. 22.12.2005, BGBl. I S. 3676). Damit ist die Regelung mittlerweile ausgelaufen.

135 Ähnliche Regelungen enthält § 65 Abs. 4 SGB II für die erwerbsfähigen Hilfebedürftigen iSd SGB II. Auch bei ihnen sind die erleichterten Voraussetzungen des § 65 Abs. 4 S. 1 für den Bezug von Arbeitslosengeld II nach Vollendung des 58. Lebensjahres ab 1.1.2008 weggefallen (§ 65 Abs. 4 S. 3 SGB II). Sie müssen also, wenn sie das 58. Lebensjahr vollendet haben, unverzüglich in Arbeit oder in eine Arbeitsgelegenheit vermittelt werden (§ 3 Abs. 2a SGB II in der ab 1.1.2008 geltenden Fassung).

kk) Arbeitslosengeld und Altersrente

136 Arbeitslosengeldbezieher sind nicht grds. verpflichtet, Altersrente in Anspruch zu nehmen, sobald ihre Voraussetzungen erfüllt sind. Da sie mit Erreichen des für die Regelaltersrente nach dem SGB VI maßgeblichen Lebensalters **keinen Anspruch auf Arbeitslosengeld** mehr haben (§ 136 Abs. 2 SGB III), sind sie ohnehin gezwungen, die Regelaltersrente in Anspruch zu nehmen. Sofern sie jedoch für 3 Monate Arbeitslosengeld nach § 428 Abs. 1 SGB III bezogen haben (s. Rdn 134), können sie von der Arbeitsverwaltung aufgefordert werden, innerhalb eines Monats Altersrente zu beantragen, wenn die Rentenvoraussetzungen voraussichtlich in absehbarer Zeit erfüllt werden; dies gilt jedoch nicht für Altersrenten, die **vor** dem für den Versicherten maßgebenden Rentenalter in Anspruch genommen werden können (§ 428 Abs. 2 S. 1 SGB III). Stellt der Arbeitslose den Antrag nicht, ruht sein Anspruch auf Arbeitslosengeld vom Fristablauf bis zur Antragstellung (§ 428 Abs. 2 S. 2 SGB III).

137 In den Übergangsfällen, in denen sich die Dauer des Arbeitslosengeldanspruchs nach § 434r SGB III (in der bis 31.3.2012 geltenden Fassung, seit 1.4.2012 geregelt in § 439 SGB III) erhöht

hat (vgl. Rdn 130), bestand ein Anspruch auf Altersrente nicht. § 319c SGB VI idF des Gesetzes v. 8.4.2008 wurde mit Wirkung zum 17.11.2016 aufgehoben, vgl. Rdn 130).

c) Teilarbeitslosengeld

Nach § 162 SGB III gibt es (seit 1998) – begrenzt auf die Dauer von sechs Monaten – **Teilar-** **138** **beitslosengeld** für diejenigen, die eine von zwei oder mehreren nebeneinander ausgeübten **versicherungspflichtigen Beschäftigungen** verloren haben und eine solche wieder suchen. Nach bisherigem Recht fehlte es an der Arbeitslosigkeit, solange noch eine andere **versicherungspflichtige Beschäftigung** bestand. Diese Teilarbeitslosigkeit wird nunmehr ausgeglichen. Die vorgenannte Regelung hat deshalb an Bedeutung gewonnen, weil nunmehr auch in der Arbeitslosenversicherung für die Versicherungsfreiheit nach § 27 Abs. 2 SGB III die allgemeine Geringfügigkeitsgrenze des § 8 SGB IV gilt (s. Rdn 116), also Versicherungspflicht bereits bei einem regelmäßigen Monatsverdienst mehr als 450 € beginnt, ohne dass es daneben noch – wie bis Ende Februar 2003 – auf eine Wochenarbeitszeit von 15 Stunden ankommt (§ 27 Abs. 2 SGB III iVm § 8 SGB IV idF des Gesetzes v. 23.12.2002 BGBl. I S. 4607).

d) Arbeitslosengeld II

aa) Arbeitslosengeld II, Allgemeines

Durch das Vierte Gesetz für moderne Dienstleistungen am Arbeitsmarkt v. 24.12.2003 (BGBl. I **139** S. 2954), das hinsichtlich der hier maßgeblichen leistungsrechtlichen Vorschriften am 1.1.2005 in Kraft getreten ist (Art. 61 dieses Gesetzes), wurden Arbeitslosenhilfe und Sozialhilfe für **erwerbsfähige Hilfebedürftige** zu einer Leistung »**Grundsicherung für Arbeitsuchende**« zusammengeführt und im **Sozialgesetzbuch (SGB) Zweites Buch** (II) geregelt (grundlegend geändert durch das Gesetz zur Ermittlung von Regelbedarfen und zur Änderung des Zweiten und Zwölften Buches Sozialgesetzbuch v. 24.3.2011, BGBl. I S. 453; neu gefasst durch die Bekanntmachung des Zweiten Buches Sozialgesetzbuch v. 13.5.2011, BGBl. I S. 850). Durch das SGB II wurde die Arbeitslosenhilfe als Folgeleistung nach erschöpftem Arbeitslosengeldbezug beseitigt und das **Arbeitslosengeld II** als neue Leistungsart nach Maßstäben der Sozialhilfe eingeführt. Während Arbeitslosengeld und Arbeitslosenhilfe im Grundsatz als einheitlicher Anspruch auf Entgeltersatzleistungen bei Arbeitslosigkeit galten und auf die Arbeitslosenhilfe die Vorschriften über das Arbeitslosengeld in weitem Umfang entsprechend anzuwenden waren (§ 198 Abs. 1 SGB III aF), ist dieser enge Zusammenhang im SGB II gelöst. In diesem Gesetz finden sich nur vereinzelte Verweisungen auf das SGB III, etwa in § 40 (Anwendung von Verfahrensvorschriften des SGB X und des SGB III in § 330 Abs. 1, 2, 3 S. 1 u. 4 sowie § 331 SGB III, ferner auch der Vorschriften über die Erstattung von Beiträgen zur Kranken-, Renten- und Pflegeversicherung in § 335 Abs. 1, 2 u. 5 SGB III). Die Vorschriften über das Ruhen der Leistungen (§§ 157 bis 159 SGB III) sind im SGB II nicht in Bezug genommen bzw. für entsprechend anwendbar erklärt. Das gilt auch für den Begriff Arbeitslosigkeit (§ 138 SGB III), der neben dem Begriff der **Erwerbsfähigkeit** und dem Begriff der **Hilfebedürftigkeit** (§§ 8, 9 SGB II) und dem Grundsatz des Forderns (§ 2 SGB II) an sich keine Rolle spielt. Allerdings hat der Gesetzgeber im Zusammenhang mit der Abschaffung der sog. 58-er Regelung (vgl. Rdn 136) im SGB II geregelt, wer **Arbeitsloser** iS dieses Gesetzes ist. Das sind nach dem ab 1.1.2008 durch das Gesetz v. 8.4.2008 (BGBl. I S. 681) neu eingefügten § 53a Abs. 1 SGB II Hilfebedürftige, die die Voraussetzungen des § 16 SGB III sinngemäß erfüllen, die also wie beim Anspruch auf Arbeitslosengeld nicht in einem Beschäftigungsverhältnis stehen, eine Beschäftigung suchen und dabei der AfA zur Verfügung stehen und sich bei dieser arbeitslos gemeldet haben.

Träger der Grundsicherung sind nach § 6 Abs. 1 SGB II idF der Neubek. v. 13.5.2011 (BGBl. I **140** S. 850) die BA sowie für die in Abs. 1 Nr. 2 genannten Leistungen die kreisfreien Städte und Kreise (kommunale Träger). Die sog. **Optionskommunen** (§ 6a SGB II) nehmen zudem die Aufgaben der BA wahr (§ 6b Abs. 1 SGB II). § 44b SGB II verpflichtet – bei gespaltener Trägerschaft – die Leistungsträger zur Bildung einer gemeinsamen Einrichtung, die die originäre Trägerschaft jedoch unberührt lässt (§ 44b Abs. 1 S. 2 Hs. 2 SGB II). Sowohl die gemeinsamen Einrichtungen als auch die nach § 6a SGB II zugelassenen kommunalen Träger führen den Namen **Jobcenter** (§ 6d SGB II).

bb) Anspruchsvoraussetzungen für das Arbeitslosengeld II

141 Anspruchsvoraussetzungen sind – anders als nach seiner Benennung zu vermuten – nicht mehr ein irgendwie gearteter Vorbezug von Arbeitslosengeld oder eine Vorversicherungszeit in der Arbeitslosenversicherung, sondern unabhängig davon nur **Erwerbsfähigkeit und Hilfebedürftigkeit**, ein bestimmtes Alter (zwischen der Vollendung des 15. Lebensjahres und dem Erreichen der Altersgrenze nach § 7a SGB II, vgl. Rdn 147) und ein gewöhnlicher Aufenthalt in der Bundesrepublik Deutschland (§ 7 SGB II). Allerdings erhält keine Leistungen nach dem SGB II, wer die erforderliche Hilfe von Trägern anderer Sozialleistungen, zB Arbeitslosengeld, erhält (§ 9 SGB II). Hilfebedürftige sind verpflichtet, Sozialleistungen anderer Träger in Anspruch zu nehmen und die dafür erforderlichen Anträge zu stellen, soweit dies zur Vermeidung, Beseitigung, Verkürzung oder Verminderung ihrer Hilfebedürftigkeit erforderlich ist (§ 12a S. 1 SGB II idF des Gesetzes v. 8.4.2008, BGBl. I S. 681). Stellen sie den Antrag trotz Aufforderung nicht, können die Sozialhilfeträger den Antrag für sie stellen sowie Rechtsbehelfe und Rechtsmittel einlegen (§ 5 Abs. 3 S. 1 SGB II). Zu den Ausnahmen bei der Altersrente vgl. Rdn 148. Leistungen nach dem SGB II erhalten auch Personen, die mit erwerbsfähigen Hilfebedürftigen in einer **Bedarfsgemeinschaft** leben (§ 7 Abs. 2 und 3 SGB II). Sind diese Personen nicht erwerbsfähig, erhalten sie **Sozialgeld** (§ 19 Abs. 1 S. 2 und § 23 SGB II idF der Neubek. v. 13.5.2011, BGBl. I S. 850).

cc) Höhe des Arbeitslosengeldes II – die Regelsatzurteile des BVerfG

142 Die Höhe des Arbeitslosengeldes II ist – anders als bei der bisherigen Arbeitslosenhilfe – nicht mehr am zuletzt erzielten Arbeitsentgelt orientiert, sondern unter Berücksichtigung des Bedarfsdeckungsgrundsatzes weitgehend **pauschaliert**. Das *BVerfG* hat mit Urteil »Regelsatz I« v. 9.2.2010 (BVerfGE 125, 175 m. Anm. *Rixen* SGb 2010, 240) entschieden, dass die **Regelleistungen** sowohl des Arbeitslosengeldes II **für Erwachsene** als auch des **Sozialgeldes für Kinder** bis zur Vollendung des 14. Lebensjahres **nicht verfassungsgemäß** sind (vgl. hierzu *Fahlbusch* NDV 2011, 145; *Rothkegel* ZFSH/SGB 2010, 135; *Spellbrink* Sozialrecht aktuell 2010, 88; *Sönke* SGb 2010, 201). Es hat insbes. die **Berechnungsmethode**, das **Fehlen einer Härtefallklausel** und die ungenügende Berücksichtigung von **Bildungskosten** für Kinder kritisiert. Hierzu hat es Folgendes ausgeführt: Zur Ermittlung des Anspruchumfangs hat der Gesetzgeber alle existenznotwendigen Aufwendungen in einem transparenten und sachgerechten Verfahren realitätsgerecht sowie nachvollziehbar auf der Grundlage verlässlicher Zahlen und schlüssiger Berechnungsverfahren zu bemessen. Dem Gesetzgeber wurde im Hinblick auf die geforderten Neuregelungen eine Frist bis zum 31.12.2010 eingeräumt. Infolge dessen wurde mit dem Gesetz zur Abschaffung des Finanzplanungsrates und zur Übertragung der fortzuführenden Aufgaben auf den Stabilitätsrat sowie zur Änderung weiterer Gesetze v. 27.5.2010 (BGBl. I S. 671) ab 3.6.2010 eine Härtefallklausel (§ 21 Abs. 6 SGB II) geschaffen, die Trägerschaft ab 11.8.2010 bzw. 1.1.2011 neu normiert (Gesetz zur Weiterentwicklung der Organisation der Grundsicherung für Arbeitsuchende v. 3.8.2010, BGBl. I S. 1112) sowie durch Art. 1 des Gesetzes zur Ermittlung von Regelbedarfen und zur Änderung des Zweiten und Zwölften Buches Sozialgesetzbuch v. 24.3.2011 (BGBl. I S. 453) die Regelleistungen (jetzt Regelbedarfe) zum 1.1.2011 erhöht. In seinem Urteil »Regelsatz II« vom 23.7.2014 (NJW 2014, 3425) hat das *BVerfG* die Neuregelungen für noch verfassungsgemäß erachtet. Die vom Gesetzgeber festgelegte Höhe der existenzsichernden Leistungen sei tragfähig begründbar und das Grundrecht auf Gewährleistung eines menschenwürdigen Existenzminimums (Art. 1 Abs. 1 iVm Art. 20 Abs. 1 GG) werde derzeit noch nicht verletzt (vgl. hierzu *Lenze/Conradis* info also 2015, 99). Ab 2021 gelten folgende Beträge:
– Regelbedarfsstufe 1 (alleinstehende und alleinerziehende Leistungsberechtigte): 446 €;
– Regelbedarfsstufe 2 (jeweils für zwei in einem gemeinsamen Haushalt zusammenlebende Partner): 401 €;

- Regelbedarfsstufe 3 (erwachsene Leistungsberechtigte unter 25 Jahren im Haushalt der Eltern): 357 €;
- Regelbedarfsstufe 4 (Jugendliche von 14 bis unter 18 Jahre): 373 €;
- Regelbedarfsstufe 5 (Kinder von 6 bis unter 14 Jahre): 309 €;
- Regelbedarfsstufe 6 (Kinder von 0 bis unter 6 Jahre): 283 €.

Daneben gibt es Bedarfe für Bildung und Teilhabe (§ 28 SGB II; sog. Bildungspaket), monatliche Pauschalen (Mehrbedarf) für werdende Mütter, Alleinerziehende, behinderte Leistungsberechtigte, für medizinisch bedingte kostenaufwändigere Ernährung und für Schüler (§ 21 Abs. 2 bis 5, 6a SGB II) sowie Leistungen für Unterkunft und Heizung (§ 22 SGB II).

Mit der Einführung des Arbeitslosengeldes II sollten die **Niveauunterschiede** zwischen der bisherigen Arbeitslosenhilfe und Sozialhilfe (unterschiedliche Einkommens- und Vermögensgrenzen bei der Bedürftigkeitsprüfung, unterschiedliche Freibeträge bei Erzielung von Erwerbseinkommen, unterschiedliche Zumutbarkeitsregelungen bei Aufnahme einer Erwerbstätigkeit, unterschiedliche soziale Sicherung) beseitigt werden. 143

Der **Regelbedarf zur Sicherung des Lebensunterhalts** umfasst insbes. Ernährung, Kleidung, Körperpflege, Hausrat, Haushaltsenergie ohne die auf die Heizung und Erzeugung von Warmwasser entfallenden Anteile (die Warmwasseraufbereitungskosten zählen seit dem 1.1.2011 zu den Kosten der Unterkunft und Heizung nach § 22 SGB II, bei dezentraler Aufbereitung [Wasserboiler] kann ein Mehrbedarf nach § 21 Abs. 7 SGB II anerkannt werden) sowie persönliche Bedürfnisse des täglichen Lebens (§ 20 Abs. 1 S. 1 SGB II). Zu den persönlichen Bedürfnissen des täglichen Lebens gehört in vertretbarem Umfang eine Teilhabe am sozialen und kulturellen Leben in der Gemeinschaft (§ 20 Abs. 1 S. 2 SGB II). Die Regelbedarfe werden seit dem 1.1.2012 (zuvor jeweils Anpassung zum 1.7. eines Jahres) zum 1.1. eines Jahres entsprechend § 28a SGB XII iVm der Verordnung nach § 40 S. 1 Nr. 1 SGB XII angepasst (§ 20 Abs. 1a SGB II). 144

Zur **Absenkung** und zum **Wegfall** des Arbeitslosengeldes II (§ 31 SGB II) vgl. KR-*Link/Lau* § 159 SGB III Rdn 14 f. 145

dd) Befristeter Zuschlag nach Bezug von Arbeitslosengeld (I) bis 31.12.2010

Soweit der erwerbsfähige Hilfebedürftige Arbeitslosengeld II innerhalb von zwei Jahren nach dem Ende des Bezugs von Arbeitslosengeld (I) bezog, erhielt er in diesem Zeitraum einen **monatlichen Zuschlag** zum Arbeitslosengeld II; dieser wird nach Ablauf eines Jahres um 50 % gemindert (§ 24 Abs. 1 SGB II in der bis zum 31.12.2010 geltenden Fassung). Die Höhe dieses Zuschlags wurde aber bereits durch Gesetz v. 20.7.2006 (BGBl. I S. 1706) eingeschränkt (§ 24 Abs. 2, 3 und 4 SGB II). Mit dem Gesetz zur Ermittlung von Regelbedarfen und zur Änderung des Zweiten und Zwölften Buches Sozialgesetzbuch vom 24.3.2011 (BGBl. I S. 453) wurde der befristete Zuschlag **zum 1.1.2011 abgeschafft**. 146

ee) Arbeitslosengeld II und Altersrente, Vorrang

Grundsätzlich sind Leistungsberechtigte verpflichtet, als Sozialleistungen anderer Träger auch **Altersrente** in Anspruch zu nehmen (§ 12a S. 1 SGB II idF des Gesetzes v. 24.3.2011, BGBl. I S. 453). Da Arbeitslosengeld II nach § 7 Abs. 1 SGB II nur bis zum Erreichen der Altersgrenze nach § 7a SGB II gezahlt wird, sind Leistungsberechtigte ohnehin gezwungen, mit deren Erreichen die Regelaltersrente in Anspruch zu nehmen. Denn die Altersgrenze nach § 7a SGB II entspricht der Regelaltersgrenze in der gesetzlichen Rentenversicherung (s. Rdn 86). Sie liegt für die vor dem 1.1.1947 Geborenen bei 65 Jahren und wird für die von 1947 bis 1963 Geborenen stufenweise auf das 67. Lebensjahr angehoben. Sie beträgt dann für die ab 1964 Geborenen 67 Jahre (§ 7a SGB II Tabelle, idF des Gesetzes v. 24.3.2010, BGBl. I S. 453). 147

Abweichend von § 12a S. 1 SGB II sind jedoch Hilfebedürftige **bis zur Vollendung des 63. Lebensjahres** nicht verpflichtet, eine Altersrente **vorzeitig** (gegen Rentenabschlag) in Anspruch zu nehmen 148

(§ 12a S. 2 Nr. 1 SGB II idF des Gesetzes v. 24.3.2011, BGBl. I S. 453). Damit ist – im Umkehrschluss – bestimmt, dass sie ab 63 zur vorzeitigen Inanspruchnahme verpflichtet sind (dies ist verfassungsgemäß, vgl. *BSG* 23.6.2016 – B 14 AS 46/15 R, NZS 2016, 831, die Verfassungsbeschwerde wurde nicht zur Entscheidung angenommen *BVerfG* 8.11.2016 – 1 BvR 2016/16). Wiederum in Ausnahme hiervon ist der BMA ermächtigt worden, durch Rechtsverordnung zu bestimmen, unter welchen Voraussetzungen und für welche Dauer eine solche Verpflichtung – zur Vermeidung von Unbilligkeiten – entfällt (§ 13 Abs. 2 SGB II idF des Gesetzes v. 24.3.2011, BGBl. I S. 453). Darüber hinaus sind Leistungsberechtigte nicht verpflichtet, **Wohngeld** nach dem Wohngeldgesetz oder Kinderzuschlag nach dem Bundeskindergeldgesetz in Anspruch zu nehmen, wenn dadurch nicht die Hilfebedürftigkeit aller Mitglieder der Bedarfsgemeinschaft für einen zusammenhängenden Zeitraum von mindestens drei Monaten beseitigt würde (§ 12a S. 2 Nr. 2 SGB II idF des Gesetzes v. 24.3.2011, BGBl. I S. 453).

149 Die **Altersrente wegen Arbeitslosigkeit** nach § 237 Abs. 1 SGB VI konnten auch diejenigen erwerbsfähigen Hilfebedürftigen erhalten, die die Voraussetzungen des § 237 Abs. 2 S. 1 Nr. 3 SGB VI idF des Gesetzes v. 24.3.2011, BGBl. I S. 453 erfüllten: Sie mussten während der 52 Wochen und zu Beginn der Rente nur deswegen nicht als Arbeitslose iSv § 53a Abs. 1 SGB II gelten, weil sie nach Vollendung des 58. Lebensjahres für mindestens 12 Monate Leistungen der Grundsicherung für Arbeitsuchende (§ 4 SGB II) bezogen haben, ohne dass ihnen eine sozialversicherungspflichtige Beschäftigung angeboten worden ist. Die Regelung ist mittlerweile ausgelaufen (vgl. Rdn 130).

e) Ruhen der Leistungen nach dem SGB III, Ruhenstatbestände

150 In den §§ 156 bis 161 SGB III sind bestimmte Tatbestände geregelt, bei deren Vorliegen kraft Gesetzes ein Ruhen des Arbeitslosengeld-Anspruchs eintritt. Für die Arbeitslosenhilfe galt Entsprechendes (§ 198 S. 2 Nr. 6 SGB III aF). Im SGB II fehlen entsprechende Ruhensregelungen für das Arbeitslosengeld II. Um **Doppelleistungen** auszuschließen, ist das Ruhen des Anspruchs auf Arbeitslosengeld für Zeiten vorgesehen, in denen der Arbeitslose **Arbeitsentgelt** (einschließlich der Lohn- und Gehaltsfortzahlung im Krankheitsfalle) erhält oder zu beanspruchen hat (§ 157 SGB III). Zum Arbeitsentgelt, das den gleichzeitigen Leistungsbezug ausschließen soll, rechnet der Gesetzgeber auch Urlaubsabgeltungen nach § 7 Abs. 4 BUrlG (§ 157 Abs. 2 SGB III; vgl. dazu iE KR-*Link/Lau* § 157 SGB III Rdn 36). § 158 SGB III, der die zuvor geltende **Anrechnungsregelung** des § 140 SGB III ersetzt hat (vgl. dazu die Kommentierung in der 5. Aufl.) sieht – wie früher § 117 Abs. 2 bis 3a AFG – wieder vor, dass bestimmte Teile einer **Entlassungsentschädigung** nur bei **vorzeitiger Beendigung eines Arbeits- oder Beschäftigungsverhältnisses** zum Ruhen des Arbeitslosengeldanspruchs führen (vgl. KR-*Link/Lau* § 158 SGB III Rdn 34 ff.); die Abfindung nach § 1a KSchG ist keine Entlassungsentschädigung, die den Anspruch auf Arbeitslosengeld zum Ruhen bringt (*BSG* 8.12.2016 – B 11 AL 5/15 R, SozR 4 – 4300 § 143a Nr. 3).

151 Für das Zusammentreffen von Arbeitslosengeld mit anderen **Lohnersatzleistungen** sind weitere Ruhenstatbestände in § 156 SGB III vorgesehen, zB für den Fall der Zuerkennung von **Krankengeld, Versorgungskrankengeld, Verletztengeld, Mutterschaftsgeld, Übergangsgeld** (unter bestimmten Voraussetzungen, vgl. § 156 Abs. 1 S. 1 Nr. 2 SGB III). Ferner ruht das Arbeitslosengeld, wenn dem Arbeitslosen eine **Rente wegen voller Erwerbsminderung** aus der gesetzlichen Rentenversicherung zuerkannt ist, und zwar vom Beginn der laufenden Rentenzahlung an (§ 156 Abs. 1 S. 1 Nr. 3, Abs. 2 Nr. 2 SGB III).

152 Auch in Fällen, in denen eine **Altersrente** aus der gesetzlichen Rentenversicherung oder eine ähnliche Leistung öffentlich-rechtlicher Art (wozu auch eine Altersrente nach dem schweizerischen Bundesgesetz über die berufliche Alters-, Hinterlassenen- und Invalidenvorsorge zählt, *BSG* 21.7.2009 – B 7/7a AL 36/07 R) zuerkannt ist, auch eine sog. vorgezogene Altersrente (vgl. Rdn 88), ruht das Arbeitslosengeld, und zwar grds. **in vollem Umfang**. Ausnahmsweise ruht das Arbeitslosengeld nur bis zur Höhe der zuerkannten Leistung, wenn die Rente auch während einer Beschäftigung **und ohne Rücksicht auf die Höhe des Arbeitsentgelts** gewährt wird (§ 156 Abs. 1 S. 1 Nr. 4, Abs. 2

Nr. 3b SGB III). Diese Regelung soll gewährleisten, dass Arbeitnehmer, die noch nicht aus dem Erwerbsleben ausgeschieden sind, insgesamt mindestens eine Leistung in Höhe des Arbeitslosengeldes erhalten. Dieses Ziel wird aber bei den **vorgezogenen Altersrenten** (s. Rdn 88) nicht erreicht, weil diese Renten nicht von einem daneben erzielten Arbeitsentgelt unabhängig sind; vielmehr darf das erzielte Arbeitsentgelt nicht die Hinzuverdienstgrenzen des § 34 SGB VI überschreiten (s. Rdn 106). Das vollständige Ruhen des Arbeitslosengeldes – auch bei niedrigerer Rentenleistung – ist verfassungsrechtlich problematisch und auch im Rahmen von § 156 Abs. 1 S. 1 Nr. 4 SGB III weiterhin von Bedeutung, weil die Begrenzung des Ruhens auf die Höhe der zuerkannten Rente wegen der Abhängigkeit von den Hinzuverdienstgrenzen nur einen sehr begrenzten Anwendungsbereich hat. Das Arbeitslosengeld ruht schließlich auch während der Zeit, für die der Arbeitslose wegen seines Ausscheidens aus dem Erwerbsleben **Vorruhestandsgeld** oder eine vergleichbare Leistung des Arbeitgebers mindestens in Höhe von 65 % des Bemessungsentgelts bezieht (§ 156 Abs. 4 SGB III; zum Ruhen des Anspruchs bei einer Sperrzeit vgl. KR-*Link/Lau* § 159 SGB III Rdn 16, 139).

Ruhen bedeutet, dass der Anspruch als solcher (das Stammrecht auf die Leistung) zwar grds. entsteht und erhalten bleibt, jedoch der **Einzelanspruch** nicht geltend gemacht werden kann, soweit er auf die vorgesehene Ruhenszeit entfällt. Der Anspruch braucht nicht erfüllt zu werden bzw. kann nicht durchgesetzt werden (»Leistungssperre«, vgl. BSG 9.8.1990 SozR 3 – 4100 § 105a AFG Nr. 2). Nach Ablauf des Ruhenszeitraums lebt der gehemmte Anspruch wieder auf. Eine Ausnahme bestimmt § 161 Abs. 1 Nr. 2 SGB III [§ 147 Abs. 1 Nr. 2 SGB III aF], wonach der Leistungsanspruch bei Eintritt mehrerer Sperrzeiten von bestimmter Dauer **vollständig erlischt** (vgl. KR-*Link/Lau* § 159 SGB III Rdn 143). Die Wirkung des Ruhens tritt kraft Gesetzes ein, ohne dass es eines Bescheides bedarf. 153

Die **Ruhenszeit** wird grds. nicht auf die **Anspruchsdauer** des Arbeitslosengeldes angerechnet, weil der Anspruch während dieser Zeit nicht erfüllt wird (Umkehrschluss aus § 148 Abs. 1 Nr. 1 SGB III). Es wird lediglich der Beginn der Leistung hinausgeschoben, ohne dass sich deren Dauer verkürzt. Beeinträchtigt wird das Stammrecht auf Arbeitslosengeld jedoch in den Fällen eines **Sperrzeiteintritts** nach § 159 SGB III, weil die Sperrzeit nicht nur zum **Ruhen** des Anspruchs, sondern nach § 148 Abs. 1 Nr. 3 u. 4 SGB III auch zu einer **Minderung der Anspruchsdauer** führt (vgl. zur Bedeutung und zu den Folgen einer Sperrzeit Rdn 159 ff. und KR-*Link/Lau* § 159 SGB III Rdn 16, 138 ff.). 154

Wegen der vorgenannten unterschiedlichen Rechtsfolgen müssen beim möglichen **Zusammentreffen von zwei oder mehreren Ruhenstatbeständen** grds. die Voraussetzungen sämtlicher Tatbestände geprüft werden: Scheidet zB der Arbeitnehmer auf Grund eines mit dem Arbeitgeber geschlossenen Aufhebungsvertrages gegen Abfindung aus dem Arbeitsverhältnis aus, so muss wegen der unterschiedlichen Rechtsfolgen zunächst geprüft werden, ob eine **Sperrzeit** eingetreten ist. Ist dies der Fall, ruht der Arbeitslosengeld-Anspruch, soweit er in die Sperrzeit fällt, in vollem Umfang; gleichzeitig mindert sich die Anspruchsdauer nach Maßgabe des § 148 Abs. 1 Nr. 4 SGB III. Ist gleichzeitig ein Ruhenstatbestand nach § 158 SGB III eingetreten, wirkt sich dieser praktisch erst nach dem Ende der Sperrzeit aus. Ist eine Sperrzeit zB wegen Vorliegens eines wichtigen Grundes nicht eingetreten, tritt ein Ruhen des Anspruchs ab dem Ende des Arbeitsverhältnisses ein, ohne dass es zu einer Minderung der Anspruchsdauer kommt. 155

f) Sperrzeit und Kündigung

aa) Bedeutung der Sperrzeit

Sperrzeiten sind Zeiten, während deren Dauer der Anspruch auf Arbeitslosengeld **ruht**; sie bewirken eine **zeitliche Leistungssperre** in dem Sinne, dass ein Anspruch, der auf Tage einer (zeitlich festliegenden) Sperrzeit entfällt, nicht zu erfüllen ist (zum Begriff des Ruhens s. Rdn 153). Sperrzeiten haben für arbeitslose Arbeitnehmer, insbes. solche, die ihr Arbeitsverhältnis ohne wichtigen Grund selbst gekündigt oder einverständlich gelöst haben (**Sperrzeit wegen Arbeitsaufgabe**, § 159 Abs. 1 156

S. 2 Nr. 1 SGB III) nachhaltige Bedeutung: Sie können nicht nur zu einer zeitlichen Leistungssperre bis zu zwölf Wochen führen, sondern bewirken auch eine Minderung der Anspruchsdauer und können sogar zu einem Erlöschen des Anspruchs führen (vgl. zu allem KR-*Link/Lau* § 159 SGB III Rdn 16 u. Rdn 140). Zur Bedeutung von Sperrzeiten für das Arbeitslosengeld II vgl. KR-*Link/Lau* § 159 SGB III Rdn 14..

bb) Versicherungsschutz während der Sperrzeit

157 Versicherungsschutz in der Kranken- und Pflegeversicherung ist grds. nur für Personen in der Zeit vorgesehen, für die sie Arbeitslosengeld **beziehen** oder **nur deshalb nicht beziehen**, weil ihr Anspruch bis zur zwölften Woche einer Sperrzeit ruht (§ 5 Abs. 1 Nr. 2 SGB V; § 20 Abs. 1 Nr. 2 SGB XI). Der Gesetzgeber hat insoweit, um den Versicherungsschutz während der seit 1985 auf zwölf Wochen verlängerten Sperrzeit zu gewährleisten, gesetzlich fingiert, dass Leistungen als **bezogen gelten**; diese Fiktion gilt seit dem 1.8.2017 bereits ab dem ersten Tag des Ruhens. § 5 Abs. 1 Nr. 2 SGB V wurde insofern durch das Gesetz zur Stärkung der Heil- und Hilfsmittelversorgung vom 4.4.2017 (BGBl. I S. 778) entsprechend geändert (ausführlich hierzu *Minn* DB 2017, 1453 mit instruktiven Fallbeispielen); zuvor begann der Versicherungsschutz erst ab dem zweiten Monat. In den ersten vier Wochen bzw. dem ersten Monat der Sperrzeit bestand uU nachgehender **Versicherungsschutz** aus dem beendeten Beschäftigungsverhältnis oder aus dem beendeten Arbeitslosengeldbezug, sofern die versicherungsrechtlichen Voraussetzungen des § 19 Abs. 2 SGB V erfüllt waren (s. Rdn 72). Wird der Arbeitslose während des Arbeitslosengeldbezugs arbeitsunfähig, verliert er dadurch nicht seinen Anspruch auf Arbeitslosengeld für die Dauer von sechs Wochen (Leistungsfortzahlung nach § 146 SGB III). Fällt die Arbeitsunfähigkeit in eine Sperrzeit bzw. tritt sie während der Sperrzeit ein, **ruht der Anspruch auf Arbeitslosengeld** (§ 159 SGB III) **und** auch der Anspruch auf **Krankengeld** (§ 49 Abs. 1 Nr. 3a SGB V). Der Arbeitslose erhält aus seiner Krankenversicherung lediglich Krankenpflege und Krankenhauspflege, während sein Anspruch auf Krankengeld während der gesamten Dauer der Sperrzeit ruht.

158 Auch in der **Rentenversicherung** wirkt sich eine Sperrzeit nachteilig aus: Nach dem seit 1.1.1992 geltenden SGB VI entfällt mit dem Wegfall der Leistungspflicht der Arbeitsverwaltung infolge einer Sperrzeit auch die **Beitragspflicht zur Rentenversicherung**, sodass während der Sperrzeit rentenrechtliche Zeiten iSv §§ 54, 58 SGB VI grds. nicht erworben werden (s. Rdn 56; zum möglichen Erwerb einer Anrechnungszeit s. Rdn 57).

g) Erstattungspflichten des Arbeitgebers gegenüber der BA

159 Zu den (allesamt seit 1.1.1998 weggefallenen) Erstattungspflichten der Arbeitgeber wird auf die Kommentierung in der 11. Aufl. verwiesen (SozR Rn 164–170).

h) Kurzarbeitergeld, kein Anspruch bei gekündigtem Arbeitsverhältnis

160 Das Kurzarbeitergeld (hierzu ausf. *Schweiger* NZS 2017, 135) wurde durch das **Gesetz zur Verbesserung der Eingliederungschancen am Arbeitsmarkt** v. 20.12.2011 (BGBl. I S. 2854) mit Wirkung zum 1.4.2012 in das Dritte Kapitel des SGB III (Aktive Arbeitsförderung) – Sechster Abschnitt (Verbleib in Arbeit) – aufgenommen (§§ 95 bis 111 in der ab 1.4.2012 geltenden Fassung). Anspruch auf normales (konjunkturbedingtes) **Kurzarbeitergeld** (§§ 95 ff SGB III) haben Arbeitnehmer u.a. nur dann, wenn ein erheblicher Arbeitsausfall (vgl. hierzu zuletzt *BSG* 11.12.2014 – B 11 AL 3/14 R) mit Entgeltausfall vorliegt und sie ihre versicherungspflichtige Beschäftigung nach Beginn des Arbeitsausfalls fortsetzen (vgl. hierzu *BSG* 11.3.2014 – B 11 AL 5/13 R, NZS 2014, 436) und ihr Arbeitsverhältnis nicht gekündigt oder durch Aufhebungsvertrag aufgelöst ist (§ 98 Abs. 1 Nr. 2 SGB III). Denn durch Gewährung von Kurzarbeitergeld an die Arbeitnehmer sollen die **Arbeitsplätze gesichert** und dem Betrieb die eingearbeiteten Arbeitskräfte erhalten werden (vgl. früher § 63 Abs. 1 S. 1 AFG). Die Neuregelung beruht auf den gleichen Erwägungen (BT-Drucks. 13/4941, S. 184). Die Regelung schließt Kurzarbeitergeld nicht nur in Fällen der Lösung des Arbeitsverhältnisses durch den Arbeitgeber, sondern auch dann aus, wenn der Arbeitnehmer

gekündigt hat (BSG 21.11.2002 – B 11 AL 17/02 R). Eine wirksame Kündigung setzt Schriftform (§ 632 BGB) und Zugang an den Empfänger (§ 130 Abs. 1 BGB) voraus. Mit der Übergabe des Schreibens entfällt die Anspruchsberechtigung des Arbeitnehmers ab dem nächsten Tag.

Die frühere **Ermessensregelung,** wonach Kurzarbeitergeld auch bei **gekündigtem Arbeitsverhältnis** 161 gezahlt werden konnte, solange der betroffene Arbeitnehmer keine andere Arbeit aufnehmen konnte (§ 65 Abs. 1 S. 3 AFG), ist in die Neuregelung des SGB III nicht übernommen worden. Die mit dem Kurzarbeitergeld verbundene **Befreiung des Betriebs** von **Entgeltzahlungspflichten** wurde nicht für vertretbar gehalten, weil bei Kündigung und – dem gleichgestellten – Aufhebungsvertrag sich die mit dem Kurzarbeitergeld verfolgte arbeitsmarktpolitische Zielsetzung der Erhaltung der Beschäftigungsverhältnisse nicht verwirklichen lasse (BT-Drucks. 13/4941, S. 184/85). Bei gekündigtem Arbeitsverhältnis soll das Entgeltrisiko nicht mehr auf die Arbeitsverwaltung verlagert werden, sondern bei den Parteien des Arbeitsverhältnisses verbleiben. Der Arbeitnehmer, der während der Kündigungsfrist einen Lohnausfall erleidet, muss dann ggf. in den Arbeitslosengeld-Bezug überwechseln, wobei er regelmäßig einen Grund für die fristlose Lösung des Arbeitsverhältnisses haben wird und daher keine Sperrzeit befürchten muss.

Wird in einem Kündigungsschutzprozess durch Urteil oder Vergleich die **Unwirksamkeit der** 162 **Kündigung** festgestellt, so gilt das Beschäftigungsverhältnis als ungekündigt fortgesetzt, wenn der Arbeitnehmer seine Arbeitsleistung auch während des Prozesses angeboten hatte (BSG 8.6.1989 SozR 4100 § 65 Nr. 7; s.a. Rdn 206 f.). Das gilt auch, wenn im Zusammenhang mit der Kündigung eine Freistellung erfolgt war und wenn sich der freigestellte Arbeitnehmer vor dem Ende des Arbeitsverhältnisses arbeitslos gemeldet und die Zahlung von Arbeitslosengeld im Wege der sog. Gleichwohlgewährung beantragt hatte (s. Rdn 194). Auch dann gilt das versicherungs- und beitragspflichtige Beschäftigungsverhältnis als fortbestehend. Es kann also für die Dauer des Kündigungsschutzprozesses ein Anspruch auf **Kurzarbeitergeld** bestehen, wenn die weiteren Anspruchsvoraussetzungen erfüllt sind.

Daran fehlt es, wenn der Arbeitgeber während der Kündigungsfrist nach Tarifvertrag usw. **in vol-** 163 **lem Umfang lohnzahlungspflichtig** bleibt. Dann steht dem Arbeitnehmer nach § 95 Nr. 1, § 106 SGB III kein Kurzarbeitergeld zu, weil dieses einen **Entgeltausfall** voraussetzt. Jedoch wird Arbeitsentgelt, das unter Anrechnung des Kurzarbeitergelds gezahlt wird, also vom Arbeitgeber zusätzlich zum Kurzarbeitergeld geleistet wird (sog. Aufstockungsbeträge), bei der Berechnung des Entgeltausfalls bzw. bei der Gewährung des Kurzarbeitergeldes nicht berücksichtigt (§ 106 Abs. 2 S. 2 SGB III).

Ein Anspruch auf Kurzarbeitergeld besteht auch dann nicht, wenn es an der **Kausalität zwischen** 164 **Lohnausfall** und einem **kurzarbeitergeldrelevanten Arbeitsausfall** iSd § 96 Abs. 1 SGB III fehlt, also der Arbeitsausfall bis zur Entscheidung über den Fortbestand des Arbeitsverhältnisses allein auf die Kündigung und nicht auf wirtschaftliche Ursachen im Betrieb des Arbeitgebers zurückzuführen ist. Insoweit kommt es auf die tatsächlichen Verhältnisse an (BSG 8.6.1989 SozR 4100 § 65 Nr. 7). ZB kann sich aus Absprachen über die Freistellung während des Kündigungsschutzprozesses ergeben, dass nicht der Arbeitsausfall, sondern der Prozess die Lohneinbuße wesentlich herbeigeführt hat.

Kurzarbeitergeld setzt einen »**vorübergehenden**« **Arbeitsausfall** voraus (§ 96 Abs. 1 Nr. 2 SGB III; 165 zum vorübergehenden Arbeitsausfall wegen Auftragsrückgang in einem Betrieb der gewerbsmäßigen Arbeitnehmerüberlassung BSG 21.7.2009 BSGE 104, 83, wonach der Arbeitsausfall in einem solchen Betrieb branchenüblich ist, sodass er regelmäßig als vermeidbar gilt, mit der Folge, dass kein Kurzarbeitergeld gezahlt werden kann; instruktiv zu Lieferstopps bei Streiks von Zulieferern und darauf beruhendem Arbeitsausfall Schweiger NZS 2017, 135). Dieser liegt dann vor, wenn mit einer gewissen Wahrscheinlichkeit voraussehbar ist, dass in **absehbarer Zeit** wieder mit dem Übergang zur **Vollarbeit** zu rechnen ist (verneint bei strukturellen Geschäftsproblemen [hier: Boykott durch sämtliche Banken, die trotz guter Bonität keinen Kredit vergeben] LSG NRW 5.12.2016 – L 20 AL 92/14, bestätigt durch BSG 21.6.2018 – B 11 AL 4/17 R, WKRS 2018, 57346). Zur Frage, wann diese Zeit nicht mehr »absehbar« ist, vgl. *BSG* 17.5.1983 SozR 4100 § 63 AFG Nr. 2. Auch nach neuem Recht kann die **Bezugsfrist** des Kurzarbeitergeldes einen Anhalt bieten. Sie beträgt nach § 104 Abs. 1 S. 1 SGB III im Regelfall sechs Monate; zur Verlängerung s. § 109 Abs. 1 Nr. 2 SGB III. Die Zweifel des früher zuständigen 7. Senats des BSG, ob bei »**Kurzarbeit Null**« überhaupt ein Anspruch auf Kurzarbeitergeld bestehen kann (vgl. *BSG* 14.9.2010 SozR 4 – 4300 § 173 Nr. 1 Rn 12 ff. mwN, m. Anm. *Fischinger* SGb 2011, 235; dazu auch *Bieback* NZS 2011, 241), teilt der nunmehr zuständige 11. Senat des BSG nicht (*BSG* 4.7.2012 SozR 4 – 4300 § 131 Nr. 5 Rn 20; s. zum Wechsel eines Arbeitnehmers von einem entgeltlichen Beschäftigungsverhältnis in »Kurzarbeit Null« bei einer von seinem bisherigen Arbeitgeber verschiedenen Auffanggesellschaft *BSG* 10.5.2012 SozR 4 – 2500 § 47 Nr. 13). Die Auffassung des 11. Senats überzeugt, da der Gesetzgeber durch die vom 28.12.2011 bis 31.3.2012 geltende Fassung des § 170 Abs. 1 Nr. 4 SGB III bzw. die ab 1.4.2012 geltenden Fassungen des § 96 Abs. 1 S. 1 Nr. 4 SGB III bzw. des § 111 Abs. 2 S. 2 SGB III (jeweils idF des Gesetzes zur Verbesserung der Eingliederungschancen am Arbeitsmarkt vom 20.12.2011, BGBl. I S. 2854) klargestellt hat, dass ein den Anspruch auf Kurzarbeitergeld begründender erheblicher Arbeitsausfall auch bei einem vollständigen Entgeltausfall vorliegen kann (vgl. BT-Drucks. 17/6277 S. 86, zu Nr. 6).

166 Durch die Zweite VO über die Bezugsdauer für das Kurzarbeitergeld vom 12.10.2020 (BGBl. I S. 2165) wurde die **Bezugsfrist** für das Kurzarbeitergeld bei Arbeitnehmern, deren Anspruch auf Kurzarbeitergeld bis 31.12.2020 entstanden ist, über § 104 Abs. 1 S. 1 SGB III (§ 177 Abs. 1 S. 3 SGB III aF) hinaus, auf 24 Monate, längstens bis zum 31.12.2021, verlängert.

167 Wird ein **Betrieb** mit dem Ende der Kurzarbeit **endgültig** oder für **nicht absehbare Zeit stillgelegt**, kann Kurzarbeitergeld grds. nicht weitergewährt werden, weil es dann an der allgemeinen Anspruchsvoraussetzung für diese Leistung (Sicherung von Beschäftigungsverhältnissen) fehlt. Etwas anderes kommt in Betracht, wenn mit dem Ende der Kurzarbeit der Betrieb vorläufig unter Entlassung aller Arbeitnehmer geschlossen wird, sofern sichergestellt ist, dass die Betriebstätigkeit **in absehbarer Zeit** mit der bisherigen Arbeitnehmerschaft wiederaufgenommen wird (zum früheren Recht *BSG* 25.4.1990 SozR 3 – 4100 § 63 Nr. 1 in Abgrenzung zu BSGE 60, 222 = SozR 4100 § 65 Nr. 3; 25.4.1991 SozR 3 – 4100 § 63 Nr. 2).

i) Sonderformen des Kurzarbeitergeldes

aa) Saison-Kurzarbeitergeld (§ 101 SGB III)

168 Das **Saison-Kurzarbeitergeld** ist durch das Gesetz zur Förderung ganzjähriger Beschäftigung v. 24.4.2006 (BGBl. I S. 926) für die Schlechtwetterzeit v. 1.12. bis 31.3. eingeführt worden und ist ab 1.4.2006 an die Stelle der bisherigen Winterbauförderung (§§ 209 bis 216 SGB III aF) getreten. Es erfasst Arbeitnehmer in Betrieben, die dem Baugewerbe oder einem Wirtschaftszweig angehören, der von saisonbedingtem Arbeitsausfall betroffen ist (vgl. die Voraussetzungen im Einzelnen in § 101 SGB III und die ergänzenden Leistungen in § 102 SGB III sowie zu den persönlichen Voraussetzungen zuletzt *BSG* 17.12.2013 SozR 4 – 4300 § 172 Nr. 1).

169 Der Anspruch auf Saison-Kurzarbeitergeld entfällt wie das »normale« Kurzarbeitergeld, wenn das Arbeitsverhältnis gekündigt oder durch Aufhebungsvertrag aufgelöst ist (Verweisung des § 101 Abs. 1 Nr. 3 SGB III auf § 98 Abs. 1 Nr. 2). Darin und in weiteren Verweisungen kommt zum Ausdruck, dass das Saison-Kurzarbeitergeld als **spezielles Kurzarbeitergeld** ausgestaltet ist, das im Wesentlichen den gleichen gesetzlichen Regelungen wie das Kurzarbeitergeld unterliegt. Außerdem wird mit diesen Voraussetzungen das wesentliche Ziel der Förderung umrissen, nämlich die Betriebsverhältnisse bei witterungsbedingten Unterbrechungen der Bauarbeiten aufrecht zu erhalten (vgl. früher § 210 Nr. 2 SGB III aF). Die ergänzenden Leistungen (Zuschuss-Wintergeld und Mehraufwands-Wintergeld) erhalten im Baugewerbe ausschließlich solche Arbeitnehmer, deren Arbeitsverhältnisse in der Schlechtwetterzeit nicht aus witterungsbedingten Gründen gekündigt werden können (§ 102 Abs. 5 SGB III). In der gegenwärtigen Praxis folgt das Verbot witterungsbedingter Kündigungen regelmäßig aus den Bestimmungen der Tarifverträge im Baugewerbe. Die

frühere Regelung, wonach der Arbeitgeber zur Erstattung des Arbeitslosengeldes und der hierauf entfallenden Beiträge nach § 147b SGB III verpflichtet war, wenn er unter Missachtung des tarifvertraglichen Ausschlusses der witterungsbedingten Kündigung gekündigt hatte, ist mit Wirkung ab 1.1.2004 entfallen, weil die Regelung erheblichen bürokratischen Aufwand erforderte und in der Praxis unbefriedigend war.

bb) Strukturbedingtes Kurzarbeitergeld

Bis Ende 2003 gab es neben dem normalen (konjunkturbedingten) Kurzarbeitergeld als Sonderform das **strukturbedingte Kurzarbeitergeld** (Kurzarbeitergeld in einer betriebsorganisatorisch eigenständigen Einheit, § 175 SGB III aF; vgl. SozR Rn 77 in der 6. Aufl.). Diese Leistung ist durch Gesetz v. 23.12.2003 (BGBl. I S. 2848) mit Wirkung ab 1.4.2004 beseitigt und § 175 SGB III gestrichen worden. An seine Stelle ist das Transfer-Kurzarbeitergeld getreten (s. Rdn 172 ff.). 170

Der frühere § 175 Abs. 3 SGB III (aF) sah ausdrücklich vor, dass der Anspruch auf das strukturbedingte Kurzarbeitergeld – anders als derjenige für das normale Kurzarbeitergeld – auch für Arbeitnehmer besteht, deren Arbeitsverhältnis gekündigt oder durch Aufhebungsvertrag aufgelöst ist. Damit war im Grunde nur eine Selbstverständlichkeit klargestellt, denn das strukturbedingte Kurzarbeitergeld ging von der Annahme aus, dass der Fortbestand der von Kurzarbeit betroffenen Arbeitsverhältnisse im Regelfall nicht möglich sei. § 175 Abs. 3 SGB III aF hat daher folgerichtig § 172 Abs. 1 Nr. 2 SGB III aF inzident nicht für anwendbar erklärt, weil es beim strukturbedingten Kurzarbeitergeld nicht um die Erhaltung der Arbeitsplätze ging. 171

cc) Transfer-Kurzarbeitergeld

Das zum 1.1.2004 eingeführte **Transfer-Kurzarbeitergeld** ist seit dem 1.4.2012 in § 111 SGB III (bis dahin: § 216b SGB III aF) geregelt (Gesetz zur Verbesserung der Eingliederungschancen am Arbeitsmarkt v. 20.12.2011, BGBl. I S. 2854). Danach haben Arbeitnehmer zur Vermeidung von Entlassungen und zur Verbesserung ihrer Vermittlungsaussichten Anspruch auf Kurzarbeitergeld zur Förderung der Eingliederung bei **betrieblichen Restrukturierungen** (Transfer-Kurzarbeitergeld), 1. wenn und solange sie von einem dauerhaften unvermeidbaren Arbeitsausfall betroffen sind, 2. wenn die betrieblichen Voraussetzungen erfüllt sind, 3. wenn die persönlichen Voraussetzungen erfüllt sind, 4. wenn sich die Betriebsparteien im Vorfeld der Entscheidung über die Inanspruchnahme von Transfer-Kurzarbeitergeld, insbes. im Rahmen ihrer Verhandlungen über einen die Integration der Arbeitnehmerinnen und Arbeitnehmer fördernden Interessenausgleich oder Sozialplan nach § 112 BetrVG, von der AfA beraten lassen haben und 5. der dauerhafte Arbeitsausfall der AfA angezeigt worden ist (§ 111 Abs. 1 S. 1 SGB III; allg. hierzu *BSG* 6.3.2013 – B 11 AL 1/12 R, NZS 2013, 594; 4.7.2012 BSGE 111, 177). 172

Zu den persönlichen Voraussetzungen des Transfer-Kurzarbeitergeldes gehört für den einzelnen von der Betriebsänderung betroffenen Arbeitnehmer, dass er von Arbeitslosigkeit bedroht ist und ohne Aufnahme in eine betriebsorganisatorisch selbstständige Einheit arbeitslos würde und ferner, dass die versicherungspflichtige Beschäftigung als Arbeitnehmer fortgesetzt wird (§ 111 Abs. 1 Nr. 3 und Abs. 4 Nr. 1 und 2 SGB III). Eine Regelung wie sie früher § 175 Abs. 3 SGB III für das strukturbedingte Kurzarbeitergeld enthielt (vgl. Rdn 170), nämlich, dass der Anspruch auch für gekündigte Arbeitnehmer besteht, ist für das Transfer-Kurzarbeitergeld nicht übernommen worden. Anderseits ist aber auch § 98 Abs. 1 Nr. 2 SGB III nicht für anwendbar erklärt worden, weil § 111 Abs. 10 SGB III auf die Regelungen des konjunkturbedingten Kurzarbeitergeld nur »mit Ausnahme der ersten beiden Titel« (§§ 95 bis 103 SGB III) und § 109 SGB III verweist. Auch § 111 Abs. 4 S. 2 SGB III verweist nur auf § 98 Abs. 2 bis 4 SGB III, also gerade nicht auf dessen Abs. 1. Das spricht hinsichtlich der Frage, ob **Transfer-Kurzarbeitergeld bei gekündigtem oder vertraglich aufgelöstem Arbeitsverhältnis** gewährt werden kann, für eine **differenzierende Lösung**, und zwar je nachdem, ob der Arbeitnehmer in eine **rechtlich selbstständige** oder **unselbstständige Einheit** übergeleitet wird. Auszugehen ist dabei von § 111 Abs. 3 Nr. 2 SGB III, der verlangt, dass 173 die Arbeitnehmer »zur Vermeidung von Entlassungen« in eine betriebsorganisatorisch eigenständige Einheit übergeleitet werden.

174 Ist diese Einheit rechtlich unselbstständig und wird das Arbeitsverhältnis gekündigt oder durch Aufhebungsvertrag aufgelöst, kann ein Anspruch auf Transfer-Kurzarbeitergeld bis zum Ende des Arbeitsverhältnisses auch dann nicht entstehen, wenn das Arbeitsverhältnis während des Laufs der Kündigungsfrist bzw. während der im Aufhebungsvertrag vereinbarten Auslauffrist in die unselbstständige Einheit übergeleitet worden ist. Denn in diesen Fällen **vermeidet die Überleitung keine Entlassung** iSv § 111 Abs. 3 Nr. 2 SGB III. Hingegen erwirbt der Arbeitnehmer – bei Vorliegen der sonstigen Voraussetzungen – einen Anspruch auf Transfer-Kurzarbeitergeld, wenn der Eintritt in eine rechtlich selbstständige Transfergesellschaft nach Kündigung bzw. Aufhebungsvertrag zu einem Zeitpunkt erfolgt, in dem das Arbeitsverhältnis noch besteht und ein neues Arbeitsverhältnis mit der Transfergesellschaft begründet wird.

175 Da das bisherige Instrument trotz seiner prinzipiellen Bewährung auch in erheblichem Maße zu **Frühverrentungen** auf Kosten der Beitragszahler genutzt worden ist, werden bei der neuen Leistung die **aktivierenden Elemente** des alten Instruments weiter gestärkt (u.a. Verpflichtung des Arbeitgebers zur Unterbreitung von Vermittlungsvorschlägen, § 111 Abs. 7 SGB III) und gleichzeitig die bestehenden Fehlanreize zu Frühverrentungen beseitigt (s. Rdn 131).

176 Auf das bisherige Merkmal der **Strukturkrise**, die den Arbeitsausfall nach sich ziehen musste, wurde verzichtet und allein auf die **betriebliche Ebene** abgestellt; das neue Instrument wird zur Begleitung aller betrieblichen Restrukturierungsprozesse geöffnet (BT-Drucks. 557/03, S. 266/267 zu § 216b). Erforderlich ist, dass der Arbeitgeber eine mit Personalabbau verbundene Restrukturierung plant. Dabei kann das Transferkurzarbeitergeld während einer ansonsten einzuhaltenden Kündigungsfrist an die Stelle von Arbeitsentgelt treten. Das ist insbes. dann für den Arbeitgeber günstig, wenn der Arbeitnehmer während der Kündigungsfrist nicht mehr sinnvoll beschäftigt werden kann.

177 Auf die **Erheblichkeit des Arbeitsausfalls** iSd § 96 SGB III wird verzichtet, um die Prüfung der Anspruchsvoraussetzungen zu erleichtern. Es reicht aus, dass unter Berücksichtigung der Umstände des Falles davon auszugehen ist, dass der Betrieb in absehbarer Zeit bestehende Arbeitskapazitäten nicht mehr im bisherigen Umfang benötigt.

178 **Die Höchstdauer des Transferkurzarbeitergeldes** wird – ohne Verlängerungsmöglichkeit – auf zwölf Monate begrenzt, auch um zu verhindern, dass diese Leistung zur Umgehung der Verkürzung der Anspruchsdauer des Arbeitslosengeldes (grds. nur noch zwölf Monate, s. Rdn 127) genutzt wird (§ 111 Abs. 1 S. 2 SGB III).

179 Das Transferkurzarbeitergeld ist als **Sonderform des (konjunkturellen) Kurzarbeitergeldes** konzipiert und unterscheidet sich von diesem hauptsächlich in den Förderungsvoraussetzungen (§ 111 Abs. 1 SGB III) und der Förderungsdauer. Deshalb sind die sonstigen Vorschriften zum Kurzarbeitergeld – außer §§ 95 bis 103 SGB III und § 109 SGB III – anzuwenden, soweit nichts Abweichendes geregelt ist (§ 111 Abs. 10 SGB III).

dd) Erleichtertes Kurzarbeitergeld

180 Mit **Gesetz zur befristeten krisenbedingten Verbesserung der Regelungen für das Kurzarbeitergeld** vom 13.3.2020 (KUGErmG, BGBl. I S. 493) wurde § 109 SGB III ein Abs. 5 angefügt, wonach die Bundesregierung ermächtigt wird, für den Fall außergewöhnlicher Verhältnisse auf dem Arbeitsmarkt durch Rechtsverordnung, die nicht der Zustimmung des Bundesrates bedarf, abweichend von § 96 Abs. 1 S. 1 Nr. 4 den Anteil der in dem Betrieb beschäftigten Arbeitnehmer, die vom Entgeltausfall betroffen sein müssen, auf bis zu 10 % (sonst: ein Drittel) herabzusetzen, abweichend von § 96 Abs. 4 S. 2 Nr. 3 auf den Einsatz negativer Arbeitszeitsalden zur Vermeidung von Kurzarbeit vollständig oder teilweise zu verzichten (Beschäftigte müssen so keine Minusstunden aufbauen, bevor Kurzarbeitergeld gezahlt werden kann) sowie eine vollständige oder teilweise Erstattung der von den Arbeitgebern allein zu tragenden Beiträge zur Sozialversicherung

für Arbeitnehmerinnen und Arbeitnehmer, die Kurzarbeitergeld beziehen, einzuführen. Bis zum 30.6.2021 werden die Beiträge zur Sozialversicherung an die Arbeitgeber in voller Höhe erstattet. Für Betriebe, die bis dahin Kurzarbeit eingeführt haben, werden die Sozialversicherungsbeiträge anschließend bis Dezember 2021 hälftig von der BA erstattet. Zudem wurde das Kurzarbeitergeld erhöht. Nach der Vorstellung des Gesetzgebers soll das Kurzarbeitergeld schnell und gezielt helfen, wenn Unternehmen mit ihren Beschäftigten durch die Auswirkungen der COVID-19-Pandemie Arbeitsausfälle haben. Die Verordnungsermächtigung ist bis zum **31.12.2021 befristet**.

C. Sozialversicherungsrechtliche Rechtsstellung unwirksam gekündigter Arbeitnehmer

I. Bedeutung des tatsächlichen Endes der Beschäftigung

1. Versicherungsrechtliche Grundproblematik

Eine vom Arbeitgeber ausgesprochene ordentliche oder außerordentliche Kündigung führt in der Praxis idR zu einer **tatsächlichen Arbeitseinstellung** des Arbeitnehmers (mit der Folge des Eintritts der leistungsrechtlichen Beschäftigungslosigkeit; hierzu Rdn 10 ff.), und zwar auch dann, wenn der Arbeitnehmer gegen die Kündigung klagt. Bei einer außerordentlichen Kündigung endet die Weiterbeschäftigung zumeist mit deren Zugang; in Fällen einer ordentlichen Kündigung wird der Arbeitnehmer idR bis zum Ablauf der Kündigungsfrist weiterbeschäftigt. 181

Wäre entsprechend der klassischen Lehre vom sozialversicherungsrechtlichen Beschäftigungsverhältnis mit der **tatsächlichen** Arbeitseinstellung das **Versicherungsverhältnis** beendet, weil die Bereitschaft des Arbeitgebers zur Annahme der vom Arbeitnehmer zur Verfügung gestellten Arbeitskraft fehlt, entstünde für den Arbeitnehmer bis zur **arbeitsgerichtlichen Feststellung**, dass das Arbeitsverhältnis durch die Kündigung nicht aufgelöst worden ist, sondern (evtl. bis zu einem bestimmten späteren Zeitpunkt) fortbestanden hat, ein mehr oder minder großes **sozialversicherungsrechtliches Vakuum**: In der gesetzlichen Krankenversicherung wäre er nur für die ersten vier Wochen nach seinem Ausscheiden geschützt (§ 19 Abs. 2 SGB V, s. Rdn 72); in der Rentenversicherung gingen ihm Beitragszeiten verloren. Der Arbeitnehmer müsste sich, um dieses Defizit auszugleichen, entweder auf eigene Kosten freiwillig weiterversichern oder er müsste Arbeitslosengeld in Anspruch nehmen, um auf diese Weise nicht nur Lohnersatzleistungen zu erlangen, sondern auch den diesen Leistungsbezug begleitenden Versicherungsschutz in der Kranken-, Pflege- und Rentenversicherung der Arbeitslosen zu erhalten (s. Rdn 50 bis Rdn 59). Häufig liegen aber die Voraussetzungen für einen Anspruch auf Arbeitslosengeld (§§ 136 ff. SGB III, s. Rdn 111 ff.) nicht vor oder die Anspruchsdauer ist begrenzt (zu § 147 SGB III; s. Rdn 126 ff.). Für einen Anspruch auf Arbeitslosengeld II (s. Rdn 141) kann es häufig – zB wegen des Arbeitseinkommens von Ehegatten – an der Bedürftigkeit fehlen. Darüber hinaus ist der Arbeitslose in der **Krankenversicherung** und **Rentenversicherung der Arbeitslosen** regelmäßig schlechter gestellt, als wenn er dem fortbestehenden Arbeitsverhältnis entsprechend weiterhin in seiner früheren Beschäftigungsversicherung verblieben wäre. **Das Krankengeld** in der **Krankenversicherung der Arbeitslosen** wird nach § 47b Abs. 1 SGB V nur in Höhe des zuletzt bezogenen Arbeitslosengeldes gewährt, beträgt also nur 67 vH bzw. 60 vH des pauschalierten Nettoarbeitsentgelts (s. Rdn 112, 121), während aus der Beschäftigungsversicherung 70 vH des erzielten regelmäßigen Arbeitsentgelts (§ 47 Abs. 1 SGB V) gezahlt werden. In der **Rentenversicherung** können sich Nachteile daraus ergeben, dass der Rentenberechnung nicht Entgeltpunkte für Beitragszeiten wegen Beschäftigung, sondern nur wegen Arbeitslosigkeit zu Grunde gelegt werden (s. Rdn 56 f., 82). Auch wenn der nicht weiterbeschäftigte Arbeitnehmer später im Kündigungsrechtsstreit obsiegt, könnte diese für ihn nachteilige, allein vom Verhalten des Arbeitgebers abhängige sozialversicherungsrechtliche Rechtslage nicht ausgeglichen werden, wenn es für die zurückliegende Zeit für die sozialversicherungsrechtliche Beurteilung bei der Beendigung der bisherigen Beschäftigungsversicherung verbliebe. Es könnten dann weder von der oft umfangreichen **Nachzahlung von Arbeitsentgelt Beiträge** erhoben werden, noch könnten sich aus der nachträglichen Feststellung, dass das Arbeitsverhältnis fortbestanden hat, in der Sozialversicherung **leistungsrechtliche Konsequenzen** für den Arbeitnehmer ergeben. Eine derartige Lösung ist weder mit den sozialversicherungsrechtlichen **Schutzzielen** vereinbar (s. Rdn 187), noch entspricht sie 182 dem Willen des Gesetzgebers, wie er insbes. in der beitragsrechtlichen Ausgleichsregelung des § 335 Abs. 3 SGB III (früher der §§ 160 Abs. 1, 166a AFG) zum Ausdruck kommt (s. Rdn 188 f., 225).

2. Bedeutung des Annahmeverzugs des Arbeitgebers in der Sozialversicherung

183 Der **Annahmeverzug** des Arbeitgebers (vgl. dazu KR-*Spilger* § 11 KSchG Rdn 11 ff.; *Fuhlrott/Oltmanns* BB 2017, 2677) hindert grds. nicht den **Fortbestand des sozialversicherungsrechtlichen Beschäftigungsverhältnisses**. Zumindest für das **Beitragsrecht** ist in Lehre und Rechtsprechung seit langem unbestritten, dass das versicherungspflichtige Beschäftigungsverhältnis auch ohne tatsächliche Arbeitsleistung fortbesteht, solange ein **Arbeitsverhältnis** besteht, auf Grund dessen dem dienstbereiten Arbeitnehmer ein **Entgelt** geschuldet wird (vgl. u.a. *BSG* 25.9.1981 – 12 RK 58/80, BSGE 52, 152, 156 mwN; ausf. *Schweiger* NZS 2013, 767; *Schlegel* NZA 2005, 972; s.a. Rdn 5 aE, Rdn 6 und Rdn 10 ff., 17).

184 Das ergibt sich bereits aus der **Schutzfunktion** der Versicherungspflicht, die den Arbeitnehmer möglichst für die Dauer seines Arbeitslebens gegen die Risiken der Minderung seiner Erwerbsfähigkeit und der Arbeitslosigkeit schützen soll. Dieses Schutzbedürfnis wird nicht geringer, wenn der Arbeitgeber während eines bestehenden Arbeitsverhältnisses die Arbeitskraft des Arbeitnehmers nicht in Anspruch nimmt. Wollte man das Beschäftigungsverhältnis mit dem Annahmeverzug des Arbeitgebers als beendet ansehen, würde der Versicherungsschutz des – arbeitsfähigen und arbeitswilligen – Arbeitnehmers von der Willkür des Arbeitgebers abhängen; uU könnte dieser sich sogar durch vertragswidriges Verhalten von der Beitragspflicht befreien und so den Arbeitnehmer in seinem Versicherungsschutz schädigen. Dies verstößt auch gegen das **arbeitsrechtliche Schutzprinzip**.

185 Die Rspr. des BSG zum **Annahmeverzug** des Arbeitgebers geht einheitlich davon aus, dass ein zur Versicherungs- und Beitragspflicht führendes Beschäftigungsverhältnis auch ohne Arbeitsleistung dann besteht, wenn der Arbeitgeber bei unwirksamer Kündigung infolge Annahmeverzugs zur Fortzahlung des Arbeitsentgelts verpflichtet bleibt; maßgeblich ist nur, dass ein Anspruch auf Zahlung des Arbeitsentgelts besteht, denn der Anspruch auf Arbeitsentgelt steht der tatsächlichen Zahlung beitragsrechtlich gleich (st. Rspr. zB *BSG* 25.9.1981 BSGE 52, 152, 155 f.; 16.2.2005, – B 1 KR 19/03 R; s.a. *Schweiger* NZS 2013, 767 [768]). Wenn gelegentlich aus dem Fehlen der tatsächlichen Arbeitsleistung auf den **Verlust des Versicherungsschutzes** geschlossen wird, beruht dies idR auf unzutreffenden Schlussfolgerungen aus Urteilen, die zum Begriff der Beschäftigung im arbeitsförderungsrechtlichen Leistungsrecht ergangen sind (vgl. zu dem auf Grund des Urteils des *BSG* 25.4.2002 BSGE 89, 243 = SozR 3 – 4300 § 144 Nr. 8 entstandenen Missverständnis, bei vereinbarter Freistellung des Arbeitnehmers entfalle der Versicherungsschutz: *Schlegel* NZA 2005, 972).

3. Besonderheiten der Arbeitslosenversicherung, Gleichwohlgewährung nach § 157 Abs. 3, § 158 Abs. 4 SGB III

a) Bedeutung des tatsächlichen Endes der Beschäftigung im Leistungsrecht der Arbeitsförderung

186 Der Anspruch auf Arbeitslosengeld setzt voraus, dass der Arbeitnehmer u.a. **arbeitslos** ist, dh nicht in einem »**Beschäftigungsverhältnis**« steht (Beschäftigungslosigkeit, § 138 Abs. 1 Nr. 1 SGB III; zum zusätzlichen Merkmal der Beschäftigungssuche s. Rdn 115). Dieser **leistungsrechtliche** Begriff des Beschäftigungsverhältnisses muss im Hinblick auf den jeweiligen Normzweck von dem entsprechenden **beitragsrechtlichen** Begriff abgegrenzt werden, der im Wesentlichen dem des Arbeitsverhältnisses entspricht (s. ausf. hierzu Rdn 10 f.): Ein Arbeitnehmer steht schon dann nicht mehr in einem Beschäftigungsverhältnis im leistungsrechtlichen Sinne (§ 138 Abs. 1 Nr. 1 SGB III), wenn die Beschäftigung (§ 7 SGB IV) **faktisch ein Ende gefunden** hat (zB durch Entlassung, Niederlegung der Arbeit oder Freistellung); darauf, ob das **Arbeitsverhältnis** selbst fortbesteht, kommt es nicht an (vgl. dazu und zur »funktionsdifferenten« Auslegung des Begriffs Beschäftigungsverhältnis *BSG* 9.9.1993 BSGE 73, 90, 94 mwN; 28.9.1993 BSGE 73, 126, 128; 24.9.2008 BSGE

101, 273 = SozR 4 – 2400 § 7 Nr. 10; 21.7.2009 BSGE 104, 90; 10.7.2012 SozR 4 – 2600 § 96a Nr. 14 Rn 40 mwN). Es bedarf also für die Annahme von Arbeitslosigkeit nicht notwendig der Beendigung des Arbeitsverhältnisses und insbes. keiner **formalen Erklärung** des Arbeitgebers über das Ende des Beschäftigungsverhältnisses bzw. seinen Verzicht auf die Verfügungsbefugnis. Zu einer entsprechenden »Freigabeerklärung« ist der Arbeitgeber im Übrigen nicht verpflichtet (*BSG* 9.9.1993 BSGE 73, 90, 94 mwN; vgl. auch *BAG* 10.7.1991 EzA § 315 BGB Nr. 69). Erklärungen der Arbeitsvertragsparteien über den Fortbestand des Beschäftigungsverhältnisses haben nur **indizielle Bedeutung** und sind nicht maßgeblich, wenn sie den sonstigen tatsächlichen Gegebenheiten widersprechen. Damit der faktischen Entlassung häufig **kein Lohn mehr gezahlt wird**, müssen dem Arbeitslosen, sofern er dies beantragt, Lohnersatzleistungen zur Verfügung gestellt werden, unabhängig davon, ob das Arbeitsverhältnis rechtlich fortbesteht bzw. ob der Fortbestand später festgestellt wird (zur **Freistellung** während der Altersteilzeit s. Rdn 11). Wäre auch hier der Zeitpunkt der rechtlichen **Beendigung des Arbeitsverhältnisses** für den Beginn der Leistungen aus der Arbeitslosenversicherung maßgebend, bliebe der Arbeitslose über eine häufig längere Zeit mittellos und müsste Leistungen des SGB II (Arbeitslosengeld II) in Anspruch nehmen. Das aber sollen die **Sofortleistungen** der Arbeitslosenversicherung gerade verhindern. Etwas anders ergibt sich auch nicht daraus, dass § 138 Abs. 1 Nr. 2 SGB III (§ 119 Abs. 1 SGB III aF) für das **Tatbestandsmerkmal** »Arbeitslosigkeit« nicht nur – faktische – Beschäftigungslosigkeit, sondern auch verlangt, dass der Arbeitnehmer eine versicherungspflichtige, mindestens 15 Stunden wöchentlich umfassende Beschäftigung **sucht** bzw. sich um eine solche bemüht (zu Eigenbemühungen und Verfügbarkeit s.a. Rdn 115). Auch während des Annahmeverzuges seines bisherigen Arbeitgebers ist der Arbeitnehmer – iSd Schadensminderung – verpflichtet, sich um eine andere Arbeit zu bemühen. Das ergibt sich auch aus der in § 11 KSchG vorgesehenen Anrechnung von fiktiven Einkünften (s.a. Rdn 200, 201; KR-*Spilger* § 11 KSchG Rdn 5).

b) Bedeutung des § 157 SGB III für den Kündigungsschutzprozess

187 Dass der Gesetzgeber im Hinblick auf die speziellen Schutzziele der Arbeitslosenversicherung an die **faktische Beendigung des Beschäftigungsverhältnisses** anknüpft, ergibt sich bereits aus § 157 Abs. 1 SGB III. Wenn in dieser Vorschrift bestimmt ist, dass der Anspruch auf Arbeitslosengeld für die Zeit **ruht**, in der der Arbeitslose Arbeitsentgelt **erhalten oder zu beanspruchen hat**, so geht der Gesetzgeber selbst davon aus, dass ein Anspruch auf **Arbeitslosengeld neben** einem Anspruch auf **Arbeitsentgelt** bestehen kann (sonst könnte er nicht ruhen), also Arbeitsverhältnis und Beschäftigungsverhältnis hier nicht deckungsgleich sind. Deshalb sieht § 157 Abs. 3 S. 1 SGB III in Ausnahme von Abs. 1 ausdrücklich vor, dass das Arbeitslosengeld auch in Zeiten, in denen der Anspruch hierauf eigentlich ruht, **gleichwohl** gewährt wird, wenn und soweit der Arbeitslose das ihm zustehende Arbeitsentgelt **tatsächlich nicht erhält**. Diese Vorschrift betrifft typischerweise die Fälle, in denen eine Kündigung ausgesprochen wird, die tatsächliche Beschäftigung endet, im **Kündigungsschutzprozess** dann aber das Fortbestehen oder ein späterer Beendigungszeitpunkt des Arbeitsverhältnisses festgestellt wird. Da es dem **Soforthilfezweck** der Arbeitslosenversicherung widerspricht, dem Arbeitnehmer für die Dauer des Kündigungsschutzverfahrens die Arbeitsförderungsleistungen zu versagen, wird er vorübergehend so behandelt, als ob er keinen Entgeltanspruch hätte. Die BA tritt gewissermaßen für den Arbeitgeber mit Lohnersatzleistungen in **Vorleistung** und erhält zum Ausgleich dafür kraft gesetzlichen **Forderungsübergangs** einen Anspruch gegen den Arbeitgeber auf das (evtl. nachzuzahlende) Arbeitsentgelt bis zur Höhe ihrer Leistungen (§ 115 Abs. 1 SGB X). Die BA zahlt aber kein Arbeitsentgelt, sondern Arbeitslosengeld und muss deshalb auch für die Zeit des tatsächlichen Leistungsbezuges Beiträge zur Kranken-, Pflege- und Rentenversicherung der Arbeitslosen zahlen (s. Rdn 50 bis 59).

c) Leistungsrechtliche Rückabwicklung, beitragsrechtliche Ausgleichsregelung

188 Wird später im Kündigungsschutzprozess der **Fortbestand des Arbeitsverhältnisses** festgestellt, kann die BA das mit ihren »gleichwohl« gewährten Leistungen erworbene Forderungsrecht gegen den Arbeitgeber aus dem nachzuzahlenden Arbeitsentgelt realisieren.

189 Erhält die BA das **nachgezahlte Arbeitsentgelt** für das gewissermaßen in Vorleistung für den Arbeitgeber gewährte Arbeitslosengeld, so bedeutet das allerdings nicht, dass nunmehr die Bewilligung des Arbeitslosengeldes **rückwirkend aufzuheben** wäre, also eine vollständige Rückabwicklung zu erfolgen hätte. Das ist im Gesetz nicht vorgesehen. Auch das nach § 157 Abs. 3 SGB III gewährte Arbeitslosengeld ist – wie normales Arbeitslosengeld nach §§ 136 ff. SGB III – **endgültig und rechtmäßig** gewährt (BSG 15.6.1988 SozR 4100 § 117 Nr. 22; 3.12.1998 SozR 3 – 4100 § 117 AFG Nr. 17). Das kann für den Arbeitnehmer, der während des Kündigungsschutzprozesses **vorzeitig Arbeitslosengeld** in Anspruch genommen hat, auch nachteilige Wirkungen haben: Zum einen wird hierdurch die **Rahmenfrist** (s. Rdn 118 ff.) unveränderbar festgelegt (ausf. hierzu BSG 11.12.2014 – B 11 AL 2/14 R). Zum anderen führt auch die Leistung nach § 157 Abs. 3 SGB III grds. zur **Minderung der Anspruchsdauer** nach § 148 Abs. 1 Nr. 1 SGB III (§ 128 Abs. 1 Nr. 1 SGB III aF); diese Wirkung entfällt allerdings **aus Billigkeitsgründen**, wenn und soweit die BA für ihre Aufwendungen Ersatz erlangt hat, entweder aus dem übergegangenen Arbeitsentgelt oder vom Arbeitnehmer direkt (BSG 24.7.1986 – 7 RAr 4/85, BSGE 60, 168, 173; vgl. auch KR-*Link/Lau* § 157 SGB III Rdn 47). Die Minderung der Anspruchsdauer entfällt jedoch dann nicht, wenn die BA den übergegangenen Arbeitsentgelt-Anspruch trotz Erfolgsaussicht **nicht beitreibt** (BSG 11.6.1987 SozR 4100 § 117 Nr. 18; 29.11.1988 SozR 4100 § 117 Nr. 23); der Arbeitslose kann diese Rechtsfolge jedoch dadurch vermeiden, dass er gegen den Arbeitgeber auf Zahlung des übergegangenen Entgeltanspruchs an die BA klagt.

190 Hat der Arbeitslose Arbeitslosengeld nach § 157 Abs. 3 SGB III in Anspruch genommen, bleibt das für diese Zeit nachgezahlte Arbeitsentgelt bei einem **neuen Leistungsfall** (Wiederbewilligung des Arbeitslosengeldes aus dem gleichen Stammrecht; s. Rdn 114) grds. unberücksichtigt, selbst wenn die BA aus dem nachzuzahlenden Arbeitsentgelt befriedigt worden ist (BSG 3.12.1998 – B 7 AL 34/98 R, SozR 3 – 4100 § 117 AFG Nr. 17). Maßgebend bleibt sowohl das **bisherige Bemessungsentgelt** als auch die **bisherige Anspruchsdauer** (s. Rdn 121, 126). Der im Schrifttum zum Teil vertretenen Ansicht, das Gesetz enthalte eine ausfüllungsbedürftige Lücke, weil es für den Fall der Gleichwohlgewährung keine Neubestimmung der Leistungsvoraussetzungen und keine Korrektur der Rahmenfrist vorsehe, ist das BSG nicht gefolgt (u.a. BSG 3.12.1998 – B 7 AL 34/98 R, SozR 3 – 4100 § 117 AFG Nr. 17, mwN; s.a. BSG 11.12.2014 – B 11 AL 2/14 R). Die Annahme, dass das »vorgezogene« Arbeitslosengeld den Charakter des **Vorläufigen** trägt, hat sich zwar hinsichtlich der versicherungsrechtlichen und beitragsrechtlichen Folgen bereits durchgesetzt (BSG 25.9.1981 BSGE 52, 152; s.a. Rdn 1); eine entsprechende Übertragung auf das **Leistungsrecht** mit der Folge, dass das Arbeitslosengeld von dem (rechtlichen) Ende des Arbeitsverhältnisses an (uU rückwirkend) nach den für die Zeit davor liegenden Lohnabrechnungen **neu zu bestimmen ist**, würde aber dem Wortlaut des § 150 Abs. 1 SGB III widersprechen. Danach kommt es für die Bemessung des Arbeitslosengeldes stets auf **abgerechnete Lohnabrechnungszeiträume** an, die **vor der Entstehung des Anspruchs** und damit vor dem (faktischen) Ausscheiden aus dem Beschäftigungsverhältnis liegen.

191 Nur dann, wenn **nach dem Ausscheiden** eine neue Anwartschaft auf Arbeitslosengeld erfüllt worden ist (§§ 142, 143 SGB III) und aus dem nachgezahlten Arbeitsentgelt ein neuer Anspruch entstanden ist, ist das Arbeitslosengeld – unter Zugrundelegung des dem Ende des Arbeitsverhältnisses vorhergehenden Bemessungszeitraums – neu zu bemessen (vgl. BSG 11.12.2014 – B 11 AL 2/14 R; 3.12.1998 SozR 3 – 4100 § 117 Nr. 17).

192 Hinsichtlich der mit dem Leistungsbezug verbundenen **Beitragsentrichtung zur Kranken-, Pflege- und Rentenversicherung** der Arbeitslosen tritt ebenfalls eine **Rückabwicklung** ein: Der **Arbeitgeber** hat die von der BA im Falle der Gleichwohlgewährung gezahlten Kranken-, Renten- und Pflegeversicherungsbeiträge an die BA zu erstatten; insoweit wird er von seiner Verpflichtung befreit, entsprechende Beiträge aus dem Beschäftigungsverhältnis zu entrichten (§ 335 Abs. 3 u. 5 SGB III, s. Rdn 22 f.). Mit dieser rückwirkenden, auf die Dauer des Kündigungsschutzprozesses abgestellten Ausgleichsregelung hat der Gesetzgeber gleichzeitig zum Ausdruck gebracht, dass trotz des bestehenden Versicherungsverhältnisses in der Kranken-, Pflege- und Rentenversicherung der

Arbeitslosen **rückblickend** auch ein Versicherungsverhältnis aus der bisherigen **Beschäftigungsversicherung** – latent – fortbestanden hat, das dann bei Feststellung des Fortbestands des Arbeitsverhältnisses **wieder voll wirksam wird**. Ohne die Annahme, dass insoweit **zwei Versicherungsverhältnisse** nebeneinander bestehen, könnte der Arbeitgeber nicht verpflichtet sein, einerseits der BA Versicherungsbeiträge zur Kranken-, Renten- und Pflegeversicherung der Arbeitslosen zu erstatten und andererseits insoweit von der Verpflichtung zur Beitragsleistung an die Beschäftigungsversicherung befreit zu sein.

Eine Übereinstimmung der vorgenannten beitragsrechtlichen Ausgleichsregelungen mit den leistungsrechtlichen Regelungen der **§ 138 und § 157 Abs. 3 SGB III** lässt sich nur dann erzielen, wenn im **Arbeitslosenversicherungsrecht** ein leistungsrechtlicher und ein **beitragsrechtlicher Begriff des Beschäftigungsverhältnisses** unterschieden werden (s. Rdn 10 ff., 186): Leistungsrechtlich ist das **Beschäftigungsverhältnis** bereits dann beendet bzw. der Arbeitnehmer aus dem Beschäftigungsverhältnis ausgeschieden, wenn eine Beschäftigung **faktisch** nicht mehr ausgeübt wird (zur Ausnahme bei der Altersteilzeit im Blockmodell *BSG* 21.7.2009 BSGE 104, 90; s.a. Rdn 11) und **kein Weisungsrecht** mehr besteht (*BSG* 11.3.2014 – B 11 AL 5/13 R, NZS 2014, 436). In diesem Fall entsteht bei Vorliegen der übrigen Voraussetzungen ein Anspruch auf Arbeitslosengeld und dementsprechend auch die Zugehörigkeit zu der – am faktischen Leistungsbezug orientierten – Kranken-, Renten- und Pflegeversicherung der Arbeitslosen. 193

Für die Beitragspflicht gilt jedoch auch hier der **versicherungsrechtliche** Begriff des Beschäftigungsverhältnisses: Soll nämlich der Arbeitgeber rückwirkend für die Zeit des Arbeitslosengeldbezuges Beiträge aus dem Beschäftigungsverhältnis entrichten, so muss ein beitragspflichtiges Beschäftigungsverhältnis über die Zeit der faktischen Beendigung hinaus (also neben dem Versicherungsverhältnis aus der Kranken-, Pflege- und Rentenversicherung der Arbeitslosen) als fortbestehend angesehen werden. Es ist zwar von der Gleichwohlgewährung des Arbeitslosengeldes und dessen versicherungsrechtlichen Auswirkungen überlagert worden, jedoch nicht erloschen (*BSG* 26.11.1985 BSGE 59, 183 = SozR 4100 § 168 Nr. 19). 194

Allerdings hat eine fortbestehende Beitragspflicht zwischen dem Ende der tatsächlichen Beschäftigung und dem rechtlichen Ende des Arbeitsverhältnisses auf **Anwartschaft und Höhe des Arbeitslosengeldes** grds. keine Auswirkung. Hierfür sind grds. nur Beitragszeiten maßgebend, die dem Beginn der Arbeitslosigkeit iSv § 138 Abs. 1 Nr. 1 SGB III, also **der faktischen Beschäftigungslosigkeit vor Entstehung des Anspruchs vorausgehen** (vgl. zum früheren Recht: *BSG* 11.6.1987 SozR 4100 § 117 Nr. 18). 195

II. Konsequenzen für die Rechtsstellung unwirksam gekündigter Arbeitnehmer nach erfolgreich durchgeführtem Kündigungsschutzprozess

1. Grundsätze

Wird über die Wirksamkeit der Kündigung ein Kündigungsschutzprozess geführt, so endet das **sozialversicherungsrechtliche Beschäftigungsverhältnis** mit seinen versicherungs-, beitrags- und leistungsrechtlichen Konsequenzen nicht ohne Weiteres mit dem tatsächlichen Ende der Beschäftigung. Nur wenn die Kündigungsschutzklage **keinen Erfolg** hat (oder zurückgenommen oder erst gar nicht erhoben wird), hat das Arbeitsverhältnis und damit das Beschäftigungsverhältnis zu dem Zeitpunkt geendet, zu dem gekündigt wurde bzw. zu dem – bei vergleichsweiser Beendigung – die Kündigung als wirksam anerkannt wurde. 196

Hat hingegen die Kündigungsschutzklage Erfolg, dh wird festgestellt, dass das Arbeitsverhältnis durch die Kündigung nicht aufgelöst worden ist, sondern über den Zeitpunkt der tatsächlichen Beendigung der Beschäftigung hinaus fortbestanden hat, so hat – jedenfalls solange sich der Arbeitgeber hinsichtlich der Arbeitsleistung in **Annahmeverzug**, hinsichtlich der Entgeltzahlung in Leistungsverzug befunden hat (vgl. hierzu KR-*Spilger* § 11 KSchG Rdn 11 ff.) – ein **sozialversicherungsrechtliches** – **beitragspflichtiges** – **Beschäftigungsverhältnis** fortbestanden. Dies gilt auch dann, wenn der Kündigungsschutzprozess durch Vergleich geendet hat und hierbei das Ende des 197

Arbeitsverhältnisses auf eine Zeit festgelegt wird, die nach dem Ende der tatsächlichen Beschäftigung liegt.

198 In diesen Fällen bleibt das Versicherungsverhältnis – und damit die Beitragspflicht und der Versicherungsschutz – grds. so aufrechterhalten, wie es **ohne Streitigkeit über den Bestand des Arbeitsverhältnisses bestanden hätte**. Dies folgt aus dem in der Rechtsprechung des BSG entwickelten und in § 335 Abs. 3 SGB III verdeutlichten **Grundsatz**, dass nach Abschluss eines Kündigungsschutzverfahrens **versicherungs-, beitrags- und leistungsrechtlich** möglichst weitgehend der **Zustand (wieder) herzustellen ist, der bestanden hätte, wenn von Anfang an Klarheit über die Fortdauer des Beschäftigungsverhältnisses geherrscht hätte** (zum früheren Recht *BSG* 25.9.1981 BSGE 52, 152, 165, 167).

2. Beitragsrechtliche Rechtsstellung des Arbeitnehmers, wenn während des Kündigungsschutzprozesses keine Leistungen wegen Arbeitslosigkeit gewährt wurden

a) Beitragspflicht und Nachzahlungsanspruch

199 Ergeben sich aus dem Fortbestand des Arbeitsverhältnisses über das tatsächliche Ende der Beschäftigung hinaus Nachzahlungsansprüche des Arbeitnehmers, zB aus § 615 S. 1 BGB oder § 3 EntgFG, so unterliegen diese der **Beitragspflicht** zur Renten-, Kranken-, Pflege- und Arbeitslosenversicherung. Es handelt sich hierbei um Erfüllungsansprüche, nicht um Schadensersatzansprüche (vgl. zu Voraussetzungen, Höhe und Rechtsnatur des Nachzahlungsanspruchs KR-*Spilger* § 11 KSchG Rdn 8 bis 37, insbes. § 11 KSchG Rdn 36). Auch wenn derartige, bis zum Auflösungszeitpunkt zustehende Ansprüche **in Abfindungen** einbezogen sind, handelt es sich um Ansprüche auf Arbeitsentgelt, die der Beitragspflicht ebenso wie sonstige Lohnansprüche unterfallen (zur Rechtsnatur von Abfindungen in gerichtlichen oder außergerichtlichen Vergleichen s. Rdn 26 f.; ferner KR-*Spilger* § 10 KSchG Rdn 12, 13). Abfindungen, die dem Arbeitnehmer durch Urteil gem. §§ 9, 10, 13 KSchG zuerkannt werden, unterliegen nicht der Beitragspflicht (s. Rdn 33, 34).

b) Beitragspflicht bei anderweitiger Beschäftigung während des Kündigungsschutzverfahrens

200 Die Beitragspflicht entfällt nicht ohne Weiteres, wenn während des **Annahmeverzugs** des bisherigen Arbeitgebers eine **andere versicherungspflichtige Beschäftigung** ausgeübt wird. Eine Verfügungsbereitschaft des Arbeitnehmers kann nämlich auch während des neuen Beschäftigungsverhältnisses – wenn auch abgeschwächt – vorhanden sein, wenn und solange der Arbeitnehmer bereit und in der Lage ist, jederzeit die Arbeit in dem bisherigen Beschäftigungsverhältnis fortzusetzen. Aus der in § 11 KSchG vorgesehenen Anrechnung von fiktiven Einkünften ist sogar zu entnehmen, dass der Gesetzgeber den Arbeitnehmer für verpflichtet erachtet, sich während des Annahmeverzuges seines bisherigen Arbeitgebers um eine andere Arbeit zu bemühen (vgl. KR-*Spilger* § 11 KSchG Rdn 5). Die Arbeitslosmeldung und die Bereitschaft, Vermittlungsangebote zu prüfen und ggf. anzunehmen (zu den Eigenbemühungen als Element der Arbeitslosigkeit s. Rdn 115), schließt deshalb eine Bereitschaft, die Arbeit bei dem bisherigen Arbeitgeber fortzusetzen, nicht aus.

201 Findet der Arbeitnehmer während des Annahmeverzugs des bisherigen Arbeitgebers eine **neue Beschäftigung**, ist er versicherungsrechtlich so zu behandeln wie ein Arbeitnehmer, der zwei **versicherungspflichtige Beschäftigungen** (Mehrfachbeschäftigung) ausübt (vgl. *Gagel* SGb 1981, 253, 254). Dies gilt allerdings nur unter der Voraussetzung, dass während der neuen Beschäftigung die Arbeitsbereitschaft des Arbeitnehmers und damit der Annahmeverzug des bisherigen Arbeitgebers fortbesteht, woran es bei Eingehen einer neuen **Dauerbeschäftigung** häufig fehlen wird.

c) Beitragspflicht bei Schadensersatzansprüchen

202 Die Frage, ob **Schadensersatzansprüche** des Arbeitnehmers nach **§ 628 Abs. 2 BGB,** die an die Stelle von Arbeitsentgeltansprüchen treten, eine Beitragspflicht begründen, ist nach derzeit geltendem Recht zu verneinen. Es erscheint zwar unter schadensersatzrechtlichen Gesichtspunkten konsequent, auch den sozialversicherungsrechtlichen Schutz für Zeiten zu sichern, in denen der

Arbeitnehmer infolge eines rechtswidrigen Verhaltens des Arbeitgebers zur vorzeitigen Lösung des Arbeitsverhältnisses, dh vor Ablauf der ordentlichen Kündigungsfrist, gezwungen war. Aus sozialversicherungsrechtlicher Sicht ist jedoch davon auszugehen, dass das Arbeitsverhältnis und damit auch das Beschäftigungsverhältnis vor dem Zeitpunkt endet, zu dem die Schadenersatzansprüche an die Stelle von Lohnansprüchen treten. Ein Fortbestand des Beschäftigungsverhältnisses müsste in diesen Fällen **unter Schadenersatzgesichtspunkten fingiert werden.** Die Rechtsprechung des BSG ist diesen Schritt bisher nicht gegangen.

d) Beitragspflicht und Urlaubsabgeltung

Auch die **Urlaubsabgeltung** unterliegt der Beitragspflicht (s. Rdn 48 ff.). Es handelt sich um einen Anspruch auf **Arbeitsentgelt** iSv § 14 Abs. 1 SGB IV, der mit der Beendigung des Arbeitsverhältnisses entsteht und – weil er keinem bestimmten Lohnabrechnungszeitraum zugeordnet werden kann – als **einmalig gezahltes Arbeitsentgelt** iSv § 23a SGB IV (s. Rdn 48) anzusehen ist (vgl. *BSG* 1.4.1993 SozR 3 – 2200 § 182 Nr. 16). Die nach Beendigung des Arbeitsverhältnisses gezahlte Urlaubsabgeltung ist daher dem letzten Lohnabrechnungszeitraum des laufenden Kalenderjahres zuzuordnen, § 23a Abs. 2 SGB IV, und rechnerisch nach Abs. 3 u. 4 dieser Regelung zu behandeln (s. Rdn 37 bis 41).

203

e) Entstehen der Beitragspflicht, Fälligkeit der Beiträge

Nach § 22 Abs. 1 SGB IV, der gem. § 1 Abs. 1 S. 2 SGB IV auch für die Beiträge zur Arbeitslosenversicherung gilt, **entstehen die Beitragsansprüche** der Versicherungsträger, sobald ihre im Gesetz oder auf Grund eines Gesetzes bestimmten Voraussetzungen erfüllt sind. Das ist der Fall, sobald eine versicherungs- und beitragspflichtige **Beschäftigung gegen Entgelt** aufgenommen wird, wobei sich die **Höhe** des Beitragsanspruchs nach dem jeweils arbeits- bzw. tarifvertraglich **geschuldeten Entgelt** richtet. Insoweit haben es die Arbeitsvertrags- und Tarifparteien in der Hand, durch Vereinbarung der Entgelthöhe den Eintritt der öffentlich-rechtlichen Versicherungs- und Beitragspflicht mit entsprechenden Beitragsforderungen der Einzugsstelle auszulösen.

204

Das **Entstehen des Beitragsanspruchs** hängt nach dem im Sozialrecht insofern maßgeblichen **Entstehungsprinzip** (s. hierzu *BSG* 18.1.2018 – B 12 R 3/16 R) hingegen nicht davon ab, ob das geschuldete Arbeitsentgelt **gezahlt** wird bzw. dem Arbeitnehmer **zugeflossen ist** (*BSG* 21.5.1996 BSGE 78, 224 mwN), denn seit Inkrafttreten des SGB IV am 1.7.1977 und der damit verbundenen Abkehr vom Zuflussprinzip im Beitragsrecht ist es nach der Rechtsprechung des *BSG* für das Entstehen der jeweiligen Beitragsansprüche nicht notwendig, dass der Arbeitgeber das geschuldete Arbeitsentgelt auch gezahlt hat (st. Rspr., *BSG* 18.1.2018 – B 12 R 3/16 R; 15.9.2016 – B 12 R 2/15 R, SozR 4 – 2400 § 22 Nr. 5; 7.5.2014 SozR 4 – 2400 § 17 Nr. 1 Rn 30 ff.). Das steuerrechtliche Zuflussprinzip ist in den Arbeitsentgeltbegriff der Sozialversicherung nicht übernommen worden. Entscheidend dafür ist, dass die Versicherungspflicht in der Kranken-, Renten-, Pflege- und Arbeitslosenversicherung schon an dem Tage der **Aufnahme der Beschäftigung** gegen Entgelt und nicht erst mit der tatsächlichen Zahlung des Entgelts beginnt, ferner die Beiträge nach § 23 Abs. 1 SGB IV unabhängig von der Zahlung oder Fälligkeit des Arbeitsentgelts fällig werden (*BSG* 30.8.1994 BSGE 75, 61, 65, 66). Der Arbeitgeber vermag also durch die **verspätete Zahlung des Lohnes** die **Beitragsfälligkeit** nicht hinauszuschieben. Ist die dem öffentlichen Recht unterliegende Beitragsforderung entstanden, können die Arbeitsvertragsparteien diese Forderung durch späteres Verhalten für die Vergangenheit nicht mehr beeinflussen. Sie können seine **Änderung** lediglich **für die Zukunft** durch neue Entgeltvereinbarung bewirken. Zum Beispiel bringt eine rückwirkende Verringerung des Entgelts die Beitragsforderung nicht zum Erlöschen. Unerheblich ist deshalb auch, ob ein früher entstandener Entgeltanspruch auf Grund eines späteren Verhaltens des Arbeitnehmers oder Arbeitgebers untergegangen oder verfallen ist (zB Versäumung tariflicher Ausschlussfristen, Verwirkung, Erlass). Die frühere, hiervon abweichende Ansicht des *BSG* (18.11.1989 SozR 2100 § 14 Nr. 7) beruhte noch auf dem sog. Zuflussprinzip, nach dem heute bei nicht gezahltem, aber geschuldetem Arbeitsentgelt nicht mehr verfahren wird.

205

206 Soweit allerdings über das Bestehen des Arbeitsverhältnisses und/oder den Entgeltanspruch ein **arbeitsgerichtliches Verfahren** schwebt, ist dessen Ausgang weiterhin abzuwarten und das Ergebnis der versicherungs- bzw. beitragsrechtlichen Beurteilung zu Grunde zu legen (vgl. *BSG* 30.8.1994 BSGE 75, 61, unter Hinw. auf *BSG* 25.9.1981 BSGE 52, 152; hierzu zuletzt *LSG Bay.* 15.2.2017 – L 10 AL 116/16, ASR 2017, 235). Das bedeutet, dass die während des Kündigungsschutzprozesses entstandenen **Nachzahlungsansprüche** der Beitragspflicht unterliegen, unabhängig davon, ob sie später entfallen sind (zur Fälligkeit der Beiträge s. Rdn 207). In diesem Zusammenhang ist nämlich zu beachten, dass nach richtiger Ansicht die **Beitragshöhe** sich **nicht** nach dem im **Arbeitsgerichtsverfahren zugesprochenen Arbeitsentgelt** richtet (*LSG BW* 27.3.2009 – L 4 KR 1833/07, mwN). Denn die (während des Kündigungsschutzprozesses bereits entstandene) Beitragsforderung ist eine öffentlich-rechtliche Forderung, die hinsichtlich ihres Entstehens, ihrer Fälligkeit und ihrer Verjährung allein dem öffentlichen Recht unterliegt. Der Anspruch des Arbeitnehmers auf Entgelt (»Vergütung«) ist demgegenüber hinsichtlich seiner Entstehung (§ 611 Abs. 1 BGB), seiner Fälligkeit (§ 614 BGB) und hinsichtlich seiner Verjährung zivilrechtlich geregelt. Daraus folgt, dass die **Beitragsforderung nicht abdingbar** ist, während der Entgeltanspruch wegen der im Zivilrecht bestehenden Vertragsfreiheit weitgehend einzelvertraglichen oder tariflichen Abreden unterliegt (*LSG BW* 27.3.2009 – L 4 KR 1833/07). Wird im Ausgang eines Kündigungsschutzprozesses der Fortbestand des Arbeitsverhältnisses wenigstens bis zum Ende des Prozesses festgestellt, so ist zu beachten, dass der Arbeitgeber für diese Zeit auch zur Zahlung der Sozialversicherungsbeiträge verpflichtet bleibt, selbst wenn aufgrund einer **tarifvertraglichen Ausschlussklausel** ein Anspruch des Arbeitnehmers auf Zahlung von Arbeitsentgelt für diese Zeit untergegangen ist (*LSG Bay.* 15.2.2017 – L 10 AL 116/16, ASR 2017, 235).

f) Fälligkeit der Beiträge nach Kündigungsschutzprozess

207 Die **Beiträge** aus den während des Laufs eines Kündigungsschutzprozesses gem. § 615 S. 1 BGB entstehenden Zahlungsansprüchen des Arbeitnehmers werden – insoweit abweichend von der arbeitsrechtlichen Fälligkeit dieser Ansprüche – regelmäßig erst nach (rechtskräftigem) **Abschluss des Kündigungsschutzprozesses fällig** (*LSG Bay.* 15.2.2017 – L 10 AL 116/16, ASR 2017, 235); Gleiches gilt für den **Beitragszuschuss** nach § 257 **SGB V**. Die Fälligkeitsregel des § 23 Abs. 1 S. 1 SGB IV, wonach sich die Fälligkeit von Beiträgen an dem Zeitpunkt orientiert, in dem das Arbeitsentgelt **erzielt** wird, kann insoweit keine Anwendung finden, weil diese Bestimmung nur den **Regelfall der Fälligkeit laufender Beiträge** erfasst, nicht aber der besonderen Situation des Kündigungsschutzprozesses Rechnung trägt. Dessen Besonderheit besteht – aus sozialversicherungsrechtlicher Sicht – vor allem darin, dass die von der Wirksamkeit der Kündigung letztlich abhängige Frage des **Bestehens oder Nichtbestehens der Versicherungspflicht** wegen der ausschließlichen Zuständigkeit der ArbG und wegen der Befugnis der Arbeitsvertragsparteien, sich über den Streitgegenstand ohne Rücksicht auf die wahre Rechtslage zu vergleichen, nicht von den Einzugsstellen der Krankenkassen entschieden (oder im sozialgerichtlichen Verfahren geklärt) werden kann (vgl. dazu iE *BSG* 25.9.1981 – 12 RK 58/80, BSGE 52, 152, 157 f.).

208 Beitragsansprüche aus **nachzuzahlendem Arbeitsentgelt verjähren** daher idR **nicht**, weil sie erst mit der (rechtskräftigen) **Beendigung des Kündigungsschutzprozesses fällig** werden. Ausnahmsweise tritt aber die Fälligkeit wie in Fällen tatsächlicher Arbeitsleistung ein, wenn ein **Weiterbeschäftigungsanspruch**, zB nach § 102 Abs. 5 BetrVG, anerkannt oder durch Urteil bzw. einstweilige Verfügung zuerkannt worden ist, auch wenn er nicht erfüllt wird (offen gelassen in *BSG* 25.9.1981 – 12 RK 58/80, BSGE 52, 152, 157 f.). Nach § 25 SGB IV verjähren Beitragsansprüche in vier Jahren nach Ablauf des Kalenderjahres der Fälligkeit. Zu beachten ist weiter, dass nach § 24 Abs. 1 SGB IV **Säumniszuschläge** für Beiträge und Beitragsvorschüsse, die der Zahlungspflichtige nicht bis zum Ablauf des Fälligkeitstages gezahlt hat, zu zahlen sind.

g) Beitragszahlung, Beitragstragung, Allgemeines

209 Bei Personen, die gegen Arbeitsentgelt versicherungspflichtig beschäftigt sind, werden die nach dem Arbeitsentgelt zu bemessenden Beiträge von den Versicherten und den Arbeitgebern jeweils zur

Hälfte getragen (§ 346 SGB III, § 168 SGB VI, § 249 SGB V). In der Krankenversicherung trug der Versicherte seit dem 1.7.2005 einen zusätzlichen Beitragssatz von 0,9 vH allein; die übrigen Beitragssätze verminderten sich in demselben Umfang (§ 249 Abs. 1 SGB V in der vom 1.1.2009 bis 31.12.2014 geltenden Fassung, § 241a SGB V aF). Nachdem es seit 1.1.2009 auch in der gesetzlichen Krankenversicherung einen bundeseinheitlich durch Rechtsverordnung festgestellten allgemeinen Beitragssatz gibt (vgl. § 241 SGB V), ist die Regelung des § 249 SGB V über die Beitragstragung angepasst worden: Der Arbeitgeber trug bis zum 31.12.2014 die Hälfte der Beiträge aus dem Arbeitsentgelt nach dem um 0,9 Beitragssatzpunkten verminderten allgemeinen Beitragssatz; im Übrigen trugen die Beschäftigten die Beiträge (§ 249 Abs. 1 SGB V in der vom 1.1.2009 bis 31.12.2014 geltenden Fassung). Im Zeitraum von 2009 bis 2014 gab der Gesetzgeber den Grundsatz der **paritätischen Beitragsfinanzierung** mithin insoweit auf, als der Arbeitnehmer einen »Sonderbeitrag« von 0,9 vH zu tragen hatte.

Zum 1.1.2015 ist der Gesetzgeber durch das Gesetz zur Weiterentwicklung der Finanzstruktur und der Qualität in der gesetzlichen Krankenversicherung (GKV-Finanzstruktur- und Qualitäts-Weiterentwicklungsgesetz; zum Inkrafttreten vgl. Art. 17) vom 21.7.2014 (BGBl. I S. 1133) wieder zur paritätischen Finanzierung zurückgekehrt und hat den **Sonderbeitrag der Arbeitnehmer** (s. Rdn 209) in § 249 Abs. 1 SGB V (in der ab 1.1.2015 geltenden Fassung) **gestrichen**. Der allgemeine Beitragssatz zur gesetzlichen Krankenversicherung wurde von 15,5 vH auf 14,6 vH abgesenkt (§ 241 SGB V). Die Hälfte, nämlich 7,3 vH trägt der Arbeitnehmer, die andere Hälfte trägt der Arbeitgeber. Darüber hinaus wurde die Gestaltung des Zusatzbeitrags grundlegend reformiert. Die gesetzlichen Krankenkassen können **individuell** einen einkommensabhängigen **Zusatzbeitrag** (§ 242 SGB V) erheben. Der pauschale Zusatzbeitrag wurde abgeschafft (s. hierzu *Baierl* jurisPR-SozR 20/2014 Anm. 1; *Schmitz-Elvenich* WzS 2014, 275).

210

Bei **geringfügig Beschäftigten** trägt der Arbeitgeber die Beiträge allein, und zwar in Höhe von 13 vH des Arbeitsentgelts (§ 249b S. 1 SGB V). Grds. sind zwar die Beiträge von demjenigen zu zahlen, der sie **wirtschaftlich zu tragen hat**. Das gilt aber nur, soweit gesetzlich nichts anderes bestimmt ist (§ 252 SGB V, § 173 SGB VI, § 348 Abs. 1 SGB III). Für **versicherungspflichtig Beschäftigte** und für **Beiträge aus dem Arbeitsentgelt** ist jedoch in allen vier Versicherungszweigen abweichend bestimmt, dass der **Arbeitgeber** die Beiträge zu zahlen hat: Sowohl § 253 SGB V als auch § 174 SGB VI und § 348 Abs. 2 SGB III verweisen auf §§ 28d bis 28n und § 28r SGB IV, in denen die Entrichtung des »**Gesamtsozialversicherungsbeitrags**« (dh der Beiträge zur Kranken-, Pflege-, Renten- und Arbeitslosenversicherung) zusammen geregelt ist. **Zahlungspflichtig** ist danach, auch soweit der Arbeitnehmer die Beiträge zu tragen hat, allein der **Arbeitgeber** (§ 28e Abs. 1 SGB IV; zur Beitragshaftung bei Arbeitnehmerüberlassung s. § 28e Abs. 2 SGB IV [Haftung des Entleihers als selbstschuldnerische Bürge bei legaler Überlassung; Haftung als Gesamtschuldner bei illegaler Überlassung], s. hierzu ausf. *Zieglmeier* NZS 2017, 321). Bei dieser Zahlungspflicht des Arbeitgebers handelt es sich um seine **Hauptpflicht** im Rahmen seiner Indienstnahme als Privater (*BSG* 29.4.1976 BSGE 41, 297 = SozR 2200 § 1399 Nr. 4; vgl. zu diesem besonderen öffentlich-rechtlichen Pflichtverhältnis *BSG* 7.6.1979 BSGE 48, 195 = SozR 2200 § 394 Nr. 1).

211

Der Gesamtsozialversicherungsbeitrag ist an die **Krankenkassen (Einzugsstellen)** zu zahlen (§ 28h SGB IV). Zuständige Einzugsstelle ist jeweils die Krankenkasse, von der die Krankenversicherung durchgeführt wird (§ 28i S. 1 SGB IV in der seit 11.8.2010 geltenden Fassung).

212

Das sind ab 1.1.1996 grds. nicht mehr **gesetzlich zugewiesene** Krankenkassen, sondern die Krankenkasse, die der Versicherungspflichtige oder Versicherungsberechtigte nach Maßgabe der §§ 173 bis 175 SGB V (idF des Art. 1 Nr. 116 des Gesundheitsstrukturgesetzes – GSG – v. 21.12.1992 BGBl. I S. 2266) wählt. Danach besteht, soweit gesetzlich nichts Abweichendes bestimmt ist, grds. ein **Wahlrecht** u.a. zur AOK des Beschäftigungs- oder Wohnortes, jeder Ersatzkasse, deren Zuständigkeit sich nach der Satzung auf den Beschäftigungs- oder Wohnort erstreckt, der Betriebs- oder Innungskrankenkassen, wenn für den Beschäftigtenbetrieb eine solche besteht oder wenn die Satzung der Betriebs- oder Innungskrankenkasse dies vorsieht (§ 173 Abs. 2 SGB V; vgl. die Kommentierungen zu § 28i SGB IV u. zu § 173 SGB V).

213

214 Hinsichtlich des **Beitragseinzugsrechts** der Kassen wird im SGB V nicht mehr – wie früher – zwischen **Ersatzkassen** und anderen Kassen unterschieden; vielmehr ist jede Krankenkasse, also auch die Ersatzkasse, zuständig, die die Krankenversicherung durchführt, unabhängig davon, ob es sich um Pflicht- oder freiwillige Versicherung handelt (§ 28i SGB IV). Für ihre **freiwilligen Mitglieder** ist die Ersatzkasse Einzugsstelle für die Beiträge zur Renten- und Arbeitslosenversicherung.

215 Für die in der **gesetzlichen Krankenversicherung nicht versicherten Arbeitnehmer** ist zuständige Einzugsstelle für die Beiträge zur Renten- und Arbeitslosenversicherung nicht mehr – wie bisher – diejenige Krankenkasse, die im Falle einer Krankenversicherung kraft Gesetzes zuständig wäre, sondern die Kasse, die der Arbeitgeber in entsprechender Anwendung des § 175 Abs. 3 S. 2 SGB V gewählt hat (§ 28i S. 2 SGB IV in der seit 11.8.2010 geltenden Fassung).

h) Beitragsabzug durch den Arbeitgeber

216 Nach § 28g S. 1 SGB IV hat der Arbeitgeber zum Ausgleich dafür, dass er der Einzugsstelle den vollen Gesamtsozialversicherungsbeitrag einschließlich des Arbeitnehmeranteils zu zahlen hat, im **Innenverhältnis** einen Anspruch gegen den Arbeitnehmer auf den von diesem zu tragenden Anteil. Dieser Anspruch steht unter zwei Vorbehalten:
- Er kann grds. nur durch **Abzug vom Arbeitsentgelt** geltend gemacht werden (§ 28g S. 2 SGB IV; vgl. allg. *BAG* 21.12.2016 – 5 AZR 273/16, BAGE 157, 341).
- Ein **unterbliebener Abzug** vom Arbeitsentgelt kann grds. nur noch bei den **drei nächsten Lohn- oder Gehaltszahlungen** nachgeholt werden (§ 28g S. 3 SGB IV). Das soll den Bedürfnissen der Praxis Rechnung tragen. Zu den Ausnahmen s. Rdn 219.

217 Satz 3 des § 28g SGB IV kann wegen S. 2 grds. nicht mehr angewandt werden, wenn das **Beschäftigungsverhältnis beendet** ist oder **kein Lohn oder Gehalt** mehr **auszuzahlen ist**. In diesen Fällen hat der Arbeitgeber den Arbeitnehmeranteil der Beiträge nicht nur nach § 28e Abs. 1 SGB V zu zahlen, sondern auch **wirtschaftlich zu tragen**. Dem Arbeitgeber steht dann nur ausnahmsweise ein – zivilrechtlicher – Anspruch gegen den Arbeitnehmer zu (§§ 670, 826 BGB).

218 Ergibt sich im arbeitsgerichtlichen Verfahren ein **Nachzahlungsanspruch** des Arbeitnehmers, so ist der Arbeitgeber regelmäßig berechtigt, die hierauf entfallenden Beitragsanteile des Arbeitnehmers vom **Nachzahlungsbetrag abzuziehen**, denn unter »Lohn- und Gehaltszahlungen« iSv § 28g S. 3 SGB IV ist einschränkungslos jede Zahlung zu verstehen, also auch Abschlagszahlungen, Nachzahlungen u. Ä. Der Arbeitgeber hat die einbehaltenen Beiträge an die zuständige Einzugsstelle abzuführen (s. Rdn 212 f.).

219 Später als bei den nächsten drei Lohnzahlungen dürfen Beiträge nur dann abgezogen werden, wenn der frühere Abzug ohne **Verschulden des Arbeitgebers** unterblieben ist, zB bei unrichtiger Auskunft der Einzugsstelle (§ 28g S. 3 SGB IV), oder wenn der Arbeitnehmer vorsätzlich oder grob fahrlässig seine Auskunfts- und Vorlagepflicht aus § 28o Abs. 1 SGB IV (hierzu *BSG* 5.3.2014 – B 12 KR 1/12 R, SozR 4 – 2600 § 229 Nr. 2) verletzt hat (§ 28g S. 4 SGB IV). Der Arbeitgeber kann hiernach seinen Anspruch in jeder ihm geeigneten Weise geltend machen.

i) Beitragszuschuss nach § 257 SGB V

220 Soweit im Kündigungsschutzprozess der Fortbestand des Arbeitsverhältnisses festgestellt wird, können freiwillig versicherte Beschäftigte, die nur wegen Überschreitens der **Jahresarbeitsentgeltgrenze** in der gesetzlichen Krankenversicherung versicherungsfrei sind (§ 6 Abs. 1 Nr. 1 SGB V), neben dem Arbeitsentgelt einen Anspruch auf **Beitragszuschuss** des Arbeitgebers zu den Kosten ihrer freiwilligen oder privaten Versicherung nach näherer Maßgabe des § 257 SGB V (der dem früheren § 405 RVO im Wesentlichen entspricht) geltend machen. Nach Einführung der **Jahresarbeitsentgeltgrenze auch für Arbeiter** (§ 6 Abs. 1 Nr. 1 SGB V) sind – anders als nach früherem Recht – nicht mehr nur Angestellte, sondern auch **Arbeiter versicherungsfrei**, deren regelmäßiges Jahresarbeitsentgelt über der genannten Grenze liegt. Die Jahresarbeitsentgeltgrenze beträgt nach § 6 Abs. 6 und 7 SGB V für das Jahr 2021 64.350 € (Abs. 6) bzw. 58.050 € (Abs. 7), vgl.

Sozialversicherungs-Rechengrößenverordnung 2021 v. 30.11.2020 BGBl. I S. 2612. § 6 Abs. 7 SGB V gilt für diejenigen, die bereits am 31.12.2002 wegen Überschreitens der damaligen Jahresarbeitsentgeltgrenze versicherungsfrei waren und bei einem privaten Versicherungsunternehmen versichert sind.

Der Beitragszuschuss ist nach § 257 Abs. 1 u. 2 SGB V der **Höhe nach**, und zwar in unterschiedlicher Weise, **begrenzt**, je nachdem, ob der Beschäftigte freiwilliges Mitglied der gesetzlichen Krankenversicherung oder der privaten Krankenversicherung ist. 221

Der **freiwillig** in der **gesetzlichen Krankenversicherung versicherte Beschäftigte** erhält von seinem Arbeitgeber als Beitragszuschuss den Betrag, den der Arbeitgeber entsprechend § 249 Abs. 1 oder 2 bei Versicherungspflicht des Beschäftigten zu tragen hätte (§ 257 Abs. 1 S. 1 SGB V, s.a. Rdn 220; vom 1.1.2009 bis 31.12.2014 belief sich der Zuschuss auf die Hälfte des Beitrags, der bei Anwendung des um 0,9 Beitragssatzpunkte verminderten allgemeinen Beitragssatzes der gesetzlichen Krankenversicherung zu zahlen gewesen wäre; s.a. Rdn 210). 222

Die bei einem **privaten Krankenversicherungsunternehmen versicherten Beschäftigten** erhalten ab 1.1.2015 einen Zuschuss, der sich bei Anwendung der Hälfte des Beitragssatzes nach § 241 SGB V und der nach § 226 Abs. 1 S. 1 Nr. 1 SGB V bei Versicherungspflicht zugrunde zu legenden beitragspflichtigen Einnahmen als Beitrag ergibt, höchstens jedoch in Höhe der Hälfte des Betrages, den der Beschäftigte für seine Krankenversicherung zu zahlen hat (§ 257 Abs. 2 S. 1 und 2; vom 1.1.2009 bis 31.12.2014 war der Beitragssatz um 0,9 vH vermindert; s. Rdn 210). Außerdem wird der Zuschuss seit 1.1.2009 für eine private Krankenversicherung nur gezahlt, wenn das Versicherungsunternehmen bestimmte in § 257 Abs. 2a Nr. 1–6 genannte Voraussetzungen erfüllt. Insbesondere muss das Versicherungsunternehmen einen Basistarif iSv § 152 Abs. 1 des Versicherungsaufsichtsgesetzes anbieten und sich verpflichten, die nach bisherigem Recht für versicherte Personen im brancheneinheitlichen Standardtarif bestehenden Verpflichtungen einzuhalten (§ 257 Abs. 2a SBG V). 223

Hat der **freiwillig versicherte Arbeitnehmer** während des Kündigungsschutzprozesses zunächst die Beiträge zur Krankenversicherung allein getragen, war er aber wegen seiner Arbeitslosigkeit von der Krankenkasse in eine niedrigere Beitragsklasse eingestuft, so ist, nachdem Klarheit über den Fortbestand des Arbeitsverhältnisses geschaffen ist, die Krankenkasse berechtigt, den vollen – dem Gehalt entsprechenden – Beitragssatz nachzufordern; der Arbeitnehmer ist deshalb grds. berechtigt, außer dem Beitragszuschuss in Höhe der Hälfte der bereits entrichteten Beiträge auch noch die Hälfte der Differenz zu verlangen, die zur rückwirkenden »Aufstockung« der seinem Gehalt entsprechenden Beiträge erforderlich ist (*BSG* 25.9.1981 BSGE 52, 152, 161, 165 f.). Ansprüche auf Beitragszuschuss des Arbeitgebers, denen der gleiche **Schutzgedanke wirksamer sozialer Sicherung** zu Grunde liegt wie den Beitragsansprüchen aus einer Pflichtversicherung, können durch Vergleich ebenso wenig ausgeschlossen werden wie Beitragsansprüche aus einer Pflichtversicherung (*BSG* 25.9.1981 BSGE 52, 152, 161, 165 f.). 224

3. Beitragsrechtliche Rechtsstellung des Arbeitnehmers, wenn während des Kündigungsschutzprozesses Leistungen wegen Arbeitslosigkeit gewährt wurden

a) Beitragsausgleich nach § 335 Abs. 3 SGB III

Hat die Agentur für Arbeit für die Dauer des Kündigungsschutzprozesses nach § 157 Abs. 3 SGB III »gleichwohl« Arbeitslosengeld gewährt und dementsprechend für die Zeit des Bezugs dieser Leistungen Versicherungsbeiträge zur Kranken- und Pflegeversicherung der Arbeitslosen (s. Rdn 50 f.) und zur Rentenversicherung der Arbeitslosen (s. Rdn 56 f.) geleistet, so gilt Folgendes: Führt der Arbeitsgerichtsprozess zu der Feststellung, dass das Arbeitsverhältnis/Beschäftigungsverhältnis für eine Zeit des Arbeitslosengeldbezuges fortbestanden hat und hat während dieser Zeit ein Anspruch auf Arbeitsentgelt bestanden, so **lebt die (bisher ruhende) Versicherungspflicht aus dem Beschäftigungsverhältnis** wieder auf. Hier tritt also die Versicherung aus dem fortbestehenden Beschäftigungsverhältnis (als die allein maßgebliche) rückwirkend an die Stelle der – vorläufigen 225

– Versicherung aus dem Bezug des Arbeitslosengeldes. Es findet aber keine völlige Verdrängung der bisherigen Versicherung des Arbeitslosen, sondern lediglich ein **Beitragsausgleich** und eine **ergänzende Beitragsabführung** statt: der Arbeitgeber hat nach § 335 Abs. 3 SGB III der BA die von ihr geleisteten Beiträge zur Kranken- und Rentenversicherung zu ersetzen, soweit er für dieselbe Zeit Beiträge auf Grund des Beschäftigungsverhältnisses zu entrichten hat. Für die Beiträge der BA zur sozialen Pflegeversicherung gilt diese Regelung entsprechend (§ 335 Abs. 5 SGB III; allg. hierzu *BSG* 25.10.2017 – B 14 AS 9/17 R; 12.4.2017 – B 13 R 14/16 R, SozR 4 – 4200 § 25 Nr. 2). Kommt der Arbeitgeber dieser Verpflichtung nach, wird er insoweit von seiner **Beitragspflicht** aus dem Beschäftigungsverhältnis befreit (§ 335 Abs. 3 S. 2 SGB III). Waren auf Grund des Beschäftigungsverhältnisses **höhere Beiträge** zu entrichten, so hat der Arbeitgeber den darüberhinausgehenden Beitragsteil (und die Beiträge zur Arbeitslosenversicherung nach den §§ 341 ff. SGB III) an die für die Versicherung des Beschäftigungsverhältnisses zuständige Einzugsstelle zu entrichten. Sind unterschiedliche Kassen zuständig, so erfolgt der Ausgleich unter diesen nach § 335 Abs. 4 SGB III. Für den Abzug der Beitragsanteile vom Lohn des Versicherten gelten auch in solchen Fällen die sozialversicherungsrechtlichen Regeln über den Beitragsabzug (§ 28g SGB IV; s. Rdn 216 f.). Der Erstattungsanspruch der BA nach § 335 Abs. 3 SGB III entfällt nicht schon deshalb, weil der Anspruch auf Arbeitsentgelt wegen Ablaufs einer tariflichen Ausschlussfrist nach Abschluss des Kündigungsschutzprozesses nachträglich erloschen ist (so zu § 160 Abs. 1 AFG aF *BSG* 22.6.1994 SozR 3 – 4100 § 160 AFG Nr. 1).

b) Beitragsausgleich bei Ersatzkassen-Pflichtversicherten

226 Bei **Ersatzkassen-Pflichtversicherten** (§ 148 SGB V; § 168 SGB V aF) erfolgt der Beitragsausgleich seit 1.1.1989 in gleicher Weise wie bei Versicherten, die Mitglieder von Pflichtkassen sind. Denn die Ersatzkassen sind – anders als nach früherem Recht – selbst Einzugsstellen für ihre pflichtversicherten Mitglieder, sodass der Arbeitgeber die Beiträge iSv § 355 Abs. 3 SGB III an diese Kassen (und nicht mehr wie früher an den Arbeitnehmer) zu zahlen hat.

c) Beitragsausgleich bei freiwillig und privat Versicherten

227 Bei den Arbeitnehmern, die **freiwillig** oder **privat** krankenversichert sind, eröffnet § 335 Abs. 3 S. 3 SGB III den Zugriff auf den Anspruch des Arbeitnehmers auf den **Beitragszuschuss** nach § 257 SGB V. Soweit dieser Zuschuss reicht, hat der Arbeitgeber also der BA ihre Beitragsaufwendungen zu erstatten. Aus § 335 Abs. 3 S. 3 SGB III, der eine entsprechende Anwendung der für die Pflichtbeiträge geltenden Vorschriften für den Zuschuss vorschreibt, ergibt sich insoweit, dass eine **freiwillige Versicherung** aus dem Beschäftigungsverhältnis durch die Pflichtversicherung des Arbeitslosen nach § 5 Abs. 1 Nr. 2 SGB V nicht (endgültig) verdrängt wird oder erlischt, sondern nach der im Kündigungsschutzprozess erfolgten Klärung der Dauer des Arbeitsverhältnisses **grds. wiederaufleben kann** (*BSG* 25.9.1981 BSGE 52, 152). Die davon abweichende frühere Auffassung (*BSG* 21.6.1978 SozR 4100 § 155 Nr. 5 und dem folgend *BAG* 9.4.1981 EzA § 11 KSchG Nr. 3) ist durch das Urteil des *BSG* 25.9.1981 (BSGE 52, 152) praktisch aufgegeben worden. Danach hat der Versicherte jedenfalls ein **Wahlrecht,** ob er die freiwillige Versicherung rückwirkend wiederaufleben lassen oder es bei der Versicherung als Arbeitsloser bewenden lassen will. Lebt die freiwillige Versicherung rückwirkend wieder auf, erwirbt die Krankenkasse mit dem Ende des Kündigungsschutzprozesses einen Beitragsanspruch aus der freiwilligen Versicherung für die Zeit bis zur rechtlichen Beendigung des Arbeitsverhältnisses. Die Verpflichtung zum Ersatz der von der BA aufgewendeten Beiträge beschränkt sich auf den **Arbeitgeber**. Dieser hat Beiträge auf Grund des wieder aufgelebten Beschäftigungsverhältnisses nur in **Höhe des Beitragszuschusses** nach § 257 SGB V zu ersetzen. Für eine weitere Heranziehung des **Arbeitnehmers** mit dem Beitragsanteil, den er ohne den zwischenzeitlichen Eintritt der Pflichtversicherung nach § 5 Abs. 1 Nr. 2 SGB V hätte aufbringen müssen, fehlt es an einer Rechtsgrundlage. Auch § 11 Nr. 3 KSchG bietet hier keine Handhabe (s. dazu ausf. die Anm. von *Gagel* zu AP Nr. 1 zu § 11 KSchG 1969).

d) Bedeutung des § 11 Nr. 3 KSchG für den Beitragsausgleich

Die Frage, unter welchen Voraussetzungen und in welchem Umfang der Arbeitgeber von nachzuzahlendem Arbeitsentgelt Beiträge, Beitragsteile oder Beitragszuschüsse abziehen oder sonst einbehalten darf und zum Ausgleich der geleisteten Beiträge an die BA bzw. hinsichtlich der überschießenden Beitragsteile an die zuständige Einzugsstelle der Beschäftigungsversicherung abzuführen hat, ist in § 335 Abs. 3 u. 4 SGB III und §§ 28d ff. SGB IV abschließend geregelt. § 11 Nr. 3 KSchG kommt insoweit weder als Rechtsgrundlage für ein Abzugsrecht des Arbeitgebers noch für eine Erstattungspflicht gegenüber der BA in Betracht (zum früheren Recht *BSG* 25.9.1981 BSGE 52, 152, 167). Der Ansicht des *BAG* (9.4.1981 EzA § 11 KSchG Nr. 3), dass § 11 Nr. 3 KSchG ein uneingeschränktes Abzugsrecht gewähre, ist entgegenzuhalten, dass sein Wirkungsbereich auf »**Leistungen**« beschränkt ist, nicht aber »**Beiträge**« erfasst. Beiträge sind im Sozialversicherungsrecht keine Leistungen. Ungeachtet dessen, dass sie gelegentlich als Nebenleistungen – hier zu gezahltem Arbeitslosengeld – bezeichnet werden, richten sich die Rechtsverhältnisse im Zusammenhang mit Beiträgen nicht nach dem Leistungsrecht des Versicherungszweiges, aus dessen Mitteln sie gewährt werden, sondern stets nach dem Beitragsrecht des Versicherungszweiges, zu dem sie entrichtet werden. § 11 Nr. 3 KSchG kann jedenfalls in Fällen, in denen ein Beitragsausgleich (Gleiches gilt für den Leistungsausgleich, s. Rdn 233) im **öffentlichen Recht** spezialgesetzlich geregelt ist, aus systematischen Gründen keine Anwendung finden (vgl. dazu iE die Anm. von *Gagel* zu AP Nr. 1 zu § 11 KSchG 1969). Aus § 335 Abs. 3 SGB III ergibt sich im Übrigen, dass das Gesetz im Verhältnis zur BA nur eine Erstattungspflicht des Arbeitgebers, nicht aber des Arbeitnehmers begründen wollte (so zu §§ 160 Abs. 1, 166a AFG *BSG* 14.2.1978 BSGE 46, 20, 33).

4. Leistungsrechtliche Rechtsstellung unwirksam gekündigter Arbeitnehmer nach Abschluss des Kündigungsschutzprozesses

a) Gesetzlicher Forderungsübergang bei Sozialleistungsbezug, Grundsätze

Soweit der Arbeitgeber den Anspruch des Arbeitnehmers auf Arbeitsentgelt nicht erfüllt hat – zB die während des Laufs des Kündigungsschutzprozesses entstandenen Zahlungsansprüche aus §§ 615 S. 1 BGB, § 3 EntgFG –, und deshalb ein öffentlich-rechtlicher Leistungsträger Sozialleistungen erbracht hat, geht der Anspruch des Arbeitnehmers gegen den Arbeitgeber nach § 115 Abs. 1 SGB X kraft Gesetzes auf den Leistungsträger bis zur Höhe der erbrachten Sozialleistungen über (vgl. hierzu *BAG* 29.4.2015 – 5 AZR 756/13, BAGE 151, 281; 25.6.2014 – 5 AZR 283/12, ZIP 2014, 2147; 19.9.2012 EzA § 4 TVG Ausschlussfristen Nr. 202; *LAG SchlH* 6.2.2014 – 5 Sa 324/13, NZA-RR 2014, 291 m. Anm. *Schulz* ArbR 2014, 331); der Übergang wird nicht dadurch ausgeschlossen, dass der Anspruch nicht übertragen, verpfändet oder gepfändet werden kann, § 115 Abs. 2 SGB X. Mit dieser Regelung hat der Gesetzgeber einheitlich für alle in § 12 SGB I erfassten öffentlich-rechtlichen Leistungsträger einen Erstattungsanspruch gegen den Arbeitgeber kraft gesetzlichen Forderungsübergangs vorgesehen und damit die nach früheren Recht spezialgesetzlich geregelten gesetzlichen Forderungsübergänge ersetzt.

Mit dem Begriff »**Arbeitsentgelt**« erfasst § 115 SGB X jegliches Arbeitsentgelt iSv § 14 Abs. 1 SGB IV (s. Rdn 26 ff.), allerdings mit der Einschränkung, dass ein **Anspruch** auf die Leistung bestehen muss. Dazu gehören auch Ansprüche auf **einmalige Leistungen** wie zB Urlaubsgeld, Urlaubsabgeltungen, Jahressonderzahlungen. Als zumindest **entgeltähnliche Leistungen** sieht der Gesetzgeber auch Abfindungen, Entschädigungen oder ähnliche Leistungen (**Entlassungsentschädigungen** iSv § 158 SGB III) an, die wegen – vorzeitiger – Beendigung des Arbeitsverhältnisses gezahlt bzw. geschuldet werden. Das ergibt sich aus § 158 Abs. 4 S. 1 SGB III, wonach Ansprüche auf Entlassungsentschädigungen in einem Klammerzusatz als »Arbeitsentgelt iSd § 115 SGB X« bezeichnet werden und damit auf die BA übergehen, sobald und soweit sie Arbeitslosengeld geleistet hat (vgl. KR-*Link/Lau* § 157 SGB III Rdn 43 f.; s. allg. hierzu auch *BAG* 22.10.2009 EzA § 613a BGB 2002 Nr. 116, auch zur Zurechnung des Annahmeverzugs bei einem Betriebsübergang).

231 Da § 115 SGB X voraussetzt, dass die erbrachte Sozialleistung an die Stelle des geschuldeten Arbeitsentgelts getreten ist, muss grds. zeitliche Kongruenz zwischen dem **arbeitsrechtlichen Vergütungszeitraum** und dem **sozialrechtlichen Leistungszeitraum** bestehen (*BAG* 29.4.2015 – 5 AZR 756/13, BAGE 151, 281; 17.11.2010 EzA § 143 SGB III Nr. 1 mwN). Dieser Grundsatz ist jedoch für bestimmte Arbeitgeberleistungen modifiziert worden. Zum Beispiel kommt es bei Urlaubsabgeltungen und Entlassungsentschädigungen darauf an, für welche Zeiträume diese Leistungen sozialversicherungsrechtlich als zur Deckung des Lebensunterhalts bestimmt **gelten**. Das ist für die Urlaubsabgeltung die Zeit im Anschluss an das Ende des Arbeitsverhältnisses, die der Dauer des abzugeltenden Urlaubs entspricht (§ 157 Abs. 2 SGB III), für die Entlassungsentschädigung die Zeit im Anschluss an das Ende des Arbeitsverhältnisses, in der nach Maßgabe des § 157 Abs. 2 SGB III der Anspruch auf Arbeitslosengeld ruht (zum Ruhenszeitraum vgl. KR-*Link/Lau* § 157 Rdn. 4 SGB III). Wird der **Bescheid** über die Bewilligung von Arbeitslosengeld nachträglich wieder **aufgehoben**, entfällt der ursprünglich eingetretene gesetzliche Anspruchsübergang nach § 115 SGB X nicht automatisch. Es ist eine Rückabtretung erforderlich (*LAG Düsseld.* 2.5.2016 – 9 Sa 29/16, LAGE § 115 SGB X Nr. 1).

232 § 115 SGB X erfasst nach seinem Sinn und Zweck auch sonstige Sozialleistungen, deren Gewährung voraussetzt, dass der Arbeitnehmer aus der bisherigen Beschäftigung kein **Arbeitsentgelt** erhält und hierdurch arbeitslos bzw. beschäftigungslos wird. Dies sind außer den eigentlichen Leistungen der Arbeitslosenversicherung, insbes. Arbeitslosengeld (s. Rdn 111 ff.) und die wegen **Arbeitslosigkeit erhöhte Verletztenrente** aus der Unfallversicherung nach § 58 SGB VII (s. Rdn 109).

aa) Konkurrenz zwischen § 115 SGB X und § 11 Nr. 3 KSchG

233 Der **Anrechnungs- und Erstattungsregelung** des § 11 Nr. 3 S. 1 u. 2 KSchG (vgl. KR-*Spilger* § 11 KSchG Rdn 51 ff.) kommt neben der speziellen, dem öffentlichen Recht angehörigen Regelung des § 115 **SGB X** praktisch keine selbstständige Bedeutung mehr zu. Diese Regelung hatte schon nach bisherigem Recht, wie sich insbes. aus den Motiven zu dieser Bestimmung ergibt (vgl. BT-Drucks. I/2090, S. 14 zu § 9), im Wesentlichen nur Bedeutung für die in Rdn 232 genannten Leistungen, für die bisher eine spezielle Erstattungsregelung für den Fall fehlte, dass sich im Kündigungsschutzprozess der Fortbestand des Arbeitsverhältnisses und eine Lohnnachzahlungspflicht des Arbeitgebers für Zeiten des Bezugs dieser Leistungen ergab. Abgesehen davon regelt § 11 Nr. 3 KSchG eine Pflicht zur Erstattung bzw. Anrechnung der wegen Arbeitslosigkeit gezahlten Leistungen nicht umfassend, sondern nur für den Fall der **Entscheidung** des Gerichts **durch Urteil**. Dass sonstige Fälle nicht erfasst sind, kann als ein Hinweis dafür angesehen werden, dass § 11 Nr. 3 KSchG eine Erstattungspflicht **nicht originär begründet, sondern voraussetzt**, dass nach öffentlichem Recht überhaupt eine Erstattungspflicht des Arbeitnehmers in Betracht kommt. Diese konnte sich vor Inkrafttreten des § 115 SGB X bei der vorgezogenen Altersrente wegen Arbeitslosigkeit bzw. der erhöhten Unfallrente (nur) daraus ergeben, dass die Versicherungsträger in Fällen schwebender Kündigungsschutzverfahren die Leistungen **unter Vorbehalt** gewährt hatten.

234 § 11 Nr. 3 KSchG betrifft mithin nur die Fälle, in denen nach speziellen öffentlich-rechtlichen Regelungen eine Erstattungspflicht des **Arbeitnehmers** besteht und bedeutet insoweit nur, die **Durchsetzung** des Erstattungsanspruchs zu erleichtern, indem dem Arbeitgeber aufgegeben wird, den vom Arbeitnehmer zu erstattenden Betrag von der Lohnnachzahlung einzubehalten und direkt an den Versicherungsträger abzuführen. Für alle anderen Fälle, in denen im öffentlichen Recht ein Ausgleich durch Rückgriff auf das Arbeitsentgelt nicht vorgesehen ist oder der Ausgleich anders – zB durch Übergang von Arbeitsentgeltansprüchen – geregelt ist, ist § 11 KSchG nicht anwendbar. Das gilt auch für § 115 SGB X (zu der speziellen Erstattungspflicht des Arbeitnehmers nach § 157 Abs. 3 S. 2 SGB III, § 158 Abs. 4 S. 2 SGB III s. Rdn 253 ff., 254; zu § 11 KSchG vgl. KR-*Spilger* § 11 KSchG Rdn 51 f.).

235 Der Nachzahlungsanspruch des Arbeitnehmers gegen den Arbeitgeber geht nach § 115 Abs. 1 SGB X erst mit der **Zahlung** der jeweiligen Sozialleistung in Höhe des gezahlten Betrages auf den Leistungsträger über (vgl. zu § 182 Abs. 10 RVO aF *BAG* 20.8.1980 EzA § 6 LohnFG Nr. 14). Der

gesetzliche Forderungsübergang ändert nichts an der Rechtsnatur des übergegangenen Anspruchs. Der Anspruch des Arbeitnehmers gegen den Arbeitgeber (auf Arbeitsentgelt, Abfindung o. Ä.) wird nicht dadurch zu einem öffentlich-rechtlichen Anspruch, dass er gem. § 115 SGB X iVm §§ 157, 158 SGB III auf die BA übergeht (*BAG* 12.6.1997 – 9 AZB 5/97, BAGE 86, 122). Die BA muss ihren Anspruch gegen den Arbeitgeber im Wege einer arbeitsgerichtlichen Leistungsklage geltend machen. Für den übergegangenen Anspruch gelten gem. § 412 BGB die §§ 399 bis 404, 406 bis 410 BGB entsprechend. Der Arbeitgeber ist daher berechtigt, dem öffentlich-rechtlichen Leistungsträger alle Einwendungen und Einreden entgegenzuhalten, die ihm gegenüber dem Arbeitnehmer zustanden (§§ 412, 404 BGB). Auch eine Aufrechnung ist dem Arbeitgeber im Rahmen der §§ 412, 406 BGB möglich. Zahlt der Arbeitgeber **in Unkenntnis** der gewährten öffentlich-rechtlichen Leistungen dem Arbeitnehmer die gesamte Vergütung nach, so wird er gem. §§ 412, 407 BGB von der ihm obliegenden Erstattungspflicht befreit. In diesem Fall kann der Leistungsträger den Arbeitnehmer unmittelbar auf Erstattung seiner Aufwendungen nur in Anspruch nehmen, soweit die öffentlich-rechtlichen Erstattungsregelungen dies vorsehen (vgl. §§ 44 ff. SGB X; zu der speziellen Regelung in § 157 Abs. 3 S. 2 SGB III, § 158 Abs. 4 S. 2 SGB III s. Rdn 255 f.).

236 Um Schwierigkeiten auszuschließen, die entstehen können, wenn der Arbeitgeber trotz des Übergangs des Anspruchs an seinen Arbeitnehmer zahlt, bedarf es einer entsprechenden **Anzeige** des **Forderungsübergangs** an den **Arbeitgeber**. Die Kenntnis des Arbeitgebers iSv § 407 Abs. 1 BGB wird hierbei auch durch die – vor der Leistung erfolgende – Mitteilung des Leistungsträgers begründet, dass er bestimmte Leistungen erbringen werde. Es kommt nicht darauf an, ob der Arbeitgeber auch wusste, dass damit ein Forderungsübergang erfolgt; es genügt die Kenntnis der den Forderungsübergang begründenden Tatsachen (vgl. hierzu auch *BAG* 20.8.1980 EzA § 6 LohnFG Nr. 14). Zahlt der Arbeitgeber trotz einer entsprechenden Mitteilung dem Arbeitnehmer die gesamte Vergütung aus, so kann sich der Leistungsträger dennoch an den Arbeitgeber halten (§§ 412, 407 BGB), der seinerseits uU einen Bereicherungsanspruch gegenüber dem Arbeitnehmer hat (vgl. KR-*Spilger* § 11 KSchG Rdn 58).

237 Erfolgt eine Zahlung an den Sozialversicherungsträger in der irrigen Annahme, dass Arbeitsentgeltansprüche übergegangen sind, ist dies aber nicht der Fall, so wird der Arbeitgeber gegenüber dem Arbeitnehmer **nicht** von seiner Leistungspflicht **frei**, auch wenn der Sozialversicherungsträger dem Arbeitgeber (und Arbeitnehmer) den Forderungsübergang angezeigt hatte (aA *LAG Düsseld.* 19.12.1977 DB 1978, 1087). Ob § 409 BGB in diesen Fällen entsprechende Anwendung findet, ist zweifelhaft (bejahend *Denck* DB 1979, 892, der insoweit ein Anerkenntnis des Forderungsübergangs durch den bisherigen Gläubiger für erforderlich hält). Der Arbeitgeber hat aber einen Rückzahlungsanspruch gegen den Sozialleistungsträger.

bb) Verfügungsbefugnis

238 Grds. kann der Arbeitnehmer nach Übergang seines Arbeitsentgelt-Anspruchs auf den Sozialleistungsträger nicht mehr wirksam über diesen verfügen. Zwar können die Parteien eines Arbeitsvertrages ein Arbeitsverhältnis auch **rückwirkend** aufheben und damit auf Ansprüche für die Zeit **nach der Aufhebung** verzichten. Mit einer solchen Aufhebungsvereinbarung kann der Arbeitnehmer grds. jedoch nur auf solche Ansprüche aus dem Arbeitsverhältnis verzichten, die ihm zu diesem Zeitpunkt **noch zustehen**, also auf den Teil der Arbeitsentgeltansprüche, der nicht bereits **vorher in Höhe der vom Sozialversicherungsträger erbrachten Leistungen** auf diesen übergegangen war (*BAG* 23.9.1981 DBlR Nr. 2712 AFG § 117). Etwas anderes gilt allerdings dann, wenn durch **Vergleich ein Streit über die Beendigung des Arbeitsverhältnisses nach** einer **Kündigung beigelegt** wird: in diesen Fällen eines gerichtlichen (oder außergerichtlichen) Vergleichs nach vorausgegangener Kündigung muss der Sozialleistungsträger die **Bestimmung des Endes des Arbeitsverhältnisses** gegen sich gelten lassen, selbst wenn er für die Zeit nach der vereinbarten Beendigung schon Sozialleistungen erbracht hatte und bereits ein Anspruchsübergang erfolgt war. Dies folgt aus den **Besonderheiten des Kündigungs- und Kündigungsschutzrechts** (vgl. *BAG* 20.8.1980 EzA § 6 LohnFG Nr. 15 = AP Nr. 14 zu § 6 LFG m. zust. Anm. *Brackmann;* s.a. Rdn 271 f.). Ein Verzicht auf (inzwischen auf die Sozialleistungsträger übergegangene) Arbeitsentgeltansprüche ist darin nicht zu sehen, wenngleich durch die Festlegung des Endes des Arbeitsverhältnisses mittelbar der zeitliche Umfang der Lohnansprüche bestimmt wird. In dieser Beurteilung stimmen die obersten Bundesgerichte überein (vgl. u.a. *BAG* 29.8.1968 EzA § 7 KSchG Nr. 5; *BSG* 14.2.1978 BSGE 46, 20, 24; *BFH* 13.10.1978 – VI R 91/77, USK 78193). Unerheblich ist insoweit, ob der Rechtsstreit um die Wirksamkeit einer ordentlichen oder außerordentlichen Kündigung geführt wird oder um die Beendigung eines Arbeitsverhältnisses auf Grund einer Befristung; unerheblich ist auch, ob der Prozess nach dem KSchG geführt wird oder nicht.

239 Jedoch kann der Arbeitnehmer auf Arbeitsentgeltansprüche bzw. Nachzahlungsansprüche, **die bis zum vereinbarten Auflösungszeitpunkt** entstanden sind, in keinem Fall wirksam verzichten bzw. die Ansprüche durch Vereinbarung mit dem Arbeitgeber nach Höhe und Dauer festlegen bzw. mindern, soweit er bereits vorher Sozialleistungen erhalten hat. Der Arbeitgeber kann sich auf eine solche Vereinbarung nicht berufen, wenn ihm die Zahlung der Sozialleistungen bekannt war (§§ 412, 407 BGB; vgl. auch *BAG* 6.12.1978 EzA § 115 GewO Nr. 5).

In den einzelnen Versicherungszweigen ergeben sich für die Leistungsansprüche unwirksam gekündigter Arbeitnehmer folgende **Besonderheiten:**

b) In der Krankenversicherung

240 Wird der unwirksam gekündigte Arbeitnehmer in der Zeit nach der tatsächlichen Beendigung der Beschäftigung infolge Krankheit arbeitsunfähig, so liegen von diesem Zeitpunkt an die Voraussetzungen des Annahmeverzuges des Arbeitgebers grds. nicht mehr vor (vgl. KR-*Spilger* § 11 KSchG Rdn 16, 19). Der Anspruch auf Arbeitsentgelt entfällt, wenn die Voraussetzungen der §§ 615 S. 1, 249 BGB nicht mehr vorliegen. In diesem Fall können sich **Nachzahlungsansprüche** des Arbeitnehmers aus den Vorschriften über die Entgeltfortzahlung im Krankheitsfalle (§§ 3, 4 EntgFG) bzw. Ansprüche auf Krankengeld aus der fortbestehenden Mitgliedschaft in der Krankenversicherung ergeben (s. Rdn 70 ff., 73 f.).

241 Der Anspruch auf Krankengeld **ruht**, soweit und solange der Arbeitnehmer beitragspflichtiges Arbeitsentgelt oder Arbeitseinkommen erhält; dies gilt nicht für einmalig gezahltes Arbeitsentgelt (§ 49 Abs. 1 Nr. 1 SGB V). Damit wird eine doppelte wirtschaftliche Absicherung, insbes. für die Zeiten der Lohn- und Gehaltsfortzahlung, vermieden. **Tatsächlicher Bezug:** Das Krankengeld ruht aber grds. nur dann, wenn Arbeitsentgelt **tatsächlich bezogen** wird; der bloße Anspruch genügt nicht. Erfüllt der Arbeitgeber seine Lohnfortzahlungspflicht nicht, hat die Krankenkasse Krankengeld zu zahlen, wobei mit der jeweiligen Zahlung der Lohnfortzahlungsanspruch in Höhe des Krankengeldes auf die Krankenkasse übergeht (§ 115 SGB X, s. Rdn 229 f.).

242 Ausnahmsweise kommt es zum Ruhen des Krankengeldes auch **ohne tatsächlichen Bezug** des Arbeitsentgelts, wenn der Versicherte durch **schuldhafte**, dh vorsätzliche oder fahrlässige **Verletzung einer Nebenpflicht** aus dem Sozialversicherungsverhältnis den Bezug des Arbeitsentgelts verhindert hat, zB durch den **Verzicht** in einer Ausgleichsquittung oder die **Versäumung einer Ausschlussfrist** (vgl. hierzu *BSG* 16.12.1980 BSGE 51, 82; *U. Schmalz* BKK 1981, 173 mwN). Eine derartige Pflichtverletzung liegt nach Ansicht des *BSG* 16.12.1980 (a.a.O.) aber nicht vor, wenn der Versicherte rechtzeitig Krankengeld beantragt hatte und deshalb davon ausgehen durfte, dass die Krankenkasse ein Erlöschen des Lohnfortzahlungsanspruchs verhindern werde.

243 Der **Anspruch auf Krankengeld ruht**, so lange der Versicherte Arbeitslosengeld bezieht oder der Anspruch wegen einer Sperrzeit nach dem SGB III ruht (§ 49 Abs. 1 Nr. 3a SGB V; zu den weiteren Ruhenstatbeständen vgl. § 49 Abs. 1 Nr. 1 bis 8 SGB V).

244 **Zuschüsse des Arbeitgebers zum Krankengeld**, die der Aufstockung des Krankengeldes dienen, gelten auch dann als Arbeitsentgelt, wenn sie zusammen mit dem Krankengeld das Nettoarbeitsentgelt nicht übersteigen. Die frühere Sonderregelung des § 49 Abs. 1 Nr. 1 3. Hs. SGB V, die derartige Aufstockungsbeträge nicht als Arbeitsentgelt gelten ließ, ist ab 30.3.2005 gestrichen worden.

Eine bei Beendigung des Arbeitsverhältnisses gezahlte **Urlaubsabgeltung** führt schon deshalb nicht 245
zum Ruhen des Krankengeldes, weil es sich um **einmalig gezahltes Arbeitsentgelt** iSv § 49 Abs. 1
Nr. 1 2. Hs. SGB V handelt und die Urlaubsabgeltung in der Krankenversicherung nicht mehr
einem bestimmten Zeitraum (Abgeltungszeitraum im Anschluss an das Ende des Arbeitsverhältnisses) zugeordnet wird (s. Rdn 48 f.; zum früheren Recht *BSG* 20.3.1984 BSGE 56, 208 = SozR
2200 § 189 Nr. 4 u. 5; anders im Bereich des Konkursausfallgeldes vgl. *BSG* 3.12.1996 SozR 3 –
4100 § 141b). Die Urlaubsabgeltung führt aber zum Ruhen des Arbeitslosengeldes (s. Rdn 247).

Erhält der unwirksam gekündigte Arbeitnehmer nach Beendigung des Beschäftigungsverhältnisses 246
Arbeitslosengeld (weil der Arbeitgeber zB kein Arbeitsentgelt schuldet oder zahlt) und wird er während des Bezugs dieser Leistung arbeitsunfähig, hat er (zunächst) einen Anspruch auf **Fortzahlung
des Arbeitslosengeldes für die Dauer von sechs Wochen** (§ 146 SGB III) und danach auf Krankengeld in Höhe des Arbeitslosengeldes, so lange die Arbeitsunfähigkeit andauert (§ 47b SGB V). Der
Arbeitslose bleibt also (zunächst) noch im Leistungssystem der Arbeitslosenversicherung, weil ihm
ein Wechsel bei kürzeren Krankheitszeiten nicht zugemutet werden soll. Sein Anspruch nach § 146
SGB III ersetzt praktisch den Krankengeldanspruch, der während des Arbeitslosengeldbezugs ruht
(§ 49 Abs. 1 Nr. 3a SGB V). Nach Ablauf von sechs Wochen erhält er dann Krankengeld für die
weitere Dauer der Arbeitsunfähigkeit, sofern die Arbeitsunfähigkeit der Krankenkasse gemeldet ist.

Führt eine bei Beendigung des Arbeitsverhältnisses gezahlte **Urlaubsabgeltung** nach § 157 Abs. 2 247
SGB III zum Ruhen des Arbeitslosengeldes und tritt während der Ruhenszeit Arbeitsunfähigkeit
ein, entfällt zwar ein Anspruch auf Weitergewährung des Arbeitslosengeldes nach § 146 SGB III,
weil diese Regelung den **Bezug** von Arbeitslosengeld voraussetzt. Die darin liegende Sicherungslücke hat der Gesetzgeber ab 1.1.2002 durch § 5 Abs. 1 Nr. 2 SGB V geschlossen (ausf. hierzu
BSG 4.3.2014 SozR 4 – 2500 § 5 Nr. 22). Denn nach **§ 5 Abs. 1 Nr. 2 SGB V aF** waren seitdem
auch Personen in der gesetzlichen Krankenversicherung pflichtversichert, deren Arbeitslosengeldanspruch ab Beginn des zweiten Monats wegen einer Urlaubsabgeltung (§ 157 Abs. 2 SGB III)
ruhte. Im Zusammenhang mit dem nachgehenden Versicherungsschutz nach § 19 Abs. 2 SGB V
(für den ersten Monat, vgl. Rdn 72) wurde der Versicherungsschutz des Arbeitslosen während des
Ruhenszeitraums sichergestellt, ohne dass er sich freiwillig weiterversichern musste; zum **1.8.2017**
wurde § 5 Abs. 1 Nr. 2 SGB V (durch Art. 1 Nr. 0a. des Gesetzes zur Stärkung der Heil- und Hilfsmittelversorgung vom 4.4.2017, BGBl. I S. 778) dahingehend geändert, dass die **Kranken- und
Pflegeversicherung** nicht erst (wie zuvor) ab Beginn des zweiten Monats des Ruhenszeitraums,
sondern **bereits von deren ersten Tag** an wirksam wird (vgl. Rdn 48 ff., 52 und KR-*Link/Lau* § 157
SGB III Rdn 39). Er erhält also auch bei Eintritt der Arbeitsunfähigkeit während der Ruhenszeit
wegen Urlaubsabgeltung Krankengeld, so lange die Arbeitsunfähigkeit andauert (anders bei der
Ruhenszeit wegen einer Sperrzeit, vgl. Rdn 157). Das Krankengeld wird in Höhe des zuletzt gezahlten Arbeitslosengeldes vom ersten Tag an gewährt (§ 47b Abs. 1 SGB V). Wird die Urlaubsabgeltung nicht gezahlt, kann der Arbeitslose nach § 157 Abs. 3 SGB III (§ 143 Abs. 3 SGB III aF)
das Arbeitslosengeld im Wege der Gleichwohlgewährung beanspruchen. Tritt während des Bezugs
dieser Leistung Arbeitsunfähigkeit ein, steht dem Arbeitslosen Fortzahlung des Arbeitslosengeldes
für sechs Wochen zu (s.a. Rdn 247).

Hat der Arbeitnehmer nach der tatsächlichen Beendigung der Beschäftigung zunächst im Wege 248
der Gleichwohlgewährung Arbeitslosengeld (§ 157 Abs. 3 SGB III; s. Rdn 253 f.) und danach als
Arbeitsloser Krankengeld bezogen (§ 47b SGB V; s. Rdn 50 ff.) und wird im Kündigungsschutzprozess der Fortbestand des Arbeitsverhältnisses festgestellt, so entsteht rückwirkend ein Anspruch auf
Zahlung des – idR höheren – Krankengeldes aus der nunmehr allein maßgeblichen **Beschäftigungsversicherung**. Auf den Zahlbetrag muss er sich aber das aus der Arbeitslosen-Krankenversicherung
gewährte **Krankengeld anrechnen lassen**. Dass in derartigen Fällen das gewährte Arbeitslosengeld
ggf. vom Arbeitnehmer nach § 157 Abs. 3 S. 2 SGB III (§ 143 Abs. 3 S. 2 SGB III aF) an die BA
zurückzuerstatten ist, hat nicht zur Folge, dass die Krankenkassen das Arbeitslosenkrankengeld
ebenfalls zurückfordern könnten. Dem steht sowohl der eindeutige Wortlaut des § 5 Abs. 1 Nr. 2,
2. Teils. SGB V als auch die Bedeutung des § 335 Abs. 3 SGB III entgegen (s. Rdn 225). Danach

kann nicht davon ausgegangen werden, dass die Versicherung kraft Arbeitslosengeldbezuges durch die rückwirkend wieder aufgelebte Beschäftigungsversicherung verdrängt wird bzw. unwirksam wird; es findet vielmehr lediglich eine dem regelmäßig höheren Arbeitsentgelt entsprechende Aufstockung des Krankengeldes statt.

c) In der Unfallversicherung

249 In der Unfallversicherung erhält der Verletzte **Verletztengeld**, solange er infolge des Arbeitsunfalls u.a. arbeitsunfähig ist und unmittelbar vor Beginn der Arbeitsunfähigkeit Anspruch auf Arbeitsentgelt, Arbeitseinkommen oder bestimmtes Erwerbsersatzeinkommen (zB Krankengeld, Arbeitslosengeld, nicht nur darlehensweise gewährtes Arbeitslosengeld II), hatte (§ 45 Abs. 1 SGB VII). Auf das Verletztengeld wird gleichzeitig erzieltes **Arbeitsentgelt** oder **Arbeitseinkommen** mit bestimmten Abschlägen, ferner Erwerbsersatzeinkommen wie etwa Arbeitslosengeld oder nicht nur darlehensweise gewährtes Arbeitslosengeld II angerechnet (§ 52 SGB VII). Eine Anrechnung erfolgt auch, wenn Ansprüche auf Leistungen nach dem SGB III wegen einer Sperrzeit ruhen oder das Arbeitslosengeld II nach § 31 SGB II abgesenkt worden ist (§ 52 Nr. 2 SGB VII). Wird Verletztengeld gezahlt, weil der Arbeitgeber seine Lohnfortzahlungspflicht nicht erfüllt, so gelten die gleichen Rechtsfolgen wie für das Krankengeld (s. Rdn 241; zu § 115 SGB X s. Rdn 229 f.). Ist der Versicherte über die 26. Woche hinaus infolge des Versicherungsfalles (Arbeitsunfalls, Wegeunfalls) um wenigstens 20 vH erwerbsgemindert, erhält er eine **Verletztenrente** (§ 56 SGB VII). Wird infolge Arbeitslosigkeit **erhöhte Verletztenrente** nach § 58 SGB VII (s. Rdn 109) gezahlt, so tritt hinsichtlich des nachzuzahlenden Arbeitsentgelts in Höhe des Aufstockungsbetrages ein Forderungsübergang nach § 115 SGB X ein (hierzu s. Rdn 229 f.).

d) In der Rentenversicherung

250 Bezieht der Arbeitnehmer während der Dauer des Kündigungsschutzprozesses **Rente wegen verminderter Erwerbsfähigkeit** (s. Rdn 80), die mit nachzuzahlendem Arbeitsentgelt aus dem zu Unrecht gekündigten Arbeitsverhältnis zusammentrifft, so war nach früherem Recht das für denselben Zeitraum erzielte Arbeitsentgelt auf die Rente **anzurechnen**, wenn die Beschäftigung vor Rentenbeginn aufgenommen und solange sie **danach nicht ausgeübt worden ist** (§ 94 Abs. 1 S. 1 SGB VI aF, s. Rdn 84). Diese Regelung ist ab 1.1.2008 entfallen. Seitdem ist das erzielte Arbeitsentgelt als **Hinzuverdienst** zu behandeln, das nach § 96a SGB VI zum Wegfall der Erwerbsminderungsrente führt, wenn die Hinzuverdienstgrenze überschritten wird (vgl. Rdn 84).

251 Erhielt der Arbeitnehmer während der Dauer des Kündigungsschutzprozesses **Altersrente wegen Arbeitslosigkeit** oder wegen Altersteilzeitarbeit (s. Rdn 91 ff., 94), die mit nachzuzahlendem Arbeitsentgelt aus dem Arbeitsverhältnis zusammentrifft, so trat hinsichtlich des nachzuzahlenden Arbeitsentgelts ein Forderungsübergang nach § 115 SGB X ein (hierzu s. Rdn 229 f.), weil diese Altersrente **wegen** der Nichterfüllung der Arbeitsentgeltansprüche gezahlt worden ist.

252 Wird vor Erreichen der Regelaltersgrenze eine sonstige **vorgezogene Altersrente** (s. Rdn 88 ff.) gezahlt, die später mit einem für die Dauer des Kündigungsschutzprozesses nachzuzahlenden Arbeitsentgelt zusammentrifft, kann es zu einer rückwirkenden (teilweisen) Aufhebung der Rentenbewilligung und Rückforderung der Leistung nach § 48 Abs. 1 S. 2 SGB X kommen, wenn das nachgezahlte Entgelt die **Hinzuverdienstgrenze** übersteigt (§ 34 Abs. 3 SGB VI – vgl. allg. *LSG BW* 17.9.2014 – L 2 R 4854/12; s. Rdn 106). Es handelt sich um »erzieltes Arbeitsentgelt aus einer Beschäftigung«, das von § 34 Abs. 3b SGB VI erfasst wird, obwohl die Beschäftigung tatsächlich nicht ausgeübt worden ist. Allerdings kann die **rückwirkende Aufhebung** »wegen Erzielens von Arbeitsentgelt« (§ 48 Abs. 1 S. 2 Nr. 3 SGB X) nur in Höhe des die Verdienstgrenze übersteigenden Teils des Arbeitsentgelts erfolgen (*BSG* 23.3.1995 – 13 RJ 39/94, SozR 3 – 1300 § 48 SGB X Nr. 37). Mindestens muss aber dem Rentner die jeweils niedrigere Teilrente erhalten bleiben, wenn die dafür maßgebliche Hinzuverdienstgrenze für diese Teilrente nicht überschritten wird.

e) In der Arbeitslosenversicherung

aa) Besonderheiten des Forderungsübergangs bei Gleichwohlgewährung nach § 157 Abs. 3 SGB III, § 158 Abs. 4 SGB III

Wird dem (unwirksam) gekündigten Arbeitnehmer **nach der Entlassung** Arbeitslosengeld gezahlt, weil er vom Arbeitgeber geschuldete Leistungen (Arbeitsentgelt, Urlaubsabgeltung, Entlassungsentschädigung) tatsächlich nicht erhält (Gleichwohlgewährung nach § 157 Abs. 3 SGB III, § 158 Abs. 4 SGB III), so gehen die ihm zustehenden Ansprüche auf die BA über. Das ergibt sich für Ansprüche auf **Arbeitsentgelt** und **Urlaubsabgeltung** unmittelbar aus § 115 SGB X (s. Rdn 229 f.), für Ansprüche auf Abfindungen, Entschädigungen u.ä. Leistungen (**Entlassungsentschädigungen**) aus § 158 Abs. 4 S. 1 SGB III, wonach durch Klammerzusatz klargestellt ist, dass die Entlassungsentschädigungen, soweit sie nach Abs. 1 dieser Regelungen zum Ruhen des Arbeitslosengeldes führen, als Arbeitsentgelt iSd § 115 SGB X gelten. Bei Gewährung von Arbeitslosengeld gehen diese Ansprüche gem. § 115 SGB X auf die BA über und werden von ihr – ggf. im Zivilrechtsweg – geltend gemacht. 253

§ 115 SGB X ist in seiner Wirkung auf Zeiten beschränkt, für die Leistungen nach dem SGB III **erbracht** wurden und beschränkt der Höhe nach den Übergang auf den Betrag des **gezahlten Arbeitslosengeldes**. Deshalb findet ein Forderungsübergang nicht statt, soweit für Zeiten, für die Arbeitsentgelt nachgezahlt wird, kein Arbeitslosengeld gezahlt wurde, etwa weil mangels Arbeitslosmeldung bzw. Antragstellung kein Anspruch bestand oder weil der Anspruch wegen einer Sperrzeit ruhte. Auch der das Arbeitslosengeld übersteigende **Spitzbetrag des Arbeitsentgelts** (oder einer Abfindung) geht nicht auf die BA über. 254

Die BA kann den zum Ausgleich für die Gewährung des Arbeitslosengeldes auf sie übergegangenen Arbeitsentgelt-Anspruch grds. nur gegenüber dem **Arbeitgeber** geltend machen. Lediglich für den Fall, dass der Arbeitgeber das Arbeitsentgelt mit **befreiender Wirkung** an den Arbeitnehmer gezahlt hat, ist der BA ein öffentlich-rechtlicher **Erstattungsanspruch** gegen den Arbeitnehmer eingeräumt (§ 157 Abs. 3 S. 2 SGB III, § 158 Abs. 4 S. 2 SGB III). Mit befreiender Wirkung gegenüber der BA zahlt der Arbeitgeber, wenn er zum Zeitpunkt der Zahlung an den Arbeitnehmer von der Gewährung des Arbeitslosengeldes nichts wusste (§§ 412, 407 BGB) oder wenn die BA die Zahlung an den Arbeitnehmer genehmigt hat (§ 362 Abs. 2, § 185 Abs. 2 BGB). 255

Da der Arbeitgeber in Fällen, in denen der Arbeitnehmer Kündigungsschutzklage erhebt, von der BA in aller Regel über den Leistungsbezug aus der **Arbeitslosenversicherung** unterrichtet wird, kann der Arbeitgeber **danach** grds. nicht mehr gem. §§ 412, 407 BGB mit befreiender Wirkung zahlen. Zahlt er dennoch (in Kenntnis des Forderungsübergangs) Arbeitsentgelt oder Abfindungsbeträge an den Arbeitnehmer aus, kann die BA grds. nur noch den Arbeitgeber in Anspruch nehmen, während eine nach früherem Recht mögliche unmittelbare Rückforderung des Arbeitslosengeldes vom Arbeitnehmer seit 1.1.1981 beseitigt worden ist (zur Genehmigung s. Rdn 257). 256

Die nach dieser Rechtsentwicklung eher zu verneinende Frage, ob die BA einer zunächst ohne befreiende Wirkung erfolgten Zahlung des Arbeitgebers an den Arbeitslosen durch **Genehmigung** gem. § 362 Abs. 2, § 185 Abs. 2 BGB befreiende Wirkung verleihen kann, um statt den Arbeitgeber den **Arbeitnehmer als Erstattungsschuldner** belangen zu können, ist inzwischen vom BSG in st. Rspr. bejaht worden (vgl. BSG 22.10.1998 – B 7 AL 106/97 R, BSGE 83, 82; Beschl. v. 4.12.2000 – B 11 AL 213/00 B, nv). Durch die Genehmigung werde eine dem öffentlichen Recht entsprechende Vermögenslage hergestellt, denn eine besondere Schutzwürdigkeit des Arbeitnehmers sei nicht erkennbar, weil er Arbeitsentgelt und Arbeitslosengeld – regelmäßig in Kenntnis, dass ihm eine solche Doppelleistung nicht zustehe – erhalten habe und sich sein Arbeitslosengeldanspruch nach Durchsetzung des Erstattungsanspruchs der BA aus Abs. 3 S. 2 wieder um den Erstattungszeitraum verlängere (vgl. dazu KR-*Link/Lau* § 157 SGB III Rdn 49). 257

Nach der Rspr. des *BSG* besteht auch kein Grund zu der Annahme, die BA müsse, bevor sie die Zahlung genehmige, **zunächst versucht** haben, ihren Anspruch gegenüber dem Arbeitgeber 258 durchzusetzen (*BSG* 22.10.1998 – B 7 AL 106/97 R, BSGE 83, 82; zweifelnd *Winkler* in *Gagel* SGB III, § 143 Rn 75). Ausgeschlossen wird eine Genehmigung nur in Ausnahmefällen, etwa wenn der Genehmigung der Einwand unzulässiger Rechtsausübung entgegenstehe (vgl. iE KR-*Link/Lau* § 157 SGB III Rdn 50 ff.).

259 § 157 Abs. 3 S. 2 SGB III und § 158 Abs. 4 S. 2 SGB III stellen gegenüber §§ 44 ff., 50 SGB X **Spezialregelungen** dar, sodass es der dort genannten Voraussetzungen für die Rückforderung nicht bedarf; insbes. ist die Inanspruchnahme des Arbeitnehmers nach diesen Bestimmungen – anders als in den Fällen des § 50 SGB X – nicht von der Aufhebung des Bewilligungsbescheides abhängig bzw. schließt eine solche sogar aus (*BSG* 24.7.1986 SozR 4100 § 117 Nr. 16 u. Nrn. 18, 19, 20, 22). Das hat seinen Grund darin, dass in diesen Fällen nicht eigentlich Arbeitslosengeld erstattet, sondern in Wirklichkeit das **Arbeitsentgelt** in Höhe des Arbeitslosengeldes an die Agentur für Arbeit gezahlt wird, das dieser auf Grund des gesetzlichen Übergangs des Arbeitsentgeltsanspruchs infolge der Arbeitslosengeld-Zahlung zugestanden hat. Hat der Arbeitgeber hingegen nicht mit befreiender Wirkung an den Arbeitnehmer gezahlt, kommt folglich eine Inanspruchnahme des Arbeitnehmers durch die BA nur dann in Betracht, wenn sie ihren Leistungsbescheid nach den Vorschriften der §§ 44 ff. SGB X iVm § 330 SGB III wirksam aufgehoben hat. Die nachträgliche Zahlung des Arbeitsentgelts (oder der sonstigen in § 157 Abs. 2 und § 158 Abs. 1 SGB III genannten Leistungen) an den Arbeitnehmer rechtfertigt allerdings die rückwirkende Aufhebung der Arbeitslosengeld-Bewilligung nicht; denn das Arbeitslosengeld wird nicht »vorbehaltlich« der Arbeitsentgeltzahlung, sondern **endgültig** gewährt; die Gewährung bleibt **rechtmäßig**, auch wenn dem Empfänger später das Arbeitsentgelt (oder eine sonstige an sich zum Ruhen oder zur Anrechnung führende Leistung) vom Arbeitgeber nachgezahlt wird. Die Zahlung des Arbeitgebers wirkt nicht auf die Zeit der Gleichwohlgewährung zurück (s. Rdn 189 f.). Die Bewilligung des Arbeitslosengeldes kann allerdings aus Gründen, die nichts mit der Gleichwohlgewährung zu tun haben, aufgehoben werden (zB wegen Nichterfüllung der Anwartschaftszeit oder weil sonstige Anspruchsvoraussetzungen für das Arbeitslosengeld fehlen) mit der Folge, dass dann der gesetzliche Übergang des Arbeitsentgelt-Anspruchs auf die BA nach § 115 SGB X und damit auch der Erstattungsanspruch nach § 157 Abs. 3 S. 2 SGB III, § 158 Abs. 4 S. 2 SGB III entfällt.

260 Ist der Arbeitgeber regelmäßig der **alleinige Erstattungsschuldner der BA**, so muss er damit rechnen, Lohnansprüche, die bis zum vereinbarten Ende des Arbeitsverhältnisses entstanden und nicht untergegangen sind, nochmals bzw. unabhängig davon erfüllen zu müssen, ob diese Ansprüche mit einer vereinbarten Abfindungszahlung abgegolten sein sollen oder auf solche Ansprüche verzichtet worden ist.

bb) Zweck und Funktion der §§ 157, 158 SGB III

261 Sinn und Zweck der Ruhensregelungen erschließen sich aus § 157 Abs. 1 SGB III. Diese Bestimmung soll den **Doppelbezug von Arbeitsentgelt und Arbeitslosengeld** verhindern; denn Lohnersatzleistungen nach dem SGB III werden nicht benötigt, solange trotz Arbeitslosigkeit kein Verdienstausfall eintritt. Diese Zweckbestimmung gilt auch für die dem Arbeitsentgelt zuzurechnende **Urlaubsabgeltung** (§ 157 Abs. 2 SGB III) und auch für **Entlassungsentschädigungen**, soweit sie – bei typisierender Betrachtung – im Hinblick auf die vorzeitige Beendigung des Arbeitsverhältnisses die Annahme rechtfertigen, dass in ihnen **Arbeitsentgelt** enthalten ist (§ 158 SGB III).

262 Das Ziel, Doppelleistungen zu verhindern, könnte nämlich, wenn es nur § 157 SGB III gäbe, umgangen werden; denn da als Arbeitsentgelt begrifflich nur Leistungen bis zur wirksamen Beendigung des Arbeitsverhältnisses angesehen werden können (vgl. *BAG* 29.8.1968 EzA § 7 KSchG Nr. 5; s.a. Rdn 26 ff.), könnten die Vertragsparteien die Beendigung des Arbeitsverhältnisses auf den frühest möglichen Termin vorziehen und dafür eine erhöhte, als Abfindung oder Entschädigung (Entlassungsentschädigung) ausgewiesene Arbeitgeberleistung vereinbaren, um so der Anrechnung auf das Arbeitslosengeld bzw. dessen Ruhen zu entgehen. Derartige Gestaltungen will § 158 SGB III verhindern (*BVerfG* 12.5.1976 EzA § 117 AFG Nr. 1; *BSG* 14.2.1978 BSGE 46, 20, 29 mwN). Dabei geht der Gesetzgeber bei Gewährung von Abfindungen im Falle **vorzeitiger**

Auflösung des Arbeitsverhältnisses davon aus, dass sie in bestimmtem – typisierten – Umfang neben der Entschädigung für den Verlust sozialer Besitzstände **Ansprüche auf Arbeitsentgelt** enthalten, nämlich Ansprüche zum **Ausgleich entgangenen Arbeitsentgelts**, das der Arbeitnehmer bezogen hätte, wenn das – vorzeitig beendete – Arbeitsverhältnis unter Einhaltung der für den Arbeitgeber geltenden ordentlichen Kündigungsfrist beendet worden wäre. § 158 SGB III gilt auch bei vorzeitiger Beendigung eines befristeten Arbeitsverhältnisses (*BSG* 12.12.1984 SozR 4100 § 117 Nr. 13) oder bei Auflösung durch Urteil nach § 13 Abs. 1 S. 3 KSchG zu dem Zeitpunkt des Zugangs der außerordentlichen Kündigung (*BSG* 8.12.1987 SozR 4100 § 117 Nr. 21). Zu § 158 Abs. 3 SGB III s. Rdn 263.

Damit wird der **Anspruch** auf **Arbeitslosengeld** durch §§ 157, 158 SGB III grds. in allen Fällen 263 berührt, in denen das Arbeitsverhältnis **vorzeitig** beendet wird, also zu einem Zeitpunkt, zu dem **arbeitsrechtlich eine Beendigung durch den Arbeitgeber nicht oder noch nicht möglich** (wirksam) ist. Das sind die Fälle, in denen das Arbeitsverhältnis nach einer unwirksamen (fristgerechten oder fristlosen) Kündigung über den Zeitpunkt der tatsächlichen Beendigung der Beschäftigung hinaus rechtlich fortbesteht (§ 157 SGB III) und/oder vor Ablauf der ordentlichen oder fingierten Kündigungsfrist beendet wird (§ 158 SGB III). Gleichgestellt ist nach § 158 Abs. 3 SGB III der Fall, dass (nur) das **Beschäftigungsverhältnis** – unter **formaler Aufrechterhaltung des Arbeitsverhältnisses** – beendet wird (vgl. KR-*Link/Lau* § 158 SGB III Rdn 89). Ein Ruhen der Arbeitsförderungs-Leistungen scheidet hingegen aus, wenn das Arbeitsverhältnis auf Grund wirksamer ordentlicher Kündigung mit Ablauf der Kündigungsfrist (gegen Zahlung einer Abfindung) tatsächlich und rechtlich endet, wenn eine befristetes Arbeitsverhältnis ausläuft oder wenn das Arbeitsverhältnis auf Grund wirksamer fristloser Kündigung endet (§ 158 Abs. 2 S. 3 Nr. 3 SGB III). In diesen Fällen kann die Abfindung keine **Entgeltteile** enthalten, weil das Arbeitsverhältnis mit der Einstellung der Arbeit arbeitsrechtlich wirksam beendet worden ist; hier ist die gesetzliche Vermutung begründet, dass derartige Abfindungen ausschließlich der **Abgeltung sozialer Besitzstände** dienen. Das *BSG* hat nunmehr richtigerweise klargestellt, dass die Abfindung nach § 1a KSchG keine Entlassungsentschädigung iSv § 158 SGB III ist, die den Anspruch auf Arbeitslosengeld zum Ruhen bringt (8.12.2016 – B 11 AL 5/15 R, SozR 4 – 4300 § 143a Nr. 3 m. zust. Anm. *Schneil* NZS 2017, 312). Denn bezüglich der Abfindung nach § 1a KSchG fehlt ein Kausalzusammenhang (zwischen der Beendigung des Arbeitsverhältnisses und der Entstehung des Abfindungsanspruchs) schon deshalb, weil der Abfindungsanspruch erst entsteht, nachdem die Arbeitgeberkündigung aufgrund der gesetzlichen Fiktion der §§ 7, 4 S. 1 KSchG als rechtswirksam gilt und zudem die ordentliche Kündigungsfrist abgelaufen ist (*BAG* 10.5.2007 – 2 AZR 45/06, BAGE 122, 257).

cc) Art und Umfang der von §§ 157, 158 SGB III erfassten Ansprüche des Arbeitnehmers

Hinsichtlich der Ansprüche aus dem Arbeitsverhältnis, die dem Arbeitnehmer bei Beendigung des 264 Kündigungsschutzprozesses noch zustehen, sind nach §§ 157, 158 SGB III zwei **Grundkategorien** zu unterscheiden: Die erste – und vorrangig zu berücksichtigende – Kategorie umfasst Ansprüche auf **Arbeitsentgelt** für die Zeit nach der faktischen Entlassung (Beginn der Arbeitslosigkeit) bis zu dem durch Urteil oder Vereinbarung festgelegten Ende des Arbeitsverhältnisses. Zur Kategorie Arbeitsentgelt gehören auch Ansprüche auf Urlaubsabgeltungen, die so behandelt werden, als seien sie für die Zeit im Anschluss an das Ende des Arbeitsverhältnisses, die der Dauer des abgegoltenen Urlaubs entspricht, geschuldet. Diese Ansprüche führen nach § 157 Abs. 1 u. 2 SGB III zum **Ruhen** der Arbeitsförderungsleistungen bzw. gehen, sobald Arbeitslosengeld für entsprechende Zeiträume an den Arbeitslosen ausgezahlt wird, zum Ausgleich auf die BA über, § 115 SGB X (s.a. Rdn 229 f., 265 bis 267). Die zweite Kategorie umfasst **jegliche sonstigen Leistungen des Arbeitgebers** wie etwa Abfindungen, Entschädigungen und ähnliche Leistungen (zB Ausgleichszahlungen, vorgezogene Altersrenten auf Grund einer Versorgungsvereinbarung), sofern nur ein **ursächlicher Zusammenhang** zwischen der **Beendigung** des Arbeitsverhältnisses und der **Gewährung** der Leistungen besteht (zum früheren Recht *BSG* 22.2.1984 SozR 4100 § 118 Nr. 13; 15.11.1984 NZA 1985, 438). Diese Leistungen führen – unabhängig von ihrer Bezeichnung, dem Zweck der Leistung und davon, ob sie in Raten oder in einer Summe gezahlt werden – nach Maßgabe des § 158 Abs. 1

u. 2 SGB III zum Ruhen des Arbeitslosengeldes und können von der BA zum Ausgleich bereits gezahlten Arbeitslosengeldes in Anspruch genommen werden (s. Rdn 268 f.; KR-*Link/Lau* § 158 SGB III Rdn 16). Als gleichsam dritte Gruppe sind **diejenigen Ansprüche des Arbeitnehmers auszugrenzen,** die weder von § 157 SGB III noch von § 158 SGB III berührt werden, dh nicht zu einem Ruhen führen bzw. nicht zum Ausgleich bereits gezahlter Leistungen wegen Arbeitslosigkeit herangezogen werden dürfen (s. Rdn 265, 266).

(1) Arbeitsentgelt

265 Das Ruhen des Anspruchs auf Arbeitslosengeld nach § 157 Abs. 1 SGB III und der Übergang des Anspruchs auf Arbeitsentgelt auf die BA nach § 115 SGB X betrifft nur solches **Arbeitsentgelt, das für die Zeit zwischen dem tatsächlichen Ende der Beschäftigung und dem Ende des Arbeitsverhältnisses** beansprucht werden kann (oder tatsächlich gezahlt wird; vgl. KR-*Link/Lau* § 157 SGB III Rdn 19). Damit scheiden von vornherein die **rückständigen Lohn- und Gehaltsansprüche** für Zeiten **vor der tatsächlichen Beendigung der Beschäftigung** aus. Das gilt auch für sonstige Entgeltteile (zB Gewinnanteile, Jahresabschlussvergütungen, Gratifikationen), soweit sie in Zeiträumen erarbeitet worden sind, die vor der Entlassung bzw. Arbeitslosigkeit liegen, ferner für sonstige einmalige Zuwendungen (zB Jubiläumsgeschenke, Ehrengaben aus besonderem Anlass, auch Weihnachtsgelder, 13. Monatsgehälter), die ihrem Rechtscharakter nach keinen speziellen Bezug zu dem Zeitraum haben, um den es nach § 157 Abs. 1 SGB III geht. Auch sonstige Lohnteile, die erst mit oder nach Beendigung des Arbeitsverhältnisses fällig werden (zB Rückstellungen, Rücklagen jeder Art) gehören nicht zum Arbeitsentgelt nach § 157 Abs. 1 SGB III, wenn sie dem Arbeitnehmer auch bei ordnungsgemäßer Entgeltzahlung im maßgeblichen Ruhenszeitraum nicht als Einkommen verfügbar gewesen wären. Arbeitsentgelt soll nach dem Zweck des § 157 Abs. 1 SGB III nur insoweit erfasst werden, als es **für den maßgeblichen Ruhenszeitraum** geschuldet wird.

266 Deshalb bleiben auch diejenigen Leistungen des Arbeitgebers unberücksichtigt, die **vor Beendigung des Arbeitsverhältnisses verdient** worden sind und nur **anlässlich** der Beendigung ausgezahlt werden, unabhängig davon, wie sie bezeichnet werden. Dazu gehören zB Abfindungen für erworbene Anwartschaften, die einzelvertraglich, tarifvertraglich oder gesetzlich vorgesehen sind (zB Abfindung von Betriebsrenten oder festgelegter Gewinnanteile, Auszahlungen aus Anlagen im Rahmen der Vermögensbildung) und die bereits während der aktiven Beschäftigung verdient worden sind. Derartige Abfindungen, auf die ein Rechtsanspruch besteht und die nicht »wegen«, sondern »bei« Beendigung des Arbeitsverhältnisses gewährt bzw. fällig werden, werden weder von § 157 SGB III noch von § 158 SGB III erfasst.

(2) Urlaubsabgeltung

267 Für Urlaubsabgeltungen sieht das Gesetz seit 1.1.1982 einen **eigenen Ruhenstatbestand** vor, der zunächst in § 117 Abs. 1a AFG geregelt war und jetzt in § 157 Abs. 2 SGB III enthalten ist (zu den Motiven für diese Regelung s. Rdn 48 f.). Der Anspruch auf Arbeitslosengeld ruht danach wegen einer – zu beanspruchenden oder (auch ohne Rechtsgrund) tatsächlich gezahlten – Urlaubsabgeltung für den Zeitraum **im Anschluss an das Ende des Arbeitsverhältnisses,** der der **Dauer des abgegoltenen Urlaubs** entspricht. Der Anspruch auf Urlaubsabgeltung geht auf die BA nach § 115 SGB X über, sobald Arbeitslosengeld für diesen Zeitraum gezahlt wird, jedoch nur in Höhe der erbrachten Leistung (*BAG* 7.11.1985 EzA § 7 BUrlG Nr. 42). Damit wird praktisch im Leistungsrecht der Arbeitslosenversicherung eine Verlängerung des Arbeitsverhältnisses um die abzugeltenden Urlaubstage fingiert (entsprechende beitragsrechtliche und mitgliedschaftsrechtliche Fiktionen sind ab 1.1.1986 wieder gestrichen worden, s. Rdn 48). Ruht das Arbeitslosengeld auch wegen einer nach § 158 Abs. 1 SGB III gezahlten oder zu beanspruchenden Abfindung, verlängert sich dieser Ruhenszeitraum um die Tage des abgegoltenen Urlaubs (§ 158 Abs. 1 S. 5 SGB III).

(3) Abfindungen, Entlassungsentschädigungen

Von dem Begriff der »Entlassungsentschädigung«, die nach § 158 SGB III zum Ruhen des Arbeits- **268** losengeldes führt, werden alle Leistungen des Arbeitgebers erfasst, die für die Zeit nach dem Ende des Arbeitsverhältnisses **wegen dessen Beendigung** gezahlt werden. Deshalb sind aus dem Anwendungsbereich des § 158 SGB III zunächst diejenigen Leistungen auszugrenzen, mit denen Ansprüche auf Arbeitsentgelt oder Urlaubsabgeltung iSd § 157 Abs. 1 u. 2 SGB III abgefunden werden (zur Abgrenzung von Arbeitsentgelt und Abfindung s. Rdn 269 f.), die also für die Zeit bis zum festgelegten Ende des Arbeitsverhältnisses bzw. den daran anschließenden Urlaubs-Abgeltungszeitraum (s. Rdn 267) bestimmt sind. Auszugrenzen sind ferner die (weder von § 157 SGB III noch von § 158 SGB III erfassten) Leistungen, die vor der Beendigung des Arbeitsverhältnisses verdient wurden und nur **anlässlich** der Beendigung gezahlt werden (s. Rdn 266 u. KR-*Link/Lau* § 157 SGB III Rdn 36). Besteht hingegen zwischen Leistungsgewährung und Beendigung ein **ursächlicher Zusammenhang**, wäre also die Leistung ohne die Beendigung nicht gezahlt worden, so liegt eine der Entlassungsentschädigung zuzuordnende Leistung iSv § 158 SGB III vor, die zum Ruhen der Leistungen wegen Arbeitslosigkeit führt (bei der Abfindung nach § 1a KSchG fehlt ein solcher Kausalzusammenhang, so zutr. *BSG* 8.12.2016 – B 11 AL 5/15 R, SozR 4 – 4300 § 143a Nr. 3, s.a. Rdn 263). Ungeachtet der Bezeichnung oder der Art ihrer Vereinbarung muss es sich um Ansprüche handeln, die erst mit der Beendigung entstehen oder wegen der Beendigung zugebilligt werden und die ihrer Art nach einen Zusammenhang mit dem Verlust des Arbeitsplatzes haben. Ein Kausalzusammenhang zwischen der »vorzeitigen« Beendigung und der Entlassungsentschädigung ist hingegen nicht erforderlich; es genügt vielmehr ein bloßes Zusammentreffen zwischen vorzeitiger Beendigung und der Entlassungsentschädigung. Im Übrigen greift die nach § 158 SGB III gesetzlich begründete Vermutung für eine mindestens anteilige Abgeltung von Arbeitsentgeltansprüchen nach der Funktion dieser Bestimmung (s. Rdn 261) immer dann ein, wenn das Arbeitsverhältnis »vorzeitig« beendet wird. Vgl. hierzu und zu den weiteren Einzelheiten dieser Regelung KR-*Link/Lau* § 158 SGB III Rdn 12 f.

dd) Abgrenzung von Arbeitsentgelt und Abfindung nach §§ 157, 158 SGB III, Bedeutung für die arbeitsgerichtliche Vergleichspraxis

Die Frage, ob die bei Ende des Kündigungsschutzprozesses vom Arbeitgeber geschuldeten oder tat- **269** sächlich gewährten Leistungen (soweit sie überhaupt in den Anwendungsbereich einer der beiden Regelungen fallen) der Kategorie »**Arbeitsentgelt**« iSv § 157 Abs. 1 SGB III oder »**Abfindung**« iSv § 158 Abs. 1 SGB III zuzuordnen sind, ist wegen der unterschiedlichen sozialversicherungsrechtlichen Rechtsfolgen für die arbeitsgerichtliche Vergleichspraxis von besonderer Bedeutung: Während Arbeitsentgelt regelmäßig zum (völligen) **Ruhen** bzw. zum **Ausgleich** bereits gezahlten Arbeitslosengeldes für deckungsgleiche Zeiträume führt und der **Beitragspflicht** unterliegt, sind **Abfindungen** bzw. **Entlassungsentschädigungen** regelmäßig beitragsfrei und wirken sich auf zu beanspruchendes bzw. bereits gezahltes Arbeitslosengeld nur unter den besonderen Voraussetzungen des § 158 SGB III in dem dort vorgesehenen Umfang aus (s. dazu KR-*Link/Lau* § 158 SGB III Rdn 58 ff.). Maßgebend für die Zuordnung einer Arbeitgeberleistung ist, **welchen Zeitpunkt** die Vergleichsparteien für die Beendigung des Arbeitsverhältnisses gewählt haben; denn das **Ende des Arbeitsverhältnisses** ist der für die Abgrenzung des Wirkungsbereichs von § 157 SGB III u. § 158 SGB III entscheidende Zeitpunkt.

Ob die in **gerichtlichen oder außergerichtlichen Vergleichen** festgelegten Zahlungen des Arbeit- **270** gebers an den Arbeitnehmer ihrer Rechtsnatur nach Arbeitsentgelt oder Abfindungen enthalten, kann demnach nicht allgemein bestimmt werden, sondern richtet sich nach den Umständen des Einzelfalles. Welche Bezeichnung die Parteien gewählt haben, ist unerheblich. Maßgeblich ist vielmehr der **gewählte Zeitpunkt der Beendigung** des **Arbeitsverhältnisses**. In Sonderfällen kann auch ein davon abweichender Zeitpunkt der Beendigung des **Beschäftigungsverhältnisses** maßgeblich sein, wenn das Arbeitsverhältnis nur noch formal aufrecht erhalten bleibt (vgl. KR-*Link/Lau* § 158 SGB III Rdn 89).

(1) Bedeutung des im Vergleich festgelegten Endes des Arbeitsverhältnisses; Dispositionsfreiheit der Vergleichsparteien

271 Der im arbeitsgerichtlichen Vergleich festgelegte **Endzeitpunkt des Arbeitsverhältnisses** ist grds. auch für die **sozialversicherungsrechtlichen** (und steuerrechtlichen) **Rechtsfolgen** maßgeblich. Denn die Arbeitsvertragsparteien sind bei Streit um Bestand und Dauer des Arbeitsverhältnisses durch sozialversicherungsrechtliche Vorschriften nicht gehindert, das **Ende des Arbeitsverhältnisses** frei zu bestimmen (allg. Meinung; s. u.a. *BAG* 20.8.1980 EzA § 6 LohnFG Nr. 15; *BSG* 14.2.1978 BSGE 46, 20, 24; 25.9.1981 BSGE 52, 152, 163/164 mwN; *BFH* 13.10.1978 USK 78193).

272 Die Vergleichsparteien können sich daher bei Streit über die Beendigung des Arbeitsverhältnisses mit **Wirksamkeit gegenüber den Sozialversicherungsträgern** über den **Zeitpunkt der Beendigung** des Arbeitsverhältnisses – auch für einen zurückliegenden Zeitpunkt – **einigen**, und zwar auch dann, wenn ein Sozialversicherungsträger dem Arbeitnehmer bereits Lohnersatzleistungen (zB Krankengeld, Arbeitslosengeld) gezahlt hatte und ein etwaiger Arbeitsentgelt-Anspruch des Arbeitnehmers für die Zeit nach der einvernehmlichen Beendigung des Arbeitsverhältnisses kraft Gesetzes auf den Sozialversicherungsträger übergegangen war (*BAG* 20.8.1980 EzA § 6 LohnFG Nr. 15). **Darin liegt kein unzulässiger Lohnverzicht**, weil Lohn, der für die Zeit nach dem vereinbarten Ende des Arbeitsverhältnisses zu zahlen gewesen wäre, nicht mehr geschuldet ist; er wird daher auch im Rahmen von § 157 Abs. 1 SGB III und im Beitragsrecht nicht mehr zu Grunde gelegt. Allerdings ist in diesen Fällen eine etwa vereinbarte Abfindung nach Maßgabe des § 158 SGB III zu berücksichtigen, sofern der vereinbarte Auflösungszeitpunkt vor dem Ablauf der für den Arbeitgeber maßgeblichen Kündigungsfrist liegt.

273 Hingegen können die Vergleichsparteien nicht wirksam auf die **Lohnansprüche** für die Zeit **bis zum vereinbarten Ende des Arbeitsverhältnisses verzichten**, soweit diese Ansprüche bereits vorher auf die BA (oder eine Krankenkasse oder einen sonstigen Sozialleistungsträger) übergegangen sind (s. Rdn 276 f.).

(2) Grenzen der Dispositionsfreiheit gegenüber den Sozialversicherungsträgern

274 Die Abhängigkeit der Sozialversicherungsträger von derartigen privatautonomen Gestaltungen der Arbeitsvertragsparteien ist nur dort gerechtfertigt, wo mit der vergleichsweisen Festlegung des Endes des Arbeitsverhältnisses ein in tatsächlicher und rechtlicher Hinsicht **streitiger Zustand bereinigt** worden ist, die Einigung also gerade die noch offene Frage betrifft, ob und wann das Arbeitsverhältnis geendet hat. Diese Rechtfertigung scheidet dann aus, wenn das Ende des **Arbeitsverhältnisses nicht oder nicht mehr streitig ist** oder jedenfalls das Ende auf einen Zeitpunkt gelegt wird, über den hinaus **unstreitig ein Arbeitsverhältnis bestanden hat**. Der Grundsatz, dass die Arbeitsvertragsparteien auch mit Wirkung gegenüber den Sozialversicherungsträgern frei über das Ende des Arbeitsverhältnisses verfügen können, gilt daher bei rückwirkender Beendigung diesen gegenüber nicht, soweit in solchen Fällen von Anfang an **gesicherte Arbeitsentgeltansprüche** bestanden haben und – auf Grund von erbrachten Lohnersatzleistungen – auf die Sozialversicherungsträger übergegangen sind. Derartig übergegangene Ansprüche können deshalb nicht mehr auf dem Wege über eine spätere Rückdatierung des Endes des Arbeitsverhältnisses zu Lasten dieser Träger vernichtet werden.

275 **Sozialrechtlich unwirksam** sind demnach zB eine **Vorverlegung** des Endes des Arbeitsverhältnisses auf einen Zeitpunkt vor Beendigung der tatsächlichen Beschäftigung, ferner bei Streit um die Wirksamkeit einer ordentlichen Kündigung eine Vorverlegung auf einen Zeitpunkt vor Ablauf der ordentlichen Kündigungsfrist, schließlich bei Lohnstreitigkeiten, in deren Rahmen das Ende des Arbeitsverhältnisses nicht streitig ist, eine Vorverlegung vor das unstreitige Ende (*BAG* 23.9.1981 ZIP 1981, 1364). Dies gilt auch, wenn die Vergleichsparteien in einem vorhergegangenen Kündigungsschutzprozess einvernehmlich die Rücknahme der Kündigung und damit den Fortbestand des Arbeitsverhältnisses vereinbart hatten (vgl. *BAG* 17.4.1986 EzA § 615 BGB Nr. 47).

(3) Hinausschieben des Endes des Arbeitsverhältnisses ohne volle Lohnzahlung

Problematisch sind die Fälle, in denen im Kündigungsschutzprozess vereinbart wird, dass das Arbeitsverhältnis mit Ablauf der ordentlichen Kündigungsfrist als beendet gilt, der Arbeitnehmer eine Abfindung erhält und weitere Ansprüche nicht zugebilligt werden, insbes. **Lohnansprüche** zwischen dem Ende der tatsächlichen Beschäftigung und dem vergleichsweise festgesetzten Ende des Arbeitsverhältnisses **ausgeschlossen** werden. Mit derartigen Vereinbarungen können die Vertragsparteien häufig nicht die erstrebten Vorteile (Ausschluss der Ruhenswirkung der §§ 157, 158 SGB III und eines Forderungsübergangs nach § 115 SGB X, Beitragsfreiheit und Lohnsteuerfreiheit der Abfindung) erreichen. 276

Mit der **Festlegung des Endes des Arbeitsverhältnisses** begeben sich nämlich die Vertragsparteien idR auch der Möglichkeit, über Umfang und Charakter der dem Arbeitnehmer bis zu diesem Zeitpunkt zustehenden Ansprüche – im Vergleich oder später – anders zu verfügen. Insbesondere können sie nicht mehr wirksam auf die Lohnansprüche bis zum vereinbarten Ende des Arbeitsverhältnisses verzichten bzw. Lohnansprüche in Abfindungen umwandeln. Das ist unwirksam, soweit diese Ansprüche bereits vorher auf Sozialleistungsträger (zB die BA oder eine Krankenkasse oder sonstige Träger) übergegangen sind (s. Rdn 239). 277

Die insoweit zwischen *BAG* (10.5.1978 AP Nr. 25 zu § 794 ZPO m. Anm. *Herschel*) und *BSG* (u.a. 23.6.1981 EzA § 117 AFG Nr. 2 = SozR 4100 § 117 Nr. 7) bestehende Kontroverse über die **Begrenzung der Dispositionsfreiheit** der Arbeitsvertragsparteien bei Anspruchsübergang nach § 115 SGB X dürfte beigelegt sein; nunmehr hat auch das BAG anerkannt, dass Arbeitsentgeltansprüche, die in der Zeit bis zu dem im Vergleich festgelegten Ende des Arbeitsverhältnisses bestanden haben und wegen der Zahlung von Arbeitslosengeld auf die BA übergegangen sind, nicht durch einen Vergleich zwischen den Parteien des Arbeitsgerichtsprozesses beseitigt oder umgewandelt werden können (s. zB *BAG* 28.4.1983 EzA § 117 AFG Nr. 3; ferner *BAG* 17.4.1986 EzA § 615 BGB Nr. 47). 278

Es steht den Arbeitsvertragsparteien also nicht ohne Weiteres frei, im Interesse des Arbeitnehmers das Ende des Arbeitsverhältnisses auf das Ende der ordentlichen Kündigungsfrist aufzuschieben und dabei gleichzeitig auch den Interessen des Arbeitgebers dadurch Rechnung zu tragen, dass ein Lohnanspruch für die letzte Zeit des Arbeitsverhältnisses ausgeschlossen wird. Die damit verbundene Erwartung, es seien für diese Zeit keine Lohnsteuer und keine Sozialversicherungsbeiträge zu zahlen und es könne nicht zu einem Forderungsübergang auf die BA kommen, weil Lohnansprüche vor dem Ende des Arbeitsverhältnisses nicht bestanden hätten, kann nicht erfüllt werden. Ein arbeitsgerichtlicher Vergleich kann – soweit nicht gar ein **Scheingeschäft** iSv § 117 BGB vorliegt – nicht die Wirkung haben, dass bereits übergegangene Arbeitsentgeltansprüche für die Zeit bis zum festgesetzten Ende des Arbeitsverhältnisses ausgeschlossen werden, wenn sie ohne den vergleichsweisen Ausschluss bestanden hätten. Der **Ausschluss von Lohnansprüchen** ist in diesen Fällen nur insoweit wirksam, als es sich um diejenigen Lohnteile handelt, die beim Arbeitnehmer verblieben sind (Differenz zwischen Arbeitslosengeld und Arbeitsentgelt) oder um Arbeitsentgelt für Zeiträume, für die noch kein Arbeitslosengeld gezahlt worden ist. Die auf die BA (oder sonstige Leistungsträger) übergegangenen Ansprüche bleiben daneben bestehen und können von dieser – ungeachtet einer abweichenden Vergleichsregelung – gegenüber dem Arbeitgeber geltend gemacht werden. Der Arbeitgeber, der – wie regelmäßig – von der BA von dem Übergang Kenntnis erhalten hat, kann grds. nicht mehr mit befreiender Wirkung an den Arbeitnehmer oder Dritte zahlen oder sonst wie verfügen. 279

Die Vereinbarung, dass für eine Zeit des **fortbestehenden Arbeitsverhältnisses** kein Entgelt zu zahlen ist, kann im Übrigen (gegenüber der BA und sonstigen Sozialleistungsträgern) nur Bestand haben, wenn dies der **arbeitsrechtlichen Rechtslage** entspricht, also etwa wegen an sich wirksamer außerordentlicher Kündigung kein Arbeitsentgelt-Anspruch bestanden hat (vgl. *BAG* 28.4.1983 EzA § 117 AFG Nr. 3) oder solche Ansprüche aus anderen Gründen, zB fehlendem Arbeitsangebot, Fernbleiben von der Arbeit, nicht entstanden sind oder entstandene Arbeitsentgeltansprüche wegen Versäumung von Fristen oder aus anderen Gründen bereits vor dem Anspruchsübergang 280 untergegangen oder durch einen bereits vorher geschlossenen wirksamen Erlassvertrag weggefallen sind (vgl. *BSG* 10.8.2000 – B 11AL 83/99 R, unter Hinw. auf *BAG* ZIP 1981, 1364).

281 Es ist also bei solchen Fallgestaltungen, in denen das **vereinbarte Ende der Lohnzahlungspflicht** mit dem **vereinbarten Ende des Arbeitsverhältnisses** auseinanderfällt, stets zu prüfen, ob Entgeltansprüche bis zum Ende des Arbeitsverhältnisses bestanden haben, wo sie ggf. verblieben sind, ob sie untergegangen, erfüllt worden oder ob sie etwa in einer vereinbarten Abfindung enthalten sind. So ist etwa nach den Gesamtumständen zu prüfen, ob die Voraussetzungen des § 615 BGB für die Fortzahlung des Arbeitsentgelts vorlagen, insbes. der Arbeitgeber in Annahmeverzug war. Das ist zB dann nicht der Fall, wenn sich der Arbeitnehmer nach dem Ende einer Arbeitsunfähigkeit nicht wieder zur Arbeit bereit erklärt hat (vgl. KR-*Spilger* § 11 KSchG Rdn 11 f., 19).

282 Auch in Fällen, in denen Ansprüche auf Arbeitsentgelt **noch nicht** auf die BA übergegangen sind, zB wenn wegen der Dauer des Rechtsstreits oder wegen der Bearbeitungsdauer bei der BA noch kein Arbeitslosengeld gezahlt worden ist, kann sich eine Begrenzung der Dispositionsbefugnis aus allgemeinen Gründen ergeben: Unwirksam sind eindeutig **missbräuchliche Vertragsgestaltungen**, die darauf angelegt sind, dem Sozialversicherungsträger mögliche Ansprüche auf Leistungen oder Beiträge zu entziehen. Das ist etwa der Fall, wenn Arbeitsentgelt rechtsmissbräuchlich (zB aus Steuergründen) in die Abfindung verschoben wird, wenn Abfindungen dadurch »erkauft« werden, dass auf andere Ansprüche – zum Nachteil der Sozialversicherungsträger – verzichtet wird oder Ansprüche aufgegeben werden, nur weil sie sonst den Sozialversicherungsträgern zufließen, ferner, wenn ein unzulässiger Verzicht oder Erlassvertrag nach § 397 BGB vorliegt.

(4) Einbeziehung von übergegangenen Ansprüchen in den Vergleich – Vergleichsauslegung

283 Regelmäßig sind Inhalt eines arbeitsgerichtlichen Vergleichs nur die **gegenseitigen Ansprüche** der Arbeitsvertragsparteien, während **Verpflichtungen gegenüber Dritten** im Allgemeinen nicht einbezogen werden. Das kann aber anders sein, wenn bereits vor Vergleichsabschluss Ansprüche des Arbeitnehmers gegen den Arbeitgeber wegen Zahlung von Arbeitslosengeld auf die BA übergegangen sind und diese den Arbeitgeber auf Zahlung in Anspruch nehmen kann. Eine insoweit zwischen *BAG* und *BSG* bestehende Kontroverse betraf die Frage, ob die Vertragschließenden in solchen Fällen idR auch die **bereits auf die BA übergegangenen Ansprüche in den Vergleich mit einbeziehen oder nicht**. Das *BAG* hatte früher aus der im Vergleich vereinbarten **allgemeinen Ausgleichsklausel** geschlossen, dass derartige Ansprüche idR im Vergleich **nicht erfasst** seien, dh der Arbeitgeber die auf die BA übergegangenen Ansprüche **zusätzlich** zu erfüllen habe (*BAG* 10.5.1978 AP Nr. 25 zu § 794 ZPO m. abl. Anm. *Herschel* unter Hinw. darauf, dass Rechtsverzichte nicht zu vermuten seien). Demgegenüber hat das *BSG* arbeitsgerichtliche Vergleiche mit der allgemeinen Ausgleichsklausel dahingehend ausgelegt, dass im **Zweifel – bei Fehlen näherer Regelungen im Vergleich** – auch die auf die BA **übergegangenen Ansprüche erfasst seien**; denn eine Verpflichtung des Arbeitgebers zur zusätzlichen Übernahme der der Arbeitsverwaltung zu erstattenden Arbeitslosenbezüge könne ohne Anhaltspunkte im Vergleich nicht angenommen werden (vgl. *BSG* 23.6.1981 EzA § 117 AFG Nr. 2 = SozR 4100 § 117 Nr. 7). Ähnlich hat später das *BAG* entschieden, dass der im Vergleich ausgewiesene Betrag grds. den Gesamtbetrag der Abfindung bezeichnet und es einer besonderen Regelung bedarf, wenn die auf die BA übergegangen Ansprüche zusätzlich vom Arbeitgeber zu erfüllen sind (*BAG* 25.3.1992 AP Nr. 12 zu § 117 AFG = DB 1992, 1891 m. zust. Anm. *Ackmann* EWiR 1992, 833; 9.10.1996 AP Nr. 29 zu § 9 KSchG 1969). Dieser Auslegung ist mit gewissem Recht entgegengehalten worden, dass sie zu sehr an den **Interessen des Arbeitgebers** orientiert sei und nicht genügend berücksichtige, dass auch der Arbeitnehmer regelmäßig ein Interesse daran hat, durch Vergleich klarzustellen, was er selbst noch zu erhalten hat (*Gagel* BB 1983, 453, 454; *ders.* AFG, § 117 Rn 79 f.). Nach dieser Auffassung begründet ein Vergleich grds. die Verpflichtung des Arbeitgebers, die dort festgesetzte Abfindungszahlung zu bewirken, es sei denn, dass eine **zusätzliche Klausel** klarstellt, dass die ausgewiesenen Beträge nur abzüglich der auf die BA übergegangenen Ansprüche an den Arbeitnehmer auszuzahlen sind. Jedenfalls müssen Arbeitnehmer auf hinreichend **deutliche Festlegung im Vergleich** achten, wenn der Arbeitgeber

evtl. Ansprüche der Agentur für Arbeit wegen gezahlten Arbeitslosengeldes **zusätzlich zu der Abfindungssumme** übernehmen soll.

(5) Beratungs-, Hinweis- und Mitwirkungspflichten des Arbeitgebers

Hinsichtlich der nachteiligen sozialversicherungsrechtlichen Folgen bei Auflösung von Arbeitsverhältnissen können sich **Hinweispflichten des Arbeitgebers** ergeben. Ob und in welchem Umfang solche Pflichten bestehen, ergibt sich aus einer Abwägung der Interessen der Beteiligten, wobei die Umstände des Einzelfalles zu berücksichtigen sind (*BAG* 10.3.1988 EzA § 611 BGB Aufhebungsvertrag Nr. 6 = DB 1988, 2006). Jedenfalls in Fällen, in denen die Initiative zur Lösung vom **Arbeitgeber** ausgegangen ist, sind Hinweispflichten in der Rechtsprechung des *BAG* bereits anerkannt, die je nach den Umständen des Falles auch zu **Schadensersatzansprüchen** im Rahmen der Verletzung der Fürsorgepflicht führen. In Fällen, in denen der Arbeitnehmer die Aufhebung des Arbeitsverhältnisses von sich aus wünscht, reicht je nach den Umständen des Falles ein Hinweis über mögliche Minderungen des Arbeitslosengeldes aus, um Schadensersatzpflichten zu entgehen (*BAG* 10.3.1988 EzA § 611 BGB Aufhebungsvertrag Nr. 6). Der Arbeitgeber genügt uU seinen Hinweispflichten, wenn er den Arbeitnehmer an die Arbeitsverwaltung verweist. 284

Besondere Hinweis- und Mitwirkungspflichten des Arbeitgebers ergeben sich aus der zum 1.1.2003 in **§ 2 Abs. 2 SGB III eingefügten Nr. 3** (durch das Erste Gesetz für moderne Dienstleistungen am Arbeitsmarkt v. 23.12.2002 BGBl. I S. 4607). Danach soll der Arbeitnehmer **vor** der Beendigung des Arbeitsverhältnisses frühzeitig über die **Notwendigkeit eigener Aktivitäten** bei der Suche nach einer anderen Beschäftigung sowie über die **Verpflichtung unverzüglicher Meldung** bei der Agentur für Arbeit (§ 38 SGB III; bis 31.12.2008 § 37b SGB III aF) informiert werden, ferner zu diesem Zweck **freigestellt** werden und ihm die **Teilnahme an erforderlichen Qualifizierungsmaßnahmen** ermöglicht werden. Diese Regelung bezieht sich u.a. auf die frühzeitige Meldepflicht des Arbeitnehmers nach § 38 Abs. 1 S. 1 SGB III (in der ab 1.1.2009 geltenden Fassung; bis dahin geregelt in § 37b SGB III). Vgl. zur **Sperrzeit bei verspäteter Arbeitsuchendmeldung** § 159 Abs. 1 S. 2 Nr. 9 SGB III; dazu s. KR-*Link/Lau* § 159 Rdn 147 ff. 285

Sozialgesetzbuch (SGB) Drittes Buch (III) – Arbeitsförderung – (SGB III)

Vom 24. März 1997 (BGBl. I S. 594).

Zuletzt geändert durch Art. 3 des Familiennachzugsneuregelungsgesetzes vom 12. Juli 2018 (BGBl. I S. 1147).

– Auszug –

§ 38 Abs. 1 SGB III Rechte und Pflichten der Ausbildung- und Arbeitsuchenden

(1) ¹Personen, deren Arbeits- oder Ausbildungsverhältnis endet, sind verpflichtet, sich spätestens drei Monate vor dessen Beendigung persönlich bei der Agentur für Arbeit arbeitsuchend zu melden. ²Liegen zwischen der Kenntnis des Beendigungszeitpunktes und der Beendigung des Arbeits- oder Ausbildungsverhältnisses weniger als drei Monate, hat die Meldung innerhalb von drei Tagen nach Kenntnis des Beendigungszeitpunktes zu erfolgen. ³Zur Wahrung der Frist nach den Sätzen 1 und 2 reicht eine Anzeige unter Angabe der persönlichen Daten und des Beendigungszeitpunktes aus, wenn die persönliche Meldung nach terminlicher Vereinbarung nachgeholt wird. ⁴Die Pflicht zur Meldung besteht unabhängig davon, ob der Fortbestand des Arbeits- oder Ausbildungsverhältnisses gerichtlich geltend gemacht oder vom Arbeitgeber in Aussicht gestellt wird. ⁵Die Pflicht zur Meldung gilt nicht bei einem betrieblichen Ausbildungsverhältnis. ⁶Im Übrigen gelten für Ausbildung- und Arbeitsuchende die Meldepflichten im Leistungsverfahren nach den §§ 309 und 310 entsprechend.

...

§ 38 Abs. 1 SGB III idF ab 1.1.2022

(1) ¹Personen, deren Arbeits- oder Ausbildungsverhältnis endet, sind verpflichtet, sich spätestens drei Monate vor dessen Beendigung bei der Agentur für Arbeit unter Angabe der persönlichen Daten und des Beendigungszeitpunktes des Ausbildungs- oder Arbeitsverhältnisses arbeitsuchend zu melden. ²Liegen zwischen der Kenntnis des Beendigungszeitpunktes und der Beendigung des Arbeits- oder Ausbildungsverhältnisses weniger als drei Monate, hat die Meldung innerhalb von drei Tagen nach Kenntnis des Beendigungszeitpunktes zu erfolgen. ³Die Pflicht zur Meldung besteht unabhängig davon, ob der Fortbestand des Arbeits- oder Ausbildungsverhältnisses gerichtlich geltend gemacht oder vom Arbeitgeber in Aussicht gestellt wird. ⁴Die Pflicht zur Meldung gilt nicht bei einem betrieblichen Ausbildungsverhältnis. ⁵Im Übrigen gelten für Ausbildung- und Arbeitsuchende die Meldepflichten im Leistungsverfahren nach den §§ 309 und 310 entsprechend.

> **Aufhebung des § 140 SGB III aF und des § 37b SGB III aF:**
>
> § 38 Abs. 1 enthält die zuvor in § 37b aF normierte Pflicht zur frühzeitigen Arbeitsuchendmeldung. Durch das Fünfte Gesetz zur Änderung des Dritten Buches Sozialgesetzbuch und anderer Gesetze vom 22.12.2005 (BGBl. I S. 3676) wurde § 140 SGB III, der eine Minderung des Arbeitslosengeldes wegen verspäteter Meldung vorsah, zum 31.12.2005 aufgehoben. Die Minderung des Arbeitslosengeldes ist entfallen und wird durch einen eigenständigen **Sperrzeittatbestand** in § 159 Abs. 1 S. 2 Nr. 9 SGB III ersetzt (Sperrzeit bei verspäteter Arbeitsuchendmeldung). Die Sperrzeit beträgt eine Woche.
>
> Durch Gesetz vom 19.4.2007 (BGBl. I S. 538) wurde in § 37b SGB III aF hinter S. 2 ist ein neuer S. 3 eingefügt, wonach zur Wahrung der Frist nach S. 1 und 2 eine fernmündliche Meldung ausreicht, wenn die persönliche Meldung nach terminlicher Vereinbarung nachgeholt wird (s. dazu KR-*Link/Lau* § 159 SGB III Rdn 175).

Durch das Gesetz zur Neuausrichtung der arbeitsmarktpolitischen Instrumente v. 21.12.2008 (BGBl. I S. 2017) wurde § 37b aufgehoben und als § 38 Abs. 1 SGB III mit Wirkung ab 1.1.2009 neu gefasst. Mit Wirkung zum 1.1.2011 wurde § 38 Abs. 3 S. 1 Nr. 1 SGB III insofern erweitert, als die Arbeitsvermittlung auch durchzuführen ist, solange der Arbeitsuchende Transferkurzarbeitergeld (s. hierzu KR-*Link/Lau* SozR Rdn 170 ff) beansprucht (Gesetz v. 24.10.2010, BGBl. I S. 1417). Durch das Gesetz zur Verbesserung der Eingliederungschancen am Arbeitsmarkt vom 20.12.2011 (BGBl. I S. 2854) wurde § 38 Abs. 3 SGB III mit Wirkung zum 1.4.2012 (vgl. Art. 51 Abs. 1 des genannten Gesetzes) auf Grund der Aufhebung der Vorschriften bezüglich der Arbeitsbeschaffungsmaßnahmen angepasst und sprachlich überarbeitet (sprachliche Gleichbehandlung von Frauen und Männern; hierzu BT-Drucks. 17/6277 S. 92; vgl. ausführlich zu den Pflichten von Arbeitsuchenden und die Praxis der Arbeitsverwaltung bei der frühzeitigen Arbeitsuchendmeldung nach § 38 Abs. 1 SGB III *Samartzis* Sozialrecht aktuell 2013, 1). Durch Art. 1 des Qualifizierungschancengesetzes vom 18.12.2018 (BGBl. I S. 2651) wurde ein neuer Absatz 2 eingefügt, wonach die Agentur für Arbeit verpflichtet ist, unverzüglich nach der Meldung (nach Absatz 1) eine Berufsberatung durchzuführen. Dies soll die Möglichkeit bieten, bereits vor dem Eintritt der Arbeitslosigkeit ggf. frühzeitig die erforderlichen Maßnahmen einzuleiten (hierzu BT-Drucks. 19/4948 S. 25). Durch Art. 4 des Siebten Gesetzes zur Änderung des Vierten Buches Sozialgesetzbuch und anderer Gesetze vom 12.6.2020 (BGBl. I S. 1248) wurden in § 38 Abs. 4 und 5 ein Redaktionsversehen berichtigt und die Bezeichnung der Absätze nach Einfügung des neuen Absatz 2 angepasst. Mit der Änderung von § 38 Abs. 1 durch Art. 2 des Gesetzes zur Förderung der beruflichen Weiterbildung im Strukturwandel und zur Weiterentwicklung der Ausbildungsförderung vom 20.5.2020 (BGBl. I S. 1044) ist die frühzeitige Arbeitsuchendmeldung (ab dem 1.1.2022) nicht mehr an eine Form gebunden, sondern kann wie bisher persönlich oder auf andere Weise, zB elektronisch, schriftlich oder telefonisch (vgl. BT-Drucks. 19/17740 S. 46), erfolgen. Zudem wird ein neuer Absatz 1a eingefügt, der die arbeitsuchend gemeldete Person schnellstmöglich in Kontakt mit den Beratungs- und Vermittlungsfachkräften der zuständigen Agentur für Arbeit bringen und so die Einleitung des Vermittlungsprozesses beschleunigen soll. Hierbei sollen die Möglichkeiten moderner Kommunikation auf der Grundlage digitaler Medien genutzt werden können, um die Betreuung zu erleichtern und zu verbessern (vgl. BT-Drucks. 19/17740 S. 47). Die Änderungen treten mit Wirkung vom 1.1.2022 in Kraft (vgl. Art. 19 Abs. 8 des Gesetzes).

Die Regelungen zum Sperrzeittatbestand sind bei KR-*Link/Lau* § 159 SGB III Rdn 147 ff. kommentiert.

§ 157 SGB III Ruhen des Anspruchs bei Arbeitsentgelt und Urlaubsabgeltung

(1) Der Anspruch auf Arbeitslosengeld ruht während der Zeit, für die die oder der Arbeitslose Arbeitsentgelt erhält oder zu beanspruchen hat.

(2) ¹Hat die oder der Arbeitslose wegen Beendigung des Arbeitsverhältnisses eine Urlaubsabgeltung erhalten oder zu beanspruchen, so ruht der Anspruch auf Arbeitslosengeld für die Zeit des abgegoltenen Urlaubs. ²Der Ruhenszeitraum beginnt mit dem Ende des die Urlaubsabgeltung begründenden Arbeitsverhältnisses.

(3) ¹Soweit die oder der Arbeitslose die in den Absätzen 1 und 2 genannten Leistungen (Arbeitsentgelt im Sinne des § 115 des Zehnten Buches) tatsächlich nicht erhält, wird das Arbeitslosengeld auch für die Zeit geleistet, in der der Anspruch auf Arbeitslosengeld ruht. ²Hat der Arbeitgeber die in den Absätzen 1 und 2 genannten Leistungen trotz des Rechtsübergangs mit befreiender Wirkung an die Arbeitslose, den Arbeitslosen oder an einen Dritten gezahlt, hat die Bezieherin oder der Bezieher des Arbeitslosengeldes dieses insoweit zu erstatten.

Übersicht

	Rdn		Rdn
A. **Allgemeines**	1	1. Allgemeines	19
I. Geltende Fassung, Inkrafttreten	1	2. Arbeitsentgelt, Abgrenzung	20
II. Entstehungsgeschichte	2	3. Verzicht auf Arbeitsentgelt	26
B. **Grundsätze**	3	4. Verhältnis von § 157 zu § 155 SGB III (Anrechnung von Nebeneinkommen)	30
I. Anwendungsbereich	3		
II. Struktur der Ruhensregelungen	4		
1. Ruhenstatbestände, Ruhenszeiträume	4	5. Abgrenzung zwischen § 157 und § 155 SGB III	35
2. »Zu beanspruchen oder erhalten hat«	5	II. Ruhen wegen einer Urlaubsabgeltung nach § 157 Abs. 2 SGB III	36
3. Ruhensfolgen	7	E. **Gleichwohlgewährung**	43
III. Zweck und Funktion der Ruhensregelungen	14	I. Leistungsfälle und Anspruchsübergang (§ 115 SGB X)	43
C. **Überblick über die Ruhenstatbestände, Abgrenzung**	15	II. Bedeutung und Zweck der Gleichwohlgewährung	45
D. **Ruhenstatbestände des § 157 SGB III im Einzelnen**	19	III. Erstattungsanspruch gegen den Arbeitslosen	49
I. Ruhen wegen Arbeitsentgelt nach § 157 Abs. 1 SGB III	19		

▶ § 157 SGB III in der durch das Gesetz zur Verbesserung der Eingliederungschancen am Arbeitsmarkt vom 20.12.2011 (BGBl. I S. 2854) geltenden Fassung entspricht – bis auf die sprachliche Überarbeitung im Hinblick auf die Gleichbehandlung von Frauen und Männern – der bis zum 31.3.2012 geltenden Fassung des § 143 SGB III aF.

A. Allgemeines

I. Geltende Fassung, Inkrafttreten

§ 157 SGB III wurde durch Art. 2 Nr. 18 des Gesetzes zur Verbesserung der Eingliederungschancen am Arbeitsmarkt v. 20.12.2011 (BGBl. I S. 2854) zum **1.4.2012** im Zuge der **Neustrukturierung der arbeitsmarktpolitischen Instrumente** geschaffen und enthält nunmehr die Regelungen des bis dahin geltenden § 143 SGB III aF, wobei im Rahmen des sog. Gendering die sprachliche Fassung im Hinblick auf die Gleichbehandlung von Frauen und Männern angepasst wurde. Weitere (inhaltliche) Änderungen sind damit nicht verbunden. § 143 SGB III aF wurde mit Wirkung v. 1.1.1998 durch Art. 1 des Arbeitsförderungs-Reformgesetzes (AFRG) v. 24.3.1997 (BGBl. I S. 594) eingeführt und galt seitdem bis 31.3.2012 unverändert fort. Er entsprach dem bis 31.3.1997 geltenden § 117 AFG, soweit dieser in Abs. 1 das Ruhen bei Arbeitsentgelt, in Abs. 1a das Ruhen bei Urlaubsabgeltung und in Abs. 4 die sog. Gleichwohlgewährung in diesen Ruhensfällen vorsah. 1

II. Entstehungsgeschichte

Das AFRG hat mit Wirkung ab 1.4.1997 den bis dahin geltenden § 117 AFG in zwei Regelungen aufgespalten: § 117 Abs. 1 und Abs. 1a wurden zusammen mit Abs. 4 zu dem neuen § 117 AFG, ab 1.1.1998 zu dem – inhaltsgleichen – § 143 SGB III aF (ab 1.4.2012: § 157 SGB III). § 117 Abs. 2 bis 3a AFG wurden aufgehoben und durch die Anrechnungsregeln in § 115a AFG, ab 1.1.1998 durch den inhaltsgleichen § 140 SGB III aF ersetzt. Diese Anrechnungsregelung wurde inzwischen durch das EEÄndG v. 24.3.1999 (BGBl. I S. 394) mit Wirkung ab 1.4.1999 wieder aufgehoben und an seine Stelle mit § 143a SGB III aF (ab 1.4.2012: § 158 SGB III) wieder eine Regelung Gesetz, die – mit gewissen Abweichungen – dem früheren § 117 Abs. 2 bis 3a, Abs. 4 AFG entspricht (zur Entstehungsgeschichte dieser Regelung vgl. KR-*Link/Lau* § 158 SGB III Rdn 2 f.; zum Übergangsrecht § 143a SGB III s. KR 8. Aufl., Rn 8–12). 2

B. Grundsätze

I. Anwendungsbereich

3 §§ 157, 158 SGB III gelten für das **Arbeitslosengeld** und das **Teil-Arbeitslosengeld** (§ 162 SGB III; vgl. KR-*Link/Lau* SozR Rdn 138). Sie galten auch für die Arbeitslosenhilfe (§ 198 S. 1 Nr. 6 SGB III aF, vgl. KR-*Link/Lau* SozR Rdn 139). Für das ab 1.1.2005 an die Stelle der Arbeitslosenhilfe getretene Arbeitslosengeld II (vgl. KR-*Link/Lau* SozR Rdn 139) ist eine entsprechende Anwendung der §§ 157, 158 SGB III nicht vorgesehen.

Das **SGB II enthält keine speziellen Ruhensanordnungen** beim Zusammentreffen von Arbeitslosengeld II und Arbeitsentgelt. Dort stellt sich vielmehr die Frage, ob und in welchem Umfang Zahlungen des Arbeitgebers aus dem Arbeitsverhältnis **als Einkommen** (§ 11 bis § 11b SGB II) zu berücksichtigen sind.

II. Struktur der Ruhensregelungen

1. Ruhenstatbestände, Ruhenszeiträume

4 §§ 157, 158 SGB III normieren für Arbeitsentgelt, Urlaubsabgeltung und Entlassungsentschädigung **drei verschiedene Ruhenstatbestände** (s. Rdn 15 f.) und ordnen diesen bestimmte Ruhenszeiträume zu, deren Beginn jeweils festliegt und die **kalendermäßig** bis zur jeweils vorgesehenen Dauer ablaufen, und zwar ohne Rücksicht darauf, ob in der Ruhenszeit ein Anspruch auf Arbeitslosengeld besteht oder nicht (s. Rdn 7).

2. »Zu beanspruchen oder erhalten hat«

5 Für den Eintritt des Ruhenstatbestandes **genügt** es einerseits, dass ein **Anspruch** auf Arbeitsentgelt, Urlaubsabgeltung oder Entlassungsentschädigung **besteht** (auch wenn der Anspruch erst durch arbeitsgerichtlichen Vergleich entsteht bzw. bestätigt wird, vgl. hierzu *LSG Bay.* 25.10.2017 – L 10 AL 93/17); es ist nicht erforderlich, dass der Anspruch auch erfüllt wird oder erfüllt worden ist. Wird er nicht oder nicht rechtzeitig erfüllt, wird der Schutz des Arbeitslosen durch die sog. **Gleichwohlgewährung** nach § 157 Abs. 3, § 158 Abs. 4 SGB III gesichert (s. dazu KR-*Link/Lau* SozR Rdn 186 f. und Rdn 253 f.; s.a. Rdn 43 f.). Der Arbeitslose wird dann so behandelt, als ob kein Anspruch auf die Arbeitgeberleistung bestünde. Als Grund für die Nichtzahlung kommen (neben Zahlungsschwierigkeiten, Verzögerungen in der Abrechnung u.Ä.) vor allem Rechtsstreitigkeiten über die **Wirksamkeit der Kündigung** in Betracht (vgl. zu dieser Fallkonstellation *BSG* 11.12.2014 – B 11 AL 2/14 R). Mit der Zahlung des Arbeitslosengeldes, durch die die Arbeitsverwaltung gleichsam für den Arbeitgeber in Vorlage tritt, gehen die Ansprüche des Arbeitslosen gegen den Arbeitgeber gem. § 115 SGB X in Höhe des Arbeitslosengeldes auf die Arbeitsverwaltung über (nach § 157 Abs. 3, § 158 Abs. 4 SGB III; s. Rdn 40 f. und KR-*Link/Lau* SozR Rdn 229 ff.). Da Arbeitslosengeld mit dessen Zufluss gewährt ist, kommt es für den Rechtsübergang auf den **konkreten Zahlungszeitpunkt** an. Das Arbeitslosengeld wird regelmäßig monatlich nachträglich ausgezahlt (§ 337 Abs. 2 SGB III).

6 Für den Eintritt des Ruhenstatbestandes genügt es andererseits, dass eine der vorgenannten Arbeitgeberleistungen **tatsächlich gezahlt** wird, **auch wenn kein Rechtsanspruch** auf sie besteht. Das Tatbestandsmerkmal »erhalten hat« neben »zu beanspruchen hat« wäre überflüssig, wenn damit nicht eigenständige Sachverhalte hätten erfasst werden sollen, bei denen kein Anspruch besteht. Dem entspricht es, dass nach § 14 Abs. 1 SGB IV zum Arbeitsentgelt auch Einnahmen gehören, die ohne Rechtsgrund erbracht worden sind bzw. die der Arbeitnehmer »als Arbeitsentgelt« erhalten hat (vgl. *BSG* 21.6.2001 – B 7 AL 62/00 R, SozR 3–4100 § 117 Nr. 24). Leistet zB der Arbeitgeber eine Urlaubsabgeltung, obwohl er eine solche an sich nicht (oder nicht mehr) schuldet, und nimmt der Arbeitslose sie als solche entgegen, so hat er eine Urlaubsabgeltung erhalten, die zum Ruhen des Arbeitslosengeldes führen kann (vgl. dazu *BSG* 23.1.1997 – 7 RAr 72/94, SozR 3–4100 § 117 AFG Nr. 14; krit. *Voelzke* SGb 2007, 713, 718; s.a. Rdn 38).

3. Ruhensfolgen

Gemeinsame **Rechtsfolge** des Eintritts der Ruhenstatbestände ist **das Ruhen des Arbeitslosengeldanspruchs**, soweit er auf Tage des **Ruhenszeitraums** entfällt. Die Ruhenstatbestände treten unabhängig davon ein, ob ein Anspruch auf Arbeitslosengeld rechtlich entstanden ist oder nicht (sie laufen kalendermäßig ab). Der Gesetzgeber ordnet vielmehr bei Eintritt eines Ruhenstatbestandes – gleichsam abstrakt – an, dass ein (möglicher) Leistungsanspruch während des Ruhenszeitraums in vollem Umfang ruht bzw. nicht durchgesetzt werden kann. Das Ruhen des Anspruchs bedeutet, dass der Anspruch als solcher (Stammrecht) entstanden ist und bestehen bleibt, dass aber die während des Ruhenszeitraums entstehenden **Einzelansprüche** nicht mit Erfolg geltend gemacht bzw. durchgesetzt werden können (zum Leistungsverweigerungsrecht der Arbeitsverwaltung vgl. *BSG* 29.10.1984 SozR 4100 § 117 AFG Nr. 17; zur Bedeutung des Ruhens KR-*Link/Lau* SozR Rdn 153 f.). Mit Eintritt des Ruhenstatbestandes ist die Arbeitsverwaltung berechtigt, Arbeitslosengeld für die Dauer des Ruhenszeitraums zu versagen. Soweit bereits Bewilligungsbescheide erteilt worden sind, können sie nach Maßgabe der §§ 45, 48 SGB X aufgehoben werden. 7

Weitere Wirkung des Ruhens ist der **Wegfall des Versicherungsschutzes** in der Kranken-, Pflege- und Rentenversicherung der Arbeitslosen, denn ihre Versicherungspflicht knüpft grds. an den **Bezug** von Arbeitslosengeld an (§ 5 Abs. 1 Nr. 2 SGB V, § 20 Abs. 1 Nr. 2 SGB XI, § 3 S. 1 Nr. 3 SGB VI; Der nachwirkende Versicherungsschutz in der Krankenversicherung besteht nur für die Dauer eines Monats, § 19 Abs. 2 SGB V). Abweichend von dieser Anknüpfung ist lediglich für die Sperrzeit und für die Ruhenszeit wegen Urlaubsabgeltung bestimmt, dass Versicherungspflicht in der **Kranken- und Pflegeversicherung** – trotz des Ruhens des Arbeitslosengeldes – besteht (§ 5 Abs. 1 Nr. 2 SGB V und § 20 Abs. 1 Nr. 2 SGB XI; vgl. KR-*Link/Lau* SozR Rdn 50 ff., 53). Ist der Arbeitslose während des Ruhenszeitraums **arbeitsunfähig** erkrankt, hat er keinen Anspruch auf Arbeitslosengeld nach § 146 SGB III (Leistungsfortzahlung bei Arbeitsunfähigkeit). Denn der Leistungsfortzahlungsanspruch setzt den »Bezug« von Arbeitslosengeld voraus, der in einem solchen Fall gerade nicht gegeben ist (s. hierzu *LSG BW* 31.8.2012 – L 8 AL 3396/11, info also 2013, 23 – auch zur Frage des Anspruchs auf Krankengeld – m. krit. Anm. *Winkler* info also 2013, 25). Soweit der Arbeitslose arbeitsunfähig erkrankt ist und der Anspruch auf Arbeitslosengeld wegen des Erhalts einer Urlaubsabgeltung (§ 157 Abs. 2 SGB III) ruht, kommt (aufgrund der Versicherung nach § 5 Abs. 1 Nr. 2 SGB V) aber eine **Krankengeldgewährung** in Betracht (vgl. Rdn 39). 8

Zeiten der Arbeitslosigkeit **ohne Leistungsbezug** (dh in den Fällen, in denen nicht nach § 157 Abs. 3 SGB III Arbeitslosengeld gewährt wird) können im Bereich der Rentenversicherung **Anrechnungszeiten** (§ 58 SGB VI) sein, wenn der Arbeitslose bei der BA arbeitslos gemeldet ist, Arbeitslosigkeit vorliegt und ein Zahlungsanspruch nur wegen der Anrechnung von Einkommen und Vermögen nicht besteht (§ 58 Abs. 1 S. 1 Nr. 3 SGB VI). Hierzu gehören auch die Fälle des Ruhens nach § 157 Abs. 2 SGB III (*Gagel/Winkler* § 157 Rn 110). 9

Zu den weiteren sozialrechtlichen Auswirkungen des Ruhens zählt auch, dass der **Gründungszuschuss** (§ 93 SGB III) während des Ruhenszeitraums (nach §§ 156 bis 159 SGB III) nicht gezahlt werden kann (§ 93 Abs. 3 SGB III; hierzu *LSG Hmb.* 14.6.2017 – L 1 AL 64/16); die selbstständige Tätigkeit kann aber in diesem Zeitraum schon aufgenommen werden – der Gründungszuschuss wird dann erst nach Ablauf des Ruhenszeitraums gezahlt. 10

Während des Ruhenszeitraums kann der Anspruch auf Arbeitslosengeld wegen Ablaufs der **Verfallsfrist**, die vier Jahre beträgt (§ 161 Abs. 2 SGB III), erlöschen (*BSG* 21.3.1990 BSGE 66, 258). Zu beachten ist, dass der Arbeitslose während des Ruhenszeitraums wie ein Leistungsbezieher **meldepflichtig** (§ 309 Abs. 1 S. 3 SGB III) bleibt. 11

Da der Arbeitslose bis zur Entscheidung über den Anspruch auf Arbeitslosengeld selbst bestimmen kann, wann dieser entsteht bzw. die Leistung beginnt (§ 137 Abs. 2 SGB III, § 323 Abs. 1 S. 2 SGB III – s. hierzu *BSG* 14.12.2014 – B 11 AL 2/14 R, Rn 36 ff.; vgl. KR-*Link/Lau* SozR Rdn 114), ergeben sich auch hinsichtlich des Ruhens für den Arbeitslosen **gewisse Steuerungsmöglichkeiten**. Der **Aufschub der Antragstellung** kann bewirken, dass der Leistungsanspruch erst 12 nach Ablauf der (kalendermäßig abgelaufenen) Ruhenszeit entsteht. Der Arbeitslose kann dadurch praktisch der Wirkung des Ruhens entgehen, ohne hinsichtlich der Dauer seines Anspruchs Nachteile befürchten zu müssen. Denn der Ruhenszeitraum führt – anders als bei der Sperrzeit – **nicht zu einer Verkürzung der Anspruchsdauer**. Der Arbeitslose kann allerdings durch den Aufschub nicht verhindern, dass der Ruhenstatbestand und seine sonstigen Folgen, zB der Wegfall des Versicherungsschutzes in der Kranken-, Renten- und Pflegeversicherung, eintreten (vgl. zum alten Recht *BSG* 29.10.1986 SozR 4100 § 117 AFG Nr. 17; 5.9.1999 SozR 4100 § 117 AFG). Ob die **BA** den Arbeitslosen auf diese **Gestaltungsmöglichkeit hinweisen** muss, ist vom BSG offengelassen worden (*BSG* 14.12.2014 – B 11 AL 2/14 R, Rn 40). Insbesondere im Hinblick darauf, dass die Gleichwohlgewährung von Arbeitslosengeld nach § 157 Abs. 3 SGB III die Rahmenfrist (§ 143 SGB III; vgl. KR-*Link/Lau* SozR Rdn 118 ff.) unveränderbar festlegt, ist aber davon auszugehen, dass die BA eine **konkrete Beratungspflicht** nach § 14 SGB I trifft, wenn sie davon Kenntnis erhält, dass der Arbeitslose gegen eine Kündigung arbeitsgerichtlich vorgehen will (ebenso *Schweiger* NZS 2013, 767 [770]). Kommt die BA ihrer Beratungspflicht nicht nach, kann sich der Arbeitslose auf den sog. **sozialrechtlichen Herstellungsanspruch** berufen. Allerdings vertritt in diesem Zusammenhang das BSG die Auffassung, dass zB die Erfüllung einer Anwartschaftszeit in einer geänderten Rahmenfrist nicht durch den sozialrechtlichen Herstellungsanspruch herstellbar ist, wenn der Arbeitslose bereits tatsächlich Arbeitslosengeld (im Wege der Gleichwohlgewährung) erhalten hat (*BSG* 14.12.2014 – B 11 AL 2/14 R, Rn 42; aA *Schweiger* NZS 2013, 767 [771]).

13 Hat die BA die **Voraussetzungen des Ruhens zu Unrecht** als erfüllt angesehen, hat der Arbeitslose einen **Anspruch auf Leistung von Arbeitslosengeld** für den von der BA irrtümlich angenommen Ruhenszeitraum. Die BA kann dem nicht entgegenhalten, sie habe (zB bei mittlerweile eingetretener Anspruchsausschöpfung) bereits Arbeitslosengeld in voller Höhe geleistet und insoweit sei eine Minderung bzw. Anspruchserfüllung eingetreten. Zahlungen von Arbeitslosengeld für spätere Zeiträume, für die materiell-rechtlich kein Anspruch mehr bestanden hat, bewirken keine Minderung oder ein Erlöschen des Anspruchs auf Arbeitslosengeld (*BSG* 17.12.2013 SozR 4–4300 § 143a Nr. 2 m. zust. Anm. *Söhngen* jurisPR-SozR 15/2014 Anm. 2, auch zur Frage der möglichen Aufhebung der Arbeitslosengeldbewilligung nach § 45 SGB X).

III. Zweck und Funktion der Ruhensregelungen

14 § 157 SGB III beruht – wie früher § 117 AFG – auf der Erwägung, dass der Arbeitslose (noch) nicht der Leistungen der Arbeitslosenversicherung bedarf, solange er **keinen Lohnausfall hat** und damit das versicherte Risiko noch nicht eingetreten ist. Daher wird durch das Ruhen der Beginn der Arbeitslosengeld-Zahlung für die Zeit aufgeschoben, für die der Arbeitslose Arbeitsentgelt erhält oder zu beanspruchen hat (§ 157 Abs. 1 SGB III). Diese Bestimmung soll **den Doppelbezug von Arbeitsentgelt und Arbeitslosengeld** (für gleiche Zeiträume) verhindern (*BSG* 17.3.2016 – B 11 AL 4/15 R, SozR 4–4300 § 143 Nr. 2 Rn 24 m. Anm. *Seiwerth* SGb 2017, 52). Dieser Zweck gilt nicht nur für Arbeitsentgelt und Urlaubsabgeltung (§ 157 Abs. 1 und 2 SGB III), sondern auch für **Entlassungsentschädigungen** (§ 158 SGB III); denn soweit das Arbeitsverhältnis »vorzeitig«, dh ohne Einhaltung der für den Arbeitgeber geltenden (ordentlichen oder fingierten) Kündigungsfrist beendet wird, hält der Gesetzgeber die Annahme für gerechtfertigt, dass die **Entlassungsentschädigung** – bei typisierender Betrachtung – **Arbeitsentgelt enthält** bzw. der **Lohnanspruch** um die Entschädigung **verkürzt** worden ist (vgl. zur Funktion der Ruhensregelungen iE KR-*Link/Lau* SozR Rdn 260).

C. Überblick über die Ruhenstatbestände, Abgrenzung

15 §§ 157, 158 SGB III regeln drei verschiedene Ruhenstatbestände, die wegen der unterschiedlichen Ruhenszeiträume sorgfältig zu unterscheiden sind:
– **Arbeitsentgelt** führt zum Ruhen des Arbeitslosengeldes für einen **Zeitraum vom faktischen Ende der Beschäftigung** (Beschäftigungslosigkeit im leistungsrechtlichen Sinne; vgl. KR-*Link/Lau* SozR Rdn 12 f.) bis zum rechtlichen Ende des Arbeitsverhältnisses, wenn und soweit es für diese Zeit gezahlt oder geschuldet wird (§ 157 Abs. 1 S. 1 SGB III); den Arbeitsvertragsparteien

ist hinsichtlich des Zeitpunkts der Beendigung des Arbeitsverhältnisses eine Dispositionsbefugnis eingeräumt, die auch durch § 157 Abs. 1 SGB III nicht tangiert wird.

- Eine – gezahlte oder geschuldete – **Urlaubsabgeltung** führt zum Ruhen des Arbeitslosengeldes für einen Zeitraum, der sich an **das (rechtliche) Ende des Arbeitsverhältnisses** anschließt und der Dauer des abgegoltenen Urlaubs entspricht (§ 157 Abs. 2 SGB III; vgl. aber § 158 Abs. 1 S. 5 SGB III).
- Eine wegen Beendigung des Arbeitsverhältnisses gezahlte oder geschuldete **Entlassungsentschädigung** führt im Fall der Beendigung des Arbeitsverhältnisses ohne Einhaltung der für den Arbeitgeber geltenden (oder fingierten) Kündigungsfrist zu einem Ruhen des Arbeitslosengeldes für einen Zeitraum, der an das **Ende des Arbeitsverhältnisses** anschließt und dessen Dauer in unterschiedlicher Weise begrenzt ist (§ 158 Abs. 2 und 3 SGB III; vgl. insoweit KR-*Link/Lau* § 158 SGB III Rdn 10, 67 f.).

Arbeitsentgelt unterscheidet sich also von der Urlaubsabgeltung und der Entlassungsentschädigung dadurch, dass das Arbeitsentgelt der **Zeit vor der Beendigung** des Arbeitsverhältnisses und die Urlaubsabgeltung sowie die Entlassungsentschädigung der **Zeit danach** zugeordnet werden (s. hierzu auch *LSG Bay.* 19.9.2017 – L 10 AL 239/16, info also 2018, 18).

Auch in Fällen, in denen der Arbeitslose **wegen Beendigung des Beschäftigungsverhältnisses** – bei **Aufrechterhaltung des Arbeitsverhältnisses** – eine Entlassungsentschädigung erhält oder zu beanspruchen hat, gelten nach § 158 Abs. 3 SGB III dessen Abs. 1 und 2 entsprechend (vgl. KR-*Link/Lau* § 158 SGB III Rdn 89). 16

Danach wird die Abgrenzung zwischen den genannten Leistungen – abgesehen vom Sonderfall des § 158 Abs. 3 SGB III – durch das **Ende des Arbeitsverhältnisses** bestimmt. Diesem Zeitpunkt kommt für die Anwendung der §§ 157, 158 SGB III und insbes. für die **arbeitsgerichtliche Vergleichspraxis** maßgebliche Bedeutung zu (s. dazu *BSG* 23.6.1981 BSGE 52, 47; *LSG Bay.* 19.9.2017 – L 10 AL 239/16, info also 2018, 18; vgl. auch KR-*Link/Lau* SozR Rdn 269 f.). 17

Das vereinbarte bzw. in einem arbeitsgerichtlichen Vergleich **festgelegte Ende des Arbeitsverhältnisses**, insbes. seine Verschiebung auf einen Zeitpunkt, der nicht dem Zeitpunkt entspricht, zu dem gekündigt wurde, ist maßgeblich für die **Qualifizierung** der in eine **Gesamtabfindung** einbezogenen Arbeitgeber-Leistungen (zur Abgrenzung von Arbeitsentgelt, Urlaubsabgeltung und Abfindung vgl. KR-*Link/Lau* SozR Rdn 264 f., 268 f.). Dabei wird die Grenze zwischen den genannten drei Gruppen von Arbeitgeberleistungen häufig verwischt, entweder aus Unkenntnis oder auch zur Umgehung der Beitrags- und Steuerpflicht oder zur Vermeidung der Ruhenswirkung der §§ 157, 158 SGB III (vgl. zu den hier in Betracht kommenden Fallgestaltungen KR-*Link/Lau* SozR Rdn 268 ff.). 18

D. Ruhenstatbestände des § 157 SGB III im Einzelnen

I. Ruhen wegen Arbeitsentgelt nach § 157 Abs. 1 SGB III

1. Allgemeines

Das Ruhen des Arbeitslosengeldanspruchs nach § 157 Abs. 1 SGB III ist begrenzt auf die Zeit zwischen dem **tatsächlichen Ende der Beschäftigung** und der **rechtlichen Beendigung des Arbeitsverhältnisses** (Ruhenszeitraum, s. Rdn 4). Die Vorschrift bezieht sich daher nur auf Arbeitsentgelt, das der Arbeitslose auf Grund seines fortbestehenden Arbeitsverhältnisses erhält oder zu beanspruchen hat, obwohl er nicht mehr beschäftigt wird (vgl. *BSG* 11.12.2014 – B 11 AL 2/14 R; s.a. KR-*Link/Lau* SozR Rdn 263 f.). Der Anspruch ruht zwar an sich auch dann, wenn der Arbeitslose das geschuldete Arbeitsentgelt nicht erhält. Er kann dann aber »gleichwohl« Arbeitslosengeld nach § 157 Abs. 1 SGB III in Anspruch nehmen (vgl. dazu KR-*Link/Lau* SozR Rdn 186 f.; s.a. Rdn 43 f.). Ist das Ende des Arbeitsverhältnisses und damit auch streitig, ob über das Ende der tatsächlichen Beschäftigung hinausgehende Entgeltansprüche bestehen, so hat die Arbeitsverwaltung zunächst nach Abs. 3 zu verfahren und Arbeitslosengeld im Wege der sog. Gleichwohlgewährung zu zahlen, sofern der Arbeitslose dies beantragt. 19

2. Arbeitsentgelt, Abgrenzung

20 Für den Begriff des Arbeitsentgelts ist auf die auch für die Arbeitslosenversicherung maßgebende Legaldefinition des **§ 14 Abs. 1 SGB IV** abzustellen (*LSG Bay.* 19.9.2017 – L 10 AL 239/16, info also 2018, 18). Danach sind Arbeitsentgelt »alle laufenden oder einmaligen Einnahmen aus einer Beschäftigung, gleichgültig, ob ein Rechtsanspruch auf die Einnahmen besteht, unter welcher Bezeichnung oder in welcher Form sie geleistet werden und ob sie unmittelbar aus der Beschäftigung oder im Zusammenhang mit ihr erzielt werden«. Dabei werden auch Zahlungen erfasst, denen ein Anspruch des Arbeitgebers auf eine Arbeitsleistung nicht gegenübersteht, wie Entgeltfortzahlung im Krankheitsfall und Urlaubsgeld (vgl. Eicher/Schlegel-*Leitherer* § 157 Rn 53). Erfasst wird auch Arbeitsentgelt, das für den Zeitraum nach Begründung des Arbeitsverhältnisses, jedoch vor Beginn der faktischen Beschäftigung geschuldet oder gezahlt wird (*BSG* 20.6.2002 – B 7 AL 108/01 R, WKRS 2002, 22448). Zudem wird Arbeitsentgelt erfasst, das bei Altersteilzeit im Blockmodell mit einer in der Arbeitsphase erbrachten Arbeitsleistung erzielt und für die Zeit der Freistellung von der Arbeitsleistung fällig wird (*BSG* 24.9.2008 – B 12 KR 27/07 R, WKRS 2008, 31897). Gleiches gilt für die monatlichen Zahlungen aus einer Bürgschaft, die mit Zahlungsunfähigkeit des Arbeitgebers – quasi als Surrogat – an die Stelle der monatlichen Zahlungen des Arbeitgebers aus dem während der Aktivphase angesparten, in der Freistellungsphase fällig werdenden Wertguthabens getreten sind (*LSG NRW* 11.2.2019 – L 20 AL 249/16 – Rn 50, WKRS 2019, 394499). Nicht zum Arbeitsentgelt zählen idR **Sozialplanleistungen**, soweit hierdurch der Verlust des Arbeitsplatzes kompensiert werden soll; dies gilt allerdings dann nicht, wenn Anhaltspunkte für ein Umgehungsgeschäft vorliegen (vgl. Mutschler/Schmidt-De Caluwe/Coseriu-*Siefert* § 157 Rn 16). Auch **Anwärterbezüge** oder **Unterhaltsbeihilfen**, die ein Beamter auf Widerruf über das Ende seines Beamtenverhältnisses hinaus erhält, zählen nicht zum Arbeitsentgelt nach Abs. 1, da sie sich auf einen Zeitraum nach dem Ende des Beamtenverhältnisses beziehen (*LSG Bay.* 19.9.2017 – L 10 AL 239/16, info also 2018, 18; *LSG Nds.-Brem.*, 14.7.2020 – L 7 AL 121/18 – LS, WKRS 2020, 41160; *Sächs. LSG* 7.1.2021 – 3 AL 5/19 – Rn 26, WKRS 2021, 12918; Eicher/Schlegel-*Leitherer* § 157 Rn 49).

21 § 157 Abs. 1 SGB III erfasst **nicht** die Lohn- und Gehaltsansprüche für Zeiten **vor der tatsächlichen Beendigung** der Beschäftigung (vgl. KR-*Link/Lau* SozR Rdn 265; *ErfK/Rolfs* SGB III § 157 Rn 5, 6). Soweit hingegen Lohn- oder Gehaltsansprüche **über das Ende des Arbeitsverhältnisses hinaus** bestehen (etwa auf Grund einer Vereinbarung oder nach gesetzlichen Regelungen, zB § 628 Abs. 2 BGB), handelt es sich nicht mehr um Arbeitsentgelt, sondern um eine Form der **Abfindung**, die nicht in den Grenzen des Abs. 1, sondern in den Grenzen des § 158 Abs. 1 und 2 SGB III, die regelmäßig einen kürzeren Ruhenszeitraum begründen, zum Ruhen des Arbeitslosengeldes führt (vgl. *BSG* 14.2.1978 BSGE 46, 20, 24 f.). Um Arbeitsentgelt handelt es sich nur insoweit, als es für Zeiten vor dem beendeten Arbeitsverhältnis geschuldet wird (*LSG Bay.* 19.9.2017 – L 10 AL 239/16, info also 2018, 18; vgl. auch KR-*Link/Lau* SozR Rdn 27 f.).

22 Wie § 157 Abs. 1 SGB III zeigt, können Arbeitnehmer, deren Arbeitsverhältnis noch nicht beendet ist (zB wegen Unwirksamkeit der Kündigung), beschäftigungslos und damit auch arbeitslos sein und Leistungen wegen Arbeitslosigkeit in Anspruch nehmen (vgl. zu den Leistungsvoraussetzungen KR-*Link/Lau* SozR Rdn 114 ff.). **Arbeitslosigkeit neben einem fortbestehenden Arbeitsverhältnis** kann zB vorliegen, wenn sich eine ordentliche oder außerordentliche Kündigung später als unwirksam erweist, also der Arbeitnehmer vorzeitig entlassen worden ist, oder wenn der Arbeitgeber nach ordentlicher Kündigung bis zum Ablauf der Kündigungsfrist auf die Dienste des Arbeitnehmers verzichtet (**Freistellung**; vgl. hierzu auch KR-*Link/Lau* SozR Rdn 6; vgl. auch KR-*Link/Lau* § 159 Rdn 63 ff.).

23 Das **nachzuzahlende Arbeitsentgelt** ist in diesen Fällen keine Vergütung für geleistete Arbeit, sondern zB *Vergütung iSv* § 615 BGB, die der Arbeitnehmer infolge **Annahmeverzuges** des Arbeitgebers verlangen kann (vgl. hierzu ausf. *Fuhlrott/Oltmanns* BB 2017, 2677). Dabei kann in der **Erhebung der Kündigungsschutzklage** regelmäßig ein wirksames Arbeitsangebot iSv § 295 BGB

gesehen werden, sofern der Arbeitnehmer arbeitsfähig und arbeitswillig ist (zu den Voraussetzungen des Annahmeverzugs und zur neueren Rechtsprechung des BAG s. KR-*Spilger* § 11 KSchG Rdn 12 ff.).

Wird in einem **arbeitsgerichtlichen Vergleich** das Ende des Arbeitsverhältnisses festgelegt, so ist 24 grds. davon auszugehen, dass bis zu diesem Zeitpunkt ein **Lohnanspruch fortbestanden hat**, es sei denn, dass ein solcher von vornherein (mangels Annahmeverzuges des Arbeitgebers oder weil es noch nicht zur Eingliederung in den Betrieb des Arbeitgebers gekommen ist) nicht entstanden oder durch spätere Ereignisse vernichtet worden ist (zB Vergleich, Versäumung von Ausschlussfristen, Anfechtung). Es dürfte dem Zweck des § 157 Abs. 1 SGB III, Doppelleistungen zu vermeiden, entsprechen, auch bei **anspruchsvernichtenden Ereignissen** diese Vorschrift nicht anzuwenden, jedenfalls solange noch kein Arbeitslosengeld gezahlt worden ist (zum »Verzicht« auf Arbeitsentgelt s. Rdn 26 f.).

§ 157 erfasst nur Arbeitsentgelt aus einer **versicherungspflichtigen** Beschäftigung; wird das Arbeits- 25 entgelt aus einer versicherungsfreien Beschäftigung bezogen, kommt § 155 Abs. 1 SGB III zur Anwendung (vgl. *Hauck/Noftz-Valgolio*, SGB III, § 157 Rn 9; vgl. auch Rdn 30 ff.).

3. Verzicht auf Arbeitsentgelt

Besondere Probleme wirft der »**Verzicht auf Arbeitsentgelt-Ansprüche**« auf (zB durch Erlassvertrag 26 nach § 197 BGB, in Ausgleichsquittungen oder Abfindungsvergleichen). Ein solcher Verzicht wirkt grds. auch für § 157 Abs. 1 SGB III, wenn er vor der Entstehung des Anspruchs auf Arbeitsentgelt oder auf Arbeitslosengeld **wirksam** geworden ist. Hingegen ist er – regelmäßig – **unwirksam**, wenn er nach Zahlung des Arbeitslosengeldes für die entsprechende Zeit vereinbart wird (*BAG* 23.9.1981 ZIP 1981, 1364).

Da mit der **Zahlung des Arbeitslosengeldes** die Arbeitsentgelt-Ansprüche des Arbeitnehmers gem. 27 § 115 SGB X auf die BA übergehen, ist dem Arbeitnehmer von diesem Zeitpunkt an die **Verfügungsbefugnis** über das ihm während des Leistungsbezugs zustehende Arbeitsentgelt entzogen, auch wenn (zB vor Abschluss des Kündigungsschutzprozesses) noch nicht feststeht, ob solche Ansprüche bestehen. Der Arbeitnehmer kann dann durch Vergleich mit seinem Arbeitgeber nicht mehr wirksam auf das Arbeitsentgelt verzichten oder dessen Höhe festlegen oder seine Dauer beschränken. Der Arbeitgeber kann sich **nicht** gem. §§ 407, 412 BGB auf die **befreiende Wirkung seiner Abfindungszahlungen** berufen, weil ihm bei Abschluss des Vergleichs der Anspruchsübergang idR bekannt war (vgl. KR-*Link/Lau* SozR Rdn 255).

Zwar hindert der **Anspruchsübergang** nach § 115 SGB X die Arbeitsvertragsparteien nicht, über 28 das **Ende des Arbeitsverhältnisses** zu bestimmen (s. KR-*Link/Lau* SozR Rdn 270 f.). Sie können jedoch nicht mehr über **Lohnansprüche bis zum vereinbarten Ende** des Arbeitsverhältnisses verfügen, soweit sie bereits auf die BA übergegangen sind. Ein Hinausschieben des Endes des Arbeitsverhältnisses unter **Ausschluss von Lohnansprüchen** ist daher nur insoweit wirksam, als die Lohnansprüche beim Arbeitnehmer verblieben sind, dh soweit sie **das Arbeitslosengeld übersteigen** (vgl. hierzu KR-*Link/Lau* SozR Rdn 273, 276 f.).

Unabhängig von den Rechtsfolgen des § 115 SGB X, also auch in Fällen, in denen noch kein 29 Arbeitslosengeld gezahlt worden und deshalb noch kein Arbeitsentgelt-Anspruch auf die BA übergegangen ist, sind auch im Rahmen des § 157 SGB III die **allgemeinen Grenzen** zu beachten, die sich für die **Wirksamkeit von Erlassverträgen, Abfindungsvergleichen, Verzicht** usw. aus den Grundgedanken der §§ **46 Abs. 2 und 32 SGB I** ergeben, dh es ist jeweils zu prüfen, ob es sich um eine rechtsmissbräuchliche und damit unwirksame Verschiebung von Arbeitsentgelt in eine Abfindung handelt. Nach § 46 Abs. 2 SGB I ist der Verzicht (auf Sozialleistungsansprüche) unwirksam, soweit durch ihn andere Personen oder Leistungsträger belastet oder Rechtsvorschriften umgangen werden. Nach § 32 SGB I sind privatrechtliche Vereinbarungen, die zum Nachteil des Sozialleistungsberechtigten von Vorschriften des SGB abweichen, nichtig (vgl. hierzu *BSG* 10.8.2000 – B 11 AL 83/99 R, NZA-RR 2001, 441). Danach kann eine **vertragliche Vereinbarung** zwischen

Arbeitgeber und Arbeitnehmer **unwirksam** sein, wenn sie den Verlust sozialrechtlicher Rechtsvorteile des Arbeitnehmers einschließt (*BSG* 24.3.1988 SozR 1200 § 14 Nr. 28), wenn der Arbeitnehmer vorsätzlich (*BSG* 16.12.1980 BKK 81, 268, 269) oder jedenfalls grob fahrlässig zum Nachteil des Versicherungsträgers gehandelt hat (vgl. auch *BSG* 16.12.1980 SozR 2200 § 189 Nr. 2) oder die Vereinbarung wegen Gesetzesumgehung iSv § 134 BGB (zB Beitragshinterziehung, Betrug) nichtig ist (vgl. dazu auch KR-*Link/Lau* SozR Rdn 282). Zur **sozialversicherungsrechtlichen Bedeutung** des **im Vergleich festgelegten Endes des Arbeitsverhältnisses**, der Grenzen der **Dispositionsfreiheit** der Arbeitsvertragsparteien gegenüber den Sozialleistungsträgern und zu problematischen Gestaltungen in der **arbeitsgerichtlichen Vergleichspraxis**, insbes. dem Hinausschieben des Endes des Arbeitsverhältnisses ohne volle Lohnzahlung, vgl. KR-*Link/Lau* SozR Rdn 270 ff., 276 ff.

4. Verhältnis von § 157 zu § 155 SGB III (Anrechnung von Nebeneinkommen)

30 Neben § 157 SGB III gibt es mehrere Bestimmungen, die den Einfluss von Arbeitsentgelt auf Ansprüche nach dem SGB III regeln. § 155 SGB III regelt die (teilweise) **Anrechnung** von Arbeitsentgelt auf das Arbeitslosengeld, wenn es »**während**« der Zeit, für die Arbeitslosengeld zusteht, **erzielt** wird. Diese Bestimmung, die auch für die Arbeitslosenhilfe entsprechend galt, nicht aber für das Arbeitslosengeld II gilt, erfasst **Nebeneinkommen** aus einer während des Leistungsbezugs ausgeübten, weniger als 15 Stunden wöchentlich umfassenden abhängigen Beschäftigung oder selbstständigen Tätigkeit für die Zeit, in der Anspruch auf Arbeitslosengeld besteht. Die Ausübung einer weniger als 15 Stunden wöchentlich umfassenden Beschäftigung schließt Beschäftigungslosigkeit und damit Ansprüche auf Arbeitslosengeld nicht aus (§ 138 Abs. 3 SGB III). Ob die Geldgrenze der Geringfügigkeit (§ 27 Abs. 2 SGB III iVm § 8 SGB IV) überschritten wird, ist insoweit unerheblich (vgl. zur Kurzzeitigkeits- und Geringfügigkeitsgrenze KR-*Link/Lau* SozR Rdn 116). Wird die Kurzzeitigkeitsgrenze überschritten, entfällt die Beschäftigungslosigkeit und damit eine der Voraussetzungen für den Leistungsbezug. Arbeitslosengeld ist dann zu Unrecht gewährt worden und muss ggf. zurückerstattet werden.

31 Nach § 155 Abs. 1 SGB III mindert sich das Arbeitslosengeld für den Kalendermonat, in dem die Beschäftigung bzw. die Erwerbstätigkeit iSd § 138 Abs. 3 SGB III ausgeübt wird, um das **Arbeitsentgelt** aus dieser Beschäftigung, von dem zuvor Steuern, Sozialversicherungsbeiträge und Werbungskosten sowie ein **Freibetrag** in Höhe von 165 Euro abzuziehen ist (zum erhöhten Freibetrag s. Rdn 34).

32 Danach bleibt das Nettoeinkommen aus der Nebenbeschäftigung anrechnungsfrei, soweit es 165 Euro nicht übersteigt. Oberhalb des Freibetrages wird das Nebeneinkommen hingegen voll angerechnet. Anders als im AFG wird die Anrechnung nicht mehr auf die Kalenderwoche, sondern auf den **Kalendermonat** bezogen, weil Arbeitslosengeld nach § 337 Abs. 2 SGB III monatlich ausgezahlt wird.

33 Es kommt nicht darauf an, **wann** das Arbeitsentgelt aus der Nebenbeschäftigung **zufließt**, sondern allein darauf, dass die Beschäftigung in dem Kalendermonat mit Arbeitslosengeld-Bezug **ausgeübt** worden ist. Allerdings kommt eine Anrechnung erst (und nur dann) in Betracht, wenn das Nebeneinkommen **tatsächlich zugeflossen** ist.

34 War der Arbeitslose in den **letzten 18 Monaten vor der Arbeitslosigkeit neben der Beschäftigung**, die die Ansprüche auf Arbeitslosengeld begründet hat, mindestens zwölf Monate lang **geringfügig beschäftigt** (§ 27 Abs. 2 SGB III iVm § 8 SGB IV), also unterhalb der Entgeltgrenze von 450 Euro monatlich (vgl. KR-*Link/Lau* SozR Rdn 116), dann bleibt das Arbeitsentgelt aus der Nebenbeschäftigung bis zu dem Betrag **anrechnungsfrei**, der in den letzten zwölf Monaten vor der Arbeitslosigkeit aus der geringfügigen Beschäftigung durchschnittlich auf den Monat entfällt, mindestens jedoch der Freibetrag nach Abs. 1 (§ 155 Abs. 2 SGB III; hierzu *BSG* 1.3.2011 NZS 2011, 833: der Bezug von Verletztengeld aus der gesetzlichen Unfallversicherung ist mit der tatsächlichen Ausübung einer geringfügigen Beschäftigung nicht gleichzusetzen). Für die Geltendmachung des erhöhten Freibetrags ist die nahtlose Fortführung einer vor Entstehung des Arbeitslosengeld-Anspruchs

ausgeübten Erwerbstätigkeit allerdings nicht erforderlich (*BSG* 1.7.2010 BSGE 106, 249 = SozR 4–4300 § 141 Nr. 4). Eine Anrechnung solcher Nebeneinkommen, die der Arbeitslose bereits vor der Arbeitslosigkeit längerfristig erzielt hat, würde den Arbeitslosen, der gegenüber seinem bisherigen (weggefallenen) Einkommen ohnehin geringeres Arbeitslosengeld bezieht, zusätzlich belasten. Diese Privilegierung von Nebenbeschäftigungen, die bereits während des **Bemessungszeitraumes** für das Arbeitslosengeld ausgeübt worden sind, betrifft nur solche, die die Grenzen der Geringfügigkeit gem. § 8 SGB IV nicht übersteigen (vgl. KR-*Link/Lau* SozR Rdn 116).

5. Abgrenzung zwischen § 157 und § 155 SGB III

Da § 157 Abs. 1 SGB III nicht nur tatsächlich gezahltes Arbeitsentgelt, sondern auch solches erfasst, das der Arbeitnehmer zu beanspruchen hat, und da diese Regelung zum vollständigen Ruhen des Arbeitslosengeldanspruchs führt, ergibt sich für die **Abgrenzung** zwischen § 157 und § 155 SGB III Folgendes: 35

Wird das Arbeitsentgelt (ohne Arbeitsleistung) aus dem bisherigen und faktisch beendeten Beschäftigungsverhältnis laufend weitergezahlt, findet nur § 157 Abs. 1 SGB III und nicht § 155 SGB III Anwendung, weil dies der typische Fall ist, in dem das vollständige Ruhen des Arbeitslosengeldanspruchs gerechtfertigt ist. In den Fällen, in denen der bestehende Anspruch auf das laufende Arbeitsentgelt **nicht erfüllt** wird, kommt § 155 SGB III ohnehin nicht in Betracht, sondern nur eine sog. **Gleichwohlgewährung** nach § 157 Abs. 3 SGB III. Hingegen findet allein § 155 SGB III, nicht aber § 157 Abs. 1 SGB III Anwendung, wenn der Arbeitnehmer während der Arbeitslosigkeit bzw. des Leistungsbezugs eine andere, weniger als 15 Stunden wöchentlich umfassende Beschäftigung **tatsächlich ausübt** und daraus Arbeitsentgelt bezieht. Wird in diesen Fällen das Arbeitsentgelt aus der Nebenbeschäftigung **nicht gezahlt**, findet § 155 SGB III gleichwohl – wenn auch nicht unmittelbar, weil er die tatsächliche Zahlung voraussetzt – über § 115 SGB X Anwendung. Denn der Arbeitsentgeltanspruch geht in der Höhe, in der er nach § 155 SGB III anzurechnen gewesen wäre und zu einer Minderung des Arbeitslosengeldes geführt hätte, auf die BA über.

II. Ruhen wegen einer Urlaubsabgeltung nach § 157 Abs. 2 SGB III

Der Anspruch auf Arbeitslosengeld ruht wegen einer – gezahlten oder zu beanspruchenden – **Urlaubsabgeltung** »für die Zeit des abgegoltenen Urlaubs«, also für den Zeitraum **nach dem Ende** des Arbeitsverhältnisses, der der Dauer des abzugeltenden Urlaubs entspricht (vgl. zur Entstehungsgeschichte der Regelung KR-*Link/Lau* SozR Rdn 48 f.). Mit dem Begriff »Urlaubsabgeltung« ist auf den arbeitsrechtlichen Begriff Bezug genommen, wie er § 7 Abs. 4 BUrlG zu Grunde liegt. Die Regelung des § 157 Abs. 2 SGB III ist mit Art. 7 RL 2003/88 EG (Arbeitszeit-Richtlinie) vereinbar, weil die RL bestimmte Aspekte der Arbeitszeitgestaltung und keine sozialrechtlichen Ansprüche betrifft (*LSG Bln.-Bra.* 30.11.2016 – L 18 AL 38/16, WKRS 2016, 32289, und *BSG* 29.5.2017 – B 11 AL 3/17 B, WKRS 2017, 21683). Die Aufgabe der (bis 2009) vom *BAG* vertretenen Surrogatstheorie (weil es gegen Unionsrecht verstößt, wenn der Urlaubsabgeltungsanspruch eines arbeitsunfähigen ausgeschiedenen Arbeitnehmers wie der eigentliche Urlaubsanspruch verfällt) hat nicht zur Folge, dass der Ruhenstatbestand des § 157 Abs. 2 SGB III nur noch eingeschränkt Anwendung findet (*LSG Bay.* 4.5.2017 – L 9 AL 8/17 NZB – Rn 17 ff., WKRS 2017, 16361). Ein an die Stelle des Abgeltungsanspruchs getretener **Schadensersatzanspruch** wird von § 157 Abs. 2 SGB III **nicht erfasst** (*BSG* 21.6.2001 SGb 2002, 397 m. zust. Anm. *Strick* SGb 2002, 399; s.a. Rdn 38). Der Ruhenszeitraum beginnt mit dem Tag nach dem Ende des die Urlaubsabgeltung begründenden Arbeitsverhältnisses und endet mit dem letzten (fiktiven) Urlaubstag (hierzu *LSG Bay.* 25.10.2017 – L 10 AL 93/17; s. allg. auch *BSG* 6.9.2017 – B 13 R 21/15 R, SozR 4–2600 § 96a Nr. 16). Der Ruhenszeitraum läuft **kalendermäßig** ab (*BSG* 7.2.2002 – B 7 AL 28/01 R). Dabei kann der Ruhenszeitraum nicht so berechnet werden, dass das Ruhen für so viele Kalendertage eintritt, wie sie der Zahl der abzugeltenden Urlaubstage entsprechen, also für jeden Kalendertag ein Urlaubstag verbraucht wird (so aber *Hauck/Noftz-Valgolio* SGB III, § 143 Rn 38 ff.). Das Gesetz stellt vielmehr auf die Zeit (Dauer) des abzugeltenden Urlaubs ab; das Arbeitsverhältnis wird also 36 praktisch um die abzugeltende Urlaubszeit **verlängert**. Deshalb kommt es bei der Feststellung des Ruhenszeitraums auf die arbeitsvertragliche Urlaubsregelung an. Wird der Urlaub – bei einer Fünf-Tage-Woche – nach **Arbeitstagen** bemessen, zählen Samstage und Sonntage bei der Bestimmung des Ruhenszeitraums nicht als Urlaubstage (Beispiel: 25 Urlaubstage entsprechen dann einem Ruhenszeitraum von 35 Kalendertagen). Wird der Urlaub hingegen nach Werktagen bemessen, so sind – auch bei einer Fünf-Tage-Woche – die Samstage als Urlaubstage zu berücksichtigen (Beispiel: 25 Urlaubstage entsprechen dann einem Ruhenszeitraum von 30 Kalendertagen). Der Ruhenszeitraum verkürzt sich ferner um sog. **Wochenfeiertage**, die in den Ruhenszeitraum fallen; sie gelten als Urlaubstage, weil sie außerhalb des Arbeitsverhältnisses nicht als Feiertage vergütet werden (*BSG* 2.11.2000 – B 11 AL 25/00 R; 29.3.2001 – B 7 AL 14/00 R, AuB 2001, 313).

37 Zu beachten ist, dass auch **im Ausland erworbene Urlaubsabgeltungsansprüche** zu einem Ruhen des Arbeitslosengeldanspruchs führen (hierzu zählt zB die Auszahlung aus einem dänischen Urlaubskonto [sog. »feriepenge«] *BSG* 17.3.2016 – B 11 AL 4/15 R, SozR 4–4300 § 143 Nr. 2 Rn 24 m. Anm. *Seiwerth* SGb 2017, 52; vgl. zur Anwendbarkeit des § 157 Abs. 2 SGB III auf eine Urlaubsabgeltung nach italienischem Recht: *LSG SA* 20.10.2020 – L 2 AL 29/19 – Rn 31, WKRS 2020, 54319). Auch die finanzielle Abgeltung eines erhöhten Urlaubsanspruchs führt in voller Höhe zum Ruhen des Anspruchs auf Arbeitslosengeld. Denn der Urlaubsanspruch verliert nicht seinen rechtlichen Charakter und seine Zielsetzung, weil sich der Erholungsbedarf nicht nur an den üblichen Kennzahlen orientiert, sondern urlaubserhöhend besondere Erschwernisse erfasst, die mit der Erbringung der Arbeitsleistung in besonderen Konstellationen (zB 7 Tage Arbeitswoche auf einem Schiff) unmittelbar verbunden sind (*LSG Nds.-Brem.* 26.3.2019 – L 7 AL 171/17 – Rn 36, WKRS 2019, 42225). § 157 Abs. 2 SGB III lässt sich – wie der frühere § 117 Abs. 1a AFG – unter dem Aspekt der **Vermeidung von Doppelleistungen** nur durch die Annahme rechtfertigen, dass dem Arbeitnehmer mit der Urlaubsabgeltung ermöglicht wird, im Anschluss an das Ende des Arbeitsverhältnisses den (abgegoltenen) Urlaub zu nehmen. Obwohl der Arbeitnehmer auf diesen Zeitraum an sich nicht festgelegt werden kann, hat der Gesetzgeber ihn **pauschalierend** auf die Zeit nach dem Ende des Arbeitsverhältnisses gelegt, damit die Urlaubsabgeltung auch bei kürzerer Arbeitslosigkeit zum Ruhen der Leistungen wegen Arbeitslosigkeit führt. Dann müsste der Arbeitnehmer nach dem Sinn der Urlaubsabgeltung auch die Möglichkeit haben, während der Arbeitslosigkeit ohne Rechtsnachteile den Urlaub später nachzuholen.

38 Von § 157 Abs. 2 SGB III wird auch die **Zahlung** einer **nicht (mehr) geschuldeten Urlaubsabgeltung** erfasst (*BSG* 29.7.1993 – 11 RAr 17/92, EzA § 117 AFG Nr. 8). Denn auch diese Regelung verwendet die Formulierung »erhalten oder zu beanspruchen hat«, die neben einem Anspruch auf Urlaubsabgeltung auch die – ggf. ohne Rechtsgrund – **tatsächlich gezahlte** Urlaubsabgeltung erfasst (s. Rdn 6). Ob für den Fall, dass eine Urlaubsabgeltung wegen Beendigung des Beschäftigungsverhältnisses (bei fortbestehenden Arbeitsverhältnis) gezahlt wird, § 157 Abs. 1 oder Abs. 2 SGB III eingreift, hat das BSG offen gelassen; jedenfalls gebiete der Normzweck dieser Regelungen, Doppelleistungen zu vermeiden, auch in diesen Fällen die Annahme eines Ruhenstatbestandes, der mit dem Ende des Beschäftigungsverhältnisses beginnt und die Dauer des abgegoltenen Urlaubs umfasst (*BSG* 23.1.1997 – 7 RAr 72/94, SozR 3–4100 § 117 Nr. 14). Hiergegen wird eingewandt, dass sich die Rechtsprechung ohne Grund vom arbeitsrechtlichen Anknüpfungstatbestand des Urlaubsanspruchs in § 7 Abs. 4 BUrlG löse und sich im Ergebnis damit begnüge, dass eine Zahlung von den Arbeitsvertragsparteien als Urlaubsabgeltung bezeichnet werde; richtig sei es, eine solche Zahlung als Arbeitsentgelt oder als Entlassungsentschädigung zu behandeln (*Voelzke* SGb 2007, 713, 717/718).

39 **Urlaubsabgeltung und Arbeitsunfähigkeit:** Ab dem 1.1.2002 waren nach § 5 Abs. 1 Nr. 2 SGB V auch Personen in der gesetzlichen Krankenversicherung pflichtversichert, deren Arbeitslosengeldanspruch wegen einer Urlaubsabgeltung (oder wegen einer Sperrzeit) ab Beginn des zweiten Monats ruhte. In Zusammenwirkung mit dem nachgehenden Versicherungsschutz nach § 19 Abs. 2 SGB V (für den ersten Monat) wurde mithin der Versicherungsschutz des Arbeitnehmers während des

Ruhenszeitraums sichergestellt, ohne dass er sich freiwillig weiterversichern musste. Zum 1.8.2017 wurde § 5 Abs. 1 Nr. 2 SGB V (durch Art. 1 Nr. 0a. des Gesetzes zur Stärkung der Heil- und Hilfsmittelversorgung v. 4.4.2017, BGBl. I S. 778) dahingehend geändert, dass die Krankenversicherungspflicht nicht erst ab Beginn des zweiten Monats des Ruhens wegen Urlaubsabgeltung, sondern bereits von deren **ersten Tag an wirksam** wird (ausf. hierzu *Minn* DB 2017, 1453 mit instruktiven Fallbeispielen). Gleiches gilt gem. § 20 Abs. 1 S. 2 Nr. 2 SGB XI auch für die Pflegeversicherung. Der Arbeitsunfähige erhält mithin während des Ruhenszeitraums **Krankengeld**, und zwar in Höhe des Arbeitslosengeldes (§ 47b Abs. 1 SGB V). Eine **Verschiebung des Ruhenszeitraums** auf die **Zeit nach Beendigung der Erkrankung erfolgt** im Rahmen von § 157 Abs. 2 SGB III nicht (*Gagel/Winkler* § 157 Rn 49; vgl. auch *BAG* 17.11.2010 EzA § 143 SGB III Nr. 1 m. zust. Anm. *Voelzke* jurisPR-SozR 5/2011 Anm. 1).

§ 157 Abs. 2 SGB III ordnet im Übrigen nur das Ruhen des Arbeitslosengeldes an. Ein entsprechendes Ruhen des **Krankengeldanspruchs** ist im Gesetz nicht vorgesehen (vgl. *BSG* 30.5.2006 SozR 4–2500 § 49 Nr. 4; zur Arbeitsunfähigkeit s. Rdn 39; vgl. zu § 49 SGB V KR-*Link/Lau* SozR Rdn 245). 40

Hingegen verbleibt der Arbeitnehmer (zunächst) im Leistungssystem der Arbeitslosenversicherung, wenn er vor dem Eintritt der Arbeitsunfähigkeit einen Anspruch auf **Gleichwohlgewährung** des Arbeitslosengeldes gem. § 157 Abs. 3 S. 1 SGB III hatte (vgl. hierzu *BSG* 29.1.2008 SozR 4–4300 § 128 Nr. 2). Hat zB der Arbeitgeber die geschuldete Urlaubsabgeltung nicht gezahlt und wird deshalb – trotz des an sich eingetretenen Ruhens – Arbeitslosengeld »gleichwohl« gezahlt, so ist bei Eintritt der Arbeitsunfähigkeit während des Leistungsbezugs Arbeitslosengeld nach § 146 SGB III für die Dauer von 6 Wochen weiterzuzahlen. In solchen Fällen führt die (geschuldete) Urlaubsabgeltung nicht zum Ruhen des Anspruchs auf Fortzahlung dieser Leistung nach § 146 SGB III, die insoweit an die Stelle des Krankengeldes tritt (vgl. auch *BSG* 26.6.1991 SozR 3–4100 § 117 Nr. 4). 41

Allerdings verschiebt sich der Ruhenszeitraum wegen der Urlaubsabgeltung, wenn ein Ruhenszeitraum wegen einer **Entlassungsentschädigung hinzutritt** (§ 158 Abs. 1 S. 5 SGB III; vgl. KR-*Link/Lau* § 158 SGB III Rdn 62). Das Ruhen wegen der Urlaubsabgeltung hat jedoch keinen Einfluss auf die fingierten Kündigungsfristen des § 158 Abs. 1 S. 3 und 4 SGB III (vgl. dazu KR-*Link/Lau* § 158 SGB III Rdn 44 f.). 42

E. Gleichwohlgewährung

I. Leistungsfälle und Anspruchsübergang (§ 115 SGB X)

Wie früher § 117 Abs. 4 S. 1 AFG bestimmen nunmehr § 157 Abs. 3 S. 1 und § 158 Abs. 4 S. 1 SGB III, dass die BA das Arbeitslosengeld **trotz des Ruhens** auf Antrag zahlen muss, wenn und solange der Arbeitnehmer das ihm geschuldete Arbeitsentgelt, die Urlaubsabgeltung oder die Entlassungsentschädigung **nicht oder noch nicht** erhält (zur Bedeutung und Zweck dieser »Gleichwohlgewährung« s.a. KR-*Link/Lau* SozR Rdn 186 f. und hier Rdn 45 f.; zu Fehlbewilligungen s. Rdn 54). § 115 SGB X iVm den genannten Regelungen bestimmt, dass die Ansprüche des Arbeitnehmers gegen den Arbeitgeber in Höhe des erbrachten Arbeitslosengeldes auf die BA übergehen, soweit der Arbeitgeber die Ansprüche des Arbeitnehmers auf Arbeitsentgelt, Urlaubsabgeltung oder Abfindung nicht erfüllt und **deshalb** die BA Arbeitslosengeld **geleistet hat**. Dabei sind die Gründe für die Nichterfüllung der Arbeitnehmeransprüche unbeachtlich. Es muss auch nicht im Vorhinein geklärt werden, ob ein Anspruch des Arbeitnehmers besteht oder nicht besteht; entweder muss die BA zahlen, weil mangels eines bestehenden Anspruchs gegen den Arbeitgeber ein Ruhen nicht eintritt, oder sie muss nach § 157 Abs. 3 SGB III bzw. § 158 Abs. 4 SGB III zahlen, weil ein bestehender Anspruch nicht erfüllt wird bzw. – trotz Fälligkeit – bis zur Zahlung des Arbeitslosengeldes noch nicht erfüllt worden ist. Die Zahlung des Arbeitslosengeldes, die nach § 337 Abs. 2 SGB III monatlich nachträglich erfolgt, wird regelmäßig so ausgeführt, dass der Berechtigte hierüber am ersten Arbeitstag des folgenden Monats verfügen kann. 43

44 Erbracht ist das Arbeitslosengeld nicht schon dann, wenn es bewilligt ist, sondern erst dann, wenn es **gezahlt**, dh dem Arbeitslosen **zugeflossen** ist. Der Forderungsübergang erfolgt also erst mit der Aushändigung des Arbeitslosengeldes, allerdings nur dann und so lange, wie die Arbeitslose die vom Arbeitgeber geschuldeten Leistungen nicht erhält (zu Fehlbewilligungen s. Rdn 54). Sind die vom Arbeitgeber geschuldeten Leistungen schon vor Zahlung des Arbeitslosengeldes ausgezahlt worden, geht der Anspruch insoweit nicht auf die BA über (*BSG* 14.7.1994 SozR 3–4100 § 117 Nr. 11). Die BA muss übergegangene Ansprüche, da sie ihren Charakter als arbeitsrechtliche Ansprüche durch den Forderungsübergang nicht verlieren, ggf. vor den Zivil- bzw. Arbeitsgerichten einklagen (vgl. hierzu *BAG* 22.10.2009 EzA § 613a BGB 2002 Nr. 116 m. Anm. *Bauer* ArbR 2009, 161; dazu auch *Lindemann* ZInsO 2010, 792).

II. Bedeutung und Zweck der Gleichwohlgewährung

45 Die Regelungen über die sog. Gleichwohlgewährung tragen einem besonderen **Sicherungsbedürfnis** des Arbeitslosen Rechnung, indem sie den Bezug von Arbeitslosengeld schon dann ermöglichen, wenn der Arbeitslose Arbeitsentgelt, eine Urlaubsabgeltung oder Entlassungsentschädigung (trotz eines möglichen Anspruchs auf diese Leistungen) **tatsächlich nicht erhält**. Das ist häufig dann der Fall, wenn Streit über den Fortbestand des Arbeitsverhältnisses besteht und – ggf. bis zum Ende des Kündigungsschutzprozesses – nicht feststeht, ob und ggf. für welchen Zeitraum Lohnansprüche bestehen, ob eine Urlaubsabgeltung oder eine Entlassungsentschädigung geschuldet wird. In diesen Fällen wird zu Gunsten des Arbeitslosen, dessen Ansprüche vom Arbeitgeber nicht erfüllt werden, **der Zeitpunkt vorverlegt**, von dem an er Arbeitslosengeld verlangen kann. Damit soll eine **schnelle Überbrückung von Notlagen** gesichert werden. Der Arbeitnehmer wird (vorläufig) so behandelt, als wenn er keine Ansprüche gegen seinen Arbeitgeber hätte. Die BA tritt gewissermaßen in Vorleistung **für den Arbeitgeber** ein, zahlt aber dennoch kein Arbeitsentgelt, sondern Arbeitslosengeld (vgl. dazu KR-*Link/Lau* SozR Rdn 186 f.). Damit wird insbes. den Besonderheiten des **Kündigungsschutzprozesses** Rechnung getragen, weil bis zu dessen Ende häufig nicht feststeht, wann das Arbeitsverhältnis geendet hat und ob dem Arbeitnehmer noch Ansprüche auf Arbeitsentgelt, Urlaubsabgeltung oder Entlassungsentschädigung zustehen. Insofern handelt es sich um einen **vorgezogenen** Versicherungsfall der Arbeitslosigkeit, der in gewisser Weise den Charakter des **Vorläufigen** in sich trägt und auf **Rückabwicklung** angelegt ist, sobald mit dem Ende des Kündigungsschutzprozesses Klarheit über den Bestand der Ansprüche aus dem Arbeitsverhältnis erzielt ist. Diese Erkenntnis hat sich hinsichtlich der **versicherungsrechtlichen und beitragsrechtlichen Folgen** bereits **durchgesetzt** (*BSG* 11.12.2014 – B 11 AL 2/14 R; 25.9.1981 – 12 RK 58/80, BSGE 52, 152 f.; vgl. zur Rückabwicklung der Beitragsentrichtung aus der Kranken- und Rentenversicherung der Arbeitslosen auch KR-*Link/Lau* SozR Rdn 188 ff.).

46 Allerdings wird in diesen Fällen das Arbeitslosengeld **nicht nur vorläufig** – bis zur rechtlichen Klärung des Endes des Arbeitsverhältnisses – oder vorbehaltlich der Zahlung des Arbeitgebers, sondern **endgültig gewährt**. Die Gewährung **bleibt rechtmäßig**, auch wenn der Empfänger des Arbeitslosengeldes das Arbeitsentgelt später erhält, oder die BA hinsichtlich der auf sie übergegangenen Ansprüche befriedigt wird (st. Rspr., *BSG* 11.12.2014 – B 11 AL 2/14 R; 3.12.1998 SozR 3–4100 § 117 AFG Nr. 17). Vereinbarungen über den Fortbestand des Arbeitsverhältnisses und eventuelle Gehalts(Nach-)Zahlungen beseitigen weder die den Eintritt des Versicherungsfalles begründenden Tatsachen (faktische Beendigung der Beschäftigung, Nichtzahlung des Arbeitsentgelts) noch die tatsächliche Inanspruchnahme des Arbeitslosengeldes (*BSG* 3.12.1998 SozR 3–4100 § 117 AFG Nr. 17). Auch wenn also arbeitsrechtlich geklärt ist, dass das Arbeitsverhältnis während der Gleichwohlgewährung fortbestanden hat, führt dies nicht dazu, dass die Bewilligung des Arbeitslosengeldes rückwirkend aufgehoben und Voraussetzungen sowie Höhe dieser Leistung nach dem inzwischen feststehenden »eigentlichen« Versicherungsfall neu bestimmt werden. Das sieht das Gesetz nicht vor. Maßgeblich bleibt vielmehr der ursprüngliche Versicherungsfall (faktische Beschäftigungslosigkeit), sodass **keine Neubestimmung der Rahmenfrist oder des Bemessungszeitraums** stattfindet (so ausdrücklich *BSG* 11.12.2014 – B 11 AL 2/14 R; vgl. KR-*Link/Lau* SozR Rdn 120). Der Annahme, dass es sich insoweit um eine **Gesetzeslücke** handelt, ist das BSG

bereits mehrfach entgegengetreten (vgl. *BSG* 3.12.1998 SozR 3–4100 § 117 AFG Nr. 17 mwN; vgl. dazu iE KR-*Link/Lau* SozR Rdn 189).

Im Schrifttum werden nach wie vor Bedenken gegen die Rechtsprechung des BSG erhoben, weil die Gleichwohlgewährung nicht nur positive Auswirkungen für den Arbeitslosen hat, sondern von Fall zu Fall auch nachteilige Folgen haben kann (vgl. *B. Schmidt* NZA 2002, 1380; ferner *Hanau/Peters-Lange* NZA 1998, 785, 788 f.). Soweit sich durch die Zahlung des Arbeitslosengeldes nach § 157 Abs. 3 SGB III die **Anspruchsdauer nach § 148 Abs. 1 Nr. 1 SGB III** mindert, fand allerdings bereits nach der Rechtsprechung ein Ausgleich aus Billigkeitsgründen statt: Danach **entfällt die Minderung der Anspruchsdauer**, soweit die Arbeitsverwaltung das gezahlte Arbeitslosengeld in vollem Umfang vom Arbeitgeber oder Arbeitnehmer zurückerhalten hat (*BSG* 24.7.1986 BSGE 60, 168, 173 f.; 11.6.1987 SozR 4100 § 117 AFG Nr. 18; 29.9.1987 SozR 4100 § 117 AFG Nr. 20; vgl. auch KR-*Link/Lau* SozR Rdn 189). Diese Rechtsprechung hat der Gesetzgeber mit Wirkung zum 1.8.2016 auch normiert: Nach § **148 Abs. 3 SGB III** (in der ab dem 1.8.2016 geltenden Fassung) entfällt die Minderung für Tage, für die der BA das nach § 157 Abs. 3 SGB III geleistete Arbeitslosengeld einschließlich der darauf entfallenden Beiträge zur Kranken-, Renten- und Pflegeversicherung erstattet oder ersetzt wurde; Bruchteile von Tagen sind auf volle Tage aufzurunden. Weitere Folgen hat die Rückabwicklung nicht. Insbes. bleiben – bis zum Erwerb einer neuen Anwartschaft – Dauer und Höhe des bisherigen Anspruchs auch für einen neuen Leistungsfall der Arbeitslosigkeit maßgeblich, auch wenn eine Neubestimmung des Leistungsumfangs für den Arbeitslosen günstiger wäre. Der auch in diesen Fällen – mindestens aus Billigkeitsgründen – geforderten Neubestimmung des Leistungsumfangs hat das BSG bisher nicht entsprochen (*BSG* 3.12.1998 SozR 3–4100 § 117 AFG Nr. 17, S. 120).

Zutreffend weist die Kritik darauf hin, dass der Arbeitnehmer beim bisherigen Stand der Rechtsprechung bereits **im Kündigungsschutzprozess** Vorsorge gegen die sich aus dieser Rechtsprechung ergebenden Nachteile treffen sollte. ZB müsse der Arbeitnehmer bestrebt sein, den Arbeitgeber zur Erfüllung der auf die Arbeitsverwaltung übergegangenen Entgeltansprüche zu verpflichten, um auf diese Weise eine Minderung der Anspruchsdauer zu verhindern. Wegen der weiteren Nachteile müsse er ggf. mögliche **Schadensersatzansprüche** gegen seinen Arbeitgeber (vgl. *Gagel/Müller* NZA 1993, 577) bereits im Kündigungsschutzprozess geltend machen bzw. auf eine Anerkennung dem Grunde nachdrängen, bevor er einer Ausgleichsklausel zustimme (*B. Schmidt* NZA 2002, 1380, 1383 f.). Umstritten ist, ob die BA verpflichtet ist, im Interesse des Arbeitslosen die Arbeitsentgeltansprüche gegen den Arbeitgeber durchzusetzen (vgl. hierzu im Einzelnen: *Schlegel/Voelzke-Schmitz*, jurisPK-SGB III, § 157 Rn 28; vgl. Rdn 52).

III. Erstattungsanspruch gegen den Arbeitslosen

Grds. kann die BA die zum Ausgleich für die Gewährung von Arbeitslosengeld auf sie übergegangenen arbeitsrechtlichen Ansprüche des Arbeitslosen nur gegenüber dem Arbeitgeber geltend machen. Ein öffentlich-rechtlicher **Erstattungsanspruch gegen den Arbeitnehmer** ist ihr nur ausnahmsweise eingeräumt, nämlich wenn der Arbeitgeber die von ihm geschuldete Leistung trotz des Rechtsübergangs mit **befreiender Wirkung** an den Arbeitslosen (oder einen Dritten) gezahlt hat (jeweils S. 2 des § 157 Abs. 3 und § 158 Abs. 4 SGB III; vgl. dazu näher KR-*Link/Lau* SozR Rdn 254 f.; *LSG Bln.-Bra.* 28.11.2019 – L 18 AL 109/17 – Rn 17, WKRS 2019, 63833). Es handelt sich um einen eigenständigen Erstattungsanspruch, der den Regelungen in §§ 44 ff SGB X vorgeht. Die Festsetzung erfolgt durch VA nach vorheriger Anhörung des Arbeitnehmers (vgl. zur Vorgängerregelung in § 117 AFG *BSG* 14.7.1994 – 7 RAr 104/93, WKRS 1994, 11658). Die Bewilligungsentscheidung wird nicht aufgehoben (vgl. Fachl. Weisungen BA zu § 157, Stand 7/2016, Ziff. 157.3.3.3). Obwohl die Regelung von Erstattung des Arbeitslosengeldes spricht, wird in Wirklichkeit vom Arbeitnehmer das Arbeitsentgelt bzw. die Abfindung in Höhe des Arbeitslosengeldes herausverlangt, das der BA auf Grund des gesetzlichen Anspruchsübergangs zugestanden hat (*BSG* 22.10.1998 – B 7 AL 106/97 R, BSGE 83, 82, 86; 24.6.1999 – B 11 AL 7/99 R, SozR 3–4100 § 117 AFG Nr. 18). Das hat Bedeutung für die Frage, wann der Arbeitgeber

§ 157 SGB III   Ruhen des Anspruchs bei Arbeitsentgelt und Urlaubsabgeltung

gegenüber der BA »mit befreiender Wirkung« gezahlt hat (vgl. hierzu *BAG* 17.11.2010 EzA § 143 SGB III Nr. 1). Denn da die übergegangenen Ansprüche ihre Eigenschaft als arbeitsrechtliche Ansprüche nicht verlieren, wird insoweit auf die bürgerlich-rechtlichen Regelungen verwiesen, aus denen sich die befreiende Wirkung ergibt.

50 Mit **befreiender Wirkung** gegenüber der BA hat der Arbeitgeber gezahlt, wenn er im Zeitpunkt der Zahlung an den Arbeitnehmer (oder einen Dritten) von dem Forderungsübergang bzw. der Zahlung des Arbeitslosengeldes nichts wusste (§§ 412, 407 BGB). Hat der Arbeitgeber in Kenntnis des Forderungsübergangs an den Arbeitnehmer gezahlt, kann die BA die Verfügung **genehmigen** und damit die befreiende Wirkung herbeiführen (§ 362 Abs. 2, § 185 Abs. 2 BGB; vgl. dazu auch KR-*Link/Lau* SozR Rdn 255 f., 257). Diese Regelungen gelten im Rahmen der § 157 Abs. 3 S. 2 und § 158 Abs. 4 S. 2 SGB III uneingeschränkt. Mit der Genehmigung der Verfügung zu Gunsten des nichtberechtigten Arbeitnehmers gestaltet die BA eine Rechtslage nach zivilrechtlichen Grundsätzen, die damit keine Regelung auf dem Gebiet des Verwaltungsrechts und folglich auch kein Verwaltungsakt ist (*BSG* 4.12.2000 – B 11 AL 213/00 B). Damit führt sie zugleich die Voraussetzungen für den öffentlich-rechtlichen Erstattungsanspruch gegen den Arbeitslosen aus Abs. 3 S. 2 herbei (*BSG* 14.9.1990 BSGE 67, 221, 227). Die BA muss auch grds. nicht vor der Genehmigung gegen den Arbeitgeber vorgegangen sein (*BSG* 22.10.1998 – B 7 AL 106/97 R, BSGE 83, 82; 24.6.1999 – B 11 AL 7/99 R, SozR 3–4100 § 117 AFG Nr. 18; krit. dazu *Gagel/Winkler* SGB III, § 157 Rn 76; *B. Schmidt* NZA 2002, 1380 mwN).

51 Eine **Einschränkung der Genehmigungsmöglichkeit** ist allerdings in Ausnahmefällen möglich, etwa wenn die Genehmigung gegen § 242 BGB verstößt oder wenn die Erfüllungswirkung schon auf andere Weise eingetreten ist oder die Arbeitsentgeltzahlung zwischen Arbeitgeber und Arbeitslosem rückgängig gemacht worden ist (*BSG* 22.10.1998 BSGE 83, 82, 87; Eicher/Schlegel-*Leitherer* § 157 Rn 117).

52 Das im Wege der Gleichwohlgewährung geleistete Arbeitslosengeld **mindert dessen Anspruchsdauer** (§ 148 Abs. 1 Nr. 1 SGB III), und zwar selbst dann, wenn die BA den auf sie übergegangenen Anspruch auf Arbeitsentgelt nicht beitreibt, obwohl ihr dies möglich ist (vgl. KR-*Link/Lau* SozR Rdn 189). Die Beitreibung gehört nicht zu den Pflichten der BA und würde für sie im Regelfall einen unzumutbaren Verwaltungsaufwand bedeuten (so auch *Hauck/Noftz-Valgolio*, SGB III, § 157 Rn 110; aA unter Verweis auf zT abweichende obergerichtliche Rspr: *Schlegel/Voelzke-Schmitz*, jurisPK-SGB III, § 157 Rn 28).

53 Allerdings **entfällt die Minderung** der Anspruchsdauer, wenn und soweit die BA für ihre Aufwendungen Ersatz erlangt bzw. sie ihren Erstattungsanspruch aus Abs. 3 S. 2 realisiert hat (vgl. § 148 Abs. 3 SGB III in der ab dem 1.8.2016 geltenden Fassung; zur früheren Rspr., die diese Rechtsfolge bereits aus Billigkeitsgründen herleitete, s. *BSG* 22.10.1998 BSGE 83, 82, 87; s.a. Rdn 47).

54 Ein Erstattungsanspruch setzt voraus, dass die sog. **Gleichwohlgewährung rechtmäßig** erfolgt ist, also der Arbeitslose bis zur Erbringung des Arbeitslosengeldes keine der genannten Arbeitgeberleistungen erhalten hatte. Es kommt mithin jeweils darauf an, ob die zum Ruhen führenden Arbeitgeberleistungen zum Zeitpunkt der Gewährung des Arbeitslosengeldes bereits bewirkt waren oder nicht. Hat der Arbeitslose diese Leistungen bereits vor Gewährung des Arbeitslosengeldes erhalten, durfte kein Arbeitslosengeld bewilligt werden. Derartige **Fehlbewilligungen** muss die BA nach §§ 44 ff. SGB X abwickeln, dh den **Bewilligungsbescheid aufheben**, während in den Fällen der (rechtmäßigen) Gleichwohlgewährung die Aufhebung des Bewilligungsbescheides gerade nicht vorausgesetzt bzw. auch nur zulässig ist (st. Rspr., vgl. zB *BSG* 3.3.1993 SozR 3–4100 § 117 Nr. 10; vgl. Rdn 49).

55 Vgl. zum **Forderungsübergang nach** § 115 SGB X allg. KR-*Link/Lau* SozR Rdn 229 f., zu Besonderheiten des Forderungsübergangs bei Gleichwohlgewährung KR-*Link/Lau* SozR Rdn 252 f., zur **Dispositionsfreiheit** der Arbeitsvertragsparteien und zur **Auslegung von arbeitsgerichtlichen Vergleichen**, in die übergegangene Ansprüche einbezogen sind, KR-*Link/Lau* SozR Rdn 270 f., 282 f.

§ 158 SGB III Ruhen des Anspruchs bei Entlassungsentschädigung

(1) [1]Hat die oder der Arbeitslose wegen der Beendigung des Arbeitsverhältnisses eine Abfindung, Entschädigung oder ähnliche Leistung (Entlassungsentschädigung) erhalten oder zu beanspruchen und ist das Arbeitsverhältnis ohne Einhaltung einer der ordentlichen Kündigungsfrist des Arbeitgebers entsprechenden Frist beendet worden, so ruht der Anspruch auf Arbeitslosengeld von dem Ende des Arbeitsverhältnisses an bis zu dem Tage, an dem das Arbeitsverhältnis bei Erhaltung dieser Frist geendet hätte. [2]Diese Frist beginnt mit der Kündigung, die der Beendigung des Arbeitsverhältnisses vorausgegangen ist, bei Fehlen einer solchen Kündigung mit dem Tage der Vereinbarung über die Beendigung des Arbeitsverhältnisses. [3]Ist die ordentliche Kündigung des Arbeitsverhältnisses durch den Arbeitgeber ausgeschlossen, so gilt bei
1. zeitlich unbegrenztem Ausschluss eine Kündigungsfrist von 18 Monaten,
2. zeitlich begrenztem Ausschluss oder bei Vorliegen der Voraussetzungen für eine fristgebundene Kündigung aus wichtigem Grund die Kündigungsfrist, die ohne den Ausschluss der ordentlichen Kündigung maßgebend gewesen wäre.

[4]Kann der Arbeitnehmerin oder dem Arbeitnehmer nur bei Zahlung einer Entlassungsentschädigung ordentlich gekündigt werden, so gilt eine Kündigungsfrist von einem Jahr. [5]Hat die oder der Arbeitslose auch eine Urlaubsabgeltung (§ 157 Absatz 2) erhalten oder zu beanspruchen, verlängert sich der Ruhenszeitraum nach Satz 1 um die Zeit des abgegoltenen Urlaubs. [6]Leistungen, die der Arbeitgeber für eine arbeitslose Person, deren Arbeitsverhältnis frühestens mit Vollendung des 50. Lebensjahres beendet wird, unmittelbar für deren Rentenversicherung nach § 187a Absatz 1 des Sechsten Buches aufwendet, bleiben unberücksichtigt. [7]Satz 6 gilt entsprechend für Beiträge des Arbeitgebers zu einer berufsständischen Versorgungseinrichtung.

(2) [1]Der Anspruch auf Arbeitslosengeld ruht nach Absatz 1 längstens ein Jahr. [2]Er ruht nicht über den Tag hinaus,
1. bis zu dem die oder der Arbeitslose bei Weiterzahlung des während der letzten Beschäftigungszeit kalendertäglich verdienten Arbeitsentgelts einen Betrag in Höhe von 60 Prozent der nach Absatz 1 zu berücksichtigenden Entlassungsentschädigung als Arbeitsentgelt verdient hätte,
2. an dem das Arbeitsverhältnis infolge einer Befristung, die unabhängig von der Vereinbarung über die Beendigung des Arbeitsverhältnisses bestanden hat, geendet hätte oder
3. an dem der Arbeitgeber das Arbeitsverhältnis aus wichtigem Grunde ohne Einhaltung einer Kündigungsfrist hätte kündigen können.

[3]Der nach Satz 2 Nummer 1 zu berücksichtigende Anteil der Entlassungsentschädigung vermindert sich sowohl für je fünf Jahre des Arbeitsverhältnisses in demselben Betrieb oder Unternehmen als auch für je fünf Lebensjahre nach Vollendung des 35. Lebensjahres um je 5 Prozent; er beträgt nicht weniger als 25 Prozent der nach Absatz 1 zu berücksichtigenden Entlassungsentschädigung. [4]Letzte Beschäftigungszeit sind die am Tag des Ausscheidens aus dem Beschäftigungsverhältnis abgerechneten Entgeltabrechnungszeiträume der letzten zwölf Monate; § 150 Absatz 2 Satz 1 Nummer 3 und Absatz 3 gilt entsprechend. [5]Arbeitsentgeltkürzungen infolge von Krankheit, Kurzarbeit, Arbeitsausfall oder Arbeitsversäumnis bleiben außer Betracht.

(3) Hat die oder der Arbeitslose wegen Beendigung des Beschäftigungsverhältnisses unter Aufrechterhaltung des Arbeitsverhältnisses eine Entlassungsentschädigung erhalten oder zu beanspruchen, gelten Absätze 1 und 2 entsprechend.

(4) [1]Soweit die oder der Arbeitslose die Entlassungsentschädigung (Arbeitsentgelt im Sinne des § 115 des Zehnten Buches) tatsächlich nicht erhält, wird das Arbeitslosengeld auch für die Zeit geleistet, in der der Anspruch auf Arbeitslosengeld ruht. [2]Hat der Verpflichtete die Entlassungsentschädigung trotz des Rechtsübergangs mit befreiender Wirkung an die Arbeitslose, den Arbeitslosen oder an eine dritte Person gezahlt, hat die Bezieherin oder der Bezieher des Arbeitslosengeldes dieses insoweit zu erstatten.

§ 158 SGB III Ruhen des Anspruchs bei Entlassungsentschädigung

Übersicht

	Rdn			Rdn
A. Rechtsentwicklung	1	III.	Ruhenszeitraum, Dauer des Ruhens	58
I. Inkrafttreten	1		1. Allgemeines	58
II. Entstehungsgeschichte	2		2. Beginn des Ruhenszeitraums, Fälligkeit der Entlassungsentschädigung	64
III. Änderungen gegenüber §§ 117, 117a AFG	6		3. Ende des Ruhenszeitraums	66
IV. Änderungen nach dem 1.4.1999	7		4. Begrenzungen des Ruhenszeitraums	67
V. Übergangsrecht	8		a) Begrenzungsarten, Überblick	67
B. Ruhen nach § 158 Abs. 1 und 2 SGB III	9		b) Ablauf der ordentlichen (oder fingierten) Kündigungsfrist	68
I. Allgemeines, Zweck und Funktion	9		c) Begrenzung des Ruhenszeitraums auf längstens ein Jahr § 158 Abs. 2 S. 1 SGB III	69
II. Voraussetzungen des Ruhenstatbestandes	12		d) Verkürzung des Ruhenszeitraums durch sozialen Anteil der Entlassungsentschädigung (§ 158 Abs. 2 S. 2 Nr. 1 und S. 3 SGB III)	71
1. Allgemeine Voraussetzungen, Grundfall	12		aa) Allgemeines	71
2. Entlassungsentschädigung, Begriff	16		bb) Maßgeblicher Prozentsatz der zu berücksichtigenden Entlassungsentschädigung	73
3. »Erhalten oder zu beanspruchen hat«	24		cc) Bemessungsentgelt	77
4. Leistungen »wegen« Beendigung des Arbeitsverhältnisses	26		dd) Berechnungsbeispiel	80
5. Nicht zu berücksichtigende Arbeitgeberleistungen	27		e) Begrenzung durch Ablauf eines befristeten Arbeitsverhältnisses (§ 158 Abs. 2 S. 2 Nr. 2 SGB III)	83
a) Leistungen zum Ausgleich von Rentenminderungen	27		f) Begrenzung durch das Recht zur fristlosen Kündigung (§ 158 Abs. 2 S. 2 Nr. 3 SGB III)	84
b) Ähnliche Ausgleichszahlungen	31		g) Steuerliche Behandlung der Entlassungsentschädigung	88
c) Leistungen zum Ausgleich abgefundener Ansprüche auf betriebliche Altersvorsorge	33	C.	Ruhen bei Beendigung des Beschäftigungsverhältnisses, § 158 Abs. 3 SGB III	89
6. Vorzeitige Beendigung des Arbeitsverhältnisses	34	D.	Gleichwohlgewährung nach § 158 Abs. 4 SGB III	90
7. Ordentliche Kündigungsfrist, Begriff, Dauer, Einhaltung	37			
8. Auslaufen befristeter Arbeitsverhältnisse	43			
9. Fingierte Kündigungsfristen	44			
a) Arten, Bedeutung	44			
b) Beginn, Dauer	46			
c) Fristgebundene Kündigung aus wichtigem Grund	47			
d) Ordentliche Kündigung nur bei Abfindung möglich	51			

§ 158 SGB III in der durch das Gesetz zur Verbesserung der Eingliederungschancen am Arbeitsmarkt vom 20.12.2011 (BGBl. I S. 2854) geltenden Fassung entspricht – bis auf die sprachliche Überarbeitung im Hinblick auf die Gleichbehandlung von Frauen und Männern – der bis zum 31.3.2012 geltenden Fassung des § 143a SGB III aF.

A. Rechtsentwicklung

I. Inkrafttreten

1 § 158 SGB III wurde durch Art. 2 Nr. 18 des Gesetzes zur Verbesserung der Eingliederungschancen am Arbeitsmarkt v. 20.12.2011 (BGBl. I S. 2854) zum 1.4.2012 (Art. 51 Abs. 1 des genannten Gesetzes) im Zuge der Neustrukturierung der arbeitsmarktpolitischen Instrumente geschaffen und enthält seitdem die Regelungen des bis dahin geltenden § 143a SGB III aF, wobei im Rahmen des sog. Gendering die sprachliche Fassung im Hinblick auf die Gleichbehandlung von Frauen und Männern angepasst wurde. Weitere (inhaltliche) Änderungen sind damit nicht verbunden. § 143a

SGB III aF ist am 1.4.1999 in Kraft getreten und entsprach – mit gewissen Abweichungen – dem bis 31.3.1997 geltenden § 117 Abs. 2 bis 3a, Abs. 4 AFG (s. KR-*Link/Lau* § 157 SGB III Rdn 2).

II. Entstehungsgeschichte

Bis 31.3.1997 galt § 117 AFG, dessen Abs. 2 bis 3a den Arbeitnehmer an den Kosten der Arbeitslosigkeit beteiligte: Bei **vorzeitiger** Beendigung des Arbeitsverhältnisses – ohne Einhaltung einer der ordentlichen Kündigungsfrist des Arbeitgebers entsprechenden Frist – ruhte das Arbeitslosengeld für eine begrenzte Zeit, wenn eine Abfindung gezahlt wurde. Durch das Ruhen wurde der Beginn der Leistung verschoben, die Anspruchsdauer aber grds. nicht verkürzt (§ 117 Abs. 2 bis 3a AFG, § 110 S. 1 Nr. 1 AFG). Für **Sperrzeitfälle** war in § 117a AFG eine verschärfte Regelung vorgesehen (Verlängerung des Ruhenszeitraums, Verkürzung der Anspruchsdauer). Bei Auflösung der Arbeitsverhältnisse langjährig beschäftigter Arbeitnehmer hatte der Arbeitgeber unter bestimmten Voraussetzungen der BA das Arbeitslosengeld oder die Arbeitslosenhilfe und die darauf entfallenden Beiträge zur Sozialversicherung zu erstatten (§ 128 AFG). 2

§ 117 AFG wurde zum 1.4.1997 durch das Arbeitsförderungs-Reformgesetz (AFRG v. 24.3.1997 BGBl. I S. 594) geändert und in zwei Regelungen aufgespalten: 3

§ 117 Abs. 2 bis 3a wurden aufgehoben und mit Wirkung ab 1.4.1997 durch § 115a AFG und dieser ab 1.1.1998 – mit Inkrafttreten des SGB III – durch den im Wesentlichen inhaltsgleichen § 140 SGB III ersetzt (zu dieser sog. Anrechnungsregelung vgl. die Komm. zu § 140 SGB III aF in der 5. Aufl.). Der restliche § 117 AFG (Abs. 1, 1a und Abs. 4) wurde ab 1.1.1998 durch § 143 SGB III aF ersetzt, der der bisherigen Regelung entsprach. § 128 und § 117a AFG wurden mit Wirkung ab 1.4.1997 – ohne Nachfolgeregelung – aufgehoben (zu den Motiven und zu Zweck und Funktion der Anrechnungsregelung vgl. die Komm. zu § 140 SGB III aF in der 5. Aufl. Rn 6, 7, 11, 12).

Durch die **Anrechnungsregelung** des § 140 SGB III aF wurden grds. alle wegen Beendigung des Arbeitsverhältnisses gezahlten und zustehenden Abfindungen u.Ä. – nach Abzug eines Freibetrages – auf die Hälfte des Arbeitslosengeldes angerechnet. Die Anrechnung erfolgte grds. bis zur völligen Erschöpfung der Anspruchsdauer oder bis zur Verrechnung der Abfindung. 4

Die Anrechnungsregelung wurde, bevor sie am 7.4.1999 auf Grund von Übergangsregelungen voll wirksam geworden wäre, durch das EEÄndG (s. Rdn 1) mit Wirkung ab 1.4.1999 **aufgehoben** und **vorläufig** der Rechtszustand wiederhergestellt, der vor dem AFRG am 31.3.1997 bestanden hat, also praktisch § 117 Abs. 2 bis 3a AFG – dann als § 143a SGB III aF – und § 128 AFG – dann als § 147a SGB III aF – wieder in Kraft gesetzt. Die Anrechnungsregel wurde als sozial unausgewogen und verfassungsrechtlich problematisch angesehen. § 117a AFG wurde nicht wieder in das Gesetz aufgenommen. Es war aber an Stelle der §§ 143a, 147a SGB III aF eine Neuregelung geplant, die dazu beitragen sollte, der **aktiven Wiedereingliederung** freigesetzter Arbeitnehmer gegenüber der passiven Zahlung von Entlassungsentschädigungen den Vorzug zu geben. Eine entsprechende Neuregelung des § 143a aF ist aber nicht erfolgt. Zur Änderung bzw. zum Wegfall des § 147a SGB III vgl. die Kommentierung zu § 147a SGB III von *Wolff* in KR, 9. Aufl.

Zum 1.4.2012 wurde § 143a SGB III aF durch Art. 2 Nr. 18 des **Gesetzes zur Verbesserung der Eingliederungschancen am Arbeitsmarkt** v. 20.12.2011 (BGBl. I S. 2854) durch § 158 SGB III ohne inhaltliche Änderung ersetzt (s. Rdn 1; zu den nachfolgenden Änderungen s. Rdn 7). 5

III. Änderungen gegenüber §§ 117, 117a AFG

Zu den Änderungen gegenüber §§ 117, 117a AFG s. *Link/Lau* KR 11. Aufl., SozR Rn 6 f. 6

IV. Änderungen nach dem 1.4.1999

Durch das **Einmalzahlungs-Neuregelungsgesetz** v. 21.12.2000 (BGBl. I S. 1971) wurden in Abs. 2 S. 5 die Worte »sowie einmalig gezahlte Arbeitsentgelte« mit Wirkung v. 1.1.2001 gestrichen. 7

Derartige Entgelte werden nunmehr bei der Berechnung der Arbeitsentgelte während der letzten Beschäftigung berücksichtigt.

Durch das **Dritte Gesetz für moderne Dienstleistungen am Arbeitsmarkt** v. 23.12.2003 (BGBl. I S. 2848) ist mit Wirkung ab 1.1.2005 Abs. 2 S. 4 dahin geändert worden, dass es nunmehr auf die letzten zwölf Monate (an Stelle der letzten 52 Wochen) ankommt und dass § 130 Abs. 2 S. 1 Nr. 3 und Abs. 3 SGB III aF (ab 1.4.2012: § 150 SGB III) entsprechend gilt. Damit ist eine Anpassung an den ab 1.1.2005 geänderten § 130 SGB III aF (ab 1.4.2012: § 150 SGB III) über Bemessungszeitraum und Bemessungsrahmen erfolgt (vgl. KR-*Link/Lau* SozR Rdn 121).

Durch Art. 2 des **Gesetzes zur Verbesserung der Eingliederungschancen am Arbeitsmarkt** v. 20.12.2011 (BGBl. I S. 2854) wurde § 143 SGB III aF mit Wirkung ab 1.4.2012 (Art. 51 Abs. 1 des genannten Gesetzes) durch § 158 SGB III ersetzt. Hierbei wurde die Norm lediglich im Rahmen des sog. Gendering sprachlich neu gefasst (Hinzufügung der weiblichen Form). Der in Abs. 1 S. 3 Nr. 2 Hs. 2 redaktionell unrichtig verwandte und irreführende Begriff »Abschluss« ist durch den Begriff »Ausschluss« mit Wirkung zum 1.8.2016 ersetzt worden (Art. 1 Nr. 16 des Gesetzes zur Stärkung der beruflichen Weiterbildung und des Versicherungsschutzes in der Arbeitslosenversicherung; BGBl. I 2016 S. 1710). Zum 1.1.2017 wurde durch Art. 4 Nr. 2 des Gesetzes zur Flexibilisierung des Übergangs vom Erwerbsleben in den Ruhestand und zur Stärkung von Prävention und Rehabilitation im Erwerbsleben (**Flexirentengesetz**) v. 8.12.2016 (BGBl. I S. 2838) in Abs. 1 S. 6 die für die Berücksichtigung einer Ausgleichszahlung an die Rentenversicherung bedeutsame früheste Beendigung des Arbeitsverhältnisses von 55 auf 50 Jahre abgesenkt.

V. Übergangsrecht

8   Zum Übergangsrecht s. § 143a SGB III Rn 8–12 in KR 8. Aufl.

B. Ruhen nach § 158 Abs. 1 und 2 SGB III

I. Allgemeines, Zweck und Funktion

9   § 158 Abs. 1 SGB III steht in engem Zusammenhang mit § 157 Abs. 1 SGB III. Er verfolgt in Übereinstimmung und zur Absicherung der Zielsetzung des § 157 Abs. 1 SGB III in erster Linie den **Zweck**, den **Doppelbezug von Arbeitslosengeld und einer Abfindung zu verhindern** (s. Rdn 18 und KR-*Link/Lau* § 157 SGB III Rdn 14). Der Gesetzgeber geht bei § 158 SGB III von dem Grundgedanken aus, dass Abfindungen, die dem Zeitraum nach Beendigung des Arbeitsverhältnisses, jedoch vor der Kündbarkeit durch den Arbeitgeber zuzuordnen sind, nicht allein als Entschädigung für den Verlust des sozialen Besitzstandes anzusehen sind, sondern auch entgangene Arbeitsentgeltansprüche abdecken (BT-Drucks 8/875 S. 9). Deshalb geht die Regelung pauschalierend davon aus, dass jede Entlassungsentschädigung der genannten Art auch einen **Ausgleich für entgangenes Arbeitsentgelt** enthält (*BSG* 21.9.1995 – 11 RAr 41/95, BSGE 76, 294, 297). Der Umfang des entgangenen Entgeltanteils ist gesetzlich festgelegt bzw. wird vom Gesetz unwiderleglich vermutet (vgl. auch *Voelzke* SGb 2007, 713, 714).

10   In § 158 SGB III ist – neben § 157 Abs. 1 und 2 SGB III – ein weiterer **Ruhenstatbestand** geregelt, dem ein bestimmter, von der Entstehung des Arbeitslosengeldanspruchs unabhängiger, **kalendermäßig ablaufender** Ruhenszeitraum zugeordnet ist. Dieser Ruhenszeitraum beginnt mit dem Ende des Arbeitsverhältnisses und endet im **Normalfall** mit dem Tag, an dem das Arbeitsverhältnis bei Einhaltung der der ordentlichen Kündigungsfrist des Arbeitgebers entsprechenden Frist geendet hätte. Zu unterscheiden ist der **Grundfall** des Abs. 1 S. 1, in dem die ordentliche Kündigung im konkreten Fall möglich bzw. zulässig ist (s. Rdn 14) und die Sonderfälle des Abs. 1 S. 3 und 4, in denen die ordentliche Kündigung **uneingeschränkt oder unter Einschränkungen ausgeschlossen** ist (s. Rdn 44 ff.). Allerdings sieht § 158 Abs. 1 und 2 SGB III hinsichtlich der Dauer des Ruhenszeitraums mehrere Begrenzungen vor, von denen jeweils die für den Arbeitnehmer **günstigste** zur Anwendung kommt (s. Rdn 67 f.). Auch bei § 158 SGB III tritt das Ruhen bzw. die Ruhenswirkung nur insoweit ein, als der Arbeitslosengeldanspruch in den Ruhenszeitraum fällt. Schiebt der Arbeitslose seine

Arbeitslosmeldung oder jedenfalls den Leistungsantrag (§ 137 SGB III, § 323 Abs. 1 S. 2 SGB III; vgl. KR-*Link/Lau* SozR Rdn 114) auf die Zeit nach Ablauf des Ruhenszeitraums auf, so wird sein Anspruch von der Ruhenswirkung nicht betroffen bzw. die Anspruchsdauer nicht verkürzt (s. hierzu und zur Frage der Beratungspflicht der BA ausführlich KR-*Link/Lau* § 157 SGB III Rdn 12).

Anders als bei **Eintritt einer Sperrzeit** wird in Fällen, in denen ein Ruhenstatbestand nach § 158 SGB III eingetreten ist, die Dauer des Arbeitslosengeldanspruchs nicht gemindert (arg. § 148 Abs. 1 Nr. 1 SGB III), sondern durch einen späteren Beginn die Leistung nur zeitlich hinausgeschoben; dh der Arbeitslose erhält dann die Leistung für die **volle Anspruchsdauer**, sofern er solange arbeitslos ist. 11

II. Voraussetzungen des Ruhenstatbestandes

1. Allgemeine Voraussetzungen, Grundfall

Hat der ausscheidende Arbeitnehmer eine »Abfindung, Entschädigung oder ähnliche Leistung« (Entlassungsentschädigung) erhalten oder zu beanspruchen, so **ruht der Anspruch auf Arbeitslosengeld** unter zwei Voraussetzungen: 12
- Der Arbeitnehmer muss »**vorzeitig**« aus dem Arbeitsverhältnis ausgeschieden sein (Regelfall: ohne Einhaltung einer der ordentlichen Kündigungsfrist des Arbeitgebers entsprechenden Frist, s. Rdn 37 f.) und
- die Abfindung muss **wegen** der Beendigung des Arbeitsverhältnisses gewährt worden sein (s. Rdn 26).

Da bei Vorliegen beider Voraussetzungen die Annahme gerechtfertigt ist, dass – bei typisierender Betrachtung – der Arbeitnehmer seinen Beschäftigungs- und Lohnzahlungsanspruch gegen eine Abfindung **verkürzt**, wird vom Gesetz **unwiderleglich vermutet**, dass die Abfindung in dem sich aus § 158 Abs. 2 SGB III ergebenden – pauschalierten – Umfang Arbeitsentgelt-Anteile für die Zeit der nicht eingehaltenen Kündigungsfrist enthält (sog. **umgewandeltes Arbeitsentgelt**). Eine **Prüfung im Einzelfall**, ob eine Abfindung entgegen der Annahme des Gesetzgebers keinen Lohnausfall vergütet, findet nicht statt; sie sollte durch die **pauschalierende Bewertung** gerade vermieden werden (*BSG* 29.8.1991 SozR 3–4100 § 117 Nr. 6). Zur Kausalität s. Rdn 26. Auch ist es unerheblich, ob die Kündigung rechtmäßig war (*BSG* 25.10.1989 SozR 4100 § 117 Nr. 26, s.a. Rdn 38). 13

Grundfall: § 158 Abs. 1 S. 1 SGB III regelt den **Grundfall**, dass für den Arbeitgeber (arbeitsrechtlich) eine ordentliche Kündigung möglich ist, aber bei der Auflösung des Arbeitsverhältnisses (durch Kündigung/Aufhebungsvertrag) eine seiner ordentlichen Kündigungsfrist entsprechende Frist **nicht eingehalten** wird. In diesen Fällen einer »**vorzeitigen**« Beendigung geht der Gesetzgeber – bei typisierender Betrachtung – davon aus, dass eine wegen der Beendigung gezahlte Abfindung auch Arbeitsentgelt enthält bzw. zum **Ausgleich von Arbeitsentgelt** gewährt wird, das der Arbeitslose verdient hätte, wenn die ordentliche Kündigungsfrist eingehalten worden wäre. Deshalb ruht das Arbeitslosengeld längstens für die Dauer der nicht eingehaltenen Kündigungsfrist, also vom Ende des Arbeitsverhältnisses bis zu dem Tag, an dem es bei Einhaltung der ordentlichen Kündigungsfrist geendet hätte (zu den Sonderfällen, in denen die ordentliche Kündigung uneingeschränkt oder eingeschränkt ausgeschlossen ist, s. Rdn 44 ff.; zu den Begrenzungen des Ruhenszeitraums s. Rdn 67 f.). 14

§ 158 Abs. 1 SGB III regelt nur das Ruhen für die Zeit **nach Beendigung** des Arbeitsverhältnisses. Für die Zeit **bis zu dessen Beendigung** kommt nur § 157 Abs. 1 SGB III in Betracht (*BSG* 23.6.1981 SozR 4100 § 117 Nr. 7). Zu beachten ist aber, dass nach § 158 Abs. 3 SGB III an die Stelle der Beendigung des Arbeitsverhältnisses die (dauerhafte) Beendigung des Beschäftigungsverhältnisses treten kann (s. Rdn 89). 15

2. Entlassungsentschädigung, Begriff

Mit den Begriffen »**Abfindung, Entschädigung oder ähnliche Leistungen**«, die schon der frühere § 117 Abs. 2 AFG verwandte, sollten alle Leistungen erfasst werden, die **wegen** der Beendigung 16 des Arbeitsverhältnisses gewährt werden (s. Rdn 26) und sich auf den **Verlust des Arbeitsplatzes** beziehen. Diese Leistungen bezeichnet der Gesetzgeber (wie schon in § 140 SGB III aF) in einem Klammerzusatz mit dem etwas unscharfen Sammelbegriff »**Entlassungsentschädigung**«. Für die Subsumtion unter diese Begriffe ist unerheblich, wie die Zuwendung bezeichnet wird, auf welcher Rechtsgrundlage sie gewährt wird (s. Rdn 19), ob sie in Raten oder in einer Summe gezahlt wird, wann der Anspruch auf die Zuwendung entsteht, wann sie fällig wird und von wem sie der Arbeitslose erhalten oder zu beanspruchen hat. Maßgeblich ist allein der **ursächliche Zusammenhang** mit der Beendigung des Arbeitsverhältnisses (*Schweiger* SGb 2017, 731). Danach liegt eine Entlassungsentschädigung zB auch dann vor, wenn »Arbeitsentgelt« über das Ende des Arbeitsverhältnisses hinaus weitergezahlt oder eine »vorzeitige« Betriebsrente gewährt wird, sofern der Arbeitslose auf sie nicht ohnehin einen Rechtsanspruch gehabt hätte (*BSG* 22.2.1984 SozR 4100 § 118 Nr. 13; vgl. KR-*Link/Lau* SozR Rdn 268), ferner auch dann, wenn der Arbeitnehmer beim Ausscheiden von der Hilfskasse seines Arbeitgebers ein Darlehen in der Erwartung erhält, der Arbeitgeber werde das Darlehen zurückzahlen (*BSG* 3.3.1993 SozR 3–4100 § 117 Nr. 10). Auch eine **Zahlung des neuen Arbeitgebers** nach einem **Betriebsübergang** als Entlassungsentschädigung führt zum Ruhen des Anspruchs (*LSG Hmb*. 29.10.2014 – L 2 AL 65/13). Da § 158 SGB III die Anrechnung einer Entlassungsentschädigung in pauschalierter und typisierter Form durch gestaffelte Freibeträge regelt, führt der Bezug einer Abfindung unabhängig davon, ob darin Kosten des arbeitsgerichtlichen Verfahrens enthalten sind, zum Ruhen des Anspruches auf Arbeitslosengeld; insbes. ist die BA nicht gehalten, die genauen **Hintergründe eines Vergleichsabschlusses** aufzuklären und eine in einem arbeitsgerichtlichen Vergleich als »Abfindung« bezeichnete Position auf alle Interessen und Einzelforderungen hin zu untersuchen, die auf Seiten beider Arbeitsvertragsparteien Berücksichtigung in dem Vergleich gefunden haben (*LSG NRW* 11.4.2019 – L 9 AL 224/18 – Rn 15, WKRS 2019, 20475).

17 Nicht von § 158 Abs. 1 SGB III erfasst sind hingegen diejenigen Leistungen, mit denen Ansprüche auf Arbeitsentgelt iSd § 157 Abs. 1 und 2 SGB III abgefunden werden, die also für die Zeit bis zum festgelegten Ende des Arbeitsverhältnisses bestimmt sind. Das gilt auch für Leistungen, auf die der Arbeitnehmer bei Beendigung des Arbeitsverhältnisses ohnehin einen Rechtsanspruch gehabt hätte, die also nur **anlässlich** der (vorzeitigen) Beendigung gezahlt werden (vgl. zum Begriff der Abfindung/Entlassungsentschädigung und zur Abgrenzung von Arbeitsentgelt KR-*Link/Lau* SozR Rdn 268).

18 Durch § 158 SGB III soll – wie durch § 157 Abs. 1 SGB III – der **Doppelbezug** von Arbeitsentgelt und Arbeitslosengeld **verhindert werden** (zur Funktion dieser Regelung und ihrer Systematik *BSG* 29.1.2001 SozR 3–4100 § 117 AFG Nr. 22, S. 154 ff.; s.a. KR-*Link/Lau* SozR Rdn 261, KR-*Link/Lau* § 157 SGB III Rdn 14). Da als Arbeitsentgelt begrifflich nur Leistungen bis zur wirksamen Beendigung des Arbeitsverhältnisses angesehen werden können, könnte ohne die Regelung des § 158 SGB III dieses Ziel umgangen werden. In Abs. 1 dieser Regelung wird insoweit ein **Doppelbezug** – bis zu den von Abs. 2 bestimmten Grenzen – **vermutet**, sofern das Arbeitsverhältnis **vorzeitig** beendet worden ist.

19 Gleichgültig für die Ruhenswirkung ist, auf welcher **Rechtsgrundlage die Entlassungsentschädigung/Abfindung beruht**; es kann sich sowohl um einen Einzelvertrag, gerichtlichen Vergleich, Auflösungsgrund nach §§ 9, 10, 12, 13 KSchG, einen Sozialplan oder eine andere Rechtsgrundlage handeln (zum Sozialplan *BSG* 29.8.1991 SozR 3–4100 § 117 Nr. 6; zu Sozialplanabfindungen s.a. Rdn 26, im Zusammenhang mit Abs. 1 S. 4 s. Rdn 51 ff.).

20 Die Frage, ob **Abfindungen nach § 1a KSchG** (s. dazu KR-*Spilger* § 1a KSchG Rdn 1 ff.) überhaupt in den Anwendungsbereich des § 158 SGB III fallen bzw. ob Wertungswidersprüche ausnahmslos zur Unanwendbarkeit dieser Ruhensregelung führen, ist in der Literatur streitig (Letzteres bejahen *Peters-Lange/Gagel* NZA 2005, 740 ff., 742; BeckOK SozR-*Michalla-Munsche* SGB III § 158 Rn 2; *ErfK/Rolfs* SGB III § 158 Rn 10; verneinend *Eicher* SGb 2005, 553, 559, *Voelzke* SGb 2007, 713 ff.; *Ascheid/Preis/Schmidt/Steinmeyer/Greiner* SGB III § 158 Rn 31). Dass die Einhaltung der für den Arbeitgeber maßgeblichen Kündigungsfrist im Rahmen des § 1a KSchG nicht überprüft

wird, rechtfertigt nicht, die dem § 158 SGB III zu Grunde liegende Typisierung (s. Rdn 12 ff.) zu durchbrechen und alle Abfindungen im Rahmen des § 1a KSchG aus dem Anwendungsbereich der Regelung herauszunehmen. Zwar setzt die Entstehung gesetzlicher Abfindungsansprüche nach § 1a KSchG grds. eine ordentliche Kündigung des Arbeitgebers voraus und damit auch die Einhaltung der für diese maßgeblichen Kündigungsfrist. Das ergibt sich auch bereits aus § 1a Abs. 1 S. 1 KSchG, wonach der Abfindungsanspruch erst »mit dem Ablauf der Kündigungsfrist« entsteht; dies hat das BAG klargestellt (*BAG* 10.5.2007 BAGE 122, 257). In diesem »Normalfall« stellt sich das Problem der Verkürzung der Kündigungsfrist des Arbeitgebers nicht, sodass hier die Anwendung des § 158 SGB III ohnehin ausscheidet (so auch *Voelzke* SGb 2007, 713, 717). Auch das *BSG* (8.12.2016 SozR 4–4300 § 143a Nr. 3 m. zust. Anm. *Schneil* NZS 2017, 312; *Valgolio* jM 2017, 419; *Köster* P&R 2017, 312) vertritt die Auffassung, dass es sich bei der Abfindung nach § 1a KSchG um keine Entlassungsentschädigung iSv § 158 SGB III handele. Es fehle am Kausalzusammenhang zwischen Beendigung des Arbeitsverhältnisses und der Zahlung. Denn der Anspruch entstehe erst, nachdem die Arbeitgeberkündigung aufgrund der gesetzlichen Fiktion in §§ 7, 4 S. 1 KSchG als rechtswirksam gelte und zudem die ordentliche Kündigungsfrist abgelaufen sei; zudem argumentiert das BSG mit dem Gesetzeszweck des § 1a KSchG (allerdings war nach dem Sachverhalt die Kündigungsfrist gewahrt und die Voraussetzungen einer außerordentlichen Kündigung mit sozialer Auslauffrist – und damit einer fiktiven Kündigungsfrist – lagen nicht vor, s. dazu KR-*Spilger* § 1a KSchG Rdn 158; s.a. *Schweiger* SGb 2017, 730, 733, der darauf hinweist, dass das *BSG* nicht durch Auslegung, sondern durch Rechtsfortbildung iS einer teleologischen Reduktion zu einer Privilegierung des Vorgehens nach § 1a KSchG im Rahmen des § 158 Abs. 1 SGB III gekommen sei).

Anders zu beurteilen sind jedoch die Fälle, in denen die **Kündigungsfrist nicht eingehalten** wird, 21 sei es versehentlich oder wissentlich, sei es, dass die Kündigungsfrist vereinbarungsgemäß verkürzt wird. In diesen Fällen muss § 158 SGB III Anwendung finden bzw. das Arbeitslosengeld wegen vorzeitiger Beendigung des Arbeitsverhältnisses ruhen, weil anderenfalls durch das Verfahren nach § 1a KSchG die berechtigten Interessen der Versichertengemeinschaft beeinträchtigt würden (*Eicher* SGb 2005, 559; *Hauck/Noftz-Valgolio*, SGB III § 158 Rn 49). Hier auf die uneingeschränkte Anwendung des § 158 SGB III zu verzichten, weil sonst die mit § 1a KSchG angestrebte Entlastung der Arbeitsgerichte durch zunehmende Verlagerung der arbeitsrechtlichen Prüfung auf die Sozialgerichte erkauft würde, lässt sich mit dem Zweck des § 158 SGB III nicht vereinbaren (so zutr. *LSG RhPf* 31.7.2013 – L 1 AL 65/12). Allenfalls in den Fällen einer irrtümlich fehlerhaften Berechnung der Kündigungsfrist könnte etwas Anderes gelten (vgl. dazu *Voelzke* SGb 2007, 713, 716 f.). Demgegenüber kommt eine Nichtanwendung des § 158 SGB III bei einer einvernehmlichen Verkürzung der Kündigungsfrist nicht in Betracht. Das Gleiche gilt für andere Beendigungssachverhalte, zB Aufhebungs- oder Abwicklungsverträge (so auch *Voelzke* SGb 2007, 713, 717), auch wenn sie im Rahmen des § 1a KSchG geschlossen werden (zur Typisierung vgl. KR-*Link/Lau* § 159 SGB III Rdn 49 ff.). Ob in derartigen Fällen ein Abfindungsanspruch nach § 1a KSchG überhaupt entsteht (vgl. dazu KR-*Spilger* § 1a KSchG Rdn 24 ff., 87 ff., 124, 159), kann insoweit offenbleiben. Entsteht er nicht, ruht das Arbeitslosengeld jedenfalls dann, wenn der Arbeitnehmer die Abfindung tatsächlich (ohne Rechtsgrund, vgl. Rdn 25) erhalten hat oder erhalten wird. Anders als im Verhältnis von § 1a KSchG zu § 159 SGB III (vgl. BT-Drucks. 15/1587, S. 30) ist im Verhältnis zu § 158 SGB III nicht erkennbar, dass der Gesetzgeber von einer Unanwendbarkeit des § 158 SGB III ausgegangen wäre.

Wendet man § 1a KSchG auch auf die **außerordentliche betriebsbedingte Kündigung** unkünd- 22 barer Arbeitnehmer mit Auslauffrist entsprechend an (s. KR-*Spilger* § 1a KSchG Rdn 25 mwN), ist für das Ruhen des Arbeitslosengeldes die Kündigungsrist maßgeblich, die ohne Ausschluss der ordentlichen Kündigung gegolten hätte, § 158 Abs. 1 S. 3 Nr. 2 Alt. 2 SGB III (s. Rdn 47 f.).

Auch **Schadensersatzansprüche** des Arbeitnehmers wegen der Beendigung des Arbeitsverhältnisses 23 nach § 628 Abs. 2 BGB gehören zu den Abfindungen (*BSG* 13.3.1990 SozR 3–4100 § 117 Nr. 2; vgl. § 628 BGB Rn 56). Ob für **Schadensersatzansprüche aus § 113 S. 3 InsO** etwas Anderes gilt, weil sie für die Zeit nach Ablauf der im Insolvenzfall einzuhaltenden »ordentlichen« Kündigungsfrist bestimmt seien (so Gagel-*Bender* SGB III, § 158 Rn 33), ist zweifelhaft. Da Schadensersatz nach § 113 S. 3 InsO für die Zeit zwischen der »**vorzeitigen**« **Beendigung** des Arbeitsverhältnisses durch den Insolvenzverwalter und dem Ende der Frist gewährt wird, zu dem der Arbeitgeber ohne Insolvenzfall hätte kündigen können, dürfte § 158 Abs. 1 SGB III eingreifen, weil der Schadensersatzanspruch auch Arbeitsentgelt kompensiert, das ohne die insolvenzbedingte Kündigung zu zahlen gewesen wäre (Verfrühungsschaden). Wird das Arbeitsverhältnis unter Einhaltung der insolvenzspezifischen Frist des § 113 S. 2 InsO gekündigt, die als Höchstfrist eine längere ordentliche Kündigungsfrist des Arbeitgebers verdrängt, ist iSv § 158 SGB III davon auszugehen, dass der Arbeitgeber, der mit der Insolvenz die einschlägige Ursache für die Auflösung gesetzt hat, seine ordentliche Kündigungsfrist nicht eingehalten hat (so iE auch *Hauck/Noftz-Valgolio*, SGB III § 158 Rn 36).

3. »Erhalten oder zu beanspruchen hat«

24 Für das Ruhen genügt es einerseits, dass ein **Anspruch** auf die Entlassungsentschädigung besteht; es ist nicht erforderlich, dass der Anspruch auch erfüllt wird oder erfüllt worden ist. Wird er nicht oder nicht rechtzeitig (bis zur Zahlung des Arbeitslosengeldes) erfüllt, wird der Schutz des Arbeitslosen, der sofortiger Sozialleistungen bedarf, durch die sog. **Gleichwohlgewährung** gesichert (§ 158 Abs. 4 S. 1 SGB III). Danach wird das Arbeitslosengeld ohne Berücksichtigung der Entlassungsentschädigungen geleistet, soweit der Arbeitslose sie tatsächlich nicht erhält. Er wird so behandelt, als ob kein Anspruch auf die Leistung bestünde (zur Gleichwohlgewährung vgl. KR-*Link/Lau* SozR Rdn 186 f., 253 f., KR-*Link/Lau* § 157 SGB III Rdn 43 ff.). Als Grund für die Nichtzahlung kommen neben Zahlungsschwierigkeiten und Abrechnungsverzögerungen insbes. Rechtsstreitigkeiten über die Wirksamkeit der Kündigung in Betracht. Mit der Zahlung des Arbeitslosengeldes, durch die die Arbeitsverwaltung gleichsam für den Arbeitgeber in Vorlage tritt, geht der Anspruch auf die Entlassungsentschädigung gem. § 115 SGB X in Höhe der erbrachten Leistung auf die Arbeitsverwaltung über (vgl. KR-*Link/Lau* SozR Rdn 229 ff.). Zu beachten ist, dass die Minderung für Tage, für die der BA das nach § 158 Abs. 4 SGB III geleistete Arbeitslosengeld einschließlich der darauf entfallenden Beiträge zur Kranken-, Renten- und Pflegeversicherung erstattet oder ersetzt wurde, gem. § 148 Abs. 3 SGB III (in der ab dem 1.8.2016 geltenden Fassung) entfällt; Bruchteile von Tagen sind auf volle Tage aufzurunden.

25 Besteht andererseits **kein Rechtsanspruch** auf Entlassungsentschädigung, wird eine solche aber **tatsächlich** (freiwillig, ohne Rechtsgrund) gezahlt, so tritt gleichwohl ein Ruhen des Anspruchs auf Arbeitslosengeld ein. Dass auch Entlassungsentschädigungen, auf die kein Rechtsanspruch besteht, Leistungen iSv § 158 SGB III sein können, ergibt sich aus dem Wortlaut seines Abs. 1. Das Tatbestandsmerkmal »erhalten hat« neben »zu beanspruchen hat« gewinnt nur dann einen eigenständigen Sinn, wenn darunter auch Leistungen fallen, die nicht beansprucht werden können. Dies entspricht der Systematik der Regelung, wie sie auch in § 157 Abs. 1 und 2 SGB III zum Ausdruck kommt (vgl. KR-*Link/Lau* § 157 SGB III Rdn 5, 6; zu § 117 AFG *BSG* 23.1.1997 SozR 3–4100 § 117 Nr. 14).

4. Leistungen »wegen« Beendigung des Arbeitsverhältnisses

26 Eine Abfindung/Entlassungsentschädigung wird »wegen« der Beendigung des Arbeitsverhältnisses gewährt, wenn zwischen Beendigung und Abfindung ein **ursächlicher Zusammenhang** besteht (zum Kausalitätserfordernis s. *BSG* 8.12.2016 SozR 4–4300 § 143a Nr. 3, wonach die Abfindung nach § 1a KSchG – mangels Kausalität – keine Entlassungsentschädigung sei, die den Anspruch auf Arbeitslosengeld zum Ruhen bringt; s. hierzu auch Rdn 20 ff.). Das ist grds. nur bei Ansprüchen der Fall, die überhaupt erst mit der Beendigung entstehen oder gerade wegen der Beendigung zugebilligt werden und die ihrer Art nach auf den Verlust des Arbeitsplatzes bezogen sind. Daran fehlt es bei bereits erarbeiteten Leistungen, auf die ohnehin ein Rechtsanspruch besteht und die nur »**anlässlich**« der **Beendigung** des Arbeitsverhältnisses ausgezahlt werden (vgl. KR-*Link/Lau* SozR

Rdn 264 f.). Ansonsten genügt das Zusammentreffen von Beendigung des Arbeitsverhältnisses und Zubilligung bzw. Zahlung einer arbeitgeberseitiger Leistung (*BSG* 13.3.1990 SozR 3–4100 § 117 Nr. 2; 29.8.1991 SozR 3–4100 § 117 Nr. 5, S. 28); ein spezifischer, die Vermutung des § 158 Abs. 1 SGB III (s. Rdn 13) begründender Kausalzusammenhang zwischen **Abfindung und »vorzeitiger« Beendigung** des Arbeitsverhältnisses ist hingegen weder vom Gesetz gefordert noch nach seinem Zweck geboten (*LSG Bay.* 14.12.2016 – L 10 AL 265/15; *LSG NRW* 5.6.2014 – L 9 AL 131/13; *BSG* 21.9.1995 BSGE 76, 294 = SozR 3–4100 § 117 Nr. 12; aA *Hess. LSG* 18.7.1990 info also 1990, 209). Das Ruhen entfällt also nicht deshalb, weil die Abfindung auch bei ordentlicher Kündigung zu zahlen gewesen wäre (vgl. *LSG NRW* 5.6.2014 – L 9 AL 131/13; *Hauck/Noftz-Valgolio*, SGB III § 158 Rn 44). Eine solche arbeitsrechtlich häufig schwierige Prüfung widerspräche den **Pauschalierungstendenzen** des § 158 SGB III. Ob in denjenigen Fällen etwas Anderes gilt, die nach ihrer Ausgestaltung keinen Zweifel daran aufkommen lassen, dass die Abfindung in jedem Fall auch bei ordentlicher Kündigung zu zahlen gewesen wäre, ist zweifelhaft.

Auch **Zuwendungen aus sozialen Gründen** sind deshalb von der Anrechnung nicht ausgenommen; maßgeblich ist insoweit nur, dass das Arbeitsverhältnis **vorzeitig beendet** worden ist (s. Rdn 34) und dass die Leistung wegen der Beendigung gewährt wird. Erfasst sind daher auch Abfindungen, die in einer **Betriebsvereinbarung (Sozialplan** nach § 112 Abs. 1 BetrVG) vereinbart sind (*BSG* 29.8.1991 SozR 3–4100 § 117 Nr. 6 m. zust. Anm. *Berlinger* AuB 1992, 216; zu Sozialplanabfindungen im Zusammenhang mit Abs. 1 S. 4 s. Rdn 51 ff.). Sozialplanabfindungen fallen nicht aus dem Anwendungsbereich des § 158 SGB III heraus (*BSG* 29.1.2001 BSGE 87, 250, 257). Im Übrigen ist es unerheblich, ob Abfindungen für bestimmte Fälle der Beendigung bereits vorab (in Tarifverträgen oder Einzelverträgen) vorgesehen sind oder ob diese spontan vereinbart oder zugebilligt werden (*BSG* 29.8.1991 SozR 3–4100 § 117 Nr. 6). Hat der Arbeitslose wegen der Beendigung des Arbeitsverhältnisses neben einer Abfindung eine Entschädigung und/oder eine ähnliche Leistung zu beanspruchen, sind die **Leistungen zusammenzurechnen** (*BSG* 13.3.1990 SozR 3–4100 § 117 Nr. 2; Eicher/Schlegel-*Leitherer* § 158 Rn 65).

5. Nicht zu berücksichtigende Arbeitgeberleistungen

a) Leistungen zum Ausgleich von Rentenminderungen

Unberücksichtigt bleiben nach § 158 Abs. 1 S. 6 SGB III – auch wenn sie in einer Entlassungsentschädigung enthalten sind oder als solche bezeichnet werden – **Leistungen**, die der Arbeitgeber unter bestimmten Voraussetzungen für seinen Arbeitnehmer aufwendet, um **Rentenminderungen** zu verringern oder auszugleichen, die sich aus einer **vorzeitigen Inanspruchnahme einer Rente wegen Alters ergeben** (vgl. dazu KR-*Link/Lau* SozR Rdn 88 ff., 96 ff.). Diese Regelung gilt zunächst nur für Arbeitslose, deren Arbeitsverhältnis frühestens mit Vollendung des 50. Lebensjahres beendet wird (zur Absenkung des Lebensalters von 55 auf 50 Jahre s. Rdn 7). Sie gilt ferner nur für Arbeitnehmer, die nach dem Ausscheiden eine sog. **vorgezogene Altersrente** in Anspruch nehmen wollen, die aber wegen der **Anhebung der Altersgrenzen** für diese Renten bei **vorzeitiger Inanspruchnahme Rentenabschläge** hinnehmen müssen (vgl. KR-*Link/Lau* SozR Rdn 89; vgl. auch *BSG* 6.5.2010 – B 13 R 18/09 R, zur Verfassungsmäßigkeit der Abschläge). Denn für jeden Monat der vorzeitigen (dh vor Erreichen der Regelaltersgrenze) Inanspruchnahme einer Altersrente sieht das Gesetz einen Abschlag von 0,3 % vor, § 77 Abs. 2 S. 1 Nr. 2a SGB VI. Bei Inanspruchnahme einer Rente 24 Kalendermonate vor der Regelaltersgrenze liegt der Zugangsfaktor bei 0,928 (1 – 24 x 0,003), was einen Abschlag von 7,2 % bedeutet, bei 36 Monaten vorzeitiger Inanspruchnahme beträgt er sogar 10,8 %. Nach § 77 Abs. 3 S. 1 SGB VI bleibt dieser Zugangsfaktor maßgebend, auch wenn die Regelaltersgrenze erreicht wird. Abschläge für eine vorzeitige Altersrente gelten damit lebenslang und wirken auch für eine anschließend ggf. zu leistende Hinterbliebenenrente fort. Dies kann eine erhebliche finanzielle Einbuße bedeuten. Aus diesem Grund sieht das Gesetz die Möglichkeit vor, diese Rentenabschläge durch Beitragszahlungen auszugleichen (§ 187a Abs. 1 SGB VI, eingefügt durch Gesetz v. 23.7.1996 BGBl. I S. 1078). Nur Beitragszahlungen nach § 187a Abs. 1 SGB VI sind privilegiert bzw. bleiben nach § 158 SGB III unberücksichtigt, wenn sie der Arbeitgeber nach

Maßgabe der genannten Regelung an die **gesetzliche Rentenversicherung** zahlt. Nicht unter das Privileg fallen hingegen Leistungen an private Versicherungen oder Leistungen, die dem Arbeitnehmer gewährt werden, damit er sich einen entsprechenden Ausgleich durch private Versicherung oder renditewirksame Anlage schaffen kann. Begünstigt sind nur Leistungen, die unmittelbar dem Rentenversicherungsträger zugutekommen.

28 Nicht begünstigt dürfte auch die Zahlung von Höherversicherungsbeiträgen sein, weil § 158 Abs. 1 S. 6 SGB III schon nach seinem Wortlaut nur die **speziellen Ausgleichszahlungen** des § 187a SGB VI erfasst. Die Berechtigung, derartige Ausgleichszahlungen zu erbringen, setzt die Erklärung des Versicherten gegenüber dem Rentenversicherungsträger voraus, eine Rente wegen Alters **vorzeitig** zu beanspruchen (§ 187a Abs. 1 S. 2 SGB VI). Damit eine solche Transaktion vorbereitet werden kann, gibt das Gesetz Versicherten hinsichtlich der Höhe der Ausgleichszahlungen einen **Auskunftsanspruch** gegenüber dem Rentenversicherungsträger (§ 109 Abs. 4 Nr. 4, 6 SGB VI). Die Beitragszahlung muss nicht in einem Betrag und nicht vor der Inanspruchnahme der Rente erfolgen, sondern ist bis zum Erreichen der Regelaltersgrenze (vgl. KR-*Link/Lau* SozR Rdn 96) möglich (§ 187a Abs. 1 S. 1 SGB VI idF v. 12.6.2020, BGBl. I S. 1248). Teilzahlungen sind zulässig.

29 Gedacht war insbes. an die Fälle, bei denen zB ein Arbeitnehmer (geb. 1943) mit 58 Jahren gegen Abfindung aus dem Arbeitsverhältnis ausscheidet, danach bis zum vollendeten 60. Lebensjahr Arbeitslosengeld und danach Altersrente wegen Arbeitslosigkeit in Anspruch nehmen wollte. Für Versicherte, die nach 1951 geboren sind, gibt es diese Rente allerdings nicht mehr. Sie ist, ebenso wie die Altersrente für Frauen, mittlerweile ausgelaufen. Vorzeitig in Anspruch genommen werden können noch eine Altersrente für langjährig Versicherte nach § 33 Abs. 2 Nr. 2, § 36 und § 236 SGB VI (allerdings seit 2018 nicht mehr vor dem 63. Lebensjahr) und eine Altersrente für schwerbehinderte Menschen nach § 33 Abs. 2 Nr. 3, § 37 Satz 1 und § 236a SGB VI. Der Ausgleich von Abschlägen ist allerdings kostspielig. Im Jahr 2021 ist zB ein Betrag von 7.726,63 Euro nötig, um einen Entgeltpunkt bzw. von 7.316,88 Euro, um einen Entgeltpunkt (Ost) zu begründen (vgl. Bekanntmachung der Umrechnungsfaktoren für den Versorgungsausgleich in der Rentenversicherung vom 30.11.2020, BGBl. I S. 2614). Unter Zugrundelegung des (ab 1.7.2021 geltenden) Rentenwertes von 34,19 Euro (West) bzw. 33,47 Euro (Ost) kostet 1 Euro Rentenanwartschaft 225,99 Euro (7.726,63 Euro/34,19) in den alten und 218,61 Euro (7.316,88 Euro/ 33,47 Euro) in den neuen Bundesländern. Um bspw. einen Abschlag von 7,2 % bei einer Rentenhöhe von 1.500 Euro (= 108 Euro) auszugleichen, müsste ein Versicherter 24.407 Euro (108 x 225,99 Euro) in den alten und 23.610 Euro (108 x 218,66 Euro) in den neuen Bundesländern zahlen. Soll ein Abschlag von 10,8 % ausgeglichen werden, wären es 36.612 Euro (West) bzw. 35.415 Euro (Ost).

30 Mit § 158 Abs. 1 S. 6 SGB III geht der Gesetzgeber von der Erwartung aus, dass bei Freisetzung älterer Arbeitnehmer, die bei vorzeitiger Inanspruchnahme einer Altersrente Rentenabschläge in Kauf nehmen müssen, der Betrieb durch **betriebliche oder tarifliche Regelungen** eine finanzielle Belastung dieser Arbeitnehmer durch **Übernahme der Beiträge** ausgleicht oder verringert (vgl. BR-Drs. 208/96, S. 27). Geschieht dies, werden diese Ausgleichszahlungen nicht auf das Arbeitslosengeld angerechnet. Damit wird vermieden, dass sog. **Frühverrentungsprogramme** zu Lasten der Arbeitnehmer gehen.

b) Ähnliche Ausgleichszahlungen

31 Entsprechendes gilt für Leistungen des Arbeitgebers zu einer **berufsständischen Versorgungseinrichtung** (§ 158 Abs. 1 S. 7 SGB III). Auch hier müssen die Leistungen des Arbeitgebers dazu dienen, Leistungsminderungen infolge vorzeitiger Inanspruchnahme der Versorgung auszugleichen oder zu mindern (aA BeckOK SozR-*Michalla-Munsche* SGB III § 158 Rn 8, wonach § 158 Abs. 1 S. 7 SGB III – da allgemein von »Beiträgen« gesprochen wird – weiter auszulegen sei).

32 **Nicht als Entlassungsentschädigung** iSv § 158 Abs. 1 S. 7 SGB III anzusehen sind Leistungen, die – wie etwa die Anpassungshilfen in der Landwirtschaft – nicht auf Grund eines Arbeits- oder

Beschäftigungsverhältnisses, sondern als **öffentlich-rechtliche Strukturhilfe** gezahlt werden (BT-Drucks. 13/4941, S. 239).

c) Leistungen zum Ausgleich abgefundener Ansprüche auf betriebliche Altersvorsorge

Anders als die unter a) und b) erfassten Ausgleichszahlungen bleiben Arbeitgeberleistungen, die 33 nach Maßgabe des BetrAVG als **Abfindung** für eine **unverfallbare Anwartschaft auf betriebliche Altersvorsorge** gezahlt werden und aus denen nach § 187b SGB VI Beiträge zur Rentenversicherung gezahlt werden dürfen (vgl. KR-*Link/Lau* SozR Rdn 98 ff.), bei der Ruhensregelung nicht unberücksichtigt. § 158 Abs. 1 S. 6 SGB III nimmt ausdrücklich nur Bezug auf § 187a SGB VI, also auf Leistungen, die zum Ausgleich von Rentenminderungen wegen vorzeitiger Inanspruchnahme einer **gesetzlichen Altersrente** gewährt werden. Auch Satz 7 (s. Rdn 31) erfasst die genannten Leistungen nicht.

6. Vorzeitige Beendigung des Arbeitsverhältnisses

Abfindungen führen nur dann zum Ruhen, wenn das Arbeitsverhältnis »vorzeitig« **beendet worden** 34 **ist**, also zu einem Zeitpunkt, zu dem es nach Arbeitsrecht vom Arbeitgeber (noch) nicht ordentlich hätte beendet werden können oder sonst nicht geendet hätte. § 158 Abs. 1 SGB III betrifft nur die **Verkürzung** einer bestehenden (oder gesetzlich fingierten) Kündigungsfrist, weil nur dann die Vermutung gerechtfertigt ist, dass ein Teil der Abfindung Ausgleich für entgangenes Arbeitsentgelt ist. Demnach kann es nicht zu einem Ruhen kommen, wenn das Arbeitsverhältnis durch **wirksame ordentliche Kündigung**, mit **Auslaufen einer vorgesehenen Befristung** oder mit **wirksamer fristloser Kündigung** geendet hat. Denn bei Abfindungen, die bei wirksamer Beendigung des Arbeitsverhältnisses gewährt werden, greift die genannte Vermutung grds. nicht (vgl. aber Rdn 42 und zu § 158 Abs. 1 S. 4 s. Rdn 51 f.).

Von § 158 Abs. 1 SGB III erfasst werden mithin auch die Fälle, in denen nach einer **unbegründeten** 35 **außerordentlichen Kündigung** des Arbeitgebers das Arbeitsverhältnis durch arbeitsgerichtliches Urteil zum **Zeitpunkt der Kündigung** (also vorzeitig) gegen Zahlung einer Abfindung gelöst worden ist (*BSG* 8.12.1987 SozR 4100 § 117 Nr. 21 mwN; dies gilt auch bei einer Lösung durch einen arbeitsgerichtlichen Vergleich, vgl. *LSG NRW* 11.12.2014 – L 9 AL 49/14, NZA 2015, 600). Ist hier das Arbeitsverhältnis wegen Unzumutbarkeit der Fortsetzung zu dem Zeitpunkt aufzulösen, zu dem es bei begründeter außerordentlicher Kündigung geendet hätte (§ 13 Abs. 1 S. 3 iVm § 9 Abs. 2 KSchG), so ist in die in diesen Fällen festzusetzende Abfindung typischerweise das dem Arbeitnehmer in der Kündigungsfrist entgangene Arbeitsentgelt einbezogen (vgl. auch *BSG* 23.6.1981 BSGE 52, 47, 50; s.a. KR-*Spilger* § 10 KSchG Rdn 68 mwN).

Löst hingegen das ArbG das Arbeitsverhältnis wegen einer **sozialwidrigen ordentlichen Kündi-** 36 **gung** auf, weil dem Arbeitnehmer die Fortsetzung **unzumutbar** ist (§ 9 Abs. 1 KSchG), so erfolgt dies zu dem Zeitpunkt, zu dem es bei sozial gerechtfertigter Kündigung geendet hätte. Die dem Arbeitnehmer in diesen Fällen zugesprochene Abfindung (§ 9 Abs. 1, § 10 KSchG) enthält folglich **keinen Arbeitsentgelt-Anteil**, sondern dient vollständig dem Ausgleich für den **Verlust des sozialen Besitzstandes**. Hier tritt **keine** vorzeitige Auflösung des Arbeitsverhältnisses ein, sodass eine Ruhenswirkung in Bezug auf einen anschließenden Arbeitslosengeldanspruch entfällt (*BSG* 8.12.1987 SozR 4100 § 117 Nr. 21).

7. Ordentliche Kündigungsfrist, Begriff, Dauer, Einhaltung

Vorzeitig ist das Ausscheiden nach § 158 Abs. 1 S. 1 SGB III dann, wenn bis zur Beendigung des 37 Arbeitsverhältnisses eine der Dauer der **ordentlichen Kündigungsfrist des Arbeitgebers entsprechende Frist** nicht eingehalten worden ist. Diese Frist ist aber dann nicht maßgeblich, wenn die ordentliche Kündigung iSv S. 3 Nr. 1 und 2 ausgeschlossen oder iSv S. 4 nur »bei Zahlung einer Abfindung« möglich bzw. zulässig war. Denn dann treten an die Stelle der für den Arbeitgeber geltenden ordentlichen Kündigungsfrist die in S. 3 und 4 **vorgesehenen fingierten Kündigungsfristen**, bei deren Nichteinhaltung das Ausscheiden als »vorzeitig« erfolgt gilt (s. Rdn 44 f.). Der Begriff der **ordentlichen Kündigungsfrist** ist im Gesetz nicht definiert. Gemeint ist damit die nach **arbeitsrechtlichen Regeln** für das betroffene Arbeitsverhältnis geltende Frist des Arbeitgebers, unabhängig davon, ob sie sich aus Arbeitsvertrag, Betriebsvereinbarung, Tarifvertrag oder Gesetz (§ 622 BGB) ergibt (vgl. dazu iE KR-*Spilger* § 622 BGB Rdn 80 ff.). Zur insolvenzspezifischen Kündigungsfrist des § 113 S. 2 InsO s. Rdn 23. **Hingegen ist unerheblich**, ob der **Arbeitnehmer** eine kürzere Kündigungsfrist oder gar ein Recht zur fristlosen Kündigung hatte (*BSG* 29.8.1991 SozR 3–4100 § 117 Nr. 6).

38 Unerheblich für die Anwendung der Ruhensregelung (Abs. 1 S. 1) ist, ob überhaupt gekündigt worden ist, ob der Arbeitgeber oder der Arbeitnehmer gekündigt hat, ob – bei Kündigung des Arbeitgebers – die Kündigung sozial gerechtfertigt war, ob eine Kündigungsschutzklage Erfolg gehabt hätte und ob – bei Kündigung des Arbeitnehmers – ein Recht zur fristlosen Kündigung bestanden hat. Die Vorschrift unterscheidet nicht (mehr) danach, **aus welchem Grund** das Arbeitsverhältnis aufgelöst worden ist, wer gekündigt oder sonst die Initiative zur Auflösung ergriffen hat und ob die Voraussetzungen einer ordentlichen Kündigung gegeben waren. Entscheidend ist vielmehr nur, **ob der Zeitpunkt**, zu dem **letztlich das Arbeitsverhältnis beendet wurde**, vor dem Zeitpunkt liegt, zu dem es vom Arbeitgeber hätte **wirksam beendet werden können** oder sonst (zB infolge Befristung) geendet hätte (*BSG* 29.8.1991 SozR 3–4100 § 117 AFG Nr. 6).

39 § 158 Abs. 1 S. 2 SGB III stellt bzgl. des **Beginns** der jeweils maßgebenden ordentlichen Kündigungsfrist – neben dem Aufhebungsvertrag – auf die Kündigung ab, die der Beendigung des Arbeitsverhältnisses »**vorausgegangen**« ist. Die Frist beginnt mit dem **Tag der Kündigung**, falls eine solche erfolgt ist. Fehlt eine Kündigung, so ist der Tag des Abschlusses der **Vereinbarung über die Beendigung des Arbeitsverhältnisses** maßgeblicher Ausgangspunkt für die Berechnung der Frist. Unerheblich hierfür ist Art und Wirksamkeit der Kündigung und eine etwaige Kausalität zwischen Kündigung und späterer Auflösung des Arbeitsverhältnisses. Maßgeblich für die Berechnung der Kündigungsfrist ist allein der Tag der Kündigung oder der Auflösungsvereinbarung, der zeitlich der Beendigung des Arbeitsverhältnisses vorausgegangen ist. Die Beendigung muss nicht selbst in der Kündigung ihren Rechtsgrund haben; es genügt vielmehr, wenn sie **auslösender Tatbestand** einer Entwicklung war, die letztlich zur Beendigung des Arbeitsverhältnisses geführt hat.

40 Liegt sowohl eine Kündigung als auch ein Aufhebungsvertrag vor, bleibt dennoch **der Tag der Kündigung** für die Berechnung der Frist maßgebend, jedenfalls wenn sie »Anlass« für die Beendigung des Arbeitsverhältnisses war (*BSG* 8.6.1989 SozR 4100 § 117 Nr. 25). Das ist immer dann der Fall, wenn die Kündigung zu einem **Kündigungsschutzprozess** geführt hat, in dessen Verlauf dann das Arbeitsverhältnis beendet worden ist. Auf die Rechtmäßigkeit der Kündigung kann es nicht ankommen, was schon daraus folgt, dass auch eine rechtswidrige Kündigung zur Beendigung des Arbeitsverhältnisses führen kann, wenn sie nicht angefochten wird.

41 Bei Streit über die Dauer der Kündigungsfrist kann eine vergleichsweise Einigung der Parteien auf eine bestimmte Dauer nicht ohne weiteres für § 158 Abs. 1 SGB III bestimmend sein, weil damit auch eine Begrenzung der Lohnansprüche einhergeht. Maßgeblich ist vielmehr grds. **die arbeitsrechtlich »richtige« Kündigungsfrist**, die uU von der Arbeitsverwaltung und in Streitfällen von den Sozialgerichten ermittelt werden muss. Auch dann, wenn die Parteien irrtümlich von einer kürzeren als der »richtigen« Kündigungsfrist des Arbeitgebers ausgegangen sind, gilt für § 158 Abs. 1 SGB III die richtige (*BSG* 25.10.1989 SozR 4100 § 117 Nr. 26).

42 Aus den Sätzen 1 und 2 des § 158 Abs. 1 SGB III kann nicht hergeleitet werden, dass das Ruhen stets dann entfällt, wenn bei einer Auflösung des Arbeitsverhältnisses die der ordentlichen Kündigungsfrist des Arbeitgebers »entsprechende« Frist eingehalten worden ist. Denn in Fällen, in denen die ordentliche Kündigung iSv S. 3 oder 4 des § 158 Abs. 1 SGB III **kraft Gesetzes oder Vertrages zeitlich unbegrenzt oder in zeitlich begrenztem Umfang ausgeschlossen ist**, gelten die dort vorgesehenen fingierten Kündigungsfristen, und zwar grds. auch dann, wenn bei Auflösung des

Arbeitsverhältnisses die für den Arbeitgeber maßgebliche ordentliche Kündigungsfrist tatsächlich eingehalten worden ist (hierzu BSG 17.12.2013 SozR 44–300 § 143a Nr. 2 m. zust. Anm. *Söhngen* jurisPR-SozR 15/2014 Anm. 2; zu den fingierten Kündigungsfristen s. Rdn 44 ff.).

8. Auslaufen befristeter Arbeitsverhältnisse

Das **Auslaufen eines befristeten Arbeitsvertrages** steht der ordentlichen Kündigung durch den Arbeitgeber gleich. Das folgt aus dem Grundgedanken des § 158 Abs. 1 SGB III und aus der Regelung des Abs. 2 S. 2 Nr. 2. Wie bei der ordentlichen Kündigung kommt es nicht auf die **Wirksamkeit der Befristung** an, wenn der Arbeitnehmer die Beendigung mit Fristablauf hinnimmt. Macht der Arbeitnehmer von einem vertraglich eingeräumten **Verlängerungsrecht keinen Gebrauch**, endet das Arbeitsverhältnis »ordentlich« durch Ablauf der Befristung, sodass für das **Ruhen wegen einer Abfindung kein Raum mehr ist**. Dies gilt allerdings nur für eine Befristung, die unabhängig von der Vereinbarung über die Beendigung des Arbeitsverhältnisses bestanden hat (§ 158 Abs. 2 Nr. 3 SGB III). Eine erweiternde Auslegung des § 158 Abs. 1 SGB III auf die Fälle, in denen sich der Arbeitnehmer das Recht auf Verlängerung durch Abfindung hat »abkaufen« lassen, dürfte angesichts der auf Regelfälle zugeschnittenen Konstruktion des § 158 SGB III nicht in Betracht kommen.

43

9. Fingierte Kündigungsfristen

a) Arten, Bedeutung

Die Sätze 3 und 4 des § 158 Abs. 1 SGB III erfassen vier Gruppen von Arbeitnehmern, deren Arbeitsverhältnisse nicht (mehr) oder nur noch bei Vorliegen bestimmter Voraussetzungen ordentlich gekündigt werden können.

44

In derartigen Fällen hat der Gesetzgeber im Hinblick auf die Vermeidung des Doppelbezugs von Arbeitslosengeld und Arbeitsentgelt an Stelle fehlender ordentlicher Kündigungsfristen für den Arbeitgeber (arbeitsförderungsrechtlich) Kündigungsfristen **fingiert**, deren jeweilige Dauer nach der **Intensität des erreichten Kündigungsschutzes** gestaffelt ist und jeweils anzeigt, inwieweit das Arbeitsverhältnis bei Nichteinhaltung dieser (fingierten) Fristen als »**vorzeitig**« beendigt gilt:

- Bei »**zeitlich unbegrenztem**« Ausschluss der ordentlichen Kündigung (zB auf Grund Tarifvertrages bei älteren Arbeitnehmern und/oder bei längerer Betriebszugehörigkeit) gilt eine fingierte Kündigungsfrist von **18 Monaten** (§ 158 Abs. 1 S. 3 Nr. 1 SGB III). Die fiktive Frist von 18 Monaten greift i. Ü. auch dann, wenn das Arbeitsverhältnis zwar unter Einhaltung einer der ordentlichen Kündigungsfrist des Arbeitgebers entsprechenden Frist beendet wurde, der Arbeitnehmer aber nach dem geltenden Tarifvertrag nur noch bei Vorliegen eines wichtigen Grundes und bei Betriebsänderungen iSd § 111 BetrVG kündbar war (BSG 30.8.2018 – B 11 AL 16/17 R, WKRS 2018, 11880).
- Bei **zeitlich begrenztem Ausschluss** des Kündigungsrechts (zB während des Mutterschutzes nach § 17 MuSchG; während der Tätigkeit als Betriebsrat nach § 15 KSchG; bei schwerbehinderten Menschen nach § 168 SGB IX [hier ist zu beachten, dass die Kündigung nicht per se ausgeschlossen, sondern von der Zustimmung des Integrationsamtes abhängig ist]; nach tarifvertraglichen Regelungen) gilt die Kündigungsfrist, die ohne den Ausschluss der ordentlichen Kündigung maßgebend gewesen wäre (§ 158 Abs. 1 S. 3 Nr. 2 Alt. 1 SGB III).
- Auch in Fällen, in denen bei **Ausschluss der ordentlichen Kündigung** die Voraussetzungen für eine **fristgebundene Kündigung aus wichtigem Grund** vorliegen, gilt ab 1.1.1993 die Kündigungsfrist, die ohne den Ausschluss der ordentlichen Kündigung maßgebend gewesen wäre (§ 158 Abs. 1 S. 3 Nr. 2 Alt. 2 SGB III; dazu BSG 17.12.2013 SozR 44–300 § 143a Nr. 2 m. zust. Anm. *Söhngen* jurisPR-SozR 15/2014 Anm. 2; s.a. Rdn 47 f.).
- Kann dem Arbeitnehmer nur bei **Zahlung einer Entlassungsentschädigung ordentlich gekündigt werden**, gilt eine fingierte Kündigungsfrist von **einem Jahr** (§ 158 Abs. 1 S. 4 SGB; s. Rdn 53 f.).

45 Werden diese fingierten Kündigungsfristen nicht eingehalten, ruht der Anspruch auf Arbeitslosengeld vom Ende des Arbeitsverhältnisses **längstens** bis zu dem Tag, an dem es bei Einhaltung dieser Fristen geendet hätte (vgl. zur Systematik der Regelung *BSG* 29.1.2001 BSGE 87, 250). Wird eine ordentliche Kündigung im Einzelfall nur erschwert (zB durch tarifvertragliche Regelungen zum Vorrang der Arbeitsplatzsicherung ggü. einer ordentlichen Kündigung), kommt die Anwendung der Ruhensvorschriften des § 158 Abs. 1 SGB III von vornherein nicht in Betracht (*BSG* 21.6.2018 – B 11 AL 13/17 R, WKRS 2018, 57345).

b) Beginn, Dauer

46 Für den **Beginn dieser Fristen** gilt in allen vier Fällen das oben unter Rdn 39 Gesagte. Hinsichtlich der **Dauer** der fiktiven Kündigungsfristen hat sich der Gesetzgeber an der **abgestuften Verfestigung des Kündigungsschutzes** orientiert. Die Frist von 18 Monaten in Abs. 1 S. 3 Nr. 1 sei doppelt so lang bemessen worden wie die im Entwurf des Arbeitsgesetzbuches vorgesehene längste Kündigungsfrist, weil berücksichtigt worden sei, dass diese Arbeitnehmer einen außergewöhnlich starken Kündigungsschutz hätten und deshalb der in der Abfindung enthaltene Entgeltanteil besonders groß sei. Bei der Einjahresfrist des Abs. 1 S. 4 sei berücksichtigt worden, dass der Kündigungsschutz dieser Arbeitnehmer geringer als der Schutz derjenigen sei, die in keinem Fall ordentlich gekündigt werden könnten, jedoch stärker als bei Arbeitnehmern, denen auch ohne Zahlung einer Abfindung gekündigt werden könne (BT-Drucks. 8/857, S. 9).

c) Fristgebundene Kündigung aus wichtigem Grund

47 Bis 31.12.1992 war zweifelhaft, ob die 18-monatige fingierte Kündigungsfrist auch in Fällen galt, in denen bei zeitlich unbegrenzt ausgeschlossener Kündigung unter bestimmten Voraussetzungen eine **fristgebundene Kündigung aus wichtigem Grund möglich** war. Die mit Wirkung ab 1.1.1993 geltende Änderung des § 117 Abs. 2 S. 3 AFG, die zunächst in § 143a Abs. 1 S. 3 Nr. 2 Alt. 2 SGB III aF und dann zum 1.4.2012 in § 158 Abs. 1 S. 3 Nr. 2 Alt. 2 SGB III übernommen wurde, passt diese Bestimmung an die **Rechtsprechung des BAG** an: Danach kann ein Arbeitnehmer, dessen ordentliche Kündigung zeitlich unbegrenzt ausgeschlossen ist, unter Einhaltung einer Frist außerordentlich gekündigt werden, wenn der Arbeitgeber den Arbeitnehmer nicht mehr beschäftigen kann (zB wegen Betriebsstilllegung) und die Weiterzahlung des Arbeitsentgelts zu einer unzumutbaren Belastung führen würde (s. *BSG* 17.12.2013 SozR 44–300 § 143a Nr. 2 Rn 16 mwN; *BAG* 28.3.1985 EzA § 626 BGB nF Nr. 96 = BAGE 48, 220, 226 = AP Nr. 86 zu § 626 BGB). In diesen Fällen ist nach der genannten Rechtsprechung die Frist einzuhalten, die **ohne den Ausschluss der ordentlichen Kündigung maßgebend gewesen wäre** (vgl. hierzu *LSG Bay.* 21.9.2016 – L 10 AL 75/16). Anderenfalls würde der dem Arbeitnehmer zugedachte Schutz der Unkündbarkeit sich als Nachteil erweisen und er seinen Arbeitsplatz zu einem früheren Zeitpunkt verlieren als ein noch ordentlich kündbarer Arbeitnehmer, der auch in Fällen einer Betriebsstilllegung grds. eine Fortsetzung des Arbeitsverhältnisses bis zum Ablauf der Kündigungsfrist verlangen kann (*BAG* 28.3.1985 EzA § 626 BGB nF Nr. 96; *BSG* 12.12.1984 SozR 4100 § 117 Nr. 14 mwN; vgl. allg. zur Einhaltung einer Auslauffrist bei einer außerordentlichen Kündigung KR-*Fischermeier/Krumbiegel* § 626 BGB Rdn 321 ff. mwN). Entsprechend der arbeitsrechtlichen Rechtslage ist die Dauer der fingierten Kündigungsfrist in diesen Fällen auf die Dauer der ordentlichen Kündigungsfrist bestimmt worden, § 158 Abs. 1 S. 3 Nr. 2 Alt. 2 SGB III (hierzu *BSG* 17.12.2013 SozR 44–300 § 143a Nr. 2 m. zust. Anm. *Söhngen* jurisPR-SozR 15/2014 Anm. 2). Zu beachten ist, dass es hinsichtlich der Frage, ob ein Ausschluss der ordentlichen Kündigung vorliegt, auf den Zeitpunkt der Kündigung bzw. den Zeitpunkt des Abschlusses der Beendigungsvereinbarung ankommt (*Hess. LSG* 18.11.2016 – L 7 AL 126/15, info also 2017, 115).

48 Danach führt die einem unkündbaren Arbeitnehmer bei Betriebsstilllegung gewährte Abfindung **nicht zum Ruhen des Arbeitslosengeldes**, wenn das Arbeitsverhältnis zu einem Zeitpunkt beendet wird, zu dem es wegen Betriebsstilllegung mit ordentlicher Kündigungsfrist hätte gekündigt werden können (so bereits zum alten Recht: *LSG Stuttg.* 13.9.1988 SGb 1989, 582 m. zust. Anm. *Boecken*

SGB 1989, 587 f. und von *Faupel* SozSich 1989, 309 f.; aA früher *BSG* 8.12.1987 EzA § 117 AFG Nr. 5; *BAG* 8.3.1985 EzA § 626 BGB nF Nr. 96 m. insoweit abl. Anm. *Buchner* S. 456 f.).

Mit dieser Änderung ist zugleich den **verfassungsrechtlichen Bedenken des** BSG gegen die bis 31.12.1992 geltende Regelung Rechnung getragen worden (vgl dessen Vorlagebeschlüsse an das *BVerfG* v. 13.3.1990 [11 RAr 129/88 und 11 RAr 107/89, NZA 1990, 917], die gegenstandslos geworden sind). 49

Die Neuregelung ist **systemgerecht**, denn der Gesamtregelung des § 117 Abs. 2 und 3 AFG aF bzw. § 158 Abs. 1 und 2 SGB III lässt sich das **einschränkende Prinzip** entnehmen, dass ein Ruhen des Arbeitslosengeldes wegen einer gezahlten Abfindung von dem Tag an **entfällt**, von dem an der Arbeitgeber zur Beendigung des Arbeitsverhältnisses berechtigt war (ordentliche Kündigung, Ablauf einer Befristung, Recht zur fristlosen Kündigung). Kann der Arbeitgeber im konkreten Fall arbeitsrechtlich das Verhältnis einseitig ohne Abfindung zu einem bestimmten Zeitpunkt beenden (oder findet es ohnehin, zB durch Fristablauf, ein Ende), so kommt für die nachfolgende Zeit ein **Lohnanspruch** und damit auch ein Ruhen des Arbeitslosengeldes wegen eines in der Abfindung enthaltenen Entgeltanteils nicht in Betracht. Dieser Systematik entspricht es, das Ruhen des Arbeitslosengeldes auf den Zeitraum zu begrenzen, zu dem der Arbeitgeber aus wichtigem Grund unter Einhaltung einer bestimmten Frist kündigen kann (vgl. zur Systematik des § 143a SGB III aF *BSG* 29.1.2001 BSGE 87, 250 = SozR 3–4100 § 117 AFG Nr. 22; s. in diesem Zusammenhang auch *BSG* 17.12.2013 SozR 44–300 § 143a Nr. 2). 50

d) Ordentliche Kündigung nur bei Abfindung möglich

Eine fingierte **Kündigungsfrist von einem Jahr** ist nach § 158 Abs. 1 S. 4 SGB III anzusetzen, wenn dem Arbeitnehmer nur **bei Zahlung einer Entlassungsentschädigung** (Abfindung uÄ) ordentlich gekündigt werden kann (s. hierzu *Hess. LSG* 21.8.2013 – L 6 AL 103/10, NZA 2014, 78). Bis zur Einführung des Satzes 4 durch das AFKG wurden zu den ordentlichen Kündigungsfristen auch solche Fristen gerechnet, die nach dem Tarifvertrag nur noch bei Vorliegen eines für den betroffenen Arbeitnehmer geltenden Sozialplans eröffnet wurden, der für den Arbeitnehmer eine Abfindung vorsah; ein Ruhen nach § 117 Abs. 2 AFG wurde verneint (*BSG* 21.5.1980 BSGE 50, 121). Der Gesetzgeber hat es bei dieser Rechtslage nicht belassen wollen und in Fällen der genannten Art Abfindungen in die Ruhensregelung einbeziehen wollen, wenn das Arbeitsverhältnis nicht ein Jahr vor seinem Ende gekündigt bzw. die Beendigung vereinbart worden ist (Einführung des Satzes 4 durch das AFKG v. 22.12.1981 BGBl. I S. 1497). Damit wollte der Gesetzgeber verhindern, dass Abreden über die vorzeitige Beendigung gegen Abfindung auf die Ebene der **Tarifverträge** verlagert werden, die eine ordentliche Kündigung zwar grds. ausschließen, aber zulassen, wenn ein Sozialplan besteht, der für den betroffenen Arbeitnehmer eine Abfindung vorsieht. Deshalb erfasst Satz 4 auch die Fälle, in denen ein an sich unkündbarer Arbeitnehmer nur bei Vorliegen eines für ihn geltenden **Sozialplans** ordentlich gekündigt werden kann (vgl. *BSG* 5.2.1998 SozR 3–4100 § 117 Nr. 15; 29.1.2001 – B 7 AL 62/99 R, BSGE 87, 250; 19.12.2001 SGb 2002, 280 = NZA 2002, 550). Dass die genannte Tarifklausel die ordentliche Kündigung auch dann zulässt, wenn der Sozialplan für den betroffenen Arbeitnehmer **keine Abfindung** vorsieht, bedeutet im Rahmen des Satzes 4 keine weitere (alternative) Kündigungsmöglichkeit, die die Anwendung dieser Regelung ausschlösse. Denn Satz 4 gebietet eine **fallbezogene Betrachtungsweise**: Es ist zu prüfen, ob **im konkreten Fall** die auf Grund des bestehenden Sozialplans (wieder) eröffnete Möglichkeit zur ordentlichen Kündigung nur »bei Abfindung« erfolgen konnte, weil eben der Sozialplan für den betroffenen Arbeitnehmer eine Abfindung vorsah. Die abstrakte Möglichkeit einer solchen Kündigung auch ohne Abfindung reicht nicht aus. Denn dann könnte Satz 4 bei Tarifregelungen der genannten Art nie zur Anwendung kommen bzw. liefe leer, obwohl im konkreten Fall von der Möglichkeit einer ordentlichen Kündigung ohne Abfindung kein Gebrauch gemacht werden konnte (so *BSG* 29.1.2001 – B 7 AL 62/99 R, BSGE 87, 250, mit im Wesentlichen zust. Anm. *Hase* AuB 2001, 187 und *Schirga* AiB 2001, 560; zur Kritik s. Rdn 54). 51

52 Diese **Rechtsprechung** hat das BSG in weiteren Urteilen aus dem Jahr 2006 **bestätigt** und auf **weitere Fallgestaltungen** erstreckt (*BSG* 9.2.2006 – B 7a AL 44/05 R; 24.5.2006 – B 11a AL 21/05 R, m. Anm. *Gagel* jurisPR-ArbR 45/2006 Anm. 3; *BSG* 24.5.2006 – B 11a AL 45/05 R). Die in einem Tarifvertrag vorgesehene **(Wieder)Eröffnung der ordentlichen Kündbarkeit** bei Vorliegen einer Betriebsänderung iSd § 111 BetrVG, die im konkreten Fall zur Vereinbarung eines nach § 111 BetrVG erzwingbaren Sozialplans führte, wurde vom Gericht unter § 158 Abs. 1 S. 4 SGB III subsumiert, weil dieser Fall sich nicht anders darstelle als der Fall der (Wieder)Eröffnung der ordentlichen Kündbarkeit bei Vorliegen eines Sozialplans (*BSG* 9.2.2006 BSGE 96, 64; s.a. *LSG SchlH* 14.7.2017 – L 3 AL 23/14). Aus den gleichen Gründen wurde § 158 Abs. 1 S. 4 SGB III angewandt in einem Fall, in dem u.a. von den Tarifvertragsparteien, dem Arbeitgeber und den Betriebsräten eine Vereinbarung geschlossen worden war, durch die der bisherige **Sonderkündigungsschutz** für ältere Arbeitnehmer (Kündigung nur bei Vorliegen eines Sozialplans) **aufgehoben** und zum Ausgleich der Nachteile für die betroffenen Arbeitnehmer ein Sozialplan geschlossen worden war (*BSG* 9.2.2006 – B 7a/7 AL 48/05 R).

53 Die **Jahresfrist** gilt auch dann, wenn die nach Arbeitsrecht maßgebliche ordentliche Kündigungsfrist kürzer als ein Jahr ist. Sieht zB ein Tarifvertrag vor, dass Arbeitnehmer nach zehnjähriger Beschäftigung im Betrieb unkündbar sind, eröffnet er jedoch eine Kündigungsfrist von sechs Monaten, wenn ein Sozialplan mit Abfindung aufgestellt wird, so gilt die fiktive Jahresfrist. Die fiktive Jahresfrist gilt hingegen nicht, wenn eine Abfindung zwar vorgesehen ist, diese allerdings nicht die Kündigung des Arbeitsverhältnisses mit dem tariflich unkündbaren Arbeitnehmer ermöglicht, sondern nur einen Auflösungsvertrag (*BSG* 30.8 2018 – B 11 AL 16/17 R, WKRS 2018, 11880).

54 Gegen die o. g. Auslegung des Satzes 4 bzw. seine Anwendung auf ordentliche Kündigungen, die vom Vorliegen eines Sozialplans abhängig sind, sind **Bedenken**, auch solche **verfassungsrechtlicher Art**, geltend gemacht worden (vgl. *Gagel* NZS 2000, 327 f. und EWiR 2001, 741, ferner *Kreßel* SGb 2002, 391). Da der Sozialplan als Ordnungsinstrument des **kollektiven Arbeitsrechts** die soziale Abfederung der betrieblichen Umgestaltung in einem ausgewogenen Konzept ermögliche und einen gerechten Ausgleich auch im Verhältnis der Arbeitnehmer untereinander sicherstelle, dürfe die Abhängigkeit der ordentlichen Kündigung vom Abschluss eines Sozialplans nicht mit der Abhängigkeit der ordentlichen Kündigung von einer Abfindungszahlung gleichgestellt und Satz 4 nicht – auch nicht analog – angewendet werden. Hier werde nicht an eine materielle Zusage angeknüpft bzw. an eine Absprache, die in typisierender Betrachtung Vereinbarungen zu Lasten der Versichertengemeinschaft enthalte, und nicht Raum für **Manipulationen** durch Schaffung zusätzlicher Kündigungsmöglichkeiten gegen Geldausgleich geschaffen, sondern die notwendige Auswahlgerechtigkeit im kollektiven Bereich gesichert. Ähnliches gelte auch für Tarifklauseln, die die ordentliche Kündigung auf Betriebsänderungen beschränkten. Sie seien allein wegen der kollektivrechtlichen Auswahlgerechtigkeit legitimiert.

55 Dieser Auslegung, die § 158 Abs. 1 S. 4 SGB III vornehmlich unter dem Aspekt der Verhinderung von Manipulationen zu Lasten der Versichertengemeinschaft sieht, steht einerseits die Entstehungsgeschichte (s. Rdn 51), andererseits der Zweck der Gesamtregelung entgegen, die in erster Linie den **Doppelbezug von Arbeitsentgelt und Arbeitslosengeld** verhindern will. Mit § 158 Abs. 1 S. 4 SGB III geht der Gesetzgeber bei typisierender Betrachtung davon aus, dass eine ordentliche Kündigung, die nur (noch) bei einer Sozialplanabfindung zulässig ist, einer der ordentlichen Kündigungsfrist des Arbeitgebers entsprechenden Frist iSd Satzes 1 **nicht gleichsteht**, sonst hätte er keine fingierte Kündigungsfrist vorgesehen. Mit den Sätzen 3 und 4 hat der Gesetzgeber vielmehr bewusst die Fälle erfassen wollen, in denen eine ordentliche Kündigungsfrist entweder zeitlich unbegrenzt oder zeitlich begrenzt ausgeschlossen oder nur noch begrenzt »bei Zahlung einer Abfindung« zulässig ist. In allen diesen Fällen wird mit der fingierten Kündigungsfrist typisierend unterstellt, dass die Kündigung »**vorzeitig**« erfolgt, sofern die fingierten Fristen nicht eingehalten worden sind, und eine gezahlte Abfindung Entgeltteile bis zum Ablauf der fingierten Kündigungsfrist enthält. Aus dieser Sicht enthält auch die **Abfindung aus Sozialplänen Entgeltteile**, die das Ruhen des Arbeitslosengeldes für die Zeit der fingierten Kündigungsfrist rechtfertigen. Durch den Sozialplan

werden in der Masse der Fälle Abfindungsansprüche begründet, die bei älteren, grds. unkündbaren Arbeitnehmern eben doch zur Schaffung einer Kündigungsmöglichkeit mit Geldausgleich führen. Insoweit ist von der in Satz 4 erfassten Abhängigkeit der ordentlichen Kündigung von einer Abfindungszahlung ohne weiteres auch der Fall der Abhängigkeit der ordentlichen Kündigung vom Bestehen eines Sozialplans erfasst, wenn dieser Sozialplan im konkreten Fall eine Abfindung vorsieht (s. Rdn 51).

Dass damit die von der Ruhenswirkung betroffenen älteren Arbeitnehmer **schlechter behandelt** 56 werden als die generell ordentlich kündbaren (jüngeren) Arbeitnehmer, bei denen der Arbeitslosengeldanspruch bei Einhaltung dieser Frist nicht ruht, ist **nicht gleichheitswidrig**; denn der Gesetzgeber durfte bei typisierender Betrachtung davon ausgehen, dass bei grds. unkündbaren Arbeitnehmern, denen nur noch bei Vorliegen eines Sozialplans – mit Abfindung – ordentlich gekündigt werden kann, der Kündigungsschutz stärker ist als bei den jüngeren Arbeitnehmern, die ohnehin – auch ohne Zahlung einer Abfindung – hätten gekündigt werden können, und dass bei ersteren ein entsprechender Anteil der Abfindung – neben Abgeltung des sozialen Besitzstandes – Entgelt enthält. Die Regelung mag sozialpolitisch unbefriedigend sein, sie lässt sich aber nicht verfassungskonform dahin auslegen, Abfindungen aus Sozialplänen gänzlich vom Ruhen freizustellen.

Allerdings hat das BSG in Fällen des § 158 Abs. 1 S. 4 SGB III aus verfassungsrechtlichen Gründen 57 eine **teleologische Reduktion** der fingierten Kündigungsfrist von einem Jahr auf die **Dauer der ordentlichen Kündigungsfrist** in den Fällen befürwortet, in denen (ohne die Möglichkeit zur ordentlichen Kündigung bei Vorliegen eines Sozialplans) nach den Verhältnissen des konkreten Falles die Voraussetzungen für eine **fristgebundene Kündigung aus wichtigem Grund** (zB bei Betriebsstilllegung) vorgelegen hätten (s. Rdn 47). Da sich die arbeitsrechtlichen Sachverhalte bei beiden Tatbeständen häufig überschneiden, wäre es unter Gleichbehandlungsgesichtspunkten nicht hinnehmbar, dass ein nur noch aus wichtigem Grund – wenn auch befristet – kündbarer Arbeitnehmer trotz höherem kündigungsrechtlichem Status hinsichtlich der Dauer der fingierten Kündigungsfrist bessergestellt wäre als ein noch – begrenzt – kündbarer Arbeitnehmer. Für diesen kann daher die fingierte Kündigungsfrist von einem Jahr auf die Dauer der ordentlichen Kündigungsfrist des Arbeitgebers begrenzt sein, wenn er – ohne die Eröffnung der Kündigung bei Vorliegen eines Sozialplans – auch fristgebunden aus wichtigem Grund hätte gekündigt werden können (*BSG* 29.1.2001 BSGE 87, 250; dazu krit. *Hase* AuB 2001, 187 und *Gagel* EWiR 2001, 741 f.).

III. Ruhenszeitraum, Dauer des Ruhens

1. Allgemeines

Während der **Dauer des Ruhenszeitraums** kann der Arbeitslose einen bestehenden Anspruch auf 58 Arbeitslosengeld nicht durchsetzen (zur Ruhenswirkung vgl. KR-*Link/Lau* SozR Rdn 153 und KR-*Link/Lau* § 157 SGB III Rdn 7). Der Arbeitslose kann sich im Rahmen von § 158 SGB III auch nicht (anders als bei § 159 SGB III) darauf berufen, der Anspruch ruhe nicht, weil er für sein Verhalten (zB Abschluss eines Auflösungsvertrages) einen »**wichtigen Grund**« gehabt habe; denn in § 158 SGB III ist eine Berücksichtigung eines »wichtigen Grundes« nicht normiert (*LSG Hmb.* 29.10.2014 – L 2 AL 65/13). Im Falle der Gleichwohlgewährung nach Abs. 4 geht ein für diesen Zeitraum bestehender Anspruch auf Entlassungsentschädigung in Höhe des gezahlten Arbeitslosengeldes auf die Arbeitsverwaltung über. Das ergibt sich aus § 158 Abs. 4 S. 1 SGB III, der die Entlassungsentschädigung dem Arbeitsentgelt iSd § 115 SGB X gleichstellt.

Der Ruhenszeitraum läuft **kalendermäßig** ab, und zwar ohne zeitliche Hemmung (zB durch eine 59 Zwischenbeschäftigung oder eine Sperrzeit) und ohne Rücksicht darauf, ob und wann ein Anspruch auf Arbeitslosengeld entsteht bzw. die Zahlung beginnt (zur Anspruchsentstehung vgl. KR-*Link/Lau* SozR Rdn 114). Der Arbeitslose ist nicht verpflichtet, sich schon vom Ende des Arbeitsverhältnisses an arbeitslos zu melden. Auch wenn er sich erst später arbeitslos meldet und dadurch der Anspruch zur Entstehung gelangt, ruht dieser (bei Vorliegen der Voraussetzungen des § 158 Abs. 1 SGB III) erst von der **Arbeitslosmeldung** an für die Restdauer des für ihn maßgeblichen

§ 158 SGB III Ruhen des Anspruchs bei Entlassungsentschädigung

Ruhenszeitraums, also nur, soweit der Anspruch in den Ruhenszeitraum fällt (*BSG* 29.10.1986 SozR 4100 § 117 Nr. 17). Es liegt im Belieben des ausgeschiedenen Arbeitnehmers, wann er seinen Arbeitslosengeldanspruch geltend macht (vgl. § 137 Abs. 2 SGB III, § 323 Abs. 1 SGB III). Schiebt er seine Arbeitslosmeldung oder seinen Leistungsantrag bis auf die Zeit nach Ablauf des Ruhenszeitraums auf, so wird er von der Ruhenswirkung nicht betroffen; er erhält dann zwar während des Ruhenszeitraums kein Arbeitslosengeld, kann dieses dann aber vom Zeitpunkt der Arbeitslosmeldung an in voller Dauer beziehen, solange die Anspruchsvoraussetzungen (u. a. Arbeitslosigkeit) vorliegen (zu den **Gestaltungsmöglichkeiten** im Hinblick auf § 137 Abs. 2 SGB III und den **Beratungspflichten der BA** s. eingehend KR-*Link/Lau* § 157 Rdn 12).

60 Die Zeit, in der der Anspruch nach § 158 SGB III ruht, wird **nicht** auf die **Anspruchsdauer** des Arbeitslosengeldes **angerechnet**, zehrt diese also nicht auf (vgl. § 148 Abs. 1 Nr. 1 SGB III; die frühere Regelung des § 117a AFG, die etwas Anderes vorsah, wurde nicht mehr in das SGB III übernommen).

61 Wird durch die Beendigung des Arbeitsverhältnisses ein **Ruhenstatbestand** nach § 158 und nach § 159 SGB III ausgelöst, so können sie gleichzeitig wirksam werden (zu den unterschiedlichen Rechtsfolgen vgl. KR-*Link/Lau* SozR Rdn 155).

62 Der Ruhenszeitraum des § 158 SGB III verlängert sich stets um die Zeit, in der der Anspruch auf Arbeitslosengeld wegen einer Urlaubsabgeltung ruht (§ 158 Abs. 1 S. 5 SGB III iVm § 157 Abs. 2 SGB III; vgl. auch KR-*Link/Lau* § 157 SGB III Rdn 42). Der davon zu unterscheidende Ruhenszeitraum des § 157 Abs. 1 SGB III betrifft die davorliegende Zeit zwischen (faktischem) Ende der Beschäftigung und dem Ende des Arbeitsverhältnisses.

63 Hat die BA die **Voraussetzungen des Ruhens zu Unrecht** als erfüllt angesehen, hat der Arbeitslose einen **Anspruch auf Leistung von Arbeitslosengeld** für den von der BA irrtümlich angenommen Ruhenszeitraum. Die BA kann dem nicht entgegenhalten, sie habe (zB bei mittlerweile eingetretener Anspruchsausschöpfung) bereits Arbeitslosengeld in voller Höhe geleistet und insoweit sei eine Minderung bzw. Anspruchserfüllung eingetreten. Zahlungen von Arbeitslosengeld für spätere Zeiträume, für die materiell-rechtlich kein Anspruch mehr bestanden hat, bewirken keine Minderung oder ein Erlöschen des Anspruchs auf Arbeitslosengeld (*BSG* 17.12.2013 SozR 4–4300 § 143a Nr. 2 m. zust. Anm. *Söhngen* jurisPR-SozR 15/2014 Anm. 2, auch zur Frage der möglichen Aufhebung der Arbeitslosengeldbewilligung nach § 45 SGB X).

2. Beginn des Ruhenszeitraums, Fälligkeit der Entlassungsentschädigung

64 Der Ruhenszeitraum beginnt stets mit dem **Ende des Arbeitsverhältnisses**, nicht etwa mit dem Zeitpunkt der vorhergehenden Kündigung oder dem Abschluss des Aufhebungsvertrages. Mit dem Ende des Arbeitsverhältnisses ist der **erste Tag nach dessen Ende** gemeint; von diesem Tag an wird unterstellt, dass in der gezahlten Abfindung Arbeitsentgelt enthalten ist. Auf die Arbeitslosigkeit kommt es insoweit nicht an, sodass der Ruhenszeitraum auch dann mit dem Tage nach dem Ende des Arbeitsverhältnisses beginnt, wenn sich daran eine Zwischenbeschäftigung angeschlossen hat (*BSG* 29.10.1986 SozR 4100 § 117 Nr. 17). Maßgeblich ist das **rechtliche Ende** des Arbeitsverhältnisses, wie es sich aus der Kündigung oder dem Aufhebungsvertrag oder einem Urteil ergibt. Grundsätzlich unerheblich ist, wann die tatsächliche Beschäftigung endete (Eicher/Schlegel-*Leitherer* § 158 Rn 110). Die BA geht in ihren fachlichen Weisungen davon aus, dass der Ruhenszeitraum bei einer **unwiderruflichen Freistellung** bereits mit dem Ende des Beschäftigungsverhältnisses beginnt, wenn **Arbeitsentgelt nicht gezahlt wird** (Fachliche Weisungen zu § 158 Rn 158.2.2, Stand Juli 2017). Die Auffassung der BA dürfte nach Sinn und Zweck der Regelung zutreffend sein. Denn bei einer unwiderruflichen Freistellung ohne Arbeitsentgeltzahlung wäre es eine bloße Förmelei, auf das rechtliche Ende des Arbeitsverhältnisses abzustellen. Ein irgendwie geartetes rechtliches Band soll in einem solchen Fall nach dem Willen der Parteien gerade nicht mehr bestehen.

65 Da § 158 Abs. 1 S. 1 SGB III den Beginn des Ruhenszeitraums auf das Ende des Arbeitsverhältnisses festlegt, kommt es nicht darauf an, wann die **Entlassungsentschädigung fällig** wird, ob sie in

einer Summe oder in Raten bzw. in Form einer rentenähnlichen Leistung gewährt wird. Das Gesetz geht vielmehr davon aus, dass alle Leistungen, die der Arbeitnehmer zu beanspruchen hat, bereits mit Beginn des Ruhenszeitraums **als geschuldet und fällig gelten**. Rentenähnliche Leistungen müssen kapitalisiert, dh ihr Kapitalwert muss durch Zusammenrechnung der geschuldeten Einzelleistungen ermittelt werden, ggf. unter Heranziehung von §§ 13, 14 des Bewertungsgesetzes (*BSG* 22.2.1984 SozR 4100 § 118 AFG Nr. 13; 3.3.1993 SozR 3–4100 § 117 AFG Nr. 10). Soweit der Arbeitnehmer die geschuldete Leistung mangels Fälligkeit tatsächlich noch nicht bzw. nur teilweise erhält, ist die Regelung über die **Gleichwohlgewährung** (§ 158 Abs. 4 S. 1 SGB III) entsprechend anzuwenden. Das Arbeitslosengeld wird dann entweder voll oder abzüglich der jeweils gezahlten Raten gewährt, wobei der Anspruch auf die erst später fällig werdenden Leistungen in Höhe des gezahlten Arbeitslosengeldes auf die BA übergeht (zur Problematik der Wirkungen von Teilauszahlungen von Abfindungen im System der Gleichwohlgewährung *Gagel* NZS 2002, 230, zugl. Anm. zu *BSG* 8.2.2001 SozR 3–4100 § 117 AFG Nr. 23).

3. Ende des Ruhenszeitraums

Der Ruhenszeitraum endet im **Normalfall spätestens** mit dem Tag, an dem das Arbeitsverhältnis bei Einhaltung der der ordentlichen Kündigungsfrist des Arbeitgebers entsprechenden Frist geendet hätte. Ist die ordentliche Kündigung des Arbeitgebers ausgeschlossen oder beschränkt, endet der Ruhenszeitraum **spätestens** mit dem Tag, an dem das Arbeitsverhältnis bei Einhaltung der fingierten Kündigungsfristen geendet hätte (§ 158 Abs. 1 S. 3 und 4 SGB III; s. Rdn 45). 66

Allerdings ist der Ruhenszeitraum nach Maßgabe des § 158 Abs. 2 SGB III (§ 143a Abs. 2 SGB III aF) **in mehrfacher Weise begrenzt** (s. Rdn 67).

4. Begrenzungen des Ruhenszeitraums

a) Begrenzungsarten, Überblick

§ 158 Abs. 1 und 2 SGB III enthalten für die Dauer des Ruhenszeitraums insgesamt **fünf unterschiedliche Begrenzungen**, von denen jeweils die für den Arbeitnehmer **günstigste** wirksam wird, dh diejenige, nach der das Ruhen des Arbeitslosengeldes **frühestens** endet. 67
– Ende der ordentlichen (oder fingierten) Kündigungsfrist (Abs. 1 S. 1, 3 und 4; s. Rdn 68),
– Auslaufen eines befristeten Arbeitsverhältnisses (Abs. 2 S. 2 Nr. 2; s. Rdn 43),
– Begrenzung durch das Recht zur fristlosen Kündigung (Abs. 2 S. 2 Nr. 3; s. Rdn 84 ff.),
– Begrenzung durch sozialen Anteil der Abfindung (Abs. 2 S. 2 Nr. 1 und S. 3; s. Rdn 71 f.),
– Begrenzung auf längstens ein Jahr (Abs. 2 S. 1; s. Rdn 69).

b) Ablauf der ordentlichen (oder fingierten) Kündigungsfrist

Wie sich aus § 158 Abs. 1 SGB III ergibt, kommt es zu einem Ruhen des Arbeitslosengeldanspruchs überhaupt nur dann, wenn das Arbeitsverhältnis »vorzeitig« beendet worden ist, also – bezogen auf den Tag der tatsächlichen Kündigung oder des gleichgestellten Aufhebungsereignisses – ohne Einhaltung einer der ordentlichen Kündigungsfrist des Arbeitgebers entsprechenden Frist (bzw. ohne Einhaltung der fingierten Kündigungsfristen, s. Rdn 44). **Spätestes Ende** des Ruhenszeitraums ist dann das Ende der ordentlichen (oder fingierten) Kündigungsfristen. Nach Ablauf dieser Fristen scheidet ein Ruhen in jedem Fall aus, weil dann die Vermutung, dass in der Entlassungsentschädigung Arbeitsentgelt enthalten ist, nicht mehr begründet ist. 68

Das Ruhen kann aber vor diesem Zeitpunkt enden (s. Rdn 69 f.).

c) Begrenzung des Ruhenszeitraums auf längstens ein Jahr § 158 Abs. 2 S. 1 SGB III

Der Ruhenszeitraum endet **unabhängig** von der Länge der ordentlichen (oder fingierten) Kündigungsfrist **spätestens nach Ablauf eines Jahres** seit dem Tag der (vorzeitigen) Beendigung des Arbeitsverhältnisses. Liegt also der Zeitpunkt, zu dem ordentlich gekündigt werden kann, mehr als 69 ein Jahr nach dem Ende des Arbeitsverhältnisses, so ruht das Arbeitslosengeld dennoch für **längstens ein Jahr.**

70 Diese Begrenzung ist insbes. für die **Arbeitnehmer** bedeutsam, bei denen die **fingierte Kündigungsfrist 18 Monate** beträgt (§ 158 Abs. 1 S. 3 Nr. 1 SGB III; s. Rdn 44). Denn da die 18-Monatsfrist mit dem Zeitpunkt der Kündigung (bzw. dem gleichgestellten Aufhebungsereignis) beginnt, die Jahresfrist des Abs. 2 S. 1 hingegen mit dem Zeitpunkt der Beendigung des Arbeitsverhältnisses ansetzt, kann auch hier die Jahresfrist wirksam werden. Liegen etwa zwischen Kündigung und Ende des Arbeitsverhältnisses drei Monate, so beträgt der Ruhenszeitraum bei einer fingierten Kündigungsfrist von 18 Monaten 15 Monate (18 – 3), der auf zwölf Monate (ein Jahr) verkürzt wird.

d) **Verkürzung des Ruhenszeitraums durch sozialen Anteil der Entlassungsentschädigung** (§ 158 Abs. 2 S. 2 Nr. 1 und S. 3 SGB III)

aa) Allgemeines

71 Diese Regelung führt zu einer **Verkürzung des Ruhenszeitraums** in Fällen langer ordentlicher Kündigungsfristen oder Befristungen sowie bei kleineren Abfindungen.

72 Nach § 158 Abs. 2 S. 2 Nr. 1 SGB III gelten grds. **höchstens 60 % der Abfindung** bzw. **Entlassungsentschädigung** als **arbeitsentgeltähnlicher** und damit auf das Arbeitslosengeld anrechenbarer **Betrag.** Dieser Regelung liegt die gesetzgeberische Vermutung zu Grunde, dass eine Abfindung in jedem Fall einen Anteil zur Entschädigung für den **Verlust des Arbeitsplatzes (sozialen Besitzstandes)** enthält. Dieser soziale Anteil wird pauschal auf **mindestens 40 %** der Abfindung festgesetzt und damit dem Verlust des sozialen Besitzstandes eine größere Bedeutung als nach früherem Recht beigemessen. Dieser Mindestsatz von 40 % der Abfindung, der anrechnungsfrei bleibt und für dessen Berechnung immer der **Bruttobetrag** einschließlich aller vom Arbeitgeber noch zusätzlich entrichteter steuerlicher Abgaben maßgeblich ist, vergrößert sich je nach **Lebensalter und Dauer der Betriebszugehörigkeit** des Arbeitnehmers: Der soziale Anteil erhöht sich bei Arbeitnehmern mit einer Betriebszugehörigkeit von mehr als fünf Jahren und bei Arbeitnehmern, die das 40. Lebensjahr vollendet haben, um je 5 Prozentpunkte, und für jeden weiteren Zeitraum von fünf Jahren um weitere 5 Prozentpunkte bis auf insgesamt 75 % der Abfindung. Damit bleiben nach der gesetzlichen Regelung mindestens 40 %, aber höchstens 75 % der Abfindung »anrechnungsfrei«. Der zu berücksichtigende Teil der Abfindung beträgt höchstens 60 %, aber nicht weniger als 25 %.

bb) **Maßgeblicher Prozentsatz der zu berücksichtigenden Entlassungsentschädigung**

73 Der maßgebliche **Prozentsatz der Entlassungsentschädigung,** aus dem sich die zeitliche Begrenzung des Ruhenszeitraums errechnet, ergibt sich ausfolgender Tabelle:

Dauer der Betriebszugehörigkeit (Jahre)	Lebensalter am Ende des Arbeitsverhältnisses						
	bis zum vollendeten 40. Lebensjahr	ab 40 Jahre	ab 45 Jahre	ab 50 Jahre	ab 55 Jahre	ab 60. Jahre	ab 65 Jahre
weniger als 5 Jahre	60 %	55 %	50 %	45 %	40 %	35 %	30 %
5 Jahre und mehr	55 %	50 %	45 %	40 %	35 %	30 %	25 %
10 Jahre und mehr	50 %	45 %	40 %	35 %	30 %	25 %	25 %
15 Jahre und mehr	45 %	40 %	35 %	30 %	25 %	25 %	25 %
20 Jahre und mehr	40 %	35 %	30 %	25 %	25 %	25 %	25 %
25 Jahre und mehr	35 %	30 %	25 %	25 %	25 %	25 %	25 %
30 Jahre und mehr		25 %	25 %	25 %	25 %	25 %	25 %
35 Jahre und mehr			25 %	25 %	25 %	25 %	25 %

Maßgeblich für die Berechnung der **Betriebszugehörigkeit** oder des **Lebensalters** ist der Tag der 74
Beendigung des Arbeitsverhältnisses (nicht etwa der Tag der Kündigung).

Als Zeiten der Betriebszugehörigkeit sind alle **Beschäftigungszeiten** bei demselben Arbeitgeber 75
(auch in anderen Betrieben desselben Unternehmens oder Konzerns) zu berücksichtigen. Verschiedene Zeiträume bei demselben Arbeitgeber werden zusammengerechnet. Die Betriebszugehörigkeit wird durch einen Betriebsübergang nach § 613a BGB nicht unterbrochen.

Der Prozentsatz der zu berücksichtigenden Abfindung ist von deren **Bruttobetrag** zu bestimmen. 76
Eine Regelung wie in § 140 SGB III aF, wonach die (den Freibetrag übersteigende) Abfindung erst »nach Abzug der Steuern« anzurechnen war, enthält § 158 SGB III nicht. Vielmehr ist der Bruttobetrag – einschließlich der vom Arbeitgeber noch zusätzlich zu entrichtenden Steuern – maßgeblich. Zur steuerlichen Behandlung von Abfindungen s. Rdn 88.

cc) **Bemessungsentgelt**

Ist der maßgebliche Prozentsatz der Entlassungsentschädigung errechnet, so ist festzustellen, von 77
welchem **Arbeitsentgelt** auszugehen ist. Maßgebend ist das Arbeitsentgelt der »**letzten Beschäftigungszeit**«, die in § 158 Abs. 2 S. 4 SGB III definiert ist. Das sind die am Tage vor dem Ende der tatsächlichen Beschäftigung bereits **abgerechneten Entgeltabrechnungszeiträume der letzten zwölf Monate**. Diese müssen mindestens 150 Tage mit Anspruch auf Arbeitsentgelt enthalten; anderenfalls wird der Bemessungsrahmen des § 150 Abs. 1 S. 2 SGB III gem. dessen Abs. 3 auf zwei Jahre erweitert (vgl. dazu KR-*Link/Lau* SozR Rdn 121). Das ergibt sich aus der Verweisung auf § 150 Abs. 3 SGB III. Maßgeblich ist daher im Allgemeinen das **gleiche Bemessungsentgelt, das der Berechnung des Arbeitslosengeldes zu Grunde liegt**, und kann daher aus dem Leistungsbescheid der Arbeitsverwaltung abgelesen werden.

Nicht berücksichtigt werden **Arbeitsentgeltkürzungen** infolge von **Krankheit, Kurzarbeit, Arbeits-** 78
ausfall oder Arbeitsversäumnis (§ 158 Abs. 2 S. 5 SGB III). Das heißt, das Arbeitsentgelt ist so zu berechnen, als wenn die Kürzungen nicht vorgenommen worden wären. Ebenfalls unberücksichtigt bleiben Zeiten, in denen der Arbeitslose Erziehungsgeld bezogen oder nur wegen der Berücksichtigung von Einkommen nicht bezogen hat oder ein Kind unter drei Jahren betreut und erzogen hat, wenn wegen der Betreuung und Erziehung des Kindes das Arbeitsentgelt oder die durchschnittliche wöchentliche Arbeitszeit gemindert war. Das ergibt sich aus der Verweisung auf § 150 Abs. 2 Nr. 3 SGB III.

Einmalig gezahltes Arbeitsentgelt, das bis 31.12.2000 bei der Bestimmung des Arbeitsent- 79
gelts unberücksichtigt blieb, wird seit 1.1.2001 berücksichtigt (vgl. Art. I des Einmalzahlungs-Neuregelungsgesetzes v. 27.12.2000 BGBl. I S. 1971).

dd) **Berechnungsbeispiel**

Nach Umrechnung des in den letzten zwölf Monaten verdienten Arbeitsentgelts auf die in die- 80
sem Zeitraum liegenden Kalendertage ist zu bestimmen, in **welchem Zeitraum** der **festgestellte Prozentsatz der zu berücksichtigenden Abfindung** unter Zugrundelegung des kalendertäglichen Arbeitsentgelts verdient worden wäre.

Dazu folgendes **Beispiel**:

Ein 55 Jahre alter »unkündbarer« Arbeitnehmer schließt mit seinem Arbeitgeber nach 25 Jahren Betriebszugehörigkeit einen Aufhebungsvertrag zum 30.6.2017. Er hat im letzten Jahr monatlich 3.000 Euro brutto verdient und erhält eine Abfindung von 30.000 Euro. Von der Abfindung werden 25 % = 7.500 Euro berücksichtigt (s. Tabelle). Das Arbeitslosengeld ruht höchstens ein Jahr lang, also bis 30.6.2018. Wird das im Bemessungszeitraum verdiente Entgelt auf die Kalendertage umgerechnet, so ergibt sich ein tägliches Entgelt von 100 Euro (3.000 Euro: 30 Tage). Demnach dauert es 75 Kalendertage, bis der Arbeitslose den zu berücksichtigenden Anteil seiner Abfindung verdient hätte (7.500 : 100 = 75). Da der frühere der beiden Endzeitpunkte maßgeblich ist, ruht das Arbeitslosengeld nur bis 13.9.2017 (75 Kalendertage ab 1.7.2017).

81 Effektiv entgehen dem Arbeitslosen durch die Anrechnung nicht maximal 60 % und mindestens 25 % der Abfindung, sondern lediglich das in der Zeit, in der der maßgebliche Prozentsatz verdient worden wäre, zustehende **Arbeitslosengeld**. Da dieses nur 67 % bzw. 60 % des Nettoentgelts beträgt (vgl. KR-*Link/Lau* SozR Rdn 112), verliert der Arbeitslose durch die Anrechnung erheblich geringere Prozentsätze als zwischen 60 % und 25 % der Abfindung (zur Berechnung des Betrages, den der Arbeitnehmer effektiv durch Anrechnung der Abfindung verliert, vgl. *Reinecke* BB 1981, 854, 857 f.).

82 Durch die Anrechnung der Abfindung auf das Arbeitslosengeld entgeht dem Arbeitslosen diese Leistung nur für **bestimmte Zeiträume**. Der ihm zustehende – zeitlich begrenzte – Anspruch wird durch das Ruhen nicht aufgezehrt, beginnt also nur später und ist dementsprechend später verbraucht, was vor allem bei längerer oder häufiger Arbeitslosigkeit von Bedeutung sein kann.

e) **Begrenzung durch Ablauf eines befristeten Arbeitsverhältnisses (§ 158 Abs. 2 S. 2 Nr. 2 SGB III)**

83 Nach § 158 Abs. 2 S. 2 Nr. 2 SGB III ruht der Anspruch auf Arbeitslosengeld nicht über den Tag hinaus, an dem das Arbeitsverhältnis infolge einer Befristung geendet hätte. Die Befristung muss allerdings unabhängig von der Vereinbarung über die Beendigung des Arbeitsverhältnisses bestanden haben. Aus dem Grundgedanken des § 158 Abs. 1 SGB III folgt bereits, dass das Auslaufen eines befristeten Arbeitsvertrages mit Fristende der Beendigung zum Ende der ordentlichen Kündigungsfrist entspricht. Es kommt – wie bei der ordentlichen Kündigung – auch nicht auf die Wirksamkeit der Befristung an, wenn der Arbeitnehmer die Beendigung des Arbeitsverhältnisses mit Fristablauf hinnimmt und ggf. von einer Verlängerungsmöglichkeit keinen Gebrauch macht. Wird die Befristung erst im Zusammenhang mit einem Aufhebungsvertrag vereinbart, greift die Begrenzungsregelung des Abs. 2 S. 2 Nr. 2 SGB III nicht ein mit der Folge, dass es dann auf das Ende der ordentlichen bzw. fingierten Kündigungsfrist ankommt.

f) **Begrenzung durch das Recht zur fristlosen Kündigung (§ 158 Abs. 2 S. 2 Nr. 3 SGB III)**

84 Nach dieser Regelung ruht das Arbeitslosengeld nicht über den Tag hinaus, an dem der Arbeitgeber das Arbeitsverhältnis aus **wichtigem Grund fristlos hätte kündigen können** (hierzu *LSG Bay.* 14.12.2016 – L 10 AL 112/16). Grundgedanke der Regelung ist die Überlegung, dass beim Vorliegen eines Rechts zur fristlosen Kündigung eine dennoch gezahlte Abfindung allein der **Entschädigung** für den **sozialen Besitzstand** dient (*BSG* 17.2.1981 SozR 4100 § 117 Nr. 5 mwN).

85 Unbeachtlich ist, ob der Arbeitgeber von seinem **Recht zur fristlosen Kündigung Gebrauch gemacht hat** (*LSG Bay.* 14.12.2016 – L 10 AL 112/16). Auch wenn er aus sozialen Gründen mit einer »sozialen Auslauffrist« außerordentlich gekündigt hat oder sich die Parteien nach fristloser Kündigung über die Beendigung des Arbeitsverhältnisses zu einem späteren Zeitpunkt verständigt haben, bleibt es bei der Begrenzung des Ruhenszeitraums nach § 158 Abs. 2 S. 2 Nr. 3 SGB III. Denn der Arbeitgeber, der ohne Einhaltung einer Kündigungsfrist aus wichtigem Grund hätte kündigen können, schuldet kein Arbeitsentgelt, sodass in einer dennoch gezahlten Abfindung **kein Entgeltanteil zu vermuten ist**.

86 Die Regelung des § 158 Abs. 2 S. 2 Nr. 3 SGB III gilt nach dem eindeutigen Wortlaut nur für den Arbeitgeber. Sie ist nicht **analog** auf die Fälle anwendbar, in denen sich der **Arbeitnehmer auf einen wichtigen Grund** für die Beendigung des Arbeitsverhältnisses beruft. Dies ist verfassungsrechtlich nicht zu beanstanden (*Hess. LSG* 22.5.2013 – L 6 AL 5/10, NZA 2013, 1002; Eicher/Schlegel-*Leitherer* § 158 Rn 136).

87 Ob ein Grund zur fristlosen Kündigung vor Vergleichsabschluss vorlag, ist – auch im Sozialrechtsbereich – stets **von Amts wegen** zu prüfen (*BSG* 17.2.1981 SozR 4100 § 117 Nr. 5). Es muss nach

materiellem Recht ein Grund zur fristlosen Kündigung vorgelegen haben. Das zwingt die Sozialgerichte dazu, den **arbeitsgerichtlichen Prozess** über das Vorliegen eines Grundes zur fristlosen Kündigung **nachzuvollziehen**. Es genügt nicht etwa, dass die fristlose Kündigung wegen Nichterhebung oder Rücknahme einer Kündigungsschutzklage wirksam geworden ist. Vielmehr erstreckt sich § 158 Abs. 2 S. 2 Nr. 3 SGB III auch auf die Fälle, in denen eine fristlose Kündigung den arbeitsgerichtlichen Rechtsstreit ausgelöst hat und die Parteien sich dann auf ein späteres Ende des Arbeitsverhältnisses einigen, das vor Ablauf der ordentlichen Kündigungsfrist liegt (*BSG* 17.2.1981 SozR 4100 § 117 Nr. 5). In allen diesen Fällen einer fristlosen Kündigung ist also zu prüfen, ob sie **berechtigt** war.

g) Steuerliche Behandlung der Entlassungsentschädigung

Insoweit wird auf die Kommentierung KR-*Vogt/Schult* §§ 24, 34 EStG Rdn 1 ff. verwiesen. 88

C. Ruhen bei Beendigung des Beschäftigungsverhältnisses, § 158 Abs. 3 SGB III

Nach dieser mit Wirkung ab 27.6.1993 in § 117 AFG als dessen Abs. 3a eingefügten Regelung, die zunächst in § 143a Abs. 3 SGB III aF und dann ab 1.4.2012 in § 158 Abs. 3 SGB III übernommen worden ist, gelten die für die Beendigung des Arbeitsverhältnisses maßgeblichen Regelungen des Abs. 1 und Abs. 2 **entsprechend**, wenn der Arbeitslose wegen der **Beendigung des Beschäftigungsverhältnisses unter Aufrechterhaltung des Arbeitsverhältnisses** eine Entlassungsentschädigung erhalten oder zu beanspruchen hat. Damit wollte der Gesetzgeber auch diejenigen Arbeitslosen erfassen, deren **Arbeitsverhältnis** zwar **formal aufrechterhalten** wird, etwa um dem Arbeitslosen die Ansprüche aus einer betrieblichen Altersversorgung zu sichern, die aber aus dem **sozialversicherungsrechtlichen Beschäftigungsverhältnis** (dauerhaft) gegen Abfindung ausgeschieden sind. Die Interessenlage sei hier nicht anders als bei vorzeitiger Beendigung des Arbeitsverhältnisses zu beurteilen, weil mit der **Abfindung** auch hier Ansprüche auf Arbeitsentgelt abgegolten würden (vgl. Begr. zum Gesetzentwurf der Bundesregierung, BR-Drs. 121/93, S. 245). Damit ist der Beendigung des Arbeitsverhältnisses die (dauerhafte) Beendigung des Beschäftigungsverhältnisses gleichgestellt und auch zugleich klargestellt worden, dass die Zahlung einer Abfindung auch dann zum Ruhen des Arbeitslosengeldes führt, wenn der Arbeitnehmer vorzeitig, dh ohne Einhaltung einer der Kündigungsfrist des Arbeitgebers entsprechenden Frist, aus dem **Beschäftigungsverhältnis** ausgeschieden ist, obwohl das Arbeitsverhältnis fortbesteht. Unter Beendigung des Beschäftigungsverhältnisses ist hier nicht iSd **leistungsrechtlichen Begriffs** von § 138 Abs. 1 Nr. 1 SGB III die faktische Einstellung der Arbeit gemeint (vgl. KR-*Link/Lau* SozR Rdn 186), sondern die Beendigung des versicherungsrechtlichen Beschäftigungsverhältnisses, die im Regelfall mit der des Arbeitsverhältnisses übereinstimmt (zu dieser Unterscheidung und zur funktionsdifferenten Auslegung des Begriffs **Beschäftigungsverhältnis** vgl. *BSG* 26.11.1985 BSGE 59, 183, 185 f.; vgl. KR-*Link/Lau* SozR Rdn 186 mwN, Rdn 193 f.). Ausnahmsweise kann es trotz Fortbestehens des Arbeitsverhältnisses als beendet angesehen werden, wenn zwischen Arbeitnehmer und Betrieb keinerlei Bindungen mehr bestehen und insbes. Leistungsansprüche, die üblicherweise Beschäftigten zugutekommen, nicht mehr aufrechterhalten werden. In solchen Fällen kann die Gewährung einer Abfindung ein Indiz dafür sein, dass das Beschäftigungsverhältnis auf Dauer beendet werden soll, obwohl das Arbeitsverhältnis (aus formalen Gründen) aufrecht erhalten bleibt. Hinsichtlich der Beendigung des Beschäftigungsverhältnisses kommt es nicht auf den **Inhalt der Erklärungen** von Arbeitnehmer und Arbeitgeber an, sondern auf die tatsächlichen Verhältnisse (vgl. KR-*Link/Lau* SozR Rdn 186). 89

D. Gleichwohlgewährung nach § 158 Abs. 4 SGB III

Zu Bedeutung, Zweck und Wirkung der Gleichwohlgewährung und zum Erstattungsanspruch gegen den Arbeitslosen wird auf KR-*Link/Lau* § 157 SGB III Rdn 43 ff. verwiesen. 90

§ 159 SGB III Ruhen des Anspruchs bei Sperrzeit

(1) ¹Hat die Arbeitnehmerin oder der Arbeitnehmer sich versicherungswidrig verhalten, ohne dafür einen wichtigen Grund zu haben, ruht der Anspruch für die Dauer einer Sperrzeit. ²Versicherungswidriges Verhalten liegt vor, wenn
1. die oder der Arbeitslose das Beschäftigungsverhältnis gelöst oder durch ein arbeitsvertragswidriges Verhalten Anlass für die Lösung des Beschäftigungsverhältnisses gegeben und dadurch vorsätzlich oder grob fahrlässig die Arbeitslosigkeit herbeigeführt hat (Sperrzeit bei Arbeitsaufgabe),
2. die bei der Agentur für Arbeit als arbeitsuchend gemeldete (§ 38 Absatz 1) oder die arbeitslose Person trotz Belehrung über die Rechtsfolgen eine von der Agentur für Arbeit unter Benennung des Arbeitgebers und der Art der Tätigkeit angebotene Beschäftigung nicht annimmt oder nicht antritt oder die Anbahnung eines solchen Beschäftigungsverhältnisses, insbesondere das Zustandekommen eines Vorstellungsgespräches, durch sein Verhalten verhindert (Sperrzeit bei Arbeitsablehnung),
3. die oder der Arbeitslose trotz Belehrung über die Rechtsfolgen die von der Agentur für Arbeit geforderten Eigenbemühungen nicht nachweist (Sperrzeit bei unzureichenden Eigenbemühungen),
4. die oder der Arbeitslose sich weigert, trotz Belehrung über die Rechtsfolgen an einer Maßnahme zur Aktivierung und beruflichen Eingliederung (§ 45) oder einer Maßnahme zur beruflichen Ausbildung oder Weiterbildung oder einer Maßnahme zur Teilhabe am Arbeitsleben teilzunehmen (Sperrzeit bei Ablehnung einer beruflichen Eingliederungsmaßnahme),
5. die oder der Arbeitslose die Teilnahme an einer in Nummer 4 genannten Maßnahme abbricht oder durch maßnahmewidriges Verhalten Anlass für den Ausschluss aus einer dieser Maßnahmen gibt (Sperrzeit bei Abbruch einer beruflichen Eingliederungsmaßnahme),
6. die oder der Arbeitslose sich nach einer Aufforderung der Agentur für Arbeit weigert, trotz Belehrung über die Rechtsfolgen an einem Integrationskurs nach § 43 des Aufenthaltsgesetzes oder an einem Kurs der berufsbezogenen Deutschsprachförderung nach § 45a des Aufenthaltsgesetzes teilzunehmen, der jeweils für die dauerhafte berufliche Eingliederung notwendig ist (Sperrzeit bei Ablehnung eines Integrationskurses oder einer berufsbezogenen Deutschsprachförderung),
7. die oder der Arbeitslose die Teilnahme an einem in Nummer 6 genannten Kurs abbricht oder durch maßnahmewidriges Verhalten Anlass für den Ausschluss aus einem dieser Kurse gibt (Sperrzeit bei Abbruch eines Integrationskurses oder einer berufsbezogenen Deutschsprachförderung),
8. die oder der Arbeitslose einer Aufforderung der Agentur für Arbeit, sich zu melden oder zu einem ärztlichen oder psychologischen Untersuchungstermin zu erscheinen (§ 309), trotz Belehrung über die Rechtsfolgen nicht nachkommt oder nicht nachgekommen ist (Sperrzeit bei Meldeversäumnis),
9. die oder der Arbeitslose der Meldepflicht nach § 38 Absatz 1 nicht nachgekommen ist (Sperrzeit bei verspäteter Arbeitsuchendmeldung).

³Die Person, die sich versicherungswidrig verhalten hat, hat die für die Beurteilung eines wichtigen Grundes maßgebenden Tatsachen darzulegen und nachzuweisen, wenn diese in seiner Sphäre oder in seinem Verantwortungsbereich liegen.

(2) ¹Die Sperrzeit beginnt mit dem Tag nach dem Ereignis, das die Sperrzeit begründet, oder, wenn dieser Tag in eine Sperrzeit fällt, mit dem Ende dieser Sperrzeit. ²Werden mehrere Sperrzeiten durch dasselbe Ereignis begründet, folgen sie in der Reihenfolge des Absatzes 1 Satz 2 Nummer 1 bis 9 einander nach.

(3) ¹Die Dauer der Sperrzeit bei Arbeitsaufgabe beträgt zwölf Wochen. ²Sie verkürzt sich
1. auf drei Wochen, wenn das Arbeitsverhältnis innerhalb von sechs Wochen nach dem Ereignis, das die Sperrzeit begründet, ohne eine Sperrzeit geendet hätte,

2. auf sechs Wochen, wenn
   a) das Arbeitsverhältnis innerhalb von zwölf Wochen nach dem Ereignis, das die Sperrzeit begründet, ohne eine Sperrzeit geendet hätte oder
   b) eine Sperrzeit von zwölf Wochen für den Arbeitslosen nach den für den Eintritt der Sperrzeit maßgebenden Tatsachen eine besondere Härte bedeuten würde.

(4) ¹Die Dauer der Sperrzeit bei Arbeitsablehnung, bei Ablehnung einer beruflichen Eingliederungsmaßnahme, bei Abbruch einer beruflichen Eingliederungsmaßnahme, bei Ablehnung eines Integrationskurses oder einer berufsbezogenen Deutschsprachförderung oder bei Abbruch eines Integrationskurses oder einer berufsbezogenen Deutschsprachförderung beträgt
1. im Falle des erstmaligen versicherungswidrigen Verhaltens dieser Art drei Wochen,
2. im Falle des zweiten versicherungswidrigen Verhaltens dieser Art sechs Wochen,
3. in den übrigen Fällen zwölf Wochen.

²Im Falle der Arbeitsablehnung oder der Ablehnung einer beruflichen Eingliederungsmaßnahme nach der Meldung zur frühzeitigen Arbeitsuche (§ 38 Absatz 1) im Zusammenhang mit der Entstehung des Anspruchs gilt Satz 1 entsprechend.

(5) Die Dauer einer Sperrzeit bei unzureichenden Eigenbemühungen beträgt zwei Wochen.

(6) Die Dauer einer Sperrzeit bei Meldeversäumnis oder bei verspäteter Arbeitsuchendmeldung beträgt eine Woche.

Übersicht

		Rdn			Rdn
A.	**Allgemeines**	1	III.	Vorsätzliche oder grob fahrlässige Herbeiführung der Arbeitslosigkeit	88
I.	Rechtsentwicklung	1			
II.	Begriff und Wirkung der Sperrzeit	16	**D.**	**Wichtiger Grund**	93
III.	Zweck der Sperrzeit	17	I.	Begriff, Bedeutung	93
IV.	Anwendbares Recht	19	II.	Gründe aus dem Arbeitsverhältnis	97
B.	**Kündigungsrelevante Sperrzeittatbestände**	20	III.	Drohende Arbeitgeberkündigung	104
I.	Sperrzeit bei Arbeitsaufgabe, Unterfälle	21	IV.	Sonstige berufliche und betriebliche Gründe	111
	1. Einseitige Lösung	22	V.	Personalabbau	113
	a) des Beschäftigungsverhältnisses durch den Arbeitslosen	22	VI.	Gründe des persönlichen Lebensbereichs	118
	b) des Arbeitsverhältnisses	25	VII.	Beabsichtigter Stellenwechsel – Obliegenheit zur Vermeidung von Arbeitslosigkeit	119
	c) Sperrzeit und § 2 SGB III	29	VIII.	Wechsel in eine unbefristete oder befristete Beschäftigung	120
	2. Einvernehmliche Lösung	30	IX.	Beweis- und Feststellungslast	123
	a) Allgemeines	30	X.	Wichtiger Grund und Härtefall	124
	b) Hinnehmen der Kündigung	34	**E.**	**Beginn der Sperrzeit, kalendermäßiger Ablauf**	125
	c) Aktive Beteiligung des Arbeitnehmers an der Kündigung des Arbeitgebers, Fallgruppen	39	I.	Beginn	125
	d) Abwicklungsvertrag, Rechtsprechung des BSG	43	II.	Kalendermäßiger Ablauf	126
	e) Lösung des Arbeitsverhältnisses nach § 1a KSchG	49	**F.**	**Dauer der Sperrzeit, Härteregelungen**	132
	f) Auflösungsvergleich im Kündigungsschutzprozess	56	I.	Regeldauer	133
	g) Sperrzeit und Freistellung des Arbeitnehmers	63	II.	Verkürzung bei Verursachung geringfügiger Arbeitslosigkeit	134
II.	Vertragswidriges Verhalten des Arbeitnehmers	71	III.	Verkürzung bei besonderer Härte	137
C.	**Kausalität, Verschulden**	78	**G.**	**Rechtsfolgen der Sperrzeit**	138
I.	Allgemeines	78	I.	Allgemeines	138
II.	Verursachung geringfügiger Arbeitslosigkeit	87	II.	Ruhen des Anspruchs	139
			III.	Minderung der Anspruchsdauer	140
			IV.	Wegfall der Anspruchsminderung	142
			V.	Erlöschen des Anspruchs, § 161 SGB III	143

§ 159 SGB III Ruhen des Anspruchs bei Sperrzeit

		Rdn			Rdn
H.	Sperrzeit und Kündigungsschutzprozess	144	3.	Entstehen der Meldepflicht	159
I.	Bindung der Sozialgerichte an arbeitsgerichtliche Entscheidungen	146	4.	Kenntnis vom Beendigungszeitpunkt	165
J.	Sperrzeit bei verspäteter Arbeitsuchendmeldung	147	5.	Verspätete Meldung, Verschulden	167
I.	Allgemeines	147	6.	Art der Meldung, Abgrenzung von der Arbeitslosmeldung	175
	1. Regelungszweck	149	III.	Folgen der verspäteten Meldung, Sperrzeit	180
	2. Korrespondierende Regelungen, § 2 SGB III	150	K.	Sperrzeit wegen Arbeitsablehnung eines Arbeitsuchenden, § 159 Abs. 1 S. 2 Nr. 2 SGB III	182
II.	Frühzeitige Meldepflicht nach § 38 Abs. 1 SGB III	151	L.	Sperrzeit bei unzureichenden Eigenbemühungen, § 159 Abs. 1 S. 2 Nr. 3 SGB III	183
	1. Meldepflichtiger Personenkreis, Ausnahmen	151			
	2. Einschränkende Anwendung des § 38 Abs. 1 SGB III	156			

§ 159 SGB III in der durch das Gesetz zur Verbesserung der Eingliederungschancen am Arbeitsmarkt v. 20.12.2011 (BGBl. I S. 2854) geltenden Fassung entspricht im Wesentlichen – bis auf die Streichung von Abs. 1 S. 3, die sprachliche Überarbeitung (insbes. im Hinblick auf die Gleichbehandlung von Frauen und Männern) und die Einfügung der neuen Nrn. 6 und 7 in Abs. 1 S. 2 mit entsprechenden Folgeänderungen in Abs. 2 und 4 – der bis zum 31.3.2012 geltenden Fassung des § 144 SGB III aF Zum 1.1.2013 wurde durch Art. 4 Nr. 8 des Gesetzes v. 5.12.2012, BGBl. I S. 2467, lediglich in Abs. 1 S. 2 Nr. 1 ein redaktionelles Versehen beseitigt.

A. Allgemeines

I. Rechtsentwicklung

1 Die unter der Geltung des AFG maßgebende Regelung über die Sperrzeit (§§ 119, 119a AFG), die in ihren Grundstrukturen bereits seit 1927 im Gesetz angelegt war, ist im Wesentlichen durch das AFRG übernommen und am 1.1.1998 als § 144 SGB III (seit 1.4.2012 § 159 SGB III, s. Rdn 11) in Kraft getreten. Hinsichtlich der Tatbestände, bei deren Eintritt der Anspruch auf Arbeitslosengeld wegen einer Sperrzeit ruht, entspricht die Regelung im Grundsatz dem früheren § 119 AFG, ist aber inzwischen mehrfach geändert und erweitert worden (s. Rdn 2 bis Rdn 13). Neu war u.a., dass die Regelsperrzeit – ohne die noch in § 119a enthaltene zeitliche Begrenzung der Geltungsdauer der Norm – einheitlich auf zwölf Wochen festgesetzt wurde. Dementsprechend ist auch die verkürzte Sperrzeit des Abs. 3 von zwei auf drei Wochen angehoben worden (vgl. dazu näher Rdn 137 f.). Geändert bzw. modifiziert wurde auch das früher in § 119 Abs. 3 AFG geregelte Erlöschen des Anspruchs bei einer weiteren Sperrzeit in § 147 Abs. 1 Nr. 2 SGB III aF, wonach es ausreichte, wenn nach der Entstehung des Anspruchs Sperrzeiten von insgesamt 24 Wochen eingetreten sind. Mit Wirkung zum 1.8.2019 wurden durch das Ausländerbeschäftigungsförderungsgesetz in Abs. 1 S. 2 zwei weitere Sperrzeittatbestände (neue Nrn. 6 und 7) eingefügt (vgl. Rdn 13).

2 Durch das **Job-AQTIV-Gesetz** v. 14.12.2001 (BGBl. I S. 3443) ist § 144 Abs. 1 SGB III aF erweitert worden um die Einbeziehung der Verhinderung der Anbahnung eines Beschäftigungsverhältnisses in Nr. 2 und der Maßnahmen der Eignungsfeststellung in Nr. 3.

3 Durch das **Erste Gesetz für moderne Dienstleistungen am Arbeitsmarkt** v. 23.12.2002 (BGBl. I S. 4607) ist die Norm mit Wirkung ab 1.1.2003 erneut geändert und insbes. um Abs. 1 S. 2 erweitert worden, wonach der Arbeitnehmer die für den wichtigen Grund maßgebenden Tatsachen darzulegen und nachzuweisen hat, wenn diese in seiner Sphäre oder seinem Verantwortungsbereich

liegen (vgl. Rdn 123). Auch die frühere »Härteregelung« in Abs. 3 ist geändert worden: Abs. 3 betrifft seitdem nur noch die **Sperrzeit wegen Arbeitsaufgabe**, die im Regelfall zwölf Wochen umfasst, und ordnet die Verkürzung der Sperrzeit bei Verursachung von Arbeitslosigkeit von geringerer Dauer bzw. bei besonderer Härte neu (s. Rdn 137 f.). Für die übrigen Sperrzeitfälle, insbes. bei Arbeitsablehnung, gilt an Stelle des früheren Abs. 3 der neu angefügte Abs. 4, wonach die Dauer der Sperrzeit differenziert gestaffelt auf drei, sechs oder zwölf Wochen festgesetzt ist. Eine allg. Härteregelung gibt es nur noch bei Sperrzeiten wegen Arbeitsaufgabe (s. Rdn 132 f., 137).

Durch das **Dritte Gesetz für moderne Dienstleistungen am Arbeitsmarkt** v. 23.12.2003 (BGBl. I S. 2848) ist § 144 SGB III aF mit Wirkung ab 1.1.2005 erneut geändert und dabei die Vorschriften zur Risikobegrenzung der Arbeitslosenversicherung mit strukturell einheitlicher Rechtsfolge – der Sperrzeit – **in einer Norm** zusammengefasst worden. Neu ist zunächst der **Obersatz** in Abs. 1 S. 1, wonach die folgenden Sperrzeittatbestände übergreifend als »versicherungswidriges Verhalten« qualifiziert werden. Damit wird der Charakter der Verhaltensanforderungen als **versicherungsrechtliche Obliegenheiten** (s. Rdn 20) betont. Die Menge der mit Sanktionen belegten versicherungswidrigen Verhaltensweisen ist deutlich erhöht worden. Neben die bisherigen Sperrzeiten trat die neue Sperrzeit bei **unzureichenden Eigenbemühungen** und die Sperrzeit bei **Versäumung eines Meldetermins**. Die Sperrzeit bei **Arbeitsablehnung** schließt seitdem auch Sachverhalte ein, in denen ein arbeitsuchend gemeldeter Arbeitnehmer (§ 37b SGB III aF, § 38 SGB III nF) ein Arbeitsangebot für einen Zeitpunkt nach Eintritt der Arbeitslosigkeit ablehnt (vgl. Rdn 182). Hinsichtlich der Sperrzeit wegen Arbeitsaufgabe hat sich gegenüber dem bisherigen Recht nichts Wesentliches geändert. 4

Durch **Gesetz vom 30.7.2004** (BGBl. I S. 2014) wurde ab 1.1.2005 in § 144 Abs. 1 SGB III aF ein neuer Satz 3 eingefügt, wonach Beschäftigungen iSd Satzes 2 Nrn. 1 und 2 auch **Arbeitsbeschaffungsmaßnahmen** (§ 27 Abs. 3 Nr. 5 SGB III aF) sind (zum Wegfall der Arbeitsbeschaffungsmaßnahmen [§§ 260 bis 271 SGB III aF] ab dem 1.4.2012 und zum Übergangsrecht vgl. § 443 Abs. 2 SGB III in der ab 1.4.2012 geltenden Fassung des Gesetzes zur Verbesserung der Eingliederungschancen am Arbeitsmarkt v. 20.12.2011 BGBl. I S. 2854, und BT-Drucks. 17/6277 S. 109). 5

Durch **Gesetz vom 19.11.2004** (BGBl. I, S. 2902) wurde ab 1.1.2005 in Abs. 4 ein neuer Satz 2 eingefügt, der die **Ablehnung einer Arbeit oder einer beruflichen Eingliederungsmaßnahme** in der Zeit nach der frühzeitigen Meldung zur Arbeitsuche (§ 37b aF, § 38 nF) und vor der Entstehung des Anspruchs betrifft (vgl. Rdn 182). 6

Neu eingefügt wurde **ab 31.12.2005** in Abs. 1 S. 2 als Nr. 7 (nunmehr Nr. 9) die **Sperrzeit wegen verspäteter Arbeitsuchendmeldung**, die an die Stelle der bisherigen Minderung des Arbeitslosengeldes wegen verspäteter Meldung nach § 140 SGB III aF getreten ist (vgl. die Kommentierung ab Rdn 147). Die Regelung über die frühzeitige Arbeitsuche in § 37b SGB III aF ist ebenfalls erheblich geändert worden. Beide Neuregelungen sind am 31.12.2005 in Kraft getreten (Art. 6 Abs. 1 des Fünften SGB III-ÄndG v. 22.12.2005 BGBl. I S. 3676). 7

Durch **Gesetz zur Verbesserung der Beschäftigungschancen älterer Menschen vom 19.4.2007** (BGBl. I S. 538) ist in § 37b SGB III aF ein neuer S. 3 eingefügt worden, wonach zur Wahrung der Meldefrist zunächst eine **telefonische Meldung** ausreicht, wenn die persönliche Meldung nach terminlicher Vereinbarung nachgeholt wird (vgl Rdn 148, 175). 8

Durch **Gesetz zur Neuausrichtung der arbeitsmarktpolitischen Instrumente** vom 21.12.2008 (BGBl. I S. 2917) ist § 37b SGB III aF aufgehoben und mit Wirkung ab 1.1.2009 durch § 38 Abs. 1 SGB III ersetzt worden. Die Vorschriften sind im Wesentlichen gleichlautend; Satz 3 sieht seitdem zur Fristwahrung keine telefonische Meldung mehr vor; es reicht vielmehr eine »Anzeige« unter Angabe der persönlichen Daten und des Beendigungszeitpunkts aus, wenn die persönliche Meldung nachgeholt wird (zur Übergangsregelung s. § 434s Abs. 4 SGB III aF, ab 1.4.2012 ersetzt durch § 440 SGB III, vgl. Art. 2 Nr. 107 des Gesetzes zur Verbesserung der Eingliederungschancen am Arbeitsmarkt v. 20.12.2011, BGBl. I S. 2854). Mit einer weiteren Änderung von § 38 Abs. 1 durch Art. 2 des **Gesetzes zur Förderung der beruflichen Weiterbildung im Strukturwandel und** 9 zur **Weiterentwicklung der Ausbildungsförderung** vom 20.5.2020 (BGBl. I S. 1044) ist die frühzeitige Arbeitsuchendmeldung (ab dem 1.1.2022) nicht mehr an eine Form gebunden, sondern kann wie bisher persönlich oder auf andere Weise, zB elektronisch, schriftlich oder telefonisch (vgl. BT-Drucks. 19/17740 S. 46), erfolgen.

10 Durch Art. 1 des **Gesetzes für bessere Beschäftigungschancen am Arbeitsmarkt** v. 24.20.2010 (BGBl. I S. 1417) wurde mit Wirkung ab 1.1.2011 lediglich **Abs. 1 S. 2 Nr. 2** redaktionell korrigiert (»arbeitsuchend« statt »arbeitssuchend«).

11 Durch die komplette **Neustrukturierung des Dritten bis Fünften Kapitels** durch Art. 2 Nr. 18 des **Gesetzes zur Verbesserung der Eingliederungschancen am Arbeitsmarkt** v. 20.12.2011 (BGBl. I S. 2854) wurde mit Wirkung zum 1.4.2012 § 144 SGB III durch § 159 SGB III ersetzt. Der Schwerpunkt des genannten Gesetzes bildet die Reform der Arbeitsmarktinstrumente, nachdem der Gesetzgeber weiteren Optimierungsbedarf im Hinblick auf die Rechtsgrundlagen der aktiven Arbeitsmarktpolitik gesehen hat (krit. zur Reform *Jakob/Kolf* SozSich 2011, 186). Gesetzgeberisches Ziel war es, die Effizienz der arbeitsmarktpolitischen Instrumente durch mehr Leistungsfähigkeit und Wirtschaftlichkeit zu erhöhen, um mehr Menschen in den ersten Arbeitsmarkt eingliedern zu können (BT-Drucks. 17/6277 S. 1 ff.; s. hierzu auch KR-*Link/Lau* SozR Rdn 110). In diesem Zusammenhang wurde das Sechste Kapitel (»Förderung der Berufsausbildung«) **aufgehoben** und damit auch die aus Sicht des Gesetzgebers wenig effizienten **Arbeitsbeschaffungsmaßnahmen** (§§ 260 ff. SGB III in der bis zum 31.3.2012 geltenden Fassung; vgl. Art. 2 Nr. 19 des genannten Gesetzes und BT-Drucks. 17/6277 S. 109). Aus diesem Grund ist auch **Abs. 1 S. 3** (Gleichstellung von Arbeitsbeschaffungsmaßnahmen als Beschäftigungen iSv Abs. 2 S. 2 Nr. 1 und 2) mit Wirkung zum 1.4.2012 entfallen. § 443 Abs. 2 SGB III in der ab 1.4.2012 geltenden Fassung regelt als **Übergangsnorm**, dass Beschäftigungen iSd Abs. 1 S. 2 Nr. 1 und 2 auch Arbeitsbeschaffungsmaßnahmen sind, wenn und solange diese Arbeitsbeschaffungsmaßnahmen nach dem bis zum 31.3.2012 geltenden Recht gefördert werden. Da die »Maßnahmen zur Aktivierung und beruflichen Eingliederung« nicht mehr in § 46 SGB III aF, sondern ab 1.4.2012 in § 45 SGB III geregelt sind, wurde **Abs. 1 S. 2 Nr. 4** an diese Änderung entsprechend angepasst. Darüber hinaus wurde die gesamte Norm sprachlich iSd sog. Gendering (Gleichbehandlung von Männern und Frauen) überarbeitet.

12 Zum 1.1.2013 wurde durch Art. 4 Nr. 8 des **Gesetzes zur Neuordnung der Altersversorgung der Bezirksschornsteinfegermeister und zur Änderung anderer Gesetze** v. 5.12.2012 (BGBl. I S. 2467) lediglich in Abs. 1 S. 2 Nr. 1 ein redaktionelles Versehen beseitigt (nach dem Wort »gegeben« wurde das Wort »oder« durch das Wort »und« ersetzt).

13 Zum 1.8.2019 wurden durch Art. 1 Nr. 23 des **Gesetzes zur Förderung der Ausbildung und Beschäftigung von Ausländerinnen und Ausländern – Ausländerbeschäftigungsförderungsgesetz –** v. 8.7.2019 (BGBl. I S. 1029) in Abs. 1 S. 2 Nrn. 6 und 7 zwei neue Sperrzeittatbestände (bei Ablehnung bzw. bei Abbruch eines Integrationskurses oder einer berufsbezogenen Deutschsprachförderung) eingefügt. Abs. 2 S. 2 und Abs. 4 S. 1 enthalten Folgeänderungen.

14 **Arbeitslosengeld II, anzuwendendes Recht:**

Die Sperrzeitregelung gilt unmittelbar nur für das Arbeitslosengeld (und die frühere Arbeitslosenhilfe), nicht aber für das Arbeitslosengeld II, das ab 1.1.2005 an die Stelle der Arbeitslosenhilfe getreten und im SGB II geregelt ist (vgl. KR-*Link/Lau* SozR Rdn 139 ff.). Eine **unmittelbare Anwendung** des § 159 SGB III ist dort nicht vorgesehen. Vielmehr ist im SGB II an die Stelle der Sperrzeit eine differenzierende Regelung über **Absenkung und Wegfall** des Arbeitslosengeldes II bei Pflichtverletzungen (§ 31 bis § 31b SGB II in der ab 1.4.2011 geltenden Fassung des Gesetzes v. 24.3.2011, BGBl. I S. 453; zur Übergangsregelung s. § 77 Abs. 12 SGB II) und des – bis 31.12.2010 gewährten – Zuschlags nach § 24 SGB II aF (zum Wegfall des Zuschlags ab dem 1.1.2011 s. KR-*Link/Lau* SozR Rdn 146) getreten. § 31a SGB II (in der seit 1.4.2011 geltenden Fassung des genannten Gesetzes) sieht in der Folge in seinen Abs. 1 bis 4 unterschiedliche prozentuale Absenkungen des Arbeitslosengeldes II (um 30 %, 60 %, 100 %) bei unterschiedlichen Pflichtverletzungen vor, die im Wesentlichen die künftige Eingliederung bzw. Aufnahme einer

Arbeit oder Ausbildung betreffen. Eine Minderung um 10 % tritt nach § 32 Abs. 1 SGB II ein, wenn ein Meldeversäumnis vorliegt, wobei nach Abs. 2 dieser Regelung die Minderung ggf. zu einer Minderung nach § 31a SGB II hinzutritt. Allerdings hat das *BVerfG* durch Urteil vom 5.11.2019 (1 BvL 7/16) die Regelungen in § 31a Abs. 1 S. 1 bis 3 und § 31b Abs. 1 S. 3 SGB II für die Fälle des § 31 Abs. 1 SGB II für verfassungswidrig erklärt, soweit die Höhe der Leistungsminderung bei einer erneuten Verletzung einer Pflicht nach § 31 Abs. 1 SGB II die Höhe von 30 % des maßgebenden Regelbedarfs übersteigt, soweit eine Sanktion nach § 31a Abs. 1 S. 1 bis 3 SGB II zwingend zu verhängen ist, auch wenn außergewöhnliche Härten vorliegen, und soweit § 31b Abs. 1 S. 3 SGB II für alle Leistungsminderungen ungeachtet der Erfüllung einer Mitwirkungspflicht oder der Bereitschaft dazu eine starre Dauer von drei Monaten vorgibt. Bis zum Inkrafttreten einer entsprechenden Neuregelung durch den Gesetzgeber sind die genannten Regelungen in Fällen des § 31 Abs. 1 SGB II nur in der Fassung der vom *BVerfG* formulierten Übergangsregelungen anwendbar, denen nach § 31 Abs. 2 BVerfGG Gesetzeskraft zukommt (BGBl. I S. 2046).

Die Regelung in § 31 SGB II erfasst auch die Fälle, in denen ein **Arbeitslosengeldbezieher in Folge der Sperrzeit bedürftig wird.** Er kann während der Sperrzeit bei Bedürftigkeit (nur) abgesenktes Arbeitslosengeld II nach **§ 31 Abs. 2 Nr. 3 und 4 SGB II** erhalten, wenn sein Anspruch auf Arbeitslosengeld ruht oder erloschen ist, weil die AfA den Eintritt einer Sperrzeit oder das Erlöschen des Anspruchs nach dem SGB III festgestellt hat (Nr. 3), oder wenn er die im SGB III genannten Voraussetzungen für den Eintritt einer Sperrzeit erfüllt, die das Ruhen oder Erlöschen eines Anspruchs auf Arbeitslosengeld begründet (Nr. 4). Im letztgenannten Fall hat der zuständige Träger des Arbeitslosengeldes II selbst zu entscheiden, ob die Sperrzeit- bzw. die Erlöschensvoraussetzungen erfüllt sind (vgl. hierzu *LSG Bay.* 18.6.2014 – L 16 AS 297/13, NZS 2014, 794), während sich die Rechtsfolgen für das Arbeitslosengeld II aus § 31a SGB II ergeben. Die Heranziehung des § 31 Abs. 2 Nr. 4 SGB II setzt allerdings iSv **einschränkenden Anwendungsvoraussetzungen** voraus, dass das von dem Leistungsberechtigten abverlangte Verhalten nicht bereits von § 31 Abs. 1 SGB II erfasst ist und das sperrzeitrelevante Ereignis zu einem Zeitpunkt eintritt, in dem eine Beziehung des Leistungsberechtigten zum Rechtskreis des SGB III vorliegt (*BSG* 17.12.2009 BSGE 105, 194 = SozR 4–4200 § 31 Nr. 2 Rn 24, m. krit. Anm. – im Hinblick auf die Bestimmtheitsanforderungen nach § 33 SGB X – *Koppenfels-Spies* SGb 2010, 666; *LSG Bay.* 18.6.2014 – L 16 AS 297/13, NZS 2014, 794). Diese Voraussetzungen sind nach der Rechtsprechung des *BSG* auch in Fallkonstellationen erfüllt ist, bei denen Leistungen nach dem SGB II bezogen werden und währenddessen eine Beschäftigung aufgegeben wird (*BSG* 22.3.2010 SozR 4–4200 § 31 Nr. 4). Absenkung und Wegfall des Arbeitslosengeldes II treten mit Wirkung des Kalendermonats ein, der auf das Wirksamwerden des absenkenden Verwaltungsaktes folgt, in den Fällen des § 31 Abs. 2 Nr. 3 SGB II mit dem Beginn der Sperrzeit oder dem Erlöschen des Anspruchs nach dem SGB III (§ 31b Abs. 1 SGB III). Zu beachten ist, dass § 31b Abs. 1 S. 3 SGB II in den Fällen des § 31 Abs. 1 SGB II mit **folgender Maßgabe** anzuwenden ist: Wird die Mitwirkungspflicht erfüllt oder erklären sich Leistungsberechtigte nachträglich ernsthaft und nachhaltig bereit, ihren Pflichten nachzukommen, kann die zuständige Behörde unter Berücksichtigung aller Umstände des Einzelfalls ab diesem Zeitpunkt die Leistung wieder in vollem Umfang erbringen. Die Minderung darf ab diesem Zeitpunkt nicht länger als einen Monat andauern (*BVerfG* 5.11.2019 – 1 BvL 7/16, WKRS 2019, 39288). Zu beachten ist weiter, dass der **Minderungszeitraum** bei einer Pflichtverletzung nach § 31 SGB II für Hilfeempfänger, die das 25. Lebensjahr vollendet haben, drei Monate beträgt, auch wenn die nach Maßgabe des SGB III festgestellte Sperrzeit auf sechs Wochen verkürzt wurde (*LSG Nds.-Brem.* 3.4.2017 – L 11 AS 19/17, das zutreffend darauf hinweist, dass in einem solchen Fall der Wortlaut des § 31b Abs. 1 S. 3 SGB II nach keiner juristischen Auslegungsmethode zulässt, abweichende Sanktionszeiträume festzusetzen; *LSG SA* 23.6.2016 – L 5 AS 838/15). Hierin liegt – wegen der systematischen Unterschiede zwischen beitragsfinanzierten Arbeitsförderungsleistungen und beitragsunabhängigen existenzsichernden Leistungen – auch kein Verstoß gegen Art. 3 Abs. 1 GG (vgl. *LSG Bln.-Bra.* 11.03.2020 – L 5 AS 623/18 WA, WKRS 2020, 30674; *Schlegel/Voelzke-Weber,* jurisPK-SGB II, § 31 Stand 23.2.2021, Rn 168). Der Sperrzeitbescheid der AfA hat bei der Anwendung des § 31 Abs. 2 Nr. 3 SGB II Tatbestandswirkung.

II. Begriff und Wirkung der Sperrzeit

16 Die **Sperrzeit** ist eine besondere Einrichtung des Arbeitsförderungsrechts, die in anderen Bereichen des Sozialrechts keine Parallele hat. Sie wird durch bestimmte, in § 159 SGB III genannte Tatbestände ausgelöst und läuft unabhängig davon ab, ob und wann ein Leistungsanspruch entsteht bzw. der Arbeitslose seinen Anspruch geltend macht. Sie läuft mit dem Eintritt des Sperrzeitereignisses **kalendermäßig** ab. Die frühere Kopplung an den Leistungsanspruch ist bewusst aufgegeben worden (s. Rdn 126). Bedeutsamste Wirkung der Sperrzeit ist das **Ruhen** des Leistungsanspruchs, soweit er auf Tage der Sperrzeit entfällt (s. Rdn 139 und KR-*Link/Lau* SozR Rdn 154). Weitere Wirkungen sind die Minderung der Anspruchsdauer (s. Rdn 140) und das Erlöschen des gesamten Anspruchs, wenn der Arbeitslose Anlass für den Eintritt von Sperrzeiten von insgesamt mindestens 21 Wochen gegeben hat (s. Rdn 143). Weitere Folgen der Sperrzeit waren bis zum 31.7.2017 der Wegfall des Kranken- und Pflegeversicherungsschutzes während des ersten Monats der Sperrzeit (seit dem 1.8.2017 gilt, dass der Arbeitslose bereits im ersten Monat einer Sperrzeit kranken- und pflegeversichert ist; vgl. hierzu KR-*Link/Lau* SozR Rdn 157); ferner sind bestimmte Folgen für die Rentenversicherung, wonach beim Wegfall der Leistungspflicht der Arbeitsverwaltung infolge Sperrzeit keine Beitragszeiten erworben werden, zu beachten (vgl. KR-*Link/Lau* SozR Rdn 158, 57 f.).

III. Zweck der Sperrzeit

17 Die Sperrzeit hat weder einen erzieherischen Zweck, noch ist sie als Strafe für den Arbeitslosen anzusehen (vgl. Begr. der BReg. zum Entwurf des AFG, BT-Drucks. V/2291, S. 83); vielmehr beruht die Sperrzeit auf der Erwägung, dass die Versichertengemeinschaft gegen **Risikofälle geschützt** werden muss, deren Eintritt der Betroffene selbst zu vertreten hat oder an deren Behebung er unbegründet nicht mithilft (st. Rspr.; *BSG* 12.10.2017 – B 11 AL 17/16 R; 12.9.2017 – B 11 AL 25/16 R, SozR 4–4300 § 159 Nr. 3; 14.9.2010 SozR 4–4300 § 144 Nr. 21 mwN). Die Abwehr solcher Risiken legt letztlich das **versicherte Risiko** fest: Bestimmte Verhaltensweisen werden von vornherein typisierend mit einer Einschränkung der Versicherungsleistung belastet. Es handelt sich also nicht um eine Form von **Schadenersatz** für die unberechtigte Inanspruchnahme der Leistung, denn die Sperrzeit tritt in der jeweils angeordneten Länge auch dann ein, wenn die verursachte Arbeitslosigkeit von kürzerer Dauer war (vgl. *BSG* 5.8.1999 – B 7 AL 4/99 R – und *BSG* SozR 4–4300 § 144 Nr. 7 m. Anm. *Weber* SGb 2004, 642; vgl. auch Rdn 87). Der Eintritt einer Sperrzeit ist also nicht von der Verursachung einer Arbeitslosigkeit von bestimmter Mindestdauer abhängig. Auch der Vergleich mit einer **Vertragsstrafe** trifft nicht zu, weil die Sperrzeit nicht den Zweck hat, den Arbeitslosen zu ordnungsgemäßem Verhalten anzuhalten. Allerdings lässt sich auch bei objektiver Betrachtung der Sperrzeit ein **erzieherischer (Begleit-)Effekt** nicht verneinen. Gleichwohl darf diese – wenn auch gewollte – Nebenfolge bei der Auslegung nicht zum Zweck erklärt und daraus Folgerungen gezogen werden, die dem eigentlichen Zweck widersprechen. Entscheidend bleibt, ob dem Arbeitslosen **objektiv** – unter Beachtung der Umstände des Einzelfalles – **ein anderes Verhalten zugemutet werden konnte** (vgl. *BSG* 12.9.2017 – B 11 Al 25/16 R, SozR 4–4300 § 159 Nr. 3 [zum Fortwirken des wichtigen Grundes bei Änderung der Rechtslage]; zu Zweck und verfassungsrechtlichem Rahmen der Sperrzeit Gagel-*Winkler* SGB III § 159 Rn 35 ff. und *Deiseroth* info also 2008, 195 zur Sperrzeit im Spannungsverhältnis zur Gewissensfreiheit). Dabei wird insbes. hinsichtlich des Vorliegens eines wichtigen Grundes, der die Sperrzeit ausschließt, eine Abwägung zwischen den Interessen des Versicherten und den Interessen der Versichertengemeinschaft für erforderlich gehalten (*BSG* 19.6.1979 SozR 4100 § 119 AFG Nr. 9), wobei uU auch die Zielsetzungen anderer tangierter Gesetze zu beachten sind (zur Berücksichtigung der Zielsetzung des ATG *BSG* 21.7.2009 BSGE 104, 90). Die bereits zu § 119 AFG entwickelten Grundsätze gelten auch für das SGB III.

18 Angesichts der sukzessiven Leistungseinschränkungen durch die sog. Hartz-Gesetze sind **verfassungsrechtliche Bedenken** gegen die Legitimation der **Beitragspflicht** zur Arbeitslosenversicherung erhoben worden (vgl. *Spellbrink* JZ 2004, 538 und BB 2006, 1274). Dies und die Neueinführung des § 1a KSchG müssten bei der Auslegung des wichtigen Grundes Berücksichtigung finden (*Spellbrink* BB 2006, 1274 ff.).

IV. Anwendbares Recht

In seiner Entscheidung vom 2.5.2012 (SozR 4–4300 § 144 Nr. 24) hat das *BSG* klargestellt, dass sich die Beurteilung einer Sperrzeit nach dem Recht richtet, das **im Zeitpunkt des sie begründenden Ereignisses** gegolten hat; unerheblich ist, dass die Verwaltung erst unter Geltung des neuen Rechts entschieden hat oder dass die Sperrzeit zum Teil in diesen Zeitraum fällt. Das Gleiche gilt auch für die Frage, welcher Zeitpunkt für die Beurteilung des **Vorliegens eines wichtigen Grundes** maßgeblich ist (s. hierzu Rdn 72).

B. Kündigungsrelevante Sperrzeittatbestände

Nach § 159 SGB III ruht der Anspruch auf Arbeitslosengeld für die Dauer einer Sperrzeit, wenn sich der Arbeitnehmer ohne wichtigen Grund **versicherungswidrig verhalten hat**. Mit der Qualifizierung als »versicherungswidriges Verhalten« hat der Gesetzgeber alle Sperrzeitfälle als sog. **Obliegenheitsverletzungen** angesehen. Obliegenheiten unterscheiden sich von Rechtspflichten dadurch, dass es sich um nicht durchsetzbare **Nebenpflichten** handelt, deren Nichteinhaltung leistungsrechtliche Nachteile zur Folge hat (näher dazu *Voelzke* NZS 2005, 281 ff.). In Abs. 1 S. 2 Nr. 1 bis 9 sind neun verschiedene Tatbestände versicherungswidrigen Verhaltens aufgeführt, von denen für die hier interessierende Kündigung bzw. den Kündigungsschutzprozess in erster Linie die **Sperrzeit bei Arbeitsaufgabe** (s. Rdn 21 ff.) und die **Sperrzeit bei verspäteter Arbeitsuchendmeldung** (s. Rdn 147 ff.) von Bedeutung sind. Die Kommentierung beschränkt sich im Wesentlichen auf diese Tatbestände, die mit der Kündigung bzw. der Beendigung von Arbeits-/Beschäftigungsverhältnissen in engem Zusammenhang stehen.

I. Sperrzeit bei Arbeitsaufgabe, Unterfälle

§ 159 Abs. 1 S. 2 Nr. 1 SGB III erfasst die Herbeiführung der Arbeitslosigkeit durch:
– einseitige Lösung des Beschäftigungsverhältnisses durch den Arbeitnehmer,
– einvernehmliche Lösung durch Auflösungsvertrag mit dem Arbeitgeber,
– Verlust der Arbeit durch Kündigung des Arbeitgebers wegen vertragswidrigen Verhaltens des Arbeitnehmers.

Unerheblich für die Verwirklichung dieses Sperrzeittatbestandes ist, dass die aufgegebene Beschäftigung in einem Mitgliedstaat der EU ausgeübt wurde. Eine in einem Mitgliedstaat ohne wichtigen Grund erfolgte Eigenkündigung eines dort ausgeübten Beschäftigungsverhältnisses erfüllt mithin den Tatbestand einer Sperrzeit nach deutschen Recht; das Territorialitätsprinzip steht nicht entgegen (*LSG BW* 22.1.2020 – L 3 AL 2225/19, WKRS 2020, 11634, Rn 24).

1. Einseitige Lösung

a) des Beschäftigungsverhältnisses durch den Arbeitslosen

Da der Gesetzgeber seit 1989 bei der Sperrzeit wegen Arbeitsaufgabe ausdrücklich auf die Lösung des **Beschäftigungsverhältnisses**, nicht aber des **Arbeitsverhältnisses** abstellt (vgl. auch KR-*Link/Lau* SozR Rdn 10 ff.), kann der Arbeitnehmer eine Lösung des Beschäftigungsverhältnisses auch herbeiführen, ohne bereits das Arbeitsverhältnis zu lösen, u.a. durch Niederlegung der Arbeit, Fernbleiben von der Arbeit, Verweigerung der Arbeitsleistung. Er ist **faktisch beschäftigungslos** und damit arbeitslos (im leistungsrechtlichen Sinne), wenn er die Arbeit bzw. seine Dienstbereitschaft einstellt und sich der Verfügungsgewalt seines Arbeitgebers entzieht, ohne dass das Arbeitsverhältnis bereits beendet sein muss. Denn im Leistungsrecht der Arbeitslosenversicherung und damit auch im Rahmen des § 159 Abs. 1 S. 2 Nr. 1 SGB III kommt es nicht auf die Lösung des Arbeitsverhältnisses, sondern des Beschäftigungsverhältnisses an (*BSG* 21.7.2009 BSGE 104, 90).

Im Regelfall fallen allerdings die **Beendigung des Beschäftigungs- und des Arbeitsverhältnisses** zeitlich zusammen. Der Arbeitnehmer löst beide, wenn er das Arbeitsverhältnis selbst kündigt oder einen zur Lösung des Arbeitsverhältnisses führenden Vergleich schließt und die Arbeit zu dem in der Kündigung bzw. dem Aufhebungsvertrag festgelegten Termin einstellt (s. Rdn 30 ff.).

24 Der **Widerspruch** gegen den Übergang des Arbeitsverhältnisses durch einen **Betriebsübergang** nach § 613a Abs. 6 BGB stellt für sich genommen keinen Tatbestand für eine Sperrzeit wegen Arbeitsaufgabe dar, weil der Widerspruch nicht das bisherige Beschäftigungs-/Arbeitsverhältnis beendet, sondern dazu dient, es zu erhalten (vgl. *BSG* 8.7.2009 – B 11 AL 17/08 R, WKO 2009, 163713; dies war früher in der Literatur umstritten: zT wurde die Auffassung vertreten, der Widerspruch sei für die nachfolgende Beendigung des Beschäftigungsverhältnisses mitursächlich, weil der widersprechende Arbeitnehmer nicht nur in Fällen des Erlöschens des alten Arbeitgebers, sondern auch bei dessen Fortbestand die anschließende Beendigung des Arbeitsverhältnisses aufgrund des dadurch hervorgerufenen »Personalüberhangs« gleichsam herausfordere, vgl. *Engesser Means/Klebeck* NZA 2008, 143, 145; *C. Meyer* NJW 2002, 1615, 1620 f.; *Commandeur* NJW 1996, 2537, 2544; *Pottmeyer* NZA 1988, 521, 526). Die verfassungsrechtlich geschützte Entscheidungsfreiheit des Arbeitnehmers (vgl. hierzu *BAG* 21.5.1992 BAGE 70, 238) darf sperrzeitrechtlich nicht konterkariert werden. Wird das Beschäftigungsverhältnis im Anschluss daran – zB wegen des eingetretenen **»Personalüberhangs« bei einem Teilbetriebsübergang** – durch Aufhebungsvertrag gelöst, so kann ein wichtiger Grund hierfür bestehen, wenn andernfalls eine objektiv rechtmäßige Kündigung zu erwarten und dem Arbeitnehmer die Hinnahme der Kündigung nicht zumutbar wäre (*BSG* 8.7.2009 BSGE 104, 57). Wenn der alte Arbeitgeber durch **Umwandlung (gesellschaftsrechtliche Gesamtrechtsnachfolge)** erlischt, so steht dem Arbeitnehmer nach der zutreffenden Rechtsprechung des *BAG* (21.2.2008 BAGE 126, 105) zwar nicht das Widerspruchsrecht nach § 613a Abs. 6 BGB zu. Er kann aber das (neue) Arbeitsverhältnis gem. § 626 BGB außerordentlich kündigen; dann liegt zwar eine Lösung des Beschäftigungsverhältnisses iSd § 159 Abs. 1 S. 2 Nr. 1 SGB III vor. Allerdings besteht hierfür (wie im Rahmen des § 626 BGB) ein wichtiger Grund iSv § 159 Abs. 1 S. 1 SGB III, sodass keine Sperrzeit eintritt (ebenso *Fandel/Hausch* BB 2010, 446, 447).

b) des Arbeitsverhältnisses

25 Eine Lösung des Arbeitsverhältnisses durch den Arbeitslosen liegt zunächst vor, wenn er dieses selbst **gekündigt** hat (*BSG* 12.4.1984 SozSich 84, 388), wobei es für die Lösung selbst unerheblich ist, ob die Kündigung fristgemäß oder fristlos erfolgt oder ob sie rechtlich begründet war oder nicht. Unerheblich ist auch, ob die Initiative zur Beendigung des Arbeitsverhältnisses vom Arbeitnehmer selbst oder vom Arbeitgeber ausgegangen ist (u.a. *BSG* 5.8.1999 BSGE 84, 225, 231). Auch kommt es weniger auf den Wortlaut und den Inhalt von Erklärungen an, sondern auf den **wirklichen Willen** (*BSG* 9.11.1995 BSGE 77, 48, 52) und die **faktischen Verhältnisse** (*BSG* 25.4.2002 BSGE 89, 243, 245). **Nicht um eine Lösung** handelt es sich beim Auslaufenlassen eines **befristeten Arbeitsvertrages**, auch wenn der Arbeitnehmer von der Möglichkeit einer Verlängerung keinen Gebrauch macht; denn ein rein **passives Verhalten** des Arbeitnehmers vermag eine Sperrzeit nicht auszulösen (*BSG* 17.10.2007 BSGE 99, 154; zur Hinnahme der Kündigung s. Rdn 34). Eine Lösung bzw. Kündigung durch den Arbeitnehmer liegt auch dann nicht vor, wenn er ein in einer **Änderungskündigung** des Arbeitgebers liegendes Angebot zum Abschluss eines Arbeitsvertrags unter schlechteren Bedingungen ablehnt (s. Rdn 29).

26 **Lösung von Ausbildungsverhältnissen:** Jedenfalls seit Änderung des Begriffs »Arbeitsverhältnis« in »Beschäftigungsverhältnis« kann nicht mehr bezweifelt werden, dass auch die **Auflösung von Ausbildungsverhältnissen** eine Sperrzeit begründen kann (*BSG* 13.3.1990 SozR 3–4100 § 119 Nr. 2; 4.7.1991 DBlR § 119 AFG Nr. 3850a). Das ist **nicht verfassungswidrig**, weil die Sperrzeit nur eintritt, wenn der Auszubildende für sein Verhalten keinen wichtigen Grund hat (s. Rdn 93 ff.). Ein solcher ist bei Auszubildenden immer dann anzunehmen, wenn ihr **Grundrecht auf freie Wahl des Berufs** in seinem Kernbereich berührt wird, also auch dann, wenn der Auszubildende aus beruflichen Gründen beschließt, die **Ausbildung zu wechseln** oder **zu beenden** (vgl. *BSG* 13.3.1990 SozR 3–4100 § 119 Nr. 2 und 4.7.1991 DBlR § 119 AFG Nr. 3850a; vgl. auch *LSG Bay.* 5.6.2014 – L 9 AL 342/11, NZS 2014, 876).

27 **Mangels Identität von Arbeits- und Beschäftigungsverhältnis** tritt eine Sperrzeit auch dann ein, wenn die Kündigung oder der Auflösungsvertrag mangels der erforderlichen Schriftform (§ 623

BGB) nichtig ist; denn die faktische bzw. vertragliche Beendigung des (leistungsrechtlichen) Beschäftigungsverhältnisses bedarf nicht der Schriftform (*Schweiger* NZS 2001, 519, 521, vgl. auch KR-*Spilger* § 623 BGB Rdn 40 f.).

§ 159 Abs. 1 S. 2 Nr. 1 SGB III ist nicht zu entnehmen, ob diese Norm von vornherein nur **versi-** **cherungspflichtige Beschäftigungsverhältnisse** erfasst oder ob eine Sperrzeit wegen Arbeitsaufgabe auch bei nicht versicherungspflichtigen Beschäftigungsverhältnissen eintreten kann, insbes. auch bei Aufgabe einer geringfügigen Beschäftigung (bis 450 € im Monat, § 27 Abs. 2 SGB III iVm § 8 SGB IV; vgl. KR-*Link/Lau* SozR Rdn 117). Die Frage, ob die Norm auf versicherungspflichtige Beschäftigungsverhältnisse teleologisch zu reduzieren ist, ist streitig (bejahend zB Eicher/Schlegel-*Coseriu* SGB III § 159 Rn 110; verneinend Spellbrink/Eicher-*Voelzke* Handbuch des Arbeitsförderungsrechts, § 12 Rn 271). Nach *SG Bln.* 4.8.2017 – S 58 AL 1451/16, info also 2017, 221 löst die Beendigung eines Bundesfreiwilligendienstes keine Sperrzeit aus, auch wenn der Gesetzgeber die Freiwilligendienste versicherungsrechtlich einer versicherungspflichtigen Beschäftigung iSd § 25 Abs. 1 SGB III gleichgestellt hat. Danach kann allein aus der Versicherungspflicht nicht auf die Anwendbarkeit von § 159 Abs. 1 S. 2 Nr. 1 SGB III geschlossen werden (im Falle des Bundesfreiwilligendienstes hat der Gesetzgeber bewusst davon abgesehen, die Helfer im FSJ den Arbeitnehmern und Auszubildenden generell gleichzustellen, vgl. *BSG* 23.2.2017 – B 11 AL 1/16 R, WKRS 2017, 12779, Rn 16). Für den Sperrzeittatbestand kommt es entscheidend darauf an, ob durch die Beendigung des Beschäftigungsverhältnisses **Arbeitslosigkeit** herbeigeführt wird. Das ist zB der Fall, wenn von mehreren geringfügigen Beschäftigungsverhältnissen eines aufgegeben wird, das für sich genommen nicht der Versicherungspflicht unterlegen hätte, oder wenn der Arbeitnehmer mit seinem Arbeitgeber die Herabsetzung der Arbeitszeit auf unter 15 Stunden wöchentlich vereinbart und dadurch arbeitslos wird. In beiden Fällen kann ein Anspruch auf Arbeitslosengeld und damit auch eine Sperrzeit in Betracht kommen (vgl. Spellbrink/Eicher-*Voelzke* Handbuch des Arbeitsförderungsrechts, § 12 Rn 271). 28

c) Sperrzeit und § 2 SGB III

Ob sich aus den in § 2 Abs. 5 SGB III geregelten Verpflichtungen der Arbeitnehmer, zur Vermeidung von Arbeitslosigkeit jede zumutbare Möglichkeit bei der Suche und Aufnahme einer Beschäftigung zu nutzen und jede zumutbare Beschäftigung anzunehmen, eine **Erweiterung der Sperrzeittatbestände** ergibt, ist zweifelhaft (insoweit wohl abl. *BSG* 27.5.2003 BSGE 91, 90 = SozR 4–4300 § 144 Nr. 3; vgl. hierzu *Boecken*, SGb 2020, 713). Jedenfalls kann die Ablehnung eines (arbeitsförderungsrechtlich zumutbaren) **Angebots** des Arbeitgebers **zur Änderung des Arbeitsvertrages** nicht als **Lösung** des Arbeitsverhältnisses angesehen werden (*Gagel* in FS zum 50-jährigen Bestehen der Arbeitsgerichtsbarkeit in Rheinland-Pfalz, S. 521, 529; aA *Löwisch* NZA 1998, 729, 730). Denn auch in diesen Fällen wird das Arbeitsverhältnis allein durch die Kündigung des Arbeitgebers aufgelöst. Der Vorstellung, dass durch § 2 Abs. 5 SGB III die Annahme eines Änderungsangebots zu einer **Obliegenheit** des Arbeitnehmers werde und deshalb die Ablehnung des Angebots eine Vertragsverletzung darstelle, steht schon die Systematik des § 159 SGB III entgegen, der in Abs. 1 S. 2 Nr. 2 zeigt, dass bei Ablehnung von Arbeitsangeboten eine Sperrzeit nur dann gerechtfertigt ist, wenn das durch die Agentur für Arbeit (AfA) übermittelte Angebot mit der gebotenen Belehrung versehen ist. Angebote des Arbeitgebers ohne Vermittlung und Belehrung durch die AfA sind in diesem Zusammenhang unbeachtlich. Die Ausdehnung der Sperrzeitdrohung auf die Ablehnung von Änderungsangeboten würde zu einem unverhältnismäßigen Druck auf den Arbeitnehmer führen, auch Arbeitsverhältnisse unter unzumutbaren Bedingungen zu akzeptieren. 29

2. Einvernehmliche Lösung

a) Allgemeines

Der Arbeitnehmer löst das Beschäftigungsverhältnis auch dann, wenn er einen zur Beendigung des Arbeitsverhältnisses führenden Vertrag schließt. Das sind in erster Linie sog. **Auflösungsvereinbarungen**, die auf Seiten des Arbeitnehmers eine Erklärung voraussetzen, das Arbeitsverhältnis 30 beenden zu wollen. Der Vertrag muss aber nicht unmittelbar zur Auflösung des Arbeitsverhältnisses führen; denn auch eine **Vereinbarung** über eine noch auszusprechende Arbeitgeberkündigung oder über die Hinnahme einer solchen gegen Abfindung kann eine einvernehmliche Lösung des Arbeitsverhältnisses sein (vgl. zur Rspr. des *BSG* Rdn 43 und 44).

31 Es ist nicht entscheidend, von wem die **Initiative** zur einverständlichen Beendigung des Arbeitsverhältnisses ausgegangen ist (*LSG NRW* 21.8.2017 – L 20 AL 147/16, Breith 2018, 56). Wesentlich ist nur, dass der Arbeitslose seine **Zustimmung** zu der ihm angetragenen Vereinbarung gegeben und damit eine **wesentliche Ursache** für die Aufhebung des Arbeitsverhältnisses gesetzt hat (*BSG* 29.11.1989 SozR 4100 § 119 Nr. 36 mwN). Damit steht aber der Eintritt einer Sperrzeit noch nicht fest; denn häufig wird sich der Arbeitnehmer in Fällen, in denen der Arbeitgeber die Beendigung vorgeschlagen hat, auf einen wichtigen Grund berufen können (s. Rdn 93 f.). Bei einvernehmlicher Auflösung des Arbeitsverhältnisses **außerhalb** eines Kündigungsschutzprozesses können sich **besondere Hinweispflichten des Arbeitgebers** hinsichtlich der nachteiligen Auswirkungen des Aufhebungsvertrages auf den Arbeitslosengeldanspruch ergeben (vgl. KR-*Link/Lau* SozR Rdn 284).

32 Auch die einvernehmliche **Herabsetzung** der bisherigen **Arbeitszeit** auf weniger als 15 Stunden wöchentlich (zu der im Arbeitsförderungsrecht geltenden Kurzzeitigkeitsgrenze vgl. KR-*Link/Lau* SozR Rdn 116) gehört zu den Auflösungen iSd § 159 Abs. 1 S. 2 Nr. 1 SGB III, weil dadurch der Arbeitnehmer beschäftigungslos wird und uU Anspruch auf Arbeitslosengeld erwirbt (zum alten Recht *BSG* 9.12.1982 SozR 4100 § 119 AFG Nr. 21).

33 Auch die vorzeitige Beendigung des Arbeitsverhältnisses durch **Verzicht** auf die Kündigungsfrist oder durch deren **Abkürzung** kann eine Sperrzeit begründen, zB wenn der Arbeitnehmer ein bereits vom Arbeitgeber gekündigtes Arbeitsverhältnis zu einem früheren Zeitpunkt löst (*BSG* 5.8.1999 SozR 3–4100 § 119 Nr. 17). Zur Freistellung durch den Arbeitgeber s. Rdn 63.

b) Hinnehmen der Kündigung

34 Das bloße **Schweigen** oder **Hinnehmen einer Kündigung** wird bisher grds. nicht als Zustimmung zur einverständlichen Aufhebung des Arbeitsverhältnisses gewertet, selbst wenn ein Aufhebungsvertrag auch stillschweigend geschlossen werden kann. Angesichts der **Bedeutung** des Aufhebungsvertrages für den Arbeitnehmer, insbes. auch hinsichtlich der **Sperrzeitfolgen,** muss sich ein entsprechender Wille des Arbeitnehmers in Verhaltensweisen ausdrücken, die den **sicheren Schluss auf die Abgabe bzw. die Annahme eines Auflösungsangebots** zulassen (vgl. *BSG* 20.4.1977 DBlR § 117 AFG Nr. 2226a; vgl. auch *BAG* 3.5.1979 EzA § 4 KSchG nF Nr. 15). Die Sperrzeit knüpft grds. an ein **aktives** Verhalten des Arbeitnehmers an, das der Beendigung des Arbeitsverhältnisses/Beschäftigungsverhältnisses zu Grunde liegt (*BSG* 17.10.2007 BSGE 99, 154; s. Rdn 39 ff.).

35 Dass sich der Arbeitnehmer nicht gegen eine – rechtswidrige – Kündigung **wehrt**, ist grds. **kein Sperrzeitanlass** (st. Rspr., *BSG* 17.10.2007 BSGE 99, 154; 25.4.2002 SozR 3–4100 § 119 Nr. 24 = NJ 2002, 670 m. zust. Anm. *Lauterbach*). Er ist weder verpflichtet, einen Kündigungsschutzprozess einzuleiten, noch ihn durchzuführen, selbst wenn die Kündigung des Arbeitgebers rechtswidrig ist und wenn sie im Hinblick auf eine zugesagte finanzielle Vergünstigung erfolgt (*BSG* 17.10.2007 BSGE 99, 154; 18.12.2003 – B 11 AL 35/03 R, BSGE 92, 74, 78). Dies gilt auch, wenn der Arbeitnehmer sich auf besonderen Kündigungsschutz berufen kann, zB § 17 MuSchG, §§ 168 ff. SGB IX. Entgegen dem früheren Recht ist die fehlende Bereitschaft des Arbeitslosen, sich gegen den Willen seines Arbeitgebers im Arbeitsverhältnis aktiv weiter zu behaupten, nach heutigen Wertvorstellungen kein Fehlverhalten gegenüber der Versichertengemeinschaft. Die Sperrzeitregelung soll nicht bewirken, den **Arbeitnehmer in Kündigungsschutzprozesse zu treiben**. Risikoverschiebungen zu Lasten der Versichertengemeinschaft werden in diesen Fällen nicht durch die Sperrzeitregelung, sondern durch die Ruhensregelungen der §§ 157, 158 SGB III in dem dort vorgesehenen Umfang verhindert (vgl. aber Rdn 39 ff.).

36 **Nicht als Aufhebungsvertrag** können daher regelmäßig Verhaltensweisen des Arbeitnehmers gewertet werden, mit denen er zu erkennen gibt, dass er die Kündigung hinnimmt bzw. auf die

Inanspruchnahme des Kündigungsschutzes verzichtet, zB das Verlangen nach Aushändigung der Arbeitspapiere, des Zeugnisses, Unterschreiben einer **Ausgleichsquittung**. Auch arbeitsrechtlich wird in solchen Fällen ein Aufhebungsvertrag im Allgemeinen nicht angenommen (zur Bedeutung der Ausgleichsquittung für den Verzicht auf Kündigungsschutz vgl. *BAG* 3.5.1979 EzA § 4 KSchG nF Nr. 15.) Auch wenn der Arbeitnehmer vor Ablauf der Kündigungsfrist dem Arbeitsplatz unentschuldigt fernbleibt, löst er damit das Arbeitsverhältnis nicht auf. Der Arbeitgeber kann ihm in diesem Fall nach § 626 BGB fristlos kündigen mit der Folge, dass dann eine Sperrzeit wegen Veranlassung der Kündigung durch vertragswidriges Verhalten des Arbeitnehmers eintritt.

Das Unterlassen einer Klageerhebung ist mithin grds. keine **Auflösung** iSv § 159 SGB III. Das gilt 37 selbst dann, wenn die Kündigung offensichtlich rechtswidrig ist. Ausgenommen sind allerdings die Fälle, in denen der Kündigung des Arbeitgebers oder der unterlassenen Klageerhebung durch den Arbeitnehmer eine **Absprache** zu Grunde liegt (s. Rdn 39 ff.).

Erhebt der Arbeitnehmer aber doch eine **Kündigungsschutzklage**, so ist im Regelfall kein sachli- 38 cher Grund dafür ersichtlich, von ihm zu verlangen, den Rechtsstreit unter allen Umständen weiter zu verfolgen (vgl. *Eicher* SGb 2005, 553, 556; *Lilienfeld/Spellbrink* RdA 2005, 88, 91; *Spellbrink* BB 2006, 1274, 1276). Denn ist schon das Unterlassen der Klageerhebung, das zur Wirksamkeit der Kündigung und damit zur Beendigung des Arbeitsverhältnisses führt, als **sperrzeitunschädlich** anzusehen, so gilt dies grds. auch für den Fall, dass der Arbeitnehmer **ein gerichtliches Verfahren beendet** – sei es durch Rücknahme, sei es durch Vergleich, wenn hierdurch das Ende des Beschäftigungsverhältnisses **nicht zeitlich vorverlegt** wird (*BSG* 17.10.2007 BSGE 99, 154).

c) Aktive Beteiligung des Arbeitnehmers an der Kündigung des Arbeitgebers, Fallgruppen

Eine **einvernehmliche Beendigung** des Arbeitsverhältnisses/Beschäftigungsverhältnisses kann darin 39 liegen, dass sich der Arbeitnehmer **aktiv** an der Kündigung des Arbeitgebers **beteiligt**.

Diese Beteiligung des Arbeitnehmers in Form von **Absprachen/Vereinbarungen** mit dem Arbeitgeber kann unterschiedliche Inhalte haben und zu unterschiedlichen Zeitpunkten erfolgen. Sie kann sich zB bei noch ausstehender Arbeitgeberkündigung auf deren Inhalt und deren Folgen beziehen; es kann aber auch eine bereits erfolgte Kündigung geändert bzw. ersetzt werden (zB der Zeitpunkt der Auflösung des Beschäftigungs-/Arbeitsverhältnisses verschoben werden); die Mitwirkung kann sich auch nur auf den Bestand der Kündigung beschränken (zB durch Verzicht auf Inanspruchnahme des Kündigungsschutzes).

Im Verhältnis von Kündigung zu Auflösungsvereinbarung ist **in zeitlicher Hinsicht** zu unterschei- 40 den zwischen:
a) Auflösungsvereinbarungen, die der Kündigung vorausgehen,
b) Auflösungsvereinbarungen, die der Kündigung folgen und sie ggf. ersetzen oder ergänzen (vgl. dazu iE *Eicher* SGb 2005, 555 ff.; Eicher/Schlegel-*Coseriu* § 159 Rn 133 f.).

Im Falle der **vorausgehenden Auflösungsvereinbarung** trifft der Arbeitnehmer mit dem Arbeitgeber eine Vereinbarung über die Arbeitgeberkündigung und ihre Folgen. Darin liegt eine aktive Beteiligung des Arbeitnehmers an der Beendigung des Beschäftigungsverhältnisses, weil sie gerade darauf abzielt, dieses zu beenden (*BSG* 9.11.1995 BSGE 77, 48, 50). Vereinbart der Arbeitnehmer bei einer vorausgegangenen Kündigung des Arbeitgebers einen **Verzicht auf Kündigungsschutzklage**, ist dies jedoch sperrzeitunschädlich (s. Rdn 38, die dortigen Ausführungen gelten hier sinngemäß).

Im Falle der **nachfolgenden Auflösungsvereinbarung** kündigt der Arbeitgeber das Arbeitsverhältnis und (erst) danach einigen sich die Arbeitsvertragsparteien vor dem Ende des Beschäftigungsverhältnisses (s. Rdn 41) auf die Lösung des Beschäftigungsverhältnisses, wobei hinsichtlich des **vereinbarten Beendigungszeitpunkts** mehrere Fallgruppen zu unterscheiden sind (s. Rdn 42).

Ist nach Lage der faktischen Verhältnisse das Beschäftigungsverhältnis bereits **tatsächlich beendet**, 41 kann eine **spätere Vereinbarung** – gleich welchen Inhalts – über die Lösung des Arbeitsverhältnisses mangels **Kausalität** keine Arbeitslosigkeit mehr herbeiführen, weil die Arbeitslosigkeit (= faktische Beschäftigungslosigkeit) bereits eingetreten ist (*BSG* 23.5.1995 – 11 RAr 39/94, nv, zit. in BSGE 84, 225, 234). Es tritt also keine Sperrzeit ein, wenn nach der durch Arbeitgeberkündigung bewirkten Beendigung des Beschäftigungsverhältnisses (zB nach Ablauf der Kündigungsfrist) eine Vereinbarung getroffen wird, dass das Arbeitsverhältnis beendet werden soll (vgl. *Eicher* SGb 2005, 553, 554, 560).

42 Hingegen liegt ein Sperrzeittatbestand vor, wenn nach einer Arbeitgeberkündigung eine **spätere Vereinbarung** getroffen wird, mit der das **Beschäftigungsverhältnis vor dessen Ende (!)**:
   a) zu einem früheren Zeitpunkt als durch die Kündigung (hierzu *LSG Bay.* 15.2.2017 – L 10 AL 25/16, info also 2017, 162 m. Anm. *Neumair* jurisPR-SozR 12/2017, Anm. 1),
   b) zu einem späteren Zeitpunkt als durch die Kündigung,
   c) zum selben Zeitpunkt wie durch die Kündigung

beendet wird (vgl. hierzu *BSG* 17.10.2007 BSGE 99, 154).

Fallgruppe a) beschreibt den normalen Sperrzeitfall, der zu einer **Verkürzung der Kündigungsfrist** führt und nur bei Vorliegen eines wichtigen Grundes sperrzeitfrei bleibt.

Auch die Fallgruppe b) begründet einen Sperrzeittatbestand, weil hier wegen der **Verschiebung des Auflösungszeitpunktes** davon auszugehen ist, dass die **Kündigung durch die Vereinbarung ersetzt** wird, also das Beschäftigungsverhältnis erst durch die Vereinbarung konstitutiv gelöst wird.

Auch die Fälle der Fallgruppe c), in denen das Beschäftigungsverhältnis vereinbarungsgemäß zum selben Zeitpunkt wie durch die vorangegangene Kündigung beendet werden soll, begründen einen Sperrzeittatbestand, wenn die **Kündigung durch die Vereinbarung ersetzt** werden soll (etwa um Zweifel hinsichtlich der Rechtmäßigkeit der Kündigung auszuräumen) oder wenn (außerhalb des Rahmens von § 1a KSchG, s. Rdn 49) nach Ausspruch einer Kündigung mit dem Arbeitgeber innerhalb der Frist für die Erhebung der Kündigungsschutzklage eine Vereinbarung über die Hinnahme der Kündigung getroffen wird (Fall des *BSG* 18.12.2003 – B 11 AL 35/03 R, BSGE 92, 74, 79; vgl. dazu Rdn 44). Unter die Fallgruppe c) fallen auch Vereinbarungen im Nahbereich des § 1a KSchG (s. Rdn 51) oder in Kündigungsschutzprozessen, bei denen aber eine Sperrzeit wegen eines **wichtigen Grundes** entfallen kann (*BSG* 17.10.2007 BSGE 99, 154; s.a. Rdn 56 ff.).

d) Abwicklungsvertrag, Rechtsprechung des BSG

43 Zur Vermeidung einer Sperrzeit hat die arbeitsrechtliche Praxis in der Vergangenheit den sog. **Abwicklungsvertrag** entwickelt (hierzu *Höflich-Bartlik/Wangler* DB 2018, 765, 766), der von der Vorstellung ausgeht, dass der Arbeitgeber das Arbeitsverhältnis/Beschäftigungsverhältnis durch eine (nicht verhaltensbedingte) Kündigung löst und sich die Arbeitsvertragsparteien **später** über die einzelnen Folgen der Beendigung des Beschäftigungsverhältnisses – **sperrzeitneutral** – einigen, zB über Zahlung einer Abfindung und deren Höhe.

Hierzu hat das *BSG* in den – nicht tragenden – Gründen seiner Entscheidung vom 9.11.1995 – 11 RAr 27/95, BSGE 77, 48) zunächst ausgeführt, dass ein (sperrzeitrelevanter) Vertrag nicht unmittelbar zur Beendigung des Beschäftigungsverhältnisses führen müsse; vielmehr beteilige sich der Arbeitnehmer in einem Abwicklungsvertrag über eine Abfindung uÄ nach einer Arbeitgeberkündigung an der Beendigung des Beschäftigungsverhältnisses, da er sich der Möglichkeit begebe, die Überprüfung der Kündigung geltend zu machen.

Von der Ankündigung einer Änderung der Rechtsprechung iS eines **offeneren Begriffs der Lösung** im Urteil vom 9.11.1995 (11 RAr 27/95, BSGE 77, 48) ist das BSG später ausdrücklich **wieder abgerückt** und hat hervorgehoben, dass die Sperrzeit ein **aktives Verhalten** des Arbeitslosen voraussetze und nicht an die Hinnahme einer rechtswidrigen Arbeitgeberkündigung anknüpfe (*BSG* 25.4.2002 – B 11 AL 89/01 R, BSGE 89, 250).

44 Mit Urteil vom 18.12.2003 hat das BSG diese Rechtsprechung weiterentwickelt und entschieden, dass der Arbeitnehmer das Beschäftigungsverhältnis auch dann **löst**, mithin aktiv mitwirkt, wenn

er nach Ausspruch einer Arbeitgeberkündigung innerhalb der Frist für die Erhebung der Kündigungsschutzklage (§ 4 KSchG) eine **Vereinbarung über die Hinnahme der Kündigung** trifft. Denn dann habe er immer einen wesentliche Beitrag zur Beendigung des Beschäftigungsverhältnisses geleistet (*BSG* 18.12.2003 BSGE 92, 74 ff.).

Danach besteht kein Raum mehr für eine Auslegung des zwischen den Vertragsparteien Gewollten, dh das Gericht muss **nicht** prüfen, **ob im Abwicklungsvertrag ein Scheingeschäft** zu sehen ist, das eine Auflösungsvereinbarung verdeckt. Dabei knüpft das BSG an die Unterscheidung von Arbeitsverhältnis und Beschäftigungsverhältnis im Leistungsrecht an (vgl. KR-*Link/Lau* SozR Rdn 10 ff.) und führt aus, dass bei der Sperrzeit nicht (allein) an rechtsgeschäftliche Kategorien angeknüpft werde. Vielmehr sei die Beurteilung des **tatsächlichen Geschehensablaufs** maßgeblich, wonach es auf den tatsächlichen Grund für die Beendigung des Beschäftigungsverhältnisses, nicht aber auf die Art und Weise der Beendigung des Arbeitsverhältnisses ankomme. Auch durch den Abschluss eines Abwicklungsvertrages nach Arbeitgeberkündigung leiste der Arbeitnehmer einen wesentlichen Beitrag zur Beendigung seiner Beschäftigung, weil er sich der Möglichkeit begebe, die Rechtmäßigkeit der Kündigung geltend zu machen. 45

Nach dem vorgenannten Urteil ist es unerheblich, ob das spätere Vorgehen **vor** der Kündigung oder **erst danach** abgesprochen worden ist. **Abwicklungsverträge** sind deshalb nach dieser Rechtsprechung praktisch immer auch als **Auflösungsverträge** iSd Sperrzeitenrechts zu werten, sofern sie nicht nach Ablauf der Frist für die Erhebung der Kündigungsschutzklage geschlossen werden und sofern nicht ein wichtiger Grund vorliegt. Das *BSG* hat in der Entscheidung vom 18.12.2003 (BSGE 92, 74 ff.) ausdrücklich **offengelassen**, wie es bei einer **Vereinbarung nach Ablauf der Frist des § 4 KSchG** bzw. **im arbeitsgerichtlichen Kündigungsschutzprozess** selbst entscheiden würde (vgl. dazu Rdn 56 ff.). 46

Diese Entscheidung hat in der arbeitsrechtlichen Literatur heftige Kritik erfahren (zu allem *Lilienfeld/Spellbrink* RdA 2005, 88 ff.; *Seel* NZS 2006, 184 ff., jeweils mwN). Damit werde das **Ende des Abwicklungsvertrages** und das Ende der arbeitsgerichtlichen Beilegung von Kündigungsstreitigkeiten eingeleitet. Insbesondere bestehe die Gefahr vermehrter Kündigungsschutzprozesse, weil der Arbeitslose im Ergebnis zur Klageerhebung gezwungen werde (zu allem *Lilienfeld/Spellbrink* RdA 2005, 92 ff.). 47

Da die Entscheidung des BSG vom 18.12.2003 kurz vor der Änderung des KSchG durch das Gesetz zu Reformen am Arbeitsmarkt vom 24.12.2003 (BGBl. I S. 3002) ergangen ist, mit dem **§ 1a KSchG** eingeführt worden ist, stellt sich die Frage, inwieweit diese Regelung auf das Sperrzeitenrecht einwirkt bzw. eine Neubewertung der genannten Rechtsprechung, insbes. zum Abwicklungsvertrag, erforderlich macht. In seiner Entscheidung vom 17.10.2007 (BSGE 99, 154) hat das *BSG* ausdrücklich (im Rahmen einer »Weiterführung« seiner Rechtsprechung vom 18.12.2003) darauf hingewiesen, dass sich der Arbeitslose aber auf einen wichtigen Grund berufen kann, wenn er durch einen arbeitsgerichtlichen Vergleich das Beschäftigungsverhältnis löst, wenn keine Gesetzesumgehung zu Lasten der Versichertengemeinschaft vorliegt (vgl. hierzu auch die zust. Anm. von *Gagel* jurisPR-SozR 15/2008 Anm. 1). Bewegt sich die Abfindung in den Grenzen des § 1a KSchG, so ist in entsprechender Anwendung des § 1a KSchG nicht zu prüfen, ob die drohende Arbeitgeberkündigung rechtmäßig ist (*BSG* 2.5.2012 BSGE 111, 1 m. zust. Anm. *Weinreich* SGb 2013, 427; *LSG Chemnitz* 24.1.2013 – L 3 AL 112/11, info also 2013, 260 zu einem Fall, in dem die Abfindungssumme die Grenzen des § 1a KSchG erheblich überschritt; s.a. Rdn 108). Außerhalb des Anwendungsbereichs des § 1a KSchG verbleibt es bei der Prüfung der Rechtmäßigkeit der drohenden Kündigung (ebenso Eicher/Schlegel-*Coseriu* § 159 Rn 146). 48

e) Lösung des Arbeitsverhältnisses nach § 1a KSchG

Mit § 1a KSchG wollte der Gesetzgeber die kündigungsrechtlichen Regelungen bei betriebsbedingter Kündigung um einen gesetzlichen Abfindungsanspruch erweitern und eine einfach zu 49 handhabende, moderne und unbürokratische Alternative zum Kündigungsschutzprozess schaffen (BT-Drucks. 15/1204, S. 9 u. 12; vgl. dazu KR-*Spilger* § 1a KSchG Rdn 6 ff.).

Diese Regelung lässt einen gesetzlichen Abfindungsanspruch in Höhe von 0,5 Monatsverdiensten für jedes Jahr des Bestehens des Arbeitsverhältnisses entstehen,
– wenn der Arbeitgeber das Arbeitsverhältnis unter Berufung auf betriebliche Erfordernisse des § 1 Abs. 2 S. 1 KSchG gekündigt hat,
– wenn der Arbeitgeber den Arbeitnehmer in der schriftlichen Kündigungserklärung darauf hingewiesen hat, dass der Arbeitnehmer beim Verstreichenlassen der Klagefrist die Abfindung beanspruchen kann,
– wenn der Arbeitnehmer die Klagefrist des § 4 S. 1 KSchG tatsächlich hat verstreichen lassen (vgl. dazu KR-*Spilger* § 1a KSchG Rdn 23 ff.).

Diese Regelung hat in Bezug auf das Sperrzeitenrecht verschiedene Fragen aufgeworfen. Dabei gehen die Meinungen weit auseinander, je nachdem, ob der arbeitsrechtliche Aspekt – Vermeidung von Arbeitsgerichtsprozessen – oder der arbeitsförderungsrechtliche Aspekt – Begrenzung versicherungswidrigen Verhaltens – stärker betont wird.

Insgesamt lassen sich folgende Fallgruppen bilden, die nach ihrer unterschiedlichen Nähe zu dem nach § 1a KSchG vorgesehenen Verfahren wie folgt zu beurteilen sind:

50 **Unmittelbare Anwendung des § 1a KSchG:**

In Fallkonstellationen, in denen das Beschäftigungsverhältnis unmittelbar im Verfahren nach § 1a KSchG beendet wird, kann **keine Sperrzeit** eintreten, weil die **Kündigung lediglich hingenommen** wird. Dies gilt auch dann, wenn die Kündigung rechtswidrig war (hM; vgl. etwa *Schweiger* SGb 2017, 730, 731; *Boecken/Hümmerich* DB 2004, 2046, 2048; *Steinau-Steinrück/Hurek* ZIP 2004, 1486, 1488; *Bauer/Krieger* NZA 2004, 640, 641; *Lilienfeld/Spellbrink* RdA 2005, 88, 94 mwN in FN 72; *Eicher* SGb 2005, 553, 558; *Preis/Schneider* NZA 2006, 1297, 1302). Eine aktive Beendigung des Arbeitsverhältnisses/Beschäftigungsverhältnisses und damit ein versicherungswidriges Verhalten kann dem Arbeitnehmer in diesen Fällen nicht vorgeworfen werden.

Dass der Hinnahme der Kündigung im Rahmen des § 1a KSchG teilweise rechtsgeschäftlicher (vertraglicher) Charakter beigemessen wird (vgl. KR-*Spilger* § 1a KSchG Rdn 35), lässt nicht die Annahme zu, insoweit handele es sich bei § 1a KSchG um eine Alternative zum Abwicklungsvertrag oder um einen gesetzlich geregelten Abwicklungsvertrag, der allgemein für die Sperrzeitfreiheit von Abwicklungsverträgen spreche. Vielmehr ist das Verstreichenlassen der Klagefrist als **Realakt** und der entstehende Abfindungsanspruch als **gesetzlich** (nicht vertraglich) begründet anzusehen (vgl. KR-*Spilger* § 1a KSchG Rdn 37 ff., 40).

Auch bei Annahme eines vertraglichen Anspruchs ist im Ergebnis keine andere Beurteilung gerechtfertigt, weil sich der Arbeitnehmer nicht aktiv an der Beendigung des Beschäftigungsverhältnisses beteiligt (*Lilienfeld/Spellbrink* RdA 2005, 88, 94 f.; *Gagel* ZIP 2005, 332 ff.; *Voelzke* NZS 2005, 281; *Peters-Lange/Gagel* NZA 2005, 740; *Eicher* SGb 2005, 553, 558). Anders sind hingegen die Fälle zu beurteilen, in denen der Arbeitgeber einen vom gesetzlich vorgesehenen Abfindungsanspruch abweichenden Anspruch offeriert, dessen Entstehung dann eine Annahmeerklärung des Arbeitnehmers und damit ein aktives Verhalten voraussetzt (vgl. Rdn 55 unter b).

51 **Fälle im Nahbereich des § 1a KSchG:**

Am wenigsten Unsicherheit besteht in den Fällen, in denen im Nahbereich des § 1a KSchG eine **aktive Mitwirkung** des Arbeitnehmers erfolgt,
a) etwa wenn die Arbeitsvertragsparteien bereits vor der Kündigung ein **Vorgehen nach § 1a KSchG vereinbaren** und dann durchführen,
b) oder wenn sie sich nach einer Kündigung durch den Arbeitgeber, die den Anforderungen des § 1a KSchG entspricht, auf die **Nichterhebung einer Kündigungsschutzklage einigen,**

c) oder wenn lediglich im Rahmen des § 1a Abs. 2 KSchG eine »**Konkretisierung**« **der Höhe der gesetzlichen Abfindung** erfolgt.

In diesen Fällen liegt zwar ein sperrzeitrelevantes – aktives – Verhalten des Arbeitnehmers vor, das an sich eine Sperrzeit auslöst, sofern kein **wichtiger Grund** vorliegt. In den vorgenannten Fällen wird jedoch dem Arbeitnehmer ein wichtiger Grund zugestanden werden müssen, das Beschäftigungsverhältnis zu lösen (vgl. *BSG* 2.5.2012 BSGE 111, 1 m. zust. Anm. *Weinreich* SGb 2013, 427). Denn es ist kein sachlich-rechtfertigender Grund ersichtlich, den Arbeitnehmer im Falle a) schlechter zu stellen als denjenigen, bei dem § 1a KSchG unmittelbar zur Anwendung kommt. Die Arbeitnehmer der Fallgruppen b) und c) können sich auf einen wichtigen Grund berufen, weil mit der Einigung über die Nichterhebung der Klage oder mit der Konkretisierung der gesetzlichen Abfindungshöhe im Grunde nur das vor Ablauf der Klagefrist festgeschrieben wird, was auch ohne Vereinbarung – allein auf Grund des Fristablaufs – gelten würde (so auch *Eicher* SGb 2005, 553, 558).

Sperrzeitrechtlich nicht privilegierte Fälle: 52

Fallgestaltungen jenseits des unter Rdn 50, 51 aufgezeigten Rahmens bleiben hingegen nicht durchweg sperrzeitfrei.

Der 11. Senat des BSG hat in einem Urteil vom 12.7.2006 (SozR 4–4300 § 144) angekündigt, 53 dass er erwägt, für Streitfälle ab dem 1.1.2004 einen wichtigen Grund bei Aufhebungsverträgen ohne Prüfung der Rechtmäßigkeit der drohenden Arbeitgeberkündigung (s. dazu Rdn 104) jedenfalls dann anzunehmen, wenn die **Abfindungshöhe die in § 1a Abs. 2 KSchG vorgesehene Grenze nicht überschreite** (vgl. hierzu auch *LSG BW* 10.10.2011 – L 3 AL 5078/10). Auf diese Ankündigung hat der 11. Senat des BSG in seinem Urteil v. 8.7.2009 (BSGE 104, 57 m. zust. Anm. *Fandel/Hausch* BB 2010, 446) zum Widerspruch bei einem Betriebsübergang nochmals ausdrücklich hingewiesen. In seiner Entscheidung vom 2.5.2012 (B 11 AL 6/11 R, WKRS 2012, 18970) hat das *BSG* wie angekündigt entschieden: Bewegt sich die Abfindung in den Grenzen des § 1a KSchG, so ist in entsprechender Anwendung des § 1a KSchG nicht zu prüfen, ob die drohende Arbeitgeberkündigung rechtmäßig ist, es sei denn, es liegt eine Gesetzesumgehung vor (vgl. hierzu im Einzelnen Rdn 108).

Allerdings hat der Gesetzgeber im Zuge der Einführung des § 1a KSchG auf eine ausdrückliche 54 Regelung zur sperrzeitrechtlichen Beurteilung einer Abfindungszahlung nach § 1a KSchG **nur deshalb verzichtet**, weil er dies auf Grund der höchstrichterlichen Rechtsprechung zur sperrzeitfreien **Hinnahme** einer Kündigung nicht für erforderlich gehalten hat (BT-Drucks. 15/1587 v. 24.9.2003, S. 27). Dass er darüber hinaus **aktive Mitwirkungshandlungen** des Arbeitnehmers an der Beendigung seines Beschäftigungsverhältnisses generell hätte sanktionslos lassen wollen, ist dem nicht zu entnehmen und liefe gerade dem Zweck der Sperrzeitenregelung zuwider, an die aktive Mitwirkung negative Rechtsfolgen zu knüpfen. Dass die Rechtmäßigkeit der Kündigung bei Anwendung des § 1a KSchG nicht überprüft wird und damit letztlich keine Rolle mehr spielt, bedeutet daher nicht, dass dies generell auch im Sperrzeitenrecht hingenommen werden müsste. Denn eine völlig ungeprüfte Unterstellung eines wichtigen Grundes erscheint angesichts des Missbrauchspotenzials nicht sachgerecht (so auch *Seel* NZS 2007, 513, 515). Missbräuchliche Gestaltungen zu Lasten der Versichertengemeinschaft werden geradezu herausgefordert; zB könnten hinter einer Kündigung aus betrieblichen Gründen auch andere Kündigungsgründe – zB personen- oder verhaltensbedingte Gründe – versteckt werden (*Seel* NZS 2007, 513, 515).

Dementsprechend dürften auch unter Berücksichtigung von § 1a KSchG als **nicht privilegiert** folgende Fälle gelten: 55
a) Diejenigen Fälle, in denen die Arbeitsvertragsparteien das Grundmodell des § 1a KSchG nur dazu benutzen, eine Sperrzeit **zu umgehen**. Dies sind zB die Fälle, in denen es in Wirklichkeit nicht um eine betriebsbedingte Kündigung, sondern um eine verhaltens- bzw. personenbedingte

Kündigung geht (vgl. *Hauck/Noftz-Valgolio*, SGB III § 159 Rn 101; *Lilienfeld/Spellbrink* RdA 2005, 88, 95) oder eine betriebsbedingte Kündigung offensichtlich rechtswidrig ist.
b) Sperrzeitrechtlich nicht privilegiert sind ferner grds. alle vertraglichen Vereinbarungen, die der Höhe nach von dem Modell des § 1a Abs. 2 KSchG wesentlich abweichen (vgl. *BSG* 12.7.2006 – B 11a AL 47/05 R, WKRS 2006, 22602), also der Abfindungsanspruch nicht mehr kraft Gesetzes, sondern auf Grund vertraglicher Vereinbarung entsteht (so auch *Voelzke* NZS 2005, 281, 288; zu gerichtlichen Vergleichen s. Rdn 56).
c) Ferner gehören hierzu die Fälle, in denen im Abfindungsvertrag eine Abrede über eine – angebliche – Diskriminierung des Arbeitnehmers (Benachteiligung nach § 3 AGG) getroffen wird, die zu der gezahlten Entschädigung führen soll (vgl dazu iE *Cornelius/Lipinski* BB 2007, 496 f.).

f) Auflösungsvergleich im Kündigungsschutzprozess

56 Auch der Abschluss eines **gerichtlichen Vergleichs** über die Beendigung des Arbeitsverhältnisses/Beschäftigungsverhältnisses kann den Tatbestand des § 159 Abs. 1 S. 2 Nr. 1 Alt. 1 SGB III erfüllen. Allerdings kann dem **wichtigen Grund** iVm der Prozesssituation eine besondere Bedeutung zukommen (vgl. Rdn 60, 61). Dabei ist u.a. zu berücksichtigen, dass der Arbeitnehmer nicht gezwungen ist, gegen eine Kündigung zu klagen und demzufolge auch nicht gehalten sein kann, den Prozess bis zum Urteil durchzuführen (s. Rdn 60).

57 Ob und in welchen Fällen das Verhalten des Arbeitnehmers nach Kündigung durch den Arbeitgeber eine Sperrzeit begründen kann, ob insbes. ein Auflösungsvergleich die Wirkung einer vorhergehenden Kündigung **verdrängen** und als **neuer Rechtsgrund** für die Beendigung des Arbeitsverhältnisses gelten kann, hängt vom **konkreten Lösungssachverhalt** ab. ZB hängt es vom Inhalt der rechtsgeschäftlichen Erklärungen ab, ob eine Kündigung durch den gerichtlichen Vergleich ersetzt wird, dh das Arbeitsverhältnis/Beschäftigungsverhältnis durch den Vergleich konstitutiv beendet wird, oder ob die Beendigung durch den Vergleich nur auf eine weitere rechtliche Grundlage gestellt werden soll (*BSG* 16.10.2003 SozR 4–4300 § 147a Nr. 1). Für Ersteres kann sprechen, wenn sich die Prozessbeteiligten auf eine Lösung des Arbeitsverhältnisses zu einem Zeitpunkt einigen, der von dem durch die Kündigung vorgegebenen Zeitpunkt abweicht.

58 In Fällen, in denen die durch die Kündigung des Arbeitgebers veranlasste Arbeitslosigkeit keine Sperrzeit auslösen würde, weil es zB an einem arbeitsvertragswidrigen Verhalten des Arbeitnehmers fehlt oder dieser die Arbeitslosigkeit nicht vorsätzlich oder grob fahrlässig herbeigeführt hat, kann dem späteren Lösungstatbestand durch Vergleich eine **eigene Bedeutung** zukommen (vgl. *BSG* 8.6.1989 SozR 4100 § 117 N. 25). Das ist zB der Fall, wenn sich der Arbeitnehmer ohne ersichtlichen Grund auf ein **vorzeitiges Ausscheiden** einlässt bzw. das Arbeitsverhältnis **vor dem Zeitpunkt**, zu dem die Kündigung des Arbeitgebers wirksam geworden wäre, durch Vergleich beendet wird. Hingegen entfällt eine Sperrzeit wegen Vorliegens eines wichtigen Grundes, wenn dem Arbeitnehmer die Fortsetzung des Arbeitsverhältnisses unzumutbar ist (vgl. Rdn 61).

59 Eine Sperrzeit kann keinesfalls eintreten, wenn das **Beschäftigungsverhältnis** bei Vergleichsabschluss bereits **beendet** war (zB mit Ablauf der ordentlichen Kündigungsfrist, bei **einseitiger Freistellung** durch den Arbeitgeber). Denn dann kann – wegen der Maßgeblichkeit des Beschäftigungsverhältnisses – der Vergleich nur noch für die Beendigung des Arbeitsverhältnisses, nicht aber für die Beendigung des Beschäftigungsverhältnisses kausal werden, weil dieses bereits beendet war (s. Rdn 41, 63).

60 Eine Sperrzeit entfällt auch, wenn die vorausgegangene Kündigung **objektiv rechtmäßig** war. Ein nachfolgender Auflösungsvergleich, der die Kündigung ersetzt und das Beschäftigungsverhältnis zu demselben Zeitpunkt auflöst, der in der Kündigung vorgesehen war, kann nicht mehr als relevante Mitwirkung des Arbeitnehmers an der Beendigung des Beschäftigungsverhältnisses angesehen werden (so *Gagel* ZIP 2005, 332, 334). Dem entsprechend löst ein **gerichtlicher Vergleich**, der das Ende des Arbeitsverhältnisses/Beschäftigungsverhältnisses nicht zeitlich vorverlegt, grds. keine Sperrzeit aus, weil ein **wichtiger Grund** vorliegt. Das gilt selbst dann, wenn eine **Abfindung** gezahlt

wird, auch wenn diese höher ist als diejenige in § 1a Abs. 2 KSchG; allein das Angebot einer Abfindung deutet nicht auf einen Missbrauch hin (*BSG* 17.10.2007 – B 11a AL 51/06 R, bestätigt durch *BSG* 2.5.2012 BSGE 111, 1). Das gilt allerdings nicht, wenn Anhaltspunkte für eine Gesetzesumgehung vorliegen bzw. der Eintritt einer Sperrzeit umgangen werden soll (vgl. zur **Manipulationsgefahr** *BSG* 2.5.2012 BSGE 111, 1; *LSG BW* 10.10.2011 – L 3 AL 5078/10). Dabei kommt es allerdings nicht entscheidend darauf an, ob die Arbeitgeberkündigung rechtswidrig war, denn für das Interesse des Arbeitnehmers an der Beendigung des Kündigungsschutzprozesses ist die konkrete Situation zum Zeitpunkt des Abschlusses des Vergleiches entscheidend.

Eine Sperrzeit entfällt, wenn die Beilegung des Rechtsstreits auf **wichtigem Grund** beruht. Dazu 61 können auch verständige, der Prozesssituation entsprechende Gründe gehören, zB wenn die Kündigung ungerechtfertigt war und deshalb dem Arbeitnehmer die Fortsetzung des Arbeitsverhältnisses **nicht zumutbar** war oder wenn Gründe vorliegen, die eine dem Betriebszweck dienliche weitere Zusammenarbeit zwischen Arbeitgeber und Arbeitnehmer nicht erwarten lassen (vgl. dazu KR-*Spilger* § 9 KSchG Rdn 45 ff., 61 ff.).

Zum **wichtigen Grund** bei **Auflösungsverträgen/gerichtlichen Vergleichen** nach drohender oder 62 sicher bevorstehender Arbeitgeberkündigung s. Rdn 104 ff.

g) Sperrzeit und Freistellung des Arbeitnehmers

Das Beschäftigungsverhältnis wird auch dann gelöst, wenn der Arbeitnehmer im Zusammenhang 63 mit einer Arbeitgeberkündigung (oder einem Aufhebungsvertrag) vorzeitig **freigestellt** wird, also schon zu einem Zeitpunkt, der **vor** dem durch die Kündigung/den Aufhebungsvertrag festgelegten Ende des Arbeitsverhältnisses/Beschäftigungsverhältnisses liegt (vgl. ausf. zu den sozialrechtlichen Folgen der Freistellung *Schweiger* NZS 2013, 767). Die Problematik der Auswirkungen einer Freistellung stellt sich auch in den Fällen der Umwandlung eines unbefristeten Arbeitsverhältnisses im Rahmen einer Altersteilzeitvereinbarung in ein befristetes (**Alterteilzeitvertrag im Blockmodell**; s. Rdn 69), denn dadurch löst der Arbeitnehmer das Beschäftigungsverhältnis, wobei die Beschäftigungslosigkeit erst nach dem Ende der Freistellungsphase eintritt (*BSG* 12.10.2017 – B 11 AL 17/16 R; 12.9.2017 – B 11 AL 25/16 R, SozR 4–4300 § 159 Nr. 3; 21.7.2009 BSGE 104, 90; s. hierzu auch KR-*Link/Lau* SozR Rdn 11).

Dabei sind im Wesentlichen zwei Fallgruppen zu unterscheiden (zur weiteren Differenzierung zwi- 64 schen widerruflicher und unwiderruflicher Freistellung und den arbeitsförderungsrechtlichen Folgen – auch im Hinblick auf die Versicherungspflicht – s. *Schweiger* NZS 2013, 767, 768 ff.; s.a. KR-*Link/Lau* SozR Rdn 6 ff., 23):
1. die **einseitige Freistellung** des Arbeitnehmers durch den Arbeitgeber (Nichtinanspruchnahme der Verfügungsbefugnis),
2. die **einvernehmliche Freistellung** des Arbeitnehmers gegen Fortzahlung des Arbeitsentgelts.

Wird das Ende des Beschäftigungsverhältnisses durch **einseitige Freistellung** seitens des Arbeitge- 65 bers auf einen Zeitpunkt vorverlegt, der **vor** dem durch die Kündigung/Arbeitsvertrag festgelegten Ende des Arbeits-/Beschäftigungsverhältnisses liegt, **kann eine Sperrzeit nicht eintreten**. Denn da der Arbeitnehmer an der vorverlegten Beschäftigungslosigkeit nicht mitgewirkt und deren Eintritt nicht verursacht hat, kommt eine Sperrzeit nicht in Betracht, auch wenn der Arbeitnehmer auf Grund der Kündigung/des Aufhebungsvertrages später ohnehin arbeitslos geworden wäre (vgl. zur Freistellung allgem. Eicher/Schlegel-*Schlegel* § 25 Rn 51 ff.; kritisch *Gagel* NZA 2005, 1326, 1331, der hier auf die Beendigung des Arbeitsverhältnisses abstellen will).

Im zweiten Fall der **einvernehmlichen – unwiderruflichen – Freistellung** unter Fortzahlung des 66 Arbeitsentgelts ist der Arbeitnehmer bereits durch die Mitwirkung an der Freistellungsvereinbarung an der Lösung des Beschäftigungsverhältnisses zum Freistellungszeitpunkt beteiligt, sodass das an sich als der maßgebliche Zeitpunkt für das versicherungswidrige Verhalten gelten muss. In diesen Fällen sieht das BSG und auch die Spitzenverbände der Sozialversicherungsträger das

Beschäftigungsverhältnis mit dem letzten Arbeitstag vor der Freistellung als (sperrzeitbegründend) gelöst an (*BSG* 17.10.2002 – B 7 AL 136/01 R, SozR 3–4300 § 144 Nr. 12 S. 33; 12.7.2006 – B 11 AL 47/05 R, NZS 2007, 380, 382; s. dazu *Thomas/Weidmann* NJW 2006, 257 ff.; *Lipinski/Kumm* BB 2008, 162 f.). **Ab dem Freistellungsbeginn tritt eine Sperrzeit ein, sofern nicht ein wichtiger Grund vorliegt.** Allerdings hat das *BSG* in seiner Entscheidung vom 12.7.2006 (NZS 2007, 380, 382) ausgeführt, dass bei der Beurteilung des wichtigen Grundes kein Grund ersichtlich sei, darauf abzustellen, ob der Arbeitnehmer bis zum Ende des Arbeitsverhältnisses gearbeitet oder vereinbarungsgemäß gegen Entgelt freigestellt worden sei (Rn 8 des Urteils unter Bezugnahme auf *BSG* 17.10.2002 – B 7 AL 136/01 R, SozR 3–4300 § 144 Nr. 12).

67 Was die Annahme eines Sperrzeiteintritts bereits zum **Zeitpunkt der Freistellung** betrifft, wird dem in der Literatur zT entgegengehalten, dass das maßgebliche versicherungswidrige Verhalten in der Beendigung des Beschäftigungsverhältnisses erst zu dem Zeitpunkt gesehen werden könne, zu dem das Arbeitsverhältnis gekündigt bzw. durch Aufhebungsvertrag beendet werde. Denn wenn die Lösung des Arbeits- und Beschäftigungsverhältnisses in einem Akt (Kündigung oder Vereinbarung) zusammenfalle, liege in der vorgezogenen Freistellung gegen Arbeitsentgelt keine stärkere Belastung der Solidargemeinschaft, als wenn lediglich die Beendigung des Arbeitsverhältnisses/Beschäftigungsverhältnisses zu dem durch die Kündigung bzw. den Aufhebungsvertrag bestimmten Zeitpunkt vereinbart worden wäre (*Eicher* SGb 2005, 553, 555 f.; vgl. auch *Hauck/Noftz-Valgolio*, SGB III § 159 Rn 435 f.). Dem dürfte zuzustimmen sein, weil es unter Gleichbehandlungsgesichtspunkten nicht zu rechtfertigen ist, den Arbeitnehmer sperrzeitrechtlich anders (schlechter) zu behandeln, als wenn er in der **bezahlten Freistellungsphase** weiter beschäftigt gewesen wäre. Das BSG scheint mit der o. g. Formulierung zum wichtigen Grund in eine ähnliche Richtung zu gehen, ohne jedoch zu klären, ob die vereinbarte unwiderrufliche Freistellung dann überhaupt einen sperrzeitbegründenden Lösungssachverhalt darstellt (kritisch dazu auch *Lipinski/Kumm* BB 2008, 162, 165, die bis zur Klärung der Frage empfehlen, im Auflösungsvertrag eine sperrzeitvermeidende Freistellungsklausel aufzunehmen). Wird das Beschäftigungsverhältnis durch die Freistellung als beendet angesehen, kann der Arbeitnehmer ab dem Freistellungsdatum Arbeitslosengeld im Wege der Gleichwohlgewährung erhalten; dieses wird aber idR nicht ausgezahlt, weil das Arbeitslosengeld wegen einer Sperrzeit und/oder deshalb ruht, weil der Arbeitnehmer von seinem Arbeitgeber noch Arbeitsentgelt erhält (§ 157 Abs. 1 SGB III). Beantragt der Arbeitnehmer Arbeitslosengeld erst für die Zeit nach Ablauf der Sperrzeit, wirkt sich die Sperrzeit nicht mehr auf sein Arbeitslosengeld aus – mit Ausnahme der Minderung der Anspruchsdauer, die unabhängig davon eintritt, ob die Sperrzeit tatsächlich zum Ruhen des Arbeitslosengeldanspruchs geführt hat (§ 148 Abs. 1 Nr. 4 SGB III; eine Minderung tritt nur dann nicht ein, wenn die Freistellungsphase länger als ein Jahr gedauert hat, vgl. § 148 Abs. 2 S. 2 SGB III).

68 Wird ein Arbeitnehmer im Zusammenhang mit der Beendigung eines Arbeitsverhältnisses durch Aufhebungsvertrag – einvernehmlich oder einseitig – **widerruflich** bis zum rechtlichen Ende des Arbeitsverhältnisses freigestellt, beginnt die Sperrzeit nach § 159 Abs. 2 Satz 1 SGB III erst am Tag nach der rechtlichen Beendigung des Arbeitsverhältnisses zu laufen (*Boecken*, SGb 2020, 713, 716). Eine **unwiderrufliche** Freistellung mit der Folge des Sperrzeitbeginns am Tag nach der Freistellung ist auch dann nicht gegeben, wenn der Arbeitnehmer dem Arbeitgeber weiterhin telefonisch und in Einzelfällen auch für Besprechungen **zur Verfügung stehen** muss (*LSG Hmb*. 29.8.2018 – L 2 AL 63/17).

69 In seinem Urteil v. 21.7.2009 (BSGE 104, 90 = SozR 4–4300 § 144 Nr. 18) hat der 7. Senat des *BSG* das **Spannungsverhältnis** zwischen dem System der **Altersteilzeit** und dem System der **Arbeitslosenversicherung** in begrüßenswerter Weise aufgelöst (zust. ebenso *Rolfs* SGb 2010, 307; *Gagel* jurisPR-SozR 26/2009 Anm. 2). Danach wird zwar durch Umwandlung eines unbefristeten Arbeitsverhältnisses im Rahmen einer Altersteilzeitvereinbarung in ein befristetes das Beschäftigungsverhältnis gelöst. Allerdings hat der Arbeitnehmer unter Beachtung der Zielsetzung des ATG hierfür einen **wichtigen Grund**, wenn er nahtlos von der Altersteilzeit in den Rentenbezug wechseln wollte und davon auch prognostisch auszugehen war (*BSG* 21.7.2009 BSGE 104, 90). Für die Prognose

ist die rentenrechtliche Situation bedeutend und der Umstand, ob bzw. wie der Arbeitnehmer diese unter Berücksichtigung welcher Kenntnisse bzw. Nachfragen bei sachkundigen Stellen eingeschätzt hat. In seinen Entscheidungen vom 12.9.2017 (B 11 AL 25/16 R, SozR 4-4300 § 159 Nr. 3) und 12.10.2017 (B 11 AL 17/16 R) hat das *BSG* folgerichtig und zutreffend entschieden, dass der wichtige Grund nicht dadurch entfällt, wenn (wegen einer für den Arbeitslosen zwischenzeitlich normierten positiven Gesetzesänderung [hier: abschlagsfreie Altersrente für langjährig Versicherte ab Vollendung des 63. Lebensjahres]) entgegen der ursprünglichen, anhand objektiver Anhaltspunkte prognostisch belegten Absicht unmittelbar nach der Altersteilzeit keine Altersrente, sondern zunächst Arbeitslosengeld in Anspruch genommen wird. Das Vorliegen eines wichtigen Grundes ist danach nicht nur inhaltlich, sondern auch zeitlich bezogen auf den das Beschäftigungsverhältnis auflösenden Akt zu prüfen. Maßgeblich sind allein die Verhältnisse zum Zeitpunkt des Sperrzeitereignisses; einem späteren Verhalten kommt für die Frage, ob der Versicherte für sein Verhalten einen wichtigen Grund hatte, keine Bedeutung mehr zu. Sollte jedoch kein wichtiger Grund vorliegen (etwa weil von Anfang an keine Absicht bestand, nahtlos in die Rente zu gehen), ist zu beachten, dass – im Gegensatz zum sonstigen Leistungsrecht des SGB III – die Beschäftigungslosigkeit (und damit der Beginn der Sperrzeit) erst mit dem Ende der Freistellungsphase eintritt. Der Sperrzeitbeginn ist im Rahmen von Altersteilzeitvereinbarungen danach nicht rein leistungsrechtlich, dh faktisch zu bestimmen, sondern erfordert eine Auslegung des Beschäftigungsbegriffs unter Berücksichtigung der Vorgaben des ATG (näher hierzu KR-*Link/Lau* SozR Rdn 11). Denn während der Freistellungsphase verbleibt regelmäßig ein »Restdirektionsrecht« beim Arbeitgeber, sodass eine komplette Lösung noch nicht vorliegt. Zu prüfen bleibt schließlich auch, ob eine Härte iSd § 159 Abs. 3 S. 2 Nr. 2 Buchst. b SGB III gegeben ist. Die Regelsperrzeit würde sich dann halbieren.

Der **rückwirkenden Aufhebung von Bescheiden** zur Sperrzeit nach Ende der Altersteilzeit, die vor den klarstellenden Entscheidungen des *BSG* vom 12.9.2017 (B 11 AL 25/16 R, WKRS 2017, 36240) und 12.10.2017 (B 11 AL 17/16 R, WKRS 2017, 47155) ergangen sind, steht § 330 Abs. 1 SGB III nicht entgegen (*BSG* 12.9.2019 – B 11 AL 19/18 R, WKRS 2019, 48532). Denn die Verpflichtung zur Rücknahme eines rechtswidrigen nicht begünstigenden Verwaltungsakts ist nicht wegen von der Verwaltungspraxis abweichender ständiger Rechtsprechung begrenzt, wenn die Arbeitsverwaltung – wie hier – eine bei Erlass des Verwaltungsakts bereits bestehende ständige höchstrichterliche Rechtsprechung nicht ausreichend berücksichtigt bzw. fehlerhaft interpretiert hat. Entscheidender Zeitpunkt für die Annahme einer ständigen Rechtsprechung waren hier nicht die *BSG*-Entscheidungen aus dem Jahr 2017, sondern die Entscheidung vom 17.11.2005 (B 11a/ 11 AL 69/04 R, WKRS 2005, 28329), die von der BA nicht nachvollzogen wurde. 70

II. Vertragswidriges Verhalten des Arbeitnehmers

Hat nicht der Arbeitslose, sondern sein **Arbeitgeber** das Arbeitsverhältnis **gekündigt**, so muss ein **vertragswidriges Verhalten** des Arbeitslosen Anlass gewesen sein, damit eine Sperrzeit in Betracht kommt. Beachtlich sind also nur **verhaltensbedingte Kündigungen (bzw. entsprechende Erklärungen über die Lösung des Beschäftigungsverhältnisses)**, nicht hingegen Kündigungen wegen fehlender Eignung (personenbedingte Kündigungen) oder betriebsbedingte Kündigungen. Der Arbeitslose muss gegen den für das Arbeitsverhältnis geltenden **Arbeitsvertrag** verstoßen haben und die Kündigung muss durch die Vertragsverletzung **gerechtfertigt** und auch sonst **rechtmäßig** sein. Nicht erforderlich ist, dass das vertragswidrige Verhalten zur fristlosen Kündigung des Arbeitgebers berechtigt hat. Zur Frage, welche Vertragsverletzungen zur Kündigung berechtigen, s. iE KR-*Rachor* § 1 KSchG Rdn 536 ff., 487 ff. und KR-*Fischermeier/Krumbiegel* § 626 BGB Rdn 144 ff. 71

Unter **vertragswidrigem Verhalten** ist jede Verletzung der sich aus dem Arbeitsvertrag, aber auch aus Gesetz, Tarifvertrag oder Betriebsvereinbarung ergebenden Pflichten, ferner betrieblicher oder sonstiger **arbeitsvertraglicher Nebenpflichten** zu verstehen (vgl. dazu auch BSG 6.3.2003 BSGE 91, 18, 22; 15.12.2005 – B 7a AL 44/05 R). Auch außerdienstliches Verhalten kann hierzu gehören, sofern dadurch arbeitsvertragliche Pflichten berührt werden. ZB kann außervertragliches Verhalten ausdrücklich Gegenstand arbeitsvertraglicher Pflichten sein. Nach der Rechtsprechung des *BSG* 72 kann **die private Trunkenheit** eines Lkw-Fahrers auch dann zu einem Verstoß gegen arbeitsvertragliche Pflichten führen, wenn eine Verpflichtung, auch privat nicht mit verkehrswidriger Alkoholbelastung zu fahren, nicht ausdrücklich im Arbeitsvertrag geregelt ist (vgl. *BAG* 20.10.2016 – 6 AZR 471/15, BAGE 157, 84, zur außerordentlichen Kündigung wegen Drogenkonsums; hierzu *Schiefer* DB 2018, 634, 636). Das *BSG* befürwortet eine entsprechende Verpflichtung mit der Überlegung, dass der Besitz des Führerscheins Geschäftsgrundlage des Arbeitsvertrages des Lkw-Fahrers sei und deshalb eine vertragliche Nebenpflicht bestehe, diese Geschäftsgrundlage nicht zu gefährden (*BSG* 6.3.2003 BSGE 91, 18; 15.12.2005 BSGE 96, 22; ablehnend: *Hauck/Noftz-Valgolio*, SGB III § 159 Rn 109; s.a. *LSG BW* 1.8.2012 – L 3 AL 5066/11, NZS 2012, 878 zum Rotlichtverstoß eines Berufskraftfahrers, der zum Entzug der Fahrerlaubnis führt; zu weitgehend *Sächs. LSG* 15.8.2013 – L 3 AL 133/10, NZA 2014, 300: »gegenüber dem Arbeitgeber trifft ihn die Nebenpflicht, jegliche Verkehrsverstöße zu unterlassen, die zur Entziehung der Fahrerlaubnis führen könnten«). Insoweit könnten personen- und verhaltensbedingte Gründe ineinander übergehen, was insbes. dann der Fall sei, wenn ein außerdienstliches Verhalten auf den Vertrauensbereich durchschlage. Dieser Rechtsprechung ist – auch soweit sie sich auf das *BAG* (4.6.1997 – 2 AZR 526/96, BAGE 86, 95) beruft – umstritten. Ihr wird entgegengehalten, der Verlust des Führerscheins sei nicht Folge eines vertragswidrigen Verhaltens, sondern schließe wegen Unvermögens zur Arbeitsleistung lediglich die Beschäftigung als Kraftfahrer aus. Das begründe allenfalls ein Recht zu personenbedingter, nicht aber zu verhaltensbedingter Kündigung (*SG Stuttgart* 18.7.2007 – S 20 AL 2791/05; zust. Anm. *Gagel* jurisPR-ArbR 49/2007 Anm. 3; vgl. auch KR-*Rachor* § 1 KSchG Rdn 309: nur personenbedingte Kündigung). Der Verlust des Vertrauens in die Zuverlässigkeit des Fahrers rechtfertige ebenfalls nur eine personenbedingte Kündigung. Eine ungeschriebene arbeitsvertragliche Nebenpflicht, seine Arbeitskraft einsetzbar zu halten, gehe schlicht zu weit (*SG Stuttgart* 18.7.2007 – S 20 AL 2791/05). Nachdem aber das *BAG* (20.10.2016 – 6 AZR 471/15, BAGE 157, 84 m. zust. Anm. *Arnold/Husemann* AP Nr. 258 zu § 626 BGB, ebenfalls zust. *Marquardt* DB 2017, 194) erstmals auf den durch den **Konsum harter Drogen** entstehenden abstrakten Gefährdungstatbestand für den Straßenverkehr abstellt (sodass es auf den Nachweis einer Fahruntüchtigkeit nicht mehr ankommt), kann die Einnahme von harten Drogen die außerordentliche Kündigung des Arbeitsverhältnisses eines Berufskraftfahrers auch dann rechtfertigen, wenn nicht feststeht, dass seine Fahrtüchtigkeit bei von ihm durchgeführten Fahrten konkret beeinträchtigt war. Verstößt der Arbeitnehmer zumindest bedingt vorsätzlich gegen seine aus § 241 Abs. 2 BGB abzuleitende Pflicht, im Rahmen des Möglichen und Zumutbaren drohende Schäden vom Arbeitgeber abzuwenden, liegt darin eine erhebliche Pflichtverletzung, die den Arbeitgeber grds. zur Kündigung aus wichtigem Grund berechtigt. Im Sozialrecht folgt daraus der Eintritt einer Sperrzeit. Denn für sein (zur Kündigung führendes) Verhalten hat der Arbeitslose keinen wichtigen Grund.

73 Hingegen ist die Teilnahme an einem **rechtmäßigen Streik** keine Arbeitsvertragsverletzung und begründet deshalb weder ein Kündigungsrecht noch eine Sperrzeit.

74 Die Lösung des Beschäftigungsverhältnisses durch den Arbeitgeber muss nicht notwendig durch eine Kündigung erfolgt sein. Weil das Gesetz auch bei der 2. Alt. des § 159 Abs. 1 S. 2 Nr. 1 SGB III auf das Beschäftigungsverhältnis – und nicht das Arbeitsverhältnis – abstellt, genügt **jede Erklärung des Arbeitgebers**, die zur **Lösung des Beschäftigungsverhältnisses** führt. Im Allgemeinen erfolgt die Lösung allerdings durch Kündigung, ggf. verbunden mit einer sofortigen Freistellung des Arbeitnehmers (s. Rdn 63).

75 **Anlass** für die Lösung des Beschäftigungsverhältnisses hat das vertragswidrige Verhalten des Arbeitnehmers dann gegeben, wenn dieses Verhalten für die Lösung des Beschäftigungsverhältnisses **wesentlich ursächlich** geworden ist. Das hängt von der **Intensität des vertragswidrigen Verhaltens** ab, denn je schwerer dieses wiegt, umso eher bietet es **berechtigten Anlass** für die Lösung des Beschäftigungsverhältnisses (s.a. Rdn 76).

76 Für die Sperrzeit auf Grund einer Kündigung des Arbeitgebers genügt nicht jedes irgendwie geartete vertragswidrige Verhalten des Arbeitslosen. Dieses muss vielmehr so **schwerwiegend** sein, dass es (ggf. im Zusammenhang mit anderen Umständen) die Kündigung des Arbeitsverhältnisses zu dem

Zeitpunkt rechtfertigt, zu dem die Arbeitslosigkeit tatsächlich eingetreten ist. Es ist daher stets zu prüfen, ob das vertragswidrige Verhalten des Arbeitslosen die – fristgemäße oder fristlose – Kündigung **rechtfertigt** (*BSG* 25.4.1990 BSGE 67, 26, 28 = SozR 3–4100 § 119 AFG Nr. 3 mwN). Eine **fristlose Kündigung** kann nur durch ein solches vertragswidriges Verhalten veranlasst werden, das **die Voraussetzungen des § 626 Abs. 1 BGB** erfüllt (*BAG* 20.10.2016 – 6 AZR 471/15, BAGE 157, 84; *BSG* 21.7.1988 SozR 4100 § 119 Nr. 32). Rechtfertigt das vertragswidrige Verhalten des Arbeitslosen nur eine ordentliche, nicht aber die vom Arbeitgeber ausgesprochene fristlose Kündigung, tritt eine Sperrzeit nicht vor Ablauf der ordentlichen Kündigungsfrist ein (*BSG* 25.4.1990 BSGE 67, 26, 28).

Zu beachten ist, dass – **mangels einer Bindungswirkung arbeitsgerichtlicher Entscheidungen** oder **arbeitsgerichtlicher Vergleiche** für das sozialgerichtliche Verfahren – die Sozialgerichte von Amts wegen selbst prüfen müssen, ob der Arbeitnehmer durch ein arbeitsvertragswidriges Verhalten Anlass für eine Kündigung gegeben hat (vgl. *BSG* 27.4.2011 – B 11 AL 11/11 B; 6.3.2003 BSGE 91, 18; s. Rdn 146). 77

C. Kausalität, Verschulden

I. Allgemeines

In Fällen der Sperrzeit **wegen Arbeitsaufgabe** setzt der Eintritt einer Sperrzeit voraus, dass der Arbeitnehmer sein Beschäftigungsverhältnis gelöst und dadurch die Beschäftigungslosigkeit/ Arbeitslosigkeit **mindestens grob fahrlässig herbeigeführt** hat. Dabei findet eine doppelte Kausalitätsprüfung statt (vgl. zu dieser mehrstufigen Kausalitätsprüfung auch *Voelzke* in Kass. Handbuch des Arbeitsförderungsrechts, 2003, § 12 Rn 300 mwN). Erforderlich ist: 78
1. dass der Arbeitnehmer durch sein Verhalten das Beschäftigungsverhältnis **gelöst** hat,
2. dass die Lösung des Beschäftigungsverhältnisses die **Ursache für die Arbeitslosigkeit** ist.

Für beide Kausalitätsprüfungen gilt die **Theorie der wesentlichen Bedingung** (s. Rdn 80). Die Prüfung, ob der Beitrag des Arbeitnehmers für die Lösung des Beschäftigungsverhältnisses und die anschließende Arbeitslosigkeit wesentlich gewesen ist, verlangt, dass der tatsächliche Geschehensablauf ermittelt wird (s. Rdn 81). Schließlich muss die Herbeiführung der Beschäftigungslosigkeit auf Vorsatz oder grober Fahrlässigkeit beruhen (s. Rdn 88 ff.).

Zu 1.: **Ursächlich für die Lösung des Beschäftigungsverhältnisses** ist das Verhalten des Arbeitnehmers, wenn er dieses selbst gekündigt hat oder wenn er einem Auflösungsvertrag (vgl. aber zu den Fällen im Nahbereich des § 1a KSchG Rdn 51 ff.) zugestimmt hat. Hingegen fehlt es an der Ursächlichkeit, wenn der Arbeitnehmer eine Arbeitgeberkündigung lediglich **hingenommen** hat; damit hat der Arbeitnehmer keinen wesentlichen Beitrag zur Lösung des Beschäftigungsverhältnisses geleistet (vgl. Rdn 34). Anders ist es uU, wenn er eine **Vereinbarung** über die Hinnahme der Kündigung trifft (vgl. *BSG* 18.12.2003 SozR 4–4300 § 144 Nr. 6, Rn 11).

Zu 2.: Kündigungen sind für die nachfolgende Beschäftigungslosigkeit/Arbeitslosigkeit i. d. R. ursächlich. Auch bei dieser Kausalitätsstufe kommt es auf die Theorie der wesentlichen Bedingung und den konkreten Sachverhalt an. ZB fehlt es an einem wesentlichen Beitrag des Arbeitnehmers, wenn er durch Vertrag ein **befristetes** in ein **unbefristetes Arbeitsverhältnis** umwandelt und anschließend eine Kündigung wegen eines Fehlverhaltens erhält, das vor der Umwandlung des Vertrages geschehen ist. Bei Auslaufen des befristeten Arbeitsverhältnisses wäre eine Sperrzeit nicht eingetreten. Nach Änderung in ein unbefristetes Arbeitsverhältnis kann dem Arbeitnehmer die danach eingetretene Arbeitslosigkeit nicht mehr im Sinne einer wesentlichen Bedingung zugerechnet werden (*BSG* 15.12.2005 SozR 4–4300 § 144 Nr. 12).

Da es auf die **Herbeiführung der Arbeitslosigkeit** ankommt, ist unerheblich, ob der Arbeitslose die Arbeitslosigkeit gerade für die Zeit verursacht hat, für die er Leistungen begehrt (s. Rdn 82). Ebenso ist es unerheblich, ob der Arbeitslose Arbeitslosengeld erst für eine Zeit beansprucht, in der er ohnedies arbeitslos gewesen wäre (s. Rdn 82). Bei Kündigung des Arbeitsverhältnisses durch den 79

Arbeitnehmer ist Kausalität im Regelfall gegeben. Problematisch sind hingegen die Fälle, in denen ein Aufhebungsvertrag im Anschluss an eine Arbeitgeberkündigung geschlossen wird (s. Rdn 44) oder ein solcher Vertrag einer sicheren oder jedenfalls drohenden Kündigung des Arbeitgebers zuvorkommt (s. Rdn 104). Die in der Literatur streitige Frage, ob Kausalität auch dann vorliegt, wenn das Arbeitsverhältnis unabhängig vom Verhalten des Arbeitnehmers ohnehin zu demselben Zeitpunkt geendet hätte, wird vom BSG – zu Recht – bejaht (*BSG* 12.8.1984 DBlR § 119 AFG Nr. 2959; 5.8.1999 BSGE 84, 225, 231 mwN; 17.10.2002 SozR 3–4300 § 144 Nr. 12; ggf. liegt aber ein wichtiger Grund vor, vgl. Rdn 104 ff.).

80 **Beim Zusammentreffen mehrerer Ursachen** für die Lösung des Beschäftigungsverhältnisses oder die Herbeiführung der Arbeitslosigkeit ist der Kausalzusammenhang nach der **Theorie der wesentlichen Bedingung** zu beurteilen, die auch sonst für das Sozialrecht maßgebend ist. Danach ist eine Bedingung als ursächlich (mitursächlich) im Rechtssinne anzusehen, wenn sie im Verhältnis zu anderen Bedingungen wegen ihrer besonderen Beziehungen zum Erfolg zu dessen Eintritt wesentlich mitgewirkt hat (*BSG* 28.6.1991 BSGE 69, 108, 111). Liegen mehrere Bedingungen vor, ist diejenige wesentlich, die gegenüber anderen Bedingungen entweder von überragender oder mindestens gleichwertiger Bedeutung ist. Deshalb bleibt eine vom Arbeitnehmer ausgesprochene Kündigung auch dann für die Arbeitslosigkeit die wesentliche Bedingung, wenn der Arbeitgeber zum selben Zeitpunkt eine betriebs- oder personenbedingte Kündigung ausgesprochen hat. Hingegen ist die Kausalität der vom Arbeitnehmer ausgesprochenen Kündigung für die Arbeitslosigkeit vom *BSG* verneint worden, wenn die Arbeitslosigkeit bei pflichtgemäßer Vermittlungstätigkeit der AfA nicht eingetreten wäre (*BSG* 28.6.1991 BSGE 69, 108, 111; krit. dazu Eicher/Schlegel-*Coseriu* § 159 Rn 159).

81 Der ursächliche Zusammenhang beurteilt sich allein nach dem **tatsächlichen Geschehensablauf** und nicht etwa einem hypothetischen Verlauf, zu dem zB eine angedrohte Arbeitgeberkündigung gehört. Die sog. **überholende Kausalität** ist keine Frage der Kausalität, sondern der **Schadenszurechnung** (*Estelmann* VSSR 1997, 13, 336) und kann für den Arbeitnehmer allenfalls bei der Frage des **wichtigen Grundes** eine Rolle spielen (s. Rdn 104). Dem entsprechend kann eine Kündigung des Arbeitsverhältnisses durch den Arbeitnehmer auch dann kausal für die Lösung des Beschäftigungsverhältnisses sein, wenn der Arbeitgeber zum gleichen Zeitpunkt (aus betriebsbedingten oder personenbedingten Gründen) tatsächlich gekündigt hat bzw. die Kündigungsschreiben sich gekreuzt haben, oder wenn eine Arbeitgeberkündigung sicher bevorstand oder jedenfalls drohte. Das Gleiche gilt, wenn feststeht, dass der Arbeitnehmer ohne das vertragswidrige Verhalten, auf das die Kündigung gestützt war, zum gleichen Zeitpunkt aus betriebsbedingten Gründen entlassen worden wäre. Auch in diesen Fällen ist jeweils zu prüfen, ob ein wichtiger Grund oder wenigstens ein Härtefall vorliegt (s. Rdn 93 ff.).

82 Bei der Frage der **Verursachung der Arbeitslosigkeit** durch den Arbeitslosen kommt es – entgegen aufgegebenen früheren Entscheidungen (*BSG* 12.12.1984 SozR 4100 § 119 Nr. 24; 25.4.1990 SozR 3–4100 § 119 Nr. 3) – nicht darauf an, ob die Arbeitslosigkeit **gerade für den Zeitraum, für den Leistungen beansprucht werden**, verursacht worden ist. Maßgebend ist vielmehr die vom Arbeitnehmer »herbeigeführte« Arbeitslosigkeit, dh die Verursachung ihres **Beginns**. Es ist unerheblich, ob der Arbeitslose zu einem späteren Zeitpunkt, zu dem er Leistungen beansprucht, ohnehin (aus anderen Gründen) arbeitslos geworden wäre. Dass wegen der späteren Inanspruchnahme der Leistung der Versichertengemeinschaft kein Schaden entsteht, ist unerheblich; dies schließt die Kausalität nicht aus (*BSG* 5.8.1999 BSGE 84, 225, 231 ff.; s.a. Rdn 128).

83 Eine Sperrzeit tritt hingegen nicht ein, wenn das vertragswidrige Verhalten des Arbeitnehmers lediglich eine **ordentliche**, nicht aber eine **fristlose Kündigung** des Arbeitgebers rechtfertigt und der durch die fristlose Kündigung (schuldlos) arbeitslos gewordene Arbeitnehmer Arbeitslosengeld nur für die Zeit bis zum Ablauf der Kündigungsfrist begehrt (*BSG* 25.4.1990 BSGE 67, 26, 28). Eine Sperrzeit kann erst für die Zeit nach Ablauf der Kündigungsfrist eintreten, sofern der Arbeitslose dann noch arbeitslos ist.

Hat der Arbeitnehmer eine **Beschäftigung von weniger als 15 Stunden** wöchentlich ausgeübt und 84
aufgegeben, kann es mangels Kausalität nicht zum Eintritt einer Sperrzeit kommen, weil Arbeitslosigkeit bereits vor der Aufgabe bestanden hat (vgl. § 138 Abs. 3 S. 1; Abs. 5 Nr. 1 SGB III). Das gilt nicht, wenn eine von mehreren kurzzeitigen Beschäftigungen aufgegeben wurde, die bei Zusammenrechnung mindestens 15 Stunden wöchentlich umfassten (§ 138 Abs. 3 S. 2 SGB III; vgl. auch KR-*Link/Lau* SozR Rdn 116).

Bei einer **Kündigung des Arbeitgebers** wegen vertragswidrigen Verhaltens des Arbeitnehmers muss 85
die Kündigung durch das vertragswidrige Verhalten »**veranlasst**« und **dadurch** die Arbeitslosigkeit **verursacht** sein. Eine Kündigung ist durch das Verhalten des Arbeitnehmers veranlasst, wenn dieses Verhalten den objektiven Geschehensablauf zur Kündigung in Gang setzt und eine die Kündigung **wesentlich mitbestimmende Bedingung** darstellt. Das ist zB nicht der Fall, wenn der Arbeitgeber in erster Linie aus betriebsbedingten Gründen kündigt und die Kündigung nur hilfsweise auf vertragswidriges Verhalten stützt.

Auch wenn ein vertragswidriges Verhalten des Arbeitnehmers Anlass für die Kündigung war, muss 86
ein **Ursachenzusammenhang** zwischen Kündigung und Arbeitslosigkeit gegeben sein. An diesem Zusammenhang fehlt es, wenn – unabhängig von Anlass oder Motiv der Kündigung – nach dem objektiv vorliegenden Kündigungssachverhalt **andere Kündigungsgründe** vorgelegen haben, die die **alleinige** oder neben dem vertragswidrigen Verhalten des Arbeitnehmers eine **wesentlich mitbestimmende** Ursache für die Beendigung des Arbeitsverhältnisses bilden. Typische Fallgestaltung: Der Arbeitgeber kündigt wegen wiederholtem unentschuldigtem Fernbleiben von der Arbeit und stützt im Kündigungsschutzprozess (durch zulässiges Nachschieben von Gründen) die Kündigung auch auf betriebsbedingte Gründe, zB Arbeitsmangel. Erweist sich der verhaltensbedingte Kündigungsgrund mangels der erforderlichen Abmahnung als nicht ausreichend und wird das Arbeitsverhältnis wegen Arbeitsmangel beendet, so fehlt es an dem erforderlichen Ursachenzusammenhang.

II. Verursachung geringfügiger Arbeitslosigkeit

Die Frage, ob eine Sperrzeit auch dann eintritt, wenn der Arbeitnehmer durch sein Verhalten den 87
Eintritt der Arbeitslosigkeit um **weniger als die Dauer der Sperrzeit** vorverlegt hat, hatte das *BSG* mit der Begründung bejaht, die Sperrzeit sei ein der Vertragsstrafe ähnlicher **Ausgleich standardisierten Umfangs** (Regeldauer, halbe Regeldauer, Erlöschen des Leistungsanspruchs); deshalb trete eine (auf die halbe Regeldauer verkürzte) Sperrzeit auch dann ein, wenn ein Arbeitsloser ein befristetes Arbeitsverhältnis nur eine Woche früher beende und für diese Woche Arbeitslosengeld beanspruche (*BSG* 12.12.1984 SozR 4100 § 119 Nr. 24). Auf den Hinweis des *BSG*, bei längeren Sperrzeiten könne dies jedoch gegen den **Verhältnismäßigkeitsgrundsatz** verstoßen, hat der Gesetzgeber 1986 durch Gesetzesänderung reagiert: Seitdem war die Sperrzeit für zwei – von mehreren möglichen – Fallgruppen auf ein Viertel der Regeldauer (zwei Wochen) reduziert worden, u.a. »wenn das Arbeitsverhältnis innerhalb von vier Wochen nach dem Ereignis, das die Sperrzeit begründet, ohne eine Sperrzeit geendet hätte« (§ 119 Abs. 2 S. 2 Nr. 1 AFG aF). Die Neuregelung des SGB III sah entsprechend der Regeldauer von zwölf Wochen eine Reduktion auf drei Wochen vor, wenn das Arbeitsverhältnis innerhalb von sechs Wochen nach dem sperrzeitbegründenden Ereignis ohne Sperrzeit geendet hätte (vgl. KR 6. Aufl., § 144 SGB III Rn 28, 49). Ab 1.1.2003 sind die Härtefälle bei Sperrzeit wegen Arbeitsaufgabe neu geregelt worden (Verkürzung der Regelsperrzeit auf sechs bzw. drei Wochen, s. Rdn 134). Dem kann eine Bestätigung der Rspr. des *BSG* entnommen werden, dass die Sperrzeit **eine Pauschalierung der dem Versicherten anzulastenden Folgen** darstellt, und dass eine **Begrenzung der Sperrzeit** auf den eingetretenen **Schaden** (Dauer der verursachten Arbeitslosigkeit) nicht dem gesetzlichen System entspricht (zuletzt *BSG* 5.2.2004 – B 11 AL 31/03 R, SozR 4–4300 § 144 Nr. 7, S. 29 f.). Verfassungsrechtlichen Bedenken (u.a. *Estelmann* VSSR 1997, 313, 326 ff.) ist das *BSG* ausdrücklich und mit guten Gründen entgegengetreten (*BSG* 5.2.2004 SozR 4–4300 § 144 Nr. 7, S. 29 f.). Gegen eine einschränkende Auslegung spricht sowohl der Wortlaut, die Entstehungsgeschichte als auch Sinn und Zweck der pauschalierenden Regelung. Deshalb tritt eine verkürzte Sperrzeit von drei Wochen auch dann ein, wenn die Dauer

der verursachten Arbeitslosigkeit nur wenige Tage umfasst; sie verkürzt sich andererseits aber auch dann auf drei Wochen, wenn die herbeigeführte Arbeitslosigkeit bis zu sechs Wochen reicht. Zu den Härteregelungen s. Rdn 137 f.

III. Vorsätzliche oder grob fahrlässige Herbeiführung der Arbeitslosigkeit

88 Der Arbeitnehmer muss die Arbeitslosigkeit durch seine Kündigung oder durch sein vertragswidriges Verhalten **vorsätzlich oder grob fahrlässig** herbeigeführt haben. Diese Schuldbegriffe beziehen sich nach dem eindeutigen Wortlaut des Gesetzes nicht auf die **Lösung des Beschäftigungsverhältnisses** durch den Arbeitnehmer bzw. auf sein vertragswidriges Verhalten, sondern auf den **Eintritt der Arbeitslosigkeit** (*BSG* 15.12.2005 SozR 4–4300 § 144 Nr. 12 Rn 13 unter Bezugnahme auf *BSG* 25.8.1981 BB 1982, 559; aA *Gagel* AuB 1978, 259; *Thiede* ABA 1972, 8, 198). Es entspricht dem Grundgedanken der Sperrzeitregelung, nicht ein bestimmtes Verhalten zu ahnden, sondern die Erhöhung des Risikos der Beitragszahler in Schranken zu halten bzw. Manipulierungen des Versicherungsfalles auszuschließen.

89 **Grobe Fahrlässigkeit** liegt dann vor, wenn die erforderliche Sorgfalt nach den gesamten Umständen des Falles in besonders großem Maße verletzt ist, dh wenn schon einfachste, ganz naheliegende Überlegungen nicht angestellt worden sind (*BSG* 25.8.1981 BB 1982, 559). Deshalb liegt mindestens grobe Fahrlässigkeit vor, wenn der Arbeitnehmer sein Arbeitsverhältnis kündigt und weiß, dass er keinen Anschlussarbeitsplatz oder mindestens konkrete Aussichten auf einen solchen hat (*BSG* 13.8.1986 SozR 4100 § 119 AFG Nr. 28 mwN; zuletzt *BSG* 2.5.2012 SozR 4–4300 § 144 Nr. 23 Rn 15; 17.11.2005 SozR 4–4300 § 144 Nr. 10 Rn 14). Die feste Zusicherung eines Anschlussarbeitsplatzes ist nicht erforderlich. Ausreichend und notwendig ist, dass der Arbeitnehmer bei Eigenkündigung oder Abschluss eines Aufhebungsvertrages ernst zu nehmende Aussichten auf einen Anschlussarbeitsplatz hat (vgl. *LSG Hmb.* 3.6.2020 – L 2 AL 32/19). Hat zB ein Arbeitnehmer ein unbefristetes Beschäftigungsverhältnis gelöst, um anschließend ein befristetes Beschäftigungsverhältnis einzugehen, und wird er nach Ablauf der Befristung arbeitslos, so hat er die Arbeitslosigkeit nicht grob fahrlässig herbeigeführt, wenn er nach den Umständen des Falles die berechtigte Hoffnung haben konnte, dass das Arbeitsverhältnis über die Befristung hinaus fortdauern werde (*BSG* 26.10.2004 SozR 4–4300 § 144 Nr. 9; *SG Duisburg* 29.10.2002 info also 2003, 151). War für einen Anschlussarbeitsplatz hingegen eine Bedingung (idF eine Hospitation) ausschlaggebend und ist diese im Zeitpunkt der Eigenkündigung noch nicht erfüllt, so hatte der Betroffene jedenfalls im Zeitpunkt der Kündigung noch nicht die erforderliche konkrete Aussicht auf einen Anschlussarbeitsplatz (vgl. *LSG Hmb.* 3.6.2020 – L 2 AL 32/19).

90 Bei der Beendigung des Arbeitsverhältnisses durch den Arbeitgeber kommt es für den Vorwurf grober Fahrlässigkeit bei der Herbeiführung der Arbeitslosigkeit darauf an, ob der Arbeitslose sicher mit seiner Entlassung und der anschließenden Arbeitslosigkeit rechnen musste (schlechthin wissen musste) oder ob diese Entwicklung doch so nahelag, dass sie nicht außer Acht bleiben durfte (*BSG* 25.8.1981 BB 1982, 559). Nach dem in der Rechtsprechung des *BSG* herausgebildeten **subjektiven Fahrlässigkeitsbegriff** ist hierbei die persönliche Urteils- und Kritikfähigkeit und das Einsichtsvermögen des Arbeitnehmers zu berücksichtigen (*BSG* 1.8.1978 BSGE 47, 28, 33; 12.2.1980 SozR 4100 § 152 Nr. 10). Dass die Vertragsverletzung, die die Kündigung veranlasst hat, selbst grob fahrlässig war, ist nicht Voraussetzung für den Eintritt der Sperrzeit (*BSG* 12.12.1984 SozR § 119 Nr. 26; aA *Gagel* AuB 1978, 257, 259; *Thiede* ABA 1972, 8, 10). Es reicht auch eine **einfache Pflichtverletzung** aus, die aber hinsichtlich der Herbeiführung der Arbeitslosigkeit regelmäßig nur dann den **Vorwurf grober Fahrlässigkeit** rechtfertigt, wenn der Arbeitnehmer auf Grund besonderer Umstände – etwa bei wiederholtem Pflichtverstoß nach vorheriger Abmahnung durch den Arbeitgeber – sicher mit der **Entlassung rechnen musste**. Bei Verstößen einfacher Art ist idR eine Abmahnung bzw. Verwarnung erforderlich, bevor der Arbeitgeber das vertragswidrige Verhalten zum Anlass einer (außerordentlichen oder ordentlichen) Kündigung nehmen kann.

91 Die – streitige – Frage, ob nur **arbeitsvertragswidriges Verhalten**, das der Arbeitnehmer **verschuldet hat**, zur Sperrzeit zu führen vermag oder ob auch ein lediglich objektiv pflichtwidriges Verhalten

ausreicht, ist nach kündigungsrechtlichen Maßstäben zu beurteilen. Danach ist eine Kündigung idR nur dann durch Gründe im Verhalten des Arbeitnehmers gerechtfertigt, wenn dieser **schuldhaft** seine Pflichten aus dem Vertrag verletzt hat; dabei kann allerdings auch Fahrlässigkeit ausreichen (vgl. KR-*Fischermeier* § 626 BGB Rdn 146 mwN; KR-*Rachor* § 1 KSchG Rdn 298 ff.; *BAG* 20.10.2016 – 6 AZR 471/15, BAGE 157, 84 zur [bejahten] Fahrlässigkeit eines LKW-Fahrers, der zwei Tage vor Fahrantritt Drogen zu sich genommen hatte). Ein lediglich objektiv pflichtwidriges Verhalten, zB Verstöße gegen Vertragspflichten aus normalem Ungeschick, auf Grund menschlicher Unzulänglichkeiten, wegen fehlender Fähigkeiten und Eignung können eine verhaltensbedingte Kündigung grds. nicht rechtfertigen; es muss sich vielmehr um steuerbares Verhalten des Arbeitnehmers handeln, und die Vertragspflichtverletzung muss **vorwerfbar** sein (*BAG* 3.6.2004 EzA § 23 KSchG Nr. 27 zu B III; vgl. KR-*Rachor* § 1 KSchG Rdn 282, 426; vgl. auch KR-*Fischermeier/Krumbiegel* § 626 BGB Rdn 146).

Da die **Berechtigung zur Kündigung** hier nur für die Frage der Wesentlichkeit des Beitrags des Arbeitnehmers zur Verursachung seiner Arbeitslosigkeit von Bedeutung ist, kommt es nicht auf die formale Rechtmäßigkeit der Kündigung an, sondern nur darauf, ob das vertragswidrige Verhalten des Arbeitnehmers **typischerweise einen berechtigten Anlass** für die Arbeitgeberkündigung bietet (so im Ergebnis *BSG* 15.12.2005 SozR 4-4300 § 144 Nr. 12 Rn 13). Dabei ist der Grad des Verschuldens wesentlich. Bei fahrlässigen Verstößen gegen Verhaltenspflichten wird jedenfalls die Kündigung und damit die Arbeitslosigkeit nicht ohne weiteres für den Arbeitnehmer vorhersehbar sein, sodass es schon aus diesen Gründen an den Voraussetzungen für den Eintritt einer Sperrzeit fehlen kann. Im Übrigen können vertragswidrige Fehl-, Schlecht- und Minderleistungen, die auf mangelnder Eignung (zB auf fehlender persönlicher und fachlicher Qualifikation) beruhen und daher im Allgemeinen nur eine Kündigung aus personenbedingten Gründen rechtfertigen (vgl. KR-*Rachor* § 1 KSchG Rdn 320 ff., 487 f.), nicht zu einer Sperrzeit führen, weil die Sperrzeitregelung wegen Arbeitsaufgabe nur die Fälle der Kündigung des Arbeitgebers aus **verhaltensbedingten Gründen** erfasst (vgl. auch Rdn 71). 92

D. Wichtiger Grund

I. Begriff, Bedeutung

Eine Sperrzeit tritt in sämtlichen Sperrzeitfällen des § 159 Abs. 1 S. 2 Nr. 1 bis 9 SGB III nicht ein, wenn der Arbeitslose für sein Verhalten einen **wichtigen Grund** hat (vgl. hierzu *Schweiger* NZS 2015, 328 zur Systematik des wichtigen Grundes bei Aufhebungsverträgen; allg. auch *BSG* 12.9.2017 – B 11 AL 25/16 R, SozR 4-4300 § 159 Nr. 3). Der Begriff »**wichtiger Grund**« ist ein unbestimmter Gesetzesbegriff, der an die Stelle der im früheren Recht aufgezählten »berechtigten Gründe« (§ 78 AVAVG) getreten ist (vgl. dazu *BSG* 17.10.2002 BSGE 90, 90, 97 = SozR 3-4100 § 119 Nr. 26). Eine Sperrzeit soll nach den Vorstellungen des Gesetzgebers allgemein dann eintreten, wenn dem Arbeitnehmer unter Berücksichtigung aller Umstände des Einzelfalles und unter Abwägung seiner Interessen und der Interessen der Versichertengemeinschaft ein anderes Verhalten **zugemutet werden kann** (vgl. Vorbem. zu § 108a AFG-Entwurf, BT-Drucks. V/4110, S. 20/21; *BSG* 14.9.2010 SozR 4-4300 § 144 Nr. 21; 26.10.2004 SozR 4-4300 § 144 Nr. 9). Allerdings ist diese allgemeine Umschreibung dahin zu konkretisieren, dass es sich um Umstände handeln muss, die sich auf die Fortsetzung des Beschäftigungsverhältnisses beziehen, die nach der historischen Entwicklung der Sperrzeitregelungen grds. entweder der beruflichen oder der persönlichen Sphäre des Arbeitnehmers entspringen müssen (*BSG* 14.9.2010 SozR 4-4300 § 144 Nr. 21). Dies ist insofern von Bedeutung, als das *BSG* **rein wirtschaftliche Vorteile** außerhalb der beruflichen wie auch der persönlichen Sphäre nicht für das Vorliegen eines wichtigen Grundes genügen lässt (*BSG* 14.9.2010 SozR 4-4300 § 144 Nr. 21, zur Arbeitnehmerkündigung, um in den Genuss einer längeren Arbeitslosengeldbezugsdauer zu kommen). 93

Der wichtige Grund muss sich auf die Lösung des **Beschäftigungsverhältnisses**, nicht des Arbeitsverhältnisses beziehen. Das kann zB bei einer vereinbarten Freistellung gegen Fortzahlung des Arbeitsentgelts bedeutsam sein (s. Rdn 63). Dabei hat der wichtige Grund nicht nur die Lösung des 94

Beschäftigungsverhältnisses, sondern gerade auch den konkreten Zeitpunkt der Beendigung zu umfassen (*BSG* 12.9.2017 – B 11 AL 25/16 R, SozR 4–4300 § 159 Nr. 3 Rn 16 mwN; 17.10.2002 – B 7 AL 136/01 R, SozR 3–4300 § 144 Nr. 12 S. 34; *LSG Bln.-Bra.* 24.7.2019 – L 18 AL 8/19, WKRS 2019, 41904). Zu beachten ist, dass das Vorliegen eines wichtigen Grundes nicht nur inhaltlich, sondern auch zeitlich bezogen auf diesen das Beschäftigungsverhältnis auflösenden Akt zu prüfen ist. Maßgeblich sind allein die Verhältnisse zum Zeitpunkt des Sperrzeitereignisses; einem späteren Verhalten kommt für die Frage, ob der Versicherte für sein Verhalten einen wichtigen Grund hatte, keine Bedeutung mehr zu (so klarstellend *BSG* 12.9.2017 – B 11 AL 25/16 R, SozR 4–4300 § 159 Nr. 3 Rn 22; 12.10.2017 – B 11 AL 17/16 R).

95 Nach hM muss der wichtige Grund **objektiv** bestehen, was allerdings nicht ausschließt, dass er ganz oder teilweise in subjektiven Bedürfnissen und Vorstellungen des Arbeitslosen liegen kann (*BSG* 12.9.2017 – B 11 AL 25/16 R, SozR 4–4300 § 159 Nr. 3). Es genügt aber, wenn objektiv ein Grund vorliegt oder nachträglich erkennbar wird, auch wenn er für den Versicherten nicht bestimmend war (*BSG* 9.5.1963 SozR Nr. 1 zu § 80 AVAVG). Im Falle der **irrtümlichen Annahme** eines wichtigen Grundes oder bei sonstigen irrtümlichen Vorstellungen über den Nichteintritt einer Sperrzeit (zB Irrtum über die Rechtsfolgen einer Kündigung) kann eine **Verkürzung der Sperrzeit** nach der Härteregelung des § 159 Abs. 3 SGB III in Betracht kommen. Dies setzt allerdings voraus, dass der Irrtum **unverschuldet**, dh für den Arbeitslosen unvermeidbar war, etwa wenn der Irrtum bei der gebotenen Einholung einer Auskunft bei einer kompetenten Stelle durch diese hervorgerufen oder unterstützt worden ist (vgl. *BSG* 5.6.1997 SozR 3–1500 § 144 SGG Nr. 12; 13.3.1997 SozR 3–4100 § 119 Nr. 11).

96 Dabei spielt bei der von § 159 SGB III gewählten Typisierung und Pauschalierung **keine Rolle**, ob bzw. **wann das Beschäftigungsverhältnis ohnedies geendet hätte**. Diesem Gesichtspunkt wird vielmehr durch die Härteregelungen des § 159 Abs. 3 SGB III mit der Verkürzung der Sperrzeit Rechnung getragen (s. Rdn 137).

II. Gründe aus dem Arbeitsverhältnis

97 Wichtige Gründe iSd § 159 Abs. 1 SGB III sind jedenfalls alle Gründe, die zur **fristlosen Kündigung durch den Arbeitnehmer** (§ 626 BGB) berechtigen (*BSG* 17.7.1964 BSGE 21, 205, 207; vgl. zur Kündigung aus wichtigem Grund KR-*Fischermeier/Krumbiegel* § 626 BGB Rdn 135 ff., 143, 156, 159–161), ferner auch Gründe, die zwar nicht die Weiterarbeit während der Kündigungsfrist, wohl aber die **Fortsetzung des Arbeitsverhältnisses** über die **ordentliche Kündigungsfrist hinaus** als unzumutbar erscheinen lassen. Anders als im Arbeitsrecht ist also auch bei der ordentlichen Kündigung des Arbeitnehmers zu prüfen, ob sie durch **wichtige Gründe** gerechtfertigt war. Hat die Wichtigkeit des Grundes nur eine ordentliche Kündigung gerechtfertigt, der Arbeitnehmer aber fristlos gekündigt, so kann dies eine Sperrzeit auslösen. Da der wichtige Grund iSd § 159 Abs. 1 S. 1 SGB III nicht mit dem wichtigen Grund iSd § 626 BGB inhaltlich übereinstimmt, können also auch Gründe, die arbeitsrechtlich allenfalls eine ordentliche, nicht aber fristlose Kündigung rechtfertigen, im Einzelfall einen wichtigen Grund zur Lösung des Beschäftigungsverhältnisses bilden.

98 Als **wichtige Gründe** kommen in Betracht: **Vertragsverletzungen durch den Arbeitgeber**, zB verspätete Zahlung des Arbeitsentgelts, untertarifliche Entlohnung, Versetzung in unterwertige Tätigkeit, Nichteinhaltung von Sicherheitsvorschriften, zB der Vorschriften über Lenk- und Ruhezeiten bei Lkw-Fahrern (*BSG* 6.2.2003 SozR 4–4300 § 144 Nr. 1 m. zust. Anm. *Gitter* SGb 2003, 479; abl. *Walter* AuR 2003, 315). Allerdings muss der Arbeitnehmer vor der Beendigung seines Arbeitsverhältnisses einen zumutbaren Versuch unternommen haben, die arbeitsrechtliche Situation zu bereinigen (*BSG* 6.2.2003 SozR 4–4300 § 144 Nr. 1).

99 Umstände aus dem Arbeitsverhältnis/Beschäftigungsverhältnis begründen grds. nur dann einen wichtigen Grund für dessen Lösung, wenn zu deren Beseitigung durch Vereinbarung mit dem Arbeitgeber ein **zumutbarer Versuch** möglich war und unternommen worden ist (*BSG* 6.2.2003 SozR 4–4300 § 144 Nr. 1).

Kein wichtiger Grund für die Lösung eines Beschäftigungsverhältnisses wurde angenommen, wenn 100
binnen einer Woche nach Tätigkeitsaufnahme **noch kein schriftlicher Arbeitsvertrag** ausgefertigt
worden ist, aber ein mündlicher Arbeitsvertrag bereits vorliegt (*LSG Bay.* 6.8.2014 – L 10 AL 169/
12, NZS 2014, 915).

Als wichtiger Grund kommt auch das **Verhalten von Mitarbeitern** in Betracht (zB Mobbing durch 101
Vorgesetzte oder die Belegschaft; vgl. *BSG* 21.10.2003 SozR 4-4300 § 144 Nr. 4), ferner auch
Verletzungen der Fürsorgepflicht und sonstige Handlungen des Arbeitgebers, die die Vertrauensgrundlage der Zusammenarbeit zerstören oder nachhaltig beeinträchtigen. ZB kann der unberechtigte Verdacht einer strafbaren Handlung und/oder eine unberechtigte Kündigung durch den
Arbeitgeber das Vertrauensverhältnis so tiefgreifend stören, dass die Beendigung des Arbeitsverhältnisses schon vor Ablauf der maßgeblichen Kündigungsfrist gerechtfertigt sein kann.

Ein wichtiger Grund liegt immer dann vor, wenn die Lösung des Beschäftigungsverhältnisses auf 102
Grund einer **Diskriminierung des Arbeitnehmers** (Benachteiligung nach § 3 AGG) erfolgt, wobei
unerheblich ist, ob der Arbeitnehmer hieran mitwirkt, etwa durch Eigenkündigung, Aufhebungs-
oder Abwicklungsvertrag (*Cornelius/Lipinski* BB 2007, 496 ff., 500). Dabei wird der benachteiligte
Arbeitnehmer regelmäßig auch zur fristlosen Kündigung nach § 626 BGB berechtigt sein (*Bauer/
Evers* NZA 2006, 893, 896 f.; vgl. auch Rdn 55 unter Buchst. c).

Die Auflösung des Arbeitsverhältnisses durch **arbeitsgerichtlichen Vergleich** nach Kündigung 103
durch den Arbeitgeber ist durch einen wichtigen Grund gerechtfertigt, wenn die (verhaltensbedingte) Kündigung **ungerechtfertigt** und die Fortsetzung des Arbeitsverhältnisses unzumutbar war
oder wenn der Vergleich ansonsten nach der jeweiligen Prozesssituation auf verständigem Grund
beruht (s. Rdn 61).

III. Drohende Arbeitgeberkündigung

Hat der Arbeitnehmer sein Arbeitsverhältnis durch Auflösungsvertrag mit dem Arbeitgeber gelöst, 104
weil eine von seinem Verhalten unabhängige Kündigung des Arbeitgebers zum gleichen Zeitpunkt
gedroht bzw. sicher bevorgestanden hat, berührt das zwar nicht die Kausalität (s. Rdn 78 ff.), kann
aber uU einen **wichtigen Grund** darstellen (ausf. hierzu *Schweiger* NZS 2015, 328). Nach der
Rspr. des BSG (Rechtslage vor dem Inkrafttreten des § 1a KSchG am 1.1.2004, für die Zeit danach s. Rdn 108) kann sich ein Arbeitnehmer in Fällen der Lösung des Beschäftigungsverhältnisses
durch Aufhebungsvertrag auf einen wichtigen Grund berufen, a) wenn ihm der Arbeitgeber mit
einer **objektiv rechtmäßigen Kündigung droht** und ihm b) die **Hinnahme** oder das Abwarten der
Kündigung nicht zuzumuten ist (zuletzt *BSG* 12.7.2006 SozR 4-4300 § 144 Nr. 13; 17.11.2005
SozR 4-4300 § 144 Nr. 11; 16.10.2003 SozR 4-4300 § 147a Nr. 1; 25.4.2002 BSGE 89, 243,
246 ff.). Es reicht allerdings nicht aus, dass der Arbeitnehmer die drohende Kündigung für rechtmäßig gehalten hat oder halten durfte; vielmehr muss es sich um eine **objektiv rechtmäßige Kündigung** handeln, was im Einzelfall im Rahmen des Sperrzeitprozesses zu klären ist (st. Rspr.; vgl. nur
BSG 29.11.1989 BSGE 66, 94, 101 f.; BSG SozR 3-4100 § 119 Nr. 11; abw. *Gagel* SGb 2006,
264, 268; vgl. aber die Einschränkungen im Anwendungsbereich von § 1a KSchG, Rdn 48 ff.,
105). Wesentlich ist dabei die Erwägung, dass sich der Betroffene gegen eine solche Kündigung
nicht erfolgreich zur Wehr setzen könnte. Damit ist dem Arbeitnehmer allerdings das Risiko aufgebürdet, die Rechtmäßigkeit der Kündigung objektiv richtig zu beurteilen bzw. im Streitfall ihre
Rechtmäßigkeit darzulegen.

Hinsichtlich der unter b) genannten Voraussetzung hat das BSG im Hinblick auf den Zweck der 105
Sperrzeit und das Übermaßverbot selbst eine **restriktive Handhabung** angemahnt (ebenso *Schweiger*
NZS 2015, 328, 333). Dem Arbeitnehmer sei nicht grds. zuzumuten, die drohende Kündigung des
Arbeitgebers abzuwarten. Eine Beteiligung an der Beendigung des Beschäftigungsverhältnisses sei
vielmehr dann sperrzeitunschädlich, wenn keine Anhaltspunkte dafür vorliegen, dass die mit einer
Kündigung typischerweise eintretenden Nachteile nicht eingetreten wären (vgl. *BSG* 25.4.2002
BSGE 89, 243, 246 ff.). Ein wichtiger Grund zur Lösung des Beschäftigungsverhältnisses durch

Aufhebungsvertrag besteht nur dann, wenn dem Arbeitnehmer andernfalls **zum selben Zeitpunkt** arbeitgeberseitig gekündigt worden wäre (*BSG* 2.5.2012 – B 11 AL 6/11 R, WKRS 2012, 18970). Ist zB die rechtmäßige Kündigung eines älteren Arbeitnehmers aufgrund tariflicher Vorschriften vor Erreichen des Renteneintrittsalter ausgeschlossen, löst eine Aufhebung des Arbeitsverhältnisses vor diesem Zeitpunkt – auch in den Fällen eines zwingenden Personalabbaus – die Sperrzeitfolge aus (vgl. *LSG Bln.-Bra.* 6.5.2020 – L 18 AL 55/19, WKRS 2020, 46986). Eine Sperrzeit wegen Arbeitsaufgabe tritt bei einem ordentlich unkündbaren Arbeitnehmer auch dann ein, wenn zwischen Auflösungsvertrag und Beendigung des Arbeitsverhältnisses fast **drei Jahre** liegen (*LSG Nds.-Brem.* 13.5.2019 – L 7 AL 84/18, WKRS 2019, 41493).

106 Im Fall eines leitenden Angestellten kann schon sein Interesse, sich angesichts der bevorstehenden Beschäftigungslosigkeit durch den Aufhebungsvertrag wenigstens die **angebotene Abfindung zu sichern**, einen wichtigen Grund darstellen (*BSG* 17.11.2005 BSGE 95, 232; zust. *Behrend* jurisPR-SozR 19/2006 Anm. 4; *Spellbrink* BB 2006, 1274, 1276; abl. *Hase* AuB 2006, 58 f.; zur besonderen Situation von leitenden Angestellten *Schweiger* NZS 2015, 328, 334).

107 Auch bei **Rechtswidrigkeit** einer **drohenden** (sicher zu erwartenden oder bereits ausgesprochenen) **Kündigung** bleibt nach der Rspr. Raum für die Annahme eines wichtigen Grundes, sofern besondere Umstände, zB das Verhalten des Arbeitgebers, dies rechtfertigen (*BSG* 17.10.2002 SozR 3–4300 § 144 Nr. 12; 2.9.2004 – B 7 AL 18/04 R). Der wichtige Grund muss allerdings bereits **zum Zeitpunkt des als Lösung** zu wertenden Verhaltens vorliegen; erst später eintretende Umstände sind ohne Bedeutung (*BSG* 12.9.2017 – B 11 AL 25/16 R, SozR 4–4300 § 159 Nr. 3 Rn 22).

108 **Wandel der Rspr. des BSG unter Berücksichtigung von § 1a KSchG:** Nachdem § 1a KSchG am 1.1.2004 in Kraft getreten ist (vgl. Rdn 49 f.), hat sich ein Wandel in der Rechtsprechung des BSG vollzogen, der in einem Verzicht auf die Prüfung der Rechtmäßigkeit der drohenden Kündigung besteht und **stattdessen auf die Höhe des Abfindungsanspruchs** abstellt. Wie unter Rdn 53 iE ausgeführt, hat das BSG in seinem Urteil vom 12.7.2006 (= SozR 4–4300 § 144 Nr. 13 = NZS 2007, 380) angekündigt, für Streitfälle (Lösungssachverhalte) ab 1.1.2004 unter Heranziehung der Grundsätze des § 1a KSchG auf eine Prüfung der Rechtmäßigkeit der (drohenden) Arbeitgeberkündigung zu verzichten, wenn die Abfindungshöhe die Grenze des § 1a Abs. 2 KSchG nicht überschreitet (s. hierzu auch *BSG* 8.7.2009 BSGE 104, 57 m. zust. Anm. *Fandel/Hausch* BB 2010, 446). Diese Ankündigungsrechtsprechung wurde inzwischen sozusagen vollzogen. In seiner Entscheidung vom 2.5.2012 hat das *BSG* entschieden (BSGE 111, 1): Bewegt sich die Abfindung in den Grenzen des § 1a KSchG, so ist in entsprechender Anwendung des § 1a KSchG nicht zu prüfen, ob die drohende Arbeitgeberkündigung rechtmäßig ist, es sei denn, es liegt eine Gesetzesumgehung (zB offenkundige Rechtswidrigkeit der beabsichtigten Kündigung) vor (vgl. hierzu *LSG Bay.* 28.2.2013 – L 9 AL 42/10, ArbR 2013, 375 m. Anm. *Schindele* ArbR 2013, 375). In der Literatur ist diese Entscheidung auf Zustimmung gestoßen (*Weinreich* SGb 2013, 427; *Sommer* jurisPR-SozR 23/2012 Anm. 1). Zu beachten ist aber, dass es außerhalb des Anwendungsbereichs des § 1a KSchG bei der Prüfung der Rechtmäßigkeit der drohenden Kündigung verbleibt (*LSG BW* 21.8.2012 – L 13 AL 1434/11, info also 2012, 258 m. überwiegend zust. Anm. *Geiger* info also 2012, 260; *Eicher/Schlegel-Coseriu* § 159 Rn 146; *Schweiger* NZS 2015, 328, 330). Vor diesem Hintergrund hat die BA ihre Fachliche Weisung entsprechend angepasst (aktuell § 159.1.2.1.1 Stand 1/2021). Danach sieht sie Aufhebungsverträge wegen Vorliegens eines wichtigen Grundes als sperrzeitfrei an, wenn:
a) eine Kündigung durch den Arbeitgeber mit Bestimmtheit in Aussicht gestellt worden ist,
b) die drohende Kündigung auf betriebliche oder personenbezogene (nicht aber verhaltensbedingte) Gründe gestützt wird,
c) die Kündigung zu demselben Zeitpunkt, zu dem das Beschäftigungsverhältnis geendet hat, oder früher wirksam gewesen wäre (bei einer einvernehmlichen Freistellung ist das Ende des Arbeitsverhältnisses maßgebend, wenn bis dahin Arbeitsentgelt gezahlt wird) und die Kündigungsfrist des Arbeitgebers eingehalten wird,
d) der Arbeitnehmer nicht unkündbar war und

e) eine Abfindung von bis zu 0,5 Monatsgehältern pro Beschäftigungsjahr an den Arbeitnehmer gezahlt wird (in Anlehnung an § 1a KSchG).

Im Übrigen kommt es nach der Fachlichen Weisung der BA nicht (mehr) darauf an, ob die hypothetische **Arbeitgeberkündigung rechtmäßig** ist, wenn die Abfindung die Grenze von 0,5 Monatsgehältern nicht überschreitet. Soweit die BA in ihrer früheren Weisung von einer Prüfung der Rechtmäßigkeit der Arbeitgeberkündigung nur abgesehen hatte, wenn die Abfindung innerhalb der Bandbreite von 0,25 bis zu 0,5 Monatsgehältern pro Beschäftigungsjahr lag, wurde dem mit Recht entgegengehalten, dass die von der BA festgelegte Mindestabfindungshöhe rechtlich kaum begründbar war (so *Lipinski/Kumm* BB 2008, 162, 165; zust. aber *Schweiger* NZS 2015, 328, 330; s. hierzu auch *Link/Lau* KR 11. Aufl., § 159 Rn 105 ff.). Auf diese Kritik hat die BA in ihrer Fachlichen Weisung zu § 159 (aktuell Stand 1/2021) reagiert und von einer Mindestabfindung Abstand genommen (s. hierzu auch *Fuhlrott* NZA 2017, 225; *Grimm/Freh* ArbRB 2017, 81; *Kleinebrink* DB 2017, 1212; *Bienert* info also 2017, 158). 109

Wird die die **Grenze von 0,5 Monatsgehältern überschritten**, bejaht die BA einen wichtigen Grund, wenn die übrigen Voraussetzungen (Buchst. a bis e; Rdn 108) erfüllt sind und der Arbeitslose **objektive Nachteile** aus einer arbeitgeberseitigen Kündigung für sein berufliches Fortkommen **vermieden** hat (Alt. 1) oder **sonstige Gründe** darlegt, aus denen er objektiv Nachteile aus einer arbeitgeberseitigen Kündigung befürchten musste (Alt. 2). Solche (sonstigen) Gründe können Vergünstigungen sein, auf die im Falle der Kündigung kein Anspruch bestanden hätte; hierzu zählen zB Abfindungen, die höher sind als 0,5 Monatsgehälter pro Beschäftigungsjahr und auf die ohne Abschluss des Aufhebungsvertrages kein Anspruch bestanden hätte (zB eine um 10 % höhere Abfindung als bei einer Arbeitgeberkündigung). In den genannten Fallgestaltungen (Alt. 1 und 2) kommt es nach der Fachlichen Weisung der BA allerdings darauf an, dass die **drohende Kündigung rechtmäßig** wäre (Fachliche Weisung zu § 159.1.2.1.1 Stand 1/2021). 110

IV. Sonstige berufliche und betriebliche Gründe

Auch sonstige **berufliche und betriebliche Gründe** können einen wichtigen Grund darstellen, zB die Aufgabe der Arbeitsstelle wegen drohender Insolvenz des Betriebes, drohender Umsetzung auf einen sozial geringer bewerteten Arbeitsplatz wegen Personalüberhangs, ferner auch die Absicht des Arbeitnehmers, sich einer geregelten Ausbildung oder Fortbildung zu unterziehen. Dem Arbeitnehmer kann grds. nicht zugemutet werden, auf eine der betrieblichen Fortentwicklung dienende Bildungsmaßnahme zu verzichten. Er muss allerdings darum bemüht sein, dass er das Arbeitsverhältnis möglichst bis zum Beginn der Bildungsmaßnahme aufrechterhält (s. Rdn 119). Zur Auflösung eines Ausbildungsverhältnisses s. Rdn 26. 111

Ein wichtiger Grund liegt nicht allein in der **Zahlung einer Abfindung**. Es müssen vielmehr überlagernde Sachzwänge der betrieblichen Situation des Arbeitgebers und den daraus folgenden Bedingungen für den Arbeitnehmer vorliegen, zB permanenter psychischer Druck, Unsicherheit über den Wegfall des Arbeitsplatzes u. Ä. (*BSG* 29.11.1989 – 7 RAr 86/88, BSGE 66, 94 mwN; 20.1.2000 AP Nr. 6 zu § 119 AFG). Allerdings hat das *BSG* im Zusammenhang mit dem Aufhebungsvertrag eines leitenden Angestellten, der sich gegen eine Beendigung seines Arbeitsverhältnisses nicht wehren konnte, ausgeführt, dass bereits sein Interesse, sich durch den Aufhebungsvertrag wenigstens die angebotene Abfindung zu sichern, einen wichtigen Grund darstellen kann (s. Rdn 106). 112

V. Personalabbau

Die Frage, ob ein wichtiger Grund zur Kündigung oder Auflösungsvereinbarung darin liegt, dass ein älterer Arbeitnehmer einem **jüngeren den Arbeitsplatz erhalten will**, hatte wegen der seit 1.1.1993 verschärften Sperrzeitfolgen besondere Bedeutung gewonnen (vgl. den in der 5. Aufl. kommentierten § 117a AFG, der allerdings zum 1.4.1997 aufgehoben worden ist und nur noch kraft Übergangsrechts fortgalt). Jedenfalls hatte der Gesetzgeber mit § 117a AFG deutlich zu erkennen gegeben, dass die Versichertengemeinschaft ein besonderes Interesse daran hat, den Eintritt der 113

Arbeitslosigkeit älterer Arbeitnehmer wegen der erheblichen **Folgekosten** zu verhindern, selbst wenn sie im Rahmen einer sozialplanpflichtigen Betriebsänderung ausscheiden (vgl. BT-Drucks. 12/3211 zu § 117, S. 23). Daran hat sich – trotz Streichung des § 117a AFG – bisher letztlich nichts geändert. Allerdings könnte die Verkürzung der Dauer der ab 1.2.2006 entstehenden Ansprüche auf Arbeitslosengeld auf höchstens 18 Monate und der Wegfall der Erstattungspflicht des Arbeitgebers für solche Ansprüche (vgl. hierzu *Wolff* KR 9. Aufl., § 147a SGB III Rn 4 ff.) dafürsprechen, die Anforderungen an den wichtigen Grund bei Personalabbau (s. Rdn 115, 116) zu mildern.

114 Die ältere Rspr. des BSG hatte einen wichtigen Grund **bei drastischem Personalabbau** mit der Begründung bejaht, dass einem älteren Arbeitnehmer, der in einer solchen Situation seinen Arbeitsplatz aufgibt, nicht vorgeworfen werden kann, die Belastungen der Arbeitsverwaltung mit Arbeitslosigkeit zu manipulieren (*BSG* 17.2.1981 SozR 4100 § 119 Nr. 14).

115 Diese Rechtsprechung hat das BSG inzwischen auf **besonders gelagerte Einzelfälle** eingeschränkt: Ein wichtiger Grund für die Lösung eines Arbeitsverhältnisses wegen Personalabbaus liegt nur bei einer **krisenhaften Situation** eines **größeren Betriebes** vor, wenn der Personalabbau von erheblichem Ausmaß ist und kurzfristig durchgeführt werden muss, um den Betrieb und damit die verbleibenden Arbeitsplätze zu erhalten. Eine solche Situation liegt im Allgemeinen nicht vor, wenn innerhalb eines Jahres **weniger als 1/4 der Beschäftigten freigesetzt wird** (*BSG* 25.4.1990 – 7 RAr 84/88, SozSich 1991, 94; ferner *BSG* 29.11.1989 BSGE 66, 94). Nur unter besonderen betrieblichen und den Arbeitsmarkt der Region belastenden Umständen sollen insbes. ältere Arbeitnehmer berechtigt sein, unter Mitnahme einer Abfindung aus dem Arbeitsverhältnis auszuscheiden und die Leistungen der Arbeitslosenversicherung ungeschmälert in Anspruch zu nehmen.

116 Der Gesetzgeber hatte die vorgenannte Rechtsprechung des BSG offensichtlich gebilligt, indem er die Härteregelung des § 147a Abs. 1 S. 2 Nr. 7 SGB III aF an ihr ausgerichtet hat. Nach § 147a Abs. 1 S. 2 Nr. 7 SGB III aF entfiel – wie in der Vorgängervorschrift – die Erstattungspflicht des Arbeitgebers, wenn der Arbeitnehmer im Rahmen eines kurzfristigen drastischen Personalabbaus von mindestens 20 % aus dem Betrieb ausgeschieden und dieser Personalabbau für den örtlichen Arbeitsmarkt von erheblicher Bedeutung war (s. *Wolff* KR 9. Aufl., § 147a SGB III Rn 15; vgl. aber hier Rdn 113 aE). Die Anerkennung eines wichtigen Grundes ist dagegen zu verneinen, wenn der Auflösungsvertrag lediglich der Verbesserung der Altersstruktur der Belegschaft oder der Sicherstellung der Wettbewerbsfähigkeit des Unternehmens dient.

117 Hingegen können die **Auswirkungen** des geplanten Personalabbaus für den Arbeitnehmer mit Rücksicht auf die Dauer seiner Betriebszugehörigkeit und sein Lebensalter unzumutbar sein, zB wenn nur noch eine **unterwertige Beschäftigung** möglich ist (*BSG* 13.8.1986 SozR 4100 § 119 Nr. 28) oder bei **psychischem Druck** (*BSG* 25.4.1990 – 7 RAr 16/89). Eine drohende Versetzung an einen anderen zumutbaren Arbeitsplatz bei gleichem Lohn reicht nicht aus (*BSG* 25.8.1981 – 7 RAr 53/80). Vgl. zur Änderungskündigung auch Rdn 29.

VI. Gründe des persönlichen Lebensbereichs

118 Hinzu kommen vielfältige Gründe im **persönlichen Lebensbereich**, die bei Berücksichtigung **aller Umstände des Einzelfalles** dem Arbeitnehmer die Fortsetzung des Arbeitsverhältnisses als unzumutbar erscheinen lassen, zB gesundheitliche Gründe (vgl. *BSG* 21.10.2003 SozR 4–4300 § 144 Nr. 4), aber auch religiöse und weltanschauliche Gründe (zur Gewissensfreiheit *Deiseroth* info also 2008, 195), zu große Entfernung des Arbeitsplatzes von der Wohnung oder Notwendigkeit eines Wohnortwechsels aus familiären Gründen. Als wichtiger Grund ist in diesem Zusammenhang anerkannt die Herstellung oder Wiederherstellung der **ehelichen Lebensgemeinschaft** (*BSG* 20.4.1977 BSGE 43, 269), auch zum Zwecke des Zusammenlebens mit einem Verlobten, wenn die Aufgabe des Arbeitsplatzes zum gewählten Zeitpunkt notwendig ist, um zu dem beabsichtigten Heiratstermin die eheliche Lebensgemeinschaft herzustellen (*BSG* 29.11.1988 BSGE 64, 202 m. Anm. *Ruland* JuS 1989, 847 und *Wagner* SGB 1989, 481). Entsprechendes gilt für die eingetragene Lebenspartnerschaft. Die gemeinsame Verlagerung des Wohnsitzes der Eheleute unterfällt nicht

der Zuzugrechtsprechung des *BSG* (*LSG SchlH* 15.2.2019 – L 3 AL 5/17). Kein wichtiger Grund ist grds. der Wohnortwechsel zum Zwecke der Herstellung oder Wiederherstellung einer **nichtehelichen Lebensgemeinschaft** (*BSG* 25.10.1988 SozR 4100 § 119 Nr. 33 mwN; 5.11.1998 SozR 3–4100 § 119 AFG Nr. 16; vgl. aber *LSG Nds.-Brem.* 12.12.2017 – L 7 AL 36/16, wonach ein wichtiger Grund zur Aufgabe des Arbeitsplatzes zwecks Umzuges zum Lebensgefährten sperrzeitrechtlich auch bei der erstmaligen Begründung eines gemeinsamen Haushaltes vorliegen kann; dazu unten); anders, wenn der Zuzug zum Zwecke der Versorgung des nicht ehelichen Partners oder der gemeinsamen Kinder notwendig oder wenn die Begründung einer nichtehelichen Erziehungsgemeinschaft aus ähnlichen Gründen (Kindeswohl) geboten ist (*BSG* 17.10.2007 SozR 4–4300 § 144 Nr. 16, dazu *Gaul/Niklas* NZA 2008, 137; 12.11.1981 BSGE 52, 276, 278 = SozR 4100 § 119 Nr. 17). Unter besonderen Voraussetzungen, insbes. wenn eine bereits mehrjährig bestehende nichteheliche Lebensgemeinschaft aufrechterhalten werden soll, die hinsichtlich der Intensität der Bindungen die Voraussetzungen einer »**eheähnlichen Gemeinschaft**« (Verantwortungs- und Einstehensgemeinschaft) erfüllt, kann auch der Zuzug zum Partner einen wichtigen Grund darstellen (so *BSG* 17.10.2002 BSGE 90, 90 und 17.10.2002 SozR 3–4300 § 144 Nr. 10 unter Aufgabe der bisherigen Rspr.; zuvor angekündigt im Urt. v. 29.4.1998 SozR 3–4100 § 119 AFG Nr. 15 m. abl. Anm. *Eichenhofer* SGb 1999, 167; *BSG* 17.11.2005 SozR 4–4300 § 144 Nr. 10). Hinsichtlich der ursprünglich angedachten zeitlichen Dauer (drei Jahre), in der eine derartige Gemeinschaft als dauerhaft verfestigt angesehen werden kann, hat das *BSG* klargestellt, dass die Dreijahresgrenze nicht iS einer Mindestvoraussetzung zu verstehen ist, sondern dass eine kürzere Zeitspanne nach den maßgeblichen Gesamtumständen des Einzelfalls ausreichen kann. Die BA geht in ihrer Fachlichen Weisung von einem Mindestzeitraum des Zusammenlebens von mehr als einem Jahr aus (Fachliche Weisung zu § 159.1.2.1 Stand 1/2021). Die eheähnliche Gemeinschaft muss grds. auf Dauer und Kontinuität angelegt sein (*BSG* 17.10.2002 BSGE 90, 90 = SozR 3–4100 § 119 Nr. 26). In Erweiterung seiner bisherigen Rspr. zum Kindeswohl hat das *BSG* einen Zuzug zum Partner auch dann gebilligt, wenn es sich nicht um das Wohl eines gemeinsamen Kindes, sondern des Kindes eines der Partner handelt (*BSG* 17.11.2005 SozR 4–4300 § 144 Nr. 10; 17.10.2007 SozR 4–4300 § 144 Nr. 16). Auch der Zuzug zum Partner einer – gleichgeschlechtlichen – **eingetragenen Lebenspartnerschaft** kann einen wichtigen Grund darstellen. Die neuere Rspr. hält es hingegen nicht mehr für zeitgemäß und somit zweifelhaft, die Anwendung der Sperrzeitvorschrift bei Arbeitsaufgabe wegen Umzugs bereits im Ansatz an einen familienrechtlichen Status anzuknüpfen (*LSG Nds.-Brem.* 12.12.2017 – L 7 AL 36/16, NZA-RR 2018, 159 m. zust. Anm. *Schwede* NZFam 2018, 143). Zutreffend wird darauf hingewiesen, dass gewichtige Umstände (finanzielle Situation, Scheidungsverfahren, gesundheitliche Gründe, Wohnungsmarkt, Schwangerschaft) denkbar sind, die unabhängig vom familiären Status und von formalen Voraussetzungen einen Umzug zum Partner als vernünftig und sinnvoll erscheinen lassen, sodass die Versichertengemeinschaft gar kein Interesse haben kann, die Arbeitsaufgabe als versicherungswidriges Verhalten zu sanktionieren (vgl. hierzu auch *Hauck/Noftz-Valgolio*, SGB III § 159 Rn 222). Danach kann ein wichtiger Grund zur Aufgabe des Arbeitsplatzes zwecks Umzuges zum Lebensgefährten auch bei der **erstmaligen Begründung eines gemeinsamen Haushaltes** vorliegen (*LSG Nds.-Brem.* 12.12.2017 – L 7 AL 36/16, NZA-RR 2018, 159; s. aber auch *LSG NRW* 25.2.2015 – L 9 AL 301/13 B, NZS 2015, 558, wonach Umstände, die allein den persönlichen Bedürfnissen und Wünschen des Arbeitnehmers entsprechen, nicht von solchem Gewicht sind, dass sie die Annahme eines wichtigen Grundes rechtfertigen – hierzu zähle u.a. die Vornahme eines Ortswechsels aus persönlichen Gründen).

VII. Beabsichtigter Stellenwechsel – Obliegenheit zur Vermeidung von Arbeitslosigkeit

Bei **beabsichtigtem Stellenwechsel** ist – wie überhaupt bei Lösung des Arbeitsverhältnisses – hinsichtlich der **Bestimmung des Zeitpunktes der Aufgabe des Arbeitsverhältnisses** abzuwägen, ob ein verständiger Arbeitnehmer zunächst noch im Arbeitsverhältnis verblieben wäre, um von dort aus eine neue Stelle zu suchen, oder ob nach den Umständen des Falles eine alsbaldige Beendigung geboten ist. Dies folgt aus dem Grundsatz, dass der wichtige Grund die Auflösung des Arbeitsverhältnisses nicht nur als solche, sondern auch den **konkreten Zeitpunkt** der Auflösung decken muss.

Der Arbeitnehmer muss einen wichtigen Grund dafür haben, dass er das Arbeitsverhältnis gerade zu dem bestimmten, gewählten Zeitpunkt auflöst (vgl. *BSG* 29.4.1998 SozR 3–4100 § 119 AFG Nr. 15 mwN; vgl auch *LSG Bln.-Bra.* 24.7.2019 – L 18 AL 8/19, WKRS 2019, 41904). Das bedeutet zunächst, dass ein Arbeitnehmer, der zB eine feste Zusage eines für ihn günstigeren Arbeitsplatzes hat, seine bisherige Arbeit nicht monatelang vor Beginn dieser Arbeit beenden darf; er muss vielmehr alle Anstrengungen unternehmen, um einen **möglichst nahtlosen Übergang** in die neue Arbeit zu erreichen, ggf. durch Einschaltung seines bisherigen Arbeitgebers (*BSG* 29.4.1998 SozR 3–4100 § 119 AFG Nr. 15). Die von der Rspr. darüber hinaus erhobene Forderung, der Arbeitnehmer müsse sich rechtzeitig um einen Anschlussarbeitsplatz bemühen, etwa durch frühzeitige Einschaltung der Arbeitsverwaltung (krit. dazu *BSG* 7.5.2003 SozR 4–4300 § 144 Nr. 3), dürfte seit Inkrafttreten der Regelung über die Obliegenheit zur frühzeitigen Arbeitsuchendmeldung und die Folgen ihrer Verletzung (s. Rdn 147 ff.) nicht mehr aufrecht zu erhalten sein.

VIII. Wechsel in eine unbefristete oder befristete Beschäftigung

120 Wechselt der Arbeitnehmer im Anschluss an eine durch Eigenkündigung oder durch vertragswidriges Verhalten verlorenen Beschäftigung nahtlos **in eine andere unbefristete Beschäftigung** über, fehlt es an einer ursächlichen Herbeiführung der Arbeitslosigkeit, auch wenn er die zweite Beschäftigung alsbald wieder verloren hat. Handelt es sich bei der zweiten Beschäftigung **um eine befristete**, bleibt der Verlust der ersten Beschäftigung für die Arbeitslosigkeit aus der zweiten Beschäftigung ursächlich, es sei denn, der Arbeitslose hätte konkrete Aussicht auf Umwandlung der befristeten in eine unbefristete Beschäftigung gehabt (*BSG* 12.9.2017 – B 11 AL 25/16 R, SozR 4–4300 § 159 Nr. 3 Rn 15; 26.10.2004 SozR 4–4300 § 144 Nr. 9 Rn 12).

121 Wechselt der Arbeitnehmer nach Kündigung einer unbefristeten Beschäftigung **anschließend in eine befristete**, um sich beruflich umzuorientieren und erweiterte berufliche Einsatzmöglichkeiten zu finden, liegt ein wichtiger Grund für die Kündigung vor (*BSG* 12.7.2006 – B 11a AL 57/05 R). Dasselbe gilt, wenn die sich nahtlos anschließende befristete Tätigkeit mit einer Erhöhung der Vergütung verbunden ist oder wenn der Arbeitnehmer in eine höherwertige Tätigkeit wechselt (vgl. etwa *SG Speyer* 17.2.2016 – S 1 AL 63/15, DB 2016, M15).

122 In seinem Urteil v. 21.7.2009 (BSGE 104, 90) hat der 7. Senat des *BSG* zur Umwandlung eines unbefristeten Arbeitsverhältnisses im Rahmen einer **Altersteilzeitvereinbarung** in ein befristetes klargestellt, dass der Arbeitnehmer unter Beachtung der Zielsetzung des ATG hierfür einen **wichtigen Grund** haben kann, wenn er nahtlos von der Altersteilzeit in den Rentenbezug wechseln wollte und davon auch prognostisch auszugehen war (vgl. *SG Karlsruhe* 6.7.2015 – S 5 AL 3838/14; s. Rdn 69). Diese Rspr. hat das *BSG* in seinen Urteilen vom 12.9.2017 (– B 11 AL 25/16 R, SozR 4–4300 § 159 Nr. 3) und 12.10.2017 (– B 11 AL 17/16 R) ausdrücklich bestätigt und klargestellt, dass ein wichtiger Grund für die Lösung des Beschäftigungsverhältnisses durch den Abschluss einer Altersteilzeitvereinbarung, die einer Sperrzeit wegen Arbeitsaufgabe entgegensteht, nicht dadurch entfällt, dass entgegen der ursprünglichen, anhand objektiver Anhaltspunkte prognostisch belegten Absicht unmittelbar nach der Altersteilzeit keine Altersrente, sondern (wegen geänderter Rentenpläne nach Änderung der Rechtslage – hier: abschlagsfreie Altersrente für langjährig Versicherte ab Vollendung des 63. Lebensjahres) zunächst Arbeitslosengeld in Anspruch genommen wird (vgl. in diesem Zusammenhang zur Frage der Anwendbarkeit von § 330 Abs. 1 SGB III bei der Rücknahme bindend rechtswidriger Bescheide: *BSG* 12.9.2019 – B 11 AL 19/18 R, WKRS 2019, 48532, Rn 19; vgl. auch Rdn 70).

IX. Beweis- und Feststellungslast

123 Nach dem zum 1.1.2003 neu eingefügten Satz 2 (jetzt Satz 3) des § 159 Abs. 1 SGB III hat der Arbeitslose die in **seiner Sphäre oder seinem Verantwortungsbereich** liegenden Tatsachen, die für einen wichtigen Grund maßgeblich sind, darzulegen und nachzuweisen. Damit sollte die Verteilung der Beweislast für das Vorliegen eines wichtigen Grundes neu bestimmt und dem Arbeitslosen das Risiko für die in seinem Verantwortungsbereich liegenden Tatsachen zugewiesen werden

(BT-Drucks. 15/25, S. 31). Diese Regelung berührt nicht die im sozialrechtlichen Verfahren geltende Amtsermittlungspflicht. Unter deren Geltung stellt sich die Frage der **materiellen Beweis- oder Feststellungslast** erst dann, wenn sich die rechtserheblichen Tatsachen nicht mehr weiter aufklären lassen. Erst dann trägt die Arbeitsverwaltung grds. (Ausnahme: Verletzung der Mitwirkungspflicht des Arbeitslosen) die Beweislast dafür, dass ein dem Eintritt einer Sperrzeit entgegenstehender wichtiger Grund nicht vorliegt (*BSG* 25.4.2002 BSGE 89, 243). Soweit § 159 Abs. 1 S. 3 SGB III hiervon eine Ausnahme vorsieht, wenn die für die Beurteilung maßgebenden Tatsachen in der Sphäre oder im Verantwortungsbereich des Arbeitslosen liegen, entspricht dies Erwägungen, die schon der bisherigen Rechtsprechung des *BSG* zu Grunde liegen (vgl. *BSG* 26.11.1992 BSGE 71, 256, 263). Der Neuregelung dürfte vor dem Hintergrund dieser Rspr. keine größere Bedeutung zukommen (Spellbrink/Eicher-*Voelzke* Kass. Handbuch des Arbeitsförderungsrechts, § 12 Rn 348).

X. Wichtiger Grund und Härtefall

Ist ein wichtiger Grund für die Arbeitsaufgabe zu verneinen und damit eine Sperrzeit eingetreten, kann gleichwohl eine **besondere Härte** vorliegen, die zu einer Minderung der Sperrzeitdauer führt (§ 159 Abs. 3 S. 2 Nr. 2b SGB III; s. Rdn 137). Der von dem Arbeitslosen angegebene Grund kann gleichwohl so gewichtig sein, dass er eine Herabsetzung der Sperrzeitdauer rechtfertigt, zB wenn das Verhalten des Arbeitslosen verständlich erscheint, ohne dass es jedoch Vorrang vor den Interessen der Versichertengemeinschaft beanspruchen kann (vgl. *BSG* 14.9.2010 SozR 4–4300 § 144 Nr. 21; zu den Abwägungskriterien Eicher/Schlegel-*Coseriu* § 159 Rn 547 ff.). 124

E. Beginn der Sperrzeit, kalendermäßiger Ablauf

I. Beginn

Die Sperrzeit tritt kraft Gesetzes ein; **Beginn und Ablauf** ergeben sich unmittelbar aus dem Gesetz: Die Sperrzeit beginnt mit dem Tag nach dem Ereignis, das die Sperrzeit begründet, oder wenn dieser Tag in eine bereits laufende Sperrzeit fällt, mit dem Ende dieser Sperrzeit (§ 159 Abs. 2 SGB III). In den Fällen der Sperrzeit wegen Arbeitsaufgabe (Abs. 1 S. 2 Nr. 1) beginnt die Sperrzeit allerdings nicht mit dem Tag nach der Kündigung oder dem Abschluss eines Aufhebungsvertrages, sondern erst mit dem **Eintritt der Arbeitslosigkeit**, weil die **Herbeiführung der Arbeitslosigkeit** zum Tatbestand dieser Sperrzeit gehört und vor deren Beginn ein Ruhen des Arbeitslosengeldanspruchs nicht in Betracht kommen kann. Hat zB der Arbeitnehmer durch Kündigung seinen bisherigen Arbeitsplatz verloren, so beginnt die Sperrzeit erst dann, wenn er infolge dessen arbeitslos wird, ggf. also erst nach dem Ende eines zwischenzeitlichen Anschlussarbeitsverhältnisses (*BSG* 25.4.1990 SozR 3–4100 § 119 Nr. 3). Die Sperrzeit beginnt am ersten Tag nach der die Arbeitslosigkeit verursachenden Beendigung des Beschäftigungsverhältnisses, also mit dem Eintritt der **Beschäftigungslosigkeit**. Damit ist hier die – faktische – Beschäftigungslosigkeit iSv § 138 Abs. 1 Nr. 1 SGB III gemeint; auf die **weiteren Merkmale** der Arbeitslosigkeit als Leistungsvoraussetzungen (Eigenbemühungen, Verfügbarkeit) kommt es hingegen nicht an, erst recht nicht auf die Arbeitslosmeldung (vgl. zum früheren Recht *BSG* 17.10.2002 SozR 3–4300 § 144 Nr. 12 und 25.4.2002 BSGE 89, 243). 125

II. Kalendermäßiger Ablauf

Die Sperrzeit läuft mit ihrem Eintritt **kalendermäßig** ab, und zwar unabhängig davon, ob der Arbeitslose für die Dauer der Sperrzeit einen Anspruch auf Arbeitslosengeld hat oder nicht hat bzw. nicht geltend macht, zB weil er seine Arbeitslosmeldung auf die Zeit nach Sperrzeitablauf aufgeschoben hat (s. Rdn 128). Der Gesetzgeber hat bewusst auf eine **Verbindung von Sperrzeit und Leistungsanspruch** verzichtet. Dem entsprechend kommt es für den Beginn der Sperrzeit und ihren Ablauf nicht auf den Zeitpunkt der Antragstellung bzw. der Arbeitslosmeldung an; diese sind nur für die Frage bedeutsam, ob die Sperrzeit ein Ruhen des Anspruchs bewirkt und ob ggf. – durch Verschiebung des Antrags – eine Minderung der Anspruchsdauer vermieden werden kann (*BSG* 5.8.1999 SozR 3–4100 § 110 Nr. 2; zu Problemen in diesem Bereich vgl. *Legde* SGb 2003, 617). 126

127 Soweit die Beendigung des Beschäftigungsverhältnisses und des Arbeitsverhältnisses zeitlich auseinanderfallen, also zB ein Arbeitnehmer wegen vertragswidrigen Verhaltens gekündigt, aber bereits vor Ablauf der Kündigungsfrist vom Arbeitgeber (unwiderruflich) »**freigestellt**« wird, beginnt die Sperrzeit bereits mit der Freistellung und kann bei späterer Auflösung des Arbeitsverhältnisses bereits abgelaufen sein (vgl. *BSG* 17.10.2002 – B 7 AL 136/01 R – SozR 3–4300 § 144 Nr. 12; *LSG Hmb.* 29.8.2018 – L 2 AL 63/17; zur Problematik der Freistellung s.a. Rdn 63). Dies gilt jedoch nicht, wenn es sich um eine Freistellung im Rahmen eines **Blockmodells** nach dem ATG handelt. Dann beginnt – sofern kein wichtiger Grund vorliegt (s. Rdn 122) – die Sperrzeit erst nach dem Ende der Freistellungsphase (*BSG* 12.9.2017 – B 11 AL 25/16 R, SozR 4–4300 § 159 Nr. 3; 21.7.2009 BSGE 104, 90; *Müller* NZS 2017, 172; *Habel* NZS 2017, 598; s. hierzu auch KR-*Link/Lau* SozR Rdn 11).

128 Am **kalendermäßigen Eintritt und Ablauf** der Sperrzeit ändert sich auch dann nichts, wenn der Arbeitnehmer ein befristetes oder auslaufendes Arbeitsverhältnis oder ein bereits gekündigtes Arbeitsverhältnis **vorzeitig** aufgibt und die Arbeitslosmeldung (als Voraussetzung der Anspruchsentstehung) auf die Zeit aufschiebt, zu der das Arbeitsverhältnis ohnehin geendet hätte. Auch wenn insoweit der Versichertengemeinschaft kein Schaden entsteht, bleibt es beim Sperrzeiteintritt bzw. die Sperrzeit fällt nicht weg. Auf den konkreten Schaden kommt es angesichts der vom Gesetzgeber gewollten Typisierung nicht an (*BSG* 5.6.1997 SozR 3–1500 § 144 SGG Nr. 12; s.a. Rdn 79). Nach der Entstehungsgeschichte der Sperrzeitenregelung ist schon bei § 119 AFG von einer **Bindung** der Sperrzeit an **Entstehung und Fortbestand des Leistungsanspruchs** bewusst abgesehen worden (*BSG* 5.8.1999 SozR 3–4100 § 119 AFG Nr. 17). Auch das SGB III hat hieran nichts geändert. Der Arbeitnehmer wird zwar, wenn sein Anspruch wegen der aufgeschobenen Arbeitslosmeldung erst nach Ablauf der Sperrzeit entsteht, von der Ruhenswirkung nicht betroffen. Er kann aber dadurch nicht verhindern, dass die Sperrzeit und damit auch die Verkürzung der Dauer seines Leistungsanspruchs nach § 148 SGB III eintritt (s. Rdn 140 und KR-*Link/Lau* SozR Rdn 132).

129 **Die Minderung der Anspruchsdauer** entfällt allerdings dann, wenn das Sperrzeitereignis bei Erfüllung der Voraussetzungen für den Arbeitslosengeldanspruch **mehr als ein Jahr** zurückliegt (§ 148 Abs. 2 S. 2 SGB III; s. Rdn 142). Der Arbeitslose kann zB, falls sein Lebensunterhalt – etwa durch eine Abfindung – sichergestellt ist, seine Arbeitslosmeldung um ein Jahr nach Eintritt der Arbeitslosigkeit aufschieben und so die Kürzung der Anspruchsdauer vermeiden. Bei besonderer Gestaltung der Sachlage hat die Arbeitsverwaltung uU eine entsprechende Hinweispflicht, deren Verletzung einen Herstellungsanspruch auslösen kann (*BSG* 5.8.1999 SozR 3–4100 § 119 AFG Nr. 17).

130 Fällt der Beginn der Sperrzeit, dh der Tag nach einem sperrzeitbegründenden Ereignis, in eine (**bereits laufende**) **Sperrzeit** aus einem früheren Ereignis, beginnt die Sperrzeit erst mit dem Ende dieser früheren Sperrzeit (§ 159 Abs. 2 S. 1 SGB III).

131 Für den Fall, dass mehrere Sperrzeiten zum selben Zeitpunkt beginnen, weil sie durch **dasselbe Ereignis begründet** werden, gilt nach § 159 Abs. 2 S. 2 SGB III Folgendes: Die Reihenfolge der Sperrzeiten richtet sich dann nach der Nummernfolge in § 159 Abs. 1 S. 2 SGB III. Dies bedeutet eine Verschärfung der Sperrzeitfolgen, weil dann parallel verlaufende Sperrzeiten »addiert« werden, dh hintereinander ablaufen. Zu beachten ist, dass bei **mehreren Beschäftigungsangeboten**, die in einem so engen zeitlichen Zusammenhang durch die AfA ergehen, dass sie der arbeitslosen Person gleichzeitig vorliegen und diese hierauf zu reagieren hat, von einem einheitlich zu betrachtenden Lebenssachverhalt auszugehen ist. Bewirbt sich der Arbeitslose in einer solchen Situation gar nicht, ist dies nach der Rechtsprechung des *BSG* als eine einheitliche Verhaltensweise zu werten (*BSG* 3.5.2018 – B 11 AL 2/17 R, WKRS 2018, 57299). Ist diese als versicherungswidrig zu beurteilen, kann infolgedessen **nur eine Sperrzeit** (und nicht mehrere) bei Arbeitsablehnung eintreten. Ein einziges versicherungswidriges Verhalten darf nicht mehrfach sanktioniert werden.

F. Dauer der Sperrzeit, Härteregelungen

132 Die früheren »**Härteregelungen**« in § 144 Abs. 3 SGB III aF (vgl. Rn 48 der 6. Aufl.) sind ab 1.1.2003 durch das Erste Gesetz für moderne Dienstleistungen am Arbeitsmarkt v. 23.12.2002

(BGBl. I S. 4607) neu geregelt worden (seit 1.4.2012: § 159 Abs. 3 SGB III). Abs. 3 regelt nur (noch) die Dauer der Sperrzeit bei Arbeitsaufgabe (Abs. 1 S. 2 Nr. 1), die Abs. 4, 5 und 6 regeln die Sperrzeitdauer in den sonstigen Fällen (Abs. 1 S. 2 Nr. 2–9). Eine allgemeine Härteregelung gibt es nur noch bei den Sperrzeiten wegen Arbeitsaufgabe (Abs. 3 S. 2 Nr. 2b, s. Rdn 137).

I. Regeldauer

Bei der Sperrzeit wegen Arbeitsaufgabe beträgt die **Regeldauer** zwölf Wochen (Abs. 3 S. 1). Ursprünglich geäußerte verfassungsrechtliche Bedenken gegen die Dauer der Sperrzeit und ihre weiteren Folgen, insbes. die inzwischen aufgehobene Regelung des § 117a AFG (vgl. dazu *BSG* 5.8.1999 SozR 3–4100 § 119 AFG Nr. 17, S. 86) hat das BSG letztlich nicht für begründet erachtet (*BSG* 5.2.2004 SozR 4–4300 § 144 Nr. 7; 4.9.2001 SozR 3–4100 § 119 AFG Nr. 22; ihm folgend auch *Spellbrink/Eicher-Voelzke* § 12 Rn 382).

133

II. Verkürzung bei Verursachung geringfügiger Arbeitslosigkeit

Die Sperrzeit verkürzt sich in zwei Sonderfällen, in denen die Dauer der verursachten Arbeitslosigkeit kürzer ist als die Regeldauer, auf **drei Wochen** bzw. auf **sechs Wochen**, wenn das Arbeitsverhältnis innerhalb von sechs Wochen bzw. innerhalb von zwölf Wochen nach dem sperrzeitbegründenden Ereignis ohnehin (ohne eine Sperrzeit) geendet hätte (Abs. 3 S. 2 Nr. 1 u. 2a). Das Gesetz sieht eindeutig eine – pauschale – Sperrzeitdauer von drei bzw. sechs Wochen vor und nicht eine solche von »längstens« drei bzw. sechs Wochen. Einer Verkürzung auf die Dauer der tatsächlich verursachten Arbeitslosigkeit ist der Gesetzgeber damit ausdrücklich entgegengetreten (s. Rdn 87). Die Sperrzeit ist also nicht durch den Umfang der verursachten Arbeitslosigkeit begrenzt. Mit diesen **pauschalen** Verkürzungen der Sperrzeit auf die Hälfte bzw. ein Viertel der Regeldauer ist der Rspr. des *BSG* zum früheren Recht Rechnung getragen worden, wonach die pauschale Dauer der Sperrzeit in angemessenem Verhältnis zu der bei Sperrzeiteintritt **absehbaren Dauer der verursachten Arbeitslosigkeit** stehen muss; sie muss sich also bei Aufgabe ohnehin auslaufender oder bereits gekündigter Arbeitsverhältnisse in einem vernünftigen Verhältnis verkürzen (*BSG* 9.2.1995 BSGE 76, 12). Dauert die vom Arbeitslosen herbeigeführte Arbeitslosigkeit nicht länger als sechs Wochen (also von 0 bis 42 Tage), beträgt sie unter Berücksichtigung des Verhältnismäßigkeitsgrundsatzes nur drei Wochen und entspricht damit einem Viertel der Regeldauer (zur Rechtsentwicklung s. Rdn 87).

134

Entsprechend tritt eine Verkürzung der Sperrzeit **von zwölf auf sechs Wochen** ein, wenn die Dauer der verursachten Arbeitslosigkeit mehr als sechs Wochen (42 Tage), aber weniger als zwölf Wochen (bis zu 84 Tage) umfasst, also das Arbeitsverhältnis innerhalb von zwölf Wochen ohnehin geendet hätte (*BSG* 15.11.1995 BSGE 77, 61). Steht fest, dass das durch Auflösungsvertrag gelöste Arbeitsverhältnis zum gleichen Zeitpunkt durch Kündigung des Arbeitgebers geendet hätte, beträgt die Sperrzeit nur drei Wochen, sofern nicht gar ein wichtiger Grund zu bejahen ist (s. Rdn 93 ff.).

135

Welchen **Umfang** die Sperrzeit im konkreten Fall hat, bestimmt sich ausschließlich nach den Verhältnissen, die zum **Zeitpunkt des Eintritts der Sperrzeit** bzw. des Eintritts der Beschäftigungslosigkeit bei Arbeitsaufgabe vorliegen. **Nachträglich** eingetretene Umstände, zB der Wegfall der Arbeitslosigkeit wegen Aufnahme einer neuen Arbeit, bleiben für die Beurteilung außer Betracht. Es führt deshalb nicht zu einer Verkürzung der Sperrzeit, wenn der Arbeitslose bereits nach kurzer Arbeitslosigkeit – zufällig – wieder eine neue Arbeit findet.

136

III. Verkürzung bei besonderer Härte

Die Sperrzeit wegen Arbeitsaufgabe umfasst nur sechs Wochen, wenn eine Sperrzeit von zwölf Wochen nach den für den Eintritt der Sperrzeit maßgebenden Tatsachen für den Arbeitslosen eine **besondere Härte** bedeuten würde (Abs. 3 S. 2 Nr. 2b). Der Begriff der besonderen Härte ist ein **unbestimmter Rechtsbegriff**, der gerichtlich voll überprüfbar ist; der Arbeitsverwaltung ist weder ein Beurteilungsspielraum noch gar Ermessen eingeräumt. Eine besondere Härte ist zu bejahen,

137

wenn nach den Gesamtumständen des Falles der Eintritt einer Regelsperrzeit im Hinblick auf die für den Eintritt maßgeblichen Tatsachen **unverhältnismäßig** wäre (hierzu *BSG* 14.9.2010 SozR 4–4300 § 144 Nr. 21; s.a. *BSG* 26.3.1998 SozR 3–4100 § 119 AFG Nr. 14; ferner Nr. 22 u. 32). ZB kann ein gesundheitlich begründeter Wunsch nach einem Wechsel der Arbeit oder der Umzug zu einem Partner in der Absicht, mit diesem eine nichteheliche Lebensgemeinschaft zu begründen, eine besondere Härte begründen, ebenso ein auf den Arbeitnehmer ausgeübter Druck zur Beendigung des Arbeitsverhältnisses, sofern hierfür keine verhaltensbedingten Gründe ersichtlich sind (*BSG* 10.8.2000 DBlR § 119 AFG Nr. 4639a). Beachtlich sind für den Härtefall grds. nur Tatsachen oder Gründe, die für den Eintritt der Sperrzeit maßgeblich bzw. ursächlich waren, nicht jedoch sonstige Gründe, die erst später eingetreten sind oder keine direkte Beziehung zum Sperrzeittatbestand haben (*BSG* 13.3.1997 SozR 3–4100 § 119 AFG Nr. 11). Davon gibt es aber Ausnahmen: ZB kann bei einem Irrtum über die Voraussetzungen eines wichtigen Grundes im Einzelfall eine besondere Härte vorliegen, sofern sich der Arbeitnehmer bei einer kompetenten Stelle – im Regelfall bei der Arbeitsverwaltung – erkundigt hatte (s. Rdn 95).

G. Rechtsfolgen der Sperrzeit

I. Allgemeines

138 Die Sperrzeit führt in erster Linie dazu, dass der **Leistungsanspruch** ruht, soweit er auf Tage des kalendermäßig bestimmten Laufs der Sperrzeit entfällt (s. Rdn 139). Daneben knüpft das Gesetz an den Eintritt einer Sperrzeit weitere Rechtsfolgen, nämlich die **Minderung der Anspruchsdauer** (s. Rdn 140) und das **Erlöschen des Anspruchs** bei wiederholtem Sperrzeiteintritt (s. Rdn 143). Zum Versicherungsschutz während der Sperrzeit vgl. KR-*Link/Lau* SozR Rdn 157).

II. Ruhen des Anspruchs

139 Nach § 159 Abs. 1 S. 1 SGB III ruht der Anspruch »für die Dauer einer Sperrzeit«. Diese etwas missverständliche Formulierung bedeutet nicht, dass der Anspruch auf Arbeitslosengeld ab seiner Entstehung oder ab seinem Beginn (vgl. KR-*Link/Lau* SozR Rdn 115) für die Dauer der Sperrzeit – für zwölf, sechs oder drei Wochen – ruht. Gemeint ist vielmehr iSd bisherigen Formulierung, dass der Anspruch »**während der Sperrzeit**« ruht, dh nicht geltend gemacht werden kann, wenn und soweit er auf Tage der – festliegenden – Sperrzeit entfällt. Dafür, dass der Gesetzgeber mit der neu gewählten Formulierung die Sperrzeit wieder an den Leistungsanspruch hätte koppeln wollen, bietet das Gesetz keinen Hinweis; nach § 159 Abs. 2 SGB III beginnt vielmehr die Sperrzeit (unabhängig vom Beginn des Leistungsanspruchs) mit dem Tag nach dem sperrzeitbegründenden Ereignis, also bei Arbeitsaufgabe mit dem Eintritt der Arbeits- bzw. Beschäftigungslosigkeit.

III. Minderung der Anspruchsdauer

140 Neben dem Ruhen – und von diesem zu unterscheiden – kann es nach Maßgabe des § 148 Abs. 1 Nr. 4 SGB III bei einer Sperrzeit wegen Arbeitsaufgabe zu einer **Minderung der Anspruchsdauer** kommen. Diese tritt unabhängig davon ein, ob es überhaupt zu einem Ruhen des Leistungsanspruchs kommt. Tritt ein Ruhen nicht ein, weil der Arbeitslose seinen Anspruch erst für Zeiten nach Ablauf der Sperrzeit geltend macht, kann er gleichwohl (abgesehen von den Fällen des § 148 Abs. 2 S. 2 SGB III, s. Rdn 142) nicht verhindern, dass sich die Anspruchsdauer verkürzt.

141 Bei der **Sperrzeit wegen Arbeitsaufgabe** mindert sich die Anspruchsdauer besonders stark, wenn die Sperrzeit **zwölf Wochen** umfasst. Sie mindert sich zunächst um die Anzahl von Tagen einer Sperrzeit (84, 42 oder 21 Tage), in Fällen einer Sperrzeit von zwölf Wochen, mindestens jedoch um ein **Viertel der Anspruchsdauer**, die dem Arbeitslosen bei erstmaliger Erfüllung der Voraussetzungen für den Anspruch nach dem Sperrzeitereignis zusteht (§ 148 Abs. 1 Nr. 4 SGB III; zur Anspruchsdauer vgl. KR-*Link/Lau* SozR Rdn 135; Rn 126). Diese besonders harte Sperrzeitfolge trifft vor allem ältere Arbeitnehmer, bei denen die Dauer der Ansprüche, die bis Ende Januar 2006 entstanden sind, noch bis zu 32 Monaten betragen kann; hier kann es zu einer Anspruchsminderung bis zu acht Monaten kommen. Nach dem ab Februar 2006 wirksam gewordenen § 127 SGB III aF, der die Anspruchsdauer auf längstens 18 Monate begrenzte, betrug die Anspruchsminderung höchstens viereinhalb Monate (vgl. KR-*Link/Lau* SozR Rn 128 in der 11. Aufl.). Die neuerliche Verlängerung der Anspruchsdauer auf längstens 24 Monate (vgl. KR-*Link/Lau* SozR Rdn 127) kann zu einer Anspruchsminderung für höchstens sechs Monate führen.

IV. Wegfall der Anspruchsminderung

Die Minderung der Anspruchsdauer entfällt allerdings dann, wenn das Sperrzeitereignis bei Erfüllung der Voraussetzungen für den Arbeitslosengeldanspruch **länger als ein Jahr zurückliegt** (§ 148 Abs. 2 S. 2 SGB III). 142

▶ Beispiel:

Beendet der Arbeitnehmer sein Arbeitsverhältnis ohne wichtigen Grund zum 31.5.2020, beginnt die Sperrzeit am 1.6.2020 und läuft »kalendermäßig« für die anschließenden sechs Wochen ab. Meldet sich der Arbeitslose aber erst am 1.6.2021 arbeitslos, **entfällt die Anspruchsminderung**, weil das sperrzeitbegründende Ereignis (hier die Lösung des Beschäftigungsverhältnisses zum 31.5.2020) länger als ein Jahr vor Erfüllung der Voraussetzungen des Arbeitslosengeldanspruchs (1.6.2021) eingetreten ist. Hätte er sich bereits am 1.5.2021 arbeitslos gemeldet, wäre eine Minderung eingetreten. Bei entsprechender Fallkonstellation ist die Arbeitsverwaltung verpflichtet, den Arbeitslosen darauf hinzuweisen, dass er durch Verschiebung seines Anspruchs (hier: um wenige Tage) die Anspruchsminderung vermeiden kann. Tut sie dies nicht, ist der Arbeitslose im Wege des sozialrechtlichen Herstellungsanspruchs ggf. so zu stellen, als hätte er das Arbeitslosengeld später beantragt bzw. sich später arbeitslos gemeldet (vgl. *BSG* 5.8.1999 SozR 3–4100 § 110 Nr. 2).

V. Erlöschen des Anspruchs, § 161 SGB III

Weitere Sperrzeiten bringen unter bestimmten Voraussetzungen den Anspruch auf Arbeitslosengeld völlig zum **Erlöschen** (§ 161 Abs. 1 Nr. 2 SGB III). Anders als zuvor nach dem AFG können auch Sperrzeiten von weniger als zwölf Wochen zum Erlöschen führen. Voraussetzung ist nur noch, dass der Arbeitslose Anlass für den Eintritt von Sperrzeiten mit einer Dauer von **insgesamt mindestens 21 Wochen** gegeben hat. Dabei werden nicht mehr nur Sperrzeiten **nach der Entstehung des Anspruchs** (iSd Stammrechts, vgl. KR-*Link/Lau* SozR Rdn 114) berücksichtigt, sondern auch solche, die in einem Zeitraum von zwölf Monaten vor der Entstehung eingetreten sind (§ 161 Abs. 1 Nr. 2, 2. Hs. SGB III). Damit soll erreicht werden, dass zu einem Erlöschen des Anspruchs auf Arbeitslosengeld auch solche Sperrzeiten beitragen können, die vor der Entstehung des Leistungsanspruchs eingetreten sind und deshalb nach bisherigem Recht bei der Erlöschenswirkung keine Berücksichtigung fanden (allgemein zur Problematik der Häufung von mit Sanktionen belegten Verhaltensweisen im Sperrzeitenrecht *Voelzke* NZS 2005, 281, 282 f.). Das sind zB Sperrzeiten wegen verspäteter Arbeitsuchendmeldung (s. Rdn 147 ff., 180 f.), wegen Arbeitsablehnung eines Arbeitsuchenden (s. Rdn 182), auch wenn sie schon vor Beginn des Leistungsbezugs eingetreten sind. Voraussetzung für das Erlöschen ist jedoch nach wie vor, dass der Arbeitslose über den Eintritt der Sperrzeiten schriftlichen **Bescheid** erhalten hat und auf die **Rechtsfolgen** des möglichen Erlöschens **hingewiesen** worden ist. Die Belehrung muss verständlich, richtig und vollständig sein. 143

H. Sperrzeit und Kündigungsschutzprozess

Da der Gesetzgeber seit 1989 bei der Sperrzeit ausdrücklich auf die Lösung des »Beschäftigungsverhältnisses« und nicht des »Arbeitsverhältnisses« abstellt, kann eine **Sperrzeit** auch schon dann eintreten, wenn der durch Kündigung faktisch beschäftigungslos gewordene Arbeitnehmer die Rechtswirksamkeit der Kündigung im Kündigungsschutzprozess überprüfen lässt und während dessen Dauer Arbeitslosengeld nach § 157 Abs. 3 SGB III in Anspruch nimmt (zur sog. Gleichwohlgewährung vgl. KR-*Link/Lau* SozR Rdn 186 f. und KR-*Link/Lau* § 157 SGB III Rdn 43 ff.). Bis zum – rechtskräftigen – Abschluss des Kündigungsschutzprozesses ist die Arbeitsverwaltung nicht 144 gehindert, die Rechtslage **vorerst in eigener Verantwortung zu beurteilen**. Sie muss dies sogar tun, um dem Gebot aus § 17 Abs. 1 Nr. 1 SGB I zu genügen, die Leistungen zeitnah zur Verfügung zu stellen. So hat sie ggf. Leistungen gem. § 328 SGB III **vorläufig** zu gewähren, wenn wegen des laufenden Kündigungsschutzprozesses Unklarheit über den Eintritt einer Sperrzeit besteht; keinesfalls darf das Arbeitslosengeld zunächst einmal für die Dauer einer Sperrzeit nicht bewilligt werden, um das arbeitsgerichtliche Verfahren abzuwarten. Dies widerspräche dem Sinn der **Gleichwohlgewährung** (vgl. KR-*Link/Lau* SozR Rdn 186 f. und KR-*Link/Lau* § 157 SGB III Rdn 45). Diese vorläufige Entscheidung wird bestandskräftig, wenn sie sich nach Abschluss des Verwaltungsverfahrens bzw. nach Beseitigung der Ungewissheit als richtig erweist. Sie soll nur auf Antrag des Arbeitslosen für endgültig erklärt werden, um den Verwaltungsaufwand möglichst gering zu halten. Erteilt die Arbeitsverwaltung nach Abschluss des Verwaltungsverfahrens einen Endbescheid, etwa weil sich die vorläufige Entscheidung als unrichtig erwiesen hat, erledigt sich die vorläufige Entscheidung nach § 39 Abs. 2 SGB X anderweitig. Einer gesonderten Aufhebung dieser Entscheidung nach den §§ 44 ff. SGB X bedarf es nicht.

145 Wird der Kündigungsschutzprozess nicht durch Urteil, sondern **Vergleich** beendet (s.a. Rdn 56 ff.), ergibt sich für die Arbeitsverwaltung (bzw. die Sozialgerichte) häufig die Notwendigkeit, **den Kündigungsschutzprozess »nachzuvollziehen«**, zB festzustellen, ob ein die Kündigung rechtfertigendes vertragswidriges Verhalten vorgelegen hat und ob die Auflösung des Arbeitsverhältnisses maßgeblich hierauf oder wesentlich auch auf andere Gründe (zB personen- oder betriebsbedingte Kündigungsgründe) zurückzuführen ist. Gleiches gilt für die Feststellung, ob die angedrohte oder bereits ausgesprochene Kündigung des Arbeitgebers rechtmäßig oder rechtswidrig war (s. Rdn 104 ff.), welche Gründe zur Auflösung geführt haben u.Ä. Deshalb ist in Fällen, in denen der Arbeitnehmer Leistungen der Arbeitslosenversicherung in Anspruch nimmt, bei arbeitsgerichtlichen Vergleichen eine **möglichst weitgehende Klärung** der Gründe für die Auflösung des Arbeitsverhältnisses herbeizuführen. Geschieht dies nicht, kann sich bei der im Verwaltungsverfahren oder sozialgerichtlichen Verfahren erforderlichen Aufklärung des Sachverhalts die häufig ungünstige Beweislage des Arbeitnehmers zu seinen Lasten auswirken.

I. Bindung der Sozialgerichte an arbeitsgerichtliche Entscheidungen

146 Das BSG hat sowohl für die erfolglose als auch für die erfolgreiche Kündigungsschutzklage entschieden, dass eine solche Entscheidung eines ArbG hinsichtlich der Frage, ob der Arbeitslose durch vertragswidriges Verhalten Anlass für eine Kündigung des Arbeitgebers gegeben hat, mangels besonderer gesetzlicher Regelung **keine Bindungswirkung** hat (*BSG* 15.5.1985 – 7 RAr 83/83, BSGE 58, 97/98; 25.4.1990 SozR 3–4100 § 119 Nr. 3; *BSG* 27.4.2011 – B 11 AL 11/11 B). Das muss auch für andere Fragen des Arbeitsrechts gelten, zB für die Rechtmäßigkeit der Kündigung, ihre soziale Rechtfertigung, die Einhaltung der Kündigungsfrist. Das *BSG* geht nach wie vor davon aus, dass die Sozialgerichtsbarkeit nicht an Entscheidungen anderer Gerichte gebunden ist, insbes. nicht an die der Arbeitsgerichte (*BSG* 15.12.2005 SozR 4–4300 § 144 Nr. 12, Rn 14; 6.3.2003 BSGE 91, 18, 22, Rn 11 aE). Die Sozialgerichte müssen daher in Fällen dieser Art eine eigene Prüfung vornehmen, die jedoch auf die arbeitsgerichtliche Entscheidung gestützt werden kann.

J. Sperrzeit bei verspäteter Arbeitsuchendmeldung

I. Allgemeines

147 Eine Sperrzeit von einer Woche tritt nach dem seit 31.12.2005 geltenden Recht (s. Rdn 7) ein, wenn der Arbeitslose seiner **Meldepflicht nach § 37b SGB III aF**, seit 1.1.2009 § 38 SGB III, nicht nachgekommen ist, § 159 Abs. 1 S. 2 Nr. 9 SGB III.

148 Durch Gesetz vom 19.4.2007 (BGBl. I S. 538) ist die Obliegenheit zur frühzeitigen Arbeitssuche modifiziert worden. Zur Erleichterung dieser Obliegenheit, die zB für Ortsabwesende (Kraftfahrer, Montagearbeiter, Vertreter usw.) schwer zu erfüllen war, bestimmte S. 3 des § 37b SGB III aF, dass die Frist zur Meldung auch durch eine **telefonische Meldung** gewahrt wird, wenn die persönliche

Meldung nach terminlicher Vereinbarung nachgeholt wird. Die Zeit zwischen telefonischer und mündlicher Meldung sollte von den Beteiligten zur Vorbereitung individueller Vermittlungsbemühungen genutzt werden (BT-Drucks. 16/3793, S. 10). Durch Gesetz vom 21.12.2008 (BGBl. I S. 2917) ist § 37b aF durch den im Wesentlichen gleichlautenden § 38 Abs. 1 SGB III ersetzt worden. Nach § 38 Abs. 1 S. 3 SGB III reicht zur Wahrung der Meldefrist eine **Anzeige** (nicht nur telefonische Meldung) aus, wenn die persönliche Meldung nachgeholt wird. Mit weiterer Änderung von § 38 Abs. 1 durch Art. 2 des Gesetzes zur Förderung der beruflichen Weiterbildung im Strukturwandel und zur Weiterentwicklung der Ausbildungsförderung vom **20.5.2020** (BGBl. I S. 1044) ist die frühzeitige Arbeitsuchendmeldung (ab dem 1.1.2022) an **keine Form** mehr gebunden, sondern kann wie bisher persönlich oder auf andere Weise, zB elektronisch, schriftlich oder telefonisch (vgl. BT-Drucks. 19/17740 S. 46), erfolgen.

1. Regelungszweck

Eine Pflicht zur Meldung als arbeitsuchend **bereits vor Eintritt der Arbeitslosigkeit** war im früheren Recht nicht vorgesehen; die Meldung war zwar – freiwillig – möglich, aber nicht üblich. Mit § 37b SGB III aF sollte eine **zeitliche Vorverlagerung** der Meldung erreicht werden, um die Arbeitslosigkeit und die mit ihr verbundenen Leistungen möglichst zu vermeiden und die Zeit ohne Beschäftigung durch alsbaldige Wiedereingliederungsbemühungen zu verkürzen. Bei verspäteter Meldung soll nunmehr eine – relativ kurze – Sperrzeit von einer Woche einen pauschalen Schadensausgleich zu Gunsten der Versichertengemeinschaft bewirken. Die frühere Regelung über die Minderung des Arbeitslosengeldes in § 140 SGB III aF, die eine Staffelung nach der Höhe des Bemessungsentgelts und nach der Anzahl der Verspätungstage (begrenzt auf 30 Tage) vorsah und zu einer Minderung des Arbeitslosengeldes durch Anrechnung auf die Hälfte des Leistungsanspruchs führte, ist als verfassungsrechtlich bedenklich angesehen worden, u.a. weil sog. Besserverdienende überproportional betroffen waren (vgl. etwa *Winkler* info also 2003, 4 ff., 5). Die jetzige Regelung führt in allen Fällen unterschiedslos zu einer Sperrzeit von einer Woche (Abs. 6).

2. Korrespondierende Regelungen, § 2 SGB III

Mit § 38 Abs. 1 SGB III korrespondiert die Erweiterung des § 2 SGB III, der in Abs. 2 S. 2 Nr. 3 entsprechende Informations- und Mitwirkungspflichten des Arbeitgebers am möglichst nahtlosen Übergang des gekündigten Arbeitnehmers in eine neue Beschäftigung – als Sollvorschrift – konkretisiert. Danach soll der Arbeitnehmer u.a. über die **Verpflichtung zur Meldung nach § 38 Abs. 1 SGB III** bei der Agentur für Arbeit **informiert** werden, er soll hierzu **freigestellt** werden und ihm die Teilnahme an erforderlichen Qualifizierungsmaßnahmen ermöglicht werden (s.a. KR-*Link/Lau* SozR Rdn 285). In § 2 Abs. 5 Nr. 2 SGB III ist der Arbeitnehmer verpflichtet worden, bei bestehendem Beschäftigungsverhältnis frühzeitig vor dessen Beendigung nach Beschäftigung zu suchen.

II. Frühzeitige Meldepflicht nach § 38 Abs. 1 SGB III

1. Meldepflichtiger Personenkreis, Ausnahmen

Meldepflichtig sind – anders als nach § 37b S. 1 SGB III aF – nicht mehr alle in der Arbeitslosenversicherung **versicherungspflichtigen** Personen (zB auch Wehrpflichtige, Krankengeldbezieher), sondern nur noch »Personen, **deren Arbeits- oder Ausbildungsverhältnis endet**«. Damit ist die Meldepflicht auf den Kreis derjenigen zurückgeführt worden, die auf dem Arbeitsmarkt eine Arbeit- bzw. Ausbildungsstelle innehaben, die demnächst endet. Sie sollen sich frühzeitig arbeitsuchend melden, damit alsbald mit Maßnahmen zur Eingliederung begonnen werden kann (vgl. § 35 SGB III).

Ausgenommen von der Meldepflicht sind nach § 38 Abs. 1 S. 5 SGB III nur Personen in **betrieblichen Ausbildungsverhältnissen**. Hingegen sind meldepflichtig diejenigen Auszubildenden, die im Rahmen eines Berufsausbildungsvertrages nach dem BBiG in einer **außerbetrieblichen Einrichtung** ausgebildet werden. Die Meldepflicht für betriebliche Ausbildungsverhältnisse ist für entbehrlich angesehen worden, weil die Auszubildenden überwiegend von den Ausbildungsbetrieben übernommen würden und sich dies häufig erst unmittelbar nach Bestehen der Abschlussprüfung entscheide (BT-Drucks. 15/25 zu Nr. 6, § 37b). Grundsätzlich trifft die Meldepflicht auch **Referendare**, wobei im Hinblick auf den konkreten Beendigungszeitpunkt des Referendariats der Termin der mündlichen Prüfung maßgeblich ist (vgl. *LSG Bay.* 27.1.2015 – L 10 AL 382/13 info also 2015, 116, m. zust. Anm. *Harks* jurisPR-SozR 13/2015 Anm. 3).

153 Arbeitnehmer, die in eine **betriebsorganisatorisch eigenständige Einheit** im »abgebenden« Beschäftigungsbetrieb oder in eine **Transfergesellschaft** eintreten, fallen ebenfalls nicht unter die Meldepflicht (*Samartzis* Sozialrecht aktuell 2013, 1, 2). Es handelt sich dabei um einen nahtlosen Übergang von einem Arbeitsverhältnis in ein neues. Eine Arbeitsuchendmeldung vor Eintritt in die Transfergesellschaft ist aber zwingende Voraussetzung für den Bezug von Transferkurzarbeitergeld (§ 111 Abs. 4 S. 1 Nr. 4a SGB III).

154 Die Meldepflicht trifft grds. auch solche Personen, deren – vermeintliche – **Vermittlungsaussichten eingeschränkt** sind. Dh weder das Alter noch eine festgestellte Schwerbehinderteneigenschaft suspendieren von der Pflicht zur Arbeitsuchendmeldung (*LSG NRW* 25.9.2014 – L 9 AL 236/13, NZS 2015, 77; krit. *Geiger* info also 2015, 114). Außerhalb des Anwendungsbereichs von § 428 SGB III (s. Rdn 158) gelten die Meldepflicht und die damit einhergehende Sanktionsdrohung uneingeschränkt.

155 Unklar ist, ob § 38 Abs. 1 iVm § 159 Abs. 1 S. 2 Nr. 9 SGB III von vornherein nur Personen erfasst, deren **versicherungspflichtiges** Arbeitsverhältnis endet oder ob eine Meldepflicht auch für diejenigen bestehen soll, die vor der Beendigung des Arbeitsverhältnisses nicht versicherungspflichtig sind, insbes. Personen in geringfügiger Beschäftigung (bis 450 € im Monat, § 27 Abs. 2 SGB III iVm § 8 SGB IV). Nach dem Zweck der Regelung, Arbeitslosigkeit zu vermeiden und nach der Entwicklungsgeschichte des § 37b SGB III, der in seiner ursprünglichen Fassung ausdrücklich nur Personen in »Versicherungspflichtverhältnissen« erfasste, dürfte eine **teleologische Reduktion** auf Personen in versicherungspflichtigen Arbeitsverhältnissen zutreffend sein, denn aus der Gesetzesbegründung zur Neufassung ist nicht erkennbar, warum nunmehr auch nicht versicherungspflichtige Arbeitnehmer hätten erfasst werden sollen. Bei nicht versicherungspflichtigen Arbeitnehmern fehlt es regelmäßig auch an einem aktuellen Sozialversicherungsverhältnis, das für die Annahme einer Obliegenheitsverletzung erforderlich ist. Darauf, dass die Beendigung auch einer geringfügigen Beschäftigung den Versicherungsfall der Arbeitslosigkeit herbeiführen kann, zB wenn von zwei geringfügigen Beschäftigungen eine aufgegeben wird, lässt sich eine andere Auffassung nicht stützen. Denn die Sperrzeit wegen verspäteter Arbeitsuchendmeldung setzt den Eintritt von Beschäftigungslosigkeit/Arbeitslosigkeit – als stillschweigendes Tatbestandsmerkmal – **nicht voraus**, sondern lässt die – vorwerfbare – Verletzung der Meldepflicht genügen (anders die Gesetzesbegr., BT-Drucks. 16/109 zu Nr. 9, die aber im Wortlaut des § 159 Abs. 1 S. 2 Nr. 9 SGB III keinen Niederschlag gefunden hat).

2. Einschränkende Anwendung des § 38 Abs. 1 SGB III

156 Nach dem Zweck der Regelung, den Wechsel in eine neue Beschäftigung möglichst nahtlos zu erreichen, dürfte eine **Meldepflicht als arbeitsuchend auch entfallen** (iS einer teleologischen Reduktion), wenn der Arbeitnehmer nahtlos in ein neues Arbeitsverhältnis übertritt oder wenn der Arbeitnehmer im Anschluss an das Arbeitsverhältnis ein Studium, eine sonstige Aus- und Weiterbildung oder auch eine selbstständige Tätigkeit aufnimmt (so zutr. mit weiteren Beispielen Eicher/Schlegel-*Coseriu* § 159 Rn 485). Dann besteht für eine Arbeitsuche keine Notwendigkeit.

157 Einer **(nochmaligen) Meldung** als arbeitsuchend **bedarf es nicht**, wenn sich ein Arbeitsloser aus dem Leistungsbezug bei der AfA für eine befristete Beschäftigung unter Angabe des Endzeitpunktes dieser Beschäftigung abmeldet. Kennt die AfA den Beendigungszeitpunkt, so ist eine nochmalige Arbeitsuchendmeldung nicht erforderlich, weil die Meldung bereits erfolgt ist. Eine solche kann (muss nicht) lange vor dem Beendigungszeitpunkt erfolgen. Die AfA könnte allerdings – etwa

bei längerer Zwischenbeschäftigung – dem Arbeitnehmer eine nochmalige Meldepflicht auferlegen und diese auch einfordern (vgl. *BSG* 20.10.2005 SozR 4–4300 § 37b Nr. 2).

Wer einen Anspruch auf Arbeitslosengeld unter den erleichterten Voraussetzungen des § 428 SGB III geltend macht, unterliegt nach Sinn und Zweck des § 38 Abs. 1 SGB III ebenfalls nicht der Meldepflicht (iS einer teleologischen Reduktion; Gagel-*Winkler* § 38 Rn 21).

3. Entstehen der Meldepflicht

Anders als nach dem früheren § 37b S. 1 SGB III aF entsteht die Meldepflicht **nicht mehr** »**unverzüglich**« nach Kenntnis des Zeitpunkts, an dem das jeweilige Arbeits- oder Ausbildungsverhältnis endet. Diese Regelung und auch die Sonderregelung für befristete Arbeitsverhältnisse in S. 2 war aus mehreren Gründen unklar und unzweckmäßig, schon weil der Begriff »unverzüglich« Auslegungsschwierigkeiten bereitete.

Die **allgemeine Meldepflicht** nach § 38 Abs. 1 S. 1 SGB III entsteht – unabhängig von der individuellen Kündigungsfrist und unabhängig von der Befristung des Arbeitsverhältnisses – »spätestens drei Monate vor Beendigung des Arbeits- oder Ausbildungsverhältnisses«, allerdings – wie sich aus S. 2 ergibt – nur für den Fall, dass zwischen der **Kenntnis des Beendigungszeitpunktes** und der **Beendigung des Arbeits- oder Ausbildungsverhältnisses** drei Monate und mehr liegen. Beträgt diese Zeitspanne faktisch weniger als drei Monate, hat die Meldung – iS einer **besonderen Meldefrist** – »innerhalb von drei Tagen nach Kenntnis des Beendigungszeitpunktes« zu erfolgen.

Maßgebend auch für die Anwendung des S. 1 ist also die **Kenntnis des Beendigungszeitpunktes**: Nur wenn zwischen Kenntnis und dem Beendigungszeitpunkt als solchem drei Monate oder mehr liegen, findet S. 1 Anwendung mit der Maßgabe, dass die Dreimonatsfrist vom Beendigungszeitpunkt zurückgerechnet wird. Anderenfalls – bei einer Zeitspanne von weniger als drei Monaten – findet S. 2 Anwendung mit der Maßgabe, dass sich die Dreitagefrist vom Zeitpunkt der Kenntnis an berechnet.

Für die Berechnung der Fristen gelten gem. **§ 26 SGB X die §§ 187 ff. BGB entsprechend** mit der Folge, dass bei der Dreimonatsfrist des § 38 Abs. 1 S. 1 SGB III Zeitmonate – und nicht etwa Kalendermonate – zurückgerechnet werden müssen.

Bei dieser Auslegung der Regelung bedarf es **keiner Sonderregelung für befristete Arbeitsverhältnisse** mehr. Auch für sie gilt S. 1 oder S. 2, je nachdem, ob zwischen dem Zeitpunkt der Kenntnisnahme und dem Beendigungszeitpunkt drei Monate oder weniger als drei Monate liegen. Im zweiten Fall wird das frühere Kriterium Unverzüglichkeit, das eine Meldung am nächsten Tag voraussetzte (*BSG* 18.8.2005 – BSGE 95, 80), durch eine Dreitagefrist ersetzt, die kalendermäßig abläuft.

Bei Arbeitsverhältnissen, die **weniger als drei Monate** dauern, findet S. 2 Anwendung mit der Maßgabe, dass die Meldung innerhalb der Dreitagefrist zu erfolgen hat. Die Meldung muss dann sogleich nach Arbeitsaufnahme (binnen drei Tagen) erfolgen.

4. Kenntnis vom Beendigungszeitpunkt

§ 38 Abs. 1 SGB III setzt für die Entstehung der Meldepflicht Kenntnis vom Ende des Arbeits- oder Ausbildungsverhältnisses voraus. Maßgebend ist insoweit nicht das Ende des Beschäftigungsverhältnisses, sondern ausdrücklich des Arbeitsverhältnisses. Dieses endet mit dem Tag, zu dem die Kündigung ausgesprochen bzw. der in der Auflösungsvereinbarung festgelegt worden ist. Die Kenntnis von diesem Zeitpunkt muss sicher sein, d. h. der Arbeitnehmer muss den **konkreten Beendigungszeitpunkt positiv kennen** (*BSG* 18.8.2005 – B 7a/7 AL 80/04 R; vgl. hierzu auch *LSG Bay.* 27.1.2015 – L 10 AL 382/13, info also 2015, 116, wonach es bei Rechtsreferendaren auf den Zeitpunkt der mündlichen Prüfung ankommt; nicht maßgeblich ist hingegen der Zugang des Einladungsschreibens zur mündlichen Prüfung). Das ist beim Arbeitsverhältnis der Zeitpunkt, an dem die Kündigung des Arbeitgebers oder des Arbeitnehmers **zugeht** oder an dem die Auflösungsvereinbarung **geschlossen** wird. Eine drohende oder auch sicher zu erwartende Arbeitgeberkündigung reicht nicht aus, die Meldepflicht auszulösen. Erst recht reicht eine mögliche oder irgendwann zu erwartende Kündigung nicht aus, ebenso wenig eine fahrlässige Unkenntnis des Beendigungszeitpunkts. Auch bei Irrtum über die Voraussetzungen der Meldepflicht, insbes. über den Beendigungstatbestand als solchen oder über dessen Zeitpunkt dürfte eine Meldepflicht von vornherein nicht entstehen, weil ohne deren positive Kenntnis sich die für die Meldepflicht maßgebenden Fristen nicht bestimmen lassen. Die Meldepflicht als konkrete Verhaltenspflicht entsteht nur, wenn dem Arbeitnehmer alle Voraussetzungen bekannt sind, die diese Pflicht konkret begründen.

166 Die Meldepflicht besteht **unabhängig** davon, ob der Fortbestand des Arbeitsverhältnisses oder des Ausbildungsverhältnisses gerichtlich geltend gemacht wird (§ 38 Abs. 1 S. 4 SGB III), also ohne Rücksicht darauf, dass während des Kündigungsschutzprozesses die Beendigung des Arbeitsverhältnisses oder Ausbildungsverhältnisses noch nicht feststeht. Das soll die Meldepflicht als arbeitsuchend nicht ausschließen. Damit soll offenbar berücksichtigt werden, dass der Arbeitnehmer mit Ablauf der Kündigungsfrist faktisch beschäftigungslos und damit arbeitslos iSd Leistungsrechts der Arbeitslosenversicherung wird, sodass – trotz Fortbestandes des Arbeitsverhältnisses – ein Anspruch auf Arbeitslosengeld im Wege der sog. Gleichwohlgewährung nach § 157 Abs. 3 SGB III in Betracht kommt (vgl. KR-*Link/Lau* § 157 SGB III Rdn 43 ff.). Durch frühzeitige Meldung als arbeitsuchend (drei Monate vor dem in der Kündigung vorgesehenen Termin) kann ein solcher Anspruch vermieden werden. Wer also gegen die Kündigung seines Arbeitgebers klagt, unterliegt gleichwohl der Meldepflicht aus § 38 Abs. 1 SGB III. Dies gilt im Übrigen auch dann, wenn der Versicherte ein Anschlussarbeitsverhältnis in Aussicht hatte (*LSG BW* 2.5.2017 – L 8 AL 2132/16, NZS 2017, 636); allerdings kann bei einer verbindlichen Zusage ein wichtiger Grund vorliegen (vgl. allg. hierzu *LSG RhPf* 26.1.2017 – L 1 AL 26/15).

5. Verspätete Meldung, Verschulden

167 Anders als § 37b SGB III aF, der eine »unverzügliche« Meldung voraussetzte bzw. darauf abstellte, ob die Meldung nach Kenntnis des Beendigungszeitpunkts »ohne schuldhaftes Zögern« erfolgt war (§ 121 Abs. 1 S. 1 BGB; vgl. *BSG* 25.5.2005 – B 11a/11 AL 81/04 R, vgl. *Wolff* KR 8. Aufl., Rn 12 zu § 140 SGB III aF), enthält § 38 Abs. 1 SGB III kein entsprechendes Verschuldenselement (mehr); vielmehr hat der Gesetzgeber jetzt feste Fristen vorgegeben.

168 Die Frage, ob die Verletzung der Meldepflicht im Rahmen der Sperrzeitfolgen nach § 159 SGB III gleichwohl **vorwerfbar** sein muss, ist zu bejahen. Insoweit ist zu beachten, dass der Gesetzgeber in § 159 Abs. 1 S. 2 SGB III seit 1.1.2005 alle dort aufgeführten Fälle einer Sperrzeit als **versicherungswidriges Verhalten** und damit als typisch versicherungsrechtliche **Obliegenheitsverletzung** ausgestaltet hat (vgl. dazu *Voelzke* NZS 2005, 281 ff.; grundlegend zur systematischen Einordnung der Sperrzeit als Sanktion bei Obliegenheitsverletzungen *Rolfs* Das Versicherungsprinzip im Sozialversicherungsrecht, 2000, S. 510 ff.). Für diese ist aber, insbes. auch nach dem Grundgedanken der Sperrzeitregelung, ein Verschuldenserfordernis typisch und üblich. Deshalb muss auch bei dem Tatbestand einer Sperrzeit wegen verspäteter Arbeitsuchendmeldung – als **ungeschriebenes Tatbestandsmerkmal** – ein **Verschulden** vorausgesetzt werden, wie das BSG bereits früher bei der Sperrzeit wegen Abbruchs einer beruflichen Eingliederungsmaßnahme angenommen hat (*BSG* 16.9.1999 BSGE 84, 270, 274 f.). Auch hat das BSG bereits zu §§ 37b, 140 SGB III aF entschieden, dass die Minderung des Arbeitslosengeldes im Hinblick auf die Qualifizierung der Arbeitsuchendmeldung als Obliegenheit ein subjektiv vorwerfbares Verhalten – mindestens leichte Fahrlässigkeit – verlangt (grdl. *BSG* 25.5.2005 BSGE 95, 9; 18.8.2005 SozR 4–4300 § 140 Nr. 2 Rn 10; zuletzt *BSG* 17.10.2007 SozR 4–4300 § 37b Nr. 6 mwN m. Anm. *Sommer* jurisPR-SozR 12/2008 Anm. 3). Diese Rspr. hat das *BSG* (13.3.2018 – B 11 AL 12/17 R, WKRS 2018, 25503) auf die neue Sperrzeitregelung übertragen mit der Folge, dass eine Sperrzeit wegen verspäteter Arbeitsuchendmeldung nicht eintritt, wenn die fehlende oder verspätete Meldung nicht subjektiv vorwerfbar ist.

169 **Vorwerfbares Verhalten** liegt nicht vor, wenn der Arbeitnehmer ohne Verschulden die Meldepflicht **nicht kannte**. Bereits zu § 37b SGB III aF hat das *BSG* (*BSG* 25.5.2005 BSGE 95, 9 = SozR 4–4300 § 140 Nr. 1) entschieden, dass der Arbeitnehmer zumindest leicht fahrlässig in Unkenntnis der Meldepflicht gewesen sein muss, und dies nunmehr auch zu § 38 SGB III bestätigt (*BSG*

30.8.2018 – B 11 AL 2/18 R, WKRS 2018, 11881; *BSG* 13.3.2018 – B 11 AL 12/17 R, WKRS 2018, 25503). Obwohl die Belehrung durch den Arbeitgeber über die Meldepflicht (§ 2 Abs. 2 S. 2 Nr. 2 SGB III) keine Voraussetzung für den Eintritt der Sperrzeit ist und auch § 38 Abs. 1 SGB III keine individuelle Belehrung durch die Arbeitsverwaltung vorsieht (vgl. zum alten Recht *BSG* 28.8.2007 SozR 4–4300 § 37b Nr. 5; 10.10.2007 SozR 4–4300 § 119 Nr. 6), können fehlende Hinweise bei der Beurteilung des Verschuldens an der Meldepflichtversäumung von Bedeutung sein (so *BSG* 25.5.2005 BSGE 95, 9). Bei der Verletzung der Informationspflicht des Arbeitgebers kann es an einem Verschulden des Arbeitnehmers fehlen, sofern ihm die Meldepflicht nicht anderweitig bekannt war (vgl. hierzu *Hess. LSG* 25.9.2009 – L 7 AL 199/08; war sie ihm zB durch einen früheren Aufhebungsbescheid der BA bekannt, trifft ihn Verschulden, vgl. *LSG NRW* 2.2.2012 – L 16 AL 201/11). Eine Sperrzeit entfällt mithin nicht schon wegen Fehlens einer Belehrung durch den Arbeitgeber. Ein Schadensersatzanspruch des Arbeitnehmers gegen den Arbeitgeber besteht nicht (*BAG* 29.9.2005 – 8 AZR 571/04, NZA 2005, 1405).

Insoweit ist eine **doppelte Verschuldensprüfung** erforderlich: Diese betrifft einerseits die Kenntnis bzw. die fahrlässige Unkenntnis der Meldepflicht, andererseits ein vorwerfbares Fehlverhalten bei der Versäumung der Meldefrist (*BSG* 13.03.2018 – B 11 AL 12/17 R, WKRS 2018, 25503; *BSG* 30.8.2018 – B 11 AL 2/18 R, WKRS 2018, 11881). Erforderlich ist auch hier ein Verschulden nach einem subjektiven Fahrlässigkeitsmaßstab. 170

An einem vorwerfbaren Verhalten fehlt es dann, wenn der Arbeitnehmer subjektiv und objektiv **nicht in der Lage war**, seiner Meldepflicht nachzukommen (vgl. dazu *BSG* 18.8.2005 SozR 4–4300 § 140 Nr. 2). Das gilt etwa bei ernsthaften Erkrankungen, unvorhersehbaren Verkehrsstörungen oder der Weigerung des Arbeitgebers, den Arbeitnehmer entgegen § 2 Abs. 2 S. 2 Nr. 3 SGB III zwecks Erfüllung der Meldepflicht freizustellen, sofern der Arbeitnehmer alles getan hat, um nach Wegfall des Hindernisses der Meldepflicht nachzukommen. 171

An einem **vorwerfbaren Verhalten fehlt** es auch dann, wenn sich ein Arbeitnehmer ordnungsgemäß aus dem Leistungsbezug abgemeldet und die Aufnahme einer zeitlich befristeten Zwischenbeschäftigung der AfA angezeigt hat. Konnte diese den konkreten Endzeitpunkt der Beschäftigung erkennen, ist darin die erforderliche Meldung zu sehen (vgl. dazu *BSG* 20.10.2005 – B 7 AL 50/05 R, SozR 4–4300 § 37b Nr. 2). Dies kann bei längerer Befristung der Zwischenbeschäftigung anders sein, etwa dann, wenn die AfA den Arbeitnehmer zur (nochmaligen) Meldung aufgefordert hat. 172

An einem vorwerfbaren Verhalten fehlt es ferner dann, wenn der Arbeitnehmer den **konkreten Beendigungszeitpunkt** des Arbeitsverhältnisses nicht kannte, etwa weil im Einvernehmen mit dem Arbeitgeber bis kurz vor Ablauf einer Befristung eine Weiterbeschäftigung vorgesehen war (*LSG RhPf* 26.4.2007 – L 1 AL 141/06). 173

Vorwerfbares Verhalten ist auch bei **fehlender Dienstbereitschaft** der AfA, zB an den Wochenenden und Feiertagen, zu verneinen. Die Meldefrist gilt nur für Tage der Dienstbereitschaft. ZB sind die Wochenenden und Feiertage bei der Drei-Tages-Frist nicht mitzuzählen (so zum alten Recht *BSG* 20.10.2005 BSGE 95, 191). Auch **sonstige persönliche Gründe** für die Versäumung der Frist sind grds. bereits bei der Vorwerfbarkeit und nicht etwa erst bei der Frage eines wichtigen Grundes zu prüfen, der bei der Sperrzeit wegen verspäteter Arbeitsuchendmeldung eine geringere Rolle spielen dürfte. Dabei kann es allerdings von den Umständen des Einzelfalles abhängen, ob die Sperrzeit wegen fehlender Vorwerfbarkeit oder »nur« wegen eines wichtigen Grundes entfällt. ZB dürften die Fälle der Versäumung der Meldefrist wegen persönlicher Angelegenheiten, die keinen Aufschub dulden (zB Gerichtstermine, Unglücksfälle in der Familie und sonstige vom Meldepflichtigen nicht zu vertretende Gründe) eher nur einen wichtigen Grund darstellen, und nur ausnahmsweise bereits vorwerfbares Verhalten ausschließen. 174

6. Art der Meldung, Abgrenzung von der Arbeitslosmeldung

Bisher muss sich der Arbeitnehmer bis zum maßgeblichen Zeitpunkt bei der AfA **persönlich** arbeitsuchend melden. Notwendig ist grds. das **persönliche Erscheinen**. Das Erscheinen eines Dritten 175 oder eines Bevollmächtigten reicht nicht aus, auch nicht die schriftliche Meldung. Allerdings hat bereits § 37b S. 3 SGB III idF des Gesetzes vom 19.4.2007 (BGBl. I S. 538) zur Erleichterung der Meldepflicht vorgesehen, dass die Meldefrist auch durch eine **telefonische Meldung** gewahrt wird, allerdings nur dann, wenn die persönliche Meldung nach terminlicher Vereinbarung nachgeholt wird (vgl. Rdn 148). Die nachgeholte persönliche Meldung ist nicht an eine gesetzliche Frist gebunden. Wird der Termin für die persönliche Meldung auf die Zeit nach Eintritt der Arbeitslosigkeit gelegt, kann auf die Meldung verzichtet werden, wenn zB eine Vermittlung bereits eingeleitet oder gar erfolgreich durchgeführt worden ist (vgl. *Stascheit/Winkler* info also 2007, 149). Dem Arbeitnehmer steht es frei, wie er seiner Meldepflicht genügen will. Die unterbliebene persönliche Meldung führt in jedem Fall zu einer Sperrzeit, wenn der vereinbarte Termin vorwerfbar nicht eingehalten wird.

176 Satz 3 der Neuregelung in § 38 Abs. 1 SGB III sieht vor, dass die Fristen der Sätze 1 u. 2 auch durch eine »**Anzeige**« (anstelle einer telefonischen Meldung) gewahrt werden können. Die Art der Anzeige ist nicht mehr vorgeschrieben, sie kann sowohl telefonisch als auch schriftlich, per Mail, online (vgl. *Samartzis* Sozialrecht aktuell 2013, 1, 3) oder mündlich erfolgen, etwa **auch durch einen Dritten** (zB den Arbeitgeber). Vorausgesetzt ist nur, dass die persönlichen Daten des Arbeitsuchenden und der Beendigungszeitpunkt angegeben werden und die **persönliche Meldung** nach terminlicher Vereinbarung **nachgeholt wird**. Ab dem 1.1.2022 ist die frühzeitige Arbeitsuchendmeldung nicht mehr an eine Form gebunden, die persönliche Meldung muss ab diesem Zeitpunkt nicht mehr nachgeholt werden (vgl. Rdn 148).

177 Da die aus einer Verletzung der Meldepflicht resultierende »Sperrzeit bei verspäteter Arbeitsuchendmeldung« (§ 159 Abs. 1 S. 2 Nr. 9 SGB III) nicht an die neue Rechtslage angepasst worden ist, stellt sich (für die bis zum 31.12.2021 geltende Regelung) die Frage, ob – jeweils für sich genommen – sowohl die Versäumung der Anzeige als auch die Versäumung der darauffolgenden persönlichen Meldung geeignet sind, Sperrzeiten auszulösen (vgl. dazu *Voelzke* jurisPR-SozR 10/2007 Anm. 4). Ausgehend vom Sinn der Regelung, die Erfüllung der Meldepflicht zu erleichtern und angesichts des Umstandes, dass Anzeige und persönliche Meldung in einem Fortsetzungszusammenhang stehen, dürfte nur eine Sperrzeit wirksam werden: **Fehlt** es schon an einer **fristgerechten Anzeige** und ist ihre Versäumung vorwerfbar, kommt es auf die nach Fristablauf erfolgende persönliche Meldung nicht mehr an. Es tritt eine Sperrzeit von einer Woche ein. Ist die Anzeige rechtzeitig erfolgt (oder wurde sie unverschuldet versäumt), kommt es darauf an, ob ein Termin zur persönlichen Meldung vereinbart und tatsächlich eingehalten worden ist (oder ob auch dessen Einhaltung unverschuldet versäumt worden ist). Bejahendenfalls kommt eine Sperrzeit nicht in Betracht, verneinendenfalls kommt es insgesamt zu einer Sperrzeit wegen Versäumung der Arbeitsuchendmeldung.

178 Die **Meldung als arbeitsuchend** nach § 38 Abs. 1 SGB III ist mit der **Arbeitslosmeldung** nach § 141 SGB III nicht identisch. Diese Regelung lässt zwar eine Arbeitslosmeldung auch schon dann zu, wenn Arbeitslosigkeit noch nicht eingetreten, deren Eintritt aber innerhalb der nächsten drei Monate zu erwarten ist. Dies bedeutet gleichwohl nicht, dass sich der Arbeitnehmer, der sich bereits gem. § 38 Abs. 1 SGB III frühzeitig (spätestens drei Monate vor Beendigung des Arbeitsverhältnisses) arbeitsuchend gemeldet hat, nicht auch noch nach § 141 SGB III arbeitslos melden müsste. Denn die Arbeitslosmeldung ist materielle Voraussetzung für die Entstehung des Arbeitslosengeldanspruchs (§ 136 Abs. 1 Nr. 2 SGB III), der allein auf Grund der Meldung nach § 38 Abs. 1 SGB III nicht entstehen kann. Während mit der Arbeitslosmeldung die Tatsache der Arbeitslosigkeit angezeigt wird, ist die Arbeitsuchendmeldung gem. § 38 SGB III als **versicherungsrechtliche Obliegenheit** ausgestaltet, die den Eintritt von Arbeitslosigkeit verhindern soll (*BSG* 3.12.2009 SozR 4-4170 § 3 Nr. 2). Die Meldungen nach § 38 Abs. 1 SGB III und nach § 141 SGB III müssen also **jeweils getrennt** erfolgen, weil beide Regelungen unterschiedliche Rechtsfolgen haben (vgl. dazu *BSG* 3.12.2009 SozR 4-4170 § 3 Nr. 2 mwN). Jedoch können die beiden Meldungen verbunden werden, wenn der Eintritt der Arbeitslosigkeit nach drei Monaten zu erwarten ist.

179 Der ab 1.1.2009 neu eingefügte **Satz 6** (ab 1.1.2022 Satz 5) des § 38 Abs. 1 SGB III stellt klar, dass für Arbeitsuchende die **allgemeine Meldepflicht**, wie sie für Arbeitslose im Leistungsverfahren besteht, entsprechend gilt (§§ 309, 310 SGB III). D.h. der Arbeitsuchende hat sich nach näherer

Maßgabe des § 309 SGB III auf Aufforderung der AfA zu der von dieser bestimmten Zeit zu melden, insbes. auch zwecks Vermittlung in Ausbildung oder Arbeit.

III. Folgen der verspäteten Meldung, Sperrzeit

Bei (schuldhaft) verspäteter Meldung tritt, sofern kein wichtiger Grund (ein solcher ist anzunehmen, wenn dem Versicherten unter Berücksichtigung aller Umstände des Einzelfalls und unter Abwägung seiner Interessen mit den Interessen der Versichertengemeinschaft ein anderes Verhalten nicht zugemutet werden kann, vgl. *BSG* 13.3.2018 – B 11 AL 12/17 R, WKRS 2018, 25503; s.a. Rdn 93 ff.) vorliegt, nach § 159 Abs. 1 S. 2 Nr. 9 SGB III eine Sperrzeit ein, die **eine Woche** beträgt (Abs. 6). 180

Die Sperrzeit **beginnt** nach Abs. 2 S. 1 mit dem Tag nach dem Ereignis, das die Sperrzeit begründet. Das wäre der Tag, an dem die Meldung spätestens hätte erfolgen müssen. Danach könnte die Sperrzeit wegen verspäteter Arbeitsuchendmeldung bereits im Zeitraum vor **Beginn der Beschäftigungslosigkeit** eintreten, denn die Beschäftigungslosigkeit ist – anders als bei der Arbeitsaufgabe – nicht Tatbestandsmerkmal der verspäteten Arbeitsuchendmeldung. In der Rechtsprechung ist aber klargestellt, dass die Sperrzeit wegen verspäteter Arbeitsuchendmeldung erst mit dem Eintritt der Beschäftigungslosigkeit beginnt (vgl. *BSG* 13.3.2018 – B 11 AL 12/17 R, WKRS 2018, 25503; *LSG Nds.-Brem.* 23.1.2018 – L 7 AL 62/16; *BSG* 30.8.2018 – B 11 AL 2/18 R, WKRS 2018, 11881; *LSG BW* 2.5.2017 – L 8 AL 2132/16, WKRS 2017, 15095, m. Anm. *Nazik* NZS 2017, 636). Dies entspricht auch der Gesetzesbegründung, in der es ausdrücklich heißt, dass die Sperrzeit wegen versäumter Arbeitsuchendmeldung wie bei Arbeitsaufgabe Beschäftigungslosigkeit voraussetzt. Dies hat zwar im Wortlaut der Bestimmung nur andeutungsweise (»der Arbeitslose ...«) Niederschlag gefunden. Allerdings muss die Beschäftigungslosigkeit – iS einer teleologischen Reduktion – als **ungeschriebenes Tatbestandsmerkmal** angesehen werden, denn ohne Eintritt der Beschäftigungslosigkeit realisiert sich nicht das mit der Obliegenheitsverletzung verbundene Risiko der Arbeitslosigkeit (im Ergebnis ebenso Eicher/Schlegel-*Coseriu* § 159 Rn 485; aA *Wolff* KR 9. Aufl., § 144 SGB III Rn 86a). 181

K. Sperrzeit wegen Arbeitsablehnung eines Arbeitsuchenden, § 159 Abs. 1 S. 2 Nr. 2 SGB III

Ab 1.1.2005 ist der Anwendungsbereich der Voraussetzungen der Sperrzeit wegen Arbeitsablehnung nach § 159 Abs. 1 S. 2 Nr. 2 SGB III erweitert worden. Seitdem erstreckt sich die Androhung einer Sperrzeit bei Arbeitsablehnung auch auf nach § 38 Abs. 1 SGB III arbeitsuchend gemeldete Arbeitnehmer. Eine Sperrzeit wegen **Arbeitsablehnung** (vgl. hierzu *BSG* 2.5.2012 SozR 4-4300 § 144 Nr. 24) könnte nach dieser Vorschrift bereits im Zeitraum **vor Beginn der Arbeitslosigkeit** eintreten. Denn nicht erst der Arbeitslose, sondern bereits der nach § 38 Abs. 1 SGB III bei der AfA als arbeitsuchend gemeldete Arbeitnehmer kann eine Sperrzeit verwirken, wenn eine von der AfA angebotene Beschäftigung nicht annimmt oder nicht antritt oder ein Vorstellungsgespräch verhindert. Allerdings gilt auch hier (s. bereits Rdn 181), dass im Wege der teleologischen Reduktion das die Sperrzeit begründete Ereignis – auch bei Arbeitsablehnung eines Arbeitsuchenden – der Eintritt der Beschäftigungslosigkeit ist (so im Ergebnis auch BT-Drucks. 16/109 S. 7 zu Nr. 9; wie hier Eicher/Schlegel-*Coseriu* § 159 Rn 518; aA *Wolff* KR 9. Aufl., § 144 SGB III Rn 87; *Voelzke* NZS 2005, 282, 282). Dh, die Sperrzeit beginnt auch in diesem Fall mit dem Eintritt der Beschäftigungslosigkeit. Dieses Ergebnis wird iÜ durch die Regelung in § 159 Abs. 4 S. 2 SGB III bestätigt, indem dort der Passus »im Zusammenhang mit der Entstehung des Anspruchs« aufgenommen ist. Zu beachten ist, dass bei **mehreren Beschäftigungsangeboten**, die in einem so engen zeitlichen Zusammenhang durch die AfA ergehen, dass sie der arbeitslosen Person gleichzeitig vorliegen und diese hierauf zu reagieren hat, von einem einheitlich zu betrachtenden Lebenssachverhalt auszugehen ist. Bewirbt sich der Arbeitslose in einer solchen Situation gar nicht, ist dies nach der Rechtsprechung des *BSG* als eine einheitliche Verhaltensweise zu werten (*BSG* 3.5.2018 – B 11 AL 2/17 R, WKRS 2018, 57299). Ist diese als versicherungswidrig zu beurteilen, kann infolgedessen **nur eine Sperrzeit** (und nicht mehrere) bei Arbeitsablehnung eintreten. Ein einziges versicherungswidriges Verhalten darf nicht mehrfach sanktioniert werden. Zudem setzt der Eintritt einer zweiten 182 oder weiteren Sperrzeit mit längerer Sperrzeitdauer iSv § 159 Abs. 4 S. 1 SGB III einen Bescheid über die frühere Sperrzeit voraus (*BSG* 27.6.2019 – B 11 AL 17/18 R, WKRS 2019, 42755). Zudem hat das *BSG* die Anforderungen an eine diesbezügliche **Rechtsfolgenbelehrung** weiter konkretisiert (vgl. zu den Anforderungen an eine Belehrung über die konkret bei Ablehnung des jeweiligen Vermittlungsangebots drohende Rechtsfolge im Hinblick auf eine zweite und dritte Sperrzeit iSv § 159 Abs. 4 S. 1 SGB III: *BSG*, 27.6.2019 – B 11 AL 14/18 R, WKRS 2019, 41877, Rn 20). Die BA hat ihre Fachlichen Weisungen entsprechend angepasst (§ 159.4 und § 159.7.2 Stand 1/2021). Die Dauer der Sperrzeit richtet sich gemäß § 440 Abs. 4 SGB III danach, ob der Anspruch auf Arbeitslosengeld (Stammrecht) bis zum 31.12.2008 entstanden ist oder danach.

L. Sperrzeit bei unzureichenden Eigenbemühungen, § 159 Abs. 1 S. 2 Nr. 3 SGB III

183 Seit 1.1.2005 neu in das Gesetz aufgenommen ist der Tatbestand der Sperrzeit bei **unzureichenden Eigenbemühungen**, die zwei Wochen beträgt (Abs. 5). Dieser Sperrzeittatbestand betrifft **ausschließlich Arbeitslose**, während die bei der AfA als arbeitsuchend gemeldeten Arbeitnehmer nicht erfasst werden.

184 Der Sperrzeittatbestand der Eigenbemühungen steht in einem besonderen Spannungsverhältnis zu §§ 137, 138 SGB III und wirft einige Fragen auf: Wenn die Eigenbemühungen zu den Leistungsvoraussetzungen des Arbeitslosengeldanspruchs gehören, können sie nicht zugleich eine Obliegenheit sein, deren Verletzung zu einer Sperrzeit führt (vgl. zu diesem Widerspruch *Voelzke* NZS 2005, 281, 282; s.a. *BSG* 4.4.2017 – B 11 AL 5/16 R, SozR 4–4300 § 37 Nr. 1). Nach § 137 Abs. 1 Nr. 1, § 138 Abs. 1 Nr. 2 SGB kann der Arbeitslose Arbeitslosengeld nur (noch) dann beanspruchen, wenn er sich bemüht, seine Beschäftigungslosigkeit zu beenden (Eigenbemühung); die Eigenbemühungen sind nach § 137 Abs. 1 Nr. 2 SGB III Voraussetzungen der Arbeitslosigkeit und damit Voraussetzungen des Arbeitslosengeldanspruchs nach § 138 Abs. 1 Nr. 1 SGB III. Nach § 159 Abs. 1 S. 2 Nr. 3 SGB III liegt versicherungswidriges Verhalten vor, wenn der Arbeitslose trotz Belehrung über die Rechtsfolgen die von der AfA **geforderten Eigenbemühungen nicht nachweist** (Sperrzeit bei unzureichenden Eigenbemühungen). Eine mögliche Abgrenzung der beiden Regelungsbereiche kann darin gesehen werden, dass nach §§ 137, 138 SGB III Arbeitslosigkeit nur verneint werden kann, wenn der Arbeitslose **überhaupt keine** – über die Inanspruchnahme der Dienste der BA hinausgehenden – **Bemühungen** unternimmt (so zur Rechtslage nach dem bis 31.12.2004 geltenden Recht *BSG* 20.10.2005 BSGE 95, 176 und *BSG* 31.1.2006 – B 11a AL 13/05 R). Hingegen erfasst die Sperrzeit nach § 159 Abs. 1 S. 2 Nr. 3 SGB III Verstöße gegen Aufforderungen der BA **zu konkreten, zumutbaren Eigenbemühungen** und/oder zur **Vorlage besonderer Beweismittel**. Die Sperrzeitregelung ist insoweit **lex specialis** gegenüber §§ 137, 138 SGB III (so zutr. Eicher/Schlegel-*Coseriu* § 159 Rn 364; so iE auch *Hauck/Noftz-Valgolio*, SGB III § 159 Rn 300; aA *Voelzke* NZS 2005, 281, 282, der dem Sperrzeittatbestand offenbar lediglich fehlende »Nachweise« zuordnen will). Der Wortlaut der Sperrzeitnorm ist insoweit ungenau: Erfasst werden nicht nur fehlende Nachweise in Form **bestimmter Beweismittel**, sondern auch die von der BA **geforderten Eigenbemühungen**, deren Nachweise in den Begriff der Eigenbemühungen integriert sind (Eicher/Schlegel-*Söhngen* § 138 Rn 87 f.). Die geforderten Eigenbemühungen und/oder Beweismittel müssen jeweils **bestimmt und zumutbar** sein. Die BA muss also dem Arbeitslosen jeweils genau vorschreiben, wie seine Eigenbemühungen auszusehen haben bzw. welche Beweise im Einzelnen er vorzulegen hat. Werden die Eigenbemühungen im Rahmen einer **Eingliederungsvereinbarung** geregelt, ist zu beachten, dass eine solche Eingliederungsvereinbarung Zusagen für eine angemessene Gegenleistung seitens der AfA enthalten muss; ansonsten fehlt es regelmäßig an einer Grundlage für eine Sperrzeitentscheidung (*BSG* 4.4.2017 – B 11 AL 5/16 R, SozR 4–4300 § 37 Nr. 1, krit. hierzu *Bittner* NZS 2017, 693).

185 Der Sperrzeittatbestand der unzureichenden Eigenbemühungen verlangt für den Eintritt einer Sperrzeit ausdrücklich eine **Rechtsfolgenbelehrung**, die konkret, richtig und verständlich sein muss. Außerdem setzt sie als Obliegenheitsverletzung – iS eines ungeschriebenen Tatbestandsmerkmals – den Vorwurf individuellen Verschuldens voraus (so schon *BSG* 20.10.2005 BSGE 95, 176).

Sozialgesetzbuch – Neuntes Buch – (SGB IX) Rehabilitation und Teilhabe von Menschen mit Behinderungen

Vom 23. Dezember 2016 (BGBl. I S. 3234).
Zuletzt geändert durch Artikel 13 des Gesetzes vom 4. Mai 2021 (BGBl. I S. 882).

Vorbemerkungen zu 168–175

Übersicht

		Rdn			Rdn
A.	Kündigungsschutz im Sozialgesetzbuch IX (SGB IX)	1	I.	Beginn des Schutzes	30
B.	Der geschützte Personenkreis	2	II.	Erlöschen des Schutzes	32
I.	Schwerbehinderte Menschen	4	III.	Vorübergehender Wegfall des Schutzes	38
II.	Gleichgestellte behinderte Menschen	17	F.	Unabdingbarkeit des Kündigungsschutzes	39
C.	Begrenzung des Kündigungsschutzes auf Arbeits- und Heimarbeitsverhältnisse	20	G.	Konkurrierender Kündigungsschutz nach anderen Vorschriften	40
D.	Inhalt des Kündigungsschutzes	25	H.	Beteiligung der Schwerbehindertenvertretung	43
E.	Dauer des Kündigungsschutzes	30			

A. Kündigungsschutz im Sozialgesetzbuch IX (SGB IX)

Schwerbehinderte genossen einen besonderen Kündigungsschutz nach §§ 15–22 SchwbG, die seit 1.8.1986 im Wesentlichen unverändert galten. Diese Vorschriften zum Kündigungsschutz wurden Bestandteil des SGB IX (§§ 85–92 SGB IX aF) geworden, das am 1.7.2001 in Kraft trat. Eine wesentliche inhaltliche Änderung des Kündigungsschutzes hat der Gesetzgeber hierbei nicht vorgenommen, wenn er auch teilweise andere Formulierungen gewählt hat. Insbesondere hat er den Begriff »Schwerbehinderter« durch den Begriff »schwerbehinderter Mensch« ersetzt, und an die Stelle der Hauptfürsorgestelle ist das Integrationsamt getreten. Durch das Gesetz zur Förderung der Ausbildung und Beschäftigung schwerbehinderter Menschen vom 23.4.2004 (BGBl. I S. 606) wurden einige Änderungen der Kündigungsschutzvorschriften vorgenommen worden (§ 87 Abs. 2, § 88 Abs. 5, § 90 Abs. 1 Nr. 2, § 90 Abs. 2a SGB IX aF). Durch das **Bundesteilhabegesetz (BTHG)** vom 23.12.2016 wurde der **Begriff der Behinderung** in § 2 Abs. 1 SGB IX ab dem 1.1.2018 neu gefasst (sehr krit. zu der Neufassung *Schaumberg/Seidel* SGb 2017, 572 ff., 618 ff.; zu den Behinderungsbegriffen des innerstaatlichen Rechts im SGB IX und im AGG sowie in der UN-BRK *Schulte/Dillmann* ZTR 2017, 524; *Schmitt* BB 2017, 2293 f. nimmt keine inhaltlich grundlegende Änderung des Behinderungsbegriffs an; krit. zum Behinderungsbegriff der UN-BRK in der Rechtsprechung des EuGH *Bechtolf* ZESAR 2018, 118). Für die Feststellung der Schwerbehinderung nach § 2 Abs. 2 SGB IX ergeben sich keine grundlegenden Änderungen (*Kainz* NZS 2018, 297; Neumann/Pahlen/Greiner/Winkler/Jabben-*Greiner* § 152 SGB IX Rn 1). Der besondere Kündigungsschutz und das Zustimmungserfordernis des Integrationsamts nach §§ 168 ff. SGB IX (früher: §§ 85 ff. SGB IX) sind inhaltlich unverändert geblieben (BT-Drucks. 18/9522 S. 308; HaKo-KSchR/*Osnabrügge* §§ 168–175, 178 SGB IX Rn 3). Bereits zum 30.12.2016 wurde § 95 Abs. 2 SGB IX aF im Vorgriff auf das Bundesteilhabegesetz um einen Satz 3 ergänzt. Die Norm ist inhaltlich unverändert in § 178 Abs. 2 S. 3 SGB IX nF überführt worden. Danach ist die Kündigung eines schwerbehinderten Menschen, die der Arbeitgeber ohne eine Beteiligung der Schwerbehindertenvertretung ausspricht, unwirksam (*BAG* 13.12.2018 EzA § 95 SGB IX Nr. 8, Rn 12; *Düwell* jurisPR-ArbR 34/2018 Anm. 1; *Vossen* DB 2018, 1600; näher Rdn 44 ff.).

B. Der geschützte Personenkreis

2 Der durch das SGB IX geschützte Personenkreis wird in §§ 2, 156 SGB IX genannt (*Düwell/Sdorra* DRiZ 2021, 288).

3 Für das SGB IX gilt das **Territorialitätsprinzip**, dh die Geltung des SGB IX ist – ohne Rücksicht auf das vereinbarte Arbeitsstatut – auf das Gebiet der Bundesrepublik Deutschland beschränkt (§ 30 Abs. 1 SGB I). Daraus folgt: Arbeitnehmer, die in einem ausländischen Betrieb oder auf ausländischen Baustellen ohne Ausstrahlung auf den inländischen Betrieb des Arbeitgebers beschäftigt werden, fallen jedenfalls für den Kündigungsschutz auch dann nicht unter den Schutz des SGB IX, wenn die Parteien deutsche Staatsangehörige sind und für ihr Arbeitsverhältnis deutsches Recht vereinbart haben (vgl. dazu heute Art. 3 Abs. 1, Art. 8 Abs. 1 S. 1 ROM I-VO und zum letzten Rechtszustand APS-*Vossen* § 168 SGB IX Rn 4; zu der Rechtslage unter Geltung des SchwbG *BAG* 30.4.1987 EzA § 12 SchwbG Nr. 15 m. abl. Anm. *Junker;* zu der primärrechtlich durch die Arbeitnehmerfreizügigkeit des Art. 45 AEUV angeordneten Durchbrechung des Territorialitätsprinzips für die Altersrente nach § 37 S. 1 Nr. 2 SGB VI *BSG* 5.7.2007 BSGE 99, 9, Rn 22 ff.). Vorübergehend ins Ausland entsandte Arbeitnehmer gehören dagegen auch während ihrer Auslandstätigkeit dem inländischen Betrieb an, sog. Ausstrahlung (LPK-SGB IX/*Düwell* vor § 168 Rn 5; ErfK-*Rolfs* § 151 SGB IX Rn 8; HWK-*Thies* § 168 SGB IX Rn 8; APS-*Vossen* § 168 SGB IX Rn 4).

I. Schwerbehinderte Menschen

4 Menschen sind iSd Teils III des SGB IX schwerbehindert, »wenn bei ihnen **ein Grad der Behinderung von wenigstens 50** vorliegt und sie ihren Wohnsitz, ihren gewöhnlichen Aufenthalt oder ihre Beschäftigung auf einem Arbeitsplatz iSd § 156 SGB IX (= Stellen, auf denen Arbeitnehmer und Arbeitnehmerinnen, Beamte und Beamtinnen, Richter und Richterinnen sowie Auszubildende und andere zu ihrer beruflichen Bildung Eingestellte beschäftigt werden) rechtmäßig im Geltungsbereich dieses Gesetzbuches haben« (§ 2 Abs. 2 SGB IX). Der Behinderungsbegriff des SGB IX ist durch das BTHG zum 1.1.2018 deutlich umgestaltet worden (sehr krit. zu der Neufassung *Schaumberg/Seidel* SGb 2017, 572 ff., 618 ff.; zu den Behinderungsbegriffen des innerstaatlichen Rechts im SGB IX und im AGG sowie in der UN-BRK *Schulte/Dillmann* ZTR 2017, 524; krit. zum Behinderungsbegriff der UN-BRK in der Rechtsprechung des EuGH *Bechtolf* ZESAR 2018, 118). Um Behinderungen iSv § 2 Abs. 1 S. 1 SGB IX handelt es sich, wenn Menschen körperliche, seelische, geistige oder Sinnesbeeinträchtigungen haben, die sie in Wechselwirkung mit einstellungs- und umweltbedingten Barrieren an der gleichberechtigten Teilhabe an der Gesellschaft mit hoher Wahrscheinlichkeit länger als sechs Monate hindern können. Durch die Aufnahme des Merkmals »Wechselwirkung mit einstellungs- und umweltbedingten Barrieren« soll ausgedrückt werden, dass der betroffene Mensch nicht behindert ist. Die Behinderung entsteht erst durch von anderen verursachte Schranken oder durch umweltbedingte Schranken (*Schneider* WzS 2017, 67). Dadurch soll die Verantwortung der Gesellschaft für Menschen mit Behinderungen betont werden (*Kainz* NZS 2018, 297, 298). Eine Beeinträchtigung nach § 2 Abs. 1 S. 1 SGB IX liegt vor, wenn der Körper- und Gesundheitszustand von dem für das Lebensalter typischen Zustand abweicht (§ 2 Abs. 1 S. 2 SGB IX). Menschen sind von einer Behinderung bedroht, wenn eine Beeinträchtigung nach § 2 Abs. 1 S. 1 SGB IX zu erwarten ist (§ 2 Abs. 1 S. 3 SGB IX). Der Begriff der Behinderung iSv § 1 AGG, wegen der Beschäftigte nach § 7 AGG nicht benachteiligt werden dürfen, entspricht der Definition des § 2 Abs. 1 S. 1 SGB IX idF vor Inkrafttreten des BTHG (BT-Drucks. 16/1780 S. 31; zu den Änderungen durch das BTHG *Giraud/Schian* Behindertenrecht 2017, 1005). Der Begriff der Behinderung ist auch nach neuem Recht weiter als der der Schwerbehinderung iSv § 2 Abs. 2 SGB IX. Auf einen bestimmten Grad der Behinderung kommt es nicht an (*BAG* 13.10.2011 EzA § 15 AGG Nr. 16, Rn 33). Die Ausweitung des Benachteiligungsverbots der §§ 7, 3, 1 AGG über den Kreis der Schwerbehinderten hinaus auf alle behinderten Menschen verlangt die Umsetzung der Gleichbehandlungsrahmenrichtlinie 2000/78/EG. Sie kennt keine Beschränkung auf den Begriff der Schwerbehinderung (*BAG* 3.4.2007 EzA § 81 SGB IX Nr. 15, Rn 19).

Der Behinderungsbegriff des § 2 Abs. 1 S. 1 SGB IX nF strebt eine Angleichung an die Begriffe 5
der Behinderung iSd Art. 1 S. 2 und der Präambel Buchst. e UN-BRK (BT-Drucks. 18/9522 S. 1,
188 f., 192, 227) sowie des Art. 1 der Gleichbehandlungsrahmenrichtlinie 2000/78/EG und des
Art. 21 GRC an. Seit der Ratifizierung des Übereinkommens der Vereinten Nationen über die
Rechte von Menschen mit Behinderungen, das mit dem Beschluss 2010/48/EG des Rates vom
26.11.2009 (ABl. 2010 L 23 S. 35) im Namen der damaligen Europäischen Gemeinschaft genehmigt wurde, geht der EuGH von folgendem Begriffsverständnis aus: Der Begriff der Behinderung iSd Richtlinie 2000/78/EG erfasst eine Einschränkung, die unter anderem auf langfristige
physische, geistige oder psychische Beeinträchtigungen zurückzuführen ist, die den Betroffenen in
Wechselwirkung mit verschiedenen Barrieren an der vollen und wirksamen Teilhabe am Berufsleben, gleichgestellt mit den übrigen Arbeitnehmern, hindern können (*EuGH* 11.9.2019 [Nobel
Plastiques Ibérica] NZA 2019, 1634, Rn 41: Epicondylitis (erworbener schmerzhafter Reizzustand
der Sehnenansätze von Muskeln des Unterarms); 18.1.2018 [Ruiz Conejero] EzA Richtlinie 2000/
78 EG-Vertrag 1999 Nr. 44, Rn 44 ff.: Adipositas; dazu weiterführend *Tischbirek* EuZA 2018, 357;
1.12.2016 – C-395/15 – [Daouidi], Rn 37 ff.; 18.12.2014 [FOA] EzA Richtlinie 2000/78 EG-Vertrag 1999 Nr. 38, Rn 53: Adipositas; 22.5.2014 – C-356/12 – [Glatzel], Rn 45: zu Art. 21
GRC; 18.3.2014 [Z.] EzA Richtlinie 2006/54 EG-Vertrag 1999 Nr. 3, Rn 76; 11.4.2013 [HK
Danmark] EzA Richtlinie 2000/78 EG-Vertrag 1999 Nr. 31, Rn 37 bis 39). Den Begriff der Behinderung iSd RL 2000/78/EG und des AGG erläutert umfassend *BAG* 19.12.2013 (EzA § 1
AGG Nr. 2, Rn 57 ff. mwN: symptomlose HIV-Infektion; dazu zB *Düwell* jurisPR-ArbR 9/2014
Anm. 1; *Groeger* ArbRB 2014, 67 f.; *Günther* NZA 2014, 584 ff.; *Hunold* AuA 2014, 614 f.; *Joussen* ZMV 2014, 231 f.; *Oberthür* ArbRB 2014, 212 ff.; *Stenslik* AP Nr. 3 zu § 2 AGG). Krankheit
und Behinderung sind zu unterscheiden (*EuGH* 11.4.2013 EzA Richtlinie 2000/78 EG-Vertrag
1999 Nr. 31, Rn 41 f., 47, 75 [HK Danmark]; 11.7.2006 EzA Richtlinie 2000/78 EG-Vertrag
1999 Nr. 1, Rn 44 [Chacón Navas]; *BAG* 14.1.2015 – 7 AZR 880/13, Rn 42; 19.12.2013 EzA
§ 1 AGG Nr. 2, Rn 59; 20.6.2013 AP Nr. 2 zu § 7 TVUmBw, Rn 45 ff.; Neumann/Pahlen/Greiner/Winkler/Jabben-*Greiner* § 152 SGB IX Rn 7; Neumann/Pahlen/Greiner/Winkler/Jabben-*Neumann* § 174 SGB IX Rn 22; s.a. *Kuhn* EuZA 2020, 391, 393 ff., die den unionsrechtlichen
Behinderungsbegriff im Einzelnen erläutert). Der Behinderungsbegriff des Art. 1 der RL 2000/78/
EG enthält eine **medizinische und eine soziale Komponente** (*Kuhn* EuZA 2020, 391, 395 ff.). Medizinisch muss eine langfristige Funktionseinschränkung bestehen (*Kuhn* EuZA 2020, 391, 395 f.).
In sozialer Hinsicht muss es ein Teilhabehindernis geben (*Kuhn* EuZA 2020, 391, 396 f.; zu mittelbar diskriminierenden Kündigungen §§ 168–173 SGB IX Rdn 92; zust. *Welti* Anm. ZESAR
2020, 289 ff.). Der Behinderungsbegriff in Art. 1 der Gleichbehandlungsrahmenrichtlinie 2000/
78/EG ist so zu verstehen, dass er eine Beeinträchtigung der Ausübung einer beruflichen Tätigkeit erfasst, nicht aber die Unmöglichkeit, eine solche Tätigkeit zu versehen. Der Gesundheitszustand eines Menschen, der zumindest in **Teilzeit** arbeitet, kann deshalb unter den Begriff der
Behinderung fallen (*EuGH* 11.9.2019 [Nobel Plastiques Ibérica] NZA 2019, 1634, Rn 43 mwN).
Eine andere Auslegung wäre mit dem Ziel der Gleichbehandlungsrahmenrichtlinie unvereinbar, die
insbesondere Menschen mit Behinderung Zugang zur Beschäftigung oder die Ausübung eines Berufs ermöglichen soll (*EuGH* 18.12.2014 EzA Richtlinie 2000/78 EG-Vertrag 1999 Nr. 38, Rn 54
[FOA]; 18.3.2014 EzA Richtlinie 2006/54 EG-Vertrag 1999 Nr. 3, Rn 77 [Z.]). Es kommt nicht
darauf an, ob der Arbeitnehmer selbst zu seiner Behinderung beigetragen hat (*EuGH* 18.12.2014
EzA Richtlinie 2000/78 EG-Vertrag 1999 Nr. 38, Rn 56 [FOA]: Adipositas; *BAG* 18.3.2015 NZA
2015, 801, Rn 17 ff., insbes. Rn 22: Alkoholabhängigkeit). Nach diesem Begriffsverständnis ist
Adipositas zB nicht stets eine Behinderung iSd Richtlinie 2000/78/EG. Sie ist das nur dann, wenn
sie eine Einschränkung mit sich bringt, die unter anderem auf physische, geistige oder psychische Beeinträchtigungen von Dauer zurückzuführen ist, die den Arbeitnehmer in Wechselwirkung
mit verschiedenen Barrieren an der vollen und wirksamen Teilhabe am Berufsleben, gleichberechtigt mit den anderen Arbeitnehmern, hindern können. Es ist Sache des nationalen Gerichts zu
prüfen, ob diese Voraussetzungen erfüllt sind (*EuGH* 11.9.2019 [Nobel Plastiques Ibérica] NZA
2019, 1634, Rn 50; 18.12.2014 EzA Richtlinie 2000/78 EG-Vertrag 1999 Nr. 38, Rn 64 [FOA];
BVerwG 13.12.2013 – 2 B 37.13, Rn 11 f.: im konkreten Fall keine Behinderung bei Adipositas

zweiten Grades; *BVerwG* 4.4.2013 – 2 B 86.12, Rn 10: im Einzelfall keine Behinderung bei Adipositas dritten Grades). Eine symptomlose HIV-Infektion hat eine Behinderung iSd AGG zur Folge. Das gilt, solange das gegenwärtig auf eine solche Infektion zurückzuführende soziale Vermeidungsverhalten und die darauf beruhenden Stigmatisierungen andauern (*BAG* 19.12.2013 EzA § 1 AGG Nr. 2, Rn 70 mwN).

6   Die Begriffe der Behinderung und der Krankheit sind unionsrechtlich nicht gleichzusetzen. Eine Behinderung kann durch eine ärztlich diagnostizierte heilbare oder unheilbare Krankheit verursacht werden, wenn diese Krankheit entsprechende Beeinträchtigungen mit sich bringt. Es muss zu dauerhaften physischen, geistigen oder psychischen Beeinträchtigungen kommen, die den Arbeitnehmer in Wechselwirkung mit verschiedenen Barrieren an der vollen und wirksamen Teilhabe am Berufsleben – gleichberechtigt mit anderen Arbeitnehmern – hindern können (Rdn 5). Sonst fällt eine Krankheit nicht unter den Behinderungsbegriff der Richtlinie 2000/78/EG (*EuGH* 11.4.2013 EzA Richtlinie 2000/78 EG-Vertrag 1999 Nr. 31, Rn 41 f., 47, 75 [HK Danmark]; 11.7.2006 EzA Richtlinie 2000/78 EG-Vertrag 1999 Nr. 1, Rn 44 [Chacón Navas]; *BAG* 14.1.2015 – 7 AZR 880/13, Rn 42; 19.12.2013 EzA § 1 AGG Nr. 2, Rn 59; 20.6.2013 AP Nr. 2 zu § 7 TVUmBw, Rn 45 ff.).

7   Auch das Grundgesetz kennt einen eigenen Behinderungsbegriff. Nach Art. 3 Abs. 3 S. 2 GG darf niemand wegen seiner Behinderung benachteiligt werden; eine Schlechterstellung Behinderter ist nur zulässig, wenn dafür zwingende Gründe vorliegen. Untersagt sind auf die Behinderung bezogene Ungleichbehandlungen, die für den behinderten Menschen zu einem Nachteil führen. Um eine nach Art. 3 Abs. 3 S. 2 GG verbotene Benachteiligung handelt es sich nicht nur bei Maßnahmen, die die Situation von behinderten Menschen wegen der Behinderung verschlechtern. Eine Benachteiligung kann auch bei einem Ausschluss von Entfaltungs- und Betätigungsmöglichkeiten gegeben sein, wenn dieser Ausschluss nicht durch eine auf die Behinderung bezogene Förderungsmaßnahme hinlänglich kompensiert wird. Wann er so weit kompensiert ist, dass er nicht benachteiligend wirkt, lässt sich nicht generell und abstrakt festlegen. Das kann nur aufgrund einer Gesamtwürdigung im Einzelfall entschieden werden (*BVerfG* 25.3.2015 EzA § 112 BetrVG 2001 Nr. 45a, Rn 5). § 3 Abs. 1 AGG und § 75 Abs. 1 BetrVG sollen das Diskriminierungsverbot des Art. 3 Abs. 3 S. 2 GG durchsetzen und sind entsprechend auszulegen (*BVerfG* 25.3.2015 EzA § 112 BetrVG 2001 Nr. 45a, Rn 4).

8   Der Kreis der behinderten Menschen, der unter das SGB IX fällt, ist nach § 2 SGB IX nicht auf Deutsche beschränkt. Er umfasst zB auch **Migranten**, die sich rechtmäßig in der Bundesrepublik Deutschland aufhalten, Arbeitnehmer der alliierten Streitkräfte und leitende Angestellte.

9   Menschen sind iSd Teils 3 des SGB IX schwerbehindert, wenn ein Grad der Behinderung (GdB) von wenigstens 50 vorliegt und sie ihren Wohnsitz, ihren gewöhnlichen Aufenthalt oder ihre Beschäftigung auf einem Arbeitsplatz iSd § 156 SGB IX rechtmäßig im Geltungsbereich des SGB IX haben (näher *Kainz* NZS 2018, 297, 300). Der Kündigungsschutz nach dem SGB IX besteht, wenn die Voraussetzungen des § 2 SGB IX erfüllt sind und keine der in § 173 SGB IX geregelten Ausnahmen eingreift. Es ist unerheblich, ob der schwerbehinderte Arbeitnehmer über die Pflichtquote des § 154 SGB IX hinaus beschäftigt wird. Der behinderte Mensch muss **beweisen**, dass die Erfordernisse des § 2 Abs. 2 SGB IX gewahrt sind. Die Schwerbehinderteneigenschaft braucht allerdings dann nicht bewiesen zu werden, wenn sie offenkundig ist, zB bei Kleinwüchsigkeit mit eingeschränkter Bewegungsfähigkeit (*BAG* 18.10.2000 EzA § 123 BGB Nr. 56), bei einer deformierten Halswirbelsäule (*ArbG Lübeck* 19.10.1977 ARSt 1977, 191), bei Blindheit oder Gehörlosigkeit (*BAG* 13.2.2008 EzA § 4 nF KSchG Nr. 83), Verlust von Armen oder Beinen. Künstliche Kniegelenke sind keine offenkundige Schwerbehinderung (*BAG* 13.2.2008 EzA § 4 nF KSchG Nr. 83, Rn 17).

10   Ist die Eigenschaft als (schwer-)behinderter Mensch nicht offenkundig, muss sie auf Antrag des Betroffenen behördlich oder gerichtlich festgestellt werden (§ 152 SGB IX). Die Feststellung der Schwerbehinderung des § 2 Abs. 2 SGB IX wurde nicht inhaltlich verändert, sondern redaktionell

an die Umnummerierung des SGB IX angepasst. § 152 Abs. 1 SGB IX nennt die Behörden, die für die Feststellung der (Schwer-)Behinderteneigenschaft zuständig sind. Für Streitigkeiten über diese behördlichen Feststellungen oder über die Ausweise über die Eigenschaft als schwerbehinderter Mensch (§ 152 Abs. 5 SGB IX) sind nach § 51 Abs. 1 Nr. 7 SGG die Sozialgerichte zuständig. Daraus ist zu schließen, dass **die in § 152 Abs. 1 SGB IX aufgeführten Behörden und die Sozialgerichtsbarkeit** für die Feststellung und den Nachweis der Schwerbehinderteneigenschaft **ausschließlich zuständig** sind. Deshalb kann sich ein behinderter Mensch in einem arbeitsgerichtlichen Verfahren zum Nachweis seiner Schwerbehinderteneigenschaft nicht auf das Zeugnis eines Arztes oder ein Sachverständigengutachten berufen. Er muss die behördliche Feststellung nach § 152 SGB IX betreiben oder gegen negative Bescheide im Sozialgerichtsverfahren vorgehen (*LAG RhPf* 25.3.1976 DB 1976, 1533). Der Sonderkündigungsschutz besteht ohnehin nur, wenn die Schwerbehinderung zum Zeitpunkt der Kündigung nachgewiesen ist oder der Arbeitnehmer rechtzeitig vor Ausspruch der Kündigung das Feststellungsverfahren betrieben hat (§ 173 Abs. 3 SGB IX; s. hierzu §§ 168–173 SGB IX Rdn 48 ff.).

Folgende **Möglichkeiten des Nachweises** der Schwerbehinderteneigenschaft stehen dem behinderten Menschen offen: 11

a) Er kann **bei der zuständigen Behörde** – das ist das **Versorgungsamt** oder die nach Landesrecht an seiner Stelle zuständige Behörde, in dessen oder deren Bezirk der Antragsteller zur Zeit des Antrags seinen Wohnsitz oder gewöhnlichen Aufenthaltsort hat (Neumann/Pahlen/Greiner/Winkler/ Jabben-*Greiner* § 152 SGB IX Rn 22 f.) – **beantragen**, das Vorliegen einer Behinderung und den Grad der Behinderung festzustellen (§ 152 Abs. 1 S. 1 SGB IX). Das Versorgungsamt oder die nach Landesrecht zuständige andere Behörde ist grds. verpflichtet, einen solchen Antrag zu prüfen und zu bescheiden. Stellt das Versorgungsamt oder die andere Behörde das Vorliegen einer Behinderung und einen Grad der Behinderung von wenigstens 50 fest, ist damit auch die Schwerbehinderteneigenschaft iSv § 2 Abs. 2 SGB IX festgestellt. Die Feststellung des Versorgungsamts oder der anderen Behörde kann auch für einen in die Vergangenheit zurückreichenden Zeitraum getroffen werden. Erforderlich ist nur, dass für diesen Zeitraum die Behinderung und der Grad der Behinderung zuverlässig festgestellt werden können. An die Feststellungen des Versorgungsamts oder der nach Landesrecht zuständigen anderen Behörde sind die Gerichte für Arbeitssachen gebunden. Die Gerichte aller Rechtszweige sind an wirksame Verwaltungsakte gebunden, selbst wenn sie rechtswidrig sind, soweit den Gerichten nicht die Kontrollkompetenz eingeräumt ist (sog. Tatbestandswirkung von Verwaltungsakten). Diese Bindung entfällt nur, wenn der Verwaltungsakt nichtig ist. Das ist bei Verwaltungsakten von Landesbehörden nach Art. 44 Abs. 1 des jeweiligen VwVfG des Landes lediglich dann anzunehmen, wenn der Verwaltungsakt an einem besonders schwerwiegenden Fehler leidet und das bei verständiger Würdigung aller in Betracht kommenden Umstände offenkundig ist. Nichtig ist der Verwaltungsakt grds. nur, wenn die an eine ordnungsgemäße Verwaltung zu stellenden Anforderungen in so erheblichem Maß verletzt werden, dass von niemandem erwartet werden kann, den Verwaltungsakt als verbindlich anzuerkennen (*BAG* 16.4.2015 – 6 AZR 71/14, Rn 29 mwN). 12

b) Die Feststellung der Eigenschaft als (schwer-)behinderter Mensch ist durch das Versorgungsamt nicht zu treffen, wenn eine Feststellung über das Vorliegen einer Behinderung und den Grad einer auf ihr beruhenden Erwerbsminderung schon in einem **Rentenbescheid**, einer entsprechenden Verwaltungs- oder Gerichtsentscheidung oder einer vorläufigen Bescheinigung der für diese Entscheidungen zuständigen Dienststellen getroffen worden ist. Anderes gilt nur, wenn der behinderte Mensch ein Interesse an anderweitiger Feststellung nach § 152 Abs. 1 SGB IX geltend macht (§ 152 Abs. 2 S. 1 SGB IX). 13

c) Wenn die Schwerbehinderteneigenschaft nach § 152 Abs. 1 oder 2 SGB IX unanfechtbar festgestellt ist, hat das Versorgungsamt auf Antrag des behinderten Menschen einen **Ausweis** über die Eigenschaft als schwerbehinderter Mensch und den Grad der Behinderung auszustellen (§ 152 Abs. 5 SGB IX). Dieser Ausweis dient unter anderem dazu, die Eigenschaft als schwerbehinderter Mensch und den Grad der Behinderung nachzuweisen (Neumann/Pahlen/Greiner/Winkler/ 14

Jabben-*Greiner* § 152 SGB IX Rn 45 mwN). Allerdings steht die Ausstellung eines Schwerbehindertenausweises ebenso wie die zugrunde liegende Feststellung einer Schwerbehinderung von Anfang an unter dem Vorbehalt der Nachprüfung bei einer Änderung der Verhältnisse (für die st. Rspr. BSG 11.8.2015 SGb 2016, 521, Rn 26). Aus § 173 Abs. 3 SGB IX folgt nicht, dass dem Arbeitgeber der Bescheid über die Feststellung der Schwerbehinderung vorgelegt werden muss, damit der Sonderkündigungsschutz erhalten bleibt (aA *Bauer/Powietzka* NZA-RR 2004, 505, 507; *Böhm* ArbRB 2004, 377; *Cramer* NZA 2004, 698, 704). Die objektive Existenz eines wirksamen Bescheids, der die Schwerbehinderung oder die Gleichstellung nachweist, genügt (*Düwell* BB 2004, 2811, 2812; *Etzel* FS zum 25-jährigen Bestehen der Arbeitsgemeinschaft Arbeitsrecht im DAV, S. 241, 248 f.; *Griebeling* NZA 2005, 494, 496 f.; *Rolfs/Barg* BB 2005, 1678, 1679; *Schlewing* NZA 2005, 1218, 1219). Sinn der Einführung des § 90 Abs. 2a SGB IX aF (heute: § 173 Abs. 3 SGB IX) war es, Missbräuchen entgegenzuwirken, die sich eingebürgert hatten, indem kurz vor Ausspruch von Kündigungen von vornherein aussichtslose Anträge auf Anerkennung als schwerbehinderter Mensch gestellt wurden, um das Risiko des Arbeitgebers im Kündigungsschutzprozess zu erhöhen. Um solche Missbräuche abzustellen, braucht schwerbehinderten Menschen, deren Anerkennung seit Langem feststeht und nicht in Zweifel gezogen wird, keine zusätzliche Verfahrenshürde aufgebürdet zu werden. Das gilt vor allem dann, wenn der Arbeitgeber die Schwerbehinderung kennt oder sich die Kenntnis zurechnen lassen muss und die Schwerbehinderung nicht bestreitet. Der Arbeitgeber, der um die Schwerbehinderung nicht weiß, ist durch den Einwand der Verwirkung ausreichend geschützt. Der Arbeitgeber, der die ihm vom Arbeitnehmer mitgeteilte Schwerbehinderung bezweifelt, kann die Anerkennung bestreiten und sich auf diese Weise Klarheit verschaffen (*BAG* 11.12.2008 NZA 2009, 556, Rn 25 ff. mwN).

15 d) Sind nach Auffassung des Versorgungsamts oder der nach Landesrecht zuständigen anderen Behörde die Voraussetzungen für eine Schwerbehinderteneigenschaft des Antragstellers nicht erfüllt und lehnt es deshalb die entsprechende Feststellung nach § 152 Abs. 1 SGB IX ab, kann der Antragsteller gegen den Bescheid des Versorgungsamts oder der anderen Behörde Widerspruch einlegen und, falls dieser erfolglos bleibt, **Klage beim Sozialgericht** erheben (§ 51 Abs. 1 Nr. 7 SGG). Die rechtskräftige Entscheidung eines Gerichts der Sozialgerichtsbarkeit ist für die Gerichte für Arbeitssachen bindend (*Jobs* AuR 1981, 226).

16 Der Arbeitgeber kann die Feststellung des Schwerbehindertenstatus des Arbeitnehmers durch das Versorgungsamt oder die nach Landesrecht zuständige andere Behörde nicht anfechten, auch wenn der Betroffene rückwirkend als schwerbehinderter Mensch anerkannt wird. Die von der Versorgungsverwaltung getroffene Feststellung **wirkt gegen jedermann** (*BSG* 19.12.2001 AP Nr. 1 zu § 2 SchwbG 1986; 22.10.1986 EzA § 3 SchwbG Nr. 1).

II. Gleichgestellte behinderte Menschen

17 Schwerbehinderten Menschen gleichgestellt werden sollen nach § 2 Abs. 3 SGB IX – wie bisher – Menschen mit Behinderungen mit einem Grad der Behinderung von weniger als 50, aber wenigstens 30, bei denen die übrigen Voraussetzungen von § 2 Abs. 2 SGB IX vorliegen, wenn sie infolge ihrer Behinderung ohne die Gleichstellung einen geeigneten Arbeitsplatz iSd § 156 Abs. 1 SGB IX nicht erlangen oder nicht behalten können (gleichgestellte behinderte Menschen; *Schmitt* BB 2017, 2293, 2294). Sie müssen also rechtmäßig im Geltungsbereich des SGB IX (Bundesrepublik Deutschland) wohnen, sich dort gewöhnlich aufhalten oder hier einen Arbeitsplatz iSv § 156 Abs. 1 SGB IX (s. Rdn 4) haben. Der Grad der Behinderung wird auf die gleiche Weise festgestellt wie bei schwerbehinderten Menschen (s. Rdn 12–16). Sind die Voraussetzungen für eine Gleichstellung erfüllt, muss die BA die Gleichstellung aussprechen. Das Wort »sollen« in § 2 Abs. 3 SGB IX bedeutet nicht, dass der BA ein Ermessensspielraum hinsichtlich der Gleichstellung eingeräumt ist. Sind die Erfordernisse einer Gleichstellung gewahrt, muss sie vorgenommen werden (Neumann/Pahlen/Greiner/Winkler/Jabben-*Greiner* § 151 SGB IX Rn 7; ErfK-*Rolfs* § 152 SGB IX Rn 4). Der Arbeitgeber kann die Entscheidung der BA, die den Arbeitnehmer einem schwerbehinderten Menschen nach § 2 Abs. 2 SGB IX gleichstellt, nicht anfechten (*BSG* 19.12.2001 AP Nr. 1 zu § 2 SchwbG 1986).

Die Gleichstellung eines behinderten Menschen mit einem Grad der Behinderung von mindestens 30 mit einem schwerbehinderten Menschen ist anders als die Feststellung der Schwerbehinderteneigenschaft konstitutiv (*BAG* 22.1.2020 EzA § 178 SGB IX 2018 Nr. 3, Rn 27 mwN). Die Gleichstellung wird jedoch bereits **mit dem Tag des Eingangs des Antrags bei der BA wirksam**, auch wenn die Entscheidung der BA erst später ergeht (§ 151 Abs. 2 S. 2 SGB IX). Aus Sicht des *Siebten Senats des BAG* ist der Arbeitgeber trotz der Rückwirkung des Verwaltungsakts **nicht nach § 178 Abs. 2 S. 1 SGB IX verpflichtet**, die Schwerbehindertenvertretung **vorsorglich zu unterrichten und anzuhören**, wenn über den dem Arbeitgeber bekannten Gleichstellungsantrag noch nicht entschieden ist. Argument hierfür ist, dass die Rückwirkung erst durch den Gleichstellungsbescheid begründet wird (*BAG* 22.1.2020 EzA § 178 SGB IX 2018 Nr. 3, Rn 27; zust. erläuternd *Vossen* DB 2020, 1576). Ich halte das wegen des Schutzzwecks der Beteiligungspflichten des § 178 Abs. 2 S. 1 SGB IX für nicht zwingend. Der Arbeitgeber kennt den Gleichstellungsantrag. Sinn der Rückwirkung ist, die Gleichstellung möglichst früh zu bewirken. Eine vorsorgliche Unterrichtung und eine vorsorgliche Anhörung der Schwerbehindertenvertretung sind deshalb möglich und zumutbar. Hatte der behinderte Mensch beim Versorgungsamt zunächst einen Antrag auf Feststellung seiner Schwerbehinderung gestellt (s. Rdn 12) und wurde dieser Antrag zurückgewiesen, weil die Behinderung keinen Grad von 50 erreicht, und stellt er nun bei der BA einen Antrag auf Gleichstellung, ist nach dem Sinn und Zweck des Gesetzes der Tag des Eingangs des Antrags beim Versorgungsamt (auf Feststellung der Schwerbehinderung) für die Gleichstellung maßgebend. Die Gleichstellung kann nach dem Ermessen der BA zeitlich befristet werden (§ 151 Abs. 2 S. 3 SGB IX). Nach Ablauf einer zeitlich befristeten Gleichstellung ist die Gleichstellung auf Antrag erneut auszusprechen, wenn die Voraussetzungen hierfür nach § 2 Abs. 3 SGB IX gegeben sind.

18

Die Gleichstellung bewirkt, dass dem gleichgestellten behinderten Menschen – mit Ausnahme des Zusatzurlaubs nach § 208 SGB IX und der Bestimmungen des Kapitels 13 des SGB IX – **die gleichen Rechte** zustehen **wie einem schwerbehinderten Menschen** (§ 151 Abs. 3 SGB IX; zum Beginn des Kündigungsschutzes Rdn 31).

19

C. Begrenzung des Kündigungsschutzes auf Arbeits- und Heimarbeitsverhältnisse

Der besondere Kündigungsschutz des SGB IX gilt für schwerbehinderte und gleichgestellte Arbeitnehmer. Zu Arbeitnehmern in diesem Sinn gehören **auch Auszubildende** (*BAG* 10.12.1987 EzA § 18 SchwbG Nr. 8 = AP Nr. 11 zu § 18 SchwbG m. krit. Anm. *Natzel* = AR-Blattei Schwerbehinderte: Entsch. 93 m. zust. Anm. *Konzen/Weber*, *Fröhlich/Mirwald* ArbRB 2006, 341; HaKo-KSchR/*Osnabrügge* §§ 168–175, 178 SGB IX Rn 2; ErfK-*Rolfs* § 168 SGB IX Rn 3). Nach § 173 Abs. 1 Nr. 2 SGB IX haben nur die Personen, die auf Stellen iSv § 156 Abs. 2 Nr. 2 bis Nr. 5 SGB IX beschäftigt werden, keinen besonderen Kündigungsschutz nach dem SGB IX. Zu diesem Personenkreis gehören Auszubildende nicht. Auszubildende mit einem Grad der Behinderung von wenigstens 50 sind kraft ausdrücklicher gesetzlicher Bestimmung schwerbehinderte Menschen iSd SGB IX (§ 2 Abs. 2 iVm § 156 Abs. 1 SGB IX).

20

Nach früherem nationalen Rechtsverständnis sind §§ 168 ff. SGB IX nicht auf Personen, die aufgrund freier Dienstverträge tätig werden – zB **Mitglieder von Vertretungsorganen juristischer Personen** –, und **arbeitnehmerähnliche Personen** anzuwenden, auch wenn sie Beschäftigte iSv § 7 Abs. 1 SGB IV sind (noch zum SchwbG: *BVerwG* 8.3.1999 NZA 1999, 826 [schwerbehindertes geschäftsführendes Vorstandsmitglied eines e. V.]; *Rost* NZA 1999, 113, 115; s.a. die Übersicht bei ErfK-*Rolfs* § 168 SGB IX Rn 3; aA *ArbG Koblenz* 9.8.2002 NZA-RR 2003, 188 [schwerbehinderter Mensch, der aufgrund eines Werkstattvertrags beschäftigt war]). Anderes gilt schon nach bisheriger nationaler Auffassung, wenn der Organstellung ein Anstellungsvertrag zugrunde liegt, der abweichend vom Regelfall kein freier Dienstvertrag, sondern ein Arbeitsvertrag ist (*BAG* 26.5.1999 EzA § 611 BGB Arbeitnehmerbegriff Nr. 76 [stellvertretende GmbH-Geschäftsführerin]; *BVerwG* 8.3.1999 NZA 1999, 826), oder die Tatsachen ergeben, dass es sich um einen Arbeitnehmer und nicht um eine arbeitnehmerähnliche Person handelt (*BAG* 17.6.1999 EzA § 5 ArbGG 1979 Nr. 34). Diese Frage ist nach der im Mutterschutzrecht angesiedelten Entscheidung des EuGH

21

v. 11.11.2010 ([Danosa] EzA Richtlinie 92/85 EG-Vertrag 1999 Nr. 5) in die Diskussion geraten (*Bauer/Arnold* ZIP 2012, 597; *Dzida/Naber* ArbRB 2012, 373, 374 f.; *Fischer* NJW 2011, 2329; *Forst* GmbHR 2012, 821, 824; *Kruse/Stenslik* NZA 2013, 596, 597; *Schiefer/Worzalla* ZfA 2013, 41, 70 f.; *Leopold* ZESAR 2011, 362; *Lunk/Rodenbusch* GmbHR 2012, 188; *Oberthür* NZA 2011, 253; *dies.* RdA 2018, 286, 288; *Reiserer* DB 2011, 2262; *Schubert* EuZA 2011, 362; *Schulze/Hintzen* ArbRAktuell 2012, 263; *von Steinau-Steinrück/Mosch* NJW-Spezial 2011, 178; *Wank* EWiR 2011, 27; *Wilsing/Meyer* DB 2011, 341, weiterführend *Boemke* RdA 2018, 1, 2 ff., 23 f., *Lunk* RdA 2013, 110, 112; *Preis/Sagan* ZGR 2013, 26; *Reill-Ruppe* AuR 2018, 173, 174, *Rost* FS Bohl S. 531, 536; *Schubert* ZESAR 2013, 5; zusammenfassend *Lunk* FS Moll 2019 S. 451, 461 f.; *Gallner* FS Moll 2019 S. 133, 134 ff.; zu der Frage von Mutterschutz und Elternzeit für Vorstandsmitglieder de lege ferenda [Gesetzesinitiative# stayonboard] *Scholz* AG 2021, 9 ff.). Danach ist die Arbeitnehmereigenschaft eines Mitglieds der Unternehmensleitung einer Kapitalgesellschaft, das der Gesellschaft gegenüber Leistungen erbringt und in sie eingegliedert ist, für die Zwecke der MutterschutzRL 92/85/EG zu bejahen, wenn es seine Tätigkeit für eine bestimmte Zeit nach der Weisung und unter der Aufsicht eines anderen Organs dieser Gesellschaft ausübt und als Gegenleistung für die Tätigkeit ein Entgelt erhält (*EuGH* 11.11.2010 EzA Richtlinie 92/85 EG-Vertrag 1999 Nr. 5, Rn 56 [Danosa]). Der EuGH hat seine Sichtweise dieser Geschäftsführer für die Massenentlassungsrichtlinie bekräftigt. Arbeitnehmer iSv Art. 1 I Buchst. a der Massenentlassungsrichtlinie sind auch Mitglieder der Unternehmensleitung, die Tätigkeiten nach Weisung und Aufsicht eines anderen Organs der Gesellschaft ausüben, als Gegenleistung Vergütung erhalten und selbst keine Anteile an der Gesellschaft innehaben (*EuGH* 9.7.2015 NZA 2015, 861, Rn 31 ff. [Balkaya]; dazu zu Beginn der Rezeption dieser Entscheidung *Lunk* NZA 2015, 917, 919 f.; näher *Hildebrand* Arbeitnehmerschutz von geschäftsführenden Gesellschaftsorganen im Lichte der Danosa-Entscheidung des EuGH, S. 50 ff.; *Junker* EuZA 2016, 185, 201; abl. *Giesen* ZfA 2016, 47, 55, 65 f.; *Hohenstatt/Naber* EuZA 2016, 22, 25 f.; *Lunk* NZA 2015, 917, 919 f.; *Lunk/Hildebrand* NZA 2016, 129, 130 f.; *Oberthür* RdA 2018, 286, 288; *Weber* NZA 2016, 727, 731 f.; *Weber/Zimmer* EuZA 2016, 224, 231 ff.; *Ulrici* jurisPR-ArbR 35/2015; *Vielmeier* NJW 2014, 2678, 2680; vor allem methodisch kritisierend *Morgenbrodt* ZESAR 2017, 17, 19 ff.; zust. *Lindemann* EWiR 2015, 553 f.; erl. *Sittard/Köllmann* jM 2016, 458, 460; zusammenfassend *Gallner* FS Moll 2019 S. 133, 135). Eine richtlinienkonforme Parallelwertung im Schwerbehindertenrecht liegt aus Gleichbehandlungsgründen ggf. mithilfe eines Schadensersatzanspruchs nahe (zu der nötigen Kausalität der Behinderung für die Benachteiligung nach § 7 I, § 1 AGG zB *BAG* 14.1.2015 – 7 AZR 880/13, Rn 36 ff.; 10.12.2014 ZTR 2015, 329, Rn 39 ff.; 13.10.2011 EzA § 15 AGG Nr. 16, Rn 34; zu § 22 AGG *BAG* 18.6.2015 – 8 AZR 848/13 (A), Rn 12, 20; zum Behinderungsbegriff des Art. 3 Abs. 3 S. 2 GG *BVerfG* 25.3.2015 – 1 BvR 2803/11, Rn 5 ff.; s.a. Rdn 7). Die GleichbehandlungsrahmenRL 2000/78/EG verlangt zwar keinen besonderen Kündigungsschutz behinderter Menschen (ErfK-*Rolfs* § 168 SGB IX Rn 3; zum Begriff der Behinderung iSv Art. 1 RL 2000/78/EG und zu der Abgrenzung vom Begriff der Krankheit *Thüsing/Stiebert* ZESAR 2011, 430 ff.; s.a. Rdn 5). Sieht das nationale Recht jedoch Kündigungsschutz vor, dürfen die beschriebenen Geschäftsführergruppen, also Beschäftigte, die nach dem autonom auszulegenden Begriff des Art. 45 AEUV oder der einzelnen Richtlinie (dazu a. *EuGH* 19.6.2014 NZA 2014, 765, Rn 24 ff. [Saint Prix]) Arbeitnehmer sind, aus Gründen der Effektivität und Äquivalenz des umzusetzenden Rechts der Gleichbehandlungsrahmenrichtlinie 2000/78/EG nicht schlechtergestellt werden als andere Arbeitnehmergruppen (zu den Grundsätzen der Effektivität und Äquivalenz zB *BAG* 15.3.2012 EzA § 15 AGG Nr. 18, Rn 30 ff.). Voraussetzung der Arbeitnehmereigenschaft ist, dass der Beschäftigte seine Berufstätigkeit nach Weisung ausübt (s. im Mutterschutzrecht *EuGH* 19.9.2013 ZESAR 2014, 182, Rn 48 ff. [Betriu Montull]). Dem steht nicht entgegen, dass das Verbot der Diskriminierung wegen einer Behinderung bei Entlassungen nach § 7 I AGG und den zugrundeliegenden Art. 2 Abs. 1 und Art. 3 Abs. 1 Buchst. c der Richtlinie 2000/78/EG eine Entlassung wegen einer Behinderung nur dann hindert, wenn die Entlassung nicht dadurch gerechtfertigt ist, dass die betreffende Person für die Erfüllung der wesentlichen Funktionen ihres Arbeitsplatzes nicht kompetent, fähig oder verfügbar ist. Um eine Diskriminierung handelt es sich dann nicht, wenn ein Arbeitsverhältnis beendet werden soll, dessen Arbeitspflichten von einem behinderten Beschäftigten auch unter

Berücksichtigung der Verpflichtung, angemessene Vorkehrungen für Menschen mit Behinderung zu treffen, nicht erfüllt werden können (*BAG* 10.12.2014 ZTR 2015, 329, Rn 52 für eine tariflich vorgesehene auflösende Bedingung; 20.11.2014 NZA 2015, 931, Rn 60 für eine krankheitsbedingte Kündigung mit Bezug auf *EuGH* 11.4.2013 EzA Richtlinie 2000/78 EG-Vertrag 1999 Nr. 31, Rn 69 ff. [HK Danmark]; 11.7.2006 EzA Richtlinie 2000/78 EG-Vertrag 1999 Nr. 1, Rn 51 [Chacón Navas]; zum unionsrechtlichen Behinderungsbegriff iE Rdn 5 und 6, insbes. zu Art. 21 I GRC *EuGH* 22.5.2014 – C-356/12, Rn 44 ff. [Glatzel]; zum Behinderungsbegriff der Richtlinie 2000/78/EG zB *EuGH* 18.3.2014 EzA Richtlinie 2006/54 EG-Vertrag 1999 Nr. 3, Rn 68 ff. [Z.]; zu den Behinderungsbegriffen des Unionsrechts und des AGG umfassend *BAG* 19.12.2013 EzA § 1 AGG Nr. 2, Rn 13 ff.; s.a. 10.12.2013 EzA § 10 AGG Nr. 8, Rn 38 f.; 12.11.2013 EzA § 4 TVG Altersteilzeit Nr. 40, Rn 14; 20.6.2013 AP Nr. 2 zu § 7 TVUmBw, Rn 45 ff.; *BVerwG* 25.7.2013 ZTR 2014, 116, Rn 42 ff.; s.a. Rdn 5; zum verfassungsrechtlichen Behinderungsbegriff Rdn 7). Dieses Problem dürfte sich erst in der materiellen Rechtmäßigkeit der Kündigung und nicht schon im Rahmen der formell gebotenen Zustimmung nach § 168 SGB IX stellen. Der Sonderkündigungsschutz des § 168 SGB IX gilt zB grds. auch neben § 15 Abs. 4 und 5 KSchG (*BAG* 23.1.2014 EzA § 626 BGB 2002 Unkündbarkeit Nr. 21, Rn 26). Aus der Verletzung von Verfahrens- und Förderpflichten aus dem SGB IX zugunsten schwerbehinderter Menschen kann grds. die Vermutungswirkung des § 22 AGG abgeleitet werden (*BAG* 26.6.2014 EzA § 22 AGG Nr. 12, Rn 45).

Unionsrechtlich ungeklärt ist auch, ob **Beamte, Soldaten und Richter** nicht in den Sonderkündigungsschutz der §§ 168 ff. SGB IX einzubeziehen sind, weil sie einen äquivalenten eigenen Bestandsschutz genießen. Dem könnte entgegenstehen, dass ihnen kein formelles Zustimmungserfordernis zugutekommt, das §§ 168 ff. SGB IX entspricht (vgl. zu dem regelmäßig weiteren unionsrechtlichen Arbeitnehmerbegriff iSv. Art. 45 AEUV zB [im Massenentlassungsrecht] *EuGH* 9.7.2015 NZA 2015, 861, Rn 31 ff. [Balkaya]; [im Mutterschutzrecht] 19.6.2014 NZA 2014, 765, Rn 24 ff. [Saint Prix]; [Beamte und Urlaubsrecht] 3.5.2012 EzA Richtlinie 2003/88 EG-Vertrag 1999 Nr. 9, Rn 19 ff. [Neidel]; allg. zum Arbeitnehmerbegriff im Unionsrecht *Borelli* AuR 2011, 472 ff.; *Lunk* NZA 2015, 917 ff.; *Preis/Sagan* ZGR 2013, 26 ff.; *Rebhahn* EuZA 2012, 3 ff.; s. dazu auch KR-*Gallner* § 17 MuSchG Rdn 38 mwN). Die Fragen, ob Organe juristischer Personen oder Beamte/Richter Arbeitnehmer iSd Unionsrechts sind, erfordern in neuen Fallgestaltungen wegen der autonom auszulegenden Arbeitnehmerbegriffe des Art. 45 AEUV oder der einzelnen Richtlinien Vorabentscheidungsersuchen nach Art. 267 AEUV. 22

Kündigungsschutz nach dem SGB IX genießen jedenfalls auch schwerbehinderte **Leiharbeitnehmer** (vgl. *Mrozynski* NDV 1993, 72) sowie **in Heimarbeit** beschäftigte und diesen gleichgestellte schwerbehinderte Menschen (§ 210 Abs. 2 S. 2 SGB IX; HaKo-KSchR/*Osnabrügge* §§ 168–175, 178 SGB IX Rn 2). Der Sonderkündigungsschutz gilt auch für leitende Angestellte. 23

Der Kündigungsschutz der §§ 168 ff. SGB IX besteht **unabhängig von der Größe des Betriebs**. Ein schwerbehinderter Arbeitnehmer kann deshalb auch in Kleinbetrieben mit bis zu fünf bzw. zehn Arbeitnehmern, für die das KSchG nicht gilt (§ 23 Abs. 1 S. 2 und 3 KSchG), den Kündigungsschutz des SGB IX in Anspruch nehmen (*Pöppl* br 1986, 8). 24

D. Inhalt des Kündigungsschutzes

Die für den schwerbehinderten Arbeitnehmer wichtigste Bestimmung zur Erhaltung seines Arbeitsplatzes besagt, dass grds. bereits **vor Ausspruch einer Kündigung** durch den Arbeitgeber **die Zustimmung des Integrationsamts** vorliegen muss (§ 168 SGB IX). Das gilt auch für außerordentliche Kündigungen (§ 174 SGB IX). Die vorherige Zustimmung des Integrationsamts ist ferner erforderlich, wenn ein Arbeitsverhältnis kraft tariflicher, betriebsverfassungsrechtlicher oder einzelvertraglicher Vorschrift im Fall des Eintritts einer teilweisen Erwerbsminderung, der Erwerbsminderung auf Zeit, der Berufsunfähigkeit oder der Erwerbsunfähigkeit auf Zeit ohne Kündigung enden soll (§ 175 SGB IX). Der öffentlich-rechtliche Kündigungsschutz dient im Unterschied zu dem durch die nachträgliche Feststellung der unterbliebenen Auflösung des Arbeitsverhältnisses durch die Kündigung »repressiv« wirkenden Kündigungsschutz nach § 4 S. 1 KSchG der Prävention. Er 25 soll den schwerbehinderten Arbeitnehmer vor einer Ausgrenzung aus dem Arbeitsleben schützen (*BVerwG* 11.5.2006 br 2007, 10; LPK-SGB IX/*Düwell* vor § 168 Rn 2).

26 Die Zustimmung zur Kündigung hat der Arbeitgeber **bei dem zuständigen Integrationsamt schriftlich oder elektronisch zu beantragen** (§ 170 Abs. 1 S. 1 SGB IX). Für die Schriftform des § 126 BGB genügt zB auch ein Telefax. Die mit dem BTHG geschaffene Möglichkeit, den Antrag elektronisch zu stellen, ist nur eine Klarstellung. Sie ergab sich schon zuvor aus § 126 Abs. 3 BGB. Elektronisch kann der Antrag ohne Unterschrift, aber mit qualifizierter elektronischer Signatur iSv § 126a BGB gestellt werden (*Düwell* NZA 2017, 1237, 1239 f.; Palandt-*Ellenberger* § 126a Rn 9). Textform iSv § 126b BGB, also zB eine E-Mail, ist noch immer nicht formgerecht iSv § 170 Abs. 1 S. 1 SGB IX. Unter welchen Voraussetzungen das Integrationsamt die Zustimmung zur Kündigung erteilen soll, ist in § 172 und § 174 Abs. 4 SGB IX geregelt. In bestimmten Ausnahmefällen ist die Zustimmung des Integrationsamts zur Kündigung nicht erforderlich (§ 173 SGB IX).

27 Hat das Integrationsamt die Zustimmung zur Kündigung erteilt, muss der Arbeitgeber eine beabsichtigte **außerordentliche Kündigung unverzüglich** nach erteilter Zustimmung erklären, sofern die Frist des § 626 Abs. 2 S. 1 BGB (KR-*Fischermeier* § 626 BGB Rdn 328 ff.) bereits abgelaufen ist (§ 174 Abs. 5 SGB IX). Bei einer **ordentlichen Kündigung** muss der Arbeitgeber eine **Kündigungsfrist von mindestens vier Wochen** einhalten (§ 169 SGB IX) und darf die Kündigung nur innerhalb eines Monats nach Zustellung der zustimmenden Entscheidung des Integrationsamts erklären (§ 171 Abs. 3 SGB IX; zu mehreren behördlichen Zustimmungserfordernissen *BVerfG* 28.6.2014 – 1 BvR 1157/12; *BAG* 24.11.2011 NZA 2012, 610 und Rdn 41).

28 Die Zustimmung des Integrationsamts zur Kündigung kann der behinderte Arbeitnehmer im **Verwaltungsrechtsweg**, die Kündigung selbst vor den **Gerichten für Arbeitssachen** angreifen. In dem arbeitsrechtlichen Kündigungsrechtsstreit kann der behinderte Arbeitnehmer trotz einer Zustimmung des Integrationsamts die Unwirksamkeit der Kündigung unter allen rechtlichen Gesichtspunkten (zB Sozialwidrigkeit der Kündigung, Fehlen des wichtigen Grundes bei einer außerordentlichen Kündigung) geltend machen.

29 Die Vorschriften des SGB IX über den Kündigungsschutz verstoßen nicht gegen das **Rechtsstaatsprinzip**. Der Gesetzgeber hat insbes. nicht das Bestimmtheitsgebot verletzt, indem er in § 168 SGB IX nicht iE die tatbestandlichen Voraussetzungen bestimmt hat, von denen die Zustimmung des Integrationsamts zur Kündigung eines schwerbehinderten Arbeitnehmers durch den Arbeitgeber abhängen soll. Das Integrationsamt muss sich bei seiner Ermessensentscheidung über die Zustimmung zur Kündigung von den Zielvorstellungen und Leitlinien des SGB IX leiten lassen (*BVerwG* 28.9.1983 – 5 B 6.83).

E. Dauer des Kündigungsschutzes

I. Beginn des Schutzes

30 Der Schwerbehindertenschutz **für schwerbehinderte Menschen** iSd § 2 Abs. 2 SGB IX und damit auch der Kündigungsschutz beginnen grds. in dem Zeitpunkt, in dem die Voraussetzungen des § 2 Abs. 2 SGB IX erfüllt sind, mag auch die (behördliche oder gerichtliche) Feststellung hierüber erst zu einem späteren Zeitpunkt getroffen werden (zu der rückwirkenden Feststellung *BSG* 7.4.2011 Behindertenrecht 2011, 182; 29.5.1991 NZA 1991, 996). Für Kündigungen durch den Arbeitgeber bedeutet dies, dass die Wirksamkeit einer Kündigung, die dem schwerbehinderten Arbeitnehmer nach dem Zeitpunkt zugeht, in dem die Voraussetzungen des § 2 Abs. 2 SGB IX eingetreten sind, nach den Vorschriften der §§ 168–175 SGB IX zu beurteilen ist (LPK-SGB IX/*Düwell* vor § 168 Rn 7).

31 Der Schwerbehindertenschutz **für schwerbehinderten Menschen gleichgestellte Arbeitnehmer** iSv § 2 Abs. 3 SGB IX beginnt mit dem Tag des Eingangs des Antrags auf Gleichstellung bei der BA, weil die Gleichstellung mit diesem Tag wirksam wird (§ 151 Abs. 2 S. 2 SGB IX). Ist über den Gleichstellungsantrag im Zeitpunkt des Zugangs einer Kündigung noch nicht entschieden, greift

bei einer rückwirkenden Gleichstellung der Kündigungsschutz nach dem SGB IX nur ein, wenn die Voraussetzungen des § 173 Abs. 3 SGB IX nicht gegeben sind (§§ 168–173 SGB IX Rdn 57). Der Gleichstellungsantrag muss bereits vor Zugang der Kündigung gestellt sein. Die BA darf die Gleichstellung rückwirkend nicht über den Tag des Eingangs des Antrags hinaus aussprechen (*BAG* 31.7.2014 EzA § 1 KSchG Verhaltensbedingte Kündigung Nr. 84, Rn 48; 10.4.2014 EzA § 622 BGB 2002 Nr. 10, Rn 39). Die erst nach Zugang der Kündigung beantragte Gleichstellung ist bedeutungslos für die Frage, ob die Kündigung wirksam ist (*BAG* 24.11.2005 EzA § 1 KSchG Krankheit Nr. 51, Rn 24). Der Verwaltungsakt, der die Gleichstellung nach § 151 Abs. 2 S. 2 SGB IX mit dem Tag des Eingangs des Antrags bewirkt, ist für die Rechtsposition des Betroffenen **konstitutiv**. Im Unterschied zu den kraft Gesetzes geschützten Personen, bei denen durch die Anerkennung als schwerbehinderter Mensch ein bestehender Rechtsschutz nur festgestellt wird, wird der Schutz des behinderten Menschen durch die Gleichstellung erst begründet (*BAG* 10.4.2014 EzA § 622 BGB 2002 Nr. 10, Rn 39). Der Antrag auf Anerkennung als schwerbehinderter Mensch enthält deshalb nicht zugleich einen Antrag auf Gleichstellung (*BAG* 31.7.2014 EzA § 1 KSchG Verhaltensbedingte Kündigung Nr. 84, Rn 49). Die kündigungsrechtlich unterschiedliche Behandlung von Arbeitnehmern mit einem Grad der Behinderung von weniger als 50 und schwerbehinderten Arbeitnehmern iSv § 2 Abs. 2 SGB IX diskriminiert die weniger stark behinderten Arbeitnehmer nicht iSv Art. 2 Abs. 1 der Gleichbehandlungsrahmenrichtlinie 2000/78/EG. Die weniger stark behinderten Arbeitnehmer erfahren nicht wegen ihrer Behinderung eine weniger günstige Behandlung. Sie werden nicht weniger günstig als nicht behinderte Arbeitnehmer behandelt, sondern weniger günstig als stärker behinderte (*BAG* 10.4.2014 EzA § 622 BGB 2002 Nr. 10, Rn 41). Entsprechendes gilt für § 7 Abs. 1, §§ 1 und 3 AGG.

II. Erlöschen des Schutzes

Sinkt der Grad der Behinderung eines schwerbehinderten Menschen auf weniger als 50, erlischt der Schwerbehindertenschutz nach dem SGB IX nicht von selbst, sondern nur dann, wenn die Verringerung des Grads der Behinderung **durch behördlichen oder gerichtlichen Bescheid unanfechtbar festgestellt** wird, und dann auch erst am Ende des dritten Kalendermonats nach Eintritt der Unanfechtbarkeit des Bescheids (§ 199 Abs. 1 Hs. 2 SGB IX). Es ist gleichgültig, ob dem Bescheid, der eine Verringerung des Grads der Behinderung auf weniger als 50 feststellt, ein Bescheid vorausgegangen war, aus dem sich ein Grad der Behinderung von mindestens 50 ergibt, oder ob aus sonstigen Umständen (zB Offensichtlichkeit) geschlossen werden konnte, dass bisher ein Grad der Behinderung von mindestens 50 gegeben war (vgl. LPK-SGB IX/*Dau* § 199 Rn 5).

32

Für den Bescheid über eine Verringerung des Grads der Behinderung sind die Behörden zuständig, die nach § 152 Abs. 1–3 SGB IX Feststellungen über die Schwerbehinderteneigenschaft treffen können (Rdn 12 f.) **Gegen den Bescheid** kann der behinderte Mensch Widerspruch und, falls dieser erfolglos bleibt, **Klage beim Sozialgericht** erheben (§ 51 Abs. 1 Nr. 7 SGG). Wird der Bescheid über die Verringerung des Grads der Behinderung unanfechtbar oder gerichtlich rechtskräftig bestätigt, erbringt er den von dem behinderten Menschen nicht widerlegbaren Beweis über die in ihm getroffenen Feststellungen. Deshalb kann der behinderte Arbeitnehmer in einem Rechtsstreit mit dem Arbeitgeber nicht damit gehört werden, der Bescheid sei unrichtig. Das folgt einerseits daraus, dass die Gerichte für Arbeitssachen wegen der ausschließlichen Zuständigkeitsregelung in § 51 Abs. 1 Nr. 7 SGG an die gerichtliche oder behördliche Entscheidung gebunden und nicht zu deren Überprüfung befugt sind, andererseits aus dem Sinn des § 199 Abs. 1 SGB IX, der die Unanfechtbarkeit des Feststellungsbescheids zum maßgebenden Kriterium für die Beendigung des Schwerbehindertenschutzes macht (vgl. auch Neumann/Pahlen/Greiner/Winkler/Jabben-*Pahlen* § 199 SGB IX Rn 5).

33

Wenn durch behördlichen Bescheid oder gerichtliche Feststellung eine Minderung des Grads der Behinderung auf weniger als 50, aber wenigstens auf 30 unanfechtbar festgestellt wird und deshalb der Schwerbehindertenschutz nach Ablauf der Schonfrist des § 199 Abs. 1 SGB IX zu erlöschen

34

droht, kommt auf Antrag des behinderten Menschen eine **Gleichstellung** mit schwerbehinderten Menschen nach § 2 Abs. 3 SGB IX in Betracht (Rdn 17 ff.).

35 Der Behindertenschutz gleichgestellter behinderter Menschen nach dem SGB IX kann durch **Widerruf oder Rücknahme der Gleichstellung** zum Erlöschen gebracht werden. Widerruf oder Rücknahme können nur durch die BA erklärt werden, die den Gleichstellungsbescheid erlassen hat.

36 Der **Widerruf** der Gleichstellung ist zulässig, wenn die Voraussetzungen für eine Gleichstellung nach § 2 Abs. 3 SGB IX weggefallen sind. Der Widerruf wird jedoch erst am Ende des dritten Kalendermonats nach Eintritt seiner Unanfechtbarkeit wirksam (§ 199 Abs. 2 S. 3 SGB IX). Bis zu diesem Zeitpunkt genießt der bisher gleichgestellte behinderte Mensch den Schutz des SGB IX.

37 Die **Rücknahme** der Gleichstellung ist zulässig, wenn die Entscheidung über die Gleichstellung aus irgendeinem Grund rechtsfehlerhaft ist, also nicht hätte ergehen dürfen (Neumann/Pahlen/Greiner/Winkler/Jabben-*Pahlen* § 199 SGB IX Rn 10). Die Rücknahme der Gleichstellung richtet sich nach § 45 SGB X und ist nur bis zum Ablauf von zwei oder (bei vorsätzlich oder grob fahrlässig gemachten falschen Angaben oder Kenntnis oder grob fahrlässiger Unkenntnis der Rechtswidrigkeit) zehn Jahren nach Bekanntgabe des Gleichstellungsbescheids zulässig (§ 45 Abs. 3 SGB X). Die Rücknahme führt mit ihrem Ausspruch zum Erlöschen des Behindertenschutzes. Hat der Arbeitnehmer die Gleichstellung durch arglistige Täuschung, Drohung oder Bestechung erwirkt oder beruht die Gleichstellung auf Angaben, die der Arbeitnehmer vorsätzlich oder grob fahrlässig in wesentlicher Beziehung unrichtig oder unvollständig gemacht hat, oder kannte der Arbeitnehmer die Rechtswidrigkeit des Gleichstellungsbescheids oder kannte er sie infolge grober Fahrlässigkeit nicht, kann die BA mit der Rücknahme der Gleichstellung nach Maßgabe des § 45 Abs. 3 und 4 SGB X eine rückwirkende Beendigung der Gleichstellung verfügen, die zum rückwirkenden Erlöschen des Behindertenschutzes führt.

III. Vorübergehender Wegfall des Schutzes

38 Auch wenn die Voraussetzungen für ein Erlöschen des Schwerbehindertenschutzes nach § 199 SGB IX nicht gegeben sind, kann das Integrationsamt im Benehmen mit der BA einem schwerbehinderten oder gleichgestellten behinderten Menschen, der einen zumutbaren Arbeitsplatz ohne berechtigten Grund zurückweist oder aufgibt oder sich ohne berechtigten Grund weigert, an einer berufsfördernden Maßnahme zur Rehabilitation teilzunehmen, oder sonst durch sein Verhalten seine Eingliederung in Arbeit und Beruf schuldhaft vereitelt, die besonderen Hilfen für schwerbehinderte Menschen zeitweilig, **höchstens für die Dauer von sechs Monaten**, entziehen (§ 200 SGB IX). Während dieses Zeitraums genießt der schwerbehinderte oder gleichgestellte behinderte Mensch auch keinen Kündigungsschutz nach dem SGB IX.

F. Unabdingbarkeit des Kündigungsschutzes

39 Der Kündigungsschutz der schwerbehinderten Menschen ist wegen seines öffentlich-rechtlichen Schutzcharakters unabdingbar. Weder durch Tarifvertrag noch durch Betriebsvereinbarung, einzelvertragliche Vereinbarung zwischen Arbeitgeber und Arbeitnehmer oder einseitigen Verzicht des Arbeitnehmers kann der Kündigungsschutz von vornherein ausgeschlossen werden. Lediglich **nach Erklärung der Kündigung** kann der Arbeitnehmer durch Vereinbarung mit dem Arbeitgeber wirksam auf Kündigungsschutz **verzichten**. Eine solche Vereinbarung muss sich eindeutig aus dem Verhalten der Parteien ergeben, wobei strenge Anforderungen zu stellen sind. Ein eindeutiger Verzicht auf Kündigungsschutz, der unter Umständen auch in einer Ausgleichsquittung liegen kann (vgl. *BAG* 25.9.1969 EzA § 1 KSchG Nr. 14), umfasst grds. auch den Verzicht auf den Schwerbehindertenschutz nach §§ 168 ff. SGB IX. Das gilt auch, wenn dem Arbeitnehmer seine Schwerbehinderteneigenschaft unbekannt ist. In diesem Fall besteht nach § 173 Abs. 3 SGB IX kein Kündigungsschutz.

G. Konkurrierender Kündigungsschutz nach anderen Vorschriften

Der Schwerbehindertenschutz **berührt nicht den Kündigungsschutz**, der einem Arbeitnehmer 40 nach anderen Vorschriften zusteht (APS-*Vossen* § 168 SGB IX Rn 31). Ein schwerbehinderter Arbeitnehmer kann eine Kündigung deshalb auch wegen Verstoßes gegen andere Kündigungsvorschriften (KSchG, MuSchG, BEEG usw.) angreifen, unabhängig davon, ob das Integrationsamt der Kündigung zugestimmt hat oder nicht. Die Zustimmung des Integrationsamts ersetzt nicht die Zustimmung oder Anhörung einer anderen Stelle. Sie ist auch nicht präjudiziell für den Kündigungsschutzprozess. Sie begründet noch nicht einmal eine Vermutung für die soziale Rechtfertigung der Kündigung.

Die Beachtung der sonstigen kündigungsschutzrechtlichen Vorschriften kann dazu führen, dass der 41 Arbeitgeber vor Ausspruch einer Kündigung **mehrere Zustimmungsverfahren** durchführen muss. Will er etwa einer schwangeren schwerbehinderten Arbeitnehmerin, die Mitglied des Betriebsrats ist, außerordentlich kündigen, muss vor Erklärung der Kündigung die Zustimmung des Betriebsrats (§ 103 BetrVG), die Zustimmung des Integrationsamts (§ 174 SGB IX) und die Zulässigkeitserklärung der für den Arbeitsschutz zuständigen obersten Landesbehörde oder der von ihr bestimmten Stelle (§ 17 MuSchG) vorliegen (ebenso: *Wilhelm* NZA 1988, Beil. 3, S. 26). Inzwischen ist geklärt, wie sich eine **Kombination von besonderem Kündigungsschutz nach § 18 Abs. 1 S. 1 BEEG und § 168 SGB IX** auf die Frist zur Erklärung der Kündigung nach § 171 Abs. 3 SGB IX auswirkt. Die Frist zur Kündigung des Arbeitsverhältnisses des schwerbehinderten Menschen von einem Monat nach förmlicher Zustellung des Zustimmungsbescheids ist eine materiell-rechtliche Ausschlussfrist. Solange sie andauert, ist die gesetzliche Kündigungssperre aufgehoben. Die Ausschlussfrist des § 171 Abs. 3 SGB IX gilt auch dann, wenn die Wirksamkeit der Kündigung nicht nur von der Zustimmung des Integrationsamts abhängt, sondern außerdem unter dem Vorbehalt einer behördlichen unbefristeten Zulassung nach § 18 Abs. 1 S. 2 und S. 3 BEEG steht. Liegt die Zulässigkeitserklärung nach § 18 Abs. 1 S. 2 BEEG bei Ablauf der Monatsfrist des § 171 Abs. 3 SGB IX noch nicht vor, ist sie aber in dieser Frist beantragt worden, ist die nach Ablauf der Monatsfrist erklärte Kündigung nicht unwirksam. An die Stelle des Zugangs der Kündigung iSv § 171 Abs. 3 SGB IX tritt der Antrag auf Zustimmung durch die weitere Behörde (*BAG* 24.11.2011 NZA 2012, 610; verfassungsrechtlich gebilligt von *BVerfG* 28.6.2014 – 1 BvR 1157/12). Für die Verbindung von Schwerbehindertenschutz nach §§ 168 ff. SGB IX und Mutterschutz nach § 17 MuSchG gilt nichts anderes (zu dem Verhältnis des § 17 MuSchG zu § 18 BEEG s. die Erläuterungen zu § 18 BEEG Rdn 79–80).

Für die **Anhörung des Betriebsrats** gelten bei der Kündigung eines schwerbehinderten Arbeitneh- 42 mers dieselben Grundsätze wie bei der Kündigung eines sonstigen Arbeitnehmers. Der Arbeitgeber kann den Betriebsrat bereits vor dem Antrag auf Zustimmung des Integrationsamts zu der beabsichtigten Kündigung anhören und ist nach erteilter Zustimmung des Integrationsamts zu einer erneuten Anhörung des Betriebsrats nicht mehr verpflichtet (*BAG* 11.3.1998 RzK IV 8a Nr. 45; 18.5.1994 EzA § 21 SchwbG 1986 Nr. 6; 1.4.1981 EzA § 102 BetrVG 1972 Nr. 45 = AP Nr. 23 zu § 102 BetrVG 1972 m. zust. Anm. *Hueck* = SAE 1982, 42 m. zust. Anm. *Streckel*), es sei denn, ein längerer Zeitraum ist vergangen und der Kündigungssachverhalt hat sich inzwischen wesentlich geändert (*BAG* 1.4.1981 EzA § 102 BetrVG 1972 Nr. 45; s. hierzu iE KR-*Rinck* § 102 BetrVG Rdn 157, 114; vgl. auch KR-*Gallner* § 174 SGB IX Rdn 40). Dem Arbeitgeber ist es aber unbenommen, den Betriebsrat erst nach erteilter Zustimmung des Integrationsamts erstmals anzuhören. Bei einer außerordentlichen Kündigung ist dann jedoch zu beachten, dass der Arbeitgeber unverzüglich nach Bekanntgabe der Zustimmungsentscheidung das Anhörungsverfahren einleiten und unverzüglich nach dessen Abschluss die Kündigung erklären muss (s. KR-*Gallner* § 174 SGB IX Rdn 38).

H. Beteiligung der Schwerbehindertenvertretung

Bevor sich der Arbeitgeber zu einer Kündigung entschließt, hat er beim Eintreten von **personen-,** 43 **verhaltens- oder betriebsbedingten Schwierigkeiten** im Arbeitsverhältnis, die zur Gefährdung dieses Verhältnisses führen können, möglichst frühzeitig die Schwerbehindertenvertretung, den Betriebs- oder Personalrat sowie das Integrationsamt einzuschalten, um mit ihnen **alle Möglichkeiten zur Beseitigung der Schwierigkeiten zu erörtern** (§ 167 Abs. 1 SGB IX; zu der Geschichte der Schwerbehindertenvertretung iE *Kohte/Liebsch* AuR 2019, 4 ff.). Bei wiederholter oder länger als sechs Wochen ununterbrochener Arbeitsunfähigkeit innerhalb eines Jahres hat der Arbeitgeber mit Zustimmung und Beteiligung des schwerbehinderten Arbeitnehmers mit der Schwerbehindertenvertretung und dem Betriebs- oder Personalrat die Möglichkeiten zu klären, wie die Arbeitsunfähigkeit möglichst überwunden werden und mit welchen Leistungen oder Hilfen erneuter Arbeitsunfähigkeit vorgebeugt und der Arbeitsplatz erhalten werden kann (sog. betriebliches Eingliederungsmanagement [BEM], § 167 Abs. 2 SGB IX). Unterbleiben diese präventiven Maßnahmen, hat das allein keinen Einfluss auf die Wirksamkeit einer Kündigung (s. aber zu den Pflichten des Arbeitgebers bei der Beschäftigung von behinderten Menschen aus Art. 5 der GleichbehandlungsrahmenRL 2000/78/EG *Thüsing/Stiebert* ZESAR 2011, 328 ff.; *dies*. ZESAR 2011, 430 ff.). Das Gesetz sieht eine solche »Sanktion« nicht vor (grundlegend *BAG* 12.7.2007 EzA § 84 SGB IX Nr. 3; 7.12.2006 EzA § 84 SGB IX Nr. 1; s. zum Präventionsverfahren des § 167 Abs. 1 SGB IX a. *BVerwG* 19.8.2013 – 5 B 47/13, Rn 12; zu § 84 Abs. 1 und 2 SGB IX wie das BAG *Namendorf/Natzel* FA 2008, 71; **aA** zB *Brose* RdA 2006, 154; *Müller* DÖD 2006, 270). Das unterlassene Präventionsverfahren oder das unterbliebene BEM kann bei der Bewertung des Kündigungsgrundes jedoch zulasten des Arbeitgebers berücksichtigt werden, wenn das Präventionsverfahren oder das BEM aufgetretene Schwierigkeiten hätten beseitigen können (*BAG* in st. Rspr., vgl. zunächst *BAG* 23.4.2008 EzA § 1 KSchG Krankheit Nr. 55; 12.7.2007 EzA § 84 SGB IX Nr. 3 = BB 2008, 277 m. zust. Anm. *Ubber* = AP Nr. 28 zu § 1 KSchG 1969 Personenbedingte Kündigung m. abl. Anm. *Rolfs/Groot*; *BAG* 7.12.2006 EzA § 84 SGB IX Nr. 1; zust. *Bogun* AuR 2007, 275; *Powietzka* BB 2007, 2118; krit. *Grobys* NJW 2007, 1998 f.; *Arnold/Fischinger* BB 2007, 1894; *Namendorf/Natzel* SAE 2008, 187). Im Übrigen sind verschärfte Anforderungen an die Darlegungs- und Beweislast des Arbeitgebers zu stellen (*BAG* 12.7.2007 EzA § 84 SGB IX Nr. 3). Der Zweite Senat hat inzwischen zu vielen Fragen in den Kontroversen über das **Präventionsverfahren des § 167 Abs. 1 SGB IX** und das **BEM des § 167 Abs. 2 SGB IX** Stellung genommen (zum Verhältnis von betrieblichem Eingliederungsmanagement und krankheitsbedingter Kündigung zB *Asbach* Schutz der Behinderten im Arbeitsleben – Prävention und Kündigungsschutz nach dem SGB IX in *Mittag/Ockenga/Schierle/Vorbau/Wischnath* Die Sicherung von Arbeitnehmerrechten – 10 Jahre DGB Rechtsschutz GmbH, S. 111 ff.; *Joussen* DB 2009, 286 ff.; *Kayser* br 2008, 65 ff.; *Kohte* DB 2008, 582 ff.; *Müller* BB 2008, 280 f.; *ders.* FA 2009, 98 ff.; *Namendorf/Natzel* FA 2008, 71 ff.; *Tschöpe* NZA 2008, 398 ff.; *Wortmann* ArbRB 2009, 16 ff.; zu den Beteiligungsrechten des Betriebsrats *Feldes* AiB 2011, 501 ff.; *Kort* DB 2012, 688 ff.; *Litzig* AiB 2012, 397; *Müller* AuR 2009, 29 ff.; zur Beteiligung des Personalrats *Daniels* PersR 2010, 428 ff.; *Reich* PersV 2011, 182 ff.; zur praktischen Gestaltung eines betrieblichen Eingliederungsmanagements *Raiff/Bordet* ArbRAktuell 2011, 400 ff.; *Semmt* AuA 2012, 290 ff.; zum besonderen Beteiligungsrecht der Schwerbehindertenvertretung bei Präventionsmaßnahmen *Edenfeld* NZA 2012, 713, 714 ff., 717 f.; *Kleinebrink* ArbRB 2012, 161; *Nassibi* NZA 2012, 720, 721 ff.). Die **ersten Leitentscheidungen** zu den Auswirkungen des Präventionsverfahrens in § 167 Abs. 1 SGB IX und des BEM in § 167 Abs. 2 SGB IX auf Kündigungen im Geltungsbereich des Kündigungsschutzgesetzes sind vor allem die Urteile des Zweiten Senats vom 7.12.2006 (EzA § 84 SGB IX Nr. 1), 12.7.2007 (EzA § 84 SGB IX Nr. 3) und 23.4.2008 (EzA § 1 KSchG Krankheit Nr. 55). Sie wurden inzwischen durch verschiedene Urteile fortgeführt (*BAG* 10.12.2009 EzA § 1 KSchG Krankheit Nr. 56, 30.9.2010 EzA § 84 SGB IX Nr. 7, 24.3.2011 EzA § 84 SGB IX Nr. 8 mit weiterführender Anm. *Grimm/Strauf* ZD 2011, 133 ff., 28.4.2011 EzA § 22 AGG Nr. 4, 20.11.2014 EzA § 1 KSchG Krankheit Nr. 59, 20.11.2014 NZA 2015, 931, 13.5.2015 EzA § 1 KSchG Krankheit Nr. 61, 22.10.2015 EzA Art. 30 EGBGB Nr. 12; 21.4.2016 EzA § 84 SGB IX Nr. 12; abl. dazu *Kohte* JR 2018, 71; erl. *Wietfeld* SAE 2017, 22; allg. zum Präventionsverfahren *Fuhlrott* AuA 2016, 726; BAG 29.6.2017 EzA BGB 2002 Nr. 63; 18.10.2017 EzA § 106 GewO Nr. 24 und 25.1.2018 EzA-SD 2018 Nr. 14, 3; zu der Rechtsprechungsentwicklung *Hoser* BB 2012, 1537 ff.; zu dem Recht des Betriebsrats, dass der Arbeitgeber die vom BEM betroffenen

Arbeitnehmer benennt, *BAG* 7.2.2012 EzA § 84 SGB IX Nr. 9, Rn 10 ff.; s.a. *Nebe* AuR 2018, 317). Außerhalb des allgemeinen Kündigungsschutzes sind die beiden Entscheidungen des Sechsten Senats vom 28.6.2007 EzA § 310 BGB 2002 Nr. 5 und 24.1.2008 EzA § 242 BGB 2002 Kündigung Nr. 7 zu nennen.

Die Schwerbehindertenvertretung ist vom Arbeitgeber in allen Angelegenheiten, die einen einzelnen schwerbehinderten Arbeitnehmer berühren, unverzüglich und umfassend zu unterrichten und vor einer Entscheidung anzuhören. Die getroffene Entscheidung ist ihr unverzüglich mitzuteilen (§ 178 Abs. 1 S. 1 SGB IX). Der *Siebte Senat des BAG* nimmt allerdings an, der Arbeitgeber sei trotz der Rückwirkung des Verwaltungsakts der Gleichstellung (§ 151 Abs. 2 S. 2 SGB IX) **nicht nach § 178 Abs. 2 S. 1 SGB IX verpflichtet**, die Schwerbehindertenvertretung **vorsorglich zu unterrichten und anzuhören**, wenn über den dem Arbeitgeber bekannten Gleichstellungsantrag noch nicht entschieden ist (*BAG* 22.1.2020 EzA § 178 SGB IX 2018 Nr. 3, Rn 27; dazu näher mit Position KR-*Gallner* Rdn 18). Der Arbeitgeber hat die Schwerbehindertenvertretung jedenfalls vor jeder ordentlichen oder außerordentlichen Kündigung eines schwerbehinderten Arbeitnehmers **unter Mitteilung der Kündigungsgründe** zu unterrichten und anzuhören. Zum 30.12.2016 wurde § 95 Abs. 2 SGB IX aF im Vorgriff auf das Bundesteilhabegesetz um einen Satz 3 ergänzt. Die Norm ist inhaltlich unverändert in § 178 Abs. 2 Satz 3 SGB IX nF überführt worden. Danach ist die Kündigung eines schwerbehinderten Menschen, die der Arbeitgeber ohne eine Beteiligung der Schwerbehindertenvertretung ausspricht, unwirksam. § 178 Abs. 1 S. 3 SGB IX erfasst alle Kündigungen, die zu einer Beendigung des Arbeitsverhältnisses führen können, also alle **Beendigungs- und Änderungskündigungen**, auch Kündigungen in der **Wartezeit** (*BAG* 13.12.2018 EzA § 95 SGB IX Nr. 8, Rn 12; dem Urteil zust. *Lingemann/Chakrabarti* AP Nr. 2 zu § 178 SGB IX 2018; *Reifelsberger* DB 2019, 1088 ff.; teilweise krit. erläuternd *Eckstein* BB 2019, 1340; erläuternd *Fuhlrott* NZA-RR 2019, 231; *Rudolph* AiB 10/2019, 57 ff.). Der Arbeitgeber braucht die Schwerbehindertenvertretung nicht bereits zu unterrichten und anzuhören, bevor er den Betriebs- oder Personalrat beteiligt (*BAG* 13.12.2018 EzA § 95 SGB IX Nr. 8, Rn 19 mit zahlreichen Nachweisen). Er darf die Schwerbehindertenvertretung vor, während oder nach Durchführung des Zustimmungsverfahrens nach §§ 168 ff. SGB IX unterrichten und anhören. Die Unterrichtung und Anhörung muss aber jedenfalls vor Erklärung der Kündigung abgeschlossen sein (*BAG* 13.12.2018 EzA § 95 SGB IX Nr. 8, Rn 19). Die Unterrichtung muss die Schwerbehindertenvertretung in die Lage versetzen, auf die Willensbildung des Arbeitgebers einzuwirken (*BAG* 13.12.2018 EzA § 95 SGB IX Nr. 8, Rn 21). Der Unterrichtungsinhalt ist **nicht auf »schwerbehindertenspezifische Kündigungsbezüge zu reduzieren«** (*BAG* 13.12.2018 EzA § 95 SGB IX Nr. 8, Rn 21 mit zahlreichen Nachweisen; LPK-*Düwell* § 178 Rn 62). Der Arbeitgeber muss die Schwerbehindertenvertretung nicht nur ausreichend unterrichten. Er muss ihr auch **zeitlich genügend Gelegenheit geben**, zu der beabsichtigten Kündigung Stellung zu nehmen (*BAG* 13.12.2018 EzA § 95 SGB IX Nr. 8, Rn 22). Das SGB IX ist planwidrig lückenhaft, seitdem die Unwirksamkeitsfolge kodifiziert ist. Der Schwerbehindertenvertretung ist **in Analogie zu § 102 Abs. 2 BetrVG** eine **Äußerungsfrist** von einer Woche (bei ordentlicher Kündigung) oder drei Tagen (bei außerordentlicher Kündigung) einzuräumen. Eine entsprechende Anwendung der Fristenregelungen des ggf. geltenden Personalvertretungsgesetzes kommt nicht in Betracht (*BAG* 13.12.2018 EzA § 95 SGB IX Nr. 8, Rn 23). Die Mitwirkung der Schwerbehindertenvertretung im Zustimmungsverfahren des Integrationsamts (§ 170 Abs. 2 SGB IX) ersetzt die Anhörung nach § 178 Abs. 2 S. 1 IX nicht. Die **unterbliebene Anhörung** der Schwerbehindertenvertretung führte nach altem Recht jedoch **nicht zur Unwirksamkeit der Kündigung**, weil das Gesetz eine solche Sanktion nicht vorsah. Die Unwirksamkeitsfolge des § 95 Abs. 2 S. 3 SGB IX in der vom 30.12.2016 bis zum 31.12.2017 geltenden Fassung oder die des seit dem 1.1.2018 geltenden § 178 Abs. 2 S. 3 SGB IX greift nicht ein, wenn der Arbeitgeber »nur« die Mitteilungspflicht nach § 95 Abs. 2 S. 1 Halbs. 2 SGB IX in der bis zum 29.12.2016 geltenden Fassung verletzte. Die frühere bloße Mitteilungspflicht sollte nicht sicherstellen, dass die Schwerbehindertenvertretung auf die Willensbildung des Arbeitnehmers einwirken konnte (*BAG* 13.12.2018 EzA § 95 SGB IX Nr. 8, Rn 14 mwN). Durch § 178 Abs. 2 S. 1 SGB IX wird ein dreistufiges Beteiligungsverfahren vorgegeben (*Düwell* jurisPR-ArbR 34/2018 Anm. 1 zu C; *Düwell/Beyer* Das neue Recht für behinderte Beschäftigte, Rn 122 ff.; *Schmitt* BB 2017, 2293, 2296).

45 Die Kündigung des Arbeitsverhältnisses eines schwerbehinderten Menschen ohne Beteiligung der Schwerbehindertenvertretung ist unwirksam, auch wenn der Arbeitgeber die Schwerbehinderung **nicht kennt**. Anderes ist nur anzunehmen, wenn der Arbeitnehmer nicht binnen drei Wochen nach Zugang der Kündigung mitteilt, schwerbehindert zu sein. Mit dieser Lösung bleibt das System des Kündigungsschutzes von schwerbehinderten Menschen in sich stimmig. Das BAG wählt eine entsprechende Lösung für die fehlende Zustimmung des Integrationsamts bei mangelnder Kenntnis des Arbeitgebers von der Schwerbehinderung (*BAG* 23.2.2010 EzA § 85 SGB IX Nr. 6, Rn 16; ebenso *Fuhlrott* ArbRAktuell 2017, 453 m. weiteren Vorschlägen de lege ferenda.).

46 Die Verletzung der Unterrichtungs- und Anhörungspflicht des § 178 Abs. 2 S. 3 SGB IX gehört zu den sonstigen, zumindest auch den Arbeitnehmer schützenden Unwirksamkeitsgründen, die einen **Auflösungsantrag des Arbeitgebers** »sperren« (*BAG* 13.12.2018 EzA § 95 SGB IX Nr. 8, Rn 35). Die schuldhafte Verletzung der Unterrichtungs- und **Anhörungspflicht** ist eine **Ordnungswidrigkeit**, die nach § 238 Abs. 1 Nr. 8, Abs. 2 SGB IX mit einer Geldbuße bis zu 10.000 Euro geahndet werden kann. Hierbei können auch im öffentlichen Dienst die zuständigen Bediensteten zur Verantwortung gezogen werden. Derjenige, der beauftragt ist, eine Dienststelle ganz oder teilweise zu leiten oder in eigener Verantwortung Pflichten zu erfüllen, die dem Dienststellenleiter obliegen, handelt ordnungswidrig iSd OWiG (vgl. § 9 Abs. 2 OWiG) und des § 238 Abs. 1 Nr. 8 SGB IX, wenn er die Schwerbehindertenvertretung vorsätzlich oder fahrlässig nicht anhört, obwohl die Anhörung zu seinen Dienstaufgaben gehört. Die Schwerbehindertenvertretung ist aus Sicht des *Sechsten Senats des BAG* auch bei unionsrechtskonformem Verständnis des § 17 Abs. 2 KSchG auf der Grundlage der Massenentlassungsrichtlinie 98/59/EG – anders als der Betriebsrat – kein Gremium, mit dem das Konsultationsverfahren durchzuführen ist (BAG 13.2.2020 EzA § 17 KSchG Nr. 44, Rn 64 ff. mwN; ebenso *Ludwig/Kemna* NZA 2019, 1547, 1550 f.; erläuternd *Hidalgo* DB 2020, 1853).

47 Geht es um die Kündigung eines schwerbehinderten Mitglieds der Schwerbehindertenvertretung, ist es wegen Interessenkollision rechtlich verhindert, zu seiner eigenen Kündigung Stellung zu nehmen. An seiner Stelle ist sein **Stellvertreter** zu unterrichten und anzuhören. Existiert kein Stellvertreter, entfällt die Pflicht des Arbeitgebers zur Anhörung der Schwerbehindertenvertretung (*Oetker* BB 1983, 1647 f.).

Kapitel 4 Kündigungsschutz

§ 168 SGB IX Erfordernis der Zustimmung

Die Kündigung des Arbeitsverhältnisses eines schwerbehinderten Menschen durch den Arbeitgeber bedarf der vorherigen Zustimmung des Integrationsamtes.

§ 169 SGB IX Kündigungsfrist

Die Kündigungsfrist beträgt mindestens vier Wochen.

§ 170 SGB IX Antragsverfahren

(1) ¹Die Zustimmung zur Kündigung beantragt der Arbeitgeber bei dem für den Sitz des Betriebes oder der Dienststelle zuständigen Integrationsamt schriftlich oder elektronisch. ²Der Begriff des Betriebes und der Begriff der Dienststelle im Sinne dieses Teils bestimmen sich nach dem Betriebsverfassungsgesetz und dem Personalvertretungsrecht.

(2) Das Integrationsamt holt eine Stellungnahme des Betriebsrates oder Personalrates und der Schwerbehindertenvertretung ein und hört den schwerbehinderten Menschen an.

(3) Das Integrationsamt wirkt in jeder Lage des Verfahrens auf eine gütliche Einigung hin.

§ 171 SGB IX Entscheidung des Integrationsamtes

(1) Das Integrationsamt soll die Entscheidung, falls erforderlich, auf Grund mündlicher Verhandlung, innerhalb eines Monats vom Tag des Eingangs des Antrages an treffen.

(2) ¹Die Entscheidung wird dem Arbeitgeber und dem schwerbehinderten Menschen zugestellt. ²Der Bundesagentur für Arbeit wird eine Abschrift der Entscheidung übersandt.

(3) Erteilt das Integrationsamt die Zustimmung zur Kündigung, kann der Arbeitgeber die Kündigung nur innerhalb eines Monats nach Zustellung erklären.

(4) Widerspruch und Anfechtungsklage gegen die Zustimmung des Integrationsamtes zur Kündigung haben keine aufschiebende Wirkung.

(5) ¹In den Fällen des § 172 Absatz 1 Satz 1 und Absatz 3 gilt Absatz 1 mit der Maßgabe, dass die Entscheidung innerhalb eines Monats vom Tag des Eingangs des Antrages an zu treffen ist. ²Wird innerhalb dieser Frist eine Entscheidung nicht getroffen, gilt die Zustimmung als erteilt. ³Die Absätze 3 und 4 gelten entsprechend.

§ 172 SGB IX Einschränkungen der Ermessensentscheidung

(1) ¹Das Integrationsamt erteilt die Zustimmung bei Kündigungen in Betrieben und Dienststellen, die nicht nur vorübergehend eingestellt oder aufgelöst werden, wenn zwischen dem Tag der Kündigung und dem Tag, bis zu dem Gehalt oder Lohn gezahlt wird, mindestens drei Monate liegen. ²Unter der gleichen Voraussetzung soll es die Zustimmung auch bei Kündigungen in Betrieben und Dienststellen erteilen, die nicht nur vorübergehend wesentlich eingeschränkt werden, wenn die Gesamtzahl der weiterhin beschäftigten schwerbehinderten Menschen zur Erfüllung der Beschäftigungspflicht nach § 154 ausreicht. ³Die Sätze 1 und 2 gelten nicht, wenn eine Weiterbeschäftigung auf einem anderen Arbeitsplatz desselben Betriebes oder derselben Dienststelle oder auf einem freien Arbeitsplatz in einem anderen Betrieb oder einer anderen Dienststelle desselben Arbeitgebers mit Einverständnis des schwerbehinderten Menschen möglich und für den Arbeitgeber zumutbar ist.

(2) Das Integrationsamt soll die Zustimmung erteilen, wenn dem schwerbehinderten Menschen ein anderer angemessener und zumutbarer Arbeitsplatz gesichert ist.

(3) Ist das Insolvenzverfahren über das Vermögen des Arbeitgebers eröffnet, soll das Integrationsamt die Zustimmung erteilen, wenn
1. der schwerbehinderte Mensch in einem Interessenausgleich namentlich als einer der zu entlassenden Arbeitnehmer bezeichnet ist (§ 125 der Insolvenzordnung),
2. die Schwerbehindertenvertretung beim Zustandekommen des Interessenausgleichs gemäß § 178 Absatz 2 beteiligt worden ist,
3. der Anteil der nach dem Interessenausgleich zu entlassenden schwerbehinderten Menschen an der Zahl der beschäftigten schwerbehinderten Menschen nicht größer ist als der Anteil der zu entlassenden übrigen Arbeitnehmer an der Zahl der beschäftigten übrigen Arbeitnehmer und
4. die Gesamtzahl der schwerbehinderten Menschen, die nach dem Interessenausgleich bei dem Arbeitgeber verbleiben sollen, zur Erfüllung der Beschäftigungspflicht nach § 154 ausreicht.

§ 173 SGB IX Ausnahmen

(1) Die Vorschriften dieses Kapitels gelten nicht für schwerbehinderte Menschen,
1. deren Arbeitsverhältnis zum Zeitpunkt des Zugangs der Kündigungserklärung ohne Unterbrechung noch nicht länger als sechs Monate besteht oder
2. die auf Stellen im Sinne des § 156 Absatz 2 Nummer 2 bis 5 beschäftigt werden oder
3. deren Arbeitsverhältnis durch Kündigung beendet wird, sofern sie

a) das 58. Lebensjahr vollendet haben und Anspruch auf eine Abfindung, Entschädigung oder ähnliche Leistung auf Grund eines Sozialplanes haben oder
b) Anspruch auf Knappschaftsausgleichsleistung nach dem Sechsten Buch oder auf Anpassungsgeld für entlassene Arbeitnehmer des Bergbaus haben.

²Satz 1 Nummer 3 (Buchstabe a und b) finden Anwendung, wenn der Arbeitgeber ihnen die Kündigungsabsicht rechtzeitig mitgeteilt hat und sie der beabsichtigten Kündigung bis zu deren Ausspruch nicht widersprechen.

(2) Die Vorschriften dieses Kapitels finden ferner bei Entlassungen, die aus Witterungsgründen vorgenommen werden, keine Anwendung, sofern die Wiedereinstellung der schwerbehinderten Menschen bei Wiederaufnahme der Arbeit gewährleistet ist.

(3) Die Vorschriften dieses Kapitels finden ferner keine Anwendung, wenn zum Zeitpunkt der Kündigung die Eigenschaft als schwerbehinderter Mensch nicht nachgewiesen ist oder das Versorgungsamt nach Ablauf der Frist des § 152 Absatz 1 Satz 3 eine Feststellung wegen fehlender Mitwirkung nicht treffen konnte.

(3) Der Arbeitgeber zeigt Einstellungen auf Probe und die Beendigung von Arbeitsverhältnissen schwerbehinderter Menschen in den Fällen des Absatzes 1 Nummer 1 unabhängig von der Anzeigepflicht nach anderen Gesetzen dem Integrationsamt innerhalb von vier Tagen an.

Übersicht

	Rdn
A. Entstehungsgeschichte	1
B. Voraussetzungen des Kündigungsschutzes	7
I. Ordentliche Kündigung durch den Arbeitgeber	7
II. Schwerbehinderteneigenschaft des Arbeitnehmers	15
III. Bedeutung der Kenntnis des Arbeitgebers von der Schwerbehinderteneigenschaft	16
1. Grundsatz	16
2. Mitteilungsobliegenheiten des Arbeitnehmers	17
3. Anfechtung der im Arbeitsvertrag enthaltenen Willenserklärung wegen Unkenntnis der Schwerbehinderteneigenschaft	23
IV. Die Zustimmung des Integrationsamts	26
1. Grundsatz	26
2. Ausnahmen vom Kündigungsschutz	29
a) Enumerative Aufzählung in § 173 SGB IX	29
b) Die ersten sechs Monate des Arbeitsverhältnisses	30
aa) Zustimmungsfreiheit	30
bb) Anzeigepflichten	33
c) Stellen nach § 156 Abs. 2 Nr. 2–5 SGB IX	35
d) Soziale Alterssicherung	41
e) Witterungsbedingte Entlassung	46
f) Fehlender Nachweis der Schwerbehinderteneigenschaft oder fehlende Mitwirkung beim Feststellungsverfahren	48
aa) Fehlender Nachweis der Schwerbehinderteneigenschaft	49
bb) Fehlende Mitwirkung beim Feststellungsverfahren	51
g) Darlegungs- und Beweislast	60
V. Negativattest	62
C. Das Verfahren vor dem Integrationsamt wegen eines Antrags auf Zustimmung zur Kündigung	67
I. Antragstellung (§ 170 Abs. 1 SGB IX)	67
1. Antragsbefugnis	67
2. Form des Antrags	69
3. Antragsadressat	72
4. Antragsfrist	78
5. Antragsinhalt	79
II. Einholung von Stellungnahmen und Anhörungen durch das Integrationsamt (§ 170 Abs. 2 SGB IX)	81
III. Gütliche Einigung (§ 170 Abs. 3 SGB IX)	85
IV. Mündliche Verhandlung	87
V. Entscheidung des Integrationsamts	88
1. Frist für die Entscheidung	88
2. Ermessensspielraum	91
a) Grundsatz	91
b) Einschränkungen des Ermessens (§ 172 SGB IX)	98
aa) Einstellung oder Auflösung von Betrieben und Dienststellen (§ 172 Abs. 1 S. 1 SGB IX)	98
bb) Einschränkung von Betrieben und Dienststellen (§ 172 Abs. 1 S. 2 SGB IX)	102

	Rdn		Rdn
cc) Weiterbeschäftigung auf einem anderen Arbeitsplatz (§ 172 Abs. 1 S. 3 SGB IX)	105	II. Keine aufschiebende Wirkung der Rechtsbehelfe	122
dd) Vorhandensein eines anderen Arbeitsplatzes für den schwerbehinderten Arbeitnehmer (§ 172 Abs. 2 SGB IX)	108	III. Bedeutung für den Ausspruch und die Wirksamkeit der Kündigung	123
		E. Bindung des Integrationsamts an seine eigene Entscheidung	126
		F. Bindung von Behörden und Gerichten an die Entscheidung des Integrationsamts	142
ee) Interessenausgleich im Insolvenzverfahren (§ 172 Abs. 3 SGB IX)	110	G. Der Ausspruch der Kündigung	144
		I. Frist für die Kündigungserklärung	144
3. Form der Entscheidung	113	II. Einhaltung der Kündigungsfrist	148
D. Rechtsbehelfe gegen die Entscheidung des Integrationsamts	116	H. Vorgehen des Arbeitnehmers gegen die Kündigung	154
I. Instanzenzug	116	I. Weiterbeschäftigungsanspruch nach der Kündigung	166

A. Entstehungsgeschichte

Das SGB IX v. 19.6.2001 (BGBl. I S. 1046) hat das SchwbG v. 29.4.1974 (BGBl. I S. 1006) abgelöst, das zuletzt idF vom 26.8.1986 (BGBl. I S. 1422, ber. S. 1550) galt. Durch das am 1.1.2018 in Kraft getretene **Bundesteilhabegesetz (BTHG)** vom 23.12.2016 wurde u.a. der Begriff der Behinderung in § 2 Abs. 1 SGB IX neu gefasst. Das BTHG bewirkt keine **inhaltlichen Änderungen** des Sonderkündigungsschutzes (BT-Drucks. 18/9522 S. 308; vor §§ 168–175 SGB IX Rdn 1). 1

Das abgelöste SchwbG hatte seinerzeit das **SchwBeschG** vom 14.8.1961 (BGBl. I S. 1233) in we- 2 sentlichen Punkten geändert. Insbes. § 15 (bis 31.7.1986: § 12) SchwbG brachte eine erhebliche Verbesserung des Schwerbehindertenschutzes mit sich. Im Gegensatz zum früheren Recht (§ 14 SchwBeschG) war die Kündigung des Arbeitsverhältnisses eines Schwerbehinderten durch den Arbeitgeber nun grds. nur zulässig, wenn die **Zustimmung der Hauptfürsorgestelle** (jetzt: Integrationsamt) vor Ausspruch der Kündigung erteilt war.

Unter den übrigen Vorschriften sind § 16 (bis 31.7.1986: § 12) SchwbG, der eine Mindestkündi- 3 gungsfrist (vier Wochen) festlegte, und § 18 Abs. 3 (bis 31.7.1986: § 15 Abs. 3) SchwbG hervorzuheben, durch den im Interesse des betroffenen Schwerbehinderten eine **Frist** eingeführt wurde, innerhalb derer der Arbeitgeber von einer erteilten und ihm zugestellten Zustimmung zur Kündigung Gebrauch machen durfte (BT-Drucks. 7/1515). Die Schutzwirkung des § 16 SchwbG bot dem Schwerbehinderten aber gegenüber anderen Arbeitnehmern keinen besonderen Schutz mehr, nachdem § 622 Abs. 1 BGB eine Mindestkündigungsfrist von vier Wochen zum Fünfzehnten oder zum Ende eines Kalendermonats für alle Arbeitnehmer festgelegt hatte. Lediglich wenn Tarifverträge eine kürzere Kündigungsfrist als vier Wochen bestimmten (§ 622 Abs. 4 BGB), hatte § 16 SchwbG noch eine eigenständige Bedeutung.

Die Regelung des § 20 SchwbG idF vom 26.8.1986 bedeutete eine bemerkenswerte **Verschlech-** 4 **terung** der Rechtsstellung der Schwerbehinderten gegenüber dem früheren Recht. Nach dem seit 1.8.1986 geltenden Recht setzte der besondere Kündigungsschutz des SchwbG stets erst nach einer Dauer des Arbeitsverhältnisses von sechs Monaten ein. Dagegen bedurften nach der bis 31.7.1986 geltenden Rechtslage Kündigungen nur dann nicht der Zustimmung der Hauptfürsorgestelle, wenn der Arbeitnehmer zur vorübergehenden Aushilfe, auf Probe oder für einen vorübergehenden Zweck eingestellt worden war. Die Bundesregierung hat die Neuregelung ab 1986 damit begründet, dass sich das frühe Einsetzen des Kündigungsschutzes mit Beginn des Arbeitsverhältnisses oder nach dem Ende der uU erheblich weniger als sechs Monate betragenden Probezeit einstellungshemmend auswirken könne, weil es dem Arbeitgeber nicht ermöglicht werde, den Schwerbehinderten auf dem vorgesehenen Arbeitsplatz ausreichend zu erproben (BT-Drucks. 10/3138 S. 15 und 21). Mit demselben Argument hatte die damalige Bundesregierung 1974 die Ausdehnung der Frist, innerhalb der bei Einstellungen auf Probe usw. Kündigungen mitbestimmungsfrei sind, von drei auf sechs Monate nach Beginn des Arbeitsverhältnisses begründet (BT-Drucks. 7/656 Art. I Nr. 22).

5 Durch das **Gesetz zur Förderung und Ausbildung schwerbehinderter Menschen** v. 23.4.2004 (BGBl. I S. 606) sind ab 1.5.2004 einige Vorschriften des Sonderkündigungsschutzes geändert oder ergänzt worden. Das Integrationsamt holt im Zustimmungsverfahren keine Stellungnahme der zuständigen Agentur für Arbeit mehr ein (§ 87 Abs. 2 SGB IX aF, § 170 Abs. 2 SGB IX nF). In bestimmten Fällen wird die Entscheidung (Zustimmung) des Integrationsamts nach Ablauf von einem Monat seit Antragseingang fingiert (§ 88 Abs. 5 SGB IX aF, § 171 Abs. 5 SGB IX nF). Die Ausnahme vom Sonderkündigungsschutz für Schwerbehinderte, die auf Stellen iSv § 73 Abs. 2 Nr. 6 SGB IX aF beschäftigt wurden, entfiel, indem § 73 Abs. 2 Nr. 6 SGB IX gestrichen wurde. Neu eingeführt wurde § 90 Abs. 2a SGB IX aF (§ 173 Abs. 3 SGB IX nF), der regelt, unter welchen weiteren Voraussetzungen der Sonderkündigungsschutz für Schwerbehinderte nicht eingreift (zum System des Zustimmungserteilungsverfahrens bei der Kündigung schwerbehinderter Menschen *Fuhlrott* ArbRAktuell 2011, 317 ff.).

6 Das **Bundesteilhabegesetz (BTHG)** vom 23.12.2016 hat den **Begriff der Behinderung** in § 2 Abs. 1 SGB IX mit dem Ziel einer Übereinstimmung mit der UN-BRK ab dem 1.1.2018 neu gefasst. Die Feststellung der Schwerbehinderung nach § 2 Abs. 2 SGB IX ist nicht grundlegend verändert. Der besondere Kündigungsschutz und das Zustimmungserfordernis des Integrationsamts nach §§ 168 ff. SGB IX (früher: §§ 85 ff. SGB IX) sind inhaltlich unverändert geblieben (BT-Drucks. 18/9522 S. 308; iE vor §§ 168–175 SGB IX Rdn 1 mwN). § 95 Abs. 2 SGB IX aF wurde schon zum 30.12.2016 im Vorgriff auf das Bundesteilhabegesetz um einen Satz 3 ergänzt. Die Norm ist inhaltlich unverändert in § 178 Abs. 2 S. 3 SGB IX überführt worden. Danach ist die Kündigung eines schwerbehinderten Menschen, die der Arbeitgeber ohne eine Beteiligung der Schwerbehindertenvertretung ausspricht, unwirksam (näher vor §§ 168–175 SGB IX Rdn 1 mwN).

B. Voraussetzungen des Kündigungsschutzes

I. Ordentliche Kündigung durch den Arbeitgeber

7 Der Kündigung des Arbeitsverhältnisses eines schwerbehinderten (§ 2 Abs. 2 SGB IX) oder ihm gleichgestellten (§ 2 Abs. 3 SGB IX) Menschen muss das Integrationsamt zustimmen (§§ 168, 174 Abs. 1 SGB IX). Sonst ist die Kündigung nach § 134 BGB iVm. § 168 SGB IX nichtig (*BAG* 22.7.2021 – 2 AZR 193/21, Rn 10 f.; *Moderegger* ArbRB 2019, 314, 317). Es muss sich um eine ordentliche Kündigung durch den Arbeitgeber handeln, wobei § 168 SGB IX **jede Art von Kündigung** erfasst. § 168 SGB IX gilt danach zB für Massenkündigungen, Kündigungen im Insolvenzverfahren (*BAG* 15.11.2012 EzA § 88 SGB IX Nr. 3, Rn 18), Kündigungen durch eine kirchliche Einrichtung (*VGH BW* 26.5.2003 EzA § 85 SGB IX Nr. 2) und vorsorgliche Kündigungen. Die Norm war auch auf Kündigungen nach den besonderen Bestimmungen der Anl. I Kap. XIX Sachgebiet A Abschn. III Nr. 1 Abs. 5 EV anzuwenden (*BAG* 16.3.1994 EzA Art. 20 Einigungsvertrag Nr. 34). § 168 SGB IX gilt ferner, wenn die Kündigung gegenüber einem dauernd voll erwerbsgeminderten schwerbehinderten Arbeitnehmer ausgesprochen wird, weil das Gesetz hierfür keine Einschränkung macht (Neumann/Pahlen/Greiner/Winkler/Jabben-*Neumann* § 168 SGB IX Rn 41; DDZ-*Söhngen* § 168 SGB IX Rn 6; aA *Gröninger* Anm. AR-Blattei Schwerbehinderte: Entsch. 56; *Jobs* AuR 1981, 226). Es ist unerheblich, wann die Kündigungsgründe entstanden sind. Auch wenn die Kündigungsgründe schon vor Eintritt der Schwerbehinderteneigenschaft oder vor deren behördlicher Feststellung entstanden waren, greift der Kündigungsschutz des § 168 SGB IX ein (*BAG* 19.1.1983 EzA § 12 SchwbG Nr. 11).

8 Die von einem Insolvenzverwalter vor einem Betriebsübergang beim Integrationsamt beantragte und ihm nach dem Betriebsübergang zugestellte Zustimmung zur Kündigung eines schwerbehinderten Arbeitnehmers ist keine dem Betriebserwerber erteilte Zustimmung iSv § 168 SGB IX.

Der Betriebserwerber kann sich nicht auf die Zustimmung berufen (*BAG* 15.11.2012 EzA § 88 SGB IX Nr. 3, Rn 19 ff.). Der Achte Senat leitet dieses Ergebnis aus Wortlaut und Zweck der § 87 Abs. 1 S. 1 und § 88 Abs. 2 S. 1 SGB IX aF ab (heute: § 170 Abs. 1 S. 1 und § 171 Abs. 2 S. 1 SGB IX nF). Nach § 170 Abs. 1 S. 1 SGB IX hat der Arbeitgeber die Zustimmung zur Kündigung beim zuständigen Integrationsamt zu beantragen. Die Entscheidung des Integrationsamts ist dem Arbeitgeber nach § 171 Abs. 2 S. 1 SGB IX zuzustellen. Der kündigende Betriebserwerber ist Arbeitgeber, hat in der beschriebenen Fallgestaltung aber weder die Zustimmung beantragt, noch ist sie ihm zugestellt worden. Das Kündigungsrecht des Betriebserwerbers, der Arbeitgeber ist, ist trotz des Betriebsübergangs durch ein Verbot mit Erlaubnisvorbehalt beschränkt. Das Arbeitsverhältnis ist nach § 613a Abs. 1 S. 1 BGB mit diesem Verbot übergegangen (*BAG* 15.11.2012 EzA § 88 SGB IX Nr. 3, Rn 20 ff.). Für die fehlende Zustimmungswirkung spricht auch der Zweck der §§ 170 bis 172 SGB IX. Der kündigende Arbeitgeber kennt die Kündigungsgründe. Diese Kündigungsgründe muss das Integrationsamt dem Verfahren nach § 170 Abs. 2 SGB IX und seiner Entscheidung nach §§ 171, 172 SGB IX zugrunde legen (*BAG* 15.11.2012 EzA § 88 SGB IX Nr. 3, Rn 23 f.). Die dem Arbeitgeber erteilte Zustimmung nach § 168 SGB IX bezieht sich ausschließlich auf die von ihm geltend gemachten Kündigungsgründe (*OVG NW* 13.11.2012 – 12 A 1903/12). Das BAG hat in der Entscheidung vom 15.11.2012 offengelassen, ob sich der Betriebserwerber auf eine Zustimmung berufen dürfte, die dem Insolvenzverwalter vor dem Betriebsübergang bereits erteilt worden war (*BAG* 15.11.2012 EzA § 88 SGB IX Nr. 3, Rn 26). Dagegen spricht, dass die Zustimmung auch hier nicht vom kündigenden Arbeitgeber beantragt und ihm zugestellt wird. Eine einschränkende Auslegung des Wortlauts der § 170 Abs. 1 S. 1 und § 171 Abs. 2 S. 1 SGB IX kommt allenfalls dann in Betracht, wenn dem Zweck der §§ 170 bis 172 SGB IX genügt ist, weil sich der Betriebserwerber exakt die Kündigungsgründe des Insolvenzverwalters zu eigen macht.

Wird mit einer Kündigung des Arbeitsverhältnisses das Angebot verbunden, das Arbeitsverhältnis zu geänderten Bedingungen fortzusetzen, handelt es sich um eine **Änderungskündigung**. Auch Änderungskündigungen des Arbeitgebers gegenüber schwerbehinderten Arbeitnehmern bedürfen der vorherigen Zustimmung des Integrationsamts (BT-Drucks. 7/1515; LPK-SGB IX/*Düwell* vor § 168 Rn 12). **Teilkündigungen** sind dagegen, soweit sie überhaupt zulässig sind (s. KR-*Rinck* § 102 BetrVG Rdn 44), nicht zustimmungspflichtig, weil sie nicht auf die Beendigung des Arbeitsverhältnisses, sondern auf die Änderung einzelner Arbeitsbedingungen gerichtet sind (zu der ausnahmsweisen Zulässigkeit von Teilkündigungen einzelner Arbeitsbedingungen, wenn dem Kündigenden hierzu wirksam das Recht eingeräumt worden ist, *BAG* 18.5.2017 EzA § 308 BGB 2002 Nr. 16, Rn 16 ff.). 9

Kurzarbeit und sog. Werksbeurlaubung (= unbezahltes Aussetzen mit der Arbeit) können ohne Erklärung einer Änderungskündigung nur eingeführt werden, wenn eine wirksame kollektivvertragliche Vereinbarung (Tarifvertrag, Betriebsvereinbarung) das erlaubt oder die betroffenen Arbeitnehmer damit einverstanden sind. In diesen Fällen kommt eine Zustimmung des Integrationsamts nicht in Betracht, weil keine Kündigung erklärt wurde (Neumann/Pahlen/Greiner/Winkler/Jabben-*Neumann* § 168 SGB IX Rn 61, 64). 10

Von Änderungskündigungen zu unterscheiden sind einseitige Maßnahmen des Arbeitgebers im Rahmen seines **Direktionsrechts** (§ 106 S. 1 GewO), mit denen Arbeitnehmern eine neue Arbeit zugewiesen wird. Kraft seines Direktionsrechts darf der Arbeitgeber dem Arbeitnehmer solche neuen Tätigkeiten zuweisen, die sich innerhalb des vertraglich vereinbarten Tätigkeitsbereichs halten. Dieser Zuweisung muss das Integrationsamt nicht zustimmen, weil die Weisung nicht als Kündigung einzuordnen ist. Unzulässig wegen Umgehung von § 168 SGB IX sind jedoch Vereinbarungen im Arbeitsvertrag eines schwerbehinderten Arbeitnehmers, durch die er sich im Voraus jeder beliebigen Änderung des Arbeitsvertrags durch einseitige Erklärung des Arbeitgebers unterwirft (Neumann/Pahlen/Greiner/Winkler/Jabben-*Neumann* § 168 SGB IX Rn 58; vgl. auch *BAG* 7.10.1982 EzA § 315 BGB Nr. 28). Eine Änderungskündigung und damit auch eine Zustimmung des Integrationsamts sind dagegen entbehrlich, wenn sich der schwerbehinderte Arbeitnehmer auf 11 geänderte Arbeitsbedingungen, zB auf die Versetzung auf einen anderen Arbeitsplatz (auch konkludent) einlässt. Dann handelt es sich um eine einvernehmliche **Vertragsänderung**.

12 Nur in den Fällen des § 175 S. 1 SGB IX (s. dort) ist auch bei einer **Beendigung des Arbeitsverhältnisses ohne Kündigung** die Zustimmung des Integrationsamts erforderlich. Im Übrigen ist § 168 SGB IX unanwendbar und damit die Zustimmung des Integrationsamts entbehrlich, wenn das Arbeitsverhältnis auf andere Weise als durch eine vom Arbeitgeber erklärte Kündigung beendet werden soll, zB durch eine von dem schwerbehinderten Arbeitnehmer ausgesprochene Kündigung, durch Vereinbarung der Parteien des Arbeitsvertrags (LPK-SGB IX/*Düwell* vor § 168 Rn 12), durch Anfechtung der im Arbeitsvertrag enthaltenen Willenserklärung (*Wolf/Wangel* AuR 1982, 279), durch Geltendmachung der Nichtigkeit des Arbeitsvertrags bei einem faktischen Arbeitsverhältnis, durch Fristablauf bei einem wirksam befristeten Arbeitsverhältnis, durch Eintritt einer wirksam vereinbarten auflösenden Bedingung (DDZ-*Söhngen* § 168 SGB IX Rn 10), durch eine lösende Aussperrung.

13 Lehnt das Gericht nach einer **vorläufigen Einstellung** iSv § 100 BetrVG, der der Betriebsrat unverzüglich widersprochen hat, durch rechtskräftige Entscheidung die vom Arbeitgeber beantragte Ersetzung der Zustimmung des Betriebsrats zur Einstellung ab oder stellt es rechtskräftig fest, dass die vorläufige Einstellung offensichtlich aus sachlichen Gründen nicht dringend erforderlich war, endet die vorläufige Einstellung mit Ablauf von zwei Wochen nach Rechtskraft der Entscheidung (§ 100 Abs. 3 BetrVG). Eine Kündigung des Arbeitgebers ist ebenso wenig erforderlich wie die Zustimmung des Integrationsamts (Neumann/Pahlen/Greiner/Winkler/Jabben-*Neumann* § 168 SGB IX Rn 54 mwN zum Streitstand).

14 Hat der Arbeitgeber einen schwerbehinderten Menschen endgültig oder vorläufig eingestellt oder eine vorläufige Einstellung entgegen § 100 BetrVG aufrechterhalten und dabei die Mitbestimmungsrechte des Betriebsrats aus §§ 99, 100 BetrVG verletzt, wird **individualrechtlich dennoch ein wirksames Arbeitsverhältnis** begründet (BAG 2.7.1980 EzA § 99 BetrVG 1972 Nr. 28; Neumann/Pahlen/Greiner/Winkler/Jabben-*Neumann* § 168 SGB IX Rn 55). Ähnlich wie in § 66 Abs. 1 BetrVG 1952 (»Der Betriebsrat ist vor jeder Kündigung zu hören«) und anders als etwa in § 102 Abs. 1 S. 3 BetrVG (»Eine ohne Anhörung des Betriebsrats ausgesprochene Kündigung ist unwirksam«) bestimmen §§ 99, 100 BetrVG nicht, dass Einstellungen oder vorläufige Einstellungen unwirksam sind, wenn sie unter Verstoß gegen die Beteiligungsrechte des Betriebsrats vorgenommen werden. Eine solche Bestimmung wäre erforderlich, um die Unwirksamkeit der Einstellung annehmen zu können. Darüber hinaus sieht § 101 BetrVG vor, dass der Betriebsrat bei Verletzung seiner Beteiligungsrechte beim ArbG beantragen kann, dem Arbeitgeber aufzugeben, die Einstellung oder vorläufige Einstellung aufzuheben. Das Gesetz geht also von einer (individualrechtlich) wirksamen (vorläufigen) Einstellung aus. Sonst müssten die Maßnahmen vom Arbeitgeber nicht aufgehoben werden. Muss der Arbeitgeber die (vorläufige) Einstellung eines schwerbehinderten Menschen aufheben, ist das einseitig nur durch Ausspruch einer Kündigung möglich, die der Zustimmung des Integrationsamts bedarf. Der durch **gerichtliche Entscheidung begründeten Handlungspflicht, die Einstellung eines schwerbehinderten Menschen aufzuheben**, kommt der Arbeitgeber nach, wenn er die Zustimmung des Integrationsamts zur Kündigung beantragt (ebenso DDZ-*Söhngen* § 168 SGB IX Rn 14). Die Zustimmung des Integrationsamts ist auch erforderlich, wenn der Arbeitgeber von sich aus eine Einstellung oder vorläufige Einstellung rückgängig machen will, weil die Zustimmung des Betriebsrats fehlt.

II. Schwerbehinderteneigenschaft des Arbeitnehmers

15 Kündigungsschutz nach § 168 SGB IX genießt nur der Arbeitnehmer, der **im Zeitpunkt des Zugangs der Kündigung schwerbehinderter Mensch** iSv § 2 Abs. 2 SGB IX oder gleichgestellter behinderter Mensch iSv § 2 Abs. 3 iVm § 156 Abs. 2 SGB IX ist oder der im Zeitpunkt der Kündigung noch den nachwirkenden Kündigungsschutz eines schwerbehinderten oder gleichgestellten Arbeitnehmers (§ 199 SGB IX) genießt (vgl. in Abgrenzung zum Begriff der Schwerbehinderung den Begriff der Behinderung des § 2 Abs. 1 S. 1, dazu vor §§ 168–175 SGB IX Rdn 4 ff). Wird die

Schwerbehinderteneigenschaft erst nach Ausspruch der Kündigung festgestellt, muss das Integrationsamt der Auflösung des Arbeitsverhältnisses auf Antrag des Arbeitgebers nach § 9 Abs. 1 S. 2 KSchG **nicht zustimmen** (*BVerwG* 11.5.2006 br 2007, 10). Einer unmittelbaren Anwendung der §§ 168 ff. SGB IX stehen schon deren Wortlaut und Zweck entgegen. Der öffentlich-rechtliche Kündigungsschutz dient im Unterschied zu dem durch die nachträgliche Feststellung der unterbliebenen Auflösung des Arbeitsverhältnisses durch die Kündigung »repressiv« wirkenden Kündigungsschutz nach § 4 S. 1 KSchG der Prävention. Er soll den schwerbehinderten Arbeitnehmer vor einer Ausgrenzung aus dem Arbeitsleben schützen (*BVerwG* 11.5.2006 br 2007, 10; LPK-SGB IX/*Düwell* vor § 168 Rn 2). Der präventive Kündigungsschutz ist der Kündigung des Arbeitsverhältnisses zeitlich vorgelagert: Die Kündigung des Arbeitsverhältnisses eines schwerbehinderten Menschen durch den Arbeitgeber bedarf nach § 168 SGB IX der vorherigen Zustimmung des Integrationsamts. Eine Beendigung des Arbeitsverhältnisses ohne Kündigung wird dem Wortlaut nach nur für den erweiterten Beendigungsschutz nach § 175 SGB IX, dh für den Fall geregelt, dass die Beendigung durch den Eintritt einer teilweisen Erwerbsminderung, der Erwerbsminderung auf Zeit, der Berufsunfähigkeit oder Erwerbsunfähigkeit auf Zeit ohne Kündigung erfolgt. Der besondere Kündigungsschutz schwerbehinderter Menschen ist nach seiner Regelungskonzeption damit kein umfassender Beendigungsschutz (*BVerwG* 11.5.2006 br 2007, 10). Der Antrag eines Arbeitgebers nach § 9 Abs. 1 S. 2 KSchG, das Arbeitsverhältnis aufzulösen, ist ebenso wenig eine zustimmungsbedürftige arbeitgeberseitige Kündigung wie ein daran anknüpfendes Urteil des Arbeitsgerichts. Die Auflösung des Arbeitsverhältnisses nach § 9 Abs. 1 S. 2 KSchG erfordert die arbeitsgerichtliche Feststellung, dass das Arbeitsverhältnis durch die Kündigung nicht aufgelöst ist. §§ 168 ff. SGB IX sind auf den Auflösungsantrag des Arbeitgebers auch **nicht entsprechend** anzuwenden. Die Analogievoraussetzungen sind nicht erfüllt. Weder besteht eine planwidrige Regelungslücke, noch ist die Interessenlage vergleichbar. Eine **unbeabsichtigte Regelungslücke fehlt.** Die Beteiligung des Integrationsamts ist der Arbeitgeberkündigung vorgelagert. Die rechtlichen Wirkungen der Eigenschaft als schwerbehinderter Mensch treten im Fall des Sonderkündigungsschutzes nicht ohne Weiteres, also schon bei objektiver Schwerbehinderteneigenschaft ein. Sie setzen vielmehr voraus, dass vor Zugang der Kündigung ein Bescheid über die Eigenschaft als schwerbehindert ergangen ist oder jedenfalls ein entsprechender Antrag gestellt ist (heute § 173 Abs. 3 SGB IX; *BVerwG* 11.5.2006 br 2007, 10 mwN aus der Rspr. des BAG). Veränderungen der für den besonderen Kündigungsschutz maßgeblichen Umstände, die nach Zugang der Kündigung eintreten, sollen grds. nicht dafür maßgeblich sein, ob der besondere präventive Kündigungsschutz eingreift (*BVerwG* 11.5.2006 br 2007, 10). Die Interessenlage des schwerbehinderten Menschen ist im Fall der beabsichtigten Kündigung und des Auflösungsantrags des Arbeitgebers auch **nicht vergleichbar.** Der schwerbehinderte Mensch ist nicht »schutzlos«. Das ArbG hat zu prüfen, ob das Arbeitsverhältnis beendet ist. Nur das ArbG kann das Arbeitsverhältnis nach § 9 Abs. 1 S. 2 KSchG auflösen (*BVerwG* 11.5.2006 br 2007, 10).

III. Bedeutung der Kenntnis des Arbeitgebers von der Schwerbehinderteneigenschaft

1. Grundsatz

Der Kündigungsschutz des § 168 SGB IX hängt nach seinem Wortlaut nicht davon ab, ob der Arbeitgeber **Kenntnis** von der Schwerbehinderteneigenschaft des Arbeitnehmers hat. Nach § 168 SGB IX ist allein maßgebend, dass es sich um das Arbeitsverhältnis eines »schwerbehinderten Menschen« handelt, dh eines schwerbehinderten Menschen iSv § 2 Abs. 2 SGB IX oder eines Gleichgestellten iSv § 2 Abs. 3 SGB IX (s. vor §§ 168–175 SGB IX Rdn 3 ff.). Einen schwerbehinderten oder gleichgestellten Arbeitnehmer treffen zu seinem eigenen Schutz aber Mitteilungsobliegenheiten (Rdn 17 ff.).

16

2. Mitteilungsobliegenheiten des Arbeitnehmers

Heftig umstritten war früher, ob die Schwerbehinderteneigenschaft im Zeitpunkt der Kündigung festgestellt sein und ob und ggf. **innerhalb welcher Frist nach Ausspruch der Kündigung sich der**

17

Arbeitnehmer auf seine Schwerbehinderteneigenschaft berufen musste, wenn er den Schutz des § 168 SGB IX in Anspruch nehmen wollte (s. iE KR 6. Aufl. Rn 15).

18 Das *BAG* (zuletzt 7.3.2002 EzA § 85 SGB IX Nr. 1) billigte den Sonderkündigungsschutz des § 168 SGB IX zunächst dann zu, wenn im Zeitpunkt des Zugangs der Kündigung ein **Bescheid über die Schwerbehinderteneigenschaft** des Arbeitnehmers vorlag oder der Arbeitnehmer einen entsprechenden **Antrag beim Versorgungsamt** gestellt oder gegenüber dem Arbeitgeber angekündigt hatte und wenn darüber hinaus – falls der Arbeitgeber von der Schwerbehinderteneigenschaft oder der Antragstellung nichts wusste – der Arbeitnehmer den Arbeitgeber innerhalb einer Regelfrist von einem Monat nach Zugang der Kündigung hiervon in Kenntnis setzte (zu dieser Rspr. iE KR 7. Aufl. Rn 15–22). Bei offensichtlicher Schwerbehinderteneigenschaft nahm das BAG auch ohne festgestellte Schwerbehinderteneigenschaft und ohne Unterrichtung des Arbeitgebers den Sonderkündigungsschutz des SGB IX an (*BAG* 11.5.2000 EzA § 103 BetrVG 1972 Nr. 41; 28.6.1995 EzA § 620 BGB Nr. 134). Diese Rechtsprechung ist überholt. Der Gesetzgeber hat in § 173 Abs. 3 SGB IX die Voraussetzungen festgelegt, unter denen ein schwerbehinderter Arbeitnehmer den Sonderkündigungsschutz des SGB IX erlangt (s. Rdn 48 ff.).

19 Nach aktuellem Rechtsverständnis gilt: **Wusste** der Arbeitgeber um die Schwerbehinderung oder ist sie offenkundig, ist § 4 S. 4 KSchG anzuwenden (*BAG* 13.2.2008 EzA § 4 nF KSchG Nr. 83; s.a. 23.2.2010 EzA § 85 SGB IX Nr. 6 m. abl. Besprechungen *Dick/Windeln* ArbRB 2011, 55 ff., *Gehlhaar* NZA 2011, 673 ff. und erl. Anm. *Gagel* jurisPR-ArbR 35/2010 Anm. 2; *Kossens* AP Nr. 8 zu § 85 SGB IX; ebenso *BAG* 9.2.2011 EzA § 17 TzBfG Nr. 11 für das Bedingungskontrollrecht; s.a. 27.7.2011 EzA § 17 TzBfG Nr. 14; KR-*Klose* § 4 KSchG Rdn 275). Die Mitteilung, dass eine Schwerbehinderung festgestellt oder ihre Feststellung **beantragt** ist, reicht aus. Der Arbeitnehmer braucht nur das konkrete Versorgungsamt zu nennen. Informiert der Arbeitnehmer den Arbeitgeber vor Zugang der Kündigung über den Antrag, reicht die Mitteilung aus, dass eine Schwerbehinderung festgestellt oder ihre Feststellung beantragt ist. Der Arbeitnehmer muss das Datum des Antrags nicht nennen, um den Sonderkündigungsschutz zu begründen (*BAG* 9.6.2011 EzA § 85 SGB IX Nr. 7). Es genügt, dass der Arbeitgeber aus der **Stellungnahme des Betriebsrats** Kenntnis von der Schwerbehinderung oder dem Antrag auf Feststellung der Schwerbehinderteneigenschaft hat (*BAG* 20.1.2005 EzA § 85 SGB IX Nr. 3). Kommt es zu einem **Betriebsübergang** nach § 613a Abs. 1 S. 1 BGB, muss sich der Betriebserwerber die Kenntnis des Betriebsveräußerers von der Schwerbehinderteneigenschaft des Arbeitnehmers zurechnen lassen (*BAG* 11.12.2008 EzA § 90 SGB IX Nr. 5 m. zust. Anm. *Rolfs* AP Nr. 362 zu § 613a BGB). Kündigt der Arbeitgeber in Kenntnis der Schwerbehinderteneigenschaft des Arbeitnehmers, kann sich der Arbeitnehmer jederzeit – bis zur Grenze der Verwirkung – darauf berufen, dass die nach § 168 SGB IX erforderliche Zustimmung des Integrationsamts fehlt, wenn ihm eine entsprechende **Entscheidung der zuständigen Behörde** nicht bekannt gegeben worden ist. Dafür sprechen der Wortlaut und der Gesetzeszweck des § 4 S. 4 KSchG idF des Gesetzes zu Reformen am Arbeitsmarkt (näher *BAG* 13.2.2008 EzA § 4 nF KSchG Nr. 83 mwN zu der Kontroverse). War dem Arbeitgeber die Schwerbehinderung dagegen **unbekannt**, kann der Arbeitnehmer die Nichtigkeit einer ohne – ggf. fiktive – Zustimmung erklärten Kündigung (§ 134 BGB) nur innerhalb der Frist des § 4 **S. 1** KSchG geltend machen (*BAG* 13.2.2008 EzA § 4 nF KSchG Nr. 83; s. KR-*Klose* § 4 KSchG Rdn 274). Teilt der Arbeitnehmer dem Arbeitgeber seinen Status als schwerbehinderter Mensch oder Gleichgestellter nicht **innerhalb von drei Wochen** nach Zugang der Kündigung mit, kann sich der Arbeitnehmer nicht mehr auf den Sonderkündigungsschutz berufen. Mit Ablauf der Klagefrist des § 4 S. 1 KSchG ist der Nichtigkeitsgrund der §§ 168 SGB IX, 134 BGB nach § 4 S. 1, § 7 Hs. 1 KSchG geheilt. § 4 S. 4 KSchG ist nicht anzuwenden (*BAG* 13.2.2008 EzA § 4 nF KSchG Nr. 83). § 168 SGB IX stellt zwar nicht ausdrücklich auf die Kenntnis des Arbeitgebers von der Schwerbehinderteneigenschaft ab. Das BAG interpretiert die Bestimmung aber in st. Rspr. restriktiv. Die Kündigung ist nur dann nichtig (§§ 168 SGB IX, 134 BGB; *BAG* 13.2.2008 EzA § 4 nF KSchG Nr. 83), wenn die Schwerbehinderteneigenschaft oder die Gleichstellung bei ihrem Zugang entweder durch Bescheid festgestellt war oder der Arbeitnehmer diese Feststellung beantragt hatte. Kennt der Arbeitgeber die Anerkennung der Schwerbehinderung oder die Gleichstellung nicht, muss der Arbeitnehmer

ihn idR binnen **drei Wochen nach Zugang der Kündigung** darüber unterrichten (*BAG* 9.6.2011 EzA § 85 SGB IX Nr. 7; 23.2.2010 EzA § 85 SGB IX Nr. 6; 13.2.2008 EzA § 4 nF KSchG Nr. 83; 12.1.2006 EzA § 85 SGB IX Nr. 5; 20.1.2005 EzA § 85 SGB IX Nr. 3). Das trägt dem Verwirkungs- und dem Vertrauensschutzgedanken Rechnung. Der Arbeitnehmer kann sich dann **auf den Sonderkündigungsschutz berufen.** Dazu muss er die **Klagefrist des § 4 S. 1 KSchG** einhalten. Zum Zeitpunkt des Zugangs der Kündigung war dem Arbeitgeber der Sonderkündigungsschutz nicht bekannt. Er konnte keine Zustimmung des Integrationsamts beantragen. Die mit Zugang der Kündigung angelaufene Klagefrist des § 4 S. 1 KSchG wird durch die Bekanntgabe der Schwerbehinderung oder Gleichstellung **nicht gehemmt.** Wird nicht rechtzeitig Klage erhoben, ist der Verstoß gegen §§ 168 SGB IX, 134 BGB nach § 7 Hs. 1 KSchG geheilt (*BAG* 13.2.2008 EzA § 4 nF KSchG Nr. 83).

Darüber hinaus hat der Zweite Senat zu der Kontroverse über **§ 90 Abs. 2a SGB IX aF (heute § 173 Abs. 3 SGB IX nF)** Stellung genommen: Vom Zustimmungserfordernis werden nur Kündigungen gegenüber solchen Arbeitnehmern erfasst, die bei Zugang der Kündigung bereits als schwerbehinderte Menschen anerkannt sind oder den Antrag auf Anerkennung mindestens drei Wochen vor Zugang der Kündigung gestellt haben. Gleiches gilt für Arbeitnehmer, die einem schwerbehinderten Menschen gleichgestellt sind (*BAG* 1.3.2007 EzA § 90 SGB IX Nr. 1). 20

Für die fristwahrende Kenntnis des Arbeitgebers reicht es aus, wenn der Betriebsrat dem Arbeitgeber im Rahmen des Anhörungsverfahrens nach § 102 BetrVG mitteilt, der Arbeitnehmer habe einen Antrag auf Anerkennung der Schwerbehinderung gestellt (*BAG* 20.1.2005 EzA § 85 SGB IX Nr. 3). Beruft sich der Arbeitnehmer gegenüber dem Arbeitgeber innerhalb der Dreiwochenfrist des § 4 S. 1 KSchG auf einen vor der Kündigung gestellten Gleichstellungsantrag, genügt das auch dann, wenn er aufgrund eines früher gestellten Antrags die Anerkennung als Schwerbehinderter erlangt (*LAG Hamm* 7.7.2005 EzA-SD 2005 Nr. 21, 10). 21

Teilt der Arbeitnehmer dem Arbeitgeber die Schwerbehinderteneigenschaft fristgerecht mit (s. Rdn 19), kann der Arbeitgeber die Zustimmung zur Kündigung beim Integrationsamt beantragen und damit das Zustimmungsverfahren nach §§ 168 ff. SGB IX einleiten. 22

3. Anfechtung der im Arbeitsvertrag enthaltenen Willenserklärung wegen Unkenntnis der Schwerbehinderteneigenschaft

Die Unkenntnis des Arbeitgebers von der Schwerbehinderteneigenschaft bei der Einstellung des Arbeitnehmers berechtigt ihn grds. nicht zur Anfechtung der im Arbeitsvertrag enthaltenen Willenserklärung **wegen Irrtums.** Nur wenn sich der schwerbehinderte Mensch für die Arbeiten, für die er eingestellt ist, wegen seiner Behinderung nicht eignet, kommt eine Anfechtung wegen Irrtums in Betracht (hM; vgl. Neumann/Pahlen/Greiner/Winkler/Jabben-*Neumann* § 168 SGB IX Rn 38). Der Arbeitnehmer, der weiß, dass er die vorgesehene Tätigkeit infolge seiner Behinderung nicht ordnungsgemäß ausführen kann, hat dem Arbeitgeber das mitzuteilen. Der Arbeitgeber darf auch danach fragen, ob beim Arbeitnehmer eine (Schwer-)Behinderung besteht, die seine **Eignung** für die vorgesehene Tätigkeit wesentlich beeinträchtigt (*Thüsing/Lambrich* BB 2002, 1149). Diese Frage muss der Arbeitnehmer wahrheitsgemäß beantworten, unabhängig davon, ob seine Schwerbehinderteneigenschaft festgestellt ist oder nicht. Der Arbeitgeber hat ein berechtigtes und schützenswertes Interesse daran, dass sein Vertragspartner in der Lage ist, die mit ihm vereinbarte Tätigkeit ordnungsgemäß auszuführen. Die falsche Beantwortung einer dem Arbeitnehmer bei der Einstellung zulässigerweise gestellten Frage kann den Arbeitgeber nach § 123 Abs. 1 Alt. 1 BGB dazu berechtigen, die im Arbeitsvertrag enthaltene Willenserklärung wegen **arglistiger Täuschung** anzufechten (*BAG* 7.7.2011 EzA § 123 BGB 2002 Nr. 11 mwN; *Pahlen* RdA 2001, 143 mwN). Das setzt voraus, dass die Täuschung für den Abschluss des Arbeitsvertrags ursächlich war (*BAG* 7.7.2011 EzA § 123 BGB 2002 Nr. 11 mwN). Der Anfechtung muss das Integrationsamt nicht zustimmen. 23

Der **Zweite Senat** lässt in seiner jüngeren Rspr. demgegenüber offen, ob sich der Arbeitgeber auch dann vor Vertragsschluss nach einer Anerkennung der Schwerbehinderteneigenschaft erkundigen 24 darf, wenn die Behinderung für die Ausübung der vorgesehenen Tätigkeit bedeutungslos ist (sog. tätigkeitsneutrales Fragerecht). Das ist seit Inkrafttreten des **§ 81 Abs. 2 SGB IX aF (heute § 164 Abs. 2 SGB IX nF)** zum 1.7.2001 und des **AGG** zum 18.8.2006 vor allem im Hinblick auf Art. 1, Art. 4 Abs. 1 und Art. 5 S. 2 der **GleichbehandlungsrahmenRL 2000/78/EG** umstritten (*BAG* 7.7.2011 EzA § 123 BGB 2002 Nr. 11 m. zahlreichen Nachw. zum Streitstand; dazu *Gravenhorst* jurisPR-ArbR 3/2012 Anm. 2, der in diesem Fall ein Fragerecht verneint und annimmt, die falsche Beantwortung der Frage berechtige weder zur Anfechtung noch zur außerordentlichen oder ordentlichen Kündigung; *Höser* BB 2012, 1291 f. beklagt die vom BAG offengelassenen Fragen; zum Fragerecht des Arbeitgebers iE LPK-SGB IX/*Düwell* § 168 Rn 22 ff.; zum Anspruch auf Schadensersatz und/oder Entschädigung nach § 15 Abs. 1 und/oder Abs. 2 AGG des wegen seiner (Schwer-)Behinderung diskriminierend abgelehnten Bewerbers *BAG* 16.2.2012 EzA § 15 AGG Nr. 17 m. zust. Anm. *Hoffmann* jurisPR-ArbR 24/2012 Anm. 1; 7.4.2011 EzA § 15 AGG Nr. 13; 27.1.2011 EzA § 22 AGG Nr. 3 m. erl. Anm. *Beyer* jurisPR-ArbR 35/2011 Anm. 2; zum Verbot von Diskriminierungen nach der UN-Behindertenrechtskonvention als Vorgabe für das nationale Behindertenrecht *Düwell* FA 2011, 354 ff.; *Helbig* ZMV 2012, 65 ff.; *Schulte* ZESAR 2012, 69 ff.; ders. ZESAR 2012, 112 ff.).

25 Geklärt ist nach der Rspr. des **Sechsten Senats** dagegen, dass die Frage nach der Schwerbehinderung im bestehenden Arbeitsverhältnis jedenfalls nach Ablauf der Frist des § 173 Abs. 1 S. 1 Nr. 1 SGB IX zuzulassen ist (*BAG* 16.2.2012 EzA § 3 AGG Nr. 7 mwN; zust. *Schrader/Siebert* ArbRAktuell 2012, 157 ff.; erl. *Rolfs/Feldhaus* SAE 2012, 85 ff.). Damit wird dem Arbeitgeber **rechtstreues Verhalten** ermöglicht, zB im Zusammenhang mit seinen Pflichten zur behinderungsgerechten Beschäftigung (§ 164 Abs. 4 S. 1 Nr. 1 SGB IX), zur Zahlung einer Ausgleichsabgabe (§ 160 SGB IX) und zur Gewährung von Zusatzurlaub (§ 208 SGB IX). Im Vorfeld einer beabsichtigten Kündigung zeigt der Arbeitgeber mit dieser Frage, dass er seine zum Schutz des Schwerbehinderten bei einer Kündigung bestehenden **Pflichten** aus § 1 Abs. 3 S. 1 KSchG und §§ 168 ff. SGB IX erfüllen will. Deshalb diskriminiert die Frage den Arbeitnehmer nicht unmittelbar wegen einer Behinderung iSv **§ 3 Abs. 1 S. 1 AGG**. Die Frage verletzt den Arbeitnehmer auch nicht in seinem **Recht auf informationelle Selbstbestimmung**, das keine weiter gehenden Anforderungen als das Unionsrecht stellt. Verneint der Arbeitnehmer die Frage wahrheitswidrig, kann er sich im Kündigungsschutzprozess unter dem Gesichtspunkt **widersprüchlichen Verhaltens** (§ 242 BGB) nicht auf seine Schwerbehinderteneigenschaft berufen (*BAG* 16.2.2012 EzA § 3 AGG Nr. 7).

IV. Die Zustimmung des Integrationsamts

1. Grundsatz

26 Die Zustimmung des Integrationsamts ist Wirksamkeitsvoraussetzung für eine Kündigung durch den Arbeitgeber (Ausnahmen: § 173 SGB IX). Die Zustimmung wird nur auf Antrag des Arbeitgebers erteilt (s. Rdn 67 ff.). Das Integrationsamt entscheidet über diesen Antrag **nach freiem pflichtgemäßen Ermessen** (s. Rdn 91 ff.), wobei die Ermessensentscheidung unter bestimmten Voraussetzungen eingeschränkt ist (s. Rdn 98 ff.; ferner § 174 Abs. 4 SGB IX).

27 Da eine Kündigung erst nach Zustimmung des Integrationsamts ausgesprochen werden darf, wirkt die Zustimmung des Integrationsamts nicht zurück. Eine Zustimmung, die sich Rückwirkung beilegt, ist nichtig, aber dennoch als Wirksamkeitsvoraussetzung für eine neue Kündigung geeignet, die der Arbeitgeber innerhalb der Fristen der § 171 Abs. 3, § 174 Abs. 5 SGB IX erklären muss.

28 Rechtsbehelfe gegen die Zustimmung des Integrationsamts zur Kündigung haben **keine aufschiebende Wirkung** (§ 171 Abs. 4 SGB IX; s.a. Rdn 122). Hat das Integrationsamt die Zustimmung erteilt, kann der Arbeitgeber die Kündigung aussprechen, auch wenn der Arbeitnehmer Widerspruch gegen die Zustimmung zur Kündigung einlegt. Ob die Kündigung Bestand hat, hängt vom endgültigen Ausgang des Rechtsbehelfs- und ggf. Klageverfahrens ab (s. Rdn 124).

2. Ausnahmen vom Kündigungsschutz

a) Enumerative Aufzählung in § 173 SGB IX

In § 173 SGB IX sind alle Fälle aufgeführt, in denen der Kündigungsschutz bei der Kündigung 29 des Arbeitsverhältnisses eines schwerbehinderten Arbeitnehmers entfällt. Weitere Befreiungen vom Kündigungsschutz der §§ 168–175 SGB IX gibt es nicht. Der Arbeitgeber hat im Streitfall darzulegen und zu beweisen, dass einer der Ausnahmefälle des § 173 SGB IX vorliegt.

b) Die ersten sechs Monate des Arbeitsverhältnisses

aa) Zustimmungsfreiheit

Wenn das **Arbeitsverhältnis** im Zeitpunkt des Zugangs der Kündigungserklärung ohne Unter- 30 brechung **noch nicht länger als sechs Monate** besteht, besteht der besondere Kündigungsschutz des SGB IX noch nicht (§ 173 Abs. 1 S. 1 Nr. 1 SGB IX). Deshalb ist in diesen Fällen für eine Kündigung weder die Zustimmung des Integrationsamts noch die Einhaltung einer Mindestkündigungsfrist (§ 169 SGB IX) erforderlich (APS-*Vossen* § 169 SGB IX Rn 1). Anders als nach früherem Recht kommt es nicht darauf an, ob der Arbeitnehmer auf Probe, zur Aushilfe oder für einen vorübergehenden Zweck eingestellt war. Auch bei einem unbefristeten, ohne bestimmte Zweckbestimmung eingegangenen Arbeitsverhältnis besteht in den ersten sechs Monaten kein Kündigungsschutz nach dem SGB IX.

§ 173 Abs. 1 S. 1 Nr. 1 SGB IX ist § 1 Abs. 1 KSchG nachgebildet, der den Beginn des Kündi- 31 gungsschutzes nach dem KSchG ebenfalls an ein länger als sechs Monate ohne Unterbrechung bestehendes Arbeitsverhältnis knüpft. Daher sind zur Berechnung des Sechsmonatszeitraums die zu § 1 Abs. 1 KSchG entwickelten Grundsätze heranzuziehen (*BAG* 19.6.2007 EzA § 90 SGB IX Nr. 2). Danach kommt es auf den **rechtlichen Bestand des Arbeitsverhältnisses nach der vereinbarten Arbeitsaufnahme** an (APS-*Vossen* § 173 SGB IX Rn 4). Tatsächliche Unterbrechungen der Arbeit (zB durch Krankheit, Urlaub, Arbeitskampf) hemmen den Lauf der Sechsmonatsfrist nicht, sondern sind auf sie anzurechnen. Ohne Einfluss auf den Lauf der Sechsmonatsfrist ist auch eine rechtliche Beendigung des bisherigen Arbeitsverhältnisses (zB aufgrund einer Befristung), wenn sich ohne zeitliche Unterbrechung ein weiteres Arbeitsverhältnis mit dem bisherigen Arbeitgeber anschließt (vgl. *BAG* 23.9.1976 EzA § 1 KSchG Nr. 35). Das gilt auch, wenn sich ein Arbeitsverhältnis unmittelbar an ein vorhergehendes Berufsausbildungsverhältnis anschließt. Liegt zwischen zwei Arbeitsverhältnissen dagegen ein bestimmter Zeitraum ohne Arbeitsverhältnis mit demselben Arbeitgeber, ist die Dauer des früheren Arbeitsverhältnisses mit demselben Arbeitgeber auf den Sechsmonatszeitraum nur anzurechnen, wenn zwischen beiden Arbeitsverhältnissen ein enger sachlicher Zusammenhang besteht (*BAG* 19.6.2007 EzA § 90 SGB IX Nr. 2). Das ist bei nur kurzfristigen rechtlichen Unterbrechungen von einigen Tagen im Allgemeinen zu bejahen (weitergehend *LAG Düsseld.* 16.11.2005 LAGE § 90 SGB IX Nr. 2), während es im Übrigen auf die Umstände des Einzelfalls ankommt (*BAG* 19.6.2007 EzA § 90 SGB IX Nr. 2). Die Dauer der Unterbrechung ist nach dem Zweck des § 173 Abs. 1 S. 1 Nr. 1 SGB IX (ausreichende Zeit der Erprobung) nicht auf den Sechsmonatszeitraum anzurechnen (*LAG Hamm* 20.12.1996 LAGE § 1 KSchG Nr. 10).

Ist eine Kündigung nach § 173 Abs. 1 S. 1 Nr. 1 SGB IX zustimmungsfrei, ist es unerheblich, ob 32 die Kündigungsfrist nach Ablauf der Sechsmonatsfrist endet. Entscheidend ist allein der **Zugang der Kündigung** (ebenso – für den früheren § 17 Abs. 3 SchwbG –: *BAG* 25.2.1981 EzA § 17 SchwbG Nr. 3; *LAG Düsseld.* 4.9.1979 DB 1980, 261; APS-*Vossen* § 173 SGB IX Rn 3; Neumann/Pahlen/Greiner/Winkler/Jabben-*Neumann* § 173 SGB IX Rn 7; *Preis/Kliemt* AR-Blattei SD 1270 Rn 281). Wird das Kündigungsschreiben zwar noch vor dem Ende des Sechsmonatszeitraums abgesandt, geht es dem Arbeitnehmer aber erst nach Fristablauf zu, bedarf die Kündigung der Zustimmung des Integrationsamts und darf nur mit der Mindestkündigungsfrist des § 169 SGB IX erklärt werden. Hat der Arbeitnehmer den Zugang der Kündigung vor dem Ende des Sechsmonatszeitraums **treuwidrig vereitelt**, zB durch bewusste Angabe einer unzutreffenden Anschrift, steht das einem Zugang der Kündigung in den ersten sechs Monaten des Arbeitsverhältnisses gleich (*BAG* 22.9.2005 EzA § 130 BGB 2002 Nr. 5).

bb) Anzeigepflichten

33 Der Arbeitgeber ist verpflichtet, jede Einstellung eines schwerbehinderten Menschen zur Probe – gleichgültig, ob in einem befristeten oder unbefristeten Arbeitsverhältnis – und jede Kündigung eines Arbeitsverhältnisses mit einem schwerbehinderten Arbeitnehmer vor Ablauf der ersten sechs Monate des Arbeitsverhältnisses (s. Rdn 30 ff.) **dem Integrationsamt innerhalb von vier Tagen anzuzeigen** (§ 173 Abs. 4 SGB IX; nach *Malcher* S. 71 hat der Arbeitgeber auch jede anderweitige Beendigung des Arbeitsverhältnisses anzuzeigen; das trifft jedoch nicht zu, weil Abs. 4 ausdrücklich nur auf die Fälle des Abs. 1 S. 1 Nr. 1 verweist). Die Viertagesfrist bei der Einstellung beginnt mit dem Tag der vereinbarten Arbeitsaufnahme, nicht mit dem ggf. früheren Tag des Abschlusses des Arbeitsvertrags. Die Anzeigepflicht bei Kündigungen besteht nur für Kündigungen durch den Arbeitgeber, die dem Arbeitnehmer vor dem Ende des Sechsmonatszeitraums zugehen. Die Viertagesfrist beginnt hier mit der Beendigung des Arbeitsverhältnisses, nicht mit der Kündigung.

34 Die Einhaltung der Anzeigepflicht ist **ohne Einfluss auf den Kündigungsschutz des schwerbehinderten Arbeitnehmers.** Auch bei unterbliebener Anzeige ist die Zustimmung des Integrationsamts für eine Kündigung durch den Arbeitgeber während der Sechsmonatsfrist nicht erforderlich (*BAG* 21.3.1980 EzA § 17 SchwbG Nr. 2; *OVG Brem.* 10.11.1981 ZfS 1982, 122; Neumann/Pahlen/Greiner/Winkler/Jabben-*Neumann* § 173 SGB IX Rn 25; *Preis/Kliemt* AR-Blattei SD 1270 Rn 295; aA *ArbG München* 30.10.1975 BB 1976, 139). Eine unterlassene Anzeige führt nicht zur Unwirksamkeit einer Probezeitvereinbarung (*LAG Düssold.* 9.6.1978 EzA § 17 SchwbG Nr. 1) und hat keinen Einfluss auf die Beendigung des Arbeitsverhältnisses durch Kündigung (*LAG Hamm* 26.4.1979 DB 1979, 1367). Der Arbeitgeber kann allerdings bei einem schuldhaften Verstoß gegen die ihm obliegende Anzeigepflicht aus dem Gesichtspunkt der positiven Vertragsverletzung dazu verpflichtet sein, dem schwerbehinderten Arbeitnehmer den hieraus entstehenden **Schaden zu ersetzen** (*BAG* 21.3.1980 EzA § 17 SchwbG Nr. 2 = AP Nr. 1 zu § 17 SchwbG m. zust. Anm. *Jung*), zB den Schaden, der dem schwerbehinderten Arbeitnehmer dadurch entsteht, dass er von dem Integrationsamt keine oder nur verspätete Geldleistungen erhält.

c) Stellen nach § 156 Abs. 2 Nr. 2–5 SGB IX

35 Kein Kündigungsschutz nach dem SGB IX besteht ferner für schwerbehinderte Arbeitnehmer, die auf einer Stelle iSv § 156 Abs. 2 Nr. 2–5 SGB IX beschäftigt werden (§ 173 Abs. 1 S. 1 Nr. 2 SGB IX); das sind

36 – **Personen, deren Beschäftigung nicht in erster Linie ihrem Erwerb dient, sondern vorwiegend durch Beweggründe karitativer oder religiöser Art bestimmt ist** (§ 156 Abs. 2 Nr. 2 SGB IX), zB Rote-Kreuz-Schwestern, Diakonissen, Missionare sowie die – ausdrücklich im Gesetz genannten – Geistlichen öffentlich-rechtlicher Religionsgemeinschaften (Neumann/Pahlen/Greiner/Winkler/Jabben-*Greiner* § 156 SGB IX Rn 11 mwN). Rot-Kreuz-Schwestern, die nach deutschem Recht Vereinsmitglieder sind, sind allerdings nicht in allen Zusammenhängen keine Arbeitnehmerinnen. Sie sind Arbeitnehmerinnen iSd Arbeitnehmerüberlassungsrichtlinie 2008/104/EG (*EuGH* 17.11.2016 [Betriebsrat der Ruhrlandklinik] EzA Richtlinie 2008/104 EG-Vertrag 1999 Nr. 2, Rn 25 ff.; krit. und weiterführend *Wank* EuZW 2018, 21 ff., 28 ff.; der Entscheidung liegt ein Vorabentscheidungsersuchen des Ersten Senats zugrunde: *BAG* 17.3.2015 EzA § 1 AÜG Nr. 19, Rn 14 ff.). Der Erste Senat hat die Überlassung von Rot-Kreuz-Schwestern in der Folge der Entscheidung des EuGH als Arbeitnehmerüberlassung iSv § 1 Abs. 1 S. 1 AÜG eingeordnet (*BAG* 21.2.2017 EzA § 1 AÜG Nr. 22, Rn 25 ff.);

37 – **Personen, deren Beschäftigung nicht in erster Linie ihrem Erwerb dient und die vorwiegend zu ihrer Heilung, Wiedereingewöhnung oder Erziehung erfolgt** (§ 156 Abs. 2 Nr. 3 SGB IX), zB Insassen von Heilanstalten und Fürsorgeanstalten, Strafgefangene, Sicherungsverwahrte. Auch für diese Personen ist schon deshalb keine Zustimmung zur Kündigung erforderlich, weil

sie nach bisherigem deutschen Rechtsverständnis nicht in einem Arbeitsverhältnis stehen (Neumann/Pahlen/Greiner/Winkler/Jabben-*Greiner* § 156 SGB IX Rn 12);
- **Teilnehmer an Arbeitsbeschaffungsmaßnahmen** nach dem Dritten Buch Sozialgesetzbuch (§ 156 Abs. 2 Nr. 4 SGB IX). Das sind Personen, die an Arbeitsbeschaffungsmaßnahmen nach dem SGB III teilnehmen; 38
- **Personen, die nach ständiger Übung in ihre Stellen gewählt werden** (§ 156 Abs. 2 Nr. 5 SGB IX), zB bei Verbänden, politischen Parteien, Gewerkschaften; 39
- Personen, deren Arbeits-, Dienst- oder sonstiges Beschäftigungsverhältnis wegen Wehr- oder Zivildienst, Elternzeit, unbezahlten Urlaubs, wegen Bezugs einer Rente auf Zeit oder bei Altersteilzeitarbeit in der Freistellungsphase (Verblockungsmodell) ruht, solange für sie eine Vertretung eingestellt ist (§ 156 Abs. 2 Nr. 6 SGB IX). 40

d) Soziale Alterssicherung

Kein Kündigungsschutz nach dem SGB IX besteht **für ältere Arbeitnehmer** unter bestimmten Voraussetzungen. Der Gesetzgeber geht davon aus, dass die Altersversorgung dieser Arbeitnehmer gesichert und besonderer Kündigungsschutz deshalb entbehrlich ist. Es handelt sich um zwei Gruppen: 41

aa) Gemeint sind zum einen Arbeitnehmer, die das **58. Lebensjahr vollendet haben** und Anspruch auf eine Abfindung, Entschädigung oder ähnliche Leistung aufgrund eines Sozialplans haben, wenn der Arbeitgeber ihnen die Kündigungsabsicht rechtzeitig mitteilt und sie der beabsichtigten Kündigung bis zu deren Ausspruch nicht widersprechen (§ 173 Abs. 1 S. 1 Nr. 3 Buchst. a SGB IX; vgl. zu Kappungsregelungen in Sozialplänen, die wegen der vorzeitigen Berechtigung eines behinderten Menschen zum abschlagsfreien Rentenbezug eine geringere Abfindungssumme vorsehen, *EuGH* 6.12.2012 EzA § 112 BetrVG 2001 Nr. 47, Rn 55 ff., 67 ff. [Odar]: Verstoß gegen das Diskriminierungsverbot in Art. 1 iVm Art. 2 Abs. 2 Buchst. a der Gleichbehandlungsrahmenrichtlinie 2000/78/EG; *BAG* 12.11.2013 EzA § 4 TVG Altersteilzeit Nr. 40, Rn 21; s.a. *EuGH* 19.9.2018 – C-312/17 [Bedi], Rn 26 ff.; zu einer nicht diskriminierenden Regelung *BAG* 23.4.2013 EzA § 112 BetrVG 2001 Nr. 51, Rn 31 ff.; s.a. *BVerfG* 25.3.2015 – 1 BvR 2803/11, Rn 5 ff. zum Ausschluss eines schwerbehinderten Menschen von einer Sozialplanabfindung wegen bestehender Ansprüche auf Erwerbsminderungsrente: zumindest hinreichender Ausgleich der Benachteiligung und damit verfassungsrechtliche Billigung der Entscheidung des *BAG* v. 7.6.2011 EzA § 112 BetrVG 2001 Nr. 45, Rn 19 ff.). Es ist nicht erforderlich, dass der Sozialplan nach Vollendung des 58. Lebensjahres des Arbeitnehmers zustande gekommen ist. Unerheblich ist auch die Höhe der dem Arbeitnehmer aus dem Sozialplan zustehenden Leistung. Es bleibt dem Arbeitnehmer unbenommen, dem Ausspruch der Kündigung bei nur geringen Leistungen aus dem Sozialplan zu widersprechen und damit herbeizuführen, dass die Kündigung zustimmungsbedürftig ist. Als »Sozialplan« kommen nur Regelungen in Betracht, die nach den Vorschriften des Betriebsverfassungsgesetzes (§ 112) oder des Personalvertretungsrechts zustande kommen und für den Arbeitnehmer einen unmittelbaren Anspruch begründen (vgl. § 77 Abs. 4 BetrVG; *LAG Köln* 4.4.1997 FA 1998, 57). 42

Für die Unterrichtung des Arbeitnehmers ist **keine bestimmte Form** vorgeschrieben. Rechtzeitig ist die Unterrichtung nur, wenn der Arbeitnehmer noch ausreichend Zeit hat zu überlegen, ob er der Kündigung vor ihrem Ausspruch widersprechen soll. In Anlehnung an § 102 Abs. 2 BetrVG (Anhörung des Betriebsrats) erscheint es angemessen, dem Arbeitnehmer eine **Überlegungszeit von mindestens einer Woche** einzuräumen (aA Neumann/Pahlen/Greiner/Winkler/Jabben-*Neumann* § 173 SGB IX Rn 17: mindestens drei Wochen), ehe der Arbeitgeber die Kündigung erklären, dh den Zugang der Kündigung bewirken darf. Wurde der Arbeitnehmer nicht rechtzeitig vor ihrem Ausspruch unterrichtet, muss das Integrationsamt der Kündigung zustimmen, damit sie wirksam werden kann. 43

Für den **Widerspruch** iSv § 173 Abs. 1 S. 2 SGB IX des Arbeitnehmers ist **keine bestimmte Form** vorgeschrieben. Er braucht auch nicht begründet zu werden. Vielmehr genügt der schlichte formlose Widerspruch des Arbeitnehmers, der dem Arbeitgeber vor Abgabe der Kündigungserklärung 44 zugehen muss, um die Ausnahmevorschrift des § 173 Abs. 1 S. 1 Nr. 3 Buchst. a SGB IX nicht zur Anwendung kommen zu lassen.

45 bb) Die zweite Gruppe besteht aus Arbeitnehmern, die Anspruch auf **Knappschaftsausgleichsleistungen** nach dem SGB VI oder auf Anpassungsgeld für entlassene Arbeitnehmer des Bergbaus haben, wenn der Arbeitgeber ihnen die Kündigungsabsicht rechtzeitig mitteilt und sie der beabsichtigten Kündigung bis zu ihrem Ausspruch nicht widersprechen (§ 173 Abs. 1 S. 1 Nr. 3 Buchst. b SGB IX). Auf die Höhe der Knappschaftsausgleichsleistungen und des Anpassungsgelds kommt es nicht an. Zu der Rechtzeitigkeit der Unterrichtung des Arbeitnehmers und zu den Anforderungen an den Widerspruch gegen die Kündigung s. Rdn 43 f.

e) **Witterungsbedingte Entlassung**

46 Kein besonderer Kündigungsschutz nach dem SGB IX besteht bei **Entlassungen**, die **aus Witterungsgründen** vorgenommen werden, sofern die Wiedereinstellung der schwerbehinderten Arbeitnehmer bei Wiederaufnahme der Arbeit gewährleistet ist (§ 173 Abs. 2 SGB IX). In Betracht kommen hier insbes. Arbeitsverhältnisse in der Land- und Forstwirtschaft, im Gartenbau und Tagebergbau. Im Baugewerbe war die Vorschrift des § 173 Abs. 2 SGB IX auch schon vor Einführung des Saison-Kurzarbeitergelds nach § 101 SGB III weitgehend bedeutungslos, weil das Arbeitsverhältnis in der gesetzlichen Schlechtwetterzeit (1. Dezember bis 31. März, § 101 Abs. 1 SGB III) nach § 11 Nr. 2 des allgemeinverbindlichen Bundesrahmentarifvertrags für das Baugewerbe (BRTV-Bau) nicht aus Witterungsgründen gekündigt werden kann. Eine Entlassung aus Witterungsgründen setzt voraus, dass die Fortsetzung der Arbeit infolge ungünstiger Witterung (zB Regen, Schnee, Frost) nicht möglich ist oder sie dem Arbeitnehmer nicht mehr zugemutet werden kann. Das ist auch anzunehmen, wenn Aufträge aus Witterungsgründen fehlen und Arbeitnehmer deshalb nicht beschäftigt werden können (*LAG München* 24.10.1986 DB 1987, 1444; APS-*Vossen* § 173 SGB IX Rn 9a; aA Neumann/Pahlen/Greiner/Winkler/Jabben-*Neumann* § 173 SGB IX Rn 20).

47 Der Kündigungsschutz des schwerbehinderten Arbeitnehmers entfällt nur, wenn der Arbeitgeber im Zeitpunkt des Zugangs der Kündigung gegenüber dem schwerbehinderten Arbeitnehmer aufgrund eines Tarifvertrags, einer Betriebsvereinbarung oder einzelvertraglicher Zusage verpflichtet ist, ihn bei Wiederaufnahme der Tätigkeit **wiedereinzustellen.** Kommt der Arbeitgeber bei Wiederaufnahme der Arbeit dieser Verpflichtung nicht nach, wird nicht etwa die Kündigung des schwerbehinderten Arbeitnehmers rückwirkend unwirksam, weil eine erforderliche Zustimmung des Integrationsamts fehlt. Vielmehr hat der schwerbehinderte Arbeitnehmer einen einklagbaren Anspruch auf Wiedereinstellung ab dem Tag der Wiederaufnahme der Arbeit (ErfK-*Rolfs* § 173 SGB IX Rn 4; aA Neumann/Pahlen/Greiner/Winkler/Jabben-*Neumann* § 173 SGB IX Rn 22).

f) **Fehlender Nachweis der Schwerbehinderteneigenschaft oder fehlende Mitwirkung beim Feststellungsverfahren**

48 § 173 Abs. 3 SGB IX regelt zwei Fallgestaltungen, in denen der Sonderkündigungsschutz für schwerbehinderte Menschen nicht eingreift, auch wenn der Arbeitnehmer objektiv schwerbehindert ist. Die Vorschrift ist sprachlich und konzeptionell missglückt (*Edenfeld* NZA 2012, 713, 718 f.). Nach der **ersten Alternative** gilt der Sonderkündigungsschutz nicht, wenn zum Zeitpunkt der Kündigung die Eigenschaft als schwerbehinderter Mensch nicht nachgewiesen ist. Die **zweite Alternative**, für die der Sonderkündigungsschutz nicht gilt, regelt den Fall, dass die Schwerbehinderteneigenschaft zum Zeitpunkt der Kündigung noch nicht festgestellt ist. Da die Schwerbehinderteneigenschaft auch in diesem Fall nicht nachgewiesen ist, wäre die Vorschrift nach ihrem Wortlaut überflüssig, weil alle Fallgestaltungen der zweiten Alternative von der ersten Alternative (fehlender Nachweis der Schwerbehinderung) erfasst werden. Nach dem Willen des Gesetzgebers kommt der zweiten Alternative des § 173 Abs. 3 SGB IX nF (früher § 90 Abs. 2a SGB IX aF) jedoch eigenständige Bedeutung zu (BT-Drucks. 15/2357 S. 24). Der Konflikt lässt sich nur dahin auflösen, dass bei fehlendem Nachweis der Schwerbehinderteneigenschaft geprüft wird, ob

ggf. Sonderkündigungsschutz nach der zweiten Alternative des § 173 Abs. 3 SGB IX in Betracht kommt, der entfallen ist.

aa) Fehlender Nachweis der Schwerbehinderteneigenschaft

Die Schwerbehinderteneigenschaft wird nachgewiesen durch einen entsprechenden **Bescheid des** 49
Versorgungsamts oder der anderen nach Landesrecht zuständigen Stelle (§ 152 Abs. 1 S. 1 SGB IX) oder durch die Feststellung über das Vorliegen einer Behinderung und den Grad der auf ihr beruhenden Erwerbsminderung (= Grad der Behinderung) in einem Rentenbescheid, einer entsprechenden Verwaltungs- oder Gerichtsentscheidung oder durch eine vorläufige Bescheinigung der für diese Entscheidungen zuständigen Dienststellen (§ 152 Abs. 2 SGB IX). Anderes gilt für die Fälle des § 152 Abs. 2 S. 1 SGB IX nur, wenn der behinderte Mensch ein Interesse an anderweitiger Feststellung nach § 152 Abs. 1 SGB IX glaubhaft macht. Nachgewiesen ist die Schwerbehinderteneigenschaft auch, wenn sie **offenkundig** ist (*Großmann* AuR 2007, 74; *Kaiser* br 2007, 101; *Lepping* FS Leinemann S. 338; *Lorenz* FA 2007, 199; *Staffhorst* AuA 2005, 6), zB bei Kleinwüchsigkeit mit eingeschränkter Bewegungsfähigkeit (*BAG* 18.10.2000 EzA § 123 BGB Nr. 56), bei einer deformierten Halswirbelsäule, bei Verlust von Armen oder Beinen oder Blindheit (Neumann/Pahlen/Greiner/Winkler/Jabben-*Neumann* § 168 SGB IX Rn 34 mwN). Das gilt auch im Rahmen des § 173 Abs. 3 SGB IX und entspricht dem Willen des Gesetzgebers (BT-Drucks. 15/2357 S. 24). Eine **Gleichstellung** mit schwerbehinderten Menschen wird nachgewiesen durch einen entsprechenden Bescheid der BA (§ 151 Abs. 2 S. 1 SGB IX). Der Nachweis ist erbracht, wenn der entsprechende Bescheid dem Arbeitnehmer zugestellt wurde oder die Schwerbehinderteneigenschaft offenkundig ist.

Der Nachweis muss »zum Zeitpunkt der Kündigung« erbracht sein, dh **im Zeitpunkt des Zugangs** 50
der Kündigung (*Cramer* NZA 2004, 704; aA *Rolfs/Barg* BB 2005, 1680, die den Nachweis zum Zeitpunkt des Zugangs der Kündigung auch dann als erbracht ansehen, wenn nach Zugang der Kündigung durch Widerspruchsbescheid oder Verpflichtungsurteil die Schwerbehinderteneigenschaft festgestellt wird, weil diese Entscheidungen mit Wirkung ex tunc getroffen würden). Ein Nachweis **gegenüber dem Arbeitgeber** in diesem Zeitpunkt ist **nicht erforderlich** (*LAG Düsseld.* 29.3.2006 DB 2006, 2244; *ArbG Bonn* 25.11.2004 NZA-RR 2005, 193; *ArbG Kassel* 19.11.2004 ArbRB 2005, 9; *Bantle/Waterschek* AiB 2005, 405; *Däubler* AiB 2005, 394; *Düwell* JbArbR 2007, 99; *Gaul/Süßbrich* ArbRB 2005, 213; *Griebeling* NZA 2005, 496; *Grimm/Brock/Windeln* DB 2005, 285; *Großmann* AuR 2007, 75; *Kaiser* br 2007, 102; *Kossens* ZfPR 2004, 281; *Kuhlmann* br 2004, 182; *Laber/Roos* ArbRB 2005, 369; *Lorenz* FA 2007, 199; *Rehwald/Kossack* AiB 2004, 606; *Schlewing* NZA 2005, 1220; *Seel* MDR 2007, 500; *Staffhorst* AuA 2005, 35; *Striegel* FA 2005, 12; aA *Bauer/Powietzka* NZA-RR 2004, 507; *Böhm* ArbRB 2004, 377; *Cramer* NZA 2004, 704; *Einfeldt* Personalleiter 2005, 86; *Powietzka* BB 2007, 2123). Das entsprach schon der bisherigen Rechtsprechung des Bundesarbeitsgerichts (s. Rdn 18). Eine vom Gesetzgeber gewollte Änderung hätte im Wortlaut oder zumindest in der Begründung des Gesetzes zum Ausdruck gebracht werden müssen (*Griebeling* NZA 2005, 497). Das ist nicht geschehen. Im Gegenteil: Ein Vorschlag des Bundesrats, den Sonderkündigungsschutz entfallen zu lassen, wenn der Arbeitnehmer den Arbeitgeber nicht vor Ausspruch der Kündigung durch Vorlage eines Ausweises oder Bescheids über seine Schwerbehinderung informiert habe (BR-Drs. 746/2/03), ist nicht Gesetz geworden. Es genügt daher, dass der Schwerbehinderte dem Arbeitgeber innerhalb von drei Wochen nach Zugang der Kündigung seine Schwerbehinderteneigenschaft mitteilt (s. Rdn 19).

bb) Fehlende Mitwirkung beim Feststellungsverfahren

Die zweite Alternative des § 173 Abs. 3 SGB IX regelt den Fall, dass das Versorgungsamt nach 51
Ablauf der Frist des § 152 Abs. 1 S. 3 eine Feststellung »**wegen fehlender Mitwirkung**« nicht treffen konnte. In diesem Fall genießt der Schwerbehinderte keinen Sonderkündigungsschutz. Daraus folgt umgekehrt, dass der Schwerbehinderte dann den Sonderkündigungsschutz in Anspruch nehmen kann, wenn das Versorgungsamt trotz vorhandener Mitwirkung eine Feststellung nicht treffen konnte (ebenso *Kuhlmann* br 2004, 182).

52 § 173 Abs. 3 – zweite Alt. – SGB IX setzt voraus, dass der Arbeitnehmer die Feststellung seiner Schwerbehinderung beantragt hat und die Frist des § 152 Abs. 1 S. 3 SGB IX bei Zugang der Kündigung abgelaufen ist. Vor Ablauf dieser Frist kann kein Sonderkündigungsschutz entstehen. § 152 Abs. 1 S. 3 SGB IX selbst enthält jedoch keine Frist, sondern verweist auf »die in § 14 Abs. 2 S. 2 und 3 sowie § 17 Abs. 1 S. 1 und Abs. 2 S. 1 genannten Fristen sowie § 60 Abs. 1 SGB I«. Die in Bezug genommenen Vorschriften regeln die **Fristen, innerhalb derer das Versorgungsamt seine Entscheidung** über die beantragte Feststellung der Schwerbehinderung **zu treffen hat.**

53 Muss für die Entscheidung **kein Gutachten** eingeholt werden, entscheidet das Versorgungsamt innerhalb von drei Wochen nach Antragseingang (§ 14 Abs. 2 S. 2 SGB IX). Ist für die Entscheidung ein **Gutachten erforderlich**, beauftragt das Versorgungsamt unverzüglich einen **Sachverständigen** (§ 17 Abs. 1 S. 1 SGB IX). Um den Begriff »unverzüglich« berechenbar zu machen, ist für das unverzügliche Handeln des Versorgungsamts die Dreiwochenfrist des § 14 Abs. 2 S. 2 SGB IX zugrunde zu legen, die ihm für die Entscheidung zur Verfügung steht, wenn es nicht erforderlich ist, ein Gutachten einzuholen (in diesem Sinn *Düwell* BB 2004, 2813; *Staffhorst* AuA 2005, 37; aA *Griebeling* NZA 2005, 498). Der Sachverständige erstellt das Gutachten innerhalb von zwei Wochen nach Auftragserteilung (§ 17 Abs. 2 S. 1 SGB IX). Das Versorgungsamt trifft seine Entscheidung innerhalb von zwei Wochen nach Vorliegen des Gutachtens (§ 14 Abs. 2 S. 3 SGB IX).

54 Das bedeutet: Ist für die Feststellung der Schwerbehinderung **kein Gutachten** erforderlich, hat das Versorgungsamt seine Entscheidung **spätestens drei Wochen** nach Antragseingang zu treffen. Solange noch kein Feststellungsbescheid ergangen ist, kann vor Ablauf dieser Frist kein Sonderkündigungsschutz entstehen. Eine Kündigung des Arbeitgebers, die dem Arbeitnehmer vor Ablauf dieser Frist zugeht, bedarf nicht der Zustimmung des Integrationsamts (*LAG BW* 14.6.2006 LAGE § 85 SGB IX Nr. 2; *LAG Köln* 27.11.2006 – 14 Sa 396/06; *Bauer/Powietzka* NZA-RR 2004, 507; *Brock/Windeln* ArbRB 2006, 275; *Düwell* FA 2004, 200; *Grimm/Brock/Windeln* DB 2005, 283; *Schlewing* NZA 2005, 1221; *Westers* br 2004, 96; aA *LAG Düsseld.* 29.3.2006 DB 2006, 2244; zust. *Kohte* jurisPR-ArbR 8/2007 Anm. 1). Das gilt auch dann, wenn das Versorgungsamt später rückwirkend eine Schwerbehinderung feststellt (*Grimm/Brock/Windeln* DB 2005, 283; *Schlewing* NZA 2005, 1221; aA *Bitzer* NZA 2006, 1083). Ist für die Feststellung der Schwerbehinderung ein **Gutachten erforderlich**, hat das Versorgungsamt seine Entscheidung **spätestens sieben Wochen** (drei Wochen entsprechend § 14 Abs. 2 S. 2 SGB IX + je zwei Wochen nach § 17 Abs. 2 S. 1 und § 14 Abs. 2 S. 3 SGB IX) nach Antragseingang zu treffen. Wurde spätestens drei Wochen vor Zugang der Kündigung der Antrag auf Feststellung der Schwerbehinderteneigenschaft oder Gleichstellung gestellt, entsteht der Sonderkündigungsschutz auch dann schon vor Ablauf der Siebenwochenfrist, wenn noch kein Feststellungsbescheid ergangen ist (*BAG* 29.11.2007 EzA § 90 SGB IX Nr. 3; 6.9.2007 EzA § 90 SGB IX Nr. 4; 1.3.2007 EzA § 90 SGB IX Nr. 1 m. abl. Anm. *Brose* = AP Nr. 2 zu § 90 SGB IX; m. zust. Anm. *Joussen* = AiB 2007, 614 m. Anm. *Grimme*; ebenso *LAG Hamm* 31.7.2008 LAGE § 90 SGB IX Nr. 4; zur Gleichstellung auch *LAG BW* 6.3.2009 – 5 Sa 41/08, Revision unter – 2 AZR 577/09 – durch Vergleich erledigt; zust. *Kohte* jurisPR-ArbR 8/2007 Anm. 1; TRL-*Thüsing* §§ 168 ff. SGB IX Rn 14; vgl. auch *LAG SchlH* 11.12.2007 NZA-RR 2008, 408; aA *Braun* MDR 2005, 65 f.; *Brock/Windeln* DB 2005, 283; *Düwell* JbArbR 2007, 91 und FA 2004, 200; *Göttling/Neumann* NZA-RR 2007, 286; *Schlewing* NZA 2005, 1221; *Seel* MDR 2007, 500; *Westers* br 2004, 96). Diese Grundsätze gelten seit Inkrafttreten des Bundesteilhabegesetzes am 1.1.2018 unverändert (*Düwell* NZA 2017, 1237, 1239 f.).

55 Sind die angeführten Fristen (s. Rdn 54) bei Zugang der Kündigung abgelaufen, erlangt der Arbeitnehmer bei einer späteren Feststellung der Schwerbehinderung grds. **rückwirkend den Sonderkündigungsschutz** (s. Rdn 56). Dieser Sonderkündigungsschutz entfällt nur dann, wenn das Versorgungsamt »wegen fehlender Mitwirkung« des Arbeitnehmers seine Feststellung nicht fristgerecht treffen konnte (vgl. *LAG RhPf* 26.4.2006 – 9 Sa 29/06). Die **Mitwirkungspflichten des Arbeitnehmers** ergeben sich aus einer entsprechenden Anwendung des § 60 Abs. 1 S. 1 SGB I (§ 152 Abs. 1 S. 3 SGB IX). Danach hat der antragstellende Arbeitnehmer alle Tatsachen anzugeben, die für die Feststellung der Schwerbehinderung erforderlich sind, zB die amtlichen Vordrucke

vollständig auszufüllen und auf Verlangen des Versorgungsamts der Erteilung der erforderlichen Auskünfte durch Dritte zuzustimmen sowie Beweismittel zu bezeichnen und ggf. vorzulegen oder ihrer Vorlage zuzustimmen. Unter »fehlender Mitwirkung« des Arbeitnehmers ist nicht nur bloßes Unterlassen, sondern nach dem Sinn und Zweck der Vorschrift und der Gesetzesbegründung (BT-Drucks. 15/2357 S. 24) auch zögerliches Verhalten des Arbeitnehmers bei der Erfüllung der ihm nach § 60 Abs. 1 SGB I obliegenden Pflichten zu verstehen, das er zu vertreten (verschuldet) hat (in diesem Sinn auch *Griebeling* NZA 2005, 498; *Schlewing* NZA 2005, 1222). Das Verschulden des Arbeitnehmers muss alleinige Ursache für die Fristüberschreitung sein. Unverschuldete Verzögerungen durch den Arbeitnehmer, zB im Krankheitsfall, hindern bei einer späteren Feststellung der Schwerbehinderung nicht den rückwirkenden Eintritt des Sonderkündigungsschutzes.

Waren die vom Versorgungsamt zu beachtenden Fristen (s. Rdn 54) bei Zugang der Kündigung 56 trotz ordnungsgemäßer Mitwirkung des Arbeitnehmers ohne Entscheidung des Versorgungsamts abgelaufen, **entfällt der Sonderkündigungsschutz** nach § 173 Abs. 3 – zweite Alt. – SGB IX **nicht**. Das bedeutet, dass sich der Arbeitnehmer bei rückwirkender Feststellung der Schwerbehinderteneigenschaft durch das Versorgungsamt auch rückwirkend auf den Sonderkündigungsschutz berufen kann.

§ 173 Abs. 3 – zweite Alt. – SGB IX ist bei einem **Gleichstellungsverfahren** bei der BA (§ 151 Abs. 2 57 SGB IX) entsprechend anwendbar (*BAG* 1.3.2007 EzA § 90 SGB IX Nr. 1; *LAG BW* 14.6.2006 LAGE § 85 SGB IX Nr. 2; *LAG RhPf* 12.10.2005 ZTR 2006, 15; *Brock/Windeln* ArbRB 2008, 22 f.; *Göttling/Neumann* NZA-RR 2007, 283 f.; *Grimm/Brock/Windeln* DB 2005, 284; *Rehwald/ Kossack* AiB 2004, 604; *Staffhorst* AuA 2005, 38; aA *Bauer/Powietzka* NZA-RR 2004, 507 Fn. 15; *Düwell* BB 2004, 2813; *Gaul/Süßbrich* ArbRB 2005, 214; *Kuhlmann* br 2004, 182; *Schlewing* NZA 2005, 1223 f.; *Seel* MDR 2007, 501). Auf gleichgestellte behinderte Menschen werden die besonderen Regelungen für schwerbehinderte Menschen – mit Ausnahme des § 208 SGB IX und des Kapitels 13 – und damit auch § 173 Abs. 3 SGB IX angewendet (§ 151 Abs. 3 SGB IX). Die Anwendung des § 173 Abs. 3 SGB IX auf das Gleichstellungsverfahren bedeutet auch, dass die BA für ihre Entscheidung die Fristen des § 14 Abs. 2 S. 2 SGB IX, § 17 Abs. 2 S. 1 und § 14 Abs. 2 S. 3 SGB IX (s. Rdn 53, 54) zu beachten hat. Sind diese Fristen bei Zugang der Kündigung noch nicht abgelaufen, hat der Arbeitnehmer aber spätestens drei Wochen vor Zugang der Kündigung den Gleichstellungsantrag gestellt, tritt im Fall der Gleichstellung dennoch rückwirkend Sonderkündigungsschutz ein (*LAG BW* 6.3.2009 – 5 Sa 41/08, Revision unter – 2 AZR 577/09 – durch Vergleich erledigt; s. Rdn 54 f. und Rdn 58 mwN zu der Kontroverse).

Hat **vor Erklärung der Kündigung** das Versorgungsamt eine Feststellung der Schwerbehinderung 58 oder die BA eine Gleichstellung **abgelehnt** oder wurde nur ein Grad der Behinderung von weniger als 50 festgestellt, ist bei Zugang der Kündigung die Eigenschaft als schwerbehinderter Mensch oder Gleichgestellter nicht nachgewiesen. Eine Fallgestaltung des § 173 Abs. 3 – zweite Alt. – SGB IX liegt nicht vor, weil das Versorgungsamt oder die BA ihre Entscheidung bereits getroffen haben. Sonderkündigungsschutz besteht nicht. **Sonderkündigungsschutz tritt dagegen nachträglich ein**, wenn Widerspruch und Klage gegen den ablehnenden Bescheid des Versorgungsamts Erfolg haben, die Schwerbehinderung nachträglich festgestellt wird und der Arbeitnehmer den Antrag auf Feststellung der Schwerbehinderteneigenschaft spätestens drei Wochen vor Zugang der Kündigung gestellt hat. § 173 Abs. 3 SGB IX ordnet den Verlust des Sonderkündigungsschutzes in solchen Fällen nicht an. Der Gesetzgeber wollte nur ausschließen, dass besonderer Kündigungsschutz auch für den Zeitraum besteht, in dem ein idR aussichtsloses Anerkennungsverfahren betrieben wird (*BAG* 6.9.2007 EzA § 90 SGB IX Nr. 4 = br 2008, 109 m. krit. Anm. *Kayser*; *LAG Hamm* 31.7.2008 LAGE § 90 SGB IX Nr. 4; *Gagel* jurisPR-ArbR 50/2006 Anm. 3; *Bitzer* NZA 2006, 1083; *Feldes* § 90 Rn 12c; *Laber/Roos* ArbRB 2005, 371; aA *OVG Koblenz* 7.3.2006 NZA 2006, 1108; *VGH BW* 27.11.2006 br 2007, 196; *ArbG Essen* 15.5.2007, abl. *Gagel* jurisPR-ArbR 35/2007 Anm. 6; *Brock/Windeln* ArbRB 2008, 24 f.; *Grimm/Brock/Windeln* DB 2005, 284; *Kaiser* br 2007, 101; *Kuhlmann* br 2004, 182; *Powietzka* BB 2007, 2124; *Schlewing* NZA 2005, 1221; *Seel* MDR 2007, 501).

59 Die **Rechtsprechung des Bundesarbeitsgerichts** (*BAG* 29.11.2007 EzA § 90 SGB IX Nr. 3; 1.3.2007 EzA § 90 SGB IX Nr. 1) ist aus Sicht eines Teils des Schrifttums **mit dem Wortlaut des § 173 Abs. 3 2. Alt. SGB IX nicht vereinbar** (vgl. dazu iE *Etzel* KR 9. Aufl. Rn 531 mwN noch zu § 90 Abs. 2a 2. Alt. SGB IX aF). Die Gegenauffassung beanstandet auch die Folgen dieser Rechtsprechung, weil sie dazu führen kann, dass erst nach jahrelangem Rechtsstreit feststeht, ob der Arbeitnehmer bei Zugang der Kündigung Sonderkündigungsschutz genoss.

g) Darlegungs- und Beweislast

60 Die in § 173 Abs. 1–3 SGB IX geregelten Ausnahmen vom Sonderkündigungsschutz lassen sich in zwei Gruppen unterteilen. In den Fällen des § 173 Abs. 1 S. 1 Nr. 1 und Abs. 3 SGB IX werden Fallgestaltungen geregelt, in denen der Sonderkündigungsschutz noch nicht begonnen hat und auch nicht eingreift, obwohl der Arbeitnehmer objektiv schwerbehindert iSv § 2 Abs. 2 SGB IX ist. Damit sind dort **Voraussetzungen für das Eingreifen des Sonderkündigungsschutzes** geregelt. Das führt dazu, dass der **Arbeitnehmer** nach allgemeinen Grundsätzen **darlegungs- und beweispflichtig** dafür ist, dass die in § 173 Abs. 1 S. 1 Nr. 1 und Abs. 3 SGB IX geregelten Tatbestände nicht vorliegen (*Etzel* FS ARGE Arbeitsrecht S. 255 f. – für § 90 Abs. 2a SGB IX aF; *Schlewing* NZA 2005, 1222 – für § 90 Abs. 2a SGB IX aF; in diesem Sinn auch *Großmann* AuR 2007, 78; aA – für § 90 Abs. 2a – zweite Alt. – SGB IX aF: *LAG Düsseld.* 22.3.2005 LAGE § 90 SGB IX Nr. 1). Das heißt: Der Arbeitnehmer hat darzulegen und im Streitfall zu beweisen, dass das Arbeitsverhältnis im Zeitpunkt der Kündigung länger als sechs Monate bestanden hat (§ 173 Abs. 1 S. 1 Nr. 1 SGB IX), dass seine Schwerbehinderung im Zeitpunkt des Zugangs der Kündigung nachgewiesen war (§ 173 Abs. 3 – erste Alt. – SGB IX), dass im Zeitpunkt des Zugangs der Kündigung die in § 152 Abs. 1 S. 3 SGB IX in Bezug genommenen Fristen trotz ordnungsgemäßer Mitwirkung des Arbeitnehmers ohne Entscheidung des Versorgungsamts abgelaufen waren (§ 173 Abs. 3 – zweite Alt. – SGB IX) oder er jedenfalls spätestens drei Wochen vor Zugang der Kündigung den Antrag auf Feststellung der Schwerbehinderteneigenschaft oder den Gleichstellungsantrag gestellt hat, wenn die Fristen noch nicht verstrichen waren.

61 Für die Tatbestände des § 173 Abs. 1 S. 1 Nr. 2 und Nr. 3, Abs. 2 SGB IX, in denen ausnahmsweise kein Sonderkündigungsschutz besteht, ist der **Arbeitgeber darlegungs- und beweispflichtig**.

V. Negativattest

62 Das sog. Negativattest ist ein schriftlicher Bescheid (Verwaltungsakt) des Integrationsamts, der die **Feststellung** enthält, **dass eine Zustimmung zur Kündigung nicht erforderlich ist.** Das Integrationsamt hat den Antrag des Arbeitgebers auf Erteilung der Zustimmung zur Kündigung mit einem solchen Negativattest zu bescheiden, wenn es die beantragte Zustimmung nicht für erforderlich hält, zB weil es die Kündigung nach § 173 SGB IX als zustimmungsfrei ansieht, das Arbeitsverhältnis als einverständlich aufgelöst betrachtet, der Arbeitnehmer den Kündigungsschutz nach § 168 SGB IX verwirkt hat oder weil eine Schwerbehinderteneigenschaft des Arbeitnehmers nicht festgestellt ist. Ein Negativattest ist auch zu erteilen, wenn ein Feststellungsverfahren über die Schwerbehinderteneigenschaft des Arbeitnehmers beim Versorgungsamt anhängig ist, die dem Versorgungsamt gesetzten Fristen zur Feststellung der Schwerbehinderung (s. Rdn 53) aber wegen nicht ordnungsgemäßer Mitwirkung des Arbeitnehmers ohne Entscheidung abgelaufen sind (s. Rdn 55).

63 Solange ein Feststellungsverfahren über die Schwerbehinderteneigenschaft des Arbeitnehmers nach § 152 SGB IX beim Versorgungsamt anhängig ist und die vom Versorgungsamt zu beachtenden Fristen (s. Rdn 53) trotz ordnungsgemäßer Mitwirkung des Arbeitnehmers abgelaufen sind, sodass der Arbeitnehmer noch rückwirkenden Sonderkündigungsschutz erlangen kann (s. Rdn 56), darf das Integrationsamt wegen der (noch) fehlenden Feststellung der Schwerbehinderteneigenschaft kein Negativattest erteilen. Es kann stattdessen einen **vorsorglichen Bescheid** über die beantragte Zustimmung zur Kündigung erteilen (*BVerwG* 15.12.1988 NZA 1989, 554) oder das bei ihm anhängig gemachte **Zustimmungsverfahren** bis zum Abschluss des Feststellungsverfahrens beim Versorgungsamt **aussetzen**. Sonst würde durch das Negativattest der Kündigungsschutz des Arbeitnehmers nach § 168 SGB IX zerstört. Ein vom Integrationsamt ausgesetztes Zustimmungsverfahren

ist nach einer Feststellung der Schwerbehinderung durch das Versorgungsamt unverzüglich fortzuführen. Lehnt das Versorgungsamt eine Feststellung der Schwerbehinderung ab, legt der Arbeitnehmer hiergegen Widerspruch ein und klagt er ggf. später, ist es geboten, dass das Integrationsamt einen vorsorglichen Bescheid über die beantragte Zustimmung zur Kündigung erteilt, bei dem die Schwerbehinderteneigenschaft des Arbeitnehmers unterstellt wird. Nur so können die Interessen beider Parteien angemessen berücksichtigt werden (s. hierzu und zu den Rechtsfolgen eines vorsorglichen Bescheids § 174 SGB IX Rdn 5). Sobald der ablehnende Bescheid des Versorgungsamts rechtskräftig wird, hat das Integrationsamt ein Negativattest zu erteilen.

Hat das Integrationsamt ein Negativattest erteilt, bedarf die Kündigung **grds. keiner zustimmenden Entscheidung des Integrationsamts** mehr, weil der Arbeitgeber das ihm Zumutbare unternommen hat, die Zustimmung herbeizuführen. Er braucht nun nicht mehr damit zu rechnen, dass die Kündigung zustimmungsbedürftig ist. Das Negativattest ersetzt die Zustimmung zur Kündigung (*BAG* 27.5.1983 EzA § 12 SchwbG Nr. 12; Neumann/Pahlen/Greiner/Winkler/Jabben-*Neumann* § 168 SGB IX Rn 82). Der Arbeitgeber kann die Kündigung erklären, sobald das Negativattest erteilt ist (**aA** *LAG Köln* 16.7.2008 – 3 Sa 190/08: nur im Fall der Bestandskraft des Negativattests). Das gilt auch dann, wenn die Schwerbehinderteneigenschaft des Arbeitnehmers nachträglich festgestellt wird. Das Negativattest muss dem Arbeitgeber ebenso wie die Zustimmung zugestellt werden, um wirksam zu sein, weil es die Zustimmung des Integrationsamts ersetzen soll (vgl. § 171 Abs. 2 S. 1 SGB IX; s. Rdn 114). Der Arbeitgeber hat aus Gründen der Rechtssicherheit Anspruch auf eine solche förmliche Zustellung des Negativattests. Der Arbeitnehmer kann das Negativattest ebenso wie die Zustimmung zur Kündigung auf dem Verwaltungsrechtsweg anfechten (vgl. Neumann/Pahlen/Greiner/Winkler/Jabben-*Neumann* § 168 SGB IX Rn 82; s.a. Rdn 116 ff.). 64

Gleiches gilt, wenn dem Arbeitgeber die Schwerbehinderteneigenschaft des Arbeitnehmers unbekannt ist, er die **Zustimmung** des Integrationsamts **nur vorsorglich beantragt** und das Integrationsamt deshalb ein Negativattest erteilt, weil es von einer Schwerbehinderung des Arbeitnehmers oder einem laufenden Anerkennungsverfahren nichts weiß. Infolge der Tatbestandswirkung des Negativattests (s. Rdn 142) müssen die Gerichte für Arbeitssachen ihrer Entscheidung dessen Feststellung zugrunde legen. Es ist Sache des Arbeitnehmers, das Negativattest im Verwaltungsrechtsweg anzufechten. 65

Erteilt das Integrationsamt in Kenntnis des Antrags auf Feststellung der Schwerbehinderteneigenschaft vor Abschluss des Feststellungsverfahrens beim Versorgungsamt nach § 152 SGB IX zu Unrecht ein Negativattest (s. Rdn 63), verstößt es damit zwar gegen den Schutzzweck des § 168 SGB IX (s. Rdn 63). Gleichwohl ist in diesem Fall das **Negativattest** nicht nichtig, sondern nur **anfechtbar**. Nichtigkeit eines Verwaltungsakts liegt nur bei besonders schweren, offenkundigen Mängeln vor (vgl. § 40 SGB X). Da im Schrifttum sogar die Auffassung vertreten wird, die Erteilung eines Negativattests sei auch schon vor Abschluss eines eingeleiteten Feststellungsverfahrens nach § 152 SGB IX zulässig, kann nicht davon ausgegangen werden, dass ein solches Negativattest an einem besonders schweren, offenkundigen Mangel leidet und deshalb nichtig ist (noch zu § 4 SchwbG *BAG* 27.5.1983 EzA § 12 SchwbG Nr. 12). Das Negativattest beseitigt deshalb auch hier die Kündigungssperre nach §§ 168 ff. SGB IX. Wird das Negativattest jedoch aufgrund einer Anfechtung aufgehoben, ist von diesem Zeitpunkt an der Ausspruch einer Kündigung wieder nach §§ 168 ff. SGB IX zustimmungspflichtig und eine bereits ausgesprochene Kündigung nach Rechtskraft der Aufhebungsentscheidung unwirksam. 66

C. Das Verfahren vor dem Integrationsamt wegen eines Antrags auf Zustimmung zur Kündigung

I. Antragstellung (§ 170 Abs. 1 SGB IX)

1. Antragsbefugnis

Nur der **Arbeitgeber** kann den Antrag auf Zustimmung zur Kündigung stellen. Als Arbeitgeber sind auch diejenigen Personen anzusehen, die im Betrieb zur Kündigung des betreffenden 67 schwerbehinderten Arbeitnehmers befugt sind, weil sie insoweit Arbeitgeberfunktionen wahrnehmen, nicht jedoch die Inklusionsbeauftragten, die der Arbeitgeber in Angelegenheiten der schwerbehinderten Arbeitnehmer bestellt (§ 181 SGB IX, dazu *Bünnemann* BB 2018, 1716 ff.).

68 Der Arbeitgeber kann sich bei der Antragstellung **durch einen Bevollmächtigten** vertreten lassen, der dem Integrationsamt eine schriftliche Vollmacht vorlegen muss, sofern die Vollmacht nicht bekannt ist (Rechtsgrundsätze der § 174 BGB, § 80 ZPO, § 67 VwGO, § 73 SGG). Ohne Vorlage der Vollmacht kann das Integrationsamt den Antrag zurückweisen. Es kann dem Bevollmächtigten aber auch eine Frist setzen, um die Vollmacht nachzureichen. Wird die Vollmacht nachgereicht, gilt der Antrag als am Tag seines Eingangs beim Integrationsamt gestellt. Wird die Vollmacht nicht nachgereicht, ist der Antrag des Arbeitgebers zurückzuweisen. Eine trotzdem erteilte Zustimmung des Integrationsamts ist auf dem Verwaltungsrechtsweg anfechtbar.

2. Form des Antrags

69 Der Antrag muss **schriftlich** gestellt werden. Das bedeutet, dass der Arbeitgeber oder sein Bevollmächtigter (zB der Leiter der Personalabteilung; hierzu *BAG* 30.5.1972 EzA § 174 BGB Nr. 1) den Antrag grds. eigenhändig durch Namensunterschrift unterzeichnen müssen (§ 126 BGB). Der Antrag kann jedoch auch durch Telefax eingereicht werden (Neumann/Pahlen/Greiner/Winkler/Jabben-*Neumann* § 170 SGB IX Rn 1). Eine Faksimile-Unterschrift genügt nicht (Neumann/Pahlen/Greiner/Winkler/Jabben-*Neumann* § 170 SGB IX Rn 1; APS-*Vossen* § 170 SGB IX Rn 4). Die mit dem BTHG geschaffene Möglichkeit, den Antrag elektronisch zu stellen, ist nur eine Klarstellung. Sie ergab sich schon zuvor aus § 126 Abs. 3 BGB. Elektronisch kann der Antrag ohne eigenhändige Unterschrift, aber mit qualifizierter elektronischer Signatur iSv § 126a BGB gestellt werden (*Düwell* NZA 2017, 1237, 1239 f.; Palandt-*Ellenberger* § 126a Rn 9). Textform iSv § 126b BGB, also zB eine E-Mail, ist noch immer nicht formgerecht iSv. § 170 Abs. 1 S. 1 SGB IX. Der Antrag kann auch zu Protokoll des Integrationsamts gestellt werden. Das Protokoll muss vom Antragsteller unterzeichnet werden, um die Schriftform zu wahren.

70 Wird die **Schriftform verletzt**, ist der Antrag zurückzuweisen. Erteilt das Integrationsamt trotz nicht beachteter Schriftform bei der Antragstellung die Zustimmung zur Kündigung, wird der Formmangel dadurch nicht geheilt, weil das Gesetz eine solche »Heilung« nicht vorsieht (*BVerwG* 17.3.1988 – 5 B 60.87; APS-*Vossen* § 170 SGB IX Rn 5; aA Neumann/Pahlen/Greiner/Winkler/Jabben-*Neumann* § 170 SGB IX Rn 1). Der Arbeitgeber kann den Mangel aber durch nachträglichen formgerechten Antrag heilen (§ 41 Abs. 1 Nr. 1 SGB X), wenn der schwerbehinderte Arbeitnehmer die zustimmende Entscheidung des Integrationsamts im Widerspruchsverfahren oder auf dem Verwaltungsrechtsweg angreift (*BVerwG* 17.3.1988 – 5 B 60/87; *VG Bln.* 8.12.1992 – 8 A 275/91). Greift der schwerbehinderte Arbeitnehmer die Zustimmung des Integrationsamts nicht an, wird die Zustimmung nach Ablauf der Widerspruchsfrist rechtswirksam, weil sie – wegen des fehlenden schriftlichen Antrags – nicht nichtig, sondern nur anfechtbar ist (TRL-*Thüsing* §§ 168 ff. SGB IX Rn 17).

71 Das in § 17 Abs. 1 SchwbG enthaltene Erfordernis, den Antrag **in doppelter Ausfertigung** einzureichen, **besteht nicht mehr**. Um die Arbeit des Integrationsamts zu erleichtern, empfiehlt es sich aber, dem Antrag eine Abschrift beizufügen.

3. Antragsadressat

72 Der Antrag ist **an das für den Sitz des Betriebs oder der Dienststelle zuständige Integrationsamt** zu richten. Der Begriff des Betriebs und der Dienststelle ist nach dem BetrVG und dem Personalvertretungsrecht zu bestimmen (§ 170 Abs. 1 S. 2 SGB IX).

73 **Betrieb** iSd BetrVG ist die organisatorische Einheit von Arbeitsmitteln, mit deren Hilfe ein Unternehmer allein oder in Gemeinschaft mit seinen Mitarbeitern einen bestimmten arbeitstechnischen Zweck fortgesetzt verfolgt. Betriebe, in denen idR weniger als fünf zur Betriebsratswahl

wahlberechtigte oder weniger als drei wählbare Arbeitnehmer ständig beschäftigt sind, sind – soweit vorhanden – dem Hauptbetrieb zuzuordnen (§ 4 Abs. 2 BetrVG iVm § 1 Abs. 1 S. 1 BetrVG).

Auch ein **Betriebsteil** kann unter den in Rdn 75 angeführten Voraussetzungen als selbständiger Betrieb gelten. Ein Betriebsteil erfüllt nicht alle Begriffsmerkmale eines Betriebs, sondern ist in die Organisation des Gesamtbetriebs eingegliedert. Er ist dadurch gekennzeichnet, dass er innerhalb des Gesamtbetriebs ein relativ verselbständigter Teil des Betriebs ist und der Erreichung eines besonderen, dem Zweck des Betriebs ein- oder untergeordneten Ziels dient, zB wenn ein Schuhproduzent von den übrigen Betriebsstätten räumlich getrennt eine Stepperei betreibt (*ArbG Offenbach* 15.3.1972 DB 1972, 1730). 74

Ein Betriebsteil gilt dann **als selbständiger Betrieb**, wenn in ihm idR mindestens fünf zur Betriebsratswahl wahlberechtigte Arbeitnehmer, von denen drei wählbar sind, ständig beschäftigt sind und er darüber hinaus entweder räumlich weit vom Hauptbetrieb entfernt liegt oder durch Aufgabenbereich und Organisation eigenständig ist (§ 4 Abs. 1 S. 1 BetrVG iVm § 1 BetrVG). Die räumlich weite Entfernung vom Hauptbetrieb hängt nicht so sehr von einer bestimmten tatsächlichen Entfernung ab. Entscheidend ist vielmehr, ob aufgrund der Verkehrsverbindungen, der Struktur der Arbeitnehmerschaft, ggf. auch einer Fluktuation zwischen Betriebsteil und Hauptbetrieb, eine lebendige Betriebsgemeinschaft mit dem Hauptbetrieb bestehen kann (*BAG* 14.1.2004 – 7 ABR 26/03; 21.6.1995 EzA § 23 KSchG Nr. 14). Ist das zu verneinen, ist der Betriebsteil räumlich weit vom Hauptbetrieb entfernt. 75

Dienststellen iSd BPersVG sind die einzelnen Behörden, Verwaltungsstellen und Betriebe der Verwaltungen des Bundes und der bundesunmittelbaren Körperschaften, Anstalten und Stiftungen des öffentlichen Rechts sowie die Gerichte (§ 6 Abs. 1 BPersVG). Nebenstellen und Teile einer Dienststelle, die räumlich weit von dieser entfernt liegen, gelten als selbständige Dienststellen, wenn die Mehrheit ihrer wahlberechtigten Beschäftigten dies in geheimer Abstimmung beschließt (§ 6 Abs. 3 S. 1 BPersVG). Der Begriff der Dienststelle für den Bereich der Länder und Gemeinden ist in den einzelnen PersVG der Länder geregelt. 76

Der Antrag auf Zustimmung zur Kündigung muss bei dem Integrationsamt eingereicht werden, das für den Sitz des Betriebs oder des als selbständiger Betrieb geltenden Betriebsteils oder für den Sitz der Dienststelle oder der als selbständige Dienststelle geltenden Nebenstelle oder des Dienststellenteils **zuständig** ist. Wird der Antrag bei einem örtlich unzuständigen Integrationsamt eingereicht, ist dieses zwar nach allgemeinen Verwaltungsprinzipien verpflichtet, ihn unverzüglich an die zuständige Stelle weiterzuleiten, der Antrag gilt jedoch erst mit Eingang beim örtlich zuständigen Integrationsamt als gestellt. Das ist für die Fristen der § 171 Abs. 1 und 5, § 174 Abs. 3 SGB IX von Bedeutung (Neumann/Pahlen/Greiner/Winkler/Jabben-*Neumann* § 170 SGB IX Rn 2). 77

4. Antragsfrist

Eine Antragsfrist besteht **nur in den Fällen der außerordentlichen Kündigung** (§ 174 Abs. 2 SGB IX und § 174 SGB IX Rdn 10 ff.). 78

5. Antragsinhalt

In dem Antrag an das Integrationsamt muss der Arbeitgeber den **Namen und die Anschrift des schwerbehinderten Arbeitnehmers** angeben (LPK-SGB IX/*Düwell* § 170 Rn 9) und die Zustimmung zu einer ordentlichen Kündigung beantragen. Beantragt der Arbeitgeber nur die Zustimmung »zur Kündigung« des schwerbehinderten Arbeitnehmers, darf das Integrationsamt davon ausgehen, dass eine ordentliche Kündigung beabsichtigt ist. 79

Es empfiehlt sich, dass der Arbeitgeber seinen schriftlichen Antrag auf Zustimmung zur Kündigung **begründet**. Eine fehlende Begründung macht den Antrag nicht rechtlich unwirksam. Das Integrationsamt muss dem Arbeitgeber aufgeben, eine Begründung für seinen Antrag nachzureichen. Kommt der Arbeitgeber dieser Auflage nicht nach, hat das Integrationsamt im Rahmen seiner 80

Verpflichtung zur Herbeiführung einer gütlichen Einigung (s. Rdn 85 f.) auf eine Rücknahme des Antrags auf Zustimmung zur Kündigung hinzuwirken, weil der Kündigungsgrund nicht dargelegt ist. Nimmt der Arbeitgeber den Antrag nicht zurück, ist der Antrag zurückzuweisen. Eine dennoch erteilte Zustimmung ist fehlerhaft, weil das Integrationsamt wegen der fehlenden Begründung die Notwendigkeit der beabsichtigten Kündigung nicht beurteilen kann (aA *Zanker* br 1987, 26).

II. Einholung von Stellungnahmen und Anhörungen durch das Integrationsamt (§ 170 Abs. 2 SGB IX)

81 Vor seiner Entscheidung hat das Integrationsamt eine **Stellungnahme des Betriebsrats oder des Personalrats und der Schwerbehindertenvertretung** (§ 170 Abs. 2 SGB IX) einzuholen. Das gilt auch bei leitenden Angestellten (*Bayer* DB 1990, 933). Das Integrationsamt sollte den beteiligten Stellen zweckmäßigerweise eine angemessene Frist zur Stellungnahme setzen und ihnen die Begründung des Arbeitgebers für seinen Antrag auf Zustimmung zur Kündigung mitteilen. Geht innerhalb dieser Frist keine Stellungnahme ein, ist das Anhörungsverfahren für die zur Stellungnahme aufgeforderten Stellen ordnungsgemäß abgeschlossen. Das Integrationsamt kann jetzt auch ohne die angeforderten Stellungnahmen seine Entscheidung treffen (*BVerwG* 11.11.1999 EzA § 17 SchwbG 1986 Nr. 2; APS-*Vossen* § 170 SGB IX Rn 11). Teilt der Arbeitgeber dem Integrationsamt das Ergebnis der von ihm bereits durchgeführten Anhörung des Betriebsrats nach § 102 BetrVG mit, entbindet dies das Integrationsamt nicht davon, gleichwohl die Stellungnahme des Betriebsrats nach § 170 Abs. 2 SGB IX einzuholen. Die Anhörung nach § 102 BetrVG ersetzt nicht die Stellungnahme nach § 170 Abs. 2 SGB IX. Ebenso wenig ersetzt die Stellungnahme nach § 170 Abs. 2 SGB IX eine Anhörung des Betriebsrats nach § 102 BetrVG. Besteht im Betrieb kein Betriebs- oder Personalrat oder ist keine Schwerbehindertenvertretung vorhanden, können keine Stellungnahmen eingeholt werden (*BVerwG* 26.1.1989 Buchholz 436.61 § 17 SchwbG 1986 Nr. 1; APS-*Vossen* § 170 SGB IX Rn 11).

82 Das Integrationsamt hat den **schwerbehinderten Arbeitnehmer**, dessen Kündigung beabsichtigt ist, zu **hören**. Aus der unterschiedlichen Wortwahl des Gesetzgebers in § 170 Abs. 2 SGB IX – »Stellungnahme« in § 170 Abs. 2 Hs. 1 und »anhören« in § 170 Abs. 2 Hs. 2 – ist zu schließen, dass der Begriff »anhören« weiter ist als eine bloße Stellungnahme. Unter »anhören« iSv § 170 Abs. 2 Hs. 2 SGB IX ist zu verstehen, dass das Integrationsamt dem schwerbehinderten Arbeitnehmer Gelegenheit geben muss, die Angelegenheit mit ihm mündlich zu erörtern (Neumann/Pahlen/Greiner/Winkler/Jabben-*Neumann* § 170 SGB IX Rn 21; aA *Wahrendorf* BB 1986, 523; *Zanker* br 1987, 26). Das Integrationsamt muss den schwerbehinderten Arbeitnehmer auch von den Angaben und nachgeschobenen Gründen des Arbeitgebers, seinen eigenen Ermittlungen und den eingeholten Stellungnahmen in Kenntnis setzen, soweit diese Angaben, Ermittlungen und Stellungnahmen auf seine Entscheidung von Einfluss sind. Nur so kann das rechtliche Gehör des schwerbehinderten Arbeitnehmers gewahrt werden. Ändern sich die für die Entscheidung des Integrationsamts erheblichen Tatsachen oder werden die Gründe des Zustimmungsantrags durch Ermittlungen oder Beweisaufnahmen des Integrationsamts ergänzt, ist auch dem Arbeitgeber Gelegenheit zu geben, sich zu den für die Entscheidung erheblichen Tatsachen (mündlich oder schriftlich) zu äußern (§ 24 Abs. 1 SGB X; *Wahrendorf* BB 1986, 524).

83 Für die Einholung der Stellungnahmen ist keine bestimmte Form vorgeschrieben. Deshalb ist auch eine **fernmündliche** Einholung der Stellungnahmen zulässig, sofern die beteiligten Stellen über die wesentlichen Umstände des Falls informiert sind. Die Stellungnahmen können auch dadurch eingeholt werden, dass das Integrationsamt die Beteiligten unter Mitteilung des Verhandlungsgegenstands zu einer **mündlichen Verhandlung** einlädt und dabei die vom Arbeitgeber beabsichtigte Kündigung erörtert wird (s. Rdn 87). Erscheint einer der Beteiligten nicht zu der mündlichen Verhandlung, hat ihn das Integrationsamt zur schriftlichen Stellungnahme aufzufordern. Das kann schon vorsorglich mit der Ladung zur mündlichen Verhandlung geschehen. Damit ist dem Zweck des § 170 Abs. 2 SGB IX genügt. Erhebt das Integrationsamt Beweise, kann es das Beweisverfahren nach freiem Ermessen gestalten (*Wahrendorf* BB 1986, 524). Über das Ergebnis der

Beweisaufnahme und ggf. auch einer Betriebsbegehung sind die Verfahrensbeteiligten (s. Rdn 81, 82) zu unterrichten (*VG Gelsenkirchen* 2.5.1983 br 1984, 61).

Die Stellungnahme- und Anhörungsvorschriften des § 170 Abs. 2 SGB IX sind **zwingend**. Unterlässt es das Integrationsamt, eine erforderliche Stellungnahme, ggf. auch zu einem Beweisergebnis, einzuholen, oder hört es den schwerbehinderten Arbeitnehmer nicht oder unvollständig an, indem es ihm etwa eine eingeholte Stellungnahme vorenthält, ist eine dennoch erteilte Zustimmung fehlerhaft (rechtswidrig) und im Widerspruchsverfahren und Verwaltungsrechtsweg durch den schwerbehinderten Arbeitnehmer anfechtbar (*VGH BW* 10.2.1988 ESVGH 39.77; Neumann/Pahlen/Greiner/Winkler/Jabben-*Neumann* § 170 SGB IX Rn 19, 21; APS-*Vossen* § 170 SGB IX Rn 16). Es ist unschädlich (»Heilung« des fehlerhaften Verfahrens), wenn die vorgeschriebenen Stellungnahmen und Anhörungen erst im Widerspruchsverfahren eingeholt werden (*BVerwG* 11.11.1999 EzA § 17 SchwbG 1986 Nr. 2; *OVG Lüneburg* 14.4.1993 – 4 L 5371/92).

III. Gütliche Einigung (§ 170 Abs. 3 SGB IX)

Wenn das Integrationsamt in jeder Lage des Verfahrens auf eine gütliche Einigung hinzuwirken hat, wird ihm damit dieselbe Aufgabe zugewiesen wie den Arbeitsgerichten in § 57 Abs. 2 ArbGG. Die Pflicht, auf eine gütliche Einigung hinzuwirken, bedeutet, dass das Integrationsamt dem Arbeitgeber und dem schwerbehinderten Arbeitnehmer Vorschläge unterbreiten muss, wie sie den Sachverhalt, der den Arbeitgeber zum Zustimmungsantrag veranlasst hat, einvernehmlich regeln sollen. Denkbar ist etwa, dass das Integrationsamt vorschlägt, das Arbeitsverhältnis – mit oder ohne Abfindung – einverständlich zu beenden, wenn der Arbeitnehmer eine neue Arbeitsstelle in Aussicht hat, oder das Arbeitsverhältnis unverändert fortzusetzen oder neue Arbeitsbedingungen zu vereinbaren. Stets muss das Integrationsamt bei seinen Bemühungen um eine gütliche Einigung im Auge behalten, dass für den schwerbehinderten Arbeitnehmer ein **Arbeitsplatz gesichert** sein soll. Nötigt das Integrationsamt den Arbeitnehmer zum Abschluss eines Aufhebungsvertrags mit dem Arbeitgeber, kann der Arbeitnehmer seine in diesem Aufhebungsvertrag enthaltene Willenserklärung unter Umständen wegen rechtswidriger Drohung anfechten (s. § 174 SGB IX Rdn 25).

85

§ 170 Abs. 3 SGB IX ist **zwingend**. Unternimmt das Integrationsamt keinen Einigungsversuch, ist sein Verfahren fehlerhaft und seine Entscheidung im Widerspruchsverfahren und auf dem Verwaltungsrechtsweg anfechtbar.

86

IV. Mündliche Verhandlung

Falls das Integrationsamt nach seinem **pflichtgemäßen Ermessen** eine mündliche Verhandlung für erforderlich hält, hat es eine solche Verhandlung anzuberaumen, bevor es seine Entscheidung trifft (§ 171 Abs. 1 SGB IX). Zu der Verhandlung sind der Arbeitgeber als Antragsteller und der schwerbehinderte Arbeitnehmer als Betroffener zu laden, ggf. auch – nach dem Ermessen des Integrationsamts – Vertreter der Agentur für Arbeit, der Betriebs- oder Personalrat, die Vertrauensperson der schwerbehinderten Arbeitnehmer und Zeugen, die zu streitigen Sachverhaltsfragen gehört werden sollen. Das Integrationsamt kann zur Vorbereitung der mündlichen Verhandlung auch Auskünfte einholen und sonstige **Beweismittel** (Schriftstücke, Gutachten etc.) **beiziehen**. Die mündliche Verhandlung kann das Integrationsamt insbes. dazu nutzen, die Stellungnahmen und Anhörungen nach § 170 Abs. 2 SGB IX einzuholen und auf eine gütliche Einigung nach § 170 Abs. 3 SGB IX hinzuwirken. Die Anfertigung einer **Niederschrift** über die Verhandlung und die Anhörungen ist nicht erforderlich (*BVerwG* 1.7.1993 Buchholz 436.61 § 17 SchwbG 1986 Nr. 3).

87

V. Entscheidung des Integrationsamts

1. Frist für die Entscheidung

Wenn das Integrationsamt seine Entscheidung nach § 171 Abs. 1 SGB IX **innerhalb eines Monats nach Eingang des Zustimmungsantrags** treffen soll, bedeutet das zwar nicht, dass es seine Entscheidung in jedem Fall innerhalb der Monatsfrist treffen muss. Eine Überschreitung der Monatsfrist ist

88

jedoch nur zulässig, wenn das aus sachlichen Gründen geboten ist, zB wegen umfangreicher Ermittlungen. Denkbar ist auch, dass bei einer angekündigten Betriebsstilllegung noch Anhaltspunkte für eine Fortführung oder Übertragung des Betriebs bestehen (*OLG Hamm* 4.2.1987 GW 1987, 14; s. aber auch Rdn 90). Sachlich vertretbar ist die Überschreitung der Monatsfrist, wenn das Feststellungsverfahren beim Versorgungsamt über die Schwerbehinderteneigenschaft des Arbeitnehmers nach § 152 SGB IX aus Gründen, die der Arbeitnehmer nicht zu vertreten hat (vgl. § 173 Abs. 3 SGB IX), trotz Ablaufs der vom Versorgungsamt zu beachtenden Fristen (s. Rdn 52–54) noch nicht abgeschlossen ist. In diesem Fall kann das Integrationsamt das Zustimmungsverfahren bis zum Abschluss des Feststellungsverfahrens aussetzen oder einen vorsorglichen Bescheid erteilen (s. Rdn 63). Im Übrigen hat das Integrationsamt dem Arbeitgeber bei nicht festgestellter Schwerbehinderteneigenschaft ein sog. Negativattest zu erteilen (s. Rdn 62).

89 Bei einer sachlich nicht gebotenen Verzögerung der Entscheidung über die Monatsfrist des § 171 Abs. 1 SGB IX hinaus setzt sich das Integrationsamt **Schadensersatzansprüchen des Arbeitgebers** nach § 839 BGB, Art. 34 GG aus. Ferner kann der Arbeitgeber auch **Untätigkeitsklage** nach § 75 VwGO erheben. Die Monatsfrist ist gewahrt, wenn das Integrationsamt innerhalb dieser Frist seine Entscheidung trifft und den entsprechenden Bescheid an Arbeitgeber und Arbeitnehmer absendet, mag die Entscheidung auch nach Fristablauf zugestellt werden und erst dadurch wirksam werden (s. § 174 SGB IX Rdn 18; diese Ausführungen gelten hier entsprechend; aA *Rewolle* BB 1977, 202).

90 In zwei Fällen ist ausnahmsweise zwingend vorgeschrieben, dass das Integrationsamt seine Entscheidung innerhalb eines Monats vom Tag des Eingangs des Antrags an zu treffen hat (§ 171 Abs. 5 S. 1 SGB IX). Das gilt dann, wenn bei Kündigungen in Betrieben und Dienststellen, die nicht nur vorübergehend eingestellt oder aufgelöst werden, zwischen dem Tag der Kündigung und dem Tag, bis zu dem Entgelt gezahlt wird, mindestens drei Monate liegen (§ 172 Abs. 1 S. 1 SGB IX; s. Rdn 100 f.) oder wenn der schwerbehinderte Arbeitnehmer – unter bestimmten Voraussetzungen (s. Rdn 110–112) – im Insolvenzverfahren über das Vermögen des Arbeitgebers in einem Interessenausgleich mit Namensliste namentlich bezeichnet ist (§ 172 Abs. 3 Nr. 1 SGB IX). Trifft das Integrationsamt innerhalb der Monatsfrist keine Entscheidung, wird nach Ablauf der Monatsfrist die Zustimmung fingiert, dh sie gilt als erteilt und entfaltet damit dieselben Wirkungen wie eine tatsächlich erteilte Zustimmung (§ 171 Abs. 3 und 4 SGB IX; s. Rdn 144–147 und 122). Inzwischen ist auch geklärt, wie sich eine **Kombination von besonderem Kündigungsschutz nach § 18 Abs. 1 S. 1 BEEG und § 168 SGB IX** auf die Frist zur Erklärung der Kündigung nach § 171 Abs. 3 SGB IX auswirkt (s. dazu iE vor §§ 168–175 SGB IX Rdn 41).

2. **Ermessensspielraum**

a) **Grundsatz**

91 Grds. ist es in das **freie, pflichtgemäße Ermessen** des Integrationsamts gestellt, ob es dem Antrag des Arbeitgebers, der Kündigung zuzustimmen, stattgibt oder nicht. Dabei hat es die zu sichernde Eingliederung und das Verbleiben des schwerbehinderten Arbeitnehmers im Berufsleben gegen die Interessen des Arbeitgebers an einer Beendigung des Arbeitsverhältnisses (Kündigungsgründe) abzuwägen (*HessVGH* 17.11.1992 NZA 1993, 946; *VG Darmstadt* 23.4.2012 – 5 K 849/11.DA; zur Prüfungskompetenz des Integrationsamts zB *Fuhlrott* ArbRAktuell 2011, 317, 319 f.; *Kuhlmann* br 2009, 129; *ders.* br 2010, 7). Dabei muss es das durch die Schwerbehinderung **verminderte Leistungsvermögen**, die Ursache des Kündigungsgrundes, die gesteigerte Anforderungen an die Kündigung stellt, wenn sie in der Schwerbehinderung liegt (*BVerwG* 18.9.1989 Buchholz 436.61 § 15 SchwbG Nr. 2; *VG Minden* 27.5.2002 NZA-RR 2003, 248; *VG Darmstadt* 12.3.2002 NZA-RR 2002, 467), die Umsetzbarkeit im Betrieb sowie die aktuelle allgemeine oder regionale Arbeitsmarktsituation mitberücksichtigen (*Jobs* AuR 1981, 227). Insoweit ist sein Ermessen eingeschränkt.

92 Im Einzelnen gilt: **Unternehmerische Entscheidungen**, die zum Abbau von Personal führen können, sind grds. nicht überprüfbar (für eine Betriebsstilllegung zB *LAG BW* 17.7.2008 – 19

Sa 54/07, Revision unter – 2 AZR 789/08 – durch Rücknahme erledigt; s.a. *VG Düsseld.* 14.4.1987 GW 1987, 18). Daher darf das Integrationsamt die Zustimmung zur Kündigung nicht versagen, wenn keine anderweitige Beschäftigungsmöglichkeit im Betrieb besteht. Ferner ist es nicht zu beanstanden, wenn der Arbeitgeber bei einem Personalabbau einen schwerbehinderten Hilfsarbeiter entlassen will, um einen vielseitiger einsetzbaren Facharbeiter zu beschäftigen (*HessVGH* 23.2.1987 BB 1987, 904). Auch zu erwartende, das übliche Maß wesentlich überschreitende **krankheitsbedingte Fehlzeiten**, die zu erheblichen betrieblichen oder wirtschaftlichen Schwierigkeiten führen, können nach älterer Rspr. eine Zustimmung zur Kündigung rechtfertigen (*VGH BW* 22.2.1989 br 1990, 112), selbst wenn das Arbeitsverhältnis wegen einer von dem Arbeitnehmer bezogenen befristeten Rente wegen verminderter Erwerbsfähigkeit im Zeitpunkt der Kündigung ruht (*BAG* 3.12.1998 EzA § 1 KSchG Krankheit Nr. 45; vgl. auch *Seidel* AuA 1997, 293). Das Integrationsamt hat aber im Einzelfall zwischen den berechtigten betrieblichen Belangen des Arbeitgebers einerseits und seiner Verpflichtung zur behinderungsgerechten Beschäftigung des schwerbehinderten Menschen sowie dessen gesundheitlichen Einschränkungen andererseits abzuwägen (*VGH BW* 6.9.2006 br 2007, 144). Es hat bei einer beabsichtigten Kündigung wegen der Behinderung eines Arbeitnehmers stets zu erwägen, ob der Arbeitnehmer **auf einem anderen Arbeitsplatz im Betrieb** eingesetzt werden kann, der seiner Behinderung gerecht wird (*OVG Brem.* 10.11.1981 ZfS 1982, 122; vgl. auch *BAG* 28.4.1998 EzA § 14 SchwbG 1986 Nr. 5), oder ob der Arbeitgeber durch zumutbare organisatorische Maßnahmen einen behinderungsgerechten Arbeitsplatz schaffen kann, wozu er nach § 167 Abs. 2 SGB IX verpflichtet ist (zu der Beschäftigungspflicht auf einem behinderungsgerechten Arbeitsplatz *Edenfeld* NZA 2012, 713, 719; *Karb* öAT 2011, 153, 154; *Kleinebrink* FA 2011, 66 ff.; *Nassibi* NZA 2012, 720 ff.). Im Zusammenhang der Ermessensentscheidung ist das **Unionsrecht** zu beachten. Versagt der Arbeitgeber zuvor **angemessene Vorkehrungen** für Menschen mit Behinderungen iSv **Art. 5 der RL 2000/78/EG (und Art. 5 Abs. 3 iVm Art. 2 UN-BRK)**, kann seine Kündigung den schwerbehinderten Menschen iSv **§ 2 SGB IX** auch bei dem Anschein nach neutralen Kriterien **mittelbar diskriminieren** (*EuGH* 11.9.2019 [Nobel Plastiques Ibérica] NZA 2019, 1634, Rn 52 ff.; *Kuhn* EuZA 2020, 391, 398 ff.; zust. *Welti* Anm. ZESAR 2020, 289 ff.; zu dem Behinderungsbegriff des Art. 1 der RL 2000/78/EG vor §§ 168–175 SGB IX Rdn 5). Die RL 2000/78/EG konkretisiert das in **Art. 21 GRC** niedergelegte allgemeine Diskriminierungsverbot (*EuGH* 26.1.2021 [Szpital Kliniczny im. dra J. Babińskiego Samodzielny Publiczny Zakład Opieki Zdrowotnej w Krakowie] NZA 2021, 267, Rn 33; weiterführend *Rech* EuZA 2021, 346 ff.; *Sprenger* ZTR 2021, 218 f.). Angemessene Vorkehrungen können zB darin bestehen, den Arbeitsplatz an die körperliche Konstitution des behinderten Menschen anzupassen (*Kuhn* EuZA 2020, 391, 400). In der Sache *Nobel Plastiques Ibérica* kam eine solche mittelbare Diskriminierung in Betracht, weil behinderte Menschen die Kriterien einer niedrigen Produktivitätsquote, einer eingeschränkten Einsetzbarkeit auf verschiedenen Arbeitsplätzen des Unternehmens und einer hohen Fehlzeitenquote typischerweise eher als Menschen ohne Behinderung erfüllen (*EuGH* 11.9.2019 [Nobel Plastiques Ibérica] NZA 2019, 1634, Rn 59 f.; s.a. EuGH 11.4.2013 [HK Danmark] EzA Richtlinie 2000/78 EG-Vertrag 1999 Nr. 31, Rn 76; *Kuhn* EuZA 2020, 391, 400 f.; zu dem antidiskriminierungsrechtlichen Prüfungsprogramm iE auch *EuGH* 26.1.2021 [Szpital Kliniczny im. dra J. Babińskiego Samodzielny Publiczny Zakład Opieki Zdrowotnej w Krakowie] NZA 2021, 267, Rn 25 ff.; *Kuhn* EuZA 2020, 391, 398 ff.; zu den möglichen Auswirkungen des antidiskriminierungsrechtlichen Teils der Entscheidung *Nobel Plastiques Ibérica* auf andere Teile des deutschen Arbeitsrechts näher *Welti* Anm. ZESAR 2020, 289, 290 f.). »Übersetzt« in das deutsche Recht bedeuten die antidiskriminierungsrechtlichen Ausführungen des *EuGH* in der Sache *Nobel Plastiques Ibérica*: Findet der allgemeine Kündigungsschutz nach dem Kündigungsschutzgesetz (noch) keine Anwendung auf ein Arbeitsverhältnis, ist eine ordentliche Kündigung, die einen Arbeitnehmer wegen seiner Behinderung diskriminiert, nach **§ 134 BGB iVm § 7 Abs. 1, §§ 1, 3 AGG** unwirksam (*BAG* 16.5.2019 EzA § 164 SGB IX 2018 Nr. 1, Rn 38 mwN). Bei der Prüfung von Kündigungen, die dem Kündigungsschutzgesetz unterfallen, sind die Diskriminierungsverbote des AGG als Konkretisierungen der **Sozialwidrigkeit** zu beachten (*BAG* 16.5.2019 EzA § 164 SGB IX 2018 Nr. 1,

Rn 38 mwN). Dem *Sechsten Senat des BAG* ist darin zuzustimmen, dass auch das dem KSchG unterliegende Arbeitsverhältnis eines schwerbehinderten Menschen wirksam gekündigt werden kann, wenn die Kündigung nach § 1 Abs. 2 Satz 1 KSchG durch dringende betriebliche Erfordernisse, die seiner Weiterbeschäftigung in diesem Betrieb entgegenstehen, bedingt ist. Mit Blick auf das Urteil *Nobel Plastiques Ibérica* des *EuGH* ist jedoch die Aussage des *Sechsten Senats des BAG* zweifelhaft, die Vorschriften des § 164 Abs. 4 SGB IX für Vorkehrungen zugunsten schwerbehinderter Menschen bezögen sich (nur) auf die Durchführung und nicht auf die Beendigung des Arbeitsverhältnisses (vgl. *BAG* 16.5.2019 EzA § 164 SGB IX 2018 Nr. 1, Rn 41). Fehlende angemessene Vorkehrungen vor der **Kündigung** können dazu führen, dass eine Kündigung den schwerbehinderten Menschen **mittelbar diskriminiert** (*EuGH* 11.9.2019 [Nobel Plastiques Ibérica] NZA 2019, 1634, Rn 52 ff.). Diese Erwägungen hat das **Integrationsamt** in seine Ermessensentscheidung einzustellen. Dagegen schafft eine Bestimmung oder Praxis **keine unmittelbare Ungleichbehandlung** iSv Art. 1 iVm Art. 2 Abs. 2 Buchst. a der RL 2000/78/EG, wenn sie auf einem Kriterium beruht, das **nicht untrennbar mit der Behinderung verbunden ist** (*EuGH* 11.9.2019 [Nobel Plastiques Ibérica] NZA 2019, 1634, Rn 44; 18.1.2018 [Ruiz Conejero] EzA Richtlinie 2000/78 EG-Vertrag 1999 Nr. 44, Rn 37; 9.3.2017 NZA [Milkova] 2017, 439, Rn 42 mwN; zu *Milkova* iE *Haase* GmbHR 2019, 980, 985 ff.). In besonders hohem Maß schutzwürdig ist ein langjährig beschäftigter Arbeitnehmer, der im Fall seiner Entlassung mit einer langjährigen Arbeitslosigkeit rechnen muss (*VG Braunschweig* 19.8.1982 GW 1984, 2). Das gilt zB auch dann, wenn ein geistig behinderter Arbeitnehmer geringwertige Sachen, die im Firmeneigentum stehen, entwendet (*OVG Münster* 27.3.1987 GW 1987, 18). Der Schutz des schwerbehinderten Arbeitnehmers findet jedoch seine Grenze an der Zumutbarkeit für den Betrieb. Eine ständige **Störung des Betriebsfriedens** oder grobes **Fehlverhalten** – ggf. nach einer Abmahnung – braucht der Arbeitgeber nicht hinzunehmen. Eine Kündigung kann deshalb auch bei behinderungsbedingtem Fehlverhalten gerechtfertigt sein, wenn der schwerbehinderte Arbeitnehmer die Würde und das Persönlichkeitsrecht anderer Betriebsangehöriger häufig verletzt (*OVG Lüneburg* 4.12.1990 AP Nr. 1 zu § 19 SchwbG 1986). Schuldhaftes Verhalten ist nicht erforderlich (*BAG* 21.1.1999 EzA § 626 nF BGB Nr. 178). Bei **kirchlichen Einrichtungen** hat das Integrationsamt das kirchliche Selbstbestimmungsrecht zu beachten und zB zu respektieren, dass ein Kirchenaustritt als Loyalitätsverstoß angesehen wird, der zur Kündigung berechtigt (*VGH BW* 26.5.2003 EzA § 85 SGB IX Nr. 2).

93 Bei einer geplanten **Änderungskündigung** hat das Integrationsamt auch die Angemessenheit und Zumutbarkeit des für den schwerbehinderten Arbeitnehmer vorgesehenen neuen Arbeitsplatzes oder der neuen Arbeitsbedingungen zu prüfen (vgl. § 172 Abs. 2 SGB IX; *VG Darmstadt* 12.4.1978 DB 1979, 116).

94 Das Verfahren bei dem Integrationsamt richtet sich grds. nach den Vorschriften des SGB X (*BVerwG* 11.6.1992 Buchholz 436.61 § 15 SchwbG 1986 Nr. 5). Danach hat das Integrationsamt den vom Arbeitgeber darzulegenden Sachverhalt, der die Kündigung rechtfertigen soll, soweit das für die Entscheidung erforderlich ist, **von Amts wegen aufzuklären** (§ 20 Abs. 1 S. 1 SGB X; *VG Darmstadt* 23.4.2012 – 5 K 849/11.DA; dazu zB *Seidel* PersR 2002, 113), und darf sich nicht allein auf die Sachdarstellung des Arbeitgebers verlassen (*BVerwG* 6.2.1995 RzK IV 8a Nr. 37) oder das Vorbringen des Arbeitgebers nur auf seine Schlüssigkeit hin überprüfen (*BVerwG* 19.10.1995 BVerwGE 99, 336; LPK-SGB IX/*Düwell* § 172 Rn 7; APS-*Vossen* § 172 SGB IX Rn 4). Vielmehr muss sich das Integrationsamt eine eigene Überzeugung von der Richtigkeit der behaupteten Tatsachen bilden (*VG Darmstadt* 12.3.2002 NZA-RR 2002, 467) und hat insoweit all das von Amts wegen zu ermitteln und auch zu berücksichtigen, was erforderlich ist, um **die gegensätzlichen Interessen des schwerbehinderten Arbeitnehmers und seines Arbeitgebers gegeneinander abwägen zu können** (*BVerwG* 19.10.1995 BB 1996, 1443; 2.7.1992 BVerwGE 90, 287, 294). Es hat aber nur solchen Umständen nachzugehen, die sich ihm bei vernünftiger Überlegung aufdrängen (*BVerwG* 22.11.1994 RzK IV 8a Nr. 36). Dabei darf es nach § 21 SGB X **Beweise** erheben, zB Zeugen vernehmen oder ein Sachverständigengutachten einholen (*VG Bln.* 14.1.1992 – 8 A 496/90), wobei ein besonderes förmliches Verfahren nicht einzuhalten, aber die Beachtung des Grundsatzes des

rechtlichen Gehörs unverzichtbar ist (*VG Gelsenkirchen* 17.11.1986 GW 1987, 18). Das gilt insbes., wenn die beabsichtigte Kündigung nur auf einen bestimmten Verdacht gestützt wird (*VG Düsseld.* 5.6.1984 GW 1985, 2). Die Einholung von bestimmten Stellungnahmen und die Anhörung des schwerbehinderten Arbeitnehmers sind dem Integrationsamt vorgegeben. Die Durchführung eines **Präventionsverfahrens** nach § 167 Abs. 1 SGB IX ist **keine Wirksamkeitsvoraussetzung** für die Zustimmungsentscheidung des Integrationsamts (*BVerwG* 29.8.2007 NJW 2008, 166; *BayVGH* 14.11.2006 ZTR 2008, 173). Eine unterlassene Prävention kann jedoch die Versagung der Zustimmung rechtfertigen, wenn konkrete Anhaltspunkte dafür bestehen, dass ein rechtzeitig eingeleitetes Präventionsverfahren Erfolg gehabt hätte (*Kayser* br 2008, 67; s.a. vor §§ 168–175 SGB IX Rdn 43).

Wenn der Arbeitgeber trotz angemessener Fristsetzung **keine Begründung für seinen Antrag** auf Zustimmung zur Kündigung gibt und seinen Antrag nicht zurücknimmt, ist dieser Antrag ohne weitere Einholung von Stellungnahmen zurückzuweisen (s.a. Rdn 80). Dasselbe gilt, wenn die beabsichtigte **Kündigung** nach der Überzeugung des Integrationsamts nach kündigungsrechtlichen Vorschriften **offensichtlich unwirksam** wäre (*BVerwG* 2.7.1992 MDR 1993, 1242; *OVG NW* 13.11.2012 – 12 A 1903/12). Ebenso wie ein nichtiger Verwaltungsakt von niemandem beachtet werden muss, braucht das Integrationsamt nicht über eine offensichtlich unwirksame Kündigung hinwegzusehen (zB bei tariflicher ordentlicher Unkündbarkeit). Im Übrigen hat das Integrationsamt nicht über die Frage der Sozialwidrigkeit der Kündigung zu befinden (*OVG Bln.-Bra.* 28.3.2007 ZBVR online 2007 Nr. 11, 2). Es darf die Zustimmung zur Kündigung auch nicht deshalb versagen, weil der in einem Kleinbetrieb tätige schwerbehinderte Arbeitnehmer keinen allgemeinen Kündigungsschutz genießt (*VGH BW* 4.3.2002 NZA-RR 2002, 417). Vielmehr darf es nur Erwägungen anstellen, die sich spezifisch aus dem **Schwerbehindertenschutz** ergeben (*BVerwG* 20.10.1994 RzK IV 8b Nr. 8; ErfK-*Rolfs* § 172 SGB IX Rn 2). Dabei hat es insbes. zu berücksichtigen, wenn die geltend gemachten Kündigungsgründe im Zusammenhang mit der Behinderung des schwerbehinderten Arbeitnehmers stehen (APS-*Vossen* § 172 SGB IX Rn 2a).

Das Ermessen des Integrationsamts ist darüber hinaus in den gesetzlich geregelten Fällen (§ 172 SGB IX) eingeschränkt. Soweit dort vorgesehen ist, dass das Integrationsamt die Zustimmung zu erteilen hat oder erteilen soll, kann die Zustimmung unter der Bedingung erteilt werden, dass die gesetzliche Voraussetzung (zB Betriebsstilllegung) erfüllt wird. Das Integrationsamt kann die Zustimmung zur Kündigung **von Bedingungen abhängig machen**, wenn und soweit sie sich im Rahmen des Gesetzes und des dem Integrationsamt zustehenden Ermessens halten. Soweit die Zustimmung von einer Bedingung abhängig gemacht wird (vgl. § 32 Abs. 2 Nr. 2 SGB X), wird sie erst **wirksam, wenn die Bedingung eingetreten** ist. Eine frühere Kündigung ist nichtig (*BAG* 12.7.1990 EzA § 19 SchwbG 1986 Nr. 1 = EWiR 1991, 501 m. krit. Anm. *Stehr*).

Das Integrationsamt kann die Zustimmung zur Kündigung auch mit der **Auflage** (vgl. § 32 Abs. 2 Nr. 4 SGB X) verbinden, dass der Arbeitgeber bestimmte gesetzliche Vorgaben (zB Gehaltsfortzahlung für mindestens drei Monate über den Tag der Kündigung hinaus) erfüllt. Zulässig sind auch Auflagen, die mit der Abwicklung des Arbeitsverhältnisses zusammenhängen und besondere Härten für den schwerbehinderten Arbeitnehmer vermeiden sollen, zB die begrenzte Weiternutzung einer Dienstwohnung, eine erleichterte Darlehensrückzahlung. Das gilt auch für die Auflage einer längeren Kündigungsfrist (Neumann/Pahlen/Greiner/Winkler/Jabben-*Neumann* § 168 SGB IX Rn 74). Sie sind von aufschiebenden Bedingungen zu unterscheiden. Im Fall einer aufschiebenden Bedingung wird die Zustimmung erst bei Eintritt des künftigen ungewissen Ereignisses wirksam. Im Fall einer Auflage **kann der Arbeitgeber nach** erteilter **Zustimmung wirksam kündigen**, ohne zuvor die Auflage erfüllt zu haben (*BAG* 12.7.1990 EzA § 19 SchwbG 1986 Nr. 1). Alle anderen Nebenbestimmungen, die den Ermessensspielraum des Integrationsamts überschreiten, zB die Verpflichtung zur Zahlung einer Abfindung durch den Arbeitgeber, sind unzulässig. In solchen Fällen ist die Zustimmung zur Kündigung unwirksam (Neumann/Pahlen/Greiner/Winkler/Jabben-*Neumann* § 168 SGB IX Rn 74).

b) Einschränkungen des Ermessens (§ 172 SGB IX)

aa) Einstellung oder Auflösung von Betrieben und Dienststellen (§ 172 Abs. 1 S. 1 SGB IX)

98 Bei der nicht nur vorübergehenden Einstellung oder Auflösung von Betrieben und Dienststellen ist das Integrationsamt nach Maßgabe des § 72 Abs. 1 S. 1 SGB IX zur Erteilung der Zustimmung zur Kündigung verpflichtet (näher *Jäger-Kuhlmann* Behinderung und Recht 2021, 125 ff.). Den Grund für die Stilllegung oder Auflösung hat es nicht zu überprüfen (*OVG NRW* 26.10.2020 – 12 A 3861/18 – zu 1 der Gründe). Unter einer nicht nur vorübergehenden Einstellung des Betriebs ist die gewollte **Aufgabe des Betriebszwecks** und die Auflösung der diesem Zweck dienenden Organisation, also der zwischen Arbeitgeber und Arbeitnehmer bestehenden Betriebs- und Produktionsgemeinschaft, **für einen zumindest wirtschaftlich erheblichen Zeitraum** zu verstehen (vgl. Neumann/Pahlen/Greiner/Winkler/Jabben-*Neumann* § 172 SGB IX Rn 7, 8). Es gelten die gleichen Grundsätze, die zu § 15 Abs. 4 KSchG entwickelt worden sind (*OVG Bra.* 20.3.1996 – 4 A 171/95). Entscheidend ist der Wille des Arbeitgebers. Der Wechsel des Betriebsinhabers und die Eröffnung des Insolvenzverfahrens bedeuten für sich allein noch keine Betriebsstilllegung, sondern führen nur dazu, wenn sich der neue Betriebsinhaber oder der Insolvenzverwalter zur Betriebsstilllegung entschließen. Ist der Betrieb aber tatsächlich eingestellt, ist für eine Ermessensentscheidung des Integrationsamts, dass der schwerbehinderte Arbeitnehmer vom Insolvenzverwalter für Abwicklungsarbeiten noch weiterzubeschäftigen sei, kein Raum (*VG Arnsberg* 2.11.1988 br 1989, 64). Wird der Betrieb dagegen nach Eröffnung eines Insolvenzverfahrens von einer Auffanggesellschaft übernommen und weitergeführt, sind die Voraussetzungen des § 172 Abs. 1 S. 1 SGB IX nicht erfüllt (*VGH BW* 14.5.1980 BB 1981, 615; APS-*Vossen* § 172 SGB IX Rn 6a). Es können jedoch die Erfordernisse des § 172 Abs. 1 S. 2 SGB IX gewahrt sein. Die Stilllegung einer Betriebsabteilung fällt ebenfalls nicht unter § 172 Abs. 1 S. 1 SGB IX, kann aber zur Anwendung von § 72 Abs. 1 S. 2 SGB IX führen (APS-*Vossen* § 172 SGB IX Rn 6a; s. Rdn 102 ff.).

99 Der Betriebseinstellung entspricht **im öffentlichen Dienst** die Auflösung einer Dienststelle (APS-*Vossen* § 172 SGB IX Rn 6b).

100 Das Integrationsamt muss bei Betrieben und Dienststellen, die nicht nur vorübergehend eingestellt oder aufgelöst werden, die Zustimmung zur Kündigung erteilen, wenn zwischen dem Tag des Zugangs der Kündigung und dem Tag, bis zu dem der Arbeitgeber Vergütung zahlt, **mindestens drei Monate** liegen (§ 172 Abs. 1 S. 1 SGB IX). Diese Frist läuft unabhängig von der Kündigungsfrist. Zur Sicherung dieser Voraussetzung (Fortzahlung der Vergütung für drei Monate) kann das Integrationsamt die Zustimmung zur Kündigung unter einer Bedingung oder Auflage erteilen (s. Rdn 96, 97). Ist der Arbeitgeber zur Zahlung der Vergütung für drei Monate nach der Kündigung nicht bereit, entscheidet das Integrationsamt über die Erteilung der Zustimmung nach freiem Ermessen (APS-*Vossen* § 172 SGB IX Rn 8).

101 Der Vergütung stehen Entgeltersatzleistungen (zB Krankengeld) gleich (*LAG Düsseld.* 6.9.1989 ZIP 1990, 529 = EWiR 1990, 285 m. zust. Anm. *Wiegand*). Der **Vergütungsanspruch kann aber nicht mit Abfindungsansprüchen** aus einem Sozialplan oder vergleichbaren Ansprüchen auf Nachteilsausgleich nach § 113 BetrVG **verrechnet werden**, auch wenn das Arbeitsverhältnis wegen einer kürzeren Kündigungsfrist vor Ablauf von drei Monaten nach Zugang der Kündigung endet. Der Vergütungsanspruch dient dazu, den Lebensstandard aufrechtzuerhalten. Die Abfindung wird für den Verlust des Arbeitsplatzes gezahlt (*LAG Hamm* 23.11.1984 GW 1986, 10).

bb) Einschränkung von Betrieben und Dienststellen (§ 172 Abs. 1 S. 2 SGB IX)

102 Auch bei nicht nur vorübergehenden wesentlichen Betriebs- oder Dienststelleneinschränkungen ist das Ermessen des Integrationsamts nach § 172 Abs. 1 S. 2 SGB IX eingeschränkt. Unter einer nicht nur vorübergehenden wesentlichen Betriebseinschränkung ist eine **Verminderung der Arbeitsleistung im Betrieb für eine nicht überschaubare Zeit** – darunter fallen deshalb keine Saisonbetriebe (APS-*Vossen* § 172 SGB IX Rn 11) –, eine damit verbundene Entlassung einer beträchtlichen Zahl von Arbeitnehmern im Verhältnis zur Gesamtbelegschaft und insbes. auch eine Verminderung der für schwerbehinderte Menschen zur Verfügung stehenden Arbeitsplätze zu verstehen (Neumann/

Pahlen/Greiner/Winkler/Jabben-*Neumann* § 172 SGB IX Rn 20). Einzubeziehen sind auch die vom Arbeitgeber beschäftigten Heimarbeiter, weil sie den Arbeitnehmern iSv §§ 168 ff. SGB IX gleichgestellt sind (aA *VG Arnsberg* 19.4.1985 GW 1985, 18). Ob die Voraussetzungen für eine nicht nur vorübergehende wesentliche Betriebseinschränkung erfüllt sind, ist nach den Umständen des Einzelfalls zu beurteilen. Dabei kann an den Begriff der Betriebseinschränkung iSv § 111 BetrVG angeknüpft werden. Danach stellt die Aufgabe eines bestimmten Produktionszweigs regelmäßig eine wesentliche Einschränkung des Betriebs dar (*OVG NRW* 12.12.1989 br 1991, 66). Ferner kann eine erhebliche Personalreduzierung als wesentliche Betriebseinschränkung angesehen werden. Für die Frage, wann eine Personalreduzierung erheblich und damit eine Betriebseinschränkung wesentlich ist, können die Zahlen- und Prozentangaben in § 17 Abs. 1 KSchG über die Anzeigepflicht bei Massenentlassungen, jedoch ohne den dort festgelegten Zeitraum, als Richtschnur herangezogen werden, wenn mindestens 5 vH der Belegschaft aus betriebsbedingten Gründen entlassen werden sollen (für die st. Rspr. gelöst vom Schwerbehindertenrecht *BAG* 26.3.2015 EzA § 1 KSchG Soziale Auswahl Nr. 88, Rn 14).

Bei wesentlichen Betriebseinschränkungen **soll** das Integrationsamt **die Zustimmung** zur Kündigung unter zwei Voraussetzungen **erteilen**: 103
1. dass zwischen dem Tag des Zugangs der Kündigung und dem Tag, bis zu dem Vergütung gezahlt wird, mindestens drei Monate liegen (s. Rdn 100) und
2. dass die Gesamtzahl der verbleibenden schwerbehinderten Arbeitnehmer zur Erfüllung der Beschäftigungspflicht nach § 154 SGB IX (grds. mindestens 5 vH Arbeitsplätze für schwerbehinderte Arbeitnehmer) ausreicht. Dabei ist von der Belegschaftsstärke nach der Betriebseinschränkung auszugehen. Eine Beschäftigungspflicht entfällt für Betriebe mit jahresdurchschnittlich monatlich weniger als 20 Arbeitsplätzen (vgl. § 154 Abs. 1 S. 1 SGB IX).

Die Sollvorschrift des § 172 Abs. 1 S. 2 SGB IX bedeutet, dass das Integrationsamt die Zustimmung auch dann, wenn die genannten Voraussetzungen erfüllt sind, **im Einzelfall versagen kann**, wenn ein besonderer Grund das rechtfertigt. 104

cc) Weiterbeschäftigung auf einem anderen Arbeitsplatz (§ 172 Abs. 1 S. 3 SGB IX)

Die Einschränkung des Ermessens (Rdn 98 ff.) gilt nicht, wenn eine Weiterbeschäftigung auf 105 einem anderen Arbeitsplatz desselben Betriebs oder derselben Dienststelle mit Einverständnis des schwerbehinderten Arbeitnehmers möglich und für den Arbeitgeber zumutbar ist (§ 172 Abs. 1 S. 3 SGB IX; zu dem Problemkreis *Kleinebrink* DB 2019, 1505 ff.). In diesem Fall ist das Integrationsamt trotz Auflösung oder Einschränkung eines Betriebs oder einer Dienststelle nicht gehalten, die Zustimmung zur Kündigung zu erteilen. Wenn dem Arbeitgeber eine **Weiterbeschäftigung zumutbar** ist und der Arbeitnehmer hiermit einverstanden ist, hat das Integrationsamt im Allgemeinen die Zustimmung zur Kündigung zu versagen. Die Zumutbarkeit der Weiterbeschäftigung setzt voraus, dass der Arbeitnehmer nach seiner Ausbildung und seinen Fähigkeiten in der Lage ist, den in Betracht kommenden Arbeitsplatz auszufüllen (LPK-SGB IX/*Düwell* § 172 Rn 61 ff.). Auch von anderen Arbeitnehmern besetzte Arbeitsplätze im Betrieb oder in der Dienststelle sind einzubeziehen (s. Rdn 106). Nur im Fall des Hs. 2 des § 172 Abs. 1 S. 3 SGB IX wird eine Weiterbeschäftigungsmöglichkeit auf einem »freien« Arbeitsplatz vorausgesetzt (ebenso APS-*Vossen* § 172 SGB IX Rn 13; s.a. LPK-SGB IX/*Düwell* § 172 Rn 63 ff.; *Kuhlmann* br 2010, 7, 10; aA *BAG* 16.5.2019 EzA § 164 SGB IX 2018 Nr. 1, Rn 36 mit Bezug auf *BAG* 20.11.2014 EzA § 1 KSchG Krankheit Nr. 60 Rn 32 ff. mwN; zust. *Ries* ZInsO 2019, 2021 f.; krit. zu den Aussagen über die Pflichtarbeitsplatzquote *Greiner/Hagedorn* NJW 2019, 34833485 f.; aA auch *BVerwG* 11.9.1990 Buchholz 436.61 SchwbG 1986 § 15 Nr. 4). Andererseits braucht der Arbeitgeber für den schwerbehinderten Arbeitnehmer keinen neuen Arbeitsplatz zu schaffen (*BAG* 16.5.2019 EzA § 164 SGB IX 2018 Nr. 1, Rn 36 mwN; *BVerwG* 11.9.1990 Buchholz 436.61 SchwbG 1986 § 15 Nr. 4).

Ist der andere Arbeitsplatz von einem anderen Arbeitnehmer besetzt, hat das Integrationsamt 106 nach den Grundsätzen der **Sozialauswahl** zu erwägen, welcher Arbeitnehmer unter sozialen

Gesichtspunkten, zu denen auch die Schwerbehinderteneigenschaft gehört, den Vorzug verdient. Ist der schwerbehinderte Arbeitnehmer als sozial schwächer einzustufen, ist dem Arbeitgeber dessen Weiterbeschäftigung zumutbar. Ggf. muss der Arbeitgeber das Arbeitsverhältnis des anderen Arbeitnehmers kündigen. Ist der schwerbehinderte Arbeitnehmer dagegen sozial stärker als ein Kollege, ist dem Arbeitgeber die Weiterbeschäftigung des schwerbehinderten Arbeitnehmers auf Kosten des sozial schwächeren Arbeitnehmers nicht zumutbar (ebenso DDZ-*Söhngen* § 172 SGB IX Rn 30). Bevor das Integrationsamt die Zustimmung zur Kündigung wegen einer zumutbaren Weiterbeschäftigungsmöglichkeit versagt, hat es das Einverständnis des schwerbehinderten Arbeitnehmers einzuholen, auf dem in Betracht kommenden Arbeitsplatz weiterbeschäftigt zu werden (APS-*Vossen* § 172 SGB IX Rn 13a).

107 Die Einschränkung des Ermessens (Rdn 98 ff.) gilt ferner nicht, wenn eine Weiterbeschäftigung **auf einem freien Arbeitsplatz in einem anderen Betrieb** oder einer anderen Dienststelle desselben Arbeitgebers mit Einverständnis des schwerbehinderten Arbeitnehmers möglich und für den Arbeitgeber zumutbar ist (§ 172 Abs. 1 S. 3 Hs. 2 SGB IX). Nach dieser Alternative wird vorausgesetzt, dass der Arbeitsplatz in dem anderen Betrieb oder der anderen Dienststelle, auf dem der schwerbehinderte Arbeitnehmer weiterbeschäftigt werden könnte, nicht von einem anderen Arbeitnehmer besetzt ist. Eine Sozialauswahl (Rdn 106) kommt hier nicht in Betracht. Die Möglichkeit der Weiterbeschäftigung **in einem anderen (Konzern-)Unternehmen** ist nicht zu prüfen (*VG Bln.* 28.7.1992 – 8 A 466.91). Im Übrigen gilt das zu Rdn 105 Ausgeführte.

dd) Vorhandensein eines anderen Arbeitsplatzes für den schwerbehinderten Arbeitnehmer (§ 172 Abs. 2 SGB IX)

108 Das Integrationsamt soll die Zustimmung zur Kündigung erteilen, wenn dem Schwerbehinderten ein anderer **angemessener und zumutbarer Arbeitsplatz** gesichert ist (§ 172 Abs. 2 SGB IX). Der andere Arbeitsplatz ist gesichert, wenn sich der bisherige oder ein neuer Arbeitgeber zum Abschluss eines im Einzelnen bestimmten Arbeitsvertrags mit dem schwerbehinderten Arbeitnehmer verpflichtet haben (LPK-SGB IX/*Düwell* § 172 Rn 66; APS-*Vossen* § 172 SGB IX Rn 15). Die Wartezeit von sechs Monaten zur Erlangung des allgemeinen Kündigungsschutzes beim neuen Arbeitgeber (§ 1 Abs. 1 KSchG, § 173 Abs. 1 S. 1 Nr. 1 SGB IX) muss nicht abgelaufen sein. Angemessen ist der Arbeitsplatz, wenn er nach Entgelt und Art der Tätigkeit den Fähigkeiten, den durch die Behinderung bedingten Einsatzmöglichkeiten und der Vorbildung des schwerbehinderten Arbeitnehmers entspricht. In diesem Rahmen kann auch eine Minderung der Vergütung des schwerbehinderten Arbeitnehmers in Betracht kommen (Neumann/Pahlen/Greiner/Winkler/Jabben-*Neumann* § 172 SGB IX Rn 28 f.). Zumutbar ist der Arbeitsplatz, wenn von einem Arbeitnehmer, der an einem angemessenen Arbeitsplatz ernsthaft interessiert ist, erwartet werden kann, dass er unter Berücksichtigung seiner persönlichen Verhältnisse (zB Weg von und zur Arbeitsstätte) und der Verhältnisse in der neuen Umgebung (zB Zusammenarbeit mit anderen Arbeitnehmern) das Angebot auf Abschluss des neuen Arbeitsvertrags annimmt. Ist der Arbeitsplatz für den schwerbehinderten Arbeitnehmer zwar gesichert, aber nicht angemessen oder unzumutbar, ist das Ermessen des Integrationsamts bei der Entscheidung über den Antrag auf Zustimmung zur Kündigung nicht eingeschränkt (*OVG Münster* 23.5.1984 br 1987, 31).

109 Unter den angeführten Voraussetzungen (s. Rdn 108) darf das Integrationsamt die Zustimmung zur Kündigung nur verweigern, wenn hierfür **besondere Gründe** vorliegen. Es muss sich um Umstände handeln, die den Fall als atypisch erscheinen lassen (*BVerwG* 6.3.1995 RzK IV 8a Nr. 38).

ee) Interessenausgleich im Insolvenzverfahren (§ 172 Abs. 3 SGB IX)

110 Seit dem 1.1.1999 ist das Ermessen des Integrationsamts im Insolvenzverfahren über das Vermögen des Arbeitgebers weiter eingeschränkt. Es soll unter den in § 172 Abs. 3 SGB IX genannten Voraussetzungen die Zustimmung zur Kündigung erteilen. Grds. müssen **alle in § 172 Abs. 3 Nr. 1–4 SGB IX genannten Voraussetzungen** erfüllt sein. Ist nur eines dieser Erfordernisse nicht gewahrt, besteht keine besondere Ermessenseinschränkung im Insolvenzverfahren (Ausnahme s. Rdn 111).

Für den **öffentlichen Dienst** hat die Vorschrift des § 172 Abs. 3 SGB IX keine unmittelbare Bedeutung. Von Bedeutung ist sie nur für Betriebe der Privatwirtschaft, an denen die öffentliche Hand beteiligt ist.

Für die **namentliche Bezeichnung im Interessenausgleich** (§ 172 Abs. 3 Nr. 1 SGB IX) gilt das bei KR-*Spelge* § 125 InsO Ausgeführte (s. iE *BAG* 16.5.2019 EzA § 164 SGB IX 2018 Nr. 1, Rn 28 ff.). Die **Beteiligung der Schwerbehindertenvertretung** (§ 172 Abs. 3 Nr. 2 SGB IX) erfordert es, dass ihr die Gründe für die Betriebsänderung und die Auswahl der zu entlassenden Arbeitnehmer substantiiert dargelegt werden. Sie ist wie bei einer ordentlichen Kündigung – vor Durchführung des Zustimmungsverfahrens nach §§ 168 ff. SGB IX – zu beteiligen (s. vor §§ 168–175 SGB IX Rdn 43). Besteht in dem Betrieb keine Schwerbehindertenvertretung, kann die Voraussetzung des § 172 Abs. 3 Nr. 2 SGB IX nicht erfüllt werden. Nach dem Sinn und Zweck der Vorschrift steht das einer Ermessenseinschränkung des Integrationsamts (»soll die Zustimmung erteilen«) dann nicht entgegen, wenn die übrigen Voraussetzungen des § 172 Abs. 3 SGB IX erfüllt sind (Neumann/Pahlen/Greiner/Winkler/Jabben-*Neumann* § 172 SGB IX Rn 34; aA LPK-SGB IX/*Düwell* § 172 Rn 71: keine Bindung durch die Sollvorschrift, sondern freies Ermessen). Die **Proportionalität der zu entlassenden schwerbehinderten Arbeitnehmer** zu den übrigen zu entlassenden Arbeitnehmern (§ 172 Abs. 3 Nr. 3 SGB IX) bedeutet, dass der Anteil der schwerbehinderten Arbeitnehmer bei den Entlassungen nicht größer sein darf als der Anteil der schwerbehinderten Arbeitnehmer an der Gesamtbelegschaft. Der Anteil der schwerbehinderten Arbeitnehmer bei den Entlassungen ist nach den im Interessenausgleich namentlich aufgeführten zu entlassenden Arbeitnehmern zu berechnen. Nach den vorgesehenen Entlassungen müssen in Betrieben mit mindestens 20 Arbeitsplätzen **wenigstens 5 vH mit schwerbehinderten Arbeitnehmern besetzt** sein (§ 173 Abs. 3 Nr. 4 iVm § 154 SGB IX).

Sind die Voraussetzungen des § 172 Abs. 3 SGB IX erfüllt, soll das Integrationsamt die Zustimmung zur Kündigung erteilen. Dh: Es darf die Zustimmung nur verweigern, wenn es hierfür **besondere Gründe** gibt, die den Fall als atypisch erscheinen lassen (*BVerwG* 6.3.1995 RzK IV 8a Nr. 38; ErfK-*Rolfs* § 172 Rn 4).

3. Form der Entscheidung

Wegen der großen Bedeutung der Entscheidung des Integrationsamts für den Arbeitgeber und den schwerbehinderten Arbeitnehmer, insbes. auch im Hinblick auf den Lauf der Widerspruchsfrist und – im Fall einer Zustimmung – der Frist für die Kündigung (§ 171 Abs. 3 SGB IX), hat das Integrationsamt seine Entscheidung **dem Arbeitgeber und dem schwerbehinderten Arbeitnehmer förmlich zuzustellen** (§ 171 Abs. 2 SGB IX). Daraus folgt zunächst, dass es seine Entscheidung schriftlich treffen muss (ebenso *BAG* 12.5.2005 EzA § 91 SGB IX Nr. 2). Da es sich um einen schriftlichen Verwaltungsakt handelt, ist er **zu begründen** (§ 35 SGB X) und mit einer **Rechtsbehelfsbelehrung** zu versehen (§ 36 SGB X). Die Zustellung richtet sich nach § 37 SGB X und landesrechtlichen Vorschriften, weil die Integrationsämter Landesbehörden sind (§ 65 Abs. 2 SGB X). Nach § 37 Abs. 2 SGB X kann die Entscheidung des Integrationsamts durch die Post übermittelt werden (einfacher Brief). Die Entscheidung gilt am dritten Tage nach der Aufgabe zur Post als bekannt gegeben, es sei denn, dass das zuzustellende Schriftstück nicht oder zu einem späteren Zeitpunkt zugegangen ist. Ein Zugang vor Ablauf der Dreitagesfrist führt nicht zu einer vorzeitigen Zustellung (*BVerwG* 23.7.1965 NJW 1965, 2363; *LAG Hamm* 9.11.2000 LAGE § 18 SchwbG 1986 Nr. 2; s.a. Rdn 145). Im Übrigen haben die einzelnen Länder entweder die Regelungen des Verwaltungszustellungsgesetzes (VwZG) vom 12.8.2005 idF vom 18.7.2017 übernommen oder eine ähnliche Regelung getroffen. Nach §§ 3–5a VwZG kann die Zustellung durch die Post mit Zustellungsurkunde oder durch Einschreiben oder durch die Behörde gegen Empfangsbekenntnis, unter engen Voraussetzungen auch durch elektronische Zustellung oder durch elektronische Zustellung gegen Abholbestätigung über De-Mail-Dienste erfolgen. Bei einem eingeschriebenen Brief ohne Rückschein gilt eine Zustellungsfiktion, wie sie in § 37 Abs. 2 SGB X getroffen ist (§ 4 Abs. 2 S. 2 VwZG).

114 Die **förmliche Zustellung an den Arbeitgeber ist Wirksamkeitsvoraussetzung** für die Entscheidung des Integrationsamts. Zuvor darf der Arbeitgeber nicht kündigen (*BAG* 16.10.1991 EzA § 18 SchwBG 1986 Nr. 2 m. zust. Anm. *Rieble*; *LAG Hamm* 9.11.2000 LAGE § 18 SchwBG 1986 Nr. 2; *LAG Nbg.* 29.8.1995 AP Nr. 6 zu § 15 SchwBG 1986). Unterbleibt die Zustellung, ist die Entscheidung unwirksam und rechtlich ohne Bedeutung. Aus Gründen der Rechtssicherheit und Rechtsklarheit sowie der Gesetzessystematik ist die Zustellung des Bescheids an den schwerbehinderten Arbeitnehmer trotz des scheinbar entgegenstehenden Wortlauts von § 171 Abs. 2 SGB IX keine Wirksamkeitsvoraussetzung für die Entscheidung des Integrationsamts (*BAG* 17.2.1982 EzA § 15 SchwBG Nr. 1 = AP Nr. 1 zu § 15 SchwBG 1986 m. zust. Anm. *Gröninger* = SAE 1983, 8 m. abl. Anm. *Corts/Hege*; *LAG Nbg.* 29.8.1995 AP Nr. 6 zu § 15 SchwBG 1986; APS-*Vossen* § 171 SGB IX Rn 6; aA Neumann/Pahlen/Greiner/Winkler/Jabben-*Neumann* § 171 SGB IX Rn 7). Entscheidend ist, dass die Monatsfrist für die Erklärung der Kündigung (§ 171 Abs. 3 SGB IX; s. dazu auch vor §§ 168–175 SGB IX Rdn 41) mit der Zustellung der zustimmenden Entscheidung an den Arbeitgeber beginnt (s. Rdn 144) und der Arbeitgeber ein berechtigtes Interesse daran hat zu wissen, ob die von ihm beabsichtigte Kündigung den Anforderungen des SGB IX genügt. Im Übrigen erfährt der schwerbehinderte Arbeitnehmer spätestens im Kündigungsschutzprozess von dem Inhalt des zustimmenden Bescheids des Integrationsamts, wenn der Arbeitgeber den Bescheid dem Gericht vorlegen muss, um zu begründen, dass die Wirksamkeitsvoraussetzungen der Kündigung erfüllt sind. Schützenswerte Interessen des schwerbehinderten Arbeitnehmers werden durch eine verspätete Zustellung des Bescheids an ihn oder durch das völlige Unterbleiben der Zustellung nicht berührt. Solange der Bescheid dem schwerbehinderten Arbeitnehmer nicht zugestellt ist, läuft für ihn keine Anfechtungsfrist gegen den Bescheid und auch keine Frist zur Erhebung der Kündigungsschutzklage (§ 4 S. 4 KSchG; s. iE Rdn 19; ebenso APS-*Vossen* § 171 SGB IX Rn 11a).

115 Die **Übersendung einer Abschrift** der Entscheidung **an die BA** ist zwar zwingend vorgeschrieben, aber keine Wirksamkeitsvoraussetzung für die Entscheidung (Neumann/Pahlen/Greiner/Winkler/Jabben-*Neumann* § 171 SGB IX Rn 8; APS-*Vossen* § 171 SGB IX Rn 6a). Die Abschrift kann formlos übersandt werden. Auch die vorgeschriebene Begründung der Entscheidung (§ 35 SGB X) ist keine Wirksamkeitsvoraussetzung. Die Entscheidung des Integrationsamts ist bei fehlender Begründung jedoch im Rechtsbehelfs- oder Rechtsmittelverfahren aufzuheben.

D. Rechtsbehelfe gegen die Entscheidung des Integrationsamts

I. Instanzenzug

116 Gegen die Entscheidung des Integrationsamts können der Arbeitgeber und der schwerbehinderte Arbeitnehmer **Widerspruch beim Widerspruchsausschuss** des Integrationsamts einlegen (§ 202 Abs. 1, § 203 SGB IX). Die Widerspruchsfrist beträgt einen Monat nach Zustellung des Bescheids des Integrationsamts (§ 70 Abs. 1 S. 1 VwGO), läuft aber nur, wenn der Betroffene eine schriftliche und zutreffende Rechtsbehelfsbelehrung erhalten hat (§ 70 Abs. 2, § 58 Abs. 1 VwGO). Der Widerspruch ist schriftlich oder zur Niederschrift bei dem Integrationsamt einzureichen, das den Bescheid erlassen hat (§ 70 Abs. 1 S. 1 VwGO). Er ist von dem Beschwerdeführer eigenhändig zu unterschreiben (§ 126 BGB). Eine Begründung des Widerspruchs ist gesetzlich nicht vorgeschrieben. Der Beschwerdeführer handelt jedoch im eigenen Interesse, wenn er den Widerspruch begründet, damit er Integrationsamt und Widerspruchsausschuss von seinen Argumenten überzeugen kann. Hatte das Integrationsamt der Kündigung zugestimmt und der Arbeitgeber daraufhin die Kündigung erklärt, kann im Widerspruchsverfahren gegen den Zustimmungsbescheid nur der Sachverhalt zugrunde gelegt werden, der im Zeitpunkt der Kündigung vorlag (*BVerwG* 7.3.1991 EzA § 15 SchwBG 1986 Nr. 4; *OVG NRW* 23.1.1992 EzA § 15 SchwBG 1986 Nr. 7).

117 Hält das Integrationsamt den Widerspruch für begründet, **hilft es ihm ab** (§ 72 VwGO). Bei einem begründeten Widerspruch gegen die versagte Zustimmung zur Kündigung erteilt es nun die Zustimmung, bei einem begründeten Widerspruch gegen die Zustimmung zur Kündigung hebt es die Zustimmung auf. Die dem Widerspruch abhelfende Entscheidung des Integrationsamts

ist ebenfalls ein Verwaltungsakt mit Doppelwirkung (s. Rdn 130), gegen den der jetzt belastete Beteiligte Widerspruch einlegen kann (Neumann/Pahlen/Greiner/Winkler/Jabben-*Pahlen* § 201 SGB IX Rn 27).

Hilft das Integrationsamt dem Widerspruch nicht ab, entscheidet der beim Integrationsamt gebildete Widerspruchsausschuss (§ 202 Abs. 1 1 SGB IX). Der Widerspruchsausschuss entscheidet nach eigenem Ermessen. Er ist nicht auf die Überprüfung von Gesetzesverstößen und Ermessensfehlern des Integrationsamts beschränkt. Ist der Widerspruch begründet, erlässt der Widerspruchsausschuss einen neuen Verwaltungsakt und hebt nicht nur die Entscheidung des Integrationsamts auf (Neumann/Pahlen/Greiner/Winkler/Jabben-*Pahlen* § 201 SGB IX Rn 33). Der **Widerspruchsbescheid** ist zu begründen, mit einer Rechtsmittelbelehrung zu versehen sowie dem Arbeitgeber und dem schwerbehinderten Arbeitnehmer zuzustellen (§ 73 Abs. 3 S. 1 VwGO). 118

Gegen den Bescheid des Widerspruchsausschusses kann der **Verwaltungsrechtsweg** zum Verwaltungsgericht beschritten werden (§ 40 Abs. 1, § 45 VwGO). Die **Klagefrist** beträgt einen Monat nach Zustellung des Widerspruchsbescheids (§ 74 VwGO), läuft aber nur, wenn der Kläger eine schriftliche und zutreffende Rechtsbehelfsbelehrung erhalten hat (§ 58 Abs. 1 VwGO). Die Gerichte der Verwaltungsgerichtsbarkeit dürfen die angefochtene Entscheidung des Integrationsamts nicht auf ihre Zweckmäßigkeit, sondern nur darauf überprüfen, ob sie rechtswidrig ist oder ihr ein Ermessensfehler zugrunde liegt (Neumann/Pahlen/Winkler/Greiner/Jabben-*Neumann* § 168 SGB IX Rn 71 mwN), dh ob die gesetzlichen Grenzen des Ermessens überschritten sind oder von dem Ermessen in einer dem Zweck der gesetzlichen Ermächtigung nicht entsprechenden Weise Gebrauch gemacht worden ist (*VG Minden* 27.5.2002 NZA-RR 2003, 248). Dabei ist nicht die **Sachlage** im Zeitpunkt der letzten mündlichen Tatsachenverhandlung, sondern im **Zeitpunkt des Erlasses des Widerspruchsbescheids** zugrunde zu legen. Später eingetretene Änderungen der Sachlage sind rechtlich unerheblich (*BVerwG* 22.1.1993 Buchholz 436.61 § 15 SchwbG 1986 Nr. 7; *OVG Lüneburg* 22.6.1994 NdsMBl 1995, 112; *BayVGH* 29.3.1982 br 1983, 74). Klagt der Arbeitgeber gegen einen ablehnenden Bescheid des Widerspruchsausschusses, können die Gerichte der Verwaltungsgerichtsbarkeit die Zustimmung zur Kündigung nicht ersetzen, wenn die Klage begründet ist. Sie können nur das Integrationsamt verpflichten, die Zustimmung zu erteilen oder den Arbeitgeber neu zu bescheiden – § 42 Abs. 1, § 113 Abs. 5 VwGO – (*LAG Saarl.* 14.5.1997 LAGE § 15 SchwbG 1986 Nr. 8). 119

Für die **Klage des Arbeitnehmers** gegen den Zustimmungsbescheid fehlt das **Rechtsschutzbedürfnis**, wenn die Kündigung aus anderen Gründen als der fehlenden Zustimmung –zB wegen Formmangels – offensichtlich unwirksam ist (vgl. *OVG NRW* 13.2.1989 OVGE MüLü 41.36) oder offensichtlich wirksam ist, weil der Arbeitnehmer nicht fristgerecht Kündigungsschutzklage erhoben hat (vgl. § 4 S. 1, § 7 Hs. 1 KSchG), oder das Arbeitsverhältnis nach der Zustimmung einvernehmlich beendet wird (*OVG NRW* 23.9.1996 BB 1997, 1056). Ein Rechtsschutzbedürfnis kann aber nicht deshalb verneint werden, weil sich der Arbeitnehmer im Kündigungsschutzprozess nicht auf die Rechtswidrigkeit des Zustimmungsbescheids beruft oder die Kündigungsschutzklage rechtskräftig abgewiesen worden ist. Bei rechtskräftiger Abweisung der Kündigungsschutzklage ist nach Aufhebung der Zustimmung zur Kündigung eine Restitutionsklage möglich (s. Rdn 164). Für eine **Klage des Arbeitgebers** auf Erteilung der Zustimmung zu einer ordentlichen Kündigung entfällt das Rechtsschutzbedürfnis, wenn der Arbeitnehmer während des Klageverfahrens in den Betriebsrat gewählt wird und damit eine ordentliche Kündigung nach § 15 KSchG unzulässig ist (*BVerwG* 11.3.1992 Buchholz 310 § 40 VwGO Nr. 254). 120

Hat das Integrationsamt ein sog. **Negativattest** erteilt, dh erklärt, zur Kündigung sei seine Zustimmung nicht erforderlich, kann der Arbeitnehmer diesen Bescheid wie eine Zustimmung zur Kündigung durch Widerspruch und Klage **im Verwaltungsrechtsweg** angreifen, weil das Negativattest praktisch die Zustimmung zur Kündigung ersetzt (s. Rdn 64). Hält das Integrationsamt den Widerspruch für begründet, hilft es ihm nach § 72 VwGO dadurch ab, dass es die Zustimmung zur Kündigung versagt. 121

II. Keine aufschiebende Wirkung der Rechtsbehelfe

122 Legt der Arbeitnehmer gegen eine der Kündigung zustimmende Entscheidung des Integrationsamts, des Widerspruchsausschusses oder eines Gerichts der Verwaltungsgerichtsbarkeit den zulässigen Rechtsbehelf, die zulässige Klage oder das zulässige Rechtsmittel (Widerspruch, Klage, Berufung, Revision) ein, haben der Rechtsbehelf, die Klage oder das Rechtsmittel keine aufschiebende Wirkung (§ 171 Abs. 4 SGB IX). Der Arbeitgeber kann die Kündigung nach erteilter Zustimmung ohne Rücksicht auf den Widerspruch oder die Klage **aussprechen.** Von dieser Möglichkeit muss er sogar innerhalb eines Monats nach Zustellung der zustimmenden Entscheidung Gebrauch machen (§ 171 Abs. 3 SGB IX, s.a. Rdn 144 ff. und vor §§ 168–175 SGB IX Rdn 41). Diese Frist des SGB IX schließt es aus, dass die Vorschriften der VwGO über die Aussetzung der Vollziehung und Anordnung einer aufschiebenden Wirkung anwendbar sind (**aA** *OVG Bautzen* 25.3.2003 RzK IV 8a Nr. 57; *VG Darmstadt* 12.3.2002 NZA-RR 2002, 467; *VG Hmb.* 11.2.1997 br 1997, 139). § 171 Abs. 3 SGB IX ist eine bundesgesetzliche Regelung, die der Anordnung einer aufschiebenden Wirkung entgegensteht (vgl. § 80 VwGO; s.a. § 174 SGB IX Rdn 28).

III. Bedeutung für den Ausspruch und die Wirksamkeit der Kündigung

123 Die Kündigung ist zulässig, sobald die Zustimmung erteilt ist. Nach § 171 Abs. 4 SGB IX haben Widerspruch und Anfechtungsklage gegen die Zustimmung des Integrationsamts keine aufschiebende Wirkung. Das bedeutet, dass die durch das Integrationsamt einmal erteilte Zustimmung zur Kündigung wirksam ist, solange sie nicht rechtskräftig aufgehoben ist (*BAG* 22.7.2021 – 2 AZR 193/21, Rn 16). Anderes gilt nur für eine nichtige Zustimmung (*BAG* 22.7.2021 – 2 AZR 193/21, Rn 16). Für die Berechtigung des Arbeitgebers, auf der Grundlage des – nur anfechtbaren, nicht nichtigen – Zustimmungsbescheids die Kündigung zunächst zu erklären, ist es unerheblich, ob die Zustimmung vom Widerspruchsausschuss oder einem Gericht aufgehoben wird, solange die betreffende Entscheidung nicht bestands- bzw. rechtskräftig ist (*BAG* 22.7.2021 – 2 AZR 193/21, Rn 16 mwN; Neumann/Pahlen/Greiner/Winkler/Jabben-*Neumann* § 171 SGB IX Rn 15 f.). Wird die Zustimmungsentscheidung erst nach rechtskräftiger Abweisung der Kündigungsschutzklage bestands- oder rechtskräftig aufgehoben, steht dem Arbeitnehmer ggf. die Restitutionsklage nach § 580 ZPO offen (*BAG* 22.7.2021 – 2 AZR 193/21, Rn 16 mwN). Der Arbeitnehmer hat auch kein rechtlich geschütztes Interesse an der Anordnung der aufschiebenden Wirkung von Widerspruch und Anfechtungsklage gegen den Zustimmungsbescheid durch das Verwaltungsgericht (*VG Hannover* 7.5.2008 – 3 B 1777/08: jedenfalls wenn die Kündigung vor Einlegung des Widerspruchs ausgesprochen wurde).

124 Das rechtliche Schicksal der Kündigung hängt letztlich, sofern die Kündigung nicht aus anderen Gründen rechtsunwirksam ist, **allein von der endgültigen rechtskräftigen Entscheidung im Rechtsmittelverfahren** ab. Es ist deshalb ohne rechtliche Bedeutung, ob die Zustimmung oder ein Negativattest in den Rechtsmittelinstanzen zwischenzeitlich aufgehoben wird oder nicht, wenn diese Entscheidungen nicht rechtskräftig werden (Neumann/Pahlen/Greiner/Winkler/Jabben-*Neumann* § 171 SGB IX Rn 16 f.; **aA** *LAG Köln* 11.10.2002 RzK IV 8a Nr. 54, das bei einer Aufhebung der Zustimmung in einer Rechtsmittelinstanz die Unwirksamkeit einer zuvor ausgesprochenen Kündigung annimmt, auch wenn die aufhebende Entscheidung angefochten wird und noch nicht rechtskräftig ist). Wird die Zustimmung rechtskräftig bestätigt, wirkt die Bestätigung auf den Zeitpunkt der Zustimmung zurück; eine – auch schon längere Zeit zurückliegende – nach § 171 Abs. 3 SGB IX fristgerecht ausgesprochene Kündigung wird damit endgültig wirksam. Wird die Zustimmung oder ein Negativattest dagegen durch eine rechtskräftige Entscheidung aufgehoben, wird eine aufgrund der zunächst erteilten Zustimmung hin ausgesprochene Kündigung rückwirkend unwirksam (*BAG* 15.5.1986 – 2 AZR 497/85). In diesem Fall kann der schwerbehinderte Arbeitnehmer regelmäßig Entgelt aus Annahmeverzug für die Zeit nach Ablauf der Kündigungsfrist der zunächst ausgesprochenen, aber unwirksamen Kündigung verlangen.

125 Ein Arbeitgeber, dessen Antrag auf Zustimmung zur Kündigung eines schwerbehinderten Arbeitnehmers abschlägig beschieden wurde, kann seinen Antrag aufgrund neuer, nach der Ablehnung

bekannt gewordener oder eingetretener Tatsachen jederzeit erneuern. Er kann den **neuen Antrag** auch schon stellen, wenn das Rechtsmittelverfahren gegen die ablehnende Entscheidung über den ersten Antrag noch nicht abgeschlossen ist (*LAG München* 26.5.1976 DB 1976, 1774).

E. Bindung des Integrationsamts an seine eigene Entscheidung

Die Entscheidung des Integrationsamts über den Antrag des Arbeitgebers auf Zustimmung zu der Kündigung des Arbeitsverhältnisses eines schwerbehinderten Arbeitnehmers ist ein **Verwaltungsakt**, auch wenn es sich um ein Negativattest handelt (Neumann/Pahlen/Greiner/Winkler/Jabben-*Neumann* § 168 SGB IX Rn 82). 126

An diesen Verwaltungsakt ist das Integrationsamt nicht gebunden, wenn er **nichtig** ist, dh wenn er an einem besonders schwerwiegenden Fehler leidet und dies bei verständiger Würdigung aller in Betracht kommenden Umstände offenkundig ist (§ 40 Abs. 1 SGB X), zB wenn das Integrationsamt seine Entscheidung nicht förmlich zustellt, sondern Arbeitgeber und Arbeitnehmer nur mündlich mitteilt (s. Rdn 114). Da im Fall der Nichtigkeit keine wirksame Entscheidung vorliegt, ist das Integrationsamt verpflichtet, eine neue (wirksame) Entscheidung zu erlassen. Dabei ist es an Feststellungen und Wertungen des vorangegangenen nichtigen Verwaltungsakts nicht gebunden. 127

Ist die Entscheidung des Integrationsamts nicht nichtig, kann sie **nur unter bestimmten Voraussetzungen** vom Integrationsamt **widerrufen oder zurückgenommen** werden. Um einen Widerruf handelt es sich, wenn das Integrationsamt eine rechtmäßige Entscheidung außerhalb eines Rechtsbehelfsverfahrens beseitigen will (§§ 46, 47 SGB X). Mit der Rücknahme wird eine rechtswidrige Entscheidung durch das Integrationsamt außerhalb eines Rechtsbehelfsverfahrens beseitigt (vgl. §§ 44, 45 SGB X). Rechtswidrig ist die Entscheidung zB, wenn sie auf einem Ermessensfehler oder unzutreffenden Angaben eines Beteiligten beruht oder sie mit unlauteren Mitteln erwirkt wurde oder wenn das Integrationsamt wesentliche Verfahrensvorschriften nicht einhält. Die Zulässigkeit von Widerruf oder Rücknahme einer Entscheidung des Integrationsamts kann nicht nach den Vorschriften des VwVfG des Bundes und der LVwVfG beurteilt werden, weil diese Gesetze für das Schwerbehindertenrecht nicht gelten (vgl. zB § 2 Abs. 2 Nr. 4 VwVfG). Es ist auf allgemeine Verwaltungsrechtsgrundsätze und die Vorschriften des SGB X zurückzugreifen. 128

Im Einzelnen gilt für die Zulässigkeit von Widerruf und Rücknahme Folgendes: 129

a) Erteilt das Integrationsamt die **Zustimmung** zur Kündigung, handelt es sich um einen sog. **privatrechtsgestaltenden Verwaltungsakt**, weil erst die Zustimmung die Kündigung des Arbeitsverhältnisses ermöglicht. Als privatrechtsgestaltender Verwaltungsakt ist die Zustimmung **unwiderruflich und kann nicht zurückgenommen werden, wenn die gestaltende Wirkung eingetreten** ist (§ 45 Abs. 2 S. 1 SGB X), dh die aufgrund der Zustimmung ausgesprochene Kündigung dem schwerbehinderten Arbeitnehmer zugegangen ist. Das ist ein Gebot des rechtsstaatlichen Grundsatzes der Rechtssicherheit, das auch dann gilt, wenn die Zustimmung des Integrationsamts ein rechtswidriger Verwaltungsakt ist. Dagegen besteht kein berechtigter Anlass, Widerruf oder Rücknahme der Zustimmung stets, also auch bereits vor Zugang der Kündigung auszuschließen.

b) Bis zum Zugang der Kündigung gelten hinsichtlich der Zulässigkeit von **Widerruf oder Rücknahme der Zustimmung** des Integrationsamts die Grundsätze für den Widerruf und die Rücknahme von **Verwaltungsakten mit Drittwirkung**. Als einen Verwaltungsakt mit Drittwirkung bezeichnet man einen Verwaltungsakt mit **Doppelwirkung für verschiedene Personen:** Für den Arbeitnehmer ist die Zustimmung ein belastender, für den Arbeitgeber ein begünstigender Verwaltungsakt. Verwaltungsakte mit Drittwirkung (hier: Zustimmung des Integrationsamts) können nach denselben Grundsätzen wie begünstigende Verwaltungsakte widerrufen oder zurückgenommen werden. Grds. ist der **Widerruf** der Zustimmung zur Kündigung **unzulässig** (vgl. § 47 SGB X). Ausnahmsweise ist der Widerruf zulässig, wenn mit dem Zustimmungsbescheid eine Auflage verbunden ist und der Arbeitgeber sie nicht innerhalb einer ihm gesetzten Frist erfüllt hat (§ 47 Abs. 1 Nr. 2 SGB X), zB wenn der Arbeitgeber die mit der Zustimmung verbundene Auflage der dreimonatigen Gehaltszahlung nach § 172 Abs. 1 S. 1 SGB IX nicht erfüllt. Der Widerruf ist ferner zulässig, wenn der 130

Arbeitnehmer die Zustimmung zur Kündigung angefochten hat und dem Widerspruch des Arbeitnehmers durch den Widerruf abgeholfen oder seiner Klage zum Erfolg verholfen werden soll (§ 49 SGB X). Aber auch in diesen Fällen ist der Widerruf ausgeschlossen, wenn die Behörde zum Erlass der bisherigen Entscheidung verpflichtet war (§ 46 SGB X), dh der Widerruf der Zustimmung zur Kündigung gegen § 172 SGB IX (s. Rdn 98 ff.) oder § 174 SGB IX (s. § 174 SGB IX Rdn 21 ff.) verstieße.

131 **Unanfechtbar** und damit unwiderruflich wird die rechtmäßig erteilte Zustimmung zur Kündigung, wenn der Arbeitnehmer auf Rechtsbehelfe gegen sie verzichtet, wenn die Rechtsbehelfsfrist abgelaufen ist, ohne dass der Arbeitnehmer einen Rechtsbehelf eingelegt hat, oder wenn eine gerichtliche Entscheidung, durch die eine Klage gegen die erteilte Zustimmung abgewiesen wurde, formell rechtskräftig wird.

132 Eine **Rücknahme** der Zustimmung zur Kündigung ist bis zum Zeitpunkt des Zugangs der Kündigung zulässig, wenn der Arbeitgeber die Zustimmung durch arglistige Täuschung, Drohung oder Bestechung erwirkt hat oder die Zustimmung auf Angaben beruht, die der Arbeitgeber vorsätzlich oder grob fahrlässig in wesentlichen Punkten unrichtig oder unvollständig gemacht hat, oder der Arbeitgeber die Rechtswidrigkeit der Zustimmung zur Kündigung kannte oder infolge grober Fahrlässigkeit nicht kannte (vgl. § 45 Abs. 2 SGB X). Die Rücknahme der Zustimmung ist aber unzulässig, wenn das Integrationsamt zur Zustimmung verpflichtet war (s. Rdn 98 ff.) oder die Zustimmung unanfechtbar geworden ist. Im letzten Fall läge in der Rücknahme der Zustimmung ein Verstoß gegen die Rechtskraft oder Bestandskraft der Entscheidung zulasten des Arbeitgebers (– nur – von Rechtskraft zugunsten des Betroffenen abweichender Bescheid zulässig).

133 Wird die **Zustimmung** zur Kündigung durch den Widerspruchsausschuss oder ein Gericht der Verwaltungsgerichtsbarkeit **aufgehoben**, verliert sie ihre Wirksamkeit. Sie kann nicht länger Grundlage einer Kündigung sein, selbst wenn die Entscheidung des Widerspruchsausschusses oder die gerichtliche Entscheidung noch nicht rechtskräftig sind. In diesem Fall sind weder ein Widerruf noch eine Rücknahme der Zustimmung zulässig.

134 c) Soweit das Integrationsamt den Widerruf oder die Rücknahme der Zustimmung zur Kündigung erklären kann, muss die den Widerruf oder die Rücknahme aussprechende Entscheidung dem Arbeitgeber spätestens im **Zeitpunkt des Zugangs der Kündigung förmlich zugestellt** werden; die Zustellung an den Arbeitnehmer ist zwar auch erforderlich, aber nicht Wirksamkeitsvoraussetzung. Für Form und Verfahren des Widerrufs oder der Rücknahme der Zustimmung gelten die für die Erteilung der Zustimmung maßgebenden Vorschriften. Sind oder werden Widerruf oder Rücknahme der Zustimmung dem Arbeitgeber im Zeitpunkt des Zugangs der Kündigung nicht zugestellt, sind sie noch nicht wirksam und daher ohne rechtliche Bedeutung. Eine spätere Zustellung ist ebenfalls rechtlich bedeutungslos, weil ein Widerruf oder eine Rücknahme der Zustimmung nach Zugang der Kündigung ausgeschlossen sind (Ausnahme: § 49 SGB X; s. Rdn 130).

135 Erklärt das Integrationsamt den Widerruf oder die Rücknahme der Zustimmung zur Kündigung, handelt es sich um einen **Verwaltungsakt**, der im Fall der Nichtigkeit unbeachtlich ist und im Übrigen vom Arbeitgeber auf dem Verwaltungsrechtsweg (Widerspruchsausschuss, Verwaltungsgerichtsbarkeit) angegriffen werden kann.

136 d) Ein **Negativattest** kann vom Integrationsamt unter denselben Voraussetzungen wie eine Zustimmung widerrufen oder zurückgenommen werden, weil auch das Negativattest ein Verwaltungsakt ist.

137 e) Versagt das Integrationsamt die Zustimmung zur Kündigung, sind Widerruf und Rücknahme dieses Bescheids nicht wie bei einem privatrechtsgestaltenden Verwaltungsakt eingeschränkt. Die **Versagung der Zustimmung ist kein privatrechtsgestaltender Verwaltungsakt** in dem Sinn, dass nun eine Kündigung des Arbeitsverhältnisses unzulässig wird. Vielmehr war das Arbeitsverhältnis bereits vorher und unabhängig von der Versagung der Zustimmung unkündbar, mit anderen Worten: Der Arbeitgeber kann das Arbeitsverhältnis nicht kündigen, solange keine Zustimmung des

Integrationsamts zur Kündigung erteilt ist, gleichgültig ob das Integrationsamt die Zustimmung zur Kündigung ausdrücklich versagt oder überhaupt keine Entscheidung trifft (im Fall des § 174 Abs. 3 S. 2 SGB IX wird eine positive Entscheidung des Integrationsamts fingiert).

Die Versagung der Zustimmung zur Kündigung kann das Integrationsamt **nach den Grundsätzen für den Widerruf und die Rücknahme von Verwaltungsakten mit Drittwirkung** widerrufen oder zurücknehmen (s. Rdn 130 ff.). Für den Arbeitgeber ist die Versagung der Zustimmung ein belastender, für den Arbeitnehmer ein begünstigender Verwaltungsakt (aA *LAG München* 26.5.1976 DB 1976, 1774). Danach kann die Versagung der Zustimmung zur Kündigung nach pflichtgemäßem Ermessen des Integrationsamts so lange widerrufen oder zurückgenommen, dh die Zustimmung erteilt werden, bis die Versagung der Zustimmung für den Arbeitgeber unanfechtbar geworden ist oder durch den Widerspruchsausschuss oder eine gerichtliche Entscheidung aufgehoben wird. 138

Eine Rücknahme der Versagung der Zustimmung (= Erteilung der Zustimmung) ist bei einem **unlauteren Verhalten** oder unrichtigen oder unvollständigen Angaben des Arbeitnehmers unter denselben Voraussetzungen zulässig wie die Rücknahme der Zustimmung zur Kündigung (s. Rdn 132). 139

Der Widerruf oder die Rücknahme der Versagung der Zustimmung (= Erteilung der Zustimmung zur Kündigung) ist ein **Verwaltungsakt**, der im Fall der Nichtigkeit unbeachtlich und im Übrigen vom Arbeitnehmer auf dem Verwaltungsrechtsweg angreifbar ist. 140

f) Vom Widerruf oder der Rücknahme des Verwaltungsakts zu unterscheiden ist die **Abhilfe**, die das Integrationsamt vornehmen kann, wenn gegen seine Entscheidung Widerspruch eingelegt wird (s. Rdn 117). 141

F. Bindung von Behörden und Gerichten an die Entscheidung des Integrationsamts

Abgesehen von den behördlichen und gerichtlichen Instanzen, die im Rechtsmittelverfahren mit der Entscheidung des Integrationsamts befasst sind, sind **alle anderen Behörden und Gerichte**, insbes. auch die Gerichte für Arbeitssachen, grds. an die zustimmende oder ablehnende Entscheidung des Integrationsamts und der Rechtsmittelinstanzen im Verwaltungsrechtsweg gebunden. Sie müssen die Entscheidung (bis zu ihrer Aufhebung) als wirksam behandeln, auch wenn sie im Verwaltungsrechtsweg angefochten und noch nicht formell rechtskräftig ist (sog. **Tatbestandswirkung**). Ihnen steht es grds. nicht zu, die Entscheidungen des Integrationsamts auf ihre Richtigkeit zu überprüfen. Sie können nur nachprüfen, ob eine erteilte Zustimmung – falls es darauf ankommt – schon unanfechtbar geworden ist oder nicht oder ob die Zustimmung nichtig, also offensichtlich rechtswidrig ist (s. Rdn 127; vor §§ 168–175 Rdn 12). Eine nichtige Zustimmung ist – wie jeder andere nichtige Verwaltungsakt – nicht zu beachten (*BAG* 21.1.1958 AP Nr. 4 zu § 2 SchwBeschG); auf eine nichtige Zustimmung kann sich der Arbeitgeber nicht berufen. 142

Wegen der nicht bestehenden Prüfungskompetenz der Arbeitsgerichtsbarkeit führt deshalb eine fehlende Zustimmung zu einer ordentlichen Kündigung in einem arbeitsgerichtlichen Verfahren zu der **Feststellung, dass die Kündigung das Arbeitsverhältnis nicht aufgelöst hat**, auch wenn die Ablehnung der Zustimmung durch das Integrationsamt unberechtigt war (*BAG* 25.11.1980 AP Nr. 7 zu § 12 SchwbG). Ist die Zustimmung erteilt, aber noch nicht rechtskräftig, kommt unter Umständen die Aussetzung des Rechtsstreits vor den Arbeitsgerichten in Betracht (s. Rdn 163 ff.). 143

G. Der Ausspruch der Kündigung

I. Frist für die Kündigungserklärung

Der Arbeitgeber kann die Kündigung nur **innerhalb eines Monats nach Zustellung der zustimmenden Entscheidung** des Integrationsamts oder nach Eintritt der Zustimmungsfiktion (s. Rdn 90) erklären (§ 171 Abs. 3 SGB IX; zu der Frist des § 171 Abs. 3 SGB IX auch vor §§ 168–175 SGB IX Rdn 41). Erreicht er die Zustimmung erst im Rechtsmittelverfahren gegen eine ablehnende Entscheidung des Integrationsamts, beginnt die Monatsfrist mit der Zustellung der Rechtsmittelentscheidung, in der die Zustimmung ausgesprochen wird. Die Monatsfrist 144 läuft auch, wenn der schwerbehinderte Arbeitnehmer die durch das Integrationsamt oder eine Rechtsmittelinstanz erteilte Zustimmung mit Rechtsbehelfen angreift (s.a. Rdn 122). Durch die Eröffnung des Insolvenzverfahrens über das Vermögen des Arbeitgebers wird die Monatsfrist nicht in entsprechender Anwendung von § 240 ZPO unterbrochen (*LAG Düsseld.* 3.3.1982 ZIP 1982, 737). Bei der Monatsfrist handelt es sich um eine materiellrechtliche Ausschlussfrist (*BAG* 17.2.1982 EzA § 15 SchwbG Nr. 1). Eine vom Arbeitgeber vor Beginn oder nach Ablauf der Monatsfrist ausgesprochene Kündigung (maßgebend ist der Zeitpunkt des Zugangs der Kündigung; s. Rdn 147) ist unwirksam. Eine **Wiedereinsetzung in den vorigen Stand** wegen Versäumung der Monatsfrist kommt nicht in Betracht. Der Arbeitgeber hat die Möglichkeit, ein neues Zustimmungsverfahren einzuleiten und nach erneut erteilter Zustimmung innerhalb der Monatsfrist des § 171 Abs. 3 SGB IX eine neue Kündigung auszusprechen. Hat der Arbeitgeber innerhalb der Monatsfrist die Kündigung erklärt und will er noch innerhalb der Monatsfrist vorsorglich eine **weitere Kündigung** mit dem gleichen Kündigungssachverhalt aussprechen, ist hierzu eine (weitere) Zustimmung des Integrationsamts nicht erforderlich, weil die Zustimmung des Integrationsamts auch die zweite Kündigung deckt (ebenso *BAG* 8.11.2007 EzA § 88 SGB IX Nr. 1).

145 Maßgebend für den Beginn der Monatsfrist ist die förmliche **Zustellung** der zustimmenden Entscheidung des Integrationsamts, auch wenn es sich nur um einen vorsorglichen Bescheid handelt (s. Rdn 63), oder des Widerspruchsausschusses (ggf. nach Verpflichtung durch die Verwaltungsgerichte) an den Arbeitgeber (s. Rdn 113 f.) oder der Eintritt der Zustimmungsfiktion (s. Rdn 90). Eine nicht formgerechte Zustellung kann die Monatsfrist nicht in Lauf setzen, weil in diesem Fall eine wirksame Zustimmung des Integrationsamts fehlt (s. Rdn 114). **Vor Zustellung** der Zustimmung kann der Arbeitgeber **nicht wirksam kündigen** (*BAG* 16.10.1991 EzA § 18 SchwbG 1986 Nr. 2 m. zust. Anm. *Rieble* = SAE 1993, 295 m. zust. Anm. *Wank*; s. aber Rdn 147 aE). Wird der Zeitpunkt der förmlichen Zustellung fingiert, darf der Arbeitgeber vor diesem Zeitpunkt nicht kündigen, auch wenn ihm der Zustimmungsbescheid früher zugeht (*LAG BW* 22.9.2006 DÖD 2007, 96, zust. *Tolmein* jurisPR-ArbR 10/2007 Anm. 5; *Natter* ArbRB 2008, 245 f.). Ein solcher Fall kann etwa nach § 4 VwZG BW eintreten. Danach gilt ein eingeschriebener Brief bei einer Zustellung durch die Post mittels eingeschriebenen Briefs erst mit dem dritten Tag nach der Aufgabe zur Post als zugestellt, es sei denn, dass das zuzustellende Schriftstück nicht oder zu einem späteren Zeitpunkt zugegangen ist. Für den Fristbeginn ist es unerheblich, wann die Entscheidung dem schwerbehinderten Arbeitnehmer zugestellt wird (*LAG Bln.* 11.6.1979 EzA § 12 SchwbG Nr. 7). Das gilt auch, wenn die förmliche Zustellung des Bescheids an den schwerbehinderten Arbeitnehmer völlig unterbleibt. Die Zustellung an den schwerbehinderten Arbeitnehmer ist keine Wirksamkeitsvoraussetzung für die Entscheidung des Integrationsamts (s. Rdn 114).

146 Die **Monatsfrist** berechnet sich nach § 187 Abs. 1, § 188 Abs. 2 Alt. 1, Abs. 3, § 193 BGB. Sie endet deshalb grds. einen Monat nach Zustellung oder Eintritt der Zustimmungsfiktion mit Ablauf des Tages, der durch seine Datumszahl dem Tag der Zustellung oder dem Tag des Eintritts der Zustimmungsfiktion entspricht. Fehlt in dem Monat des Ablaufs der Frist der dem Tag der Zustellung oder dem Tag des Eintritts der Zustimmungsfiktion entsprechende Tag (zB der 31.), endet die Frist am Monatsletzten. Fällt der letzte Tag der Frist auf einen Samstag, Sonntag oder gesetzlichen Feiertag, verstreicht die Frist erst am nächsten Werktag (aA LPK-SGB IX/*Düwell* § 169 Rn 8).

147 Innerhalb der Monatsfrist muss die **Kündigung** »erklärt« werden. Diese Formulierung unterscheidet sich von den Begriffen »gekündigt werden« und »Kündigung erfolgen«, die in den §§ 622, 626 BGB verwendet werden und nach allgemeiner Meinung den Zugang der Kündigung meinen. Demgegenüber bedeutet »Erklärung« der Kündigung nach dem Wortsinn, dass – bei der notwendig schriftlichen Kündigung (§ 623 BGB) – ein Schriftstück, das die Kündigungserklärung enthält, abgesandt wird. Andererseits ist der Zweck der Vorschrift darin zu sehen, dass der schwerbehinderte Arbeitnehmer innerhalb der Frist wissen soll, ob der Arbeitgeber von der Erlaubnis zur Kündigung Gebrauch macht. Im Hinblick auf diesen Zweck ist trotz der missverständlichen Formulierung davon auszugehen, dass es für die Einhaltung der Frist auf den **Zugang der Kündigung** ankommt

(ebenso *LAG Köln* 27.2.1997 LAGE § 18 SchwbG 1986 Nr. 1; LPK-SGB IX/*Düwell* § 171 Rn 31; Neumann/Pahlen/Greiner/Winkler/Jabben-*Neumann* § 171 SGB IX Rn 14). Das bedeutet zugleich, dass das Kündigungsschreiben schon vor der Zustellung des Bescheids des Integrationsamts abgesandt werden kann, wenn es dem Arbeitnehmer erst nach der Zustellung des Bescheids zugeht.

II. Einhaltung der Kündigungsfrist

Durch den aufgehobenen § 12 SchwbG (jetzt: § 169 SGB IX) wurde im Interesse der schwerbehinderten Arbeitnehmer eine **Mindestkündigungsfrist** (vier Wochen) eingeführt, die günstiger war als die frühere gesetzliche Kündigungsfrist des § 622 BGB, jedenfalls soweit sie Arbeiter betraf. § 169 SGB IX bietet dem schwerbehinderten Arbeitnehmer nun gegenüber anderen Arbeitnehmern keinen besonderen Schutz mehr, nachdem § 622 BGB eine Mindestkündigungsfrist von vier Wochen für alle Arbeitnehmer festgelegt hat, wenn Kündigungen nach Ablauf von sechs Monaten seit Beginn des Arbeitsverhältnisses ausgesprochen werden (§ 622 Abs. 3 und 5 BGB). Lediglich wenn Tarifverträge eine kürzere Kündigungsfrist als vier Wochen festlegen (§ 622 Abs. 4 BGB), hat § 169 SGB IX noch eine eigenständige Bedeutung. 148

Für eine ordentliche Kündigung des Arbeitgebers beträgt die Kündigungsfrist **mindestens vier Wochen** (§ 169 SGB IX). Es handelt sich um eine gesetzliche Mindestkündigungsfrist. Wegen ihres öffentlich-rechtlichen Charakters ist sie zwingend; sie kann nicht zuungunsten des schwerbehinderten Arbeitnehmers durch Tarifvertrag, Betriebsvereinbarung oder Einzelvertrag verkürzt werden. Eine Verlängerung der Kündigungsfrist ist dagegen zulässig. Da es sich um eine Mindestkündigungsfrist handelt, tritt sie an die Stelle einer gesetzlich oder vertraglich kürzeren Frist, lässt aber günstigere gesetzliche (zB § 622 Abs. 2 BGB) oder vertragliche Fristen unberührt. Ebenso bleibt ein gesetzlicher, tariflicher oder vertraglicher Kündigungstermin (zB Monatsschluss, Vierteljahresschluss; vgl. § 622 BGB) durch § 169 SGB IX unberührt. Er ist unter Beachtung der Mindestkündigungsfrist von vier Wochen einzuhalten (*BAG* 25.2.1981 EzA § 17 SchwbG Nr. 3). Die Mindestkündigungsfrist von vier Wochen gilt auch für **Änderungskündigungen** (LPK-SGB IX/*Düwell* § 169 Rn 3). 149

Die Frist des § 169 SGB IX ist zwar auch eine **gesetzliche Kündigungsfrist iSd Insolvenzordnung**, kommt aber im Insolvenzverfahren nur noch selten zum Tragen. Nach § 113 InsO beträgt die Kündigungsfrist im Insolvenzverfahren drei Monate zum Monatsende, wenn nicht eine kürzere Frist maßgeblich ist. Als kürzere Frist kommen, wenn § 169 SGB IX maßgeblich sein soll, nur tarifliche Kündigungsfristen in Betracht, die weniger als vier Wochen betragen. In diesem Fall greift § 169 SGB IX ein, sodass die Kündigungsfrist im Insolvenzverfahren gegenüber einem schwerbehinderten Arbeitnehmer vier Wochen beträgt (LPK-SGB IX/*Düwell* § 169 Rn 9). 150

Einen **Aufhebungsvertrag** kann der schwerbehinderte Arbeitnehmer jederzeit wirksam mit dem Arbeitgeber abschließen. Deshalb kann er auch nach Ausspruch einer Kündigung durch den Arbeitgeber mit diesem wirksam vereinbaren, dass das Arbeitsverhältnis schon vor Ablauf der Kündigungsfrist des § 169 SGB IX enden solle (Neumann/Pahlen/Greiner/Winkler/Jabben-*Neumann* § 169 SGB IX Rn 4). Der Aufhebungsvertrag unterliegt der Schriftform (§ 623 BGB). 151

Die Kündigungsfrist des § 169 SGB IX gilt für Kündigungen durch den Arbeitgeber, **nicht** aber für **Kündigungen durch den Arbeitnehmer** (*Gröninger/Thomas* § 16 Rn 2; APS-*Vossen* § 169 SGB IX Rn 3; aA Neumann/Pahlen/Greiner/Winkler/Jabben-*Neumann* § 169 SGB IX Rn 4). §§ 168-174 SGB IX regeln nur den Schutz des schwerbehinderten Arbeitnehmers vor Kündigungen des Arbeitgebers, wie insbes. die Überschrift des Vierten Kapitels (»Kündigungsschutz«) und § 168 SGB IX (»Die Kündigung ... durch den Arbeitgeber ...«) zeigen. Auch §§ 170-174 SGB IX betreffen Kündigungen des Arbeitgebers, während § 175 SGB IX einen Fall der Beendigung des Arbeitsverhältnisses ohne Kündigung regelt. Da §§ 168 und 170-174 SGB IX unzweifelhaft auf Kündigungen des Arbeitnehmers nicht anwendbar sind, wäre es widersprüchlich, ausgerechnet § 169 SGB IX auf solche Kündigungen anzuwenden, obwohl der Zweck der §§ 168-174 SGB IX, der besondere Kündigungsschutz des Arbeitnehmers, eine solche Regelung nicht erfordert. Für Kündigungen 152 durch den Arbeitnehmer gelten daher die sonstigen gesetzlichen, tariflichen oder vertraglichen Kündigungsfristen (im Ergebnis genauso LPK-SGB IX/*Düwell* § 169 Rn 7).

153 Für die **Berechnung der Vierwochenfrist** gelten §§ 186 ff. BGB (APS-*Vossen* § 169 SGB IX Rn 4). Die Frist beginnt an dem Tag, der dem Tag des Zugangs der Kündigung nachfolgt, und endet mit Ablauf desjenigen Tages, der durch seine Benennung (zB Dienstag, Mittwoch) dem Tage entspricht, an dem die Kündigung zuging (§ 187 Abs. 1, § 188 Abs. 2 Alt. 1 BGB).

H. Vorgehen des Arbeitnehmers gegen die Kündigung

154 Liegt keine Zustimmung des Integrationsamts oder des Widerspruchsausschusses des Integrationsamts (ggf. nach Verpflichtung durch die Verwaltungsgerichte; s. Rdn 123) zur Kündigung vor, obwohl eine solche Zustimmung erforderlich ist, ist eine gleichwohl ausgesprochene Kündigung des Arbeitgebers wegen Verstoßes gegen § 168 SGB IX unwirksam. Der Arbeitnehmer muss die Unwirksamkeit der Kündigung aus diesem oder anderen Gründen innerhalb von drei Wochen nach Zugang der schriftlichen Kündigung beim Arbeitsgericht geltend machen und die Feststellung beantragen, dass das Arbeitsverhältnis durch die Kündigung nicht aufgelöst ist (§ 4 S. 1 KSchG), sofern die Schwerbehinderung dem Arbeitgeber nicht bekannt war (vgl. iE hier Rdn 19). Sonst gilt die Kündigung als von Anfang an rechtswirksam (§ 7 Hs. 1 KSchG).

155 War dem Arbeitgeber die Schwerbehinderung bekannt und holt er dennoch nicht die Zustimmung des Integrationsamts ein, kann der Arbeitnehmer die fehlende Zustimmung bis zur Grenze der Verwirkung jederzeit geltend machen. Die Dreiwochenfrist zur Klageerhebung beginnt nach § 4 S. 4 KSchG erst mit der Bekanntgabe des Zustimmungsbescheids des Integrationsamts an den Arbeitnehmer zu laufen (*BAG* 13.2.2008 EzA § 4 nF KSchG Nr. 83; s.a. *BAG* 23.2.2010 EzA § 85 SGB IX Nr. 6 m. abl. Besprechung *Dick/Windeln* ArbRB 2011, 55 ff.; ebenso *BAG* 9.2.2011 EzA § 17 TzBfG Nr. 11 für das Bedingungskontrollrecht; s.a. *BAG* 27.7.2011 EzA § 17 TzBfG Nr. 14; hier Rdn 19).

156 Im Kündigungsschutzprozess trägt der Arbeitnehmer, der den Sonderkündigungsschutz des SGB IX als Ausnahmetatbestand für sich in Anspruch nimmt, die **Darlegungs- und Beweislast** dafür, dass er schwerbehindert ist und sich fristgemäß (s. Rdn 19 ff.) gegenüber dem Arbeitgeber auf seine Schwerbehinderteneigenschaft berufen hat (aA *ArbG Bochum* 8.9.1983 DB 1984, 516).

157 Hat das Integrationsamt die Zustimmung zur Kündigung oder ein Negativattest erteilt und der Arbeitgeber daraufhin die Kündigung ausgesprochen, kann der Arbeitnehmer zwar die Zustimmung oder das Negativattest des Integrationsamts im **Verwaltungsrechtsweg** anfechten (s. Rdn 119). Das entbindet ihn aber nicht davon, die Unwirksamkeit der Kündigung durch Kündigungsschutzklage beim Arbeitsgericht geltend zu machen. Sonst ist die Kündigung wirksam, weil die Dreiwochenfrist des § 4 S. 1 KSchG versäumt ist, selbst wenn das Verwaltungsgericht die Zustimmung des Integrationsamts aufgehoben hat (s. Rdn 154).

158 Wird dem Arbeitnehmer der **Bescheid des Integrationsamts** über die Zustimmung zur Kündigung erst **nach Zugang der Kündigung zugestellt**, läuft die Dreiwochenfrist zur Erhebung der Kündigungsschutzklage nach § 4 S. 4 KSchG erst von der Zustellung des Bescheids an (schon *BAG* 17.2.1982 EzA § 15 SchwbG Nr. 1 = AP Nr. 1 zu § 15 SchwbG m. zust. Anm. *Gröninger*; s.a. *BAG* 13.2.2008 EzA § 4 nF KSchG Nr. 83; 23.2.2010 EzA § 85 SGB IX Nr. 6 m. abl. Besprechung *Dick/Windeln* ArbRB 2011, 55 ff.; s. hier Rdn 19 und 153 sowie KR-*Klose* § 4 KSchG Rdn 267, 276). Dieser Fall kann eintreten, wenn der Bescheid des Integrationsamts zunächst dem Arbeitgeber zugestellt wird, dieser daraufhin ordnungsgemäß kündigt (s. Rdn 144) und der Bescheid dem Arbeitnehmer erst danach zugeht.

159 Greift der schwerbehinderte Arbeitnehmer die Zustimmung zur Kündigung im Verwaltungsrechtsweg an, müssen die Gerichte für Arbeitssachen in einem gleichzeitig geführten Kündigungsschutzprozess dennoch prüfen, ob die Kündigung nicht bereits aus Gründen, die in der Zuständigkeit der Arbeitsgerichtsbarkeit liegen (zB weil die Kündigung sozialwidrig ist), unwirksam ist (*LAG*

Bln. 11.12.1981 AuR 1982, 322). In einem solchen Fall ist ggf. festzustellen, dass die Kündigung das Arbeitsverhältnis **nicht aufgelöst hat**. Die Frage, ob die Zustimmung zur Kündigung letztlich Bestand hat oder nicht, ist für den Ausgang des Kündigungsrechtsstreits ohne Bedeutung. Für eine Aussetzung des Kündigungsschutzprozesses bis zur rechtskräftigen Entscheidung über die angegriffene Zustimmung zur Kündigung ist kein Raum (*LAG Köln* 3.2.1997 LAGE § 148 ZPO Nr. 31; *LAG Bln.* 11.12.1981 AuR 1982, 322).

Will der Arbeitgeber die Kündigung im Kündigungsschutzprozess auf **Gründe** stützen, **die er im Zustimmungsverfahren nach §§ 168 ff. SGB IX nicht genannt hat**, ist ein solches »Nachschieben« im Hinblick auf den Kündigungsschutz nach dem SGB IX uneingeschränkt zulässig (*LAG SA* 24.11.1999 BB 2000, 2051). Das SGB IX schreibt nicht zwingend vor, dass der Arbeitgeber dem Integrationsamt Kündigungsgründe mitteilen muss. Vielmehr hat das Integrationsamt den Sachverhalt von Amts wegen aufzuklären und nach eigenem Ermessen über die beantragte Zustimmung zu entscheiden. Die erteilte Zustimmung entfaltet Tatbestandswirkung in dem Sinn, dass damit eine Zulässigkeitsvoraussetzung für die Kündigung erfüllt ist. Diese entfällt nicht dadurch, dass der Arbeitgeber nachträglich im Kündigungsschutzprozess weitere Kündigungsgründe nachschiebt. Nach Wortlaut und Sinn des SGB IX ist eine Zustimmung des Integrationsamts zu den nachgeschobenen Kündigungsgründen nicht erforderlich (*Gröninger* Anm. zu AR-Blattei Betriebsverfassung XIV C: Entsch. 77). Lässt der Arbeitgeber jedoch den dem Integrationsamt mitgeteilten Kündigungsgrund fallen und stützt er die Kündigung im Kündigungsschutzprozess ausschließlich auf völlig neue Kündigungsgründe, ist hierzu eine erneute Zustimmung des Integrationsamts erforderlich, weil die bisher erteilte Zustimmung einen nicht mehr vorhandenen Sachverhalt betrifft. Ist der Betriebsrat oder eine Personalvertretung vor der Kündigung zu beteiligen, können Kündigungsgründe nur unter bestimmten Voraussetzungen nachgeschoben werden. 160

Stellt sich im Kündigungsschutzprozess heraus, dass die Kündigung sozialwidrig ist, und wird **vom Arbeitnehmer ein begründeter Auflösungsantrag nach § 9 Abs. 1 S. 1 KSchG gestellt**, hat das ArbG das Arbeitsverhältnis unter Verurteilung des Arbeitgebers zur Zahlung einer Abfindung aufzulösen. Das Verfahren ist nicht nach § 148 ZPO bis zur rechtskräftigen Entscheidung im Verwaltungs(-gerichts)verfahren über die Zustimmung zur Kündigung auszusetzen. Wird die Zustimmung zur Kündigung im Verwaltungs(-gerichts)verfahren rechtskräftig versagt, ist die Kündigung zwar auch aus anderen als den in § 1 Abs. 2 und 3 KSchG bezeichneten Gründen rechtsunwirksam. Das kann aber nicht dazu führen, dass nach § 13 Abs. 3 KSchG die Anwendung der §§ 9, 10 KSchG über die gerichtliche Auflösung des Arbeitsverhältnisses ausgeschlossen ist. Dem Arbeitnehmer darf kein Nachteil daraus entstehen, dass die Kündigung nicht nur wegen Verstoßes gegen § 1 KSchG, sondern auch wegen Verstoßes gegen § 168 SGB IX rechtsunwirksam ist. 161

Stellt dagegen der **Arbeitgeber hilfsweise** für den Fall der Sozialwidrigkeit der Kündigung **einen begründeten Auflösungsantrag nach § 9 Abs. 1 S. 2 KSchG**, ist das Verfahren nach § 148 ZPO bis zur rechtskräftigen Entscheidung im Verwaltungs(-gerichts)verfahren über die Zustimmung zur Kündigung auszusetzen. Wird die Zustimmung zur Kündigung im Verwaltungs(-gerichts)verfahren rechtskräftig versagt, ist die Kündigung iSv § 13 Abs. 3 KSchG »bereits aus anderen als den in § 1 Abs. 2 und 3 bezeichneten Gründen« rechtsunwirksam, sodass der Arbeitgeber die Auflösung des Arbeitsverhältnisses nicht beantragen kann. Der Sinn des § 13 Abs. 3 KSchG liegt gerade darin, dem Arbeitgeber die Berufung auf die Vorschriften des KSchG (zB §§ 4, 7, 9, 10) zu versagen, wenn die Kündigung aus Gründen unwirksam ist, die nicht in § 1 oder § 13 Abs. 1–2 KSchG aufgeführt sind (*BAG* 9.10.1979 EzA § 9 nF KSchG Nr. 9). Auf Antrag des Arbeitgebers kann das Arbeitsverhältnis nur aufgelöst werden, wenn die ordentliche Kündigung ausschließlich sozialwidrig ist (*BAG* 31.7.2014 EzA § 1 KSchG Verhaltensbedingte Kündigung Nr. 84, Rn 44; 24.11.2011 EzA § 88 SGB IX Nr. 2, Rn 19 mwN). 162

Hängt die Rechtswirksamkeit einer Kündigung nur noch von der Frage der Wirksamkeit der Zustimmung ab, ist das arbeitsgerichtliche Verfahren nach § 148 ZPO **bis zur rechtskräftigen** 163

Entscheidung über die im Verwaltungsrechtsweg angegriffene Zustimmung auszusetzen. Die Aussetzung eines Rechtsstreits nach § 148 ZPO liegt zwar grds. im pflichtgemäßen Ermessen des Gerichts. Hängt die Wirksamkeit der Kündigung jedoch ausschließlich von der Wirksamkeit der Zustimmung ab, ist jede andere Entscheidung als die Aussetzung ermessensfehlerhaft (ebenso die frühere Rspr. des BAG: *BAG* 25.11.1980 EzA § 580 ZPO Nr. 1; *LAG Köln* 17.3.1992 LAGE § 148 ZPO Nr. 24; *LAG BW* 1.6.1989 – 11 Ta 14/89; s.a. *Arendt* DB 1985, 1287; Neumann/Pahlen/Greiner/Winkler/Jabben-*Neumann* § 168 SGB IX Rn 22 empfiehlt die Aussetzung). Im arbeitsgerichtlichen Verfahren kann die Frage der Unwirksamkeit der Kündigung wegen fehlender Zustimmung des Integrationsamts mit Blick auf den einheitlichen Streitgegenstand der unterbliebenen Auflösung des Arbeitsverhältnisses durch die Kündigung nicht offenbleiben, wenn die Kündigung nicht bereits aus anderen Gründen unwirksam ist. Der Widerspruch oder die Klage gegen eine vom Integrationsamt oder dem Widerspruchsausschuss (ggf. nach Verpflichtung durch die Verwaltungsgerichte) erteilte Zustimmung zur Kündigung haben zwar keine aufschiebende Wirkung (s. Rdn 122). Das bedeutet aber nur, dass der Arbeitgeber die Kündigung bereits vor Rechtskraft der zustimmenden Entscheidung aussprechen darf. Die Wirksamkeit der Kündigung hängt aber letztlich von der rechtskräftigen Entscheidung über die angefochtene Zustimmung zur Kündigung ab. Sonst wären ein Widerspruch oder die Klage gegen eine Zustimmung sinnlos. **Die Zustimmung zur Kündigung ist**, solange sie noch nicht rechtskräftig geworden ist, **schwebend wirksam**. Den Gerichten für Arbeitssachen fehlt die Prüfungskompetenz dafür, ob die Zustimmung zur Kündigung wirksam ist (s. Rdn 142). Es ist aber nicht gerechtfertigt, daraus abzuleiten, dass der nicht bestandskräftigen Zustimmung eine »Tatbestandswirkung« zukomme, die von den Gerichten für Arbeitssachen hingenommen werden müsse (so aber *BAG* 26.9.1991 EzA § 1 KSchG Personenbedingte Kündigung Nr. 10 = SAE 1993, 225 m. zust. Anm. *Schiefer/Köster*). Entscheidend ist vielmehr: Die Wirksamkeit der Kündigung, die allein von der Wirksamkeit der noch nicht rechtskräftigen Zustimmung zur Kündigung abhängt, kann von den Gerichten für Arbeitssachen nicht abschließend beurteilt werden. Deshalb muss das arbeitsgerichtliche Verfahren ausgesetzt werden (vgl. auch *LAG RhPf* 16.6.1978 NJW 1978, 2263). Entgegen der Rspr. des BAG (*BAG* 26.9.1991 EzA § 1 KSchG Personenbedingte Kündigung Nr. 10 = SAE 1993, 225 m. zust. Anm. *Schiefer/Köster*; ebenso: *LAG SchlH* 6.4.2004 RzK IV 8b Nr. 16; *Hess. LAG* 12.11.1993 NZA 1994, 576; *Seidel* DB 1994, 1286) ist **für eine Ermessensentscheidung** der Gerichte für Arbeitssachen **kein Raum** (in diesem Sinn auch Neumann/Pahlen/Greiner/Winkler/Jabben-*Neumann* § 168 SGB IX Rn 21; das *Hess. LAG* 11.2.1994 RzK IV 8a Nr. 34 lehnt eine Aussetzung des Rechtsstreits grds. ab, wenn der Schwerbehinderte die Zustimmung der (früheren) Hauptfürsorgestelle zu seiner Entlassung angefochten habe und keine Anhaltspunkte für einen Erfolg der Anfechtung bestünden; ähnlich *LAG Köln* 21.6.1996 ZTR 1997, 89, wenn der Erfolg der auf Gleichstellung gerichteten Klage und damit die Zustimmungsbedürftigkeit der Kündigung nicht überwiegend wahrscheinlich seien). Die den Kündigungsschutzprozess blockierende Kompetenz der Verwaltungsgerichte zur Überprüfung der Rechtmäßigkeit einer erteilten Kündigungszustimmung verstößt nach Auffassung des *LAG Hamm* (19.12.1985 LAGE Art. 101 GG Nr. 1) und des *ArbG Siegen* (10.6.1988 EzA Art. 101 GG Nr. 1) gegen Art. 101 Abs. 1 S. 2 GG (»Niemand darf seinem gesetzlichen Richter entzogen werden«). Daher haben diese Gerichte dem BVerfG die Frage, ob durch die bestehende Gesetzeslage Art. 101 Abs. 1 S. 2 GG verletzt ist, zur Entscheidung vorgelegt (Bedenken äußert auch *LAG Köln* 17.3.1992 LAGE § 148 ZPO Nr. 24). Beide Gerichte haben die Vorlagen jedoch zurückgenommen.

164 Wird die Kündigungsschutzklage des schwerbehinderten Arbeitnehmers rechtskräftig abgewiesen, obwohl über die Zustimmung zur Kündigung noch nicht bestands- oder rechtskräftig entschieden ist, kann der schwerbehinderte Arbeitnehmer die **Wiederaufnahme des arbeitsgerichtlichen Verfahrens** nach § 580 Nr. 6 ZPO betreiben (Neumann/Pahlen/Greiner/Winkler/Jabben-*Neumann* § 168 SGB IX Rn 22). Zumindest ist eine analoge Anwendung von § 580 Nr. 6 ZPO geboten (*BAG* 25.11.1980 EzA § 580 ZPO Nr. 1; zust. *Gröninger* Anm. AR-Blattei Schwerbehinderte: Entsch. 57). Nach Ablauf von fünf Jahren seit Rechtskraft des arbeitsgerichtlichen Urteils ist

die Erhebung einer Restitutionsklage zwar nicht mehr statthaft (§ 586 Abs. 2 S. 2 ZPO). Sollte das Verwaltungs(-gerichts)verfahren in diesem Zeitpunkt noch nicht rechtskräftig abgeschlossen sein, ist die Erhebung der Wiederaufnahmeklage zur Wahrung der Frist des § 586 Abs. 2 S. 2 ZPO aber auch schon vor dem Ende des Verwaltungsrechtsverfahrens zulässig. Das Wiederaufnahmeverfahren ist dann bis zum Abschluss des Verwaltungsrechtsverfahrens auszusetzen (*Grunsky* Anm. AP Nr. 7 zu § 12 SchwbG).

Hat sich der Arbeitnehmer nach Ausspruch der Kündigung gegenüber dem Arbeitgeber rechtzeitig auf seine Schwerbehinderteneigenschaft und ein laufendes Anerkennungsverfahren nach § 152 SGB IX berufen (s. Rdn 19, 20) und waren bei Zugang der Kündigung die Fristen des § 152 Abs. 1 S. 3 SGB IX trotz ordnungsgemäßer Mitwirkung des Arbeitnehmers ohne Entscheidung des Versorgungsamts über den Antrag auf Feststellung der Schwerbehinderung abgelaufen (s. Rdn 52–54), ist der **Kündigungsschutzprozess nach § 148 ZPO bis zur rechtskräftigen Entscheidung über den Anerkennungsantrag auszusetzen** (ebenso APS-*Vossen* § 168 SGB IX Rn 39; aA *LAG Köln* 19.12.1995 LAGE § 1 KSchG Krankheit Nr. 22: Ermessensentscheidung). Wird später im Anerkennungsverfahren rückwirkend bis zum Zeitpunkt des Zugangs der Kündigung die Schwerbehinderteneigenschaft des Arbeitnehmers festgestellt, ist die Kündigung wegen der fehlenden Zustimmung des Integrationsamts unwirksam. Wird die Schwerbehinderteneigenschaft nicht oder nicht rückwirkend bis zum Zeitpunkt des Zugangs der Kündigung festgestellt, ist der Kündigungsschutzprozess fortzusetzen. Setzt das ArbG den Kündigungsschutzprozess nicht bis zur rechtskräftigen Entscheidung über den Anerkennungsantrag aus, sondern weist es die Kündigungsschutzklage rechtskräftig ab, kann der schwerbehinderte Arbeitnehmer in entsprechender Anwendung von § 580 Nr. 7 Buchst. b ZPO die Wiederaufnahme des Verfahrens durch Restitutionsklage betreiben, wenn die Sozialgerichte nach Rechtskraft des klageabweisenden Urteils im Kündigungsschutzprozess feststellen, dass der Arbeitnehmer im Zeitpunkt des Zugangs der Kündigung schwerbehindert war (*BAG* 24.11.2005 EzA § 1 KSchG Krankheit Nr. 51; 15.8.1984 EzA § 580 ZPO Nr. 2 = AP Nr. 13 zu § 12 SchwbG § 12m. zust. Anm. *Gaul*).

I. Weiterbeschäftigungsanspruch nach der Kündigung

Ob dem gekündigten schwerbehinderten Arbeitnehmer nach dem Kündigungstermin ein Weiterbeschäftigungsanspruch zusteht, richtet sich **nach allgemeinen arbeitsrechtlichen Grundsätzen** (s. KR-*Rinck* § 102 BetrVG Rdn 353 ff.). Ist die Kündigung offensichtlich unwirksam oder wird im Kündigungsschutzprozess festgestellt, dass die unwirksame Kündigung das Arbeitsverhältnis nicht aufgelöst hat, oder wird im verwaltungsgerichtlichen Verfahren durch noch nicht rechtskräftiges Urteil die Zustimmung des Integrationsamts zur Kündigung aufgehoben, besteht nach den Grundsätzen des Großen Senats des *BAG* (27.2.1985 EzA § 611 BGB Beschäftigungspflicht Nr. 9) grds. ein Anspruch auf Weiterbeschäftigung bis zum rechtskräftigen Abschluss der Verfahren (*ArbG Siegen* 17.2.1987 – Sa 1146/86). Vor Verkündung der Urteile besteht grds. kein Anspruch auf Weiterbeschäftigung, auch wenn der Arbeitnehmer gegen die vom Integrationsamt oder dem Widerspruchsausschuss (ggf. nach Verpflichtung durch ein Gericht der Verwaltungsgerichtsbarkeit) erteilte Zustimmung zur Kündigung durch Widerspruch und ggf. Klage vorgegangen ist (aA *Arendt* DB 1985, 1291, der einen Weiterbeschäftigungsanspruch trotz noch nicht aufgehobener Zustimmung zur Kündigung bis zum rechtskräftigen Abschluss des Widerspruchs- oder verwaltungsgerichtlichen Verfahrens bejaht). In einem solchen Fall ist zwar ungewiss, ob die Kündigung – etwa bei einer rechtskräftigen Versagung der Zustimmung – Bestand hat. Wird die Zustimmung zur Kündigung jedoch rechtskräftig bestätigt und ist die Kündigung auch aus sonstigen Gründen rechtlich nicht zu beanstanden, wird sie rückwirkend wirksam. Dann steht fest, dass das Arbeitsverhältnis nur bis zum Ablauf des Kündigungstermins fortbestand und nicht bis zum Eintritt der Rechtskraft der zustimmenden Entscheidung zur Kündigung.

§ 174 SGB IX Außerordentliche Kündigung

(1) Die Vorschriften dieses Kapitels gelten mit Ausnahme von § 169 auch bei außerordentlicher Kündigung, soweit sich aus den folgenden Bestimmungen nichts Abweichendes ergibt.

(2) ¹Die Zustimmung zur Kündigung kann nur innerhalb von zwei Wochen beantragt werden; maßgebend ist der Eingang des Antrages bei dem Integrationsamt. ²Die Frist beginnt mit dem Zeitpunkt, in dem der Arbeitgeber von den für die Kündigung maßgebenden Tatsachen Kenntnis erlangt.

(3) Das Integrationsamt trifft die Entscheidung innerhalb von zwei Wochen vom Tag des Eingangs des Antrages an. Wird innerhalb dieser Frist eine Entscheidung nicht getroffen, gilt die Zustimmung als erteilt.

(4) Das Integrationsamt soll die Zustimmung erteilen, wenn die Kündigung aus einem Grund erfolgt, der nicht im Zusammenhang mit der Behinderung steht.

(5) Die Kündigung kann auch nach Ablauf der Frist des § 626 Absatz 2 Satz 1 des Bürgerlichen Gesetzbuchs erfolgen, wenn sie unverzüglich nach Erteilung der Zustimmung erklärt wird.

(6) Schwerbehinderte Menschen, denen lediglich aus Anlass eines Streiks oder einer Aussperrung fristlos gekündigt worden ist, werden nach Beendigung des Streiks oder der Aussperrung wieder eingestellt.

Übersicht	Rdn		Rdn
A. Entstehungsgeschichte und Zweck der Vorschrift	1	II. Einholung von Stellungnahmen und Anhörungen durch das Integrationsamt sowie Hinwirken auf eine gütliche Einigung	15
B. Voraussetzungen des Kündigungsschutzes	2	III. Entscheidung des Integrationsamts	16
I. Außerordentliche Kündigung durch den Arbeitgeber	2	1. Frist für die Entscheidung	16
II. Schwerbehinderteneigenschaft des Arbeitnehmers und Kenntnis des Arbeitgebers hiervon	4	2. Ermessensspielraum	21
		3. Form der Entscheidung	26
III. Die Zustimmung des Integrationsamts	6	D. Rechtsbehelfe gegen die Entscheidung des Integrationsamts	27
1. Grundsatz	6	E. Bindung von Integrationsamt, sonstigen Behörden und Gerichten an die Entscheidung des Integrationsamts	31
2. Ausnahmen von der Zustimmungsbedürftigkeit	8		
C. Das Verfahren vor dem Integrationsamt wegen eines Antrags auf Zustimmung zur Kündigung	9	F. Die Erklärung der Kündigung	32
		I. Frist für die Kündigungserklärung	32
I. Antragstellung	9	II. Einhaltung einer Kündigungsfrist	43
1. Antragsbefugnis, Form des Antrags, Antragsadressat	9	G. Die Wirksamkeit der Kündigung	44
		H. Rechtsbehelfe des Arbeitnehmers gegen die Kündigung	48
2. Antragsfrist	10	I. Wiedereinstellung nach Kündigung	55
3. Antragsinhalt	13		

A. Entstehungsgeschichte und Zweck der Vorschrift

1   Die Vorschriften über den Kündigungsschutz der schwerbehinderten Arbeitnehmer bei außerordentlichen Kündigungen, die früher in § 19 Abs. 3 und 5 SchwBeschG enthalten waren (Gesetz vom 6. Juni 1953), wurden später (Gesetz vom 29. April 1974) in § 21 (bis 31.7.1986: § 18) SchwbG zusammengefasst, der als § 91 in das SGB IX übernommen wurde. § 21 SchwbG entsprach im Wesentlichen der Regierungsvorlage idF der Vorschläge des Bundesrats, soweit ihnen die Bundesregierung zugestimmt hatte (BT-Drucks. 7/1515 S. 11 f.). Die Regelung des SchwBeschG, nach der eine fristlose Kündigung der Zustimmung der Hauptfürsorgestelle nur dann bedurfte, wenn sie aus einem Grund erfolgte, der in unmittelbarem Zusammenhang mit der gesundheitlichen Schädigung

stand, wegen der der Schutz des SchwBeschG gewährt wurde, hatte den Arbeitgeber nach der Regierungsbegründung in aller Regel überfordert, wenn er über die Frage der erfüllten Voraussetzungen für die Zustimmungsbedürftigkeit zu entscheiden hatte (BT-Drucks. 7/656 B zu Art. I Nr. 22). Deshalb bedurfte nach § 21 SchwbG **jede außerordentliche Kündigung** eines schwerbehinderten Arbeitnehmers der vorherigen Zustimmung der Hauptfürsorgestelle. Das bedingte mehrere neue Regelungen: § 21 SchwbG legte zunächst Fristen fest, innerhalb derer die Zustimmung zur Kündigung bei der Hauptfürsorgestelle beantragt werden und innerhalb derer die Hauptfürsorgestelle über den Antrag entscheiden musste. Die Kürze der letztgenannten Frist (ursprünglich zehn Tage, seit 1.8.1986 zwei Wochen) sollte dem Interesse des Arbeitgebers an rascher Klärung der Rechtslage Rechnung tragen (RegE, BT-Drucks. 7/656 B zu Art. I Nr. 22). Ferner bestimmte § 21 SchwbG, unter welchen Voraussetzungen die Hauptfürsorgestelle die Zustimmung zur Kündigung erteilen sollte; schließlich musste die Kündigung unverzüglich nach erteilter Zustimmung erklärt werden, falls die Frist des § 626 Abs. 2 S. 1 BGB bei Zustimmungserteilung schon abgelaufen war. § 21 Abs. 6 SchwbG stimmte mit der früheren Rechtslage (§ 19 Abs. 5 SchwBeschG) überein. Diese Regelungen sind in § 91 SGB IX aF und § 174 SGB IX nF inhaltlich unverändert geblieben. Die Aufgaben der früheren Hauptfürsorgestelle werden jetzt vom Integrationsamt wahrgenommen.

B. Voraussetzungen des Kündigungsschutzes

I. Außerordentliche Kündigung durch den Arbeitgeber

Eine außerordentliche Kündigung durch den Arbeitgeber liegt vor, wenn dieser eine Kündigung ausspricht und hierbei **erkennbar zum Ausdruck bringt**, dass er die für das Arbeitsverhältnis maßgebende Kündigungsfrist nicht einhalten will, oder die Kündigung auf einen für ihn wichtigen Grund stützt. Im Allgemeinen wird eine außerordentliche Kündigung als »fristlose« Kündigung ausgesprochen, was zur Kennzeichnung genügt. Räumt der Arbeitgeber dem Arbeitnehmer eine sog. Auslauffrist ein, dh spricht er die Kündigung nicht mit sofortiger Wirkung (»fristlos«) aus, handelt es sich nur dann um eine außerordentliche Kündigung, wenn der Arbeitgeber das in dem oben angeführten Sinn erkennbar zum Ausdruck bringt. Sonst ist eine ordentliche Kündigung (mit möglicherweise unzutreffend berechneter Kündigungsfrist) anzunehmen, für die nicht das Verfahren nach § 174 Abs. 2–5 SGB IX gilt, sondern auf die §§ 168–173 SGB IX anzuwenden sind. § 174 SGB IX gilt auch für außerordentliche Kündigungen mit notwendiger Auslauffrist **gegenüber ordentlich unkündbaren Arbeitnehmern** (*BAG* 23.1.2014 EzA § 626 BGB 2002 Unkündbarkeit Nr. 21, Rn 31 mwN; 12.5.2005 EzA § 91 SGB IX Nr. 2; 12.8.1999 EzA § 21 SchwbG 1986 Nr. 10; zu den Fragen der Umdeutung der Zustimmung zu einer außerordentlichen Kündigung in eine Zustimmung zu einer ordentlichen Kündigung s. Rdn 14). Die Zustimmungsfiktion des § 174 Abs. 3 S. 2 SGB IX greift auch bei einer außerordentlichen Kündigung mit notwendiger Auslauffrist ein (*BAG* 22.10.2015 EzA § 626 BGB 2002 Unkündbarkeit Nr. 25, Rn 30). § 174 SGB IX gilt auch für außerordentliche Kündigungen im **Insolvenzverfahren**, für vorsorgliche außerordentliche Kündigungen, für außerordentliche **Änderungskündigungen** und für frühere **außerordentliche Kündigungen nach dem Einigungsvertrag** – Anl. I Kap. XIX Sachgebiet A Abschn. III Nr. 1 Abs. 5 – (*BAG* 16.3.1994 EzA Art. 20 Einigungsvertrag Nr. 34). Die außerordentliche Kündigung des Arbeitsverhältnisses eines schwerbehinderten Menschen mit Auslauffrist genügt in bestimmten Fällen krankheitsbedingter Fehlzeiten auch dann dem Unionsrecht, wenn die Fehlzeiten auf die Behinderung des Arbeitnehmers iSd Richtlinie 2000/78/EG zurückzuführen sind (*EuGH* 18.1.2018 [Ruiz Conejero] EzA Richtlinie 2000/78 EG-Vertrag 1999 Nr. 44, Rn 44 ff.; dazu weiterführend *Tischbirek* EuZA 2018, 357 ff.; *BAG* 25.4.2018 EzA-SD 2018 Nr. 17, 3, Rn 41). Mit der Möglichkeit, ein Arbeitsverhältnis außerordentlich mit Auslauffrist kündigen zu können, wenn der Leistungsaustausch dauerhaft in seinem Kernbereich gestört ist, wird in angemessener Weise das legitime Ziel verfolgt, übermäßigen Belastungen des Arbeitgebers durch wiederkehrende krankheitsbedingte Fehlzeiten zu begegnen. Durch die hohen Voraussetzungen, die an die Fehlzeitenprognose und das Ausmaß der Beeinträchtigung betrieblicher Interessen gestellt werden, die Anforderungen des § 167 Abs. 2 SGB IX und das Erfordernis einer umfassenden Interessenabwägung ist gewährleistet, dass die Beendigung des Arbeitsverhältnisses letztes Mittel bleibt (*BAG* 25.4.2018

EzA-SD 2018 Nr. 17, 3, Rn 41; zu den geringeren Anforderungen an die soziale Rechtfertigung einer ordentlichen Kündigung nach § 1 Abs. 2 KSchG *Bayreuther* EuZW 2018, 212 f.). Weitere verfahrensrechtliche Absicherungen für schwerbehinderte oder ihnen gleichgestellte Arbeitnehmer sind §§ 168 ff. und § 178 SGB IX ((*BAG* 25.4.2018 EzA-SD 2018 Nr. 17, 3, Rn 41).

3 Das Integrationsamt muss der Versetzung eines Dienstordnungsangestellten in den Ruhestand wegen Dienstunfähigkeit nicht zustimmen. § 175 S. 1 SGB IX ist nicht analog anzuwenden (dazu iE *BAG* 24.5.2012 NZA 2012, 1158, Rn 14 ff.; s.a. § 175 SGB IX Rdn 10).

II. Schwerbehinderteneigenschaft des Arbeitnehmers und Kenntnis des Arbeitgebers hiervon

4 Es gelten dieselben Grundsätze wie bei einer ordentlichen Kündigung (s. §§ 168–173 SGB IX Rdn 15 ff.). Das bedeutet insbes., dass der schwerbehinderte Arbeitnehmer den Kündigungsschutz des § 174 SGB IX unabhängig davon genießt, ob der Arbeitgeber die Schwerbehinderteneigenschaft des Arbeitnehmers kennt. Der schwerbehinderte Arbeitnehmer ist allerdings verpflichtet, dem Arbeitgeber, der die Schwerbehinderteneigenschaft des Arbeitnehmers nicht kennt, **innerhalb von drei Wochen nach Zugang der Kündigung** seine Schwerbehinderteneigenschaft **mitzuteilen** (s. §§ 168–173 SGB IX Rdn 19). Sonst verliert der Arbeitnehmer den Kündigungsschutz des § 174 SGB IX (s. §§ 168–173 SGB IX Rdn 19).

5 Teilt der Arbeitnehmer dem Arbeitgeber die Schwerbehinderteneigenschaft fristgerecht mit (s. Rdn 4), kann der Arbeitgeber die Zustimmung des Integrationsamts zur Kündigung beantragen und damit das **Zustimmungsverfahren nach § 174 SGB IX einleiten** (zur Antragsfrist s. Rdn 10). Das Integrationsamt hat dann zunächst zu ermitteln, ob der Arbeitnehmer schwerbehindert ist. Stellt sich heraus, dass die Schwerbehinderteneigenschaft nicht offenkundig oder amtlich festgestellt ist, der Arbeitnehmer die Feststellung seiner Schwerbehinderteneigenschaft aber beantragt hat, sodass der Arbeitnehmer noch rückwirkenden Sonderkündigungsschutz erlangen kann (s. §§ 168–173 SGB IX Rdn 55), hat das Integrationsamt einen **vorsorglichen Bescheid** zu erteilen, bei dem die Schwerbehinderteneigenschaft des Arbeitnehmers unterstellt wird. Nur so kann dem Gesetzeszweck genügt werden, demjenigen, der rechtzeitig iSv § 173 Abs. 3 – zweite Alt. – SGB IX die Feststellung seiner Schwerbehinderteneigenschaft beantragt und ordnungsgemäß an dem Verfahren mitgewirkt hat, den Sonderkündigungsschutz des SGB IX zu gewähren und andererseits dem Arbeitgeber die Möglichkeit zu geben, das Kündigungsverfahren hinsichtlich der außerordentlichen Kündigung zügig zu betreiben. Erteilt das Integrationsamt die Zustimmung zur Kündigung, muss der Arbeitgeber alsbald kündigen (s. § 174 Abs. 5 SGB IX). Der Arbeitnehmer seinerseits kann die Zustimmung zur Kündigung durch Widerspruch und ggf. Klage angreifen. Wird die Schwerbehinderteneigenschaft festgestellt, nehmen regelmäßig beide Verfahren ihren Lauf. Wird die Feststellung der Schwerbehinderteneigenschaft abgelehnt, wird der Kündigungsrechtsstreit durchgeführt werden, während das Zustimmungsverfahren (Widerspruch und Klage) gegenstandslos wird. Versagt das Integrationsamt dagegen die Zustimmung zur Kündigung, kann der Arbeitgeber diese Entscheidung durch Widerspruch und ggf. Klage angreifen. Wird die Schwerbehinderteneigenschaft dann festgestellt, läuft das Zustimmungsverfahren weiter. Wird die Feststellung der Schwerbehinderteneigenschaft abgelehnt, wird das Zustimmungsverfahren gegenstandslos; der Arbeitgeber muss alsbald kündigen (s. § 174 Abs. 5 SGB IX).

III. Die Zustimmung des Integrationsamts

1. Grundsatz

6 Nach § 174 Abs. 1 SGB IX gilt § 168 SGB IX auch für außerordentliche Kündigungen. Das Integrationsamt muss einer beabsichtigten außerordentlichen Kündigung des Arbeitsverhältnisses grds. **zustimmen**. Für das Zustimmungsverfahren und die Entscheidungen des Integrationsamts gelten einige Besonderheiten gegenüber dem Verfahren bei ordentlichen Kündigungen. Bis zum Zugang der Zustimmung ist der Arbeitgeber grds. nicht berechtigt, den schwerbehinderten Arbeitnehmer unbezahlt von der Arbeit freizustellen (*BAG* 20.12.1976 EzA § 18 SchwbG Nr. 1).

Im Übrigen gilt hinsichtlich der Bedeutung der Zustimmung für den Fall ihrer Aufhebung im Rechtsmittelverfahren sowie hinsichtlich eines Negativattests des Integrationsamts das, was zur ordentlichen Kündigung ausgeführt wurde (s. §§ 168–173 SGB IX Rdn 157 ff., 62 ff.; zu der Kündigungserklärung beim Negativattest s.a. Rdn 35).

2. Ausnahmen von der Zustimmungsbedürftigkeit

Da § 174 Abs. 1 SGB IX bei außerordentlichen Kündigungen von den Vorschriften des Vierten Kapitels (§§ 85–92) nur § 86 für nicht anwendbar erklärt, findet auch § 173 SGB IX Anwendung. Das heißt: In den von § 173 SGB IX erfassten Fällen (s. §§ 168–173 SGB IX Rdn 30 ff.) bedarf auch die außerordentliche Kündigung des Arbeitsverhältnisses nicht der Zustimmung des Integrationsamts.

C. Das Verfahren vor dem Integrationsamt wegen eines Antrags auf Zustimmung zur Kündigung

I. Antragstellung

1. Antragsbefugnis, Form des Antrags, Antragsadressat

§ 170 Abs. 1 SGB IX findet Anwendung (§ 174 Abs. 1 SGB IX). Es kann deshalb auf §§ 168–173 SGB IX Rdn 67 ff. verwiesen werden.

2. Antragsfrist

Der Arbeitgeber kann die Zustimmung zur Kündigung **nur innerhalb von zwei Wochen** beantragen, nachdem er von den für die Kündigung maßgebenden Tatsachen Kenntnis erlangt hat (§ 174 Abs. 2 SGB IX; zu dem Beginn der Frist bei einer beabsichtigten Kündigung wegen des Verdachts des Arbeitszeitbetrugs zB *VG Mainz* 20.2.2020 – 1 K 560/19.MZ, zu III der Gründe; zu dem Fristbeginn allg. *Steffan* ArbRB 2021, 247, 249). Kenntniserlangung bedeutet, dass der Kündigungsberechtigte eine zuverlässige und möglichst vollständige Kenntnis vom Kündigungssachverhalt hat, die ihm die Entscheidung ermöglicht, ob die Fortsetzung des Arbeitsverhältnisses zumutbar ist oder nicht (*BAG* 18.12.1986 RzK IV 8c Nr. 14; 6.7.1972 EzA § 626 nF BGB Nr. 15). Die Zweiwochenfrist beginnt deshalb nicht zu laufen, solange der Arbeitgeber die aus Sicht eines vernünftigen Dritten zur Aufklärung des Sachverhalts notwendig erscheinenden Maßnahmen durchführt (*OVG Lüneburg* 15.7.1997 – 4 L 2398/97; *VG Düsseld.* 21.10.1986 GW 1987, 6). **Zu den Kündigungstatsachen gehört auch die Schwerbehinderteneigenschaft** des Arbeitnehmers (*BAG* 14.5.1982 EzA § 18 SchwbG Nr. 5; 23.2.1978 EzA § 12 SchwbG Nr. 5; *LAG Köln* 4.8.2003 LAGE § 91 SGB IX Nr. 1; *VGH BW* 20.6.2006 br 2007, 23). Teilt der Arbeitnehmer dem Arbeitgeber nach Zugang einer außerordentlichen Kündigung seine Schwerbehinderteneigenschaft innerhalb von drei Wochen mit, ist die ausgesprochene Kündigung wegen Verstoßes gegen § 174 Abs. 1 iVm § 168 SGB IX unwirksam. Von der Mitteilung des Arbeitnehmers an läuft für den Arbeitgeber aber eine neue Zweiwochenfrist iSv § 174 Abs. 2 SGB IX (*BVerwG* 5.10.1995 Buchholz 436.61 § 21 SchwbG Nr. 6). Durch den Antrag beim Integrationsamt auf Zustimmung zur Kündigung innerhalb dieser Zweiwochenfrist wahrt der Arbeitgeber auch die Ausschlussfrist für solche Kündigungsgründe, die im Zeitpunkt der ersten (unwirksamen) Kündigung noch nicht verfristet waren, weil zwischen erster Kündigung, Mitteilung der Schwerbehinderteneigenschaft und Antrag auf Zustimmung zur Kündigung ein enger sachlicher und zeitlich naher Zusammenhang besteht (vgl. *BAG* 11.6.2020 EzA § 174 SGB IX 2018 Nr. 1, Rn 32; 27.2.2020 EzA § 91 SGB IX Nr. 7, Rn 26; *Rewolle* DB 1977, 1701; s. aber auch KR-*Gallner* § 174 SGB IX Rn 49 aE). Ist der Arbeitnehmer vor Kenntnis des Arbeitgebers von der Schwerbehinderung zum Verdacht eines Fehlverhaltens angehört worden, beginnt mit der Kenntnis des Arbeitgebers von der Schwerbehinderung die Frist zur Antragstellung beim Integrationsamt. Eine erneute Anhörung des Arbeitnehmers ist nicht erforderlich (*LAG Köln* 4.8.2003 ZTR 2004, 212). Eine gleichwohl durchgeführte Anhörung hemmt die Antragsfrist beim Integrationsamt nicht. Im Übrigen gelten dieselben Erwägungen, die bei der Einhaltung der Zweiwochenfrist des § 626 Abs. 2 S. 1 BGB zu beachten sind (*BVerwG* 2.5.1996 Buchholz 436.61 § 21 SchwbG Nr. 7; *BAG* 18.12.1986 RzK IV 8c Nr. 14; s. hierzu KR-*Fischermeier* § 626 BGB Rdn 328 ff.). Für die Fristeinhaltung ist der **Eingang des Antrags beim Integrationsamt** maßgebend, wie § 174 Abs. 2 S. 1 SGB IX besonders hervorhebt. Ist die Antragsfrist nicht eingehalten, hat das Integrationsamt die Zustimmung zur Kündigung abzulehnen (APS-*Vossen* § 174 SGB IX Rn 9).

11 Hat der Arbeitgeber von einem **Antrag des Arbeitnehmers auf Feststellung der Schwerbehinderteneigenschaft** Kenntnis erlangt und beantragt er deshalb innerhalb der Frist des § 174 Abs. 2 SGB IX die Zustimmung des Integrationsamts, statt die Kündigung selbst zu erklären, kann sich der Arbeitnehmer nach Treu und Glauben nicht auf die Versäumung der Zweiwochenfrist des § 626 Abs. 2 S. 1 BGB berufen, wenn er tatsächlich nicht schwerbehindert war und die Kündigung deshalb nicht der Zustimmung des Integrationsamts bedurfte (*BAG* 27.2.1987 EzA § 626 BGB Ausschlussfrist Nr. 1; *Grimm/Baron* DB 2000, 571). Der Arbeitgeber muss die Kündigung in diesem Fall unverzüglich erklären, nachdem er vom Fehlen der Schwerbehinderteneigenschaft Kenntnis erlangt hat (entsprechende Anwendung von § 174 Abs. 5 SGB IX). Das gleiche gilt, wenn der Arbeitgeber vom Wegfall der Schwerbehinderteneigenschaft (§ 116 SGB IX) keine Kenntnis erlangt. Hierfür besteht als Rücksichtnahmepflicht iSv § 241 Abs. 2 BGB eine Offenbarungspflicht des Arbeitnehmers (vgl. *Grimm/Baron* DB 2000, 571).

12 Versäumt der Arbeitgeber die Zweiwochenfrist des § 174 Abs. 2 S. 1 SGB IX, fehlt eine **Rechtmäßigkeitsvoraussetzung für die Zustimmung** des Integrationsamts zur außerordentlichen Kündigung (*BAG* 11.6.2020 EzA § 174 SGB IX 2018 Nr. 1, Rn 31; 27.2.2020 EzA § 91 SGB IX Nr. 7, Rn 28; *BVerwG* 2.5.1996 – 5 B 186.95 –). Die Einhaltung der Frist ist allein vom Integrationsamt oder bei Anfechtung der Entscheidung von den Verwaltungsgerichten zu prüfen (*BAG* 11.6.2020 EzA § 174 SGB IX 2018 Nr. 1, Rn 31; 27.2.2020 EzA § 91 SGB IX Nr. 7, Rn 28 mwN). Ist die Zustimmung zur Kündigung erteilt, haben die Arbeitsgerichte dies ihren Entscheidungen zugrunde zu legen. Die **Tatbestandswirkung von Verwaltungsakten** hat zur Folge, dass die Gerichte aller Rechtszweige an ihr Bestehen und ihren Inhalt gebunden sind, selbst wenn sie rechtswidrig sind, soweit dem Gericht nicht die Kontrollkompetenz eingeräumt ist (*BAG* 11.6.2020 EzA § 174 SGB IX 2018 Nr. 1, Rn 31; 27.2.2020 EzA § 91 SGB IX Nr. 7, Rn 28 mwN). Grundlagen hierfür sind Art. 20 Abs. 3 GG und § 43 VwVfG oder § 39 SGB X. Ein rechtswirksamer Verwaltungsakt ist grundsätzlich von allen Staatsorganen zu beachten und ihren Entscheidungen als zugrunde zu legen (*BAG* 11.6.2020 EzA § 174 SGB IX 2018 Nr. 1, Rn 31; 27.2.2020 EzA § 91 SGB IX Nr. 7, Rn 28 mwN). Die Tatbestandswirkung entfällt nur, wenn der Verwaltungsakt **nichtig** ist (*BAG* 11.6.2020 EzA § 174 SGB IX 2018 Nr. 1, Rn 31; 27.2.2020 EzA § 91 SGB IX Nr. 7, Rn 28 mwN). Eine nicht nichtige Zustimmung des Integrationsamts ist wirksam, solange sie nicht rechtskräftig aufgehoben ist. Nach rechtskräftiger Abweisung der Kündigungsschutzklage steht dem Arbeitnehmer ggf. die **Restitutionsklage nach § 580 ZPO** offen (*BAG* 11.6.2020 EzA § 174 SGB IX 2018 Nr. 1, Rn 31; 27.2.2020 EzA § 91 SGB IX Nr. 7, Rn 28 mwN). **Zusammenfassend** bedeutet das: Die *Arbeitsgerichte* haben bei einer außerordentlichen Kündigung des Arbeitsverhältnisses eines schwerbehinderten Menschen zu prüfen, ob die Kündigung unverzüglich iSv § 174 Abs. 5 SGB IX erklärt wurde (*BAG* 11.6.2020 EzA § 174 SGB IX 2018 Nr. 1, Rn 30). »Unverzüglich« bedeutet nach § 121 Abs. 1 BGB »ohne schuldhaftes Zögern« (*BAG* 11.6.2020 EzA § 174 SGB IX 2018 Nr. 1, Rn 21). Dagegen haben allein die *Integrationsämter und ggf. die Verwaltungsgerichte* zu beurteilen, ob die zweiwöchige Antragsfrist des § 174 Abs. 2 SGB IX eingehalten ist (*BAG* 11.6.2020 EzA § 174 SGB IX 2018 Nr. 1, Rn 31 f.; 27.2.2020 EzA § 91 SGB IX Nr. 7, Rn 28). Die *Integrationsämter und Verwaltungsgerichte* haben ferner allein zu überprüfen, ob die Kündigungserklärungsfrist des **§ 626 Abs. 2 S. 1 BGB** gewahrt ist (*BAG* 22.7.2021 – 2 AZR 193/21, Rn 21; 11.6.2020 EzA § 174 SGB IX 2018 Nr. 1, Rn 26, 32). Eine Wiedereinsetzung gegen die Versäumnis der Frist des § 174 Abs. 2 SGB IX gibt es für den Arbeitgeber nicht (LPK-SGB IX/*Düwell* § 174 Rn 17). Deshalb darf das Integrationsamt die Zustimmung zur Kündigung nicht erteilen, wenn der Arbeitgeber die Frist versäumt hat (*BVerwG* 15.3.1989 Buchholz 436.61 § 21 SchwbG Nr. 2).

3. Antragsinhalt

In dem Antrag muss der Arbeitgeber den **Namen des schwerbehinderten Arbeitnehmers** angeben, dem er kündigen will, **erkennbar** zum Ausdruck bringen, dass er eine **außerordentliche Kündigung** aussprechen möchte, und zu dieser Kündigung die Zustimmung des Integrationsamts beantragen. Drückt der Arbeitgeber nicht deutlich aus, dass es sich um eine außerordentliche Kündigung handeln soll, ist von einem Antrag auf Zustimmung zu einer ordentlichen Kündigung auszugehen (LPK-SGB IX/*Düwell* § 174 Rn 14).

Will der Arbeitgeber dem schwerbehinderten Arbeitnehmer zusammen mit der außerordentlichen Kündigung zugleich **vorsorglich ordentlich kündigen** oder will er sich die Möglichkeit der **Umdeutung** der (möglicherweise unwirksamen) außerordentlichen Kündigung in eine ordentliche Kündigung offenhalten, sollte er auch die Zustimmung des Integrationsamts zu dieser ordentlichen Kündigung beantragen. In der Zustimmung des Integrationsamts zu einer außerordentlichen Kündigung ist weder konkludent eine Zustimmung auch zu einer ordentlichen Kündigung nach § 168 SGB IX enthalten, noch kann die Entscheidung des Integrationsamts nach § 43 Abs. 1 SGB X in eine Zustimmung zu einer ordentlichen Kündigung umgedeutet werden (*BAG* 23.1.2014 EzA § 626 BGB 2002 Unkündbarkeit Nr. 21, Rn 27, 30; 7.7.2011 EzA § 626 BGB 2002 Nr. 38, Rn 36; LPK-SGB IX/*Düwell* § 174 Rn 35; s.a. Rdn 45). Eine Umdeutung setzt nach § 43 Abs. 1 SGB X voraus, dass der neue Bescheid von der erlassenden Behörde in der tatsächlich gewählten Verfahrensweise und Form ebenfalls rechtmäßig hätte erlassen werden können. Das ist bei den Zustimmungen des Integrationsamts zu einer außerordentlichen und einer ordentlichen Kündigung nicht der Fall. Nach § 174 Abs. 1 SGB IX unterscheiden sich die Verfahren auf Zustimmung zu einer außerordentlichen und zu einer ordentlichen Kündigung erheblich (APS-*Vossen* § 174 SGB IX Rn 24). Die Entscheidungsgrundlage für das Integrationsamt ist nicht dieselbe. Das gilt auch mit Blick auf eine außerordentliche Kündigung mit Auslauffrist. Auch auf sie ist nicht § 168 SGB IX, sondern § 174 SGB IX anzuwenden (*BAG* 23.1.2014 EzA § 626 BGB 2002 Unkündbarkeit Nr. 21, Rn 31; 12.5.2005 EzA § 91 SGB IX Nr. 2, zu B I 1 der Gründe). Der Zweite Senat nimmt in der Entscheidung vom 23.1.2014 außerdem zu einer Kontroverse in der Literatur Stellung. Soweit im Schrifttum abweichend von seiner Rspr. angenommen werde, die außerordentliche Kündigung mit Auslauffrist erfordere eine Zustimmung allein nach § 168 SGB IX, folge auch daraus nicht, dass die Zustimmung zu einer außerordentlichen Kündigung mit Auslauffrist in eine Zustimmung zu einer ordentlichen Kündigung umgedeutet werden könne (*BAG* 23.1.2014 EzA § 626 BGB 2002 Unkündbarkeit Nr. 21, Rn 31 mwN; Neumann/Pahlen/Greiner/Winkler/Jabben-*Neumann* § 174 SGB IX Rn 7). Wird die Zustimmung des Integrationsamts zur außerordentlichen Kündigung nach § 174 Abs. 3 S. 2 SGB IX fingiert, ist eine Umdeutung in eine ordentliche Kündigung schon deshalb nicht möglich, weil die für eine ordentliche Kündigung erforderliche positive Zustimmung des Integrationsamts fehlt (*LAG München* 10.7.2008 – 4 Sa 98/08).

II. Einholung von Stellungnahmen und Anhörungen durch das Integrationsamt sowie Hinwirken auf eine gütliche Einigung

Die Vorschrift des § 170 SGB IX über die Einholung von Stellungnahmen durch das Integrationsamt, die Anhörung des schwerbehinderten Arbeitnehmers und die Verpflichtung des Integrationsamts, auf eine gütliche Einigung hinzuwirken, **gilt auch bei außerordentlichen Kündigungen** (§ 174 Abs. 1 SGB IX). Es kann daher auf §§ 168–173 SGB IX Rdn 81 ff. verwiesen werden. Allerdings ist zu beachten, dass das Integrationsamt sein Verfahren beschleunigt durchführen muss, weil es seine Entscheidung innerhalb von zwei Wochen nach Antragstellung zu treffen hat (s. Rdn 17). Erteilt das Integrationsamt die Zustimmung zur außerordentlichen Kündigung, bevor die dem schwerbehinderten Arbeitnehmer gesetzte Frist zur Äußerung abgelaufen ist, kann die erforderliche Anhörung bis zum Abschluss des Widerspruchsverfahrens mit heilender Wirkung nachgeholt werden (*OVG Lüneburg* 14.4.1993 – 4 L 5371/92).

III. Entscheidung des Integrationsamts

1. Frist für die Entscheidung

16 Die Vorschrift, dass das Integrationsamt **innerhalb von zwei Wochen nach Eingang des Antrags** auf Zustimmung zur außerordentlichen Kündigung seine Entscheidung über den Antrag zu treffen hat (§ 174 Abs. 3 S. 1 SGB IX), bedeutet, dass innerhalb dieser Frist eine endgültige Entscheidung ergehen muss. Das Integrationsamt ist nicht befugt, die Frist von zwei Wochen zu verlängern; ebenso wenig darf es sich damit begnügen, innerhalb der Frist eine vorläufige Entscheidung zu treffen und die endgültige Entscheidung auf einen späteren Zeitpunkt zu verschieben. Das Integrationsamt darf die Zustimmung zu der Kündigung auch nicht mit der Begründung ablehnen, eine abschließende Stellungnahme sei wegen der kurzen Frist nicht möglich. Sonst kann es sich nach § 839 BGB, Art. 34 GG gegenüber dem Antragsteller (Arbeitgeber) schadensersatzpflichtig machen (Neumann/Pahlen/Greiner/Winkler/Jabben-*Neumann* § 174 SGB IX Rn 19), zB weil der Arbeitgeber mangels wirksamer Kündigung Annahmeverzugsentgelt schuldet, obwohl ihm die Weiterbeschäftigung des Arbeitnehmers nicht zugemutet werden kann (Neumann/Pahlen/Greiner/Winkler/Jabben-*Neumann* § 174 SGB IX Rn 19).

17 Das Integrationsamt hat auch über den Antrag des Arbeitgebers auf Zustimmung zur außerordentlichen Kündigung zu entscheiden, wenn der Arbeitnehmer zwar die Feststellung seiner Schwerbehinderteneigenschaft beim Versorgungsamt beantragt hat, aber eine rechtskräftige Feststellung noch nicht vorliegt. Die Zuständigkeit des Integrationsamts hängt nach § 174 Abs. 3 S. 1 SGB IX allein davon ab, dass ein Zustimmungsantrag vom Arbeitgeber gestellt worden ist, nicht aber von der Schwerbehinderteneigenschaft des zu Kündigenden. Ist die Schwerbehinderteneigenschaft des zu Kündigenden noch nicht festgestellt, hat das Integrationsamt ein Negativattest zu erteilen, wenn die Voraussetzungen des § 90 Abs. 2a – zweite Alternative – SGB IX erfüllt sind (s. §§ 168–173 SGB IX Rdn 51 ff.). Im Übrigen ist die Entscheidung des Integrationsamts ein **vorsorglicher Verwaltungsakt**, der den Vorbehalt enthält, dass das Verfahren vor dem Versorgungsamt zu einer Feststellung der Schwerbehinderteneigenschaft des Arbeitnehmers führt (*BVerwG* 15.12.1988 EzA § 15 SchwbG 1986 Nr. 6). Stimmt das Integrationsamt der Kündigung zu, kann der Arbeitgeber kündigen, ohne dass es auf die spätere Entscheidung über den Antrag des Arbeitnehmers auf Feststellung seiner Schwerbehinderteneigenschaft ankommt. Der Arbeitnehmer kann die Entscheidung des Integrationsamts allerdings auf dem Verwaltungsrechtsweg anfechten. Die Zustimmung ist **erteilt** iSv § 174 Abs. 5 SGB IX, sobald eine solche Entscheidung **innerhalb der Frist des § 174 Abs. 3 Satz 1 SGB IX** getroffen und der antragstellende Arbeitgeber hierüber in Kenntnis gesetzt ist. Die Zustimmung **gilt nach § 174 Abs. 3 Satz 2 SGB IX als erteilt**, wenn eine Entscheidung innerhalb der Frist des § 174 Abs. 3 Satz 1 SGB IX nicht getroffen worden ist (*BAG* 27.2.2020 EzA § 91 SGB IX Nr. 7, Rn 18; 19.4.2012 EzA § 91 SGB IX Nr. 5, Rn 15). Lehnt das Integrationsamt die Zustimmung zur Kündigung ab, handelt der Arbeitgeber auf eigenes Risiko, wenn er nun kündigt: Wird die Schwerbehinderteneigenschaft des Arbeitnehmers nachträglich festgestellt, ist die Kündigung wegen fehlender Zustimmung des Integrationsamts unwirksam. Wird der Antrag des Arbeitnehmers auf Feststellung seiner Schwerbehinderteneigenschaft abgelehnt, ist der Ablehnungsbescheid des Integrationsamts gegenstandslos, sodass die Kündigung nicht wegen Verstoßes gegen § 174 Abs. 1 iVm § 168 SGB IX unwirksam ist.

18 Die **Zustellung der Entscheidung innerhalb der Zweiwochenfrist ist nicht erforderlich**. Es genügt vielmehr, dass das Integrationsamt die fristgerecht getroffene Entscheidung alsbald zustellen lässt (*ArbG Wilhelmshaven* 22.12.1977 ARSt 1978, 122; aA *Herschel* Anm. EzA § 18 SchwbG Nr. 4; *Rewolle* BB 1977, 203). Erforderlich ist nur, dass das Integrationsamt innerhalb der Zweiwochenfrist **seine Entscheidung trifft**. Die Entscheidung des Integrationsamts ist »getroffen«, wenn der behördeninterne Entscheidungsvorgang abgeschlossen ist (*BAG* 12.5.2005 EzA § 91 SGB IX Nr. 2; zust. *Natter* ArbRB 2007, 246 f.). Das ist der Fall, wenn der zuständige Dezernent den Bescheid unterzeichnet und ihn **an den Arbeitgeber abgesandt** (»zur Post gegeben«) **oder ihm den Bescheid (fern-)mündlich mitgeteilt** hat (vgl. für die st. Rspr. *BAG* 19.6.2007 EzA § 91 SGB IX Nr. 4; 12.5.2005 EzA § 91 SGB IX Nr. 2 mwN; DDZ-*Söhngen* § 174 SGB IX Rn 16; aA – förmliche Zustellung

erforderlich: *LAG Köln* 20.3.1990 LAGE § 21 SchwbG 1986 Nr. 1 m. abl. Anm. *Rüthers/Heilmann*; *LAG Frankf.* 29.1.1991 – 5 Sa 1334/90). Damit hat die zuständige Stelle über den Antrag entschieden und alles getan, um die Entscheidung wirksam werden zu lassen. Die mündliche Weitergabe einer noch nicht schriftlich getroffenen Entscheidung reicht nicht aus (*LAG Düsseld.* 29.1.2004 RzK IV 8c Nr. 32), ebenso wenig die fernmündliche Mitteilung vor Ablauf der Zweiwochenfrist, das Integrationsamt wolle die Sache »verfristen« lassen (*LAG München* 9.11.2005 – 10 Sa 532/05). Mit »Entscheidung treffen« ist nicht das Wirksamwerden der Entscheidung selbst gemeint. Diese Entscheidung wird erst mit der Zustellung an den Arbeitgeber wirksam (die Zustellung an den schwerbehinderten Arbeitnehmer ist keine Wirksamkeitsvoraussetzung; s. Rdn 26). Das Gesetz unterscheidet zwischen »Entscheidung treffen« und »Zustellung« der (getroffenen) Entscheidung, wie aus § 171 Abs. 1 und 2 SGB IX deutlich hervorgeht. Diese Auslegung entspricht auch dem Zweck und der Entstehungsgeschichte des § 174 Abs. 2 SGB IX und des § 21 Abs. 2 SchwbG als seiner Vorgängernorm. Dem Integrationsamt sollen zwei Wochen zur Verfügung stehen, um seine Entscheidung über den Antrag auf Zustimmung zur Kündigung treffen zu können. Es muss innerhalb dieser Frist eine Stellungnahme des Betriebsrats oder Personalrats und der Schwerbehindertenvertretung einholen und den schwerbehinderten Arbeitnehmer hören. Das Integrationsamt hat auf eine gütliche Einigung hinzuwirken (§ 174 Abs. 1 iVm § 170 Abs. 2–3 SGB IX). Würde innerhalb der Zweiwochenfrist auch die Zustellung der Entscheidung des Integrationsamts verlangt, würde die Frist verkürzt, die dem Integrationsamt zur Ermittlung des Sachverhalts und zur Einholung der vorgeschriebenen Stellungnahmen zur Verfügung stehen muss. Ein sorgfältiges und ordnungsgemäßes Verfahren vor dem Integrationsamt wäre damit gefährdet. Die Zweiwochenfrist soll zwar dem Interesse des Arbeitgebers an rascher Klärung der Rechtslage Rechnung tragen (so RegE, BT-Drucks. 7/656 zu Art. I Nr. 22b). Andererseits wurde auf Antrag des Bundesrats die für die Entscheidung der (früheren) Hauptfürsorgestelle im Regierungsentwurf vorgesehene Frist von einer Woche zunächst auf zehn Tage und seit 1.8.1986 auf zwei Wochen verlängert, weil es »regelmäßig nicht möglich« sei, innerhalb von einer Woche »das Anhörungsverfahren durchzuführen und eine Entscheidung zu treffen«, eine Verlängerung der Frist sei daher »aus verwaltungspraktischen Gründen unerlässlich« (so BR-Drs. 7/656, Stellungnahme zu Art. I Nr. 22b). Müsste die Entscheidung des Integrationsamts innerhalb der Zweiwochenfrist Arbeitgeber und Arbeitnehmer zugestellt werden, stünde dem Integrationsamt in vielen Fällen praktisch nur wenig mehr als eine Woche für seine Entscheidung zur Verfügung. Das wollte der Gesetzgeber durch die Verlängerung der ursprünglich vorgesehenen Frist gerade verhindern. Schutzwürdige Interessen des Arbeitgebers werden nicht beeinträchtigt: Er kann sich nach Ablauf der Zweiwochenfrist beim Integrationsamt nach dessen Entscheidung erkundigen und danach seine Dispositionen treffen.

Die Zweiwochenfrist, die dem Integrationsamt für seine Entscheidung zur Verfügung steht, ist nach § 187 Abs. 1, § 188 Abs. 2 Alt. 1 BGB zu berechnen. Fällt der letzte Tag der so berechneten Frist auf einen Sonntag, Feiertag oder Sonnabend, wird die Frist bis zum Ablauf des nächsten Werktags verlängert (§ 193 BGB). 19

Trifft das Integrationsamt innerhalb der Frist von zwei Wochen keine endgültige Entscheidung über den Antrag, **gilt die Zustimmung zur Kündigung als erteilt** (§ 174 Abs. 3 S. 2 SGB IX). Eine nur vorläufige Entscheidung ist unbeachtlich. Teilt das Integrationsamt innerhalb der Frist von zwei Wochen lediglich mit, es verweigere »vorläufig« die Zustimmung zur Kündigung, gilt die Zustimmung zur Kündigung nach Fristablauf gleichwohl als erteilt. Andererseits braucht das Integrationsamt die Verweigerung der Zustimmung zur Kündigung nicht zu begründen, um den Eintritt der Zustimmungsfiktion des § 174 Abs. 3 S. 2 SGB IX zu verhindern (*ArbG Herford* 13.1.1977 AuR 1977, 187). Die Zustimmungsfiktion tritt schon dann nicht ein, wenn das Integrationsamt seine Entscheidung innerhalb der Zweiwochenfrist an den Arbeitgeber absendet oder sie ihm mündlich mitteilt (s. Rdn 18). Auch wenn die Zustimmung des Integrationsamts zur Kündigung fingiert wird, weil es innerhalb der Frist von zwei Wochen keine endgültige Entscheidung getroffen hat, bleibt es verpflichtet, dem Arbeitgeber und dem schwerbehinderten Arbeitnehmer die (fingierte) Zustimmungsentscheidung mit Rechtsbehelfsbelehrung zuzustellen, damit die Widerspruchsfrist in Lauf gesetzt wird (*BAG* 12.5.2005 EzA § 91 SGB IX Nr. 2; s. im Übrigen Rdn 27). 20

2. Ermessensspielraum

21 Das Ermessen des Integrationsamts bei seiner Entscheidung über den (form- und fristgerechten) Antrag des Arbeitgebers auf Erteilung der Zustimmung zur Kündigung wird durch § 174 Abs. 4 SGB IX **erheblich eingeschränkt**. Aufgrund der Sollvorschrift des § 174 Abs. 4 SGB IX hat das Integrationsamt die Zustimmung zur Kündigung grds. zu erteilen, wenn der vom Arbeitgeber angegebene **Kündigungsgrund nicht im Zusammenhang mit der Behinderung** steht (*VG Arnsberg* 11.2.1976 DB 1976, 1532), wobei es nur auf die nach § 69 SGB IX festgestellten Behinderungen ankommt (*OVG Lüneburg* 28.10.1992 – 4 L 2706/92; dazu neigt auch *VGH BW* 3.5.1993 VGHBW RsprDienst 1993, Beil. 9, B 16; aA *OVG Münster* 15.5.1986 – 10 A 760/84). Das Integrationsamt ist verpflichtet, den Sachverhalt aufzuklären und zu prüfen, ob ein Zusammenhang zwischen Kündigungsgrund und Behinderung besteht (*VG Gelsenkirchen* 5.5.1988 br 1989, 46). Auch ein mittelbarer Zusammenhang genügt, zB die Beschaffungskriminalität eines suchtkranken Arbeitnehmers (*OVG NRW* 23.5.2000 AP Nr. 1 zu § 88 SGB IX) oder bei einer Vertrauensperson der Schwerbehinderten ein Zusammenhang zwischen dem behaupteten Kündigungsgrund und der Funktion der Schwerbehindertenvertretung (*LAG Düsseld.* 4.12.2002 AiB 2004, 444; zu der Kündigung von Vertrauenspersonen der schwerbehinderten Menschen *Laber* ArbRB 2010, 342 ff.). Das Integrationsamt kann Sachverständige hinzuziehen, um zu klären, ob ein solcher Zusammenhang besteht (*BVerwG* 18.5.1988 Buchholz 436.61 § 15 SchwbG 1986 Nr. 1). Gibt es zwischen anerkannten Behinderungen und der Kündigung keinen Zusammenhang, hat das Integrationsamt der außerordentlichen Kündigung grds. zuzustimmen und nicht zu prüfen, ob der angegebene Kündigungsgrund auch tatsächlich zutrifft und eine außerordentliche Kündigung rechtfertigt (*BVerwG* 2.7.1992 BVerwGE 90, 275; *VGH BW* 24.11.2005 NZA-RR 2006, 183; *OVG NRW* 5.9.1989 EzA § 21 SchwbG 1986 Nr. 1; aA *BayVGH* 29.3.1990 br 1990, 136; Neumann/Pahlen/Greiner/Winkler/Jabben-*Neumann* § 174 SGB IX Rn 21; *Kaiser* br 1987, 6). Dazu besteht kein Anlass, weil diese Prüfung den Gerichten für Arbeitssachen obliegt.

22 Die genannten Grundsätze bei der Entscheidung des Integrationsamts gelten ausnahmsweise dann nicht, wenn der angegebene **Kündigungsgrund offensichtlich unzutreffend ist oder eine außerordentliche Kündigung offensichtlich nicht rechtfertigen kann**. Das ist anzunehmen, wenn die Unwirksamkeit der Kündigung ohne jeden vernünftigen Zweifel in rechtlicher und tatsächlicher Hinsicht offensichtlich ist (*BVerwG* 18.9.1996 Buchholz 436.61 § 21 SchwbG Nr. 8; *VGH BW* 24.11.2005 NZA-RR 2006, 183; DDZ-*Söhngen* § 174 SGB IX Rn 12). In einem solchen Fall ist eine Abweichung von der Sollvorschrift des § 174 Abs. 4 SGB IX sachlich gerechtfertigt. Das Integrationsamt darf die Zustimmung zur Kündigung nicht erteilen, sondern muss sie verweigern (in diesem Sinn *VGH BW* 24.11.2005 NZA-RR 2006, 183; *OVG NRW* 25.4.1989 OVGE MüLü 41, 104; *OVG Hmb.* 14.11.1986 NZA 1987, 566; *VG Frankf/M.* 17.1.2006 AiB 2007, 126 m. zust. Anm. *Schirge*; vgl. auch *BayVGH* 16.11.1993 – 12 B 93, 2264; offengelassen von *BVerwG* 18.9.1996 Buchholz 436.61 § 21 SchwbG Nr. 8 und 2.7.1992 BVerwGE 90, 2775, das aber der (früheren) Hauptfürsorgestelle zutreffend einen Ermessensspielraum einräumt, wenn ein atypischer Fall vorliegt – ebenso *VGH BW* 24.11.2005 NZA-RR 2006, 183; *OVG NRW* 8.3.1996 br 1997, 47; APS-*Vossen* § 174 SGB IX Rn 17 –, dh wenn die außerordentliche Kündigung dem schwerbehinderten Arbeitnehmer im Vergleich zu den der Gruppe der schwerbehinderten Arbeitnehmer bei einer außerordentlichen Kündigung allgemein zugemuteten Belastungen ein Sonderopfer abverlangt, wozu allgemeine Schwierigkeiten bei der Arbeitsplatzsuche, fortgeschrittenes Alter und langjährige Beschäftigung bei demselben Arbeitgeber nicht ausreichen – *BVerwG* 10.9.1992 Buchholz 436.61 § 18 SchwbG Nr. 6 –; vgl. auch *BAG* 26.11.1981 – 2 AZR 664/79, das eine Prüfung der (früheren) Hauptfürsorgestelle verlangt, »ob nicht aufgrund besonderer Umstände ein Ausnahmefall vorliegt, der sie auch bei Fehlen eines Zusammenhangs zwischen Kündigungsgrund und Behinderung zu einer unbeschränkten Ermessensentscheidung über den Zustimmungsantrag berechtigt«).

23 Der fehlende Zusammenhang des Kündigungsgrundes mit der Behinderung ist in Zweifelsfällen **vom Arbeitgeber darzulegen und zu beweisen**. Auch wenn sich ein Zusammenhang zwischen

Kündigungsgrund und Behinderung nicht völlig ausschließen lässt (*VGH BW* 5.7.1989 BB 1989, 2400) oder ein nur mittelbarer Zusammenhang zwischen Kündigungsgrund und Behinderung besteht (*OVG Lüneburg* 9.3.1994 NdsMBl 1994, 1050), zB Trunksucht wegen der durch Behinderung verursachten Schmerzen oder Beschaffungskriminalität eines suchtkranken Arbeitnehmers (*OVG NRW* 23.5.2000 AP Nr. 1 zu § 88 SGB IX), führt dies dazu, dass das Integrationsamt nicht verpflichtet ist, der außerordentlichen Kündigung nach § 174 Abs. 4 SGB IX zuzustimmen. Es genügt, dass die Behinderung nur eine von mehreren Ursachen für den Sachverhalt ist, auf den der Arbeitgeber die Kündigung stützt (Neumann/Pahlen/Greiner/Winkler/Jabben-*Neumann* § 174 SGB IX Rn 22). Verneint das Integrationsamt zu Unrecht einen Zusammenhang zwischen Kündigungsgrund und Behinderung, ist der darauf beruhende Zustimmungsbescheid rechtswidrig und im Verwaltungsrechtsverfahren aufzuheben (*VG Düsseld.* 9.11.1981 GW 1982, 14).

Besteht **zwischen Kündigungsgrund und Behinderung ein Zusammenhang**, ist das Ermessen 24 des Integrationsamts gleichwohl beschränkt, wenn die Voraussetzungen des nach § 174 Abs. 1 SGB IX anwendbaren § 172 SGB IX erfüllt sind (s. §§ 168–173 SGB IX Rdn 98 ff.). Aufgrund von § 172 SGB IX kann das Integrationsamt verpflichtet sein, die Zustimmung zur Kündigung zu erteilen. Scheidet eine solche Verpflichtung aus, steht es **im freien, pflichtgemäßen Ermessen** des Integrationsamts, ob es die Zustimmung zur Kündigung erteilt. Der Grund der Behinderung darf aber nicht zugleich Grund der außerordentlichen Kündigung sein; in diesem Fall ist die Zustimmung zur Kündigung abzulehnen (*BVerwG* 19.12.1989 – 5 B 28/89; ähnlich *Rewolle* DB 1974, 1232). Eine ordentliche Kündigung bleibt nach Zustimmung des Integrationsamts jedoch möglich. Im Übrigen hat das Integrationsamt das Gewicht der Kündigungsgründe gegen das Interesse des schwerbehinderten Arbeitnehmers an der Erhaltung seines Arbeitsplatzes abzuwägen. In diesem Zusammenhang hat es den vom Arbeitgeber darzulegenden Sachverhalt von Amts wegen aufzuklären, soweit das in der Zweiwochenfrist des § 174 Abs. 2 S. 1 SGB IX möglich ist, und ggf. die Zustimmung zur Kündigung zu verweigern, wenn die Kündigung nach seiner Überzeugung nach kündigungsrechtlichen Vorschriften offensichtlich unwirksam wäre (*BayVGH* 29.3.1990 br 1990, 136; *Seidel* AuA 1997, 296; s.a. Rdn 22 und §§ 168–173 SGB IX Rdn 94).

Nötigt das Integrationsamt den Arbeitnehmer zum Abschluss eines **Aufhebungsvertrags** mit dem 25 Arbeitgeber, weil es der Kündigung sonst zustimmen und damit die fristlose Kündigung unausweichlich werde, kann der Arbeitnehmer den Aufhebungsvertrag wegen rechtswidriger Drohung (§ 123 Abs. 1 Alt. 2 BGB) anfechten, wenn ein verständiger Vertreter des Integrationsamts die Zustimmung zur Kündigung in diesem Zeitpunkt noch nicht ernsthaft in Erwägung ziehen durfte. Es ist unerheblich, ob die Drohung dem Arbeitgeber bei Abschluss des Aufhebungsvertrags bekannt war (*BAG* 26.11.1981 – 2 AZR 664/79).

3. Form der Entscheidung

Nach § 174 Abs. 1 SGB IX gilt § 171 Abs. 2 SGB IX. Danach ist dem Arbeitgeber und dem 26 schwerbehinderten Arbeitnehmer die Entscheidung des Integrationsamts zuzustellen (aA *Rewolle* BB 1977, 203). Für die Wirksamkeit der Entscheidung ist die förmliche Zustellung aber nicht erforderlich. Es genügt, dass die Entscheidung »getroffen« worden ist (s. Rdn 32). Der BA ist eine Abschrift der Entscheidung zu übersenden (LPK-SGB IX/*Düwell* § 174 Rn 20; vgl. im Übrigen §§ 168–173 SGB IX Rdn 113 ff.).

D. Rechtsbehelfe gegen die Entscheidung des Integrationsamts

Die **Zustimmung** des Integrationsamts zur außerordentlichen Kündigung kann der schwer- 27 behinderte Arbeitnehmer **im Verwaltungs(-gerichts)verfahren anfechten**. Das gilt auch für den Fall, dass die Zustimmung des Integrationsamts nach § 174 Abs. 3 S. 2 SGB IX fingiert wird, weil das Integrationsamt nicht innerhalb der Zweiwochenfrist des § 174 Abs. 3 SGB IX seine (endgültige) Entscheidung getroffen hat (*BVerwG* 10.9.1992 EzA § 21 SchwbG 1986

Nr. 4; *VGH München* 11.1.1988 br 1988, 115; Neumann/Pahlen/Greiner/Winkler/Jabben-*Neumann* § 174 SGB IX Rn 30; *Oetker* br 1983, 33 f.). Das Schweigen des Integrationsamts bis zum Ablauf der Zweiwochenfrist des § 174 Abs. 3 SGB IX stellt das Gesetz einer zustimmenden Entscheidung gleich. Dann müssen den betroffenen Arbeitnehmern auch Widerspruch und Klage zur Verfügung stehen. Entschließt sich das Integrationsamt nach Ablauf der Zweiwochenfrist des § 174 Abs. 2 S. 1 SGB IX wegen der eingetretenen Zustimmungsfiktion zu einer schriftlichen und zutreffenden Rechtsbehelfsbelehrung an den Arbeitnehmer, wird mit Zugang der Belehrung die einmonatige Widerspruchsfrist (§ 70 Abs. 1 S. 1 VwGO) in Lauf gesetzt. Sonst läuft die Widerspruchsfrist während eines Jahres, nachdem der Arbeitnehmer vom Eintritt der Zustimmungsfiktion erfahren hat, ab (§ 58 Abs. 2 VwGO). Das entbindet den Arbeitnehmer nicht davon, die dreiwöchige Klagefrist des § 4 S. 1 KSchG gegen die Kündigung zu wahren (Rdn 50; vgl. zu Widerspruch und Klage im Übrigen §§ 168–173 SGB IX Rdn 116 ff.).

28 Die Anfechtung der Zustimmung des Integrationsamts oder des Widerspruchsausschusses des Integrationsamts zur außerordentlichen Kündigung hat **keine aufschiebende Wirkung** (§ 174 Abs. 1 iVm § 171 Abs. 4 SGB IX). Im Hinblick auf § 91 Abs. 5 SGB IX (»unverzüglich« auszusprechende Kündigung nach Erteilung der Zustimmung) ist auch die **Aussetzung der Vollziehung** eines (erteilten oder fingierten) Zustimmungsbescheids durch den Widerspruchsausschuss nach § 80 Abs. 4 S. 1 VwGO oder die Anordnung der aufschiebenden Wirkung durch das Gericht nach § 80 Abs. 5 S. 1 VwGO **unzulässig** (aA *VGH München* 11.1.1988 br 1988, 115; GK-SGB IX/*Lampe* § 88 Rn 134 ff. mwN). § 174 Abs. 5 SGB IX ist eine bundesgesetzliche Regelung, die der Anordnung einer aufschiebenden Wirkung entgegensteht (vgl. § 80 VwGO; s.a. §§ 168–173 SGB IX Rdn 122). Das bedeutet ua, dass der Arbeitgeber die Kündigung trotz der Anfechtung der Zustimmung wegen der möglichen Verwirkung der Kündigungsgründe nach § 174 Abs. 5 SGB IX (s. Rdn 32 ff.) alsbald aussprechen kann und muss. Im Widerspruchsverfahren darf nur der Sachverhalt berücksichtigt werden, der der Kündigung zugrunde liegt. Nach der Kündigung eingetretene Umstände sind unerheblich (*BVerwG* 7.3.1991 EzA § 15 SchwbG 1986 Nr. 4). Wird die Zustimmung bestands- oder rechtskräftig aufgehoben, wird die Kündigung rückwirkend unwirksam, wenn der Arbeitnehmer rechtzeitig Kündigungsschutzklage erhoben hat (s. Rdn 50). Das Arbeitsverhältnis besteht unverändert fort. In diesem Fall stehen dem Arbeitgeber uU **Schadensersatzansprüche** gegen das Land nach den Grundsätzen der Amtshaftung zu, wenn das Integrationsamt zB die Tatsachengrundlagen nicht in ausreichender Weise ermittelt hat (*BGH* 26.1.1989 – III ZR 75/88, unter Berücksichtigung von *OLG Köln* 21.1.1988 VerwR 1989, 748). Wird die Zustimmung dagegen bestands- oder rechtskräftig bestätigt, ist die Kündigung zu dem in ihr ausgesprochenen Zeitpunkt jedenfalls im Hinblick auf den Sonderkündigungsschutz endgültig wirksam.

29 Die **Ablehnung der Zustimmung** durch das Integrationsamt kann vom Arbeitgeber im **Verwaltungsrechtsweg** (Widerspruchsausschuss, Gerichte der Verwaltungsgerichtsbarkeit) angefochten werden (wegen der Einzelheiten s. §§ 168–173 SGB IX Rdn 116 ff.). Hat er damit in einer Rechtsmittelinstanz Erfolg, kann und muss er im Hinblick auf § 174 Abs. 5 SGB IX die Kündigung aussprechen, sobald er von der zustimmenden Entscheidung sichere Kenntnis hat, zB durch mündliche Bekanntgabe der Entscheidung des Widerspruchsausschusses (*BAG* 21.4.2005 EzA § 91 SGB IX Nr. 1; *Vetter* Personalleiter 2006, 21; s. im Übrigen Rdn 18 und Rdn 32). Der schwerbehinderte Arbeitnehmer kann die zustimmende Entscheidung mit weiteren Rechtsmitteln angreifen, solange keine Rechtskraft eingetreten ist. Obsiegt er und wird die Zustimmung rechtskräftig aufgehoben, wird die Kündigung rückwirkend unwirksam (s. aber Rdn 50). Sind die Rechtsmittel des schwerbehinderten Arbeitnehmers erfolglos, ist die Zustimmung zur Kündigung endgültig wirksam.

30 Zu der Möglichkeit, ein sog. **Negativattest** des Integrationsamts mit dem Rechtsbehelf des Widerspruchs, der verwaltungsgerichtlichen Klage und Rechtsmitteln anzugreifen, s. §§ 168–173 SGB IX Rdn 121.

Außerordentliche Kündigung § 174 SGB IX

E. Bindung von Integrationsamt, sonstigen Behörden und Gerichten an die Entscheidung des Integrationsamts

Es gilt dasselbe, was zur Bindung von Behörden und Gerichten im Fall einer ordentlichen Kündi- 31
gung ausgeführt wurde (s. §§ 168–173 SGB IX Rdn 126 ff.).

F. Die Erklärung der Kündigung

I. Frist für die Kündigungserklärung

Anders als bei der ordentlichen Kündigung ist die **förmliche Zustellung an den Arbeitgeber keine** 32
Zulässigkeitsvoraussetzung für die auszusprechende Kündigung. Während § 171 Abs. 3 SGB IX die ordentliche Kündigung nur innerhalb eines Monats »nach Zustellung« des Zustimmungsbescheids zulässt und damit die vorherige Zustellung des Zustimmungsbescheids für die Kündigung fordert (zu der Frist des § 171 Abs. 3 SGB IX auch §§ 168–173 SGB IX Rdn 43), knüpft § 174 Abs. 5 SGB IX die Zulässigkeit der außerordentlichen Kündigung daran, dass sie unverzüglich »nach Erteilung der Zustimmung« erklärt wird. Der Arbeitgeber kann und muss daher die **Kündigung unverzüglich erklären, wenn das Integrationsamt seine zustimmende Entscheidung** »getroffen« hat (s. Rdn 18; aA *LAG BW* 6.9.2004 LAGE § 91 SGB IX Nr. 2, das eine – zumindest mündliche oder fernmündliche – Bekanntgabe des Bescheides an den Arbeitgeber verlangt) **oder die Zustimmung als erteilt gilt** (s. Rdn 20; *BAG* 9.2.1994 EzA § 21 SchwbG 1986 Nr. 5). Die vorherige förmliche Zustellung der Entscheidung ist nicht erforderlich (*BAG* 12.8.1999 EzA § 21 SchwbG 1986 Nr. 10; s. im Übrigen Rdn 18). Das gilt auch im Fall einer außerordentlichen Kündigung mit Auslauffrist gegenüber einem ordentlich unkündbaren schwerbehinderten Arbeitnehmer (*BAG* 12.5.2005 EzA § 91 SGB IX Nr. 2; 12.8.1999 EzA § 21 SchwbG 1986 Nr. 10). Die Kündigung ist erst erklärt, wenn sie dem Arbeitnehmer zugeht (s. Rdn 35). Die Wirksamkeit einer außerordentlichen Kündigung scheitert daher nicht daran, dass das Kündigungsschreiben abgesandt wird, bevor das Integrationsamt seine Entscheidung getroffen hat, wenn es dem schwerbehinderten Arbeitnehmer nach der zustimmenden Entscheidung des Integrationsamts zugeht (vgl. auch *BAG* 15.5.1997 EzA § 123 BGB Nr. 48, für den Fall, dass das Kündigungsschreiben vor der Zustellung des Zustimmungsbescheids abgesandt wird, aber erst nach dessen Zustellung zugeht). Der Arbeitgeber ist **nicht berechtigt**, den schwerbehinderten Arbeitnehmer bis zur Zustimmung des Integrationsamts **unbezahlt** von der Arbeit **freizustellen** (*BAG* 20.12.1976 EzA § 18 SchwbG Nr. 1; *Jobs* AuR 1981, 230).

Hat der Arbeitgeber die Zustimmung des Integrationsamts zur außerordentlichen Kündigung so 33
rechtzeitig beantragt, dass im Zeitpunkt der Zustimmung noch nicht zwei Wochen vergangen sind, seit der Arbeitgeber von den für die Kündigung maßgebenden Tatsachen Kenntnis erlangt hat, kann er **die Zweiwochenfrist** des § 626 Abs. 2 S. 1 BGB zum Ausspruch der Kündigung ausnutzen, auch wenn die Kündigung nicht »unverzüglich« nach erteilter Zustimmung des Integrationsamts erklärt wird (so unter Aufgabe der früheren Rechtsprechung *BAG* 15.11.2001 EzA § 21 SchwbG 1986 Nr. 12 = AR-Blattei ES 1440 Nr. 124 m. zust. Anm. *Leber* = EWiR 2002, 665 m. zust. Anm. *Künzl*; ferner *Fenski* BB 2001, 572; *Joussen* DB 2002, 2162). Handelt es sich um ein **Betriebsratsmitglied** und hat der Betriebsrat seine Zustimmung zu der Kündigung bereits verweigert, muss der Arbeitgeber innerhalb der Zweiwochenfrist nach § 103 Abs. 2 S. 1 den Antrag beim ArbG stellen, die Zustimmung des Betriebsrats zu ersetzen (*LAG Bln.* 17.12.1985 LAGE § 103 BetrVG 1972 Nr. 6; das *LAG Hamm* nimmt an, der außerordentlichen Kündigung eines Mitglieds der Schwerbehindertenvertretung müsse die Schwerbehindertenvertretung und nicht der Betriebsrat zustimmen: 21.1.2011 LAGE § 96 SGB IX Nr. 2; abl. *Beyer* jurisPR-ArbR 22/2011 Anm. 1 und *Kayser* br 2011, 188 ff.).

Nach Ablauf der Zweiwochenfrist ist es erforderlich, aber auch ausreichend, wenn der Arbeitgeber 34
unverzüglich nach der Zustimmung des Integrationsamts entweder die Kündigung erklärt (§ 174 Abs. 5 SGB IX) oder – bei (vorher) verweigerter Zustimmung des Betriebsrats zur Kündigung eines Betriebsratsmitglieds – das arbeitsgerichtliche Beschlussverfahren zur Ersetzung der Zustimmung

des Betriebsrats einleitet (entsprechende Anwendung von § 174 Abs. 5 SGB IX; vgl. auch *BAG* 22.1.1987 EzA § 103 BetrVG 1972 Nr. 32). Zur Einleitung des Mitwirkungsverfahrens beim Betriebsrat nach der Zustimmung des Integrationsamts s. Rdn 38, 39.

35 Unter »Erklärung« der Kündigung ist – ebenso wie in den Fällen des § 171 Abs. 3 SGB IX (s. §§ 168–173 SGB IX Rdn 147 und vor §§ 168–175 SGB IX Rdn 43) – der Zugang der Kündigung zu verstehen (*BAG* 3.7.1980 EzA § 18 SchwbG Nr. 3). Der Arbeitgeber muss nach der Zustimmung des Integrationsamts für den **unverzüglichen Zugang der Kündigung** sorgen. Entsprechendes gilt, wenn das Integrationsamt ein Negativattest erteilt hat (*BAG* 27.5.1983 EzA § 12 SchwbG Nr. 12). Vereitelt der Arbeitnehmer treuwidrig den rechtzeitigen Zugang des Kündigungsschreibens, zB indem er einen eingeschriebenen Brief bei der Post trotz Zugangs eines Benachrichtigungsscheins und in Kenntnis des Zustimmungsverfahrens beim Integrationsamt nicht oder nicht rechtzeitig abholt, kann er sich nicht darauf berufen, die Kündigung sei nicht unverzüglich iSv § 174 Abs. 5 SGB IX erklärt worden (*BAG* 7.11.2002 EzA § 130 BGB 2002 Nr. 1; 3.4.1986 EzA § 18 SchwbG Nr. 7).

36 Trifft das Integrationsamt innerhalb der ihm zur Verfügung stehenden Frist von zwei Wochen (s. Rdn 16) keine Entscheidung, gilt die Zustimmung zur Kündigung als erteilt (§ 174 Abs. 3 SGB IX). Auch in diesem Fall muss die Kündigung nun unverzüglich erklärt werden (Ausschlussfrist). Der Arbeitgeber muss sich alsbald, nachdem er den Antrag auf Zustimmung zur Kündigung gestellt hat, beim Integrationsamt **nach dem Tag des Eingangs seines Antrags erkundigen**, um für den Fall, dass das Integrationsamt innerhalb der Zweiwochenfrist keine Entscheidung trifft, das Ende der Zweiwochenfrist und damit den Beginn der Ausschlussfrist zum Ausspruch der Kündigung bestimmen zu können (*BAG* 3.7.1980 EzA § 18 SchwbG Nr. 3; *Berger-Delhey/Lütke* ZTR 1990, 54). Ferner ist der Arbeitgeber im eigenen Interesse gehalten, sich am ersten Arbeitstag nach Ablauf der Zweiwochenfrist beim Integrationsamt zu erkundigen, ob es eine Entscheidung getroffen hat oder nicht (*Berger-Delhey/Lütke* ZTR 1990, 54). Hat das Integrationsamt innerhalb der Zweiwochenfrist keine Entscheidung getroffen, dh keinen Bescheid an den Arbeitgeber abgesandt oder ihn mündlich informiert, muss der Arbeitgeber die Kündigung unverzüglich aussprechen. Hat das Integrationsamt seine Entscheidung dagegen fristgerecht getroffen (s. Rdn 18), muss der Arbeitgeber die Kündigung bei einer zustimmenden Entscheidung unverzüglich erklären. Bei verweigerter Zustimmung darf er vorläufig nicht kündigen, sondern kann nach Zustellung des ablehnenden Bescheids des Integrationsamts Widerspruch einlegen (s. Rdn 29).

37 Um allen Schwierigkeiten aus dem Wege zu gehen, sollte der vorsichtige Arbeitgeber, dem innerhalb der Zweiwochenfrist kein Bescheid des Integrationsamts förmlich zugestellt wurde, ggf. **zweimal kündigen**: einmal unverzüglich nach Ablauf der Zweiwochenfrist und vorsorglich nach der förmlichen Zustellung eines Zustimmungsbescheids des Integrationsamts (ebenso *Hirschberg* SAE 1984, 316). Damit wird der Arbeitgeber in jedem Fall den Anforderungen des § 174 Abs. 5 SGB IX gerecht, unabhängig davon, welche Voraussetzungen für eine »Entscheidung« des Integrationsamts iSv § 174 Abs. 3 SGB IX aufgestellt werden.

38 Der Arbeitgeber kann den Betriebsrat (Personalrat) zwar schon vor Beendigung des Zustimmungsverfahrens beim Integrationsamt beteiligen. Ihm bleibt es aber unbenommen, den **Betriebsrat erst nach Beendigung des Zustimmungsverfahrens anzuhören** (*BAG* 3.7.1980 EzA § 18 SchwbG Nr. 3; *Jobs* AuR 1981, 229; aA *Braasch* SAE 1981, 162 f.). Die zweite Möglichkeit wird dem Grundsatz der vertrauensvollen Zusammenarbeit zwischen Arbeitgeber und Betriebsrat sogar besser gerecht, weil der Betriebsrat Gelegenheit erhält, die Stellungnahme des Integrationsamts in seine Überlegungen einzubeziehen. Andererseits ist zu bedenken, dass nach § 174 Abs. 5 SGB IX – sofern die zweiwöchige Ausschlussfrist des § 626 Abs. 2 S. 1 BGB abgelaufen ist – die Kündigung unverzüglich erfolgen muss, wenn die Zustimmung des Integrationsamts erteilt ist. Damit soll für den schwerbehinderten Arbeitnehmer, für dessen Kündigung ein wichtiger Grund besteht, möglichst bald klargestellt werden, ob der Arbeitgeber den Kündigungsgrund zum Anlass einer außerordentlichen Kündigung nehmen will. Wegen dieses Zwecks des § 174 Abs. 5 SGB IX muss der Arbeitgeber, der den Betriebsrat erst nach der Zustimmung des Integrationsamts anhört,

das **Anhörungsverfahren in der kürzestmöglichen Zeit** einleiten und die Kündigung nach dessen Beendigung in der kürzestmöglichen Zeit erklären (*BAG* 3.7.1980 EzA § 18 SchwbG Nr. 3 = AP Nr. 2 zu § 18 SchwbG m. zust. Anm. *Hueck*). Das bedeutet, dass der Arbeitgeber am ersten Arbeitstag nach Beendigung des Zustimmungsverfahrens beim Integrationsamt (Erteilung der Zustimmung – s. Rdn 18 – oder Ablauf der Zweiwochenfrist) das Anhörungsverfahren beim Betriebsrat einleiten muss und die Kündigung am ersten Arbeitstag nach Beendigung des Anhörungsverfahrens erklären muss. Da die Kündigung erst mit ihrem Zugang »erklärt« ist (*BAG* 3.7.1980 EzA § 18 SchwbG Nr. 3), muss der Arbeitgeber dafür sorgen, dass sie dem Arbeitnehmer noch am ersten Arbeitstag nach Beendigung des Anhörungsverfahrens zugeht, zB durch persönliche Übergabe des Kündigungsschreibens oder durch Boten (*BAG* 3.7.1980 EzA § 18 SchwbG Nr. 3; aA *LAG RhPf* 31.3.2004 RzK IV 8c Nr. 34; *Gröninger* Anm. AR-Blattei Schwerbehinderte Arbeitnehmer: Entsch. 56, wonach Absendung des Kündigungsschreibens genügt). Nur wenn dem Zugang der Kündigung am ersten Arbeitstag nach Beendigung des Anhörungsverfahrens unüberwindliche Hindernisse entgegenstehen (zB Auslandsaufenthalt in einem weit entfernten Land), kann auf den Zugang der Kündigung an diesem ersten Arbeitstag verzichtet werden (in diesem Sinn *BAG* 6.11.1986 – 2 AZR 753/85).

Geht es um die außerordentliche Kündigung eines schwerbehinderten **Betriebsratsmitglieds** oder eines schwerbehinderten Mitglieds der **Schwerbehindertenvertretung**, muss der Arbeitgeber das Zustimmungsverfahren beim Betriebsrat am ersten Arbeitstag nach der Zustimmung des Integrationsamts einleiten und die Kündigung am ersten Arbeitstag nach Beendigung des Zustimmungsverfahrens beim Betriebsrat (§ 103 BetrVG) erklären oder – falls der Betriebsrat die Zustimmung verweigert hat – das Zustimmungsersetzungsverfahren beim ArbG einleiten (vgl. auch *LAG RhPf* 5.10.2005 NZA-RR 2006, 245; *LAG Bln.* 17.12.1985 LAGE § 103 BetrVG 1972 Nr. 6; *VGH BW* 20.6.1989 PersV 1991, 39). **39**

Hat der Arbeitgeber den Betriebsrat schon vor der Beendigung des Zustimmungsverfahrens beim Integrationsamt angehört, ist eine **erneute Anhörung nach der Zustimmung des Integrationsamts entbehrlich** (s. vor §§ 168–175 SGB IX Rdn 42). Das gilt – bei unverändertem Sachverhalt – auch dann, wenn die Zustimmung des Integrationsamts erst nach einem jahrelangen verwaltungsgerichtlichen Verfahren erteilt wird (*BAG* 18.5.1994 EzA § 611 BGB Abmahnung Nr. 31). Ausnahmsweise kann der Arbeitgeber den Betriebsrat **nach Beendigung des Zustimmungsverfahrens nochmals anhören**, wenn neue, für die Kündigung erhebliche Umstände vorliegen, zB wenn das Integrationsamt dem Arbeitgeber, der die Zustimmung zur Kündigung beantragt hat, mitteilt, die Kündigung bedürfe nicht der Zustimmung des Integrationsamts (Negativattest). Zumindest dann, wenn der Betriebsrat im ersten Anhörungsverfahren lediglich auf den besonderen Kündigungsschutz nach §§ 168 ff. SGB IX hingewiesen hat, ohne sich mit den vorgebrachten Kündigungsgründen zu befassen, kann der Arbeitgeber nach Erhalt des behördlichen Negativattests ein erneutes Anhörungsverfahren nach § 102 BetrVG einleiten (*BAG* 27.5.1983 EzA § 12 SchwbG Nr. 12). Bei einer **wesentlichen Änderung des Kündigungssachverhalts**, dh wenn der Arbeitgeber die Kündigung auf neue, dem Betriebsrat bisher nicht mitgeteilte Kündigungsgründe stützen will, ist er zu einer erneuten Anhörung des Betriebsrats verpflichtet (*BAG* 1.4.1981 EzA § 102 BetrVG 1972 Nr. 45; s.a. vor §§ 168–175 SGB IX Rdn 42). Für die bei einer erneuten Anhörung einzuhaltenden Fristen gilt Rdn 38. **40**

Hat der Arbeitgeber gegen eine ablehnende Entscheidung des Integrationsamts **im Rechtsbehelfs-, Klage- oder Rechtsmittelverfahren eine zustimmende Entscheidung** erreicht, steht dies einer Zustimmung des Integrationsamts gleich. Der Arbeitgeber muss im Hinblick auf § 174 Abs. 5 SGB IX unverzüglich die Kündigung aussprechen, sobald er sichere Kenntnis davon hat, dass der Widerspruchsausschuss in seinem Sinn entschieden hat (*BAG* 21.4.2005 EzA § 91 SGB IX Nr. 1). Das gilt auch, wenn der schwerbehinderte Arbeitnehmer die aufgrund einer Verpflichtung durch das Verwaltungsgericht erteilte Zustimmung mit Rechtsmitteln angreift. Auch diese Rechtsmittel haben keine aufschiebende Wirkung (Neumann/Pahlen/Greiner/Winkler/Jabben-*Neumann* § 174 SGB IX Rn 26). **41**

42 Versäumt der Arbeitgeber die angeführten Fristen, ist die Kündigung als außerordentliche Kündigung unwirksam. Ggf. kommt eine **Umdeutung** der unwirksamen außerordentlichen Kündigung in eine ordentliche Kündigung in Betracht (s. Rdn 45 ff.).

II. Einhaltung einer Kündigungsfrist

43 Eine Kündigungsfrist braucht der Arbeitgeber bei einer außerordentlichen Kündigung **nicht einzuhalten**. § 169 SGB IX, der eine Mindestkündigungsfrist festlegt, ist durch § 174 Abs. 1 SGB IX bei außerordentlichen Kündigungen gerade für nicht anwendbar erklärt worden.

G. Die Wirksamkeit der Kündigung

44 Die Wirksamkeit der außerordentlichen Kündigung eines schwerbehinderten Arbeitnehmers setzt außer der **Zustimmung des Integrationsamts** (s. Rdn 6 ff.) und der **fristgerechten Kündigungserklärung** (s. Rdn 32 ff.) voraus, dass es einen **wichtigen Grund** für die Kündigung iSv § 626 BGB gibt. Hierbei ist zu beachten, dass bei der Interessenabwägung die besondere psychische, physische und soziale Lage des schwerbehinderten Arbeitnehmers angemessen zu berücksichtigen ist (*LAG Köln* 11.8.1998 LAGE § 626 BGB Nr. 121; Neumann/Pahlen/Greiner/Winkler/Jabben-*Neumann* § 174 SGB IX Rn 15). Die Vereinbarung von Kündigungsgründen, die den Arbeitgeber ohne Rücksicht darauf, ob ein wichtiger Grund iSv § 626 Abs. 1 BGB besteht, zu einer außerordentlichen Kündigung berechtigen sollen, ist unwirksam, weil damit die Mindestkündigungsfrist des § 169 SGB IX umgangen wird (Neumann/Pahlen/Greiner/Winkler/Jabben-*Neumann* § 174 SGB IX Rn 5).

45 Ist eine zustimmungsbedürftige außerordentliche Kündigung unwirksam, ist stets zu prüfen, ob sie **in eine wirksame ordentliche Kündigung umgedeutet** werden kann. Eine solche Umdeutung ist nur zulässig, wenn das Integrationsamt vorsorglich auch oder nur seine Zustimmung zu einer ordentlichen Kündigung erteilt hatte (vgl. zu den Fragen der Umdeutung der Zustimmungsentscheidung näher Rdn 14).

46 In der **Zustimmung** des Integrationsamts zu einer außerordentlichen Kündigung, **die mit der Behinderung nicht zusammenhängt**, liegt erst recht keine Zustimmung zu einer ordentlichen Kündigung (*BAG* 16.10.1991 RzK IV 8b Nr. 4). Bei einer solchen außerordentlichen Kündigung ist das Ermessen des Integrationsamts nach § 174 Abs. 4 SGB IX gegenüber seinem Ermessen bei einer ordentlichen Kündigung zuungunsten des schwerbehinderten Arbeitnehmers erheblich eingeschränkt (*LAG Frankf.* 28.6.1977 BB 1977, 1401).

47 Kommt unter den genannten Voraussetzungen eine Umdeutung in eine ordentliche Kündigung in Betracht, richtet sich die Möglichkeit der Umdeutung und die Wirksamkeit der umgedeuteten ordentlichen Kündigung im Übrigen nach allg. Grundsätzen (s. KR-*Fischermeier* § 626 BGB Rdn 383 ff.).

H. Rechtsbehelfe des Arbeitnehmers gegen die Kündigung

48 Die mit Zustimmung des Integrationsamts ausgesprochene außerordentliche Kündigung des Arbeitsverhältnisses durch den Arbeitgeber ist nur wirksam, wenn ein **wichtiger Grund** iSv § 626 Abs. 1 BGB besteht.

49 Gegen die mit Zustimmung des Integrationsamts ausgesprochene außerordentliche Kündigung kann der schwerbehinderte Arbeitnehmer – wie jeder Arbeitnehmer – **beim ArbG Klage auf Feststellung erheben, dass das Arbeitsverhältnis durch die Kündigung nicht aufgelöst ist**, weil kein wichtiger Grund zur Kündigung vorgelegen habe. Die ArbG haben zu überprüfen, ob ein wichtiger Grund vorliegt (§ 626 Abs. 1 BGB) und die Kündigung fristgerecht erklärt wurde (s. Rdn 32 ff.), jedoch nur eingeschränkt, ob die Zustimmung des Integrationsamts wirksam ist (vgl. §§ 168–173 SGB IX Rdn 142). Das ArbG hat die Einhaltung der Kündigungserklärungsfrist des § 626 Abs. 2 S. 1 BGB (Kündigung innerhalb von zwei Wochen nach Kenntniserlangung von den

Kündigungsgründen) selbständig zu prüfen, auch wenn das Integrationsamt die Zustimmung zur Kündigung unter Prüfung des § 174 Abs. 2 S. 1 SGB IX erteilt hat. § 174 Abs. 2 S. 1 SGB IX verdrängt nicht die Kündigungserklärungsfrist des § 626 Abs. 2 S. 1 BGB (*BAG* 2.3.2006 EzA § 91 SGB IX Nr. 3 = AP Nr. 6 zu § 91 SGB IX m. zust. Anm. *Joussen*; *Sandmann* SAE 2007, 215). Nach der älteren Rspr. des *Zweiten Senats des BAG* war eine außerordentliche Kündigung unwirksam, wenn der Arbeitnehmer dem Arbeitgeber erst nach Ablauf der Zweiwochenfrist des § 626 Abs. 2 S. 1 BGB seine Schwerbehinderung mitteilt, der Arbeitgeber daraufhin beim Integrationsamt die Zustimmung zur außerordentlichen Kündigung beantragt und nach der Zustimmung die Kündigung erklärt (*BAG* 2.3.2006 EzA § 91 SGB IX Nr. 3). Der *Zweite Senat* hat diese Auffassung mittlerweile **aufgegeben**. Der **Ablauf der Frist des § 626 Abs. 2 S. 1 BGB** ist Voraussetzung dafür, dass § 174 Abs. 5 SGB IX gilt. Daneben kommt es nur darauf an, ob das Integrationsamt die nach § 174 Abs. 1 iVm § 168 SGB IX erforderliche Zustimmung zur Kündigung erteilt hat oder sie als erteilt gilt und die Kündigung danach unverzüglich erklärt wird. § 174 Abs. 5 SGB IX ist also nicht dahin teleologisch zu reduzieren, dass er nur gilt, wenn der Arbeitgeber die nach § 174 Abs. 1 iVm § 168 SGB IX erforderliche Zustimmung des Integrationsamts zur Kündigung innerhalb der Frist des § 626 Abs. 2 BGB beantragt (iE *BAG* 11.6.2020 EzA § 174 SGB IX 2018 Nr. 1, Rn 26 ff.; krit. *Koch/Kayser* Behinderung und Recht 2021, 8 ff.; erläuternd *Joussen* ZMV 2020, 332; noch offengelassen von *BAG* 27.2.2020 EzA § 91 SGB IX Nr. 7, Rn 24 ff. mit detaillierten und skeptischen Erwägungen; zust. *Boemke* jurisPR-ArbR 30/2020 Anm. 3 zu C und D; *Kleinebrink* Anm. AP Nr. 1 zu § 174 SGB IX 2018; abl. *Sandmann* RdA 2020, 309 ff.; erläuternd *Glajcar* DB 2020, 1630; *Mävers* Infobrief ArbeitsR 2020, 5 ff.; zu einer anderen Konstellation auch Rdn 10). Die Bewegung, in der dieses Problemfeld ist, zeigt die etwas frühere Entscheidung des *Zweiten Senats* v. 27.2.2020 (EzA § 91 SGB IX Nr. 7). Der dortige konkrete Fall verlangte aus Sicht des *Senats* nicht, den Geltungsbereich des § 174 Abs. 5 SGB IX teleologisch zu reduzieren. Die Versäumung der Frist des § 626 Abs. 2 Satz 1 BGB beruhte allein auf den Besonderheiten des Sonderkündigungsschutzes. Die Arbeitgeberin hatte **noch innerhalb der Zweiwochenfrist des § 626 Abs. 2 Satz 1 BGB** die erste außerordentliche Kündigung erklärt und zu diesem Zeitpunkt noch keine Kenntnis von der Schwerbehinderung der Arbeitnehmerin oder ihres darauf bezogenen Antrags. Der Zweite Senat argumentiert im Ausgangspunkt damit, dass ein Arbeitnehmer seine Schwerbehinderung oder einen noch rechtzeitig vor der Kündigung gestellten Antrag auch nachträglich noch mit Erfolg gegenüber einer solchen in Unkenntnis erklärten Kündigung geltend machen kann (*BAG* 27.2.2020 EzA § 91 SGB IX Nr. 7, Rn 27; 22.9.2016 EzA § 85 SGB IX Nr. 10, Rn 20, 22). Deshalb war die erste Kündigung im konkreten Fall **allein aufgrund des Sonderkündigungsschutzes für schwerbehinderte Arbeitnehmer unwirksam** und die Frist des § 626 Abs. 2 Satz 1 BGB bereits abgelaufen, als die Arbeitgeberin Kenntnis von dem Antrag der Arbeitnehmerin erlangte. Die Arbeitgeberin konnte den Antrag auf Zustimmung des Integrationsamts damit zwangsläufig erst nach Ablauf der Frist des § 626 Abs. 2 Satz 1 BGB stellen. In einer solchen Konstellation entspricht es nach Auffassung des Zweiten Senats uneingeschränkt dem Sinn und Zweck des § 174 Abs. 5 SGB IX, die Versäumung der Zweiwochenfrist des § 626 Abs. 2 Satz 1 BGB durch die Möglichkeit des § 174 Abs. 5 SGB IX zu überwinden, die Kündigung noch unverzüglich nach erteilter Zustimmung zu erklären.

Die Klage muss **innerhalb von drei Wochen nach Zugang der schriftlichen Kündigung** erhoben werden (§§ 4, 13 Abs. 1 KSchG). Sonst gilt die Kündigung als von Anfang an wirksam (§ 7 Hs. 1 KSchG). Das gilt auch, wenn dem schwerbehinderten Arbeitnehmer der Zustimmungsbescheid des Integrationsamts erst nach Zugang der Kündigung zugeht, weil § 4 S. 4 KSchG auf außerordentliche Kündigungen keine Anwendung findet (§ 13 Abs. 1 S. 2 KSchG; *Hueck* Anm. AP Nr. 2 zu § 18 SchwbG). 50

Im Kündigungsschutzprozess kann der Arbeitgeber die Kündigung grds. auch auf Gründe stützen, die er im Zustimmungsverfahren nach § 168 ff. SGB IX nicht genannt hat (s. §§ 168–173 SGB IX Rdn 160). Das gilt jedenfalls dann, wenn der nachgeschobene Kündigungsgrund offensichtlich nicht im Zusammenhang mit der Behinderung steht und das Integrationsamt deshalb wegen dieses Kündigungsgrundes seine Zustimmung nach § 174 Abs. 4 SGB IX nicht hätte verweigern dürfen 51

(*BAG* 19.12.1991 RzK I 6a Nr. 82; 20.1.1984 – 7 AZR 143/82; krit. LPK-SGB IX/*Düwell* § 174 Rn 39). Besteht ein **Zusammenhang zwischen Behinderung und nachgeschobenen Kündigungsgründen**, hat der Arbeitgeber die Zustimmung des Integrationsamts ausnahmsweise vor der Einführung des neuen Kündigungsgrundes in den Kündigungsschutzprozess innerhalb der Zweiwochenfrist des § 174 Abs. 2 SGB IX einzuholen, wenn die Kündigung infolge des nachgeschobenen Kündigungsgrundes in einem anderen Licht erscheint, nun auch ein Zusammenhang zwischen den ursprünglichen Kündigungsgründen und der Behinderung möglich ist und das Integrationsamt deshalb bei dem ersten Zustimmungsverfahren von seinem Ermessen (s. Rdn 24) hätte Gebrauch machen können. Wenn zB ein schizophrener Arbeitnehmer dem Arbeitgeber 1 kg Butter entwendet, ist zunächst kein Zusammenhang zwischen Behinderung und Diebstahl ersichtlich. Entwendet der Arbeitnehmer aber gleichzeitig von 20 Schuhpaaren die linken Schuhe, für die er keine Verwendung hat, spricht das für einen Zusammenhang zwischen Behinderung und Diebstahl. In diesem Fall ist das Nachschieben des Kündigungsgrundes »Diebstahl von Schuhen« ohne Zustimmung des Integrationsamts unzulässig. Das hindert den Arbeitnehmer aber nicht, sich seinerseits zur Entlastung auf den Sachverhalt zu berufen, den der Arbeitgeber als Kündigungsgrund nicht in den Prozess einführen darf.

52 Hat der Arbeitnehmer gegen die mit Zustimmung des Integrationsamts ausgesprochene außerordentliche Kündigung nicht nur beim ArbG Klage auf Feststellung der Unwirksamkeit der außerordentlichen Kündigung erhoben, sondern **auch die Zustimmung des Integrationsamts im Verwaltungsrechtsweg** angegriffen, hat das ArbG der Kündigungsschutzklage stattzugeben, wenn die außerordentliche Kündigung nach § 626 Abs. 1 BGB unwirksam ist. Sind die Voraussetzungen des § 626 Abs. 1 BGB dagegen erfüllt und hängt die Wirksamkeit der außerordentlichen Kündigung nur noch davon ab, ob eine wirksame Zustimmung zur Kündigung vorliegt, kann das ArbG zwar wegen der nicht aufschiebenden Wirkung des Widerspruchs und der Klage gegen die Zustimmung des Integrationsamts (s. Rdn 28) vorläufig von der Wirksamkeit der Zustimmung ausgehen. Dennoch ist es geboten, **das arbeitsgerichtliche Verfahren** nach § 148 ZPO **auszusetzen**, bis das Rechtsmittelverfahren über die Zustimmung des Integrationsamts rechtskräftig abgeschlossen ist (*Rewolle* DB 1974, 1233 und DB 1975, 1124; vgl. iE §§ 168–173 SGB IX Rdn 163).

53 Hat der Arbeitgeber die **Kündigung ohne vorherige Zustimmung des Integrationsamts** ausgesprochen, ist die Kündigung unwirksam. Diese Unwirksamkeit muss der Arbeitnehmer innerhalb von drei Wochen nach Zugang der schriftlichen Kündigung durch Klage beim Arbeitsgericht geltend machen (§ 4 S. 1, § 13 Abs. 1 S. 2 KSchG). Sonst gilt die Kündigung als von Anfang an wirksam (§ 7 Hs. 1 KSchG). Entsprechendes gilt, wenn die Zustimmung des Integrationsamts bestands- oder rechtskräftig aufgehoben wird.

54 Hat der schwerbehinderte Arbeitnehmer innerhalb der dreiwöchigen Klagefrist des § 4 S. 1 KSchG Kündigungsschutzklage erhoben und lag – unabhängig davon, ob das Integrationsamt die Zustimmung zur Kündigung erteilt hat – kein wichtiger Grund für die Kündigung vor, kann er unter den Voraussetzungen des § 13 Abs. 1 S. 3 KSchG die **Auflösung des Arbeitsverhältnisses** und die Verurteilung des Arbeitgebers zur Zahlung einer angemessenen **Abfindung** beantragen.

I. Wiedereinstellung nach Kündigung

55 Grds. hat ein wirksam entlassener schwerbehinderter Arbeitnehmer keinen Anspruch auf Wiedereinstellung. Einen Anspruch auf Wiedereinstellung nach einer fristlosen Kündigung sieht das Gesetz jedoch vor, wenn dem schwerbehinderten Arbeitnehmer **lediglich aus Anlass eines Streiks oder einer Aussperrung fristlos gekündigt** worden ist. In diesem Fall ist der schwerbehinderte Arbeitnehmer nach Beendigung des Streiks oder der Aussperrung wiedereinzustellen (§ 174 Abs. 6 SGB IX). Will der Arbeitgeber anlässlich eines Streiks oder einer Aussperrung eine fristlose Kündigung aussprechen, bedarf auch diese Kündigung der vorherigen Zustimmung des Integrationsamts, weil § 174 SGB IX dafür keine Ausnahme enthält. Das Integrationsamt wird die Zustimmung idR erteilen müssen, weil die Kündigung im Allgemeinen nicht im Zusammenhang mit der Behinderung stehen dürfte (vgl. § 174 Abs. 4 SGB IX).

§ 174 Abs. 6 SGB IX hat keine große praktische Bedeutung. Ein **rechtmäßiger Streik** beendet das Arbeitsverhältnis nicht, sondern suspendiert nur die beiderseitigen Pflichten aus dem Arbeitsverhältnis. Ein rechtmäßiger Streik kann nie allein ein wichtiger Grund für eine außerordentliche Kündigung sein (Neumann/Pahlen/Greiner/Winkler/Jabben-*Neumann* § 174 SGB IX Rn 34 f.). Spricht der Arbeitgeber trotzdem eine fristlose Kündigung aus, ist diese Kündigung unwirksam, beendet das Arbeitsverhältnis also nicht. Ein Anspruch auf Wiedereinstellung des Arbeitnehmers besteht nicht, weil das Arbeitsverhältnis fortbesteht und der Arbeitnehmer Anspruch darauf hat, nach Beendigung des Streiks weiterbeschäftigt zu werden. Lässt der Arbeitnehmer die Kündigung dagegen wirksam werden, weil er die dreiwöchige Klagefrist des § 4 KSchG versäumt, hat er nach Beendigung des Streiks einen Wiedereinstellungsanspruch. 56

Ein Wiedereinstellungsanspruch nach Beendigung des Streiks ist auch dann zu bejahen, wenn ein Arbeitnehmer wegen **Beteiligung an einem rechtswidrigen Streik** rechtswirksam (mit Zustimmung des Integrationsamts) fristlos entlassen wurde, den Streik aber nicht initiiert hat und ihm auch keine rechtswidrigen Ausschreitungen anzulasten sind (in diesem Sinn auch Neumann/Pahlen/Greiner/Winkler/Jabben-*Neumann* § 174 SGB IX Rn 36 f.). 57

Initiiert ein Arbeitnehmer einen **rechtswidrigen Streik** oder ist er anlässlich eines rechtmäßigen Streiks an rechtswidrigen Ausschreitungen beteiligt und wird er deshalb rechtswirksam fristlos entlassen, ist die Entlassung nicht »lediglich« aus Anlass des Streiks erfolgt, sondern auch und in erster Linie wegen des besonderen Verhaltens des Arbeitnehmers im Streik. In diesen Fällen besteht auch nach Beendigung des Streiks kein Anspruch auf Wiedereinstellung (in diesem Sinn auch Neumann/Pahlen/Greiner/Winkler/Jabben-*Neumann* § 174 SGB IX Rn 37; APS-*Vossen* § 174 SGB IX Rn 28). 58

Die **Aussperrung** ist (als lösende Aussperrung) ein Lösungstatbestand sui generis, der mit einer fristlosen Kündigung nicht gleichgesetzt werden kann. Eine Aussperrung ist gegenüber schwerbehinderten Arbeitnehmern nach der Rspr. des *BAG* außerdem stets nur mit suspendierender Wirkung zulässig (*BAG* 21.4.1971 EzA Art. 9 GG Nr. 6) und insoweit rechtlich unbedenklich (*BAG* 7.6.1988 EzA Art. 9 GG Arbeitskampf Nr. 79). Deshalb kann eine Aussperrung als solche das Arbeitsverhältnis eines schwerbehinderten Arbeitnehmers nie beenden. Eine fristlose Kündigung durch den Arbeitgeber »lediglich aus Anlass einer Aussperrung« ist nur denkbar, wenn ein Arbeitgeber neben der Aussperrung auch noch ausdrücklich die fristlose Kündigung des Arbeitsverhältnisses erklärt, ohne dass für die fristlose Kündigung – außer der Tatsache der Aussperrung – ein Grund vorliegt. Eine solche Kündigung ist zwar stets unwirksam und beendet das Arbeitsverhältnis nicht, kann aber bei Versäumung der dreiwöchigen Klagefrist durch den Arbeitnehmer wirksam werden (§ 7 Hs. 1 KSchG). In diesem besonderen Fall hat der Arbeitnehmer nach Beendigung der Aussperrung einen Wiedereinstellungsanspruch. In den übrigen Fällen besteht das Arbeitsverhältnis ohnehin weiter. 59

Kein Wiedereinstellungsanspruch besteht, wenn sich der schwerbehinderte Arbeitnehmer im Zusammenhang mit der Aussperrung **an Ausschreitungen beteiligte** und deshalb wirksam fristlos entlassen wurde. In diesem Fall ist die Kündigung nicht »lediglich aus Anlass eine Aussperrung« ausgesprochen worden. 60

Soweit ein Wiedereinstellungsanspruch in Betracht kommt, hat der schwerbehinderte Arbeitnehmer Anspruch auf Wiedereinstellung **zu den Bedingungen des früheren Arbeitsverhältnisses**. Eine Anrechnung der früheren Beschäftigungszeit auf das neue Arbeitsverhältnis dürfte im Allgemeinen möglich sein, ist aber im Einzelfall zu prüfen. Das Arbeitsverhältnis war rechtlich unterbrochen. 61

§ 174 Abs. 6 SGB IX ist unanwendbar, wenn der Arbeitgeber gegenüber einem schwerbehinderten Arbeitnehmer im Zusammenhang mit dem Streik oder einer Aussperrung rechtswirksam **ordentlich kündigt**. Deshalb hat der schwerbehinderte Arbeitnehmer in einem solchen Fall nach Beendigung des Streiks oder der Aussperrung keinen Anspruch auf Wiedereinstellung (Neumann/Pahlen/Greiner/Winkler/Jabben-*Neumann* § 174 SGB IX Rn 32). 62

§ 175 SGB IX Erweiterter Beendigungsschutz

¹Die Beendigung des Arbeitsverhältnisses eines schwerbehinderten Menschen bedarf auch dann der vorherigen Zustimmung des Integrationsamtes, wenn sie im Falle des Eintritts einer teilweisen Erwerbsminderung, der Erwerbsminderung auf Zeit, der Berufsunfähigkeit oder der Erwerbsunfähigkeit auf Zeit ohne Kündigung erfolgt. ²Die Vorschriften dieses Kapitels über die Zustimmung zur ordentlichen Kündigung gelten entsprechend.

Übersicht

	Rdn		Rdn
A. Entstehungsgeschichte und Zweck der Vorschrift.	1	B. Notwendigkeit der Zustimmung des Integrationsamts bei Beendigung des Arbeitsverhältnisses ohne Kündigung . . .	3

A. Entstehungsgeschichte und Zweck der Vorschrift

1   Die Vorgängernorm des § 175 SGB IX war § 92 SGB IX (bis 30.6.2001: § 22 SchwbG). § 92 SGB IX entsprach dem Entwurf der Bundesregierung zum SchwbG 1974 (BT-Drucks. 7/656 B zu Art. I Nr. 23). Im SchwBeschG 1953 gab es keine entsprechende Regelung. § 22 SchwbG (bis 31.7.1986: § 19 SchwbG) war die erste gesetzliche Regelung, die die Beendigung für einen Fall der **Beendigung des Arbeitsverhältnisses ohne Kündigung** an die Zustimmung der (früheren) Hauptfürsorgestelle band. Mit dieser Regelung sollte insbes. ein Mitspracherecht der Hauptfürsorgestelle gesichert werden, wenn tarifvertragliche Vorschriften (der RegE nennt ausdrücklich § 59 BAT, § 56 MTB II) beim Eintritt von Berufsunfähigkeit die Beendigung des Arbeitsverhältnisses ohne Kündigung vorsahen. Der Sinn der Mitwirkung der Hauptfürsorgestelle lag darin, ihr die Möglichkeit zu geben, die Beendigung des Arbeitsverhältnisses eines schwerbehinderten Arbeitnehmers zu verhindern, wenn beim Arbeitgeber noch eine anderweitige Beschäftigungsmöglichkeit bestand. Soweit tarifvertragliche Vorschriften vorsahen, dass das Arbeitsverhältnis auch bei festgestellter Erwerbsunfähigkeit automatisch endet, hatte der Gesetzgeber zunächst ausdrücklich davon abgesehen, diese Form der Beendigung des Arbeitsverhältnisses von der vorherigen Zustimmung der Hauptfürsorgestelle abhängig zu machen, weil die Zustimmung hier ohnehin in jedem Fall erteilt werden musste (RegE, BT-Drucks. 7/656 B zu Art. 1 Nr. 23). Durch Gesetz vom 17.7.1979 (BGBl. I S. 989) wurde dann aber die Erwerbsunfähigkeit auf Zeit der Berufsunfähigkeit gleichgestellt.

2   Durch das am 1.1.2001 in Kraft getretene Gesetz zur Reform der Renten wegen verminderter Erwerbsfähigkeit vom 20.12.2000 (BGBl. I S. 1827) – Erwerbsminderungsrenten-Reformgesetz (EMR-RG) – sind die bisherigen Berufsunfähigkeitsrenten und Erwerbsunfähigkeitsrenten durch eine zweigestufte Erwerbsminderungsrente (Rente wegen teilweiser Erwerbsminderung und Rente wegen voller Erwerbsminderung) ersetzt worden (vgl. § 43 SGB VI). Deshalb kommt jetzt auch eine Beendigung des Arbeitsverhältnisses ohne Kündigung wegen teilweiser Erwerbsminderung oder wegen voller Erwerbsminderung auf Zeit in Betracht. Dem hat Art. 20 EMR-RG durch eine entsprechende Änderung des § 22 SchwbG Rechnung getragen. Für Arbeitnehmer, die vor dem 2.1.1961 geboren sind, bleibt es jedoch bei einer Rentenbewilligung für den Fall einer Berufsunfähigkeit (§ 240 SGB VI). Der Sinn der Mitwirkung des an die Stelle der Hauptfürsorgestelle getretenen Integrationsamts bei der Beendigung von Arbeitsverhältnissen nach § 92 SGB IX aF und § 175 SGB IX nF ist unverändert geblieben.

B. Notwendigkeit der Zustimmung des Integrationsamts bei Beendigung des Arbeitsverhältnisses ohne Kündigung

3   Endet das Arbeitsverhältnis ohne Kündigung, muss das Integrationsamt nach § 175 S. 1 SGB IX zuvor zustimmen, wenn die Beendigung wegen **teilweiser Erwerbsminderung, voller Erwerbsminderung auf Zeit, Berufsunfähigkeit oder Erwerbsunfähigkeit des Arbeitnehmers auf Zeit** eintritt (APS-*Vossen* § 175 SGB IX Rn 6). § 175 SGB IX ist dagegen weder unmittelbar noch entsprechend

anzuwenden, wenn volle Erwerbsminderung auf Dauer eintritt (*BAG* 20.6.2018 EzTöD 100 § 33 TVöD-AT Erwerbsminderungsrente Nr. 15, Rn 38 mwN; APS-*Vossen* § 175 SGB IX Rn 6 mwN). Der Begriff der teilweisen Erwerbsminderung ist in § 43 Abs. 1 S. 2 SGB VI geregelt, der Begriff der vollen Erwerbsminderung in § 43 Abs. 2 S. 2 SGB VI. Wer berufsunfähig ist, ergibt sich aus § 240 Abs. 2 SGB VI. Für den Begriff der Erwerbsunfähigkeit ist der mit Wirkung vom 1.1.2002 aufgehobene § 44 SGB VI maßgebend. Erwerbsminderung oder Erwerbsunfähigkeit auf Zeit besteht bei begründeter Aussicht, dass die Erwerbsminderung oder Erwerbsunfähigkeit in absehbarer Zeit behoben sein kann. Eine Beendigung des Arbeitsverhältnisses ohne Kündigung im Fall des Eintritts der teilweisen Erwerbsminderung oder Berufsunfähigkeit oder der Erwerbsminderung oder Erwerbsunfähigkeit auf Zeit kann im Arbeitsvertrag, in einem Auflösungsvertrag (s. Rdn 6), in einem Tarifvertrag und – im Rahmen des § 77 Abs. 3 BetrVG – auch in einer Betriebsvereinbarung wirksam vereinbart werden. Ohne eine solche auf das Arbeitsverhältnis anwendbare Regelung bedarf es auch im Fall des Eintritts der teilweisen Erwerbsminderung bzw. Berufsunfähigkeit oder der Erwerbsminderung bzw. Erwerbsunfähigkeit auf Zeit stets einer Kündigung, um das Arbeitsverhältnis zu beenden.

Da § 175 SGB IX die entsprechende Anwendung der Vorschriften des Vierten Kapitels über die Zustimmung zur ordentlichen Kündigung (§§ 168–173 SGB IX) vorsieht, bedeutet dies, dass **in den Fällen des § 173 SGB IX eine Zustimmung des Integrationsamts** zur Beendigung des Arbeitsverhältnisses ohne Kündigung bei Eintritt einer teilweisen Erwerbsminderung bzw. Berufsunfähigkeit oder einer Erwerbsminderung bzw. Erwerbsunfähigkeit auf Zeit **nicht erforderlich** ist (s. hierzu §§ 168–173 SGB IX Rdn 29 ff.). 4

Der Schutz des § 175 SGB IX greift auch ein, wenn der Arbeitgeber beim Eintritt der Erwerbsminderung, Berufsunfähigkeit oder Erwerbsunfähigkeit **keine Kenntnis von der Schwerbehinderteneigenschaft** des Arbeitnehmers hat. Erwerbsminderung oder Berufs- oder Erwerbsunfähigkeit begründet nicht automatisch eine Schwerbehinderung (*BAG* 16.11.1982 AP Nr. 4 zu § 62 BAT). Damit gelten bei Unkenntnis des Arbeitgebers von der Schwerbehinderteneigenschaft des Arbeitnehmers die Ausführungen bei §§ 168–173 SGB IX Rdn 16 ff. entsprechend (ebenso APS-*Vossen* § 175 SGB IX Rn 14). An die Stelle der Kündigung tritt hier die Zustellung des Rentenbescheids (vgl. § 33 Abs. 2 S. 1 TVöD-AT). Der Arbeitnehmer musste sich daher nach der früheren Rspr. des Bundesarbeitsgerichts innerhalb einer Regelfrist von einem Monat nach Zustellung des Rentenbescheids gegenüber dem Dienstherrn auf seine Schwerbehinderteneigenschaft berufen, wenn er den Beendigungsschutz des heutigen § 175 SGB IX erhalten wollte (*BAG* 28.6.1995 EzA § 620 BGB Nr. 134). Teilt der Arbeitnehmer dem Arbeitgeber seinen Status als schwerbehinderter Mensch oder Gleichgestellter oder einen entsprechenden Antrag nicht **innerhalb von drei Wochen** nach Zugang der Beendigungsmitteilung des Arbeitgebers iSv §§ 21, 15 Abs. 2 TzBfG mit (*BAG* 6.4.2011 EzA § 17 TzBfG Nr. 13; 9.2.2011 EzA § 17 TzBfG Nr. 11; s. a. 27.7.2011 EzA § 17 TzBfG Nr. 14), kann sich der Arbeitnehmer nicht mehr auf den Beendigungsschutz des § 175 SGB IX berufen (APS-*Vossen* § 175 SGB IX Rn 14;, § 168 SGB IX Rn 15b9. Mit Ablauf der Klagefrist des § 4 S. 1 KSchG ist der Nichtigkeitsgrund der § 175 S. 1 SGB IX, § 134 BGB nach § 4 S. 1, § 7 Hs. 1 KSchG geheilt. § 4 S. 4 KSchG ist nicht anzuwenden. **Wusste der Arbeitgeber dagegen um die Schwerbehinderung oder ist sie offenkundig, ist § 4 S. 4 KSchG** (entsprechend) anzuwenden (vgl. für das Bedingungskontrollrecht *BAG* 9.2.2011 EzA § 17 TzBfG Nr. 11 und 27.7.2011 EzA § 17 TzBfG Nr. 14; *LAG Hamm* 11.3.2014 ZTR 2014, 663 im Anschluss an die Rspr. des Zweiten Senats im Kündigungsschutzrecht: *BAG* 13.2.2008 EzA § 4 nF KSchG Nr. 83; s.a. 9.6.2011 EzA § 85 SGB IX Nr. 7; 23.2.2010 EzA § 85 SGB IX Nr. 6 m. abl. Besprechung *Dick/Windeln* ArbRB 2011, 55 ff.; dazu iE §§ 168–173 SGB IX Rdn 19). Die Beendigung des Arbeitsverhältnisses durch eine solche auflösende Bedingung ist aus Sicht des BAG verfassungsgemäß (*BAG* 17.3.2016 EzA § 4 TVG Öffentlicher Dienst Nr. 14, Rn 10 ff.) und unionsrechtskonform (*BAG* 18.12.2014 EzA § 21 TzBfG Nr. 3, Rn 23 ff.; dazu auch *Bock* öAT 2016, 67; *Gaensler* öAT 2013, 45; Neumann/Pahlen/Greiner/Winkler/Jabben-*Neumann* § 175 SGB IX Rn 4; *Seel* NZS 2013, 373). 5

6 Die entsprechende Anwendung der Vorschriften über die **Zustimmung zur ordentlichen Kündigung** bedeutet, dass für das Antragsverfahren § 170 SGB IX und für die Entscheidung des Integrationsamts §§ 171–173 SGB IX gelten. Die Regelungen über die Zustimmung zur außerordentlichen Kündigung (§ 174 SGB IX) sind auch dann nicht entsprechend anwendbar, wenn ein Ausscheiden ohne Einhaltung einer Auslauffrist – wie zB in § 33 Abs. 2 TVöD-AT – vorgesehen ist (*Thiele* Rn 300). Die Zustimmung des Integrationsamts zur Beendigung des Arbeitsverhältnisses ist nicht erforderlich, wenn sich der schwerbehinderte Arbeitnehmer **nach Eintritt und in Kenntnis** der Erwerbsminderung oder Berufsunfähigkeit oder Erwerbsunfähigkeit auf Zeit mit der Beendigung des Arbeitsverhältnisses durch **Auflösungsvertrag** einverstanden erklärt, weil ein Verzicht des schwerbehinderten Arbeitnehmers auf den Schwerbehindertenschutz nach Eintritt der Voraussetzungen, die die Schutzbestimmungen eingreifen lassen, wirksam ist (LPK-SGB IX/*Düwell* § 175 Rn 8; vor §§ 168–175 SGB IX Rdn 41). Ein Einverständnis des Arbeitnehmers mit der Auflösung des Arbeitsverhältnisses ist aber nicht schon dann anzunehmen, wenn der Arbeitgeber dem Arbeitnehmer mitteilt, das Arbeitsverhältnis ende nach den tariflichen Bestimmungen mit Ablauf des Monats, in dem Arbeitnehmer der Rentenbescheid zugestellt sei, der Arbeitnehmer auf die Richtigkeit dieser Mitteilung vertraut und die aus der Beendigung des Arbeitsverhältnisses folgenden Rechte (Übergangsgeld, Resturlaub, Zeugnis) gegen den Arbeitgeber geltend macht (*BAG* 4.2.1987 RzK IV 8d Nr. 2; LPK-SGB IX/*Düwell* § 175 Rn 8). Ein Auflösungsvertrag unterliegt zudem der Schriftform (§ 623 BGB).

7 Im Übrigen endet das Arbeitsverhältnis frühestens mit Zustellung der zustimmenden Entscheidung des Integrationsamts an den schwerbehinderten Arbeitnehmer, selbst wenn nach tariflichen Bestimmungen ein früherer Beendigungszeitpunkt vorgesehen ist. § 33 Abs. 2 S. 4 TVöD-AT trägt dieser Rechtslage jetzt Rechnung. Die **Mindestkündigungsfrist des § 169 SGB IX findet** auf diesen Fall der Beendigung des Arbeitsverhältnisses **keine Anwendung**. § 175 SGB IX geht selbst davon aus, dass das Arbeitsverhältnis ohne Kündigung endet (APS-*Vossen* § 175 SGB IX Rn 13). Damit entfällt die Einhaltung einer Kündigungsfrist. Setzt der Arbeitgeber das Zustimmungsverfahren nach § 170 SGB IX nicht in Gang, bleibt das Arbeitsverhältnis bestehen. **Für den Antrag** des Arbeitgebers auf Zustimmung zur Beendigung des Arbeitsverhältnisses ist **keine bestimmte Frist** vorgeschrieben, weil die Vorschriften über die Zustimmung zur außerordentlichen Kündigung (hier: § 174 Abs. 2 SGB IX) – anders als nach dem bis 31.7.1986 geltenden Recht – nicht für entsprechend anwendbar erklärt worden sind (vgl. im Übrigen die Erl. zu §§ 168–173 SGB IX).

8 Bei der Entscheidung über den Antrag auf Zustimmung zur Beendigung des Arbeitsverhältnisses hat das Integrationsamt zu prüfen, ob dem Arbeitgeber unter Berücksichtigung der besonderen Interessen des schwerbehinderten Arbeitnehmers die **Aufrechterhaltung des Arbeitsverhältnisses zumutbar** ist. Das ist dann der Fall, wenn der Arbeitgeber bei einer Erwerbsminderung oder Erwerbsunfähigkeit auf Zeit, die Zeit der Erwerbsminderung oder Erwerbsunfähigkeit überbrücken kann, zB durch die Einstellung von Aushilfskräften oder organisatorische Änderungen im Betrieb (*Heuser* br 1987, 33). Zukünftige Umstände dürfen nur dann in die Abwägung einbezogen werden, wenn ihr Eintritt mit hinreichender Sicherheit voraussehbar ist (*OVG NRW* 17.1.1989 br 1990, 138). Bei einer teilweisen Erwerbsminderung oder bei Berufsunfähigkeit hat das Integrationsamt zu prüfen, welche Tätigkeiten der schwerbehinderte Arbeitnehmer noch verrichten kann und ob entsprechende leidensgerechte Arbeitsplätze vorhanden und frei sind (*Seidel* S. 85). Ist das zu bejahen, ist die Aufrechterhaltung des Arbeitsverhältnisses zumutbar.

9 Das Arbeitsverhältnis endet nach den dargelegten Grundsätzen **ohne Rücksicht darauf, ob die Zustimmung** des Integrationsamts von dem schwerbehinderten Arbeitnehmer **angefochten wird**. Wird die Zustimmung im Rechtsmittelverfahren rechtskräftig aufgehoben, entfällt die Wirksamkeit des Ausscheidens rückwirkend mit der Folge, dass das Arbeitsverhältnis fortbesteht (Neumann/Pahlen/Greiner/Winkler/Jabben-*Neumann* § 175 SGB IX Rn 6; vgl. ferner §§ 168–173 SGB IX Rdn 124).

10 Das Integrationsamt muss der Versetzung eines Dienstordnungsangestellten in den Ruhestand wegen Dienstunfähigkeit nicht zustimmen. § 175 S. 1 und §§ 168 ff. SGB IX sind nicht entsprechend

anzuwenden (*BAG* 24.5.2012 – 6 AZR 679/10, NZA 2012, 1158, Rn 21 ff. unter Aufgabe der Rspr. zu den Vorgängerbestimmungen: *BAG* 20.10.1977 EzA § 19 SchwbG Nr. 1 = AR-Blattei Schwerbehinderte: Entsch. 42 m. zust. Anm. *Herschel; LAG Bln.* 10.8.1976 AuR 1977, 187; 29.7.1961 AP Nr. 3 zu § 19 SchwBeschG). Dienstordnungsangestellte sind gegen Versetzungen in den Ruhestand oder ihre Entfernung aus dem Dienstverhältnis gegen ihren Willen in gleicher Weise gesichert wie Beamte und bedürfen deshalb keines zusätzlichen Schutzes durch die Beendigungssperre des § 175 S. 1 SGB IX (*BAG* 24.5.2012 – 6 AZR 679/10, NZA 2012, 1158, Rn 21 ff.; zu einer ähnlichen Problematik im Bedingungskontrollrecht *BAG* 27.7.2011 EzA § 17 TzBfG Nr. 14, Rn 28 ff.; s. a. Rdn 11).

Im Übrigen ist § 175 SGB IX **auf andere Fälle** der Beendigung des Arbeitsverhältnisses ohne Kündigung, zB bei im Arbeitsvertrag oder Tarifvertrag vorgesehener Beendigung bei dauernder voller Erwerbsminderung nach § 43 Abs. 2 SGB VI oder bei dauernder Erwerbsunfähigkeit, **nicht anzuwenden** (*BAG* 27.7.2011 EzA § 17 TzBfG Nr. 14, Rn 28 ff.; 6.4.2011 EzA § 17 TzBfG Nr. 13, Rn 25; s. a. RegE BT-Drucks. 7/656 B zu Art. I Nr. 23; Neumann/Pahlen/Greiner/Winkler/Jabben-*Neumann* § 175 SGB IX Rn 2). 11

Tarifvertrag für den öffentlichen Dienst (TVöD)

Vom 13. September 2005.
In der Fassung aufgrund des aktuellen Änderungstarifvertrages vom 25. Oktober 2020.
– Auszug –

§ 30 TVöD Befristete Arbeitsverträge

(1) ¹Befristete Arbeitsverträge sind nach Maßgabe des Teilzeit- und Befristungsgesetzes sowie anderer gesetzlicher Vorschriften über die Befristung von Arbeitsverträgen zulässig. ²Für Beschäftigte, auf die die Regelungen des Tarifgebiets West Anwendung finden und deren Tätigkeit vor dem 1. Januar 2005 der Rentenversicherung der Angestellten unterlegen hätte, gelten die in den Absätzen 2 bis 5 geregelten Besonderheiten; dies gilt nicht für Arbeitsverhältnisse, für die die §§ 57a ff. HRG, das Gesetz über befristete Arbeitsverträge in der Wissenschaft (Wissenschaftszeitvertragsgesetz) oder gesetzliche Nachfolgeregelungen unmittelbar oder entsprechend gelten.

(2) ¹Kalendermäßig befristete Arbeitsverträge mit sachlichem Grund sind nur zulässig, wenn die Dauer des einzelnen Vertrages fünf Jahre nicht übersteigt; weitergehende Regelungen im Sinne von § 23 TzBfG bleiben unberührt. ²Beschäftigte mit einem Arbeitsvertrag nach Satz 1 sind bei der Besetzung von Dauerarbeitsplätzen bevorzugt zu berücksichtigen, wenn die sachlichen und persönlichen Voraussetzungen erfüllt sind.

(3) ¹Ein befristeter Arbeitsvertrag ohne sachlichen Grund soll in der Regel zwölf Monate nicht unterschreiten; die Vertragsdauer muss mindestens sechs Monate betragen. ²Vor Ablauf des Arbeitsvertrages hat der Arbeitgeber zu prüfen, ob eine unbefristete oder befristete Weiterbeschäftigung möglich ist.

(4) ¹Bei befristeten Arbeitsverträgen ohne sachlichen Grund gelten die ersten sechs Wochen und bei befristeten Arbeitsverträgen mit sachlichem Grund die ersten sechs Monate als Probezeit. ²Innerhalb der Probezeit kann der Arbeitsvertrag mit einer Frist von zwei Wochen zum Monatsschluss gekündigt werden.

(5) ¹Eine ordentliche Kündigung nach Ablauf der Probezeit ist nur zulässig, wenn die Vertragsdauer mindestens zwölf Monate beträgt. ²Nach Ablauf der Probezeit beträgt die Kündigungsfrist in einem oder mehreren aneinandergereihten Arbeitsverhältnissen bei demselben Arbeitgeber

von insgesamt mehr als sechs Monaten	vier Wochen,
von insgesamt mehr als einem Jahr	sechs Wochen
zum Schluss eines Kalendermonats,	
von insgesamt mehr als zwei Jahren	
von insgesamt mehr als drei Jahren	drei Monate,
zum Schluss eines Kalendervierteljahres.	vier Monate

³Eine Unterbrechung bis zu drei Monaten ist unschädlich, es sei denn, dass das Ausscheiden von der/dem Beschäftigten verschuldet oder veranlasst war. ⁴Die Unterbrechungszeit bleibt unberücksichtigt.

Protokollerklärung zu Absatz 5:

Bei mehreren aneinandergereihten Arbeitsverhältnissen führen weitere vereinbarte Probezeiten nicht zu einer Verkürzung der Kündigungsfrist.

(6) Die §§ 31, 32 bleiben von den Regelungen der Absätze 3 bis 5 unberührt.

§ 30 TVöD Befristete Arbeitsverträge

Übersicht	Rdn		Rdn
A. Einführung	1	F. Kündigung nach der Probezeit (Abs. 5)	14
B. Grundregelung für befristete Arbeitsverhältnisse (Abs. 1)	2	G. Ordentliche Kündigungen außerhalb des Anwendungsbereichs von Abs. 4 und 5	17
C. Kalendermäßige Befristung mit Sachgrund (Abs. 2)	5		
D. Befristung ohne Sachgrund (Abs. 3)	8	H. Führung auf Probe und auf Zeit (Abs. 6)	18
E. Kündigung in der Probezeit (Abs. 4)	11		

▶ Hinweis:

§ 30 TV-L entspricht bis auf Formulierungsunterschiede dem § 30 TVöD, wenngleich in Abs. 1 S. 2 das WissZeitVG nicht ausdrücklich aufgeführt ist.

§ 30 TV-H entspricht bis auf Formulierungsunterschiede grds. dem § 30 TVöD, weist jedoch folgende Abweichungen auf:
– Abs. 1 S. 2 Hs. 2 lautet: »dies gilt nicht für Arbeitsverhältnisse, für welche die Befristungsregelungen der §§ 77 ff. Hessisches Hochschulgesetz in der Fassung vom 5. November 2007 oder des Wissenschaftszeitvertragsgesetzes gelten.« Insoweit gilt folgende Protokollerklärung: »Absätze 3 bis 5 gelten auch nicht für Arbeitsverhältnisse, die von der Übergangsvorschrift des § 6 Wissenschaftszeitvertragsgesetz erfasst sind.«
– Abs. 2 ist unbesetzt.
– Abs. 4 S. 1 lautet: »Bei befristeten Arbeitsverträgen gelten die ersten sechs Monate als Probezeit.«

A. Einführung

1 Der Tarifvertrag für den öffentlichen Dienst – **TVöD** – vom 13.9.2005 (dazu *Dahl* DVP 2007, 45; zur TVöD-Übernahme in das kirchliche bayerische Arbeitsvertragsrecht *Eder* ZTR 2008, 189) gilt ab dem 1.10.2005 (inzwischen mit diversen Änderungen), und zwar für den Bund und die Kommunen (zum Aufbau des TVöD *Arnold/Gräfl/Rambach* § 30 TVöD Rn 1). Für den Bereich der Bundesländer gilt der entsprechende Tarifvertrag für den öffentlichen Dienst der Länder – **TV-L** – vom 12.10.2006 (in Kraft ab 1.11.2006, inzwischen mehrfach geändert), für Hessen gilt der Tarifvertrag für den öffentlichen Dienst des Landes Hessen – **TV-H** – (vom 1.9.2009, am 1.1.2010 in Kraft getreten und mittlerweile mehrfach geändert). Soweit es in Einzelfällen noch auf den BAT und damit die Regelungen der **SR 2y BAT** zu befristeten und auflösend bedingten Arbeitsverträgen ankommen sollte, wird verwiesen auf *Bader* KR 11. Aufl., Anhang TVöD: SR 2y bAT. **TVöD, TV-L** und **TV-H** enthalten jeweils in ihrem Allgemeinen Teil in den **§§ 30 bis 32** Regelungen zur **Befristung von Arbeitsverträgen**, in § 33 Vorschriften über die Beendigung des Arbeitsverhältnisses ohne Kündigung, speziell zur **Altersgrenze** (dazu KR-*Bader/Kreutzberg-Kowalczyk* § 33 TVöD Rdn 2; s.a. KR-*Lipke/Bubach* § 14 TzBfG Rdn 412 ff.) und zum Ende bei Bezug einer **Erwerbsunfähigkeitsrente** (dazu a. KR-*Lipke/Bubach* § 21 TzBfG Rdn 45 ff.). Die §§ 31 und 32 enthalten Normen für die **Führung auf Probe und auf Zeit**. Kommentiert sind hier und im Folgenden die aktuellen §§ 30 bis 34 TVöD. Die §§ 30 bis 34 TV-L und TV-H sind sehr weitgehend inhaltsgleich; als Hinweis ist jeweils angegeben, welche Abweichungen es gibt. Nicht eingegangen wird auf die Sonderregelungen für bestimmte Beschäftigtengruppen, die im TV-L und im TV-H enthalten sind und die zT auch die §§ 30 bis 34 betreffen. Ebenso nicht separat eingegangen wird etwa auf den Tarifvertrag für die Arbeitnehmerinnen und Arbeitnehmer der Bundesagentur für Arbeit – **TV-BA** – vom 28.3.2006 (in Kraft ab 1.1.2006, mehrfach geändert), dessen §§ 33 bis 37 weitgehend mit den §§ 30 bis 34 TVöD übereinstimmen (s. Rdn 9 zu § 33 Abs. 3 S. 1 TV-BA).

B. Grundregelung für befristete Arbeitsverhältnisse (Abs. 1)

2 § 30 Abs. 1 S. 1 TVöD bestimmt, dass für die Zulässigkeit befristeter Arbeitsverträge (kalenderbefristet oder zweckbefristet) – mit oder ohne Sachgrund – die Vorschriften des **TzBfG** (dazu s. KR-*Lipke/Bubach* § 14 TzBfG) oder anderer spezieller Gesetze (vgl. dazu KR-*Bader/Kreutzberg-Kowalczyk*

§ 23 TzBfG) gelten (zu Befristungsquoten im öffentlichen Dienst s. KR-*Lipke/Schlünder* § 620 BGB Rdn 67). Doch sieht **Abs. 1 S. 2 Hs. 1** eine weitreichende **Ausnahme** vor, die durchaus Fragen im Hinblick auf Art. 3 Abs. 1 GG aufwirft (angesprochen in *BAG* 6.4.2011 – 7 AZR 716/09, Rn 44). Es gelten danach für einen Teil der Beschäftigten die **Absätze 2 bis 5** (einschließlich der Protokollerklärung zu Abs. 5, auch diese mit Rechtsnormqualität: vgl. KR-*Bader/Kreutzberg-Kowalczyk* § 22 TzBfG Rdn 16), die nachfolgend in Rdn 5 bis 16 dargestellt sind. Erfasst werden mit der etwas umständlichen Formulierung (APS-*Greiner* § 30 TVöD Rn 2) nur die **Angestellten des Tarifgebietes West**, nicht also die Arbeiter und auch nicht die Angestellten des Tarifgebietes Ost, was dem seinerzeitigen Anwendungsbereich der SR 2y BAT entspricht (APS-*Greiner* § 30 TVöD Rn 2; *Arnold/Gräfl/Rambach* § 30 TVöD Rn 6). Dazu existiert mit **Abs. 1 S. 2 Hs. 2** eine **Rückausnahme**: Auch für die Angestellten des Tarifgebietes West gelten die Absätze 2 bis 5 nicht, soweit die Vorschriften der **§§ 57a ff. HRG**, das **WissZeitVG** oder gesetzliche Nachfolgeregelungen unmittelbar oder entsprechend gelten. Eine weitere **Rückausnahme** enthält **Abs. 6**: Die Absätze 3 bis 5 gelten nicht, soweit die **§§ 31 und 32 TVöD** (dazu KR-*Bader/Kreutzberg-Kowalczyk* §§ 31 u. 32 TVöD) eingreifen (s.a. Rdn 18). Da Abs. 1 S. 1 die **auflösend bedingten Arbeitsverträge** gar nicht anspricht, gelten dafür natürlich ohne Einschränkungen insgesamt die jeweiligen gesetzlichen Vorschriften (insbes. § 21 TzBfG).

§ 30 Abs. 2 bis 5 TVöD enthält in dem insoweit durch § 30 Abs. 1 S. 2 Hs. 1 u. 2 TVöD eröffneten Anwendungsbereich (s. Rdn 2) für den Arbeitnehmer **günstigere Tarifnormen**, die die Befristung von Arbeitsverhältnissen über das gesetzlich vorgesehene Maß hinaus einschränken (zur Vorgängerregelung etwa *BAG* 14.2.1990 – 7 AZR 68/89; LS-*Schlachter* Anh. 2 J § 30 TVöD Rn 3). Zur Frage des Zeitpunktes, in dem beiderseitige **Tarifbindung** oder Allgemeinverbindlicherklärung vorliegen muss, s. KR-*Bader/Kreutzberg-Kowalczyk* § 22 TzBfG Rdn 6. Sofern die Anwendbarkeit des § 30 TVöD **einzelvertraglich vereinbart** ist, kann in den Grenzen des § 22 Abs. 1 TzBfG etwas davon Abweichendes vereinbart werden (zur Vorgängerregelung *BAG* 21.2.2001 – 7 AZR 98/00). Bei später eintretender Tarifbindung ist die Vereinbarung nur insoweit weiter wirksam, als sie sich gegenüber dem Tarifvertrag als günstiger darstellt. 3

§ 30 Abs. 2 bis 5 TVöD erfasst **nicht die Befristung einzelner Arbeitsvertragsbedingungen** (*BAG* 15.4.1999 – 7 AZR 734/97, zur Vorgängerregelung; APS-*Greiner* § 30 TVöD Rn 4). Insoweit bleibt es bei den allgemein geltenden Grundsätzen (vgl. KR-*Lipke/Bubach* § 14 TzBfG Rdn 89 ff.). 4

C. Kalendermäßige Befristung mit Sachgrund (Abs. 2)

Kalendermäßig befristete Arbeitsverträge (zum Begriff KR-*Bader/Kreutzberg-Kowalczyk* § 3 TzBfG Rdn 17) – **Zweckbefristungen** (zum Begriff KR-*Bader/Kreutzberg-Kowalczyk* § 3 TzBfG Rdn 21) werden also nicht erfasst (*BAG* 15.5.2012 – 7 AZR 35/11, Rn 21; APS-*Greiner* § 30 TVöD Rn 7), ebenso nicht auflösend bedingte Verträge (s. Rdn 2; APS-*Greiner* § 30 TVöD Rn 7) – **mit sachlichem Grund** sind gem. Abs. 2 S. 1 Hs. 1 nur zulässig, wenn die Dauer des einzelnen Vertrages **fünf Jahre nicht übersteigt**. Die Formulierung der Norm stellt anknüpfend an die Rechtsprechung zur seinerzeitigen Protokollnotiz Nr. 2 S. 1 zu Nr. 1 SR 2y BAT ausdrücklich klar, dass nur auf den **einzelnen befristeten Vertrag** abzustellen ist (APS-*Greiner* § 30 TVöD Rn 6; *Arnold/Gräfl/Rambach* § 30 TVöD Rn 9). Eine Höchstdauer für mehrere aufeinander folgende Befristungen regelt Abs. 2 S. 1 nicht. Für die Kontrolle mehrerer aufeinander folgender befristeter Verträge gelten die normalen Kontrollkriterien (dazu KR-*Lipke/Bubach* § 14 TzBfG Rdn 129 ff.). Gegenüber § 30 Abs. 2 S. 1 TVöD stellt die Regelung der **Altersgrenze** in § 33 Abs. 1 Buchst. a TVöD – eine kalendermäßige Befristung mit Sachgrund (vgl. KR-*Lipke/Bubach* § 14 TzBfG Rdn 413) – die speziellere Bestimmung dar (APS-*Greiner* § 30 TVöD Rn 8). 5

Abs. 2 S. 1 Hs. 2 lässt **weitergehende Regelungen** im Sinne des § 23 TzBfG (s. dazu KR-*Bader/Kreutzberg-Kowalczyk* § 23 TzBfG) **unberührt**. Dies betrifft etwa die **Ärzte in der Weiterbildung**, bei denen länger dauernde Befristungsvereinbarungen möglich sind (s. KR-*Treber/* 6

§ 30 TVöD Befristete Arbeitsverträge

Waskow §§ 1–3 ÄArbVtrG Rdn 17 bis 23). Im Bereich des **WissZeitVG** gilt Abs. 2 ohnehin nicht (s. Rdn 2).

7 Abs. 2 S. 2 schreibt vor, dass Arbeitnehmer, die aufgrund eines Arbeitsvertrages nach Satz 1 – kalendermäßig befristet mit sachlichem Grund (s. Rdn 5) – beschäftigt sind, **bei der Besetzung von Dauerarbeitsplätzen** (= beim Abschluss unbefristeter Verträge: *LAG Köln* 14.6.2013 – 4 Sa 194/ 13, Rn 20, juris) **bevorzugt zu berücksichtigen** sind (ansonsten bei Arbeitsvertrag ohne sachlichen Grund nur Prüfungspflicht gem. § 30 Abs. 3 S. 2 TVöD [dazu Rdn 10]; gar keine Regelung für Zweckbefristungen und auflösend bedingte Verträge), wenn die persönlichen und sachlichen Voraussetzungen erfüllt sind (vgl. dazu *Braun* ZTR 2009, 517). Dies gilt bei jeder Besetzung eines Dauerarbeitsplatzes, auch bei der mit einem Arbeitnehmer, der bereits einen anderweitigen Dauerarbeitsplatz im Unternehmen innehat (ebenso LS-*Schlachter* 1. Aufl., Anh. 2 J § 30 TVöD Rn 9 [in der 2 Aufl., § 23 Anh. K § 30 TVöD Rn 9 ist der Zusatz betr. Arbeitnehmer mit anderweitigem Dauerarbeitsplatz nicht mehr enthalten]; **aA** *Arnold/Gräfl/Rambach* § 30 TVöD Rn 13: geltend nur bei zusätzlicher externer Einstellung; vom BAG bislang nicht entschieden: vgl. dazu betreffend Protokollnotiz Nr. 4 zu Nr. 1 SR 2y BAT bzw. Parallelbestimmungen *BAG* 14.11.2001 – 7 AZR 568/00; 2.7.2003 – 7 AZR 529/02). Dafür sprechen die optimale Effektivität der Regelung und der Wortlaut »Besetzung« (**aA** *Arnold/Gräfl/Rambach* § 30 TVöD Rn 13). Die Bestimmung des Abs. 2 S. 2 ist nicht auf die Besetzung eines anderweitigen befristeten Arbeitsplatzes – analog oder in erweiternder Auslegung – anzuwenden (so bereits zu Protokollnotiz Nr. 4 zu Nr. 1 SR 2y BAT *BAG* 26.6.1996 – 7 AZR 662/95; ebenso zu § 30 TVöD *Arnold/Gräfl/Rambach* § 30 TVöD Rn 14 mwN). Sie entspricht der seinerzeitigen Protokollnotiz Nr. 4 zu Nr. 1 SR 2y BAT und gewährt als solche **keinen Einstellungsanspruch** und setzt insbes. nicht die Auswahl und das diesbezügliche Ermessen gem. Art. 33 Abs. 2 GG außer Kraft (vgl. *BAG* 22.6.2005 – 7 AZR 363/04, Rn 49; näher KR-*Bader/Kreutzberg-Kowalczyk* § 17 TzBfG Rdn 84 mwN; APS-*Greiner* § 30 TVöD Rn 10 mwN; *Arnold/Gräfl/Rambach* § 30 TVöD Rn 11; LS-*Schlachter* § 23 Anh. 2 K § 30 TVöD Rn 9 f.). Dabei ist es dem Arbeitgeber nicht verwehrt, einen Arbeitnehmer, den er speziell für seine Zwecke ausgebildet hat, gegenüber dem befristet Beschäftigten zu bevorzugen (*BAG* 19.9.2001 – 7 AZR 333/00). Die Bestimmung gewährt als solche auch keinen Anspruch auf Weiterbeschäftigung oder auf eine unterbrechungslose Anschlussbeschäftigung (*LAG Hamm* 9.8.2007 – 17 Sa 404/07). Abs. 2 S. 2 gibt vielmehr einen Anspruch auf **ermessenfehlerfreie Entscheidung des Arbeitgebers** bei der Besetzung von Dauerarbeitsplätzen (*BAG* 6.4.2011 – 7 AZR 716/09, Rn 44). Verstößt der öffentliche Arbeitgeber gegen Abs. 2 S. 2, kommt ein Anspruch auf Abschluss eines unbefristeten Arbeitsvertrags (zum Fall der Ermessensreduzierung auf null, wenn also nur die Einstellung die einzig rechtmäßige und ermessensfehlerfreie Entscheidung darstellt, wobei der Arbeitsplatz zusätzlich noch frei und besetzbar sein muss: *BAG* 2.7.2003 – 7 AZR 529/ 02) oder auf Schadensersatz in Betracht (*BAG* 6.4.2011 – 7 AZR 716/09, Rn 43; *Braun* ZTR 2009, 517). Ist der in Frage kommende Dauerarbeitsplatz bereits besetzt, kann nur noch **Schadensersatz** verlangt werden (*BAG* 2.7.2003 – 7 AZR 529/02; APS-*Greiner* § 30 TVöD Rn 11; LS-*Schlachter* § 23 Anh. 2 K § 30 TVöD Rn 10).

D. Befristung ohne Sachgrund (Abs. 3)

8 Handelt es sich um einen **befristeten Arbeitsvertrag ohne Sachgrund** (§ 14 Abs. 2 u. 3, gegebenenfalls auch Abs. 2a TzBfG; APS-*Greiner* § 30 TVöD Rn 13), **soll die Dauer idR zwölf Monate nicht unterschreiten**, sie muss allerdings **mindestens sechs Monate** betragen (Abs. 2 S. 1). Befristungen für eine kürzere Dauer als sechs Monate bedürfen damit stets eines Sachgrundes (LS-*Schlachter* § 23 Anh. 2 K J § 30 TVöD Rn 11). Wird die zwingende Mindestdauer von sechs Monaten unterschritten und liegt kein Sachgrund vor (ein Zitiergebot gibt es nicht mehr), ist die Befristung unwirksam und es entsteht ein Dauerarbeitsverhältnis (*Arnold/Gräfl/Rambach* § 30 TVöD Rn 15). Wird hingegen die Soll-Regeldauer, die ja nur idR eingehalten werden soll, von zwölf Monaten unterschritten, bleibt dies ohne Folgen (*Arnold/Gräfl/Rambach* § 30 TVöD Rn 15). Die Einhaltung der Soll-Regeldauer führt jedoch zur Anwendung des Abs. 5 S. 1 des § 30 TVöD – Möglichkeit der ordentlichen Kündigung – (dazu s. Rdn 14).

Die Vorschrift des Abs. 3 S. 1 gewinnt auch und insbes. Bedeutung für Befristungen nach § 14 **9** Abs. 2 TzBfG, da nach dem Zweck und dem Schutzgedanken der Regelung auch **Verlängerungsverträge** erfasst werden (APS-*Greiner* § 30 TVöD Rn 13; aA *Arnold/Gräfl/Rambach* § 30 TVöD Rn 15; LS-*Schlachter* Anh. 2 J § 30 TVöD Rn 10), auch wenn Abs. 3 S. 1 anders als die seinerzeitige Protokollnotiz Nr. 6 Abs. 2 zu Nr. 1 SR 2y BAT die Ausgestaltung des § 14 Abs. 2 u. 3 TzBfG nicht mehr ausdrücklich anspricht. Der Anfangsvertrag muss also mindestens sechs Monate umfassen, ebenso die Verlängerungsverträge, so dass bei Ausschöpfen des Gesamtrahmens des § 14 Abs. 2 TzBfG drei Verlängerungen zu je sechs Monaten möglich sind (aA zur Parallelbestimmung in § 33 TV-BA *BAG* 4.12.2013 – 7 AZR 468/12, Rn 23 ff.: Mindestdauer von sechs Monaten gilt nur für die erste Befristung nach § 14 Abs. 2 S. 1 TzBfG). Die Regelung des Abs. 3 S. 1 stellt indes keine abweichende Regelung iSd § 14 Abs. 2 S. 3 TzBfG dar.

Vor Ablauf des ohne Sachgrund befristeten Vertrags (für kalendermäßige Befristungen mit Sach- **10** grund gilt § 30 Abs. 2 S. 1 TVöD – dazu s. Rdn 5 f.; für Zweckbefristungen und auflösend bedingte Verträge gibt es keine entsprechende Regelung) hat der Arbeitgeber zu **prüfen, ob** eine unbefristete oder jedenfalls eine befristete **Weiterbeschäftigung möglich** ist (Abs. 3 S. 2). Dies begründet nach dem klaren Wortlaut **keinen Rechtsanspruch auf Weiterbeschäftigung** (APS-*Greiner* § 30 TVöD Rn 14). Allerdings kann ein **Schadensersatzanspruch** in Betracht kommen, wenn die Verletzung der Prüfungspflicht als solche ursächlich für das Unterbleiben des Angebots eines anderen befristeten oder unbefristeten Arbeitsvertrages war – andernfalls wäre die Vorschrift völlig sinnlos (ohne Festlegung *Arnold/Gräfl/Rambach* § 30 TVöD Rn 15; LS-*Schlachter* § 23 Anh. 2 K § 30 TVöD Rn 12 hält die praktische Bedeutung eines Schadensersatzanspruchs für gering; aA *Dörner* Befr. Arbeitsvertrag, 1. Aufl., Rn 470, worauf in der 2. Aufl. in Rn 417 verwiesen wird; APS-*Greiner* § 30 TVöD Rn 14). § 30 Abs. 3 S. 2 TVöD begründet aber **keinerlei materielle Pflichten** bei der Prüfung einer Weiterbeschäftigungsmöglichkeit; es handelt sich dabei um eine reine **Verfahrensnorm** (*BAG* 15.5.2012 – 7 AZR 754/10, Rn 25; s.a. zur Parallelnorm des § 33 Abs. 3 S. 2 TV-BA *LAG Köln* 26.3.2014 – 5 Sa 819/13, Rn 41, juris).

E. Kündigung in der Probezeit (Abs. 4)

Abs. 4 S. 1 regelt die Länge der **Probezeit.** Diese umfasst nicht verlängerbar (APS-*Greiner* § 30 **11** TVöD Rn 16) beim **befristeten Arbeitsvertrag ohne sachlichen Grund** (es kann sich dabei nur um eine kalendermäßige Befristung handeln) abweichend von der Regel des § 2 Abs. 4 TVöD nur **die ersten sechs Wochen**, beim **befristeten Arbeitsvertrag mit sachlichem Grund** – mit Kalenderbefristung oder mit Zweckbefristung – **die ersten sechs Monate** (angelehnt an die Regelprobezeit des § 2 Abs. 4 TVöD). Kann der Arbeitgeber die Befristung sowohl auf einen Sachgrund stützen als sie auch als sachgrundlos rechtfertigen, kommt es darauf an, wofür er sich erkennbar entschieden hat. Fehlt es an einer solchen Festlegung, wird man von der sechsmonatigen Probezeit auszugehen haben, da andernfalls eine Benachteiligung des Arbeitgebers einträte, der die Befristung doppelt rechtfertigen kann (*Sievers* Anh. 8 TVöD/TV-L Rn 14). Anders als § 2 Abs. 4 TVöD ist nichts zur Möglichkeit einer Vereinbarung über eine kürzere Probezeit gesagt. Man wird es im Hinblick auf das Günstigkeitsprinzip (§ 4 Abs. 3 TVG) – die Vereinbarung der Probezeit mit den kürzeren Kündigungsfristen liegt primär im Interesse des Arbeitgebers – aber für wirksam halten müssen, wenn eine **kürzere Probezeit** oder gar der gänzliche Wegfall der Probezeit vereinbart wird (ebenso für die Frage einer kürzeren Probezeit APS-*Greiner* § 30 TVöD Rn 16).

Innerhalb der jeweils geltenden Probezeit (zur Fristberechnung s. KR-*Spilger* § 622 BGB Rdn 176) **12** kann – beiderseits – mit einer Frist von **zwei Wochen zum Monatsschluss** gekündigt werden (Abs. 4 S. 2). Diese von § 622 Abs. 3 BGB abweichende Regelung ist gem. § 622 Abs. 4 BGB wirksam, und sie stellt gleichzeitig die Ermöglichung der ordentlichen Kündigung insoweit innerhalb der Befristung dar (§ 15 Abs. 3 TzBfG; ebenso LS-*Schlachter* § 23 Anh. 2 K § 30 TVöD Rn 13). Die Kündigung muss innerhalb der Probezeit zugehen; es ist unschädlich, wenn die Kündigungsfrist erst nach dem Ende der Probezeit ausläuft (*BAG* 21.4.1966 – 2 AZR 264/65; vgl. KR-*Spilger* § 622 BGB Rdn 176; Bader/Bram-*Bader* § 622 BGB Rn 46).

13 Abs. 4 S. 2 besagt nichts über Kündigungsfristen und Kündigungsmöglichkeiten nach der Probezeit (dazu Abs. 5). Folgen mehrere **aneinandergereihte Arbeitsverhältnisse** aufeinander und wird dabei mehrfach eine Probezeit vereinbart, gilt die Kündigungsfrist gem. Abs. 4 S. 2 nur für die erste Probezeit, danach gelten die Fristen des Abs. 5, wie die Protokollnotiz zu Abs. 5 ergibt (APS-*Greiner* § 30 TVöD Rn 18). Aneinandergereihte Arbeitsverhältnisse liegen jedenfalls dann vor, wenn sie ohne zeitliche Unterbrechung aufeinander folgen. Nach dem Wortlaut der Norm kommt es dabei auf etwaige inhaltliche Unterschiede der Arbeitsverhältnisse nicht an. Es stellt sich die Frage, wie mit zeitlichen Unterbrechungen umzugehen ist. Diese Frage beantwortet Abs. 5 S. 3 dahingehend, dass Unterbrechungen von einer Dauer bis zu drei Monaten unschädlich sind, es sei denn, der Arbeitnehmer hat das Ausscheiden vor der Unterbrechung verschuldet oder veranlasst (dazu dann weiter Rdn 15).

F. Kündigung nach der Probezeit (Abs. 5)

14 Bei einem befristeten Arbeitsverhältnis lässt das TzBfG grds. keine ordentliche Kündigung zu (wohl aber die außerordentliche), die Möglichkeit der ordentlichen Kündigung bedarf vielmehr der einzelvertraglichen oder tarifvertraglichen Vereinbarung (§ 15 Abs. 3 TzBfG). Dazu sagt Abs. 5 S. 1, dass die **ordentliche Kündigung** nach Ablauf der Probezeit (zur Kündigung innerhalb der Probezeit Abs. 4) nur zulässig ist, wenn die **Vertragsdauer mindestens zwölf Monate** beträgt. Das bedeutet, dass die Bestimmung nur bei einer **kalendermäßigen Befristung** – ob mit oder ohne Sachgrund, ist ohne Belang – eingreifen kann, weil es nur dabei eine festgelegte Vertragsdauer gibt (ebenso APS-*Greiner* § 30 TVöD Rn 21; aA *Breier u.a.* § 30 TVöD Rn 219: auch bei Zweckbefristung anwendbar, wenn 12 Monate Vertragszeit zurückgelegt sind – diese Auffassung gibt damit aber eine einheitliche Auslegung der Vorschrift auf; *Arnold/Gräfl/Rambach* § 30 TVöD Rn 23: bei Zweckbefristung abzustellen auf die Prognose der voraussichtlichen [Mindest-]Dauer – dies lässt aber klare Maßstäbe vermissen und bleibt ohne hinreichende Stütze im Normtext). Liegen diese Voraussetzungen vor, kann die ordentliche Kündigung zu jedem Zeitpunkt nach dem Ende der Probezeit ausgesprochen werden, auch schon vor Ablauf der 12 Monate (APS-*Greiner* § 30 TVöD Rn 20; *Breier u.a.* § 30 TVöD Rn 218).

15 Die **Kündigungsfristen** für die gem. Abs. 5 S. 1 mögliche ordentliche Kündigung (s. Rdn 14) regelt Abs. 5 S. 2. Die Fristen sind gestaffelt nach der Beschäftigungsdauer. Es kommt an auf die bis zum Zugang der Kündigung verstrichene **Gesamtbeschäftigungsdauer beim selben Arbeitgeber** (ohne Berücksichtigung von etwaigen inhaltlichen Unterschieden). **Unterbrechungen** von einer Dauer bis zu drei Monaten sind unschädlich sind, es sei denn, der Arbeitnehmer hat das Ausscheiden vor der Unterbrechung **verschuldet** oder **veranlasst**; die Dauer der Unterbrechung selbst wird allerdings nicht mitgerechnet (Abs. 5 S. 4). Ein Verschulden des Arbeitnehmers ist beispielsweise zu bejahen bei einer berechtigten verhaltensbedingten außerordentlichen oder ordentlichen Kündigung durch den Arbeitgeber, eine Veranlassung durch den Arbeitnehmer bei einem Aufhebungsvertrag auf seinen Wunsch hin oder bei einer Eigenkündigung. Diese Regelung in Abs. 5 weicht bewusst von der Rspr. zu § 1 Abs. 1 KSchG und zu § 622 Abs. 2 BGB ab (*BAG* 27.11.2008 – 6 AZR 632/08, Rn 17).

16 Abs. 5 S. 2 regelt nur Kündigungsfristen ab einer Beschäftigungszeit von sechs Monaten. Damit erfassen Abs. 4 und Abs. 5, die für die kalendermäßigen Befristungen ersichtlich ein geschlossenes System darstellen sollen, nicht die Fälle der Kündigung nach der Probezeit beim kalendermäßig befristeten Arbeitsverhältnis ohne sachlichen Grund (Probezeit: sechs Wochen) bis zur Beschäftigungsdauer von sechs Monaten. Diese eindeutig nicht beabsichtigte **Lücke** ist dahingehend zu schließen, dass bei sachgrundlosen kalendermäßigen Befristungen nach der Probezeit bereits die Grundkündigungsfrist des Abs. 5 S. 2 gilt: vier Wochen zum Schluss eines Kalendermonats (APS-*Greiner* § 30 TVöD Rn 24; aA *Breier u.a.* § 30 TVöD Rn 221: Frist des Abs. 4 S. 2).

G. Ordentliche Kündigungen außerhalb des Anwendungsbereichs von Abs. 4 und 5

17 Soweit die Abs. 4 und 5 nicht eingreifen, stellt sich die Frage, ob bei befristeten Arbeitsverhältnissen und bei auflösend bedingten Arbeitsverhältnissen ordentliche Kündigungen möglich

sind, wenn deren Möglichkeit nicht einzelvertraglich vereinbart ist (dazu ist aus Gründen der Vorsicht auf jeden Fall zu raten, will man wirklich sicher sein, dass die ordentliche Kündigungsmöglichkeit besteht). Nach § 33 Abs. 1 Buchst. a TVöD ist jedes TVöD-Arbeitsverhältnis befristet – es endet mit Erreichen der Altersgrenze (s. KR-*Bader/Kreutzberg-Kowalczyk* § 33 TVöD Rdn 2) –, und nach § 33 Abs. 2 bis 4 TVöD ist jedes TVöD-Arbeitsverhältnis auch auflösend bedingt (s. KR-*Bader/Kreutzberg-Kowalczyk* § 33 TVöD Rdn 7). Von daher könnte man überlegen, ob die generelle Regelung der Kündigungsfristen in § 34 TVöD nicht dafür sprechend könnte, dass außerhalb des Anwendungsbereichs des § 30 Abs. 4 u. 5 TVöD eben in einem jeden Arbeitsverhältnis im Geltungsbereich des TVöD die Möglichkeit der ordentlichen Kündigung besteht, auch wenn es nach § 33 TVöD oder ansonsten auflösend bedingt oder befristet ist (so, wenngleich sehr vorsichtig und zurückhaltend APS-*Backhaus*, 3. Aufl., § 30 TVöD Rn 27; *Breier u.a.* § 30 TVöD Rn 213 f.), und zwar anknüpfend an Rechtsprechung des BAG, dass die Vereinbarung von Kündigungsfristen zugleich auch als Vereinbarung der ordentlichen Kündigungsmöglichkeit im Sinne des § 15 Abs. 3 TzBfG zu verstehen ist (*BAG* 19.6.1980 – 2 AZR 660/78; 25.2.1998 – 2 AZR 279/97; vgl. dazu weiter KR-*Lipke/Bubach* § 15 TzBfG Rdn 35 ff.). Doch spricht die Regelung in § 30 Abs. 5 TVöD dagegen, die ja die ordentliche Kündigung im befristeten Arbeitsverhältnis nach der Probezeit an bestimmte Voraussetzungen knüpft (Satz 1) und zudem besondere und nicht mit § 34 übereinstimmende Kündigungsfristen regelt (Satz 2). Die Tarifvertragsparteien sind mithin erkennbar nicht davon ausgegangen, dass jedes befristete oder auflösend bedingte Arbeitsverhältnis problemlos ordentlich gekündigt werden kann. Es wird daher, **soweit nicht** die **Abs. 4 und 5 des § 30 TVöD** eingreifen, **grds.** dabei zu bleiben haben, dass ein befristetes oder auflösend bedingtes Arbeitsverhältnis **nur** dann **ordentlich kündbar** ist, wenn eine entsprechende **einzelvertragliche Vereinbarung** gem. § 15 Abs. 3 TzBfG – eine solche ist durch den TVöD nicht ausgeschlossen (APS-*Greiner* § 30 TVöD Rn 25; LS-*Schlachter* § 23 Anh. 2 K § 30 TVöD Rn 14) – vorliegt (Sponer/Steinherr-*Fritz* § 30 TVöD Rn 27; APS-*Greiner* § 30 TVöD Rn 25–27 mwN u. § 34 TVöD Rn 2). Gibt es diese einzelvertragliche Vereinbarung, gelten außerhalb des § 30 Abs. 4 u. 5 TVöD die **Kündigungsfristen** des **§ 34 TVöD**. Eine einzelvertragliche Vereinbarung der ordentlichen Kündigungsmöglichkeit (§ 15 Abs. 3 TzBfG) ist, wie das Zusammenspiel von § 33 und § 34 TVöD ergibt, nur dann entbehrlich, wenn keine einzelvertraglich vereinbarte auflösende Bedingung oder keine einzelvertraglich vereinbarte Befristung vorliegt, sondern es sich allein um die Befristung bzw. auflösende Bedingung handelt, die in § 33 Abs. 1 Buchst a bzw. in Abs. 2 bis 4 TVöD geregelt ist. § 34 TVöD lässt sich nämlich entnehmen, das nach dem Willen der Tarifvertragsparteien **im normalen Dauerarbeitsverhältnis ungeachtet der Regelungen des § 33 TVöD die ordentliche Kündigung mit den Fristen des § 34 TVöD** möglich sein soll (vgl. KR-*Bader/Kreutzberg-Kowalczyk* § 33 TVöD Rdn 5; *Persch* NZA 2010, 77 kommt über eine teleologische Reduktion von § 15 Abs. 3 TzBfG zum selben Ergebnis; ebenso APS-*Greiner* § 30 TVöD Rn 27).

H. Führung auf Probe und auf Zeit (Abs. 6)

Abs. 6 bestimmt ausdrücklich, dass die Absätze 3 bis 5 auf die Verträge nach §§ 31, 32 TVöD nicht anwendbar sind, insoweit gibt es also keine Modifikationen. Abs. 2 ist danach zwar anwendbar, doch bleibt Abs. 2 S. 1 für § 31 TVöD wegen der darin vorgesehenen zeitlichen Obergrenzen ohne Bedeutung (Sponer/Steinherr-*Fritz* § 31 TVöD Rn 6; s. weiter KR-*Bader/Kreutzberg-Kowalczyk* § 31 TVöD Rdn 6; zu § 32 TVöD s. KR-*Bader/Kreutzberg-Kowalczyk* § 32 TVöD Rdn 1 u. 2). Für die Befristung der Verträge zur **Führung auf Probe und auf Zeit** iE wird verwiesen auf die Kommentierung der beiden Vorschriften.

18

§ 31 TVöD Führung auf Probe

(1) ¹Führungspositionen können als befristetes Arbeitsverhältnis bis zur Gesamtdauer von zwei Jahren vereinbart werden. ²Innerhalb dieser Gesamtdauer ist eine höchstens zweimalige Verlängerung des Arbeitsvertrages zulässig. ³Die beiderseitigen Kündigungsrechte bleiben unberührt.

(2) Führungspositionen sind die ab Entgeltgruppe 10 zugewiesenen Tätigkeiten mit Weisungsbefugnis, die vor Übertragung vom Arbeitgeber ausdrücklich als Führungspositionen auf Probe bezeichnet worden sind.

(3) ¹Besteht bereits ein Arbeitsverhältnis mit demselben Arbeitgeber, kann der/dem Beschäftigten vorübergehend eine Führungsposition bis zu der in Absatz 1 genannten Gesamtdauer übertragen werden. ²Der/Dem Beschäftigten wird für die Dauer der Übertragung eine Zulage in Höhe des Unterschiedsbetrags zwischen den Tabellenentgelten nach der bisherigen Entgeltgruppe und dem sich bei Höhergruppierung nach § 17 Abs. 4 Satz 1 im Bereich der VKA und nach § 17 Abs. 5 Satz 1 im Bereich des Bundes ergebenden Tabellenentgelt gewährt. ³Nach Fristablauf endet die Erprobung. ⁴Bei Bewährung wird die Führungsfunktion auf Dauer übertragen; ansonsten erhält die/der Beschäftigte eine der bisherigen Eingruppierung entsprechende Tätigkeit.

▶ Hinweis:

§ 31 TV-L entspricht dem § 31 TVöD, jedoch mit folgendem Wortlaut des Abs. 2: »Führungspositionen sind die ab Entgeltgruppe 10 auszuübenden Tätigkeiten mit Weisungsbefugnis.« und in Abs. 3 S. 2 mit dem Wortlaut »bei Höhergruppierung nach § 17 Absatz 4 Satz 1 bis 3 ergebenden Tabellenentgelt«.

§ 31 TV-H entspricht dem § 31 TV-L mit folgendem Wortlaut des Abs. 3 S. 2: »bei Höhergruppierung nach § 17 Absatz 4 ergebenden Tabellenentgelt«.

1 Die Vorschrift des § 31 TVöD zur Besetzung von **Führungspositionen auf Probe** gilt seit dem 1.10.2005. Sie dient – im beiderseitigen Interesse – dazu, zu vermeiden, dass jemand eine Führungsposition erhält, der er nicht gewachsen ist. Allerdings darf man nicht übersehen, dass das Arbeiten mit § 31 TVöD auch Probleme aufwerfen kann. Die Führungskraft, deren Vorgesetzte und das Umfeld müssen sich auf die Erprobungssituation einstellen, und besonderer Sensibilität bedarf die Gestaltung der Rückkehr in die alte Eingruppierungsebene bei Nichtbewährung (Abs. 3 S. 4, 2. Hs). Statt mit § 31 kann bei gegebenen Voraussetzungen auch mit § 14 TVöD gearbeitet werden (APS-*Greiner* § 31 TVöD Rn 2), ggf. auch mit § 14 Abs. 2 TzBfG. Natürlich besteht ebenfalls die Möglichkeit, die Führungsposition sogleich auf Dauer zu übertragen, § 31 TVöD schränkt diese Möglichkeit nicht ein. Zur Geltung des § 30 TVöD s. Rdn 6 und KR-*Bader/Kreutzberg-Kowalczyk* § 30 TVöD Rdn 18.

2 Führungspositionen sind die **ab Entgeltgruppe 10** zugewiesenen Tätigkeiten mit Weisungsbefugnissen (Abs. 2); es reicht also nicht allein, dass Tätigkeiten der Entgeltgruppe 10 oder höher übertragen sind, die **Weisungsbefugnis** muss hinzutreten (aber nicht die Befugnis zur Einstellung oder Kündigung von Arbeitnehmern). Weisungsbefugnis knüpft an das Direktionsrecht des Arbeitgebers nach § 106 GewO an (vgl. zu § 31 TV-L *BAG* 19.11.2019 – 7 AZR 311/18, Rn 30) und setzt voraus, dass es eine oder mehrere Personen geben muss, denen die Führungskraft aufgrund ihrer Stellung (Sponer/Steinherr-*Fritz* § 31 TVöD Rn 12: es muss sich um eine vom Arbeitgeber abgeleitete Weisungsbefugnis handeln) arbeitsrechtliche Weisungen erteilen kann (§ 106 GewO). Da Abs. 2 keine Einschränkungen enthält, wird es ausreichen, wenn lediglich eine weisungsunterworfene Person existiert (vgl. *BAG* 19.11.2019 – 7 AZR 311/18, Rn 30). Jedenfalls eine derartige Person muss aber vorhanden sein, soll § 31 anwendbar sein (APS-*Greiner* § 31 TVöD Rn 3; *CSSW* § 31 TVöD Rn 22; vgl. zu § 31 TV-L *BAG* 19.11.2019 – 7 AZR 311/18, Rn 30). Im Übrigen muss es sich um ein substantielles Weisungsrecht (APS-*Greiner* § 31 TVöD Rn 3; s.a. *Sievers* Anh. 8 TVöD/TV-L Rn 27) bzw. in anderer Formulierung um Weisungsbefugnisse von wesentlicher Bedeutung handeln

(großzügiger *CSSW* § 31 TVöD Rn 10) – die bloße Möglichkeit, Weisungsbefugnisse auszuüben, oder die Übertragung nur marginaler Weisungsbefugnisse kann nicht ausreichen, um den Weg zu § 31 TVöD zu eröffnen (APS-*Greiner* § 31 TVöD Rn 3; s.a. KR-*Bader/Kreutzberg-Kowalczyk* § 32 TVöD Rdn 1). Die **Übertragung der Weisungsbefugnisse** erfolgt durch ausdrückliche schriftliche oder mündliche Erklärung, wobei es ausreicht, wenn sich diese aus Dienstanweisungen, Verwaltungsverfügungen oder einem Geschäfts- bzw. Organisationsplan ergibt, es aber stets erforderlich ist, dass sie dem Betroffenen nach § 130 BGB zugeht (vgl. BAG 12.3.2008 – 4 AZR 67/07, Rn 44). Hinzukommen muss, dass die Position vom Arbeitgeber **ausdrücklich als Führungsposition auf Probe bezeichnet** worden ist, und zwar **vor der Übertragung** (Abs. 2, 2. Hs.). Über die **Form** der geforderten Bezeichnung sagt die Norm nichts. Man wird die Grundsätze anzuwenden haben, die eben zur Übertragung der Weisungsbefugnisse dargestellt worden sind. Die Wirksamkeit der Befristung nach Abs. 1 setzt die kumulative Erfüllung der in Abs. 2 genannten Voraussetzungen voraus (APS-*Greiner* § 31 TVöD Rn 2).

Für die in **Abs. 1** vorgesehenen **befristeten Arbeitsverhältnisse** – es geht hier um die Einstellung **externer Bewerber** (APS-*Greiner* § 31 TVöD Rn 4), also eine Neueinstellung – gelten die Vorschriften des **TzBfG** (§ 30 Abs. 1 S. 1 u. Abs. 6 TVöD). Damit ist auch die **Schriftform** des § 14 Abs. 4 TzBfG zu beachten, was aber nicht die Angabe eines Sachgrundes erfordert (etwa BAG 23.6.2004 – 7 AZR 636/03; vgl. weiter KR-*Lipke/Bubach* § 14 TzBfG Rdn 690 ff.; zur Bezeichnung als Führungsposition auf Probe vgl. Rdn 2). 3

Nach dem Vorbild des § 14 Abs. 2 S. 1 TzBfG ist für die Befristung nach § 31 TVöD ein **Gesamtrahmen** von **zwei Jahren** vorgesehen, innerhalb dessen eine **höchstens zweimalige Verlängerung** des Arbeitsvertrages zulässig ist (§ 31 Abs. 1 S. 1 u. 2 TVöD), womit die Probebefristung auf insgesamt **drei Teilbefristungen** aufgeteilt werden kann. Die jeweilige Länge der Teilbefristungen ist freigestellt, da § 30 Abs. 3 S. 1 TVöD gem. § 30 Abs. 6 TVöD nicht anwendbar ist. Freilich darf die letzte Befristung nicht zur Überschreitung der Gesamtdauer von zwei Jahren führen. Für den Begriff der **Verlängerung** gilt die Rspr. des BAG zu § 14 Abs. 2 TzBfG (s. dazu KR-*Lipke/Bubach* § 14 TzBfG Rdn 536 ff. mwN), und zwar hinsichtlich des nahtlosen Anschlusses und hinsichtlich der Frage der Veränderung von Vertragsbedingungen (ebenso Sponer/Steinherr-*Fritz* § 31 TVöD Rn 7 betreffend die Vertragsbedingungen; aA APS-*Greiner* § 31 TVöD Rn 6: kurzzeitige Unterbrechung oder eine Veränderung der Arbeitsbedingungen unschädlich, solange die Voraussetzungen des Sachgrundes auch hinsichtlich der Verlängerungsvereinbarung erfüllt sind). Es ist nicht ersichtlich, dass der TVöD eine andere und von § 14 Abs. 2 TzBfG abweichende Terminologie zugrunde legen würde (ebenso *Sievers* Anh. 8 TVöD/TV-L Rn 28). § 31 Abs. 1 S. 3 TVöD lässt beiderseits auch die **ordentliche Kündigung** mit den sich aus § 34 Abs. 1 TVöD ergebenden Fristen zu (vgl. § 15 Abs. 3 TzBfG), weil die Regelung das beiderseitige ordentliche Kündigungsrecht – das Recht zur außerordentlichen Kündigung besteht ohnedies – voraussetzt (aA APS-*Greiner* § 31 TVöD Rn 8 mwN zum Meinungsstand: da § 30 Abs. 6 TVöD das Zurückgreifen auf die Abs. 4 u. 5 des § 30 TVöD nicht ermögliche, müsse ein ordentliches Kündigungsrecht stets einzelvertraglich vereinbart werden). 4

Es handelt sich hier aufgrund der tarifvertraglichen Regelung um eine **Befristung mit Sachgrund** (BAG 19.11.2019 – 7 AZR 311/18, Rn 23 und 27: Erprobungsbefristung nach § 14 Abs. 1 Satz 2 Nr. 5 TzBfG; aA APS-*Greiner* § 31 TVöD Rn 4: hält auch die Gestaltung einer sachgrundlosen Befristung gem. § 14 Abs. 2 TzBfG für möglich; ebenso Sponer/Steinherr-*Fritz* § 31 TVöD Rn 3), womit § 14 Abs. 2 S. 2–4 TzBfG nicht zur Anwendung kommt. Da keine für den Arbeitnehmer günstigere Regelung vorliegt, muss sie sich wegen § 22 Abs. 1 TzBfG im Rahmen des **Sachgrundes** des **§ 14 Abs. 1 TzBfG** halten. Dies ist im Hinblick auf **§ 14 Abs. 1 S. 2 Nr. 5 TzBfG** (dazu KR-*Lipke/Bubach* § 14 TzBfG Rdn 345 ff.) grds. zu bejahen, und auch bzgl. der **Dauer** der Befristung wird man den Höchstrahmen von zwei Jahren noch für tolerabel halten können (vgl. KR-*Lipke/Bubach* § 14 TzBfG Rdn 354 ff.; s. weiter Sponer/Steinherr-*Fritz* § 31 TVöD Rn 3: letztlich keine Bedenken). Es bleibt freilich dabei, dass die Dauer der befristeten Erprobung in einem **angemessen Verhältnis zu der in Aussicht genommenen Tätigkeit** stehen muss; sie steht damit nicht 5 im Belieben des Arbeitgebers (dieser darf den Höchstrahmen also nicht unbesehen ausschöpfen!), sondern dieser hat sich daran zu orientieren, welche Anforderungen der Arbeitsplatz stellt und welches Fähigkeitsprofil des Arbeitnehmers zu ergründen ist (vgl. KR-*Lipke/Bubach* § 14 TzBfG Rdn 354, dort auch in Rdn 356 zur weiteren Probebefristung; hier wird jedoch eine Verlängerung der Probebefristung erfordern, dass im Rahmen der ersten Befristung noch keine abschließende Beurteilung möglich war oder eine Leistungssteigerung zu erwarten ist – ein schematisches, unreflektiertes Ausschöpfen der Verlängerungsmöglichkeiten ist nicht zu akzeptieren; ähnlich APS-*Greiner* § 31 TVöD Rn 7; aA wohl APS-*Backhaus* § 14 TzBfG Rn 263; offengelassen *BAG* 19.11.2019 – 7 AZR 311/18, Rn 31). Zur Vereinbarkeit der Norm mit dem **Unionsrecht** vgl. – allerdings zu § 31 Abs. 1 TV-L – *BAG* 19.11.2019 – 7 AZR 311/18, Rn 34 ff.: »entspricht […] unionsrechtlichen Vorgaben der Richtlinie 1999/70/EG und der inkorporierten Rahmenvereinbarung, deren Umsetzung der befristungsrechtliche Teil des TzBfG dient, sowie Art. 30 der Charta der Grundrechte der Europäischen Union«.

6 Das befristete Arbeitsverhältnis nach Abs. 1 endet mit dem vereinbarten Fristablauf. Die Tarifnorm sieht für den Fall der Bewährung weder einen Wegfall der Befristung noch einen Anspruch auf Begründung eines unbefristeten Arbeitsverhältnisses vor (vgl. zu § 31 TV-L *BAG* 19.11.2019 – 7 AZR 311/18, Rn 23). Es gibt daher auch bei Bewährung keinen **Anspruch auf Verlängerung/ Fortsetzung** bzw. **auf unbefristete Übernahme** (APS-*Greiner* § 31 TVöD Rn 9 mwN zum nicht einheitlichen Meinungsstand). Eine Regelung wie in Abs. 3 S. 4, 1. Hs. fehlt hier gerade. Soll das Arbeitsverhältnis fortgesetzt werden, bedarf dies einer neuen vertraglichen Abrede. Allerdings gilt § 30 Abs. 2 S. 2 TVöD.

7 Besteht schon ein Arbeitsverhältnis **mit demselben Arbeitgeber**, kann gem. § 31 Abs. 3 S. 1 TVöD im zeitlichen Rahmen des § 31 Abs. 1 S. 1 TVöD – einschließlich der in § 31 Abs. 1 S. 2 TVöD genannten Verlängerungsmöglichkeiten (s. Rdn 4) – die **Führungsposition vorübergehend** (mit Zulage: § 31 Abs. 3 S. 2 TVöD; dazu iE Sponer/Steinherr-*Fritz* § 31 TVöD Rn 15 ff.) übertragen werden. Es kann sich um eine Übertragung kraft **Direktionsrechts** handeln (vgl. vgl. zu § 31 TV-L *BAG* 19.11.2019 – 7 AZR 311/18, Rn 20; vgl. a. zu § 24 BAT sowie § 14 TVöD *BAG* 27.1.2016 – 4 AZR 468/14, Rn 19 mwN: dann § 106 GewO entsprechend anwendbar, jedoch unzutreffende Aufspaltung der Billigkeitskontrolle in Bezug auf die »Nicht-Dauerhaftigkeit« einerseits und die Tätigkeitsübertragung »an sich« andererseits [»doppelte Billigkeit«]; *LAG RhPf* 3.5.2012 – 2 Sa 747/11: **Widerruf** qua Direktionsrecht unter den Voraussetzungen des § 315 Abs. 1 BGB; vgl. dazu auch APS-*Greiner* § 31 TVöD Rn 11 mwN), regelmäßig wird, wenn das Direktionsrecht nicht ausreicht (APS-*Greiner* § 31 TVöD Rn 12), aber eine ebenso mögliche **Vertragsänderung** erforderlich sein (APS-*Greiner* § 31 TVöD Rn 11 mwN, in Rn 18 auch zu den Beteiligungsrechten; vgl. zu § 31 TV-L *BAG* 19.11.2019 – 7 AZR 311/18, Rn 20; zur Beteiligung des Personalrats in Rheinland-Pfalz *LAG RhPf* 3.5.2012 – 2 Sa 747/11). Die Erprobungsphase endet mit **Fristablauf** (§ 31 Abs. 3 S. 3 TVöD). Danach wird die Führungsposition bei **Bewährung**, also dann, wenn der Arbeitnehmer bewiesen hat, dass er den allgemeinen Anforderungen der übertragenen Tätigkeit gewachsen ist und auch die erforderliche Führungsqualität aufweist (dazu APS-*Greiner* § 31 TVöD Rn 16 mwN; s.a. *BAG* 24.1.2001 – 7 AZR 47/00) auf Dauer übertragen. Das Arbeitsverhältnis setzt sich auch bei Bewährung nicht automatisch fort (*Breier u.a.* § 31 TVöD Rn 15; *Pawlak/Lüderitz* ZTR 2008, 642), sondern die Führungsposition muss auf Dauer **übertragen** werden, worauf aber bei Erfüllung der Voraussetzungen – dies ist gerichtlich überprüfbar – ein **Anspruch** besteht. Bei **Nichtbewährung** wird der Arbeitnehmer entsprechend der bisherigen Eingruppierung weiterbeschäftigt (§ 31 Abs. 3 S. 4 TVöD), nicht notwendig auf demselben Arbeitsplatz (APS-*Greiner* § 31 TVöD Rn 17 mwN). Da in der Fallgestaltung des § 31 Abs. 3 TVöD der Arbeitgeber den Arbeitnehmer schon kennt, wird die **Erprobungsphase** tendenziell regelmäßig entschieden kürzer sein können und müssen als bei der Erprobung einer neu eingestellten Führungskraft (ähnlich APS-*Greiner* § 31 TVöD Rn 12 mwN).

§ 32 TVöD Führung auf Zeit

(1) ¹Führungspositionen können als befristetes Arbeitsverhältnis bis zur Dauer von vier Jahren vereinbart werden. ²Folgende Verlängerungen des Arbeitsvertrages sind zulässig:
a) in den Entgeltgruppen 10 bis 12 eine höchstens zweimalige Verlängerung bis zu einer Gesamtdauer von acht Jahren,
b) ab Entgeltgruppe 13 eine höchstens dreimalige Verlängerung bis zu einer Gesamtdauer von zwölf Jahren.

³Zeiten in einer Führungsposition nach Buchstabe a bei demselben Arbeitgeber können auf die Gesamtdauer nach Buchstabe b zur Hälfte angerechnet werden. ⁴Die allgemeinen Vorschriften über die Probezeit (§ 2 Abs. 4) und die beiderseitigen Kündigungsrechte bleiben unberührt.

(2) Führungspositionen sind die ab Entgeltgruppe 10 zugewiesenen Tätigkeiten mit Weisungsbefugnis, die vor Übertragung vom Arbeitgeber ausdrücklich als Führungspositionen auf Zeit bezeichnet worden sind.

(3) ¹Besteht bereits ein Arbeitsverhältnis mit demselben Arbeitgeber, kann der/dem Beschäftigten vorübergehend eine Führungsposition bis zu den in Absatz 1 genannten Fristen übertragen werden. ²Der/Dem Beschäftigten wird für die Dauer der Übertragung eine Zulage gewährt in Höhe des Unterschiedsbetrags zwischen den Tabellenentgelten nach der bisherigen Entgeltgruppe und dem sich bei Höhergruppierung nach § 17 Abs. 4 Satz 1 im Bereich der VKA und nach § 17 Abs. 5 Satz 1 im Bereich des Bundes ergebenden Tabellenentgelt, zuzüglich eines Zuschlags von 75 v. H. des Unterschiedsbetrags zwischen den Entgelten der Entgeltgruppe, die der übertragenen Funktion entspricht, zur nächsthöheren Entgeltgruppe nach § 17 Abs. 4 Satz 1 im Bereich der VKA und nach § 17 Abs. 5 Satz 1 im Bereich des Bundes. ³Nach Fristablauf erhält die/der Beschäftigte eine der bisherigen Eingruppierung entsprechende Tätigkeit; der Zuschlag entfällt.

▶ Hinweis:

§ 32 TV-L entspricht dem § 32 TVöD, jedoch ohne den 2. Halbsatz von Abs. 2 und in Abs. 3 S. 2 mit dem Wortlaut »bei Höhergruppierung nach § 17 Absatz 4 Satz 1 bis 3 ergebenden Tabellenentgelt, zuzüglich eines Zuschlags von 75 v.H. des Unterschiedsbetrags zwischen den Tabellenentgelten der Entgeltgruppe, die der übertragenen Funktion entspricht, zur nächsthöheren Entgeltgruppe nach § 17 Absatz 4 Satz 1 bis 3«.

§ 32 TV-H entspricht dem § 32 TV-L, jedoch in Abs. 3 S. 2 mit dem Wortlaut »bei Höhergruppierung nach § 17 Absatz 4 ergebenden Tabellenentgelt, zuzüglich eines Zuschlags von 75 v.H. des Unterschiedsbetrags zwischen den Tabellenentgelten der Entgeltgruppe, die der übertragenen Funktion entspricht, und der nächsthöheren Entgeltgruppe nach § 17 Absatz 4«.

Die Vorschrift des **§ 32 TVöD** gilt seit dem 1.10.2005 und enthält eine Regelung zur **Führung auf Zeit**. Führungspositionen können danach als **befristete Arbeitsverhältnisse** vereinbart werden. **Führungspositionen** sind die ab Entgeltgruppe 10 zugewiesenen Tätigkeiten mit Weisungsbefugnis (§ 32 Abs. 2 TVöD). Hinsichtlich der **Weisungsbefugnis** gelten zunächst die Ausführungen von KR-*Bader/Kreutzberg-Kowalczyk* § 31 TVöD Rdn 2 entsprechend. Weisungsbefugnis setzt die Ausübung des arbeitgeberseitigen Direktionsrechts für mindestens einen anderen nachgeordneten Arbeitnehmer voraus (*LAG Köln* 24.6.2011 – 4 Sa 53/11; vgl. auch die Nachw. unter KR-*Bader/Kreutzberg-Kowalczyk* § 31 TVöD Rdn 2). Die Weisungsbefugnis im Rahmen einer bloßen Abwesenheitsvertretung reicht nicht aus, ebenso nicht das Treffen von Entscheidungen eines Experten im Team (*LAG Köln* 24.6.2011 – 4 Sa 53/11). Außerdem muss die Position vorab vom Arbeitgeber ausdrücklich **als Führungspositionen auf Zeit bezeichnet** worden sein (vgl. parallel KR-*Bader/Kreutzberg-Kowalczyk* § 31 TVöD Rdn 2). Die in § 31 Rdn 1 angerissenen Probleme ergeben sich hier natürlich in paralleler Weise. § 30 Abs. 3-5 TVöD finden hier keine Anwendung, wohl aber § 30 Abs. 2 TVöD (**§ 30 Abs. 6 TVöD**; s.a. KR-*Bader/Kreutzberg-Kowalczyk* § 31 TVöD Rdn 6).

2 Die Vereinbarung des befristeten Arbeitsverhältnisses mit einem **externen Bewerber** – es gelten dafür die Regelungen des **TzBfG** (§ 30 Abs. 1 S. 1 u. Abs. 6 TVöD) – erfolgt (zunächst) für die Dauer von **vier Jahren** (§ 32 Abs. 1 S. 1 TVöD). In den Entgeltgruppen 10 bis 12 kann eine höchstens zweimalige **Verlängerung** (vgl. dazu KR-*Lipke/Bubach* § 14 TzBfG Rdn 536 ff. u. Rdn 561; zum Begriff der Verlängerung auch KR-*Bader/Kreutzberg-Kowalczyk* § 31 TVöD Rdn 4) bis zur Gesamtdauer von acht Jahren erfolgen, ab Entgeltgruppe 13 eine höchstens dreimalige Verlängerung bis zu einer Gesamtdauer von zwölf Jahren (§ 32 Abs. 1 S. 2 TVöD; Anrechnungsvorschrift [kann!] in § 32 Abs. 1 S. 3 TVöD). Bei den Verlängerungen ist der gem. § 30 Abs. 6 TVöD anwendbare § 30 Abs. 2 S. 1 TVöD zu beachten (aA APS-*Greiner* § 32 TVöD Rn 3: § 30 Abs. 2 S. 1 TVöD wird verdrängt), was aber nur im Rahmen des § 32 Abs. 1 S. 2 Buchst. b eine Rolle spielen kann. Im Übrigen bleiben die allgemeinen Vorschriften über die **Probezeit** (§ 2 Abs. 4 TVöD) und **die beiderseitigen Kündigungsrechte** unberührt (§ 32 Abs. 1 S. 4 TVöD) – beide Parteien können mithin ordentlich kündigen (vgl. § 15 Abs. 3 TzBfG; vgl. parallel KR-*Bader/Kreutzberg-Kowalczyk* § 31 TVöD Rdn 4 aE). Zur Frage eines **Anspruchs auf Verlängerung/Fortsetzung** bzw. **auf unbefristete Übernahme** gelten die Ausführungen bei KR-*Bader/Kreutzberg-Kowalczyk* § 31 TVöD Rdn 6 entsprechend.

3 Die Regelung des § 32 TVöD stellt wie § 31 TVöD keine für den Arbeitnehmer günstigere Regelung dar, sie muss sich also im Rahmen des § 14 Abs. 1 TzBfG halten, da es sich um eine **Sachgrundbefristung** handelt (dazu weiter Rdn 4; aA *Sievers* Anh. 8 TVöD/TV-L Rn 18 f.; vgl. mwN zum kontroversen Meinungsstand insoweit APS-*Greiner* § 32 TVöD Rn 2, der selbst wie bei § 31 TVöD – s. dazu KR-*Bader/Kreutzberg-Kowalczyk* § 31 TVöD Rdn 5 – sowohl eine Sachgrundbefristung als auch eine sachgrundlose Befristung für möglich hält). Es spricht viel dafür, sie § **14 Abs. 1 S. 2 Nr. 4 TzBfG (Eigenart der Arbeitsleistung)** zuzuordnen (insges. dazu KR-*Lipke/Bubach* § 14 TzBfG Rdn 298 ff.) und damit grds. anzuerkennen, auch wenn es einige Bedenken dagegen geben mag (vgl. a. *LAG Bln.-Bra.* 23.8.2011 – 11 Sa 1047/11). Die darin enthaltene und durchaus modernen Überlegungen entsprechende Strukturentscheidung der öffentlichen Arbeitgeber dafür, Führungspositionen auch nur auf Zeit vergeben zu können, ist im Rahmen des § 14 Abs. 1 TzBfG zu akzeptieren. Dementsprechend sollten auch die vorgesehenen Zeitrahmen und Verlängerungsmöglichkeiten letztlich nicht auf durchgreifende Bedenken stoßen (s.a. *Sievers* Anh. 8 TVöD/TV-L Rn 23), auch nicht in europarechtlicher Hinsicht.

4 Es wird jedoch mehrfach angenommen, es handele sich bei § 32 Abs. 1 TVöD um eine Regelung einer sachgrundlosen Befristung (offenbar *Arnold/Gräfl/Rambach* § 30 TVöD Rn 3; *CSSW* § 32 TVöD Rn 2 u. 3; LS-*Schlachter* § 23 Anh. 2 K § 30 TVöD Rn 3; *Sievers* Anh. 8 TVöD/TV-L Rn 18 u. 23). Dem kann angesichts des Regelungsgehaltes des § 32 Abs. 1 nicht gefolgt werden, wird doch gerade nicht von einer Befristung ohne Sachgrund gesprochen, sondern ausdrücklich eine **bestimmte Zwecksetzung des Arbeitgebers** vorausgesetzt. Die §§ 31, 32 TVöD sind als zusammengehörend zu sehen, und sie zeigen, dass es den Tarifvertragsparteien darum ging, den Gestaltungsspielraum für neuartige Formen von Sachgrundbefristungen auszuschöpfen. Damit stellt auch die Regelung in § 32 Abs. 1 S. 2 u. 3 TVöD keine Regelung iSd § 14 Abs. 2 S. 3 TzBfG dar (aA *Arnold/Gräfl/Rambach* § 30 TVöD Rn 3; *CSSW* § 32 Rn 3). Sofern der Arbeitgeber sich im Rahmen des § 14 Abs. 2 TzBfG hält, kann er freilich auch mit einer Führungskraft eine sachgrundlose Befristung vereinbaren, es handelt sich dann aber nicht um eine Befristung nach § 32 TVöD.

5 § 32 Abs. 3 TVöD gilt für **interne Bewerber** und entspricht in S. 1 u. 2 weitgehend der Regelung in § 31 Abs. 3 TVöD (s. dazu KR-*Bader/Kreutzberg-Kowalczyk* § 31 TVöD Rdn 7). Nach Fristablauf erhält die oder der Beschäftigte unter Entfallen des als Anreiz gedachten (APS-*Greiner* § 32 TVöD Rn 6) Zuschlags gem. § 32 Abs. 3 S. 2 TVöD eine der bisherigen Eingruppierung entsprechende Tätigkeit (§ 32 Abs. 3 S. 3 TVöD). § 32 Abs. 3 TVöD ist nicht Spezialvorschrift gegenüber § 14 Abs. 1 TVöD, der eine vorübergehende Übertragung höherwertiger Tätigkeiten erlaubt. Daher können dem Beschäftigten auch Tätigkeiten der EG 10 und höher mit Weisungsbefugnis vorübergehend nach § 14 Abs. 1 TVöD-V übertragen werden (*BAG* 16.7.2020 – 6 AZR 287/19, Rn 20 ff).

§ 32 TVöD räumt dem Arbeitgeber hinsichtlich der Entscheidung, ob er von der Möglichkeit, eine den tariflichen Maßgaben entsprechende Stelle als »Führungsposition auf Zeit« auszuweisen, Gebrauch machen will und ob er dafür einen Arbeitnehmer befristet einstellen oder ob er diese Position einem schon bei ihm beschäftigten Arbeitnehmer übertragen will, ein **freies Ermessen** ein. Hat er die letztgenannte Möglichkeit gewählt, erfolgt die Entscheidung, welchem konkreten Arbeitnehmer er die Führungsposition nach § 32 Abs. 3 S. 1 TVöD überträgt, – wie bei § 14 Abs. 1 TVöD – im Wege des Direktionsrechts und damit nach **billigem Ermessen** (*BAG* 16.7.2020 – 6 AZR 287/19, Rn 28 und hinsichtlich der Vereinbarkeit mit höherrangigem Recht Rn 30; s. zur – nach zutreffender Auffassung abzulehnenden – Vornahme »doppelten Billigkeitskontrolle« in Bezug auf die Ausübung des Direktionsrechts im Rahmen des § 32 TVöD *LAG Bln.-Bra.* 28.10.2020 – 24 Sa 158/20, Rn 35, juris [Revision anhängig beim *BAG* – 9 AZR 9/21]).

§ 33 TVöD Beendigung des Arbeitsverhältnisses ohne Kündigung

(1) Das Arbeitsverhältnis endet, ohne dass es einer Kündigung bedarf,
a) mit Ablauf des Monats, in dem die/der Beschäftigte das gesetzlich festgelegte Alter zum Erreichen der Regelaltersgrenze vollendet hat, es sei denn, zwischen dem Arbeitgeber und dem/der Beschäftigten ist während des Arbeitsverhältnisses vereinbart worden, den Beendigungszeitpunkt nach § 41 Satz 3 SGB VI hinauszuschieben,
b) jederzeit im gegenseitigen Einvernehmen (Auflösungsvertrag).

(2) ¹Das Arbeitsverhältnis endet ferner mit Ablauf des Monats, in dem der Bescheid eines Rentenversicherungsträgers (Rentenbescheid) zugestellt wird, wonach die/der Beschäftigte voll oder teilweise erwerbsgemindert ist. ²Die/Der Beschäftigte hat den Arbeitgeber von der Zustellung des Rentenbescheids unverzüglich zu unterrichten. ³Das Arbeitsverhältnis endet mit Ablauf des dem Rentenbeginn vorangehenden Tages; frühestens jedoch zwei Wochen nach Zugang der schriftlichen Mitteilung des Arbeitgebers über den Zeitpunkt des Eintritts der auflösenden Bedingung. ⁴Liegt im Zeitpunkt der Beendigung des Arbeitsverhältnisses eine nach § 175 SGB IX erforderliche Zustimmung des Integrationsamtes noch nicht vor, endet das Arbeitsverhältnis mit Ablauf des Tages der Zustellung des Zustimmungsbescheids des Integrationsamtes; jedoch auch hier frühestens zwei Wochen nach Zugang der schriftlichen Mitteilung im Sinne von Satz 3. ⁵Das Arbeitsverhältnis endet nicht, wenn nach dem Bescheid des Rentenversicherungsträgers eine Rente auf Zeit gewährt wird. ⁶In diesem Fall ruht das Arbeitsverhältnis für den Zeitraum, für den eine Rente auf Zeit gewährt wird; für den Beginn des Ruhens des Arbeitsverhältnisses gilt Satz 3 entsprechend.

(3) Im Falle teilweiser Erwerbsminderung endet bzw. ruht das Arbeitsverhältnis nicht, wenn die/der Beschäftigte nach ihrem/seinem vom Rentenversicherungsträger festgestellten Leistungsvermögen auf ihrem/seinem bisherigen oder einem anderen geeigneten und freien Arbeitsplatz weiterbeschäftigt werden könnte, soweit dringende dienstliche bzw. betriebliche Gründe nicht entgegenstehen, und die/der Beschäftigte innerhalb von zwei Wochen nach Zugang des Rentenbescheids ihre/seine Weiterbeschäftigung schriftlich beantragt.

(4) ¹Verzögert die/der Beschäftigte schuldhaft den Rentenantrag oder bezieht sie/er Altersrente nach § 236 oder § 236a SGB VI oder ist sie/er nicht in der gesetzlichen Rentenversicherung versichert, so tritt an die Stelle des Rentenbescheids das Gutachten einer Amtsärztin/eines Amtsarztes oder einer/eines nach § 3 Abs. 4 Satz 2 bestimmten Ärztin/Arztes. ²Das Arbeitsverhältnis endet in diesem Fall mit Ablauf des Monats, in dem der/dem Beschäftigten das Gutachten bekannt gegeben worden ist; frühestens jedoch zwei Wochen nach Zugang der schriftlichen Mitteilung des Arbeitgebers über den Zeitpunkt des Eintritts der auflösenden Bedingung.

(5) ¹Soll die/der Beschäftigte, deren/dessen Arbeitsverhältnis nach Absatz 1 Buchstabe a geendet hat, weiterbeschäftigt werden, ist ein neuer schriftlicher Arbeitsvertrag abzuschließen. ²Das Arbeitsverhältnis kann jederzeit mit einer Frist von vier Wochen zum Monatsende gekündigt werden, wenn im Arbeitsvertrag nichts anderes vereinbart ist.

§ 33 TVöD   Beendigung des Arbeitsverhältnisses ohne Kündigung

Übersicht	Rdn		Rdn
A. Überblick	1	II. Voraussetzungen	10
B. Ende mit Erreichen der Regelaltersgrenze	2	III. Beendigungszeitpunkt	13
		IV. Weiterbeschäftigung	15
C. Ende aufgrund Aufhebungsvertrags	6	V. Beendigungszeitpunkt in Sonderfällen	20
D. Ende aufgrund Erwerbsunfähigkeit	7	E. **Beschäftigung jenseits der Regelaltersgrenze**	22
I. Allgemeines	7		

▶ **Hinweis:**

§ 33 TV-L enthält in Abs. 1 Buchst. a nicht den einschränkenden Nachsatz: »es sei denn, zwischen dem Arbeitgeber und dem/der Beschäftigten ist während des Arbeitsverhältnisses vereinbart worden, den Beendigungszeitpunkt nach § 41 Satz 3 SGB VI hinauszuschieben«. Zudem fehlt es an den neu in den TVöD aufgenommenen Hinweisen darauf, dass das Arbeitsverhältnis frühestens zwei Wochen nach Zugang der schriftlichen Mitteilung des Arbeitgebers über den Zeitpunkt des Eintritts der auflösenden Bedingung endet. Im Übrigen entspricht er bis auf einen Formulierungsunterschied in Abs. 1 dem § 33 TVöD, nur heißt es in Abs. 4 S. 1 statt »§ 3 Abs. 4 Satz 2« »§ 3 Abs. 5 Satz 2«.

§ 33 TV-H entspricht dem § 33 TV-H. Es gibt zu folgende Protokollerklärung: »¹Bei Beschäftigten, die Pflichtmitglied einer auf landesrechtlicher oder bundesrechtlicher Grundlage errichteten berufsständischen Versorgungseinrichtung im Sinne von § 6 Absatz 1 Satz 1 Nr. 1 SGB VI sind, endet das Arbeitsverhältnis abweichend von § 33 Absatz 1 Buchstabe a mit Erreichen der für die jeweilige Versorgungseinrichtung nach dem Stand vom 1. April 2019 geltenden Altersgrenze für eine abschlagsfreie Altersrente, sofern dies zu einem späteren Zeitpunkt als nach § 33 Absatz 1 Buchstabe a erfolgt. ²Nach dem 1. April 2019 wirksam werdende Änderungen der satzungsmäßigen Bestimmungen der Versorgungseinrichtungen im Hinblick auf das Erreichen der Altersgrenze für eine abschlagsfreie Altersrente sind nur dann maßgeblich, wenn die sich daraus ergebende Altersgrenze mit der gesetzlich festgelegten Altersgrenze zum Erreichen der Regelaltersrente übereinstimmt.« Zu § 33 Abs. 2 S. 1 bis 4 gibt es folgende Protokollerklärung: »Für Renten wegen verminderter Erwerbsfähigkeit, die bis zum Erreichen der Regelaltersgrenze geleistet werden, gilt § 33 Absatz 2 Sätze 1 bis 4.«

A. Überblick

1 § 33 TVöD setzt ausweislich des Abs. 1 voraus, dass das Arbeitsverhältnis durch **Kündigung** beendet werden kann (s. KR-*Bader/Kreutzberg-Kowalczyk* § 34 TVöD Rdn 1). Geregelt ist in Absatz 1, dass das Arbeitsverhältnis mit Erreichen der gesetzlich festgelegten **Regelaltersgrenze** endet, es sei denn, zwischen dem Arbeitgeber und dem/der Beschäftigten ist während des Arbeitsverhältnisses vereinbart worden, den Beendigungszeitpunkt nach § 41 S. 3 SGB VI hinauszuschieben (s. dazu KR-*Bader/Kreutzberg-Kowalczyk* § 23 TzBfG Rdn 28 ff.), (Buchst. a) oder gem. Buchst. b auch durch einen **Auflösungsvertrag** (= Aufhebungsvertrag). Abs. 2 bis 4 enthalten die Vorschriften zu den Folgen einer Rente wegen voller oder teilweiser **Erwerbsminderung** (zu deren Anwendung bei geringfügig Beschäftigten *BAG* 27.7.2016 – 7 AZR 276/14). Schließlich sieht Abs. 5 besondere Bestimmungen für die **Beschäftigung jenseits der Regelaltersgrenze** vor.

B. Ende mit Erreichen der Regelaltersgrenze

2 § 33 TVöD bestimmt in Abs. 1 Buchst. a, dass das Arbeitsverhältnis mit Ablauf des Monats endet, in dem der Arbeitnehmer das gesetzlich festgelegte Alter zum Erreichen der Regelaltersgrenze vollendet hat – dies ist gem. § 26 Abs. 1 SGB X, §§ 187 Abs. 2 S. 2, 188 Abs. 2 BGB der Tag vor dem betreffenden Geburtstag (**Altersbefristung**; vgl. dazu KR-*Lipke/Schlünder* § 620 BGB Rdn 46 u. ausf. KR-*Lipke/Bubach* § 14 TzBfG Rdn 412 ff.). Die **Regelaltersgrenze** wird gem. § 35 S. 2 SGB VI mit Vollendung des 67. Lebensjahres erreicht, doch gilt dies erst ab dem Geburtsjahr 1964; im Übrigen steigt die Regelaltersgrenze abhängig vom Geburtsjahr – beginnend mit dem Geburtsjahr 1947 – stufenweise (§ 235 Abs. 2 S. 2 SGB VI). Die Regelaltersgrenze 65 gilt für Versicherte

mit dem Geburtsjahr 1946 oder früher (§ 235 Abs. 2 S. 1 SGB VI). Zu den Regelungen in **Abs. 5** hinsichtlich der Weiterbeschäftigung jenseits der Regelaltersgrenze s. Rdn 22 ff. Mit Wirkung zum 1.1.2020 haben die Tarifvertragsparteien in § 33 Abs. 1 Buchst. a TVöD die Einschränkung eingefügt, dass das Arbeitsverhältnis dann nicht endet, wenn zwischen dem Arbeitgeber und dem/der Beschäftigten während des Arbeitsverhältnisses vereinbart worden ist, den Beendigungszeitpunkt nach § 41 **S. 3 SGB VI** hinauszuschieben (s. dazu KR-*Bader/Kreutzberg-Kowalczyk* § 23 TzBfG Rdn 28 ff.)

Von der Regelung erfasst werden jegliche Arbeitsverhältnisse; § 34 Abs. 2 TVöD spielt insoweit 3 keine Rolle (APS-*Greiner* § 33 TVöD Rn 2; *Sponer/Steinherr-Martens* § 33 TVöD Rn 1). Spezielle Befristungsvereinbarungen gem. § 30 TVöD gehen indes stets vor (APS-*Greiner* § 33 TVöD Rn 2).

§ 33 Abs. 1 Buchst. a gilt zunächst natürlich kraft beiderseitiger Tarifbindung. Er gilt aber auch 4 dann, wenn der TVöD im Arbeitsvertrag **in Bezug genommen** ist. Insoweit stellt die **Schriftform** des § 14 Abs. 4 TzBfG kein Problem dar (*BAG* 23.7.2014 – 7 AZR 771/12, Rn 27).

Eine **einzelvertragliche Vereinbarung der ordentlichen Kündigungsmöglichkeit** (§ 15 Abs. 3 5 TzBfG) ist, wie das Zusammenspiel von § 33 und § 34 TVöD ergibt, in den Fällen des § 33 Abs. 1 Buchst. a und auch des § 33 Abs. 2 bis 4 entbehrlich. § 34 TVöD lässt sich nämlich entnehmen, dass nach dem Willen der Tarifvertragsparteien im normalen Dauerarbeitsverhältnis ungeachtet der Regelungen des § 33 TVöD zur Altersgrenze bzw. zum Ende wegen Erwerbsunfähigkeit die ordentliche Kündigung mit den Fristen des § 34 TVöD möglich sein soll (vgl. auch KR-*Bader/Kreutzberg-Kowalczyk* § 30 TVöD Rdn 17; *Persch* NZA 2010, 77 kommt über eine teleologische Reduktion von § 15 Abs. 3 TzBfG zum selben Ergebnis; ebenso APS-*Greiner* § 30 TVöD Rn 27).

C. Ende aufgrund Aufhebungsvertrags

Daneben kann das Arbeitsverhältnis zu jeder Zeit durch einen **Auflösungsvertrag** (= **Aufhebungs-** 6 **vertrag**) beendet werden (§ 33 Abs. 1 Buchst. b TVöD). Dies würde auch ohne die tarifvertragliche Regelung so gelten. Für den Aufhebungsvertrag sieht § 623 BGB die **Schriftform** vor. Im Übrigen wird hinsichtlich des Aufhebungsvertrags verwiesen auf KR-*Spilger* AufhebungsV (dort in Rdn 45 auch zu etwaigen Beteiligung des Personalrats) sowie KR-*Lipke/Schlünder* § 620 BGB Rdn 28 ff. Die einvernehmliche Beendigung des Arbeitsverhältnisses kann zu einer **Sperrzeit** führen (dazu KR-*Link/Lau* § 159 SGB III Rdn 39 ff.).

D. Ende aufgrund Erwerbsunfähigkeit

I. Allgemeines

Weiter ist in den Absätzen 2 bis 4 (zur Möglichkeit der ordentlichen Kündigung insoweit Rdn 5) 7 geregelt, dass und unter welchen Voraussetzungen das Arbeitsverhältnis bei Erwerbsunfähigkeit endet. Diese Regelungen knüpfen an die früheren entsprechenden Bestimmungen im BAT an. Es handelt sich dabei um den Fall einer **auflösenden Bedingung** (s. dazu a. *BAG* 9.2.2011 – 7 AZR 221/10; 10.12.2014 – 7 AZR 1002/12; 20.6.2018 – 7 AZR 737/16).

Der gem. §§ 21, 14 Abs. 1 S. 1 TzBfG erforderliche **Sachgrund** (hier: § 14 Abs. 1 S. 2 Nr. 6 TzBfG; 8 aA *BAG* 27.7.2016 – 7 AZR 276/14, Rn 26: anderer Sachgrund iSv § 14 Abs. 1 S. 1 TzBfG; s. a. *BAG* 14.1.2015 – 7 AZR 880/13, Rn 26) liegt nicht in der Erwerbsunfähigkeit allein, sondern beruht auf der Erwartung, der Arbeitnehmer werde im Falle einer **dauerhaften Erwerbsunfähigkeit** künftig die **arbeitsvertraglich geschuldeten Leistungen nicht mehr erbringen** können, und schützt auch den Arbeitnehmer vor der Gefahr der Verschlimmerung seines Gesundheitszustands durch Erbringer der Arbeitsleistung (*BAG* 17.3.2016 – 6 AZR 221/15, Rn 15), wobei die Anbindung an die **rentenrechtliche Versorgung** hinzukommen muss: Das Arbeitsverhältnis soll nur bei einem voraussichtlich dauerhaften Rentenbezug ab dem Rentenbeginn enden (*BAG* 15.2.2017 – 7 AZR 82/15, Rn 22 mwN; s. weiter KR-*Lipke/Bubach* § 21 TzBfG Rdn 45–60 mwN [speziell in Rdn 59 zum Aspekt der wirtschaftlichen Absicherung] u. § 620 BGB Rdn 46). Insgesamt ist § 33

§ 33 TVöD Beendigung des Arbeitsverhältnisses ohne Kündigung

Abs. 2–4 TVöD unionsrechtlich und verfassungsrechtlich nicht zu beanstanden und verstößt auch nicht gegen das Benachteiligungsverbot des § 7 Abs. 1 AGG (APS-*Greiner* § 33 TVöD Rn 14; *BAG* 10.12.2014 – 7 AZR 1002/12, Rn 32 ff.; s.a. *BAG* 14.1.2015 – 7 AZR 880/13, Rn 36 ff.; *BAG* 17.3.2016 – 6 AZR 221/15, Rn 11 ff. mwN).

9 Von der Regelung erfasst werden jegliche Arbeitsverhältnisse einschließlich befristeter Arbeitsverhältnisse, § 34 Abs. 2 TVöD spielt insoweit keine Rolle (APS-*Greiner* § 33 TVöD Rn 6; *Sponer/ Steinherr-Martens* § 33 TVöD Rn 106).

II. Voraussetzungen

10 Ein Arbeitsverhältnis endet, wenn während seines Bestehens ein Bescheid des zuständigen Rentenversicherungsträgers (**Rentenbescheid**) zugestellt wird, wonach die/der Beschäftigte **voll oder teilweise erwerbsgemindert** ist (Abs. 2 S. 1; s. dazu § 43u. § 240 SGB VI; zum Vorschuss auf die künftige Rente wegen Erwerbsunfähigkeit *Breier u.a.* § 33 TVöD Rn 223; KR-*Lipke/Bubach* § 21 TzBfG Rdn 58; zur Anwendbarkeit bei geringfügiger Beschäftigung *BAG* 27.7.2016 – 7 AZR 276/14), es sei denn, dass nach dem Bescheid nur eine Rente auf Zeit gewährt wird (Abs. 2 S. 5; dazu Rdn 12; *BAG* 10.10.2012 – 7 AZR 602/11). Die Möglichkeit der späteren Überprüfung der Rentenberechtigung ändert daran nichts (*BAG* 10.12.2014 – 7 AZR 1002/12, Rn 31). Die formelle **Bestandskraft** des Bescheids ist nicht erforderlich (*BAG* 15.2.2017 – 7 AZR 82/15, Rn 25; APS-*Greiner* § 33 TVöD Rn 9 mwN; *Breier u.a.* § 33 TVöD Rn 206), wenngleich vom Arbeitgeber im Ergebnis verlangt wird, das er in der Zeit bis zum Ablauf der Widerspruchsfrist und ggf. einer zusätzlichen Frist von wenigen Tagen für die Übermittlung der arbeitnehmerseitigen Mitteilung über die Rücknahme oder Beschränkung des Rentenantrags keine Dispositionen über den möglicherweise zum Ende des Zustellungsmonats frei gewordenen Arbeitsplatz trifft (*BAG* 3.9.2003 – 7 AZR 661/02, zu I 1 c aa der Gründe mwN). Denn nach dem BAG endet das Arbeitsverhältnis nicht, wenn der Arbeitnehmer nach Zustellung des Rentenbescheids innerhalb der Widerspruchsfrist des § 84 SGG seinen Rentenantrag zurücknimmt (*BAG* 11.3.1998 – 7 AZR 101/97) oder wenn er innerhalb dieser Frist seinen Rentenantrag beschränkt und anstelle der unbefristeten Erwerbsunfähigkeitsrente lediglich eine Zeitrente verlangt (*BAG* 23.2.2000 – 7 AZR 906/98; 23.6.2004 – 7 AZR 440/03). Zusätzlich gilt: Das Arbeitsverhältnis wird trotz Zustellung des Rentenbescheids nicht nach Abs. 2 S. 1 beendet, wenn der Arbeitnehmer innerhalb der Frist des § 84 SGG Widerspruch gegen den Rentenbescheid einlegt und den Arbeitgeber hierüber alsbald unterrichtet, er den Rentenantrag vor Beendigung des Arbeitsverhältnisses nach §§ 21, 15 Abs. 2 TzBfG zurücknimmt oder einschränkt und dem Arbeitgeber dies innerhalb der Klagefrist nach §§ 21, 17 S. 1 TzBfG mitteilt (*BAG* 23.3.2016 – 7 AZR 827/13, Rn 26 ff.; 15.2.2017 – 7 AZR 82/15, Rn 28). Wird freilich der Rentenbescheid formell bestandskräftig, bleibt es bei der endgültigen Beendigung des Arbeitsverhältnisses, auch wenn der Anspruch auf Erwerbsunfähigkeitsrente später wegfällt – sei es dadurch, dass der Arbeitnehmer die Erwerbsfähigkeit wiedererlangt (*BAG* 24.1.1996 – 7 AZR 602/95; 10.12.2014 – 7 AZR 1002/12, Rn 35 ff.) oder dass der Rentenbescheid aus anderen Gründen nach §§ 44 bis 48 SGB X aufgehoben oder zurückgenommen wird (*BAG* 3.9.2003 – 7 AZR 661/02). Anders liegt es, wenn ein späterer Bescheid den ursprünglichen Rentenbescheid für **nichtig** erklärt (*BAG* 10.10.2012 – 7 AZR 602/11, Rn 20, wobei als Folge der Rspr. zur Klagefrist – dazu KR-*Bader/Kreutzberg-Kowalczyk* § 17 TzBfG Rdn 5 – aber eine rechtzeitig erhobene Klage gem. § 17 TzBfG erforderlich ist).

11 Abs. 2 S. 2 verlangt vom Arbeitnehmer stets – auch bei der Rente auf Zeit (*LAG SA* 3.12.2009 – 9 Sa 49/09) –, den Arbeitgeber **unverzüglich** (= ohne schuldhaftes Zögern [§ 121 Abs. 1 S. 1 BGB]; s. dazu a. *BAG* 23.6.2004 – 7 AZR 440/03; *Breier u.a.* § 33 TVöD Rn 28) von der Zustellung des Rentenbescheids zu **unterrichten**, und damit natürlich auch vom Zeitpunkt der Zustellung des Rentenbescheids (bei Verstoß dagegen Schadensersatz: APS-*Greiner* § 33 TVöD Rn 15; zur möglichen Rückabwicklung des Arbeitsverhältnisses bei unterlassener Unterrichtung *Breier u.a.* § 33 TVöD Rn 219 mwN).

Wird lediglich eine **Rente auf Zeit** gewährt (APS-*Greiner* § 33 TVöD Rn 17: praktisch der Regelfall), endet das Arbeitsverhältnis nicht, es tritt dann nur ein **Ruhen des Arbeitsverhältnisses** ein (Abs. 2 S. 5 und 6; zum Begriff des Ruhens *BAG* 19.4.2005 – 9 AZR 233/04, Rn 25; APS-*Greiner* § 33 TVöD Rn 20; zur Kündigungsmöglichkeit bei Ruhen des Arbeitsverhältnisses KR-*Rachor* § 1 KSchG Rdn 94; *Breier u.a.* § 33 TVöD Rn 253 ff. mwN). Dies gilt auch, wenn eine befristete Rente wegen voller Erwerbsminderung mit einer unbefristeten Rente wegen teilweiser Erwerbsminderung zusammentrifft (*BAG* 15.3.2006 – 7 AZR 332/05, Rn 22). Das Arbeitsverhältnis ruht für den Zeitraum, für den eine Rente auf Zeit gewährt wird. Für den Zeitpunkt des Beginns des Ruhens erklärt § 33 Abs. 2 S. 6 nunmehr den Abs. 2 S. 3 für entsprechend anwendbar. Das heißt, das Ruhen beginnt mit Ablauf des dem Rentenbeginn vorangehenden Tages; frühestens jedoch zwei Wochen nach Zugang der schriftlichen Mitteilung des Arbeitgebers über den Zeitpunkt des Eintritts Ruhens. Handelt es sich um eine **teilweise Erwerbsminderung**, tritt das Ruhen nur unter den Voraussetzungen des Abs. 3 ein (dazu Rdn 15 ff.). Möglich ist die Vereinbarung einer befristeten geringfügigen und leidensgerechten Beschäftigung während des Ruhens eines Vollzeitarbeitsverhältnisses wegen Gewährung einer befristeten Rente wegen voller Erwerbsminderung (*Sächs. LAG* 6.7.2007 – 5 Sa 298/06; ebenso die entsprechende Revisionsentscheidung *BAG* 21.1.2009 – 7 AZR 630/07, darin auch zum Sachgrund; APS-*Greiner* § 33 TVöD Rn 21; *Breier u.a.* § 33 TVöD Rn 251). Das Ruhen als solches kann durch eine Vereinbarung nicht teilweise in Frage gestellt werden (*Breier u.a.* § 33 TVöD Rn 250; aA *Thür. LAG* 28.10.2008 – 7 Sa 525/07). 12

III. Beendigungszeitpunkt

Zum Zeitpunkt der Beendigung trifft **Abs. 2** eine differenzierte Regelung. Nach S. 1 ist als **Regelfall** vorgesehen, dass das Arbeitsverhältnis mit Ablauf des Monats endet, in dem der **Rentenbescheid** betr. die volle oder teilweise Erwerbsminderung dem Arbeitnehmer (*Breier u.a.* § 33 TVöD Rn 206) **zugestellt** wird. Beginnt jedoch die Rente erst nach der Zustellung des Rentenbescheids, endet das Arbeitsverhältnis mit Ablauf des dem Rentenbeginn vorangehenden Tages (S. 3). Liegt im Zeitpunkt der Beendigung des Arbeitsverhältnisses eine nach **§ 175 SGB IX** (erfasst auch die Gleichstellungsfälle: *BAG* 15.3.2006 – 7 AZR 332/05, Rn 14) erforderliche Zustimmung des Integrationsamtes (nicht erforderlich bei voller Erwerbsminderung auf Dauer und bei Erwerbsunfähigkeit auf Dauer: *BAG* 27.2.2011 – 7 AZR 402/10, Rn 29 f.; 6.4.2011 – 7 AZR 704/09, Rn 25); vgl. weiter KR-*Gallner* § 175 SGB IX Rdn 7 f.) noch nicht vor, endet das Arbeitsverhältnis mit Ablauf des Tages der Zustellung des Zustimmungsbescheids des Integrationsamtes (S. 4). Zu **Abs. 4** s. Rdn 20 f. 13

Mit Wirkung zum **1.1.2020** haben die Tarifvertragsparteien klargestellt, dass das Arbeitsverhältnis frühestens **zwei Wochen nach Zugang der schriftlichen Mitteilung des Arbeitgebers** über den Zeitpunkt des Eintritts der auflösenden Bedingung endet (Abs. 2 S. 3 Hs. 2). Dies entspricht der Rechtsprechung des Bundesarbeitsgerichts zu § 33 Abs. 2 TVöD aF bzw. vergleichbaren Tarifnormen (s. etwa *BAG* 9.2.2011 – 7 AZR 221/10, Rn 2; 10.10.2012 – 7 AZR 602/11, Rn 14 mwN; 23.7.2014 – 7 AZR 771/12, Rn 19; 20.6.2018 – 7 AZR 737/16, Rn 29; vgl. weiter KR-*Bader/Kreutzberg-Kowalczyk* § 17 TzBfG Rdn 19 ff. zur **Klagefrist**). Denn die Regelungen in Abs. 2 S. 1, 3 u. 4 in der bis zum 31.12.2019 geltenden Fassung wurden (jedenfalls partiell) **überlagert wird durch § 15 Abs. 2 TzBfG** iVm § 21 TzBfG (APS-*Greiner* § 33 TVöD Rn 12: Teilnichtigkeit des § 33 Abs. 2 TVöD; s.a. *Sponer/Steinherr-Martens* § 34 TVöD Rn 113; vgl. weiter KR-*Lipke/Bubach* § 15 TzBfG Rdn 25 mwN u. § 21 TzBfG Rdn 14). Da § 15 Abs. 2 TzBfG ist nicht tarifdispositiv ist, wurde er nicht durch § 33 Abs. 2 S. 2 TVöD aF in Frage gestellt (APS-*Backhaus* § 22 TzBfG Rn 39; s.a. *Kliemt* NZA 2001, 303). 14

IV. Weiterbeschäftigung

Im Falle **teilweiser Erwerbsminderung** (§ 43 Abs. 1 SGB VI) endet bzw. ruht das Arbeitsverhältnis nicht, wenn **drei Voraussetzungen** kumulativ erfüllt sind: (1) Weiterbeschäftigungsmöglichkeit aufgrund festgestellten Leistungsvermögens, (2) keine entgegenstehenden dringenden dienstlichen 15 bzw. betrieblichen Gründe und (3) schriftlicher fristgebundener Antrag auf Weiterbeschäftigung (zur Wirksamkeit der Regelung in **Abs. 3** *BAG* 17.3.2016 – 6 AZR 221/15, Rn 14 mwN, APS-*Greiner* § 33 TVöD Rn 22, a. mN zu kritischen Stimmen; Bedenken äußert *BAG* 23.7.2014 – 7 AZR 771/12, Rn 62). § 33 Abs. 3 TVöD begründet damit einen Anspruch auf Weiterbeschäftigung auf dem bisherigen oder einem anderen freien, leidensgerechten Arbeitsplatz (APS-*Greiner* § 33 TVöD Rn 22).

16 Der Beschäftigte muss nach dem vom Rentenversicherungsträger festgestellten **Leistungsvermögen** auf dem **bisherigen** oder einem **anderen geeigneten und freien Arbeitsplatz weiterbeschäftigt** werden können. Ein Arbeitsplatz ist »frei« und darum dem Beschäftigten auf dessen form- und fristgerecht gestellten Antrag (s. Rdn 19) anzubieten, wenn dieser nach seinem verbliebenen Leistungsvermögen darauf eingesetzt werden kann und wenn der Arbeitsplatz im Zeitpunkt des Weiterbeschäftigungsantrags unbesetzt ist oder wenn zu diesem Zeitpunkt feststeht, dass er bis zum Ablauf der Frist des § 33 Abs. 3 TVöD-AT oder in absehbarer Zeit danach frei wird und es dem Arbeitgeber zumutbar ist, diesen Zeitraum zu überbrücken (*BAG* 17.3.2016 – 6 AZR 221/15, Rn 40; vgl. auch *BAG* 28.6.1995 – 7 AZR 555/94, zu I 4 der Gründe). Geht es um den bisherigen Arbeitsplatz, kommt es darauf an, ob der Beschäftigte seine bisherige Tätigkeit im Wesentlichen weiter verrichten kann (*BAG* 21.1.2009 – 7 AZR 843/07). Geht es um einen anderen Arbeitsplatz – das kann auch der nicht unwesentlich umgestaltete bisherige Arbeitsplatz sein (APS-*Greiner* § 33 TVöD Rn 23; *Breier u.a.* § 33 TVöD Rn 269) –, muss dieser bereits vorhanden und frei sowie im Hinblick auf Leistungsfähigkeit und Qualifikation geeignet sein (APS-*Greiner* § 33 TVöD Rn 23; *Breier u.a.* § 33 TVöD Rn 289 ff.). Bestehen hinsichtlich des Leistungsvermögens Zweifel, ist der Betriebsarzt einzuschalten (*Breier u.a.* § 33 TVöD Rn 273; vgl. auch *BAG* 17.3.2016 – 6 AZR 221/15, Rn 37). Hat der Arbeitgeber ein nach § 167 Abs. 2 SGB IX notwendiges **betriebliches Eingliederungsmanagement** (bEM) unterlassen, trifft ihn eine erweiterte Darlegungslast zum Nichtbestehen von Weiterbeschäftigungsmöglichkeiten etwa nach § 33 Abs. 3: Er hat dann von sich aus denkbare oder vom Arbeitnehmer bereits genannte Beschäftigungsalternativen zu prüfen und iE darzulegen, aus welchen Gründen sowohl eine Anpassung des bisherigen Arbeitsplatzes an dem Arbeitnehmer zuträgliche Arbeitsbedingungen als auch die Beschäftigung auf einem anderen – leidensgerechten – Arbeitsplatz ausscheiden (zum TV-L *BAG* 30.8.2017 – 7 AZR 204/16, Rn 39 f.; zu den Anforderungen an ein bEM s. *BAG* 17.4.2019 – 7 AZR 292/17, Rn 36 ff. mwN). Der Arbeitgeber ist nicht verpflichtet, einen neuen (nicht benötigten) Arbeitsplatz zu schaffen. Für die Prüfung der Weiterbeschäftigungsmöglichkeit iSd. § 33 Abs. 3 ist auf den **Zeitpunkt des Weiterbeschäftigungsantrags** abzustellen (*BAG* 17.3.2016 – 6 AZR 221/15, Rn 40).

17 Fraglich ist, ob nur solche Arbeitsplätze als anzusehen sein, die der Arbeitgeber qua **Direktionsrecht** zuweisen könnte (so KR-*Bader* in 12. Aufl.; *Sievers* § 21 TzBfG Rn 27; s.a. *Dörner* Befr. Arbeitsvertrag Rn 362; aA APS-*Greiner* § 33 TVöD Rn 23). Die dem Verhältnismäßigkeitsgrundsatz entspringenden (weitergehenden) kündigungsschutzrechtlichen Bestimmungen sind hier jedenfalls seit dem Inkrafttreten des TzBfG am 1.1.2001 ohne Bedeutung (vgl. *BAG* 21.3.2017 – 7 AZR 207/15, Rn 110; *Hess. LAG* 26.11.2018 – 17 Sa 397/17, Rn 77, juris; KR-*Lipke/Bubach* § 21 TzBfG Rdn 23; *Sievers* § 21 TzBfG Rn 27; aA APS-Backhaus § 21 TzBfG Rn 12). Eine Pflicht des Arbeitgebers, dem Arbeitnehmer auch eine vertragsfremde Weiterbeschäftigungsmöglichkeit anzubieten, ist auch verfassungsrechtlich nicht geboten (vgl. *Hess. LAG* 26.11.2018 – 17 Sa 397/17, Rn 92 ff.) Allerdings kann sich für schwerbehinderte bzw. ihnen gleichgestellte Menschen aus § 164 Abs. 4 S. 1 Nr. 1 SGB IX ein Anspruch auf leidensgerechte Beschäftigung auf der Grundlage einer Vertragsänderung ergeben (ausf. dazu *Kreutzberg-Kowalczyk* RdA 2021, 137, 138), der durch die tarifliche Bestimmung freilich nicht verdrängt oder nach seinem Inhalt unterschritten werden kann. Für nicht dem § 164 Abs. 4 S. 1 Nr. 1 SGB IX unterfallende Arbeitnehmer kann ein solcher Anspruch grundsätzlich nur aus § 313 Abs. 1 BGB ergeben (ausf. dazu *Kreutzberg-Kowalczyk* RdA 2021, 65 unter Auseinandersetzung mit der Rspr. des *BAG*, das einen Anspruch aus § 241 Abs. 2 BGB herleitet, etwa *BAG* 17. März 2016 – 6 AZR 221/15, Rn 45 ff.). Dem einfach behinderte Beschäftigten muss – ansonsten läge ein Verstoß gegen das Unionsrecht vor – nach seinem Inhalt und seinen Grenzen vergleichbarer Anspruch wie aus § § 164 Abs. 4 S. 1 Nr. 1 SGB IX zustehen

(ausf. dazu *Kreutzberg-Kowalczyk* RdA 2021, 65 mit Fortsetzung 137). Da davon ausgegangen werden kann, dass die Tarifvertragsparteien einen inhaltlich einheitlich ausgestalteten Weiterbeschäftigungsanspruch und keine unionsrechtswidrige Regelung haben schaffen wollen, sprechen die besseren Argumente dafür, dass auch eine vertragsfremde Weiterbeschäftigungsmöglichkeit in Betracht kommt.

Dringende dienstliche bzw. **betriebliche Gründe** hat man dann anzunehmen, wenn ein objektiv überwiegendes Arbeitgeberinteresse aufgrund unabweisbarer Sachzwänge vorliegt (so APS-*Greiner* § 33 TVöD Rn 24). Nach dem BAG müssen die entgegenstehenden betrieblichen oder dienstlichen Belange **zwingende Hindernisse** für die beantragte Weiterbeschäftigung darstellen, was nur dann der Fall sei, wenn keine dem Arbeitgeber zumutbare Möglichkeit zu einer Weiterbeschäftigung nach Maßgabe des verbliebenen Leistungsvermögens des Beschäftigten besteht (*BAG* 17.3.2016 – 6 AZR 221/15, Rn 36 f. mwN). Der Arbeitgeber muss jedenfalls nicht erst einen Arbeitsplatz schaffen, um ihn dann dem Beschäftigten anbieten zu können. Er ist aber gehalten, durch zumutbare Umsetzungen einen Arbeitsplatz freizumachen (*BAG* 17.3.2016 – 6 AZR 221/15, Rn 40 mwN). Zur Darlegungs- und Beweislast im Falle es unterlassenen bzw. nicht ordnungsgemäß eingeleiteten oder durchgeführten bEM s. Rdn 16. 18

Der Beschäftigte muss innerhalb von **zwei Wochen nach Zugang des Rentenbescheids** die Weiterbeschäftigung **schriftlich beantragen** (§ 33 Abs. 3 TVöD; zur Problematik dieses Zeitpunkts oben Rdn 14 u. APS-*Greiner* § 33 TVöD Rn 22). Die Frist gilt trotz § 175 SGB IX (s. dazu a. Rdn 13) auch für schwerbehinderte Menschen (s. *BAG* 15.3.2006 – 7 AZR 332/05). Ein nur mündliches Weiterbeschäftigungsverlangen wahrt diese Schriftform des § 33 Abs. 3 TVöD nicht. Denn die Vorschrift enthält ein **konstitutives Schriftformerfordernis** iSv § 125 S. 1 BGB (*BAG* 1.12.2004 – 7 AZR 135/04; ebenso zu § 33 TVöD *LAG Köln* 9.11.2009 – 2 Sa 633/09). Allerdings reicht die Einhaltung der **Textform** nach § 126b BGB aus (*BAG* 27.7.2016 – 7 AZR 276/14, Rn 36). Es besteht dazu keine **Hinweispflicht** des Arbeitgebers (*BAG* 23.7.2014 – 7 AZR 771/12, Rn 66; 1.12.2004 – 7 AZR 135/04), doch kann die Berufung des Arbeitgebers auf die Nichteinhaltung der Schriftform eine unzulässige Rechtsausübung (§ 242 BGB) darstellen, wenn die Nichteinhaltung der Form durch ein Verhalten des Arbeitgebers veranlasst worden ist (*BAG* 15.3.2006 – 7 AZR 332/05, Rn 32). 19

V. Beendigungszeitpunkt in Sonderfällen

Abs. 4 sieht für drei besondere Konstellationen einen von Abs. 2 abweichenden Beendigungszeitpunkt vor. Die drei Fälle sind: die **schuldhafte Verzögerung des Rentenantrags**, der **Bezug von Altersrente nach § 236 SGB VI** (als langjährig Versicherter; iE dazu *Breier u.a.* § 33 TVöD Rn 360 ff.) **oder nach § 236a SGB VI** (als schwerbehinderter Mensch: iE dazu *Breier u.a.* § 33 TVöD Rn 364 f.) und schließlich der Fall, dass der Beschäftigte **nicht in der gesetzlichen Rentenversicherung** versichert ist. Dann tritt an die Stelle des nicht vorhandenen Rentenbescheids das vom Arbeitgeber zu beantragende Gutachten einer Amtsärztin/eines Amtsarztes oder einer/eines nach § 3 Abs. 4 S. 2 TVöD bestimmten Ärztin/Arztes (Abs. 4 S. 1). Dieses Gutachten, das sich zur Erwerbsminderung im rentenrechtlichen Sinne äußern muss (*Breier u.a.* § 33 TVöD Rn 382 ff.), unterliegt der Nachprüfung durch die Gerichte für Arbeitssachen (*BAG* 8.5.1969 – 2 AZR 348/68). Gibt es später doch noch einen Rentenbescheid, geht dieser vor (APS-*Greiner* § 33 TVöD Rn 27). Das Arbeitsverhältnis endet – sofern es sich um eine dauerhafte Erwerbsminderung handelt – im Fall des Abs. 4 S. 1 mit Ablauf des Monats, in dem der/dem Beschäftigten das **Gutachten bekannt gegeben** worden ist (Abs. 4 S. 2), frühestens jedoch zwei Wochen nach Zugang der schriftlichen Mitteilung des Arbeitgebers über den Zeitpunkt des Eintritts der auflösenden Bedingung (s. Rdn 14); Ansonsten gilt Abs. 2 S. 6 (APS-*Greiner* § 33 TVöD Rn 28 mwN; diff. *Breier u.a.* § 33 TVöD Rn 394: bei schuldhafter Verzögerung des Rentenantrags bleibt es bei Abs. 4 S. 2). 20

Eine **schuldhafte Verzögerung des Rentenantrags** hat man anzunehmen, wenn dem Beschäftigten Tatsachen bekannt sind, die für eine verminderte Erwerbsfähigkeit sprechen oder auf eine solche zumindest hindeuten (APS-*Greiner* § 33 TVöD Rn 26), und er dennoch keinen Rentenantrag stellt 21

(*Sponer/Steinherr-Martens* § 33 TVöD Rn 163). Dasselbe gilt im Fall offensichtlicher Tatsachen (*Breier* u.a. § 33 TVöD Rn 358; APS-*Greiner* § 33 TVöD Rn 26 auch für Berücksichtigung erkennbarer Tatsachen). Schuldhaft verzögert ist der Rentenantrag auch dann, wenn er zwar gestellt ist, der Beschäftigte aber dann die ordnungsgemäße Bearbeitung verhindert oder vereitelt (s. dazu *BAG* 6.11.1997 – 2 AZR 801/96; *Sponer/Steinherr-Martens* § 33 TVöD Rn 163).

E. Beschäftigung jenseits der Regelaltersgrenze

22 Flankierend zu Abs. 1 S. 1 regelt Abs. 5 S. 1 speziell, dass eine **Weiterbeschäftigung über die Regelaltersgrenze hinaus** den Abschluss eines **neuen schriftlichen Arbeitsvertrages** erfordert. Ein mündlicher Vertrag ist im Blick auf § 4 Abs. 3 TVG dennoch wirksam (APS-*Greiner* § 33 TVöD Rn 30 mwN), doch wird das selten praktisch werden, schon deswegen, weil der neue Vertrag vielfach ein befristeter Vertrag (mit Sachgrund, da § 14 Abs. 2, 2a u. 3 TzBfG nicht passen) sein wird, der § 14 Abs. 4 TzBfG unterfällt.

23 Es handelt sich ausdrücklich um einen **neuen Vertrag** (*BAG* 27.1.2011 – 6 AZR 382/09, Rn 27 – in dieser Entscheidung zum Problem der Stufenzuordnung im neuen Arbeitsverhältnis; s.a. APS-*Greiner* § 33 TVöD Rn 31 f. mwN: rechtliche Diskontinuität zum bisherigen Vertragsverhältnis), nicht um eine Verlängerung des bisherigen Vertrags bis zur Regelaltersgrenze. Für den neuen Vertrag werden anders als in § 60 Abs. 2 BAT keine inhaltlichen Vorgaben gemacht werden, und für ihn ist anders als in § 60 Abs. 2 BAT auch die Abbedingung des TVöD nicht vorgesehen. Mitbestimmungsrechtlich handelt es sich um eine Einstellung. Erworbener allgemeiner Kündigungsschutz bleibt freilich erhalten (APS-*Greiner* § 33 TVöD Rn 31a).

24 Man kann indes in Abs. 5 S. 1 keine wirksame Abbedingung von **§ 15 Abs. 5 TzBfG** sehen (vgl. zum Problem KR-*Bader/Kreutzberg-Kowalczyk* § 22 TzBfG Rdn 5; APS-*Backhaus* § 15 TzBfG Rn 89 mwN), so dass bei Weiterarbeit über das maßgebende Ende des Arbeitsverhältnisses hinaus mit Wissen des Arbeitgebers ein unverzüglicher Widerspruch des Arbeitgebers erforderlich ist, soll sich das Arbeitsverhältnis nicht gem. § 15 Abs. 5 TzBfG auf unbestimmte Zeit verlängern (s. KR-*Lipke/Bubach* § 15 TzBfG Rdn 52–64).

25 Neben der Möglichkeit, gem. Abs. 5 S. 1 einen neuen Vertrag abzuschließen, besteht alternativ die Möglichkeit, von **§ 41 S. 3 SGB VI** Gebrauch zu machen, dh die **Altersgrenze hinauszuschieben**. Insoweit wird auf die Kommentierung KR-*Bader/Kreutzberg-Kowalczyk* § 23 TzBfG Rdn 28 ff. verwiesen. Die beiden Modelle unterscheiden sich in der Sache gravierend, und es zeigt sich, dass § 33 Abs. 5 TVöD von der Vorstellung geprägt ist, dass die Weiterbeschäftigung jenseits der Regelaltersgrenze unerwünscht ist (s.a. *LAG BW* 30.4.2009 – 3 Sa 11/09, Rn 20, juris), während § 41 S. 3 SGB VI eine solche Weiterbeschäftigung gerade fördern will.

26 Abs. 5 S. 2 sieht insoweit eine eigenständige und 34 Abs. 1 TVöD vorgehende Regelung der **Kündigungsfristen** für den Vertrag nach der Altersgrenze vor (wirksam gem. § 622 Abs. 4 S. 1 BGB; einzelvertragliche Bezugnahme gem. § 622 Abs. 4 S. 2 BGB möglich), die freilich im Hinblick auf die **Altersdiskriminierung** erheblichen Bedenken ausgesetzt ist (s. dazu a. APS-*Greiner* § 33 TVöD Rn 34 mwN, der die Regelung letztlich billigt). Die pauschale Herabsetzung des Schutzniveaus jenseits der Regelaltersgrenze lässt sich nur schwer rechtfertigen, doch erlaubt der *EuGH* (28.2.2018 – C-46/17 [John]; näher dazu KR-*Bader/Kreutzberg-Kowalczyk* § 23 TzBfG Rdn 28 ff.) wohl eine großzügigere Betrachtung. Abs. 5 S. 2 bedeutet gleichzeitig die Vereinbarung iSd § 15 Abs. 3 TzBfG, wenn das Arbeitsverhältnis nach der Altersgrenze ein befristetes Arbeitsverhältnis ist (ebenso APS-*Greiner* § 33 TVöD Rn 33). Abs. 5 S. 2 lässt ausweislich seines Schlusshalbsatzes auch abweichende **einzelvertragliche Vereinbarungen** hinsichtlich der Kündigungsfristen zu, wobei in jedem Fall § 622 Abs. 6 BGB zu beachten ist. Doch handelt es sich insoweit nicht um eine Regelung iSd § 622 Abs. 4 S. 1 BGB, so dass kürzere Fristen als in Abs. 5 S. 2 vorgesehen nur vereinbart werden können, wenn sie mit § 622 BGB in Einklang stehen – insoweit kommt damit nur § 622 Abs. 5 S. 1 Nr. 1 BGB in Frage. Der Vereinbarung längerer Fristen steht nichts im Wege.

§ 34 TVöD Kündigung des Arbeitsverhältnisses

(1) ¹Bis zum Ende des sechsten Monats seit Beginn des Arbeitsverhältnisses beträgt die Kündigungsfrist zwei Wochen zum Monatsschluss. ²Im Übrigen beträgt die Kündigungsfrist bei einer Beschäftigungszeit (Absatz 3 Satz 1 und 2)

bis zu einem Jahr	ein Monat zum Monatsschluss,
von mehr als einem Jahr	6 Wochen,
von mindestens 5 Jahren	3 Monate,
von mindestens 8 Jahren	4 Monate,
von mindestens 10 Jahren	5 Monate,
von mindestens 12 Jahren	6 Monate

zum Schluss eines Kalendervierteljahres.

(2) ¹Arbeitsverhältnisse von Beschäftigten, die das 40. Lebensjahr vollendet haben und für die die Regelungen des Tarifgebiets West Anwendung finden, können nach einer Beschäftigungszeit (Absatz 3 Sätze 1 und 2) von mehr als 15 Jahren durch den Arbeitgeber nur aus einem wichtigen Grund gekündigt werden. ²Soweit Beschäftigte nach den bis zum 30. September 2005 geltenden Tarifregelungen unkündbar waren, verbleibt es dabei.

(3) ¹Beschäftigungszeit ist die bei demselben Arbeitgeber im Arbeitsverhältnis zurückgelegte Zeit, auch wenn sie unterbrochen ist. ²Unberücksichtigt bleibt die Zeit eines Sonderurlaubs gemäß § 28, es sei denn, der Arbeitgeber hat vor Antritt des Sonderurlaubs schriftlich ein dienstliches oder betriebliches Interesse anerkannt. ³Wechseln Beschäftigte zwischen Arbeitgebern, die vom Geltungsbereich dieses Tarifvertrages erfasst werden, werden die Zeiten bei dem anderen Arbeitgeber als Beschäftigungszeit anerkannt. ⁴Satz 3 gilt entsprechend bei einem Wechsel von einem anderen öffentlich-rechtlich Arbeitgeber.

Übersicht

	Rdn			Rdn
A. Überblick	1	II.	In der Zeit nach den ersten sechs Monaten	6
B. Kündigungsfristen	2	C.	Ordentliche Unkündbarkeit	8
I. In den ersten sechs Monaten	2	D.	Beschäftigungszeit	13

▶ **Hinweis:**

§ 34 TV-L entspricht bis auf kleine Formulierungsunterschiede dem § 34 TVöD, in Abs. 2 S. 2 ist jedoch auf die bis zum 31.10.2006 geltenden Tarifregelungen abgestellt. § 34 TV-H entspricht bis auf kleine Formulierungsunterschiede dem § 34 TVöD, in Abs. 2 S. 2 ist jedoch auf die bis zum 31.12.2009 geltenden Tarifregelungen abgestellt.

A. Überblick

Das dem TVöD unterfallende Arbeitsverhältnis kann natürlich – der Tarifvertrag setzt dies voraus (s. § 33 Abs. 1 TVöD) – gekündigt werden, und zwar im Wege einer **außerordentlichen Kündigung** (§ 626 BGB) oder im Wege einer **ordentlichen Kündigung**. Es gelten insofern für den Anwendungsbereich des TVöD keine Besonderheiten, so dass diesbezüglich auf die Kommentierungen des § 1 KSchG und des § 626 BGB zu verweisen ist. Die bei einer **ordentlichen Kündigung** zu beachtenden **Kündigungsfristen** sind hier in **Abs. 1** geregelt (Grundlage: § 622 Abs. 4 S. 1 BGB). Sie gelten auch für ordentliche Änderungskündigungen (APS-*Greiner* § 34 TVöD Rn 1). **Abs. 2** enthält Bestimmungen zur sog. **Unkündbarkeit**. **Abs. 3** bestimmt schließlich, was unter **Beschäftigungszeit** zu verstehen ist, speziell iSv Abs. 1 S. 2 u. Abs. 2 S. 1. Im Übrigen enthält der TVöD abgesehen von § 30 Abs. 4 S. 2 u. Abs. 5 sowie von § 33 Abs. 5 S. 2 TVöD keine Bestimmungen hinsichtlich der Kündigung. Zum Stellenwert des § 34 Abs. 1 TVöD im Hinblick auf **§ 15 Abs. 3 TzBfG** vgl. KR-*Bader/Kreutzberg-Kowalczyk* § 30 TVöD Rdn 17. 1

B. Kündigungsfristen

I. In den ersten sechs Monaten

2 Bis zum **Ende des sechsten Monats** seit Beginn des Arbeitsverhältnisses beträgt die Kündigungsfrist **beiderseits zwei Wochen zum Monatsschluss** (Abs. 1 S. 1). Das gilt auch, wenn abweichend vom Regelfall der sechsmonatigen **Probezeit** eine kürzere Probezeit vereinbart ist (§ 2 Abs. 4 S. 1 TVöD). Die Frist erfasst ebenfalls schwerbehinderte Menschen, da aufgrund des § 173 Abs. 1 Nr. 1 SGB IX die vierwöchige Kündigungsfrist des § 169 SGB IX noch nicht einschlägig ist (APS-*Greiner* § 34 TVöD Rn 5 mwN zum Meinungsstand).

3 Es kommt allein auf den **Zeitablauf** seit dem Beginn des Arbeitsverhältnisses an. § 34 Abs. 3 spielt insoweit keine Rolle, da Abs. 1 S. 1 nicht auf Abs. 3 verweist, ebenso ist es gleichgültig, ob und inwieweit tatsächlich gearbeitet wurde (APS-*Greiner* § 34 TVöD Rn 5). Wegen der Nichtgeltung des Abs. 3 S. 1 ist ungeachtet etwaiger zwischenzeitlicher rechtlicher Unterbrechungen Abs. 1 S. 1 immer anwendbar, wenn die Kündigung innerhalb der Frist von sechs Monaten zugeht. Da § 2 Abs. 4 S. 2 TVöD zwischen Arbeitsverhältnis und Ausbildungsverhältnis unterscheidet, ist es für die Frist des Abs. 1 S. 1 – diese stellt auf das Arbeitsverhältnis ab – ohne Belang, ob ein Ausbildungsverhältnis vorangegangen ist.

4 Für die **Berechnung** des Endes der Frist von sechs Monaten gelten die Ausführungen bei KR-*Rachor* § 1 KSchG Rdn 108 entsprechend. Abs. 1 S. 1 erfasst jede Kündigung, die bis zum Ablauf der Frist von sechs Monaten ausgesprochen wird – maßgebend ist der **Zugang der Kündigung** (KR-*Rachor* § 1 KSchG Rdn 109 f.).

5 Die **Abweichung** von § 622 Abs. 1 BGB ist gem. § 622 Abs. 4 S. 1 BGB zulässig. Im Geltungsbereich des TVöD gilt § 34 Abs. 1 S. 1 TVöD zwischen nicht tarifgebundenen Arbeitgebern und Arbeitnehmern, wenn dessen Anwendung zwischen ihnen vereinbart ist (§ 622 Abs. 4 S. 2 BGB; APS-*Greiner* § 34 TVöD Rn 3).

II. In der Zeit nach den ersten sechs Monaten

6 Für die Zeit nach den ersten sechs Monaten des Arbeitsverhältnisses sind die **Kündigungsfristen für beide Seiten** gem. Abs. 1 S. 2 **gestaffelt nach der Beschäftigungszeit** iSd Abs. 3 S. 1 und 2 – allerdings werden Zeiten bei anderen Arbeitgebern nicht berücksichtigt, da Abs. 3 S. 3 u. 4 nicht anwendbar ist. Diese Staffelung ist unionsrechtlich unbedenklich, eine Altersdiskriminierung kann darin nicht gesehen werden (parallel zu § 622 BGB *BAG* 18.9.2014 – 6 AZR 636/13, Rn 8 ff.). Unberührt bleiben **vorgehende gesetzliche Regelungen** (vgl. dazu KR-*Spilger* § 622 BGB Rdn 91 bis Rdn 117). Im Übrigen wird betreffend **Anfang, Berechnung und Ablauf der Kündigungsfristen** auf die parallelen Erläuterungen bei KR-*Spilger* § 622 BGB Rdn 142 bis 163 verwiesen.

7 Die **Abweichungen** von § 622 Abs. 1 u. 2 BGB sind gem. § 622 Abs. 4 S. 1 BGB zulässig. Im Geltungsbereich des TVöD gilt § 34 Abs. 1 S. 2 TVöD zwischen nicht tarifgebundenen Arbeitgebern und Arbeitnehmern, wenn dessen Anwendung zwischen ihnen vereinbart ist (§ 622 Abs. 4 S. 2 BGB).

C. Ordentliche Unkündbarkeit

8 Die Voraussetzungen der **ordentlichen Unkündbarkeit** sind in Abs. 2 S. 1 geregelt (für Rationalisierungsfälle s. APS-*Greiner* § 34 TVöD Rn 10): Vollendung des **40. Lebensjahrs**, Anwendbarkeit der Regelungen des **Tarifgebietes West** (dieses Kriterium ist im Hinblick auf Art 3 Abs. 1 GG kaum mehr haltbar; ebenso zweifelnd APS-*Greiner* § 34 TVöD Rn 9 mwN; vgl. auch KR-*Bader/Kreutzberg-Kowalczyk* § 30 TVöD Rdn 2; aA *LAG MV* 25.10.2011 – 5 Sa 103/11) und **Beschäftigungszeit von mehr als 15 Jahren beim selben Arbeitgeber** (vgl. *BAG* 22.2.2018 – 6 AZR 137/17, Rn 20 mwN). Die Beschäftigungszeit beurteilt sich nach Abs. 3 S. 1 und 2, auch hier wie bei den Kündigungsfristen (s. Rdn 2) nicht nach Abs. 3 S. 3 und 4 (*BAG* 22.2.2018 – 6 AZR 137/17, Rn 12 ff.). Doch geht § 34 Abs. 1 S. 1 immer vor (APS-*Greiner* § 34 TVöD Rn 13). § 34 Abs. 3 TVöD-AT gilt für Neueinstellungen ab Inkrafttreten des TVöD am 1.10.2005. Für bereits Beschäftigte, die auf Grundlage des TVÜ-Bund bzw. TVÜ-VKA zu diesem Stichtag in den TVöD

übergeleitet wurden, enthält § 14 TVÜ-Bund bzw. TVÜ-VKA bezüglich der Beschäftigungszeit eine abschließende Sonderregelung (*BAG* 19.11.2020 – 6 AZR 417/19, Rn 25). § 14 Abs. 1 TVÜ-Bund ist mit folgendem Wortlaut zu beachten: »Für die Dauer des über den 30.9.2005 hinaus fortbestehenden Arbeitsverhältnisses werden die vor dem 1.10.2005 nach Maßgabe der jeweiligen tarifrechtlichen Vorschriften anerkannten Beschäftigungszeiten als Beschäftigungszeit iSd § 34 Abs. 3 TVöD berücksichtigt. Abweichend von Satz 1 bleiben bei § 34 Abs. 2 TVöD für Beschäftigte Zeiten, die vor dem 3.10.1990 im Beitrittsgebiet (Art. 3 des Einigungsvertrages vom 31.8.1990) zurückgelegt worden sind, bei der Beschäftigungszeit unberücksichtigt.« In § 14 TVÜ-VKA besteht Abs. 1 nur aus dem inhaltsgleichen Satz 1. Mit § 14 Abs. 1 TVÜ-Bund wie auch TVÜ-VKA soll der unter der Geltung des bisherigen Tarifrechts erworbene Besitzstand gewahrt werden. Wechselt ein unter den TVÜ-Bund bzw. TVÜ-VKA fallender Arbeitnehmer nach dem 1. Oktober 2005 zu einem anderen, ebenfalls den TVöD bzw. TVÜ-Bund bzw. TVÜ-VKA anwendenden Arbeitgeber, handelt es sich um eine Neueinstellung. Der betreffende Arbeitnehmer verliert damit grundsätzlich alle ggf. im bisherigen Arbeitsverhältnis bestehenden Überleitungsvorteile (*BAG* 19.11.2020 – 6 AZR 417/19, Rn 26; 22.2.2018 – 6 AZR 137/17, Rn 23 mwN; *Laber* öAT 2018, 124).

§ 14 Abs. 3 TVÜ-VKA regelt über § 34 Abs. 2 S. 1 TVöD hinaus: »Aus dem Geltungsbereich des BMT-G übergeleitete Beschäftigte, die am 30.9.2005 eine Beschäftigungszeit (§ 6 BMT-G ohne die nach § 68a BMT-G berücksichtigten Zeiten) von mindestens zehn Jahren zurückgelegt haben, erwerben abweichend von § 34 Abs. 2 Satz 1 TVöD den besonderen Kündigungsschutz nach Maßgabe des § 52 Abs. 1 BMT-G.« 9

Die Unkündbarkeit führt dazu, dass nur **außerordentlich aus wichtigem Grund** gekündigt werden kann: eine ordentliche Kündigung ist ebenso wie eine ordentliche Änderungskündigung ausgeschlossen (*BAG* 28.10.2010 – 2 AZR 688/09, Rn 31), eine dennoch ausgesprochene ordentliche Kündigung ist nichtig (§ 134 BGB; zur Frage des Rechtsmissbrauchs bei einer Kündigung kurz vor Eintritt der Unkündbarkeit *BAG* 10.2.2005 – 2 AZR 584/03, Rn 69). Die tarifliche Regelung verweist auf **§ 626 Abs. 1 u. 2 BGB** (*BAG* 31.7.2014 – 2 AZR 407/13, Rn 23), es gelten insoweit grds. die normalen Standards (APS-*Greiner* § 34 TVöD Rn 16; zur Sozialauswahl bei Unkündbarkeit KR-*Rachor* § 1 KSchG Rdn 719 ff., dort auch ausf. zum Aspekt der Altersdiskriminierung). Im Rahmen der Prüfung des § 626 Abs. 1 BGB ist abzustellen auf die **fiktive Frist** für eine ordentliche Kündigung (etwa *BAG* 31.7.2014 – 2 AZR 407/13, Rn 34; 18.9.2008 – 2 AZR 827/06, Rn 37; 2.3.2006 – 2 AZR 53/05, Rn 44; vgl. auch *BAG* 21.6. 2012 – 2 AZR 343/11, Rn 20; aA KR-*Fischermeier* 12. Aufl. § 626 BGB Rn 319 mwN; s. nunmehr a. KR-*Fischermeier/Krumbiegel* § 626 BGB Rdn 321 f.). Möglich ist auch eine **außerordentliche Änderungskündigung** (zu den Maßstäben insoweit *BAG* 28.10.2010 – 2 AZR 688/09, Rn 30). Die früher insoweit bestehenden Einschränkungen in § 55 BAT sind entfallen (s. *BAG* 27.11.2008 – 2 AZR 757/07, Rn 13; vgl. indes APS-*Greiner* § 34 TVöD Rn 18 für einen Ausnahmefall betreffend Leistungsminderung). 10

In Betracht kommt auch eine **außerordentliche Kündigung mit Auslauffrist**, wobei die Auslauffrist der fiktiven ordentlichen Kündigungsfrist entspricht und der Betriebs- bzw. Personalrat dann wie bei einer ordentlichen Kündigung zu beteiligen ist (dazu näher KR-*Fischermeier/Krumbiegel* § 626 BGB Rdn 321 ff., 323 mwN; Bader/Bram-*Kreutzberg-Kowalczyk* § 626 BGB Rn 24a ff.; s.a. APS-*Greiner* § 34 TVöD Rn 16). 11

§ 34 Abs. 2 S. 2 enthält eine **Besitzstandsregelung**. Eine bis zum 30.9.2005 bestehende Unkündbarkeit bleibt danach erhalten. Es geht dabei aber nur um die **Unkündbarkeit als solche**, nicht um die Erhaltung der früher geltenden Ausgestaltung der Unkündbarkeit (*BAG* 27.11.2008 – 2 AZR 757/07, Rn 14; 28.10.2010 – 2 AZR 688/09, Rn 25; APS-*Greiner* § 34 TVöD Rn 20 mwN). 12

D. Beschäftigungszeit

Beschäftigungszeit gem. Abs. 3 S. 1 ist die beim selben Arbeitgeber – maßgebend ist die jeweilige juristische Person einschließlich ihrer etwaigen rechtlich unselbständigen Organisationseinheiten (APS-*Greger* § 34 TVöD Rn 23) – im **Arbeitsverhältnis** (also nicht: im Beamtenverhältnis, in freier Mitarbeit, im Berufsausbildungsverhältnis [ebenso etwa APS-*Greiner* § 34 TVöD Rn 24 mwN zum 13

Meinungsstand]) zurückgelegte Zeit. Zu berücksichtigen ist **jegliches Arbeitsverhältnis** (dazu *BAG* 9.7.1992 – 6 AZR 507/90; 25.4.2007 – 6 AZR 746/06, Rn 29 ff.; Sponer/Steinherr-*Martens* § 34 TVöD Rn 140 ff.). Es kommt nur auf den **rechtlichen Bestand** des Arbeitsverhältnisses an, so dass auch Ruhenstatbestände ohne Bedeutung sind. Unberücksichtigt bleiben allein Zeiten eines Sonderurlaubs gem. § 28 TVöD, es sei denn, der Arbeitgeber hat vor dessen Antritt diesbezüglich schriftlich ein dienstliches oder betriebliches Interesse anerkannt (Abs. 3 S. 2). Spezielle gesetzliche Vorschriften können ebenfalls zur Anrechnung auf die Beschäftigungsdauer führen (dazu weiter APS-*Greiner* § 34 TVöD Rn 29 mwN u. Rdn 18). Rechtliche **Unterbrechungen** schaden nicht, sie werden aber selbst nicht mitgezählt (Abs. 3 S. 1, 2. Hs.), so dass die Zeiten vor einer Unterbrechung anzurechnen sind.

14 § 34 Abs. 3 TVöD-AT gilt für Neueinstellungen ab Inkrafttreten des TVöD am 1.10.2005. Für bereits Beschäftigte, die auf Grundlage des TVÜ-Bund bzw. TVÜ-VKA zu diesem Stichtag in den TVöD übergeleitet wurden, enthält § 14 TVÜ-Bund bzw. TVÜ-VKA bezüglich der Beschäftigungszeit eine abschließende Sonderregelung (*BAG* 19.11.2020 – 6 AZR 417/19, Rn 25; s. Rdn 9). Für **Zeiten vor dem 1.10.2005** gilt also § 14 Abs. 1 TVÜ-Bund bzw. TVÜ-VKA (zum Wortlaut dieser Tarifnormen s. Rdn 9). Insofern bedarf es keiner Anerkennung durch einen Bescheid, es reicht aus, dass die Beschäftigungszeiten nach den früheren Tarifvorschriften anerkannt waren (APS-*Greiner* § 34 TVöD Rn 22; **aA** Sponer/Steinherr-*Martens* § 34 TVöD Rn 135).

15 § 34 Abs. 3 S. 1 TVöD enthält freilich **keinen einheitlichen Begriff** der Beschäftigungszeit, der für alle vereinbarten Tarifregelungen gelten würde; die Vorschrift gilt aufgrund der gewählten Verweisungstechnik allein im Rahmen des § 34 Abs. 1 S. 2 und Abs. 3 S. 1 TVöD und in sonstigen Fällen, in denen ausdrücklich auf § 34 Abs. 3 S. 1 TVöD verwiesen wird (*BAG* 27.1.2011 – 6 AZR 590/09, Rn 17; 19.12.2013 – 6 AZR 94/12, Rn 31). Der Begriff »Beschäftigungszeit« kann damit in anderen Tarifverträgen, etwa in einem bezirklichen Überleitungstarifvertrag, anders zu verstehen sein (*BAG* 27.1.2011– 6 AZR 590/09, Rn 17).

16 Bei einem **Wechsel** von einem Arbeitgeber, der vom **Geltungsbereich des TVöD** erfasst wird, zu einem anderen Arbeitgeber, der ebenfalls vom TVöD erfasst wird, werden die Zeiten bei dem ersten Arbeitgeber als Beschäftigungszeit anerkannt (Abs. 3 S. 3) – es kann sich dabei also auch um einen privaten Arbeitgeber handeln. Dasselbe gilt bei einem Wechsel von einem zu einem anderen **öffentlich-rechtlichen Arbeitgeber** (Abs. 3 S. 4), wobei die Anwendbarkeit des TVöD keine Rolle spielt. Ein Wechsel liegt nicht vor, wenn der Arbeitnehmer zwischendurch bei einem anderweitigen Arbeitgeber tätig war. Der Wortlaut spricht zudem dafür, einen Wechsel nur anzunehmen, wenn zwischen dem alten und dem neuen Arbeitsverhältnis keine zeitliche Zäsur liegt (für die entsprechende überwiegende Meinung APS-*Greiner* § 34 TVöD Rn 28 mwN zum Meinungsstand). Ein Wechsel iSd. Norm bezieht sich nur auf das unmittelbar vorausgegangene Arbeitsverhältnis, nicht auf die noch weiter zurückliegenden Arbeitsverhältnisse (m. ausf. berg. *BAG* 19.11.2020 – 6 AZR 417/19, Rn 19 ff.).

17 Abs. 3 S. 3 und 4 haben nur Bedeutung für die **Krankengeldzuschüsse** (§ 22 Abs. 3 TVöD) und das **Jubiläumsgeld** (§ 23 Abs. 2 TVöD; dazu *BAG* 19.11.2020 – 6 AZR 417/19). Abs. 3 S. 1 und 2 sind von Relevanz für Krankengeldzuschüsse und das Jubiläumsgeld, darüber hinaus für die verlängerten Kündigungsfristen (Abs. 1 S. 2) und die Unkündbarkeit (Abs. 2). Abs. 3 insgesamt spielt für das KSchG kein Rolle (s. dazu *BAG* 22.2.2018 –, 6 AZR 137/17, Rn 13 ff.; 10.10.2014 7 AZR 1002/12, Rn 38).

18 Für die Anwendung des **§ 23 Abs. 2 TVöD** werden die bis zum 30.9.2005 zurückgelegten Zeiten, die nach Maßgabe des BAT anerkannte Dienstzeit, des BAT-O bzw. MTArb-O anerkannte Beschäftigungszeit und des MTArb anerkannte Jubiläumszeit sind, als Beschäftigungszeit iSd § 34 Abs. 3 TVöD berücksichtigt (§ 14 Abs. 2 TVÜ-Bund). Parallel regelt § 14 Abs. 2 TVÜ-VKA: »Für die Anwendung des § 23 Abs. 2 TVöD werden die bis zum 30.9.2005 zurückgelegten Zeiten, die nach Maßgabe des BAT anerkannte Dienstzeit, des BAT-O/BAT-Ostdeutsche Sparkassen und BMT-G/BMT-G-O anerkannte Beschäftigungszeit sind, als Beschäftigungszeit iSd § 34 Abs. 3 TVöD berücksichtigt.« Es bedarf auch insoweit keines Anerkennungsbescheids (s. Rdn 9 und 14).

Gesetz über Teilzeitarbeit und befristete Arbeitsverträge

Vom 21. Dezember 2000 (BGBl. I S. 1996).

Zuletzt geändert durch Art. 10 des Gesetzes vom 22. November 2019 (BGBl. I S. 1746) mit Wirkung vom 1. Januar 2020.

– Auszug –

§ 1 TzBfG Zielsetzung

Ziel des Gesetzes ist, Teilzeitarbeit zu fördern, die Voraussetzungen für die Zulässigkeit befristeter Arbeitsverträge festzulegen und die Diskriminierung von teilzeitbeschäftigten und befristet beschäftigten Arbeitnehmern zu verhindern.

Übersicht	Rdn		Rdn
A. Allgemeines	1	C. Inkrafttreten	7
B. Übersicht über das Gesetz	3		

A. Allgemeines

Die Vorschrift des § 1 TzBfG ist **ohne eigenen Regelungsgehalt** (HWK-*Rennpferdt* § 1 TzBfG Rn 4; LS-*Schlachter* § 1 TzBfG Rn 1), insbes. können sich aus ihr **keine Individualansprüche** ergeben (*Preis/Gotthardt* DB 2000, 2065, 2066; *Rolfs* RdA 2001, 129, 130). Die darin enthaltenen ganz pauschalen Aussagen werden auch regelmäßig keine zusätzlichen Hilfen bei der Interpretation der einzelnen Vorschriften bringen, abgesehen vielleicht von der **Teilzeitfreundlichkeit** (DDZ-*Wroblewski* § 1 TzBfG Rn 1; vgl. auch *Annuß/Thüsing-Annuß* § 1 Rn 1; HWK-*Rennpferdt* § 1 TzBfG Rn 4), was sich dann bei der Frage der prozessualen Durchsetzung des Anspruchs auf Verringerung der Arbeitszeit auswirken mag (dazu etwa *Gotthardt* NZA 2001, 1183; *Grobys/Bram* NZA 2001, 1175). Da die Vorschrift zur Befristung lediglich angibt, dass die Voraussetzungen für die Zulässigkeit befristeter Arbeitsverträge festgelegt werden sollen, ist sie insoweit bei der Auslegung der Einzelvorschriften keine Auslegungshilfe (*Sievers* § 1 TzBfG Rn 2; kein Ziel des allgemeinen Zurückdrängens befristeter Arbeitsverträge: LS-*Schlachter* § 1 Rn 2; ErfK-*Müller-Glöge* § 1 TzBfG Rn 6: Bindung befristeter Arbeitsverträge an geschriebene Rechtsregeln). Sie ist letztlich rein **programmatisch** zu verstehen, es sollen entsprechend europäischer Regelungstechnik (krit. dazu *Rolfs* § 1 TzBfG Rn 1) eingangs des Gesetzes **Ziel und Zweck des Gesetzes** dargestellt werden (MHH-TzBfG/*Herms* § 1 TzBfG Rn 1).

Soweit es um die Problematik **befristeter Arbeitsverträge** geht – die Teilzeitproblematik ist im Rahmen der Erläuterungen des TzBfG hier ausgeklammert – soll mit den Normen des TzBfG die **Richtlinie 1999/70/EG** des Rates vom 28. Juni 1999 zu der EGB-UNICE-CEEP-Rahmenvereinbarung über befristete Arbeitsverträge (ABl. EG 1999 Nr. L 175 S. 43; abgedr. bei *Bader/Bram-Bader* § 620 BGB Rn 12) umgesetzt werden (näher dazu KR-*Lipke/Schlünder* § 620 BGB Rdn 90 ff.; *Preis/Gotthardt* DB 2000, 2065 f.; s. a. *EuGH* 11.4.2013 – C-290/12 [Della Rocca]). Es werden in der Sache folgende **Ziele** verfolgt (vgl. Begr. des Gesetzesentwurfs, BT-Drucks. 14/4374 S. 1 f.):

– Befristet beschäftigte Arbeitnehmerinnen und Arbeitnehmer sollen vor Diskriminierung geschützt werden.
– Die Aufeinanderfolge befristeter Arbeitsverträge soll eingeschränkt werden.
– Die Chancen befristet beschäftigter Arbeitnehmerinnen und Arbeitnehmer auf eine Dauerbeschäftigung sollen verbessert werden.
– Die Rechtssicherheit für Arbeitgeber und Arbeitnehmer soll angesichts der bisherigen unübersichtlichen und lückenhaften gesetzlichen Regelung der befristeten Arbeitsverhältnisse verbessert werden.

§ 1 TzBfG Zielsetzung

– Andererseits soll angesichts des Auslaufens der bisherigen Regelung in § 1 Abs. 1 bis 4 BeschFG auch künftig die erleichterte Möglichkeit zum Abschluss befristeter Arbeitsverträge erhalten bleiben – im Interesse der Flexibilität der Beschäftigung und als Brücke zu unbefristeten Arbeitsverhältnissen.

B. Übersicht über das Gesetz

3 Das TzBfG regelt einerseits Fragen der **Teilzeitarbeit, es betrifft alle Arbeitnehmer einschließlich leitender Angestellter** (HWK-*Rennpferdt* § 1 TzBfG Rn 6; s. Rdn 6) und einschließlich der Beschäftigten (nicht: Beamten) des öffentlichen Dienstes (HWK-*Rennpferdt* § 1 TzBfG Rn 5; s. Rdn 6; nicht öffentlich-rechtliche Dienstverhältnisse eigener Art: BAG 14.9.2011 – 10 AZR 466/10, Rn 12). Es definiert in § 2 den **Begriff des teilzeitbeschäftigten Arbeitnehmers** und bringt in den §§ 6 bis 13 **Detailregelungen**, deren Schwerpunkte in § 8 (**zeitlich nicht begrenzte Verringerung der Arbeitszeit**) und – seit dem 1.1.2019 – auch in § 9a (**zeitlich begrenzte Verringerung der Arbeitszeit**) liegen (s. dazu Rdn 1).

4 Daneben sind in den §§ 3 und 14 bis 21 TzBfG Vorschriften über **befristete Arbeitsverträge** vorhanden, aufbauend auf der Grundnorm des § 620 Abs. 1 u. 3 BGB (s. KR-*Lipke/Schlünder* § 620 BGB Rdn 1). Schließlich gibt es **gemeinsame Vorschriften** zum **Diskriminierungsverbot** (§ 4 TzBfG) und zum **Benachteiligungsverbot** (§ 5 TzBfG) sowie zur Möglichkeit **abweichender Vereinbarungen** (§ 22 TzBfG) und dazu, dass anderweitige **besondere gesetzliche Regelungen** vom TzBfG unberührt bleiben (§ 23 TzBfG).

5 Die **Kernpunkte** des TzBfG speziell hinsichtlich der **Befristung** sind (dazu auch näher KR-*Lipke/Schlünder* § 620 BGB Rdn 101 ff.):
– § 3 Abs. 1 TzBfG **definiert** den befristet beschäftigten Arbeitnehmer (Satz 1) und enthält in Satz 2 **Legaldefinitionen** der **kalendermäßigen Befristung** und der **Zweckbefristung**.
– Die **Befristung eines Arbeitsvertrages** bedarf grds. eines **sachlichen Grundes** (§ 14 Abs. 1 TzBfG). **Ausnahmen** davon gibt es unter bestimmten Voraussetzungen für Neueinstellungen, für Existenzgründer und für ältere Arbeitnehmerinnen und Arbeitnehmer (§ 14 Abs. 2, 2a und 3 TzBfG). **Sonstige gesetzliche Regelungen** über befristete Arbeitsverhältnisse bleiben unberührt (§ 23 TzBfG).
– Das früher in § 623 BGB enthaltene **Schriftformerfordernis** für die Befristung von Arbeitsverhältnissen ist in § 14 Abs. 4 TzBfG geregelt.
– Ebenso ist die **Klagefrist** bei Befristungen (früher § 1 Abs. 5 BeschFG) jetzt in § 17 TzBfG enthalten.
– §§ 15, 16 TzBfG bringen Vorschriften über das **Ende des befristeten Arbeitsverhältnisses** und die Möglichkeiten **ordentlicher Kündigung** bei wirksamer und unwirksamer Befristung.
– Es gibt erstmals gesetzliche Vorschriften über **auflösend bedingte Arbeitsverträge**. Nach § 21 TzBfG gelten die Normen über befristete Arbeitsverhältnisse insoweit in weitem Umfang entsprechend.
– Die Arbeitgeber werden verpflichtet, befristet beschäftigte Arbeitnehmerinnen und Arbeitnehmer **über freie Dauerarbeitsplätze zu informieren** (§ 18 TzBfG), ihnen den Zugang zu **angemessenen Aus- und Weiterbildungsmaßnahmen** zu ermöglichen (§ 19 TzBfG) und die Arbeitnehmervertretung über den Anteil befristeter Beschäftigungsverhältnisse in Betrieb und Unternehmen zu unterrichten (§ 20 TzBfG).

6 Das Gesetz gilt ohne Ausnahme **für alle Arbeitnehmer** (vgl. KR-*Lipke/Schlünder* § 620 BGB Rdn 99; zum Arbeitnehmerbegriff ausf. KR-*Kreutzberg-Kowalczyk* ArbNähnl. Pers. Rdn 17–31; die Rahmenvereinbarung verweist in § 2 Nr. 1 bzgl. des Arbeitnehmerbegriffs auf das nationale Recht; vgl. dazu auch LS-*Laux* § 2 TzBfG Rn 8 ff. mwN; hinsichtlich der **Praktikanten und Volontäre** s. KR-*Weigand* §§ 21–23 BBiG Rdn 13 f.), nicht hingegen für **arbeitnehmerähnliche Personen** (*Annuß/Thüsing-Annuß* § 1 TzBfG Rn 2; MHH-TzBfG/*Herms* § 1 TzBfG Rn 6; bzgl. der Befristung s.a. KR-*Kreutzberg-Kowalczyk* ArbNähnl. Pers. Rdn 59) und damit auch nicht für **Heimarbeiter** iSd. HAG (vgl. BAG 24.8.2016 – 7 AZR 625/15, Rn 36 ff.; ausf. zum Begriff des Heimarbeiters

KR-*Kreutzberg-Kowalczyk* §§ 29, 29a HAG Rdn 5 ff. und zur Befristung von Heimarbeitsverhältnissen KR-*Kreutzberg-Kowalczyk* §§ 29, 29a HAG Rdn 90 ff.). Erst recht gilt das TzBfG nicht für solche **freie Mitarbeiter**, die nicht der Gruppe der arbeitnehmerähnliche Personen zuzuordnen sind (HWK-*Rennpferdt* § 3 TzBfG Rn 2; zum **selbständigen Dienstvertrag** vgl. KR- *Lipke/Schlünder* § 620 BGB Rdn 5–6; bezüglich Befristung und auflösender Bedingung beim selbständigen Dienstvertrag s. KR- *Lipke/Schlünder* § 620 BGB Rdn 8–12). Es erfasst über die Richtlinie hinaus (dazu *EuGH* 11.4.2013 – C-290/12 [Della Rocca]) auch **Leiharbeitnehmer** (*BAG* 15.5.2013 – 7 AZR 525/11, Rn 19; *Greiner* NZA 2014, 284). Für die Frage der Regelungen zum befristeten Arbeitsvertrag bedeutet das: Es ist bspw. gleichgültig, ob der Arbeitnehmer bei einem öffentlichen oder privaten Arbeitgeber beschäftigt ist (BT-Drucks. 14/4374 S. 14; *Annuß/Thüsing-Annuß* § 1 TzBfG Rn 2), und dabei spielt es keine Rolle, wie viele Arbeitnehmer im Betrieb oder Unternehmen beschäftigt sind (ErfK-*Müller-Glöge* § 1 TzBfG Rn 6). Gleichgültig ist auch das **Arbeitszeitvolumen**. Schließlich spielt es keine Rolle, ob der Arbeitnehmer **leitender Angestellter** iSd BetrVG oder des § 14 Abs. 2 KSchG ist (s.a. KR- *Lipke/Schlünder* § 620 BGB Rdn 99). Ebenso ist es regelmäßig ohne Belang, ob das Arbeitsverhältnis von dritter Seite gefördert wird (MHH-TzBfG/*Herms* § 1 TzBfG Rn 10 mwN), doch stellen sich **medizinische Rehabilitationsverfahren** (vgl. dazu speziell § 74 SGB V; LS-*Laux* § 2 TzBfG Rn 7; s.a. *BAG* 29.1.1992 – 5 AZR 37/91, zu II 3 der Gründe: Rechtsverhältnis eigener Art, auf Rehabilitation, nicht auf Arbeitsleistung im üblichen Sinne gerichtet) und betriebliche **Praxiserprobungen** gem. § 16 SGB II (dazu *BAG* 19.3.2008 – 5 AZR 435/07) nicht als dem TzBfG unterfallende Arbeitsverhältnisse dar. **Berufsausbildungsverhältnisse** sind in Deutschland trotz der durch § 2 Nr. 2a der Rahmenvereinbarung eröffneten Möglichkeit nicht ausdrücklich ausgenommen, so dass das TzBfG für sie grds. gilt (ebenso *Annuß/Thüsing-Annuß* § 1 TzBfG Rn 2; *Arnold/Gräfl-Rambach* § 1 TzBfG Rn 7). Doch wird das TzBfG weitestgehend überlagert durch die Bestimmungen des BBiG (s. KR-*Bader/Kreutzberg-Kowalczyk* § 23 TzBfG Rdn 9–10; MHH-TzBfG/*Herms* § 1 TzBfG Rn 7; insbes. für § 8 TzBfG ebenso *Arnold/Gräfl-Rambach* § 1 TzBfG Rn 8). Das TzBfG erfasst auch die Arbeitsverhältnisse **während der ersten sechs Monate des Bestandes im Betrieb oder Unternehmen** (s. KR-*Lipke/Bubach* § 14 TzBfG Rdn 71), die Arbeitsverhältnisse in Kleinunternehmen und in **Kleinbetrieben** (eine § 23 Abs. 1 S. 2 – 4 KSchG entsprechende Regelung gibt es hier nicht; s.a. KR-*Lipke/Bubach* § 14 TzBfG Rdn 71 f.; ErfK-*Müller-Glöge* § 1 TzBfG Rn 6) sowie **kurzfristige Befristungen** (vgl. KR-*Lipke/Bubach* § 14 TzBfG Rdn 71; HWK-*Rennpferdt* § 1 TzBfG Rn 9), daneben mangels eines Abstellens auf einen Betrieb etwa Arbeitnehmer in **Privathaushalten** (s. KR-*Lipke/Bubach* § 14 TzBfG Rdn 72 u. § 620 BGB Rdn 97; vgl. zum Betriebsbegriff und Privathaushalten *BAG* 11.6.2020 – 2 AZR 660/19, Rn 12 ff. mwN).

C. Inkrafttreten

Das TzBfG ist am **1.1.2001 in Kraft getreten**. Es erfasst ab diesem Zeitpunkt grds. alle Sachverhalte, die sich seit dem 1.1.2001 in seinem Geltungsbereich verwirklichen (*BAG* 15.1.2003 – 7 AZR 346/02). Es ergaben sich einige **Übergangsprobleme**, die – soweit (noch) erforderlich – jeweils bei den einzelnen Bestimmungen des TzBfG angesprochen sind (grundlegend dazu KR- *Lipke/Schlünder* § 620 BGB Rdn 123 ff.; vgl. auch KR- *Lipke/Schlünder* § 620 BGB Rdn 125 zu § 14 Abs. 3 TzBfG nF). 7

§ 2 TzBfG Begriff des teilzeitbeschäftigten Arbeitnehmers

Vom Abdruck der Vorschrift und einer Kommentierung wird hier abgesehen, da die Vorschrift ohne Bezug zur Befristungsthematik ist.

§ 3 TzBfG Begriff des befristet beschäftigten Arbeitnehmers

(1) ¹Befristet beschäftigt ist ein Arbeitnehmer mit einem auf bestimmte Zeit geschlossenen Arbeitsvertrag. ²Ein auf bestimmte Zeit geschlossener Arbeitsvertrag (befristeter Arbeitsvertrag) liegt vor, wenn seine Dauer kalendermäßig bestimmt ist (kalendermäßig befristeter

Arbeitsvertrag) oder sich aus Art, Zweck oder Beschaffenheit der Arbeitsleistung ergibt (zweckbefristeter Arbeitsvertrag).

(2) ¹Vergleichbar ist ein unbefristet beschäftigter Arbeitnehmer des Betriebs mit der gleichen oder einer ähnlichen Tätigkeit. ²Gibt es im Betrieb keinen vergleichbaren unbefristet beschäftigten Arbeitnehmer, so ist der vergleichbare unbefristet beschäftigte Arbeitnehmer auf Grund des anwendbaren Tarifvertrages zu bestimmen; in allen anderen Fällen ist darauf abzustellen, wer im jeweiligen Wirtschaftszweig üblicherweise als vergleichbarer unbefristet beschäftigter Arbeitnehmer anzusehen ist.

Übersicht	Rdn		Rdn
A. Regelungsgehalt der Norm	1	1. Mindestdauer und Höchstdauer	32
B. Der befristete Arbeitsvertrag	3	2. Höchstdauer	33
I. Begriff	3	3. Mindestdauer	35
II. Auslegung	7	4. Exkurs: Tarifliche Nichtverlänge-	
1. Allgemeines	7	rungsmitteilung	39
2. Auslegung bei bestimmten		a) Allgemeines	39
Vertragsgestaltungen	10	b) Im Bühnenbereich	40
a) Probezeit	10	aa) Regelungen für den	
b) Beschäftigung zur Aushilfe	11	Bereich »Solo«	41
c) Arbeit auf Abruf	13	bb) Regelungen für die Bereiche »Bühnentechnik«,	
d) Akkordvertrag	14	»Chor« und »Tanz«	47
e) Dauerstellung	15	c) Weitere Fälle	49
f) Befristete »Arbeitserlaubnis«	16	II. Doppelbefristung	51
C. Der kalendermäßig befristete Arbeitsvertrag	17	III. Befristeter Rahmenvertrag	55
D. Der zweckbefristete Arbeitsvertrag	21	F. Vergleichbarer unbefristet beschäftigter Arbeitnehmer	56
I. Begriff	21	I. Definition	56
II. Erfordernis des gemeinsamen Vertragswillens	25	II. Vergleichbarkeit im Betrieb	58
III. Zweckerreichung nach objektiven Maßstäben	27	III. Vergleichbarkeit nach anwendbarem Tarifvertrag	60
E. Arten der Befristung	32	IV. Vergleichbarkeit nach Üblichkeit im Wirtschaftszweig	61
I. Vereinbarung einer Mindest- und/oder Höchstdauer	32		

A. Regelungsgehalt der Norm

1 Abs. 1 S. 2 enthält **Legaldefinitionen** des Begriffs des **befristeten Arbeitsvertrages** sowie der Begriffe »kalendermäßig befristeter Arbeitsvertrag« und »zweckbefristeter Arbeitsvertrag«. Die Definitionen sind begrifflich nicht ganz sauber ausformuliert (s. Rdn 3 zum befristeten Arbeitsvertrag). Außerdem stimmen sie nicht völlig überein mit der Definition in § 3 Nr. 1 der zugrundeliegenden Rahmenvereinbarung (abgedr. etwa bei *Bader/Bram-Bader* § 620 BGB Rn 12). Darin wird nämlich auch der auflösend bedingte Arbeitsvertrag als Unterfall der Befristung verstanden (*Annuß/Thüsing-Annuß* § 3 TzBfG Rn 1 mwN), und als befristet beschäftigter Arbeitnehmer wird dort nur derjenige definiert, der direkt einen Vertrag mit dem Arbeitgeber geschlossen hat (zur AÜG-Problematik KR-*Bader/Kreutzberg-Kowalczyk* § 23 TzBfG Rdn 7; vgl. a. KR-*Bader/Kreutzberg-Kowalczyk* § 1 TzBfG Rdn 6). Zwar erfasst das TzBfG auch den **auflösend bedingten Arbeitsvertrag** (§ 21 TzBfG), insoweit gibt es indes keine Definition (s. dazu KR-*Lipke/Bubach* § 21 TzBfG Rdn 2 ff.; Dörner Befr. Arbeitsvertrag Rn 57; HWK-*Schmalenberg* § 3 TzBfG Rn 1; ErfK-*Müller-Glöge* § 3 TzBfG Rn 1: entbehrlich wegen § 158 BGB). Abs. 1 S. 1 definiert korrespondierend mit Satz 2 den **befristet beschäftigten Arbeitnehmer**. Die begrifflichen Unterscheidungen sind in vielen Fällen nicht von praktischer Bedeutung, weil die Vorschriften für den befristeten Arbeitsvertrag und den auflösend bedingten Arbeitsvertrag weitgehend deckungsgleich sind. Es gibt aber doch Unterschiede, weshalb auf eine **präzise Abgrenzung** nicht verzichtet werden kann (APS-*Backhaus* § 3 TzBfG

Rn 3; *Dörner* Befr. Arbeitsvertrag Rn 31). Etwa findet § 14 Abs. 2, 2a u. 3 TzBfG nicht auf auflösend bedingte Arbeitsverträge Anwendung (§ 21 TzBfG), und § 14 Abs. 2, 2a und 3 TzBfG erfasst nur die kalendermäßige Befristung, während § 15 Abs. 2 TzBfG nur für die Zweckbefristung und gem. § 21 TzBfG für den Fall der auflösenden Bedingung gilt.

Abs. 2 schließlich klärt, was unter einem **vergleichbaren unbefristet beschäftigten Arbeitnehmer** 2 zu verstehen ist, ein Begriff, der in § 4 Abs. 2 TzBfG im Zusammenhang mit dem **Diskriminierungsverbot** erscheint.

B. Der befristete Arbeitsvertrag

I. Begriff

Nach der Definition des Abs. 1 S. 2 stellt der Begriff des befristeten Arbeitsvertrages korrespondie- 3
rend mit Abs. 1 S. 1 den **Oberbegriff** für den kalendermäßig befristeten Arbeitsvertrag einerseits und den zweckbefristeten Arbeitsvertrag andererseits dar. Die begriffliche **Abweichung von den europarechtlichen Vorgaben** (s. Rdn 1) ist unschädlich, da der auflösend bedingte Arbeitsvertrag über § 21 TzBfG gleichfalls von den Vorschriften des TzBfG erfasst wird. Unscharf ist es freilich, wenn das Gesetz den befristeten Arbeitsvertrag als einen auf bestimmte Zeit geschlossenen Arbeitsvertrag umschreibt (ebenfalls krit. *Annuß/Thüsing-Annuß* § 3 TzBfG Rn 2 mwN). Denn bei der Zweckbefristung liegt gerade keine vertraglich bestimmte Zeit vor. Man wird daher die Legaldefinition des befristeten Arbeitsvertrages zu lesen haben als »Ein **auf begrenzte Dauer geschlossener Arbeitsvertrag (befristeter Arbeitsvertrag)** liegt vor, wenn ...« (APS-*Backhaus* § 3 TzBfG Rn 2; *Dörner* Befr. Arbeitsvertrag Rn 36; HWK-*Schmalenberg* § 3 TzBfG Rn 2a; *Sievers* § 3 TzBfG Rn 1). Nicht erfasst wird von der Definition, die auf den Arbeitsvertrag als solchen abstellt, die **Befristung einzelner Arbeitsbedingungen** (zur Kontrolle s. KR-*Lipke/Bubach* § 14 TzBfG Rdn 89 ff.; zur Klagefrist KR-*Bader/Kreutzberg-Kowalczyk* § 17 TzBfG Rdn 12). Eine zeitliche Untergrenze für die Befristung gibt es nicht, ebenso ist es gleichgültig, in welchem Umfang innerhalb der Befristung Arbeitsleistung zu erbringen ist (vgl. KR-*Bader/Kreutzberg-Kowalczyk* § 1 TzBfG Rdn 6).

Zusätzlich zu der Frage der Abgrenzung eines Dauerarbeitsvertrags von einem befristeten Arbeits- 4
vertrag können sich in Bezug auf **§§ 305 ff. BGB** Fragen ergeben (s.a. Rdn 9 u. 52; weiter KR-*Lipke/Bubach* § 14 TzBfG Rdn 96 ff.; zum Vorliegen und zur Auslegung von AGB *BAG* 19.11.2019 – 7 AZR 582/17, Rn 25; 14.6.2017 – 7 AZR 608/15; 15.2.2017 – 7 AZR 291/15, Rn 13 ff.), speziell die Fragen nach einer **überraschenden Klausel** (§ 305c Abs. 1 BGB: dazu zB *BAG* 20. März 2019 – 7 AZR 98/17, Rn 26 mwN; *Picker* ZfA 2013, 73), nach einer **unangemessenen Benachteiligung** (§ 307 Abs. 1 S. 1 BGB) oder nach dem **Transparenzgebot** gem. § 307 Abs. 1 S. 2 BGB (zB *BAG* 19.11.2019 – 7 AZR 582/17, Rn 37; 12.6.2019 – 7 AZR 428/17, Rn 26; 26.9.2018 – 7 AZR 797/16, Rn 32; 14.6.2017 – 7 AZR 608/15, Rn 21 ff.).

Ein befristeter Vertrag ist dann gegeben, wenn er ursprünglich so abgeschlossen wird, aber auch 5
dann, wenn eine **weitere Befristung** vereinbart oder ein zunächst unbefristeter Vertrag **in einen befristeten Vertrag umgewandelt** wird (vgl. auch KR-*Lipke/Bubach* § 14 TzBfG Rdn 83 ff.; HWK-*Schmalenberg* § 3 TzBfG Rn 2). Kalendermäßige **Befristungen** können mit Zweckbefristungen oder auch auflösenden Bedingungen **gekoppelt** werden (Rdn 51 ff.), Befristungen einzelner Vertragsbedingungen können hinzutreten (ErfK-*Müller-Glöge* § 3 TzBfG Rn 4).

Probleme kann im Einzelfall die Frage bereiten, ob es sich bei der Vereinbarung, dass ein un- 6
befristet bestehendes Arbeitsverhältnis zu einem in der Zukunft liegenden Zeitpunkt enden soll, um eine **Befristung oder** um einen **Aufhebungsvertrag** handelt (zu den nicht deckungsgleichen Formvorschriften § 623 BGB und § 14 Abs. 4 TzBfG KR-*Spilger* § 623 BGB Rdn 148–162 sowie KR-*Lipke/Bubach* § 14 TzBfG Rdn 688 ff.). Die vertraglich vereinbarte Auflösung eines Arbeitsverhältnisses ist vom TzBfG nicht erfasst (vgl. *BAG* 14.12.2016 – 7 AZR 49/15, Rn 20; 15.2.2007 – 6 AZR 286/06, Rn 16; 12.1.2000 – 7 AZR 48/99, zu 2 und 3 der Gründe), grds. zulässig und nicht durch Kündigungs- oder Kündigungsschutzbestimmungen ausgeschlossen (zB zum Aufhebungsvertrag bei einem geplanten Betriebsübergang KR-*Spilger* AufhebungsV

Rdn 40 ff. mwN). Nimmt man also einen Auflösungs- oder Aufhebungsvertrag an, bedarf es keiner Sachgrundprüfung; liegt hingegen eine Befristung vor, bedarf es eines Sachgrundes nach § 14 Abs. 1 TzBfG (die Abs. 2, 2a u. 3 greifen dann nicht; vgl. weiter KR-*Spilger* AufhebungsV Rdn 19 u. 20). Die Frage ist im Wege der **Auslegung** zu beantworten (*BAG* 18.1.2017 – 7 AZR 236/15, Rn 26; 14.12.2016 – 7 AZR 49/15, Rn 20 ff.; *Bader/Bram-Bader* § 620 BGB Rn 29; KR-*Spilger* § 623 BGB Rdn 78 u. 94). Entscheidend ist damit, welcher Zweck im Vordergrund stand, wobei speziell die Interessen der Vertragsparteien und die Länge der Kündigungsfrist in die Betrachtung einzubeziehen sind (*BAG* 12.1.2000 – 7 AZR 48/99, zu 2 und 3 der Gründe). Korrespondiert also der Beendigungszeitpunkt im Wesentlichen mit der vom Arbeitgeber einzuhaltenden Kündigungsfrist, so wird regelmäßig viel für einen Aufhebungsvertrag sprechen. Liegt hingegen der Beendigungszeitpunkt weit jenseits der genannten Frist, dürfte dies in aller Regel für eine Befristungsvereinbarung sprechen. Vereinbaren die Arbeitsvertragsparteien, das Arbeitsverhältnis **zum Ablauf der ordentlichen Kündigungsfrist** gegen Abfindungszahlung zu beenden, liegt darin dementsprechend **keine nachträgliche Befristung**, die eines sachlichen Grundes bedarf (*BAG* 13.11.1996 – 10 AZR 340/96; die damit verbundene Rechtsunsicherheit kritisierend und eine klare gesetzliche Regelung fordernd *Annuß/Thüsing-Annuß* § 3 TzBfG Rn 8). Ebenso ist nach dem BAG ein Aufhebungsvertrag anzunehmen, wenn vereinbart wird, dass das Arbeitsverhältnis erst zwölf Monate später als in der Kündigung vorgesehen endet, wenn aber zugleich geregelt ist, dass keine Verpflichtung zur Arbeitsleistung besteht, und Abwicklungsmodalitäten (Abfindung, Zeugnis, Rückgabe von Firmeneigentum) geregelt sind (*BAG* 15.02.2007 – 6 AZR 286/06, darin auch zur etwaigen Anwendbarkeit von § 305c Abs. 1 BGB). Zur Zulässigkeit eines **bedingten Aufhebungsvertrages** s. KR-*Fischermeier* 12. Aufl. § 626 BGB Rn 52, KR-*Lipke/Bubach* § 21 TzBfG Rdn 7 sowie KR-*Spilger* AufhebungsV Rdn 23–25.

II. Auslegung

1. Allgemeines

7   Ist nicht auf den ersten Blick klar, dass die Vertragsparteien einen befristeten Arbeitsvertrag abschließen wollten, ist eine Auslegung gem. **§§ 133, 157 BGB** nach dem **objektiven Erklärungsgehalt** (*BAG* 6.10.1960 – 2 AZR 153/59; APS-*Backhaus* § 3 TzBfG Rn 5; ErfK-*Müller-Glöge* § 3 TzBfG Rn 3 mwN) vorzunehmen. Haben beide Parteien das Vereinbarte in einem bestimmten Sinne verstanden und so gewollt – dies ist von der Partei, die sich darauf beruft, nachzuweisen –, kann dies unter Berücksichtigung der Formbindung unabhängig vom Wortlaut maßgebend sein (PWW-*Ahrens* § 133 BGB Rn 21 mwN).

8   Da das Erfordernis der **Rechtsklarheit** und **Rechtssicherheit** bei allen Beendigungsgründen gewahrt sein muss, ist eine möglichst eindeutige und unmissverständliche Vereinbarung über die Zeit oder den Zweck des Vertrages zu verlangen (*BAG* 15.2.2017 – 7 AZR 291/15, Rn 17; vgl. HaKo-TzBfG/*Joussen* § 3 Rn 16; näher dazu hier Rdn 17 ff. u. 27 ff.). Eine allgemeine Auslegungsregel anzunehmen, dass im Zweifel ein befristetes Arbeitsverhältnis nicht gewollt sei, ist nicht anzunehmen (*Dörner* Befr. Arbeitsvertrag Rn 32; ErfK-*Müller-Glöge* § 3 TzBfG Rn 5; *Staudinger/Preis* § 620 BGB Rn 23; aA APS-*Backhaus* § 3 TzBfG Rn 5).

9   Handelt es sich bei der Befristungsabrede um eine **Allgemeine Geschäftsbedingung** iSd § 305 Abs. 1 BGB (zum Vorliegen und zur Auslegung von AGB *BAG* 19.11.2019 – 7 AZR 582/17, Rn 25; 14.6.2017 – 7 AZR 608/15; 15.2.2017 – 7 AZR 291/15, Rn 13 ff.) folgt bereits aus §§ 310 Abs. 4 S. 2, 305c Abs. 2 BGB, dass **Unklarheiten** zu Lasten des Verwenders, also regelmäßig des Arbeitgebers (ErfK-*Müller-Glöge* § 3 TzBfG Rn 5; vgl. weiter *BAG* 12.6.2019 – 7 AZR 428/17, Rn 17), gehen. Ist also unklar, ob eine AGB-Regelung das Vertragsverhältnis tatsächlich befristen soll, ist davon auszugehen, dass das Vertragsverhältnis unbefristet ist. Jedoch setzt die Anwendung der Unklarheitenregel des § 305c Abs. 2 BGB voraus, dass die Auslegung einer einzelnen AGB-Bestimmung mindestens zwei Ergebnisse als vertretbar erscheinen lässt und keines von diesen den klaren Vorzug verdient. Es müssen also trotz der Ausschöpfung anerkannter Auslegungsmethoden »erhebliche Zweifel« an der richtigen Auslegung bestehen. Lediglich die entfernte Möglichkeit, zu

einem anderen Ergebnis zu kommen, genügt für die Anwendung der Bestimmung nicht (*BAG* 12.6.2019 – 7 AZR 428/17, Rn 17; 25.10.2017 – 7 AZR 632/15, Rn 22). **Fehlende Transparenz** führt hingegen nach § 307 Abs. 1 S. 1 und S. 2 BGB zur Unwirksamkeit der Befristungsabrede (auch zu den Anforderungen an eine hinreichende Transparenz *BAG* 19.11.2019 – 7 AZR 582/17, Rn 37; 12.6.2019 – 7 AZR 428/17, Rn 26). Allein aus der Kombination einer Zeit- und Zweckbefristung (sog. Doppelbefristung; dazu Rdn 51 ff.) folgt keine Intransparenz (*BAG* 14.6.2017 – 7 AZR 608/15, Rn 21 ff.). Zu den Pflichten des Arbeitgebers, die vorhersehbare **Dauer der Befristung** dem Arbeitnehmer nachzuweisen, wird verwiesen auf **§ 2 Abs. 1 S. 2 Nr. 3 NachwG**. Dem Erfordernis des § 2 Abs. 1 S. 2 Nr. 3 NachwG wird durch die stets notwendige **schriftliche Vereinbarung** der Befristung (§ 14 Abs. 4 TzBfG) Rechnung getragen (§ 2 Abs. 4 NachwG): Sie enthält all das, was auch nach § 2 Abs. 1 S. 2 Nr. 3 NachwG erforderlich ist (vgl. insoweit *Lörcher* ArbuR 1994, 545; *Preis* NZA 1997, 10, 14). Damit dürften die Probleme hinsichtlich unklarer Befristungsabreden geringer geworden sein. Ist ein entsprechender Nachweis gem. § 2 NachwG – hier durch vertragliche Bestimmung – erfolgt, führt er regelmäßig zum **Nachweis für die tatsächlichen Bedingungen zur Befristungsdauer** im Rechtsstreit, mit der Möglichkeit des Gegenbeweises durch den Arbeitgeber (*EuGH* 4.12.1997 – C-253/96 bis C-258/96 [Kampelmann], EzA § 2 NachwG Nr. 1 m. Anm. *R. Krause*; *Preis* NZA 1997, 10, 17; vgl. auch *Franke* DB 2000, 274).

2. Auslegung bei bestimmten Vertragsgestaltungen

a) Probezeit

Von einer Probezeit spricht man, wenn einerseits der Arbeitgeber die Gelegenheit haben soll, die Eignung des Arbeitnehmers zu überprüfen, und andererseits dem Arbeitnehmer die Möglichkeit eingeräumt werden soll, zu entscheiden, ob die Stellung und die Verhältnisse im Betrieb seinen Erwartungen entsprechen. Vereinbart werden kann **eine Probezeit als Anfangsphase** eines unbefristeten Arbeitsverhältnisses (zur Kündigungsfrist insoweit § 622 Abs. 3 BGB und dazu KR-*Spilger* § 622 BGB Rdn 176 ff.). Eine solche Vereinbarung ist im Zweifel anzunehmen, auch wenn das Ende der Probezeit kalendermäßig festgelegt ist (APS-*Backhaus* § 3 TzBfG Rn 6 mwN). Etwas **anderes gilt nur dann**, wenn die Parteien ausdrücklich und eindeutig das **Arbeitsverhältnis auf die Dauer der Probezeit befristet haben** (*BAG* 30.9.1981 – 7 AZR 789/78; *LAG Köln* 8.11.1989 – 2 Sa 538/89; zum sog. **Einführungsverhältnis** vgl. *LAG Hamm* 24.5.1989 – 15 Sa 18/89). Für diesen Willen der Parteien spricht **keine Auslegungsregel** (*BAG* 29.7.1958 – 3 AZR 49/56 u. 1.8.1968 – 2 AZR 382/67; *Moritz* BB 1978, 868). Der **Erprobungszweck** muss jedoch **nicht Vertragsinhalt** geworden sein (dazu KR-*Lipke/Bubach* § 14 TzBfG Rdn 352 mwN; aA MHH-TzBfG/*Herms* § 3 Rn 6: Inhalt des schriftlichen Vertrags), anders als früher vom BAG gefordert (vgl. zur Schriftform bei der Probezeitbefristung KR-*Lipke/Bubach* § 14 TzBfG Rdn 352; insgesamt näher zur Probezeitbefristung KR-*Lipke/Bubach* § 14 TzBfG Rdn 345 ff.; zur Möglichkeit einer weiteren Befristung zur Erprobung auch *Fuhlrott* NZA 2017, 1433, 1435 f.). Möglich ist auch die Vereinbarung einer Probezeitbefristung innerhalb eines befristeten Arbeitsverhältnisses, doch kann sich in einem Formulararbeitsvertrag eine derartige Klausel als überraschend im Sinne des § 305c Abs. 1 BGB darstellen (*BAG* 16.4.2008 – 7 AZR 132/07, Rn 17). Die **Darlegungs- und Beweislast** für die Vereinbarung einer Probezeitbefristung liegt beim Arbeitgeber (s. KR-*Lipke/Bubach* § 14 TzBfG Rdn 765). Bei der Befristung zur Probe mit einem **schwerbehinderten Menschen** ist die Anzeigepflicht des Arbeitgebers gegenüber dem Integrationsamt gem. § 173 Abs. 4 SGB IX zu beachten.

b) Beschäftigung zur Aushilfe

Die Besonderheit des Aushilfsarbeitsverhältnisses wird darin gesehen, dass der Arbeitgeber von vornherein ein **Arbeitsverhältnis auf Dauer nicht eingehen will**, sondern nur einen **vorübergehenden Bedarf an Arbeitskräften** decken möchte, der nicht durch den normalen Betriebsablauf, sondern durch den Ausfall von Stammkräften oder einen zusätzlichen Arbeitsanfall begründet ist – die Abgrenzung zwischen Aushilfe und Vertretung ist insoweit fließend (§ 14 Abs. 1 S. 2 Nr. 1 u. 3 TzBfG und die zugehörigen Erläuterungen bei KR-*Lipke/Bubach* § 14 TzBfG Rdn 213 ff. u. 240 ff.; zum Begriff s. KR-*Spilger* § 622 BGB Rdn 184 mwN; vgl. auch *BAG* 14.12.2016 – 7 AZR 688/14).

12 Allein die Einstellung »zur Aushilfe« begründet indes noch kein befristetes Arbeitsverhältnis (vgl. *BAG* 12.6.1996 – 5 AZR 960/94). Die Parteien müssen vielmehr entweder eindeutig vereinbaren, dass das Arbeitsverhältnis mit dem **Erreichen des genau umschriebenen Aushilfszwecks** ohne weiteres **beendet** sein soll (zur Zweckbefristung s. Rdn 21–31), oder es muss ein **Zeitraum** oder **Beendigungsdatum** festgelegt werden (*BAG* 22.5.1986 – 2 AZR 392/85; *LAG Frankf./M.* 25.10.1988 – 7 Sa 953/88; zur kalendermäßigen Befristung s. Rdn 17–19). Der zweitgenannte Fall liegt zB vor, wenn die Einstellung für die Dauer des **Sommerschlussverkaufs oder der Biergartensaison** (hier soll auch Vereinbarung vorab für mehrere Jahre denkbar sein: *LAG Nds.* 5.10.2017 – 15 Sa 184/17; aA im konkreten Fall *BAG* 19.11.2019 – 7 AZR 582/17, Rn 22 ff.), für die **Zeit des Kuraufenthaltes** eines Arbeitnehmers oder für eine **bestimmte Messe** vorgesehen ist.

c) Arbeit auf Abruf

13 Die Vereinbarung der Arbeit auf Abruf (vgl. jetzt § 12 TzBfG) führt nicht per se zur Befristung.

d) Akkordvertrag

14 Die Vereinbarung eines **Akkordlohnes** für bestimmte Arbeiten (zB Bauarbeiten für einen bestimmten Block) enthält idR nicht zugleich den Abschluss eines zweckbefristeten Vertrages. Es ist vielmehr davon auszugehen, dass bei der Vergabe von Akkordarbeiten ein **unbefristeter Vertrag** zustande kommt, weil nach der Erledigung der zunächst zugewiesenen Aufgabe dem Arbeitnehmer zumeist eine andere Arbeit übertragen werden soll (*LAG Brem.* 11.3.1964 – 1 Sa 50/62). Dabei kann es sich indessen um die zulässige Vereinbarung einer befristeten Einzelarbeitsbedingung handeln (zur Zulässigkeit solcher Bedingungen s. KR-*Lipke/Bubach* § 14 TzBfG Rdn 89 ff.; zur Klagefrist insoweit KR-*Bader/Kreutzberg-Kowalczyk* § 17 TzBfG Rdn 12).

e) Dauerstellung

15 Die Zusage einer »Lebens- oder Dauerstellung« ist im Zweifel **nicht** bereits als Angebot eines auf die Lebenszeit des Arbeitnehmers **befristeten Vertrages** auszulegen (*BAG* 21.10.1971 – 2 AZR 17/71; ausführlich dazu KR-*Krumbiegel* § 624 BGB Rdn 13 ff.). Es handelt sich hierbei gerade nicht um eine Mindestbefristung, da das Arbeitsverhältnis ohnehin mit dem Tod des Arbeitnehmers endet.

f) Befristete »Arbeitserlaubnis«

16 **Ausländische Arbeitnehmer**, die nicht die Staatsangehörigkeit eines Mitgliedslandes der EU besaßen, durften nach § 284 SGB III aF nur beschäftigt werden, wenn sie eine **Arbeitserlaubnis** besaßen (*BAG* 7.2.1990 – 2 AZR 359/89), die befristet erteilt werden konnte. Der Arbeitsvertrag mit einem ausländischen Arbeitnehmer war dennoch nur dann auf die Dauer einer befristeten Arbeitserlaubnis befristet, wenn die Parteien das ausdrücklich vereinbart hatten. Dies gilt entsprechend auch nach derzeitigem Recht (vgl. zum Sachgrund für derartige Befristungen KR-*Lipke/Bubach* § 14 TzBfG Rdn 404 ff.; zu den Kündigungsmöglichkeiten bei Fehlen einer »Arbeitserlaubnis« KR-*Rachor* § 1 KSchG Rdn 306 f.). Nun regelt § 18 Abs. 2 AufenthG den »**Aufenthaltstitel zur Ausübung einer Beschäftigung**« (s. im Übrigen in §§ 18a bis 21 AufenthG die weiteren Vorschriften über den Aufenthalt zum Zweck der Erwerbstätigkeit). § 284 SGB III enthält jetzt die Regelungen zur Arbeitsgenehmigung-EU für Staatsangehörige der neuen EU-Mitgliedsstaaten (befristet nach Abs. 2 S. 1). Ein Aufenthaltstitel, der einem Ausländer die Ausübung einer Beschäftigung erlaubt, bedarf nach § 39 AufenthG grds. der Zustimmung der Bundesagentur für Arbeit, die gem. Abs. 4 auch befristet erteilt werden kann.

C. Der kalendermäßig befristete Arbeitsvertrag

17 Ein kalendermäßig befristeter Arbeitsvertrag liegt nach Abs. 1 S. 2 vor, wenn seine Dauer **kalendermäßig bestimmt** ist. Unproblematisch erfasst werden damit alle Vereinbarungen, die ein bestimmtes

Datum, das Ende eines angegebenen Jahres oder das Ende eines bestimmten Monats bzw. einer bestimmten Woche als Ende des Arbeitsverhältnisses festschreiben. Dasselbe gilt für die Vereinbarung einer festgelegten Dauer (zB: zwei Tage, eine Woche, drei Monate oder ein Jahr), wenn zugleich der Beginn der Dauer nach dem Kalender bestimmt wird (etwa: ab dem 1.1.2020 oder ab Beginn der zweiten Kalenderwoche des Jahres 2018, womit dann der Montag, der 8.1.2020, als Beginn festgelegt ist). Eine kalendermäßige Bestimmung liegt aber auch vor, wenn man den Arbeitsvertrag befristet auf die Dauer der Herbstferien in einem Bundesland oder die Dauer der Betriebsferien im Sommer eines Jahres: Auch dann wird mittelbar ein ganz konkretes Enddatum festgelegt (korrespondierend zur Beendigung s. KR-*Lipke/Bubach* § 15 TzBfG Rdn 8). Dasselbe gilt für die Festlegung des Endes auf das Ende der Arbeitszeit, etwa das Schichtende (*ArbG Marburg* 10.3.2006 – 2 Ca 891/05).

Wichtig ist, dass die Dauer nach der getroffenen Vereinbarung (§ 14 Abs. 4 TzBfG) wirklich nach dem Kalender eindeutig **bestimmt** oder jedenfalls exakt bestimmbar (s. Rdn 17 zu den Ferien) sein muss (*Sievers* § 3 TzBfG Rn 9). Es gelten insoweit die allgemeinen Auslegungsregeln. 18

Vage Angaben (»für ein paar Tage«) oder lediglich ungefähre Angaben (»circa 5 Wochen«, »etwa ein Jahr«) reichen damit nicht aus (*Sievers* § 3 TzBfG Rn 9). Ebenso genügt die Angabe »für drei bis vier Wochen« nicht (KassArbR-*Schütz* 4.4 Rn 13). Dies gilt auch für die Vereinbarung, dass das Arbeitsverhältnis für die Dauer einer **Saison** oder **Kampagne** befristet werden soll, wenn die Dauer nicht präzise feststeht, sondern es insofern einen Spielraum von einigen Tagen gibt (ebenso DDZ-*Wroblewski* § 3 TzBfG Rn 2; aA *BAG* 20.10.1967 – 3 AZR 467/66: für die Dauer der nur während bestimmter Jahreszeiten im Freien ausführbaren Arbeiten). Falls sich in derartigen Konstellationen auch keine Zweckbefristung (oder ggf. auflösende Bedingung; s. zur Zweckbefristung Rdn 21 ff.) annehmen ließe, wäre eine **Befristung nicht wirksam vereinbart** (§ 16 TzBfG; APS-*Backhaus* § 3 TzBfG Rn 12; *Boewer* § 3 TzBfG Rn 14; HWK-*Schmalenberg* § 3 TzBfG Rn 3; DDZ-*Wroblewski* § 3 TzBfG Rn 5; *Rolfs* § 3 TzBfG Rn 2; *Sievers* § 3 TzBfG Rn 10; *Staudinger/Preis* § 620 BGB Rn 23; zur Klagefrist in diesem Falle s. KR-*Bader/Kreutzberg-Kowalczyk* § 17 TzBfG Rdn 20). 19

Für die **Fristberechnung** wird auf die Ausführungen bei KR-*Lipke/Bubach* § 15 TzBfG Rdn 8 verwiesen. 20

D. Der zweckbefristete Arbeitsvertrag

I. Begriff

Ein zweckbefristeter Arbeitsvertrag ist gegeben, wenn sich seine Dauer aus **Art, Zweck oder Beschaffenheit der Arbeitsleistung** ergibt (§ 3 Abs. 1 S 2). Das stimmt zwar nicht voll mit § 620 Abs. 2 BGB überein (die Art ist zusätzlich erwähnt), doch ist damit keine inhaltliche Änderung gegenüber dem früheren Rechtszustand beabsichtigt (ausdrücklich so BT-Drucks. 14/4374 S. 15). Keine Zweckbefristung liegt vor, wenn nur eine Prognose des wahrscheinlichen Eintritts der Zweckerreichung mitgeteilt werden soll (*BAG* 21.12.2005 – 7 AZR 541/04). 21

Die kalendermäßig befristeten Arbeitsverhältnisse sind von den zweckbefristeten Arbeitsverträgen einerseits und von den auflösend bedingten Arbeitsverträgen andererseits manchmal schwer abzugrenzen. Eine saubere Trennung ist allerdings jedenfalls zum Teil geboten (s. Rdn 1). Als Grundregel ist festzuhalten: Bei der **Zweckbestimmung** soll das Arbeitsverhältnis mit Eintritt eines (objektiven – dazu Rdn 27 ff.) **Ereignisses** enden, das von den Parteien als **gewiss**, aber **zeitlich noch unbestimmbar** angesehen wird: etwa mit der Fertigstellung eines Bauwerkes, dh der Fertigstellung einer begrenzten Aufgabe, der Rückkehr des zu vertretenden Arbeitnehmers aus dem Krankenstand (vgl. *BAG* 26.3.1986 – 7 AZR 599/84 mwN) oder der Bewilligung einer **Altersrente** (*BAG* 14.8.2002 – 7 AZR 469/01; vgl. ErfK-*Müller-Glöge* § 3 TzBfG Rn 11 zu weiteren Beispielen). Damit kann eine Zweckbefristung gleichfalls gegeben sein bei Vorliegen der Vereinbarung, dass das **Altersteilzeitarbeitsverhältnis** (dazu KR-*Bader/Kreutzberg-Kowalczyk* § 23 TzBfG Rdn 4 ff.) mit der Möglichkeit der Inanspruchnahme einer Rente wegen Alters enden soll (*BAG* 27.4.2004 – 9 AZR 18/03; vgl. weiter zur Befristung des Altersteilzeitarbeitsverhältnisses *BAG* 16.11.2005 – 7 22

AZR 86/05). Auch eine vereinbarte **Weiterbeschäftigung nach einer Kündigung für die Dauer des Kündigungsrechtsstreits** kann eine Zweckbefristung sein (*BAG* 19.1.2005 – 7 AZR 113/04, Rn 25; 22.10.2003 – 7 AZR 113/03; vgl. insoweit zur auflösenden Bedingung bei anderer Formulierung KR-*Lipke/Bubach* § 21 TzBfG Rdn 41 mwN; s.a. *BAG* 4.9.1986 – 8 AZR 636/84). Hiervon ist – auch im Hinblick auf die **Schriftform** des § 14 Abs. 4 TzBfG – freilich die Weiterbeschäftigung zur **Abwendung der Zwangsvollstreckung** zu unterscheiden, die mit Aufhebung des zugrundeliegenden Urteils endet (dazu *BAG* 8.4.2014 – 9 AZR 856/11). Parallel ist die Situation, wenn es keine vertragliche Vereinbarung gibt und der Arbeitgeber lediglich eine **materiell bestehende vorübergehende Weiterbeschäftigungspflicht** erfüllen will (*BAG* 22.7.2014– 9 AZR 1066/12, Rn 15 ff.). Bei der **auflösenden Bedingung** treten als abweichendes Merkmal noch die Ungewissheit des Ereigniseintritts (zB Erwerbsunfähigkeit) und der grundsätzliche Fortsetzungswille beider Parteien hinzu (*Enderlein* RdA 1998, 91, 94; weiter s. KR-*Lipke/Bubach* § 21 TzBfG Rdn 2 u. 3). Möglich war die Annahme einer Zweckbefristung auch bei einem Arbeitsverhältnis im Rahmen einer **Arbeitsbeschaffungsmaßnahme** iSd seinerzeitigen §§ 260 ff. SGB III (*BAG* 19.1.2005 – 7 AZR 250/04). Bei gegebener Rechtfertigung einer Zweckbefristung kann eine kalendermäßige Befristung mit späterem Ende vereinbart werden (*BAG* 16.11.2005 – 7 AZR 86/05; vgl. zur Doppelbefristung auch Rdn 53 f.).

23 Es wird daher eine **Prüfung in drei Schritten** zu erfolgen haben: Steht erstens fest, dass kein unbefristeter Arbeitsvertrag geschlossen ist (s. Rdn 7–9), muss man zweitens präzise prüfen, ob eine kalendermäßige Befristung vorliegt (s. Rdn 17–19). Ist dies zu verneinen, ist drittens zu klären, ob das Beendigungsereignis gewiss ist – dann liegt eine Zweckbefristung vor – oder ob unklar ist, ob das Beendigungsereignis jemals eintreten wird – dann handelt es sich um eine auflösende Bedingung.

24 Die Schwierigkeit für den Arbeitnehmer besteht bei der Zweckbefristung darin, dass für ihn nicht genau vorhersehbar ist, wann sein Arbeitsverhältnis enden wird; er kann also nur schwer für die weitere Zukunft disponieren (DDZ-*Wroblewski* § 3 TzBfG Rn 3). **§ 15 Abs. 2 TzBfG** schafft hier (ein wenig) Abhilfe (dazu KR-*Lipke/Bubach* § 15 TzBfG Rdn 10 ff.).

II. Erfordernis des gemeinsamen Vertragswillens

25 Die Begründung eines zweckbefristeten Arbeitsverhältnisses bedarf einer Vereinbarung der Parteien. Sie setzt die **Einigung der Parteien** voraus, dass das Arbeitsverhältnis mit der Erledigung einer bestimmten, zweckgebundenen Aufgabe oder dem sonstigen Eintritt eines bestimmten gewissen Ereignisses (Rdn 27–31 u. 22) ohne weiteres beendet werden soll (*BAG* 26.8.1998 – 7 AZR 259/97; *LAG RhPf* 19.5.2004 – 9 Sa 2026/03). Damit wird im Hinblick auf die **Schriftform** des § 14 Abs. 4 TzBfG (erläutert bei KR-*Lipke/Bubach* § 14 TzBfG Rdn 688 ff.; vgl. dazu auch nachstehend Rdn 26) zugleich dem Erfordernis des § 2 Abs. 1 Nr. 3 NachwG Rechnung getragen (HWK-*Schmalenberg* § 3 TzBfG Rn 4). Es genügt nicht, wenn der **vorübergehende Mehrbedarf** an Arbeitnehmern für den Arbeitgeber nur das **Motiv** für den Vertragsabschluss gewesen ist (HWK-*Schmalenberg* § 3 TzBfG Rn 4). Gleichfalls reicht es allein nicht aus, wenn dem Arbeitnehmer ein begrenzter Aufgabenbereich oder Arbeiten eines bestimmten Zwecks zugewiesen werden (*BAG* 16.3.2000 – 2 AZR 196/99, zu 1 der Gründe). Der Vertragszweck muss schriftlich eindeutig vereinbart werden (*BAG* 21.12.2005 – 7 AZR 541/04, Rn 36 mwN; *LAG Düsseld.* 31.7.2007 – 9 Sa 685/07), die bloße Mitteilung einer zeitlichen Prognose genügt nicht. Der Zweck, mit dessen Erreichung das Arbeitsverhältnis enden soll, hat so genau bezeichnet zu sein, dass hieraus das Ereignis, dessen Eintritt zur Beendigung des Arbeitsverhältnisses führen soll, zweifelsfrei feststellbar ist (*BAG* 15.5.2012 – 7 AZR 35/11).

26 Die **Beschaffenheit oder der Zweck der Arbeitsleistung**, für die der Arbeitnehmer eingestellt wird, müssen bei Vertragsabschluss erörtert und **beiden Parteien erkennbar** gewesen sein (*BAG* 26.6.1996 – 7 AZR 674/95, m. zust. Anm. *B. Gaul* in EzA § 620 BGB Bedingung Nr. 12). Im Interesse der **Rechtsklarheit und Rechtssicherheit** sind strenge Anforderungen an die **Eindeutigkeit der Einigung** über den Abschluss eines **zweckbefristeten Arbeitsvertrages** zu stellen (s.a. Rdn 27). Da nicht nur die kalendermäßige Befristung, sondern auch die Zweckbefristung nach

§ 14 Abs. 4 TzBfG der Schriftform bedarf (BAG 21.12.2005 – 7 AZR 541/04, Rn 37), muss die **Angabe des Zwecks** bei der Zweckbefristung **essentieller Bestandteil der schriftlichen Befristungsabrede** sein (vgl. KR-*Lipke/Bubach* § 14 TzBfG Rdn 722). Eine **konkludente Vereinbarung** einer Zweckbefristung scheidet daher aus (vgl. aber auch für die Zeit vor Inkrafttreten des TzBfG *LAG Bln.* 13.7.1990 – 6 Sa 41/90: Zweckbefristung eines Arbeitsverhältnisses einer Altenpflegerin auf den Tod des Arbeitgebers angenommen; zust. *Staudinger/Preis* § 620 BGB Rn 25).

III. Zweckerreichung nach objektiven Maßstäben

Die **Absicht** des Arbeitgebers, einen Arbeitnehmer nicht auf Dauer einzustellen, sondern seine Beschäftigung zeitlich zu begrenzen, führt auch dann, wenn sie dem Arbeitnehmer **erkennbar** und **Vertragsinhalt** geworden ist, nicht stets zum Abschluss eines zweckbefristeten Dienstvertrages. Als **weitere Voraussetzung** muss vielmehr hinzukommen, dass sich die **Zweckerreichung** und damit der Zeitpunkt der Beendigung des Dienstverhältnisses **nach objektiven Merkmalen** für beide Parteien erkennbar bestimmen lässt (*BAG* 23.11.1988 – 7 AZR 12/88; 26.3.1986 – 7 AZR 599/84; *Fohrbeck/Wiesand/Wolterreck* S. 264; *A. Hueck* Anm. AP Nr. 30 zu § 620 BGB Befristeter Arbeitsvertrag; zur hinreichenden **Prognosedichte** a. *BAG* 21.3.2017 – 7 AZR 222/15, Rn 29: »dass der in den Arbeitsvertrag aufgenommene Vertragszweck nicht nur möglicherweise oder wahrscheinlich erreicht wird, sondern dass im Rahmen des Vorhersehbaren sicher angenommen werden kann, dass er eintreten wird«; vgl. auch *BAG* 15.5.2012 – 7 AZR 35/11, Rn 31). Der **Tatbestand des § 3 Abs. 1 S. 2 TzBfG** ist wie bislang § 620 Abs. 2 BGB im Interesse der Rechtssicherheit und Rechtsklarheit und zur Wahrung der berechtigten Belange des Arbeitnehmers insoweit **eng auszulegen**. Er ist nur dann erfüllt, wenn die **Erreichung des Vertragszweckes zweifelsfrei feststellbar ist** (vgl. *BAG* 21.3.2017 – 7 AZR 222/15, Rn 29; 23.11.1988 – 7 AZR 12/88). Das Ereignis, das zur Beendigung des Arbeitsvertrags führt, muss »sinnlich wahrnehmbar« und damit nach objektiven Maßstäben bestimmbar ist. Dabei ist zudem zu bedenken, dass anderenfalls die Zweckbefristung in ihrer **Wirkung einer fristlosen Kündigung** praktisch gleichkäme. 27

Diese Voraussetzung ist zB nicht gegeben, wenn ein Arbeitnehmer zu dem Zweck eingestellt wird, die durch den **finanziellen Zusammenbruch** einer Bank eingetretene Zahlungsunfähigkeit einer anderen Sparkasse **zu beseitigen**, die Geschäfte der Bank abzuwickeln und die Sparkasse bis zur Wiederherstellung klarer und geordneter Verhältnisse zu verwalten. Entsprechendes gilt – jenseits der Befristungsbestimmungen des WissZeitVG – für eine Befristung »für die Dauer eines Forschungsprojekts« (*Staudinger/Preis* § 620 BGB Rn 25). Wann dieser mit der Arbeitsleistung erstrebte Erfolg eingetreten ist, lässt sich nämlich **nicht objektiv**, sondern letztlich allein durch eine **Ermessensentscheidung** des Arbeitgebers bestimmen. Die Dauer eines Arbeitsverhältnisses ist aber nur dann aus dem Zweck zu entnehmen, wenn die Zweckerfüllung aus objektiven Umständen folgt, die der **willkürlichen Bestimmung** des Vertragspartners oder eines Dritten entzogen sind (vgl. *BAG* 23.11.1988 – 7 AZR 12/88; parallel zur auflösenden Bedingung s. KR-*Lipke/Bubach* § 21 TzBfG Rdn 28). 28

Zu weitgehend auf eine freie Unternehmerentscheidung des Arbeitgebers abgestellt ist auch der Abschluss eines Arbeitsvertrages zur **Einrichtung einer Kartei**, wenn deren Fertigstellung nicht zu einem bestimmten Zeitpunkt, sondern nach und nach erfolgt und die **Aushilfskräfte in zeitlichen Abständen** teilweise entbehrlich werden. Die vom Arbeitgeber zu treffende **Auswahl**, in welcher Reihenfolge nach und nach die Aushilfskräfte zu entlassen sind, wird wiederum auch von **subjektiven Erwägungen** beeinflusst – es ist gerade nicht mehr allein nach objektiven Maßstäben festzustellen, ob für den betroffenen Arbeitnehmer nicht trotz der teilweisen Erledigung der vorübergehenden Aufgabe noch Arbeit vorhanden ist. Diese **Ungewissheit** steht in Fällen dieser Art einer wirksamen Befristung entgegen. Gerade den Streit darüber, ob der Zweck des Arbeitsverhältnisses objektiv erreicht ist, soll das Erfordernis der objektiven Bestimmbarkeit ausschließen. Bestätigt wird die Richtigkeit dieser Sichtweise dadurch, dass §§ 15 Abs. 2 u. Abs. 5, 17 S. 3 TzBfG an die objektive Zweckerreichung anknüpfen (s. KR-*Lipke/Bubach* § 15 TzBfG Rdn 10 sowie KR-*Bader/Kreutzberg-Kowalczyk* § 17 TzBfG Rdn 24). 29

30 Zu **unbestimmt** für eine Befristung sind schließlich Einstellungen für die **Dauer eines zusätzlichen Bedarfs** an Arbeitskräften (*LAG Düsseld.* 10.3.1958 – 3 Sa 487/57; *LAG BW* 23.1.1969 – 8 Sa 135/68).

31 Zum früheren Rechtszustand wurde vertreten, dass dem nicht zugelassenen Belieben des Arbeitgebers gleichzusetzen seien **Zweckbefristungen, deren Zweckerreichung von vornherein in zeitlicher Hinsicht völlig ungewiss ist** und bei denen der Zeitpunkt der Zweckerreichung nicht in überschaubarer Zeit liegt (vgl. etwa *BAG* 17.2.1983 – 2 AZR 481/81; 12.6.1987 – 7 AZR 8/86; *Lipke* KR 5. Aufl., § 620 BGB Rn 62; aA zB *BAG* 28.11.1990 – 7 AZR 467/89). Angesichts der Regelung in § 3 Abs. 1 iVm § 15 Abs. 2 TzBfG lässt sich das nun nicht mehr aufrechterhalten. Die **Voraussehbarkeit der Zweckerreichung** ist **nicht** mehr **Wirksamkeitsvoraussetzung** (*Annuß/Thüsing-Annuß* § 3 TzBfG Rn 4; ErfK-*Müller-Glöge* § 3 TzBfG Rn 10; *Staudinger/Preis* § 620 BGB Rn 26; aA HWK-*Schmalenberg* § 3 TzBfG Rn 5; *Rolfs* § 3 TzBfG Rn 10), auch kann diesbezüglich kein Verstoß gegen das **Transparenzgebot** gesehen werden (APS-*Backhaus* § 3 TzBfG Rn 22). Das TzBfG sieht in der Ankündigung gem. § 15 Abs. 2 TzBfG einen **hinreichenden Schutz** (APS-*Backhaus* § 3 TzBfG Rn 22), und die Begründung des Gesetzentwurfs spricht § 15 Abs. 2 TzBfG auch als einziges Mittel zur Beseitigung der für den Arbeitnehmer bestehenden Unsicherheit an (BT-Drucks. 14/4374 S. 15).

E. Arten der Befristung

I. Vereinbarung einer Mindest- und/oder Höchstdauer

1. Mindestdauer und Höchstdauer

32 Wenn die vereinbarte Vertragszeit **zugleich als Höchst- und Mindestdauer** gedacht ist, liegt ein **befristetes Arbeitsverhältnis** iSd § 3 Abs. 1 TzBfG vor, das mit Ablauf der vereinbarten bestimmten Dauer ohne Kündigung endet (ErfK-*Müller-Glöge* § 3 TzBfG Rn 3). Die Bedeutung der Mindestzeit zeigt sich darin, dass während der festgelegten Vertragsdauer gesetzlich eine **ordentliche Kündigung nicht** vorgesehen ist (§ 15 Abs. 3 TzBfG). Zur Vereinbarung der Möglichkeit einer ordentlichen Kündigung während der Befristung vgl. die Angaben aE der Rdn 33.

2. Höchstdauer

33 Nach der gesetzlichen Regelung liegt ein **befristetes Arbeitsverhältnis** auch dann vor (arg. § 15 Abs. 3 TzBfG), wenn eine kalendermäßige Befristung oder eine Zweckbefristung (wirksam) vereinbart ist, aber – aufgrund Einzelvertrages oder tarifvertraglicher Regelung – die **Möglichkeit der ordentlichen Kündigung während der Laufzeit** besteht (§ 15 Abs. 3 TzBfG; vgl. auch § 22 Abs. 2 TzBfG). Im Ergebnis ist damit eine **Mindestdauer** ausgeschlossen, aber eine **Höchstdauer** festgelegt (vgl. bereits zum früheren Rechtszustand *BAG* 19.6.1980 – 2 AZR 660/78). Insoweit wurde zT nicht von einer echten Befristung, sondern von einer Mischform, einer atypischen Vertragsgestaltung gesprochen (*Lipke* KR 5. Aufl., § 620 BGB Rn 44 mwN). Zur Vereinbarung der Möglichkeit der ordentlichen Kündigung im befristeten Arbeitsverhältnis gem. **§ 15 Abs. 3 TzBfG** vgl. KR-*Lipke/Bubach* § 15 TzBfG Rdn 35 ff. Das Recht zur außerordentlichen Kündigung bleibt natürlich unberührt (vgl. KR-*Lipke/Bubach* § 15 TzBfG Rdn 46). Soll das Arbeitsverhältnis mit Erreichen der **Regelaltersgrenze** oder aufgrund auflösender Bedingung im Hinblick auf eine **Erwerbsunfähigkeitsrente** enden, was zumeist vorgesehen ist, liegt zwar an sich ein befristetes oder auflösend bedingtes Arbeitsverhältnis vor, doch wird man § 15 Abs. 3 TzBfG im Wege einer telogischen Reduktion (so *Persch* NZA 2019, 77) dahingehend zu verstehen haben, dass in diesen Fällen, die landläufig als unbefristete Arbeitsverhältnisse gesehen werden (*BAG* 19.10.2011 – 7 AZR 253/07), die Vorschrift nicht zur Anwendung kommt, es also keiner Vereinbarung der Möglichkeit zur ordentlichen Kündigung bedarf: Die ordentliche Kündigung ist in diesen Fällen möglich (aA KR-*Lipke/Bubach* § 15 TzBfG Rdn 39; zur Problematik weiter ErfK-*Müller-Glöge* § 15 TzBfG Rn 11 mwN; *Staudinger/Preis* § 620 BGB Rn 135 mwN).

Wegen einer weiteren Konstellation, in der man im Wege der Auslegung zu einer Höchstdauer 34
kommt, s. Rdn 38.

3. Mindestdauer

Ein Arbeitsvertrag, der eine bestimmte Mindestdauer des Arbeitsverhältnisses vorsieht, hat eine 35
vom Willen der Parteien abhängige, **unterschiedliche Bedeutung**. Er ist nur dann iSd § 3 Abs. 1
S. 1 befristet, wenn die Parteien zunächst einen festen Zeitpunkt für die Beendigung festlegen und
sich nur vorbehalten haben, über eine **Verlängerung des Arbeitsverhältnisses** später noch zu verhandeln (zu Verlängerungsoptionen, insbes. im Berufssport ErfK-*Müller-Glöge* § 3 TzBfG Rn 7;
Menke NJW 2007, 2820).

Keine bestimmte Dauer des Arbeitsverhältnisses iSd § 3 Abs. 1 TzBfG ist hingegen vereinbart, 36
wenn der Vertrag vorsieht, dass das Arbeitsverhältnis mit Fristablauf endet, sofern zu diesem Zeitpunkt eine Kündigung ausgesprochen wird – inhaltlich handelt es sich dann um ein Arbeitsverhältnis auf unbestimmte Zeit (vgl. für das einhellige Meinungsbild nur *Boewer* § 3 TzBfG Rn 19;
ErfK-*Müller-Glöge* § 3 TzBfG Rn 7; APS-*Backhaus* § 3 TzBfG Rn 31). In dieser Konstellation soll
die Mindestzeit nur eine **längere Dauer** des Arbeitsverhältnisses sichern, und das Arbeitsverhältnis
darf **vor Ablauf der Mindestzeit nicht** durch eine **Kündigung** beendet werden (*BAG* 19.6.1980 – 2
AZR 660/78). In diesem Fall kann das Arbeitsverhältnis unter Einhaltung der Kündigungsfrist frühestens **zum Ende der Mindestdauer gekündigt** werden (vgl. auch *BAG* 19.6.1980 – 2 AZR 660/
78), sofern die Bestimmungen des allgemeinen und besonderen Kündigungsschutzes dies zulassen.
Ohne Kündigung wird das Arbeitsverhältnis hingegen nicht mit Ablauf der Mindestdauer beendet;
es wird vielmehr **als Arbeitsverhältnis auf unbestimmte Zeit** fortgesetzt. Nach diesem Zeitpunkt
kann, sofern nicht auch dafür entgegenstehende Vereinbarungen existieren, das Arbeitsverhältnis
gekündigt werden (*LAG Hannover* 1.9.1952 AP Nr. 122 m. Anm. *Herschel*), wobei natürlich die
jeweiligen Kündigungsschutzrechte zu beachten sind.

Unecht befristet sind Arbeitsverträge mit **selbsttätiger Verlängerung**. Sie können durch folgende 37
Klausel vereinbart werden: »Der Vertrag endet am ... Er verlängert sich unbefristet/jeweils um
... Jahr(e) (Monate), wenn er nicht zum Ablauf des ... gekündigt wird.« In diesem Falle endet
das Arbeitsverhältnis nicht aufgrund einer **Befristung** (s. zur Schriftform insoweit KR-*Spilger*
§ 623 BGB Rdn 57), sondern es bedarf stets einer **Kündigung**, die jeweils nur **zum Ablauf der
Mindestdauer** zulässig ist (vgl. *BAG* 6.10.1960 – 2 AZR 153/59; 12.10.1979 – 7 AZR 960/77).
Bei dieser Art der vereinbarten Mindestdauer mit einer Verlängerungsklausel stellt sich deswegen
nicht das Problem der **zulässigen Befristung**, sondern es ist immer die **Wirksamkeit** der erforderlichen **Kündigung** nach den Maßstäben des KSchG und sonstiger Kündigungsschutzbestimmungen zu überprüfen (APS-*Backhaus* § 3 TzBfG Rn 32; ErfK-*Müller-Glöge* § 3 TzBfG Rn 7).
Anders ist die Rechtslage speziell bei der sog. **Nichtverlängerungsmitteilung** im Bühnenbereich
(s. Rdn 40 ff.).

Zweifel, ob eine Höchst- oder eine Mindestdauer vereinbart ist, entstehen dann, wenn nicht 38
ausdrücklich festgelegt wird, dass eine Kündigung nur zum Ablauf der Vertragszeit erfolgen darf
(Beispiel: »Der Vertrag läuft auf ein Jahr. Wird er nicht vor Ablauf eines Jahres gekündigt, so verlängert er sich bis auf weiteres.«). Bei der Auslegung derartiger **unklarer Vereinbarungen** ist idR
anzunehmen, dass eine Kündigung zu einem Zeitpunkt, der vor der zunächst in Aussicht genommenen Vertragsdauer liegt, ausgeschlossen sein soll, dh eine **Mindestdauer beabsichtigt** ist (*RAG*
14.12.1929 ARS 7, 504 [506]; 11.3.1931 ARS 11, 524 [526]). Nur dann, wenn die vereinbarte
Kündigungsfrist im Verhältnis zur Vertragsdauer **ungewöhnlich kurz** ist (Vertrag auf zwei Jahre,
wenn er nicht »vorher« mit einer Frist von einem Monat zum Monatsschluss gekündigt wird), ist
im Zweifel nur eine **Höchstdauer** des Vertrages festgelegt worden, dh der Vertrag kann auch zu
einem vor dem Endtermin liegenden Zeitpunkt gekündigt werden. Im Übrigen gehen Zweifel
grds. zu Lasten des Verwenders Allgemeiner Geschäftsbedingungen iSd § 305 Abs. 1 BGB (§§ 310
Abs. 4 S. 2, 305c Abs. 2 BGB; die mögliche Anwendbarkeit des § 310 Abs. 3 Nr. 2 BGB soll hier
nicht diskutiert werden).

4. Exkurs: Tarifliche Nichtverlängerungsmitteilung

a) Allgemeines

39 Anders als bei der unechten Befristung mit selbsttätiger Verlängerung (s. Rdn 37) sehen tarifvertragliche Regelungen für befristete Verträge zum Teil sog. **Nichtverlängerungsmitteilungen** vor (zur arbeitsvertraglichen Vereinbarung einer nur befristeten Verlängerung des Arbeitsverhältnisses bei Unterlassen einer Anzeige s. KR-*Krumbiegel* § 625 BGB Rdn 43). Je nach Regelung kann dies bedeuten, dass das Arbeitsverhältnis (befristet) fortgesetzt wird, wenn die Nichtverlängerungsmitteilung nicht oder nicht form- und fristgerecht vorgenommen wird (dazu vor allem Rdn 40 u. Rdn 41 ff.). Es kann sich aber auch nur um eine Ankündigung des Endes des Arbeitsverhältnisses handeln (dazu insbes. Rdn 49). Zur Bedeutung des **§ 14 Abs. 4 TzBfG** für die Nichtverlängerungsmitteilung vgl. KR-*Lipke/Bubach* § 14 TzBfG Rdn 730 mwN.

b) Im Bühnenbereich

40 Im **künstlerischen Bereich** sahen Tarifverträge schon seit langer Zeit (zB insbes. Tarifvertrag über die Mitteilungspflicht für das **künstlerische Bühnenpersonal** [TVM] v. 23.11.1977 [zuletzt geändert durch TV v. 18.6.1991], geltend für **Solisten** einschließlich der Schauspielmusiker [BAG 26.8.1998 – 7 AZR 263/97] und für technische Angestellte mit teilweiser künstlerischer Tätigkeit an Landesbühnen sowie für technische Angestellte mit künstlerischer oder überwiegend künstlerischer Tätigkeit an anderen Bühnen; **Normalvertrag Tanz** [NV Tanz] für Tanzgruppenmitglieder und **Normalvertrag Chor** [NV Chor] für Opernchormitglieder, beide zuletzt vereinheitlicht im **Normalvertrag Chor/Tanz** v. 2.11.2000) verschiedentlich vor, dass sich ein befristet eingegangener Vertrag für eine Spielzeit um eine feste Zeitdauer (eine weitere Spielzeit) verlängert, wenn die beabsichtigte Nichtverlängerung bis zu einem jeweils näher bestimmten Zeitpunkt – dieser ist regelmäßig von der Beschäftigungsdauer abhängig – vor Fristablauf nicht oder nicht formgerecht (schriftlich) angezeigt wird (vgl. *Opolony* NZA 2001, 1351). Die damit verbundene Fiktion musste durch Abgabe einer **Willenserklärung** (Nichtverlängerungsmitteilung) entkräftet werden (BAG 3.11.1999 – 7 AZR 898/98; APS-*Backhaus* § 14 TzBfG Rn 286). Für die Solisten, die Bühnentechniker und die Bereiche Chor und Tanz sind die angesprochenen Tarifverträge **mit Wirkung v. 1.1.2003** durch den einheitlichen **Normalvertrag (NV) Bühne** abgelöst worden, wobei es beim Instrumentarium der Nichtverlängerungsmitteilung geblieben ist (zum NV Bühne *Bolwin/Sponer* Bühnen- und Orchesterrecht [Loseblattwerk]; *Nix/Hegemann/Hemke* Normalvertrag Bühne – Handkommentar, 2. Aufl. 2012; vgl. auch APS-*Backhaus* § 14 TzBfG Rn 261 ff.). Daneben gilt der Tarifvertrag für Musiker in Kulturorchestern (**TVK**) vom 16.12.2008 – in Kraft ab 1.1.2010 –, der den Vorgänger-TVK vom 1.9.1972 abgelöst hat (vgl. dazu *Bolwin/Sponer* Bühnen- und Orchesterrecht [Loseblattwerk]; s. weiter KR-*Lipke/Bubach* § 14 TzBfG Rdn 312 zu den Grundstrukturen der Befristung insoweit).

aa) Regelungen für den Bereich »Solo«

41 § 61 Abs. 1 NV Bühne sieht vor, dass das befristete (§ 2 Abs. 2 NV Bühne) Arbeitsverhältnis der **Solisten** mit dem vereinbarten Zeitpunkt endet (zu den Fragen des Sachgrundes bei befristeten Verträgen mit Bühnenpersonal insgesamt ausf. KR-*Lipke/Bubach* § 14 TzBfG Rdn 307 ff. mwN; *Dörner* Befr. Arbeitsvertrag, Rn 393 ff.; vgl. auch BAG 13.12.2017 – 7 AZR 369/16). Gem. § 61 Abs. 2 NV Bühne verlängert sich ein solcher Vertrag, der mindestens für eine Spielzeit (ein Jahr) abgeschlossen ist, zu unveränderten Vertragsbedingungen um ein weiteres Jahr (Spielzeit), es sei denn, die eine Vertragspartei teilt der anderen schriftlich bis zum 31.10. der Spielzeit (bei mehr als acht Spielzeiten: bis zum 31.7. der vorhergehenden Spielzeit) mit, sie beabsichtige nicht, den Vertrag zu verlängern (sog. **Nichtverlängerungsmitteilung**; krit. dazu aus verfassungsrechtlichen Gründen DDZ-*Wroblewski* § 14 TzBfG Rn 96; s.a. *Natter* AuR 2013, 156). Bei langjährig Beschäftigten sind die Arbeitgebermöglichkeiten indes durch § 61 Abs. 3 NV Bühne eingeschränkt (s.a. BAG 3.11.1999 – 7 AZR 898/98 [betr. die Vorgängerregelung]; zur Auslegung von § 61 Abs. 3 NV Bühne BAG 15.2.2012 – 7 AZR 626/10; zur Wirksamkeit einer Nichtanrechnungsvereinbarung

LAG Köln 10.12.2020 – 3 Sa 420/20, Rn 82, juris). Diese tarifvertragliche Gestaltung der Nichtverlängerungsmitteilung ist auch unter der Geltung der §§ 15 Abs. 5, 22 Abs. 1 TzBfG nach wie vor **rechtlich möglich** (s. KR-*Krumbiegel* § 625 BGB Rdn 14 mwN; APS-*Backhaus* § 15 TzBfG Rn 93 mwN: verfassungskonforme restriktive Auslegung des § 15 Abs. 5 TzBfG; MHH-TzBfG/ *Meinel* § 15 TzBfG Rn 72; **aA** *Rolfs* § 15 TzBfG Rn 11), auch da parallel zu § 15 Abs. 2 TzBfG die Nichtverlängerungsmitteilung dem Zweck dient, dass der Arbeitnehmer rechtzeitig entsprechend disponieren kann.

In § 61 Abs. 4 NV Bühne ist festgelegt, dass die Betroffenen (Solisten iSd § 1 Abs. 2 NV Bühne) vor der beabsichtigten Nichtverlängerung zu **hören** sind. § 61 Abs. 4 S. 2 u. 3 NV Bühne lautet: »Das Solomitglied ist fünf Tage vor der Anhörung zur Anhörung schriftlich einzuladen. Die Einladung zur Anhörung gilt als ordnungsgemäß zugestellt, wenn der Arbeitgeber nachweist, dass die Absendung der Einladung fünf Tage vor der Anhörung an die dem Arbeitgeber bekannte Adresse erfolgt ist.« Ergänzende Regelungen sind in § 61 Abs. 5 S. 1 NV Bühne enthalten, und in Satz 2 heißt es dort: »Unterlässt es der Arbeitgeber, das Solomitglied fristgerecht zu hören, ist die Nichtverlängerungsmitteilung unwirksam.« Das, was § 61 Abs. 4 NV Bühne regelt, stellt sich als die Gewährung rechtlichen Gehörs dar, nicht als ein bloßes »Anhören«, weshalb dem Bühnenmitglied auch die **Gründe** für die Nichtverlängerung **mitzuteilen** sind (so auch *Schimana* Anm. AP § 611 BGB Bühnenengagementsvertrag Nr. 27; APS-*Backhaus* § 14 TzBfG Rn 293 mwN). Es bedarf dazu regelmäßig einer auf die Person des betroffenen Bühnenmitglieds bezogenen, **konkreten und nachvollziehbaren** Begründung (*BAG* 11.3.1982 – 2 AZR 233/81; 23.1.1986 – 2 AZR 243/85; 18.4.1986 – 7 AZR 114/85; 29.5.1991 – 7 AZR 79/90). Die Anhörung darf sich nicht auf eine pauschale, schlagwort- oder stichwortartige Bezeichnung der Gründe beschränken. Es bedarf vielmehr einer auf die Person des betroffenen Arbeitnehmers konkret bezogenen und nachvollziehbaren Begründung für die beabsichtigte Nichtverlängerung, damit der Arbeitnehmer bei der Darlegung seines Standpunkts auf sie eingehen kann (*BAG* 28.9.2016 – 7 AZR 128/14, Rn 55 mwN). Es genügt also nicht, wenn die beabsichtigte Nichtverlängerung allgemein mit »künstlerischen Gründen« oder ähnlichen, auch die Qualität und die Leistungen der Bühnenmitglieder betreffenden allgemeinen Wertungen begründet wird. Ausreichend ist es aber, dass der Intendant seine **subjektive Motivation** für die Nichtverlängerung des Vertrags offenlegt (*BAG* 28.9.2016 – 7 AZR 128/14, Rn 55 mwN; 26.8.1998 – 7 AZR 263/97, zu 3 b der Gründe). Der Hinweis auf einen **Intendantenwechsel** soll ausreichend sein (*BAG* 15.3.1989 – 7 AZR 316/ 88, [krit. dazu DDZ-*Wroblewski* § 15 TzBfG Rn 40]; zur Frage des dann ggf. entstehenden Abfindungsanspruchs gem. **§ 62 NV Bühne** *BAG* 28.5.1998 – 6 AZR 349/96; 30.3.2000 – 6 AZR 630/98). Es genügt, wenn der Arbeitgeber die Gründe für die von ihm beabsichtigte Nichtverlängerung **erst bei** der **Anhörung** des Bühnenmitglieds mitteilt (*BAG* 18.4.1986 – 7 AZR 114/ 85). Die Verpflichtung des Intendanten, Gründe für die Nichtverlängerungsmitteilung in nachvollziehbarer Weise anzugeben, verletzt nicht Art. 5 Abs. 3 GG, denn auf dieses Grundrecht können sich sowohl der Intendant als auch das Bühnenmitglied als Künstler gleichermaßen berufen (*BAG* 18.4.1986 – 7 AZR 114/85, m. krit. Anm. *Dütz* in AP Nr. 27 zu § 611 BGB Bühnenengagementsvertrag). Die **nicht erfolgte oder nicht ordnungsgemäße** hat ebenso wie die **nicht fristgemäße Anhörung** die **Unwirksamkeit** der **Nichtverlängerungsmitteilung** und damit die **Fortsetzung des Vertrages zur Folge** (*BAG* 26.8.1998 – 7 AZR 263/97; 18.4.1986 – 7 AZR 114/85; vgl. auch zu § 69 NV Bühne *BAG* 13.12.2017 – 7 AZR 369/16, Rn 41 ff.). Das Bühnenmitglied kann auf die Anhörung verzichten (§ 61 Abs. 5 S. 1 NV Bühne), nicht aber auf die Nichtverlängerungsmitteilung (§ 4 Abs. 4 TVG).

Die Anhörung des Arbeitnehmers hat auf **Arbeitgeberseite** die Person durchzuführen, die für die **Entscheidung über den Ausspruch der Nichtverlängerungsmitteilung** zuständig ist. Dabei kann eine Vertretung nach der maßgeblichen Vertretungsregelung erfolgen, eine Delegation ist jedoch nicht zulässig (vgl. zu § 69 NV Bühne *BAG* 13.12.2017 – 7 AZR 369/16, Rn 45; 15.5.2013 – 7 AZR 665/11, Rn 43 ebenfalls zu § 69 NV Bühne). Der Arbeitnehmer ist berechtigt, zur Anhörung eine Person seines Vertrauens mitzubringen, soweit dadurch nicht der Zweck des Gesprächs gefährdet wird oder soweit nicht berechtigte Interessen des Arbeitgebers entgegenstehen (vgl. zu § 69

NV Bühne *BAG* 13.12.2017 – 7 AZR 369/16, Rn 46 ff.; 15.5.2013 – 7 AZR 665/11, Rn 46 ff. ebenfalls zu § 69 NV Bühne).

44 Eine **gerichtliche Richtigkeitskontrolle** der zur Nichtverlängerung angegebenen Gründe findet für **Solisten** nach dem NV Bühne indes nicht statt (*Dütz* Anm. EzA § 4 TVG Bühnen Nr. 2 zu entsprechenden Vorgängerregelungen; ebenso für den jetzigen Rechtszustand *Annuß/Thüsing-Maschmann* § 14 TzBfG Rn 44). Denn die Tarifvertragsparteien haben gerade keine materiellen Gründe für die Nichtverlängerungsmitteilung festgelegt und ein wirksam befristetes Arbeitsverhältnis endet allein aufgrund der vereinbarten Befristung, weshalb die Nichtverlängerungsmitteilung auch nicht darauf zu überprüfen, ob sie durch das **Vorliegen objektiver Gründe** gerechtfertigt ist (*BAG* 28.9.2016 – 7 AZR 128/14, Rn 55 mwN; vgl. auch zu § 69 NV Bühne *BAG* 13.12.2017 – 7 AZR 369/16, Rn 50; 15.5.2013 – 7 AZR 665/11, Rn 45 mwN). Die Nichtverlängerungsmitteilung kann also auch auf betriebliche oder finanzielle Gründe gestützt werden (*BAG* 26.8.1998 – 7 AZR 263/97).

45 Die aus dem Unterbleiben der **Nichtverlängerungsmitteilung** entstehende Vertragsverlängerung nach Tarifvertrag kann nicht mit einem **zugleich abgeschlossenen Auflösungsvertrag** wieder rückgängig gemacht werden (*BAG* 29.5.1991 – 7 AZR 79/90).

46 Da die **Nichtverlängerungsanzeige keine Kündigung** ist (*BAG* 23.10.1991 – 7 AZR 56/91; 6.8.1997 – 7 AZR 156/96; sie ist auch nicht als aufschiebende Bedingung zu werten; vgl. a. KR-*Lipke/Schlünder* § 620 BGB Rdn 65) und ihr auch nicht gleichgestellt werden kann (*Annuß/Thüsing-Maschmann* § 14 TzBfG Rn 44), bedarf es grds. **keiner Mitwirkung der Arbeitnehmervertretung** (*BAG* 21.5.1981 – 2 AZR 1117/78; 28.10.1986 – 1 ABR 16/85), soweit nicht einzelne Landespersonalvertretungsgesetze eine Mitwirkung vorsehen (*BAG* 28.10.1986 – 1 ABR 16/85). Die Feststellung der Unwirksamkeit der Nichtverlängerungsmitteilung unterliegt – anders als Geltendmachung der Unwirksamkeit einer Befristung – schließlich **nicht der Klagefrist des § 17 TzBfG**, sondern ist nach den im Tarifvertrag jeweils geregelten Bestimmungen anzugreifen (s. etwa § 69 Abs. 8 NV Bühne für Bühnentechniker; vgl. zum Verfahren etwa *BAG* 7.11.1995 – 3 AZR 955/94). Bei der Feststellung der Unwirksamkeit einer Nichtverlängerungsmitteilung und der Feststellung der Unwirksamkeit einer Befristung handelt es sich um verschiedene prozessuale Streitgegenstände (vgl. *BAG* 15.5.2013 – 7 AZR 665/11, Rn 21 ff.; vgl. a. *BAG* 13.12.2017 – 7 AZR 369/16, Rn 46; 28.9.2016 – 7 AZR 128/14, Rn 39; vgl. zu den Klagemöglichkeiten bei einer **Änderungsnichtverlängerungsmitteilung** *BAG* 2.8.2017 – 7 AZR 601/15). Allerdings sind Klagen gegen Nichtverlängerungsmitteilungen innerhalb **einer materiellen Ausschlussfrist von vier Monaten** nach den in dem jeweiligen Absatz 2 der §§ 61, 69 und 96 NV Bühne geregelten Terminen zur Nichtverlängerungsmitteilung zu erheben (§§ 61 Abs. 8, 69 Abs. 8, 96 Abs. 8 NV Bühne; vgl. dazu *BAG* 15.5.2013 – 7 AZR 665/11, Rn 29).

bb) Regelungen für die Bereiche »Bühnentechnik«, »Chor« und »Tanz«

47 Für die Bereiche »Bühnentechnik«, »Chor« und »Tanz« gelten jeweils spezielle Regelungen. § 69 NV Bühne regelt die Nichtverlängerungsmitteilung bei **Bühnentechnikern** (zu Maskenbildnern und mit näheren Ausführungen zu § 69 Abs. 1–3 NV Bühne *BAG* 2.8.2017 – 7 AZR 601/15; ebenfalls zu Maskenbildnern und zur Anhörungspflicht *BAG* 13.12.2017 – 7 AZR 369/16, Rn 49; zur Anhörung des Bühnentechnikers *BAG* 15.5.2013 – 7 AZR 665/11; vgl. auch Rdn 43), § 70 NV Bühne die Besondere Entschädigung bei Beendigung des Arbeitsverhältnisses aus Anlass eines Intendantenwechsels für Bühnentechniker. Die entsprechenden Vorschriften für den Bereich »Tanz« finden sind in §§ 96, 97 NV Bühne.

48 Schließlich enthält § 83 NV Bühne die Vorschriften zur Nichtverlängerungsmitteilung für **Chormitglieder** (mit besonderer Anhörungspflicht betr. den Opernchorvorstand). Nach den Regelungen des NV Chor (s. Rdn 40) war die Nichtverlängerungsmitteilung unwirksam, wenn **künstlerische Belange** der Bühne durch die Verlängerung des Arbeitsverhältnisses nicht beeinträchtigt wurden und wenn die Interessen des Opernchormitglieds an der Beibehaltung des Arbeitsplatzes

die Verlängerung des Arbeitsverhältnisses geboten (§ 22 Abs. 9 NV Chor). Insoweit war der Arbeitgeber für die künstlerischen Belange und dafür, dass diese etwa durch bestimmte Leistungs- oder Eignungseinschränkungen des Chormitglieds berührt wurden, darlegungs- und beweispflichtig; soweit aber Streit über die Leistungsfähigkeit oder sonstige Eignung des Chormitglieds bestand, lag die **Darlegungs- und Beweislast** beim Chormitglied (*BAG* 12.1.2000 – 7 AZR 925/98). Auch **§ 83 Abs. 8 NV Bühne** enthält eine entsprechende Regelung und bindet die Nichtverlängerungsmitteilung weiter an künstlerische Belange, womit es dabeibleibt, dass insoweit die inhaltliche Rechtfertigung durch das Bühnenschiedsgericht und auch arbeitsgerichtlich überprüft werden kann (APS-*Backhaus* § 14 TzBfG Rn 303).

c) Weitere Fälle

Von der Nichtverlängerungsmitteilung, deren Unterlassung zur Fortsetzung des Arbeitsverhältnisses führt, ist die **Verletzung tariflicher Mitteilungspflichten** zu unterscheiden, die zB dem **Ausbildenden die Pflicht auferlegen**, dem Auszubildenden bis zu einem bestimmten Zeitpunkt (zumeist drei Monate) vor dem voraussichtlichen **Ende der Ausbildungszeit schriftlich mitzuteilen**, ob er nach Abschluss der Berufsausbildung in ein Arbeitsverhältnis **übernommen** werden soll oder nicht (zu **Übernahmepflichten** nach der Ausbildung KR-*Bader/Kreutzberg-Kowalczyk* § 17 TzBfG Rdn 87). In diesen Fällen ist durch Auslegung der tariflichen Vorschriften zu ermitteln, ob die Tarifvertragsparteien die **Übernahme** des Auszubildenden als **Normalfall** angesehen haben und deswegen ein Arbeitsverhältnis begründet wird, wenn die Mitteilungspflicht nicht oder nicht rechtzeitig erfüllt wird. Das ist etwa dann anzunehmen, wenn die »Weiterarbeitsklausel« besagt, dass sich an das Ausbildungsverhältnis ein Arbeitsverhältnis anschließen soll, sofern nicht drei Monate vor der Beendigung des Ausbildungsverhältnisses eine Partei der anderen schriftlich mitteilt, dass sie das Arbeitsverhältnis nicht wolle (*BAG* 13.3.1975 – 5 AZR 575/73, mit Blick auf § 12 Abs. 1 S. 1 BBiG freilich unter Beschränkung auf eine Bindung des Ausbilders; dazu a. DDZ-*Wroblewski* § 15 TzBfG Rn 36). 49

Dagegen begründete, um insoweit konkrete Beispielsfälle anzuführen, § 9 Abs. 1 des MTV für die Auszubildenden der **Metallindustrie** in **Nordwürttemberg** und **Nordbaden** vom 13.9.1978, nach dem der Ausbildende spätestens drei Monate vor dem Ausbildungsende dem Auszubildenden eine schriftliche Mitteilung zu machen hatte, wenn er ihn nicht in ein unbefristetes Arbeitsverhältnis übernehmen wollte, noch **keine vertragliche Bindung**, von der sich der Ausbildende nur durch einen Rücktritt lösen kann (*BAG* 5.4.1984 – 2 AZR 513/82). Die Ablehnung der Übernahme in ein unbefristetes Arbeitsverhältnis war dann nur dahin zu überprüfen, ob sie **willkürlich** war oder den Grundsätzen von Recht und Billigkeit entsprach. Das galt auch für § 22 Abs. 1 des MTV für Auszubildende im **öffentlichen Dienst** vom 6.12.1974, der dem Ausbildenden die Pflicht auferlegte, drei Monate vor dem voraussichtlichen Ende der Ausbildungszeit schriftlich mitzuteilen, ob er den Auszubildenden in ein Arbeitsverhältnis auf unbestimmte Zeit übernehmen will oder nicht (*BAG* 30.11.1984 – 7 AZR 539/83). Zur tariflichen Pflicht, Auszubildende befristet in ein Arbeitsverhältnis zu übernehmen, wird verwiesen auf § 17 TzBfG Rdn 87, zur Weiterbeschäftigung eines Auszubildenden, der Mitglieder der Jugend- und Auszubildendenvertretung, des Betriebsrats, der Bordvertretung oder des Seebetriebsrats ist, nach Beendigung des Berufsausbildungsverhältnisses auf KR-*Rinck* § 78a BetrVG. 50

II. Doppelbefristung

Von einer Doppelbefristung spricht man idR, wenn eine **Zweckbefristung** (s. Rdn 21 ff.) oder eine **auflösende Bedingung mit** einer **Höchstdauer gekoppelt** wird (*BAG* 14.6.2017 – 7 AZR 608/15, Rn 15 ff. mwN; zu weiteren Kombinationsmöglichkeiten *BAG* 19.2.2014 – 7 AZR 260/12, Rn 15 mwN; ErfK-*Müller-Glöge* § 3 TzBfG Rn 13 mwN). Davon wird insbes. – etwa von Schulverwaltungen – bei der Vertretung erkrankter oder beurlaubter Arbeitnehmer Gebrauch gemacht (»für die Zeit der Verhinderung des Arbeitnehmers …, längstens jedoch bis zum …«). In ähnlicher Weise kann dem Arbeitgeber mit der Doppelbefristung das Risiko genommen werden, infolge des 51 ungewissen Endes der Elternzeit die befristet eingestellte Ersatzkraft über den Vertretungsbedarf hinaus beschäftigen zu müssen (*LAG Hamm* 16.7.2002 – 5 Sa 460/02). Die Wirksamkeit der Zweckbefristung bzw. der auflösenden Bedingung einerseits und der Höchstbefristung andererseits – beide können unterschiedliche Rechtsgrundlagen haben (*BAG* 16.7.2008 – 7 AZR 322/07) – sind getrennt zu prüfen (*BAG* 14.6.2017 – 7 AZR 608/15; 29.6.2011 – 7 AZR 6/10, Rn 17; *Chaudhry* NZA 2018, 484).

52 Ob eine solche Gestaltung einer Doppelbefristung tatsächlich vorliegt (oder nur die Mitteilung einer Prognose), kann im Einzelfall eine Frage der **Auslegung** sein (*BAG* 27.6.2001 – 7 AZR 157/00; 19.2.2014 – 7 AZR 260/12; zur Auslegung bei AGB *BAG* 14.6.2017 – 7 AZR 608/15, Rn 18). Zur Kontrolle im Hinblick auf § 305c Abs. 1 BGB – **überraschende Klausel** – s. *BAG* 8.8.2007 – 7 AZR 605/06 (vgl. dazu *Picker* ZfA 2013, 73), zur Kontrolle im Hinblick auf **§ 307 Abs. 1 S. 2 BGB – Transparenzgebot** – vgl. *BAG* 19.2.2014 – 7 AZR 260/12, Rn 18, (gebräuchliche Regelungstechnik, nicht intransparent) u. *BAG* 14.6.2017 – 7 AZR 608/15, Rn 21 ff.

53 Diese **Doppelbefristung** ist nach dem Grundsatz der **Vertragsfreiheit** und nach inzwischen gefestigter Rspr. des BAG auch unter der Geltung des TzBfG (dazu Rdn 54) zulässig (*BAG* 14.6.2017 – 7 AZR 608/15, Rn 22 mwN) und ein durchaus **sachgerechtes Gestaltungsmittel** (*Kreutz* SAE 1987, 314).

54 Ist die zeitlich früher greifende (Zweck-)Befristung unwirksam (dazu und zur Fortsetzung des Arbeitsverhältnisses über den Zeitpunkt der Zweckbefristung bezüglich des Rechtszustandes vor dem TzBfG *BAG* 15.8.2001 – 7 AZR 263/00), kommt es darauf an, ob die später greifende (kalendermäßige) Befristung (= Höchstdauer) wirksam ist, dafür also etwa ein sachlicher Grund vorliegt. Die Unwirksamkeit der Erstbefristung (Zweckbefristung) hat damit nicht ein unbefristetes Arbeitsverhältnis zur Folge, und bei einer Weiterbeschäftigung kam nach dem früheren Rechtszustand infolge abweichender Regelung auch nicht § 625 BGB zur Anwendung, sondern das doppelt befristete Arbeitsverhältnis bestand dann nur bis zur vereinbarten Höchstfrist fort (*BAG* 10.6.1992 – 7 AZR 346/91; 21.4.1993 – 7 AZR 388/92). Dies wird freilich unter der Geltung des TzBfG wegen dessen § 22 Abs. 1 in Frage gestellt (s. die ausf. Darstellung des Meinungsstands in *BAG* 29.6.2011 – 7 AZR 6/10) – anders als § 625 BGB ist nämlich **§ 15 Abs. 5 TzBfG nicht abdingbar**. Doch wird man allein mit dem Abstellen auf die Frage der Unabdingbarkeit des § 15 Abs. 5 TzBfG dem Problem nicht gerecht. Auszugehen ist vielmehr davon, dass eine Doppelbefristung wirksam vereinbart werden kann, soweit sie den Anforderungen des § 14 TzBfG entspricht. Ist dies aber gesetzlich möglich, ist in der Konsequenz **§ 15 Abs. 5 TzBfG teleologisch** dahingehend **zu reduzieren**, dass damit die Fälle der Fortsetzung nach Ablauf der ersten Befristung im Rahmen einer Doppelbefristung nicht erfasst werden (der Arbeitnehmer ist insoweit ja auch nicht schützenswert und kann nicht darauf vertrauen, dass ein Dauerarbeitsverhältnis entstanden wäre; ähnlich *ArbG Bln.* 27.11.2003 – 79 Ca 22206/03) – § 15 Abs. 5 TzBfG setzt in Fällen der Doppelbefristung erst nach Ablauf der Höchstfrist ein (*BAG* 29.6.2011 – 7 AZR 6/10; im Ergebnis ebenso: *Annuß/Thüsing-Annuß* § 3 TzBfG Rn 5; *Boewer* § 3 TzBfG Rn 34; *Chaudhry* NZA 2018, 484; MHH-TzBfG/*Meinel* § 15 Rn 74; vgl. a. APS-*Backhaus* § 3 TzBfG Rn 30 f.).

III. Befristeter Rahmenvertrag

55 Vereinbaren Arbeitgeber und Arbeitnehmer lediglich einen **Rahmen**, wonach jeweils bei Bedarf des Arbeitnehmers und/oder Interesse des Arbeitnehmers **kurzfristige befristete Arbeitsverhältnisse vereinbart werden**, so liegt damit kein einheitliches Arbeitsverhältnis vor (zur Abgrenzung zum Dauerschuldverhältnis *BAG* 22.4.1998 – 5 AZR 92/97), da sich damit nur die Chance einer Beschäftigung eröffnet und nur die Bedingungen beabsichtigter Arbeitsverträge geregelt werden, nicht aber bereits wechselseitige vertragliche Rechte und Pflichten begründet werden (*BAG* 16.4.2003 – 7 AZR 187/02; 15.2.2012 – 10 AZR 111/11, Rn 15; *Dörner* Befr. Arbeitsvertrag, Rn 33). **§ 12 TzBfG** gilt für diese Konstellationen nicht, auch besteht kein Zwang, statt der Kombination von Rahmenvereinbarung und befristeten Einzelverträgen ein Abrufarbeitsverhältnis nach § 12 TzBfG zu begründen (*BAG* 16.4.2003 – 7 AZR 187/02; 16.5.2012 – 5 AZR 268/11, Rn 21;

Hess. LAG 5.6.2020 – 10 Sa 1519/19, Rn 48, juris). Ist eine derartige Rahmenvereinbarung **befristet**, handelt es sich dementsprechend nicht um einen befristeten Arbeitsvertrag (vgl. für eine DFB-Schiedsrichtervereinbarung *Hess. LAG* 15.3.2018 – 9 Sa 1399/16, Rn 71 ff., juris) – die Rahmenvereinbarung als solche ist ohne Einschränkungen im Rahmen der Vertragsfreiheit wirksam, § 14 Abs. 4 TzBfG gilt nicht. Die Vorschriften der **§§ 14 ff. TzBfG** erfassen erst die jeweiligen **kurzzeitigen Befristungen** (vgl. dazu etwa – allerdings noch zum alten Befristungsrecht vor Inkrafttreten des TzBfG – *BAG* 20.10.1993 – 7 AZR 657/92; 16.4.2003 – 7 AZR 187/02; zur Befristung von Arbeitsverträgen mit Studenten: *BAG* 10.8.1994 – 7 AZR 695/93; 29.10.1998 – 7 AZR 561/97; 16.4.2003 – 7 AZR 187/02; s. weiter KR-*Bader/Kreutzberg-Kowalczyk* § 17 TzBfG Rdn 19). Insoweit sollte man jedoch im Hinblick auf § 15 Abs. 2 TzBfG keinesfalls mit Zweckbefristungen arbeiten (s. KR-*Lipke/Bubach* § 15 TzBfG Rdn 29). Sofern eine Rahmenabrede sich bereits als Arbeitsverhältnis darstellt (zu den Abgrenzungskriterien schon oben), ist diesbezüglich weiter zu fragen, ob dieses Arbeitsverhältnis befristet oder unbefristet ist (s. dazu APS-*Backhaus* § 3 TzBfG Rn 9 ff.; *Dörner* Befr. Arbeitsvertrag, Rn 34; *Hunold* NZA 1996, 113).

F. Vergleichbarer unbefristet beschäftigter Arbeitnehmer

I. Definition

Der Begriff des **vergleichbaren unbefristet beschäftigten Arbeitnehmers** ist in **Abs. 2** definiert. Er wird allein benötigt für die Anwendung des **Diskriminierungsverbots** in § 4 Abs. 2 TzBfG (MHH-TzBfG/*Herms* § 3 TzBfG Rn 12). Die Regelung ist daher systematisch falsch untergebracht (*Annuß/Thüsing-Annuß* § 3 TzBfG Rn 11). 56

Das Verfahren zur Feststellung des vergleichbaren unbefristet beschäftigten Arbeitnehmers ist **dreistufig** angelegt, wie dies auch § 3 Nr. 2 der zugrundeliegenden **europäischen Rahmenvereinbarung** entspricht (abgedr. bei *Bader/Bram-Bader* § 620 BGB Rn 12, nachfolgend als Rahmenvereinbarung zitiert). Es ist zunächst abzustellen auf den **Betrieb** (Abs. 2 S. 1). Gibt es dort keinen vergleichbar unbefristet Beschäftigten, ist der anwendbare **Tarifvertrag** heranzuziehen (Abs. 2 S. 2, 1. Hs.). Lässt sich auch diese Feststellung nicht durchführen, ist auf die **Üblichkeit im jeweiligen Wirtschaftszweig** abzustellen (Abs. 2 S. 2, 2. Hs.). Es muss jeweils exakt diese Prüfungsreihenfolge eingehalten werden (*Annuß/Thüsing-Thüsing* Rn 11, angesichts des Gesetzeswortlauts eine korrigierende Auslegung zutr. abl.; *Däubler* ZIP 2000, 1962; *Lindemann/Simon* BB 2001, 146; **aA** bzgl. der auf den Betrieb bezogenen Vergleichbarkeit HWK-*Schmalenberg* § 3 TzBfG Rn 15 unter Berufung auf *BAG* 17.11.1998 – 1 AZR 147/98 [s.a. Rdn 58]). 57

II. Vergleichbarkeit im Betrieb

Vergleichbar ist ein Arbeitnehmer, der unbefristet beschäftigt ist und eine **gleiche oder ähnliche Tätigkeit** ausübt. Für die Beurteilung, ob eine gleiche oder ähnliche Tätigkeit ausgeübt wird, ist grundsätzliche eine »**funktionale Sichtweise**« maßgeblich (*BAG* 11.11.2020 – 10 AZR 185/20 (A), Rn 51), es sei denn für die Leistungserbringung kommt es nicht auf die Tätigkeit, sondern auf andere Faktoren – etwa die Betriebszugehörigkeit – an (etwa betriebseinheitlich gewährten Weihnachtsgeld gestaffelt nach Betriebszugehörigkeit). Entscheidend für die Vergleichbarkeit ist dann, nach welchen Kriterien die Bestimmungen die Gruppenbildung vorgenommen haben oder an welche Gesichtspunkte sie für die Erbringung der Leistung anknüpfen (*BAG* 11.11.2020 – 10 AZR 185/20 (A), Rn 51; 28.5.2013 – 3 AZR 266/11, Rn 27 mwN). Eine gleiche Tätigkeit liegt zB vor, wenn es befristet und unbefristete beschäftigte Verkäufer **im Betrieb** gibt, und nur auf den Betrieb stellt das Gesetz ohne interpretatorische Korrekturmöglichkeit ab (*Annuß/Thüsing-Annuß* § 3 Rn 11; vgl. auch KR-*Bader/Kreutzberg-Kowalczyk* § 4 TzBfG Rdn 7; krit. zum betriebsbezogenen Ansatz HWK-*Schmalenberg* § 3 TzBfG Rn 15 [vgl. dazu schon Rdn 57]; *Lakie*s DZWIR 2001, 1, 2 f.; anders auch die Rspr. zum Gleichbehandlungsgrundsatz: *BAG* 17.11.1998 – 1 AZR 147/98; s. zu § 3 Nr. 2 RL 1999/70/EG EUArbR/*Krebber* Rn 14). Allgemein ist die **gleiche Tätigkeit** dann anzunehmen, wenn die üblichen Tätigkeiten der verglichenen Personen identisch oder unter Berücksichtigung von Belastung, Verantwortung, Arbeitsbedingungen und Qualifikation 58 jedenfalls so gleichartig sind, dass die Arbeitnehmer einander im Bedarfsfall sogleich und ohne Einarbeitungszeit ersetzen können (HWK-*Schmalenberg* § 3 TzBfG Rn 16; wohl enger *Annuß/ Thüsing-Thüsing* § 3 Rn 13; zT wird auch auf vom Arbeitgeber gebildete Gruppen abgestellt). Auf die formale Unterscheidung zwischen Arbeitern und Angestellten wird es nicht mehr ankommen, wenn es sich um die gleiche Tätigkeit handelt. Ebenso schließen unterschiedliche Arbeitsplatzbeschreibungen oder nur manchmal erforderlich werdende Zusatzqualifikationen es nicht aus, dass es sich dennoch um die gleiche Tätigkeit handelt (vgl. auch *BAG* 23.8.1995 – 5 AZR 942/93, mit Anm. *Schüren* in EzA § 612 BGB Nr. 18). Unterschiedliche Berufsberechtigungen über einen längeren Zeitraum stehen indes der Annahme einer gleichen Tätigkeit entgegen (*EuGH* 11.5.1999 – C-309/97). Sind die arbeitsvertraglichen Stellen- oder Arbeitsplatzbeschreibungen jedoch gleich, wird man dies als Indiz für die Gleichartigkeit der Tätigkeiten werten können (MHH-TzBfG/ *Herms* § 3 TzBfG Rn 14).

59 Für die Beurteilung der Frage, ob eine **ähnliche Tätigkeit** vorliegt, ist zu beachten, dass **nicht Gleichwertigkeit** iSd Art. 119 bzw. nunmehr Art. 157 AEUV und iSv Art. 1 der RL 75/117/ EWG des Rates v. 10.2.1975 zur Angleichung der Rechtsvorschriften der Mitgliedsstaaten über die Anwendung des Grundsatzes des gleichen Entgelts für Männer und Frauen (ABl. L 45 S. 19) verlangt wird (s. zu § 3 Nr. 2 RL 1999/70/EG EUArbR/*Krebber* Rn 16; zum Begriff der Gleichwertigkeit etwa *BAG* 23.8.1995 – 5 AZR 942/93, mit Anm. *Schüren* in EzA § 612 BGB Nr. 18; auch hier offenbar enger *Annuß/Thüsing-Annuß* § 3 TzBfG Rn 13). Weiter kommt es auf die (inhaltliche) **Tätigkeit** (s. § 3 Nr. 2 RL 1999/70/EG: Arbeit/Beschäftigung) an (»funktionale Sichtweise« *BAG* 11.11.2020 – 10 AZR 185/20 (A), Rn 51: allerdings dann nicht maßgeblich, wenn es für die Leistungserbringung nicht auf die Tätigkeit, sondern auf andere Faktoren – etwa die Betriebszugehörigkeit – ankommt; s. zu § 3 Nr. 2 RL 1999/70/EG EUArbR/*Krebber* Rn 16 mwN zur Rspr. des EuGH). Daher ist auch nicht die Bezahlung als solche maßgebend (vgl. *BAG* 26.1.2005 – 4 AZR 171/03), so dass nicht alle Arbeitnehmer in derselben Vergütungsgruppe eine ähnliche Tätigkeit iSd Abs. 2 S. 1 ausüben müssen (*Annuß/Thüsing-Thüsing* § 3 TzBfG Rn 13; **aA** DDZ-*Wroblewski* § 3 TzBfG Rn 19; s.a. MHH-TzBfG/*Herms* § 3 TzBfG Rn 14). Einen Anhaltspunkt für die Auslegung bietet § 2 Nr. 2 der Rahmenvereinbarung, wonach auch die **Qualifikationen/Fertigkeiten** angemessen zu berücksichtigen sind. Man wird daher eine ähnliche Tätigkeit eines unbefristet Beschäftigten dann annehmen können, wenn zwar keine identische Tätigkeit und auch keine Gleichartigkeit iSd Begriffs der gleichen Tätigkeit (s. Rdn 58) vorliegt, die Tätigkeit aber im selben Tätigkeitsbereich (etwa: Buchhaltung, Verkauf) wie die des befristet Beschäftigten liegt und der Arbeitgeber beide im Hinblick auf Arbeitsinhalte und Arbeitsbedingungen auch unter Berücksichtigung der jeweiligen Qualifikationen und Fertigkeiten mit lediglich relativ kurzer Einarbeitungszeit (von regelmäßig nicht mehr als zwei Wochen) austauschen könnte (hier können vom Arbeitgeber gebildete Gruppen mit maßgeblich sein bzgl. der Verpflichtung des Arbeitgebers zur alsbaldigen Offenlegung der Unterscheidungsmerkmale: *BAG* 3.7.2003 – 2 AZR 617/02) – die Folge wird dann regelmäßig die Einschlägigkeit derselben Vergütungsgruppe sein. Im Einklang mit der zugrundeliegenden Rahmenvereinbarung ist also zu prüfen, ob sie unter Zugrundelegung einer Gesamtheit von **Faktoren wie Art der Arbeit, Ausbildungsanforderungen und Arbeitsbedingungen** als in einer vergleichbaren Situation befindlich angesehen werden können (*EuGH* 8.10.2020 – C-644/19 [Universitatea »Lucian Blaga« Sibiu], Rn 46; 11.4.2019 – C-29/18, C-30/18 und C-44/18 [Cobra Servicios Auxiliares], Rn 41 mwN; 20.9.2018 – C-466/ 17 [Motter], Rn 29 mwN zur Rspr. des EuGH).

III. Vergleichbarkeit nach anwendbarem Tarifvertrag

60 Gibt es im Betrieb keinen vergleichbaren unbefristet Beschäftigten, so ist maßgebend **der anwendbare Tarifvertrag**, dh zunächst der Tarifvertrag, bzgl. dessen der **Arbeitgeber tarifgebunden** ist, kraft Verbandszugehörigkeit oder Tarifbindung (insoweit parallel *Annuß/Thüsing-Annuß* § 3 TzBfG Rn 14; MHH-TzBfG/*Herms* § 3 TzBfG Rn 18). Das Gesetz geht insoweit von nur einem anwendbaren Tarifvertrag aus. In Fällen von Tarifkonkurrenz wird zT das Vorhandensein eines maßgebenden Tarifvertrages verneint (*Annuß/Thüsing-Annuß* § 3 TzBfG Rn 14 mwN), zT wird auf

den Tarifvertrag abgestellt, an den die größere Anzahl der Arbeitnehmer im Betrieb gebunden ist (DDZ-*Wroblewski* § 3 TzBfG Rn 20), was trotz praktischer Bedenken dem Grundsatz der Tarifeinheit entspricht. Ansonsten ist auf den für die jeweilige Beschäftigtengruppe anwendbaren Tarifvertrag abzustellen. Entsprechend dem Zweck der Vorschrift, eine Grundlage für die Vergleichbarkeit zu finden, wird man als anwendbar darüber hinaus auch den Tarifvertrag anzusehen haben, den der Arbeitgeber aufgrund betrieblicher Übung oder aufgrund gleichlautender vertraglicher Bezugnahmen **einheitlich im Betrieb anwendet** (zust. HWK-*Schmalenberg* § 3 TzBfG Rn 17; aA *Annuß/Thüsing-Annuß* § 3 TzBfG Rn 14). Insoweit kommt es ebenfalls auf die **Tätigkeit** an – S. 2 des Abs. 2 bezieht sich ja auf dessen S. 1 –, also zunächst auf die Frage danach, wie ein unbefristet beschäftigter Arbeitnehmer mit der gleichen Tätigkeit nach diesem Tarifvertrag behandelt wird. In zweiter Linie ist nach einer theoretischen Austauschbarkeit entsprechend den Ausführungen in Rdn 59 zu fragen.

IV. Vergleichbarkeit nach Üblichkeit im Wirtschaftszweig

Kommt man auch mit der zweiten Möglichkeit nicht zum Ziel, ist darauf abzustellen, wer **im jeweiligen Wirtschaftszweig üblicherweise** als vergleichbarer unbefristet beschäftigter Arbeitnehmer anzusehen ist. Insoweit verweist § 3 Nr. 2 der Rahmenvereinbarung auf die gesetzlichen oder **tarifvertraglichen Bestimmungen oder Gepflogenheiten**. Es ist also in aller Regel primär der einschlägige Tarifvertrag, der aber im Betrieb nach den in Rdn 60 angeführten Kriterien nicht anwendbar ist, heranzuziehen. Hilfsweise wird auf einen nicht direkt einschlägigen, aber dennoch in der **Branche** im weiteren Sinne üblichen Tarifvertrag abzustellen (vgl. dazu *Däubler* ZIP 2001, 217; *Annuß/Thüsing-Annuß* § 3 TzBfG Rn 15: bei mehreren der meistverbreitete). In zweiter Linie wird auf die faktischen Gepflogenheiten abzustellen sein, die erforderlichenfalls gem. § 56 Abs. 1 S. 2 Nr. 2 ArbGG durch Auskünfte etwa bei Industrie- oder Handelskammern festzustellen sind (ähnlich DDZ-*Wroblewski* § 3 TzBfG Rn 20; aA HWK-*Schmalenberg* § 3 TzBfG Rn 18: kein Zwang zur Orientierung an den Arbeitsbedingungen der Konkurrenz, sondern Orientierung an »insoweit hypothetischen Arbeitsbedingungen unter Berücksichtigung der in seinem Betrieb geltenden Regelungen«, andernfalls einer gewissen Feststellungsbreite bedürfen (DDZ-*Wroblewski* § 3 TzBfG Rn 20 erwägt, wie im Mietrecht auf drei vergleichbare Fälle abzustellen). In diesem Zusammenhang kommt es wiederum (s. Rdn 60) primär auf unbefristet Beschäftigte mit der gleichen Tätigkeit an, sekundär auf die Frage der theoretischen Austauschbarkeit entsprechend den Ausführungen in Rdn 59.

61

§ 4 TzBfG Verbot der Diskriminierung

(1) *(betrifft nur Teilzeitbeschäftigte, vom Abdruck des Gesetzestextes und einer Kommentierung wird daher hier abgesehen)*

(2) ¹Ein befristet beschäftigter Arbeitnehmer darf wegen der Befristung des Arbeitsvertrages nicht schlechter behandelt werden als ein vergleichbarer unbefristet beschäftigter Arbeitnehmer, es sei denn, dass sachliche Gründe eine unterschiedliche Behandlung rechtfertigen. ²Einem befristet beschäftigten Arbeitnehmer ist Arbeitsentgelt oder eine andere teilbare geldwerte Leistung, die für einen bestimmten Bemessungszeitraum gewährt wird, mindestens in dem Umfang zu gewähren, der dem Anteil seiner Beschäftigungsdauer am Bemessungszeitraum entspricht. ³Sind bestimmte Beschäftigungsbedingungen von der Dauer des Bestehens des Arbeitsverhältnisses in demselben Betrieb oder Unternehmen abhängig, so sind für befristet beschäftigte Arbeitnehmer dieselben Zeiten zu berücksichtigen wie für unbefristet beschäftigte Arbeitnehmer, es sei denn, dass eine unterschiedliche Behandlung aus sachlichen Gründen gerechtfertigt ist.

Übersicht	Rdn		Rdn
A. Regelungsgehalt des Abs. 2	1	I. Allgemeines	5
B. Der Grundtatbestand des Diskriminierungsverbots (Abs. 2 S. 1)	5	II. Schlechterbehandlung gem. Satz 1	10
		III. Diskriminierung wegen der Befristung ..	13

§ 4 TzBfG Verbot der Diskriminierung

		Rdn			Rdn
IV.	Sachliche Gründe zur Rechtfertigung der Schlechterbehandlung	16	III.	Andere teilbare geldwerte Leistung für bestimmten Bemessungszeitraum	27
V.	Rechtsfolgen	17	D.	Diskriminierungsverbot bei Beschäftigungsbedingungen mit Wartezeit (Abs. 2 S. 3)	28
C.	Diskriminierungsverbot bei Vergütung für einen bestimmten Bemessungszeitraum (Abs. 2 S. 2)	19	E.	Beweislastfragen	34
I.	Grundsatz	19	F.	Inkrafttreten	35
II.	Arbeitsentgelt für bestimmten Bemessungszeitraum	23			

A. Regelungsgehalt des Abs. 2

1 Bei der Regelung des Abs. 2 insgesamt handelt sich um ein einheitliches Diskriminierungsverbot (*BAG* 11.12.2003 – 6 AZR 64/03), eine Konkretisierung des **allgemeinen Gleichheitssatzes** (*BAG* 15.7.2004 – 6 AZR 25/03, zu II 3 der Gründe; 24.10.2013 – 6 AZR 964/11, Rn 32; BT-Drucks. 14/4374 S. 13; ErfK-*Preis* § 4 TzBfG Rn 13), das vom AGG unberührt bleibt (§ 2 Abs. 3 S. 1 AGG; zu Anwendbarkeit des AGG mit seinem weiteren Anwendungsbereich ErfK-*Preis* § 4 TzBfG Rn 18). Gewissermaßen als **Obersatz** oder Grundtatbestand (*BAG* 11.12.2003 – 6 AZR 64/03) verbietet **Satz 1** es, befristet beschäftigte Arbeitnehmer schlechter als **vergleichbare unbefristet beschäftigte Arbeitnehmer** (s. dazu KR-*Bader/Kreutzberg-Kowalczyk* § 3 TzBfG Rdn 56–61) zu behandeln. Satz 2 konkretisiert das für das **Arbeitsentgelt** und andere teilbare geldwerte Leistungen (*BAG* 11.12.2003 – 6 AZR 64/03). Satz 3 schließlich formuliert als speziellere Regelung das Benachteiligungsverbot für die von der Dauer der Beschäftigung abhängigen **Beschäftigungsbedingungen**. Es wird damit die die **Richtlinie 1999/70/EG** des Rates vom 28. Juni 1999 zu der EGB-UNICE-CEEP-Rahmenvereinbarung über befristete Arbeitsverträge (ABl. EG 1999 Nr. L 175 S. 43; abgedr. bei *Bader/Bram-Bader* § 620 BGB Rn 12) umgesetzt (BT-Drucks. 14/4374 S. 13; s. KR-*Bader/Kreutzberg-Kowalczyk* § 1 TzBfG Rdn 2 mwN; *BAG* 21.2.2013 – 8 AZR 68/12, Rn 36) und so arbeitsrechtlich ein neues Kapitel aufgeschlagen (DDZ-*Wroblewski* § 4 TzBfG Rn 1 unter Hinweis auf die schon bislang eine Schlechterstellung befristet beschäftigter Arbeitnehmer im Bereich des Arbeitsschutzrechts verbietende EG-RL v. 24.6.1991 [ABl. L 206/19]; *Hanau* NZA 2000, 1045). **§ 19 TzBfG** enthält für Maßnahmen der Aus- und Weiterbildung eine Spezialbestimmung zu § 4 Abs. 2 S. 1 u. 3 (dazu KR-*Bader/Kreutzberg-Kowalczyk* § 19 TzBfG Rdn 2; ErfK-*Müller-Glöge* § 19 TzBfG Rn 1; DDZ/*Wroblewski* § 19 TzBfG Rn 2; LS-*Schlachter* § 19 TzBfG Rn 2; Arnold/Gräfl/*Spinner* § 19 TzBfG Rn 1; *BAG* 12.10.2010 – 9 AZR 518/09, Rn 28).

2 Zugleich wird auf diese Weise, da in der Europäischen Union mehr als die Hälfte der befristet im Arbeitsverhältnis Beschäftigten Frauen sind (Ziff. 9 der Rahmenvereinbarung über befristete Arbeitsverträge – abgedr. bei *Bader/Bram-Bader* § 620 BGB Rn 12), der **Diskriminierung von Frauen** entgegengewirkt, ohne dass aber ein Vergleich zwischen den Gruppen der beiden Geschlechter angestellt werden müsste (ErfK-*Preis* § 4 TzBfG Rn 15), da es für die Anwendung des § 4 Abs. 2 TzBfG nicht darauf ankommt, ob darin eine mittelbare Frauendiskriminierung zu sehen ist (dies für die Mehrzahl der Fälle bejahend MHH-TzBfG/*Herms* § 4 TzBfG Rn 8; aA *Sievers* § 4 TzBfG Rn 5; zur Diskriminierung im Hinblick auf Art. 141 Abs. 1 EGV [jetzt Art. 157 AEUV] auch *EuGH* 17.9.2002 – C-320/00 [Lawrence ua]). Auf **Art. 157 AEUV** und **Art. 3 GG** direkt wird man neben § 4 Abs. 2 TzBfG idR nicht zurückgreifen müssen (s. zu Art. 157 AEUV ErfK-*Preis* § 14 TzBfG Rn 14 f.; MHH-TzBfG/*Herms* § 4 TzBfG Rn 8; zu Art. 3 GG ErfK-*Preis* § 4 TzBfG Rn 16 f.).

3 § 4 Abs. 2 bezieht sich aber nicht auf die **Begründung des befristeten Arbeitsverhältnisses** (s. Rdn 8; MHH-TzBfG/*Herms* § 4 TzBfG Rn 122; zum Aspekt der Vertragsfreiheit insoweit *BAG* 19.8.1992 – 7 AZR 560/91; vgl. auch *EuGH* 8.10.2020 – C-644/19 [Universitatea »Lucian Blaga« Sibiu], Rn 39). Ebenso erfasst § 4 Abs. 2 zunächst nicht Arbeitnehmer, die nach dem Ablauf eines befristeten Vertrages nunmehr in einem Dauerarbeitsverhältnis stehen, da § 4 Abs. 2 an sich nur für

das aktuelle befristete Arbeitsverhältnis gilt (dazu MHH-TzBfG/*Herms* § 4 TzBfG Rn 122 mwN zur älteren BAG-Rspr.). Doch bleibt § 4 Abs. 2 anzuwenden, wenn es um **Folgen aus dem befristeten Arbeitsverhältnis** geht (*EuGH* 8.9.2011 – C-177/10 [Rosado Santana]: zur Nichtanrechnung von Beschäftigungszeiten; *EuGH* 18.10.2012 – C-302/11 [Valenza]: zur Nichtberücksichtigung von Dienstalter und Berufserfahrung; grundlegend dazu *BAG* 21.2.2013 – 6 AZR 524/11, unter Aufgabe früherer Rspr.; 10.7.2013 – 10 AZR 915/12, vgl. a. *BAG* 24.10.2013 – 6 AZR 964/11; 9.12.2014 – 1 AZR 406/13; s. weiter Rdn 29).

Das Verbot der Diskriminierung ist **zwingend**, wie sich aus § 22 Abs. 1 TzBfG ergibt (BT-Drucks. 14/4374 S. 13; *Nielebock* AiB 2001, 76). Eine Abweichung ist damit weder durch **Einzelvertrag** oder durch einseitige Maßnahmen des Arbeitgebers wie die Ausübung des Direktionsrechts (BeckOK AR-*Bayreuther* § 4 TzBfG Rn 2 mwN; HWK-*Schmalenberg* § 4 TzBfG Rn 2; s.a. Rdn 5) noch durch **Tarifvertrag** (etwa *BAG* 21.2.2013 – 6 AZR 524/11, Rn 23; 10.2.2015 – 9 AZR 53/14 (F), Rn 16; vgl. dazu Rdn 11 sowie 35) oder durch kirchliche Arbeitsbedingungen (*BAG* 15.10.2003 – 4 AZR 606/02; 18.1.2012 – 6 AZR 496/10; HWK-*Schmalenberg* § 4 TzBfG Rn 2; teilw. krit. *Müller-Volbehr* NZA 2002, 301) möglich, ebenso nicht im Wege der **Betriebsvereinbarung** (*BAG* 16.6.2004 – 5 AZR 448/03; s.a. Rdn 11 mwN). § 21 TzBfG ordnet an, dass § 4 Abs. 2 auch für **auflösend bedingte Arbeitsverhältnisse** gilt.

B. Der Grundtatbestand des Diskriminierungsverbots (Abs. 2 S. 1)

I. Allgemeines

Ein Arbeitnehmer in einem befristeten Arbeitsverhältnis (KR-*Bader/Kreutzberg-Kowalczyk* § 3 TzBfG Rdn 3–6) darf unabhängig von dessen zeitlichem Umfang (BeckOK AR-*Bayreuther* § 4 TzBfG Rn 22) **nicht wegen der Befristung schlechter behandelt** werden als ein **vergleichbarer unbefristet beschäftigter Arbeitnehmer** (zum Begriff s. KR-*Bader/Kreutzberg-Kowalczyk* § 3 TzBfG Rdn 56–61; für Identität der Begriffe bei § 3 Abs. 2 und 4 Abs. 2 TzBfG auch *Sievers* § 4 TzBfG Rn 59; aA MHH-TzBfG/*Herms* § 4 TzBfG Rn 125 f.: differenzierend; ohne nähere Begründung auf identische Aufgaben abstellend *BAG* 21.2.2013 – 6 AZR 524/11, Rn 30), es sei denn, **sachliche Gründe** rechtfertigen eine unterschiedliche Behandlung (*Staudinger/Preis* § 620 BGB Rn 34; zum umgekehrten Fall der Diskriminierung unbefristet Beschäftigter hier Rdn 9 und *Hromadka* BB 2002, 674, 675). Dabei ist die **Rechtsgrundlage** der Befristung unerheblich, § 4 Abs. 2 erfasst auch Befristungen außerhalb des TzBfG (MHH-TzBfG/*Herms* § 4 TzBfG Rn 122). Eine Schlechterbehandlung eines befristet beschäftigten Arbeitnehmers ist also mit Blick auf § 4 TzBfG einerseits möglich, wenn sie nicht wegen der Befristung erfolgt (zur **Kausalität** etwa *BAG* 27.1.2011 – 6 AZR 382/09; die Schlechterbehandlung ist bei fehlender Kausalität dann »nur« nach den allgemeinen Grundsätzen bzw. nach dem AGG zu überprüfen; vgl. auch MHH-TzBfG/*Herms* § 4 TzBfG Rn 127; vgl. *LAG Hamm* 9.8.2007 – 17 Sa 404/07, zu einer nicht kausalen tariflichen Regelung), andererseits dann, wenn sie zwar wegen der Befristung erfolgt, aber durch **sachliche Gründe** gerechtfertigt ist. Da wesentliche und praktisch wichtige Fragen in Abs. 2 S. 2 und 3 geregelt sind, wird man auf Abs. 2 S. 1 als solchen nicht so häufig zurückgreifen müssen (zu den Auswirkungen des Satzes 1 auf die Auslegung der Sätze 2 u. 3 unten im Rahmen der jeweiligen Erläuterungen). Abs. 2 S. 1 erfasst **alle** denkbaren **Varianten des Arbeitgeberhandelns** vom Weisungsrecht bis zur Stellenbesetzung (ErfK-*Preis* § 4 TzBfG Rn 19 mwN; s. weiter Rdn 10 ff.), sowohl **einseitige Maßnahmen** des Arbeitgebers als auch **vertragliche Regelungen** (*BAG* 19.8.1992 – 5 AZR 513/91).

Allerdings ist hervorzuheben, dass Satz 2 nach seiner sprachlichen Gestaltung nur **Arbeitsentgelt** anspricht, das für bestimmte **Bemessungszeiträume** gewährt wird (s. Rdn 19), nicht etwa auch den **Stundenlohn** – es sei denn, es ginge ausnahmsweise nur um eine stundenweise Beschäftigung – (aA *Kliemt* NZA 2001, 305: betriebliche Altersversorgung hier einordnend [dazu Rdn 32]; unklar *Staudinger/Preis* § 620 BGB Rn 34) – bzgl. der Höhe des Stundenlohns bleibt es bei der Anwendung des Satzes 1, der Stundenlohn hat damit regelmäßig für befristet und unbefristet Beschäftigte gleich hoch zu sein (ebenso DDZ-*Wroblewski* § 4 TzBfG Rn 4). Dies gilt auch für die Zahlung von **Besitzstandszulagen** nur an unbefristet Beschäftigte (dazu im selben Sinne: *ArbG Göttingen*

20.3.2002 – 3 Ca 574/01; *LAG Brem.* 5.11.2002 – 1 Sa 98/02; *Annuß/Thüsing-Thüsing* § 4 TzBfG Rn 86; DDZ-*Wroblewski* § 4 TzBfG Rn 4; *Sievers* § 4 TzBfG Rn 69; andererseits seinerzeit *BAG* 30.8.2000 – 4 AZR 563/99; s.a. MHH-TzBfG/*Herms* § 4 TzBfG Rn 146 mwN; vgl. weiter *LAG Nds.* 9.1.2003 – 7 Sa 148/02 u. ErfK-*Preis* § 4 TzBfG Rn 66 mwN). Soweit es um **verschiedene Entgeltbestandteile** geht, darf **keine Gesamtbetrachtung** vorgenommen werden, sondern der Grundsatz des Satzes 1 muss für jeden einzelnen Entgeltbestandteil gewährleistet sein (*EuGH* 26.6.2001 DB 2001, 1620 zur Lohngleichheit zwischen Mann und Frau; vgl. a. *BAG* 5.8.2009 – 10 AZR 634/08, zur Vergleichsbetrachtung). Es kommen beim Entgelt also möglicherweise Satz 1 und Satz 2 nebeneinander zur Anwendung.

7 Die Frage der Benachteiligung ist nur **betriebsbezogen** zu beantworten (HWK-*Schmalenberg* § 4 TzBfG Rn 23 [grundsätzlich betriebsbezogen]; vgl. auch *BAG* 17.11.1998 – 1 AZR 147/98: hinsichtlich Gleichbehandlung Tendenz zu Unternehmensbezug; vgl. weiter *BAG* 8.11.2006 – 5 AZR 5/06). Denn § 3 Abs. 2 S. 1 TzBfG wählt diesen betriebsbezogenen Ansatz (s. KR-*Bader/Kreutzberg-Kowalczyk* § 3 TzBfG Rdn 58; s. zu § 3 Nr. 2 RL 1999/70/EG EUArbR/*Krebber* Rn 14), wobei die dortigen Sätze 2 und 3 diesen Ansatz nicht in Frage stellen. Diese Sätze definieren den vergleichbaren unbefristet beschäftigten Arbeitnehmer in Ermangelung eines solchen konkreten im Betrieb vorhandenen Arbeitnehmers nur abstrakt und theoretisch. Handelt es sich um die Beschäftigung in einem **Privathaushalt**, ist dieser, obwohl kein Betrieb im Rechtssinne (s. *BAG* 11.6.2020 – 2 AZR 660/19, Rn 12 mwN), in diesem Zusammenhang hier als Betrieb zu behandeln.

8 Da § 4 Abs. 2 TzBfG den **befristet beschäftigten Arbeitnehmer** voraussetzt, gilt das darin geregelte Diskriminierungsverbot **nicht** für die Frage der (befristeten) **Einstellung** als solche (ErfK-*Preis* § 4 TzBfG Rn 18; vgl. auch *EuGH* 8.10.2020 – C-644/19 [Universitatea »Lucian Blaga« Sibiu], Rn 39). Über § 4 Abs. 2 TzBfG lässt sich also schon aus diesem Grunde kein Anspruch auf Abschluss eines unbefristeten Arbeitsvertrages konstruieren (vgl. Rdn 1 aE).

9 § 4 Abs. 2 TzBfG schließt eine **Besserstellung** befristet Beschäftigter gegenüber den unbefristet Beschäftigten nicht aus, soweit man damit nicht in Kollision mit anderen Gleichbehandlungsgrundsätzen kommt (vgl. *Richardi/Annuß* BB 2000, 2201; HWK-*Schmalenberg* § 4 TzBfG Rn 22; BeckOK AR-*Bayreuther* § 4 TzBfG Rn 7), dh soweit diese Besserstellung sachlich gerechtfertigt ist (die Möglichkeit einer sog. **Prekaritätsprämie** – eines Ausgleichs für die Beschäftigung im nur befristeten Arbeitsverhältnis – daher bejahend DDZ-*Wroblewski* § 4 TzBfG Rn 9; zurückhaltend ArbRBGB-*Dörner* § 620 Rn 51; aA ErfK-*Preis* § 4 TzBfG Rn 63). Eine individuelle Besserstellung einzelner befristet Beschäftigter wird freilich möglich sein (BeckOK AR-*Bayreuther* § 4 TzBfG Rn 7; ErfK-*Preis* § 4 TzBfG Rn 13).

II. Schlechterbehandlung gem. Satz 1

10 Eine **Schlechterbehandlung** iSd Satzes 1 (die vorgehenden Spezialregelungen in den Sätzen 2 u. 3 sind unten behandelt) liegt vor, wenn befristet Beschäftigte für die gleiche Arbeitsleistung eine geringere Bezahlung als die unbefristet Tätigen erhalten. Auch dem **Vorenthalten von Vorteilen** liegt eine Schlechterbehandlung (vgl. *BAG* 15.1.2013 – 3 AZR 4/11, Rn 27 mwN; *EuGH* 20.12.2017 – C-158/16: betreffend Sonderurlaub für politisches Mandat). Unbefristet Beschäftigte dürfen also keine höhere Vergütung erhalten, die nicht unter die Sätze 2 und 3 fällt (s. Rdn 6). Damit erfasst sie den **Stundenlohn** (Rdn 6) und **Besitzstandszulagen** (Rdn 6). Sie liegt weiter etwa vor, wenn der Arbeitgeber den befristet Beschäftigten weniger **Urlaub** gewährt als den unbefristet Beschäftigten, den befristet Beschäftigten ungünstigere **Arbeitszeiten** zuweist als den unbefristet Beschäftigten (DDZ-*Däubler/Wroblewski* § 4 TzBfG Rn 12; etwaige Zuschläge können den Nachteil nicht kompensieren; vgl. auch *BAG* 24.4.1997 – 2 AZR 352/96, bzgl. des Einsatzes von Teilzeitkräften) oder die befristet Beschäftigten mit höheren Arbeitszeiten beschäftigt als die unbefristet Beschäftigten (BT-Drucks. 14/4374 S. 16). Sie ist weiter bspw. auch gegeben, wenn der Arbeitgeber Urlaubsabgeltung dem befristet Beschäftigten unter anderen Voraussetzungen gewährt, als sie dem vergleichbaren unbefristet Beschäftigten nach Beendigung des Arbeitsverhältnisses zusteht

(vgl. DDZ-*Wroblewski* § 4 TzBfG Rn 8; vgl. auch MHH-TzBfG/*Herms* § 4 TzBfG Rn 151 mwN zur Frage der Urlaubsabgeltung vor dem Hintergrund der neueren BAG-Rspr.). Daneben ist der Ausschluss der befristet Beschäftigten von **geldwerten Leistungen** anzuführen, und zwar von Leistungen, die nicht von einer bestimmten Betriebszugehörigkeit abhängen – andernfalls ist Satz 3 einschlägig –, wie von Personalrabatten (dazu a. *BAG* 11.12.2003 – 6 AZR 64/03; ErfK-*Preis* § 4 TzBfG Rn 66; DDZ-*Wroblewski* § 4 TzBfG Rn 4; s. weiter Rdn 27), von der Benutzung des betrieblichen Kindergartens, vom Genuss verbilligten Kantinenessens oder kostenloser Benutzung werkseigener Busse (vgl. *Annuß/Thüsing-Thüsing* § 4 TzBfG Rn 84). Da sich diese Leistungen nicht wie nach Satz 2 aufspalten lassen, sind sie den befristet Beschäftigten ebenso zu gewähren wie den vergleichbaren unbefristet beschäftigten Arbeitnehmern. Grundsätzlich gilt Entsprechendes für die Zurverfügungstellung von Pkws und die Möglichkeit, diese auch außerdienstlich privat nutzen zu können. Sachliche Gründe mögen dann im Einzelfall aber unterschiedliche Behandlungen gegenüber vergleichbaren unbefristet Beschäftigten rechtfertigen können. Unzulässig ist es auch, bei Bewerbungen um Beförderungsstellen Beschäftigungszeiten im befristeten Arbeitsverhältnis nicht zu berücksichtigen, was aber Abs. 2 S. 3 zuzuordnen ist (s. dazu *BAG* 12.10.2010 – 9 AZR 518/09, Rn 20; näher Rdn 29).

Das Verbot der Schlechterbehandlung gilt – wie schon angesprochen (s. Rdn 4) – umfassend, also auch für **Betriebsvereinbarungen** und **Tarifverträge** (§ 22 Abs. 1 TzBfG). Das ist im Hinblick auf Art. 9 Abs. 3 GG verfassungsrechtlich unbedenklich (*BAG* 18.3.2003 – 9 AZR 126/02, Rn 34 mwN). Das gilt auch, soweit Tarifverträge befristet Beschäftigte ganz oder teilweise aus dem **Geltungsbereich** ausklammern. Zwar stellt dies eine Nicht-Regelung für den ausgenommenen Personenkreis dar, sie schreibt also nicht selbst und unmittelbar vor, diesem Personenkreis die tarifvertraglichen Leistungen nicht oder nicht in der tarifvertraglich vorgesehenen Höhe zu gewähren (dazu *Wißmann* FS Dieterich, S. 683, 695 ff.). Doch stellt bereits die Herausnahme aus dem Geltungsbereich eine Schlechterstellung dar, führt sie doch zu der durchaus konkreten Gefahr, dass dann die Arbeitsbedingungen des ausgenommenen Personenkreises schlechter geregelt und vereinbart werden, ohne dass § 22 TzBfG dies rechtfertigen könnte (im Ergebnis ebenso DDZ-*Wroblewski* § 4 TzBfG Rn 4; **aA** für die Zeit vor Inkrafttreten des TzBfG noch *BAG* 30.8.2000 – 4 AZR 563/99; vgl. dann jedoch zu § 4 Abs. 1 TzBfG im selben Sinne wie hier *BAG* 18.3.2003 – 9 AZR 126/02; zu § 4 Abs. 2 BAT *BAG* 11.12.2003 – 6 AZR 64/03, dort auch zum zeitlichen Umfang der Geltung des § 4 Abs. 2 TzBfG; s. weiter etwa *BAG* 5.8.2009 – 10 AZR 634/08; *LAG Brem.* 5.11.2002 – 1 Sa 98/02).

11

In gleicher Weise wird es nun nicht mehr möglich sein, befristet Beschäftigte ganz oder teilweise pauschal vom Geltungsbereich eines **Sozialplans** auszunehmen. Es ist ebenso wenig möglich, Sozialplanansprüche auf Abfindung ausschließlich an Betriebszugehörigkeitszeiten im unbefristeten Arbeitsverhältnis zu knüpfen, da auch Sozialplanleistungen wie etwa eine Sozialplanabfindung »Beschäftigungsbedingungen« iSd. § 4 Abs. 2 S. 3 sind (für § 4 Nr. 1 RL 1999/70/EG *EuGH* 5.6.2018 – C-677/16 [Montero Mateos], Rn 44 ff.; ebenso *EuGH* 11.4.2019 – C-29/18, C-30/18 und C-44/18 [Cobra Servicios Auxiliares], Rn 39 mwN; **aA** *Sievers* § 4 TzBfG Rn 73). Erfüllt ein befristet beschäftigter Arbeitnehmer (auch) durch einen oder mehrere befristete Arbeitsverhältnisse die Voraussetzungen für eine Sozialplanabfindung, kann ihm der Anspruch auf die Abfindung nur dann versagt werden, wenn die Befristung vor oder gleichzeitig mit der Betriebsänderung ausläuft. Eine solche Schlechterstellung ist gerechtfertigt (s. zu Rechtfertigungsgründen Rdn 16), da der wesentliche Zweck der Sozialplanabfindung in seiner Überbrückungsfunktion liegt und der befristet Beschäftigte in diesem Fall seinen Arbeitsplatz nicht infolge der geplanten Betriebsänderung verliert (§ 112 Abs. 1 S. 2 BetrVG), sondern wegen des Befristungsablaufs (MHH-TzBfG/*Herms* § 4 TzBfG Rn 150; *Sievers* § 4 TzBfG Rn 74; **aA** KR-*Bader* in 12. Aufl.; DDZ-*Däubler/Wroblewski* § 4 TzBfG Rn 8; mit diff. Betrachtung *Annuß/Thüsing-Thüsing* § 4 TzBfG Rn 83). Der befristet Beschäftigte kann sich überdies – anders als der von einer betriebsbedingten Kündigung betroffene – von vornherein auf das Ende des Vertragsverhältnisses einstellen (vgl. *EuGH* 11.4.2019 – C-29/18, C-30/18 und C-44/18 [Cobra Servicios Auxiliares], Rn 45 ff. mwN, der eine Differenzierung hinsichtlich der Höhe einer Abfindung bei befristet Beschäftigten einerseits und unbefristet Beschäftigten

12

andererseits bejaht). Von der Zahlung einer in einem Sozialplan vorgesehenen **Treueprämie**, die die Aufrechterhaltung des Geschäftsbetriebs bis zu seiner Stilllegung bezweckt, dürfen befristet Beschäftigte nicht ausgenommen werden (APS-*Greiner* § 4 TzBfG Rn 28; *BAG* 9.12.2014 – 1 AZR 406/13); jedenfalls dann nicht, wenn das befristete Arbeitsverhältnis nicht wesentlich vor der Betriebsstilllegung endet.

III. Diskriminierung wegen der Befristung

13 Eine **Schlechterbehandlung** darf nicht »**wegen**« der Befristung erfolgen, wobei eine Schlechterbehandlung natürlich nicht vorliegt, wenn dieselbe Regelung für unbefristet Beschäftigte gilt (*BAG* 22.3.2017 – 10 AZR 623/15, Rn 30). Das Benachteiligungsverbot erfordert also eine **Kausalität** zwischen der Befristung und der Schlechterstellung. Diese ist gegeben, wenn die Befristung des Arbeitsverhältnisses das Kriterium darstellt, an welches die unterschiedlichen Arbeitsbedingungen anknüpfen, nicht jedoch dann, wenn andere Umstände, die keinen Bezug zur Befristung haben, ausschlaggebend sind (MünchKomm-*Müller-Glöge* § 4 TzBfG Rn 45). Die Tatsache der begrenzten Dauer des Arbeitsverhältnisses muss zumindest **mitursächlich** für die Wirkungen der Differenzierung auf die Betroffenen sein (LS-*Schlachter* § 4 TzBfG Rn 245; ErfK-*Preis* § 4 TzBfG Rn 64: Schlechterbehandlung allein wegen der Befristung). Eine **Benachteiligungsabsicht** ist jedoch nicht erforderlich (ErfK-*Preis* § 4 TzBfG Rn 62 unter Bezugnahme auch auf 37 mwN; *Arnold/Gräfl-Rambach* § 4 TzBfG Rn 63). Knüpft ein Tarifvertrag an einen ununterbrochenen Fortbestand des Arbeitsverhältnisses an, liegt allein darin keine schlechtere Behandlung wegen der Befristung (*BAG* 27.11.2008 – 6 AZR 632/08, Rn 22; 27.1.2011 – 6 AZR 382/09; *Arnold/Gräfl-Rambach* § 4 TzBfG Rn 50; s.a. Rdn 3 aE).

14 § 4 Abs. 2 erfasst nicht nur unmittelbare Benachteiligungen, sondern auch **mittelbare Benachteiligungen** (BT-Drucks. 14/4374 S. 13: jede ungünstigere Behandlung soll ausgeschlossen sein, wenn nicht sachliche Gründe sie rechtfertigen; für Berücksichtigung auch mittelbarer Benachteiligungen ebenfalls etwa LS-*Schlachter* § 4 TzBfG Rn 242; BeckOK AR-*Bayreuther* § 4 TzBfG Rn 11; DDZ-*Wroblewski* § 4 TzBfG Rn 13; aA *Arnold/Gräfl-Rambach* § 4 TzBfG Rn 64 mwN; MHH-TzBfG/*Herms* § 4 TzBfG Rn 127; für § 4 RL 1999/70/EG EUArbR/*Krebber* Rn 16; zum Meinungsstand *Annuß/Thüsing-Thüsing* § 4 TzBfG Rn 18; offen gelassen etwa in *BAG* 24.10.2013 – 6 AZR 964/11, Rn 30 mwN). Eine solche mittelbare Benachteiligung liegt vor, wenn der Arbeitgeber vordergründig **nach neutralen Merkmalen differenziert**, diese Merkmale aber signifikant häufiger auf befristet Beschäftigte zutreffen, sodass diese im Ergebnis auch signifikant häufiger schlechter gestellt sind (vgl. BeckOK AR-*Bayreuther* § 4 TzBfG Rn 11).

15 Ob eine mittelbare Benachteiligung vorliegt, ist **objektiv** zu bestimmen (es kommt weder darauf an, ob der Arbeitgeber ein Diskriminierungsmotiv hatte, noch darauf, ob der Arbeitgeber die entsprechende Benachteiligungswirkung erkannt hatte; vgl. *BAG* 20.11.1990 – 3 AZR 613/89) und wird regelmäßig **statistisch** zu ermitteln sein. Es müssen die Relationen zwischen befristet und unbefristet Beschäftigten zum einen bei der begünstigten Gruppe und zum anderen bei der benachteiligten Gruppe festgestellt werden. Ein erhebliches Abweichen der beiden Relationen voneinander kann zur Feststellung einer mittelbaren Diskriminierung führen, wobei der Unterschied auch in seiner prozentualen Differenz hinreichend deutlich sein muss (*BAG* 27.11.2008 – 6 AZR 632/08; ausf. dazu entsprechend *Wißmann* FS Wlotzke [1995], S. 807).

IV. Sachliche Gründe zur Rechtfertigung der Schlechterbehandlung

16 Liegt eine Schlechterstellung des befristet beschäftigten Arbeitnehmers gegenüber dem vergleichbaren unbefristet Beschäftigten vor, können **sachliche Gründe** die Ungleichbehandlung rechtfertigen (*BAG* 12.10.2010 – 9 AZR 518/09, Rn 28). Die Gründe dürfen indes nichts – weder unmittelbar noch mittelbar (ErfK-*Preis* § 4 TzBfG Rn 65) – mit der Tatsache der Befristung selbst zu tun haben und müssen objektiv zur Durchsetzung eines unternehmerischen Bedürfnisses erforderlich sein (entsprechend *BAG* 23.1.1990 – 3 AZR 58/88, m. Anm. *Steinmeyer* in EzA § 1 BetrAVG Gleichberechtigung Nr. 6; vgl. *BAG* 21.5.2003 – 10 AZR 524/02, zur Förderung durch Drittmittel

als einem sachlichen Differenzierungsgrund bzgl. Gleichbehandlung), dazu in verhältnismäßiger Weise angewandt werden (vgl. zu § 4 Abs. 1 TzBfG *BAG* 16.1.2003 – 6 AZR 222/01: »Gesetzlich zulässige Rechtfertigungsgründe ... können etwa auf unterschiedlicher Arbeitsbelastung, Qualifikation, Berufserfahrung oder unterschiedlichen Arbeitsanforderungen am Arbeitsplatz beruhen.«). Nach **ständiger Rechtsprechung des EuGH** zu § 4 RL 1999/70/EG, die durch § 4 Abs. 2 TzBfG umgesetzt wird, verlangt der Begriff »sachliche Gründe« die Feststellung, dass die Ungleichbehandlung durch das Vorhandensein genau bezeichneter, konkreter Umstände gerechtfertigt ist, die die betreffende Beschäftigungsbedingung in ihrem speziellen Zusammenhang und auf der Grundlage objektiver und transparenter Kriterien für die Prüfung der Frage kennzeichnen, ob die Ungleichbehandlung einem echten Bedarf entspricht und ob sie zur Erreichung des verfolgten Ziels geeignet und erforderlich ist. Diese Umstände können sich etwa aus der besonderen Art der Aufgaben, zu deren Erfüllung befristete Verträge geschlossen wurden, und ihren Wesensmerkmalen ergeben oder gegebenenfalls aus der Verfolgung eines legitimen sozialpolitischen Ziels durch einen Mitgliedstaat (*EuGH* 8.10.2020 – C-644/19 [Universitatea »Lucian Blaga« Sibiu], Rn 50 mwN; 11.4.2019 – C-29/18, C-30/18 und C-44/18 [Cobra Servicios Auxiliares], Rn 46). Der Umstand, dass eine Ungleichbehandlung von befristeten und unbefristeten Beschäftigten in nationale Rechtsnormen (also durch Gesetz oder Tarifvertrag) vorgesehen ist, stellt für sich genommen jedoch keinen Rechtfertigungsgrund dar (*EuGH* 5.6.2018 – C-677/16 [Montero Mateos], Rn 56 mwN zur Rspr. des EuGH; APS-*Greiner* § 4 TzBfG Rn 23). Hinsichtlich der Frage, was als sachlicher Grund für eine Rechtfertigung taugt, ist zudem auf den **Leistungszweck** abzustellen (*BAG* 15.7.2004 – 6 AZR 25/03, zu II 6 der Gründe; zu § 4 RL 1999/70/EG *EuGH* 11.4.2019 – C-29/18, C-30/18 und C-44/18 [Cobra Servicios Auxiliares], Rn 53; 5.6.2018 – C-677/162018 [Montero Mateos], Rn 63; 5.6.2018 – C-574/16 [Grupo Norte Facility], Rn 60; 21.11.2018 – C-619/17[de Diego Porras], Rn 74), wobei aus den jeweiligen Anspruchsvoraussetzungen oder den Ausschluss- oder Kürzungstatbeständen auf den Leistungszweck geschlossen werden kann (*BAG* 24.9.2003 – 10 AZR 675/02) und die Tarifvertragsparteien – abgeleitet aus Art. 9 Abs. 3 GG – grds. frei darin sind, den Zweck einer tariflichen Leistung zu bestimmen (*BAG* 19.2.1998 – 6 AZR 460/96; 15.7.2004 – 6 AZR 25/03, zu II 6 der Gründe). Unterschiedliche Qualität der Arbeit wird hier wie im Bereich der Geschlechtergleichbehandlung (insoweit *EuGH* 26.6.2001 – C-381/99 [Brunnhofer]) als Differenzierungskriterium ausscheiden. Allerdings kann die unterschiedliche Qualifikation (s. insoweit hier auch oben zu *BAG* 16.1.2003 – 6 AZR 222/01) bereits bei der Feststellung des Kreises der vergleichbaren unbefristet Beschäftigten eine Rolle spielen (vgl. KR-*Bader/Kreutzberg-Kowalczyk* § 3 TzBfG Rdn 59).

V. Rechtsfolgen

Liegt ein **Verstoß gegen § 4 Abs. 2 S. 1** vor, ist die benachteiligende Vereinbarung oder Maßnahme nach **§ 134 BGB nichtig** (ErfK-*Preis* § 4 TzBfG Rn 72 mwN; *BAG* 24.10.2013 – 6 AZR 964/11, Rn 18). Der befristet beschäftigte Arbeitnehmer hat einen Anspruch auf **Beseitigung der Ungleichbehandlung** (ErfK-*Preis* § 4 TzBfG Rn 72 mwN); jedoch nicht auf eine immaterielle Entschädigung oder ein Schmerzensgeld (*BAG* 21.2.2013 – 8 AZR 68/12, Rn 26 ff.). Daraus folgt in aller Regel, dass der befristet beschäftigte Arbeitnehmer für die Vergangenheit (etwa im Falle einer tarifvertraglichen Regelung bis zur Schaffung einer diskriminierungsfreien Regelung durch die Tarifvertragsparteien: *BAG* 15.7.2004 – 6 AZR 25/03; s. weiter ErfK-*Preis* § 4 TzBfG Rn 75 mwN) die Gleichstellung mit dem unbefristet beschäftigten Arbeitnehmer beanspruchen kann (**Anpassung nach oben**; vgl. *BAG* 6.9.2018 – 6 AZR 836/16, Rn 22; 21.2.2013 – 8 AZR 68/12, Rn 26; 12.10.2010 – 9 AZR 518/09; zu § 4 Abs. 1 TzBfG 24.9.2003 – 10 AZR 675/02; weiter dazu ErfK-*Preis* § 4 TzBfG Rn 72 u. 74 mwN; *EuGH* 20.3.2003 – C-187/00, mwN), ggf. über § 612 Abs. 2 BGB (*Arnold/Gräfl-Rambach* § 4 TzBfG Rn 73; MHH-TzBfG/*Herms* § 4 TzBfG Rn 139; parallel *BAG* 20.8.2002 – 9 AZR 750/00; 17.4.2002 – 5 AZR 413/00; 5.8.2009 – 10 AZR 634/08; aA, den Rückgriff auf § 612 Abs. 2 BGB für entbehrlich haltend LS-*Laux* § 4 TzBfG Rn 182). Zu den Folgen bei Verstößen gegen **Abs. 2 S. 2 u. 3** s. Rdn 19, 29. Bei der Angleichung darf man nicht schematisch vorgehen (so jedoch *Bauer* BB 2001, 673). Vielmehr hat man im

Einzelfall herauszuarbeiten, was jeweils der betriebliche Regelfall ist, und an diesen ist anzugleichen (s. zur Möglichkeit der zukunftsgerichteten »**Anpassung nach unten**« im Ausnahmefall einer aus mehreren selbständigen Teilregelungen bestehenden Tarifnorm *BAG* 18.2.2016 – 6 AZR 700/ 14, Rn 28 ff.). Zur Anwendung **tarifvertraglicher Verfallfristen** vgl. Erfk-*Preis* § 4 TzBfG Rn 78 f. mwN; MHH-TzBfG/*Herms* § 4 TzBfG Rn 144.

18 Ein Verstoß gegen § 4 Abs. 2 TzBfG muss nicht zwingend auf Dauer bestehen, vielmehr können die Voraussetzungen wegen sich verändernder Verhältnisse entfallen. Die Folge ist, dass § 4 Abs. 2 TzBfG nur eingreift, wenn und solange eine Benachteiligung wegen der Befristung besteht. **Entfällt die Benachteiligung**, erlangt die ursprüngliche Vereinbarung wieder Geltung (*BAG* 17.4.2002 – 5 AZR 413/00; Erfk-*Preis* § 4 TzBfG Rn 75; aA *Bepler* NZA Sonderbeil. 18/2004, 3).

C. Diskriminierungsverbot bei Vergütung für einen bestimmten Bemessungszeitraum (Abs. 2 S. 2)

I. Grundsatz

19 Einem befristet beschäftigten Arbeitnehmer ist **Arbeitsentgelt**, das für einen **bestimmten Bemessungszeitraum** gewährt wird (nur das erfasst Satz 2; vgl. Rdn 6), mindestens in dem Umfang zu gewähren, der dem Anteil der Beschäftigungsdauer am Bemessungszeitraum entspricht (**pro rata temporis**). Die Bestimmung selbst ergibt hier die **Rechtsfolge**: der befristet beschäftigte Arbeitnehmer hat unter den aufgeführten Voraussetzungen eine entsprechenden **Anspruch**. Dasselbe gilt für andere **teilbare geldwerte Leistung**, die für einen bestimmten Bemessungszeitraum gewährt werden (insgesamt krit. dazu *Bauer* BB 2001, 2473). Da das Gesetz von **mindestens** spricht, kann der sich exakt errechnende Mindestbetrag durchaus nach oben aufgerundet werden (ansonsten zur Besserstellung s. Rdn 9). Hier ist noch einmal darauf hinzuweisen, dass **hinsichtlich unterschiedlicher Entgeltbestandteile keine Gesamtbetrachtung** erfolgen darf (s. Rdn 6).

20 Wird das Entgelt nicht in der vorgeschriebenen Mindesthöhe gezahlt oder die teilbare geldwerte Leistung nicht im angegebenen Mindestumfang gewährt, geht das Gesetz mit der Spezialregelung in Satz 2 davon aus, dass bereits damit eine **Schlechterbehandlung wegen der Befristung** vorliegt, so dass dies insoweit nicht separat zu prüfen ist. Keine Diskriminierung soll es freilich darstellen, wenn vergleichbare unbefristet Beschäftigte unterschiedliche Vergütungen beziehen und wenn dann die niedrigste Vergütung als Anknüpfungspunkt für die Vergütung der befristet Beschäftigten herangezogen wird, solange damit nicht gegen eine bestehende betriebliche Ordnung iS des Gleichbehandlungsgrundsatzes (*BAG* 29.9.2004 – 5 AZR 43/04) verstoßen wird (HWK-*Schmalenberg* § 4 TzBfG Rn 23; *Bauer* BB 2001, 2473).

21 Probleme bereitet die Beantwortung der Frage, ob eine Rechtfertigung der Ungleichbehandlung (Schlechterbehandlung) durch **sachliche Gründe** auch im Rahmen des Satzes 2 möglich ist. Eine Vielzahl von Literaturstimmen verneint dies (etwa: *Blanke* AiB 2000, 730; *Däubler* ZIP 2000, 1961; DDZ-*Wroblewski* § 4 TzBfG Rn 2; *Rolfs* § 4 TzBfG Rn 8; unklar *Nielebock* AiB 2000, 76). Sie können sich dabei auf den Wortlaut der Vorschrift berufen, weil Satz 2 im Gegensatz zu den Sätzen 1 und 3 die Rechtfertigungsmöglichkeit durch sachliche Gründe nicht aufführt. Dennoch ist dieser Sichtweise nicht zu folgen (ebenso etwa: *Annuß/Thüsing-Thüsing* § 4 TzBfG Rn 72; APS-*Greiner* § 4 TzBfG Rn 23; *Bauer* BB 2001, 2473, 2474; ErfK-*Preis* § 4 TzBfG Rn 65; MHH-TzBfG/*Herms* § 4 TzBfG Rn 43 mwN; *Lindemann/Simon* BB 2001, 146, 147; dem folgend auch *BAG* 15.7.2004 – 6 AZR 25/03 unter Berufung auf den systematischen Zusammenhang und die Entstehungsgeschichte; parallel zu § 4 Abs. 1 S. 2 TzBfG zB *BAG* 5.8.2009 – 10 AZR 634/08). Da Satz 2 nur einen Teil der Entgeltprobleme anspricht (s. Rdn 6), wäre es widersprüchlich, wollte man bei Entgeltungleichbehandlung, die unter Satz 1 fällt, die Rechtfertigung durch sachliche Gründe anerkennen, nicht hingegen bei Entgeltschlechterstellung, die unter Satz 2 fällt. Es spricht also alles dafür, die Rechtfertigungsmöglichkeit durch sachliche Gründe in Satz 1 (im Obersatz – dazu s. Rdn 1) auch auf Satz 2 zu beziehen (ebenso *BAG* 11.12.2003 – 6 AZR 64/03; *Glantz* S. 67 ff.), was europarechtlich unbedenklich ist, wie die nachstehenden Ausführungen zeigen. Dies

steht zudem in Einklang mit der Begründung des Gesetzentwurfs (BT-Drucks. 14/4374 S. 16), wo ausdrücklich vermerkt ist, dass die Ungleichbehandlung aus sachlichen Gründen auch bei anteiliger Gewährung bestimmter Zusatzleistungen Platz greifen soll (dennoch *Rolfs* § 4 TzBfG Rn 3 zu § 4 Abs. 1 TzBfG). Im Übrigen belegt der Vergleich der Vorschrift mit § 4 Nr. 1, 2 u. 4 der zugrundeliegenden europäischen Rahmenvereinbarung (abgedr. bei *Bader/Bram-Bader* § 620 BGB Rn 12), dass § 4 Abs. 2 TzBfG die europäischen Vorgaben ohne eigene exakte systematische Ordnung nur nachvollzogen hat, und dort tauchen die sachlichen Gründe gleichfalls nur in Nr. 1 u. 4 auf, nicht aber in Nr. 2, die mit Satz 2 korrespondiert. Bei der Umsetzung der europäischen Vorgaben ist freilich übersehen, dass § 4 Nr. 2 der europäischen Rahmenvereinbarung den »Pro-rata-temporis-Grundsatz« nur dort gelten lassen will, wo dies angemessen ist, also gerade nicht strikt und ausnahmslos. Vor diesem Hintergrund muss man es als Redaktionsversehen einstufen, dass Satz 2 nicht auch die Rechtfertigungsmöglichkeit durch sachliche Gründe vorsieht (im Ergebnis ebenso beispielsweise *Kliemt* NZA 2001).

Was **sachlicher Grund** sein kann, ist bereits oben grds. dargestellt (s. Rdn 16). In der Begründung des Gesetzentwurfs wird nun ausdrücklich angeführt, dass eine Ungleichbehandlung betreffend Zusatzleistungen, die für einen bestimmten Bemessungszeitraum gewährt werden, dann aus sachlichen Gründen gerechtfertigt sein soll, wenn bei nur kurzzeitigen Arbeitsverhältnissen die anteilige Gewährung lediglich zu **sehr geringfügigen Beträgen** führt, die in keinem angemessenen Verhältnis zum Zweck der Leistung stehen (BT-Drucks. 14/4374 S. 16). Dies erscheint auch im Hinblick auf die europarechtlichen Vorgaben als kaum haltbar (**aA** ErfK-*Preis* § 4 TzBfG Rn 66). Denn damit wird nicht ein separater objektiver Grund zur Rechtfertigung der Schlechterbehandlung ins Feld geführt, sondern letztlich eben nur die Tatsache, dass eine Befristung vorliegt (diese ist die Ursache für den geringen Anteil an der Zusatzleistung; *Glantz* S. 74). 22

II. Arbeitsentgelt für bestimmten Bemessungszeitraum

Die Regelung des Abs. 2 S. 2 erfasst zunächst zB die Fälle, in denen in einem Betrieb die **Vergütung nach Wochen oder Monaten** bemessen gezahlt wird. Wird dann ein Arbeitnehmer bei Wochenvergütung nur für drei Tage befristet beschäftigt, erhält er (mindestens) den **entsprechenden Anteil**, wobei wiederum zu differenzieren ist, wie viele Arbeitstage – das Abstellen auf Kalendertage ist hier wegen zu grober Verzerrung, die dem Zweck von Abs. 2 Satz 2 nicht mehr entspricht, abzulehnen – die Wochenvergütung abdeckt (bei fünf Arbeitstagen pro Woche wären in dem Beispielsfall also jedenfalls 3/5 der Wochenvergütung zu zahlen). Entsprechendes gilt für die Monatsvergütung, wenn ein Arbeitnehmer etwa nur für zwei oder sieben Wochen befristet eingestellt wird. Die Vergütung für den nicht vollen Monat ist dann gleichfalls (mindestens) anteilig zu berechnen, wobei es hier vertretbar ist, mit dem Verhältnis der Kalendertage oder ebenfalls mit dem Verhältnis der Arbeitstage (dies erscheint auch insoweit vorzugswürdig) zu rechnen; der Zweck von Abs. 2 S. 2 erfordert jedenfalls eine **konkrete Berechnung**. 23

Bei allen übrigen Geldleistungen ist zu fragen, ob sie **Arbeitsentgelt** darstellen, das für einen **bestimmten Bemessungszeitraum** gezahlt wird. Das betrifft insbes. **Gratifikationen, Weihnachtsgelder, Urlaubsgelder und 13. Monatsgehälter** (zu Fragen diesbezüglicher Wartezeiten s. Rdn 28 u. 33). Einfach ist die Beantwortung der Frage bei einem echten 13. Monatsgehalt. Dieses wird als **zusätzliches Arbeitsentgelt** (Sondervergütung mit reinem Entgeltcharakter) für das gesamte Kalenderjahr gezahlt, ist also zeitanteilig an den nur für einen Teil des Jahres befristet Beschäftigten zu zahlen (entsprechend *BAG* 24.10.1990 – 6 AZR 156/89; ebenso DDZ-*Wroblewski* § 4 TzBfG Rn 5; APS-*Greiner* § 4 TzBfG Rn 25). Ansonsten ist es eine Frage der Auslegung – die bloße Bezeichnung ist dabei nicht entscheidend (*BAG* 11.11.1971 – 5 AZR 277/71; vgl. auch 20.9.1972 – 5 AZR 239/72) – unter Berücksichtigung der jeweils geltenden Bedingungen, ob nur die Vergütung vergangener Dienste im Bemessungszeitraum gewollt ist. Ist diese Frage zu bejahen, gilt dasselbe wie für das echte 13. Monatsgehalt (s. Rdn 25 zum Anspruch bei Festlegung von **Stichtagen**). Ist die Frage hingegen zu verneinen, kann sich ergeben, dass etwa die Gratifikation doch **teilweise als Vergütung für erbrachte Leistungen** (Sonderzahlung mit Mischcharakter) im Bemessungszeitraum 24

§ 4 TzBfG   Verbot der Diskriminierung

zu werten ist (dazu *BAG* 14.11.2012 – 10 AZR 903/11, Rn 18), wobei für die Festlegung des entsprechenden Anteils, der dann gem. Abs. 2 S. 2 zeitanteilig an den befristet Beschäftigten auszuzahlen ist, erforderlichenfalls mit § 287 Abs. 2 ZPO zu arbeiten ist. Zum Teil wird vertreten, dass befristet Beschäftigte auch Anspruch auf eine Gratifikation haben können, die nicht Vergütung ist, wenn sie immer wieder befristet eingestellt werden und auf sie auch künftig zurückgegriffen werden soll (ähnlich DDZ-*Wroblewski* § 4 TzBfG Rn 6; vgl. a. *BAG* 20.9.2006 – 10 AZR 496/05, zu mehreren Befristungen).

25   Ist die Zahlung der Gratifikation oder sonstigen Leistung in wirksamer Weise davon abhängig, dass der Arbeitnehmer zu einem festgelegten **Stichtag** noch Angehöriger des Betriebs oder Unternehmens ist (vgl. zB *BAG* 14.11.2012 – 10 AZR 903/11; 18.1.2012 – 10 AZR 667/10; weiter *BAG* 24.10.2007 – 10 AZR 825/06), so erfasst diese Regelung in gleicher Weise befristet wie unbefristet beschäftigte Arbeitnehmer (*BAG* 14.12.1993 – 10 AZR 661/92: die Befristung steht einer Kündigung nicht gleich, soweit der Anspruch davon abhängt, dass das Arbeitsverhältnis ungekündigt besteht; s. aber Rdn 26). Der aufgrund wirksamer Befristung vor dem Stichtag ausgeschiedene Arbeitnehmer hat demnach grds. keinen Anspruch auf zeitanteilige Zahlung (vgl. a. *BAG* 19.12.2007 – 5 AZR 260/07; *Rolfs* § 4 TzBfG Rn 6). Umgekehrt gilt: Steht der befristet Beschäftigte an dem Stichtag noch im Arbeitsverhältnis, hat er Anspruch auf anteilige Leistung (*BAG* 14.11.2012 – 10 AZR 903/11, Rn 18; *Däubler* ZIP 2000, 1961, 1966; vgl. weiter MHH-TzBfG/*Herms* § 4 TzBfG Rn 147).

26   Für den aktuellen Rechtszustand kann man im Übrigen Arbeitnehmer, die ausschließlich im Arbeitgeberinteresse befristet beschäftigt sind (etwa gem. § 14 Abs. 1 S. 2 Nr. 1 TzBfG), dann nicht von einer (zeitanteiligen) Zahlung für den bestimmten Bemessungszeitraum ausklammern, wenn vergleichbare unbefristet beschäftigte Arbeitnehmer, denen betriebsbedingt gekündigt wird, diese Leistung erhalten (ebenso etwa DDZ-*Wroblewski* § 4 TzBfG Rn 5 u. 7; **aA** zum früheren Rechtszustand: *BAG* 6.10.1993 – 10 AZR 477/92; zum jetzigen Rechtszustand: *Annuß/Thüsing-Thüsing* § 4 TzBfG Rn 82; zu Sozialplanleistungen siehe jedoch Rdn 12).

III. Andere teilbare geldwerte Leistung für bestimmten Bemessungszeitraum

27   Andere teilbare geldwerte Leistungen (also nicht: Geldleistungen selbst, für die Satz 2 nur einschlägig ist, soweit es sich um Arbeitsentgelt handelt, das für einen bestimmten Bemessungszeitraum gezahlt wird – dazu Rdn 6), die für einen bestimmten Bemessungszeitraum gewährt werden, können zB **Deputate** oder **Personalrabatte** sein (so angesprochen in BT-Drucks. 14/4374 S. 16), was bzgl. der Personalrabatte jedoch fraglich sein wird – vielfach werden diese nicht für einen bestimmten Bemessungszeitraum gewährt, sondern mit Wartezeiten (dann greift Satz 3 ein) oder ohne solche (vgl. insoweit Rdn 10). Derartige teilbare geldwerte Leistungen sind dann den befristet beschäftigten Arbeitnehmern ebenfalls **entsprechend dem Zeitanteil** (pro rata temporis) zu gewähren. Erhalten also Brauereimitarbeiter pro Jahr kostenlos eine bestimmte Menge an Bier, so kann der vergleichbare für vier Monate befristet beschäftigte Arbeitnehmer 1/3 dieser Menge beanspruchen. **Aktienoptionen** fallen nicht unter Satz 2, da diese nicht für einen bestimmten Bemessungszeitraum gewährt werden, sondern bei ihnen klar die Anreizfunktion im Vordergrund steht (*Baeck/Diller* DB 1998, 1405).

D. Diskriminierungsverbot bei Beschäftigungsbedingungen mit Wartezeit (Abs. 2 S. 3)

28   § 4 Abs. 2 S. 3 TzBfG konkretisiert den Grundsatz der Nichtdiskriminierung in § 4 Abs. 2 S. 1 TzBfG und stellt klar, dass Beschäftigungsbedingungen, die von zurückzulegenden Beschäftigungszeiten abhängen, für befristet Beschäftigte dieselben Zeiten wie für unbefristet Beschäftigte zu berücksichtigen sind (*BAG* 6.9.2018 – 6 AZR 836/16, Rn 17). Mit dieser Bestimmung wird also ua. gewährleistet, dass **Wartezeitregelungen** wie für **Erholungsurlaub** (etwa § 4 BUrlG), für die **Entgeltfortzahlung im Krankheitsfall** (§ 3 Abs. 3 EFZG) und für bestimmte **Entgelthöhen** (*BAG* 6.9.2018 – 6 AZR 836/16: zur Stufenzuordnung bei Wiedereinstellung nach Befristung) oder **Zusatzleistungen** in gleicher Weise für die vergleichbaren (dieses Wort aus der Grundsatzregelung in Satz 1 ist auch hier hineinzulesen) befristet und unbefristet beschäftigten Arbeitnehmer gelten

(BT-Drucks. 14/4374 S. 16). **Tarifverträge** dürfen dementsprechend befristet Beschäftigte insoweit nicht ganz oder teilweise ausklammern (s. Rdn 11), sofern nicht sachliche Gründe die unterschiedliche Behandlung rechtfertigen.

Gegen Abs. 2 S. 3 wird auch verstoßen, wenn – insbes. im öffentlichen Dienst – bei einer Laufbahnnachzeichnung im Rahmen eines **Bewerbungsverfahrens** befristete Beschäftigungszeiten gänzlich ausgeschlossen werden (*BAG* 12.10.2010 – 9 AZR 518/09). Das gesetzliche Schlechterstellungsverbot dient ja gerade dem Schutz des beruflichen Fortkommens befristet Beschäftigter, wie dies auch in § 19 TzBfG zum Ausdruck kommt (*BAG* 12.10.2010 – 9 AZR 518/09). Der Verstoß führt dann hier wie sonst im Rahmen des Abs. 2 S. 3 zur uneingeschränkten Anwendung der begünstigenden Regelung, von der ausgeschlossen wird (*BAG* 12.10.2010 – 9 AZR 518/09; parallel zu § 4 Abs. 1 TzBfG *BAG* 24.9.2003 – 10 AZR 675/02).   29

Soweit das befristete Arbeitsverhältnis ordentlich gekündigt werden kann (s. KR-*Lipke/Bubach* § 15 TzBfG Rdn 35–45), müssen gem. Satz 3 die **Kündigungsfristen** nach den jeweiligen Wartezeiten grds. auch für die befristet Beschäftigten angewandt werden (DDZ-*Wroblewski* § 4 TzBfG Rn 10). Schlechterstellungen für **Probezeitbefristungen** und für **Befristungen zur Aushilfe** sowie für die Fälle des **§ 622 Abs. 5 S. 1 Nr. 2 BGB** (dazu KR-*Spilger* § 622 BGB Rdn 176–196) sind jedoch wegen der gesetzlichen Sonderregelungen in § 622 Abs. 3 u. 5 BGB im dort vorgegebenen Rahmen aufgrund der darin zum Ausdruck kommenden Bewertung stets als sachlich gerechtfertigt anzusehen.   30

Die Frage der **Wahlberechtigung und Wählbarkeit bzgl. des Betriebsrats** oder anderer Arbeitnehmervertretungen und diesbezüglicher Wartefristen ist keine des Abs. 2 S. 3, es geht insoweit nicht um Beschäftigungsbedingungen (arg. § 7 Nr. 1 der zugrundeliegenden europäischen Rahmenvereinbarung, abgedr. etwa bei *Bader/Bram-Bader* § 620 BGB Rn 12; aA DDZ-*Wroblewski* § 4 TzBfG Rn 10), sondern um den Erwerb eines Status, auch wenn dieser ebenfalls von Zeitmomenten abhängig ist.   31

Die Einbeziehung in eine **betriebliche Altersversorgung** wird man als Beschäftigungsbedingung iSd Satzes 3 zu sehen haben (aA, nämlich für Zuordnung zu Satz 2: ErfK-*Preis* § 4 TzBfG Rn 63; DDZ-*Wroblewski* § 4 TzBfG Rn 6; *Kliemt* NZA 2001, 305; dazu bereits hier Rdn 6). Eine grundsätzliche Ausklammerung befristet Beschäftigter wird daher nicht in Frage kommen (DDZ-*Wroblewski* § 4 TzBfG Rn 6; vgl. auch ErfK-*Preis* § 4 TzBfG Rn 63 u. 66: Gewährung pro rata temporis, Ausschluss allenfalls bei sich ergebenden völlig geringfügigen Beträgen; vgl. weiter bereits *LAG Hamm* 9.1.1996 – 6 Sa 867/95; *LAG Düsseld.* 23.11.2010 – 16 Sa 1093/10, für Fälle wiederholter Befristungen; aA *BAG* 15.1.2013 – 3 AZR 4/11, mwN zur früheren Rspr., etwa *BAG* 19.4.2005 – 3 AZR 128/04; *Ars/Teslau* NZA 2006, 297 mwN; *Kliemt* NZA 2001, 305; *Sievers* § 4 TzBfG Rn 69). Entscheidend wird insoweit die Frage nach einem sachlichen Grund für die Ungleichbehandlung sein (MHH-TzBfG/*Herms* § 4 TzBfG Rn 145), wobei freilich das vom BAG benutzte Argument (*BAG* 15.1.2013 – 3 AZR 4/11), dass die betriebliche Altersversorgung besonders die Betriebstreue des Arbeitnehmers belohnen und fördern solle, dass der Arbeitgeber jedoch nicht daran interessiert sei, nur vorübergehend Beschäftigte an den Betrieb zu binden, kaum mehr tragfähig ist (BeckOK AR-*Bayreuther* § 4 TzBfG Rn 22a).   32

Wie im Rahmen des Satzes 2 (s. Rdn 20) ist auch bei Satz 3 die **Schlechterbehandlung** wegen der Befristung nicht mehr separat zu prüfen, wenn für die vergleichbaren befristet Beschäftigten längere Wartezeiten als für die unbefristet Beschäftigten zur Anwendung kommen sollen. Für die Rechtfertigung der Schlechterbehandlung durch **sachliche Gründe** gelten die Ausführungen oben entsprechend (s. Rdn 16; *BAG* 12.10.2010 – 9 AZR 518/09).   33

E. Beweislastfragen

Es obliegt nach den allgemeinen Regeln (§ 22 AGG ist nicht anwendbar: ErfK-*Preis* § 4 TzBfG Rn 69; *Arnold/Gräfl-Rambach* § 4 TzBfG Rn 66) dem **Arbeitnehmer**, darzulegen und erforderlichenfalls nachzuweisen, dass er gegenüber vergleichbaren unbefristet Beschäftigten wegen der   34

§ 5 TzBfG Benachteiligungsverbot

Befristung schlechter behandelt wird. Erforderlichenfalls ist zur Entlastung des Arbeitnehmers bei Darlegungsproblemen mit **abgestufter Darlegungslast** zu arbeiten: der Arbeitgeber wird auf den schlüssigen Anfangsvortrag des Arbeitnehmers mit substantiiertem Gegenvortrag zu antworten haben (vgl. zB *BAG* 19.8.1992 – 5 AZR 513/91, für das Arbeiten mit unterschiedlichen Vergütungssystemen: »Der Arbeitgeber (hat) darzulegen, wie groß der begünstigte Personenkreis ist, wie er sich zusammensetzt, wie er abgegrenzt ist und warum der klagende Arbeitnehmer nicht dazugehört.«). Weitergehend wird zT ein Auskunftsanspruch bejaht (LS-*Laux* § 4 TzBfG Rn 228 mwN). Zu Beweislasterleichterungen bei undurchschaubaren Vergütungssystemen s. ErfK-*Preis* § 4 TzBfG Rn 70 mwN. Demgegenüber ist es Sache des **Arbeitgebers**, zur **Rechtfertigung der Ungleichbehandlung** durch sachliche Gründe vorzutragen und diese zu beweisen (*BAG* 16.1.2003 – 6 AZR 222/01; entspr. *EuGH* 26.6.2001 – C-381/99 [Brunnhofer], zur Ungleichbehandlung von Mann und Frau; vgl. auch ErfK-*Preis* § 4 TzBfG Rn 71; LS-*Laux* § 4 TzBfG Rn 232).

F. Inkrafttreten

35 Das TzBfG ist ohne Übergangsregelung am **1.1.2001** in Kraft getreten ist. § 4 erfasst ab diesem Zeitpunkt alle Sachverhalte, die sich seit dem 1.1.2001 in seinem Geltungsbereich verwirklichen (*BAG* 15.1.2003 – 7 AZR 346/02; nicht aber zurückliegende Sachverhalte: *BAG* 19.4.2005 – 3 AZR 128/04). § 4 erfasst mithin alle befristeten Arbeitsverhältnisse, auch die bereits bestehenden. Entsprechend müssen sich alle aktuellen Tarifverträge – auch die bereits vor dem 1.1.2001 abgeschlossenen – an § 4 messen lassen (*BAG* 15.7.2004 – 6 AZR 25/03: die Frage eines möglichen Vertrauensschutzes im Einzelfall ist in dieser Entscheidung offengelassen; *BAG* 11.12.2003 – 6 AZR 64/03).

§ 5 TzBfG Benachteiligungsverbot

Der Arbeitgeber darf einen Arbeitnehmer nicht wegen der Inanspruchnahme von Rechten nach diesem Gesetz benachteiligen.

1 Die unabdingbare Regelung enthält das **Verbot**, Arbeitnehmer, die ihre Rechte nach dem TzBfG wahrnehmen, **bei Vereinbarungen oder Maßnahmen zu benachteiligen** (ausdrücklich so die Begr. des Gesetzentwurfs BT-Drucks. 14/4374 S. 16). Die Vorschrift als solche ist europarechtlich nicht geboten und zudem eigentlich überflüssig (vgl. *Annuß/Thüsing-Thüsing* § 5 TzBfG Rn 1; *Bauer* BB 2001, 2473, 2474; *Kliemt* NZA 2001, 63, 70; MHH-TzBfG/*Herms* § 5 TzBfG Rn 3; *Sievers* § 5 TzBfG Rn 1).

2 § 5 stellt sich als **Spezialregelung zu § 612a BGB** für den Bereich des TzBfG dar (*Kliemt* NZA 2001, 304; *Sievers* § 5 TzBfG Rn 1), die etwa die Frage des beruflichen Aufstiegs, die Frage der Ausübung des Direktionsrechts oder den Ausschluss von Leistungen, auf die kein Rechtsanspruch besteht, umfasst (*Rolfs* § 5 TzBfG Rn 3). Für die Einzelheiten kann verwiesen werden auf KR-*Treber/Schlünder* § 612a BGB Rdn 9–23 sowie Rdn 26 f. bzgl. der **Beweislast** (vgl. weiter etwa MHH-TzBfG/*Herms* § 5 TzBfG Rn 4 ff.). Bezogen auf die Befristung kann es sich bei der Inanspruchnahme von Rechten nach diesem Gesetz insbes. um die Geltendmachung der Unwirksamkeit einer Befristung handeln (ErfK-*Preis* § 5 TzBfG Rn 2; MHH-TzBfG/*Herms* § 5 TzBfG Rn 4). Der Schutz, den § 5 bietet, geht im Ergebnis nicht über den durch § 612a BGB gewährleisteten hinaus (für alle: *Annuß/Thüsing-Thüsing* § 5 TzBfG Rn 1; *Kliemt* NZA 2001, 63, 70; *Lakies* DZWIR 2001, 1; LS-*Schlachter* § 5 TzBfG Rn 1; *Richardi/Annuß* BB 2000, 2201; *Rolfs* § 5 TzBfG Rn 2 u. 3 unter Hinweis auf vorhandene sprachliche Unterschiede, die letztlich aber ohne Relevanz bleiben). Dabei stellt sich auch hier die zu § 612a BGB diskutierte Frage, ob sich eine Maßregelung ohne vorherigen Arbeitgeberhinweis verbietet, wenn sich der Arbeitnehmer über Inhalt und/oder Ausmaß seiner Rechte irrt (vgl. dazu etwa *Rolfs* § 5 TzBfG Rn 2; MHH-TzBfG/*Herms* § 5 TzBfG Rn 5; vgl. weiter dazu KR-*Treber/Schlünder* § 612a BGB Rdn 13). Die neben § 612a BGB an sich überflüssige Regelung des § 5 TzBfG wird durch **§ 11 TzBfG** nochmals konkretisiert. Diese Norm enthält

ein **besonderes Kündigungsverbot** für den speziellen Fall, dass sich ein Arbeitnehmer weigert, von einem Vollzeit- in ein Teilzeitarbeitsverhältnis zu wechseln oder umgekehrt (MHH-TzBfG/*Herms* § 5 TzBfG Rn 1).

Die **Rechtsfolgen** eines Verstoßes des Arbeitgebers gegen § 5 können unterschiedlich sein. Soweit es sich um ein Rechtsgeschäft handelt, gilt § 134 **BGB** (*Worzalla* Rn 9; parallel zu § 612a BGB *BAG* 2.4.1987 – 2 AZR 227/86), und § 5 ist sonstiges Kündigungsverbot iSd § 13 **Abs. 3 KSchG** (erforderlich fristgerechte Klage gem. § 4 KSchG: MHH-TzBfG/*Herms* § 5 TzBfG Rn 12 mwN). Es kann sich auch – bei Vorliegen einer Wiederholungsgefahr – ein Anspruch auf **Beseitigung** und (künftige) **Unterlassung** aus § 1004 BGB analog ergeben, ebenfalls ein **Schadensersatzanspruch** (§ 280 Abs. 1 BGB; § 823 Abs. 2 BGB iVm § 5 TzBfG als einem Schutzgesetz; vgl. LS-*Schlachter* § 5 TzBfG Rn 19). Schließlich kann sich ein **Zurückbehaltungsrecht** ergeben, das zu **Annahmeverzugsansprüchen** führt (MHH-TzBfG/*Herms* § 5 TzBfG Rn 14; vgl. LS-*Schlachter* § 5 TzBfG Rn 18).   3

§§ 6 bis 13 TzBfG Vorschriften zur Teilzeitarbeit

Vom Abdruck der Vorschriften und einer Kommentierung wird hier abgesehen, da die Vorschriften grundsätzlich ohne Bezug zur Befristungsthematik sind. Die ab 1. Januar 2019 geltende Regelung zur Rückkehr von Teilzeit in die Vollzeit ist bei KR-Lipke/Bubach § 14 TzBfG Rdn 99 kommentiert.

§ 14 TzBfG Zulässigkeit der Befristung

(1) ¹Die Befristung eines Arbeitsvertrages ist zulässig, wenn sie durch einen sachlichen Grund gerechtfertigt ist. ²Ein sachlicher Grund liegt insbesondere vor, wenn
1. der betriebliche Bedarf an der Arbeitsleistung nur vorübergehend besteht,
2. die Befristung im Anschluss an eine Ausbildung oder ein Studium erfolgt, um den Übergang des Arbeitnehmers in eine Anschlussbeschäftigung zu erleichtern,
3. der Arbeitnehmer zur Vertretung eines anderen Arbeitnehmers beschäftigt wird,
4. die Eigenart der Arbeitsleistung die Befristung rechtfertigt,
5. die Befristung zur Erprobung erfolgt,
6. in der Person des Arbeitnehmers liegende Gründe die Befristung rechtfertigen,
7. der Arbeitnehmer aus Haushaltsmitteln vergütet wird, die haushaltsrechtlich für eine befristete Beschäftigung bestimmt sind, und er entsprechend beschäftigt wird oder
8. die Befristung auf einem gerichtlichen Vergleich beruht.

(2) ¹Die kalendermäßige Befristung eines Arbeitsvertrages ohne Vorliegen eines sachlichen Grundes ist bis zur Dauer von zwei Jahren zulässig; bis zu dieser Gesamtdauer von zwei Jahren ist auch die höchstens dreimalige Verlängerung eines kalendermäßig befristeten Arbeitsvertrages zulässig. ²Eine Befristung nach Satz 1 ist nicht zulässig, wenn mit demselben Arbeitgeber bereits zuvor ein befristetes oder unbefristetes Arbeitsverhältnis bestanden hat. ³Durch Tarifvertrag kann die Anzahl der Verlängerungen oder die Höchstdauer der Befristung abweichend von Satz 1 festgelegt werden. ⁴Im Geltungsbereich eines solchen Tarifvertrages können nicht tarifgebundene Arbeitgeber und Arbeitnehmer die Anwendung der tariflichen Regelungen vereinbaren.

(2a) ¹In den ersten vier Jahren nach der Gründung eines Unternehmens ist die kalendermäßige Befristung eines Arbeitsvertrages ohne Vorliegen eines sachlichen Grundes bis zur Dauer von vier Jahren zulässig; bis zu dieser Gesamtdauer von vier Jahren ist auch die mehrfache Verlängerung eines kalendermäßig befristeten Arbeitsvertrages zulässig. ²Dies gilt nicht für Neugründungen im Zusammenhang mit der rechtlichen Umstrukturierung von Unternehmen und Konzernen. ³Maßgebend für den Zeitpunkt der Gründung des Unternehmens ist die Aufnahme einer Erwerbstätigkeit, die nach § 138 der Abgabenordnung der Gemeinde oder dem Finanzamt mitzuteilen ist. ⁴Auf die Befristung eines Arbeitsvertrages nach Satz 1 findet Absatz 2 Satz 2 bis 4 entsprechende Anwendung.

(3) ¹Die kalendermäßige Befristung eines Arbeitsvertrages ohne Vorliegen eines sachlichen Grundes ist bis zu einer Dauer von fünf Jahren zulässig, wenn der Arbeitnehmer bei Beginn des befristeten Arbeitsverhältnisses das 52. Lebensjahr vollendet hat und unmittelbar vor Beginn des befristeten Arbeitsverhältnisses mindestens vier Monate beschäftigungslos im Sinne des § 138 Abs. 1 Nr. 1 des Dritten Buches Sozialgesetzbuch gewesen ist, Transferkurzarbeitergeld bezogen oder an einer öffentlich geförderten Beschäftigungsmaßnahme nach dem Zweiten oder Dritten Buch Sozialgesetzbuch teilgenommen hat. ²Bis zu der Gesamtdauer von fünf Jahren ist auch die mehrfache Verlängerung des Arbeitsvertrages zulässig.

(4) Die Befristung eines Arbeitsvertrages bedarf zu ihrer Wirksamkeit der Schriftform.

Übersicht

	Rdn
A. Grundlagen des Befristungsrechts	1
I. Die Europäische Befristungsrichtlinie	2
1. Die Entwicklung europäischer Rechtsgrundlagen	2
2. Vorrang des Unionsrechts	8
3. Wesentliche Inhalte der Richtlinie 1999/70/EG	17
4. Rechtsprechung des EuGH zum Befristungsrecht	24
a) Allgemeine Grundsätze	24
b) Begrenzung wiederholter Befristungen	27
c) Diskrimininierungsverbot befristet Beschäftigter	39
d) Altersgrenzen	41
II. Verfassungsrecht	48
1. Berufsfreiheit	52
2. Gleichheitssatz	57
3. Presse-/Rundfunkfreiheit und Freiheit der Kunst/Wissenschaft	60
4. Tarifautonomie	61
5. Mutterschutz/Schwerbehindertenschutz	62
6. Rechtsstaats- und Sozialstaatsprinzip	64
7. Zugang zum öffentlichem Amt	69
B. Erfordernis des sachlichen Grundes (§ 14 Abs. 1 TzBfG)	70
I. Geltungsbereich	70
1. Arbeitnehmer ohne Kündigungsschutz	71
2. Arbeitnehmer mit Sonderkündigungsschutz	73
3. Leitende Angestellte; Auszubildende; Beamte	81
4. Nachträgliche Befristung	83
5. Befristung einzelner Vertragsbedingungen	89
a) Rechtszustand vor Inkrafttreten des TzBfG	89
b) Inkrafttreten des TzBfG	91
c) Angemessenheitskontrolle	95
d) Inhaltskontrolle nach den Regeln der Allgemeinen Geschäftsbedingungen	96
II. Allgemeine Anforderungen an den Sachgrund	108
1. Sachgrund als Zulässigkeitsvoraussetzung	108
a) Abkehr von § 620 Abs. 1 BGB	108
b) »Sachlicher Grund« als unbestimmter Rechtsbegriff	111
2. Verhältnis von Befristungsdauer und Sachgrund	120
3. Zeitpunkt der Sachgrundprüfung	125
4. Befristungskontrolle bei Mehrfachbefristungen	129
a) Prüfung des letzten befristeten Arbeitsvertrages	129
b) Vorbehaltsvereinbarung	136
c) Unselbständiger Annex	138
d) Klagefrist des § 17 TzBfG	140
5. Prognose des Arbeitgebers	144
a) Grundsätze	144
b) Besonderheiten zur Prognose einzelner Sachgründe	151
6. Angabe des Sachgrundes oder der Rechtsgrundlage	163
7. Gleichbehandlung und Sachgrund	175
8. Rechtsmissbrauchskontrolle	178
III. Die gesetzlich benannten Sachgründe	186
1. Vorübergehender betrieblicher Bedarf an der Arbeitsleistung (Abs. 1 S. 2 Nr. 1)	186
a) Allgemeines	186
b) Besonderheiten des Öffentlichen Dienstes	193
c) Besonderheiten in der Privatwirtschaft	198
d) Einzelfälle	204
aa) Zeitlich begrenzter Arbeitsbedarf	204
bb) Saison- und Kampagnebetriebe	209
cc) Aushilfstätigkeit	213
dd) Insolvenz	218
2. Befristete Anschlussbeschäftigung nach Ausbildung oder Studium (Abs. 1 S. 2 Nr. 2)	220
a) Allgemeines	220
b) Ausbildung oder Studium	226
c) Anschlussbefristung	230

		Rdn				Rdn
	aa) Anknüpfung an Ausbildung oder Studium	230		b)	Wunsch des Arbeitnehmers	374
	bb) Befristungsdauer	233		c)	Soziale Überbrückung	382
d)	Tarifvertragliche Regelungen; Erlasse	238			aa) Befristung aus sozialen Gründen	382
3.	Vertretung (Abs. 1 S. 2 Nr. 3)	240			bb) Maßnahmen im Rahmen der Sozialhilfe; Grundsicherung	388
a)	Allgemeines	240				
b)	Unmittelbare Vertretung	247			cc) Arbeitsförderungsmaßnahmen (SGB III)	394
	aa) Prognose des Arbeitgebers	250				
	bb) Wiederholte Befristung	257			dd) Einarbeitungs- und Eingliederungszuschüsse	397
	cc) Befristungskombination	270				
	dd) Arbeitnehmerüberlassung	273		d)	Neben- oder Teilzeitbeschäftigung	399
c)	Mittelbare Vertretung und gedankliche Zuordnung	274		e)	Einstellungs- und Beschäftigungsvoraussetzungen	404
	aa) Direktionsrecht	274				
	bb) Kausalzusammenhang	276			aa) Arbeits- und Aufenthaltserlaubnis	404
	cc) Vertretung durch »gedankliche Zuordnung«	279			bb) Beschäftigungseignung; Fortbildung; Auslandsentsendung	409
	dd) Platzhalter- oder Abordnungsvertretung	282				
	ff) Zeit- oder Zweckbefristung bei Vertretungen	287		f)	Sonderfall Altersgrenzen	412
					aa) Höchstbefristung	412
d)	Sonderfall Gesamtvertretung	288			bb) Zulässigkeit nach Europarecht	414
4.	Eigenart der Arbeitsleistung (Abs. 1 S. 2 Nr. 4)	298			cc) Zulässigkeit nach Verfassungsrecht	417
a)	Allgemeines	298				
	aa) Sammeltatbestand	298			dd) Tarifvertragliche und einzelvertragliche Altersgrenzen	419
	bb) Tendenzträger	302				
	cc) Sonderstellung der Kirchen	303			ee) Betriebsvereinbarungen	428
	dd) Professionelle Unterhaltung	304			ff) Besondere vorverlegte Altersgrenzen	431
	ee) Politische Tätigkeit	305				
b)	Bühnen	307			gg) Leitende Angestellte	437
c)	Medien	319		g)	Arbeitnehmerüberlassung	438
	aa) Arbeitnehmerstatus	319	7.	Begrenzung von Haushaltsmitteln (Nr. 7)		439
	bb) Sachgrundvoraussetzungen	321				
d)	Sport	334		a)	Allgemeines	439
5.	Erprobung (Abs. 1 S. 2 Nr. 5)	345		b)	Sonderbefristungsrecht des öffentlichen Dienstes	445
a)	Allgemeines	345				
b)	Dauer der Erprobung	354			aa) Prognose	445
c)	Verhältnis zu § 14 Abs. 2 TzBfG	360			bb) Haushaltsmitteleinsatz als Grundlage	450
d)	Fortsetzung des Arbeitsverhältnisses nach Ablauf der Erprobung	361			cc) Besondere Stellung des Haushaltsgesetzgebers	454
	aa) Entscheidungsfreiheit des Arbeitgebers	361			dd) Zwecksetzung und entsprechende Beschäftigung	461
	bb) Vertrauensschutz	362			ee) Schriftformerfordernis/Zitiergebot	468
	cc) Rechtsmissbrauch und Diskriminierung	364				
	dd) Zusagen	365			ff) Kein entgegenstehendes Gemeinschafts- und Verfassungsrecht	469
	ee) Befristete Übertragung anderer Tätigkeit zur Erprobung	366				
					gg) Abgrenzung zur Gesamtvertretung	475
e)	Tarifvertragliche Regelungen	367		c)	Zuwendungsvergabe und Projektförderung	477
f)	Arbeitnehmerüberlassung	368				
6.	Gründe in der Person des Arbeitnehmers (Nr. 6)	370	8.	Gerichtlicher Vergleich (Nr. 8)	482
a)	Allgemeines	370				

			Rdn
	a)	Gerichtliche Mitwirkung als Sachgrund	482
	b)	Außergerichtlicher Vergleich	497
IV.	Anerkannte weitere Sachgründe		499
V.	Tarif- und Kirchenautonomie		508
C.	**Die sachgrundlose Befristung (§ 14 Abs. 2, 2a und 3 TzBfG)**		512
I.	Ablösung des BeschFG 1985/1996		512
	1.	Überblick	512
	2.	Neuerungen der sachgrundlosen Befristung	513
	3.	Europarechtliche Vorgaben	520
	4.	Geltungsbereich	522
II.	Einzelne Zulässigkeitsvoraussetzungen nach Abs. 2		529
	1.	Befristungsdauer und Zitiergebot	529
	2.	Verlängerung und Verkürzung	536
		a) Nahtloser Anschluss	536
		b) Unveränderte Vertragsbedingungen	539
		aa) Rechtsprechungslinie des BAG	539
		bb) Gegenstimmen	545
		cc) Eigener Standpunkt	551
		c) Verlängerung einer Sachgrund- oder sachgrundlosen Befristung	559
		d) Beteiligung des Betriebsrates	561
	3.	Fehlen eines früheren Arbeitsverhältnisses	562
		a) Vorbeschäftigung	562
		aa) Gesetzliche Ausgangslage	562
		bb) Entscheidungen des BAG vom 6.4.2011 und des BVerfG vom 6.6.2018	565
		cc) kein Vertrauensschutz und keine Restitution	571
		b) Ausbildungs-, berufsvorbereitende Vertragsverhältnisse und Beamte	572
		c) Beamte/Heimarbeit	576
		d) Unzumutbare Anwendung des Vorbeschäftigungsverbots	577
	4.	Derselbe Arbeitgeber	583
		a) Ausgangspunkt in der Rechtsprechung zum BeschFG	583
		b) »Vertragsarbeitgeber« und Rechtsmissbrauchskontrolle	585
		c) Einschränkung Rechtsmissbrauch durch Befristungsquote	597
	5.	Fragerecht des Arbeitgebers	598
	6.	Tarifvertragliche Abweichungen nach Abs. 2 S. 3	603
	7.	Einzelvertragliche Inbezugnahme tariflicher Regelungen	611
	8.	Darlegungs- und Beweislast	615
III.	Sachgrundlose Befristung für Existenzneugründer (§ 14 Abs. 2a TzBfG)		616

			Rdn
	1.	Erweiterung sachgrundloser Befristungen	616
		a) Entstehungsgeschichte	616
		b) Regelungsziele	617
		c) Vereinbarkeit mit Europarecht	619
		d) Verfassungsrechtliche Fragen	620
	2.	Geltungsbereich	623
		a) Existenzneugründungen	623
		b) Umstrukturierungen	626
	3.	Grenzen der sachgrundlosen Befristung nach Abs. 2a	631
		a) Kalendermäßige Befristung	631
		b) Vierjahreszeitraum	633
		c) Verlängerungen	639
		d) Kombinationsmöglichkeiten	640
	4.	Entsprechende Anwendung des § 14 Abs. 2 S. 2–4 TzBfG	642
		a) Erstvertrag	642
		b) Tarifvertragliche Abweichungen	643
	5.	Übergangsrecht	646
	6.	Beweislast	647
IV.	Sachgrundlose Befristung älterer Arbeitnehmer		648
	1.	Gesetzliche Entwicklung	648
	2.	Mangold- Entscheidung des EuGH	651
	3.	Gesetzgebung zu einer gemeinschaftskonformen Regelung	658
		a) Eckpunkte der Neuregelung	658
		b) Vereinbarkeit mit Europarecht	662
		c) Verfassungsrechtliche Bedenken	665
	4.	Einzelfragen	668
		a) Vollendung des 52. Lebensjahres	668
		b) Vier Monate Beschäftigungslosigkeit und gleichgesetzte Sachverhalte	669
		c) Höchstbefristung	677
		d) Verlängerung	682
	5.	Verhinderung von Rechtsmissbrauch	685
	6.	Darlegungs- und Beweislast	687
D.	**Das Schriftformgebot (§ 14 Abs. 4 TzBfG)**		688
I.	Rechtsentwicklung		688
	1.	Gesetzgebungsverfahren	688
	2.	Folgen der Auslagerung des Schriftformzwanges aus § 623 BGB/»Elektronische Form«	690
II.	Normzweck		693
	1.	Gesetzesbegründung	693
	2.	Formzweck nach BGB	694
	3.	Anwendungsbereich (§ 620 Abs. 3 BGB, § 21 TzBfG)	695
III.	Unabdingbarkeit (§ 22 Abs. 1 TzBfG)		696
IV.	Gegenstand des Schriftformzwanges		698
	1.	Befristung eines Arbeitsvertrages	698
	2.	Befristung (§ 3 Abs. 1, § 15 Abs. 1, 2 TzBfG)	700
		a) Befristung (§ 3 Abs. 1 TzBfG)	700

		Rdn			Rdn
	b) Nichtarbeitsvertragliche Befristungen	705	IX.	Berufung auf Formmangel	749
				1. Verbot des widersprüchlichen Verhaltens	749
	3. Ähnliche Lösungstatbestände	706		2. Berufung auf den Formmangel im Rahmen des § 14 Abs. 4 TzBfG	751
V.	Schriftliche Form	708			
	1. Gesetzliche Form und Umfang	708			
	2. Wahrung der Form	709	X.	Gerichtliches Geltendmachen des Formmangels (§ 17 TzBfG)	752
	3. Beweislast für Wahrung der Form	711			
VI.	Schriftliche Form der Befristung	712	E.	**Darlegungs- und Beweislast im Befristungsrecht**	753
	1. Zustandekommen	712			
	2. Inhalt der Befristungsabrede	717	I.	Rechtslage bis zum 31.12.2000	753
	a) Arbeitsvertrag	717	II.	Neuer Rechtszustand	755
	b) Dauer der Befristung	718		1. Sachgrund (§ 14 Abs. 1 TzBfG)	755
	c) Grund der Befristung	720		2. Zulässige Befristung ohne Sachgrund (§ 14 Abs. 2, 2a und 3 TzBfG)	758
	d) Zweck der Befristung	722			
	e) Prozessbefristung	723			
	f) Arbeit auf Abruf	726		3. Befristungsvereinbarung	763
	3. Bezugnahme auf Tarifvertrag oder Betriebsvereinbarung	727		4. Befristungsdauer	765
				5. Rechtsmissbrauch	768
VII.	Schriftliche Form der auflösenden Bedingung (§ 21 TzBfG)	731	F.	**Beteiligungsrechte der Arbeitnehmervertretung**	769
VIII.	Schriftform als Wirksamkeitsvoraussetzung	734	I.	Belegschaftsgröße	769
			II.	Beteiligung des Betriebsrats bei der Einstellung	770
	1. Wirksamkeitsvoraussetzung	734			
	2. Nichtigkeit bei Formmangel	735	III.	Überblick zur Beteiligung des Personalrats bei der Einstellung	783
	3. Teilnichtigkeit und Umdeutung	739			
	4. Bestätigung oder Heilung unwirksamer Befristungen	740			

A. Grundlagen des Befristungsrechts

Zur **Abgrenzung von Dienst- und Arbeitsvertrag**, zu den **anderweitigen Beendigungstatbeständen** 1 neben der Befristung, zur **Entwicklung des Befristungsrechts** auf nationaler Ebene und zu übergangsrechtlichen Problemen vom Richterrecht und dem BeschFG 1996 zum TzBfG wird auf die Erl. zu § 620 BGB verwiesen.

I. Die Europäische Befristungsrichtlinie

1. Die Entwicklung europäischer Rechtsgrundlagen

Die Kommission legte 1982 und 1984 Richtlinienvorschläge zur **Zeitarbeit** vor, die neben der 2 Arbeitnehmerüberlassung auch die **befristeten Arbeitsverhältnisse** betrafen. Ziel des Richtlinienvorschlags 1982 war der Schutz der in Zeitarbeit Beschäftigten und die Förderung der Dauerbeschäftigung. Der Schutz der befristet Beschäftigten sollte durch Gleichstellung mit den Dauerbeschäftigten erreicht werden. In Art. 15 des Richtlinienvorschlags waren die Gründe aufgelistet, die eine Befristung rechtfertigten (Richtlinienvorschlag 1982, ABlEG Nr. C 128/2; EG-Dok. 6886/ 82 = BR-Drs. 211/82, abgedr. bei *Becker/Bader* RdA 1983, 1 ff.). Dieser Vorschlag scheiterte ebenso wie ein überarbeiteter Richtlinienentwurf aus dem Jahr 1984 (ABlEG Nr. C 133/1). Im Jahr 1990 wurden neue Richtlinienvorschläge für die **atypischen Arbeitsverhältnisse** vorgelegt, zu denen neben den befristeten Arbeitsverhältnissen aus europarechtlicher Sicht die Leiharbeit, die Teilzeitarbeit, die Heimarbeit, die Telearbeit und die Saisonarbeit der sog. Wanderarbeitnehmer zählten (näher dazu *Wank* RdA 1992, 103 ff.; zum Ganzen *Schmidt M*. Die Richtlinienvorschläge der Kommission der Europäischen Gemeinschaften zu den atypischen Arbeitsverhältnissen, 1992; *Annuß/Thüsing-Annuß* TzBfG Einf. Rn 15 ff.; LS-*Schlachter* Einf. Rn 10 ff.; *Riesenhuber* Europäisches Arbeitsrecht, 2009, § 17 Rn 1 ff., 30 ff., 41). Der **Abschied vom Normalarbeitsverhältnis** auch in Form vermehrt befristeter Arbeitsverhältnisse und dessen Verhinderung durch arbeitsrechtliche

Regelungen auf nationaler und unionsrechtlicher Ebene war auch Gegenstand des 68. Deutschen Juristentages in Berlin 2010 (*Joussen* JZ 2010, 812 mwN).

3 Eine auf **Art. 118a EWG-Vertrag** gestützte **Richtlinie zur Verbesserung der Sicherheit und des Gesundheitsschutzes von Arbeitnehmern mit befristetem Arbeitsverhältnis** oder Leiharbeitsverhältnis (91/383/EWG) ist europarechtlich in Kraft getreten (91/383/EWG; *Oetker/Preis* EAS A 3320.) und zwischenzeitlich national durch das **Arbeitsschutzgesetz** (ArbSchG v. 7.8.1996 BGBl. I S. 1246) zum 22.8.1996 umgesetzt worden. Die auf Art. 100 EWG-Vertrag gestützte **Nachweisrichtlinie** (91/533/EWG; *Oetker/Preis* EAS A 3330) hat ihre Umsetzung durch das **Nachweisgesetz** v. 20.7.1995 (BGBl. I S. 946, zuletzt geändert durch Gesetz v. 13.7.2001 (BGBl. I S. 1542) erfahren. Zur Entwicklung auch EuArbR/*Krebber* RL 1999/70/EG Art 4 Rn 3 ff.

4 Die weiteren **Richtlinienvorschläge**, die auf Art. 100 und Art. 100a EWG-Vertrag gestützt wurden, behandelten die notwendige **schriftliche Niederlegung** der **Arbeitsbedingungen** bei Begründung des befristeten Arbeitsverhältnisses, den verbesserten Zugang der befristeten Arbeitnehmer zu Berufsbildungsmaßnahmen, zu Leistungen der sozialen Dienste des Unternehmens und der sozialen Sicherung (Nachw. bei *Oetker/Preis* EAS A 6010, A 6020, A 6021). Die **Befristung** war danach in jedem Fall **zu begründen**.

5 Da die Erörterungen zu diesen Richtlinienvorschlägen bis 1996 zu keinem Ergebnis führten, leitete die Kommission nach Art. 4 Sozialabkommen ein **Verfahren der Sozialpartner** ein, um deren eigenständige Vereinbarungen durch den Rat zu verabschieden (*Gaul* NZA 1997, 1028). Im Jahr 1998 nahmen die Union der Industrie- und Arbeitgeberverbände Europas (UNICE), der Europäische Zentralverband der öffentlichen Wirtschaft (CEEP) und der Europäische Gewerkschaftsbund (EGB) Verhandlungen über gemeinschaftliche Rahmenbedingungen zu befristeten Arbeitsverhältnissen auf, die am 18.3.1999 in einer Rahmenvereinbarung mündeten. Der Kommission wurde die Rahmenvereinbarung vorgelegt, damit sie diese dem Rat zur Beschlussfassung vorschlage. **Inhaltlich ist die Vereinbarung ein Kompromiss**, da sich weder die Arbeitgeberverbände noch die Gewerkschaften mit ihren Vorstellungen durchsetzen konnten (vgl. *Kaufmann* AuR 1999, 332; *Rolfs* EAS B 3200 Rn 4 f.). Nach entsprechendem Vorschlag der Kommission nahm der Rat die Richtlinie mit Beschluss vom 28.6.1999 an (Verfahren nach Art. 138, 139 EG; Amsterdamer Vertrag), nachdem das Vereinigte Königreich einer europäischen Rechtssetzung auf dem Gebiet der Arbeitsbedingungen nicht länger widersprach (LS-*Schlachter* Einf. Rn 10 f.). **Die Richtlinie beschränkt sich darauf**, die in ihrem Anhang enthaltene Rahmenvereinbarung der Sozialpartner **durchzuführen** (Art. 1; Art 155 Abs. 2 AEUV, EuArbR/*Krebber* RL 1999/70/EG Art. 4 Rn 7 f.), den Mitgliedstaaten eine Frist zur Umsetzung in nationales Recht bis zum 10.7.2001 vorzugeben (Art. 2), das Inkrafttreten der Richtlinie festzulegen sowie ihre Adressaten zu nennen (Art. 3 und 4). Die **Richtlinie 1999/70/EG** (ABlEG 10.7.1999 Nr. L 175/43) zu der von der UNICE, CEEP und EGB geschlossenen Rahmenvereinbarung über befristete Arbeitsverträge steht in einer Reihe mit den Richtlinien über den Elternurlaub (96/34/EG) und über die Teilzeitarbeit (97/81/EG), die ebenfalls auf vorangegangenen Rahmenvereinbarungen der europäischen Sozialpartner fußen (vgl. EuArbR-*Franzen* Art. 155 AEUV Rn 3, 10, 13). Zur Entstehungsgeschichte auch *Rolfs* EAS B 3200. Rn 1–7 und APS-*Backhaus* Vor § 14 TzBfG Rn 4 ff.

6 Wenngleich sich damit der in **Art. 138 f. EG** vorgesehene **soziale Dialog der Sozialpartner** um eine Befristungsregelung im Ergebnis als Erfolg erwiesen hat, so sind doch **Vorbehalte gegen das gewählte Verfahren** zu erheben. Zwar trifft der Rat eine eigene freie Entscheidung zur Richtlinie und ist an den Vorschlag der Sozialpartner nicht gebunden (*Röthel* NZA 2000, 65). Dennoch bleibt ein faktischer Zwang zur Übernahme; vor allem wenn man die vorangegangenen vergeblichen Bemühungen der Kommission bedenkt. Die **Rechtsetzung**, zumindest aber deren Vorbereitung wird damit in die Hände **von Interessenvereinigungen** gelegt, die vornehmlich ihre eigenen Ziele verfolgen. Es stellt sich daher nach wie vor die Frage nach der ausreichenden **Legitimation** der Sozialpartner (krit. auch *Weiss* FS Gnade S. 583, 591 ff.; *Konzen* EuZW 1995, 39, 46). Im Ergebnis handelt es sich um eine Form sog. »kooperativer Regulierung« im Zusammenwirken staatlicher bzw. supranationaler Akteure und autonomer Verbände (*Schwarze* EAS B 8100 Rn 16).

Inzwischen hat sich die **Landschaft des EG-Rechts** über den »Lissabonner Vertrag« vom Gemein- 7
schaftsrecht zum **Unionsrecht gewandelt.** Die Bestimmungen des EG- Vertrages sind nunmehr
–mit neuer Nummerierung- in den **Vertrag über die Arbeitsweise der Europäischen Union**, abgekürzt **AEUV**; aufgenommen worden. Dem EuGH stehen nunmehr als **Auslegungshilfen** für Richtlinien die zum 1.12.2009 in Kraft getretene **EU-Grundrechtscharta** (ABl. Nr. C 303 S. 1; Bek.
13.11.2009.BGBl. II S. 1223) und die – qua Völkerrecht- die Europäische Sozialcharta (EUSc)
zur Seite (zB **Art. 16, 30 EU-GrCharta**; *Joussen* JZ 2010, 812, 817, der dem Normalarbeitsverhältnis den Vorrang einräumt; zB **Art. 21 EU-GrCharta**; der Altersdiskriminierung verbietet, *Höpfner*
ZfA 2010, 449, 460; *Greiner* ZESAR 2014, 357, 360, unter Hinweis auf die Rechtssache – C
426/11, **Alemo-Herron** u.a.). Diese weitere Verdichtung wird das **Gewicht des Unionsrechts verstärken** und die Bedeutung des nationalen Rechts – sowohl des Verfassungsrechts als auch des
einfachen Rechts- schmälern (*Thüsing/Pötters/Traut* NZA 2010,930). Gerade das Befristungsrecht
ist dadurch unter den Aspekten »**Missbrauchsverhinderung**« und »**Diskrimininierungsverbote**«
betroffen. Vgl. hierzu *Hanau* NZA 2010, 1; *Kamanabrou* EuZA 2012, 441, 450; *Linsenmaier* RdA
2012, 193, 195; *Junker* EuZA 2013, 3, 5; *Preis/Temming* NZA 2010, 185; *Preis/Greiner* RdA 2010,
148; *Persch* NZA 2011, 1068; APS-*Backhaus* Vor § 14 TzBfG Rn 12; *Lipke* FS Etzel 2010, S. 255
jeweils mwN. Näher zum **Rechtsvergleich** der EU-Migliedsstaaten bei der Vermeidung von Kettenbefristungen vgl. *Kamanabrou* Rechtsangleichung im Recht der Kettenbefristung in der EU, 2016,
S. 88 ff., 106 ff.

2. Vorrang des Unionsrechts

Bei den Rechtswirkungen von Richtlinien ist zwischen Staat und Privatrechtspersonen zu unter- 8
scheiden. **Primärrecht und Verordnungen der EU** sind in den Mitgliedstaaten zwischen Privaten
unmittelbar anwendbar. Als Adressat der Richtlinie kann die unmittelbare Anwendung einer Richtlinienbestimmung nur den Mitgliedsstaat treffen; der **Bürger** ist regelmäßig auf die **Umsetzung der
Richtlinie** in nationales Recht angewiesen. Die Mitgliedstaaten sind verpflichtet entsprechend den
Vorgaben und innerhalb der Umsetzungsfrist **nationales Recht zu schaffen.** Erst mit deren Inkrafttreten können sich Private, also auch die Arbeitsvertragsparteien, auf das dadurch erzeugte Recht
berufen, dann jedoch auch geltend machen, dass die Richtlinie nicht ausreichend umgesetzt sei
(*Schaub/Linck* § 4 Rn 12). Gegenüber einem **öffentlichen Arbeitgeber** können Richtlinien allerdings dann **ausnahmsweise unmittelbar Rechte der Arbeitnehmer** erzeugen, wenn sie hinsichtlich
ihrer Voraussetzungen und Rechtsfolgen hinreichend genau und unbedingt sind. Dem öffentlichen
Arbeitgeber soll kein Vorteil daraus entstehen, dass der Staat, zu dem er gehört, die Richtlinie gar
nicht oder nicht ordnungsgemäß umgesetzt hat (*Riesenhuber* Europäisches Arbeitsrecht 2009, § 1
Rn 18 ff.; *Haedrich* EAS B 1000 Rn 34 ff., 105 ff.; *Hanau, H.* EuZA 2009, 534, 541; *Linsenmaier* RdA 2012, 196 f.; ErfK-*Schlachter-Voll* Vorb. AEUV Rn 28 f., HWK-*Tillmanns* Einl. AEUV
Rn 16 f. jeweils mwN).

Das **nationale einfache Recht** hat sich demgemäß am Gemeinschaftsrecht messen zu lassen, soweit 9
hierzu Richtlinien nach Art. 288 Abs. 3 AEUV ergangen sind. Der **nationale Gesetzgeber** ist verpflichtet bei seiner Gesetzgebung die europäischen **Vorgaben des primären Gemeinschaftsrechts
(Gemeinschaftsverträge, allgemeine Rechtsgrundsätze, Grundrechte und Grundfreiheiten)** einzuhalten. Das Gemeinschaftsrecht genießt Vorrang vor dem Recht der Mitgliedstaaten. Das hat zur
Folge, dass es sich im **Kollisionsfall** gegenüber dem nationalen Recht durchsetzt (ErfK-*Schlachter-Voll* Vorb. AEUV Rn 36 f.; *Haedrich* EAS B 1000 Rn 162 ff.); auch gegenüber **nationalem Verfassungsrecht** (*BVerfG* 21.6.2016 NJW 2016, 2473 Rn 118). Entgegenstehendes **nationales Recht**
wird in einem solchen Fall zwar nicht ungültig (*BAG* 28.5.2014 EzA § 14 TzBfG Nr. 105, Rn 16),
ist indessen – soweit es gegen europäisches Recht verstößt – **unanwendbar** (*EuGH* 19.4.2016 EzA
Richtlinie 2000/78 EG-Vertrag 1999 Nr. 40 **Dansk Industri** Rn 35, *BAG* 24.6.2006 EzA § 14
TzBfG Nr. 28). Vgl. hierzu *Schiefer* FS Leinemann, 2006, S. 761; *Papier* EuGRZ 2007, 133.

Das **nationale Gericht** ist im Fall eines Verstoßes befugt- auch in einem Rechtsstreit zwischen 10
Privaten- die dem **Unionsrecht** entgegenstehenden nationalen Vorschriften **unangewendet zu**

§ 14 TzBfG Zulässigkeit der Befristung

lassen, soweit eine **richtlinienkonforme Auslegung** hierzu nicht möglich ist. Das nationale Gericht muss indessen alles tun, was methodisch in seiner Macht steht, um zu einem Ergebnis zu gelangen, das mit dem von der Richtlinie verfolgten Zweck vereinbar ist (*EuGH* 19.4.2016 EzA Richtlinie 2000/78 EG-Vertrag 1999 Nr. 40 **Dansk Industri** Rn 31 f). Eine Auslegung contra legem des nationalen Rechts ist damit aber nicht erlaubt (*EuGH* 10.3.2011 EzA § 14 TzBfG Nr. 69 **Lufthansa/Kumpan**; EuArbR/*Krebber* Art 4 RL 1999/70/EG Rn 29).

11 Diese Kompetenz der nationalen Gerichte besteht unabhängig von dem **Vorlagerecht der Instanzgerichte** nach Art 267 Abs. 2 AEUV. Diese Erkenntnis haben der EuGH in seiner Entscheidung **Kücükdeveci** vom 19.1.2010 (EzA Richtlinie 2000/78 EG-Vertrag 1999 Nr. 14) und das BAG in seinen Entscheidungen vom 1.9.2010 (BAG EzA § 4 nF KSchG Nr. 90 m. Anm. *Nord*) und vom 9.9.2010 (*BAG* EzA § 622 BGB 2002 Nr. 8) bekräftigt (zuvor bereits *EuGH* 22.11.2005 EzA § 14 TzBfG Nr. 21 **Mangold** m. Anm. *Kamanabrou*).

12 Die dem nationalen Gericht mit Art. 267 Abs. 2 AEUV eingeräumte Möglichkeit, den Gerichtshof im Wege der **Vorabentscheidung** um Auslegung zu ersuchen, bevor es die unionsrechtswidrige nationale Bestimmung unangewendet lässt, verkehrt sich daher nicht in eine Verpflichtung zur Vorlage, weil das nationale Recht es diesem Gericht nicht erlaubt, eine nationale Bestimmung, die es für verfassungswidrig hält, unangewendet zu lassen, wenn sie nicht zuvor vom **Bundesverfassungsgericht** für verfassungswidrig erklärt worden ist. Denn nach dem Grundsatz des **Vorrangs des Unionsrechts** ist eine unionsrechtswidrige nationale Regelung, die in den Anwendungsbereich des Unionsrechts fällt, unangewendet zu lassen (vgl. hierzu auch Anm. *Temming* AP Nr. 66 zu § 622 BGB). Die **Pflicht zur Vorlage** hat dagegen das **BAG** als letztinstanzliches Gericht, wenn es um eine entscheidungserhebliche, bisher ungeklärte Frage des Unionsrechts geht. Bei Nichtbefolgung der Vorlagepflicht des BAG kann nach der Rechtsprechung des BVerfG der Anspruch auf den **gesetzlichen Richter nach Art 101 Abs. 1 S. 2 GG** verletzt sein (*BVerfG* 6.7.2010 EzA § 14 TzBfG Nr. 66; 25.2.2010 EzA § 17 KSchG Nr. 21; ErfK-*Wißmann* Art. 267 AEUV Rn 25 f.; *Gehlhaar* NZA 2010, 1053; *Thüsing/Pötters/Traut* NZA 2010, 930). Die Vorlagepflicht kann nur dann entfallen, wenn das nationale Gericht von einer **offensichtlichen Rechtslage** im Gemeinschaftsrecht ausgehen darf (Fall des **acte-claire**; vgl. *EuGH* 6.12.2005 – C 461/03, EuGRZ 2006, 253 **Gaston Schul Douane-Expediteur** Rn 16; HWK-*Tillmanns* Art. 267 AEUV Rn 13; ErfK-*Schlachter-Voll* Art. 267 AEUV Rn 32, EuArbR-*Höpfner* Art. 267 AEUV Rn 48) oder der EuGH die Rechtsfrage bereits entschieden hat (acte éclairé; *BVerfG* 4.10.2011 NJW 2012, 45, Rn 51; *BAG* 5.3.2013 EzA § 77 BetrVG 2001 Nr. 35, Rn 51 f.). Eine Vorlage an das BVerfG kommt dagegen in Frage, wenn das einschlägige Unionsrecht dem nationalen Gesetzgeber einen Umsetzungsspielraum belassen hat, in dessen Rahmen die Einhaltung des Verfassungsrechts streitig ist (*BVerfG* 6.6.2018 – 1 BvL 7/14, 1 BvR 1375/14, Rn 29).

13 Für **Verordnungen** der EG ergibt sich deren **unmittelbare Anwendung** in den Mitgliedstaaten bereits aus Art. 249 EG-Vertrag. Darüber hinaus kann sich jeder Unionsbürger (Art. 17 EG-Vertrag) auf Gemeinschaftsrecht aus dem EG-Vertrag berufen, soweit die einschlägigen Bestimmungen klar und unbedingt sind und von daher keiner konkretisierenden mitgliedstaatlichen Umsetzung bedürfen (vgl. zuletzt *EuGH* 23.10.2007 – C 11/06, **Rhiannon Morgan** Rn 22 zur Ausbildungsförderung; *Haedrich* EAS B 1000 Rn 106).

14 Der **zeitliche Anwendungsbereich** umgesetzter Richtlinien in nationales Recht bereitet Schwierigkeiten, wenn sich **im Nachhinein die nationale Regelung** als **europarechtswidrig** erweist. Hier stellen sich Fragen zum **Vertrauensschutz**. Im Nachgang zur Mangold-Entscheidung des *EuGH* v. 22.11.2005 (EzA § 14 TzBfG Nr. 21, s. Rdn 651, 655) hat das BAG entschieden, dass ein Vertrauensschutz für die Arbeitgeber nicht bestanden habe als sie bei Abschluss befristeter Arbeitsverträge mit älteren Arbeitnehmern auf die Bestandskraft des § 14 Abs. 3 TzBfG aF gesetzt hätten (*BAG* 26.4.2006 EzA § 14 TzBfG Nr. 28). Dem Vertrauensschutz – so das BAG – stehe entgegen, dass der EuGH die Unvereinbarkeit der nationalen Regelung auch mit einem Verstoß gegen das Primärrecht der Gemeinschaft begründet habe und für diesen Bereich allein die zeitlichen Auswirkungen seines Unanwendbarkeitsausspruchs festlegen könne. Schließlich habe ein **Vertrauen** der

Arbeitgeber bereits deshalb nicht entstehen können, weil die Regelung in § 14 Abs. 3 S. 4 TzBfG aF von Anfang an von großen Teilen des Schrifttums für gemeinschaftswidrig gehalten worden sei (vgl. dazu *Lipke* KR, 7.Aufl. § 14 TzBfG Rn 351 ff., 363 ff. mwN) und eine die Gemeinschaftskonformität bejahende Rechtsprechung des BAG nicht bestanden habe (*BAG* 26.4.2006 EzA § 14 TzBfG Nr. 28; *Dörner* NZA 2007, 57 ff.; APS-*Backhaus* § 14 TzBfG Rn 628; abweichend hierzu *Steiner* NZA 2008, 73, 76; *Schlachter* ZfA 2007, 249, 265 ff.).

Hierzu ist kritisch anzumerken, dass die **Bundesregierung** bis zum Schluss vor dem EuGH die Regelung des § 14 Abs. 3 S. 4 TzBfG aF als europarechtskonform verteidigt hat (vgl. *Koberski* NZA 2005, 79, 84; *Bauer/Arnold* NJW 2006, 6 ff.; *Waas* EuZW 2005, 583, 585; *Preis/Gotthardt* DB 2000, 2072). Es ist daher zu fragen, ob die Arbeitgeber insoweit klüger sein mussten als die Bundesregierung. Jedenfalls hätte sich zu diesem Problem des »**Vertrauensschutzes**« eine **Vorlage an den EuGH** empfohlen (ähnlich *Sagan* EAS B 1100 Rn 166 zur Problematik der Massenentlassungsrichtlinie 98/59/EG), die das *BAG* (26.4.2006 EzA § 14 TzBfG Nr. 28) aber abgelehnt hat. 15

Die gegen diese Entscheidung des BAG v. 26.4.2006 eingelegte **Verfassungsbeschwerde** blieb erfolglos (*BVerfG* 6.7.2010 EzA § 14 TzBfG Nr. 66). Zwar kann das vom Rechtsstaatsprinzip umfasste Vertrauen in den Fortbestand eines Gesetzes (vgl. *BVerfG* 20.2.2002 BVerfGE 105, 48) auch durch die Feststellung des EuGH, ein Gesetz sei rückwirkend nicht anwendbar, berührt werden. Mitgliedstaatliche Gerichte können indessen Vertrauensschutz nicht dadurch gewähren, dass sie die Wirkung einer Vorabentscheidung des EuGH zeitlich begrenzen. Die Gewährung sekundären Vertrauensschutzes durch **Ersatz des Vertrauensschadens** ist jedoch möglich durch ein nationales Gesetz. Die **Mangold-Entscheidung** des EuGH als solche ist nach Ansicht des BVerfG **keine** unzulässige **Rechtsfortbildung ultra vires**. Eine richterliche **Grenzziehung** des Vertrauensschutzes bleibt deshalb nach Vorabentscheidung dem **EuGH** vorbehalten. Vgl. hierzu *Folz* EuZA 2011, 308, *Sagan* ZESAR 2011, 412 und *Dörner* Befr. Arbeitsvertrag Rn 513 f. jeweils mwN. 16

3. Wesentliche Inhalte der Richtlinie 1999/70/EG

Die im Anhang der Richtlinie aufgeführte Rahmenvereinbarung definiert in § 3 Abs. 1 den »befristet beschäftigten Arbeitnehmer« und in § 3 Abs. 2 den »vergleichbaren Dauerbeschäftigten«, der den Maßstab für das in § 4 Abs. 1 festgelegte **Diskriminierungsverbot** gegenüber befristet beschäftigten Arbeitnehmern setzt. Hierdurch findet der bisher für das Verhältnis von befristet und unbefristet beschäftigten Arbeitnehmern anzuwendende **ungeschriebene arbeitsrechtliche Gleichbehandlungsgrundsatz** eine zu begrüßende ausdrückliche **europarechtliche Normierung** (*Wank/Börgmann* RdA 1999, 385; zur insoweit eingeschränkten Rechtsetzungskompetenz nach Art. 137 Abs. 6 EG-Vertrag LS-*Schlachter* Einf. Rn 12). Eine unterschiedliche schlechtere Behandlung bedarf eines sachlichen Grundes. Für alle Arbeitsbedingungen gilt, »wo dies angemessen ist«, der **Pro-rata-temporis Grundsatz** (§ 4.Abs. 2). Haben Betriebszugehörigkeitszeiten Einfluss auf Beschäftigungsbedingungen, sind befristet beschäftigte Arbeitnehmer den Dauerbeschäftigten gleichzustellen (§ 4 Abs. 4). Dem Arbeitgeber werden gegenüber dem befristet beschäftigten Arbeitnehmer **Informationspflichten** über freiwerdende **Dauerarbeitsplätze** sowie ein **erleichterter Zugang zu Aus- und Weiterbildungsmöglichkeiten** auferlegt (§ 6). § 7 der Rahmenvereinbarung legt fest, dass **befristet Beschäftigte** bei der **Berechnung der Schwellenwerte** für die Einrichtung von Arbeitnehmervertretungen zu berücksichtigen sind und die Arbeitgeber gegenüber den vorhandenen Arbeitnehmervertretungen eine angemessene Information über befristete Arbeitsverhältnisse »in Erwägung« zu ziehen haben. Den Mitgliedstaaten bleibt es nach § 8 vorbehalten, günstigere Bestimmungen beizubehalten oder einzuführen, sie dürfen **die Richtlinie dagegen nicht zum Anlass nehmen, das bestehende Arbeitnehmerschutzniveau abzusenken** (*Rolfs* EAS B 3200 Rn 39; *Röthel* NZA 2000, 65; *Wank/Börgmann* RdA 1999, 385). Davon ist nicht auszugehen, wenn die in Frage stehende Regelung nur einen unerheblichen Teil der befristet beschäftigten Arbeitnehmer betrifft oder ein Ausgleich der abgeschafften Regelung durch andere Schutzvorschriften geschieht (*EuGH* 24.6.2010 EzA Richtlinie 99/70 EG-Vertrag 1999 Nr. 4 **Sorge** Rn 48; EuArbR/*Krebber* § 8 RL 1999/70/EG Rn 7 f). 17

18 Der **Schwerpunkt** der verbindlichen europarechtlichen Vorgaben findet sich in **§ 5 der Vereinbarung, der Maßnahmen zur Vermeidung von Missbrauch bei der Gestaltung befristeter Arbeitsverträge festlegt**. Danach obliegt es nach § 5.1 den Mitgliedstaaten und/oder den (nationalen) Sozialpartnern »unter Berücksichtigung der Anforderungen bestimmter Branchen/oder Arbeitnehmerkategorien« **eine oder mehrere folgender Maßnahmen** zu ergreifen:
- Sachliche Gründe, die eine Verlängerung solcher Verträge oder Verhältnisse rechtfertigen;
- die insgesamt maximal zulässige Dauer aufeinander folgender Arbeitsverträge oder -verhältnisse;
- die zulässige Zahl der Verlängerungen solcher Verträge oder Verhältnisse festzulegen.

19 Die zu treffenden Maßnahmen sind für die Mitgliedstaaten **alternativ, nicht** etwa **kumulativ verbindlich** (*Löwisch* NZA 2000, 756; *Bauer* NZA 2000, 756; *Preis/Gotthardt* DB 2000, 2065; *Rolfs* EAS B 3200 Rn 20; *Schlachter* RdA 2004, 352, 353 f). Da es um die missbräuchliche »Verlängerung«, dh die Verwendung aufeinanderfolgender befristeter Arbeitsverträge geht (Kettenarbeitsverträge), fällt die **erste Befristung nicht in den Anwendungsbereich der Richtlinie** (*EuGH* 22.11.2005 – C 144/04, EzA § 14 TzBfG Nr. 21 **Mangold** Rn 41 ff., m. Anm. *Mohr*; 26.1.2012 EzA § 14 TzBfG Nr. 80 **Kücük** m. Anm. *Preis/Loth*; *Linsenmaier* RdA 2012, 193, 195; *Sagan* EAS B 1100 Rn 130; *Rolfs/de Groot* ZESAR 2009, 5, 7; EuArbR/*Krebber* § 5 RL 1999/70/EG Rn 3 ff.). Aus dem Wortlaut von § 2 Nr. 1 der Rahmenvereinbarung geht hervor, dass sich die **Definition der Arbeitsverträge und -verhältnisse**, für die diese Rahmenvereinbarung gilt, nicht nach der Vereinbarung selbst oder dem Unionsrecht, sondern nach den **nationalen Rechtsvorschriften und/oder Gepflogenheiten** richtet, sofern die Definition dieser Begriffe nicht dazu führt, willkürlich eine Kategorie von Personen vom Schutz, den diese Rahmenvereinbarung bietet, auszuschließen (st. Rspr. zuletzt *EuGH* 3.7.2014 EzA Richtlinie 99/70 EG-Vertrag 1999 Nr. 10 **Fiamingo ua** Rn 29). Daraus ergibt sich ein **weiter Gestaltungsrahmen** für die nationale Umsetzung der Richtlinie. Die unionsrechtliche Norm des § 5 der Rahmenvereinbarung zu RL 1999/70/EG legt keine Grenzen für Kettenbefristungen fest, sondern nennt nur Maßnahmen, mit deren Hilfe missbräuchliche Befristungen verhindert werden können. Die Entscheidung über die konkreten Regelungen verbleibt danach bei den Mitgliedstaaten (vgl. *EuGH* 7.3 2018 – C 494/16, **Santoro** Rn 26 ff.; *BVerfG* 6.6.2018 – 1 BvL 7/14, 1 BvR 1375/14, Rn 31). Eine Einschränkung kann hierzu nur der **Präambel zur Rahmenvereinbarung** entnommen werden, die den **unbefristeten Arbeitsvertrag als übliche Form** des Beschäftigungsverhältnisses anerkennt und damit eine allzu großzügige sachgrundlose Befristungsgestattung verwehrt (vgl. *EuGH* 10.3.2011 EzA § 14 TzBfG Nr. 69 **Lufthansa/Kumpan**; 4.7.2006 EzA Richtlinie 99/70 EG-Vertrag 1999 Nr. 1 **Adeneler**; 23.4.2009 – C 378/07, AP Nr. 6 zu Richtlinie 99/70/EG **Angelidaki** Rn 109; 14.9.2016 EzA Richtlinie 99/70 EG-Vertrag 1999 Nr. 13 **Perez Lopez** Rn 39 f.; 19.3.2020 EzA Richtlinie 99/70 EG-Vertrag 1999 Nr. 19 **Sánchez Ruiz** Rn 91; *Rolfs* EAS B 3200 Rn 4, 20). Gesamtdarstellung bei *Nebe* JbArbR 48 [2011], 89, 98 ff, *Greiner* ZESAR 2014, 357, 360; *Kamanabrou* EuZA 2012, 441, 450, die einen Überblick über die Umsetzung der Befristungsrichtlinie in den Ländern der Gemeinschaft bietet.

20 Es bleibt den Mitgliedstaaten des Weiteren **überlassen** (»gegebenenfalls«) nach § 5.2 zu bestimmen, unter welchen Bedingungen befristete Arbeitsverhältnisse oder Beschäftigungsverhältnisse
- als »aufeinander folgend« zu betrachten sind;
- als unbefristete Verträge oder Verhältnisse zu gelten haben (LS-*Schlachter* Einf. Rn 12; APS-*Backhaus* Vor § 14 TzBfG Rn 10).

Werden die in § 5.1 gezogenen Grenzen bei einer Befristungsvereinbarung nicht eingehalten, muss eine nationale Umsetzungsregelung als **Rechtsfolge nicht automatisch das Entstehen eines unbefristeten Arbeitsverhältnisses** vorsehen. Das Gemeinschaftsrecht gibt in der Richtlinie insoweit keine **Sanktionsfolgen** vor (*EuGH* 3.7.2014 EzA Richtlinie 99/70 EG-Vertrag 1999 Nr. 10 **Fiamingo u.a.** Rn 60 ff.). Die Mitgliedstaaten haben selbst zu entscheiden, in welcher Form und mit welchen Mitteln sie das von der Richtlinie 1999/70/EG verfolgte Ziel erreichen wollen (*EuGH* 14.9.2016 EzA Richtlinie 99/70 EG-Vertrag 1999 Nr. 13 **Perez Lopez** Rn 31; *EuGH* 10.3.2011 EzA § 14 TzBfG Nr. 69 **Lufthansa/Kumpan**; *Rolfs* EAS B 3200, Rn 21 ff.). Sie sind aber dem unionsrechtlichen Gedanken des »effet utile« verpflichtet. Danach sind die Richtlinien so auszulegen und anzuwenden, dass sich die nützliche Wirkung der Vorschriften entfaltet (*EuGH* 23.4.2009 AP Nr. 6 zu Richtlinie 99/70/EG Rn 200 **Angelidaki**; *EuGH* 26.11.2014 EzA Richtlinie 99/70 EG-Vertrag 1999 Nr. 11 **Mascolo** Rn 79, 120; *Haedrich* B 1000 Rn 13, 145), dh **Missbrauch verhindert** und das normale unbefristete Arbeitsverhältnis die Regel bleibt. Die **Prekarisierung** der Lage der befristet Beschäftigten muss deshalb **wirkungsvoll unterbunden** werden (APS-*Backhaus* Vor § 14 Rn 12).

Die Richtlinie nimmt von ihrem Umsetzungsauftrag **Kleinbetriebe und Haushalte** nicht aus. Da die anhand des KSchG entwickelte **Umgehungstheorie ihre Berechtigung verloren hat**, sind nunmehr – anders als bis zum 31.12.2000 – in Betrieben bis zu fünf Arbeitnehmern (jetzt 10 Arbeitnehmern) und in allen Familienhaushalten die in § 5.1 angeführten **Befristungsbeschränkungen zu beachten**. Der in den allgemeinen Erwägungen zu Nr. 11 der Rahmenvereinbarung erwähnte Gesichtspunkt, verwaltungstechnische, finanzielle oder rechtliche Zwänge zu vermeiden, die eine Gründung und Entwicklung von kleinen und mittleren Unternehmen behindern könnten, ändert daran nichts. Diese Erwägung geht nämlich selbst davon aus, dass diese Notwendigkeiten bereits in der Vereinbarung berücksichtigt sind und erlaubt es nicht, im Wege eigener Wertung neue Ausnahmetatbestände zu schaffen (LS-*Schlachter* Einf. Rn 13; *Preis/Gotthardt* DB 2000, 2065 f.; *Hanau* NZA 2000, 1045; *Rolfs* EAS B 3200 Rn 41). Da in **Kleinbetrieben** zukünftig **weiterhin ohne soziale Rechtfertigung** gekündigt werden kann (§ 23 Abs. 1 KSchG), ergeben sich dadurch für die Praxis keine Schwierigkeiten (krit. *Thüsing* ZfA 2004, 67, 89 f.). Die **Maßstäbe des Kündigungsrechts und des Befristungsrechts** sind daher seit Inkrafttreten des TzBfG 2001 **verschieden** (*Dörner* NZA 2003, Sonderbeil. S. 33 f., 40). Von der Richtlinie erfasst werden nach § 3 Nr. 1 alle Arbeitnehmer, ohne danach zu unterscheiden, ob sie an **einen öffentlichen oder an einen privaten Arbeitgeber** gebunden sind (*EuGH* 14.9.2016 EzA Richtlinie 99/70 EG-Vertrag 1999 Nr. 13 **Perez Lopez** Rn 24).

Ausgenommen vom Anwendungsbereich der Richtlinie sind hingegen befristete Arbeitsverhältnisse zwischen Leiharbeitnehmern und einem Leiharbeitsunternehmen als auch die Rechtsbeziehungen zwischen einem **Leiharbeitnehmer** und dem entleihenden Unternehmen (*EuGH* 11.4.2013 EzA Richtlinie 99/70 EG-Vertrag 1999 Nr. 6 **Della Rocca** Rn 36 f.; 3.7.2014 EzA Richtlinie 99/70 EG-Vertrag 1999 Nr. 10 **Fiamingo ua**; der Rspr. zust. *Franzen* EuZA 2013, 433; APS-*Backhaus* Vor § 14 Rn 6; abl. *Lembke* NZA 2013, 815; *Krebber* JZ 2013, 947). Aufgrund des vierten Absatzes der Präambel zur Rahmenvereinbarung, auf deren Umsetzung die Richtlinie sich gründet, bleibt die Leiharbeit außen vor, da sich die Sozialpartner insoweit nicht verständigen konnten. Die **Leiharbeit** ist Gegenstand der **Richtlinie 2008/104**, die, wie ihren Erwägungsgründen 5 und 7 zu entnehmen ist, vom Unionsgesetzgeber erlassen wurde, nachdem die Verhandlungen zwischen den Sozialpartnern über den Abschluss einer solchen Vereinbarung gescheitert waren. Der befristete Arbeitsvertrag in der Arbeitnehmerüberlassung ist deshalb allein an den **Vorgaben des TzBfG** zu messen. Ein höheres Schutzniveau durch das TzBfG als das der Befristungs- und der Leiharbeitsrichtlinien ist europarechtlich unbedenklich (*Forst* FA 2013, 162; vgl. Rdn 17 aE).

Die nach der Richtlinie zugelassene **Umsetzung durch** eine Vereinbarung der **Sozialpartner** ist in Deutschland kein gangbarer Weg. Eine einheitliche und flächendeckende Umsetzung des Richtliniengehalts scheitert hier an der traditionell nach Branchen und Regionen zersplitterten **Tarifzuständigkeit** und den nicht tarifgebundenen Außenseitern (APS-*Backhaus* Vor § 14 TzBfG Rn 4; anders in Spanien, vgl. dazu *Kamanabrou* EuZA 2012, 441, 477, 482). Solange die deutsche Tarifstruktur insoweit keine umfassenden Verhandlungsmandate für die Sozialpartner schafft und nur das schwerfällige Instrument der Allgemeinverbindlicherklärung vorhält, ist eine Umsetzung der Richtlinie durch hoheitlichen Rechtsakt des Staates unumgänglich (*Röthel* NZA 2000, 67). Davon unberührt bleibt eine nationale **Bestimmung, die den Tarifvertragsparteien** innerhalb eines festen gesetzlichen Befristungsrahmens **abweichende Regelungen** erlaubt, wie sie in § 14 Abs. 2 S. 3 TzBfG zu finden ist (vgl. *BAG* 15.8.2012 EzA § 14 TzBfG Nr. 87 Rn 29 ff.).

4. Rechtsprechung des EuGH zum Befristungsrecht

a) Allgemeine Grundsätze

24 Der EuGH hat sich seit Inkrafttreten der EG-Richtlinie 1999/70 in einer größeren Zahl von Entscheidungen mit den zur Befristung von Arbeitsverhältnissen national umgesetzten Bestimmungen und ihre Vereinbarung mit dem Gemeinschaftsrecht beschäftigen müssen. Soweit das deutsche Recht betroffen ist, hat die Entscheidung »**Mangold**« besondere Bedeutung erlangt (*EuGH* 22.11.2005 EzA § 14 TzBfG Nr. 21). Damit hat der Gerichtshof die Bestimmung des § 14 Abs. 3 S. 4 TzBfG aF vor Ablauf der Umsetzungsfrist für **europarechtswidrig** erklärt, da der uneingeschränkte Abschluss befristeter Arbeitsverträge mit Arbeitnehmern, die das **52. Lebensjahr** vollendet haben, **Art. 6 Abs. 1 der RL 2000/78** entgegensteht. Überraschenderweise hat der EuGH keinen Verstoß gegen die Befristungsrichtlinie erkannt, sondern die Verletzung europäischen Gemeinschaftsrechts darin gesehen, dass eine Rechtfertigung zur Schlechterstellung älterer Arbeitnehmer vor Art. 6 der RL 2000/78 nicht nachgewiesen werden konnte. Allein die Festlegung einer **Altersgrenze** zur sachgrundlosen Befristung ohne Verknüpfungen mit der **Struktur des jeweiligen Arbeitsmarktes** genüge demnach nicht. Im Ergebnis hat der EuGH die Vorschrift des § 14 Abs. 3 S. 4 TzBfG aF mit dem Ziel der nationalen Regelung, die berufliche Eingliederung arbeitsloser älterer Arbeitnehmer zu erreichen, weder als angemessen noch als erforderlich gewertet. Der EuGH hat damit eine **Verletzung des Grundsatzes der Verhältnismäßigkeit** beanstandet. Die Entscheidung setzt Maßstäbe, selbst wenn die für gemeinschaftswidrig erkannte Bestimmung ohnehin zum 31.12.2006 ausgelaufen wäre. Für die Arbeitgeber, die von der befristeten Regelung Gebrauch gemacht hatten, ergibt sich daraus kein **Vertrauensschutz** (*EuGH* 19.4.2016 EzA Richtlinie 2000/78 EG-Vertrag 1999 Nr. 40 **Dansk Industri** Rn 39 ff.; *BVerfG* 6.7.2010 EzA § 14 TzBfG Nr. 66; *BAG* 26.4.2006 EzA § 14 TzBfG Nr. 28; *Dörner* NZA 2007, 57 f; aA *Höpfner* ZfA 2010, 449, 481 f.). Zur Neufassung des § 14 Abs. 3 TzBfG ab 1.5.2007 (BGBl. I S. 538) hat der Gerichtshof noch nicht entschieden, ob diese unionsrechtskonform ist. Die Meinungen hierzu sind gespalten (dafür: ErfK-*Müller-Glöge* Rn 110a mwN; *Temming* NZA 2007, 1193, 1200; *Lipke* FS Otto 2008, S. 289; dagegen: *Kohte* AuR 2007, 168; *Wiedemann* FS Otto 2008, S. 609; *Kast/Herrmann* BB 2007, 1841). Das **BAG** hält die neuen Regelungen in der ab 1. Mai 2007 geltenden Fassung, jedenfalls soweit es um deren erstmalige Anwendung zwischen denselben Arbeitsvertragsparteien geht, **mit Unionsrecht** und nationalem Verfassungsrecht für **vereinbar** (28.5.2014 EzA § 14 TzBfG Nr. 104. Näher dazu s. Rdn 658.

25 Die Mangold-Entscheidung des EuGH ist auch aus einem anderen Grund ein Meilenstein. Sie greift die bereits in der Entscheidung »**Pfeiffer**« (*EuGH* 5.10.2004 – C- 397/01, NZA 2004, 1145) aufgezeigte Rechtsprechungslinie auf, wonach es dem **nationalen Gericht** obliegt, jede dem Gemeinschaftsrecht entgegenstehende Bestimmung nationalen Rechts europarechtskonform auszulegen oder unangewendet zu lassen und damit **für die Wirksamkeit des Gemeinschaftsrechts Sorge zu tragen**, selbst wenn die dafür laufende **Umsetzungsfrist** einer Richtlinie noch nicht abgelaufen ist. Nach Ablauf der Umsetzungsfrist haben die nationalen Gerichte der noch nicht umgesetzten Richtlinie bei Anwendung innerstaatlichen Rechts dieses – soweit wie möglich – im Lichte des Wortlauts und des Zwecks der betreffenden Richtlinie auszulegen (*EuGH* 4.7.2006 EzA EG-Vertrag 1999 Richtlinie 99/70 Nr. 1 **Adeneler**). Allerdings hält der EuGH eine richtlinienkonforme **Auslegung** »**contra legem**« für unzulässig. Insoweit sind die Grenzen der nationalen Methodenlehre zu beachten (*EuGH* 10.3.2011 EzA § 14 TzBfG Nr. 69 **Kumpan/Lufthansa**; *Auer* NJW 2007, 1107 f.; *Linsenmaier* RdA 2012, 193, 197).

26 Die Verpflichtung zur **richtlinienkonformen Auslegung** nationalen Rechts beginnt mit dem **Ablauf der Umsetzungsfrist**, nicht früher und nicht später (*EuGH* 4.7.2006 EzA EG-Vertrag 1999 Richtlinie 99/70 Nr. 1 **Adeneler**). Das ist vor allem bedeutsam, wenn die Richtlinie nicht oder zu spät in nationales Recht umgesetzt worden ist. Indessen dürfen die nationalen Gesetzgeber nach Erlass und vor Ablauf der Umsetzungsfrist der Richtlinie diese nicht durch gesetzgeberische Maßnahmen konterkarieren (sog. **Vorwirkung**; *Wiedemann* Anm. BAG AP Nr. 1 zu RL 2000/78/EG). Damit wird der **nationale Richter zum Richter des Unionsrechts**. Das *ArbG Bln.* hat daher – ohne Vorlage

an den EuGH – am 30.3.2006 (LAGE § 14 TzBfG Nr. 27) die Bestimmung des § 14 Abs. 3 S. 1 TzBfG aF, die eine sachgrundlose Befristung ab Vollendung des 58. Lebensjahres erlaubt, ebenfalls als Verstoß gegen Art. 6 der RL 2000/78 (Verbot der Altersdiskriminierung) erkannt (Fall des acte éclairé). Dabei hat es im Gleichbehandlungsgrundsatz und im Diskriminierungsverbot über Art. 13 EGV unmittelbar anzuwendendes Primärrecht gesehen und – wie das *BAG* (26.4.2006 EzA § 14 TzBfG Nr. 28) – einen **Vertrauensschutz** für die Arbeitgeber zu **Satz 1** des § 14 Abs. 3 TzBfG ausgeschlossen. Diesen Weg der Selbstentscheidung hat das BAG nicht eingeschlagen. Es hat zu § 14 Abs. 3 S. 1 TzBfG aF in Zusammenhang mit einer **tariflich** auf 60 Lebensjahre **festgelegten Altersgrenze** für das **Kabinenpersonal in Flugzeugen** den EuGH um Vorabentscheidung gebeten, inwieweit diese Bestimmung europarechtskonform gewesen sei (*BAG* 16.10.2008 EzA § 14 TzBfG Nr. 54). Näher dazu Rdn 432 ff.

b) Begrenzung wiederholter Befristungen

Nach den Feststellungen des EuGH wird das **Kriterium des »engen sachlichen Zusammenhangs«** 27
i. S. d. **§ 14 Abs. 3 TzBfG aF** durch eine Kette von befristeten Arbeitsverhältnissen nicht unterbrochen, sondern auch die befristeten Arbeitsverträge im Anschluss an ein unbefristetes Arbeitsverhältnis sind danach auf ihre sachliche Rechtfertigung zu überprüfen (*EuGH* 10.3.2011 EzA § 14 TzBfG Nr. 69 **Lufthansa/Kumpan**; *Morgenstern* ZESAR 2011, 501). Ergebe diese Prüfung, dass der Arbeitnehmer nach einem unbefristeten Arbeitsverhältnis im Rahmen von befristeten Arbeitsverträgen für den gleichen Arbeitgeber und im Rahmen der gleichen Tätigkeit weiterbeschäftigt war, sei der **Normzweck des § 5 Nr. 1 der Rahmenvereinbarung** vereitelt und eine dahingehende Auslegung nicht unionsrechtskonform. Für die deutsche Rechtsprechung bedeutet dies, dass nunmehr nicht nur der zuletzt abgeschlossene Arbeitsvertrag maßgeblich ist, wenn dies der Zielsetzung der Rahmenvereinbarung und ihres § 5 Nr. 1 zuwiderliefe, die darin besteht, die Arbeitnehmer gegen unsichere Beschäftigungsverhältnisse zu schützen und den **Missbrauch durch aufeinanderfolgende befristete Arbeitsverträge oder -verhältnisse** zu verhindern. Im Übrigen hält der EuGH im Ergebnis an der Mangold-Entscheidung fest, ohne diese nochmals an der Richtlinie 2000/78 zu messen (*EuGH* 10.3.2011 EzA § 14 TzBfG Nr. 69 **Lufthansa/Kumpan** Rn 37).

Stattdessen werden die Bestimmungen der Rahmenvereinbarung nach der Richtlinie 1999/70 unter 28
Zusammenfassung der bisherigen Rechtsprechung noch einmal zusammenfassend interpretiert (*EuGH* 10.3.2011 EzA § 14 TzBfG Nr. 69 **Kumpan/Lufthansa**). Danach geht die Rahmenvereinbarung von der Prämisse aus, dass **unbefristete Arbeitsverträge die übliche Form des Beschäftigungsverhältnisses sind**. Der Rückgriff auf befristete Verträge hat daher gegenüber unbefristeten Verträgen **Ausnahmecharakter**. § 5 Nr. 1 der Rahmenvereinbarung gibt den Mitgliedstaaten ein allgemeines Ziel – die Verhinderung von Missbrauch – vor, lässt ihnen jedoch zugleich die Wahl der Mittel, um dieses Ziel **wirksam** zu erreichen. Gesetzliche Schranken des innerstaatlichen Rechts zur Begrenzung von befristeten Arbeitsverhältnissen sind deshalb in Übereinstimmung mit der Zielsetzung der Rahmenvereinbarung und in der Weise auszulegen, dass der Grundsatz, wonach unbefristete Arbeitsverträge die übliche Form des Beschäftigungsverhältnisses sind, nicht ausgehöhlt wird (vgl. *EuGH* 4.7.2006 EzA Richtlinie 99/70 EG-Vertrag 1999 Nr. 1 Rn 73 **Adeneler**). **Vertragsverlängerungen** befristeter Arbeitsverträge im **öffentlichen Sektor** will der EuGH unterbinden, wenn es sich in Wahrheit um die **Befriedigung eines dauerhaften und nicht nur zeitweiligen Arbeitskräftebedarfs** auf einem Arbeitsplatz geht (*EuGH* 19.3.2020 EzA Richtlinie 99/70 EG-Vertrag 1999 Nr 19 **Sánchez Ruiz** Rn 91; 14.9.2016 EzA Richtlinie 99/70 EG-Vertrag 1999 Nr. 13 **Perez Lopez** Rn 47; *EuGH* 23.4.2009 AP Nr. 6 zu Richtlinie 99/70/EG **Angelidaki**). Die Beschränkung im Einzelnen ist unter dem **Gebot des** »effet utile« Sache der Mitgliedstaaten. Ob eine **Privilegierung des öffentlichen Sektors** im Befristungsrecht unter dem Gesichtspunkt des **Gleichheitsgebots** überhaupt mit dem Unionsrecht zu vereinbaren ist, hat der EuGH dahin entschieden, dass **eine rein formal zugelassene Verlängerung** befristeter Arbeitsverträge im öffentlichen Sektor den Anforderungen der Richtlinie nicht genüge, allerdings denkbar sei eine nationale Regelung hierzu mit **Sachgrund** zuzulassen (*EuGH* 26.11.2014 EzA EG-Vertrag 1999 Richtlinie 99/70 Nr. 11 **Mascolo**, im Schulbereich; 13.3.2014 EzA Richtlinie 99/70 EG-Vertrag 1999 Nr. 9 **Márquez Samohano**,

§ 14 TzBfG   Zulässigkeit der Befristung

Assistenzprofessoren im Bereich der Universitäten). Die Vorlage des *LAG Köln* v. 13.4.2010 (LAGE § 14 TzBfG Nr. 57) zu dieser Streitfrage hat sich durch Streichung der Rechtssache C 313/10 erledigt. Eine Vorlage des *BAG* zu dem gleichen Rechtsproblem v. 27.10.2010 (EzA § 14 TzBfG Nr. 71) hat sich durch Erledigungserklärung der Parteien im Hauptsacheverfahren erübrigt.

29   Der EuGH hat zur **Richtlinie 1999/70** weitere Erkenntnisse beigesteuert. So hat er die Begriffe der »**aufeinander folgenden Verträge**« und der »**sachlichen Gründe**« in § 5 Nr. 1 lit. a) der Rahmenvereinbarung über befristete Arbeitsverträge v. 18. März 1999 im Anhang der Richtlinie 1999/70/EG des Rates v. 28. Juni 1999 zu der EGB-UNICEF-CEEP-Rahmenvereinbarung über befristete Arbeitsverträge klargestellt (*EuGH* 4.7.2006 – C-212/04, EzA EG-Vertrag 1999 Richtlinie 99/70 Nr. 1 **Adeneler**; 7.9.2006 – C-53/04, NZA 2006, 1265 **Marruso**, Sardino). So reicht eine nationale Regelung zu »aufeinander folgenden Befristungen« für sich genommen nicht aus, um sie im Einklang mit § 5 der Rahmenvereinbarung zu sehen. Das Erfordernis der »sachlichen Gründe« in § 5 Nr. 1 lit. a) bedingt vielmehr, dass der in der nationalen Regelung vorgesehene Rückgriff auf **diese besondere Art des Arbeitsverhältnisses durch konkrete Gesichtspunkte gerechtfertigt wird, die vor allem mit der betreffenden Tätigkeit und den Bedingungen ihrer Ausübung zusammenhängen**. Der Sachgrund muss sich demnach erklären lassen, da die Richtlinie eine **missbräuchliche Nutzung** des (eben nur eingeschränkt) zulässigen befristeten Arbeitsverhältnisses unterbinden soll.

30   Der **erste befristete Arbeitsvertrag** bedarf nach der Rahmenvereinbarung zwar keines Sachgrundes, da die in § 5 Nr. 1 Buchst. a genannten sachlichen Gründe nur die **Verlängerung** solcher Verträge oder Verhältnisse betreffen (*EuGH* 26.1.2012 EzA § 14 TzBfG Nr. 80 **Kücük** Rn 26, 36; 23.4.2009 AP Nr. 6 zu Richtlinie 99/70/EG **Angelidaki** Rn 90). Deshalb ist der Begriff »sachliche Gründe« iSd § 5 Nr. 1 lit. a der Rahmenvereinbarung dahin zu verstehen, dass er genau bezeichnete, konkrete Umstände meint, die eine bestimmte Tätigkeit kennzeichnen und daher in diesem speziellen Zusammenhang die **Verwendung aufeinander folgender befristeter Arbeitsverträge** rechtfertigen können. Diese Umstände können sich etwa aus der **besonderen Art der Aufgaben**, zu deren Erfüllung diese Verträge geschlossen worden sind, und deren Wesensmerkmalen oder ggf. aus der Verfolgung eines **legitimen sozialpolitischen Zieles** durch einen Mitgliedstaat ergeben (*EuGH* 23.4.2009 AP Nr. 6 zu Richtlinie 99/70/EG **Angelidaki** Rn 96 st. Rspr.). Eine innerstaatliche Vorschrift, die sich darauf beschränken würde, den Rückgriff auf aufeinanderfolgende befristete Arbeitsverträge allgemein und abstrakt durch Gesetz oder Verordnung zuzulassen, würde diesen Anforderungen nicht genügen (EuGH 13.3.2014 EzA Richtlinie 99/70 EG-Vertrag 1999 Nr. 9 **Márquez Samohano** Rn 45 ff.).

31   So sieht der Gerichtshof die zu § 5 Nr. 1 lit. b) vorgesehene **Begrenzung aufeinander folgender befristeter Arbeitsverträge** nach nationalem Recht als nicht ausreichend an, wenn diese nur in einem Abstand von höchstens 20 Werktagen auseinander erfasst werden (*EuGH* 4.7.2006 EzA EG-Vertrag 1999 Richtlinie 99/70 Nr. 1 **Adeneler**). Damit würden der Sinn und Zweck der Richtlinie und ihre praktische Wirksamkeit unterlaufen; die Begrenzung wäre inhaltslos, da eine **unbeschränkte Wiederaufnahme des befristeten Arbeitsverhältnisses nach drei Wochen** ab Beendigung des vorangehenden befristeten Arbeitsverhältnisses möglich wäre. Den Mitgliedsstaaten ist es deshalb **nicht erlaubt, befristete Arbeitsverhältnisse** – zB für bestimmte Beschäftigungsbereiche – **einfach für generell zulässig zu erklären** (APS-*Backhaus* Vor § 14 TzBfG Rn 17); selbst wenn es sich um einen Bereich handelt, in dem üblicherweise keine unbefristeten Verträge geschlossen werden wie in **Kulturbetrieben** (*EuGH* 26.2.2015 EzA Richtlinie 99/70 EG Vertrag 1999 Nr. 12 **Großherzogtum Luxemburg**). Das gilt auch zur Deckung eines ständigen und dauerhaften Bedarfs im **Schulbereich**, wenn die nationale Regelung dabei die unbegrenzte Verlängerung befristeter Verträge vorsieht bis zu einer endgültigen Besetzung der Planstellen für Lehrkräfte sowie für Verwaltungs-, technisches und Hilfspersonal (*EuGH* 26.11.2014 EzA EG-Vertrag 1999 Richtlinie 99/70 Nr. 11 **Mascolo**). Einer solchen Regelung lassen sich nämlich keine objektiven und transparenten Kriterien für die Prüfung entnehmen, ob die Verlängerung dieser Verträge tatsächlich einem echten **Bedarf** entspricht und zur **Erreichung des verfolgten Ziels geeignet und erforderlich ist**. Sie enthält auch keine andere Maßnahme zur Vermeidung und Ahndung eines missbräuchlichen Rückgriffs auf

aufeinanderfolgende befristete Arbeitsverträge (*EuGH* 14.9.2016 EzA Richtlinie 99/70 EG-Vertrag 1999 Nr. 13 **Perez Lopez** Rn 39 ff., 47 ff., 55 f.).

Um die **missbräuchliche Inanspruchnahme** aufeinander folgender befristeter Arbeitsverträge auszuschließen, **kann** eine nationale Regelung beispielsweise entsprechend § 5 Nr. 2 lit. b der Rahmenvereinbarung die **Umwandlung in einen unbefristeten Arbeitsvertrag** bestimmen. Aus der Befristungsrichtlinie ergibt sich dazu aber keine Verpflichtung (*EuGH* 3.7.2014 EzA Richtlinie 99/70 EG-Vertrag 1999 Nr. 10 **Fiamingo** u.a.; 8.3.2012 EzA EG-Vertrag 1999 Richtlinie 99/77 Nr. 5 **Huet**). Das gilt jedenfalls ohne Einschränkungen für den **Privatsektor**. Der EuGH lässt es den Mitgliedstaaten offen, wie sie dem Missbrauch gesetzgeberisch entgegenwirken. So hat er den Wegfall einer nationalen Regelung unbeanstandet gelassen, die bei Vertretungsbefristungen die Verpflichtung des Arbeitgebers gestrichen hat, die Namen des Vertreters und des Vertretenen sowie den Grund zur Vertretung in den Arbeitsvertrag aufzunehmen, soweit dafür andere Garantien oder Schutzmaßnahmen (Schriftform und Zitiergebot) getroffen wurden, um Missbräuchen zu begegnen (*EuGH* 24.6.2010 EzA Richtlinie 99/70 EG-Vertrag 1999 Nr. 4 **Sorge/Poste Italiana**; *Greiner* EuZA 2011, 74). Eine nationale Regelung, die die Umwandlung befristeter Arbeitsverträge in ein unbefristetes Arbeitsverhältnis einzig in dem Fall vorsieht, in dem der betreffende Arbeitnehmer auf der Grundlage solcher Verträge ununterbrochen für eine Dauer von mehr als einem Jahr von demselben Arbeitgeber beschäftigt war, wobei das **Arbeitsverhältnis als ununterbrochen angesehen** wird, wenn **die befristeten Arbeitsverträge höchstens 60 Tage auseinander** liegen, hat der EuGH im Verfahren **Fiamingo** (EzA Richtlinie 99/70 EG-Vertrag 1999 Nr. 10 Rn 56–65) im Einklang mit § 5 der Rahmenvereinbarung gesehen (Fährbetrieb in der Seeschifffahrt). Eine solche Regelung sei geeignet – anstelle eines sachlichen Grundes für die weitere Befristung – den missbräuchlichen Einsatz aufeinanderfolgender befristeter Arbeitsverträge zu unterbinden. Kommt es zu einer **Übernahme in ein unbefristetes Arbeitsverhältnis** bei gleichbleibender Tätigkeit und gleichem Aufgabenfeld, muss indessen gewährleistet werden, dass damit nicht tiefgreifende verschlechternde Arbeitsbedingungen verbunden sind (*EuGH* 8.3.2012 EzA EG-Vertrag 1999 Richtlinie 99/77 Nr. 5 **Huet**). Es bedarf also in jedem Fall einer **Missbrauchskontrolle**, die in erster Linie den **nationalen Gerichten obliegt**, nämlich ob ein Rückgriff auf befristete Arbeitsverträge mit § 5 Nr. 1 der Rahmenvereinbarung als vereinbar angesehen werden kann (*EuGH* 21.9.2016 EzA Richtlinie 99/70 EG-Vertrag 1999 Nr. 14 **Popescu** Rn 68 f.; 19.3.2020 EzA Richtlinie 99/70 EG-Vertrag 1999 Nr 19 **Sánchez Ruiz** Rn 90)

An Missbrauch ist insbes. bei **Kettenbefristungen** mit Sachgrund nach § 14 Abs. 1 Nr. 1 und 3 zu denken, die nach bisheriger Rechtsprechung des BAG mit einheitlichem Prüfungsmaßstab nur anhand der letzten Befristung kontrolliert werden (*BAG* 25.3.2009 EzA § 14 TzBfG Nr. 57; vgl. Rdn 252 ff.). Nachdem das *LAG Köln* hierzu Bedenken in einer Vorlage an den EuGH vom 13.4.2010 erhoben hat (LAGE § 14 TzBfG Nr. 57), weil es bei einer **Vielzahl von Vertretungsbefristungen** das alleinige Abstellen auf die Verhältnisse bei Abschluss des letzten Verlängerungsvertrages für verfehlt hält, hat auch das BAG seine eigene Rechtsprechung hierzu durch eine Vorlage beim EuGH auf den unionsrechtlichen Prüfstand gestellt (*BAG* 17.11.2010 EzA § 14 TzBfG Nr. 72; *Lipke* FS Etzel 2011, S. 255). Für das BAG war insbes. von Bedeutung, ob und inwieweit nach dem Verständnis des Gerichtshofs ein »ständiger und dauernder Bedarf«, zu dessen Abdeckung befristete Arbeitsverträge nicht missbraucht werden dürfen, auch im Falle eines »**ständigen Vertretungsbedarfs**« vorliegt, der sich daraus ergibt, dass aufgrund der Größe des Betriebs oder der Dienststelle sowie der Häufigkeit der insbes. durch längeren Sonderurlaub bedingten Abwesenheit von Stammarbeitnehmern diese ständig durch Vertretungskräfte ersetzt werden müssen. Hätte dann der Vertretungsbedarf statt durch den Abschluss aufeinanderfolgender befristeter Arbeitsverträge durch eine **Personalreserve** zu erfolgen, die aus unbefristet eingestellten Arbeitnehmern bestehen würde? Die unionsrechtliche Beurteilung von Kettenbefristungen könnte auch die aus **sozialpolitischen Gründen** gewährte erleichterte **Befristungsmöglichkeit des** § 21 BEEG für die Fälle, in denen ein Arbeitnehmer zur Vertretung eines anderen Arbeitnehmers für die Dauer eines Beschäftigungsverbotes nach dem Mutterschutzgesetz, einer Elternzeit, einer auf Tarifvertrag, Betriebsvereinbarung oder einzelvertraglichen Vereinbarung beruhenden Arbeitsfreistellung zur Betreuung eines Kindes oder für diese Zeiten zusammen oder für Teile davon eingestellt wird, negativ beeinflussen. Im Kern ging es dem BAG darum seine bisherige »großzügige« Rechtsprechung zu den Sachgründen Nr. 1 und 3. abzusichern.

34 In seiner **Entscheidung vom 26.1.2012** (– C 586/10, **Kücük**) hat der **EuGH** das Vorabentscheidungsersuchen des BAG dahin beantwortet, dass **mehrfach befristete Arbeitsverträge** mit einem Arbeitnehmer bei wiederkehrenden oder sogar ständigem Vertretungsbedarf nach der Richtlinie 1999/70/EG, welche die Rahmenvereinbarung der europäischen Sozialpartner hierzu umsetzt, **mit dem Unionsrecht vereinbar** sind. Zugleich wird aber unterstrichen, dass der **unbefristete Arbeitsvertrag die übliche Form der Beschäftigungsverhältnisse** bleiben muss. Missbräuche durch aufeinanderfolgende befristete Arbeitsverträge bei ein und demselben Arbeitgeber sind daher zu vermeiden. Der Missbrauch kann idR durch das Erfordernis sachlicher Gründe bei einer Verlängerung solcher Verträge vermieden werden. Mehr soll dem Arbeitgeber – unabhängig von der Größe des Unternehmens oder der Einrichtung – unionsrechtlich nicht abverlangt werden. Damit waren die streitgegenständlichen 13 befristeten Arbeitsverträge binnen 11 Jahren als Justizangestellte in einem nordrhein-westfälischen Amtsgericht zur Vertretung von unterschiedlichen Mutterschafts- und Elternzeitfällen unionsrechtlich im Grundsatz nicht zu beanstanden. Der EuGH macht allerdings eine **gewichtige Einschränkung**, die eine Änderung der Rechtsprechung des BAG nach sich ziehen musste. Auch wenn er die konkrete **Missbrauchskontrolle** in die Hände der »nationalen Europarichter« legt, fordert er selbst bei einer Verlängerung eines befristeten Arbeitsvertrages mit sachlichem Grund, dass alle Umstände des Einzelfalls einschließlich der Zahl und der Gesamtdauer der in der Vergangenheit mit demselben Arbeitgeber geschlossenen befristeten Arbeitsverträge in die Prüfung einbezogen werden. Mit dieser Auflage lässt sich nicht mehr die bisherige Rechtsprechung des BAG aufrechterhalten, bei Kettenbefristungen allein den letzten Vertrag rechtlich in Augenschein zu nehmen (S. Rdn 129 ff., 133).

35 Das nationale Arbeitsgericht wird deshalb unter anderem die **Prognose** des Arbeitgebers im Wiederholungsfall einer **strengeren Prüfung** als bisher unterziehen müssen, ohne den Grundsatz aufzugeben, nur die letzte Befristung zu kontrollieren (vgl. *Lipke* KR 9. Aufl. Rn 145; *ders.* FS Etzel 2011, S. 255). Dies deckt sich mit der Anforderung, die von der hM im Schrifttum seit Jahren gefordert wird (statt vieler *Preis/Greiner* RdA 2010, 149; ErfK-*Müller-Glöge* Rn 10; LS-*Schlachter* Rn 18; Staudinger/*Preis* [2019] § 620 BGB Rn 54; APS-*Backhaus* Rn 66 f.; *Preis/Loth* Anm. zu EzA TzBfG § 14 Nr. 80; *Wendeling-Schröder* AuR 2012, 92, 96; aA *BAG* 25.3.2009 EzA § 14 TzBfG Nr. 57; *Sievers* RdA 2004, 291; *Bauer/von Medem* SAE 2012, 25, 27; *Gooren* ZESAR 2012, 225, 229; *Dörner* Befr. Arbeitsvertrag Rn 321, 323i, der zwischen Mehrbedarfs- und Vertretungsbefristungen unterscheiden will; jeweils mwN). Dafür ist die Prognose des Arbeitgebers mit **Erfahrungswerten** (subjektiven wie objektiven) zu unterlegen. Das **BAG** vertritt **dagegen** die Auffassung, dass die Vorabentscheidung des EuGH vom 26.1.2012 in der Sache »Kücük« (EzA TzBfG § 14 Nr. 80) nicht dazu zwinge die Sachgrundprüfung bei Vertretungsbefristungen mit zunehmender Anzahl und Dauer der befristeten Verträge zu intensivieren oder an die **Rückkehrprognose erhöhte Anforderungen** zu stellen (BAG 29.4.2015 EzA § 14 TzBfG Nr. 114, Rn 21; ebenso *Kiel* JbArbR 50 [2013], 25, 41; *ders.* NZA Beil. 2/2016 S. 72, 83; HaKo-KSchR/*Mestwerdt* Rn 60). Näher dazu s. Rdn 257 ff.

36 Der EuGH gibt jedenfalls den **nationalen Gerichten** auf **zu prüfen**, ob die nationale Regelung zur Verlängerung befristeter Verträge, gemessen an seinen Erkenntnissen zu § 5 der Rahmenvereinbarung, tatsächlich einem echten Bedarf entspricht und zur **Erreichung des verfolgten Ziels geeignet und erforderlich** ist (*EuGH* 26.11.2014 EzA EG-Vertrag 1999 Richtlinie 99/70 Nr. 11 Mascolo Rn 120). Damit fordert der EuGH den nationalen Richter auf, die nationale Befristungsregelung zu aufeinanderfolgenden Befristungen (Kettenbefristung) einer **Verhältnismäßigkeits-** und einer **Missbrauchskontrolle** zu unterziehen (*Greiner* ZESAR 2014, 357, 360; aA *Kamanabrou* EuZA 2012, 441, 455, 458, die eine Verhältnismäßigkeitsprüfung neben der Sachgrundprüfung als Einschränkung des Wertungsspielraums der Mitgliedsstaaten ablehnt). Diese Prüfdichte war in der Vergangenheit nicht ganz eindeutig (*Linsenmaier* RdA 2012, 193, 196; *Preis* NZA 2010, 1323, 1327 zur Altersgrenze).

Abstriche von den Befristungserfordernissen sind für Arbeitgeber im **öffentlichen Sektor** denkbar, 37
bedürfen aber einer zusätzlichen Rechtfertigung. So kann im **öffentlichen Dienst** ein uneingeschränktes gesetzliches Verbot der Umwandlung aufeinander folgender befristeter Arbeitsverträge in unbefristete Arbeitsverträge keine Anerkennung finden, wenn damit ein **ständiger und dauernder Bedarf** des Arbeitgebers gedeckt werden soll (*EuGH* 21.9.2016 EzA Richtlinie 99/70 EG-Vertrag 1999 Nr. 14 **Popescu** Rn 61 ff.; *EuGH* 26.11.2014 EzA EG-Vertrag 1999 Richtlinie 99/70 Nr. 11 **Mascolo**, 4.7.2006 EzA EG-Vertrag 1999 Richtlinie 99/70 Nr. 1 **Adeneler**; 7.9.2006 NZA 2006, 1265 **Marruso, Sardino**). An die Stelle einer Umwandlung in einen unbefristeten Arbeitsvertrag kann eine andere **gesetzliche Sanktion** treten (zB eine Entschädigung), soweit sie geeignet ist den Missbrauch aufeinander folgender befristeter Arbeitsverträge zu verhindern. Der EuGH unterstreicht immer wieder, dass das Ziel der Richtlinie 1999/70/EG sei, das **unbefristete Arbeitsverhältnis** als die **übliche Beschäftigungsform** zu erhalten und befristete Arbeitsverhältnisse nur beschränkt zuzulassen. Die **effektive Umsetzung** der Verhinderung missbräuchlicher Inanspruchnahme befristeter Arbeitsverträge oder -verhältnisse stehe daher im **pflichtgemäßen Ermessen der Mitgliedstaaten** der in § 5 Nr. 1 der Rahmenvereinbarung vorgesehenen oder gleichwertigen Maßnahmen (*EuGH* 10.3.2011 EzA § 14 TzBfG Nr. 69 **Lufthansa/Kumpan**).

Damit lässt sich aber nicht vereinbaren, einem **öffentlichen Arbeitgeber** zu gestatten, einen **befristeten Arbeitsvertrag unverhältnismäßig** (hier um 8 Jahre) **zu verlängern** und somit den bezweckten Mindestschutz der Richtlinie zu unterlaufen (*EuGH* 15.4.2008 – C 268/06, NZA 2008, 581 **Impact**). Auch wenn es den Mitgliedstaaten freisteht, ob sie von den Varianten des § 5 Nr. 1a–c der Rahmenvereinbarung Gebrauch machen **oder gleichwertige gesetzliche Maßnahmen** vorsehen, so ist der ihnen belassene Spielraum nicht unbegrenzt und kann insbes. auf keinen Fall so weit reichen, dass das **Ziel** oder die praktische Wirksamkeit der Rahmenvereinbarung **in Frage gestellt** wird (*EuGH* 4.7.2006 EzA EG-Vertrag 1999 Richtlinie 99/70 Nr. 1 **Adeneler** Rn 82; 23.4.2009 AP Nr. 6 zu Richtlinie 99/70/EG **Angelidaki**). Anders ist es nur, wenn **befristete Arbeitsverträge** für die Beschäftigung in **bestimmten Branchen oder bestimmten Berufen und Tätigkeiten charakteristisch** sind und die konkreten Umstände für eine bedarfsgerechte befristete Beschäftigung im Regelwerk bezeichnet werden (zB bei Assistenzprofessoren im Universitätsbereich; *EuGH* 13.3.2014 EzA Richtlinie 99/70 EG-Vertrag 1999 Nr. 9 **Márquez Samohano** Rn 50–54). Zur unterschiedlichen Umsetzung der Begrenzung von Kettenbefristungen in ausgewählten EU-Mitgliedstaaten vgl. *Kamanabrou* NZA 2016, 385 ff. 38

c) **Diskrimininierungsverbot befristet Beschäftigter**

Sachliche Gründe für eine **benachteiligende Behandlung befristet beschäftigter Arbeitnehmer** im 39
Verhältnis zu unbefristet beschäftigten Arbeitnehmern sind ebenfalls Gegenstand von Erkenntnissen des EuGH. Die arbeitsrechtliche **Schlechterstellung** ist nur zulässig, wenn sie mit der Tatsache der Befristung selbst nichts zu tun hat und zur Durchsetzung eines unternehmerischen Bedürfnisses erforderlich und in verhältnismäßiger Weise angewandt wird (MHH-TzBfG/*Herms* § 4 Rn 128; LS-*Schlachter* § 4 Rn 250; *Rolfs* EAS B 3200 Rn 34). So kann ein legitimer **sozialpolitischer Zweck** die Vereinbarung eines befristeten anstelle eines unbefristeten Arbeitsvertrages rechtfertigen. Die **Herausnahme** eines fallweise oder bis zu sechs Monaten befristet beschäftigten Arbeitnehmers aus dem **Anwendungsbereich eines Gesetzes** ist aber mit der Richtlinie 1999/70/EG nicht vereinbar (*EuGH* 22.4.2010 EzA Richtlinie 99/70 EG-Vertrag 1999 Nr. 3 **Landeskrankenhäuser Tirol**). Auch die **Versagung von Dienstalterszulagen** an befristet Beschäftigte kann gegen § 4 der Rahmenvereinbarung zur Richtlinie 199/70/EG verstoßen (*EuGH* 13.9.2007 EzA Richtlinie 99/70 EG-Vertrag 1999 Nr. 2 **Del Cerro Alonso**); ebenso die Nichtteilnahme an einem für Dauerbeschäftigte vorbehaltenen Evaluierungsprogramm mit wirtschaftlichem Anreiz *(EuGH* 21.9.2016 AuR 2016, 520 **Alvarez Santirso** Rn 34). Auch die Vorenthaltung eines Sonderurlaubs im Fall der Wahl eines befristet Beschäftigten in ein parlamentarisches Amt steht § 4 der Rahmenvereinbarung entgegen (*EuGH* 22.12.2017 NZA 2018, 97 **Margarita Isabel Vega González**). Ein Verstoß gegen § 4 Nr. 1 der Rahmenvereinbarung liegt weiterhin dann vor, wenn eine nationale Regelung bei vergleichbaren Arbeitnehmern generell **kürzere Kündigungsfristen** für befristet Beschäftigte im Unterschied

zu den unbefristet beschäftigten Arbeitnehmern vorsieht (EuGH 13.3.2013 EzA Richtlinie 99/70 EG-Vertrag 1999 Nr. 8 **Nierodzik**). Näher dazu KR-*Bader/Kreutzberg-Kowalczyk* § 4 TzBfG Rdn 13 ff. Dagegen ist bei der Berechnung der Schwellenwerte bei **Massenentlassungen** die Nichtverlängerung befristeter Arbeitsverhältnisse nicht als Entlassung mitzuzählen (§§ 17 f. KschG, Art. 1 Abs. 1 RL 98/59 EG; *EuGH* 13.5.2015 – RS C 392/13 – **Rabal Canas**). Dagegen ist eine **geringere Entschädigung** für eine befristete Beschäftigung im Umfang des durch Altersteilzeit frei gewordenen Beschäftigung im Verhältnis zu einem durch Kündigung entlassenen Dauerbeschäftigten mit Art. 4 Nr. 1 der Rahmenvereinbarung zu der RL 1999/70/EG **unionsrechtlich vereinbar** wegen der unterschiedlichen Ausgangssituation (Vorhersehbarkeit der Auflösung) von befristet und unbefristet Beschäftigten (*EuGH* 5.6.2018 NZA 2018, 771, Rn 57 ff. **Grupo Norte Facility**).

40 Als weitere Schwerpunkte der Rechtsprechung des EuGH haben sich die Felder der Gleichbehandlung von Männern und Frauen am Arbeitsplatz und die **Verhinderung geschlechtsbedingter Diskriminierung** bei der **Begründung** und der **Nichtfortsetzung befristeter Arbeitsverhältnisse** erwiesen. Der EuGH hat dazu in zwei Entscheidungen der 5. Kammer v. 4.10.2001 (**Tele Danmark AS** – C-109/00; **Melgar** – C-438/99) im Blick auf Art. 5 Abs. 1 der RL 76/207 und Art. 10 der RL 92/85 vorgegeben, dass die **Entlassung** einer **schwangeren Arbeitnehmerin**, die **befristet eingestellt** wurde, den Arbeitgeber dabei nicht über ihre Schwangerschaft unterrichtete und infolge der Schwangerschaft einen wesentlichen Teil der Vertragszeit nicht arbeiten würde, europarechtlich unzulässig ist, selbst wenn der Arbeitgeber häufig nur Aushilfspersonal beschäftigt (*EuGH* 4.10.2001 – EzA § 611a BGB Nr. 16 **Tele Danmark AS** – Kundendienst Mobiltelefonkunden). Darüber hinaus hat die 5. Kammer des EuGH in der Sache **Melgar** (EzA § 611a BGB Nr. 17, Rn 47) eine unmittelbare Diskriminierung wegen des Geschlechts (Art. 2 Abs. 1 und Abs. 3 der RL 76/207) in der **Nichterneuerung eines befristeten (Teilzeit-)Arbeitsvertrages** (als von der Gemeinde angestellte Hilfe im Haushalt und zur Betreuung schulpflichtiger Kinder von Familien in wirtschaftlicher Not) erkannt, wenn diese **auf die Schwangerschaft** der Arbeitnehmerin **zurückzuführen** ist. Ansonsten hindere das Kündigungsverbot nach Art. 10 der RL 92/85 selbst bei Schwangerschaft nicht, den befristeten Arbeitsvertrag auslaufen zu lassen. Die Nichterneuerung eines solchen Vertrages ist nicht als eine nach dieser Vorschrift verbotene Kündigung anzusehen. Diese Rechtsprechung findet ihre Bestätigung in der Sache **Busch** (*EuGH* 27.2.2003 EzA § 16 BErzGG Nr. 6). Dabei ging es um eine Krankenschwester, die – erneut schwanger ohne dies dem Arbeitgeber anzuzeigen – aus finanziellen Erwägungen vor Ende des Erziehungsurlaubs (Elternzeit) nur kurzfristig ihre Tätigkeit im Krankenhaus aufnahm, bevor sie in die neue Schutzfrist nach § 3 Abs. 2 MuSchG ausschied. In diesem Verfahren hat der EuGH noch einmal verdeutlicht, dass **Diskriminierungen im Zusammenhang mit der Schwangerschaft** sich weder aus den vom Arbeitgeber zu respektierenden **Beschäftigungsverboten** noch aus den damit verbundenen **finanziellen Lasten** für den Arbeitgeber rechtfertigen lassen (*EuGH* 27.2.2003 EzA § 16 BErzGG Nr. 6 **Busch**). Vgl. im Übrigen KR-*Bader/Kreutzberg-Kowalczyk* § 4 TzBfG Rdn 13 ff. und § 17 TzBfG Rdn 77 ff. mwN und hier Rdn 62, 72 f.

d) **Altersgrenzen**

41 Nationale **allgemeine Altersgrenzen** zum zwangsweisen Übertritt in den Ruhestand, die auf gesetzlichen oder tarifvertraglichen Regelungen beruhen, begegnen keinen unionsrechtlichen **Bedenken aus der Richtlinie 2000/78/EG**, sofern das Abstellen auf das Erreichen eines bestimmten Lebensalters objektiv und angemessen ist, sowie durch ein legitimes **Ziel** gerechtfertigt ist, das in Beziehung zur **Beschäftigungspolitik und zum Arbeitsmarkt** steht (*EuGH* 16.10.2007 EzA Richtlinie 2000/78 EG Vertrag Nr. 3 **Palacios** m. Anm. *J. Mohr*; 5.3.2009 EzA Richtlinie 2000/78 EG-Vertrag Nr. 9 **Age Concern England**; zust. *Dörner* Befr. Arbeitsvertrag Rn 329; ferner *EuGH* 12.10.2010 EzA § 620 BGB 2002 Altersgrenze Nr. 9 **Rosenbladt**; zust. *Bayreuther* NJW 2011, 19 und *Joussen* ZESAR 2011, 201; krit. *Gaul/Bonanni* ArbRB 2008, 87; zweifelnd *Maschmann* EuZA 2011, 372: Ausnahmevorschrift des Art. 6 RL 78/2000 wird zu eng ausgelegt; krit. *Bauer/Diller* DB 2010, 2727 und *Preis* NZA 2010, 1323: Widerspruch zwischen zugelassener allgemeiner Altersgrenze und Behandlung eines Weiterbeschäftigungsverlangens). Zwar liegt in der automatischen Auflösung des Arbeitsverhältnisses bei Erreichen des Ruhestandsalters eine Ungleichbehandlung iSv Art. 2

Abs. 1 und 2a vor, sie wird indessen durch die in Art. 6 Abs. 1 UA 1 der Richtlinie zugelassenen Ungleichbehandlungen erlaubt. In dem der Entscheidung des EuGH zugrundeliegenden Sachverhalt in Sachen **Palacios** hatten die Sozialpartner zur besseren Beschäftigungsverteilung zwischen den Generationen eine gesetzliche Erlaubnis für eine tarifliche Ruhestandsregelung eingefordert. Der EuGH hat den **Mitgliedsstaaten und den Sozialpartnern** nunmehr zu Maßnahmen einer Ungleichbehandlung wegen des Alters im Verbund mit Zielsetzungen in der Arbeits- und Sozialpolitik einen **weiten Ermessensspielraum** eingeräumt. Der Gerichtshof hat – insoweit **abweichend von der Entscheidung Mangold** – unbeanstandet gelassen, dass sich das mit der nationalen Regelung angestrebte sozialpolitische Ziel nicht ausdrücklich den getroffenen gesetzlichen Bestimmungen entnehmen lasse. Vielmehr soll es genügen, wenn sich im Kontext der betreffenden Maßnahme **Anhaltspunkte** finden ließen, die eine **Überprüfung** der hinter der Maßnahme stehenden Zielsetzungen ermöglichten. Damit war die Förderung von Neueinstellungen mit Hilfe von Ruhestandsaltersgrenzen als ein im Allgemeininteresse liegendes **Ziel der Beschäftigungspolitik am Arbeitsmarkt** ausgemacht und den erlaubten Unterscheidungsmerkmalen des Art. 6 Abs. 1 UA 1 der Richtlinie 2000/78/EG zuzuordnen.

Demnach stehen **allgemeine Altersgrenzen**, die vor dem Hintergrund der oben beschriebenen Zielsetzungen festgesetzt werden, mit dem Gemeinschaftsrecht im Einklang. **§ 10 S. 3 Nr. 5 AGG** enthält daher eine europarechtskonforme Regelung (*BAG* 12.6.2013 EzA § 620 BGB 2002 Altersgrenze Nr. 14, Rn 32 f.; *Bayreuther* NJW 2011, 19; *ders.* DB 2007, 2425; *Reichold* ZESAR 2008, 49; *Sprenger* Diss. 2006, S. 227 ff., 235 ff., 387; aA *Bertelsmann* AiB 2007, 689; *v. Roetteken* ZTR 2008, 350, 352, 355; wohl auch *ArbG Hmb.* 20.1.2009 LAGE Richtlinie 2000/78/EG-Vertrag Nr. 2). Auf eine **auskömmliche finanzielle Alterssicherung** kommt es dabei nicht an (zutr. *Dörner* Befr. Arbeitsvertrag Rn 333; jetzt auch *EuGH* 5.7.2012 EzA Richtlinie 2000/78 EG-Vertrag 1999 Nr. 28 **Hörnfeldt**). **Vorgezogene Altersgrenzen** für bestimmte Berufsgruppen (Piloten; 60. Lebensjahr), die zum Zwecke der Flugsicherheit tarifvertraglich festgelegt sind, können dagegen gegen Art. 4 der Richtlinie 2000/78 verstoßen (*EuGH* 13.9.2011 EzA Richtlinie 2000/78 EG-Vertrag 1999 Nr. 22 **Prigge** Rn 75 f.). Näher s. Rdn 47.

Wegen Erreichens der Altersgrenze ausgeschiedenen Arbeitnehmer dürfen allerdings im Fall einer **Neueinstellung** nicht unter Verweis auf die gesetzliche oder tarifliche Altersgrenzenregelung abgewiesen werden, weil darin eine **unzulässige unmittelbare Altersdiskriminierung** liegen würde (*EuGH* 12.10.2010 EzA § 620 BGB 2002 Altersgrenze Nr. 9 **Rosenbladt**; *Preis* NZA 2010, 1323; *v. Roetteken* JurisPR-ArbR 47/2010). Eine Einstellung darf deshalb wegen Überschreitens der Altersgrenze nicht unterbleiben. Unterschiedliche **geschlechtsbezogenen Altersgrenzen** (Frauen fünf Jahre niedriger) verstoßen gegen die Richtlinien 76/207/EWG und 2002/73/EG (*EuGH* 18.11.2010 EzA Richtlinie 76/207 EG-Vertrag 1999 Nr. 8 **Kleist**; *Bayreuther* NJW 2011, 19).

Wenngleich das Rechtsprechungsfeld »Altersgrenzen« mit der Frage des **abgestuften Befristungsrechtsschutzes für ältere Arbeitnehmer nicht deckungsgleich** ist, so ist doch festzustellen, dass der EuGH hier von seiner strengen Rechtsprechung zur Altersdiskriminierung in der Sache **Mangold** (*EuGH* 22.11.2005 EzA § 14 TzBfG Nr. 21) abgerückt ist. Immerhin standen auch **dort unübersehbar die Arbeitsmarktlage und die Beschäftigungspolitik** für die Regelung in § 14 Abs. 3 S. 4 TzBfG aF Pate, was sich unschwer der Gesetzesbegründung hätte entnehmen lassen (BT-Drucks. 14/4374; *Lipke* KR, 7. Aufl. § 14 TzBfG Rn 339 ff., 354). Nach den Maßstäben der **Palacios-Entscheidung** des *EuGH* (16.10.2007 – C411/05, EzA Richtlinie 2000/78 EG Vertrag Nr. 3) hätte sich die Große Kammer im Mangoldverfahren dann näher mit der Befristungs-Richtlinie 99/70/EG auseinandersetzen müssen (vgl. hierzu *Nicolai* BB 2007, 2634; *Bauer/Krieger* NJW 2007, 3672, 3674; *Temming* NZA 2007, 1193, 1196; *Thüsing* RdA 2008, 51). Die Entscheidung in Sachen **Rosenbladt** (*EuGH* 12.10.2010 EzA § 620 BGB 2002 Altersgrenze Nr. 9) gibt nunmehr **Rechtssicherheit** in der nationalen Festlegung allgemeiner Altersgrenzen per Gesetz oder Tarifvertrag, eröffnet aber zugleich Probleme wie der Arbeitgeber sich bei einem Weiterbeschäftigungsverlangen des Arbeitnehmers nach Überschreiten der Altersgrenze europarechtskonform verhalten soll (*Bauer/Diller* DB 2010, 2727). Dazu Rdn 46.

45 Eine **arbeitsvertragliche Altersgrenze** bedarf zu ihrer **Wirksamkeit eines sachlichen Grundes**, da mit ihr eine funktionswidrige Verwendung des befristeten Arbeitsvertrages verbunden sein kann (vgl. *BAG* 11.2.2015 EzA § 14 TzBfG Nr. 113, Rn 25). Bei wirtschaftlicher Absicherung des Arbeitnehmers durch Bezug von Altersruhegeld kann sich die arbeitsvertragliche Altersgrenze zum Erhalt einer ausgewogenen **Altersstruktur** oder einer berechenbaren **Personal- und Nachwuchsplanung** rechtfertigen (*EuGH* 21.7.2011 EzA Richtlinie 2000/78 EG-Vertrag 1999 Nr. 20 **Fuchs ua./ Land Hessen**, zur gesetzlichen Altersgrenze für Beamte mit Erreichen des 65. oder 68. Lebensjahres). Andererseits können bei entsprechender sachlicher Rechtfertigung auch **Höchstaltersgrenzen** für die Einstellung (zB Feuerwehrleute) wirksam festgelegt werden (*EuGH* 12.1.2010 EAS Teil C RL 2000/78/EG Art. 4 Nr. 1).

46 Die Neuregelung des § 41 S. 3 SGB VI, die ein **mehrfaches Hinausschieben** des Beendigungszeitpunkts über die **Altersgrenze** erlaubt, hat unionsrechtliche Bedenken hervorgerufen (vgl. KR-*Bader/Kreutzberg-Kowalczyk* § 23 TzBfG Rdn 28 ff; KR-*Lipke/Schlünder* § 620 BGB Rdn 78; *Bader/Jörchel* NZA 2016, 1105, 1107; *Kiel* NZA-Beil. 2/2016, 72, 79, der für eine zeitliche Begrenzung von 5 Jahren plädiert). Der *EuGH* (28.2.2018 NZA 2018, 355, 358 **John**) hat die Regelung des § 41 S. 3 SGB VI nicht beanstandet und erkannt, dass das Hinausschieben des Zeitpunkts der Beendigung des Arbeitsverhältnisses nach der streitigen Bestimmung voraussetzt, wonach noch während des Bestehens des Arbeitsverhältnisses wirksam vereinbart wird, dass es nahtlos fortgesetzt wird und die übrigen Vertragsbedingungen in keiner Weise geändert werden. Durch diese **Beschränkungen** sei gewährleistet, dass der betreffende Arbeitnehmer zu den ursprünglichen Bedingungen weiterbeschäftigt wird und gleichzeitig seinen **Anspruch auf eine Altersrente** behält. Das BAG hat sich dem – zunächst für den Fall einer erstmaligen Verlängerung – angeschlossen (*BAG* 19.12.2018 EzA § 41 SGB VI Nr. 15, Rn 38). Es hat dabei offengelassen, ob das Tatbestandsmerkmal des Hinausschiebens des Beendigungszeitpunkts im Sinne von § 41 S. 3 SGB VI voraussetzt, dass nur die Vertragslaufzeit verlängert wird und der Vertragsinhalt ansonsten unverändert bleibt (für die Zulässigkeit gleichzeitiger Änderungen *LAG BW* 30.4.2020 ZTR 2020, 596, Rn 76).

47 In Fällen **gesetzlich oder tarifvertraglich vorverlegter Altersgrenzen** für bestimmte Berufsgruppen, zB bei Flugzeugführern oder dem übrigen Kabinenpersonal (Purser, Stewardessen), kann darin eine Ungleichbehandlung wegen des Alters liegen, die unionsrechtlich nach die Art. 2 Abs. 5, Art. 4 Abs. 1 und oder Art. 6 Abs. 1 der **Richtlinie 2000/78/EG** und (seit 1.12.2009) gegen **Art. 21 der EU-GRCharta** verboten sein kann. Nachdem nationale und internationale Vorschriften für **Piloten** das 65. Lebensjahr als Altersgrenze festlegen und deshalb abweichende Maßnahmen der öffentlichen Sicherheit und Gesundheitsvorsorge nicht für eine herabgesetzte Altersgrenze sprechen, sind weder gesetzliche noch tarifliche Regelungen gleichen Inhalts mit dem Unionsrecht vereinbar (*EuGH* 13.9.2011 EzA Richtlinie 2000/78 EG-Vertrag 1999 Nr. 22 **Prigge**; *Thüsing/Pötters* ZIP 2011, 1886; vgl. aber *EuGH* 7.11.2019 EzA Richtlinie 2000/78 EG-Vertrag 1999 Nr 49, wonach eine Altersgrenze von 60 Jahren für Piloten im Einsatz zum Schutz der nationalen Sicherheit zulässig sein kann). Die Flugsicherheit ist kein legitimes Ziel iSv Art. 6 Abs. 1 der Richtlinie. Näher zu den **vorverlegten Altersgrenzen** vgl. Rdn 431 ff.

II. Verfassungsrecht

48 Die nationale Umsetzung der Richtlinie 99/70/EG durch den deutschen Gesetzgeber hat nicht allein der Erreichung der unionsrechtlichen Zielsetzungen zu dienen. Es gilt ebenso die für das **Arbeitsrecht maßgeblichen verfassungsrechtlichen Eckpunkte** einzuhalten. Das deutsche Befristungsrecht stellt sich nämlich zu weiten Teilen als einfachrechtliche Konkretisierung verfassungs- und unionsrechtlicher Vorgaben dar (*Linsenmaier* RdA 2012, 193 f.; *Greiner* ZESAR 2014, 357, 359). Zum **Vorrang des Unionsrechts** auch im Verhältnis zum deutschen Verfassungsrecht nach der **Honeywell-Mangold**-Entscheidung des BVerfG v. 6.7.2010 vgl. Rdn 12. Das BVerfG hält jetzt **europafreundlich** eine Kontrolle der Rechtsprechung des EuGH nur dann noch für geboten, wenn ein Kompetenzverstoß der europäischen Organe hinreichend qualifiziert ist, dh offensichtlich ist und zu einer strukturell bedeutsamen Verschiebung zu Lasten der Mitgliedstaaten führt

(ultra vires; *BVerfG* 6.7.2010 EzA § 14 TzBfG Nr. 66). Oder es geht allein um die »Auslotung« des verfassungsrechtlichen Spielraums innerhalb weiter Vorgaben des europäischen Richtliniengebers (*BVerfG* 6.6.2018 – 1 BvL 7/14, 1 BvR 1375/14, Rn 29; s. Rdn 18). Damit hat das BVerfG – im Blick auf den Lissabonner Vertrag und die **Charta der Grundrechte – die »verfassungsrechtliche« Überprüfung weitgehend an den EuGH abgetreten**, soweit dort zugleich die Vereinbarkeit mit dem Unionsrecht in Rede steht. Die Vorbehalte aus den »**Solange-Entscheidungen**« (zuletzt 30.6.2009 BVerfGE 123, 267, 353 f.) haben sich damit weiter reduziert. Dies dokumentiert sich auch in der vom BVerfG geforderten Vorlageverpflichtung an den EuGH als dem nach Art 101 Abs. 1 S. 2 GG zuständigen **gesetzlichen Richter** (s. Rdn 12).

Gleichwohl sind **nationale Verfassungsbestimmungen** mit im Auge zu behalten. Das **Verschlechterungsverbot in § 8.3 in der** von der **Richtlinie** in Bezug genommenen Gesamtvereinbarung hat keine unmittelbare Wirkung, da es nur die Umsetzung der Richtlinie durch die Mitgliedstaaten betrifft und nur **eine Minderung des allgemeinen Niveaus** des Arbeitnehmerschutzes »in dem von dieser Vereinbarung erfassten Bereich« verbietet die einen **solchen Umfang** annimmt, das sie die Regelung über befristete Arbeitsverträge insgesamt berührt (*EuGH* 23.4.2009 AP Nr. 6 zu Richtlinie 99/70/EG Angelidaki Rn 209; 24.6.2010 EzA Richtlinie 99/70 EG-Vertrag 1999 Nr. 4 Sorge/Poste Italiana Rn 50). Der Einzelne kann aus einem solchen Verbot kein Recht ableiten, das inhaltlich hinreichend genau, bestimmt und unbedingt wäre. Vgl. o Rdn 17. 49

Daraus folgt, dass selbst bei Wahrung der Richtlinie verfassungsrechtliche **Minimalstandards des GG** unterschritten werden können; unabhängig vom **Vorrang des Unionsrechts** gegenüber dem **nationalen Verfassungsrecht** (BVerfGE 73, 339, 387; BVerfGE 89, 155, 1888; BVerfGE 102, 147; ErfK-*Schmidt* Einl. GG Rn 86; *Steiner* NZA 2008, 73, 75 f.). Dann gewährleistet das BVerfG im Wege der Identitätskontrolle den gem. Art. 23 Abs. 1 S. 3 iVm Art. 79 Abs. 3 und Art. 1 Abs. 1 GG unabdingbar gebotenen Grundrechtsschutz uneingeschränkt und im Einzelfall (*BVerfG* 15.12.2015 NJW 2016, 1149 Rn 49). Von daher hat das BVerfG in seiner **Honeywell-Mangold Entscheidung** (*BVerfG* 6.7.2010 EzA § 14 TzBfG Nr. 66) einen nationalen **verfassungsrechtlichen Vertrauensschutz** ins Spiel gebracht, aber zugleich den Vorrang unionsrechtlich abweichender Rechtsprechung des EuGH bekräftigt. 50

Die nationalen Grundrechte binden deshalb die Fachgerichte in ihrer Rechtsprechung als unmittelbar geltendes Recht (**Art 1 Abs. 3 GG**) ebenso wie die Gesetzgebung und die vollziehende Gewalt. Dabei besteht die zu beachtende **Schutzpflicht** der Gerichte vornehmlich in **der verfassungsorientierten Auslegung bestehender Gesetze** und darin enthaltener Generalklauseln sowie dort verwendeter unbestimmter Rechtsbegriffe (ErfK-*Schmidt* Art 2 GG Rn 27; vgl. auch BAG 6.4.2011 EzA § 14 TzBfG Nr. 77 Rn 27). Zum **Verständnis der an der Verfassung ausgerichteten richterlichen Befristungskontrolle** *Dörner* ZTR 2001, 487; *ders.* Befristeter Arbeitsvertrag Rn 100, 328 ff.; *Schmidt* FS Dieterich 1999, S. 585 und BAG 2.7.2003 EzA § 620 BGB 2002 Bedingung Nr. 2; 21.7.2004 EzA § 620 BGB 2002 Altersgrenze Nr. 5; 18.6.2008 EzA § 14 TzBfG Nr. 49; 28.1.2010 EzA § 5 KSchG Nr. 38; *Boerner* AP Nr. 29 zu § 620 BGB Bedingung. Zu den **Grundlagen** vgl. ErfK-Schmidt Art. 12 GG Rn 36.; ErfK-*Preis* § 611a BGB Rn 203. Zur **Rundfunk-, Kunst-, Presse- und Wissenschaftsfreiheit** aus Art. 5 GG und zur **Kirchenautonomie** vgl. Rdn 61, 303, 457, 508. Vgl. auch Erl. zum WissZeitVG. 51

1. Berufsfreiheit

Die für Arbeitnehmer und Arbeitgeber in **Art. 2 Abs. 1 und 12 Abs. 1 GG** verbürgten Freiheiten der Berufswahl und Berufsausübung können Einschränkungen durch gesetzgeberische Maßnahmen erfahren (»Stufentheorie«, *BVerfG* BVerfGE 7, 377 = AP Art. 12 GG Nr. 13; 23.1.1990 § 128 AFG Nr. 1). Zwar gewährt das Grundrecht keinen unmittelbaren Schutz gegen den Verlust des Arbeitsplatzes auf Grund privater Disposition (BVerfGE 97, 169 ff. = EzA § 23 KSchG Nr. 17). Aus der **Schutzpflichtfunktion des Grundrechts** ergibt sich jedoch die Verpflichtung der staatlichen Grundrechtsadressaten, einzelne Grundrechtsträger vor einer unverhältnismäßigen Beschränkung ihrer Grundrechte durch privatautonome Regelungen zu bewahren (*BAG* 31.7.2002 EzA Art. 9 52

§ 14 TzBfG Zulässigkeit der Befristung

GG Nr. 78; 18.10.2006 EzA § 14 TzBfG Nr. 34 m. Anm. *Greiner*). **§ 14 Abs. 2 S. 2 TzBfG** berührt die Arbeitsvertragsfreiheit sowohl auf Seiten derjenigen, die Arbeit suchen, als auch auf Seiten derjenigen, die als Arbeitgeber tätig sind. Darin liegt jeweils eine Beeinträchtigung von Art. 12 Abs. 1 GG, denn das Grundrecht schützt die **Vertragsfreiheit** der Beschäftigten im beruflichen Bereich. Damit stehen **die Befristungsregelungen** auf dem verfassungsrechtlichen Prüfstand (*BAG* 6.4.2011 EzA § 14 TzBfG Nr. 77 zur wiederholten sachgrundlosen Befristung, Rn 27; *Linsenmaier* RdA 2012, 193 f.; *Greiner* ZESAR 2014, 357, 359; *Wiedemann* FS Otto 2008, S. 615; *Persch* ZTR 2010, 2). **Art. 12 Abs. 1 GG erweist sich insofern als ambivalent**, als er einerseits den **Bestandsschutz** der beschäftigten Arbeitnehmer in ihrer beruflichen Position und damit ihre Berufsfreiheit gewährleistet, andererseits aber den Gesetzgeber verpflichtet, durch geeignete Regelungen zur **Beseitigung der Arbeitslosigkeit** beizutragen und auf diese Weise möglichst Vielen Gelegenheit zu geben, von ihrem Recht auf **Berufsfreiheit** Gebrauch zu machen (BVerfGE 59, 231, 266; *Benda* FS Stinge 1984, S. 43, 46 f.; *Zöllner* Gutachten für 52. DJT, 1978, D 113). Das **Vorbeschäftigungsverbot** des § 14 Abs. 2 S. 2 TzBfG hat das BAG deshalb aus verfassungsrechtlichen Erwägungen zu Art 12 GG (weil angeblich Einstellungshindernis) 2011 **gelockert** (*BAG* 6.4.2011 EzA § 14 TzBfG Nr. 77; *Linsenmaier* RdA 2012, 193, 196; *Kiel* NZA-Beil. 2/2016 72, 75 f. jeweils mwN). Dem ist das **BVerfG** entgegengetreten und hat das **Vorbeschäftigungsverbot bei sachgrundloser Befristung mit demselben Arbeitgeber** für **verfassungskonform** erachtet, denn die Verhinderung von Kettenbefristungen und die Sicherung der unbefristeten Dauerbeschäftigung als Regelbeschäftigungsform trägt der Pflicht des Staates zum Schutz der strukturell unterlegenen Beschäftigten im Arbeitsverhältnis und auch dem Sozialstaatsprinzip Rechnung (*BVerfG* 6.6.2018 – 1 BvL 7/14, 1 BvR 1375/14, Rn 53 ff.; näher dazu Rdn 515, 568).

53 Eine verfassungsrechtliche Betrachtung darf nicht aus dem Auge verlieren, dass bei einer gesetzlichen Ausgestaltung **Interessenkollisionen der einzelnen beteiligten Grundrechtsträger** zu berücksichtigen sind. Das Recht auf freie Wahl des Arbeitsplatzes seitens des Arbeitsuchenden trifft auf das Bestandsschutzinteresse des Arbeitsplatzinhabers. Beiden steht der Arbeitgeber gegenüber, der im Rahmen seiner Berufsfreiheit frei darüber entscheiden möchte, mit wem er wie lange zusammenarbeiten will (vgl. *Benda* FS Stingl 1984, S. 43, 46 f.). Solange der Gesetzgeber also nicht ein untaugliches Mittel zur Lösung dieses Zielkonflikts wählt oder eindeutig mehr als nötig in den Bestandsschutz eingreift, ist von der Vereinbarkeit mit Art. 12 Abs. 1 GG auszugehen. Der **Gesetzgeber** hat bei der Umsetzung von Programmen im arbeitsrechtlichen Bereich einen großen **Gestaltungsspielraum** (*BVerfG* 6.6.2018 – 1 BvL 7/14, 1 BvR 1375/14, Rn 61; BVerfGE 103, 293 = EzA Art 9 GG Nr. 75 m. Anm. *Thüsing/Zacharias*; *BVerfG* Kammerbeschl. 29.12.2004 NZA 2005, 153). Das Vorgehen des Gesetzgebers bei Einführung der Befristungsregeln im BeschFG 1996 und im TzBfG verletzt deshalb nicht die Grundrechte aus Art. 2 Abs. 1 und Art. 12 Abs. 1 GG.

54 Gesetzliche und tarifliche **Höchstaltersgrenzen**, die nicht **beschäftigungspolitisch** auf ein allgemeines Lebensalter (Vollendung des 65. oder 67. Lebensjahres), sondern pauschal auf eine früher vermutete **verminderte Leistungsfähigkeit** (zB bei Flugzeugpiloten) abstellen, sind dabei gesondert zu betrachten (BVerfGE 103, 172, 193 ff. = NJW 2001, 1779; Zulassung von approbierten Ärzten zur vertragsärztlichen Versorgung nach dem 55. Lebensjahr; BVerfGE 64, 72, 85; *BVerfG* Kammerbeschluss 25.11.2004 BB 2005, 1231; Kammerbeschluss 26.1.2007 EuGRZ 2007, 231). Näher dazu Rdn 412 ff.). Der **EuGH** hat hierzu klar Stellung bezogen und eine vermutete verminderte Leistungsfähigkeit im fortgeschrittenen Lebensalter als **unzulässige Altersdiskriminierung** gebrandmarkt (*EuGH* 13.9.2011 EzA Richtlinie 2000/78 EG-Vertrag 1999 Nr. 22 **Prigge**). Damit ist in der Auslegung nach **Art. 21 Abs. 1 EU-GRCharta** der verfassungsrechtliche Rahmen auch für Deutschland gesetzt (vgl. Rdn 48).

55 Die **Befristungsregelungen** in § 14 TzBfG sind -am Maßstab der Art. 2, 12 GG gemessen- verfassungskonform. Dem **Gesetzgeber** steht innerhalb der europarechtlichen Vorgaben eine **große Gestaltungsfreiheit** zur Seite (vgl. *BVerfG* 4.7.1995 EzA § 116 AFG Nr. 5; *EuGH* 16.10.2007 EzA Richtlinie 2000/787/EG-Vertrag Nr. 3 **Palacios**). Das fortbestehende gesetzgeberische Anliegen, erleichterte Befristungsmöglichkeiten im Interesse der Flexibilität der Beschäftigung

(Arbeitgeberinteresse) und als Brücke zu unbefristeten Arbeitsverhältnissen (Arbeitnehmerinteresse) weiterhin zuzulassen (BT-Drucks. 14/4374 S. 1, 12; *BAG* 6.4.2011 EzA § 14 TzBfG Nr. 77 zur wiederholten sachgrundlosen Befristung, Rn 37 ff.; **aA** *Däubler* ZIP 2000, 1967) entspricht den Zielen des Art. 12 Abs. 1 GG. Dabei hat der Gesetzgeber im Einklang mit der Richtlinie und der Rechtsprechung des EuGH wiederholt bestätigt, dass das **unbefristete Arbeitsverhältnis die Regel, das befristete die Ausnahme bleiben soll** (Präambel zur Rahmenvereinbarung; BT-Drucks. 14/4374 S. 12; vgl. *EuGH* 26.1.2012 EzA § 14 TzBfG Nr. 80 Kücük/Land Nordrhein-Westfalen; 4.7.2006 EzA EG-Vertrag 1999 Richtlinie 99/70 Nr. 1 Adeneler; *BVerfG* 6.6.2018 – 1 BvL 7/14, 1 BvR 1375/14, Rn 53, 59 ff.; 24.4.1991 EzA Art. 13 EinigungsV Nr. 1). Eine gesetzliche Befristungsregelung muss daher nur gewährleisten, dass das **Bestandsschutzinteresse des Arbeitnehmers Berücksichtigung findet** (vgl. *Schmidt* FS Dieterich 1999, S. 599) und ihm durch die gesetzliche Regelung **der Arbeitsplatz nicht willkürlich entzogen** werden kann (*BVerfG* 27.1.1998 EzA § 23 KSchG Nr. 17, 18; *Hanau* FS Dieterich 1999, S. 201). Art. 12 Abs. 1 GG ist nicht verletzt, wenn § 14 Abs. 2 TzBfG dem Arbeitgeber die **sachgrundlose Neueinstellung** für höchstens zwei Jahre (nur) einmal erlaubt (*BVerfG* 6.6.2018 – 1 BvL 7/14, 1 BvR 1375/14, Rn 53, 59 ff.; ebenso *Dörner* Befr. Arbeitsvertrag Rn 431; *Junker* EuZA 2013, 3, 18; zweifelnd *Heuschmid* AuR 2014, 221 f.). Hier ist dem **Flexibilitätsinteresse des Arbeitgebers** angesichts seiner Grundrechtsposition aus Art. 2, 12 GG nur begrenzt Spielraum eingeräumt worden. Jedoch ist ein **Verbot** der sachgrundlosen Befristung bei **nochmaliger Einstellung bei demselben Arbeitgeber unzumutbar**, soweit eine Gefahr der Kettenbefristung in Ausnutzung der strukturellen Unterlegenheit der Beschäftigten nicht besteht und das Verbot der sachgrundlosen Befristung nicht erforderlich ist, um das unbefristete Arbeitsverhältnis als Regelbeschäftigungsform zu erhalten. Der mit § 14 Abs. 2 S. 2 TzBfG verfolgte Schutzzweck kann in diesen Fällen das Verbot einer sachgrundlos befristeten Wiedereinstellung nicht rechtfertigen, **soweit das legitime Interesse der Arbeitsuchenden an einer auch nur befristeten Beschäftigung und das ebenfalls legitime Flexibilisierungsinteresse der Arbeitgeber entgegensteht** (Fälle der Werkstudierenden, geringfügige Nebenbeschäftigungen während der Schul-, Studien- oder Familienzeit, Unterbrechung der Erwerbsbiografie mit beruflicher Neuorientierung usw.). Insoweit sind die **Fachgerichte** vom BVerfG aufgerufen, den Anwendungsbereich des **Vorbeschäftigungsverbots verfassungskonform einzuschränken** (*BVerfG* 6.6.2018 – 1 BvL 7/14, 1 BvR 1375/14, Rn 62 f.). Näher dazu s. Rdn 568 ff.

Dagegen sind von Anfang an gegen die inzwischen als europarechtswidrig erkannte Vorschrift des **§ 14 Abs. 3 TzBfG aF verfassungsrechtliche Bedenken** erhoben worden, da hierdurch eine nahezu unbegrenzte **sachgrundlose Befristung älterer Arbeitnehmer** gestattet wurde (*Richardi/Annuß* BB 2000, 2004 zur Altersgrenze 58. Lebensjahr; *Dörner* Befr. Arbeitsvertrag 1. Aufl., Rn 622 f.). Mit der zum 1.5.2007 in Kraft getretenen, nachgebesserten Regelung zu § 14 Abs. 3 TzBfG (BGBl. I 2007. S. 538) dürften bei verfassungskonformer Auslegung weder unions- noch **verfassungsrechtliche Bedenken** bestehen (*BAG* 28.5.2014 EzA § 14 TzBfG Nr. 104; *Lipke* FS Otto 2008, S. 289, 297). Vgl. dazu Rdn 24, 41 ff., 651, 662 ff. Zur verfassungsrechtlichen Bewertung des **Existenzgründerprivilegs** nach § 14 Abs. 2a TzBfG vgl. Rdn 619 ff. 56

2. Gleichheitssatz

Je nachdem, ob sich der Arbeitgeber entschließt einen Arbeitnehmer unbefristet oder befristet (ohne Sachgrund) einzustellen, erwirbt der Arbeitnehmer dauerhaft oder jedenfalls – nach Ablauf der Wartezeit und unter den Voraussetzungen des § 23 KSchG – für die Spanne seines befristeten Arbeitsverhältnisses Kündigungsschutz. Diese **Gruppenbildung und unterschiedliche Behandlung der Arbeitnehmer** ist nach Art. 3 Abs. 1 GG nicht zu beanstanden. Die verfassungsrechtlich unbedenkliche Zielverfolgung durch den Gesetzgeber, Impulse für den Arbeitsmarkt zur Verminderung der Arbeitslosigkeit auszulösen, gestattet den abgestuften Bestandsschutz zu § 1 KSchG einerseits und zu § 14 Abs. 2, 2a und § 3 TzBfG andererseits. Die unterschiedliche tarifliche Berücksichtigung von Vorbeschäftigungszeiten bei unbefristeten und befristeten Arbeitsverhältnissen im Blick auf die Entgeltzuordnung verstößt nicht gegen den Gleichheitssatz des Art. 3 Abs. 1 GG (*BAG* 23.9.2010 EzTöD 200 § 16 TV-L Stufenzuordnung Nr. 7; *LAG BW* 21.3.2011 ZTR 2011, 57

426). Die **Beschränkung der sachgrundlosen Befristung** auf die Ersteinstellung bei dem jeweiligen Arbeitgeber nach § 14 Abs. 2 S. 2 TzBfG trifft zwar vorbeschäftigte Bewerberinnen und Bewerber anders als nicht vorbeschäftigte Arbeitsuchende. Doch ist dies **sozial und beschäftigungspolitisch begründet** und aufgrund der Möglichkeiten der Fachgerichte, ansonsten unzumutbare Härten zu vermeiden, auch zumutbar (*BVerfG* 6.6.2018 – 1 BvL 7/14, 1 BvR 1375/14, Rn 69, 53, 55; vgl. Rdn 55 aE).

58 Die erleichterte sachgrundlose Befristung älterer Arbeitnehmer (mit Vollendung des 52. Lebensjahres) nach § 14 Abs. 3 TzBfG nF hat vor Art. 3 Abs. 1 GG Bestand. Dem früheren gesetzgeberischen Ansatz folgend (§ 1 Abs. 2 BeschFG 1996; BT-Drucks. 14/4374 S. 14, 20; dazu *Rolfs* NZA 1996, 1138) soll Arbeitslosen ab dem vollendeten 52. Lebensjahr eine Chance auf eine zumindest befristete Beschäftigung eröffnet werden (§ 14 Abs. 3 nF; BT-Drucks. 16/3793 S. 14 f.; dazu *Bader* NZA 2007, 713 *Lipke* FS Otto 2008, S. 289, 297 mwN). Der Zugang an Arbeitslosen ist zwischen dem 50. und dem 60. Lebensjahr besonders hoch. Die Chancen für die Vermittlung in eine (unbefristete) offene Stelle bewegen sich gegen Null, sodass die Zahl älterer Langzeitarbeitsloser sehr groß ist. Wenn der Gesetzgeber auf der Grundlage dieses Befundes die Befristungsschranken für diese Arbeitnehmergruppe zusätzlich absenkt, um Einstellungsanreize für Arbeitgeber zu schaffen, steht dieser Schritt im Einklang mit dem Gleichheitssatz. Der Gesetzgeber darf, wenn er die Rechtsverhältnisse verschiedener Personengruppen regelt, eine Gruppe von Normadressaten im Vergleich zu anderen Normadressaten dann anders behandeln, wenn zwischen beiden Gruppen Unterschiede von solcher Art und solchem Gewicht bestehen, dass sie eine Ungleichbehandlung rechtfertigen können (BVerfGE 85, 176 ff.; 87, 234 ff.). Die **Lage älterer Arbeitnehmer** auf dem **Arbeitsmarkt** ist dafür **Differenzierungsgrund** genug. Im Übrigen stehen dieser Arbeitnehmergruppe im Unterschied zu anderen Arbeitnehmern öffentliche Hilfen der Bundesagentur für Arbeit und eine mögliche Frühverrentung zur Seite. Eine **willkürliche Schlechterbehandlung** dieser Personengruppe ist somit – gemessen an Art. 3 Abs. 1 GG – nicht festzustellen (*BAG* 28.5.2014 EzA § 14 TzBfG Nr. 104; APS-*Backhaus* Rn 633).

59 Das **Sonderbefristungsrecht im öffentlichen Dienst** nach § 14 Abs. 1 Nr. 7 TzBfG soll nach vereinzelter Rechtsauffassung nicht nur gegen Art. 12 GG, sondern auch gegen das **Gleichheitsgebot** aus **Art. 3 Abs. 1 GG** und des **Art. 20 der EU-GRCharta** verstoßen (*Meyer* AuR 2006,88; *Preis/Greiner* RdA 2010, 157; *Linsenmaier* RdA 2012, 193, 201 unter Hinw. auf die Schlussanträge des Generalanwalts *Jääskinnen* im später eingestellten Verfahren Rs 313/10; aA *Persch* ZTR 2011, 653, 655 ff.; vgl. Rdn 474). Das *BAG* hat dies in seinem Vorlagebeschluss vom 27.10.2010 ebenfalls problematisiert (EzA § 14 TzBfG Nr. 71 Rn 43 f.; *BAG* 9.3.2011 EzA § 14 TzBfG Nr. 76, Rn 26; erneut *BAG* 15.11.2011 EzA § 14 TzBfG Nr. 83, Rn 38; APS-*Backhaus* Rn 139 mwN). Eine Erledigung in der Hauptsache hat eine Entscheidung durch den EuGH hierzu erübrigt. Das BVerfG hat jedenfalls in den **unterschiedlichen Verfallsregelungen** zu betrieblichen Altersrenten in der Privatwirtschaft und im öffentlichen Dienst eine Verletzung des allgemeinen Gleichheitssatzes erkannt (*BVerfG* 15.7.1998 EzA § 18 BetrAVG Nr. 10 m. Anm. *Marschner*), die **Sonderbefristungstatbestände im Wissenschaftsbereich** der Hochschulen dagegen wegen der abweichenden Bedingungen und im Blick auf Art 5 GG (jetzt WissZeitVG, s. dazu KR-*Treber/Waskow* § 1 WissZeitVG Rdn 22) vor Art. 9 Abs. 3 GG gebilligt (*BVerfG* 24.4.1996 EzA Art. 9 GG Nr. 61). Näher zu den Problemen des § 14 Abs. 1 Nr. 7 TzBfG s. Rdn 439 ff., 469.

3. Presse-/Rundfunkfreiheit und Freiheit der Kunst/Wissenschaft

60 Art 5 GG erleichtert aufgrund der dort verbürgten Verfassungsrechte die **Zulassung befristeter Arbeitsverträge** (BVerfGE 59, 231) im Bereich »programmgestalteter« Tätigkeit in den **Medien** oder der **Kunst** (*BAG* 30.8.2017 EzA § 14 TzBfG Eigenart der Arbeitsleistung Nr. 2). Im Einzelfall sind der Bestandsschutz aus Art. 12 GG und die Rundfunk- und Pressefreiheit aus Art. 5 Abs. 1 GG gegeneinander abzuwägen (*BAG* 26.7.2006 EzA § 14 TzBfG Nr. 25; *Staudinger/Preis [2019]* § 620 BGB Rn 87 mwN). Näher dazu s. Rdn 319 ff. Im Bereich der **Wissenschaft** hat der Gesetzgeber im Blick auf Art. 5 Abs. 3 GG eigenständige Befristungsregelungen (Wissenschaftszeitvertragsgesetz)

geschaffen, um den dortigen Besonderheiten Rechnung zu tragen (*BVerfG* 24.4.1996 EzA Art 9 GG Nr. 61; *BAG* 15.2.2017 EzA § 620 BGB 2002 Hochschulen Nr. 25, Rn 34 ff.; **aA** *Hirdina* NZA 2009, 712, der die Bestimmungen des WissZeitVG für verfassungs- und europawidrig hält). Näher dazu KR-*Treber/Waskow* Erl. zu § 1 WissZeitVG.

4. Tarifautonomie

Die Tarifautonomie aus **Art. 9 Abs. 3 GG** ist nicht gefährdet, wenn die gesetzliche Regelung bestehende Tarifnormen nicht beseitigt und den Tarifparteien für die Zukunft Gestaltungsmöglichkeiten belässt (*Gamillscheg* KA S. 298, 691). Wie §§ 14 Abs. 2, 22 Abs. 1 TzBfG, § 1 Abs. 1 Satz 3 WissZeitVG zu entnehmen ist, können Tarifverträge **zugunsten** und in wenigen **Ausnahmefällen** auch **zu Ungunsten der Arbeitnehmer** vom gesetzlichen Regelwerk abweichen. Damit ist die Tarifautonomie gewahrt. Zu den Besonderheiten im Wissenschaftsbereich vgl. *BVerfG* 24.4.1996 EzA Art. 9 GG Nr. 61 m. Anm. *Müller/Thüsing*; *BVerfG* 3.4.2001 EzA Art. 9 GG Nr. 75 m. Anm. *Thüsing/Zacharias*; ErfK-*Linsenmaier* Art. 9 GG Rn 87 ff.; *Lipke* KR, 8. Aufl. § 57a HRG Rn 22 ff. Tariflich können zu dem offenen Katalog der gesetzlichen Sachgründe in § 14 Abs. 1 TzBfG **weitere Befristungssachgründe** festgelegt werden, soweit sie den gesetzlichen Wertmaßstäben entsprechen (*BAG* 9.12.2009 EzA § 14 TzBfG Nr. 62). In Arbeitsrechtsregelungen der **Kirchen** kann dagegen (*BAG* 25.3.2009 EzA § 611 BGB 2002 Kirchliche Arbeitnehmer Nr. 11) von der zweijährigen Befristungsdauer des § 14 Abs. 2 S. 1 TzBfG nicht zu Ungunsten der Arbeitnehmer abgewichen werden. **Tarifliche Altersgrenzen**, für die plausible, einleuchtende Gründe sprechen (hier § 33 Abs. 1 TVöD-V) und sich deshalb im Rahmen der tarifvertraglichen Einschätzungsprärogative halten, sind auch verfassungsrechtlich unbedenklich (*BAG* 8.12.2010 EzA § 620 BGB 2002 Altersgrenze Nr. 10; *BAG* 12.6.2013 EzA § 620 BGB 2002 Altersgrenze Nr. 14 für eine kollektiv wirkende kirchliche Tarifregelung). Vgl. im Übrigen Rdn 419 ff. sowie KR-*Bader/Kreutzberg-Kowalczyk* Erl. zu § 22 TzBfG und KR-*Treber/Waskow* Erl. zum WissZeitVG.

61

5. Mutterschutz/Schwerbehindertenschutz

Das TzBfG verletzt auch nicht **Art. 6 Abs. 4 GG**. Befristungen gehen deshalb den Schutzrechten vor (so bereits zum altem Recht: *BAG* 6.11.1996 EzA § 620 BGB Nr. 146). Zum einen hat der Gesetzgeber Gestaltungsfreiheit, wie er die zum **Mutterschutz** verfassungsrechtlich gesetzten Vorgaben verwirklicht. Zum anderen liegt es in diesem Rahmen, wenn er von einer denkbaren Ausnahmeregelung zugunsten von Frauen Abstand nimmt, weil zu befürchten ist, dass sich dann die Einstellungschancen von weiblichen Arbeitnehmern, wenigstens eine befristete Beschäftigung zu erlangen, erheblich verschlechtern (*LAG BW* 20.9.1988 LAGE § 1 BeschFG Nr. 9; *Löwisch* NZA 1985, 481 zur Rechtslage nach § 1 BeschFG 1996; **aA** *Thannheiser* AiB 2011, 427, der Befristungen für unwirksam hält, die Schutzrechte aushebeln). Der Gesetzgeber hat im TzBfG die **Teilzeitarbeit** erheblich **attraktiver** ausgestaltet und damit insbes. für Frauen mit Kindern zusätzliche Vorteile geschaffen (Anspruch auf Teilzeitarbeit, 30 Std. Wochenarbeitszeit während der Elternzeit). Das **Gesetzespaket TzBfG** ist in einer Gesamtbewertung zusammen mit §§ 15, 16, 18 und 21 BEEG ohne weiteres mit Art. 6 Abs. 4 GG vereinbar (vgl. dazu *LAG Düsseld.* 7.4.2006 LAGE § 14 TzBfG Nr. 28; *Sächs. LAG* 10.1.2007 LAGE Art. 6 GG Nr. 2; *Preis/Gotthardt* DB 2001, 145, 147 f.).

62

Art. 3 Abs. 3 S. 2 GG bestimmt, dass niemand wegen seiner **Behinderung** benachteiligt werden darf. Diese Verfassungsregelung ist mit dem ab 18.8.2006 geltenden **AGG** durch einfaches Recht – angestoßen durch europäische Richtlinien – für das Arbeitsverhältnis näher ausgeformt worden (s. Rdn 140; vgl. dazu KR-*Treber/Plum* Erl. zum AGG). Schwerbehinderte Arbeitnehmer werden in § 14 Abs. 2, 2a und 3 TzBfG in Bezug auf die Befristungsmöglichkeiten ohne sachlichen Grund nicht schlechter gestellt als nicht behinderte Arbeitnehmer. Es ist sogar nicht auszuschließen, dass diesem auf dem Arbeitsmarkt benachteiligten Personenkreis mit der auf zwei bzw. vier Jahre verlängerten »Probezeit« (§ 14 Abs. 2 und Abs. 2a TzBfG) bessere Einstiegschancen eröffnet werden. Im Übrigen wird dem besonderen Schutz dieser Personengruppe durch den nach §§ 168 ff., 175

63

SGB IX erhöhten arbeitgeberseitigen Pflichten einfachrechtlich Genüge getan. Vgl. dazu *BAG* 24.1.2008 EzA § 242 BGB 2002 Kündigung Nr. 7).

6. Rechtsstaats- und Sozialstaatsprinzip

64 Das Rechtsstaatsprinzip hat als Verfassungsgebot (Art. 20 Abs. 3 GG) Bedeutung im Befristungsrecht dadurch erlangt, dass das BVerfG zu prüfen hatte, ob das BAG nach der Mangold-Entscheidung des EuGH in seiner Erkenntnis vom 26.4.2006 zu einem möglichen Vertrauensschutz der Arbeitgeber aus § 14 Abs. 3 aF TzBfG die verfassungsrechtlichen Grenzen verfehlt und jedenfalls die Frage des Vertrauensschutzes dem EuGH noch einmal hätte vorlegen müssen (*BAG* 26.4.2006 EzA § 14 TzBfG Nr. 28; *Koch* JbArbR 44 [2007], S. 91). Das *BVerfG* hat die dazu eingelegte Verfassungsbeschwerde zurückgewiesen (6.7.2010 EzA § 14 TzBfG Nr. 66, **Honeywell-Mangold**; dazu s. Rdn 12, 48).

65 Ansonsten ist das Rechtsstaatsprinzip die Wiege des für die Auslegung und Anwendung von Grundrechten zu beachtenden **Grundsatzes der Verhältnismäßigkeit**. Bei widerstreitenden Grundrechten setzt er die Grenzen für den Gesetzgeber und die Gerichte (AR-*Spelge* Art. 20 GG Rn 18 f.). Das **Untermaßverbot**, welches den Staat verpflichtet ausreichende Maßnahmen normativer und tatsächlicher Art zu ergreifen die dazu führen, dass ein – unter Berücksichtigung entgegenstehender Rechtsgüter – angemessener und als solcher wirksamer Schutz für die Betroffenen erreicht wird (*BVerfG* 28.5.1993 EzA § 1 LohnFG Nr. 124), haben auch die Gerichte zu beachten. Das BAG hat daraus Erkenntnisse zu einzel- und tarifvertraglich vereinbarten **Altersgrenzen** gewonnen (*BAG* 27.7.2005 EzA § 620 BGB 2002 Altersgrenze Nr. 6, 18.6.2008 EzA § 14 TzBfG Nr. 49 m. Anm. *Temming*), ebenso bei einer auf befristete Bewilligung von Haushaltsmitteln gestützten Befristung (*BAG* 9.3.2011 EzA § 14 TzBfG Nr. 76). Genutzt hat das BAG das Untermaßverbot zuletzt auch im Befristungsrecht bei der **zeitlichen Beschränkung des Anschlussverbots** aus § 14 Abs. 2 S. 2 TzBfG (*BAG* 21.9.2011 EzA § 14 TzBfG Nr. 81, Rn 34). Das hierzu aufgrund einer –inzwischen vom BVerfG abgelehnten – verfassungskonformen Auslegung **gelockerte Anschlussverbot** bei sachgrundlosen Befristungen wirft Fragen zu den Grenzen einer Gesetzesauslegung oder **Rechtsfortbildung** »contra legem« auf (*BAG* 6.4.2011 EzA § 14 TzBfG Nr. 77; *Höpfner* NZA 2011, 893; *Lakies* AuR 2011, 190; *Kuhnke* NJW 2011, 3131; *Kiel* NZA-Beil. 2/2016, 72, 75). Näher dazu s. Rdn 515, 565 ff.

66 Übereinstimmung besteht darüber, dass das in Art. 20 Abs. 1, 28 Abs. 1 GG verankerte **Sozialstaatsprinzip nicht lediglich ein Programmsatz** ist, sondern den Staat zur Verwirklichung einer sozial gerechten Ordnung verpflichtet. Der Staat hat also sowohl einen wirksamen Bestandsschutz der Arbeitsverhältnisse bereitzustellen (*BVerfG* 27.1.1998 EzA § 23 KSchG Nr. 17) als auch die Massenarbeitslosigkeit zu bekämpfen (*BVerfG* 3.4.2001 EzA Art. 9 GG Nr. 75 m. Anm. *Thüsing/Zacharias* zur Anrechnung von Kurzeiten auf den Erholungsurlaubsanspruch). Dabei ist zu bedenken, dass ein hoher arbeitsrechtlicher Bestandsschutz außenstehende, sich um einen Arbeitsplatz bemühende Arbeitnehmer sperren kann, was nicht im Sinne des Sozialstaatsprinzips ist (BVerfGE 59, 231, 266 = EzA Art. 5 GG Nr. 9; *LAG BW* 20.9.1988 LAGE § 1 BeschFG Nr. 9; *Staudinger/ Preis [2019]* § 620 Rn 91; aA *LAG Nds.* 20.10.1989 LAGE § 620 BGB Nr. 22). Deshalb muss der Gesetzgeber bei der Wahl des Weges, insbes. bei der **Auflösung des Zielkonflikts** zwischen effizienter Arbeitsplatzsicherung und **Beschäftigungsförderung** ein weites Gestaltungsermessen haben. Art. 20 Abs. 1, 28 Abs. 1 GG bestimmen nur das »Was«, dh das Ziel, die **gerechte Sozialordnung**; sie lassen aber für das »Wie« der Erreichung des Ziels alle Wege offen (BVerfGE 22, 180, 204). Festzuhalten ist indessen, dass die **grenzenlose Aneinanderkettung befristeter Arbeitsverträge** ohne sachlichen Grund **dem Sozialstaatsprinzip widersprechen würde** (*BVerfG* 6.6.2018 – 1 BvL 7/14, 1 BvR 1375/14, Rn 59 f., Vermeidung einer Befristungskarriere). Den Kernbestand des arbeits- und sozialrechtlichen Bestandsschutzes darf der Gesetzgeber deshalb nicht antasten. Da eine **dauerhafte Befristung ohne sachlichen Grund unzulässig** bleibt und der Gesetzgeber am unbefristeten Arbeitsvertrag (mit Kündigungsschutz) als dem sozialpolitisch erwünschten Normalfall festhält (BT-Drucks. 13/4612 S. 12; BT-Drucks. 14/4374 S. 12), ist dieser verfassungswidrige Zustand

nicht gegeben. Zu den besonderen verfassungsrechtlichen Bewertungen im **Wissenschafts- und Forschungsbereich** vgl. Erl. zum WissZeitVG.

Allerdings verlangt das *BVerfG* ein hohes Maß an **Rationalität im Gesetzgebungsverfahren** (BVerfGE 37, 154, 165 f.; BVerfGE 50, 290 = AP Nr. 1 zu § 1 MitbestG m. Anm. *Wiedemann*). Insbesondere hat der Gesetzgeber in seiner Prognose sorgfältig die Geeignetheit der Regelung für die Erreichung des beabsichtigten Ziels zu prüfen; gleichfalls, ob es sich um das schonendste Mittel handelt (*Friauf* NZA 1985, 515; *Schanze* RdA 1986, 32; *Mückenberger* NZA 1985, 518; *Löwisch* NZA 1985, 479, jeweils mit sehr unterschiedlichen Gewichtungen). Aufgrund des dem Gesetzgebungsverfahrens zum **TzBfG** zugrundeliegenden Zahlenmaterials (s. KR-*Lipke/Schlünder* § 620 BGB Rdn 67 ff.) konnte der Gesetzgeber davon ausgehen, dass die erweiterten Gestaltungsmöglichkeiten zur (sachgrundlosen) Befristung von Arbeitsverhältnissen noch nicht zu einer Inflation von Befristungen geführt (Befristungsquote 2006: 10,5 %) und den **unbefristeten Arbeitsvertrag als Standardarbeitsverhältnis nicht gefährdet** haben. Die (wenngleich begrenzte) **Brückenfunktion** des befristeten zum unbefristeten Arbeitsvertrag ist ebenfalls belegt (BT-Drucks. 14/4374 S. 13, 14).

67

Vor diesem Hintergrund steht das Sozialstaatsgebot einer **dauerhaften Verankerung** der **einmalig sachgrundlosen Befristung** bis zu einer Höchstdauer von zwei Jahren (§ 14 Abs. 2 TzBfG) nicht mehr im Wege. Dem steht auch die **Neuregelung ab 1.1.2004** mit einer für **Existenzneugründer** auf **vier Jahre** ausgedehnten sachgrundlosen Befristungsmöglichkeit in § 14 Abs. 2a TzBfG nicht entgegen. Bedenklich erscheint dagegen die von der h.M. vertretene Auffassung, die Höchstbefristungsdauer von vier Jahren auf den **Zeitraum bis zu acht Jahren** nach Existenzneugründung auszuweiten (s. Rdn 619 ff.). Hinzu tritt, dass sich die Einschätzung des Gesetzgebers vor dem Hintergrund der **europäischen Vorgaben** in der Richtlinie 1999/70/EG entwickelt hat, der – bezogen auf die vorgenommene Regelung – einen **noch größeren Spielraum** eröffnet hätte (*Dörner* Befr Arbeitsvertrag Rn 594b). Das Sozialstaatsprinzip rechtfertigt zugleich die mit dem TzBfG verbundenen **Einschränkungen der Vertragsfreiheit des Arbeitgebers** (*BVerfG* 6.6.2018 – 1 BvL 7/14, 1 BvR 1375/14, Rn 59 f.; *LAG* Bln.-Bra. 27.2.2009 LAGE § 14 TzBfG Nr. 50, zum zeitlich unbegrenzten Anschlussverbot sachgrundloser Befristungen auch im öffentlichen Dienst).

68

7. Zugang zum öffentlichem Amt

Art. 33 Abs. 2 GG sichert den gleichen Zugang zu einem öffentlichen Amt, allein nach den Kriterien Eignung, Befähigung und fachlicher Leistung. Im Befristungsrecht kann im Zusammenhang mit einer nur befristet ausgeschriebenen Stelle im öffentlichen Dienst die Vorbeschäftigung eine geplante sachgrundlose Befristung nach § 14 Abs. 2 TzBfG verhindern. Dann kann, aufgrund der Organisationsfreiheit des öffentlichen Arbeitgebers und der Vorgaben des Haushaltsgesetzgebers, ein **Bewerber mit Vorbeschäftigung** vom Besetzungsverfahren **ausgeschlossen** werden (*LAG* Bln.-Bra. 16.1.2013 LAGE Art. 33 GG Nr. 21, Rn 18 ff.; AR-*Groeger* Art. 33 GG Rn 9; wohl auch *Persch* ZTR 2011, 653, 660; abw. wohl *Linsenmaier* RdA 2012, 193, 205).

69

B. Erfordernis des sachlichen Grundes (§ 14 Abs. 1 TzBfG)

I. Geltungsbereich

Im Unterschied zu dem bis zum 31.12.2000 bestehenden richterrechtlichen Ansatz, Befristungen gegen die **Umgehung kündigungsschutzrechtlicher Vorschriften** zu sichern, stellt das neue gesetzliche Recht in Übereinstimmung mit den Vorgaben der Richtlinie 1999/77/EG auf das **Erfordernis eines sachlichen Grundes** ab (vgl. dazu iE KR-*Lipke/Schlünder* § 620 BGB Rdn 98 ff.). Die Voraussetzungen für die Zulässigkeit befristeter Arbeitsverträge werden allein durch das TzBfG festgelegt (§ 1 TzBfG). Zentrale Vorschrift ist insoweit § 14 TzBfG. Dies gilt nach Aufhebung der besonderen Befristungsregeln im AÜG nun auch für **Leiharbeitsverhältnisse**, und zwar im Verhältnis von Verleiher und Leiharbeitnehmer (*Staudinger/Preis* [2019] § 620 BGB Rn 213 ff.; APS-*Backhaus* Rn 21; AR-*Beck* § 1 AÜG Rn 17 f.). Da das TzBfG auf den gesetzlichen Grundlagen des BeschFG 1985/1996 aufbaut und sie weiterentwickelt, kann von einer rechtlichen Kontinuität gesprochen werden,

70

die häufig erlaubt, auf Rechtserkenntnisse zur früheren Rechtslage zurückzugreifen (*Thüsing* ZfA 2004, 67; MüKo-*Hesse* § 620 BGB Rn 9; *Dörner* Befr. Arbeitsvertrag Rn 26, 99 f.).

1. Arbeitnehmer ohne Kündigungsschutz

71 Während nach altem Recht Arbeitnehmer bis zum Ablauf der 6-monatigen **Wartezeit** des § 1 Abs. 1 KSchG und in Kleinbetrieben (§ 23 Abs. 1 KSchG) schrankenlos befristet werden konnten, **müssen nun auch Befristungen im Kleinbetrieb** (§ 23 Abs. 1 S. 2 bis 4 KSchG) und **kurzzeitige Befristungen** (zB Eintages- oder Wochenbefristungen, vgl. *BAG* 16.4.2003 EzA § 620 BGB 2002 Nr. 5 zu einer entspr. Rahmenvereinbarung) **mit einem Sachgrund unterlegt werden** (*BAG* 6.11.2003 EzA § 14 TzBfG Nr. 7; *Hromadka* BB 2001, 622; LS-*Schlachter* Rn 6; ErfK-*Müller-Glöge* Rn 7; MHH-TzBfG/*Meinel* Rn 3; HWK-*Rennpferdt* Rn 6; HaKo-KSchR/*Mestwerdt* Rn 7 f.; MüKo-*Hesse* Rn 10; *Dörner* Befr. Arbeitsvertrag Rdn 208 f. mwN; aA *Lange* Die arbeitsrechtliche Befristungskontrolle, 2009, S. 169, reine Plausiblitätskontrolle). Zwar steht es dem Arbeitgeber frei, bis zum Ablauf der Wartezeit und dem Eintritt des Kündigungsschutzes sich durch ordentliche Kündigung vom Arbeitnehmer zu trennen. Ist dafür eine soziale Rechtfertigung der Kündigung iSv § 1 KSchG nicht notwendig, erscheint es zunächst sinnwidrig, für derartige Befristungsfälle am Sachgrunderfordernis festzuhalten. Dabei würde aber übersehen, dass § 14 Abs. 2 TzBfG nach der neuen gesetzlichen Systematik von zulässigen Befristungen mit und ohne Sachgrund eine **wiederholte Befristung nur** noch **mit Sachgrund** gestattet. Ist der Arbeitnehmer zuvor schon einmal von demselben Arbeitgeber beschäftigt worden, erlaubt die neue Gesetzeslage danach (grundsätzlich) nur noch Befristungen mit Sachgrund (*BVerfG* 6.6.2018 – 1 BvL 7/14, 1 BvR 1375/14; APS-*Backhaus* Rn 16 ff.; *Arnold/Gräfl* Rn 10, 309, 329 ff.; *Preis/Gotthardt* DB 2000, 2070; aA *Schiefer* DB 2000, 2121). Das Erfordernis des Sachgrundes ist mithin im **Kleinbetrieb** und **für Arbeitsverträge bis zu sechs Monaten** einzuhalten, wenn eine spätere weitere Befristung in Betracht gezogen wird.

72 Das Fehlen eines Sachgrundes spielt für ein auf bis zu sechs Monate befristetes oder im Kleinbetrieb begründetes Arbeitsverhältnis dann keine Rolle, wenn eine **erneute sachgrundlose Befristung** mit dem Arbeitnehmer **nach den eine befristete Beschäftigung erleichternden Bestimmungen der Abs. 2a und 3** erfolgt. Da die gesetzlichen Regelungen in diesem Zusammenhang vom Sachgrunderfordernis Abstand nehmen, schadet es nach neuer Rechtslage für eine zweite Befristung nicht, wenn eine vorhergehende sechs Monate unterschreitende Befristung ohne Sachgrund abgelaufen ist. Indessen ist bei der Befristungsprivilegierung nach § 14 Abs. 3 nF zu beachten, dass der Aufnahme des befristeten Arbeitsverhältnisses eine **viermonatige Beschäftigungslosigkeit** vorangegangen ist. Auch aus dem **Fehlen einer** § 8 Abs. 7 TzBfG entsprechenden **Kleinbetriebsklausel** im Befristungsrecht des TzBfG lässt sich rechtssystematisch ableiten, dass Arbeitnehmer in Haushalten und in Kleinbetrieben mit bis zu zehn Arbeitnehmern iSv § 23 Abs. 1 KSchG im Falle einer Befristung dem Sachgrunderfordernis des Abs. 1 unterliegen (*Annuß/Thüsing/Maschmann* Rn 4). Eine Bereichsausnahme stünde auch im **Widerspruch zur Richtlinie 1999/70/EG**, die Ausnahmen bezogen auf die Betriebsgröße nicht eröffnet (ErfK-*Müller-Glöge* Rn 7a; aA *Schiefer* DB 2000, 2121).

2. Arbeitnehmer mit Sonderkündigungsschutz

73 Das TzBfG legt in §§ 4 Abs. 2, 5 ein Diskriminierungs- und Benachteiligungsverbot für alle befristet beschäftigten Arbeitnehmer fest (vgl. dazu KR-*Bader/Kreutzberg-Kowalczyk* Erl zu § 4 TzBfG). Darüber hinaus sind die Bestimmungen des **AGG** zu beachten (§§ 1, 2 Abs. 1 Nr. 2, 7 ff.; vgl. dazu KR-*Treber/Plum* § 3 AGG Rdn 12 mwN), die insbes. im Zusammenhang mit der sachgrundlos befristeten Beschäftigung älterer Arbeitnehmer eine Rolle spielen können (*Hanau* ZIP 2007, 2381; vgl dazu auch *EuGH* 12.10.2010 EzA § 620 BGB 2002 Altersgrenze Nr. 9 **Rosenbladt**). Davon abgesehen erfahren **besonders schützenswerte Arbeitnehmergruppen keinen erhöhten Befristungsschutz** (aA *ArbG München* 8.10.2010 AiB 2011, 267, unionsrechtskonforme Auslegung des § 14 Abs. 2 TzBfG: keine sachgrundlose Befristung von **Betriebsratsmitgliedern** möglich; zust. *Thannheiser* AiB 2011, 427; *Helm/Bell/Windirsch* AuR 2012, 293; dagegen zu Recht *BAG* 5.12.2012 EzA § 14 TzBfG Nr. 89 m. zust. Anm. *Eva Maria Kaiser* AP Nr. 102 zu § 14 TzBfG; *LAG Bln.-Bra.*

4.11.2011 LAGE § 14 TzBfG Nr. 67a; *Lakies* ArbR 2011, 447; näher dazu s. Rdn 75). Solange sich der Befristungsschutz richterrechtlich darauf gründete, das Unterlaufen kündigungsschutzrechtlicher Bestimmungen zu verhindern (vgl. *Lipke* KR 5. Aufl., § 620 BGB Rn 102 ff.), war es folgerichtig, den verstärkten Kündigungsschutz im Zusammenhang mit der **Schwangerschaft** und der **Elternzeit** (§ 17 MuSchG, § 18 BEEG), der **Schwerbehinderung** (§§ 168, 175 SGB IX) und des verstärkten Sonderschutzes von **Amtsträgern** nach dem **Betriebsverfassungs- und Personalvertretungsrecht** (§ 15 KSchG) bei den Anforderungen an den Sachgrund zu beachten und dabei zu berücksichtigen, dass durch die Befristung Kündigungsverbote ausgeschaltet wurden (vgl. MünchArbR-*Wank* § 116 Rn 34 f.). Eine solche Ableitung ist seit Inkrafttreten des TzBfG nicht mehr möglich. **Das Kündigungsschutzrecht setzt nicht mehr die Eckpunkte für die Zulässigkeit befristeter Arbeitsverträge.** Eine Suche nach Umgehungsnormen findet bei den seit 1. Januar 2001 geschlossenen befristeten Arbeitsverträgen nicht mehr statt (*Dörner* Befr. Arbeitsvertrag Rn 101 ff.; ErfK-*Müller-Glöge* Rn 7a). Hier kann allenfalls der **Diskriminierungsschutz** oder das Unterbinden von **Rechtsmissbrauch** eine Rolle spielen.

Für Personen mit **besonderem Kündigungsschutz** sind deshalb in Zukunft **keine erhöhten An- 74 forderungen** an den **Sachgrund** zu stellen (ErfK-*Müller-Glöge* Rn 8; MüKo-*Hesse* Rn 11; *Annuß/ Thüsing/Maschmann* Rn 7; AnwaltKomm-*Studt* Rn 15; anders noch zur alten Rechtslage BAG 17.2.1983 EzA § 620 BGB Nr. 64; weiterhin für Differenzierung nach dem jeweiligen Schutzbereich DDZ-*Wroblewski* Rn 31 f. und *ArbG München* 8.10.2010 AiB 2011, 267). Davon zu trennen sind besondere Vorschriften auf Landesebene (zB §§ 77 Abs. 4, 38 Abs. 1 und 4 Mitbestimmungsgesetz Schleswig-Holstein), die eine Verlängerung befristeter Arbeitsverhältnisse von Personalratsmitgliedern vorsehen (vgl. BAG 29.9.1999 EzA § 620 BGB Hochschulen Nr. 23). Außerdem ist im Falle der **Beendigung** der Arbeitsverhältnisse **schwerbehinderter Arbeitnehmer ohne Kündigung** (zB bei teil- oder zeitweiser Erwerbsminderung, Berufs- oder Erwerbsunfähigkeit § 33 TVöD) nach § 175 SGB IX (früher § 92 SGB IX) die vorherige Zustimmung des **Integrationsamtes** einzuholen. Das ist nicht erforderlich im Falle **unbefristeter Rentenbewilligung** wegen dauernder Erwerbsunfähigkeit (BAG 27.7.2011 EzA § 17 TzBfG Nr. 14 Postbeschäftigungsunfähigkeit; 6.4.2011 EzTöD 100 § 33 TVöD-AT Erwerbsminderungsrente Nr. 5; 3.9.2003 EzBAT § 59 BAT Nr. 20). Vgl. im Übrigen KR-*Lipke/Bubach* § 21 TzBfG Rdn 45 ff.

Nach neuer Rechtslage kann der **besondere Kündigungsschutz nicht mehr** zur **Orientierung** die- 75 nen, da im Falle einer Befristung das Arbeitsverhältnis infolge Zeitablaufs oder Zweckerreichung endet, ohne dass es einer Kündigung bedarf (§ 15 Abs. 1 und Abs. 2 TzBfG; BT-Drucks. 14/4374 S. 20). Einen **zusätzlichen Schutz im Falle der Befristung** wird diesem Personenkreis weder durch die Vorgaben der Richtlinie 1999/70/EG und der sie auslegenden **EU-Grundrechtecharta** (Art. 30 EU-GRCharta), noch durch Art. 7 der **Richtlinie 2002/14/EG**, noch durch das GG gewährt. Die über die Richtlinie in Vollzug gesetzte **Rahmenvereinbarung der Sozialpartner** bestimmt in § 2 ausdrücklich, dass die **getroffenen Regelungen auf alle befristet beschäftigten Arbeitnehmer anzuwenden sind** und gestattet den Mitgliedstaaten nur ausnahmsweise abweichende Regelungen für Berufsausbildungsverhältnisse, Ausbildungssysteme und Arbeitsverträge, die im Rahmen eines besonderen öffentlichen oder von der öffentlichen Hand unterstützten beruflichen Ausbildungs-, Eingliederungs- oder Umschulungsprogramms abgeschlossen werden. **Art. 7 der Richtlinie 2002/ 14/EG** gibt zwar den Mitgliedstaaten auf, dass die **Arbeitnehmervertreter** bei der Ausübung ihrer Funktion einen ausreichenden Schutz und ausreichende Sicherheiten genießen müssen, die es ihnen ermöglichten, die ihnen übertragenen Aufgaben in angemessener Weise wahrzunehmen. Dies ist aber im deutschen Recht durch die Schutzbestimmung des § 78 S. 2 BetrVG ausreichend geschehen (BAG 5.12.2012 EzA § 14 TzBfG Nr. 89).

Nur wenn § 78 S. 2 BetrVG durch das Auslaufen der Befristung verletzt würde, kann das Betriebs- 76 ratsmitglied einen Anspruch auf Abschluss eines unbefristeten Arbeitsvertrages erlangen (so bereits zutr. *LAG Bln.-Bra.* 4.11.2011 LAGE § 14 TzBfG Nr. 67a). Das BAG hat für diesen Ausnahmefall, dass der Arbeitgeber das Betriebsratsmitglied durch die Ablehnung eines Folgevertrags unzulässig wegen seiner Betriebsratstätigkeit benachteiligt hat, jenem gem. § 78 S. 2 BetrVG iVm § 280

Abs. 1, § 823 Abs. 2, § 249 Abs. 1 BGB einen Anspruch auf **Schadensersatz** eingeräumt (*BAG* 25.6.2014 EzA § 78 BetrVG 2001 Nr. 4; ErfK-*Kania* § 78 BetrVG Rn 8; *M. Ecklebe* DB 2014, 1930; *Boemke* jurisPR-ArbR 44/2014 Anm. 3; aA *Pallasch* RdA 2015, 108, 113 f.). Anders als nach § 612a BGB erkennt das BAG hier wegen des Schutzes auch des Organs Betriebsrat in **§ 78 BetrVG ein Schutzgesetz iSv § 823 Abs. 2 BGB**. Das betroffene Betriebsratsmitglied hat diesen Anspruch, soweit er für dessen Voraussetzungen die **Darlegungs- und Beweislast** erfüllt, im Wege der Naturalrestitution auf den Abschluss des verweigerten Folgevertrags zu richten. Die Darlegungs- und Beweislast für das Betriebsratsmitglied folgt zwar nicht den Regeln des § 22 AGG, wird aber durch das System der abgestuften Darlegung nach § 138 ZPO erleichtert (*BAG* 25.6.2014 EzA § 78 BetrVG 2001 Nr. 4, Rn 36 ff.).

77 Der **Abschluss befristeter Arbeitsverträge mit schwangeren Arbeitnehmerinnen und schwerbehinderten Arbeitnehmern** verstößt weder gegen **Art. 3 Abs. 3 S. 2** noch gegen **Art. 6 Abs. 4 GG** (vgl. *BVerfG* 24.9.1990 AP Nr. 136a zu § 620 BGB Befristeter Arbeitsvertrag; *BAG* 6.11.1996 EzA § 620 BGB Nr. 146). Die Frage nach der Umgehung von Kündigungsschutzbestimmungen, die bisher auch bei Verstößen gegen § 613a Abs. 4 BGB, § 323 Umwandlungsgesetz, § 17 KSchG oder § 1 Abs. 4 ArbPlSchG erkannt werden konnte (vgl. *Lipke* KR 5. Aufl., § 620 BGB Rn 112 ff.; vgl. *BAG* 2.12.1998 EzA § 620 BGB Nr. 161), stellt sich daher nicht mehr. Ebenso wenig ist der arbeitsrechtliche **Gleichbehandlungsgrundsatz** berührt, wenn Befristungsabreden getroffen werden, da sich der Gleichbehandlungsgrundsatz nur im bestehenden Arbeitsverhältnis entfalten kann und dann **§ 4 Abs. 2 TzBfG** zu beachten ist. Die Vereinbarung eines befristeten Arbeitsverhältnisses steht unter dem Schutz der **Vertragsfreiheit** (*BAG* 19.8.1992 EzA § 620 BGB Nr. 114; *Sievers* Rn 189; APS-*Backhaus* Rn 104). Grenzen kann hierzu nur das neu in Kraft getretene AGG setzen, indem es unterschiedliche Arbeitsbedingungen bei der **Ausgestaltung von befristeten Arbeitsverhältnissen** unterbindet (zB zur Dauer der Befristung; *BAG* 6.4.2011 EzTöD 100 § 30 Abs. 1 TVöD-AT Hochschulen/Forschungseinrichtungen Nr. 9; vgl. auch KR-*Treber/Plum* § 15 AGG Rdn 17, 34).

78 Dies schließt indessen nicht aus, die **Befristungen dieses besonders geschützten Personenkreises sehr sorgfältig auf den Gehalt des sachlichen Grundes zu überprüfen**. Um eine Diskriminierung oder Benachteiligung von befristet beschäftigten Arbeitnehmern mit Sonderkündigungsschutz zu verhindern (vgl. dazu *EuGH* 4.10.2001 EzA § 611a BGB Nr. 17 zur Frage der wegen **Schwangerschaft** nicht übernommenen bzw. nicht erneut befristeten Arbeitnehmerin), ist es angemessen, die tatsächlichen Umstände für den ins Feld geführten Sachgrund genau zu prüfen und der ggf. bei Abschluss der Befristung anzustellenden **Prognose des Arbeitgebers** eine besondere Überzeugungskraft abzuverlangen (ähnlich DDZ-*Wroblewski* Rn 32; aA HaKo-KSchR/*Mestwerdt* Rn 29; vgl aber § 164 Abs. 2 und 5 S. 3 SGB IX). Vereinbaren Arbeitsvertragsparteien im Wissen um die Schwangerschaft der Arbeitnehmerin einen (erneuten) befristeten Arbeitsvertrag, um einen vorübergehenden betrieblichen Bedarf an der Arbeitsleistung zu befriedigen, so werden im Entfristungsprozess der Arbeitnehmerin die **Anforderungen an die vom Arbeitgeber** zu erfüllende **Darlegungs- und Beweislast** für das Vorliegen eines **Sachgrundes** iSv § 14 Abs. 1 Nr. 1 TzBfG **zu erhöhen** sein, um Diskriminierungen im Hinblick auf die Schwangerschaft auszuschließen.

79 **Gründe des Vertrauensschutzes** können den Arbeitgeber nur im **Ausnahmefall** verpflichten, einen an sich **wirksam befristeten Arbeitsvertrag auf unbestimmte Zeit fortzusetzen**, wenn er bei einer nach Abschluss des befristeten Arbeitsvertrages schwanger werdenden Arbeitnehmerin die Erwartung geweckt und bestätigt hat, er werde sie bei Eignung und Bewährung unbefristet weiterbeschäftigen (*BAG* 16.3.1989 EzA § 1 BeschFG 1985 Nr. 7; 17.10.1990 RzK I 9a Nr. 61; *LAG Hamm* 6.6.1991 und 13.3.1992 LAGE § 620 BGB Nr. 25 und 29; *LAG Köln* 17.2.1993 LAGE § 620 BGB Nr. 25, 29, 31; krit. *Mauer* BB 1991, 1867; *Sowka* DB 1988, 2458; *ders.* BB 1994, 1003 f.; *Hermann* SAE 2003, 125). Ein solcher objektiver, ausnahmsweise vom Arbeitnehmer darzulegender und zu beweisender Vertrauenstatbestand vermag dann die Befristung außer Kraft zu setzen (*BAG* 10.06.1992 EzA § 620 BGB Nr. 116; 26.4.1995 EzA § 620 BGB Nr. 133; *Staudinger/Preis* [2019] § 620 BGB Rn 47; *LAG RhPf* 8.8.2008 – 9 Sa 145/08; *LAG Köln* 18.12.2009 – 11 Sa 1190/

05; krit. APS-*Backhaus* § 15 TzBfG Rn 106, 108, 119; *Dörner* Befr. Arbeitsvertrag Rn 759 ff., der dafür ein positives Verhalten des Arbeitgebers fordert). Die **Berufung des Arbeitgebers auf die Befristung** kann deshalb nur in Ausnahmefällen »**rechtsmissbräuchlich**« sein, wenn eine gegenteilige **Zusage des Arbeitgebers** vorliegt (vgl. *BAG* 19.1.2005 EzA § 620 BGB 2002 Nr. 11; 21.9.2011 EzA § 612a BGB 2002 Nr. 7; LS-*Schlachter* Rn 9; ErfK-*Müller-Glöge* § 15 TzBfG Rn 9). Das kann dazu führen, dass die Befristung als solche rechtlich nicht zu beanstanden ist, der Arbeitgeber aber gleichwohl zur Fortsetzung des befristeten Arbeitsverhältnisses verpflichtet bleibt, weil dem Arbeitnehmer der Abschluss eines unbefristeten Arbeitsvertrages zusteht. Ob eine rechtmissbräuchliche Verwendung der Befristung vorliegt, wird sich in Zukunft im Wesentlichen nach den Regeln des **AGG** entscheiden. Dort kommen aber regelmäßig nur **Schadensersatzansprüche** in Betracht; die Begründung eines Arbeitsverhältnisses bleibt außen vor (§ 15 Abs. 6 AGG; vgl. *BAG* 21.9.2011 EzA § 612a BGB 2002 Nr. 7 m. Anm. *R. Adam*; 13.8.2008 EzA § 14 TzBfG Nr. 52; KR-*Treber/Plum* § 15 AGG Rdn 34).

Wird dem **Arbeitnehmer** bei Abschluss eines Zeitvertrages **in Aussicht gestellt, unter bestimmten Voraussetzungen später in ein unbefristetes Arbeitsverhältnis übernommen zu werden** und werden die Erwartungen des Arbeitnehmers hierzu auch noch während der Dauer des befristeten Arbeitsverhältnisses bestärkt, so kann sich für ihn nach der Rspr. des BAG ein **Anspruch auf Schadensersatz** nach den Grundsätzen eines Verschuldens bei Vertragsabschluss ergeben. Der Arbeitgeber hat dann Erfüllung zu gewähren, wobei der Schaden im Nichtabschluss eines Arbeitsvertrages liegt (*BAG* 26.8.1998 EzA § 620 BGB Nr. 153; ErfK-*Müller-Glöge* § 15 TzBfG Rn 9; HaKo-KSchR/*Mestwerdt* § 15 TzBfG Rn 48 ff.; *Sievers* Rn 76). Vgl. dazu ausf. KR-*Bader/Kreutzberg-Kowalczyk* § 17 TzBfG Rdn 80 ff.

3. Leitende Angestellte; Auszubildende; Beamte

Ein sachlicher Grund ist nunmehr ebenso für Befristungen mit leitenden Angestellten erforderlich. Nach dem Rechtszustand vor Inkrafttreten des TzBfG war dies – gemessen am Umgehungsgedanken – nur dann geboten, wenn dem **leitenden Angestellten** bei Ausscheiden aus dem Arbeitsverhältnis infolge Befristung kein gleichwertiger Ausgleich iSv §§ 9, 10 KSchG in Form einer Abfindung zustand (§ 14 Abs. 2 KSchG). Da das Sachgrunderfordernis nun in § 14 Abs. 1 TzBfG wurzelt und es auf die Umgehung des Kündigungsschutzes nicht mehr ankommt (*BAG* 21.3.2017 EzA § 14 TzBfG Sonstiger Sachgrund Nr. 1, Rn 110), ist diese Ausnahme nicht mehr aufrecht zu erhalten (*Annuß/Thüsing-Maschmann* Rn 6; *Boewer* Rn 37; ErfK-*Müller-Glöge* Rn 7a, 79; HWK-*Rennpferdt* Rn 4; MüKo-*Hesse* Rn 11; *Worzalla* FS Leinemann 2006, S. 410; MHH-TzBfG/*Meinel* Rn 37; LS-*Schlachter* Rn 7; *Bruns* NZA 2008, 1289, 1272; *Sievers* Rn 496; *LAG SH* 26.1.2021 ZTR 2021, 343, Rn 37; aA APS-*Backhaus* Rn 20, der hier einen Sachgrund nach § 14 Abs. 1 Nr. 4 TzBfG erkennen will; *Hromadka* Führungskräfte § 2 Rn 58, wonach die Abfindung den Sachgrund ersetzt). In der Auswirkung hat das jedoch nur zur Folge, dass der Arbeitgeber das nach § 16 S. 1 TzBfG entstandene unbefristete Arbeitsverhältnis unter den Voraussetzungen der §§ 1, **14 Abs. 2 KSchG** kündigen und den erleichterten Auflösungsantrag stellen wird (*Vogel* NZA 2002, 318; *Boewer* Rn 37). Auch **angestellte Organvertreter** (zB Geschäftsführer einer GmbH) unterfallen dem TzBfG, soweit sie im Wesentlichen wie Arbeitnehmer weisungsabhängig sind (*BAG* 17.6.2020 EzA § 21 TzBfG Nr. 13; *Busch/Schönhöft* DB 2007, 2650; *Annuß/Thüsing/Annuß* § 1 TzBfG Rn 2 in Abgrenzung zu *BGH* 27.7.2002 NZA 2002, 1040 zum Rechtszustand vor dem TzBfG).

Keine Anwendung findet § 14 TzBfG auf **Berufsausbildungsverhältnisse** iSd BBiG. Diese sind bereits von der Zielsetzung der Berufsausbildung her befristet und unterfallen eigenen Regeln (§§ 10 Abs. 2, 21 Abs. 1 BBiG). Die Vorschriften des BBiG gehen deshalb für diesen Personenkreis den Regeln des TzBfG vor (*Arnold/Gräfl* Rn 8; HaKo-TzBfG/*Boecken* Rn 32; s.a. KR-*Bader/Kreutzberg-Kowalczyk* § 23 TzBfG Rdn 10). Zur Anschlussbefristung nach abgeschlossener Ausbildung s. Rdn 220 ff. Auch ein **Beamtenverhältnis** ist kein Arbeitsverhältnis iSv § 14 Abs. 2 S. 1 und unterfällt deshalb nicht dem Anwendungsbereich des TzBfG (*BAG* 24.2.2016 EzA § 14

TzBfG Nr. 120, Rn 18). Gleiches gilt für ein **Heimarbeitsverhältnis** (*BAG* 26.8.2016 EzA § 14 TzBfG Nr. 125, Rn 12, 37).

4. Nachträgliche Befristung

83 Vom Sachgrunderfordernis des § 14 Abs. 1 TzBfG wird auch die **nachträgliche Befristung** eines bisher unbefristeten Arbeitsvertrages erfasst (ErfK-*Müller-Glöge* Rn 13; APS-*Backhaus* Rn 23). Das gilt auch für eine Befristung, mit der die **Laufzeit** eines nach § 14 Abs. 2 TzBfG sachgrundlos befristeten Arbeitsvertrags **verkürzt** wird (*BAG* 14.11.2016 EzA § 14 TzBfG Nr. 126, Rn 26). Eine nachträgliche Befristung liegt ebenso vor, wenn die Befristungsabrede zunächst unter **Verstoß gegen § 14 Abs. 4 TzBfG** mündlich getroffen, dadurch ein unbefristetes Arbeitsverhältnis nach § 16 TzBfG S. 2 TzBfG entstanden und später die **schriftliche Befristungsabrede nachgeholt** worden ist (HaKo-KSchR/*Mestwerdt* Rn 30). Die **Notwendigkeit eines Sachgrundes** ergibt sich über den Wortlaut des § 14 Abs. 1 TzBfG hinaus systematisch **aus Abs. 2 S. 2 der Bestimmung**. Danach würde eine Befristung ohne Sachgrund aufgrund des bestehenden unbefristeten Arbeitsverhältnisses schon am Anschlussverbot (Vorbeschäftigungsverbot) scheitern. Im Grundsatz ist daher ein **Sachgrund** für die nachträgliche Befristung **immer erforderlich** (*BAG* 15.2.2017 EzA § 14 TzBfG Schriftform Nr. 3, Rn 39; *LAG Köln* 24.8.2007 LAGE § 14 TzBfG Nr. 37a, Bewährungschance zur Erprobung nach vor wegen Vertragspflichtverletzung gekündigtem Arbeitsverhältnis; *LAG MV* 3.8.2006 – 1 Sa 85/06), unabhängig davon, ob sie im Wege einer Änderungsvereinbarung oder einer Änderungskündigung erfolgt (MüKo-*Hesse* Rn 21; *Annuß/Thüsing/Maschmann* Rn 12). Eine nachträgliche Befristung kann auch durch eine **Änderungskündigung** des unbefristeten Arbeitsverhältnisses herbeigeführt werden (s. Rdn 88).

84 Die **dogmatische Rechtfertigung eines Sachgrunderfordernisses bei nachträglicher Befristung** lässt sich nicht mehr mit dem Argument rechtfertigen, jede Vereinbarung eines automatisch, dh ohne Kündigungserklärung eintretenden Beendigungstatbestandes schließe das Eingreifen der für die Kündigung geltenden Rechtsvorschriften aus und erhebe die **Frage**, ob in der **funktionswidrigen Verwendung des Rechtsinstituts eines befristeten Arbeitsvertrages** nicht die **objektive Umgehung zwingenden Kündigungsschutzrechts liege** (st. Rspr. des *BAG* seit dem 24.1.1996; zuletzt *BAG* 26.8.1998 EzA § 620 BGB Nr. 136, 154 mwN; *Plander* Anm. *BAG* AP Nr. 179 zu § 620 BGB Befristeter Arbeitsvertrag; ArbRBGB-*Dörner* § 620 BGB Rn 79 f.; LS-*Schlachter* Rn 10).

85 Diese vom BAG angestellten **Erwägungen sind nur noch in abgewandelter Form dogmatisch haltbar**. Dies kann nicht allein mit den schon zuvor unterschiedlichen **Funktionen von Befristungskontrolle und Kündigungsschutz** erklärt werden (so aber *Dörner* Befr. Arbeitsvertrag Rn 129 unter Berufung auf *BAG* 8.7.1998 EzA § 620 BGB Nr. 152). Der Gesichtspunkt einer objektiv funktionswidrigen Umgehung des Kündigungsschutzgesetzes spielt überhaupt keine Rolle mehr; der **Sachgrund** ist **gesetzliches Erfordernis** einer Befristung nach § 14 Abs. 1 TzBfG. Die Umwandlung eines unbefristeten in ein befristetes Arbeitsverhältnis wird deshalb in Zukunft davon abhängen, ob nach § 14 Abs. 1 S. 2 Nr. 6 TzBfG in der Person des Arbeitnehmers liegende Gründe (vgl. *BAG* 16.12.2010 EzA § 2 KSchG Nr. 81) oder der im Kündigungsschutzprozess geschlossene Vergleich nach § 14 Abs. 1 S. 2 Nr. 8 TzBfG die **nachträgliche Befristung** rechtfertigen. Davon wäre auszugehen, wenn der Arbeitnehmer die Umwandlung des unbefristeten in ein befristetes Arbeitsverhältnis selbst »wünscht« und – in uneingeschränkter Entscheidungsfreiheit – nicht nur ein entsprechendes Angebot des Arbeitgebers angenommen, sondern von sich aus den Abschluss eines befristeten Vertrages angestrebt hat, ungeachtet der vom Arbeitgeber mit dem Angebot verbundener finanzieller Vergünstigungen (*BAG* 18.1.2017 EzA § 620 BGB 2002 Altersgrenze Nr. 17, Rn 30; *BAG* 26.4.1985 EzA § 620 BGB Nr. 74). Weitere denkbare Sachgründe für eine nachträgliche Befristung können sich aus § 14 Abs. 1 Nr. 7 TzBfG (haushaltsrechtlich bedingter vorzeitiger Personalabbau) ergeben. Im Interesse des Arbeitnehmers kann es fernerliegen, nach misslungener Erprobung im Wege einer Kündigungsfristverlängerung eine **zweite befristete Bewährungschance** mit einer bedingten Wiedereinstellungszusage zu erhalten, wenn im Aufhebungsvertrag dabei

die längste gesetzliche oder tariflich anwendbare Kündigungsfrist nicht überschritten wird (*BAG* 7.3.2002 EzA § 611 BGB Aufhebungsvertrag Nr. 40).

Die Abgrenzung von **Aufhebungsvertrag und nachträglicher Befristung** (vgl. *BAG* 14.12.2016 EzA § 14 TzBfG Nr. 126; 12.1.2000 EzA § 611 BGB Aufhebungsvertrag Nr. 33; dazu KR-*Bader/ Kreutzberg-Kowalczyk* § 3 TzBfG Rdn 6) bereitet im Einzelfall Probleme, da der Aufhebungsvertrag regelmäßig der Inhalts- und Befristungskontrolle entzogen und ein Widerrufsrecht des Arbeitnehmers nicht gegeben ist. Vgl. § 620 BGB Rdn 28 und KR-*Spilger* Erl. zum Aufhebungsvertrag). Es kann gesagt werden, dass der Aufhebungsvertrag **primär** auf die **Beendigung** (*BAG* 18.1.2017 EzA § 620 BGB 2002 Altersgrenze Nr. 17; 28.11.2007 EzA § 123 BGB 2002 Nr. 7) und die nachträgliche Befristung auf die **zeitlich begrenzte Fortsetzung** des ansonsten zu kündigenden Arbeitsverhältnisses gerichtet ist (*Staudinger/Preis [2019]* § 620 BGB Rn 167). Im letzten Fall orientiert sich die **soziale Rechtfertigung** der **Änderungskündigung** an dem **Vorliegen** eines die Befristung rechtfertigenden **Sachgrundes** (*BAG* 16.12.2010 EzA § 2 KSchG Nr. 81; ErfK-*Müller-Glöge* Rn 14; MüKo-*Hesse* Rn 21; einschränkend *Annuß/Thüsing/Maschmann* Rn 13; aA APS-*Backhaus* Rn 25, Gefahr der Vorverlagerung des zu beurteilenden Kündigungszeitpunktes). 86

Eine **Befristungskontrolle** findet beispielsweise dann statt, wenn im Zusammenhang mit Personalanpassungsmaßnahmen im öffentlichen Dienst der von den Parteien gewählte **Beendigungszeitpunkt** die ansonsten einzuhaltende **Kündigungsfrist um ein Vielfaches überschreitet** und es an den üblicherweise bei Beendigung des Arbeitsverhältnisses zu treffenden abschließenden Vereinbarungen zu den Ansprüchen des Arbeitnehmers (zB Urlaub, Zeugnis) fehlt (*BAG* 18.1.2017 EzA § 620 BGB 2002 Altersgrenze Nr. 17, Rn 26; 12.1.2000 EzA § 611 BGB Aufhebungsvertrag Nr. 33; *Annuß/Thüsing/Maschmann* Rn 14; *Boewer* Rn 73). **Zielt** der Aufhebungsvertrag dagegen vornehmlich **auf die Beendigung des Arbeitsverhältnisses** und nicht auf dessen (befristete) Fortsetzung, bleibt eine Befristungskontrolle außen vor (ErfK-*Müller-Glöge* Rn 15; APS-*Rolfs* Aufhebungsvertrag Rn 48 f.; *Dörner* Befr. Arbeitsvertrag Rn 130). Davon ist jedenfalls auszugehen, wenn mit einer um zwölf Monate verzögerten Beendigung des zuvor gekündigten Arbeitsverhältnisses **keine** Verpflichtung des Arbeitnehmers zur **Arbeitsleistung** mehr verbunden ist (»Kurzarbeit Null«) und in dem dazu geschlossenen Vergleich **nur noch Abwicklungsmodalitäten** (Abfindung, Zeugnis, Rückgabe von Firmeneigentum) enthalten sind (*BAG* 10.11.2011 EzA § 323 BGB 2002 Nr. 1; 28.11.2007 EzA § 123 BGB 2002 Nr. 7; 15.2.2007 EzA § 611 BGB 2002 Aufhebungsvertrag Nr. 6). Im Regelfall ist deshalb ein **Aufhebungsvertrag sachgrundlos möglich**, soweit er nicht überraschende, als Allgemeine Geschäftsbedingungen geltende Klauseln (§ 305c BGB) in sich birgt. 87

Als **Sonderfall** dürfte die **Änderungskündigung zur nachträglichen Befristung des bisher unbefristeten Arbeitsverhältnisses anzusehen sein.** Nach der Rechtsprechung des BAG hat sich die Prüfung der sozialen Rechtfertigung der Änderungskündigung auch daran zu orientieren, ob die Befristung als solche durch einen **Sachgrund** gedeckt ist (st. Rspr. zuletzt *BAG* 16.12.2010 EzA § 2 KSchG Nr. 81; 8.7.1998 EzA § 620 BGB Nr. 152 mwN; HWK-*Rennpferdt* Rn 10). Dem Arbeitnehmer soll es danach freistehen, anstelle einer Änderungsschutzklage das Änderungsangebot vorbehaltlos anzunehmen, dieses aber gleichwohl noch auf das Vorliegen eines Sachgrundes überprüfen zu lassen (KR-*Kreft* § 2 KSchG Rdn 47 ff.; aA APS-*Backhaus* Rn 25 f.; *Preis* NZA 1997, 1073, 1080, die die kombinierte Prüfung von Befristung und Kündigung für widersprüchlich halten; *Löwisch* NZA 1998, 634; *Berkowsky* NZA-RR 2003, 449). Die Änderungskündigungsschutzklage hat sich indessen über die Sachgrundprüfung hinaus auf das Vorliegen dringender **betrieblicher Erfordernisse und die soziale Auswahl** (*Annuß/Thüsing/Maschmann* Rn 13) zu erstrecken. Will der Arbeitnehmer die vorbehaltlos angenommene Änderungskündigung nur auf den Sachgrund einer nachträglichen Befristung hin überprüfen lassen, ist er gehalten in den drei Wochen nach Zugang der Änderungskündigung die **Entfristungsklage nach § 17 TzBfG** zu erheben (vgl. *BAG* 2.8.2017 EzA § 14 TzBfG Eigenart der Arbeitsleistung Nr. 1, Rn 43). Dadurch wird verhindert, dass als **Teil der sozialen Rechtfertigung** der Änderungskündigung die **sachliche Rechtfertigung der Befristung** nach § 7 KSchG fingiert wird (streitig; *ArbG Frankf./M.* 1.11.2005 – 8 Ca 2628/05; MHH-*Meinel* Rn 39; APS-*Backhaus* Rn 26; LS-*Schlachter* Rn 11; *Annuß/Thüsing/Maschmann* Rn 13; aA 88

ErfK-*Müller-Glöge* Rn 14; *Arnold-Gräfl* Rn 12; *Dörner* Befr. Arbeitsvertrag Rn 130; *Boewer* Rn 71, die auch nach Ablauf der Frist des § 4 KSchG die Überprüfung der Befristung im Rahmen von § 17 TzBfG zulassen wollen).

5. Befristung einzelner Vertragsbedingungen

a) Rechtszustand vor Inkrafttreten des TzBfG

89 Die Befristung einzelner Arbeitsvertragsbedingungen im Rahmen eines unbefristeten Arbeitsverhältnisses (Übertragung einer anderen Tätigkeit, Veränderung der Arbeitszeit, Gewährung von Zulagen) erfährt **im TzBfG keine ausdrückliche Regelung. Der Schutzzweck des § 14 TzBfG** beschränkt sich auf eine **Begrenzung der Befristung von Arbeitsverträgen.** Auch in der Richtlinie 1999/70/EG finden sich keine Anhaltspunkte zu einer Regelung befristeter Vertragsbedingungen. Deshalb ist es nach dem Grundsatz der **Vertragsfreiheit** ohne weiteres zulässig einzelne Bedingungen des Arbeitsverhältnisses zu befristen (zur bisherigen Rechtslage *Löwisch* ZfA 1986, 1 ff.; *ders.* NZA 1988, 643; *Hromadka* RdA 1992, 234; RGRK-*Dörner* 12. Aufl. § 620 BGB Rn 34; *BAG* 21.4.1993 EzA § 2 KSchG Nr. 20; 13.6.1986 EzA § 620 BGB Nr. 85), soweit sie einer AGB-Kontrolle standhalten.

90 Das BAG hat **nach altem Recht** entschieden, dass sich der **Kündigungsschutz** nicht nur insgesamt auf den Bestand eines Arbeitsverhältnisses, sondern, wie sich aus § 2 KSchG ergibt, ebenso auf seine konkrete inhaltliche Ausgestaltung bezieht. Dieser **Inhaltschutz** wird durch die Befristung einzelner Bedingungen eines Arbeitsvertrages eingeschränkt, wenn ohne die Teilbefristung die Änderungen der Arbeitsbedingungen dem gesetzlichen Änderungsschutz unterliegen würden (*BAG* 23.1.2002 EzA § 1 BeschFG 1985 Nr. 29; 13.6.1986 EzA § 620 BGB Nr. 85 m. zust. Anm. *Otto*; LAG Köln 6.5.1992 LAGE § 620 BGB Rn 27). Konnte die Befristung einzelner Vertragsbedingungen den gesetzlichen Änderungskündigungsschutz objektiv umgehen, so bedurfte es dann, ebenso wie die Befristung des Arbeitsverhältnisses selbst, eines die Befristung rechtfertigenden Sachgrundes. Das galt jedenfalls für solche bedeutsamen, das Synallagma unmittelbar betreffenden Vertragsbedingungen, die dem Änderungskündigungsschutz nach § 2 KSchG unterliegen, weil sie die Arbeitspflicht nach Inhalt und Umfang in einer Weise ändern, die sich unmittelbar auf die Vergütung auswirkt und damit das Verhältnis von Leistung und Gegenleistung maßgeblich beeinflusst (*Dörner* Befr. Arbeitsvertrag, Rn 132: jede befristete Arbeitsbedingung, die nur im Wege der Änderungskündigung im unbefristeten Arbeitsverhältnis hätte beseitigt werden können). War durch die einzelne befristete Arbeitsbedingung der **Kernbereich des kündigungsrechtlichen Änderungsschutzes** betroffen, so nahm das BAG eine objektive Umgehung des Kündigungsschutzrechtes an, soweit ein sachlicher Grund für die befristete Vertragsgestaltung fehlte (*BAG* 15.4.1999 EzA § 620 BGB Nr. 162; 21.4.1993 EzA § 2 KSchG Nr. 20 m. krit. Anm. *R. Krause*; APS-*Backhaus* Vor § 14 TzBfG Rn 69; *Lipke* KR 5. Aufl., § 620 BGB Rn 152a ff. mwN). Vgl. näher dazu KR 11. Aufl. Rn 89–91.

b) Inkrafttreten des TzBfG

91 Mit dem nicht mehr zu haltenden dogmatischen Ansatz einer objektiven Gesetzesumgehung des Kündigungsschutzes, sind die **Grundlagen für eine Sachgrundprüfung** einzelner befristeter Vertragsbedingungen **entfallen** (ebenso LS-*Schlachter* Rn 23. Mit *Backhaus* (APS 2. Aufl., Rn 25 ff.; 67 ff.) hielten Stimmen im Schrifttum (MHH-TzBfG/*Meinel* 2. Aufl., Rn 19; eingeschränkt *Sievers* 1. Aufl., Rn 12 f.) gleichwohl an einer **Sachgrundkontrolle der Befristung einzelner Vertragsbedingungen fest** und wollten dafür die gesetzlichen Maßstäbe für die Zulässigkeit der Befristung des gesamten Arbeitsvertrages nutzbar machen. *Dörner* (Befr. Arbeitsvertrag 1. Aufl., Rn 159 ff., 126 f.) hielt eine modifizierte Fortsetzung der bisherigen Rechtsprechung für möglich und wollte anstelle des Umgehungsgedankens die **Wertmaßstäbe des Befristungsrechts** (Frage: Hat der Arbeitgeber einen von der Rechtsordnung anerkannten Grund, einem Arbeitsuchenden nicht das sozialpolitisch erwünschte Dauerarbeitsverhältnis mit seinem ausgeprägten Bestandsschutz anzudienen, sondern nur einen Zeitvertrag, dessen Beendigung nicht der kündigungsrechtlichen Kontrolle unterliegt?) in den Vordergrund schieben. Danach müsste der Arbeitgeber einen **anerkennenswerten Grund**

dafür haben, die **befristeten Arbeitsbedingungen** nicht auf Dauer, sondern **nur auf Zeit** zu vereinbaren. *Lakies* (DZWIR 2001, 8) hielt eine **analoge Anwendung des § 14 Abs. 1 TzBfG** auf die Befristung einzelner Arbeitsvertragsbedingungen im Rahmen eines unbefristeten Arbeitsverhältnisses für erforderlich. Fehle ein solcher sachlicher Grund, so sei die Befristung der streitigen Vertragsbedingungen mit der Folge rechtsunwirksam, dass die Bedingung auf unbestimmte Zeit für das Arbeitsverhältnis gelte. Gegen eine Analogie spricht jedoch das Fehlen einer Gesetzeslücke (*LAG Düsseld.* 28.9.2006 LAGE § 307 BGB 2002 Nr. 10). *Däubler* (KDZ 7. Aufl., Rn 140, 143) ging vom Fortbestand der bisherigen Rechtslage aus, da das TzBfG die Frage befristeter Arbeitsvertragsbedingungen in der amtlichen Begründung des Gesetzes nicht angesprochen habe. Er deutete indessen an, dass der in der Vergangenheit sehr »flexible« Einsatz des Prüfsteins »sachlicher Grund« **im Ergebnis** auf eine **Angemessenheitskontrolle** der befristeten Arbeitsbedingungen hinauslaufe.

Es war insoweit *Backhaus, Dörner* und *Lakies* einzuräumen, dass eine **Kontrolle der Befristung einzelner Arbeitsbedingungen geboten** ist, damit nicht das Sachgrunderfordernis für die Befristung des gesamten Arbeitsvertrages inhaltlich »ausgehöhlt« werden kann. Das hierzu von *Backhaus* gebildete Beispiel, es könne ansonsten ein unbefristeter Vertrag zu acht Stunden wöchentlich und daneben stets befristete Vereinbarungen über weitere Stundenkontingente zwischen 20 und 30 Stunden die Woche getroffen werden, zeigt die Notwendigkeit einer rechtlichen Überprüfung, nicht jedoch den dabei zu beschreitenden Weg auf. Festzuhalten bleibt in diesem Zusammenhang aber, dass **nicht mehr die Umgehung eines Änderungskündigungsschutzes**, sondern nur die **Umgehung eines Sachgrunderfordernisses** bei Abschluss eines befristeten Arbeitsvertrages zu verhindern ist (ähnlich HaKo-KSchG/*Mestwerdt* 2. Aufl. Rn 28 ff.). Immerhin kann die nur zeitlich **befristete Absenkung von Arbeitsbedingungen** (sechs Monate geringere Wochenarbeitszeit oder höhere Wochenarbeitszeit bei gleicher Arbeitsvergütung) eine ansonsten auf Dauer angelegte Änderungskündigung unterlaufen helfen. Eine Anbindung an die bisherige Rechtsprechung zum sog. »Kernbereich« ist dagegen nicht mehr möglich (ebenso jetzt *Lunk/Leder* NZA 2008, 506), da dessen Begründung in dem Erhalt des Gleichgewichts von Leistung und Gegenleistung liegt und ein solcher Anknüpfungspunkt im § 14 Abs. 1 TzBfG nicht aufzufinden ist.

92

§ 14 Abs. 1 TzBfG regelt den zulässigen **Abschluss befristeter Arbeitsverträge**, dh den Beginn und das Ende eines Arbeitsverhältnisses, bestimmt dagegen **nicht** deren **inhaltliche Gestaltung**. In Abs. 2 der Bestimmung lässt sich zwar dem Begriff der »Verlängerung« des befristeten Arbeitsvertrages ein Bestandschutz des bisherigen Vertragsinhalts entnehmen (vgl. *BAG* 26.7.2000 EzA § 1 BeschFG 1985 Nr. 19; *Lipke* KR 5. Aufl., § 1 BeschFG Rn 103 mwN); daraus lassen sich indessen konkrete Prüfsteine für die Befristung einzelner Arbeitsbedingungen innerhalb eines unbefristeten Arbeitsverhältnisses nicht ableiten. In diese Richtung zielte ebenso eine Entscheidung des BAG zu § 1 **BeschFG 1996** (*BAG* 23.1.2002 EzA § 1 BeschFG 1985 Nr. 29). Danach findet die **Befristung einzelner Arbeitsbedingungen** in dieser zum 31.12.2000 außer Kraft getretenen Bestimmung keine Erwähnung und wird nach ihrem Sinn und Zweck nicht erfasst (ebenso für das TzBfG: *BAG* 18.1.2006 EzA § 307 BGB 2002 Nr. 13; 14.1.2004 EzA § 14 TzBfG Nr. 5; 14.1.2004 EzA § 14 TzBfG Nr. 8 noch unter Festhalten am Sachgrunderfordernis). Die gesetzliche Zulassung einer (sachgrundlosen) Befristung diente dazu den Arbeitgeber zur Einstellung weiterer Arbeitnehmer zu veranlassen und damit eine Brücke in eine dauerhafte Beschäftigung zu schlagen. Damit war **nicht die erleichterte Änderung einzelner Arbeitsbedingungen** im befristeten oder unbefristeten Arbeitsverhältnis verbunden. Die Vorschrift des § 1 BeschFG 1996 regelte wie § 14 Abs. 1–3 TzBfG seit dem 1.1.2001 die **Beendigung des Arbeitsverhältnisses infolge Befristung**, nicht aber die Befristung von einzelnen Arbeitsbedingungen (*BAG* 3.9.2003 EzA § 14 TzBfG Nr. 4; 14.1.2004 EzA § 14 TzBfG Nr. 5 zum **Schriftformgebot**).

93

Ein Rückgriff auf die gesetzlichen Befristungsregeln scheidet deshalb aus; unterschiedliches Schutzbedürfnis der Arbeitnehmer bei befristetem Arbeitsverhältnis einerseits und befristeter Arbeitsbedingung andererseits sprachen und sprechen **gegen** eine **analoge Anwendung** von § 14 TzBfG (ErfK-*Müller-Glöge* § 3 TzBfG Rn 17 f.). Für eine **teleologische Reduktion** der Bestimmung fehlt es an einer unbewussten Regelungslücke, da dem Gesetzgeber die Problematik der Befristung von

94

Arbeitsbedingungen geläufig war (HaKo-KSchG/*Mestwerdt* 2. Aufl. Rn 28). Demgegenüber vertrat das BAG zunächst die Auffassung, dass **Befristungen von Vertragsbedingungen** – bei gleichzeitiger Herausnahme aus dem Anwendungsbereich des § 17 TzBfG – eines **rechtfertigenden Sachgrundes** bedürfen, soweit sie das Verhältnis von Leistung und Gegenleistung beeinflussen (*BAG* 4.6.2003 EzA § 620 BGB 2002 Nr. 3; *LAG Bra.* 27.7.2004 LAGE § 307 BGB 2002 Nr. 4; *Lakies* DZWIR 2001, 1, 8; *Sievers* NZA 2002, 1182, 1185 f.). Damit kam die Messlatte des gesetzlichen **Änderungskündigungsschutzes** und seiner **objektiven Umgehung** doch wieder ins Spiel (s. Rdn 18). Eine befristete Erhöhung der Arbeitszeit konnte nach diesem dogmatischen Ansatz nur durch den **Wunsch des Arbeitnehmers** oder eine **Vertretung** sachlich gerechtfertigt sein.

c) Angemessenheitskontrolle

95 Es war deshalb zu erwägen, bei der **Befristung von Arbeitsbedingungen einer Inhalts- und Angemessenheitskontrolle** iSv §§ 138, 242 BGB den Vorzug zu geben. Zu erreichen war, den Schutz des Arbeitnehmers vor einseitiger Interessendurchsetzung und Machtausübung des Arbeitgebers, nicht aber vor frei ausgehandelten Vertragsbedingungen zu gewährleisten (zur alten Rechtslage ähnlich *Otto* Anm. *BAG* EzA § 620 BGB Nr. 85; *R. Krause* Anm. *BAG* EzA § 2 KSchG Nr. 20; *Söllner* Einseitige Leistungsbestimmung im Arbeitsverhältnis, S. 121, 137; *Enderlein* RdA 1998, 98 f. im Zusammenhang mit auflösenden Bedingungen; neuerdings mit ähnlichen Einschränkungen *Preis/Bender* NZA-RR 2005, 339). Voraussetzung für eine solche **Prüfung** ist, dass die **Vertragsparität bei Abschluss der befristeten einzelnen Arbeitsbedingung nicht bestand (Paritätsstörung)** und deshalb wegen einer fehlenden freien Entscheidung des Arbeitnehmers ein Ausgleich über eine vom Richter vorzunehmende Inhaltskontrolle und Interessenabwägung zu erfolgen hat. Vertieft dazu *Lipke* KR 9. Aufl., Rn 26 f.

d) Inhaltskontrolle nach den Regeln der Allgemeinen Geschäftsbedingungen

96 Das **BAG** hat schließlich mit der **Entscheidung vom 27.7.2005** (EzA § 307 BGB 2002 Nr. 5) seine **Rechtsprechung aufgegeben**, wonach eine **befristete Arbeitsbedingung** eines Sachgrundes bedurfte (zB befristete Arbeitszeiterhöhung; *BAG* 14.1.2004 EzA § 14 TzBfG Nr. 5). Der Arbeitsvertrag ist **Verbrauchervertrag** iSv § 310 Abs. 3 BGB (*BAG* 25.5.2005 EzA § 307 BGB 2002 Nr. 3) und unterliegt **bei nicht ausgehandelten Vertragsbedingungen** nach dem 31.12.2001 der richterlichen **Inhaltskontrolle nach §§ 305 ff. BGB** (*BAG* 24.2.2016 EzA § 307 BGB 2002 Nr. 74, Rn 34 ff.; *Dörner* Befr. Arbeitsvertrag Rn 135 ff.; APS-*Greiner* Vor § 14 TzBfG Rn 75 ff.; *Schramm/Naber* NZA 2009, 1318; HaKo-KSchR/*Mestwerdt* Rn 34 f.; *Annuß/Thüsing-Maschmann* Rn 16a ff.; HWK-*Roloff* Anh. §§ 305–310 BGB Rn 17; aA MüKo-*Hesse* Rn 18; *Thüsing* RdA 2005, 265, die an dem Maßstab der Umgehungskontrolle festhalten wollen), auch für vor dem 1.1.2003 begonnene Arbeitsverhältnisse (Art. 229 § 5 S. 2 EGBGB). Dabei ist der Zeitpunkt des Aushandelns der Vertragsbedingung entscheidend, das Arbeitsverhältnis selbst kann schon vor dem 1. Januar 2002 entstanden sein (*BAG* 14.1.2006 EzA § 307 BGB 2002 Nr. 13). Es wird im Rahmen dieser Inhaltskontrolle nach dem Grund für die Befristung gefragt und dessen Tragfähigkeit beurteilt (ErfK-*Müller-Glöge* § 3 TzBfG Rn 18; ErfK-*Preis* §§ 305–310BGB Rn 51). Diese Grundsätze sind auch auf den Fall der **Vereinbarung einer auflösenden Bedingung** hinsichtlich einzelner Arbeitsbedingungen anzuwenden (*BAG* 18.5.2011 NZA 2011, 1289, 1292). Bei **mehreren**, zeitlich hintereinander geschalteten **Befristungen von Arbeitsbedingungen** (zB befristete Anhebung oder Verringerung der Arbeitszeit) kann nur die letzte Bedingungsbefristung einer AGB-Kontrolle unterzogen werden (*BAG* 2.9.2009 EzA § 14 TzBfG Nr. 61).

97 Durch die Inhaltskontrolle wird **nicht die Hauptleistung überprüft**, welche die Vertragsparteien selbst festzulegen haben (§ 307 Abs. 3 BGB). Die **Kontrolle** richtet sich nur auf die **zeitliche Einschränkung der veränderten Arbeitsbedingung**, und nicht – wie bei der vorübergehenden Arbeitszeiterhöhung – auf den Umfang der vom Arbeitnehmer zu erbringenden Arbeitsleistung (BAG 25.4.2018 – 7 AZR 520/16, Rn 28; 23.3.2016 EzA § 307 BGB 2002 Nr. 76 Rn 47; HWK-*Roloff* Anh. §§ 305–310 BGB Rn 17). Ist die Befristung unwirksam, ist der erhöhte Umfang der

Arbeitszeit für unbestimmte Zeit vereinbart. Die im **Arbeitsrecht geltenden Besonderheiten nach § 310 Abs. 4 S. 2 BGB** stehen dieser Inhaltskontrolle nicht entgegen. Es geht darum, mit der Einbeziehung der Arbeitsverträge in die AGB-Kontrolle das **Schutzniveau der Vertragsinhaltskontrolle im Arbeitsrecht der im Zivilrecht anzupassen** (*BAG* 27.7.2005 EzA § 307 BGB 2002 Nr. 5 unter Bezugnahme auf *Lindemann* Flexible Gestaltung von Arbeitsbedingungen nach der Schuldrechtsreform, 2003, § 7 I, § 12 III; *Maschmann* RdA 2005, 212, 214, 216; *Singer* RdA 2003, 194, 198; *Preis/Bender* NZA-RR 2005, 337 f.; *Schmalenberg* FS 25-jähriges Bestehen des DAV 2006, S. 163 ff.; *Thüsing/Leder* BB 2005, 938, 942; *dies.* aber abweichend BB 2005, 1563, 1567; *Thüsing* RdA 2005, 265: Inhaltskontrolle scheitert an § 307 Abs. 3 BGB; krit. insoweit auch *Worzalla* FS Leinemann 2006, S. 411, *Willemsen/Grau* NZA 2005, 1141, *Junker* BB 2007, 1277, die das Flexibilisierungsinteresse des Arbeitgebers in den Vordergrund stellen; *Willemsen/Jansen* RdA 2010, 1, 6, die in der Befristung von Arbeitsbedingungen eine Alternative zu Widerrufs- und Freiwilligkeitsvorbehalten sehen).

Die Unangemessenheit der Befristung einer Arbeitsbedingung (auch Teilbefristung genannt) setzt **jenseits** des arbeitgeberseitigen **Direktionsrechts** an (vgl. *BAG* 7.12.2005 EzA § 12 TzBfG Nr. 2, Rn 44 f.; MüKo-*Hesse* Rn 19). So ist im Fall einer **Befristung der Arbeitszeiterhöhung** oder -verringerung nach **§ 307 Abs. 1 S. 1 BGB** zu erwägen, ob durch sie die betroffenen Arbeitnehmer entgegen den Geboten von Treu und Glauben unangemessen benachteiligt werden (*BAG* 10.12.2014 EzA § 307 BGB 2002 Nr. 66, Rn 29, 40 f.). Dabei sind umfassend die **wechselseitigen Interessen der Vertragspartner heranzuziehen und zu bewerten**, und zwar anhand eines generellen, typisierenden und vom Einzelfall losgelösten Maßstabs (*BAG* 27.7.2005 EzA § 307 BGB 2002 Nr. 5; *Dörner* Befr. Arbeitsvertrag Rn 140). Die befristete höherwertige **Tätigkeitsübertragung zur Erprobung** ist bspw. nicht unangemessen, wenn sie zeitlich im Verhältnis zum Erprobungszweck steht (*BAG* 24.2.2016 EzA § 307 BGB 2002 Nr. 74, Rn 46; 7.10.2015 EzA § 307 BGB 2002 Nr. 70, Rn 30, 42: Vorbehalt durch Orchestervorstand; HWK-*Roloff* Anh. §§ 305–310 BGB Rn 19). Allerdings genügt – weil unternehmerisches Risiko – nicht die Ungewissheit des zukünftigen Arbeitskräftebedarfs, um damit eine befristete Arbeitszeiterhöhung bei **teilzeitbeschäftigten Lehrkräften des öffentlichen Dienstes** zu rechtfertigen (vgl. auch *M. Schmidt* NZA 2014, 760). 98

Die Bewertung fällt indessen anders aus, wenn dahinter eine **tarifliche Vereinbarung** mit der zuständigen Gewerkschaft steht, die einen Ausgleich zum Rückgang an Schülerzahlen einerseits und zum Lehrkräfteüberhang andererseits schaffen soll. Eine zur Abdeckung des Unterrichtsbedarfs im Schul(halb)jahr **formularmäßig vereinbarte Befristung der angehobenen Arbeitszeit** eines im Thüringer Schuldienst floatenden Lehrers (sog. »planmäßige Mehrarbeit«) verstößt daher nicht gegen § 307 Abs. 1 BGB (*Thür. LAG* 10.5.2011 – 7 Sa 369/09). Hier ist im **Unterschied zur Privatwirtschaft** festzuhalten, dass keine Möglichkeit besteht den Beschäftigungsbedarf für Lehrkräfte durch Marktinstrumente zu beeinflussen (krit. *Junker* BB 2007, 1277, der die mangelnde Vorhersehbarkeit einer entsprechenden Klausel in der Privatwirtschaft beklagt). Die Arbeitszeiterhöhung zu befristen, war demnach nicht unangemessen. Eine **befristete Herabsetzung der Arbeitszeit** verstößt nicht gegen § 307 BGB, soweit der **gesetzliche Verringerungsanspruch nach § 8 TzBfG** nicht eingeschränkt wird (*BAG* 10.12.2014 EzA § 307 BGB 2002 Nr. 66, Rn 40 ff.). Die befristete Arbeitszeiterhöhung ist dagegen unwirksam, wenn der Arbeitnehmer bei Vertragsabschluss einen **Anspruch** auf unbefristete Verlängerung der Arbeitszeit **nach § 9 TzBfG** zustand (*BAG* 2.9.2009 EzA § 14 TzBfG Nr. 61, Rn 39). Seit 1.1.2019 können Arbeitnehmer nach § 9a TzBfG Brückenteilzeit, also für einen Zeitraum zwischen einem und fünf Jahren eine Verringerung ihrer vertraglich vereinbarten Arbeitszeit verlangen, wenn der Arbeitgeber mehr als 45 Arbeitnehmer beschäftigt und dem keine betrieblichen Gründe entgegenstehen. Die Rückkehr auf einen zumindest gleichwertigen Arbeitsplatz (regelmäßig in Vollzeitarbeit) ist damit gesichert. Die Zahl der berechtigten Arbeitnehmer ist anhand einer Staffelung in Abs. 2 der Bestimmung begrenzt, um den Arbeitgeber nicht zu überfordern. Innerhalb der befristeten Arbeitszeitverringerung kann eine weitere Änderung der Arbeitszeit nicht verlangt werden. Eine Wiederholung der Arbeitszeitbefristung kann erst nach Ablauf eines Jahres ab Beendigung der vorhergehenden verlangt werden. Tarifvertraglich kann nach Abs. 6 die gesetzliche Regelung zum Zeitraum auch zuungunsten der Arbeitnehmer verändert 99

§ 14 TzBfG Zulässigkeit der Befristung

werden. Vgl. dazu Bayreuther NZA 2018, 566, Thüsing BB 2018, 1076, Boecken/Hackenbroich DB 2018, 956 und Düwell jurisPR-ArbbR 26/2018 Anm. 1. Eine Angemessenheitsprüfung im Rahmen der gesetzlichen Möglichkeiten findet insoweit nicht statt.

100 Auch eine Arbeitszeitverlängerung zur **Anpassung an die aufgestockte Wochenarbeitszeit von Beamten** entgegen arbeitsvertraglich in Bezug genommener tariflicher Arbeitzeitvorschriften verstößt nicht gegen **§§ 307, 308 Nr. 4 BGB** (*BAG* 14.3.2007 EzA § 307 BGB 2002 Nr. 18; anders dagegen *LAG Brem.* 1.3.2006 LAGE § 308 BGB 2002 Nr. 4) und ist infolge einer dynamischen Verweisung auf die Arbeitszeit vergleichbarer Beamter weder intransparent noch unangemessen. Unangemessen wäre es dagegen, wenn durch die **mehrfache Befristung von Arbeitsbedingungen** das **Wirtschafts- und Bestandsschutzrisiko** auf den Arbeitnehmer verlagert würde (*Preis/Bender* NZA-RR 2005, 2007). Gibt ein **Tarifvertrag** zur **befristeten Übertragung** von **Leitungsfunktionen** (§ 3 TV-ÜL Deutschlandfunk) bestimmte Mindestzeiträume vor und werden diese unterschritten, bedarf es hierfür eines sachlichen Grundes sowohl hinsichtlich des Grundes als auch der Dauer (vgl. *BAG* 7.10.2015 EzA § 307 BGB 2002 Nr. 70, Rn 30, 42; *LAG Köln* 20.8.2008 – 9 Sa 408/08 unter Berufung auf *BAG* 27.7.2005 EzA § 307 BGB 2002 Nr. 5). Soweit der Tarifvertrag unmittelbar oder durch Inbezugnahme hierbei zur Geltung kommt, gilt indessen die **Einschränkung der AGB-Kontrolle** nach § 310 Abs. 4 BGB (APS-*Greiner* Vor § 14 TzBfG Rn 77).

101 Die Befristung einer Arbeitsbedingung auf Angemessenheit auszuloten, darf nicht dazu führen, dass letztlich doch wieder eine **Sachgrundprüfung im »anderen Gewand«** stattfindet (so aber teilweise APS-*Greiner* Vor § 14 TzBfG Rn 80, Parallele mit Indizwirkung; *Schmalenberg* FS 25-jähriges Bestehen des DAV 2006, S. 167 f., MHH-TzBfG/*Meinel* Rn 30, die **Ausnahmen** der Inhaltskontrolle für **Kleinbetriebe** und die Dauer der Wartezeit nach § 1 KSchG machen wollen, um einen Wertungswiderspruch zum Änderungskündigungsschutz zu vermeiden). Ein Rückgriff auf die Regelungen des TzBfG zur rechtlichen Bewertung oder Behandlung befristeter Arbeitsbedingungen ist aber unzulässig (zB § 14 Abs. 1, 2, 2a, § 17 TzBfG; vgl. Rdn 93 mwN zur Rspr.). Es kann nicht überzeugen, wenn die **Unangemessenheit** daran festgemacht wird, dass ein **Sachgrund für eine entsprechende Befristung** nicht gegeben sei (so aber *LAG SchlH* 10.4.2013 LAGE § 307 BGB 2002 Nr. 33b; dagegen zutr. *M. Schmidt* NZA 2014, 760, 762: Angemessenheit kann sich bei Vorliegen eines Sachgrundes für die Teilbefristung ergeben, muss es aber nicht; vgl. auch *BAG* 23.3.2016 EzA § 307 BGB 2002 Nr. 76, Rn 41 f., 54).

102 Die gesetzlich zugelassenen **sachgrundlosen Befristungen** können dazu inhaltlich überhaupt keine Maßstäbe vorgeben, da sie allein beschäftigungspolitischen Zielen dienen (*Preis/Bender* NZA-RR 2005, 337, 342; *Schramm/Naber* NZA 2009, 1318, 1321; *M. Schmidt* NZA 2014, 760 f.; APS-*Greiner* Vor § 14 TzBfG Rn 83 mwN; aA *Leder* RdA 2010, 93, 98). Es ist weiter daran zu erinnern, dass die **Befristung eines Arbeitsvertrages eine größere Belastung** für den Arbeitnehmer **als die Befristung einer Arbeitsbedingung** im fortbestehenden Arbeitsverhältnis ist. Daran hat sich die Angemessenheitskontrolle auszurichten, nicht etwa an den Maßstäben des TzBfG oder des KSchG (in diese Richtung aber AR-*Schüren/Moskalew* § 3 TzBfG Rn 6; MHH-TzBfG/*Meinel* Rn 40, 42, 45). Ferner kann es einen Unterschied machen, ob die befristete Arbeitsbedingung sogleich bei Vertragsbegründung oder erst nachträglich aufgenommen worden ist. Eine Herausnahme aus der Angemessenheitskontrolle von angehenden Führungskräften bei der **befristeten Übertragung von Führungspositionen** (so *Schmidt-Rolfes* AuA 2007, 647) lässt sich nicht begründen; dies kann nur bei der Interessenabwägung oder dem Gesichtspunkt der Erprobung (§ 14 Abs. 1 Nr. 5 TzBfG) Berücksichtigung finden (ähnlich *Dörner* Befr. Arbeitsvertrag Rn 146). Das schützenswerte Interesse des Arbeitnehmers an der unbefristeten Vereinbarung des Umfangs seiner Arbeitszeit wird umso mehr beeinträchtigt, desto größer – ausgehend von einer zeitlich unbegrenzten Teilzeitbeschäftigung – der Umfang der vorübergehenden Arbeitszeitaufstockung ist. Bei einer solchen Vertragsgestaltung kann der Arbeitnehmer, dessen Arbeitszeit befristet erhöht wird, seinen Lebensstandard nicht an einem mit weitgehender Sicherheit kalkulierbaren, in etwa gleichbleibenden Einkommen ausrichten. Daher bedarf die Befristung der Arbeitszeiterhöhung, jedenfalls bei einem erheblichen Umfang, besonderer berechtigter Belange auf Arbeitgeberseite (*BAG* 25.4.2018 – 7 AZR 520/16, Rn 36).

Es begegnet aber keinen Bedenken, bei der Angemessenheitsprüfung den Umstand zu berücksichtigen, 103
dass die **befristete Arbeitsbedingung sogar eine Befristung des Arbeitsvertrages rechtfertigen würde**
(*BAG* 25.4.2018 – 7 AZR 520/16, Rn 36, 39; 24.2.2016 EzA § 307 BGB 2002 Nr. 74, Rn 34 ff.;
15.12.2011 EzA § 14 TzBfG Nr. 83 bei befristeten Arbeitsbedingungen von Gewicht, Rn 24 f.;
2.9.2009 EzA § 14 TzBfG Nr. 61; 8.8.2007 EzA § 14 TzBfG Nr. 42; *LAG BW* 16.10.2013 LAGE
§ 307 BGB 2002 Nr. 40, unter Verweis auf erleichterte Befristungsmöglichkeiten im Anwendungsfeld des Art. 5 Abs. 3 GG; *LAG Bln.* 1.8.2006 – 11 Sa 804/06: Schluss e maiore ad minus; HaKo-TzBfG/*Boecken* Rn 39; *Dörner* Befr. Arbeitsvertrag Rn 143; LS-*Schlachter* Rn 25; *Leder* RdA 2010, 93,
98; *Linsenmaier* RdA 2012, 193, 207; *Annuß/Thüsing-Maschmann* Rn 16g; HaKo-KSchR/*Mestwerdt*
Rn 34; **Parallelwertung** zur Befristungskontrolle; krit. *Lunk* Anm. AP Nr. 89 zu § 14 TzBfG). Dieser
Erst-recht-Schluss erlaubt beispielsweise die befristete **Erhöhung der Arbeitszeit** einer unbefristet beschäftigten Teilzeitkraft, wenn dadurch ein **Vertretungsfall** abgedeckt wird, der dem Arbeitgeber auch
die Einstellung einer befristet beschäftigten Vertretungskraft ermöglicht hätte (*BAG* 23.3.2016 EzA
§ 307 BGB 2002 Nr. 76, Rn 42, 54, bei einem Erhöhungsvolumen von 25 % eines entsprechenden
Vollzeitarbeitsverhältnisses, soweit kein Dauerbedarf; *BAG* 25.4.2018 – 7 AZR 520/16, Rn 36, 39;
18.6.2008 AP Nr. 52 zu § 14 TzBfG; 8.8.2007 EzA § 14 TzBfG Nr. 42; *LAG Hamm* 4.7.2007 – 5
Sa 1592/06; *LAG RhPf* 14.12.2006 ZTR 2007, 513; HWK-*Roloff* Anh. §§ 305–310 BGB Rn 18;
vgl. auch *Lunk/Leder* NZA 2008, 506 f.; *Methfessel/Weck* DB 2016, 2000) oder die befristete Aufstockung der Arbeitszeit auf Wunsch des Arbeitnehmers (vgl. *BAG* 2.9.2009 EzA § 14 TzBfG Nr. 61).
Gleiches hat das *LAG Düsseld.* (20.2.2007 LAGE § 307 BGB 2002 Nr. 12) angenommen für den
Fall einer befristeten Arbeitszeitaufstockung, die sich aus **haushaltstechnischen Gründen nach § 14
Abs. 1 Nr. 7 TzBfG** ergab, weil Haushaltsmittel aus vorübergehend nicht in Anspruch genommenen
Planstellen oder Stellenanteilen zur Verfügung standen. Dann schlägt ein vorhandener Sachgrund für
die mögliche Begründung eines befristeten Arbeitsverhältnisses auf die Angemessenheitskontrolle einer
darauf gestützten befristeten Arbeitsbedingung nach § 307 BGB durch (ebenso *BAG* 15.12.2011 EzA
§ 14 TzBfG Nr. 83 Rn 24 f. im Falle einer auf drei Monate befristeten Arbeitszeiterhöhung erheblichen
Umfangs; krit. *M. Schmidt* NZA 2014, 760, 762, allein AGB-Kontrolle verdient den Vorzug). Das ist
jedoch nicht in allen Fällen zwingend, da eine **Interessenabwägung** im Rahmen der Angemessenheitskontrolle nach § 307 Abs. 1 BGB weitergehen kann als die Suche nach einem Sachgrund im Rahmen
der Befristungskontrolle nach § 14 Abs. 1 TzBfG (so auch zutr. *Annuß/Thüsing-Maschmann* Rn 16e;
Schramm/Naber NZA 2009, 1318, 1320 f.; andeutend auch *Linsenmaier* RdA 2012, 193, 207; krit.
Fuhlrott NZA 2016, 1000, der hierzu insgesamt klare Maßstäbe vermisst).

Als **Prüfstein** für die Angemessenheit der befristeten Arbeitsbedingung soll auch gelten, dass ein 104
entsprechender **Freiwilligkeits- oder Widerrufsvorbehalt** hierfür zulässig wäre (str.: *Schaub/Koch*
§ 38 Rn 82; *Schramm/Naber* NZA 2009, 1318, 1321; APS-*Greiner* Vor § 14 TzBfG Rn 80 f. mwN;
abw. davon versprechen sich *Willemsen/Jansen* RdA 2010, 1, 6 eine bessere Rechtssicherheit im
Interesse der Arbeitgeber, freiwillige Leistungen zu befristen als sie mit Freiwilligkeits- oder Widerrufsvorbehalten zu versehen). Eröffnet man eine **Parallelwertung** von Inhalts- und Befristungskontrolle zur Prüfung der Angemessenheit der Befristung von Arbeitsbedingungen, liegt es nahe
die Grundsätze, die das Bundesarbeitsgericht zum **institutionellen Rechtsmissbrauch** bei der Befristungskontrolle nach § 14 Abs. 1 TzBfG entwickelt hat, auch zur Inhaltskontrolle der Befristung
von einzelnen Arbeitsbedingungen nach § 307 BGB heranzuziehen, falls eine wertungsmäßige
Vergleichbarkeit der Fallgestaltungen besteht (so *LAG BW* 17.6.2013 LAGE § 307 BGB 2002
Nr. 36b, Fall eines Teilzeitarbeitsverhältnisses zu 50 % mit Aufstockungen über 11 Jahre hinweg
trotz des arbeitnehmerseitigen Wunsches nach einem unbefristeten Vollzeitarbeitsverhältnisses; abl.
M. Schmidt NZA 2014, 761, 763). Allerdings dürfte hier bereits eine unangemessene Nutzung
befristeter Arbeitsbedingungen vorliegen, da die Wertung, der zufolge der unbefristete (Vollzeit-)
Vertrag der Normalfall und der befristete Vertrag die Ausnahme ist, auch für die Vereinbarung über
den Umfang der Arbeitszeit Gültigkeit besitzt (*Linsenmaier* RdA 2012, 193, 207 unter Bezug auf
BAG 15.12.2011 EzA § 14 TzBfG Nr. 83), in jedem Fall aber eine Abwälzung des wirtschaftlichen
Riskos auf den Arbeitnehmer per se unangemessen ist (*M. Schmidt* NZA 2014, 761, 762; ErfK-*Preis* §§ 305–310 BGB Rn 74 ff.).

105 Eine **Inhaltskontrolle** findet dagegen **nicht statt**, wenn der verwendende Arbeitgeber die Klausel ernsthaft zur **Verhandlung** gestellt und dem Arbeitnehmer zur Wahrung seiner eigenen Interessen Einfluss auf die inhaltliche Ausgestaltung der Arbeitsbedingungen gewährt hat (*BAG* 2.9.2009 EzA § 14 TzBfG Nr. 61; 18.1.2006 EzA § 307 BGB 2002 Nr. 13; HaKo-KSchR/*Mestwerdt* Rn 37). Im Zweifel hat der Arbeitgeber dies darzulegen und zu beweisen. Nur dann gilt die Arbeitsbedingung als »**ausgehandelt**« iSv § **305 Abs. 1 S. 3 BGB** und die Privatautonomie hat dann Vorrang (APS-*Greiner* Vor § 14 TzBfG. Rn 91). Eine **Einflussnahme** setzt dabei voraus, dass sich der Arbeitgeber als Verwender deutlich und ernsthaft zu den vom Arbeitnehmer gewünschten Änderungen der zu treffenden Vereinbarung bereit erklärt (*BAG* 27.7.2005 EzA § 307 BGB 2002 Nr. 5). Neben der **Angemessenheitskontrolle** der Befristung einer Arbeitsbedingung **findet nicht** – wie beim Widerrufsvorbehalt – die nach § 315 BGB im konkreten Anwendungsfall zu beachtende **Ausübungskontrolle** statt. Mit der vertragsmäßigen Befristung einer Arbeitsbedingung ist die Festlegung klar; Besonderheiten bei der Umsetzung sind nicht möglich. Allerdings gilt wegen der sofortigen Verbindlichkeit eine hohe Anforderung an die **Transparenz** und damit an die Benennung der **tragenden Gründe**.

106 Sind **befristete Arbeitsbedingungen** (»Erprobung; Vertretung; wirtschaftliche Gründe«) **nicht hinreichend deutlich** im **Arbeitsvertrag aufgenommen** worden, könnten sie gegen das **Transparenzgebot** nach § 307 Abs. 1 S. 2 BGB verstoßen und nicht Vertragsbestandteil werden (§ 305c Abs. 1 BGB als **überraschende Klausel**; vgl. *BAG* 16.4.2008 NJW 2008, 2279; einschränkend *Schmalenberg* FS 25-jähriges Bestehen des DAV 2006, S. 167, der sich – obwohl der Prüfungsmaßstab nicht dem TzBfG zu entnehmen ist – hier an § 14 Abs. 4 TzBfG orientieren will). Dem ist das **BAG nicht gefolgt**, da es die **Aufnahme von Gründen** für die Befristung der Arbeitsbedingung **nicht iSv Transparenz für geboten hält** und die Voraussetzungen zulässiger Widerrufsvorbehalte mit denen einer zeitlich klaren Festlegung der Arbeitszeitbedingung nicht vergleichbar sind (*BAG* 2.9.2009 EzA § 14 TzBfG Nr. 61, Rn 23; HaKo-KSchR/*Mestwerdt* Rn 36; *Annuß/Thüsing-Maschmann* Rn 16c; aA *Preis/Lindemann* NZA 2006, 637 f.). Eine überraschende oder unangemessene **befristete Arbeitsbedingung** ist **unwirksam**, ohne dass der Arbeitsvertrag im Übrigen berührt wird (§ 306 Abs. 1 BGB). In der Folge gilt die Vertragsbedingung (zB die Aufstockung der Arbeitszeit) auf unbestimmte Zeit (ErfK-*Preis* §§ 305–310. BGB Rn 75a).

107 Da es um die **inhaltliche Ausgestaltung des Arbeitsvertrages** geht, kommen **Beteiligungsrechte des Betriebsrates** nicht in Betracht (*Dörner* Befr. Arbeitsvertrag Rn 687), soweit diese nicht die Qualität einer Einstellungsmaßnahme erreichen (vgl. *BAG* 9.12.2008 EzA § 99 BetrVG 2001 Einstellung Nr. 11, Rn 19; Erhöhung der Arbeitszeit um mindestens 10 Stunden die Woche). Dagegen kommen nach Maßgabe des jeweiligen Personalvertretungsrechts Beteiligungsrechte des **Personalrats** zum Zuge, wenn es sich um wesentliche Änderungen des Arbeitsvertragsinhalts handelt (*ArbG Bochum* 5.1.2006 – 3 Ca 2743/05, zu § 72 Abs. 1 Nr. 4 PersVG NW aF). Aus Sinn und Zweck des Mitbestimmungsrechts in den **jeweiligen Landespersonalvertretungsgesetzen** wird teilweise gefolgert, dass die Befristungskontrolle sich auch auf die Befristungen von Arbeitsbedingungen erstreckt (*LAG Bra.* 9.2.2006 NZA-RR 2007, 53; *LAG Hamm* 16.4.2002 LAGE § 620 BGB Personalrat Nr. 7). Das dürfte allgemein dann gegeben sein, wenn die **befristete Arbeitsbedingung** den Anforderungen einer **Versetzung** genügt. Eine höchstrichterliche Entscheidung ist hierzu nach Inkrafttreten des Schuldrechtsmodernisierungsgesetzes noch nicht gefällt worden (offen gelassen *BAG* 10.3.2004 ZTR 2004, 472; *LAG Düsseld.* 28.9.2006 LAGE § 307 BGB 2002 Nr. 10). Näher dazu Rdn 769 ff.

II. Allgemeine Anforderungen an den Sachgrund

1. Sachgrund als Zulässigkeitsvoraussetzung

a) Abkehr von § 620 Abs. 1 BGB

108 Bis zum 31.12.2000 waren nach dem Wortlaut des § 620 Abs. 1 BGB Befristungen von Dienst- und Arbeitsverhältnissen uneingeschränkt möglich, bedurften indessen nach der **Rechtsprechung** des BAG eines sachlichen Grundes, damit der gesetzliche **Kündigungsschutz nicht funktionswidrig**

umgangen werden konnte. **Diese dogmatische Ableitung lässt sich nun nicht mehr halten**, nachdem in § 620 Abs. 3 BGB ausdrücklich bestimmt wird, dass für Arbeitsverträge allein das Teilzeit- und Befristungsgesetz zur Anwendung kommt. Dort ist in Umsetzung der Zielvorgabe in § 1 TzBfG – die Zulässigkeit befristeter Arbeitsverträge festzulegen – nun in § 14 Abs. 1 TzBfG mit dem gesetzlichen Sachgrunderfordernis für den Abschluss befristeter Arbeitsverträge das bisherige Regel-Ausnahme- Verhältnis umgekehrt (*Hromadka* BB 2001, 621; *Preis/Gotthardt* DB 2000, 2070; *Dörner* Befr. Arbeitsvertrag Rn 102 ff.; *Lakies* Befr. Arbeitsverträge Rn 6 f.; *Ritter/Rudolf* FS 25-jähriges Bestehen DAV 2006, S. 369 f.; LS-*Schlachter* Rn 6). Dies ergibt sich aus Abs. 1 S. 1, wonach eine Befristung des Arbeitsverhältnisses künftig nur noch mit Sachgrund zulässig sein soll (BT-Drucks. 14/4374 S. 13). Der **gesetzliche Kündigungsschutz** hat mithin seine **Bedeutung als Drehpunkt der Befristungskontrolle verloren** (vgl. auch ArbRBGB-*Dörner* § 620 BGB Rn 67; abw. *Feuerborn* Sachliche Gründe im Arbeitsrecht, 2003, S. 319 f., 323, der die kündigungsrechtlichen Wertungen weiterhin zur Konkretisierung des sachlichen Befristungsgrundes heranziehen will). Während zuvor nur bei Gefahr der Umgehung des Kündigungsschutzes die Befristung eines sachlichen Grundes bedurfte (*BAG GS* 12.10.1960 EzA § 620 BGB Nr. 2) und das später in Kraft getretene BeschFG diese Regel – ein sachlicher Grund war unter bestimmten Voraussetzungen nicht erforderlich – wiederherstellte, **rechtfertigt sich** nunmehr **die Befristung eines Arbeitsvertrages idR nur noch aus dem Vorliegen eines sachlichen Grundes** (LS-*Schlachter* Rn 3). Die in den gesetzlichen Katalog aufgenommenen Sachgründe schließen eine (zu vermeidende) **Paritätsstörung** bei Abschluss der Befristung aus. Die Ausnahmen von dieser Regel finden sich in den Abs. 2, 2a und 3 der Bestimmung.

Anstoß für die gesetzliche Neuregelung gab die **Richtlinie 1999/70/EG**, die mit der Übernahme der auf europäischer Ebene getroffenen Rahmenvereinbarung der Sozialpartner für die Mitgliedstaaten verbindlich festlegte, Mehrfachbefristungen durch eine oder mehrere der folgenden Maßnahmen zu beschränken, nämlich die Festlegung sachlicher Gründe, die eine Verlängerung des befristeten Arbeitsvertrages rechtfertigen, und/oder der Höchstdauer aufeinander folgender befristeter Arbeitsverträge und/oder der Höchstzeit der Verlängerung eines befristeten Arbeitsvertrages (vgl. hierzu Rdn 17 ff.)

109

Die in der **Richtlinie** in § 5 Ziff. 1 der übernommenen Rahmenvereinbarung **genannten Schranken** machen es erforderlich, dass jeder befristete Arbeitsvertrag durch zumindest eine der drei dort genannten Schranken begrenzt wird. Der Gesetzgeber hat dies ebenso gesehen (BT-Drucks. 14/4374 S. 13) und aus den in § 5 der Rahmenvereinbarung vorgesehenen Maßnahmen zur Vermeidung von Missbrauch eine **Kombination von Sachgrunderfordernis** (lit. a) **und Höchstbefristung ohne Sachgrund** (lit. b) gewählt (*Rolfs* EAS B 3200 Rn 35 f).

110

b) »Sachlicher Grund« als unbestimmter Rechtsbegriff

Während der Gesetzgeber die Begriffe des befristetet beschäftigten Arbeitnehmers, des befristeten Arbeitsvertrages mit seinen Unterformen und die Vergleichbarkeit mit unbefristet beschäftigten Arbeitnehmern in § 3 definiert, fehlt eine Begriffsbestimmung zu dem die Befristung eines Arbeitsvertrages rechtfertigenden »sachlichen Grund«. Dem Gesetzgeber ist erkennbar daran gelegen die bisherige Befristungsrechtsprechung zu kodifizieren, Elemente des BeschFG 1985/1996 einzubauen und das Befristungsrecht gleichzeitig zu straffen. Das **Gesetz** gibt **keine allgemeinen Kriterien für den Sachgrund** an, sondern verwertet die Erkenntnisse der Rechtsprechung des BAG mit einer beispielhaften Aufzählung anerkannter Sachgründe (BT-Drucks. 14/4374 S. 13, 18), um damit Eckpunkte für den unbestimmten Rechtsbegriff des »sachlichen Grundes« zu setzen. Dieser **Katalog** nunmehr gesetzlich anerkannter Befristungsgründe **schafft Maßstäbe für eine Typologie des Sachgrundes**. Er setzt indessen **keine Regelbeispiele**, die widerlegt werden könnten (vgl. dazu KR-*Lipke* § 620 BGB Rdn 103; ErfK-*Müller-Glöge* Rn 4 f.; APS-*Backhaus* Rn 115; aA *Preis/Gotthardt* DB 2000, 2070; *Kliemt* NZA 2001, 296 f.). Die gesetzliche Aufzählung von acht Sachgründen ist nicht erschöpfend, wie das Wort »**insbesondere**« in § 14 Abs. 1 S. 2 1. Hs. TzBfG zeigt (*BAG* 21.3.2017 EzA § 14 TzBfG Sonstiger Sachgrund Nr. 1, Rn 109; 13.10.2004 EzA § 17 TzBfG

111

§ 14 TzBfG   Zulässigkeit der Befristung

Nr. 6; 16.3.2005 EzA § 14 TzBfG Nr. 17; MüKo-*Hesse* Rn 12; HWK-*Rennpferdt* Rn 21 f.). Wenngleich die Nennung typischer anerkannter Befristungsgründe der Praxis eine Orientierung geben soll, welche Gründe als gerechtfertigt anzusehen sind, soll die beispielhafte Aufzählung andere bisher von der Rechtsprechung akzeptierte weitere Sachgründe nicht ausschließen (BT-Drucks. 14/4374 S. 13, 18).

112 Damit werden die angestrebten **Ziele einer besseren Transparenz und Rechtssicherheit nur mit Abstrichen erreicht**. Wenngleich die **Befugnis der Rechtsprechung, neue Sachgründe zu entwickeln**, im Interesse einer schnellen Reaktion auf Veränderungen in der Arbeitswelt zu begrüßen ist (*Preis/Gotthardt* DB 2000, 2070), so fragt sich doch, warum der Gesetzgeber die in der Begründung (BT-Drucks. 14/4374 S. 18) genannten weiteren Sachgründe (Arbeitsbeschaffungsmaßnahmen und Strukturanpassungsmaßnahmen nach dem SGB III; Beschäftigung eines »Platzhalters« bis zur endgültigen Besetzung durch einen anderen Mitarbeiter) nicht als eigenständige Ziffern in den Katalog des § 14 Abs. 1 TzBfG aufgenommen hat, zumal dies der Logik des Gesetzes widerspricht, die **Voraussetzungen für die Zulässigkeit befristeter Arbeitsverträge** festzulegen (§ 1 TzBfG; vgl. näher dazu Rdn 116, 499 ff.). Die Rechtsprechung des BAG und die hM im Schrifttum teilen die hier erhobenen Bedenken nicht (*BAG* 8.6.2015 EzA § 14 TzBfG Nr. 122, Rn 16; *BAG* 16.3.2005 EzA § 14 TzBfG Nr. 17; 9.12.2009 EzA § 14 TzBfG Nr. 62; APS-*Backhaus* Rn 117; *Dörner* Befr. Arbeitsvertrag Rn 165 mwN).

113 Mit der Öffnung für die **richterrechtliche Schöpfung weiterer Sachgründe** sind die Anforderungen an diesen unbestimmten Rechtsbegriff »sachlicher Grund« zu ergründen. Hierzu wird beispielsweise die Auffassung vertreten, dass an die bisherige Rechtsprechung des BAG angeknüpft werden kann und die allgemeinen aus dem Umgehungsgedanken entwickelten Kriterien des sachlichen Grundes weiter anzuwenden sind (*Annuß/Thüsing/Maschmann* 2. Aufl., Rn 27 f.; *Rolfs* Rn 65; *Boewer* Rn 39; HaKo-KSchR/*Mestwerdt* Rn 45; APS-*Backhaus* Rn 116., 118; *Feuerborn* Sachliche Gründe im Arbeitsrecht, 2003, S. 319 f., 323). Daran ist richtig, dass die hierzu **zu berücksichtigenden generellen Umstände, die Interessen der Parteien und Dritter und das Verhältnis von generellen und individuellen Merkmalen sowie die Einteilung in Ungewissheits-, Ausnahme- und Verschleißtatbestände** (grundlegend *Wiedemann* FS Lange, S. 395 ff.; *Hofmann* ZTR 1993, 403; vgl. auch *Lipke* KR 5. Aufl., § 620 BGB Rn 129 ff., 158 ff.; *Dörner* Befr. Arbeitsvertrag Rn 162; APS-*Backhaus* 3. Aufl., Rn 30 ff.; *Annuß/Thüsing/Maschmann* Rn 18 ff.) **Hilfestellungen** zur Entwicklung weiterer Sachgründe für zulässige Befristungen **bieten können** (vgl. auch *BAG* 9.12.2009 EzA § 14 TzBfG Nr. 62; 17.1.2007 EzA § 14 TzBfG Nr. 37; *LAG Köln* 24.8.2007 LAGE § 14 TzBfG Nr. 37a). Beim Auffinden eines über den Katalog der anerkannten Sachgründe hinausgehenden, neuen, die Befristung eines Arbeitsvertrages rechtfertigenden Grundes ist der daraus zu ziehende **Ertrag** jedoch relativ **gering** (zutr. KDZ-*Däubler* 7. Aufl. Rn 15; angemessener Ausgleich der Grundrechtspositionen beider Arbeitsvertragsparteien entscheidend).

114 *Dörner* hält zwar eine **Abgrenzung zum Kündigungsschutz** für geboten, erkennt indessen **keine entscheidenden Veränderungen zu den bisher anzuwendenden Wertmaßstäben** der Befristungsrechtsprechung. Danach komme es allein darauf an, ob der Arbeitgeber **einen von der Rechtsordnung anerkannten Grund** habe, einem Arbeitsuchenden nicht das sozialpolitisch erwünschte Dauerarbeitsverhältnis mit ausgeprägtem Bestandsschutz anzubieten, sondern nur einen Zeitvertrag, dessen Beendigung nicht der kündigungsrechtlichen Kontrolle unterliege (*Dörner* Befr. Arbeitsvertrag Rn 100, 105.). Damit würde **trotz eines gesetzlichen Orientierungskatalogs und Paradigmenwechsels** das bisherige **Richterrecht »weitergepflegt«** und fortgesetzt. Das gilt ebenso für den Versuch, die dem Kündigungsschutz eigenen Interessenabwägungen anhand »betriebsbedingter« und »personenbedingter« Befristungen bei der Sachgrundkontrolle ins Spiel zu bringen (so *Feuerborn* Sachliche Gründe im Arbeitsrecht, 2003, S. 583 ff.; 736 ff.). Dem begegnen erhebliche Bedenken, weil die Gesetzesänderung letztlich folgenlos bliebe., Vielmehr ist jetzt das **unbefristete Dauerarbeitsverhältnis als Regelfall** anzunehmen und dann bei den **Ausnahmen** der **Befristungen mit Sachgrund** auf die Art des Arbeitsvertrages, die Stellung des Arbeitnehmers, die Üblichkeit der Befristung bei bestimmten Berufsgruppen und Branchen, die Entgelthöhe, die Verlagerung von

Auftrags- und Beschäftigungsrisiken, unions- und verfassungsrechtliche Wertungen sowie sonstige schutzwürdige Interessen der Arbeitsvertragsparteien abzustellen. Diese **Kontrollelemente** lassen sich anhand der ausdrücklich genannten Sachgründe der **Nr. 1 bis 8 als Substrat** herausfiltern.

Mit der **Festlegung von Sachgründen**, die idR bestehen müssen, um die **Befristung eines Arbeits-** 115 **vertrages zu rechtfertigen**, hat der deutsche Gesetzgeber eine der im § 5 der von der Richtlinie 1999/70/EG in Bezug genommenen Rahmenvereinbarung vorgesehenen Maßnahmen zur Vermeidung von Missbrauch ergriffen. Dieses aus Sicht des Arbeitgebers am stärksten die **Vertragsfreiheit** einschränkende Befristungserfordernis stellt sich als »günstigere Bestimmung« iSv § 8 Ziff. 1 der von der Richtlinie in Bezug genommenen **Rahmenvereinbarung** dar. Nach § 5 Ziff. 1 lit. a wird **europarechtlich** nämlich **nur verlangt, dass die Verlängerung von Befristungsverträgen, nicht aber ihr erstmaliger Abschluss durch sachliche Gründe gerechtfertigt sein muss**. Da aber nach § 8 Ziff. 3 die Umsetzung der Vereinbarung nicht zur Absenkung des allgemeinen Niveaus des Arbeitnehmerschutzes führen darf, wäre ein Rechtszustand, der gegenüber den zuvor bestehenden richterrechtlichen Erfordernissen einer Befristung zurückgeblieben wäre, problematisch gewesen. Die daneben früher zugelassene zeitlich beschränkte Befristung ohne Sachgrund nach den unterschiedlichen Ausprägungen des BeschFG setzte zwar ebenfalls die deutschen Befristungsstandards; eine auf die dauerhafte Fortsetzung der (jeweils befristeten) Regelung des BeschFG beschränkte Umsetzung hätte aber den Anforderungen der Richtlinie nicht genügt (APS-*Backhaus* 1. Aufl. § 620 BGB Rn 9d; aA *Röthel* NZA 2000, 68).

Stellt sich mithin die **Auflistung von anerkannten Sachgründen** für den Abschluss eines befristeten 116 Arbeitsvertrages als **ordnungsgemäße Erfüllung der europarechtlichen Vorgaben** dar, so bleiben gleichwohl Zweifel, ob es nicht erforderlich gewesen wäre, die anerkannten **Sachgründe abschließend aufzuzählen**. Mit dem in § 14 Abs. 1 S. 2 TzBfG in der Formulierung »insbesondere« vom Gesetzgeber bewusst geöffneten Tür, durch höchstrichterliche Rechtsprechung weitere Sachgründe zu entwickeln (BT-Drucks. 14/4374 S. 18) kann sich ein **Umsetzungsdefizit** ergeben. Nach der Rechtsprechung des EuGH sind die Bestimmungen von Richtlinien so in nationales Recht umzusetzen, dass »die Begünstigten in der Lage sind, von allen ihren Rechten Kenntnis zu erlangen und diese ggf. vor den nationalen Gerichten geltend zu machen« (vgl. *EuGH* 10.5.2001 NJW 2001, 2244; 20.3.1997 EAS Art. 48 EG-Vertrag Nr. 86; *Leible* EuZW 2001, 438). Wenn auch die benannten zulässigen Befristungsgründe eine Leitlinie für Arbeitnehmer und Arbeitgeber ziehen, so wären auf dem »offenen Feld des Richterrechts« die Arbeitsvertragsparteien weiterhin darauf angewiesen, sich mit umfangreichen Rechtsprechungserkenntnissen auseinanderzusetzen, um Rechtssicherheit zu gewinnen (wie hier *Rolfs* EAS B 3200 Rn 37; *ders.* TzBfG Rn 64).

Die hM in Rechtsprechung (*BAG* 16.3.2005 EzA § 14 TzBfG Nr. 17; 13.10.2004 EzA § 17 TzBfG 117 Nr. 6) und im Schrifttum **teilt diese Bedenken** nicht und lässt es genügen, wenn eine Vertragspartei erst mit Hilfe des rechtskundigen Gerichts erkennen kann, dass ein anerkannter Befristungstatbestand vorliegt (APS-*Backhaus* Rn 117; *Preis/Gotthardt* DB 2000, 2070; *dies.* ZESAR 2002, 15 f.). Es wird ferner darauf hingewiesen, dass der **europäische Gesetzgeber** seinerseits **mit einer Generalklausel** arbeitet und den sachlichen Grund ebenfalls nicht umschreibt. Die Vorgaben der Richtlinie könnten deshalb auch durch eine **richtlinienkonforme Rechtsprechung** gewahrt werden (*Thüsing/Lambrich* BB 2002, 829, 830; HaKo-KSchR/*Mestwerdt* Rn 4 f., 40 ff.; mit Einschränkungen *Rolfs* Rn 65; ErfK-*Müller-Glöge* Rn 4 f., 102; LS-*Schlachter* Rn 97).

Neue Zweifel an dieser Rechtsauffassung der hM nähren die Erkenntnisse in der **Mangold-** 118 **Entscheidung** und in der **Adeneler-Entscheidung** des *EuGH* (22.11.2005 EzA § 14 TzBfG Nr. 21; 4.7.2006 EzA Richtlinie 99/70 EG-Vertrag 1999 Nr. 1; vgl auch Rdn 29, 34). Dort wird immerhin gefordert, dass **konkrete Umstände und bestimmte Tätigkeiten** für einen sachlichen Grund **zu beschreiben sind** (Rn 68–70 der Adeneler-Entscheidung). Gleiches lässt sich den EuGH-Entscheidungen **Angelidaki** (23.4.2009 AP Nr. 6 zu Richtlinie 99/70/EG Rn 96), **Kücük** v. 26.1.2012 (EzA § 14 TzBfG Nr. 80, Rn 27), **Marquez Samohano** v. 13.3.2014 (EzA Richtlinie 99/70 EG-Vertrag 1999 Nr. 9, Rn 45) und **Popescu** v. 21.9.2016 (EzA Richtlinie 99/70 EG-Vertrag 1999 Nr. 14, Rn 49) entnehmen. Näher dazu s. Rdn 259, 499 ff.

119 Völlig **unverständlich** ist in diesem Zusammenhang, **warum** der Gesetzgeber beispielhaft weitere in der Rechtsprechung **anerkannte Sachgründe** wie Maßnahmen der Arbeitsbeschaffung und der Strukturanpassung oder auch die übergangsweise Beschäftigung eines Arbeitnehmers bis zur endgültigen Besetzung des Arbeitsplatzes durch einen anderen Mitarbeiter **anspricht, diese indessen in den Katalog der genannten Sachgründe nicht aufnimmt** (BT-Drucks. 14/4374 S. 13, 18). Hier hätte der deutsche Gesetzgeber durchaus, was die öffentlich geförderten Beschäftigungs- und Strukturmaßnahmen zur Befristung von Arbeitsverhältnissen angeht, den Weg nach § 2 Ziff. 2 lit. b der Rahmenvereinbarung (s. Anhang TzBfG) beschreiten und, nach Anhörung der Sozialpartner, diese Arbeitsverhältnisse aus dem Anwendungsbereich des TzBfG herausnehmen können.

2. Verhältnis von Befristungsdauer und Sachgrund

120 Seit den Urteilen des 7. Senats des *BAG* in den Jahren 1986 und 1988 (12.2.1986 EzA § 620 BGB Nr. 82, 27.1.1988 EzA § 620 BGB Nr. 96, 26.8.1988 EzA § 620 BGB Nr. 102) ist es **st. Rspr.**, dass die **Dauer der Befristung für sich allein keiner sachlichen Rechtfertigung bedarf**. Daran hat das BAG mit der herrschenden Meinung im Schrifttum bis in die jüngste Vergangenheit festgehalten (zB *BAG* 25.3.2009 EzA § 14 TzBfG Nr. 57 Rn 26; 21.1.2009 EzA § 14 TzBfG Nr. 55; 14.2.2007 EzA § 14 TzBfG Nr. 38; 16.1.2008 – 7 AZR 916/06; 20.2.2008 ZTR 2008, 508 = FA 2008, 280; ebenso APS-*Backhaus* Rn 46 ff., *Dörner* Befr. Arbeitsvertrag, Rn 149 ff.; ErfK-*Müller-Glöge* Rn 19; *Annuß/Thüsing/Maschmann* Rn 9; *Staudinger/Preis [2019]* § 620 BGB Rn 49 ff.; HaKo-KSchR/*Mestwerdt* Rn 49 ff.; *Boewer* Rn 60; *Sievers* Rn 167 ff.; LS-*Schlachter* Rn 13; *Arnold/Gräfl* Rn 34; MüKo-*Hesse* Rn 16; HaKo-TzBfG/*Boecken* Rn 18; *Oetker* Anm. EzA § 620 BGB Nr. 102; *Hönn* Anm. SAE 1990, 141; *Frohner/Pieper* AuR 1992, 102 f.; *Plander* Anm. AP § 620 BGB Nr. 179; **aA** *LAG Hmb.* 4.9.2000 LAGE § 620 BGB Nr. 67; *Rolfs* Rn 11 für Sachgrund Nr. 1).

121 Die Bindung befristeter Arbeitsverträge an das Erfordernis eines sachlichen Grundes sollte nur den durch das staatliche Kündigungsschutzrecht gewährleisteten Bestandschutz absichern, nicht dagegen eine umfassende Inhaltskontrolle eröffnen, um dabei die richtige Befristungsdauer zu ermitteln. Es gehe – auch unter der Geltung des TzBfG (*BAG* 13.10.2004 EzA § 14 TzBfG Nr. 14) – nicht um die Zulässigkeit der Befristungsdauer, also um die »richtige« Befristung, sondern darum, ob überhaupt ein sachlicher Befristungsgrund vorliege. Die Dauer der Befristung bedarf für sich allein deshalb keiner sachlichen Rechtfertigung (*BAG* 14.12.2016 EzA § 14 TzBfG Nr. 128, Rn 14; kritisch *Däubler/Wroblewski* Rn 9). Die im Einzelfall **gewählte Befristungsdauer ist indessen nicht bedeutungslos.** Sie muss nicht stets mit der Dauer des Sachgrundes für die Befristung voll übereinstimmen, **hat sich aber am Befristungsgrund zu orientieren** (*BAG* 6.12.2000 EzA § 620 BGB Nr. 172; 21.2.2001 EzA § 620 BGB Nr. 174; 9.7.1997 EzA § 21 BErzGG Nr. 2; ErfK-*Müller-Glöge* Rn 19; HWK-*Rennpferdt* Rn 26 f.). Eine **fehlende Kongruenz von Sachgrund und Befristungsdauer** erlaubt es allerdings, Rückschlüsse auf die Stichhaltigkeit des angegebenen Befristungsgrundes zu ziehen. **Bei deutlicher Überschreitung – nicht dagegen bei Unterschreitung – der bei Vertragsabschluss voraussehbaren Dauer des Befristungsgrundes (Prognose) kann dann unter Umständen der Sachgrund die Befristung nicht mehr tragen** (*Staudinger/Preis [2019]* § 620 BGB Rn 52; *Sievers* Rn 170). Es kann sich dann neben anderen Umständen daraus der Hinweis ergeben, dass der **Sachgrund** für die Befristung nur **vorgeschoben** ist (*BAG* 29.7.2009 – 7 AZR 907/07, Rn 29; 21.1.2009 EzA § 14 TzBfG Nr. 55 Rn 10; 14.2.2007 EzA § 14 TzBfG Nr. 38; 6.12.2000 EzA § 620 BGB Nr. 172; *Dörner* Befr. Arbeitsvertrag Rn 152; *Arnold/Gräfl* Rn 36). Erweist sich die gewählte **Befristungsdauer** als **diskriminierend** und deshalb nach **§§ 3 Abs. 1, 7 Abs. 2 AGG** als unwirksam, kann es in der Folge zu einem unbefristeten Arbeitsverhältnis kommen, obgleich ein sachlicher Befristungsgrund bestand (*BAG* 6.4.2011 EzA § 620 BGB 2002 Hochschulen Nr. 7, altersdiskriminierende Vereinbarung zur Vertragslaufzeit; *LAG Nds* 29.11.2016 LAGE § 7 AGG Nr. 8, Nichtverlängerung der Befristung wegen schwerer Adipositas; ErfK-*Müller-Glöge* Rn 19a; *Linsenmaier* RdA 2012, 193, 202). Die **fortbestehende Beschäftigungsmöglichkeit** am Ende der Befristung stellt dagegen weder die Richtigkeit der Prognose noch die **Wirksamkeit der Befristung** an sich in Frage (*BAG* 29.7.2009 – 7 AZR 907/07, Rn 22).

Bleibt die **Befristungsdauer zeitlich hinter dem Befristungsgrund zurück**, so hält das BAG dies 122 für die Rechtsbeständigkeit des Sachgrundes regelmäßig für unschädlich (*BAG* 27.7.2016 EzA § 14 TzBfG Nr. 123, Rn 33; 13.10.2004 EzA § 14 TzBfG Nr. 14; 21.2.2001 EzA § 620 BGB Nr. 174; 6.12.2000 EzA § 620 BGB Nr. 172). Anders sieht es aus, wenn eine **sinnvolle, dem Sachgrund der Befristung dienliche Mitarbeit** des Arbeitnehmers in der vorgesehenen Zeitspanne **nicht möglich** ist (*BAG* 24.9.2014 EzA § 14 TzBfG Nr. 107, Rn 20). Vgl. zum Problemfeld auch KR-*Lipke/Bubach* § 21 BEEG Rdn 24, 42 ff.

Weder die **europarechtlichen Vorgaben** noch die Neuregelung in § 14 Abs. 1 TzBfG weiten das 123 Sachgrunderfordernis auf die Befristungsdauer aus. Abgesehen vom **Befristungsgrund in Abs. 1 Nr. 7**, der verlangt, dass sich die **befristete Beschäftigung an der Zeitspanne der dafür zur Verfügung gestellten Haushaltsmittel orientiert** (HaKo-KSchR/*Mestwerdt* Rn 50; großzügiger offenbar *Dörner* FS Otto 2008, S. 68). fehlt es an zeitlich einschränkenden Regeln. Der Gesetzgeber hat auch die besondere Bestimmung des § 21 Abs. 1 BEEG – Vertretung für Kinderbetreuungszeiten oder Teile davon – nicht geändert. Deshalb kommt **in Zukunft der gewählten Befristungsdauer nur dann Bedeutung zu, wenn sie im Ergebnis auf ein Unterlaufen des im § 14 Abs. 1 TzBfG genannten Sachgrundes hinausläuft** (Rechtsmissbrauch; vgl. *BAG* 26.10.2016 EzA § 14 TzBfG Rechtsmissbrauch Nr. 1, Rn 42). An die Stelle des Verbots einer Umgehung des Kündigungsschutzrechts tritt deshalb jetzt das **Verbot einer Umgehung von** § 14 Abs. 1 TzBfG. Das Auswechseln dieses dogmatischen Ansatzes zwingt nicht dazu die bisherige Rechtsprechung des BAG zum Verhältnis von Befristungsdauer und Befristungsgrund grundlegend zu verändern (APS-*Backhaus* Rn 47; *Oberthür* DB 2001, 2246). Ebenso wie nach alter Rechtslage hat sich **die vereinbarte Dauer nur an den Sachgründen der Befristung zu orientieren**, ohne mit ihnen deckungsgleich zu sein. Die zulässige Inkongruenz von Befristungsgrund und Befristungsdauer hat der Gesetzgeber ausdrücklich im gesondert geregelten Vertretungsfall des **§ 21 Abs. 1 BEEG** zugelassen (HaKo-TzBfG/*Boecken* Rn 18 ff.; vgl. auch *LAG Düsseld.* 9.8.2011 – 17 Sa 504/11). Allerdings können **kurzfristige Sachgrundbefristungen in Kette** mit ein und derselben Person **zu einem Vertretungsfall** ebenfalls für eine **missbräuchliche Verwendung** der gesetzlichen Befristungsmöglichkeiten sprechen, weil sie selbst die weitergehenden Gestaltungen bei sachgrundlosen Befristungen übertreffen (drei Verlängerungen in zwei Jahren; § 14 Abs. 2 TzBfG). Vgl. dazu *Brose* NZA 2009, 706; *Preis/Greiner* RdA 2010, 148 **gegen** *BAG* 25.3.2009 EzA § 14 TzBfG Nr. 57

Eine **engere Verknüpfung von Befristungsgrund und Befristungsdauer** ist nur dann zu fordern, 124 wenn die **Befristungsdauer Teil des Sachgrundes ist**. Davon ist auszugehen, wenn der Arbeitgeber nach **Abs. 1 S. 2 Nr. 5** eine kalendermäßig befristete **Erprobung**, eine zur Arbeitsaufnahme berechtigende **Aufenthaltserlaubnis** oder eine haushaltsrechtlich befristete **Beschäftigung** (Abs. 1 S. 2 Nr. 7; *LAG Hamm* 3.4.2008 – 11 Sa 1918/07 – zu einer haushaltsrechtlichen Befristung außerhalb des Mittelverwendungszeitraums; großzügiger offenbar *BAG* 16.1.2008 – 7 AZR 916/06, AP Nr. 5 zu § 14 TzBfG) mit dem Arbeitnehmer vereinbart. So begegnen einer **Befristung zur Erprobung** durchschlagende Bedenken, wenn sie für einfache Tätigkeiten eine übermäßig lange Probezeit vorsieht (neunmonatige Probezeit für Handlangerdienste; vgl. *BAG* 24.1.2008 NZA 2008, 521) oder außer Verhältnis zum Erprobungszweck steht *(BAG* 25.10.2017 EzA § 14 TzBfG Erprobung Nr. 1, Rn 12). Gleiches gilt für eine »Übergangsbefristung« nach Nr. 2, die **eng zeitlich begrenzt** sein muss, um noch den sachlichen Grund in sich zu tragen (HaKo-KSchR/*Mestwerdt* Rn 51; vgl. dazu Rdn 233 ff., 354 ff.). Die wegen der **befristeten Zuweisung** und der zeitlich begrenzten Übernahme der Kosten vereinbarte Befristung lässt sich nur dann rechtfertigen, wenn dem Arbeitnehmer eine **Aufgabe von begrenzter Dauer** zugewiesen wird, die sich mit der Dauer der Zuweisung deckt (vgl. *BAG* 22.3.2000 EzA § 620 BGB Nr. 170). Die Befristungsdauer spielt aber auch eine Rolle bei **mehrfacher Befristung**, die Anzeichen dafür setzen kann, dass der Befristungsgrund in Wahrheit nicht gegeben ist. Dann kann daraus eine unzulässige, weil **missbräuchliche Nutzung der Befristungsmöglichkeiten** hergeleitet werden, die mit der Richtlinie 1999/78/EG nicht im Einklang steht (*EuGH* 26.1.2012 EzA § 14 TzBfG Nr. 80 **Kücük** Rn 40, 56, wo auch auf die Zahl der Befristungen und die Gesamtbefristungsdauer zur Bewertung hingewiesen wird). Zum institutionellen Rechtsmissbrauch s. Rdn 178.

3. Zeitpunkt der Sachgrundprüfung

125 Nach bisheriger Rechtslage war für die Prüfung des Sachgrundes der **Zeitpunkt des Vertragsabschlusses** maßgebend. War die Befristung des zu beurteilenden konkreten Vertrages mit all seinen Besonderheiten bei seinem Abschluss berechtigt – bei mehrfacher Befristung war insoweit auf den Zeitpunkt der letzten Vertragsverlängerung abzustellen – so schadete der **spätere »Wegfall« des sachlichen Grundes** nicht (*BAG* 15.8.2001 EzA § 620 BGB Nr. 182; grundlegend *BAG GS* 12.10.1960; danach st. Rspr. zB *BAG* 10.6.1992 EzA § 620 BGB Nr. 116; 22.11.1995 EzA § 620 BGB Nr. 138; 24.10.2001 EzA § 620 BGB Nr. 173; 13.08.2008 EzA § 14 TzBfG Nr. 52; zuletzt *BAG* 6.4.2011 EzA § 14 TzBfG Nr. 77; *LAG Köln* 10.3.1995 ZTR 1996, 130; *LAG Düsseld.* 22.11.1999 LAGE § 620 BGB Nr. 62a; APS-*Backhaus* Rn 13; ErfK-*Müller-Glöge* Rn 16a; *Staudinger/Preis [2019]* § 620 BGB Rn 46; *Boewer* Rn 55 f.; *Annuß/Thüsing/Maschmann* Rn 8; HaKo-KSchR/*Mestwerdt* Rn 53; *Dörner* Befr. Arbeitsvertrag Rn 155 f.).

126 Wenn das **neue Recht** in Abs. 1 regelt, unter welchen Sachverhaltskonstellationen die Befristung eines Arbeitsvertrages zulässig ist, wird deutlich, dass hiermit weiterhin auf den Zeitpunkt des Vertragsabschlusses abzustellen ist (*BAG* 24.9.2014 EzA § 14 TzBfG Nr. 107, Rn 22). Das **Gesetz nennt in Abs. 1** die Voraussetzungen für den Abschluss eines befristeten Arbeitsvertrages (vgl. auch § 3 Abs. 1 S. 2 TzBfG); **deshalb kann nach Abschluss des Arbeitsvertrages die diesen Bedingungen entsprechende Befristung nicht mehr unzulässig werden** (*BAG* 17.5.2017 NZA 2017, 1340, Rn 28; 4.6.2003 EzA § 620 BGB 2002 Nr. 4) und im umgekehrten Fall eine bei Abschluss des befristeten Arbeitsverhältnisses unzulässige Befristung durch eine spätere Entwicklung nicht mehr zulässig werden (*Däubler* ZIP 2001, 217, 223; *Dassau* ZTR 2001, 68 f.; *Arnold/Gräfl* Rn 33). Erkennt man in der Überprüfung des Befristungsgrundes eine **Vertragskontrolle**, können nur die bei Vertragsschluss bestehenden Umstände Berücksichtigung finden (*Dörner* Befr. Arbeitsvertrag Rn 157 f.; *Schaub/Koch* § 40 Rn 3). Selbst die **fehlerhafte Prognose des Arbeitgebers** bei Vertragsabschluss, führt nicht ohne weiteres zur Unwirksamkeit der Befristungsabrede. Der **spätere Wegfall des Befristungsgrundes** berührt deshalb nicht einen bei Begründung des Arbeitsverhältnisses bestehenden Sachgrund (*BAG* 29.6.2011 EzA § 15 TzBfG Nr. 3; 15.8.2001 EzA § 620 BGB Nr. 182; APS-*Backhaus* § 15 TzBfG Rn 97 ff.; LS-*Schlachter* Rn 8; HWK-*Rennpferdt* Rn 23 ff.; HaKo-KSchR/*Mestwerdt* Rn 53; HaKo-TzBfG/*Boecken* Rn 16 f.; *Sievers* RdA 2004, 293). Dieses Risiko verbleibt mithin beim Arbeitnehmer. Dies gilt grds. auch dann, wenn sich während der Dauer des befristeten Arbeitsverhältnisses die Tätigkeit des Arbeitnehmers ändert. Wird jedoch in einem **Änderungsvertrag** unter Beibehaltung der vertraglich vereinbarten Befristungsdauer eine Änderung der Tätigkeit und ggf. der Vergütung vereinbart, unterliegt der Änderungsvertrag als letzter Arbeitsvertrag der Befristungskontrolle. In diesem Fall kommt es darauf an, ob **bei Abschluss des Änderungsvertrags ein Sachgrund** für die Befristung bestand (*BAG* 17.5.2017 NZA 2017, 1340, Rn 28). Die Interessenlage bei Vertragsschluss kann indessen durch nachfolgende Ereignisse gekennzeichnet sein (zB Wunsch des Arbeitnehmers nach befristetem Vertrag, s. Rdn 374) und die Existenz des Sachgrundes bestätigen. Im Fall eines **gerichtlichen Vergleichs** zur Befristung (§ 14 Abs. 1 Nr. 8 TzBfG) ist auf die **Rechtslage** im Zeitpunkt des gerichtlichen Vergleichsschlusses abzustellen (*BAG* 26.4.2006 EzA § 14 TzBfG Nr. 29 m. krit. Anm. *Gravenhorst*).

127 Die bisher im Schrifttum erörterte Streitfrage, ob der nach Abschluss des befristeten Arbeitsvertrages eintretende **besondere Kündigungsschutz** (zB Eintritt der Schwangerschaft, Feststellung der Schwerbehinderung, Wahl in ein Betriebsratsamt) einen »besonderen« sachlichen Grund erfordere, hat sich damit erledigt (s. Rdn 6 f.). Zu Zweifeln der unionsgemäßen Anwendung des Befristungsrechts bei Beendigung des Arbeitsverhältnisses eines sachgrundlos befristet beschäftigten, in den **Betriebsrat** gewählten Arbeitnehmers vgl. Rdn 73, 75. Der später eintretende besondere Kündigungsschutz kann jedoch bei Ablehnung einer Fortsetzung des befristeten Arbeitsverhältnisses zu Entschädigungs- und Schadensersatzansprüchen nach § 15 **AGG** führen (zB bei nicht eingehaltener Zusage der Übernahme in ein unbefristetes Arbeitsverhältnis nach Eintritt einer **Schwangerschaft**; *LAG Köln* 6.4.2009 LAGE § 22 AGG Nr. 3). Nach Ablauf einer Befristung ist der Arbeitgeber grds. frei zu entscheiden, ob er dem bisher befristet beschäftigten Arbeitnehmer

ein neues Vertragsangebot unterbreitet (*BAG* 13.8.2003 EzA § 14 TzBfG Nr. 52; 23.4.2009 EzA § 611 BGB 2002 Persönlichkeitsrecht Nr. 9). Der **arbeitsrechtliche Gleichbehandlungsgrundsatz** ist nicht geeignet, einen Anspruch auf Verlängerung eines sachgrundlos befristeten Arbeitsvertrags zu begründen (offen gelassen *BAG* 24.6.2015 EzA § 6 KSchG Nr. 7, Rn 61; 13.8.2008 EzA § 14 TzBfG Nr. 52; APS-*Backhaus* § 15 TzBfG Rn 112; *Strecker* Anm RdA 2009, 381).

Der spätere Fortfall des Sachgrundes begründet auch keinen **Wiedereinstellungsanspruch** des Arbeitnehmers (*BAG* 20.2.2002 EzA § 620 BGB Nr. 189; *Maschmann* BB 2002, 1650; HWK-*Rennpferdt* Rn 23; MHH-TzBfG/*Meinel* Rn 17, 34; *Annuß/Thüsing/Maschmann* Rn 8 mwN). Im **Unterschied zur betriebsbedingten Kündigung** in einem unbefristeten Arbeitsverhältnis verfügt der Arbeitnehmer in einem wirksam befristeten Arbeitsverhältnis nicht über einen, über das Befristungsende hinausreichenden Bestandsschutz (*Meinel/Bauer* NZA 1999, 575, 577 f.). In **Ausnahmefällen** kann jedoch bei wirksamen Befristungen, deren **sachlicher Grund** später **wegfällt**, zugunsten des Arbeitnehmers **geprüft werden**, ob die von der Rechtsprechung entwickelten **Grundsätze** zum Rechtsmissbrauch und **zum Erhalt des Vertrauensschutzes eine unbefristete Fortsetzung des Arbeitsverhältnisses zur Folge haben.** Bei einer Zusammenschau der Systematik von § 14 und § 16 TzBfG wird indessen deutlich, dass für solche Ausnahmefälle (*EuGH* 4.10.2001 EzA § 611a BGB Nr. 16 **Melgar**; *Dörner* Befr. Arbeitsvertrag Rn 158) nur wenig Raum besteht. Näher dazu vgl. KR-*Bader/Kreutzberg-Kowalczyk* § 17 TzBfG Rdn 75 ff.

4. Befristungskontrolle bei Mehrfachbefristungen

a) Prüfung des letzten befristeten Arbeitsvertrages

Bei mehreren befristeten Verträgen wird der Prüfungsmaßstab zunächst durch den Streitgegenstand bestimmt. Den Streitgegenstand bestimmt der Kläger mit seiner Klage. Er kann sich also nicht nur gegen die letzte Befristung, sondern auch gegen zuvor erfolgte Befristungen wenden (*BAG* 24.8.2011 EzA § 620 BGB 2002 Hochschulen Nr. 9). **Streitgegenstand einer Feststellungsklage nach § 17 TzBfG ist** – wie nach § 1 Abs. 5 BeschFG 1996 – **die Beendigung des Arbeitsverhältnisses aufgrund der Befristung, also ein punktueller Streitgegenstand** (*Vossen* NZA 2000, 706 f.; s. KR-*Bader/Kreutzberg-Kowalczyk* § 17 TzBfG Rdn 13, 58 mwN). Waren danach in dem maßgebenden Zeitraum mehrere Befristungen streitig, dann hielt es die **frühere Rechtsprechung** für erforderlich, jeden Vertrag auf seinen sachlichen Grund hin zu überprüfen, weil die mehrfachen Befristungen nicht als Einheit anzusehen seien (*BAG* 30.9.1981 EzA § 620 BGB Nr. 52).

Diese Rechtsprechung hat das **BAG seit 1985** aufgegeben und **prüft seitdem bei mehrfacher Befristung nur noch die sachliche Rechtfertigung des zuletzt geschlossenen Vertrages** (*BAG* 12.4.2017 EzA § 14 TzBfG Nr. 129, Rn 13; 17.11.2010 EzA § 14 TzBfG Nr. 72; 6.10.2010 EzA § 14 TzBfG Nr. 70; 18.6.2008 NZA 2009, 35), es sei denn, es fand eine Zusammenrechnung von Arbeitsverhältnissen wegen eines engen zeitlichen und sachlichen Zusammenhangs statt (*BAG* 8.5.1985 EzA § 620 BGB Nr. 52;.12.1986 EzA § 620 BGB Nr. 82; seitdem st. Rspr.; zB *BAG* 13.10.2004 EzA § 14 TzBfG Nr. 14; 4.6.2003 EzA § 620 BGB 2002 Nr. 4; 20.1.1999 EzA § 620 BGB Nr. 160). Der zuständige 7. Senat erkannte **in dem vorbehaltlosen Abschluss des befristeten Arbeitsvertrages zugleich die konkludente Aufhebung eines zuvor unbefristeten Arbeitsverhältnisses** (*BAG* 24.8.2011 EzA § 620 BGB 2002 Hochschulen Nr. 9; 6.10.2010 EzA § 14 TzBfG Nr. 70; 5.5.2004 EzA § 15 TzBfG Nr. 1; 4.6.2003 EzA § 620 BGB 2002 Nr. 4; *Dörner* Befr. Arbeitsvertrag Rn 111 f.; *Arnold/Gräfl* Rn 51; HWK-*Rennpferdt* Rn 32; aA HaKo-KSchR/*Mestwerdt* Rn 57, 59, der für eine Aufgabe der Rechtsprechung zur beschränkten Prüfung eintritt, da es einen Erfahrungssatz nicht gebe, wonach mit dem Neuabschluss eines befristeten Arbeitsvertrages zugleich das alte Vertragsverhältnis aufgehoben werde).

Selbst wenn die Parteien irrtümlich davon ausgegangen seien, sie hätten in einem wirksam befristeten Arbeitsverhältnis gestanden, ändere dies nichts am objektiven Erklärungswert ihrer übereinstimmenden Willensbekundungen, ihre Rechtsbeziehungen hinsichtlich der Dauer des Arbeitsverhältnisses auf eine neue Grundlage zu stellen. Die Unkenntnis dieser Rechtsfolge berechtige daher den betroffenen Arbeitnehmer nicht, den von ihm abgeschlossenen befristeten Anschlussarbeitsvertrag nach § 119 Abs. 1 BGB wegen Erklärungsirrtums anzufechten (so *BAG* 30.10.1987 EzA § 119 BGB Nr. 13; 3.12.1997 EzA § 620 BGB Nr. 148). Entscheidend ist hierfür, dass sich aus dem zuletzt abgeschlossenen befristeten Arbeitsvertrag der Verlust des vorangehenden befristungsrechtlichen Bestandsschutzes ergibt (*BAG* 25.3.2009 EzA § 14 TzBfG Nr. 57 Rn 9; 6.10.2010 EzA § 14 TzBfG Nr. 70). Für diese Rechtsprechung sprechen neben dem Argument der **Novation** auch die **Klagefrist des § 17 TzBfG** und die dadurch gewonnene **Rechtssicherheit** (krit. *Staudinger/Preis [2019]* § 620 BGB Rn 41; HaKo-KSchR/*Mestwerdt* Rn 57, 59). Diese Rechtsprechung hindert den Arbeitnehmer indessen nicht, eine **frühere Befristung zum Gegenstand** der von ihm erhobenen **Befristungskontrollklage** zu machen, denn er bestimmt als Kläger den Streitgegenstand (§ 253 Abs. Nr. 2 ZPO). Allerdings wird er regelmäßig damit keinen Erfolg haben, wenn er mit dem Arbeitgeber »vorbehaltlos« einen Folgevertrag abschließt (*BAG* 23.3.2016 EzA § 620 BGB 2002 Hochschulen Nr. 17, Rn 18; 24.8.2011 EzA § 620 BGB 2002 Hochschulen Nr. 9). Zur **Vorbehaltsvereinbarung** s Rdn 136.

132 Die vorangehenden befristeten Arbeitsverträge bleiben indessen erheblich, indem sie **die Anforderungen an den sachlichen Grund der Befristung mit deren zunehmender Dauer steigern** und Umstände verdeutlichen, die eine überzeugende **Prognose des Arbeitgebers** zB zur begrenzten Beschäftigungsmöglichkeit des Arbeitnehmers in den Fällen des § 14 Abs. 1 Nr. 1 und 3 TzBfG **erschweren** (ebenso ErfK-*Müller-Glöge* Rn 10, jedenfalls zu den Tatbeständen Nr. 1 und Nr. 3; *Staudinger/Preis [2019]* § 620 BGB Rn 43; **aA** *BAG* 29.4.2015 EzA § 14 TzBG Nr. 114, Rn 21; 18.7.2012 EzA § 14 TzBfG Nr. 86, Rn 19, 22; 25.3.2009 EzA § 14 TzBfG Nr. 57 Rn 26; *Dörner* Befr. Arbeitsvertrag Rn 308a; *Schaub/Koch* § 40 Rn 6; *Kiel* JBArbR 50 [2013] S. 34, 41). Das trifft insbes. dann zu, wenn sich bei gleichbleibendem Befristungsgrund die **Prognosen** in der Vergangenheit immer wieder als **unzutreffend** erwiesen haben (so noch *BAG* 21.4.1993 EzA § 620 BGB Nr. 121; 22.11.1995 EzA § 620 BGB Nr. 138; 24.9.1997 – 7 AZR 654/96, nv; *LAG Köln* 9.3.2005 ZTR 2006, 48; LS-*Schlachter* Rn 15, 17 f.; **aA** *Sievers* RdA 2004, 291, 293 ff., *BAG* 13.10.2004 EzA § 14 TzBfG Nr. 14 auch bei mehrfachen Vertretungsbefristungen keine erhöhten Anforderungen; *BAG* 25.3.2009 EzA § 14 TzBfG Nr. 57; **krit. dazu** auch APS-*Backhaus* Rn 66 ff.; *Preis/Greiner* RdA 2010, 149; *Lipke* FS Etzel 2011, S. 256)

133 **Neue Maßstäbe** setzten dazu die Entscheidungen des *BAG* vom 18.7.2012 (EzA § 14 TzBfG Nr. 86; EzTöD 100 § 30 Abs. 1 TVöD-AT Sachgrundbefristung Nr. 46). Zwar hindert § 17 TzBfG mit seiner Dreiwochenfrist die Feststellung der Rechtsunwirksamkeit »alter« Befristungen, aber die Berücksichtigung der Gesamtumstände im Fall einer möglichen Kettenbefristung mit Sachgründen umfasst auch die **Betrachtung der Vergangenheit**, also auch die der letzten Befristung vorangegangenen Befristungen. Dies hat das BAG nun herausgestellt, indem es den Vorgaben der Entscheidung des *EuGH* vom 26.1.2012 im Fall »Kücük« (EzA § 14 TzBfG Nr. 80; s. Rdn 259 ff.) folgt und in die Prüfung des »**institutionellen Rechtsmissbrauchs**« vorhergehende Befristungen der Zahl und der Dauer nach berücksichtigen will. Damit wird die **Rechtsprechung** des BAG – geprüft wird grds. nur die letzte Befristung – **modifiziert und der Streitgegenstand der Entfristungsklage erweitert** (in diese Richtung bereits *Persch* ZTR 2012, 268, 273; *ders.* NZA 2011, 1068; *ders.* BB 2013, 629; *Brose/Sagan* NZA 2012, 308, 309; *Greiner* NZA-Beil. 2011, 117 f.; **aA** *Bauer/v. Medem* SAE 2012, 25, 31; *Drosdeck/Bitsch* NJW 2012, 977, 980; *Gooren* ZESAR 2012, 225, 228; *Maschmann* Anm. zu AP Nr. 79 zu § 14 TzBfG; *Reinhard* ArbRB 2012, 120, 122 f., die alle am bisherigen Prüfungsmaßstab festhalten wollen). Deshalb wird die **Vertragshistorie** nun doch wieder **bedeutsam**, da bei **jeder Befristungskontrolle in einem zweiten Schritt die Rechtsmissbrauchsprüfung** durchzuführen ist (*BAG* 19.2.2014 EzA § 14 TzBfG Nr. 103, Rn 35 f.; 19.3.2014 NZA 2014, 840, Rn 21).

134 Dieser dogmatische Schwenk des BAG ist zur **Eindämmung von rechtsmissbräuchlichen Befristungsketten** (mit und ohne Sachgrund) grds. zu begrüßen. Allerdings gründen sich die Entscheidungen vom 18.7.2012 auf **Befristungssachverhalte zu Vertretungen** nach § 14 Abs. 1 S. 2 Nr. 3 TzBfG und § 21 BEEG. Eine **Verallgemeinerungsfähigkeit** der dort getroffenen Aussagen

zur Verhinderung von Rechtsmissbrauch bei Kettenbefristungen mit anderen Sachgründen ist deshalb nur in Grenzen möglich, wie zB bei Sachverhalten zu einem vorübergehenden betrieblichen Mehrbedarf nach § 14 Abs. 1 S. 2 Nr. 1, zu dem Nr. 3 nur einen Unterfall darstellt (*Gooren* ZESAR 2012, 225, 230; wohl auch *Brose/Sagan* NZA 2012, 308 f.), aber auch wohl im Fall von Nr. 7 (Haushaltsbefristung; vgl. BAG 13.2.2013 EzA § 14 TzBfG Nr. 92, Rn 20, 36) und Nr. 8 (gerichtlicher Vergleich, BAG 12.11.2014 EzA § 14 TzBfG Nr. 109, Rn 27, 36). Die Rechtsmissbrauchskontrolle hat das **BAG** nunmehr durch **allgemeine Grenzziehungen** am Maßstab des § 14 Abs. 2 TzBfG konturiert, um der Praxis **mehr Rechtssicherheit** zu geben (BAG 26.10.2016 EzA § 14 TzBfG Rechtsmissbrauch Nr. 1, Rn 27 f.; *Kiel* NZA-Beil. 2/2016, 72, 82 ff.). Im Einzelnen dazu Rdn 178 ff. Der **Koalitionsvertrag CDU/CSU/SPD** vom **12.3.2018** und der gegen Ende der 19. Legislaturperiode eingebrachte Referentenentwurf sahen eine Beschränkung von Mehrfachbefristungen auf einen Zeitraum von maximal fünf Jahren vor. Zu einer Umsetzung entsprechender Regelungen, die erheblichen Einfluss auf die Missbrauchskontrolle gehabt hätten, ist es nicht mehr gekommen.

Auch die von der Rspr. herabgesetzten Anforderungen an die **Prognose** des Arbeitgebers bei mehrfachen **Vertretungsbefristungen** dürfen nicht für alle anderen Sachgründe angewandt werden (zutr. LS-*Schlachter* Rn 17, die auf die dortige Besonderheit aufmerksam macht, dass die zu vertretende Stammkraft einen Rechtsanspruch auf Wiederaufnahme ihrer Tätigkeit besitzt). Bei **wechselnden** hintereinander geschalteten **Sachgründen** (vorübergehender Mehrbedarf, Vertretung, haushaltsrechtliche Befristung) bleibt es hingegen bei den herkömmlichen Bedingungen zu der jeweilig erforderlichen **Prognose** (näher dazu s. Rdn 144 ff.). 135

b) Vorbehaltsvereinbarung

Eine über den letzten befristeten Vertrag hinausreichende Befristungskontrolle soll nach der Rspr. des BAG nur stattfinden, wenn der Arbeitnehmer beim Abschluss des letzten Zeitvertrages deutlich gemacht hat, durch die weitere Befristung auf einen infolge früherer unwirksamer Befristungen bereits erworbenen Bestandschutz nicht verzichten zu wollen. Bei solch einem ausdrücklich oder konkludent vereinbarten **Vorbehalt** soll der letzte Vertrag nur gelten, wenn die Parteien nicht schon aufgrund des vorangegangenen Arbeitsvertrages in einem unbefristeten Arbeitsverhältnis stehen (*BAG* 18.6.2008 NZA 2009, 35; 9.7.1997 EzA § 21 BErzGG Nr. 2). Die Rechtsprechung hat die Anforderungen zu einem solchen Vorbehalt verdeutlicht. Danach genügt ein **einseitig erklärter Vorbehalt** des Arbeitnehmers **nicht**, um die vorherige Befristung für eine richterliche Kontrolle offen zu halten. Vielmehr ist der befristete Folgevertrag von den Parteien gemeinsam unter den Vorbehalt zu stellen, dh der **Vorbehalt** muss **vertraglich vereinbart** worden sein, wobei dies auch der Auslegung des neuen Vertrags entnommen werden kann (*BAG* 23.3.2016 EzA § 620 BGB 2002 Hochschulen Nr. 17, Rn 18; 24.8.2011 EzA § 620 BGB 2002 Hochschulen Nr. 9, Rn 51; 4.6.2003 EzA § 620 BGB 2002 Nr. 4; 5.6.2002 EzA § 620 BGB Nr. 195; ErfK-*Müller-Glöge* Rn 12; *Dörner* Befr. Arbeitsvertrag Rn 115 ff; HWK-*Rennpferdt* Rn 33 f.; **aA** MHH-TzBfG/*Meinel* Rn 31, der für die »Vorbehaltsrechtsprechung« nach Einführung der Klagefrist keinen Bedarf mehr sieht; ebenso HaKo-KSchR/*Mestwerdt* Rn 59). Ein **Schriftformerfordernis** besteht hierfür aber nicht (vgl. zu tariflichen Vorgaben BAG 27.7.2005 EzA § 307 BGB 2002 Nr. 5), sodass es für die Vereinbarung eines rechtswirksamen Vorbehalts genügen kann, einen befristeten Arbeitsvertrag **nach Zustellung der Entfristungsklage** zur vorangehenden Befristung abzuschließen (*BAG* 15.2.2006 ZTR 2006, 508; BAG 13.10.2004 EzA § 17 TzBfG Nr. 6; BAG 10.3.2004 EzA § 14 TzBfG Nr. 9; LAG Bln.-Bra. 13.12.2018 LAGE § 14 TzBfG Nr. 124, Rn 39; MüKo-*Hesse* Rn 14). Dann soll ein **konkludent vereinbarter Vorbehalt** bestehen, der die Kontrolle des vorletzten befristeten Arbeitsvertrages ermöglicht (*Dörner* Befr. Arbeitsvertrag Rn 119). 136

Lässt sich der Arbeitgeber vor Abschluss einer weiteren Befristung nicht auf den vom Arbeitnehmer verlangten Vorbehalt einer gerichtlichen Überprüfung der ablaufenden Befristung ein, so liegt in dieser Verweigerung kein Verstoß gegen das **Maßregelungsverbot aus § 612a BGB** (*BAG* 14.2.2007 EzA § 620 BGB 2002 Nr. 12). Der Arbeitnehmer erleidet dann zwar den Nachteil, die Befristung 137 im vorangehenden Arbeitsvertrag nicht mehr gerichtlich auf ihre Rechtswirksamkeit nachprüfen lassen zu können. Dieser Nachteil ist aber keine Maßregelung, denn der Arbeitgeber verweigert die Vereinbarung des gewünschten Vorbehalts nicht deshalb, weil der Arbeitnehmer in zulässiger Weise ein Recht ausgeübt hat oder ausüben wollte. Mit dem neuen Angebot auf Abschluss eines vorbehaltlosen weiteren befristeten Arbeitsvertrages macht der Arbeitgeber nur von der ihm zustehenden **Vertragsfreiheit** Gebrauch, das in der abweichenden Annahme liegende Angebot des Arbeitnehmers auf Vereinbarung eines Vorbehalts abzulehnen. Anders ist es zu beurteilen, wenn der verlangte Vorbehalt verweigert wird, weil der Arbeitnehmer sein **Recht auf freie Meinungsäußerung** ausgeübt hat. Doch auch hier besteht kein Anspruch auf einen Folgevertrag, sondern nur auf Schadensersatz nach § 15 Abs. 6 AGG (vgl. *BAG* 21.9.2011 EzA § 612a BGB 2002 Nr. 7).

c) Unselbständiger Annex

138 Als weitere **Ausnahme** gilt, dass eine vorhergehende Befristung dann in die Prüfung einzuschließen ist, wenn der letzte Vertrag lediglich ein **unselbständiger Annex des vorletzten Vertrages ist und ohne diesen nicht denkbar ist** (*BAG* 24.2.2016 EzA § 620 BGB 2002 Hochschulen Nr. 16, Rn 21; 25.8.2004 EzA § 14 TzBfG Nr. 13; Rn 16; 5.6.2002 EzA § 620 BGB Nr. 193; HWK-*Rennpferdt* Rn 34; aA *Sievers* Rn 60, der mangels gesetzlicher Grundlage für eine Aufgabe dieser Rechtsfigur eintritt). Für die Annahme einer unselbständigen Annexregelung reicht es indessen nicht aus, dass der letzte und der vorletzte Vertrag in den **Vertragsbedingungen übereinstimmen** und die zu erfüllende **Arbeitsaufgabe gleichbleibt**. Davon ist nur auszugehen, wenn der Anschlussvertrag lediglich eine **verhältnismäßig geringfügige Korrektur** des in dem früheren Vertrag vereinbarten Endzeitpunktes vorsieht (3 Monate unbedenklich, 7 und 10 Monate oder wiederholte Befristungsverlängerung um jeweils 6 Monate dagegen bedenklich; vgl. *BAG* 7.11.2007 EzA § 14 TzBfG Nr. 43; 10.10.2007 EzA § 14 TzBfG Nr. 41; 1.12.1999 EzA § 620 BGB Hochschulen Nr. 21), diese Korrektur sich am Sachgrund für die Befristung des früheren Vertrages orientiert und allein in der **Anpassung der ursprünglich vereinbarten Vertragszeit** an später eingetretene, nicht vorhergesehene Umstände besteht.

139 Die Bedeutung des neuen Fristvertrages muss sich demnach den Vorstellungen der Parteien folgend darauf beschränken, die **Laufzeit** des alten Vertrages mit dem **Sachgrund** für dessen Befristung wieder **in Einklang zu bringen** (*Dörner* Befr. Arbeitsvertrag Rn 121 ff.). Den Parteien muss es allein darum gegangen sein, die Laufzeit des alten Vertrages mit dem Sachgrund der Befristung gleichzuschalten (*BAG* 24.2.2016 EzA § 620 BGB 2002 Hochschulen Nr. 16, Rn 21; 7.11.2007 EzA § 14 TzBfG Nr. 43). Ist dem so, bleibt es dabei, dass nicht der sog. unselbständige Annexvertrag, sondern der gesamte **durch Annex verlängerte Vertrag** der **Befristungskontrolle** unterworfen ist (*BAG* 16.3.2005 EzA § 14 TzBfG Nr. 17; ErfK-*Müller-Glöge* Rn 9a; MüKo-*Hesse* Rn 14; vgl. weiter dazu KR-*Bader/Kreutzberg-Kowalczyk* § 17 TzBfG Rdn 58, 64). Um **keinen Annexvertrag** handelt es sich bei Neuabschluss einer Befristung mit neuen Aufgaben nach fast sechsmonatiger Unterbrechung des Arbeitsverhältnisses, bei Verlängerungen nach § 2 Abs. 5 WissZeitVG, zB wegen Personalratstätigkeit, und bei Verlängerungen im Bereich des § 14 Abs. 1 Nr. 2 TzBfG (*Dörner* Befr. Arbeitsvertrag Rn 124; KR-*Treber* § 2 WissZeitVG Rdn 77 ff.; *BAG* 25.8.2004 EzA § 14 TzBfG Nr. 13; 20.4.2005 EzBAT SR 2y BAT Nr. 4; 10.10.2007 EzA § 14 TzBfG Nr. 41).

d) Klagefrist des § 17 TzBfG

140 Die **Rechtsprechung des BAG** zum TzBfG hält zur Befristungskontrolle nur des letzten befristeten Arbeitsvertrages an dem bisherigen Rechtszustand fest (*BAG* 2.7.2003 EzBAT Theater, Normalvertrag Solo § 20 Gastspiel Nr. 1; 4.6.2003 EzA § 620 BGB 2002 Nr. 4; 10.3.2004 EzA § 14 TzBfG Nr. 9). Die **Entfristungsklage** nach § 17 TzBfG gewinnt dabei als Argument an Gewicht. Danach ist nunmehr bei einer Befristung jeder Vertrag zu überprüfen, der unter Einhaltung der **Klagefrist des § 17 TzBfG** zur gerichtlichen Überprüfung gestellt wird. Selbstverständlich kann der Arbeitnehmer auch außerhalb der Klagefrist die Befristung klageweise bemängeln; zB durch Erhebung der allgemeinen Feststellungsklage nach **§ 256 Abs. 1 ZPO** schon während

des noch laufenden befristeten Arbeitsverhältnisses (vgl. *BAG* 15.5.2012 EzA § 6 KSchG Nr. 5). Der die Klagefrist versäumende Arbeitnehmer kann bei einer weiteren Auseinandersetzung mit seinem Arbeitgeber aber nicht mehr einwenden, der vorangehende Arbeitsvertrag sei – weil ohne Sachgrund – ein unbefristeter gewesen. Aufgrund der **Fiktionswirkung des § 17 TzBfG iVm § 7 KSchG** (*BAG* 7.10.2015 EzA § 14 TzBfG Nr. 119, Rn 26) steht dann fest, dass der vorhergehende Arbeitsvertrag aufgrund Befristung wirksam beendet ist. Dadurch wird **Rechtssicherheit** geschaffen. Mit dem Sinn und Zweck dieser Regelung lässt es sich nicht vereinbaren, den Sachgrund der vorangehenden Befristung, abgesehen von den Fällen eines unselbständigen Annexvertrages, noch nach Ablauf der Dreiwochenfrist des § 17 TzBfG zu überprüfen (ErfK-*Müller-Glöge* § 17 TzBfG Rn 11b; APS-*Backhaus* § 17 TzBfG Rn 66 f.; *Dörner* Befr. Arbeitsvertrag Rn 813 f.; aA *Wank* RdA 2010, 193, 200). Vgl. aber Rdn 133 zur Prüfung des Rechtsmissbrauchs.

Deshalb ist die **Klagefrist stets zu beachten, wenn ein Arbeitnehmer geltend machen will, dass die Befristung eines Arbeitsvertrages rechtsunwirksam ist**, unabhängig davon ob es um eine Sachgrundkontrolle oder die Erfüllung der Voraussetzungen einer sachgrundlosen Befristung geht. Das gesetzgeberische Anliegen, dem Arbeitgeber möglichst schnell Klarheit über die Wirksamkeit der Beendigung von Arbeitsverhältnissen zu verschaffen, ist nach dem früher geltenden § 1 Abs. 5 BeschFG 1996 **in § 17 TzBfG erneut bestätigt worden** (BT-Drucks. 14/4374 S. 21). Damit Ablauf der ungenutzten dreiwöchigen Klagefrist (Eingang der Klage, beim örtlich zuständigen Arbeitsgericht, *LAG Hamm* 5.6.2014 LAGE § 17 TzBfG Nr. 6) **alle** denkbaren **Unwirksamkeitsgründe** gegen eine Befristung nicht mehr geltend gemacht werden können, kommt es **in Zukunft nicht mehr darauf an**, ob der **Arbeitnehmer** anlässlich einer erneuten Befristung einen **einseitigen ausdrücklichen Vorbehalt erhoben hat** (LS-*Schlachter* § 17 TzBfG Rn 5; -*Müller-Glöge* § 17 TzBfG Rn 5a; *Dörner* Befr. Arbeitsvertrag Rn 116, 119; abw. *LAG Nds.* 12.1.2004 LAGE § 14 TzBfG Nr. 13), es sei denn, dieser ist infolge **konkludenter Erklärung** – zB durch widerspruchslose Entgegennahme der Arbeitsleistung in der Folgezeit – durch den Arbeitgeber angenommen worden (*BAG* 12.4.2017 EzA § 14 TzBfG Nr. 129, Rn 13 f.). Dem BAG ist ebenso zu folgen, wenn es die **Einhaltung der 3-wöchigen Frist zur Erhebung der Entfristungsklage nicht für unzumutbar hält**, falls dem Arbeitnehmer ein weiteres befristetes Arbeitsverhältnis angeboten worden ist und er dieses Angebot angenommen hat oder annehmen will (*Vossen* FS Schwerdtner 2003, S. 693, 700; aA *Fiebig* NZA 1999, 1086, 1088; ähnlich *Buschmann* AuR 1996, 286, 289). Dem Arbeitnehmer wird hierbei nicht mehr zugemutet als im Kündigungsschutzrecht oder im Recht der tariflichen Ausschlussfristen. Auch dort muss er im laufenden Arbeitsverhältnis – trotz Hoffnung oder sogar Zusage auf Wiedereinstellung – seine Rechte klageweise geltend machen, wenn er sie nicht verlieren will (*BAG* 22.3.2000 EzA § 1 BeschFG 1985 Klagefrist Nr. 4; iE dazu KR-*Bader/Kreutzberg-Kowalczyk* § 17 TzBfG Rdn 61).

Wenn das BAG in den letztgenannten Entscheidungen an der seit dem 8.5.1985 entwickelten Rechtsprechung festhält (*BAG* 5.5.2004 EzA § 15 TzBfG Nr. 1; zur Kettenbefristung *BAG* 18.7.2012 EzA § 14 TzBfG Nr. 86; EzTöD 100 § 30 Abs. 1 TVöD-AT Sachgrundbefristung Nr. 46), **mit dem vorbehaltlosen Abschluss eines Folgevertrages** würden die Arbeitsvertragsparteien ihre **Vertragsbeziehung regelmäßig auf eine neue Rechtsgrundlage stellen** und damit ein etwa unbefristetes früheres Arbeitsverhältnis aufheben (*BAG* 12.4.2017 EzA § 14 TzBfG Nr. 129, Rn 13; ErfK-*Müller-Glöge* Rn 11; HWK-*Rennpferdt* Rn 32; aA APS-*Backhaus* § 17 TzBfG Rn 65), hat diese **Überlegung eine weitere Bestätigung durch § 17** erfahren. **Die Befristungskontrolle** macht das BAG nämlich an der **Einhaltung der Klagefrist aus § 17 TzBfG fest** (*BAG* 13.10.2004 EzA § 17 TzBfG Nr. 6; APS-*Backhaus* § 17 TzBfG Rn 6, 11; *Dörner* Befr. Arbeitsvertrag Rn 813 f.). Mit Ablauf der Klagefrist werden zwar nicht die zulässigen Voraussetzungen einer Befristung mit oder ohne Sachgrund fingiert; doch **Befristungsmängel** im Zeitpunkt der Befristungsvereinbarung werden **geheilt**, dh sie können nicht mehr in Frage gestellt werden (vgl. *BAG* 24.2.2016 EzA § 620 BGB 2002 Hochschulen Nr. 16, Rn 14 ff.).

Dafür steht, dass nach den neueren Entscheidungen des BAG der vorbehaltlose Abschluss eines Folgevertrages die Überprüfung der Unwirksamkeit der Befristung des vorangegangenen Vertrages nicht mehr hindert (*BAG* 18.7.2012 EzA § 14 TzBfG Nr. 86, Rn 12), die Rechtsunwirksamkeit der Befristung jedoch nicht mehr eingewendet werden kann, wenn die dreiwöchige Klagefrist des § 17 TzBfG vom Arbeitnehmer nicht eingehalten worden ist (*BAG* 24.8.2011 EzA § 620 BGB 2002 Hochschulen Nr. 9, Rn 51). Selbst die Vereinbarung eines **rechtswirksamen Vorbehalts** zur Überprüfung der vorangehenden Befristung kann **nur helfen**, wenn er innerhalb der **Dreiwochenfrist** aus § 17 TzBfG zur Erhebung der **Entfristungsklage** genutzt wird (LS-*Schlachter* Rn 16; ErfK-*Müller-Glöge* § 17 TzBfG Rn 5a.; abw. noch *LAG Nds.* 8.3.2004 LAGE § 14 TzBfG Nr. 14). Hat der Kläger **rechtzeitig Klage erhoben**, so kann er bis zum Schluss der mündlichen Verhandlung in **erster Instanz** (§ 17 S. 2 iVm. § 6 KSchG) die **Unwirksamkeit der Befristung auch auf andere als die innerhalb der Klagefrist erhobenen Mängel stützen**. Danach ist der Arbeitnehmer mit der Geltendmachung weiterer Unwirksamkeitsgründe ausgeschlossen, es sei denn das **Arbeitsgericht** hat seiner **Hinweispflicht** nach § 6 S. 2 KschG iVm § 17 S. 2 TzBfG nicht genügt. Dann kann der Kläger diese Gründe noch in das Berufungsverfahren einführen (*BAG* 24.6.2015 EzA § 6 KSchG Nr. 7, Rn 40; *BAG* 20.8.2014 EzA § 286 ZPO 2002 Nr. 3, Rn 21; 4.5.2011 EzA § 6 KSchG Nr. 3); *Staudinger/Preis [2019]* § 620 BGB Rn 242; *Dörner* Befr. Arbeitsvertrag Rn 796 f.). Näher dazu *Bader* Erl. zu § 17 TzBfG.

5. Prognose des Arbeitgebers
a) Grundsätze

144 Die Befristung des Arbeitsvertrages ist durch einen vorübergehenden Bestand des Arbeitsverhältnisses geprägt. Bei **fast allen anerkannten Befristungsgründen** (Ausnahmen: Befristung aus einem in der Person des Arbeitnehmers liegenden Grund, Nr. 6; Gerichtlicher Vergleich, Nr. 8) ist deshalb die **Prognose des Arbeitgebers** zB zur Begrenztheit des Beschäftigungsbedarfs oder zum Wegfall der Haushaltsmittel Teil des Sachgrundes, indessen mit **unterschiedlichen Anforderungen von Bedeutung** (*BAG* 7.5.2008 EzA § 14 TzBfG Nr. 48; 14.2.2007 EzA § 14 TzBfG Nr. 38 jeweils zur Haushaltsbefristung; 7.11.2007 EzA § 14 TzBfG Nr. 43; 15.2.2006 ZTR 2006, 509; 25.8.2004 EzA § 14 TzBfG Nr. 13; 4.12.2002 EzA § 620 BGB 2002 Nr. 1 und *BAG* 15.10.2014 EzA § 14 TzBfG Nr. 108, Rn 14; 4.12.2013 EzA § 14 TzBfG Nr. 99; 17.3.2010 EzA § 14 TzBfG Nr. 63; 20.2.2008 AP Nr. 45 zu § 14 TzBfG Rn 14 jeweils zum vorübergehenden Mehrbedarf [Projektbefristung]; 7.4.2004 EzA § 620 BGB 2002 Nr. 10, Drittmittelfinanzierung; 29.6.2011 NJW 2011, 3675 und 29.4.2015 EzA § 14 TzBfG Nr. 114, Rn 17; 17.11.2010 EzA § 14 TzBfG Nr. 72, nur geringfügige Anforderungen an die Rückkehrprognose in Vertretungsfällen; ErfK-*Müller-Glöge* Rn 17 ff.; *Dörner* Befr. Arbeitsvertrag Rn 275; HaKo-KSchR/*Mestwerdt* Rn 54 ff.; *Annuß/Thüsing/Maschmann* Rn 26, 34, 36c; *Sievers* Rn 134 ff.). Liegen die entscheidenden Umstände in der Zukunft, so hängt die Frage, ob für die Befristung und (eingeschränkt) für deren Zeitspanne ein sachlicher Grund vorliegt, von einer fundierten Prognose des Arbeitgebers ab. An die **Prognose** sind, insbes. bei **mehrfacher Befristung, strenge Anforderungen** zu stellen (*Preis/Greiner* RdA 2010, 149; *Lipke* FS Etzel 2011, S. 255, *Loth* Diss 2015, Kap. 3, § 4 B II S. 315 mwN, aA *BAG* 29.4.2015 EzA § 14 TzBfG Nr. 114, Rn 21). Der **Arbeitgeber** muss aufgrund **greifbarer Tatsachen mit einiger Sicherheit annehmen können, dass der in der Zukunft liegende Ungewissheitszustand auch eintritt** (*BAG* 4.12.2013 EzA § 14 TzBfG Nr. 99; 28.3.2001 EzA § 620 BGB Nr. 175; 17.3.2010 EzA § 14 TzBfG Nr. 63 Rn 12; *Schaub/Koch* § 40 Rn 4; MüKo-*Hesse* Rn 15). Damit kommt der Prognose die Funktion der **Sachgrundkonkretisierung** zu. Die Prognose basiert auf einer von Fall zu Fall wechselnden Vielzahl von Elementen und Bewertungen, die aber **stets zum Inhalt haben muss, dass das vorgesehene Vertragsende sich realisieren wird**. Dabei kann der Arbeitgeber **objektive und subjektive Erfahrungswerte** ins Spiel bringen, auf die er im Zeitpunkt des Vertragsabschlusses setzen konnte. Grundlegend und umfänglich *Loth* Prognoseprinzip und Vertragskontrolle im befristeten Arbeitsverhältnis, Diss Köln, 2015.

145 Die Ungewissheit, die jeder prognostischen Wertung innewohnt, ersetzt nicht den Sachgrund (vgl. *BAG* 7.4.2004 EzA § 620 BGB 2002 Nr. 10) und eröffnet dem Arbeitgeber **keinen** der gerichtlichen Kontrolle verschlossenen **Ermessensspielraum**. Dem Arbeitgeber ist ebenso wenig eine

Einschätzungsprärogative zuzubilligen (so aber ErfK-*Müller-Glöge* Rn 18). Seine subjektive Einschätzung reicht nicht aus (*Dörner* Befr. Arbeitsvertrag Rn 276; APS-*Backhaus* Rn 55 ff.; DDZ-*Wroblewski* Rn 55). Vielmehr hat der Arbeitgeber die Grundlagen seines Wahrscheinlichkeitsurteils im Streitfall stets auszuweisen (bereits *BAG* 14.1.1982 NJW 1982, 1475), damit der Arbeitnehmer die Möglichkeit hat, deren Richtigkeit im Zeitpunkt des Vertragsabschlusses zu überprüfen (st. Rspr., zB *BAG* 4.12.2013 EzA § 14 TzBfG Nr. 99, Rn 16; 17.3.2010 EzA § 14 TzBfG Nr. 63; 25.8.2004 EzA § 14 TzBfG Nr. 13; 15.2.2006 ZTR 2006, 509; 5.6.2002 EzA § 620 BGB Nr. 193, Rn 13; *Arnold/Gräfl*/Rn 33.). Dazu können **Berechnungs- und Planungsgrundlagen** gehören, die der Arbeitgeber für die getroffene Einschätzung offen zu legen hat (HaKo-TzBfG/*Boecken* Rn 51 ff.; vgl. dazu auch *Oberthür* DB 2001, 2246). Die allgemeine **Ungewissheit** über den zukünftigen **Arbeitskräftebedarf reicht für eine Prognose nicht aus**, da das wirtschaftliche Risiko insoweit der Arbeitgeber zu tragen hat (*BAG* 15.10.2014 EzA § 14 TzBfG Nr. 108, Rn 15; 4.12.2013 EzA § 14 TzBfG Nr. 99, Rn 16). Fallen Prognose und tatsächlicher späterer Verlauf auseinander, ist es Sache des Arbeitgebers dies zu erklären (vgl. Rdn 148). In der Praxis wird nach der Rechtsprechung das **Prognoserisiko** vorwiegend dem befristet beschäftigten Arbeitnehmer angelastet (*Loth* Diss 2015, Kap 3, § 3 IV S. 185, 189). Vgl. auch Rdn 256.

Die Prognose des Arbeitgebers hat sich auf **die zum Zeitpunkt des Vertragsabschlusses vorliegenden Umstände**, nicht auf später hinzutretende Ereignisse **zu gründen** (*BAG* 7.11.2007 EzA § 14 TzBfG Nr. 43; 19.10.2005 EzA § 14 TzBfG Nr. 23 in Abgrenzung zur sachgrundlosen Befristung; *Dörner* ZTR 2001, 490; *ders.* NZA 2007, 62; *Worzalla* FS Leinemann 2006, S. 412). **Änderungen, die während des laufenden Vertrages** eintreten, haben grds. keinen Einfluss auf die Wirksamkeit der Befristung (*BAG* 16.11.2005 EzBAT SR 2y BAT Nr. 132 = NZA 2006, 784; HaKo-TzBfG/*Boecken* Rn 16 f.). Das gilt auch, wenn der Sachgrund aus Nr. 7 (haushaltsmäßige Befristung) auf eine »entsprechende Beschäftigung« abstellt (*BAG* 14.2.2007 EzA § 14 TzBfG Nr. 38; krit. *Greiner* Anm. EzA § 14 TzBfG Nr. 34, der die entsprechende Beschäftigung dem arbeitgeberseitigen Direktionsrecht zuordnet). Die Prognose ist schließlich nicht deshalb entbehrlich, weil das **Verhalten Dritter** mit einzubeziehen und daher die zukünftige Entwicklung schwer vorhersehbar ist (*BAG* 4.12.2002 EzA § 620 BGB 2002 Nr. 1 im Fall der Abhängigkeit von Fördermitteln der BA; *Sievers* Rn 135). **Erwartungen ohne fundierte Analyse** der Daten ersetzen **keine Prognose** zum dauerhaften oder vorübergehenden Personalbedarf (*BAG* 17.3.2010 EzTöD 100 § 30 Abs. 1 TVöD-AT Sachgrundbefristung Nr. 28, Rn 15). Wirtschaftliche Schwierigkeiten (*Hess. LAG* 12.12.2007 EzAÜG KSchG Nr. 22; Risiko der zeitlich befristeten Nahverkehrsgenehmigung rechtfertigt keine Befristung bei Nahverkehr als Daueraufgabe) oder **Insolvenz** entheben den Arbeitgeber oder den Insolvenzverwalter nicht von der Pflicht eine Prognose zB zum Arbeitskräftebedarf zu erstellen (*Boewer* Rn 107).

146

Die Prognose ist nicht auf alle Befristungsumstände, sondern nur auf die Kriterien zu erstrecken, die nicht im Belieben des Arbeitgebers stehen. Die im Einzelfall zum jeweiligen Sachgrund vereinbarte **Vertragsdauer** gewinnt nur im Rahmen der Prüfung des sachlichen Befristungsgrundes an Bedeutung (Ausnahmen: § 14 TzBfG Nr. 2, 5 und 7). Sie hat sich **am Sachgrund der Befristung zu orientieren** (vgl. Rdn 121) und so mit ihm überein zu stimmen, dass sie (im Zeitpunkt der Befristungsabrede) nicht Zweifel am Vorliegen des Sachgrundes auslöst (*Oberthür* DB 2001, 2246; *Eisemann* NZA 2009, 1113 zum Problem der gedanklichen Zuordnungsvertretung). Gemessen am jeweiligen Sachgrund geht es letztlich um eine **erweiterte Plausibilitätskontrolle** der anhand von Tatsachen geführten Überlegungen des Arbeitgebers. Dabei wird es darauf ankommen, ob die Umstände auf die eine Prognose gestützt werden kann, aus der **Sphäre des Arbeitgebers oder des Arbeitnehmers** stammen. Sind sie der Sphäre des Arbeitgebers eindeutig zuzuordnen – wie im Fall des **vorübergehenden Mehrbedarfs** nach Nr. 1 –, wird von ihm eine genaue, an Tatsachen ausgerichtete Prognose zu erwarten sein (*BAG* 15.10.2014 EzA § 14 TzBfG Nr. 108, Rn 14; 20.2.2008 ZTR 2008, 508; 17.3.2010 EzA § 14 TzBfG Nr. 63 Rn 12, 14; *Sievers* Rn 136 f.). Sind die Umstände in der Person des Arbeitnehmers zu verorten – wie bei der **Vertretungsbefristung** nach Nr. 3 – schmälern sich die Anforderungen an die Rückkehrprognose des Arbeitgebers. Vgl. jetzt auch zum **Verhältnis von Prognose und Rechtsmissbrauchsprüfung** Rdn 179 f.

147

148 Die **gerichtliche Kontrolle** muss sich indessen **darauf beschränken, die Sicht eines verständigen Arbeitgebers bei Abschluss des befristeten Arbeitsvertrages** und nicht im Nachhinein in Kenntnis der inzwischen eintretenden Umstände (ex post) zu überprüfen (*BAG* 29.7.2009 AP Nr. 65 zu § 14 TzBfG Rn 22). Die nachträgliche Änderung der Prognosegrundlagen vermittelt regelmäßig keinen **Anspruch auf Weiterbeschäftigung oder Wiedereinstellung** (*BAG* 20.2.2002 EzA § 620 BGB Nr. 189; *LAG Düsseld.* 15.2.2000 LAGE § 620 BGB Nr. 63; *Oberthür* DB 2001, 2250; *Dörner* ZTR 2001, 491; *Annuß/Thüsing-Maschmann* Rn 8; *Auktor* BuW 2003, 168, 171; ErfK-*Müller-Glöge* Rn 18a; vgl. auch Rdn 128; anders in Ausnahmefällen vgl. dazu KR-*Bader/Kreutzberg-Kowalczyk* § 17 TzBfG Rdn 67 ff.). Es hat von daher auszureichen, wenn die gewählte **Befristungsdauer** nicht von vornherein gegen das Vorliegen eines sachlichen Grundes spricht (vgl. o Rdn 62). Hat der Arbeitnehmer **Zweifel an der Prognose des Arbeitgebers**, muss der Arbeitgeber die tatsächlichen **Grundlagen** seiner **Prognose offenlegen**, denn der Arbeitnehmer muss die Möglichkeit im Prozess erhalten, die Richtigkeit der Prognose zum Zeitpunkt des Vertragsabschlusses zu überprüfen (*BAG* 24.9.2014 EzA § 14 TzBfG Nr. 107, Rn 15; 25.8.2004 EzA § 14 TzBfG Nr. 13; 22.3.2000 EzA 620 BGB Nr. 170 mwN). Bei **Kettenbefristungen** kann gegen eine hinreichende **Prognose** sprechen, dass sie sich in der Vergangenheit bei gleichbleibendem Sachgrund wie zB vorübergehendem Mehrbedarf oder Vertretung bereits wiederholt als unzutreffend erwiesen hat (aA *BAG* 18.7.2012 EzTöD 100 § 30 Abs. 1 TVöD-AT Sachgrundbefristung Nr. 46 Rn 15 und EzA § 14 TzBfG Nr. 86, Rn 19, wonach hier nur die Rechtsmissbrauchsprüfung geboten ist; 25.3.2009 EzA § 14 TzBfG Nr. 57 Rn 25). Vgl. dazu aber Rdn 259 ff.

149 Die Tatsachen, die für oder gegen eine Prognose des Arbeitgebers sprechen, sind im Prozess – nach dem Muster anderer sog. Ungewissheitstatbestände – im Wege einer **abgestuften Darlegungslast** vorzubringen. Danach besteht, wenn die spätere **Entwicklung** die **Prognose des Arbeitgebers bestätigt**, eine ausreichende Vermutung dafür, dass sie hinreichend fundiert erstellt worden ist (*BAG* 20.2.2008 ZTR 2008, 508; 13.10.2004 EzA § 17 TzBfG Nr. 6; ErfK-*Müller-Glöge* Rn 18a; *Dörner* Befr. Arbeitsvertrag Rn 277; LS-*Schlachter* Rn 29; MüKo-*Hesse* Rn 15). In diesem Fall hat der **Arbeitnehmer Tatsachen vorzutragen**, nach denen zumindest im **Zeitpunkt des Vertragsabschlusses** die Prognose nicht gerechtfertigt war (*BAG* 16.11.2005 EzBAT SR 2y BAT Nr. 132; 25.8.2004 EzA § 14 TzBfG Nr. 13; *LAG RhPf* 13.2.2007 – 5 Sa 730/06). Hat sich dagegen die **Prognose nicht bestätigt**, muss der **Arbeitgeber** die **Tatsachen vortragen**, die ihm jedenfalls zum Zeitpunkt des Vertragsabschlusses den hinreichend sicheren **Schluss darauf erlaubten**, dass nach Ablauf der Befristung die Weiterbeschäftigung des Arbeitnehmers wegen Verwirklichung des Sachgrundes obsolet sei (vgl. *BAG* 24.9.2014 EzA § 14 TzBfG Nr. 107, Rn 15; 17.3.2010 EzTöD 100 § 30 Abs. 1 TVöD-AT Sachgrundbefristung Nr. 28; 12.1.2000 EzA § 620 BGB Nr. 169; 16.11.2005 EzBAT SR 2y BAT Nr. 132; *Dörner* Befr. Arbeitsvertrag Rn 275 ff.; MHH-TzBfG/*Meinel* Rn 19 f.; HaKo-KSchR/*Mestwerdt* Rn 54, 64; APS-*Backhaus* Rn 62; aA HaKo-TzBfG/*Boecken* Rn 17, der das Risiko des Auseinanderfallens von Prognose und Wirklichkeit dem Arbeitnehmer zuweisen will). *Preis* hält es dagegen für angebracht, die Prognose nicht nur am späteren Wegfall des Beschäftigungsbedarfs zu messen, sondern auch die **Kausalität** für den Abschluss des befristeten Arbeitsvertrags im Blick auf die Zeitspanne der Befristung zu **überprüfen** (*Staudinger/Preis [2019]* § 620 BGB Rn 50 ff.).

150 Eine **Prognose** des Arbeitgebers ist deshalb – mit Einschränkungen für die in § 14 Abs. 1 Nr. 6 und 8 TzBfG genannten Sachgründe – **stets erforderlich**. Die Anforderungen an die Prognose schwanken allerdings von Sachgrund zu Sachgrund. Eindeutig ist nach meiner Überzeugung nur, dass sich die **Anforderungen an die Prognose mit zunehmender Anzahl von Befristungsabreden verschärfen müssen** (so noch *BAG* 15.2.2006 ZTR 2006, 509; 21.4.1993 EzA § 620 BGB Nr. 121; *Brose* NZA 2009, 706; *Schiefer* DB 2000, 2427; *Oberthür* DB 2001, 2249 mwN; jetzt dagegen aber *BAG* 29.4.2015 EzA § 14 TzBfG Nr. 114, Rn 21; 18.7.2012 EzTöD 100 § 30 Abs. 1 TVöD-AT Sachgrundbefristung Nr. 46 Rn 15 und EzA § 14 TzBfG Nr. 86 Rn 19; *Schaub/Koch* § 40 Rn 6, 25; *Kiel* JBArbR 50 [2013], S. 34; *ders.* NZA-Beil. 2/2016, 72, 83 mwN). So hebt doch die Gesetzesbegründung die **besondere Bedeutung der Prognose für Sachgründe hervor, die auf einen vorübergehend erhöhten oder künftig sinkenden Arbeitskräftebedarf aus betrieblichen Ursachen

zurückgehen, und verlangt dafür die Darlegung »greifbarer Tatsachen« (BT-Drucks. 14/4374 S. 19). Dies deckt sich mit den Anforderungen der Rechtsprechung, die für den **vorübergehenden Mehrbedarf** eine durch Tatsachen belegbare Prognose des Arbeitgebers fordert, dass bei Vertragsschluss lediglich ein vorübergehend zu deckender Beschäftigungsbedarf bestand (BAG 4.12.2013 EzA § 14 TzBfG Nr. 99; 20.2.2008 ZTR 2008, 508; 23.1.2002 EzA § 620 BGB Nr. 190; 3.11.1999 EzA § 620 BGB Nr. 166). Jedenfalls neigt die neuere Rechtsprechung zu einer »**Liberalisierung**« der Anforderungen bei Mehrfachbefristungen auch im Blick auf die **Prognose** des Arbeitgebers. Dies trifft jedenfalls in **Vertretungsfällen** zu (BAG 12.4.2017 EzA § 14 TzBfG Nr. 129, Rn 19 ff., 40; 18.7.2012 EzTöD 100 § 30 Abs. 1 TVöD-AT Sachgrundbefristung Nr. 46 Rn 15 und EzA § 14 TzBfG Nr. 86 Rn 19; 20.1.2010 EzA § 14 TzBfG Nr. 64; 25.3.2009 EzA § 14 TzBfG Nr. 57; *Kiel* JBArbR 50 [2013], S. 34). Die aus der Rechtsprechung des EuGH herrührenden Zweifel (*EuGH* 23.4.2009 AP Nr. 6 zu Richtlinie 99/70/EG **Angelidaki**) haben indessen das **BAG** veranlasst nach der Entscheidung **Kücük** anstelle einer gesteigerten Anforderung an die Sorgfalt der Prognose **Grenzziehungen durch eine Missbrauchskontrolle** vorzunehmen. Vgl dazu Rdn 33, 178, 259.

b) Besonderheiten zur Prognose einzelner Sachgründe

Bei einer **Projektbefristung** ist entschieden, dass die im Rahmen des **Projekts** durchgeführten **151 Aufgaben nicht dauerhaft anfallen** (BAG 23.1.2019 – 7 AZR 212/17; 21.11.2018 – 7 AZR 234/17 EzA § 14 TzBfG Vorübergehender Bedarf Nr. 1; 27.7.2016 EzA § 14 TzBfG Nr. 123, Rn 18; *Dörner* NZA 2007, 62; *Schiefer* DB 2011, 1164, 1166) und der Arbeitgeber hierzu konkrete Anhaltspunkte darlegen kann (BAG 13.2.2013 EzA § 620 BGB 2002 Hochschulen Nr. 10, Rn 36; 29.7.2009 AP Nr. 65 zu § 14 TzBfG Rn 29; 7.5.2008 AP Nr. 49 zu § 14 TzBfG; 7.11.2007 EzA § 14 TzBfG Nr. 43; 15.2.2006 ZTR 2006, 509; *LAG Nds* 18.6.2014 LAGE § 14 TzBfG Nr. 86; *LAG RhPf* 18.8.2011 LAGE § 14 TzBfG Nr. 64a, im Fall der kombinierten Zeit- und Zweckbefristung; *Traber* FA 2005, 364). Beschäftigungsmöglichkeiten an anderer Stelle nach Ablauf der Befristung sind dabei nicht in Rechnung zu stellen, da die **Prognose** sich auf das **konkrete Projekt** zu beschränken hat (BAG 25.8.2004 EzA § 14 TzBfG Nr. 13; *Dörner* Befr. Arbeitsvertrag Rn 290). Der Arbeitnehmer muss **überwiegend** mit Projektaufgaben beschäftigt werden (vgl. ErfK-*Müller-Glöge* Rn 25a).

Eine zutreffende Prognose zu einem **vorübergehenden Bedarf** nach § 14 Abs. 1 Nr. 1 TzBfG wird **152** nicht dadurch in Frage gestellt, dass der vorher eingeschätzte Arbeitsleistungsbedarf noch über das Vertragsende des befristet beschäftigten Arbeitnehmers andauert (BAG 14.12.2016 EzA § 14 TzBfG Nr. 128, Rn 14; 27.7.2016 EzA § 14 TzBfG Nr. 123, Rn 33; 17.3.2010 EzTöD 100 § 30 Abs. 1 TVöD-AT Sachgrundbefristung Nr. 28; 29.7.2009 AP Nr. 65 zu § 14 TzBfG Rn 29; 16.10.2008 EzA § 14 TzBfG Nr. 53 [im Verbund mit Haushaltsbefristung]; 20.2.2008 ZTR 2008, 508 = FA 2008, 280). Hier genügt es, wenn mit Hilfe der Prognose eine erwartete zeitlich begrenzte Beschäftigung im **Unterschied zu einer Dauerbeschäftigungsmöglichkeit** (BAG 17.3.2010 EzA § 14 TzBfG Nr. 63 Rn 18; LS-*Schlachter* Rn 29: Darlegung des durchschnittlichen Arbeitsbedarfs und Tatsachengrundlagen zum zeitweilig erhöhten Personalbedarf) dargestellt werden kann, ohne dass es auf Mängel in der prognostizierten Beschäftigungsdauer ankommt. Maßgebend für die Prognose ist insoweit der **ursächliche Zusammenhang** zwischen befristeter **Einstellung** und zeitweilig erhöhtem **Arbeitsanfall** (BAG 20.2.2008 – 7 AZR 950/06, FA 2008, 280; ErfK-*Müller-Glöge* Rn 23b).

Die an Tatsachen festzumachende Einschätzung des Arbeitgebers ist ebenfalls erforderlich in Fäl- **153** len der **Befristung zur Erprobung** (BAG 2.6.2010 EzA § 14 TzBfG Nr. 68; 12.11.2008 – 7 AZR 499/07; 31.8.1994 EzA § 620 BGB Nr. 127; s. Rdn 158 sowie Rdn 349) und **zur Vertretung** (BAG 12.4.2017 EzA § 14 TzBfG Nr. 129, Rn 19 ff.; 29.4.2015 EzA § 14 TzBfG Nr. 114, Rn 17; 20.1.2010 EzA § 14 TzBfG Nr. 64; 25.3.2009 EzA § 14 TzBfG Nr. 57; 13.6.2007 – 7 AZR 747/05; 18.4.2007 – 7 AZR 255/06; 2.7.2003 EzA § 620 BGB 2002 Nr. 6; 6.12.2000 EzA § 620 BGB Nr. 172). Nach dem **Vorabentscheidungsersuchen** (BAG 17.11.2010 EzA § 14 TzBfG Nr. 72) zu den unionsrechtlichen Grenzen einer Kettenbefristung und der Antwort des *EuGH* (26.01.2012 – C 586/10, **Kücük**, dazu Rdn 33, 259) hält das **BAG** nun daran fest, dass – jedenfalls bezogen auf die Vertretungsfälle nach Nr. 3 – **keine erhöhten Anforderungen an wiederholte Befristungen** zwischen denselben Vertragsparteien zu stellen sind. **Zur Kritik** daran s. Rdn 144, 150 und Rdn 177.

154 **Besonderheiten** zur Prognose gibt es ferner bei **einem in der Person des Arbeitnehmers liegenden Grund** (s. Rdn 159, sowie Wunsch des Arbeitnehmers s. Rdn 375; soziale Überbrückung s. Rdn 383; Aufenthaltserlaubnis des Arbeitnehmers, s. Rdn 405), der **Eigenart der Arbeitsleistung** (s. Rdn 161 sowie Rdn 300); und zur Befristung eines Arbeitsvertrages infolge **haushaltsplanrechtlicher Vorgaben** (s. Rdn 157 sowie Rdn 455). Gibt ein **Tarifvertrag** für den Arbeitnehmer **günstigere Eckpunkte eines Sachgrundes vor**, was nach § 14 TzBfG iVm § 22 Abs. 1 TzBfG weiterhin möglich ist, so hat sich die **Prognose des Arbeitgebers ebenso auf die tarifvertraglichen Voraussetzungen zu erstrecken** (*BAG* 9.12.2009 EzA § 14 TzBfG Nr. 62; 3.11.1999 EzA § 620 BGB Nr. 166; 28.3.2001 EzA § 620 BGB Nr. 175 zu den tariflichen Befristungsgrundformen des BAT; vgl. auch KR-*Bader/Kreutzberg-Kowalczyk* Erl. zu § 22 TzBfG).

155 Die **Anforderungen an die Prognose des Arbeitgebers unterscheiden sich** nach dem zu belegenden Sachgrund und den Umständen des Einzelfalls. In dem nunmehr ab 18.4.2007 in Kraft getretenen **WissZeitVG** (12.4.2007 BGBl. I S. 506) hat sich die **Prognosestellung** im Anwendungsbereich des Gesetzes **weitgehend erledigt**, da die Hochschulen und Forschungseinrichtungen innerhalb der Höchstfristen frei disponieren können (*BAG* 13.2.2013 EzA § 620 BGB 2002 Hochschulen Nr. 10; vgl. KR-*Treber/Waskow* Erl. zum WissZeitVG).

156 Kam der **BAT** zur Anwendung, waren die tariflichen Voraussetzungen der **Befristungsgrundformen** zu prognostizieren (*BAG* 24.10.2001 EzA § 620 BGB Hochschulen Nr. 31). Die Befristungsgrundformen spielen ab Geltung des **TVöD** nun keine Rolle mehr (s. KR-*Bader/Kreutzberg-Kowalczyk* Erl. zu § 33 TVöD). Geht es um die **befristete Vertretung für Dauer oder für Teile der Elternzeit**, so hat sich die Prognose des Arbeitgebers auf den Wegfall des Vertretungsbedarfs durch die **zu erwartende Rückkehr** der zu vertretenden Arbeitskraft, nicht aber auf den Zeitpunkt dieser Rückkehr und damit nicht auf die Dauer des Vertretungsbedarfs zu beziehen (*BAG* 29.4.2015 EzA § 14 TzBfG Nr. 114, Rn 21; 17.11.2010 EzA § 14 TzBfG Nr. 72; 13.6.2007 – 7 AZR 747/05; 2.7.2003 EzA § 620 BGB 2002 Nr. 6; 6.12.2000 EzA § 620 BGB Nr. 172 jeweils mwN, hierzu auch KR-*Lipke/Bubach* § 21 BEEG Rdn 24 f).

157 **Zur Prognose eines öffentlichen Arbeitgebers**, für die Beschäftigung eines einzustellenden Arbeitnehmers bestehe nur ein vorübergehender Bedarf, genügt im Grundsatz die auf konkreten Tatsachen beruhende **Erwartung**, dass für die Beschäftigung des Arbeitnehmers **zweckgerichtet Haushaltsmittel nur zeitlich begrenzt zur Verfügung stehen und dass aufgrund konkreter tatsächlicher Anhaltspunkte mit dem alsbaldigen Wegfall dieser Haushaltsmittel zu rechnen ist** (*BAG* 9.3.2011 EzA § 14 TzBfG Nr. 76; 17.3.2010 EzA § 14 TzBfG Nr. 63; 22.4.2009 EzA § 14 TzBfG Nr. 59; 7.5.2008 NZA 2008, 280; 14.2.2007 EzA § 14 TzBfG Nr. 38; 18.10.2006 EzA § 14 TzBfG Nr. 34; 23.1.2002 EzA § 620 BGB Nr. 190; *Arnold/Gräfl* Rn 274 ff.; *Schaub/Koch* § 40 Rn 36a, 38a; *Liebscher* öAT 2010, 56; *Mennemeyer/Keysers* NZA 2008, 670, 672 ff.; *Groeger* NJW 2008, 465, 470 f.; *ders.* krit. in Anm. AP Nr. 9 zu § 14 TzBfG Haushalt; *Lipke* FS Etzel 2011, S. 263; *Persch* ZTR 2011, 653; zweifelnd *Linsenmaier* RdA 2012, 193, 200 f.). Weitergehende Anforderungen können nicht gestellt werden, weil ansonsten im Blick auf die Sachgründe in Nr. 1 und 3 der **gesonderte Sachgrund nach Nr. 7 überflüssig** wäre (krit. *Preis/Greiner* RdA 2010, 152 f.; *LAG Köln* 13.4.2010 LAGE § 14 TzBfG Nr. 57).

158 Einen weiten, eher **großzügigen Prognosemaßstab** legt das BAG neben dem bereits oben genannten Sachgrund der »Vertretung« in Fällen der **befristeten Erprobung und der befristeten Weiterbeschäftigung zur sozialen Überbrückung** an. Hält sich die Erprobung am gesetzlichen oder tariflichen **Zeitrahmen** einer Probezeit, so ist die Prognose des Arbeitgebers, innerhalb dieser Zeitspanne die Eignung des Arbeitnehmers überprüfen zu können, nicht zu beanstanden (*BAG* 2.6.2010 EzA § 14 TzBfG Nr. 68). Erfordert die **Eignungsüberprüfung** einen längeren Zeitraum, zB im Medienbereich, **bei künstlerischer oder wissenschaftlicher Tätigkeit**, hat der Arbeitgeber, wenn er dabei den gesetzlichen Rahmen von sechs Monaten (§ 1 Abs. 1 KSchG, § 622 Abs. 3 BGB) überschreiten

will, im Einzelnen darzulegen, warum dies erforderlich war (vgl. *BAG* 25.10.2017 EzA § 14 TzBfG Erprobung Nr. 1, Rn 12).

Bei einer Befristung zur **sozialen Überbrückung** ist der Arbeitgeber dafür darlegungs- und beweispflichtig, dass gerade die **sozialen Belange des Arbeitnehmers** und nicht die Interessen des Betriebes oder der Dienststelle auf Seiten des Arbeitgebers im **Vordergrund** der Überlegungen gestanden haben und für den Abschluss des befristeten Arbeitsvertrages ausschlaggebend gewesen sind. Da der Befristungsgrund sich gut als **Vorwand für einen letztlich nicht vorhandenen Sachgrund** eignet, sind an die Darlegungen des Arbeitgebers an diese »Sozialmaßnahme« besonders strenge Anforderungen zu stellen (*BAG* 11.2.2015 EzA § 14 TzBfG Nr. 113, Rn 33; 21.1.2009 EzA § 14 TzBfG Nr. 55; 17.1.2007 EzA § 14 TzBfG Nr. 37; 23.1.2002 EzA § 620 BGB Nr. 186; ErfK-*Müller-Glöge* Rn 68; *Annuß/Thüsing/Maschmann*, Rn 54). Die dazu gewählte Vertragsdauer lässt sich im Vorhinein kaum exakt festlegen, so dass sie sich einer gerichtlichen Überprüfung weitgehend entzieht (vgl. *BAG* 26.4.1985 EzA § 620 BGB Nr. 74; 3.10.1984 EzA § 620 BGB Nr. 73). Dient die »Überbrückung« dagegen personalwirtschaftlichen Zielen des Arbeitgebers (Platzhalter für einen noch zu übernehmenden Auszubildenden), hat eine Prognose anhand der konkreten **Personalplanung** stattzufinden (*BAG* 12.4.2017 EzA § 14 TzBfG Nr. 129, Rn 27; 13.10.2004 EzA § 17 TzBfG Nr. 6; 7.7.1999 EzA § 620 BGB Nr. 165; *Dörner* Befr. Arbeitsvertrag Rn 252). 159

Für die neue gesetzliche **Befristung im Anschluss an Ausbildung oder Studium** (Nr. 2) kann die Prognosestellung des Arbeitgebers erhebliche Schwierigkeiten bereiten. Diese liegen zum einen in der **schwierigen Abgrenzung** zu den Sachgründen der sozialen Überbrückung (Nr. 6) und der Erprobung (Nr. 5) begründet (vgl. *BAG* 24.8.2011 EzA § 14 TzBfG Nr. 79, Rn 27; 2.6.2010 EzA § 14 TzBfG Nr. 68), zum anderen in der offenen Festlegung der zu **veranschlagenden Zeitspanne** für einen **Berufsanfänger**, die zur **Verbesserung seiner Arbeitsmarktchancen** beitragen kann (vgl. Rdn 223, 234). Der Zweck des § 14 Abs. 1 S. 2 Nr. 2 TzBfG besteht darin, Berufsanfängern den Berufsstart zu ermöglichen. Dieser Zweck ist erreicht, sobald der Arbeitnehmer das erste – befristete oder unbefristete – Arbeitsverhältnis nach der Ausbildung eingeht (*BAG* 24.8.2011 EzA § 14 TzBfG Nr. 79, Rn 27; *Linsenmaier* RdA 2012, 193, 198). 160

Geringe Anforderungen an die Prognose wird man im Bereich der sog. **Verschleißtatbestände** stellen können. Hier steht die Grenzziehung des betroffenen Personenkreises und die Interessenabwägung – auch vor dem Hintergrund von Verfassungsnormen – im Vordergrund (vgl *BAG* 4.12.2013 EzA § 14 TzBfG Nr. 101). Wenn die **Eigenart der Arbeitsleistung** die Befristung rechtfertigt (§ 14 Abs. 1 Nr. 4 TzBfG) so liegt der Kern des Befristungsgrundes zumeist in einem zu begründenden **Auswechslungsinteresse** des Arbeitgebers. Hier kommen ferner Gesichtspunkte wie die über **Art. 5 Abs. 1 und 3 GG** geschützte **künstlerische Gestaltungsfreiheit** ins Spiel (*BAG* 30.8.2017 EzA § 14 TzBfG Eigenart der Arbeitsleistung Nr. 2, Rn 29 ff.; *BAG* 2.7.2003 EzA § 620 BGB 2002 Bedingung Nr. 2 zur auflösenden Bedingung; HaKo-TzBfG/ *Boecken* Rn 85; *Dörner* Befr. Arbeitsvertrag Rn 394), die bei kalendarischer Befristung die Anforderungen an die Prognose des Arbeitgebers herabsetzen können. Insbesondere in künstlerischen Berufen, im **professionell betriebenen Sport** (*BAG* 16.1.2018 EzA § 14 TzBfG Eigenart der Arbeitsleistung Nr. 5 – 7AZR 312/16, Rn 20 f.) oder in der Programmgestaltung bei den Medien können deshalb zwar die zu verrichtenden Tätigkeiten vom tragenden Befristungsgrund her überprüft werden; die Dauer des Einsatzes lässt sich jedoch nur schwer prognostizieren (vgl. Rdn 298 ff.). 161

Bei **sachgrundlosen Befristungen** nach § 14 Abs. 2 TzBfG bedarf es überhaupt **keiner Prognose des Arbeitgebers**, da sich deren Voraussetzungen anders darstellen. Hier kommt es allein auf die Punkte Neueinstellung und Zeitumfang an. Unter anderen Voraussetzungen ist eine Prognose auch bei den erleichterten Befristungsmöglichkeiten nach Abs. 2a und 3 entbehrlich. Der erwartete Wegfall der Beschäftigungsmöglichkeit spielt, anders als bei den Sachgründen, keine Rolle. Die gesetzlichen Regelungen sind bewusst aus beschäftigungspolitischen Gründen ohne Sachgrund eröffnet worden (*BVerfG* 6.6.2018 –1 BvL 7/14; 1 BvR 1375/14). 162

6. Angabe des Sachgrundes oder der Rechtsgrundlage

163 Die Anerkennung eines tatsächlich bestehenden sachlichen Grundes hängt bei **kalendermäßig befristeten Arbeitsverträgen nicht davon ab**, ob er mit dem Arbeitnehmer **vereinbart** wurde oder bei Vertragsabschluss **mitgeteilt** worden ist. Entscheidend ist allein, ob der **sachliche Grund** zum Zeitpunkt des Vertragsabschlusses **objektiv gegeben war** (hM, vgl. *BAG* 25.5.2005 EzA § 14 TzBfG Nr. 18; 23.6.2004 EzA § 14 TzBfG Nr. 10; 26.7.2000 EzA § 1 BeschFG 1985 Nr. 16; 25.10.2000 EzA § 1 BeschFG 1985 Nr. 17 und EzA § 1 BeschFG 1985 Nr. 23; *Dörner* ZTR 2001, 487; HWK-*Rennpferdt* Rn 31; LS-*Schlachter* Rn 19; MüKo-*Hesse* Rn 13; *Arnold/Gräfl* Rn 37 f.; ErfK-*Müller-Glöge* Rn 20; APS-*Backhaus* Rn 701) oder die **Voraussetzungen** für eine **sachgrundlose Befristung vorlagen** (*BAG* 29.6.2011 EzA § 14 TzBfG Nr. 78; 12.8.2009 – 7 AZR 270/08).

164 Auch **unionsrechtlich** gebietet die **Richtlinie 1999/70/EG** nicht die Angabe eines Befristungsgrundes, solange der Schutzzweck der Richtlinie erreicht wird (*EuGH* 14.6.2010 EzA Richtlinie 99/70 EG-Vertrag 1999 Nr. 4 *Sorge*). **Anders** liegt es nur, **wenn durch Gesetz** (zB § 2 Abs. 4 WissZeitVG; *BAG* 18.5.2016 EzA § 620 BGB 2002 Hochschulen Nr. 20, Rn 15), **Tarifvertrag** (früher SR Nr. 2 zu 2y BAT, *BAG* 16.7.2008 NJW 2009, 107; 11.7.2007 – 7AZR 197/06; jetzt nicht mehr in § 30 TVöD vorgegeben) **oder Arbeitsvertrag verbindlich festgelegt** (vgl auch § 5 Abs. 5 S. 2 AVR-Richtlinien; *LAG Bra.* 8.10.2004 – 5 Sa 382/05) wird, dass der **Befristungsgrund bzw. die Befristungsgrundform** (*BAG* 28.3.2007 EzTöD 100 § 30 Abs. 1 TVöD-AT Sachgrundbefristung Nr. 6 = ZTR 2007, 497; 26.7.2006 EzA § 14 TzBfG Nr. 32; 15.2.2006 ZTR 2006, 509) **anzugeben ist**. Die Festlegung, Sachgründe im Arbeitsvertrag zu benennen, lässt aber nicht den Schluss zu, dass selbst bei einer **sachgrundlosen Befristung** diese als solche arbeitsvertraglich gekennzeichnet werden muss (*BAG* 29.6.2011 EzA § 14 TzBfG Nr. 78; 26.7.2006 EzA § 14 TzBfG Nr. 32; *LAG Bra.* 8.10.2004 – 5 Sa 382/05). Die in den **gesetzlichen Sonderregelungen** festgelegten **Zitiergebote** zum Befristungsgrund des Arbeitsvertrages sind **nicht analogiefähig**, weil es an einer entsprechenden Gesetzeslücke fehlt.

165 Die konkrete **Angabe des Befristungsgrundes im Arbeitsvertrag** gehört deshalb nicht zu den Wirksamkeitsvoraussetzungen einer darauf gestützten Befristung (*BAG* 23.6.2004 EzA § 14 TzBfG Nr. 10; 24.4.1996 EzA § 620 BGB Hochschulen Nr. 7). Ein **Nachschieben von Befristungsgründen ist daher möglich** (LS-*Schlachter* Rn 19; ErfK-*Müller-Glöge* Rn 20; aA *Staudinger/Preis* [2019] § 620 BGB Rn 58, 179; *Wolter* AuR 2011, 382, 385). Kommt ein **tarifliches Zitiergebot** in Betracht, auf dem der Arbeitsvertrag fußt, ist zunächst zu prüfen, ob der Tarifvertrag die Benennung von Sachgründen gebietet oder er nur gesetzliche Bestimmungen des TzBfG mit anderen Worten wiederholt (vgl. *BAG* 29.6.2011 EzA § 14 TzBfG Nr. 78; 26.7.2006 EzA § 14 TzBfG Nr. 32).

166 **An dieser Rechtslage hat die ab 1.1.2001 § 623 BGB aF ablösende Schriftformbestimmung in § 14 Abs. 4 TzBfG nichts geändert** (*BAG* 26.7.2006 EzA § 14 TzBfG Nr. 32; 23.6.2004 EzA § 14 TzBfG Nr. 10; *LAG Nds.* 4.7.2003 LAGE § 14 TzBfG Nr. 11). Nachdem zunächst im Referentenentwurf des BMA in Abs. 4 die schriftliche Angabe der Rechtsgrundlage zur Befristung vorgesehen war, wurde dies in den Regierungsentwurf und in das Gesetz nicht übernommen. Die abweichende, insoweit missverständliche Gesetzesbegründung zu § 14 Abs. 4 TzBfG (BT-Drucks. 14/4374 S. 20) ist als Redaktionsversehen zu bewerten, denn eine solche Übereinstimmung mit der alten Regelung beabsichtigte zuletzt auch der Gesetzgeber (BT-Drucks. 14/4625 S. 21; APS-*Backhaus* Rn 702; *Richardi/Annuß* BB 2000, 2204; *Preis/Gotthardt* DB 2001, 150; ErfK-*Müller-Glöge* Rn 20; *Boewer* Rn 28, 37; LS-*Schlachter* Rn 20). **Bei kalendermäßigen Befristungen** muss deshalb die **schriftliche Abrede nur ihr Enddatum oder ihre Dauer enthalten, nicht dagegen den Sachgrund oder die Mitteilung, es handele sich um eine sachgrundlose Befristung** (vgl. *BAG* 11.8.1988 EzA § 620 BGB Nr. 105 für die tarifliche Schriftform; *Dörner* Befr. Arbeitsvertrag Rn 75 mwN), ansonsten **gilt wie bislang nur das Nachweisgesetz**. Danach ist vom Arbeitgeber gem. **§ 2 Abs. 1 S. 2 Nr. 3 NachwG** dem Arbeitnehmer lediglich die vorhersehbare Dauer des Arbeitsverhältnisses schriftlich mitzuteilen. Aus Gründen der Rechtssicherheit und -klarheit wäre die Angabe des Sachgrundes bei einer kalendermäßigen Befristung zwar sinnvoll, dem Gesetzeswortlaut und der Gesetzesbegründung lässt

sich aber hierfür kein Anhaltspunkt entnehmen (*Lakies* DZWIR 2001, 14; MüKo-*Hesse* Rn 13). Die fehlende Mitteilung der Rechtsgrundlage für die Befristung verstößt auch nicht gegen das **Transparenzgebot des § 307 Abs. 1 S. 2 BGB.** Die schriftliche Befristungsabrede nach § 14 Abs. 4 TzBfG muss wegen der weitreichenden wirtschaftlichen Folgen, die mit der Beendigung eines befristeten Arbeitsverhältnisses verbunden sind, für einen durchschnittlichen Arbeitnehmer den Zeitpunkt der Beendigung des Arbeitsverhältnisses hinreichend deutlich erkennen lassen. Mehr nicht (*BAG* 21.9.2011 EzA § 14 TzBfG Nr. 81; 29.6.2011 EzA § 14 TzBfG Nr. 78; 16.4.2008 EzA § 305c BGB 2002 Nr. 14).

Bei **zweckbefristeten Arbeitsverträgen und der Vereinbarung auflösender Bedingungen ist die Angabe des Grundes** jedoch Voraussetzung für die Vereinbarung einer Befristung. Sie setzt die Einigung von Arbeitgeber und Arbeitnehmer voraus, dass das Arbeitsverhältnis mit der Erledigung einer bestimmten, zweckgebundenen Aufgabe bzw. bei Eintritt eines bestimmten, aber ungewissen Ereignisses das Arbeitsverhältnis ohne weiteres beendet werden soll. Die Beschaffenheit oder der Zweck der Arbeitsleistung, für die der Arbeitnehmer eingestellt wird, müssen bei Vertragsabschluss erörtert und beiden Parteien erkennbar gewesen sein (*BAG* 15.5.2012 EzA § 15 TzBfG Nr. 4, Rn 23; 21.12.2005 EzA § 14 TzBfG Nr. 25; *Dörner* Befr. Arbeitsvertrag Rn 79; *Hromadka* BB 2001, 674; *Preis/Gotthardt* NZA 2000, 359 zu § 623 BGB; *Däubler* ZIP 2001, 224; *Lakies* DZWIR 2001, 14; ErfK-*Müller-Glöge* Rn 21; *Boewer* Rn 90; HaKo-KSchR/*Mestwerdt* Rn 18 ff.). Vgl. ausführlich zur Schriftform Rdn 717 ff. 167

Wird im Arbeitsvertrag, ohne dass dies gesetzlich, tarifvertraglich oder arbeitsvertraglich vorgeschrieben ist, ein **Grund für die Befristung** angegeben (Sachgrund oder sachgrundlose Befristung nach Abs. 2, 2a oder Abs. 3) so entsteht dadurch **keine Bindung des Arbeitgebers** dahin, dass er sich nicht mehr auf einen anderen die Befristung rechtfertigenden Grund oder die Voraussetzungen einer sachgrundlosen Befristung berufen darf (*BAG* 29.6.2011 EzA § 14 TzBfG Nr. 78; 12.8.2009 – 7 AZR 270/08; LS-*Schlachter* Rn 21; *Dörner* Befr. Arbeitsvertrag Rn 482; *Rolfs* Rn 81; aA *Staudinger/Preis* [2019] § 620 BGB Rn 58). Davon ist **nur auszugehen, wenn die Parteien die Befristung ausschließlich auf eine bestimmte Rechtsgrundlage stützen wollten** (*BAG* 5.6.2002 EzA § 620 BGB Nr. 193; 4.12.2002 EzA § 14 TzBfG Nr. 1). 168

Das muss **nicht ausdrücklich** geschehen. Der Parteiwille, eine Befristung an einen bestimmten Rechtfertigungsgrund zu binden, kann sich auch **aus den Umständen** ergeben. So kann die **Abbedingung einer sachgrundlosen Befristung** dann angenommen werden, wenn der Arbeitnehmer die Erklärung des Arbeitgebers dahin verstehen darf, dass die Befristung sich **allein** aus einem bestimmten **Sachgrund rechtfertigen** und mit diesem »stehen und fallen« soll (*BAG* 5.6.2002 EzA § 620 BGB Nr. 193). Diese Voraussetzung ist indessen nicht bereits dann erfüllt, wenn im Arbeitsvertrag ein Sachgrund angegeben worden ist (*BAG* 4.12.2002 EzA § 14 TzBfG Nr. 1). Jedoch kann die **Aufnahme eines Sachgrundes** ein Indiz für eine Abbedingung anderer Befristungsgründe oder sachgrundloser Befristungen (Abs. 2, 2a, 3) sein, **wenn andere Umstände hinzutreten** (*BAG* 21.9.2011 EzA § 14 TzBfG Nr. 81, Rn 10; 29.6.2011 EzA § 14 TzBfG Nr. 78, Rn 20; 12.8.2009 – 7AZR/08, Rn 27). Dabei kann zB eine Rolle spielen, dass bei Vertragsschluss über andere die Befristung rechtfertigende Sachgründe nicht gesprochen wurde und deshalb allein eine sachgrundlose Befristung nach Abs. 2 und 3 in Betracht kam. Haben die Parteien der Befristungsabrede **ausschließlich** gesetzliche Befristungstatbestände (zB § 21 BEEG; befristete Vertretung während der Elternzeit) oder erkennbar **bestimmte Sachgründe** aus § 14 Abs. 1 TzBfG (zB Anschlussbefristung nach einer Ausbildung oder einem Studium) **vereinbart,** ist dem Arbeitgeber ein **Rückgriff** auf die Möglichkeiten einer **sachgrundlosen Befristung verwehrt.** Haben die Arbeitsvertragsparteien ein **tarifliches Zitiergebot** vernachlässigt; so kann sich der Arbeitgeber auf den Sachgrund oder die Voraussetzungen einer sachgrundlosen Befristung nicht stützen (*BAG* 29.6.2011 EzA § 14 TzBfG Nr. 78; 17.6.2009 EzTöD 100 § 30 Abs. 1 TVöD-AT Sachgrundlose Befristung Nr. 11). 169

Im **umgekehrten Fall** – eine Befristung wird vereinbart ohne dass die Voraussetzungen eines sachgrundlosen Zeitvertrages nach Abs. 2 und 2a gegeben sind – kann der Arbeitgeber dagegen einen **Sachgrund nach Abs. 1** nachträglich anführen (vgl. dazu *BAG* 23.6.2004 EzA § 14 TzBfG Nr. 10; 170

ebenso *Dörner* Befr. Arbeitsvertrag Rn 505; *Arnold/Gräfl* Rn 38; HaKo-TzBfG/*Boecken* Rn 20 f.). § 14 Abs. 2 TzBfG stellt nicht darauf ab, ob ein Vertrag entsprechend dem Willen der Arbeitsvertragsparteien nach dieser Bestimmung befristet sein sollte (BAG 22.10.2003 EzA § 620 BGB 2002 Nr. 8; ErfK-*Müller-Glöge* Rn 83). Von den Besonderheiten des zweckbefristeten und auflösend bedingten Arbeitsvertrages abgesehen (vgl. KR-*Lipke/Bubach* § 21 TzBfG Rdn 27), kann infolgedessen die **Angabe des Rechtfertigungsgrundes** im Arbeitsvertrag den Arbeitgeber **nur dann binden**, wenn sich die Parteien bewusst allein darauf stützen wollten. Das wird in der Praxis die **Ausnahme** bleiben.

171 Eine **besondere Behandlung** hat **in der Vergangenheit** das **Probearbeitsverhältnis** gefunden. Die Erprobung war nur dann als sachlicher Grund anzuerkennen, wenn dieser Zweck Vertragsinhalt geworden ist. (BAG 31.8.1994 EzA § 620 BGB Nr. 12). Nachdem der Gesetzgeber die Erprobung als einen unter mehreren genannten Sachgründen zur Befristung anerkannt hat, eine besondere Angabe dieses Befristungsgrundes jedoch weder im Gesetzestext noch in der Gesetzesbegründung (BT-Drucks. 14/4374 S. 19; 14/4625 S. 21) aufzufinden ist, **widerspricht es** der mit dem Gesetz angestrebten Transparenz und Rechtssicherheit, **diesem Sachgrund weiterhin eine Sonderbehandlung angedeihen zu lassen**. Auch für den Sachgrund der **Erprobung** ist nun keine Sachgrundangabe mehr erforderlich. § 14 Abs. 4 TzBfG erfasst nur die Befristungsabrede als solche, nicht den Befristungsgrund (BAG 29.6.2011 EzA § 14 TzBfG Nr. 78; 23.6.2004 EzA § 14 TzBfG Nr. 10; *Staudinger/Preis* [2019] § 620 BGB Rn 57; *Dörner* Befr. Arbeitsvertrag Rn 173; ErfK-*Müller-Glöge* Rn 21; APS-*Backhaus* Rn 362). Näher dazu s. Rdn 352 f.

172 Nach Nr. 2 der **SR 2y BAT** – einer tariflichen Abschlussnorm iSd § 4 Abs. 1 TVG (BAG 27.4.1988 AP Nr. 4 zu § 1 BeschFG 1985; 14.2.1990 EzA § 1 BeschFG 1985 Nr. 10) – war **bei Tarifgebundenheit** im Arbeitsvertrag – im Regelfall in schriftlicher Form – zu vereinbaren, ob der Angestellte in der **Befristungsgrundform** als Zeitangestellter, als Angestellter für Aufgaben von begrenzter Dauer oder als Aushilfsangestellter eingestellt wird. Darüber hinaus war im Arbeitsvertrag des Angestellten für eine Aufgabe von begrenzter Dauer die übertragene Aufgabe zu bezeichnen. **Die hierdurch und durch entsprechende Tarifverträge begründete Pflicht diente der Rechtssicherheit und Klarheit** (BAG 31.7.2002 EzA § 620 BGB Nr. 196; *LAG Düsseld.* 21.12.2005 LAGE § 14 TzBfG Nr. 25).

173 Nach der Umstellung der Arbeitsverträge auf den **TVöD**, der grds. zum 1. Oktober 2005 in Kraft getreten ist, sind die **Bestimmungen des BAT in Zukunft nicht mehr maßgebend** (zu den vielfältigen Problemstellungen im BAT vgl. Erl. *Lipke* KR 8. Aufl., Rn 64 ff.). Die neuen Tarifvorschriften für den öffentlichen Dienst lehnen sich nun an das TzBfG an. Hier ist nun § 3 TzBfG allein verbindlich. Ebenfalls muss eine **sachgrundlose Befristung** als solche nicht mehr benannt werden. **§ 30 TVöD** schafft eine den Anforderungen des TzBfG weitgehend vergleichbare Rechtslage; er setzt indessen Akzente bei den Laufzeiten, der Probezeit und den Kündigungsfristen bei Befristung des Arbeitsverhältnisses (näher dazu *Fritz* ZTR 2006, 2, 7 ff.). Ausführlich dazu *Groeger* Arbeitsrecht öff. Dienst 2010, S. 606, 615. Zum Hochschulbereich KR-*Treber/Waskow* § 2 WissZeitVG Rdn 74. Zu den Besonderheiten der tarifvertraglichen Befristungen und zum TVöD s. KR-*Bader/Kreutzberg-Kowalczyk* Erl. zu § 22 TzBfG und § 30 TVöD.

174 Für die **Arbeitsvertragsrichtlinien – AVR** – des Diakonischen Werkes der EKD in der ab 1.10.2002 geltenden Fassung ist das dort verankerte **Zitiergebot** auf die in § 5 Abs. 5 UA 1 AVR genannten Befristungsgründe beschränkt. Diese schließen aber die Vereinbarung eines **sachgrundlos befristeten Arbeitsvertrages** nach § 14 Abs. 2 TzBfG nicht aus (BAG 26.7.2006 EzA § 14 TzBfG Nr. 32; *LAG Bra.* 8.10.2004 – 5 Sa 382/05). Dabei ist darauf hinzuweisen, dass die AVR-Richtlinien **tarifvertraglichen Bestimmungen nicht gleichzusetzen** sind (BAG 25.3.2009 EzA § 611 BGB 2002 Kirchliche Arbeitnehmer Nr. 11; aA *Joussen* RdA 2010, 182; *Thüsing* BB 2009, 1928; näher s. Rdn 509). Kommt dagegen ein **tarifliches Zitiergebot** in Betracht, auf das der Arbeitsvertrag fußt, ist zunächst zu prüfen, ob der Tarifvertrag die Benennung von Sachgründen gebietet oder nur gesetzliche Bestimmungen des TzBfG mit anderen Worten wiederholt (vgl. BAG 29.6.2011 EzA § 14 TzBfG Nr. 78; 26.7.2006 EzA § 14 TzBfG Nr. 32).

7. Gleichbehandlung und Sachgrund

Der arbeitsrechtliche Gleichbehandlungsgrundsatz spielt bei der freien **Entscheidung des Arbeitgebers**, einen Arbeitnehmer **befristet** oder unbefristet **einzustellen**, keine Rolle. Die Anwendung des Gleichbehandlungsgrundsatzes gründet sich darauf, dass bereits eine vertragliche Beziehung zwischen den Arbeitsvertragsparteien mit unterschiedlichen Gestaltungsmöglichkeiten besteht (APS-*Backhaus* Rn 107). Die Befristung muss sich allein aus den gesetzlichen Zulässigkeitsvoraussetzungen in §§ 14 Abs. 1 bis 3 TzBfG, in § 21 BEEG oder in den §§ 2 f. WissZeitVG rechtfertigen lassen. Diese Befristungsmöglichkeiten verstoßen ebenfalls nicht gegen **Gemeinschaftsrecht** (Richtlinie 2000/78/EG), soweit dort der Gleichbehandlungs-grundsatz in der Beschäftigung abgesichert werden soll (*EuGH* 22.4.2010 EzA Richtlinie 99/70 EG-Vertrag 1999 Nr. 3 **Landeskrankenhäuser Tirol** Rn 39; *BAG* 19.3.2008 EzA § 620 BGB 2002 Hochschulen Nr. 3). Die Gleichbehandlung kann allein eine Rolle im Zusammenhang mit der Festlegung von einzel- und tarifvertraglichen **Altersgrenzen** spielen, da hier eine Altersdiskriminierung zu unterbinden ist (Richtlinie 78/2000/EG; *EuGH* 13.9.2011 EzA Richtlinie 2000/78 EG-Vertrag 1999 Nr. 22; *Linsenmaier* RdA 2012, 193, 195 f.; § 10 S. 3 Nr. 5 AGG). Der arbeitsrechtliche Gleichbehandlungsgrundsatz kann auch keinen Anspruch auf Verlängerung eines sachgrundlos befristeten Arbeitsvertrages nach § 14 Abs. 2 TzBfG begründen, da – abgesehen von einer Zusage des Arbeitgebers – hier die **Vertragsfreiheit** Vorrang hat (*BAG* 13.8.2008 EzA § 14 TzBfG Nr. 52; offen gelassen *BAG* 27.7.2016 EzA § 14 TzBfG Nr. 123, Rn 36 f.; *Dörner* Befr. Arbeitsvertrag Rn 765; ErfK-*Müller-Glöge* § 15 TzBfG Rn 7; *Strecker* RdA 2009, 381; KR-*Bader/Kreutzberg-Kowalczyk* § 17 TzBfG Rdn 77).

Der **Nachteil einer nur befristeten** im Verhältnis zu einer **unbefristeten Beschäftigung** ist im Übrigen von der **Vertragsabschlussfreiheit** gedeckt. Selbst eine Diskriminierung bei Einstellung würde hier als Rechtsfolge nicht die unbefristete Einstellung zur Folge haben, wie § 15 Abs. 6 **AGG** in seiner Beschränkung auf Schadensersatz und Entschädigung verdeutlicht (s. Rdn 363; KR-*Bader/Kreutzberg-Kowalczyk* § 17 TzBfG Rdn 77 mwN). Schließlich ist daran zu erinnern, dass der Gleichbehandlungsgrundsatz nicht die Begünstigung einzelner Arbeitnehmer verhindern kann (*Sievers* Rn 189), wenn der Arbeitgeber neben mehreren befristet eingestellten Arbeitnehmern auch unbefristete Arbeitsverhältnisse mit vergleichbaren Arbeitnehmern begründet. Allerdings wird sich bei einem solchen Sachverhalt – jedenfalls wenn es sich um eine **Daueraufgabe** für den Arbeitgeber handelt – die Frage nach dem **Personalkonzept** stellen, das willkürfrei sein muss (*BAG* 12.9.1996 EzA § 620 BGB Nr. 144; vgl. dazu auch *EuGH* 23.4.2009 AP Nr. 6 zu Richtlinie 99/70/EG **Angelidaki** und *BAG* 9.3.2011 EzA § 14 TzBfG Nr. 76 Rn 37). Eine **Befristungskontrollklage** kann sich ohnehin nur auf die Unwirksamkeit einer in der Vergangenheit vereinbarten Befristung erstrecken. Der Übergang in ein unbefristetes Arbeitsverhältnis aus Gründen der Gleichbehandlung kann nur mit einer Klage auf Abgabe einer Willenserklärung erstritten werden (*BAG* 19.3.2008 EzTöD 100 § 30 Abs. 1 TVöD-AT Sachgrundbefristung Nr. 11 Rn 22).

§ 4 Abs. 2 TzBfG kommt hier nicht zum Tragen, da die Bestimmung nur eingreift, wenn zu entscheiden ist, ob ein befristet beschäftigter Arbeitnehmer **wegen der Befristung** schlechter hinsichtlich der Arbeitsbedingungen im Übrigen behandelt werden darf. Hier geht es dann um den **Abgleich der Arbeitsbedingungen** mit denen von vergleichbaren unbefristet tätigen Arbeitnehmern (*BAG* 21.2.2013 EzTöD 200 § 16 TV-L Stufenzuordnung Nr. 8, Rn 20; 19.12.2007 EzA § 4 TzBfG Nr. 14). Näher dazu KR-*Bader/Kreutzberg-Kowalczyk* Erl. zu § 4 TzBfG.

8. Rechtsmissbrauchskontrolle

In der Folge der Entscheidung des EuGH im Falle **Kücük** (26.1.2012 EzA § 14 TzBfG Nr. 80) hat das BAG für alle Befristungssachverhalte (mit und ohne Sachgrund) das Erfordernis einer **Rechtsmissbrauchsprüfung** aufgestellt (**grundlegend:** *BAG* 18.7.2012 EzA § 14 TzBfG Nr. 86; 29.4.2015 EzA § 14 TzBfG Nr. 114, Rn 24; 12.11.2014 EzA § 14 TzBfG Nr. 109, Rn 27; 19.3.2014 NZA 2014, 840; 19.2.2014 EzA § 14 TzBfG Nr. 103). Dabei geht es in der Sache um die Frage, ob der Arbeitgeber auf den wiederholten Abschluss befristeter Arbeitsverträge zurückgreift, obwohl ein **ständiger Arbeitskräftebedarf** zu decken ist (HWK-*Rennpferdt* Rn 37). Deshalb wird im

Zusammenhang mit der Sachgrundkontrolle eine **zweite Prüfungsstufe** geschaffen. Die dogmatische Einordnung dieser Prüfung, ihr Verhältnis zum Sachgrund oder den Voraussetzungen einer sachgrundlosen Prüfung (zu letzterer s. Rdn 585) sowie die Kriterien des Missbrauchs befinden sich noch im Klärungsprozess (instruktiv und kritisch: *Greiner* ZESAR 2014, 357, 362; *ders.* ZESAR 2013, 305, 311; *Bayreuther* NZA 2013, 23, 24 f.; *P. Bruns* NZA 2013, 769, 771; *ders.* BB 2014, 53 f.; *Junker* EuZA 2013, 3, 11; *Maschmann* BB 2012, 1098 f.; *R. Adam* AuR 2013, 394; ErfK-*Müller/Glöge* Rn 10 ff.; befürwortend und erläuternd *Kiel* JBArbR 50 [2013], S. 25, 42; *ders.* NZA Beilage 2/2016 72, 83 f.; HaKo-KSchR/*Mestwerdt* Rn 60 ff.; *Schlachter* FS Wank 2014, 503, 512; *vom Stein* NJW 2015, 369, 371; *Busemann* MDR 2015, 314 f.; *Bader/Jörchel* NZA 2016, 1105, 1108; *Eufinger* AuR 2016, 224, 225 f. jeweils mwN).

179 Die Kontrolle der zweiten Prüfungsstufe hat sich nach den Voraussetzungen des **institutionellen Rechtsmissbrauchs** zu gestalten. Diese Rechtsfigur ist von der des individuellen Rechtsmissbrauchs zu unterscheiden, obwohl beide sich aus dem Grundsatz von **Treu und Glauben ableiten (§ 242 BGB)**. Rechtsmissbrauch setzt voraus, dass ein Vertragspartner eine an sich rechtlich mögliche Gestaltung in einer mit Treu und Glauben unvereinbaren Weise nur dazu verwendet, sich zum Nachteil des anderen Vertragspartners Vorteile zu verschaffen, die nach dem Zweck der Norm und des Rechtsinstituts nicht vorgesehen sind. Beim institutionellen Missbrauch ergibt sich der **Vorwurf bereits aus Sinn und Zweck des Rechtsinstituts**, beim individuellen Rechtsmissbrauch dagegen folgt er erst aus dem Verhalten (*BAG* 18.7.2012 EzA § 14 TzBfG Nr. 86 Rn 38; *Gooren* ZESAR 2012, 225, 230; vgl. dazu allg. Staudinger/*Looschelders/Olzen* [2019] § 242 Rn 216 ff.). Die **institutionelle Rechtsmissbrauchskontrolle** verlangt daher **weder ein subjektives Element noch eine Umgehungsabsicht**. Die Annahme eines institutionellen Rechtsmissbrauchs bedarf eines Rückbezugs auf die Gestaltungsmöglichkeiten, die das Recht den Vertragsparteien einräumt. Vertragsgestaltungen können nur dann als rechtsmissbräuchlich angesehen werden, wenn sie gravierend von den **Gestaltungsmöglichkeiten** abweichen, die nach der **Konzeption des Gesetzes** noch gebilligt sind (*BAG* 15.5.2013 EzA § 1 AÜG Nr. 16, Rn 27). Der vom Gesetzgeber vorgenommene **Paradigmenwechsel** von der »objektiven Gesetzesumgehung« des Kündigungsschutzrechts zu den abschließenden Spezialregelungen des TzBfG schließt dabei einen Schutz vor einer rechtsmissbräuchlichen Nutzung der durch das TzBfG eröffneten Befristungsmöglichkeit nicht aus (*BAG* 18.7.2012 EzA § 14 TzBfG Nr. 86 Rn 38; *Kiel* JBArbR 50 [2013], S. 25, 42).

180 Der **Rechtsprechung** des BAG zur Rechtsmissbrauchskontrolle wird zu Recht **entgegengehalten**, dass der **EuGH** in der Kücük-Entscheidung (26.1.2012 EzA § 14 TzBfG Nr. 80) wohl eher die **Verstärkung der Sachgrundkontrolle und weniger einen zusätzlichen Prüfstein** eingefordert hat (zutr. *Greiner* ZESAR 2014, 357, 362; *Bayreuther* NZA 2013, 23, 24 f.; *P. Bruns* NZA 2013, 769, 771; ErfK-*Müller/Glöge* Rn 10; APS-*Backhaus* Rn 79, 82). **Eine missbräuchliche Befristung kann nicht trotzdem per se sachlich gerechtfertigt sein**; darin liegt ein **innerer Widerspruch** (vgl. auch *Schwarze* RdA 2017, 302). Mit der positiven Feststellung eines Sachgrundes ist im Wortsinne die »sachliche Begründetheit«, die innere rechtliche Legitimation der gewählten Gestaltung, abschließend festgestellt und kein Raum mehr für eine daneben tretende allgemeine Rechtsmissbrauchskontrolle (*Greiner* ZESAR 2014, 357, 362; *Junker* EuZA 2013, 3, 11; aA weiterhin *BAG* 12.11.2014 EzA § 14 TzBfG Nr. 109 Rn 32, 34). Es wäre deshalb überzeugender gewesen, die **Darlegungslast** des **Arbeitgebers in Verdachtsfällen zu erhöhen**. Mit der zusätzlichen Missbrauchsprüfung belebt das BAG letztlich die angeblich abgeschaffte richterliche Umgehungskontrolle zu § 620 BGB –gemessen am TzBfG – durch die »Hintertür« wieder neu (vgl. dazu *BAG* 19.3.2014 NZA 2014, 840, Rn 21, wo neben der unionsrechtlich vorgegebenen Missbrauchskontrolle von der nach nationalem Recht gebotenen Rechtsmissbrauchs-, Vertragsgestaltungs- oder Umgehungskontrolle die Rede ist). *Loth* (Diss 2015, Kap 4 § 2 B I. S. 316, Kap. 6, 1402, S. 387) hält es de lege ferenda für geboten, § 14 Abs. 1 TzBfG um eine **Höchstbefristungsdauer** (mit Ausnahme der Erstbefristung) **von 5 Jahren** zu ergänzen. Jenseits dieser Grenze bestünde dann eine **widerlegbare Vermutung** des **Rechtsmissbrauchs** (*Loth* Kap. 3 § 3 S. 263 f.). Im Übrigen ist der berechtigten Kritik am dogmatischen Ansatz eines zweiten Prüfungsschrittes hinzuzufügen, **dass alle bei der Rechtsmissbrauchskontrolle zu beachtenden Umstände** (Zahl der Befristungen, Gesamtdauer der befristeten

Arbeitsverträge, Unzulässigkeit einer Dauervertretung und besondere Umstände im Einzelfall; vgl. Rdn 33 und 34; Kriterienkatalog bei *Sievers* Rn 150 f.) ohne Weiteres auch im Rahmen einer **verschärften Prognoseprüfung** bedacht werden könnten (s. Rdn 35 ff.; vgl. ebenso *Persch* BB 2013, 629, Anforderungen an Rückkehrprognose in Vertretungsfällen seien zu erhöhen). Dann würde die Sachgrundprüfung auf diesem Wege intensiviert. Der Vorwurf, die Forderung nach erhöhten Anforderungen an die Prognose sei inhaltslos und eine »Leerformel« (so *Dörner* Befr. Arbeitsvertrag Rn 308a) wäre damit widerlegt

Die **Praxis** wird sich jedoch auf die **neue Rechtsprechung einzurichten** haben. Die Missbrauchskontrolle »verdrängt« die Sachgrundkontrolle bzw. die Prüfung der Voraussetzungen einer sachgrundlosen Befristung. **Kataloge zu Missbrauchskriterien** bei den unterschiedlichen Befristungsformen entwickeln sich, dabei steht neben der **Zahl der Verträge** das **Zeitmoment** von Kettenbefristungen im Vordergrund (*BAG* 29.4.2015 EzA § 14 TzBfG Nr. 114, Rn 26; 14.1.2015 EzA § 14 TzBfG Nr. 110, Rn 44; 14.2.2014 EzA § 14 TzBfG Nr. 103, Rn 36; 13.3.2013 EzA § 14 TzBfG Nr. 92, Rn 39, kein gesteigerter Anlass zur Missbrauchskontrolle, wenn die in § 14 Abs. 2 S. 1 TzBfG für die sachgrundlose Befristung bezeichneten Grenzen nicht um ein Mehrfaches überschritten sind; Stufenmodelle bei *Brose/Sagan* NZA 2012, 308, 310; *Bauer/von Medem* SAE 2012, 25, 29; *Persch* ZTR 2012, 268, 272; *Preis/Loth* Anm. EzA § 14 TzBfG Nr. 80; *Kiel* JBArbR 50 [2013], S. 25, 45; HaKo-KSchR/*Mestwerdt* Rn 60 ff.; *vom Stein* NJW 2015, 369, 372, jeweils m. Rechtsprechungsnachw.). Kommt es bei einer größeren Zahl von Befristungen zu zeitlichen **Unterbrechungen** von mehr als einem Monat, so soll dies gegen einen Rechtsmissbrauch sprechen (*LAG Bln.-Bra.* 4.2.2015 LAGE § 14 TzBfG Rechtsmissbrauch Nr. 10, Rn 29; bei zehn befristeten Arbeitsverträgen im Zeitraum von 3 Jahren und sieben Monaten mit 3 Unterbrechungen von insgesamt acht Monaten im Zusammenhang mit einem Umzug des Unternehmens; vgl. aber Rdn 182, zwei Jahre). Andererseits wurde ein Rechtsmissbrauch bei **ununterbrochener Beschäftigung** eines Straßenwärters über sechs Jahre und acht Monate mittels zehn befristeter Arbeitsverträge angenommen (*LAG Bln.-Bra.* 4.2.2015 LAGE § 14 TzBfG Rechtsmissbrauch Nr. 9, Rn 22), bei Annahme eines durchgängig erhöhten Beschäftigungsbedarfs in einer Straßenmeisterei.

Um mehr **Rechtssicherheit** bei der **Rechtsmissbrauchsprüfung** zu schaffen, hat das **BAG** nunmehr mit seinen Entscheidungen vom 26.10.2016 (EzA § 14 TzBfG Rechtsmissbrauch Nr. 1, Rn 28 m. zust. Anm. *Marschner* EzTöD 100 § 30 Abs. 1 TVÖD-AT Sachgrundbefristung Nr. 96; *Oberthür* ArbRB 2017, 79; *Barthel/Müller* DB 2017, 1329; *Bauer/Brauneisen* SAE 2017, 80; abl. *Schwarze* RdA 2017, 302, 311) und vom 21.3.2017 (EzA § 14 TzBfG Gerichtlicher Vergleich Nr. 1, Rn 31 f.) **Grenzwerte – alternativ oder kumulativ – festgelegt** (Rechtsmissbrauchsampel), die der Rechtspraxis helfen (ErfK-*Müller-Glöge* Rn 10b; HWK-*Rennpferdt* Rn 39 ff.). Ausgangswerte sind dabei die Maßstäbe des § 14 Abs. 2 S. 1 TzBfG zur sachgrundlosen Befristung mit 2 Jahren Höchstdauer und dreifacher Verlängerungsmöglichkeit. Besteht danach ein Sachgrund für die Befristung eines Arbeitsvertrags nach § 14 Abs. 1 TzBfG, ist eine umfassende **Kontrolle** nach den Grundsätzen eines institutionellen Rechtsmissbrauchs (§ 242 BGB) idR **geboten**, wenn die **Gesamtdauer des befristeten Arbeitsverhältnisses acht Jahre überschreitet oder mehr als zwölf Verlängerungen des befristeten Arbeitsvertrags vereinbart wurden oder wenn die Gesamtdauer des befristeten Arbeitsverhältnisses sechs Jahre überschreitet und mehr als neun Vertragsverlängerungen vereinbart wurden.** Unter diesen Voraussetzungen hängt es von weiteren, zunächst vom Kläger vorzutragenden Umständen ab, ob ein Missbrauch der Befristungsmöglichkeit anzunehmen ist. Von einem **indizierten Rechtsmissbrauch** ist idR auszugehen, wenn die **Gesamtdauer des Arbeitsverhältnisses zehn Jahre überschreitet oder mehr als 15 Vertragsverlängerungen vereinbart wurden oder wenn mehr als zwölf Vertragsverlängerungen bei einer Gesamtdauer von mehr als acht Jahren vorliegen.** In einem solchen Fall hat der **Arbeitgeber** die Möglichkeit, die Annahme des indizierten **Gestaltungsmissbrauchs** durch den Vortrag besonderer Umstände zu **entkräften**. Die **Rechtsmissbrauchsprüfung** obliegt in erster Linie den **Gerichten der Tatsacheninstanz**. Deren Würdigung ist **revisionsrechtlich nur eingeschränkt** darauf **überprüfbar**, ob das Gericht von den zutreffenden Voraussetzungen des institutionellen Rechtsmissbrauchs ausgegangen ist, ob es alle erheblichen Gesichtspunkte widerspruchsfrei berücksichtigt hat und ob die Bewertung dieser

181

182

Gesichtspunkte von den getroffenen tatsächlichen Feststellungen getragen wird (*BAG* 17.5.2017 EzA § 14 TzBfG Rechtsmissbrauch Nr. 2, Rn 26; krit. *Kock* NJW 2017, 3740). Die damit auf die Tatsacheninstanzen abgewälzte Rechtsmissbrauchskontrolle kann indessen zu erheblicher Rechtsunsicherheit führen (*Stiebert* EWiR 2017, 733).

183 Eine **Unterbrechung des Arbeitsverhältnisses** von **zwei Jahren schließt** idR aufeinanderfolgende befristete Arbeitsverhältnisse und damit einen **Rechtsmissbrauch aus** (*BAG* 21.2.2018 –7AZR 765/16, Rn 30; 21.3.2017 EzA § 14 TzBfG Gerichtlicher Vergleich Nr. 1, Rn 32). Bei einer derartig **langfristigen Unterbrechung** des Arbeitsverhältnisses ist regelmäßig davon auszugehen, dass die Beschäftigung nicht der Deckung eines ständigen und dauerhaften Arbeitskräftebedarfs dient.

184 Zu den **Umständen**, die bei einer **Missbrauchskontrolle** eine Rolle spielen können, zählen zB die mehrfache Verrichtung der gleichen Arbeit auf demselben Arbeitsplatz mit denselben Aufgaben, das wiederholte Auseinanderfallen von Grund und Dauer der Befristung, die betrieblichen Anlässe für den vorübergehenden Einsatz bei unterschiedlichen Befristungsgründen, aber auch die privilegierte Vertretungsbefristung aus dem sozialpolitischen Ansatz nach § 21 BEEG, branchenspezifische Besonderheiten in Saisonbetrieben oder im Schulbereich sowie grundgesetzliche Freiheiten (*Kiel* NZA-Beil. 2/2016, 72, 84; HWK-*Rennpferdt* Rn 43; *Schaub/Koch* § 40 Rn 6b; APS-*Backhaus* Rn 86 ff.; vgl. auch *BAG* 29.4.2015 EzA § 14 TzBfG Nr. 114; 7.10.2015 EzA § 14 TzBfG Nr. 119; 26.10.2016 EzA § 14 TzBfG Rechtsmissbrauch Nr. 1; 17.5.2017 EzA § 14 TzBfG Rechtsmissbrauch Nr. 2). Selbst einem branchentypisch wiederkehrenden, nicht planbaren Vertretungsbedarf muss der Arbeitgeber dabei nicht durch eine **Personalreserve** begegnen (*BAG* 24.8.2016 EzA § 14 TzBfG Nr. 124, Rn 26).

185 Die unionsrechtlich zu fordernde Missbrauchskontrolle kann grds nur bei mehreren (aufeinanderfolgenden) Befristungen stattfinden (zuletzt *EuGH* 21.9.2016 EzA Richtlinie 99/70 EG-Vertrag 1999 Nr. 14, Rn 38 *Popescu*); die **erste Befristung** bleibt deshalb regelmäßig **außen vor**. Auch wenn die Missbrauchsprüfung generell bei allen befristeten Arbeitsverträgen stattzufinden hat, schälen sich doch **Schwerpunkte der Kontrolle von Kettenbefristungen** heraus. Dies sind in erster Linie **Vertretungs- und Haushaltsbefristungen** mit Sachgrund nach § 14 Abs. 1 Nr. 3 und Nr. 7 (**objektivierte Prüfung**; *BAG* 19.2.2014 EzA § 14 TzBfG Nr. 103; 10.7.2013 EzA § 14 TzBfG Nr. 94; 13.2.2013 EzA § 14 TzBfG Nr. 92; 18.7.2012 EzA § 14 TzBfG Nr. 86; näher dazu Rdn 262 ff., 441, 469 ff.) aber auch – was eher eine **Ausnahme** sein wird – eine Kette von Befristungen durch **gerichtliche Vergleiche** nach § 14 Abs. 1 S. 2 Nr. 8 TzBfG (*BAG* 12.11.2014 EzA § 14 TzBfG Nr. 109, Rn 30 ff.; 21.3.2017 EzA § 14 TzBfG Gerichtlicher Vergleich Nr. 1, Rn 18; näher dazu Rdn 486 ff.), **sachgrundlose Befristungen** nach § 14 Abs. 2 TzBfG mit mehreren verbundenen Arbeitgebern ggf. unter Nutzung der **Arbeitnehmerüberlassung** (wohl eher individueller Rechtsmissbrauch, **subjektivierte Prüfung**, *BAG* 22.1.2014 EzA § 14 TzBfG Nr. 102; 19.3.2014 NZA 2014, 840; 15.5.2013 EzA § 1 AÜG Nr. 16; 23.9.2014 – 9 AZR 1025/12; krit. *Greiner* DB 2014, 1987, 1990; näher dazu Rdn 593 ff.), **sachgrundlos befristete Arbeitsverträge** mit **älteren Arbeitnehmern** nach § 14 Abs. 3 TzBfG (*BAG* 28.5.2014 EzA § 14 TzBfG Nr. 104, Rn 40; näher dazu Rdn 685 ff.). Nach einer Entscheidung des *LAG BW* vom 27.6.2013 (LAGE § 307 BGB 2002 Nr. 36b) soll die Prüfung auf institutionellen Rechtsmissbrauch sogar bei der Inhaltskontrolle einzelner **befristeter Arbeitsbedingungen** angewandt werden.

III. Die gesetzlich benannten Sachgründe

1. Vorübergehender betrieblicher Bedarf an der Arbeitsleistung (Abs. 1 S. 2 Nr. 1)

a) Allgemeines

186 Der Gesetzgeber geht davon aus, dass es sich bei diesen Sachverhalten um den **häufigsten Sachgrund für eine Befristung** handelt (BT-Drucks. 14/4374 S. 18). Es wird ersichtlich an die **bisherige Befristungsrechtsprechung** angeknüpft. Die Gesetzesbegründung macht deutlich, dass der **zeitlich begrenzte betriebliche Zusatzbedarf** an Arbeitskraft nicht gegeben ist, wenn beim Arbeitgeber über die künftige Entwicklung des Arbeitskräftebedarfs lediglich Unsicherheit

besteht. Diese **bloße Unsicherheit über die zukünftige Entwicklung des Personalbedarfs** gehört vielmehr zum **unternehmerischen Risiko**, das der Arbeitgeber nicht durch den Abschluss befristeter Arbeitsverträge auf seine Arbeitnehmer abwälzen kann (BT-Drucks. 14/4374 S. 19). Der Arbeitgeber kann sich bei nicht oder nur schwer vorhersehbarem quantitativen Bedarf nicht darauf berufen, mit befristeten Arbeitsverträgen könne er leichter und schneller auf Bedarfsschwankungen reagieren. Seine **Prognose** muss vielmehr dahingehen, dass über das vereinbarte Vertragsende hinaus mit **hinreichender Sicherheit kein zusätzlicher dauerhafter Arbeitskräftebedarf** mehr bestehen wird (*BAG* 15.10.2014 EzA § 14 TzBfG Nr. 108, Rn 14; 11.9.2013 EzA § 14 TzBfG Nr. 96, Rn 24 f.; 15.5.2012 EzA § 15 TzBfG Nr. 4; 17.3.2010 EzA § 14 TzBfG Nr. 63; 29.7.2009 AP Nr. 65 zu § 14 TzBfG; 25.8.2004 EzA § 14 TzBfG Nr. 13; *LAG Bln.-Bra.* 2.9.2009 LAGE § 14 TzBfG Nr. 51; *LAG Nds.* 18.6.2014 LAGE § 14 TzBfG Nr. 86; *LAG RhPf* 18.8.2011 LAGE § 14 TzBfG Nr. 64a; ErfK-*Müller-Glöge* Rn 23 f.; APS-*Backhaus* Rn 119, 202 ff.; *Annuß/Thüsing/Maschmann* Rn 26; HWK-*Rennpferdt* Rn 46; *Staudinger/Preis [2019]* Rn 92; *Dörner* Befr. Arbeitsvertrag Rn 268 im Fall der kombinierten Zeit- und Zweckbefristung; *Hromadka* BB 2001, 622; *Lakies* DZWIR 2001, 9; *Kliemt* NZA 2001, 297; näher zur **Prognose** des Arbeitgebers vgl. Rdn 185 f. und allgemein s. Rdn 144 ff.). Eine **konkrete Benennung des Zeitpunkts**, zu dem der Bedarf entfällt, bedarf es dagegen **nicht**, da die Befristungsdauer der Sachgrundprüfung grds. nicht unterfällt (vgl. Rdn 120). Im Übrigen ist für die Beurteilung des vorübergehenden Mehrbedarfs auf die zu erfüllende **Arbeitsaufgabe** und nicht auf die befristete arbeitgeberseitige **Trägerschaft** zur Aufgabenerfüllung abzustellen (*BAG* 19.3.2014 EzA § 14 TzBfG Nr. 96, Fall der sog. Optionskommune; 17.3.2010 EzA § 14 TzBfG Nr. 63; AR-*Schüren/Moskalew* Rn 82; HaKo-KSchR/*Mestwerdt* Rn 66, 74; näher dazu Rdn 195). Auf die **Verhältnisse im Betrieb** (»betrieblicher Bedarf«), nicht im Unternehmen kommt es dabei an, eine Weiterbeschäftigungsmöglichkeit in einem anderen Betrieb des Unternehmens macht die Befristung nicht unwirksam (*BAG* 21.3.2017 EzA § 14 TzBfG Nr. 127, Rn 31 f.; **differenzierend** APS-*Backhaus* Rn 205). Eine **projektbezogene Zusatzaufgabe** muss von einer gleichlaufenden **Daueraufgabe** (zB Arbeitsvermittlung) hinreichend abgrenzbar sein, wozu eine andere Methodik oder Herangehensweise zur Aufgabenerledigung nicht genügt (*BAG* 24.9.2014 EzA § 14 TzBfG Nr. 107, Rn 17 f.; *LAG Nds.* 18.6.2014 LAGE § 14 TzBfG Nr. 86).

Die **Sorge** des Arbeitgebers um die **konjunkturelle und wirtschaftliche Entwicklung** kann deshalb noch keine Befristung rechtfertigen (*EuGH* 22.4.2010 EzA Richtlinie 99/70 EG-Vertrag 1999 Nr. 3 **Landeskrankenhäuser Tirol** Rn 42 ff.; *BAG* 15.5.2012 EzA § 15 TzBfG Nr. 4, Rn 30; 29.7.2009 AP Nr. 65 zu § 14 TzBfG; abw. *BAG* 11.2.2004 EzA § 620 BGB 2002 Nr. 9, wonach eine 4-wöchige Unterbrechung bis zum Anschlussauftrag reichen soll [sehr fragwürdig]; ErfK-*Müller-Glöge* Rn 23a; LS-*Schlachter* Rn 30; MüKo-*Hesse* Rn 22 ff.; *Annuß/Thüsing/Maschmann* Rn 23; HaKo-TzBfG/*Boecken* Rn 53). Die **allgemeine Unsicherheit** über die zukünftig bestehende Beschäftigungsmöglichkeit rechtfertigt die Befristung nicht. Eine solche Unsicherheit gehört zum **unternehmerischen Risiko des Arbeitgebers**, das er nicht durch Abschluss eines befristeten Arbeitsvertrags auf den Arbeitnehmer abwälzen darf (*BAG* 24.9.2014 EzA § 14 TzBfG Nr. 107, Rn 15; 4.12.2013 EzA § 14 TzBfG Nr. 99; *Bader/Jörchel* NZA 2016, 1106). Seine **wirtschaftliche Abhängigkeit von Dritten** und deren Arbeitsbedarf berechtigt nicht zur Befristung eines Arbeitsverhältnisses nach Nr. 1 (*Sächs. LAG* 21.1.2008 EzAÜG § 14 TzBfG Nr. 3). Das gilt auch bei **Drittmittelfinanzierung** von berufsvorbereitenden Bildungsmaßnahmen durch die Bundesagentur für Arbeit (BA), da die Ungewissheit der weiteren Lehrgangsvergabe dem unternehmerischen Risiko der Bildungseinrichtung zuzurechnen ist (*LAG Köln* 14.1.2011 – 9 Sa 1375/11; vgl. auch *BAG* 16.1.2018 EzA § 14 TzBfG Eigenart der Arbeitsleistung Nr. 5 – 7 AZR 21/16, Rn 16 f.; sozialpädagogische Betreuung im Berufsvorbereitungsjahr). Andernfalls müsste jedes Bauunternehmen berechtigt sein wegen der Ungewissheit neuer Bauaufträge seine Arbeitnehmer nur noch befristet zu beschäftigen (*Lakies* Befr. Arbeitsverträge Rn 267; *Ritter/Rudolf* FS 25-jähriges Bestehen DAV S. 372). Dies würde auch für jedes Verleihunternehmen gelten. Der Verleiher ist aber an die Anforderungen des »vorübergehenden Mehrbedarfs« gebunden, der Befristungsgrund muss sich aus der Rechtsbeziehung zwischen ihm und dem Arbeitnehmer selbst ergeben (*BAG* 18.5.2006 EzA § 1

§ 14 TzBfG Zulässigkeit der Befristung

KSchG Betriebsbedingte Kündigung Nr. 146; *Schüren/Behrend* NZA 2003, 521; MHH-TzBfG/ *Meinel* Rn 48, 50 f.).

188 Da der Arbeitgeber insoweit das unternehmerische Risiko des wirtschaftlichen Misserfolgs zu tragen hat, bleibt regelmäßig nur der Weg unbefristet begründete Arbeitsverhältnisse betriebsbedingt aufzukündigen. Einen anderen **Weg** bietet die **grundsätzlich »einmalige« sachgrundlose Befristung** nach Abs. 2, 2a und 3, die dem Arbeitgeber flexible Möglichkeiten an die Hand gibt schwankenden Bedarf an Arbeitskraft problemlos zu befriedigen (*BVerfG* 6.6.2018 – 1 BvL 7/14, 1 BvR 1375/14; anders noch *BAG* 6.4.2011 EzA § 14 TzBfG Nr. 77: **mehrfach im Dreijahresabstand**; vgl. dazu näher Rdn 515, 565 ff.). Daraus folgt, dass die Sachgrundbefristung nach Nr. 1 sich hiervon deutlich abheben muss und vom Arbeitgeber **konkrete Anhaltspunkte** für den »vorübergehenden Bedarf an Arbeitskräften« im **Betrieb** oder der **Dienststelle** (*Sievers* Rn 192; ErfK-*Müller-Glöge* Rn 23; Schaub/ *Koch* § 40 Rn 9 f.; aA *Plander/Witt* DB 2002, 1002, die auf den Arbeitgeber oder das Unternehmen abstellen wollen) genannt werden müssen (*BAG* 15.10.2014 EzA § 14 TzBfG Nr. 108, Rn 14; 30.10.2008 EzA § 613a BGB 2002 Nr. 102; 15.2.2006 ZTR 2006, 509; 17.4.2002 EzA § 620 BGB Nr. 191; MHH-TzBfG/*Meinel* Rn 49 f.; LS-*Schlachter* Rn 29), die **Grundlage** seiner **Prognose** sind. **Weiterbeschäftigungsmöglichkeiten** an anderer Stelle im Betrieb oder Unternehmen (*BAG* 21.3.2017 EzA § 14 TzBfG Nr. 127, Rn 31 f.) sind auszublenden (AR-*Schüren/Moskalew* Rn 13; so jetzt auch HaKo-KSchR/*Mestwerdt* Rn 69), da ansonsten eine Prognose für den Arbeitgeber bei Vertragsschluss nicht mehr zu leisten wäre (aA *Witt* PersonalR 2003, 107; APS-*Backhaus* Rn 205).

189 Für **Projektbefristungen** hat das BAG entschieden, dass es auf Weiterbeschäftigungsmöglichkeiten außerhalb des Projekts nicht ankommt, insoweit ist die Prognose für den Arbeitgeber einfacher zu führen (*BAG* 25.8.2004 EzA § 14 TzBfG Nr. 13; *Dörner* Befr. Arbeitsvertrag Rn 292 f.; MüKo-*Hesse* Rn 26). Der Arbeitgeber kann sich zur sachlichen Rechtfertigung eines befristeten Arbeitsvertrags auf eine Tätigkeit in einem zeitlich begrenzten Projekt allerdings nur dann berufen, wenn es sich bei den im Rahmen des Projekts zu bewältigenden Aufgaben um eine auf **vorübergehende Dauer** angelegte und gegenüber den Daueraufgaben des Arbeitgebers **abgrenzbare Zusatzaufgabe** handelt (*BAG* 21.8.2019 EzA § 14 TzBfG Vorübergehender Bedarf Nr. 3; 27.7.2016 EzA § 14 TzBfG Nr. 123, Rn 18; *Kossens* jurisPR-ArbR 29/2017 Anm. 1; aA *LAG BW* 24.2.2017 ZTR 2017, 552, Rn 71 unter Berufung auf BAG 29.7.2009 – 7 AZR 907/07, bei wiederkehrenden archäologischen Rettungsgrabungen im Bereich der Denkmalpflege). Der befristet eingestellte Arbeitnehmer muss nicht ausschließlich, aber doch zu einem wesentlichen Teil seiner Arbeitszeit projektbezogen beschäftigt werden (*BAG* 24.9.2014 EzA § 14 TzBfG Nr. 107, Rn 21).

190 Kein vorübergehender betrieblicher Bedarf ist gegeben, wenn der Arbeitgeber einen Arbeitnehmer nur befristet einstellt, weil er beabsichtigt, die ihm übertragenen **Arbeitsaufgaben** von einem **späteren Zeitpunkt** an dauerhaft **von Leiharbeitnehmern** erledigen zu lassen. Ein **dauerhafter betrieblicher Arbeitskräftebedarf**, den der Arbeitgeber innerhalb seiner betrieblichen Organisation befriedigt, bleibt hier erhalten (*BAG* 17.1.2007 EzA § 14 TzBfG Nr. 37; *Dörner* Befr. Arbeitsvertrag Rn 289). Ein **sonstiger Sachgrund** – der den Wertmaßstäben des § 14 Abs. 1 TzBfG entspricht – lässt sich aus dem Interesse des Arbeitgebers, aus Gründen der Flexibilisierung oder der Kosteneinsparung nur noch Leiharbeitnehmer zu beschäftigen, richterrechtlich nicht entwickeln (krit. *Loritz* Anm RdA 2008, 174, der hier einen Eingriff in die freie Unternehmerentscheidung zur betrieblichen Organisation erkennt; vgl. auch abweichend bei zukünftiger Fremdvergabe von Instandsetzungsarbeiten bei der Bundeswehr *BAG* 30.10.2008 EzA § 613a BGB 2002 Nr. 102, Rn 30 f.).

191 Eine klare **Grenze** zum **vorübergehenden betrieblichen Bedarf an Arbeitsleistung** in der **Privatwirtschaft und im öffentlichen Dienst** wird aufgrund des nunmehr offenen Katalogs an Sachgründen in Abs. 1 **zu den Vertretungsfällen nach Nr. 3 und zu der haushaltsrechtlich begrenzten befristeten Beschäftigung nach Nr. 7 zu ziehen sein.** Die Vertretung eines vorübergehend ausfallenden Arbeitnehmers schafft ebenfalls einen zeitlich begrenzten personellen Mehrbedarf im Betrieb oder in der Dienststelle. Deshalb wurde bereits in der Vergangenheit die befristete Vertretung als Unterfall des Arbeitskräftemehrbedarfs eingestuft (APS-*Backhaus* 1. Aufl. § 620 BGB Rn 320;

BAG 29.10.1998 EzA § 21 BErzGG Nr. 3 Aushilfe als Unterfall der Vertretung). Zur **Abgrenzung** der unterschiedlichen Befristungssachgründe nach Nr. 1, 3 und 7 sehr **instruktiv** *BAG* 10.7.2013 EzA § 14 TzBfG Nr. 94, Rn 15; 13.2.2013 AP Nr. 103 zu § 14 TzBfG, Rn 25 (*Hunold* DB 2012, 288, der eine dezidierte Prognose des Arbeitgebers hierfür einfordert und eine Vertretung nicht betriebs- sondern arbeitsplatzbezogen zulassen will; vgl. auch Rdn 245). Den Unterschied wird man darin erkennen können, dass der vorübergehende Arbeitskräftebedarf nach **Nr. 1** durch eine **unternehmerische Entscheidung des Arbeitgebers** als Antwort auf außer- oder innerbetriebliche **Einflüsse** (zB überraschender zusätzlicher fristgebundener Auftrag oder rationalisierende Umstrukturierung) zu sehen ist, dagegen der **Arbeitgeber im Fall Nr. 3** nur entscheidet, ob er eine **vorübergehende Lücke im Personalbestand** (zB durch Krankheit oder Elternzeit) ganz, teil-, zeitweise oder gar nicht mit Hilfe einer befristeten Einstellung **auffüllt** (ebenso HaKo-KSchR/*Mestwerdt* Rn 65, der nach personellem und betrieblichem Bereich unterscheidet).

Die Überschneidung wird besonders deutlich bei der Befristung von Arbeitsverträgen mit Vertretungskräften zur Befriedigung eines schultypenübergreifenden **Gesamtvertretungsbedarfs an Lehrkräften**, der **haushaltsrechtlich** durch einen gesonderten **Titel** abgesichert ist (*BAG* 20.1.1999 EzA § 620 BGB Nr. 160; vgl. auch *BAG* 6.10.2010 EzA § 14 TzBfG Nr. 70; *Kiel* JBArbR 50 [2013], S. 25, 30 f.; neuerdings offengehalten *BAG* 10.10.2012 EzA § 14 TzBfG Nr. 88, Rn 30). Nach **Nr. 7 vollzieht der (öffentliche) Arbeitgeber nur eine Planvorgabe des Haushaltsgesetzgebers**, deren Schlüssigkeit nur im Ausnahmefall gerichtlich überprüfbar ist. Hierbei wird nämlich unterstellt, dass der Haushaltsgesetzgeber sich mit den Verhältnissen dieser Stelle befasst und festgestellt hat, dass für die Beschäftigung eines oder mehrerer Arbeitnehmer nur ein vorübergehender Bedarf besteht. Der **Sachgrund Nr. 7** erfordert neben der nur **zeitlich begrenzten Verfügbarkeit von Haushaltsmitteln** den überwiegenden **Einsatz** des befristet beschäftigten Arbeitnehmers entsprechend der **Zwecksetzung** der bereitstehenden Haushaltsmittel. Dabei sind die Umstände bei Vertragsschluss maßgeblich. Dabei muss sich die **Prognose** des Arbeitgebers nicht darauf beziehen, dass die Arbeitsmenge nach Ablauf des befristeten Arbeitsvertrags wieder mit dem nach dem Stellenplan verfügbaren Stammpersonal bewältigt werden kann. Es genügt vielmehr, dass der Mehrbedarf voraussichtlich während der Dauer des befristeten Arbeitsvertrags bestehen wird (*BAG* 7.5.2008 EzA § 14 TzBfG Nr. 48; *Schiefer* DB 2011, 1164, 1166; *Kiel* JBArbR 50 [2013], S. 25, 30 f.; zur Abgrenzung auch *BAG* 24.1.2001 EzA § 620 BGB Nr. 173). Näher dazu s. Rdn 439 ff.

b) Besonderheiten des Öffentlichen Dienstes

Für die Prognose im Bereich des **öffentlichen Dienstes** kommt es auf den **vorübergehenden Mehrbeschäftigungsbedarf der Dienststelle** an, für die der Arbeitnehmer konkret eingestellt werden soll; andere Dienststellen oder Standorte mit Weiterbeschäftigungsmöglichkeiten bleiben außer Betracht (*LAG SchlH* 19.12.2006 NZA-RR 2007, 221, bei Wegfall eines Bewachungsobjekts). Grundlage des vorübergehenden Mehrbedarfs können beispielsweise **Auftragsspitzen** infolge von **gesetzlichen Neuregelungen** sein (Hartz IV-Reform; *BAG* 30.10.2008 EzA § 613a BGB 2002 Nr. 102), soweit die haushaltsplanmäßigen Vorgaben die vorübergehende Dauer des Beschäftigungsbedarfs dazu anhand einer näheren Analyse begründen können (*BAG* 17.3.2010 EzTöD 100 § 30 Abs. 1 TVöD-AT Sachgrundbefristung Nr. 28, Rn 15; Anm. *Schmalenberg* RdA 2010, 372). Das können auch **Umstrukturierungen** im Behördenapparat sein (Schließung einer Dienststelle; *BAG* 3.12.1997 EzA § 620 BGB Nr. 148). Eine auf §§ 14 Abs. 1 S. 2 Nr. 1, 15 Abs. 2 TzBfG gestützte **Zweckbefristung** fordert eine hinreichende **Prognosedichte** dahingehend, dass der in den Arbeitsvertrag aufgenommene Vertragszweck **nicht nur möglicherweise oder wahrscheinlich erreicht wird, sondern dass im Rahmen des Vorhersehbaren sicher angenommen werden kann, dass er eintreten wird**. Die Prognose muss sich auf einen arbeitsorganisatorischen Ablauf richten, der hinreichend bestimmt ist und an dessen Ende der Wegfall des Bedarfs für die Tätigkeit des Arbeitnehmers steht. Es reicht nicht aus, dass sich lediglich unbestimmt abzeichnet, aufgrund welcher Abläufe eine Tätigkeit des Arbeitnehmers in der Zukunft entbehrlich sein könnte. So genügt die allgemeine Unsicherheit über die zukünftig bestehende Beschäftigungsmöglichkeit (hier: Sprachförderung in einer Aufnahmeeinrichtung für Asylbewerber) nicht, um die Befristung zu rechtfertigen (*LAG RhPf* 2.3.2017 AuR

2017, 415). An die Zuverlässigkeit der Prognose sind umso **höhere Anforderungen** zu stellen, je weiter die vereinbarte Zweckerreichung in der Zukunft liegt (*BAG* 15.5.2012 EzA § 15 TzBfG Nr. 4, Rn 30 f.; geplante Schließung einer Maßregelvollzugsklinik).

194 Die im Rahmen der vorgesehenen Befristung zu erledigende Aufgabenstellung durfte (früher Nr. 2 zu SR 2y BAT) und darf (jetzt § 30 Abs. 2 TVöD) erwartungsgemäß für den ersten befristeten Arbeitsvertrag einen **Zeitraum von fünf Jahren** nicht überschreiten; mehrere aneinandergereihte Arbeitsverträge dagegen schon (*BAG* 19.2.2014 EzA § 14 TzBfG Nr. 103, Rn 24; 20.2.2008 ZTR 2008, 508; aA *Plander/Witt* DB 2002, 1003: Höchstgrenze von 2 Jahren). Dadurch entstehende **Befristungsketten** sind dann nach dem TzBfG und anhand der aus unionsrechtlichen Gründen gebotenen **Rechtsmissbrauchskontrolle** zu überprüfen (vgl. *EuGH* 19.3.2020 EzA Richtlinie 99/70 EG-Vertrag 1999 Nr. 19 **Sánchez Ruiz** Rn 90; 14.9.2016 EzA Richtlinie 99/70 EG-Vertrag 1999 Nr. 13, Rn 56 **Perez Lopez**). Ein vorübergehender Mehrbedarf ergibt sich im öffentlichen Dienst nicht dadurch, dass die Stelle des Arbeitnehmers im **Haushaltsplan** mit einem **Kw-Vermerk** versehen ist, da die Ungewissheit der zukünftigen Zuweisung von Haushaltsmitteln inhaltlich nichts über einen **vorübergehenden Mehrbedarf** aussagt. Haushaltsrechtliche Gründe können die Befristung eines Arbeitsvertrags wegen nur vorübergehenden betrieblichen Bedarfs nur rechtfertigen, wenn der öffentliche Arbeitgeber zum Zeitpunkt des Vertragsabschlusses aufgrund konkreter Tatsachen die **Prognose** erstellen kann, dass für die Beschäftigung des Arbeitnehmers Haushaltsmittel nur vorübergehend zur Verfügung stehen (*BAG* 17.3.2010 EzTöD 100 § 30 Abs. 1 TVöD-AT Sachgrundbefristung Nr. 28; 16.10.2008 EzA § 14 TzBfG Nr. 53 Rn 19; 2.9.2009 EzA § 14 TzBfG Nr. 60; vgl. auch *BAG* 20.2.2008 AP Nr. 45 zu § 14 TzBfG; *Dörner* Befr. Arbeitsvertrag Rn 280). Aufgabenstellungen, deren **Finanzierung und zukünftiger Bedarf** zwar **unsicher** ist, deren Wahrnehmung aber im Wesentlichen allein von der Entscheidung des Arbeitgebers abhängen, gehören nicht hierher (*LAG Köln* 28.9.1995 ZTR 1996, 129).

195 Bei der Abgrenzung zwischen einer Aufgabe von begrenzter oder unbegrenzter Dauer war in der **Vergangenheit** nicht darauf abzustellen, ob ein Arbeitnehmer für Tätigkeiten eingestellt worden ist, die **wesensmäßig** zu den **Daueraufgaben** eines öffentlichen Arbeitgebers gehören. **Die vorübergehende Dauer der Aufgabe** wurde vielmehr primär **durch den öffentlichen Arbeitgeber bestimmt, und zwar im Rahmen einer »Quasi-Unternehmerentscheidung«** aufgrund haushaltsrechtlicher und damit politischer Vorgaben, die von den Gerichten grds. als bindend hinzunehmen ist (*BAG* 7.6.1984 – 2 AZR 773/83; vgl. auch *BAG* 11.2.2004 EzA § 620 BGB 2002 Nr. 9). Eine zeitlich begrenzte Aufgabenwahrnehmung konnte sich deshalb auch daraus ergeben, dass der öffentliche Arbeitgeber beschließt, eine bestimmte Aufgabe (zB ein Projekt) nur in einem von vorneherein begrenzten Zeitrahmen zu verfolgen und anschließend in Wegfall geraten zu lassen (ebenso *BAG* 15.1.1997 EzA § 620 BGB Hochschulen Nr. 12; 24.10.2001 EzA § 620 BGB Hochschulen Nr. 31; 9.6.1999 – 7 AZR 684/97, Prognose bei projektbezogener Befristung; *LAG RhPf* 12.7.2007 – 2 Sa 105/07, zum Mehrbedarf wegen eines Förderunterrichts Mathematik; *LAG Nds.* 17.10.2008 EzTöD 100 § 30 Abs. 1 TVöD-AT Sachgrundbefristung Nr. 19 m. zust. Anm. *Marschner*; befristeter Modellversuch zur Systembetreuung im Schulbereich; *Dörner* NZA 2007, 62). Diese Umstände hatte der öffentliche Arbeitgeber allerdings an Tatsachen festzumachen und nicht nur die zeitliche Begrenztheit des Projekts zu behaupten (*BAG* 7.4.2004 EzA § 620 BGB 2002 Nr. 10). Für **Daueraufgaben** wird dies in Zukunft **nicht mehr möglich** sein, auch wenn der Arbeitgeber diese in organisatorisch eigenständige »Projekte« aufteilt (*BAG* 15.10.2014 EzA § 14 TzBfG Nr. 108, Rn 16 ff.; ErfK-*Müller-Glöge* Rn 25; HWK-*Rennpferdt* Rn 51 f.). Für das Vorliegen eines Projekts spricht es regelmäßig, wenn dem Arbeitgeber für die Durchführung der in dem **Projekt** verfolgten Tätigkeiten von einem Dritten finanzielle Mittel oder Sachleistungen zur Verfügung gestellt werden. Der befristete Arbeitsvertrag muss nicht für die Gesamtdauer des Projekts geschlossen werden, solange eine sinnvolle, dem Sachgrund entsprechende Mitarbeit des Arbeitnehmers möglich erscheint (*BAG* 27.7.2016 EzA § 14 TzBfG Nr. 123, Rn 18, 33; 24.9.2014 EzA § 14 TzBfG Nr. 107, Rn 17). Dies gilt ebenso für den Bereich der **Entwicklungshilfe** (*Bader/Hohmann* NZA 2017, 761).

Es kann sich ein kommunaler Träger von Leistungen der Grundsicherung für Arbeitsuchende iSv 196
§ 6 Abs. 1 S. 1 Nr. 2 SGB II zur sachlichen Rechtfertigung der Befristung nicht mehr darauf berufen, dass der Arbeitnehmer mit Aufgaben im Bereich der Grundsicherung für Arbeitsuchende betraut gewesen sei, die nach § 6 Abs. 1 S. 1 Nr. 1 SGB 2 in die Leistungsträgerschaft der Bundesagentur für Arbeit fallen, und dass die **Wahrnehmung der Aufgaben** nach dem SGB II durch die gem. § 44b SGB II aF errichtete ARGE nach dem zugrunde liegenden **öffentlich-rechtlichen Vertrag befristet** gewesen sei. Dies gilt insbesondere dann, wenn der öffentlich-rechtliche Vertrag ausdrücklich die Möglichkeit einer einvernehmlichen Vertragsverlängerung vorsieht (*BAG* 4.12.2013 EzA § 14 TzBfG Nr. 99 Rn 20). Wenn bei Abschluss des befristeten Vertrags davon auszugehen ist, dass die optionalen, von der **Optionskommune** anstelle der Bundesagentur für Arbeit – in zeitlich **begrenzter Trägerschaft** – wahrgenommenen Aufgaben als solche nicht wegfallen werden, vermag die Unsicherheit über ihre künftige Trägerschaft allein die Befristung des Arbeitsvertrags nicht zu rechtfertigen. Das BAG hat insoweit die **Anforderungen im Bereich des öffentlichen Dienstes verschärft** (*BAG* 11.9.2013 EzA § 14 TzBfG Nr. 96, Rn 27; krit. Anm. *A. Marschner* EzTöD 100 § 30 Abs. 1 TVöD-AT Sachgrundbefristung Nr. 59). Für die **Prognose** kommt es nicht entscheidend auf den Bestand der **ARGE** an, sondern darauf, ob mit hinreichender Sicherheit zu erwarten war, dass sich der Arbeitgeber zukünftig an der **Erfüllung von Aufgaben** im Zusammenhang mit der Grundsicherung für Arbeitsuchende, die nach § 6 Abs. 1 S. 1 Nr. 1 SGB II aF in die Leistungsträgerschaft der BA fielen, nicht mehr beteiligen würde (*BAG* 15.10.2014 EzA § 14 TzBfG Nr. 108).

Ein Sachgrund nach § 14 Abs. 1 Nr. 1 TzBfG ist nicht gegeben, wenn ein **Personalbedarf** aufgrund 197
gesetzlicher Aufgabenstellung **dauerhaft anfällt** und der Arbeitgeber dafür sowohl unbefristet als auch befristet beschäftigte Arbeitnehmer einsetzt. Dann hat sich eine **fundierte Prognose zu dem zukünftig erwarteten Rückgang** des Beschäftigungsaufwands zu Lasten der befristet tätigen Arbeitnehmer darüber zu verhalten, andernfalls trägt der Befristungsgrund Nr. 1 nicht (*BAG* 2.9.2009 EzA § 14 TzBfG Nr. 60 Rn 21; *Boecken/Jacobsen* Anm. AP Nr. 70 zu § 14 TzBfG). Der genannte Sachgrund liegt ferner nicht vor, wenn dem Arbeitnehmer **Daueraufgaben** übertragen werden, die von dem in der Dienststelle beschäftigten **Stammpersonal** wegen einer von vornherein **unzureichenden Personalausstattung** nicht erledigt werden können (*BAG* 17.3.2010 EzA § 14 TzBfG Nr. 63, Rn 18; zur Rückführung von Bearbeitungsrückständen in der Widerspruchsstelle der BA; HaKo-TzBfG/*Boecken* Rn 51; AR-*Schüren/Moskalew* Rn 9; im Falle aufeinanderfolgender Befristungen: *EuGH* 23.4.2009 AP Nr. 6 zu Richtlinie 99/70/EG **Angelidaki** Rn 103; ebenso *EuGH* 26.11.2014 EzA EG-Vertrag 1999 Richtlinie 99/70 Nr. 11, **Mascolo** Rn 100, 109; 14.9.2016 EzA Richtlinie 99/70 EG-Vertrag 1999 Nr. 13, Rn 56 **Perez Lopez** 19.3.2020 EzA Richtlinie 99/70 EG-Vertrag 1999 Nr. 19 **Sánchez Ruiz** Rn 91; jedesmal zur Bestimmung eines »sachlichen Grundes« iSv § 5 Nr. 1 der Rahmenvereinbarung). Zu den **Projektbefristungen** im Hochschulbereich vgl. KR-*Treber/Waskow* § 1 WissZeitVG Rdn 73; Einzelheiten zur Projektbefristung im Allgemeinen s. Rdn 205.

c) **Besonderheiten in der Privatwirtschaft**

Die Anerkennung eines vorübergehenden Arbeitskräftebedarfs als Befristungsgrund setzt hier 198
ebenfalls voraus, dass zum Zeitpunkt des Vertragsabschlusses der Arbeitgeber aufgrund greifbarer Tatsachen mit hinreichender Sicherheit annehmen kann, dass der Arbeitskräftebedarf in Zukunft entfallen wird (**Prognose**). Diesen Umstand hat der Gesetzgeber in seiner Gesetzesbegründung ausdrücklich hervorgehoben (BT-Drucks. 14/4374 S. 19). Damit knüpft das Gesetz an die **bisherige Rechtsprechung** an, wonach **der Arbeitgeber zu Umfang und Dauer des voraussichtlichen Mehrbedarfs eine Prognose zu erstellen und deren tatsächlichen Grundlagen offen zu legen hat** (*BAG* 4.12.2002 EzA § 620 BGB 2002 Nr. 1; 15.8.2001 EzA § 620 BGB Nr. 184; LS-*Schlachter* Rn 29; HaKo-*Mestwerdt* Rn 66, 75; *Annuß/Thüsing/Maschmann* Rn 26). Daran hält die Rechtsprechung zum **TzBfG** fest (vgl. nur *BAG* 21.3.2017 EzA § 14 TzBfG Nr. 127, Rn 28.; 16.1.2013 EzA § 14 TzBfG Nr. 91; 17.3.2010 EzA § 14 TzBfG Nr. 63; 17.1.2007 EzA § 14 TzBfG Nr. 37; *LAG RhPf* 13.2.2007 – 5 Sa 730/06; *LAG Köln* 11.4.2014 – 4 Sa 927/13; 8.5.2006 AuR 2006, 330; *Hess. LAG* 31.5.2005 – 13 Sa 1469/04; *ArbG Magdeburg* 24.9.2014 LAGE § 14 TzBfG Nr. 89 m. Anm. *Kossens* jurisPR-ArbR 50/2014 Anm. 4, pauschale Darlegungen genügen nicht; *ArbG Cottbus*

§ 14 TzBfG   Zulässigkeit der Befristung

18.4.2012 LAGE § 14 TzBfG Nr. 69; *Dörner* NZA 2007, 62; AR-*Schüren/Moskalew* Rn 9 f.; *Schaub/Koch* § 40 Rn 10; AnwaltKomm-*Studt* Rn 20, 22; *Boecken/Jacobsen* Anm. zu AP Nr. 70 zu § 14 TzBfG). Zu den allg. Voraussetzungen einer auf konkrete Tatsachen gestützten Prognose vgl. Rdn 144 f.

199 Die befristete Einstellung wegen eines vorübergehenden Mehr- oder Minderbedarfs setzt zu ihrer Rechtswirksamkeit ferner voraus, dass der Arbeitnehmer **gerade zur Deckung dieses Mehr- bzw. Minderbedarfs eingestellt wird.** Der **ursächliche Zusammenhang** ist insoweit vom Arbeitgeber zu belegen (*BAG* 20.2.2008 ZTR 2008, 508; HWK-*Rennpferdt* Rn 49). Wird der befristet eingestellte Arbeitnehmer **an anderer Stelle im Unternehmen** eingesetzt, hat der Arbeitgeber die damit verbundene **Umorganisation der Arbeitsverteilung** und die fortbestehende Ursächlichkeit der Bedarfsschwankung für die Befristung darzustellen (*BAG* 17.3.2010 EzA § 14 TzBfG Nr. 63, Rn 15; 8.7.1998 RzK I 9a Nr. 132; *Dörner* Befr. Arbeitsvertrag Rn 282; *Sievers* Rn 207). Aus Anlass eines zeitweiligen Mehr- oder Minderbedarfs gewinnt der Arbeitgeber nicht das Recht, beliebig viele Arbeitnehmer befristet einzustellen. **Die Zahl der befristet eingestellten Arbeitnehmer hat sich im Rahmen des vorübergehenden Mehr- bzw. Minderbedarfs zu halten und darf diesen unter- aber nicht überschreiten** (*BAG* 15.8.2001 EzA § 620 BGB Nr. 184; *Annuß/Thüsing/Maschmann* Rn 25; *Boewer* Rn 106; *Lakies* Befr. Arbeitsverträge Rn 263; *Dörner* Befr. Arbeitsvertrag, Rn 282, der hierfür eine kausale Verknüpfung fordert). Die zuletzt abgeschlossenen »überschießenden« Befristungen sind dann aus § 14 Abs. 1 S. 2 Nr. 1 TzBfG nicht sachlich gerechtfertigt (HaKo-KSchR/*Mestwerdt* Rn 67), soweit der Arbeitgeber sich hierfür nicht auf eine sachgrundlose Befristung nach den Abs. 2 bis 3 zurückziehen kann. Lässt sich die »**Kausalität**« von Eintritt zusätzlichen Mehrbedarfs und befristeter Einstellung nicht nachweisen, weil alle Arbeitnehmer gleichzeitig eingestellt worden sind, geht dies zu Lasten des Arbeitgebers (*Sievers* Rn 206). Das **Direktionsrecht** des Arbeitgebers wird zwar durch die befristete Einstellung nicht berührt. Der Arbeitgeber kann also im Rahmen seiner vertraglichen Befugnisse den Arbeitnehmer auch mit anderen als den für die Befristung zugrundeliegenden Aufgabenstellungen betrauen. Unerheblich ist, ob der Arbeitgeber die befristet neu eingestellten Arbeitnehmer zum vorübergehenden Mehrbedarf im **betrieblichen Bereich** oder anderweitig einsetzt, solange der **ursächliche Zusammenhang** nachweisbar bleibt (*Staudinger/Preis [2019]* § 620 BGB Rn 99). Der Arbeitgeber ist hierzu aber nicht verpflichtet, die zur Deckung des vorübergehenden Bedarfs eingestellten Arbeitnehmer namentlich zu benennen (*BAG* 14.12.2016 EzA § 14 TzBfG Nr. 128, Rn 29). Die Arbeitsorganisation bleibt schließlich in der Hand des Arbeitgebers (*BAG* 17.3.2010 EzA § 14 TzBfG Nr. 63 Rn 15; *Dörner* Befr. Arbeitsvertrag, Rn 282; ErfK-*Müller-Glöge* Rn 23b; LS-*Schlachter* Rn 31).

200 Bei einem **längerfristig gestiegenen**, mit den vorhandenen Stammarbeitskräften nicht mehr zu bewältigenden **Arbeitskräftebedarf** von nicht abzusehender Dauer besteht kein sachlicher Grund nach Nr. 1 für die Befristung des Arbeitsvertrages mit den zusätzlich eingestellten. Abzustellen ist dabei grds. auf den **Betrieb**, nicht das Unternehmen, da eine Prognose ansonsten nicht mehr leistbar ist (vgl. *BAG* 21.3.2017 EzA § 14 TzBfG Nr. 127, Rn 31; ErfK-*Müller-Glöge* Rn 23a; APS-*Backhaus* Rn 205; HaKo-KSchR/*Mestwerdt* Rn 69). Ob der **betriebliche vorübergehende Mehrbedarf** tatsächlich zeitlich beschränkt ist, bestimmt sich in erster Linie **nach objektiven Maßstäben und nicht nach der subjektiven Einschätzung des Arbeitgebers** (*BAG* 28.3.2001 EzA § 620 BGB Nr. 175; *Staudinger/Preis* [2019] § 620 BGB Rn 92). Von daher kommt es letztlich auf die konkreten Tatsachen an, die der Arbeitgeber seiner Prognose zugrunde gelegt hat und die den Wegfall des Bedarfs »hinreichend sicher« machen (*BAG* 17.3.2010 EzA § 14 TzBfG Nr. 63, Rn 12; 20.2.2008 AP Nr. 45 zu § 14 TzBfG; 22.3.2000 EzA § 620 BGB Nr. 170; 12.5.1999 RzK I 9a Nr. 156; *LAG Bln.-Bra.* 9.3.2015 – 10 Sa 2117/14 – Rn 42; *LAG Köln* 8.5.2006 LAGE § 14 TzBfG Nr. 29). Zu den allgemeinen Anforderungen an die Prognose s. Rdn 144 ff.

201 Die Erfüllung einer **Daueraufgabe** kann eine Sachgrundbefristung nach Nr. 1 nicht rechtfertigen (*BAG* 4.12.2013 EzA § 14 TzBfG Nr. 99 Rn 18, 21 zur ARGE Grundsicherung; 11.9.2013 EzA § 14 TzBfG Nr. 96, Rn 26 f., Optionskommune; 17.3.2010 EzA § 14 TzBfG Nr. 63; 2.9.2009 EzA § 14 TzBfG Nr. 60; 4.12.2002 EzA § 620 BGB 2002 Nr. 1; 22.3.2000 EzA § 620 BGB Nr. 170;

LAG Bln.-Bra. 25.4.2017 EzA-SD 2017, Nr. 23, 7, dauerhaftes Volumen zur Verhandlung von Dienstvereinbarungen; *LAG MV* 21.3.2017 LAGE § 14 TzBfG Nr. 109, zeitweise Umorganisation einer Daueraufgabenstellung; *LAG Köln* 9.12.2005 LAGE § 14 TzBfG Nr. 24 zur Flugzeugabfertigung;). Davon trennt das BAG indessen die Fälle, in denen eine **Daueraufgabe** für eine nicht unerhebliche Zeitspanne von vielen Wochen oder Monaten **unterbrochen** werden muss. Hier entfällt für eine geraume Zeitspanne der Beschäftigungsbedarf, so dass die Befristung trotz Daueraufgabenstellung des Arbeitgebers tragen soll (*BAG* 11.2.2004 EzA § 620 BGB 2002 Nr. 9; *Dörner* Befr. Arbeitsvertrag Rn 293; ebenso *LAG Köln* 27.11.2006 LAGE § 14 TzBfG Nr. 34; **sehr zweifelhaft**). Um diese befristungsunschädliche Unterbrechung einer Daueraufgabe einzugrenzen, hat *Müller-Glöge* (ErfK Rn 24a) vorgeschlagen, sich hierbei an der Überschreitung der für den Arbeitnehmer einschlägigen Kündigungsfrist zu orientieren (abl. *Staudinger/Preis* [2019] § 620 BGB Rn 95a) und verweist nunmehr auf die Entscheidung des EuGH v. 3.7.2014 (EzA Richtlinie 99/70 EG-Vertrag 1999 Nr. 10, Rn 71, **Fiamingo**), der zufolge eine Unterbrechung von 60 Tagen ausreicht, um von eigens zu beurteilenden Arbeitsverhältnissen auszugehen. Eine Vertragsgestaltungskontrolle (Teilzeitdauerarbeitsverhältnis mit Abrufmöglichkeit; § 12 TzBfG) lehnt das BAG hier ab und beschränkt sich auf die Überprüfung des Befristungsgrundes. Diese der **Rechtssicherheit abträgliche Differenzierung** dürfte dem besonderen Sachverhalt geschuldet sein. Ansonsten ist bei kurzfristigen Unterbrechungen im Beschäftigungsbedarf ein unbefristetes Arbeitsverhältnis zu begründen, das **Ruhenszeiten ohne Entgeltfortzahlung** (zB bei nicht erforderlichen Dienstleistungen in den Schulferien) vertraglich vorsieht (*BAG* 10.1.2007 EzA § 307 BGB 2002 Nr. 16; Schülerbeförderung oder Reinigungsleistungen mit Unterbrechung in den Schulferien, ErfK-*Müller-Glöge* Rn 24a; vgl. aber *EuGH* 21.11.2018 – C-245/17, befristete Anstellung von Lehrkräften bis zum letzten Unterrichtstag vor Beginn der Sommerferien ist nicht diskriminierend). Zu Saisonarbeitsverhältnissen s. Rdn 209.

202 Ein nur vorübergehender **projektbedingter personeller Mehrbedarf** stellt den Sachgrund für die Befristung des Arbeitsvertrags mit einem projektbezogen beschäftigten Arbeitnehmer für die Dauer des Projekts dar (*BAG* 25.8.2004 EzA § 14 TzBfG Nr. 13; 29.7.2009 AP Nr. 65 zu § 14 TzBfG; zur Abgrenzung eines **zeitlich begrenzten Projektes** im Rahmen von **Daueraufgaben** *Staudinger/Preis* [2019] § 620 BGB Rn 96; HaKo-*Mestwerdt* Rn 74; *Schiefer* DB 2011, 1165). Wird ein Arbeitnehmer für die Mitwirkung an einem Projekt befristet eingestellt, muss bereits im Zeitpunkt des Vertragsschlusses zu erwarten sein, dass die **im Rahmen des Projekts durchgeführten Aufgaben nicht dauerhaft** anfallen (HaKo-TzBfG/*Boecken* Rn 55). Für eine solche Prognose müssen ausreichend konkrete Anhaltspunkte vorliegen (*BAG* 7.11.2007 EzA § 14 TzBfG Nr. 43; ErfK-*Müller-Glöge* Rn 25). Zur sachlichen Rechtfertigung der Befristung nach Nr. 1 kann ein zeitlich begrenztes Projekt also nur dann herangezogen werden, wenn es sich bei den im Rahmen des Projekts zu bewältigenden Aufgaben um eine auf vorübergehende Dauer angelegte und gegenüber den sog. Daueraufgaben (besser: regulären Aufgaben) des Arbeitgebers abgrenzbare **Zusatzaufgabe oder Abwicklungsarbeit** handelt (*BAG* 27.7.2016 EzA § 14 TzBfG Nr. 123, Rn 18; 13.2.2013 EzA § 14 TzBfG Nr. 43; 7.11.2007 EzA § 14 TzBfG Nr. 43, Raumfahrtmission »Rosetta« als ESA-Projekt; *Dörner* Befr. Arbeitsvertrag Rn 290). Ein in Daueraufgaben eingebettetes Projekt kann die Befristung nicht rechtfertigen (*Dörner* NZA 2007, 62).

203 Gegen das Vorliegen eines Sachgrundes nach Nr. 1 spricht, wenn der Arbeitnehmer während der Befristung überwiegend **mit projektfremden Tätigkeiten beschäftigt** wird (*BAG* 24.9.2014 EzA § 14 TzBfG Nr. 107, Rn 21; 7.5.2008 AP Nr. 49 zu § 14 TzBfG; *Schaub/Koch* § 40 Rn 13a). Da Projekte – insbes. im Forschungsbereich – länger andauern können, darf sich die bei Vertragsabschluss zu stellende Prognose des Arbeitgebers nicht in »Allgemeinplätzen« erschöpfen (zutr. *Dörner* Befr. Arbeitsvertrag Rn 292); insbes. sind nahtlose Projektverlängerungen nach den Erfahrungen der Vergangenheit mitzubedenken. Handelt es sich in Wahrheit um Daueraufgaben im »Gewand eines Projekts«, wird ein unbefristetes Arbeitsverhältnis begründet (*BAG* 28.3.2001 EzA § 620 BGB Nr. 175; HaKo-KSchG/*Mestwerdt* Rn 74; *Dörner* Befr. Arbeitsvertrag Rn 286). Eine **projektbezogene Prognose** wird aber nicht dadurch angreifbar, dass nach Fristablauf im Betrieb **freie Arbeitsplätze** zur befristeten oder unbefristeten **Weiterbeschäftigung** des Arbeitnehmers bestehen

§ 14 TzBfG   Zulässigkeit der Befristung

(*BAG* 27.7.2016 EzA § 14 TzBfG Nr. 123, Rn 33; 24.9.2014 EzA § 14 TzBfG Nr. 107, Rn 19; 25.8.2004 EzA § 14 TzBfG Nr. 13; APS-*Backhaus* Rn 376; *Schiefer* DB 2011, 1164, 1166; aA *LAG Köln* 24.2.2006 LAGE § 14 TzBfG Nr. 26a, tätigkeitsbezogene und nicht projektbezogene Prüfung; dazu *Petrovicki* NZA 2006, 411; *Traber* FA 2005, 363). Zur **Drittmittelvergabe** vgl. Rdn 482 ff.

d) Einzelfälle

aa) Zeitlich begrenzter Arbeitsbedarf

204 Ein zeitlich begrenzter Mehrbedarf an Arbeitskräften ist anzuerkennen bei erkennbar **vorübergehend erhöhtem Auftragseingang** (sog. Auftragsspitzen, *BAG* 11.8.1988 RzK I 9a Nr. 34; *LAG SchlH* 14.9.1988 LAGE § 620 Nr. 14), Arbeiten für eine **Rückbaustufe eines Kernkraftwerks** (*BAG* 20.2.2008 AP Nr. 45 zu § 14 TzBfG); für die **zeitlich begrenzte Betreuung** eines voraussichtlich demnächst zurückgehenden **Asylbewerberstroms** (*BAG* 25.11.1992 EzA § 620 BGB Nr. 117; 26.3.1957 AP Nr. 5 zu § 620 BGB Befristeter Arbeitsvertrag und AP Nr. 29 zu § 1 KSchG »Bewältigung des Flüchtlingsstroms im Notaufnahmeverfahren als Aufgaben von begrenzter Dauer«), für **Zusatzarbeiten infolge gesetzlicher Umstellungen** (vgl. *BAG* 4.11.1982 – 2 AZR 19/81 – »Neuregelung des Kriegsdienstverweigerungs-verfahrens«; *BAG* 8.7.1998 RzK I 9a Nr. 132 »Mietenüberleitungsgesetz«; 12.5.1999 RzK I 9a Nr. 156, »Einführung der 2. Stufe der Pflegeversicherung«), für den **erhöhten Arbeitsanfall während eines Ausschreibungsverfahrens** (*ArbG Kiel* 14.8.1998 RzK I 9a Nr. 135), für den **Abbau von Produktionsrückständen** (*BAG* 14.12.1988 EzA § 4 TVG Metallindustrie Nr. 57), für **Umstrukturierungen im öffentlichen Dienst** (*BAG* 11.12.1990 – 7 AZR 621/89, »Umorganisation eines Arbeitsamtes«; 12.9.1996 EzA § 620 BGB Nr. 142, »Umstellung auf Postleitzahlensystem«; *LAG MV* 12.2.2014 EzTöD 100 § 30 TVöD-AT Sachgrundbefristung Nr. 65 »Schließung eines Staatsexamens-Studiengangs«), für den **Aufbau eines belastbaren Controllings** im Zuge einer Unternehmensumstrukturierung (*LAG RhPf* 13.2.2007 – 5 Sa 730/06), für **zeitlich befristeten starken Kundenandrang** vor Weihnachten (*BAG* 12.9.1996 EzA § 620 BGB Nr. 142), für die **Vorbereitung und Durchführung einer größeren Ausstellung** (*BAG* 25.8.1983 – 2 AZR 107/82 –), für **Inventuraufnahmen, für Ausverkäufe, im Schiffsbau und im Baugewerbe** für bestimmte Bauten oder in Hafenbetriebsvereinen bei **vorübergehend verstärktem Anfall von Lösch- und Ladearbeiten** (*Annuß/Thüsing/Maschmann* Rn 27; *Wiedemann* FS Lange, S. 405; *Bader/Bram-Bader* [2014] § 620 BGB Rn 155) und für die Erprobung und **Entwicklung einer neuen Lernmethode** (E-Learning; *LAG Nds.* 20.12.2005 LAGE § 14 TzBfG Nr. 26). Auch der vorübergehende Mehrbedarf bei »Abwicklungsaufgaben« im Zuge der deutschen Einigung hatte insoweit Modellcharakter (BVerfGE 84, 133, 154; *BAG* 15.3.1995 EzA § 620 BGB Nr. 131; vgl. hierzu auch *Lipke* KR 5. Aufl., § 620 BGB Rn 186d-k). Ebenso kann die anstehende **Schließung eines Betriebs, einer Dienststelle** oder eines Standorts die Befristung wegen vorübergehenden Arbeitskräftemehrbedarfs sachlich rechtfertigen (*BAG* 15.5.2012 EzA § 15 TzBfG Nr. 4, Maßregelvollzugsklinik; 30.10.2008 EzA § 613a BGB 2002 Nr. 102; *LAG Rh-Pf* 15.10.2001 – 11 Sa 381/09), nicht dagegen der bevorstehende Betriebsübergang als solcher (*BAG* 30.10.2008 EzA § 613a BGB 2002 Nr. 102). Einen zeitlich begrenzten Mehrbedarf hat das BAG sogar angenommen, wenn einem Maßnahmeträger die Erledigung staatlicher **Daueraufgaben** vertraglich übertragen ist und feststeht, dass Anschlussmaßnahmen erst nach **mehrwöchiger Unterbrechung** in Betracht kommen (*BAG* 11.2.2004 EzA § 620 BGB 2002 Nr. 9; *LAG Nds.* 11.5.2009 – 9 Sa 1515/08, **Winterpause Kurbetrieb**; jeweils bedenklich vgl. dazu Rdn 201 aE). Von einem »**betrieblichen Mehrbedarf**« wird man nicht sprechen können, wenn dieser in einem **anderen Betrieb** des Unternehmens eintritt (*BAG* 21.3.2017 EzA § 14 TzBfG Nr. 127, Rn 31 f.). Der Bedarf wird in dem Betrieb gedeckt, für den der Arbeitnehmer befristet einstellt wird (ErfK-*Müller-Glöge* Rn 23a; *LAG SchlH* 19.12.2006 NZA-RR 2007, 666, wonach grds. auf den Betrieb oder die Dienststelle abzustellen ist; vgl. Rdn 186, 200).

205 Denkbar ist ferner ein vorübergehender Mehrbedarf an Arbeitskraft für die zeitlich begrenzte **Mitarbeit an einem bestimmten**, wenn es sich bei den im Rahmen des Projekts zu bewältigenden

Aufgaben um eine auf vorübergehende Dauer angelegte und gegenüber den Daueraufgaben des Arbeitgebers abgrenzbare Zusatzaufgabe handelt (**Forschungs-)Projekt** (*BAG* 27.7.2016 EzA § 14 TzBfG Nr. 123, Rn 18; 24.9.2014 EzA § 14 TzBfG Nr. 107, Rn 19; 13.2.2013 EzA § 14 TzBfG Nr. 43; 29.7.2009 AP Nr. 65 zu § 14 TzBfG; 7.4.2004 EzA § 620 BGB 2002 Nr. 10; 3.11.1999 EzA § 620 BGB Nr. 166; *Ritter/Rudolf* FS 25-jähriges Bestehen DAV 2006, S. 371; *Petrovicki* NZA 2006, 411, der für die Prognoseanforderungen auf die bedeutsame Unterscheidung von Projektbefristung und vorübergehenden Bedarf an Arbeitsleistung hinweist; abl. *Sievers* Rn 219 ff., Projektbegriff offen), insbes. auch bei Projekten im Rahmen der **Entwicklungshilfe** (*BAG* 25.8.2004 EzA § 14 TzBfG Nr. 13; 1.12.1993 – 7 AZR 59/93; *Traber* FA 2005, 364; krit. APS-*Backhaus* Rn 319 f; *Bader/Homann* NZA 2017, 761, 764 f. mwN) und im **Auslandseinsatz für Hilfsorganisationen** (*Joussen* NZA 2003, 1173, 1176 f.). Dafür kann aber die zeitlich begrenzte Bereitstellung von **Finanz- und Sachmitteln durch Dritte** sprechen (*BAG* 13.2.2013 EzA § 620 BGB 2002 Hochschulen Nr. 10), es sei denn der Betriebszweck des Arbeitgebers wird von der dauerhaften Durchführung von Projekten geprägt (*ArbG Bonn* 28.7.2016 LAGE § 14 TzBfG Rn 24 f.). Im Fall einer **Projektbefristung** ist – wie allgemein gefordert – für die **Prognose** ausreichend, dass für die Beschäftigung des Arbeitnehmers über das vereinbarte Vertragsende hinaus mit hinreichender Sicherheit kein Bedarf an Projektarbeit mehr besteht (s. Rdn 202).

In der Mehrzahl der oben aufgezeigten Fälle **scheiterten die Befristungen in der Vergangenheit an den nicht ausreichenden Darlegungen** des (regelmäßig öffentlichen) Arbeitgebers zu einer **exakten und detaillierten Bedarfsprognose** (Bsp.: Befristung von Beschäftigten in einer Poststelle der GEZ nach Änderung des Rundfunkstaatsvertrages, *LAG Köln* 26.1.2015 LAGE § 14 TzBfG Nr. 90). So gelang es nicht, den vorübergehenden **Mehrbedarf an Lehrern** im Einzelnen darzulegen, wozu auch das Benennen von Fächerkombinationen, der konkrete Bedarf an einzelnen Schulen und der Gesamtbedarf an obligatorischem Unterricht gehörten (*BAG* 14.1.1982 AP Nr. 64 zu § 620 BGB Befristeter Arbeitsvertrag). Der zeitlich begrenzte **Mehrbedarf an Hochschuldozenten** in den neuen Bundesländern, um dort die Studienabschlüsse zu sichern, konnte ebenso wenig nachgewiesen werden (*BAG* 15.3.1995 EzA § 620 BGB Nr. 131) wie die begrenzte Aufgabenstellung bei projektbezogenen Untersuchungsaufträgen (*BAG* 3.11.1999 EzA § 620 BGB Nr. 166). Die **Übertragung und Wahrnehmung sozialstaatlicher Aufgaben** rechtfertigte nur dann den Abschluss befristeter Arbeitsverträge, wenn es sich um ein zeitlich begrenztes Projekt und nicht um den Teil einer (staatlichen) **Daueraufgabe** handelte (*BAG* 27.7.2016 EzA § 14 TzBfG Nr. 123, Rn 21, Projekt Bürgerarbeit; 24.9.2014 EzA § 14 TzBfG Nr. 107, Rn 17; 4.12.2013 EzA § 14 TzBfG Nr. 99; einschränkend 11.2.2004 EzA § 620 BGB 2002 Nr. 9). Der Umstand, dass dafür staatliche Gelder an eine gemeinnützige GmbH fließen, reicht hierfür nicht aus, da der voraussichtliche begrenzte Beschäftigungsbedarf Teil des Sachgrundes ist und eine **konkrete Prognose** hierzu nicht erstellt worden war (*BAG* 22.3.2000 EzA § 620 BGB Nr. 170, »Gemeinnützige GmbH zur Förderung behinderter Schüler«, in Abgrenzung zu *BAG* 28.5.1986 EzA § 620 BGB Nr. 79, 80; 15.3.1989 AP Nr. 126 zu § 620 BGB Befristeter Arbeitsvertrag, zu »Maßnahmen zur Berufsvorbereitung und sozialen Eingliederung junger Ausländer [MBSE]«; 28.3.2001 EzA § 620 BGB Nr. 175, Sonderprüfgruppe zur Schwarzarbeitsbekämpfung; *LAG Nds.* 12.12.2006 – 1 Sa 752/06, ministerielle Planvorgaben zum Abbau von Arbeitskräften auf Truppenübungsplätzen). Werden **mehr Arbeitnehmer** befristet eingestellt **als zum Abbau von Rückständen benötigt** – soweit der Arbeitnehmer nicht aus einer Haushaltsstelle vergütet wird, die von vornherein nur für eine bestimmte Zeitdauer bewilligt worden ist und anschließend wegfallen soll – so ist kein vorübergehender Bedarf iSv Nr. 1 gegeben (*BAG* 17.3.2010 EzA § 14 TzBfG Nr. 63; zust. *Boecken* Anm. AP Nr. 70 zu § 14 TzBfG). Die **Aufgabenübertragung** allein setzt indessen noch **keinen hinreichenden Sachgrund** für die Befristung des bei dem Auftraggeber angestellten Arbeitnehmers (*BAG* 11.9.2013 EzA § 14 TzBfG Nr. 96; 4.12.2002 EzA § 620 BGB 2002 Nr. 1). Die freie Unternehmerentscheidung, wie der Arbeitgeber seinen zusätzlichen Arbeitskräftebedarf deckt, entbindet ihn nicht von einer **konkreten Personalplanung** zur Zahl der benötigten Arbeitnehmer und von einer Prognose zu den beabsichtigten Investitionen (*BAG* 15.8.2001 EzA § 620 BGB Nr. 184 zur Modernisierung eines Gasversorgungsnetzes).

§ 14 TzBfG Zulässigkeit der Befristung

207 Bei regelmäßig wiederkehrenden Zusatzarbeiten oder einem anhaltenden betrieblichen Mehrbedarf an Arbeitskräften (Springer) ist eine Befristung nach Nr. 1 nicht mehr sachlich gerechtfertigt. Diese sog. »**Daueraushilfskräfte**« (zuletzt *BAG* 7.4.2004 EzA § 620 BGB 2002 Nr. 10, Drittmittelfinanzierung einer »Daueraufgabe«; 27.3.1969 AP Nr. 31 zu § 620 BGB Befristeter Arbeitsvertrag, »Rentenzeitkräfte«; 12.6.1996 EzA § 2 BeschFG 1985 Nr. 49, »Tankwartaushilfen«; 10.8.1994 EzA § 620 BGB Nr. 126; 29.10.1998 EzA § 620 BGB Nr. 159 »längerfristige Beschäftigung von Studenten«; *LAG Köln* 9.12.2005 LAGE § 14 TzBfG Nr. 24 zur Flugzeugabfertigung) können **entweder in einem unbefristeten flexiblen Arbeitsverhältnis nach § 12 TzBfG** geführt (aA *BAG* 16.4.2003 EzA § 620 BGB 2002 Nr. 5; 11.2.2004 EzA § 620 BGB 2002 Nr. 9; wohl auch *BAG* 15.2.2012 EzA § 611 BGB 2002 Arbeitnehmerbegriff Nr. 20 zu Rahmenvereinbarungen; ebenso *Dörner* Befr. Arbeitsvertrag Rn 293, wonach eine Vertragsgestaltungsprüfung nicht stattzufinden hat) **oder bis zur Höchstdauer von zwei Jahren befristet ohne Sachgrund nach § 14 Abs. 2 TzBfG beschäftigt werden**. Auch eine vertraglich vorgesehene »**Ausländerquote**« bei entsandten Arbeitnehmern rechtfertigt keine Befristung (*Hess. LAG* 31.5.2005 – 13 Sa 1469/04). In jedem Fall sind **befristete Tagesarbeitsverhältnisse** einer Befristungskontrolle zu unterziehen, da es nicht mehr auf eine mögliche Umgehung des Kündigungsschutzes ankommt (*BAG* 16.4.2003 EzA § 620 BGB 2002 Nr. 5 zur alten Rechtslage; *Strasser/Melf* AuR 2006, 342, 344 f.; *Hunold* NZA 2003, 255, 261). Bei sog. **Poolsystemen** mit Aushilfskräften (*BAG* 16.4.2003 EzA § 620 BGB 2002 Nr. 59) ist ein Rückgriff auf den **Studentenstatus** nach § 14 Abs. 1 Nr. 6 TzBfG nicht mehr möglich (LS-*Schlachter* Rn 74; MHH-TzBfG/*Meinel* Rn 60, 142; s.a. Rdn 379 ff.). Werden zur Erledigung einer Daueraufgabe sowohl befristete als unbefristete Arbeitnehmer beschäftigt, können die Befristungen sachlich gerechtfertigt sein, wenn ihnen eine **Personalkonzeption** zugrunde liegt, die ihrerseits von einem Sachgrund zur Befristung getragen wird. Weicht der Arbeitgeber bei der Handhabung von seiner eigenen Konzeption ab, ist die Befristung des Arbeitsverhältnisses wegen eines vorübergehenden Mehrbedarfs rechtlich nicht mehr haltbar (vgl. *BAG* 12.9.1996 EzA § 620 BGB Nr. 144; vgl. auch ErfK-*Müller-Glöge* Rn 26a). Das der Befristung zugrunde gelegte unternehmerische Konzept ist stets anhand objektiver Kriterien zu überprüfen (*Plander/Witt* DB 2002, 1003; HaKo-KSchR/*Mestwerdt* Rn 71). Ein **Betriebs-(teil)übergang** ist für sich genommen nicht geeignet den Befristungssachgrund des vorübergehenden Bedarfs zu setzen, da er nur zur Auswechslung der Person des Arbeitgebers führt und sonst keine Auswirkungen auf das Arbeitsverhältnis hat (*BAG* 30.10.2008 EzA § 613a BGB 2002 Nr. 102).

208 Nachdem die **Sonderregeln** für die **Befristung im Arbeitnehmerüberlassungsverhältnis** Ende 2003 gefallen sind (vgl. KR-*Bader/Kreutzberg-Kowalczyk* § 23 TzBfG Rdn 7 ff. und KR-*Lipke/Schlünder* § 620 BGB Rdn 24, 74; *Hennig* FA 2004, 66; *Böhm* RdA 2005, 360 ff.; s.a. Rdn 527), ist das **TzBfG ohne Einschränkungen anzuwenden**. Der vorübergehende Bedarf nach Nr. 1 betrifft jedoch nicht die Befristung des Überlassungsverhältnisses zwischen Verleiher und Entleiher, vielmehr das **Leiharbeitsverhältnis** als solches (*BAG* 23.7.2014 EzA § 2 AÜG Nr. 1, Rn 43; *Düwell/Dahl* NZA 2007, 889, 891; *Dörner* Befr. Arbeitsvertrag Rn 289; *Sandmann/Marschall* AÜG [Stand 12/2017] § 9 AÜG Rn 3a, § 10 Rn 18). Dieses ist aber regelmäßig **dauerhaft** auf die Überlassung an andere Arbeitgeber **angelegt**. Ein vorübergehender Bedarf ist daher für das Verhältnis von Leiharbeitnehmer und Verleiher nur denkbar, wenn die Marktnachfrage an einer bestimmten Tätigkeit ihrerseits zeitlich oder saisonal begrenzt ist (zB Verleih von Erntehelfern; *Schüren/Behrend* NZA 2003, 521 f.; *Wank* NZA 2003, 20; weitergehend *Lembke* NZA 2013, 815, 818 f., vorübergehender Bedarf des Verleihers auch dann, wenn für ihn nur eine zeitlich befristete Beschäftigungsmöglichkeit bei einem Entleiher besteht). Die **vorübergehende Überlassung** desselben Leiharbeitnehmers ist zwar nunmehr nach § 1 Abs. 1b AÜG auf 18 Monate an denselben Entleiher beschränkt, ist aber nicht maßgeblich für die **Befristung des Leiharbeitsverhältnisses** (ErfK-*Wank* § 1 AÜG Rn 52 ff; *ders.* Einl-AÜG Rn 7). Eine **Prognose** zum **vorübergehenden Bedarf** ist grds. auf die besonderen **Verhältnisse im Verleihbetrieb** abzustellen (*Sächs. LAG* 25.1.2008 EzAÜG § 14 TzBfG Nr. 3 im Fall einer Zweckbefristung; MüKo-*Hesse* Rn 25; aA *Frik* NZA 2005, 386 ff.); dies kann mangels Anschlussauftrags **im Einzelfall** auch im klassischen Arbeitnehmerüberlassungsbereich (zB Schweißer, Schlosser, Produktionshelfer) eine Befristung nach Nr. 1 rechtfertigen (*Lembke* DB 2003, 2702,

2704), im Bereich der **Daueraufgaben** allerdings nur, wenn es um eine **aushilfsweise Beschäftigung** geht (*LAG SchlH* 8.1.2014 LAGE § 1 AÜG Nr. 14). Ansonsten bleibt dem Verleiharbeitgeber nach Auftragsverlust nur die eingeschränkte Möglichkeit der betriebsbedingten Kündigung des Leiharbeitnehmers. Das Einwerben von Aufträgen ist ein typisches **Wirtschaftsrisiko von Verleihern**, dass nur im Rahmen des § 14 Abs. 2 TzBfG (sachgrundlose Befristung) auf die Arbeitnehmer verlagert werden kann (*BAG* 18.5.2006 EzA § 1 KSchG Betriebsbedingte Kündigung Nr. 146; *AR-Schüren/Moskalew* Rn 14). Kein Fall des vorübergehenden Mehrbedarfs setzt die unternehmerische Entscheidung eines Arbeitgebers, der nicht als Verleihunternehmen am Markt auftritt, anstelle seiner bisherigen Vertragsarbeitnehmer zukünftig **nur noch Leiharbeitnehmer einzusetzen** und für die Übergangszeit Arbeitnehmer befristet einzustellen (*BAG* 17.1.2007 EzA § 14 TzBfG Nr. 37; *Dörner* Befr. Arbeitsvertrag Rn 289; aA *Loritz* RdA 2008, 173). Der betriebliche Beschäftigungsbedarf bleibt nämlich dabei durchgehend erhalten. Zur **Nichtanwendung der Befristungsrichtlinie** auf die Leiharbeit vgl. *EuGH* 11.4.2013 EzA Richtlinie 99/70 EG-Vertrag 1999 Nr. 6, Rn 25 ff. **Della Rocca**. Zum Verhältnis von Leiharbeit zu den einzelnen Befristungsgründen vgl. jeweils dort.

bb) Saison- und Kampagnebetriebe

In **Wirtschaftszweigen mit »saisonal bedingten Schwankungen«** im Arbeitskräftebedarf lässt sich die **zeit- oder zweckbefristete** Einstellung (§ 15 Abs. 2 TzBfG) ebenfalls nach Nr. 1 sachlich rechtfertigen. **Sachgrundlose Befristungen** scheitern in Saison-und Kampagnebetrieben regelmäßig am Vorbeschäftigungsverbot (Anschlussverbot) des § 14 Abs. 2 S. 2 TzBfG: Nach dem praktizierten Betriebszweck beschränkt sich die **Betriebstätigkeit in Kampagnebetrieben** auf einen Teil des Jahres (zB Zucker- und Konservenfabriken, fischverarbeitende Industrie, nur vorübergehend geöffnete Hotels und Gaststätten sowie Freizeiteinrichtungen; *LAG Köln* 27.11.2006 LAGE § 14 TzBfG Nr. 34, Kartenabreißer im Themenpark), während in **Saisonbetrieben** zwar während des gesamten Jahres gearbeitet wird, in einer bestimmten Jahreszeit aber ein verstärkter Arbeitskräftebedarf infolge der Produktionserhöhung anfällt (zB Steinbrüche, Kies- und Sandgruben, Ziegeleien, gastronomische Betriebe in Erholungsgebieten, Betrieb von Skiliften oder Freibädern, Zuckerrübenernte, Weinlese, Spargelernte, Herstellung von Speiseeis und Feuerwerkskörpern sowie Weihnachtsartikeln; vgl. hierzu *BAG* 19.11.2019 EzA § 307 BGB 2002 Nr. 91, Rn 52; 12.10.1960 EzA § 620 BGB Nr. 2; 26.8.1987 – 7 AZR 249/86; APS-*Backhaus* Rn 401 ff.; ErfK-*Müller-Glöge* § 3 TzBfG Rn 6 und § 14 Rn 26 ff.; *Staudinger/Preis* [2019] § 620 BGB Rn 104.; *Annuß/Thüsing/Maschmann* Rn 28; *Ritter/Rudolf* FS 25-jähriges Bestehen DAV 2006, S. 372). Der **sachliche Grund** für die Befristung folgt hieraus der **besonderen Betriebsstruktur der Saisonbetriebe und Kampagnebetriebe (Betrieb bis zu drei Monaten im Jahr)**, die es dem Arbeitgeber erlaubt, sämtlichen Saison- und Kampagnearbeitnehmern zum Ablauf des vorübergehenden (erhöhten) Arbeitskräftebedarfs betriebsbedingt zu kündigen (*BAG* 29.1.1987 EzA § 620 BGB Nr. 87; 28.8.1987 RzK I 9g Nr. 10). Die Saisonschwankungen sind überdies zeitlich zu langfristig, als dass sie über ein dauerhaft begründetes flexibles Teilzeitarbeits-verhältnis nach § 12 TzBfG aufgefangen werden könnten. Nach Inkrafttreten des TzBfG sind ab 1.1.2001 **Sachgründe** auch für **Saisonbeschäftigungen** erforderlich, zumal eine wiederholte Befristung nach § 14 Abs. 2 TzBfG nicht mehr zugelassen ist (*BVerfG* 6.6.2018 – 1 BvL 7/14, 1 BvR 1375/14, Rn 50 ff., 86). Dem vorübergehenden Beschäftigungsmehrbedarf iSv Nr. 1 steht nicht entgegen, dass dieser immer wieder regelmäßig entsteht, soweit die Unterbrechung zwischen den Bedarfszeiträumen nicht unwesentlich ist (Grenzziehung unklar, *Sievers* Rn 210; Abstellen auf einschlägige Kündigungsfristen bzw. mindestens einmonatige Unterbrechung, AR-*Schüren/Moskalew* Rn 12 unter Hinw. auf *BAG* 11.2.2004 EzA § 620 BGB 2002 Nr. 9; *LAG Nds.* 11.5.2009 – 9 Sa 1515/08, wonach in einem Kurbetrieb ein vorübergehender Arbeitsbedarf auch vorliegen soll [Saisonbetrieb] wenn die unternehmerische Entscheidung des Arbeitgebers dazu führt, dass keine Daueraufgabe vorliegt; zust. Anm. *Kossens* jurisPR-ArbR 46/2009 Anm. 3). Bei einer **Prüfung auf Rechtsmissbrauch** mehrerer aufeinanderfolgender Befristungen sind die branchenspezifischen Besonderheiten der Saisonbetriebe mit zu berücksichtigen (*BAG* 19.11.2019 EzA § 307 BGB 2002 Nr. 91, Rn 52; 19.2.2014 EzA § 14 TzBfG Nr. 103, Rn 36; *Kiel* JBArbR 50 [2013], S. 25, 47). Kommt eine alternative Vertragsgestaltung im unbefristeten

Arbeitsverhältnis in Betracht, ist dieser der Vorzug zu geben, da Befristungen Ausnahmecharakter behalten müssen (aA *Hess. LAG* 8.2.2010 LAGE § 14 TzBfG Nr. 53; Befristung eines Arbeitsverhältnisses im **saisonal geöffneten Sportlercamp**). So hat das BAG einen Arbeitsvertrag eines Arbeitnehmers, der »jeweils für die Saison vom 1.4. bis 31.10. eines Kalenderjahres« eingestellt und mit Aufgaben der Badeaufsicht sowie mit der Reinigung und Pflege der Anlagen eines Schwimmbades beschäftigt wurde, als unbefristetes Arbeitsverhältnis mit Begrenzung der Arbeits- und Vergütungspflicht auf die Monate April bis Oktober jeden Jahres angesehen (*BAG* 19.11.2019 EzA § 307 BGB 2002 Nr. 91, Rn 22 ff.). Diese Vertragsgestaltung unterliegt mangels Befristungsabrede keiner Befristungskontrolle, wohl aber einer AGB-Kontrolle, der sie Stand hält (vgl. auch Burger öAT 2020, 224). Zu den Kriterien einer Saisonbeschäftigung s. Rdn 211.

210 Die Befristung für eine Saison ist nicht deshalb unwirksam, weil sie nicht mit der **Zusage einer Wiedereinstellung zur nächsten Saison** verbunden ist (*BAG* 29.1.1987 EzA § 620 BGB Nr. 87). Das schließt indessen nicht aus, dass unter dem Gesichtspunkt des Vertrauensschutzes, einer betrieblichen Übung oder eines tarifvertraglichen Anspruchs der Arbeitnehmer die Wiedereinstellung in der nächsten Saison verlangen kann (*Annuß/Thüsing/Maschmann* Rn 28; MüKo-*Hesse* Rn 23; *BAG* 29.1.1987 EzA § 620 BGB Nr. 87; vgl. dazu KR-*Bader/Kreutzberg-Kowalczyk* § 17 TzBfG Rdn 80). Ein solcher **Vertrauenstatbestand** liegt vor, wenn Jahr für Jahr alle Arbeitnehmer in der Saison wiedereingestellt werden, die dies verlangen, der Arbeitgeber den Beginn der Saisonarbeit ohne Vorbehalt durch Aushang bekannt gibt und sogar Arbeitnehmer neu einstellt (LS-*Schlachter* Rn 34; einschränkend HaKo-KSchR/*Mestwerdt* Rn 72, unter Berufung auf *BAG* 21.9.2011 EzA § 612a BGB 2002 Nr. 7 nur bei Zusage des Arbeitgebers; MHH-TzBfG/*Meinel* Rn 59, Vertrauensschutz bei wiederholter Einstellung). Die dagegen von *Wiedemann* (FS Lange 1970, S. 406) und *Däubler/Wroblewski* (Rn 52) vertretene Auffassung, Beschäftigten in Saison- und Kampagnebetrieben sei dann ein unbefristeter Arbeitsvertrag anzubieten, wenn sie von den Zeitspannen her dem Arbeitnehmer eine Lebensgrundlage bieten könnten (ebenso *Schüren* AuR 1988, 245), ist zu widersprechen. Es ist schon zweifelhaft, ob eine Dauerbindung für die Saisonarbeitnehmer regelmäßig vorteilhaft ist. Wenn er während der Unterbrechung der tatsächlichen Beschäftigung nur suspendiert ist, steht er dem Arbeitsmarkt nur beschränkt zur Verfügung und riskiert damit den Verlust des **Arbeitslosengeldanspruchs** (*BAG* 28.8.1987 RzK I 9g Nr. 10; *LAG Köln* 27.11.2006 LAGE § 14 TzBfG Nr. 34; vgl hierzu auch *BAG* 11.2.2004 EzA § 620 BGB 2002 Nr. 9). Insoweit müsste der Arbeitgeber sein Direktionsrecht aufgeben, um dem Arbeitnehmer einen Arbeitslosengeldanspruch zu verschaffen (BSGE 73, 94; *BAG* 10.7.1991 EzA § 315 BGB Nr. 69). *Dörner* (Befr. Arbeitsvertrag Rn 283) will sich dagegen auf eine Sachgrundprüfung beschränken und lehnt jede **Vertragsinhaltskontrolle** ab (ebenso *BAG* 11.2.2004 EzA § 620 BGB 2002 Nr. 9; LS-*Schlachter* Rn 35, die darauf hinweist, dass nach der abweichenden Mindermeinung eine wirksame betriebsbedingte Kündigung zum Saisonende nicht ausgeschlossen wäre). Enttäuschtes berechtigtes Vertrauen bei unterbliebener Wiedereinstellung dürfte deshalb regelmäßig nur **Schadensersatzansprüche** zur Folge haben (HaKo-KSchR/*Mestwerdt* § 15 Rn 48 f.).

211 Zu den **saisonmäßig bedingten Arbeiten** zählen nur die auf den verstärkten Auftragseingang in der Saison oder die auf die Kampagne zurückzuführenden Arbeiten (ArbRBGB-*Dörner* § 620 BGB Rn 109; *Hess. LAG* 8.2.2010 LAGE § 14 TzBfG Nr. 53), die unmittelbar davon abhängigen Arbeiten im Lager, in der Verpackung und in der Auslieferung sowie Reinigungsarbeiten in den während der Saison zusätzlich genutzten Produktionsräumen (*BAG* 18.4.1985 – 2 AZR 218/84). Sind die dem Saisonarbeiter übertragenen Arbeiten nicht **zumindest mittelbar** durch den verstärkten Arbeitsanfall während der **Saison oder Kampagne bedingt**, dann ist eine Befristung nur dann sachlich gerechtfertigt, wenn der Arbeitnehmer als **Aushilfe** eingestellt worden ist (u Rdn 213), um Arbeiten zu verrichten, die außerhalb der Saison von Arbeitnehmern aus der Produktion (Stammarbeitnehmer) übernommen werden (*BAG* 18.4.1985 – 2 AZR 218/84; ErfK-*Müller-Glöge* Rn 26a; differenzierend MüKo/*Hesse* Rn 24: ggf. auch Vertretungssachverhalt). Der Charakter eines Saison- oder Kampagnebetriebes berechtigt den Arbeitgeber nicht, auch die Arbeitsverhältnisse seiner **Stammbelegschaft** mit Sachgrund nach § 14 Abs. 1 S. 2 Nr. 1 TzBfG zu befristen (*Staudinger/Preis [2019]* § 620 BGB Rn 104); es geht nur um den erhöhten Arbeitsanfall (*Annuß/Thüsing/*

Maschmann Rn 28), der indessen greifbar sein muss und nicht auf eine **zeitlich nicht eingrenzbare Aushilfstätigkeit auf Abruf** hinauslaufen darf (*LAG Düsseld.* 16.1.2008 LAGE § 14 TzBfG Nr. 41; minimale Monatsarbeitszeit von 4 Stunden mit Überstundenverpflichtung). Eine unwirksame Befristung hat die Rechtsprechung für die **Tätigkeit bei einer Messegesellschaft** angenommen, da hier immer wieder Bedarf für die Arbeitsleistung bestand und zwischen den einzelnen Arbeitssätzen höchstens drei Wochen Pause lagen (*LAG Hmb.* 2.12.1987 DB 1988, 970, unbefristetes Arbeitsverhältnis auf Teilzeitbasis; vgl. dagegen *BAG* 11.2.2004 EzA § 620 BGB 2002 Nr. 9; s. Rdn 201 aE).

Nach früherem Recht war der Arbeitgeber in Saison- und Kampagnebetrieben verpflichtet, die bevorstehende **Beendigung des Arbeitsverhältnisses** mit einer angemessenen Frist **anzukündigen** (*BAG* 8.6.1967 AP Nr. 2 zu § 611 BGB Abhängigkeit). Zum Teil wurde in der Praxis auch das berechtigte Informationsinteresse von Saisonarbeitern dadurch befriedigt, dass **tarifvertragliche Regelungen** den Arbeitgeber verpflichteten, den Saisonschluss den betroffenen Arbeitnehmern zumindest sechs Tage vorher anzukündigen (*BAG* 29.1.1987 EzA § 620 BGB Nr. 87 zu § 2 Ziff. 6 BMTV-Süßwarenindustrie). Diese Verpflichtung des Arbeitgebers ergibt sich nunmehr für den Fall, dass nicht ein kalendermäßig befristeter, sondern – was zulässig ist – ein **zweckbefristeter Arbeitsvertrag mit dem Saison- oder Kampagnearbeitnehmer** geschlossen worden ist, aus **§ 15 Abs. 2 TzBfG**. Danach hat der Arbeitgeber **spätestens zwei Wochen vor Erreichen des Zwecks den Arbeitnehmer** über das Auslaufen des Arbeitsvertrages **zu unterrichten**; andernfalls verlängert sich das befristete Arbeitsverhältnis entsprechend (vgl. KR-*Lipke/Bubach* § 15 TzBfG Rdn 10 ff.).

212

cc) Aushilfstätigkeit

Als **weiterer Unterfall** des vorübergehenden betrieblichen Mehrbedarfs an Arbeitsleistung stellt sich die sog. »**Aushilfsarbeit**« dar (*Hunold* NZA 2003, 255, der insoweit die Abgrenzung von Nr. 1 zu Nr. 3 in Frage stellt). Diese kann zeit- oder zweckbefristet vereinbart werden; auch in Form einer auflösenden Bedingung, soweit nur mit kurzfristigem Einsatz gerechnet werden muss. Eine gesetzliche Begriffsbestimmung hierzu gibt es nicht. Nach der im Übrigen gängigen Begriffsbestimmung setzt die Aushilfe voraus, dass der Arbeitnehmer von vornherein zu dem Zweck eingestellt wird, einen vorübergehenden Bedarf an Arbeitskräften abzudecken, der nicht durch den normalen Betriebsablauf, sondern durch den Ausfall von Arbeitskräften oder einen zeitlich begrenzten zusätzlichen Arbeitsanfall begründet wird (*BAG* 12.12.1985 EzA § 620 BGB Nr. 77; 25.11.1992 EzA § 620 BGB Nr. 117; 28.3.2001 EzA § 620 BGB Nr. 175; *Preis/Kliemt/Ulrich* AR-Blattei SD Aushilfsverhältnis Rn 2; vgl. auch *Dörner* Befr. Arbeitsvertrag 1. Aufl., Rn 295, 462; APS-*Backhaus* Rn 220 ff.; *Walter* Das Arbeitsverhältnis zur Probe und Aushilfe S. 68). Dabei wird man die Aushilfstätigkeit entweder der **Nr. 1** (zeitweilige Kapazitätserweiterung; betriebs- und aufgabenbezogen) **oder** der **Nr. 3** (Aufrechterhaltung der bisherigen Arbeitskapazität; Vertretung; personenbezogen) zuordnen müssen (LS-*Schlachter* Rn 37). Wird ein Arbeitnehmer zur vorübergehenden Aushilfe eingestellt, so war der **Aushilfszweck zu nennen und für die Dauer der Aushilfe ein fester Zeitraum zu bestimmen** (*BAG* 22.5.1986 EzA § 622 BGB Nr. 24; *Staudinger/Preis* [2019] § 622 Rn 31 f.). Anders als bei einer Erprobung liegt der Aushilfszweck allein im Interesse des Arbeitgebers. Ist der Aushilfszweck bei der Einstellung deutlich geworden und die Aushilfsdauer zeitlich genau festgelegt, ist **im Zweifel ein befristeter Arbeitsvertrag** anzunehmen (*Hess. LAG* 25.10.1988 LAGE § 622 BGB Nr. 11; vgl. näher dazu KR-*Spilger* § 622 BGB Rdn 184 ff.). **Allein die Einstellung »zur Aushilfe«** begründet aber noch kein befristetes Arbeitsverhältnis (vgl. *BAG* 12.6.1996 EzA § 2 BeschFG 1985 Nr. 49); die Parteien müssen vielmehr eindeutig vereinbaren, dass das Aushilfsverhältnis unter Beachtung des **Schriftformgebots** nach § 14 Abs. 4 TzBfG mit dem Erreichen des **Aushilfszwecks** (Zweckbefristung) endet oder für eine bestimmte kalendarisch festgelegte Zeitspanne gelten soll. Bei **einmaliger Aushilfe** wird die Praxis den Weg über die **sachgrundlose Befristung** nach Abs. 2 wählen. Ansonsten vermittelt die (befristete) Einstellung zur Aushilfe nur die kündigungsrechtlichen Privilegierungen nach **§ 622 Abs. 5 BGB** (*Staudinger/Preis* [2019] § 622 BGB Rn 31 ff.; KR-*Spilger* § 622 BGB Rdn 184 ff.). Zur zulässigen **Rahmenvereinbarung** für wiederkehrende Tagesaushilfen vgl. *BAG* 16.4.2003 EzA § 620 BGB 2002 Nr. 5; Rechtszustand vor dem TzBfG; vgl. aber *LAG BW* 20.6.2012 – 13 Sa 126/11, wonach zu einer Befristungskontrolle die Dreiwochenfrist

213

nach dem einzelnen Tageseinsatz einzuhalten ist. Bei befristeten »Festbeschäftigungen mit flexibler Arbeitszeit« empfiehlt sich ein **Stundendeputat** festzulegen (vgl. *BAG* 24.9.2014 EzA § 12 TzBfG Nr. 3, Rn 17).

214 Nachdem eine **auflösende Bedingung** nunmehr über § 21 TzBfG für alle sachgrundgestützten befristeten Arbeitsverhältnisse zulässig ist, kann bei erkennbar kurzfristiger Verwendung auch ein **auflösend bedingtes Arbeitsverhältnis »zur Aushilfe«** vereinbart werden. Die bisher schon häufig erkannte Überschneidung vom befristeten Arbeitsverhältnis zur Deckung eines vorübergehenden betrieblichen Mehrbedarfs mit den Erscheinungsformen einer befristeten Aushilfe oder Vertretung (*Hunold* NZA 2003, 255) bleibt damit auch in Zukunft erhalten. Neu ist insoweit, dass der Arbeitgeber sich nunmehr auf die betrieblichen Sachgründe nach **Abs. 1 Nr. 1 und/oder Nr. 3** zu beschränken und selbst bei kurzfristigen Aushilfsarbeitsverhältnissen (ohne Kündigungsschutz) im Streitfall einen **Sachgrund** für die Befristung nachzuweisen hat. Im Bereich des **öffentlichen Dienstes** ist es des Weiteren denkbar, dass der Haushaltsgesetzgeber für einen erkennbar **zeitweiligen Aushilfsbedarf** zusätzliche Stellen nach Abs. 1 **Nr. 7** schafft, woraus dann ebenfalls eine Sachgrund für die Befristung abgeleitet werden kann (vgl. im Übrigen s. Rdn 439 ff.). Zu den **unstatthaften Daueraushilfen** s. Rdn 207.

215 Was für einen vorübergehenden **Mehrbedarf** an Arbeitskräften gilt, ist entsprechend als Sachgrund »Aushilfe« auf einen **zukünftig verminderten Bedarf an Arbeitskräften** zu übertragen (Minderbedarf; HaKo-TzBfG/*Boecken* Rn 50; vgl. dazu *BAG* 17.3.2010 EzTöD 100 § 30 Abs. 1 TVöD-AT Sachgrundbefristung Nr. 28; 2.9.2009 EzA § 14 TzBfG Nr. 60). Bei hinreichend substantiierter Prognose des Arbeitgebers kann der Umstand, dass Arbeitskraft in absehbarer Zeit nicht mehr benötigt wird, die **befristete Einstellung sachlich rechtfertigen** (*BAG* 21.3.2017 EzA § 14 TzBfG Nr. 127, Rn 30, verringerter Arbeitskräftebedarf infolge Inbetriebnahme einer neuen technischen Anlage oder Abwicklungsarbeiten bis zur Betriebsschließung; *BAG* 30.10.2008 EzA § 613a BGB 2002 Nr. 102, Rn 29; 17.1.2007 EzA § 14 TzBfG Nr. 37 Rn 28; APS-*Backhaus* Rn 159 f., 208, 383, 425 ff.; ErfK-*Müller-Glöge* Rn 28; *Dörner* Befr. Arbeitsvertrag Rn 288; *Staudinger/Preis* [2019] § 620 BGB Rn 101; HaKo-KSchR/*Mestwerdt* Rn 65; *Annuß/Thüsing/Maschmann* Rn 26; *Arnold/Gräfl* Rn 94; *Schaub/Koch* § 40 Rn 14).

216 Ein solcher absehbarer Rückgang des Arbeitsvolumens liegt vor, wenn bestimmte bislang ausgeübte Tätigkeiten mit hoher Wahrscheinlichkeit nach Ablauf einer bestimmten Frist nicht mehr notwendig sein werden. Hierzu zählen beispielsweise **Abwicklungsarbeiten, die nach der Stilllegung des Betriebes** oder nach einem Teilbetriebsübergang noch anfallen. Hierher gehört auch eine **geplante Stilllegung des gesamten Betriebes oder eines Teiles davon** (*BAG* 15.5.2012 EzA § 15 TzBfG Nr. 4; 13.10.2004 EzA § 17 TzBfG Nr. 6 zur Schließung einer Marineteileinheit; 30.10.2008 EzA § 613a BGB 2002 Nr. 102; Fremdvergabe von Instandsetzungsarbeiten bei der Bundeswehr; 2.12.1998 EzBAT SR 2y BAT Nr. 77, Hausmeister- und Kesselwärtertätigkeit bis zur Verwertung einer Kasernenliegenschaft; 3.12.1997 EzA § 620 BGB Nr. 148 zur Schließung einer Bundeswehrdienststelle; 16.8.1995 RzK I 9a Nr. 94, Übertragung Versorgungsauftrag; 31.3.1993 RzK I 9a Nr. 78 zu einer bevorstehenden Klinikschließung; *LAG SchlH* 19.12.2006 NZA-RR 2007, 221 bei Wegfall eines Bewachungsobjekts; *Sievers* Rn 227 f.) die jeweils **übergangsweise einen befristeten zusätzlichen Beschäftigungsbedarf auslösen**. Beabsichtigt der Arbeitgeber bei Vertragsschluss, seine betriebliche Tätigkeit nach einer räumlichen und/oder organisatorischen Änderung fortzuführen, und besteht der betriebliche Bedarf an der vertraglichen Arbeitsleistung des befristet eingestellten Arbeitnehmers dort fort, sind die Voraussetzungen des vorübergehenden Mehrbedarfs nicht ohne Weiteres erfüllt. Ein berechtigtes Interesse des Arbeitgebers an der Befristung des Arbeitsverhältnisses wegen eines vorübergehenden Bedarfs an der Arbeitsleistung besteht in einem solchen Fall nur dann, wenn bereits bei Vertragsschluss feststeht, dass die vertragliche Tätigkeit für den befristet beschäftigten Arbeitnehmer an dem neuen Standort nicht mehr anfällt oder ihm diese nicht zugewiesen werden könnte (*BAG* 21.3.2017 EzA § 14 TzBfG Nr. 127, Rn 32; *Höflich-Bartlik/Wangler* DB 2018, 765, die bei verzögerter Abwicklung eine auflösende Bedingung vorschlagen). Die Anzahl der

befristet einzustellenden Arbeitnehmer muss sich im Rahmen des **prognostizierten Minderbedarfs** halten (HaKo-KSchR/*Mestwerdt* Rn 65, 67).

Ebenso kann ein besonders **hoher Arbeitsanfall bei einer Geschäftseröffnung** den Abschluss befristeter Aushilfsarbeitsverträge sachlich rechtfertigen, da damit ein erhöhter, aber vorübergehender Bedarf an Arbeitskräften befriedigt werden soll (*LAG RhPf* 27.1.1989 LAGE § 622 BGB Nr. 12). Entgegen der Auffassung des Landesarbeitsgerichts RhPf. fehlt indessen einer **Prognose** des Arbeitgebers die Substanz, wenn dahinter das Konzept steht, sämtliche Neueinstellungen auf der Basis von befristeten Aushilfsarbeitsverträgen vornehmen zu dürfen. Dieses Problem lässt sich bei Neugründung ab dem 1.1.2004 mit dem **Existenzgründerprivileg** in § 14 Abs. 2a TzBfG lösen. 217

dd) Insolvenz

Es genügt nicht, wenn ein **Insolvenzverwalter** sich pauschal auf die flexible Abwicklung der Insolvenz und die möglichst **schonende Verwendung der Masse** zurückzieht, um die **Befristung von Arbeitsverhältnissen** bei Neueinstellungen zu begründen (*LAG Düsseld.* 8.3.1994 LAGE § 620 BGB Nr. 33; *LAG Saarl.* 20.4.1987 DB 1987, 2416; DDZ-*Wroblewski* Rn 53 f.; APS-*Backhaus* Rn 340; *Boewer* Rn 107; *Dörner* Befr. Arbeitsvertrag Rn 279, 288). Dies gilt ebenso, wenn ein Betriebs- oder Betriebsteilübergang geplant ist (*BAG* 25.10.2012 – 8 AZR 572/11, Rn 47; 30.10.2008 EzA § 613a BGB 2002 Nr. 102). 218

Sachlich begründet wäre dagegen die befristete Einstellung eines zusätzlichen Arbeitnehmers für **Abwicklungsarbeiten** im Zusammenhang mit der Insolvenz, wenn entsprechender Sachverstand innerhalb der Belegschaft weder in Qualität noch Quantität vorhanden ist. An die **Prognose** für eine Befristung im Insolvenzverfahren sind keine geringeren Anforderungen zu stellen (*Arnold/ Gräfl* Rn 77). Auch im **Vorfeld einer drohenden Insolvenz** sind die Anforderungen an den Sachgrund einer Befristung nicht herunterzuschrauben. Liegt ein sog. »**Betriebsnotstand**« vor, dh die wirtschaftliche Lage des Betriebes oder die allgemeine Konjunktur entwickelt sich so schlecht, dass die wirtschaftliche oder rechtliche Grundlage des Betriebes innerhalb einer bestimmten Frist völlig zu entfallen droht, so ist ein befristeter Mehr- oder Minderbedarf ungeachtet dessen an den Sachgrunderfordernissen des Abs. 1 zu messen. Die Unsicherheit der künftigen Entwicklung des Arbeitsanfalls und des Arbeitskräftebedarfs gehört – wie oben ausgeführt (s. Rdn 186) – grds. zum unternehmerischen Risiko des Arbeitgebers. 219

2. Befristete Anschlussbeschäftigung nach Ausbildung oder Studium (Abs. 1 S. 2 Nr. 2)

a) Allgemeines

Dieser vom Gesetzgeber geschaffene Sachgrund ist ein »**Novum**« und nimmt sich tarifliche Regelungen und die dazu ergangene Rechtsprechung zum Vorbild, die den **Auszubildenden** in zahlreichen Wirtschaftsbranchen **nach Ende der Ausbildung einen Anspruch auf eine befristete Beschäftigung verschaffen**, um ihnen über die hierdurch vermittelte Berufserfahrung den Zugang zum Arbeitsmarkt zu verbessern (vgl. BT-Drucks. 14/4374 S. 19; *BAG* 10.10.2007 EzA § 14 TzBfG Nr. 41, Rn 20; *Staudinger/Preis* [2019] § 620 BGB Rn 105; LS-*Schlachter* Rn 38; *Dörner* Befr. Arbeitsvertrag Rn 235). 220

Die Neuregelung **in Nr. 2 weitet diese Idee als Befristungsmöglichkeit nunmehr** ohne Rücksicht auf die Tarifgebundenheit der Vertragspartner **aus**. Zugleich ist dem Gesetzgeber ausweislich der Gesetzesbegründung daran gelegen, **befristete Arbeitsverhältnisse mit Sachgrund für Arbeitnehmer zu ermöglichen**, die zuvor bereits einmal als **Werkstudent bei demselben Arbeitgeber** beschäftigt waren und deshalb nach **Abs. 2 S. 2 nicht ohne Sachgrund** beschäftigt werden könnten (APS-*Backhaus* Rn 120, 128). § 14 Abs. 1 Nr. 2 TzBfG unterscheidet sich mithin in seinem Wortlaut, seiner Entstehungsgeschichte und seiner Zwecksetzung insoweit von § 14 Abs. 2 TzBfG und den anderen Sachgrundtatbeständen insofern, als nur der an die Ausbildung anschließende Vertrag vom speziellen Sachgrund getragen sein muss (*Dörner* Vortrag DAI Brennpunkte 2007, S. 15, 20). Damit hat der Gesetzgeber den Referentenentwurf zum TzBfG (abgedr. in NZA 2000, 221

1045) nachbessern wollen, der eine entsprechende Bestimmung nicht enthielt und infolgedessen nach einer kurzen Beschäftigung als **Werkstudent** jegliche erneute Befristung ohne Sachgrund versperrt hätte (vgl. zur Kritik *Blanke* AiB 2000, 735; *Däubler* ZIP 2000, 1966). Dabei ist indessen versäumt worden die »**Absolventenbefristung**« nach Nr. 2 von der »möglichen« **sachgrundlosen Befristung** im Anschluss an das Beschäftigungsverhältnis nach § 14 Abs. 2 TzBfG (vgl. Rdn 516, Berufsausbildung kein Arbeitsverhältnis iSv Abs. 2 S. 2; jetzt klargestellt *BAG* 21.9.2011 EzA § 14 TzBfG Nr. 81) sauber abzugrenzen. Näher dazu s. Rdn 572. Die Systematik des Gesetzes spricht dafür, »**Absolventenbefristungen**« **nur nach Nr. 2 als Sachgrundbefristung** zuzulassen, zumal – entgegen früheren Regelungen im BeschFG – eine ausdrückliche Ausnahmebestimmung für sachgrundlose Anschlussbefristungen nach der Berufsausbildung fehlt (*Schlachter* NZA 2003, 1180, 1183). Die Hinweise in der Gesetzesbegründung (BT-Drucks. 14/4374 S. 20) haben im Wortlaut des Gesetzes keinen Niederschlag gefunden.

222 Der **neue Sachgrund in Nr. 2 ist von dem bislang anerkannten Sachgrund der sozialen Überbrückung** (vgl. dazu etwa *BAG* 3.10.1984 EzA § 620 BGB Nr. 73) **abzugrenzen**, der als neu in **Nr. 6** festgelegter Sachgrund (in der Person des Arbeitnehmers liegende Gründe) anderen Voraussetzungen unterliegt. Ferner ist der Sachgrund nach **Nr. 2 vom Erprobungsfall nach Nr. 5 zu trennen**, der bei Bewährung im Regelfall eine konkrete unbefristete Anschlusstätigkeit nach sich zieht (zutr. *Hromadka* BB 2001, 622). Wenn sich auch mit dem hier geregelten Sachgrund eine Nähe zu den Fällen der sozialen Überbrückung zeigt, können jedoch die dafür in der Rechtsprechung entwickelten Voraussetzungen nicht ohne weiteres auf eine Befristung im Anschluss an Ausbildung und Studium übertragen werden (so auch *LAG Köln* 13.6.2006 – 13 Sa 124/06; iE ebenso LS-*Schlachter* Rn 38; *Annuß/Thüsing/Maschmann* Rn 29).

223 Es kann nicht davon ausgegangen werden, dass der Gesetzgeber einen neuen Sachgrund geschaffen hat, der angesichts der Möglichkeit einer Befristung mit Sachgrund zur Erprobung oder aus den in der Person des Arbeitnehmers liegenden Gründen inhaltslos bleibt, wenn er sich den Voraussetzungen des sozialen Überbrückungstatbestands unterordnen soll (so aber APS-*Backhaus* Rn 121, 127; *Dörner* Befr. Arbeitsvertrag Rn 236, der Berührungspunkte sieht; *Preis/Gotthardt* DB 2000, 2071; *Däubler* ZIP 2001, 223, der sich deshalb für eine enge Auslegung von Nr. 2 ausspricht). Diese Auffassung steht im Widerspruch zur **Zielsetzung des Gesetzes**. Danach soll die Befristung allg. den **Berufsstart nach Abschluss einer Ausbildung oder eines Studiums erleichtern**, ohne dass konkret **personenbezogene Gründe** für eine befristete Überbrückungsbeschäftigung sprechen. Die befristete Beschäftigung soll dazu dienen Berufserfahrung zu sammeln und dadurch die Einstellungschancen am Arbeitsmarkt zu erhöhen (*BAG* 10.10.2007 EzA § 14 TzBfG Nr. 41; *Linsenmaier* RdA 2012, 193, 198). Diese Orientierung liegt ebenso den tariflichen Regelungen zugrunde, die Vorbild des neuen gesetzlichen Sachgrundes waren. Von daher ist **im Verhältnis zu Nr. 6 und Nr. 5 des Sachgrundkatalogs eher eine großzügige weite Auslegung der Voraussetzungen von Nr. 2 erforderlich** (ebenso MüKo-*Hesse* Rn 28 ff.; HaKo-KSchR/*Mestwerdt* Rn 79). Es genügt deshalb, dass der Arbeitnehmer in **zeitlicher Nähe zu seiner abgeschlossenen Ausbildung oder einem Studium** Gelegenheit erhält, eine **einschlägige Berufserfahrung** zu erwerben, zu bewahren oder zu vervollkommnen (zutr. *Hromadka* BB 2001, 622 f.; vgl auch *LAG BW* 29.11.2013 – 9 Sa 65/13, Rn 63 f.).

224 Der Kritik ist zuzugeben, dass die **gesetzlichen Tatbestandsmerkmale zu Nr. 2 sehr unscharf** sind und die Gesetzesbegründung zur Lösung der damit verbundenen Probleme wenig beiträgt (*Preis/Gotthardt* DB 2000, 2071; *Kliemt* NZA 2001, 297; *Däubler* ZIP 2000, 1966; *Lakies* DZWIR 2001, 10; *Bader/Bram-Bader* [2014] § 620 BGB Rn 160; *Korinth* Befr. Arbeitsverträge 2004, S. 130; *Sievers* Rn 237). Das BAG hat inzwischen allein entschieden, dass eine **wiederholte Befristung** als Anschlussbeschäftigung **mit dem Normzweck nicht vereinbar** sei (*BAG* 10.10.2007 EzA § 14 TzBfG Nr. 41; ebenso MHH-TzBfG/*Meinel* Rn 66; ErfK-*Müller-Glöge* Rn 32; *Dörner* Befr. Arbeitsvertrag Rn 245; AR-*Schüren/Moskalew* Rn 18; *Staudinger/Preis* [2019] Rn 108; HaKo-TzBfG/*Boecken* Rn 63). Auch ein **zwischengeschaltetes Arbeitsverhältnis** lässt danach keine Anschlussbeschäftigung bei einem anderen Arbeitgeber mehr zu (*BAG* 24.8.2011 EzA § 14 TzBfG Nr. 79). Es ist aber im Einzelnen noch offen, was unter »**Ausbildung**« und »**Studium**« zu verstehen

ist, welcher **Zeitabstand zwischen dem Ausbildungs- oder Studierende und der Anschlussbeschäftigung** liegen darf, ob eine konkrete Aussicht auf Anschlussbeschäftigung bei **demselben** oder einen **anderen Arbeitgeber** bestehen muss und welche **Dauer die befristete Übergangsbeschäftigung** (s. Rdn 234) nicht überschreiten darf. Alle diese Fragen sind noch einer Klärung durch die Rechtsprechung zuzuführen. Gleichwohl ergeben sich Anhaltspunkte, die der Praxis erlauben den neuen Sachgrund für Befristungen bereits jetzt zu nutzen.

Die neue Befristungsmöglichkeit nach Nr. 2 steht **nicht im Widerspruch zu europarechtlichen Vorgaben**. Die Umsetzung der Richtlinie 1999/70/EG über befristete Arbeitsverträge verbietet zwar in der übernommenen Rahmenvereinbarung der europäischen Sozialpartner zu § 8 Nr. 3 eine Absenkung vorhandener nationaler Standards. Nachdem das BAG in mehreren Entscheidungen die dem Gesetzgeber als Vorbild dienenden tarifvertraglichen Regelungen nicht zuletzt aus arbeitsmarktpolitischen Erwägungen anerkannt hat (*BAG* 14.10.1997 EzA § 611 BGB Einstellungsanspruch Nr. 10), kann die teilweise Nachbildung dieser tarifvertraglichen Anspruchsgrundlagen in einen gesetzlich zulässigen Sachgrund die vorgefundenen Standards nicht verschlechtern. Maßgeblich ist das allgemeine Schutzniveau (*EuGH* 23.4.2009 AP Nr. 6 zu Richtlinie 99/70/EG **Angelidaki**). Einen Überblick zum gesamten Problemkreis der **Anschlussbefristung nach Ausbildung** gibt *Schwefer* (Die befristete Übernahme im Anschluss an ein Berufsausbildungsverhältnis, Diss. Mainz 2005).

225

b) Ausbildung oder Studium

Abgesehen von einer betriebsbezogenen Fort- und Weiterbildungsmaßnahme fallen unter den Begriff der Ausbildung iSv Nr. 2 **nicht nur Berufsausbildungsverhältnisse nach § 10 BBiG** und andere Vertragsverhältnisse zum Ersterwerb beruflicher Kenntnisse, Fertigkeiten oder Erfahrungen nach § 26 BBiG, sondern ebenso Ausbildungen im Rahmen eines auf den beruflichen Aus-, Fort- oder Weiterbildungszweck ausgerichteten befristeten Arbeitsverhältnisses (ebenso *Boewer* Rn 114; HaKo-KSchR/*Mestwerdt* Rn 80; diff. LS-*Schlachter* Rn 69; MHH-TzBfG/*Meinel* Rn 24, 64, auch Umschulungen, die zu einer anderen beruflichen Tätigkeit befähigen; aA DDZ-*Wroblewski* Rn 69; *Annuß/Thüsing/Maschmann* Rn 30; *Dörner* Befr. Arbeitsvertrag Rn 237; *Sievers* Rn 238; ErfK-*Müller-Glöge* Rn 31; HWK-*Rennpferdt* Rn 56; AR-*Schüren/Moskalew* Rn 17; Ausbildung nur nach §§ 10, 26 BBiG oder öffentlich-rechtlich ausgestaltete Ausbildungsverhältnisse). Voraussetzung dafür ist allerdings, dass dem Arbeitnehmer durch die **Tätigkeit speziell zusätzliche Erfahrungen oder Kenntnisse vermittelt** werden, die bei der üblichen Berufstätigkeit allenfalls als Nebeneffekte eintreten (*BAG* 24.8.2011 EzA § 14 TzBfG Nr. 79, Rn 22; 22.4.2009 EzA § 14 TzBfG Nr. 58, Rn 23; *Staudinger/Preis* [2019] § 620 BGB Rn 107). Eine **lediglich auf die betrieblichen Bedürfnisse zugeschnittene Fort- oder Weiterbildung** fällt nicht unter den Tatbestand des § 14 Abs. 1 S. 2 Nr. 2 TzBfG;(*BAG* 24.8.2011 EzA § 14 TzBfG Nr. 79; APS-*Backhaus* Rn 122, 215 f; *Dörner* Befr. Arbeitsvertrag Rn 248; MüKo-*Hesse* Rn 29). Da es für die Wirksamkeit der Befristung auf die Umstände bei Vertragsschluss ankommt, muss zu diesem Zeitpunkt feststehen, welches Ausbildungsziel die Parteien mit der Beschäftigung verfolgen (*BAG* 22.4.2009 EzA § 14 TzBfG Nr. 58, Rn 23).

226

Gegen eine einzubeziehende **betriebliche Weiterbildung und Umschulung** spricht indessen § 10 TzBfG, dessen Wortlaut klar zwischen Aus- und Weiterbildung trennt (*Arnold/Gräfl* Rn 101; *Sievers* Rn 238). Der Personenkreis der **Anlernlinge, Volontäre und Praktikanten** nach § 26 BBiG (*BAG* 22.6.1994 EzA § 1 BeschFG 1985 Nr. 13) kann jedoch als »Auszubildende iSv § 14 Abs. 1 Nr. 2« angesehen werden (Praktikantenverhältnis, kein Arbeitsverhältnis iSv § 14 Abs. 2 TzBfG, LAG Nds. 4.7.2003 LAGE § 14 TzBfG Nr. 11; vgl. aber *Nebeling/Dippel* NZA-RR 2004, 617 ff.; Volontariat als Arbeitsverhältnis, *BAG* 1.12.2004 EzA § 78a BetrVG 2001 Nr. 1 und jetzt die gesetzliche Begriffsbestimmung zum Praktikantenverhältnis in § 22 Abs. 1 S. 3 MiLoG). In dem Fall kann deshalb selbst ein vorhergehendes befristetes Arbeitsverhältnis eine Anschlussbefristung nach Nr. 2 rechtfertigen. Die einschränkenden Hinweise zB auf § 10 TzBfG (Teilzeitarbeit; ErfK-*Müller-Glöge* Rn 31) oder den Sprachgebrauch (*Annuß/Thüsing/Maschmann* Rn 30, Ausbildung § 1 BBiG;

227

Nielebock AiB 2001, 78, Erstausbildung; *Backhaus* APS-*Backhaus* Rn 122, 215 f.) übersehen, dass nur eine **großzügige Auslegung** den **gesetzgeberischen Absichten** einer **Beschäftigungsförderung** gerecht wird (*Hromadka* BB 2001, 621, 623; HaKo-KSchR/*Mestwerdt* Rn 79 f.; LS-*Schlachter* Rn 40; HaKo-TzBfG/*Boecken* Rn 61; *Ritter/Rudolf* FS 25-jähriges Bestehen DAV 2006, S. 373; MHH-TzBfG/*Meinel* Rn 64). Andernfalls wäre der neue Sachgrund weitgehend bedeutungslos, da sich dann für den Arbeitgeber – das Berufsausbildungsverhältnis ist kein Arbeitsverhältnis – der bequeme Rückgriff auf die sachgrundlose Befristung nach § 14 Abs. 2 TzBfG empfiehlt (dafür wohl *Sievers* Rn 237; ErfK-*Müller-Glöge* Rn 29).

228 Als **Studium** sind neben dem **Hochschulstudiengang** auch **Fachhochschulstudiengänge** und sogar der Abschluss eines »Studiums« an einer privaten, staatlich nicht anerkannten Ausbildungsstätte anzusehen (ebenso MHH-TzBfG/*Meinel* Rn 64; HaKo-KSchR/*Mestwerdt* Rn 80; *Annuß/Thüsing/Maschmann* Rn 30; MüKo-BGB/*Hesse* Rn 29; APS-*Backhaus* Rn 123; *Ritter/Rudolf* FS 25-jähriges Bestehen DAV 2006, S. 372; aA ErfK-*Müller-Glöge* Rn 31; *Dörner* Befr. Arbeitsvertrag Rn 239; *Sievers* Rn 241; *Staudinger/Preis* [2019] § 620 BGB Rn 107; HWK-*Rennpferdt* Rn 56, nur an staatlich anerkannten Einrichtungen; ebenso LS-*Schlachter* Rn 41). Da die einschränkenden Stimmen jedoch zugleich **Auslandsstudiengänge** mit einschließen wollen, diese indessen oft an nichtstaatlichen Einrichtungen stattfinden, erwächst ein Widerspruch. Der Nachweis eines geordneten Studiums muss deshalb genügen. Da das Gesetz insoweit keine Einschränkung aufzeigt, ist nach allgemeinem Sprachgebrauch und nach Sinn und Zweck des Gesetzes der **Begriff** »**Studium**« **weit auszulegen**. Das Ziel des Gesetzes, die Chance auf einen Dauerarbeitsplatz zu erhöhen, verbietet es einen **erfolgreichen Abschluss** des Studiums oder der Ausbildung vorauszusetzen (APS-*Backhaus* Rn 124; ErfK-*Müller-Glöge* Rn 31; *Staudinger/Preis* [2019] Rn 107). Ausbildungs- und Studienabbrecher sind besonders auf eine **zusätzliche Qualifizierung** angewiesen. Eine **Promotion** ist dagegen keine Ausbildung iSv § 14 Abs. 1 S. 2 Nr. 2 TzBfG (*Preis/Hausch* NJW 2002, 927, 933; LS-*Schlachter* Rn 41), wohl aber ein öffentlich-rechtliches Ausbildungsverhältnis wie die **Referendarzeit** (*Sächs. LAG* 15.9.2009 – 7 Sa 13/09; offen gelassen BAG 6.4.2011 EzA § 14 TzBfG Nr. 77).

229 Im Falle einer Ausbildung ist es nicht erforderlich bei **demselben Arbeitgeber** ausgebildet worden zu sein, der später eine Befristung nach Nr. 2 anbietet. Wie bei den tarifvertraglichen Mustern, die der Gesetzgeber bei Nr. 2 im Auge hatte, kommt es nicht darauf an, eine dauerhafte Anschlussbeschäftigung bei demselben Arbeitgeber zu vermitteln (ebenso ErfK-*Müller-Glöge* Rn 33; *Böhm* RdA 2005, 366; LS-*Schlachter* Rn 44; *Lakies* Befr. Arbeitsverträge Rn 272). Es ist vielmehr gleich, ob eine spätere dauerhafte oder befristete Beschäftigung mit Sachgrund bei demselben oder einem anderen Arbeitgeber gefördert wird (zutr. *Hromadka* BB 2001, 621, 623). Mit der Zielsetzung in Nr. 2 (»Erleichterung des Übergangs«) verbindet der Gesetzgeber ein **finales Element** (»um... zu«), welches die Aussicht auf irgendeinen Anschlussarbeitsplatz miteinschließt. Ausschlaggebend ist, dass sich die **Vermittlungschancen** auf dem Arbeitsmarkt über die befristete Anschlussbeschäftigung **erhöhen lassen** (*Schwefer* Diss. Mainz S. 111; zur Prognose: *Worzalla* FS Leinemann 2006, S. 413). Eine **konkrete Aussicht** auf einen **Anschlussarbeitsplatz bei demselben Arbeitgeber** wäre ein Fall der Befristung aus sozialen Motiven zur Überbrückung. Diese wurzelt vornehmlich in der Person des Arbeitnehmers und gehört zum Sachgrund nach **Nr. 6**. Die hierzu vom Arbeitgeber nachzuweisenden **erhöhten Zulässigkeitsvoraussetzungen** für einen Befristungswunsch des Arbeitnehmers, die übergangsweise Beschäftigung bis zur Eheschließung, bis zum Antritt eines Studiums, bis zur Auswanderung, bis zu einem Umzug, bis zum Erwerb eines Arbeitslosengeldanspruchs oder bis zum Antritt einer neuen Stellung sind anders geartet und **gehören nicht hierher** (wohl auch BAG 24.8.2011 EzA § 14 TzBfG Nr. 79, Rn 27; MüKo-*Hesse* Rn 34; aA APS-*Backhaus* Rn 127). Vgl. auch Rdn 374 ff.

c) **Anschlussbefristung**

aa) **Anknüpfung an Ausbildung oder Studium**

230 Eine Befristung nach § 14 Abs. 1 S. 2 Nr. 2 ist ausgeschlossen, sofern nach der Ausbildung bereits ein Arbeitsverhältnis bestand (*BAG* 24.8.2011 EzA § 14 TzBfG Nr. 79) Die Frage, bei welcher

Zeitspanne zwischen dem Ende des Ausbildungs- oder Studienganges und der befristeten Aufnahme einer Beschäftigung nach Nr. 2 noch von einer Anschlussbeschäftigung gesprochen werden darf, ist dahin zu beantworten, dass eine **zeitliche Nähe** zwar bestehen muss (*BAG* 24.8.2011 EzA § 14 TzBfG Nr. 79, Rn 17 f.; APS-*Backhaus* Rn 125; MüKo-BGB/*Hesse* Rn 30; HaKo-TzBfG/*Boecken* Rn 62; AR-*Schüren/Moskalew* Rn 19), ein nahtloser Anschluss iS einer »Verlängerung« dagegen nicht erforderlich ist. Die angebotene Palette zur konkreten Bestimmung dieses Zeitrahmens reicht von drei bis vier Monaten (*Däubler* ZIP 2001, 223; *Annuß/Thüsing/Maschmann* Rn 31) einem halben Jahr (*Kliemt* NZA 2001, 297), jedenfalls nicht mehr als einem Jahr (HaKo-TzBfG/*Boecken* Rn 62). Andere Autoren nennen keinen konkreten Zeitraum (*Rolfs* Rn 25; MMH-TzBfG/*Meinel* Rn 67) oder wollen auf die Umstände des Einzelfalls abstellen (*Sievers* Rn 243; HaKo-KSchR/*Mestwerdt* Rn 81; *Dörner* Befr. Arbeitsvertrag Rn 241; *Arnold/Gräfl* Rn 103 f.: mehrwöchige Suche nach Erstanstellung oder Inanspruchnahme von Elternzeit unschädlich), manche halten es trotz einer zwischenzeitlichen Beschäftigung von einem Monat an anderer Stelle für möglich, noch von einem Anschluss sprechen zu können (*Hromadka* BB 2001, 623). Geht ein Berufsausbildungsverhältnis der Anschlussbefristung bei **demselben Arbeitgeber** voran, ist aber daran zu denken, dass die **Befristungsabrede** für die Anschlussbefristung spätestens mit Beendigung des Berufsausbildungsverhältnisses erfolgt ist, um die **Fiktionswirkung des § 24 BBiG** – Begründung eines unbefristeten Arbeitsverhältnisses – zu vermeiden (LS-*Schlachter* Rn 42; HWK-*Rennpferdt* Rn 60). Dies setzt indessen voraus, dass der Ausbildende oder sein Vertreter Kenntnis von der Beendigung des Berufsausbildungsverhältnisses und der Weiterbeschäftigung des Auszubildenden hat (*BAG* 20.3.2018 – 9AZR 479/17, Rn 23).

Anhaltspunkte für den **höchst zulässigen Zeitabstand** zwischen dem Ausbildungs- oder Studienende und der Aufnahme einer befristeten **Erstanstellung** nach Nr. 2 lassen sich indessen der Gesetzgebungsgeschichte und der Systematik der Neuregelung entnehmen. In der bis zum 30.9.1996 geltenden Fassung des § 1 BeschFG 1985 war die einmalige sachgrundlose Befristung des Arbeitsvertrages bis zur Dauer von 18 Monaten zulässig, wenn der Arbeitnehmer im unmittelbaren Anschluss an die Berufsausbildung vorübergehend weiterbeschäftigt werden konnte (vgl. *Lipke* KR 4. Aufl., § 1 BeschFG 1985 Rn 64 ff.). Verlangt das Gesetz nunmehr **nicht mehr einen »unmittelbaren« Anschluss**, sondern lässt eine befristete Beschäftigung »im Anschluss« an eine Ausbildung oder ein Studium genügen (zB kurze Übergangsbeschäftigung als Taxifahrer oder kurzfristige Ausübung von Gelegenheitsjobs), so wird deutlich, dass ein kurzfristiger Unterbrechungszeitraum, sei es für einen Urlaub, sei es für eine Aushilfsbeschäftigung, nicht schaden kann (im Ansatz ähnlich ErfK-*Müller-Glöge* Rn 32, der eine zeitliche Festlegung im Blick auf Langzeitarbeitslose aber ablehnt; ähnlich *Dörner* Rn 241, mwN; insoweit offen gelassen *BAG* 24.8.2011 EzA § 14 TzBfG Nr. 79, Rn 17 f.). Scheitert es an dem unmittelbaren Anschluss, so kann der Arbeitgeber sich auf die sachgrundlose Befristung nach § 14 Abs. 2 TzBfG zurückziehen, soweit die gesetzlichen Voraussetzungen hierzu gegeben sind (*Ritter/Rudolf* 25-jähriges Bestehen des DAV 2006, S. 374).

231

Die **zeitliche Höchstgrenze** ergibt sich systematisch aus der abgelösten Regelung in **14 Abs. 3 S. 3 TzBfG aF**, der einen engen sachlichen Zusammenhang bei einer befristeten Anschlussbeschäftigung älterer Arbeitnehmer vermutete, wenn zwischen den Arbeitsverträgen ein Zeitraum von **weniger als sechs Monaten** liegt. Handelte es sich in einem solchen Fall um eine nach dem Gesetz verbotene unzulässige Anschlussbefristung, kann umgekehrt regelmäßig daraus der Schluss gezogen werden, dass bis zum Ablauf einer sechsmonatigen Zeitspanne der in 14 Abs. 1 Nr. 2 TzBfG geforderte Anschluss zwischen dem Ausbildungs- oder Studienende und der Aufnahme der befristeten Beschäftigung noch gegeben ist. Die regelmäßig zu beachtende **Sechsmonatsfrist** erleichtert bei Fristwahrung die Darlegung der gesetzlichen Voraussetzungen zu Nr. 2 (ebenso MüKo/*Hesse* Rn 30; LS-*Schlachter* Rn 42). *Preis* nimmt den Gedankengang auf, setzt aber auf die neue **viermonatige Frist** der novellierten Regelung des § 14 Abs. 3 TzBfG nF (*Staudinger/Preis* [2019] § 620 BGB Rn 108). In jedem Fall muss ein **Kausalzusammenhang** zwischen Ausbildung und Zweck der Anschlussbefristung bestehen, der bei größerer zeitlicher Unterbrechung nicht mehr herzustellen ist. **Abweichungen im Einzelfall sind möglich**, erschweren dem Arbeitgeber jedoch im Streitfall den Nachweis des Sachgrundes und die dazu anzustellende Prognose (s. Rdn 236).

232

bb) Befristungsdauer

233 Die Befristungsmöglichkeit nach Nr. 2 soll dazu dienen, dem Arbeitnehmer später den **Übergang in eine Anschlussbeschäftigung zu erleichtern**. Die **Verbesserung der Einstellungsaussichten** (finales Element: »um ... zu«) muss genügen (HaKo-KSchR/*Mestwerdt* Rn 83 f.; *Staudinger/Preis* [2019] § 620 BGB Rn 109), da sie den vom Gesetzgeber nachgeahmten tarifvertraglichen Modellen gleichkommt. Die befürchtete **Ausdehnung** von Befristungen nach Nr. 2 **ins zeitlich Uferlose**, weil nur im Hinblick auf vage Einstellungsaussichten bei einem anderen Arbeitgeber das Sammeln von Berufserfahrung ausreichen würde (so *Kliemt* NZA 2001, 298), wäre danach gewollt (iE auch *Hromadka* BB 2001, 622). *Müller-Glöge* (ErfK Rn 33; ebenfalls großzügiger *Arnold/Gräfl* Rn 107) erkennt sogar ein Anwendungsfeld der Anschlussbefristung nach Nr. 2 in Befristungen **jenseits von zwei Jahren**, da bis zu dieser Zeitspanne ja ohnehin die sachgrundlose Befristung nach § 14 Abs. 2 TzBfG zur Verfügung steht. Vgl. hierzu auch Rdn 237.

234 Ohne eine **zeitliche Einschränkung** eröffnen sich jedoch **Missbrauchsmöglichkeiten** (LS-*Schlachter* Rn 45), die dem Übergangszweck der Anschlussbefristung widersprechen, selbst wenn das BAG hierzu **nur einen einmaligen Abschluss** zulässt (*BAG* 24.8.2011 EzA § 14 TzBfG Nr. 79, Rn 17; 10.10.2007 EzA § 14 TzBfG Nr. 41; unzulässig zweimalig verlängerte Anschlussbefristung über insgesamt zwei Jahre nach einer Ausbildung zur Kommunikationskauffrau). Die notwendige Beschränkung einer solchen befristeten Beschäftigung im Anschluss an Ausbildung oder Studium **ist dabei zusätzlich über die begrenzt zugelassene Dauer des befristeten Arbeitsvertrages herbeizuführen**. Auch hier schweigt das Gesetz. Im Schrifttum werden hierzu Befristungen von einem halben bis zu einem Jahr (*Däubler* ZIP 2001, 223; *Nielebock* AiB 2001, 78; *Kliemt* NZA 2001, 298) und in **Orientierung an** § 14 Abs. 2 S. 1 TzBfG bis zu zwei Jahren (*Hromadka* BB 2001, 623; *Bader/Bram-Bader* [2014] § 620 BGB Rn 161) diskutiert. Dabei ist zu bedenken, dass die **Dauer der Befristung** mit dem **Zweck der zugelassenen Befristung (Qualifizierung)** zu korrespondieren hat, also nicht zu kurz bemessen sein darf; andererseits ist eine **sehr lange**, über mehrere Jahre während **Befristung** unzuträglich, weil sie den **Übergang** in eine Anschlussbeschäftigung nicht erleichtern, sondern eher **behindern** würde (ebenso HaKo-KSchR/*Mestwerdt* Rn 84; AR-*Schüren/Moskalew* Rn 20 f.; *Staudinger/Preis* [2019] § 620 BGB Rn 109; MHH-TzBfG/*Meinel* Rn 67; HaKo-TzBfG/*Boecken* Rn 64, unter Hinw. auf die Gesetzesbegründung zu § 14 Abs. 2: »Brücke zur Dauerbeschäftigung«). Dem entspricht es im Ansatz, wenn das BAG eine Verlängerung der Anschlussbefristung nach Nr. 2 nicht zulässt, da sie als wiederholte Befristung dem Normzweck der Bestimmung entgegenstehe (*BAG* 24.8.2011 EzA § 14 TzBfG Nr. 79; 10.10.2007 EzA § 14 TzBfG Nr. 41; krit. *Marschner* Anm § 30 Abs. 1 TVöD-AT Nr. 9, der in der Entscheidung einen **Wertungswiderspruch** im Verhältnis zwischen möglicher Sachgrundbefristung nach Nr. 2 und sachgrundloser Befristung nach Abs. 2 für den Fall aufdeckt, dass die Sachgrundbefristung weniger als zwei Jahre beträgt und nicht – wie nach Abs. 2 möglich – nicht verlängert werden kann). Das *BAG* hat jedenfalls – ohne dass es in der Entscheidung darauf ankam – eine **Befristung von 30 Monaten** nicht beanstandet (24.8.2011 EzA § 14 TzBfG Nr. 79).

235 Den **äußersten zutreffenden Zeitrahmen von zwei Jahren** setzt daher die ohne Sachgrund mögliche Anschlussbeschäftigung nach § 14 Abs. 2 S. 1 TzBfG (vgl. *LAG Nds.* 4.7.2003 LAGE § 14 TzBfG Nr. 11; *Schaub/Koch* § 40 Rn 17; MüKo-*Hesse* Rn 33). Die dort verankerte Höchstbefristung ohne Sachgrund von bis zu **zwei Jahren** darf bei einer Übergangsbefristung nach Nr. 2 im Anschluss an eine Ausbildung oder ein Studium nicht überschritten werden (*LAG Köln* 13.6.2006 – 13 Sa 124/06, das insoweit in der Entscheidungsbegründung durch das BAG 10.10.2007 EzA § 14 TzBfG Nr. 41 nicht beanstandet wurde; HWK-*Rennpferdt* Rn 59, Regelfall; diff. LS-*Schlachter* Rn 45, die zwischen Anschlussbefristungen bei Ausbildungsberufen bis zu sechs Monaten und nach abgeschlossenem Studium bis zu zwei Jahren unterscheiden will). Eine Fortsetzung im Wege einer **erneuten Befristung** ist danach ist dann nur zulässig, wenn sie auf einen **anderen Sachgrund** gestützt werden kann (zutr. *Hromadka* BB 2001, 623; APS-*Backhaus* Rn 125; *Annuß/Thüsing/Maschmann*, Rn 39; *Dörner* Befr. Arbeitsvertrag Rn 247; HaKo-KSchR/*Mestwerdt* Rn 85; iE jetzt auch *BAG* 10.10.2007 EzA § 14 TzBfG Nr. 41; aA *Boewer* Rn 120; *Arnold/Gräfl* Rn 107; abw. ErfK-*Müller-Glöge* Rn 33,

der eine zeitliche Eingrenzung mit Blick auf höhere, zeitaufwendige Qualifizierungen ablehnt und eine Einschränkung auf nicht über § 14 Abs. 2 TzBfG begründbare sachgrundlose Befristungen befürchtet). Eine **grenzen- und konturenlose Sachgrundbefristung** nach Nr. 2 ist indessen abzulehnen, selbst wenn ein Rückgriff auf § 14 Abs. 2 TzBfG eröffnet bleibt (vgl. aber Rdn 221 aE).

Die Zweckorientierung in Nr. 2 (»Verbesserung der Chancen auf dem Arbeitsmarkt«) verlangt vom **Arbeitgeber**, im Rahmen seiner **Prognose** diesen Kausalzusammenhang zu belegen. Dabei hat der Übergang in eine Anschlussbeschäftigung nicht festzustehen, denn er soll nur erleichtert werden. Allerdings obliegt es dem Arbeitgeber im Streitfall dazutun, **warum die Befristung den Übergang in eine Anschlussbeschäftigung bei ihm oder bei einem anderen Arbeitgeber fördern soll** (*LAG Köln* 13.6.2006 – 13 Sa 124/06; *Lakies* DZWIR 2001, 10; HaKo-KSchR/*Mestwerdt* Rn 64; aA (strengerer Maßstab) APS-*Backhaus* Rn 127; *Sievers* Rn 249). Strenge Maßstäbe zur Feststellung der **Kausalität des Überbrückungszweckes** für den Abschluss des Arbeitsvertrages sind dagegen fehl am Platz. Konkrete tatsächliche Anhaltspunkte, die darauf schließen lassen, dass die für eine befristete Beschäftigung sprechenden eigenen betrieblichen oder dienstlichen Interessen des Arbeitgebers nicht ausreichen, gehören zu den Voraussetzungen einer **Befristung aus sozialen Erwägungen** in Nr. 6. Es ist daher verfehlt, den gesetzgeberischen Plan, Übergangsbefristungen zwischen Ausbildung und beruflicher Tätigkeit im großen Umfang nach tarifvertraglichen Mustern zu ermöglichen, dadurch wieder einzuengen, dass an die Rechtsprechung des BAG zu sozialen Überbrückungsfällen (*BAG* 3.10.1984 EzA § 620 BGB Nr. 73; 26.4.1985 EzA § 620 BGB Nr. 74) und die dortigen strengen Voraussetzungen eines Sachgrundes wieder angeknüpft wird (so aber APS-*Backhaus* Rn 121). Andererseits kann es nicht genügen dem Arbeitnehmer allgemein allein die Möglichkeit der Arbeit und den Erwerb von beruflichen Erfahrungen zu eröffnen (so aber MHH-TzBfG/*Meinel* Rn 66). Erforderlich ist vielmehr, dass ein **bestimmtes Ausbildungsziel systematisch verfolgt** wird und die dem Arbeitnehmer vermittelten Kenntnisse, Erfahrungen oder Fähigkeiten auch außerhalb der Organisation des Arbeitgebers beruflich verwertbar sind. Da es für die Wirksamkeit der Befristung auf die Umstände bei Vertragsschluss ankommt, muss zu diesem Zeitpunkt feststehen, welches **Ausbildungsziel** die Parteien (Ausbildungsplan) mit der Beschäftigung verfolgen (*BAG* 22.4.2009 EzA § 14 TzBfG Nr. 58; 24.8.2011 EzA § 14 TzBfG Nr. 79, Rn 22).

Offen ist, ob nicht auch mehrere aufeinanderfolgende Ausbildungsziele, die innerhalb einer arbeitsrechtlichen Beziehung zwischen denselben Vertragsparteien angesteuert werden, dazu berechtigen **mehrmals die Absolventenbefristung** zu nutzen. Dies könnte bei einem Arbeitnehmer, der zunächst eine berufliche (Erst-) Ausbildung durchläuft und später noch ein Studium absolviert, der Fall sein (vgl *LAG BW* 29.11.2013 – 9 Sa 65/13, Rn 62, von der Hilfskraft zum Facharbeiter). Dann müsste, soweit man nicht dafür eintritt die Erleichterung in den Berufsstart nur einmal als Befristungssachgrund nach Nr. 2 zu gestatten (so wohl *BAG* 24.8.2011 EzA § 14 TzBfG Nr. 79, Rn 17; *Linsenmaier* RdA 2012, 193, 198), eine wiederholte Befristungsmöglichkeit zugelassen werden. Schließlich geht es jedesmal um den **Erwerb von Wissen und Fähigkeiten auf unterschiedlicher Qualifikationsebene.**

d) Tarifvertragliche Regelungen; Erlasse

Die **bestehenden tarifvertraglichen Ansprüche von Auszubildenden**, im Anschluss für einen befristeten Zeitraum von ihrem Arbeitgeber in ein befristetes Arbeitsverhältnis übernommen zu werden, **werden durch die Neuregelung nicht berührt**. Nach **§ 22 Abs. 1 TzBfG** sind für die Arbeitnehmer **günstigere tarifvertraglich abweichende Vereinbarungen** zu befristeten Arbeitsverträgen unbeschränkt zulässig (*BAG* 10.10.2007 EzA § 14 TzBfG Nr. 41, wonach aber eine tarifvertraglich zugelassene Verlängerung der Befristung bei Sachgründen ungünstig ist). Während **§ 14 Abs. 1 Nr. 2 TzBfG** nur dem **Arbeitgeber** die **Möglichkeit** eröffnet, ein befristetes Arbeitsverhältnis mit Sachgrund zu vereinbaren, wird er durch die **tarifvertraglichen Bestimmungen** zum Abschluss einer befristeten **Anschlussbeschäftigung verpflichtet**. Die Tarifverträge gehen zum Teil erheblich weiter als die gesetzlichen Regelungen und verschaffen längerfristige Übernahmegarantien. Eine bestehende **tarifliche Übernahmeregelung** im Anschluss an die Ausbildung **indiziert** insoweit das **Bestehen eines Sachgrundes** iSv § 14 Abs. 1 Nr. 2 TzBfG (*Lakies* DZWIR 2001, 10; *Annuß/ Thüsing/Maschmann* Rn 29), **begrenzt jedoch** zugleich **die tariflich zulässige Zeitspanne für eine die Anschlussbeschäftigung** erleichternde Befristung. Die tarifvertragliche Verpflichtung zum Abschluss eines befristeten Arbeitsvertrages im Anschluss an das Berufsausbildungs-verhältnis kann jedoch auch durch eine **sachgrundlose Befristung** erfüllt werden (*LAG BW* 9.10.2008 LAGE § 14 TzBfG Nr. 44).

239 Eine **ordentliche betriebsbedingte Kündigung** während der tariflich abgesicherten befristeten Anschlussbeschäftigung (Beschäftigungsbrücke) verträgt sich nicht mit Sinn und Zweck der Tarifbestimmungen und ist daher unwirksam (*BAG* 6.7.2006 EzA § 4 TVG Metallindustrie Nr. 133 bei einer zwölfmonatigen Beschäftigungsverpflichtung), selbst wenn die Kündigungsmöglichkeit nach § 15 Abs. 3 TzBfG vertraglich vereinbart worden ist. Näher zum Verhältnis von Tarifvertrag und Gesetz s. KR-*Bader/Kreutzberg-Kowalczyk* Erl. zu § 22 TzBfG.

3. Vertretung (Abs. 1 S. 2 Nr. 3)

a) Allgemeines

240 Die Einstellung eines Arbeitnehmers zur **Vertretung** eines **anderen Arbeitnehmers** in § 14 Abs. 1 S. 2 Nr. 3 TzBfG ist nach ständiger Rechtsprechung des BAG seit jeher als sachlicher Befristungsgrund anerkannt (vgl. *BAG* 8.9.1983 AP Nr. 77 zu § 620 BGB Befristeter Arbeitsvertrag m. Anm. *Koller*; 22.11.1995 EzA § 620 BGB Nr. 138; *Dörner* Befr. Arbeitsvertrag Rn 296 f.; ErfK-*Müller-Glöge* Rn 34; *Schaub/Koch* § 40 Rn 19). Der Gesetzgeber baut mit dem in Nr. 3 ausdrücklich bezeichneten Befristungsgrund auf dieser Rechtsprechung auf (BT-Drucks. 14/4374 S. 19). Die Gesetzesbegründung deutet darauf hin, dass die bisherige Rechtsprechung bestätigt und nicht modifiziert werden sollte (*Kliemt* NZA 2001, 298; APS-*Backhaus* Rn 93, 329; aA *Lakies* DZWIR 2001, 10; *Nielebock* AiB 2001, 78). Eine solch entscheidende Veränderung gegenüber der bisherigen Rechtsprechung des BAG hätte der Gesetzgeber in der Gesetzesbegründung ansprechen müssen. Die befristete Vertretung kann als **Zeit- oder Zweckbefristung** bzw. als Kombination von beiden angelegt werden (AR-*Schüren/Moskalew* Rn 22). Zur neuen Vertretungsbefristung in **§ 6 PflegeZeitG** und in **§ 9 FamPflG**, die regelungstechnisch § 21 BEEG nachgebildet ist vgl. KR-*Treber* Erl. zum PflegeZG und FPfZG.

241 Der anerkannte **Sachgrund der Vertretung** hat nun eine **gesetzliche Regelung** in § 14 Abs. 1 S. 2 Nr. 3 TzBfG erfahren (*BAG* 13.10.2004 EzA § 14 TzBfG Nr. 14, Rn 23 f.), die **europarechtlich** – auch hinsichtlich ihrer mehrfachen Anwendung – durch den EuGH im Blick auf Nr. 5 der Rahmenvereinbarung zur RL 99/70/EG **unbeanstandet** geblieben ist (*EuGH* 26.1.2012 EzA § 14 TzBfG Nr. 80 Kücük; *Kamanabrou* EuZA 2012, 441, 457 f.; *Greiner* ZESAR 2013, 305, 311; *Junker* EuZA 2013, 3, 7; *Willemsen* RdA 2012, 291, 293; vgl. auch Rdn 19, 34; *P. Bruns* BB 2014, 53 f.; *Greiner* ZESAR 2014, 357, 362 und *Bayreuther* NZA 2013, 23, 24 f. zum dogmatischen Widerspruch von einem angenommenen Sachgrund und Vorliegen eines Rechtsmissbrauchs). **Hauptanwendungsfälle** sind dabei Krankheits-, Urlaubs-, Eltern-, Mutterschafts-, Pflege- und sonstige Abwesenheiten, zB durch interne Abordnungen (einschränkend insoweit *BAG* 12.4.2017 EzA § 14 TzBfG Nr. 129, Rn 21) und Freistellungen, die der Arbeitgeber durch Einstellung einer befristeten Vertretung ausgleichen will. Die Vertretungsbefristung nach § 14 Abs. 1 S. 2 Nr. 3 TzBfG ist ein Unterfall des vorübergehenden »betrieblichen« Bedarfs an Arbeitsleistung iSv § 14 Abs. 1 S. 2 Nr. 1 TzBfG (*BAG* 10.7.2013 EzA § 14 TzBfG Nr. 94). Zur **Abgrenzung** vgl. Rdn 191 und Rdn 245.

242 In der Formulierung, dass der Arbeitnehmer **zur Vertretung** »eines anderen Arbeitnehmers« beschäftigt werden muss, liegt **kein** von der bisherigen Rechtsprechung **abweichendes zusätzliches Erfordernis der Identität des Aufgabengebiets**, das der Vertreter im Vergleich zum Vertretenden wahrzunehmen hat, noch die an die Person des Vertretenen **gebundene zeitliche Kongruenz** des Vertretungseinsatzes (vgl. *BAG* 6.11.2013 EzA § 14 TzBfG Nr. 97, Rn 20 ff., 24.5.2006 – 7 AZR 640/05, jeweils mwN; *LAG MV* 5.8.2009 – 2 Sa 100/09). In den Fällen der unmittelbaren und der mittelbaren Vertretung erfordert es der Sachgrund der Vertretung **nicht**, dass der zu **vertretende**

Arbeitnehmer an der Erbringung der Arbeitsleistung **insgesamt verhindert** ist (*BAG* 10.7.2013 EzA § 14 TzBfG Nr. 95, Rn 11). Die Vertretung eines anderen Mitarbeiters umfasst **im öffentlichen Dienst** auch den durch befristeten Einsatz eines Angestellten zu überbrückenden Ausfall eines **Beamten** (*BAG* 25.3.2009 EzA § 14 TzBfG Nr. 57 Rn 13; 12.4.2017 EzA § 14 TzBfG Nr. 129, Rn 21 vorübergehende Abordnung einer Stammkraft; APS-*Backhaus* Rn 130, 463 ff.; ErfK-*Müller-Glöge* Rn 39; *Arnold/Gräfl* Rn 109; *Annuß/Thüsing/Maschmann* Rn 33; MHH-TzBfG/*Meinel* Rn 69; Staudinger/*Preis* [2019] § 620 BGB Rn 110; LS-*Schlachter* Rn 52; BT-Drucks. 14/4374 S. 19; *Sievers* Rn 291; ebenso HaKo-KSchR/*Mestwerdt* Rn 97, der auch die Vertretung eines **freien Mitarbeiters** für zulässig hält; aA *Preis/Gotthardt* DB 2000, 2071; APS-*Backhaus* Rn 464, da es sich um keine Stammkraft handelt). Zur Beurteilung des arbeitgeberseitigen Direktionsrechts für den Fall, dass ein Beamter einen abwesenden Arbeitnehmer hätte vertreten sollen, gilt die Schranke der »amtsangemessenen Beschäftigung« (*LAG MV* 4.9.2007 – 5 Sa 41/07). Zwischen Angestellten, die in benachbarten Vergütungsgruppen eingestuft sind, kann wegen der Abweichungen in einzelnen Arbeitsvorgängen das **Direktionsrecht** des öffentlichen Arbeitgebers im Vertretungseinsatz nicht eingeschränkt werden (*BAG* 15.2.2006 EzA § 14 TzBfG Nr. 27; *Mennemeyer/Keysers* NZA 2008, 672).

Der **Arbeitgeber ist frei** zu entscheiden, **ob und wie er den Vertretungsbedarf befriedigt.** Er kann deshalb auf eine Vertretung ganz verzichten oder die Aufgaben der abwesenden Kraft auf andere Arbeitnehmer ganz oder teilweise übertragen (*BAG* 11.2.2015 EzA § 14 TzBfG Nr. 111, Rn 19; 10.7.2013 EzA § 14 TzBfG Nr. 95, Rn 18; 25.3.2009 EzA § 14 TzBfG Nr. 57, Rn 14 f.; 27.6.2001 EzA § 620 BGB Nr. 178, ErfK-*Müller-Glöge* Rn 37 f.; HWK-*Rennpferdt* Rn 70 f.; MHH-TzBfG/*Meinel* Rn 84; *Sievers* Rn 279; **Organisationsbefugnis** des Arbeitgebers). Anstelle der abwesenden Vollzeitkraft darf auch nach Nr. 3 eine Teilzeitkraft vertretungsweise eingestellt werden. Das gilt jedoch nicht für den umgekehrten Fall, für einen zu vertretenden teilzeitbeschäftigten Arbeitnehmer eine vollzeitbeschäftigte Vertretungskraft befristet zu beschäftigen (*BAG* 4.6.2003 EzA § 620 BGB 2002 Nr. 4; MüKo-*Hesse* Rn 37). Der bestehende Vertretungsbedarf begrenzt in diesen Fällen die Rechtfertigung über den Sachgrund nach Nr. 3. Zum Sachgrund gehört insoweit auch die begrenzte Möglichkeit, den Vertretungsbedarf mit der befristeten Einstellung abdecken zu können (*BAG* 4.6.2003 EzA § 620 BGB 2002 Nr. 3). Für den **überschießenden Arbeitskräfteanteil** müsste dann ein **anderer Sachgrund** zur Rechtfertigung dargelegt werden können (vgl. *LAG Nds.* 17.3.2003 LAGE § 14 TzBfG Nr. 10). Der **Vertretungsbedarf** kann sich selbst auf kurzfristige Einsätze in Form von Tages- oder Wocheneinsätzen beschränken (ErfK-*Müller-Glöge* Rn 34a), für die es nach Geltung des TzBfG ebenfalls einen Sachgrund braucht, soweit nicht einmalig von der sachgrundlosen Befristungsform des § 14 Abs. 2 TzBfG Gebrauch gemacht werden soll. Auch **wiederholte Befristungen** zu Vertretungszwecken mit ein und derselben Person sind unbedenklich, wenn der Vertretungsfall jeweils mit Sachgrund und **nicht rechtsmissbräuchlich** erfolgt (*BAG* 13.10.2004 EzA § 14 TzBfG Nr. 14; näher dazu s. Rdn 257). Eine infolge der befristeten Einstellung zur Vertretung vom Arbeitgeber vorgenommene **Umorganisation** kann dazu führen, dass von seinen Inhalten her ein **neuer Arbeitsplatz** entsteht (*BAG* 15.2.2006 EzA § 14 TzBfG Nr. 27, Rn 12); dann ist die **kausale Verknüpfung** mit dem zeitweiligen Ausfall der zu vertretenden Kraft genau zu belegen (*BAG* 21.2.2018 EzA § 14 TzBfG Nr. 133, Rn 15; 10.10.2012 EzA § 14 TzBfG Nr. 88, Rn 18). Das *BAG* hat den **rechtlich zulässigen Rahmen** des Sachgrundes »Vertretung« in der Entscheidung vom 11.2.2015 (EzA § 14 TzBfG Nr. 111) zusammenfassend dargestellt.

Von daher verbleibt es auch bei der **Zulässigkeit einer sog. mittelbaren Vertretung** (*BAG* 6.11.2013 EzA § 14 TzBfG Nr. 97, Rn 20 ff.; 10.10.2012 EzA § 14 TzBfG Nr. 88; 14.4.2010 EzA § 14 TzBfG Nr. 65; 15.2.2006 EzA § 14 TzBfG Nr. 27; 10.3.2004 EzA § 14 TzBfG Nr. 9; *Dörner* NZA 2007, 62 f.) oder einer **Gesamtvertretung im Lehrerbereich** (*BAG* 6.10.2010 EzA § 14 TzBfG Nr. 70, Rn 31; 20.1.1999 EzA § 620 BGB Nr. 160; neuerdings offengehalten *BAG* 10.10.2012 EzA § 14 TzBfG Nr. 88; vgl. a. Rdn 288 ff.). Dies gilt, obwohl der Gesetzgeber diese in der Rechtsprechung gängigen Unterscheidungen nicht ausdrücklich im TzBfG berücksichtigt hat (*Dörner* Befr. Arbeitsvertrag Rn 297 f.). Im Gegenteil wird man sogar annehmen müssen, dass der vorübergehende Vertretungsbedarf auch dann die Befristung eines Arbeitsverhältnisses erlaubt, wenn **die zeitweise Abwesenheit mehrerer Teilzeitkräfte von einer befristet eingestellten Vollzeitkraft** abgedeckt werden soll (ebenso *Hromadka* BB 2001, 623; *Kliemt* NZA 2001, 298; einschränkend *Preis/Gotthardt* DB 2000, 2071). Hierfür ist vom Arbeitgeber nur der für den Sachgrund der Vertretung notwendige **Kausalzusammenhang** zwischen dem Ausfall des einen und der Beschäftigung des anderen Mitarbeiters herzustellen (*BAG* 26.10.2016 EzA § 14 TzBfG Rechtsmissbrauch Nr. 1, Rn 15; 11.2.2015 EzA § 14 TzBfG Nr. 111, Rn 19 ff.; 6.11.2013 EzA § 14 TzBfG Nr. 97 Rn 30; 15.2.2006 EzA § 14 TzBfG Nr. 27), was insbes. im Fall mittelbarer Vertretung unabdingbar ist (*BAG* 12.1.2011 EzA § 14 TzBfG Nr. 73; *Dörner* Befr. Arbeitsvertrag Rn 310, 315 ff.; ErfK-*Müller-Glöge* Rn 37; HWK-*Rennpferdt* Rn 67 f.; MüKo-*Hesse* Rn 37). Vgl. näher Rdn 269 ff.

245 Der **sachliche Rechtfertigungsgrund** einer Befristungsabrede **zur Vertretung** liegt darin, dass der **Arbeitgeber bereits zu einem vorübergehend ausfallenden Mitarbeiter in einem Rechtsverhältnis steht und mit der Rückkehr dieses Mitarbeiters zu rechnen hat** (st. Rspr., *BAG* 29.4.2015 EzA § 14 TzBfG Nr. 114, Rn 21; 11.2.2015 EzA § 14 TzBfG Nr. 111, Rn 16; 6.11.2013 EzA § 14 TzBfG Nr. 97; 2.6.2010 EzA § 14 TzBfG Nr. 67; 25.3.2009 EzA § 14 TzBfG Nr. 57; 13.6.2007 – 7 AZR 747/05; 15.2.2006 EzA § 14 TzBfG Nr. 27; 13.10.2004 EzA § 14 TzBfG Nr. 14; 10.3.2004 EzA § 14 TzBfG Nr. 11; hL APS-*Backhaus* Rn 463; ArbRBGB-*Dörner* § 620 BGB Rn 118; *Annuß/Thüsing/Maschmann* Rn 33; MüKo-*Hesse* Rn 35 f.; HaKo-KSchR/*Mestwerdt* Rn 87 f.; LS-*Schlachter* Rn 47; *Staudinger/Preis [2019]* § 620 BGB Rn 111; zur Typologie der Vertretungsbefristungen: *Kiel* JBArbR 2013, 25, 26 ff.). Hieraus wird deutlich, dass es sich bei dem **Begriff** der **Vertretung** iSv Nr. 3 nicht um eine unmittelbare oder mittelbare Vertretung im Rechtssinne handelt, sondern nur um die **Deckung eines durch ausfallende Stammkräfte entstehenden Arbeitskräftebedarfs** (ErfK-*Müller-Glöge* Rn 37; *Hunold* DB 2012, 288). Daraus ergibt sich, dass die **Vertretungsbefristung** letztlich ein **Unterfall des vorübergehenden Kräftebedarfs nach Nr. 1 ist** (vgl. *BAG* 29.10.1998 EzA § 21 BErzGG Nr. 3; *Dörner* Befr. Arbeitsvertrag Rn 298). Die beiden Befristungstatbestände unterscheiden sich allein dadurch, dass es dem Arbeitgeber nach Nr. 1 darum geht, den vorgefundenen **Personalbestand** aus betrieblichen Gründen **übergangsweise** zu **verändern**, dagegen ihm nach Nr. 3 daran gelegen ist, die zum Arbeitseinsatz zur Verfügung stehende **Personalkapazität im Wege zeitweiser Lückenfüllung zu erhalten** (*Dörner* Befr. Arbeitsvertrag Rn 298; *Arnold/Gräfl* Rn 110; MüKo-*Hesse* Rn 24; ErfK-*Müller-Glöge* Rn 34a; HWK-*Rennpferdt* Rn 61). Vgl. auch Rdn 19.

246 Ist die der Befristungsabrede zugrunde liegende Vertretungsvereinbarung rechtsunwirksam, weil als Beendigungstatbestand neben der Wiederaufnahme der Arbeit durch den **Vertretenen** auch dessen **Ausscheiden aus dem Beschäftigungsverhältnis** vereinbart worden ist und damit der **Vertretungsbedarf** nicht entfällt, sondern sich sogar **verstetigt** (*BAG* 5.6.2002 EzA § 620 BGB Nr. 192; 24.9.1997 EzA § 620 BGB Nr. 147) – stellt sich die Frage, ob anstelle der Rechtsfolge einer Entfristung nach § 16 S. 1 TzBfG vom Arbeitgeber noch ein **anderer Sachgrund** zur Befristung vom Arbeitgeber angeführt werden kann. Dies kann die **Personalplanung des Arbeitgebers** sein, den Arbeitsplatz nach dem Ausscheiden des bisherigen Stelleninhabers mit einem Mitarbeiter zu besetzen, der über bestimmte Qualifikationen verfügt (ErfK-*Müller-Glöge* Rn 40.; aA *BAG* 9.12.2009 EzA § 14 TzBfG Nr. 62; 2.6.2010 EzA § 14 TzBfG Nr. 67; kein Vertretungsfall, nur sonstiger Befristungsgrund), soweit sich der Arbeitgeber hierzu bereits bei Abschluss der Vertretungsbefristung entschlossen hatte und eine zeitnahe endgültige Besetzung der Stelle absehbar ist (*EuGH* 26.11.2014 EzA Richtlinie 99/70 EG-Vertrag 1999 Nr. 11, Rn 120 **Mascolo**). Es käme – so *BAG* – ein neuer Sachgrund ins Spiel, der zu prüfen ist (9.12.2009 EzA § 14 TzBfG Nr. 62; vgl. auch *LAG SchlH* 12.9.2007 NZA-RR 2008, 137). Hier kann unter Umständen nur eine zulässige **Doppelbefristung** (Kombination aus Zeit- und Zweckbefristung oder auflösender Bedingung), helfen (*BAG* 29.6.2011 EzA § 15 TzBfG Nr. 3, soweit dafür Sachgründe gegeben sind. Näher dazu s. Rdn 270 f. und KR-*Lipke/Bubach* § 21 BEEG Rdn 53, 54.

b) Unmittelbare Vertretung

247 **Anlässe** für eine sachlich gerechtfertigte befristete Vertretung können **Ausfälle von Arbeitnehmern wegen Erkrankung oder Beurlaubung, Abberufung zum Wehr- oder Ersatzdienst oder die Abordnung eines Arbeitnehmers ins Ausland** sein (st. Rspr. zB *BAG* 11.2.2015 EzA § 14 TzBfG

Nr. 111; 25.3.2009 EzA § 14 TzBfG Nr. 57; 20.1.2010 EzA § 14 TzBfG Nr. 64 jeweils mwN; *LAG RhPf* 27.4.2006 – 1 Sa 1/06: wiederholt verlängerter Sonderurlaub; *Bauer* NZA 2011, 241, 245). Ausdrücklich wird nun auch die vorübergehende unternehmensinterne **Abordnung einer Stammkraft**, zB zur **Wahrnehmung höherwertiger Aufgaben** als Vertretungsgrund gebilligt; allerdings mit Einschränkungen (*BAG* 21.2.2018 – 7 AZR 765/16, Rn 15; 12.4.2017 EzA § 14 TzBfG Nr. 129 Rn 21; 16.1.2013 EzA § 14 TzBfG Nr. 90, Rn 14; *LAG BW* 21.5.2012 LAGE § 14 TzBfG Nr. 71; *Hunold* DB 2012, 288; vgl. Rdn 252; aA *LAG Köln* 14.9.2011 LAGE § 14 TzBfG Nr. 66; *Annuß/Thüsing/Maschmann* Rn 33). Anerkannt ist ferner, für ein **freigestelltes Personalrats- oder Betriebsratsmitglied** eine Arbeitskraft zur Vertretung bis zum Ablauf der Amtsperiode befristet einzustellen (*BAG* 20.2.2002 EzA § 620 BGB Nr. 189; ErfK-*Müller-Glöge* Rn 34; *Dörner* Befr. Arbeitsvertrag Rn 299 f. mwN); ebenso die Vertretung für die **Inanspruchnahme einer befristeten Rente** durch den zu Vertretenden (§ 102 SGB VI; *BAG* 23.1.2002 EzA § 620 BGB Nr. 187; *LAG RhPf* 8.6.2005 – 12 Sa 1019/04). Einen **gesetzlich gesondert geregelten Vertretungsfall** im Zusammenhang mit Mutterschutz und **Elternzeit regelt § 21 BEEG** (*BAG* 17.11.2010 EzA § 14 TzBfG Nr. 72;). Näher dazu KR-*Lipke/Bubach* Erl. zu § 21 BEEG. Seit dem 1.7.2008 ist ein weiterer gesetzlich gesondert geregelter Vertretungsfall im Zusammenhang mit **Pflegezeiten** hinzugekommen, dessen Voraussetzungen im **PflegeZG** und **FPfZG** niedergelegt sind. Dabei hat sich der Gesetzgeber am Modell der Elternzeit ausgerichtet. Näher dazu Erl. KR-*Treber/Waskow* zum PflegeZG, FPfZG.

Um nicht gegen die **Antidiskriminierungsrichtlinie 85/92/EG** zu verstoßen, hat die Rechtsprechung sogar Vertretungsbefristungen anerkannt, bei denen die Vertretungskraft wegen eigener Elternzeit tatsächlich nicht zum Arbeitseinsatz kommen konnte (*LAG Hamm* 21.4.2005 – 11 Sa 1988/05, unter Hinw. auf *EuGH* 4.10.2001 EzA § 611a BGB Nr. 17). Als **Vertretungssachgrund** bestimmte **§ 231 SGB III aF** ausdrücklich, dass ein arbeitsloser Arbeitnehmer für die Dauer einer beruflichen Weiterbildung eines Stammarbeitnehmers befristet eingestellt werden darf. Ohne diese **sozialrechtliche Regelung** wäre dies ein Fall der Nr. 3 gewesen. Keinen Anlass für eine befristete Sachgrundvertretung bietet ein **Dauerbedarf für Urlaubs- und Krankheitsfälle**, der über eine **Personalreserve** abzudecken ist (*LAG MV* 14.6.2007 NZA-RR 2008, 177; *LAG Hamm* 21.10.2004 – 11 Sa 688/04; *ArbG* Brem. 21.8.2012 AuR 2012, 453; *Preis/Greiner* RdA 2010, 151; LS-*Schlachter* Rn 46; *Dörner* Befr. Arbeitsvertrag Rn 303; aA *Kamanabrou* EuZA 2012, 441, 460, unbedenklich). 248

Ergibt sich aus den vom Arbeitgeber im Streitfall darzulegenden Umständen, dass bereits **bei Vertragsabschluss zu erwarten** war, dass die **vom Vertreter zu versehene Arbeit eine Daueraufgabe** ist, fehlt es am Sachgrund der Vertretung. Wer als sog. **Springer** Aufgaben einer Dauervertretung oder Daueraushilfe versieht, kann deshalb auch in Zukunft nicht nach Nr. 3 mit sachlichem Grund befristet werden (so *LAG Bln.* 3.4.1997 LAGE § 620 BGB Nr. 51; APS-*Backhaus* Rn 477; *Staudinger/Preis* [2019] § 620 BGB Rn 115; AR-*Schüren/Moskalew* Rn 30; ErfK-*Müller-Glöge* Rn 36; *Wank* RdA 2010, 200; *Sievers* Rn 287 f.; vgl. auch Rdn 213 f.). In diesen Fällen ist davon auszugehen, dass der Arbeitskräftebedarf nur zusammen mit Vertreter und Vertretenem gedeckt werden kann (*Dörner* Befr. Arbeitsvertrag Rn 303 bei überlappenden Vertretungen für beurlaubte Mitarbeiter). Es fehlt ferner an dem vorausgesetzten zeitlich begrenzten Beschäftigungsbedarf. Eine Mehrzahl von Befristungen auf jeweils kurzer Dauer von ein bis zwei Monaten soll aber sachlich gleichwohl gerechtfertigt sein, selbst wenn Befristungsdauer und Vertretungsbedarf nicht immer übereinstimmen (*BAG* 25.3.2009 EzA § 14 TzBfG Nr. 57; bedenklich wegen der Vielzahl kurzfristiger Befristungen; *LAG Nds.* 25.11.2007 – 13 Sa 622/07; dafür ErfK-*Müller-Glöge* Rn 36a; *Schiefer* DB 2011, 1164, 1167; zu Recht abl. *Brose* NZA 2009, 706, 710). Dem Sachgrund der Vertretung steht indessen **im Einzelfall** nicht entgegen, dass der Arbeitgeber über keine ausreichende **Personalreserve** für Fälle von Krankheit, Urlaub und Freistellung verfügt, um das regelmäßige Arbeitspensum mit unbefristet beschäftigtem Stammpersonal zu bewältigen (*BAG* 24.8.2016 EzA § 14 TzBfG Nr. 124, Rn 26). Vgl. Rdn 268. 249

aa) Prognose des Arbeitgebers

Die **Prognose des Arbeitgebers** über den voraussichtlichen **Wegfall des Vertretungsbedarfs** ist Teil des Sachgrundes (*BAG* 25.3.2009 EzA § 14 TzBfG Nr. 57 Rn 12; 13.10.2004 EzA § 14 TzBfG 250

Nr. 14; ErfK-*Müller-Glöge* Rn 35 mwN). Vgl dazu allgemein Rdn 144 ff. Sie hat sich nur darauf zu beziehen, ob der zu vertretende Mitarbeiter seinen Dienst wieder antreten wird und damit der Vertretungsbedarf entfällt (*BAG* 24.8.2016 EzA § 14 TzBfG Nr. 124, Rn 18). Weiß der Arbeitgeber bereits bei Abschluss des befristeten Arbeitsvertrages, dass der zu vertretende Arbeitnehmer nicht mehr an seinen Arbeitsplatz zurückkehren wird, so fehlt es am **vorübergehenden Ersatzbedarf**, weil für diesen Arbeitsausfall eine dauerhafte Beschäftigung erforderlich ist (st. Rspr., zB *BAG* 29.4.2015 EzA § 14 TzBfG Nr. 114, Rn 21; 24.5.2006 – 7 AZR 640/05; 21.2.2001 EzA § 620 BGB Nr. 174, jeweils mwN). Dagegen **muss sich die Prognose nicht darüber verhalten, zu welchem Zeitpunkt mit der Rückkehr des zu vertretenden Mitarbeiters zu rechnen ist** (st. Rspr.; *BAG* 20.1.2010 EzA § 14 TzBfG Nr. 64; 25.3.2009 EzA § 14 TzBfG Nr. 57; jeweils mwN; APS-*Backhaus* Rn 333). Sofern nicht besondere Umstände vorliegen, kann der Arbeitgeber bei Krankheits- und Urlaubsvertretungen grds. davon ausgehen, dass die zu vertretende Stammkraft zurückkehren wird (*BAG* 29.4.2015 EzA § 14 TzBfG Nr. 114, Rn 21; 25.3.2009 EzA § 14 TzBfG Nr. 57 Rn 12; 13.10.2004 EzA § 14 TzBfG Nr. 14; 4.6.2003 EzA § 620 BGB 2002 Nr. 4; *LAG BW* 21.5.2012 LAGE § 14 TzBfG Nr. 71; *LAG RhPf* 5.7.2012 NZA-RR 2013, 16; *Dörner* Befr. Arbeitsvertrag Rn 304; *Arnold/Gräfl* Rn 112 ff.; HWK-*Rennpferdt* Rn 63; LS-*Schlachter* Rn 47; MüKo-*Hesse* Rn 36; *Ritter/Rudolf* FS 25-jähriges Bestehen DAV 2006, S. 375). Eine **Erkundigungspflicht** des Arbeitgebers gegenüber dem zu vertretenden Arbeitnehmer besteht nach bisheriger Rspr. insoweit nicht (APS-*Backhaus* Rn 468; *Sievers* Rn 257), wäre aber im Fall **wiederholter Befristung** zur Vertretung ein und desselben Arbeitnehmers sinnvoll (ebenso wohl *Bauer/von Medem* SAE 2012, 25, 28; *Greiner* EuZA 2012, 529, 535; *Loth* Diss 2015 Kap. 3 § 4 B II 1 b, S. 337 f.; aA *Schaub/Koch* § 40 Rn 24; *Maschmann* Anm. AP Nr. 79 zu § 14 TzBfG). Doch nach dem BAG muss der Arbeitgeber weder die Planungen des beurlaubten Arbeitnehmers ergründen, noch hat er sich über die gesundheitliche Entwicklung eines Erkrankten auf dem Laufenden zu halten (*BAG* 2.7.2003 EzA § 620 BGB 2002 Nr. 6). Nur wenn ihm **aufgrund vorliegender Informationen erhebliche Zweifel** darankommen müssen, ob die zu vertretende Stammkraft überhaupt wieder zurückkehren wird, können sich Bedenken ergeben, ob der Sachgrund der Vertretung bei Abschluss des befristeten Arbeitsvertrages überhaupt vorgelegen hat (*BAG* 29.4.2015 EzA § 14 TzBfG Nr. 114, Rn 21; 25.3.2009 EzA § 14 TzBfG Nr. 57 Rn 12; zu Recht krit. zur fehlenden Erkundigungspflicht des Arbeitgebers: *Preis/Greiner* RdA 2010, 151). Unverbindliche Ankündigungen des Vertretenen gegenüber Dritten oder gegenüber dem Arbeitgeber (... »komme wohl nicht wieder«; ErfK-*Müller-Glöge* Rn 35a) sollen dafür ebenso wenig ausreichen wie ein Rentenantrag der zu vertretenden Stammkraft (*BAG* 10.3.2004 § 14 TzBfG Nr. 9) oder die Bewilligung einer zeitlich befristeten Erwerbsunfähigkeitsrente (*BAG* 23.1.2002 EzA § 620 BGB Nr. 187).

251 Vielmehr ist nach der Rspr. die **Vertretungsbefristung nur hinfällig**, wenn der zu vertretende Arbeitnehmer bereits **vor Abschluss des befristeten Arbeitsvertrages** mit der Vertretungskraft **dem Arbeitgeber verbindlich erklärt hat**, die Arbeit nicht wieder aufnehmen zu wollen (*BAG* 11.2.2015 EzA § 14 TzBfG Nr. 111, Rn 16, 30; *BAG* 25.3.2009 EzA § 14 TzBfG Nr. 57 Rn 12; 2.7.2003 EzA § 620 BGB 2002 Nr. 6). **Der Arbeitgeber kann daher grds. mit der Rückkehr des Vertretenen rechnen** (*Dörner* Befr. Arbeitsvertrag Rn 304 ff.; APS-*Backhaus* Rn 468). Nur in diesem **Ausnahmefall** soll die Befristung wegen fehlerhafter Prognose unwirksam sein (*BAG* 24.5.2006 – 7 AZR 640/05; MüKo-BGB/*Hesse* Rn 36; HWK-*Rennpferdt* Rn 63; *Annuß/Thüsing/Maschmann* Rn 34;). **Die Prognose hat sich auch nicht darauf zu erstrecken, ob der zu vertretende Arbeitnehmer seine Tätigkeit im vollen Umfang wiederaufnehmen wird**. Selbst wenn die Stammkraft nur im reduzierten Umfang wieder tätig wird, entfällt damit der Vertretungsbedarf im bisherigen Umfang (ErfK-*Müller-Glöge* Rn 35; MHH-TzBfG/*Meinel* Rn 76; HaKo-KSchR/*Mestwerdt* Rn 89). Der Arbeitgeber hat dann neu zu entscheiden, ob und wie und in welchem Umfang er den reduzierten Vertretungsbedarf abdecken will (*BAG* 6.12.2000 EzA § 620 BGB Nr. 172; 21.2.2001 EzA § 620 BGB Nr. 174).

252 Entsteht durch die **vorübergehende Abordnung einer Stammkraft im Unternehmen** ein Vertretungsbedarf, so kommt der Sachgrund des § 14 Abs. 1 Satz 2 Nr. 3 TzBfG nur in Betracht, wenn der Arbeitgeber die damit verbundene Umorganisation unmittelbar oder mittelbar mit einer

befristeten Neueinstellung verknüpft, der befristet beschäftigte Arbeitnehmer also unmittelbar für die anderweitig eingesetzte Stammkraft beschäftigt wird oder sich die Verbindung zu diesem anderweitigen Einsatz durch eine Vertretungskette vermittelt. Anders als bei dem für den Arbeitgeber »fremdbestimmten« Ausfall der Stammkraft hängt hier die **voraussichtliche Rückkehr der Stammkraft** regelmäßig nicht nur von Umständen in deren Sphäre, sondern ganz maßgeblich **auch von Umständen und Entscheidungen ab, die in der Sphäre des Arbeitgebers** liegen. Der Arbeitgeber muss dann bei der **Prognose** über die voraussichtliche Rückkehr der abgeordneten Stammkraft sämtliche Umstände des Einzelfalls würdigen (*BAG* 12.4.2017 EzA § 14 TzBfG Nr. 129, Rn 21, 27). Von daher **erhöhen sich** in diesem Fall die Anforderungen an die Rückkehrprognose im Unterschied zu den herkömmlichen Vertretungen (*Kossens* jurPR-ArbR 37/2017 Anm. 3). Eine **gedankliche Zuordnung** für den Kausalzusammenhang bleibt hierbei ausgeschlossen (HWK-*Rennpferdt* Rn 69); jedenfalls dann, wenn mit der im Sonderurlaub befindlichen Stammkraft ein Abrufarbeitsverhältnis nach § 12 TzBfG begründet wurde (*BAG* 21.2.2018 – 7AZR 765/16, Rn 23). Näher dazu Rdn 279.

Die gewählte **Befristungsdauer bedarf keiner eigenständigen sachlichen Rechtfertigung**, denn es steht im Belieben des Arbeitgebers, den Arbeitsausfall auch nur zeitweise über eine Vertretung abzudecken (*BAG* 21.2.2001 EzA § 620 BGB Nr. 174; 20.2.2002 EzA § 620 BGB Nr. 189) und danach über das Ob und Wie einer weiteren Vertretung neu zu entscheiden (*BAG* 25.3.2009 EzA § 14 TzBfG Nr. 57 Rn 26; 24.5.2006 – 7 AZR 640/05, nv). Eine **Kongruenz** zwischen der Dauer des Vertretungsbedarfs und der gewählten Dauer der Befristung ist deshalb grds. nicht erforderlich (*BAG* 13.10.2004 EzA § 14 TzBfG Nr. 14). So hat der Gesetzgeber auch in § 21 Abs. 1 BEEG für die dort geregelten Vertretungsfälle im Zusammenhang mit Mutterschutz und Elternzeit ausdrücklich geregelt, dass die Befristung auch »**für Teile**« **der Vertretungszeit** erfolgen kann (*BAG* 17.11.2010 EzA § 14 TzBfG Nr. 72; vgl. ferner *BAG* 6.12.2000 EzA § 620 BGB Nr. 172; kritisch APS-*Backhaus* Rn 467). 253

Für die hier früher (*Lipke* KR 5. Aufl., § 21 BErzGG Rn 15a) vertretene Auffassung, auch notwendige **Zeiten einer Einarbeitung** seien in Analogie zu § 21 Abs. 2 BErzGG (jetzt BEEG) der zulässigen Dauer einer Befristung zur allgemeinen Vertretung hinzuzurechnen, **fehlt** es nunmehr nach der konkreten gesetzlichen Ausformung der Sachgrundbefristung in Abs. 1 an einer zu **füllenden Regelungslücke**. Zwar wäre es sinnvoll, Zeiten der Einarbeitung der eigentlichen Vertretungszeitspanne hinzu zu schlagen; der Gesetzgeber hat jedoch davon erkennbar keinen Gebrauch machen wollen. Wenn in § 23 TzBfG bestimmt wird, dass besondere Regelungen über die Befristung von Arbeitsverträgen nach anderen gesetzlichen Vorschriften unberührt bleiben, so muss im Umkehrschluss davon ausgegangen werden, dass diese besonderen Regelungen nicht die neu geschaffenen **allgemeinen Befristungsregelungen** ergänzen sollen (*Preis/Gotthardt* DB 2000, 2071). Die Gesetzesbegründung gibt nur Aufschluss darüber, dass die allgemeinen Vorschriften des TzBfG auf die spezialgesetzlich geregelten befristeten Arbeitsverhältnisse Anwendung finden sollen, wenn die Spezialgesetze nichts Abweichendes vorsehen (BT-Drucks. 14/4374 S. 22). **Damit beschränkt sich die spezialgesetzliche Regelung in 21 Abs. 2 BEEG auf die Einarbeitungszeiten im Anwendungsbereich dieser Sonderregelung** (aA ErfK-*Müller-Glöge* Rn 36b; *Sievers* Rn 171, 280; HaKo-KSchR/*Mestwerdt* Rn 96; APS-*Backhaus* Rn 479, Einarbeitungszeiten einzuschließen sei ein für Vertretungsfälle anzuwendender allgemeiner Rechtsgedanke). 254

Seit Inkrafttreten des TzBfG ab 1.1.2001 sind **kurzfristige Vertretungen** ebenfalls mit einem Sachgrund zu unterlegen, da die Umgehung des Kündigungsschutzes keine Rolle mehr spielt (ErfK-*Müller-Glöge* Rn 34a). Die Befristungsdauer kann indessen Zweifel am Sachgrund der Vertretung aufkommen lassen, wenn diese nicht für eine kürzere Zeit als den erkennbaren Bedarf, sondern nur für eine **darüber hinausreichende Zeitspanne** vorgesehen ist. **Die fehlende Übereinstimmung zwischen Dauer des Vertretungsbedarfs und Dauer der Befristung** spricht zwar nicht von vornherein gegen den Sachgrund der Befristung (*BAG* 9.7.1997 EzA § 21 BEEG Nr. 2), weil eine **Kongruenz** zwischen der Dauer des Vertretungsbedarfs und der gewählten Dauer der Befristung nicht geboten ist (*BAG* 13.10.2004 EzA § 14 TzBfG Nr. 14). Es spricht jedoch gegen die arbeitgeberseitige 255

Prognose, wenn die Befristung erkennbar über den Zeitraum des Vertretungsbedarfs hinausreicht oder der Vertretungsfall bei Aufnahme der befristeten Tätigkeit noch nicht eingetreten war (vgl. *BAG* 29.7.2009 – 7 AZR 907/07, Rn 29; HWK-*Rennpferdt* Rn 70; **aA** zu Letzterem *LAG Köln* 14.12.2007 – 4 Sa 992/07, fehlende Übereinstimmung von Vertragsdauer und Sachgrunddauer schaden weder am Ende noch am Anfang des zur Vertretung befristeten Arbeitsverhältnisses). Der **Befristungsdauer** kommt ansonsten in Vertretungsfällen nur insofern Bedeutung zu, als sie in der Zusammenschau mit anderen Umständen darauf hinweisen kann, dass der **Sachgrund** für die Befristung nur **vorgeschoben** ist (*BAG* 11.9.2013 EzA § 14 TzBfG Nr. 96 Rn 26 f.; 17.3.2010 EzA § 14 TzBfG Nr. 63 Rn 14 bei **Daueraufgaben**; 20.2.2008 AP Nr. 45 zu § 14 TzBfG; 21.2.2001 EzA § 620 BGB Nr. 174; *LAG RhPf* 28.3.2017 – 8 Sa 418/16, Rn 58). Doch muss der **Umfang der zulässigen Vertretung** in den Grenzen des **Vertretungsbedarfs** bleiben.

256 Selbst wenn sich die **Prognose des Arbeitgebers (mehrfach) nicht erfüllt**, kann daraus noch **nicht auf das Fehlen eines Sachgrundes nach Nr. 3 geschlossen werden**. Schon nach altem Recht hat die Rechtsprechung herausgearbeitet, dass die arbeitsvertragliche Befristungskontrolle keine Parallele im Kündigungsschutzprozess hat (vgl. *BAG* 21.2.2001 EzA § 620 BGB Nr. 174; 25.8.1999 EzA § 620 BGB Bedingung Nr. 13; *LAG Düsseld.* 15.2.2000 LAGE § 620 BGB Nr. 63). Ohne besondere zusätzliche vertrauensbildenden Umstände kann daher eine mehrfach verfehlte Prognose auch **keinen Wiedereinstellungsanspruch** des befristet beschäftigten Arbeitnehmers nach sich ziehen (*BAG* 20.2.2002 EzA § 620 BGB Nr. 189; *LAG Düsseld.* 15.2.2000 LAGE § 620 BGB Nr. 63; vgl. auch *Bader/Kreutzberg-Kowalczyk* § 17 TzBfG Rdn 75 f.). Solange die **Stammkraft** einen **Anspruch** darauf hat, die **Tätigkeit wiederaufzunehmen**, muss und darf der Arbeitgeber mit deren Rückkehr rechnen und sie seiner Prognose zugrunde legen dürfen (*BAG* 29.4.2014 EzA § 14 TzBfG Nr. 114, Rn 21; 25.3.2009 EzA § 14 TzBfG Nr. 57; 2.7.2003 EzA § 620 BGB 2002 Nr. 6). Fraglich ist indessen, ob die **wiederholt fehlerhafte Prognose zur Vertretungsbefristung** und die zunehmende Dauer der Vertretung nicht zu einer **Steigerung der Anforderungen an die Prognose** führen muss (so *Preis/Greiner* RdA 2010, 151 f.; *Lipke* FS Etzel 2011, S. 261 f.; *Nebe* JbArbR 48 [2019], S. 89, 110 f.; **aA** *Dörner* Befr. Arbeitsvertrag Rn 308a; *Kiel* JBArbR 2013, 25, 34, 41; *ders.* NZA-Beil. 2/2016, 72, 83). **Dazu im Folgenden.**

bb) **Wiederholte Befristung**

257 Der Sachgrund der Vertretung kann **wiederholte Befristungen** mit derselben Vertretungsperson oder unterschiedlichen Kräften rechtfertigen (*BAG* 18.7.2012 EzTöD 100 § 30 Abs. 1 TVöD-AT Sachgrundbefristung Nr. 46; 25.3.2009 EzA § 14 TzBfG Nr. 57; 13.10.2004 EzA § 14 TzBfG Nr. 14; 4.6.2003 EzA § 620 BGB 2002 Nr. 4 im Falle mehrfach verlängerter Beurlaubungen des Stelleninhabers; APS-*Backhaus* Rn 475, 477 ff.). Bei mehr als ein- oder **zweimaliger** Wiederholung von Fristverträgen zur Vertretung **sind allerdings an den Grund** der **Befristung strengere Anforderungen zu stellen, in jedem Fall ist aber ein Rechtsmissbrauch zu prüfen** (*EuGH* 26.1.2012 EzA § 14 TzBfG Nr. 80 Kücük m. Anm. *Preis/Loth*; *BAG* 18.7.2012 EzA § 14 TzBfG Nr. 86; 6.12.2000 EzA § 620 BGB Nr. 172; *Plander* ZTR 2001, 499; *Ritter/Rudolf* FS 25-jähriges Bestehen DAV 2006, S. 376; LS-*Schlachter* Rn 48; AnwaltKomm-*Studt* Rn 38; *Staudinger/Preis* [2019] § 620 BGB Rn 116; *Preis/Greiner* RdA 2010, 148; *Brose* NZA 2009, 706; *Eisemann* NZA 2009, 1113; *Lipke* Tagungsband DAI 2010, S. 35, 42; *ders.* FS Etzel 2011, S. 259; *Nebe* JbArbR 48 [2011], S. 89, 109 ff.; **aA** – mit Ausnahme der jetzt erforderlichen Rechtsmissbrauchskontrolle – *BAG* 25.3.2009 EzA § 14 TzBfG Nr. 57; *Bauer* NZA 2011, 241, 245; *Marschner* Anm. EzTöD 100 § 30 TVöD-AT Nr. 22; *Schiefer* DB 2010, 1164, 1167; *Rose* SAE 2011, 173, 175; *Dörner* Befr. Arbeitsvertrag Rn 308a, 321 ff., der die in der hL geforderten gesteigerten Anforderungen an die Prognose bzw. Sachgrund für eine »unbrauchbare Leerformel« hält; ähnlich *Schaub/Koch* § 40 Rn 25, der hier eine intensive Prüfung des Kausalzusammenhangs empfiehlt; *Annuß/Thüsing/Maschmann* Rn 36c, der einen Wechsel von der jeweiligen Rückkehr zur Bedarfsprognose verneint, solange ein hinreichender Kausalzusammenhang zwischen Ausfall und Vertretung besteht; kritisch HaKo-TzBfG Rn 29; HaKo-KSchR/*Mestwerdt* Rn 90 ff., 60 ff.; HWK-*Rennpferdt* Rn 63; AR-*Schüren/Moskalew* Rn 30; *Arnold/Gräfl* Rn 121). Mit **wachsender Dauer der befristeten Beschäftigungen** nimmt indessen

die persönliche und **wirtschaftliche Abhängigkeit des Arbeitnehmers** zu und die **soziale Verantwortung des Arbeitgebers erhöht** sich. Dieser sollte deshalb sorgfältig prüfen, ob nicht schutzwürdige Interessen des Arbeitnehmers nunmehr eine dauerhafte Beschäftigung gebieten (so noch *BAG* 12.9.1996 EzA § 620 BGB Nr. 142; 11.12.1991 EzA § 620 BGB Nr. 110; 3.12.1986 EzA § 620 BGB Nr. 88; *Nebe* JbArbR 48 [2019], S. 89, 109 ff.; aA bereits damals *Gardain* ZTR 1996, 257; *Vetter* ZTR 1994, 456). Die **Prognose des Arbeitgebers**, nach Ablauf wiederholter Befristungen werde kein Bedarf mehr an der Arbeitsleistung des befristet eingestellten Arbeitnehmers bestehen, erfordert dann eine **erhöhte Sorgfalt** bei der Prüfung (*BAG* 11.11.1998 EzA § 620 BGB Nr. 155). Diese Auffassung vertritt das BAG bei Kettenbefristungen jedoch nicht mehr und beschränkt sich nun auf eine Prüfung des »institutionellen Rechtsmissbrauchs«. Näher dazu Rdn 263.

Das **BAG** hatte wegen des Umgangs mit wiederholten Befristungen den **EuGH** angerufen (*BAG* 17.11.2010 EzA § 14 TzBfG Nr. 72) und im Blick auf Ausführungen des EuGH in den Verfahren **Adeneler** (*EuGH* 4.7.2006 – C 212/04) und **Angelidaki** (*EuGH* 23.4.2009 – C 378–380/07), die missbräuchliche wiederholte Befristung soweit wie möglich zu unterbinden, um **unionsrechtliche Überprüfung** der bisher geübten nationalen Rechtsprechung zu § 14 Abs. 1 S. 2 Nr. 3 TzBfG in derartigen Vertretungsfällen gebeten. Zu den vorgenannten EuGH-Entscheidungen s. Rdn 24, 33 ff. Hintergrund dieses Vorabentscheidungsersuchens war eine jahrelange (1996–2007), wiederholte (13malige!) Vertretungsbefristung einer Gerichtsangestellten in der Zivilprozessabteilung eines Amtsgerichts aus Anlass vorübergehender Beurlaubungen einer Stammkraft (Sonder- und Erziehungsurlaub). Eine parallele Vorlage u.a. zu dieser Rechtsfrage hatte das LAG Köln dem EuGH bereits am 13.4.2010 unterbreitet (*LAG Köln* 13.4.2010 LAGE § 14 TzBfG Nr. 57). Der Vorlagebeschluss des BAG ist von *Dörner*, dem früheren Vorsitzenden des für Befristungssachen zuständigen 7. Senats, heftig kritisiert worden. Er bemängelte, dass der für eine Sachgrundbefristung nach Abs. 1 S. 2 **Nr. 1** unzulässige **betriebliche Dauerbedarf** nicht mit dem **ständigen betrieblichen Vertretungsbedarf** nach Abs. 1 S. 2 **Nr. 3** gleichgesetzt werden dürfe. Das würde letztlich zu einer Verlagerung von einer **Rückkehrprognose zu einer Bedarfsprognose** führen und damit die **unternehmerische Freiheit**, den Vertretungsbedarf nach seinen organisatorischen Vorstellungen zu bedienen, bedenklich **einschränken** (*Dörner* Befr. Arbeitsvertrag Rn 321 ff.). 258

Die Entscheidung des angerufenen *EuGH* v. 26.1.2012 (EzA § 14 TzBfG Nr. 80 **Kücük**) erkennt in der **wiederholten Befristung zur Vertretung** zwar nicht von vornherein eine missbräuchliche Nutzung von befristeten Arbeitsverträgen, verlangt allerdings eine **intensivierte Überprüfung des Sachgrundes**. Unter Hinweis auf die Verfahren **Adeneler** und **Angelidaki** (vgl. Rdn 29 f.) weist der EuGH erneut darauf hin, dass **§ 5 Nr. 1 der Rahmenvereinbarung** über befristete Verträge zur Umsetzung eines der Ziele der Richtlinie 1999/70/EG dient, nämlich den **wiederholten Rückgriff auf befristete Arbeitsverträge oder -verhältnisse, in der eine Quelle potenziellen Missbrauchs zu Lasten der Arbeitnehmer** gesehen wird, einzugrenzen, indem eine Reihe von Mindestschutzbestimmungen vorgesehen werden, die eine **Prekarisierung der Lage der Beschäftigten verhindern** sollen (dort Rn 25). Der **Begriff des sachlichen Grundes** als Missbrauchsbegrenzung sei dahin zu verstehen, dass er **genau bezeichnete, konkrete Umstände** meint, die eine bestimmte Tätigkeit kennzeichnen und daher in diesem speziellen Zusammenhang den **Einsatz aufeinanderfolgender befristeter Arbeitsverträge rechtfertigen** können. Diese Umstände können sich etwa aus der **besonderen Art der Aufgaben**, zu deren Erfüllung die Verträge geschlossen worden sind, und deren Wesensmerkmalen oder ggf. aus der **Verfolgung eines legitimen sozialpolitischen Ziels** durch einen Mitgliedstaat ergeben (dort Rn 27). Maßnahmen, die dem **Schutz bei Schwangerschaft und Mutterschaft** dienen und es Männern und Frauen ermöglichen sollen, ihren beruflichen und familiären Verpflichtungen gleichermaßen nachzukommen, **verfolgen legitime sozialpolitische Ziele** (dort Rn 33). Damit segnet der EuGH eine mehrfache Vertretungsbefristung nach **§ 21 BEEG** ab. Der Abschluss einer **Vielzahl aufeinanderfolgender befristeter Arbeitsverträge** sowie der Zeitraum, während dessen die betroffene Arbeitnehmerin bereits im Rahmen derartiger Verträge beschäftigt worden sei, kann indessen auf einen Missbrauch im Sinne von Paragraf 5 der Rahmenvereinbarung über befristete Verträge hindeuten. Die **Deckung eines Bedarfs**, der faktisch kein zeitweiliger, sondern im Gegenteil ein **ständiger und dauerhafter** ist, rechtfertigt nicht iSv **§ 5 Nr. 1 Buchst. a der** 259

§ 14 TzBfG   Zulässigkeit der Befristung

Rahmenvereinbarung über befristete Verträge eine wiederholte Befristung, da dann unbefristete Arbeitsverträge als die übliche Form der Beschäftigungsverhältnisse gefährdet werden (dort Rn 36, 37). Die **Zahl und Dauer der befristeten Arbeitsverträge** kann mithin Auswirkung auf die unionsrechtliche Beurteilung des sachlichen Grundes haben (dort Rn 41). Der EuGH stellt gleichermaßen klar, dass aus dem bloßen Umstand, dass ein Bedarf an Vertretungskräften durch den Abschluss unbefristeter Verträge gedeckt werden könnte, **nicht** folgt, dass ein Arbeitgeber, der beschließt, auf befristete Verträge zurückzugreifen, um auf einen **vorübergehenden Mangel an Arbeitskräften**, mag dieser **auch wiederholt** oder sogar dauerhaft auftreten, zu reagieren, **missbräuchlich handelt** und gegen § 5 Nr. 1 der Rahmenvereinbarung über befristete Verträge und die nationale Regelung zu ihrer Umsetzung verstößt. Deshalb fordert der EuGH als Konsequenz in diesen Fällen nicht zwingend den Abschluss unbefristeter Verträge. Allerdings erwartet er bei der Beurteilung der Frage, ob bei wiederholten Befristungen zur Vertretung ein sachlich rechtfertigender Grund vorliegt, dass hierbei **alle Umstände des Falles einschließlich der Zahl und der Gesamtdauer in der Vergangenheit mit demselben Arbeitgeber geschlossenen befristeten Arbeitsverträge** oder -verhältnisse berücksichtigt werden (dort Rn 56). Konkretere Vorgaben versagt sich der EuGH mit Rücksicht auf die **Wertungsspielräume** der einzelnen Mitgliedstaaten bei der »effektiven« Umsetzung der Richtlinie 1999/70/EG. Vgl. auch Rdn 27, 33 ff.

260 In diesem »Sowohl als auch« in der Begründung des **EuGH** ist zum einen zu erkennen, dass der EuGH seine Kompetenzen nur vorsichtig ausüben will, um Reaktionen wie zur umstrittenen **Mangold-Entscheidung** zu vermeiden (vgl. Rdn 24, 64 ff.). Zum anderen wird aber deutlich, dass bei wiederholten Befristungen, insbes. zur Vertretung, eine stärkere als die zuletzt vom BAG angewandte Missbrauchsprüfung von Nöten ist (*Sievers* jurisPR-ArbR 10/12 Nr. 4). Der **Hinweis auf Zahl und Gesamtdauer der Befristungen** als Prüfungselement ist dabei eindeutig; ebenso wird ein Indiz für eine missbräuchliche Verwendung in einem **abzuschätzenden Dauer(vertretungs)bedarf** zu erkennen sein. Der EuGH setzt offenbar nicht auf die feinsinnige Unterscheidung *Dörners* (vgl. Rdn 258) des betrieblichen Bedarfs und des Vertretungsbedarfs. Damit wird ein **ständig wiederkehrender Vertretungsbedarf** eines privaten oder öffentlichen Arbeitgebers nicht mehr ohne nähere Prüfung über wiederholte Sachgrundbefristungen abzudecken sein, es sei denn im Anwendungsbereich des **§ 21 BEEG** wegen seiner **sozialpolitischen Zielsetzungen** und seiner konkreten Sachgrundumschreibung. Die hierzu vom EuGH verwandten Begriffe (»vorübergehender Bedarf, der ständig und wiederkehrend vorkomme; wiederholt und dauerhaft«) dürfen indes nicht darüber hinwegtäuschen, dass es in Wahrheit um einen (zugelassenen) dauerhaften Bedarf geht (zutr. *Preis/Loth* Anm. EzA § 14 TzBfG Nr. 80), der jedoch nicht grenzenlos befristete Sachgrundvertretungen gestattet.

261 Mit der vom EuGH geforderten **Rückschau auf die vergangenen Befristungen** ist aber nicht die Aufgabe der BAG-Rechtsprechung zur alleinigen **Überprüfung der letzten Befristung** zu verbinden (sowohl im Ansatz Vorlagebeschl. *LAG Köln* 13.4.2010 LAGE § 14 TzBfG Nr. 57; s. Rdn 133). Diese auf den letzten befristeten Arbeitsvertrag beschränkte Prüfung kann dogmatisch weiterhin an der Novation des Vertragsverhältnisses und den materiell-rechtlichen Wirkungen der **Klagefrist in § 17 TzBfG** festgemacht werden (*Preis/Loth* Anm. EzA § 14 TzBfG Nr. 80; ebenso *Greiner* NZA Beil. 3, 2011, 117 f.; *Willemsen* RdA 2012, 291, 293 f.). Die vom BAG bei **Befristungsketten** nun durchgehend verlangte »**Missbrauchskontrolle**« (*BAG* 18.7.2012 EzA § 14 TzBfG Nr. 86, Rn 37 f.) ist indessen **dogmatisch fragwürdig** und lässt sich so nicht zwingend aus der Entscheidung des EuGH vom 26.1.2012 (§ 14 TzBfG Nr. 80 Kücük) ableiten. Es ist schon schwer verständlich bei wiederholten Vertretungsfällen am Ende einen begründeten Sachgrund der Vertretung anzunehmen und gleichwohl über die Missbrauchsprüfung zum Ergebnis zu gelangen, dass hier ein Verstoß gegen Unionsrecht vorliegt und die letzte Befristung mit Sachgrund deshalb unwirksam ist. Dies erscheint in sich **widersprüchlich** (*Greiner* ZESAR 2014, 357, 362; *ders.* Anm. AP Nr. 99 zu § 14 TzBfG; *Bayreuther* NZA 2013, 23, 24 f.; *P. Bruns* NZA 2013, 769, 771; methodische Bedenken bei ErfK-*Müller/Glöge* Rn 10, 36a; krit. auch *Drosdeck/Bitsch* NJW 2013, 1345, *R. Adam* AuR 2013, 394; *C. Schmid* BB 2013, 192; *Persch* BB 2013, 629; APS-*Backhaus* Rn 475; *Loth* Diss 2015, Kap. 3 § 3 D. I, S. 227, 256, 263). Hier wäre es überzeugender gewesen, die Anforderungen an

den Sachgrund in Anbetracht der konkreten Befristungshistorie zu erhöhen (dazu *Greiner* ZESAR 2013, 305, 311; dem BAG folgend: HaKo-KSchR/*Mestwerdt* Rn 90, 60 ff.; *Kiel* JBArbR 2013, 25, 43 ff.; *ders.* NZA-Beil. 2/2016, 72, 83; *Kamanabrou* EuZA 2012, 441, 454). Vgl. auch Rdn 180.

Die umstrittene Entscheidung des *BAG* v. 25.3.2009 (EzA § 14 TzBfG Nr. 57) wäre m. E. nach der **262** Erkenntnis des *EuGH* v. 26.1.2012 (EzA § 14 TzBfG Nr. 80 Kücük) so nicht mehr haltbar (aA *Kiel* JBArbR 2013, 25, 41; *Linsenmaier* RdA 2012, 193, 200; *Kamanabrou* EuZA 2012, 441, 460). Hier war nach dem Sachverhalt ersichtlich, dass sich bei langer Abwesenheit des Stammarbeitnehmers an eine kurzfristige Befristung jeweils eine neue Befristung anschließen würde. Ein **berechtigtes Interesse des Arbeitgebers** an einer solchen Befristungskette war nicht belegbar (*Brose* NZA 2009, 709 f.; aA *ArbG Düsseldorf*. 3.11.2010 LAGE § 14 TzBfG Nr. 61, zulässige Kettenbefristung einer Lehrkraft an unterschiedlichen Schulen und in unterschiedlichen Umfängen). Die dem Arbeitgeber zuzugestehende flexible Handhabung des Personaleinsatzes findet ihre **Grenze im Rechtsmissbrauch**. Davon geht nun auch das *BAG* in seinen Entscheidungen vom 18.7.2012 (EzA § 14 TzBfG Nr. 86) aus, schränkt aber den Anwendungsbereich des zu prüfenden »**institutionellen Rechtsmissbrauchs**« auf Ausnahmefälle ein und legt dafür **hohe Anforderungen** fest. Mit den Entscheidungen vom 26.10.2016 (EzA § 14 TzBfG Rechtsmissbrauch Nr. 1) und vom 17.5.2017 (EzA § 14 TzBfG Rechtsmissbrauch Nr. 2) hat das BAG die **Grenzen des Rechtsmissbrauchs in Vertretungsfällen** konkretisiert. Vgl. dazu Rdn 181 ff.

Als **Prüfungskriterien** nennt der **EuGH** in seiner Entscheidung vom 26.1.2012 (EzA § 14 TzBfG **263** Nr. 80) **Gesamtdauer und Zahl der** mehrfachen **Befristungen** zur Vertretung in der Vergangenheit. Das **BAG** bekräftigt in seinen zwei Entscheidungen vom 18.7.2012 (EzA § 14 TzBfG Nr. 86 und EzTöD 100 § 30 Abs. 1 TVöD-AT Sachgrundbefristung Nr. 46) zunächst seine vom EuGH bestätigte Rechtsprechung, dass das **Vorliegen eines ständigen Vertretungsbedarfs der Annahme des Sachgrunds der Vertretung nicht entgegenstehe** und deshalb an den Grundsätzen der bisher geübten Sachgrundprüfung festgehalten werden könne. Nur unter besonderen Umständen sei die Vertretungsbefristung trotz Sachgrundes wegen rechtsmissbräuchlicher Ausnutzung der rechtlichen Gestaltungsmöglichkeit unwirksam. Hierfür seien alle Umstände des Einzelfalls, insbes. aber die Gesamtdauer und die Anzahl der in der Vergangenheit mit demselben Arbeitgeber geschlossenen aufeinander folgenden befristeten Verträge zu berücksichtigen. Dabei stützt sich das BAG auf den **institutionellen, nicht den individuellen Rechtsmissbrauch** (§ 242 BGB; Treu und Glauben). Als »institutioneller Rechtsmissbrauch« wird die **objektive Ausübung von Ansprüchen außerhalb ihres sozialen Schutzzwecks** oder des Schutzbereichs der anspruchsbegründenden Norm verstanden (*BAG* 8.3.1984 EzA § 3 BUrlG Nr. 14, Rn 37 mwN).

Es spricht daher vieles für eine maßgebliche (aber nicht ausschließliche) Bewertung der **Zeitachse 264 und der Zahl aufeinanderfolgender Befristungen sowie Verlängerungen.** Mit den Entscheidungen vom 26.10.2016 (EzA § 14 TzBfG Rechtsmissbrauch Nr. 1) und vom 17.5.2017 (EzA § 14 TzBfG Rechtsmissbrauch Nr. 2) hat das BAG die **Grenzen des Rechtsmissbrauchs in Vertretungsfällen** zahlenmäßig konkretisiert und die Überprüfung des Rechtsmissbrauchs den Tatsacheninstanzen überantwortet. Doch die alternative oder kumulative Verdrei-, Vervier- und Verfünffachung der Zweijahresfrist des § 14 Abs. 2 TzBfG und der Verlängerungen sind **nur ein Indiz** für einen institutionellen Rechtsmissbrauch; hinzu müssen weitere Umstände treten, wie zB eine bei dem vertretenen Arbeitnehmer nicht hinterfragte Rückkehrprognose des Arbeitgebers, obwohl vieles dafür spricht, dass dieser nicht mehr zurückkehren wird (s. Rdn 250 f.; *Preis/Loth* Anm. EzA § 14 TzBfG Nr. 80; *Bauer/v. Medem* SAE 2012, 25, 31; aA *Dörner* Befr. Arbeitsvertrag Rn 308a; *Gooren* ZESAR 2012, 225, 229; *Maschmann* Anm. AP Nr. 79 zu § 14 TzBfG, kein Austausch der Rückkehrprognose gegen eine Bedarfsprognose). Als **weitere Indizien** für einen **Rechtsmissbrauch** könnten Umstände herangezogen werden, ob beispielsweise jeweils **ein und derselbe oder andere Arbeitnehmer vertreten wurden**, ob die Stammkraft und der Vertreter in etwa gleich vergütungstechnisch eingruppiert wurden und wie der Arbeitseinsatz stattfinden soll, an einer oder an vielen Arbeitsplätzen im Unternehmen (*Brose* NZA 2009, 711). **Anhaltspunkte** böten auch die vorhergehende befristete Beschäftigung eines anderen Arbeitnehmers auf demselben Arbeitsplatz, die Anzahl der zu vertretenen und der vertretenden Arbeitnehmer und die Deckung eines **dauerhaften Vertretungsbedarfs** mit befristeten Arbeitsverträgen (*Brose/Sagan* NZA 2012, 308, 310; vgl. jetzt auch *BAG* 29.4.2015 EzA § 14 TzBfG Nr. 114, Rn 26; wonach ein Gestaltungsmissbrauch selbst bei 10 befristeten Arbeitsverträgen über 15 Jahre zur Vertretung einer Arbeitnehmerin widerlegt werden kann). Es geht deshalb um ein **Indizienbündel** (*Gooren* ZESAR 2012, 225, 229), dass dem **Arbeitnehmer die Darlegung** eines möglichen institutionellen Rechtsmissbrauchs eröffnet und dem Arbeitgeber **aufbürdet**, dieses zu widerlegen. Von einem **indizierten Rechtsmissbrauch** geht das BAG nunmehr aus, wenn die Gesamtdauer des Arbeitsverhältnisses zehn Jahre überschreitet oder mehr als 15 Vertragsverlängerungen vereinbart wurden oder wenn mehr als zwölf Vertragsverlängerungen bei einer Gesamtdauer von mehr als acht Jahren vorliegen. In einem solchen Fall hat der **Arbeitgeber die Möglichkeit**, die Annahme des indizierten Gestaltungsmissbrauchs durch den **Vortrag besonderer Umstände zu entkräften** (*BAG* 26.10.2016 EzA § 14 TzBfG Rechtsmissbrauch Nr. 1, Rn 28). Fälle der **mittelbaren Vertretung** sind ferner vertieft auf Fragen der **kausalen Verknüpfung** und der Reichweite des Direktionsrechts zu prüfen; dies gilt insbes. für den Unterfall der »gedanklichen Zuordnung« (s. Rdn 276 ff., 279; *Junker* EuZA 2013, 3, 11; *Greiner* EuZA 2012, 529, 536 der diese Kategorie schon als Sachgrund anzweifelt).

265   Das BAG hat unter Be- und Verwertung der Vorschläge im Schrifttum die oben beschriebene **Ampellösung** entwickelt (*Kiel* NZA-Beil. 2/2016, 72 84), die bei grds. zulässigen Kettenbefristungen in Vertretungsfällen aufzeigt, wo die Gefahr des Rechtsmissbrauchs und damit der Unwirksamkeit der letzten Befristung droht. Damit wird für die Praxis eine Art Geländer für **rechtssichere Handhabung von wiederholten Vertretungsbefristungen** geschaffen. Im Einzelnen hat das BAG dazu ausgeführt, dass hierzu an die gesetzlichen **Wertungen in § 14 Abs. 2 S. 1 TzBfG** angeknüpft werden kann. Die Vorschrift mache eine Ausnahme von dem Erfordernis der Sachgrundbefristung und erleichtere damit den Abschluss von befristeten Verträgen bis zu der festgelegten Höchstdauer von zwei Jahren bei maximal dreimaliger Verlängerungsmöglichkeit. Sie kennzeichne den nach Auffassung des Gesetzgebers unter allen Umständen unproblematischen Bereich (**Grünphase**). Ist ein Sachgrund nach § 14 Abs. 1 TzBfG gegeben, lasse erst das **erhebliche Überschreiten dieser Grenzwerte** den Schluss auf eine missbräuchliche Gestaltung zu (so auch *Gooren* ZESAR 2012, 225, 228). Zumindest regelmäßig bestehe hiernach bei Vorliegen eines die Befristung an sich rechtfertigenden Sachgrunds kein gesteigerter Anlass zur Missbrauchskontrolle, wenn die in § **14 Abs. 2 S. 1 TzBfG** für die sachgrundlose Befristung bezeichneten Grenzen nicht **um ein Mehrfaches überschritten** worden sind. Werden diese **Grenzen jedoch alternativ oder insbesondere kumulativ mehrfach überschritten**, ist eine umfassende Missbrauchskontrolle geboten (**Rotphase**), in deren Rahmen es Sache des Arbeitnehmers ist, noch weitere für einen Missbrauch sprechende Umstände vorzutragen (*BAG* 19.2.2014 EzA § 14 TzBfG Nr. 103, Rn 35 ff.; 18.7.2012 EzA § 14 TzBfG Nr. 86 und EzTöD 100 § 30 Abs. 1 TVöD-AT Sachgrundbefristung Nr. 46. Vgl hierzu näher Rdn 180 ff.

266   **Darlegungs- und beweispflichtig** für eine missbräuchliche Vertragsgestaltung ist regelmäßig der dies geltend machende **Arbeitnehmer** (vgl. *BAG* 19.3.2014 EzTöD 100 § 30 Abs. 1 TvöD-AT Sachgrundlose Befristung Nr. 29, Rn 26), wenn die Gesamtdauer des befristeten Arbeitsverhältnisses acht Jahre überschreitet oder mehr als zwölf Verlängerungen des befristeten Arbeitsvertrags vereinbart wurden oder wenn die Gesamtdauer des befristeten Arbeitsverhältnisses sechs Jahre überschreitet und mehr als neun Vertragsverlängerungen vereinbart wurden (*BAG* 26.10.2016 EzA § 14 TzBfG Rechtsmissbrauch Nr. 1, Rn 27). In einem solchen Fall hat allerdings der **Arbeitgeber** regelmäßig die Möglichkeit, die Annahme des Gestaltungsmissbrauchs durch den Vortrag besonderer Umstände zu **entkräften** (*BAG* 18.7.2012 EzA § 14 TzBfG Nr. 86, Rn 48). Gegen einen Rechtsmissbrauch kann der Arbeitgeber anführen, dass die Befristungskette unterbrochen war und die Befristungen auf unterschiedlichen Gründen beruhten. So können **nicht unerhebliche Unterbrechungszeiten** gegen eine rechtsmissbräuchliche Inanspruchnahme des Rechtsinstituts der Vertretungsbefristung sprechen (*BAG* 10.7.2013 EzA § 14 TzBfG Nr. 94, Rn 30). Vgl. Rdn 182.

267   Da es in der **Organisationsmacht des Arbeitgebers liegt**, wie er den anfallenden Vertretungsbedarf **befriedigt** (*BAG* 15.2.2006 EzA § 14 TzBfG Nr. 27 Rn 22), kann ihm nicht entgegengehalten

werden, die Vielzahl immer wiederkehrender Vertretungsfälle zeige die Notwendigkeit einer dauerhaften Beschäftigung zusätzlicher Kräfte. Es ist insoweit dem Arbeitgeber allein überlassen, ob er durch Anstellung mehrerer unbefristet beschäftigter **Springer** eine **dauerhafte Personalreserve** schafft, den Vertretungsbedarf durch Umverteilung der Arbeit auffängt oder in jedem Einzelfall mit befristeten Arbeitsverhältnissen den Arbeitsausfall abdeckt (*BAG* 18.7.2012 (EzA § 14 TzBfG Nr. 86 und EzTöD 100 § 30 Abs. 1 TVöD-AT Sachgrundbefristung Nr. 46; MüKo-*Hesse* Rn 40). Eine Feststellung, wann ein **ständiger und dauerhafter Personalbedarf** auf Betriebs- oder Unternehmensebene und damit **Rechtsmissbrauch** anzunehmen ist, lässt sich vor diesem Hintergrund deshalb nicht treffen (krit. *Reinhard* ArbRB 2012, 120, 123). Eine **zeitliche Grenze**, bei der eine mehrmalige Vertretung in einen Dauertatbestand umschlägt, lässt sich deshalb nicht **festlegen** (APS-*Backhaus* Rn 477 f.; *Annuß/Thüsing/Maschmann* Rn 36d.). Die Rechtsprechung kann nicht anstelle des Arbeitgebers entscheiden, ob es nicht sinnvoller wäre, auf der Grundlage unbefristeter Arbeitsverträge eine **Personalreserve** zu halten (*BAG* 17.5.2017 EzA § 14 TzBfG Rechtsmissbrauch Nr. 2, Rn 31, unter Berufung auf *EuGH* 14.9.2016 EzA Richtlinie 99/70 EG-Vertrag 1999 Nr. 13, Rn 55 f. **Perez Lopez**; ArbRBGB-*Dörner* § 620 BGB Rn 123 ff.; *ders*. Befr. Arbeitsvertrag Rn 301; APS-*Backhaus* Rn 476; *Hunold* NZA 2003, 255, 257; **aA** *LAG MV* 14.6.2007 NZA-RR 2008, 177; *ArbG Hmb*. 6.11.1989 BB 1990, 633).

Wenn es hier einer **Grenzziehung** bedarf, so kann sie nur in einer **fehlerhaften Prognose des Arbeitgebers**, die ihren Mangel darin hat, dass der abzudeckende Arbeitskräftebedarf sich bei näherem Hinsehen nur befriedigen lässt, wenn der vertretene Arbeitnehmer und der vertretende Arbeitnehmer gleichzeitig arbeiten, gefunden werden. Dann zeigt sich, dass der Vertreter eine **Daueraufgabe** erfüllt und von daher mit sachlichem Grund nach Nr. 3 nicht befristet werden konnte. Eine **unzulässige Dauervertretung** liegt nach der **restriktiven neueren Rspr. des BAG** dann vor, wenn der Arbeitnehmer von vornherein nicht lediglich zur Vertretung eines bestimmten vorübergehend an der Arbeitsleistung verhinderten Arbeitnehmers eingestellt wurde, sondern beabsichtigt ist, ihn für eine zum Zeitpunkt des Vertragsschlusses noch nicht absehbare Vielzahl von Vertretungsfällen auf Dauer zu beschäftigen (so bereits *BAG* 25.3.2009 EzA § 14 TzBfG Nr. 57; krit. APS-*Backhaus* Rn 477 f.; DDZ-*Wroblewski* Rn 81; *Preis/Greiner* RdA 2010, 151 f.). Aufgrund der vom *EuGH* eingeforderten **höheren Prüfungsdichte** (26.1.2012 EzA § 14 TzBfG Nr. 80 **Kücük**) dürfte das BAG der bisher vernachlässigten **Kongruenz von Befristungsgrund und Befristungsdauer** jedoch wieder mehr Beachtung schenken müssen, wofür die anzustellende **Rechtsmissbrauchsprüfung** (*BAG* 18.7.2012 EzA § 14 TzBfG Nr. 86, Rn 37 f.) einen Einstieg bietet. Der Arbeitgeber kann sich nicht mehr auf den Sachgrund der Vertretung berufen, wenn die **fortlaufende befristete Beschäftigung des Arbeitnehmers** den Schluss auf einen dauerhaften Bedarf an dessen Beschäftigung zulässt. So verhält es sich, wenn der Arbeitgeber den befristet beschäftigten Arbeitnehmer über Jahre hinweg im Ergebnis als Personalreserve für unterschiedliche Vertretungsfälle einsetzt. Besteht in Wahrheit ein dauerhafter Bedarf an der Beschäftigung, kommt ein unbefristetes Arbeitsverhältnis zustande, selbst wenn damit die Gefahr eines zeitweisen Personalüberhangs nicht völlig auszuschließen und bei den Personalplanungen zu berücksichtigen sein mag (*BAG* 17.5.2017 EzA § 14 TzBfG Rechtsmissbrauch Nr. 2, Rn 31). Ein Vertretungsfall iSv Nr. 3 liegt somit keinesfalls vor, wenn der Arbeitgeber die befristete Einstellung mit dem **gebündelten Vertretungsbedarf** für die zeitlich aneinander gereihten **Erholungsurlaubsansprüche** aller seiner Mitarbeiter sachlich rechtfertigen will (*LAG Hamm* 21.10.2004 – 11 Sa 688/04, EzA-SD 2005, Nr. 7, 12 m. Anm. *Sievers* jurisPR-ArbR 7/2005 Anm. 5). Hier fehlt es an dem **Merkmal eines »vorübergehenden« Vertretungsbedarfs**. Zur **Abgrenzung** von einer rechtsmissbräuchlichen Dauervertretung könnte das **Prüfprogramm zum Befristungsgrund Nr. 1** (vorübergehender betrieblicher Mehrbedarf) herangezogen werden (ähnlich wohl *Kamanabrou* EuZA 2012, 441, 459 f.; *LAG SchlH* 8.1.2014 LAGE § 1 AÜG Nr. 14 bei befristeter Leiharbeit; vgl. auch Rdn 197, 201).

Die **Organisationsmacht des Arbeitgebers** kann aber eine **Einschränkung** erfahren, wenn auf die befristet zu besetzende Stelle Bewerbungen von Stammarbeitnehmern erfolgen (§ 9 TzBfG; vgl dazu *BAG* 16.1.2008 EzA § 14 TzBfG Nr. 44). Mit dem in **§ 8 TzBfG** geschaffenen Anspruch auf Teilzeitarbeit wird das **Direktionsrecht des Arbeitgebers zum Arbeitszeitvolumen und zur**

Arbeitszeitlage beschränkt. Die **Darlegung der** einem Teilzeitarbeitswunsch entgegenstehenden **betrieblichen Gründen** zu den Arbeitsabläufen und der Organisation im Betrieb kann den Arbeitgeber bei einer **Prognose zum Abschluss befristeter Arbeitsverträge** inhaltlich binden. Eine Ausweitung bei dem Einsatz mehrfacher Vertretungsbefristungen dürfte dagegen erlaubt sein, wenn der Arbeitgeber einer **Branche** zuzurechnen ist, die **grundrechtlich besonders geschützt** ist, wie die Medien, die Wissenschaft und Forschung sowie die Kunst (Art. 5 GG). Vgl. Rdn 302 ff. Zum Anspruch auf »Brückenteilzeitarbeit« nach § 9a TzBfG vgl. Rdn 99 a.E.

cc) Befristungskombination

270 Wird die Befristung auf einen Vertretungsbedarf gestützt und ist vereinbart worden, dass der Arbeitnehmer bis zur Wiederaufnahme der Arbeit durch den Vertretenen bzw. dessen Ausscheiden beschäftigt wird (Zweckbefristung, auflösende Bedingung), rechtfertigt das **Ausscheiden des Vertretenen** nicht ohne weiteres die Beendigung des Arbeitsverhältnisses durch Zeitablauf; uU ist dies durch ergänzende Vertragsauslegung zu ermitteln (*BAG* 5.6.2002 EzA § 620 BGB Nr. 192; ErfK-*Müller-Glöge* Rn 43; LS-*Schlachter* Rn 53; MüKo-*Hesse* Rn 42; HWK-*Rennpferdt* Rn 75 f.; aA *Maschmann* BB 2002, 2181; *Picker* ZfA 2013, 73, 82 f.). Allein durch das Ausscheiden wird der Bedarf des Arbeitgebers an den früher vom Vertretenen und jetzt vom befristet eingestellten Vertreter verrichteten Tätigkeiten nicht zeitlich begrenzt. **Die Verknüpfung mehrerer Beendigungstatbestände bei der Vertretungsbefristung** (Wiederaufnahme der Arbeit bzw. endgültiges Ausscheiden des zu Vertretenen) kann allerdings dann greifen, wenn sich die **Prognose des Arbeitgebers nicht nur auf die erwartete Rückkehr des Vertretenen, sondern auch auf den Bedarfsfall bei seinem Ausscheiden erstreckt** (*BAG* 26.6.1996 EzA § 620 BGB Bedingung Nr. 12 m. Anm. *B. Gaul*; 24.9.1997 EzA § 620 BGB Nr. 147; LAG SchlH 12.9.2007 NZA-RR 2008, 137; LAG Bln. 29.4.1997 ZTR 1998, 42; APS-*Backhaus* Rn 483 f). Zur zulässigen **Doppelbefristung** bei nur einem Sachgrund (Kombination von Zeit- und Zweckbefristung) näher KR-*Bader/Kreutzberg-Kowalczyk* § 3 TzBfG Rdn 51 ff. und *BAG* 13.6.2007 EzA § 14 TzBfG Nr. 40; 29.6.2011 EzA § 15 TzBfG Nr. 3; *LAG RhPf* 8.6.2017 – 2 Sa 505/16, Rn 31, 40; LAG Bln.-Bra 17.9.2015 LAGE § 15 TzBfG Nr. 11, Rn 27, 29; *LAG BW* 30.11.2006 – 3 Sa 29/06; näher dazu Rdn 287.

271 Neben dem Befristungsgrund der Vertretung sind dann **weitere Befristungsgründe** anzuführen, die eine Beendigung des Arbeitsverhältnisses auch bei Ausscheiden des Vertretenen (Streichung der betreffenden Stelle; endgültige Besetzung der Stelle durch eine dritte Person) rechtfertigen (*BAG* 29.6.2011 EzA § 15 TzBfG Nr. 3, Rn 17, 40; 5.6.2002 EzA § 620 BGB Nr. 192; 24.9.1997 EzA § 620 BGB Nr. 147; abw. *Maschmann* BB 2002, 2181). Dabei kann es bspw. um eine inhaltlich nachvollziehbare Entscheidung des Arbeitgebers handeln die durch Ausscheiden des Vertretenen freiwerdende Stelle nicht mit dem Vertreter, sondern mit einem anderen Mitarbeiter oder Bewerber zu besetzen, der bestimmten Anforderungen genügt, die der Vertreter nicht erfüllt (*BAG* 5.6.2002 EzA § 620 BGB Nr. 192). Davon ist auszugehen, wenn der Arbeitgeber eine plausible **Organisationsentscheidung** trifft, bestimmte Stellen nur noch mit Beamten oder einer höheren Ausbildungsqualifikation als bisher neu zu besetzen. Das Argument »Einer zuviel an Bord« sticht dagegen nicht (*Dörner* Befr. Arbeitsvertrag Rn 302; aA *Hunold* NZA 1998, 1963). Denkbar ist auch eine konkrete **Wiedereinstellungszusage** an einen Dritten, die Grundlage für eine übergangsweise Befristung eines Arbeitnehmers (Platzhalter) sein kann (vgl. *BAG* 2.6.2010 EzA § 14 TzBfG Nr. 67: sonstiger Sachgrund).

272 Soweit sich der öffentliche Arbeitgeber auf den **Befristungsgrund Nr. 7 (Haushaltsbefristung) zusätzlich oder ersatzweise** beruft, ist auch hier bei mehrfacher Befristung eine **Rechtsmissbrauchsprüfung** angezeigt. Der Rechtfertigung einer Befristung gem. § 14 Abs. 1 S. 2 Nr. 7 TzBfG steht nicht entgegen, wenn im **Arbeitsvertrag niedergelegt ist, der Befristungsgrund beruhe auf dem Vertretungsbedarf** aufgrund von Elternzeit einer anderen Mitarbeiterin. Der Arbeitgeber kann sich auf einen Sachgrund auch dann stützen, wenn im Arbeitsvertrag kein oder ein anderer Sachgrund oder etwa § 14 Abs. 2 TzBfG als Rechtfertigung für die Befristung genannt ist. Die Gerichte dürfen sich bei der **Befristungskontrolle nach § 14 Abs. 1 S. 2 TzBfG** nicht auf die Prüfung des geltend

gemachten Sachgrunds der Vertretung beschränken. Sie sind außerdem aus unionsrechtlichen Gründen verpflichtet, alle Umstände des Einzelfalls und dabei namentlich die Gesamtdauer und die Zahl der mit derselben Person zur Verrichtung der gleichen Arbeit geschlossenen aufeinanderfolgenden befristeten Verträge zu berücksichtigen, um auszuschließen, dass Arbeitgeber missbräuchlich auf befristete Arbeitsverträge zurückgreifen (*BAG* 13.2.2013 EzA § 14 TzBfG Nr. 92).

dd) Arbeitnehmerüberlassung

Maßgebend für eine befristete Vertretung in einer Zeitarbeitsfirma ist der **Vertretungsbedarf** beim **Verleiher** (ErfK-*Wank* Einl. AÜG Rn 8; *Werthebach* NZA 2005, 1044 f.; *Böhm* RdA 2005, 360 ff.; aA *Frik* NZA 2005, 386 f., 389). Es kann also nur um die **Vertretung** erkrankter, beurlaubter oder aus anderen Gründen vorübergehend **verhinderter Leiharbeitnehmer** des Verleihers gehen (*Lembke* DB 2003, 2702, 2704). Die Natur des Leiharbeitsverhältnisses mit ihrer Austauschbarkeit von Personen beschränkt indessen die Anwendung von Nr. 3 auf wenige Fälle, zB befristeter Ersatz für eine langfristig beschäftigte Leiharbeitnehmerin, die infolge Schwangerschaft und Elternzeit für geraume Zeit ausfällt (*Schüren/Berendt* NZA 2003, 521 f.). Vgl. näher *Lipke* § 620 BGB Rdn 24, 74. Rechtsmissbräuchliche Gestaltungsmöglichkeiten bewegen sich hier vornehmlich im Bereich der Aneinanderreihung sachgrundloser Befristungen (*BAG* 9.3.2011 EzA § 14 TzBfG Nr. 75; AR-*Beck* § 1 AÜG Rn 18). Dazu s. Rdn 595.

273

c) Mittelbare Vertretung und gedankliche Zuordnung

aa) Direktionsrecht

Es ist allein **Sache des Arbeitgebers im Rahmen seines Direktionsrechts die Arbeitsaufgaben anlässlich der befristeten Einstellung zur Vertretung umzuverteilen.** Die befristete Beschäftigung zur Vertretung lässt die Versetzung und Umsetzungsbefugnisse des Arbeitgebers unberührt (st. Rspr.; vgl. nur *BAG* 24.8.2016 EzA § 14 TzBfG Nr. 124 Rn 20; 16.1.2013 EzA § 14 TzBfG Nr. 91, Rn 20 ff.; 18.7.2012 EzA § 14 TzBfG Nr. 86, Rn 17; 14.4.2010 EzA § 14 TzBfG Nr. 65; 25.3.2009 EzA § 14 TzBfG Nr. 57, Rn 22; 15.2.2006 EzA § 14 TzBfG Nr. 27; 13.10.2004 EzA § 14 TzBfG Nr. 14; 17.4.2002 EzA § 620 BGB Nr. 194; MüKo-*Hesse* Rn 37; *Dörner* Befr. Arbeitsvertrag Rn 313 mwN). Die der Befristungskontrolle zugrundeliegenden Wertungsmaßstäbe verlangen daher nicht, dass die befristet eingestellte Vertretungskraft mit den Arbeitsaufgaben betraut wird, deren Erbringung von dem Vertretenen geschuldet wird. Da der **Arbeitgeber** ohnehin darüber **zu bestimmen hat,** ob und wie er den Arbeitsausfall eines Stammarbeitnehmers überbrücken **will,** kann er im Wege einer Umorganisation auch einen völlig **neuen Arbeitsplan** entstehen lassen, wonach die **Ersatzkraft an anderer Stelle einzusetzen** ist. Das ist indessen anhand eines Kausalzusammenhangs **konkret zu belegen** (*BAG* 21.2.2018 EzA § 14 TzBfG Nr. 133, Rn 15; 11.2.2015 EzA § 14 TzBfG Nr. 111, Rn 19; 25.3.2009 EzA § 14 TzBfG Nr. 57, Rn 16; 10.3.2004 EzA § 14 TzBfG Nr. 9); die reine Austauschbarkeit der Arbeitnehmer reicht hierfür nicht aus. Ebenso wenig genügt die Nutzung freiwerdender Finanzmittel, ohne das eine mittelbare Beziehung zum Aufgabenkreis des zeitweilig ausgefallenen Mitarbeiters besteht (*BAG* 25.8.2004 EzA § 14 TzBfG Nr. 11; 17.4.2002 EzA § 620 BGB Nr. 194; 15.8.2001 EzA § 21 BErzGG Nr. 4; *Annuß/Thüsing/ Maschmann* Rn 37; *Boewer* Rn 126; MHH-TzBfG/*Meinel* Rn 69, 79; ErfK-*Müller-Glöge* Rn 37c; DDZ-*Wroblewski* Rn 75; *Hromadka* BB 2001, 623; APS-*Backhaus* Rn 471; *Arnold/Gräfl* Rn 132; LS-*Schlachter* Rn 49; HaKo-KSchR/*Mestwerdt* Rn 98 ff.; zweifelnd *Lakies* DZWIR 2001, 8; *Preis/ Gotthardt* DB 2000, 2071). Ein »**Vertretungsgeflecht**« mehrerer Vertreter, das nicht mehr ist als die Zuweisung zwei- oder dreifach gesplitteter freier Stellenkontingente auf dem Papier, stellt keinen Vertretungsfall dar (*LAG Düsseld.* 9.9.2010 – 15 Sa 796/09). Bei freiwerdenden Finanzmitteln im öffentlichen Dienst ist allerdings dann eine Befristung über **Nr. 7** (Haushaltsbefristung) denkbar (*LAG Düsseld.* 7.4.2006 LAGE § 14 TzBfG Nr. 28; zur Abgrenzung *Mennemeyer/Keysers* NZA 2008, 672 f.).

274

Die **Kongruenz von Einsatzort und Aufgabengebiet** einer Vertretungskraft und einem vorübergehend nicht zur Verfügung stehenden Mitarbeiter erleichtert dem Arbeitgeber zwar den Nachweis,

275

dass der Zeitvertrag mit der Vertretungskraft auf dem Sachgrund der Vertretung beruht. Unabdingbare Voraussetzung ist sie aber nicht (*BAG* 15.2.2006 EzA § 14 TzBfG Nr. 27). Der neu eingestellte Arbeitnehmer hat nicht unbedingt die Arbeit des zu vertretenden Arbeitnehmers zu verrichten (*BAG* 18.7.2012 EzA § 14 TzBfG Nr. 86, Rn 17; 21.2.2001 EzA § 620 BGB Nr. 176; 25.8.2004 § 14 TzBfG Nr. 11). Der Arbeitgeber darf der befristet beschäftigten Vertretungskraft mithin Aufgaben übertragen, die der vertretene Arbeitnehmer zu keiner Zeit ausgeübt hat; und zwar sowohl an einem anderen Arbeitsplatz als auch an einem anderen Ort. Es genügt der, bei **prognostizierter Rückkehr des ausfallenden Mitarbeiters**, bedingte vorübergehende Bedarf an der Arbeitskraft (*BAG* 10.3.2004 § 14 TzBfG Nr. 9; 20.1.1999 EzA § 620 BGB Nr. 160) und die kausale Verknüpfung zwischen dem Vertretungsbedarf und dem Vertretungseinsatz (*BAG* 6.11.2013 EzA § 14 TzBfG Nr. 97, Rn 23). Ein **ursächlicher Zusammenhang** ist dann gegeben, wenn sichergestellt ist, dass die Vertretungskraft gerade **wegen** des durch **zeitweiligen Ausfall** des zu vertretenden Mitarbeiters entstandenen vorübergehenden Vertretungsbedarfs **eingestellt** worden ist (*BAG* 24.8.2016 EzA § 14 TzBfG Nr. 124, Rn 20 f.; *BAG* 13.10.2004 EzA § 14 TzBfG Nr. 14). Bedenken hiergegen aus dem **Unionsrecht** (*Brose* NZA 2009, 706; Verstoß gegen Richtlinie 2002/73/EG; Geschlechtsdiskriminierung) hat das *BAG* nicht geteilt (14.4.2010 EzA § 14 TzBfG Nr. 65, Rn 17 f.; ebenso *Schiefer* DB 2010, 1164, 1167).

bb) Kausalzusammenhang

276 Im Streitfall hat der **Arbeitgeber den Kausalzusammenhang**, in welcher Weise die befristete Einstellung bzw. Vertragsänderung der Befriedigung des Vertretungsbedarfs dienen sollte, an Hand der zum Zeitpunkt der Befristungsabrede vorhandenen Planung sowie deren tatsächlichen und rechtlichen Umsetzungsmöglichkeiten **darzulegen und zu beweisen** (*BAG* 21.2.2018 EzA § 14 TzBfG Nr. 133, Rn 15; 11.2.2015 EzA § 14 TzBfG Nr. 111, Rn 19; 15.2.2011 EzA § 14 TzBfG Nr. 111, Rn 19 f.; 6.11.2013 EzA § 14 TzBfG Nr. 97, Rn 21 ff. mwN; 12.1.2011 EzA § 14 TzBfG Nr. 73, Rn 15; 13.10.2004 EzA § 14 TzBfG Nr. 14; 15.2.2006 EzA § 14 TzBfG Nr. 27; *Dörner* Befr. Arbeitsvertrag, Rn 319; HaKo-KSchR/*Mestwerdt* Rn 99 f.; AR-*Schüren/Moskalew* Rn 25; *Korinth* Befr. Arbeitsverträge, 2004 S. 135; weitergehend *Nebe* JbArbR 48 [2011], S. 89, 112: Nachweis, dass Befristung nicht zu vermeiden war). Dafür kann es ausreichen, dass eine befristete Einstellung einer Lehrkraft als Krankheitsvertretung zunächst nur als zeitweilige Aushilfe erfolgt und bei endgültigem Freiwerden nach landesweitem Ausschreibungs- und Auswahlverfahren der Stelle eine Dauerbesetzung erfolgen soll (*LAG Düsseld.* 9.2.1999 LAGE § 620 BGB Nr. 62, einschränkend *LAG Köln* 11.5.2000 LAGE § 620 BGB Nr. 63a zum Befristungszweck, sich künftige Umsetzungsmöglichkeiten offen zu halten oder zu erleichtern). Das BAG erwog – vor der *EuGH*-Entscheidung v. 26.1.2012 (EzA § 14 TzBfG Nr. 80 **Kücük**) – immerhin, ob die kausale Verknüpfung zwischen der zu vertretenden Kraft und deren Arbeitsplatz zu dem Einsatz der Vertretungskraft durch Aufzeigen des **Umsetzungskonzepts** und Nennung der **Aufgabenstellung im Arbeitsvertrag** des Vertreters verdeutlicht werden sollte (*BAG* 14.4.2010 EzA § 14 TzBfG Nr. 65 Rn 16). Um Indizien für einen institutionellen Rechtsmissbrauch nicht aufkommen zu lassen, ist der Arbeitgeberseite eine solche Dokumentation anzuraten (*BAG* 15.2.2011 EzA § 14 TzBfG Nr. 111, Rn 19 f.), obwohl hierzu keine Verpflichtung besteht (*BAG* 21.2.2018 EzA § 14 TzBfG Nr. 133, Rn 21 f.). Um verwirrende Vertretungskonstellationen bei großen Personalkörpern zu durchschauen, wird die gesetzliche Einführung eines »Zitiergebots« empfohlen, um der nachträglichen Erfindung von Sachgründen Einhalt zu gebieten (*Preis/Loth* Anm. EzA § 14 TzBfG Nr. 80: bedenkenswert).

277 Bei einer anderen Aufgabenstellung des Vertreters, muss der Arbeitgeber über sein **Direktionsrecht nach § 106 Abs. 1 S. 1 GewO** rechtlich und tatsächlich befugt sein, den zu vertretenen Arbeitnehmer in den Arbeitsbereich des Vertreters zu versetzen (*BAG* 12.1.2011 EzA § 14 TzBfG Nr. 73; 14.4.2010 EzA § 14 TzBfG Nr. 65 Rn 22; 15.2.2006 EzA § 14 TzBfG Nr. 27; APS-*Backhaus* Rn 472 geschlossene Vertretungskette oder Direktionsrecht gegenüber Vertretenen; *Annuß/Thüsing/Maschmann* Rn 37; *Linsenmaier* RdA 2012, 193, 198 f.; **aA** ErfK-*Müller-Glöge* Rn 37c aE; der zumindest eine mittelbare Beziehung zu der vom ausgefallenen Arbeitnehmer erledigten Aufgabe fordert unter Hinweis auf *BAG* 25.8.2004 EzA § 14 TzBfG Nr. 11). Ausreichend ist nach der

Rechtsprechung, dass der Vertreter mit Aufgaben betraut wird, die von dem Vertretenen nach dessen Rückkehr **rechtlich und tatsächlich hätten** ausgeübt werden können, selbst wenn er zuvor andere Arbeiten verrichtet hat (*BAG* 18.4.2007 – 7 AZR 255/06; einschränkend *LAG Köln* 7.5.2007 NZA-RR 2007, 517 unter Hinw. auf die Grenzen des Weisungsrechts nach § 106 GewO bei weit auseinanderliegenden Beschäftigungsorten). Ist die Stammkraft weder aufgrund ihrer Ausbildung noch aufgrund der bisherigen Berufstätigkeit oder sonstiger nachweislich erworbener Kenntnisse in der Lage, den fachlichen Anforderungen an die Tätigkeit des Vertreters zu genügen, fehlt der erforderliche **Kausalzusammenhang** nach § 14 Abs. 1 S. 2 Nr. 3 TzBfG. Dies ist auch der Fall, wenn die zu vertretende Kraft zwar im Rahmen des bestehenden Direktionsrechts angelernt werden könnte, der zeitliche Aufwand hierfür aber länger dauern würde als die Zeitspanne der Vertretungsbefristung (*BAG* 14.4.2010 EzA § 14 TzBfG Nr. 65 Rn 25 f.). Der Arbeitgeber ist ferner rechtlich nicht in der Lage, der abwesenden Stammkraft im Falle ihrer Weiterarbeit einseitig die vom Vertreter wahrgenommenen Arbeitsaufgaben zu übertragen, wenn die von der Stammkraft **geschuldete Tätigkeit tariflich nicht gleichwertig** mit der dem Vertreter übertragenen Tätigkeit ist (*BAG* 12.1.2011 EzA § 14 TzBfG Nr. 73). Eine **rein fachliche Austauschbarkeit** genügt dagegen nicht. Der vom Arbeitgeber nachzuweisende **Kausalzusammenhang** muss **im Zeitpunkt der befristeten Einstellung objektiv** bestanden haben und kann nicht nachträglich konstruiert werden (vgl. *LAG RhPf* 17.3.2004 MDR 2004, 1123; aA MüKo-*Hesse* Rn 37 unter Hinweis auf *BAG* 15.8.2001 EzA § 21 BErzGG Nr. 4, wonach sich die Ursächlichkeit nicht stets durch das bei Abschluss des befristeten Arbeitsvertrags vorliegende Vertretungskonzept, sondern auch aus anderen Umständen ergeben kann).

Während das **BAG** es für die mittelbare Vertretung **genügen lässt**, wenn ein **kausaler Zusammenhang** zwischen dem zeitweiligen Ausfall eines Mitarbeiters, dem dadurch hervorgerufenen Vertretungsbedarf und der befristeten Einstellung einer Vertretungskraft dargestellt werden kann (*BAG* 21.2.2018 EzA § 14 TzBfG Nr. 133, Rn 15; 6.11.2013 EzA § 14 TzBfG Nr. 97; 14.4.2010 EzA § 14 TzBfG Nr. 65; 10.3.2004 § 14 TzBfG Nr. 9), wollten bedenkenswerte Stimmen im Schrifttum die Voraussetzungen dafür einengen. So wird verlangt, dass der zur Vertretung Eingestellte **überwiegend eine Tätigkeit verrichtet**, die der **Ausgefallene** hätte ebenfalls ausführen können (*Annuß/Thüsing/Maschmann* 2. Aufl., Rn 44; KDZ-*Däubler* 7. Aufl., Rn 60 unter Berufung auf *BAG* 6.6.1984 AP Nr. 83 zu § 620 BGB Befristeter Arbeitsvertrag; *LAG Köln* 26.11.2008 LAGE § 14 TzBfG Nr. 48; *LAG Brem.* 18.1.1989 LAGE § 620 BGB Nr. 16). *Bader* (*Bader* [2014] § 620 BGB Rn 169a) beklagt zu Recht, dass mit dem ausgeweiteten Ansatz der Rechtsprechung zur **mittelbaren Vertretung** ein völlig **konturenloser Befristungsgrund** entstanden sei, der zum »beliebigen Einsatz« reize (ebenso wohl *Junker* EuZA 2012, 3, 11; *Greiner* EuZA 2012, 529, 536). Dem BAG genügt es aber, wenn es dem Arbeitgeber gelingt eine **geschlossene Kette der Aufgabenübertragung** vorzutragen. Die Beschäftigten, die die Kette bilden, müssen die Arbeitsaufgaben des jeweils in der Kette »vorgelagerten« Beschäftigten übernommen haben und diese Aufgabenübertragung muss eine Verbindung zwischen dem abwesenden Beschäftigten und dem zur Vertretung eingestellten Arbeitnehmer begründen (*BAG* 6.11.2013 EzA § 14 TzBfG Nr. 97, Rn 27).

cc) **Vertretung durch »gedankliche Zuordnung«**

Vor diesem Hintergrund scheint auch verständlich zu sein, warum Stimmen im Schrifttum versuchen, aus dem Wortlaut von Nr. 3 (Beschäftigung »zur« Vertretung »eines« anderen Arbeitnehmers) die **Befristungsmöglichkeiten einer mittelbaren Vertretung in Frage** zu stellen; jedenfalls aber die Rechtsfigur der **»gedanklichen Zuordnung«** (*Preis/Gotthardt* DB 2000, 2071; *Lakies* DZWIR 2001, 10; *Preis/Greiner* RdA 2010, 149; *Eisemann* NZA 2009, 1113; *Brose* NZA 2009, 706 f.; LS-*Schlachter* Rn 50; *Maschmann* BB 2012, 1098 f.; *Persch* BB 2013, 629; vgl. Rdn 200). Mit seiner Entscheidung vom 18.4.2007 (EzTöD 100 § 30 Abs. 1 TVöD – AT Sachgrundbefristung Nr. 7) hat das BAG nunmehr eine Eingrenzung dahingehend vorgenommen, dass es – zur Vermeidung **mehrfacher Zuordnungen** und damit mehrfacher Befristungen für einen Vertretungsfall – vom Arbeitgeber bei Vertragsschluss des befristeten Arbeitsverhältnisses eine sog. **»gedankliche Zuordnung«** der Arbeitsaufgaben des Vertreters zu den Aufgabenstellungen eines oder mehrer abwesender Stammkräfte erwartet, die **erkennbar** sein muss (ErfK-*Müller-Glöge* Rn 37b; *Sievers* Rn 273; APS-*Backhaus* Rn 472; *Schaub/ Koch* § 40 Rn 23; *LAG Köln* 11.10.2007 – 6 Sa 751/07). Die **Besonderheit der gedanklichen Zuordnung** (in Abgrenzung zur mittelbaren Vertretung) liegt darin, dass der Vertreter auf einem ganz neuen, freien Arbeitsplatz eingesetzt wird, den er räumen muss, sobald die (hierauf in Abwesenheit versetzte und gedanklich zugeordnete) Stammkraft zurückkehrt (*BAG* 25.3.2009 EzA § 14 TzBfG Nr. 57; *LAG Bln.-Bra.* 1.6.2011 – 15 Sa 712/11; *Annuß/Thüsing/Maschmann* Rn 37a; HaKo-TzBfG/ *Boecken* Rn 73). Die erforderliche Kausalität muss sich dabei daraus ergeben, dass der Arbeitgeber **rechtlich und tatsächlich in der Lage** wäre, dem **vorübergehend abwesenden Mitarbeiter** – im Falle seiner Anwesenheit – die dem Vertreter zugewiesenen **Aufgaben zu übertragen.** Darauf, ob und ggf. wie die bisherigen Aufgaben der vorübergehend abwesenden Stammkraft wahrgenommen werden, soll es dabei nicht ankommen (*BAG* 11.2.2015 EzA § 14 TzBfG Nr. 111, Rn 21, Klarstellung zu *BAG* 12.1.2011 EzA § 14 TzBfG Nr. 73, Rn 15). Zur Gewährleistung des **Kausalzusammenhanges** zwischen der zeitweiligen Arbeitsverhinderung der Stammkraft und der Einstellung der Vertretungskraft ist es dann erforderlich, dass der Arbeitgeber bei Vertragsschluss mit dem Vertreter dessen Aufgaben einem oder mehreren vorübergehend abwesenden Beschäftigten nach **außen erkennbar gedanklich zuordnet** (*BAG* 21.2.2018 EzA § 14 TzBfG Nr. 133, Rn 15; 24.8.2016 EzA § 14 TzBfG Nr. 124, Rn 21). Nur so ist gewährleistet, dass die Einstellung tatsächlich auf der Abwesenheit des zu vertretenden Mitarbeiters beruht (*BAG* 10.10.2012 EzA § 14 TzBfG Nr. 88, Rn 19). Bei Rückkehr des vorübergehend abwesenden Mitarbeiters muss der Arbeitgeber diesem die Aufgaben des Vertreters übertragen können (*BAG* 11.2.2015 EzA § 14 TzBfG Nr. 111, Rn 20).

280 Dies kann in der Praxis sinnvollerweise nur dadurch nachgewiesen werden, dass eine **namentliche Verknüpfung** von Vertreter und zu Vertretenen vorgenommen wird (vgl. *BAG* 18.7.2012 EzTöD 100 § 30 Abs. 1 TVöD-AT Sachgrundbefristung Nr. 46, Rn 13; 14.4.2010 EzA § 14 TzBfG Nr. 65; 15.2.2006 EzA § 14 TzBfG Nr. 27; *Dörner* NZA 2007, 63; *ders.* Befr. Arbeitsvertrag Rn 318 f.; *Mennemeyer/Keysers* NZA 2008, 671 f.), etwa im **Arbeitsvertrag** (*BAG* 24.8.2016 EzA § 14 TzBfG Nr. 124, Rn 21; 10.10.2012 EzA § 14 TzBfG Nr. 88, Rn 19) oder im Beteiligungsverfahren gegenüber Betriebs- oder Personalrat (*BAG* 18.7.2012 EzTöD 100 § 30 Abs. 1 TVöD-AT Sachgrundbefristung Nr. 46; *Preis/Loth* Anm. EzA § 14 TzBfG Nr. 80). Damit nähert man sich der ansonsten nicht erforderlichen Angabe eines Befristungsgrundes an (s. Rdn 136 ff.). Der Arbeitgeber hat sich durch die **gedankliche Zuordnung** im Zeitpunkt des Vertragsschlusses **festgelegt** und kann folglich den Ausfall der Stammkraft nicht mehr zur Begründung einer unmittelbaren oder mittelbaren **Vertretung durch einen anderen Arbeitnehmer heranziehen** (*BAG* 11.2.2015 EzA § 14 TzBfG Nr. 111, Rn 21).

281 Es fragt sich gleichwohl, ob unter dem Eindruck der EuGH-Entscheidung **Kücük** (s. Rdn 259) die vom BAG über die »gedankliche Zuordnung« vorgenommene Ausweitung flexibler Vertretungsbefristungen (unionsrechtlich) haltbar ist, da sie **Rechtsmissbrauch** eröffnet (abl. daher *Brose* NZA 2009, 710 f.; *Eisemann* NZA 2009, 1117; der die Darlegung zusätzlicher befristungsunabhängiger Gründe im Fall mehrfacher Vertretung fordert und auf die Schwierigkeit einer zu treffenden Prognose hinweist; ähnlich *Lipke* FS Etzel 2011, S. 211; Zweifel an der Haltbarkeit dieser Konstruktion hat auch *Mestwerdt* in HaKo-KSchR Rn 100a f.; *Maschmann* Anm. AP Nr. 79 zu § 14 TzBfG). Obwohl es schwerfällt, im Fall der gedanklichen Zuordnung einen Kausalzusammenhang zwischen dem Ausfall der Stammkraft und der Einstellung des Vertreters schlüssig zu begründen; hält das BAG an seiner Rechtsprechung fest (*BAG* 18.7.2012 EzTöD 100 § 30 Abs. 1 TVöD-AT Sachgrundbefristung Nr. 46; 10.10.2012 EzA § 14 TzBfG Nr. 88, Rn 19) Das BAG lässt es indessen nicht zu, dass der Arbeitgeber nach einer gedanklichen Zuordnung des abwesenden Stammarbeitnehmers für dessen bisherigen Aufgabenbereich einen anderen Arbeitnehmer mit dem Sachgrund »Vertretung« einstellt (*BAG* 11.2.2015 EzA § 14 TzBfG Nr. 111, Rn 21).

dd) Platzhalter- oder Abordnungsvertretung

282 Als besonderer **Unterfall der mittelbaren Vertretung** kann der zeitlich begrenzte **Einsatz eines sog.** »Platzhalters« gesehen werden; andere erkennen darin einen in Satz 2 des Abs. 1 **ungenannten**

Sachgrund (*BAG* 2.6.2010 EzA § 14 TzBfG Nr. 67, Rn 22; ErfK-*Müller-Glöge* Rn 41; *Sievers* Rn 295 f.; *P. Bruns* BB 2014, 53 f.; *LAG Düsseld.* 8.12.2011 – 4 Sa 943/11, bei Erprobung des Vertretenen auf einem anderen Arbeitsplatz; *LAG Bln.-Bra.* 23.6.2011 – 26 Sa 103/11, bei vorübergehender Übertragung von höherwertigen Aufgaben im Abordnungswege an den Vertretenen; *LAG Köln* 30.5.2011 – 2 Sa 209/11; *Hunold* DB 2012, 288, 290; aA *LAG MV* 26.5.2010 – 2 Sa 321/09; *LAG Köln* 14.9.2011 – 3 Sa 69/11), der den Arbeitsplatz bis zur dauerhaften Arbeitsaufnahme eines anderen Arbeitnehmers besetzt. Ein solcher Fall kann zum einen vorliegen, wenn der Arbeitgeber einen seiner **Auszubildenden nach erfolgreicher Prüfung dauerhaft auf diesem Arbeitsplatz einsetzen** will (*BAG* 21.4.1993 EzA § 620 BGB Nr. 120), zum anderen, wenn der Arbeitgeber ein anderweitiges berechtigtes Interesse daran hat, die Stelle für eine spätere Besetzung freizuhalten (*BAG* 1.12.1999 RzK I 9a Nr. 170; *Dörner* Befr. Arbeitsvertrag Rn 324). In beiden Fällen kann eine »**Vertretungsbefristung**« jedoch nur sachlich gerechtfertigt sein, wenn sich der **Arbeitgeber bereits im Zeitpunkt des befristeten Vertragsabschlusses** gegenüber dem für eine endgültige Stellenbesetzung vorgesehenen Bewerber **vertraglich gebunden hat** (*BAG* 9.12.2009 EzA § 14 TzBfG Nr. 62; 13.10.2004 EzA § 17 TzBfG Nr. 6;). Gründe für eine solche Platzhalterbefristung können sich daraus ergeben, dass der Arbeitgeber in die Berufsausbildung eines Auszubildenden investiert hat und daraus später den Nutzen ziehen möchte (*BAG* 6.11.1996 EzA § 620 BGB Nr. 146) oder der übergangsweise eingestellte Arbeitnehmer wegen Fehlens einer an sich für die zu besetzenden Stelle erforderliche Qualifikation für eine Dauerbesetzung ungeeignet ist und sich der Arbeitgeber mit der befristeten Einstellung nur vorübergehend behelfen will (*BAG* 1.12.1999 BB 2000, 1525).

Zur Platzhalterproblematik gehört ferner die Befristung eines Arbeitsvertrages mit einem Arbeitnehmer, dessen dauerhaft zu besetzende Stelle infolge eines **Konkurrentenklageverfahrens** bis zum Abschluss des Rechtsstreits mit dem Konkurrenten nicht endgültig besetzt werden kann (*BAG* 16.3.2005 EzA § 14 TzBfG Nr. 17; *LAG Bln.-Bra.* 19.9.2014 – 2 Sa 1029/14, befristete Gastdozentur für die Dauer des Besetzungsverfahrens einer vakanten Professorenstelle). Das BAG zählt sowohl die Platzhalterbefristung als auch die Befristung mit Rücksicht auf die Konkurrentenklage nicht zu den Vertretungsfällen, sondern ordnet sie den anderen, **gesetzlich nicht aufgezählten Sachgründen** zu (**sonstiger Sachgrund** (*BAG* 2.10.2010 EzA § 14 TzBfG Nr. 67; 9.12.2009 EzA § 14 TzBfG Nr. 62; 13.10.2004 EzA § 17 TzBfG Nr. 6; ebenso *Sächs. LAG* 4.12.2007 – 5 Sa 844/06, für eine Vertretungsprofessur bis zum Abschluss des Berufungsverfahrens; HaKo-KSchR/*Mestwerdt* Rn 103; *Dörner* Befr. Arbeitsvertrag Rn 324 ff.); s.a. Rdn 499. Während eines nach Art. 33 Abs. 2 GG durchzuführenden **Auswahlverfahrens** besteht ein berechtigtes Interesse des Arbeitgebers, die vom Auswahlverfahren betroffene Stelle bis zum Abschluss des Auswahlverfahrens nur vorübergehend zu besetzen (*LAG Bln.-Bra.* 4.2.2016 LAGE § 14 TzBfG Nr. 104). Doch geht es hier jeweils um eine vorübergehende Besetzung einer offenen, vorher besetzten Stelle, die nicht zu einer Personalerhöhung führt. Dem wird jedoch entgegengehalten, dass eine Vertretung das Bestehen eines Beschäftigungsverhältnisses mit dem zu Vertretenen voraussetzt (*Sievers* Rn 294; ebenso wohl *BAG* 17.7.2007 EzA § 14 TzBfG Nr. 37).

Die **Abordnungsvertretung**, hat das BAG inzwischen eingeschränkt, um dem Arbeitgeber Möglichkeiten zu versperren, sich selbst Befristungsgelegenheiten mit Sachgrund zu schaffen. Immerhin stößt die mittelbare Vertretung hier an **Grenzen**, denn hier verbleibt der zeitweise zu ersetzende Arbeitnehmer im Betrieb oder Unternehmen des Arbeitgebers und es ist keine Lücke zu füllen, die kausal mit dem Vertretungsfall verbunden werden kann (aA *Hunold* DB 2012, 288). Das BAG hat zwar der Organisationsbefugnis des Arbeitgebers immer besonderes Gewicht beigemessen (*BAG* 25.3.2009 EzA § 14 TzBfG Nr. 57, Rn 14 f.), hält es aber für geboten in dem vorliegenden **Sonderfall** einer wirksamen Befristungskontrolle den Vorzug zu geben. Die vorübergehende Abwesenheit der Stammkraft aufgrund eines anderweitigen Einsatzes im Unternehmen sei daher **kein klassischer Vertretungsfall**, denn der Arbeitgeber habe von seinen Versetzungs- und Umsetzungsbefugnissen bereits dadurch Gebrauch gemacht, dass er die von ihrem Arbeitsplatz vorübergehend abwesende Stammkraft anderweitig eingesetzt habe. Aufgrund derselben organisatorischen Entscheidung könne eine Kausalität zur befristeten Einstellung eines Arbeitnehmers deshalb nicht dadurch

§ 14 TzBfG Zulässigkeit der Befristung

begründet werden, dass der Arbeitgeber die Stammkraft auch mit der Tätigkeit des befristet eingestellten Arbeitnehmers hätte betrauen können. **Der Arbeitgeber könne von seinen Versetzungs- und Umsetzungsbefugnissen – bei identischem Anlass – nur einmal Gebrauch machen** (*BAG* 10.7.2013 EzA § 14 TzBfG Nr. 95, Rn 16; 13.2.2013 AP Nr. 103 zu § 14 TzBfG, Rn 29; ähnlich *BAG* 11.2.2015 EzA § 114 TzBfG Nr. 111, Rn 21, im Fall der gedanklichen Zuordnung). Die Abordnung einer Stammkraft kann die befristete Einstellung eines Arbeitnehmers infolgedessen nach § 14 Abs. 1 S. 2 Nr. 3 TzBfG nur rechtfertigen, wenn dieser die Stammkraft unmittelbar oder mittelbar vertritt. Für die **Rechtsfigur der »gedanklichen Zuordnung«** ist in diesem Fall kein Raum (*BAG* 21.2.2018 – 7AZR 765/16, Rn 23; 16.1.2013 EzA § 14 TzBfG Nr. 91, Rn 20; HWK-*Rennpferdt* Rn 69; aA Anm. *Sagan* AP Nr. 105 zu § 14 TzBfG, der beanstandet, dass hier letztlich eine im Kern vom Willen des Arbeitgebers abhängige Befristungsmöglichkeit geschaffen wird, die unionsrechtlich unzulässig sein dürfte). Der Sachgrund der Vertretung kommt bei einem anderweitigen Einsatz eines Stammarbeitnehmers im Unternehmen deshalb nur in Betracht, wenn der Arbeitgeber die damit verbundene Umorganisation unmittelbar oder mittelbar mit einer befristeten Neueinstellung verknüpft, **der befristet beschäftigte Arbeitnehmer also unmittelbar für die anderweitig eingesetzte Stammkraft beschäftigt wird** oder sich die Verbindung zu diesem anderweitigen Einsatz durch eine Vertretungskette vermittelt (*BAG* 12.4.2017 EzA § 14 TzBfG Nr. 129, Rn 21). Zu den erhöhten Prognoseanforderungen s. Rdn 251 f.

285 Die Befriedigung des **Vertretungsbedarfs im öffentlichen Dienst** regelt sich nunmehr nach den gleichen Regeln wie in der Privatwirtschaft, dh nach dem TzBfG. Hier können indessen vom öffentlichen Arbeitgeber für die befristete Vertretung **Sachgründe sowohl nach Nr. 1 oder Nr. 3 als auch nach Nr. 7** angeführt werden. Die **Anforderungen an den Sachgrund Nr. 7** im Zusammenhang mit einer haushaltsrechtlichen Zurverfügungstellung von Mitteln für **Aushilfskräfte** sind dabei **geringer** als die nach Nr. 1 und 3; weil ansonsten der Befristungssachgrund keine eigenständige Bedeutung hätte. Es **genügt,** wenn ein **Kausalzusammenhang** zwischen der Abwesenheit von Planstellen- oder Stelleninhaber und der Beschäftigung des Aushilfsangestellten erkennbar ist (*BAG* 14.2.2007 EzA § 14 TzBfG Nr. 38, Rn 16; vgl. auch Rdn 450, 466). Wird der befristet eingestellte Arbeitnehmer in derselben Dienststelle beschäftigt wie der vorübergehend beurlaubte Planstellen- oder Stelleninhaber vor seiner Beurlaubung, muss der Bedarf an der Arbeitsleistung des befristet beschäftigten Arbeitnehmers nicht auf einer angestiegenen Arbeitsmenge beruhen, sondern kann – ähnlich wie beim Sachgrund der Vertretung – darauf zurückzuführen sein, dass die in der Dienststelle gewöhnlich anfallende Arbeitsmenge durch die vorhandene Belegschaft nicht abgedeckt wird. **Anders als beim Sachgrund der Vertretung nach § 14 Abs. 1 S. 2 Nr. 3 TzBfG ist aber kein Kausalzusammenhang zwischen der befristeten Beschäftigung der Aushilfskraft und dem durch die vorübergehende Abwesenheit des Planstellen- oder Stelleninhabers in der Dienststelle entstehenden Arbeitskräftebedarf erforderlich.** Eine derartige Festlegung müsste dann im Haushaltsgesetz verankert sein, ist aber bei Aushilfskräften nicht zu erwarten. Eine rechtliche und fachliche Austauschbarkeit der Aushilfskraft mit dem vorübergehend abwesenden Planstellen- oder Stelleninhaber ist nicht erforderlich. Vielmehr reicht es aus, wenn der befristet Beschäftigte Aufgaben wahrnimmt, die sonst einem oder mehreren anderen Arbeitnehmern der Dienststelle übertragen worden wären, die dem Arbeitsbereich des vorübergehend abwesenden Planstellen- oder Stelleninhabers angehören (*BAG* 13.2.2013 EzA § 14 TzBfG Nr. 92, Rn 20; Anm. *A. Marschner* EzTöD 100 § 30 Abs. 1 TVöD-AT Sachgrundbefristung Nr. 54; *Persch* BB 2013, 629, 634). Auch hier ist aber nach der Rspr des BAG eine **Rechtsmissbrauchsprüfung** bei mehrfacher Befristung **unumgänglich** (*BAG* 13.2.2013 EzA § 14 TzBfG Nr. 92; 19.2.2014 EzA § 14 TzBfG Nr. 103, Rn 35; *LAG Köln* 5.9.2013 – 13 Sa 659/10). Näher dazu auch *Roth* Die Haushalts- und Vertretungsbefristung im allgemeinen öffentlichen Dienst, Diss. 2013.

286 Weitere Besonderheiten vermittelt die einschlägige Regelung des **§ 30 TVöD**. Auch hier liegt der sachliche Rechtfertigungsgrund einer befristeten Vertretung darin, dass der Arbeitgeber bereits zu einem vorübergehend ausfallenden Mitarbeiter in einem Rechtsverhältnis steht und mit der Rückkehr dieses Mitarbeiters rechnet. Ein solches zeitlich begrenztes Bedürfnis kann sich zB dadurch ergeben, dass dem zu vertretenen Arbeitnehmer (mehrfach verlängert) **Sonderurlaub** gewährt wurde

(*BAG* 11.11.1998 EzA § 620 BGB Nr. 155). Die vor allem bei Angestellten im Justizbereich häufig auftretenden **Kettenbefristungen zur Vertretung** lassen sich oft nur halten, weil sich die Befristungskontrolle nach § 17 TzBfG auf den letzten befristeten Arbeitsvertrag beschränkt, scheitern gleichwohl häufig an dem Kausalitätserfordernis (*BAG* 18.7.2012 EzA § 14 TzBfG Nr. 86; möglicher Rechtsmissbrauch, s. Rdn 263 ff.; *BAG* 18.4.2007 – 7 AZR 255/06; 24.5.2006 – 7 AZR 640/05; 15.2.2006 EzA § 14 TzBfG Nr. 27; 10.3.2004 EzA § 14 TzBfG Nr. 9; *LAG Düsseld.* 21.12.2005 LAGE § 14 TzBfG Nr. 25; *ArbG Düsseld.* 3.11.2010 LAGE § 14 TzBfG Nr. 61; vgl. zum Ganzen *Mennemeyer/Keysers* NZA 2008, 670 f.). Die **bevorzugte Berücksichtigung** befristet Beschäftigter in § 30 Abs. 2 S. 4 TVöD bei der **Besetzung von Dauerarbeitsplätzen** gewährt auch im Falle von »Befristungsketten« **keinen Einstellungsanspruch** des Arbeitnehmers, sondern schränkt nur das Auswahlermessen des Arbeitgebers bei der nach den Maßstäben des **Art. 33 Abs. 2 GG** zu treffenden **Auswahlentscheidung** zur Stellenbesetzung ein (*BAG* 2.7.2003 EzA § 620 BGB 2002 Nr. 6; vgl. auch *BAG* 15.2.2012 EzTöD 100 § 30 Abs. 1 TVöD-AT Sachgrundlose Befristung Nr. 19; *LAG Köln* 26.3.2014 NZA-RR 2014, 467). Diese Rechtslage bleibt erhalten (*Fritz* ZTR 2006, 2, 8). Näher dazu KR-*Bader/Kreutzberg-Kowalczyk* Erl. zu § 30 TVöD. Zum Gesamtvertretungsbedarf im Schulbereich vgl. Rdn 288 ff.

ff) Zeit- oder Zweckbefristung bei Vertretungen

Befristungsabreden zur unmittelbaren (personenbezogenen) oder mittelbaren (Arbeitsausfall) Vertretung können nicht nur in Form einer **kalendermäßigen Befristung**, sondern auch in Form einer **Zweckbefristung oder auflösenden Bedingung** (*BAG* 29.6.2011 EzA § 15 TzBfG Nr. 3, Rn 13, 28; 22.4.2009 – 7 AZR 768/07, Rn 11, 17; 13.6.2007 EzA § 14 TzBfG Nr. 40; 26.9.1996 EzA § 620 Bedingung Nr. 12; 5.6.2002 EzA § 620 BGB Nr. 192; *Hess. LAG* 17.11.2010 – 2 Sa 1035/10; *Annuß/Thüsing/Maschmann* § 15 Rn 2 Rn 42; LS-*Schlachter* Rn 53; vgl. näher KR-*Lipke/Bubach* Erl. zu §§ 15, 21 TzBfG) vereinbart werden, wie sich aus § 15 TzBfG ergibt. Aufgrund der Anzeigepflichten des Arbeitgebers aus §§ 15 Abs. 2, 21 TzBfG kann dem bedingt beschäftigten Arbeitnehmer sogar eine größere Chance auf ein Dauerarbeitsverhältnis erwachsen, ohne dass er stärker gebunden ist. **Dasselbe Ereignis**, zB Genesung des vertretenen Mitarbeiters, **kann Befristung oder Bedingung sein, je nachdem, ob es als gewiss oder ungewiss eingestuft wird.** Letztlich entscheidet auch hier die **Prognose des Arbeitgebers** darüber, ob eine Zweckbefristung oder eine auflösende Bedingung vorliegt. Bei gleicher objektiver Lage kommt es also darauf an, ob der **Arbeitgeber die Rückkehr des zu vertretenen Arbeitnehmers für gewiss oder für ungewiss hält** (*Hromadka* BB 2001, 625; *Kliemt* NZA 2001, 303). Ob die häufig zur Krankheitsvertretung vereinbarte Vertragsklausel »bis zur Wiederaufnahme der Tätigkeit (des Vertretenen)« als Zweckbefristung oder auflösende Bedingung bewertet wird (streitig, vgl. dazu APS-*Backhaus* Rn 483 ff.; *Enderlein* RdA 1998, 91), kann wegen der nun auch gesetzlich festgelegten Gleichbehandlung in § 15, 21 TzBfG offenbleiben (vgl. hierzu auch KR-*Lipke/Bubach* § 21 TzBfG Rdn 34 f.). Die **Kombination von Zeit- und Zweckbefristung oder auflösender Bedingung** muss für den Arbeitnehmer nachvollziehbar sein. Insoweit ist eine zusammengesetzte Abrede aus auflösender Bedingung und kalendermäßiger Höchstbefristung der **AGB-Kontrolle** zu unterziehen (*BAG* 19.2.2014 EzA § 14 TzBfG Nr. 103, Rn 15 ff.; 29.6.2011 EzA § 15 TzBfG Nr. 3, Rn 18), um der Gefahr vorzubeugen, dass der Arbeitnehmer von der Durchsetzung bestehender Rechte abgehalten wird. Erst in der Gefahr, dass der Arbeitnehmer wegen unklar abgefasster Allgemeiner Geschäftsbedingungen seine Rechte nicht wahrnimmt, liegt eine unangemessene Benachteiligung iSv **§ 307 Abs. 1 BGB**. Wegen der Risiken einer auflösenden Bedingung, wird die **Kombination von Zeit- und Zweckbefristung** empfohlen (HWK-*Rennpferdt* Rn 75; *BAG* 4.12.2002 EzA § 620 BGB 2002 Bedingung Nr. 1), die jedoch **jeweils** mit einem sachlichen Grund »unterfüttert« sein muss (*BAG* 14.6.2017 EzA § 108 BPersVG Nr. 11, Rn 24; *LAG SA* 25.1.2005 ZTR 2005, 429; *LAG BW* 30.11.2006 – 3 Sa 29/06; zur Doppelbefristung, s. Rdn 270). Dabei hat sich aber die zeitliche Höchstbefristung an der Zweckbefristung für die prognostizierte Zeitspanne der Vertretung zu orientieren und darf diese nicht erheblich überschreiten (*LAG Bln.-Bra* 17.9.2015 LAGE § 15 TzBfG Nr. 11, Rn 29,

§ 14 TzBfG   Zulässigkeit der Befristung

Maximum 2 Jahre nach § 14 Abs. 2 TzBfG; *LAG RhPf* 28.3.2017 LAGE § 14 TzBfG Nr. 110 Rn 58; *Chaudry* NZA 2018, 484, 486 f.)

d) Sonderfall Gesamtvertretung

288 Von den Fällen einer unmittelbaren/mittelbaren Einzelvertretung unterscheidet sich eine **Gesamtvertretung bei Lehrkräften** dadurch, dass innerhalb einer durch Organisationsentscheidung festgelegten Verwaltungseinheit der **Vertretungsbedarf** für das Lehrpersonal eines Schulbereichs bezogen auf ein **Schuljahr rechnerisch ermittelt** und durch befristet eingestellte Vertretungskräfte abgedeckt wird, die – von Ausnahmen abgesehen – nicht an den Schulen der zu vertretenen Lehrkräfte eingesetzt werden oder deren Fächerkombination unterrichten (*BAG* 20.1.1999 EzA § 620 BGB Nr. 160; *LAG Düsseld.* 21.12.2005 LAGE § 14 TzBfG Nr. 25; *Sievers* Rn 259). Die Rechtsprechung des BAG hat sich hierzu über fast 20 Jahre hinweg entwickelt. Danach kann die **Schulbehörde zur Deckung eines allgemeinen Vertretungsbedarfs** schon dann Aushilfskräfte befristet **für die Dauer des laufenden Schuljahres einstellen**, wenn sich für diesen Zeitraum aufgrund der zu erwartenden Schülerzahlen im Bezirk einer Schulverwaltungsbehörde ein Unterrichtsbedarf ergibt, der mit den vorhandenen planmäßigen Lehrkräften deshalb nicht voll abgedeckt werden kann, **weil ein Teil dieser planmäßigen Lehrkräfte die Möglichkeit längerfristiger Beurlaubung zur Kinderbetreuung oder zeitlich begrenzter Bewilligung von Teilzeitbeschäftigung genutzt hat.** Zur sachlichen Rechtfertigung der Befristung ist es dann nicht erforderlich, dass die befristet eingestellten Aushilfen einer bestimmten beurlaubten Lehrkraft in der Weise zugeordnet werden, dass sie diese für die Dauer ihrer Beurlaubung in ihrem Aufgabengebiet an ihrer bisherigen Schule vertreten. Damit wird das **Kausalitätserfordernis** (s. Rdn 276) bei Befristungen für Vertretungen hier erheblich **gelockert** (HaKo-TzBfG/*Boecken* Rn 76). Es genügt danach, wenn sich die Zahl der befristet beschäftigten Aushilfslehrkräfte zur Vertretung im Rahmen des urlaubsbedingten **Gesamtvertretungsbedarfs innerhalb des Bezirks der Schulverwaltung** oder innerhalb eines Bundeslandes hält (zuletzt *BAG* 6.10.2010 EzA § 14 TzBfG Nr. 70; 20.1.1999 EzA § 620 BGB Nr. 160; *Hunold* NZA-RR 2005, 449 ff.; MüKo-*Hesse* Rn 41). Obwohl es auch hier um einen vorübergehenden Beschäftigungsbedarf geht, hat das **BAG in mehreren Entscheidungen eine Gesamtvertretungsdauer von über fünf Jahren unbeanstandet gelassen** (*BAG* 21.4.1993 EzA § 620 BGB Nr. 121; 22.11.1995 EzA § 620 BGB Nr. 138; krit. HaKo-TzBfG/*Boecken* Rn 76; *Brose* NZA 2009, 706, 708; MHH-TzBfG/*Meinel* Rn 89; *Annuß/Thüsing/Maschmann* Rn 38; *Preis/Loth* Anm. EzA § 14 TzBfG Nr. 80). Es hat in einer Entscheidung aus dem Jahr 2012 aber offengelassen, ob es an dem Rechtsinstitut der schuljahresbezogenen Gesamtvertretung zukünftig festhält und ob ggf. Modifikationen vorzunehmen sind (*BAG* 10.10.2012 EzA § 14 TzBfG Nr. 88).

289 Die vom BAG in jahrzehntelanger st.Rspr. entwickelten **speziellen Regeln** hierzu dürften auch nach Nr. 3 weiterhin Geltung beanspruchen, beschränken sich aber auf den **Lehrerbereich** und lassen sich auf andere Felder des öffentlichen Dienstes nicht übertragen (*Hess. LAG* 16.9.1999 NZA-RR 2000, 293; *Sievers* Rn 259; HaKo-TzBfG/*Boecken* Rn 76; nun auch APS-*Backhaus* Rn 482; offen gelassen *Arnold/Gräfl* Rn 135; insoweit noch aA *Dörner* Befr. Arbeitsvertrag Rn 323; der eine Übertragung auf andere Verwaltungsbereiche oder die Privatwirtschaft nicht ausschließen will). Die auf den Schulbetrieb bezogenen Verhältnisse taugen nicht für eine generelle Aufweichung der Anforderungen an den Befristungsgrund nach Nr. 3, zumal mit der **Haushaltsbefristung nach Nr. 7** sich auf einem anderen Weg die »Vertretungsprobleme« im Schulbereich befristungsrechtlich ohne Weiteres lösen lassen (vgl auch *BAG* 14.2.2007 EzA § 14 TzBfG Nr. 38; *HWK-Rennpferdt* Rn 78).

290 Nach den Wertungsmaßstäben des Sachgrunds der Gesamtvertretung bei Lehrkräften **reicht es bisher danach aus, dass** zwischen dem zeitweiligen Ausfall einer planmäßigen Lehrkraft und der befristeten Einstellung der Vertretungskraft **ein Kausalzusammenhang besteht**, der jedenfalls gewahrt bleibt, wenn **die Zahl der befristet eingestellten Vertretungskräfte einen zutreffend ermittelten Gesamtvertretungsbedarf für planmäßige Lehrkräfte nicht übersteigt** (HaKo-KSchR/*Mestwerdt* Rn 101; *Arnold/Gräfl* Rn 135 ff.; von Anfang an krit. MHH-TzBfG/*Meinel* Rn 89; *Annuß/Thüsing/Maschmann* Rn 38; zuletzt *Preis/Loth* ZTR 2013, 232, die für eine Ersetzung dieser Sonderform

durch die allgemeinen Regeln der Vertretungsbefristung eintreten, da Unsicherheiten über den künftigen Arbeitsanfall den Schulbereich ebenso wie Privatunternehmen treffen; jetzt offen ErfK-*Müller-Glöge* Rn 38; *Schaub/Koch* § 40 Rn 26). Eine Verpflichtung des Arbeitgebers, Arbeitskräfte entsprechend dem jeweiligen Bedarf zu beschäftigen, besteht danach nicht und ist auch nicht zum Nachweis des Ursachenzusammenhangs zu verlangen. **Dem Arbeitgeber verbleibt insoweit die Entscheidung, ob und welche Arbeitsaufgaben von den Vertretungskräften erledigt werden sollen.** Ferner ist unerheblich, dass der Arbeitgeber bei der Gesamtvertretung im Schulbereich nicht nur Vertretungskräfte mit schlechteren Prüfungsnoten berücksichtigt hat. Eine solche Einstellungspraxis wäre nur für den Sachgrund der Erprobung von Bedeutung (*BAG* 20.1.1999 EzA § 620 BGB Nr. 160).

Die **Prognose zum Gesamtvertretungsbedarf** hat sich nach der bisherigen Rechtsprechung darauf zu beziehen, ob im Zeitpunkt des Vertragsschlusses mit den Vertretungskräften zu erwarten ist, dass die zu vertretenden Mitarbeiter ihre Arbeit wiederaufnehmen bzw. ihren Dienst wieder antreten (*BAG* 22.11.1995 EzA § 620 BGB Nr. 138). Die Prognose des Arbeitgebers zur zeitlichen **Dauer der Vertretung** bestimmt zugleich die äußere Grenze der Laufzeit der Zeitverträge mit Vertretungskräften. Schließt der öffentliche Arbeitgeber mit Vertretungskräften im Rahmen eines Gesamtvertretungsbedarfs **schuljahresbezogene Zeitverträge**, muss dieser **Vertretungsbedarf** auf zeitlich entsprechende **Abwesenheitszeiten planmäßiger Lehrkräfte beruhen.** Daraus folgt, dass der Arbeitgeber bei der Ermittlung des Gesamtvertretungsbedarfs im Schulbereich nicht jede Abwesenheit einer planmäßigen Lehrkraft ungeachtet ihrer voraussichtlichen Dauer zum Anlass für eine schuljahresbezogene Einstellung von Vertretungskräften nehmen darf, weil anderenfalls der Sachgrund der Gesamtvertretung nur noch der äußere Anlass für den Abschluss von Zeitverträgen wäre. In einem solchen Fall wäre der Sachgrund der Gesamtvertretung nur noch vorgeschoben, weil ein auf das Schuljahr bezogener tatsächlicher Vertretungsbedarf in diesem Umfang nicht besteht (*BAG* 20.1.1999 EzA § 620 BGB Nr. 160; *Arnold/Gräfl* Rn 139). Kommt es zu wiederholten Befristungen, stellt sich aber auch hier die Frage des **Rechtsmissbrauchs**. Davon soll indessen nicht auszugehen sein, wenn das Land als Schulträger zur Vertretung einer vorübergehend ausfallenden Stammkraft eine **Lehrkraft befristet einstellt, die genau dem Anforderungsprofil der Stammkraft entspricht und gerade zur Wahrnehmung von deren Aufgaben fachlich, örtlich und zeitlich geeignet ist** (*BAG* 6.10.2010 EzA § 14 TzBfG Nr. 70 Rn 31). Vgl. dazu Rdn 296.

Das bedeutet – **soweit die bisherige Rspr. Bestand hat** (offengehalten jetzt *BAG* 10.10.2012 EzA § 14 TzBfG Nr. 88, Rn 27, 30) –, dass die Verwaltungseinheit (zB Landesschulamt) durch die zuständige Behörde den Auftrag erhält, den Vertretungsbedarf für das Lehrpersonal eines Schulbereichs bezogen auf ein Schuljahr rechnerisch zu ermitteln. Stellt sich nach einer Kontrolle der hierzu dem Gericht vorzulegenden Berechnung heraus, dass aufgrund der zu erwartenden Schülerzahlen unter unterrichtsorganisatorischen Vorgaben ein **Unterrichtsbedarf** besteht, **der mit planmäßigen Lehrkräften nur deshalb nicht abgedeckt werden kann, weil ein Teil dieser Lehrkräfte in diesem Zeitraum aufgrund einer feststehenden Beurlaubung für die Unterrichtsversorgung vorübergehend nicht zur Verfügung steht,** so ist der Abschluss befristeter Arbeitsverträge mit Lehrern grds. gerechtfertigt, da die zu erwartende Rückkehr der planmäßigen Lehrkräfte den Beschäftigungsbedarf zeitlich begrenzt (*BAG* 3.12.1986 EzA § 620 BGB Nr. 88; 20.1.1999 EzA § 620 BGB Nr. 160).

In diese Berechnung dürfen **nicht Fälle einer vorübergehenden Abwesenheit** einfließen, die auf der Gewährung von Elternzeit, Mutterschutz, Erkrankung oder sonstigen Gründen beruhen, da der Arbeitgeber eine **konkrete Prognose nach Ablauf des jeweiligen Schuljahres nur bei beantragter oder bewilligter Elternzeit stellen kann, die zumindest die Dauer eines Schuljahres annähernd erreicht** (*LAG Nds.* 12.1.2004 LAGE § 14 TzBfG Nr. 13 für einen Fall der Personalreserve zur »verlässlichen Grundschule«). **Kurzfristige Mutterschutz- oder krankheitsbedingte Abwesenheitszeiten** fallen deshalb zur Berechnung des Gesamtvertretungsbedarfs aus. Für sie gelten die **allgemeinen Vertretungsregeln** bis zur Grenze des institutionellen Rechtsmissbrauchs (vgl. *BAG* 7.10.2015 EzA § 14 TzBfG Nr. 119, Rn 14 f.). Sie können ausnahmsweise nur dann in die rechnerische Ermittlung des Gesamtvertretungsbedarfs einfließen, wenn mit einer Rückkehr der zu vertretenden Mitarbeiter nicht vor Ablauf des Schuljahres zu rechnen ist. Dann müssen sie aber zumindest bei Vertragsschluss vorliegen, weil sie sonst nicht in die Prognose einfließen können (*LAG RhPf* 30.6.2005 – 4 Sa 238/05).

294 Beschäftigt der öffentliche Arbeitgeber zur **Deckung des Vertretungsbedarfs sowohl befristet als auch unbefristet eingestellte Arbeitnehmer**, bedarf er überdies zur Rechtfertigung der Befristungen einer am Sachgrund der Befristung orientierte **Konzeption**, um auszuschließen, dass der Befristungsgrund nur vorgeschoben und die Befristung damit sachwidrig ist (*BAG* 12.9.1996 EzA § 620 BGB Nr. 144; 20.1.1999 EzA § 620 BGB Nr. 160; APS-*Backhaus* Rn 481; MüKo-*Hesse* Rn 41). Bildet der öffentliche Arbeitgeber zur Abdeckung eines Vertretungsbedarfs eine sog. **Personalreserve**, in der er **Lehrkräfte auf Dauer** beschäftigt, so dürfen die Anlässe, die er der Dauervertretung zu Grunde legt bei der Ermittlung des Gesamtvertretungsbedarfs nicht berücksichtigt werden (*BAG* 20.1.1999 EzA § 620 BGB Nr. 160; ArbRBGB-*Dörner* § 620 BGB Rn 132 ff.). Übernimmt der öffentliche Arbeitgeber eine Gruppe befristet beschäftigter Lehrkräfte aus einem Vertretungspool in unbefristete Arbeitsverhältnisse und missachtet er dabei die von ihm selbst an Art. 33 Abs. 2 GG ausgerichteten und festgelegten Einstellungsvoraussetzungen, so ergibt sich daraus gleichwohl kein Übernahmeanspruch der Nichtberücksichtigten. Es besteht **kein Anspruch auf Wiederholung unrechtmäßigen Verwaltungshandelns** (*BAG* 19.2.2003 EzA § 620 BGB 2002 Nr. 2).

295 Mit diesen Grenzziehungen hat das BAG den **Anwendungsbereich** des Gesamtvertretungsbedarfs **beschränkt** und versucht der **Kritik den Boden** zu entziehen (vgl. aber *BAG* 10.10.2012 EzA § 14 TzBfG Nr. 88, Rn 27, 30). Die **Anforderungen an die Darlegung eines Gesamtvertretungsbedarfs** sind danach **sehr hoch**, da sie von der **Berechnung** her dem öffentlichen Arbeitgeber eine **verschärfte Darlegungslast** aufbürden, kurzfristige Abwesenheiten nicht in den Gesamtvertretungsbedarf einfließen lassen und Personalkonzeptionen verlangen, wenn der öffentliche Arbeitgeber ohnehin eine Personalreserve gebildet hat (vgl. *LAG Nds.* 14.4.2011 – 16 Sa 452/10). **Der Gesamtvertretungsbedarf** wird sich deshalb im erster Linie aus den auf tariflichen oder beamtenrechtlichen Vorschriften beruhenden **Beurlaubungen bzw. Arbeitszeitreduzierungen** ergeben, **der schuljahresbezogen zuverlässig prognostiziert werden kann** (vgl. *BAG* 23.2.2000 RzK I 9c Nr. 35).

296 In Abgrenzung zum *EuGH* (23.4.2009 AP Nr. 6 zu Richtlinie 99/70/EG **Angelidaki**) erkennt das BAG in der **haushaltsmäßigen Einstellung gesonderter Mittel für Vertretungskräfte** keinen Beleg dafür, dass für die Beschäftigung bestimmter Vertretungskräfte ein »**ständiger und dauerhafter Bedarf**« besteht (*BAG* 6.10.2010 EzA § 14 TzBfG Nr. 70 Rn 31). Der ständige Vertretungsbedarf im Schulbereich könne nämlich nicht durch unbefristet eingestellte »Springer« allein gedeckt werden. Aufgrund der **unterschiedlichen Schultypen**, der **mannigfachen Fächerkombinationen** und der großen räumlichen Diversifizierung in einem Flächenstaat sei das »Anforderungsprofil« an die Vertretungskraft für die jeweils konkret ausfallende Stammkraft unterschiedlich. Daher stelle es **keinen Missbrauch des Sachgrundes der Vertretung** dar, wenn das beklagte Land jeweils durch die befristete Einstellung einer konkret – fachlich, örtlich und zeitlich – geeigneten Lehrkraft für die Vertretung der ausfallenden Stammkraft sorge. Da das BAG inzwischen selbst zweifelt, ob eine **Bevorzugung des öffentlichen Dienstes** nach Nr. 1, 3 und 7 mit dem **Gleichheitssatz** im Unions- und Verfassungsrecht zu vereinbaren ist (*BAG* 27.10.2010 EzA § 14 TzBfG Nr. 71; ebenso *LAG Köln* 13.4.2010 LAGE § 14 TzBfG Nr. 57), ist hier aber ein **grundsätzliches Überdenken** angebracht (vgl. *Preis/Greiner* RdA 2010, 152; *Brose* NZA 2009, 706; *Preis/Loth* ZTR 2013, 232; zweifelnd auch *Dörner* Befr. Arbeitsvertrag Rn 219; kritisch APS-*Backhaus* Rn 482).

297 Vor dem Hintergrund der *EuGH*-Entscheidungen **Kücük** (27.1.2012 EzA § 14 TzBfG Nr. 80), **Kommision/Luxemburg** (26.2.2015 EzA Richtlinie 99/70 EG-Vertrag 1999 Nr. 12, Rn 40) und **Mascolo** (26.11.2014 EzA Richtlinie 99/70 EG-Vertrag 1999 Nr. 11, Rn 95, 104) sind nun weitere **Zweifel entstanden**, ob nicht über das Gesamtvertretungsmodell letztlich über befristete Vertretungen unzulässigerweise ein **Dauerbedarf** abgedeckt wird (*Preis/Loth* Anm. EzA § 14 TzBfG Nr. 80). Dann stellt sich auch hier die **Frage des »institutionellen Rechtsmissbrauchs«**. Dazu s. Rdn 258 ff. Es spricht Einiges dafür, dass das BAG die langjährige **Rspr. zum Gesamtvertretungsbedarf aufgibt oder zumindest ändert** (*BAG* 10.12.2012 EzA § 14 TzBfG Nr. 88). So prüfte

es dort in einem Fall auf dem klassischen Feld der Gesamtvertretung im Schulwesen die Voraussetzungen der Befristung einer Lehrkraft nach den herkömmlichen **Regeln der Vertretungsbefristung** und verneinte die erforderliche Kausalitätsverknüpfung. Die Abdeckung eines aufgrund der **Größe** des arbeitgeberseitigen **Betriebes** oder der **Dienststelle ständig auftretenden Vertretungsbedarfs** durch eine Vielzahl von Befristungen sei zwar grds. nicht missbräuchlich iSd § 5 RL 1999/70/ EG des Rates vom 28. Juni 1999 zu der EGB-UNICE-CEEP-Rahmenvereinbarung über befristete Arbeitsverträge vom 18. März 1999 (*BAG* 10.12.2012 EzA § 14 TzBfG Nr. 88, Rn 19, 20). Zugleich bemängelt das BAG aber fehlende Feststellungen des LAG zum schuljahresbezogenen Gesamtvertretungsbedarf und verweist den Rechtsstreit mit dem Bemerken zurück, es lasse dahingestellt ob an dem Rechtsinstitut der schuljahresbezogenen Gesamtvertretung festzuhalten sei (*BAG* 10.12.2012 EzA § 14 TzBfG Nr. 88, Rn 29 f.). Insoweit muss sich die Praxis auf eine **Verabschiedung von der Sonderform der Gesamtvertretung** einrichten. Zusätzlich dürfte die Entscheidung des *EuGH* vom 26.11.2014 EzA Richtlinie 99/70 EG-Vertrag 1999 Nr. 11, Rn 109, 120 **Mascolo**) in diese Richtung wirken, da hier ebenfalls unbegrenzten befristeten Einstellungen von Lehrkräften ein Riegel vorgeschoben wird. Danach ist eine **Herausnahme des Unterrichtswesens** aus dem Anwendungsbereich der Rahmenvereinbarung nicht möglich (dort Rn 68 ff.), eine vertretungsweise Beschäftigung mit sachlichem Grund – auch mehrfach – dagegen zulässig (dort Rn 92 ff.), ohne dass eine Verpflichtung zu einer **Personalreserve** besteht (vgl. auch *BAG* 7.10.2015 EzA § 14 TzBfG Nr. 119, Rn 14 f.). Vgl. ebenso Rdn 28.

4. Eigenart der Arbeitsleistung (Abs. 1 S. 2 Nr. 4)

a) Allgemeines

aa) Sammeltatbestand

Mit dem Befristungsgrund »Eigenart der Arbeitsleistung« (Nr. 4) führt der Gesetzgeber mehrere bisher anerkannte Befristungstatbestände unter einem Dach zusammen. Da jede Arbeitsaufgabe »Eigenheiten« aufweist, ist der Anwendungsbereich zu begrenzen, insbes. unter den Gesichtspunkten der **Tendenzverwirklichung** und **verfassungsrechtlicher Gewährleistungen**, auf die sich der Arbeitgeber für diesen Sachgrund vornehmlich berufen kann (*BAG* 30.8.2017 EzA § 14 TzBfG Eigenart der Arbeitsleistung Nr. 2, Rn 22; LS-*Schlachter* Rn 54; *Sievers* Rn 305; AR-*Schüren/Moskalew* Rn 32 ff.; AnwaltKomm-*Studt* Rn 43; *Schaub/Koch* § 40 Rn 28; HaKo-KSchR/*Mestwerdt* Rn 108). Die bisherige Rechtsprechung erfährt durch die gesetzliche Neuregelung keine Änderung. Der Befristungsgrund knüpft an den **Charakter der Arbeitsleistung** an (*BAG* 2.8.2017 § 14 TzBfG Eigenart der Arbeitsleistung Nr. 1, Rn 50).

298

Die früher unter dem Stichwort »**Üblichkeit einer Befristung** in bestimmten Branchen und für bestimmte Berufsgruppen« geübte Rechtsprechung (*BAG* 29.10.1998 EzA § 620 BGB Nr. 158) kann unter Geltung des TzBfG so nicht aufrechterhalten werden (vgl. *Staudinger/Preis [2019]* § 620 BGB Rn 74, 119; ebenso *EuGH* 25.10.2018 EzA Richtlinie 99/70 EG-Vertrag 1999 Nr. 18, Rn 39). Als Eigenart in Arbeits-, anders in Dienstverträgen (ErfK-*Müller-Glöge* Rn 48), nicht anerkannt wurde zB eine Tätigkeit als Lektor für die chinesische Sprache, weil sich daraus kein berechtigtes Interesse des Arbeitgebers ergeben kann, anstelle eines unbefristeten lediglich einen befristeten Arbeitsvertrag abzuschließen (*BAG* 16.4.2008 EzTöD 100 § 30 TVöD-AT Sachgrundbefristung Nr. 12). In Abgrenzung zu den in der **Person des Arbeitnehmers** liegenden Sachgründen nach Nr. 6, muss hier für die zeitliche Begrenzung ein **innerer Zusammenhang** zwischen **Inhalt der Arbeitspflicht und der Befristung** des Arbeitsverhältnisses sprechen (HaKo-TzBfG/*Boecken* Rn 82). Bei der »Eigenart der Arbeitsleistung« handelt es sich um einen Sachgrund iSv § 5 Nr. 1 Buchst. a der Rahmenvereinbarung. Der Begriff »sachliche Gründe« meint genau bezeichnete, **konkrete Umstände**, die eine bestimmte Tätigkeit kennzeichnen und daher in diesem speziellen Zusammenhang den Einsatz aufeinanderfolgender befristeter Arbeitsverträge rechtfertigen können. Die **Umstände können sich etwa aus der besonderen Art der Aufgaben, zu deren Erfüllung solche Verträge geschlossen wurden, und deren Wesensmerkmalen** oder ggf. aus der Verfolgung eines legitimen sozialpolitischen Ziels durch einen Mitgliedstaat **ergeben**. Der Regelung stehen daher unionsrechtlich keine Bedenken

299

entgegen (*BAG* 2.8.2017 § 14 TzBfG Eigenart der Arbeitsleistung Nr. 1, Rn 50; *EuGH* 26.2.2015 EzA Richtlinie 99/70 EG-Vertrag 1999 Nr. 12, Rn 38, 44. **Großherzogtum Luxemburg**, *Joussen* EuZA 2015, 323, 330 f.; krit. *Junker* EuZA 2015, 279).

300 In der Gesetzesbegründung wird das aus der **Rundfunkfreiheit** (Art. 5 Abs. 1 GG) abgeleitete Recht der **Rundfunkanstalten**, programmgestaltende Mitarbeitern aus Gründen der **Programmplanung** lediglich für eine bestimmte Zeit zu beschäftigen (*BAG* 24.10.2018 EzA § 14 TzBfG Eigenart der Arbeitsleistung Nr. 6, Rn 12; 4.12.2013 EzA § 14 TzBfG Nr. 101, Rn 15; 26.7.2006 EzA § 14 TzBfG Nr. 31; krit. *Maschmann* Anm. AP Nr. 25 zu § 14 TzBfG), ebenso wie das aus der **Freiheit der Kunst** (Art. 5 Abs. 3 GG) abgeleitete Recht der **Bühnen** in Bezug genommen, entsprechend dem vom Intendanten verfolgten **künstlerischen Konzept Arbeitsverträge** mit Solisten (Schauspieler, Solosänger, Tänzer, Kapellmeister u.a.) jeweils **befristet abzuschließen** (BT-Drucks. 14/4374 S. 19; *Staudinger/Preis* [2019] § 620 BGB Rn 119; *Annuß/Thüsing/Maschmann* Rn 39, 43; *Dörner* Befr. Arbeitsvertrag Rn 378, 410; *Arnold/Gräfl* Rn 143; HWK-*Rennpferdt* Rn 79; MüKo-*Hesse* Rn 45 ff.; APS-*Backhaus* Rn 131, 261, 279, 436; *Meinel* FS Raue S. 569 ff.). Vom gesetzgeberischen Ansatz her zählen hierzu auch befristete **Arbeitsverhältnisse im Wissenschafts- und Forschungsbereich**, die iSd nach Art. 5 Abs. 3 GG geschützten Wissenschaftsfreiheit die Leistungs- und Funktionsfähigkeit der Hochschulen und Forschungseinrichtungen im Wege ständiger Erneuerung des Personals sichern (*BVerfG* 24.4.1996 EzA Art. 9 GG Nr. 61 m. zust. Anm. *Müller/Thüsing*). Diese Befristungen unterfallen indessen nicht Nr. 4, da sie durch die **Spezialregelungen im WissZeitVG** (Art. 1 des Gesetzes zur Änderung arbeitsrechtlicher Vorschriften in der Wissenschaft; BGBl. I S. 506) eine gesonderte Ausgestaltung erfahren haben (*Joussen* RdA 2017, 250). Der Hinweis auf eine wissenschaftliche Tätigkeit begründet keinen Sachgrund nach § 14 Abs. 1 Nr. 4 TzBfG, wenn der Arbeitgeber versäumt hat, das Zitiergebot nach § 2 Abs. 4 WissZeitVG einzuhalten (*BAG* 18.5.2016 EzA § 620 BGB 2002 Hochschulen Nr. 20, Rn 18, 21; *LAG Bln.-Bra.* 3.2.2015 – 7 Sa 2009/14, Rn 25). Näher KR-*Treber/Waskow* § 2 WissZeitVG Rdn 74. In besonderen Fällen kann der Sachgrund aus Nr. 4 auch **außerhalb verfassungsrechtlicher Gewährleistungen** greifen. Es ist aber unbedingt wegen des **Mindestbestandsschutzes aus Art. 12 Abs. 1 GG** im Einzelfall eine **Abwägung der beiderseitigen Belange** vorzunehmen, bei der auch das Bestandsschutzinteresse des Arbeitnehmers angemessen Berücksichtigung findet (*BAG* 24.10.2018 EzA § 14 TzBfG Eigenart der Arbeitsleistung Nr. 6, Rn 18; 30.8.2017 EzA § 14 TzBfG Eigenart der Arbeitsleistung Nr. 2, Rn 32 f.; 4.12.2013 EzA § 14 TzBfG Nr. 101, Rn 32). Eine vorgelagerte langjährige programmgestaltende Tätigkeit als freier Mitarbeiter mit der gleichen oder einer vergleichbaren Tätigkeit wie im späteren Arbeitsverhältnis ist bei der Interessenabwägung zu berücksichtigen. Sie wirkt sich zwar nicht auf das Bestandsschutzinteresse des Arbeitnehmers aus, kann jedoch gegen ein Bedürfnis der Rundfunkanstalt nach einem personellen Wechsel sprechen (*BAG* 24.10.2018 EzA § 14 TzBfG Eigenart der Arbeitsleistung Nr. 6, Rn 19).

301 Erwogen wird auch, unter Nr. 4 den **projektbezogenen Auslandseinsatz als Freiwilliger** in einer **Hilfsorganisation** zu fassen (*Joussen* NZA 2003, 1173). Im Vordergrund steht hier aber der Projektbezug (Nr. 1) und nicht die »Eigenart der Arbeitsleistung«. Besondere Leistungsanforderungen zB als **Chefarzt** können ebenfalls keinen sachlichen Befristungsgrund nach Nr. 4 gewähren, sondern allenfalls eine längere befristete Erprobung (Nr. 5) erlauben (*Link* BuW 2004, 349). Schließlich werden zum Geltungsbereich der Regelung auch befristet beschäftigte **Spitzensportler und Trainer** gezählt, letztlich unter dem früher verwandten Ordnungsbegriff »**Verschleißtatbestand**« (diff. ErfK-*Müller-Glöge* Rn 44; *Zindel* Die Befristung von Arbeitsverhältnissen mit Trainern im Spitzensport, Diss. Rostock 2006, S. 381; *Schrader* FA 2006, 233; aA *Horst/Persch* RdA 2006, 166, 169; *Bruns* NZA 2008, 1269, 1273). Unter »**Verschleiß**« versteht man eine aus der Sicht des Arbeitgebers oder Dritter prognostizierte **nachlassende Eignung zu Spitzenleistungen** für eine deshalb nur befristet anvertraute Tätigkeit, ohne dass dem Arbeitnehmer eine schuldhafte Schlechtleistung vorgehalten werden kann (*BAG* 16.1.2018 EzA § 14 TzBfG Eigenart der Arbeitsleistung Nr. 5, Rn 18; *Brugger* NZA-RR 2021, 117, zweifelnd für Trainer; *Strake* RdA 2018, 46; *Boemke/Jäger* RdA 2017, 20; *Walker* NZA 2016, 657; *Katzer/Frodl* NZA 2015, 657, 661 unter Hinw. auf Art. 165 AEUV; abw.: *Blang* Befristung mit Lizenzspielern und Trainern, 2009, S. 119 f., 174: nicht Verschleiß, sondern mangelnde

Beweisbarkeit eines möglichen Kündigungsgrundes wegen »schlechter« Leistung ist Befristungsgrund). Ein bei längerer Ausübung der Tätigkeit durch **Routine** eintretender Abnutzungszustand ist damit nicht gemeint, da er mit der Eigenart der Arbeitsleistung nicht zusammenhängt, sondern allein auf den **Zeitfaktor** zurückzuführen ist (HaKo-TzBfG/*Boecken* Rn 89). Im **Profisport** können Arbeitgeber – anders als in den Bereichen Kunst, Presse und Wissenschaft – **keine verfassungs-rechtlichen Gewährleistungen** für die Befristung ins Feld führen. Näher dazu Rdn 340. Ein Verschleiß kann ferner in andern Tätigkeitsbereichen eine Rolle spielen, zB in der **Werbebranche**. Ein Berufen auf einen Verschleiß gegenüber einem **Fremdsprachenlektor** in chinesischer Sprache – bei Vermittlung von reinen Sprachkenntnisse keine wissenschaftliche Tätigkeit iSv § 1 Abs. 1 WissZeitVG (*BAG* 1.6.2011 EzA § 620 BGB 2002 Hochschulen Nr. 8, Rn 35) – ist jedenfalls ausgeschlossen, wenn dieser bereits vor seiner Anstellung 13 Jahre nicht in seinem Heimatland gelebt hat (*LAG Köln* 1.8.2007 – 3 Sa 232/07). Eine aus Gründen der **Innovation** befristete Besetzung von **Führungspositionen** im öffentlichen Dienst lässt sich als »gleichwertiger Befristungsrund« aus Nr. 4 ebenfalls nicht ableiten (*LAG Bln.-Bra.* 23.8.2011 – 11 Sa 1047/11, Rn 22). Vgl. auch Rdn 341.

bb) Tendenzträger

Können sich **Arbeitgeber als Tendenzträger** auf die Grundrechte aus **Art. 5 GG** (Film, Presse, Kunst, Rundfunk, Forschung und Lehre) berufen, dürften ihnen nach Nr. 4 **weitgehende Möglichkeiten** als den übrigen Arbeitgebern eröffnet sein, **befristete Arbeitsverhältnisse zu begründen** (*BAG* 4.12.2013 EzA § 14 TzBfG Nr. 101, Rn 15; 27.6.2006 EzA § 14 TzBfG Nr. 31; 22.4.1998 EzA § 611 BGB Arbeitnehmerbegriff Nr. 67; *LAG RhPf* 5.9.2011 – 5 Sa 552/10; *LAG Köln* 31.8.2000 LAGE § 620 BGB Nr. 66; *Sievers* Rn 306, 322; MHH-TzBfG/*Meinel* Rn 95; *Rüthers* RdA 1985, 129, 135; *Hanau* AuR 1985, 305; einschränkend *Mestwerdt* NZA 2014, 281, 283; Voraussetzung ist ein tendenzbedingtes Erfordernis für die jeweilige Befristung). Die Gesetzesbegründung macht deutlich, dass **verfassungsrechtlich geschützte Freiheitsräume eine Grundlage für befristete Arbeitsverhältnisse mit Sachgrund schaffen können**. Der Sonderbefristungsgrund des Art. 5 GG kann deshalb bspw. die Befristung der Arbeitsverhältnisse von **Zeitschriftenredakteuren** erleichtern, um der **Pressefreiheit** zu genügen (*LAG München* 5.12.1990 LAGE § 620 BGB Nr. 24; HWK-*Rennpferdt* Rn 84; *Löffler/Dörner* Presserecht 5. Aufl., BT ArbR Rn 67; aA *ArbG München* 18.6.2008 – 30 Ca 600/08, wonach eine schematische Übertragung der Befristungsmöglichkeiten von redaktionellen Mitarbeitern im Rundfunk auf Chefredakteure von Zeitungen abzulehnen ist; so wohl auch *Dörner* Befr. Arbeitsvertrag Rn 414a; APS-*Backhaus* Rn 436). Die sachliche Rechtfertigung einer Befristung hat sich indessen **auf die den Tendenzzweck verkörpernden und diesen unmittelbar beeinflussenden Kreis von Mitarbeitern (sog. Tendenzträgern) zu beschränken** (*Arnold/Gräfl* Rn 156; MüKo-*Hesse* Rn 47). Ob diese Überlegung ebenso auf Arbeitsverhältnisse mit Tendenzträgern zutrifft, die ihren Grundrechtschutz aus **Art. 9 Abs. 1, Abs. 3 GG** erfahren (Vereine, Koalitionen) wird die Rspr. auf der Grundlage des neuen Gesetzes noch zu klären haben (*Bader/Bram-Bader* [2014] § 620 BGB Rn 173; einschränkend *Staudinger/Preis* [2019] § 620 BGB Rn 89).

cc) Sonderstellung der Kirchen

Kirchen und kirchliche Einrichtungen genießen als Arbeitgeber aufgrund ihrer in **Art. 140 GG** iVm Art. 137 WRV abgesicherten Autonomie im Kündigungsschutzrecht eine **Sonderstellung**. Ohne dass es auf eine »Nähe zum Verkündigungsauftrag« ankommt, können die Kirchen den Inhalt der kirchlichen Pflichten und ihre Bedeutung für die Erfüllung des kirchlichen Auftrags eigenverantwortlich festlegen (*BVerfG* 4.6.1985 EzA § 611 BGB Kirchliche Arbeitnehmer Nr. 24). Das verschafft den Kirchen die Möglichkeit, **tendenzbedingt hier mehr Befristungen von Arbeitsverhältnissen** vorzunehmen, als es anderen Arbeitgebern erlaubt ist (ebenso HaKo-KSchR/*Mestwerdt* Rn 109; aA APS-*Backhaus* Rn 342; DDZ-*Wroblewski* Rn 94). Halten die in den Kirchen Verantwortlichen den Beschäftigungsauftrag für zeitlich begrenzt, können Arbeitsgerichte den darauf abgeschlossenen befristeten Arbeitsvertrag nur noch auf einen Widerspruch zu den Grundprinzipien der Rechtsordnung (Willkürverbot, Sittenverstoß etc.) prüfen. Voraussetzung ist allerdings auch hier, dass ein **tendenzbedingtes Erfordernis für die Befristung** gegeben ist (*Staudinger/Preis* [2019]

§ 620 BGB Rn 89; *Bader/Bram-Bader* [2014] § 620 BGB Rn 173). Nachgeordnetes Personal, die nicht im **verfassungsrechtlich geschützten Freiraum** gestaltend tätig werden, sind deshalb ausgenommen (*Dörner* Befr. Arbeitsvertrag Rn 414). Eine Einschränkung dieser den Kirchen und ihren Einrichtungen bisher zugestandenen erweiterten Befristungsmöglichkeiten kann sich in Zukunft aus der Rechtsprechung des Europäischen Menschengerichtshofs (**EGMR**) ergeben, die eine Abwägung der Konventionsrechte der Kirche gegen die Interessen des Arbeitnehmers verlangt (vgl. *EGMR* 23.9.2010 NZA 2011, 279 **Schüth**); ebenso nach Art 4 Abs. 2 RL 2000/78/EG, was die Religionszugehörigkeit als berufliche Anforderung angeht (*EuGH* 17.4.2018 NZA 2018, 569, Rn 68 f. **Egenberger**). Zu einer für den Befristungsbereich den tarifvertraglichen Öffnungsklauseln in §§ 14 Abs. 2, 22 Abs. 2 TzBfG gleichkommenden Privilegierung vgl. u Rdn 508, 603. Zu den Möglichkeiten einer haushaltsrechtlichen Befristung nach Nr. 7 vgl. Rdn 457 ff.

dd) Professionelle Unterhaltung

304 Zu den vor allem Nr. 4 zuzurechnenden sachbezogenen **Verschleißtatbeständen** rechnen ebenso **Befristungen im Unterhaltungsgewerbe wie im professionell betriebenen Sport**. Hier muss die vereinbarte Befristung indessen überhaupt geeignet sein, der Gefahr eines Verschleißes wirksam vorzubeugen (*BAG* 16.1.2018 EzA § 14 TzBfG Eigenart der Arbeitsleistung Nr. 5, Rn 18; ErfK-*Müller-Glöge* Rn 44). Die Ausrichtung am **Publikumsgeschmack, die hochgradige Kommerzialisierung der Tätigkeit** und/oder das **Abwechslungsbedürfnis** können hier gegen eine dauerhafte Beschäftigung des Arbeitnehmers sprechen (*Heinze* NJW 1985, 2115; *Opolony* ZfA 2000, 179, 200). Im professionell betriebenen Sport kann die Befristung des Arbeitsvertrages eines **Sporttrainers** auch durch die Gefahr sachlich gerechtfertigt sein, dass er die Fähigkeit zur weiteren **Motivation** des anvertrauten Sportlers nach einer gewissen Zeitspanne verlieren könnte (sog. Verschleißtatbestand; *BAG* 29.10.1998 EzA § 620 BGB Nr. 158; 15.4.1999 EzA § 620 BGB Nr. 164; *Dieterich* NZA 2000, 857; *Fenn* JZ 2000, 347; *Beathalter* FS Fenn, 2000, S. 27; *Dörner* Befr. Arbeitsvertrag Rn 384; aA *Horst/Persch* RdA 2006, 166, 171, die einen Ausgleich über den Auflösungsantrag nach § 9 KSchG im Kündigungsschutzrecht vorschlagen). Vgl. näher dazu Rdn 334 ff.

ee) Politische Tätigkeit

305 Hierher gehört ferner die **Befristung von wissenschaftlichen Mitarbeitern einer Parlamentsfraktion**. Die Befristung kann aus der **Sicherung der verfassungsrechtlich geschützten Unabhängigkeit der freien Mandatsausübung** sachlich gerechtfertigt sein (*BAG* 26.8.1998 EzA § 620 BGB Nr. 153; ErfK-*Müller-Glöge* Rn 48; LS-*Schlachter* Rn 61; HWK-*Rennpferdt* Rn 88; *Sievers* Rn 342). Mitarbeiter von Parlamentsfraktionen beraten die Fraktion auf den nach ihren politischen Vorstellungen ausgewählten Sachgebieten und bereiten deren parlamentarische Arbeit inhaltlich vor. Die hierzu unterbreiteten Vorlagen sind u.a. von den politischen Einstellungen des wissenschaftlichen Mitarbeiters geprägt. Es ist daher erforderlich, dass er sich insoweit mit den politischen Vorstellungen der Fraktion im Einklang befindet. Da die Fraktionen von den Abgeordneten des für die jeweilige **Legislaturperiode** gewählten Parlaments gebildet werden, kann sich nach jeder Wahl die personelle Zusammensetzung einer Fraktion ändern. Deshalb muss es bei Neukonstituierung möglich sein, frei zu entscheiden, von welchen wissenschaftlichen Mitarbeitern sich die Fraktion in ihrer parlamentarischen Arbeit künftig beraten und unterstützen lassen will. Dem trägt die Befristung des Arbeitsverhältnisses Rechnung. Diese Befristungsmöglichkeit kann aber nicht dadurch erweitert werden, dass sie auf die **Halbzeit einer Wahlperiode** begrenzt wird, weil dann Neuwahlen zum Fraktionsvorstand stattfinden (*LAG Bln.-Bra.* 8.9.2010 LAGE § 14 TzBfG Nr. 58; MüKo-*Hesse* Rn 48). Entscheidend für die sachliche Rechtfertigung der Befristung dürfte die **Rechtsstellung der Abgeordneten und ihrer Fraktionen** im parlamentarischen Gefüge sein, die **Motoren der politischen Willensbildung** sind (*Dörner* Befr. Arbeitsvertrag Rn 380 f.; *Boewer* Rn 160; *BVerfG* 13.6.1989 NJW 1990, 373; *Thür.LAG* 25.9.2001 – 7 Sa 522/00).

306 **Andere Fraktionsmitarbeiter**, deren Aufgabe nicht darin besteht, die Fraktion durch fachliche Beratung und politische Bewertung zu unterstützen, sondern sich in Tätigkeiten **im Büro- oder**

Verwaltungsbereich erschöpfen (zB Schreibkräfte, Kraftfahrer, Pförtner), können dagegen nicht mit Sachgrund befristete Arbeitsverhältnisse nach Nr. 4 erhalten (vgl. *BAG* 26.8.1998 EzA § 620 BGB Nr. 153; *LAG Bln.-Bra* 28.8.2015 – 7 Sa 388/15; *LAG Köln* 11.2.2015 ZTR 2015, 591; APS-*Backhaus* Rn 250; *Dörner* Befr. Arbeitsvertrag Rn 383; weitergehend dagegen HaKo-TzBfG/ *Boecken* Rn 87, auch für andere Mitarbeiter; ebenso *Dach* NZA 1999, 627, der mit Rücksicht auf den Grundsatz der Diskontinuität die Befristungsmöglichkeiten auf alle Fraktionsmitarbeiter ausdehnen will). Das Arbeitsverhältnis mit einem **Koordinierungsreferenten für Landtags- und Kabinettsangelegenheiten** in einem **Landesministerium** kann aus den oben genannten Gründen wegen der Eigenart der Arbeitsleistung (§ 14 Abs. 1 S. 2 Nr. 4 TzBfG) auf das Ende der Legislaturperiode befristet werden, damit der nächste Minister, der nach der Neuwahl des Parlaments das Amt übernimmt, die Stellen mit dem Personal besetzten kann, zu dem er das notwendige politische und persönliche Vertrauen besitzt (zutr. *LAG MV* 9.11.2012 LAGE § 14 TzBfG Nr. 73). Wegen des besonderen Vertrauensverhältnisses hat das Das LAG Bln.-Bra. die Befristung des Arbeitsverhältnisses des persönlichen Referenten einer Hochschulpräsidentin als gerechtfertigt angesehen (*LAG Bln.-Bra.* 30.10.2018 LAGE § 14 TzBfG Nr. 123; zweifelnd *Müller* öAT 2019, 61).

b) Bühnen

Künstlerische Vorstellungen des Intendanten und das **Abwechslungsbedürfnis des Publikums** hat der Große Senat in seiner Entscheidung vom 12.10.1960 (EzA § 620 BGB Nr. 2) neben der »Üblichkeit befristeter Arbeitsverträge mit Künstlern, Musikern und Schauspielern« zur sachlichen Rechtfertigung von Befristungen genannt. Neben dem **künstlerischen Bühnenpersonal** (*BAG* 21.5.1981 EzA § 620 BGB Nr. 49; Überblick bei APS-*Backhaus* Rn 261–266; *Schaub/Koch* § 40 Rn 30) hat das BAG ebenso befristete Arbeitsverträge mit **Kapellmeistern, Choreographen, Maskenbildnern und Dramaturgen** für sachlich gerechtfertigt gehalten (*BAG* 2.8.2017 § 14 TzBfG Eigenart der Arbeitsleistung Nr. 1, Rn 52; 13.12.2017 – 7 AZR 369/16, Rn 40 ff.; 2.7.2003 EzA § 620 BGB 2002 Bedingung Nr. 2; 26.8.1998 EzA § 4 TVG Bühnen Nr. 6, jeweils mwN; *LAG Köln* 11.9.2013 NZA-RR 2014, 124, 126). Im Unterschied zur Rspr. des Großen Senats (*BAG* GS 12.10.1960 EzA § 620 BGB Nr. 2) hat das BAG aber in seinen neueren Entscheidungen **nicht maßgeblich auf die »Üblichkeit«** oder das Bestehen eines jahrzehntelangen Bühnenbrauchs abgestellt, sondern darauf, dass die **Befristung** der Arbeitsverhältnisse mit künstlerischen Bühnenmitgliedern, die als Solisten individuelle Leistungen erbringen, **der Auffassung verständiger und verantwortungsbewusster Vertragspartner entspreche** (*BAG* 26.8.1998 EzA § 4 TVG Bühnen Nr. 6; *Dörner* Befr. Arbeitsvertrag Rn 394; *Staudinger/Preis* [2019] § 620 BGB Rn 74, 119; aA noch *Bezirksbühnenschiedsgericht Bln.* 12.4.2002 LAGE § 14 TzBfG Nr. 6; Befristung gehört zum Bühnenbrauch). Die nunmehr vorherrschende Meinung im Schrifttum (ErfK-*Müller-Glöge* Rn 47; *Meinel* FS Raue S. 569 f., APS-*Backhaus* Rn 190; AR-*Schüren/Moskalew* Rn 32) stellt für die Sachgrundbefristung insoweit auf die **Kunstfreiheit nach Art. 5 Abs. 3 GG** ab. Mit der Befristungsmöglichkeit soll – wie seit Jahrzehnten durch tarifvertragliche Regelungen (zB Normalvertrag Solo) vorgegeben – dem berechtigten Bestreben der Bühne Rechnung getragen werden, **künstlerische Vorstellungen des Intendanten oder anderer maßgeblicher Bühnenkünstler** mit dem dafür als geeignet angesehenen künstlerischen Bühnenpersonal zu verwirklichen und damit zugleich auch dem **Abwechslungsbedürfnis des Publikums** entgegenzukommen (Hk-NV Bühne-*Otto* 2. Aufl., § 61 Rn 2; zweifelnd *EuGH* 25.10.2018 EzA Richtlinie 99/70 EG-Vertrag 1999 Nr. 18). Schließlich liege das **Interesse der Künstler** am Erhalt der Freiheit ihres Engagementwechsels, dass durch Beendigung befristete Engagements an anderen Bühnen Arbeitsplätze frei werden (so *BAG* 26.8.1998 EzA § 4 TVG Bühnen Nr. 6; *Opolony* ZfA 2000, 179, 190; *Germelmann* ZfA 2000, 179, 185; ders. FS 25-jähriges Bestehen DAV 2006, 289 ff. jeweils mwN). Die Befristungsproblematik stellt sich nicht, wenn der Künstler in einem **dienstvertraglichen Verhältnis** steht (zB Gastvertrag; *BAG* 7.2.2007 ZTR 2007, 391).

Die Betonung des **künstlerischen Konzepts** des Intendanten steht im Einklang mit der in der Gesetzesbegründung angeführten Freiheit der Kunst aus **Art. 5 Abs. 3 GG**. Der Gesetzgeber hat mit diesem Hinweis das Spannungsverhältnis zu **Art. 12 Abs. 1 GG** angesprochen und damit einen einfachrechtlichen Weg für zulässige Befristungen im Wege der »**praktischen Konkordanz** widerstreitender Grundrechte« aufgezeigt (zutr. ArbRBGB-*Dörner* § 620 BGB Rn 137; *ders.* Befr. Arbeitsvertrag Rn 394; APS-*Backhaus* Rn 279). Von diesem Verständnis aus ist es auch weiterhin unschädlich, wenn mehrere aufeinander folgende Gastspielverträge mit einem Bühnenkünstler geschlossen werden (Bühnenoberschiedsgericht 13.4.1981 AP Nr. 18 zu § 611 BGB Bühnenengagementvertrag). Anknüpfungspunkt hierfür muss indessen eine »**unverwechselbare**«, dh individualisierbare **künstlerische Leistung des Bühnenkünstlers** in herausgehobener Position sein (»Solist«; *Annuß/Thüsing-Maschmann* Rn 43; HaKo-TzBfG/*Boecken* Rn 71; HaKo-KSchR/*Mestwerdt* Rn 117; vgl. auch *BAG* 30.8.2017 EzA § 14 TzBfG Eigenart der Arbeitsleistung Nr. 2, Rn 33; 2.7.2003 EzBAT Theater, Normalvertrag Solo § 20 Gastspiel Nr. 1). **Wirtschaftliche Interessen**, die beispielsweise bei dem Wegfall einer Rolle in einer Fernsehserie im Hintergrund stehen, hindern nicht die Zulässigkeit einer **Befristung mit auflösender Bedingung** (*BAG* 2.7.2003 EzA § 620 BGB Bedingung Nr. 2; zust. *Joch/Klichowski* NZA 2004, 302); wenn letztlich **künstlerische Erwägungen**, auch zur Befriedigung des Abwechselungsinteresses im Publikum, den Ausschlag gegeben haben (HaKo-TzBfG/*Boecken* Rn 85). Vgl. Rdn 317.

309 Die **Sachgrundbefristung nach Nr. 4** ist im Bühnenbereich **auf das künstlerische Bühnenpersonal beschränkt**. Nur diese Künstlergruppe kann das Abwechslungsbedürfnis des Publikums befriedigen. *Meinel* hält für diesen Personenkreis im Ergebnis eine Befristung für grds. zulässig, da nach Art. 5 Abs. 3 S. 1 GG sachgrundbezogen. Einschränkungen seien hier nur tarifvertraglich möglich (FS Peter Raue 2006, S. 559, 571; ähnlich *Arnold/Gräfl* Rn 172 f.). **Technisches Personal**, Beschäftigte in Verwaltungen oder sog. Abendpersonal (einschl. der Garderobenfrauen) können mit dieser Begründung nicht mit Sachgrund befristet werden (vgl. *BAG* 23.1.1986 – 2 AZR 505/85; 18.4.1986 – 7 AZR 114/85; APS-*Backhaus* Rn 285; ErfK-*Müller-Glöge* Rn 47; AR-*Schüren/Moskalew* Rn 34; *Natter* AuR 2013, 156, 159, zu einer unzulässigen tariflichen Regelung für das sog. Abendpersonal). Daran ändert sich nach neuer Rechtslage nichts. Die Entscheidung des *EuGH* zu den unzulässigen Ausnahmen unbeschränkt sachgrundlos befristeter Arbeitsverträge mit **Kurzzeitbeschäftigten im Kulturbetrieb** Luxemburgs unterstreicht dies vielmehr (26.2.2015 EzA Richtlinie 99/70 EG-Vertrag 1999 Nr. 12, Rn 47 ff **Großherzogtum Luxemburg**). Soweit das BAG in der Vergangenheit **Bühnentechniker** in Bezug auf die Befristungsmöglichkeiten gleichbehandelt hat (*BAG* 27.1.1993 EzA § 110 ArbGG 1979 Nr. 1; 28.10.1986 EzA § 118 BetrVG 1972 Nr. 38), kann dem nur gefolgt werden, wenn dem **Arbeitnehmer** aufgrund seiner geschuldeten Tätigkeit **maßgebliche Einflussmöglichkeiten auf die Verwirklichung des künstlerischen Konzepts des Intendanten** zugemessen werden können (vgl. *BAG* 2.8.2017 § 14 TzBfG Eigenart der Arbeitsleistung Nr. 1, Rn 48; *BAG* 25.2.2009 – 7 AZR 942/07, Theaterplastiker; *BAG* 12.10.1992 – 2 AZR 340/92, Chefmaskenbildner; *ArbG Hmb.* 10.6.2003 – 25 BV 9/02: Kostümbildner; *Arnold/Gräfl* Rn 178). Die dazu früher bestehenden tariflichen Vorgaben in § 4 Bühnentechniker-TV vom 25.5.1961 idF des Änderungstarifvertrages vom 23.9.1996, der auf den Normalvertrag Solo idF des Änderungstarifvertrages vom 9.6.1994 verweist, können jedenfalls die unbeschränkte befristete Beschäftigung von Bühnentechnikern nicht rechtfertigen (*Dörner* Befr. Arbeitsvertrag Rn 406). Zur Einordnung insgesamt vgl. *Genenger* NJW 2009, 714; Überblick auch bei *B. S. Maaß* Befristungsabreden im Bühnenbereich, Diss. Hannover 2004.

310 Die **Vielzahl bestehender Tarifverträge** für unterschiedliche Teilbereiche der Bühne (Normalvertrag Solo, Normalvertrag Chor/Tanz s. Rdn 313, Bühnentechniker-Tarifvertrag und der Tarifvertrag über die Mitteilungspflicht = TVM) ist **zum 1.1.2003 durch den einheitlichen Normalvertrag (NV) Bühne ersetzt worden**. Dort ist das Recht des befristeten Arbeitsvertrages geregelt, soweit es nach § 22 TzBfG tariflicher Normierung zugänglich ist. Als weitere gesonderte Regelung erhalten geblieben ist nur der **Tarifvertrag für Kulturorchester** (TVK). Nach § 2 Abs. 2 NV Bühne erlauben demnach wie bisher »**künstlerische Belange**« den Zeitvertrag für **Solisten**. Ein solcher künstlerischer Belang kann die **Nichtverlängerung** und damit die Beendigung des Arbeitsverhältnisses (vgl. dazu ausführlich KR-*Bader/Kreutzberg-Kowalczyk* § 3 TzBfG Rdn 39 ff.) nach § 2 NV Bühne auch für **Chorsänger** rechtfertigen (zB bei einem Nachlassen der Stimme). Allerdings ist ein überprüfbarer künstlerischer Belang erforderlich gegen eine Fortsetzung des Engagements. Ein Sachgrund ist nach § 3 TVK für Musiker in Kulturorchestern geboten. Dagegen fällt der Schutz der ebenfalls unter § 2 NV Bühne einzuordnenden **Tanzgruppenmitglieder und Bühnentechniker**, die

ohne Unterschied befristet werden können und ohne Überprüfung hinsichtlich künstlerischer Belange bleiben, bedenklich gering aus (näher dazu *Dörner* Befr. Arbeitsvertrag Rn 406; *Arnold/Gräfl* Rn 176 ff., 138; APS-*Backhaus* Rn 279 ff.).

Besonders **schwierig** gestaltet sich daher weiterhin die Einordnung des **Bühnenpersonals**, das zwischen der Gruppe der Solisten und der Gruppe der für rein technische und verwaltungsmäßige Belange eingesetzten Beschäftigten steht (*LAG Köln* 5.3.2008 – 8 Sa 723/07: Gewandmeisterin als Künstlerin). Damit sind vor allem die **Angehörigen von Chor, Orchester und Tanzgruppen** angesprochen. Zutreffend hat das BAG in einem Fall, in dem es um die Befristung eines Arbeitsvertrages mit einem Sänger in einem Rundfunkchor ging (*BAG* 5.3.1970 EzA § 620 BGB Nr. 13) allg. ausgeführt, anders als bei Solosängern, Musikern und Schauspielern stehe bei Chorsängern **kein sachlich begründetes Abwechslungsbedürfnis** des Publikums im Vordergrund, so dass es idR nicht im Interesse der Parteien liege, sich nicht auf Dauer aneinander zu binden. Für die Qualität eines Chores komme es entscheidend darauf an, dass der Klangkörper eine gute, dauernde Besetzung habe, die aus erfahrenen aufeinander eingespielten Chorsängern bestehe (vgl. hierzu auch *Heinze* NJW 1985, 2115; *Opolony* ZfA 2000, 179 ff.; *Genenger* NJW 2009, 714). 311

Der **Tarifvertrag für Musiker in Kulturorchestern (TVK)** v. 1.7.1991 idF des Änderungs-TV v. 15.5.2000 hat dieser neueren Entwicklung in § 3 Abs. 1 S. 2 bereits Rechnung getragen. Danach ist die **Befristung der Arbeitsverhältnisse mit Orchestermusikern nicht der tarifliche Regelfall** (vgl. *BAG* 10.2.1999 RzK I 9 f Nr. 60 und auch *Steidle* ZuM 2000, 457, 462 mwN). Auch solistisch tätige Mitglieder von Rundfunkorchestern können nicht befristet angestellt werden (*BAG* 6.12.1973 – 2 AZR 40/73). Das *BAG* hat in einer Entscheidung vom 26.8.1998 (EzA § 4 TVG Bühne Nr. 6) bestätigt, dass der Tarifvertrag für Musiker in Kulturorchestern (TVK) vom unbefristeten Arbeitsvertrag als Normalfall ausgeht und Zeitverträge nur unter bestimmten Voraussetzungen zulässt. Als **Kulturorchester** in diesem Sinne sind indessen nur solche Orchester zu verstehen, **die regelmäßig Operndienst versehen oder Konzerte ernster (klassischer) Musik spielen**. Orchester, die überwiegend Operettendienst versehen, fallen nicht darunter. Anders zu bewerten sind auch **Schauspielmusiker**, die als Bühnenmitglieder iSd § 1 Abs. 2 **Normalvertrag Solo** (idF des Änderungs-TV v. 9.6.1994) anzusehen waren (*BAG* 26.8.1998 EzA § 4 TVG Bühne Nr. 6). Sie sind nach § 1 Abs. 2 Normalvertrag Solo aF »Personen in ähnlicher Stellung« die durch ihre Tätigkeit an Erarbeitung und **Umsetzung der künstlerischen Konzeption** eines Werkes unmittelbar mitarbeiten und damit im Gegensatz zu solchen Personen stehen, die hierfür lediglich die notwendigen technischen Rahmenbedingungen schaffen und die Funktionsfähigkeit der technischen Hilfsmittel überwachen (*BAG* 16.11.1995 AP Nr. 49 zu § 611 BGB Bühnenengagementvertrag). Dessen ungeachtet kann eine **befristete höherwertige Tätigkeit** dem Musiker eines Kulturorchesters übertragen werden, wenn sie einer Vertragsinhaltskontrolle gem. § 307 Abs. 1 BGB standhält (*BAG* 7.10.2015 EzA § 307 BGB 2002 Nr. 70, Rn 25, 30; befristete Tätigkeit einer 1. Solofagottistin). 312

Dagegen ging der **Normalvertrag Chor** vom 11.5.1979 idF des Änderungs-TV vom 15.3.1972 vom **Zeitvertrag als normaler Vertragsgestaltung** aus. Die im Tarifvertrag genannten künstlerischen Belange mögen im Einzelfall die Befristung tragen; das **normale Chormitglied** wird dagegen **keinen Einfluss auf die künstlerische Zielsetzung des Intendanten nehmen können**, so dass sich ein Rückgriff auf Art. 5 Abs. 3 GG angesichts der in der gesetzgeberischen Begründung zu Nr. 4 genannten Beschränkungen (BT-Drucks. 14/4374 S. 19) verbietet. Da § 22 TzBfG insoweit **den Tarifvertragspartnern nicht gestattet, Erweiterungen zu den genannten Sachgründen vorzunehmen**, waren und sind die in § **2 Abs. 2 Normalvertrag Chor** (jetzt § 2 NV Bühne) genannten künstlerischen Belange einschränkend auszulegen (ArbRBGB-*Dörner* Rn 141; *ders*. Befr. Arbeitsvertrag Rn 401; *Boewer* Rn 158; LS-*Schlachter* Rn 57; aA noch *BAG* 30.9.1971 EzA § 620 BGB Nr. 16 zur aF des Normalvertrages Chor vom 10.12.1964). Die Beschränkung tarifvertraglicher Abweichungen durch das TzBfG kann nicht damit aufgefangen werden, dass unter künstlerischen Belangen als »**persönliche Verschleißmöglichkeit**« **das Nachlassen der Stimme** verstanden wird und in diesem Zusammenhang auf die vielfältigen Absicherungen des § 22 Normalvertrag Chor (jetzt § 83 Abs. 8 NV Bühne) zugunsten der Arbeitnehmer (automatische Verlängerung bei 313

§ 14 TzBfG Zulässigkeit der Befristung

Nichtverlängerungsmitteilung des Arbeitgebers, Beteiligung des Opernchorvorstandes, Umsetzungsansprüche, Beweislastverteilung) verwiesen wird (so aber *Dörner* Befr. Arbeitsvertrag Rn 402). Konkrete künstlerische Belange für eine Nichtverlängerung lassen sich daher nur bei **Einfluss auf die Chorleistung** als Ganzes ins Feld führen (iE wohl ähnlich *Dörner* Befr. Arbeitsvertrag Rn 403; APS-*Backhaus* Rn 283; *Sievers* Rn 323; *BAG* 12.1.2000 EzA § 4 TVG Bühne Nr. 8).

314 Nach einer Entscheidung des *BAG* vom 18.4.1986 (AP Nr. 27 zu § 611 BGB Bühnenengagementvertrag) soll auch die **Befristung der Arbeitsverhältnisse von Tanzgruppenmitgliedern** nach dem **Normalvertrag Tanz** vom 9.6.1980 sachlich gerechtfertigt sein. Danach entspreche die Befristung der Arbeitsverhältnisse von Tanzgruppenmitgliedern jahrzehntelangem **Bühnenbrauch** und sei auch deshalb begründet, weil das individuelle körperliche Erscheinungsbild und die tänzerische Ausdruckskraft jedes einzelnen Mitglieds für den **Gesamteindruck, den die Tanzgruppe** bietet, von entscheidender Bedeutung sei. Damit überträgt das BAG die für Solisten anerkannten Gründe auf die Tanzgruppenmitglieder. Stellt man für die Zulässigkeit der Befristung auf die den künstlerischen Gesamteindruck prägenden Personen ab (»vorderste Reihe«), lässt sich – mit Mühe – die in **Art. 5 Abs. 3 S. 1 GG** gewährleistete Kunstfreiheit zur Begründung der Zeitverträge anführen (*Staudinger/ Preis* [2019] § 620 BGB Rn 74, 76; krit. auch *Arnold/Gräfl* Rn 176). In einer Entscheidung vom 23.10.1991 (AP Nr. 44, 45 § 611 BGB Bühnenengagementvertrag) hat der 7. Senat des BAG die Befristung von Tanzgruppenmitgliedern damit begründet, dass das **künstlerische Gestaltungskonzept** dem betrieblichen Gestaltungskonzept iSd Rspr. zur betriebsbedingten Kündigung gleichgestellt werden kann, die Wahl des befristeten Arbeitsverhältnisses aber deshalb sachlich gerechtfertigt sei, weil die Darstellung des künstlerischen Konzepts und der Nachweis mangelnder Integrierbarkeit eines Mitarbeiters in das Konzept nur sehr begrenzt objektivierbar seien.

315 Damit wird man die **Leistungsträger in der Tanzgruppe**, die das künstlerische Konzept gegenüber dem Publikum in erster Linie verwirklichen, ohne weiteres befristen dürfen (so wohl auch *Germelmann* FS 25-jähriges Bestehen DAV S. 291 f.; weitergehend *Meinel* FS Raue 2006, S. 566; APS-*Backhaus* Rn 281, alle Tanzgruppenmitglieder sind auf der Bühne sichtbar; krit. *Dörner* Befr. Arbeitsvertrag Rn 404 f., der im NV Bühne das Fehlen einer Bestimmung bemängelt, die es zulässt konkrete künstlerische Belange bei Tanzgruppenmitgliedern zu überprüfen). Die Grenzlinie dürfte dort zu ziehen sein, wo das Tanzgruppenmitglied als Individuum vom Publikum praktisch nicht wahrgenommen wird. Dann kann auch das Abwechselungsbedürfnis des Publikums nicht berührt sein. Bei **Chor- und Tanzgruppenmitgliedern** wird deshalb im **Regelfall** – soweit der künstlerische Gesamteindruck durch die Einzelleistung nicht gefährdet wird – **mehrheitlich ein sachlicher Befristungsgrund verneint** (DDZ-*Wroblewski* Rn 95 ff.; aA MüKo-*Hesse* Rn 49; MHH-TzBfG/*Meinel* Rn 107 ff.; 112 ff. mwN; vgl. dazu auch *BAG* 16.12.2010 EzA § 4 TVG Bühnen Nr. 11 Rn 24).

316 In der Vergangenheit hat sich das BAG oft darauf zurückgezogen, dass es vornehmlich **Aufgabe der Tarifpartner** sei, den **Bestandschutz für ältere Schauspieler und Sänger** oder allg. für das künstlerische Bühnenpersonal weiter zu verbessern (*BAG* 21.5.1981 EzA § 620 BGB Nr. 49; 18.4.1986 AP Nr. 27 zu § 611 BGB Bühnenengagementvertrag). Von diesem Ansatz her hat es sich zur Zulässigkeit der Befristung an den Vorgaben der Tarifwerke im Bühnenbereich orientiert. **Daran kann nach den neuen gesetzlichen Vorgaben im TzBfG nicht mehr festgehalten werden.** Das BAG wird die **tarifvertraglichen Befristungsmöglichkeiten am Gesetz** zu messen haben und Befristungen im Bühnenbereich nur noch **bei Personen mit »unverwechselbaren Leistungen« zulassen, die der Umsetzung eines künstlerischen Konzepts dienen**. Die tarifvertraglichen Regelungen im Bühnenbereich können **keine eigenen, vom Gesetz abweichenden sachlichen Befristungsgründe setzen** (§ 22 Abs. 1 TzBfG), sie können nur branchenspezifische Eigenheiten hervorheben, die einen Sachgrund zusätzlich begründen (ähnlich MHH-TzBfG/*Meinel* Rn 100; aA MüKo-*Hesse* Rn 49, der das Schweigen des Gesetzgebers zum TzBfG anders deutet). Darüber hinaus hat das BAG bereits entschieden, dass eine Nichvverlängerungsmitteilung, die gegen das Verbot der Benachteiligung wegen des Alters (Nichtverlängerungsmitteilung gegenüber den drei ältesten Tanzgruppenmitgliedern) gemäß § 7 Abs. 1 iVm. § 1 AGG verstößt, nach § 134 BGB unwirksam ist (*BAG* 20.3.2019 EzA § 4 TVG Bühnen Nr. 14, Rn 38).

Soweit die Befristungsgründe bei Bühnenangehörigen tragen, sind sie auch auf **Schauspieler in** 317
Film- und Fernsehproduktionen, insbes. in Serien, anwendbar, allerdings unter Abwägung der beiderseitigen Belange, bei der auch das **Bestandsschutzinteresse des Arbeitnehmers** angemessen Berücksichtigung finden muss. (*BAG* 30.8.2017 EzA § 14 TzBfG Eigenart der Arbeitsleistung Nr. 2, Rn 33; 20.10.1999 EzA § 620 BGB Bedingung Nr. 14; 2.7.2003 EzA § 620 BGB 2002 Bedingung Nr. 2; *Annuß/Thüsing/Maschmann* Rn 43; *Arnold/Gräfl* Rn 182; HWK-*Rennpferdt* Rn 87). Danach kann im Arbeitsvertrag eines Schauspielers, der eine bestimmte Rolle in einer Fernsehserie übernehmen soll, wirksam vereinbart werden, dass sein Engagement **kalenderbefristet** oder **zweckbefristet** endet, wenn diese Rolle nicht mehr in der Serie enthalten ist. Auch eine **auflösende Bedingung** ist sachlich nach § 21 TzBfG gerechtfertigt, wenn die Entscheidung, die Rolle wegfallen zu lassen, maßgeblich auf **künstlerischen Erwägungen** des Arbeitgebers beruht (*BAG* 2.7.2003 EzA § 620 BGB 2002 Bedingung Nr. 2, Rn 31; *BVerfGE* 30, 173). Dazu gehört, die Charaktere in der Serie neu zu überdenken und sie ggf. dem Publikumsgeschmack anzupassen. Dies hat indessen der Arbeitgeber anhand konkreter Umstände nachvollziehbar darzustellen. Dem Grundrecht des Filmproduzenten aus Art 5 Abs. 1 S. 3 GG gebührt dann Vorrang vor dem Grundrecht des Schauspielers aus Art. 12 Abs. 1 GG (APS-*Backhaus* Rn 437; *Dörner* Befr. Arbeitsvertrag Rn 408 f; *Joch/Klichowski* NZA 2004, 302; aA DDZ-*Wroblewski* Rn 91; *Adam* AuR 2009, 381; *van dem Woldenberg* NZA 1999, 1033, 1035). Wirtschaftliche Beweggründe – wie die unzulässige **Verlagerung des unternehmerischen Risikos** auf den Arbeitnehmer – treten dann in den Hintergrund, weil sich das Beendigungsinteresse des Arbeitgebers vornehmlich auf die Kunstfreiheit stützen kann (LS-*Schlachter* Rn 58). Bei einer Fernsehserie handelt es sich unabhängig von ihrem Niveau oder ihrem künstlerischen Wert um ein **Kunstwerk** iSv Art. 5 Abs. 3 GG. Wird dieses Kunstwerk gemeinsam von der Fernsehanstalt und einer Produktionsgesellschaft in einem arbeitsteiligen Prozess hergestellt, genießen sowohl die **Fernsehanstalt als auch die Produktionsgesellschaft den Schutz der Kunstfreiheit** (*BAG* 30.8.2017 EzA § 14 TzBfG Eigenart der Arbeitsleistung Nr. 2, Rn 29).

Im **künstlerischen Bereich** sehen Tarifverträge zB in § 69 Abs. 1 NV Bühne vor, dass sich ein befris- 318
tet eingegangener Vertrag für eine Spielzeit um eine feste Zeitdauer (zB eine weitere Spielzeit) verlängert, wenn die beabsichtigte Nichtverlängerung bis zu einem bestimmten Zeitpunkt vor Fristablauf nicht oder nicht formgerecht angezeigt wird (**sog. Nichtverlängerungsanzeige**). Die Nichtverlängerungsanzeige ist **keine Kündigung** und darf ihr deshalb auch nicht gleichgestellt werden (*BAG* 23.10.1991 EzA § 9 MuSchG nF Nr. 29; 6.8.1997 EzA § 101 ArbGG 1999 Nr. 3; Hk-NV Bühne-*Otto* 2. Aufl., § 61 Rn 12; zur Änderungsnichtverlängerungsmitteilung vgl. *BAG* 2.8.2017 § 14 TzBfG Eigenart der Arbeitsleistung Nr. 1, Rn 33). Verfahrensmäßig ist festgelegt, dass die Bühnen- und Tanzgruppenmitglieder vor der beabsichtigten Nichtverlängerung zu hören sind. Dabei geht es nicht um ein »Anhören«, sondern um die **Gewährung rechtlichen Gehörs**. Im Rahmen dieses rechtlichen Gehörs sind die auf die Person des betroffenen Bühnenmitglieds bezogenen konkreten und nachvollziehbaren Gründe darzustellen. **Die nicht ordnungsgemäße hat ebenso wie die nicht fristgemäße Anhörung die Unwirksamkeit der Nichtverlängerungsanzeige und damit die befristete Fortsetzung des Vertrages auf ein Jahr oder eine Spielzeit zur Folge** (*BAG* 28.9.2016 EzA § 110 ArbGG 1979 Nr. 6, Rn 55; 18.4.1986 AP Nr. 27 zu § 611 BGB Bühnenengagementvertrag; Hk-NV Bühne-*Otto* 2. Aufl., § 61 Rn 9). Eine gerichtliche Richtigkeitskontrolle der zur Nichtverlängerung angegebenen Gründe findet dagegen nicht statt (st. Rspr., zB *BAG* 26.8.1998 EzA § 4 TVG Bühnen Nr. 6; *Dütz* Anm. *BAG*, EzA § 4 TVG Bühnen Nr. 2). § 14 Abs. 4 TzBfG mit seinem **Schriftformgebot** ist hier nicht einschlägig (*LAG Köln* 21.1.2008 LAGE § 14 TzBfG Nr. 42 m. krit. Anm. *Bieder*). Näher dazu KR-*Bader/Kreutzberg-Kowalczyk* § 3 TzBfG Rdn 39 ff.

c) Medien

aa) Arbeitnehmerstatus

Die **ständigen Mitarbeiter von Rundfunk und Fernsehen** sind nach der früheren Rspr. des *BAG* 319
(23.4.1980 EzA § 611 BGB Arbeitnehmerbegriff Nr. 21 mwN) **als Arbeitnehmer** der Anstalten **eingestuft worden**, wenn sie in die Arbeitsorganisation der Anstalt eingegliedert und deshalb

persönlich abhängig waren. Die Befristungsprüfung war daher immer erst angebracht, wenn vorher der **Status** geklärt worden war, ob ein Beschäftigungsverhältnis als **Selbständiger** oder als **Arbeitnehmer** geschlossen worden ist (*Wank* Arbeitnehmer und Selbständige, S. 10 f., 304 ff.). Diese Rspr. ist durch die **grundlegende Entscheidung des BVerfG vom 13.1.1982** (EzA Art. 5 GG Nr. 9 m. Anm. *Konzen/Rupp*; ebenso *BVerfG* 28.6.1983 EzA § 611 BGB Arbeitnehmerbegriff Nr. 28) mit Blick auf den in **Art. 5 Abs. 1 S. 2 GG** gewährleisteten verfassungsrechtlichen Schutz der **Rundfunkfreiheit** (entsprechendes gilt für die Fernsehanstalten) verändert worden. Zur alten Rechtslage ausführlich *Lipke* KR 5. Aufl., § 620 BGB Rn 201.

320 Die Rspr. des **BVerfG** betont nun (18.2.2000 EzA Art 5 GG Nr. 25, Rn 31), dass sich der durch **Art. 5 Abs. 1 S. 2 GG** gewährleistete Schutz auf das **Recht der Rundfunkanstalten** erstreckt, dem Gebot der Vielfalt der zu vermittelnden Programminhalte auch **bei der Auswahl, Einstellung und Beschäftigung derjenigen Rundfunkmitarbeiter Rechnung zu tragen, die bei der Gestaltung der Programme mitwirken** (*BAG* 26.7.2006 EzA § 14 TzBfG Nr. 31; 14.3.2007 EzA § 611 BGB 2002 Arbeitnehmerbegriff Nr. 10). Die Rundfunkanstalten sind deshalb in ihrer Entscheidung frei, ob sie die programmgestaltenden Mitarbeiter fest anstellen oder ob sie aus Gründen der Programmplanung ihre Beschäftigung auf eine gewisse Dauer oder auf ein bestimmtes Projekt beschränken, und außerdem, wie oft sie einen Mitarbeiter benötigen (*BVerfG* 18.2.2000 EzA Art 5 GG Nr. 25, Rn 31; *Annuß/Thüsing/Maschmann* Rn 41; einschränkend APS-*Backhaus* Rn 390). Das gilt nicht nur für die öffentlich-rechtlichen Rundfunk- und Fernsehanstalten sondern ebenso für **private Rundfunkveranstalter**, nicht dagegen für Zulieferer von Sendungsbeiträgen wie **reine Produktionsgesellschaften** (*BAG* 30.8.2017 EzA § 14 TzBfG Eigenart der Arbeitsleistung Nr. 2, Rn 26; 4.12.2013 EzA § 14 TzBfG Nr. 101, Deutsche Welle; 26.7.2006 EzA § 14 TzBfG Nr. 31; APS-*Backhaus* Rn 391; *Arnold/Gräfl* Rn 148), soweit diese nicht organisatorisch mit der Rundfunk- und Fernsehanstalt verbunden ist, (vgl. LAG *Köln* 31.10.2013 – 7 Sa 268/13, Tochterunternehmen, das in Personalunion vom Chefredakteur, der gleichzeitig Geschäftsführer des Tochterunternehmens ist, geführt wird). Zu prüfen ist dann jedoch, ob diese sich wie die öffentlich-rechtlichen Rundfunkanstalten in einer ähnlichen Interessenlage befinden (zutr. APS-*Backhaus* Rn 392). Damit geht einher zu entscheiden, ob bei der Begründung der Beschäftigungsverhältnisse der **Vertragstyp** eines **freien Mitarbeiterverhältnisses oder eines (befristeten) Arbeitsverhältnisses** gewählt wird. Der in Art. 12 Abs. 1 GG zu berücksichtigende arbeitsrechtliche Bestandsschutz tritt regelmäßig zurück, soweit die sich aus der Rundfunk- und Fernsehfreiheit ergebenen Interessen des Arbeitgebers überwiegen (vgl. *BAG* 20.5.2009 EzA § 611 BGB 2002 Arbeitnehmerbegriff Nr. 15 Rn 25; vgl. auch *LAG Köln* 19.5.2011 – 13 Sa 1567/10; *Dörner* Befr. Arbeitsvertrag Rn 412; ErfK-*Müller- Glöge* Rn 45 ff.; ausführlich zur Rechtsprechungsentwicklung *Bezani* NZA 1997, 856 ff.; *Bruns* RdA 2008, 138 f.). Durch zwei Kammerbeschlüsse vom 3.12.1992 und 18.2.2000 (EzA § 611 BGB Arbeitnehmerbegriff Nr. 50; EzA Art. 5 GG Nr. 25) hat das BVerfG seine Rspr. bestätigt und verdeutlicht, dass der von der Rspr. der Gerichte für Arbeitssachen geforderte **sachliche Grund bei programmgestaltender Tätigkeit in der Rundfunkfreiheit selbst liegt**, und weitere Gründe nicht hinzutreten müssen, wenn die Intensität der Einflussnahme des betreffenden Mitarbeiters auf die Programmgestaltung dies rechtfertige (*LAG Köln* 31.8.2000 LAGE § 620 BGB Nr. 66 hier: Autoren, Realisatoren, Interviewer und Sprechern; *LAG RhPf* 5.9.2011 – 5 Sa 552/10, Rn 45: Mitarbeiterin in Rundfunkredaktion; *LAG RhPf* 28.6.2017 – 4 Sa 443/16, Redakteurin; *LAG Bln-Bra.* 2.6.2015 – 11 Sa 89/15, Cutter; *Sievers* Rn 307 f.). Die Rundfunkfreiheit soll nicht nur unmittelbare Einflussnahmen Dritter auf das Programm, sondern auch Einflüsse unterbinden, welche die Programmfreiheit mittelbar beeinträchtigen (BVerfGE 90, 87). Dies entpflichtet die Rundfunkanstalt dagegen nicht, das **Bestandsschutzinteresse** des Beschäftigten in seine **Interessenabwägung** mit einzubeziehen (*BAG* 24.10.2018 EzA § 14 TzBfG Eigenart der Arbeitsleistung Nr. 6, Rn 18; 4.12.2013 EzA § 14 TzBfG Nr. 101, Rn 32; HWK-*Rennpferdt* Rn 83).

bb) Sachgrundvoraussetzungen

321 Die gebotene **Vielfalt in den Programmen** der öffentlich-rechtlichen Rundfunkanstalten kann nur durch den Einsatz eines für die jeweilige Aufgabe qualifizierten Mitarbeiters erfüllt werden. Dabei

kann sich die Notwendigkeit eines personellen Wechsels etwa durch neue Informationsbedürfnisse, die Änderung von Programmstrukturen in Folge veränderter Publikumsinteressen oder Veränderungen im publizistischen Wettbewerb mit anderen Veranstaltungen ergeben. Dieser **Flexibilitätsbedarf** kann **nicht durch ständige festangestellte Mitarbeiter befriedigt werden**; hierzu ist es vielmehr erforderlich, dass die Rundfunkanstalten auf einen breit gestreuten Kreis unterschiedlich geeigneter Mitarbeiter zurückgreifen können. Dies setzt wiederum voraus, dass **unterschiedliche Vertragsgestaltungen** einsetzbar sind und dass die **Mitarbeiter nicht auf Dauer, sondern für die benötigte Zeit beschäftigt werden** (ebenso *Annuß/Thüsing/Maschmann* Rn 41; *Bruns* RdA 2008, 140 f., der nach den Erfahrungen der Praxis sogar ein Nebeneinander von dauerhaftem Arbeitsverhältnis und freiem Dienstverhältnis als sog. Doppelbeschäftigung für möglich hält). Die Rundfunkfreiheit aus Art. 5 Abs. 1 S. 2 GG bietet deshalb einen Ansatz für einen Befristungssachgrund im Arbeitsverhältnis (*Dörner* Befr. Arbeitsvertrag Rn 413; LS-*Schlachter* Rn 55; ErfK-*Müller-Glöge* Rn 46; *Schaub/Koch* § 40 Rn 29; weitergehend MHH-TzBfG/*Meinel* Rn 93, der nicht nach der Intensität des Einflusses auf die Programmgestaltung differenzieren will).

Zwar erkennt das BVerfG an, dass auf Seiten der Rundfunkmitarbeiter die **Schutzbestimmungen des Arbeitsrechts** über das Sozialstaatsprinzip und die Berufsfreiheit, dh der arbeitsrechtliche Bestandschutz, im Wege einer **Interessenabwägung Berücksichtigung finden müssen** (*BAG* 4.12.2013 EzA § 14 TzBfG Nr. 101, Rn 15, 32), schränkt dies indessen dadurch wieder ein, dass ein solcher Bestandschutz den Rundfunkanstalten die zur Erfüllung ihres Programmauftrags notwendige Freiheit und Flexibilität nicht nehmen dürfe (*BVerfG* 18.2.2000 EzA Art. 5 GG Nr. 25). Bei der Auslegung der Nr. 4 ist mithin die durch **Art. 5 Abs. 1 S. 2 GG** gewährleistete Rundfunkfreiheit zu berücksichtigen, wobei der im TzBfG angelegte Bestandschutz (**Art. 12 Abs. 1 GG**) als allgemeines Gesetz iSv Art. 5 Abs. 2 GG nicht nur die Rundfunkfreiheit begrenzt, sondern seinerseits durch die Freiheit des Rundfunks beschränkt wird (*BAG* 26.7.2006 EzA § 14 TzBfG Nr. 31; *Staudinger/Preis* [2019] § 620 BGB Rn 86, 121; krit. *Maschmann* Anm. AP § 14 TzBfG Nr. 25). Daran wird der **Vorrang der Rundfunkfreiheit** deutlich (aA *LAG Brem.* 9.6.2008 – 4 Sa 155/07; APS-*Backhaus* Rn 390; *Sievers* Rn 315 f.).

322

Das *BVerfG* stellt klar (3.12.1992 EzA § 611 BGB Arbeitnehmerbegriff Nr. 50), dass **bei den programmgestaltenden Mitarbeitern nicht schon stets die Rundfunkfreiheit bei der Zuordnung zum Arbeitnehmerbegriff** berücksichtigt werden müsse. Dies komme nur insoweit in Betracht, als bereits mit der Einordnung des Beschäftigungsverhältnisses als Arbeitsverhältnis der Schutz des Grundrechts aus Art. 5 Abs. 1 S. 2 GG versperrt werde. Belässt die **Einordnung als Arbeitsverhältnis** aber **genügend Raum zur Berücksichtigung der Anforderungen der Rundfunkfreiheit**, ist dies nicht der Fall (vgl. auch *BAG* 20.5.2009 EzA § 611 BGB 2002 Arbeitnehmerbegriff Nr. 15 Rn 25). Solche **Möglichkeiten** bieten Vertragsgestaltungen eines **befristeten Arbeitsvertrages** (in Teilzeit) an, soweit sie zur Sicherung der Aktualität und Flexibilität der Berichterstattung in tatsächlicher und rechtlicher Sicht gleichermaßen geeignet sind ebenso wie die **Beschäftigung in freier Mitarbeit** (wohl auch LS-*Schlachter* Rn 55, die aber eine erleichterte Beschäftigung als freier Mitarbeiter auf der Grundlage der Rundfunkfreiheit ablehnt).

323

Eine **Kombination von Befristungsmöglichkeiten mit und ohne Sachgrund kann deshalb den Belangen der Rundfunkfreiheit genügen** (so auch *Bezani/Müller* Arbeitsrecht in Medienunternehmen, 1999, Rn 195, 286). **Befristungsketten**, die mit einer sachgrundlosen Befristung (§ 14 Abs. 2 TzBfG) beginnen und danach mit Befristungen nach § 14 Abs. 1 Nr. 4 TzBfG fortgeführt werden, sind demnach aus Rücksicht auf die Belange des Rundfunks zulässig, auch unter dem Eindruck der Entscheidung des *EuGH* in Sachen **Kücük** (26.1.2012 EzA § 14 TzBfG Nr. 80; s. Rdn 259 ff). Vgl. Rdn 329.

324

Die vom BVerfG unterstrichene erweiterte **Personalfreiheit** des **Rundfunkbetreibers** schafft daher Befristungsgründe nicht nur für **klassisch programmgestaltend tätige Arbeitnehmer** (zuletzt *BAG* 13.12.2017 – 7 AZR 69/16, Rn 12; 4.12.2013 EzA § 14 TzBfG Nr. 101, Rn 15, 32; 14.3.2007 EzA § 611 BGB 2002 Arbeitnehmerbegriff Nr. 10, Rn 20 ff.; 26.7.2006 EzA § 14 TzBfG Nr. 31; zB Regisseuren, Moderatoren, Kommentatoren, Redakteuren, Wissenschaftlern und Künstlern),

325

§ 14 TzBfG   Zulässigkeit der Befristung

sondern ebenso für Arbeitnehmer, die an **Hörfunk- und Fernsehsendungen inhaltlich gestaltend** mitwirken. Dabei geht es nicht nur um die Befristung von Mitarbeitern im Rahmen dauerhaft eingerichteter Programme; auch die Arbeitsverhältnisse der Mitarbeiter, die bei **Einführung und Erprobung neuer Programme** tätig werden sollen, können befristet werden (vgl. *BVerfG 18.2.2000* EzA Art. 5 GG Nr. 25; *BAG 24.4.1996* EzA § 620 BGB Nr. 140; *Erman/D. W. Belling* § 620 BGB Rn 39; *Annuß/Thüsing/Maschmann* Rn 41; APS-*Backhaus* Rn 393, 397). Es ist deshalb nicht mehr erforderlich, dass der Mitarbeiter die übergeordnete Rahmenkonzeption ausarbeitet, die verbindenden Leitideen festlegt oder Sendungen auswählt und zusammenstellt. Die Tätigkeit als **Redakteur** ist **typischerweise programmgestaltend**, da durch die Auswahl der zu beschaffenden Beiträge bzw. das Verfassen eigener Beiträge unmittelbar Einfluss auf die inhaltliche Gestaltung des Programms genommen wird. An einem programmgestaltenden Einfluss fehlt es nur, wenn die Tätigkeit als Redakteur nicht den **überwiegenden Teil der Arbeitszeit** ausmacht oder im Einzelfall nur unwesentlich Einfluss auf die inhaltliche Gestaltung des Programms genommen wird. Die **Darlegungs- und Beweislast** hierfür trägt der Arbeitgeber; Ausgangspunkt ist die arbeitsvertraglich geschuldete Leistung (*BAG 13.12.2017* – 7 AZR 69/16, Rn 12, 21).

326 Befristungen sind deshalb nicht mehr nur mit Tendenzträgern in künstlerischer und/oder programmgestaltender Hauptfunktion möglich (*BAG 26.7.2006* EzA § 14 TzBfG Nr. 31), sondern es **reicht ein mittelbarer programmgestaltender Einfluss aus**, womit der Mittelbau des gestaltend mitwirkenden Personals mit einzubeziehen ist (so zutr. *Rieble* Anm. EzA § 620 BGB Nr. 112; *BAG 14.3.2007* EzA § 611 BGB 2002 Arbeitnehmerbegriff Nr. 10 Rn 18 f.: Rundfunksportmoderator; *LAG Bln.-Bra.* 2.6.2015 – 11 Sa 89/15, Cutter; *LAG Düsseld.* 4.5.2011 – 7 Sa 70/11, abgelehnt bei Tourleiterin »Krimidinner«). Zwar spricht auch die Gesetzesbegründung zu Nr. 4 allein von »programmgestaltenden Mitarbeitern« (BT-Drucks. 14/4374 S. 19), führt aber als Rechtfertigungsargument die **Rundfunkfreiheit** an, **deren Eckpunkte** die Rspr. des **BVerfG und nicht das BAG** setzt. Der Rückgriff auf die Rundfunkfreiheit versagt als herangezogener Sachgrund jedoch dann, wenn der **Sender Redakteure regelmäßig unbefristet beschäftigt** (*LAG K*öln 1.9.2000 LAGE § 620 BGB Nr. 68; APS-*Backhaus* Rn 390; HWK-*Rennpferdt* Rn 83).

327 So hat das BAG eine Befristung von Arbeitsverträgen mit **Lokalreportern von Rundfunk- und Fernsehanstalten** aus Gründen der Rundfunkfreiheit für sachlich gerechtfertigt gehalten und auch den immer wieder befristeten Einsatz von **Kameraassistenten** unbeanstandet gelassen (*BAG 22.4.1998* § 611 BGB Arbeitnehmerbegriff Nr. 67, 71). **Arbeitnehmer, die als Sprecher, Aufnahmeleiter, und Übersetzer eingesetzt werden**, können aufgrund des ihnen zugestandenen geringen inhaltlichen Gestaltungsspielraums wohl **nur noch unbefristet beschäftigt werden** (vgl. *BAG 16.2.1994* EzA § 611 BGB Arbeitnehmerbegriff Nr. 52; so wohl auch *Annuß/Thüsing/Maschmann* Rn 42; APS-*Backhaus* Rn 393; LS-*Schlachter* Rn 56; *Arnold/Gräfl* Rn 154).

328 Keinesfalls erstreckt sich der verfassungsrechtliche Schutz der **Rundfunkfreiheit** auf Mitarbeiter, die **allein der technischen Verwirklichung des Programms oder deren verwaltungsmäßigen Betreuung dienen**. Dabei ist aber im Einzelfall jeweils zu prüfen, ob die bei der Koordination von Beiträgen, der Kameraführung oder dem Filmschnitt Beschäftigten nicht doch **inhaltlichen Einfluss auf die Beiträge** nehmen können (ebenso HaKo-KSchR/*Mestwerdt* Rn 112 f.; MHH-TzBfG/*Meinel* Rn 94; vgl. hierzu, wenn auch mit zu hohen Anforderungen *BAG 11.12.1991* EzA § 620 BGB Nr. 112). Abzustellen ist darauf, ob es allein um eine **ausführende oder eine überwiegend eigengestaltete Tätigkeit** geht (Beispiel: Cutter; *LAG Bln-Bra.* 2.6.2015 – 11 Sa 89/15). Insoweit ist der **technische Wandel** mit zu berücksichtigen. Wurde ein Beleuchter im herkömmlichen Sinne früher dem allg. technischen Personal zugerechnet, kann er heute als **Lichtdesigner** in Livesendungen besondere Bedeutung erlangen. Damit kann er eher nach Nr. 4 befristet werden als ein herkömmlicher Beleuchter (vgl. auch ErfK-*Müller-Glöge* Rn 46a, soweit Einfluss auf Tendenzzweck besteht).

329 In diesem Zusammenhang ist festzuhalten, dass eine der arbeitsvertraglichen Befristungen vorangehende **langjährige Beschäftigung** als freier Mitarbeiter dessen **soziales Schutzbedürfnis** nicht dergestalt erhöht, dass seinem Bestandschutz Vorrang vor der Rundfunkfreiheit einzuräumen ist (*BAG 11.12.1991* EzA § 620 BGB Nr. 112). Eine **wiederholte Befristung** durch Arbeitsvertrag lässt die

Rundfunkfreiheit allenfalls dann zurücktreten, wenn der (programmgestaltende) Mitarbeiter immer wieder in gleicher Funktion beschäftigt wurde oder ein Einfluss auf die inhaltliche Gestaltung des Programms überhaupt nicht erkennbar ist (HaKo-KSchR/*Mestwerdt* Rn 115, nur indizielle Bedeutung). Dann besteht offenkundig kein **Bedürfnis nach einem Wechsel**, den die Rundfunkfreiheit gebieten kann (*Sievers* Rn 315; *ArnoldGräfl* Rn 147; MHH-TzBfG/*Meinel* Rn 94; HaKo-TzBfG/ *Boecken* Rn 84; vgl. BAG 22.4.1998 EzA § 611 BGB Arbeitnehmerbegriff Nr. 67). Im Fall einer solchen **Kettenbefristung** verhält sich der Arbeitgeber widersprüchlich, wenn er hier die Rundfunkfreiheit als Befristungsprivileg anführt. Es ist dann eine **Rechtsmissbrauchskontrolle** nach den vom BAG entwickelten Grundsätzen (*BAG* 26.10.2016 EzA § 14 TzBfG Rechtsmissbrauch Nr. 1; 18.7.2012 EzA § 14 TzBfG Nr. 86) geboten, die indessen im Blick auf die Rundfunkfreiheit die Ampel erst später auf Rot schaltet (zutr. HaKo-KSchR/*Mestwerdt* Rn 115 f.).

Ausschlaggebend dürfte aber letztlich sein, ob die Rundfunk- oder Fernsehanstalt bei Abschluss eines unbefristeten Arbeitsvertrages Gefahr läuft, ihren Auftrag, ein vielfältiges Programm herzustellen und das Abwechslungsbedürfnis des Publikums zu befriedigen, nicht mehr erfüllen zu können (APS-*Backhaus* Rn 389 ff.; *Dörner* Befr. Arbeitsvertrag Rn 413). Soweit ein Mitarbeiter für das Publikum nach außen in Erscheinung tritt (zB Sprecher oder Ansager), kommt es deshalb **in Zukunft nicht mehr** darauf an, ob ein **Abwechslungsbedürfnis** des Publikums in Rechnung zu stellen ist, sondern allein darauf, ob sich der **Rundfunkbetreiber** die Möglichkeit offenhalten will, aus publizistischen Gründen einen **Programm-, Projekt- oder Konzeptwechsel durch Personalaustausch** zu verwirklichen. Mitarbeiter, die in keiner Form an der Gestaltung des Programms mitwirken, können nur befristet werden, wenn dafür ein anderer Sachgrund als Nr. 4 zur Verfügung steht (*BVerfG* 13.1.1982 EzA Art. 5 GG Nr. 9; ArbRBGB-*Dörner* § 620 BGB Rn 149; APS-*Backhaus* Rn 393, 282). Wird dem langjährig mehrfach befristet beschäftigten Arbeitnehmer für die Zukunft angeboten, »im Rahmen von § 12a TVG über mehrere Jahre hinweg täglich oder nahezu täglich« als Redakteur in der Rundfunkanstalt beschäftigt zu werden, so kann dies im Entfristungsstreit bei der **Abwägung der Grundrechtspositionen** aus **Art. 5 Abs. 1 S. 2 GG und Art. 12 Abs. 1 GG** zugunsten des Arbeitnehmers berücksichtigt werden (*BAG* 4.12.2013 EzA § 14 TzBfG Nr. 101, Rn 32, 37; *LAG Brem.* 9.6.2008 EzTöD 100 § 30 Abs. 1 TVöD-AT Sachgrundbefristung Nr. 15).

Der Abschluss **befristeter Arbeitsverträge** zwischen einer Rundfunkanstalt, die **Sendungen in fremde Länder** für deren Bevölkerung ausstrahlt, und ihren **aus den jeweiligen Ländern stammenden Redakteuren**, welche die Sendungen als Reporter, Interviewer, Übersetzer und Sprecher der fremden Sprache vorbereiten und durchführen, ist nicht von vornherein zulässig. Als sachlicher Grund für eine Befristung ist in der Vergangenheit das Interesse des Senders und der Hörer anerkannt worden, die Sendungen aus einer aktuellen Kenntnis der Verhältnisse und Entwicklungen in dem Empfangsgebiet zu gestalten. Diese erforderliche **Vertrautheit mit dem jeweiligen Land** könne sich auf die Dauer nicht erhalten, wenn der Redakteur seine **Mittlerrolle nicht erfüllen könne**, wenn er in diesem Land längere Zeit hindurch nicht mehr gelebt habe (so *BAG* 25.1.1973 EzA § 620 BGB Nr. 17; 3.10.1975 EzA § 611 BGB Arbeitnehmerbegriff Nr. 1; vgl. auch *BAG* 27.4.1988 EzA § 4 TVG Rundfunk Nr. 15).

Für Routinearbeiten des Senders als **Sprecher oder Übersetzer** komme es dagegen nur auf die Sprachkenntnisse an, die durch jahrelange Abwesenheit von der Heimat unberührt bleiben könnten. Die Besorgnis eines Senders, der Wortschatz eines ausländischen Sprechers und Übersetzers könne im Laufe der Zeit an Aktualität verlieren, kann zwar im Allgemeinen zu Beginn des Beschäftigungsverhältnisses eine Befristung rechtfertigen (*BAG* 30.11.1977 EzA § 620 BGB Nr. 33). Inzwischen ist allerdings zu fragen ob für ausländische **Mitarbeiter aus den Staaten der EU** dieser Befristungsgrund noch Gewicht hat, nachdem der *EuGH* (20.10.1993 EzA § 620 BGB Nr. 122) und das *BAG* (15.3.1995 EzA § 620 BGB Nr. 132, 135; 25.2.1998 EzA § 620 BGB Hochschule Nr. 14) für **Lektoren** den **Aktualitätsbezug** in **Folge der technischen Kommunikationserleichterung** auch ohne Aufenthalt im Mutterland als gesichert angesehen hat. Diese Frage ist zu verneinen (*BAG* 16.4.2008 EzTöD 100 § 30 TVöD-AT Sachgrundbefristung Nr. 12; *LAG Köln* 1.8.2007 – 3 Sa 232/07, kein Verschleißtatbestand; ebenso *Annuß/Thüsing/Maschmann* Rn 47).

§ 14 TzBfG Zulässigkeit der Befristung

333 Keine Bedenken bestehen indessen gegen einen **tarifvertraglich** abgesicherten **vorübergehenden Personalaustausch** im Befristungswege, wenn das bisherige mit dem befristeten Arbeitsverhältnis sozial vergleichbar ist und nach Befristungsende unverändert fortgesetzt werden kann (*BAG* 28.8.1996 EzA § 620 BGB Nr. 141 zur wiederholten Befristung eines mexikanischen Übersetzers und Sprechers bei der Deutschen Welle). Dazu kann auch der Fall gehören, dass eine Befristung sachlich begründet ist, um einen **aktuellen Bezug** eines Redakteurs zu den **Verhältnissen** im Ausland, zu den er berichten soll, zu sichern (*LAG Köln* 4.11.2004 NZA-RR 2005, 411). Dagegen kann ein **Tarifvertrag keinen** eigenen sachlichen **Befristungsgrund** setzen, soweit die gesetzlichen Voraussetzungen nach Nr. 4 nicht gegeben sind (*LAG Brem.* 9.6.2008 EzTöD 100 § 30 Abs. 1 TVöD-AT Sachgrundbefristung Nr. 15; zur tariflichen Regelung, dass nach Ablauf von 6 Jahren ein befristetes zu einem unbefristeten Arbeitsverhältnis wird) oder die Tarifbestimmung keine den Wertungsmaßstäben der gesetzlichen Sachgründe entsprechende Regelung trifft (*BAG* 9.12.2009 EzA § 14 TzBfG Nr. 62, Rn 15, 26; zust. Anm. *von Koppenfels-Spies* AP Nr. 67 zu § 14 TzBfG).

d) Sport

334 Im **Spitzensport** werden **Trainer** und **Profisportler** (z. B. Fußballer in den Bundesligen) häufig im Rahmen befristeter Arbeitsverträge beschäftigt. Nach früherer Rspr. des BAG entsprach die Befristung des Arbeitsvertrages mit einem Sporttrainer dann der Auffassung verständiger und verantwortungsbewusster Vertragspartner, wenn dieser mit der Betreuung eines oder einiger bestimmter Spitzensportler beauftragt war, die er zu Höchstleistungen führen sollte (*BAG* 19.6.1986 – 2 AZR 570/85, SpuRt 1996, 21). Danach sollte sich **der Erfolg des Trainers nicht allein durch seine Trainingsmethoden, sondern auch über seine Persönlichkeit** bestimmen. Bei stets gleichbleibender Umgebung würden sich deshalb Ermüdungserscheinungen einstellen und ein **Verschleiß** eintreten, der die Entwicklung des zu betreuenden Sportlers hemmen könnte. In der Folge dieser Entscheidung haben es die Instanzgerichte sowohl für die Betreuung von Spitzensportlern als auch für das Training im Mannschaftssport für unbedenklich angesehen, **Trainerverträge** immer wieder auf jeweils **vier Jahre** (zB bis zu den nächsten olympischen Spielen) zu befristen und hierfür die erzielten Erfolge und die »Chemie« zwischen den zu betreuenden Sportlern und dem Trainer als Grundlage der Befristungen heranzuziehen (*LAG RhPf* 8.4.2007 – 3 Sa 758/07; aA *ArbG Hannover* 13.7.2005 – 12 Ca 279, 280/05; *P. Schrader* FA 2006, 232 ff.). In Anlehnung an die zunehmende **Kommerzialisierung des Spitzensports** aufgrund des dort vermarkteten Unterhaltungswertes, ist hier vertreten worden, dass sich die Befristung von Arbeitsverträgen im Spitzensport auch am **Abwechslungsbedürfnis** des Publikums orientieren dürfe (*Lipke* KR 5. Aufl., § 620 BGB Rn 194, 194a; zust.: HaKo-KSchR/*Mestwerdt* Rn 122; MHH-TzBfG/*Meinel* Rn 123 f.; *Ritter/Rudolf* FS 25-jähriges Bestehen DAV S. 377; *Lakies* Befr. Arbeitsverträge Rn 295; krit. APS-*Backhaus* Rn 417). Diese Einschätzung galt hingegen nur für Spitzensportler und Höchstleistungstrainer, **nicht** für sog. Halbprofis (MüKo-*Hesse* Rn 51). Das **Aufgabenfeld des Trainers** war dabei ausschlaggebend (*LAG RhPf* 8.4.2008 – 3 Sa 758/07: kein Verschleiß bei einem zur Sichtung und Bindung von Talenten eingestellten Verbandstrainer). Die Befristung eines Trainers kann bei **Einsatz von Drittmitteln** zur Talentförderung uU über Nr. 1 als **Projekt** sachlich gerechtfertigt werden, soweit es sich nicht um eine Daueraufgabe handelt (*Schrader* FA 2006, 234). Teilweise wird vertreten, **Befristungen im Profisport** als **eigenständigen Sachgrund** anzuerkennen (*Vogt* Befristungs- und Optionsvereinbarungen im professionellen Mannschaftssport, 2013, S. 110, s. Rdn 340). Zum Verfassungsrecht vgl. Rdn 322 f.

335 Mit zwei Entscheidungen vom 29.10.1998 und 15.4.1999 (EzA § 620 BGB Nr. 158, EzA § 620 BGB Nr. 164) hat das BAG neue Grenzen für die Zulässigkeit befristeter Arbeitsverträge von **Sporttrainern** gezogen. Danach kann zwar die Befristung des Arbeitsvertrages eines Sporttrainers sachlich gerechtfertigt sein, wenn mit der Betreuung von Spitzensportlern oder besonders talentierten Nachwuchssportlern die Gefahr verbunden ist, dass die Fähigkeit des Trainers zur weiteren Motivation der anvertrauten Sportler regelmäßig nachlässt (sog. Verschleißtatbestand). Dafür ist jedoch jeweils **zu prüfen, ob die im Einzelfall vereinbarte Befristung überhaupt geeignet ist, der Gefahr eines Verschleißes** in der Beziehung zwischen dem Trainer und den zu betreuenden

Sportlern **wirksam vorzubeugen** (*BAG* 15.4.1999 EzA § 620 BGB Nr. 164; HaKo-KSchR/*Mestwerdt* Rn 120; *Annuß/Thüsing/Maschmann* Rn 46; ErfK-*Müller-Glöge* Rn 44). Eine solche Gefahr konnte das BAG dann nicht erkennen, wenn die Verweildauer der zu betreuenden Sportler in der Obhut des Trainers kürzer bemessen ist als die vorgesehene Vertragszeit des Trainers. Der Befristungsgrund eines Verschleißes rechtfertigt sich nämlich nicht durch den Wechsel der Sportler (*ArbG Hmb.* 22.9.2015 LAGE § 14 TzBfG Nr. 102, Rn 62), sondern allenfalls durch das Bedürfnis, den auf Dauer im Kader verbleibenden Sportler mit den Anforderungen eines anderen Trainers vertraut zu machen (ebenso LS-*Schlachter* Rn 60; *Dieterich* NZA 2000, 857).

Unter diesen Voraussetzungen hat das BAG einen sachlichen Befristungsgrund für den 3-jährigen Vertrag eines Tennisverbandstrainers, der die zu Spitzensportlern heranzubildenden Hoffnungsträger im Leistungszentrum im Schnitt nur zwei bis drei Jahre betreute, verneint (*BAG* 29.10.1998 EzA § 620 BGB Nr. 158) wie bei einem mehrfach jeweils um vier Jahre befristeten Arbeitsvertrag eines Bundestrainers im deutschen Kanuverband, der Junioren nur für zwei Jahre zwischen ihrem 16. und 18. Lebensjahr zu betreuen hatte (*BAG* 15.4.1999 EzA § 620 BGB Nr. 164). Damit ist ein **allgemeiner Verschleiß durch längere Ausübung des Berufs nicht geeignet eine Befristung zu begründen**; vielmehr muss es sich um die Gefahr eines Verschleißes im persönlichen Verhältnis zwischen Trainer und einzelnen Sportlern handeln (*Annuß/Thüsing/Maschmann* Rn 46; APS-*Backhaus* Rn 419; *Arnold/Gräfl* Rn 183 f.; krit. *Beckmann/Beckmann* SpuRt 2011, 236, 238, 240, die dafür eintreten Trainern und Sportlern im Spitzensport den Arbeitnehmerstatus zu nehmen und sie als Dienstnehmer zu behandeln). 336

Diese Rspr. hat Anerkennung (*Dieterich* NZA 2000, 857), aber auch Kritik erfahren (*Fenn* JZ 2000, 347; *Beathalter* FS Fenn, 2000, S. 27; *Horst/Persch* RdA 2006, 167 ff.; *Zindel* Befristung mit Trainern im Spitzensport 2006, S. 371). Zuzugeben ist, dass der **Erfolg eines Trainers** ebenso wie die eines **Spitzensportlers** im Profi-Bereich (s.a. Rdn 342) für die Zukunft im Ungewissen liegt und **bei Abschluss des Arbeitsvertrages schwer abschätzbar** ist (*ArbG Bln.* 14.5.1979 DB 1980, 111; *Fenn* JZ 2000, 348 f.). Doch kann gesagt werden, dass allen Ungewissheitstatbeständen die objektive Eignung der Befristung immanent ist; es bleibt dann allenfalls die zulässige Dauer der Befristung offen (*Beathalter* FS Fenn, 2000, S. 41). Demgegenüber wendet *Dieterich* (NZA 2000, 861) ein, dass der Befristungsgrund deutlicher hervortreten und mit der Befristungsdauer übereinstimmen müsse: Sportarbeitgeber dürften keinesfalls frei sein, nach Belieben ohne Rücksicht auf den gesetzlichen Arbeitsplatzschutz Trainer in **Kettenarbeitsverträgen** zu beschäftigen. Noch weitergehend streiten *Horst/Persch* dafür, einen »Verschleißtatbestand« im Spitzensport mangels nachvollziehbarer Zurechnung von Misserfolgen nicht anzuerkennen (ebenso *Beckmann/Beckmann* SpuRt 2011, 236, 238.; krit. *Katzer/Frodl* NZA 2015, 657, 659 f.). Sie verweisen als Ausweg auf Aufhebungsvereinbarungen und Abfindungszahlungen im Zusammenhang mit Auflösungsanträgen nach § 9 Abs. 1 S. 2 KSchG (RdA 2006, 166, 171; ebenso nunmehr auch *P. Bruns* NZA 2008, 1269, 1273, der jegliche Befristungsmöglichkeit im Trainerbereich verneint). 337

Jede Fallgestaltung ist im Einzelnen zu prüfen. So kann das **besondere Kommunikationsverhältnis zwischen Trainer und dem einzelnen betreuten Sportler oder der zu betreuenden Mannschaft im Bereich des Spitzensports** weiterhin die Befristung von Arbeitsverträgen rechtfertigen (ebenso MüKo-*Hesse* Rn 51; *Backhaus* Rn 297 mwN). Die Entscheidungen des *BAG* vom 29.10.1998 und 15.4.1999 (EzA § 620 BGB Nr. 158, EzA § 620 BGB Nr. 164) sind schließlich nur zu Sachverhalten ergangen, die eine **routinemäßige Trainingstätigkeit** mit wechselnden betreuten Sportlern zum Inhalt hatten. Hier auf die nachlassende Motivationskraft des Trainers abzustellen, konnte deshalb nicht überzeugen. Anders sieht es dagegen **bei Trainern aus, die einzelne Spitzensportler oder Spieler im Profimannschaftssport längerfristig betreuen sollen**. Hier kann die **Gefahr nachlassenden Erfolges** eine Rolle spielen (HWK-*Rennpferdt* Rn 90 f.; dazu krit. *Staudinger/Preis* [2019] § 620 BGB Rn 123; *Zindel* Befristung mit Trainern im Spitzensport 2006, S. 371; *Blang* Befristung mit Lizenzspielern und Trainern Diss. 2009, S. 119 f.). 338

Es entspricht der **Auffassung verständiger und verantwortungsbewusster Vertragspartner eine Befristung mit einem Sporttrainer abzuschließen**, wenn dieser Sportler betreuen soll, die auf die mit 339 einem Wechsel des Trainers verbundenen veränderten Umstände angewiesen sind. Abzustellen ist in diesem Zusammenhang allein darauf, dass die übliche Befristung von Sporttrainern dann wegen ihrer **extremen Erfolgsabhängigkeit** ihrerseits von einem sachlich rechtfertigenden Grund getragen wird (ähnlich wohl HaKo-KSchR/*Mestwerdt* Rn 120 f.; *Lakies* Befr. Arbeitsverträge Rn 294 f.;). Insoweit ergeben sich von den Sachverhalten her **Parallelen zum künstlerischen Personal** an einer Bühne, das ebenfalls immer nur für einen **Spielplan** verpflichtet wird (vgl. LAG RhPf 17.2.2016 NZA 2016, 699, Rn 77 f.; krit. LS-*Schlachter* Rn 60; *dies.* FamRZ 2006, 155, 158 zum Abwechselungsbedürfnis des Publikums). Ein Abwechselungsinteresse des Publikums besteht im Spitzensport ebenfalls (LAG Nbg. 28.3.2006 – 7 Sa 405/05; MHH-TzBfG/*Meinel* Rn 123; *Katzer/Frodl* NZA 2015, 657, 659 f.). Es **fehlt** indessen zu einer wertgleichen Begründung für Befristungen im Sportbereich der entsprechende **verfassungsrechtliche** und tarifvertragliche **Hintergrund**. Eine Abwägung aus den Grundrechten des Arbeitgebers zu Art. 5 GG kann nicht stattfinden.

340 Die Berechtigung Sachgrundbefristungen bei Sporttrainern einzusetzen, kann jedenfalls nicht mit der **Üblichkeit** in der Praxis der Vergangenheit gerechtfertigt werden (s. Rdn 301). Ansonsten würde die **Praxis einen Sachgrund schaffen** und die Befristungskontrolle aushebeln können (*Dörner* Befr. Arbeitsvertrag Rn 387; *Dieterich* NZA 2000, 857, 859; ähnlich *Beckmann/Beckmann* SpuRt 2011, 236, 239). Das wäre angesichts der **Schutzpflichten aus Art. 12 GG** nicht vertretbar (ArbRBGB-*Dörner* § 620 BGB Rn 151; offener *Strake* RdA 2018, 46; *Boemke/Jäger* RdA 2017, 20; *Walker* NZA 2016, 657, jeweils mwN). Der **Profisport** würde sich mit seiner Praxis eigene Rechtfertigungsgründe setzen. Hierfür wird neuerdings als ungeschriebener Sachgrund die **Struktur des Arbeitsmarkts »Profisport«** ins Feld geführt (*Katzer/Frodl* NZA 2015, 657, 660 f.). Anstelle einer verfassungsrechtlichen Privilegierung wie im Bereich Kunst und Medien soll die gemeinschaftsrechtliche Berücksichtigung der **Besonderheiten des Sports in Art. 165 AEUV** (*Persch* NZA 2010, 986 und *Katzer/Frodl* NZA 2015, 657, 661 unter Hinw. auf EuGH 16.3.2010 NZA 2010, 346 **Olympique Lyonnais**) hier Befristungen erleichtern.

341 Der Sachgrund nach Nr. 4 vermag dennoch befristete Verträge mit Trainern rechtfertigen, soweit die Sportarbeitgeber in der Lage sind, für das **Aufgabenfeld des Trainers** die Gefahr einer nachlassenden Leistung und Motivation für die betreuenden Spitzensportler aufzuzeigen (LAG RhPf 8.4.2007 – 3 Sa 758/07). Die **Darlegungspflichten des Arbeitgebers** hierzu dürfen nicht überzogen werden, insbes. dann nicht, wenn den Trainern außerordentlich **hohe Gehälter** zufließen und sie deshalb mit den Stars im Unterhaltungsgewebe in Funk und Fernsehen gleichzusetzen sind (DDZ-*Wroblewski* Rn 101, der von einer »Prekaritätsprämie« spricht; ebenso *Annuß/Thüsing/Maschmann* Rn 46). Davon ist bspw. bei Trainern von Fußballmannschaften in der **ersten Bundesliga** ohne weiteres auszugehen. Andererseits soll die möglicherweise bestehende **Parität in der Verhandlungsposition** des Sportlers und Trainers und des Vereins den anzuwendenden **Prüfungsmaßstab bei der Befristungskontrolle** nicht einschränken (BAG 4.12.2002 EzA § 620 BGB 2002 Bedingung Nr. 1). Inwieweit die vom BAG anerkannte Sachgrundbefristung eines Lizenzspielers (BAG 16.1.2018 EzA § 14 TzBfG Eigenart der Arbeitsleistung Nr. 5, Rn 18) auf den **Trainerbereich ausstrahlt**, bleibt aufgrund des unterschiedlichen Tätigkeitsbereichs **offen**. Im Zweifel wird es daher nur eingeschränkt rechtswirksame Befristungsmöglichkeiten mit Sporttrainern geben (*Bruns, P.* NZA 2008, 1269, 1274), soweit man es nicht bei **einer sachgrundlosen Befristung** des Arbeitsvertrages nach § 14 Abs. 2 TzBfG bewenden lässt.

342 Der **Abschluss von befristeten Verträgen mit Profileistungssportlern** ist **ähnlich** zu bewerten wie von **Solisten im Bühnenbereich** (zust. MüKo-*Hesse* Rn 51; MHH-*Meinel* Rn 123; HaKo-KSchR/*Mestwerdt* Rn 123; *Dörner* Befr. Arbeitsvertrag Rn 391 f.), allerdings ohne verfassungsrechtlichen Flankenschutz (vgl. Rdn 324, 340 a.E.). Ein neuer Trainer muss zB die Möglichkeit haben, seine sportlichen Vorstellungen mit den ihm geeignet erscheinenden Sportlern umzusetzen; dies setzt deren **erleichterte Ablösung** voraus (s. Rdn 338). Den Wunsch sich vom Verein zu trennen, kann ein Spitzensportler oder -trainer indessen durch eigene Kündigung umsetzen (*Beckmann/Beckmann* SpuRt 2011, 236, 240). Auch hier ist an die (altersbedingte) Minderung der Leistungsfähigkeit des Profisportlers und das Abwechselungsbedürfnis des Publikums zu denken (s. Rdn 334 ff.;

ErfK-*Müller-Glöge* Rn 44). Das BAG hat mit seiner Entscheidung vom 16.1.2018 (EzA § 14 TzBfG Eigenart der Arbeitsleistung Nr. 5, Rn 18) die **Befristung von Lizenzspielern** der Fußball-Bundesliga wegen der **Eigenart der Arbeitsleistung nach § 14 Abs. 1 S. 2 Nr. 4 TzBfG als sachlich gerechtfertigt** anerkannt. Im kommerzialisierten und öffentlichkeitsgeprägten Spitzenfußballsport würden von einem Lizenzspieler im Zusammenspiel mit der Mannschaft **sportliche Höchstleistungen** erwartet und geschuldet, die dieser **nur für eine begrenzte Zeit** erbringen könne. Diese Besonderheit begründe idR ein berechtigtes Interesse an der Befristung des Arbeitsverhältnisses (*Schulz* NZA-RR 2016, 460; *Walker* NZA 2016, 657; ebenso für Lizenzspieler in Fußball-Regionalliga ArbG Köln 19.10.2017 – 11 Ca 4400/17, m. Anm. *Kossens* jurPR-ArbR 4/2018 Anm. 3). **Unionsrechtlich** bestünden **keine Bedenken**. Die Rahmenvereinbarung erkennt ausweislich des zweiten und des dritten Absatzes ihrer Präambel sowie der Nr. 8 und Nr. 10 ihrer Allgemeinen Erwägungen an, dass befristete Arbeitsverhältnisse für die Beschäftigung in bestimmten Branchen oder bestimmten Berufen und Tätigkeiten charakteristisch sein können (*BAG* EzA § 14 TzBfG Eigenart der Arbeitsleistung Nr. 5, Rn 24).

Nachdem die Befristungskontrolle nicht mehr auf eine Umgehung des Kündigungsschutzes abstellt und die **auflösende Bedingung nach § 21 TzBfG** der Zeit- und Zweckbefristung gleichbehandelt werden soll, ist auch zu erwägen, ob der Vertrag eines Fußballspielers an den **Fortbestand der Lizenz** seines Vereins geknüpft werden darf (*BAG* 4.12.2002 EzA § 620 BGB 2002 Bedingung Nr. 1 im Fall eines Bundesligatrainers; 9.7.1981 EzA § 620 BGB Bedingung Nr. 1; KR-*Lipke/Bubach* § 21 TzBfG Rdn 37 f.; *Arnold/Gräfl* Rn 188). Eine solche auflösende Bedingung wäre jedenfalls unbedenklich, wenn sie im **Interesse des Arbeitnehmers** liegt oder auf seinen Wunsch hin zustande kommt (ähnlich *Dörner* Befr. Arbeitsvertrag, Rn 391 f.; *Runkel* BB 2017, 1209; aA APS-*Backhaus* Rn 423 unter Hinweis auf *LAG Düsseld.* 26.5.1995 LAGE § 620 BGB Bedingung Nr. 5). Eine Überwälzung des Beschäftigungsrisikos vom Verein auf den Arbeitnehmer in Form einer **Abstiegsklausel** soll dagegen unzulässig sein (*Dörner* Befr. Arbeitsvertrag Rn 392; vgl. auch *LAG Düsseld.* 20.11.2008 – 11 SaGa 23/08, Abstieg eines Fußballvereins kein Fall für eine mit dem Sachgrund der Nr. 4 unterfütterte auflösende Bedingung; aA MHH-TzBfG/*Meinel* Rn 124 unter Hinw. auf den »Sportmarkt«; erwägenswert).

Eine Befristung von Profifußballern mit Vertragsverlängerungsoption verstößt jedenfalls weder gegen Art. 12 GG noch gegen unionsrechtlich geschützte **Freizügigkeit in Art. 45 AEUV** (vgl. auch *EuGH* 16.3.2010 NZA 2010, 346 **Olympique Lyonnais**). Die **Befristung mit Verlängerungsoption** kann sich nämlich als sachgerechter Ausgleich für beide Arbeitsvertragsparteien darstellen, da infolge schnell verändernder Umstände weder der Verein noch der Profisportler ein Interesse an einer längerfristigen arbeitsvertraglichen Bindung haben dürften (vgl. *BAG* 4.12.2002 EzA § 620 BGB 2002 Bedingung Nr. 1; *LAG Köln* 13.8.1996 LAGE Art. 48 EWG-Vertrag Nr. 2; *LAG Köln* 20.11.1998 LAGE § 611 BGB Berufssport Nr. 11; LS-*Schlachter* Rn 60; *Runkel* BB 2017, 1209; aA *Kindler* NZA 2000, 744). Vgl. dazu ausf. *Blang* Befristung mit Lizenzspielern und Trainern, Diss. 2009. Ein Ausweg könnte eine **tarifvertragliche Ausweitung sachgrundloser Befristungen** nach § 14 Abs. 2, Satz 3 und 4 TzBfG sein, soweit sich Spielergewerkschaften und Profivereine darauf einigen (*Urban-Crell* DB 2015, 1413; vgl. auch *Fischinger/Reiter* NZA 2016, 661, 665, Ausweitung TzBfG oder Sport-ZeitVG).

5. Erprobung (Abs. 1 S. 2 Nr. 5)

a) Allgemeines

Der **Schulfall** eines zulässigen Zeitvertrages, der durch in der Person des Arbeitnehmers liegende Gründe sachlich gerechtfertigt ist, bleibt **der befristet abgeschlossene Arbeitsvertrag zur Erprobung.** Der Arbeitgeber hat einerseits ein berechtigtes Interesse daran, vor einer längeren Bindung die fachliche und persönliche Eignung des Arbeitnehmers kennen zu lernen und zu erproben. Eine Erprobung ist umfassend zu verstehen. Sie beschränkt sich nicht darauf, die Arbeitsleistung des Arbeitnehmers beurteilen zu können, sondern soll dem Arbeitgeber auch Gelegenheit geben, die Zuverlässigkeit und Pünktlichkeit sowie die Zusammenarbeit mit Kollegen zu überprüfen (*BAG*

24.1.2008 EzA § 622 BGB 2002 Nr. 4; *LAG Hamm* 13.3.1992 LAGE § 620 BGB Nr. 29). Dem Arbeitnehmer wird andererseits Gelegenheit gegeben, darüber zu entscheiden, ob ihm die Arbeitsabläufe und -umstände im Betrieb und an seinem Arbeitsplatz genehm sind. Demgemäß hat das befristete Probearbeitsverhältnis spätestens seit der Entscheidung des Großen Senats des *BAG* vom 12.10.1960 Anerkennung gefunden (st. Rspr. *BAG* GS 12.10.1960 EzA § 620 BGB Nr. 2; 31.8.1994 EzA § 620 BGB Nr. 127; 23.6.2004 EzA § 14 TzBfG Nr. 10; APS-*Backhaus* Rn 135, 360; *Dörner* Befr. Arbeitsvertrag Rn 167; *Staudinger/Preis* [2019] § 620 BGB Rn 124 ff.; ErfK-*Müller-Glöge* Rn 49 f.; *Schaub/Koch* § 40 Rn 34; *Annuß/Thüsing/Maschmann* Rn 48; *Arnold/Gräfl* Rn 192 f.; HWK-*Rennpferdt* Rn 92; LS-*Schlachter* Rn 62; *Wiedemann* FS Lange, S. 401; *Schwerdtner* ZIP 1983, 406 f.; aA *Preis/Kliemt* AR-Blattei SD 1270 Rn 66).

346 Zwar ist es richtig, dass eine wechselseitige **Erprobung** der Arbeitsvertragspartner ebenso **im Rahmen eines unbefristeten Arbeitsvertrages** (sog. Probezeit) stattfinden kann, zumal in den ersten 6 Monaten dem Arbeitgeber in jedem Fall die ordentliche Kündigung ohne soziale Rechtfertigung zur Seite steht (*ArbG Münster* 21.10.1982 BB 1983, 504; DDZ-*Wroblewski* Rn 107; *Moritz* BB 1978, 668 f.; *Linder* DB 1975, 2082, 2086). Bei einer solchen Vertragsgestaltung kann indessen ein **Sonderkündigungsschutz** eintreten (zB § 17 MuSchG), der den Arbeitgeber hindert – trotz erkannter fehlender Eignung des Arbeitnehmers – sich aus dem Arbeitsverhältnis zu lösen. Auch die Gelegenheit im Rahmen einer sachgrundlosen Erstbefristung **nach § 14 Abs. 2 TzBfG** den Arbeitnehmer mehr als nur zu »erproben«, macht die Sachgrundbefristung nach § 14 Abs. 1 S. 2 Nr. 5 TzBfG nicht entbehrlich, selbst wenn sich dadurch an sich »unerwünscht lange« Testzeiträume bis zu zwei Jahren ergeben (vgl. Rdn 354 ff.; aA AR-*Schüren/Moskalew* Rn 38, die nur noch einen minimalen Anwendungsbereich erkennen). Steht die Erprobung zwischen den Arbeitsvertragsparteien als alleiniger Sachgrund außer Frage (s. Rdn 163 ff., 169), so kann die unverhältnismäßig lange Dauer der Befristung bis zu zwei Jahren als **eine funktionswidrige Umgehung von Nr. 5** gesehen werden (HaKo-KSchR/*Mestwerdt* Rn 128; *Dörner* Befr. Arbeitsvertrag Rn 177; DDZ-*Wroblewski* Rn 119) und in der Rechtsfolge ein unbefristetes Arbeitsverhältnis nach § 16 S. 1 TzBfG begründet werden. Hat bereits ein Arbeitsverhältnis zu demselben Arbeitgeber bestanden, ist aber der Arbeitnehmer **noch nicht in der vorgesehenen,** sondern einer **anderen Beschäftigung erprobt** worden, kann zu diesem Zweck nach Nr. 5 mit Sachgrund das Arbeitsverhältnis **erneut befristet** werden (*BAG* 23.6.2004 EzA § 14 TzBfG Nr. 10; *Annuß/Thüsing/Maschmann* Rn 48; *Staudinger/Preis* [2019] § 620 BGB Rn 124; LS-*Schlachter* Rn 65). Eine erneute Erprobung mit Sachgrund ist ferner (bei Wiedereinstellung) vorstellbar, wenn bei zwischenzeitlich eingeschränktem **Gesundheitszustand** überprüft werden muss, ob der Arbeitnehmer den Arbeitsplatzanforderungen nun gewachsen ist (*BAG* 2.6.2010 EzA § 14 TzBfG Nr. 68, Rn 19; 7.8.1980 AP Nr. 15 zu § 620 BGB Probearbeitsverhältnis; LS-*Schlachter* Rn 65; HWK-*Rennpferdt* Rn 95). Dagegen **sind Vorbeschäftigungszeiten**, in denen der Arbeitnehmer mit den **gleichen Arbeitsaufgaben** betraut war, regelmäßig bei der zulässigen Erprobungsdauer iSv § 14 Abs. 1 S. 2 Nr. 5 TzBfG zu berücksichtigen *(BAG* 25.10.2017 EzA § 14 TzBfG Erprobung Nr. 1, Rn 21, Orchestermusiker).

347 Die **Schaffung eines eigenständigen Sachgrundes der Erprobung** lässt sich **neben** den in **Nr. 6** angeführten in der Person des Arbeitnehmers liegenden Gründen zur Befristung nur damit erklären, dass dem Gesetzgeber daran gelegen war, diesen Prototyp der Befristung noch einmal hervorzuheben. **Systematisch hätte die Erprobung auch unter Nr. 6 eingereiht werden können** (zutr. ArbRBGB-*Dörner* Rn 153). Zweifelsfälle, ob es sich um ein befristetes Probearbeitsverhältnis oder um ein unbefristetes Arbeitsverhältnis mit vorgeschalteter Probezeit handelt (vgl. *BAG* 30.9.1981 EzA § 620 BGB Nr. 54; *LAG Köln* 8.11.1981 DB 1990, 1288; vgl. dazu auch *Wilhelm* NZA 2001, 821 f.) dürften aufgrund der **formbedürftigen Befristungsabrede** nach Abs. 4 nicht mehr eintreten. Die sachliche Rechtfertigung der Befristung zur **Erprobung** scheitert nicht daran, dass sie **mit einem Arbeitnehmer** abgeschlossen wurde, **der besonders zu schützen ist** (Schwerbehinderte, Auszubildende, Schwangere; vgl. dazu *BAG* 16.3.1989 EzA § 1 BeschFG Nr. 7; *LAG Hamm* 6.6.1991 LAGE § 620 BGB Nr. 25, 13.3.1992 LAGE § 620 BGB Nr. 29; MHH-TzBfG/*Meinel* Rn 138; MüKo-*Hesse* Rn 54). Beruft sich der Arbeitgeber später auf die Befristung, weil **inzwischen eine Schwangerschaft oder eine Schwerbehinderung eingetreten** ist, so berührt dies die Wirksamkeit

der Befristung nicht, da es auf die Umstände bei Abschluss des befristeten Arbeitsvertrages ankommt (s. Rdn 73 ff., 127; weitergehend insoweit LS-*Schlachter* Rn 63, bei Zusage des Arbeitgebers, bei Eignung übernommen zu werden). Dem kann nur ein **Vertrauensschutz** entgegenstehen, der sich auf vom Arbeitgeber gesetzte Umstände gründet (*BAG* 16.3.1989 EzA § 1 BeschFG Nr. 7; *LAG Bln.-Bra.* 8.5.2007 LAGE § 14 TzBfG Nr. 37, bei Verhinderung der Eignungsfeststellung durch den Arbeitgeber; s. Rdn 364 f.). Im Fall einer Diskriminierung iSv § 7 AGG kommen allein Schadensersatzansprüche in Betracht (vgl. *BAG* 13.8.2008 EzA § 14 TzBfG Nr. 52, Rn 20, 51 ff.; näher dazu s. Rdn 362, 364).

Die befristete Erprobung rechtfertigt sich regelmäßig dadurch, dass der **Arbeitgeber im Falle der Bewährung eine längerfristige**, nur im Wege der Kündigung zu beseitigende **arbeitsvertragliche Bindung** beabsichtigt (*BAG* 12.9.1996 EzA § 620 BGB Nr. 144; HaKo-TzBfG/*Boecken* Rn 90). Es bestehen keine Bedenken, auch in einem **befristeten Arbeitsverhältnis mit Sachgrund eine Erprobungsbefristung vorzuschalten** (*BAG* 4.7.2001 EzA § 620 BGB Kündigung Nr. 4; *Boewer* Rn 165; ErfK-*Müller-Glöge* Rn 49; *Blomeyer, M.* NJW 2008, 2814; *Brachmann* AuA 2014, 20, 23; aA APS-*Backhaus* Rn 257; DDZ-*Wroblewski* Rn 106; *Sievers* Rn 357; *Rolfs* Rn 40). Der Abschluss eines unbefristeten Arbeitsvertrages im Anschluss an die erfolgreiche Erprobung ist nicht zwingend. So kann eine auf vier Jahre ausgelegte **Projektbefristung** durchaus mit einer vorgeschalteten sechsmonatigen Erprobungsbefristung verknüpft werden, da der Arbeitgeber erfahren muss, ob er für das Projekt geeignete Mitarbeiter gewonnen hat. Der Sachgrund der Erprobung ist dann nicht vorgeschoben. Doch fehlt es an einem sachlichen Grund für die Befristung, wenn dem **Arbeitgeber die Eignung des Arbeitnehmers schon aus einer vorhergehenden Beschäftigung bekannt ist** (*BAG* 25.10.2017 EzA § 14 TzBfG Erprobung Nr. 1, Rn 21; 2.6.2010 EzA § 14 TzBfG Nr. 68, Rn 16; *LAG Köln* 5.6.2013 – 3 Sa 1002/12; *Hromadka* BB 2001, 624; *Schiefer* DB 2011, 1164, 1168; *Bauer* NZA 2011, 241, 246; DDZ-*Wroblewski* Rn 109; APS-*Backhaus* Rn 364, der eine zulässige neue Erprobung nach zwischenzeitlich gemindertem Gesundheitszustand befürwortet). In diesem Fall kann der Arbeitgeber die Fähigkeiten des Arbeitnehmers bereits voll beurteilen. Mit der Zielsetzung einer vorangehenden Erprobung verträgt es sich ebenso wenig, danach eine **Anschlussbefristung nach Nr. 2** zuzulassen. Dagegen ist in Ausnahmefällen eine weitere Befristung **als »soziale Überbrückungsmaßnahme (Nr. 6)«** denkbar (vgl. auch *Plander* ZTR 2001, 500). 348

Anders ist es dagegen zu beurteilen, wenn der Arbeitnehmer eine **neue Position mit anderen Anforderungen** übernehmen soll **oder neue Umstände** an seiner Eignung zweifeln lassen (längere Krankheit, erhebliche Vertragsverletzung, vorangehende Beendigung des Arbeitsverhältnisses wegen Alkoholmissbrauchs; vgl. *BAG* 2.6.2010 EzA § 14 TzBfG Nr. 68, Rn 19, Verlängerung der Erprobung wegen nachträglicher Feststellung eines Aufmerksamkeitsdefizitsyndroms; *LAG MV* 25.3.2014 – 2 Sa 216/13; *LAG Köln* 24.8.2007 LAGE § 14 TzBfG Nr. 37a, 5.3.1998 MDR 1998, 1298, nach Entziehungskur; *Schaub/Koch* § 40 Rn 34; AR-*Schüren/Moskalew* Rn 39, Bewährungschance nach zuvor wegen Vertragspflichtverletzung gekündigtem Arbeitsverhältnis; *Annuß/Thüsing/Maschmann* Rn 51; HWK-*Rennpferdt* Rn 95). Gleiches gilt, wenn nach beendetem befristetem Arbeitsverhältnis eine erneute **Befristung mit anderem Aufgabenkreis** abgeschlossen wird und für dieses Tätigkeitsfeld eine Erprobung vorgesehen ist, da auf die bisherigen Erfahrungen mit dem Arbeitnehmer hierzu nicht zurückgegriffen werden kann (*BAG* 19.11.2019 EzA § 14 TzBfG Erprobung Nr. 2, Rn 28; 25.10.2017 EzA § 14 TzBfG Erprobung Nr. 1, Rn 12; *LAG Köln* 30.6.2017 – 4 Sa 939/16; *LAG Düsseld.* 18.9.2003 LAGE § 14 TzBfG Nr. 12). Die **befristete Erprobung im bestehenden unbefristeten Arbeitsverhältnis** führt dagegen bei einem Scheitern nicht zu dessen Beendigung, sondern nur zur Weiterbeschäftigung auf dem alten Arbeitsplatz. Nach einem **Betriebsübergang** kann keine Erprobungsbefristung stattfinden, da das Arbeitsverhältnis fortgesetzt wird und eine befristete Erprobung dem über § 613a BGB vermittelten Schutz widerspräche (*BAG* 17.10.1990 – 7 AZR 614/89). 349

Eine **tariflich vorgesehene Probezeit** in einem unbefristeten Arbeitsverhältnis (zB §§ 2 Abs. 4, TVöD) **verbietet nicht ein befristetes Probearbeitsverhältnis** (*BAG* 4.7.2001 EzA § 620 BGB Kündigung Nr. 4; 31.8.1994 EzA § 620 BGB Nr. 127; *LAG Düssel.* 18.9.2003 LAGE § 14 350

§ 14 TzBfG Zulässigkeit der Befristung

TzBfG Nr. 12), legt dafür aber unter Umständen zur Dauer der Erprobung eine **Höchstfrist** fest. Bei Übernahme in ein Arbeitsverhältnis im unmittelbaren **Anschluss an das Ausbildungsverhältnis** ist keine befristete Erprobung mit Sachgrund möglich, da der Arbeitgeber den Arbeitnehmer kennt (MHH-TzBfG/*Meinel* Rn 131; *Boewer* Rn 166; aA HaKo-KSchR/*Mestwerdt* Rn 127 wegen der unterschiedlichen Anforderungen in Ausbildung und Praxis unter Hinw. auf *BAG* 30.9.1981 EzA § 620 BGB Nr. 54), es sei denn es geht um ein ausbildungsfremdes **anderes Einsatzgebiet oder eine höherqualifizierte Tätigkeit** (vgl. *BAG* 23.6.2004 EzA § 14 TzBfG Nr. 10; *LAG Bln.-Bra.* 8.5.2007 LAGE § 14 TzBfG Nr. 37; APS-*Backhaus* Rn 364; ErfK-*Müller-Glöge* Rn 50; *Böhm* RdA 2005, 366). Eine **vorangegangene Berufsausbildung** erlaubt deshalb nur dann eine Probezeitbefristung, wenn die Arbeitsinhalte sich verändern oder der veränderte Arbeitsdruck im Rahmen eines Arbeitsverhältnisses ausgetestet werden soll (insoweit zutr. HaKo-KSchR/*Mestwerdt* Rn 127; aA KDZ-*Däubler* 7. Aufl., Rn 87, MHH-TzBfG/*Meinel* Rn 131, 136, *Boewer* Rn 166, LS-*Schlachter* Rn 65, die auf die mögliche Beobachtung in der Ausbildungszeit abstellen; *Sievers* Rn 363, der auf die in der Ausbildung vermittelten Kenntnisse abstellen will). Verbleibt es bei der erlernten Tätigkeit, steht dem Arbeitgeber schließlich noch als Sachgrund eine **befristete Anschlussbeschäftigung nach Nr. 2** zur Verfügung (s. Rdn 236). Für den Bereich des **TVöD** wird dies so in § 2 Abs. 4 S. 2 bestimmt (vgl. dazu *BAG* 2.6.2010 EzA § 14 TzBfG Nr. 68). Davon zu trennen sind Probezeiten innerhalb einer Befristung mit oder ohne Sachgrund. Diese können tariflich unterschiedlich gestaffelt sein. § 30 Abs. 4 TVöD legt 6 Wochen für sachgrundlose und 6 Monate für sachgrundbezogene Befristungen als »interne« Probezeit fest (*Fritz* ZTR 2006, 2, 8).

351 **Die erfolgreiche Erprobung nach Nr. 5** vermittelt **keinen Anspruch** des Arbeitnehmers gegen den Arbeitgeber, **das Arbeitsverhältnis nach Befristungsablauf fortzusetzen** (*BAG* 26.4.1995 EzA § 620 BGB Nr. 133; 26.8.1998 EzA § 620 BGB Nr. 153; HWK-*Rennpferdt* Rn 97; HaKo-KSchR/*Mestwerdt* Rn 133; *Dörner* Befr. Arbeitsvertrag Rn 168; nur bei Selbstbindung des Arbeitgebers durch Zusage). Vgl. dazu näher Rdn 361 ff. Von daher kann der in Nr. 5 genannte **Erprobungszweck** auch einen Sachgrund für eine **auflösende Bedingung** nach § 21 TzBfG setzen, wenn nur bei gesundheitlicher Eignung in Form eines ärztlichen Attests die Fortsetzung des Arbeitsverhältnisses möglich ist (zB Öffentl. Dienst; *Hess. LAG* 8.12.1994 LAGE § 620 BGB Bedingung Nr. 4).

352 Nach früher herrschender Rechtsauffassung trug der **Befristungsgrund** der Erprobung nur dann, wenn die **Erprobung Vertragsinhalt** geworden und das **Motiv des Arbeitgebers**, den Arbeitnehmer für eine in Aussicht genommene Dauerbeschäftigung zu erproben, für den Arbeitnehmer erkennbar war (*BAG* 31.8.1994 EzA § 620 BGB Nr. 127; *Wilhelm* NZA 2001, 821 f). Da – mit Ausnahme der Zweckbefristung und der auflösenden Bedingung – nach § 14 Abs. 4 nur die **Befristungsabrede** zu treffen, nicht aber der Befristungsgrund zu benennen ist (*LAG Düsseld.* 18.9.2003 LAGE § 14 TzBfG Nr. 12), lässt sich nicht mehr erklären, warum daran festgehalten werden sollte. Dem hat sich nun auch das *BAG* mit seiner Entscheidung vom 23.6.2004 (EzA § 14 TzBfG Nr. 10) angeschlossen und die notwendige Benennung des Sachgrundes »Erprobung« für die Zukunft verneint. Danach kommt es hier wie bei allen anderen Befristungsgründen nur auf die **förmliche Befristungsabrede** (§ 14 Abs. 4 TzBfG) und im Übrigen allein auf das **objektive Bestehen des jeweiligen Sachgrundes** an, den der Arbeitgeber nachzuweisen hat. (s. Rdn 165; APS-*Backhaus* Rn 362; *Dörner* Befr. Arbeitsvertrag Rn 173; HaKo-KSchR/*Mestwerdt* Rn 126; ErfK-*Müller-Glöge* Rn 49, 20; *Staudinger/Preis* [2019] § 620 BGB Rn 127; *Bader Bader* [2014] § 620 BGB Rn 185 f.; LS-*Schlachter* Rn 64). Es liegt beim **Arbeitgeber**, den in Anspruch genommenen **Sachgrund »Erprobung«** darzulegen und zu beweisen. Von daher ist eine **Angabe des Befristungsgrundes** der Erprobung zu Beweiszwecken weiterhin sinnvoll (aA *Blomeyer, M.* NJW 2008, 2815), aber **nicht mehr erforderlich**.

353 Indessen ist auch hier das **Transparenzgebot** zu beachten (*LAG Bln.-Bra.*15.1.2013 NZA-RR 2013, 459, überraschende Befristungsabrede; §§ 305c Abs. 1, 307 Abs. 1 BGB). Soweit **innerhalb einer Befristung** eine **weitere Befristung zur Erprobung** arbeitsvertraglich vorgesehen ist, muss sie für den Arbeitnehmer erkennbar **drucktechnisch hervorgehoben** werden; ansonsten wird sie nicht Vertragsbestandteil (*BAG* 16.4.2008 EzA § 305c BGB 2002 Nr. 14). Eine Befristung nach Nr. 5 ist

nicht getroffen, wenn in einem Arbeitsvertrag nur eine »**Probezeit**« vereinbart worden ist, da diese sich regelmäßig auf den Beginn eines unbefristeten Arbeitsverhältnisses bezieht und die Möglichkeit des § 622 Abs. 3 BGB nutzt. Insoweit ist die lediglich »vorgeschaltete« Probezeit von dem befristeten Probearbeitsverhältnis strikt zu trennen (*Staudinger/Preis* [2019] § 620 BGB Rn 126).

b) Dauer der Erprobung

Die Dauer der befristeten Erprobung muss in einem **angemessenen Verhältnis zu der in Aussicht genommenen Tätigkeit** stehen. Anders als bei einer Probezeit innerhalb eines unbefristet abgeschlossenen Arbeitsverhältnisses hat hier immer eine **einzelfallbezogene Angemessenheitsprüfung** zur Bemessung der Zeitspanne des befristeten Probearbeitsverhältnisses stattzufinden (zutr. *Blomeyer, M.* NJW 2008, 2815 f.). Sie steht deshalb nicht im Belieben des Arbeitgebers, sondern hat sich daran zu orientieren, welche **Anforderungen der Arbeitsplatz stellt und welches Fähigkeitsprofil des Arbeitnehmers** zu ergründen ist. Eine zeitliche Vorgabe für die Zeitdauer eines befristeten Probearbeitsverhältnisses gibt es aber nicht (*Dörner* Befr. Arbeitsvertrag Rn 176; *Annuß/Thüsing/Maschmann* Rn 50; HaKo-TzBfG/*Boecken* Rn 92). Anhaltspunkte für den zeitlichen Rahmen, in dem befristete Arbeitsverhältnisse zulässig sind, ergeben sich aus **§ 1 KSchG**, weil es sich bei der Wartezeit von **6 Monaten** sachlich um eine gesetzliche Probezeit handelt (*BAG* 19.11.2019 EzA § 14 TzBfG Erprobung Nr. 2, Rn 28; 15.3.1978 EzA § 620 BGB Nr. 34; *LAG MV* 25.3.2014 – 2 Sa 216/13; MüKo-*Hesse* Rn 58) und aus **§ 622 Abs. 3 BGB** idF des KündFG vom 7.10.1993 (BGBl. I S. 1668), der eine verkürzte Kündigungsfrist auf eine Probezeit von längstens sechs Monaten begrenzt. In der Zeitspanne der ersten sechs Monate eines Arbeitsverhältnisses kann vom Arbeitgeber regelmäßig erwartet werden, dass er sich darüber schlüssig wird, ob der Arbeitnehmer persönlich und fachlich geeignet ist, die erwarteten Leistungen zu erbringen (*BAG* 2.6.2010 EzA § 14 TzBfG Nr. 68 Rn 16; 24.1.2008 EzA § 622 BGB 2002 Nr. 4; *Berger-Delhey* BB 1989, 977; *Staudinger/Preis* [2019] § 620 BGB Rn 129; ErfK-*Müller-Glöge* Rn 49a; HaKo-KSchR/*Mestwerdt* Rn 128; HWK-*Rennpferdt* Rn 94; *Blomeyer, M.* NJW 2008, 2814). Nur wenn die Eignung während der Dauer von sechs Monaten nicht ausreichend beurteilt werden kann, ist ausnahmsweise ein längeres befristetes Probearbeitsverhältnis zulässig (*Ritter/Rudolf* 25-jähriges Bestehen DAV 2006, S. 378; s. Rdn 356). Zum Verhältnis zu § 14 Abs. 2 TzBfG s. Rdn 360 f.

Branchenüblichkeit oder Person des Arbeitnehmers können längere oder kürzere Probezeiten rechtfertigen. Die gewählte Probezeit hat sich dann am Zweck der Erprobung messen zu lassen. Insoweit schlägt hier ausnahmsweise die **Befristungsdauer** auf den **Sachgrund** der Befristung durch (vgl. *LAG Hamm* 3.3.1995 EzA § 611 BGB Probearbeitsverhältnis Nr. 3; HaKo-KSchR/*Mestwerdt* Rn 128). Die **Prognose des Arbeitgebers** hat sich am konkreten Erprobungszweck (Anforderungsprofil) auszurichten. **Tarifvertragliche Regelungen** geben einen Anhaltspunkt für die Branchenüblichkeit (s. Rdn 357). Besonderheiten in der **Art der Tätigkeit** oder in den persönlichen Eigenschaften des Bewerbers können eine kürzere (zB bei der Einstellung eines ungelernten Arbeiters) oder längere Probezeit (zB bei Einstellungen in den Bereichen künstlerischer oder wissenschaftlicher Tätigkeit; Einstellung als Chefarzt) bedingen (*BAG* 15.3.1978 EzA § 620 BGB Nr. 34; 12.9.1996 EzA § 620 BGB Nr. 143; *Link* BuW 2004, 350; LS-*Schlachter* Rn 66). Erprobungsbefristungen können danach im konkreten Einzelfall **bis zu 18 Monaten** betragen. Vgl. Rdn 358.

Eine **Verlängerung der üblichen Probezeit** ist zB sachlich gerechtfertigt, wenn ein Arbeitnehmer seit vielen Jahren nicht mehr in dem von ihm erlernten Beruf tätig gewesen ist und sich erst wieder einarbeiten und bewähren muss oder wenn der Arbeitnehmer vorbestraft ist und zunächst Bedenken gegen seine persönliche Zuverlässigkeit ausgeräumt werden sollen. Zu diesem Zweck ist es auch möglich, nach Auslaufen des zunächst befristeten Probearbeitsverhältnisses ein weiteres befristetes Arbeitsverhältnis zur Probe anzuschließen. Eine solche **zweite Befristung zur Erprobung** ist indessen nur zuzulassen, wenn mit der ersten Befristung das **zulässige Maß der Erprobungsdauer** noch nicht voll ausgeschöpft wurde (*BAG* 12.9.1996 EzA § 620 BGB Nr. 143; vgl. auch *LAG Bln.-Bra.* 8.5.2007 LAGE § 14 TzBfG Nr. 37; APS-*Backhaus* Rn 370; *Dörner* Befr. Arbeitsvertrag Rn 178; MHH-TzBfG/*Meinel* Rn 134; *Rolfs* Rn 43; *Annuß/Thüsing/Maschmann* Rn 51; *Arnold/*

Gräfl Rn 203; *LS-Schlachter* Rn 67; *Blomeyer, M.* NJW 2008, 2816) oder die **bisherige Nichtbewährung** mit der Aussicht auf eine zu erwartende Leistungssteigerung (*BAG* 2.6.2010 EzA § 14 TzBfG Nr. 68 Rn 19: Erprobungsverlängerung unter Arbeitsassistenz wegen nachträglicher Feststellung eines Aufmerksamkeitsdefizitsyndroms; *LAG Köln* 24.8.2007 LAGE § 14 TzBfG Nr. 37a, Bewährungschance nach zuvor wegen Vertragspflichtverletzung gekündigtem Arbeitsverhältnis) vom Arbeitgeber dargestellt werden kann (zB Leistungshindernisse im familiären Bereich durch Tod, Scheidung, Schwangerschaft oder Krankheit). Längere **Unterbrechungen der Probezeit** können, wenn die Probezeit im Wesentlichen den Interessen des Arbeitnehmers (zB dem Auszubildenden) dient, abhängig von ihrem Sinn und Zweck die Probezeit **verlängern** (*BAG* 15.1.1981 EzA § 13 BBiG Nr. 1; *ArbG Mainz* 10.4.1980 DB 1980, 781). Sie rechtfertigen dann eine weitere Befristung zur Erprobung.

357 Maßstäbe setzen für **branchenübliche Abweichungen** die einschlägigen tarifvertraglichen Bestimmungen; ansonsten bleibt es bei der gesetzlichen Höchstfrist von sechs Monaten (vgl. *BAG* 19.11.2019 EzA § 14 TzBfG Erprobung Nr. 2, Rn 31; 2.6.2010 EzA § 14 TzBfG Nr. 68; 24.1.2008 EzA § 622 BGB 2002 Nr. 4, Rn 16). So sind **verlängerte Probezeiten** im **künstlerischen** und **wissenschaftlichen Bereich** verbreitet (MüKo-*Hesse* Rn 58; LS-*Schlachter* Rn 66). Demgemäß darf nach dem MTV für Arbeitnehmer des Hessischen Rundfunks vom 1.1.1975 für das künstlerisch und für das geistig-wissenschaftlich tätige Personal die **Probezeit bis zu zwölf Monaten** ausgedehnt werden. Eine weitere Befristung zum Zwecke der Erprobung ist dann aber unzulässig (*BAG* 15.3.1978 EzA § 620 BGB Nr. 34). Keine Bedenken bestehen auch gegen eine tariflich zugelassene wiederholte Erprobungsbefristung eines **Konzertmeisters** bis zur Höchstdauer von **18 Monaten** (*BAG* 12.9.1996 EzA § 620 BGB Nr. 143; MTV für Orchester- und Chormitglieder des WDR). Insbesondere bei **Lehrern** kann es schwierig sein, ein sicheres Urteil über ihre Eignung zu gewinnen. Bei einem nach seinen Leistungsnachweisen unterdurchschnittlich qualifizierten Lehrer hat es das BAG für angemessen erachtet, ihn vor seiner dauerhaften Anstellung als Beamter für **ein Schuljahr** befristet zu erproben. Die höchsten **6-monatige Probezeit des § 2 Abs. 4 TVöD** wird dadurch nicht verletzt, denn diese Bestimmung erfasst ausschließlich die Dauer einer Probezeit zu Beginn des unbefristeten Arbeitsverhältnisses, setzt dagegen keine Regelungen für befristete Probearbeitsverhältnisse (*BAG* 31.8.1994 EzA § 620 BGB Nr. 127; *Bader/Bram-Bader* [2014] § 620 BGB Rn 180). Einen weiteren Bereich längerfristiger Erprobungen im befristeten Arbeitsverhältnis erschließt nun **§ 31 TVöD** (**Führung auf Probe**), der für die Besetzung von Führungspositionen im öffentlichen Dienst die befristete Bewährung mit zweimaliger Verlängerung bis zu 2 Jahren eröffnet.

358 Es ist aber unter allen Umständen ein unzulässiges **Übermaß**, zum Zwecke der Erprobung mit einem **Lehrer** fünf befristete Arbeitsverträge mit einer Gesamtdauer von mehr als **drei Jahren** abzuschließen (*BAG* 15.3.1966 AP Nr. 28 zu § 620 BGB Befristeter Arbeitsvertrag; *LAG Köln* 11.6.1985 LAGE § 620 BGB Nr. 10; *LAG Hamm* 3.3.1995 LAGE § 611 BGB Probearbeitsverhältnis Nr. 3; vgl. auch *LAG Köln* 5.6.2013 – 3 Sa 1002/12). Nicht gerechtfertigt ist es, einen **Musiker** befristet für **zwei Jahre** einzustellen, um ihn danach darauf zu erproben, ob er sich in das Orchester einfügt (*BAG* 25.10.2017 EzA § 14 TzBfG Erprobung Nr. 1, Rn 12). Für derartige Erprobungen sieht zB § 3 Abs. 2 **Tarifvertrag für die Musiker in Kulturorchestern** vom 31. Oktober 2009 (TVK) eine Befristung auf **höchstens 18 Monate** vor, während für die Erprobung zur Feststellung der rein fachlichen Eignung eines Musikers nur eine Probezeit von zwölf Monaten zulässig ist (*BAG* 7.5.1980 AP Nr. 36 zu § 611 BGB Abhängigkeit). Bei Chefärzten in leitender Funktion und sonstigen »gehobenen« Arbeitsverhältnissen sind ebenfalls längere befristete Erprobungen denkbar, die sich an den Modellen befristeter Erprobung in herausgehobenen Verantwortungsbereichen im Beamtenrecht orientieren können (*Link* BuW 2004, 350; *Bauer* NZA 2011, 241, 246 jeweils mwN). Als **Gegenbeispiel** dient § 13 des MTV für die Arbeitnehmer der Eisen-, Metall-, Elektro- und Zentralheizungsindustrie Nordrhein-Westfalens vom 23.1.1975, der eine Probezeit mit **gewerblichen Arbeitnehmern** nur bis zu vier Wochen gestattet.

359 Eine vorangehende **Befristung nach § 16d SGB II**, wonach für den erwerbsfähigen Hilfsbedürftigen (Sozialhilfeempfänger) eine Gelegenheit zu (gemeinnütziger und) zusätzlicher Arbeit (SGB II

idF v. 26.7.2016, Art. 1 des Gesetzes vom 24.12.2003, BGBl. I S. 2954) geschaffen wird (vgl. dazu *BAG* 7.7.1999 EzA § 620 BGB Nr. 168), hindert ebenfalls nicht eine **anschließende Befristung zur Erprobung**, soweit sich die zu verrichtenden Beschäftigungsaufgaben nicht weitgehend decken und deshalb eine erneute Überprüfung der Befähigung des Arbeitnehmers überflüssig ist. § 16d Abs. 7 S. 2 SGB II bestimmt nun ausdrücklich, dass die im Rahmen dieses **Beschäftigungsverhältnisses** verrichteten Arbeiten **kein Arbeitsverhältnis** iSd des Arbeitsrechts begründen. Im Regelfall steht deshalb einer befristeten Erprobung selbst nach einer solchen Vorbeschäftigung nichts im Wege. Anders dürfte es sein, wenn der Arbeitgeber bei Erhalt eines Beschäftigungszuschusses nach § **16e SGB II** den »erwerbsfähigen Leistungsberechtigten« nicht nur über Vermittlung der BA beschäftigt, sondern in ein Arbeitsverhältnis einstellt. In diesem Fall wird **gesetzlich** ausdrücklich ein **Befristungssachgrund** für das Arbeitsverhältnis festgelegt. Es gelten dann die allgemeinen Regeln.

c) **Verhältnis zu § 14 Abs. 2 TzBfG**

Die bis zu zwei Jahren mögliche sachgrundlose Befristung nach § **14 Abs. 2 TzBfG** dient m.E. **nicht einer Erprobung** des Arbeitnehmers (ebenso DDZ-*Wroblewski* Rn 119; ähnlich wohl LS-*Schlachter* Rn 67; aA *Dörner* Befr. Arbeitsvertrag Rn 174; HaKo-KSchR/*Mestwerdt* Rn 124; *Sievers* Rn 355; HaKo-TzBfG/*Boecken* Rn 96, die eine solche Nutzung bei Neueinstellung für zulässig erachten; so wohl auch am Rande *BAG* 16.4.2008 EzA § 305c BGB 2002 Nr. 14, Rn 20), da sie bei einer Ersteinstellung ansonsten den Sachgrund nach Abs. 1 Nr. 5 überflüssig und sämtliche Erwägungen zur zulässigen Dauer einer Erprobung substanzlos machen würde (aA ErfK-*Müller-Glöge* Rn 97a, da eine sachgrundlose Befristung bis zu 2 Jahren stets möglich sei). Richtig ist, dass gegen eine **solche Handhabung keine rechtlichen Abwehrmittel** zur Verfügung stehen mit Ausnahme einer **Prüfung auf Rechtsmissbrauch**. Die vom Arbeitgeber genutzte Möglichkeit, den Arbeitnehmer nach § 14 Abs. 2 ohne Sachgrund erstmals bis zur Dauer von zwei Jahren befristet zu beschäftigen, wird jedoch im Regelfall eine **anschließende Erprobung** mit Sachgrund nach Nr. 5 **nicht erlauben**. Dies gilt jedenfalls dann, wenn der Arbeitnehmer nach Ablauf der sachgrundlosen Befristung auf **demselben Arbeitsplatz** oder in demselben Arbeitsbereich weiter beschäftigt werden soll. **Anders** liegt es dagegen, wenn der Arbeitnehmer im Anschluss an die sachgrundlose Befristung auf einem **anderen Arbeitsplatz** eingesetzt werden soll, bei dem **andere Fähigkeiten zu erproben** sind (*BAG* 23.6.2006 EzA § 14 TzBfG Nr. 10). Dann kann der Arbeitgeber sich auf seine bisherigen Eindrücke zum Arbeitnehmer nicht verlassen (*Preis/Gotthardt* DB 2000, 2065; *Kliemt* NZA 2001, 298; *Lakies* DZWIR 2001, 11; *Dörner* Befr. Arbeitsvertrag Rn 175; ErfK-*Müller-Glöge* Rn 50; HaKo-KSchR/*Mestwerdt* Rn 127; *Annuß/Thüsing/Maschmann* Rn 48; *Arnold/Gräfl* Rn 194 f.; *Böhm* RdA 2005, 366; *Ritter/Rudolf* 25-jähriges Bestehen DAV 2006, S. 378; *Lakies* Befr.Arbeitsverträge Rn 303).

d) **Fortsetzung des Arbeitsverhältnisses nach Ablauf der Erprobung**

aa) **Entscheidungsfreiheit des Arbeitgebers**

Der Arbeitgeber ist selbst bei **Bewährung des Arbeitnehmers** in der Probezeit frei, ihn in ein unbefristetes Arbeitsverhältnis zu übernehmen oder das befristete Arbeitsverhältnis auslaufen zu lassen (*BAG* 19.11.2019 EzA § 14 TzBfG Erprobung Nr. 2, Rn 23; 26.4.1995 EzA § 620 BGB Nr. 133; 26.8.1998 EzA § 620 BGB Nr. 153; HWK-*Rennpferdt* Rn 97; HaKo-KSchR/*Mestwerdt* Rn 133; LS-*Schlachter* Rn 63) oder ein befristetes Anschlussarbeitsverhältnis mit anderem Sachgrund zu begründen. Das den Arbeitsvertrag bestimmende wechselseitige Vertrauensverhältnis zwischen Arbeitgeber und Arbeitnehmer muss auf einer freien Entschließung der Partner beruhen. Wer sich zunächst für eine Probezeit gebunden hat, soll nicht gegen seinen Willen zur Fortführung des Arbeitsverhältnisses auf unbestimmte Zeit genötigt werden (*LAG Hamm* 13.3.1992 LAGE § 620 BGB Nr. 29; APS-*Backhaus* Rn 371). Nur in besonderen **Fällen des Vertrauensschutzes** konnte deshalb der Arbeitnehmer in der Vergangenheit nach Ablauf der befristeten Erprobung die Fortsetzung des Arbeitsverhältnisses auf unbestimmte Zeit verlangen. Die rechtlichen Grundlagen hierfür (§ 242 BGB) sind – vor allem nach Inkrafttreten des TzBfG und des **AGG** – höchst umstritten (zu Recht abl. APS-*Backhaus* § 15 TzBfG Rn 106 ff.; *Dörner* Befr. Arbeitsvertrag Rn 759 ff.). Ansätze bieten allein **Zusagen des Arbeitgebers** oder sein **willkürliches Verhalten**. Reine Absichtserklärungen genügen dafür nicht. Ansonsten hängt die Fortsetzung des Arbeitsverhältnisses ausschließlich von der **Wirksamkeit der Befristung** ab, wie § 16 TzBfG für den Regelfall zeigt. Das BAG hat nach einer langjährigen Rechtsprechungstradition (vgl. Nachw. u. Rdn 363 f.) Zweifel angemeldet, ob ein **treuwidriges Verhalten des Arbeitgebers** überhaupt zum (befristeten?) Fortbestand des befristeten Arbeitsverhältnisses führen (BAG 17.4.2002 EzA § 620 BGB Nr. 191) oder nur Schadensersatz- oder Entschädigungsansprüche zur Folge haben kann (vgl. BAG 27.1.2011 EzA § 611a BGB 2002 Nr. 7; 24.4.2008 EzA § 611a BGB 2002 Nr. 6; *Diller/Kern* FA 2007, 103). Rechtsdogmatisch spricht nach den neuen Bestimmungen des **AGG** vieles dafür, es in den Fällen enttäuschten Vertrauens bei einem Schadensersatzanspruch bewenden zu lassen (arg. § 15 Abs. 6 AGG). Vgl. näher KR-*Bader/Kreutzberg-Kowalczyk* § 17 TzBfG Rdn 66 ff., 77.

bb) Vertrauensschutz

362 Während der Große Senat in seinem Beschluss vom 12.10.1960 (EzA § 620 BGB Nr. 2) und der 2. Senat in seiner Entscheidung vom 28.11.1963 (EzA § 620 BGB Nr. 5) die Berufung auf den Ablauf der befristeten Probezeit im Einzelfall mit Überlegungen zur **unzulässigen Rechtsausübung** (Rechtsmissbrauch) bewerteten, hat sich in der Zwischenzeit die Überzeugung durchgesetzt, dass sich ein Anspruch auf eine unbefristete oder zumindest befristete Weiterbeschäftigung nach Ablauf der Probezeit regelmäßig nur aus einem **vom Arbeitgeber geschaffenen Vertrauenstatbestand** oder eine **Zusage** (s. Rdn 365) ergeben kann (*ArbG Frankf./M.* 1.11.2005 – 8 Ca 2628/05; *Arnold/Gräfl* Rn 207 ff; vgl. auch hier KR-*Lipke/Bubach* § 15 TzBfG Rdn 7 ff.; einschränkend APS-*Backhaus* § 15 TzBfG Rn 106 ff. mwN). Dafür spricht bereits, dass der Arbeitgeber sich mit der Berufung auf die Befristung nicht auf eine rechtsmissbräuchliche Rechtsausübung in Verwirklichung eines Gestaltungsrechts zurückzieht, sondern sich nur auf Umstände beruft, deren Wirksamkeit sich nach den bei Vertragsabschluss vorliegenden Gegebenheiten bestimmt haben. Kommt es auf die **Verhältnisse bei Vertragsabschluss** an, können später eintretende Umstände den einmal gesetzten Sachgrund der Erprobung nicht wieder zunichtemachen (*BAG* 24.9.2014 EzA § 14 TzBfG Nr. 107, Rn 22).

363 Dagegen ist denkbar, dass der Arbeitgeber sich durch sein **Verhalten während des befristeten Probearbeitsverhältnisses** seines Rechts beraubt, an der vereinbarten Befristung festzuhalten. Dafür **genügt nicht**, wenn der **Arbeitnehmer subjektiv erwartet** hat, der Arbeitgeber werde ihn nach dem Fristablauf weiterbeschäftigen, wenn der für die Befristung maßgebende sachliche Grund bis dahin seine Bedeutung verloren habe. Erforderlich ist vielmehr, dass der Arbeitgeber den Arbeitnehmer objektiv erkennbar in dieser Erwartung durch sein Verhalten entweder schon bei Vertragsabschluss oder aber während der Dauer des Zeitvertrages eindeutig bestärkt hat. In einem solchen Fall tritt eine **Selbstbindung des Arbeitgebers** ein, so dass er sich auf die ursprünglich vereinbarte Befristung zur Erprobung nicht mehr zurückziehen kann. Die frühere Rechtsprechung hierzu ist nach Inkrafttreten des TzBfG und des AGG daher nur noch beschränkt heranzuziehen (vgl. dazu BAG 17.4.2002 EzA § 620 BGB Nr. 191). Das BAG erkennt nunmehr, dass **allein aus der Inanspruchnahme von Vertrauen kein Anspruch auf Weiterbeschäftigung hergeleitet werden kann**. Ein zu Unrecht enttäuschtes Vertrauen verpflichtet lediglich zum Ersatz des Vertrauensschadens, gewährt aber keinen Erfüllungsanspruch (*BAG* 21.9.2011 EzA § 612a BGB 2002 Nr. 7, Rn 44; 26.4.2006 EzA § 611 BGB 2002 Einstellungsanspruch Nr. 2; 13.8.2008 EzA § 14 TzBfG Nr. 52; LAG RhPf 8.8.2008 – 9 Sa 145/08; *ArbG Frankf./M.* 1.11.2005 – 8 Ca 2628/05; ErfK-*Müller-Glöge* § 15 TzBfG Rn 9; APS-*Backhaus* § 15 TzBfG Rn 106; *Annuß/Thüsing/Maschmann* Rn 51a; MHH-TzBfG/*Meinel* Rn 35, 135; *Boewer* Rn 172; *Strecker* Anm. RdA 2009, 381). Wird eine Entfristungsklage abgewiesen, entfällt regelmäßig auch ein Anspruch auf Schadensersatz (*Hess. LAG* 29.4.2013 NZA-RR 2013, 551, im Fall einer behaupteten Altersdiskriminierung). Näher dazu insgesamt KR-*Bader/Kreutzberg-Kowalczyk* § 17 TzBfG Rdn 66 ff., 71 f.

cc) Rechtsmissbrauch und Diskriminierung

Die neuen **Maßstäbe** für eine rechtliche Behandlung der Diskriminierung und die daraus entstehenden **Rechtsfolgen** setzt jetzt das AGG; insbes. **§ 15 AGG**. Ob mit Rücksicht auf § 15 Abs. 6 AGG im Fall einer Diskriminierung nach § 16 TzBfG ein unbefristetes Arbeitsverhältnis entstehen kann, ist deshalb grds. zu verneinen (vgl. dazu *Dörner* Befr. Arbeitsvertrag Rn 756; APS-*Backhaus* § 15 TzBfG Rn 113 ff., 116; ErfK-*Müller-Glöge* § 15 TzBfG Rn 7, 9; HaKo-KSchR/*Mestwerdt* § 15 TzBfG Rn 47 f.; vgl. dazu KR-*Bader/Kreutzberg-Kowalczyk* § 17 TzBfG Rdn 77 mwN). Es kann im Regelfall nur ein **Schadensersatz- und/oder Entschädigungsanspruch** des Arbeitnehmers entstehen (vgl. BAG 21.9.2011 EzA § 612a BGB 2002 Nr. 7, Rn 44; 13.8.2008 EzA § 14 TzBfG Nr. 52; 24.4.2008 EzA § 611a BGB 2002 Nr. 6, für den Fall einer unterbliebenen Beförderung; *Linsenmaier* RdA 2012, 193, 208). Auch eine schwere Adipositas ist kein verbotenes Merkmal iSv § 7 Abs. 1 AGG und kann die Übernahme in ein unbefristetes Arbeitsverhältnis verhindern (*LAG Nds.* 29.11.2016 LAGE § 7 AGG Nr. 8). Näher dazu KR-*Treber/Plum* Erl. zum **AGG**.

364

dd) Zusagen

Strikt zu trennen von den Vertrauens- und Diskriminierungstatbeständen sind **Zusagen** einer dazu **befugten Person** des Arbeitgebers, bei Bewährung während der befristeten Probezeit könne mit einer Fortsetzung der Tätigkeit gerechnet werden (*BAG* 13.10.1976 – 5 AZR 538/75, Zusage des Schulreferenten an eine Lehrerin). Die einem Arbeitnehmer erteilte Zusage, ihm im Anschluss an den befristeten Vertrag eine Dauerstellung zu übertragen, wenn er sich bewährt habe (vgl. *BAG* 16.3.1989 EzA § 1 BeschFG 1985 Nr. 7), falls Dauerarbeitsplätze frei sind (vgl. zu dieser Fallgestaltung: *BAG* 11.12.1991 EzA § 620 BGB Nr. 112 m. Anm. *Rieble*; *BAG* 20.3.1995 – 2 AZR 27/94) oder neue Arbeitsplätze eingerichtet werden (*BAG* 26.4.1995 EzA § 620 BGB Nr. 133), führt nicht – da Absichtserklärung – automatisch zu einer **Verlängerung des befristeten (Probe-)Arbeitsvertrages**. Sie kann allerdings einen **Anspruch auf Abschluss eines neuen unbefristeten Arbeitsvertrages im Anschluss an die Beendigung des befristeten Vertrages** erwirken (*BAG* 26.4.2006 EzA § 611 BGB 2002 Einstellungsanspruch Nr. 2, Rn 17). Liegt eine verbindliche Zusage vor, den Arbeitsvertrag unter bestimmten, hier erfüllten Voraussetzungen unbefristet fortzusetzen, wird dann aber gleichwohl **nur ein befristeter Anschlussarbeitsvertrag** mit sachlichem Grund geschlossen, so wird die Zusage gegenstandslos, sofern der Arbeitnehmer insoweit keinen Vorbehalt vereinbart und nicht rechtzeitig Klage erhebt (§ 17 TzBfG). Das der Zusage nachfolgende gegenteilige Handeln der Parteien beseitigt das Vertrauen darauf (*BAG* 11.12.1991 EzA § 620 BGB Nr. 112; vgl. auch *BAG* 25.4.2001 EzA § 620 BGB Nr. 177; 6.11.1996 EzA § 620 BGB Nr. 146). Ein **Anspruch auf dauerhafte Beschäftigung** in einem unbefristeten Arbeitsverhältnis besteht **ausnahmsweise** nach Ablauf der Erprobungsbefristung nur, wenn der Arbeitnehmer die **Äußerungen und Verhaltensweisen des Arbeitgebers** entsprechend als **Fortsetzungsversprechen** deuten durfte (*LAG RhPf* 8.8.2008 – 9 Sa 145/08; *ArbG Frankf./M.* 1.11.2005 – 8 Ca 2628/05). Die **Darlegungs- und Beweislast** für das Vorliegen eines die Fortsetzung des Arbeitsverhältnisses objektiv begründenden Vertrauenstatbestandes trägt der **Arbeitnehmer** (*BAG* 10.6.1992 EzA § 620 BGB Nr. 116).

365

ee) Befristete Übertragung anderer Tätigkeit zur Erprobung

Anders als die Befristung eines Arbeitsverhältnisses zur Erprobung unterliegt die befristete Übertragung einer höherwertigen Tätigkeit zwecks Erprobung einer **Vertragsinhaltskontrolle** nach § 307 Abs. 1 BGB (vgl. Rdn 89 ff.). **Gegenstand** der Inhaltskontrolle ist nicht die vereinbarte Tätigkeit und die damit verbundene (höhere) Vergütung und somit der Umfang der von den Parteien zu erbringenden Hauptleistungen, sondern deren **zeitliche Einschränkung durch die Befristung** (*BAG* 7.10.2015 EzA § 307 BGB 2002 Nr. 70, Rn 38). Doch können ausnahmsweise zur Annahme einer nicht unangemessenen Benachteiligung durch die Befristung einer Vertragsbedingung Umstände erforderlich sein, die die Befristung eines Arbeitsvertrags zur Erprobung insgesamt rechtfertigen würden. Steht die vereinbarte Dauer der Erprobungszeit jedoch in keinem angemessenen Verhältnis zu der in Aussicht genommenen Tätigkeit, trägt der Sachgrund der Erprobung nicht (vgl. *BAG*

366

24.2.2016 EzA § 307 BGB 2002 Nr. 74, Rn 47, hier Kassiertätigkeit). In diesem Fall kann der Arbeitnehmer aber einen **Anspruch auf Abschluss eines Änderungsvertrages** haben, den er mit einer Leistungsklage auf Abgabe einer Willenserklärung geltend machen kann (vgl. *BAG* 24.2.2016 EzA § 307 BGB 2002 Nr. 74, Rn 62).

e) Tarifvertragliche Regelungen

367 **Tarifvertragliche Einstellungsgebote** können den Arbeitgeber verpflichten, den Arbeitnehmer bevorzugt zu berücksichtigen, wenn er die fachlichen und persönlichen Voraussetzungen nach einer befristeten Beschäftigung erfüllt (vgl. *BAG* 14.11.2001 EzA § 4 TVG Wiedereinstellungsanspruch Nr. 2). Die bekannteste Bestimmung hierzu war die **Protokollnotiz Nr. 4 zu SR 2y BAT**, wonach Zeitangestellte bei der **Besetzung von Dauerarbeitsplätzen bevorzugt zu berücksichtigen** sind. Diese Bestimmung gab den Angestellten indessen nur einen Anspruch auf ermessensfehlerfreie Ausübung des arbeitgeberseitigen Auswahlrechts bei der Besetzung von Dauerarbeitsplätzen, dagegen keinen Anspruch auf Festeinstellung (*BAG* 2.7.2003 EzA § 620 BGB 2002 Nr. 6; vgl. auch *LAG RhPf* 12.2.1988 EzBAT § SR 2y BAT Aushilfstätigkeit Nr. 2). Diese Rechtslage hat sich nicht verändert. **§ 30 Abs. 2 S. 4 TVöD** schreibt sie ausdrücklich fort (vgl. *BAG* 15.5.2012 EzTöD 100 § 30 Abs. 1 TVöD-AT Sachgrundlose Befristung Nr. 19; *LAG Nds.* 6.12.2011 – 11 Sa 797/11). Die **Darlegungs- und Beweislast** dafür, dass die Voraussetzungen für eine bevorzugte Einstellung nicht vorliegen, trifft aufgrund der tariflichen Ausgestaltung den **öffentlichen Arbeitgeber**. Zum anzuwendenden Tarifrecht im Öffentlichen Dienst vgl. Rdn 350, 357 f. und im Übrigen KR-*Bader/Kreutzberg-Kowalczyk* § 17 TzBfG Rdn 84, § 22 TzBfG Rdn 19 ff.;

f) Arbeitnehmerüberlassung

368 Seit 1.1.2004 ist das TzBfG auf Leiharbeitsverhältnisse anzuwenden. Nunmehr ist es grds. möglich, eine **befristete Erprobung** für die **Dauer einer Erstüberlassung** zu vereinbaren, soweit diese eine **übliche Zeitspanne** für Probearbeitsverhältnisse nicht überschreitet (zB vier Wochen oder drei bis vier Monate). Die Erprobungsbefristung, die bei Leiharbeit insbes. im Zusammenhang mit der Beschäftigung von **Langzeitarbeitslosen** bedeutsam sein kann (*Kokemoor* NZA 2003, 238, 241; *Schüren/Hamann* § 3 AÜG Rn 102 ff.), ist idR jedoch **nur einmal möglich** (ErfK-*Wank* Einl. AÜG Rn 9 f.; *ders.* NZA 2003, 14, 21), kann also nicht bei jedem neuen Entleiher wiederholt genutzt werden. Die Erprobung bezieht sich allein auf das Verhältnis Leiharbeitnehmer und Leiharbeitgeber (Verleiher).

369 Dem Verleiher muss einmal Gelegenheit gegeben werden, **Qualität und Zuverlässigkeit des Arbeitnehmers** anhand des Einsatzes beim Entleiher **zu überprüfen**. Danach kann nur ein unbefristetes Arbeitsverhältnis geschlossen werden, es sei denn, dem Verleiher steht ein neuer Sachgrund (zB »interne« Vertretung) zur Verfügung (vgl. dazu auch *BAG* 18.5.2006 EzAÜG § 9 Nr. 21; *Frik* NZA 2005, 386 f., 389). Im Anschluss einer sachgrundlosen Befristung nach § 14 Abs. 2 TzBfG scheidet eine Befristung nach § 14 Abs. 1 S. 2 Nr. 5 TzBfG regelmäßig aus (*Lembke* DB 2003, 2702, 2705; *Schüren/Berend* NZA 2003, 521, 523). Aufgrund der zweijährigen Verfügbarkeit im sachgrundlos befristeten Arbeitsverhältnis nach § 14 Abs. 2 TzBfG (*BAG* 18.10.2006 EzA § 14 TzBfG Nr. 35; *Brose* DB 2008, 1378, 1380 f.) wird die Praxis der Verleihunternehmen nur in Ausnahmefällen von Nr. 5 Gebrauch machen.

6. Gründe in der Person des Arbeitnehmers (Nr. 6)

a) Allgemeines

370 Der Gesetzgeber knüpft mit diesem Sachgrund an die bisherige Rspr. des BAG zu den sog. personenbedingten Sachgründen an (BT-Drucks. 14/4374 S. 19). Neben dem **nach Nr. 5 ausgekoppelten Unterfall der Erprobung** zählen hierzu nach der beispielhaften Aufzählung in der Gesetzesbegründung die **befristete Beschäftigung zur sozialen Überbrückung**, etwa bis zum Beginn einer bereits feststehenden anderen Beschäftigung, des Wehr- bzw. Zivildienstes oder eines Studiums.

Außerdem wird beispielhaft der Arbeitsvertrag **für die Dauer einer befristeten Aufenthalts- oder Arbeitserlaubnis** des ausländischen Arbeitnehmers angeführt, soweit zum Zeitpunkt des Vertragsschlusses hinreichend gewiss ist, dass die eine Beschäftigung tragenden Erlaubnisse nicht verlängert werden. Ausdrücklich erwähnt wird unter Hinweis auf den inzwischen durch die Regelungen der §§ 1, 7 AGG ersetzten § 611a BGB aF, dass das **Geschlecht kein in der Person des Arbeitnehmers liegender Grund für die Befristung** eines Arbeitsvertrages sei.

Über die beispielhaft in der Gesetzesbegründung genannten in der Person des Arbeitnehmers liegenden Sachgründen einer Befristung dürften auch der ausdrückliche **Befristungswunsch des Arbeitnehmers**, eine **befristete Aus- und Fortbildung** (soweit nicht Befristungsgrund nach Nr. 2) sowie eine arbeitsvertraglich oder in einer Betriebsvereinbarung vereinbarte oder eine im Tarifvertrag oder einer kirchenrechtlichen Arbeitsrechtsregelung **festgelegte Altersgrenze zum Ausscheiden aus dem Arbeitsverhältnis** hierzu zählen (vgl. APS-*Backhaus* Rn 136 f., 165 ff., 187 ff.; 199 f.,223, 405 ff., 429 ff., 488 ff.; ErfK-*Müller-Glöge* Rn 56 ff.; *Preis/Gotthardt* DB 2000, 2071; *Schiefer* DB 2000, 2121; *Kliemt* NZA 2001, 298; *Lakies* DZWIR 2001, 11; *Bader/Bram-Bader* [2014] § 620 BGB Rn 189 ff., 191; HaKo-KSchR/*Mestwerdt* Rn 134 f., *Annuß/Thüsing/Maschmann* Rn 55 ff.; HWK-*Rennpferdt* Rn 99 ff.; *Ritter/Rudolf* FS 25-jähriges Bestehen DAV 2006, S. 379 ff.; *Bader/Jörchel* NZA 2016, 1105, 1107; aA zur Einordnung der Altersgrenzen HaKo-TzBfG/*Boecken* Rn 98, 135 ff.). *Hromadka* (BB 2001, 624) will die **in der Person liegenden Befristungsgründe** in drei Kategorien unterteilen. Er nennt zum ersten **soziale Gründe**, die über das befristete Sammeln von Berufserfahrung die Vermittlungschancen des Arbeitnehmers auf dem Arbeitsmarkt erhöhen, zum zweiten **Gründe, die dem Arbeitnehmer objektiv oder nach seiner Lebensplanung nicht erlauben über eine bestimmte Zeit hinaus tätig zu werden**, als da sind eine befristete Arbeits- oder Aufenthaltserlaubnis oder eine Übergangstätigkeit bis zum Antritt einer anderen Stelle bzw. um die Tätigkeit eines Studenten den wechselnden Anforderungen des Studiums anzupassen und letztlich den **Wunsch des Arbeitnehmers**. *Dörner* (ArbRBGB § 620 BGB Rn 158 ff.; ders. Befr. Arbeitsvertrag, Rn 242 ff.) führt hierzu außer der **Neben- und Teilzeitbeschäftigung** auch den »**fehlenden Bezug zur Muttersprache**« eines ausländischen Arbeitnehmers vornehmlich im Bereich der Medien und der lehrmäßigen Unterrichtung an. Er ordnet diesem Sachgrund ferner Befristungen auf Wunsch des Arbeitnehmers und zur Ausbildung sowie die Aushilfs- und Vertretungsfälle zu. Fälle der **Erwerbsunfähigkeit von Arbeitnehmern oder Flugtauglichkeit** des Cockpitpersonals sind als personenbezogene **auflösende Bedingungen** (vgl. dazu KR-*Lipke/Bubach* § 21 TzBfG Rdn 63) ebenfalls dem Sachgrund Nr. 6 zuzuordnen.

371

Im Sinne einer **europarechtskonformen Auslegung des Gesetzes** (s. Rdn 116, 501 ff.) sind m. E. die in der Rspr. anerkannten, im Gesetz aber nicht ausdrücklich genannten sachlichen Befristungsgründe den aufgelisteten Befristungsgründen zuzuordnen (aA die hM; vgl. *Dörner* Befr. Arbeitsvertrag Rn 165 mwN: Zuordnung teilweise möglich, ansonsten offener Generaltatbestand). Dies trifft auf die **in der Gesetzesbegründung genannten zusätzlichen Befristungsgründe** zu, als da sind die inzwischen entfallenen **Arbeitsbeschaffungsmaßnahmen (ABM)** sowie die **übergangsweise Beschäftigung** eines Arbeitnehmers auf einem Arbeitsplatz, dessen **endgültige Besetzung** durch einen anderen Mitarbeiter, zB nach abgeschlossener Ausbildung, vorgesehen ist (BT-Drucks. 14/4374 S. 18; »Platzhalter«), soweit diese nicht als Unterfall der Vertretung eingestuft wird (s. Rdn 282). Hierzu dürfte auch die nach § 16d SGB II geschaffene **Gelegenheit zu gemeinnütziger Arbeit zu rechnen** sein, die eine Eingliederung des Hilfesuchenden in das Arbeitsleben fördern soll (*BAG* 22.3.2000 EzA § 620 BGB Nr. 171). Dazu s. Rdn 388.

372

Während die Befristungstatbestände nach **Nr. 4 tätigkeitsbezogenen Ursprungs** sind, ist den soeben zu Nr. 6 aufgezählten **Fallgestaltungen gemeinsam, dass die Verhältnisse oder Umstände in der Person des Arbeitnehmers Anlass geben, eine befristete Beschäftigung zuzulassen oder zu fördern** (so auch HaKo-KSchR/*Mestwerdt* Rn 134). Deshalb lassen sie sich unter Nr. 6 subsumieren (ähnlich ErfK-*Müller-Glöge* Rn 51, 56, 61, 66, 78; *Staudinger/Preis* [2019] § 620 BGB Rn 131; *Arnold/Gräfl* Rn 212; **mit Einschränkungen** *Dörner* Befr. Arbeitsvertrag Rn 165; LS-*Schlachter* Rn 68; offen insoweit APS-*Backhaus* Rn 136 f., 115 f., der die Zuordnung – aus seiner Sicht konsequent

373

– wegen der nicht abschließenden, allein beispielhaften Auflistung der Sachgründe in Abs. 1 für rechtlich irrelevant hält). Anders ausgedrückt: **Ursachen aus der individuellen Sphäre des Arbeitnehmers** müssen so maßgebend sein, dass sie den Abschluss eines Arbeitsvertrages lediglich auf Zeit aus sich heraus bedingen (so HaKo-TzBfG/*Boecken* Rn 98, der indessen persönliche Merkmale wie das Lebensalter für die Altersgrenze, das Geschlecht und eine Behinderung hierfür nicht ausreichen lässt). Dies trifft ebenfalls auf den von der Rechtsprechung »erkannten« Sachgrund der »**Sicherung der personellen Kontinuität von Betriebsratsarbeit**« zu (*BAG* 23.1.2002 EzA § 620 BGB Nr. 185; 20.1.2016 EzA § 37 BetrVG 2001 Nr. 23, Rn 12, 16), denn es sprechen Umstände in der Person – Wahl in den Betriebsrat – für eine mit Sachgrund zu vereinbarende Befristung bis zum Ablauf der Amtsperiode. Überlegenswert wäre auch hier den Sachgrund der »**Konkurrentenklage**« (s. Rdn 282) unterzubringen; indessen setzt hier nicht die Person des Arbeitnehmers, sondern ein Dritter mit seinem Handeln für die Befristung des Arbeitsverhältnisses den Anlass (näher zur »Zuordnung« Rdn 500).

b) Wunsch des Arbeitnehmers

374 Ausschließlich durch die Interessen des Arbeitnehmers wird die Vereinbarung einer Befristung selten bedingt sein. Das ist jedoch dann anzunehmen, wenn es dem **eigenen ernsthaften Wunsch des Arbeitnehmers** entspricht, sich nicht dauerhaft, sondern nur auf Zeit zu binden (*BAG* 11.2.2015 EzA § 14 TzBfG Nr. 113, Rn 36; 6.11.1996 EzA § 620 BGB Nr. 146). Danach liegt ein echter Wunsch des Arbeitnehmers nur dann vor, wenn der Arbeitnehmer beim Vertragsabschluss in seiner **Entscheidungsfreiheit** nicht beeinträchtigt war und nicht nur ein Angebot des Arbeitgebers angenommen, sondern von sich aus den Abschluss eines befristeten Arbeitsvertrages angestrebt hat (*BAG* 18.1.2017 EzA § 620 BGB 2002 Altersgrenze Nr. 17, Rn 30, 34; ErfK-*Müller-Glöge* Rn 61; HaKo-KSchR/*Mestwerdt* Rn 141 f.; APS-*Backhaus* Rn 488; *Annuß/Thüsing/Maschmann* Rn 57; *Arnold/Gräfl* Rn 231 f.; MüKo-*Hesse* Rn 63; *Staudinger/Preis* [2019] § 620 BGB Rn 147; *Sievers* Rn 374; *Schiefer* DB 2011, 1168; krit. LS-*Schlachter* Rn 70, die eine Fokussierung allein auf das Befristungsinteresse für zu weitgehend hält).

375 Es müssen **zum Zeitpunkt des Vertragsabschlusses objektive Anhaltspunkte** (zB familiäre Verpflichtungen, noch nicht abgeschlossene Ausbildung, Auswanderung) vorliegen, die den Schluss zulassen, dass gerade der Arbeitnehmer ein Interesse an einer befristeten Beschäftigung hat (*BAG* 18.1.2017 EzA § 620 BGB 2002 Altersgrenze Nr. 17, Rn 30; 6.11.1996 AP Nr. 188 zu § 620 BGB Befristeter Arbeitsvertrag; *LAG Köln* 4.4.2001 ZTR 2001, 477, zum Heimkehrwunsch eines ausländischen Arbeitnehmers). Dafür genügt es indessen nicht, dass der **Wille des Arbeitnehmers** nur auf den Erhalt der Beschäftigungsmöglichkeit zielte; vielmehr muss sich der Vertragswille des Arbeitnehmers **ausschließlich auf eine weitere Befristung richten** (*BAG* 19.1.2005 EzA § 17 TzBfG Nr. 7; 5.6.2002 EzA § 620 BGB Nr. 193; 4.12.2002 EzA § 620 BGB 2002 Bedingung Nr. 1; *LAG Hamm* 11.2.2005 – 10 Sa 1658/04, im Fall einer Zweckbefristung).

376 Ein solcher Wunsch ist deshalb nicht schon dann anzunehmen, wenn der Arbeitnehmer frei von wirtschaftlichen Zwängen war, vom Angebot eines befristeten Arbeitsvertrages nicht überrascht wurde und sein Einverständnis durch **Unterschrift unter den befristeten Arbeitsvertrag** dokumentiert hat. Es wäre lebensfremd und verfehlt, allein daraus, dass ein Arbeitnehmer einen ihm angebotenen Zeitvertrag angenommen hat, zu schließen, der Vertragsinhalt entspreche auch seinen Vorstellungen und Wünschen (*BAG* 6.11.1996 EzA § 620 BGB Nr. 146; 26.8.1998 EzA § 620 BGB Nr. 154 mit krit. Anm. *Gamillscheg*, der bei fehlender wirtschaftlicher oder intellektueller Unterlegenheit die freie Entscheidung des Arbeitnehmers für eine befristete Beschäftigung ausreichen lassen will; offen ErfK-*Müller-Glöge* Rn 63). Anderenfalls wäre die Befristung eines Arbeitsvertrages immer sachlich gerechtfertigt, weil sie in den Fällen, in denen später streitig wird, ob sachliche Gründe vorgelegen haben, stets mit »Zustimmung« des Arbeitnehmers erfolgt ist, obwohl er eigentlich an einer unbefristeten Beschäftigung interessiert war (*LAG RhPf* 16.1.2014 – 5 Sa 273/13, Rn 34; *Dörner* Befr. Arbeitsvertrag Rn 231; DDZ-*Wroblewski* Rn 121 f.; HWK-*Rennpferdt* Rn 120; APS-*Backhaus* Rn 489; MüKo-BGB/*Hesse* Rn 63; AR-*Schüren/Moskalew* Rn 43; *Schiefer* DB 2011,

1168). Aus Gründen der Interessenabwägung wird demgegenüber vertreten, dass es neben dem **frei geäußerten Wunsch** des Arbeitnehmers genügen muss, wenn **objektive Anhaltspunkte** für das **Arbeitnehmerinteresse** gerade an einer befristeten Beschäftigung vorliegen (so MHH-TzBfG/*Meinel* Rn 141 f.). Folgt man dem, besteht aber die Gefahr, dass das **Interesse an einer Beschäftigung mit dem Interesse an einer Befristung** verwechselt wird.

Um einen die Befristung nach Nr. 6 tragenden Sachgrund feststellen zu können, bedarf es einer **individuellen Prüfung der Vorstellungen des Arbeitnehmers zum Zeitpunkt der Befristungsabrede**. Ein **Indiz** (und nicht mehr) hierfür kann das schriftliche Festhalten des ausdrücklichen Wunsches oder der Beweggründe zu einer Befristung im Arbeitsvertrag sein (*Hoß/Lohr* MDR 1998, 318; AR-*Schüren/Moskalew* Rn 43). Den eigentlichen **Prüfstein** für den »selbstbestimmten« Wunsch des Arbeitnehmers, nur ein befristetes Arbeitsverhältnis einzugehen, setzt jedoch die Frage, ob der **Arbeitnehmer auch bei einem Angebot des Arbeitgebers – bei im Übrigen gleichen Arbeitsbedingungen – auf Abschluss eines unbefristeten Arbeitsvertrages nur ein befristetes Arbeitsverhältnis vereinbart hätte**. Jedenfalls bei einer solchen Wahlmöglichkeit kann auf einen Wunsch des Arbeitnehmers nach einer Befristung des zugrundeliegenden Arbeitsverhältnisses geschlossen werden (st. Rspr, zB *BAG* 11.2.2015 EzA § 14 TzBfG Nr. 113, Rn 36; 19.1.2005 EzA § 17 TzBfG Nr. 7; 4.6.2003 EzA § 620 BGB 2002 Nr. 3; *LAG Köln* 30.6.2017 – 4 Sa 939/16, Rn 48; *LAG Hamm* 11.2.2005 – 10 Sa 1658/04; *Dörner* Befr. Arbeitsvertrag Rn 233 f.; DDZ-*Wroblewski* Rn 122; APS-*Backhaus* Rn 490; *Boewer* Rn 193; *Sievers* Rn 376; *Rolfs* Rn 45).

377

So ist es unter diesen Voraussetzungen möglich bei oder nach Erreichen des **Renteneintrittsalters** eine **befristete Fortsetzung des Arbeitsverhältnisses** zu vereinbaren, ohne dass es dabei zu einer unzulässigen **Altersdiskriminierung** kommt. Hinzutreten muss indessen der **Bezug einer gesetzlichen Rente** und eine die Befristung rechtfertigende **Personalplanung** des Arbeitgebers (*BAG* 11.2.2015 EzA § 14 TzBfG Nr. 113, Rn 27). Zur Möglichkeit des **Hinausschiebens der Altersgrenze** auf Wunsch des Arbeitnehmers (§ 41 S. 3 SGB VI) vgl. *Greiner* RdA 2018, 65, 71 und Rdn 45 f. Dagegen ist ein auf Initiative des Arbeitgebers angebotener **Änderungsvertrag auf befristete Fortsetzung des Arbeitsverhältnisses bis zum 60. Lebensjahr**, also vor Erreichen der Regelaltersgrenze, nicht über den Sachgrund des Wunsches des Arbeitnehmers gerechtfertigt, auch wenn den betroffenen leitenden Führungskräften im Rahmen des Konzepts »60+« eine lange Überlegungsfrist zur Annahme des Arbeitgeberangebots eingeräumt wurde und das die Befristung enthaltende Änderungsangebot mit finanziellen Vergünstigungen verbunden war (dafür: *Walker* NZA 2017, 1417, 1422, bei entsprechendem Personalkonzept und rentengleicher wirtschaftlicher Absicherung des Arbeitnehmers). Hier fehlt es an einem Wunsch des Arbeitnehmers, weil dieser vorausgesetzt hätte, dem Arbeitnehmer optional die Möglichkeit einzuräumen, das Arbeitsverhältnis wie bisher fortzusetzen und ein Bezug der gesetzlichen Altersrente fehlt (*BAG* 18.1.2017 EzA § 620 BGB 2002 Altersgrenze Nr. 17, Rn 34; *Brors* Anm AP Nr. 49 zu § 620 BGB Aufhebungsvertrag, die als Alternative einen Aufhebungsvertrag mit Abfindung aufzeigt). Einer lediglich **befristeten Übertragung einer Beförderungsstelle** bei Erhalt des im Übrigen unbefristet bestehenden Arbeitsverhältnisses begegnen dagegen keine Bedenken; in einem solchen Fall findet die Kontrolle nicht nach dem TzBfG, sondern nach § 307 BGB statt (ErfK-*Müller-Glöge* Rn 63).

378

Aus welchen Gründen der Arbeitnehmer die nur befristete Anstellung wünscht, ist für die Annahme eines Sachgrundes unerheblich. Ob er nur **Einblick in die Berufspraxis** als Student gewinnen möchte oder nur die Zeit bis zu einer **geplanten Weltreise** sinnvoll überbrücken möchte, gibt nicht den Ausschlag. Die **individuelle Feststellung der Entscheidungsfreiheit und des Wunsches** nach einer **befristeten Beschäftigung** lässt sich nicht für bestimmte Personengruppen verallgemeinern. So kann ein Profifußballtrainer ein Interesse an einer auflösenden Bedingung seines befristeten Arbeitsvertrages im Fall des Abstiegs seines Vereins haben (so *Dörner* Befr. Arbeitsvertrag Rn 233 f. anhand der Entscheidung des *BAG* v. 4.12.2002 EzA § 620 BGB 2002). Es sind daher immer **die individuellen Verhältnisse** zu betrachten (ErfK-*Müller-Glöge* Rn 62). Für den Fall einer **nachträglichen Befristung** hat das BAG eine Wahlmöglichkeit des Arbeitnehmers zwischen der Fortsetzung des unbefristeten Arbeitsverhältnisses zu den bisherigen Bedingungen oder dem Abschluss eines

379

neuen befristeten Arbeitsverhältnisse mit günstigeren Arbeitsbedingungen (Forschungsprofessur) nicht als Wunsch iSe Sachgrundes ausreichen lassen (*BAG* 18.1.2017 EzA § 620 BGB 2002 Altersgrenze Nr. 17, Rn 34; 26.8.1998 EzA § 620 BGB Nr. 154; *Sievers* Rn 377; *ders.* jurisPR-ArbR 17/2015 Anm. 1).

380 So kann nicht ohne weiteres davon ausgegangen werden, dass es regelmäßig dem **Wunsch eines Studenten** entspricht, **immer nur nebenher kurzfristig befristet tätig zu sein.** Dies hat nun auch das BAG erkannt, wenn es die Interessen der Studenten in einer **studiumsgerechten flexiblen Ausgestaltung** des Arbeitsverhältnisses gewahrt sieht, die eine Befristung nicht unbedingt erforderlich macht und von daher sachlich nicht rechtfertigt (*BAG* 10.8.1994 EzA § 620 BGB Nr. 126; 29.10.1998 EzA § 620 BGB Nr. 159; *LAG Bln.*12.1.1999 LAGE § 620 BGB Nr. 59; *LAG Hmb.* 24.2.1998 LAGE § 620 BGB Nr. 54; 6.10.1995 LAGE § 620 BGB Nr. 42; *Winterfeld* Anm. AP Nr. 162 zu § 620 BGB Befristeter Arbeitsvertrag; ähnlich APS-*Backhaus* Rn 432 f.; *Arnold/Gräfl* Rn 234; HaKo-KSchR/*Mestwerdt* Rn 149; weitergehend *LAG Köln* 28.1.1999 LAGE § 620 BGB Nr. 61 zu einer studiendauerbezogenen Befristungsabrede).

381 Das Interesse des Studenten an flexibler Ausgestaltung des Arbeitsverhältnisses wird durch eine **Vielzahl befristeter Eintagesarbeitsverhältnisse** nach Maßgabe einer **Rahmenvereinbarung** nicht in jedem Fall gewahrt (so aber wohl *BAG* 15.2.2012 EzA § 611 BGB 2002 Arbeitnehmerbegriff Nr. 20, Arbeitgeber kann nicht gezwungen werden ein Abrufarbeitsverhältnis nach § 12 TzBfG zu begründen; 16.4.2003 EzA § 620 BGB 2002 Nr. 5; *LAG RhPf* 8.3.2010 LAGE § 12 TzBfG Nr. 3; *Strasser/Melf* AuR 2006, 342, 345; LS-*Laux* § 12 TzBfG Rn 17 ff.). Hier soll der »Arbeitnehmer« auf die Befristungskontrolle nach jedem kurzfristigen Arbeitseinsatz verwiesen werden (praxisfremd). Anders liegt der Fall aber dann, wenn ein Student variable Arbeitszeiten bei seinem Arbeitgeber nicht durchsetzen konnte und deshalb mehrere kurzfristige Arbeitsverhältnisse **nach seinen Vorstellungen** abschloss (*BAG* 12.5.1999 RzK I 9a Nr. 157; *Dörner* Befr. Arbeitsvertrag Rn 257). An der Überprüfung des ernsthaften Wunsches des Arbeitnehmers, nur ein befristetes Arbeitsverhältnis einzugehen, wird deutlich, dass die **Sachgrundkontrolle vor paritätsgestörten Ergebnissen der Vertragsfreiheit schützen soll** (*Preis* Grundfragen, S. 291 f.). Vgl. ferner Rdn 399 ff.

c) Soziale Überbrückung

aa) Befristung aus sozialen Gründen

382 Als personenbezogene Ausnahmetatbestände sind in der Vergangenheit auch Übergangsregelungen gewertet worden, bei denen der Arbeitgeber **dem Arbeitnehmer mit Rücksicht auf dessen persönlichen Verhältnisse** aus sozialen Erwägungen eine **vorübergehende Beschäftigung** ermöglichte (st. Rspr. zB *BAG* 11.2.2015 EzA § 14 TzBfG Nr. 113, Rn 33; 24.8.2011 EzA § 14 TzBfG Nr. 79 Rn 27; vgl. 24.1.1996 EzA 620 BGB Nr. 139; APS-*Backhaus* Rn 405 ff.; *Bader/Bram-Bader* [2014] § 620 BGB Rn 190; ErfK-*Müller-Glöge* Rn 67; HWK-*Rennpferdt* Rn 119; MHH-TzBfG/*Meinel* Rn 139; *Staudinger/Preis* [2019] § 620 BGB Rn 148; HaKo-KSchR/*Mestwerdt* Rn 143 f. LS-*Schlachter* Rn 71; *Sievers* Rn 380; *Rolfs* Rn 48; *Dörner* Befr. Arbeitsvertrag Rn 251 f.; *Schaub/Koch* § 40 Rn 35). Eigeninteressen des Arbeitgebers schließen zwar nicht von Vornherein den sozialen Überbrückungszweck als Befristungsgrund aus; **jedoch müssen die soziale Erwägungen als Beweggrund überwiegen** (*BAG* 16.12.2010 EzA § 2 KSchG Nr. 81, Rn 38; *LAG RhPf* 16.1.2014 – 5 Sa 273/13, Rn 32; *Annuß/Thüsing/Maschmann* Rn 53; *Bauer* NZA 2011, 246). Denn das für den Abschluss eines Arbeitsvertrags maßgebliche **Interesse des Arbeitgebers** geht regelmäßig dahin, sich die **Arbeitsleistung** des Arbeitnehmers für seine unternehmerischen Zwecke nutzbar zu machen und dadurch eine Gegenleistung für die gewährte Arbeitsvergütung zu erhalten. Dem Abschluss eines aus **sozialen Gründen** gerechtfertigten befristeten Arbeitsvertrags muss eine **von diesem Regelfall abweichende Interessenlage** zugrunde liegen. Dazu bedarf es der Feststellung konkreter Anhaltspunkte, die darauf schließen lassen, dass die für eine Beschäftigung des Arbeitnehmers sprechenden betrieblichen oder dienstlichen Interessen des Arbeitgebers für den Vertragsschluss nicht ausschlaggebend waren (*BAG* 21.1.2009 EzA § 14 TzBfG Nr. 55, Rn 9). Derartige soziale Beweggründe kommen als Sachgrund nur dann in Betracht, wenn es **ohne den sozialen**

Überbrückungszweck überhaupt nicht zur Begründung eines Arbeitsverhältnisses, auch keines befristeten Arbeitsverhältnisses, gekommen wäre. Ob es dem Arbeitnehmer auf den Abschluss eines befristeten Arbeitsvertrags zur sozialen Überbrückung ankommt, ist dagegen unerheblich (*LAG RhPf* 30.6.2005 NZA-RR 2006, 107).

Der **Arbeitgeber** hat im Streitfall konkrete Tatsachen **vorzutragen** und zu beweisen, die darauf schließen lassen, dass die **betrieblichen** oder dienstlichen **Interessen des Arbeitgebers** für den Abschluss des Arbeitsvertrages **nicht ausschlaggebend** waren (*BAG* 11.2.2015 EzA § 14 TzBfG Nr. 113, Rn 33, befristete Fortsetzung nach Erreichen des Rentenalters; 16.12.2010 EzA § 2 KSchG Nr. 81, Rn 38; 7.7.1999 EzA § 620 BGB Nr. 165; 5.6.2002 EzA § 620 BGB Nr. 193; *Hess. LAG* 4.2.2013 LAGE § 305c BGB 2002 Nr. 7, Beschäftigung aus Mitleid; *LAG Köln* 8.5.2006 AuR 2006, 330; *Sievers* Rn 381). Prüfstein ist, dass es ohne den sozialen Überbrückungszweck überhaupt nicht zum Abschluss des (befristeten) Arbeitsverhältnisses gekommen wäre (HaKo-TzBfG/*Boecken* Rn 99). Gegen eine Annahme, dass ohne den sozialen Überbrückungszweck ein Vertragsschluss unterblieben wäre, spricht nicht der Umstand, dass der Arbeitnehmer während seiner Befristung mit **sinnvollen Arbeitsaufgaben** beschäftigt wird (*BAG* 3.10.1984 EzA 620 BGB Nr. 73). Allerdings hat der insoweit darlegungsbelastete Arbeitgeber darauf zu achten, dass es sich um Tätigkeiten handelt, die ohne weiteres von anderen Betriebsangehörigen hätten mit erledigt werden können. Ansonsten läuft der Arbeitgeber Gefahr, dass eine Daueraufgabe erfüllt wird, die gegen eine Ursächlichkeit sozialer Aspekte für die Befristung spricht (ErfK-*Müller-Glöge* Rn 68; *Dörner* Befr. Arbeitsvertrag Rn 252). So kann der Einsatz des Arbeitnehmers auf einem gerade unbesetzten **Dauerarbeitsplatz** gegen den Befristungsgrund der sozialen Überbrückung sprechen (*BAG* 12.12.1985 EzA 620 BGB Nr. 77; *LAG RhPf* 16.1.2014 – 5 Sa 273/13, Rn 37; LS-*Schlachter* Rn 71: eher ein Vertretungsfall). An einem sozialen Überbrückungszweck fehlt es jedenfalls, wenn die Parteien für den Fall einer arbeitnehmerseitigen außerordentlichen Kündigung die **befristete Fortsetzung des vorher unbefristeten Arbeitsverhältnisses** verabreden (*BAG* 23.1.2002 EzA § 620 BGB Nr. 186; MHH-TzBfG/*Meinel* Rn 143; ErfK-*Müller-Glöge* Rn 67). Anders ist es hingegen bei einer befristeten **Beschäftigung in einer Beschäftigungs- und Qualifizierungsgesellschaft**, die dem Arbeitnehmer eine neue berufliche Orientierung ermöglichen soll. Hier liegt der soziale Überbrückungszweck auf der Hand (HaKo-KSchR/*Mestwerdt* Rn 144; *Annuß/Thüsing/Maschmann* Rn 53).

Nach der bisherigen Rspr. des BAG konnten solche befristeten **sozialen Überbrückungsbefristungen** dazu dienen, einen früheren Beschäftigten, dessen Arbeitsverhältnis wirksam beendet worden ist oder der seine Ausbildung abgeschlossen hat, zur **Vermeidung von Übergangsschwierigkeiten oder zur Verbesserung seiner Arbeitsmarktchancen** befristet weiter zu beschäftigen (*BAG* 7.7.1999 EzA § 620 BGB Nr. 165 mwN). Diese Fallgruppe wird in Zukunft häufig Gegenstand des **Sachgrundes nach Nr. 2** sein. Ergibt die vorrangige Prüfung nach Nr. 2, dass die dortigen Voraussetzungen nicht gegeben sind, kann ein in der Person des Arbeitnehmers liegender Grund nach Nr. 6 die Befristung rechtfertigen (abw. APS-*Backhaus* Rn 405, 121, 127, der die Voraussetzungen der sozialen Überbrückung auf den Sachgrund Nr. 2 übertragen will). Vgl auch Rdn 381.

So kann eine vorübergehende befristete Beschäftigung die **Suche nach einem neuen Arbeitsplatz** erleichtern (*BAG* 5.6.2002 EzA § 620 BGB Nr. 193; *LAG RhPf* 30.6.2005 NZA-RR 2006, 107). Soziale Erwägungen sind zB anzunehmen, wenn die befristete Fortsetzung des Arbeitsverhältnisses dem Arbeitnehmer zum **Erwerb eines Versorgungsanspruches** helfen soll (*Koch* NZA 1985, 348), nach Beendigung des Ausbildungszweckes für die **Stellensuche** eine »soziale Auslauffrist« gewährt wird (*BAG* 12.12.1984 AP Nr. 85 zu § 620 BGB Befristeter Arbeitsvertrag), in **sozialen Härtefällen** das Land mit Lehrern, deren Examensnote für eine **Übernahme in den Schuldienst** nicht ausreicht, einen befristeten Arbeitsvertrag für die Dauer eine Jahres anbietet und den Lehrern zusagt, sie nach Vertragsablauf bei Eignung in das Beamtenverhältnis zu übernehmen (*BAG* 31.8.1994 EzA § 620 BGB Nr. 127; ErfK-*Müller-Glöge* Rn 69; *Arnold/Gräfl* Rn 219), einem Arbeitnehmer noch Gelegenheit zum **Erwerb einer fehlenden Qualifikation** (*BAG* 11.12.1985 EzA § 620 BGB Nr. 78) oder zur Fertigstellung seiner Promotion zu geben (*LAG Bln.-Bra* 15.3.2013 LAGE § 14 TzBfG Nr. 77a Rn 17, auf Veranlassung des Personalrats) oder einen beruflichen Übergang nach

§ 14 TzBfG   Zulässigkeit der Befristung

bestandener Facharztprüfung zu gewähren (*BAG* 19.8.1992 – 7 AZR 493/91). Hierher gehören auch die Fälle einer »überbrückenden« Beschäftigung bis zur **Aufnahme des Studiums** oder bis zur geplanten **Rückkehr** eines ausländischen Arbeitnehmers **in sein Heimatland**. Der Arbeitgeber kann ferner mit dem Arbeitnehmer für die Zeitdauer, während derer das Vollzeitarbeitsverhältnis aufgrund der **Bewilligung einer befristeten Erwerbsminderungsrente** ruht, ein **befristetes Teilzeitarbeitsverhältnis** begründen, um dem Arbeitnehmer während dieser Zeit eine **Teilnahme am sozialen und beruflichen Leben** zu ermöglichen (*Sächs. LAG* 6.7.2007 – 5 Sa 298/06). Wird dem Arbeitnehmer über den vereinbarten Zeitraum hinaus eine befristete Erwerbsminderungsrente gewährt, kann der Arbeitgeber frei entscheiden, ob und ggf. in welchem Umfang er dem Arbeitnehmer durch den Abschluss eines weiteren befristeten Arbeitsvertrags eine durch soziale Gründe motivierte Beschäftigungsmöglichkeit eröffnet (*BAG* 21.1.2009 EzA § 14 TzBfG Nr. 55 Rn 13). Selbst eine **Änderungskündigung** zur befristeten Weiterbeschäftigung ist möglich, soweit die Beschäftigungsmöglichkeit zu den bisherigen Bedingungen entfallen ist und sachliche Gründe das Angebot einer nur noch befristeten (Weiter-)Beschäftigung rechtfertigen. Der Sachgrund hierfür kann sich dann aus sozialen Erwägungen iSv § 14 Abs. 1 Nr. 6 TzBfG ergeben (*BAG* 16.12.2010 EzA § 2 KSchG Nr. 81).

386 Das BAG hat indessen verdeutlicht, dass im **öffentlichen Dienst** der Sachgrund einer »**sozialen Überbrückungsmaßnahme**« nicht gegeben ist, wenn der Arbeitnehmer auf einer **vorübergehend freien Beamtenstelle** eingesetzt wird und er **quasi als Vertretungskraft** vorrangig im dienstlichen Interesse beschäftigt wird. Das Interesse des Arbeitgebers kann in diesen Fällen nur dann fehlen, wenn die vom Arbeitgeber bestimmte Arbeitsmenge auch ohne den befristet eingestellten Arbeitnehmer von den vorhandenen Arbeitskräften hätte bewältigt werde können (s. Rdn 382). Diese Überlegungen führten einerseits im Ergebnis dazu, dass die befristete Übernahme von Prüfungsabsolventen mit schlechten Prüfungsergebnissen bei einem Einsatz auf einer freien Beamtenstelle sachlich nicht gerechtfertigt war (*BAG* 7.7.1999 EzA § 620 BGB Nr. 165; MüKo-*Hesse* Rn 61). Für diese Fallgestaltung hätte der Arbeitgeber aber den Sachgrund der **Vertretung nach Nr. 3** anführen können (*Dörner* Befr. Arbeitsvertrag Rn 253). Andererseits hat das BAG bei einer **Doppelrechtsbeziehung** im Postbereich (Insichbeurlaubung eines Beamten) eine Befristung des Arbeitsverhältnisses aus der Besonderheit der Beurlaubung nach § 4 Abs. 3 PostPersonalratG aF im Zuge der Privatisierung anerkannt (*BAG* 25.5.2005 EzA § 14 TzBfG Nr. 18). Das BAG hat insoweit eine Zuordnung zu Nr. 6 offengelassen und einen **eigenständigen Befristungssachgrund** nach den Wertmaßstäben des § 14 Abs. 1 TzBfG erkannt.

387 Die **zeitliche Grenze für die Dauer befristeter Überbrückungsverträge** ist iSe Höchstbefristung bisher nicht entschieden worden. Das BAG hat in der Vergangenheit eine zweifache Befristung über **insgesamt ein Jahr** (auch zum Erwerb eines höheren Arbeitslosengeldes nach abgeschlossener Berufsausbildung) hierzu gebilligt (*BAG* 12.12.1985 EzA § 620 BGB Nr. 77; APS-*Backhaus* Rn 409). Im Fall der befristeten Teilzeitbeschäftigung während des Bezugs einer befristeten Erwerbsminderungsrente hat das BAG die **dreijährige Befristung nicht beanstandet**, da es zum einen zu einer wirksamen Befristung eines Arbeitsvertrags nicht noch zusätzlich einer eigenen sachlichen Rechtfertigung der gewählten Befristungsdauer bedürfe und zum anderen die gewählte Vertragsdauer der Zeitdauer entspreche, während derer das Vollzeitarbeitsverhältnis der Parteien aufgrund der Bewilligung der befristeten Erwerbsunfähigkeitsrente ruhe; mithin Zweifel am Sachgrund sich daraus nicht ableiten ließen (*BAG* 21.1.2009 EzA § 14 TzBfG Nr. 55). Es empfiehlt sich gleichwohl, mit Rücksicht auf die neue Rechtslage die Überlegungen zur Anschlussbefristung nach Nr. 2 hierher zu übertragen (**Regelobergrenze: 2 Jahre**; vgl. Rdn 234). Abgesehen von diesen Höchstgrenzen kann die Laufzeit des »Überbrückungsvertrages« sehr unterschiedlich sein, da selbst wenige Monate der befristeten Beschäftigung für den Arbeitnehmer sinnvoller sind als der Weg in die Arbeitslosigkeit (*Plander* BB 1984, 1880; LS-*Schlachter* Rn 72). Mit zunehmender Dauer der Befristung gerät der Arbeitgeber aber in immer größer werdende Schwierigkeiten, den sozialen Überbrückungszweck der Befristung anhand konkreter Tatsachen zu belegen. Einen Ausnahmefall zur Dauer dürften insoweit nur **Beschäftigungs- und Qualifizierungsgesellschaften** bilden, die im Anschluss an Betriebsstilllegungen Überbrückungsfunktionen wahrnehmen und deren soziale Gründe für die

befristete Beschäftigung der Arbeitnehmer außer Frage stehen (HaKo-KSchR/*Mestwerdt* Rn 144; DDZ-*Wroblewski* Rn 129 ff.; *Annuß/Thüsing/Maschmann* Rn 53; MHH-TzBfG/*Meinel* Rn 143).

bb) Maßnahmen im Rahmen der Sozialhilfe; Grundsicherung

Die befristete **Verbesserung der sozialen Situation** des Arbeitnehmers steht ebenso im Vordergrund, wenn ein Arbeitsvertrag infolge **sozialhilferechtlicher Zuweisung** für deren Dauer zwischen Arbeitgeber und Sozialhilfeempfänger geschlossen wird. Hierfür ist dann ein Sachgrund zur befristeten Beschäftigung gegeben. Die Heranziehung zu gemeinnütziger Arbeit begründete **kein Arbeitsverhältnis** (*BAG* 14.1.1987 EzA § 611 BGB Faktisches Arbeitsverhältnis Nr. 1). Inzwischen ist das BSHG seit dem 1.1.2005 durch das **SGB II** abgelöst worden. 388

Ein **Arbeitsvertrag** mit einem **Sozialhilfeempfänger** konnte **bis zum Inkrafttreten des SGB II wirksam befristet** werden, wenn dadurch für den Hilfesuchenden Gelegenheit zu gemeinnütziger und zusätzlicher Arbeit iSv § 19 Abs. 2 BSHG geschaffen werden sollte (*BAG* 7.7.1999 EzA § 620 BGB Nr. 168; 22.3.2000 EzA § 620 BGB Nr. 171). Es entstand ein **reguläres Arbeitsverhältnis**, wenn dem Hilfesuchenden eine normale Arbeitsgelegenheit geschaffen wurde, die nicht gemeinnützig oder zusätzlich war (§ 19 Abs. 1 BSHG), auch bei Verschaffung einer gemeinnützigen und zusätzlichen Arbeitsgelegenheit (§ 19 Abs. 2 BSHG; so *BAG* 11.10.2006 EzA § 242 BGB 2002 Gleichbehandlung Nr. 11), **ohne** allerdings einen **Anspruch auf gleiche Arbeitsbedingungen** zu begründen. 389

§ 19 Abs. 1 S. 3 BSHG bestimmte insoweit ausdrücklich, dass die für die Hilfesuchenden zu schaffenden **Arbeitsgelegenheiten idR von vorübergehender Dauer** sein sollen. Daraus war zu schließen, dass bei Beachtung dieser gesetzlichen Vorgaben die **Befristung** des Arbeitsverhältnisses **sachlich gerechtfertigt** war (*BAG* 22.3.2000 EzA § 620 BGB Nr. 171; APS-*Backhaus* Rn 410; HaKo-KSchR/*Mestwerdt* Rn 169). 390

Mit der gesetzlich **neu** geregelten **Grundsicherung für Arbeitsuchende** (Gesetz vom 24.12.2003, zuletzt geändert durch Art 1 des Gesetzes zur Fortentwicklung der Grundsicherung vom 20.7.2006, BGBl. I S. 1706) standen die in eine Arbeitsgelegenheit vermittelten erwerbsfähigen Hilfsbedürftigen (sog. **Ein-Euro-Jobs**) regelmäßig in **keinem Arbeitsverhältnis** (*BAG* 20.2.2008 EzA § 611 BGB 2002 Arbeitnehmerbegriff Nr. 13; vgl. auch *BAG* 8.11.2006 EzA § 2 ArbGG 1979 Nr. 65), sondern in einem **sozialrechtlichen Beschäftigungsverhältnis** nach § **16 Abs. 3 SGB II** aF. Das gilt gleichermaßen für eine **Trainingsmaßnahme nach § 48 SGB III** aF, die allenfalls bei Erfolg den Abschluss eines Arbeitsvertrages in Aussicht stellt (*ArbG München* 9.1.2007 – 21 Ca 8872/05). In beiden Fällen kommt das TzBfG nicht zur Anwendung. 391

Die Zuordnung der beschriebenen Sachverhalte zu Nr. 6 des Sachgrundkatalogs erscheint deshalb nur dann sachgerecht (vgl. Rdn 500), wenn hierfür ein **Arbeitsverhältnis** begründet wurde. Dieses kann nach dem Willen der Parteien neben dem öffentlich-rechtlichen Rechtsverhältnis geschehen, soweit dafür entsprechende Erklärungen der Parteien abgegeben worden sind (*BAG* 19.3.2008 FA 2008, 245 = NZA 2008, 760). 392

Ab dem 1.4.2011 hat der Gesetzgeber versucht die **Verschaffung von Arbeitsgelegenheiten** (**Ein-Euro-Jobs**) **ohne Begründung eines Arbeitsverhältnisses** (§ 16d Abs. 7 S. 2 SGB II) von den **Eingliederungsleistungen für erwerbsfähige Leistungsberechtigte mit Vermittlungshemmnissen in Arbeit** (§ 16e SGB II) bei Begründung eines Arbeitsverhältnisses zu **trennen** (SGB II idF der Bek. v. 13.5.2011, BGBl. I S. 850). Wird ein **Arbeitsverhältnis nach** § **16e SGB II** vereinbart, kann dies für die Dauer des dem Arbeitgeber gewährten Beschäftigungszuschusses mit sachlichem Grund befristet werden (§ 16e Abs. 1 SGB II idF v. 5.12.2012). Der zuvor **sozialrechtlich begründete Befristungssachgrund** nach § 16e Abs. 6 SGB II aF stand im Widerspruch zu der Rechtsprechung des BAG, wonach Zuschüsse zum Ausgleich der Minderleistungen des Arbeitnehmers oder seiner besseren Eingliederung in den Arbeitsmarkt durch Aus- und Weiterbildung eine Befristung des Arbeitsverhältnisses nicht rechtfertigen können (*BAG* 4.6.2003 EzBAT SR 2y BAT Nr. 110; 22.4.2009 EzA § 14 TzBfG Nr. 58; *Dörner* Befr. Arbeitsvertrag Rn 185 mwN). Vgl. dazu Rdn 397. 393

cc) Arbeitsförderungsmaßnahmen (SGB III)

394 Bei **Arbeitsbeschaffungsmaßnahmen** war ein sozialrechtlich ausgestaltetes Zuweisungs- und Förderverhältnis **mit einem privatrechtlichen Arbeitsverhältnis** verknüpft. Die Bundesagentur für Arbeit (BA) bewilligt einem dafür qualifizierten Träger die von diesem beantragte Maßnahme und weist gem. § 260 ff. SGB III aF (aufgehoben zum 1.4.2012, Art. 2 Nr. 19, 110 des Gesetzes zur Verbesserung der Eingliederungschancen am Arbeitsmarkt vom 20.12.2011, BGBl. I S. 2854) einen förderungsbedürftigen Arbeitnehmer für eine bestimmte Förderdauer dieser Maßnahme zu. Der **Sachgrund** für eine solche Befristung lag darin, dass im Verhältnis der Arbeitsvertragsparteien für die Einstellung des Arbeitnehmers die zeitlich befristete Übernahme eines erheblichen Kostenanteils durch die BA entscheidend ist und der Arbeitgeber ohne entsprechende Zusage entweder überhaupt nicht oder einen von ihm selbst ausgewählten Arbeitnehmer eingestellt hätte (st. Rspr., zuletzt *BAG* 22.4.2009 EzA § 14 TzBfG Nr. 58, Rn 21; 19.1.2005 EzA § 620 BGB 2002 Nr. 11; 2.12.1998 EzA § 625 BGB Nr. 4). Die **klassische ABM** in Form von vollfinanzierten zusätzlichen Arbeitsplätzen bei einem Arbeitgeber gehört der **Vergangenheit** an. An seine Stelle treten zielgerichtete **Fördermaßnahmen in Form von Zuschüssen** (s. Rdn 397 ff.).

395 Grds. hatte die **Dauer der Zuweisung** mit der **Dauer der Befristung** überein zu stimmen (*BAG* 19.1.2005 EzA § 620 BGB 2002 Nr. 11; 20.12.1995 EzA § 620 BGB Nr. 136; *Sievers* Rn 384; *Dörner* Befr. Arbeitsvertrag Rn 179, 181; APS-*Backhaus* Rn 192; ErfK-*Müller-Glöge* Rn 64). Da hier die **Person des Arbeitnehmers gefördert** werden sollte und seine Umstände Grundlage für die Fördermaßnahmen sind, ergab die Zuordnung zu Nr. 6 Sinn (ebenso ErfK-*Müller-Glöge* Rn 64; *Arnold/Gräfl* Rn 220 ff., aA *Dörner* Befr. Arbeitsvertrag Rn 180; MüKo-*Hesse* Rn 79; *Rolfs* Rn 67, sog. unbenannter weiterer Sachgrund). Ohne die **Übernahme wesentlicher Lohnkostenanteile** wäre der Arbeitgeber nämlich nicht bereit, **diesen Arbeitnehmer** in ein befristetes Arbeitsverhältnis zu übernehmen oder würde auf eine zusätzliche Einstellung ganz verzichten (LS-*Schlachter* Rn 73).

396 Das BAG beschränkte die **Kontrolle des sachlichen Grundes** bei **ABM-Verträgen** im Wesentlichen darauf, ob die Laufzeit des Arbeitsvertrages am konkreten Förderungszeitraum orientiert ist. Neben der kalendermäßigen Befristung war auch eine **Zweckbefristung** für die Gesamtdauer der längstens dreijährigen Förderung einschließlich noch ungewisser Verlängerungen (§ 267 Abs. 3 SGB III aF) durch die Agentur für Arbeit sachlich gerechtfertigt. Der Arbeitnehmer konnte sich hierauf einstellen. Seitens des Arbeitgebers war aber bei absehbarem Auslaufen der finanziellen Förderung (Zweckerreichung) eine **Ankündigung nach § 15 Abs. 2 TzBfG** geboten (*BAG* 19.1.2005 EzA § 620 BGB 2002 Nr. 11; krit. *Meinel* AP Nr. 1 zu § 267 SGB III, der für ein Festhalten an der kalendarischen Befristung eintritt). Da inzwischen **AB-Maßnahmen durch Eingliederungszuschüsse** ersetzt worden sind, die Rechtsprechung dazu aber auf die früheren Entscheidungen des BAG zu den Fördermaßnahmen in Bezug steht, wird auf *Lipke* KR 11. Aufl., Rn 396 bis 403 verwiesen.

dd) Einarbeitungs- und Eingliederungszuschüsse

397 **Keinen sachlichen Grund für eine Befristung** bietet die Gewährung von **Einarbeitungszuschüssen**, die im Unterschied zu ABM weder zusätzliche Arbeitsplätze noch Beschäftigungsmöglichkeiten schaffen noch der Finanzierung von Arbeitsplätzen dienen. Dort geht es vielmehr nur um einen **Ausgleich von Minderleistungen** in der Einarbeitungszeit (*BAG* 4.6.2003 EzBAT SR 2y BAT Nr. 110; *BSG* 22.2.1984 NZA 1984, 333 f.; HaKo-KSchR/*Mestwerdt* Rn 173; LS-*Schlachter* Rn 73; *Dörner* Befr. Arbeitsvertrag Rn 185; APS-*Backhaus* Rn 313). Diese Einarbeitungszuschüsse wurden als **Eingliederungszuschüsse für förderungsbedürftige Arbeitnehmer** nach §§ 217 ff. SGB III aF gezahlt. Ab dem 1.4.2012 erfolgt die Gewährung nach §§ 88 ff. SGB III (Art. 2 Nr. 18 des Gesetzes zur Verbesserung der Eingliederungschancen am Arbeitsmarkt vom 20.12.2011, BGBl. I S. 2854). Gleiches gilt auch für den **Zuschuss zur Ausbildungsvergütung schwerbehinderter Menschen** nach § 235a SGB III aF (*BAG* 22.4.2009 EzA § 14 TzBfG Nr. 58, Rn 15 ff.), der jetzt nach **§ 73 SGB III** gezahlt werden kann. Der Zuschuss dient allein der Förderung einer Ausbildung mit dem Ziel der Eingliederung in den Arbeitsmarkt. Auch das vom Bundesministerium

für Arbeit und Soziales aufgelegte **Modellprojekt »Bürgerarbeit«** ist keine Arbeitsbeschaffungsmaßnahme (*LAG Bln.-Bra.* 4.3.2014 ZTR 2014, 470) und kann daher keine Befristung rechtfertigen.

Werden keine zusätzlichen Arbeitsplätze finanziert, kann die Zuschussgewährung aus anderen Beweggründen keine eigenständigen Befristungsmöglichkeiten eröffnen. Allein die **Abhängigkeit von Zuschüssen und Haushaltsmitteln** ist kein Sachgrund zur Befristung, weil darin ein **typisches Unternehmerrisiko** liegt (vgl. *BAG* 4.6.2003 EzBAT SR 2y BAT Nr. 110; *LAG Köln* 15.8.2007 – 8 Sa 107/07; *Dörner* Befr. Arbeitsvertrag, Rn 186; APS-*Backhaus* Rn 313 f.; *Sievers* Rn 388;). Die Eingliederungshilfen wurden im Zuge des **Gesetzgebungspakets »50 Plus«** noch angereichert (zB »Kombilohn«; Gesetz zur Verbesserung der Beschäftigungschancen älterer Menschen vom 19.4.2007, BGBl. I S. 538). So gab es »Eingliederungsgutscheine« für schwer vermittelbare ältere Arbeitnehmer (Siebtes Gesetz zur Änderung des Dritten Buches Sozialgesetzbuch vom 15.4.2008, BGBl. I S. 681; § 223 SGB III aF) und für jüngere Arbeitnehmer Qualifizierungs- und Eingliederungszuschüsse (Viertes Gesetz zur Änderung des Dritten Buches Sozialgesetzbuch vom 10.10.2007, BGBl. I S. 2329; § 421o SGB III aF) und »Ausbildungsboni« (Fünftes Gesetz zur Änderung des Dritten Buches Sozialgesetzbuch vom 26.8.2008, BGBl. I S. 1728, § 421r SGB III aF), die allesamt **keine Befristungssachgründe** iSv Nr. 6 vermitteln konnten. Das dürfte auch für **neue Förderungszuschüsse** gelten (Überblick bei *Voelzke* NZA 2012, 177).

d) Neben- oder Teilzeitbeschäftigung

Teilzeit- oder Nebenbeschäftigungen neben einer Hauptexistenz setzen **keinen eigenständigen Befristungsgrund** nach Nr. 6 (*Sievers* Rn 398 f.). Eine **Nebentätigkeit** setzt begriffsnotwendig eine existenzsichernde Hauptbeschäftigung im Arbeits- oder Beamtenverhältnis voraus. Nach früher hM waren die nebenberuflichen Arbeitnehmer deshalb sozial weniger schutzbedürftig, so dass die Ratio des Kündigungsschutzgesetzes entfiel und damit die Gefahr, dass durch die Befristung der Zweck des Kündigungsschutzes ausgeschlossen wurde, nicht bestand. Vgl. dazu ausf. *Lipke* KR 5. Aufl., § 620 BGB Rn 174 ff.

In Abkehr von der früheren Rspr. stellt das BAG nunmehr darauf ab, **ob verständige und verantwortungsbewusste Parteien eine Befristung des Arbeitsvertrages vereinbaren würden und ob das Interesse des Arbeitnehmers** (zB einer Studentin) **mit einer Befristung im Einklang steht** (*BAG* 10.8.1994 EzA § 620 BGB Nr. 126). Denn die **nebenberufliche Tätigkeit** stellt für sich genommen wegen des eingeschränkten Umfangs der Arbeitspflicht **keinen Befristungsgrund** dar (*Dörner* Befr. Arbeitsvertrag Rn 256; APS-*Backhaus* Rn 352; HWK-*Rennpferdt* Rn 118; HaKo-KSchR/*Mestwerdt* Rn 148; ErfK-*Müller-Glöge* Rn 55; *LAG Nbg.* 28.3.1994 LAGE § 620 BGB Nr. 34; MüKo-*Hesse* Rn 62; *Strasser/Melf* AuR 2006, 342, 345). Eine derartige Unterscheidung ist im § 14 TzBfG nicht angelegt; sie würde sogar gegen die ratio des § 4 TzBfG verstoßen.

Wer demnach als **Student** wenige Wochenstunden nebenher arbeitet, zB als **Zeitungsausträger, Verkaufshilfe, nebenberuflicher Aushilfslehrer, Lehrbeauftragter oder Arbeitsgemeinschaftsleiter** tätig ist, kann deshalb nur dann befristet mit Sachgrund wirksam verpflichtet werden, wenn es aufgrund hauptberuflicher Tätigkeit oder des Studiums im Interesse des Arbeitnehmers liegt (*BAG* 29.10.1998 EzA § 620 BGB Nr. 159; HaKo-KSchR/*Mestwerdt* Rn 148 f.; *Dörner* Befr. Arbeitsvertrag, Rn 256; *Sievers* Rn 399; ErfK-*Müller-Glöge* Rn 54). Davon kann ausgegangen werden, wenn die Befristung erforderlich ist, um ein ordnungsgemäßes Studium zu gewährleisten, zB **Wunsch des Arbeitnehmers** wegen eines bevorstehenden Auslandssemesters (vgl. auch LS-*Schlachter* Rn 74). Ein großzügigerer Prüfungsmaßstab bei der Sachgrundkontrolle im Blick auf eine existenzsichernde Haupttätigkeit als Arbeitnehmer oder Beamter ist dagegen nicht mehr begründbar (aA *Staudinger/Preis* [2019] § 620 BGB Rn 70, der darauf abstellt, ob für die befristete Beschäftigung auch ein freies Dienstverhältnis hätte begründet werden können). Vgl. zur befristeten **Beschäftigung von Studenten** auch Rdn 201, 380 ff.

Eine **auf Dauer angelegte Nebenbeschäftigung** verträgt sich **nicht mit einer Befristung** (vgl. *BAG* 2.6.1976 EzA § 611 BGB Arbeitnehmerbegriff Nr. 6; 12.6.1996 EzA § 2 BeschFG 1985 Nr. 49).

§ 14 TzBfG   Zulässigkeit der Befristung

Entscheidend für die Abgrenzung ist, ob die **Prognose** im Zeitpunkt des Vertragsabschlusses ergibt, wie weit ein **Dauerbedarf** besteht und eine Weiterbeschäftigung über den Endtermin der Befristung hinaus bereits vorgesehen war (*BAG* 3.10.1984 EzA § 620 BGB Nr. 72; 26.6.1996 – 7 AZR 662/95). Im Übrigen kann das Bedürfnis wiederholter kurzfristiger Heranziehung zu Arbeitsleistungen (zB Briefzusteller) zur Grundlage einer **Rahmenvereinbarung** (*BAG* 15.2.2012 EzA § 611 BGB 2002 Arbeitnehmerbegriff Nr. 20, Rn 24, 40; *LAG RhPf* 18.3.2010 LAGE § 12 TzBfG Nr. 3; *B. Gaul/Emmert* ArbRG 2003, 379; *Plander* EWiR § 12 TzBfG 1/03, 81) gemacht werden. Die jeweilige **befristete Heranziehung** ist dann aber auf einen **Befristungsgrund** zu überprüfen, da § 14 TzBfG gilt und nicht mehr die Umgehung des Kündigungsschutzes zu überprüfen ist (vgl. *BAG* 16.4.2003 EzA § 620 BGB 2002 Nr. 5; *LAG RhPf* 18.3.2010 LAGE § 12 TzBfG Nr. 3 Rn 76 und Rdn 380 f.).

403   So ist bei **Teilzeitarbeitsverhältnissen**, die sich nicht mit einer Hauptbeschäftigung oder anderweitigen Verpflichtung in Einklang bringen lassen müssen, und bei der die Arbeitskraft entsprechend ihrem Wunsch vollbeschäftigt werden könnte, **keine Besonderheit im Verhältnis zur allgemeinen Befristungskontrolle von Arbeitsverträgen** erkennbar. Die gesetzlichen Voraussetzungen des § 14 TzBfG Abs. 1 sind im vollen Umfang anwendbar (ebenso APS-*Backhaus* Rn 352, 435; ArbRBGB-*Dörner* § 620 BGB Rn 163). Die gebotene **Gleichbehandlung von Vollzeit- und Teilzeitbeschäftigten** auch hinsichtlich der **Voraussetzungen für eine zulässige Befristung** ergab sich nach dem bis zum 31.12.2000 geltenden Recht aus § 2 Abs. 1 BeschFG und ergibt sich nunmehr aus § 4 Abs. 1 TzBfG. Zu den **Ein-Euro-Jobs** s. Rdn 391.

e) Einstellungs- und Beschäftigungsvoraussetzungen

aa) Arbeits- und Aufenthaltserlaubnis

404   **Ausländische Arbeitnehmer**, die nicht die Staatsangehörigkeit eines Mitgliedslandes der Europäischen Union besitzen, durften nach § 284 SGB IIIaF nur beschäftigt werden, wenn sie eine **Arbeitserlaubnis** besaßen (*BAG* 7.2.1990 EzA § 1 KSchG Personenbedingte Kündigung Nr. 8). Als sachlicher Befristungsgrund iSv Nr. 6 kann die befristet erteilte Arbeitserlaubnis nicht nur dann Anerkennung finden, wenn von vornherein feststeht, dass nur eine einzige befristete Arbeitserlaubnis erteilt werden wird; es muss vielmehr ausreichen, wenn mit einiger Sicherheit keine Verlängerung der Arbeitserlaubnis zu erwarten ist oder vom Arbeitnehmer nicht beantragt werden wird (*BAG* 12.1.2000 EzA § 620 BGB Nr. 169; *Hanau* FS BAG, S. 181; KDZ-*Däubler* 7. Aufl., Rn 111). **Befristungsgrund** ist nicht die Entziehung der Arbeitserlaubnis, sondern die damit verbundene Erwartung einer zukünftig **fehlenden Beschäftigungsmöglichkeit** (*Dörner* Befr. Arbeitsvertrag Rn 189; *Kliemt* NZA 2001, 296, 298; krit. *Gutmann* AiB 2000, 642 f.). Die Arbeitserlaubnis-EU wird nun nach Maßgabe des **Aufenthaltsgesetzes** erteilt (§ 284 Abs. 3 SGB III iVm § 39 AufenthG). Zu den Besonderheiten von angeworbenen **IT-Kräften** und zu den Arbeitsbedingungen mit »**Green Card**« wird auf die Ausführungen von *Moll/Reichel* RdA 2001, 308 ff. und die Anm. von *B. Gaul/B. Otto* zu AP Nr. 25 § 620 BGB Bedingung verwiesen. Zur »**Blauen Karte EU**« vgl. ab 1.8.2012 § 19a Aufenthaltsgesetz. Für die über die Europäische Union privilegierten ausländischen Arbeitnehmer gelten grds. die für deutsche Arbeitnehmer verbindlichen **Befristungsregelungen**.

405   Die Befristung mit einem ausländischen Arbeitnehmer kann – im Blick auf seine begrenzte Arbeitserlaubnis – **zeitlich befristet, nicht aber zweckbefristet oder auflösend bedingt** für die **Arbeitserlaubnis** gestaltet werden (*LAG Köln* 18.4.1997 NZA-RR 1997, 476; *Sievers* Rn 394 f.; APS-*Backhaus* Rn 200, der in der Sache zutreffend darauf hinweist, dass die auflösende Bedingung gerade einen in seinem Eintreten unsicheren Fall regeln soll; aA *Hoß/Lohr* MDR 1998, 315; HaKo-KSchR/*Mestwerdt* Rn 147; auch auflösende Bedingung möglich, soweit mit dem Wegfall der Erlaubnis gerechnet werden konnte). Damit der Umgehung des Kündigungsschutzes nicht mehr argumentiert werden kann, bestehen gegen eine zeitliche Befristung dann Bedenken, wenn eine zeitliche Beschränkung der Arbeits- oder Aufenthaltserlaubnis nicht mit hinreichender Sicherheit (ob, nicht wann) prognostiziert werden kann (*BAG* 12.1.2000 EzA § 620 BGB Nr. 169; *B. Gaul/B. Otto* Anm. zu AP Nr. 25 § 620 BGB Bedingung). Anders gesagt, kann die Befristung

der Aufenthaltserlaubnis (ebenso Arbeitserlaubnis) und die Besorgnis, der Arbeitnehmer werde danach die arbeitsvertraglich geschuldeten Dienste nicht mehr erbringen können, einen **sachlichen Grund für die zeitliche Befristung** des Arbeitsverhältnisses nur dann setzen, **wenn** im Zeitpunkt des Vertragsschlusses eine **hinreichend zuverlässige Prognose** erstellt werden kann, eine **Verlängerung der Aufenthalts- oder Arbeitserlaubnis** (ob und/oder wann) **werde nicht erfolgen** (*Hromadka* BB 2001, 621, 6269; *Rolfs* Rn 49; ErfK-*Müller-Glöge* Rn 52; MüKo-*Hesse* Rn 62; HaKo-TzBfG/ *Boecken* Rn 104; DDZ-*Wroblewski* Rn 136; *Schaub/Koch* § 40 Rn 54). Der Umstand, dass bei Vertragsschluss eine Verlängerung der Aufenthaltserlaubnis völlig offen ist, reicht dafür nicht aus (*BAG* 12.1.2000 EzA § 620 BGB Nr. 169; *ArbG Bremen-Bremerhaven* 13.12.2012 – 5 Ca 5116/12; *Arnold/Gräfl* Rn 237). Die negative Prognose muss auf konkreten Anhaltspunkten beruhen.

Dabei kann von Bedeutung sein, ob sich Prognosen der vorliegenden Art in der Vergangenheit bereits wiederholt als unzutreffend erwiesen haben (vgl. zu den Voraussetzungen der Prognose Rdn 144 ff.). War deshalb bei Abschluss des befristeten Arbeitsvertrages völlig **offen**, ob die **Aufenthalts- oder Arbeitserlaubnis** des Arbeitnehmers **verlängert** wird, und hat sich in der Vergangenheit mehrfach gezeigt, dass die Erlaubnis immer wieder verlängert wurde, kann die Prognose den Sachgrund der letzten Befristung jedenfalls nicht tragen (*ArbG Bremen-Bremerhaven* 13.12.2012 – 5 Ca 5116/12; *Boewer* Rn 198; *Arnold/Gräfl* Rn 237; *Sievers* Rn 392; vgl. auch KR-*Bader/Kreutzberg-Kowlczyk* § 3 TzBfG Rdn 16). Es dürfte indessen überzogen sein, vom Arbeitgeber zu verlangen in seine **Prognose bei Vertragsschluss** sämtliche ausländerrechtlichen Möglichkeiten eines Verbleibs in Deutschland und die damit verbundenen statthaften Gelegenheiten zur Weiterarbeit einzubeziehen (so aber *Gutmann* AiB 2000, 642 f.; *Dörner* Befr. Arbeitsvertrag Rn 189). Die Anforderungen würden damit überspannt, der gesetzgeberisch bestätigte Befristungsgrund (BT-Drucks. 14/4374 S. 19) praktisch nicht mehr nutzbar (HaKo-KSchR/*Mestwerdt* Rn 146 f.). 406

Während die **Befristungsdauer** weder im Fall des vorübergehenden Mehrbedarfs (Nr. 1) noch in den Vertretungsfällen (Nr. 3) deckungsgleich mit dem voraussichtlich abzudeckenden Arbeitsanfall sein muss (s. Rdn 120 ff., 124), ist hier ausnahmsweise eine zeitliche **Kongruenz** zwischen Dauer der Befristung des Arbeitsvertrages und der begrenzten Dauer der Aufenthaltsgenehmigung zu verlangen. Das hängt damit zusammen, dass sich der **Sachgrund allein aus der behördlichen Genehmigung** ergibt und von der anzustellenden Prognose eine kürzere Befristung als die Genehmigungsdauer nicht mehr tragfähig ist. Die Ursächlichkeit der Befristung kann dann nicht mehr in der Person des Arbeitnehmers liegen (zutr. HaKo-TzBfG/*Boecken* Rn 105). 407

Die Befristungsregeln zur Arbeits- und Aufenthaltserlaubnis wird man auf **alle öffentlich-rechtlichen Beschäftigungsvoraussetzungen** übertragen können (*LAG Hamm* 11.10.2007 – 11 Sa 817/07, für den Fall einer behördlich befristeten Unterrichtserlaubnis, soweit eine Tätigkeit als solche davon abhängt. Davon zu trennen sind fehlende Beschäftigungsmöglichkeiten, die mit einer von einem Dritten zu erteilenden **Einsatzgenehmigung** (§ 1 Abs. 2 UZwGBw; zB im Wach- und Sicherheitsgewerbe) zusammenhängen. In diesem Fall ist die dem Entzug der Einsatzgenehmigung folgende rechtliche Unmöglichkeit anderweitiger Beschäftigung als **Befristungssachgrund** für eine **auflösende Bedingung** geeignet (*BAG* 19.3.2008 ZTR 2008, 625; *BAG* 25.8.1999 EzA § 620 BGB Bedingung Nr. 13 zu einer tarifvertraglichen Regelung; aA *Sievers* Rn 394, wonach der möglichen Wiedererlangung einer behördlichen Erlaubnis und dem Umstand, dass Tarifverträge keinen Sachgrund setzen können, zu wenig Beachtung geschenkt wird). Vgl. näher dazu KR-*Lipke/Bubach* § 21 TzBfG Rdn 65. 408

bb) Beschäftigungseignung; Fortbildung; Auslandsentsendung

Die Beschäftigung kann an das Bestehen bestimmter **Eignungsvoraussetzungen** und die Vorlage von Unbedenklichkeitsattesten gebunden sein (Nachweise zur Verfassungstreue oder zum gesundheitlichen Zustand). In diesen Fällen kann eine **Befristung** dahingehend vereinbart werden, dass der Arbeitsvertrag befristet wird, bis das **Vorliegen einer Einstellungsvoraussetzung** geklärt ist. Damit können indessen nur **kurzzeitige Befristungen** gerechtfertigt werden, da ansonsten die Gefahr bestünde, dass der Nachweis von Qualifikationen immer wieder neue Voraussetzungen für eine 409 weitere Befristung schafft. Außerdem ist die Befristung nur dann gerechtfertigt, wenn die Herstellung der Voraussetzung, etwa die Beschaffung der Dokumente in der Hand des Arbeitnehmers liegt oder sich der Arbeitgeber tatsächlich um die Durchführung des Verfahrens bemüht.

410 Geht es darum, eine **Aus-, Weiter- oder Fortbildung** im Rahmen eines Arbeitsvertrages anzubieten, ohne damit eine dauerhafte Beschäftigung zu verbinden, kann darauf eine Befristung nach Nr. 6 gestützt werden (*LAG Köln* 15.8.2007 – 8 Sa 107/07; ErfK-*Müller-Glöge* Rn 53; APS-*Backhaus* Rn 215; *Annuß/Thüsing/Maschmann* Rn 57a; HWK-*Rennpferdt* Rn 133, die aber diesen Sachgrund als sonstigen Sachgrund einordnet). Das setzt voraus, dass dem Arbeitnehmer durch die Tätigkeit **zusätzliche Kenntnisse und Erfahrungen** vermittelt werden, die durch die übliche Berufstätigkeit nicht erworben werden können. Dies kann auch dann der Fall sein, wenn die Ausbildung nicht nur theoretische Kenntnisse vermittelt, sondern hauptsächlich dazu dient, bereits erworbene theoretische Kenntnisse in die Praxis umzusetzen. Erforderlich ist allerdings, dass ein **bestimmtes Ausbildungsziel systematisch verfolgt** wird und die dem Arbeitnehmer vermittelten Kenntnisse, Erfahrungen oder Fähigkeiten auch außerhalb der Organisation des Arbeitgebers **beruflich verwertbar** sind (*BAG* 24.8.2011 EzA § 14 TzBfG Nr. 79, Rn 22). Die Weiterbildung rechtfertigt die Befristung jedoch **nicht**, wenn der Arbeitnehmer durch die Beschäftigung in dem Arbeitsverhältnis keine besonderen über die mit der Berufstätigkeit verbundene **Berufserfahrung** hinausgehenden Kenntnisse oder Qualifikationen erwerben kann (*BAG* 22.4.2009 EzA § 14 TzBfG Nr. 58, Rn 23). Dabei ist die Tätigkeit in **Praktikantenverhältnissen** besonders streng zu prüfen, wenn dadurch **dauerhaft ständig anfallende Arbeitsaufgaben** im Betrieb abgedeckt werden. Wird also benötigter Arbeitskräftebedarf durch Praktikanten ersetzt und steht der Ausbildungszweck nicht im Vordergrund, dürfte in aller Regel ein **befristetes Arbeitsverhältnis** entstehen (ErfK-*Preis* § 611a BGB Rn 178 mwN; vgl. dazu *Nebeling* NZA-RR 2004, 617 f.; *Orlowski* RdA 2009, 38, 42; vgl. auch *LAG Bln.-Bra* 20.5.2016 LAGE § 22 MiLoG Nr. 3; *LAG Bln.-Bra.* 24.6.2011 – 6 Sa 444/11; *LAG SA* 18.5.2009 – 6 Sa 432/08; *LAG BW* 8.2.2008 DB 2008, 1574; *LAG RhPf* 24.4.2008 – 10 Sa 782/07: Arbeitsverhältnis; *LAG Hamm* 12.11.2004 – 13 Sa 891/04; aA Hess. *LAG* 12.9.2005 – 10 Sa 1843/04: kein Arbeitsverhältnis unter Hinweis auf *BAG* 20.8.2003 EzA § 3 EFZG Nr. 1, wo es aber nur um ein klassisches Berufsausbildungsverhältnis geht). Kein Arbeitsverhältnis entsteht, wenn das Praktikum Bestandteil einer universitären Ausbildung ist. Vgl. dazu seit dem 1.1.2015 auch § 22 Abs. 1 **MiLoG** (Übersicht bei *Düwell* DB 2014, 121; *Bayreuther* NZA 2014, 865).

411 Der mit ausländischen Hochschulen vertraglich abgesicherte und praktizierte **Austausch von Hochschulabsolventen** auf einer dafür vorgesehenen Lektorenstelle kann eine personenbezogene Befristung sachlich rechtfertigen (*BAG* 25.2.1998 EzA § 620 BGB Hochschulen Nr. 14). Die dem sog. **Rotationsprinzip** innewohnende Weiterbildungsfunktion findet als Befristungsgrund jedoch nur dann Anerkennung, wenn nach verhältnismäßig kurzer Zeit ein Austausch stattfindet (*BAG* 26.4.2006 EzA § 14 TzBfG Nr. 29; ErfK-*Müller-Glöge* Rn 53). Der Weiterbildungszweck kann ebenfalls eine Befristung sachlich rechtfertigen, wenn es um befristete **Entsendungen ins Ausland** geht, die den Arbeitnehmer qualifizieren sollen, im Anschluss daran eine Beschäftigung bei dem Arbeitgeber im Inland aufzunehmen (LS-*Schlachter* Rn 74). Zum befristeten Arbeitsverhältnis bei Auslandsentsendung zum Erhalt sozialversicherungsrechtlicher Ansprüche vgl. *BAG* 14.7.2005 EzA § 613a BGB 2002 Nr. 36 und hier Rdn 500 aE.

f) Sonderfall Altersgrenzen

aa) Höchstbefristung

412 Zu den **Gründen in der Person des Arbeitnehmers** zählen Vereinbarungen in Tarifverträgen, Betriebsvereinbarungen und Arbeitsverträgen zu **Altersgrenzen**, die festlegen, wann der Arbeitnehmer in den Ruhestand tritt (zur dogmatischen Einordnung s. Rdn 413). Während es im Kündigungsschutzrecht darum geht, die dem Arbeitgeber nach dem KSchG und dem BGB zustehenden einseitigen Gestaltungsrechte zu überprüfen, dient die **Befristungskontrolle** dem Ziel, den **Arbeitnehmer vor paritätsgestörten Ergebnissen der Vertragsfreiheit zu schützen** (s. Rdn 44, 108). Dabei sind **die Interessen der Arbeitsvertragsparteien** an der Fortsetzung des Arbeitsverhältnisses einerseits

und seiner Beendigung andererseits gegeneinander **abzuwägen** (*Dörner* Befr. Arbeitsvertrag Rn 327; *Schaub/Koch* § 40 Rn 48). So ist zu berücksichtigen, dass der Arbeitnehmer mit seinem Wunsch auf dauerhafte Fortsetzung seines Arbeitsverhältnisses **über die Regelaltersgrenze** (jetzt regelmäßig das 67. Lebensjahr; dazu *Bauer/Krieger* NJW 2007, 3672) hinaus legitime wirtschaftliche und ideelle Anliegen verfolgt. Das Arbeitsverhältnis sichert seine wirtschaftliche Existenzgrundlage und bietet ihm die Möglichkeit beruflicher Selbstverwirklichung. Allerdings handelt es sich zumeist um ein Fortsetzungsverlangen eines mit Erreichen der **Regelaltersgrenze** wirtschaftlich abgesicherten Arbeitnehmers, der bereits ein langes Berufsleben hinter sich hat, und dessen Interesse an der Fortführung seiner beruflichen Tätigkeit aller Voraussicht nach nur noch für eine begrenzte Zeit besteht. Hinzu kommt, dass jüngere Arbeitnehmer auch typischerweise von der Anwendung der Altersgrenzenregelungen durch Arbeitgeber Vorteile haben, weil sich dadurch auch Einstellungs- und Aufstiegschancen verbessern. Demgegenüber steht das Bedürfnis des **Arbeitgebers** nach einer sachgerechten und berechenbaren **Personal- und Nachwuchsplanung** (allgemein dazu *Linsenmaier* RdA 2012, 193, 202 f.; *P. Bruns* BB 2014, 53, 56 ff.). Dieses Interesse hat Vorrang, wenn der **Arbeitnehmer** durch den Bezug einer gesetzlichen Altersrente wegen Erreichens der Lebensaltersgrenze **wirtschaftlich abgesichert** ist (*BAG* 12.6.2013 EzA § 620 BGB 2002 Altersgrenze Nr. 14, Rn 23; 18.6.2008 EzA § 14 TzBfG Nr. 49, Rn 24 m. abl. Anm. *Temming*, der die allgemeine Altersgrenze als Sachgrund der Befristung ablehnt).

Die lange Zeit umstrittene **dogmatische Einordnung** von **Altersgrenzen** als Befristung oder auflösende Bedingung (vgl. nur *BAG* 20.12.1984 EzA § 620 BGB Bedingung Nr. 4; *Bader* KR 7. Aufl., § 21 TzBfG Rn 32 mwN) ist höchstrichterlich entschieden worden. Das BAG geht bei Regelungen zu Altersgrenzen nun von einer sog. **Höchstbefristung** aus (*BAG* 19.11.2003 EzA § 620 BGB 2002 Altersgrenze Nr. 4; 14.8.2002 EzA § 620 BGB Altersgrenze Nr. 13; APS-*Backhaus* § 3 TzBfG Rn 26; *Arnold/Gräfl* Rn 245), die einer arbeitsrechtlichen Befristungskontrolle unterliegen (*BAG* 25.10.2017 EzA § 14 TzBfG Schriftform Nr. 5, Rn 39 mwN). Danach sei aus Sicht der Arbeitsvertragsparteien der Eintritt des gesetzlichen Rentenalters ein zukünftiges Ereignis, dessen Eintritt sie als feststehend ansehen. Ob eine Befristung zur Beendigung des Arbeitsverhältnisses führe, hänge davon ab, dass das Arbeitsverhältnis nicht bereits vor Fristablauf anderweitig ende, zB durch Kündigung oder Aufhebungsvertrag. Nicht anders würde es sich auch bei der Beendigung des Arbeitsverhältnisses aufgrund einer Altersgrenze verhalten. Diese Altersgrenze würde nicht allein durch die Möglichkeit einer vorherigen anderweitigen Beendigung des Arbeitsverhältnisses zur auflösenden Bedingung. Der dogmatische Streit ist müßig, da mit Inkrafttreten des § 21 TzBfG die Voraussetzungen einer auflösenden Bedingung und einer Befristung nicht mehr voneinander abweichen. Prüfstein ist daher § 14 Abs. 1 TzBfG (ErfK-*Müller-Glöge* Rn 56; *Staudinger/Preis* [2019] § 620 BGB Rn 134; *Enderlein* RdA 1998, 91; *Löwisch* ZTR 2000, 531; *Hromadka* BB 2001, 621; *Bader/Bram-Bader* [2014] § 620 BGB Rn 191; *D. W. Belling* Anm. EzA § 620 BGB Altersgrenze Nr. 1; *Rolfs* Anm. AP Nr. 20 zu § 620 BGB Altersgrenze). Die **Vereinbarung einer Altersgrenze** stellt sich deshalb als die »Befristung schlechthin« bezogen auf das Arbeitsleben eines Arbeitnehmers dar. Da sie in der Person des Arbeitnehmers wurzelt, ist sie aus hiesiger Sicht § 14 **Abs. 1 Nr. 6 TzBfG zuzuordnen** (ebenso *Kliemt* NZA 2001, 298; *Annuß/Thüsing/Maschmann* Rn 55; *Dörner* Befr. Arbeitsvertrag Rn 325; APS-*Backhaus* Rn 137, 165 ff.; ErfK-*Müller-Glöge* Rn 56 ff.; *Arnold/Gräfl* Rn 245 ff.; HaKo-KSchR/*Mestwerdt* Rn 135 ff.; HWK-*Rennpferdt* Rn 99, 104 ff.; *Sievers* Rn 400 ff.; aA HaKo-TzBfG/*Boecken* Rn 98, 135 ff, die in den Altersgrenzen einen sonstigen Sachgrund erkennen und im Erreichen der Altersgrenze keinen inneren Zusammenhang zu einer personenbezogenen Zulässigkeit des Befristungsgrundes nach Nr. 6 sehen). Das muss jedenfalls dann gelten, wenn man bei zunehmendem Lebensalter von einer generell **nachlassenden Leistungsfähigkeit** ausgeht (*BVerfG* Nichtannahmebeschlüsse der 1. Kammer v. 26.1.2007 – 2 BvR 2408/06, AuR 2007, 185, der 2. Kammer v. 25.11.2004 – 1 BvR 2459/04 – BB 2005, 1231, jeweils m. Rspr.-Nachw. des BVerfG; abwägend LS-*Schlachter* Rn 75 mwN, die dies mit Erkenntnissen zur modernen Altersforschung bezweifelt; abl. *Waltermann* SR 2014, 66, der für eine Freigabe der gesetzlichen Altersgrenzen eintritt). Eine Altersgrenzenregelung führt nicht dazu, dass das Arbeitsverhältnis nunmehr als »befristetes« in der Folge als unkündbar anzusehen und deshalb nur unter den Voraussetzungen des § 15 Abs. 3 TzBfG beendet werden kann. Letztere Bestimmung gilt nach Sinn und Zweck nur für die echten, unterhalb der Altersgrenze befristeten Arbeitsverträge (*Persch* NZA 2010, 80; *Staudinger/Preis* [2019] § 620 BGB Rn 135 mwN).

bb) Zulässigkeit nach Europarecht

414 Die Festlegung eines generellen Ruhestandsalters ist grds. keine **Altersdiskriminierung**, da sie unter bestimmten Bedingungen nach **§ 10 S. 3 Nr. 5 AGG** ausdrücklich gestattet wird. Rechtsgrundlagen hierfür können **Tarifverträge, Betriebsvereinbarungen und Arbeitsverträge** sein (*BAG* 9.12.2015 EzA § 620 BGB 2002 Altersgrenze Nr. 15; 13.10.2015 EzA § 75 BetrVG 2001 Nr. 12; 21.9.2011 EzA § 620 BGB 2002 Altersgrenze Nr. 12; 8.12.2010 EzA § 620 BGB 2002 Altersgrenze Nr. 10). Die Anforderungen des **Art. 6 der Gleichbehandlungsrichtlinie 2000/78/EG** und deren nationale Umsetzungsbestimmungen in §§ 7, 10 S. 3 Nr. 5 AGG stehen Altersgrenzenregelungen nicht entgegen (APS-*Backhaus* Rn 173; *Arnold/Gräfl* Rn 253; *Annuß/Thüsing/Maschmann* Rn 56b; *P. Bruns* BB 2014, 53, 56 f.; *Franzen* EuZA 2008, 1, 9 ff.; *Hanau* ZIP 2007, 2382, 2389; *Sievers* Rn 405 ff.; HaKo-KSchR/*Mestwerdt* Rn 135; *Staudinger/Preis* [2019] § 620 BGB Rn 142; HaKo-TzBfG/*Boecken* Rn 137; MüKo-*Hesse* Rn 65; zweifelnd LS-*Schlachter* Rn 78; wonach im Verhältnismäßigkeitsgrundsatz im AGG nicht hinreichend Niederschlag bei der Altersgrenzenregelung gefunden haben soll; offen AR-*Schüren/Moskalew* Rn 48). Das wird aus den Erwägungsgründen Nr. 14 und 25 der Richtlinie abgeleitet (*Bauer* NJW 2001, 2672 f). Die Beibehaltung oder Einführung genereller gesetzlicher Altersgrenzen ist den Mitgliedstaaten jedenfalls erlaubt, wenn sie einem **legitimen Ziel der Sozialpolitik**, nämlich zB der Förderung von Einstellungen, dient. Mit allgemeinen Höchstaltersgrenzen werden zwar keine neuen Arbeitsplätze geschaffen, bereits vorhandene von älteren Beschäftigten besetzte Arbeitsplätze indessen freigemacht (*Linsenmaier* RdA 2012, 193, 195, 202 f.; ders. RdA 2003 Sonderbeil. Heft 5, S. 22, 30 f., ähnlich *Schlachter* GS Blomeyer 2003, S. 355, 366 ff.). Die Vereinbarung von **einzelvertraglichen Altersgrenzen** verstößt deshalb von sich aus nicht gegen unionsrechtliche Vorgaben (*Dörner* Befr. Arbeitsvertrag Rn 329 ff. mwN). Da die Altersgrenzen junge wie alte Arbeitnehmer (irgendwann) gleichermaßen treffen, fehlt es an einer Diskriminierung (vgl. § 10 S. 3 Nr. 5 AGG). Zur Regelung in **§ 41 S. 3 SGB VI in seiner Neufassung** vgl. *Bader* NZA 2014, 749, seine Erl. zu § 41 SGB VI; *Bader/Jörchel* NZA 2016, 1105, 1107; *Kiel* NZA-Beil. 2/2016, 72, 79 ff.; *Greiner* RdA 2018, 65, 71 und *EuGH* 28.2.2018 (NZA 2018, 355, 358 **John**), der die Regelung des § 41 S. 3 SGB VI nicht beanstandet hat (ebenso für den Fall der erstmaligen Verlängerung *BAG* 19.12.2018 EzA § 41 SGB VI Nr. 15, Rn 38). Vgl. auch Rdn 46. und Rdn 423.

415 Eine weitgehende Klärung hat insoweit die Entscheidung des EuGH in der **Rechtssache »Palacios«** herbeigeführt (16.10.2007 EzA Richtlinie 2000/78 EG Vertrag Nr. 3; einschränkend wiederum LS-*Schlachter* Rn 68, die eine Verhältnismäßigkeit der Altersgrenzenregelung in § 10 S. 3 Nr. 5 AGG verneint). Danach ist die Festlegung einer **allgemeinen Regelaltersgrenze** durch den nationalen **Gesetzgeber** oder die **Tarifvertragsparteien** europarechtskonform, wenn diese objektiv und angemessen ist und sich aus einem anerkennenswerten **Ziel der Beschäftigungspolitik am Arbeitsmarkt** rechtfertigt (Art. 6 Abs. 1 der RL 2000/78 EG; ebenso *BAG* 18.6.2008 EzA § 14 TzBfG Nr. 49). Einen europarechtlichen Schlusspunkt zu den Festlegungen **allgemeiner Altersgrenzen** haben die Entscheidungen **Age Concern England** des EuGH v. 5.3.2009 (EzA Richtlinie 2000/78 EG-Vertrag 1999 Nr. 9), **Rosenbladt** v. 12.10.2010 (EzA § 620 BGB 2002 Altersgrenze Nr. 9), **Georgiev** v. 18.11.2010 (EzA Richtlinie 2000/78 EG-Vertrag 1999 Nr. 18) und **Prigge** v. 13.9.2011 (EzA Richtlinie 2000/78 EG-Vertrag 1999 Nr. 22, Rn 81) gesetzt. Maßgeblich ist danach, ob der **Altersgrenzenregelung ein legitimes Ziel zugrunde liegt**, das der Verbesserung der Arbeitsmarktlage, der Beschäftigung oder der beruflichen Bildung dient, und dafür angemessene und erforderliche Mittel einsetzt. Ist dies der Fall, bestehen keine Bedenken (dazu *Joussen* ZESAR 2011, 201; *Bauschke* öAT 2011, 9; *Berg/Natzel* BB 2010, 2885) und auf die **Höhe der zu erwartenden Rente** kommt es nicht an (*EuGH* 5.7.2012 EzA Richtlinie 2000/78 EG-Vertrag 1999 Nr. 28 **Hörnfeldt**). Dem folgt das BAG und betont, dass § 10 S. 3 Nr. 5 AGG im **Einklang** mit Art. 6 der neu gefassten **Richtlinie 2000/78/EG** steht (*BAG* 25.10.2017 EzA § 14 TzBfG Schriftform Nr. 5, Rn 45 ff.; 21.9.2011 EzA § 620 BGB 2002

Altersgrenze Nr. 12; APS-*Backhaus* Rn 173; HaKo-KSchR/*Mestwerdt* Rn 142; ErfK-*Müller-Glöge* Rn 56f; HWK-*Rennpferdt* Rn 105; *Bayreuther* NJW 2011, 19). Vgl. auch Rdn 41 ff. und Rdn 423 f. sowie Rdn 651 ff. sowie KR-*Treber/Plum* Erl. zum AGG.

Unterschiedliche Altersgrenzen für Männer und Frauen sind dagegen mit dem **Unionsrecht** nicht zu vereinbaren (Art. 157 AEUV [zuvor Art. 141 EV], Art. 5 Richtlinie 76/207/EWG; *EuGH* 17.5.1990 EzA Art. 119 EWG-Vertrag Nr. 4 **Barber**; 14.12.1993 EzA Art. 119 EWG-Vertrag Nr. 16 **Moroni**) und **verstoßen** darüber hinaus gegen deutsches **Verfassungsrecht** (Art. 3 Abs. 2 GG; *BVerfG* 28.1.1987 EzA Art. 3 GG Nr. 22 m. Anm. *Schlachter*; § 611a BGB). Sie sind aus heutiger Sicht nicht mehr zu rechtfertigen (§§ 1, 10 S. 3 Nr. 4 AGG). Darin liegt eine verbotene unmittelbare Diskriminierung aufgrund des Geschlechts (*EuGH* 18.11.2010 EzA Richtlinie 76/207 EG-Vertrag 1999 Nr. 8 **Kleist**). 416

cc) Zulässigkeit nach Verfassungsrecht

Die Altersgrenze als Sachgrund berührt Grundrechtspositionen von Arbeitnehmern und Arbeitgebern aus **Art. 2 Abs. 1, Art. 3 Abs. 1 und Art. 12 Abs. 1 GG** (*BVerfG* 4.5.1983 NJW 1983, 2869). Der 7. **Senat** des BAG erkennt in diesen Grundrechten keinen Schutz der Arbeitsvertragsparteien vor privatrechtlichen Dispositionen und lehnt damit eine Drittwirkung von Grundrechten ab (*BAG* 19.11.2003 EzA § 620 BGB 2002 Altersgrenze Nr. 4; 11.6.1997 EzA § 620 BGB 2002 Altersgrenze Nr. 6 m. Anm. *Vollstädt*). Der Senat hat indessen seine Sachgrunduntersuchung an den Grundrechtspositionen der Vertragsparteien ausgerichtet und versteht sich dabei in Umsetzung der **Schutzpflichtrechtsprechung des BVerfG** (BVerfGE 81, 242; 89, 214) als Grundrechtsadressat iSv **Art. 1 Abs. 3 GG** (*Dörner* Befr. Arbeitsvertrag Rn 328). Bei der einfachrechtlichen Umsetzung des Schutzpflichtauftrags aus dem Grundgesetz hat der 7. Senat des BAG in der Altersgrenzenabrede »65« keinen Anhaltspunkt für eine zu behebende **Paritätsstörung** gesehen (*BAG* 19.11.2003 EzA § 620 BGB 2002 Altersgrenze Nr. 4; 25.2.1998 EzA § 620 BGB Altersgrenze Nr. 9 zu tariflich geregelten Altersgrenzen). Die widerstreitenden Grundrechte der Arbeitsvertragsparteien finden demnach in der Regelaltersgrenze einen angemessenen Ausgleich. Personal- und Nachwuchsplanung des Arbeitgebers einerseits und wirtschaftliche Absicherung des Arbeitnehmers andererseits finden bei der Abwägung der wechselseitigen Interessen ausreichend Berücksichtigung. In der **tariflichen Gruppenbildung** von Arbeitnehmern bis 65 und ab 65 erkennt allein das ArbG Hamburg einen Verstoß gegen **Art. 3 GG** wegen der übermächtigen Beeinträchtigung der Rechte älterer Arbeitnehmer (*ArbG Hmb.* 25.1.2011 DB 2012, 524), nachdem es zuvor mit den Bedenken seiner Vorlage beim EuGH in der Sache **Rosenbladt** (*ArbG Hmb.* 20.1.2009 LAGE Richtlinie 2000/78/EG Vertrag 1999 Nr. 2; dagegen *Thüsing* ZESAR 2009, 130) gescheitert war. 417

Damit sind **einzelvertragliche Altersgrenzen mit Art. 12 Abs. 1 GG vereinbar**, soweit sie den Anforderungen der arbeitsgerichtlichen Befristungskontrolle genügen (st. Rspr *BAG* 25.10.2017 EzA § 14 TzBfG Schriftform Nr. 5, Rn 39 mwN; 8.12.2010 EzA § 620 BGB 2002 Altersgrenze Nr. 10; 27.7.2005 EzA § 620 BGB 2002 Altersgrenze Nr. 6; 20.2.2002 EzA § 620 BGB Altersgrenze Nr. 11; wohl im Grundsatz auch *BVerfG* 24.10.2011 NZA 2012, 202; 5.1.2011 NJW 2011, 1131; gerechte Verteilung der Berufschancen zwischen den Generationen; *Annuß/Thüsing/ Maschmann* Rn 56a; *Boewer* Rn 199; HaKo-KSchR/*Mestwerdt* Rn 135; APS-*Backhaus* Rn 169 f.; *Schmidt* FS Dieterich 1999, S. 585, 588; *Persch* NZA 2010, 77; aA *Boerner* ZfA 1995, 537 der nur berufsbezogene Altersgrenzen zum Zwecke der Gefahrenabwehr zulassen will). Indessen ist die Wirksamkeit der Altersgrenze an den dauerhaften Bezug einer Altersversorgung anstelle der wegfallenden Arbeitsvergütung gebunden (*BAG* 18.6.2008 EzA § 14 TzBfG Nr. 49 m. krit. Anm. *Temming*). Damit ist die **rentenrechtliche Versorgung Bestandteil des Sachgrundes** »Altersgrenze« (*Sievers* Rn 434). Auf die auskömmliche Höhe der Altersversorgung soll es dabei nicht ankommen (*EuGH* 5.7.2012 – C 141/11, **Hörnfeldt**; *BAG* 27.7.2005 EzA § 620 BGB 2002 Altersgrenze Nr. 6; *LAG Bln.-Bra.* 25.1.2011 – 19 Sa 1748/10, sehr str.; s. Rdn 423 f.). Auch **Art. 3 Abs. 1 GG** ist nicht verletzt, da die nationalen Anforderungen nicht über die erfüllten unionsrechtlichen Vorgaben hinausgehen müssen (*BAG* 12.6.2013 EzA § 620 BGB 2002 Altersgrenze Nr. 14, Rn 39; 418

11.12.2012 NZA 2013, 564, Rn 38 unter Hinweis auf *EuGH* 12.10.2010 EzA Richtlinie 2000/78 EG-Vertrag 1999 Nr. 17 **Andersen** Rn 36 ff.).

dd) Tarifvertragliche und einzelvertragliche Altersgrenzen

419 Soweit **Tarifverträge** eine Altersgrenze von 65 Jahren festlegen, handelt es sich um tarifliche Beendigungsnormen, für die nach § 1 TVG grds. eine **Regelungsbefugnis der Tarifpartner** besteht (etwa *BAG* 28.6.1995 EzA § 620 BGB Nr. 134; *Staudinger/Preis* [2019] § 620 BGB Rn 133). Auch tarifliche Normen über Befristungen in Form von Altersgrenzen bedürfen zu ihrer Wirksamkeit eines sie rechtfertigenden Sachgrundes (*BAG* 31.7.2002 EzA Art. 9 GG Nr. 78). Derartige Beendigungsnormen in Gestalt von Altersgrenzenregelungen unterfallen deshalb einer **richterlichen Befristungskontrolle**, denn die aus Art. 12 Abs. 1 GG folgende Schutzpflicht verpflichtet die Gerichte als staatliche Grundrechtsadressaten, die Arbeitnehmer vor einer unverhältnismäßigen Beschränkung des Bestandsschutzes durch privatautonome Regelungen zu bewahren. Dieser über die arbeitsgerichtliche Befristungskontrolle bewirkte Schutz der Arbeitnehmer vor einem grundlosen, den staatlichen Kündigungs- und Befristungsschutz umgehenden Verlust des Arbeitsplatzes **umschließt die tarifgebundenen Arbeitsvertragsparteien ebenso wie die Arbeitsvertragsparteien**, die im Wege einer privatautonomen Regelung eine tarifliche Altersgrenze **einzelvertraglich in Bezug** nehmen. In beiden Fällen verfügen die Arbeitsvertragsparteien über ihre Rechte aus Art. 12 Abs. 1 GG (*BAG* 27.11.2002 EzA § 620 BGB 2002 Altersgrenze Nr. 1). Die Sachgrundprüfung hat sich deshalb ebenso auf tarifvertragliche Altersgrenzen zu erstrecken. Indessen lässt sich den tarifvertraglich festgelegten Altersgrenzen eher eine **beschäftigungspolitische Zielsetzung** unterstellen als originären arbeitsvertraglichen Vereinbarungen (dazu *Hanau* ZIP 2007, 2389). Genügt der § 14 Abs. 1 Nr. 6 zuzuordnende Sachgrund einer Höchstbefristung zur Lebensarbeitszeit den Anforderungen einer an Art. 12 Abs. 1 GG ausgerichteten Befristungskontrolle, so sind einzelvertragliche wie tarifvertragliche Befristungsnormen nicht zu beanstanden (*BAG* 12.6.2013 EzA § 620 BGB 2002 Altersgrenze Nr. 14; 6.8.2003 EzA § 620 BGB 2002 Altersgrenze Nr. 3; 25.2.1998 EzA § 620 BGB Altersgrenze Nr. 9). Erweist sich die **tarifvertragliche Altersgrenze** als Verstoß gegen das Verbot der **Altersdiskriminierung**, so schlägt deren Unwirksamkeit auch auf eine **einzelvertragliche Bezugnahme** der tariflichen Regelung durch (vgl. *BAG* 29.9.2011 EzA § 4 TVG Gaststättengewerbe Nr. 4).

420 Der **Prüfungsmaßstab** des BAG stellte deshalb auf die **privatautonome Regelung** der Arbeitsvertragsparteien **zur Altersgrenzenbestimmung** ab (*BAG* 6.8.2003 EzA § 620 BGB 2002 Altersgrenze Nr. 3) und gestand den Tarifvertragsparteien – ungeachtet der vermuteten materiellen Richtigkeit ihrer nach Art. 9 Abs. 3 GG autonom getroffenen Bestimmungen – keine weitergehenden Regelungsbefugnisse zu (wohl auch *Dörner* Befr. Arbeitsvertrag Rn 334). Das **Prüfungsprogramm des Bundesverfassungsgerichts** (*BVerfG* 29.10.1992 NJW 1993, 1575), das in den Altersgrenzenregelungen einen Eingriff auf der Stufe der subjektiven Zulassungsvoraussetzungen zur beruflichen Betätigung (Art. 12 Abs. 1 GG) sieht und zu ihrer Rechtfertigung den Schutz überragender Gemeinschaftsgüter verlangt, wurde vom **7. Senat des BAG** »umgeschrieben«. Da sich Tarifvertragsparteien für Altersgrenzenregelungen schwerlich auf Gemeinwohlinteressen und den Grundsatz der Verhältnismäßigkeit berufen können, stellte das BAG die **berufsspezifischen Umstände des Einzelfalls in den Vordergrund** (*BAG* 25.2.1998 EzA § 620 BGB Altersgrenze Nr. 9). Dazu gehörten, neben den allgemeinen Erwägungen zur wirtschaftlichen Absicherung des Arbeitnehmers bei Erreichen der Altersgrenze und der Personal- und Nachwuchsplanung des Arbeitgebers (vgl. zu § 33 TVöD *ArbG Karlsruhe* 12.6.2008 – 8 Ca 492/07; aA *von Roetteken* ZTR 2008, 350, 355), das Risiko altersbedingter Ausfallerscheinungen und unerwarteter Fehlreaktionen aufgrund überdurchschnittlicher psychischer und physischer Belastungen sowie der Schutz von Leben und Gesundheit anvertrauter Dritter (*Dörner* Befr. Arbeitsvertrag 1. Aufl., Rn 333 ff., 340; *Staudinger/Preis* [2019] § 620 BGB Rn 138 jeweils mwN). Die **Besonderheit tarifvertraglicher Altersgrenzenregelungen** beschränkte sich deshalb darauf, dass den Tarifvertragsparteien weiterhin zugestanden wurde, die Altersgrenzenregelungen mit Blick auf **branchentypische Spezifika** zu bestimmen (z.B *BAG* 11.3.1998 EzA § 620 BGB Altersgrenze Nr. 8, damals gebilligte Altersgrenze von 55 Jahren

für Cockpitpersonal mit Anspruch das Arbeitsverhältnis bei fortbestehendem körperlichen und beruflichen Leistungsvermögen bis zur Altersgrenze von 60 Jahren fortzusetzen; 25.2.1998 EzA § 620 BGB Altersgrenze Nr. 9: gebilligte Altersgrenze von 60 Jahren für **Cockpitpersonal**). Dieser **Ansatz ist nun weitgehend überholt**, nachdem in Umsetzung europarechtlicher Richtlinien das **AGG** zu beachten ist (so auch ErfK-*Müller-Glöge* Rn 56a). Näher dazu Rdn 438 ff.

Mit den Entscheidungen des *EuGH* in Sachen **Palacios** (EzA Richtlinie 2000/78 EG-Vertrag 1999 Nr. 3) und **Rosenbladt** (EzA § 620 BGB 2002 Altersgrenze Nr. 9) hat sich das Prüfprogramm geändert. **Legitime Ziele der Sozialpolitik** (vgl. Rdn 414 ff.) berechtigen nicht nur den Gesetzgeber, sondern auch die **Tarifvertragsparteien** allgemeine Altersgrenzen festzusetzen, ohne damit die Ziele des Verbots der Altersdiskriminierung und des Gebots der Gleichbehandlung in Beschäftigung und Beruf zu verletzen. Dabei gesteht der EuGH und – ihm folgend das BAG – den **Tarifvertragsparteien** in der Umsetzung **Ermessensspielräume** zu. Es bleibe den Sozialpartnern in Ausübung ihres anerkannten **Grundrechts auf Kollektivverhandlungen** überlassen, einen Ausgleich zwischen ihren Interessen festzulegen. Dies biete eine nicht unerhebliche Flexibilität, da jede der Parteien ggf. die Vereinbarung kündigen könne. Klauseln über die automatische Beendigung der Arbeitsverhältnisse von Beschäftigten, die eine Altersrente beantragen könnten, seien grds. geeignet, eine bessere Beschäftigungsverteilung zwischen den Generationen (*EuGH* 21.7.2011 EzA Richtlinie 2000/78 EG-Vertrag 1999 Nr. 20 **Fuchs**) zu fördern. Den Unternehmen würde eine bessere Personalplanung ermöglicht; den Arbeitnehmern eine bessere Vorhersehbarkeit in ihrer Beschäftigung. Die Regelung würde überdies eine bessere **Beschäftigungsverteilung zwischen den Generationen** fördern. Gemessen an diesen Zielen, sei eine tarifliche Altersgrenzenregelung »nicht unvernünftig« (*BAG* 12.6.2013 EzA § 620 BGB 2002 Altersgrenze Nr. 14, für eine kirchliche Arbeitsrechtsregelung; 21.9.2011 EzA § 620 BGB 2002 Altersgrenze Nr. 12; 8.12.2010 EzA § 620 BGB 2002 Altersgrenze Nr. 10). Zum einen kann angenommen werden, dass eine **tarifliche Altersgrenzenregelung** den Zugang jüngerer Personen zum Arbeitsmarkt und/oder ihren Verbleib auf diesem Markt erleichtert, zur Gewährleistung einer **ausgewogenen Altersstruktur** in der Belegschaft beiträgt und eine **sichere Personalplanung** ermöglicht. Zum anderen berücksichtigt die **Altersgrenze**, dass dem Arbeitnehmer am Ende seiner beruflichen Laufbahn ein **finanzieller Ausgleich** durch einen Einkommensersatz in Gestalt einer **Altersrente** zugutekommt. Schließlich führt die Altersgrenzenregelung nicht zum Ausscheiden aus dem Erwerbsleben, denn sie beendet zwar das in der Vergangenheit begründete Arbeitsverhältnis, enthält aber für die Zukunft kein Verbot einer bestimmten beruflichen Tätigkeit (*BAG* 12.3.2013 EzA § 620 BGB 2002 Altersgrenze Nr. 14, Rn 38; *Sächs. LAG* 10.4.2013 – 5 Sa 93/12). Vereinbaren die Arbeitsvertragsparteien **nach Eintritt des Rentenalters eine befristete Fortsetzung des Arbeitsverhältnisses**, so bedarf es hierzu aber einer Rechtfertigung mit **Sachgrund** (zB Einarbeitung einer Nachwuchskraft). Der Umstand als Rentner bereits gesetzliche Altersrente zu beziehen, setzt für sich keinen in der Person des Arbeitnehmers liegenden Sachgrund nach § 14 Abs. 1 S. 2 Nr. 6 TzBfG (*BAG* 11.2.2015 EzA § 14 TzBfG Nr. 113; **aA** noch Vorinstanz: *LAG Bln.-Bra.* 20.11.2012 EzTöD 100 § 30 Abs. 1 TVöD-AT Sachgrundbefristung Nr. 49, zulässige Vereinbarung einer nachträglichen Befristung nach langjährig unbefristetem Arbeitsverhältnis und Erreichen der Regelaltersgrenze; ebenso ErfK-*Müller-Glöge* Rn 56g; HaKo-KSchR/*Mestwerdt* Rn 139a).

Die **Zulässigkeit von Regelaltersgrenzen** zur Beendigung des Arbeitsverhältnisses steht daher in der Sache nicht mehr im Streit. Offen bleibt dagegen die Festlegung auf ein bestimmtes **Lebensalter** unabhängig von der **Leistungsfähigkeit** des Arbeitnehmers oder der Arbeitnehmergruppe (zB Vollendung des 65. oder 67. Lebensjahres; **§ 35 SGB VI**; krit. HaKo-TzBfG/*Boecken* Rn 141; LS-*Schlachter* Rn 75). Es gibt in letzter Zeit Stimmen in der Literatur, die sich von starren Altersgrenzen verabschieden wollen und vor dem Hintergrund einer **alternden Arbeitswelt** einen **Bewusstseinswandel** einfordern (*Preis* Verhandlungen des 67. DJT, Bd. I 2008, Gutachten B = Kurzfassung NZA 2008, 922; *Giesen* NZA 2008, 910 f.; *Waltermann* NJW 2008, 2529, 2534; für eine europarechtliche Zulässigkeit von Befristungen jenseits einer allgemeinen Altersgrenze treten ein: *Bayreuther* NJW 2011, 19, 22; *Bauer/Diller* BB 2010, 2727, 2729; *Maschmann* EuZA 2011, 372, 381 f., *Junker* EuZA 2013, 3, 13, jeweils mwN). Danach sollte es nach Erreichen einer arbeits- oder tarifvertraglichen Altersgrenze in der Hand des Arbeitnehmers liegen weiterzuarbeiten (fließender Übergang). Demgegenüber wurde früher die Ansicht vertreten, angesichts dahinterstehender genereller Überlegungen – erwartete Minderung der Leistungsfähigkeit, planbare Belegschaftsstrukturen – sei das **Alter** bereits **hinreichender Befristungsgrund** (etwa *Hromadka* SAE 1986, 244; *Kraft* SAE 1987, 22; *Plander* NZA 1984, 1884). Andere stellten auf die Gewährleistung einer ausreichenden Altersversorgung ab (*Hanau* RdA 1976, 24) oder wollten die Abreden allein an Art. 12 GG messen (*Schlüter/Belling* NZA 1988, 297). Diese Überlegungen sind angesichts der gemeinschaftsrechtlichen Erwägungen in der Rechtssache **Palacios** (*EuGH* 16.10.2007 EzA Richtlinie 2000/78 EG Vertrag Nr. 3), die **arbeitsmarkt- und beschäftigungspolitische Ziele** für eine feste Altersgrenze in den Vordergrund stellen, so nicht mehr haltbar (vgl. *BAG* 18.6.2008 EzA § 14 TzBfG Nr. 49 m. abl. Anm. *Temming*; zust. Anm. *Marschner* EzTöD § 33 TVöD-AT Nr. 2). Die Anbindung an eine rentenrechtliche **Versorgung** bei Ausscheiden aus dem Arbeitsverhältnis mit Erreichen der Altersgrenze ist indessen **Bestandteil des Sachgrunds** (*BAG* 18.1.2017 EzA § 620 BGB 2002 Altersgrenze Nr. 17, Rn 37; 9.12.2015 EzA § 620 BGB 2002 Altersgrenze Nr. 15, Rn 30; 8.12.2010 EzA § 620 BGB 2002 Altersgrenze Nr. 10, Rn 29); mehr ist nicht zu verlangen (ErfK-*Müller-Glöge* Rn 56e mwN).

423 Im weiteren Verlauf der Rechtsentwicklung konzentrierten sich die Überlegungen zur Wirksamkeit von Altersgrenzen auf **§ 41 S. 2 SGB VI** in **seinen unterschiedlichen gesetzlichen Ausprägungen** (vgl. dazu *Bader* § 23 TzBfG Rdn 21 f). Die in diesem Gesetz zum Ausdruck kommende Bewertung rechtfertige die **einzelvertragliche Vereinbarung** einer Regelaltersgrenze als sachlich begründet, es sei denn, der Arbeitnehmer verfüge über keine gesetzliche Altersversorgung oder ein Äquivalent (so etwa *BAG* 4.11.2015 EzA § 17 TzBfG Nr. 21, Rn 31). Dies gelte ungeachtet des Umstandes, dass § 41 SGB VI vor allem die **Entscheidungsfreiheit des Arbeitnehmers** sichern soll, entsprechend seiner Leistungsfähigkeit, seiner persönlichen Lebensplanung und seiner individuellen Bedürfnisse und Interessen zu bestimmen, ob er ein Altersruhegeld beziehen möchte oder weiterarbeiten will (*BAG* 19.11.2003 EzA § 620 BGB 2002 Altersgrenze Nr. 4; *LAG Hamm* 22.1.2015 LAGE § 41 SGB VI Nr. 8; offen gelassen *BAG* 17.4.2002 EzA § 41 SGB VI Nr. 11). Die Erwartung, ein **Arbeitnehmer** werde regelmäßig mit Erreichen der Regelaltersgrenze durch den Bezug der gesetzlichen Altersrente **wirtschaftlich ausreichend gesichert** sein, vermittelt indessen einen Sachgrund für eine auf das Arbeitsleben bezogene Höchstbefristung, ohne dass es auf die auskömmliche Höhe ankommt. Diese Erwartung muss indessen angesichts in Zukunft **sinkender gesetzlicher Altersruhebezüge relativiert** werden (krit. hierzu auch *Staudinger/Preis* [2019] § 620 BGB Rn 141; *Preis/Temming* NZA 2010, 197; *Temming* NZA 2007, 1198; *Bayreuther* DB 2007, 2425; LS-*Schlachter* Rn 76). Der Neufassung des § 41 **S. 2 und 3 SGB VI** ist jedenfalls zu entnehmen, dass eine auf das 65. Lebensjahr oder später abstellende **Altersgrenze vereinbarungsfähig** ist. Damit ist jedoch nicht gesagt, dass allein das Erreichen der Altersgrenze einen **Sachgrund** für die Befristung bietet, weil dies dem Ziel einer weiteren Flexibilisierung der Lebensarbeitszeit widerspräche (BT-Drucks. 11/4124, S. 163; dazu auch HaKo-KSchR/*Mestwerdt* Rn 139d). Dagegen sieht **§ 8 Abs. 3 ATG** eine **Befristungsvereinbarung** ausdrücklich vor (vgl. *BAG* 18.6.2008 EzA § 14 TzBfG Nr. 49 m. abl. Anm. *Temming*; 19.11.2003 EzA § 620 BGB 2002 Altersgrenze Nr. 4; *Hanau* NZA 2007, 848; ErfK-*Müller-Glöge* Rn 56d; *Dörner* Befr. Arbeitsvertrag Rn 328). Diese ist sachgrundgemäß, wenn sie die Beendigung auf den Monat ab Bezug der Regelaltersrente oder auf den Zeitpunkt der Auszahlung einer befreienden Lebensversicherung festlegt (*BAG* 16.11.2005 EzA § 8 ATG Nr. 1). Vgl. dazu *A. Birk* NZA 2007, 244 einerseits und *Schreiner* NZA 2007, 846 andererseits.

424 Die **wirtschaftliche Absicherung** bei Erreichen der Regelaltersgrenze bedeutet jedoch nicht einen Anspruch auf eine **bestimmte Rentenhöhe**. Es genügt vielmehr, dass bei Vertragsschluss die Möglichkeit bestanden hat eine Altersrente aufzubauen (*Ritter/Rudolf* FS 25-jähriges Bestehen DAV 2006, S. 380 f.). Wählt der Arbeitnehmer später eine andere Versorgungsform (zB Presseversorgungswerk für Journalisten), so scheitert die vertragliche Befristung durch Altersgrenze nicht an einer zu erwartenden betragsmäßig **geringen Rente**. Anstelle der gesetzlichen Rente kann auch ein **berufsständisches Versorgungswerk** die Ruhestandsleistungen bei Erreichen der Regelaltersgrenze auskehren (*BAG* 25.10.2017 EzA § 14 TzBfG Schriftform Nr. 5, Rn 42, Ärzteversorgung; *LAG Hmb.* 29.7.2004 LAGE § 620 BGB 2002 Altersgrenze Nr. 1). Das verfassungsrechtliche

Untermaßverbot erfordert keine am individuellen Lebensstandard und den subjektiven Bedürfnissen des Arbeitnehmers orientierte Altersversorgung (*EuGH* 5.7.2012 EzA Richtlinie 2000/78 EG-Vertrag 1999 Nr. 28 **Hörnfeldt**; *BAG* 18.6.2008 EzA § 14 TzBfG Nr. 49, Rn 26; 27.7.2005 EzA § 620 BGB 2002 Altersgrenze Nr. 6; 23.7.2014 EzA § 14 TzBfG Nr. 106, Rn 58 bei dauerhaftem Bezug einer Erwerbsunfähigkeitsrente; *Dörner* Befr. Arbeitsvertrag Rn 328; *Bayreuther* NJW 2012, 2758). Der Arbeitnehmer ist gehalten, seine Lebensplanung auf die zu erwartenden Versorgungsbezüge einzustellen (aA *Joussen* ZESAR 2011, 201). Die Altersgrenze ist deshalb auch verbindlich für »Geringverdiener« (*LAG MV* 14.11.2013 LAGE § 620 BGB 2002 Altersgrenze Nr. 6, geringe Rente und Unterhaltspflichten; *LAG Hamm* 17.1.2013 LAGE § 620 BGB 2002 Altersgrenze Nr. 5; *LAG Nds.* 20.6.2007 – 15 Sa 1257/06, Zeitungszusteller in Nebentätigkeit; *LAG Hamm* 23.11.2005 – 14 Sa 1457/05, Teilzeitbeschäftigung eines Erwerbsunfähigkeitsrentners). Einen Ausgleich schafft insoweit, dass nach Erreichen der Lebensaltersgrenze der Arbeitnehmer bei einer **Bewerbung** auf eine freie Stelle bei seinem früheren oder einen neuen Arbeitgeber nicht wegen dieses Umstandes abgelehnt werden darf, da das eine **Altersdiskriminierung** nach §§ 1, 2 Abs. 1 Nr. 1, 7 Abs. 1 AGG wäre (*EuGH* 12.10.2010 EzA § 620 BGB 2002 Altersgrenze Nr. 9 **Rosenbladt**, Rn 75; *Bayreuther* NJW 2011, 19; krit. *Bauer/Diller* DB 2010, 2727; *Preis* NZA 2010, 1323).

Wird ein Ausscheiden **vor der Regelaltersgrenze** zur Vollendung eines früheren Lebensalters vereinbart, so kann eine Veränderung der Umstände nur zur Fortsetzung des Arbeitsverhältnisses bis zur Regelaltersgrenze führen, dem Arbeitnehmer aber keine weitergehenden Rechte aus § 313 BGB einräumen (*BAG* 18.2.2003 EzA § 313 BGB 2002 Nr. 1). **Zeitlich davorliegende Altersgrenzen** stehen indessen unter dem **Bestätigungsvorbehalt des § 41 S. 2 SGB VI**, der eine »Zwangspensionierung« vor Erreichen der Regelaltersgrenze verhindert (*Staudinger/Preis* [2019] § 620 BGB Rn 144; *Dörner* Befr. Arbeitsvertrag Rn 335) und auch nicht tarifvertraglich festgelegt werden kann (*LAG Hamm* 22.1.2015 LAGE § 41 SGB VI Nr. 8, Rn 26). Hier bedarf es auch **zusätzlicher Gründe für die Frühverrentung** (s. Rdn 431 ff.). 425

Nach Umsetzung der gesetzgeberischen Pläne zur Anhebung des Rentenalters auf das **67. Lebensjahr** (Rentenversicherungs-Altersgrenzenanpassungsgesetz v. 20.4.2007 BGBl. I S. 554) bleibt es bei diesen rechtfertigenden Erwägungen. Die Benennung der Vollendung des 65. Lebensjahres stellt eine dynamische Verweisung auf die **jeweils geltende Regelaltersgrenze** in der gesetzlichen Rentenversicherung dar (*BAG* 9.12.2015 EzA § 620 BGB 2002 Altersgrenze Nr. 15, Rn 15; 13.10.2015 EzA § 75 BetrVG 2001 Nr. 12, Rn 21; 15.2.2012 EzA § 2 BetrAVG Nr. 33, Rn 49; ErfK-*Müller-Glöge* Rn 56c; HWK-*Rennpferdt* Rn 101; *J. Schumacher* DB 2013, 2331). Zu einem **vereinbarten hinausschiebenden Ausscheiden ab Erreichen der Regelaltersgrenze** gibt nun § 41 S. 3 SGB VI den Rahmen vor (vgl. *BAG* 11.2.2015 EzA § 14 TzBfG Nr. 113 und Rdn 45.1, 376, 380 f. unionsrechtlich unbedenklich: *EuGH* 28.2.2018 NZA 2018, 355, 358 **John**; *Greiner* RdA 2018, 65, 71; abw. *Bader* NZA 2014, 749; *Groeger* ZTR 2015, 115, 118; *Kroll* ZTR 2016, 179; *Kiel* NZA-Beil. 2/2016, 72, 79 ff.). Näher dazu KR-*Bader/Kreutzberg-Kowalczyk* § 23 TzBfG Rdn 21). 426

Für die **einzelvertragliche Altersgrenzenregelung** gilt – soweit sie nach dem 1.5.2000 getroffen wurde – das **Schriftformgebot** nach § 14 Abs. 4 TzBfG (*BAG* 12.6.2013 EzA § 620 BGB 2002 Altersgrenze Nr. 14 Rn 21; 25.10.2017 EzA § 14 TzBfG Schriftform Nr. 5, Rn 58). Dieses ist nicht schon dann erfüllt, wenn der Arbeitnehmer die vom Arbeitgeber vorformulierte Vertragsurkunde unterzeichnet an den Arbeitgeber zurückgegeben und der Arbeitgeber sie seinerseits unterzeichnet hat. Vielmehr muss die schriftliche Annahmeerklärung des Arbeitgebers dem **Arbeitnehmer auch zugegangen sein** (*BAG* 25.10.2017 EzA § 14 TzBfG Schriftform Nr. 5, Rn 54), was in der **Praxis Probleme auslösen kann**. Bei der Vereinbarung von Altersgrenzen kommt neben der Warnfunktion insbes. auch die **Beweisfunktion der Schriftform** zum Tragen. Dadurch werden Streitigkeiten darüber vermieden, ob die Parteien in einem – möglicherweise viele Jahre zuvor abgeschlossenen – Arbeitsvertrag eine entsprechende Höchstbefristung vereinbart haben. Das gesetzliche **Schriftformerfordernis findet nur dann keine Anwendung**, wenn das Arbeitsverhältnis insgesamt einem einschlägigen **Tarifvertrag** unterfällt, der eine **Befristung** vorsieht (*BAG* 23.7.2014 EzA § 14 TzBfG Nr. 106, Rn 35 f.; Anm *Meinel* AP Nr. 120 zu § 14 TzBfG, der dies auch für einzelvertragliche Bezugnahmen auf Tarifverträge gelten lassen will). Vgl. näher Rdn 688 ff. 427

ee) Betriebsvereinbarungen

428 Betriebsparteien sind berechtigt, eine Altersgrenze für die Befristung von Arbeitsverhältnissen zu regeln, die auf das Erreichen der Regelaltersgrenze in der gesetzlichen Rentenversicherung abstellt (*BAG* 21.2.2017 EzA § 75 BetrVG 2001 Nr. 15, Rn 16). Für die Festlegung einer Regelaltersgrenze in **Betriebsvereinbarungen** ergeben sich einige Besonderheiten (*BAG* 5.3.2013 EzA § 77 BetrVG 2001 Nr. 35, Rn 18 m. abl. Anm. *R. Adam*; 8.12.2010 EzA § 620 BGB 2002 Altersgrenze Nr. 10, Rn 42; APS-*Backhaus* Rn 165 und Vor § 14 TzBfG Rn 41 ff.). Voraussetzung ist, dass die Betriebsvereinbarung nicht gegen die **Regelungssperre des § 77 Abs. 3 BetrVG** verstößt, also eine Regelung oder üblicherweise getroffene Regelung durch Tarifvertrag nicht im Wege steht. Außerdem muss **sie mit höherrangigem Recht vereinbar** sein (§ 75 BetrVG; *BAG* 13.10.2015 EzA § 75 BetrVG 2001 Nr. 12, Rn 13). Nach der Rechtsprechung des BAG kann die freiwillige (dh nicht erzwingbare) Betriebsvereinbarung nach **§ 88 BetrVG** eine Altersgrenze für alle Arbeitnehmer eines Betriebes auch zu ihren Ungunsten bestimmen, wenn die Arbeitsverträge »betriebsvereinbarungsoffen« ausgestaltet worden sind (*BAG* 5.3.2013 EzA § 77 BetrVG 2001 Nr. 35; 20.11.1987 EzA § 620 BGB Altersgrenze Nr. 1 im Anschluss an *BAG GS* 16.9.1986 EzA § 77 BetrVG 1972 Nr. 17; *Staudinger/Preis* [2019] § 620 BGB Rn 133), sofern nicht eine Vertrauensschutzregelung zu beachten ist (s. Rdn 429). Die Altersgrenzenregelung in einer Betriebsvereinbarung (Betriebsordnung) kann sich darauf beschränken festzulegen, dass das Arbeitsverhältnis bei **Erreichen des gesetzlichen Rentenalters** endet (§ 35 Abs. 1 SGB VI; § 33a Abs. 1 SGB I; Geburtsdatum maßgebend, das sich aus der ersten Angabe des Berechtigten oder seiner Angehörigen gegenüber einem Sozialleistungsträger ergibt). Für die Bestimmung des Rentenalters ist dann eine spätere **Änderung des Geburtsdatums** regelmäßig unbeachtlich (*BAG* 14.8.2002 EzA § 620 BGB Altersgrenze Nr. 13 unter Hinw. auf § 33a Abs. 2 SGB I). Eine Befristungsvereinbarung, die an das Erreichen des Renteneintrittsalters anknüpft, ist idR **sachlich gerechtfertigt**, wenn der Arbeitnehmer durch den **Bezug einer gesetzlichen Altersrente** abgesichert ist; sie verstößt dann auch nicht gegen das Verbot der Altersdiskriminierung (*BAG* 9.12.2015 EzA § 620 BGB 2002 Altersgrenze Nr. 15, Rn 26, 30; ErfK-*Müller-Glöge* Rn 56e). Wird eine freiwillige Betriebsvereinbarung für mehrere Betriebe eines Unternehmens zur Bestimmung der Altersgrenze geschlossen, kann sich daraus die originäre **Zuständigkeit des Gesamtbetriebsrats** nach § 50 Abs. 1 BetrVG ergeben (vgl. auch *BAG* 21.1.2003 EzA § 50 BetrVG 2001 Nr. 2). Stellt eine ältere Betriebsvereinbarung auf die Beendigung des Arbeitsverhältnisses mit Vollendung des 65. Lebensjahres ab, kann diese unter Berücksichtigung der schrittweisen **Anhebung der Regelaltersgrenze** auf die Vollendung des 67. Lebensjahres dahingehend ausgelegt werden, dass das Arbeitsverhältnis mit Erreichen der Regelaltersgrenze enden soll (*LAG Bln.-Bra.* 20.8.2013 – 7 Sa 83/13). Als kollektive Regelung unterfällt die Betriebsvereinbarung nicht dem auf arbeitsvertragliche Vereinbarungen beschränkten **Schriftformgebot** nach § 14 Abs. 4 TzBfG, zumal sie selbst der Schriftform nach § 77 Abs. 2 S. 1 BetrVG bedarf.

429 Eine **sachgrundfeste Altersgrenzenregelung** einer Betriebsvereinbarung hat dieselben Anforderungen zu erfüllen, die auch für tarifvertragliche und einzelvertragliche Altersgrenzen erforderlich sind (s. Rdn 419 ff.; Arbeitgeber und Betriebsrat sind Sozialpartner: *EuGH* 9.12.2004 – C 19/02, DB 2005, 167 **Hlozek**). Die **gerichtliche Kontrolle** findet im Rahmen des **§ 75 Abs. 1 S. 2 BetrVG** statt, der die Betriebspartner u.a. dazu verpflichtet, Arbeitnehmer wegen Überschreitung bestimmter Altersstufen nicht zu benachteiligen. Die Vereinbarung einer Altersgrenze in einer Betriebsvereinbarung ist deshalb nur in den **Grenzen von Recht und Billigkeit** zulässig (*BAG* 5.3.2013 EzA § 77 BetrVG 2001 Nr. 35; *Hess. LAG* 7.7.2011 – 9 TaBV 168/10, Rn 35; *LAG Nds.* 7.6.2011 – 13 Sa 1611/10) und hat das Recht der Arbeitnehmer auf freie **Entfaltung ihrer Persönlichkeit** und ihrer Berufsfreiheit zu berücksichtigen. In beschäftigungspolitisch schwierigen Zeiten werden sich die von einer Altersgrenze betroffenen Arbeitnehmer jedoch die Möglichkeit des Bezuges, jedenfalls aber den tatsächlichen Bezug eines angemessenen Altersruhegeldes entgegenhalten lassen müssen. Führen die Betriebsparteien für die im Betrieb beschäftigten Arbeitnehmer erstmals eine Altersgrenze ein, gebietet es der rechtsstaatliche **Vertrauensschutz**, auf die Interessen der bei Inkrafttreten der Betriebsvereinbarung bereits rentennahen Arbeitnehmer Rücksicht zu nehmen und uU Übergangsregelungen zu schaffen (*BAG* 21.2.2017 EzA § 75 BetrVG 2001 Nr. 15, Rn 19 ff.). Abweichende günstigere **arbeitsvertragliche Altersgrenzen** werden von einer **Betriebsvereinbarung** ersetzt, wenn die Arbeitsvertragsparteien ihre arbeitsvertraglichen Beziehungen **betriebsvereinbarungsoffen** gestaltet haben, wovon laut einer Entscheidung des 1. Senats bei regelmäßig vom Arbeitgeber vorgegebenen allgemeinen Geschäftsbedingungen auszugehen sein soll (*BAG* 5.3.2013 EzA § 77 BetrVG 2001 Nr. 35, Rn 58 ff.; zur Kritik an dieser Annahme vgl. APS-*Backhaus* Vor § 14 TzBfG Rn 43 mwN; aA *LAG RhPf* 11.11.2013 – 5 Sa 312/13).

Es können **zusätzliche betriebliche Versorgungsleistungen** von Bedeutung sein. Bei nicht hinreichender wirtschaftlicher Versorgung einzelner noch leistungsfähiger Arbeitnehmer sollte früher durch Ergänzung der Altersgrenzenregelung um eine **Härteklausel** die vorübergehende Weiterbeschäftigung ermöglicht werden (*BAG* 20.11.1987 EzA § 620 BGB Altersgrenze Nr. 1). Diese **Rechtsprechung** dürfte nach den neueren Erkenntnissen des EuGH und des BAG zur notwendigen wirtschaftlichen Absicherung **überholt** sein (*EuGH* 5.7.2012 EzA Richtlinie 2000/78 EG-Vertrag 1999 Nr. 28 **Hörnfeldt**; *BAG* 18.6.2008 EzA § 14 TzBfG Nr. 49, Rn 26; s.a. Rdn 424). Die in einer Betriebsvereinbarung festgelegte Altersgrenze ist jedenfalls dann iSd § 14 Abs. 1 S. 1 TzBfG sachlich gerechtfertigt, wenn auch eine betriebliche Altersversorgung besteht (*Hess. LAG* 7.7.2011 – 9 TaBV 168/10, Rn 35) und damit die Ziele eines »Demografie-Tarifvertrages« verfolgt. Vgl. Rdn 436.   430

ff) Besondere vorverlegte Altersgrenzen

Begegnen deshalb Altersgrenzenbestimmungen aufgrund von Tarifvertrag, Betriebsvereinbarung und Arbeitsvertrag idR bei Rentenansprüchen des Arbeitnehmers keinen Bedenken, so ist **eine vor Erreichen der Regelaltersgrenze festgelegte Höchstbefristung** zum Arbeitsleben nur zulässig, wenn dafür **zusätzliche Sachgrunderfordernisse** streiten (vgl. auch APS-*Backhaus* Rn 177 ff.; *Arnold/Gräfl* Rn 263 ff.; HaKo-KSchR/*Mestwerdt* Rn 139; *Annuß/Thüsing/Maschmann* Rn 56c; *Schaub/Koch* § 40 Rn 53). Eine tarifliche Altersgrenzenregelung, die eine **automatische Beendigung** des Arbeitsverhältnisses vorsieht zu einem **Zeitpunkt**, zu dem vom Arbeitnehmer eine **abschlagsfreie Altersrente** bezogen werden kann, ist wegen Umgehung von § 41 S. 2 SGB VI jedenfalls dann nichtig, wenn dies zu einer Beendigung des Arbeitsverhältnisses vor Erreichen der Regelaltersgrenze führen soll (*LAG BW* 3.12.2014 LAGE § 41 SGB VI Nr. 7, Rn 50, *LAG Hamm* 22.1.2015 LAGE § 41 SGB VI Nr. 8, Rn 26: Beeinträchtigung der rentenrechtlichen Wahlfreiheit des Arbeitnehmers). Eine mit **berufsspezifischen Altersgrenzen** verbundene Ungleichbehandlung müsste – wenn sie den nationalen Sachgrunderfordernissen entspricht – eine wesentliche und entscheidende **berufliche Anforderung** für die auszuübende Tätigkeit darstellen (zB Höchsteintrittsalter für Feuerwehrleute; *EuGH* 12.1.2010 – C-229/08, **Wolf**) und deshalb nach **Art. 4 Abs. 1 der Richtlinie 2000/78/EG** gestattet sein (*Linsenmaier* RdA 2003 Sonderbeil. Heft 5, S. 22, 32; *Löwisch/Caspers/Neumann* Beschäftigung und demografischer Wandel, S. 49). Eine **Vermutung**, dass bereits früher infolge fortgeschrittenen Lebensalters die physischen und psychischen **Anforderungen vom Arbeitnehmer nicht mehr erfüllt werden** können (zB Tätigkeit von Piloten oder Chirurgen), **reicht** dafür nach Inkrafttreten des **AGG** nicht mehr **aus** (ErfK-*Müller-Glöge* Rn 57; MHH-TzBfG/*Meinel* Rn 171). Die **Einschätzungsprärogative der Tarifvertragsparteien**, hier bestünden ab einem bestimmten Lebensalter aufgrund von Erfahrungen erhöhte Risiken für Leben und Gesundheit der Besatzung und der Passagiere, sollte allerdings in der Vergangenheit das zusätzliche **Sachgrunderfordernis für eine Altersgrenze** mit Vollendung des 60. Lebensjahres von **Verkehrspiloten** »schaffen« (*BAG* 17.6.2009 EzA Richtlinie 2000/78 EG-Vertrag 1999 Nr. 12, Rn 21; 27.11.2002 EzA § 620 BGB 2002 Altersgrenze Nr. 2). Die Beurteilung der Tarifvertragsparteien kann indessen nur so lange maßgebend sein, als sie sich mit öffentlich-rechtlichen Sicherheitsvorgaben deckt. Dafür sollten **deutsche und internationale Vorschriften** zB zur Luftsicherheit den Rahmen vorgeben (*BAG* 21.7.2004 EzA § 620 BGB 2002 Altersgrenze Nr. 5; ErfK-*Müller-Glöge* Rn 57; *Dörner* Befr. Arbeitsvertrag Rn 338 f.; *Staudinger/Preis* [2019] § 620 BGB Rn 143, jeweils mwN). Um diese Rechtsprechung aufrecht zu erhalten, hatte das BAG nach Art. 267 AEUV den **EuGH** zu einer Vorabentscheidung angerufen (*BAG* 17.6.2009 EzA Richtlinie 2000/78 EG-Vertrag 1999 Nr. 12).   431

432 Die Antwort des EuGH auf diese Vorlage des BAG hat zu einer **Wende in der Rechtsprechung** geführt. Der *EuGH* hat am 13.9.2011 im Verfahren **Prigge** (EzA Richtlinie 2000/78 EG-Vertrag 1999 Nr. 22, Rn 64) ausgeführt, im Fall von **Verkehrspiloten** sei es wesentlich, dass sie insbes. über besondere **körperliche Fähigkeiten** verfügen, da körperliche Schwächen in diesem Beruf beträchtliche Konsequenzen haben können. Unbestreitbar nähmen diese Fähigkeiten auch mit zunehmendem Alter ab. Daraus folge, dass für die Ausübung des Berufs des Verkehrspiloten das Vorhandensein besonderer körperlicher Fähigkeiten als eine »wesentliche und entscheidende berufliche Anforderung« iSv Art. 4 Abs. 1 der Richtlinie 2000/78 angesehen werden kann und dass diese Fähigkeiten altersabhängig sind (dort Rn 67). Gleichwohl sei eine **Maßnahme**, die eine Altersgrenze, ab der Piloten ihrer beruflichen Tätigkeit nicht mehr nachgehen dürfen, auf 60 Jahre festlegt, während die nationale und die internationale Regelung dieses Alter auf 65 Jahre festlegen, **für die öffentliche Sicherheit und den Schutz der Gesundheit** iS dieses Art. 2 Abs. 5 der Richtlinie 2000/78/EG **nicht notwendig**. Die Sozialpartner müssten ihr Recht auf Kollektivverhandlungen (Art. 28 EU-GrCharta) bei der Bestimmung **tariflicher Altersgrenzen** im Rahmen und unter **Beachtung des Unionsrechts** ausüben. Die Flugsicherheit sei auch kein legitimes Ziel iSv Art. 6 Abs. 1 Unterabs. 1 der Richtlinie, welches eine **Ausnahme vom Altersdiskriminierungsverbot** rechtfertigen könnte wie sozialpolitische Ziele aus den Bereichen Beschäftigungspolitik, Arbeitsmarkt oder berufliche Bildung (Rn 79–81). Damit ist die bisherige Rechtsprechung zu Altersgrenzen des Cockpitpersonals hinfällig und die **tarifvertragliche Regelungsbefugnis** gestutzt (zust. *Forst* EWiR 2011, 653; *Temming* EuZA 2012, 205, 214 ff.; krit. *Thüsing/Pötters* ZIP 2011, 1886; *Krieger* Anm. NJW 2011, 3214; *Linsenmaier* RdA 2012, 193). Mit Erkenntnissen vom 18.1.2012 (EzA § 620 BGB 2002 Altersgrenze Nr. 13; EzA § 17 TzBfG Nr. 16) und vom 15.2.2012 ist das *BAG* dem EuGH vollinhaltlich gefolgt (*BAG* 15.2.2012 EzTöD 100 § 33 TVöD-AT Altersgrenzen Besondere Nr. 8, Rn 35). Das **Verbot für Inhaber einer Pilotenlizenz, die das Alter von 65 Jahren erreicht haben**, als Pilot eines Luftfahrzeugs im gewerblichen Luftverkehr tätig zu sein, hat der EuGH inzwischen zur Erreichung einer dem Gemeinwohl dienenden Zielsetzung für erforderlich gehalten. Danach ergibt sich, dass die durch FCL.065 Buchst. b des Anhangs I der VO Nr. 1178/2011 eingerichtete Ungleichbehandlung aufgrund des Alters mit Art. 21 Abs. 1 EU-GRCharta im Einklang steht (*EuGH* 5.7.2017 NZA 2017, 897 **Fries**).

433 Das BAG hat ebenfalls das wegen des Vorabentscheidungsersuchens ausgesetzte Verfahren zur tariflichen Altersgrenze der **Flugingenieure** entsprechend den Vorgaben des EuGH im Verfahren **Prigge** entschieden (*BAG* 15.2.2012 – 7 AZR 904/08) und die dortige tarifliche Altersgrenze von 60. Jahren verworfen. Inzwischen sind auch die tariflichen Altersgrenzen für **Fluglotsen** mit Erreichen des **55. Lebensjahres** für unwirksam erklärt worden (*LAG Düsseld.* 9.3.2011 ZTR 2011, 414 Rn 33; vgl. auch zur Weiterarbeit nach Erreichen der tariflichen Altersgrenze *LAG Düsseld.* 12.4.2012 NZA-RR 2012, 511). Eine Herabsetzung der Altersgrenze ist deshalb nur bei gutachtlich nachgewiesenen generell altersabhängigen Einschränkungen der Leistungsfähigkeit und einer Gefährdung der Flugsicherheit denkbar. Dafür bedarf es möglichst gesetzlicher Regelungen nationaler oder internationaler Art (*Staudinger/Preis* [2019] § 620 BGB Rn 143; vgl. auch LS-*Schlachter* Rn 79 f.). Ansonsten kann dem Anliegen der Flugsicherheit allein durch regelmäßige Überprüfungen der körperlichen und geistigen **Leistungsfähigkeit** älterer Arbeitnehmer genügt werden (HaKo-TzBfG/ *Boecken* Rn 141).

434 Abweichend davon hat das BAG von Anfang an entschieden, dass eine tarifvertraglich für das **Kabinenpersonal** normierte **Altersgrenze von 55 Jahren** wegen Fehlens eines rechtfertigenden Sachgrundes **unwirksam** ist (*BAG* 31.7.2002 EzA Art. 9 GG Nr. 78). In dieser Entscheidung bestätigt das BAG, dass die von der Rechtsprechung entwickelten **Grundsätze zur arbeitsgerichtlichen Befristungskontrolle nicht tarifdispositiv** sind und den **Tarifvertragsparteien** nur eine **Einschätzungsprärogative** in Bezug auf die tatsächlichen Gegebenheiten und betroffenen Interessen der Arbeitsvertragsparteien zusteht. Gleichwohl fehlte es hier bei der für das Kabinenpersonal festgelegten Altersgrenze von 55 Jahren an einem rechtfertigenden Sachgrund. Das **Sicherheitsrisiko**, das bei zunehmendem Alter beim **Cockpitpersonal** eintreten könne, bestehe beim Kabinenpersonal nicht in annähernd gleicher Weise. Fälle, in denen der altersbedingte Ausfall eines Mitglieds des

Kabinenpersonals die Flugpassagiere, das Flugpersonal oder Menschen in überflogenen Gebieten in ernste Gefahr bringen können, seien derart theoretisch und unwahrscheinlich, dass sie für die niedrige Altersgrenze von 55 Jahren nicht zur Begründung herangezogen werden könnten (ebenso *Caspers* BB 2002, 2506).

Auch eine Erhöhung der **tariflichen Altersgrenze** für das **Kabinenpersonal** auf die Vollendung des **60. Lebensjahres** wurde wegen **Verstoßes gegen Art. 6 Abs. 1 der RL 78/2000/EG** (Altersdiskriminierung) und § 10 AGG für unwirksam gehalten (*LAG Bln.-Bra.* 4.9.2007 – 19 Sa 906/07; *LAG Düsseld.* 5.11.2008 – 12 Sa 860/08). Das BAG hat sich den Bedenken der Landesarbeitsgerichte Berlin-Brandenburg und Düsseldorf angeschlossen und eine sachliche Rechtfertigung der manteltarifvertraglichen Altersgrenze für **Kabinenpersonal** verneint. Hierzu hat es – weil dann nur eine sachgrundlose Befristung nach § 14 Abs. 3 S. 1 TzBfG aF in Betracht zu ziehen war – das Verfahren ausgesetzt und dem **EuGH zur Vorabentscheidung** vorgelegt (*BAG* 16.10.2008 EzA § 14 TzBfG Nr. 54). Dabei hat das BAG in seiner Vorlage verdeutlicht, dass es für das Kabinenpersonal (Flugbegleiter) die tarifvertragliche Altersgrenze mit Vollendung des 60. Lebensjahres nicht als Sachgrund anerkennt. Die von den Tarifparteien hierzu vorgebrachten Argumente (schwere körperliche Arbeit, altersbedingter Leistungsabfall; Risiko von Fehlreaktionen bei Notlandungen, keine internationalen Vorschriften anders als beim Cockpitpersonal usw.) überzeugten nicht (*BAG* 23.6.2010 EzA § 620 BGB 2002 Altersgrenze Nr. 8, Rn 16). Der EuGH hat im Verfahren **Kumpan/Deutsche Lufthansa** am 10.3.2011 (EzA § 14 TzBfG Nr. 69) diese Frage nicht ausdrücklich entschieden, sondern vielmehr verdeutlicht, dass die Praxis der Fluggesellschaft, nach Erreichen des 55. Lebensjahrs die Flugbegleiter in Form von **jeweils einjährigen sachgrundlosen Befristungen** (§ 14 Abs. 3 TzBfG aF) bis zur Vollendung des 60. Lebensjahres weiterzubeschäftigen iSd **Richtlinie 1999/70/EG rechtsmissbräuchlich sein kann.** Wie sich jedoch aus § 5 Nr. 1 der Rahmenvereinbarung ergibt, kann eine nationale Regelung, die aufeinanderfolgende befristete Verträge zulässt, ohne einen sachlichen Grund zu fordern und ohne die insgesamt maximal zulässige Dauer der aufeinander folgenden Verträge oder die zulässige Zahl der Verlängerungen vorzugeben, (nur) als mit der Rahmenvereinbarung vereinbar angesehen werden, wenn das innerstaatliche Recht des betreffenden Mitgliedstaats eine andere gleichwertige und wirksame Maßnahme bereitstellt, um den **Missbrauch durch aufeinanderfolgende befristete Arbeitsverträge zu verhindern** und ggf. zu ahnden (dort Rn 44). In diesem Sinne müsse die gesetzliche Schranke des »engen sachlichen Zusammenhangs zu einem vorhergehenden unbefristeten Arbeitsvertrag« in § **14 Abs. 3 TzBfG aF vom nationalen Richter unionsrechtskonform ausgelegt** werden, um die missbräuchliche Nutzung befristeter Arbeitsverträge zu verhindern (dort Rn 52–56). Vgl. dazu auch Rdn 27 ff. Die Entscheidung des *BAG* v. 23.6.2010 (EzA § 620 BGB 2002 Altersgrenze Nr. 8) zeigt auf, dass die **Einschätzungsprärogative der Tarifvertragsparteien** zur Festlegung branchenspezifisch herabgesetzter Altersgrenzen richterlich verschärft nicht nur am Maßstab der Richtlinie 1999/70, sondern ebenso an der Richtlinie 2000/78 geprüft werden muss (*Dörner* Befr. Arbeitsvertrag Rn 343). Im Regelfall hat es bei den allgemeinen Altersgrenzen zu verbleiben, wie der vom EuGH entschiedene Fall **Prigge** aufzeigt (s. Rdn 47, 432).

Zusätzlich zu diesen Überlegungen stellte das BAG früher bei tarifvertraglichen und einzelvertraglichen Altersgrenzenregelungen, die eine **frühere Altersgrenze als das 65. Lebensjahr** festlegen, darauf ab, ob für den frühzeitig aus dem Arbeitsleben ausscheidenden Arbeitnehmer eine **ausreichende betriebliche Versorgung** gewährleistet ist (*BAG* 11.3.1998 EzA § 620 BGB Altersgrenze Nr. 8, tarifliche Übergangsversorgung; 25.2.1998 EzA § 620 BGB Altersgrenze Nr. 9, Versicherungsleistung von 135.000,– DM aus einer überwiegend vom Arbeitgeber finanzierten Gruppenversicherung). Dieser Umstand spielt in Zukunft **keine entscheidende Rolle mehr**, hat doch das BAG inzwischen genügen lassen, dass dem ausscheidenden Arbeitnehmer ein **Rentenanspruch** aus der gesetzlichen oder einer berufsständischen Versicherung oder Versorgungseinrichtung zusteht, ohne dass es auf ihre auskömmliche **Höhe** ankommt (*EuGH* 5.7.2012 EzA Richtlinie 2000/78 EG-Vertrag 1999 Nr. 28, **Hörnfeldt**; *BAG* 19.11.2003 EzA § 620 BGB 2002 Altersgrenze Nr. 4; 27.7.2005 EzA § 620 BGB 2002 Altersgrenze Nr. 6; s.a. Rdn 424). Dies soll nach der Rechtsprechung der Instanzgerichte auch bei **befristeten Altersteilzeitverhältnissen** und **vorgezogener Altersrente** gelten, selbst wenn damit erhebliche Abschläge von der Rente verbunden sind, die durch Abfindungszahlungen abgemildert werden (*LAG Bln.-Bra.* 25.1.2011 – 19 Sa 1748/10, Rn 79, 80).

gg) Leitende Angestellte

437 Vor Inkrafttreten des TzBfG konnte **leitenden Angestellten** iSv § 14 Abs. 2 KSchG eine niedrigere Altersgrenze (zB 60. oder 63. Lebensjahr) zugemutet werden, wenn deren finanzielle Interessen bei der Altersgrenzenvereinbarung in Form einer Abfindung befriedigt wurden (*BAG* 26.4.1979 EzA § 620 BGB Nr. 39; *Annuß/Thüsing/Maschmann* 1. Aufl. Rn 56). Unabhängig von der Höhe einer solchen »Abfindung« ist eine derartige Vereinbarung nun nicht mehr möglich, da das **TzBfG** ohne Unterschied für alle Arbeitnehmer einschließlich der leitenden Angestellten das **Erfordernis eines sachlichen Grundes** für die Befristung aufstellt. Die Vereinbarung eines Abfindungsanspruchs im Arbeitsvertrag eines leitenden Angestellten für den Fall der Beendigung des Arbeitsverhältnisses durch Fristablauf allein stellt keinen Sachgrund dar (*BAG* 21.3.2017 EzA § 14 TzBfG Sonstiger Sachgrund Nr. 1, Rn 110; ErfK-*Müller-Glöge* Rn 59; *Lakies* Befr. Arbeitsverträge Rn 331; APS-*Backhaus* Rn 181; vgl. auch *BAG* 18.1.2017 EzA § 620 BGB 2002 Altersgrenze Nr. 17, Rn 32 ff.; aA *Walker* NZA 2017, 1417, der eine vorzeitige Altersbefristung für Führungskräfte aus wirtschaftlicher Absicherung befürwortet). Eine Vorverlegung der Altersgrenze für **Führungskräfte** auf unterhalb der Regelaltersgrenze lässt sich wegen vermuteter **abnehmender Leistungsfähigkeit** nicht begründen. Ähnliches dürfte auch für Profitrainer (*Bepler* FS Fenn 2000, S. 43, 59 f.) oder Unterhaltungskünstler zutreffen.

g) Arbeitnehmerüberlassung

438 Innerhalb des Sammeltatbestandes der Nr. 6 sind Befristungen aus persönlichen Gründen im Leiharbeitsverhältnis jedenfalls in Teilbereichen vorstellbar. In erster Linie ist an den **Wunsch des Arbeitnehmers**, sein Arbeitsverhältnis nur befristet abzuschließen, zu denken. Insoweit gelten keine Besonderheiten zu den in Rdn 374 ff. dargestellten Voraussetzungen (vgl. auch *Schüren/Berend* NZA 2003, 521, 523; *Frik* NZA 2005, 386, 388). Als Zweites sind Befristungen zur **sozialen Überbrückung** zu nennen. Hier kann es sein, im Interesse des Arbeitnehmers ein zuvor wirksam befristetes oder gekündigtes Arbeitsverhältnis begrenzt um eine **Auslauffrist** zu verlängern (*Wank* NZA 2003, 15, 21; *Schüren/Berend* NZA 2003, 521, 523; *Lembke* DB 2003, 2702, 2705).

7. Begrenzung von Haushaltsmitteln (Nr. 7)

a) Allgemeines

439 Der gesetzlich festgelegte **Sachgrund in Nr. 7** geht zugunsten der **Arbeitgeber der öffentlichen Hand** über die Grenzen der bisherigen Rspr. hinaus (*Dörner* FS Otto 2008, S. 55, 60 f.). Vgl. zur früheren Rechtslage *Lipke* KR 5. Aufl., § 620 BGB Rn 171 ff. (krit. zur bisherigen Rspr. bereits APS-*Backhaus* 3. Aufl., Rn 235 ff.). Die Befristung eines Arbeitsvertrages aufgrund zeitlich begrenzter Haushaltsmittel ist nun nach Nr. 7 ausdrücklich sachlich gerechtfertigt. Voraussetzung für die **erste Variante** ist, dass die Mittel **haushaltsrechtlich für die befristete Beschäftigung** bestimmt sind und der Arbeitnehmer zu Lasten dieser Mittel eingestellt und beschäftigt wird (BT-Drucks. 14/43 74). Der Gesetzgeber hat sich dabei an eine **inhaltsgleiche Bestimmung in § 57b Abs. 2 Nr. 2 HRG** aF angelehnt, die 2001 bei Inkrafttreten des TzBfG noch galt. Als Beispiel nennt die Gesetzesbegründung nur die **Gewährung begrenzter Haushaltsmittel für bestimmte Forschungsprojekte**. Der Gesetzgeber will erkennbar an die hierzu ergangene Rspr. des BAG anknüpfen, wonach ein sachlicher Grund dann gegeben ist, wenn eine Haushaltsstelle von vornherein nur für eine genau bestimmte Zeitdauer bewilligt ist, also anschließend fortfallen soll und deshalb davon auszugehen sei, der Haushaltsgesetzgeber habe sich selbst mit den Verhältnissen gerade dieser Stelle befasst und aus sachlichen Erwägungen festgelegt, dass sie nicht mehr bestehen soll (st. Rspr. zuletzt *BAG* 28.9.2016 EzA § 620 BGB 2002 Hochschulen Nr. 24, Rn 38; 13.2.2013 EzA § 14 TzBfG Nr. 92, Rn 15 ff.; 17.3.2010 EzTöD 100 § 30 Abs. 1 TVöD-AT Sachgrundbefristung Nr. 28; 2.9.2009 EzA § 14 TzBfG Nr. 60; 14.2.2007 EzA § 14 TzBfG Nr. 38; 18.10.2006

EzA § 14 TzBfG Nr. 34 m. Anm. *Greiner*; 24.1.2001 EzA § 620 BGB Nr. 173). Neben dieser ausdrücklichen Befassung des Haushaltsgesetzgebers mit der vorübergehenden Dotierung einer Planstelle zu einer bestimmten Zweckerfüllung lässt es die bisherige Rechtsprechung in einer **zweiten Variante** genügen, dass **freiwerdende Haushaltsmittel** wegen der vorübergehenden Abwesenheit der »Planstelleninhaber« (zB Beurlaubung wegen Schwangerschaft und Elternzeit) für befristet Beschäftigte eingesetzt werden, um **zusätzlichen, ansonsten nicht abzudeckenden Arbeitsbedarf** bis zur Erschöpfung dieser Haushaltsmittel zu befriedigen (*BAG* 22.4.2009 EzA § 14 TzBfG Nr. 59; 14.2.2007 EzA § 14 TzBfG Nr. 38; 5.4.2001 EzA § 620 BGB Nr. 177). Es ist **streitig**, welcher im Verhältnis zu den Sachgründen nach Nr. 1 und 3 weitergehende **Spielraum** damit **für den öffentlich-rechtlichen Haushaltsgeber** eröffnet ist.

440 Um dies zu klären und die Grenzen der Befristungsprivilegierung im öffentlichen Dienst auszuloten, hat das *BAG* ein **Vorabentscheidungsersuchen** an den **EuGH** gerichtet (27.10.2010 EzA § 14 TzBfG Nr. 71; *Greiner* Anm. AP Nr. 17 zu § 14 TzBfG Haushalt, der die Tendenz der Vorlage begrüßt, die gesetzliche Privilegierung des öffentlichen Dienstes bei Befristungen einzuschränken), nachdem das *LAG Köln* bereits zuvor hierzu den EuGH angerufen hat (13.4.2010 LAGE § 14 TzBfG Nr. 57). Über die Vorlage des BAG hat der EuGH nach übereinstimmender Erledigungserklärung der Parteien im Hauptsacheverfahren nicht mehr zu befinden. Eine Antwort auf das Vorabentscheidungsersuchen des LAG Köln (EuGH Az. – C-312, 313/10) wird es nach der Entscheidung **Kücük** nicht mehr geben (Verfahrensstreichung). Vgl. dazu Rdn 34, 259 und Rdn 469. Eine erneute Vorlage nach Art 267 AEUV zu der Problemstellung wird indessen vom BAG erwogen (*BAG* 28.9.2016 EzA § 620 BGB 2002 Hochschulen Nr. 24, Rn 43).

441 Dem neuen Befristungsgrund in Nr. 7 wird entgegengehalten, dass ihm offenbar allein **fiskalische Interessen** zugrunde liegen, die zu einer unvertretbaren **Privilegierung des öffentlichen Dienstes** entgegen **Art. 20 EU-GRCharta** führen und einer uU missbräuchlichen Ausnutzung dieses Sachgrundes geradezu Tür und Tor öffnen (*BAG* 27.10.2010 EzA § 14 TzBfG Nr. 71; APS-*Backhaus* Rn 139, 151; DDZ-*Wroblewski* Rn 140; ErfK-*Müller-Glöge* Rn 71 f.; *Rolfs* Rn 54; *Staudinger/Preis* [2019] § 620 BGB Rn 149; EuArbR/*Krebber* § 5 RL 1999/70 Rn 25, 45, der von einem selbstgerechten Sachgrund spricht; *Sievers* Rn 458; *Preis/Greiner* RdA 2010, 148, 152; *Greiner* EuZA 2012, 529, 532; *Junker* EuZA 2013, 3, 12, 19; HaKo-TzBfG/*Boecken* Rn 106; *Boecken/Joussen* Anm. AP Nr. 70 zu § 14 TzBfG). Ferner werden Bedenken angemeldet, ob die Vorschrift nicht die **Vorgaben des § 5 Nr. 1a–c der Rahmenvereinbarung zur Richtlinie 1999/70 EG** verfehlt (*Plander* ZTR 2001, 501 f.; *Arnold/Gräfl* Rn 273; *Greiner* Anm. EzA § 14 TzBfG Nr. 34; HWK-*Rennpferdt* Rn 122; ArbRBGB-*Dörner* § 620 BGB Rn 190, der überdies die gesetzgeberische Gleichbehandlung von öffentlichen und privaten Arbeitgebern nach Art. 3 Abs. 1 GG gefährdet sieht). Es könnte nach dem Wortlaut der vorliegenden Gesetzesfassung sogar den **unterhalb der staatlichen Ebene bestehenden Körperschaften mit eigener Haushaltskompetenz** (zB einzelnen Gemeinden) gestattet sein, ihr separates Befristungsrecht zu schaffen (vgl. dazu Rdn 459). Dann stellt sich die Frage, ob eine solche **uferlose Freigabe der Sachgrunddefinition** noch mit den Anforderungen des europäischen Rechts zu vereinbaren ist. *Dörner* (Befr. Arbeitsvertrag Rn 191) bemängelt das Auseinanderfallen von Gesetzeswortlaut (Haushaltsmitteln ..., die haushaltsrechtlich für eine befristete Beschäftigung bestimmt sind) und Gesetzesbegründung (zeitlich begrenzte Haushaltsmittel; BT-Drucks. 14/4374 S, 19). Die Kritiker verweisen deshalb die öffentlichen Arbeitgeber auf die **Nutzung der übrigen gesetzlichen Sachgründe**, insbes. auf die Nr. 1 und 3. Die Inanspruchnahme des Befristungsgrundes Nr. 7 sei risikobehaftet; im Blick auf die (wegen Verfahrenseinstellung nicht mehr beschiedenen) Schlussanträge des Generalanwalts *Jääskinnen* vom 15.9.2011 in der Sache C 313/10 (vgl. auch *Krebber* EuZA 2017, 3, IV 3a).

442 Dagegen sehen andere Stimmen **keine Anhaltspunkte für eine grundsätzliche Kritik** (*Kliemt* NZA 2001, 298; *Hromadka* BB 2001, 625; *Löwisch* NZA 2006, 458 f.; *Groeger* NJW 2008, 471 f.; *Marschner* Anm. EzTöD § 30 Abs. 1 TVöD-AT Nr. 3; *Bader/Bram-Bader* [2014] § 620 BGB Rn 204 f.; MHH-TzBfG/*Meinel* Rn 147; HaKo-KSchR/*Mestwerdt* Rn 152, 159; *Boewer* Rn 203 ff.; LS-*Schlachter* Rn 88; Ritter/Rudolf FS 25-jähriges Bestehen DAV 2006, S. 383 f.; MüKo-*Hesse* Rn 65;

AR-*Schüren/Moskalew* Rn 45 ff. *Schaub/Koch* § 40 Rn 38a; der zutr. darauf hinweist, dass selbst das Haushaltsrecht der EU eine befristete Einstellung von Vertragskräften vorsieht).

443 Mit einer Reihe von Entscheidungen hat das **BAG** beginnend ab Ende 2006 mehrere **Pflöcke gesetzt, die m. E. den Sachgrund Nr. 7 unter Einschränkungen handhabbar** gemacht haben. Danach muss die der Ausbringung der Haushaltsmittel zu Grunde liegende Rechtsvorschrift eine **konkrete Zweckbestimmung** enthalten, die dem befristet beschäftigten Arbeitnehmer zu übertragenden Aufgaben bezeichnen. Der befristet beschäftigte Arbeitnehmer muss entsprechend, dh **überwiegend hierfür eingesetzt** werden. Da die Haushaltsmittel einer befristeten Beschäftigung dienen, muss es sich um Tätigkeiten handeln, die befristet sind. Die **Tätigkeiten** dürfen mithin nur vorübergehend und **nicht dauerhaft anfallen** (*BAG* 17.3.2010 EzTöD 100 § 30 Abs. 1 TVöD-AT Sachgrundbefristung Nr. 28; 7.5.2008 NZA 2008, 880; 18.4.2007 AP Nr. 3 zu § 14 TzBfG Haushalt; 14.2.2007 EzA § 14 TzBfG Nr. 38; 18.10.2006 EzA § 14 TzBfG Nr. 34; zust. *Schmalenberg* Anm. RdA 2010, 372). Innerhalb dieses Rahmens hielt der zuständige 7. Senat des BAG bisher die **Anforderungen des Gemeinschaftsrechts** (dazu *EuGH* 23.4.2009 AP Nr. 6 zu Richtlinie 99/70/EG Angelidaki Rn 107, vgl. auch Rn 28, 31, 37) und des Verfassungsrechts für **gewahrt.** Damit sind mit den genannten Einschränkungen **Erleichterungen für Sachgrundbefristungen im öffentlichen Dienst im Verhältnis zu privaten Arbeitgebern gestattet** (*Dörner* Befr. Arbeitsvertrag Rn 206 f., 219 ff.; *Schaub/Koch* § 40 Rn 36, 38a). Weitergehende Voraussetzungen an Sachgrundbefristungen – wie sie für den vorübergehenden betrieblichen Mehrbedarf oder für Vertretungsfälle nach Nr. 1 und 3 zu erfüllen sind – können hier nicht aufgestellt werden, da ansonsten der Sachgrund nach Nr. 7 leer liefe (*Mennemeyer/Keysers* NZA 2008, 672 f.; *Groeger* NJW 2008, 465 f.; *Dörner* Neues aus der Gesetzgebung und Rechtsprechung zum Recht des befristeten Arbeitsvertrages, Vortrag DAI Brennpunkte 2007, S. 23 ff.). Für eine **Beibehaltung des Sachgrundes Nr. 7** unter Anwendung **strenger Prüfmaßstäbe** und inhaltlicher Kontrolle aller Glieder der Befristungskette *J. Roth* Die Hauhalts- und Vertretungsbefristung im allgemeinen öffentlichen Dienst, Diss. 2013.

444 Indessen haben neuere Entscheidungen des EuGH wieder Zweifel an der Gemeinschaftskonformität des Sachgrundes Nr. 7 gesetzt. So hat der EuGH einen Sachgrund iSv § 5 Nr. 1 lit. a der Rahmenvereinbarung verneint im Fall einer **gesetzlichen Herausnahme für Kurzzeitbeschäftigte des Kulturbetriebs** aus dem Befristungsschutz zum Zwecke wiederholt möglicher Einstellungen (26.2.2015 EzA Richtlinie 99/70 EG-Vertrag 1999 Nr. 12, Rn 44, 50 **Kommision/Luxemburg**). Ebenso verstößt die **Möglichkeit einer dauerhaften Befristung im öffentlichen Dienst** bis zum Abschluss eines Auswahlverfahrens, das den Zugang zu einer unbefristeten Beschäftigung im **Schulbereich** eröffnet, gegen die Richtlinie (*EuGH* 26.11.2014 EzA Richtlinie 99/70 EG-Vertrag 1999 Nr. 11, Rn 109 f., 120 Mascolo). Danach stellen **Haushaltserwägungen** für sich genommen kein sozialpolitisches Ziel dar und können daher nicht das Fehlen von Maßnahmen zur Vermeidung eines missbräuchlichen Rückgriffs auf aufeinanderfolgende befristete Arbeitsverträge rechtfertigen (*EuGH* 21.9.2016 EzA Richtlinie 99/70 EG-Vertrag 1999 Nr. 14 Rn 63 **Popescu**). Es sei zwar letztlich **Sache des vorlegenden Gerichts, nachzuprüfen, ob ein besonderer Bedarf besteht**, der im Hinblick auf § 5 Nr. 1 Buchst. a der Rahmenvereinbarung den Rückgriff auf aufeinanderfolgende befristete Arbeitsverträge, um in angemessener Weise der Forderung nach einer **Gesundheitskontrolle** nachzukommen, sachlich rechtfertigen kann. Doch sei darauf hinzuweisen, dass ein solcher Bedarf nicht aus der Erwägung hergeleitet werden kann zu vermeiden, dass der **Staat als Arbeitgeber** in dem fraglichen Bereich einem **finanziellen Risiko** ausgesetzt wird (dort Rn 62). Demnach soll es nicht zugelassen werden, dass befristete Arbeitsverträge zum Zweck einer ständigen und **dauerhaften Wahrnehmung von Aufgaben der Gesundheitsdienste**, die zur normalen Tätigkeit des festen Krankenhauspersonals gehören, verlängert werden (*EuGH* 14.9.2016 EzA Richtlinie 99/70 EG-Vertrag 1999 Nr. 13 Rn 47, 50 **Perez Lopez**). Der zuständigen Verwaltung darf es deshalb nicht offenstehen, geschaffene Planstellen durch die Einstellung von Interimskräften zu besetzen, so dass die Unsicherheit der Arbeitnehmer andauert, obwohl der betreffende Staat einen **strukturellen Mangel an Planstellen** für fest angestellte Mitarbeiter in diesem Bereich aufweist (dort Rn 56). Die **Schranke** der Anwendung des Sachgrundes Nr. 7 liegt somit an der **missbräuchlichen**

Befristungskette trotz Dauerbedarfs. Den Besonderheiten des öffentlichen Dienstes kann unter Beachtung dieser Schranke haushaltsrechtlich Raum für Befristungen gegeben werden. Näher dazu Rdn 469.

b) Sonderbefristungsrecht des öffentlichen Dienstes

aa) Prognose

Die **jährliche Ausbringung von Haushaltsmitteln** allein genügt nicht als erforderliche Zwecksetzung für eine zulässige befristete Beschäftigung von Arbeitnehmern (*BAG* 18.10.2006 EzA § 14 TzBfG Nr. 34; *Dörner* NZA 2007, 63). Dagegen konnten schon nach alter Rechtslage Entscheidungen des Haushaltsgesetzgebers die Befristung eines Arbeitsvertrages dann rechtfertigen, wenn der öffentliche Arbeitgeber zum Zeitpunkt des Abschlusses eines befristeten Arbeitsvertrages aufgrund konkreter Tatsachen die **Prognose** erstellen konnte, dass **für die Beschäftigung des Arbeitnehmers Haushaltsmittel nur vorübergehend zur Verfügung stehen** (*BAG* 17.4.2002 EzA § 620 BGB Nr. 194; 24.1.2001 EzA § 620 BGB Nr. 173; 24.10.2001 EzA § 620 BGB Nr. 180; HaKo-KSchR/*Mestwerdt* Rn 152, 157; MHH-TzBfG/*Meinel* Rn 148; *Liebscher* öAT 2010, 56; *Boecken* Anm. zu AP § 14 TzBfG Nr. 70). Auch **daran** wird **nach neuerer Rechtsprechung** im Ausgangspunkt **festgehalten** (s. Rdn 461). 445

Daneben soll es genügen, dass der Haushaltsgesetzgeber **freiwerdende Mittel** aus vorhandenen Planstellen zeitlich befristet für bestimmte Arbeiten **mit tätigkeitsbezogener Zwecksetzung** zur Verfügung stellt (*BAG* 13.2.2013 EzA § 14 TzBfG Nr. 92, Rn 18; 18.10.2006 EzA § 14 TzBfG Nr. 38; Anm. Meinel AP Nr. 1 zu § 14 TzBfG Haushalt; *Dörner* NZA 2007, 63; *Arnold/Gräfl* Rn 274 ff.; HaKo-KSchR/*Mestwerdt* Rn 157; MüKo-*Hesse* Rn 72; *Mennemeyer/Keysers* NZA 2008, 673; *Meyer, U.* AuR 2006, 86, 89; krit. *Sievers* RdA 2004, 296; LS-*Schlachter* Rn 87). Wird der befristet eingestellte Arbeitnehmer in derselben Dienststelle beschäftigt wie ein **vorübergehend beurlaubter Planstellen- oder Stelleninhaber** vor seiner Beurlaubung, muss der Bedarf an der Arbeitsleistung des befristet beschäftigten Arbeitnehmers nicht auf einer angestiegenen Arbeitsmenge beruhen, sondern kann – ähnlich wie beim Sachgrund der Vertretung – darauf zurückzuführen sein, dass die in der Dienststelle gewöhnlich anfallende Arbeitsmenge durch die vorhandene Belegschaft nicht abgedeckt wird. Anders als beim Sachgrund der Vertretung nach § 14 Abs. 1 S. 2 Nr. 3 TzBfG ist aber **kein Kausalzusammenhang zwischen der befristeten Beschäftigung der Aushilfskraft und dem durch die vorübergehende Abwesenheit des Planstellen- oder Stelleninhabers** in der Dienststelle entstehenden Arbeitskräftebedarf erforderlich (*BAG* 13.2.2013 EzA § 14 TzBfG Nr. 92, Rn 20). Insoweit wird die Prognose für den öffentlichen Arbeitgeber erleichtert. 446

Der vertragsschließende öffentliche Arbeitgeber ist stets gehalten, keine Verpflichtungen einzugehen, die nicht vom Haushaltsgesetz (haushaltsrechtlich) gedeckt sind (*BAG* 7.11.2007 ZTR 2008, 393; 18.4.2007 AP Nr. 3 zu § 14 TzBfG Haushalt; 24.10.2001 EzA § 620 BGB Nr. 180; aA *Persch* ZTR 2011, 653, nur Binnenrecht der Verwaltung ohne Auswirkung auf Arbeitsverhältnisse und allein dem Budgetrecht des Parlaments Gewicht beimisst). Zwar darf der Dienststellen- oder Behördenleiter die Erfüllung der eingegangenen Verpflichtung nicht unter Berufung auf das Fehlen von Haushaltsmitteln verweigern, wenn er einen Arbeitsvertrag unter Verletzung des Haushaltsgesetzes geschlossen hat. Für seine **Entscheidung**, sich statt zu einer unbefristeten nur zu einer **befristeten Beschäftigung** des Arbeitnehmers zu verpflichten, stellt **seine Bindung an das Haushaltsrecht** jedoch einen ausreichenden sachlichen Grund dar. Dies ist nicht als Einwirkung des grds. nur verwaltungsintern geltenden Haushaltsrechts auf den Inhalt von Arbeitsverhältnissen zu verstehen. Die **haushaltsrechtlichen Vorgaben** treten im öffentlichen Dienst vielmehr lediglich an die Stelle der in der Privatwirtschaft grds. maßgebenden **unternehmerischen Entscheidung**, welche Aufgaben in welchem Zeitraum und in welchem Umfang durch die Beschäftigung von Arbeitnehmern erfüllt werden sollen. Der **Unterschied** liegt darin, dass diese Entscheidung in der Privatwirtschaft unmittelbar aufgrund der arbeitgeberseitigen Feststellung eines Bedürfnisses an der Verrichtung bestimmter Arbeiten und im öffentlichen Dienst durch haushaltsrechtliche Vorgaben des Gesetzgebers getroffen wird. 447

448 Für eine anzuerkennende **Prognose** des öffentlichen Arbeitgebers reicht aus, dass **für die Beschäftigung dieses Arbeitnehmers konkrete Haushaltsmittel nur zeitlich begrenzt zur Verfügung stehen**. Der Sachgrund der Nr. 7 erfordert die Vergütung des befristet beschäftigten Arbeitnehmers aus Haushaltsmitteln, die mit einer konkreten Sachregelung auf der Grundlage einer nachvollziehbaren Zwecksetzung versehen sind (*BAG* 28.9.2016 EzA § 620 BGB 2002 Hochschulen Nr. 24, Rn 38; 19.3.2008 EzTöD 100 § 30 Abs. 1 TVöD-AT Sachgrundbefristung Nr. 11; 18.10.2006 EzA § 14 TzBfG Nr. 34; *Dörner* FS Otto 2008, S. 64; LS-*Schlachter* Rn 74; aA APS-*Backhaus* Rn 335 ff., der das Haushaltsrecht für eine Sachgrundbefristung insgesamt für irrelevant hält, da Haushaltspläne weder Ansprüche noch Verbindlichkeiten begründen können). Muss der öffentliche Arbeitgeber aufgrund dieser im **Zeitpunkt des Vertragsabschlusses** zu erstellenden Prognose (*BAG* 28.9.2016 EzA § 620 BGB 2002 Hochschulen Nr. 24, Rn 39; 14.2.2007 EzA § 14 TzBfG Nr. 38; 27.7.2005 EzA § 620 BGB Altersgrenze Nr. 27; ErfK-*Müller-Glöge* Rn 74; krit. *Greiner* Anm. EzA § 14 TzBfG Nr. 34) – unabhängig von der zeitlichen Begrenzung des Haushaltsgesetzes – mit dem haushaltsrechtlichen Wegfall der Mittel rechnen, aus denen der Arbeitnehmer vergütet werden soll, so liegt ein sachlicher Grund für die Befristung des Arbeitsverhältnisses vor (so bereits *BAG* 7.7.1999 EzA § 620 BGB Nr. 167; 24.1.2001 EzA § 620 BGB Nr. 173). Die Vergütung aus einer für eine bestimmte Dauer bewilligten konkreten Planstelle rechtfertigt dann die Prognose des öffentlichen Arbeitgebers, dass für die Beschäftigung des Arbeitnehmers nur ein **vorübergehender Bedarf** besteht (*BAG* 24.10.2001 EzA § 620 BGB Nr. 180; vgl. auch Rdn 450). Es reicht aus, dass nach der Prognose der Mehrbedarf voraussichtlich während der Dauer des befristeten Arbeitsvertrages bestehen wird; **abweichend von Nr. 1** wird insoweit nicht gefordert, dass nach dem Ablauf der Befristung die Arbeitsmenge wieder mit dem »Stammpersonal« bewältigt werden kann (*BAG* 7.5.2008 NZA 2008, 880; *LAG Düsseld.* 2.9.2010 – 15 Sa 796/09). Dagegen kann die Prognose die Befristung nicht tragen, wenn in den Erläuterungen zum Haushalt die **Erwartung** geäußert wird, dass der Bedarf an befristeten Arbeitskräften infolge der **Arbeitsmarktentwicklung** zurückgehen wird (*LAG Bln.-Bra.* 12.11.2008 LAGE § 14 TzBfG Nr. 47). Lässt sich jedoch den haushaltsrechtlichen Vorgaben nicht hinreichend deutlich entnehmen, auf welchen objektiv vorliegenden und nachprüfbaren Umständen diese Erwartung beruhte, handelt es sich um **Daueraufgaben** und nicht vorübergehenden (zusätzlichen) Arbeitsanfall. Die Arbeitsmarktentwicklung wird von zahlreichen kaum vorhersehbaren Faktoren bestimmt und ist deshalb jedenfalls allein ohne nähere Analyse keine hinreichende Grundlage für eine **objektiv fundierte Prognose über den künftigen Beschäftigungsbedarf** (*BAG* 17.3.2010 EzTöD 100 § 30 Abs. 1 TVöD-AT Sachgrundbefristung Nr. 28 Rn 15). Schon aus Gründen des Unionsrechts (*EuGH* 23.4.2009 AP Nr. 6 zu Richtlinie 99/70/EG **Angelidaki** Rn 107) muss aber die Zwecksetzung der Haushaltsmittel einer Kontrolle zugänglich sein, ob die befristete Beschäftigung tatsächlich zur Deckung eines nur **vorübergehenden** und **nicht eines dauerhaften Bedarfs** erfolgt (*Lipke* FS Etzel 2011, S. 255, 264).

449 Die Prognose scheitert nicht an einer fehlenden »**finanziellen Kongruenz**« zwischen der **Dauer der Befristung und der Verfügbarkeit vorübergehend freier Haushaltsmittel**, da die Wirksamkeit einer Befristungsabrede vom Bestehen eines Sachgrundes im Zeitpunkt der Vereinbarung und nicht davon abhängt, wie lange die Sachgründe danach vorhalten (vgl. BAG 23.5.2018 – 7 AZR 16/17 EzA § 14 TzBfG Haushalt Nr. 1, Rn 30, im Rahmen der Prüfung institutionellen Rechtsmissbrauchs; *BAG* 14.2.2007 EzA § 14 TzBfG Nr. 38; *Dörner* Befr. Arbeitsvertrag Rn 203, 214; LS-*Schlachter* Rn 86; aA *Preis/Greiner* RdA 2010, 148, 154; *LAG Düsseld.* 21.12.2005 LAGE § 14 TzBfG Nr. 25). Die gewählte Vertragsdauer kann aber bei einem **Auseinanderklaffen von Sachgrund und Befristungsdauer** – wie bei den meisten anderen Sachgründen auch (s. Rdn 120 ff.) – bei der Sachgrundprüfung den Rückschluss zulassen, dass der Befristungsgrund nur vorgeschoben ist (*BAG* 14.2.2007 EzA § 14 TzBfG Nr. 38; 7.11.2007 ZTR 2008, 393; *Dörner* FS Otto 2008, S. 68; *Mennemeyer/Keysers* NZA 2008, 674; ErfK-*Müller-Glöge* Rn 71, 74). Die Prüfungsnotwendigkeit ergibt sich vornehmlich bei einer längeren, nicht dagegen bei einer kürzeren Laufzeit der Befristung im Verhältnis zu den Haushaltsmitteln.

bb) Haushaltsmitteleinsatz als Grundlage

Allein die **allgemeine Bereitstellung von Haushaltsmitteln** für eine Beschäftigung im Rahmen befristeter Arbeitsverhältnisse **berechtigt** den öffentlichen Arbeitgeber **nicht**, davon im Rahmen der Nr. 7 davon Gebrauch zu machen (ErfK-*Müller-Glöge* Rn 71). Auch stellt allein **die Ungewissheit**, ob ein **künftiger Haushaltsplan** noch Mittel für eine bestimmte Stelle vorsieht, **keinen sachlichen Befristungsgrund iSv Nr. 7 dar** (vgl. dazu *BAG* 24.10.2001 EzA § 620 BGB Nr. 180; *Oberthür* DB 2001, 2248; *Groeger* NJW 2008, 468 f.; *Rolfs* Rn 55; MHH-TzBfG/*Meinel* Rn 148; *Annuß/Thüsing/Maschmann* Rn 58a). Eine andere Situation betrifft die **Erwartung des öffentlichen Arbeitgebers**, der **Haushaltsgesetzgeber** werde **nur zeitlich befristete Stellen** schaffen. Hier sind **Legislative und Exekutive sauber auseinander** zu halten. Richtigerweise wird der öffentliche Arbeitgeber dies nur zur Grundlage einer Befristung machen können, wenn sie den **erhöhten Anforderungen des Sachgrunds Nr. 1** genügt (jetzt auch: *BAG* 2.9.2009 EzA § 14 TzBfG Nr. 60, Rn 21). Ansonsten muss es jedoch ausreichen, wenn der öffentliche Arbeitgeber sich für die Befristung auf eine an die Verwaltung gerichtete **haushaltsrechtliche Ermächtigung** zur Verwendung freiwerdender Mittel mit Zwecksetzung stützen kann (*BAG* 18.10.2006 EzA § 14 TzBfG Nr. 34 m. krit. Anm. *Greiner*; *Dörner* FS Otto 2008, S. 66). Eine **zeitliche Festschreibung** der zur Befristung berechtigenden Aufgabe im Haushaltsplan kann nicht verlangt werden (*Meinel* Anm. AP Nr. 1 zu § 14 TzBfG Haushalt Nr. 1; *Löwisch* NZA 2006, 459; aA *Meyer* AuR 2006, 89).

Dagegen rechtfertigt der allgemeine **undatierte Kw-Vermerk** (kw = künftig wegfallend) nicht die Befristung. Es ist vielmehr erforderlich, dass aufgrund **konkreter Anhaltspunkte** mit einiger Sicherheit vom tatsächlichen Wegfall der Stelle mit Kw-Vermerk zu dem genannten Zeitpunkt ausgegangen werden kann. Aus dem Vermerk im Haushaltsplan, dass eine bestimmte Anzahl von Stellen einer Entgeltgruppe zu einem späteren Zeitpunkt wegfallen soll, ergibt sich **keine tätigkeitsbezogene Zweckbestimmung** für eine Aufgabe von vorübergehender Dauer (*BAG* 23.5.2018 – 7 AZR 16/17 EzA § 14 TzBfG Haushalt Nr. 1, Rn 19; 2.9.2009 EzA § 14 TzBfG Nr. 60 Rn 15; 3.11.1999 EzA § 620 BGB Nr. 166; *Hantel* AuA 2000, 113 f.; *Dörner* Befr. Arbeitsvertrag Rn 197, 216; APS-*Backhaus* Rn 147; HaKo-KSchR/*Mestwerdt* Rn 156; HWK-*Rennpferdt* Rn 124; *Sievers* Rn 475; HaKo-TzBfG/*Boecken* Rn 112). Anderenfalls handelt es sich zunächst nur um eine **Absichtserklärung**, die noch keine Befristung zu einem bestimmten Zeitpunkt rechtfertigt. Dagegen kann ein sog. **datierter »Kw-Vermerk«**, der vorsieht, dass eine bestimmte Personalstelle künftig wegfällt oder bestimmte Haushaltsstellen fest befristet einrichtet, um sie **zu einem bestimmten Zeitpunkt zu streichen** (vgl. *Neumann* FS Herschel S. 329 f.; *Staudinger/Preis* [2019] § 620 BGB Rn 151; aA LAG Berl.-Bra. 4.12.2007 – 3 Sa 1406/07; LAG Düsseld. 23.9.2008 – 8 Sa 784/08: nur bei gleichzeitiger Zwecksetzung; APS-*Backhaus* Rn 338 f., Kw-Vermerk spielt für sachliche Rechtfertigung der Befristung keine Rolle), eine Befristung rechtfertigen. In diesem Fall kann davon ausgegangen werden, dass sich der Gesetzgeber konkret mit bestimmten Haushaltsstellen befasst hat, sofern es sich nicht lediglich um einen **Erinnerungsposten** für den nächsten Haushalt handelt (LAG Hamm 8.6.2009 – 17 Sa 903/08; *Dörner* Befr. Arbeitsvertrag Rn 197). Keine Bedeutung hat ein **allgemeiner Hinweis** im Haushaltsplan, es werde mit einer arbeitsmarktbedingten rückläufigen Entwicklung des Arbeitsaufkommens gerechnet (*BAG* 17.3.2010 EzTöD 100 § 30 Abs. 1 TVöD-AT Sachgrundbefristung Nr. 28; *Arnold/Gräfl* Rn 276). Mit der Umgestaltung der Haushaltspläne, die **Stellenpläne allenfalls noch im Beamtenbereich** zu führen und im Übrigen mit »Budgets« und »Beschäftigungsvolumen« zu arbeiten, verliert jedoch diese Fragestellung an Bedeutung (Ausnahme: vorübergehend gestattete Besetzung einer Beamtenstelle mit einem Arbeitnehmer; *BAG* 7.7.1999 EzA § 620 BGB Nr. 167).

Es **genügt** weiterhin **nicht**, wenn nur pauschal zusätzliche Mittel für ein »Sonderprogramm« **bewilligt werden**, weil dann noch keine bindende Entscheidung über die konkrete Ausgestaltung der aus diesen Mitteln zu finanzierenden Arbeitsverhältnisse (Zwecksetzung) durch den Haushaltsgesetzgeber vorlag, sondern die **Verwendung** der Mittel dem **Verwaltungshandeln der Behörde vorbehalten** blieb (*Teske* FS Stahlhacke 1995 S. 569, 584; *Hantel* ZTR 1998, 1950 f.; Sächs. LAG 13.3.2014 ZTR 2014, 739). Mit der zunehmenden **Budgetierung** des Personaleinsatzes treten indessen Fallgestaltungen in den Vordergrund, bei denen der Haushaltsgesetzgeber freiwerdende Mittel aus Teilzeit und Beurlaubung einer befristeten Ersatzbeschäftigung widmet, sie aber zugleich mit einer Zwecksetzung versieht (*BAG* 22.4.2009 EzA § 14 TzBfG Nr. 59, 18.4.2007 AP Nr. 3 zu § 14 TzBfG Haushalt, 18.10.2006 EzA § 14 TzBfG Nr. 34 m. Anm. *Greiner*, jeweils zu gesetzlichen Bestimmungen in den Haushaltsgesetzen NRW; so bereits *BAG* 27.1.1988 EzA § 620 BGB Nr. 97 im Lehrerbereich). Hierzu *Dörner* Befr. Arbeitsvertrag Rn 208 ff.

453 **Befristete Arbeitszeitaufstockungen** in unbefristeten Arbeitsverhältnissen des öffentlichen Dienstes unterliegen einer gerichtlichen **Inhaltskontrolle nach § 307 Abs. 1 BGB** (*BAG* 15.12.2011 EzA § 14 TzBfG Nr. 83, Rn 18; s.a. Rdn 96 ff.). Soweit sie auf der Grundlage einer **haushaltsrechtlichen Bestimmung** erfolgen, die im Umfang vorübergehend nicht in Anspruch genommener Planstellen oder Stellenanteile die befristete Verwendung der daraus entstehenden Mittel gestatten, ist eine unangemessene Benachteiligung der Arbeitnehmer nicht gegeben (*Thür. LAG* 10.5.2011 – 7 Sa 369/09; *LAG Düsseld.* 3.3.2010 – 7 Sa 1152/09; *LAG Düsseld.* 20.2.2007 LAGE § 307 BGB 2002 Nr. 12; *LAG Hamm* 14.9.2006 – 11 Sa 220/06; vgl. auch *BAG* 15.12.2011 EzA § 14 TzBfG Nr. 83, Rn 24 f. für den Fall einer möglichen Sachgrundrechtfertigung aus Nr. 3; 8.7.2007 EzA § 14 TzBfG Nr. 42).

cc) Besondere Stellung des Haushaltsgesetzgebers

454 Wurde der **Arbeitnehmer entsprechend der Zweckbestimmung befristet** beschäftigt, durfte in der Vergangenheit der sachliche Grund nicht daran gemessen werden, ob die zu verrichtende Tätigkeit eine »Aufgabe von begrenzter Dauer« ist oder ob es nicht um Tätigkeiten geht, die zur Daseinsvorsorge oder zur sozialen Sicherung notwendig sind, und vom Staat »an sich« als **Daueraufgaben erfüllt werden müssten** (krit. *Preis/Greiner* RdA 2010, 148,1 56; ebenso *Greiner* Anm. AP Nr. 17 zu § 14 TzBfG Haushalt). Nach den richterrechtlichen Grundlagen der **bisherigen Rspr.** war deshalb aus **Respekt vor dem Haushaltsrecht** die unternehmerische Entscheidung in der Privatwirtschaft, einen Arbeitnehmer wegen eines vorübergehenden Bedarfs nur befristet einzusetzen, nicht der Entscheidung des öffentlichen Arbeitgebers gleichzusetzen, eine freie Stelle nur befristet zu besetzen. Der mehrfache Einsatz befristeter Arbeitnehmer im öffentlichen Dienst bei der Verrichtung von **Daueraufgaben** ist aber nach den Entscheidungen des **EuGH** in Sachen Angelidaki und Mascolo (*EuGH* 23.4.2009 AP Nr. 6 zu Richtlinie 99/70/EG **Angelidaki**; 26.11.2014 EzA EG-Vertrag 1999 Richtlinie 99/70 Nr. 11 **Mascolo**) nicht mehr zulässig. Vgl. näher Rdn 444, 465 und 469.

455 Für die Beibehaltung des Sachgrunds nach Nr. 7 bleibt jedoch die **Bedeutung des Budgetrechts der Parlamente und die Bindung des Gesetzgebers und der Verwaltung an die am Gemeinwohl orientierte Erfüllung von Pflichtaufgaben** von Gewicht (so wohl auch *Persch* ZTR 2011, 653, 662; offengehalten BAG 23.5.2018 – 7 AZR 16/17 EzA § 14 TzBfG Haushalt Nr. 1, Rn 26). Es obliegt allein dem Haushaltsgesetzgeber zu bestimmen, wie viele **Planstellen oder Budgets** für Beamte und Arbeitnehmer im öffentlichen Dienst **geschaffen werden und erhalten bleiben** (*BAG* 28.5.2002 EzA Art. 33 GG Nr. 23, 9.11.1994 EzA Art. 33 GG Nr. 15 mwN). Diese organisatorische Entscheidung des Parlaments gibt den Rahmen für die Zugangsrechte zum öffentlichen Amt nach **Art. 33 Abs. 2 GG** vor. Die **Verwaltung** hat erst **danach** als vollziehende Gewalt zu entscheiden, ob und wie sie die vorgegebenen Stellen besetzt (*BAG* 28.5.2002 EzA Art. 33 GG Nr. 23; vgl. auch *BAG* 19.2.2003 EzA § 620 BGB 2002 Nr. 2). Der **Stellenhoheit des Parlaments** kommt deshalb eine herausgehobene Bedeutung zu (*Steinherr* ZTR 2003, 216, 219). Die öffentliche Hand ist eben nicht einem Privatunternehmer gleichzusetzen (*Dörner* Neues aus der Gesetzgebung und Rechtsprechung zum Recht des befristeten Arbeitsvertrages, Vortrag DAI Brennpunkte 2007 S. 26; ders. FS Otto 2008, S. 55, 68; *Persch* ZTR 2011, 653, 662; für eine begrenzte Besserstellung des öffentlichen Sektors wohl auch *Nebe* JbArbR 48 [2011], 89, 113 f.); sie kann sich weder ihr Betätigungsfeld frei aussuchen, noch nach dem Leitbild der Gewinnmaximierung handeln (vgl. *BAG* 6.8.1997 RzK I 9a Nr. 120; *LAG Düsseld.* 19.8.1999 LAGE § 620 BGB Nr. 60). Bei **beschränkten Haushaltsmitteln** kann und muss der Staat für die Erfüllung seiner vielfältigen Aufgaben **Prioritäten setzen dürfen**. Das führt zwangsläufig dazu, bestimmte Aufgaben zeitweise nicht oder weniger

intensiv zu erledigen, als es eigentlich sachlich geboten wäre (so bereits *Neumann* FS Herschel, 1982, S. 328 f.).

Aus diesen Gründen sind die **haushaltsrechtlichen Entscheidungen** des Bundes- oder Landesgesetzgebers, bestimmte **vorübergehende Zwecke** nur befristet zu finanzieren, **als sachlicher Grund anzuerkennen** (so wohl noch ErfK-*Müller-Glöge* Rn 72 ff.; **weitergehend** *Löwisch* NZA 2006, 459, der die haushaltspolitische Entscheidung auch ohne Zeitkomponente genügen lässt). Dem können nicht die verwaltungstechnischen Abläufe bei der Stellenwirtschaft durch die Exekutive entgegengehalten werden. Zutreffend weist *Backhaus* (APS Rn 335 ff.) in diesem Zusammenhang zwar darauf hin, dass das Haushaltsgesetz der Exekutive lediglich das Recht gibt, die Aufgabe aus den zur Verfügung gestellten Haushaltsmitteln zu finanzieren. Die »**Definitionsmacht« für die wahrzunehmenden Aufgaben bleibe dagegen bei der zweiten Gewalt**. An diesem Einwand wird indessen deutlich, dass es Sache der Anstellungsbehörde ist, den vorübergehenden Bedarf an der Arbeitsleistung (§ 14 Abs. 1 Nr. 1 TzBfG) mit haushaltsrechtlichen Vorgaben nach Nr. 7 zu unterlegen. Die haushaltsrechtliche Ermächtigung muss kausal für die Befristung sein. Anders ausgedrückt: Der Sachgrund nach **Nr. 7** stellt sich als ein **gesonderter Unterfall** der Sachgründe nach Nr. 1 und 3 dar, der den **besonderen Verhältnissen des öffentlichen Dienstes** gerecht wird und die **Prognosestellung** des öffentlichen Arbeitgebers durch den Hinweis auf haushaltsrechtliche Vorgaben **erleichtern** kann. Diese besonderen Verhältnisse dürfen bei der Sachgrundgestaltung Berücksichtigung finden (vgl. *EuGH* 15.4.2008 NZA 2008, 581, 584, **Impact**; *Rolfs/Evke de Groot* ZESAR 2009, 5, 8). 456

Der Sachgrund nach Nr. 7 steht den **Kirchen** nicht zu (vgl. Rdn 508 ff.). Sie müssen deshalb ggf. auf andere Sachgründe zurückgreifen (MüKo-*Hesse* Rn 73; ErfK-*Müller-Glöge* Rn 71c; aA *Joussen* RdA 2010, 65, der auf die verfassungsrechtliche Selbstbestimmung der Kirchen und ihrer Einrichtungen nach Art. 140 GG verweist). Keine Bindung besteht auch an Vorgaben **ausländischer Haushaltsgesetzgeber** (*BAG* 20.11.1997 EzA Art. 30 EGBGB Nr. 4). Da Nr. 7 nur von »**Haushaltsmitteln**« und nicht vom Haushaltsgesetz spricht, beschränkt sich der Geltungsbereich des Sachgrunds vornehmlich auf **Bund und Länder**. Das *BAG* hat in seiner Entscheidung vom 9.3.2011 (EzA § 14 TzBfG Nr. 76) darauf abgestellt, dass § 14 Abs. 1 S. 2 Nr. 7 TzBfG nicht anwendbar sei, wenn das den **Haushaltsplan aufstellende Organ und der Arbeitgeber identisch** sind und es an einer **unmittelbaren demokratischen Legitimation** des Haushaltsplangebers fehlt (dort Rn 8, 19; HWK-*Rennpferdt* Rn 123; HaKo-KSchR/*Mestwerdt* Rn 159). Damit ist im Regelfall ein **förmliches Gesetz** des Bundes- oder Landesgesetzgebers für die Inanspruchnahme der im Verhältnis zu privaten Arbeitgebern erleichterten Befristungsmöglichkeit erforderlich (so schon *LAG* Bln.-Bra. 16.3.2007 LAGE § 14 TzBfG Nr. 35; 27.5.2009 - 24 Sa 1398/08; *Boecken* Anm. AP § 14 TzBfG Nr. 70). Inwieweit **Gebietskörperschaften** davon Gebrauch machen können, hat das BAG (9.3.2011 EzA § 14 TzBfG Nr. 76) **offengelassen**. 457

Mit Ausnahme der privatrechtlich organisierten **Eigengesellschaften** gehören hierzu ebenso die **Haushalte der Gebietskörperschaften** (ErfK-*Müller-Glöge* Rn 71c; *Löwisch* NZA 2006, 459; MüKo-*Hesse* Rn 73; LS-*Schlachter* Rn 83; *Annuß/Thüsing/Maschmann* Rn 60; *Dörner* FS Otto 2008, S. 55, 69) aber nicht andere **juristische Personen des öffentlichen Rechts** (*BAG* 9.3.2011 EzA § 14 TzBfG Nr. 76; aA *Annuß/Thüsing/Maschmann* Rn 60 mwN). Die Haushalts- und Stellenpläne der **Gebietskörperschaften** werden ebenfalls durch gewählte Parlamente (zB Kreistag) beschlossen; sie unterliegen nur zusätzlich der **staatlichen Kommunalaufsicht**. *Persch* will – sehr erwägenswert – unterscheiden nach dem Gedanken der **Fremdbestimmung**. Im Fall der **Magistratsverfassung** (personelle Trennung von Legislative und Exekutive) könne dann vom Befristungsprivileg der Nr. 7 Gebrauch gemacht werden, im Fall der **Ratsverfassung** (dualistische Struktur mit personeller Verknüpfung) dagegen nicht (ZTR 2011, 653, 661 f.). Da die Ratsverfassung in der Mehrheit der Bundesländer vorgegeben ist, käme dort für Gebietskörperschaften ein Rückgriff auf § 14 Abs. 1 Nr. 7 TzBfG nicht in Frage. 458

Sonstige Körperschaften des öffentlichen Rechts, die nicht unmittelbar demokratisch legitimiert sind und nicht über selbst zu erhebende Steuern eigene Haushaltsmittel einsetzen können, dürfen von der Privilegierung des Nr. 7 keinen Gebrauch machen (*BAG* 9.3.2011 EzA § 14 TzBfG 459

Nr. 76 zur BA; *LAG Bln.-Bra.* 16.3.2007 LAGE § 14 TzBfG Nr. 35 für eine unterstaatlich organisierte, als Körperschaft des öffentlichen Rechts auftretende **Hochschule**; ebenso *LAG Bln.-Bra.* 12.11.2008 LAGE § 14 TzBfG Nr. 47; HaKo-KSchR/*Mestwerdt* Rn 159; unentschieden *LAG Düsseld.* 23.9.2008 – 8 Sa 784/08). Eine Ausweitung auf die Arbeitgeber des öffentlichen Rechts ohne **originäres Budgetrecht** würde ein **uferloses Befristungsrecht** zur Folge haben, das auf gemeinschaftsrechtliche und verfassungsrechtliche Bedenken stoßen müsste. Eine solche »Selbstermächtigung« unterstaatlicher Einrichtungen ohne demokratisch legitimierte Parlamente widerspricht der restriktiven Handhabung von Befristungsberechtigungen (*Dörner* FS Otto 2008, S. 69; HaKo-TzBfG/*Boecken* Rn 108 f.). Es ist auch der Gefahr zu begegnen, dass infolge der **Identität des Arbeitgebers und des den Haushaltsplan aufstellenden Organs** rechtsmissbräuchlich Befristungsmöglichkeiten geschaffen werden, die eine Besserstellung des öffentlichen Arbeitgebers im Verhältnis zu den privaten Arbeitgebern weder **verfassungsrechtlich (Art. 3 GG)** noch **unionsrechtlich (Art. 20 EU-GRCharta)** rechtfertigen können (*Staudinger/Preis* [2019] § 620 BGB Rn 159 mwN; so wohl auch *BAG* 9.3.2011 EzA § 14 TzBfG Nr. 76 Rn 19 ff. mit Bezugnahmen auf die Rspr. des EuGH in den Fällen **Adeneler** und **Angelidaki** sowie des *BVerfG* 25.1.2011 EzA Art 12 GG Nr. 48; Anm. *Schlachter* AP Nr. 18 zu § 14 TzBfG Haushalt).

460 Ebenso wenig berechtigt die **Abhängigkeit von Zahlungen öffentlich-rechtlicher Träger oder aus Haushaltsmitteln** den Empfänger zum Gebrauch des Sachgrundes nach Nr. 7 (ErfK-*Müller-Glöge* Rn 73; *Lakies* NZA 1995, 296; vgl. *BAG* 8.4.1992 EzA § 620 BGB Nr. 35 kein Befristungssachgrund wegen finanzieller Abhängigkeit von Haushaltsmitteln; LS-*Schlachter* Rn 84). **Förder- oder Drittmittel** sind **keine Haushaltsmittel** iSv § 14 Abs. 1 S. 2 Nr. 7 TzBfG, sie können nur als sonstiger Sachgrund der Drittmittelfinanzierung die Befristung rechtfertigen (*BAG* 16.1.2018 EzA § 14 TzBfG Nr. 131 – 7 AZR 21/16, Rn 25). Näher dazu Rdn 477 ff.

dd) Zwecksetzung und entsprechende Beschäftigung

461 Es ist jetzt **nicht mehr erforderlich**, nachzuweisen (s. Rdn 439), **dass der Haushaltsgesetzgeber sich mit den Verhältnissen der Stelle befasst hat, auf der ein Arbeitnehmer befristet beschäftigt werden soll**. Es muss aber **zukünftig sichergestellt sein**, dass der Mitarbeiter aus **Haushaltsmitteln** vergütet wird, die haushaltsrechtlich **zweckgerichtet** für eine befristete Beschäftigung bestimmt sind, und der Mitarbeiter zu Lasten dieser Mittel eingestellt und **entsprechend beschäftigt** wird (*BAG* 28.9.2016 EzA § 620 BGB 2002 Hochschulen Nr. 24, Rn 37; 17.3.2010 EzTöD 100 § 30 Abs. 1 TVöD-AT Sachgrundbefristung Nr. 28; 2.9.2009 EzA § 14 TzBfG Nr. 60 m. zust. Anm. *Marschner* EzTöD 100 § 30 Abs. 1 TVöD-AT Sachgrundbefristung Nr. 25; 18.10.2006 EzA § 14 TzBfG Nr. 34; *Liebscher* öAT 2010, 56). Es ist also nicht mehr Voraussetzung, dass der Haushaltsgesetzgeber sich mit einzelnen konkreten Stellen befasst und sie einrichtet oder bewilligt. Die **Zweckbindung von Haushaltsmitteln** für befristete Arbeitsverhältnisse genügt, dh es hat eine zweckgebundene Zuweisung von Haushaltsmitteln zur Erledigung zeitlich begrenzter Tätigkeiten zu geschehen (vorübergehender Beschäftigungsbedarf: *BAG* 11.9.2013 EzA § 14 TzBfG Nr. 96, Rn 31; krit. dazu *Marschner* Anm. EzTöD 100 § 30 Abs. 1 TVöD-AT Sachgrundbefristung Nr. 59; 17.3.2010 EzTöD 100 § 30 Abs. 1 TVöD-AT Sachgrundbefristung Nr. 28; 7.5.2008 NZA 2008, 880; 19.3.2008 AuA 2008, 500; 14 2.2007 EzA § 14 TzBfG Nr. 38; 18.10.2006 EzA § 14 TzBfG Nr. 34; *Sächs. LAG* 13.3.2014 ZTR 2014, 739; *ArbG Herne* 29.1.2014 – 5 Ca 2225/13; MüKo-*Hesse* Rn 72). In der deutlichen Zwecksetzung im Haushaltsplan liegt dann zugleich die Grundlage für eine **Prognose** als Teil des Sachgrundes (s. Rdn 151 ff.). Eine **pauschale Mittelzuweisung** für die Beschäftigung von Arbeitnehmern **reicht** demgegenüber **nicht** (*BAG* 17.3.2010 EzTöD 100 § 30 Abs. 1 TVöD-AT Sachgrundbefristung Nr. 28; 17.3.2010 EzA § 14 TzBfG Nr. 63; ErfK-*Müller-Glöge* Rn 71b, 72a). Die Mittel zur Befristung können daher im Haushaltsplan **in Summe** (Budget) und/oder in **Form von befristeten Personalstellen** ausgewiesen werden.

462 Die **Prognose** des öffentlichen **Arbeitgebers** lässt sich bei Vertragsschluss aber nach hier vertretener Rechtsauffassung nicht auf eine an konkrete Umstände gebundene **Erwartung** stützen, der Haushaltsgesetzgeber werde **Haushaltsmittel** für eine befristete Beschäftigung (wieder) **zur Verfügung**

stellen (so aber *BAG* 28.9.2016 EzA § 620 BGB 2002 Hochschulen Nr. 24, Rn 40 f.; 22.4.2009 EzA § 14 TzBfG Nr. 59 Rn 19; MüKo-*Hesse* Rn 72; iE zust. *Groeger* Anm. AP Nr. 9 zu § 14 TzBfG Haushalt, wegen lückenloser Handlungsfähigkeit der Exekutive in »Nothaushaltszeiten«). Dafür mögen zwar Gründe der Praxis sprechen. Damit wird letztlich jedoch nicht mehr auf die Entscheidung des Haushaltsgesetzgebers abgestellt, sondern auf die (begründete) Hoffnung des öffentlichen Arbeitgebers mit Blick auf den Entwurf des Haushaltsgesetzes. Irrt sich der Arbeitgeber, ändert sich nach der bisherigen Rechtsprechung nichts zugunsten des Arbeitnehmers; er trägt allein das **Risiko der verfehlten Arbeitgeberprognose**. Dies ist vor dem Hintergrund einer maßvoll privilegierten **Stellung des öffentlichen Arbeitgebers** abzulehnen, auch vor dem Hintergrund der Rechtsprechung des EuGH (s. Rdn 443, u 469). Hier hätte es einer besonderen gesetzlichen Haushaltsermächtigung für noch nicht abgelaufene Befristungen im Übergangszeitraum bedurft (vgl. *Lipke* FS Etzel 2011, S. 245, 265; aA *Sievers* Rn 469).

Eine **Zuordnung** des befristet eingestellten Arbeitnehmers zu einer konkreten vorübergehend freien **Planstelle** ist dagegen nicht erforderlich, soweit nicht ohnehin auf ein **Budget mit Zwecksetzung** abgestellt wird. Trägt der Befristungssachgrund aus Nr. 7 nicht, so kann sich die Befristung immer noch aus einem vorübergehenden betrieblichen Mehrbedarf nach Nr. 1 rechtfertigen. Dann kann es bedeutsam sein, für welche Aufgaben der Arbeitnehmer eingesetzt werden soll (vgl. *BAG* 17.3.2010 EzA § 14 TzBfG Nr. 63; 2.9.2009 EzA § 14 TzBfG Nr. 60). Kommt es später zu einer nicht vorhersehbaren **Nachbewilligung von Haushaltsmitteln**, bleiben für die Prognose die Umstände bei Vertragsschluss verbindlich. 463

Es bleibt die Frage, wann und wie eine **ausreichende Zwecksetzung**, die den Wertmaßstäben der Befristungskontrolle genügt, in den Haushalt aufgenommen worden ist. Das ist nicht bereits dann der Fall, wenn der Haushalt überhaupt Personalmittel aufgenommen hat oder allgemein vorgibt, dass zu Lasten dieser Personalausgaben befristete Dienstverträge abgeschlossen werden sollen (*BAG* 7.11.2007 – 7 AZR 488/06; *LAG Köln* 24.11.2006 – 4 Sa 712/06). Hätte der Gesetzgeber im sog. »Jährlichkeitsprinzip« des Haushalts eine ausreichende Bestimmung für eine befristete Beschäftigung gesehen, hätte er eine andere Formulierung gewählt. Die Vergütung des Arbeitnehmers muss aus Haushaltsmitteln erfolgen, die mit einer **konkreten Sachregelung** auf der Grundlage einer **nachvollziehbaren Zwecksetzung** für eine nur **vorübergehende Beschäftigung** versehen sind (*BAG* 28.9.2016 EzA § 620 BGB 2002 Hochschulen Nr. 24, Rn 38; 13.2.2013 EzA § 14 TzBfG Nr. 92, Rn 17 ff.; *Schmalenberg* Anm. RdA 2010, 372; 17.3.2010 EzA § 14 TzBfG Nr. 63, Rn 25; 7.11.2007 ZTR 2008, 393; 18.10.2006 EzA § 14 TzBfG Nr. 34; *Sächs. LAG* 10.10.2007 – 9 Sa 107/07; ErfK-*Müller-Glöge* Rn 71b; MüKo-*Hesse* Rn 72; LS-*Schlachter* Rn 87). Dabei ist »nachvollziehbar« nicht iSv »zwingend« zu verstehen (zutr. *Meinel* Anm. AP Nr. 1 zu § 14 TzBfG Haushalt). 464

Die Zwecksetzung darf **nicht** pauschal Bereiche erfassen, die den Kernbereichen der öffentlichen Verwaltung mit **Daueraufgaben** zuzurechnen sind (*Löwisch* NZA 2006, 459; *Liebscher* öAT 2010, 56; *LAG MV* 4.9.2007 – 5 Sa 41/07: keine offene, nicht nachvollziehbare Zwecksetzung ohne Kontur). Im Unterschied zu einem vorübergehend angestiegenen Personalmehrbedarf, um Bearbeitungsrückstände abzubauen, können Befristungen nach Nr. 7 nicht rechtswirksam vereinbart werden, wenn es um die überwiegende **Bearbeitung von Daueraufgaben** des öffentlichen Arbeitgebers geht (*BAG* 17.3.2010 EzTöD 100 § 30 Abs. 1 TVöD-AT Sachgrundbefristung Nr. 28, Rn 11; 18.10.2006 EzA § 14 TzBfG Nr. 34 m. Anm. *Greiner*; HaKo-KSchR/*Mestwerdt* Rn 152; vgl. auch *EuGH* 26.1.2012 EzA § 14 TzBfG Nr. 80 **Kücük**; 23.4.2009 AP Nr. 6 zu Richtlinie 99/70/EG **Angelidaki**). Der Haushaltsgeber kann demnach bestimmte Haushaltsstellen unter Zwecksetzung befristet bewilligen (datierter Kw-Vermerk mit Erläuterung; einzelne auf Vergütungsgruppen bezogene KW-Vermerke genügen nicht *LAG Düssedl.* 23.9.2008 – 8 Sa 784/08), eine begrenzte Verpflichtungsermächtigung aussprechen oder verbindliche Erläuterungen durch Haushaltsvermerke vorgeben (1. Variante). Die zeitlich **begrenzte Verwendung freiwerdender Haushaltsmittel für bestimmte Tätigkeitsfelder** soll ebenfalls diese Anforderungen (2.Variante) erfüllen. Eine allgemein im Haushaltsgesetz zugelassene Verwendung von freien Geldern zur Beschäftigung von **Aushilfsangestellten im Geschäftsbereich der hausmittelbewirtschaftenden Dienststelle** soll dabei genügen (vgl. *BAG* 13.2.2013 EzA § 14 TzBfG 465

Nr. 92, Rn 20; 19.3.2008 EzTöD 100 § 30 TVöD-AT Nr. 11 m. zust. Anm. *Marschner*: Zwecksetzung bei Abdeckung von Nachfragespitzen und Vertretungsfällen; 20.2.2008 – 7 AZR 972/06; ebenso *LAG Düsseld.* 7.4.2006 LAGE § 14 TzBfG Nr. 28; *Arnold/Gräfl* Rn 276; ErfK-*Müller-Glöge* Rn 72a; HaKo-KSchR/Mestwerdt Rn 157; *Ritter/Rudolf* FS 25-jähriges Bestehen DAV 2006, S. 384; *Dörner* Befr. Arbeitsvertrag Rn 209, 217, der eine Schärfung des Begriffs »Aushilfskraft« anmahnt, da damit vorübergehender Mehrbedarf oder Vertretung erfasst werden kann; **aA** *LAG Köln* 11.5.2005 LAGE § 14 TzBfG Nr. 22b; *Meyer* AuR 2006, 86).

466 Der Mitarbeiter ist außerdem der Zweckbestimmung entsprechend zu beschäftigen (*BAG* 18.10.2006 EzA § 14 TzBfG Nr. 34; *LAG Köln* 11.5.2005 LAGE § 14 TzBfG Nr. 22b). Er muss also tatsächlich für die Aufgabe eingesetzt werden, für die der Haushaltsgesetzgeber die Mittel bereitgestellt hat. Hierbei legt die neue Rspr. indessen eine gewisse Großzügigkeit an den Tag und orientiert sich dabei an den Sachgründen aus Nr. 1 (vorübergehender Mehrbedarf) und Nr. 3 (Vertretung), ohne deren Voraussetzungen für Nr. 7 verbindlich zu machen (teilw. krit. *Mennemeyer/Keysers* NZA 2008, 674; *Greiner* Anm. EzA § 14 TzBfG Nr. 34; *Preis/Greiner* RdA 2010, 148, 153). Grundsätzlich hat sich die Beschäftigung zwar an der haushaltsmäßigen Zwecksetzung bei Abschluss der Befristung auszurichten (*BAG* 7.5.2008 EzA § 14 TzBfG Nr. 48, Rn 11: Bewältigung von Nachfragespitzen im Direktleihverkehr in einer Zentralbibliothek), gleichwohl soll es genügen, wenn »**Aushilfskräfte**« für Aufgaben im Geschäftsbereich des für die Haushaltsbewirtschaftung Verantwortlichen eingesetzt werden, die mit dem vorhandenen Personal nicht zeitgerecht erledigt werden können. Richtigerweise kommt es bei der »aus freien Mitteln« finanzierten Tätigkeit nicht darauf an, dass der befristet Beschäftigte die Aufgaben des ordentlichen Stelleninhabers wahrnimmt. Er kann auch für Tätigkeiten eingesetzt werden, die dem ordentlichen Stelleninhaber hätten übertragen werden können (Parallele zur mittelbaren Vertretung; *LAG Düsseld.* 9.8.2006 – 4 Sa 362/06). Das BAG verlangt demgegenüber – anders als in den Sachgrundfällen der mittelbaren Vertretung, – **keine kausale Verknüpfung** im Falle eines personellen Ersatzes und stellt allein auf den erhöhten Arbeitsbedarf ab (*BAG* 13.2.2013 EzA § 14 TzBfG Nr. 92, Rn 20; 16.1.2008 – 7 AZR 916/06, Rn 13, 14.). Danach kann die Aushilfsbeschäftigung sogar in einer **anderen Dienststelle** als der des Stelleninhabers verrichtet werden, soweit es sich um **vergleichbare Aufgabenstellungen** handelt und die Dienststellen haushaltsrechtlich gemeinsam innerhalb eines Geschäftsbereichs bewirtschaftet werden (*BAG* 19.3.2008 EzTöD 100 § 30 Abs. 1 TVöD-AT Sachgrundbefristung Nr. 11; *Dörner* Befr. Arbeitsvertrag Rn 210).

467 Ein **überwiegender Einsatz** entsprechend der Zwecksetzung der ausgebrachten Haushaltsmittel soll dabei genügen (*BAG* 14.2.2007 EzA § 14 TzBfG Nr. 38; 19.3.2008 AuA 2008, 500; *Dörner* FS Otto 2008, S. 67; ErfK-*Müller-Glöge* Rn 71b; *Meinel* Anm. AP Nr. 1 zu § 14 TzBfG Haushalt; aA *Meyer, U.* AuR 2006, 86, 90). Um hier nicht Missbrauchsmöglichkeiten Vorschub zu leisten, wäre es überzeugender gewesen, dies auf einen kleinen unbedeutenden Teil zweckfremder Tätigkeiten zu beschränken, da andernfalls die mit Blick auf Europa- und Verfassungsrecht gewollte Einschränkung des Anwendungsbereichs von Nr. 7 (s. Rdn 469 f.) wieder zunichtegemacht wird (ähnlich *Greiner* Anm. EzA § 14 TzBfG Nr. 34; *Preis/Greiner* RdA 2010, 148, 157). Stellt sich im Nachhinein heraus, dass der Arbeitnehmer nicht entsprechend der Zwecksetzung der zur Verfügung stehenden Haushaltsmittel beschäftigt wird, so spricht einiges dafür, dass der Befristungsgrund nach Nr. 7 in Wirklichkeit nicht gegeben war, sondern nur vorgeschoben worden ist (*BAG* 22.4.2009 EzA § 14 TzBfG Nr. 59). Das wird insbes. der Fall sein, wenn nicht ein zeitlich begrenzter Mehrbedarf zu befriedigen ist, sondern ein **dauerhafter Anstieg der Arbeitsmenge** bereits im Zeitpunkt der Befristungsvereinbarung zu verzeichnen war und der öffentliche Arbeitgeber sich trotzdem mit Befristungen behelfen wollte (*BAG* 7.5.2008 EzA § 14 TzBfG Nr. 48, Rn 11). Dann lag eine **Daueraufgabe** vor, die haushaltsrechtlich nicht mit befristeten Arbeitskräften erfüllt werden darf (*Dörner* NZA 2007, 63). Vgl. Rdn 470.

ee) Schriftformerfordernis/Zitiergebot

468 Das **Schriftformerfordernis** ist im Anwendungsbereich des § 14 Abs. 1 Satz 2 Nr. 7 TzBfG **nicht gegeben**. Es bedarf daher keiner Vereinbarung; es genügt, dass der **Sachgrund** als Rechtfertigungsgrund

für die Befristung bei Vertragsschluss **objektiv vorliegt** (*BAG* 13.2.2013 EzA § 14 TzBfG Nr. 92 Rn 15). Der Arbeitgeber kann sich auf einen Sachgrund auch dann stützen, wenn im Arbeitsvertrag kein oder ein anderer Sachgrund oder § 14 Abs. 2 TzBfG als Rechtfertigung für die Befristung genannt ist. Aus den anzuwendenden **tariflichen Bestimmungen für den öffentlichen Dienst** folgt nichts anderes. Sie enthalten **kein Zitiergebot** (*BAG* 28.9.2016 EzA § 620 BGB 2002 Hochschulen Nr. 24, Rn 34).

ff) **Kein entgegenstehendes Gemeinschafts- und Verfassungsrecht**

Gegen diese, im Verhältnis zur bisherigen Rspr. zum allgemeinen Befristungsrecht gelockerten, aber im Verhältnis zum Wortlaut der Bestimmung **geschärften Voraussetzungen einer haushaltsrechtlich begründeten Befristung** mit Sachgrund bestehen m. E. **weder europarechtliche noch verfassungsrechtliche Bedenken** (*BAG* 18.10.2006 EzA § 14 TzBfG Nr. 34; *LAG Bay.* 16.6.2016 – 2 Sa 1146/15, Rn 54; *Groeger* NJW 2008, 471 f.; *Steinherr* ZTR 2003, 219; LS-*Schlachter* Rn 88; *Dörner* Befr. Arbeitsvertrag Rn 219, 220a und b; aA *Plander* ZTR 2001, 501 mwN; APS-*Backhaus* Rn 151;.*Greiner* Anm. AP Nr. 17 zu § 14 TzBfG Haushalt; *Meyer, U.* AuR 2006, 86, 88; *Preis/Greiner* RdA 2010, 148, 152 f.; *Brose* NZA 2009, 706; *Junker* EuZA 2013, 3, 12; **offen** mit Blick auf die »nachgebesserte« Rspr. des BAG und durch seine Vorlage an den *EuGH* v. 27.10.2010 EzA § 14 TzBfG Nr. 71; *BAG* 15.12.2011 – 7 AZR 394/10, Rn 38; *Linsenmaier* RdA 2012, 193, 200 f., ErfK-*Müller-Glöge* Rn 71a und b; HaKo-TzBfG/*Boecken* Rn 106; HaKo-KSchR/*Mestwerdt* Rn 159; Erman/*D. W. Belling* [2019] § 620 BGB Rn 50; neuerdings wieder zweifelnd aus unionsrechtlichen Bedenken: BAG 23.5.2018 – 7 AZR 16/17 EzA § 14 TzBfG Haushalt Nr. 1, Rn 23 ff., 28, aber kein Vorabentscheidungsersuchen mangels Entscheidungserheblichkeit). Mit der Festlegung eines Sachgrundes Nr. 7 fordert der deutsche Gesetzgeber bereits für den **erstmaligen Abschluss** eines befristeten Arbeitsvertrages einen **Sachgrund**, wenn dieser nicht auf § 14 Abs. 2 TzBfG gestützt werden soll. Damit wird die europarechtlich vorgesehene Beschränkung aus § 5 Ziff. 1 lit. a der Richtlinie 1999/70/EG sogar **übererfüllt**, da dort **erst die Verlängerung** eines befristeten Arbeitsvertrages einen **Sachgrund** erforderlich macht. Die **Nichtrückschrittsklausel des § 8 Ziff. 3 der Richtlinie** verbietet lediglich eine »Senkung des allgemeinen Niveaus des Arbeitnehmerschutzes« im Bereich der befristeten Arbeitsverhältnisse, so dass eine punktuelle Verschlechterung in Bezug auf Einzelfragen durchaus zulässig bleibt, solange das **Schutzniveau insgesamt erhalten** wird (*EuGH* 23.4.2009 AP Nr. 6 zu Richtlinie 99/70/EG **Angelidaki**). Dabei ist die gesamte bei Inkrafttreten der Richtlinie geltende Befristungsrecht (§ 620 BGB, § 1 BeschFG 1996, § 57a HRG, § 21 BEEG), mit dem nach der Umsetzung geltenden Recht in § 14 TzBfG zu vergleichen (*Rolfs* EAS B 3200 Rn 39; *Löwisch* NZA 2000, 1044 f.). Danach dürfte feststehen, dass das Bündel der gesetzlichen Neuregelungen das Schutzniveau insgesamt nicht abgesenkt hat (*Rolfs* EAS B 3200 Rn 39; vgl. dazu auch *EuGH* 22.11.2005 EzA § 14 TzBfG Nr. 21 – **Mangold**). Vgl. Rdn 17.

Die – vom **Wortlaut** der Nr. 7 mögliche – an keine tätigkeitsbezogenen Zweckbestimmung geknüpfte **pauschale Ausbringung von Haushaltsmitteln** würde den Anforderungen der Richtlinie 1999/70 EG-Vertrag (Grundlage: § 5 Nr. 1 lit a) Rahmenvereinbarung) zur Befristung von Arbeitsverhältnissen **nicht genügen** (*Sievers* Rn 458), da sich dann ein Sachgrund bereits aus der besonderen Eigenart der Vertragsverhältnisse des öffentlichen Dienstes ergibt (vgl. auch *EuGH* 4.7.2006 EzA Richtlinie 99/70 EG-Vertrag 1999 Nr. 1 **Adeneler**; *EuGH* 15.4.2008 NZA 2008, 581, 584 **Impact**; *BAG* 27.10.2010 EzA § 14 TzBfG Nr. 71). Deshalb bedarf es unionsrechtlich für eine wirksame weitere Befristung einer haushaltsrechtlich angeordneten **konkreten Sachregelung** auf der Grundlage einer nachvollziehbaren **Zwecksetzung**, um die gemeinschaftsrechtlichen Vorgaben zu erfüllen (*BAG* 17.3.2010 EzTöD 100 § 30 Abs. 1 TVöD-AT Sachgrundbefristung Nr. 28; 18.10.2006 EzA § 14 TzBfG Nr. 34 Rn 20). **Daueraufgaben** als Einsatzgebiet für befristete Arbeitsverträge **scheiden** dabei **aus**. Mit dieser begrenzenden Auslegung der Befristungsmöglichkeit nach Nr. 7, die um das Erfordernis eines überwiegend **entsprechend der Zwecksetzung** erfolgenden **Einsatzes** des Arbeitnehmers zu ergänzen ist, sind gemeinschaftsrechtliche Bedenken ausgeräumt (zutr.: *Persch* ZTR 2011, 653, 656, 662; vgl. dazu auch Rdn 28, **31, 37**; der die Besonderheiten des öffentlichen Dienstes in Abgrenzung zur Privatwirtschaft ausf. benennt; ferner *EuGH* 26.11.2014

EzA EG-Vertrag 1999 Richtlinie 99/70 Nr. 11 Rn 74, 76, 94, 110 **Mascolo**; LS-*Schlachter* Rn 88; *Schaub/Koch* § 40 Rn 38a; krit. weiterhin *Preis/Greiner* RdA 2010, 148, 152 f.; *Brose* NZA 2009, 706; *Greiner* Anm. EzA § 14 TzBfG Nr. 34; *ders.* EuZA 2012, 529, 532; *Krebber* EuZA 2017, 3, IV 3a; zweifelnd auch BAG 23.5.2018 – 7 AZR 16/17 EzA § 14 TzBfG Haushalt Nr. 1, Rn 25 f.). So wird in der Rechtssache **Mascolo** vom EuGH ausgeführt, dass **Haushaltserwägungen** eine Rolle spielen dürfen, aber nicht das Fehlen von **Maßnahmen** zur Vermeidung eines **missbräuchlichen Rückgriffs** auf aufeinanderfolgende befristete Arbeitsverträge iSv § 5 Nr. 1 der Rahmenvereinbarung rechtfertigen können. Dabei stellen **Haushaltserwägungen** für sich genommen kein sozialpolitisches Ziel dar und können daher nicht das Fehlen von Maßnahmen zur Vermeidung eines missbräuchlichen Rückgriffs auf aufeinanderfolgende befristete Arbeitsverträge rechtfertigen (*EuGH* 21.9.2016 EzA Richtlinie 99/70 EG-Vertrag 1999 Nr. 14 Rn 63 **Popescu**). Mit anderen Worten: Schafft der nationale Sachgrund Nr. 7 ausreichend Vorkehrungen gegen missbräuchliche Befristungsketten, so können die Mitgliedsstaaten in Form von Sachgründen **Sonderregelungen für den öffentlichen Dienst** aufstellen. M. E. ist deshalb der Sachgrund Nr. 7 in der Auslegung der Rechtsprechung des 7. Senats des BAG **europarechtlich unbedenklich**. Vgl. auch Rdn 443 f., 465.

471 Die **höchstzulässige Dauer der Befristung** ergibt sich dann mit Rücksicht auf haushaltsrechtliche **Vorgaben aus der konkreten und nachvollziehbaren tätigkeitsbezogenen Zweckbindung** der haushaltsplanmäßig ausgewiesenen Mittel. Anders als nach § 2 Abs. 1 WissZeitVG gibt **Nr. 7 keine zeitlichen Höchstgrenzen einer Befristung** mit Sachgrund vor. Allerdings sind die **tariflichen Vorgaben** zur Höchstbefristungsdauer (fünf Jahre, § 30 Abs. 2 S. 1 TVöD) regelmäßig zu beachten. Eine allgemeine Festlegung hierzu ist auch nicht erforderlich, muss es sich doch für die befristete Beschäftigung um eine **Aufgabe von vorübergehender Dauer** handeln (*BAG* 28.9.2016 EzA § 620 BGB 2002 Hochschulen Nr. 24, Rn 38; 17.3.2010 EzTöD 100 § 30 Abs. 1 TVöD-AT Sachgrundbefristung Nr. 28 unter Hinw. auf die gemeinschaftsrechtliche Auslegung der Anforderungen aus Nr. 7; 7.5.2008 EzA § 14 TzBfG Nr. 48; 14.2.2007 EzA § 14 TzBfG Nr. 38; 18.10.2006 EzA § 14 TzBfG Nr. 34 Rn 20; *Schmalenberg* Anm. RdA 2010, 372; *Meinel* Anm. AP Nr. 1 zu § 14 TzBfG Haushalt). Die dem Haushaltsplan zu entnehmenden Daten können hierzu eine hinreichend sichere **Prognoseentscheidung des öffentlichen Arbeitgebers** in Bezug auf den Wegfall der Mittel erlauben (*BAG* 14.2.2007 EzA § 14 TzBfG Nr. 38; vgl. einschränkend *LAG Hamm* 23.8.2007 – 11 Sa 348/07, im Fall von Aushilfskräften); Zahlenansätze ohne konkrete Erläuterungen genügen dafür indessen nicht (*BAG* 19.3.2008 EzTöD 100 § 30 TVöD-AT Nr. 11; *LAG München* 27.1.2011 – 4 Sa 806/10). Vgl. Rdn 445 ff. Der Haushaltsbefristung sind **bei mehreren aufeinanderfolgenden befristeten Arbeitsverträgen** nunmehr zusätzlich **Grenzen** durch die unionsrechtlich veranlasste **Missbrauchskontrolle** gesetzt (*BAG* 13.2.2013 EzA § 14 TzBfG Nr. 92, Rn 36, 40; teilweise krit. *Marschner* Anm. EzTöD 100 § 30 Abs. 1 TVöD-AT Sachgrundbefristung Nr. 54; *P. Bruns* NZA 2013, 769). Damit wird die vermeintliche »Befristungsprivilegierung« des Haushaltsgesetzgebers weiter eingeschränkt.

472 Einer sachlich und zeitlich grenzenlosen Befristung nach **Nr. 7 steht verfassungsrechtlich** zudem **Art. 12 Abs. 1 GG** entgegen, der im öffentlichen Dienst zu beachten und über Art. 1 Abs. 3 GG im Rahmen der Befristungskontrolle von den Arbeitsgerichten durchzusetzen ist. Eine ohne Anordnung einer besonderen haushaltsrechtlichen Zweckbestimmung erlaubte Befristung kann das wegen des verfassungsrechtlich gewährleisteten **Mindestbestandsschutzes** (*BVerfG* 27.1.1998 EzA § 23 KSchG Nr. 17; *BAG* 17.3.2010 EzTöD 100 § 30 Abs. 1 TVöD-AT Sachgrundbefristung Nr. 28) zu beachtende »**Untermaßverbot**« verletzen (*BAG* 18.10.2006 EzA § 14 TzBfG Nr. 34; *Dörner* Befr. Arbeitsvertrag Rn 206; großzügiger im Blick auf die **politische Gestaltungsfreiheit des Haushaltsgesetzgebers**, *Löwisch* NZA 2006, 459 f.; strenger, weil dem Staat weniger Freiheitsraum zustehe als dem Unternehmer in der Privatwirtschaft, *Greiner* Anm. BAG 18.10.2006 EzA § 14 TzBfG Nr. 34). Die **verfassungsrechtlich gewährleistete Privatautonomie des Arbeitnehmers** wird hier nicht durch eine gezielte haushaltsgesetzliche Entscheidung im Einzelfall verletzt. Das TzBfG setzt den gesetzlichen Rahmen zur möglichen Haushaltsbefristung, den der Haushaltsgesetzgeber nach den **geschärften Bedingungen der Rspr. des BAG** mit konkreter Zwecksetzung auszufüllen hat. Die Entscheidung des *BVerfG* v. 25.1.2011 (EzA Art. 12 GG Nr. 48) zur gesetzlichen

Privatisierung des Uniklinikums Gießen/Marburg – unter Entzug allgemeiner arbeitsrechtlicher Schutzvorschriften – ist daher vorliegend nicht einschlägig. Wird mangels ausreichendem Zuwendungszweck in haushaltsrechtlichen Vorgaben der Rahmen einer zulässigen befristeten Beschäftigung nach Nr. 7 überschritten, kann der Arbeitgeber im Fall der **Nutzung freier Haushaltsmittel** die Befristung nur noch halten, wenn er die Voraussetzungen anderer Sachgründe, zB einer Vertretung nach Nr. 3 belegen kann (*LAG MV* 4.9.2007 – 5 Sa 41/07; *Sievers* RdA 2004, 291, 296 f.; *Meyer* AuR 2006, 86, 90).

Verfassungsrechtliche Einwände aus Art. 3 Abs. 1 GG, die sich aus der **ungerechtfertigten Privilegierung des öffentlichen Arbeitgebers** gegenüber der Privatwirtschaft speisen (*Dörner* Befr. Arbeitsvertrag Rn 191, 218; *Annuß/Thüsing-Maschmann* Rn 60a; *Preis/Greiner* RdA 2010, 148, 157; *Lakies* Befr. Arbeitsverträge Rn 334 f.; *Linsenmaier* RdA 2012, 193 f., 200 f.), greifen ebenfalls nicht durch. Die in der inzwischen wegen anderweitiger Erledigung zurückgezogene **Vorlage** des *BAG* v. 27.10.2010 (EzA § 14 TzBfG Nr. 71 Rn 32, 35 und 45) an den **EuGH** hatte dies in der zweiten Fragestellung unter Bezug auf die Entscheidung des *EuGH* v. 22.4.2010 (EzA Richtlinie 99/70/EG-Vertrag 1999 Nr. 7 **Landeskrankenhäuser Tirol**, dort Rn 42) angesprochen. Diese Zweifel bestehen offenbar fort (*BAG* 28.9.2016 EzA § 620 BGB 2002 Hochschulen Nr. 24, Rn 43; 15.12.2011 EzA § 14 TzBfG Nr. 83, Rn 38; 9.3.2011 EzA § 14 TzBfG Nr. 76, Rn 14; unter Verweisung auf die Schlussanträge des Generalanwalts *Jääskinnen* vom 15.9.2011 in der Sache – C 313/10, **Jansen**). Das BAG hat sich aber in der Vergangenheit zu Recht für eine **zulässige Ungleichbehandlung von Privatwirtschaft und öffentlichem Dienst** ausgesprochen, **da öffentliche Arbeitgeber an die haushaltsrechtlichen Vorgaben gebunden** seien und keine Verpflichtungen eingehen dürften, die haushaltsrechtlich nicht gedeckt seien. Die **Ungleichbehandlung** rechtfertigt sich durch das **Demokratieprinzip** und das **Rechtsstaatsprinzip**. Die staatliche Haushaltswirtschaft legitimiert sich durch das Parlament, das nach dem verfassungsrechtlichen Prinzip der Gewaltenteilung die alleinige Definitionskompetenz für die wahrzunehmenden öffentlichen Aufgaben besitzt (*BAG* 9.3.2011 EzA § 14 TzBfG Nr. 76; vgl. auch Rdn 454 ff.). Hinzu tritt das hoch zu veranschlagende **Budgetrecht** der Parlamente. Mit den oben aufgezeigten Einschränkungen der Rechtsprechung zur Handhabung des Sachgrundes Nr. 7 lassen sich deshalb die gesetzlichen Begünstigungen für den öffentlichen Dienst rechtfertigen. Zweifellos sind Befristungen im öffentlichen Dienst leichter über haushaltsrechtliche Vorgaben zu begründen als in der Privatwirtschaft, wo sie den erhöhten Anforderungen der Nr. 1 und 3 genügen müssen. Hier ist aber die **Einschätzungsprärogative der Gesetzgebers** zu beachten, der aus gutem Grund die Besonderheiten des öffentlichen Dienstes im Befristungsrecht berücksichtigen wollte (*Dörner* Neues aus der Gesetzgebung und Rechtsprechung zum Recht des befristeten Arbeitsvertrages, Vortrag DAI Brennpunkte 2007, S. 26).

473

Die **unterschiedlichen Bedingungen** unter denen Arbeitgeber des öffentlichen Dienstes und der Privatwirtschaft ihren **Personalbedarf und Personaleinsatz** zu bestimmen haben, rechtfertigen die schlechtere Behandlung der Arbeitnehmer des öffentlichen Dienstes über eine nach Nr. 7 erleichterte Sachgrundbefristung (*Persch* ZTR 2011, 653, 656, vgl. auch Rdn 455). **Unterschiedliche rechtliche Rahmen** für das Arbeitsrecht in der Privatwirtschaft und im öffentlichen Dienst **gibt es auch sonst** (zB Betriebsverfassungsrecht hier, Personalvertretungsrecht dort; Abschlussfreiheit hier, Pflicht zur Bestenauslese [Art. 33 Abs. 2 GG] dort; ebenso *Groeger* NJW 2008, 472, der auf die unterschiedlichen Gesetzgebungskompetenzen in Art. 74 Abs. 1 Nr. 12 GG einerseits und Art. 73 Nr. 8 GG andererseits hinweist). Das gilt beispielsweise bei der **Bewerberauswahl**, wo ohne Verstoß gegen **Art. 33 Abs. 2 GG** ein Bewerber nicht berücksichtigt werden muss, der in seiner Person nicht die Möglichkeit bietet, mit ihm einen wirksamen befristeten Vertrag abzuschließen (*LAG Bln.-Bra.* 16.1.2013 LAGE Art. 33 GG Nr. 21; *LAG Hamm* 9.10.2008 LAGE § 1 WissZeitVG Nr. 1). Die ggf. eintretende Ungleichbehandlung von Personengruppen ist bisher – mit Ausnahme von unterschiedlichen Verfallregelungen zur betrieblichen Altersversorgung (*BVerfG* 15.7.1998 EzA § 18 BetrAVG Nr. 10 m. Anm. *Marschner*) – verfassungsrechtlich unbeanstandet geblieben. Teilweise sind die Arbeitnehmer des öffentlichen Dienstes rechtlich und faktisch begünstigt; teilweise können sie aufgrund der besonderen Verhältnisse des öffentlichen Dienstes benachteiligt werden (vgl. nur *BVerfG* 24.5.1995 ZTR 1995, 566, zur Einschränkung von Mitbestimmungsrechten

474

der Personalvertretungen aufgrund des Erfordernisses demokratischer Legitimation zur Ausübung von Staatsgewalt). Die **Privilegierung** des dem Allgemeinwohl verpflichteten **Haushaltsgesetzgebers** und des daran anknüpfenden öffentlichen Anstellungsarbeitgebers **verstößt deshalb nicht gegen Art. 3 Abs. 1 GG**. Die **verfassungskonforme Auslegung des Sachgrundes nach Nr. 7** setzt **genügend Eckpunkte und Begrenzungen**, die den willkürlichen Einsatz dieses Befristungsgrundes unterbinden (iE ebenso *BAG* 9.3.2011 EzA § 14 TzBfG Nr. 76; 18.10.2006 EzA § 14 TzBfG Nr. 34; HaKo-KSchR/*Mestwerdt* Rn 159; *Löwisch* NZA 2006, 459 f.; *Meyer, U.* AuR 2006, 86, 90; so schon früher *Steinherr* ZTR 2003, 219; *Otto* ZTR 2002, 8). Hinzu kommt die **Begrenzung der Nutzer** dieser Privilegierung auf Bund, Länder und Teile der Gebietskörperschaften. Vgl. dazu Rdn 457 f.

gg) Abgrenzung zur Gesamtvertretung

475 Nach Nr. 7 sind haushaltsrechtlich begründete Befristungen im **Lehrerbereich** auch ohne Zuordnung zu einer bestimmten, infolge unbezahlten Sonderurlaubs vorübergehend freien Planstelle statthaft, sofern nur sichergestellt wird, dass die Vergütung des befristet eingestellten Lehrers insgesamt **ausschließlich aus den durch Sonderurlaub vorübergehend freien Planstellenmitteln** erfolgt (sog. Poollösung; *BAG* 13.2.2013 EzA § 14 TzBfG Nr. 92, Rn 18; 5.4.2001 EzA § 620 BGB Nr. 177; 15.8.2001 EzA § 21 BErzGG Nr. 4; *LAG Düssseld.* 11.8.2006 LAGE § 14 TzBfG Nr. 31; vgl. auch *BAG* 14.1.2004 EzA § 14 TzBfG Nr. 5; *Dörner* Befr. Arbeitsvertrag Rn 323l; krit. APS-*Backhaus* Rn 154 f., 333 f.). Dann sollen die begrenzt zur Verfügung stehenden, **haushaltsplanmäßig** bestimmten **Mittel** den **eigentlichen Grund** für den Abschluss des befristeten Arbeitsvertrages setzen (vgl. *BAG* 12.2.1997 EzA § 620 BGB Nr. 145; ArbRBGB-*Dörner* § 620 BGB Rn 187). Abgestellt wird also auf die tätigkeitsbezogene konkrete Zwecksetzung der erwarteten freiwerdenden Haushaltsmittel (Nr. 7) und nicht auf den durchschnittlichen Vertretungsbedarf innerhalb eines Schuljahres (Nr. 3; vgl. Rdn 292 f.). Nur wenn eine erhebliche Ungewissheit besteht, ob auch in zwei oder drei Jahren noch ein entsprechendes Arbeitszeitdeputat offen ist, fragt sich, ob an Stelle einer haushaltsrechtlich begründeten Befristung nicht eher eine **Sachgrundbefristung nach Nr. 3** (Vertretung) in Betracht zu ziehen ist.

476 Eine klassische **Prognose** durch den öffentlichen Arbeitgeber ist hier nicht zu erwarten, da aufgrund der personellen Fluktuation durch Beurlaubung und Teilzeit Mittel ständig zur Verfügung stehen werden. Eine kausale Verknüpfung mit der (personellen) Bedarfslücke sei hier nicht erforderlich (*BAG* 14.2.2007 EzA § 14 TzBfG Nr. 38). In jedem Fall ist es aber erforderlich, die für eine Poollösung zur befristeten Einstellung von Lehrern erwarteten freien Mittel im Haushaltsplan ausdrücklich als solche zu kennzeichnen. Es bestehen jedoch Bedenken, ob **Poollösungen** noch unter Nr. 7 zu fassen sind, handelt es sich doch um die **Befriedigung eines Dauerbedarfs**, der nach neuer Rspr. des *EuGH* (26.11.2014 EzA Richtlinie 99/70 EG-Vertrag 1999 Nr. 11, Rn 109 f., 120 **Mascolo**; s. Rdn 444) und des BAG zur haushaltsmäßigen Befristung nicht berechtigt (*BAG* 28.9.2016 EzA § 620 BGB 2002 Hochschulen Nr. 24, Rn 38; 7.5.2008 NZA 2008, 880; 14.2.2007 EzA § 14 TzBfG Nr. 38; krit. *Greiner*. Anm. AP 17 zu § 14 TzBfG), es sei denn der »Pool« ist seinerseits befristet zur Abdeckung eines vorübergehenden Bedarfs geschaffen worden. Zu dem von der Poollösung zu trennenden Modell der »**Gesamtvertretung**« Rdn 288 ff.

c) Zuwendungsvergabe und Projektförderung

477 Der Sachgrund der haushaltsrechtlichen Befristung nach Nr. 7 stellt auf die **öffentlich-rechtliche Pflichtenbindung** ab. Das lässt sich bereits an den verwandten Begriffen »Haushaltsmittel« und »haushaltsrechtlich für eine befristete Beschäftigung bestimmt« ablesen. Die Zuwendung von **Haushaltsmitteln an privatrechtlich organisierte Rechtsträger** kann deshalb keine **haushaltsrechtliche Bestimmung iSv Nr. 7 sein** (zutr. *Lakies* DZWIR 2001, 12). Dies gilt auch für den Fall, dass **sozialstaatliche Aufgaben an gemeinnützige, privatwirtschaftlich organisierte Arbeitgeber** übertragen werden und diese von zugewiesenen Haushaltsmitteln **finanziell abhängig** sind (vgl. *BAG* 15.2.2006 ZTR 2006, 509 Rn 12; 22.3.2000 EzA § 620 BGB Nr. 170 zur Anstellung

und Beschäftigung von Schulhelfern; *Boewer* Rn 211; HWK-*Rennpferdt* Rn 123; aA *LAG Bln.-Bra.* 23.11.2012 LAGE § 14 TzBfG Nr. 74, Rn 24; ErfK-*Müller-Glöge* Rn 73, soweit eine weitgehende Fremdbestimmtheit durch Vorgaben des Drittmittelgebers besteht). Die in Zukunft unsichere Zuweisung weiterer Haushaltsmittel und die Fremdbestimmtheit durch Vorgaben zur Personalausstattung können hier nur die **Anforderungen an die Prognose des** die befristeten Arbeitsverhältnisse abschließenden **Zuwendungsempfängers herabsetzen** (*BAG* 22.3.2000 EzA § 620 BGB Nr. 170). Der aus öffentlichen Haushalten Zuwendungen empfangende **private Arbeitgeber kann die Befristung** deshalb nur auf einen der anderen Sachgründe, zB auf Nr. 1 gründen. Zur Abgrenzung der **Drittmittelfinanzierung** bei einem **Projekt** (Archäologische Grabungen) im Verhältnis vom vorübergehenden Bedarf an Arbeitsleistung und dem Einsatz von im Haushaltsplan ausgewiesenen Kostenbeiträgen vgl. *BAG* 29.7.2009 – 7 AZR 907/07, Rn 41.

Entsprechendes gilt für teilweise oder völlig **aus öffentlichen Haushaltsmitteln gespeiste Projekte eines privaten Arbeitgebers.** Die zeitlich beschränkte Mitarbeit an einem Forschungsprojekt erlaubt nicht, selbst wenn sie überwiegend aus staatlichen Haushaltsmitteln finanziert wird, einen Sachgrund nach Nr. 7 (*BAG* 15.2.2006 ZTR 2006, 509; aA ErfK-*Müller-Glöge* Rn 73; s.a. Rdn 500). Die richtige Verortung der Drittmittelbefristung ist – soweit es nicht um den Sonderfall der Befristung nach **§ 2 Abs. 2 S. 1 WissZeitVG** geht (*BAG* 13.2.2013 EzA § 620 BGB 2002 Hochschulen Nr. 10) – der **vorübergehende projektbezogene Mehrbedarf an Arbeitsleistung in Nr. 1**. Auftrag und Finanzierungsvolumen des Drittmittelgebers setzen insoweit die Eckpunkte für die Befristungsprognose des Arbeitgebers. Dessen ungeachtet beschäftigt sich das BAG weiterhin mit einem **sonstigen eigenständigen Sachgrund »Drittmittelfinanzierung«** (*BAG* 16.1.2018 EzA § 14 TzBfG Nr. 131– 7 AZR 21/16, Rn 27 ff.; 15.1.2003 RzK I 9d Nr. 89; 5.6.2002 EzA § 620 BGB Nr. 193; *Dörner* Befr. Arbeitsvertrag Rn 221 ff.; krit. auch APS-*Backhaus* Rn 308). Der Sachgrund der Drittmittelfinanzierung sei dadurch gekennzeichnet, dass der Drittmittelgeber die Finanzierung eines Vorhabens nur für eine begrenzte Zeit zusagt, die Mittel anschließend wegfallen sollen und der Arbeitgeber sich aufgrund der Finanzierung zur Durchführung des Vorhabens entschließt. Die begrenzte sachliche **Zielsetzung, die der Drittmittelgeber mit der zeitlich begrenzten Finanzierung verfolge, begründe ein berechtigtes Interesse des Arbeitgebers** daran, **Personal** zur Mitwirkung an dem Vorhaben **nur befristet** für die Dauer der Mittelbewilligung **einzustellen** (*BAG* 16.1.2018 EzA § 14 TzBfG Nr. 131 – 7 AZR 21/16, Rn 32). Dieser Umstand vernachlässigt m.E., dass – außerhalb des Universitätsbereichs – hier Risiken der Anschlussfinanzierung auf den Arbeitnehmer abgewälzt werden, was im Rahmen des Sachgrunds Nr. 1 unzulässig wäre (s. Rdn 187, 202). Anderes ergibt sich auch nicht aus der Entscheidung des *BAG* v. 29.7.2009 (– 7 AZR 907/07; krit. dazu *Preis/Greiner* RdA 2010, 148, 155), da dort die (Dritt)mittel innerhalb der Landesverwaltung vergeben und eingesetzt wurden. Vgl. hierzu auch KR-*Treber/Waskow* § 2 WissZeitVG Rdn 46 ff.

Stimmen im Schrifttum wollen den Sachgrund »**Drittmittelfinanzierung**« weiterhin im Rahmen der Nr. 7 oder als sonstigen Sachgrund zulassen (LS-*Schlachter* Rn 89), wenn der private Drittmittelempfänger durch **Vorgaben des Drittmittelgebers** weitgehend **fremdbestimmt** ist und die Befristung für die Dauer der Bewilligung zum Abschluss befristeter Arbeitsverhältnisse nutzt (ebenso ErfK-*Müller-Glöge* Rn 73 unter Hinw. auf *BAG* 7.4.2004 EzA § 620 BGB 2002 Nr. 10; 22.6.2005 EzBAT SR 2y BAT Hochschulen/Forschungseinrichtungen Nr. 57). Hierbei soll maßgebend sein, dass der Drittmittelgeber und der Drittmittelempfänger sich konkret mit der Beschäftigung des oder der betreffenden Arbeitnehmer befasst haben (*BAG* 21.1.1987 EzA § 620 BGB Nr. 89) und der von der öffentlichen Hand beauftragte private Arbeitgeber das Risiko der haushaltsrechtlichen Entwicklung trägt (krit. zu Recht APS-*Backhaus* Rn 308).

Dem ist zu widersprechen, weil inzwischen **neue Rechtsgrundlagen** wie **§ 14 Abs. 1 TzBfG** und **§ 2 Abs. 2 WissZeitVG** (Drittmittelfinanzierung im Wissenschaftsbereich) die Umgehungsrechtsprechung zu § 620 BGB und die Regelungen der §§ 57c, 57b Abs. 2 Nr. 4 HRG aF abgelöst haben. Die neueren Entscheidungen ordnen die im Wissenschaftsbereich angesiedelten Sachverhalte auch nicht positiv Nr. 7 zu. Befristungen aus Drittmittelfinanzierungen sind – soweit sie sich nicht nach § 2 Abs. 2 WissZeitVG rechtfertigen – grds. anhand der Vorgaben des **§ 14 Abs. 1 Nr. 1 TzBfG** zu prüfen (vgl. *BAG* 13.2.2013 EzA § 620 BGB 2002 Hochschulen Nr. 10, Rn 35; 15.2.2006 ZTR 2006, 509; MHH-TzBfG/*Meinel* Rn 56). Ob die Drittmittelfinanzierung als **sonstiger Sachgrund** in Betracht zu ziehen ist, erscheint mehr als fragwürdig, sind doch die von der Rechtsprechung dazu aufgestellten Anforderungen mehr als schwammig und können bei dauerhaften Forschungsaufgaben nicht überzeugen (zutr. APS-*Backhaus* Rn 308). Gegen die Fortführung der Drittmittelfinanzierungsrechtsprechung über Nr. 7 oder über den sonstigen Sachgrund spricht auch, dass dann die haushaltsmäßige nachvollziehbare konkrete Zwecksetzung beim Drittmittelgeber und die entsprechende Beschäftigung beim Drittmittelempfänger stattfinden müssten, was mit der **eng geführten neuen Rechtsprechung** (s. Rdn 466 ff.) zur Zulässigkeit einer Befristung nach Nr. 7 schwer in Einklang zu bringen wäre. Das BAG hält aber an seiner gegenteiligen Auffassung fest und sieht in der **Drittmittelfinanzierung** einen sonstigen Befristungssachgrund (*BAG* 16.1.2018 EzA § 14 TzBfG Nr. 131 – 7 AZR 21/16, Rn 28 f. mwN). Vgl. weiter hierzu auch Rdn 188 f., 478.

481 **Drittmittel sind jedenfalls keine Haushaltsmittel** iSv § 14 Abs. 1 S. 2 Nr. 7 TzBfG (*BAG* 16.1.2018 EzA § 14 TzBfG Nr. 131 – 7 AZR 21/16, Rn 25; *Staudinger/Preis* [2019] Rn 160; LS-*Schlachter* Rn 89; APS-*Backhaus* Rn 153; *Dörner* Befr. Arbeitsvertrag Rn 221; HaKo-KSchR/*Mestwerdt* Rn 161), selbst wenn sie oft der »Haushaltskasse« entstammen (aA ErfK-*Müller-Glöge* Rn 73, der das Augenmerk auf die haushaltsrechtliche Planung legen will). Doch können der Hintergrund für die Finanzierung eines Projektes und die Ungewissheit, ob und in welcher Höhe jeweils nach dem Bewilligungszeitraum weitere Drittmittel zur Verfügung stehen, allein die befristete Beschäftigung einzelner Arbeitnehmer im Rahmen des Projekts sachlich weder nach Nr. 7 noch nach dem eigenständigen Sachgrund »Drittmittelfinanzierung« rechtfertigen. Diese Umstände die Befristung können **nur den Sachgrund Nr. 1** (vorübergehender betrieblicher Bedarf an der Arbeitsleistung) tragen und die dazu vom Drittmittelnehmer zu erstellende Prognose erleichtern (HaKo-KSchR/*Mestwerdt* Rn 162; wohl auch *Dörner* Befr. Arbeitsvertrag Rn 224; *Sievers* Rn 506 ff.). Dies muss auch gelten, wenn Bund oder Land öffentliche Aufgaben ausgliedern, juristisch verselbständigen und dauerhaft finanziell bezuschussen (vgl. *BAG* 22.3.2000 EzA § 620 BGB Nr. 170; *Annuß/Thüsing/Maschmann* Rn 60). Ansonsten könnten damit **privaten Arbeitgebern** die weitergehenden Befristungsmöglichkeiten der Nr. 7 an die Hand gegeben werden, die selbst keinen originären Zugriff auf Haushaltsmittel aus öffentlichen Kassen haben. Die mit Nr. 7 verbundenen Privilegierungen im Befristungsrecht sind aber – schon aus **gemeinschafts- und verfassungs-rechtlichen Erwägungen** (s. Rdn 443 f., 469 ff.) – eng zu führen.

8. Gerichtlicher Vergleich (Nr. 8)

a) Gerichtliche Mitwirkung als Sachgrund

482 Während die anderen gesetzlichen Sachgründe zur Rechtfertigung eines befristeten Arbeitsvertrages **materiell-rechtlicher** Natur sind, ihre Rechtswirksamkeit sich nach den Verhältnissen im Zeitpunkt des Abschlusses der Befristungsabrede richtet und einer den Wegfall des Beschäftigungsbedarfs stützenden Prognose des Arbeitgebers bedarf, liegen die **Voraussetzungen nach Nr. 8 völlig anders**. Nach den Vorstellungen des Gesetzgebers soll als tragender **Sachgrund die Mitwirkung des Gerichts an dem eine Befristung des Arbeitsverhältnisses festlegenden Vergleich** genügen, da diese hinreichende Gewähr für die Wahrung der Schutzinteressen des Arbeitnehmers biete (BT-Drucks. 14/4374 S. 19). Insoweit handelt es sich bei diesem Sachgrund, dogmatisch gesehen, um einen verfahrensrechtlich angelegten »Fremdkörper« unter den gesetzlich genannten und im Übrigen materiell-rechtlich ausgerichteten Sachgründen (zutr. *Richardi/Annuß* BB 2000, 2201, 2205). Gerichtlicher Vergleich ist m. E. gleichbedeutend mit Prozessvergleich iSv § 794 Abs. 1 Nr. 1 ZPO (ErfK-*Müller-Glöge* Rn 75, jetzt einschränkend Rn 77 unter Hinweis auf *BAG* 15.2.2012 EzA § 14 TzBfG Nr. 84; *Linsenmaier* RdA 2012, 193, 201 f.). Näher dazu Rdn 488. Ausführlich *M. Bohlen* Diss. München 2015, Schriften zum Arbeitsrecht und Wirtschaftsrecht Bd. 97.

483 Der Gesetzesbegründung ist zu entnehmen, dass an die st.Rspr. des BAG angeknüpft werden sollte. Daran wird deutlich, dass es hier nur um die **Vereinbarung eines befristeten Arbeitsvertrages** gehen kann, **der einen Rechtsstreit über eine vorausgegangene Kündigung, die Wirksamkeit einer**

Befristung oder einer sonstigen Bestandsstreitigkeit beendet. Ob daraus die Schlussfolgerung gezogen werden kann, dass die gerichtliche Festlegung eines befristeten Arbeitsverhältnisses nicht nach Nr. 8, sondern nur nach **anderen Sachgründen** möglich ist, wenn dem durch Vergleich zu beendenden Rechtsstreit **andere Verfahrensgegenstände** (zB rückständige Lohnansprüche) und **nicht der Bestand des Arbeitsverhältnisses** zugrunde lagen (so DDZ-*Wroblewski* Rn 148; *Sievers* Rn 478; vgl. auch *Bohlen* NZA-RR 2015, 449), erscheint mehr als fraglich. Eine dahingehende Beschränkung ist weder dem Wortlaut des Gesetzes noch der Gesetzesbegründung eindeutig zu entnehmen (ErfK-*Müller-Glöge* Rn 75; MHH-TzBfG/*Meinel* Rn 154; LS-*Schlachter* Rn 90; AR-*Schüren/Moskalew* Rn 50; HaKo-TzBfG/*Boecken* Rn 121; aA DDZ-*Wroblewski* Rn 148; APS-*Backhaus* Rn 452; *Arnold/Gräfl* Rn 290; HaKo-KSchR/*Mestwerdt* Rn 165; HWK-*Rennpferdt* Rn 130 f.; *Staudinger/Preis* [2019] § 620 BGB Rn 163; *Sievers* Rn 478). Die gewünschte erleichterte Herstellung von Rechtsfrieden durch vereinfachte vergleichsweise Befristung unter der Aufsicht des Gerichts kann nicht vom Verfahrensgegenstand her eingeschränkt werden. Soweit das *BAG* zur Prüfung einer Befristung aufgrund eines außergerichtlichen Vergleichs daran festgehalten hat (23.1.2002 EzA § 620 BGB Nr. 186), lässt dies keine Rückschlüsse zur Befristungskontrolle **des gesetzlich ausdrücklich geregelten gerichtlichen Vergleichs** zu.

Richtig ist allerdings, dass das BAG **in der Vergangenheit** die Befristung eines Arbeitsverhältnisses im Rahmen eines gerichtlichen Vergleichs nur für wirksam hielt, soweit die Parteien darin zur Beendigung eines Verfahrens über den **Fortbestand des Arbeitsverhältnisses** eine Einigung erzielten (*BAG* 2.12.1998 EzA § 620 BGB Nr. 156; 24.1.1996 EzA § 620 BGB Nr. 139). In diesen Fällen hat das BAG den **gerichtlichen Vergleich keiner weiteren Befristungskontrolle unterzogen.** Hierzu sah es sich nicht veranlasst, da dem **Gericht als Grundrechtsverpflichteter iSv Art. 1 Abs. 3 GG** die Aufgabe im Rahmen der arbeitsgerichtlichen Befristungskontrolle obliege, den Arbeitnehmer vor einem grundlosen, den staatlichen Kündigungsschutz umgehenden Verlust des Arbeitsplatzes zu bewahren und damit **einen angemessenen Ausgleich der wechselseitigen, grundrechtsgeschützten Interessen der Arbeitsvertragsparteien zu finden** (*BAG* 25.2.1998 EzA § 620 BGB Altersgrenze Nr. 8, 9; *Dörner* Befr. Arbeitsvertrag Rn 260). Diese aus **Art. 12 Abs. 1 GG** abgeleitete **Schutzpflicht** erfülle das Gericht nicht nur durch ein Urteil, sondern ebenso im Rahmen der gütlichen Beilegung eines Rechtsstreits. Schlage das ArbG zur Beendigung eines Rechtsstreits über den Bestand eines Arbeitsverhältnisses einen Vergleich vor, der eine weitere, allerdings zeitliche begrenzte Fortsetzung des Arbeitsverhältnisses vorsieht, sei das im Regelfall eine hinreichende Gewähr dafür, dass diese Befristung nicht deswegen gewählt worden sei, um dem Arbeitnehmer den Schutz zwingender Kündigungsschutzbestimmungen zu nehmen (*BAG* 2.12.1998 EzA § 620 BGB Nr. 156).

Die **Umgehung des Kündigungsschutzes**, die in den letzten Entscheidungen des BAG als Kontrollebene in den Vordergrund gestellt wurde, **kann aufgrund des neuen dogmatischen Ansatzes** (vgl. *BAG* 6.11.2003 EzA § 14 TzBfG Nr. 7; s Rdn 70 u. Rdn 108 ff.) nicht mehr den Ausschlag geben. Der Wortlaut der neuen Bestimmung schafft mit dem gerichtlichen Vergleich ungeachtet weiterer Voraussetzungen einen **Sachgrund** (MüKo-*Hesse* Rn 75; APS-*Backhaus* Rn 451; abl. *Krebber* EuZA 2017, 3, IV 3b, europarechtlich bedenklich, der hierzu eine Vorlage des BAG an den EuGH für geboten hält; ebenso *Junker* EuZA 2013, 3, 12 f.; *Bohlen* ZESAR 2015, 377, Arbeitnehmerschutz sei von der Willkür des Gerichts abhängig). Auf den **Streitgegenstand** des Verfahrens kommt es aber nach dem Wortlaut der neuen Regelung in Nr. 8 nicht an (HaKo-TzBfG/*Boecken* Rn 121). Nunmehr trägt die **Mitwirkung des Gerichts** bei der Gestaltung des Vergleichs und die daran anknüpfende Erwartung, dass beim gegenseitigen Nachgeben **nicht nur die Interessen einer Partei unangemessen berücksichtigt** werden, **den neuen Sachgrund** (so wohl auch APS-*Backhaus* Rn 454; *Hromadka* BB 2001, 625; *Lakies* DZWIR 2001, 12; ArbRBGB-*Dörner* Rn 193; *Ritter/Rudolf* 25-jähriges Bestehen DAV 2006, S. 384). Die **richterliche Mitwirkung** soll dafür sorgen, dass die **unionsrechtlichen Vorgaben zur Verhinderung von Missbrauch** aufeinanderfolgender befristeter Verträge nach § 5 der Rahmenvereinbarung im Anhang zur RL 1990/70 gewahrt werden (*BAG* 12.11.2014 EzA § 14 TzBfG Nr. 109, Rn 14, 24; 15.2.2012 EzA § 14 TzBfG Nr. 84, Rn 17). Die »**Mittellösung**« des Vergleichs im (Bestandsschutz-) Prozess ist deshalb das eine, die **Steuerung des zur Entscheidung berufenen Gerichts** das andere Element des Sachgrundes. Insoweit kann zu

§ 14 TzBfG Zulässigkeit der Befristung

einem großen Teil auf die bisherigen Erkenntnisse in Rspr. und Schrifttum zurückgegriffen werden (vgl. *BAG* 24.1.1996 EzA § 620 BGB Nr. 139 = AP Nr. 179 zu § 620 BGB Befristeter Arbeitsvertrag m. Anm. *Plander*; 2.12.1998 EzA § 620 BGB Nr. 156).

486 Das BAG ist nun zum alten Rechtszustand vor dem Inkrafttreten des TzBfG zurückgekehrt, indem es einen **offenen Streit der Parteien** über die Rechtslage in ihrem bestehenden Rechtsverhältnis **zur weiteren Voraussetzung** für den Sachgrund Nr. 8 erhebt (*Arnold/Gräfl* Rn 291). Dies sei erforderlich, um die **missbräuchliche Ausnutzung** des Sachgrundes zu **verhindern** (*BAG* 15.2.2012 EzA § 14 TzBfG Nr. 84; 26.4.2006 EzA § 14 TzBfG Nr. 29 Rn 28; *Dörner* NZA 2007, 63; krit. dazu *Gravenhorst* NZA 2008, 805, der zu Recht die Unterscheidung zwischen inszeniertem und wirklichem Vergleich für praxisfern hält). Es müsse vermieden werden, dass der gerichtliche Vergleich nur zur Protokollierung bereits vorher zwischen den Parteien abgestimmter Vereinbarungen benutzt werde (so bereits *BAG* 22.2.1984 EzA § 620 BGB Nr. 69). Fehlt es daher an gegenteiligen Rechtsstandpunkten der Parteien zum **Bestand des Arbeitsverhältnisses**, so sei der Sachgrund Nr. 8 nicht gegeben. Das BAG hat nun unter Beibehaltung seiner Rechtsprechung im Übrigen mit Entscheidung vom 12.11.2014 (EzA § 14 TzBfG Nr. 109, Rn 19) zu den **Streitigkeiten über den Fortbestand des Arbeitsverhältnisses**, die einem gerichtlichen Vergleich nach Nr. 8 zugänglich sind, auch erweiternd Prozesse gezählt, mit denen der Arbeitnehmer die Fortführung seines Arbeitsverhältnisses durch **Abschluss eines Folgevertrags** erreichen will. Dazu gehören Prozesse über Ansprüche aus Art. 33 Abs. 2 GG, aus vertraglichen Zusagen, tariflichen Regelungen wie in § 30 Abs. 2 TVöD, aus § 242 BGB, bei einem Betriebsübergang nach Ausspruch einer betriebsbedingten Kündigung oder aus § 78 S. 2 BetrVG. Ausschließen will das BAG dagegen Befristungen, die im Zusammenhang mit anderen Streitigkeiten (zB über eine Abmahnung) vergleichsweise beendet werden (*BAG* 12.11.2014 EzA § 14 TzBfG Nr. 109, Rn 17).

487 Es bleibt dabei offen, wie mit einem von den **Parteien** dem Gericht **vorgelegten Vergleichsentwurf nach § 278 Abs. 6 S. 1 Alt. 1 ZPO** umgegangen werden soll. Das Gericht kann auf den Vergleichsinhalt Einfluss nehmen und damit seiner Schutzpflicht nach Art 12 GG nachkommen (offen dazu *BAG* 23.11.2006 EzA § 278 ZPO 2002 Nr. 1 zu einem vom Gericht vorgeschlagenen Vergleich nach § 278 Abs. 6 S. 1 Alt. 2 ZPO; *LAG Köln* 19.12.2007 – 3 Sa 1123/07; *LAG BW* 3.5.2005 LAGE § 14 TzBfG Nr. 22a; *Kuckuk* ArbRB 2006, 61, 63). Eine ernsthafte Nachprüfung des »offenen Streits zum Bestand des Arbeitsverhältnisses« soll dabei – jedenfalls in der ersten Instanz – regelmäßig auf der Strecke bleiben. Materiell handele es sich dann nur um einen protokollierten »außergerichtlichen Vergleich« (so *Dörner* Befr. Arbeitsvertrag Rn 262; *Schaub/Koch* § 40 Rn 40, die an dem Merkmal des »offenen« Streits festhalten). Diese Rechtsprechung vermeidet nicht **Rechtsmissbrauch**, sondern fördert ihn geradezu. Es ist m. E. überzeugender **allein auf die richterliche Einwirkungsmöglichkeit** abzustellen, und zwar unabhängig davon, ob es um eine Bestandsstreitigkeit geht oder nicht, und unabhängig davon, ob das Gericht – nach materiellrechtlicher Prüfung – einen übereinstimmenden Vergleichsvorschlag der Parteien als gerichtlichen Vergleich feststellt (§ 278 Abs. 6 S. 1 **Alt. 1** ZPO; AR-*Schüren/Moskalew* Rn 49; HaKo-TzBfG/*Boecken* Rn 122; LS-*Schlachter* Rn 90 f.; MHH-TzBfG/*Meinel* Rn 209; so wohl auch *Gravenhorst* NZA 2008, 805 f. zu *BAG* 13.12.2007 EzA § 14 TzBfG Nr. 39) oder selbst einen Vergleichsvorschlag vorab oder in der Verhandlung mit Erfolg unterbreitet (§ 278 Abs. 6 S. 1 **Alt. 2** ZPO). Jedes Mal handelt es sich nach der Diktion des § 278 Abs. 6 ZPO um einen **gerichtlichen Vergleich**, den der Gesetzgeber gleichbehandelt wissen wollte (*LAG Nds.* 5.11.2013 LAGE § 14 TzBfG Nr. 79, Rn 52 m. Anm. *Joussen*; *LAG SA* 26.2.2015 – 3 Sa 318/13, Rn 52; *Sächs. LAG* 4.11.2010 LAGE § 14 TzBfG Nr. 62, Rn 64; *Serr* SAE 2013, 44; *Marschner* EzTöD 100 § 30 Abs. 1 TVöD-AT Sachgrundbefristung Nr. 42; *Blattner* DB 2017, 2039; *Bader/Bram-Bader* [2014] § 620 BGB Rn 206; aA *BAG* 12.11.2014 EzA § 14 TzBfG Nr. 109, Rn 18 ff.). Das *BAG* will dagegen an einer **unionsrechtlich gebotenen Differenzierung** zwischen den Alternativen der Vergleichsfindung nach § 278 Abs. 6 ZPO iVm § 14 Abs. 1 Nr. 8 TzBfG festhalten, um **Rechtsmissbrauch vorzubeugen** (*BAG* 15.1.2015 EzA § 14 TzBfG Nr. 110, Rn 26 ff.) und den **Arbeitnehmer vor einem grundlosen Verlust des Arbeitsplatzes** zu bewahren (*BAG* 21.3.2017 EzA § 14 TzBfG Gerichtlicher Vergleich Nr. 1, Rn 14 f. unter Hinw. auf die Gesetzesbegründung BT-Drucks. 14/4374 S. 19).

Das BAG hat bei eingereichtem **übereinstimmenden Vergleichsvorschlag der Parteien** eine erkennbare materielle Mitwirkung des Gerichts für erforderlich gehalten, damit die Sachgrundvoraussetzungen von Nr. 8 erfüllt sind (*BAG* 15.2.2012 EzA § 14 TzBfG Nr. 84, Rn 25). Dabei sieht das BAG, anders als bei einem durch das Gericht iSd §§ 159 bis 160a, 162, 163 ZPO protokollierten Vergleich oder bei einem Vergleich nach § 278 Abs. 6 S. 1 **Alt. 2** ZPO, der auf einem von den Parteien vorgelegten Einigungsentwurf beruht, den gerichtlichen Beitrag von vornherein auf eine **Feststellungsfunktion** beschränkt (ebenso HWK-*Rennpferdt* Rn 128 f.; APS-*Backhaus* Rn 455; *Dörner* Befr. Arbeitsvertrag Rn 262 f.; *Schaub/Koch* § 40 Rn 39; *Arnold/Gräfl* Rn 292; weiterhin zweifelnd ErfK-*Müller-Glöge* Rn 77; *Staudinger/Preis* [2019] § 620 BGB Rn 164; *Sievers* Rn 481, formale Mitwirkung entscheidend). Diese vom BAG vorgenommene Differenzierung ist künstlich, schwierig zu handhaben und unterstellt, dass Vergleichsvorschläge der Parteien vom Gericht unbesehen festgestellt und ohne Rücksicht auf den Inhalt bestätigt werden. Sie ist überdies als **praxisfern** abzulehnen: Sie wird dazu führen, dass die Parteien mit einem »Eckpunktepapier« das Gericht bitten, von sich aus einen Vergleichsvorschlag zu unterbreiten. Damit ist die Einflussnahme des Gerichts dokumentiert, aber letztlich nichts gewonnen. **Das Gericht ist doch gehalten** auch **übereinstimmend von Parteien unterbreitete Vergleichsvorschläge** nicht nur auf Verstöße gegen Strafgesetze oder nach §§ 134, 138 BGB **zu überprüfen**, sondern ebenso auf die **ausgewogene Berücksichtigung der Schutzinteressen des Arbeitnehmers** (*LAG Nds.* 5.11.2013 LAGE § 14 TzBfG Nr. 79, Rn 63 f.; unter Hinw. auf § 17 BUrkG; offengelassen: *LAG Bln.-Bra.* 12.12.2013 – 25 Sa 1079/13, Rn 44; vgl. auch *Leuchten* FA 2012, 324, 326; *Serr* SAE 2013, 44; *Marschner* EzTöD 100 § 30 Abs. 1 TVöD-AT Sachgrundbefristung Nr. 42; *Blattner* DB 2017, 2039; *Knauer/Wolf* NJW 2004, 2857, 2859). Die Hinweise des *BAG* in seiner Entscheidung vom 15.2.2012 (EzA § 14 TzBfG Nr. 84, Rn 20, 24) auf die Gesetzgebungsgeschichte zur **Erweiterung des § 278 Abs. 6 ZPO** um die **1. Alt.** ab 1.9.2004 (1. JuMoG, BGBl. I S. 2198) überzeugen nicht, da das TzBfG aus 2001 hierzu in § 14 Abs. 1 Nr. 8 keine Änderung erfahren hat. In der Gesetzesbegründung zur Neufassung des § 278 Abs. 6 ZPO heißt es »... dass auch der von den Parteien unterbreitete Vergleichsvorschlag zum Gegenstand des gerichtlichen Vergleichs werden kann« (BT Drucks. 15/3482, S. 17). Gleichwohl hält das *BAG* an seiner am 15.2.2012 begründeten Rechtsprechung fest und folgert, dass der Wille des Gesetzgebers den Abschluss von Prozessvergleichen zu erleichtern, nicht beinhalte auch die Befristung von Arbeitsverhältnissen zu erleichtern (*BAG* 15.1.2015 EzA § 14 TzBfG Nr. 110, Rn 27). Indessen soll nun ein nach § 278 Abs. 6 S. 1 **Alt. 1** ZPO zustande gekommener Vergleich ausnahmsweise den an einen gerichtlichen Vergleich nach § 14 Abs. 1 S. 2 Nr. 8 TzBfG zu stellenden Anforderungen genügen, wenn das **Gericht sich den Vergleichsvorschlag einer Partei zu eigen macht** und diesen den Parteien unterbreitet (*BAG* 8.6.2016 EzA § 14 TzBfG Nr. 121, Rn 24). Demnach wird letztlich auf eine förmliche Beteiligung des Gerichts abgestellt, die keine über das o.a. **Prüfprogramm des Gerichts** hinausgehende inhaltliche Mitwirkung am Vergleichsschluss gewährleistet.

488

Dem Gesetzgeber wird durch das BAG »Kurzsichtigkeit« unterstellt. Es zu bedenken, dass auf der **Grundlage der Rechtsprechung** des 7. Senats des BAG vom 15.2.2012 ein **Vergleich nach § 278 Abs. 6 S. 1 Alt. 1 ZPO** zukünftig **auch an anderer Stelle im Arbeitsrecht entfallen müsste**. Der grundlose Verlust des Arbeitsverhältnisses »droht« etwa ebenso dann, wenn der Arbeitgeber seinem Arbeitnehmer in einem **Kündigungsstreit** »billig« **den Bestandsschutz abkauft** oder ihn sonst dazu bewegt, zusammen mit ihm dem Gericht einen schriftlichen Vergleichsvorschlag nach der 1. Alt. in Abs. 6 zu unterbreiten. Dann würde sich die Funktion des Gerichts auf die kritisierte Protokollierung beschränken und das Gericht könnte seiner Schutzpflicht aus Art. 12 Abs. 1 GG in diesen Fällen nicht nachkommen. Hier fehlt es aber an einer arbeitsrechtlich materiellen Norm, die einen »gerichtlichen Vergleich« voraussetzt und die man mit den Schutzgesichtspunkten des BAG teleologisch einengen könnte (zutreffend *Serr* SAE 2013, 47). Im Ergebnis würde dies darauf hinauslaufen, dass man **höhere Anforderungen an einen gerichtlichen Vergleich stellt, der dem Arbeitnehmer eine befristete Fortsetzung des Arbeitsverhältnisses eröffnet als bei einem endgültigen Verlust des Arbeitsplatzes gegen Abfindungszahlung** (*LAG Nds* 5.11.2013 LAGE § 14 TzBfG Nr. 79, Rn 67). Das kann nicht überzeugen (vgl. dazu auch *BGH* 2.2.2017 NJW 2017, 1946,

489

Rn 37, zur gleichwertigen notariellen Beurkundung und gerichtlichen Protokollierung eines Vergleichs nach § 278 Abs. 6 beider Alt. ZPO). Dessen ungeachtet ist das BAG in seinen Urteilen vom 12.11.2014 (EzA § 14 TzBfG Nr. 109), vom 14.1.2015 (EzA § 14 TzBfG Nr. 110), vom 8.6.2016 (EzA § 14 TzBfG Nr. 122, Rn 23) und vom 21.3.2017 (EzA § 14 TzBfG Gerichtlicher Vergleich Nr. 1, Rn 16) bei seiner Rechtsprechungslinie geblieben und hat dafür die **unionsrechtlichen Anforderungen an den Sachgrund** besonders betont (s. Rdn 485).

490 Richtig ist indessen, dass bei einer **Kette von gerichtlichen Vergleichen** mit jeweiligen Folgebefristungen die Gerichte auch im Anwendungsbereich der Nr. 8 zu einer (unionsrechtlich vorgegebenen) **Rechtsmissbrauchsprüfung** verpflichtet sind (*BAG* 12.11.2014 EzA § 14 TzBfG Nr. 109, Rn 30, 36). Bei einem abschließenden Vergleich nach mehreren vorangehenden Befristungen kann eine frühere **Unterbrechung von zwei Jahren** nicht auf einen Rechtsmissbrauch hinweisen. Bei einer so langfristigen Unterbrechung des Arbeitsverhältnisses ist regelmäßig davon auszugehen, dass die Beschäftigung nicht der Deckung eines ständigen und dauerhaften Arbeitskräftebedarfs dient (*BAG* 21.3.2017 EzA § 14 TzBfG Gerichtlicher Vergleich Nr. 1, Rn 22, 25 f., 32).

491 Dem Erfordernis des **Nachgebens** ist für den gerichtlichen Vergleich Genüge getan, wenn der Arbeitgeber sein Recht auf eine gerichtliche Entscheidung über seinen Klagabweisungsantrag aufgibt oder von seinem Rechtsstandpunkt abrückt, das Arbeitsverhältnis sei rechtswirksam zu dem von ihm benannten Zeitpunkt beendet worden (*BAG* 14.5.1997 – 7 AZR 310/96). Der Hinweis im Protokoll »nach Erörterung der Sach- und Rechtslage« oder »unter Aufrechterhaltung der unterschiedlichen Rechtsstandpunkte« vor Vergleichsabschluss soll diesem Erfordernis genügen (*ArbG Bln.* 15.10.2008 LAGE § 14 TzBfG Nr. 45). Der gerichtlich protokollierte Prozessvergleich erfüllt das **Schriftformerfordernis des § 14 Abs. 4 TzBfG** (*BAG* 18.6.2008 EzA § 14 TzBfG Nr. 50; 23.11.2006 EzA § 278 ZPO 2002 Nr. 1; *Kuckuk* ArbRB 2006, 61). Dem Schriftformerfordernis ist ebenso Genüge getan, wenn ein gerichtlicher Vergleich **im schriftlichen Verfahren** nach § 278 Abs. 6 S. 1 2. Alt ZPO geschlossen wurde (§ 127a BGB; *Sächs. LAG* 4.11.2010 LAGE § 14 TzBfG Nr. 62; *LAG BW* 10.11.2005 LAGE § 278 ZPO 2002 Nr. 3; *MüKo-BGB/Hesse* Rn 77; aA *BAG* 15.2.2012 EzA § 14 TzBfG Nr. 84, Rn 25; *Dörner* Befr. Arbeitsvertrag Rn 263, der in der reinen gerichtlichen Feststellung des von den Parteien vorgeschlagenen Vergleichs durch gerichtlichen Beschluss keine ausreichende Prüfung sieht und deshalb nur von einem außergerichtlichen Vergleich ausgeht). Anders müsste zumindest der Fall gewertet werden, in dem das **Gericht** einen auf eine Befristung abstellenden **Vergleichsvorschlag schriftlich unterbreitet** (§ 278 Abs. 6 S. 1. Alt. ZPO; wohl auch HaKo-KSchR/*Mestwerdt* Rn 165a). Ein Vergleichsvorschlag kann dann nur **ohne inhaltliche Änderungen** angenommen werden, da eine Annahme unter Änderungen eine Ablehnung darstellt. Korrekturen von offenbaren Unrichtigkeiten, Rechtschreib- und Grammatikfehlern sind davon aber nicht betroffen (*BAG* 14.1.2015 EzA § 14 TzBfG Nr. 110, Rn 33; *Bader/Jörchel* NZA 2016, 1105, 1108).

492 Mit dem Vergleichsabschluss verzichtet der Arbeitnehmer nicht darauf die **Unwirksamkeit des Vergleichs** geltend zu machen. Es verstößt nicht grds. gegen **Treu und Glauben**, wenn ein Arbeitnehmer ein unter seiner Beteiligung zustande gekommenes Rechtsgeschäft angreift. Widersprüchliches Verhalten ist erst dann rechtsmissbräuchlich, wenn dadurch für den anderen Teil ein Vertrauenstatbestand geschaffen worden ist oder wenn andere besondere Umstände die Rechtsausübung als treuwidrig erscheinen lassen. Das ist nicht der Fall, wenn der Arbeitnehmer selbst den Abschluss eines Vergleichs über eine befristete Weiterbeschäftigung vorgeschlagen und den mit dem Arbeitgeber abgestimmten Vergleichsvorschlag dem Arbeitsgericht mitgeteilt hat (*BAG* 21.3.2017 EzA § 14 TzBfG Gerichtlicher Vergleich Nr. 1, Rn 34 f.; 12.11.2014 EzA § 14 TzBfG Nr. 109, Rn 30 ff.; HWK-*Rennpferdt* Rn 132). Ein **Klageverzicht** im Zusammenhang mit einem gerichtlichen Vergleich zur befristeten Fortführung des Arbeitsverhältnisses widerspräche auch der **Unabdingbarkeit aus §§ 22 Abs. 1, 17 S. 1 TzBfG**. Bei einem Widerrufsvergleich kommt der vereinbarte befristete Arbeitsvertrag erst nach ungenutzt verstrichener Widerrufsfrist zustande.

493 Ist eine **Zustimmung des Personalrats** zum Abschluss des befristeten Arbeitsvertrags erforderlich, kann der im Vergleich vereinbarte befristete Arbeitsvertragsschluss unter die **aufschiebende**

Bedingung seiner Zustimmung gestellt werden (*BAG* 13.6.2007 EzA § 14 TzBfG Nr. 39; *ArbG Bln.* 15.10.2008 LAGE § 14 TzBfG Nr. 45). Ohne die nach einem **Landespersonalvertretungsgesetz** für den Abschluss eines befristeten Arbeitsvertrages notwendige Zustimmung des Personalrats kann eine entsprechende Vergleichsregelung vor dem Gericht nicht getroffen werden. Ein Verzicht auf das Zustimmungserfordernis oder die Erhebung einer Befristungskontrollklage ist nicht möglich (*BAG* 16.8.2008 EzA § 14 TzBfG Nr. 50; *S. Sehr* BB 2009, 904).

Nach neuem wie altem Recht kann in einem gerichtlichen Vergleich eine **auflösende Bedingung** wirksam vereinbart werden (*BAG* 9.2.1984 EzA § 620 BGB Bedingung Nr. 2, befristetes Arbeitsverhältnis bis zur Neubesetzung einer Planstelle; *LAG Nds.* 11.1.2011 – 16 Sa 407/10, Beendigung bei nicht bestandener Prüfung als Wachmann oder Diensthundeführer; ausf. hierzu *Enderlein* RdA 1998, 98; *Kleinebrink* ArbRB 2011, 353 auflösende Bedingung bei Alkoholismus; APS-*Backhaus* Rn 462). Ein wichtiger Anwendungsfall ist ferner die im Wege eines gerichtlichen Zwischenvergleichs **vereinbarte auflösend bedingte befristete Weiterbeschäftigung** jenseits der Kündigungsfrist bis zur rechtskräftigen (abweisenden) Entscheidung durch das Gericht (*BAG* 22.10.2003 EzA § 14 TzBfG Nr. 6: sog. **Prozessbefristung**; 19.1.2005 EzBAT § 53 BAT Beschäftigung Nr. 13: auflösende Bedingung oder Zweckbefristung; *Sittard/Ulbrich* RdA 2006, 219), der § 21 TzBfG unterfällt und **eines Sachgrundes** nach § 14 Abs. 1 TzBfG bedarf (ErfK-*Müller-Glöge* Rn 76; *Sievers* Rn 677; abw. KR-*Fischermeier/Krumbiegel* § 626 BGB Rn 34; *Ricken* NZA 2005, 323, 329; *Sittard/Ulbrich* RdA 2006, 222, die eine »Prozessbeschäftigung« als sonstigen Sachgrund bewerten wollen; ebenso *LAG Köln* 5.4.2012 – 13 Sa 1360/11, Rn 32; anders *Bayreuther* DB 2003, 1736, 1738 f., der sich für eine teleologische Reduktion der §§ 14, 21 TzBfG bei Prozessbedingungen ausspricht). Davon **zu trennen** ist die **nicht gewillkürte Prozessbeschäftigung** nach erstinstanzlicher Verurteilung des Arbeitgebers zur vorläufigen Weiterbeschäftigung (*LAG Nds.* 27.9.2005 LAGE § 21 TzBfG Nr. 2; zum Problemfeld »**Schriftformgebot**« vgl. *Dörner* FS Richardi 2007, S. 219, 224 ff.), bei der kein auflösend bedingtes Arbeitsverhältnis entsteht (vgl. jetzt auch *BAG* 22.7.2014 EzA § 611 BGB 2002 Beschäftigungspflicht Nr. 3, Rn 16, 19). Näher dazu Rdn 723.

Mit der gesetzlichen Gleichstellung von auflösenden Bedingungen, Zeit- und Zweckbefristungen, soweit ihnen jeweils ein gesetzlicher Sachgrund zur Seite steht, **ergeben sich nunmehr für** die Arbeitsvertragsparteien im Rechtsstreit **erweiterte Gestaltungsmöglichkeiten im Vergleich**, sofern das **Gericht nach Überprüfung** bereit ist sie mitzutragen (iE LS-*Schlachter* Rn 90). Vereinbaren die Parteien nach neuem Recht in einem **Vergleich** nicht nur die Beilegung des konkreten Rechtsstreits, sondern darüber hinaus die **Zulässigkeit künftig erst noch zu vereinbarender Befristungen**, so kann eine solche Übereinkunft rechtens sein, wenn sie den exakten Rahmen für eine zukünftige Befristung setzt (anders noch *BAG* 4.12.1991 EzA § 620 BGB Nr. 113; *LAG Köln* 8.2.1990 LAGE § 620 BGB Nr. 20; weiterhin dagegen APS-*Backhaus* Rn 453, DDZ-*Wroblewski* Rn 150, die darin einen unzulässigen Verzicht auf den Bestandsschutz sehen). Ebenfalls dürfte im Rahmen eines gerichtlichen Vergleichs die **nachträgliche Befristung** eines unbefristeten Arbeitsverhältnisses zulässig sein (vgl. *BAG* 24.1.1996 EzA § 620 BGB Nr. 139; ErfK-*Müller-Glöge* Rn 75; aA HaKo-KSchR/*Mestwerdt* Rn 164 f., der über den Vergleichsschluss hinaus einen eigenständigen Sachgrund fordert). In jedem Fall ist das Gericht gehalten auf die Parteien dahin einzuwirken, einen Befristungsvergleich nicht zu Lasten einer Seite und nur in Abhängigkeit von der Rechtslage zu schließen (*Staudinger/Preis* [2019] § 620 BGB Rn 163). Sind die Parteien dazu nicht bereit, hat das Gericht zu entscheiden oder die Parteien schließen einen außergerichtlichen Vergleich nach Beendigung des Prozesses.

In der Ankündigung, das Arbeitsverhältnis durch Fristablauf enden zu lassen, wenn der Arbeitnehmer nicht zu einer befristeten Fortsetzung zu den vorgeschlagenen Bedingungen bereit ist, liegt keine rechtswidrige Drohung, die zur **Anfechtung** eines dazu **gerichtlich geschlossenen Vergleichs** berechtigt (*BAG* 13.12.2007 EzA § 123 BGB 2002 Nr. 8). Davon abgesehen wird von dem Gericht zu erwarten sein, dass es bei der Aufnahme einer zweifelhaften auflösenden Bedingung in den gerichtlichen Vergleich (zB gesundheitliche Verfassung des Arbeitnehmers; *Kleinebrink* ArbRB 2011, 353 auflösende Bedingung bei Alkoholismus) diese am **Grundsatz der Verhältnismäßigkeit** prüft (vgl. *B. Gaul/Laghzaoui* ZTR 1996, 300). Die befristungsrechtlichen Wirksamkeitsvoraussetzungen sind schließlich weiterhin zu prüfen (LS-*Schlachter* Rn 92). Zu den Fallgestaltungen, die sich bereits aus den Sachgründen nach Nr. 5 oder 6 ergeben können, vgl. Rdn 345 ff., 370, 404 ff. Im Übrigen wird auf KR-*Lipke/Bubach* § 21 TzBfG Rdn 61 ff. verwiesen.

b) Außergerichtlicher Vergleich

497 Der **Streit,** ob auch ein **außergerichtlicher Vergleich einen Sachgrund für einen befristeten Arbeitsvertrag bieten kann** (vgl. auch *BAG* 24.1.1996 EzA § 620 BGB Nr. 139; *Lipke* KR 7. Aufl., Rn 241 mwN), **hat sich durch das Handeln des Gesetzgebers erledigt.** Er hat den **außergerichtlichen Vergleich nicht als Sachgrund benannt** und im Übrigen in der Gesetzesbegründung die **Mitwirkung des Gerichts** bei der Vergleichsfassung als Gewähr für die Wahrung der Schutzinteressen des Arbeitnehmers herausgestellt (ebenso *Däubler* ZIP 2001, 223; ErfK-*Müller-Glöge* Rn 77; MHH-TzBfG/*Meinel* Rn 155; *Annuß/Thüsing/Maschmann* Rn 61; APS-*Backhaus* Rn 326 ff.; *Dörner* Befr. Arbeitsvertrag Rn 264 f. mwN). Das BAG schwankte zunächst noch und wollte sich hierzu nicht festlegen (*BAG* 23.1.2002 EzA § 620 BGB Nr. 186; 22.10.2003 EzA § 620 BGB 2002 Nr. 8). Mit seiner »einschränkenden« Entscheidung vom 15.2.2012 (EzA § 14 TzBfG Nr. 84; s. Rdn 488) hat das BAG aber verdeutlicht, dass ein außergerichtlicher Vergleich mangels richterlicher Mitwirkung keinen Sachgrund über Nr. 8 mehr bieten kann. Dies lässt sich jetzt nur noch mit der Anerkennung eines außerhalb des Katalogs des § 14 Abs. 1 S. 2 TzBfG stehenden Sachgrunds »außergerichtlicher Vergleich« umsetzen, der indessen den gesetzgeberischen Wertungen entgegenlaufe würde, nur den gerichtlichen Vergleich zum Sachgrund zu erheben. Da die Mitwirkung des Gerichts beim Vergleichsschluss in den letzten Entscheidungen des BAG einen hohen Stellenwert erhalten hat (*BAG* 15.1.2015 EzA § 14 TzBfG Nr. 110; 15.2.2012 EzA § 14 TzBfG Nr. 84), kann eine **Gleichsetzung von gerichtlichem und außergerichtlichem Vergleich** als **sonstiger Sachgrund** nun **ausgeschlossen** werden (*Arnold/Gräfl* Rn 293 f.).

498 **Außergerichtliche Vergleiche bedürfen** deshalb nach hier vertretener Auffassung eines **Sachgrundes nach Nr. 1–7,** wenn sie den Streit über den Bestand eines Arbeitsverhältnisses durch eine erneute **Befristung** beenden wollen. Liegt also die erneute Befristung im Interesse des Arbeitnehmers (ausdrücklicher Wunsch nach Nr. 6) oder ergibt sie sich aus der Eigenart der Arbeitsleistung (letztmalige Befristung eines professionellen Sporttrainers; Nr. 4), so rechtfertigen diese Sachgründe die Befristung, nicht dagegen für sich genommen der außergerichtliche Vergleichsschluss (§ 779 BGB; ähnlich ArbRBGB-*Dörner* § 620 BGB Rn 195; vgl. auch DDZ-*Wroblewski* Rn 153; APS-*Backhaus* Rn 461; *Preis/Gotthardt* DB 2000, 2072; *Lakies* DZWIR 2001, 12; *Kliemt* NZA 2001, 298; *Hromadka* BB 2001, 625; ErfK-*Müller-Glöge* Rn 77; LS-*Schlachter* Rn 93; *Sievers* Rn 490; HaKo-TzBfG/*Boecken* Rn 124). Maßgebend bleibt nach hier vertretener Auffassung, dass eine **richterliche Inhaltskontrolle** bei Abschluss des außergerichtlichen Vergleichs fehlt (ebenso MüKo-*Hesse* Rn 77; aA *Bauer* BB 2001, 2526). Es kann nicht ohne weiteres angenommen werden, der Umstand des (außergerichtlichen) Vergleichs trage die sachliche Rechtfertigung in sich (so wohl auch *Dörner* Befr. Arbeitsvertrag Rn 264). Alle Versuche dem Einigungswillen der Parteien einen Sachgrund der Befristung abzugewinnen (so aber *Staudinger/Preis* [2019] § 620 BGB Rn 164 f.; HaKo-KSchR/*Mestwerdt* Rn 167) gehen zu Lasten der **Rechtssicherheit und -klarheit** und sind deshalb abzulehnen.

IV. Anerkannte weitere Sachgründe

499 Die hM in Rechtsprechung und Schrifttum (*BAG* 23.7.2014 EzA § 14 TzBfG Nr. 106, Rn 49; 9.12.2009 EzA § 14 TzBfG Nr. 62, zu **tariflich geregelten sonstigen Sachgründen;** *BAG* 8.6.2016 EzA § 14 TzBfG Nr. 122, Rn 16; 20.01.2016 EzA § 37 BetrVG 2001 Nr. 23, Rn 13 11.9.2013 EzA § 14 TzBfG Nr. 96, Rn 28, zu **gesetzesvertretenen Sachgründen;** LS-*Schlachter* Rn 94; *Schaub/Koch* § 40 Rn 44 ff.; *Staudinger/Preis* [2019] § 620 BGB Rn 169 ff.) orientieren sich **zur Neuregelung in § 14 Abs. 1 TzBfG** an der Aussage in der **Gesetzesbegründung,** wonach die **Aufzählung der konkret benannten Sachgründe Nr. 1–8 nur beispielhaft sei** und deshalb andere bisher von

der Rspr. akzeptierte Befristungsgründe ebenfalls noch Geltung beanspruchen könnten. Dementsprechend werden Befristungen im Bühnen- und Rundfunkbereich, im Zusammenhang mit sozialstaatlichen Aufgaben, im Lehrerbereich, bei Drittmittelfinanzierungen, zu AB- und Sozialhilfemaßnahmen, bei gesicherten Rückkehrmöglichkeiten, zur Mitarbeit in einer Parlamentsfraktion, bei beschränkter Aufenthaltserlaubnis, zu Beschäftigungen aufgrund einer Entscheidung des Sozialamts, bis zur Einstellung einer anderen Arbeitskraft, zur sozialen Überbrückung, zur befristeten Aus- und Fortbildung sowie zur Kontinuität der Betriebsratsarbeit als sonstige Sachgründe behandelt (HaKo-KSchR/*Mestwerdt* Rn 168 ff.; MHH-TzBfG/*Meinel* Rn 156 ff; MüKo-*Hesse* Rn 78 ff.; HWK-*Rennpferdt* Rn 133 ff.; *Arnold/Gräfl* Rn 295 ff.; *Bader/Bram-Bader* [2014] § 620 BGB Rn 207 ff.; LS-*Schlachter* Rn 94 ff.; *Braun* MDR 2006, 111, 113 ff.; HaKo-TzBfG/*Boecken* Rn 126 ff.; AR-*Schüren/Moskalew* Rn 52; *Annuß/Thüsing/Maschmann* Rn 21; *Sievers* Rn 491 ff.; *Koppenfels-Spies* Anm. zu AP Nr. 67 zu § 14 TzBfG; *Hunold* NZA-RR 2013, 505) Dabei werden einige der hier den gesetzlichen Sachgründen zugeordneten Sachverhalte von anderen Stimmen als ungenannte, aber anerkannte Befristungssachgründe beurteilt (zB Altersgrenzen oder AB-Maßnahmen). Entscheidend ist jedoch nicht die Zuordnung, sondern der Umstand, dass die **Wertmaßstäbe der gesetzlich geregelten Sachgründe für diese Befristungen eingehalten** werden (BAG 17.6.2020 EzA § 21 TzBfG Nr. 13, Rn 40; 16.1.2018 EzA § 14 TzBfG Nr. 131; 8.6.2016 EzA § 14 TzBfG Nr. 122, Rn 16; 11.9.2013 EzA § 14 TzBfG Nr. 96, Rn 28; 9.12.2009 EzA § 14 TzBfG Nr. 62; *Linsenmaier* RdA 2012, 193, 198; *Schaub/Koch* § 40 Rn 44).

Nach dem hier vertretenen Verständnis lassen sich die **Vorstellungen des Gesetzgebers**, im Gesetzestext nicht genannte Befristungsgründe als Sachgrund anzuerkennen, **mit den europarechtlichen Vorgaben nur schwer vereinbaren** (vgl. iE Rdn 116 f.). Im Sinne einer **europarechtskonformen Auslegung von § 14 Abs. 1 TzBfG** sind deshalb die nicht ausdrücklich benannten, aber **anerkannten Sachgründe für Befristungen dem Sachgrundkatalog Nr. 1-8 zuzuordnen** (ähnlich ErfK-*Müller-Glöge* Rn 5, 78, 80; aA *Dörner* Befr. Arbeitsvertrag 1. Aufl., Rn 181; *Arnold/Gräfl* Rn 29; *Sievers* Rn 493; LS-*Schlachter* Rn 97). Nach hier vertretener Rechtsauffassung gehören daher Befristungen zu **Altersgrenzen, Eignungsvoraussetzungen** oder zur Umsetzung von Arbeitsbeschaffungs- und Strukturanpassungsmaßnahmen nach dem SGB III zu den in der **Person des Arbeitnehmers** liegenden Sachgründen (Nr. 6). Sog. **Platzhalterbefristungen** (LAG Bln.-Bra. 19.9.2014 LAGE § 14 TzBfG Nr. 87 und 15.12.2011 – 26 Sa 1817/11; *Kossens* juris PR-ArbR 21/2012 Anm. 3) können je nach den maßgebenden Beweggründen aus der Person des Arbeitnehmers begründet sein oder eine **Befristung wegen vorübergehenden Mehrbedarfs** (Nr. 1) oder **zur Vertretung** (Nr. 3) wegen geplanter **anderweitiger Arbeitsplatzbesetzung** (BAG 9.12.2009 EzA § 14 TzBfG Nr. 62) darstellen. **Projektbefristungen** sind, selbst wenn staatliche Gelder an einen **Drittmittelnehmer** fließen, an den Voraussetzungen von Nr. 1 zu messen (**vorübergehender betrieblicher Bedarf** an der Arbeitsleistung; vgl. Rdn 186 f., 477 ff.). Der Befristungsgrund für eine zeitbegrenzte **Beschäftigung im Bühnen- und Medienbereich** sowie im professionellen Sport kann sich letztlich nur aus der **Eigenart der Arbeitsleistung** (Nr. 4) ergeben. Befristungen aus Gründen der **Aus- und Fortbildung** unterfallen entweder Nr. 2 oder Nr. 6 des Sachgrundkatalogs. Wenn das BAG als **Sachgrund** anerkennt, dass ein im Wege der **Insichbeurlaubung freigestellter Beamter** der Deutschen Bundespost ein wirksames, mit Sachgrund befristetes Arbeitsverhältnis zu einem Rechtsnachfolger seines Dienstherrn eingehen kann (BAG 25.5.2005 EzA § 14 TzBfG Nr. 18), weil dies sich aus den Statusvorschriften (§ 4 Abs. 3 S. 2 PostpersonalrechtsG) ergebe, so lässt sich dieser Sachverhalt unschwer dem Sachgrund nach Nr. 6 (Gründe in der Person des Arbeitnehmers) zuordnen. Dieser personenbezogene Sachgrund nach Nr. 6 ist ebenfalls dann gegeben, wenn zum Erhalt der **Ansprüche nach deutschem Sozialversicherungsrecht** ein befristetes Arbeitsverhältnis für die Dauer des **Auslandsaufenthalts** begründet worden ist (BAG 14.7.2005 EzA § 613a BGB 2002 Nr. 36 zu einem dem Rechtszustand vor dem TzBfG unterfallenden Sachverhalt; LAG Köln 6.11.1998 LAGE Art 30 EGBGB Nr. 4).

Wenn der **Gesetzgeber des TzBfG** der Rspr. weiterhin ausdrücklich gestattet, neue Sachgründe zu »erfinden« (vgl. BT-Drucks. 14/4374 S. 18, »weitere Gründe«), so widerspricht dies **der Zielsetzung der Richtlinie** 1999/70 EG des Rates vom 28. Juni 1999, **Rechtssicherheit und Transparenz** für Arbeitnehmer und Arbeitgeber zu erhöhen (vgl. Rdn 116 f.; ebenso *Rolfs* EAS B 3200 Rn 37). Hält der Gesetzgeber einerseits dafür, dass das bisher geltende Richterrecht der Umsetzung einer EG-Richtlinie nicht genügt (BT-Drucks. 14/4374 S. 13), so ist es andererseits kaum begründbar, warum »neuem« Richterrecht die Tür geöffnet werden soll. **Die Rspr. wird sich deshalb bei der Sachgrundbefristung regelmäßig an der Aufzählung der in Nr. 1–8 genannten Tatbestände festhalten lassen müssen** (ähnlich ErfK-*Müller-Glöge* Rn 5, 78, 80; aA die hM zB *Preis/Gotthardt* DB 2000, 2065, 2070; AR-*Schüren/Moskalew* Rn 52; APS-*Backhaus* Rn 115 f.; *Arnold/Gräfl* Rn 29; HaKo-TzBfG/*Boecken* Rn 126; *Dörner* Befr. Arbeitsvertrag Rn 165, der aber die Zuordnung von unbenannten Sachgründen zum Katalog der genannten Sachgründe für statthaft hält; abw. *Thüsing/Lambrich* BB 2002, 829, die von einem zusätzlichen **Generaltatbestand noch anerkennenswerter Sachgründe** ausgehen). Zu Ende gedacht würde damit wenig Zugewinn an Rechtssicherheit und Transparenz erzielt. Bei der Festlegung von Sachgründen nach § 5 Nr. 1 lit. a der Befristungsrahmenvereinbarung erwartet auch der **EuGH** vom Gesetzgeber die Benennung konkreter Umstände, die eine bestimmte Tätigkeit kennzeichnen (23.4.2009 – C-378/07 u.a., Rn 96 **Angelidaki**; EuArbR/*Krebber* § 5 RL 1999/70/EG Rn 17, 25). Vgl. Rdn 507.

502 Unbedenklich erscheint dagegen, **neue nicht bedachte Sachverhalte** den genannten Sachgründen **zuzuordnen** und dabei das übliche Auslegungsinstrumentarium zu gebrauchen (zur Vorsicht ratend *Braun* MDR 2006, 609, 613). Die dabei entstehenden **Sammeltatbestände** (s. Rdn 499) erbringen über die Zuordnung zu einem gesetzlich gebilligten Sachgrund systematischen Rückhalt in Form eines »Handlaufs« (zweifelnd *Dörner* Befr. Arbeitsvertrag Rn 165: kein »Zugewinn«). Der hier vertretenen Rechtsauffassung rückt das BAG näher, wenn es einen sonstigen Sachgrund nur dann anerkennt, wenn er **den in § 14 Abs. 1 Nr. 1 bis 8 TzBfG zum Ausdruck kommenden Wertmaßstäben** entspricht (BAG 11.9.2013 EzA § 14 TzBfG Nr. 96, Rn 28; 9.12.2009 EzA § 14 TzBfG Nr. 62; 17.1.2007 EzA § 14 TzBfG Nr. 37; 16.3.2005 EzA § 14 TzBfG Nr. 17; HaKo-TzBfG/*Boecken* Rn 126; APS-*Backhaus* Rn 118).

503 So lässt sich der »erfundene« **Sachgrund »Sicherung der personellen Kontinuität der Betriebsratsarbeit«** (BAG 23.1.2003 EzA § 620 BGB Nr. 185, noch zum alten Rechtszustand vor Inkrafttreten des TzBfG) § 14 Abs. 1 S. 2 Nr. 6 als Unterfall zuschlagen. Die wünschenswerte **Stetigkeit der Betriebsratsarbeit** kann nämlich nur erreicht werden, wenn Mitglieder des Betriebsrats, die aufgrund der Besonderheiten des betroffenen Sozialbetriebes ihrerseits in befristeten Arbeitsverhältnissen stehen, im Wege einer verlängerten Befristung **bis zum Ablauf der Amtsperiode** im Arbeitsverhältnis verbleiben (BAG 8.6.2016 EzA § 14 TzBfG Nr. 122, Rn 20; 20.01.2016 EzA § 37 BetrVG 2001 Nr. 23, Rn 15; Ausnahmen nur bei vom Arbeitgeber vorzutragenden besonderen Umständen; ErfK-*Müller-Glöge* Rn 78). Damit werden die Umstände **in der Person** des Betriebsratsmitglieds letztlich ausschlaggebend. Die Sachgrundprüfung richtet sich deshalb an der **personellen Identität** des Betriebsratsgremiums aus, um dem Interesse des Arbeitgebers an einem funktionsfähigen Betriebsrat entgegen zu kommen und damit zugleich wiederholte Unruhe stiftende und kostenträchtige Betriebsratswahlen zu vermeiden.

504 Die sog. **Platzhalterbefristung** lässt sich ohne Probleme dem Sachgrund der Vertretung (Nr. 3) zuordnen. Hat der Arbeitgeber übergangsweise eine **Personallücke** zu füllen, für deren dauerhafte Besetzung er sich in der Zukunft bereits vertraglich an eine dritte Person gebunden hat, so ist die **Kausalität** zwischen befristetem Personaleinsatz des »Vertreters« ebenso gegeben wie die sichere Erwartung eines Einsatzes (anstelle einer Rückkehr) durch den »Vertretenen« (vgl. dazu BAG 18.3.2015 EzA § 14 TzBfG Nr. 115, Rn 15; LAG Bln.-Bra. 4.2.2016 LAGE § 14 TzBfG Nr. 104, Rn 27, befristete Beschäftigung bis zum Abschluss eines Auswahlverfahrens; LAG SchlH 19.12.2012 – 6 Sa 62/12, »Sachgrundprüfung« mit Rechtsmissbrauchskontrolle). Vgl. Rdn 500.

505 Das BAG hat nach ablehnender Prüfung der Sachgründe **Nr. 1** (vorübergehender betrieblicher Bedarf) und **Nr. 6** (Gründe in der Person des Arbeitnehmers) keine Möglichkeit gesehen, im Interesse des Arbeitgebers aus Gründen der Flexibilisierung und Kostenersparnis eine »**Übergangsbefristung bis zum dauerhaften Einsatz von Leiharbeitnehmern**« zu billigen (BAG 9.12.2009 EzA § 14 TzBfG Nr. 62 Rn 35). Die Ablehnung wird dabei darauf gestützt, dass es jedenfalls an

einem zeitlich begrenzten Bedürfnis einer befristeten Beschäftigung des Arbeitnehmers wie im Falle einer Vertretung (**Nr. 3**) fehle, da eine **dauerhafte Beschäftigung mit Leiharbeitnehmern** geplant sei, zu denen der Arbeitgeber keine vertraglich verpflichtende Bindung habe. Hieran wird deutlich, dass das BAG die **genannten Sachgründe als »Korridor«** begreift, in den sich neu entdeckte Rechtfertigungen für Sachgrundbefristungen einzupassen haben. In diesem Sinn hat das *LAG Köln* (24.8.2007 LAGE § 14 TzBfG Nr. 37a) in Anlehnung an **Nr. 5** (Erprobung) den Befristungssachgrund der »Bewährung des Arbeitnehmers nach kündigungsberechtigendem Verhalten« anerkannt. Die Wertmaßstäbe des § 14 Abs. 1 TzBfG setzen auch keinen sonstigen Sachgrund im Fall der Vereinbarung eines **Abfindungsanspruchs im Arbeitsvertrag eines leitenden Angestellten** für den Fall der Beendigung des Arbeitsverhältnisses durch Fristablauf (*BAG* 21.3.2017 EzA § 14 TzBfG Sonstiger Sachgrund Nr. 1, Rn 110; *Sievers* Rn 496; s.a. Rdn 437; aA APS-*Backhaus* Rn 20; vgl. auch *Walker* NZA 2017, 1417, zur nachträglichen Altersbefristung bei Führungskräften, die er aber über den Sachgrund § 14 Abs. 1 S. 2 Nr. 6 TzBfG rechtfertigen will).

Tarifverträge können ebenfalls Sachgründe außerhalb des Katalogs in § 14 Abs. 1 TzBfG setzen, soweit diese dem **Wertgefüge der gesetzlich genannten Sachgründe in § 14 Abs. 1 TzBfG** entsprechen oder diese gar einschränken (§ 22 Abs. 1 TzBfG). Danach ist die tariflich gestattete befristete Einstellung eines Arbeitnehmers für eine spätere **anderweitige Besetzung des Arbeitsplatzes** unwirksam, weil der Arbeitgeber insoweit völlig frei und nicht an einen später zu berücksichtigenden Arbeitnehmer vertraglich gebunden war (*BAG* 9.12.2009 EzA § 14 TzBfG Nr. 62 Rn 36; aA *LAG Brem.* 9.6.2008 EzTöD 100 § 30 Abs. 1 TVöD-AT Sachgrundbefristung Nr. 15, keine eigenständigen tariflichen Sachgründe, die über § 14 Abs. 1 TzBfG hinausgehen). Der **dauerhafte Bezug einer Erwerbsunfähigkeitsrente** aus der gesetzlichen Rentenversicherung rechtfertigt die Beendigung des Arbeitsverhältnisses ohne Rücksicht auf den gesetzlichen Kündigungsschutz nur, wenn der Arbeitnehmer durch eine **dauerhafte Rentenleistung wirtschaftlich abgesichert** wird. Eine Rentenbewilligung, die zu keiner rentenrechtlichen Absicherung führt, ist als Auflösungstatbestand nach §§ 14, 21 TzBfG ungeeignet (*BAG* 23.7.2014 EzA § 14 TzBfG Nr. 106, Rn 58 zur auflösenden Bedingung im § 33 TV-L).

Im Schrifttum zum TzBfG wird die Auffassung vertreten, dass eine abschließende **Systembildung** zulässiger Befristungs- und Bedingungstatbestände **nicht möglich** sei, weil die Sachgrundrechtsprechung letztlich eine Vertragskontrolle war und bleibe (*Dörner* Befr. Arbeitsvertrag Rn 164; *Hromadka* BB 2001, jeweils mwN). Außerdem werden unterstützend gängige **europarechtliche Regelungstechniken** ins Feld geführt (*LAG Köln* 24.8.2007 LAGE § 14 TzBfG Nr. 37a; *Preis/Gotthardt* ZESAR 2002, 15 f.; *Thüsing/Lambrich* BB 2002, 831; LS-*Schlachter* Rn 97). Hierzu kann jedoch nur auf die Erkenntnisse der **EuGH-Entscheidung Adeneler** vom 4.7.2006 (EzA Richtlinie 99/70 EG-Vertrag 1999 Nr. 1) verwiesen werden, die nicht nur dem Gesetzgeber, sondern auch der Rechtsprechung »Fesseln« bei der Ausgestaltung von Sachgründen anlegen. Der **Begriff** des **sachlichen Grundes in § 5 Nr. 1 Buchst. a** der Rahmenvereinbarung über befristete Verträge ist danach dahin zu verstehen, dass er **genau bezeichnete, konkrete Umstände meint, die eine bestimmte Tätigkeit kennzeichnen** und daher in diesem speziellen Zusammenhang den Einsatz aufeinanderfolgender befristeter Arbeitsverträge rechtfertigen können. Diese Umstände können sich etwa aus der **besonderen Art der Aufgaben, zu deren Erfüllung die Verträge geschlossen worden sind, und deren Wesensmerkmalen oder ggf. aus der Verfolgung eines legitimen sozialpolitischen Ziels** durch einen Mitgliedstaat ergeben (*EuGH* 26.1.2012 EzA § 14 TzBfG Nr. 80 Kücük, Rn 25; 14.9.2016 NZA 2016, 1193, Rn 45 de Diego Porras). Näher dazu Rdn 29 f., 259. Die **Festlegung von zusätzlichen Sachgründen** sollte deshalb regelmäßig dem **Gesetzgeber** vorbehalten bleiben.

V. Tarif- und Kirchenautonomie

Die **Tarifvertragsparteien** können nur im Rahmen von §§ 14 Abs. 2 S. 3, Abs. 2a S. 4 und 22 TzBfG vom Gesetz abweichen. Danach ist die **tarifliche Einschränkung von Sachgründen** als eine dem Arbeitnehmer günstigere Regelung iSv § 22 Abs. 1 TzBfG **zulässig** (zB § 30 Abs. 2 und 3 TVöD). Vgl. hierzu die Erl. zu den einzelnen Sachgründen und die systematischen Erörterungen bei *Bader* § 22 TzBfG.

§ 14 TzBfG   Zulässigkeit der Befristung

509 Im Unterschied zum aufgehobenen BeschFG (dort § 6 Abs. 3) gestattet § 22 TzBfG nur noch den **Tarifvertragsparteien, nicht** dagegen den **Kirchen** das Recht zum Erlass abweichender Regelungen. Die nach **§ 14 Abs. 2 S. 3**, Abs. 2a S. 4 und **§ 4 TzBfG** (näher dazu s. Rdn 603 ff.) möglichen **tarifvertraglichen Abweichungen auch zuungunsten der Arbeitnehmer** bleiben deshalb den **Kirchen verschlossen** (*BAG* 25.3.2009 EzA § 611 BGB 2002 Kirchliche Arbeitnehmer Nr. 11; *Dörner* Befr. Arbeitsverträge Rn 491 mwN; aA *v. Hoyningen-Huene/van Endern* Anm. AP Nr. 59 zu § 14 TzBfG; *v. Tilling* ZTR 2009, 458; *Joussen* RdA 2010, 182, der im kollektiven kirchlichen Arbeitsrecht ein angebliches einseitiges Gestaltungsrecht des kirchlichen Arbeitgebers verneint; *Thüsing* BB 2009, 1928, der einen Verstoß gegen Art. 3 GG und das Selbstbestimmungsrecht der Kirchen erkennt). **Arbeitsvertragsordnungen** der Kirchen haben **keinen Tarifrang**. Ihnen kommt keine normative Wirkung zu; sie finden nur kraft einzelvertraglicher Bezugnahme auf ein Arbeitsverhältnis Anwendung (st. Rspr. *BAG* 28.1.1998 EzA § 611 BGB Kirchliche Arbeitnehmer Nr. 44; vgl. auch *BAG* 12.6.2013 EzA § 620 BGB 2002 Altersgrenze Nr. 14, Rn 15; 18.5.2004 EzA § 8 TzBfG Nr. 11; *LAG Hamm* 1.6.2012 LAGE § 4 TVG Ausschlussfristen Nr. 60, Rn 80 f.). Die evangelische Kirche schloss mit Ausnahme der Nordelbischen evangelischen Landeskirche bisher keine Tarifverträge ab; die katholische Kirche nutzt ausschließlich den sog. »Dritten Weg« (*Richardi* ArbRecht in der Kirche, § 8 Rn 13; § 15 Rn 3 ff.). Nach der Entscheidung des BAG zum »Zweiten und Dritten Weg« (20.11.2012 EzA Art. 9 GG Arbeitskampf Nr. 148) zeichnet sich ab, dass auch andere Kirchengliederungen demnächst »echte« Tarifverträge abschließen werden. Dann eröffnet sich ohne Weiteres auch den Kirchen die Möglichkeit abweichender Regelungen zum Befristungsrecht im Rahmen des TzBfG.

510 Der Ausschluss kirchenrechtlicher Regelungen von den tarifvertraglichen Privilegierungen im TzBfG ist schwer nachvollziehbar. In den **Erwägungen** zu der **Richtlinie 2000/78/EG** vom 27.11.2000 **unter Abs.** 24 ist ausdrücklich auf die in der Schlussakte zum Amsterdamer Vertrag beigefügte Erklärung Nr. 11 hingewiesen wird, wonach die EU anerkannt hat, dass sie den Status, den Kirchen und religiöse Vereinigungen oder Gemeinschaften in dem Mitgliedstaat nach deren Rechtsvorschriften genießen, achtet und ihn nicht beeinträchtigt; dagegen fehlt es an einer ausdrücklichen **Kirchenklausel** in der Richtlinie 1999/70/EG. Es fragt sich daher, ob der nationale Gesetzgeber bei der Umsetzung der Richtlinie dem nicht mehr Beachtung hätte schenken müssen, zumal nach der Verfassung das **kirchliche Selbstbestimmungsrecht** aus Art. 140 GG iVm Art. 137 Abs. 3 S. 1 WRV zu respektieren ist (näher dazu LS-*Schlachter* § 22 TzBfG Rn 8 ff.; *Müller-Volbehr* NZA 2002, 301, 303; *Joussen* RdA 2010, 182; *Thüsing* BB 2009, 1928). Vgl. auch *BVerfG* 22.10.2014 EzA § 611 BGB 2002 Kirchliche Arbeitnehmer Nr. 32.

511 Während europarechtlich die Fassung der Arbeitszeitrichtlinie 93/104/EG vom 23.11.1993 mit den Änderungen durch die **Richtlinie 2000/34/EG** vom 22.6.2000 (*Oetker/Preis* EAS A 3440, 3441) den kirchlichen Besonderheiten Freiräume widmet, gleiches auch die allgemeine **Antidiskriminierungsrichtlinie 2000/78/EG** (Art. 4 Abs. 2) berücksichtigt hat (§ 9 AGG), ist dies bei den Ergebnissen des sozialen Dialogs der Sozialpartner offenbar verloren gegangen. **Der nationale Gesetzgeber** wird deshalb aufgefordert bleiben, **ergänzende Regelungen in § 22 TzBfG** aufzunehmen; die Rspr. wird sich um eine verfassungskonforme Auslegung der bestehenden Vorschriften bemühen müssen (vgl. zu allem ausführlich *Thiel* ZMV 2001, 169; *Müller-Volbehr* NZA 2002, 301 ff.; *v. Hoyningen-Huene/van Endern* Anm. AP Nr. 59 zu § 14 TzBfG). Ein Weg, Befristungen im **kirchlichen Bereich** mit Rücksicht auf die dort herrschenden besonderen Arbeitsbedingungen zuzulassen, eröffnet der Sachgrund nach **Nr. 4** (Eigenart der Arbeitsleistung; vgl. Rdn 303). Hierbei ist aber die Entscheidung des *EuGH* vom 17.4.2018 (EzA § 611 BGB 2002 Kirchliche Arbeitnehmer Nr. 42 **Egenberger**) zu beachten, die den Kreis der hiervon betroffenen Arbeitnehmer auf solche mit für die Kirche wesentlichen, rechtmäßigen und gerechtfertigten beruflichen Anforderungen einschränkt (Tendenzträger). Die Entscheidung des *BAG* v. 25.3.2009 (EzA § 611 BGB 2002 Kirchliche Arbeitnehmer Nr. 11) sollte aufgrund einer **Verfassungsbeschwerde** der Kirche noch überprüft werden. Das Verfahren wurde eingestellt, (Az. 2 BvR 2047/09) da die Beschwerdeführerin ihre Verfassungsbeschwerde zurückgenommen hat und die Voraussetzungen einer Entscheidung durch das Bundesverfassungsgericht trotz wirksamer Rücknahmeerklärung (vgl. BVerfGE 98, 218, 242 f.) nicht vorlagen.

C. Die sachgrundlose Befristung (§ 14 Abs. 2, 2a und 3 TzBfG)

I. Ablösung des BeschFG 1985/1996

1. Überblick

Der Gesetzgeber des TzBfG hat **Elemente aus den Vorgängerregelungen des BeschFG 1985 und des BeschFG 1996 übernommen** (zB einmalige Neueinstellung, dreimalige Verlängerung des befristeten Arbeitsvertrages bis zur Gesamtdauer von zwei Jahren), so dass die dazu geschöpften Erkenntnisse in Rspr. und Schrifttum in Zukunft von **Bedeutung bleiben** (ebenso *Dörner* ZTR 2001, 485, 491; *ders.* Befr. Arbeitsvertrag 2. Aufl., Rn 21 ff., 423; LS-*Schlachter* 1. Aufl., Rn 81; *dies.* 2. Aufl., Rn 98). Die alte Rechtslage unter der Geltung des § 620 BGB und des BeschFG 1996 wirkte längstens bis zum 31.12.2002 auf die Altverträge fort. Dies ergibt sich aus § 1 Abs. 6 BeschFG 1996 sowie Art. 34 des Gesetzes über Teilzeitarbeit und befristete Arbeitsverträge und zur Änderung und Aufhebung arbeitsrechtlicher Bestimmungen vom 21.12.2000 (BGBl. I S. 1966), der das Außerkrafttreten des BeschFG zum 31.12.2000 und das Inkrafttreten des TzBfG zum 1.1.2001 bestimmt. Zur Darstellung der früheren Rechtslage wird auf die Ausführungen bei *Lipke* KR 9. Aufl., Rn 359–374 verwiesen.

512

2. Neuerungen der sachgrundlosen Befristung

Da bereits die Sachgrundbefristung vom gewünschten unbefristeten Regelarbeitsverhältnis abweicht und sich damit als Ausnahme darstellt (*Dörner* NZA 2007, 62), muss die **sachgrundlose Befristung** als **Ausnahme von der Ausnahme** (sog. Gegenausnahme) noch einschränkender interpretiert werden (*Lakies* Befr. Arbeitsverträge Rn 7; *Dörner* Neues aus der Gesetzgebung und Rechtsprechung zum Recht des befristeten Arbeitsvertrages, Vortrag DAI Brennpunkte 2007, S. 17; *Lipke* Die Zukunft der (sachgrundlosen) Befristung von Arbeitsverhältnissen – Regel oder Ausnahme?, Vortrag DAI Jahrestagung 2010, S. 35; *Gräfl* FS Bauer 2010, S. 378). Sachgrundlose Befristungen sind vom Tatbestand her grds. **arbeitgeber- und nicht betriebsbezogen** (*BAG* 17.1.2007 EzA § 14 TzBfG Nr. 37). Erklärtes **Ziel des Gesetzgebers ist es**, Befristungsketten, die durch **einen mehrfachen Wechsel zwischen Befristungen mit und ohne Sachgrund** entstehen konnten, zu verhindern. Die gesetzlichen Einschränkungen gelten für **private wie auch für öffentliche Arbeitgeber** (*BAG* 9.9.2015 EzA § 14 TzBfG Nr. 118, Rn 24). Eine **Ausnahme betrifft diejenigen**, die das **52. Lebensjahr vollendet haben** (Abs. 3 S. 1). Diese Arbeitnehmergruppe kann nach dem mehrfach geänderten Gesetzeswortlaut (zuletzt durch das Gesetz zur Verbesserung der Beschäftigungschancen älterer Menschen vom 19.4.2007 BGBl. I S. 538) nun unter bestimmten Voraussetzungen **bis zu fünf Jahren** in Kettenbefristungen ohne Sachgrund beschäftigt werden. Die Gesetzesänderung ist eine Folge der Entscheidung des EuGH v. 22.11.2005 in der **Rechtssache Mangold** (EzA § 14 TzBfG Nr. 21; vgl dazu Rdn 651 ff.). Für alle übrigen Arbeitnehmer sollte in Zukunft der **Abschluss eines sachgrundlosen befristeten Arbeitsvertrages nur noch möglich sein, wenn mit demselben Arbeitgeber zuvor ein unbefristetes oder befristetes Arbeitsverhältnis nicht bestanden hat** (*BVerfG* 6.6.2018 NZA 2018, 774, Rn 50; *Schaub/Koch* § 39 Rn 12; aA noch *BAG* 6.4.2011 EzA § 14 TzBfG Nr. 77, Rn 20, 29). Näher dazu Rdn 515, 568 ff.

513

Damit sollten auch **Aneinanderreihungen von sachgrundlosen Befristungen mit zeitlichen Unterbrechungen nicht mehr zugelassen werden;** die sachgrundlose Befristung sollte deshalb mit demselben Arbeitgeber in einem Arbeitsleben **nur einmal (und nie wieder)** zulässig sein. Anregungen im Gesetzgebungsverfahren, die Regelung insoweit zu lockern (*Preis/Gotthardt* DB 2000, 2072; *Schiefer* DB 2000, 2022;) hat der Gesetzgeber nicht aufgenommen (vgl. BT-Drucks. 14/4374 S. 13, 14, 19; BT-Drucks. 14/4625 S. 20). Damit geraten für den Anwendungsbereich von Abs. 2 die in der Vergangenheit auftretenden **Rechtsprobleme zum Anschlussverbot (Vorbeschäftigungsverbot) und zum engen sachlichen Zusammenhang** (§ 1 Abs. 1 und Abs. 3 BeschFG 1996) **in Fortfall**. Rechtspolitische Bestrebungen (*Preis* NZA 2005, 714, 718; *Lembke* NJW 2006, 325, 328; Koalitionsvereinbarung CDU/CSU/SPD 11.11.2005), die sachgrundlose Befristung nach § 14 Abs. 2 TzBfG im Tausch gegen eine vertraglich zu vereinbarende verlängerte Wartezeit zum

514

§ 14 TzBfG Zulässigkeit der Befristung

Eintritt des gesetzlichen Kündigungsschutzes zu streichen, sind vom Tisch, werden aber weiterhin vorgeschlagen, da die sachgrundlose Befristung nicht als Brücke in die Dauerbeschäftigung, sondern überwiegend als **verlängerte Probezeit** genutzt wird (*Loth* Diss 2015, Kap. 4 § 2 B II., S. 369). Die Kritik an der starren Haltung und der »strikten« Gesetzesanwendung des BAG zum Anschlussverbot blieb (*Preis/Greiner* RdA 2010, 148, 157; ErfK-*Müller-Glöge* 11. Aufl., Rn 98 f.; *Persch* ZTR 2010, 2, 8 f.; *Heidl* RdA 2009, 297, 299, 306; dagegen mit Blick auf das Gesetzgebungs-verfahren *Dörner* Befr. Arbeitsvertrag Rn 432). Erwogen wurde eine gesetzliche **Lockerung des Vorbeschäftigungsverbots** (FAZ vom 3.1.2007, Wirtschaftsteil S. 10; *Bauer* NZA 2011, 241, 249; *Wank* RdA 2010, 193, 200). Näher dazu Rdn 564, 567 ff. Außerdem stand die **erleichterte Befristung von Arbeitsverhältnissen älterer Arbeitnehmer** immer noch in der Kritik (statt vieler *Giesen* NZA 2008, 908 f.; *Kohte* AuR 2008, 282; *Waltermann* NJW 2008, 2532; *Lipke* FS Otto 2008, S. 298). Die Juristentage in Erfurt 2008 und Berlin 2010 haben mit großer Mehrheit die ersatzlose Abschaffung dieser Regelung gefordert. In der Koalitionsvereinbarung vom 27.11./16.12.2013 haben die Regierungsparteien CDU/CSU und SPD **keine Änderung der Befristungsregeln** vorgesehen (dazu KR-*Lipke/Schlünder* § 620 BGB Rdn 121; *Bauer/Klebe/Schunder* NZA 2014, 12, 18), während die Vereinbarungen im **Koalitionsvertrag CDU/CSU/SPD** vom **12.3.2018** weitgehende **Einschränkungen der sachgrundlosen Befristung** anstrebten (vgl. *Klein* DB 2018, 1018; *Arnold/Romero* NZA 2018, 329; *Düwell* jurisPR-ArbR 9/2018 Anm. 1; *Kleinebrink* DB 2018, 1147). Hierzu wurde zwar gegen Ende der 19. Legislaturperiode noch ein Referentenentwurf vorgelegt (vgl. dazu *Bauer/Romero* NZA 2021, 688; *Kroll* AuA 06/2021, 28), aber nicht mehr als Gesetzentwurf eingebracht.

515 Das **BAG** hatte versucht das **Anschlussverbot (Vorbeschäftigungsverbot)** bei sachgrundlosen Befristungen **zu lockern** (*BAG* 6.4.2011 EzA § 14 TzBfG Nr. 77; bestätigt 21.9.2011 EzA § 14 TzBfG Nr. 81). Diese Rechtsprechung des BAG ist vom **BVerfG aufgehoben** worden (6.6.2018 NZA 2018, 774). **Näher dazu ausf. Rdn 567 ff.**

516 Die gesetzgeberische Zielsetzung, die bisherigen großzügigen Verknüpfungsmöglichkeiten von Befristungen mit und ohne Sachgrund einzuschränken, findet jedenfalls ihre **Grenze in der weiterhin zugelassenen Anschlussbefristung mit Sachgrund** (APS-*Backhaus* Rn 506; ErfK-*Müller-Glöge* Rn 97; *Arnold/Gräfl* Rn 309; dazu krit. *Plander* ZTR 2001, 499). Der nach Abs. 2 erleichterten sachgrundlosen Befristung können deshalb Befristungen mit Sachgrund folgen (*Lembke* NJW 2006, 325 f.; LS-*Schlachter* Rn 100; BT-Drucks. 14/4374 S. 14). Die bis zum 31.12.2000 eröffnete Möglichkeit, nach einer Befristung mit Sachgrund mit demselben Arbeitgeber eine Befristung ohne Sachgrund abzuschließen, sollte dagegen nicht mehr gestattet werden (BT-Drucks. 14/4374 S. 20).

517 Eine Ausnahme bildet die sachgrundlose Befristung im Anschluss an eine **Berufsausbildung**. Ungeachtet der Möglichkeit, bei Vorliegen der Voraussetzungen eine übergangsweise befristete Beschäftigung mit Sachgrund nach Abs. 1 Nr. 2 hinter die Berufsausbildung zu schalten, soll nach dem gesetzgeberischen Willen auch die **befristete Übernahme ohne Sachgrund** nach Abs. 2 möglich sein. Hierzu weist die Gesetzesbegründung ausdrücklich darauf hin, dass eine **Berufsausbildung kein Arbeitsverhältnis iSv Abs. 2 S. 2 sei** (BT-Drucks. 14/4374 S. 20). Das ist inzwischen gefestigte Rechtsprechung (*BAG* 21.9.2011 EzA § 14 TzBfG Nr. 81; *LAG Nds.* 4.7.2003 LAGE § 14 TzBfG Nr. 11; *LAG BW* 9.10.2008 LAGE § 14 TzBfG Nr. 44; *Kliemt* NZA 2001, 300; *Hromadka* NJW 2000, 404; aA *Schlachter* NZA 2003, 1180, 1183; vgl. Rdn 221; näher dazu s. Rdn 572). Weitere Ausnahmen sind andere vorgehende Vertragsverhältnisse wie das **Heimarbeitsverhältnis** (*BAG* 24.8.2016 EzA § 14 TzBfG Nr. 125, Rn 12, 37), oder das **Beamtenverhältnis** (*BAG* 24.2.2016 EzA § 14 TzBfG Nr. 120 Rn 18, 31) oder die Beschäftigung von **Selbständigen**, bei denen es sich nicht um Arbeitsverhältnisse handelt. War der Arbeitnehmer zuvor als **Leiharbeitnehmer** im Betrieb beschäftigt, hindert dies nicht seine sachgrundlose Befristung bei Übernahme in ein Arbeitsverhältnis mit dem früheren Entleiher, da das Anschlussverbot **arbeitgeberbezogen** ist (*BAG* 15.5.2013 EzA § 14 TzBfG Nr. 93, Rn 19; ErfK-*Müller-Glöge* Rn 95; *Sievers* Rn 563), sofern kein Rechtsmissbrauch vorliegt.

518 Neue Pfeiler für die sachgrundlose Befristung setzen die Sätze 3 und 4 in Abs. 2 der Bestimmung. Im Unterschied zur alten Rechtslage kann – ohne Verstoß gegen europarechtliche Vorgaben – durch

Tarifvertrag nunmehr in Teilbereichen (Festlegung der Höchstbefristungsdauer, Zahl der zulässigen Verlängerungen) **auch zuungunsten der Arbeitnehmer** abgewichen werden (*BAG* 17.4.2019 EzA § 14 TzBfG Tarifvertrag Nr. 3; 26.10.2016 EzA § 14 TzBfG Tarifvertrag Nr. 1, Rn 14, 31; 15.8.2012 EzA § 14 TzBfG Nr. 87, Rn 15; *LAG Bln.-Bra.* 24.6.2011 DB 2011, 2611). Die Gesamtschau von §§ 22 Abs. 1 und 14 Abs. 2 S. 3 zeigt auf, dass die gesetzlichen Bestimmungen zur sachgrundlosen Befristung nicht mehr durchgehend einseitig zwingend sind, sondern **in einzelnen Regelungsbereichen eine umfassende tarifvertragliche Normierungsfreiheit** eröffnen. Die Tariföffnung für Regelungen zur gesetzlichen Höchstbefristungsdauer und zur Höchstzahl der Verlängerungen eines sachgrundlosen befristeten Arbeitsvertrages soll branchenspezifische Lösungen erleichtern (BT-Drucks. 14/4374 S. 14, 20; *Francken* NZA 2010, 305; *Boecken/Jacobsen* ZfA 2012, 37). Nicht tarifgebundene Arbeitsvertragsparteien im Geltungsbereich eines solchen Tarifvertrages können derartige **abweichende Tarifregelungen einzelvertraglich übernehmen** (näher dazu Rdn 611 ff.). Das trifft auch auf den möglichen tariflichen **Ausschluss der sachgrundlosen Befristung** zu (*LAG Hamm* 30.11.2017 – 11 Sa 1205/17, Rn 48; *LAG Bln.-Bra.* 25.4.2017 LAGE § 14 TzBfG Nr. 111, Rn 21). Kollektive Regelungen im **Kirchenarbeitsrecht** dürfen dagegen derartige Regeln nicht treffen (*BAG* 25.3.2009 EzA § 611 BGB 2002 Kirchliche Arbeitnehmer Nr. 11; s. Rdn 509, 607). Ihnen stehen indessen die allgemeinen Befristungsmöglichkeiten nach Abs. 2 offen (HWK-*Rennpferdt* Rn 148 unter Hinw. auf *KGH.EKD Hannover* 5.12.2016 – II-0124/48–2016).

Die Bestimmungen zur sachgrundlosen Befristung in Abs. 2 und 3 sind erstmals als **Dauerregelung** angelegt (BT-Drucks. 14/4374 S. 13). **Mit der Dauerregelung** entsteht eine erhöhte **Rechtssicherheit und Transparenz** für die Praxis. Die »Nachbesserungen« durch **Einfügung des Abs. 2a** und die inzwischen erfolgte **Überarbeitung des Abs. 3** zeigen indessen auf, dass das **Befristungsrecht** eine **bevorzugte Baustelle** für neue gesetzgeberische Aktivitäten zur Belebung des Arbeitsmarktes bleibt (dazu Rdn 616 ff., 648 f.). Vorschläge, das Befristungsrecht anzupassen, sind auf dem Markt (*Thüsing* BB 2014, Heft 15, I; *Greiner* ZESAR 2014, 357; *v. Medem* ArbR 2014, 425) und waren Gegenstand der – insoweit nicht umgesetzten – **Koalitionsvereinbarung** CDU/CSU/SPD vom **12.3.2018**. 519

3. Europarechtliche Vorgaben

Die **neuen Bestimmungen** zu den Voraussetzungen einer sachgrundlosen Befristung **nach Abs. 2** stehen im Einklang mit §§ 5 Nr. 1 lit b und c, 8 Nr. 3 der in die **EG-Richtlinie 1999/70 EG** übernommenen Rahmenvereinbarung (*BAG* 9.9.2015 EzA § 14 TzBfG Nr. 118, Rn 25; *Sächs. LAG* 19.4.2011 LAGE § 14 TzBfG Nr. 63a Rn 43 ff.; *LAG BW* 11.1.2006 – 13 Sa 75/05; 14.9.2005 – 13 Sa 32/05; *ArbG Bln.* 21.7.2011 – 33 Ca 4761/11; APS-*Backhaus* Rn 508; EuArbR/*Krebber* § 5 RL 1999/70/EG Rn 27 f., 46 ff.). Aus **völkerrechtlichen Normen** des Art. 8 Abs. 1 EMRK, der Europäischen Sozialcharta und Art. 6 Abs. 1 des Internationalen Pakts über wirtschaftliche, soziale und kulturelle Rechts (IPwskR) ergeben sich ebenfalls keine Bedenken (*BVerfG* 6.6.2018 NZA 2018, 774, Rn 64 ff.). Das BAG hält die Bestimmung unter Einsatz einer zusätzlichen Missbrauchskontrolle für europarechtskonform (*BAG* 19.3.2014 NZA-RR 2014, 462, Rn 30; 9.3.2011 EzA § 14 TzBfG Nr. 75, Rn 21). Das Gesetz begrenzt möglichen Befristungsmissbrauch durch eine Befristungshöchstdauer und eine Einschränkung der Verlängerungsmöglichkeiten. Die am 1.12.2009 in Kraft getretene **Europäische Grundrechtecharta** (EU-GRCharta) erfasst zwar § 14 Abs. 2 TzBfG (Art. 51 Abs. 1 EU-GRCharta), dessen Anwendungsvoraussetzungen mit **Art. 30 EU-GRCharta** (Schutz vor ungerechtfertigter Entlassung) im Einklang stehen müssen. Die dazu maßgebliche Auslegung der Rahmenvereinbarung anhand der Charta führt aber zu keinem abweichenden Ergebnis (*Willemsen/Sagan* NZA 2011, 258, 261; *Arnold/Gräfl* Rn 363; *Dörner* Befr. Arbeitsvertrag Rn 426; abw. *Brose* ZESAR 2008, 221, 228). Der Kritik, die nunmehr gesetzlich auf Dauer eingeräumte Möglichkeit einer einmaligen sachgrundlosen Befristung des Arbeitsverhältnisses würde gegen das europarechtliche **Verbot in § 8 Nr. 3 der Rahmenvereinbarung** verstoßen, bei Umsetzung der Richtlinie **das allgemeine Niveau des Arbeitnehmerschutzes im Bereich der Befristung abzusenken** (so *Däubler* ZIP 2000, 1967; *Schmalenberg* NZA 2000, 1043 ff.), ist nicht 520 zu folgen. Im Einzelnen wird gerügt, dass nunmehr **dauerhaft eine sachgrundlose Befristung vom Gesetzgeber erlaubt**, und überdies den Tarifvertragsparteien gestattet wird, für die Arbeitnehmer verschlechternde Regelungen zu treffen.

521 Dieser Kritik ist zu Recht entgegengehalten worden«, dass Abs. 2 nur eine im Grundsatz bereits seit 15 Jahren bestehende Befristungsmöglichkeit fortschreibt und die nun vorgenommene **Begrenzung der Kettenbefristung die Rechtslage erheblich zugunsten der Arbeitnehmer verbessert** hat (vgl. *BAG* 19.3.2014 NZA-RR 2014, 462, Rn 30; *Hanau* NZA 2000, 1045; *Boewer* Rn 225; *Dörner* Befr. Arbeitsvertrag, Rn 426 f.; *Arnold/Gräfl* Rn 363) Dabei ist für den Vergleich auf das zum Zeitpunkt des Inkrafttretens der Richtlinie in Deutschland geltende Befristungsrecht und nicht etwa auf den Beginn der »Umgehungsrechtsprechung« des *BAG* vom 12.10.1960 (EzA § 620 BGB Nr. 2) abzustellen (ebenso *Löwisch* NZA 2000, 1044 f.; *Bauer* NZA 2000, 756; *Rolfs* EAS B 3200 Rn 39; APS-*Backhaus* Rn 508; *Thüsing/Lambrich* BB 2002, 829, 831; MüKo-*Hesse* Rn 85; LS-*Schlachter* Rn 100; *Schaub/Koch* § 39 Rn 1). Im Übrigen ist der Maßstab für die »Senkung des allgemeinen Niveaus des Arbeitnehmerschutzes« für den gesamten Regelungsbereich der befristeten Arbeitsverhältnisse anzulegen und nicht etwa an einem punktuellen Rückschritt in Einzelfragen festzumachen (*EuGH* 23.4.2009 AP Nr. 6 zu Richtlinie 99/70/EG **Angelidaki**; *Rolfs* EAS B 3200 Rn 39 unter Hinweis auf *Balze* EAS B 5000 Rn 30; vgl. auch *Thüsing* ZESAR 2009, 388). Zu den **europäischen Rechtsgrundlagen** wird auf die Erl. in Rdn 17 ff. verwiesen. **Zur Vereinbarkeit mit deutschem Verfassungsrecht** vgl. Rdn 52 ff., 55. Hier wird teilweise eine verfassungskonforme Auslegung des »**Befristungsschutzes zweiter Klasse**« mit dem Ziel eingefordert, willkürliche sachgrundlose Befristungen zu verhindern (so DDZ-*Wroblewski* Rn 185, 223 unter Hinw. auf die Entscheidung *BAG* 18.10.2006 EzA § 14 TzBfG Nr. 34 zur Haushaltsbefristung).

4. Geltungsbereich

522 Die Bestimmungen des **Abs. 2** gelten für alle Arbeitnehmer, soweit nicht für die Befristung von Arbeitsverträgen mit bestimmten Arbeitnehmergruppen Sondervorschriften gelten. **Das Gesetz unterscheidet hinsichtlich der Befristungsvoraussetzungen derzeit nur noch zwischen Arbeitnehmern vor und nach Vollendung des 52. Lebensjahres**. Da es nicht auf den Vertragsschluss, sondern auf den tatsächlichen **Beginn des Arbeitsverhältnisses** ankommt, kann vor Vollendung des 52. Lebensjahres ein wirksamer Befristungsvertrag zu den Bedingungen des **Abs. 3** geschlossen werden, soweit die Arbeitsaufnahme erst nach Vollendung des 52. Lebensjahres vorgesehen ist. Rechtlich handelt es sich insoweit um einen Vertrag unter einer aufschiebenden Bedingung (§ 158 Abs. 1 BGB). Für den Sonderfall der **Existenzneugründung** eines Unternehmens nach **Abs. 2a** ist eine weitere Abgrenzung vorzunehmen (dazu s. Rdn 616 ff.). Zu den veränderten Befristungsvoraussetzungen nach Abs. 3 vgl. Rdn 648 ff., 658 ff.

523 Das Gesetz nimmt vom Anwendungsbereich des Abs. 2 die **kündigungsrechtlich besonders geschützten Arbeitnehmergruppen** nicht aus. Schon zu den vorangehenden, die Befristung ohne Sachgrund ermöglichenden gesetzlichen Regelungen hatte der Gesetzgeber ausgeführt, dass ein Sachgrunderfordernis zur Befristung von Arbeitsverträgen mit kündigungsrechtlich besonders geschützten Arbeitnehmergruppen diesen die Chance auf einen befristeten Arbeitsvertrag weitgehend nehmen würde (BR-Drs. 393/84 S. 25 und BT-Drucks. 10/2102 S. 24). Das Anliegen, Arbeitnehmern über die sachgrundlose Befristung ihres Arbeitsverhältnisses eine **Brücke in die dauerhafte Beschäftigung** zu bauen, verfolgt der Gesetzgeber des TzBfG weiter (BT-Drucks. 14/4374 S. 14). Von daher kann auch weiterhin mit **Schwerbehinderten, Schwangeren, Wehrdienst- und Zivildienstpflichtigen** (ab 3.5.2011 aber nur noch Freiwilligendienst; BFDG v. 28.4.2011 BGBl. I 2011, S. 687); ein befristeter Arbeitsvertrag nach 14 Abs. 2 TzBfG geschlossen werden (*Bader/Bram-Bader* [2014], § 620 BGB Rn 42 ff.; DDZ-*Wroblewski* Rn 188; *Dörner* Befr. Arbeitsvertrag Rn 428; *Rolfs* Rn 79; APS-*Backhaus* Rn 510; ErfK-*Müller-Glöge* Rn 81; *Annuß/Thüsing/Maschmann* Rn 62; LS-*Schlachter* Rn 85; Schaub/*Koch* § 39 Rn 3). Eine Befristung »wegen« Schwangerschaft oder Schwerbehinderung kann gegen die **Diskriminierungsverbote der §§ 7, 1 AGG** verstoßen, ohne dass daraus grds. ein Anspruch auf unbefristete Fortsetzung des Arbeitsverhältnisses erwächst (*BAG*

21.9.2011 EzA § 612a BGB 2002 Nr. 7, Rn 44 f.; **aA** *ArbG Cottbus* 13.9.2000 NZA-RR 2000, 626). Dazu s. Rdn 73 ff.

Wird ein ohne Sachgrund befristet eingestellter Arbeitnehmer **in ein betriebsverfassungsrechtliches** 524 **Organ gewählt**, genießt er den besonderen Kündigungsschutz nach Maßgabe des § 15 KSchG. Diesen erhält er wegen seines Amtes und nicht aus persönlichen Gründen. Nach Ablauf der Befristung hat er wegen seiner Stellung im Betriebsrat **keinen Anspruch darauf, befristet oder unbefristet weiterbeschäftigt zu werden**, es sei denn, eine befristete oder unbefristete Fortsetzung des Arbeitsverhältnisses ist allein wegen seiner Betriebsratstätigkeit unterblieben (**Benachteiligung** iSv § 78 BetrVG), wofür das Betriebsratsmitglied die **Darlegungs- und Beweislast** trägt (*BAG* 25.6.2014 EzA § 78 BetrVG 2001 Nr. 4, Rn 30, 36; *LAG Hamm* 5.11.2013 LAGE § 78 BetrVG 2001 Nr. 8, Rn 43; *LAG München* 2.8.2013 – 5 Sa 1005/12; *LAG Bln.-Bra.* 4.11.2011 LAGE § 14 TzBfG Nr. 67a, Rn 26 f.; ErfK-*Kiel* § 15 KSchG Rn 3; LS-*Schlachter* Rn 85; *M. Ecklebe* DB 2014, 1930; *Lakies* ArbR 2011, 447; aA *ArbG München* 8.10.2010 AiB 2011, 267, unionsrechtskonforme Auslegung des § 14 Abs. 2 TzBfG wegen Art. 7 Richtl. 2002/14/EG [Konsultationsrichtlinie]: keine sachgrundlose Befristung von **Betriebsratsmitgliedern** möglich; ebenso *Thannheiser* AiB 2011, 427; *Helm/Bell/Windirsch* AuR 2012, 293). **Unionsrechtlich** genügt der **Schutz aus § 78 S. 2 BetrVG** den Anforderungen aus Art. 7 der RL 2002/14/EG (*BAG* 5.12.2012 EzA § 14 TzBfG Nr. 89, Rn 18, 37 ff.; *LAG Bln.-Bra.*13.1.2016 LAGE § 78 BetrVG 2001 Nr. 11, Rn 42; *LAG Bln.-Bra.* 4.11.2011 LAGE § 14 TzBfG Nr. 67a, Rn 31; *LAG Bay.* 2.8.2013 – 5 Sa 1005/12, Rn 43).

Ausgenommen sind **personalvertretungsrechtliche Besonderheiten im Hochschulbereich** (jetzt 525 § 2 Abs. 5 Nr. 5 WissZeitVG; vgl auch *BAG* 20.4.2005 EzBAT SR 2y BAT Nr. 4; 23.2.2000 EzA § 620 BGB Hochschulen Nr. 25; 4.6.2003 – 7 AZR 281/02). Im Zeitrahmen des § 14 Abs. 2 TzBfG sind Verlängerungen des befristeten Arbeitsverhältnisses möglich; eine weitere Befristung ohne Sachgrund scheidet indessen aus. Die **denkbare Anschlussbefristung mit Sachgrund** nach dem Katalog des 14 Abs. 1 TzBfG ist bei Betriebsrats- und Personalratsmitgliedern einer strengen Befristungskontrolle zu unterziehen, die sich aber nicht mehr auf die Umgehung des Sonderkündigungsschutzes aus § 15 KSchG gründen kann (vgl. hierzu Rdn 73 ff.).

Für die in einem Ausbildungsverhältnis stehenden **Mitglieder einer Jugend- und Auszubildendenvertretung** 526 (§ 78a BetrVG) besteht dem Grundsatz nach ein **Anspruch auf Übernahme** in ein Arbeitsverhältnis auf unbestimmte Zeit. Nur wenn die Voraussetzungen des **§ 78a Abs. 4 BetrVG** für eine Auflösung des Arbeitsverhältnisses vorliegen, weil nach den organisatorischen Vorgaben des Arbeitgebers keine freien Dauerarbeitsplätze vorhanden sind (*BAG* 6.11.1996 EzA § 78a BetrVG 1972 Nr. 24), ist es dem Arbeitgeber erlaubt nur einen befristeten Arbeitsvertrag mit dem Mitglied einer Jugend- und Auszubildendenvertretung abzuschließen. Nach dem insoweit verbindlichen Konsensprinzip setzt dies allerdings voraus, dass der geschützte Auszubildende spätestens mit seinem Weiterbeschäftigungsverlangen **sein Einverständnis zu einer nur befristeten Anstellung** anzeigt (*BAG* 17.2.2010 EzA § 78a BetrVG 2001 Nr. 5; 15.11.2006 EzA § 78a BetrVG 2001 Nr. 3). Die unternehmerische Entscheidung, einen Teil der in seinem Betrieb anfallenden Arbeitsaufgaben künftig Leiharbeitnehmern zu übertragen, macht eine (befristete) Weiterbeschäftigung für den Arbeitgeber nicht unzumutbar (vgl. *BAG* 16.7.2008 EzA § 78a BetrVG 2001 Nr. 4). Nach dem neuen gesetzgeberischen Konzept dürfte es sich bei einer solchen Befristung im Regelfall um eine zeitlich begrenzte Beschäftigung mit **Sachgrund iSv Abs. 1 Nr. 2** handeln. Vgl. dazu ferner KR-*Rinck* Erl. zu § 78a BetrVG.

Mit den Änderungen im **Arbeitnehmerüberlassungsrecht** (dazu näher KR-*Bader/Kreutzberg-Kowalczyk* 527 § 23 TzBfG Rdn 7 ff.; KR-*Lipke/Schlünder* § 620 BGB Rdn 24, 74; *s.a.* Rdn 208) kommen auf **Leiharbeitsverhältnisse seit dem 1.1.2004** die Bestimmungen des **TzBfG** voll zur Anwendung. Daran hat sich durch das zum 1.12.2011 in Kraft gesetzte Erste Gesetz zur Änderung des Arbeitnehmerüberlassungsgesetzes v. 28.4.2011 (BGBl. I 2011, S. 642), das der Umsetzung der Leiharbeitsrichtlinie 2008/104/EG dient, nichts geändert (vgl. *Lembke* NZA 2011, 319; *ders.* DB 2011, 414; problematisch sei der Wegfall des Konzernprivilegs und die Einführung einer unterbindenden Drehtürklausel in §§ 1 Abs. 3 Nr. 2 und 9, Nr. 2 AÜG nF; MHH-TzBfG/*Meinel* Rn 206). Die **Befristungsrichtlinie 1999/70/EG** kommt im Rahmen der befristeten Arbeitnehmerüberlassung nicht zur Anwendung, allein das TzBfG ist maßgebend (*EuGH* 11.4.2013 EzA Richtlinie 99/70 EG-Vertrag 1999 Nr. 6 **Della Rocca**, Rn 35 ff.; *BAG* 15.5.2013 EzA § 14 TzBfG Nr. 93, Rn 19; *Franzen* EuZA 2013, 433; *Lembke* NZA 2013, 815). Eine wiederholte sachgrundlose Befristung mit demselben Verleiher ist danach, abgesehen von der höchstens dreimaligen Verlängerung innerhalb von zwei Jahren nach Neueinstellung, nicht mehr möglich (*Schüren/Berend* NZA 2003, 523). Leiharbeitsverhältnisse werden daher vom Befristungsstandard für den Arbeitnehmer sicherer; für die Zeitarbeitsbranche tun sich damit größere **arbeitsrechtliche Schwierigkeiten** auf (ErfK-*Wank* Einl. AÜG Rn 6 ff.; *ders.* NZA 2003, 14, 10; *Werthebach* NZA 2005, 1044, *Düwell/Dahl* NZA 2007, 891; *Bauer/Krets* NJW 2003, 537, 539 jeweils mwN), die nur durch die in § 14 Abs. 2 S. 3 TzBfG zugelassenen **tarifvertraglichen Abweichungen** für die Arbeitgeberseite gemildert werden können (höhere Zahl von Verlängerungen; Ausweitung der Dauer sachgrundloser Befristung; *Lembke* DB 2003, 2702, 2705 mwN). So ist mehr als fraglich, ob für einen Verleiharbeitgeber neben der sachgrundlosen Befristungsmöglichkeit nach § 14 Abs. 2 TzBfG der Rückgriff auf den Sachgrund des vorübergehenden Arbeitsmehrbedarfs (des Entleihers) und andere Sachgründe möglich und sinnvoll ist, denn diese **Sachgründe** müssen in ihren Voraussetzungen **im Betrieb des Verleihers** und nicht im Bereich der Entleiher bestehen (*Wank* Einl. AÜG Rn 7 unter Hinw. auf *BAG* 18.5.2006 EzAÜG § 9 AÜG Nr. 21; *Düwell/Dahl* NZA 2007, 890, Schwierigkeiten für Verleiher bei der Prognose). Das **Vorbeschäftigungsverbot nach § 14 Abs. 2 S. 2 TzBfG** greift bis zur Grenze des Rechtsmissbrauchs nicht, wenn ein sachgrundlos befristeter Arbeitsvertrag erstmalig mit einem Arbeitgeber geschlossen wird, bei dem der Arbeitnehmer zuvor auf **demselben Arbeitsplatz** als **Leiharbeitnehmer** für eine Zeitarbeitsfirma tätig war (*BAG* 9.3.2011 EzA § 14 TzBfG Nr. 75; 9.2.2011 EzA § 10 AÜG Nr. 14). Das gilt auch für den umgekehrten Fall einer zweiten sachgrundlosen Befristung auf demselben Arbeitsplatz in Arbeitnehmerüberlassung über einen konzerninternen Verleiher (so noch großzügig *BAG* 18.10.2006 EzA § 14 TzBfG Nr. 35; zust. Anm. *Mengel* RdA 2008, 175; aA zur Frage des verneinten Rechtsmissbrauchs *Boemke* AP Nr. 4 zu § 14 TzBfG Verlängerung). Unter dem **unionsrechtlichen Gebot der Rechtsmissbrauchsprüfung** auch bei aneinandergereihten sachgrundlosen Befristungen hat das BAG nun die Anforderungen verschärft (*BAG* 23.9.2013 – 9 AZR 1025/12, Rn 15; 15.5.2013 EzA § 14 TzBfG Nr. 93, Rn 17; vgl. auch Rdn 539 ff., 592 f.). Änderungen der **Vertragsbedingungen** sind nur während der laufenden Befristung, nicht dagegen bei Verlängerung der Befristung möglich (*Hennig, J.* FA 2004, 68 mwN). Nach dem **Koalitionsvertrag CDU/CSU/SPD 2018** wird die sachgrundlose Befristung auf 18 Monate beschränkt bei nur einmaliger Verlängerungsmöglichkeit. Damit findet eine **Harmonisierung** mit der **18monatigen Überlassungsfrist nach § 1 Abs. 1 b AÜG** statt. Außerdem soll die Beschäftigung als Leiharbeitnehmer auf die **Höchstbefristungsdauer** von 5 Jahren **Anrechnung** finden, soweit der Arbeitnehmer vom Entleiher in ein befristetes Arbeitsverhältnis übernommen wird (*Evermann* FA 2018, 150 f.).

528 Da nach **§ 23 TzBfG besondere Regelungen über die Befristung** von Arbeitsverträgen nach anderen gesetzlichen Vorschriften unberührt bleiben sollen, hängt es von der Ausgestaltung der Spezialgesetze ab, ob in **Konkurrenz** zu den dort genannten Sachgrundbefristungen **weitere Befristungen ohne Sachgrund** nach 14 Abs. 2 TzBfG gestattet sind. Nach dem zum 18.4.2007 in Kraft getretenen **WissZeitVG** ist dies nach § 1 Abs. 2 weiterhin möglich. Infolge der nach 14 Abs. 2 TzBfG nur noch zugelassenen erst- und einmaligen Befristung ohne Sachgrund eröffnen sich **nur noch Anschlussbefristungen mit Sachgrund** nach Abs. 1. Entsprechendes gilt für Anschlussbefristungen im Zusammenhang mit **§ 21 BEEG**. Eine im Anwendungsbereich des **ÄArbVtrG** vereinbarte Befristung kann nicht auf § 14 Abs. 2 TzBfG gestützt werden, wenn im Arbeitsvertrag die Beschäftigung zum Zwecke der ärztlichen Weiterbildung vereinbart wurde (*BAG* 14.6.2017 EzA § 620 BGB 2002 Ärzte Nr. 1, Rn 32, 34). Im Einzelnen zum Vorbeschäftigungsverbot s. Rdn 564 ff.

II. Einzelne Zulässigkeitsvoraussetzungen nach Abs. 2

1. Befristungsdauer und Zitiergebot

529 Die **kalendermäßige Befristung** eines Arbeitsvertrages ohne Vorliegen eines Sachgrundes ist weiterhin **bis zur Dauer von zwei Jahren zulässig**. Aus dem Wortlaut und der Gesetzessystematik

wird deutlich, dass damit **für den Bereich des Abs. 2 Zweckbefristungen und auflösende Bedingungen ausscheiden** (APS-*Backhaus* Rn 512; ErfK-*Müller-Glöge* Rn 86; *Sievers* Rn 523; *Osnabrügge* NZA 2003, 639 f.; AR-*Schüren/Moskalew* Rn 74; HaKo-KSchR/*Mestwerdt* Rn 182; HWK-*Rennpferdt* Rn 147). Eine kalendermäßige Befristung setzt nach § 3 Abs. 1 S. 2 TzBfG voraus, dass entweder ein bestimmtes Datum als letzter Tag des Arbeitsverhältnisses vereinbart wird oder eine Zeitdauer mit der Angabe des Beginns des Arbeitsverhältnisses festgelegt ist (vgl. dazu KR-*Bader/Kreutzberg-Kowalczyk* § 3 TzBfG Rdn 17 ff. und KR-*Lipke/Bubach* Erl. zu § 21 TzBfG). Die konkrete zeitliche Festlegung ist in die nach 14 Abs. 4 vorgeschriebene **schriftlichen Vertragsabrede** aufzunehmen. § 14 Abs. 2 TzBfG kann **nicht** für die **vorübergehende Änderung einzelner Arbeitsbedingungen** genutzt werden (s. Rdn 541). Dagegen sprechen Sinn und Zweck der Regelung (vgl. BAG 14.1.2004 EzA § 14 TzBfG Nr. 8; 23.1.2002 EzA § 1 BeschFG 1985 Nr. 29; APS-*Backhaus* Rn 603; MHH-TzBfG/*Meinel* Rn 191), die eine Befristung des Arbeitsvertrages und nicht einzelner Arbeitsvertragsbestandteile behandelt.

Die zulässige **Befristungsspanne** von zwei Jahren bemisst sich – einschließlich der gesetzlich zugelassenen Befristungsverlängerungen – nach dem vereinbarten **Beginn und Ende des Arbeitsverhältnisses.** Auf den **Zeitpunkt des Vertragsabschlusses** kommt es hierbei nicht an (*Arnold/Gräfl* Rn 318; LS-*Schlachter* Rn 103). Für die Berechnung gelten §§ 187 Abs. 2, 188 Abs. 2 und 3 BGB (einhellige Auffassung; statt vieler APS-*Backhaus* Rn 513; *Preis/Gotthardt* DB 2000, 2072). **Unterbrechungen** sind für die sachgrundlose Befristung **nicht zugelassen**; allein der Weg der nahtlosen »Verlängerung« eröffnet die Ausschöpfung der Zweijahresfrist, da ansonsten bei Weiterbeschäftigung als Rechtsfolge ein unbefristetes Arbeitsverhältnis nach § 15 Abs. 5 TzBfG entsteht. 530

Der **arbeitsrechtliche Gleichbehandlungsgrundsatz** begründet über die getroffene Vereinbarung hinaus keinen Anspruch auf Verlängerung eines sachgrundlos befristeten Arbeitsvertrages (BAG 13.8.2008 EzA § 14 TzBfG Nr. 52). 531

Mit dieser Begrenzung auf eine **einmalige Höchstbefristungsdauer von bis zu zwei Jahren** für Zeitverträge ohne Sachgrund ist es ausgeschlossen, **vorangehende wirksame Sachgrundbefristungen** (zB Befristung zur Erprobung, § 14 Abs. 1 Nr. 5 TzBfG) in die Zweijahresfrist des Abs. 2 nicht einzurechnen und eine sachgrundlose Befristung entgegen dem Gesetzesbefehl im Anschluss daran zuzulassen (so aber *Sowka* DB 2000, 2427, der ansonsten einen praktischen Bedeutungsverlust der Befristung ohne Sachgrund befürchtet; kritisch auch *Straub* NZA 2001, 926). Mit dem in Abs. 2 neu aufgenommenen **rigorosen Anschlussverbot (Vorbeschäftigungsverbot)**, das eine Vorbeschäftigung bei demselben Arbeitgeber nicht gestattet, lassen sich die konstruktiven Überlegungen von *Sowka* (DB 2000, 2427), und die Bedenken von *Straub* (NZA 2001, 926) nicht vereinbaren (vgl. auch *Wilhelm* NZA 2001, 822; LS-*Schlachter* Rn 105). Von dieser Situation zu trennen ist die **sachgrundlose Beibehaltung oder Verlängerung eines zuvor mit einem objektiv unzutreffenden Sachgrund befristeten Arbeitsverhältnisses** innerhalb des Zweijahreszeitraums. Dann kann das Ausweichen auf eine andere Befristungsrechtfertigung (mit und ohne Sachgrund) erlaubt sein (*Dörner* Befr. Arbeitsvertrag Rn 480; APS-*Backhaus* Rn 523), wobei sich die sachgrundlose Befristung als »**Auffangkorb**« erweist (ErfK-*Müller-Glöge* Rn 83; *Däubler* ZIP 2001, 217). 532

Haben die Parteien **zur Rechtsgrundlage** der Befristung **eine eindeutige Vereinbarung nicht getroffen** und ergibt sich ein entsprechender Parteiwille – nämlich die vertragliche Abbedingung einer sachgrundlosen Befristung – ebenso wenig aus anderen Umständen (BAG 20.1.2016 EzA § 37 BetrVG 2001 Nr. 23, Rn 27; 29.6.2011 EzA § 14 TzBfG Nr. 78 Rn 20;), so kann sich der Arbeitgeber im Streitfall **mangels eines gesetzlichen Zitiergebots auf einen Sachgrund für die Befristung nach Abs. 1 oder auf die Befristungsmöglichkeiten nach Abs. 2, 2a und 3 berufen** (LAG Hamm 14.2.2008 – 17 Sa 2017/07; *Dörner* Befr. Arbeitsvertrag Rn 480; *Annuß/Thüsing/Maschmann* Rn 63; LS-*Schlachter* Rn 104; HWK-*Rennpferdt* Rn 149 f.; *Stoye* Diss Bonn 2006, S. 233). Dies gilt auch für den Fall einer **Verlängerung der Befristung** im Anschluss an ein befristetes Probearbeitsverhältnis nach § 14 Abs. 1 Nr. 5 TzBfG, soweit sie sich in den zeitlichen Grenzen des § 14 Abs. 2 TzBfG bewegt (LAG Nbg. 19.3.2008 LAGE § 14 TzBfG Nr. 43). Diese Ausweichmöglichkeiten eröffnen dem Arbeitgeber, »wackelige« Befristungsgrundlagen zu retten (*Lembke* NJW 2006, 533

325, 328; aA *Hunold* AuA 2005, 343, 347, der empfiehlt die Rechtsgrundlage der Befristung in den Arbeitsvertrag aufzunehmen). Vgl. Rdn 163 ff. und Rdn 559.

534 Doch selbst die Angabe eines Sachgrundes oder die Bezugnahme auf 14 Abs. 2 TzBfG hindert den Arbeitgeber nach **jetziger Rechtslage** nicht, sich auf einen (anderen) Sachgrund oder die Voraussetzungen einer sachgrundlosen Befristung zu berufen, der nicht Gegenstand der Vertragsverhandlungen der Parteien war (*BAG* 29.11.2011 EzA § 14 TzBfG Nr. 81, Rn 10 f.; 29.6.2011 EzA § 14 TzBfG Nr. 78, Rn 20; 12.8.2009 – 7 AZR 270/08; *LAG Hamm* 14.2.2008 – 17 Sa 2017/07; *Bauer* NZA 2011, 241, 244; *Schiefer* DB 2011, 1220, 1222; aA *Preis/Greiner* RdA 2010, 148, 159, die hier eine Selbstbindung des Arbeitgebers und nicht nur ein Indiz erkennen wollen). Ausschlaggebend ist allein, ob der **Rechtfertigungsgrund** bei Vertragsschluss **objektiv vorlag** (*BAG* 2.9.2009 EzA § 14 TzBfG Nr. 61; *Sievers* Rn 542). **Eine vertragliche Festlegung zur Rechtsgrundlage ist nämlich nur erforderlich, wenn eine gesetzliche (zB § 2 Abs. 4 WissZeitVG) oder kollektivrechtliche Vorschrift (§ 30 TVöD nur bei Inanspruchnahme einer sachgrundlosen Befristung) dies vorgibt** oder der Arbeitgeber nach **personalvertretungsrechtlichen Vorschriften** gehalten ist, den Befristungsgrund zu benennen (vgl. *BAG* 29.6.2011 EzA § 14 TzBfG Nr. 78, Rn 25; 28.3.2007 EzTöD 100 § 30 Abs. 1 TVöD-AT Sachgrundbefristung Nr. 6; 26.7.2006 EzA § 14 TzBfG Nr. 32; *LAG RhPf* 14.6.2006 – 10 Sa 52/06). Ob ein **tarifliches Zitiergebot** besteht, welches bei Nichtbeachtung die Berufung auf § 14 Abs. 2 TzBfG ausschließt (*BAG* 17.6.2009 EzTöD 100 § 30 Abs. 1 TVöD-AT Sachgrundlose Befristung Nr. 11; 16.7.2008 EzA § 14 TzBfG Nr. 51), ist durch Tarifauslegung zu ermitteln (*BAG* 29.6.2011 EzA § 14 TzBfG Nr. 78, Rn 25 f.). Ein Zitiergebot lässt sich nicht aus § 14 Abs. 4 TzBfG ableiten, da es dort nur um die **Befristungsabrede** und nicht um den Befristungsgrund (Ausnahme: Zweckbefristung und auflösende Bedingung) geht (*LAG BW* 14.9.2005 – 13 Sa 32/05). Allein die Nennung eines genau bezeichneten sachlichen Grundes ist uU nur als eine gewollte ausschließliche Zuordnung der Befristung unter § 14 Abs. 1 TzBfG zu werten (*BAG* 4.12.2002 EzA § 14 TzBfG Nr. 17; *Kortstock* ZTR 2004, 558, 560). Es bleibt deshalb im Regelfall bei der »**Auffangfunktion« der sachgrundlosen Befristung** (*LS-Schlachter* Rn 104; *ErfK-Müller-Glöge* Rn 83; einschränkend *Stoye* Diss. Bonn 2006, S. 243).

535 Die derzeitige Höchstbefristung auf zwei Jahre in Abs. 2 und die stark eingeschränkte Kombinationsmöglichkeit mit Sachgrundbefristungen hat in der Praxis dazu geführt, dass zB **Erprobungsbefristungen nach Abs. 1 Nr. 5 durch sachgrundlose Befristungen nach Abs. 2 ersetzt** werden (*Blomeyer, M.* NJW 2008, 2816 f.). Dieser an sich beklagenswerte Zustand wird von *Gotthardt/Preis* (DB 2000, 2072) für personal- und beschäftigungspolitisch vertretbar gehalten, da die bis zu zweijährige »Bewährung« die Chancen des Arbeitnehmers erhöhen würden, im Anschluss in ein unbefristetes Arbeitsverhältnis zu gelangen. Soweit **innerhalb** einer **sachgrundlosen Befristung** noch eine weitere **Sachgrundbefristung zur Erprobung** vereinbart wird, ist diese im Arbeitsvertrag »als Allgemeine Geschäftsbedingung« deutlich hervorzuheben, anderenfalls liegt eine **überraschende Klausel** iSv § 305c Abs. 1 BGB und ein Verstoß gegen das **Transparenzgebot** nach § 307 Abs. 1 S. 2 BGB vor (*BAG* 16.4.2008 NJW 2008, 2279; 8.8.2007 EzA § 21 TzBfG Nr. 2; *Schiefer* DB 2011, 1220, 1222).

2. Verlängerung und Verkürzung

a) Nahtloser Anschluss

536 Der Gesetzgeber will die bis zum 31.12.2000 bestehende Rechtslage zur Regelung der Verlängerung erkennbar fortschreiben (BT-Drucks. 14/4374 S. 19 »wie bisher«; so auch *Dörner* ZTR 2001, 488; ders. NZA 2007, 61). Danach ist eine **Verlängerung iSv § 14 Abs. 2 S. 2 TzBfG** nur die nahtlose Weiterbeschäftigung aufgrund einer schriftlichen Verlängerungsvereinbarung (Abs. 4) vor Ablauf des zu verlängernden Vertrages (*HWK/Rennpferdt* Rn 152 f.; *MüKo-Hesse* Rn 94). Verlängerung ist mithin allein die **einvernehmliche Abänderung des Endtermins** der Befristung vor deren Ablauf (*BAG* 16.1.2008 EzA § 14 TzBfG Nr. 44; 23.8.2006 EzA § 14 TzBfG Nr. 33; 15.1.2003 EzA § 14 TzBfG Nr. 2; *ErfK-Müller-Glöge* Rn 88; *AR-Schüren/Moskalew* Rn 76 f.). Diese Rechtsprechung hat das BAG ausdrücklich mit seinen Entscheidungen vom 16.3.2005, 25.5.2005 und

19.10.2005 bestätigt (*BAG* 16.3.2005 EzA § 14 TzBfG Nr. 17; 25.5.2005 EzA § 14 TzBfG Nr. 19; 19.10.2005 EzA § 14 TzBfG Nr. 23; *U. Kortstock* Anm. AP Nr. 16 zu § 14 TzBfG; *Richardi/Annuß* BB 2000, 2204; *Däubler* ZIP 2001, 223; *Lakies* DZWIR 2000, 13; APS-*Backhaus* Rn 514; DDZ-*Wroblewski* Rn 209; *Küttner/Kania* 90 Rn 12; *Osnabrügge* NZA 2003, 640; *Annuß/Thüsing/Maschmann* Rn 64 f.; LS-*Schlachter* Rn 106; *Heidl* RdA 2009, 297, 302; *Gräfl* FS Bauer 2010, S. 375, 377 ff.; diff. *Dörner* Befr. Arbeitsvertrag Rn 461 f., 473, soweit Änderungen auch bei unbefristeten Arbeitsverhältnissen anfallen [§ 4 Abs. 2 TzBfG]; aA *Sowka* DB 2000, 2427; *Worzalla* FA 2001, 6; *Schiefer* DB 2000, 2122; *Bauer* NZA 2011, 241 f.; *Preis* NZA 2005, 714, 716; *Reus/Mühlhausen* RdA 2013, 226, 235; **dagegen zutr.** *v. Koppenfels* AuR 2002, 241; *Sievers* Rn 528). Näher dazu s. Rdn 539. Mit Fortsetzung der tatsächlichen Tätigkeit ohne vorherige Verlängerungsvereinbarung entsteht jedoch nach § 15 Abs. 5 (AR-*Schüren/Moskalew* Rn 76) oder § 16 S. 1 TzBfG ein unbefristetes Arbeitsverhältnis.

Rechtsklarheit und Rechtssicherheit sprechen grds. für die Beibehaltung des bisherigen Rechtszustandes (vgl. *BAG* 15.8.2001 EzA § 1 BeschFG 1985/1996 Nr. 26; s. Rdn 512), wonach jegliche **Unterbrechung** des Arbeitsverhältnisses das **arbeitgeberseitige Privileg** einer bis zu zwei Jahre währenden sachgrundlosen Befristung beseitigt (*BAG* 20.2.2008 EzA § 14 TzBfG Nr. 45; HWK/*Rennpferdt* Rn 152; *Gräfl* FS Bauer 2010, S. 375, 379; ErfK-*Müller-Glöge* Rn 88b; aA *Preis/Greiner* RdA 2010, 148, 158). Eine befristete Fortsetzung des Arbeitsverhältnisses kann dann wegen des **Anschlussverbots** nur noch mit Sachgrund erfolgen (LS-*Schlachter* Rn 106; *Dörner* NZA 2007, 61). Die **schriftliche Vertragsverlängerung** ist mithin – anders als im WissZeitVG (*BAG* 9.12.2015 EzA § 620 BGB 2002 Hochschulen Nr. 14, Rn 40) – vor Ablauf des befristeten Arbeitsvertrages zu treffen (vor 24 Uhr des letzten Tages der Vertragslaufzeit; HWK-*Rennpferdt* Rn 152) und die weitere **Vertragslaufzeit muss sich unmittelbar an den vorherigen Vertrag anschließen** (*BAG* 19.3.2014 EzTöD 100 § 30 Abs. 1 TVöD-AT Sachgrundlose Befristung Nr. 30, Rn 22; 5.8.2009 ZTR 2009, 587, Rn 15; 26.7.2006 EzA § 14 TzBfG Nr. 30; 23.8.2006 EzA § 14 TzBfG Nr. 33; *Sievers* Rn 534; *Arnold/Gräfl* Rn 320.). Das Anschlussverbot ist jedoch berührt, wenn das **sachgrundlos befristete Arbeitsverhältnis innerhalb der Zweijahresfrist** des § 14 Abs. 2 TzBfG – auch ohne inhaltliche Änderung des Vertrages – **zeitlich verkürzt** wird. Dafür bedarf es dann eines **sachlichen Grundes** (*BAG* 14.12.2016 EzA § 14 TzBfG Nr. 126, Rn 25 ff.; aA *LAG Nds.* 5.9.2007 LAGE § 14 TzBfG Nr. 39).

537

Der Schutzzweck des **Schriftformerfordernisses in § 14 Abs. 4 TzBfG**, zusätzliche Rechtssicherheit zu schaffen, liefe überdies leer, wenn eine schriftliche Verlängerung im Nachhinein zugelassen würde (*BAG* 1.12.2004 EzA § 623 BGB 2002 Nr. 3; zust. *Gregull* Anm. AiB 2005, 441; aA *Bauer/Krieger* Anm. AP Nr. 15 zu § 14 TzBfG; *Greiner* RdA 2009, 82). **§ 141 Abs. 2 BGB** ist auf eine nach Vertragsbeginn erfolgte schriftliche Niederlegung einer zuvor nur mündlich vereinbarten Befristung weder direkt noch analog anwendbar. Näher dazu Rdn 740 ff. Mit dem Vorhaben der Koaltionsvereinbarung **CDU/CSU/SPD vom 12.3.2018** werden die drei zulässigen **Verlängerungen** nach § 14 Abs. 2 S. 2 2. Hs. TzBfG auf **nur noch eine** innerhalb der auf 18 Monate verkürzten Höchstlaufzeit **herabgesetzt**.

538

b) Unveränderte Vertragsbedingungen

aa) Rechtsprechungslinie des BAG

Bis auf das mit der **Verlängerung** verbundene **Hinausschieben des Vertragsendes** sind bei Vertragsverlängerung im Grundsatz die **bisherigen Vertragsbedingungen beizubehalten**. Das grundsätzliche Festhalten an den gleichen materiellen Arbeitsbedingungen ist mit Rücksicht auf Wortlaut, Sinn und Zweck gesetzlichen Regelung erforderlich (*BAG* 15.1.2003 EzA § 14 TzBfG Nr. 2; 15.1.2003 EzA § 14 TzBfG Nr. 3; ErfK-*Müller-Glöge* Rn 88; LS-*Schlachter* Rn 107 f.; *Dörner* Befr. Arbeitsvertrag Rn 463 ff.; *ders.* NZA 2007, 60 f.; *Boewer* Rn 246; *Däubler* ZIP 2001, 223; HWK/*Rennpferdt* Rn 153; *Bader/Bram-Bader* [2014] § 620 BGB Rn 55; AR-*Schüren/Moskalew* Rn 78, HaKo-TzBfG/*Boecken* Rn 147; Schaub/*Koch* § 39 Rn 9 ff.; *Sievers* Rn 535 f.; **dagegen** APS-*Backhaus* Rn 517 ff., unter Ablehnung des Wortlautarguments »Verlängerung« und unter Rückgriff

539

§ 14 TzBfG Zulässigkeit der Befristung

auf die Inhalte des § 5 der Rahmenvereinbarung; HaKo-KSchR/*Mestwerdt* Rn 194; MHH-TzBfG/*Meinel* Rn 214; *Preis* NZA 2005, 714, 716; *Preis/Greiner* RdA 2010, 148, 158 f.; *Preis/Staudinger* [2019]§ 620 BGB Rn 192 ff.; *Sowka* Anm. SAE 2007, 174; *Bauer* NZA 2007, 208; *ders.* NZA 2011, 241 f.; *Heidl* RdA 2009, 297, 305). Da sich der Begriff der **Verlängerung** nach grammatikalischer Auslegung auf die **Laufzeit des Vertrages** beschränkt, haben nach ständiger Rechtsprechung des *BAG* (zuletzt 19.3.2014 EzTöD 100 § 30 Abs. 1 TVöD-AT Sachgrundlose Befristung Nr. 30, Rn 22; 4.12.2013 EzA § 14 TzBfG Nr. 98, Rn 14; 20.2.2008 EzA § 14 TzBfG Nr. 45; 16.1.2008 EzA § 14 TzBfG Nr. 44; 23.8.2006 EzA § 14 TzBfG Nr. 33) die übrigen Vertragsbestandteile – vor allem Arbeitszeit und Vergütung – grds. unverändert zu bleiben.

540 Dem ist im Ausgangspunkt beizupflichten. **Eine Änderung der materiellen Arbeitsbedingungen im Zusammenhang mit einer Verlängerung** berührt nämlich den zu gewährleistenden **Änderungsschutz innerhalb eines befristeten Arbeitsverhältnisses**, dem wegen des im Übrigen gelockerten Bestandschutzes besondere Beachtung zu schenken ist. Das BAG will hier nur den **übergesetzlichen Günstigkeitsvergleich** zulassen, bei dem es die angebotenen Bedingungen eines verlängerten befristeten Arbeitsverhältnisses den Bedingungen eines wünschenswerten unbefristeten Arbeitsverhältnisses gegenüberstellt. **Doch** sind im Gegensatz zum BAG für den Arbeitnehmer **eindeutig günstigere Vertragsveränderungen** besonders zu behandeln, da dessen Unterlegenheit beim Aushandeln dann gerade nicht zum Tragen kommt und mithin seine **Entschlussfreiheit** nicht geschützt werden muss (zutr. *Richter/Wilke* RdA 2011, 205; *Seifert* Anm. RdA 2007, 304, 306; *Wank* FS Adomeit 2008 S. 789, 802; *Sievers* Rn 539; *Staudinger/Preis* [2019] § 620 BGB Rn 192 ff.). Dazu s. Rdn 551 ff.

541 Wer demnach einen befristeten Arbeitsvertrag nach § 14 Abs. 2 als Lagerarbeiter erhalten hat, ist bei Verlängerung des befristeten Arbeitsverhältnisses grds. auch als solcher befristet weiterzubeschäftigen. Keineswegs wäre es zulässig, in vier Teilbefristungen gestückelte Arbeitsverhältnisse jeweils mit neuen Vertragsinhalten zu versehen (*G. Wisskirchen* DB 1998, 724). Das betrifft die **Arbeitsaufgaben** (zB erst Lagerverwalter, dann Reinigungskraft, schließlich Kraftfahrer), soweit nicht durch **Direktionsrecht** des Arbeitgebers gedeckt (*BAG* 4.12.2013 EzA § 14 TzBfG Nr. 98, Rn 20), die **Arbeitsbedingungen** (zB zunächst Vollzeit, später Teilzeitarbeit, vgl. *BAG* 26.7.2000 EzA § 1 BeschFG 1985 Nr. 19), die **Vergütung** bzw. sonstige Gegenleistungen des Arbeitgebers (zB erst übertariflicher, dann tariflicher Stundenlohn; erst mit, dann ohne Gratifikationszusage) und schließlich sogar das vertraglich vorbehaltene **Kündigungsrecht** während der Laufzeit der Befristung (*BAG* 20.2.2008 EzA § 14 TzBfG Nr. 45). Jede **Veränderung** des vorangehenden Arbeitsvertrages in diesen Bereichen – **gleich ob günstig oder nachteilig für den Arbeitnehmer** – macht deshalb **nach der Rechtsprechung des BAG** eine Verlängerung desselben Vertrages – wenn man die Vorgabe teilt, dass Verlängerung nur die Zeitschiene betrifft – gesetzlich **zunichte** und lässt ein unbefristetes Arbeitsverhältnis entstehen (im Ergebnis zust. *Fiebig* NZA 1999, 1087; *G. Wisskirchen* DB 1998, 724; *Kliemt* NZA 2001, 299; ErfK-*Müller-Glöge* Rn 88 f.; MüKo-*Hesse* Rn 94; *Boewer* Rn 246 ff.; *Däubler* ZIP 2001, 223; *Künzl* ZTR 1999, 4; HWK/*Rennpferdt* Rn 153; *Lembke* NJW 2006, 325, 329; *Gräfl* FS Bauer 2010, S. 375; diff. *Annuß/Thüsing/Maschmann* Rn 65).

542 Dieser **Schutz** bei Gelegenheit der Befristungsverlängerung **beschränkt sich** indessen nach höchstrichterlicher Rechtsprechung auf den **Zeitpunkt des Beginns des verlängerten Arbeitsvertrages**. So steht **vor oder nach Verlängerung des Arbeitsvertrages** einer einvernehmlichen Änderung der Arbeitsbedingungen (andere Arbeitsaufgabe; andere Lohnhöhe; andere Arbeitszeit) **nichts im Wege**, weil insoweit der Schutzzweck von § 14 Abs. 2 S. 1 TzBfG nicht betroffen sein soll. Eine Befristungskontrolle soll dann nicht stattfinden (*BAG* 23.8.2006 EzA § 14 TzBfG Nr. 33; 26.7.2006 EzA § 14 TzBfG Nr. 30; 25.5.2005 EzA § 14 TzBfG Nr. 19; 19.2.2003 – 7 AZR 648/01; *Arnold/Gräfl* Rn 322, 325). Der **Arbeitnehmer** befinde sich hier **nicht in einer Drucksituation** wie bei einer angebotenen Befristungsverlängerung des Arbeitgebers, die dieser bspw. an eine herabgesetzte Vergütung oder Arbeitszeit bindet (*Dörner* Befr. Arbeitsvertrag Rn 469; nach *LAG BW* 24.7.2019 LAGE § 14 TzBfG Nr. 126, soll daher die Verlängerung und zeitgleiche Änderung der

Arbeitsbedingungen in einem gesonderten Vertrag möglich sein, wenn die Entscheidungsfreiheit des Arbeitnehmers gewahrt bleibt). In diesem Fall könne aber eine richterliche **Angemessenheitskontrolle** der geänderten Vertragsbedingungen nach § 307 BGB stattfinden (so wohl *Dörner* NZA 2007, 60), wohingegen die Verlängerung als solche keine Vertragsbedingung iSv §§ 305 ff. BGB sei (*BAG* 20.2.2008 EzA § 14 TzBfG Nr. 45, Rn 9; 23.8.2006 EzA § 14 TzBfG Nr. 33).

Diesen **dogmatischen Ansatz** hat das **BAG** in seinen Entscheidungen vom 18.1.2006 (EzA § 14 TzBfG Nr. 26), 23.8.2006 (EzA § 14 TzBfG Nr. 33), 16.1.2008 (EzA § 14 TzBfG Nr. 44) und 12.8.2009 (- 7 AZR 270/08, Rn 20) bekräftigt. Danach spreche der **Wortlaut** (»Verlängerung«), die **Gesetzgebungsgeschichte** zum TzBfG (Auslegung wie zu § 1 Abs. 2 S. 2 BeschFG 1996), die **Gesetzessystematik** (enger Ausnahmetatbestand der sachgrundlosen Befristung) und der **Normzweck** (Entschlussfreiheit des Arbeitnehmers) für den gewählten Ansatz seiner Gesetzesauslegung (ausf. *Dörner* Befr. Arbeitsvertrag Rn 463 ff.). Das BAG hat unterstrichen, dass das Verlängerungserfordernis nach seinem Verständnis verhindern soll, dass **im zeitlichen Zusammenhang mit der Vertragsverlängerung** der **Arbeitgeber** allein die freie Ausgestaltung der **Vertragsinhalte** steuert. Der Arbeitnehmer solle davor geschützt werden, dass der Arbeitgeber die zeitlich begrenzte Fortsetzung des Arbeitsverhältnisses davon abhängig macht, dass der Arbeitnehmer die geänderten Arbeitsbedingungen annimmt oder durch das Angebot – günstigerer – anderer Arbeitsbedingungen zum Abschluss eines weiteren sachgrundlos befristeten Arbeitsvertrages veranlasst wird, was angesichts des im Normalfall beizubehaltenden unbefristeten Arbeitsverhältnisses nicht gewünscht sei. Dieser **Schutzzweck** des § 14 Abs. 2 TzBfG bleibe indessen auf den **Zeitpunkt der Vertragsverlängerung** beschränkt. Vereinbarungen über die **Änderung von Arbeitsbedingungen während der Laufzeit eines sachgrundlos befristeten Arbeitsvertrages** würden **nicht erfasst**. Denn dadurch würden die Vertragsbedingungen nur für die restliche Laufzeit des Vertrages und nicht iVm einem weiteren befristeten Anschlussvertrag geändert (*BAG* 18.1.2006 EzA § 14 TzBfG Nr. 26). Allein die möglicherweise beim Arbeitnehmer bestehende Erwartung, dass das Arbeitsverhältnis später verlängert werden könnte, wenn er sich auf die vom Arbeitgeber gewünschten veränderten Arbeitsbedingungen einlasse, werde **durch die Befristungskontrolle nicht geschützt**. Schließlich bliebe es dem Arbeitgeber unbenommen, nach Ablauf der sachgrundlosen Befristung einen anderen Arbeitnehmer einzustellen und mit den Aufgaben des ausgeschiedenen Arbeitnehmers zu betrauen. **Tabu** bleibe danach bei Änderungen vor und nach der Verlängerung allein die **Vertragslaufzeit** (*BAG* 16.1.2008 EzA § 14 TzBfG Nr. 44; 19.10.2005 EzA § 14 TzBfG Nr. 23; *LAG RhPf* 23.9.2010 -10 Sa 329/10; HaKo-TzBfG/*Boecken* Rn 147; AR-*Schüren/Moskalew* Rn 78).

543

Der nach dem BAG beschriebene Schutzzweck ist sogar unabhängig davon, ob die bei Vertragsverlängerung angebotenen geänderten **Arbeitsbedingungen günstiger** sind (Bsp: Stundenlohnerhöhung um 50 Cent). Eine andere Sichtweise lässt das BAG nur zu, wenn der Arbeitgeber – wie allen anderen vergleichbaren Arbeitnehmern – einen **Anspruch** auf eine **Änderung des Vertrags** zu erfüllen hat (Bsp: Umsetzung einer allgemeinen Lohnerhöhung oder Anhebung der Tariflöhne). Für die Beurteilung, ob es um eine Verlängerung iSv § 14 Abs. 2 TzBfG geht, sei auf den **Zeitpunkt der Verabredung** einer – schlechteren oder günstigeren – Vertragsbedingung abzustellen. Der vereinbarte **Eintritt der geänderten Arbeitsbedingung** im Zeitpunkt der Befristungsverlängerung spielt danach **keine Rolle**. Es ist deshalb unter dem Gesichtspunkt der Verlängerung nicht zu beanstanden, wenn die Parteien in der Verlängerungsvereinbarung die Vertragsbedingungen des befristeten Arbeitsvertrages **an die im Zeitpunkt der Verlängerung geltende Rechtslage anpassen** (*BAG* 20.2.2008 EzA § 14 TzBfG Nr. 45, Rn 9; 23.8.2006 EzA § 14 TzBfG Nr. 33; MüKo-*Hesse* Rn 94). Damit setzt sich das BAG über die in den **Instanzgerichten** entwickelten Überlegungen hinweg, mit Ausnahme einer **für den Arbeitnehmer eindeutig günstigeren Vertragsgestaltung** keinerlei Änderungen der Vertragsbedingungen während der Laufzeit und bei Gelegenheit der Vertragsverlängerung zuzulassen (so bspw. *LAG Hamm* 17.2.2005 LAGE § 14 TzBfG Nr. 20a). Dagegen findet keine Verlängerungskontrolle bei arbeitsvertraglichen Umsetzungen von **Ansprüchen aus Tarifverträgen und Betriebsvereinbarungen** statt (*LAG Brem.* 25.8.2005 LAGE § 14 TzBfG Nr. 23 m. krit. Anm. *Stefan Müller*). Zur Kritik dieser Rechtsprechung vgl. Rdn 545 ff.

544

bb) Gegenstimmen

545 Hierzu erkennt *Backhaus* Wertungsbrüche in der Argumentation der bisher hM in Rechtsprechung und Schrifttum. Er hält an seiner bereits zu § 1 BeschFG geäußerten Rechtsauffassung fest (APS 1. Aufl. § 1 BeschFG Rn 19; *ders.* nunmehr APS 6. Aufl., Rn 517 ff.). *Backhaus* bemängelt, dass nach der Rechtsprechung des BAG die Verlängerung der Befristung schon unzulässig würde, wenn der Arbeitgeber dem Arbeitnehmer anlässlich der Vertragsverlängerung einen **höheren Lohn** verspräche. Doch würde gesetzlich die Identität eines Gegenstandes nicht dadurch beseitigt, dass an ihm Veränderungen vorgenommen würden (so auch *Staudinger/Preis* [2019] § 620 BGB Rn 192 ff.; krit. auch *Sowka* DB 2000, 19, 16; *ders.* DB 2000, 2427; *ders.* SAE 2007, 172; *Annuß/Thüsing/Maschmann* Rn 65; *Seifert* RdA 2007, 304; *Bauer* NZA 2007, 208; *Reus/Mühlhausen* RdA 2013, 226). Weiter erkennt er in **§ 5 Nr. 1 der EG-Rahmenvereinbarung** in dem dortigen Gebrauch des Wortes »Verlängerung« ein Synonym für jeden auf einen anderen folgenden befristeten Vertrag (vgl. dazu Rdn 27 ff.; *EuGH* 4.7.2006 EzA EG-Vertrag 1999 Richtlinie 99/70 Nr. 1 **Adeneler**). Schließlich macht er darauf aufmerksam, dass mit dem im **TzBfG** unter **§§ 8, 9** dem Arbeitnehmer gewährten durchsetzbaren **Anspruch auf Änderung der vereinbarten Arbeitszeit** Schwierigkeiten auftreten würden, wenn der vom Arbeitnehmer geforderte Arbeitszeitwechsel mit einer Verlängerung der Vertragszeit zusammenfiele. Bedenken erheben auch *Schiefer* (DB 2000, 2122), *Kliemt* (NZA 2001, 299), *Mestwerdt* (HaKo-KSchR Rn 194), *Sievers* (Rn 539), *Meinel* (MHH-TzBfG Rn 214 ff.), *Wank* (MünchArbR § 95 Rn 115) und *Preis* (NZA 2005, 714, 716).

546 Die Einwände sind teilweise berechtigt. *Backhaus* übersieht aber, dass in § 5 der zur Richtlinie 1999/70/EG erhobenen Rahmenvereinbarung im Maßnahmenkatalog sehr wohl zwischen der Verlängerung von befristeten Arbeitsverträgen (lit. a und c) und der zulässigen Dauer aufeinander folgender Arbeitsverträge (lit. b) unterschieden wird. Daraus kann abgeleitet werden, dass es **etwas anderes** ist, einen **bestehenden Vertrag zu verlängern** oder **(ggf. mit zeitlicher Unterbrechung) auf einen abgeschlossenen Arbeitsvertrag einen neuen Arbeitsvertrag folgen zu lassen**. »Verlängerung« in § 5 Abs. 1a stellt sich im **Sprachgebrauch** der Richtlinie als **Alternative** zur Höchstdauer »aufeinander folgender Arbeitsverhältnisse« in § 5 Abs. 1b dar (ebenso LS-*Schlachter* Rn 107). *Dörner* (Befr. Arbeitsvertrag Rn 471) teilt zwar das begriffliche Verständnis von *Backhaus*, weist aber darauf hin, dass nach nationalem Verständnis europarechtliche Begriffe – soweit sie nicht eigens verbindlich definiert werden – enger ausgelegt werden können, vor allem wenn sich mit der Auslegung eine Rechtstradition verbindet. Das BAG hat die Rechtsauffassung von *Backhaus* deshalb nicht übernommen (vgl. *BAG* 23.8.2006 EzA § 14 TzBfG Nr. 33). *Preis* bemängelt, dass dem Begriff »Verlängerung« entnommene Wortlautargument sei nicht stichhaltig, da **§ 14 Abs. 2 S. 1 TzBfG nur den Tatbestand der Verlängerung, nicht aber die Zulassung von Vertragsänderungen regele**, die sich ohnehin aus dem Grundsatz der Privatautonomie ergebe. Es bleibe ferner unerklärlich, was das Prinzip, der unbefristete Arbeitsvertrag sei der sozialpolitisch erwünschte Normalfall, mit der Frage zu tun habe, ob die Bedingungen des Arbeitsvertrages privatautonom geändert werden können. Der **Normzweck**, die **Entscheidungsfreiheit** des Arbeitnehmers **zu schützen**, sei eine **freie Erfindung des BAG**. Dieser Situation sei der Arbeitnehmer bei jeder Einstellung und auch bei jeder Verlängerung des Arbeitsvertrages ausgesetzt (*Staudinger/Preis* [2019] § 620 BGB Rn 192 ff.). Andere Stimmen halten die Rechtsprechung für unpraktikabel und sozialpolitisch verfehlt (HaKo-KSchR/ *Mestwerdt* Rn 194; *Sievers* Rn 539 f.; MHH-TzBfG/*Meinel* Rn 214 ff.; *Bauer* NZA 2011, 241 f.).

547 Die vom BAG zu seiner Rechtsprechungslinie inzwischen zugestandenen Abweichungen verdeutlichen, dass die Argumente zur **Rechtssicherheit und Rechtsklarheit** tönern sind (vgl. dazu *Preis/Greiner* RdA 2010, 148, 159 f.; *Sievers* Rn 539). So stünden die während der Laufzeit des sachgrundlos befristeten Arbeitsverhältnisses anfallenden **allgemeinen Tariflohnerhöhungen** dem befristet beschäftigten Arbeitnehmer ebenso zu wie der Stammbelegschaft. Diese **Rechtsfolge ergäbe sich bereits aus § 4 Abs. 2 TzBfG**. Das **Diskriminierungsverbot** greife, wenn eine allgemeine Lohnerhöhung im Betrieb mit dem **Verlängerungszeitpunkt** nach 14 Abs. 2 S. 1 TzBfG zusammenfällt. Das BAG hält bei **Gleichbehandlung** mit vergleichbaren anderen Arbeitnehmern – gleich, ob diese unbefristet oder mit Sachgrund befristet sind – eine Prüfung der ansonsten zu

beachtenden Verlängerungserfordernisse des § 14 Abs. 2 TzBfG für entbehrlich (*BAG* 18.1.2006 EzA § 14 TzBfG Nr. 26). Außerdem dürften **zuvor erfolgte Vertragsänderungen** befristungsunschädlich in den Text der Verlängerungsvereinbarung aufgenommen werden, auf die der befristet beschäftigte Arbeitnehmer einen Anspruch hat (*BAG* 20.2.2008 EzA § 14 TzBfG Nr. 45, Rn 9; krit. *Staudinger/Preis* [2019] § 620 BGB Rn 195: Arbeitnehmeranspruch und Verlängerungsbegriff werden unzulässig miteinander verkoppelt).

Dagegen stehen folgende **Besonderheiten** in der Verlängerungs-Rechtsprechung **nicht in der Kritik**: Sind **tarifvertragliche Arbeitsbedingungen** arbeitsvertraglich vereinbart oder sind die Arbeitsvertragsparteien **tarifgebunden**, ergeben sich aus tarifvertraglichen Änderungen der Arbeitsbedingungen keine Rechtsprobleme, da diese nicht Gegenstand abändernder Vereinbarungen zwischen den Arbeitsvertragsparteien sind, sondern sich entweder die **zwingende Wirkung des Tarifvertrages nach § 4 TVG (Tarifautomatik)** einstellt **oder** sich die zu Beginn des befristeten Arbeitsverhältnisses ohne Sachgrund im Arbeitsvertrag niedergelegte **Bezugnahme des Tarifvertrages** auswirkt. Wohl auch aus diesen Gründen hat das BAG in der mit der Verlängerung vollzogenen Entgelterhöhung nach dem vereinbarten Tarifvertrag keine Änderung der Arbeitsbedingungen gesehen, die 14 Abs. 2 S. 1 TzBfG entgegensteht (*BAG* 23.8.2006 EzA § 14 TzBfG Nr. 33; 24.1.2001 FA 2001, 242; ebenso *Dörner* ZTR 2001, 488; ErfK-*Müller-Glöge* Rn 88b; *Arnold/Gräfl* Rn 324; *Schiefer* DB 2011, 1220). 548

In diesem Zusammenhang ist auch das **Verlangen des Arbeitnehmers nach einer Änderung der vereinbarten Arbeitszeit (§§ 8, 9 TzBfG)** zu bewerten. Der nachweisbare **Wunsch des Arbeitnehmers**, die bisherige Arbeitszeit zu verringern oder zu erhöhen, erzeugt keinen »Wertungswiderspruch« zu dem Grundsatz, dass bei Verlängerung der Vertragszeit eines sachgrundlos befristeten Arbeitsvertrages nach Abs. 2 regelmäßig die Vertragsbedingungen unverändert fortzugelten haben (zutr. *Dörner* Befr. Arbeitsvertrag Rn 475). Eine **Initiative des Arbeitnehmers, seine Arbeitszeit zu verändern**, kann insoweit den Schutzzweck der Norm aus § 14 Abs. 2 S. 1 TzBfG nicht verletzen. In diesem Fall handelt es sich nicht um einen unzulässigen Neuabschluss iSv § 14 Abs. 2 S. 2 TzBfG, soweit das Erhöhungsverlangen vor oder anlässlich der Verlängerung durch den Arbeitnehmer geltend gemacht wurde (*BAG* 16.1.2008 EzA § 14 TzBfG Nr. 44). Allerdings kann das Verlangen des Arbeitnehmers nach einer Änderung seiner Arbeitszeit frühestens nach sechsmonatigem Bestehen des Arbeitsverhältnisses gestellt und erst drei Monate später umgesetzt werden (§ 8 Abs. 1 und 2 TzBfG). Bei einem mit Verlängerungen auf höchstens zwei Jahre angelegten befristeten Arbeitsvertrag ohne Sachgrund nach 14 Abs. 2 TzBfG dürfte diese Konstellation äußerst selten auftreten. Ferner steht zu erwarten, dass bei einem befristet abgeschlossenen Arbeitsverhältnis dem **Arbeitgeber** regelmäßig **betriebliche Gründe** zur Seite stehen, die gewünschte Arbeitszeitänderung nach § 8 Abs. 4 S. 2 TzBfG abzulehnen. 549

Durch die »**Brückenteilzeit**« (§ 9a TzBfG), die in Unternehmen mit mehr als 45 Beschäftigten den Arbeitnehmern ein Recht auf befristete Teilzeitarbeit mit Rückkehr zur Vollzeitarbeit einräumt (vgl. dazu *Boecken/Hackenbroich* DB 2018, 956), dürfte sich kein weiterer Anwendungsfall ergeben. Entweder handelt es sich um unbefristet Beschäftigte oder es dürfte bei **18monatiger sachgrundloser Höchstbefristung** eines Vollzeitbeschäftigten eine Mindestteilzeitdauer von einem Jahr mit Rückkehr auf Vollzeit schwer vorstellbar sein. 550

cc) Eigener Standpunkt

Es muss entgegen der Rechtsprechung des BAG gestattet sein, dass der Arbeitgeber einzelvertraglich dem Arbeitnehmer anlässlich der Vertragsverlängerung bei im Übrigen unveränderten Arbeitsbedingungen einen **höheren Lohn** verspricht und dabei nicht automatisch einen unbefristeten Arbeitsvertrag nach § 16 TzBfG begründet. Soweit die **einzelne Arbeitsbedingung für den Arbeitnehmer eindeutig günstiger** ist, tritt der bei Verlängerung ansonsten strikt zu beachtende Änderungsschutz zurück. Der **Schutzzweck**, die bisherigen materiellen Arbeitsbedingungen beizubehalten, ist dann nicht berührt (ebenso *Seifert* Anm. RdA 2007, 307; *Wank* FS Adomeit 2007, S. 804, 806; *Bauer* NZA 2011, 241 f.; *Richter/Wilke* RdA 2011, 305, 310; HaKo-KSchR/*Mestwerdt* 551

§ 14 TzBfG Zulässigkeit der Befristung

Rn 194). Der Arbeitnehmer steht in diesem Fall nicht in der Gefahr, eine Verlängerung der sachgrundlosen Befristung auf Kosten einer Verschlechterung von Arbeitsbedingungen hinnehmen zu müssen. Wenn das BAG nun meint, den Arbeitnehmer im Falle eindeutig **günstigerer Arbeitsbedingungen** (50 Cent mehr die Stunde, *BAG* 23.8.2006 EzA § 14 TzBfG Nr. 33) auch vor Anreizen schützen zu müssen, einer Verlängerung des sachgrundlos befristeten Arbeitsvertrages zuzustimmen, überzeugt das nicht, setzt das BAG doch vom erkannten **Schutzzweck** her jenseits des Verlängerungszeitpunktes auf eine uneingeschränkte **Vertragsautonomie.** An dieser Stelle zeigt sich auch die Brüchigkeit des vom BAG umrissenen Schutzzwecks, da nicht einzusehen ist, warum eine Verbesserung der Arbeitsbedingungen zur Unzulässigkeit einer verlängerten sachgrundlosen Befristung führen soll und zu Lasten des Arbeitgebers eine unbefristete Beschäftigung nach § 16 TzBfG zur Folge hat (ebenso HaKo-KSchR/*Mestwerdt* Rn 194, Rechtsprechung beschäftigungspolitisch verfehlt; *Preis* NZA 2005, 714, 716; teleologischer Zusammenhang zu dieser Rechtsfolge nicht erkennbar; ähnlich *Bauer* NZA 2007, 208; LS-*Schlachter* Rn 108; *Sievers* Rn 539; *Reus/Mühlhausen* RdA 2013, 226).

552 Doch ist zuzugeben, dass die Günstigkeitsbetrachtung allein Abgrenzungsprobleme aufwerfen kann (zB Gehaltserhöhung verbunden mit künftiger Schichtarbeit). Ebenso kann dem BAG nicht widersprochen werden, wenn es **dogmatisch zutreffend** das in § 4 Abs. 3 TVG verortete **Günstigkeitsprinzip** als anerkannten allgemeinen Grundsatz zur **Auflösung einer gesetzlich nicht geregelten Konkurrenz von Rechtsquellen** beschreibt (*BAG* 23.8.2006 EzA § 14 TzBfG Nr. 33), die bei der Verlängerung eines nach § 14 Abs. 2 S. 1 Hs. 2 TzBfG sachgrundlos befristeten Arbeitsvertrages nicht auftritt. Die Günstigkeitsbetrachtung dient hier jedoch der **Abgrenzung des gesetzlichen Schutzzwecks.** Die Befristungsregeln des TzBfG sind darauf angelegt, im Interesse der Arbeitnehmer Befristungen einzuschränken und damit verbundene Benachteiligungen zu begrenzen, was die Regelungen in § 14 TzBfG wie in § 4 Abs. 2 TzBfG zum Ausdruck bringen. Dies wird vom *BAG* gleichermaßen anerkannt und mit dem »**Schutz der Entschlussfreiheit des Arbeitnehmers**« unterstrichen (23.8.2006 EzA § 14 TzBfG Nr. 33). Fehlt indessen ein **Schutzbedarf** bei einer für den Arbeitnehmer **eindeutig günstigeren arbeitsvertraglichen Inhaltsänderung** »aus Anlass der Vertragsverlängerung«, fragt sich, was das BAG mit dem aufgedrängten Schutz über die nicht zugelassene Vertragsverlängerung bewirken will. Die Frage stellt sich zumal dann, wenn gleichzeitig vor und nach der Vertragsverlängerung alle Tore für eine inhaltliche Änderung der Vertragsbedingungen zu Lasten und zu Gunsten des Arbeitnehmers offenstehen (so *Lipke* Die Zukunft der (sachgrundlosen) Befristung, Vortrag DAI Brennpunkte 2010, S. 35, 48; krit. auch LS-*Schlachter* Rn 108). Das führt dazu, dass die – aus Arbeitnehmersicht – unerwünschten Vertragsänderungen zeitlich nach vorn verlagert oder nach der Verlängerung nachgeholt werden. Ein **kluger Arbeitgeber baut also vor** (so Empfehlung ErfK-*Müller-Glöge* Rn 91). Der Veränderungsschutz soll ferner nicht greifen, wenn die Möglichkeit einer einseitigen Änderung des Arbeitseinsatzes bereits im zu verlängernden Arbeitsvertrag vereinbart war und der Arbeitgeber von seinem Direktionsrecht im Zeitpunkt der Befristungsverlängerung Gebrauch macht (vgl. *BAG* 23.8.2006 EzA § 14 TzBfG Nr. 33, Rn 11, 13; *Dörner* Befr. Arbeitsvertrag Rn 476). Inwieweit dann noch ein Schutz der »Entschlussfreiheit« des Arbeitnehmers gegeben sein soll, erscheint mehr als fragwürdig. Der Hinweis, das bekannte Problem zu erkennen, ob eine Vertragsänderung für den Arbeitnehmer günstiger ist (**Günstigkeitsvergleich und Obstwiese**, so *Dörner* Neues aus der Gesetzgebung und Rechtsprechung zum Recht des befristeten Arbeitsvertrages, Vortrag DAI Brennpunkte 2007, S. 32), verfängt ebenfalls nicht. Kommt es zu Veränderungen, die den Arbeitnehmer teilweise besser- und teilweise schlechter stellen, ist eine eindeutige Verbesserung für den Arbeitnehmer nicht feststellbar mit der Folge, dass die Voraussetzungen einer zulässigen Verlängerung iSv § 14 Abs. 2 TzBfG nicht erfüllt sind (*Seifert* Anm. RdA 2007, 307; *Reus/Mühlhausen* RdA 2013, 226). Dann droht für den Arbeitgeber der Eintritt eines unbefristeten Arbeitsverhältnisses nach § 16 S. 1 TzBfG.

553 Diese Rechtsprechung kann ferner deshalb nicht überzeugen, weil völlig unklar bleibt, »**ab wann die Vereinbarung im Zusammenhang mit der Verlängerung steht und wann dies nicht der Fall ist**«. Hierzu schweigt das BAG. Zählt zur Laufzeit des befristeten Arbeitsvertrages noch der vorletzte Tag vor Ablauf der zu verlängernden Befristung oder braucht es hierzu einen gehörigen und

wenn ja, welchen Zeitabstand zum Verlängerungstermin? Offen ist ferner, wie es zu bewerten ist, wenn die Vereinbarung (Bsp: 8.6.2020) im Zusammenhang mit einer späteren Vertragsverlängerung (Bsp: 30.6.2020) eindeutig schlechtere Arbeitsbedingungen nach sich zieht (Bsp: Absenkung des Stundenlohnes) und erst zum Zeitpunkt der Befristungsverlängerung die veränderten Arbeitsbedingungen greifen sollen (krit. auch *Bauer* NZA 2007, 208; *Heidl* RdA 2009, 297, 305). Rückwirkende Vertragsänderungen sind offenbar durchaus denkbar (vgl. BAG 12.8.2009 – 7 AZR 270/08, Rn 21). In all diesen Fällen ist doch der Schutzzweck des § 14 Abs. 2 TzBfG betroffen, wenn der Arbeitgeber bei den Verhandlungen verdeutlicht, dass ohne Änderung der Arbeitsbedingungen die Befristung ohne Verlängerung ausläuft. Der fehlende **zeitliche Zusammenhang** mit der **Vertragsverlängerung** kann dann nicht ausschlaggebend sein.

Auch der Hinweis des BAG, es gehe um **Rechtssicherheit und -klarheit**, insbes. darum eine Abgrenzung zum unzulässigen Neuabschluss iSv § 14 Abs. 2 S. 2 TzBfG zu bestimmen (*BAG* 23.8.2006 EzA § 14 TzBfG Nr. 33), trägt nicht. Inzwischen hat selbst das BAG eine **Vielzahl von Ausnahmen** (Gleichbehandlung, Diskriminierungsverbot, Anspruchserfüllung, Nachzeichnung der Rechtslage und Umsetzung kollektiv-rechtlicher Veränderungen) von seinen rigiden Anforderungen an eine zulässige Verlängerung zugelassen. Hier hinzuzufügen, dass der Schutzzweck des Gesetzes bei einer für den Arbeitnehmer **eindeutig günstigeren** Vertragsänderung nicht betroffen ist, wäre keine zusätzliche Verwässerung der Rechtssicherheit. Im Gegenteil. Bereits die Erwägung des BAG, Änderungen bei Neufassung des Vertrages seien **zulässig**, die auch von Arbeitsvertragsparteien vereinbart worden wären, **wenn der Arbeitnehmer in einem unbefristeten Arbeitsverhältnis stünde** (*BAG* 16.1.2008 EzA § 14 TzBfG Nr. 44), bietet jede Menge an Rechtsunsicherheit (zutr. *Sievers* Rn 539; ebenso *Wank* FS Adomeit 2007, S. 804, der die Vergleichspaarung richtigerweise auf das befristete Arbeitsverhältnis mit unterschiedlichen Arbeitsbedingungen beschränkt). **Fingerzeige** für den richtigen Weg gibt hierzu der EuGH in der Entscheidung **Huet** (8.3.2012 – C-251/11, EzA EG-Vertrag 1999 Richtlinie 99/77 Nr. 5). Für den Fall einer Übernahme aus einem befristeten in ein unbefristetes Arbeitsverhältnis bei gleichen Tätigkeiten und Aufgaben fordert er eine Kontrolle des nationalen Gerichts, um **tiefgreifende Verschlechterungen der Arbeitsbedingungen** zu unterbinden.

Sinnvoller wäre es daher, die **Vertragsautonomie** während des Laufs der sachgrundlosen Befristung im Übrigen insgesamt **einzuschränken** und dadurch bis auf die zitierten Ausnahmen in der höchstrichterlichen Rechtsprechung die **Entschlussfreiheit** des Arbeitnehmers **durchgehend abzusichern**. Damit käme man dem **Ziel, die Ausnahme einer sachgrundlosen Befristung von der Ausnahme der Befristung mit Sachgrund weniger attraktiv zu machen**, einen deutlichen Schritt näher (zur Zielsetzung: *Dörner* NZA 2007, 61 f.).

Schließlich können **sachliche Befristungsgründe nach Abs. 1** eine **Vertragsänderung** bei der Verlängerung der sachgrundlosen Befristung gestatten. Ist für den Arbeitnehmer eine Verlängerung des befristeten Arbeitsvertrages nur durch den **vom Arbeitgeber angebotenen Wechsel von der Voll- zur Teilzeitarbeit zu** erreichen (vgl. *BAG* 26.7.2000 EzA § 1 BeschFG 1985 Nr. 19), so wäre darauf abzustellen, ob – wie bei einer **Sachgrundbefristung** – der **Wunsch des Arbeitnehmers** (Abs. 1 Nr. 6) die Verlängerung des inhaltlich geänderten Befristungsvertrages trägt (*Bauer* BB 2001, 2475; vgl. *BAG* 16.1.2008 EzA § 14 TzBfG Nr. 44 Rn 15 und hier Rdn 374 ff.). Diese Überlegung hat das BAG bei einer Angemessenheitsprüfung befristeter Arbeitsbedingungen (§ 307 Abs. 1 BGB) in einem unbefristeten Arbeitsverhältnis ebenfalls gelten lassen (*BAG* 8.8.2007 EzA § 14 TzBfG Nr. 42) und – soweit es einen verlängerungsschädlichen Neuabschluss angenommen hat – die **Berufung** des Arbeitgebers **auf einen Sachgrund** zugelassen (*BAG* 20.2.2008 EzA § 14 TzBfG Nr. 45). Steht hinter der Änderung der Vertragsbedingungen ein **Sachgrund** (zB Wunsch des Arbeitnehmers; Vertretungsfall, vgl. *BAG* 19.1.2005 EzA § 17 TzBfG Nr. 7; 14.1.2004 EzBAT SR 2y BAT Nr. 119; jetzt auch *BAG* 15.12.2011 EzA § 14 TzBfG Nr. 83, Rn 27; krit. Anm. *Lunk* AP Nr. 89 zu § 14 TzBfG), so ist sogar eine Kontrolle nach §§ 305, 307 ff. BGB entbehrlich. Vgl. Rdn 89 ff.

Dem **Arbeitgeber** sind dadurch, dass im Zeitpunkt der Verlängerung im Grundsatz nur eine Fortführung des befristeten Arbeitsverhältnisses zu den gleichen materiellen Arbeitsbedingungen zugelassen wird, **nicht die Hände gebunden**. Er hat **zum einen die Möglichkeit, bei Vertragsabschluss** sein Direktionsrecht (§ 106 GewO) weit anzulegen und den Arbeitnehmer »als Aushilfe« oder »Springer« vertraglich zu verpflichten. Gleiches gilt für Änderungen der Arbeitszeit und des Arbeitsortes (*Dörner* Befr. Arbeitsvertrag Rn 476; *Bauer* BB 2001, 2475; ErfK-*Müller-Glöge* Rn 88b; HaKo-KSchR/*Mestwerdt* Rn 195; *Arnold/Gräfl* Rn 324; HWK-*Rennpferdt* Rn 153). Bewegt sich der Arbeitgeber im Rahmen seines Direktionsrechts und bleibt der Vertragsinhalt ansonsten unverändert, so liegt in dem nach Verlängerung der Befristung vorgenommenen abweichenden Einsatz des Arbeitnehmers kein Verstoß gegen das Gebot, die materiellen Arbeitsbedingungen beizubehalten (BAG 4.12.2013 EzA § 14 TzBfG Nr. 98, Rn 20). Die vertragliche Ausgestaltung des Direktionsrechts darf jedoch nicht einseitig und unangemessen sein; sie unterliegt neben der **Ausübungskontrolle** nach § 315 BGB der **Inhaltskontrolle nach §§ 305 ff. BGB** (ErfK-*Preis* §§ 305–310 BGB Rn 51 ff.).

558 Die Neuregelung in Abs. 2 ist **nicht** darauf angelegt, einen sachgrundlos befristet beschäftigten **Arbeitnehmer** zur **rechtlosen Verfügungsmasse des Arbeitgebers** werden zu lassen. Dies wird am Diskriminierungsverbot nach § **4 Abs. 2 TzBfG** zusätzlich deutlich. Der Gesetzgeber will die **Befristung ohne Sachgrund nur eingeschränkt zulassen**, da er dem unbefristeten Arbeitsverhältnis und in zweiter Linie dem befristeten Arbeitsverhältnis mit Sachgrund den Vorzug gibt. Von daher sind die **Zulässigkeitsvoraussetzungen** für eine sachgrundlose Befristung und deren Verlängerung durchgehend **eng auszulegen** (so auch BAG 23.8.2006 EzA § 14 TzBfG Nr. 33; *Dörner* NZA 2007, 62). Gleichermaßen gilt es, die **Grenzen des Schutzzwecks der Norm** einzuhalten. Deshalb dürfen inhaltliche **Veränderungen** der Arbeitsinhalte und Gegenleistungen des Arbeitgebers **vor und nach einer Verlängerungsvereinbarung** nicht zu beanstanden sein, wenn sie einer »**Inhaltskontrolle**«, besser **Angemessenheitsprüfung** (ähnlich *Richter/Wilke* RdA 2011, 305, 310) standhalten.

c) Verlängerung einer Sachgrund- oder sachgrundlosen Befristung

559 Eine **Verlängerung iSv Abs. 2 setzt eine vorhergehende Befristung ohne Sachgrund voraus.** Gegen die teilweise im Schrifttum angenommene Möglichkeit, dieses auch auf eine Verlängerung eines mit Sachgrund geschlossenen Arbeitsvertrages auszudehnen (*Sowka* DB 2000, 2427; *Worzalla* FA 2001, 6), sprechen zunächst Wortlaut, Systematik und Zweck der Regelung (ArbRBGB-*Dörner* § 620 BGB Rn 232). Eine Verlängerung iSv § 14 Abs. 2 S. 1 2. Hs. TzBfG käme danach nur in Betracht, wenn der vorherige Vertrag ebenfalls nach den Rechtsgrundlagen einer sachgrundlosen Befristung geschlossen worden war (vgl. BAG 12.6.2019 EzA § 14 TzBfG Nr. 137, Rn 14 ff. zu verschiedenen denkbaren Konstellationen; 16.3.2005 EzA § 14 TzBfG Nr. 17). Die lückenlose Anknüpfung an ein mit Sachgrund befristetes Arbeitsverhältnis (zB zur Erprobung) wäre daher als **Neuabschluss eines sachgrundlosen befristeten Arbeitsvertrages** zu bewerten, der am **Anschlussverbot** vom § 14 Abs. 2 S. 2 TzBfG scheitern müsste (ebenso HaKo-KSchR/*Mestwerdt* Rn 196). Eine sachgrundlose Befristung ist im Rahmen des § 14 Abs. 2 TzBfG aber nur dann möglich, wenn es sich um eine **Neueinstellung** oder um eine **Verlängerung** eines anlässlich einer Neueinstellung sachgrundlos abgeschlossenen befristeten Arbeitsvertrags handelt (BAG 14.12.2016 EzA § 14 TzBfG Nr. 126, Rn 29).

560 *Dörner* (Befr. Arbeitsvertrag Rn 478 ff.) gibt zutreffend zu bedenken, dass innerhalb eines Zeitrahmens von zwei Jahren ein **Austausch von Rechtfertigungstatbeständen** (Sachgrundbefristung, sachgrundlose Befristung) zulässig bleiben muss, soweit die sachgrundlose Befristung als solche nicht rechtswirksam abbedungen worden ist (s. Rdn 534). Dann müsse es möglich sein an einen befristeten Arbeitsvertrag mit Sachgrund **bis zur zweijährigen Höchstbefristung** des § 14 Abs. 2 TzBfG einen sachgrundlosen befristeten Arbeitsvertrag (als Verlängerung) anschließen zu lassen (ebenso APS-*Backhaus* Rn 523; *Müller-Glöge* Rn 90, 97a; *Arnold/Gräfl* Rn 326; MüKo-*Hesse* Rn 95). § 14 Abs. 2 S. 2 TzBfG findet deshalb nur bei der Begründung des befristeten Arbeitsverhältnisses, nicht aber bei der rechtmäßigen Verlängerung eines bestehenden Arbeitsverhältnisses Anwendung (*Dörner* Befr. Arbeitsvertrag Rn 479; aA *Stoye* Diss. Bonn 2006 S. 225, die an dem Verbot der Abfolge Sachgrundbefristung/sachgrundlose Befristung im Fall der Verlängerung festhalten will). Dem ist zu folgen, da der um einen Befristungssachgrund bemühte Arbeitgeber nicht

schlechter gestellt werden darf als ein Arbeitgeber, der von Anfang an nur auf die sachgrundlose Befristung setzt. Allerdings müssen dann die Voraussetzungen einer Verlängerung (s. Rdn 536 ff.) eingehalten werden (*LAG Nbg.* 19.3.2008 LAGE § 14 TzBfG Nr. 43; LS-*Schlachter* Rn 109; *Ostermaier/Zehrer* FA 2015, 34).

d) Beteiligung des Betriebsrates

Verlängerungen des ohne Sachgrund befristeten Arbeitsvertrages nach Abs. 2 und 3 sind eine **mitbestimmungspflichtige Einstellung iSv § 99 Abs. 1 BetrVG.** Der Arbeitgeber ist bei der befristeten Einstellung von Arbeitnehmern nur nicht verpflichtet, dem Betriebsrat mitzuteilen, ob die Befristung mit oder ohne Sachgrund sowie ggf. mit welchem Sachgrund erfolgen soll (*BAG* 27.10.2010 EzA § 99 BetrVG 2001 Einstellung Nr. 15; *v. Hoyningen-Huene* Anm. AP Nr. 133 zu § 99 BetrVG 1972). Hierzu werden die Erl. in Rdn 778 in Bezug genommen. Eine Änderung der Arbeitsbedingungen im Zusammenhang mit einer Verlängerung kann überdies kollektivrechtlich eine weitere Zustimmung des Betriebsrates zu einer **Versetzung** (§ 95 Abs. 3 BetrVG) erfordern.   561

3. Fehlen eines früheren Arbeitsverhältnisses

a) Vorbeschäftigung

aa) Gesetzliche Ausgangslage

In § 14 Abs. 2 S. 2 TzBfG wird in erheblicher **Abweichung vom vorher geltenden Recht** eine erleichterte Befristung grds. nur noch zugelassen, wenn **zuvor** ein befristetes oder unbefristetes **Arbeitsverhältnis mit demselben Arbeitgeber nicht bestanden hat.** Europarechtlich ist diese Einschränkung nicht geboten; sie trägt jedoch dazu bei, den Abschluss befristeter Arbeitsverträge ohne Sachgrund stark einzugrenzen und damit neben dem Dauerarbeitsverhältnis im Regelfall nur noch Befristungen mit Sachgrund nach Abs. 1 zuzulassen. So sollen »**Reißverschlusssysteme**« von befristeten Arbeitsverträgen (einmal mit, einmal ohne Sachgrund befristet usw.) ebenso wenig möglich sein wie die sog. »**Perlenschnursysteme**« im Verbund mit der **Leiharbeit**. Nach dem **Motto** »**einmal und nie wieder**« (*Kliemt* NZA 2001, 299) räumt die **neue Gesetzeslage dem Vertragsarbeitgeber ein einziges Mal die Gelegenheit zur befristeten Beschäftigung ohne Sachgrund ein,** danach »lebenslänglich« nicht mehr (*BAG* 24.6.2015 EzA § 14 TzBfG Nr. 116, Rn 16; 6.11.2003 EzA § 14 TzBfG Nr. 7; 13.5.2004 EzBAT SR 2y BAT Teilzeit- und Befristungsgesetz Nr. 10; 10.11.2004 EzA § 14 TzBfG Nr. 15; 18.10.2006 EzA § 14 TzBfG Nr. 35; 29.7.2009 EzTöD 100 § 30 Abs. 1 TVöD-AT Sachgrundlose Befristung Nr. 12; aus dem Schrifttum: *Schiefer* DB 2000, 2122; APS-*Backhaus* Rn 531; *Boewer* Rn 226; MHH-TzBfG/*Meinel* Rn 205 ff.; DDZ-*Wroblewski* Rn 191; LS-*Schlachter* Rn 112; MüKo- *Hesse* Rn 88 ff.; *Rolfs* Rn 75; HaKo-KSchR/*Mestwerdt* Rn 196 f.; *Arnold/Gräfl* Rn 329 ff.; *Dörner* ZTR 2001, 489; *ders.* Befr. Arbeitsvertrag Rn 432; AR-*Schüren/Moskalew* Rn 79; HWK-*Rennpferdt* Rn 158; *Ritter/Rudolf* FS 25-jähriges Bestehen DAV, 2006 S. 386 ff.; *Sievers* Rn 548; *Staudinger/Preis* [2019] § 620 BGB Rn 181 ff.; *Heidl* RdA 2009, 297, 299 f.; aA *Löwisch* BB 2001, 254; *Osnabrügge* NZA 2003, 642; *Persch* ZTR 2010, 2, 10; *Preis* NZA 2005, 714 f.; *Thüsing* ZfA 2004, 67, 90; *Annuß/Thüsing/Maschmann* Rn 70 ff.; *Bauer* NZA 2011, 241, 243). Das BVerfG hat die Beschränkung der sachgrundlosen Befristung auf die erstmalige Beschäftigung bei dem jeweiligen Arbeitgeber **im Grundsatz bestätigt** (*BVerfG* 6.6.2018 – 1 BvL 7/14, 1 BvR 1375/14). **Näher dazu** Rdn 565 ff.   562

Die neue Regelung im TzBfG wurde zum größten Teil zustimmend aufgenommen von *Däubler* (ZIP 2001, 224), *Kliemt* (NZA 2001, 299 f.) und *Lakies* (DZWIR 2001, 13). Die offen gebliebene Möglichkeit, im Anschluss an eine sachgrundlose Befristung eine Befristung mit Sachgrund zu vereinbaren (BT-Drucks. 14/4374 S. 14), wurde dabei zum Teil als halbherzige Lösung kritisiert (*Lakies* DZWIR 2001, 13; *Blanke* AiB 2000, 734). Dagegen haben sich *Bauer* (BB 2001, 2473, 2475; *ders.* jetzt NZA 2011, 241, 243), *Persch* (ZTR 2010, 2, 6 f., 10), *Preis/Gotthardt* (DB 2000, 2072), *Schmalenberg* (NZA 2001, 938), *Schiefer* (DB 2000, 2122; *ders.* DB 2011, 1221), *Richardi/Annuß* (BB 2000, 2204) und auch *Hromadka* (BB 2001, 627) gegen die Neuregelung gewandt,   563 da sie über ihr **Ziel, Kettenverträge zu verhindern**, hinausschieße. *Preis/Gotthardt* haben auf das **Beispiel des Werkstudenten** aufmerksam gemacht, dem durch diese Regelung **eine erstmalige Beschäftigung nach dem Studium in Form der sachgrundlosen Befristung unmöglich gemacht** werde. Dieser auch im Rahmen der öffentlichen Sachverständigenanhörung wiederholte Hinweis (BT-Drucks. 14/4625 S. 18) fruchtete jedoch nicht (*Osnabrügge* NZA 2003, 643). Der Gesetzgeber hielt es **nach Abs. 1 Nr. 2 für möglich**, den Werkstudenten im Rahmen eines mit Sachgrund befristeten Arbeitsverhältnisses erneut zu beschäftigen (BT-Drucks. 14/4374 S. 19). Auch wurde auf Fälle kurzfristiger Vorbeschäftigung oder einer Neubeschäftigung mit anderem beruflichen Profil (frühere Krankenschwester wird Ärztin) hingewiesen, bei denen eine sachgrundlose befristete »Ersteinstellung« möglich sein müsste (*Preis* NZA 2005, 714 f.). Als **Ausweg** bietet sich jedoch hier an, den nunmehr ausgebildeten oder mit anderen Aufgaben zu betrauenden Arbeitnehmer **befristet nach § 14 Abs. 1 Nr. 5 TzBfG mit Sachgrund zu erproben** (*Ritter/Rudolf* FS 25-jähriges Bestehen DAV, 2006 S. 388). Vgl. Rdn 402, 513 ff.

564 Bereits nach Inkrafttreten des Gesetzes wurde in der Literatur von *Löwisch* (BB 2001, 254), zurückhaltend auch von *Hanau* (FS Wissmann, 2005 S. 2, 35) und zuletzt von *Persch* (ZTR 2010, 2, 10 vor allem im Blick auf den öffentlichen Dienst und Art. 33 Abs. 2 GG) der Versuch unternommen, über **verfassungsrechtliche Erwägungen** eine **teleologische Reduktion von § 14 Abs. 2 S. 2 TzBfG** vorzunehmen (im Ergebnis abl. *Kliemt* NZA 2001, 300; *Dörner* Befr. Arbeitsvertrag Rn 431 f.; LS-*Schlachter* Rn 112). Gegen Ausnahmen im **öffentlichen Dienst** spricht allerdings die **Bestenauswahl** im Blick auf Art 33 Abs. 2 GG (*LAG Bln.-Bra.* 27.2.2009 LAGE § 14 TzBfG Nr. 50; Anm. *Marschner* EzTöD 100 § 30 Abs. 1 TVöD-AT Nr. 10; **aA** *LAG Bln.* 25.8.2006 LAGE Art. 33 GG Nr. 16; *Persch* ZTR 2010, 2, 5 f.). Aus Gründen der praktischen Handhabung unterstützte *Straub* (NZA 2001, 926; ebenso *Bauer* BB 2001, 2473, 2475) den Lösungsansatz von *Löwisch*, während ihn *Schmalenberg* (NZA 2001, 938; *ders.* in HWK, 6. Aufl. Rn 109) angesichts des eindeutigen Wortsinns von § 14 Abs. 2 S. 2 TzBfG weiterhin verwirft. Beide Autoren setzten indessen auf eine **Gesetzesinitiative**, nach der ein Ausschluss jeglicher Vorbeschäftigung als Hürde für den erstmaligen Abschluss eines sachgrundlos befristeten Arbeitsvertrages nach Abs. 2 fällt. Ob eine solche Nachbesserung angesichts der gesetzgeberischen Zielsetzung, sachgrundlos befristete Arbeitsverträge zurückzudrängen, zu erwarten war, musste bezweifelt werden, nachdem unterschiedliche Pläne hierzu für die abgelaufene Legislaturperiode nicht realisiert worden sind (vgl. hierzu BT-Druckss 15/5556; **Textvorschlag zu § 14 Abs. 2 S. 2:** »Eine Befristung nach Satz 1 ist nicht zulässig, wenn zwischen dem Beginn des befristeten Arbeitsvertrages und dem Ende eines vorherigen unbefristeten oder befristeten Arbeitsvertrages mit demselben Arbeitgeber ein Zeitraum von weniger als zwei Jahren liegt.«). Die – insoweit nicht umgesetzte – **Koalitionsvereinbarung** CDU/CSU/SPD vom **12.3.2018** sah eine Rückkehr zur wiederholten Befristung ohne Sachgrund mit demselben Arbeitgeber nach Ablauf von drei Jahren vor (*Klein* DB 2018, 1018, 1023), allerdings unter erheblichen Einschränkungen der sachgrundlosen Befristung als solcher.

bb) Entscheidungen des BAG vom 6.4.2011 und des BVerfG vom 6.6.2018

565 Das **BAG** hatte in einer Entscheidung aus dem Jahr 2011 aus verfassungsrechtlichen Gründen (Art. 12 Abs. 1 GG) eine »Zuvor-Beschäftigung« iSv Abs. 2 verneint, wenn ein früheres Arbeitsverhältnis zum Zeitpunkt der Neubegründung mehr als drei Jahre zurücklag (*BAG* 6.4.2011 EzA § 14 TzBfG Nr. 77; bestätigt *BAG* 21.9.2011 EzA § 14 TzBfG Nr. 81). Gegenstand des Verfahrens war die Entfristungsklage einer vom Freistaat Sachsen für den Zeitraum vom 1.8.2006 bis zum 31.7.2008 sachgrundlos befristet eingestellten Lehrerin, die – ohne dies im Personalfragebogen anzugeben – bereits zuvor in der Zeit vom 1.11. bis zum 31.12.1999 mit 20 Monatsstunden und in der Zeit vom 1.1. bis zum 31.1.2000 mit 10 Monatsstunden als studentische Hilfskraft angestellt gewesen war. Die Klage wies das BAG ab. Eine »Zuvor-Beschäftigung« iSv § 14 Abs. 2 S. 2 TzBfG sollte nicht mehr gegeben sein, wenn das frühere Arbeitsverhältnis mit demselben Arbeitgeber mehr als drei Jahre zurücklag. Der Wortlaut des § 14 Abs. 2 S. 2 TzBfG sei hinsichtlich des Tatbestandsmerkmals »bereits zuvor« nicht eindeutig. Er gebiete nicht zwingend das Auslegungsergebnis eines lebenslangen oder auch absoluten Vorbeschäftigungsverbots immer dann, wenn »jemals

zuvor« ein Arbeitsverhältnis der Parteien bestand. Die **Gesetzgebungsgeschichte** deute zwar eher auf ein **zeitlich unbeschränktes Verständnis des Vorbeschäftigungsverbots** hin. Dagegen spreche aber der **Zweck der Vorschrift.** Dieser erschließe sich erst im Zusammenhang mit § 14 Abs. 2 S. 1 TzBfG. Die darin vorgesehene sachgrundlose Befristung von Arbeitsverträgen solle zum einen dem Arbeitgeber ermöglichen, auf eine unsichere und schwankende Auftragslage und wechselnde Marktbedingungen durch Neueinstellungen flexibel zu reagieren. Zum anderen solle **die befristete Beschäftigung für den Arbeitnehmer eine Alternative zur Arbeitslosigkeit und eine Brücke zur Dauerbeschäftigung** sein. § 14 Abs. 2 S. 2 TzBfG solle verhindern, dass die gesetzlich eröffnete Möglichkeit sachgrundloser Befristungen zu **missbräuchlichen »Kettenverträgen«** genutzt werde. Der Gesetzeszweck des § 14 Abs. 2 S. 2 TzBfG liege daher nicht in der Verhinderung sachgrundlos befristeter Arbeitsverträge, sondern in der Verhinderung von »Befristungsketten«. Diese Sicht stehe im **Einklang mit dem Ziel der Richtlinie 1999/70/EG** und gebiete kein lebenslanges Verbot der Vorbeschäftigung. Wenn daher zwischen zwei Arbeitsverhältnissen mit demselben Arbeitgeber ein Zeitraum von mehreren Jahren liege, könne von »Befristungsketten« keine Rede mehr sein. **Ein lebenslanges Anschlussverbot wäre nach dem Normzweck überschießend.** Gegen ein zeitlich unbeschränktes Verständnis der Vorschrift sprächen insbes. verfassungsrechtliche Erwägungen. Ein lebenslanges Verbot der Vorbeschäftigung würde **arbeitsuchenden Arbeitnehmern**, die vor längerer Zeit bei dem Arbeitgeber waren, **die Chance nehmen, über ein zunächst nach § 14 Abs. 2 S. 1 TzBfG befristetes Arbeitsverhältnis in ein unbefristetes Arbeitsverhältnis zu gelangen.** Dadurch würden die Privatautonomie (Art. 2 Abs. 1 GG) der Vertragsparteien und die **Berufsfreiheit des Arbeitnehmers (Art. 12 Abs. 1 GG) in übermäßiger Weise beschränkt.** Das damit strukturell verbundene Einstellungshindernis wäre auch unter Berücksichtigung des mit § 14 Abs. 2 S. 2 TzBfG verfolgten Schutzwecks nicht gerechtfertigt. Die zeitliche Beschränkung des Vorbeschäftigungsverbots erfordere eine im Wege der **Rechtsfortbildung** vorzunehmende Konkretisierung. Dafür biete sich der an eine regelmäßige Verjährungsfrist des § 195 BGB angelehnte **Zeitraum von drei Jahren zwischen dem Ende des vorangegangenen und dem Beginn des neuen sachgrundlos befristeten Arbeitsverhältnisses** an.

Zustimmung fand die Entscheidung zwar im Ergebnis für die Praxis (*Bauer* NZA 2011, Heft 9 Editorial; *Marschner* EzTöD 100 § 30 Abs. 1 TVöD-AT Sachgrundlose Befristung Nr. 15; *Kuhnke* NJW 2011, 3131, 3133; *Rudolf* BB 2011, 2808, 2810 f), **überwiegend aber nicht in der methodischen Rechtsfindung** (*Bader-Bram/Bader* [2014] Rn 59; *Buntenbach* AiB 2011, 345; *Däubler/Stoye* AiB 2012, 14; *Fink* AuA 2012, 16; *Höpfner* NZA 2011, 893, 896 ff.; HaKo-KSchR/*Mestwerdt* Rn 198; *Heuschmid* AuR 2014, 221; *Junker* EuZA 2013, 3, 17 f.; *R. Krause* JA 2012, 468 ff.; *Kossens* jurisPR-ArbR 37/2011; *Kuhnke* NJW 2011, 3131; *Lakies* AuR 2011, 190; *Frieling* Anm. EzA § 14 TzBfG Nr. 77; *Perreng* PersonalR 2011, 401; *Polzer* EWiR 2011, 611; *Staudinger/Preis* [2019] § 620 BGB Rn 184; *Wedel* AuR 2012, 413; *Wendeling-Schröder* AuR 2012, 92; DAV-Stellungnahme des Arbeitsrechtsausschusses Nr. 66/2011; *Dirksmeyer* in: Unsichere Arbeits- und Lebensbedingungen in Deutschland und Europa, 2014 (Befristetes Arbeitsverhältnis – Vorbeschäftigung § 14 Abs. 2 TzBfG). In der Begründung folgten dem BAG **uneingeschränkt nur** *Müller-Glöge* (ErfK 12. Auflage 2012 Rn 99), *Rudolf* (BB 2011, 2808), *Schiefer* (DB 2011, 1221); *Löwisch* (SAE 2012, 31), *Wank* (RdA 2012, 361, teleologische Reduktion), *Greiner* (ZESAR 2013, 305, 307, unionsrechtskonforme Auslegung; ZESAR 2014, 357, 359 362; Ansatz über Willkürverbot aus Art. 3 GG), *Kiel* (NZA-Beil. 2/2016, 72, 75 f.), *Linsenmaier* (als damaliger Vorsitzender des erkennenden Senats, RdA 2012, 193, 204; FS Bepler 2012, S. 373, zur Methode der verfassungskonformen Auslegung) und *Persch* (ZTR 2011, 404, 406, der aber **weitergehend** als zusätzliches Kriterium für die Einschränkung einer sachgrundlosen Befristung innerhalb des Dreijahresabstands einen »engen sachlichen Zusammenhang« zwischen der neuen und der vorherigen Beschäftigungsart bzw. ausgeübten Tätigkeit verlangt).

Die Rechtsprechung der **Instanzgerichte** ist dem BAG nur zu einem Teil gefolgt (*LAG RhPf* 9.8.2012 – 2 Sa 239/12; *LAG RhPf* 24.1.2014 – 1 Sa 490/13; *LAG SchlH* 30.11.2011 – 6 Sa 311/11; *Sächs. LAG* 24.3.2015 LAGE § 14 TzBfG Nr. 94; *LAG Hamm* 15.12.2016 – 11 Sa 735/16; *ArbG Kiel* 25.4.2014 – 2 Ca 32b/14). **Zahlreiche Instanzgerichte** verweigerten dem BAG dagegen

§ 14 TzBfG Zulässigkeit der Befristung

die **Gefolgschaft** (*ArbG Gelsenkirchen* 26.2.2013 – 5 Ca 2133/12; *LAG BW* 26.9.2013 LAGE § 14 TzBfG Nr. 78, m. Anm. *Joussen*; *LAG BW* 21.2.2014 LAGE § 14 TzBfG Nr. 82; *LAG BW* 11.8.2016 LAGE § 14 TzBfG Nr. 107; 18.8.2017 – 8 Sa 21/17; *LAG Nds.* 16.2.2016 – 9 Sa 376/15; *LAG Nds.* 23.5.2017 – 9 Sa 1154/16; 20.7.2017 NZA-RR 2017, 580; *LAG SA* 29.5.2017 LAGE § 14 TzBfG Nr. 114; *Hess. LAG* 11.7.2017 ZTR 2017, 674; *LAG SchlH* 27.7.2017 – 4 Sa 221/16; *LAG MV* 17.10.2017 – 5 Sa 256/16; *LAG BW* 18.8.2017 LAGE § 14 TzBfG Nr. 117). Das *ArbG Braunschweig* (3.4.2012 LAGE § 14 TzBfG Nr. 83) hielt eine **verfassungsgerichtliche Prüfung** für geboten und hat dem BVerfG die Frage vorgelegt, ob § 14 Abs. 2 S. 2 TzBfG mit Art. 12 Abs. 1, Art. 2 Abs. 1, Art. 3 Abs. 1 GG unvereinbar ist (1 BvL 7/14). Außerdem wurde gegen die neue Rechtsprechung eine **Verfassungsbeschwerde** beim BVerfG eingelegt (1 BvR 1375/14).

568 Das **BVerfG** hat in seiner Entscheidung vom 6.6.2018 zwar in dem Vorbeschäftigungsverbot (Anschlussverbot) des § 14 Abs. 2 S. 2 TzBfG eine **Einschränkung der Berufsfreiheit aus Art. 12 Abs. 1 und 2 GG** mit Blick auf den bereits zuvor beschäftigten Arbeitnehmer und die berufliche und wirtschaftliche Betätigungsfreiheit des Arbeitgebers erkannt, diese jedoch in **Abwägung des Schutzes des strukturell unterlegenen Arbeitnehmers und den im Sozialstaatsprinzip** (Art. 20 Abs. 1, 28 Abs. 1 GG) verankerten sozial- und beschäftigungspolitischen gesetzlichen Zielsetzungen für zumutbar gehalten. Mit der Regelung sollten **Kettenbefristungen** unterbunden und das **unbefristete Arbeitsverhältnis als Regelbeschäftigungsform** gesichert werden. Der Gesetzgeber habe insoweit einen großen **Spielraum**, wenn er die sachgrundlose Befristung nur als **einmalige Brücke zur Dauerbeschäftigung** zulasse. Die Regelung sei deshalb grundsätzlich verfassungsrechtlich nicht zu beanstanden (*BVerfG* 6.6.2018 NZA 2018, 774, Rn 42, 46 ff., 61).

569 Das BVerfG hat allerdings **nicht jegliche Vorbeschäftigung als Verstoß gegen das Anschlussverbot** aus § 14 Abs. 2 S. 2 TzBfG anerkannt. So soll ein Verbot der sachgrundlosen Befristung bei nochmaliger Einstellung bei demselben Arbeitgeber unzumutbar sein, soweit eine **Gefahr der Kettenbefristung** in Ausnutzung der strukturellen Unterlegenheit der Beschäftigten **nicht besteht** und das **Verbot** der sachgrundlosen Befristung **nicht erforderlich** ist, um das **unbefristete Arbeitsverhältnis als Regelbeschäftigungsform zu erhalten**. Das Verbot der sachgrundlosen Befristung des Arbeitsvertrages könne insbes. unzumutbar sein, wenn eine **Vorbeschäftigung sehr lange zurückliegt, ganz anders geartet war** oder von **sehr kurzer Dauer** gewesen ist (etwa bei geringfügigen Nebenbeschäftigungen während der Schul- und Studien- oder Familienzeit, bei Werkstudierenden oder bei einer Unterbrechung der Erwerbsbiographie, die mit einer beruflichen Neuorientierung oder einer Aus- und Weiterbildung einhergeht). Die **Fachgerichte** könnten und müssten in **derartigen Fällen** durch verfassungskonforme Auslegung den **Anwendungsbereich des gesetzlichen Anschlussverbots einschränken** (dort Rn 62 f.). Damit gibt das BVerfG einen **recht unbestimmten** »Korridor« zur verfassungsrechtlichen Einschränkung des Anschlussverbots vor (abl. *Bayreuther* NZA 2018, 905, 908, der darin einen Widerspruch zu dem Kontext der Grundentscheidung erkennt; ebenso *Lembke/Tegel* NZA 2019, 1029, 1032; zust. *Kroll* ZTR 2018, 559, 562, für eine gesetzliche Neuregelung mit wertendem Tatbestandsmerkmal). Zur Ausfüllung durch anschließende Entscheidungen des BAG vgl. Rdn 577 ff.

570 Nach der Entscheidung des BVerfG kommt in § 14 Abs. 2 S. 2 TzBfG eine gesetzgeberische Grundentscheidung zum Ausdruck, wonach **sachgrundlose Befristungen zwischen denselben Arbeitsvertragsparteien grds. nur bei der erstmaligen Einstellung zulässig** sein sollen. Der Gesetzgeber habe sich damit zugleich **gegen eine zeitliche Begrenzung des Verbots** entschieden. Die **Gesetzesmaterialien** und die **Entstehungsgeschichte** dokumentierten die konkrete Vorstellung von Bedeutung, Reichweite und Zielsetzung der Regelung (*BVerfG* 6.6.2018 NZA 2018, 774, Rn 77 f., 81). Mit dieser **gesetzgeberischen Grundentscheidung**, wonach grds. jede Vorbeschäftigung bei demselben Arbeitgeber das Verbot einer sachgrundlos befristeten Wiedereinstellung auslöst, unabhängig davon, wie lange die Vorbeschäftigung zurückliegt, ist nach der Entscheidung des BVerfG die Annahme, § 14 Abs. 2 S. 2 TzBfG erfasse nur **Vorbeschäftigungen, die nicht länger als drei Jahre zurückliegen, nicht vereinbar** (*BVerfG* 6.6.2018 NZA 2018, 774, Rn 86).

cc) kein Vertrauensschutz und keine Restitution

Arbeitgeber, die auf Grundlage der Rechtsprechung des *BAG* vom 6.4.2011 (EzA § 14 TzBfG Nr. 77) befristete Arbeitsverhältnisse mit zuvor beschäftigten Arbeitnehmern vereinbart haben, werden nicht geschützt. Das *BAG* hat in neueren Folgeentscheidungen aus dem Jahr 2019 Vertrauensschutz auf die Fortgeltung seiner vorherigen Rechtsprechung ausgeschlossen, da deren unveränderter Fortbestand mit Blick auf die von Anfang an erhebliche Kritik nicht habe gesichert erscheinen können (*BAG* 23.1.2019 EzA § 14 TzBfG Nr. 134; 12.6.2019 EzA § 14 TzBfG Nr. 138; kritisch *Spielberger* NJW 2020, 22, 23). Für Befristungskontrollklagen, die auf Grundlage der früheren Rechtsprechung rechtskräftig abgewiesen wurden, besteht kein Restitutionsgrund. § 580 Nr. 6 ZPO ist nicht, auch nicht analog anwendbar (ErfK-*Müller-Glöge* Rn 99; APS-*Backhaus* Rn 540). 571

b) Ausbildungs-, berufsvorbereitende Vertragsverhältnisse und Beamte

Zu den nach Abs. 2 S. 2 befristungsschädlichen früheren Arbeitsverhältnissen zählte nach § 3 Abs. 1 BBiG aF nicht das Berufsausbildungsverhältnis (*LAG Nds.* 4.7.2003 LAGE § 14 TzBfG Nr. 11; aA *Schlachter* NZA 2003, 1183; zweifelnd *Lembke* NJW 2006, 325 f.; vgl. Rdn 82, 221). Diese Einordnung ergibt sich nunmehr aus dem ab 1.4.2005 in Kraft getretenen **§ 10 Abs. 2 BBiG** (Berufsbildungsreformgesetz v. 23.3.2005 BGBl. I S. 931), der die für den Arbeitsvertrag geltenden Rechtsvorschriften und Rechtsgrundsätze nur subsidiär zur Anwendung auf das Berufsausbildungsverhältnis bringt. Wäre das Berufsausbildungsverhältnis ein Arbeitsverhältnis, wäre diese Regelung überflüssig. Ein **Berufsausbildungsverhältnis** ist deshalb auch nach neuer Gesetzeslage **kein Arbeitsverhältnis iSd Vorbeschäftigungsverbots** für eine sachgrundlose Befristung (*BAG* 12.4.2017 EzA § 14 TzBfG Schriftform Nr. 4, Rn 15; 21.9.2011 EzA § 14 TzBfG Nr. 81 Rn 14; *LAG Hamm* 28.8.2014 – 15 Sa 636/14; *LAG BW* 9.10.2008 LAGE § 14 TzBfG Nr. 44; APS-*Backhaus* Rn 552 f.; ErfK-*Müller-Glöge* Rn 94; HaKo-TzBfG/*Boecken* Rn 149; HaKo-KSchR/*Mestwerdt* Rn 206; *Dörner* Befr. Arbeitsvertrag Rn 437 f.; *Arnold/Gräfl* Rn 343; *Hunold* NZA 2012, 431, 433; *Natzel* SAE 2012, 39, 44; AR-*Schüren/Moskalew* Rn 86; **aA** etwa DDZ-*Wroblewski* Rn 202; LS-*Schlachter* Rn 113 f., die deshalb nur eine Sachgrundbefristung nach § 14 Abs. 1 S. 2 Nr. 2 TzBfG zulassen wollen). Gemessen am **Gesetzeszweck** des Vorbeschäftigungsverbots in § 14 Abs. 2 S. 2 TzBfG erfordert dieser nicht, Berufsausbildungsverhältnisse mit Arbeitsverhältnissen iS dieser Vorschrift gleichzusetzen. Das BAG führt dafür aus, dass es um die **Vermeidung von Befristungsketten** gehe (*BAG* 21.9.2011 EzA § 14 TzBfG Nr. 81, Rn 17). Dieser Zweck erfordere es nicht, Berufsausbildungsverhältnisse in das Vorbeschäftigungsverbot einzubeziehen (ebenso *LAG BW* 29.11.2013 – 9 Sa 65/13, im Fall eines während der Berufsausbildung ruhenden Arbeitsverhältnisses und einer nachgehenden Befristung nach § 14 Abs. 1 S. 2 Nr. 2). Die nur befristete Übernahme in ein Arbeitsverhältnis im Anschluss an die Berufsausbildung begründe wegen des Ausbildungszwecks des Berufsausbildungs-verhältnisses keine Gefahr einer »Kettenbefristung«, sondern trage dazu bei, den früheren Auszubildenden – wenn auch nur zeitweilig – in den allgemeinen Arbeitsmarkt einzugliedern und ggf. eine sog. **Beschäftigungsbrücke** in ein unbefristetes Arbeitsverhältnis zu schaffen. Wegen der fehlenden Gefahr von Befristungsketten spreche auch nichts dagegen, die beiden Rechtsinstitute der **Sachgrundbefristung nach § 14 Abs. 1 S. 2 Nr. 2 TzBfG** und der **sachgrundlosen Befristung nach § 14 Abs. 2 S. 2 TzBfG nebeneinander** bestehen zu lassen. Für die Sachgrundbefristung bleibe auch dann ein Anwendungsbereich (zB länger als zwei Jahre; dazu aber Rdn 233 ff.), wenn Berufsausbildungsverhältnisse mit demselben Arbeitgeber nicht in das Vorbeschäftigungsverbot des § 14 Abs. 2 S. 2 TzBfG einbezogen würden und damit eine sachgrundlose Befristung nach § 14 Abs. 2 S. 1 TzBfG ermöglicht werde. Dem kann zugestimmt werden. Eine ungerechtfertigte **Ungleichbehandlung** der unterschiedlichen Absolventengruppen der **Auszubildenden und Studierenden** (so aber LS-*Schlachter* Rn 114) bei der sachgrundlosen Befristung findet nicht statt, da nicht nur Auszubildende, sondern ebenso Studenten nach Abschluss ihres Studiums über Abs. 2 befristet beschäftigt werden können (*BAG* 21.9.2011 EzA § 14 TzBfG Nr. 81). 572

Der Gesetzgeber sah sich gleichwohl veranlasst, in der Gesetzesbegründung zum TzBfG ausdrücklich aufzunehmen, dass »ein Berufsausbildungsverhältnis (…) kein Arbeitsverhältnis iSd Abs. 2 S. 2 573

§ 14 TzBfG   Zulässigkeit der Befristung

(…) (ist)« (BT-Drucks. 14/4374 S. 20). **Vorangegangene Berufsausbildungsverhältnisse** setzen deshalb für eine sachgrundlose Befristung nach § 14 Abs. 2 TzBfG **kein Hindernis** (MüKo-*Hesse* Rn 91; aA *Däubler* ZIP 2001, 223; *Lakies* DZWIR 2001, 13). **Der Arbeitgeber** kann je nach den Umständen des Einzelfalls **entscheiden**, ob er **an die Ausbildung eine Befristung mit Sachgrund** nach Abs. 1 Nr. 2 **oder eine sachgrundlose Befristung** nach Abs. 2 **anschließt**. Eine Verkettung in der Form, dass er dann an den sachgrundlos befristeten Arbeitsvertrag ein erneut befristetes Arbeitsverhältnis mit **Sachgrund nach Nr. 2** anschließt, dürfte jedoch nur in Ausnahmefällen zu begründen sein. Bei der Fortsetzung der Beschäftigung nach Ende der Ausbildung hat der Arbeitgeber im Übrigen darauf zu achten, dass der befristete Vertrag spätestens am Tag nach Beendigung des Ausbildungsverhältnisses schriftlich nach § 14 Abs. 4 TzBfG vereinbart wird. Ansonsten droht die **Gefahr**, dass ohne schriftliche Befristungsabrede **über die tatsächliche Weiterbeschäftigung nach § 24 BBiG ein Arbeitsverhältnis auf unbestimmte Zeit begründet** wird. Vgl. auch Rdn 230. Selbst für den Fall, dass es hiernach zu einer einvernehmlichen Aufhebung des unbefristeten Arbeitsverhältnisses kommen sollte, würde die anschließende sachgrundlose Befristung dann am Anschlussverbot scheitern (LS-*Schlachter* Rn 115; APS-*Backhaus* Rn 555).

574 **Berufsvorbereitende Vertragsverhältnisse**, die keine Arbeitsverhältnisse sind (vgl. § 26 BBiG; zB Volontäre), stehen einer späteren befristeten Anstellung ohne Sachgrund ebenfalls nicht im Wege (*BAG* 21.9.2011 NZA 2012, 255, Rn 18; 19.10.2005 EzA § 14 TzBfG Nr. 23; *Osnabrügge* NZA 2003, 643; APS-*Backhaus* Rn 557; *Dörner* Befr. Arbeitsvertrag Rn 440). Damit setzen vorangehende Vertragsverhältnisse als **Praktikanten** (*ArbG Kiel* 25.4.2014 – 2 Ca 32b/14; *Arnold/Gräfl* Rn 281; *Annuß/Thüsing/Maschmann* Rn 73) oder **Volontäre** keine Sperre für eine spätere sachgrundlose Befristung nach Abs. 2 (ErfK-*Müller-Glöge* Rn 94; *Staudinger/Preis* [2019] § 620 BGB Rn 186 f.). Die Bestimmung des **§ 22 MiLoG (Mindestlohngesetz vom 11.8.2014, BGBl. I S. 1348)**, die den Praktikanten mit Ausnahmen die Mindestlohnvergütung sichert, beschränkt sich in der Anwendung auf den **Lohnanspruch** und macht die Praktikanten nur zu »Arbeitnehmern iS dieses Gesetzes« (gesetzliche Fiktion; ErfK-*Franzen* § 22 MiLoG Rn 6) ohne Auswirkung auf § 14 Abs. 2 TzBfG (zutr. *Schaub/Vogelsang* § 66 Rn 15; aA *Insam/Hinrichs/Tacou* NZA-RR 2014, 569, 571). Als »echter« Praktikant stehen sie regelmäßig in keinem Arbeitsverhältnis mit ihrem »Ausbildungsbetrieb« (so wohl auch *Bayreuther* NZA 2014, 865, 871; krit. *Picker/Sausmikat* NZA 2014, 942; 943 f., die den Schutz gegen missbräuchliche Handhabung besser in der Annahme eines Arbeitsverhältnisses erkennen; vgl. auch *LAG Hamm* 17.10.2014 LAGE § 612 BGB 2002 Nr. 2, Rn 43 ff. mwN). Da ein sog. **Einfühlungsverhältnis** (ohne Vergütungsanspruch und ohne Arbeitspflicht des potentiellen Arbeitnehmers) ein im Rahmen der Vertragsfreiheit zulässiges loses Rechtsverhältnis eigener Art darstellt, ist es ebenfalls kein (faktisches) Zuvorarbeitsverhältnis (*LAG RhlPf* 11.8.2020 – 6 Sa 500/19, Rn 41). Handelt es sich dagegen bei diesen Verhältnissen **in Wahrheit um Arbeitsverhältnisse** (Scheinpraktikant) kann nur eine Befristung mit Sachgrund geschlossen werden (*Stoye* Diss Bonn 2006, S. 177). Zur Abgrenzung vgl. *LAG BW* 8.2.2008 NZA 2008, 768.

575 **Unschädlich** sind eine frühere Tätigkeit als **Selbständiger** (keine Scheinselbständigkeit) oder als **freier Mitarbeiter** im Rahmen eines **Werkvertrages** (DDZ-*Wroblewski* Rn 201; *Arnold/Gräfl* Rn 347; *Lembke* NJW 2006, 325 f.; MHH-TzBfG/*Meinel* Rn 203 f.; HaKo-TzBfG/*Boecken* Rn 149); ebenso als gesetzlicher Vertreter, soweit kein Arbeitsverhältnis parallel dazu geschlossen war (*Annuß/Thüsing/Maschmann* Rn 72). Trainingsmaßnahmen oder Schnupperbeschäftigungen im Rahmen der **Arbeitsförderung** müssen ebenfalls als »Zuvor«-Arbeitsverhältnisse ausgeschlossen bleiben (Hauck/Noftz-*Petzold* SGB III § 48 Rn 1; *Lembke* NJW 2006, 325 f.). Eine pädagogische Einführung in den Schuldienst stellt weder ein Ausbildungs-, noch ein Qualifizierungsverhältnis gem. BBiG dar (*LAG Hamm* 17.4.2013 – 5 Sa 1673/12, Rn 33), da hier nicht die Ausbildung, sondern die Arbeitsleistung im Vordergrund steht. Ob auch **Umschulungsverhältnisse** vom Vorbeschäftigungsverbot erfasst werden (dagegen *LAG Hamm* 12.5.2010 – 3 Sa 196/10), ist nach Inkrafttreten des TzBfG noch nicht höchstrichterlich geklärt. Unter der Geltung des BeschFG 1985 hat das BAG dies verneint (*BAG* 28.6.1996 EzA § 1 BeschFG 1985 Nr. 14). Da dieser Personenkreis keine an der Arbeitsleistung orientierte Arbeitsvergütung erhält, sondern zumeist Leistungen der BA; spricht viel dafür den Umschulungsvertrag nicht als schädlich für eine anschließende

sachgrundlose Befristung nach § 14 Abs. 2 TzBfG zu bewerten (APS-*Backhaus* Rn 558). Das gilt auch für vorangehende Beschäftigungen als **Zivildienstleistender, Ein-Euro-Jobber** (§ 16d SGB II) oder im Rahmen eines freiwilligen sozialen Jahres (HWK-*Rennpferdt* Rn 159). Zur »Vorbeschäftigung« im **Leiharbeitsverhältnis** s. Rdn 592 ff. Eine erfolgreiche **Statusklage** kann der Befristung nach § 14 Abs. 2 TzBfG im Nachhinein die Rechtsgrundlage entziehen, wenn ein vorangehendes Arbeitsverhältnis festgestellt wird (*Staudinger/Preis* [2019] § 620 BGB Rn 187; *Dörner* Befr. Arbeitsvertrag, Rn 441).

c) Beamte/Heimarbeit

Wegen abweichender Rechtsnatur steht auch ein früheres **Beamtenverhältnis** einer anschließenden sachgrundlosen Befristung nicht entgegen. Beamte sind **keine Arbeitnehmer**, weil sie nicht aufgrund eines privatrechtlichen Vertrags, sondern aufgrund eines durch Verwaltungsakt begründeten öffentlich-rechtlichen Dienstverhältnisses tätig werden (*BAG* 24.2.2016 EzA § 14 TzBfG Nr. 120, Rn 18, 29). Die **Rahmenvereinbarung** im Anhang der Richtlinie 1999/70/EG steht dem nicht entgegen, da sie nach ihrem § 2 Nr. 1 für befristet beschäftigte Arbeitnehmer mit einem Arbeitsvertrag oder -verhältnis gem. der gesetzlich, tarifvertraglich oder nach den Gepflogenheiten in jedem Mitgliedstaat geltenden Definition gilt. Die **Definition der Arbeitsverträge und -verhältnisse**, für die diese Rahmenvereinbarung zur Anwendung kommt, **richtet sich** nicht nach der Vereinbarung selbst oder dem Unionsrecht, sondern **nach nationalem Recht** (*BAG* 24.2.2016 EzA § 14 TzBfG Nr. 120, Rn 31, 34). Auch ein früheres Heimarbeitsverhältnis sperrt kein sich anschließendes sachgrundloses Arbeitsverhältnis nach § 14 Abs. 2 S. 1 TzBfG. Heimarbeiter sind **mangels der erforderlichen persönlichen Abhängigkeit keine Arbeitnehmer** iSd allgemeinen Arbeitnehmerbegriffs. Nach Nr. 10 der Allgemeinen Erwägungen der Rahmenvereinbarung überlässt es die Vereinbarung den **Mitgliedstaaten**, u.a. die **Anwendungsmodalitäten zu definieren**, um so der jeweiligen Situation der einzelnen Mitgliedstaaten und den Umständen bestimmter Branchen und Berufe einschließlich saisonaler Tätigkeiten Rechnung zu tragen. Hiervon hat der Gesetzgeber Gebrauch gemacht und die Heimarbeiter, die nach nationalem Recht keine Arbeitnehmer sind, vom Anwendungsbereich des § 14 TzBfG ausgenommen. Dies ist unter Berücksichtigung der Besonderheiten des Heimarbeitsverhältnisses nicht willkürlich. Heimarbeiter sind **aufgrund ihrer Selbständigkeit** typischerweise **nicht** in dem Maße wie Arbeitnehmer im Hinblick auf den Bestand des Heimarbeitsverhältnisses **schutzbedürftig** (*BAG* 24.8.2016 EzA § 14 TzBfG Nr. 125, Rn 37, 46).

576

d) Unzumutbare Anwendung des Vorbeschäftigungsverbots

Das BVerfG hat das **Vorbeschäftigungsverbot verfassungsrechtlich eingeschränkt** für den Fall der **unbedenklichen erneuten sachgrundlosen Befristung** bei demselben Arbeitgeber. Soweit **keine Gefahr der Kettenbefristung** in Ausnutzung der strukturellen Unterlegenheit der Beschäftigten besteht und das Verbot der sachgrundlosen Befristung nicht erforderlich ist, um das unbefristete Arbeitsverhältnis als Regelbeschäftigungsform zu erhalten, sollen die **Fachgerichte den Anwendungsbereich** des § 14 Abs. 2 S. 2 TzBfG verfassungskonform **reduziert auslegen** (*BVerfG* 6.6.2018 NZA 2018, 774, Rn 62 f.). Mit drei Entscheidungen vom 23.1.2019 (7 AZR 13/17; 7 AZR 733/16 EzA § 14 TzBfG Nr. 134; 7 AZR 161/15) hat das *BAG* seine mit Urteil vom 6.4.2011 (EzA § 14 TzBfG Nr. 77) begründete Rechtsprechung aufgegeben. Es ist – wie auch in seinen weiteren seitdem ergangenen Entscheidungen – mit den Vorgaben des BVerfG zur Nichtanwendung des Vorbeschäftigungsverbots restriktiv umgegangen. Dies verdient Zustimmung. Die sachgrundlose Befristung bei der erneuten Einstellung soll nach der vom BVerfG verdeutlichten gesetzgeberischen Konzeption auf Einzelfälle beschränkt sein (APS-Backhaus Rn 541), in denen die Anwendung des Vorbeschäftigungsverbots unzumutbar wäre. Hierzu bedarf es im Ergebnis einer Würdigung des jeweiligen Einzelfalls. Hierbei sieht das *BAG* Wertungsspielräume, deren Ausfüllung primär den Tatsacheninstanzen zukomme (*BAG* 21.8.2019 – 7 AZR 452/17 EzA § 14 TzBfG Nr. 139, Rn 27).

577

Eine im Zeitpunkt der erneuten Einstellung 15 Jahre zurückliegende Vorbeschäftigung hat das BAG – ohne das Vorliegen besonderer Umstände im Einzelfall – nicht als »sehr lange zurückliegend«

578

angesehen (*BAG* 17.4.2019 – 7 AZR 323/17 EzA § 14 TzBfG Nr. 136, Rn 24). Zwar dürfte bei dieser Zeitspanne die Gefahr einer Kettenbefristung nicht bestehen. Kumulativ müsse nach den Vorgaben des BVerfG aber sichergestellt sein, dass durch die erneute Einstellung der vom Gesetzgeber mit der Regelung in § 14 Abs. 2 S. 2 TzBfG verfolgte Zweck, das unbefristete Arbeitsverhältnis als Regelbeschäftigungsform zu erhalten, nicht gefährdet werde. Hierzu stellt das BAG typisierende Überlegungen zu einem durchschnittlichen Erwerbsleben an. Dieses umfasse mindestens 40 Jahre, so dass ein Arbeitgeber auch bei einer Unterbrechung von jeweils 15 Jahren noch drei sachgrundlos befristete Arbeitsverträge von jeweils zweijähriger Dauer mit demselben Arbeitnehmer (zu Beginn, in der Mitte und am Ende seines Erwerbslebens) abschließen könnte. Dann wäre aber nicht gewährleistet, dass die sachgrundlose Befristung bei der erneuten Einstellung auf Ausnahmefälle beschränkt ist; das angestrebte Ziel einer langfristigen und dauerhaften Beschäftigung wäre gefährdet. Wollte man aus diesen Ausführungen des BAG eine zeitliche Grenze errechnen, läge sie bei einer Unterbrechungszeit 18 Jahren (vgl. *Lembke/Tegel* NZA 2019, 1029, 1033; *Arnold* NZA-RR 2020, 1, 2). Für einen Zeitraum von 20 Jahren könnte, so das BAG in seiner Entscheidung vom 21.8.2019 (7 AZR 452/17 EzA § 14 TzBfG Nr. 139, Rn 25), der Blick auf die ebenfalls den Bestandsschutz betreffende Regelung in § 622 Abs. 2 Nr. 7 BGB sprechen, nach der die längste Kündigungsfrist nach einem Bestand des Arbeitsverhältnisses von 20 Jahren eingreift. Obwohl das BAG auf diesen Gesichtspunkt selbst hingewiesen hat, dürfte mit Blick auf die in allen neueren Entscheidungen hervorgehobene Bedeutung einer einzelfallbezogenen Betrachtung nicht anzunehmen sein, dass hiermit eine »rechtssichere« Grenze für eine zulässige Vorbeschäftigung eingeführt werden sollte (zutreffend APS-*Backhaus* Rn 543). Bei einer 22 Jahre zurückliegenden Vorbeschäftigung hat das BAG es für geboten gehalten, § 14 Abs. 2 S. 2 TzBfG in verfassungskonformer Auslegung der Vorschrift nicht anzuwenden (*BAG* 21.8.2019 – 7 AZR 452/17 EzA § 14 TzBfG Nr. 139). Es hat dabei aber betont, dass auch bei einer so langen Unterbrechungszeit besondere Umstände denkbar sein könnten, die die Anwendung des Vorbeschäftigungsverbots dennoch gebieten könnten. Das LAG Bln-Bra hält es zB im Rahmen einer Gesamtabwägung für beachtlich, ob der Arbeitnehmer selbst das Vorbeschäftigungsverhältnis beendet hat, um eine andere Stelle anzunehmen (*LAG Bln-Bra* 11.9.2020 – 2 Sa 747/20 (rk), Rn 27 f, in Zusammenschau mit einer Unterbrechung von etwas mehr als 17 Jahren ist das Vorbeschäftigungsverbot unzumutbar).

579 Arbeitsverhältnisse von etwas weniger als sechs, rund neun oder 18 Monaten Laufzeit hat das BAG nicht als solche »von sehr kurzer Dauer« angesehen (*BAG* 12.6.2019 – 7 AZR 477/17 (knappes halbes Jahr); 23.1.2019 – 7 AZR 13/17 (rund neun Monate); 23.1.2019 – 7 AZR 733/16 EzA § 14 TzBfG Nr. 134). Ein Arbeitsverhältnis von knapp sechs Monaten sei nicht als von sehr kurzer Dauer anzusehen, weil ein Arbeitnehmer nach einer Wartezeit von sechs Monaten nach § 1 Abs. 1 KSchG bereits Kündigungsschutz erwirbt (*BAG* 12.6.2019 – 7 AZR 477/17, Rn 27). Das BAG hat in dieser Entscheidung (aaO) ergänzend auf § 622 Abs. 5 Nr. 1 BGB verwiesen. Hiernach kann bei einer vorübergehenden Aushilfe einzelvertraglich keine kürzere als die in § 622 Abs. 1 BGB genannte Kündigungsfrist vereinbart werden, wenn das Arbeitsverhältnis über die Zeit von drei Monaten hinaus fortgesetzt wird. Vor diesem Hintergrund sehen Stimmen in der Literatur einen Zeitraum von drei Monaten als zeitliche Grenze an, unter der eine sehr kurze Dauer des früheren Arbeitsverhältnisses angenommen werden könne (ErfK-*Müller-Glöge* Rn 98c; *Spielberger* NJW 2020, 22, 24; aA *Chandna-Hoppe* ZfA 2020, 70, 93 nur im Zusammenspiel mit anderen Kriterien; so wohl auch *Lembke/Tegel* NZA 2019, 1029, 1034). Auch insoweit dürfte das BAG aber – bewusst – keine klare Grenzziehung beabsichtigt haben, weil eine solche mit den Vorgaben des BVerfG wohl nicht vereinbar wäre (APS-*Backhaus* Rn 545). Das BAG will das Kriterium der sehr kurzen Dauer darüber hinaus offenbar nur im Rahmen einer Gesamtbetrachtung heranziehen. Jedenfalls hat es in einer weiteren Entscheidung vom 12.6.2019 (7 AZR 429/17 EzA § 14 TzBfG Nr. 138) die Sache an das LAG zurückverwiesen. Dieses habe zu prüfen, ob es sich bei einer sechswöchigen »Ferienbeschäftigung« um eine nur geringfügige Nebenbeschäftigung während der Schul-, Studien- oder Ausbildungszeit des Klägers handelte. Das BAG ist hierbei trotz einer nur sechswöchigen Dauer der Vorbeschäftigung auf das Kriterium der sehr kurzen Beschäftigung nicht ausdrücklich eingegangen. Wenn es die Beschäftigungsdauer von sechs Wochen aber für sehr kurz

gehalten hätte bzw. diesen Aspekt allein für ausreichend, wäre der Rechtsstreit nicht zurückzuverweisen gewesen (*Arnold* NZA-RR 2020, 1, 2; kritisch zu der Entscheidung *Spielberger* NJW 2020, 22, 24).

Die nachträgliche Befristung eines unbefristeten Arbeitsverhältnisses (zB bei Verstoß gegen § 14 Abs. 4 TzBfG) ist auch dann nicht ohne Sachgrund zulässig, wenn das unbefristete Arbeitsverhältnis erst sehr kurze Zeit bestanden hat (*BAG* 12.6.2019 – 7 AZR 548/17 EzA § 14 TzBfG Nr. 137, Rn 20; *Arnold/Gräfl* Rn 342; APS-*Backhaus* Rn 546; aA *Fabisch* NZA 2021, 9, 13). In einem solchen Fall kommt schon nach Sinn und Zweck der Regelung in § 14 Abs. 2 TzBfG ein Ausschluss des Vorbeschäftigungsverbots in verfassungskonformer Auslegung nicht in Betracht. Das Vorbeschäftigungsverbot ist hingegen nicht verletzt, wenn ein Arbeitnehmer auf der Grundlage eines sachgrundlos befristeten Arbeitsvertrages tätig wird, der eine aufschiebende Bedingung vorsieht (Vorlage eines einwandfreien Führungszeugnisses) und der Bedingungseintritt vereinbarungsgemäß erst Wochen nach Aufnahme der Arbeit erfolgt. Der zuvor schwebend unwirksame Arbeitsvertrag ist kein anderes Arbeitsverhältnis iSd § 14 Abs. 2 S. 2 TzBfG (*Hess. LAG* 6.8.2019 LAGE § 14 TzBfG Nr. 127).

580

Voraussetzung einer »ganz anders gearteten Tätigkeit« ist nach den neueren Entscheidungen des BAG regelmäßig, dass die im neuen Arbeitsverhältnis geschuldete Tätigkeit Kenntnisse oder Fähigkeiten erfordert, die sich wesentlich von denjenigen unterscheiden, die für die Vorbeschäftigung erforderlich waren (*BAG* 12.6.2019 – 7 AZR 477/17, Rn 28). Dieses allgemeine Kriterium hat das BAG aus den Beispielen des BVerfG (erzwungene oder freiwillige Unterbrechung der Erwerbsbiographie, die mit einer beruflichen Neuorientierung oder einer Aus- und Weiterbildung einhergeht) abgeleitet (APS-*Backhaus* Rn 543). Auch insoweit legt das BAG einen strengen Maßstab an. Nicht jede Aus- und Weiterbildung kann seiner Auffassung nach zur Unzumutbarkeit der Anwendung des § 14 Abs. 2 S 2 TzBfG führen. Eine ganz anders geartete Tätigkeit soll insoweit nur anzunehmen sein, wenn diese den Arbeitnehmer zur Erfüllung von Aufgaben befähigt, die zwar nicht einer beruflichen Neuorientierung im Sinne einer Tätigkeit etwa in einer anderen Branche gleichkommen, aber der Erwerbsbiographie des Arbeitnehmers eine völlig andere Richtung geben (*BAG* 16.9.2020 – 7 AZR 552/19, Rn 28). Wird ein im früheren Arbeitsverhältnis als gewerblicher Mitarbeiter (Montagearbeiter) beschäftigter Arbeitnehmer als ausgebildeter Kfz-Mechaniker zu einem späteren Zeitpunkt als Facharbeiter erneut eingestellt, ist dies keine ganz anders geartete Tätigkeit (*BAG* 23.1.2019 – 7 AZR 733/16 EzA § 14 TzBfG Nr. 134). Auch die Tätigkeit als Montierer in der Fahrzeugmontage im Bereich Karosseriemontage ist keine ganz andere Tätigkeit als die früher vom Arbeitnehmer ausgeübte Tätigkeit als Montierer in der Abteilung Motorenbau (*BAG* 23.1.2019 – 7 AZR 13/17) Dies gilt auch für die Tätigkeit als Maschinenbediener und frühere Tätigkeit als Produktionshelfer (*BAG* 17.4.2019 – 7 AZR 323/17 EzA § 14 TzBfG Nr. 136), sowie für die Tätigkeit als Sachbearbeiter im Geschäftsbereich der Beauftragten der Bundesregierung für Kultur und Medien bei einer früheren Tätigkeit als Bürosachbearbeiter in einer Mikrofilmstelle (*BAG* 20.3.2019 – 7 AZR 409/16 EzA § 14 TzBfG Nr. 135, Rn 33).

581

In der Literatur werden teilweise die (erneuten) Unsicherheiten, die mit der nach der Entscheidung des BVerfG erforderlichen Einzelfallprüfung einhergehen, bedauert (*Spielberger* NJW 2020, 22, 25; *Lembke/Tegel* NZA 2019, 1029, 1033, die die Entscheidung des BVerfG zwar begrüßen, die Nichtanwendung des Vorbeschäftigungsverbots in verfassungskonformer Auslegung aber ablehnen). Vor diesem Hintergrund rät Arnold vorsichtigen Arbeitgebern, bei einer Vorbeschäftigung von einer sachgrundlosen Beschäftigung absehen (NZA-RR 2020, 1, 2). Backhaus sieht in den Folgeentscheidungen des BAG – unter Betonung der jeweils erforderlichen Einzelfallprüfung – eine überzeugende Ausfüllung und Konkretisierung der Vorgaben des BVerfG, die klaren (zeitlichen) Grenzziehungen entgegenstünden (APS-Backhaus Rn 543, 545, 547). Hingegen hält Müller-Glöge (ErfK Rn 98a) – anders als die neuere Rechtsprechung des BAG – nach der Entscheidung des BVerfG nicht primär die Prüfung für erforderlich, wann keine Befristungsketten mehr drohen, sondern wann die Berufsfreiheit des einzelnen Arbeitnehmers die Chance auf wiederholte Beschäftigung bei demselben Arbeitgeber verlangt. Dies erfordere eine Einzelfallprüfung unter Berücksichtigung der konkreten

582

Situation (Alter, Arbeitsmarktchancen) des jeweils betroffenen Arbeitnehmers, welche die Findung neuer Fristen erübrige. Für Arbeitgeber sei darüber hinaus eine Frist von mehr als zehn Jahren unter Geltung des aktuellen Datenschutzrechts nicht handhabbar (ErfK-*Müller-Glöge* Rn 98a; so auch *Körlings* AuA 2020, 576; aA *Arnold/Gräfl* Rn 338 mit Verweis auf das Fragerecht des Arbeitgebers).

4. Derselbe Arbeitgeber

a) Ausgangspunkt in der Rechtsprechung zum BeschFG

583 Bereits zu der Vorgängerregelung in § 1 BeschFG 1996 war zu klären, wann ein Arbeitsverhältnis mit demselben Arbeitgeber bestanden hat (vgl. *Lipke* KR 5. Aufl., § 1 BeschFG 1996 Rn 105 f.). Dabei wurde, wie nach § 1 Abs. 1 KSchG, auf den **rechtlichen Arbeitgeberbegriff** abgestellt (*BAG* 8.12.1988 EzA § 1 BeschFG 1985 Nr. 6; *Hanau* RdA 1987, 26; *Löwisch* BB 1985, 1200; APS-*Backhaus* 1. Aufl. § 1 BeschFG Rn 45). Entscheidend war also, ob ein Arbeitsverhältnis zu derselben natürlichen oder juristischen Person bestand (*BAG* 16.7.2008 EzA § 14 TzBfG Nr. 51). Deshalb ist also auf die **Vorbeschäftigung im Unternehmen des Arbeitgebers** und nicht auf den Betrieb abzustellen (*Annuß/Thüsing/Maschmann* 2. Aufl., Rn 83; *Osnabrügge* NZA 2003, 641). Das BAG stützt sich hierzu auf den Gesetzeswortlaut und grenzt andere Deutungen (Arbeitgeber iSd Betriebsverfassung) aus. Der Gesetzgeber habe beim Anschlussverbot des § 1 Abs. 3 BeschFG 1996 die Möglichkeit gehabt, auch an den Betrieb, die Betriebszugehörigkeit und den Betriebsinhaber oder alternativ an die Betriebs- oder Unternehmenszugehörigkeit anzuknüpfen (etwa § 1 Abs. 1 KSchG). Dies habe er aber nicht getan, sondern stattdessen auf den Arbeitsvertrag und den Arbeitgeber abgestellt, so dass **nicht die tatsächliche Eingliederung in den Betrieb, sondern die individualvertragliche Bindung maßgebend sei.**

584 Eine **Personenidentität**, die den erneuten Abschluss eines sachgrundlos befristeten Arbeitsvertrages sperren soll (*BAG* 15.1.2003 EzA § 14 TzBfG Nr. 2), war demnach nur bei **ein und demselben Vertragsarbeitgeber** (natürliche oder juristische Person) anzunehmen. Deshalb kam auch nach einem **Erbfall** mit dem Erben ein neuer sachgrundlos befristeter Arbeitsvertrag in Betracht (MüKo-*Hesse* Rn 90). Folgerichtig ließ das BAG drei aneinanderschließende, jeweils sachgrundlos befristete Arbeitsverhältnisse in einem Gemeinschaftsbetrieb zu, die von den, einen **Gemeinschaftsbetrieb** führenden Arbeitgebern im Wechsel mit dem Arbeitnehmer geschlossen worden waren. Eine **analoge Anwendung des Anschlussverbots lehnte das BAG** mangels einer ausfüllungsbedürftigen planwidrigen Gesetzeslücke **ab**. Eine **Grenze** könne hier nur im Einzelfall bei vom Arbeitnehmer darzulegender **rechtsmissbräuchlicher Ausnutzung** der nach dem BeschFG 1996 eröffneten Befristungsmöglichkeiten durch Anwendung von **§ 242 BGB** gesetzt werden (*BAG* 25.4.2001 EzA § 1 BeschFG 1985 Nr. 25; sehr fragwürdig).

b) »Vertragsarbeitgeber« und Rechtsmissbrauchskontrolle

585 Der Gesetzgeber des **TzBfG hat erneut die Formel »mit demselben Arbeitgeber«** als Beschränkung in das Vorbeschäftigungsverbot des Abs. 2 S. 2 **aufgenommen**. Eine abweichende Auslegung dieses Begriffs ist deshalb nicht angezeigt (*BAG* 24.2.2016 EzA § 14 TzBfG Nr. 120, Rn 13; 24.6.2015 EzA § 14 TzBfG Nr. 116, Rn 16; MHH-TzBfG/*Meinel* Rn 205; *Schaub/Koch* § 39 Rn 14). Die der Entscheidung des *BAG* vom 25.4.2001 (EzA § 1 BeschFG 1985 Nr. 25) zugrundeliegende »**unter Umständen rechtsmissbräuchliche**« Vertragskonstruktion im Gemeinschaftsbetrieb (viermaliger Wechsel des Vertragsarbeitgebers in fünf Jahren bei sachgrundloser Befristung) wäre nach dem jetzt **strengeren Vorbeschäftigungsverbot für den zuletzt abgeschlossenen befristeten Arbeitsvertrag nicht mehr zulässig.** Zielt die Vertragspraxis erkennbar darauf ab, das **Vorbeschäftigungsverbot** des § 14 Abs. 2 S. 2 TzBfG zu **umgehen** (gesellschaftsrechtliche Umstrukturierungen; konzerninterne Personalverschiebungen auf dem Papier), soll dem im Wege der **Missbrauchskontrolle** ein Riegel vorgeschoben werden (*BAG* 24.6.2015 EzA § 14 TzBfG Nr. 116, Rn 24; 19.3.2014 EzTöD 100 § 30 Abs. 1 TVöD – AT Sachgrundlose Befristung Nr. 29, Rn 21; 4.12.2013 EzA § 14 TzBfG Nr. 100, Rn 21; 15.5.2013 EzA § 14 TzBfG Nr. 93, Rn 17; 9.3.2011 EzA § 14 TzBfG Nr. 75, Rn 21; 9.2.2011 EzA § 10 AÜG Nr. 14, Rn 27; 18.10.2006 EzA § 14 TzBfG Nr. 35;

HaKo-KSchR/*Mestwerdt* Rn 200 ff.; *Annuß/Thüsing/Maschmann* Rn 75 f.; ErfK-*Müller-Glöge* Rn 93a; AR-*Schüren/Moskalew* Rn 82; **krit.** zu den Anforderungen einer Umgehung oder eines Rechtsmissbrauchs: APS-*Backhaus* Rn 579 ff.; *Preis/Greiner* RdA 2010, 148, 160; *Brose* DB 2008, 1378). Der **unionsrechtlich vorgegebenen Missbrauchskontrolle** ist mit der – bereits nach nationalem Recht gebotenen – Rechtsmissbrauchs-, Vertragsgestaltungs- oder Umgehungskontrolle (§ 242 BGB) ausreichend Rechnung getragen, sodass weiterhin unter »demselben Arbeitgeber« iSv § 14 Abs. 2 S. 2 TzBfG nur der **Vertragsarbeitgeber** zu verstehen ist. Ein vorhergehender Arbeitsvertrag hat deshalb nur dann mit demselben Arbeitgeber bestanden, wenn Vertragspartner des Arbeitnehmers bei beiden Verträgen **dieselbe natürliche oder juristische Person** ist. Das Anschlussverbot ist **nicht** mit dem **Beschäftigungsbetrieb** oder dem **Arbeitsplatz** verknüpft (*BAG* 19.3.2014 EzTöD 100 § 30 Abs. 1 TVöD-AT Sachgrundlose Befristung Nr. 29, Rn 18; HaKo-TzBfG/*Boecken* Rn 150; *Kiel* NZA-Beil. 2/2016 72, 77; aA mit Blick auf die Entscheidung des BVerfG vom 6.6.2018 Greiner/Senk RdA 2019, 236, 238, die für sachgrundlose Befristungen, die einen offensichtlichen Arbeitsplatz- oder Betriebsbezug zur Vorbeschäftigung aufweisen (zB im Konzern oder bei Leiharbeit) eine »teleologische Extension« für geboten halten). Eine Anstalt des öffentlichen Rechts und das sie errichtende Bundesland sind verschiedene Arbeitgeber (*BAG* 24.2.2016 EzA § 14 TzBfG Nr. 120, Rn 12).

Allgemein zu den **Voraussetzungen eines Rechtsmissbrauchs** s. Rdn 178 ff. Der Ansatz – unionsrechtlich nach § 5 der Rahmenvereinbarung im Anhang der RL 1999/70 und national aus § 242 BGB – »**Befristungsketten**« **zu unterbinden**, tritt bei sachgrundlosen Befristungen in einem anderen Gewand auf als bei Sachgrundbefristungen. Hier geht es darum, dass **mehrere rechtlich und tatsächlich verbundene Vertragsarbeitgeber in bewusstem und gewolltem Zusammenwirken** aufeinanderfolgende befristete Arbeitsverträge mit einem Arbeitnehmer allein deshalb schließen, um auf diese Weise **über** die nach § **14 Abs. 2 S. 1 TzBfG** vorgesehenen Befristungsmöglichkeiten **hinaus** sachgrundlose Befristungen aneinanderreihen zu können (*BAG* 24.6.2015 EzA § 14 TzBfG Nr. 116, Rn 24; 19.3.2014 EzTöD 100 § 30 Abs. 1 TVöD-AT Sachgrundlose Befristung Nr. 29, Rn 21; 15.5.2013 EzA § 14 TzBfG Nr. 93, Rn 17 m. Anm. *Hamann/Rudnik*). Der Nachweis eines Rechtsmissbrauchs wird aber häufig daran scheitern, dass die **Darlegungs- und Beweislast** hierzu – wenngleich mit gewissen von der Rechtsprechung zugestandenen Erleichterungen über § 138 ZPO – beim **Arbeitnehmer** verbleibt (*BAG* 19.3.2014 EzTöD 100 § 30 Abs. 1 TVöD-AT Sachgrundlose Befristung Nr. 29, Rn 26; 4.12.2013 EzA § 14 TzBfG Nr. 100, Rn 26; *LAG SchlH* 24.2.2016 LAGE § 14 TzBfG Rechtsmissbrauch Nr. 10a, Rn 33; krit. *Greiner* DB 2014, 1987, 1989 f.; näher s. Rdn 594). Gelingt es ihm dennoch die rechtsmissbräuchliche Handhabung des § 14 Abs. 2 zu belegen, so entsteht als **Rechtsfolge** kein unbefristetes Arbeitsverhältnis zum letzten »kollusiv« handelnden »**Arbeitgeber**«, sondern dem unredlichen **letzten Vertragspartner** eines sachgrundlos befristeten Arbeitsverhältnisses bleibt es nur nach § 242 BGB **verwehrt, sich auf die Zulässigkeit dieser Befristung zu berufen.** Damit soll nach dem BAG dem Schutzzweck der Norm genügt werden, denn der letzte Arbeitsvertrag ist rechtswirksam geschlossen worden (so *BAG* 23.9.2014 – 9 AZR 1025/12, Rn 15; 22.1.2014 EzA § 14 TzBfG Nr. 102, Rn 26; 15.5.2013 EzA § 14 TzBfG Nr. 93, Rn 17, 25; ErfK-*Müller-Glöge* Rn 93a; HaKo-KSchR/*Mestwerdt* Rn 203a; HWK-*Rennpferdt* Rn 163; AR-*Schüren/Moskalew* Rn 82; *Bader/Bader* [2014] Rn 60; *vom Stein* NJW 2015, 369, 373; *Bader/Jörchel* NZA 2016, 1105, 1110; krit. *Greiner* NZA 2014, 284, 287; ders. ZESAR 357, 362 f., der zu Recht darauf hinweist, dass mit der Lösung des BAG das Ziel des Rechtsmissbrauchs – Vermeidung des gesetzlichen Bestandsschutzes zum vorangehenden Befristungsarbeitgeber – doch noch erreicht wird und deshalb unter dem Gesichtspunkt des »effet utile« eine Vorlage zum EuGH für geboten erachtet; ähnlich bereits *Boemke* Anm. AP § 14 TzBfG Verlängerung Nr. 4; APS-*Backhaus* Rn 579 ff.). Der Arbeitnehmer hat also **kein Wahlrecht zwischen den letzten Vertragsarbeitgebern**; dem steht bereits die Versäumung der Klagefrist aus § 17 TzBfG entgegen (*LAG Hamm* 30.7.2009 – 8 Sa 523/09, Rn 24; krit. *Greiner* DB 2014, 1988).

Rechtsmissbrauch ist im Zusammenhang mit der begrifflichen Grenzziehung »desselben Vertragsarbeitgebers« in der Rechtsprechung bisher **nur vereinzelt festgestellt** worden (Rechtsmissbrauch befürwortet: *LAG MV* 19.1.2016 NZA-RR 2016, 462; *LAG Köln* 25.3.2011 LAGE § 14 TzBfG

§ 14 TzBfG Zulässigkeit der Befristung

Nr. 63b; 9.3.2012 – 4 Sa 1184/11; Rechtsmissbrauch abgelehnt: *BAG* 9.3.2011 EzA § 14 TzBfG Nr. 75 mwN; *LAG SchlH* 24.2.2016 LAGE § 14 TzBfG Rechtsmissbrauch Nr. 10a; *LAG Hmb.* 7.3.2013 LAGE § 14 TzBfG Rechtsmissbrauch Nr. 6; *LAG Köln* 2.12.2011 – 10 Sa 1229/10; *LAG Hamm* 12.5.2010 – 3 Sa 1967/10; *LAG SchlH* 30.11.2011 – 6 Sa 311/11; *LAG MV* 17.4.2012 LAGE § 14 TzBfG Nr. 68a; 12.10.2011 LAGE § 14 TzBfG Nr. 67; *LAG RhPf* 5.8.2009 – 8 Sa 211/09; *LAG Hamm* 30.7.2009 – 8 Sa 523/09; *Sächs. LAG* 9.7.2009 – 6 Sa 59/09; offen gelassen bei Zurückverweisung: *BAG* 19.3.2014 –7 AZR 527/12, NZA 2014, 840), sodass dieses **Korrektiv** sich in der Praxis weitgehend als **untauglich** erwiesen hat (ebenso *Greiner* NZA Beil. 2011,117, 120 f.; krit. auch *Sievers* Rn 575).

588 Es steht deshalb nach der Rechtsprechung des BAG der Neubegründung des sachgrundlos befristeten Arbeitsverhältnisses bis zur Grenze des Rechtsmissbrauchs nicht entgegen, wenn der Arbeitnehmer zuerst bei der BGB-Gesellschaft und danach bei einem der **Gesellschafter persönlich** angestellt wird (ErfK-*Müller-Glöge* Rn 93a; *BAG* 1.12.2004 EzA § 50 ZPO 2002 Nr. 3; HaKo-KSchR/*Mestwerdt* Rn 204 unter Hinw. auf *BAG* 30.10.2008 EzA § 613a BGB 2002 Nr. 103, Rn 24). Unter dem Eindruck der letzten Entscheidungen des *BAG* (19.3.2014 EzTöD 100 § 30 Abs. 1 TVöD – AT Sachgrundlose Befristung Nr. 29, Rn 26; 4.12.2013 EzA § 14 TzBfG Nr. 100, Rn 26) dürfte bei dieser Fallkonstellation aber »Einiges« für institutionellen Rechtsmissbrauch der gesellschaftlich verbundenen Arbeitgeber sprechen. **Unschädlich** für eine erstmalige Befristung nach § 14 Abs. 2 TzBfG ist ferner ein **vorangehendes Arbeitsverhältnis in einem Konzernunternehmen**, wenn der Arbeitnehmer nunmehr in einem anderen Unternehmen desselben Konzerns sachgrundlos befristet eingestellt werden soll (*BAG* 19.3.2014 EzTöD 100 § 30 Abs. 1 TVöD-AT Sachgrundlose Befristung Nr. 29, Rn 18; *LAG Hamm* 12.5.2010 – 3 Sa 196/10, Rn 65; *Kiel* NZA-Beil. 2/2016 72, 77). Dadurch ergibt sich konzernbezogen insgesamt eine **sachgrundlose Befristungsdauer** von **vier Jahren**. Die beiden Unternehmen desselben Konzerns sind jeweils **rechtlich selbständige Vertragsarbeitgeber**. Die Grundsätze konzerndimensionaler Zurechnung von Wartezeiten iSv § 1 KSchG versagen, weil es im Rahmen der »Neueinstellung« auf die **rechtliche Arbeitgeberidentität** ankommt. Diese Maßstäbe sind nach ständiger Rechtsprechung des BAG und hM im Schrifttum weiterhin verbindlich (*BAG* 9.2.2011 EzA § 10 AÜG Nr. 14; 18.10.2006 EzA § 14 TzBfG Nr. 35; *Bader/Bram-Bader* [2014] § 620 BGB Rn 60; *Bauer/Fischinger* DB 2007, 1410, 1412; *Dörner* Befr. Arbeitsverhältnis Rn 443, 446; AR-*Schüren/Moskalew* Rn 82; HWK-*Rennpferdt* Rn 161; ErfK-*Müller-Glöge* Rn 93; MHH-TzBfG/*Meinel* Rn 206 f.; HaKo-KSchR/*Mestwerdt* Rn 203; APS-*Backhaus* Rn 568; *Kleinebrink* ArbRB 2002, 349; MüKo-*Hesse* Rn 90; *Boemke* NZA 2007, 443; *Mengel* Anm. RdA 2008, 175, 178; *Gräfl* FS Bauer 2010, S. 375, 381; *Staudinger/Preis* [2019] § 620 BGB Rn 189; aA *Straub* NZA 2001, 927; DDZ-*Wroblewski* Rn 206, der bei Konzernunternehmen auch »denselben Arbeitgeber« annehmen will, wenn Personalentscheidungen an einer Stelle konzentriert sind). Die rechtliche Trennung wird auch nicht durch **Konzernversetzungsklauseln** im Arbeitsvertrag überwunden (*Osnabrügge* NZA 2003, 641; einschränkend bei tatsächlicher Nutzung *Annnuß/Thüsing-Maschmann* Rn 75). Dogmatisch ist das Abstellen auf den »Vertragsarbeitgeber« zwar schlüssig, eröffnet aber im **Konzernverbund Gestaltungsspielräume**, die der europarechtlich und national vorgegebenen eingeschränkten Nutzung sachgrundloser Befristungen (vgl. *EuGH* 10.3.2011 EzA § 14 TzBfG Nr. 69, Rn 30 ff. Kumpan) zuwiderlaufen (ähnlich LS-*Schlachter* Rn 117 f.; *Preis/Greiner* RdA 2010, 160; *Brose* DB 2008, 1381; *Lipke* Zukunft der (sachgrundlosen) Befristung, Vortrag DAI Brennpunkte 2010, S. 50). Allerdings steht es den Arbeitsvertragsparteien frei, **vertraglich zu vereinbaren**, dass die Beschäftigung bei einem anderen Arbeitgeber **als Vorbeschäftigung** iSv § 14 Abs. 2 S. 2 TzBfG **behandelt** werden soll. Ob die Anwendbarkeit des § 14 Abs. 2 TzBfG durch die Vereinbarung der Anrechnung einer bei einem anderen Arbeitgeber geleisteten Vordienstzeit abbedungen wurde, ist dann vom Gericht der Tatsacheninstanz durch Auslegung zu ermitteln (*BAG* 9.2.2011 EzA § 10 AÜG Nr. 14, Rn 16).

589 Die **Identität des Vertragsarbeitgebers** ist nicht gegeben, wenn ein sachgrundlos befristeter Arbeitsvertrag im Falle des § 613a BGB mit dem **Betriebserwerber** geschlossen wird und das vorausgegangene Arbeitsverhältnis mit dem Veräußerer z.Zt. des Betriebsübergangs nicht mehr bestand (*BAG* 10.11.2004 EzA § 14 TzBfG Nr. 15; *LAG Köln* 25.2.2011 ZIP 2011, 1633, Fall eines

Umgehungsgeschäfts unter Einschaltung einer Transfergesellschaft; ErfK-*Müller-Glöge* Rn 93a; *Dörner* Befr. Arbeitsvertrag Rn 450; HWK-*Rennpferdt* Rn 162; HaKo-TzBfG/*Boecken* Rn 150; *Osnabrügge* NZA 2003, 641; *Bauer/Fischinger* DB 2007, 1411 jeweils mwN). Anders stellt es sich dagegen dar, wenn das zuvor bestehende Arbeitsverhältnis vom Veräußerer auf den Erwerber gem. § 613a BGB übergegangen war. Setzt der Arbeitnehmer nach einem **Betriebsübergang** zunächst sein Arbeitsverhältnis mit dem Betriebserwerber fort und wechselt er später in den Betrieb des Betriebsveräußerers, so kann dort – weil es sich um denselben Vertragsarbeitgeber handelt – ein befristeter Arbeitsvertrag ohne Sachgrund nicht erneut nach Abs. 2 geschlossen werden (*Dörner* Befr. Arbeitsvertrag Rn 451; APS-*Backhaus* Rn 570). Ein Anspruch auf erneute befristete Anstellung nach abgelaufener Befristung im Rahmen eines **Leiharbeitsverhältnisses** und nachfolgendem Betriebsübergang beim Entleiher lässt sich nicht aus Art. 4 der Richtlinie 2001/23/EG ableiten (*EuGH* 15.9.2010 AP Nr. 6 zu Richtlinie 2001/23/EG **Briot**).

Bei einer **ARGE** (§ 44b SGB II) kommt es für die Identität des Vertragsarbeitgebers nicht auf den Träger an. Für die Zulässigkeit der sachgrundlosen Befristung ist ausschließlich auf den rechtlichen Bestand eines Arbeitsverhältnisses mit dem **Vertragsarbeitgeber** abzustellen (*BAG* 19.3.2014 EzTöD 100 § 30 Abs. 1 TVöD – AT Sachgrundlose Befristung Nr. 29, Rn 18 unter Bezug auf *BAG* 18.10.2006 EzA § 14 TzBfG Nr. 35, Rn 26). Die **Umgehungsabsicht** des Arbeitgebers spielt bei der Zulässigkeit einer über zwei Jahre hinausreichenden Befristungsdauer keine Rolle (aA *LAG MV* 12.10.2011 LAGE § 14 TzBfG Nr. 67, Rn 57; *LAG Köln* 2.12.2011 – 10 Sa 1229/10, Rn 32 f.). *Greiner* weist darauf hin, dass zB der herkömmliche Begriff des »Vertragsarbeitgebers« in den sog. »**Jobcenter Fällen**« (Bildung von Gemeinschaftsbetrieben; ARGE) nicht mehr passt und im Übrigen der EuGH eine vom BAG abweichende Sichtweise – jedenfalls bei Betriebsübergängen – zum **Arbeitgeberbegriff** (21.10.2010 EzA Richtlinie 2001/23 EG-Vertrag 1999 Nr. 5 **Albron Catering**) entwickelt habe (DB 2014, 1987, 1990; *ders.* NZA 2014, 284, 289). Zu den Rechtsfolgen einer rechtsmissbräuchlichen Anschlussbefristung vgl. Rdn 586 aE und *BAG* 23.9.2014 – 9 AZR 1025/12, Rn 15. Zur Verbindung mit **Leiharbeit** s. Rdn 592 ff.

Wird anstelle einer juristischen Person des öffentlichen Rechts eine andere durch Gesetz errichtet, besteht zwischen beiden keine Identität (*LAG Bln-Bra* 11.9.2020 – 2 Sa 747/20, Rn 25). Eine Personenidentität des Arbeitgebers besteht ebenso wenig nach **Umwandlungen** iSd Umwandlungsgesetzes (UmwG), sofern dadurch etwas Neues entsteht. Dies ist bei **Verschmelzungen** (§ 20 Abs. 1 UmwG; *BAG* 10.11.2004 EzA § 14 TzBfG Nr. 15; HWK-*Rennpferdt* Rn 162) und **Spaltungen** (§ 123 UmwG) ohne Weiteres anzunehmen (*Dörner* Befr. Arbeitsvertrag Rn 452; *Osnabrügge* NZA 2003, 641; *Bauer* BB 2001, 2473, 2476). Wird ein Unternehmen nach **§ 2 Nr. 1 UmwG** durch Aufnahme mit einem anderen Unternehmen verschmolzen, so ist das übernehmende Unternehmen nicht mehr derselbe Arbeitgeber wie das übertragende Unternehmen, das mit der Verschmelzung erlischt (§ 20 Abs. 1 Nr. 2 UmwG). Deshalb kann ein zuvor bei dem früheren, später untergegangenen Unternehmen sachgrundlos befristet beschäftigter Gewerkschaftsangestellter nach Beendigung seines Arbeitsverhältnisses bei der danach neuen, durch Fusion entstandenen Gewerkschaft wiederum sachgrundlos befristet eingestellt werden. Anders dürfte es bei einem reinen **Formwechsel** nach § 190 UmwG sein, da hier die Arbeitgeberstellung und die betrieblichen Verhältnisse erhalten bleiben können (ebenso HzA/*Schütz* 1.2. Rn 371; aA *Dörner* Befr. Arbeitsvertrag Rn 452aE; *Bauer* BB 2001, 2473, 2476). Diese Fälle sind strikt von dem Anwendungsbereich des **§ 14 Abs. 2a TzBfG** zu trennen, der **erstmaliges unternehmerisches Tätigwerden** (Existenzgründungen) zum Gegenstand hat (dazu s. Rdn 616 ff).

Nachdem es für die Erfüllung des Tatbestandsmerkmals »derselbe Arbeitgeber« entscheidend darauf ankommt, ob bereits ein Arbeitsverhältnis zu derselben natürlichen oder juristischen Person bestanden hat (Vertragsarbeitgeber), ist die **Vorbeschäftigung als Leiharbeitnehmer** im Betrieb des Arbeitgebers dem späteren Abschluss eines erstmalig befristeten sachgrundlosen Arbeitsvertrages nach Abs. 2 nicht hinderlich. Bei solch einer Beschäftigung bestand **kein Arbeitsverhältnis zum Entleiher, sondern nur zum Verleiher** (*BAG* 15.5.2013 EzA § 14 TzBfG Nr. 93; 9.3.2011 EzA § 14 TzBfG Nr. 75; 9.2.2011 EzA § 10 AÜG Nr. 14; ErfK-*Müller-Glöge* Rn 95; APS-*Backhaus*

Rn 572; MüKo-*Hesse* Rn 91; *Annuß/Thüsing/Maschmann* Rn 77; *Boewer* Rn 231; *Dörner* Befr. Arbeitsvertrag Rn 442 f.; *Sievers* Rn 563). Das Vorbeschäftigungsverbot bleibt insoweit auf das Verhältnis Verleiher als Vertragsarbeitgeber und Leiharbeitnehmer beschränkt (*Frik* NZA 2005, 386 f.). Eine **Befristung nach 14 Abs. 2 TzBfG ist mit dem Entleiher** deshalb nicht ausgeschlossen, wenn ein Arbeitsvertrag erstmalig mit einem Arbeitnehmer abgeschlossen wird, der unmittelbar zuvor im selben Betrieb als Leiharbeitnehmer tätig war. Entsprechendes soll für den umgekehrten Fall gelten, dass ein sachgrundlos befristeter Arbeitnehmer nach Befristungsablauf als Leiharbeitnehmer auf seinen bisherigen Arbeitsplatz zurückkehrt (*BAG* 18.10.2006 EzA § 14 TzBfG Nr. 35; jetzt **einschränkend** *BAG* 15.5.2013 EzA § 14 TzBfG Nr. 93, Rn 17, 25; 9.3.2011 EzA § 14 TzBfG Nr. 75; vgl. sogleich Rdn 593). Auch hierbei liegt nach der Rspr. kein **rechtsmissbräuchlicher Arbeitgeberwechsel** vor. Das **Anschlussverbot** des § 14 Abs. 2 S. 2 TzBfG wird nicht verletzt (*LAG Nds.* 29.1.2003 NZA-RR 2003, 624). Für die **Verlängerung** des Vertragsverhältnisses ist allein der **Vertragsarbeitgeber** zuständig, dh der **Verleiher zuständig**. Dem Verleiher ist deshalb die Kenntnis des Entleihers von der Weiterarbeit des Leiharbeitnehmers nur dann zuzurechnen, wenn der Verleiher den Entleiher zum Abschluss von Arbeitsverhältnissen bevollmächtigt hat oder dessen Handeln ihm nach den Grundsätzen der Duldungs- oder Anscheinsvollmacht zuzurechnen ist (*BAG* 28.9.2016 EzA § 15 TzBfG Nr. 7, Rn 32).

593 Wird dagegen eine Konzernschwester als Leiharbeitgeber tätig, so kann der Wechsel des Arbeitsverhältnisses einen **Missbrauch der Gestaltungsform** und nicht nur eine zulässige Tatbestandsvermeidung darstellen (*LAG Köln* 25.3.2011 LAGE § 14 TzBfG Nr. 63b; *LAG Bln.* 7.1.2005 LAGE § 14 TzBfG Nr. 19a; HaKo-KSchR/*Mestwerdt* Rn 203a; vgl. hierzu Rdn 562). Das BAG hatte weder das Vorbeschäftigungsverbot (sog. Anschlussverbot nach § 14 Abs. 2 S. 2 TzBfG) verletzt gesehen noch einen Fall des Rechtsmissbrauchs erkannt in einem Sachverhalt, nach dem ein Arbeitnehmer zunächst auf die Dauer von zwei Jahren sachgrundlos befristet als Kundenbetreuer beschäftigt wurde, um im Anschluss daran über ein konzernangehöriges Drittunternehmen (Unternehmensgegenstand: Werkleistungen, konzerninterne und externe Arbeitnehmerüberlassung mit Gewerbeerlaubnis) erneut auf **demselben Arbeitsplatz** weitere zwei Jahre sachgrundlos befristet eingesetzt zu werden (*BAG* 18.10.2006 EzA § 14 TzBfG Nr. 35; vgl. auch *BAG* 17.1.2007 EzA § 14 TzBfG Nr. 37; *LAG Hmb.* 27.6.2013 – 8 Sa 88/12, Rn 21; zust.: *Bauer* NZA 2011, 241, 243, *Bauer/Fischinger* DB 2007, 1412, *Mengel* Anm. RdA 2008, 176 f.; dagegen: LS-*Schlachter* Rn 118, APS-*Backhaus* Rn 575, *Boemke* Anm. AP Nr. 4 zu § 14 TzBfG Verlängerung, *Preis/Greiner* RdA 2010, 160, *Düwell/Dahl* DB 2010, 1760, *Mestwerdt* FS Düwell 2011, S. 96, 103, *Brose* DB 2008, 1380 f.). Während ein Verstoß gegen § 14 Abs. 2 S. 2 TzBfG (Anschlussverbot) aufgrund des dogmatischen Ansatzes nicht erkannt werden konnte, da hier unterschiedliche Vertragsarbeitgeber Befristungen abgeschlossen haben, war die **Verneinung eines Rechtsmissbrauchs bei der Sachverhaltskonstellation nicht nachzuvollziehen**. Bei vom BAG unterstelltem planvollem Handeln der beiden Arbeitgeber lag fraglos eine **vorsätzliche Umgehung der Zweijahresfrist** aus § 14 Abs. 2 TzBfG vor, die mit dem Gesetzesprogramm einer einengenden Zulassung der sachgrundlos befristeten Beschäftigung im Arbeitsverhältnis (vgl. *Dörner* NZA 2007, 62: Ausnahme von der Ausnahme des Regeltatbestandes einer unbefristeten Beschäftigung, sic!) nicht zusammengeht. Das dabei der gesetzgeberisch gewollte **Brückeneffekt** des § 14 Abs. 2 TzBfG auch noch **konterkariert** wurde, war dem entscheidenden 7. Senat offenbar bewusst (*Dörner* Neues aus der Gesetzgebung und Rechtsprechung zum Recht des befristeten Arbeitsvertrages, Vortrag DAI Brennpunkte 2007 S. 28). Diese **kritikwürdige Rechtsprechung** hat der »neue« **7. Senat des BAG** zunächst vorsichtig bestätigt (*BAG* 9.3.2011 EzA § 14 TzBfG Nr. 75) und bei der erneuten sachgrundlosen Befristung über einen Leiharbeitgeber mit Erlaubnis zur gewerbsmäßigen Arbeitnehmerüberlassung für ein Jahr die rechtsmissbräuchliche Handhabung wiederum verneint. Eine missbräuchliche Gestaltung wird wie bisher nur angenommen, wenn mehrere rechtlich und tatsächlich verbundene Vertragsarbeitgeber in bewusstem und gewolltem Zusammenwirken abwechselnd mit einem Arbeitnehmer befristete Arbeitsverträge schließen, eine Befristung der Arbeitsverträge nach dem Gesetz ohne Auswechslung des Arbeitgebers nicht mehr möglich wäre und der Wechsel ausschließlich deshalb erfolgt, um auf diese Weise über die gesetzlich vorgesehenen Befristungsmöglichkeiten hinaus sachgrundlose

Befristungen aneinanderreihen zu können (*BAG* 15.5.2013 EzA § 14 TzBfG Nr. 93, Rn 17, 25). In einem solchen Fall sei das Verhalten der Vertragsarbeitgeber darauf angelegt, durch die Vertragsgestaltung zum Nachteil des Arbeitnehmers eine Rechtsposition zu erlangen, die nach dem Zweck des Teilzeit- und Befristungsgesetzes nicht vorgesehen ist (*BAG* 9.2.2011 EzA § 10 AÜG Nr. 14). Dabei hat das *BAG* (9.3.2011 EzA § 14 TzBfG Nr. 75 Rn 21 f.) zum einen die **unterschiedliche Vertragsgestaltung** und zum anderen den Umstand gewürdigt, dass im zweiten sachgrundlosen Arbeitsverhältnis **nur ein Jahr** anstelle möglicher zwei Jahre vereinbart wurde. Hier hat sich – wohl auch unter dem Eindruck neuer Entscheidungen des EuGH (Missbrauchsverhinderung; *EuGH* 23.4.2009 – C 378/07, *Angelidaki*, AP Nr. 6 zu Richtlinie 99/70/EG dort Rn 106) – die bisher für die Arbeitgeber großzügige Rechtsprechung des »alten« 7. Senats zugunsten der betroffenen Arbeitnehmer gewandelt.

Die frühere Grundsatzentscheidung des BAG vom 18.10.2006 ist deshalb weitgehend überholt (ErfK-*Müller-Glöge* Rn 95; *Sievers* Rn 567 f.; AR-*Schüren/Moskalew* Rn 82 f.). Den **Rechtsmissbrauch an der Vierjahresgrenze des § 14 Abs. 2a TzBfG** und den gesetzlichen **Lockerungen des AÜG** der letzten Jahre scheitern zu lassen, konnte nicht überzeugen. Die Wertung für einen Ausnahmefall des § 14 Abs. 2a TzBfG ist nicht verallgemeinerungsfähig (zutr. *Brose* DB 2008, 1380 f.), um hier Rechtsmissbrauch zu verneinen. Die **Befristung von Leiharbeit** hat sich nach den dortigen gesetzlichen Veränderungen der letzten Jahre (Hartz-Reformen; vgl dazu KR-*Lipke/Schlünder* zu § 620 BGB Rdn 24, 74 und KR-*Bader/Kreutzberg-Kowalczyk* Erl. zu § 23 TzBfG) allein an die **Regeln des TzBfG** zu halten (hierzu s. Rdn 341, 438, 527, 593) und nicht umgekehrt. Zur Darlegungs- und Beweislast des Arbeitnehmers für den **Rechtsmissbrauch** vgl. Rdn 586. Den fehlenden Kenntnismöglichkeiten des Arbeitnehmers ist durch die **Grundsätze der abgestuften Darlegungs- und Beweislast** Rechnung zu tragen. Danach genügt es zunächst, wenn der Arbeitnehmer einen **Sachverhalt** vorträgt, der den **Befristungsmissbrauch indiziert** (*BAG* 19.3.2014 EzTöD 100 § 30 Abs. 1 TVöD-AT Sachgrundlose Befristung Nr. 29, Rn 26; HWK-*Rennpferdt* Rn 163; zB ununterbrochene Beschäftigung zu gleichbleibenden Arbeitsbedingungen auf demselben Arbeitsplatz). Die Konstellation, in der der Arbeitnehmer zunächst sachgrundlos befristet bei einem Unternehmen als Leiharbeitnehmer eingestellt war und sodann sachgrundlos befristet bei dem Unternehmen eingestellt wird, an dass er zuvor verliehen worden war, ist grds. anders zu werten als im spiegelbildlichen Fall (Arbeitnehmer ist zunächst bei dem späteren Entleiher sachgrundlos befristet eingestellt und wird sodann von dem Verleihunternehmen sachgrundlos befristet eingestellt, um an den Vorarbeitgeber verliehen und dort auf dem ursprünglichen Arbeitsplatz eingesetzt zu werden). Die **vertragliche Übernahme des Arbeitnehmers in das Entleihunternehmen ist gerade der durch das AÜG gewünschte Effekt**, indiziert deshalb nicht bereits die tatsächliche und rechtliche Verbundenheit von Verleih- und Entleihunternehmen. Dann ist die nahtlose Weiterbeschäftigung des Arbeitnehmers **keine rechtsmissbräuchliche Vertragsgestaltung** (*Hess. LAG* 28.4.2017 LAGE § 14 TzBfG Rechtsmissbrauch Nr. 13, Rn 34 f.; vgl. auch *LAG Bln-Bra* 11.3.2021 – 21 Sa 1293/29, Rn 49 ff.).

Das **BAG** hat sich mE von der umstrittenen Rechtsprechung aus 2006 mit seiner Entscheidung vom **15.5.2013** (EzA § 14 TzBfG Nr. 93, Rn 18–22) endgültig gelöst und nun einen vergleichbaren Sachverhalt als rechtsmissbräuchlich gewertet (aA wohl noch *Sächs. LAG* 30.5.2013 – 9 Sa 477/12, Rn 27). Die in etwa **gleichen Arbeitsbedingungen** und das **institutionelle Zusammenwirken** zwischen dem Erstarbeitgeber und dem danach als Arbeitgeber auftretenden Leiharbeitsunternehmen waren dabei offenkundig für die Annahme eines Rechtsmissbrauchs. Kommt es dann zu einem **unbefristeten Arbeitsverhältnis mit dem zuletzt agierenden Verleiharbeitgeber**, so erkennt das BAG darin keinen Nachteil (unbefristetes Arbeitsverhältnis mit Verleiher nicht regelmäßig risikobehaftet; *BAG* 23.9.2014 – 9 AZR 1025/12, Rn 18 unter Zurückweisung der Kritik *Greiners* NZA 2014, 284, 286 f., vgl. Rdn 586). Ein **Missbrauch** der Gestaltungsmöglichkeiten des AÜG führt von sich aus nicht automatisch zum Zustandekommen eines Arbeitsverhältnisses zum Entleiher als Erstarbeitgeber, zB bei nicht nur vorübergehender Arbeitnehmerüberlassung (*BAG* 23.9.2014 – 9 AZR 1025/12, Rn 28 mwN).

596 Die Beschränkung unzulässiger sachgrundloser Befristungsketten über die Prüfung von Rechtsmissbrauch ist zwar gangbar, wäre aber besser über eine **Modifizierung des »Vertragsarbeitgeberbegriffs«** zu handhaben. In den meisten vom BAG entschiedenen Fällen lag während der gesamten Zeit der Befristungen das **Direktionsrecht** in ein und derselben Hand. Hier könnte der **Begriff desselben Arbeitgebers iSv § 14 Abs. 2 TzBfG teleologisch** über die Stellung des (rechtlich unterschiedlichen) Vertragsarbeitgebers hinaus **dahin ergänzt werden**, dass, um eine **rechtsmissbräuchliche Umgehung** festzustellen, auch die **Beibehaltung des Direktionsrechts in einer Hand** genügt. Dieser Umstand hat inzwischen immerhin Aufnahme in den Kriterienkatalog der Rechtsmissbrauchsindizien gefunden (vgl *BAG* 19.3.2014 EzTöD 100 § 30 Abs. 1 TVöD – AT Sachgrundlose Befristung Nr. 29, Rn 26). Danach stünde der Arbeitnehmer nach Überschreitung der Zweijahresgrenze des § 14 Abs. 2 TzBfG nach § 16 S. 1 TzBfG in einem unbefristeten Arbeitsverhältnis zum **letzten Inhaber des Direktionsrechts** (bei Erstbefristung Arbeitgeber, danach Befristung über Verleiher, dieser) oder dem letzten Vertragsarbeitgeber (bei Erstbefristung Verleiher, danach Befristung Arbeitgeber; jener; aA *Gräfl* FS Bauer 2010, 375, 384). Dies setzt selbstverständlich die **Erhebung einer Entfristungsklage** gegen den letzten Inhaber des Direktionsrechts nach § 17 TzBfG voraus. In keinem Fall kann aber ein Fortbestand des Arbeitsverhältnisses zu beiden Arbeitgebern eingefordert werden (*LAG Hamm* 30.7.2009 – 8 Sa 523/09; aA *Boemke* Anm. AP Nr. 4 zu § 14 TzBfG Verlängerung).

c) Einschränkung Rechtsmissbrauch durch Befristungsquote

597 Die Vereinbarungen des **Koalitionsvertrags CDU/CSU/SPD vom 12.3.2018 und der gegen Ende der 19. Legislaturperiode vorgelegte Referentenentwurf** – die allerdings nicht umgesetzt wurden – sahen eine weitere Schranke für die Zahl zugelassener sachgrundloser Befristungen im Unternehmen vor. Arbeitgeber mit **mehr als 75 Beschäftigten sollten höchstens 2,5 % der Belegschaft sachgrundlos befristen dürfen**; jeder darüber hinaus sachgrundlos befristet Beschäftigte – abzustellen wäre auf den Vertragsabschluss – sollte in ein unbefristetes Arbeitsverhältnis nach § 16 TzBfG gelangen. Um **verfassungsrechtliche Probleme nach Art. 3 Abs. 1 GG und 12 Abs. 1 GG** bei einer solchen Differenzierung nach der Betriebsgröße zu vermeiden (Kleinbetriebsklausel; *BVerfG* 27.1.1998 EzA § 23 KSchG Nr. 17), wurde vorgeschlagen, privilegierte Arbeitgeber mit weniger als 75 Beschäftigten (Kopfzahl) ebenfalls auf 2 sachgrundlose Befristungen zu beschränken (so *Klein* DB 2018, 1018 f., 1027). Die Durchsetzung einer Befristungsquote würde ein Zitiergebot erforderlich machen, um sachgrundlose Befristungen identifizieren zu können. Schwierigkeiten würden sich bei Einführung einer solchen Quote auch durch **kurzfristige personelle Veränderungen** zum Zeitpunkt des Abschlusses einer oder mehrerer sachgrundloser Befristungen ergeben (*Arnold/Romero* NZA 2018, 329 f. unter Hinw. auf *BAG* 14.6.2017 – 7 AZR 390/15, Rn 36, wonach eine vergleichbare tarifliche Quotenregelung **unpraktikabel** sei).

5. Fragerecht des Arbeitgebers

598 Die **Schwierigkeiten für den Arbeitgeber, bei Einstellung zu erkennen, ob der Arbeitnehmer bereits Jahre oder Jahrzehnte zuvor einmal kurzfristig bei ihm beschäftigt war**, und insoweit der Abschluss eines sachgrundlosen befristeten Arbeitsvertrages zu unterbleiben hat, waren dem Gesetzgeber bewusst. Dies lässt sich daran ablesen, dass er sich **in der Gesetzesbegründung** mit dem Problem beschäftigt und dem **Arbeitgeber insoweit ausdrücklich ein Fragerecht zugestanden hat** (BT-Drucks. 14/4374 S. 19; *LAG Düsseld.* 11.1.2002 LAGE § 14 TzBfG Nr. 2; *Hunold* AuA 2010, 18 [Sonderausgabe]). Ein solches Fragerecht setzt voraus, dass der Gesetzgeber bei dem Vorbeschäftigungsverbot sehr lange Zeiträume vor Augen hatte, in denen bereits eine Beschäftigung des Arbeitnehmers mit diesem Vertragsarbeitgeber stattgefunden haben konnte. Bei wahrheitswidriger Beantwortung der Fragen des Arbeitgebers, soll er sich vom Arbeitnehmer im Wege der **Anfechtung** des Arbeitsvertrages wieder trennen können (*Ritter/Rudolf* FS 25jähriges Bestehen DAV 2006, S. 388). Dem Arbeitgeber, insbes. **großen Unternehmen**, ist nicht abzuverlangen, die Personalakten aller jemals beschäftigten Arbeitnehmer jahrzehntelang aufzubewahren, was ihm bei der Möglichkeit des Namenswechsels ohnehin keine völlige Sicherheit verschaffen würde (*Kliemt* NZA

2001, 300; LS-*Schlachter* Rn 121; *Lembke* NJW 2006, 325 f.). Die Ausübung eines Fragerechts führt hierzu weiter. Probleme bei der Befragung – wie bei der Schwangerschaft oder Schwerbehinderung – können sich hier nicht ergeben (aA wohl *Dörner* Befr. Arbeitsvertrag Rn 454 wegen schützenswerter Interessen des befragten Arbeitnehmers). Bei empfehlenswertem **Einsatz** von betrieblich oder unternehmensweit gebräuchlichen **Fragebögen** (*Hromadka* BB 2001, 627; HWK-*Rennpferdt* Rn 169; APS-*Backhaus* Rn 587) ist das Mitbestimmungsrecht des Betriebsrats nach **§ 87 Abs. 1 Nr. 1 BetrVG** zu wahren. Nach einer Entscheidung des *LAG BW* (11.3.2020 – 4 Sa 44/19, Rn 69) soll die formularmäßige Frage nach einer Vorbeschäftigung in Personalfragebögen oder im Arbeitsvertrag gegen § 309 Nr. 12 b) BGB verstoßen. M.E. sprechen jedoch gute Argumente dafür, das Fragerecht des Arbeitgebers – unter Berücksichtigung der sehr langen im Raum stehenden Zeiträume und der mit Zeitablauf steigenden Dokumentations- und Nachweisprobleme des Arbeitgebers (zB wegen Restrukturierungen, Betriebsübergängen, Änderungen in der IT, datenschutzrechtliche Löschfristen, aber auch möglichen Namenswechseln des Arbeitnehmers etc.) – in allgemeinen Geschäftsbedingungen als arbeitsrechtliche Besonderheit nach § 310 Abs. 4 S. 2 BGB anzuerkennen (so zutreffend *Lembke/Tegel* NZA 2021, 984, 989).

Die **Frage** an den einzustellenden Arbeitnehmer, ob er früher bereits einmal beim Arbeitgeber beschäftigt war, kann **im Vorstellungsgespräch** an ihn gerichtet werden; denkbar ist aber auch, sie zusätzlich in die gebräuchlichen Einstellungsfragebögen aufzunehmen. Angeregt wird darüber hinaus, sich im Arbeitsvertrag durch den Arbeitnehmer versichern zu lassen, dass eine Vorbeschäftigung bei dem Arbeitgeber und/oder dessen Rechtsvorgänger nicht bestand (*Kliemt* NZA 2001, 300; *Lakies* Befristete Arbeitsverträge Rn 214 ff.). Dem wird entgegengehalten, dass Zweifel bestehen, ob der Arbeitnehmer die Frage nach »demselben Arbeitgeber« und die Einordnung seiner Beschäftigung als Arbeitsverhältnis präziser beantworten kann als der Arbeitgeber selbst (*Dörner* Befr. Arbeitsvertrag 1. Aufl., Rn 552 f.; HaKo-KSchR/*Mestwerdt* Rn 205; *Rolfs* Rn 78; *Straub* NZA 2001, 926; LS-*Schlachter* Rn 121; *Löwisch* BB 2001, 254 jeweils mwN). Deshalb ist der vom Gesetzgeber aufgezeigte Weg, dem Arbeitgeber im Falle einer wahrheitswidrigen Beantwortung seiner Frage die **Anfechtung des Arbeitsvertrages wegen arglistiger Täuschung** nach § 123 BGB zu gestatten, **vom praktischen Nutzen her höchst umstritten** (dafür: *Kliemt* NZA 2001, 300; *Däubler* ZIP 2000, 1966; *Hromadka* BB 2001, 627; *Sievers* Rn 583.; dagegen: *Dörner* Befr. Arbeitsvertrag Rn 459; HaKo-KSchR/*Mestwerdt* Rn 205; *Straub* NZA 2001, 926; *Löwisch* BB 2001, 254; *Bauer* FS Buchner 2009, S. 30; ders. NZA 2011, 241, 244). Bewusst, dh vorsätzlich wahrheitswidrige Antworten, die eine Anfechtungsmöglichkeit wegen arglistiger Täuschung eröffnen, dürften eher selten sein. Sie berechtigen fraglos zur Anfechtung oder zur außerordentlichen Kündigung des Arbeitsverhältnisses (MüKo-*Hesse* Rn 96; LS-*Schlachter* Rn 121). Anders als in der Gesetzesbegründung angenommen, wird es jedoch eher vorkommen, dass der **Arbeitnehmer unwissentlich eine Vorbeschäftigung verschweigt**, weil er sie wegen Rechtsnachfolge (zum Sonderfall des § 613a BGB s. Rdn 586), Sitzverlegung, einer **die Identität** wahrenden Umwandlung oder eines neuen Firmennamens **nicht erkannt hat**. In solchen Fällen tritt ein **beiderseitiger Irrtum** ein, der den Arbeitgeber nur bei Eigenschaftsirrtum zur Anfechtung nach § 119 BGB berechtigt. Ansonsten wäre der Arbeitgeber nicht zur Anfechtung befugt (*Arnold/Gräfl* Rn 333). Es wird deshalb vertreten die »**Vorbeschäftigung**« als **verkehrswesentliche Eigenschaft iSv § 119 Abs. 2 BGB** anzusehen und dem Arbeitgeber insoweit ein leichter zu handhabendes Anfechtungsrecht zuzuweisen (*Osnabrügge* NZA 2003, 639, 643; *Bauer* BB 2001, 2473, 2477; im Ansatz ebenso APS-*Backhaus* Rn 588; aA, da keine verkehrswesentliche Eigenschaft gegeben sei *Rolfs* Rn 78; *Dörner* Befr. Arbeitsvertrag Rn 457; *Bauer* BB 2001, 2477; wiederum anders *Annuß/Thüsing/Maschmann* Rn 79, die statt dessen den sachgrundlos befristeten Arbeitsvertrag unter eine auflösende **Rechtsbedingung** stellen wollen, die § 21 TzBfG nicht unterfalle; *Arnold/Gräfl* Rn 333 für eine Beendigungsmöglichkeit nach den Regelungen über die Störung der Geschäftsgrundlage). *Backhaus* spricht sich zutreffend dafür aus, mit Blick auf § 16 TzBfG die in § 142 BGB geregelten Rechtsfolgen teleologisch zu reduzieren und – abgesehen von der arglistigen Täuschung des Arbeitnehmers – dem **Arbeitgeber kein einseitiges Lossagungsrecht** an die Hand zu geben. § 142 BGB genieße deshalb Vorrang vor § 16 TzBfG (ebenso *Heidl* RdA 2009, 300). Gegen die von *Maschmann* vorgeschlagene Annahme

§ 14 TzBfG Zulässigkeit der Befristung

einer auflösenden Rechtsbedingung sprechen zum einen der Normwortlaut und zum zweiten das unzulässige Abweichen von den Rechtsfolgen der §§ 14 Abs. 2 S. 2, 16 TzBfG nach § 22 Abs. 1 TzBfG (LS-*Schlachter* Rn 122).

600 *Straub* (NZA 2001, 926; ähnlich *Worzalla* FA 2001, 6 f.) erwägt über den **Wegfall der Geschäftsgrundlage (§ 313 BGB)** den unwirksam befristeten sachgrundlosen Arbeitsvertrag in ein unbefristetes Arbeitsverhältnis mit **erleichterter Kündigungsmöglichkeit** seitens des Arbeitgebers (§ 16 TzBfG analog) zu überführen. Dieser Denkansatz ist diskutabel, wenn es sich bei der früheren Beschäftigung zur Bestimmung desselben Arbeitgebers, um Problemfälle handelt, in denen die Identitätswahrung des Vertragsarbeitgebers nach einer Fusion, Aufspaltung, Abspaltung usw. selbst für den potentiellen Arbeitgeber kaum noch nachvollziehbar ist (so *Straub* NZA 2001, 926; *Bauer* BB 2001, 2477; HaKo-KSchR/*Mestwerdt* Rn 205). Dem wird indessen nicht ohne Grund entgegengehalten, dass die Rechtsfolge bei Wegfall der Geschäftsgrundlage regelmäßig zur **Anpassung** und nicht zur Beendigung des Vertragsverhältnisses führt (*Dörner* Befr. Arbeitsvertrag Rn 458; APS-*Backhaus* Rn 588). Nach § 313 Abs. 3 S. 2 BGB ergibt sich in diesem Fall nur ein Kündigungsrecht (MüKo-*Hesse* Rn 96; *Sievers* Rn 587; *ders.* RdA 2004, 299).

601 Dem **Arbeitnehmer** ist es jedenfalls **verwehrt**, sich **im Prozess auf die Unwirksamkeit der Befristung** wegen Vorbeschäftigung **zu berufen**, wenn er bewusst dem Arbeitgeber gegenüber **wahrheitswidrige Angaben** gemacht hat (**§ 242 BGB**; ArbG Frankf. 9.4.2008 – 7 Ca 8061/07; *Osnabrügge* NZA 2003, 643; *Lakies* Befr. Arbeitsverträge Rn 216). Für die Tatsache der bewusst wahrheitswidrigen Angaben des Arbeitnehmers trägt aber der Arbeitgeber die **Darlegungs- und Beweislast**.

602 Die aufgezeigten Schwierigkeiten in dem Erkennen einer die sachgrundlose Befristung ausschließenden Vorbeschäftigung hatten das BAG aus **Gründen der Praktikabilität und der Rechtssicherheit** bewogen im **Abstand von jeweils drei Jahren** die **sachgrundlose Befristung** mit demselben Arbeitgeber **wiederholt zuzulassen** (BAG 6.4.2011 EzA § 14 TzBfG Nr. 77, Rn 26). Diese Rechtsprechung wurde jedoch aus **verfassungsrechtlichen und rechtsdogmatischen Erwägungen aufgegeben** (BVerfG 6.6.2018 NZA 2018, 774, Rn 57, wo auf das Fragerecht ausdrücklich hingewiesen wird und die Folgeentscheidungen des BAG; vgl. dazu Rdn 568 ff.).

6. Tarifvertragliche Abweichungen nach Abs. 2 S. 3

603 Wie bereits ausgeführt (s. Rdn 518), eröffnet das Gesetz im Zusammenhang mit dem sachgrundlosen befristeten Arbeitsvertrag **in zwei Teilbereichen volle Tarifdispositivität**. Das folgt aus der Gesamtsicht der Bestimmungen in § 22 Abs. 1 iVm § 14 Abs. 2 S. 3 und 4 TzBfG, wonach in Tarifverträgen – im Unterschied zur alten Rechtslage bis zum 31.12.2000 – nunmehr von den Vorgaben des § 14 Abs. 2 S. 1 auch **zu Lasten der Arbeitnehmer** abgewichen werden kann. **Unionsrechtlich** stehen der tariflichen Öffnungsklausel weder das Verschlechterungsverbot des § 8 Nr. 3 der Rahmenvereinbarung noch Art. 7 und Art. 8 der RL 14/2002/EG iVm Art. 27, 28 und 30 der EU-GRCharta entgegen. Nach der Rahmenvereinbarung zur Befristungsrichtlinie soll es den **Sozialpartnern** überlassen werden, die **Anwendungsmodalitäten** näher festzulegen (zutr. ErfK-*Müller-Glöge* Rn 101, der auf die einschlägigen allgemeinen Erwägungen Nr. 10 und 12 der Rahmenvereinbarung hinweist; BAG 17.4.2019 EzA § 14 TzBfG Tarifvertrag Nr. 3, Rn 25 f. 26.10.2016 EzA § 14 TzBfG Tarifvertrag Nr. 1, Rn 24 f.; LAG Bln.-Bra. 24.6.2011 DB 2011, 2611; iE ebenso BAG 5.12.2012 EzA § 14 TzBfG Nr. 89, Rn 18, 27).

604 Nach der »missverständlichen« Formulierung des Gesetzes kann die Anzahl der Verlängerungen **oder** die Höchstdauer der Befristung abweichend vom Gesetz festgelegt werden. Danach könnte der Eindruck entstehen, dass der Gesetzgeber eine tarifvertragliche Verschlechterung nur alternativ (entweder oder) zulassen wollte. Die Gesetzesbegründung macht jedoch deutlich, dass die **tarifliche Öffnungsklausel** darauf abzielt, **branchenspezifische Lösungen** zu erleichtern und deswegen tarifvertraglich eine andere (**höhere oder niedrigere**) Anzahl von zulässigen Verlängerungen sowie zusätzlich eine andere (kürzere oder längere) **Höchstbefristungsdauer eines befristeten Arbeitsvertrages** ohne sachlichen Grund festgelegt werden kann (BT-Drucks. 14/4374 S. 14,

20). Aus dem »sowie« in der Gesetzesbegründung wird klar, dass das Gesetz **den Tarifvertragsparteien verschlechternde Regelungen** sowohl zur Anzahl der zulässigen Verlängerungen als auch der Höchstbefristungsdauer **kumulativ zugestanden werden sollen** (*BAG* 17.4.2019 EzA § 14 TzBfG Tarifvertrag Nr. 3; 26.10.2016 EzA § 14 TzBfG Tarifvertrag Nr. 1, Rn 14; 5.12.2012 EzA § 14 TzBfG Nr. 89, Rn 18, 27; 15.8.2012 EzA § 14 TzBfG Nr. 87, Rn 17; *LAG Bln.-Bra.* 24.6.2011 DB 2011, 2611; *Dörner* Befr. Arbeitsvertrag Rn 486; ErfK-*Müller-Glöge* Rn 101a; APS-*Backhaus* Rn 589; MüKo-*Hesse* Rn 97; *Lakies* DZWIR 2001, 15; AR-*Schüren/Moskalew* Rn 87; *Francken* NZA 2010, 305 f.; *Grimm/Wölfel* ArbRB 2010, 193; *Loth/Ulber* NZA 2013, 130; krit. Anm. *Maschmann* AP Nr. 101 zu § 14 TzBfG). Die **tarifliche Dispositionsbefugnis** ist aus verfassungs- und unionsrechtlichen Gründen allerdings **nicht völlig schrankenlos**; sie hat den mit den Regelungen des TzBfG verfolgten Verwirklichung der aus **Art. 12 GG** folgenden staatlichen Schutzpflicht (Untermaßverbot) zu entsprechen. Bei der Wahrnehmung ihrer Regelungsbefugnis ist von den Tarifvertragsparteien ebenso das **Ziel der Richtlinie 1999/70/EG**, den **Missbrauch** aufeinanderfolgender befristeter Arbeitsverträge **zu verhindern**, zu beachten. Die gesetzliche Tariföffnungsklausel erlaubt daher keine Tarifverträge, die diesem Ziel erkennbar zuwiderlaufen (*BAG* 18.3.2015 EzA § 14 TzBfG Nr. 112, Rn 22; 15.8.2012 EzA § 14 TzBfG Nr. 87, Rn 28, 31; *Seiwerth* RdA 2016, 214, erhöhte Anforderungen an die spezifischen Erfordernisse im tariflichen Anwendungsbereich).

So ist bspw. in **§ 42 TVöD – BT-E** abgewichen worden, der für die Entsorgungsbetriebe des öffentlichen Dienstes innerhalb eines bestimmten Rahmens sachgrundlose Befristungen bis zu 4 Jahren ermöglicht (*Görg/Guth/Hamer/Pieper-Pieper* TVöD § 42 TVöD – BT-E Rn 6). Auch im **Wach- und Sicherheitsgewerbe** ist die Anzahl der Verlängerungen tarifvertraglich in **§ 2 Ziff. 6 MRTV** erhöht und die Höchstbefristungsdauer auf 42 Monate ausgedehnt worden (dazu *BAG* 5.12.2012 EzA § 14 TzBfG Nr. 89, Rn 19, 34). Eine weitere wichtige tarifvertragliche Abweichung mit ausgeweiteter sachgrundloser Befristung (Verlängerung max. 24 Monate; Höchstdauer 48 Monate; höchstens sechsmalige Verlängerung) setzte **§ 3 TV zu Kurzarbeit, Qualifizierung und Beschäftigung der Metall- und Elektroindustrie Baden-Württembergs**, der allerdings zum 31.12.2010 ohne Nachwirkung auslief (abgedruckt in NZA 2010, 321 ff.). Aus dem Umstand, dass in **§ 14 Abs. 2a TzBfG** nach Satz 4 für **Existenzgründer** sogar eine von der 4-Jahresfrist abweichende tarifliche Regelung zulässig ist, begegnet eine Verlängerung **bis zu 4 Jahren** im Rahmen des Abs. 2 keinen Bedenken (ebenso *Hess. LAG* 5.6.2015 LAGE § 14 TzBfG Nr. 82). Verfassungs- und Unionsrecht dürften mE aber jenseits dieses Zeitraums verletzt sein (aA *LAG Düsseld.* 9.12.2014 ZTR 2015, 209, Höchstdauer 5 Jahre und 5 Verlängerungen zulässig). In einem Haustarifvertrag im Bereich der Arbeitnehmerüberlassung hat das *LAG Düsseld.* eine Ausweitung sachgrundloser Befristungen auf **sechs Jahre** mit bis zu fünf Verlängerungen gebilligt, da danach eine **Übernahmeverpflichtung** in ein unbefristetes Arbeitsverhältnis für den Arbeitgeber bestand (21.6.2013 LAGE § 14 TzBfG Rechtsmissbrauch Nr. 7, Rn 90, 92; weitergehend *LAG Düsseld.* 9.12.2014 – 17 Sa 892/14, 60 Monate mit fünfmaliger Vertragsverlängerung). Das **BAG** hat nun entschieden – parallel zu den Prüfungsvorgaben bei institutionellem Rechtsmissbrauch – die **Grenze der tariflichen Regelungsbefugnis** als erreicht anzusehen bei der Festlegung der Dauer eines sachgrundlos befristeten Arbeitsvertrags auf **maximal sechs Jahre** und der höchstens **neunmalige Verlängerung** bis zu dieser Gesamtdauer (*BAG* 17.4.2019 EzA § 14 TzBfG Tarifvertrag Nr. 3, Rn 35; 26.10.2016 EzA § 14 TzBfG Tarifvertrag Nr. 1, Rn 31; zust. Anm. *Kamanabrou* AP Nr. 147 zu § 14 TzBfG; *Kiel* NZA-Beil. 2/2016, 72, 78; aA *Hamann* NZA 2019, 425; *Frieling/Münder* NZA 2017, 766, wonach es der Gesetzgeber den Gewerkschaften überlassen habe die Arbeitnehmer zu schützen). Demnach ist die auf der Grundlage des **Tarifvertrages über befristete Arbeitsverhältnisse im deutschen Steinkohlenbergbau vom 1.8.2010** vereinbarte sachgrundlose Befristung mit einer Gesamtdauer von sieben Jahren unwirksam (*BAG* 17.4.2019 EzA § 14 TzBfG Tarifvertrag Nr. 3, Rn 37), und zwar mangels Teilbarkeit der tariflichen Regelung auch hinsichtlich der (an sich zulässigen) siebenmaligen Verlängerungsmöglichkeit (*BAG* 24.2.2021 – 7 AZR 99/19, Rn 25). Eine tarifliche Regelung, die die kalendermäßige Befristung des Arbeitsvertrags ohne Vorliegen eines sachlichen Grundes bis zur Dauer von 42 Monaten und bis zu dieser Gesamtdauer die höchstens viermalige Verlängerung eines kalendermäßig befristeten Arbeitsvertrags zulässt, ist hingegen wirksam (*BAG* 26.10.2016 EzA § 14 TzBfG Tarifvertrag Nr. 1, Rn 31; 14.6.2017 -7 AZR 627/15, Rn 16).

606 Bei **Abschluss der sachgrundlosen Befristung** müssen die tarifvertraglichen Erweiterungen nicht gegeben sein; sie können auch während der Laufzeit des sachgrundlos befristeten Arbeitsvertrags eintreten und dann die Höchstfrist und die Zahl der Verlängerungen zum Nachteil des Arbeitnehmers verändern. Die **gesetzlichen Bestimmungen** sind **auf** solche (teilweise rückwirkenden) tariflichen **Veränderungen angelegt**; ein Vertrauensschutz auf die engere gesetzliche Regelung lässt sich deshalb nicht ableiten. Im Übrigen tragen alle tariflichen Vereinbarungen die **Vermutung der Richtigkeitsgewähr** und der Ausgewogenheit in sich (einschränkend APS-*Backhaus* Rn 404a, nur für die Verlängerungen nach Tarifabschluss; weitergehend *Grimm/Wölfel* ArbRB 2010, 194).

607 Ein Tarifvertrag kann also zB einen Vierjahreszeitraum für sachgrundlose Befristungen gestatten und zugleich vorsehen, dass innerhalb dieses Zeitraums acht Verlängerungen zulässig sind. Derartige Regelungen werden sich allerdings nur in Teilbereichen durchsetzen lassen (*Lembke* DB 2003, 2702 **Darüber hinausgehende Abweichungen** sind nach § 22 Abs. 1 TzBfG **nur zugunsten der Arbeitnehmer möglich**. So können **sachgrundlose Befristungen** nach § 14 Abs. 2 TzBfG tarifvertraglich sogar **ausgeschlossen** werden, soweit die Auslegung der Norm hierzu eindeutig ist (s.a. Rdn 608; ebenso APS-*Backhaus* Rn 594; ErfK-*Müller-Glöge* Rn 101c; DDZ-*Wroblewski* § 22 Rn 5; *Sievers* Rn 598; MüKo-*Hesse* Rn 98; s. Rdn 608; **aA** *Bayreuther* NZA 2018, 905, 908, der nach den Entscheidungsgründen des BVerfG vom 6.6.2018, s. Rdn 568, sogar ein **gesetzliches Verbot** für verfassungsrechtlich nicht haltbar erkennt). Tarifvertraglich kann auch festgelegt werden, dass die erste sachgrundlose Befristung vor einer Verlängerung **mindestens sechs Monate** betragen muss (§ 33 Abs. 3 TV BA; *BAG* 22.1.2014 EzA § 14 TzBfG Nr. 102; 4.12.2013 EzA § 14 TzBfG Nr. 98, Rn 23). **Eine Abweichung** vom Vorbeschäftigungsverbot **in § 14 Abs. 2 S. 2 TzBfG** ist dagegen **tarifvertraglich nicht möglich** (APS-*Backhaus* Rn 589; *Arnold/Gräfl* Rn 355 ff.). Unzulässig ist auch über eine tarifvertragliche Öffnungsklausel die **Betriebsparteien** zu ermächtigen, von den nach S. 3 möglichen Abweichungen zum Nachteil der Arbeitnehmer abzuweichen, es sei denn die Betriebsparteien werden befugt das tarifvertraglich abgesenkte Schutzniveau wieder zu heben (*Boecken/Jacobsen* ZfA 2012, 37, 45, 48). Tarifvertraglich kann aber bei Überschreiten der gesetzlichen Höchstbefristung die **Zustimmung des Betriebsrats** vorausgesetzt werden (*BAG* 21.3.2018 EzA § 14 TzBfG Tarifvertrag Nr. 2, Rn 23; *LAG* Nbg. 17.12.2014 AuR 2015, 333). Eine von der Höchstbefristungsdauer abweichende **kirchliche Arbeitsrechtsregelung** zur sachgrundlosen Befristung lässt sich **nicht** über § 14 Abs. 2 S. 3 TzBfG rechtfertigen (so *BAG* 25.3.2009 EzA § 611 BGB 2002 Kirchliche Arbeitnehmer Nr. 11; HaKo-TzBfG/*Boecken* Rn 158). Die nach § 14 Abs. 2 S. 3, § 22 Abs. 1 TzBfG Tarifverträgen vorbehaltene Möglichkeit, eine längere als die in § 14 Abs. 2 S. 1 TzBfG bestimmte Frist festzulegen, verletzt die Kirche nicht in ihrem durch **Art. 140 GG iVm Art. 137 Abs. 3 WRV** garantierten Selbstverwaltungs- und Selbstbestimmungsrecht. Die auf Tarifnormen beschränkte Öffnung in § 14 Abs. 2 S. 3, § 22 Abs. 1 TzBfG soll auch nicht gegen **Art. 3 Abs. 1 GG** verstoßen. Näher dazu s. Rdn 509.

608 Die mit der tariflichen Öffnungsklausel in § 14 Abs. 2 S. 3 TzBfG aufgeworfene Frage, ob damit alle tarifvertraglichen Regelungsmöglichkeiten zur sachgrundlosen Befristung eine abschließende Normierung erfahren haben, ist zu verneinen. Die Zusammenschau mit dem Günstigkeitsprinzip aus **§ 22 Abs. 1 TzBfG ergibt**, dass es den **Tarifvertragsparteien erlaubt ist**, Befristungen generell an das Vorliegen eines sachlichen Grundes zu knüpfen (hM; *BAG* 21.2.2001 EzA § 1 BeschFG Nr. 24; *Staudinger/Preis* [2019] § 620 BGB Rn 197; *Backhaus* NZA 2001, Sonderbeil. Heft 24, 11; *Annuß/Thüsing/Maschmann* Rn 67; ErfK-*Müller-Glöge* Rn 101c; HaKo-TzBfG/*Boecken* Rn 160; MHH-TzBfG/*Meinel* Rn 224.; *Lakies* DZWIR 2001, 15; *Däubler* ZIP 2000, 1968; ArbRBGB-*Dörner* § 620 BGB Rn 239; *Dassau* ZTR 2001, 69; LS-*Schlachter* Rn 125; HWK-*Rennpferdt* Rn 170; **aA** *Pöltl* NZA 2001, 588). Die besondere tarifliche Öffnungsklausel in Abs. 2 S. 3 bezieht sich nur auf Satz 1 dieses Absatzes und im Wege der Verweisung auf Abs. 2a, nicht aber auf § 14 Abs. 1 oder 3 TzBfG. Damit waren die Sonderregelungen SR 2y BAT auch nach dem 1.1.2001 mit dem geltenden Recht vereinbar. Ob ein Ausschluss sachgrundloser Befristungen tarifvertraglich gewollt ist, muss indessen einer **abschließenden tariflichen Regelung** eindeutig entnommen werden können (Frage der Auslegung; ErfK-*Müller-Glöge* Rn 101c; APS-*Backhaus* Rn 595 mit tariflichen Beispielen; MüKo-*Hesse* Rn 98 f.; *Arnold/Gräfl* Rn 358; zum Problemfeld auch *BAG* 27.9.2000 EzA § 1 BeschFG 1985 Nr. 20).

Die **tarifvertraglich zulässigen Gestaltungen** der **sachgrundlosen Befristung** im Anwendungsbereich des **TVöD** (zB § 30 Abs. 3 bis 5 TVöD) sehen **sechsmonatige Mindest- und zwölfmonatige Regelfristen** vor (vgl. dazu näher *Fritz* ZTR 2006, 2, 7 ff.; KR-*Bader/Kreutzberg-Kowalczyk* § 30 TVöD Rdn 8; *Lakies* PersonalR 2012, 285). Wird die Sechsmonatsfrist für eine sachgrundlose Befristung unterschritten, entsteht ein unbefristetes Arbeitsverhältnis (*Görg/Guth/Hamer/Pieper-Guth* TVöD, 2007 § 30 Rn 62; vgl dazu *BAG* 4.12.2013 EzA § 14 TzBfG Nr. 98, Rn 29). Das Unterschreiten der Regelfrist von zwölf Monaten ist dagegen zulässig, kann indessen zu Schwierigkeiten bei der Zustimmung des Personalrats führen. Im Anwendungsbereich des **TVöD** ist **abweichend vom BAT** (Protokollnotiz Nr. 6a zu SR 2y BAT = Angabe der sachgrundlosen Befristung; dazu *BAG* 28.3.2007 EzTöD 100 § 30 Abs. 1 TVöD-AT Sachgrundbefristung Nr. 6) nicht mehr ausdrücklich anzugeben, dass es sich um eine Befristung iSv § 14 Abs. 2 oder 3 TzBfG handelt (*Lakies* PersonalR 2012, 285 f.; vgl. *BAG* 10.10.2007 EzA § 14 TzBfG Nr. 41, Rn 15). Zur tariflichen Pflicht des öffentlichen Arbeitgebers nach § 30 Abs. 3 S. 3 TVöD zu **prüfen**, ob eine **unbefristete Weiterbeschäftigung möglich** ist, vgl. *BAG* 15.5.2012 EzTöD 100 § 30 Abs. 1 TVöD-AT Sachgrundlose Befristung Nr. 19. 609

Ein tarifvertraglich zulässiges **Zitiergebot** zur **Inanspruchnahme sachgrundloser Befristungen** kann geregelt werden (ErfK-*Müller-Glöge* Rn 101e), da dies im Ergebnis eine dem Arbeitnehmer günstige Einschränkung bewirken kann. Der Arbeitgeber kann sich bei Nichtbeachtung auf die Möglichkeit sachgrundloser Befristung nicht mehr berufen. Im Übrigen wird auf die ausführlichen Erläuterungen KR-*Bader/Kreutzberg-Kowalczyk* zu § 22 TzBfG hingewiesen. 610

7. Einzelvertragliche Inbezugnahme tariflicher Regelungen

Nach Abs. 2 S. 4 können im Geltungsbereich eines solchen Tarifvertrages nicht tarifgebundene Arbeitgeber und Arbeitnehmer **die Anwendung der tariflichen Regelungen zur abweichenden Höchstbefristungsdauer oder zur zulässigen Zahl der Verlängerungen durch Vereinbarung übernehmen.** Wenn das Gesetz von dem »Geltungsbereich« spricht, ist damit sowohl der räumliche, **fachliche als auch der persönliche Geltungsbereich** des Tarifvertrages gemeint. Es ist also Voraussetzung, dass die Arbeitsvertragsparteien bei Tarifgebundenheit dem Tarifvertrag unterfallen würden (*BAG* 24.2.2021 – 7 AZR 99/19, Rn 32; *Rolfs* Rn 13; APS-*Backhaus* Rn 599). 611

Der Arbeitgeber ist nicht verpflichtet, das gesamte Tarifwerk arbeitsvertraglich zu übernehmen, um in den Genuss der für ihn günstigeren, weil weitergehenden Möglichkeiten einer sachgrundlosen Befristung zu gelangen. Zwar heißt es in Satz 4 lapidar, dass »nicht tarifgebundene Arbeitgeber und Arbeitnehmer die Anwendung der tariflichen Regelungen vereinbaren« können. Ein systematischer Abgleich zu den Bestimmungen in § 22 Abs. 1 und 2 TzBfG lässt aber den Schluss zu, dass es **nicht erforderlich** ist, den **tariflichen Regelungsabschnitt** voll zu übernehmen, der die **Befristungsbedingungen** normiert (*BAG* 21.3.2018 EzA § 14 TzBfG Tarifvertrag Nr. 2, Rn 26; 14.6.2017 – 7 AZR 627/15, Rn 3, 21; 26.10.2016 EzA § 14 TzBfG Tarifvertrag Nr. 1, Rn 37; LAG Bln-Bra. 19.4.2016 –19 Sa 136/16; ErfK-*Müller-Glöge* Rn 101d; *Dörner* Befr. Arbeitsvertrag Rn 489; MHH-TzBfG/*Meinel* Rn 226; HaKo-KSchR/*Mestwerdt* Rn 211; *Sievers* Rn 603; *Arnold/Gräfl* Rn 359; *Annuß/Thüsing-Maschmann* Rn 68; *Francken* NZA 2010, 305 f.; **dagegen** APS-*Backhaus* Rn 600; *Boewer* Rn 264; LS-*Schlachter* Rn 128). Bei arbeitsvertraglicher Inbezugnahme eines gesamten Tarifwerks kann umgekehrt in Einzelbereichen ebenso eindeutig eine Abweichung vom Tarifvertrag festgelegt werden (zB zu den tariflichen Befristungsregeln; ErfK-*Müller-Glöge* Rn 101d; vgl. *BAG* 21.2.2001 EzA § 1 BeschFG 1985 Nr. 24). Die **Inbezugnahme** muss indessen bei einschränkender Übernahme **eindeutig** sein (*BAG* 17.6.2009 EzTöD 100 § 30 Abs. 1 TVöD-AT Sachgrundlose Befristung Nr. 11 noch zur Protokollnotiz Nr. 6 lit. a zu SR 2y Nr. 1 BAT). Es genügt daher nicht ein Hinweis im Arbeitsvertrag auf eine sachgrundlose Befristung nach § 14 Abs. 3 TzBfG, wenn es in Wahrheit um § 14 Abs. 2 TzBfG geht (**aA** ErfK-*Müller-Glöge* Rn 102, 612

84, der bei fehlender normativer Wirkung einen Ausschluss nur bei vertraglicher Abbedingung der sachgrundlosen Befristung für zulässig hält). Eine **dynamische Bezugnahmeklausel** ist weder überraschend iSv § 305c Abs. 1 BGB noch verstößt sie gegen das Transparenzverbot des § 307 Abs. 1 S. 2 BGB (*BAG* 26.10.2016 EzA § 14 TzBfG Tarifvertrag Nr. 1, Rn 39).

613 **Ziel des Gesetzes** ist es, bei sachgrundloser Befristung im Sinne branchenspezifischer Lösungen **punktuell die volle Tarifdispositivität** herzustellen und im Geltungsbereich des Tarifvertrages die Übernahme dieser Regelung auch an nicht tarifgebundene Parteien zu gestatten. Eine volle Übernahme des Tarifwerks und der dazugehörigen Befristungsregeln ist daher nicht vorausgesetzt. Der Passus »die Anwendung der tariflichen Regelung« in Satz 4 ist daher so zu lesen, dass es um die **tariflichen Regelungen aus Satz 3 des Absatzes** geht (*Annuß/Thüsing/Maschmann* Rn 68; aA AR-*Schüren/Moskalew* Rn 89).

614 Die Übernahme der tarifvertraglichen Regelung nach Satz 3 bedarf nicht der Schriftform, da es hier nicht um die eigentliche Befristungsabrede iSv Abs. 4 geht (*Sievers* Rn 604; *Arnold/Gräfl* Rn 360). Zu Beweiszwecken empfiehlt sich gleichwohl, die Vereinbarung schriftlich im Arbeitsvertrag zu festzuhalten (ebenso APS-*Backhaus* Rn 601). Eine **betriebliche Übung** dürfte indessen einer Übernahme tarifvertraglicher Regelungen nicht genügen (vgl. *BAG* 3.7.1996 RzK I 3e Nr. 62 zu § 622 Abs. 4 S. 2 BGB, Kündigungsfristen; aA APS-*Backhaus* Rn 601; *Annuß/Thüsing/Maschmann* Rn 68; MüKo-*Hesse* Rn 101, die auf *BAG* 19.1.1999 EzA § 3 TVG Bezugnahme auf Tarifvertrag Nr. 10, Rn 50 verweisen).

8. Darlegungs- und Beweislast

615 Die Darlegungs- und Beweislast für die **Voraussetzungen** einer zulässigen sachgrundlosen Befristung nach **Abs. 2** trifft den begünstigten **Arbeitgeber**. Hält der **Arbeitnehmer** die letzte sachgrundlose Befristung in Zusammenschau mit einer vorangehenden sachgrundlosen Befristung für **rechtsmissbräuchlich**, so trifft ihn dafür regelmäßig die Darlegungs- und Beweislast (*BAG* 19.3.2014 – EzTöD 100 § 30 Abs. 1 TVöD – AT Sachgrundlose Befristung Nr. 29, Rn 26). Näher dazu s. Rdn 758 ff.

III. Sachgrundlose Befristung für Existenzneugründer (§ 14 Abs. 2a TzBfG)

1. Erweiterung sachgrundloser Befristungen

a) Entstehungsgeschichte

616 Zum 1.1.2004 ist durch Art. 2 des Gesetzes zu Reformen am Arbeitsmarkt (vgl. KR-*Lipke/Schlünder* § 620 BGB Rdn 108) ein **erweitertes Feld** für den Abschluss **sachgrundloser Befristungen** geschaffen worden. Eine in die gleiche Richtung gehende Befristungserleichterung kannte bereits § 1 Abs. 2 BeschFG 1985 in seiner bis zum 30.9.1996 geltenden Form (vgl. *Lipke* KR 4. Aufl., § 1 BeschFG 1985 Rn 90–100). Nunmehr wird ohne Rücksicht auf die Unternehmensgröße der Abschluss sachgrundlos befristeter Arbeitsverträge für die ersten vier Jahre nach der Gründung eines Unternehmens erleichtert. Die Vorschrift erweist sich als »Seitenstück« zu § 112a Abs. 2 BetrVG, wonach für neu gegründete Unternehmen in den ersten vier Jahren keine Sozialplanpflicht besteht (*Löwisch* BB 2004, 154, 162; *Bader* NZA 2004, 65, 76; *Bauer/Krieger* Kündigungsrecht Reformen, 2004, Rn 139; *Lipinski* BB 2004, 1221; ErfK-*Müller-Glöge* Rn 103; *Dörner* Befr. Arbeitsvertrag Rn 492; HaKo-TzBfG/*Boecken* Rn 167; HWK-*Rennpferdt* Rn 176; HaKo-KSchR/*Mestwerdt* Rn 216; APS-*Backhaus* Rn 612 ff.; MüKo-*Hesse* Rn 104; *Annuß/Thüsing/Maschmann* Rn 79a; *Thüsing* NJW 2003, 1989, 1991; *Lipinski* BB 2004, 1221; LS-*Schlachter* Rn 129). Die ergänzende Regelung ist von Anfang an als Bestandteil der »**Agenda 2010**« in das Gesetzgebungsverfahren eingebracht (BT-Drucks. 15/1204 S. 10, 14) worden und hat unverändert den Ausschuss für Wirtschaft und Arbeit (BT-Drucks. 15/1587 S. 12) passiert.

b) Regelungsziele

617 Der Gesetzgeber erweitert damit die bestehenden sachgrundlosen Befristungsmöglichkeiten bis zur Dauer von zwei Jahren nach Abs. 2 und die ab Vollendung des 52. Lebensjahres mögliche

fünfjährige sachgrundlose Befristung nach Abs. 3 (s. Rdn 648 ff.) um eine **zusätzliche Variante**. Dabei setzt er darauf, dass sich die sachgrundlose Befristung von Arbeitsverträgen insbes. bei unsicherer Auftragslage der Unternehmen als flexible Beschäftigungsform in der Vergangenheit bewährt habe. Dies soll im erhöhten Maß **für neu gegründete Unternehmen in der schwierigen Aufbauphase** gelten. In dieser Zeitspanne, die der Gesetzgeber auf die ersten vier Jahre nach der Aufnahme der Erwerbstätigkeit durch das neu gegründete Unternehmen begrenzt, könne nur schwer überblickt werden, wie sich das Unternehmen entwickle und wie hoch der **Personalbedarf** sei. Deshalb könne bis zu dieser Höchstgrenze ein zunächst kürzer befristeter Arbeitsvertrag mehrfach verlängert werden (BT-Drucks. 15/1204 S. 10). Der Gesetzgeber vertraut darauf, dass nach den Erfahrungen der Vergangenheit die zunächst befristete Beschäftigung für einen großen Teil der betreffenden Arbeitnehmer zur **Brücke in eine Dauerbeschäftigung** wird. Die erneute Erweiterung sachgrundloser Befristungsgestaltungen setzt indessen Zweifel, ob der Gesetzgeber im Ergebnis am Regelfall des »unbefristeten Arbeitsverhältnisses« festhalten will (*Hanau* Sachverständigenanhörung 8.9.2003, BT-Drucks. 15/1587 S. 27; *Meixner* Neue arbeitsrechtliche Regelungen, 2004, Rn 443).

Um einer missbräuchlichen Nutzung der zusätzlich geschaffenen sachgrundlosen Befristungsmöglichkeiten zu begegnen, verdeutlicht die Gesetzesbegründung, dass hierfür ein **unternehmerisches Neuengagement** erforderlich ist. Die rechtliche **Umstrukturierung** von Unternehmen und die damit zusammenhängenden Neugründungen reichen dafür nicht aus, denn es geht nicht um den Erhalt, sondern um die **Schaffung neuer Arbeitsplätze** (so wohl auch *Lipinski* BB 2004, 1221 f.). Insoweit verweist die Gesetzesbegründung auf die parallele Regelung zur Befreiung neu gegründeter Unternehmen von der Sozialplanpflicht nach § 112a BetrVG (BT-Drucks. 15/1204 S. 10). Wie nach § 14 Abs. 2 TzBfG sind im Rahmen von Abs. 2a **nur kalendermäßig befristete Arbeitsverträge**, nicht dagegen zweckbefristete und auflösend bedingte Arbeitsverträge zugelassen (APS-*Backhaus* Rn 616; *Dörner* Befr. Arbeitsvertrag Rn 499; HaKo-TzBfG/*Boecken* Rn 165; *Schiefer/Worzalla* Agenda 2010, Rn 265;). Innerhalb der Höchstbefristungsdauer von vier Jahren kann der zunächst auf kürzere Dauer abgeschlossene befristete Arbeitsvertrag **mehrfach**, dh nicht nur bis zu dreimal wie in Abs. 2 **verlängert** werden (BT-Drucks. 15/1204 S. 14). 618

c) Vereinbarkeit mit Europarecht

Die neue Befristungsmöglichkeit hält sich in den europarechtlichen Grenzen der **Richtlinie 1999/70/EG**. Nach § 5.1 lit. b der dort in Bezug genommenen Rahmenvereinbarung genügt es, die insgesamt zulässige Dauer aufeinander folgender Arbeitsverträge zeitlich zu begrenzen. Damit hat der nationale Gesetzgeber eine der drei zur Eingrenzung missbräuchlicher Befristungen von Arbeitsverhältnissen vorgesehenen Varianten beachtet. **Europarechtliche Bedenken** gegen die Neuregelung bestehen deshalb nicht (APS-*Backhaus* Rn 610; *Thüsing/Stelljes* BB 2003, 1673, 1680; *Annuß/Thüsing/Maschmann* 79b; *Sievers* Rn 606); dafür sprechen die zugrundeliegenden **arbeitsmarktpolitischen Erwägungen** (EuArbR/*Krebber* § 5 RL 1999/70/EG Rn 27, 47). Mit dem Erschließen eines weiteren Feldes sachgrundloser Befristungen entfernt sich indessen der nationale Gesetzgeber wiederum ein Stück von der in der Richtlinie in Bezug genommenen Rahmenvereinbarung über befristete Arbeitsverträge. Dort erkennen die Unterzeichnerparteien in der Präambel an, dass **unbefristete Verträge die übliche Form des Beschäftigungsverhältnisses** zwischen Arbeitgebern und Arbeitnehmern darstellen und weiter darstellen sollen. Mit der nunmehr **unbegrenzt zulässigen Aneinanderreihung kurzer Befristungen** bis zu einer Zeitspanne von vier Jahren könnte eine größere Gruppe »**moderner Tagelöhner**« entstehen. Das läuft im Ergebnis den Zielen der europäischen Richtlinie 1999/70 EG zuwider (vgl. auch *Meixner* Neue arbeitsrechtliche Regelungen, 2004, Rn 444; *Düwell/Weyand* Agenda 2010, Rn 328). Die auf **Einschränkung des Rechtsmissbrauchs** bei aneinander gereihten befristeten Arbeitsverträgen bedachte Rechtsprechung des EuGH (*EuGH* 23.4.2009 AP Nr. 6 zu Richtlinie 99/70/EG *Angelidaki*; vgl. ferner Rdn 19) ist deshalb bei der **unionskonformen Auslegung des § 14 Abs. 2a TzBfG** mit zu bedenken. Das ist im Blick auf **Art. 30 EU-GRCharta** insbes. bei der zeitlichen Begrenzung der erweiterten sachgrundlosen Befristung zu berücksichtigen. Vgl. dazu Rdn 635 ff. 619

d) Verfassungsrechtliche Fragen

620 **Verfassungsrechtliche Bedenken** gegen die Privilegierung von Existenzgründern durch Abs. 2a werden mehrheitlich verneint. So stehe es nach **Art. 12 Abs. 1 GG** dem Gesetzgeber offen, **Existenzgründer** von arbeitsrechtlichen Belastungen teilweise zu befreien (*Bauer/Krieger* Kündigungsrecht, Reformen 2004, Rn 143). Aus diesen Gründen sei auch eine **Ungleichbehandlung** von neu gegründeten im Verhältnis zu bereits bestehenden Unternehmen gerechtfertigt. Dagegen wendet sich *Löwisch* (BB 2004, 162). Das über die Verweisung in § 14 Abs. 2a S. 4 auch zu beachtende Vorbeschäftigungsverbot aus Abs. 2 S. 2 begünstige neu gegründete juristische Personen und benachteilige natürliche Personen als Arbeitgeber. Arbeitgeber, die als natürliche Personen ein Unternehmen neu gründen, könnten früher in einem anderen von ihnen betriebenen Unternehmen beschäftigte Arbeitnehmer nicht erneut befristet einstellen. Diese unterschiedliche Behandlung sei mit dem Gleichheitsgebot des **Art. 3 Abs. 1 GG** nicht vereinbar. Nach Art. 3 Abs. 1 GG bedarf eine gesetzgeberische Differenzierung nur der Rechtfertigung durch Sachgründe, die dem Ziel und dem Ausmaß der Ungleichbehandlung angemessen sind (vgl. *BVerfG* 6.6.2018 NZA 2018, 774, Rn 69). Diese Anforderungen hat das BVerfG zum Vorbeschäftigungsverbot wegen der Sicherung des unbefristeten Arbeitsverhältnisses als Regelbeschäftigungsform als erfüllt angesehen und dabei auch das **Flexibilitäts-interesse der Arbeitgeberseite** mitbedacht (dort Rn 40, 48).

621 Bedenken, ob selbst bei Berücksichtigung der besonderen Interessenlage von Existenzgründern der **verfassungsrechtliche Mindestbestandsschutz** (vgl. *BVerfG 27.1.1998* EzA § 23 KSchG Nr. 17; s. KR-*Rachor* § 1 KSchG Rdn 19 ff.) durch die neue Regelung gewahrt ist, dürften deshalb bei verfassungskonformer Begrenzung der Vorschrift aus Art. 3 Abs. 1 GG nicht bestehen. **Art. 12 Abs. 1 GG** gewährt dem befristet beschäftigten Arbeitnehmer einen arbeitsrechtlichen Mindestschutz. Die **unbegrenzte Aneinanderreihung kurzfristiger Beschäftigungen** über einen Zeitraum von **vier Jahren** eröffnet aber Vertragsgestaltungsmöglichkeiten, die den Arbeitgeber zu **Missbrauch** und Willkür einladen können. Insoweit ist die Rechtsprechung nach **Art. 1 Abs. 3 GG** verpflichtet, die nach dem Wortlaut der Bestimmung des Abs. 2a möglichen Auswüchse verfassungskonform iSv **Menschenwürde** (Art. 1 Abs. 1 GG) und von **Mindestbestandsschutz** (Art. 12 Abs. 1 GG) zu unterbinden. Anders als bei den langfristig angelegten personenbezogenen Befristungen im Rahmen des § 2 WissZeitVG, die sich aus **Art. 5 Abs. 3 GG** rechtfertigen lassen, kann **Art. 14 GG** hier zugunsten der Existenzneugründer nicht angeführt werden. Dagegen spricht schon die **Sozialpflichtigkeit des Eigentums** aus Art. 14 Abs. 2 GG. Ein Verstoß gegen das Gleichheitsgebot aus Art. 3 GG kann sich entgegen *Löwisch* (BB 2004, 162) vielmehr dann ergeben, wenn man bestimmte gesellschaftsrechtliche Umstrukturierungen (zB Alleingesellschafter und Geschäftsführer der Komplementär-GmbH und einer KG gründen eine neue GmbH, die den Betrieb der KG übernimmt oder einzelne Betriebe zweier Unternehmen werden einem neu gegründeten Unternehmen übertragen, das die Betriebe mit einer auf dem Zusammenschluss beruhenden erweiterten unternehmerischen Zielsetzung fortführen soll) als unternehmerisches Neuengagement iSv Abs. 2a anerkennen würde (vgl. dazu u Rdn 626 f.).

622 Es kann bisher nicht festgestellt werden, dass die Praxis größeren **Gebrauch** von der gesetzlichen Möglichkeit des Abs. 2a macht. Rechtsprechung hierzu liegt kaum vor (*LAG Brem.*11.5.2017 – 2 Sa 159/16, Rn 28; ArbG Bln. 30.4.2008 – 39 Ca 20027/07). Dieser Umstand lässt den Schluss zu, dass die Bestimmung – entgegen den hochgespannten Erwartungen (vgl. *Thüsing* ZfA 2004, 67, 84 ff.) – noch keine nennenswerte praktische Bedeutung gewonnen hat.

2. Geltungsbereich

a) Existenzneugründungen

623 Voraussetzung für das Befristungsprivileg ist, dass ein Unternehmen neu gegründet wird und nicht etwa ein bestehendes Unternehmen nur einen weiteren Betrieb eröffnet (*Bader* NZA 2004, 65, 76; *Dörner* Befr. Arbeitsvertrag Rn 495; *Arnold/Gräfl* Rn 368; *Lembke* NJW 2006, 325, 329). Ebenso wenig genügt die Verlegung eines Betriebes (vgl dazu *BAG* 27.6.2006 EzA § 112a BetrVG 2001

Nr. 2 zur Sozialplanpflicht). Belohnt werden soll der **Unternehmer**, der sich am Markt **neu engagiert** (*Preis* DB 2004 70, 78; APS-*Backhaus* Rn 611, 608) und **neue Arbeitsplätze** schafft (*Lipinski* BB 2004, 1221). Deshalb kann die Neueinrichtung eines Betriebes nicht ausreichen; es bedarf der **Neugründung eines Unternehmens** (*Bader* NZA 2004, 76; LS-*Schlachter* Rn 131; *Sievers* Rn 608). Umstrukturierungen genügen nicht (vgl. dazu Rdn 626 ff.).

Welche Unternehmensgründung in den Anwendungsbereich des Abs. 2a unterfällt, wird die Rechtsprechung zu klären haben. Eine **Übertragung der zu § 112a Abs. 2 S. 2 BetrVG ergangenen Rechtsprechung** (*BAG* 13.6.1989 EzA § 112a BetrVG Nr. 4; 22.2.1995 EzA § 112a BetrVG Nr. 8) ist keineswegs sicher (dahingehend aber *BAG* 12.6.2019 EzA § 14 TzBfG Neugründung Nr. 1, Rn 22). Der **Normzweck** in § 112a BetrVG deckt sich nämlich nur teilweise mit dem des § 14 Abs. 2a TzBfG. Zwar geht es hier wie dort (auch) um das Ziel zusätzliche Beschäftigungsmöglichkeiten zu schaffen (*BAG* 13.6.1989 EzA § 112a BetrVG Nr. 4 unter Bezugnahme auf BT-Drucks. 10/2102). Die **Befreiung** neu gegründeter Unternehmen von der **Sozialplanpflicht** setzt indessen nicht voraus, dass damit zugleich **neue Arbeitsplätze geschaffen** worden sind (*BAG* 13.6.1989 EzA § 112a BetrVG Nr. 4). Genau diese **Zwecksetzung** steht aber bei der neuen Befristungsprivilegierung nach **Abs. 2a** neben dem **zusätzlichen personalwirtschaftlichen Spielraum des Arbeitgebers in der Aufbauphase** im Vordergrund (*Preis* DB 2004, 79, *Meixner* Neue arbeitsrechtliche Regelungen, 2004, Rn 459; *Lipinski* BB 2004, 1221; *Annuß/Thüsing/Maschmann* Rn 79a; aA *Bauer/Krieger* Kündigungsrecht, Reformen 2004, Rn 139; *Löwisch* BB 2004, 162; HWK-*Rennpferdt* Rn 176; HaKo-TzBfG/*Boecken* Rn 167; MüKo-*Hesse* Rn 104; *Lembke* NJW 2006, 325, 329; wohl auch *Düwell/Weyand* Agenda 2010, Rn 313 f.; MHH-TzBfG/*Meinel* Rn 231; *Arnold/Gräfl* Rn 365, 370, welche die Risikominimierung für den Existenzgründer in den Vordergrund stellt).

Für den Beginn der Befristungsprivilegierung kommt es allein darauf an, **wann** die nach **§ 138 Abgabenordnung (AO)** mitteilungspflichtige **Erwerbstätigkeit** des neu gegründeten Unternehmens **aufgenommen** wurde (*LAG Brem.* 11.5.2017 – 2 Sa 159/16, Rn 28; ErfK-*Müller-Glöge* Rn 104a; *Schaub/Koch* § 39 Rn 19). Der Zeitpunkt der Mitteilung an die Gemeinde oder das Finanzamt spielt dagegen keine Rolle (BT-Drucks. 15/1204 S. 14; *Bader* NZA 2004, 76; MüKo-*Hesse* Rn 105). Entscheidend ist mithin das in der Mitteilung genannte Datum zur **Aufnahme der Erwerbstätigkeit**, nicht der Zugang dieser Mitteilung (*Arnold/Gräfl* Rn 367). Der sich an die Aufnahme der Erwerbstätigkeit anknüpfende Vierjahreszeitraum verlängert sich nicht, wenn der Unternehmer die Anmeldefrist von einem Monat (§ 138 AO) ausschöpft oder sogar überschreitet (*Dörner* Befr. Arbeitsvertrag Rn 494). Bei Gründung einer **Vorratsgesellschaft** beginnt die Vier-Jahresfrist erst mit Entfaltung der erwerbswirtschaftlichen Tätigkeit zu laufen (HaKo-KSchR/*Mestwerdt* Rn 219; *Düwell/Weyand* Agenda 2010, Rn 317; *Lembke* NJW 2006, 325, 329 f.). Die Terminologie des Gesetzes macht deutlich, dass **private Haushalte** von der Befristungsprivilegierung des Abs. 2a **ausgenommen** sind. Begünstigt sind insoweit nur natürliche Personen ebenso wie Personengesellschaften und juristische Personen (ErfK-*Müller-Glöge* Rn 104a; *Annuß/Thüsing/Maschmann* Rn 79c).

b) Umstrukturierungen

Der Gesetzgeber will naheliegendem Missbrauch entgegenwirken, indem er nach Abs. 2a S. 2 **rechtliche Umstrukturierungen von Unternehmen und Konzernen** nicht als Neugründungen iSd Bestimmung anerkennt (BT-Drucks. 15/1204 S. 10). Bei **gleichbleibenden unveränderten unternehmerischen Aktivitäten in einem äußerlich neuen Gewand** fehlt es dann am neuen bzw. zusätzlichen unternehmerischen Risiko, das über eine arbeitsrechtliche »Entlastung« ausgeglichen werden soll. Entscheidend ist eine wirtschaftliche Betrachtungsweise; die rechtlich neue Selbstständigkeit ist dagegen nicht maßgebend (*LAG Brem.* 11.5.2017 – 2 Sa 159/16, Rn 28, 31; *LAG BW* 14.9.2005 – 13 Sa 32/05; *Lembke* NJW 2006, 325, 330). Eine **Existenzgründung** iSv Abs. 2a wird demnach neben der bereits oben erwähnten Eröffnung eines neuen Betriebes (s. Rdn 623) oder Verlegung eines Betriebs **zu verneinen** sein, wenn eine **Gesamtrechtsnachfolge** iSd Umwandlungsgesetzes vorliegt. Infolgedessen sind

§ 14 TzBfG   Zulässigkeit der Befristung

- die Verschmelzung von Unternehmen auf ein neu gegründetes Unternehmen,
- der Formwechsel oder die Vermögensübertragung auf einen neuen Rechtsträger,
- die Aufspaltung eines Unternehmens auf mehrere neu gegründete Unternehmen,
- die Abspaltung von Unternehmensteilen auf eine neu gegründete Tochtergesellschaft

Sachverhalte, die das Befristungsprivileg nach Abs. 2a S. 2 ausschließen (*Dörner* Befr. Arbeitsvertrag Rn 495 f.; APS-*Backhaus* Rn 612 f; *Staudinger/Preis* [2016] § 620 BGB Rn 201; HaKo-KSchR/*Mestwerdt* Rn 222; *Meixner* Neue arbeitsrechtliche Regelungen, 2004, Rn 459 f.; *Thüsing/Stelljes* BB 2003, 1673, 1680; *Bauer/Krieger* Kündigungsrecht, Reformen 2004, Rn 139; *Lembke* NJW 2006, 325, 330; *Haag/Spahn* AuA 2005, 348 f.). Keineswegs kann es genügen, wenn zwei Unternehmen einzelne Betriebe einem neu gegründeten Unternehmen übertragen, das die Betriebe mit einer auf dem Zusammenschluss beruhenden erweiterten unternehmerischen Zielsetzung fortführen soll (so aber *Arnold/Gräfl* Rn 371; HaKo-TzBfG/*Boecken* Rn 167 f.; aA *Löwisch* BB 2004, 162 unter Hinweis auf BAG 22.2.1995 EzA § 112a BetrVG Nr. 7; *Düwell/Weyand* Agenda 2010, Rn 315). Die Umwandlung bestehender Unternehmen schafft regelmäßig **keine zusätzlichen Arbeitsplätze** und erhöht in aller Regel auch **ebenso wenig das unternehmerische Risiko**. Im Gegenteil: Die gesellschaftsrechtliche Neuordnung dient häufig dazu, bestehende Risiken zurückzuführen. Unter diesen Voraussetzungen ist es aber nicht gesetzeskonform, erweiterte Möglichkeiten zur sachgrundlosen Befristung von Arbeitsverhältnissen zu eröffnen (wohl auch APS-*Backhaus* Rn 613).

627 Streitig ist, wie im Falle von **Betriebsübernahmen** iSv § 613a BGB zu verfahren ist. Findet gleichzeitig mit der Neugründung des Unternehmens die Übernahme eines bereits bestehenden Betriebes statt, lässt sich nach hier vertretener Auffassung der wirtschaftliche Erfolg anhand des bisherigen Werdeganges des Betriebes aus unternehmerischer Sicht gut abschätzen. Mangels neuen unternehmerischen Engagements handelt es sich dann im Ergebnis um eine »**Umstrukturierung**« iSv Abs. 2a S. 2 des Gesetzes, die eine Befristungsprivilegierung ausschließt (vgl LAG Köln 7.3.2012 – 9 Sa 1310/11, Rn 77; ebenso APS-*Backhaus* Rn 614; *Preis* DB 2004, 79; LS-*Schlachter* Rn 133; aA *Dörner* Befr. Arbeitsvertrag Rn 496; ErfK-*Müller-Glöge* Rn 104; MüKo-*Hesse* Rn 104). Dies dürfte ebenso für die Übernahme eines Unternehmens durch einen oder mehrere leitende Angestellte (**MBO = Management Buy Out**) gelten, da hier zwar neues unternehmerisches Risiko übernommen wird, die Verhältnisse und der **Personalbedarf** im zu übernehmenden Unternehmen aber **bekannt** sind und ein Zuwachs an Arbeitsplätzen regelmäßig nicht zu erwarten ist; eher das Gegenteil (ebenso wohl APS-*Backhaus* Rn 608, 614; LS-*Schlachter* Rn 133).

628 Demgegenüber wird vertreten, dass eine **Existenzgründung** und damit die Gründung eines neuen Unternehmens auch bei **Übernahme eines bereits bestehenden Betriebes** vorliegen kann (*Bader* NZA 2004, 76; *Meixner* Neue arbeitsrechtliche Regelungen, 2004, Rn 461; *Löwisch* BB 2004, 162; *Düwell/Weyand* Agenda 2010, Rn 313 ff.; HaKo-KSchR/*Mestwerdt* Rn 223; MHH-TzBfG/*Meinel* Rn 298; *Bauer/Krieger* Kündigungsrecht, Reformen 2004, Rn 140; wohl auch HWK-*Rennpferdt* Rn 176). Danach soll der Betriebserwerber – sofern keine wirtschaftliche Verflechtung zwischen Veräußerer und Erwerber besteht – erstmals als neu gegründetes Unternehmen und unter Übernahme wirtschaftlicher Risiken am Markt auftreten (so *Lembke* NJW 2006, 325, 330). Jedoch bestehen bei der Übernahme eines bestehenden Betriebes nach § 613a BGB eben nicht die nach Abs. 2a S. 1 ins Auge gefassten **Anlaufschwierigkeiten** einer Neugründung. Der Personalbedarf liegt insoweit fest, die wirtschaftlichen Aussichten ergeben sich aus den einer Beurteilung zugänglichen wirtschaftlichen Abläufen und den Bilanzen in der Vergangenheit. Deshalb erscheint es nicht gerechtfertigt, das Befristungsprivileg einem neu gegründeten Unternehmen zuzugestehen, das nur einen bestehenden Betrieb oder Betriebsteil nach 613a BGB übernimmt (*Preis* DB 2004, 70, 79; APS-*Backhaus* Rn 614; diff. DDZ-*Wroblewski* Rn 230; *Lipinski* BB 2004, 1222; *Staudinger/Preis* [2019] § 620 BGB Rn 205).

629 Eine **andere Beurteilung** kann nur der Fall erfahren, bei dem **ein neu gegründetes Unternehmen zu einem späteren Zeitpunkt einen bestehenden Betrieb oder Betriebsteil hinzuerwirbt** (*Dörner* Befr. Arbeitsvertrag Rn 594e; *Arnold/Gräfl* Rn 373). Nicht um befristungsschädliche

Umstrukturierungen handelt es sich zB, wenn nicht bestehende unternehmerische Aktivitäten verlagert werden, sondern ein innerhalb eines **Konzernverbundes** neu gegründetes Unternehmen zB als Tochtergesellschaft neue unternehmerische Aktivitäten entfaltet und es damit zu dem **gesetzgeberisch bezweckten unternehmerischem Neuengagement** kommt (*BAG* 12.6.2019 EzA § 14 TzBfG Neugründung Nr. 1, Rn 22). Es ist dann zu erwägen, das Befristungsprivileg nach Abs. 2a jedenfalls bei **unternehmerischer Neuausrichtung** und **Schaffung zusätzlicher Arbeitsplätze** auf den neu erworbenen Betrieb oder Betriebsteil zu erstrecken. Überlegenswert kann aber andererseits bei **unveränderter Betriebsfortführung** sein, den übernommenen Betrieb oder Betriebsteil von der Befristungsprivilegierung auszuklammern (*Bader* NZA 2004, 76; *Thüsing/Stelljes* BB 2003, 1673, 1680; LS-*Schlachter* Rn 133). Auch hier ist die **wirtschaftliche Betrachtungsweise** ausschlaggebend.

Für den Fall einer **Betriebsübernahme in der Insolvenz** wird für das neugegründete Unternehmen die sachgrundlose Privilegierung für neu eingestellte Arbeitnehmer bejaht (*ArbG Stendal* 10.1.2008 – 1 Ca 944/07; HaKo-TzBfG/*Boecken* Rn 168; fragwürdig). Ob es dem Gesetzeszweck entspricht, den Anwendungsbereich des Abs. 2a auch auf **Nachfolgeregelungen in mittelständischen Unternehmen** zu erstrecken, die es dem »Altgesellen« ermöglichen ein neues Unternehmen zu gründen, um dann einen langjährig bestehenden Betrieb zu übernehmen (so HaKo-KSchR/ *Mestwerdt* Rn 223), scheint mehr als bedenklich zu sein. Eine solche sinnvolle Überlegung hätte der Gesetzgeber in einer gesonderten Befristungsregelung niederlegen müssen. 630

3. Grenzen der sachgrundlosen Befristung nach Abs. 2a

a) Kalendermäßige Befristung

Im Anwendungsbereich des Abs. 2a sind **nur kalendermäßig befristete**, nicht aber zweckbefristete und auflösend bedingte **Arbeitsverträge** zulässig (BT-Drucks. 15/1204 S. 14). Damit bewegt sich die Regelung im gesetzten Rahmen des § 14 Abs. 2 TzBfG, der – anders als § 14 Abs. 3 TzBfG – ebenfalls zweckbefristete und auflösend bedingte Arbeitsverträge ausschließt (*Dörner* Befr. Arbeitsvertrag Rn 499; *Annuß/Thüsing/Maschmann* Rn 79c). Zu den Begrifflichkeiten vgl. KR-*Bader/Kreutzberg-Kowalczyk* § 3 TzBfG Rdn 17 ff. und KR-*Lipke/Bubach* § 21 TzBfG Rdn 1. Die für die sachgrundlose Befristung vorgesehene Zeitspanne ist in einer nach § 14 Abs. 4 TzBfG **schriftformgebundenen** Vereinbarung festzuhalten. In die Vereinbarung muss nicht aufgenommen werden, dass die Parteien die Befristung auf § 14 Abs. 2a TzBfG stützen wollen. Es besteht für den gesamten Anwendungsbereich des § 14 TzBfG **kein Zitiergebot** (*LAG BW* 14.9.2005 – 13 Sa 32/05). 631

Der Gesetzeswortlaut gibt vor, dass das auf Abs. 2a gestützte sachgrundlos befristete Arbeitsverhältnis erst nach, frühestens aber zeitgleich mit der Neugründung beginnen darf. Der **Arbeitsvertragschluss** kann indessen vorher stattfinden, soweit gesichert ist, dass erst mit der Aufnahme der nach § 138 AO mitteilungspflichtigen Erwerbstätigkeit das Arbeitsverhältnis ins Werk gesetzt wird (BT-Drucks. 15/1204 S. 14; *Bader* NZA 2004, 76). Der Gesetzeswortlaut, der von der »Befristung des Arbeitsvertrages« spricht, ist in diesem Zusammenhang missverständlich. Dass für den **Beginn der Befristungsdauer auf die Arbeitsaufnahme** und nicht den Vertragsabschluss **abzustellen** ist, zeigt indessen die Gesetzesbegründung auf, wonach es »für den Beginn des Vierjahreszeitraums ... nicht auf den Abschluss des Arbeitsvertrages, sondern auf den Zeitpunkt der vereinbarten Arbeitsaufnahme ... ankommt« (vgl. ErfK-*Müller-Glöge* Rn 106; APS-*Backhaus* Rn 615, 370; *Arnold/ Gräfl* Rn 374; HWK-*Rennpferdt* Rn 177; auch *Meixner* Neue arbeitsrechtliche Regelungen, 2004, Rn 463; *Bauer/Krieger* Kündigungsrecht, Reformen 2004, Rn 141; *Düwell/Weyand* Agenda 2010, Rn 322). 632

b) Vierjahreszeitraum

Abs. 2a verdoppelt die nach Abs. 2 zulässige sachgrundlose Befristung von insgesamt zwei Jahren auf eine **Höchstbefristungsdauer** von vier Jahren. Die **Vierjahresfrist** wird in S. 1 1. Hs. zweimal erwähnt. Zum einen setzt sie den Rahmen für die Befristungsprivilegierung neu gegründeter Unternehmen, zum anderen begrenzt sie die zulässige Höchstdauer für die sachgrundlose Befristung des 633

Arbeitsverhältnisses (*Dörner* Befr. Arbeitsvertrag Rn 497 f.; *Bader* NZA 2004, 76; *Thüsing/Stelljes* BB 2003, 1673, 1680). Diese doppelte Vierjahresfrist kann **unterschiedlich verstanden** werden. Dazu im Folgenden:

634 Der **Zeitraum**, innerhalb dessen das neu gegründete **Unternehmen von** den **Vorteilen** einer längeren sachgrundlosen Befristung nach Abs. 2a **Gebrauch machen** kann, berechnet sich nach den Bestimmungen der §§ 187 Abs. 1, 188 Abs. 2 BGB. Entscheidend ist das **Alter des Unternehmens**, nicht das des Betriebes (vgl. *BAG* 27.6.2006 EzA § 112a BetrVG 2001 Nr. 2 zur Sozialplanpflicht nach § 112a Abs. 2 S. 1 BetrVG). Liegt der für die Unternehmensneugründung maßgebliche Zeitpunkt der Aufnahme einer Erwerbstätigkeit (§ 138 AO) am 30. März 2014, so wird dieser Tag bei der **Fristberechnung** nicht mitgerechnet. Die Vierjahresfrist nach Abs. 2a S. 1 1. Hs. endet dann mit Ablauf des Tages des letzten Monats, der durch seine Zahl dem Tage entspricht, in den das den Beginn der Frist auslösende Ereignis fiel (§ 188 Abs. 2 BGB). Das ist dann im Beispielsfall der 30. März 2018. Da im Streitfall für die **Voraussetzungen der Befristungsprivilegierung** der **Arbeitgeber** die **Darlegungs- und Beweislast** trägt, ist es in jedem Fall von Vorteil, diesen Tag zu dokumentieren (*Dörner* Befr. Arbeitsvertrag Rn 498; LS-*Schlachter* Rn 136; vgl. auch hier Rdn 623 f.).

635 Es ist **streitig**, ob die in der Bestimmung zweimal angesprochene Vierjahresfrist dem begünstigten neu gegründeten Unternehmen den **Rechtsvorteil** sachgrundloser Befristungen nur für einen **Zeitraum** von **insgesamt vier Jahren oder** bis zu **acht Jahren** verschaffen kann. Im Blick auf § 14 Abs. 2 TzBfG wird zum einen aus Abs. 2a S. 1. 2. Hs. abgeleitet, dass die **vier Jahre ab Neugründung** des Unternehmens den **Höchstrahmen** für die sachgrundlosen kalendermäßigen Befristungen darstellen (*ArbG Bln.* 30.4.2008 – 39 Ca 200027/07, Rn 43; *Bader* NZA 2004, 76; DDZ-*Wroblewski* Rn 233; wohl auch *Meixner* Neue arbeitsrechtliche Regelungen, 2004, Rn 442, 444, 463; zweifelnd LS-*Schlachter* Rn 137, die eine gesetzliche Klarstellung verlangt). Zum anderen wird vertreten, dass die Vierjahresfrist der ersten Satzhälfte in Abs. 2a S. 1 allein den Zeitraum festlegt, in dem der eine Erwerbstätigkeit neu aufnehmende Arbeitgeber sachgrundlose Verträge über die in § 14 Abs. 2 und Abs. 3 TzBfG genannten Voraussetzungen hinaus abschließen darf (hM, *Dörner* Befr. Arbeitsvertrag Rn 497; *Arnold/Gräfl* Rn 369; MüKo-*Hesse* Rn 107; HWK-*Rennpferdt* Rn 177; *Lipinski* BB 2004, 1221 f.; *Lembke* DB 2003, 2702 f.; HaKo-KSchR/*Mestwerdt* Rn 218; HaKo-TzBfG/ *Boecken* Rn 166; AR-*Schüren/Moskalew* Rn 93; ErfK-*Müller-Glöge* Rn 105 mwN; offen gelassen *LAG Brem.* 11.5.2017 – 2 Sa 159/16, Rn 37). Danach wäre es zulässig, noch **gegen Ende der privilegierten vierjährigen Gründungsphase sachgrundlose Befristungen** für einen Zeitraum bis zu vier Jahren zu vereinbaren und für die Beschäftigungsaufnahme vor Ablauf der vierjährigen Befristungsprivilegierung zu sorgen (*Dörner* Befr. Arbeitsvertrag Rn 498; *Preis* DB 2004, 79; *Bauer/ Krieger* Kündigungsrecht, Reformen 2004, Rn 141 f.; *Düwell/Weyand* Agenda 2010, Rn 320; APS-*Backhaus* Rn 617; *Schiefer/Worzalla* Agenda 2010, Rn 279; *Annuß/Thüsing/Maschmann* Rn 79e; *Sievers* Rn 614; MHH-TzBfG/*Meinel* Rn 234 mit Einschränkungen). Folgt man der Rechtsauffassung, die eine »**Verdoppelung**« der Vierjahresfrist für zulässig hält, könnte ein neu gegründetes Unternehmen, das seine Tätigkeit zum 31. März 2012 aufgenommen hat, noch am 31. März 2016 ein sachgrundlos befristetes Arbeitsverhältnis bis zu vier Jahren begründen (Ende: 31. März 2020), soweit der Arbeitnehmer noch am selben Tag seine Beschäftigung aufnimmt. Und dies, nachdem das Unternehmen zuvor den auf dem neu zu besetzenden Arbeitsplatz insgesamt vier Jahre befristet nach Abs. 2a eingesetzten Arbeitnehmer nicht weiterbeschäftigt. Dagegen schließt die hM die Möglichkeit aus, nach Ablauf der Vierjahresfrist mehrfach sachgrundlos das Arbeitsverhältnis bis zum achten Jahr zu verlängern (ErfK-*Müller-Glöge* Rn 105 mwN; aA *Bauer* NZA 2004, 197; *Lembke* NJW 2006, 325, 330; s. Rdn 638).

636 Der **Gesetzeswortlaut** lässt beide Auslegungen zu. Abs. 2 S. 1 1. Hs. (»… in den ersten vier Jahren nach der Gründung …«) spricht für die doppelte Vierjahresfrist. Der 2. Hs. in Satz 1 (»… bis zu dieser Gesamtdauer von vier Jahren …«) deutet eher auf eine absolute Höchstbefristungsdauer von bis zu vier Jahren innerhalb des Vierjahreszeitraumes nach Neugründung hin. Die **Gesetzesbegründung** ist insoweit wenig aussagekräftig. Es muss deshalb nach dem **Sinn und Zweck der Bestimmung** gefragt werden. Dieser liegt darin, einem Unternehmer die schwierige Anfangsphase

des Aufbaus zu erleichtern. Er soll als **Existenzgründer** mit Hilfe der sachgrundlosen Befristungsmöglichkeiten von **zu hohen wirtschaftlichen Risiken befreit** bleiben. Diese Zeitphase beschränkt der Gesetzgeber jedoch auf die ersten vier Jahre nach Aufnahme seiner Erwerbstätigkeit. Gegen Ende der vierjährigen Aufbauphase muss ein neu gegründetes Unternehmen abschätzen können, wie sich das Unternehmen weiterentwickelt und wie hoch der Personalbedarf sein wird. Wenn man die neue Regelung in § 14 Abs. 2a TzBfG als »Seitenstück« zu § 112a BetrVG begreift (*Löwisch* BB 2004, 154, 162), dann muss es mit der Höchstbefristungsdauer von vier Jahren innerhalb der auf vier Jahre bemessenen Gründungsphase sein Bewenden haben. Eine darüber hinausreichende Begünstigung ist dann nicht vertretbar (zweifelnd auch *Preis* DB 2004, 70, 78; *ders.* in Staudinger [2019] § 620 BGB Rn 202; ebenso LS-*Schlachter* Rn 137). Für eine engere Handhabung iS einer **absoluten Höchstbefristungsdauer von vier Jahren** nach Aufnahme der Erwerbstätigkeit durch den Existenzgründer steht weiterhin eine **unionsrechts- und verfassungskonforme Auslegung von Abs. 2a**. Eine großzügigere Auslegung iS einer »Doppelten Befristung« widerspräche dem verfassungsrechtlich gewährleisteten **Mindestbestandsschutz** (vgl. dazu Rdn 620 f.), weil danach eine **maximal achtjährige sachgrundlose Befristung** zulässig wäre (*ArbG Bln.* 30.4.2008 – 39 Ca 20027/07, Rn 43). Außerdem würde der auch nach Unionsrecht zu verhindernde längerfristige Zustand befristeter Arbeitsverhältnisse, die keine gesicherte Existenzgrundlage vermitteln können, mit der großzügigen Auslegung der Privilegierung nach Abs. 2a im Gegenteil befördert. Die Rechtsprechung des EuGH zur Kettenbefristung **mit Sachgrund** (26.1.2012 EzA § 14 TzBfG Nr. 80 *Kücük*, Rn 51, 56) setzt auch hier Maßstäbe. Schließlich würde **arbeitsvertraglich** eine sachgrundlose Befristungsdauer von insgesamt **8 Jahren** eröffnet, die den Tarifvertragsparteien nach § 14 Abs. 2a S. 4 TzBfG verschlossen bleibt (maximal 6 Jahre und neun Verlängerungen, *BAG* 26.10.2016 EzA § 14 TzBfG Tarifvertrag Nr. 1; s. Rdn 644), was ein Ungleichgewicht zur Folge hätte. Vgl. Rdn 644.

Ob die zur **Prüfung eines Rechtsmissbrauchs** bei fortgesetzten sachgrundlosen Befristungen mit Vertragsarbeitgeberwechsel **nach Abs. 2** (Konzernverbund; Einschaltung eines Verleihers; s. Rdn 592 ff.) vom BAG ins Spiel gebrachte **Zeitgrenze von vier Jahren** einen Hinweis darauf gibt, dass der hier vertretenen engeren Sicht der Vorzug gebührt, bleibt offen. Zur Kombination mit der sachgrundlosen Befristung nach § 14 Abs. 3 TzBfG s. Rdn 640, 685 f. Damit entfernt man sich immer mehr vom unions- und nationalrechtlich gewünschten **unbefristeten Regelarbeitsverhälnis** (vgl. auch *BVerfG* 6.6.2018 NZA 2018, 774, Rn 53, 59). 637

Eine noch weitergehende Rechtsauffassung vertreten *Lembke* und *Bauer* (NJW 2006, 330 und NZA 2004, 197; ebenso APS-*Backhaus* Rn 617; HaKo-TzBfG/*Boecken* Rn 166), die aus der in Abs. 2a S. 1, 2. Hs. bestimmten **Höchstbefristungsdauer** (»bis zu dieser Gesamtdauer von vier Jahren«) die Möglichkeit ableiten wollen, noch **jenseits des Vierjahreszeitraums** seit der Existenzgründung **mehrfache Verlängerungen** eines erst später begründeten Arbeitsverhältnisses nach Abs. 2a zu vereinbaren (Bsp: Existenzgründung 1.1.2008; erster befristeter Arbeitsvertrag für ein Jahr nach Abs. 2a am 1.7.2011; mehrfache Verlängerungen danach bis zum 30.6.2015). Dem tritt selbst die hM entgegen, die verlangt, dass der **letzte privilegierte befristete Arbeitsvertrag innerhalb des Vierjahreszeitraums nach Existenzgründung geschlossen** und aufgenommen **sein muss**, da ein über vier Jahre altes Unternehmen nicht mehr Abs. 2a nutzen darf. Es ist der hM zufolge nur zulässig, vor Ablauf des Vierjahreszeitraums noch einmal ein neues sachgrundlos befristetes Arbeitsverhältnis für vier Jahre oder weniger zu begründen (MüKo-*Hesse* Rn 107; LS-*Schlachter* Rn 136; ErfK-*Müller-Glöge* Rn 105; *Schaub/Koch* § 39 Rn 20; *Preis* NZA 2004, 197; *Thüsing* ZfA 2004, 67, 96; *Ritter/Rudolf* FS 25-jähriges Bestehen DAV 2006, S. 367, 391; *Lipinski* BB 2004, 1221 f.; *Haag/Spahn* AuA 2005, 348, 350; *Lakies* Befr. Arbeitsverträge Rn 224 f.; *ArbG Berlin* 15.1.2020 LAGE § 14 TzBfG Nr. 128). Nach Ablauf von vier Jahren nach Neugründung scheiden mithin mehrfache **Verlängerungen** in jedem Fall aus. 638

c) Verlängerungen

Der Gesetzeszweck des neu eingefügten Abs. 2a erlaubt wegen der Risikobegrenzung für den Existenzgründer **Befristungsverträge von sehr kurzer Dauer**. Das neu gegründete Unternehmen ist 639 deshalb frei, ob es seinen Arbeitnehmer zunächst für einen Monat, ein Jahr oder sogleich für die Dauer von vier Jahren einstellen möchte (*Bader* NZA 2004, 76). In der Praxis werden anfänglich kürzere Befristungen gewählt werden, die sich je nach wirtschaftlicher Lage und daran gebundenen Personalbedarf um weitere Befristungen verlängern können. Anders als nach Abs. 2 gibt Abs. 2a **keine Höchstzahl an Verlängerungsmöglichkeiten** vor (»mehrfache Verlängerung«). Damit gewährt die Neuregelung neben der Verdoppelung der Befristungshöchstdauer eine **weitere Vergünstigung** an die Existenzgründer. Im Extremfall kann es sogar zu 48 Monatsbefristungen kommen, die gerichtlich nicht beanstandet werden können (*Dörner* Befr. Arbeitsvertrag Rn 500; *Düwell/ Weyand* Agenda 2010, Rn 326; *Lembke* NJW 2006, 325, 330; *Bader* NZA 2004, 76; LS-*Schlachter* Rn 139; *ArbG Stendal* 10.1.2008 – 1 Ca 944/07). Hinsichtlich der Verlängerungsmodalitäten bleibt es bei den Erfordernissen nach § 14 Abs. 2 TzBfG (ErfK-*Müller-Glöge* Rn 103, 88; APS-*Backhaus* Rn 618). Als **Verlängerung** ist demnach die **einvernehmliche Abänderung des zunächst für die Befristung vorgesehenen Endtermins** zu verstehen, wobei im Grundsatz die **bisherigen im Verlängerungszeitpunkt bestehenden Arbeitsbedingungen** beibehalten werden müssen (BAG 23.8.2006 EzA § 14 TzBfG Nr. 33; vgl. Rdn 539 ff.). **Unterbrechungen** innerhalb des Vierjahreszeitraumes sind nicht statthaft (*Schiefer/Worzalla* Agenda 2010, Rn 268) und führen nach § 16 S. 1 TzBfG zu einem unbefristeten Arbeitsverhältnis. Soweit man der hier abgelehnten Auffassung anhängt, die es gestattet noch am letzten Tag der Vierjahresfrist eine weitere sachgrundlose Befristungsverlängerung bis zu vier Jahren zu vereinbaren (s. Rdn 638), sind nur diese eine, aber keine weiteren Verlängerungen innerhalb des zweiten Vierjahreszeitraumes mehr zulässig (LS-*Schlachter* Rn 139; ErfK-*Müller-Glöge* Rn 105; MüKo-*Hesse* Rn 107; *Ritter/Rudolf* FS 25-jähriges Bestehen des DAV 2006, S. 391 f.).

d) Kombinationsmöglichkeiten

640 Sachgrundlose Befristungsmöglichkeiten aus den **Abs. 2a und 3** können in einem neu gegründeten Unternehmen nur nach einer **viermonatigen Beschäftigungslosigkeit** des Arbeitnehmers eines neu gegründeten Unternehmens hintereinander **verknüpft geschaltet** werden. Wird ein 48- jähriger Arbeitnehmer nach Aufnahme der Tätigkeit eines neu gegründeten Unternehmens bis zu vier Jahren sachgrundlos befristet beschäftigt, so ergibt sich erst nach viermonatiger Beschäftigungslosigkeit (Abs. 3 S. 1 2. Hs.) im Anschluss daran für den Arbeitgeber die Möglichkeit, ihn nach Vollendung des 52. Lebensjahres über § 14 Abs. 3 TzBfG weiterhin erneut und mehrfach sachgrundlos bis zu fünf Jahren zu befristen. Ein **generelles Anschlussverbot** steht hier **nicht mehr im Wege** (vgl. hierzu Rdn 658 ff., 668 ff.).

641 Indessen bleibt es einem Existenzgründer unbenommen, der vor Inkrafttreten von § 14 Abs. 2a TzBfG einen sachgrundlos befristeten Arbeitsvertrag nach § **14 Abs. 2** TzBfG abgeschlossen hatte, in den Anwendungsbereich der vorteilhafteren Regelung nach § 14 Abs. 2a TzBfG zu wechseln. Insoweit verdrängt **Abs. 2a** den Abs. 2 als **Spezialregelung**. Hat demnach ein Existenzgründer zum Dezember 2008 die Erwerbstätigkeit aufgenommen und gleichzeitig einen Arbeitnehmer ab diesem Zeitpunkt in einem bisher zweimal verlängerten sachgrundlos befristeten Arbeitsverhältnis beschäftigt, so kann er ab 1.1.2010 die sachgrundlose Befristung auf der Grundlage von § 14 Abs. 2 TzBfG mehrfach verlängert bis zum 30. November 2012 fortsetzen (*Bauer/Krieger* Kündigungsrecht, Reformen 2004, Rn 141; *Bader* NZA 2003, 76; *Annuß/Thüsing/Maschmann* Rn 79i). Im Falle einer **Unterbrechung** kann dagegen auf Abs. 2a nicht erneut zurückgegriffen werden, da über Satz 4 dann das Anschlussverbot des § 14 Abs. 2 S. 2 TzBfG greift (s. Rdn 642; ErfK-*Müller-Glöge* Rn 106; HaKo-KSchR/*Mestwerdt* Rn 224, der diese Sperrwirkung als beschäftigungspolitisch verfehlt bewertet).

4. Entsprechende Anwendung des § 14 Abs. 2 S. 2–4 TzBfG

a) Erstvertrag

642 Die entsprechende Anwendung einiger **Normen** zum sachgrundlos befristeten Arbeitsvertrag **aus Abs. 2** sichert eine gewisse **Regelungskonformität**. So kann **derselbe Arbeitgeber** mit demselben

Arbeitnehmer die sachgrundlose Befristung nicht auf die Voraussetzungen des § 14 Abs. 2a TzBfG stützen, wenn dieser bereits früher einmal bei ihm befristet oder unbefristet beschäftigt war (s. Rdn 562 ff.; APS-*Backhaus* Rn 619; *Dörner* Befr. Arbeitsvertrag Rn 501; LS-*Schlachter* Rn 140; vgl. BAG 25.10.2012 ZInsO 2013, 946, Rn 45). Das ist im Regelfall bei einer Existenzneugründung schwer vorstellbar (*Lipinski* BB 2004, 1222), kommt aber zum Tragen, wenn der Existenzgründer zunächst den Zweijahreszeitraum des Abs. 2 genutzt hat und über eine Fortsetzung der sachgrundlosen Befristung nach Abs. 2a nachdenkt. Dies gilt indessen nur für den Fall, dass es hierbei zu einer **Unterbrechung** und damit zu einem »echten« **Neuabschluss** des befristeten Arbeitsverhältnisses kommt. Kommt es bspw. nach Abschluss eines sachgrundlos befristeten Arbeitsverhältnisses auf der Grundlage von § 14 Abs. 2a TzBfG zur Beendigung des Arbeitsverhältnisses und möchte der Existenzgründer einige Monate später infolge besserer Geschäftslage den zuvor bereits befristet oder unbefristet beschäftigten Arbeitnehmer erneut sachgrundlos befristet nach Abs. 2a einstellen, verstößt er gegen das insoweit durch **Verweisung in Satz 4** entsprechend geltende **Anschlussverbot aus § 14 Abs. 2 S. 2** (*Schiefer/Worzalla* Agenda 2010, Rn 268; HaKo-KSchR/*Mestwerdt* Rn 224; ErfK-*Müller-Glöge* Rn 106; *Lembke* NJW 2006, 325, 330; *Lakies* Befr. Arbeitsverträge Rn 234). Nicht erfasst davon ist jedoch die Situation, bei der unter Wechsel der Rechtsgrundlage ein bestehendes befristetes Arbeitsverhältnis im Wege der Verlängerung **ununterbrochen** fortgesetzt wird (s. Rdn 641). Die **Verlängerung** ist eben **keine Neueinstellung** iSd Gesetzes. Zum Begriff desselben Arbeitgebers vgl. o Rdn 585 ff. Der befristete Arbeitsvertrag kann bereits vor der Neugründung des Unternehmens abgeschlossen werden (*Bader* NZA 2004, 76; aA ErfK-*Müller-Glöge* Rn 106). Kommt es nicht zur Neugründung oder sind deren Voraussetzungen nicht erfüllt, kann sich der Arbeitgeber auf die zweijährige sachgrundlose Befristung nach Abs. 2 oder einen Sachgrund nach Abs. 1 zurückziehen.

b) Tarifvertragliche Abweichungen

Die entsprechende Anwendung von **Abs. 2 S. 3 und 4** gewährt den Tarifvertragsparteien **zusätzliche Gestaltungsmöglichkeiten**. So können sie die **Befristungshöchstdauer** von vier Jahren niedriger oder höher festlegen und/oder die offene Anzahl der **Verlängerungsmöglichkeiten** beschränken (BT-Drucks. 15/1204 S. 14; *Arnold/Gräfl* Rn 377; HaKo-TzBfG/*Boecken* Rn 169; MHH-TzBfG/*Meinel* Rn 235). Über die Verweisung in § 14 Abs. 2a auf § 14 Abs. 2 S. 2–4 wird auch eine tarifvertragliche Abweichung nach § 22 Abs. 1 TzBfG eröffnet. Die fehlende Aufnahme in die dortige Normenkette ist ein gesetzgeberisches Redaktionsversehen (APS-*Backhaus* Rn 620; LS-*Schlachter* Rn 141; *Sievers* Rn 619), das jedoch über die Doppelverweisung in § 22 Abs. 1 auf § 14 Abs. 2 S. 3 und 4 und die interne Verweisung in § 14 Abs. 2a S. 4 aufgefangen wird (so wohl jetzt auch *Dörner* Befr. Arbeitsvertrag Rn 503). 643

Tarifvertragliche Abweichungen zugunsten und zulasten der Arbeitnehmer beschränken sich im Wesentlichen auf die **Zahl der Verlängerungen** und auf die **Befristungshöchstdauer**. Da die Zahl der **Verlängerungen** im Anwendungsbereich des **Abs. 2a** anders als nach **Abs. 2 S. 1** offen (»mehrfache«) ist, können tarifvertraglich abweichende Bestimmungen nur zu einer **Begrenzung der Höchstbefristungsdauer** und zu einer **Höchstzahl von Verlängerungen** getroffen werden (*Annuß/Thüsing/Maschmann* Rn 79h; HWK-*Rennpferdt* Rn 179; *Arnold/Gräfl* Rn 377; LS-*Schlachter* Rn 141; aA *Lipinski* BB 2004, 1222, zur Zahl der Verlängerungen). Die Tarifvertragsparteien sind **verfassungsrechtlich und unionsrechtlich** gehalten bei einer **Erweiterung der Befristungshöchstdauer** Augenmaß zu behalten (vgl *BAG* 15.8.2012 EzA § 14 TzBfG Nr. 87 Rn 15 ff). Das BAG hat nun entschieden die **Grenze der tariflichen Regelungsbefugnis** als erreicht anzusehen bei der Festlegung der Dauer eines sachgrundlos befristeten Arbeitsvertrags auf **maximal sechs Jahre** und der höchstens **neunmaligen Verlängerung** bis zu dieser Gesamtdauer (*BAG* 26.10.2016 EzA § 14 TzBfG Tarifvertrag Nr. 1, Rn 31; zust. Anm. *Kamanabrou* AP Nr. 147 zu § 14 TzBfG; *Kiel* NZA-Beil. 2/2016, 72, 78; aA *Frieling/Münder* NZA 2017, 766, der Gesetzgeber habe es den Gewerkschaften überlassen die Arbeitnehmer zu schützen; s. Rdn 605). Es ist auch **tariflich** möglich, die **sachgrundlose Befristung nach Existenzneugründungen** völlig zu **untersagen**. Insoweit gilt nichts anderes als zu § 14 Abs. 2 TzBfG (s. Rdn 607); ein in Bezug genommenes **Vorbeschäftigungsverbot** 644 in §§ 14 Abs. 2 S. 2 TzBfG kann dagegen nicht tarifvertraglich »beseitigt« werden (aA *Löwisch* BB 2004, 154, 162, der auf diesem Wege einen von ihm erkannten Verstoß gegen das Gleichheitsgebot des Art. 3 Abs. 1 GG bereinigen möchte; vgl. dazu Rdn 620).

645 Die oben beschriebenen zulässigen tarifvertraglichen Abweichungen können im Geltungsbereich des Tarifvertrages von **nicht tarifgebundenen Arbeitsvertragsparteien** im Geltungsbereich des Tarifvertrages arbeitsvertraglich übernommen werden (vgl. dazu Rdn 611 ff.).

5. Übergangsrecht

646 Die neu eingefügte Bestimmung in Abs. 2a enthielt **keine Übergangsregelung**. Bereits vor dem 1.1.2004 neu gegründete Unternehmen konnten deshalb im Rahmen der Höchstbefristungsdauer von vier Jahren nach Beschäftigungsaufnahme Gebrauch von der Befristungsprivilegierung machen (ErfK-*Müller-Glöge* Rn 105a; *Lembke* DB 2003, 2702 f.; MüKo-*Hesse* Rn 106; s. Rdn 639 ff.). Ein Unternehmen, das zum 1.1.2003 neu gegründet wurde, konnte deshalb nur noch drei Jahre auf das erweiterte Befristungsprivileg des Abs. 2a zurückgreifen (APS-*Backhaus* Rn 415o).

6. Beweislast

647 Zur **Darlegungs-** und **Beweislast**, die für die Voraussetzungen des Befristungsprivilegs aus Abs. 2a den **Arbeitgeber** trifft, gelten die allgemeinen Regeln (s. Rdn 753 ff.). Es ist dabei in jedem Fall von Vorteil, den **Tag der Unternehmensgründung dokumentarisch festzuhalten**, um die Vierjahresfrist im Blick zu haben (*Dörner* Befr. Arbeitsvertrag Rn 498). Eine Verlagerung der Darlegungs- und Beweislast auf den **Arbeitnehmer** für den Fall der streitigen Verletzung des Anschlussverbots (so LAG Nds. 26.7.2004 NZA-RR 2005, 410 im Anschluss an *BAG* 28.6.2000 EzA § 1 BeschFG 1985 Nr. 15; *Dörner* Befr. Arbeitsvertrag 1. Aufl., Rn 1034c; HaKo-KSchR/*Mestwerdt* Rn 208 f.; *Sievers* Rn 109, 111; diff. ErfK-*Müller-Glöge* § 17 TzBfG Rn 14; HaKo-TzBfG/*Boecken* Rn 170; *Dörner* Befr. Arbeitsvertrag Rn 845 f.) ist mit Rücksicht auf die ausnahmsweise Gestattung eines sachgrundlos befristeten Arbeitsverhältnisses abzulehnen (ebenso APS-*Backhaus* Rn 622; *Lakies* Befr. Arbeitsverträge Rn 245). Der **Arbeitgeber** hat auch für die Widerlegung behaupteter negativer Tatsachen (zB Unternehmen bestand bereits seit 2004 und wurde nur umstrukturiert) die **Beweislast** (*Arnold/Gräfl* Rn 379). Näheres dazu s. Rdn 758, 762.

IV. Sachgrundlose Befristung älterer Arbeitnehmer

1. Gesetzliche Entwicklung

648 Bereits unter der Geltung des § 1 BeschFG 1996 wurden die **Befristungsvoraussetzungen** für **ältere Arbeitnehmer** aus **arbeitsmarktpolitischen Gründen gelockert**, um die Einstellungschancen insbes. von Langzeitarbeitslosen im höheren Lebensalter zu verbessern. In Abkehr vom grundsätzlichen Erfordernis des Sachgrundes sollten ältere Arbeitnehmer unter erleichterten Bedingungen mehrfach und länger sachgrundlos befristet werden können. Sah der Gesetzgeber zunächst die **Vollendung des 60. Lebensjahres** als Grenze zur sachgrundlosen Befristung an, senkte er ab dem **1. Januar 2001** mit Inkrafttreten des TzBfG diese Grenze auf das **vollendete 58. Lebensjahr** ab (§ 14 Abs. 3 S. 1 TzBfG). Durch Art. 7 des Gesetzes für moderne Dienstleistungen am Arbeitsmarkt vom 23.12.2002 hat der Gesetzgeber die **eine sachgrundlose Befristung erleichternde Altersgrenze** noch einmal – wenngleich nur für die Zeitspanne zwischen dem 1.1.2003 bis zum 31.12.2006 – auf die **Vollendung des 52. Lebensjahres** herabgesetzt. Näher dazu *Lipke* KR 5. Aufl., § 1 BeschFG Rn 10, 35, 133 ff. einerseits und in KR 7. Aufl., § 14 TzBfG Rn 339 ff. andererseits, jeweils mwN.

649 Die gesetzlichen Regelungen riefen erhebliche **Kritik** hervor (ErfK-*Müller-Glöge* 7. Aufl. Rn 133; APS-*Backhaus* 2.Aufl Rn 417 ff.; *Däubler* ZIP 2001, 217, 224; *Arnold/Gräfl* 1. Aufl., Rn 272; *Sievers* RdA 2004, 291, 303; *Dörner* Befrist. Arbeitsvertrag 1. Aufl., Rn 613 ff.), die sich teilweise an der behaupteten Nichtbeachtung **europarechtlicher Vorgaben** (Befristungsrichtlinie 1999/70/EG und Antidiskriminierungsrichtlinie 2000/78/EG), aber auch an der **Nichteinhaltung**

verfassungsrechtlicher Grundlagen (Art. 12 Abs. 1 GG) entzündete. Im Einzelnen vgl. *Lipke* KR 7. Aufl., Rn 351 ff., 363 ff. mwN.

Es gab indessen auch **Zustimmung** zu der Regelung. Mit Rücksicht auf die nahe Ruhestandsgrenze 650 (58er-Regelung) und der Möglichkeit dann in Rente zu gehen, hielten gewichtige Stimmen im Schrifttum die formal sachgrundlose Befristung für eine beschäftigungspolitisch zu begrüßende, am Lebensalter orientierte und in Wahrheit »materielle« Sachgrundbefristung (so insbes. *Preis/Gotthardt* DB 2000, 2072; *Thüsing/Lambrich* BB 2002, 832; HaKo-KSchG/*Mestwerdt* 2. Aufl. Rn 195; *Boewer* Rn 272; *Annuß/Thüsing/Maschmann* 1. Aufl. Rn 83; *Bauer* NZA 2003, 31). Daher könne Abs. 3 **richtlinienkonform ausgelegt** werden. Das allgemeine Schutzniveau bei befristeter Beschäftigung habe sich für ältere Arbeitnehmer nicht verschlechtert, sondern sei über das TzBfG sogar verbessert worden (*Koberski* NZA 2005, 79, 82; *Waas* EuZW 2005, 583, 585). Zur Kritik mit umfangreichen Nachw. *Polloczek* Diss. Würzburg 2007 S. 136 ff., 147 ff. und *Sprenger* Diss. Konstanz 2006 S. 227–234.

2. Mangold- Entscheidung des EuGH

Der Diskussion hat der EuGH mit seiner Entscheidung vom 22.11.2005 (EzA § 14 TzBfG 651 Nr. 21 m. Anm. *Kamanabrou*) in der **Rechtssache Mangold** (Rs. C-144/04) jedenfalls zur Regelung in § 14 Abs. 3 S. 4 aF TzBfG (sachgrundlose Befristung ab dem vollendeten 52. Lebensjahr) ein Ende gesetzt. Der EuGH billigte zwar die Zielsetzung des § 14 Abs. 3 S. 4 TzBfG, ältere arbeitslose Arbeitnehmer wieder in den Arbeitsmarkt einzugliedern, verneinte indessen die **Verhältnismäßigkeit der Regelung**. Die Ausformung der Bestimmung lasse es zu, allen Arbeitnehmern ab einem gewissen Alter nur noch (sachgrundlos) befristete Arbeitsverhältnisse anzubieten. Diese Arbeitnehmergruppe müsse befürchten, dauerhaft von unbefristeten (oder mit Sachgrund befristeten) Arbeitsverhältnissen ausgeschlossen zu werden (so *Greiner* RdA 2018, 65, 68 f.). Ohne weiteren Nachweis könne aber eine solche Regelung, die weder die Struktur des jeweiligen Arbeitsmarktes noch die persönliche Situation des Betroffenen berücksichtige, nicht als objektiv erforderlich angesehen werden, weshalb es an der **Verhältnismäßigkeit der Regelung** fehle (in diese Richtung bereits *Schlachter* RdA 2004, 352, 356).

Indessen hat der EuGH aufgrund des zu beurteilenden Sachverhalts in der Rechtssache Mangold 652 keine abschließende **Bewertung** zu einer unter Umständen **§ 5 der Rahmenvereinbarung** entgegenstehenden **Befristungskette** treffen müssen und in der Absenkung der Altersgrenze von dem vollendeten 58. auf das vollendete 52. Lebensjahr keine Verletzung des **Verschlechterungsverbots aus § 8 Nr. 3 der Rahmenvereinbarung** erkannt. Verbindliche Wegweisungen zum Verständnis der Befristungsrichtlinie 1999/70/EG fehlten mithin zunächst. Erst mit der Entscheidung des *EuGH* v. 10.3.2011 (EzA § 14 TzBfG Nr. 69 **Kumpan**) wurde verdeutlicht, dass die **Sperre** in § 14 Abs. 3 S. 4 aF TzBfG, wonach ein »enger sachlicher Zusammenhang zu einem vorhergehenden unbefristeten Arbeitsvertrag mit demselben Arbeitgeber« den Abschluss einer sachgrundlosen Befristung vor Ablauf von 6 Monaten verbietet, **unionsrechtskonform** durch den nationalen Richter **auszulegen** ist. Das bedeutet, dass eine nationale Vorschrift, die sich darauf beschränke, den Rückgriff auf aufeinanderfolgende befristete Arbeitsverträge allgemein und abstrakt durch Gesetz oder Verordnung zuzulassen, **nicht den in § 5 Nr. 1 der Rahmenvereinbarung niedergelegten Erfordernissen entspreche** (*EuGH* 10.3.2011 EzA § 14 TzBfG Nr. 69 Kumpan, Rn 42). Die gegenteilige Sicht des vorlegenden *BAG* (16.10.2008 EzA § 14 TzBfG Nr. 54), es fehle am »engen sachlichen Zusammenhang«, weil die Arbeitnehmerin seit dem Ende des unbefristeten Arbeitsvertrages nach tariflichen Vorgaben über mehrere Jahre in ihrer früheren Tätigkeit als Flugbegleiterin in aufeinanderfolgenden befristeten Arbeitsverträgen für jeweils ein Jahr tätig war, hat der *EuGH* nicht geteilt (EzA § 14 TzBfG Nr. 69, Rn 52 ff. unter Verw. auf die Entscheidungen **Adeneler** und **Angelidaki**; o Rdn 27 ff.). Die nationalen Gerichte wurden deshalb erneut aufgefordert, ihre Rechtsprechung zur Vermeidung und zur Ahndung von Missbrauch bei aneinander gereihten befristeten Arbeitsverträgen als dem Ziel des § 5 Nr. 1 der Rahmenvereinbarung – hier älterer Arbeitnehmer – zu schärfen. Im Übrigen stellt der EuGH fest, dass § 14 Abs. 3 aF TzBfG als Mittel zur Erreichung von legitimen beschäftigungspolitischen Zielen ungeeignet war, da er nicht nur für arbeitslose ältere Arbeitnehmer galt, sondern für alle Arbeitnehmer, die die Altersgrenze vom 52. Lebensjahr erreichten.

653 Die grundlegende Mangold-Entscheidung, die vom EuGH in der Entscheidung **Kumpan**/(EzA § 14 TzBfG Nr. 69) nochmals allgemein (dort Rn 37) herangezogen wird, gibt dagegen in Teilen ihrer Begründung immer noch Rätsel auf, da bspw. nicht klar ist, ob das angeführte **Primärrecht des Gleichbehandlungsgrundsatzes** allgemein oder nur im Anwendungsbereich der Altersdiskriminierungsrichtlinie 2000/78/EG gelten soll (vgl. auch *Höpfner* ZfA 2010, 449, 454 ff.). Die mit **Vorlagebeschluss** des *ArbG München* v. 26.2.2004 (NZA-RR 2005, 43) vornehmlich **zur Befristungsrichtlinie 1999/70/EG aufgeworfenen Fragen** blieben **unbeantwortet** (vgl. *Lipke* FS Otto 2008, S. 289, 291), da sie aus Sicht des EuGH im konkreten Verfahren nicht entscheidungserheblich waren. Die Entscheidung ist weitgehend als »überschießend« kritisch bewertet worden (*Kamanabrou* Anm. zu *EuGH* 25.11.2005 EzA § 14 TzBfG Nr. 21; APS-*Backhaus* Rn 626, 628 mwN; zuvor bereits *Bauer/Arnold* NJW 2006, 6, 8; *Reichold* ZESAR 2006, 55 f.; *Preis* NZA 2006, 401, 406 ff.; *Dörner* Befr. Arbeitsvertrag Rn 511 ff. mwN; vgl. auch *LAG München* 5.8.2009 – 5 Sa 321/09). Zur Kritik vgl. ferner Rdn 24, 41, 44.

654 Der EuGH hat seine Entscheidung **Mangold** wegen einer zu groben gesetzlichen Typisierung auf einen **Verstoß gegen Art. 6 Abs. 1 der Richtlinie 2000/78/EG** und darüber hinaus auf eine Verletzung des aus verschiedenen völkerrechtlichen Verträgen und den **gemeinsamen Verfassungstraditionen** abzuleitenden **Grundsatzes der Gleichbehandlung** gegründet (*Körner* NZA 2005, 1395, 1397; ErfK-*Müller-Glöge* Rn 109; *Junker* EuZW 2006, 524, 528 f.; *Annuß* BB 2006, 325; *Linsenmaier* RdA 2011, 193, 206; krit. *Höpfner* ZfA 2010, 449, 461 f.; *Preis* NZA 2006, 401, 406; *Wieland* NJW 2009, 1841, 1843). Als allgemeiner, dem **primären Gemeinschaftsrecht** zuzuordnender Grundsatz der Gleichbehandlung sei dieser wirksam, unabhängig von noch laufenden **Umsetzungsfristen** in nationales Recht oder dem Umstand, dass eine Regelung wegen ihrer Befristung alsbald ausläuft (hier: Ablauf der herabgesetzten Lebensaltersgrenze von 52 Jahren zum 31.12.2006). Dem nationalen Richter seien daher unabhängig von Umsetzungsfristen Auslegungshinweise durch den Gerichtshof zu geben. Der wiederholt betonten generellen **Verpflichtung des nationalen Richters** gemeinschaftswidriges nationales Recht aus eigener Zuständigkeit unangewendet zu lassen hat das **ArbG Bln.** mit einer Entscheidung vom **30.3.2006** (LAGE § 14 TzBfG Nr. 27) Folge geleistet und aus den Erwägungen des EuGH in der Rechtssache Mangold die **Gemeinschaftswidrigkeit** des § 14 Abs. 3 S. 1 TzBfG aF abgeleitet (aA *Bauer/Arnold* NJW 2006, 11). Das BAG hat hierzu ebenfalls den EuGH um Vorabentscheidung ersucht (*BAG* 16.10.2008 EzA § 14 TzBfG Nr. 54) und Antwort im Verfahren **Kumpan** (*EuGH* 10.3.2011 EzA § 14 TzBfG Nr. 69; s. Rdn 663) erhalten. **Lebensaltersgrenzen** für den Eintritt bestimmter Rechtsfolgen (Kündigungsfristverlängerung oder tarifliche Unkündbarkeit) stehen inzwischen unter einem erheblichen Rechtfertigungsdruck und lassen sich unionsrechtlich nicht mehr halten (zB § 622 Abs. 2 S. 2 BGB; *EuGH* 19.1.2010 EzA EG-Vertrag 1999 Richtlinie 2000/78 Nr. 14 Kücükdeveci; *BAG* 9.9.2010 EzA § 622 BGB 2002 Nr. 8; *Schleusener* NZA 2007, 358; *Preis/Temming* NZA 2010, 185, 196). Zur Ruhestandsaltersgrenze als sog. Höchstbefristung s. Rdn 421 ff.

655 Die insoweit nach § 14 Abs. 3 S. 4 aF TzBfG – weil gemeinschaftswidrig – nicht zu rechtfertigende sachgrundlose Befristung führte daher zur **Begründung eines unbefristeten Arbeitsverhältnisses** (§ 16 S. 1 TzBfG), soweit es dem Arbeitgeber nicht gelang, die Voraussetzungen einer Sachgrundbefristung oder einer sachgrundlosen Befristung nach Abs. 2 oder 2a nachzuweisen (*BAG* 26.4.2006 EzA § 14 TzBfG Nr. 28). Das *BAG* hat ferner für die **Arbeitgeber**, die ältere Arbeitnehmer nach dem bisherigen Regelungswerk des § 14 Abs. 3 S. 4 TzBfG aF befristet beschäftigt haben, einen **Vertrauensschutz verneint** (ebenso *Polloczek* Diss. Würzburg 2007 S. 206 ff.; *Dörner* NZA 2007, 58). Es hat sich aufgrund der vorrangigen Entscheidungskompetenz des EuGH auf nationaler Ebene nicht veranlasst und befugt gesehen hierfür eine Übergangsregelung oder eine Auslauffrist zu schaffen. Das steht im Einklang mit der Rechtsprechung des **EuGH**, wonach der Grundsatz des Vertrauensschutzes einem nationalen Gericht, das mit einem Rechtsstreit zwischen Privatpersonen

befasst ist, nicht als Grundlage dient, um weiterhin eine nationale Rechtsvorschrift anzuwenden, die gegen das allgemeine Verbot der Diskriminierung wegen des Alters verstößt (19.4.2016 EzA Richtlinie 2000/78 EG-Vertrag 1999 Nr. 40, Rn 43 **Dansk Industri**).

Das BAG hat die Erwägungen des EuGH zur **verfassungsrechtlichen Rechtsfortbildung** auf Gemeinschaftsebene und zur **Vorwirkung** von noch nicht umgesetzten **Richtlinien** vor Ablauf der Umsetzungsfrist mit dem Grundsatz der **Vertragstreue unter den Mitgliedstaaten** (Art. 10 Abs. 2 EGV; Art 249 Abs. 3 EGV) gerechtfertigt (*Dörner* Befr. Arbeitsvertrag Rn 513; krit. hierzu *Preis* NZA 2006, 401; *Thüsing* ZIP 2005, 2149; *Koenigs* DB 2006, 49; *Bauer/Arnold* NJW 2006, 6). Die etwas unklaren Ausführungen des EuGH (s. Rdn 651) hat das BAG zwar erkannt. So sei insbes. offengeblieben, wie die horizontale Wirkung von Richtlinien auf Private nun einzuordnen sei und ob für die Arbeitgeber ein gemeinschaftsrechtliches, über den Richtlinien stehendes allgemeines Diskriminierungsverbot bestehe. Die Beschränkung der Entscheidung auf den vorgelegten Einzelfall führte jedoch dazu, dass das BAG keine Notwendigkeit einer erneuten Vorlage an den EuGH oder einer Anrufung des BVerfG sah. Die **Verfassungsbeschwerde** hierzu hat das BVerfG im sog. **Honeywell-Mangold**-Verfahren zurückgewiesen, da dem BAG weder eine Verletzung der Vorlagepflicht aus Art 267 Abs. 3 AEUV vorzuwerfen noch dem EuGH in der Mangold-Entscheidung ein gewichtiger Kompetenzverstoß (Ultra-Vires-Akt) unterlaufen sei (*BVerfG* 6.7.2010. EzA § 14 TzBfG Nr. 66). Näher dazu s. Rdn 12, 48

656

Damit war der Gesetzgeber gefordert, eine **gemeinschaftskonforme Neuregelung** der sachgrundlosen Befristung älterer Arbeitnehmer zu schöpfen. Die gesetzliche Regelung musste dabei auf **ältere Arbeitslose** zielen, denn nur für diese Arbeitnehmergruppe ist eine erweiterte sachgrundlose Befristung nach Europarecht zulässig (*Kamanabrou* Anm. zu *EuGH* 25.11.2005 EzA § 14 TzBfG Nr. 21; EuArbR/*Krebber* Art. 5 RL 1999/70/EG Rn 48). Denkbar war allerdings, diesen Personenkreis um ältere, **von Arbeitslosigkeit bedrohte Arbeitnehmer** zu erweitern (*Hanau* ZIP 2006, 153; *Thüsing* ZIP 2005, 2149, 2151). Dabei war für eine Neuregelung im Streit, ob allein die schwere **Vermittelbarkeit am Arbeitsmarkt** ohne Altersgrenze oder eine Verschränkung dieses Kriteriums mit einem gewissen höheren Lebensalter in Angriff zu nehmen war, um den Hinweisen der Mangoldentscheidung des EuGH gerecht zu werden (*Preis* NZA 2006, 410; *Körner* NZA 2005, 1397 f.; *Thüsing* ZIP 2005, 2149 mit Gesetzgebungsvorschlag; *Bauer/Arnold* NJW 2006, 12; *Bayreuther* BB 2007, 1114; *Polloczek* Diss. Würzburg 2007 S. 208).

657

3. Gesetzgebung zu einer gemeinschaftskonformen Regelung

a) Eckpunkte der Neuregelung

Im November 2006 wurde ein **Gesetzentwurf** »zur Verbesserung der Beschäftigungschancen älterer Menschen« (BT-Drucks. 16/3793 S. 3) im Rahmen der **Initiative** »**50 Plus**« vorgelegt worden, der neben arbeitsmarktpolitischen Instrumenten wie neu gestalteter Eingliederungszuschüsse und einzuführender Kombilöhne für Ältere ebenso eine überarbeitete neue Regelung zu § 14 Abs. 3 TzBfG enthielt. Die gesetzlichen Regelungen sollen vor dem Hintergrund eines demografischen Wandels unserer Gesellschaft zu einer **Verbesserung der Beschäftigungsfähigkeit und der Beschäftigungschancen älterer Menschen** beitragen (*Lipke* FS Otto 2008, S. 289, 292). Außerdem geht es darum, Fehlanreize zur Frühverrentung zu beseitigen und gleichzeitig das Renteneintrittsalter schrittweise zu erhöhen. Die präventive Weiterbildungsförderung älterer Arbeitnehmer (lebenslanges Lernen) wird erweitert und attraktiver gestaltet. Sie setzt bereits ab dem 45. Lebensjahr der Beschäftigten an, beschränkt sich indessen auf Betriebe mit weniger als 250 Vollzeitbeschäftigten. Die Regelungen hierzu sind als Gesetz zur Verbesserung der Beschäftigungschancen älterer Menschen vom 19.4.2007 (BGBl. I S. 538) zum 1.5.2007 in Kraft treten. Zum **Übergangsrecht** vgl. KR-*Lipke/Schlünder* § 620 BGB Rdn 123, 125.

658

Um die Unternehmen zu ermutigen, mehr ältere Arbeitnehmer einzustellen, ist die erleichterte Befristung von Arbeitsverträgen im Bemühen um einen Einklang mit dem europäischen Recht als **Dauerregelung** gestaltet worden (BT-Drucks. 16/3793). Die **Altersgrenze** für den Abschluss

659

befristeter Arbeitsverträge ohne sachlichen Befristungsgrund ist **ohne Abstufung auf das 52. Lebensjahr festgelegt.** Um den Anforderungen des EuGH in der Entscheidung Mangold zu genügen, setzt eine sachgrundlose Befristung nunmehr voraus, dass der ältere Arbeitnehmer vor Beginn des befristeten Arbeitsverhältnisses **mindestens vier Monate beschäftigungslos** war oder als Bezieher von Transferkurzarbeitergeld oder Teilnehmer an einer öffentlich geförderten Beschäftigungsmaßnahme nach dem SGB II oder SGB III vergleichbare **Schwierigkeiten** hat, **auf dem ersten Arbeitsmarkt** einen neuen Arbeitsplatz zu erhalten. Eine weitere Neuheit ist die **Höchstbefristungsdauer von fünf Jahren,** die der Gesetzgeber für erforderlich hält, um eine richtlinienkonforme Grenze iSv § 5 der der Befristungsrichtlinie zugrundeliegenden Rahmenvereinbarung zu ziehen (BT-Drucks. 16/3793 S. 18).

660 Der Gesetzgeber macht die **befristete Ausnahmeregelung** für die älteren Arbeitnehmer ab Vollendung des 52. Lebensjahres (1.1.2003 bis 31.12.2006) damit ohne Rücksicht auf die Kombinationsmöglichkeiten (vgl. Rdn 640) mit den sachgrundlosen Befristungen aus Abs. 2 und Abs. 2a zum allgemeinen Standard. Zwar können nunmehr die sachgrundlosen Befristungen in der Reihung der Abs. 2 oder 2a und 3 nicht unmittelbar aneinander anschließen. Das Abstandsgebot von sechs Monaten zur unbefristeten Vorbeschäftigung ist jetzt durch die Voraussetzung einer **viermonatigen Beschäftigungslosigkeit** oder eines gleichwertigen Sachverhalts ersetzt worden (*Bader* NZA 2007, 716; *Bauer* NZA 2007, 545). Dennoch bedarf es keiner großen Phantasie, sich vorzustellen, wie eine solche beschäftigungslose Zeitspanne geschaffen werden könnte. Dies gilt umso mehr, als der Gesetzgeber bewusst den Begriff »beschäftigungslos« anstelle von »arbeitslos« gewählt hat, weil dieser weiterreicht und weder eine Arbeitslosmeldung noch den Verlust des Arbeitsplatzes voraussetzt (s. Rdn 669 ff.). Dieser **sozialrechtliche Sachverhalt** ist deshalb in Zukunft **arbeitsrechtlich zu bewerten.**

661 Der Gesetzgeber rechtfertigt die neue Regelung mit dem Ziel, dadurch für ältere Arbeitnehmer den Zugang zum ersten Arbeitsmarkt zu erleichtern, und zwar unabhängig davon, ob sie bereits arbeitslos sind. Die gesetzgeberische Absicht geht dahin (»ohne Vorliegen eines sachlichen Grundes«) eine weitere **sachgrundlose Befristungsvariante** zu entwickeln und die dazu genutzte Gesetzessystematik, dies im Anschluss an Abs. 2 und 2a niederzulegen. Im Übrigen wären »Sachgrundvoraussetzungen« (dafür *Grimm/Brock* ArbRB 2007, 154) nicht ausreichend iSd Richtlinie festgelegt, da keine Tätigkeitsmerkmale oder Rechtfertigungsumstände für eine wiederholte Befristung dieses Personenkreises genannt werden (vgl. zuletzt *EuGH* 18.10.2012 NZA 2013, 261 **Valenza**, Rn 62, 67, 71; 13.9.2011 EzA Richtlinie 2000/78 EG-Vertrag 1999 Nr. 22 **Prigge**).

b) Vereinbarkeit mit Europarecht

662 Die getroffene Regelung dürfte – jedenfalls bei erstmaliger Anwendung zwischen denselben Arbeitsvertragsparteien – die gemeinschaftsrechtlichen Hürden, die sowohl die Mangold-Entscheidung des EuGH (s. Rdn 651) als auch die **Befristungsrichtlinie** in der Beschränkung von Befristungsketten aufstellen, genommen haben (ErfK-*Müller-Glöge* Rn 110a; LS-*Schlachter* Rn 147, 150; *Dörner* Befr. Arbeitsvertrag Rn 520; *ders.* Neues aus der Gesetzgebung und Rechtsprechung zum Recht des befristeten Arbeitsvertrages, DAI Brennpunkte 2007 S. 34 f.; *Perreng* FA 2007, 161; HaKo-KSchR/*Mestwerdt* Rn 232; *Arnold/Gräfl* Rn 416 f.; aA *Kohte* Gutachten DGB, AuR 2007, 168, der weiterhin ungerechtfertigte Ungleichbehandlungen älterer Arbeitnehmer zur Zulässigkeit und zur abweichenden Dauer der zulässigen sachgrundlosen Befristung gemessen an den Richtlinien 1999/70 und 2000/78/EG erkennt; zurückhaltend auch *Bayreuther* BB 2007, 1115; *Kast/Hermann* BB 2007, 1841, 1845 f.; *Wiedemann* FS Otto 2008, S. 616; *Grimm/Brock* ArbRB 2007, 154; *Preis/Temming* NZA 2010, 185, 196; *Polloczek* Diss. Würzburg 2007 S. 208 f.). Das BAG hält die ab 1.5.2007 geltenden neuen Regelungen **unionsrechtlich** für **einwandfrei,** soweit es um deren **erstmalige Anwendung** zwischen denselben Arbeitsvertragsparteien geht (28.5.2014 EzA § 14 TzBfG Nr. 104, Rn 10, 15; ebenso LAG Nbg 18.8.2020, ZTR 2020, 724; EuArbR/*Krebber* § 5 RL 1999/70/EG Rn 22, 27, 48; *Kiel* NZA-Beil. 2/2016, 72, 78).

663 Die **Verknüpfung** von **abstrakt höherem Lebensalter** mit einer **konkret schwierigen Situation auf dem Arbeitsmarkt** (»Beschäftigungslosigkeit«) hält sich an den Vorgaben der Richtlinien

1999/70 und 2000/78/EG sowie an den noch aufrecht erhaltenen Erkenntnissen der Mangold-Entscheidung, die im Lichte der **Palacios**-Entscheidung (*EuGH* 16.10.2007 EzA Richtlinie 2000/78 EG Vertrag Nr. 9) neu zu bewerten sind (vgl. auch *EuGH* 10.3.2011 EzA § 14 TzBfG Nr. 69 **Kumpan**, Rn 38–40; s. Rdn 28, 435). Die Anforderungen an die zugelassene Altersbefristung fußen auf der Erkenntnis, dass erfahrungsgemäß ältere Arbeitnehmer größere Schwierigkeiten haben als jüngere einen Arbeitsplatz zu finden. Wenn sich der Gesetzgeber dabei an Arbeitsmarktstatistiken zu Langzeitarbeitslosen ausrichtet, ist das nicht zu beanstanden. Das **persönliche Moment** kommt dann über die weiter vorausgesetzte viermonatige Beschäftigungslosigkeit als Korrektiv zum Tragen. Damit verfolgt die neue Regelung **legitime Ziele zur Beschäftigungspolitik und zur Belebung des Arbeitsmarktes** und befindet sich hierzu im **Einklang mit den Vorgaben des EuGH** (*BAG* 28.5.2014 EzA § 14 TzBfG Nr. 104, Rn 27, 29; **dafür:** *Bader* NZA 2007, 714; *Sievers* Rn 624; APS-*Backhaus* Rn 631 ff.; ErfK-*Müller-Glöge* Rn 110a; *Dörner* Befr. Arbeitsvertrag Rn 520; MHH-TzBfG/*Meinel* Rn 258 ff.; *Dörner* Befr. Arbeitsvertrag Rn 520; Arnold/*Gräfl* Rn 417; LS-*Schlachter* Rn 152; HaKo-KSchR/*Mestwerdt* Rn 232; HaKo-TzBfG/*Boecken* Rn 177; 180; **dagegen:** Annuß/Thüsing/Maschmann Rn 83 f.; DDZ-*Wroblewski* Rn 241 ff.; *Heuschmid* AuR 2014, 223 *Kast/Hermann* BB 2007, 1842; *Perreng* AiB 2007, 156; zweifelnd *Staudinger/Preis* [2019] § 620 BGB Rn 211; *Wiedemann* FS Otto 2008, S. 616 f.; *Kohte* Gutachten DGB AuR 2007, 168, unverhältnismäßige Regelung). Die damit verbundene Ungleichbehandlung wegen des Alters ist keine Diskriminierung iSv Art. 6 der Richtlinie 2000/78/EG, sofern sie objektiv und angemessen ist und im Rahmen des nationalen Rechts durch ein legitimes Ziel, worunter insbes. rechtmäßige Ziele aus den Bereichen **Beschäftigungspolitik, Arbeitsmarkt** und berufliche Bildung zu verstehen sind, gerechtfertigt ist und die Mittel zur Erreichung dieses Ziels angemessen und erforderlich sind (*BAG* 28.5.2014 EzA § 14 TzBfG Nr. 104, Rn 31 f. unter Hinw. auf *EuGH* 18.11.2010 EzA Richtlinie 2000/78 EG-Vertrag 1999 Nr. 18 **Georgiev** und 13.9.2011 EzA Richtlinie 2000/78 EG-Vertrag 1999 Nr. 22 **Prigge**). Diese Voraussetzungen sind hier jedenfalls für die **erstmalige Inanspruchnahme** durch dieselben Arbeitsvertragsparteien gegeben.

Soweit es die **Höchstbefristung von fünf Jahren** betrifft, ist der Richter aufgefordert eine **europarechtskonforme Gesetzesauslegung** zu betreiben. Nur so kann verhindert werden, dass der ältere Arbeitnehmer bis zu seiner Rente (demnächst 67. Lebensjahr) nicht fünf Jahre, sondern auf Umwegen mit Hilfe kurzfristiger Unterbrechungen oder über »**Karussell-Lösungen**« mehrerer Arbeitgeber 15 Jahre seines Arbeitslebens in sachgrundloser Befristung verbringt. Das gilt ebenso für **viermonatige Unterbrechungen in Beschäftigungslosigkeit**, um danach erneut sachgrundlos befristet bei demselben Arbeitgeber beschäftigt zu werden. Die Privilegierung des Arbeitgebers in § 14 Abs. 3 TzBfG einerseits und die vom Arbeitnehmer hinzunehmenden schlechteren arbeitsrechtlichen Rahmenbedingungen andererseits sollen schließlich – wie bei jeder sachgrundlosen Befristung – eine Brücke zum regelmäßig unbefristeten Arbeitsverhältnis schlagen (s. Rdn 513; *Lipke* FS Otto 2008, S. 289, 296). Das BAG hat das Problem geortet und hierfür entweder eine **einschränkende unionsrechtskonforme Auslegung** von Abs. 3 S. 1 und 2 oder eine **teilweise Unanwendbarkeit der Regelung** in Aussicht gestellt (28.5.2014 EzA § 14 TzBfG Nr. 104, Rn 36; vgl. auch *Koch* jurisPR-ArbR 20/2007 Anm. 6). Näher dazu Rdn 677 ff., 685 f. Unbestimmte Rechtsbegriffe wie der legal nicht definierte dritte Tatbestand »öffentlich geförderte Beschäftigungsmaßnahmen« können ebenfalls mit Mitteln der unionsrechtskonformen Auslegung gehalten werden (*Dörner* Befr. Arbeitsvertrag Rn 520; APS-*Backhaus* Rn 634, 639; *Bauer* NZA 2007, 544). Dabei geht es um **Einstellungsanreize** und nicht um eine dauerhafte Absenkung arbeitsrechtlicher Schutzmechanismen.

664

c) Verfassungsrechtliche Bedenken

Selbst wenn die Vorgaben des vorrangigen Gemeinschaftsrechts erfüllt sind, bleiben Bedenken zur Vereinbarkeit dieser gesetzlichen **Befristungserleichterung** aus **Art. 12 Abs. 1 GG**. Zwar sind für den **Gesetzgeber** nach der ihm zustehenden **Einschätzungsprärogative** derartige Regelungen durchaus möglich (vgl. Rdn 53 ff., 58), dürfen aber den verfassungsrechtlich zu gewährleistenden **Mindestbestandsschutz** nicht aushebeln. Die Schutzfunktion des Art. 12 Abs. 1 GG leitet schließlich die richterliche Kontrolle befristeter Arbeitsverträge (*I. Schmidt* FS Dieterich 1999, S. 201,

665

§ 14 TzBfG — Zulässigkeit der Befristung

207). Bereits die abgelöste Bestimmung des § 14 Abs. 3 aF TzBfG stand insoweit unter Kritik (vgl. *Richardi/Annuß* BB 2000, 2204; *Däubler* ZIP 2001, 223 f.).

666 Der Gesetzgeber setzt hier indessen selbst die **Grenzen**, wenn es in der Begründung des Gesetzes heißt, dass die besonders schwierige Arbeitsmarktsituation der Arbeitnehmer ab dem 52. Lebensjahr die (erleichterte) Zulassung befristeter Arbeitsverträge als **Mittel der beruflichen Eingliederung** in Abweichung vom Regelfall der unbefristeten Beschäftigung rechtfertigt (BT-Drucks. 16/3793 S. 19). Dabei stützt er sich auf **empirische Untersuchungen** zur »Evaluation der Umsetzung der Vorschläge der Hartz-Kommission«, die belegen, dass die Korrelation zwischen dem Merkmal »Alter über 52 Jahre« und der Dauer der Arbeitslosigkeit »stabil signifikant positiv ist« (Endbericht des Rheinisch-Westfälischen Instituts für Wirtschaftsforschung und Instituts für Sozialforschung und Gesellschaftspolitik, Juni 2006, Teil 1: Verbesserung der beschäftigungspolitischen Rahmenbedingungen). Der **beschäftigungspolitische Misserfolg** der Vorgängerregelung kann dabei seinen Grund in der geringen Bekanntheit der Regelung oder in den Warnrufen der Rechtswissenschaft zur »offenkundigen« Unvereinbarkeit mit dem Gemeinschaftsrecht haben (*Polloczek* Diss. Würzburg 2007 S. 128 ff.; KDZ-*Däubler* 7. Aufl., Rn 180; *Kohte* Gutachten DGB, AuR 2007, 169, der die bisherigen Gesetzgebungsansätze nach Evaluation für arbeitsmarktpolitisch verfehlt hält).

667 Das Erreichen eines bestimmten höheren Lebensalters als »Zugangsvoraussetzung« zur erleichterten sachgrundlosen Befristung dürfte vor dem Hintergrund der hochrangigen arbeitsmarktpolitischen Beweggründe des Gesetzgebers dem einzuhaltenden **Grundsatz der Verhältnismäßigkeit** entsprechen. Die generalisierende Vermutung einer herabgesetzten Vermittelbarkeit auf dem Arbeitsmarkt ab einem gewissen Lebensalter ist der verfassungsrechtlich anerkannten **vermuteten Leistungsunfähigkeit** ab einer gesetzten Altersgrenze gleichzusetzen (vgl. BVerfG BVerfGE 9, 338, 347; BVerfGE 102, 172; 26.1.2007 – 2 BvR 2408/06 – Nichtannahmebeschluss 1. Kammer des 2. Senats zur Altersgrenze von Verkehrspiloten, AuR 2007, 91; **einschränkend** *EuGH* 13.9.2011 EzA Richtlinie 2000/78 EG-Vertrag 1999 Nr. 22 **Prigge**, Rn 75 f. einerseits; *EuGH* 18.11.2010 EzA Richtlinie 2000/78 EG-Vertrag 1999 Nr. 18 **Georgiev** Rn 45 f. andererseits). Die an sich dann nicht notwendige Einzelfallüberprüfung hat der Gesetzgeber hier dennoch über eine zusätzlich auf die **Person bezogene** notwendig vorangehende **Beschäftigungslosigkeit** geschaffen. Verfassungsrechtliche Bedenken aus **Art. 12 und 3 GG** gegen die gesetzgeberische Konstruktion dürften damit überwunden sein; die neue Rechtsprechungslinie des EuGH ist damit ebenfalls hinreichend beachtet. Bedenken aus Art. 12 GG und Art. 3 GG ergäben sich nur dann, falls die getroffene Neuregelung in Sätzen 1 und 2 des Abs. 3 dahin zu verstehen wäre, dass sie auch die **wiederholte Inanspruchnahme** durch dieselben Arbeitsvertragsparteien gestattet, sofern nur jeweils eine Beschäftigungslosigkeit von mindestens vier Monaten dazwischengeschaltet wird. Falls die Regelung bei einem solchen weiten Verständnis verfassungswidrig sein sollte, wäre zu prüfen, ob sie nach dem Grundsatz der **verfassungskonformen Auslegung einschränkend ausgelegt** werden könnte (vgl. *BVerfG* 6.6.2018 NZA 2018, 774, Rn 62 f.). Gegen ein solches Verständnis könnte die **Gesetzesbegründung** sprechen, in der es heißt, die Arbeitnehmerin oder der Arbeitnehmer könne, soweit die Voraussetzungen vorliegen, »von demselben Arbeitgeber erneut befristet beschäftigt werden« (BT-Drucks. 16/3793 S. 10). Falls aus diesem Grund eine einschränkende Gesetzesauslegung nicht möglich wäre, ein weites Verständnis aber als verfassungswidrig erachtet werden sollte, wäre gleichwohl die Regelung nicht insgesamt verfassungswidrig. Vielmehr könnte sie in ihrem verfassungsrechtlich unbedenklichen, abgrenzbaren und sinnvoll anwendbaren Teil angewandt werden (*BAG* 28.5.2014 EzA § 14 TzBfG Nr. 104, Rn 41). Ein als Mittel beruflicher Eingliederung geschaffener **attraktiver Einstieg** in ein sachgrundlos befristetes Arbeitsverhältnis darf aber nicht zu einem Instrument werden, **ältere Arbeitnehmer dauerhaft in ungesicherten Arbeitsverhältnissen** zu halten (so auch *Kiel* NZA-Beil. 2/2016, 72, 79). Dann ist das **verfassungsrechtliche Untermaßverbot** verletzt, das ein Absinken unter den grundrechtlich geforderten Mindestbestandsschutz aus Art. 12 GG zu verhindern hat (ErfK-*Schmidt* Art. 12 GG Rn 36 ff.). Hier ist deshalb zu fragen, ob im Blick auf die aus Art. 12 GG erwachsende Schutzpflicht des Staates ein Mindestmaß an Rücksichtnahme auf die existentiellen Interessen der Arbeitnehmerseite eingehalten wurde. Dies kann aber durch eine verfassungskonforme Auslegung der gesetzlichen Voraussetzungen (dazu im Folgenden) gewährleistet werden

(*Bader* NZA 2007, 716; HaKo-KSchR/*Mestwerdt* Rn 233, der bei rechtsmissbräuchlicher Nutzung auf die richterliche Kontrolle nach §§ 138, 242 BGB und § 15 Abs. 6 AGG setzt). Vom Sozialstaatsprinzip her ist der Staat zwar nur verpflichtet, Arbeits- und Beschäftigungslose wieder an den Arbeitsmarkt heranzuführen (vgl. Rdn 66). Damit verbunden können arbeitsrechtliche Einschränkungen für die Arbeitnehmerseite sein, soweit sie den Einstieg in ein dauerhaftes Arbeitsverhältnis erleichtern.

4. Einzelfragen

a) Vollendung des 52. Lebensjahres

Voraussetzung für die Befristungserleichterung ist die **Vollendung des 52. Lebensjahres bei** 668 **Arbeitsaufnahme**; der Abschluss des befristeten Arbeitsvertrages kann schon zuvor getätigt werden. Das Gesetz stellt insoweit ausdrücklich auf den **Beginn des Arbeitsverhältnisses** ab (*Dörner* Befr. Arbeitsvertrag Rn 517; APS-*Backhaus* Rn 635; HWK-*Rennpferdt* Rn 182; HaKo-KSchR/ *Mestwerdt* Rn 235). Die Befristungserleichterung reicht nicht über die Regelaltersgrenze (65./67.) hinaus (*Schaub/Koch* § 39 Rn 22, mangels Versicherungspflicht keine Beschäftigungslosigkeit mehr möglich; aA ErfK-*Müller-Glöge* Rn 111; s. Rdn 670 aE). Da nicht die Arbeitslosigkeit, sondern die **Beschäftigungslosigkeit** von vier Monaten vor Aufnahme des Arbeitsverhältnisses maßgeblich ist, kann es indessen dazu kommen, dass der Arbeitnehmer noch im bestehenden Arbeitsverhältnis mit demselben Arbeitgeber wegen »**drohender Arbeitslosigkeit**« (Beschäftigungslosigkeit) einen solchen befristeten Arbeitsvertrag auf den Tag nach Erreichen des 52. Lebensjahres abschließt. Hier ist dann die **Prognose** erforderlich, dass jedenfalls innerhalb der nächsten vier Monate bis zur Beschäftigungsaufnahme die übrigen Voraussetzungen des § 14 Abs. 3 TzBfG erfüllt werden (*Bader* NZA 2007, 714). Die Sperre in § 14 Abs. 2 und 2a TzBfG, wonach eine sachgrundlose Befristung mit demselben Arbeitgeber bei sog. **Vorbeschäftigung** unzulässig ist, kommt hier nach Wortlaut, Sinn und Zweck der Vorschrift nicht zum Tragen (*Lipke* FS Otto 2008, S. 293; *Bauer* NZA 2007, 544; *Grimm/Brock* ArbRB 2007, 156 f.; *Schiefer/Köster/Korte* DB 2007, 1083). Damit kommt es zu einem dogmatischen Bruch innerhalb der unterschiedlichen Regelungen zur sachgrundlosen Befristung.

b) Vier Monate Beschäftigungslosigkeit und gleichgesetzte Sachverhalte

Der dem Sozialrecht entlehnte Begriff der **Beschäftigungslosigkeit** (§ 138 SGB III) führt zu einer 669 erheblichen **Erweiterung des Anwendungsfeldes** sachgrundloser Befristungen für ältere Menschen. Dabei ist Ausgangspunkt die Definition der Beschäftigung iSd § 7 SGB IV (Abs. 1: »Beschäftigung ist die nichtselbständige Arbeit, insbes. in einem Arbeitsverhältnis. Anhaltspunkte für eine Beschäftigung sind eine Tätigkeit nach Weisungen und eine Eingliederung in die Arbeitsorganisation des Weisungsgebers«). Wer arbeitslos ist, ist demnach auch beschäftigungslos. Das gilt aber nicht in der Umkehrung, da Beschäftigungslosigkeit – leistungsrechtlich im Sinne des Arbeitsförderungsrechts verstanden – auch in einem bestehenden Arbeitsverhältnis denkbar ist, zB bei Aufgabe des arbeitgeberseitigen Direktionsrechts (*BSG* 25.4.2002 NZA-RR 2003,105; 10.9.1998 SozR 3–4100 § 101 Nr. 9; *Gagel/Hölzer* § 138 SGB III Rn 32 ff.; APS-*Backhaus* Rn 430 mwN), Suspendierung oder längerfristigem unbezahlten Sonderurlaub. Entscheidend soll dann sein, dass der Arbeitnehmer trotz bestehenden Arbeitsverhältnisses kein Arbeitsentgelt mehr erhält (*Dörner* Befr. Arbeitsvertrag Rn 518). Im Schrifttum werden aber gemeinschaftsrechtliche Bedenken erhoben, dem Arbeitgeber bei **rechtlich fortbestehendem Arbeitsverhältnis** den Abschluss eines sachgrundlos befristeten Arbeitsverhältnisses nach Abs. 3 zu erlauben (APS-*Backhaus* Rn 639 und Rn 653; *Bader* NZA 2007, 715; *Bruns* NZA-RR 2010, 116; *Sievers* Rn 634; *Lipke* FS Otto 2008, S. 295; zweifelnd ErfK-*Müller-Glöge* Rn 111a; HWK-*Rennpferdt* Rn 184; LS-*Schlachter* Rn 153; *Bayreuther* BB 2007, 1113; *Preis/Temming* NZA 2010, 185, 196; **dafür:** MHH-TzBfG/*Meinel* Rn 240, HaKo-TzBfG/*Boecken* Rn 181). Vgl. Rdn 681, 685.

Über die »Beschäftigungslosigkeit« erreicht der Gesetzgeber nun auch den Personenkreis derjeni- 670 gen, die **aus persönlichen Gründen** (zB Pflege von Verwandten; Verbüßung einer Freiheitsstrafe) bisher einer Arbeitsvermittlung nicht zur Verfügung standen (*Bader* NZA 2007, 715; *Grimm/Brock* ArbRB 2007, 156; *Schiefer/Köster/Korte* DB 2007, 1084 f.) und nun auf den Arbeitsmarkt drängen. Hier wird indessen nicht ohne weiteres anzunehmen sein, dass die bisherige Beschäftigungslosigkeit auf schlechte Vermittlungschancen am Arbeitsmarkt zurückzuführen ist (zutr. *Bayreuther* BB 2007, 1113). Auf die vorherige Meldung als »arbeitsuchend« kommt es für sie nicht an. Es reicht aus, dass zB ältere Menschen wegen Teilnahme an Reha-Maßnahmen oder wegen vorübergehender Erwerbsunfähigkeit oder wegen beruflicher Weiterbildung und Trainingsmaßnahmen zur Verbesserung ihrer Eingliederungsaussichten (§ 77 SGB III) dem Arbeitsmarkt nicht (uneingeschränkt) zur Verfügung standen (APS-*Backhaus* Rn 636 f.; ErfK-*Müller-Glöge* Rn 111a; LS-*Schlachter* Rn 153). **Rentner** dürften § 14 Abs. 3 TzBfG nicht unterfallen, da sie als Personengruppe die »Brückenfunktion« der Bestimmung nicht erfüllen können und nicht mehr versicherungspflichtig sind (ebenso APS-*Backhaus* Rn 640; *Rid/Rook* AuA 2012, 703; *Schaub/Koch* § 39 Rn 22; aA ErfK-*Müller Glöge* Rn 111).

671 Die **Viermonatsgrenze** der Beschäftigungslosigkeit ist für die Annahme von persönlichen Vermittlungsproblemen am Arbeitsmarkt **recht kurz gegriffen**, da damit nur die Arbeitnehmer aus dem Anwendungsbereich der Vorschrift ausscheiden, die eine mehr oder weniger zeitgleiche Anschlussbeschäftigung nach Beendigung des vorherigen Arbeitsverhältnisses nicht finden (*Bayreuther* BB 2007, 1113; *Bader* NZA 2007, 716). Die **Berechnung** der Mindestfrist von vier Monaten richtet sich nach §§ 187 Abs. 1 oder 2, 188 Abs. 2 BGB. § 191 BGB kommt nicht zur Anwendung, da der Gesetzgeber – aus arbeitsmarktpolitischen Gründen – **kurzzeitige Beschäftigungen** während der viermonatigen Beschäftigungslosigkeit für unschädlich hält (ebenso HaKo-KSchR/*Mestwerdt* Rn 236; HaKo-TzBfG/*Boecken* Rn 181; diff. LS-*Schlachter* Rn 156; aA ErfK-*Müller-Glöge* Rn 111 f; APS-*Backhaus* Rn 642; *Sievers* Rn 631 unter Hinw. auf die § 138 Abs. 3 SGB III (§ 119 Abs. 3 SGB III aF) ausschließende Gesetzesbegründung). Eine schädliche **Unterbrechung** würde in diesem Fall aber – so ebenfalls die Gesetzesbegründung – zu einer Benachteiligung des arbeitswilligen beschäftigungslosen Arbeitnehmers führen (BT-Drucks. 16/3793 S. 8, 10). Als Beispiel für unschädliche Unterbrechungen führt die Gesetzesbegründung **Aushilfs- und Vertretungstätigkeiten** von **längstens vier Wochen** an (BT-Drucks. 16/3793 S. 10).

672 Doch steht die **Gesetzesbegründung** (teilweise) **nicht im Einklang mit dem Gesetzestext**, wonach die Beschäftigungslosigkeit iSv § 14 Abs. 3 S. 1 2. Hs. **nur** nach § 138 Abs. 1 Nr. 1 SGB III, nicht aber nach § 138 Abs. 3 SGB III festzustellen ist (zur Erläuterung APS-*Backhaus* Rn 642, Übernahme von Begründungselementen aus dem Referentenentwurf). Nach § 138 Abs. 3 SGB III schließt die »Ausübung einer Beschäftigung, selbständigen Tätigkeit oder Tätigkeit als mithelfender Familienangehöriger die Beschäftigungslosigkeit nicht aus, wenn die Arbeits- oder Tätigkeitszeit ... weniger als 15 Stunden wöchentlich umfasst....« (§ 119 Abs. 3 SGB III, jetzt § 138 Abs. 3 SGB III). Obwohl hierbei sozialrechtlich ebenfalls von einer **Beschäftigungslosigkeit** zu sprechen ist (*Lüdtke* LPK-SGB III § 119 Rn 14 ff.; KR-*Link* SozR Rdn 117 f.), wird auf diese Ausnahmeregelung nicht verwiesen. Diese Inkonsequenz kann nur als **gesetzgeberisches Versehen** bewertet werden, da die Unterscheidung nach dem Wortlaut keinen Sinn ergibt und der Begründung widerspricht. Dennoch wird dafür eingetreten, auch **kurzfristige Aushilfstätigkeiten in den letzten vier Monaten** vor Aufnahme einer befristeten Tätigkeit nach § 14 Abs. 3 TzBfG als **befristungsschädlich** anzusehen (*Sievers* Rn 631; *Bader* NZA 2007, 716; APS-*Backhaus* Rn 637, 641 f.; ErfK-*Müller-Glöge* Rn 111a, 111c; HWK-*Rennpferdt* Rn 184; MüKo-*Hesse* Rn 110; diff. LS-*Schlachter* Rn 156). Hierfür wird – neben dem Wortlautargument – angeführt, dass sich ansonsten der ohnehin knappe, an der Grenze der Europarechtswidrigkeit liegende Zeitraum einer viermonatigen Beschäftigungslosigkeit noch einmal um 25 % verkürzen würde.

673 Dem ist zu widersprechen. **§ 138 Abs. 3 SGB III ist in den Anwendungsbereich des § 14 Abs. 3 TzBfG einzubeziehen**. Schließlich geht es doch jedes Mal darum, eine Benachteiligung derjenigen Arbeitsuchenden zu vermeiden, die alle Möglichkeiten nutzen ihre Beschäftigungslosigkeit zu beenden und deshalb auch kurzfristige Arbeitseinsätze wahrnehmen (*Lipke* FS Otto 2008 S. 294; *Bauer* NZA 2007, 544; HaKo-TzBfG/*Boecken* Rn 181). Das kurzfristige Eingehen eines 450 Euro-Jobs

kann nicht dazu führen, dem Arbeitnehmer eine angebotene sachgrundlose befristete Vollzeitarbeit nach § 14 Abs. 3 TzBfG zu versperren. Dagegen spricht nicht nur die Gesetzesbegründung (dazu sMHH-TzBfG/*Meinel* Rn 241, der im Fall des Ausschlusses von § 138 Abs. 3 SGB III die Systemgerechtigkeit der Regelung bemängelt), sondern ebenso die gesetzliche **Gleichstellung** der Beschäftigungslosigkeit mit dem Bezug von **Transferkurzarbeitergeld** und der Teilnahme an geförderten Beschäftigungsmaßnahmen (*Dörner* Befr. Arbeitsvertrag Rn 519; *Grimm/Brock* ArbRB 2007, 157, *Kleinebrink* MDR 2007, 763, die aber insgesamt bei Inanspruchnahme des Abs. 3 zur Vorsicht mahnen). Die möglicherweise dadurch eintretende Verkürzung der tatsächlichen Beschäftigungslosigkeit von vier auf drei Monate kann weder den Ausschlag für eine mangelnde europarechtskonforme Umsetzung der **Mangold-Entscheidung** (*EuGH* 22.11.2005 EzA § 14 TzBfG Nr. 21) noch für eine Anwendungssperre von § 14 Abs. 3 TzBfG geben (zweifelnd *Bader* NZA 2007, 716; LS-*Schlachter* Rn 156). Neben der eingetretenen Beschäftigungslosigkeit will der Gesetzgeber schließlich ebenso die **drohende Arbeitslosigkeit** abwenden. Die Lösung dieser Zweifelsfragen bleibt damit der **Rechtsprechung** überlassen (ErfK-*Müller-Glöge* Rn 111a und 111c). Der Arbeitgeber geht in solchen Fällen allein dann kein Risiko ein, wenn er mit dem Arbeitnehmer eine sachgrundlose Befristung **nur nach viermonatiger ununterbrochener »klassischer« Arbeitslosigkeit** vereinbart, die sich anhand von Bescheiden der Agentur für Arbeit problemlos nachweisen lässt (*Lipke* FS Otto 2008, S. 293; *Schiefer/Köster/Korte* DB 2007, 1085; MHH-TzBfG/*Meinel* Rn 247).

Neben der klassischen Arbeitslosigkeit und **Beschäftigungslosigkeit sollen für die Erfüllung der Viermonatsfrist Anerkennung finden:** 674
– Bezug von Transferkurzarbeitergeld (§ 111 SGB III);
– Arbeitsbeschaffungsmaßnahmen und Arbeitsgelegenheiten nach dem SGB II und SGB III;
– Beschäftigung als Unselbständiger, Selbständiger oder mithelfender Familienangehöriger bei einer Arbeitszeitinanspruchnahme von weniger als 15 Stunden wöchentlich (hierzu aA die hM; s. Rdn 671 f.).

Der **Fortbestand eines Arbeitsverhältnisses** hindert daher in diesen Fällen nicht die **Annahme einer Beschäftigungslosigkeit** iSv § 14 Abs. 3 TzBfG. Als beschäftigungslos gelten insoweit auch Arbeitnehmer, die an Maßnahmen der aktiven Arbeitsförderung teilgenommen haben. Hier gibt für den Gesetzgeber die **drohende Arbeitslosigkeit** für eine Gleichsetzung mit der »Arbeitslosigkeit« den Ausschlag. Das trifft auch für die Zeiträume eines Bezugs von Transferkurzarbeitergeld zu, da der Arbeitnehmer nicht mehr am aktiven Arbeitsprozess teilnehme, nachdem infolge einer Betriebsänderung Beschäftigungsmöglichkeiten fortgefallen seien. Bei den Maßnahmen der aktiven Arbeitsförderung bleibt das **Gesetz** – wohl im Blick auf den ständigen Wandel der Instrumentarien – **sehr unscharf**. Deshalb werden auch hier Zweifel daran laut, ob unionsrechtliche Vorgaben aus der Mangold-Entscheidung ordnungsgemäß umgesetzt worden sind (*Preis/Temming* NZA 2010, 185, 196 f.; dagegen *Dörner* Befr. Arbeitsvertrag Rn 520, der eine unionsrechtskonforme Auslegung für möglich erachtet). In Betracht kommen aber nur Maßnahmen, die Beschäftigung schaffen sollen. Förderungen, die ein bestehendes Arbeitsverhältnis voraussetzen, dürften nicht darunterfallen (wohl ebenso ErfK-*Müller-Glöge* Rn 111e; APS-*Backhaus* Rn 645 f). **Nicht als Beschäftigung iSv § 138 Abs. 1 Nr. 1 SGB III** zählen Arbeitstherapien als Maßnahmen der Kranken- und Heilbehandlung oder medizinischen Rehabilitation, gemeinnützige und zusätzliche Arbeiten bzw Arbeitsgelegenheiten, wenn dafür nur eine Entschädigung für die Mehraufwendungen oder Hilfe zum Lebensunterhalt gezahlt wird (ErfK-*Müller-Glöge* Rn 111b; APS-*Backhaus* Rn 638; *Brand/Brand* SGB III § 138 Rn 12 f.) und schließlich in bestimmten Grenzen ehrenamtliche Tätigkeit (*Lüdtke* LPK-SGB III § 119 Rn 13).. *Müller-Glöge* will die Zeit eines laufenden Kündigungsschutzprozesses nach unwirksamer Kündigung ohne vorläufige Weiterbeschäftigung ebenfalls als »Beschäftigungslosigkeit« werten (ErfK Rn 111b).

Die **Gleichsetzung von Arbeitslosigkeit und Beschäftigungslosigkeit** hängt mE mit der vergleichbaren sozialen Lage der Betroffenen zusammen, denen der Gesetzgeber mit der sachgrundlosen Befristung nach § 14 Abs. 3 TzBfG nF den Zugang zum ersten Arbeitsmarkt erleichtern will. Dabei werden die Langzeitarbeitslosen mit den in Qualifizierungs- und Förderungsmaßnahmen 675 stehenden Arbeitnehmern (Beschäftigungsgesellschaften) gleichbehandelt. Die **Brückenfunktion** der befristeten Beschäftigung soll ferner für Personen genutzt werden, die bisher **aus persönlichen Gründen** gehindert waren einer **Erwerbstätigkeit** nachzugehen. Hierzu werden als Beispiele die Pflege kranker Angehöriger, die Teilnahme an einer Rehabilitationsmaßnahme, die befristete Erwerbsunfähigkeit und die Verbüßung einer Freiheitsstrafe genannt. Aufgezählt werden schließlich die älteren Arbeitnehmer, die **nach Vollendung des 52. Lebensjahres** dem Arbeitsmarkt nur noch eingeschränkt zur Verfügung stehen. Damit werden ausdrücklich die **schwierigen persönlichen Situationen** am Arbeitsmarkt als Befristungsvoraussetzungen benannt, die den Anforderungen des **EuGH** in der **Mangold Entscheidung** genügen sollen (s. Rdn 651). Es werden indessen zu Recht Bedenken erhoben, ob die Erweiterung der Beschäftigungslosigkeit als Befristungsprivileg um heterogene Tatbestände, die erkennbar den Etat der BA entlasten sollen (Transferkurzarbeitergeld; AB-Fördermaßnahmen; Eingliederungszuschüsse), den Anforderungen des Gemeinschaftsrechts genügen (DDZ-*Wroblewski* Rn 242; mit Einschränkungen auch ErfK-*Müller-Glöge* Rn 111c; APS-*Backhaus* Rn 634, 639.; *Bayreuther* BB 2007, 1114), zumal in diesen Fällen die Arbeitsverhältnisse sogar noch rechtlich fortbestehen können.

676 Um dem Arbeitgeber die Prüfung der Voraussetzungen einer sachgrundlosen Befristung älterer Arbeitnehmer zu erleichtern, räumt der Gesetzgeber in der Gesetzesbegründung dem Arbeitgeber ein **Fragerecht zur »Beschäftigungslosigkeit«** des Arbeitnehmers ein (*Bader* NZA 2007, 717; *Sievers* Rn 649 f.; LS-*Schlachter* Rn 157; APS-*Backhaus* Rn 654; MHH-TzBfG/*Meinel* Rn 323; *Arnold/Gräfl* Rn 414). Der Arbeitnehmer ist demnach zur wahrheitsgemäßen Auskunft verpflichtet; andernfalls soll dem Arbeitgeber ein Recht auf Anfechtung nach § 123 BGB oder gar auf Kündigung nach § 313 BGB (Störung der Geschäftsgrundlage) zustehen (HWK-*Rennpferdt* Rn 188). Das Fragerecht ist der Aufklärungssituation im Rahmen des § 14 Abs. 2 TzBfG zur Feststellung einer befristungsschädlichen Vorbeschäftigung (derselbe Arbeitgeber) nachgebildet (*Schiefer/Köster/Korte* DB 2007, 1086), obwohl hier die Vorbeschäftigung keine Rolle spielt. Allerdings ist wegen der komplexen sozialrechtlichen Sachverhalte mit einem **höheren Befragungsaufwand** zu rechnen, da Beschäftigungslosigkeit selbst dann vorliegen kann, wenn keine Arbeitslosmeldung besteht und der Arbeitnehmer keine Leistungen bezogen hat (APS-*Backhaus* Rn 655). Legt der Arbeitnehmer hierzu einen Nachweis über den viermonatigen Bezug von Arbeitslosengeld vor, ist der Arbeitgeber auf der sicheren Seite (*Schaub/Koch* § 39 Rn 23). Im Falle **beiderseitigen Irrtums** zu den Voraussetzungen anzunehmender Beschäftigungslosigkeit trägt der Arbeitgeber das Risiko eines dann unbefristeten Arbeitsverhältnisses, da hier die Grundregel des § 16 S. 1 TzBfG zum Tragen kommt und eine gesonderte Bestimmung wie in Satz 2 des § 16 fehlt (aA ErfK-*Müller-Glöge* Rn 113, Kündigungsmöglichkeit nach § 313 Abs. 3 S. 2 BGB). Zu den parallelen Rechtsfragen vgl. daher Rdn 598 ff.

c) Höchstbefristung

677 Aus der beiläufigen Kritik des *EuGH* in der Rechtssache **Mangold** (25.11.2005 EzA § 14 TzBfG Nr. 21 m. Anm. *Kamanabrou*), dass Arbeitnehmern ab dem 52. Lebensjahr »bis zum Erreichen des Alters, ab dem sie ihre Rentenansprüche geltend machen können, befristete, unbegrenzt häufig verlängerbare Arbeitsverträge angeboten werden können«, hat der Gesetzgeber die **Notwendigkeit einer zeitlichen Begrenzung der Vertragsdauer** erkannt. Dabei hat er sich auch auf die Eckpunkte der Befristungsrichtlinie 1999/70/EG in der in Bezug genommenen **Rahmenvereinbarung zu § 5** besonnen. Danach muss zumindest eine der dort genannten Beschränkungen zur sachgrundlosen Befristung vorgenommen werden (vgl. Rdn 18 f., Rdn 520).

678 Abs. 3 S. 1 sieht deshalb eine **fünfjährige Höchstdauer** der sachgrundlosen Befristung mit einem Arbeitnehmer nach Vollendung des 52. Lebensjahres und mindestens viermonatiger vorangehender Beschäftigungslosigkeit vor. Die zu treffende schriftliche Befristungsabrede nach Abs. 4 muss keinen Hinweis auf die rechtliche Grundlage der Befristung enthalten.

679 Es kommen nach der Neufassung des Gesetzes **nur noch kalendermäßige Befristungen** in Betracht. Diese Frist ist ab rechtlichen Beginn des befristeten Arbeitsverhältnisses, nicht ab dem Zeitpunkt

des Vertragsabschlusses nach §§ 187 Abs. 2 S. 1 und 188 Abs. 2 BGB zu berechnen (APS-*Backhaus* Rn 649, 650; ErfK-*Müller-Glöge* Rn 112, 112a). Damit kommt eine neue Zeitspanne in das Befristungsrecht, der schon von der Dauer her europarechtliche Bedenken begegnen (*Kohte* AuR 2007, 168 f., der nach den sachlichen Gründen für die Fünfjahresfrist fragt). Neben der **zweijährigen** sachgrundlosen Befristung nach § 14 Abs. 2 und der **vierjährigen** sachgrundlosen Befristung für Arbeitsverhältnisse mit Existenzgründern tritt nun die **fünfjährige** sachgrundlose Befristung für ältere Arbeitnehmer. Eine **Sperre durch Vorbeschäftigung** gibt es – anders als in § 14 Abs. 2a TzBfG – in § 14 Abs. 3 TzBfG nicht (BT-Drucks. 16/3793 S. 24; *Bader* NZA 2007, 716).

Eine **Unterbrechung des Fünfjahreszeitraums** ist nicht statthaft, da der arbeitsvertragliche Rahmen fünf Jahre nicht überschreiten soll. Es stellt sich aber die Frage, ob **ein und derselbe Arbeitgeber** nach einer mindestens **viermonatigen Beschäftigungslosigkeit** denselben Arbeitnehmer **erneut für fünf Jahre** sachgrundlos befristet beschäftigen darf. Ist der Arbeitnehmer unter den Voraussetzungen des Abs. 3 S. 1 insgesamt fünf Jahre lang befristet beschäftigt gewesen, könnte er nach dem **Wortlaut des Gesetzes** bspw. im Alter von 58 Jahren wiederum sachgrundlos bei **demselben Arbeitgeber** beschäftigt werden (so *Grimm/Brock* ArbRB 2007, 157; HaKo-TzBfG/*Boecken* Rn 185; zurückhaltend ErfK-*Müller-Glöge* Rn 112b; *Schiefer/Köster/Korte* DB 2007, 1083 f.; MHH-TzBfG/*Meinel* Rn 253; *Bayreuther* BB 2007, 1114 f.). Grenzziehungen wie in Abs. 2 (Neueinstellung; derselbe Arbeitgeber) und in Abs. 2a (vier Jahre nach Existenzgründung) gibt es hier nicht. Das hängt damit zusammen, dass der Gesetzgeber auf die **persönliche Lage des Arbeitnehmers am Arbeitsmarkt** abstellt. Diese Situation kann sich nach Ablauf der Fünfjahresfrist aber wiedereinstellen. Eine erneute sachgrundlose Einstellung bei einem **anderen Arbeitgeber** wäre vom Wortlaut, Sinn und Zweck der Regelung unproblematisch, soweit kein **Rechtsmissbrauch** gegeben ist (dazu Rdn 685 f.). 680

Es hilft, da die Gesetzesbegründung insoweit schweigt, nur eine **gemeinschaftskonforme Auslegung** der **Fünfjahresfrist** (so jetzt auch *BAG* 28.5.2014 EzA § 14 TzBfG Nr. 104, Rn 36; HaKo-KSchR/*Mestwerdt* Rn 239). Der Gesetzgeber will damit die europarechtlichen Beschränkungen der Befristungsrichtlinie 1999/70/EG erfüllen. Damit verträgt sich nicht, **demselben Arbeitgeber** nach **zwischengeschalteter viermonatiger Beschäftigungslosigkeit** zu gestatten, den älteren Arbeitnehmer erneut fünf »offene« Jahre mit beliebigen Verlängerungen sachgrundlos zu beschäftigen. In einem solchen Fall ist anzunehmen, dass eine dauerhafte Beschäftigung möglich und deshalb eine unbefristete Beschäftigung geboten wäre. Die **Befristungsrichtlinie** 1999/70/EG dient immerhin der **Sicherung des regelmäßig unbefristeten Arbeitsverhältnisses** (st. Rspr des EuGH zB *EuGH* 10.3.2011, EzA § 14 TzBfG Nr. 69 Kumpan). Wiederholte sachgrundlose Befristungen werden vom EuGH grds. missbilligt (*Wiedemann* FS Otto 2008, S. 617 unter Auswertung der Mangold-Entscheidung). Jedenfalls würden die mit der Richtlinie 1999/70/EG verfolgten Begrenzungen von sachgrundlosen Befristungen unterlaufen, wenn sie mit kurzer zeitlicher Unterbrechung erneut wiederaufgenommen werden könnten. Einen **Sachgrund der Altersbefristung gibt es nicht**, insoweit können die Maßstäbe zu § 14 Abs. 1 TzBfG hier nicht gelten (jetzt auch ErfK-*Müller-Glöge* Rn 110b; *S. Müller* Beschäftigung von Rentnern, Diss. 2015, 177; dazu s.a. Rdn 661 aE). Allein das Überschreiten einer Altersgrenze und das Hinzutreten einer viermonatigen Beschäftigungslosigkeit geben keine Gewähr dafür, dass eine Befristung in diesen Arbeitsverhältnissen nicht zur Regel wird und ältere Arbeitnehmer das Normalarbeitsverhältnis überhaupt nicht mehr erreichen können. Das ergibt sich auch aus den Erwägungen des *EuGH* in Sachen Adeneler (4.7.2006 EzA Richtlinie 99/70 EG-Vertrag 1999 Nr. 1) und **Marruso, Sardino** (7.9.2006 NZA 2006, 1265), die in derartigen nationalen Regelungen (Wiederholung einer sachgrundlosen Befristung mit demselben Arbeitgeber nach kurzer Unterbrechung) einen Verstoß gegen den Sinn und Zweck der Richtlinie erkennen (vgl dazu Rdn 27 ff.). Im konkreten Einzelfall wäre dann überdies die Ausnutzung der persönlichen Notlage des älteren Arbeitnehmers unter den Voraussetzungen des **§ 10 AGG** zu überprüfen (*Bayreuther* BB 2007, 1114); ebenso wäre eine unzulässige **Altersdiskriminierung** wegen Überschreitens eines gewissen Lebensalters in Betracht zu ziehen, ohne dass dafür legitime sozial- oder beschäftigungspolitische Zielsetzungen verfolgt werden (vgl. *EuGH* 12.10.2010 EzA § 620 BGB 2002 Altersgrenze Nr. 9 **Rosenbladt**; vgl. Rdn 414, 435). Die **Höchstbefristung** muss deshalb für **ein und denselben Vertragsarbeitgeber dauerhaft verbindlich** sein (ebenso *Bader* NZA 2007, 716; *Lipke* FS 681

Otto 2008, S. 296; APS-Backhaus Rn 649 f; HaKo-KSchR/*Mestwerdt* Rn 239; HWK-*Rennpferdt* Rn 181; LS-*Schlachter* Rn 159; *Staudinger/Preis* [2019] § 620 BGB Rn 212; *Sievers* Rn 635; *Lakies* Befr. Arbeitsverträge Rn 236; *Heuschmid* AuR 2014, 221; DDZ-*Wroblewski* Rn 243, der indessen die Regelung für insgesamt europarechtswidrig hält; **ohne Einschränkung zulässig:** HaKo-TzBfG/ *Boecken* Rn 185; *Schaub/Koch* § 39 Rn 24; MHH-TzBfG/*Meinel* Rn 253; *Schiefer/Köster/Korte* DB 2007, 1081, 1083; *Grimm/Brock* ArbRB 2007, 154, 157; wohl auch AR-*Schüren/Moskalew* Rn 94), um ein Ausufern der Regelung zu verhindern. Nach fünfjähriger sachgrundloser Beschäftigung wird der Arbeitgeber einschätzen können, ob er den Arbeitnehmer in einem unbefristeten oder mit Sachgrund befristeten Arbeitsverhältnis weiter anstellen will. Es steht dann auch zu vermuten, dass ein **dauerhafter Beschäftigungsbedarf** besteht (LS-*Schlachter* Rn 159, die hierbei zutr. auf die EuGH-Entscheidung v. 23.4.2009 AP Nr. 6 zu Richtlinie 99/70/EG Angelidaki verweist). Das BAG (28.5.2014 EzA § 14 TzBfG Nr. 104, Rn 36, 41) macht nun deutlich, dass eine **wiederholte Inanspruchnahme** von 14 Abs. 3 durch denselben Arbeitgeber **weder unionsrechtlich noch verfassungsrechtlich haltbar** ist und zeigt dazu den Weg einer einschränkenden Auslegung oder einer teilweisen Unanwendbarkeit der Norm auf.

d) Verlängerung

682 Innerhalb der **Fünfjahresfrist** sind **beliebig viele Verlängerungen** zugelassen, um ein Höchstmaß an **Flexibilität für den Arbeitgeber** zu eröffnen. Abgesehen von den **Formerfordernissen**, die sich aus § 14 Abs. 4 TzBfG und aus dem Abschluss vor Ende der laufenden Befristung ergeben, gelten daher die Regeln zu § 14 Abs. 2 und 2a TzBfG. Als **Verlängerung** ist demnach die **einvernehmliche Abänderung** des zunächst für die Befristung vorgesehenen **Endtermins** zu verstehen, wobei im Grundsatz die **bisherigen Arbeitsbedingungen** beibehalten werden müssen (sehr streitig s. Rdn 539; *BAG* 23.8.2006 EzA § 14 TzBfG Nr. 33; *LAG MV* 19.6.2020 – 5 Sa 189/19, Rn 32; *Schaub/Koch* § 39 Rn 24; *Sievers* Rn 644, 646; krit. insoweit *Schiefer/Köster/Korte* DB 2007, 1084, die hier insoweit mehr Flexibilität einfordern). Innerhalb des Fünfjahreszeitraums der Höchstbefristung darf es **bei Verlängerungen** zu **keiner Unterbrechung** kommen, ansonsten handelt es sich um einen Neuabschluss der Befristung (ErfK-*Müller-Glöge* Rn 112a; *Kleinebrink* MDR 2007, 766; HWK-*Rennpferdt* Rn 190; HaKo-KSchR/*Mestwerdt* Rn 240, 193 ff.). Nach dem hier vertretenen Standpunkt muss es allerdings in einem solchen Fall möglich sein, den Arbeitnehmer nach viermonatiger Beschäftigungslosigkeit erneut nach § 14 Abs. 3 TzBfG sachgrundlos zu beschäftigen, soweit die **fünfjährige Höchstbefristung** bei demselben Arbeitgeber **noch nicht ausgeschöpft** worden ist. Kommt es zu rechtlichen Fehlern bei den Verlängerungen oder wird die Höchstbefristung überschritten, gelangt der Arbeitnehmer nach § 16 S. 1 TzBfG in ein unbefristetes Arbeitsverhältnis.

683 **Keine Verlängerung** ist darin zu sehen, dass im Zeitraum einer laufenden Befristung mit oder ohne Sachgrund nacheinander die gesetzlichen Möglichkeiten von ein und demselben Arbeitgeber ausgeschöpft werden. Nach einer **Sachgrundbefristung** zB wegen einer Krankheitsvertretung kann sich, soweit die übrigen Voraussetzungen (Lebensalter, Beschäftigungslosigkeit) erfüllt sind, eine sachgrundlose Befristung nach § 14 Abs. 3 TzBfG anschließen. Die Angabe eines Sachgrunds im Arbeitsvertrag steht einer sachgrundlosen Befristung nach § 14 Abs. 3 TzBfG nicht entgegen (*LAG Hamm* 11.12.2014 – 15 Sa 1014/14). Eine weitere **Kombination** kann auch darin bestehen, nach einer sachgrundlosen Befristung in einer **Existenzgründerfirma** über eine Zeitspanne von vier Jahren (**Abs. 2a**) und nach kurzer Arbeitslosigkeit oder einer öffentlich geförderten Qualifizierung von vier Monaten bei entsprechendem höheren Lebensalter nach § 14 Abs. 3 TzBfG erneut mit mehreren Verlängerungen für **insgesamt fünf Jahre** in das Unternehmen zurückzukehren. Es gilt im Anwendungsbereich des § 14 Abs. 3 TzBfG bis auf den Zeitabstand der viermonatigen Beschäftigungslosigkeit **kein Vorbeschäftigungsverbot** zu demselben Arbeitgeber. Allerdings sind dann die neu gestalteten **Eingliederungszuschüsse** und **Entgeltsicherungen** (vgl. Rdn 397 ff.) vom Arbeitgeber oder vom Arbeitnehmer aufgrund der **zeitnahen Wiederverwendung** nicht zu erlangen. Damit wird eine derart missbräuchliche Aneinanderreihung von befristeten Arbeitsverhältnissen jedenfalls nicht finanziell gefördert. Dagegen ist es nicht zu beanstanden nach Ablauf von fünf Jahren in einem Befristungsverhältnis nach § 14 Abs. 3 TzBfG in eine **Befristung mit Sachgrund zu wechseln** (zB

Vertretung nach § 14 Abs. 1 Nr. 3 TzBfG) oder umgekehrt im Hochschul- und Forschungsbereich nach Ausschöpfung der gesetzlichen Höchstbefristung (12 bzw. 15 Jahre, § 2 Abs. 1 WissZeitVG oder mehrfachen Projektbefristungen nach § 14 Abs. 1 Nr. 1 TzBfG) in die Altersbefristung nach § 14 Abs. 3 TzBfG zu wechseln (ErfK-*Müller-Glöge* Rn 112b; LS-*Schlachter* Rn 158).

Das **besondere Verhältnis von § 14 Abs. 3 TzBfG zu § 41 S. 2 und 3 SGB VI** wird näher erläutert bei KR-*Bader/Kreutzberg-Kowalczyk* § 23 TzBfG Rdn 21 ff. und hier Rdn 423 ff. **Satz 2** betrifft einzelvertragliche Vereinbarungen, nach denen das Arbeitsverhältnis zu dem Zeitpunkt endet, zu dem der Arbeitnehmer die Möglichkeit hat, vor Erreichen der Regelaltersgrenze eine Rente wegen Alters zu beantragen (*BAG* 4.11.2015 EzA § 17 TzBfG Nr. 21, Rn 31). Aufgrund dieser Regelung verlängert sich ein nach § 14 Abs. 3 TzBfG befristeter Vertrag bis zum Erreichen der Regelaltersgrenze, wenn dem Arbeitnehmer bei Auslaufen der Befristung vor Erreichen der Regelaltersgrenze kein Anspruch auf Altersrente zusteht (ErfK-*Rolfs* § 41 SGB VI Rn 18 f.; APS-*Backhaus* § 23 TzBfG Rn 11 unter Berufung auf *BAG* 17.4.2002 EzA § 41 SGB VI Nr. 11; *Sievers* Rn 647 f.; *Poguntke* NZA 2014, 1373; wohl auch HWK-*Rennpferdt* Rn 191). Die in **Satz 3** geschaffene Möglichkeit den **Beendigungszeitpunkt des Arbeitsverhältnisses über die Regelaltersgrenze hinaus** ggf. **mehrfach hinauszuschieben** benachteiligt nicht wegen des Alters. Sie erfolgt freiwillig und schafft erweiterte Beschäftigungsmöglichkeiten. Auch ein Verstoß gegen die europäische Befristungsrichtlinie liegt nach Ansicht des EuGH nicht vor (28.2.2018 NZA 2018, 355; Rn 33 **John**). Es handelt sich um einen **besonderen Fall der sachgrundlosen Befristung** (ebenso *Brock* öAT 2018, 67). Es ist daher nicht erforderlich den Zeitrahmen unionsrechtskonform abzusichern (dafür aber *Kiel* NZA-Beil. 2/2016, 72, 81). 684

5. Verhinderung von Rechtsmissbrauch

§ 14 Abs. 3 TzBfG erlaubt nicht die Wegbereitung eines **modernen Tagelöhnertums** wie es sich aus der Zusammenschau der gesetzlich erlaubten sachgrundlosen Befristungsmöglichkeiten der Abs. 2, 2a und 3 des § 14 TzBfG ergibt (*Kiel* NZA-Beil. 2/2016, 72, 79). Sowohl die Existenzgründerbefristung als auch die Befristung für ältere Arbeitnehmer lassen in vier bzw. fünf Jahren eine nahezu **unbegrenzte Anzahl von Verlängerungen sachgrundloser Befristungen** zu. Der Arbeitgeber, der eine **Daueraufgabe** zu vergeben hat, kann sich durch geschickte Ausnutzung aller Befristungsmöglichkeiten den gesetzlichen Kündigungsschutz »vom Hals halten« (vgl. auch *LAG Bln.* 7.1.2005 LAGE § 14 TzBfG Nr. 19a). Die unbegrenzte Kombination mehrerer sachgrundloser Befristungsmodelle ist daher verfassungsrechtlich bedenklich und durch den **Richter** einzuschränken. Die letztlich **verfassungsrechtlichen Erwägungen** zum Verhältnismäßigkeitsgrundsatz in **Art. 12 GG** stehen im **Einklang mit der Befristungsrichtlinie** 1999/70/EG, die nach gefestigter Rechtsprechung des EuGH (zB *EuGH* 23.4.2009 AP Nr. 6 zu Richtlinie 99/70/EG **Angelidaki** und *EuGH* 10.3.2011 EzA § 14 TzBfG Nr. 69 **Kumpan**) ebenfalls Auswüchse in dem Einsatz befristeter Arbeitsverträge beschneiden will (s. Rdn 619, 621). Schließlich hat der Gesetzgeber – anders als nach Abs. 2 und Abs. 2a der Vorschrift – für die sachgrundlose Befristung älterer Arbeitnehmer **keine tarifdispositiven Regelungen** zugelassen, was ebenso für eine Begrenzung des Anwendungsbereichs der Befristungsprivilegierung spricht (*Lipke* FS Otto 2008, S. 297). 685

Als Handwerkszeug stehen hier dem Richter neben der **unionsrechtlich obligatorischen Rechtsmissbrauchsprüfung** (§§ 138, 242 BGB; *BAG* 19.3.2014 NZA 2014, 840, Rn 21; näher dazu allgemein Rdn 178, 185, 585), und die neuen **Diskriminierungsverbote des AGG** zur Verfügung. **§ 15 Abs. 6 AGG** wird insoweit durch § 16 S. 1 TzBfG überboten. Hiermit sind kurzzeitige sachgrundlose Kettenbefristungen ebenso zu unterbinden wie das »**Jonglieren« mit allen sachgrundlosen Befristungsmodellen** (vgl. Rdn 562 ff., 616 ff., 640). Zu denken ist dabei an Folgearbeitsverhältnisse mit dem früheren Entleiher (vgl dazu *BAG* 9.3.2011 EzA § 14 TzBfG Nr. 75; *LAG Nds.* 30.5.2006 – 13 Sa 1863/05), aufeinander folgende Arbeitsverhältnisse mit verschiedenen Unternehmen eines gemeinschaftlich geführten Betriebes (vgl. *BAG* 25.4.2001 EzA § 1 BeschFG 1985 Nr. 25), sich einander anschließende Arbeitsverhältnisse mit verschiedenen Konzernunternehmen und wiederholte sachgrundlose Befristungen im Zusammenhang mit Betriebsübergängen und Unternehmensverschmelzungen (vgl. *BAG* 10.11.2004 EzA § 14 TzBfG Nr. 15 zur Rechtslage 686 bis März 2002). Voraussetzung eines **individuellen Rechtsmissbrauchs** ist indessen neben dem objektiv nachweisbaren Wechsel des jeweils sachgrundlos beschäftigten Arbeitnehmers zwischen zwei oder mehr miteinander rechtlich oder tatsächlich verbundenen Vertragsarbeitgebern der Nachweis des arbeitgeberseitigen **Umgehungswillens** (vgl. *LAG BW* 14.9.2005 – 13 Sa 32/05, Rn 98 ff.), soweit nicht auch hier die Regeln des **institutionellen Rechtsmissbrauchs** Anwendung finden (*LAG SchlH* 30.11.2011 – 6 Sa 311/11, Rn 30; vgl. auch *Kiel* NZA-Beil. 2/2016, 72, 79).

6. Darlegungs- und Beweislast

687 Die **Darlegungs- und Beweislast** für die Erfüllung der Voraussetzungen einer Befristungsmöglichkeit nach § 14 Abs. 3 TzBfG (Lebensalter, Zeiten der Beschäftigungslosigkeit) trägt der insoweit begünstigte **Arbeitgeber** (*Grimm/Brock* ArbRB 2007, 154, 157; HaKo-TzBfG/*Boecken* Rn 187; abgestufte Darlegungs-und Beweislast ErfK-*Müller-Glöge* Rn 113a; APS-*Backhaus* Rn 656). Da negative Anwendungsvoraussetzungen in Abs. 3 anders als in den Abs. 2 und 2a nicht vorgesehen sind, stellen sich die dortigen Fragen hier nicht. **Ausführlich dazu** s. Rdn 758 ff. Hingegen trägt für die Tatsachen eines **Rechtsmissbrauchs** derjenige die Darlegungs- und Beweislast, der sich auf eine rechtsmissbräuchliche Umgehung des Gesetzes beruft, im Zweifel also der **Arbeitnehmer**. Zwar hat sich der Arbeitgeber auf die Behauptung des Arbeitnehmers einzulassen, der Arbeitgeberwechsel habe nur der Umgehung des TzBfG gedient. Dazu genügt der **Vortrag eines Sachverhalts, der die Missbräuchlichkeit der Befristung indiziert** (abgestufte Darlegungs- und Beweislast, § 138 ZPO). Der Arbeitgeber hat sich dann substantiiert darauf einzulassen, also die Gründe konkret zu benennen, die einen Missbrauch ausschließen (*BAG* 19.3.2014 EzTöD 100 § 30 Abs. 1 TVöD – AT Sachgrundlose Befristung Nr. 29, Rn 26; 4.12.2013 EzA § 14 TzBfG Nr. 100, Rn 26; *LAG Nds.* 30.5.2006 – 13 Sa 1863/05). Nach tatrichterlicher Würdigung gem. § 286 ZPO verbleibt indessen beim Arbeitnehmer das Risiko der Unbeweisbarkeit (non liquet; *BAG* 25.4.2001 EzA § 1 BeschFG 1985 Nr. 25; *LAG BW* 14.9.2005 – 13 Sa 32/05; *LAG Nds.* 29.1.2003 EzAÜG § 14 TzBfG Nr. 1). Soweit das **AGG** als Prüfungsmaßstab herangezogen wird, kommen dem **Arbeitnehmer** die Beweiserleichterungen des § 22 AGG zugute, wonach er nur Indizien für eine Benachteiligung beweisen muss, um die Beweislast des Arbeitgebers für einen fehlenden Gesetzesverstoß auszulösen. Allerdings stehen ihm im Anwendungsbereich des AGG nur ein Entschädigungs- und/oder ein Schadensersatzanspruch zu (§ 15 Abs. 1, 2 und 6 AGG). Es ist zu erwägen, die Regelung des § 22 AGG in allen Fällen vermuteten Rechtsmissbrauchs entsprechend anzuwenden.

D. Das Schriftformgebot (§ 14 Abs. 4 TzBfG)

I. Rechtsentwicklung

1. Gesetzgebungsverfahren

688 Zum 1.1.2001 hat § 14 Abs. 4 TzBfG das zuvor in § 623 BGB aF niedergelegte Schriftformerfordernis zur Befristungsabrede ersetzt. Dem vorangegangen war ein Entwurf des Bundesministeriums für Arbeit und Sozialordnung vom 5.9.2000 (III a4/III, a1-31325), der neben einem schriftlichen **Zitiergebot** noch die **Angabe des Sachgrundes** zur Zulässigkeitsvoraussetzung einer Befristung machte (RefE, abgedr. in NZA 2000, 145). Es folgte nach Kritik (zB *Bauer* NZA 2000, 1039; *Schiefer* DB 2000, 2123) am 27.9.2000 ein modifizierter Gesetzentwurf der Bundesregierung, der vorsah, dass der befristete Arbeitsvertrag schriftlich zu schließen sei und der Arbeitsvertrag ohne Schriftform die Befristung unzulässig mache. Dieser Entwurf wurde in den Bundestag eingebracht (Gesetz über Teilzeit und befristete Arbeitsverträge und zur Änderung und Aufhebung arbeitsrechtlicher Bestimmungen; BT-Drucks. 14/4374 S. 9). Die geplante Schriftform des befristeten Arbeitsvertrages anstelle der Befristungsabrede fand Zustimmung (*Blanke* AiB 2000, 735; *Hegner* S. 67), aber auch Ablehnung (*Preis/Gotthardt* DB 2000, 2073; *dies.* DB 2001, 150; *Schiefer* DB 2000, 2123).

689 **Gesetz geworden** ist § 14 Abs. 4 TzBfG in der von dem (11.) **Ausschuss für Arbeit und Sozialordnung** unter dem 15. November 2000 empfohlenen Fassung (Beschlussempfehlung und Bericht des

Ausschusses, BT-Drucks. 14/4625, S. 11). Durch Art. 2 Nr. 2 des **am 1. Januar 2001 in Kraft getretenen** Gesetzes über Teilzeitarbeit und befristete Arbeitsverträge und zur Änderung und Aufhebung arbeitsrechtlicher Bestimmungen (**Teilzeit- und Befristungsgesetz – TzBfG**) vom 21. Dezember 2000 (BGBl. I S. 1966) wurden in **§ 623 BGB** die Wörter »sowie die Befristung« mit Blick auf die durch Art. 1 dieses Gesetzes eingeführte Bestimmung des § 14 Abs. 4 TzBfG (»Die Befristung eines Arbeitsvertrages bedarf zu ihrer Wirksamkeit der Schriftform«), **also nach nur achtmonatiger Geltung, ohne Übergangsregelung** wieder gestrichen. Das Wort »bedürfen« in § 623 BGB wurde nicht gleichzeitig in »bedarf« geändert, ist aber zur Vermeidung eines Torsos so zu lesen. Soweit es um die **Befristung** geht, ist aufgrund der durch Art. 2 Nr. 1b des vorgenannten Gesetzes angefügten Regelung in **§ 620 Abs. 3 BGB neu** (»Für Arbeitsverträge, die auf bestimmte Zeit abgeschlossen werden, gilt das Teilzeit- und Befristungsgesetz«) nunmehr **allein § 14 Abs. 4 TzBfG** maßgebend.

2. Folgen der Auslagerung des Schriftformzwanges aus § 623 BGB/»Elektronische Form«

Mit der erst auf der Beschlussempfehlung und dem Bericht des Ausschusses für Arbeit und Sozialordnung vom 15. November 2000 (BT-Drucks. 14/4625, S. 13, 21) beruhenden und Gesetz gewordenen Streichung der Wörter in der alten Fassung des § 623 BGB sollte nach dem Willen der Initiatoren eine »**Parallelregelung** ... inhaltlich übereinstimmend mit **§ 623** des Bürgerlichen Gesetzbuches« **vermieden werden**. Da sich die Motive des Gesetzgebers nicht weiter aufklären lassen, ist aufzuzeigen, welche **Folgen** die Auslagerung des Schriftformerfordernisses für Befristungsabreden aus § 623 BGB der alten Fassung nach § 14 Abs. 4 TzBfG nach sich gezogen hat.   690

Anders als § 623 BGB der alten Fassung redet § 14 Abs. 4 TzBfG ohne erkennbaren Grund statt von »Arbeitsverhältnis« von »Arbeitsvertrag«. **Daran** wird nunmehr deutlich, dass **lediglich die Befristungsabrede der Schriftform unterfällt** (MüKo-*Hesse* Rn 119), **nicht aber der Abschluss eines befristeten Arbeitsvertrags überhaupt**. Darüber hinaus wird deutlich, dass lediglich die Befristungsabrede eines **Arbeitsvertrages** (oder Arbeitsverhältnisses), **nicht** aber eines **Dienstvertrages** dem **Schriftformzwang** unterliegt (*BAG* 3.9.2003 EzA § 14 TzBfG Nr. 4; 26.7.2006 EzA § 14 TzBfG Nr. 30; LS-*Schlachter* Rn 162; ErfK-*Müller-Glöge* Rn 114; *Dörner* FS Richardi 2007, S. 219, 223), nicht dagegen in **Tarifverträgen** oder **Betriebsvereinbarungen** geregelte Befristungen, soweit diese **vollständig in Bezug genommen** werden (*BAG* 23.7.2014 EzA § 14 TzBfG Nr. 106, Rn 27, 35 ff.; *BAG* 5.3.2013 EzA § 77 BetrVG 2001 Nr. 35, Rn 29 ff.; *Kiel* NZA-Beil. 2/2016, 72, 73; aA *Schneider* RdA 2015, 263). Ferner ist darauf hinzuweisen, dass der Gesetzentwurf zur Anpassung der Formvorschriften des Privatrechts und andere Vorschriften an den modernen Rechtsgeschäftsverkehr (Gesetzentwurf der Bundesregierung vom 8. September 2000, BR-Drs. 535/00) sich zu dem Schriftformzwang des § 14 Abs. 4 TzBfG nicht verhielt. Über den aufgrund Art. 1 des Gesetzes zur Anpassung der Formvorschriften des Privatrechts an den modernen Rechtsgeschäftsverkehr vom 13. Juli 2001 (BGBl. I S. 1542) eingeführten § 126a Abs. 1 BGB nF kann aber seit 1. August 2001 die **schriftliche durch die elektronische Form ersetzt werden** (vgl. § 126 Abs. 3 BGB nF), obzwar dies für § 623 BGB abgelehnt worden war. Vgl. KR-*Spilger* § 623 BGB Rdn 15.   691

Nach dem Vorstehenden wird schwerlich vertreten werden können (so aber wohl *Dassau* ZTR 2001, 64, 70; *Kliemt* NZA 2001, 296, 301; *Nielebock* AiB 2001, 75, 81), dass die Auslagerung des Schriftformerfordernisses für Befristungsabreden aus § 623 BGB aF nach § 14 Abs. 4 TzBfG keinerlei Folgen gehabt haben soll. Dagegen spricht schon, dass auch der **Formmangel nach § 17 TzBfG gerichtlich geltend zu machen ist** (*BAG* 6.4.2011 EzA § 17 TzBfG Nr. 13; näher dazu KR-*Bader* § 17 TzBfG Rdn 5).   692

II. Normzweck

1. Gesetzesbegründung

Der Zweck des Schriftformerfordernisses in **§ 14 Abs. 4 TzBfG** dürfte sowohl nach dem Referententwurf als auch nach dem Gesetzentwurf der Bundesregierung im Interesse der »Rechtsklarheit« liegen. Aufgrund der Fassung des § 14 Abs. 4 TzBfG in der durch den (11.) Ausschuss für Arbeit   693 und Sozialordnung vorgeschlagenen Form (s. Rdn 690), wonach es sich bei § 14 Abs. 4 TzBfG (hinsichtlich der Befristung) um eine Parallelregelung zu § 623 BGB gehandelt hätte, wenn aus letzterer Vorschrift der Schriftformzwang für die Befristungsabrede nicht herausgenommen worden wäre, dürfte § 14 Abs. 4 TzBfG hinsichtlich der Befristung eben **den Zweck** erfüllen, den der Schriftformzwang für die Befristung auch in § 623 BGB aF erfüllen sollte. Demnach kommt der Vorschrift **Klarstellungs-, Beweis- und Warnfunktion** zu (*BAG* 3.9.2003 EzA § 14 TzBfG Nr. 4; APS-*Backhaus* Rn 663). Das Erfordernis der fristgebundenen Klage nach § **17 TzBfG** schützt dagegen die Interessen des Arbeitgebers und des Rechtsverkehrs an Rechtssicherheit und Rechtsklarheit (*BAG* 6.4.2011 EzA § 17 TzBfG Nr. 13) Vgl näher KR-*Spilger* § 623 BGB Rdn 17–21.

2. Formzweck nach BGB

694 Die Formzwecke, die den **bürgerlich-rechtlichen** Formvorschriften üblicherweise beigemessen werden (vgl. KR-*Spilger* § 623 BGB Rdn 18 ff.) gelten auch für § 14 Abs. 4 TzBfG. Daran ändert sich hinsichtlich des § **14 Abs. 4 TzBfG** nichts dadurch, dass es sich bei dem TzBfG um ein, aufgrund Art. 1 des Gesetzes über Teilzeitarbeit und befristete Arbeitsverträge und zur Änderung und Aufhebung arbeitsrechtlicher Bestimmungen vom 21. Dezember 2000 (BGBl. I S. 1966) erlassenes Gesetz handelt. Denn aufgrund Art. 2 Nr. 1b dieses Gesetzes ist durch die dort bestimmte Einfügung eines **Abs. 3 an § 620 BGB** (»Für Arbeitsverträge, die auf bestimmte Zeit abgeschlossen werden, gilt das Teilzeit- und Befristungsgesetz«) ein bei arbeitsrechtlichen Gesetzen sonst nicht anzutreffender **Zusammenhang zwischen TzBfG und Bürgerlichem Gesetzbuch** hergestellt. Allein diese Verknüpfung rechtfertigt es, bei der Auslegung und der Anwendung des § 14 Abs. 4 TzBfG die Formzwecke nach BGB mit zu berücksichtigen. Durch das Verbot der Abweichung zuungunsten des **Arbeitnehmers** in § 22 Abs. 1 TzBfG werden Verbesserungen zugunsten des Arbeitnehmers **nicht ausgeschlossen**.

3. Anwendungsbereich (§ 620 Abs. 3 BGB, § 21 TzBfG)

695 § 14 Abs. 4 TzBfG gilt im Rahmen des TzBfG, das seinerseits wiederum aufgrund § **620 Abs. 3 BGB** für Arbeitsverträge gilt, die auf bestimmte Zeit abgeschlossen werden. Wird der Arbeitsvertrag unter einer auflösenden Bedingung geschlossen, gilt § 14 Abs. 4 TzBfG aufgrund ausdrücklicher Anordnung in § **21 TzBfG** entsprechend. Darüber hinaus gilt § 14 Abs. 4 TzBfG **unabhängig** davon, ob und unter welchen Voraussetzungen und nach welcher **Rechtsquelle** auch immer ein Arbeitsvertrag befristet wird. Dies muss sich also **nicht** aus dem TzBfG selbst ergeben (APS-*Backhaus* Rn 666; *Bader/Bram-Bader* [2014] § 620 BGB Rn 249; *Dörner* Befr. Arbeitsvertrag Rn 74; *Annuß/ Thüsing/Maschmann* Rn 86; *Däubler* ZIP 2001, 217, 224; *Kliemt* NZA 2001, 296, 305). So sind ebenso Befristungen nach § **21 BEEG, dem PflegeZG, dem FPfZG, dem WissZeitVG, und dem ÄArbVtrG** der Schriftform nach § 14 Abs. 4 TzBfG unterworfen (vgl. *BAG* 20.8.2014 EzA § 286 ZPO 2002 Nr. 3, Rn 23; 13.6.2007 EzA § 14 TzBfG Nr. 40; *Staudinger/Preis* [2019] § 620 BGB Rn 220; *Schaub/Koch* § 38 Rn 51). § 14 Abs. 4 TzBfG gilt nicht nur für **Erstbefristungen**, sondern ebenso für **Verlängerungen** (*BAG* 26.7.2006 EzTöD 100 § 30 Abs. 1 TVöD-AT Hochschulen/Forschungseinrichtungen Nr. 2), Zweit- und Mehrfachbefristungen sowie für Umwandlungen eines unbefristeten in ein befristetes Arbeitsverhältnis (vgl. *BAG* 19.2.2014 EzA § 14 TzBfG Nr. 103, Rn 20; *Dörner* Befr. Arbeitsvertrag Rn 71; ErfK-*Müller-Glöge* Rn 115; HWK-*Rennpferdt* Rn 195). Nicht betroffen vom Schriftformgebot sind dagegen von Gesetzes wegen vorgesehene Befristungen wie nach § 21 BBiG (*Richardi* NZA 2001, 61; *Dörner* Befr. Arbeitsvertrag Rn 74). Ebenso unterfallen die **Befristungen einzelner Arbeitsbedingungen** nicht dem Schriftformerfordernis des § 14 Abs. 4 TzBfG (*BAG* 24.2.2016 EzA § 307 BGB 2002 Nr. 74, Rn 57; 3.9.2003 EzA § 14 TzBfG Nr. 4, Rn 12 f.; ErfK-*Müller-Glöge* Rn 114; *Sievers* Rn 656).

III. Unabdingbarkeit (§ 22 Abs. 1 TzBfG)

696 Anders als § 623 BGB wird § 14 Abs. 4 TzBfG nach Maßgabe des § 22 Abs. 1 TzBfG **ausdrücklich** für **unabdingbar** erklärt. Untersagt ist danach nur eine Abweichung **zuungunsten** des

Arbeitnehmers (*BAG* 23.4.2009 EzA § 16 TzBfG Nr. 1). Erfasst von § 22 Abs. 1 TzBfG ist jedwede untergesetzliche abweichende Rechtsquelle, also Tarifvertrag, Betriebsvereinbarung und Arbeitsvertrag. Es handelt sich bei § 14 Abs. 4 TzBfG mithin um ein **gesetzliches Schriftformerfordernis** (*Kliemt* NZA 2001, 296, 301).

»**Zuungunsten**« des Arbeitnehmers ist, bezogen auf § 14 Abs. 4 TzBfG, jedwede »**Aufweichung**« **des Schriftformzwangs**, etwa die Abrede, die intendierte Befristungsabrede durch Fotokopie, Telefax (Fernkopie) oder Computerfax, E-Mail oder SMS (telekommunikative Übermittlung iSd § 127 Abs. 2 S. 1 BGB), so nicht (im Falle der Übertragung im Wege elektronischer Daten) der **elektronischen Form** nach § 126a BGB genügt ist, oder unter Verwendung einer **anderen** als der in § 126a BGB bestimmten elektronischen Form (§ 127 Abs. 3 S. 1 BGB) zustande kommen zu lassen. **Zugunsten** des Arbeitnehmers dürften nur solche Abweichungen sein, die einen über § 14 Abs. 4 TzBfG hinausgehenden Formstandard – also eine zusätzliche **Erschwerung** – (dazu KR-*Spilger* § 623 BGB Rdn 254) aufstellen (vgl. *Däubler* ZIP 2001, 217, 225). Rechtsfolge ist auch bei dessen Verletzung dann die des § 16 TzBfG. Denn diese Norm unterscheidet nicht danach, ob die Befristung gemessen an den Regelungen des **TzBfG** oder aus **anderen** Gründen rechtsunwirksam ist (vgl. auch KR-*Lipke/Bubach* Erl. zu § 16 TzBfG). Hinsichtlich der Frage einer **Rechtswahl** gilt das zu § 623 BGB Gesagte (vgl näher KR-*Spilger* § 623 BGB Rdn 31 f.). 697

IV. Gegenstand des Schriftformzwanges

1. Befristung eines Arbeitsvertrages

Anders als § 623 BGB bezieht sich § 14 Abs. 4 TzBfG ausdrücklich auf die Befristung eines »Arbeitsvertrages«, wohingegen § 623 BGB auch in seiner alten Fassung jedenfalls der Sache nach auch hinsichtlich der Befristung nur von »Arbeitsverhältnissen« handelte (*BAG* 23.7.2014 EzA § 14 TzBfG Nr. 106, Rn 27). Ein Grund für die unterschiedliche Wortwahl ergibt sich aus den Gesetzesmaterialien nicht. Der Gesetzgeber verwendet die Begriffe »**Arbeitsverhältnis**« und »**Arbeitsvertrag**« ersichtlich **synonym**. Dies ergibt sich auch daraus, dass in §§ 621, 622 BGB etwa von »Arbeitsverhältnissen« die Rede ist, in § 620 Abs. 3 BGB neu hingegen der »Arbeitsvertrag«, wie auch sonst im TzBfG (in dessen § 15 allerdings zwischen den Begriffen »gesprungen« wird), Einzug gehalten hat (krit. *Bauer* NZA 2014, 889 f.). 698

Dass der **Abschluss** eines **Berufsausbildungsverhältnisses** nicht dem Schriftformzwang unterliegt, dürfte sich klar aus § 23 TzBfG ergeben, wonach besondere gesetzliche Regelungen über die Befristung von Arbeitsverträgen (vgl. §§ 10 Abs. 2, 21 Abs. 1 BBiG) unberührt bleiben. Ebenso wenig unterliegt die **nicht gewillkürte Prozessbeschäftigung** des Arbeitnehmers, die dem Arbeitgeber im Bestandsschutzprozess **gerichtlich auferlegt** worden ist, dem Schriftformzwang. Eine derartige Beschäftigung ist kein auflösend bedingtes Arbeitsverhältnis nach § 21 TzBfG und bedarf deshalb nicht der Schriftform (*LAG Bln.-Bra.* 24.1.2017 – 7 Sa 1769/16, Rn 22; *LAG SchlH* 29.9.2011 – 5 Sa 155/11; *LAG Hamm* 31.10.2003 LAGE § 14 TzBfG Nr. 13; *LAG Nds.* 27.9.2005 LAGE § 21 TzBfG Nr. 2; *Thür LAG* 2.10.2007 – 1 Sa 393/07; *Ricken* NZA 2005, 328; *Tschöpe* DB 2004; 437; APS-*Backhaus* § 21 TzBfG Rn 42a, 43; LS-*Schlachter* Rn 167; vgl. auch *BAG* 24.9.2003 EzA § 615 BGB 2002 Nr. 4). Die tatsächliche Weiterbeschäftigung des Arbeitnehmers geschieht hier allein zur **Abwendung der Zwangsvollstreckung** und nicht zur Neubegründung eines unbefristeten Arbeitsverhältnisses. Dabei sind ggf. Erklärungen und Verhaltensumstände des Arbeitgebers auszulegen (*BAG* 8.4.2014 – 9 AZR 856/11, Rn 32, 35; 22.7.2014 EzA § 611 BGB 2002 Beschäftigungs-pflicht Nr. 3, Rn 19 ff.; HWK-*Rennpferdt* Rn 197; dazu auch Rdn 723). Wird über den Ablauf des Prozessarbeitsverhältnisses hinaus weiterbeschäftigt, bedarf es zur **Wirksamkeit einer nachfolgenden Befristung** allerdings einer **schriftlichen Befristungsabrede** (vgl. *BAG* 8.4.2014 – 9 AZR 856/11, Rn 39; *LAG SchlH* 29.9.2011 – 5 Sa 155/11). Näher dazu KR-*Krumbiegel* § 625 BGB Rdn 39. Zur gewillkürten **Prozessbefristung** s. Rdn 494 sowie Rdn 723. 699

§ 14 TzBfG   Zulässigkeit der Befristung

2. Befristung (§ 3 Abs. 1, § 15 Abs. 1, 2 TzBfG)

a) Befristung (§ 3 Abs. 1 TzBfG)

700 Gegenstand des § 14 Abs. 4 TzBfG ist lediglich die **Befristung** eines Arbeitsvertrages und die **Verlängerung** eines befristeten Arbeitsvertrages nach § 14 Abs. 2 S. 1 TzBfG (*BAG* 16.3.2005 EzA § 14 TzBfG Nr. 17, Rn 11). Nicht dem Schriftformzwang wird der **Abschluss des Arbeitsvertrages** selbst unterworfen (ErfK-*Müller-Glöge* Rn 115; *Bader/Bram-Bader* [2014] § 620 BGB Rn 248 und 258; *Annuß/Thüsing/Maschmann* Rn 87; *Hold* BuW 2001, 253, 260; *Kliemt* NZA 2001, 296, 301; *Lakies* Befr. Arbeitsverträge Rn 36; *Ranbach/Sartorius* ZAP Fach 17, 599; *Bauer* NZA 2011, 241, 246; MHH-TzBfG/*Meinel* Rn 262; HaKo-TzBfG/*Boecken* Rn 192) oder die **Befristung übriger Arbeitsbedingungen** (zB die befristete Erhöhung der Arbeitszeit innerhalb eines unbefristeten Arbeitsverhältnisses; *BAG* 24.2.2016 EzA § 307 BGB 2002 Nr. 74, Rn 57; 3.9.2003 EzA § 14 TzBfG Nr. 4; HaKo-KSchR/*Mestwerdt* Rn 247); auf deren gerichtliche Kontrolle auch § 17 TzBfG nicht anwendbar ist (*BAG* 4.6.2003 EzA § 620 BGB 2002 Nr. 3). Da nur **durch Rechtsgeschäft begründete Befristungen** von § 14 Abs. 4 TzBfG erfasst werden, bedürfen die **gesetzlichen Verlängerungen** befristeter Arbeitsverhältnisse **keiner Form** (zB § 2 Abs. 5 WissZeitVG, § 90 Abs. 2 LPVG Brandenburg; *BAG* 14.8.2002 EzBAT SR 2y BAT Hochschulen/Forschungseinrichtungen Nr. 50; *Sievers* Rn 661). Anders ist es dagegen, wenn die Verlängerung der Erfüllung eines gesetzlichen Anspruchs auf Befristungsverlängerung dient (§ 44 Abs. 5 HSchulG Berlin; *BAG* 20.7.2006 EzTöD 1000 § 30 Abs. 1 TVöD – AT Hochschulen/Forschungseinrichtungen Nr. 2).

701 Befristet beschäftigt ist nach § 3 Abs. 1 S. 1 TzBfG ein Arbeitnehmer mit einem auf **bestimmte Zeit** geschlossenen Arbeitsvertrag. Näher dazu Erl. KR-*Bader/Kreutzberg-Kowalczyk* § 3 TzBfG. Wird der Arbeitsvertrag unter einer **auflösenden Bedingung** geschlossen, gilt nach § 21 TzBfG u.a. § 14 Abs. 4 TzBfG **entsprechend**. Die **Dauer** des befristeten Arbeitsverhältnisses spielt für das Schriftformgebot keine Rolle. Auch kurze Befristungen, zB für **einen Tag** haben das Schriftformerfordernis zu beachten (*Dörner* Befr. Arbeitsvertrag Rn 73; HWK-*Rennpferdt* Rn 194; APS-*Backhaus* Rn 665; krit. aus praktischen Erwägungen ErfK-*Müller-Glöge* Rn 114; *Wisskirchen* GS Heinze 2005, S. 1090). Die Grundsätze zu dem **Schriftformerfordernis** finden auch dann Anwendung, wenn der **Arbeitsvertrag auf den Zeitpunkt des Erreichens der Regelaltersgrenze** befristet ist. Für eine teleologische Reduktion der Vorschrift, die ihrem Wortlaut nach eindeutig ist, besteht für diesen Fall nach ihrem Sinn und Zweck kein Raum. Das gesetzliche Schriftformerfordernis findet nur dann **keine Anwendung**, wenn das **Arbeitsverhältnis** insgesamt einem einschlägigen **Tarifvertrag unterfällt**, der eine Befristung vorsieht (*BAG* 25.10.2017 NZA 2018, 507, Rn 58; 27.7.2005 EzA § 620 BGB 2002 Altersgrenze Nr. 6; ErfK-*Müller-Glöge* Rn 119). **Rahmenverträge** mit Tagesaushilfen, welche die Arbeitsbedingungen festlegen, aber noch keine Verpflichtung zur Arbeitsleistung begründen, bedürfen dagegen keiner Schriftform (vgl. *BAG* 15.2.2012 EzA § 611 BGB 2002 Arbeitnehmerbegriff Nr. 20, Rn 24, 40; 31.7.2002 EzA § 12 TzBfG Nr. 1). Erst bei **Festlegung des konkreten Einsatzes** ist die Schriftform des § 14 Abs. 4 TzBfG einzuhalten (HaKo-KSchR/*Mestwerdt* Rn 248; APS-*Backhaus* Rn 675), es sei denn es handelt sich in Wahrheit um ein unbefristetes Abrufarbeitsverhältnis nach § 12 TzBfG.

702 Bei der Befristung nur **einzelner Arbeitsvertragsbestandteile** (*Däubler* ZIP 2001, 217, 224; *Kliemt* NZA 2001, 296, 301; *Preis/Gotthardt* DB 2001, 145, 150) ist schon durch den Wortlaut des § 14 Abs. 4 TzBfG eine Schriftform nicht gefordert (*BAG* 24.2.2016 EzA § 307 BGB 2002 Nr. 74, Rn 57; 3.9.2003 EzA § 14 TzBfG Nr. 4, Rn 12 f.; *LAG SchlH* 10.4.2013 LAGE § 307 BGB 2002 Nr. 33b, Rn 40, mündlich vereinbarte befristete Arbeitszeiterhöhung; ErfK-*Müller-Glöge* Rn 114; *Sievers* Rn 656; *Schaub/Koch* § 38 Rn 52). Anderes ist allerdings erwägenswert, wenn die Befristung einzelner Arbeitsvertragsbestandteile substantiell soweit geht, dass der Arbeitsvertrag im Übrigen, wenn auch unbefristet, sinnentleert dasteht. Besteht die Veränderung in der **nachträglichen Befristung** (vgl. *BAG* 15.2.2017 EzA § 14 TzBfG Schriftform Nr. 3, Rn 38 f.) oder in der **Veränderung** einer bestehenden Befristung, beispielsweise in der Form einer **Verlängerung** nach § 14 Abs. 2, 2a und 3 TzBfG, bedarf es stets der **Einhaltung der Schriftform** (*BAG* 16.3.2005 EzA § 14 TzBfG Nr. 17; *LAG RhPf* 15.1.2010 – 9 Sa 543/09). Die Schriftform ist nämlich auch bei der Änderung

eines formbedürftigen Rechtsgeschäfts zu beachten (*Staudinger/Preis* [2019] § 620 BGB Rn 221 unter Hinw. auf *BGH* 14.4.1999 NJW 1999, 2519).

Nicht von § 14 Abs. 4 TzBfG erfasst sind Abmachungen, die eine bloße **Mindestvertragslaufzeit** vorsehen. Hier liegt kein befristeter, sondern ein unbefristeter Arbeitsvertrag vor mit der Vereinbarung, dass das Recht zur ordentlichen **Kündigung** bis zu einem bestimmten Termin **ausgeschlossen** ist. Dieser Ausschluss jedoch unterliegt gerade nicht dem Formerfordernis. Ohne Kündigungserklärung wird ein solcher Arbeitsvertrag nicht mit Ablauf der Mindestdauer beendet, sondern als Arbeitsvertrag auf unbestimmte Zeit fortgesetzt. Die Schriftform ist in diesen Fällen – und zwar aufgrund § 623 BGB – nur für die **Kündigung** des Arbeitsvertrages zu wahren (KR-*Spilger* § 623 BGB Rdn 57 mwN; APS-*Backhaus* Rn 670; ErfK-*Müller-Glöge* Rn 116). Wird **tarifvertraglich** eine **Mindestlaufzeit** für den befristeten Arbeitsvertrag vorgegeben (Bsp. § 30 Abs. 3 S. 1 TVöD) und diese einzelvertraglich verkürzt, so tritt an die Stelle der tarifwidrigen Laufzeit die Mindestvertragsdauer nach Tarifvertrag; ohne dass die Befristung als solche hinfällig wird (ErfK-*Müller-Glöge* Rn 116 unter Hinw. auf die »Andeutungsrechtsprechung«; vgl. *BAG* 19.11.2003 EzA § 611 BGB 2002 Aufhebungsvertrag Nr. 2 Rn 40). 703

Ähnlich liegt es, wenn ein Arbeitsvertrag zunächst für eine bestimmte Zeit geschlossen wird und eine **Verlängerungsabrede** enthält, wonach sich der Arbeitsvertrag **von selbst** um einen bestimmten Zeitraum **verlängert**, wenn nicht eine Partei vorher und unter Einhaltung einer bestimmten Kündigungsfrist ordentlich kündigt. Denn durch das **Erfordernis einer vorherigen Kündigung** führt die Verlängerungsklausel zur Begründung eines unbefristeten Arbeitsvertrages mit einer Kündigungsmöglichkeit zu einem bestimmten Zeitpunkt. Der Arbeitsvertrag endet nicht aufgrund Befristung. Vielmehr bedarf es stets einer Kündigung. Hier steht lediglich eine nicht formbedürftige Modifikation des Kündigungsrechts in Rede. Erst die Kündigung selbst unterliegt dem Formzwang (KR-*Spilger* § 623 BGB Rdn 57 mN; vgl. *Bader/Bram-Bader* [2014] § 620 BGB Rn 250. 704

b) Nichtarbeitsvertragliche Befristungen

Aus dem Vorstehenden ergibt sich, dass § 14 Abs. 4 TzBfG **Befristungen** der **Arbeitsvertragsparteien** betrifft, **nicht** Befristungen **aus anderem Rechtsgrund**. Beendigungsnormen nach **Tarifverträgen oder Betriebsvereinbarungen** (soweit Normbindung, und sei es nur durch – formgerechte – Bezugnahme, besteht), fallen nicht darunter (*BAG* 25.10.2017 NZA 2018, 507, Rn 58; 23.7.2014 EzA § 14 TzBfG Nr. 106, Rn 27; ErfK-*Müller-Glöge* Rn 119; *Kiel* NZA-Beil. 2/2016, 72 f.), es sei denn, die Parteien hätten hier zur Herbeiführung der Rechtsfolge noch einen **Regelungsspielraum**. Dabei spielt es für die einzuhaltende Form keine Rolle, ob die Normen ihrerseits einem Formzwang unterliegen und ihm im Einzelfall auch genügen. **Dynamische Verweisungen auf einschlägige Tarifverträge** sind im Arbeitsleben als Gestaltungsinstrument so verbreitet, dass ihre Aufnahme in Formularverträge **nicht iSd § 305c Abs. 1 BGB überraschend** ist. Bezugnahmeklauseln auf das jeweils gültige Tarifrecht entsprechen einer üblichen Regelungstechnik und dienen den Interessen beider Parteien. Dies ergibt sich aus der Zukunftsgerichtetheit des Arbeitsverhältnisses (*BAG* 23.7.2014 EzA § 14 TzBfG Nr. 106, Rn 24). 705

3. Ähnliche Lösungstatbestände

Die bloße Anzeige oder der Hinweis darauf, dass ein Arbeitsverhältnis aufgrund einer Befristungsabrede ende (sog. **Nichtverlängerungsanzeige im Bühnenbereich**), unterliegt nicht dem Formzwang (sehr streitig, auch für die Verlängerung, *LAG Köln* 21.1.2008 LAGE § 14 TzBfG Nr. 42 mit krit. Anm. *Bieder und Genenger*; *Bühnenschiedsgericht Hmb.* 21.2.2002 LAGE § 14 TzBfG Nr. 3 und *Bühnenschiedsgericht Bln.* 12.4.2002 LAGE § 14 TzBfG Nr. 6; *Schaub/Koch* § 38 Rn 55a). Ist die Befristung hingegen nicht wirksam und lässt sich die Nichtverlängerungsanzeige (Tatfrage) auch als Kündigung auslegen, unterliegt sie **als solche** dem Formzwang nach § 623 BGB. Näher s. Rdn 730. Nicht aus § 14 Abs. 4 TzBfG, jedoch aus **§ 15 Abs. 2 TzBfG** ergibt sich nunmehr, dass ein **zweckbefristeter Arbeitsvertrag** frühestens zwei Wochen nach Zugang der **schriftlichen** Unterrichtung des 706

§ 14 TzBfG Zulässigkeit der Befristung

Arbeitnehmers durch den Arbeitgeber über den Zeitpunkt der Zweckerreichung endet. Näher dazu KR-*Lipke/Bubach* § 15 TzBfG Rdn 22 ff. und KR-*Bader/Kreutzberg-Kowalczyk* § 3 TzBfG Rdn 39 ff.

707 **Keine** nach § 14 Abs. 4 TzBfG formbedürftige nachträgliche Befristungsabrede stellt ein **Aufhebungsvertrag** dar, der seinem Regelungsgehalt nach auf alsbaldige Beendigung und nicht auf eine befristete Fortführung des Arbeitsverhältnisses gerichtet ist (*BAG* 18.1.2017 EzA § 620 BGB 2002 Altersgrenze Nr. 17, Rn 26; 14.12.2016 EzA § 14 TzBfG Nr. 126, Rn 20; 15.2.2007 EzA § 611 BGB 2002 Aufhebungsvertrag Nr. 6; vgl. KR-*Spilger* Erl. zum Aufhebungsvertrag), was an der Formbedürftigkeit – dann aus § **623 BGB** – allerdings nichts ändert.

V. Schriftliche Form

1. Gesetzliche Form und Umfang

708 Hierzu wird vorrangig auf die Erläuterungen KR-*Spilger* § 623 BGB Rdn 95 ff. verwiesen.

2. Wahrung der Form

709 **Anders** als bei § 623 BGB ist für die Befristungsabrede nach § 14 Abs. 4 TzBfG die »**elektronische Form**« **nicht ausgeschlossen**, ebenso wie dort wird allerdings die »**Textform**« nach § **126b BGB nF** (idF vom 20.9.2013, gültig ab 13.6.2014) **nicht gestattet**. Ersteres folgt aus § 126 Abs. 3 BGB nF, wonach die schriftliche Form durch die elektronische Form ersetzt werden kann, wenn sich nicht aus dem Gesetz – wie bei § 14 Abs. 4 TzBfG nicht der Fall – ein anderes ergibt (APS-*Backhaus* Rn 662, 694; ErfK-*Müller-Glöge* Rn 121c; *Dörner* Befr. Arbeitsvertrag Rn 81; MHH-TzBfG/*Meinel* Rn 331; MüKo-*Hesse* Rn 126). Erforderlich ist in diesem Anwendungsfall ein **gleichlautendes elektronisches Dokument**. Soll die **gesetzlich** vorgeschriebene schriftliche Form durch die elektronische Form ersetzt werden, so muss nach § 126a Abs. 1 BGB nF der Aussteller der Erklärung dieser seinen Namen hinzufügen und das **elektronische Dokument** mit einer **qualifizierten** »**elektronischen Signatur**« nach dem § **2 Nr. 3 SigG** versehen und das Dokument der jeweils anderen Partei zugehen (APS-*Backhaus* Rn 694; LS-*Schlachter* Rn 172; *Arnold/Gräfl* Rn 445; Palandt/*Ellenberger* § 126a BGB, Rn 3 ff., 10). Bei einem **Vertrag** (wie bei einer Befristungsabrede der Fall) müssen beide Parteien aufgrund § 126a Abs. 2 BGB nF jeweils ein **gleichlautendes Dokument** in der in § 126a Abs. 1 BGB nF bezeichneten Weise **elektronisch signieren** (*Hähnchen* NJW 2001, 2831; MHH-TzBfG/*Meinel* Rn 271; HaKo-KSchR/*Mestwerdt* Rn 259; APS-*Backhaus* Rn 694). Aus den Anforderungen an die Wahrung der elektronischen Form ergibt sich, dass eine Befristungsabrede nicht durch den **Austausch von E-Mails** unter den zukünftigen Arbeitsvertragsparteien formwirksam zustandekommen kann (HaKo-KSchR/*Mestwerdt* Rn 259; *Arnold/Gräfl* Rn 445; *Dörner* Befr. Arbeitsvertrag Rn 81). Bei der Textform wird auf die eigenhändige Unterschrift verzichtet, was aber unabdingbarer Bestandteil der Schriftform ist, die § 14 Abs. 4 TzBfG vorgibt.

710 Zu den **allgemeinen Voraussetzungen** einer Urkunde, einer Unterzeichnung, den Begriffen Aussteller/Vertreter und Vollmachterteilung, notarielle Beglaubigung/Handzeichen/Schreibunfähige, Vertrag, notarielle Beurkundung, gerichtlicher Vergleich (*BAG* 23.11.2006 EzA § 278 ZPO 2002 Nr. 1) und zum Vertragsschluss mit Minderjährigen werden die Ausführungen KR-*Spilger* § 623 BGB Rdn 100–117 in Bezug genommen.

3. Beweislast für Wahrung der Form

711 Vgl. zunächst KR-*Spilger* § 623 BGB Rdn 130. Nach dem Grundsatz, dass jede Partei die für sie günstigen Tatbestandsmerkmale beweisen muss, hat idR der **Arbeitgeber** zu beweisen, dass eine **formwirksame Befristungsabrede** vorliegt (*BAG* 20.8.2014 EzA § 286 ZPO 2002 Nr. 3, Rn 33). Bei qualifizierter elektronischer Signatur ist der **Anscheinsbeweis** nach Maßgabe des § **292a ZPO** zu beachten. Der Sachgrund der Befristung nach § 14 Abs. 1 S. 2 Nr. 7 TzBfG bedarf weder der Vereinbarung, noch unterliegt er dem Schriftformerfordernis des § 14 Abs. 4 TzBfG (*BAG* 28.9.2016 EzA § 620 BGB 2002 Hochschulen Nr. 24, Rn 34). Der sicherste Nachweis der Schriftformeinhaltung gelingt über eine **notarielle Beurkundung** (§ 126 Abs., 4 BGB) oder wird nach

§ 14 Abs. 1 S. 2 Nr. 8 TzBG ersetzt über die Protokollierung im **gerichtlichen Vergleich** (§ 127a BGB; *BAG* 8.6.2016 EzA § 14 TzBfG Nr. 121, Rn 22; 23.11.2006 EzA § 278 ZPO 2002 Nr. 1). Dabei sind aber die besonderen Anforderungen der Rechtsprechung zu Sachgrundbefristungen nach § 14 Abs. 1 S. 2 Nr. 8 TzBfG im Auge zu behalten. Vgl. dazu Rdn 482, 488 sowie zur Beweislast Rdn 763 ff.

VI. Schriftliche Form der Befristung

1. Zustandekommen

Eine Befristung kommt nicht einseitig zustande, sondern bedarf der Abrede der Parteien. Insbesondere ist § 126 Abs. 2 S. 1 BGB zu beachten, dh die **Unterschriften der Vertragspartner** müssen regelmäßig auf **derselben Urkunde** erfolgen (*Bauer* NZA 2011, 241, 246; *Schiefer* DB 2011, 1221. Dies kann auch dadurch geschehen, dass der Arbeitnehmer seine Unterschrift unter ein schriftliches Angebot des Arbeitgebers zum Abschluss eines befristeten Arbeitsvertrages setzt (*BAG* 26.7.2006 EzA § 14 TzBfG Nr. 30; 16.4.2008 EzA § 14 TzBfG Nr. 47). Ein reiner Schriftwechsel zur Befristungsabrede reicht dagegen nicht aus (*Schaub/Koch* § 38 Rn 55; abweichend *Sächs. LAG* 11.11.2014 – 5 Sa 729/13, Rn 42 f.). Näher dazu s. Rdn 744 ff. 712

Dem Formzwang unterliegen sämtliche Elemente des zweiseitigen Rechtsgeschäfts, das eine Befristung des Arbeitsverhältnisses der Parteien begründen soll. Zustande kommen kann eine Befristung auch durch Erklärungen der Parteien, die einen Befristungswillen hinreichend **deutlich** zum Ausdruck bringen bzw. einen dahingehenden **Geschäftssinn** haben, ohne dass das Wort »Befristung« fallen muss. Die Unterschriften **auf ein und derselben Urkunde** haben Arbeitnehmer und Arbeitgeber zu leisten; zwei wechselseitige Schreiben genügen § 126 Abs. 1 und 2 BGB nicht (*BAG* 26.7.2006 EzTöD 100 § 30 Abs. 1 TVöD-AT Hochschulen/Forschungseinrichtungen Nr. 2). Die Schriftform ist nur eingehalten, wenn die Urkunde eine **eigenhändig vom Aussteller gesetzte Unterschrift** enthält oder das Handzeichen notariell beglaubigt worden ist. Es müssen die Unterschriften beider Parteien auf derselben Urkunde vermerkt sein; **Paraphen** beider Parteien genügen dem Schriftformerfordernis nicht (*BAG* 20.8.2014 EzA § 286 ZPO 2002 Nr. 3, Rn 23 f.; 24.1.2008 EzA § 622 BGB 2002 Nr. 4). Besteht ein Anstellungsvertrag aus einem Hauptteil, der die Befristung enthält, und vier Anlagen, so wahrt die alleinige **Unterschrift** des Arbeitnehmers **unter der letzten Anlage** – der Dienstwagenvereinbarung – nicht die Schriftform des § 14 Abs. 4 TzBfG (*LAG Düsseld.* 18.9.2013 LAGE § 14 TzBfG Nr. 77b). Anders ist es nur, wenn sich – auch ohne körperliche Verbindung – die **Einheit der Urkunde** aus fortlaufender Paginierung, fortlaufender Nummerierung der einzelnen Bestimmungen, einheitlicher graphischer Gestaltung, inhaltlichem Zusammenhang des Textes oder vergleichbaren Merkmalen zweifelsfrei ergibt (sog. »Auflockerungsrechtsprechung«; *BAG* 4.11.2015 EzA § 14 TzBfG Schriftform Nr. 1, Rn 18). 713

Die Befristungsabrede kann durch einen dazu befugten **Vertreter des Arbeitgebers** unterzeichnet werden (*BAG* 4.5.2011 EzA § 6 KSchG Nr. 3; 25.3.2009 ZTR 2009, 441; 13.12.2007 EzA § 623 BGB 2002 Nr. 9; *LAG Düsseld.* 15.3.2010 LAGE § 14 TzBfG Nr. 54; *Hess. LAG* 17.11.2010 – 2 Sa 1035/10; *Dörner* Befr. Arbeitsvertrag Rn 80; APS-*Backhaus* Rn 691). Der **Zusatz** »iV« oder »iA« kann nach gebotener Auslegung gem. §§ 133, 157 BGB zur Wertung führen, dass der Unterzeichner die Erklärung ersichtlich im Namen eines anderen abgegeben hat, also von einem **Handeln als Vertreter** auszugehen ist. Für die Wahrung der Schriftform ist unerheblich, ob der Unterzeichner tatsächlich bevollmächtigt war (*BAG* 12.4.2017 EzA § 14 TzBfG Schriftform Nr. 4, Rn 18; 4.5.2011 EzA § 6 KSchG Nr. 3; 25.3.2009 ZTR 2009, 441, Rn 31; *LAG RhPf* 7.5.2014 – 4 Sa 48/14; ErfK-*Müller-Glöge* Rn 115). 714

Die Wahrung der gesetzlichen Schriftform erfordert den **Zugang der unterzeichneten Befristungsabrede** bei dem Erklärungsempfänger **vor Vertragsbeginn** (anders noch *LAG Bln.* 7.1.2005 LAGE § 14 TzBfG Nr. 19, wonach die Aushändigung der gegengezeichneten Urkunde nicht Teil des Formerfordernisses, sondern ggf. eine Frage des Zustandekommens des Vertrages ist). Jetzt kommt ein **Vertrag unter Abwesenden**, für den die gesetzliche Schriftform vorgeschrieben ist, grds. nur 715 dann rechtswirksam zustande, wenn sowohl der Antrag als auch die Annahme in der Form des § 126 BGB erklärt werden und in dieser Form dem anderen Vertragspartner **vor Arbeitsaufnahme zugegangen** sind *(BAG* 14.12.2016 EzA § 14 TzBfG Schriftform Nr. 2, Rn 45; *Pschorr* Anm. AP Nr. 149 zu § 14 TzBfG). **Unzureichend** ist die bloße Aushändigung einer **Niederschrift** des Arbeitgebers **nach § 2 Nr. 3 NachwG** über die vorhersehbare Dauer des Arbeitsverhältnisses, da sie **einseitig** und in aller Regel **nach Beschäftigungsaufnahme** erfolgt. Ebenso wenig genügt die **Angabe des Befristungsgrundes** nach **§ 2 Abs. 4 WissZeitVG**, es sei denn, alle geschäftswesentlichen Elemente auch der Befristung finden darin Ausdruck. **Unzureichend** ist weiter die schriftlose, schlüssige **(konkludente) Annahme** einer angebotenen Befristungsabrede *(BAG* 13.6.2007 – 7 AZR 759/06), auch einer befristeten Verlängerung eines befristeten Arbeitsvertrags, etwa durch Weiterarbeit. Die Rechtsfolge ergibt sich dann aus § 16 S. 2 TzBfG.

716 Ergibt sich die **Befristung** bei beiderseitiger Tarifgebundenheit oder **Allgemeinverbindlichkeit aus Tarifvertrag** oder – in deren Geltungsbereich – **aus Betriebsvereinbarung** *(BAG* 23.7.2014 EzA § 14 TzBfG Nr. 106, Rn 27; 25.10.2017 NZA 2018, 507, Rn 58; ErfK-*Müller-Glöge* Rn 119; *Kiel* NZA-Beil. 2/2016, 72 f.; Schaub/*Koch* § 38 Rn 51; APS-*Backhaus* Rn 677 f.), bedarf es nicht noch einer schriftlichen Individualabrede. Die Vorschriften gelten **normativ** und beruhen auf Rechtsquellen, die ihrerseits zu ihrer Wirksamkeit der Schriftform bedürfen (§ 1 Abs. 2 TVG, § 77 Abs. 2 S. 2 Hs. 1 BetrVG). Weitergehende Voraussetzungen für die Normgeltung hat § 14 Abs. 4 TzBfG nicht eingefügt und lagen auch nicht in der Absicht des Gesetzgebers (HaKo-KSchR/*Mestwerdt* Rn 262; *Dörner* Befr. Arbeitsvertrag Rn 83; LS-*Schlachter* Rn 173). Jedenfalls trägt die **dafür** ohnehin vorgeschriebene Form dem Schutzzweck des § 14 Abs. 4 TzBfG dann Rechnung, wenn durch Tarifvertrag oder Betriebsvereinbarung nicht lediglich ein **Rahmen** für **Befristungsabreden** aufgestellt ist (vgl *BAG* 23.7.2014 EzA § 14 TzBfG Nr. 106, Rn 27 ff.; Verweisung insgesamt auf einschlägigen Tarifvertrag. Die Reichweite eines tariflichen Schriftformgebots ist mithin auszulegen *(BAG* 2.9.2009 EzA § 14 TzBfG Nr. 61). Wird den Arbeitsvertragsparteien dabei ein **Spielraum** gelassen, ob oder wie sie befristen, bedarf die – nur ausfüllende – **Individualvereinbarung** der **Schriftform**. Näher dazu s. Rdn 727 ff.

2. Inhalt der Befristungsabrede

a) Arbeitsvertrag

717 Nach dem ausdrücklichen Gesetzeswortlaut ist nur »**die**« Befristung formbedürftig. **Nicht** dem Formzwang unterworfen ist deshalb der Arbeitsvertrag **im Übrigen** *(BAG* 14.12.2016 EzA § 14 TzBfG Schriftform Nr. 2 Rn 28; 13.6.2007 EzA § 14 TzBfG Nr. 40). Die Parteien können deshalb im Rahmen eines **mündlichen** Arbeitsvertrages anfänglich oder auch später eine **Befristungsabrede** formwirksam allein dadurch treffen, dass die Abrede im Rechtssinne **schriftlich** erfolgt. Nur die Befristung des Arbeitsvertrages bedarf zu ihrer Wirksamkeit der Schriftform und zwar **zeitlich abgeschlossen grds. vor Vertragsbeginn und Aufnahme der Tätigkeit**, damit dem Arbeitnehmer deutlich vor Augen geführt wird, dass sein Arbeitsverhältnis mit dem Abschluss des befristeten Vertrags zu einem bestimmten Zeitpunkt automatisch enden wird und daher keine dauerhafte Existenzgrundlage bilden kann *(BAG* 23.8.2006 EzA § 14 TzBfG Nr. 33, Rn 11; 3.9.2003 EzA § 14 TzBfG Nr. 4; *Hess.* LAG 11.12.2012 – 13 Sa 1336/12, Rn 36; 4.2.2013 LAGE § 305c BGB 2002 Nr. 7, Rn 27 f. im Fall der Verlängerung nach § 14 Abs. 2 TzBfG). Eine **Verlängerungsklausel** zur stillschweigenden weiteren Befristung im ursprünglichen schriftlichen Arbeitsvertrag genügt dem nicht (*LAG BW* 30.1.2015 LAGE § 14 TzBfG Nr. 91; Arbeitsvertrag mit beurlaubtem Beamten). Kommt es nach formwirksamem Abschluss eines kalendermäßig befristeten Arbeitsverhältnisses zu einer **vorzeitigen Arbeitsaufnahme** des Arbeitnehmers haben die Arbeitsvertragsparteien eine formgerechte Abänderungsabrede zu treffen, ansonsten wird über **§ 16 TzBfG** ein unbefristetes Arbeitsverhältnis begründet (aA *Hess. LAG* 18.12.2013 – 2 Sa 871/13, Rn 32 f., bei Teilnahme an einer Lehrerkonferenz vor geplanter Arbeitsaufnahme; vgl. auch *LAG Düsseld*. 21.2.2020 LAGE § 14 TzBfG Nr. 129, Revision eingelegt – 7 AZR 212/20).

b) Dauer der Befristung

Der Wortlaut »die« Befristung darf nicht dazu verleiten, auf die Angabe der **Dauer** zu verzichten. 718
Fehlt eine derartige Angabe, würde der Arbeitsvertrag im Zweifel mit Eingehen der Befristungsabrede – also sofort – sein Ende finden. Das wäre die Situation des Auflösungsvertrages. Deshalb bedarf **jedenfalls** die **anfängliche** Befristungsabrede der Angabe einer **Befristungsdauer** oder eines **Endtermins**. Die **Dauer** kann **benannt** (zB »ein Jahr«) werden oder sich aus einem eindeutig bestimmten oder bestimmbaren (zu bestimmenden) **Endtermin** (*Staudinger/Preis* [2019] § 620 BGB Rn 226) ergeben. Beides ist bei **Zweckbefristung entbehrlich**, weil diese nicht vorhersehbar ist (dazu KR-*Lipke/Bubach* § 15 TzBfG Rdn 10 ff. und hier Rdn 722).

Der Form des § 14 Abs. 4 TzBfG unterliegen auch Befristungen mit einer **längeren Zeitdauer** 719
als fünf Jahre, sei es, dass es sich um eine kalendermäßige Befristung, sei es, dass es sich um eine Zweckbefristung handelt. § 15 Abs. 4 TzBfG (für Arbeitsverhältnisse teilweise übereinstimmend mit § 624 BGB) steht dem nicht entgegen. **§ 14 Abs. 4 TzBfG und § 15 Abs. 4 TzBfG gelten nebeneinander**. Konsequenz der Formunwirksamkeit nach § 14 Abs. 4 TzBfG ist, dass die Befristung als solche unwirksam ist, während § 15 Abs. 4 TzBfG dem Arbeitnehmer ein Sonderkündigungsrecht einräumt. § 15 Abs. 4 TzBfG bewirkt zudem nicht, dass das befristete Arbeitsverhältnis nach Ablauf der vereinbarten Zeit ohne Kündigung als unbefristetes fortbesteht, sondern gewährt eben nur das Sonderkündigungsrecht. Ohne Kündigung endet das Arbeitsverhältnis nach Ablauf der vereinbarten Zeit (zum Verhältnis zwischen § 623 BGB und § 624 BGB vgl. KR-*Spilger* § 623 BGB Rdn 171; dazu insgesamt *Preis/Gotthardt* NZA 2000, 348, 357).

c) Grund der Befristung

§ 14 Abs. 4 TzBfG verlangt nicht die Angabe des **Befristungssachgrundes** oder des Hinweises auf 720
die **Befristungsgrundlage der sachgrundlosen Befristung** (s. Rdn 163 ff.; *BAG* 12.8.2009 – 7 AZR 270/08; 23.6.2004 EzA § 14 TzBfG Nr. 10; 25.5.2005 EzA § 14 TzBfG Nr. 18; *LAG Nbg* 18.8.2020, ZTR 2020, 724; *Dörner* Befr. Arbeitsvertrag Rn 75; *ders*. FS Richardi 2007, S. 223; APS-*Backhaus* Rn 701; *Bader/Bram-Bader* [2014] § 620 BGB Rn 259; *Däubler* ZIP 2001, 217, 227; *Dassau* ZTR 2001, 64, 70; *Kliemt* NZA 2001, 296, 301; *Lakies* NJ 2001, 70, 74; *ders*. Befr. Arbeitsverträge Rn 47; MHH-*Meinel* Rn 272; *Staudinger/Preis* [2019] § 620 BGB Rn 228; HaKo-KSchR/*Mestwerdt* Rn 252; HaKo-TzBfG/*Boecken* Rn 192; *Annuß/Thüsing/Maschmann* Rn 87b; *Schaub/Koch* § 38 Rn 52; aA *Kallenberg* ZBVR 2001, 64, 67; *Rzadkowski/Renners* PersonalR 2001, 51, 54), es sei denn, **Gesetz oder Tarifvertrag** verlangen die **Angabe des Befristungsgrundes** (zB § 2 Abs. 4 WissZeitVG) erheben. Dies ergibt sich schon aus dem Wortlaut der Norm, der nur »die« Befristung anspricht. Umstände, die dafür streiten würden, auch einen (oder den) Befristungsgrund dem Schriftformerfordernis zu unterwerfen, sind demgegenüber nicht ersichtlich. Das noch in dem Referentenentwurf enthaltene »**Zitiergebot**« ist bereits vom Kabinett nicht mehr beschlossen worden (*Schiefer* PflegeR 2001, 178, 182; APS-*Backhaus* Rn 703) und war konsequenterweise auch nicht mehr Gegenstand des Gesetzesentwurfs der BReg. Die Angabe des Befristungsgrundes wird auch vom Schutzzweck der Norm nicht gefordert. Im Übrigen bedarf nicht jedwede Befristung eines inhaltlichen Grundes (§ 14 Abs. 2 S. 1 TzBfG), so dass hier schon kein sachlich tragender Grund genannt werden könnte. **Besteht** hingegen ein sachlicher Grund, sichert seine Angabe in der Befristungsabrede bestenfalls seine Beweisbarkeit und schützt vor **Auswechslung**, falls man in Ausnahmefällen eine Bindung an den angegebenen Grund überhaupt bejaht (s. Rdn 151 f.; *BAG* 29.6.2011 EzA § 14 TzBfG Nr. 78; ErfK-*Müller-Glöge* Rn 118a). Aus dem Vorstehenden sowie daraus, dass das Zitiergebot nicht Gesetz geworden ist, folgt weiter, dass ebenso wenig die rechtliche **Befristungsgrundlage** anzugeben ist. Das in § 5 Abs. 5 Unterabs. 1 S. 2 AVR bestimmte Zitiergebot, wonach der Grund für die Befristung im Dienstvertrag anzugeben ist, bezieht sich nur auf die in § 5 Abs. 5 Unterabs. 1 S. 1 AVR genannten Befristungsgründe und nicht auf die Rechtfertigung einer Befristung nach § 14 Abs. 2 TzBfG (*BAG* 26.7.2006 EzA § 14 TzBfG Nr. 32, Rn 11; MüKo-*Hesse* Rn 129).

721 Bei Einführung einer Befristungshöchstquote (vorgesehen, aber nicht umgesetzt durch den **Koalitionsvertrag CDU/CSU/SPD vom 12.3.2018** und den hierauf aufbauenden Referentenentwurf) müsste ein Zitiergebot eingeführt werden. Sonst ließe sich nicht berechnen, wann die Quote überschritten ist (*Klein* DB 2018, 1018, 1021) und der Arbeitgeber könnte sich – wie derzeit – für die kritischen Verträge immer noch auf einen Befristungssachgrund berufen (*Kleinebrink* DB 2018, 1147, 1149).

d) Zweck der Befristung

722 Bei einer **Zweckbefristung** ist bei nicht vorhersehbarer **Dauer** des Arbeitsverhältnisses **statt dieser** die **Angabe des Zwecks** essentieller Bestandteil der Beurkundung (*BAG* 21.12.2005 EzA § 14 TzBfG Nr. 25; *LAG RhPf* 19.5.2004 LAGE § 14 TzBfG Nr. 16a; vgl. auch für den Fall der Doppelbefristung *BAG* 4.5.2011 EzA § 6 KSchG Nr. 3; ErfK-*Müller-Glöge* Rn 118; *Bader/Bram-Bader* [2014] § 620 BGB Rn 260; *Däubler* ZIP 2001, 217, 224; *Kliemt* NZA 2001, 296, 301; *Arnold/Gräfl* Rn 436; *Lakies* DZWIR 2001, 1, 14; *Sievers* Rn 660). Der **Zweck**, mit dessen Erreichung das Arbeitsverhältnis enden soll, muss so **genau bezeichnet** sein, dass hieraus das Ereignis, dessen Eintritt zur Beendigung des Arbeitsverhältnisses führen soll, zweifelsfrei feststellbar ist (*BAG* 15.5.2012 EzA § 15 TzBfG Nr. 4, Rn 23). Die Mitteilung des den Zweck bestimmenden Ereignisses ist bei der Zweckbefristung mithin immer erforderlich (*Dörner* FS Richardi 2007, S. 219, 223). Näher dazu KR-*Lipke/Bubach* § 15 TzBfG Rdn 10 f.; KR-*Bader/Kreutzberg-Kowalczyk* § 3 TzBfG Rdn 21 f.

e) Prozessbefristung

723 Hierher gehört auch die sog. **gewillkürte** (vertragliche) **Prozessbefristung**, die im Rahmen eines **Kündigungsschutz- oder Entfristungsprozesses** zwischen den Arbeitsvertragsparteien vereinbart wird, um das Annahmeverzugsrisiko des Arbeitgebers zu verringern. Danach wird verabredet, dass der gekündigte oder befristete Arbeitsvertrag auflösend bedingt durch die rechtskräftige Abweisung der Bestandsschutzklage bzw. zweckbefristet bis zum rechtskräftigen Abschluss des Bestandsschutzverfahrens fortgesetzt werden soll. Diese **rechtsgeschäftliche Abmachung** (aA *Löwisch* Anm. AP § 14 TzBfG Nr. 6) hat die **Schriftform** des § 14 Abs. 4 TzBfG zu **wahren**, andernfalls droht dem Arbeitgeber – nach gewonnenem Bestandsschutzprozess – die Fortsetzung des Arbeitsverhältnisses nach §§ 16, 21 TzBfG (*BAG* 19.1.2005 EzBAT § 53 BAT Beschäftigung Nr. 13; 22.10.2003 EzA § 14 TzBfG Nr. 6; *LAG Hamm* 16.1.2003 LAGE § 14 TzBfG Nr. 9; ErfK-*Müller-Glöge* Rn 115a; LS-*Schlachter* Rn 166; *Sievers* Rn 675 ff.; HaKo-KSchR/*Mestwerdt* Rn 245; *Sittard/Ulbrich* RdA 2006, 223; *Karlsfeld* ArbRB 2003, 283; *Oberthür* ArbRB 2006, 268; *Ricken* NZA 2005, 323, 329; aA *Bayreuther* DB 2003, 1739; *Annuß/Thüsing/Maschmann* Rn 87a; *Dollmann* BB 2003, 2687; *Bengeldorf* NZA 2005, 277; *Buchner* FS Konzen [2006] S. 35, der die Unterscheidung zur unfreiwilligen, nicht an die Schriftform gebundenen Prozessbefristung für nicht tragfähig hält). Vgl. auch KR-*Spilger* § 623 BGB Rdn 248.

724 Soweit hier ein **Sachgrund** gefordert wird (APS-*Backhaus* § 21 TzBfG Rn 41 ff.; ErfK-*Müller-Glöge* Rn 76, 115a; KR-*Krumbiegel* § 625 BGB Rn 35: HWK-*Rennpferdt* Rn 143; aA APS-*Backhaus* aaO Rn 46), bietet sich dafür der **gerichtliche Vergleich** nach § 14 Abs. 1 Nr. 8 TzBfG an (s. Rdn 482 ff.). Die Reduzierung des arbeitgeberseitigen Annahmeverzugsrisikos stellt keinen tragfähigen Sachgrund dar (ErfK-*Müller-Glöge* Rn 76; aA *Kempter* DB 2021, 1128, 1133). Ist die Schriftform gewahrt worden, hat der Arbeitgeber den **Eintritt** der auflösenden Bedingung bzw. der Zweckbefristung dem Arbeitnehmer **nach § 15 Abs. 2 TzBfG schriftlich mitzuteilen** (*BAG* 19.1.2005 EzBAT § 53 BAT Beschäftigung Nr. 13).

725 Mit der **Prozessbeschäftigung zur Vermeidung der Zwangsvollstreckung** wird dagegen **kein Arbeitsverhältnis begründet oder die befristete Fortsetzung des Arbeitsverhältnisses vereinbart**. Wird dem Arbeitgeber die **Weiterbeschäftigung** gegen seinen Willen und unter Beeinträchtigung seiner Vertragsfreiheit **aufgezwungen**, schließen die Parteien regelmäßig nicht durch neue Willenserklärungen ein eigenständiges Rechtsgeschäft. Es wird vielmehr ein **faktisches Beschäftigungsverhältnis** begründet, welches entfällt, sobald das die Weiterbeschäftigungspflicht aussprechende

Urteil aufgehoben wird (*BAG* 14.6.2016 EzTöD 100 § 35 TVöD-AT Nr. 5, Rn 18). Die **Abgrenzung** von **vereinbartem Prozessarbeitsverhältnis** und **befristeter Prozessbeschäftigung** bedarf unter Umständen der Auslegung (*BAG* 22.7.2014 EzA § 611 BGB 2002 Beschäftigungspflicht Nr. 3, Rn 16, 19; 8.4.2014 – 9 AZR 856/11, Rn 28, 35, 39; *LAG MV* 21.10.2009 – 2 Sa 152/09), weil letztere der Schriftform nicht bedarf. Ein konkludenter Abschluss eines unbefristeten Arbeitsvertrages kann jedoch zustande kommen, wenn der Arbeitgeber den Arbeitnehmer auch noch nach Wegfall der Beschäftigungsverpflichtung weiterbeschäftigt (§ 15 Abs. 5 TzBfG).

f) Arbeit auf Abruf

Vereinbaren die Parteien **Arbeit auf Abruf** (vgl. § 12 TzBfG), handelt es sich **allein deshalb** (so nicht zusätzlich eine Befristungsabrede getroffen wird) **nicht** um ein befristetes Arbeitsverhältnis. Anderes gilt nur für Vereinbarungen, in deren **Rahmen** immer wieder **auf Abruf** befristete Arbeitsverhältnisse geschlossen werden, sowie für die Einzelbefristungen selbst (*BAG* 15.2.2012 EzA § 611 BGB 2002 Arbeitnehmerbegriff Nr. 20, Rn 32, 40; *LAG Düsseld.* 31.5.2012 – 5 Sa 496/12, Rn 84), für den Rahmen als solchen hingegen **nicht** (vgl. KR-*Bader/Kreutzberg-Kowalczyk* § 3 TzBfG Rdn 55; vgl. auch *BAG* 31.7.2002 EzA § 12 TzBfG Nr. 1; 15.2.2012 NZA 2012, 733).

3. Bezugnahme auf Tarifvertrag oder Betriebsvereinbarung

Die bloße Bezugnahme auf einen **Tarifvertrag** oder eine **Betriebsvereinbarung** führt **für sich** nicht zu einer wirksamen Befristung aufgrund der tarifvertraglichen Vorschriften (eingehend zur Befristung der Arbeitsverhältnisse der Bühnenkünstler *Germelmann* ZfA 2000, 149, 153 ff., 155) oder derjenigen einer Betriebsvereinbarung. Entweder **gilt** die tarifliche Regelung kraft beiderseitiger **Tarifgebundenheit**, über Allgemeinverbindlichkeit oder über die Betriebsvereinbarung aufgrund ihres Geltungsumfangs; dann **bedarf es schon keiner** besonderen **einzelvertraglichen Befristungsabrede** oder Bezugnahme, um die Normwirkung (so sie nicht lediglich einen individualvertraglich auszufüllenden Spielraum für eine Befristung hergibt) herbeizuführen (APS-*Backhaus* Rn 689 f.; HWK-*Rennpferdt* Rn 198; *Annuß/Thüsing/Maschmann* Rn 90; ErfK-*Müller-Glöge* Rn 117; HaKo-TzBfG/*Boecken* Rn 190; aA *Dörner* Befr. Arbeitsvertrag Rn 83nur bei **schriftlicher Inbezugnahme** des Tarifvertrages; diff. LS-*Schlachter* Rn 173). Oder dies ist nicht der Fall; dann ist eine **wirksame** Bezugnahme zur Wahrung der **Urkundeneinheit** nach den Grundsätzen möglich und nötig, die bereits an anderer Stelle im Zusammenhang mit Aufhebungsverträgen (vgl. KR-*Spilger* § 623 BGB Rdn 156 f.) aufgezeigt worden sind, worauf verwiesen werden kann.

Praktische Bedeutung erlangt die Bezugnahme dann, wenn sie eine **tarifliche Altersgrenze** oder die automatische Beendigung des Arbeitsverhältnisses bei **Erwerbsunfähigkeit** umfasst, wobei aufgrund der Anwendbarkeit des § 14 Abs. 4 TzBfG auch für den unter einer auflösenden Bedingung geschlossenen Arbeitsvertrag nach § 21 TzBfG unerheblich (geworden) ist, ob die Altersgrenze als eine Befristung oder eine auflösende Bedingung des Arbeitsvertrages anzusehen ist (*BAG* 19.11.2003 EzA § 620 BGB 2002 Altersgrenze Nr. 4: Höchstbefristung). Auch wenn der Wortlaut der **Tarifregelung** nicht Wort für Wort wiederholt werden muss (*Müller-Glöge/von Senden* AuA 2000, 199, 200), bedarf es jedoch wenigstens der anderweitigen erkennbaren und zweifelsfreien **Verknüpfung** mit dem Arbeitsvertrag, am besten durch **körperliche Verbindung** (*Preis/Gotthardt* NZA 2000, 348, 358 f.; *Staudinger/Preis* [2019] § 620 BGB Rn 224; APS-*Backhaus* Rn 689 ff.; offen gelassen *BAG* 1.12.2004 EzA § 620 BGB 2002 Bedingung Nr. 3; 27.7.2005 EzA § 620 BGB 2002 Altersgrenze Nr. 6; jetzt aber sog. »Auflockerungsrechtsprechung«; *BAG* 4.11.2015 EzA § 14 TzBfG Schriftform Nr. 1, Rn 18). Die Rechtsprechung des BAG zu § 1 Abs. 2 TVG wird hier also vom vorrangigen **Grundsatz der Urkundeneinheit** (§ 126 BGB) verdrängt, um den Arbeitnehmer insoweit nicht im Unklaren zu lassen (aA *Dörner* Befr. Arbeitsvertrag Rn 83: bürokratisch und unpraktikabel; MHH-TzBfG/*Meinel* Rn 269, iE geringerer Schutz für die tarifgebundenen Arbeitnehmer).

Das BAG hat die Streitfrage dahin entschieden, dass – wenn das Arbeitsverhältnis durch **Bezugnahme im Arbeitsvertrag** insgesamt den Bedingungen eines einschlägigen Tarifvertrages unterstellt wird, der eine Befristung oder auflösende Bedingung vorsieht – § 14 Abs. 4 TzBfG überhaupt nicht zur Anwendung kommt. Bereits der Gesetzeswortlaut spreche nur von »Arbeitsvertrag« und nicht von »Arbeitsverhältnis«, was auf eine **Begrenzung des Schriftformerfordernisses allein auf originär arbeitsvertragliche Absprachen** hindeute. Letztlich spreche dafür auch der Sinn und Zweck des § 14 Abs. 4 TzBfG, der in seiner Klarstellungs-, Beweis- und Warnfunktion für die Arbeitsvertragsparteien liege. Dieser **Klarstellungs-, Beweis- und Warnfunktion** bedarf es nicht in gleicher Weise, wenn sich das Arbeitsverhältnis **insgesamt** nach den Bedingungen eines **einschlägigen Tarifvertrages** richtet, der eine Befristung oder auflösende Bedingung vorsieht (*BAG* 23.7.2014 EzA § 14 TzBfG Nr. 106, Rn 27, 33 ff.; krit. insoweit *Groeger* ZTR 2015, 115, 117, der hierbei Probleme der AGB-Kontrolle erkennt; *LAG BW* 3.12.2014 LAGE § 41 SGB VI Nr. 7, geringere Anforderungen an die Verweisung, soweit die Inbezugnahme vor dem 1.5.2000 erfolgte). Die Gefahr einer »prekären« Beschäftigung ist bei tariflichen Beendigungsregelungen typischerweise nicht dieselbe wie bei einzelvertraglichen Abreden. Durch die Bestimmungen eines einschlägigen Tarifvertrages wird das Arbeitsverhältnis des einzelnen Arbeitnehmers nicht besonderen, sondern vielmehr den für den entsprechenden Bereich üblichen Risiken ausgesetzt. Insoweit besteht **kein Unterschied, ob die tariflichen Regelungen kraft Tarifgebundenheit nach § 4 Abs. 1 TVG oder kraft Allgemeinverbindlicherklärung oder vertraglicher Bezugnahme auf den gesamten Tarifvertrag gelten.** Der einzelne Arbeitnehmer wird im Falle der einzelvertraglichen Bezugnahme auf den einschlägigen Tarifvertrag hinsichtlich des Bestandsschutzes seines Arbeitsverhältnisses nicht schlechter, sondern in gleicher Weise behandelt wie die tarifgebundenen Arbeitnehmer. Die aufgrund der anerkannten Richtigkeitsgewähr tariflicher Regelungen anzunehmende Ausgewogenheit der Interessen der Arbeitsvertragsparteien setzt die die **vollständige Inbezugnahme** der Tarifregelungen voraus. Werden nur **einzelne den Arbeitnehmer belastende Tarifregelungen** übernommen, so bedarf es der Einhaltung der **Schriftform des § 14 Abs. 4 TzBfG** (*BAG* 23.7.2014 EzA § 14 TzBfG Nr. 106, Rn 44 unter Hinw. auf *BAG* 15.8.2012 EzA § 14 TzBfG Nr. 87, Rn 27; HaKo-KSchR/*Mestwerdt* Rn 262; *Kiel* NZA-Beilage 2/2016, 72 f.; ErfK-*Müller-Glöge* Rn 117, 119; aA *Dörner* Befr. Arbeitsvertrag Rn 83, wonach wohl die Inbezugnahme einzelner Tarifregelungen ohne Schriftform nach § 14 Abs. 4 TzBfG zulässig sein soll). Soweit die **Verweisung** auf eine **tarifvertragliche Altersgrenze vor Inkrafttreten des TzBfG** (bzw. zwischenzeitlich § 623 BGB) erfolgte, kommt das Schriftformerfordernis aus § 14 Abs. 4 TzBfG nicht zum Tragen (*BAG* 12.6.2013 EzA § 620 BGB 2002 Altersgrenze Nr. 14, Rn 21; *LAG BW* 3.12.2014 LAGE § 41 SGB VI Nr. 7). Festzuhalten ist mithin, dass es **bei nicht vollständiger Inbezugnahme** eines Tarifvertrages mit Regelungen zur Befristung oder zur auflösenden Bedingung besser ist das Schriftformgebot des § 14 Abs. 4 TzBfG einzuhalten und die einschlägige tarifliche Regelung (zB abweichende Höchstbefristung nach § 14 Abs. 2 S. 3 TzBfG) im Wortlaut beizufügen (ebenso APS-*Backhaus* Rn 689).

730 **Keine** formbedürftige **Änderung der Befristungsabrede** ist es, wenn eine tarifvertragliche Vorschrift **bei beiderseitiger Tarifgebundenheit** eine **Verlängerung** der Befristung durch Nichtausspruch einer Nichtverlängerungsmitteilung vorsieht (KR-*Spilger* § 623 BGB Rdn 36, 178; *BühnenBezSchG Hmb.* 21.1.2002 LAGE § 14 TzBfG Nr. 4; *BühnenBezSchG Bln.* 12.4.2002 LAGE § 14 TzBfG Nr. 6), etwa § 2 TV über die Mitteilungspflicht. Zu Schriftformerfordernissen bei Bühnenarbeitsverhältnissen vgl. auch *LAG Köln* 21.1.2008 LAGE § 14 TzBfG Nr. 42 m. Anm. *Bieder* und *Genenger*; *Opolony* ZUM 2003, 358; *Germelmann* BühnenGen 2001, 19, sowie KR-*Bader/Kreutzberg-Kowalczyk* § 3 TzBfG Rdn 40 ff.).

VII. Schriftliche Form der auflösenden Bedingung (§ 21 TzBfG)

731 Aufgrund § 21 TzBfG gilt § 14 Abs. 4 TzBfG auch für den unter einer **auflösenden Bedingung** geschlossenen Arbeitsvertrag. Auch eine auflösende Bedingung kommt nicht einseitig zustande, sondern bedarf der Abrede der Parteien. Diese stellt ein zweiseitiges Rechtsgeschäft dar. Das Erfordernis der Schriftform für eine auflösende Bedingung begründet keinen Formzwang für das Zustandekommen des Arbeitsvertrages im Übrigen. Soweit die auflösende Bedingung aus **Tarifvertrag oder Betriebsvereinbarung** (vgl. § 33 Abs. 2 und 3 TVöD) **normativ** folgt, gelten Ausführungen zu dem Zustandekommen einer Befristung entsprechend (*BAG* 23.7.2014 EzA § 14 TzBfG Nr. 106, Rn 34 ff.; s. Rdn 727 f.). Für eine **arbeitsvertragliche Inbezugnahme** gelten aber zur effektiven

Wahrnehmung der sozialrechtlichen Dispositionsbefugnis des Arbeitnehmers **Mitteilungspflichten des Arbeitgebers** vor Eintritt des Rentenbescheids (*BAG* 23.3.2016 EzA § 21 TzBfG Nr. 4, Rn 31). Für den **Umfang** des Formzwangs, die **Wahrung** der Form, den **Zugang** der (beidseitig) formgerecht errichteten Willenserklärungen (dazu bei Einsatz eines vom Arbeitnehmer unterschriebenen Blankoformulars *LAG BW* 30.3.2007 NZA-RR 2008, 66) sowie die **Beweislast** kann auf die Ausführungen KR-*Spilger* § 623 BGB Rdn 96–130 verwiesen werden.

Für das **Zustandekommen** sowie den Inhalt der Abrede der **auflösenden Bedingung** gelten die vorstehenden Ausführungen zur schriftlichen Form der Befristung entsprechend (LS-*Schlachter* § 21 TzBfG Rn 11). Dem Formzwang unterliegen danach sämtliche Elemente des zweiseitigen Rechtsgeschäfts, das eine auflösende Bedingung des Arbeitsvertrags der Parteien begründen soll (vgl *LAG Nds.* 4.9.2006 NZA-RR 2007, 67). Danach wird auch eine auflösende Bedingung durch Erklärungen der Parteien zustande kommen können, die einen Bedingungswillen hinreichend **deutlich** zum Ausdruck bringen oder einen dahingehenden **Geschäftssinn** haben, ohne dass das Wort »auflösende Bedingung« fallen muss. **Unzureichend** ist die schriftlose schlüssige **Annahme** einer angebotenen Abrede zu einer auflösenden Bedingung, etwa durch Einstellung der Arbeit. Auch für die **Änderung** oder **Ergänzung** der Abrede über die auflösende Bedingung gilt, dass beide dem Formzwang unterliegen, die **Aufhebung** hingegen formlos möglich ist. 732

Zweckbefristung und auflösende Bedingung unterscheiden sich vornehmlich in der Frage der Gewissheit des Eintritts des künftigen Ereignisses (vgl. *BAG* 29.6.2011 EzA § 15 TzBfG Nr. 3). Die Angabe einer Vertragslaufzeit oder eines Endtermins ist demgemäß ebenso wie bei der Zweckbefristung **entbehrlich**, weil nicht vorhersehbar. Anstelle der nicht vorhersehbaren **Dauer** des Arbeitsvertrages ist allerdings **statt dieser**, ähnlich wie bei der Zweckbefristung die **Angabe des Zwecks oder der Bedingung** essentieller Bestandteil der Beurkundung (*BAG* 21.12.2005 EzA § 14 TzBfG Nr. 25; *Sievers* Rn 660; *Lakies* DZWIR 2001, 14). Die Angabe des Ereigniseintritts bzw. der Erfüllung des Vertragszwecks (im Fall der Zweckbefristung) tritt an die Stelle der Datums- oder Laufzeitangabe bei der Zeitbefristung und ist nicht etwa der Ersatz für einen Sachgrund (*Dörner* Befr. Arbeitsvertrag Rn 70, 79). 733

VIII. Schriftform als Wirksamkeitsvoraussetzung

1. Wirksamkeitsvoraussetzung

Die Schriftform (bzw. die gleichwertige elektronische Form nach § 126a Abs. 1 BGB) ist **Wirksamkeitsvoraussetzung** einer Befristung. Damit bezieht sich die »Wirksamkeit« einmal auf die **Rechtsfolge** (die Befristung), gleichzeitig aber auch auf den Befristungstatbestand. »Wirksam« sein kann der Befristungstatbestand oder die damit verfolgte Befristung. Der **Schriftform** unterstehen kann nur das die Rechtsfolge auslösende **Rechtsgeschäft** (vgl. § 125 S. 1 BGB). 734

2. Nichtigkeit bei Formmangel

Ein Rechtsgeschäft, welches der durch Gesetz vorgeschriebenen Form ermangelt, ist nach § 125 S. 1 BGB **nichtig**. Diese Folge erleidet nach § 14 Abs. 4 TzBfG eine Befristung (und zwar **nur** die Befristungsabrede **selbst**), die dem Schriftformzwang nicht genügt, nicht der **Arbeitsvertrag** (*v. Koppenfels* AuR 2001, 201, 203; *BAG* 1.12.2004 EzA § 623 BGB 2002 Nr. 3). In der – an sich überflüssigen – Terminologie des § 14 Abs. 4 TzBfG ist die Befristung darüber hinaus nicht **wirksam**. Ist die Befristung **rechtsunwirksam**, so gilt nach § 16 S. 1 TzBfG der befristete **Arbeitsvertrag** als auf **unbestimmte Zeit** geschlossen und kann vom Arbeitgeber frühestens zum vereinbarten Ende ordentlich gekündigt werden, sofern nicht nach § 15 Abs. 3 TzBfG die ordentliche Kündigung zu einem früheren Zeitpunkt möglich ist. Vgl. aber Rdn 749 ff. Wegen der Einzelheiten der Folgen unwirksamer Befristung wird verwiesen auf KR-*Lipke/Bubach* § 16 TzBfG Rdn 16 ff. 735

»Rechtsunwirksam« iSd § 16 S. 1 TzBfG ist die Befristung auch, wenn es an der **Form** mangelt. Neben § 16 **S. 1** TzBfG muss § 16 **S. 2** TzBfG beachtet werden: Ist die Befristung **nur wegen des Mangels der Schriftform** unwirksam, so kann danach der Arbeitsvertrag auch **vor** dem vereinbarten 736

§ 14 TzBfG Zulässigkeit der Befristung

Ende ordentlich gekündigt werden (gemeint wohl: auf einen vor dem vereinbarten Ende liegenden Zeitpunkt, arg. § 16 S. 1 TzBfG, wonach dort nur »zum vereinbarten Ende« ... gekündigt werden darf). Ist die **Befristung also allein** wegen **fehlender Schriftform** gem. § 14 Abs. 4 TzBfG unwirksam, können **beide Vertragsparteien**, also auch der Arbeitgeber, unabhängig von einer Vereinbarung nach § 15 Abs. 3 TzBfG zu einem Zeitpunkt vor dem vereinbarten Ende des befristeten Arbeitsvertrages ordentlich kündigen (*BAG* 23.4.2009 EzA § 16 TzBfG Nr. 1, Rn 18). Näher dazu KR-*Lipke/Bubach* § 16 TzBfG Rdn 8 ff.

737 Die Rechtsfolge des § 16 S. 1 TzBfG tritt auch ein, wenn ein befristetes **Arbeitsverhältnis formwidrig befristet verkürzt oder verlängert** wird. Es bleibt nicht etwa nur die ursprüngliche Abrede in Kraft. Denn diese haben die Parteien im Zweifel beseitigen wollen. Außerdem stünde der Arbeitnehmer anderenfalls schlechter da als vor Einführung der §§ 14 Abs. 4, 16 S. 1 TzBfG. Insofern **überlagert § 16 S. 1 TzBfG die Regelung in § 625 BGB** (bei Befristung auf Zweckerreichung: § 15 Abs. 5 TzBfG) für den Fall, dass der Widerspruch in dem Angebot des Arbeitgebers liegt, das Arbeitsverhältnis befristet zu verlängern (vgl. KR-*Spilger* § 623 BGB Rdn 187; APS-*Backhaus* Rn 720; *Preis/Gotthardt* NZA 2000, 360; aA ErfK-*Müller-Glöge* Rn 127, der sich gegen eine Gleichstellung von Änderung des Endtermins und Aufhebung der Befristungsvereinbarung wendet). Setzt der Arbeitnehmer mit Wissen des Arbeitgebers seine Tätigkeit über das ursprünglich vereinbarte Beendigungsdatum fort, kommt ohnehin nach § 15 Abs. 5 TzBfG ein unbefristetes Arbeitsverhältnis zustande (vgl. *BAG* 11.7.2007 EzA § 15 TzBfG Nr. 2).

738 Bei einer formunwirksamen Befristung auf mehr als fünf Jahre ergibt sich ein nach Maßgabe des § 15 Abs. 4 TzBfG durch den **Arbeitnehmer kündbares (unbefristetes) Arbeitsverhältnis** (näher dazu KR-*Lipke/Bubach* § 15 TzBfG Rdn 47 ff.). Diese Regelung geht der Vorschrift des § 16 S. 2 TzBfG vor, da die letztgenannte nur einen Sonderfall betrifft.

3. Teilnichtigkeit und Umdeutung

739 Ist ein **Teil eines Rechtsgeschäfts nichtig**, so ist nach **§ 139 BGB** das ganze Rechtsgeschäft nichtig, wenn nicht anzunehmen ist, dass es auch ohne den nichtigen Teil vorgenommen sein würde (vgl. *LAG Düsseld.* 18.9.2013 LAGE § 14 TzBfG Nr. 776, Rn 79). Doch ist bei nichtiger Befristungsabrede nicht im Zweifel nach § 139 BGB die Nichtigkeit des Arbeitsvertrages anzunehmen. Denn § 16 S. 1 TzBfG ordnet gerade an, dass der **Arbeitsvertrag als auf unbestimmte Zeit geschlossen** gilt. Von Bedeutung ist die Regelung in § 139 BGB in Sonderheit dann, wenn die Befristungsabrede im Zusammenhang mit **Bezugnahmen** steht und **deren** Wirksamkeit in Rede steht und nicht diejenige des Arbeitsvertrages. Entspricht ein nichtiges Rechtsgeschäft den Erfordernissen eines anderen Rechtsgeschäfts, so gilt nach **§ 140 BGB** das Letztere, wenn anzunehmen ist, dass dessen Geltung bei Kenntnis der Nichtigkeit gewollt sein würde. Dabei lässt sich eine wegen Formmangels fehlgeschlagene Befristungsabrede auch dann nicht in den Antrag auf Abschluss eines Aufhebungsvertrages umdeuten, wenn die **Befristung nachträglich** während des Laufs eines bereits bestehenden Arbeitsverhältnisses aufgenommen werden sollte. Die Befristung hat einen anderen Geschäftssinn als ein Auflösungsvertrag (vgl. *BAG* 15.2.2007 EzA § 611 BGB 2002 Aufhebungsvertrag Nr. 6).

4. Bestätigung oder Heilung unwirksamer Befristungen

740 Wird ein nichtiges Rechtsgeschäft von demjenigen, welcher es vorgenommen hat, bestätigt, so ist die Bestätigung nach **§ 141 Abs. 1 BGB** als erneute Vornahme zu beurteilen. Daraus ergibt sich, dass die Rechtswirkungen **erst ab Bestätigung** eintreten. Eine **heilende Nachholungsmöglichkeit** ist indessen – anders als bei § 311b Abs. 1 S. 2 BGB – weder bei § 623 BGB noch bei § 14 Abs. 4 TzBfG vorgesehen (*Dörner* FS Richardi 2007, S. 230). Die hier zu treffende **Problemlösung** ist für **die Betriebspraxis** von außerordentlich hoher Bedeutung.

741 Bei einer Befristung ist § 141 Abs. 2 BGB zu berücksichtigen. Danach sind die einen nichtigen Vertrag bestätigenden Parteien im Zweifel verpflichtet, einander zu gewähren, was sie haben würden, wenn der Vertrag von Anfang an gültig gewesen wäre. Dies kann Auswirkungen dann haben,

wenn im Rahmen einer Befristungsabrede auch Verpflichtungen eingegangen worden sind. Die Rechtswirkung der Befristungsabrede wird durch § 141 Abs. 2 BGB jedoch nicht vorverlegt (*BAG* 1.12.2004 EzA § 623 BGB 2002 Nr. 3; Anm. *Kortstock* AP Nr. 16 zu § 14 TzBfG; AR-*Schüren/ Moskalew* Rn 104; aA *Wank* FS Adomeit 2008, S. 791; *Buchner* FS Konzen 2006, S. 37 f.; *Bauer* NZA 2011, 241, 247; *Bauer/Krieger* NZA 2005, 575; *Bahnsen* NZA 2005, 677, analoge Anwendung von § 141 Abs. 2 BGB). Vielmehr bleibt es dabei, dass die **Rechtswirkung gem. § 141 Abs. 1 BGB erst ab Bestätigung eintritt**. Der Arbeitsvertrag als solcher bleibt davon unberührt gültig. Dies kann bei einer formunwirksamen Befristungsabrede, also bei der **Unterzeichnung des Arbeitsvertrages mit Befristungabrede nach Arbeitsantritt, schwerwiegende Folgen** haben.

Eine **formnichtige Befristungsabrede** lässt sich **nicht** dadurch **nachträglich heilen**, dass die Parteien das nicht schriftlich Vereinbarte nach der Arbeitsaufnahme durch den Arbeitnehmer schriftlich niederlegen (st. Rspr. zuletzt *BAG* 15.2.2017 EzA § 14 TzBfG Schriftform Nr. 3, Rn 38). Ermangelt die Befristungsabrede der Schriftform, entdecken die Parteien dies hinterher und bestätigen sie die mündlich unwirksam verabredete Befristung später formwirksam schriftlich, so handelt es sich – soweit hierzu auf die Herbeiführung dieser Rechtsfolge gerichtete Willenserklärungen der Parteien abgegeben wurden (*BAG* 14.12.2016 EzA § 14 TzBfG Schriftform Nr. 2, Rn 28; HWK-*Rennpferdt* Rn 207; APS-*Backhaus* Rn 709) – wegen der erst nunmehr eintretenden Rechtsfolge um eine **nachträgliche Befristung eines** bislang nicht wirksam befristeten, mithin **unbefristeten Arbeitsvertrages** (hM, *Arnold/Gräfl* Rn 432 f.; LS-*Schlachter* Rn 165; *Sievers* Rn 694 f.; ErfK-*Müller-Glöge* Rn 125 f.; MHH-TzBfG/*Meinel* Rn 277 f.; *Annuß/Thüsing/Maschmann* Rn 88a; *Schaub/Koch* § 38 Rn 57; *Dörner* Befr. Arbeitsvertrag Rn 85, 93 mwN). Das ist nach **§ 14 Abs. 2 S. 2 TzBfG**, der entgegen seinem Wortlaut nicht nur Befristungen nach vorhergehenden abgelaufenen Arbeitsverhältnissen, sondern auch die nachträgliche Befristung eines laufenden sachgrundlosen Vertrags betreffen dürfte, unzulässig (*BAG* 12.6.2019 EzA § 14 TzBfG Nr. 137, Rn 18; *Schaub/Koch* § 38 Rn 57; aA *LAG Düsseld.* 6.12.2001 LAGE § 17 TzBfG Nr. 1 für den Fall der »schriftlichen Bestätigung« eines mündlichen die Befristung verlängernden Vertrages nach Ablauf der Erstbefristung; iE ebenso *Gaumann* FA 2002, 40, 41 ff., der bis zur Wahrung der Form von einem Dissens und damit dem Fehlen eines Arbeitsverhältnisses ausgeht; *Straub* NZA 2001, 919, 927, der § 141 Abs. 2 BGB anführt; **krit.** zu Recht APS-*Backhaus* Rn 715; *v. Koppenfels* AuR 2002, 241 ff.; *Greiner* RdA 2009, 82, 83 ff., zunächst Abschluss eines formlosen Vorvertrags im Anbahnungsgespräch, später dann formwirksam befristeter Arbeitsvertrag nach § 154 Abs. 2 BGB; erwogen auch vom *LAG Düsseld.* 30.6.2010 ZTR 2010, 537; ebenso *Pallasch* Anm. AP Nr. 46 zu § 14 TzBfG). Eine **analoge Anwendung** der Regelung in **§ 154 Abs. 2 BGB** hält auch *Dörner* für machbar, gibt aber zu bedenken, dass die vorherige mündliche Verabredung inhaltlich streitig sein könnte und der Arbeitgeber dann im Falle der Unbeweisbarkeit (sog. non liquet) das Risiko des unbefristeten Arbeitsvertrages zu übernehmen habe (*Dörner* Befr. Arbeitsvertrag Rn 90).

Insoweit wird zur Lösung dieses Rechtsproblems ebenso eine **teleologische Reduktion** von **§ 14 Abs. 4 TzBfG im Verhältnis zu §§ 14 Abs. 2, 16 S. 1 TzBfG** diskutiert (*LAG Düsseld.* 6.12.2001 LAGE § 17 TzBfG Nr. 1; *Nadler/v. Medem* NZA 2005, 1215, 1217; abl. *Wank* FS Adomeit 2008, S. 793; erwägend *Dörner* FS Richardi 2007, S. 231 mwN). Das *BAG* hat in seiner Entscheidung vom 1.12.2004 (EzA § 623 BGB 2002 Nr. 3; abw. *LAG RhPf* 10.11.2006 – 8 Sa 530/06) in einer nach Vertragsbeginn schriftlichen Bestätigung der zunächst nur mündlich getroffenen Befristungsabrede keine nachträgliche Befristung erkannt, diese jedenfalls aber für unwirksam wegen **Verstoßes gegen das Anschlussverbot** gehalten, da bereits vorher ein unbefristetes Arbeitsverhältnis begründet worden war (**krit.** *Bauer/Krieger* Anm. AP Nr. 15 zu § 14 TzBfG; *Bahnsen* NZA 2005, 676 ff.; *Riesenhuber* NJW 2005, 2268 ff.; *Preis* NZA 2005, 714, 716 ff.; *Nadler/Medem* NZA 2005, 1214, 1215 ff.; *Janko* SAE 2005, 337, 340 ff.; *Buchner* FS Konzen 2006, S. 31; *Bengelsdorf* SAE 2005, 53; **zust.** *Lembke* BAGRep. 2005, 289, 291 f). Das BAG hat darauf abgestellt, dass es insoweit keine neue Befristungsvereinbarung gegeben habe, sondern die Parteien nur schriftlich festgehalten hätten, was sie zuvor mündlich vereinbart hatten. Das *BAG* hat mit seinen Entscheidungen vom 16.3.2005 und 13.6.2007 die eingeschlagene Rspr. ungeachtet der Kritik **bestätigt** (EzA § 14 TzBfG Nr. 17, m. **zust.** Anm. *Kortstock* AP Nr. 16 zu § 14 TzBfG; EzA § 14 TzBfG Nr. 40; vgl.

§ 14 TzBfG   Zulässigkeit der Befristung

auch *BAG* 14.12.2016 EzA § 14 TzBfG Schriftform Nr. 2, Rn 28; *Kiel* NZA-Beil. 2/2016, 72, 74; krit.: Anm. *Pallasch* AP Nr. 39 zu § 14 TzBfG; abl. auch HaKo-KSchR/*Mestwerdt* Rn 265; MüKo-*Hesse* Rn 127). Die als neue Befristungsabrede geltende Bestätigung müsste zu ihrer Wirksamkeit nunmehr nach § 14 Abs. 1 TzBfG von einem **sachlichen Grund** getragen werden. Einen stets offenen Ausweg stellt hierzu indessen die Kündbarkeit nach § 16 S. 2 TzBfG dar, worin kein Verstoß gegen Treu und Glauben liegt (*LAG Köln* 23.6.2005 NZA-RR 2006, 199). Dem BAG wird zu seiner Rechtsprechung weiterhin eine überzogene **Formenstrenge** und ein **Ausblenden von Schutzbedürfnissen** der Arbeitsvertragsparteien vorgeworfen (*Greiner* NZA Beil. 2011, 117, 121; *Bauer* NZA 2011, 241, 246; *Weth/Breyer* FS Bauer 2010, S. 1093, 1102; *Sievers* Rn 700; *Preis/Greiner* RdA 2010, 148, 161, jeweils mwN).

744   Die unter starker Kritik stehende **Rechtsprechung** des BAG hat sich inzwischen Schritt für Schritt **gewandelt**, indem sie Ausnahmen zugelassen hat. Zunächst hat das BAG es für ausreichend gehalten, wenn im Zusammenhang mit einer **Vertragsverlängerung** eines befristeten Arbeitsverhältnisses – anstelle der eigenhändigen **Unterschriften beider Vertragsparteien** unter der Befristungsabrede (§ 126 Abs. 2 Satz 1 BGB) – dem Arbeitnehmer ein schriftliches Angebot der Arbeitgeberseite **zugeht**, welches er durch Unterzeichnung des Angebots auf dem Schreiben vor Arbeitsaufnahme annimmt (*BAG* 26.7.2006 EzA § 14 TzBfG Nr. 30 unter Bezug auf die veränderte Mietrechtsprechung des *BGH* v. 14.7.2004 BGHZ 160, 97). Die **Klarstellungs-, Beweis- und Warnfunktion des § 14 Abs. 4 TzBfG** werde dadurch gewahrt, weil der Arbeitnehmer auch in diesem Fall erkennen könne, ob und mit welchem Inhalt eine Befristung vereinbart werden soll. Die praktische Handhabung von Verlängerungsvereinbarungen wurde hiermit erheblich erleichtert. Allerdings verlangt das BAG, dass zur **Wahrung der Schriftform die unterzeichnete Befristungsabrede dem Erklärungsempfänger vor Vertragsbeginn bzw. dessen Fortsetzung zugeht** und nicht erst nach Arbeitsaufnahme (*BAG* 25.10.2017 NZA 2018, 507, Rn 54; 14.12.2016 EzA § 14 TzBfG Schriftform Nr. 2, Rn 44, 51; HWK-*Rennpferdt* Rn 204). Mit der Entscheidung vom 13.6.2007 (EzA § 14 TzBfG Nr. 40) hat das BAG seine bis dahin strenge Rechtsprechung zur **Notwendigkeit einer Schriftformabrede vor Aufnahme** einer Tätigkeit im befristeten Arbeitsverhältnis weiter erheblich **modifiziert**.

745   **Anders** verhält es sich **demnach**, wenn die Parteien **vor Vertragsbeginn und vor Unterzeichnung des schriftlichen Arbeitsvertrags keine Befristung** vereinbart haben, oder wenn sie **formunwirksam eine Befristungsabrede** getroffen haben, die inhaltlich mit der in dem später unterzeichneten **schriftlichen Arbeitsvertrag enthaltenen Befristung nicht übereinstimmt**. In diesem Fall wird in dem schriftlichen Arbeitsvertrag nicht lediglich eine zuvor formunwirksam vereinbarte Befristung schriftlich niedergelegt, sondern eine davon **abweichende und damit eigenständige Befristungsabrede** getroffen, durch die das zunächst bei Vertragsbeginn unbefristet entstandene Arbeitsverhältnis nachträglich befristet wird. Stimmen das Vor und das Hinterher nicht überein, handelt es sich um eine **neue, eigenständige Befristung**, die dem Schriftformgebot genügen soll und das nach § 16 S. 1 TzBfG bestehende unbefristete Arbeitsverhältnis verdrängt (*BAG* 15.2.2017 EzA § 14 TzBfG Schriftform Nr. 3, Rn 39; 16.4.2008 EzA § 14 TzBfG Nr. 47, Rn 12). Mit Blick auf das Vorbeschäftigungsverbot nach § 14 Abs. 2 S. 2 TzBfG gelingt dies jedoch nur bei Vorliegen eines **sachlichen Befristungsgrundes** (*BAG* 13.6.2007 EzA § 14 TzBfG Nr. 40; *M. Lorenz* AuR 2008, 68) oder einer privilegierten Befristung nach § 14 Abs. 3 TzBfG, nicht dagegen bei einer **sachgrundlosen Befristung** (ErfK-*Müller-Glöge* Rn 126; *Schaub/Koch* § 38 Rn 57; aA *Greiner* RdA 2009, 82, 90 f.; ebenso *Sievers* Rn 692 f., wohl auch MüKo-*Hesse* Rn 127). Eine **neue eigenständige Befristung** nimmt das BAG ebenso an, wenn vor Arbeitsaufnahme **mündlich oder durch schlüssiges Verhalten keine Befristung vereinbart** wurde (zust. *Kortstock* Anm. AP Nr. 16 zu § 14 TzBfG; abl. *Pallasch* Anm. AP Nr. 39 zu § 14 TzBfG, schriftliche Wiederholung mündlicher Willenserklärung sei nicht deklaratorisch, sondern konstitutiv; ebenso *Weth/Breyer* FS Bauer 2010, S. 1093, 1101).

746   Mit dieser Rechtsprechung schafft das BAG neues erhebliches **Streitpotential**. Es ist zu befürchten, dass der Arbeitnehmer zur späteren formgerechten Befristungsabrede die Bestätigung der vorherigen mündlichen Befristungsabrede, dagegen der Arbeitgeber eine erstmalige oder zumindest abweichende Befristungsabrede im Nachhinein behaupten wird. Es wird dann auf die **Beweislast** für

die einzuhaltende Schriftform ankommen, die – da für ihn daran eine günstige Rechtsfolge knüpft – den Arbeitgeber trifft (so jetzt deutlich *BAG* 20.8.2014 EzA § 286 ZPO 2002 Nr. 3, Rn 33). Wird aber der Streit über die Inhalte der Befristungsabrede vorher und hinterher geführt, trifft die Darlegungs- und Beweislast die Arbeitsvertragspartei, die daraus einen Vorteil ziehen will (Neue Abrede: Arbeitgeber; Bestätigung alter Abrede: Arbeitnehmer; vgl. auch *Janko* Anm. SAE 2005, 344; *Wank* FS Adomeit 2008, S. 798). Die vom BAG getroffene Unterscheidung zwischen dem Parteiwillen vor und nach Arbeitsaufnahme und die daran festgemachte eigenständige Befristungsabrede löst daher **Rechtsunsicherheit** aus, die § 14 Abs. 4 TzBfG doch gerade verhindern soll (iE so auch *Buchner* FS Konzen 2006, S. 31, 37 f.). So ist offen, wie die schlüssige Befristungsvereinbarung durch Aufnahme der Beschäftigung inhaltlich zu bewerten ist (*Oberthür* ArbRB 2008, 247 unter Hinw. auf *BAG* 4.6.2006 EzA § 620 BGB 2002 Nr. 4). Hier sollte **grds. von einer konstitutiven nachträglichen Befristungsabrede** ausgegangen werden, die sich in das Geflecht der Formvorschriften nach §§ 125, 126 und 154 Abs. 2 (analog) BGB einpasst. **Vertragsverhandlungen und deren schriftliche Niederlegung sind von daher als einheitlicher Lebenssachverhalt zu behandeln** (so zutr. *Pallasch* Anm. AP Nr. 39 zu § 14 TzBfG; *Wank* FS Adomeit 2008, S. 793 f.; *Bauer* NZA 2011, 241, 247; aA *Dörner* FS Richardi 2007, S. 230, Tatbestand des § 154 Abs. 2 BGB liegt mit Arbeitsaufnahme nicht mehr vor; ebenso *BAG* 16.4.2008 EzA § 14 TzBfG Nr. 47, Rn 14, da hier kein gewillkürtes, sondern ein gesetzliches Schriftformerfordernis iSv § 126 BGB vorliege, über das die Parteien nach § 125 S. 1 BGB nicht verfügen könnten).

Eine **Erleichterung für die Praxis** aus Arbeitgebersicht hat die Entscheidung des *BAG* vom 16.4.2008 (EzA § 14 TzBfG Nr. 47, Rn 14; 12.8.2009 – 7 AZR 270/08; Anm. *Schimmelpfennig/ Krannich* BB 2008, 1959) gebracht (HaKo-KSchR/*Mestwerdt* Rn 266a; *Bauer* NZA 2011, 241, 247; *Preis/Greiner* RdA 2010, 148, 161; MHH-TzBfG/*Meinel* Rn 281; ErfK-*Müller-Glöge* Rn 124; HaKo-TzBfG/*Boecken* Rn 199 *Sievers* Rn 684 ff.). So ist die Rechtslage anders zu beurteilen, wenn der Arbeitgeber den **Abschluss eines befristeten Arbeitsvertrages** von der **Unterzeichnung der Vertragsurkunde** durch den Arbeitnehmer **abhängig gemacht hat** (§ 126 Abs. 2 BGB). Übersendet der **Arbeitgeber** mithin dem Arbeitnehmer vor Vertragsbeginn einen von ihm bereits **unterzeichneten Arbeitsvertrag mit Befristungsabrede** mit der Bitte um Rücksendung eines unterzeichneten Exemplars, so kann der Arbeitnehmer das **Vertragsangebot nur durch Unterzeichnung der Urkunde** und nicht durch vereinbarungsgemäße Aufnahme der Arbeit **annehmen** (*BAG* 15.2.2017 EzA § 14 TzBfG Schriftform Nr. 3, Rn 31; 14.12.2016 EzA § 14 TzBfG Schriftform Nr. 2, Rn 38 f.; 16.4.2008 EzA § 14 TzBfG Nr. 47, Rn 14). Hat der Arbeitgeber mit einem von ihm unterzeichneten Vertragsangebot seinerseits alles zur Einhaltung des Schriftformgebots Erforderliche getan, so ist dies bei der **Übergabe eines von ihm nicht unterzeichneten Vertragsentwurfs** nicht der Fall. Daher ist dieses Verhalten aus Sicht des Arbeitnehmers nicht dahingehend zu verstehen, dass der Arbeitgeber dem sich aus § 14 Abs. 4 TzBfG ergebenden Schriftformgebot entsprechen will (*BAG* 14.12.2016 EzA § 14 TzBfG Schriftform Nr. 2, Rn 39; HWK-*Rennpferdt* Rn 206; aA *LAG RhPf* 14.8.2012 – 3 Sa 38/12, Rn 33, auch für den Fall eines an den Arbeitnehmer ausgehändigten, aber nicht vom Arbeitgeber unterzeichneten Vertragsdokuments). In der Folge entsteht bei korrekter Einhaltung des Schriftformvorbehalts erst mit der Übergabe des vom Arbeitnehmer unterzeichneten Arbeitsvertrages nach Arbeitsaufnahme das befristete Arbeitsverhältnis (*Weth/Breyer* FS Bauer 2010, S. 1093, 1102, die das Risiko für den Arbeitnehmer, dass es nicht zu dem angekündigten Vertragsschluss kommt, durch die Monatsfrist des § 2 Abs. 1 NachwG eingrenzen wollen; danach unbefristetes Arbeitsverhältnis). Der **Schriftlichkeitsvorbehalt** gilt jedoch dann nicht, wenn der Arbeitgeber, ohne dem Arbeitnehmer ein annahmefähiges schriftliches Angebot auf Abschluss eines befristeten Arbeitsvertrags unterbreitet zu haben, ausdrücklich erklärt hat, der Arbeitsvertrag solle erst mit Unterzeichnung der Vertragsurkunde durch ihn zustande kommen, er dem Arbeitnehmer jedoch bereits zuvor in **Widerspruch zu seiner Erklärung einen Arbeitsplatz zur Verfügung stellt** und die Arbeitsleistung entgegennimmt (*BAG* 15.2.2017 EzA § 14 TzBfG Schriftform Nr. 3, Rn 32).

Da vorher nur ein **faktisches Arbeitsverhältnis** entsteht – in der bloßen Entgegennahme der Arbeitsleistung liegt keine Annahme eines vermeintlichen Vertragsangebots des Arbeitnehmers

(*Sächs. LAG* 28.6.2013 – 3 Sa 746/12, Rn 34) – kann somit auf diesem Wege auch ein **sachgrundlos befristetes Arbeitsverhältnis** begründet werden, ohne dass dem das **Anschlussverbot** aus § 14 Abs. 2 S. 2 TzBfG entgegensteht (*Bauer* NZA 2011, 247; aA *Pfaff* NJ 2009, 265, 267; diff. *Schaub/Koch* § 38 Rn 57, nur bis zur tatsächlichen Arbeitsaufnahme). Hier zeichnet sich ein gangbarer Weg zur Lösung der Probleme rund um die Schriftform ab (zust. auch *Pallasch* Anm. AP Nr. 46 zu § 14 TzBfG). In der Praxis sollte der **Arbeitgeber** jedoch auf **Rückgabe des die Befristungsabrede enthaltenden und von ihm bereits unterschriebenen Arbeitsvertrages durch den Arbeitnehmer vor dessen Beschäftigungsaufnahme** bestehen (*Bauer* NZA 2011, 241, 247).

IX. Berufung auf Formmangel

1. Verbot des widersprüchlichen Verhaltens

749 Nur in **Ausnahmefällen** werden **schwere Treuepflichtverletzungen** als gegen das **Verbot des widersprüchlichen Verhaltens** (venire contra factum proprium) die Formvorschriften des § 14 Abs. 4 TzBfG überwinden, um ihre Bedeutung für die **Rechtssicherheit** nicht auszuhöhlen (vgl. BAG 16.9.2004 EzA § 623 BGB 2002 Nr. 1; 23.11.2006 EzA § 278 ZPO 2002 Nr. 1; 13.6.2007 7AZR 759/06 Rn 26; *LAG Düsseld.* 18.9.2013 LAGE § 14 TzBfG Nr. 77b, Rn 77, 79; APS-*Backhaus* Rn 724 f.; MüKo-*Hesse* Rn 132) Dabei ist weiter zu bedenken, dass mit der **Klagefrist des § 17 TzBfG** die Berufung auf Treu und Glauben weiter eingeschränkt worden ist (*BAG* 1.12.2004 EzA § 623 BGB 2002 Nr. 3). Der Arbeitnehmer kann die dreiwöchige Klagefrist ausschöpfen und der Arbeitgeber kann bis dahin nicht darauf vertrauen, der Arbeitnehmer werde die Unwirksamkeit der Befristung nicht mehr geltend machen (*BAG* 19.1.2005 EzA § 17 TzBfG Nr. 7; 16.3.2005 EzA § 14 TzBfG Nr. 17; HaKo-KSchR/*Mestwerdt* Rn 266a; *Sievers* Rn 718 f.; HWK-*Rennpferdt* Rn 208; APS-*Backhaus* Rn 726).

750 Kein Fall des die Formvorschrift einschränkenden Grundsatzes von Treu und Glauben ist es, wenn eine oder beide Seiten der Warnung oder des Übereilungsschutzes – da ohnehin gewarnt oder da ohnehin nicht in Eile – an sich nicht bedurft hätten und sich dann doch auf den Formmangel berufen. Denn die **Notwendigkeit** der Schriftform im **Einzelfall** ist nicht Tatbestandsmerkmal der Norm (*Preis/Gotthardt* NZA 2000, 348, 353 f., 356). In der Regel wird keiner Partei die Berufung auf den Formmangel mit der Begründung verwehrt werden dürfen, dass sie sich vorher über die Formbedürftigkeit hätte **aufklären** müssen (vgl. *BAG* 1.12.2004 EzA § 620 BGB 2002 Bedingung Nr. 3). Denn das Schriftformerfordernis gilt als Gesetz unabhängig von Hinweisen oder Belehrungen zwischen Privaten.

2. Berufung auf den Formmangel im Rahmen des § 14 Abs. 4 TzBfG

751 Der **Einwand** der **unzulässigen Rechtsausübung** kann nur in **Ausnahmefällen** erfolgreich sein, weil andernfalls Sinn und Zweck der Formvorschriften leerliefen (ErfK-*Preis* §§ 125–127 Rn 49; APS-*Backhaus* Rn 724; *LAG Düsseld.* 18.9.2013 LAGE § 14 TzBfG Nr. 776, Rn 77). So ist es auch im Anwendungsbereich des § 14 Abs. 4 TzBfG. Der Arbeitgeber wird mit dem Einwand nur durchdringen, wenn er Umstände darlegen kann, auf Grund derer er trotz fehlender Schriftform auf die Befristung vertrauen durfte, insbes. aus einem Verhalten des Arbeitnehmers, das zu dessen Berufung auf die mangelnde Schriftform im Widerspruch steht (*BAG* 16.3.2005 EzA § 14 TzBfG Nr. 17; 26.7.2007 ZTR 2007, 207). Als Prüfstein gilt, dass das **Ergebnis** für die Parteien nicht nur hart, sondern **schlechthin untragbar** wäre (*BAG* 22.2.1972 EzA § 15 BBiG Nr. 1).

X. Gerichtliches Geltendmachen des Formmangels (§ 17 TzBfG)

752 Der **Arbeitnehmer** hat bei einem Formmangel der Befristungsabrede **Klage zu erheben**, da § 17 TzBfG dies von ihm verlangt (*BAG* 20.8.2014 EzA § 286 ZPO 2002 Nr. 3, Rn 21; 4.5.2011 EzA § 6 KSchG Nr. 3; *LAG Düsseld.* 26.9.2002 LAGE § 15 TzBfG Nr. 1). Will danach ein Arbeitnehmer geltend machen, dass die Befristung eines Arbeitsvertrages wegen eines Formmangels rechtsunwirksam ist, so muss er **innerhalb von drei Wochen** nach dem vereinbarten Ende des befristeten

Arbeitsvertrages **Klage** beim Arbeitsgericht auf Feststellung **erheben** (*Annuß/Thüsing/Maschmann* Rn 91; dass das Arbeitsverhältnis aufgrund der Befristung nicht beendet ist), wobei die §§ 5 bis 7 KSchG für entsprechend anwendbar erklärt sind. Die Frist, den Formmangel geltend zu machen, verlängert sich nach rechtzeitiger Klageerhebung innerhalb der Dreiwochenfrist bis zum Schluss der mündlichen Verhandlung erster Instanz (§ 17 S. 2 TzBfG, § 6 S. 1 KSchG). Unterbleibt ein entsprechender **Hinweis des Arbeitsgerichts** nach § 17 S. 2 TzBfG iVm **§ 6 S. 2 KschG**, kann der Arbeitnehmer den Unwirksamkeitsgrund des Formmangels noch in das Berufungsverfahren beim LAG einführen (*BAG* 20.8.2014 EzA § 286 ZPO 2002 Nr. 3, Rn 21; 4.5.2011 EzA § 6 KSchG Nr. 3). Wird das Arbeitsverhältnis nach dem vereinbarten Ende **fortgesetzt**, so beginnt nach § 17 S. 3 TzBfG die Klagefrist mit dem Zugang der **schriftlichen** Erklärung des Arbeitgebers, dass das Arbeitsverhältnis aufgrund der Befristung beendet sei. Die Unwirksamkeit der Befristung wegen **Formmangels** ist durch eine gem. § 17 TzBfG fristgebundene Klage geltend zu machen (ErfK-*Müller-Glöge* Rn 128; *Dörner* Befr. Arbeitsvertrag Rn 93, 814; s. Erl. zu § 17 TzBfG Rdn 5 mwN; aA *v. Koppenfels* AuR 2001, 201, 204 ff.) Das ergibt sich bereits aus dem Gesetzeswortlaut und entspricht auch dem Normzweck einer schnellen Klärung zur streitigen Beendigung des Arbeitsverhältnisses (LS-*Schlachter* § 17 TzBfG Rn 5; HaKo-TzBfG/*Joussen* § 17 TzBfG Rn 7). Zu klagen ist auch bei einer **nachträglichen** Befristung eines bislang unbefristeten Arbeitsverhältnisses. Die Klagefrist ist ebenfalls einzuhalten, wenn darüber gestritten wird, ob eine **auflösende Bedingung** tatsächlich **eingetreten** ist (*BAG* 6.4.2011 EzA § 17 TzBfG Nr. 13, Rn 16, unter **Aufgabe seiner früher gegenteiligen Rechtsprechung**, zB *BAG* 21.1.2009 – 7 AZR 843/07; 23.6.2004 EzA § 17 TzBfG Nr. 5). **Unterbleibt** die (rechtzeitige) Klage oder wird sie nach Fristablauf zurückgenommen oder **gilt sie aufgrund** § 54 Abs. 5 S. 4 ArbGG als zurückgenommen, so ist die **Befristung** gem. § 17 S. 2 TzBfG iVm § 7 KSchG **von Anfang an rechtswirksam** (*LAG RhPf* 9.4.2014 – 4 Sa 456/13, Rn 30 ff.; *LAG Hamm* 19.11.2009 – 16 Sa 813/09; Arnold/*Gräfl* Rn 456; AR-*Schüren/Moskalew* Rn 105). Näher hierzu KR-*Bader/Kreutzberg-Kowalczyk* Erl. zu § 17 TzBfG.

E. Darlegungs- und Beweislast im Befristungsrecht

I. Rechtslage bis zum 31.12.2000

Die Frage, **wer die Darlegungs- und Beweislast für die Befristungsabrede, die Befristungsdauer**, den sachlichen Befristungsgrund oder die Zulässigkeitsvoraussetzungen einer sachgrundlosen Befristung trägt, ist in der Vergangenheit sehr **wechselhaft beantwortet** worden (vgl. *Lipke* KR 5. Aufl., Rn 247 bis 252; *ders.* § 1 BeschFG 1996 Rn 162 bis 165; APS-*Backhaus* Rn 111; *Erman/D. W. Belling* 13. Aufl., § 620 BGB Rn 67; *Dörner* Der befristete Arbeitsvertrag 1. Aufl., Rn 1024 ff. jeweils mwN). Der **Große Senat des BAG** hatte seinem grundlegenden Beschluss vom 12.10.1960 (EzA § 620 BGB Nr. 2) noch die Auffassung vertreten, den **Arbeitnehmer treffe die Darlegungs- und Beweislast** dafür, dass für den **Abschluss** eines (die Vermutung der Rechtswirksamkeit in sich tragenden) befristeten Arbeitsvertrages keine sachlichen Gründe vorgelegen haben (vgl. auch *BAG* 11.8.1988 EzA § 620 BGB Nr. 105). Im Streit um die **Tatsache der Befristung und die Befristungsdauer** hat das BAG dagegen entschieden, dass die Berufung auf das Ende eines Arbeitsverhältnisses durch Fristablauf einer dem materiellen Recht folgenden **rechtsvernichtenden Einwendung** gleichkomme. Deshalb habe nach **allgemeinen Beweisgrundsätzen** die Partei die tatsächlichen Voraussetzungen darzulegen und unter Beweis zu stellen, die sich auf die für sie **günstigere Rechtsfolge** des (früheren) Erlöschens der Vertragspflichten berufe (*BAG* 12.10.1994 EzA § 620 BGB Nr. 128).

753

Gesetzlich zugelassene **Befristungen ohne Sachgrund** stellten einen für den **Arbeitgeber** günstigen **Ausnahmetatbestand** dar, so dass er die tatsächlichen Voraussetzungen hierfür und alle sie ermöglichenden qualifizierenden Umstände hierzu **darlegen und beweisen** musste (*BAG* 6.12.1989 EzA § 1 BeschFG 1985 Nr. 11; 22.6.1994 EzA § 1 BeschFG 1985 Nr. 13). **Ausgenommen** hiervon waren davon nur die tatsächlichen Voraussetzungen für die als Regelausnahme zu verstehenden **Anschlussverbote** nach § 1 Abs. 3 BeschFG 1996. Diese hatte der **Arbeitnehmer darzulegen und zu beweisen** (*BAG* 28.6.2000 EzA § 1 BeschFG 1985 Nr. 15).

754

II. Neuer Rechtszustand

1. Sachgrund (§ 14 Abs. 1 TzBfG)

755 Die **hier vertretene Auffassung**, dass den **Arbeitgeber** schon mit Blick auf den **Ausnahmecharakter** von Befristungen und aufgrund seiner größeren Beweisnähe zu deren tatsächlichen Zulässigkeitsvoraussetzungen umfänglich die **Darlegungs- und Beweislast** treffe, findet in der neuen gesetzlichen Regelung des TzBfG zusätzlichen Rückhalt. Der Gesetzgeber hat mit dem TzBfG das **bisherige Regel-Ausnahme-Verhältnis umgekehrt**. Nicht nur die den Kündigungsschutz umgehende, sondern **jede Befristung bedarf nunmehr im Grundsatz eines sachlichen Befristungsgrundes**. Ausnahmsweise und unter engen Voraussetzungen ist eine (einmalige) Befristung ohne Sachgrund bis zu zwei Jahren erlaubt (s. Rdn 513 ff.). Dieser Paradigmenwechsel wirkt sich auch auf die Verteilung der Darlegungs- und Beweislast aus. Die ausdrückliche **Regelung in § 14 TzBfG**, die den Sachgrund grds. zur Wirksamkeitsvoraussetzung jeder Befristung erhebt, **beseitigt das dogmatische Gerüst für die Beweislastverteilung des Großen Senats** (12.10.1960 EzA § 620 BGB Nr. 2). Nach den allgemeinen Beweislastgrundsätzen hat der **Arbeitgeber** den die Wirksamkeit der Befristung erhaltenden **Sachgrund nachzuweisen**, da ihn sonst die nachteiligen Rechtsfolgen aus § 16 TzBfG (unbefristeter Arbeitsvertrag) treffen (*Hromadka* BB 2001, 621; *Preis/Gotthardt* DB 2000, 2065, 2070; APS-*Backhaus* Rn 113; *Lakies* DZWIR 2001, 14; *ders.* Befr. Arbeitsverträge Rn 244 f., 479; *Staudinger/Preis* [2019] § 620 BGB Rn 65 f.; *Rolfs* § 14 TzBfG Rn 119; *Plander/Witt* DB 2002, 1002; *Annuß/Thüsing/Maschmann* Rn 22; DDZ-*Wroblewski* Rn 266; MHH-TzBfG/*Meinel* Rn 282; *Arnold/Gräfl* Rn 66 f.; *Sievers* Rn 105 f.; MüKo-*Hesse* § 17 TzBfG Rn 34; HaKo-KSchR/*Mestwerdt* Rn 63; *Ritter/Rudolf* FS 25-jähriges Bestehen DAV S. 399; ebenso im Ergebnis *Dörner* ArbRBGB Rn 88 ff., 95 ff.; *ders.* Befr. Arbeitsvertrag Rn 839; HaKo-TzBfG/*Boecken* Rn 13; LS-*Schlachter* Rn 27; *Busemann* MDR 2015, 314; einschränkend zu Lasten des Arbeitnehmers: AR-*Schüren/Moskalew* § 14 TzBfG Rn 14, ErfK-*Müller-Glöge* § 17 TzBfG Rn 14). Allein das Risiko der einzuhaltenden **Klagefrist** nach § 17 TzBfG verbleibt beim Arbeitnehmer, sodass er deren Wahrung im Streitfall zu beweisen hat.

756 Ist deshalb **streitig, ob ein Sachgrund** nach § 14 Abs. 1 TzBfG besteht, ist grds. der **Arbeitgeber darlegungs- und beweisbelastet**. Diese Erkenntnis hat das BAG bereits zum früheren Rechtszustand für den Fall gewonnen, dass ein Tarifvertrag jede Befristung an einen Sachgrund bindet (*BAG* 11.8.1988 EzA § 620 BGB Nr. 105). Das TzBfG folgt den Vorgaben der Richtlinie 1999/70/EG und erkennt das **unbefristete Arbeitsverhältnis als das regelmäßige Arbeitsverhältnis** an (BT-Drucks. 16/3793 S. 8; *BAG* 28.5.2014 EzA § 14 TzBfG Nr. 104, Rn 29). Damit stellt sich das befristete Arbeitsverhältnis als eine dem Arbeitgeber günstige Ausnahme dar. Die Darlegungs- und Beweislast für das Vorliegen eines die **Befristung rechtfertigenden Sachgrunds** trägt deshalb im Befristungskontrollprozess der Arbeitgeber (*BAG* 13.12.2017 – 7 AZR 69/16, Rn 21). Der Sachgrund ist dann Teil einer **rechtsvernichtenden Einwendung** gegen den dauerhaften Bestand des Arbeitsverhältnisses. Die dafürsprechenden Tatsachen hat deshalb der **Arbeitgeber** darzulegen und im Streit zu beweisen (*LAG Hamm* 25.11.2003 LAGE § 14 TzBfG Nr. 12a, *LAG RhPf* 17.3.2004 MDR 2004, 1123, jeweils zu den Voraussetzungen einer mittelbaren Vertretung; *LAG Düsseld.* 11.12.2005 LAGE § 14 TzBfG Nr. 25; *ArbG Kiel* 27.8.2014 – 5 Ca 388b/14, Rn 49 ff.; zur haushaltsrechtlichen Befristung; *LAG MV* 26.5.2010 – 2 Sa 321/09, Darlegung Prognosegrundlagen für Vertretungsfall und für vorübergehenden Mehrbedarf; *LAG RhPf* 5.9.2011 – 5 Sa 552/10, sachlicher Befristungsgrund für Rundfunkmitarbeiter; *ArbG Hmb.* 5.4.2013 – 14 Ca 504712, bei Befristungsprivilegierung die Zugehörigkeit zum betroffenen Personenkreis; *LAG RhPf* 16.1.2014 – 5 Sa 273/13, Befristungswunsch des Arbeitnehmers; *Lembke* NJW 2006, 325, 331). Im Falle der **Unaufklärbarkeit** der dazu vorgetragenen Tatsachen (non liquet) trägt dann der **Arbeitgeber die Beweislast**.

757 Seine Darlegungs- und Beweislast erstreckt sich dabei auf **die tatsächlichen Grundlagen der Prognose**, die er zum Zeitpunkt des Vertragsschlusses der Befristung zu erstellen hat. Die sachliche Rechtfertigung einer Befristungsabrede verlangt nämlich bei den meisten Sachgründen (zB Vertretung; Aufgabe von begrenzter Dauer; vorübergehender Mehrbedarf; Erlöschen einer Aufenthalts- oder

Arbeitserlaubnis) eine Prognose, die anhand konkreter Umstände das vorgesehene Vertragsende mit hinreichender Sicherheit erwarten lässt (st. Rspr.; zuletzt zB *BAG* 19.3.2014 – 7 AZR 718/12, Rn 25; 4.12.2013 EzA § 14 TzBfG Nr. 99, Rn 16; 17.3.2010 EzA § 14 TzBfG Nr. 63, Rn 12 f.; 25.3.2009 EzA § 14 TzBfG Nr. 57; *ArbG Magdeburg* 24.9.2014 – 3 Ca 209/14; *Dörner* Befr. Arbeitsvertrag Rn 840). Der Umfang der **Darlegungs- und Beweislast** ist davon abhängig, ob sich die Prognose später als zutreffend erweist oder nicht (*BAG* 13.10.2004 EzA § 17 TzBfG Nr. 6; *LAG Nds.* 22.8.2005 – 5 Sa 1594/03). Für die behauptete **Nichtwiederaufnahme der Tätigkeit der Vertretenen** trägt dagegen im Streitfall die befristet eingestellte Vertretungskraft die Darlegungs- und Beweislast (*BAG* 2.7.2003 EzA § 620 BGB 2002 Nr. 6; *LAG RhPf* 26.10.2007 – 9 Sa 120/07). Vgl. Rdn 250 ff. sowie die Erl. zu den jeweiligen Sachgründen daselbst.

2. Zulässige Befristung ohne Sachgrund (§ 14 Abs. 2, 2a und 3 TzBfG)

Da die **Ausnahme von der Ausnahme** in der Form der **sachgrundlosen Befristung** den **Arbeitgeber** 758 **nochmals begünstigt** (§ 14 Abs. 2, 2a und 3 TzBfG), sind die Zulässigkeitsvoraussetzungen hierfür ebenfalls von ihm nachzuweisen. Insoweit ist an die alte Rechtsprechung zum BeschFG 1985 anzuknüpfen, die dem **Arbeitgeber die Darlegungs- und Beweislast** für die Einhaltung der **Höchstdauer von zwei oder fünf Jahren, die Voraussetzungen und die Einhaltung der Höchstzahl von drei Verlängerungen und die Vollendung des 52. Lebensjahres** auferlegte (vgl. *BAG* 6.12.1989 EzA § 1 BeschFG 1985 Nr. 11; ebenso *Dörner* Befr. Arbeitsvertrag Rn 845, 847; APS-*Backhaus* Rn 604 ff., 622 f.). Darin eingeschlossen ist nunmehr auch die Befristungsvergünstigung von Existenzgründern nach **Abs. 2a** mit ihrer vierjährigen Befristungshöchstdauer.

Soweit in einer Entscheidung des BAG vom 28.6.2000 (EzA § 1 BeschFG 1985 Nr. 15 ohne 759 nähere Begründung) zur Fassung des BeschFG 1996 vertreten wird, **den Arbeitnehmer treffe die Darlegungs- und Beweislast hinsichtlich der Ausnahmen in § 14 Abs. 2 S. 2 TzBfG** (zuvor § 1 Abs. 3 BeschFG 1996), also des Verstoßes gegen das Vorbeschäftigungsverbot (hM *BAG* 19.10.2005 EzA § 14 TzBfG Nr. 23; *LAG Nds.* 26.7.2004 NZA-RR 2005, 410; ErfK-*Müller-Glöge* § 17 TzBfG Rn 14; *Lakies* DZWIR 2001, 14; *Dörner* Befr. Arbeitsvertrag Rn 846; MHH-TzBfG/ *Meinel* Rn 282, der zur Begründung auf das Fragerecht des Arbeitgebers verweist; MüKo-*Hesse* § 17 TzBfG Rn 35; HaKo-KSchR/*Mestwerdt* Rn 208 f.; *Sievers* RdA 2004, 299; *Lembke* NJW 2006, 325, 331; *Arnold/Gräfl* Rn 361), ist dem **zu widersprechen**. Die vom *BAG* zum § 1 Abs. 3 BeschFG 1996 angestellte Regel-/Ausnahmeüberlegung ist nicht nachvollziehbar, denn die **sachgrundlose Befristung** mit all ihren **positiven und negativen Tatbestandsvoraussetzungen** war und ist insgesamt als Ausnahmetatbestand zu bewerten (ebenso APS-*Backhaus* Rn 605 f.; *Rolfs* § 14 TzBfG Rn 124; *Boewer* § 14 TzBfG Rn 258, *Bader*/Bader [2014] § 620 BGB Rn 270; DDZ-*Wroblewski* Rn 221; aA *BAG* 19.10.2005 EzA § 14 TzBfG Nr. 23 Rn 18; 28.6.2000 EzA § 1 BeschFG 1985 Nr. 15; *LAG Nds.* 26.7.2004 NZA-RR 2005, 410; *LAG RhPf* 18.1.2007 – 6 Sa 712/06). Hier lohnt ein **vergleichender Blick** auf die Darlegungs- und Beweislast des Arbeitgebers bei verhaltensbedingten Kündigungsgründen und den dagegen vom Arbeitnehmer erhobenen **Rechtfertigungsgründen** (vgl. dazu KR-*Fischermeier/Krumbiegel* § 626 BGB Rn 396 f.).

Mit der gesetzlichen **Rückkehr zur einmaligen sachgrundlosen Befristung** in § 14 Abs. 2 TzBfG 760 nach dem Muster des § 1 BeschFG 1985 (»Neueinstellung«) und dem Wegfall einer sachgrundlosen Anschlussbefristung sollte das BAG in seiner Rechtsprechung wieder an die Entscheidung vom 6.12.1989 (EzA § 1 BeschFG 1985 Nr. 1) anknüpfen. Der **Arbeitgeber** hat nach richtiger Ansicht im Streit **sämtliche tatsächlichen Voraussetzungen einer sachgrundlosen Befristung einschließlich der negativen Tatsache der fehlenden Vorbeschäftigung nachzuweisen**. Da ihm ein umfassendes **Fragerecht** zur Vorbeschäftigung gegenüber dem einstellungswilligen Arbeitnehmer zusteht (vgl. o Rdn 598 f.) und er die Firmenverhältnisse besser kennen muss, kann es nicht für den Arbeitgeber bei einem **prozessualen Mitwirkungsrecht** in Form substantiierter Gegendarstellung bleiben (so aber *Dörner* Befr. Arbeitsvertrag Rn 846). Dies gilt auch für das **Bestehen tarifvertraglich erweiternder Regelungen** und deren Vereinbarung im Fall fehlender Tarifgebundenheit (§ 14 Abs. 2 S. 3 und 4 TzBfG). Das BAG hat – dessen ungeachtet – bislang an seiner abweichenden

Rechtsprechung festgehalten und bürdet dem Arbeitnehmer die **Darlegungs- und Beweislast für die Ausnahmen in** § 14 Abs. 2 S. 2 TzBfG auf (*BAG* 19.10.2005 EzA § 14 TzBfG Nr. 23). Zur Begründung dafür wird angeführt, dass die Ausnahme von einer Ausnahmevorschrift nicht negativ von dem zu beweisen sei, der die Beweislast von den Voraussetzungen der Ausnahmevorschrift trage (ErfK-*Müller-Glöge* § 17 TzBfG Rn 14). Damit werden die Voraussetzungen des den Arbeitgeber insgesamt begünstigenden Ausnahmetatbestandes **zu Lasten des Arbeitnehmers** verteilt.

761 Nachdem das **BVerfG** die generelle Lockerung der wiederholten sachgrundlosen Befristung durch das *BAG* (6.4.2011 EzA § 14 TzBfG Nr. 77; s. Rdn 568) als nicht verfassungskonform erkannt hat (*BVerfG* 6.6.2018 NZA 2018, 774, Rn 76 ff.), gleichwohl das **Anschlussverbot in Fällen für unzumutbar** erachtet, soweit eine Gefahr der Kettenbefristung in Ausnutzung der strukturellen Unterlegenheit der Beschäftigten nicht besteht und das Verbot der sachgrundlosen Befristung nicht erforderlich ist, um das unbefristete Arbeitsverhältnis als Regelbeschäftigungsform zu erhalten (dort Rn 62 f.), trifft den **Arbeitgeber** die **Darlegungs- und Beweislast** für die Voraussetzungen dieser ihn begünstigenden **Ausnahmefälle** (APS-*Backhaus* Rn 606)

762 **Offen** bleibt, ob das *BAG* dem Arbeitnehmer die **Darlegungs- und Beweislast für das Nichtunterschreiten der privilegierenden Altersgrenze** im Anwendungsfall des § 14 Abs. 3 TzBfG (vgl. *BAG* 14.8.2002 EzA § 620 BGB Altersgrenze Nr. 13, Alter ausländischer Arbeitnehmer; *Dörner* Befr. Arbeitsvertrag Rn 846 f.) bei Arbeitsaufnahme und der **fehlenden Anschlussbefristung nach § 14 Abs. 2a S. 4 TzBfG** aufbürden will. Richtigerweise müsste es auch hier bei der Darlegungs- und Beweislast des Arbeitgebers verbleiben, weil er aus dem Vorliegen dieser negativen tatsächlichen Voraussetzungen den rechtlichen Nutzen zieht, den Arbeitnehmer sachgrundlos befristet zu beschäftigen. Im Grundsatz gelten hier die obigen Erwägungen (ebenso *Rolfs* § 14 TzBfG Rn 126). Mit der Neuregelung des § 14 Abs. 3 TzBfG obliegt es dem Arbeitgeber ebenso die vorangehende **viermonatige Beschäftigungslosigkeit** vor Aufnahme der befristeten Tätigkeit darzulegen und zu beweisen, da er von der privilegierten sachgrundlosen Befristungsmöglichkeit profitiert (*Grimm/Brock* ArbRB 2007, 154, 157; HaKo-TzBfG/*Boecken* Rn 187; **aA** insoweit *Dörner* Befr. Arbeitsvertrag Rn 847; APS-*Backhaus* Rn 656: abgestufte Darlegungs- und Beweislast wegen der Umstände in der Sphäre des Arbeitnehmers; ebenso ErfK-*Müller-Glöge* Rn 113a).

3. Befristungsvereinbarung

763 Die **Vereinbarung einer Befristungsabrede** dürfte zur Darlegungs- und Beweislast zukünftig keine Streitfragen mehr aufwerfen, nachdem in § 14 Abs. 4 TzBfG hierfür ein **Schriftformerfordernis** geschaffen wurde, das auch die **auflösende Bedingung** mit umfasst (§ 21 TzBfG; vgl. *BAG* 1.12.2004 EzA § 623 BGB 2002 Nr. 3). Die Darlegungs- und Beweislast für die **Vereinbarung der Befristung** des Arbeitsverhältnisses obliegt ungeachtet der Bestimmung des § 2 Abs. 1 S. 2 Nr. 3 NachweisG, wonach bei befristeten Arbeitsverhältnissen die vorhersehbare Dauer des Arbeitsverhältnisses in die Niederschrift aufzunehmen ist, dem **Arbeitgeber** (*BAG* 25.10.2017 NZA 2018, 507, Rn 28). Wird die **Schriftform** nicht eingehalten und will der Arbeitgeber von seinem ordentlichen Kündigungsrecht aus § 16 S. 2 TzBfG Gebrauch machen, behauptet der Arbeitnehmer dagegen den Abschluss eines unbefristeten Arbeitsvertrages, so verbleibt es bei der allgemeinen **Regel**, dass **die Partei, die** sich auf die **Tatsache einer Befristung oder auf die kürzere Dauer des Arbeitsvertrags** berufen will, dafür **die Darlegungs- und Beweislast zu tragen hat** (*BAG* 20.8.2014 EzA § 286 ZPO 2002 Nr. 3, Rn 33 mit deutlichen Hinweisen zum Erfordernis einer umfänglichen gerichtlichen Würdigung des Parteivorbringens und des Ergebnisses einer Beweisaufnahme; *Dörner* Befr. Arbeitsvertrag Rn 830, 834, 848; MHH-TzBfG/*Meinel* Rn 282; APS-*Backhaus* Rn 729). Dies gilt ebenfalls bei Zweckbefristungen für die **Zweckerreichung** und bei auflösenden Bedingungen für den **Bedingungseintritt** (*Dörner* Befr. Arbeitsvertrag Rn 849; *Boewer* § 15 TzBfG Rn 40; *Hess. LAG* 9.7.1999 LAGE § 1 BeschFG 1985/1996 Klagefrist Nr. 8; vgl. auch KR-*Lipke/Bubach* § 15 TzBfG Rdn 31 f. und § 21 TzBfG Rdn 12). Der Arbeitnehmer soll den formwirksamen Vertragsschluss sogar mit »Nicht-mehr-Wissen« gem. § 138 Abs. 4 ZPO bestreiten dürfen, falls er sich nicht mehr an die Umstände des Vertragsschlusses erinnert und diese auch nicht mehr durch

zumutbare Nachforschungen feststellen kann (*BAG* 20.8.2014 EzA § 286 ZPO 2002 Nr. 3, Rn 32; 13.11.2007 EzA § 72 ArbGG 1979 Nr. 3, Rn 19, Anm. *Günther* DB 2015, 74). Würde die Rechtsprechung wegen des Ausnahmecharakters der zugelassenen Befristung sämtliche Darlegungs- und Beweislasten beim Arbeitgeber belassen, wäre dieser »Kunstgriff« überflüssig (vgl. Rdn 755).

Liegt eine schriftliche Abrede iSv § 14 Abs. 4 TzBfG vor und behauptet der Arbeitnehmer die **Teilblankettabrede** sei vom Arbeitgeber abredewidrig ausgefüllt worden, so trifft ihn dafür die Beweislast (*LAG BW* 30.3.2007 NZA-RR 2008, 66). Behauptet ein **Arbeitnehmer**, ein von ihm unterzeichneter Arbeitsvertrag, der die Überschrift »**Befristeter Arbeitsvertrag**« trägt, sei in Wahrheit als unbefristeter Arbeitsvertrag geschlossen und vom Arbeitgeber nachträglich **gefälscht** worden, trägt er – soweit die Vertragsurkunde keine Mängel iSv § 419 ZPO aufweist – ebenfalls hierfür die **Beweislast** (*LAG Bln.* 6.5.2003 LAGE § 440 ZPO 2002 Nr. 1). Macht der Arbeitnehmer die Unwirksamkeit einer Befristung wegen der **nicht eingehaltenen Schriftform** (§ 14 Abs. 4 TzBfG iVm § 125 BGB) geltend, soll er die Darlegungs- und Beweislast für eine behauptete **vorangegangene mündliche Befristungsvereinbarung** oder **Arbeitsaufnahme** vor Vertragsunterzeichnung tragen (*Hess LAG* 11.12.2012 – 13 Sa 1336/12, Rn 36 f., Zugang der unterschriebenen Befristungsabrede nach Arbeitsaufnahme; *LAG Bln.-Bra.* 7.7.2006 – 22 Sa 167/06). Bei Streit über die **Wahrung der Schriftform**, ist die Partei darlegungs- und beweisbelastet, die sich auf die Wirksamkeit der Befristung beruft (*BAG* 20.8.2014 EzA § 286 ZPO 2002 Nr. 3 Rn 33; HWK-*Rennpferdt* Rn 209; HaKo-TzBfG/*Boecken* Rn 207; diff. ErfK-*Müller-Glöge* § 17 TzBfG Rn 13; **zutr.** HaKo-KSchR/*Mestwerdt* Rn 267, bei vom Arbeitnehmer behaupteter Arbeitsaufnahme vor Unterzeichnung der Befristungsabrede, hat der Arbeitgeber die umgekehrte Reihenfolge zum Erhalt der Befristung darzulegen und zu beweisen). Aus der **Angabe des Arbeitsvertragsbeginns** (1.11.2004; Feiertag, keine Arbeitsleistung) im schriftlichen Arbeitsvertrag mit einer Befristung kann bei Unterzeichnung am Folgetag (2.11.2004) nicht zwingend abgeleitet werden, dass ein übereinstimmender Wille eines Beginns des befristeten Arbeitsverhältnisses vor der Unterzeichnung bestand, sodass insoweit die **Beweislast für die Formnichtigkeit** nach § 14 Abs. 4 TzBfG beim Arbeitnehmer verbleibt (*LAG RhPf* 10.11.2006 – 8 Sa 530/06; *LAG Hamm* 30.6.2014 – 10 Sa 290/14, Rn 54, zur eingeschränkten urkundlichen Beweisführung des Datums der Unterzeichnung einer Befristungsabrede; *Kossens* jurisPR-ArbR 44/2014 Anm. 2), Kommt es im Zusammenhang mit einer **Vertragsverlängerung** nach Abs. 2, 2a und 3 zum Streit darüber, ob die **Vertragsbedingungen** sich aus Anlass der erneuten Befristung **verändert** und damit ein unbefristetes Arbeitsverhältnis nach § 16 S. 1 TzBfG begründet haben, so soll insoweit den Arbeitnehmer die Darlegungs- und Beweislast treffen (*LAG SA* 14.12.2005 – 5 (11) Sa 202/05). Auch hier gilt mE aber, dass der **Arbeitgeber**, darzulegen und zu beweisen hat, dass es zum Verlängerungszeitpunkt zu **keiner befristungsschädlichen Änderung des Vertragsinhalts** gekommen ist. Nur dann kann er das Privileg sachgrundloser Befristung weiter nutzen. Allein aus der tatsächlichen Durchführung eines Arbeitsvertrags als solches kann kein Vertrauen des Arbeitgebers dahingehend entstehen, dass eine Befristungsabrede nicht mehr angegriffen werden soll; eine **Berufung des Arbeitnehmers auf den Formverstoß** verstößt deshalb nicht gegen **Treu und Glauben** (§ 242 BGB; *LAG Düssel.* 18.9.2013 LAGE § 14 TzBfG Nr. 77b, Rn 77, 79).

4. Befristungsdauer

Ist die **Dauer des befristeten Arbeitsvertrages im Streit**, so ist auf die Verpflichtung des Arbeitgebers in § 2 Abs. 1 Nr. 3 NachwG hinzuweisen, darüber nach Beschäftigungsaufnahme einen **schriftlichen Nachweis** aufzunehmen. Ist dies geschehen, kann sich der **Arbeitgeber** hierauf berufen. Fehlt der Nachweis und behauptet der Arbeitgeber den Ablauf des Arbeitsvertrages, so trifft ihn für diese **rechtsvernichtende Einwendung** (*BAG* 20.8.2014 EzA § 286 ZPO 2002 Nr. 3, Rn 33; 12.10.1994 EzA § 620 BGB Nr. 128; *ArbG Kiel* 27.8.2014 – 5 Ca 388b/14, Rn 51) **die Darlegungs- und Beweislast** (vgl. auch KR-*Bader/Kreutzberg-Kowalczyk* § 3 TzBfG Rdn 9). Hat der **Arbeitnehmer** ein unbefristetes Anschlussarbeitsverhältnis bei einem anderen Arbeitgeber gefunden und behauptet abweichend von seinem früheren Arbeitgeber, die Befristung sei bereits abgelaufen, hat er seinerseits diese Tatsache zu belegen. Es bleibt insoweit bei der Regel, dass derjenige die Befristungsdauer zu beweisen hat, der sich auf die **frühere Vertragsbeendigung** beruft (ErfK-*Müller-Glöge* § 17 TzBfG Rn 13).

766 Soweit es um die **Einhaltung** der für die **sachgrundlose Befristung** zugelassenen **Zeitspannen** geht, trägt der Arbeitgeber als der Nutznießer dieser Privilegierung die volle Darlegungs- und Beweislast für die Nichtüberschreitung der gesetzlichen Voraussetzungen. Vgl. Rdn 615, 647, 687 und 761.

767 Im Sonderfall der Wirksamkeit einer **Nichtverlängerungsmitteilung** im Bühnenbereich obliegt dem **Arbeitgeber** zu den dafür ausschlaggebenden **künstlerischen Belangen** die Darlegungs- und Beweislast, im Streit um die **Eignung und Leistungsfähigkeit** des Künstlers wechselt sie zum **Arbeitnehmer** (*BAG* 12.1.2000 EzA § 4 TVG Bühne Nr. 8 zum Normalvertrag Chor; vgl. hierzu auch Erl. zu § 3 TzBfG Rdn 39 ff.; *Genenger* NJW 2009, 714; *Schimana/von Glasz* AuR 2003, 365; *Opolony* NZA 2001, 1351). Vgl. näher KR-*Bader/Kreutzberg-Kowalczyk* § 3 TzBfG Rdn 40 ff.

5. Rechtsmissbrauch

768 **Ausnahmen zur Darlegungs- und Beweislast des Arbeitgebers** bleiben dagegen die Fälle behaupteten Rechtsmissbrauchs oder treuwidriger Handlungsweisen des Arbeitgebers. Hier war es bisher Sache des Arbeitnehmers, die dafür ins Feld geführten Tatsachen zu belegen (Rechtsmissbrauch: *LAG BW* 14.9.2005 – 13 Sa 32/05; *LAG RhPf* 18.1.2006 – 9 Sa 685/05; Treuwidrigkeit: *BAG* 28.6.2007 EzA § 310 BGB 2002 Nr. 5, Rn 31; 13.5.2004 EzBAT SR 2y BAT TzBfG Nr. 10). Insoweit ist nämlich idR vom rechtstreuen Verhalten auszugehen (vgl dazu *BAG* 9.3.2011 EzA § 14 TzBfG Nr. 75 und *BAG* 9.2.2011 EzA § 10 AÜG Nr. 14). Mit der **Einführung einer zweiten Prüfungsstufe bei Befristungen** mit und ohne Sachgrund, ist seit der Entscheidung des BAG vom 18.7.2012 (EzA § 14 TzBfG Nr. 86) bei **aneinandergereihten Befristungen** stets eine **Rechtsmissbrauchkontrolle** erforderlich (allgemein dazu s. Rdn 178 ff.). **Darlegungs- und beweispflichtig** für das Vorliegen einer missbräuchlichen Vertragsgestaltung ist derjenige, der eine solche geltend macht, bei einer Befristungsabrede also **regelmäßig der Arbeitnehmer**. Allerdings ist insoweit den Schwierigkeiten, die sich aus den fehlenden Kenntnismöglichkeiten des Arbeitnehmers ergeben, durch die Grundsätze der **abgestuften Darlegungs- und Beweislast** Rechnung zu tragen (*BAG* 24.2.2016 EzA § 14 TzBfG Nr. 120, Rn 17; 4.12.2013 EzA § 14 TzBfG Nr. 100, Rn 26). Dafür soll zunächst genügen, dass der Arbeitnehmer – soweit er die Überlegungen des Arbeitgebers, die zu der Befristung geführt haben, nicht kennt – einen **Sachverhalt vorträgt, der die Missbräuchlichkeit der Befristung nach § 242 BGB indiziert.** Der Arbeitgeber muss sich sodann nach **§ 138 Abs. 2 ZPO** im Einzelnen auf diesen Vortrag einlassen. Er kann einzelne Tatsachen konkret bestreiten oder Umstände vortragen, welche den Sachverhalt in einem anderen Licht erscheinen lassen (vgl. *BAG* 17.5.2017 EzA § 14 TzBfG Rechtsmissbrauch Nr. 2, Rn 19 f.). Von einem **indizierten Rechtsmissbrauch** sei idR auszugehen, wenn die Gesamtdauer des Arbeitsverhältnisses zehn Jahre überschreitet oder mehr als 15 Vertragsverlängerungen vereinbart wurden oder wenn mehr als 12 Vertragsverlängerungen bei einer Gesamtdauer von mehr als 8 Jahren vorliegen (*BAG* 24.2.2016 EzA § 14 TzBfG Nr. 120, Rn 19 f.; *Kiel* NZA-Beil. 2/2016, 72, 83 f.). **Trägt der Arbeitgeber nichts vor oder lässt er sich nicht substantiiert ein**, gilt der schlüssige Sachvortrag des Arbeitnehmers gem. **§ 138 Abs. 3 ZPO als zugestanden** (*BAG* 19.3.2014 EzTöD 100 § 30 Abs. 1 TVöD – AT Sachgrundlose Befristung Nr. 29, Rn 26; *LAG Hmb.* 7.3.2013 LAGE § 14 TzBfG Rechtsmissbrauch Nr. 6, Rn 51; vgl. dazu auch *LAG Köln* 15.8.2014 – 4 Sa 1184/11, Rn 13 ff. mit einer Zusammenstellung der Indizien für einen Rechtsmissbrauch bei gemeinsamem Betrieb mehrerer Arbeitgeber). Vgl. auch Rdn 687. Zur Frage, wer für die **Benachteiligung eines Betriebsratsmitglieds** durch fehlende Fortsetzung des Arbeitsverhältnisses nach ausgelaufener Befristung die Darlegungs- und Beweislast trägt, wird auf Rdn 75 f. verwiesen.

F. Beteiligungsrechte der Arbeitnehmervertretung

I. Belegschaftsgröße

769 Mit der Novellierung des BetrVG (Gesetz zur Reform des Betriebsverfassungsgesetzes v. 22.7.2001) zum 28.7.2001 (BGBl. I S. 1852) ist für das Beteiligungsrecht des Betriebsrates auf die

Arbeitnehmerzahl **im Unternehmen** abzustellen. In der Fläche erweitern sich dadurch die Beteiligungsrechte des Betriebsrates nach **§ 99 BetrVG**, da nun kleinere Organisationseinheiten auf der Ebene des Betriebes zusammenzurechnen sind (vgl. zur Kleinbetriebsklausel im KSchG *BVerfG* 27.1.1998 EzA § 23 KSchG Nr. 17). Mit diesem den **neuen Unternehmensstrukturen** angepassten **Schwellenwert** (BT-Drucks. 14/5741 S. 50) sind zukünftig Betriebsräte häufiger mit der Einstellung befristeter Arbeitnehmer zu befassen. **Befristet beschäftigte Arbeitnehmer** sind bei der **Feststellung der Belegschaftsgröße mitzuzählen**, wenn sie mit ihrem Arbeitsplatz zur »**Regelbelegschaft**« gehören (§ 14 Abs. 2 S. 4 AÜG; *Fitting* § 99 BetrVG Rn 8b; GK-BetrVG/*Raab* § 99 BetrVG Rn 7, jeweils mwN). Eine doppelte Zählung von Stamm- und Vertretungskraft ist nicht möglich (*BAG* 15.3.2006 EzAÜG BetrVG Nr. 93). Beschäftigte mit **Eingliederungsverträgen** sind indessen für die Belegschaftsgröße nicht zu berücksichtigen (§§ 45 ff. SGB III). Vgl. auch KR-*Lipke/Bubach* § 21 BEEG Rdn 76 ff.

II. Beteiligung des Betriebsrats bei der Einstellung

Der Betriebsrat ist vor jeder Einstellung eines **befristet** zu beschäftigenden Arbeitnehmers zu beteiligen. Zur Einstellung zählt **jede** für eine bestimmte Zeit vorgesehene **Eingliederung** in den Betrieb (zB auch die Einstellung förderungsbedürftiger Arbeitsloser oder im Fall der Personalgestellung; *BAG* 23.6.2010 EzA § 99 BetrVG 2001 Einstellung Nr. 13). Damit sind der **erstmalige Abschluss** eines befristeten Arbeitsvertrages und seine spätere **Verlängerung** (s. Rdn 778) gemeint (*BAG* 23.6.2009 EzTöD 100 § 2 TVöD-AT Mitbestimmung Nr. 5, Rn 32; *Annuß/Thüsing/Maschmann* Rn 92), ferner auch die durch **gerichtlichen Vergleich** vereinbarte Befristung nach § 14 Abs. 1 S. 2 Nr. 8 TzBfG (vgl. *BAG* 13.6.2007 EzA § 14 TzBfG Nr. 39, Zustimmung vor Abschluss der Befristungsabrede erforderlich). Zur ordnungsgemäßen Unterrichtung bei Einstellung iSv § 99 Abs. 1 S. 1 BetrVG gehört die **Mitteilung des Arbeitgebers**, **ob befristet oder unbefristet eingestellt werden soll**. Der Betriebsrat kann seine Zustimmung zur Einstellung aus den in § 99 Abs. 2 BetrVG aufgeführten Gründen versagen. Da ihm aber – vorbehaltlich tariflicher Erweiterung seiner Rechte – **keine Inhaltskontrolle des Arbeitsvertrages** zusteht, kann er seine **Zustimmungsverweigerung** nach § 99 Abs. 2 Nr. 1 BetrVG nicht auf die seiner Meinung nach rechtsunwirksame Befristung des Arbeitsverhältnisses gründen (hM *BAG* 27.10.2010 EzA § 99 BetrVG 2001 Nr. 15, Rn 23; *LAG Hamm* 4.3.2015 – 13 Sa 32/15; *Dörner* ArbRBGB Rn 446; *ders.* Befr. Arbeitsvertrag Rn 679 ff.; ErfK-*Müller-Glöge* § 3 TzBfG Rn 14; HaKo-KSchR/*Mestwerdt* Rn 10; ErfK-*Kania* § 99 Rn 24; MHH-TzBfG/*Meinel* Rn 283 f.; *Arnold/Gräfl* § 3 TzBfG Rn 32; APS-*Backhaus* Vor § 14 Rn 51; *Körner* NZA 2006, 576; MüKo-*Hesse* § 3 TzBfG Rn 16; HWK-*Rennpferdt* Rn 214; LS-*Schlachter* Rn 147; *Schiefer* DB 2011, 1220, 1223; *Staudinger/Preis* [2019] § 620 BGB Rn 289; *Sievers* Rn 122; GK-BetrVG/*Raab* § 99 Rn 185; *Schaub/Koch* § 38 Rn 58; *v. Hoyningen-Huene* Anm. AP Nr. 133 zu § 99 BetrVG 1972; *Fitting* § 99 BetrVG Rn 38, 210; DKK-*Bachner* 14. Aufl., § 99 BetrVG Rn 197 f.; aA *Richardi/Thüsing* § 99 BetrVG Rn 220 f.; *Krüger* AiB 1997, 581, 592; *Czuratis/Schubert/Ulbrich* AiB 2016, 49; *Lohfeld* S. 412 ff., Zustimmungsverweigerungsrecht, wenn kollektive Interessen der Belegschaft durch Befristung berührt werden; ebenso *Wenning-Morgenthaler* BB 1989, 1050, falls tarifvertraglich dem Betriebsrat Inhaltskontrolle eingeräumt wird; vgl. auch *Kohte* BB 1986, 397, 406; *ders.* Anm. *BAG* AuR 1986, 188; krit. ebenfalls HaKo-BetrVG/*Kreuder* § 99 BetrVG Rn 61, der einen Widerspruch zu der dem Betriebsrat zustehenden Rechtmäßigkeitskontrolle nach § 99 Abs. 2 Nr. 1 erkennt). Der Betriebsrat kann demnach seine **Zustimmung** zur Einstellung gestützt auf § 99 Abs. 2 Nr. 1 BetrVG **nur versagen**, wenn **die (befristete) Einstellung als solche untersagt ist**, zB bei **tariflichen Verbotsnormen** (*BAG* 18.3.2008 EzA § 99 BetrVG 2001 Einstellung Nr. 9).

Doch **nicht die Einstellung als solche**, sondern die vorgesehene Art der späteren Beendigung des Arbeitsverhältnisses (Befristung) **verstößt uU gegen das Gesetz**. Von daher kann der Betriebsrat die arbeitsvertragliche Befristung nicht verhindern (*BAG* 27.10.2010 EzA § 99 BetrVG 2001 Nr. 15, Rn 23; 28.6.1994 EzA § 99 BetrVG 1972 Nr. 123; ähnlich BVerwGE 57, 280; *Schaub/Koch* § 38 Rn 58). Schließlich legt das Gesetz nunmehr in **§ 16 TzBfG** die Folgen einer unwirksamen Befristung zu Lasten des Arbeitgebers ausdrücklich fest (ebenso APS-*Backhaus* Vor § 14 TzBfG Rn 52);

würde dies an die Ablehnung des Betriebsrates gebunden, träfen die Folgen allein den einzustellenden Arbeitnehmer (*Preis/Lindemann* NZA 2001 Sonderheft, S. 46). Dann würde sich die dem § 99 BetrVG innewohnende **Schutzfunktion** für den einzustellenden Arbeitnehmer in ihr Gegenteil verkehren. Deshalb dürfen Bedenken gegen die **inhaltliche Arbeitsvertragsgestaltung** das Beteiligungsrecht des Betriebsrats zur Einstellung aus § 99 BetrVG grds. nicht berühren. Das gilt auch bei einer dem Betriebsrat **nicht mitgeteilten** und befristungsschädlichen »**Vorbeschäftigung**« im Falle der sachgrundlosen Befristung nach § 14 Abs. 2 TzBfG (*Straub* NZA 2001, 927). Da es weder das TzBfG noch das AÜG verbieten, einen bereits zwei Jahre lang sachgrundlos befristeten Arbeitnehmer über eine konzessionierte Zeitarbeitsfirma sachgrundlos weiter zu beschäftigen, kann der Betriebsrat auch nicht wegen »Rechtsmissbrauchs« der Einstellung widersprechen (*LAG SchlH* 20.1.2009 LAGE § 99 BetrVG 2001 Nr. 8). Zum **Unterrichtungs- und Anhörungsrecht der Schwerbehindertenvertretung** bei der Einstellung von befristet beschäftigten Arbeitnehmern (**§ 178 Abs. 2 SGB IX**), wenn sich im Bewerberkreis schwerbehinderte oder diesen gleichgestellte Menschen befinden, vgl. *BAG* 15.10.2014 EzA § 95 SGB IX Nr. 7, Rn 26, 31.

772 Indessen **untersagt § 1 Abs. 1 S. 2 AÜG** in der ab 1.12.2011 geltenden Fassung (Missbrauchsverhinderungsgesetz vom 28.4.2011 BGBl. I S. 642) die **nicht vorübergehende Überlassung** von Arbeitnehmern (Gesetz iSv § 99 Abs. 2 Nr. 1 BetrVG; zum Begriff »vorübergehend« vgl. *Zimmermann* NZA 2015, 528). Das ist nach der Neufassung (Art. 1 Gesetz zur Änderung der Arbeitnehmerüberlassung v. 21.2.2017 BGBl I. S. 258) eine **Frist von 18 aufeinanderfolgender Monate** nach § 1 Abs. 1b S. 1 AÜG. Demgemäß kann der Betriebsrat seine Zustimmung zur Einstellung verweigern, wenn er begründen kann, dass die beabsichtigte »**Dauerausleihe**« von Leiharbeitnehmern dem AÜG widerspricht (*BAG* 30.9.2014 EzA § 99 BetrVG 2001 Einstellung Nr. 20, Rn 17; 10.7.2013 EzA § 1 AÜG Nr. 17, Rn 48). Dieses Recht des Betriebsrats kommt aber nicht zum Zuge, wenn der Arbeitgeber immer wieder befristet wechselnde **Leiharbeitnehmer** beschäftigt, da die Einstellung **personenbezogen** (und nicht **arbeitsplatzbezogen**) zu beurteilen ist (vgl. dazu *LAG Düsseld.* 2.10.2012 LAGE § 1 AÜG Nr. 5, Rn 47; *LAG Bln.-Bra.* 19.12.2012 LAGE § 99 BetrVG 2001 Nr. 17, Rn 41; 9.1.2013 LAGE § 10 AÜG Nr. 8, Rn 60; *LAG München* 27.3.2013 – 8 TaBV 110/12, Rn 110 jeweils mwN).

773 **Ausnahmen** können sich aus einer **tariflichen Regelung** ergeben, die eine befristete Beschäftigung verbietet oder einschränkt (zB keine Beschäftigung unter 20 Wochenarbeitsstunden, *BAG* 28.1.1992 EzA § 99 BetrVG 1972 Nr. 103 m. Anm. *Dauner-Lieb*) und hierüber das **Beteiligungsrecht** des Betriebsrates über § 99 Abs. 2 Nr. 1 BetrVG hinaus im kollektiven Interesse der Belegschaft **verstärken** soll (im entschiedenen Fall abgelehnt: *BAG* 28.6.1994 EzA § 99 BetrVG 1972 Nr. 123; *Arnold/Gräfl* § 3 TzBfG Rn 34; erwägend *Dörner* Befr. Arbeitsvertrag Rn 679; anders im Personalvertretungsrecht *BAG* 13.4.1994 EzA § 620 BGB Nr. 123). Der **Schutzzweck der verletzten (Tarif)norm** iSv § 99 Abs. 2 Nr. 1 BetrVG **kann aber konkret gebieten**, eine **befristete Beschäftigung** von Arbeitnehmern ganz zu **verhindern**. Ergibt sich zB klar und deutlich aus einer **tariflichen Regelung (Betriebsnorm)**, dass die (sachgrundlose) befristete Beschäftigung untersagt wird, um der Aufteilung in eine Stamm- und Randbelegschaft und der Gefahr eines möglicherweise damit verbundenen Unterbietungswettbewerbs zu begegnen, so kann von dem Arbeitnehmer das befristete Arbeitsverhältnis nur mit **Zustimmung** des Betriebsrats **auch zur Befristung tatsächlich aufgenommen** werden (*BAG* 28.6.1994 EzA § 99 BetrVG 1972 Nr. 123; *Kohte* BB 1986, 397, 406; *Wenning-Morgenthaler* BB 1989, 1050; LS-*Schlachter* Rn 177; APS-*Backhaus* Vor § 14 TzBfG Rn 53; aA *Sievers* Rn 122). Das kann sich auch tarifvertraglich auf die **Vereinbarung sachgrundloser Befristungen** beschränken, die dann der Zustimmung des Betriebsrats bedürfen (Firmentarifvertrag im Bereich der Chemie; *LAG RhPf* 27.11.2012 LAGE § 27 BetrVG 2001 Nr. 2). Lässt sich dagegen ein solches oder ähnliches, die **Organisationsgewalt des Arbeitgebers beschränkendes Verbotsziel** aus dem Tarifvertrag nicht deutlich erkennbar ablesen (vgl. dazu *BAG* 27.4.1988 EzA § 1 BeschFG 1985 Nr. 4; wohl auch *BAG* 17.6.1997 EzA § 99 Einstellung Nr. 4 zu tariflichen Arbeitszeitquoten), beschränkt sich die tarifliche Regelung vielmehr darauf, einen sachlichen oder in der Person des Arbeitnehmers liegenden Grund für die befristete Beschäftigung zu verlangen, so geht es vorrangig um den **individuellen Schutz** des einzustellenden Arbeitnehmers und nicht um

die vom Betriebsrat zu vertretenden **kollektiven Belegschaftsinteressen** (so zutr. GK-BetrVG/*Raab* § 99 Rn 140; APS-*Backhaus* Vor § 14 TzBfG Rn 53; tarifliche Bindung an einen Sachgrund genügt nicht; aA *Plander* Der Betriebsrat als Hüter des zwingenden Rechts, 1982, S. 187 ff.; *ders.* Anm. *BAG* AiB 1995, 125, der dem Betriebsrat generell eine Kompetenz zur vertraglichen Inhaltskontrolle zubilligt; wohl auch. HaKo-BetrVG/*Kreuder* § 99 BetrVG Rn 61).

Diese **Rechtslage** hat sich mit Inkrafttreten des **TzBfG nicht maßgeblich geändert.** Zwar stehen dem 774
Betriebsrat jetzt entsprechend den Erwägungen in der Richtlinie 1999/70/EG (s. KR-*Lipke/Schlünder* § 620 BGB Rdn 118) nach § 20 TzBfG **zusätzliche Unterrichtungsrechte** zur Anzahl der befristet beschäftigten Arbeitnehmer im Betrieb und Unternehmen zu, die bestehende Informations- und Beratungsrechte aus § 92 BetrVG vervollständigen (näher dazu KR-*Bader/Kreutzberg-Kowalczyk* § 20 TzBfG Rdn 2 ff.; *Körner* NZA 2006, 574). Eine **Stärkung der Kontrollrechte des Betriebsrates ist damit jedoch nicht verbunden.** Die Befugnis, die Rechtfertigung der Befristung bei Einstellung überprüfen zu dürfen, ist dem Betriebsrat – trotz dahingehender Forderungen aus dem Lager der Gewerkschaften – **auch durch das BetrVerf-Reformgesetz** v. 23.7.2001 (BGBl. I S. 1852) **nicht** zugestanden worden (*Oetker* NZA 2003, 937). So ist der Arbeitgeber weiterhin nicht verpflichtet dem Betriebsrat bei der Einstellung eines befristet zu beschäftigenden Arbeitnehmers mitzuteilen, ob die **Befristung mit oder ohne Sachgrund** erfolgen soll. Auch der **Sachgrund** als solcher muss nicht kundgetan werden (*BAG* 27.10.2010 EzA § 99 BetrVG 2001 Einstellung Nr. 15), soweit dies nicht durch einen Tarifvertrag verpflichtend vorgegeben wird. **Überwachungsrechte nach § 80 Abs. 2 S. 1 BetrVG** zielen auf die Durchführung gesetzlicher Gebote oder Verbote, die das TzBfG in den §§ 4–8 und §§ 18, 20 TzBfG vorsieht. Der Abschluss befristeter Verträge ist aber nach dem TzBfG nicht verboten; die Rechtsfolgen einer unwirksamen Befristung ergeben sich aus § 16 TzBfG. Es ist nicht Aufgabe des Betriebsrats diese Rechtsfolge zu verhindern (*BAG* 27.10.2010 EzA § 99 BetrVG 2001 Einstellung Nr. 15 Rn 31 f.; *Schiefer* DB 2011, 1220, 1223). Da sich das Mitbestimmungsrecht des Betriebsrats nur auf die Einstellung als solche beschränkt, führt eine **Verletzung des Mitbestimmungsrechts** nicht zur Unwirksamkeit des mit dem Arbeitnehmer geschlossenen Arbeitsvertrages und ebensowenig zur Unwirksamkeit der Befristungsabrede (*BAG* 5.5.2004 EzA § 15 TzBfG Nr. 1, Rn 31; Arnold/*Gräfl* § 3 TzBfG Rn 35).

Allerdings ist das bestehende Zustimmungsverweigerungsrecht in **§ 99 Abs. 2 Nr. 3 BetrVG** mit 775
Blick auf die **bereits im Betrieb befristet beschäftigten Arbeitnehmer ergänzt worden.** Voraussetzung ist, dass andere im Betrieb beschäftigte Arbeitnehmer, nicht der befristet eingestellte Arbeitnehmer selbst (*BAG* 5.4.2001 NZA 2001, 893), durch die befristete Einstellung Nachteile erleiden (GK-BetrVG/*Raab* § 99 BetrVG Rn 214 ff.; *Körner* NZA 2006, 575). Dazu zählen nicht die auf anderer arbeitsvertraglicher Grundlage im Betrieb eingesetzten **Leiharbeitnehmer**, jedoch die (unwirksam) befristet beschäftigten Arbeitnehmer (*BAG* 25.1.2005 EzA § 99 BetrVG 2001 Nr. 7; *Düwell/Dahl* NZA 2007, 889, 892 f.; *Oetker* NZA 2003, 940 f. mwN; aA GK-BetrVG/*Raab* § 99 BetrVG Rn 211, jedenfalls dann, wenn der Leiharbeitnehmer unbefristet im Betrieb beschäftigt werden soll; *Dörner* FS Wißmann 2005, S. 286, 300). Als »Nachteil« iSv Nr. 3 ist nunmehr auch zu bewerten, wenn der Arbeitgeber eine **unbefristete Neueinstellung** (*BAG* 11.6.2002 EzA § 99 BetrVG Nr. 139) beabsichtigt, ohne dabei **gleich geeignete**, im Betrieb **befristet beschäftigte Bewerber** zu berücksichtigen (*Fitting* § 99 BetrVG Rn 230 f., 233; GK-BetrVG/*Raab* § 99 BetrVG Rn 218). Gleich geeignet kann dabei iSv **§ 9 TzBfG** verstanden werden, dh dass die Anforderungen des Arbeitsplatzes erfüllt werden können (*Oetker* NZA 2003, 940 f.; LS-*Schlachter* Rn 181). Der Betriebsrat kann damit Einfluss darauf nehmen, befristet beschäftigten Arbeitnehmern die **Chance eines Wechsels auf einen Dauerarbeitsplatz** zu erhalten (BT-Drucks. 14/5741 S. 50; *Dörner* ArbRBGB Rn 447; *Oetker* NZA 2003, 939; *Körner* NZA 2006, 575; DKK-*Bachner* 14. Aufl., § 99 BetrVG Rn 217). Mehr aber nicht, denn der Arbeitgeber ist im Falle der erfolgreichen Zustimmungsverweigerung seitens des Betriebsrats nicht verpflichtet, den bisher befristet beschäftigten Arbeitnehmer nunmehr unbefristet zu übernehmen (*Dörner* Befr. Arbeitsvertrag Rn 682; ErfK-*Müller-Glöge* § 3 TzBfG Rn 15). Nr. 3 ist nicht einschlägig, wenn ein Arbeitnehmer zunächst befristet eingestellt wird und das Arbeitsverhältnis später in ein unbefristetes Arbeitsverhältnis umgewandelt wird (ErfK-*Kania* § 99 BetrVG Rn 31a; LS-*Schlachter* Rn 179; *Richardi/Thüsing* BetrVG

§ 14 TzBfG   Zulässigkeit der Befristung

§ 99 Rn 222 nur bei Begründung eines »neuen« Arbeitsverhältnisses;). Die gesetzgeberisch beabsichtigte Stärkung des Vetorechts des Betriebsrats läuft damit weitgehend leer.

776 Zu erwägen ist, ob der **Betriebsrat vor Einstellung von Leiharbeitnehmern** nach § 14 Abs. 3 AÜG nicht darüber **informiert** werden muss, ob für den Einsatz auf diesen Arbeitsplätzen nicht im Betrieb arbeitende (arbeitszeitaufstockungswillige) Teilzeitarbeitnehmer und **befristet Beschäftigte zur Verfügung stehen** und welches Organisationskonzept des Arbeitgebers für den Einsatz von Leiharbeitnehmern spricht (*LAG Brem.* 11.3.2010 – 3 TaBV 24/09). Dem ist das BAG entgegengetreten, weil diese Information keinen hinreichenden Bezug zu der dem Betriebsrat mit der Unterrichtung nach § 99 Abs. 1 S. 1 und S. 2 BetrVG zu eröffnenden sachangemessenen Prüfung aufweist, ob ein Grund für die Verweigerung der Zustimmung zur beabsichtigten Einstellung des Leiharbeitnehmers vorliege (*BAG* 1.6.2011 EzA § 99 BetrVG 2001 Einstellung Nr. 18). Dennoch kann diese Verpflichtung des Arbeitgebers (Entleihers) erwachsen nach Aufforderung durch den Betriebsrat die **freien Stellen betriebsintern** nach § 93 BetrVG auszuschreiben (*BAG* 7.6.2016 EzA § 93 BetrVG 2001 Nr. 4, Rn 19 f.; 1.6.2011 AP Nr. 136 zu § 99 BetrVG 1972, Rn 27; *LAG Bln.-Bra.* 14.1.2010 – 26 TaBV 1954/09). Unabhängig davon ist vor der **Verlängerung** des befristeten Einsatzes eines Leiharbeitnehmers der **Betriebsrat des Entleiherbetriebes** nach § 99 BetrVG, iVm § 14 Abs. 3 AÜG zu beteiligen.

777 Das verstärkte Beteiligungsrecht des Betriebsrats nach § 99 Abs. 2 Nr. 3 BetrVG ist nicht anwendbar bei der Besetzung einer **Beförderungsstelle**, da gleich geeignet iSv Nr. 3 nur Arbeitnehmer sind, die kraft Direktionsrechts des Arbeitgebers auf den freien Arbeitsplatz versetzt werden können (*Preis/Lindemann* NZA 2001 Sonderheft S. 47). Der befristet beschäftigte Arbeitnehmer kann mit Hilfe des Betriebsrats den Arbeitgeber auch nicht zur **Vertragsverlängerung** oder zur **Wiedereinstellung** verpflichten (*Preis/Lindemann* NZA 2001 Sonderheft S. 47; APS-*Backhaus* Vor § 14 TzBfG Rn 59).

778 Einstellung ist auch die nach § 14 Abs. 2 und 3 TzBfG mögliche **Verlängerung des befristeten Arbeitsvertrages**, da die ursprüngliche Zustimmung des Betriebsrates sich nur auf die vorgesehene Zeitspanne der Eingliederung in den Betrieb beschränkt. Das gilt auch bei der Verlängerung des befristeten Einsatzes eines **Leiharbeitnehmers** im Verhältnis zum Betriebsrat des Entleiherbetriebs (*BAG* 1.6.2011 AP Nr. 136 zu § 99 BetrVG 1972, Rn 17) Im Fall der Verlängerung können neue, zu berücksichtigende kollektive Gesichtspunkte entstanden sein, die der Betriebsrat zu beachten hat (*BAG* 28.4.1998 EzA § 99 BetrVG 1972 Einstellung Nr. 5; vgl. auch *BAG* 25.1.2005 EzA § 99 BetrVG 2001 Einstellung Nr. 3; *Dörner* Befr. Arbeitsvertrag Rn 683; APS-*Backhaus* Vor § 14 TzBfG Rn 56 f.). Das gilt ebenso bei der **Weiterbeschäftigung** (*BAG* 23.6.2009 EzTöD 100 § 2 TVöD-AT Mitbestimmung Nr. 5) **oder unbefristeten Fortsetzung des bisher befristeten Arbeitsverhältnisses oder einer Fortführung über eine vorgesehene Altersgrenze** hinaus (*BAG* 16.7.1985 EzA § 99 BetrVG 1972 Nr. 40; *LAG Bra.* 8.1.1997 PersonalR 1997, 36, 316; *LAG Hmb.* 23.1.1997 NZA-RR 1997, 292; *LAG RhPf* 28.1.2001 ZTR 2001, 477; *LAG Düssel.* 4.5.2011 – 12 TaBV 27/11; *LAG BW* 7.7.2011 – 21 TaBV 1/11; *Fitting* BetrVG § 99 Rn 39; *Richardi/Thüsing* BetrVG § 99 Rn 35; *Bader* NZA 2014, 751; *Sievers* Rn 121; HWK-*Rennpferdt* Rn 215; aA GK-BetrVG/*Raab* § 99 Rn 37; *Hunold* NZA 1997, 745). Ebenfalls als beteiligungspflichtige **Einstellung** ist die **Aufnahme einer aushilfsweise befristeten Teilzeitbeschäftigung auf dem bisherigen Arbeitsplatz** zu werten, die ein/e Arbeitnehmer/in nach Antritt der **Elternzeit** mit dem bisherigen Arbeitgeber vereinbart (*BAG* 28.4.1998 EzA § 99 BetrVG 1972 Einstellung Nr. 5) oder einer **Änderung der Arbeitszeit** von Gewicht (Arbeitszeiterhöhung; *BAG* 25.1.2005 EzA § 99 BetrVG 2001 Einstellung Nr. 3). Zum Mitbestimmungsrecht bei der **Befristung von Arbeitsbedingungen** im unbefristeten Arbeitsverhältnis vgl. Rdn 107.

779 Dagegen braucht der **Betriebsrat nicht erneut beteiligt zu werden**, wenn der Arbeitgeber beabsichtigt, den nach **Bewährung** in einem **befristeten Probearbeitsverhältnis** stehenden Arbeitnehmer **unbefristet weiterzubeschäftigen** und der Betriebsrat über diese Absicht bei Einstellung unterrichtet wurde (*BAG* 7.8.1990 EzA § 99 BetrVG 1972 Nr. 91; *Hoß/Lohr* MDR 1998, 323; *Oetker* NZA 2003, 940; *Richardi/Thüsing* BetrVG § 99 Rn 222; APS-*Backhaus* Vor § 14 TzBfG Rn 57;

LS-*Schlachter* Rn 176; ErfK-*Müller-Glöge* § 3 TzBfG Rn 15). Keine Beteiligung ist auch erforderlich, wenn ein **unbefristetes in ein befristetes Arbeitsverhältnis umgewandelt** wird, weil damit keine Einstellung verbunden ist (*LAG BW* 4.3.2015 LAGE § 14 TzBfG Nr. 92, Rn 96; *Fitting* Rn 38; GK-BetrVG/*Raab* § 99 BetrVG Rn 36). Eine erneute Beteiligung des Betriebsrates zur **Eingruppierung** ist nicht geboten, wenn sich an ein befristetes Arbeitsverhältnis ein weiteres (unbefristetes) Arbeitsverhältnis anschließt und der betroffene Arbeitnehmer seine **Tätigkeit unverändert fortsetzen soll** (*BAG* 11.11.1997 EzA § 99 BetrVG 1972 Eingruppierung Nr. 1). Dies gilt auch für **Statusveränderungen** (Insichbeurlaubungen von Beamten zum Abschluss befristeter Arbeitsverträge; Dt. Telekom), soweit sich an der Eingliederung in den Betrieb nichts ändert (*LAG Bln.* 8.1.1998 NZA-RR 1998, 447).

Verweigert der Betriebsrat form- und fristgerecht seine Zustimmung zur Einstellung oder Eingruppierung eines befristet zu beschäftigenden Arbeitnehmers, obwohl ihm ein **Vetorecht** aus § 99 Abs. 2 BetrVG **materiell nicht zusteht**, so hat der Arbeitgeber **gleichwohl** das **Zustimmungsersetzungsverfahren** nach Abs. 4 **durchzuführen** (*BAG* 16.7.1985 EzA § 99 BetrVG 1972 Nr. 40). Es besteht insoweit **kein Vorprüfungsrecht des Arbeitgebers**; die Zustimmungsverweigerungsgründe des Betriebsrats haben nur im Zusammenhang mit den Gründen aus Abs. 2 zu stehen, sie müssen nicht einleuchtend sein (*Fitting* § 99 BetrVG Rn 263 mwN; MHH-TzBfG/*Meinel* Rn 353; APS-*Backhaus* Vor § 14 TzBfG Rn 54; aA *Dörner* Befr. Arbeitsvertrag 1. Aufl., Rn 871; *Sowka* DB 1988, 2461; *v. Hoyningen-Huene* Anm. SAE 1986, 186; *Sievers* Rn 123, Widerspruch des Betriebsrats regelmäßig unbeachtlich angesichts neuer Rspr. zum fehlenden Zustimmungsverweigerungsrecht). Unbeachtlich sind nur offensichtlich unwirksame (abwegige und rechtsmissbräuchliche) Zustimmungsverweigerungen (HWK-*Rennpferdt* Rn 217; diff. GK-BetrVG/*Raab* § 99 Rn 170). Im Übrigen ist es **Sache des betroffenen Arbeitnehmers**, sich gegen die unwirksame Befristungsabrede zu wenden (LS-*Schlachter* Rn 180). Erhebt der Arbeitnehmer nicht rechtzeitig die Entfristungsklage, wird eine Zustimmungsverweigerung des Betriebsrats zu einer anderweitigen Einstellung eines gleich geeigneten externen Bewerbers danach unbegründet (*LAG Düsseld.* 19.3.2008 LAGE § 99 BetrVG 2001 Nr. 6). Mangels **Antragsbefugnis** ist es für den Betriebsrat nicht möglich, als **Prozessstandschafter** des Arbeitnehmers die Unwirksamkeit der Befristung geltend zu machen (*BAG* 5.5.1992 NZA 1992, 1089; 28.6.1994 EzA § 99 BetrVG 1972 Nr. 123).

Endet das Arbeitsverhältnis durch Zeitablauf, bedarf es **keiner Anhörung** des Betriebsrats nach **§ 102 BetrVG**. Das gilt ebenso bei einer **Nichtverlängerungsanzeige** eines befristeten Arbeitsverhältnisses im künstlerischen Bereich (*BAG* 28.10.1986 EzA § 118 BetrVG 1972 Nr. 38; *Opolony* NZA 2001, 1351 f. mwN; ebenso bei Geltung des **Personalvertretungsrechts**: st.Rspr. *BVerwG* 29.1.2003 PersonalR 2003, 156). Vgl. hierzu KR-*Bader/Kreutzberg-Kowalczyk* § 3 TzBfG Rdn 39 ff. Zu den Rechten des Betriebsrats aus §§ 18, 20 TzBfG wird auf die dortigen Erläuterungen verwiesen.

Auf **freiwilliger Grundlage** (§ 88 BetrVG) kann der Betriebsrat mit dem Arbeitgeber **Altersgrenzenregelungen** vereinbaren, soweit diese weder durch Tarifvertrag geregelt sind oder üblicherweise geregelt werden (§ 77 Abs. 3 BetrVG; *BAG* 5.3.2013 EzA § 77 BetrVG 2001 Nr. 35, Rn 18). Näher dazu s. Rdn 429.

III. Überblick zur Beteiligung des Personalrats bei der Einstellung

Als Arbeitnehmervertretung iSv **§ 20 TzBfG** stehen den **Personalräten** ab dem 1.1.2001 ebenfalls **Unterrichtungsrechte** über die Zusammensetzung der Belegschaften in den Behörden zu (*Kröll* Personalrat 2001, 179, 186). **Die Personalvertretungsgesetze des Bundes und der Länder** schaffen **unterschiedliche Rechtsgrundlagen** für die Beteiligung der Personalvertretungen, so dass sich **kein einheitliches Bild** ergibt. Die Mitbestimmung des **Personalrates** bei der **Einstellung** in ein befristetes Arbeitsverhältnis gibt ihm auf Bundesebene nach § 75 Abs. 1 BPersVG – wie dem Betriebsrat – **nicht das Recht, den vorgesehenen Vertragsinhalt** auf seine Übereinstimmung mit dem materiellen Recht **zu überprüfen** (*BAG* 29.6.2011 EzA § 14 TzBfG Nr. 78, Rn 33; HaKo-KSchR/*Mestwerdt* Rn 12). Das gilt auch für die meisten Personalvertretungsgesetze der Länder, die dem BPersVG

§ 14 TzBfG   Zulässigkeit der Befristung

nachgebildet sind wie zB die der Länder Baden-Württemberg oder Sachsen (*Dörner* Befr. Arbeitsvertrag Rn 685 mwN; vgl *BAG* 29.6.2011 EzA § 99 BetrVG 2001 Einstellung Nr. 18; 4.5.2011 EzA § 6 KSchG Nr. 3, Rn 41; 6.10.2010 EzA § 14 TzBfG Nr. 70; 26.6.2002 EzBAT SR 2y BAT Beschäftigungsförderungsgesetz 1996 Nr. 3; 28.6.1994 EzA § 99 BetrVG 1972 Nr. 110; *BVerwG* 22.10.2007 NZA-RR 2008, 223; *BVerwG* 12.6.2001 NZA 2001, 1091; 15.11.1989 Personalrat 1990, 13; BVerwGE 82, 288; Arnold/*Gräfl* Rn 36 ff.; LS-*Schlachter* Rn 183; krit. *Plander* Anm. AP Nr. 9 zu § 72 LPVG NW; *Schubert* Personalrat 1999, 482, 491 mwN), es sei denn, die **landesgesetzliche Regelung** gewährt der Personalvertretung **zusätzliche Rechte** bei Gestaltung des Arbeitsverhältnisses (*BAG* 13.6.2007 EzA § 14 TzBfG Nr. 39; *Lakies* PersonalR 2012, 285 f.). Einstellung ist auch die **Verlängerung eines befristeten Arbeitsverhältnisses** (BVerwGE 57, 280; s.a. Rdn 778). Teilweise wird der Personalrat auch nur auf Antrag beteiligt (Lehrbeauftragter; *BAG* 3.11.1999 EzA § 620 BGB Hochschulen Nr. 20).

784 Geht das **Mitbestimmungsrecht des Personalrates** nicht nur auf die »Einstellung« oder die »Kündigung«, sondern umfasst es ebenso die »**Befristung von Arbeitsverhältnissen**«, so soll der Personalrat – wie in der bis zum 16.10.2007 geltenden Fassung des § 72 Abs. 1 Nr. 1 NW PersVG (Nordrhein-Westfalen) oder § 63 Abs. 1 Nr. 4 LPVG BBG (Brandenburg) – an der **inhaltlichen Ausgestaltung des Arbeitsvertrages** teilhaben (*BAG* 18.6.2008 EzA § 14 TzBfG Nr. 50; 20.2.2008 – 7 AZR 972/06, AP Nr. 6 zu § 14 TzBfG Haushalt; 20.2.2002 EzA § 620 BGB Nr. 188; 27.9.2000 EzA § 1 BeschFG 1985 Nr. 21; *Dörner* Befr. Arbeitsvertrag Rn 687 ff; ErfK-*Müller-Glöge* § 3 TzBfG Rn 16; APS-*Backhaus* Vor § 14 TzBfG Rn 63 ff.). Diesem besonderen Schutzzweck des Mitbestimmungstatbestandes entspricht es dann, dass eine **ohne Zustimmung des Personalrats** vereinbarte **Befristung unwirksam** ist. Das Arbeitsverhältnis besteht dann als unbefristetes fort (*BAG* 14.6.2017 EzA § 108 BPersVG Nr. 11, Rn 38; 8.6.2016 EzA § 620 BGB 2002 Hochschulen Nr. 22, Rn 39; 18.6.2008 EzA § 14 TzBfG Nr. 50; 26.2.2002 PersV 2003, 116; zur Verlängerung der Befristung, 8.7.1998 EzA § 620 BGB Nr. 150; LS-*Schlachter* Rn 184; HaKo-KSchR/*Mestwerdt* Rn 13; HWK-*Rennpferdt* Rn 210; *BAG* 21.08.2019 EzA § 620 BGB 2002 Hochschulen Nr. 33, ebenso *LAG Bln.-Bra.* 1.10.2008 NZA-RR 2009, 87, 4.9.2008 LAGE § 620 BGB 2002 Personalrat Nr. 1a, Bindung des Arbeitgebers an den dem Personalrat mitgeteilten Sachgrund oder der Mitteilung einer sachgrundlosen Befristung nach § 14 Abs. 2 TzBfG; *LAG Bra.* 8.1.1997 PersonalR 1997, 316; zur nachträglichen Befristung, Art. 75 Abs. 1 Nr. 1 BayPVG; *BayVGH* 31.7.1996 PersonalR 1997, 167; keine Mitbestimmung bei Befristungsvereinbarung aus § 80 Abs. 1 Nr. 1 Sächs PersVG, *Sächs. LAG* 7.2.1995 Personalrat 1997, 36; *LAG RhPf* 28.8.2001 NZA-RR 2002, 167; Arnold/*Gräfl* Rn 39). Zu Änderungen des Arbeitsvertrages und dem Beteiligungsrecht des Personalrats vgl. *BAG* 24.10 2001 EzA § 1 BeschFG 1985 Klagefrist Nr. 8; § 75 Abs. 1 Nr. 3 Thüringer PersVG. Ein Mitbestimmungsrecht bezieht sich bei Verlängerung befristeter Arbeitsverhältnisse allein auf die damit verbundene **Einstellung**, **nicht auf die Befristung** (*BAG* 5.5.2004 EzA § 15 TzBfG Nr. 1; § 65 Abs. 2 Nr. 4 PersVG Nds., kein Mitbestimmungsrecht bei der befristeten Einstellung von nicht mehr als zwei Monaten, *OVG Lüneburg* 18.3.2009 – 18 LP 3/08; *BVerwG* 7.4.2010 NZA-RR 2010, 389; *LAG SchlH* 26.3.2009 ZTR 2009, 552; kein Mitbestimmungsrecht bei Befristungsabrede). Sieht das Landespersonalvertretungsgesetz ein **allgemeines Mitbestimmungsrecht bei allen Personalmaßnahmen** vor, ist damit nicht sogleich auch die Befristungsabrede erfasst, da hierdurch das Arbeitsverhältnis erst begründet und nicht verändert wird (§ 51 Abs. 1 MBG Schleswig-Holstein; *BAG* 6.10.2010 EzA § 14 TzBfG Nr. 70, ErfK-*Müller-Glöge* § 3 TzBfG Rn 16).

785 Für ein die Befristung erfassendes **Beteiligungsrechts** bedarf es eines im anzuwendenden LPersVG deutlich erkennbaren besonderen Mitbestimmungstatbestandes (BVerwGE 82, 291 ff. = NJW 1990, 174; *BAG* 24.8.2011 ZTR 2012, 106; 24.10.2001 EzA § 1 BeschFG 1985 Klagefrist Nr. 8; *Raedel* PersonalR 2000, 6; ErfK-*Müller-Glöge* § 3 TzBfG Rn 16). Solche weitergehenden Mitbestimmungsrechte des Personalrats (Mitteilung Befristungsdauer und Befristungsgrund) kennen die **Personalvertretungsgesetze in Brandenburg** (*LAG Bln.-Bra.* 12.7.2013 – 10 Sa 196/13, Rn 28, 34), **Baden-Württemberg** (*ArbG Freiburg* 13.5.2014 LAGE § 620 BGB 2002 Nr. 3, Rn 26; *LAG BW* 21.2.2014 LAGE § 14 TzBfG Nr. 82, Rn 37 ff.; 8.10.2012 – 1 Sa 11/12, Rn 37, 43), **Rheinland/**

Pfalz (*LAG RhPf.* 24.9.2013 LAGE § 14 TzBfG Nr. 77c, Rn 48; 9.8.2012 – 2 Sa 239/12, Rn 65, zulässige nachträgliche Berufung auf mögliche sachgrundlose Befristung) **und Nordrhein-Westfalen** (dort bis 16.10.2007 und wieder ab 16.7.2011; dazu *LAG Hamm* 2.10.2014 – 11 Sa 384/14, Rn 66 f.; *LAG Düsseld.* 13.11.2013 LAGE § 14 TzBfG Nr. 81, Rn 53 f.; *LAG Köln* 5.6.2013 – 3 Sa 1002/12, Rn 58 f.). Missachtet der öffentliche Arbeitgeber das dem Personalrat bei der Vereinbarung befristeter Arbeitsverhältnisse zustehende **starke Mitbestimmungsrecht**, so führt dies zur **Unwirksamkeit der Befristung** (*BAG* 14.6.2017 EzA § 108 BPersVG Nr. 11, Rn 38; 9.6.1999 EzA § 620 BGB Nr. 163, zu § 63 Abs. 1 Nr. 4 LPVG Brandenburg). Dies gilt auch bei einer nicht ordnungsgemäßen Personalratsbeteiligung zur **befristeten Veränderung von Arbeitsbedingungen** (*LAG Hamm* 16.4.2002 LAGE § 620 BGB Personalrat Nr. 7 Erhöhung der Arbeitszeit, *LAG Bra.* 9.2.2006 – 3 Sa 568/04). Das Mitbestimmungsrecht des Personalrats ist auch bei **Abschluss eines gerichtlichen Vergleichs** zur befristeten Fortsetzung des Arbeitsverhältnisses zu beachten. Dem kann nur entsprochen werden, wenn der Vertragsschluss unter der aufschiebenden Bedingung der Bestandskraft des Vergleichs und der Erteilung der **Zustimmung durch den Personalrat** steht und dieser seine Zustimmung erteilt (*BAG* 13.6.2007 EzA § 14 TzBfG Nr. 39). Zum Mitbestimmungsrecht bei der Befristung von Arbeitsbedingungen im unbefristeten Arbeitsverhältnis vgl. auch Rdn 42.

Hat der Arbeitgeber den Personalrat bei einer **Doppelbefristung** nur zu einer kalendermäßigen Befristung beteiligt, ist die gleichzeitig vereinbarte Zweckbefristung unwirksam: die Wirksamkeit der Zeitbefristung bleibt aber davon unberührt (*BAG* 14.6.2017 EzA § 108 BPersVG Nr. 11, Rn 24, zu § 72 Abs. 1 Nr. 1 LPVG NW). Ein Mitbestimmungsrecht bei der »Änderung des Arbeitsvertrages« (§ 87 Abs. 1 Nr. 7 HmbPersVG) soll dagegen den Besitzstand des Arbeitnehmers schützen und betrifft nicht den Neuabschluss oder die Verlängerung eines befristeten Arbeitsvertrages (*BAG* 21.2.2001 EzA § 620 BGB Nr. 174; 5.5.2004 EzA § 15 TzBfG Nr. 1). Dann führt die **Verletzung des Mitbestimmungsrechts** des Personalrats bei der Befristungsverlängerung **nicht** zur Unwirksamkeit der Befristungsabrede und zur **Begründung eines unbefristeten Arbeitsvertrages** (zB *LAG Nds.* 5.12.2002 LAGE § 620 BGB Personalrat Nr. 8, zu § 65 Abs. 2 Nr. 4 NPersVG). Ein Zustimmungsverweigerungsrecht soll ausnahmsweise dann im Zusammenhang mit der Befristung von Arbeitsverhältnissen Anerkennung finden, wenn eine Vielzahl befristeter Einstellungen **kollektiv** zu einer unzumutbaren Belastung der ständig beschäftigten Arbeitnehmer führt (*BVerwG* 6.9.1995 PersV 1996, 265 zu §§ 77 Abs. 1 Nr. 2a, 69 Abs. 1 S. 1 und Abs. 2 S. 4 Hess PVG).

Eine **nachträgliche Zustimmung** des Personalrats kann einen Verstoß **nicht heilen** (*BAG* 20.2.2002 EzA § 620 BGB Nr. 188 zu § 72 Abs. 1 S. 1 Nr. 1 LPVG NW aF; *LAG Düsseld.* 9.9.1999 LAGE § 620 BGB Personalrat Nr. 1; *LAG Köln* 1.8.2000 LAGE § 620 BGB Personalrat Nr. 2; 27.6.2001 LAGE § 620 BGB Personalrat Nr. 4; *Sievers* Rn 129). Wird der Übernahme in ein Beamtenverhältnis ein befristetes Arbeitsverhältnis vorgeschaltet und hierbei der Personalrat nicht beteiligt, ist die Befristung unwirksam (*LAG BW* 15.2.2007 – 3 Sa 50/06 – zu § 79 Abs. 3 Nr. 15 PersVG BW). Allerdings ist es erlaubt einen befristeten Arbeitsvertrag »vorbehaltlich der Zustimmung des Personalrats« abzuschließen. Der **Vertragsschluss** steht dann **unter einer aufschiebenden Bedingung** mit der Folge, dass die Befristungsabrede erst mit der Erteilung der Zustimmung des Personalrats entsteht (*BAG* 13.6.2007 EzA § 14 TzBfG Nr. 39 zu §§ 72 Abs. 1, 66 Abs. 1 LPersVG NW). Hat der Personalrat seine Zustimmung konkret für ein 1 Jahr dauerndes Arbeitsverhältnis erteilt und schließen die Parteien alsdann einen Zeitvertrag von kürzerer (oder längerer) Dauer als mitgeteilt, wird sein **Mitbestimmungsrecht verletzt**. Es besteht dann ein **Arbeitsverhältnis auf Dauer** und nicht nur für den zunächst geplanten Zeitraum (*BAG* 8.7.1998 EzA § 620 BGB Nr. 150, zu § 72 Abs. 1 S. 1 Nr. 1 LPVG NW). **Mängel bei der internen Willensbildung des Personalrats**, die in seinem Zuständigkeits- und Verantwortungsbereich anfallen, führen nicht zur Unwirksamkeit der anschließend mit dem Arbeitnehmer vereinbarten Befristung (*BAG* 18.4.2007 EzTöD 100 § 30 Abs. 1 TVöD-AT Nr. 7; *BVerwGE* 85, 177, 180; *Schaub/Koch* § 38 Rn 60; abw. *LAG Düsseld.* 13.11.2013 LAGE § 14 TzBfG Nr. 81, Rn 65 f. bei Wissen des Arbeitgebers um die gesetzeswidrige Praxis des Personalrats).

788 Für die Willensbildung des Personalrats spielt die Dauer der Befristung eine erhebliche Rolle. Der **Schutzzweck des landesrechtlich gewährten Mitbestimmungsrechts** geht dahin, nur mit Zustimmung des Personalrats vereinbarte Befristungen (einschließlich ihrer Dauer) zuzulassen. Die **Zustimmung bezieht sich** demnach **auf die ihm mitzuteilenden Angaben zur Befristungsdauer** und **zum Befristungsgrund** (*LAG Bln-Bra.* 4.9.2008 LAGE § 620 BGB 2002 Personalrat Nr. 1a; *LAG Bra.* 9.2.2006 – 3 Sa 568/04; *Hoß/Lohr* MDR 1998, 323; *Arnold/Gräfl* Rn); die **Vertragsfreiheit des öffentlichen Arbeitgebers ist insoweit eingeschränkt** (*BAG* 27.9.2000 EzA § 1 BeschFG 1985 Nr. 21, zu §§ 61 Abs. 1, 63 Abs. 1 Nr. 4 LPVG Brandenburg). Auf einen dem Personalrat nicht mitgeteilten Befristungsgrund kann der Arbeitgeber die Befristung nicht stützen (*BAG* 15.2.2006 ZTR 2006, 508; vgl auch *BAG* 20.2.2008 – 7 AZR 972/06; *LAG Bln.-Bra.* 21.10.2015 – 23 Sa 1256/15, Rn 37 f.). Ist die Zustimmung des Personalrats erteilt, wird die Befristung indessen nicht wegen eines geringfügigen Fehlers (zB falsches Eintrittsdatum) unwirksam (*LAG Düsseld.* 1.2.2002 LAGE § 620 BGB Personalrat Nr. 6). Anders ist es dagegen, wenn der Arbeitgeber anstelle eines dem Personalrat mitgeteilten Sachgrundes **im Nachhinein** die Befristung unter Berufung auf § 14 Abs. 2 TzBfG rechtfertigen will. Ein derartiger **Austausch der Befristungsgrundlage** ist ohne Zustimmung des Personalrats unzulässig; die Befristung mithin unwirksam (*LAG Bln.-Bra.* 19.9.2008 LAGE § 620 BGB 2002 Personalrat Nr. 2).

789 Eine inhaltliche Kontrolle der Befristung setzt bei entsprechender landesgesetzlicher Regelung eine hinreichende **Unterrichtung zum Grund der Befristung** voraus (*BAG* 16.1.2008 AP Nr. 5 zu § 14 TzBfG Haushalt; 15.2.2006 ZTR 2006, 508; MHH-TzBfG/*Meinel* Rn 291). Die Unterrichtungspflichten des öffentlichen Arbeitgebers gehen **nicht soweit**, dass er unaufgefordert das Vorliegen des **Sachgrundes** (§ 14 Abs. 1 und 2 TzBfG oder § 21 BEEG) **im Einzelnen gegenüber dem Personalrat zu begründen hat**. Es genügt, wenn er dem Personalrat den Sachgrund für die Befristung seiner Art nach mitteilt (*BAG* 27.9.2000 EzA § 1 BeschFG 1985 Nr. 21). So reicht der Hinweis auf eine Vertretung nach § 21 BEEG aus, ohne dabei zwischen unmittelbarer und mittelbarer Vertretung zu unterscheiden (*Dörner* Befr. Arbeitsvertrag Rn 694 f.).

790 Zur Beteiligung des Personalrats bei der **Nichtverlängerungsmitteilung** im künstlerischen Bereich vgl. KR-*Bader/Kreutzberg-Kowalczyk* § 3 TzBfG Rdn 46. Hier steht es dem betroffenen Arbeitnehmer zu, ein Personalratsmitglied seines Vertrauens zu der vom Entscheidungsträger durchzuführenden Anhörung vor der Nichtverlängerungsmit-teilung mitzubringen (*BAG* 15.5.2013 EzA § 110 ArbGG 1979 Nr. 5, Rn 59).

§ 15 TzBfG Ende des befristeten Arbeitsvertrages

(1) Ein kalendermäßig befristeter Arbeitsvertrag endet mit Ablauf der vereinbarten Zeit.

(2) Ein zweckbefristeter Arbeitsvertrag endet mit Erreichen des Zwecks, frühestens jedoch zwei Wochen nach Zugang der schriftlichen Unterrichtung des Arbeitnehmers durch den Arbeitgeber über den Zeitpunkt der Zweckerreichung.

(3) Ein befristetes Arbeitsverhältnis unterliegt nur dann der ordentlichen Kündigung, wenn dies einzelvertraglich oder im anwendbaren Tarifvertrag vereinbart ist.

(4) Ist das Arbeitsverhältnis für die Lebenszeit einer Person oder für längere Zeit als fünf Jahre eingegangen, so kann es von dem Arbeitnehmer nach Ablauf von fünf Jahren gekündigt werden. Die Kündigungsfrist beträgt sechs Monate.

(5) Wird das Arbeitsverhältnis nach Ablauf der Zeit, für die es eingegangen ist, oder nach Zweckerreichung mit Wissen des Arbeitgebers fortgesetzt, so gilt es als auf unbestimmte Zeit verlängert, wenn der Arbeitgeber nicht unverzüglich widerspricht oder dem Arbeitnehmer die Zweckerreichung nicht unverzüglich mitteilt.

Übersicht

	Rdn		Rdn
A. Regelungsgehalt der Norm	1	3. Inhalt	26
B. Beendigung des befristeten Arbeitsverhältnisses	4	4. Frist	29
C. Ende bei kalendermäßiger Befristung (Abs. 1)	8	III. Verhältnis zwischen § 15 Abs. 2 und Abs. 5	31
D. Ende bei Zweckbefristung (Abs. 2)	10	E. Möglichkeit der ordentlichen Kündigung (Abs. 3)	35
I. Zweckerreichung und Verlängerungsphase	10	F. Möglichkeit der außerordentlichen Kündigung	46
1. Zweiwochenfrist	10	G. Kündigungsmöglichkeit bei langfristiger Bindung (Abs. 4)	47
2. Gesetzliche Verlängerung des Arbeitsverhältnisses	17	H. Fortsetzung mit Wissen des Arbeitgebers (Abs. 5)	52
II. Unterrichtung über den Zeitpunkt der Zweckerreichung	21	I. Mitbestimmung Betriebsrat/Personalrat	66
1. Rechtsnatur	21	J. Darlegungs- und Beweislast	67
2. Form	22		

A. Regelungsgehalt der Norm

Die Vorschrift des § 15 regelt die **Rechtsfolgen der wirksamen Befristung.** Dabei wird vorausgesetzt, dass im Grundsatz das wirksam befristete Arbeitsverhältnis erst mit Fristablauf von selbst endet, ohne dass es einer Kündigung bedarf. Im Interesse der Klarheit und Rechtssicherheit wird das Vertragsende nunmehr gesetzlich für zwei Fallgestaltungen bestimmt. Das befristete Arbeitsverhältnis findet danach sein Ende, wenn bei einer **kalendermäßigen Befristung** (Abs. 1) die vereinbarte Zeit abgelaufen ist (Parallele zu § 620 Abs. 1 BGB) oder bei einer **Zweckbefristung** (Abs. 2) der Zweck erreicht wurde, frühestens jedoch zwei Wochen nach Zugang der schriftlichen Unterrichtung des Arbeitnehmers über den Zeitpunkt der Zweckerreichung (*BAG* 21.12.2005 EzA § 14 TzBfG Nr. 25). Weiter bestimmt **Abs. 3**, unter welchen Voraussetzungen das befristete Arbeitsverhältnis **ordentlich gekündigt** werden kann. **Abs. 4** enthält eine **§ 624 BGB** entsprechende Regelung, während **Abs. 5** bei **Weiterbeschäftigung** nach Ablauf des befristeten Arbeitsvertrags den Gehalt von **§ 625 BGB** mit Abweichungen aufnimmt. § 15 ist auch **auf die spezialgesetzlichen Befristungsregelungen anwendbar**, soweit diese keine abweichenden Vorschriften enthalten (§ 23 TzBfG). 1

Zu den Besonderheiten der **Nichtverlängerungsmitteilung** wird verwiesen auf die Erl. zu § 620 BGB Rdn 65, KR-*Bader/Kreutzberg-Kowalczyk* § 3 TzBfG Rdn 39 ff mwN. Da bei **Massenentlassungen** eine Beendigung aufgrund Befristung oder auflösender Bedingung trotz § 17 Abs. 1 S. 2 KSchG nicht von der **Anzeigepflicht** erfasst wird, kommt eine Entlassungssperre nach § 18 KSchG nicht zum Tragen (dazu KR-*Weigand/Heinkel* § 17 KSchG Rdn 81; *Bader/Sukow* [2017] § 17 KSchG Rn 36; *Opolony* NZA 1999, 794; *Schimana/von Glasz* AuR 2002, 365). Der befristet beschäftigte **Arbeitnehmer** ist nach **§ 38 SGB III** verpflichtet sich (vorsorglich) drei Monate vor Ablauf der Befristung bei der BA **arbeitslos zu melden.** Im Falle der Zweckbefristung oder auflösenden Bedingung genügt die Meldung innerhalb von drei Tagen nach Kenntnis des Beendigungszeitpunkts (§ 38 Abs. 1 S. 2 SGB III), dh nach entsprechender Unterrichtung durch den Arbeitgeber iSv § 15 Abs. 2 TzBfG (KR-*Link* § 159 SGB III Rdn 147 ff.; HWK-*Rennpferdt* Rn 52 f.). Die grds. gegebene Hinweispflicht des Arbeitgebers (»soll«) ergibt sich aus § 2 Abs. 2 Nr. 3 SGG III; sie kann bereits im Arbeitsvertrag erfolgen (HaKo-TzBfG/*Joussen* Rn 8). Der **Arbeitgeber** sollte, braucht aber nicht den Arbeitnehmer eines **zeitlich befristeten Arbeitsverhältnisses** auf seine **Meldepflicht** nach § 38 SGB III hinzuweisen, sich spätestens drei Monate vor der vorgesehenen Beendigung bei der Arbeitsagentur zu melden (ErfK-*Müller-Glöge* Rn 1; vgl. *BAG* 29.9.2005 EzA § 280 BGB 2002 Nr. 1; aA Arnold/Gräfl-*Arnold* Rn 8, der einen arbeitgeberseitigen Hinweis dennoch empfiehlt). 2

Auf die **(Zweck)Befristung von Arbeitsbedingungen** findet § 15 TzBfG, einschließlich der Rechtsfolgen von § 15 Abs. 5 TzBfG (*BAG* 3.9.2003 EzA § 14 TzBfG Nr. 4), **keine Anwendung** (vgl. *BAG* 14.1.2004 EzA § 14 TzBfG Nr. 8; *Sievers* Rn 2) Hier empfiehlt sich gleichwohl 3 eine arbeitsvertragliche Vereinbarung, wonach der Arbeitgeber beispielsweise die Rückkehr des zweckbefristet Vertretenen dem dann von Voll- auf Teilzeit zurückgestuften Vertreter rechtzeitig – oder unter Festlegung einer Ankündigungszeitspanne – mitzuteilen hat. Ansonsten findet § 15 TzBfG aber auch Anwendung auf alle gesetzlichen **Befristungsnormen außerhalb des TzBfG** (LS-*Schlachter* Rn 1).

B. Beendigung des befristeten Arbeitsverhältnisses

4 Das wirksam, unter Beachtung der **Schriftform** (§ 14 Abs. 4 TzBfG), befristete Arbeitsverhältnis **endet von selbst** mit Erreichen der vereinbarten Frist (Abs. 1) oder mit Zweckerreichung (Abs. 2). Die Wirksamkeit der Befristung setzt eine nach § 14 Abs. 4 TzBfG schriftformgerechte Abrede zum vorgesehenen Ende des Arbeitsverhältnisses oder – im Fall einer Zweckbefristung – eine ebenfalls formgerechte Vereinbarung des Vertragszwecks voraus (*BAG* 16.3.2005 EzA § 14 TzBfG Nr. 17; 21.12.2005 EzA § 14 TzBfG Nr. 25; vgl. KR-*Lipke/Bubach* § 14 TzBfG Rdn 722). Einer schriftlichen **Kündigungserklärung** oder sonstigen Unterrichtung durch den Arbeitgeber bedarf es nicht (ErfK-*Müller-Glöge* Rn 1; *Dörner* Befr. Arbeitsvertrag Rn 697; LS-*Schlachter* Rn 2). Hiervon ist für kalendermäßig **sachgrundlos befristete Arbeitsverhältnisse** eine Ausnahme zu machen (aA *Schimana/von Glasz* AuR 2002, 368), denn der **Schutz** einer Mitteilung nach **§ 15 Abs. 2 TzBfG**, den Arbeitnehmer **vor einem überraschenden Ende des Arbeitsverhältnisses** zu bewahren, lässt sich bei einer **zeitlich festliegenden Befristung** mit oder ohne Sachgrund gar nicht verwirklichen. Ein gleichwohl gegebener **Hinweis** des Arbeitgebers auf die Befristung oder eine Berufung darauf stellt grds. **keine Kündigung** dar (vgl. § 16 TzBfG Rdn 16 ff. für den Fall formell unwirksamer Befristung).

5 Völlig unerheblich für die Beendigung des Arbeitsverhältnisses infolge Befristung ist dabei, ob zum **Beendigungszeitpunkt** der die Befristung rechtfertigende **Sachgrund** noch fortbesteht und eine Weiterbeschäftigung ermöglichen würde, denn für die Rechtsbeständigkeit einer Sachgrundbefristung sind allein die Umstände zum **Zeitpunkt des Vertragsabschlusses** (vgl. KR-*Lipke/Bubach* § 14 TzBfG Rdn 67 ff.; ErfK-*Müller-Glöge* Rn 7) maßgebend. Bei einer **Zweckbefristung**, die auf den vorübergehenden betrieblichen Mehrbedarf an Arbeitsleistung zur Inbetriebnahme einer neuen technischen Anlage oder aufgrund von **Abwicklungsarbeiten bis zur Betriebsschließung** abstellt, ist der **Bedarf allein betriebstätigkeits- und nicht arbeitgeberbezogen** festzustellen. Beabsichtigt der Arbeitgeber indessen bei Vertragsschluss, seine betriebliche Tätigkeit nach einer räumlichen und/oder organisatorischen Änderung fortzuführen, und besteht der betriebliche Bedarf an der vertraglichen Arbeitsleistung des befristet eingestellten Arbeitnehmers dort fort, so ist die Zweckbefristung nur gerechtfertigt, wenn bereits bei Vertragsschluss feststeht, dass die vertragliche Tätigkeit für den befristet beschäftigten Arbeitnehmer an dem **neuen Standort** nicht mehr anfällt oder ihm diese nicht zugewiesen werden könnte (*BAG* 21.3.2017 EzA § 14 TzBfG Nr. 127, Rn 30, 32; 15.5.2012 EzA § 15 TzBfG Nr. 4). Zur Zweckbefristung bei **Elternzeitvertretung** im Fall, dass die Stammkraft zum Zeitpunkt des Vertragsschlusses mit der Vertretungskraft Elternzeit noch nicht verlangt hat, vgl. KR-*Lipke/Bubach* § 21 BEEG Rdn 38).

6 Nach der hier vertretenen Rechtsauffassung ist die Rechtsprechung zur **Wiedereinstellung nach betriebsbedingter Kündigung** nicht übertragbar, da es bei der Befristung allein auf die Verhältnisse bei Begründung des Arbeitsverhältnisses ankommt (*Dörner* ZTR 2001, 495). Soweit hierzu erwogen wird, dem Arbeitnehmer unter bestimmten Voraussetzungen dennoch einen **Fortsetzungs- oder Wiedereinstellungsanspruch** zu gewähren (grds. verneinend *BAG* 20.2.2002 EzA § 620 BGB Nr. 189; ErfK-*Müller-Glöge* Rn 8 unter Hinweis auf *BAG* 20.10.2015 EzA § 1 KSchG Wiedereinstellungsanspruch Nr. 13, Rn 23 f.; MüKo-BGB/*Hesse* Rn 4), wird insoweit auf KR-*Bader/Kreutzberg-Kowalczyk* § 17 TzBfG Rdn 66 ff. hingewiesen (Ableitungen: Fürsorgepflicht, Vertrauensschutz, Rechtsmissbrauch). Anderes gilt nur bei einer **Zusage des Arbeitgebers** das Arbeitsverhältnis fortzusetzen (*BAG* 13.8.2008 EzA § 14 TzBfG Nr. 52 mwN). Näher dazu KR-*Bader/Kreutzberg-Kowalczyk* § 17 TzBfG Rdn 80 ff.

Kommt es allein auf die Umstände bei Vertragsschluss an, sind zum Befristungsende, gleichgültig ob Zeit- oder Zweckbefristung, die Vorschriften des **besonderen Kündigungsschutzes nach MuschG, SGB IX, PflegeZG, FPfZG und BEEG nicht anwendbar** (vgl. KR-*Lipke/Bubach* § 14 TzBfG Rdn 73 ff.; *Annuß/Thüsing-Maschmann* Rn 1; *Boewer* Rn 11; vgl. freilich KR-*Lipke/Bubach* § 21 TzBfG Rdn 6). Ebenso entfällt **eine Beteiligung von Betriebs- oder Personalrat** in Bezug auf die Beendigung als solche (vgl. KR-Gallner § 17 MuSchG Rdn 184; KR-*Rinck* § 102 BetrVG Rdn 47 KR-*Lipke/Bubach* § 14 TzBfG Rdn 770 ff.; ErfK-*Müller-Glöge* Rn 6; HWK-*Rennpferdt* Rn 4). Bei **schwerbehinderten Menschen** ist jedoch der erweiterte Beendigungsschutz nach § 175 (§ 92 aF) **SGB IX** zu beachten, wenn das ArbVerh wegen Eintritt einer teilweisen Erwerbsminderung, einer Erwerbsminderung auf Zeit, Berufsunfähigkeit oder Erwerbsunfähigkeit auf Zeit enden soll. Für die Fälle der Beendigung des ArbVerh wegen Eintritts der vollen Erwerbsminderung auf Dauer gilt § 175 (§ 92 aF) SGB IX dagegen nicht (*BAG* 10.12.2014 EzA § 21 TzBfG Nr. 3, Rn 61). Nach Verstößen gegen die Diskriminierungsverbote des **AGG** entstehen uU **Entschädigungsansprüche** nach § 15 AGG, im Regelfall aber keine Pflicht zur Begründung eines (unbefristeten oder befristeten) Arbeitsverhältnisses (weitergehend *Bruns* NZA-RR 2010, 113, 122, der bei **Schwangerschaft** einen unionsrechtlich begründeten Kontrahierungszwang aus der Richtlinie 76/207/EWG annimmt). Näher dazu KR-*Lipke/Schlünder* § 620 BGB Rdn 72 und § 14 TzBfG Rdn 73, 129, 363.

C. Ende bei kalendermäßiger Befristung (Abs. 1)

Ist ein Arbeitsvertrag wirksam kalendermäßig befristet (§ 3 Abs. 1 S. 1 u. 2 TzBfG; zur Bestimmtheit KR-*Bader/Kreutzberg-Kowalczyk* § 3 TzBfG Rdn 18 f.), so ergibt sich nach Abs. 1 das Ende aus der **Vereinbarung**. Diese bedarf uU der **Auslegung** nach den Regeln der Allgemeinen Geschäftsbedingungen (*BAG* 15.2.2017 EzA § 3 TzBfG Nr. 1; Dienstvertrag eines Fraktionsreferenten, bezogen auf den Ablauf der Wahlperiode). Denkbar sind unterschiedliche Vereinbarungen. Es kann ein **bestimmtes Enddatum** vereinbart sein, dann endet das Arbeitsverhältnis mit dem Ablauf dieses genannten Tages. Entsprechendes gilt, wenn die Befristung für die Dauer der Betriebsferien des Unternehmens oder der Dauer der Sommerferien in einem Bundesland vereinbart ist. Das Arbeitsverhältnis endet dann zB mit Ablauf des letzten Ferientags. Aufgrund der Vertragsfreiheit kann auch ein **Zeitpunkt im Verlaufe eines Tages** (12 Uhr mittags, Schichtende) als Enddatum festgelegt werden (*Dörner* Befr. Arbeitsvertrag Rn 700; ErfK-*Müller-Glöge* Rn 1; LS-*Schlachter* Rn 3; *ArbG Marburg* 10.3.2006 DB 2006,785). Ist als Ende des Arbeitsverhältnisses das Ende einer **bestimmten Kalenderwoche** oder eines **bestimmten Monats** eines Jahres vereinbart, endet das Arbeitsverhältnis mit dem Ablauf des Sonntags der angegebenen Woche oder mit Ablauf des letzten Tages des genannten Monats. Wird eine bestimmte Frist vereinbart, die sich nach Wochen, Monaten oder Jahren bemisst (zum Verständnis anderer Fristangaben § 189 BGB), sind für die Fristberechnung die §§ **187 Abs. 2, 188 Abs. 2 BGB** maßgebend. Der Tag des Beginns des Arbeitsverhältnisses – dieser muss natürlich klar sein – wird in der Fristberechnung mitgezählt (§ 187 Abs. 2 BGB; MüKo-BGB/*Hesse* Rn 3), die Frist endet mit Ablauf des Tages, der durch seine Benennung oder seine Zahl dem Tage des Fristbeginns entspricht. Das bedeutet: Beginnt das Arbeitsverhältnis an einem Dienstag und ist eine einwöchige Befristung vereinbart, endet es mit Ablauf des Montags der Folgewoche. Beginnt das Arbeitsverhältnis am 1. Januar und ist eine dreimonatige Befristung Vertragsgegenstand, so endet das Arbeitsverhältnis mit Ablauf des 31. März. Auch bei einem Beginn der dreimonatigen Befristung etwa am 1. Dezember bleibt es bei dem 28. (oder 29.) Februar als dem Befristungsende (§ 188 Abs. 3 BGB).

Eine **Ankündigungsverpflichtung** des Arbeitgebers zum bevorstehenden Auslaufen einer Befristung besteht nicht mehr (*Rolfs* NJW 2000, 1227 f.), nachdem das Schriftformgebot nach § 14 Abs. 4 TzBfG Klarheit für den Arbeitnehmer schafft (LS-*Schlachter* Rn 4 mwN). Eine **gestaffelte Befristung** von Probezeit- und Zeitbefristung ist nicht »überraschend« iSd § **305c Abs. 1 BGB**, wenn sie im Arbeitsvertrag ausdrücklich hervorgehoben und auch für den juristischen Laien verständlich formuliert ist (*BAG* 16.4.2008 EzA § 305c BGB 2002 Nr. 14, Rn 16; abw. *LAG RhPf* 19.2.2009 –10 Sa 705/08).

D. Ende bei Zweckbefristung (Abs. 2)

I. Zweckerreichung und Verlängerungsphase

1. Zweiwochenfrist

10 Der wirksam zweckbefristete Arbeitsvertrag (§ 3 Abs. 1 S. 1 u. 2 TzBfG; dazu KR-*Bader/Kreutzberg-Kowalczyk* § 3 TzBfG Rdn 21 ff.) endet mit dem **Erreichen des Zwecks** (Rückkehr des Vertretenen; Fertigstellung des Rohbaus; Projektabschluss). Dem gleichzusetzen ist der **Zweckfortfall**, dh eine Situation, die eine Zweckerreichung nicht mehr zulässt (Abbruch des Projekts oder Abblasen einer Werbekampagne; *Annuß/Thüsing-Maschmann* Rn 2; MHH-TzBfG/*Meinel* Rn 10 f.; *Dörner* Befr. Arbeitsvertrag Rn 701; LS-*Schlachter* Rn 7; AR-*Schüren/Moskalew* Rn 5; *Schaub/Koch* § 38 Rn 41; MüKo-BGB/*Hesse* Rn 24; aA *Sievers* Rn 5, der unter Bezug auf *BAG* 27.6.2001 EzA § 620 BGB Nr. 179 den Eintritt des vereinbarten Beendigungstatbestands vermisst und deshalb wegen Annahme eines zum unbefristeten Arbeitsverhältnisses eine – mangels Anwendung der Abs. 2 und 3 – arbeitgeberseitige Kündigungsmöglichkeit annimmt; DDZ-*Wroblewski* Rn 4, der hierin einen Fall des vom Arbeitgeber zu tragenden Wirtschaftsrisikos sieht). Im Einzelfall wird durch **Auslegung der Zweckabrede** zu erkennen sein (HWK-*Rennpferdt* Rn 10; s. Rdn 5, 8), ob es bei der Zweckbefristung darum ging einen Dauerbedarf ersatzweise zu befriedigen oder ein vorübergehender Arbeitskräftemehrbedarf sinnlos geworden ist. Bei Letzterem besteht qualitativ kein Unterschied zur Zweckerreichung (Arnold/Gräfl-*Arnold* Rn 18 ff.). Demgegenüber bildet die In-sich-Beurlaubung eines Beamten der BA nach § 387 Abs. 3 SGB III nicht den Zweck des anschließend geschlossenen Arbeitsvertrages, so dass deren Widerruf nicht zum Erreichen des Zwecks iSd § 15 Abs. 2 TzBfG führt. Zweck des Arbeitsvertrages ist hier nicht die In-sich-Beurlaubung oder deren Widerruf, sondern – umgekehrt – die In-sich-Beurlaubung Vorraussetzung für das Arbeitsverhältnis (*VG Saarl.* 19.3.2012 – 4 L 167/12).

11 Da die Zweckerreichung vielfach nicht klar ersichtlich ist oder sich jedenfalls Streit über den genauen Zeitpunkt hierzu ergeben kann, hat der Gesetzgeber zusätzlich festgelegt, dass der Arbeitgeber den Arbeitnehmer **schriftlich über den Zeitpunkt der Zweckerreichung zu informieren** hat (zur Schriftform s. Rdn 22). Das Arbeitsverhältnis endet dann **frühestens zwei Wochen nach Zugang** dieser schriftlichen Unterrichtung (*BAG* 12.8.2015 EzA § 15 TzBfG Nr. 5, Rn 27; 27.7.2011 EzA § 17 TzBfG Nr. 14, zu einer auflösenden Bedingung; 20.6.2018 – 7 AZR 689/16, Rn 40). Auf diese Weise wird für den Arbeitnehmer die Unsicherheit über das zeitliche Ende des zweckbefristeten Arbeitsverhältnisses behoben (*Schaub/Koch* § 38 Rn 32). Vor Inkrafttreten des § 15 Abs. 2 TzBfG hat das BAG das Problem mit Hilfe einer **richterrechtlich bestimmten Auslauffrist** gelöst (grundlegend *BAG* 26.3.1986 EzA § 620 BGB Nr. 81; dazu *Lipke* KR, 5 Aufl. § 620 BGB Rn 64a ff.), die der gesetzlichen Regelkündigungsfrist entsprach. Diese Rspr. sollte bereits damals verhindern, dass die Unvorhersehbarkeit der Zweckerreichung zur Unwirksamkeit der Befristung und damit zur Begründung eines Dauerarbeitsverhältnisses führte (*Dörner* Befr. Arbeitsvertrag Rn 702).

12 Wenngleich die nunmehr ausdrücklich gesetzlich geregelte **Zweiwochenfrist kürzer ist als die Regelkündigungszeitspanne des § 622 Abs. 1 BGB** (krit. dazu *Blanke* AiB 2000, 735; *Preis/Gotthardt* DB 2000, 273; *Däubler* ZIP 2000, 1961, 1967 mit verfassungsrechtlichen Bedenken, gestützt auf *BVerfG* 10.3.1992 EzA Art. 38 EinigungsV Nr. 3) und der Gesetzgeber zur Abweichung von dem ursprünglichen Referentenentwurf (Vierwochenfrist; vgl. NZA 2000, 1045) keine Begründung geliefert hat (ArbRBGB-*Dörner* § 620 Rn 274), so liegt die gesetzliche zweiwöchige Auslauffrist noch innerhalb des gesetzgeberischen Regelungsermessens. Schließlich muss der Arbeitnehmer im zweckbefristeten Arbeitsverhältnis stets mit der Zweckerreichung rechnen. Nach der früher verbindlichen Rechtsprechung (*BAG* 23.6.1986 EzA § 620 BGB Nr. 81) ging es ebenfalls nur um die **Wahrung einer »Mindestkündigungsfrist«** (*Dörner* Befr. Arbeitsvertrag Rn 719; *Annuß/Thüsing-Maschmann* Rn 8; HaKo-KSchR/*Mestwerdt* Rn 9), die hier in Anlehnung an § 622 Abs. 3 BGB gehalten wird. Ob die Zweiwochenfrist in der Praxis ausreicht, dem Arbeitnehmer eine Neuorientierung zu ermöglichen (BT-Drucks. 14/4374 S. 10), steht auf einem anderen Blatt (so *Link/Fink* AuA 2001, 204, 208).

Die **Zweiwochenfrist** des Abs. 2 ist zu Lasten des Arbeitnehmers **unabdingbar**; Vertrags- oder Ta- 13
rifvertragsparteien können indessen nach § 22 Abs. 1 TzBfG eine **längere** für den Arbeitnehmer
günstigere **Ankündigungsfrist** vereinbaren (*Rolfs* Rn 15; Arnold/Gräfl-*Arnold* Rn 28; APS-*Backhaus*
Rn 6). Mit Inkrafttreten des **§ 30 Abs. 1 TVöD** zum 1. Oktober 2005 gelten im Unterschied zum
SR 2 y BAT im Wesentlichen die Regelungen des TzBfG; auch zur Zweiwochenfrist, da die Zweckbefristung keine eigenständige tarifliche Regelung erfahren hat (s. KR-*Bader/Kreutzberg-Kowalczyk*
§ 30 TVöD Rdn 5). Somit gilt auch im öffentlichen Dienst die Zweiwochenfrist des § 15 Abs. 2
TzBfG (*Görg/Guth/Hamer/Pieper-Guth* TVöD § 30 Rn 36).

Die Regel bleibt deshalb, dass der zweckbefristete Arbeitsvertrag mit der **Zweckerreichung** endet. 14
Der Arbeitnehmer soll indes vor einem völlig überraschenden und abrupten Ende des Arbeitsverhältnisses bewahrt werden, wofür die **zweiwöchige »Vorwarnfrist«** steht (BT-Drucks. 14/4374,
S. 20; *Dörner* Befr. Arbeitsvertrag Rn 702 f., Zeitraum zur Neuorientierung). Das zweckbefristete
Arbeitsverhältnis endet also nur, wenn der vertraglich vereinbarte **Zweck objektiv erreicht** und dem
Arbeitnehmer rechtzeitig eine **schriftliche Mitteilung über die Zweckerreichung** zugegangen ist.
Erhält der Arbeitnehmer daher die schriftliche Unterrichtung über die Zweckerreichung **früher als
zwei Wochen vor** der objektiven Zweckerreichung bleibt es bei dem Ende mit Zweckerreichung
(ErfK-*Müller-Glöge* Rn 3, *Dörner* Befr. Arbeitsvertrag Rn 716; LS-*Schlachter* Rn 5; MüKo-BGB/
Hesse Rn 15; HWK-*Rennpferdt* Rn 18 f.). Die abweichenden Stimmen im Schrifttum (*Annuß/
Thüsing-Maschmann* Rn 9; APS-*Backhaus* Rn 10 und *Sievers* Rn 27) halten den Arbeitgeber bei
verfrühter Mitteilung oder verzögerter Zweckerreichung für **verpflichtet, die Mitteilung zu wiederholen**, was zu einer weiteren Verlängerung des Arbeitsverhältnisses führt (ebenso *Sächs.* LAG
25.1.2008 EzAÜG § 14 TzBfG Nr. 3).

Liegt der mitgeteilte Zeitpunkt **nach** der tatsächlichen **Zweckerreichung**, so ist für das Ende der 15
Befristung die **Zeitangabe des Arbeitgebers verbindlich**, auch wenn Weiterbeschäftigungsmöglichkeiten nicht mehr bestehen (*Dörner* Befr. Arbeitsvertrag Rn 716; ErfK-*Müller-Glöge* Rn 3; Schaub/
Koch § 38 Rn 41; im Ergebnis ebenso MHH-TzBfG/*Meinel* Rn 31; *Bruns* NZA-RR 2010, 113,
122; aA APS-*Backhaus* Rn 10, *Sievers* Rn 26; LS-*Schlachter* Rn 11 f., wonach der Vertrag dann
nicht enden soll und eine weitere inhaltlich richtige Mitteilung zu erfolgen hat). Enthält die Unterrichtung des Arbeitgebers ein unzutreffendes (zu frühes) Beendigungsdatum, endet das Arbeitsverhältnis nicht zu dem angegebenen Zeitpunkt, sondern erst mit dem Ablauf der Auslauffrist (*BAG*
17.6.2020 EzA § 21 TzBfG Nr 13). Nur wenn die schriftliche Mitteilung über die Zweckerreichung dem Arbeitnehmer nicht wenigstens zwei Wochen vor der objektiven Zweckerreichung oder
gar erst nach der Zweckerreichung zugeht, kommt es zu einer **Verlängerung des Arbeitsverhältnisses** nach § 15 Abs. 2 (Arnold/Gräfl-*Arnold* Rn 32 ff.). Teilweise wird dem Arbeitgeber bei einer
»zeitlich offenen« Zweckerreichung auch ein gewisser **Beurteilungsspielraum** eingeräumt, was den
mitzuteilenden Zeitpunkt der Zweckerfüllung angeht (so HaKo-KSchR/*Mestwerdt* Rn 6, 12; vgl.
dazu Rdn 27).

Die aufgezeigten Unterrichtungspflichten treffen den Arbeitgeber auch im Fall einer **auflösenden** 16
Bedingung, da § 21 TzBfG eine entsprechende Anwendung von § 15 Abs. 2 TzBfG vorsieht (*BAG*
27.7.2011 EzA § 17 TzBfG Nr. 14, Rn 27; 23.6.2004 EzA § 17 TzBfG Nr. 5; 15.3.2006 EzA
§ 21 TzBfG Nr. 1; *Dörner* Befr. Arbeitsvertrag Rn 911; *Boewer* Rn 9; näher KR-*Lipke/Bubach* § 21
TzBfG Rdn 14). Als Zweckerreichung ist auch der **Wegfall des Zwecks** (s. Rdn 10) zu behandeln.
Hierbei handelt es sich nach den Maßstäben des Sachgrundes (zB aus § 14 Abs. 1 Nr. 1 TzBfG)
nicht um eine unzulässige Zuweisung des Wirtschaftsrisikos an den Arbeitnehmer (so aber *Sievers*
§ 3 TzBfG Rn 17; DDZ-*Wroblewski* Rn 4). Es ist vielmehr durch Auslegung des Befristungssachgrundes aus § 14 TzBfG zu ermitteln, ob der Sachgrund die Zweckverfehlung mitträgt (zutr. APS-
Backhaus Rn 3; LS-*Schlachter* Rn 7).

2. Gesetzliche Verlängerung des Arbeitsverhältnisses

In der **Verlängerungsphase** besteht das Arbeitsverhältnis mit allen beiderseitigen Rechten und Pflich- 17
ten der Arbeitsvertragsparteien fort, mit entsprechenden Folgen etwa zur Entgeltfortzahlungspflicht

bei Arbeitsunfähigkeit oder zum Verbot von Konkurrenztätigkeiten. § 15 Abs. 2 TzBfG schiebt das Ende des Arbeitsverhältnisses nur etwas hinaus; nach der gesetzlichen Formulierung endet das Arbeitsverhältnis erst mit Ablauf der Verlängerungszeitspanne (HWK-*Rennpferdt* Rn 19). Der Wortlaut der Norm besagt indessen nicht, dass auch der **Vergütungsanspruch** unabhängig von der Erfüllung seiner jeweiligen Voraussetzungen (Leistungsfähigkeit) aufrechterhalten werde. Dieser soll nur aus einer den Entgeltanspruch aufrechterhaltenden Norm wie **§ 615 S. 1 BGB** folgen, da § 15 Abs. 2 nur dem Arbeitnehmerschutz mit einer Auslauffrist dient (*BAG* 23.9.2015 EzA § 615 BGB 2002 Nr 46, Rn 19; ErfK-*Müller-Glöge* Rn 4; *Fischinger* NJW 2016, 1610). Vgl. aber Rdn 19.

18 Ist das nicht interessengerecht, können die Vertragsparteien dem durch einen **Aufhebungsvertrag** (§ 623 BGB) entgehen (ErfK-*Müller-Glöge* Rn 6; MüKo-BGB/*Hesse* Rn 19); § 22 Abs. 1 TzBfG steht dem nicht entgegen. Der Arbeitnehmer kann seinerseits bei nicht mehr möglicher vertragsgemäßer Beschäftigung aus wichtigem Grund das zweckbefristete Arbeitsverhältnis außerordentlich kündigen (§ 626 BGB). Der Arbeitgeber kann dem begegnen, indem er von seinem Recht Gebrauch macht, den Arbeitnehmer in einem solchen Fall unter Anrechnung auf den Resturlaub von der Arbeitsleistung freizustellen. Aus § 15 Abs. 2 TzBfG lässt sich in der Verlängerungsphase indessen kein einseitiges (formloses) **Lossagungsrecht des Arbeitnehmers** ableiten, da ein solches ausdrücklich hätte geregelt werden müssen, wie etwa in § 12 Abs. 1 KSchG (ErfK-*Müller-Glöge* Rn 6; *Sievers* Rn 29; aA APS-*Backhaus* Rn 13; *Sowka* DB 2002, 1158; AnwaltKomm-*Worzalla* Rn 7; Arnold/Gräfl-*Arnold* Rn 37 f.; MüKo-BGB/*Hesse* Rn 21: Arbeitseinstellung nach objektiver Zweckerreichung möglich; HaKo-TzBfG/*Joussen* Rn 51, Schutzregelung zugunsten der Arbeitnehmer; MHH-TzBfG/*Meinel* Rn 31 Sonderkündigungsrecht des Arbeitnehmers).

19 Geht man davon aus, dass bei der Zweckbefristung **Vertragsinhalt** nur die **Arbeitsleistung bis zur Zweckerreichung** ist (vgl. KR-*Krumbiegel* § 625 BGB Rdn 25, dort auch mwN dazu, ob § 625 BGB in Fällen der Zweckerreichung überhaupt in Betracht kommt), könnte zweifelhaft sein, ob in der Zeit zwischen Zweckerreichung und Ablauf der Zweiwochenfrist die Voraussetzungen eines **Annahmeverzugs** des Arbeitgebers gegeben sind. Dies zu verneinen wäre jedoch unvereinbar mit dem, was der Gesetzgeber angestrebt hat; wollte er dem Arbeitnehmer doch das Arbeitsverhältnis und damit insbes. den Vergütungsanspruch für die etwaige Verlängerungsphase erhalten (aA *BAG* 23.9.2015 EzA § 615 BGB 2002 Nr. 46, Rn 19; s.a. Rdn 17). Man wird dementsprechend im Bereich des § 15 Abs. 2 TzBfG für die **Verlängerungsphase** eine Arbeitsleistung, die sich abgesehen vom Aspekt der Zweckerreichung als vertragsgemäß darstellt, nach wie vor als geschuldet anzusehen haben (diff. ErfK-*Müller-Glöge* Rn 4; *Annuß/Thüsing-Maschmann* Rn 9). Weist der Arbeitgeber nach der objektiven Zweckerreichung keine derartige Tätigkeit zu, schuldet er für die Verlängerungsphase die **Vergütung** bei sonst gegebenen Voraussetzungen unter dem Aspekt des **Annahmeverzuges** (zum Stellenwert der Fortzahlung der Vergütung im Hinblick auf § 15 Abs. 5 TzBfG vgl. KR-*Krumbiegel* § 625 BGB Rdn 30).

20 Umgekehrt gilt: Der Arbeitgeber kann dem Arbeitnehmer in der **Verlängerungsphase eine andere, gleichwertige Tätigkeit zuweisen**, und dieser ist dann auch zur Arbeitsleistung verpflichtet (LS-*Schlachter* Rn 13; MüKo-BGB/*Hesse* Rn 23). Dabei ist freilich Vorsicht geboten. Hält man – was abzulehnen ist (s. Rdn 33) – in diesem Fall der Fortsetzung des Arbeitsverhältnisses **§ 15 Abs. 5 TzBfG** für anwendbar (zum Meinungsstand vgl. KR-*Krumbiegel* § 625 BGB Rdn 25 u. 30 mwN), kann sie zum **unbefristeten Arbeitsverhältnis** führen, da nach § 15 Abs. 5 TzBfG ab dem Zeitpunkt der objektiven Zweckerreichung die Zweckerreichung unverzüglich mitzuteilen ist (s. Rdn 33), was sich uU auf die Dauer einer normalen Brieflaufzeit reduzieren kann (APS-*Backhaus* Rn 12, 75 ff., der wegen der damit zusammenhängenden Probleme davor warnt, mit der Zweckbefristung zu arbeiten). Eine Mitteilung zur Zweckerreichung unverzüglich **nach Zweckerreichung** könnte demnach ein unbefristetes Arbeitsverhältnis nach § 15 Abs. 5 entstehen lassen (vgl. *ArbG Bln.* 27.11.2003 LAGE § 15 TzBfG Nr. 2; aA ErfK-*Müller-Glöge* Rn 5); allerdings nur wenn der Arbeitgeber dabei eine längere als die Zweiwochenfrist zur nachträglichen Unterrichtung wählt (MHH-TzBfG/*Meinel* § 15 TzBfG Rn 30, 34 f.; AR-*Schüren/Moskalew* Rn 9, unverzügliche

Unterrichtung nach Zweckerreichung verhindert unbefristetes Arbeitsverhältnis). Jedenfalls führt nur die nach objektiver Zweckerreichung wissentliche Weiterbeschäftigung des Arbeitnehmers zur Begründung eines unbefristeten Arbeitsverhältnisses nach § 15 Abs. 5 TzBfG (*Dörner* Befr. Arbeitsvertrag Rn 715).

II. Unterrichtung über den Zeitpunkt der Zweckerreichung

1. Rechtsnatur

Bei der schriftlichen Unterrichtung gem. § 15 Abs. 2 TzBfG handelt es sich nicht um eine Willenserklärung, sondern um eine **geschäftsähnliche Handlung** (*ArbG Bln.* 27.11.2003 LAGE § 15 TzBfG Nr. 2; LS-*Schlachter* Rn 8; MüKo-BGB/*Hesse* Rn 10; vgl. auch BAG 1.8.2018 – 7 AZR 882/16, Rn 53; ähnlich »Wissenserklärung« *Annuß/Thüsing-Maschmann* Rn 4; ErfK-*Müller-Glöge* Rn 2; MHH-TzBfG/*Meinel* Rn 13; APS-*Backhaus* Rn 8a; Arnold/Gräfl-*Arnold* Rn 22; HaKo-KSchR/*Mestwerdt* Rn 11), eine Mitteilung oder Anzeige, deren **Rechtsfolgen kraft Gesetzes** eintreten. Die **Vorschriften über Willenserklärungen** finden hierauf grds. **entsprechend Anwendung** (*Palandt/Heinrichs/Ellenberger* Überbl. vor § 104 Rn 7 mwN), speziell über das Wirksamwerden (§§ 130 ff. BGB), die Auslegung (§§ 133, 157 BGB), die Stellvertretung (§§ 164 ff. BGB) und die Willensmängel (§§ 116 ff. BGB). 21

2. Form

Die Unterrichtung des Arbeitnehmers durch den **Arbeitgeber** oder einen bevollmächtigten Vertreter hat **schriftlich** zu erfolgen und **inhaltlich eindeutig** zu sein. Mitteilungen durch Dritte, zB durch den Drittmittelgeber eines Projekts genügen nicht (*LAG RhPf* 8.12.2011 –11 Ta 230/11, Rn 86, 90; *LAG SA* 24.1.2013 – 3 Sa 23/12; *Dörner* Befr. Arbeitsvertrag Rn 705; *Annuß/Thüsing-Maschmann* Rn 4; LS-*Schlachter* Rn 8). Zum Kreis der bevollmächtigten Vertreter dürften insoweit auch die für Arbeitsverträge abschlussberechtigten oder kündigungsberechtigten Personen zählen (vgl. BAG 24.10.2001 EzA § 620 BGB Hochschulen Nr. 31; *Boewer* Rn 23). Da das Gesetz **Schriftform** vorschreibt, spricht ungeachtet der Diskussion um die Reichweite des § 126 Abs. 1 BGB (BAG 11.10.2000 EzA § 4 TVG Ausschlussfristen Nr. 134; 11.6.2002 EzA § 99 BetrVG 1972 Nr. 139) dessen Abs. 3 BGB dafür, dass **§ 126a BGB** anwendbar ist (*Dörner* Befr. Arbeitsvertrag Rn 706; APS-*Backhaus* Rn 8). Da anders als in § 623 BGB (»...; die elektronische Form ist ausgeschlossen«) § 15 Abs. 2 eine Ausnahme insoweit nicht vorsieht, ist für die Unterrichtung die **elektronische Form** möglich (HaKo-TzBfG/*Joussen* Rn 41 f.: Informationszweck steht im Vordergrund; *Schaub/Koch* § 38 Rn 41; aA AR-*Schüren/Moskalew* Rn 7; *Staudinger/Preis* [2019] § 620 BGB Rn 233, wegen Wirkung wie fristlose Kündigung eigenhändige Unterschrift erforderlich; *Annuß/Thüsing-Maschmann* Rn 4, die den Zugang des Originals beim Arbeitnehmer verlangen und deshalb E-Mail und Telefax ausschließen; *Rolfs* Rn 14 und *Kliemt* NZA 2001, 296, 302, die die strengen Maßstäbe des § 623 BGB nach § 15 Abs. 2 TzBG übertragen wollen; *Arnold/Gräfl-Arnold* Rn 27, Telefax, E-Mail und Textform nach § 126b BGB sind möglich; ebenfalls großzügig HaKo-KSchR/*Mestwerdt* Rn 11). Die zeitgemäße Unterrichtung per **E-Mail oder Telefax muss ausreichen** (zutr. HaKo-TzBfG/*Joussen* Rn 42, E-Mail als heute herkömmliche Kommunikationsform genügt; näher zur Schriftform und elektronischen Form; vgl. auch BAG 20.9.2012 EzA § 17 KSchG Nr. 27 zur E-Mail-Unterrichtung des Betriebsrats; ferner KR-*Spilger* § 623 BGB Rdn 99, 129). Ausschlaggebend dürfte sein, dass die **Unterrichtung des Arbeitnehmers** gelingt und der Arbeitgeber hierzu den **Nachweis** zu Inhalt und Zugang führen kann. Demnach ist für die Einhaltung des Schriftlichkeitsgebots die Textform nach § 126b BGB ausreichend (BAG 20.6.2018 – 7 AZR 689/16, Rn 62 f., 65). 22

Unterbleibt die Unterrichtung oder erfolgt sie nicht in gehöriger Form, beginnt die zweiwöchige Frist nicht zu laufen (MüKo-BGB/*Hesse* Rn 17 f.; *Dörner* Befr. Arbeitsvertrag Rn 710). Das Arbeitsverhältnis besteht über den **Zeitpunkt der objektiven Zweckerreichung** hinaus (zunächst) weiter fort (ErfK-*Müller-Glöge* Rn 4; LS-*Schlachter* Rn 9; HWK-*Rennpferdt* Rn 17 ff.). Allerdings entsteht damit allein kein unbefristetes Arbeitsverhältnis, da der Arbeitgeber die **Mitteilung nach** 23

Kenntnis der Zweckerreichung **unverzüglich** formgerecht **nachholen** kann (*Lakies* DZWIR 2001, 1, 15; *Annuß/Thüsing-Maschmann* Rn 5; *P. Bruns* NZA-RR 2010, 113, 122; AR-*Schüren/Moskalew* Rn 9). Ab deren Zugang läuft dann die Zwei-Wochen-Frist. Zu den unterschiedlichen Formerfordernissen bei § 15 Abs. 2 und 5 TzBfG vgl. Erl. zu § 625 BGB Rdn 34 und hier Rdn 33 f. Ein unbefristetes Arbeitsverhältnis kann nur unter den **besonderen Voraussetzungen** des **§ 15 Abs. 5 TzBfG** (s. Rdn 52 f.) entstehen (*Dörner* Befr. Arbeitsvertrag Rn 740, 750 f.; ErfK-*Müller-Glöge* Rn 5, 30; HaKo-KSchR/*Mestwerdt* Rn 13, 36 f.; *Richardi/Annuß* BB 2000, 2205). So kann selbst eine zu § 15 Abs. 2 TzBfG erteilte formwidrige mündliche Unterrichtung des Arbeitgebers als **Widerspruch** iSv § 15 Abs. 5 TzBfG das Entstehen eines unbefristeten Arbeitsvertrages verhindern (s. Rdn 61; *Staudinger/Preis* § 620 BGB [2019] Rn 235; HaKo-KSchR/*Mestwerdt* Rn 14 f.; Arnold/Gräfl-*Arnold* Rn 35, 78; *Sievers* Rn 24). Vgl. dazu KR-*Krumbiegel* § 625 BGB Rdn 40.

24 Der oben beschriebene Zustand der Ungewissheit ist misslich. Man wird daher unter Rückgriff auf den Rechtsgedanken der §§ 108 Abs. 2, 177 Abs. 2 BGB den **Arbeitnehmer** für berechtigt halten müssen, den Arbeitgeber nach Eintritt der objektiven Zweckerreichung zur Abgabe der schriftlichen Unterrichtung nach § 15 Abs. 2 TzBfG aufzufordern. Erfolgt diese Unterrichtung dann nicht unverzüglich, kann der Arbeitnehmer seinerseits **aus wichtigem Grund außerordentlich fristlos kündigen**, sofern nicht bereits auf der Grundlage des § 15 Abs. 5 TzBfG durch tatsächliche Weiterbeschäftigung mit Wissen des Arbeitgebers ein unbefristetes Arbeitsverhältnis entstanden ist. Durch die Entscheidung des *BAG* vom 29.6.2011 (EzA § 15 TzBfG Nr. 3) kann diesem Schwebezustand wirkungsvoll mit einer zulässigen **Doppelbefristung** begegnet werden, dh neben der Zweckbefristung ist eine zeitliche kalendarische Höchstbefristung vereinbart worden. Eine etwaige **Unwirksamkeit der Zweckbefristung** hat auf eine zeitgleich **vereinbarte Zeitbefristung keinen Einfluss** (ErfK/*Preis* § 3 Rn 13): Sie führt nur dazu, dass das Arbeitsverhältnis nicht bereits aufgrund der etwaigen früheren Zweckerreichung endet, sondern bis zu der vereinbarten kalendermäßig bestimmten Höchstfrist fortbesteht (*BAG* 14.6.2017 EzA § 108 BPersVG Nr. 11, Rn 24; ErfK-*Müller-Glöge* Rn 36). Wenn der Arbeitgeber (im Rahmen formularmäßiger Verträge) jedoch von der Möglichkeit einer **Zweckbefristung** Gebrauch macht, kann er **denselben** für die Zweckbefristung herangezogenen **Sachgrund nicht erneut für die Zeitbefristung** verwenden. Denn dann würde die notwendige rechtliche Trennung der Beurteilung der beiden Befristungen in jedem Fall zum selben Ergebnis führen. Dann würde es keinen Sinn machen, eine jeweils gesonderte Beurteilung der beiden Befristungen zu verlangen. Es bleibt dann für die **Zeitbefristung nur die sachgrundlose Befristung** nach § 14 Abs. 2 TzBfG (*LAG* Bln.-Bra. 17.9.2015 LAGE § 15 TzBfG Nr. 11; aA *Fieberg* ZTR 2016, 78, zwei unterschiedliche Kategorien, nämlich die rechtfertigende Grundlage der Befristung eines Arbeitsvertrags einerseits und der Modus [Durchführungsweg] der darauf aufbauenden Befristung andererseits, werden unzulässigerweise vermengt). Vgl. auch Rdn 64.

25 Eine Unterrichtung durch den Arbeitgeber wird nicht dadurch entbehrlich, dass die **Zweckbefristung oder auflösende Bedingung in der Person des Arbeitnehmers** (§ 14 Abs. 1 Nr. 6 TzBfG) begründet ist (zB Wunsch des Arbeitnehmers). Hierzu wird vorgebracht, dass eine Mitteilung keinen Sinn mache, wenn der Arbeitnehmer besser als der Arbeitgeber wisse, wann das Arbeitsverhältnis ende (zB bei Befristung aus familiären Gründen). Insoweit sei der Anwendungsbereich des Abs. 2 teleologisch zu beschränken (*Hromadka* BB 2001, 674, 676; *Annuß/Thüsing-Maschmann* Rn 9; MHH-TzBfG/*Meinel* Rn 7; HaKo-KSchR/*Mestwerdt* Rn 10; MüKo-BGB/*Hesse* Rn 16; AR-*Schüren/Moskalew* Rn 12). *Boewer* (Rn 17) hält sogar § 15 Abs. 2 TzBfG für nicht einschlägig, da die objektive Zweckerreichung in der **Sphäre des Arbeitnehmers** liege. *Joussen* sieht in diesen Fällen in der Unterrichtung einen sinnentleerten Formalismus, wonach auf die objektive Zweckerreichung abzustellen sei und deshalb zunächst ein fehlerhaftes Arbeitsverhältnis begründet werde, das der Arbeitgeber jederzeit durch einseitige Erklärung beenden könne (HaKo-TzBfG/*Joussen* Rn 18 ff.). Dem ist entgegenzuhalten, dass § 15 Abs. 2 TzBfG der **Rechtssicherheit beider Arbeitsvertragsparteien** dient (zB im Fall der Gewährung einer Rente wegen Erwerbsminderung; *BAG* 15.3.2006 EzA § 21 TzBfG Nr. 1 m. zust. Anm. *Marschner* EzTöD 100 § 33 TVöD-AT Erwerbsminderungsrente Nr. 1) und deshalb selbst in diesen Fällen eine **Unterrichtung nicht überflüssig** ist (*Dörner* Befr. Arbeitsvertrag Rn 711; *Sievers* Rn 8; LS-*Schlachter* Rn 6; vgl. auch *BAG* 9.2.2011 EzA § 17

TzBfG Nr. 11, Rn 15; *LAG RhPf* 6.3.2012 – 3 Sa 639/11). Um bei Weiterbeschäftigung nachteilige Folgen aus § 15 Abs. 5 TzBfG zu vermeiden, muss der Arbeitgeber aber erst dann »unverzüglich« Widerspruch erheben, wenn er durch **entsprechende Mitteilung des Arbeitnehmers** Kenntnis von der Zweckerreichung oder dem Eintritt der auflösenden Bedingung erhalten hat (*Rolfs* Rn 13; diff. LS-*Schlachter* Rn 6). Damit löst sich der obige Meinungsstreit weitgehend.

3. Inhalt

Der Inhalt der Unterrichtung ergibt sich aus dem Sachzusammenhang der Regelung in § 15 Abs. 2 TzBfG. Es ist der **Zeitpunkt der Zweckerreichung** iSd Vertrages unter **genauer Angabe** des Tages oder des Zeitpunkts innerhalb des Tages mitzuteilen (zB durch Kennzeichnung der Schicht mitzuteilen, selbst wenn diese in den nächsten Tag hineinreicht, *ArbG Marburg* 10.3.2006 DB 2006, 785; vgl. auch *BAG* 15.5.2012 EzA § 15 TzBfG Nr. 4; s. a. Rdn 8, 27 aE). Ungefähre Angaben reichen nicht aus (*LAG RhPf* 8.12.2011 – 11 Ta 230/11, Rn 91; APS-*Backhaus* Rn 9; ErfK-*Müller-Glöge* Rn 3; *Dörner* Befr. Arbeitsvertrag Rn 712; MüKo-BGB/*Hesse* Rn 14; MünchArbR-*Wank* § 95 Rn 164). Verbleibende **Unklarheiten** gehen **zu Lasten des Arbeitgebers** (*Worzalla* FS Leinemann 2006, S. 417). Welcher Zweck erreicht worden ist, bleibt zu verdeutlichen, soweit dies nicht – wie im Regelfall – bereits der schriftlichen Befristungsabrede zu entnehmen ist (*BAG* 21.12.2005 EzA § 14 TzBfG Nr. 25; vgl. KR-*Lipke/Bubach* § 14 TzBfG Rdn 287; KR-*Bader/Kreutzberg-Kowalczyk* § 3 TzBfG Rdn 26). Darüber hinaus hat die Unterrichtung nicht mehr den, dem Arbeitnehmer bereits bekannten, Zweck zu beschreiben und ebenso wenig die Umstände der Zweckerreichung im Einzelnen nachvollziehbar darzulegen (*Annuß/Thüsing-Maschmann* Rn 6; Arnold/Gräfl-*Arnold* Rn 25 f.; LS-*Schlachter* Rn 10; aA DDZ-*Wroblewski* Rn 6, möglichst genaue Beschreibung der Zweckerreichung). Falsche Angaben zur Zweckerfüllung setzen die Zweiwochenfrist nicht in Gang. Bleibt bei einer zeitlich ungenauen Umschreibung der Zweckerreichung das Ende der Befristung offen (»innerhalb der nächsten Woche«), muss durch eine **inhaltlich korrekte erneute Unterrichtung** nachgebessert werden. Erst diese setzt die Zweiwochenfrist in Lauf und begrenzt mit Verstreichen der Frist mögliche **Annahmeverzugsansprüche** des Arbeitnehmers (s. Rdn 23; APS-*Backhaus* Rn 10 unter Bezugnahme auf *Sächs. LAG* 25.1.2008 EzAÜG § 14 TzBfG Nr. 3).

Abweichend davon wird vertreten, dass bei einem ungewissen, schwer bestimmbaren Endzeitpunkt dem **Arbeitgeber** bei der schriftlichen Unterrichtung ein gewisser **Beurteilungsspielraum** zuzubilligen sei (MHH-TzBfG/*Meinel* Rn 14 f., 20; HaKo-KSchR/*Mestwerdt* Rn 6, 12). Danach soll es genügen den Endzeitpunkt bei einem Projektabschluss, dem noch Nach- und Abschlussarbeiten folgen können, abzuschätzen. Dies wird in Abgrenzung zu § 15 Abs. 5 TzBfG als erlaubt angesehen, da nach tatsächlichem Erreichen des Zwecks zu einem anderen Zeitpunkt der Arbeitnehmer gem. Abs. 5 unverzüglich nochmals konkret zu unterrichten ist, um das Entstehen eines unbefristeten Arbeitsverhältnisses zu vermeiden (MHH-TzBfG/*Meinel* Rn 18 ff.). Während nach der hM ver- schärfte Anforderungen an die **Angaben nach Abs. 2** gestellt werden, die bei irrtümlichen Angaben mit einer wiederholten schriftlichen Mitteilung des Arbeitgebers nach Abs. 2 behoben werden können, wird von einer abweichenden Meinung die Korrektur in den Anwendungsbereich des Abs. 5 verschoben (APS-*Backhaus* Rn 10, 12).

Für die hM spricht jedoch, dass der **Arbeitnehmer** vorher **Gewissheit** haben muss, um die anlaufende **Klagefrist** nach § 17 S. 1 TzBfG frühzeitig bestimmen zu können (*BAG* 15.5.2012 EzA § 15 TzBfG Nr. 4, Rn 15; *Boewer* Rn 25; aA MHH-TzBfG/*Meinel* Rn 20, der darauf hinweist, dass die Klagefrist jedenfalls nicht vor dem vom Arbeitgeber mitgeteilten Zeitpunkt beginne). Die **Rechtmäßigkeit einer Zweckbefristung** kann vor der Unterrichtung über die Zweckerreichung nur im Wege einer allgemeinen **Feststellungsklage nach § 256 ZPO** gerichtlich überprüft werden (*BAG* 15.5.2012 EzA § 15 TzBfG Nr. 4; 24.2.2016 EzA § 620 BGB 2002 Hochschulen Nr. 16; 21.3.2017 EzA § 14 TzBfG Nr. 127; *P. Bruns* BB 2013, 3129). Die **Klagefrist** des § 17 TzBfG ist auch nicht anzuwenden für die Einhaltung der Auslauffrist des § 15 Abs. 2 TzBfG (*BAG* 12.8.2015 EzA § 15 TzBfG Nr. 5, Rn 33). Die dreiwöchige Klagefrist ist ansonsten nicht nur dann einzuhalten, wenn der ArbN geltend machen will, dass die Vereinbarung der **Zweckbefristung** bzw. der

auflösenden Bedingung unwirksam ist, sondern auch dann, wenn über den Eintritt des Zwecks bzw. der auflösenden Bedingung gestritten wird (*BAG* 10.12.2014 EzA § 21 TzBfG Nr 3, Rn 14). Zur Klagefrist s. Rdn 63.

4. Frist

29 Das Arbeitsverhältnis endet frühestens **zwei Wochen nach Zugang** der schriftlichen Unterrichtung, was für den Arbeitgeber bei kurzzeitigen Befristungen zu Problemen führen soll (*Schiefer* DB 2000, 2123) und dafürspricht, **kurzfristige Zweckbefristungen** nicht zu vereinbaren. Dieses arbeitgeberseitige Risiko steht aber im Einklang mit dem Einräumen einer Schutzfrist für den Arbeitnehmer, die im Vergleich zum früheren Rechtszustand kürzer und damit für den Arbeitgeber günstiger ist (ebenso *Dörner* Befr. Arbeitsvertrag Rn 720). Die Zweiwochenfrist kann außerdem **tarifvertraglich und auch arbeitsvertraglich verlängert** werden (s. Rdn 13 ff.). Für den **Zugang** der arbeitgeberseitigen Ankündigung nach § 15 Abs. 2 gelten die **§§ 130 ff. BGB**. Soweit man – wir hier vertreten – eine **E-Mail-Mitteilung** ausreichen lässt (s. Rdn 22), hat der Arbeitgeber sich tunlichst der Nachverfolgungsfunktion und der Lesebestätigung durch den Arbeitnehmer (zB bei Abwesenheit infolge krankheitsbedingter Arbeitsunfähigkeit) zu bedienen.

30 Für die Berechnung der Frist sind die **§§ 187 Abs. 2, 188 Abs. 2 BGB** einschlägig. Der Tag des Zugangs der Unterrichtung wird nicht mitgerechnet. Die Frist endet mit Ablauf des Tages der übernächsten Woche, der durch seine Bezeichnung dem Tag des Zugangs entspricht. Geht also die Unterrichtung an einem Donnerstag zu, endet das zweckbefristete Arbeitsverhältnis frühestens mit Ablauf des Donnerstags der übernächsten Woche (ErfK-*Müller-Glöge* Rn 3). **§ 193 BGB** kommt nicht zur Anwendung (*BAG* 27.7.2011 EzA § 17 TzBfG Nr. 14; *Sievers* Rn 12; ErfK-*Müller-Glöge* Rn 3; aA HaKo-TzBfG/*Joussen* Rn 37; Nichtanwendung führt zum Nachteil des Arbeitnehmers, der dann mit Fristablauf auch an Sonn-und Feiertagen rechnen müsste; vgl. dazu aber *BAG* 24.10.2013 EzA § 1 KSchG Nr. 65, zur Wartezeitberechnung).

III. Verhältnis zwischen § 15 Abs. 2 und Abs. 5

31 Bei nicht rechtzeitiger Unterrichtung über den Zeitpunkt der Zweckerreichung aufgrund der Regelung in § 15 Abs. 2 TzBfG besteht das Arbeitsverhältnis für die Dauer einer **Verlängerungsphase** fort (s. Rdn 10 ff.). Das bedeutet aber nicht, dass sich an das um die Verlängerungsphase hinausgeschobene Ende des Arbeitsverhältnisses über **§ 15 Abs. 5 TzBfG** eine Fortsetzung des Arbeitsverhältnisses anschließt. § 15 Abs. 5 TzBfG knüpft vielmehr, soweit er anwendbar ist (vgl. KR-*Krumbiegel* § 625 BGB Rdn 25 u. 30 mwN), ausdrücklich an den Zeitpunkt der **objektiven Zweckerreichung** oder des Eintritts der auflösenden Bedingung an (ErfK-*Müller-Glöge* Rn 25 ff.; Arnold/Gräfl-*Arnold* Rn 68; HaKo-KSchR/*Mestwerdt* Rn 14 f.; *Bader/Bader* [2014] § 620 BGB Rn 230), der sich aus § 15 Abs. 2 TzBfG ergibt (*Sievers* Rn 14 ff., 47 f.; MHH-TzBfG/*Meinel* Rn 31 f., 35). Damit soll sichergestellt werden, dass der Arbeitgeber trotz objektiver Zweckerreichung das Ende des befristeten Arbeitsverhältnisses nicht beliebig hinausschieben kann (s. Rdn 10 ff.; BT-Drucks. 14/4374 S. 21; *Annuß/Thüsing-Maschmann* Rn 22; *Boewer* Rn 13; HWK-*Rennpferdt* Rn 17, 20).

32 Das **Ende der Vertragszeit** iSd Abs. 2 ist **nicht mit dem Ende des Arbeitsverhältnisses** iSd Abs. 5 **gleichzusetzen**, denn § 15 Abs. 5 TzBfG setzt bei der Zweckbefristung den **tatsächlichen Eintritt des vertraglich vereinbarten Zwecks** und bei der auflösenden Bedingung den **tatsächlichen Bedingungseintritt** voraus. Das Ende der Vertragszeit kann sich dagegen – unabhängig von der Zweckerfüllung – infolge von Fehlern bei der Unterrichtung nach Abs. 2 verzögern, ohne dass es automatisch zu einem unbefristeten Arbeitsverhältnis nach Abs. 5 kommt (vgl. *ArbG Kiel* 12.2.2004 – 1 Ca 3114c/03; *LAG Hamm* 3.11.2005 – 11 Sa 98/05, jeweils zur zulässigen **Doppelbefristung**; HaKo-KSchR/*Mestwerdt* Rn 13 ff.), zumal dem ein **Widerspruch** des Arbeitgebers entgegenstehen kann (*BAG* 5.5.2004 EzA § 15 TzBfG Nr. 1 bei vorherigem Angebot eines befristeten Anschlussvertrages; *Schaub/Koch* § 38 Rn 46). Ob ein Widerspruch vorliegt, ist ggf. durch Auslegung der hierzu abgegebenen Willenserklärungen nach **§ 133 BGB** zu ermitteln (*BAG* 22.7.2014 EzA § 611 BGB 2002 Beschäftigungspflicht Nr. 3, Rn 16, 25). Ein unbefristetes Arbeitsverhältnis kann

deshalb nur unter den Voraussetzungen des Abs. 5 entstehen, wenn es **ohne unverzügliche Mitteilung zur Zweckerreichung mit Wissen des Arbeitgebers tatsächlich fortgeführt** wird (s. Rdn 23 und Rdn 61).

Erfolgt die Unterrichtung so, dass das Beendigungsereignis noch vor Ablauf der Zweiwochenfrist 33 liegt, kann die in **Abs. 2** vorgesehene Verlängerung nicht zugleich die unbefristete Verlängerung nach Abs. 5 bewirken (APS-*Backhaus* Rn 77; LS-*Schlachter* Rn 14). In diesem Fall geht **§ 15 Abs. 2 dem § 15 Abs. 5 TzBfG vor** (ErfK-*Müller-Glöge* Rn 30; LS-*Schlachter* Rn 27). Die Rechtsfolge des § 15 Abs. 5 TzBfG kann für den Arbeitnehmer deshalb nur durch das fortgesetzte Erbringen der Arbeitsleistung **nach Eintritt der objektiven Zweckerreichung und Ablauf der Mitteilungsfrist** eintreten (*BAG* 29.6.2011 EzA § 15 TzBfG Nr. 3, Rn 26; 18.10.2006 FA 2007, 141; *LAG Bln.* 28.3.2006 ZTR 2006, 551; vgl. auch *BAG* 2.12.1998 EzA § 625 BGB Nr. 4; HaKo-TzBfG/*Joussen* Rn 88 f.).

Die Regelung des § 15 Abs. 5 TzBfG beruht auf der Erwägung, die Fortsetzung der Arbeitsleis- 34 tung durch den Arbeitnehmer mit Wissen des Arbeitgebers sei im Regelfall der Ausdruck eines stillschweigenden Willens der Parteien zur Verlängerung des Arbeitsverhältnisses (*BAG* 22.7.2014 EzA § 611 BGB 2002 Beschäftigungspflicht Nr. 3, Rn 25; 29.6.2011 EzA § 15 TzBfG Nr. 3). Die **unterschiedlichen Mitteilungspflichten nach Abs. 2 und Abs. 5** sind deshalb **sauber voneinander zu trennen**, auch wenn sie von den Rechtsfolgen her miteinander verknüpft sind (abw. wohl HaKo-KSchR/*Mestwerdt* Rn 38, der keine Unterschiede zwischen den Mitteilungspflichten nach Abs. 2 und 5 erkennen will). Eine zulässige **Doppelbefristung** führt nach der Rspr. des BAG dazu, dass die **Fiktionswirkung nur auf die nächste Stufe** (zeitliche Höchstbefristung) führt, also auf den befristeten Fortbestand des Arbeitsverhältnisses **beschränkt bleibt**, auch wenn der Arbeitnehmer nach Zweckerreichung oder Eintritt der auflösenden Bedingung noch weiterbeschäftigt wurde (*BAG* 29.6.2011 EzA § 15 TzBfG Nr. 3; 14.6.2017 EzA § 108 BPersVG Nr. 11; *P. Bruns* BB 2013, 3129 f.). Näher dazu s. Rdn 52 ff.

E. Möglichkeit der ordentlichen Kündigung (Abs. 3)

Ein wirksam befristetes oder auflösend bedingtes (§§ 21, 15 Abs. 3 TzBfG) Arbeitsverhältnis ist **im** 35 **Regelfall nicht ordentlich** kündbar. Dies ergab sich bereits bisher im Wege der Ableitung aus § 620 BGB Abs. 1 und 2 (*BAG* 19.6.1980 EzA § 620 BGB Nr. 47; 4.7.2001 EzA § 620 BGB Kündigung Nr. 4) und ist nun ausdrücklich gesetzlich in § 15 Abs. 3 TzBfG niedergelegt (ErfK-*Müller-Glöge* Rn 10; LS-*Schlachter* Rn 15). **Ausnahmen** sieht die Vorschrift nicht vor. Das trifft auch auf **Verträge mit Altersgrenzen** zu. Hierzu bedarf es einer im Arbeitsvertrag geschlossenen Vereinbarung oder eines arbeitsvertraglichen Bezugs auf einen Tarifvertrag (*BAG* 21.11.2013 EzA § 611 BGB 2002 Kirchliche Arbeitnehmer Nr. 28 zu § 30 Abs. 1 KAVO EKD; 23.4.2009 EzA § 16 TzBfG Nr. 1); **zur möglichen ordentlichen Kündigung** (APS-*Backhaus* Rn 25; *Dörner* Befr. Arbeitsvertrag Rn 724; MüKo-BGB/*Hesse* Rn 28; *Annuß/Thüsing-Maschmann* Rn 10; aA *Rolfs* Anm. AP Nr. 20 zu § 620 BGB Altersgrenze; *Persch* NZA 2010, 77, 80; ErfK-*Müller-Glöge* Rn 11; *Schaub/Koch* § 38 Rn 42; *Bauer* NZA 2011, 241, 248; *Schiefer* DB 1220, 1223, die im Wege teleologischer Reduktion oder ergänzender Auslegung von § 15 Abs. 3 TzBfG der Altersgrenzenvereinbarung zur Kündbarkeit gelangen). Zur Kündigungsmöglichkeit für den Arbeitnehmer vgl. Rdn 47 ff. zu § 15 Abs. 4 TzBfG. Fehlt es an einer, den Erfordernissen des § 15 Abs. 3 TzBfG entsprechenden Vereinbarung und kündigt der Arbeitgeber gleichwohl während des Laufs der Befristung das Arbeitsverhältnis, so muss sich der Arbeitnehmer dagegen innerhalb der **Klagefrist des § 4 KSchG** zur Wehr setzen; ansonsten ist die Kündigung nach § 7 KSchG rechtswirksam (*BAG* 22.7.2010 EzA § 4 nF KSchG Nr. 89, Rn 9 ff.). In einem solchen Fall geht es nicht um die Einhaltung einer Kündigungsfrist, sondern um die **Wirksamkeit der Kündigung**.

Eine § 15 Abs. 3 TzBfG vorgehende **Spezialregelung** ist dagegen § 113 InsO, wonach im befriste- 36 ten Arbeitsverhältnis unabhängig von arbeitsvertraglichen oder tariflichen Regelungen die ordentliche Kündigung mit Dreimonatsfrist erlaubt bleibt (*BAG* 6.7.2000 EzA § 113 InsO Nr. 11; MHH-TzBfG/*Meinel* Rn 42; *Boewer* Rn 45; vgl. auch *BAG* 10.4.2008 EzA § 55 InsO Nr. 16, wonach

§ 15 TzBfG Ende des befristeten Arbeitsvertrages

der Insolvenzverwalter sich durch wissentliche Weiterarbeit des Arbeitnehmers bindet). Als weitere Spezialregelungen treten §§ 21 Abs. 4 BEEG, 6 Abs. 3 PflegeZG und § 9 Abs. 5 FPfZG hinzu, die ebenfalls unter bestimmten Umständen von Gesetzes wegen eine Kündigung erlauben (ErfK-*Müller-Glöge* Rn 10a). Schließlich ist in diesem Zusammenhang § 16 S. 2 TzBfG zu nennen, der im Fall der nicht eingehaltenen Schriftform eine **ordentliche Kündigung erlaubt**, selbst wenn dies arbeitsvertraglich nicht vorgesehen war (*BAG* 23.4.2009 EzA § 16 TzBfG Nr. 1, Rn 18). Näher KR-*Lipke/Bubach* § 16 TzBfG Rdn 16 ff.

37 Die Vorschrift lässt jedoch dann die **ordentliche Kündigung** mit den jeweils anwendbaren Kündigungsfristen zu, wenn dies **einzelvertraglich** oder **im anwendbaren Tarifvertrag** (*BAG* 18.9.2003 AuR 2004, 77) vorgesehen ist. Dazu ist erforderlich, dass tarifvertraglich ausdrücklich eine Kündigung für den Fall der Befristung des Arbeitsverhältnisses oder der Befristung von Arbeitsbedingungen zugelassen ist (*BAG* 21.11.2013 EzA § 611 BGB 2002 Kirchliche Arbeitnehmer Nr. 28, auch für kirchliche Arbeitsrechtsregelungen; *LAG* München 13.3.2005 – 10 Sa 1115/04; *ArbG Bonn* 9.2.2017 – 3 Ca 2158/16; Arnold/Gräfl-*Arnold* Rn 50). Ist dem so, bleibt die arbeitsvertraglich in Bezug genommene tarifvertragliche Kündigungsmöglichkeit auch erhalten, wenn es zu einer Verlängerung der Befristung kommt (*LAG Hamm* 31.10.2006 NZA-RR 2007, 243). Eine Inhaltskontrolle der **tariflich zugelassenen Kündigungsmöglichkeit** findet dann mit Rücksicht auf §§ 310 Abs. 4, 307 Abs. 1 BGB nicht statt (*BAG* 28.6.2007 EzA § 310 BGB 2002 Nr. 5). Wird in einem vom Arbeitgeber **vorformulierten** befristeten **Arbeitsvertrag** zusätzlich noch ein Recht zur ordentlichen Kündigung ausbedungen, kann darin **keine unangemessene Benachteiligung des Arbeitnehmers iSv § 307 Abs. 2 Nr. 1 BGB** erblickt werden. Denn der Verwender und Arbeitgeber nimmt damit nur eine Option wahr, die das Gesetz in § 15 Abs. 3 TzBfG ausdrücklich vorsieht (*LAG MV* 1.11.2011 – 5 Sa 67/11, unter Bezug auf *BAG* 28.5.2009 EzA § 307 BGB 2002 Nr. 45).

38 Nach dem klaren Wortlaut der Bestimmung können Regelungen in **Betriebsvereinbarungen** hierzu keine Grundlage schaffen, es sei denn diese normativen Bestimmungen sind einzelvertraglich übernommen worden (*Dörner* Befr. Arbeitsvertrag Rn 727; *Annuß/Thüsing-Maschmann*, Rn 10; *Hromadka* BB 2001, 675 f.; APS-*Backhaus* Rn 20). Da ansonsten vom gesetzlichen Regelfall des Ausschlusses der ordentlichen Kündigung auszugehen ist, macht eine hierzu nach § 22 Abs. 1 TzBfG getroffene einzelvertragliche Vereinbarung wenig Sinn. Sie kann nur als **tarifliche Regelung** Bedeutung gewinnen, wenn sie über § 4 Abs. 3 TVG einzelvertragliche **Vereinbarungen zu einer ordentlichen Kündigungsmöglichkeit nach § 15 Abs. 3 TzBfG** sperrt. Dies ist bspw. der Fall, wenn zu einer **tarifvertraglich** vorgesehenen befristeten Anschlussbeschäftigung nach Ausbildungsabschluss die **ordentliche Kündigung** für die Dauer dieses auf mindestens zwölf Monate befristeten Arbeitsverhältnisses **ausgeschlossen** wird (*BAG* 6.7.2006 EzA § 4 TVG Metallindustrie Nr. 133, zu § 8 TV Beschäftigungsbrücke in der Metall- und Elektroindustrie NRW).

39 Eine **einseitige Kündigungsmöglichkeit** nur für den Arbeitgeber zu vereinbaren, scheitert am Rechtsgedanken des § 622 Abs. 6 BGB (*LAG Köln* 29.1.2016 LAGE § 15 TzBfG Nr. 12; DDZ-*Wroblewski* Rn 13; APS-*Backhaus* Rn 21; MüKo-BGB/*Hesse* Rn 30; vgl. auch *BAG* 2.3.2004 EzA § 87 BetrVG 2001 Betriebliche Lohngestaltung Nr. 4). Der umgekehrte Fall, nämlich die Kündigung nur dem Arbeitnehmer zu ermöglichen, erscheint denkbar, wenngleich kaum praktisch. Dabei ist zu erinnern, dass – bezogen auf die Vereinbarung von **Altersgrenzen** – alle Arbeitsverhältnisse **befristet und kündbar** iSv **§ 15 Abs. 3 TzBfG** sind. Tarifvertragliche oder einzelvertragliche **Altersgrenzen** begegnen bei entsprechender Ausgestaltung keinen Bedenken (KR-*Lipke/Bubach* § 14 TzBfG Rdn 412 ff.; näher dazu APS-*Backhaus* Rn 25). Die daran anknüpfende Kündbarkeit innerhalb der langen Vertragslaufzeit ist mit § 15 Abs. 3 vereinbar; Befristungsabreden als solche unterliegen nicht der Angemessenheitskontrolle des § 307 Abs. 1 S. 1, Abs. 2 BGB (*BAG* 27.7.2005 EzA § 620 BGB Altersgrenze Nr. 6).

40 Die **einzelvertragliche Vereinbarung** einer Kündigungsmöglichkeit ist anders als die Befristungsabrede (§ 14 Abs. 4 TzBfG) **nicht formgebunden**, kann also auch mündlich abgeschlossen werden, wenngleich dies Beweisprobleme mit sich bringen kann (*Hess. LAG* 30.4.2008 – 18 Sa 1500/07; *Annuß/Thüsing-Maschmann* Rn 10; *Dörner* Befr. Arbeitsvertrag Rn 728; AnwaltKomm-*Worzalla*

Rn 10). »Einzelvertraglich« ist so zu verstehen, dass es sich um eine Individualvereinbarung handeln muss. Darunter fällt auch die **formularmäßige Vorgabe** im Arbeitsvertrag durch den Arbeitgeber (*BAG* 4.8.2011 EzA § 305c BGB 2002 Nr. 19; *LAG RhPf* 22.3.2013 LAGE § 15 TzBfG Nr. 9; *Kossens* jurisPR-ArbR 27/2013 Anm. 1). Die einzelvertragliche Vereinbarung ist ferner nicht daran gebunden, dass dafür gewichtige Arbeitgeberinteressen stehen, denn hierzu gibt es keine Anhaltspunkte im Gesetz (*Dörner* Befr. Arbeitsvertrag Rn 726; HaKo-KSchR/*Mestwerdt* Rn 18). Schließlich geht dem Arbeitnehmer im Rahmen seiner Befristung der gesetzliche **Kündigungsschutz** nicht verloren.

Die Möglichkeit zur Kündigung muss jedoch **klar vereinbart** sein (*Dörner* Befr. Arbeitsvertrag 41 Rn 726; APS-*Backhaus* Rn 22; *Staudinger/Preis* [2019] § 620 BGB Rn 231; aA *Rolfs* Anm. AP Nr. 20 zu § 620 BGB Altersgrenze; *Persch* NZA 2010, 77, 80; ErfK-*Müller-Glöge* Rn 11; *Bauer* NZA 2011, 241, 248; *Schiefer* DB 2011, 1223, die zB im Fall einer vereinbarten Altersgrenze im Wege der Auslegung nach §§ 133, 157 BGB davon ausgehen wollen, dass stillschweigend die gesetzlichen Kündigungsregelungen nach § 622 BGB zwischen den Parteien vereinbart worden sind). Es muss also entweder eine **ausdrückliche Abrede** vorliegen (*BAG* 25.2.1998 EzA § 620 BGB Kündigung Nr. 1: Auslegung der Vereinbarung), oder der dahingehende beiderseitige Wille muss aus den Umständen **eindeutig erkennbar** sein (*BAG* 4.7.2001 EzA § 620 BGB Kündigung Nr. 4, Rn 26; HWK-*Rennpferdt* Rn 24). Dies galt schon bisher (APS-*Backhaus* 1. Aufl. § 620 BGB Rn 154; *Lipke* KR, 5. Aufl. § 620 BGB Rn 43, beide mwN). Die Vereinbarung einer ordentlichen Kündigungsmöglichkeit in einem mit Sachgrund befristeten Arbeitsvertrag bedarf im **Fall einer späteren Vertragsänderung zur Arbeitszeit** mit entsprechender Vergütungsänderung keiner Wiederholung (*LAG MV* 11.3.2015 LAGE § 15 TzBfG Nr. 10; Anmerkung 2 *Kossens* jurisPR-ArbR 19/2015). Enthält ein **Formulararbeitsvertrag** die Regelung, das Arbeitsverhältnis sei »**gemäß den gesetzlichen Regelungen kündbar**«, kann davon ausgegangen werden, dass die Parteien die ordentliche Kündbarkeit des befristeten Arbeitsverhältnisses einzelvertraglich iSd § 15 Abs. 3 TzBfG vereinbart haben (*LAG RhPf* 22.3.2013 LAGE § 15 TzBfG Nr. 9). Ist in einem befristeten Formulararbeitsvertrag geregelt, dass der Vertrag nach Ablauf der Probezeit beiderseits mit einer Frist von zwei Wochen zur Monatsmitte oder zum Monatsende kündbar ist, so folgt aus der Unwirksamkeit der **zu kurzen Kündigungsfrist** nach § 134 BGB nicht zugleich auch die Unwirksamkeit der Möglichkeit zur ordentlichen Kündigung (*LAG RhPf* 14.3.2017 NZA-RR 2018, 22 in Anwendung des blue-pencil Tests; *Glatzel* NZA-RR 2018, 24). Ob es dagegen bereits ausreicht, dass im Vertrag die Umdeutung einer unwirksamen fristlosen Kündigung in eine fristgerechte Kündigung vorgesehen ist, erscheint im Blick auf § 2 Abs. 1 Nr. 9 NachwG fragwürdig (so aber *LAG RhPf* 10.4.2008 – 2 Sa 776/07; AR-*Schüren/Moskalew* Rn 15). Ein auf das Ableben eines Pfleglings zweckbefristetes Arbeitsverhältnis (drei Monate nach dem Tod der Betreuungsperson) ist jedenfalls ohne einen entsprechenden **Vorbehalt** nicht ordentlich kündbar (*LAG Bln.* 23.5.2003 MDR 2003, 1425).

Aus dem Abschluss eines **befristeten Probearbeitsverhältnisses allein** kann nicht gefolgert wer- 42 den, dass hiermit eine ordentliche Kündigungsmöglichkeit verbunden ist (hM zum früheren Rechtszustand, *Staudinger/Preis* [2019] § 622 Rn 37 mwN; ähnlich *BAG* 7.8.1980 EzA § 611 BGB Probearbeitsverhältnis Nr. 4). Etwas anderes kann sich indessen daraus ergeben, dass ein auf zwei Jahre befristet angelegtes Arbeitsverhältnis mit einer sechsmonatigen Probezeit beginnen soll. Dann lässt sich aus dieser **Verknüpfung von Befristung und Probezeit** auf den Willen der Vertragsparteien schließen, das befristete Arbeitsverhältnis während der Probezeit kündigen zu können (*BAG* 4.7.2001 EzA § 620 BGB Kündigung Nr. 4 zu einem Formulararbeitsvertrag unter Bezug auf § 5 BAT-O; *LAG* Hamm 31.10.2006 NZA-RR 2007, 243; ErfK-*Müller-Glöge* Rn 12; HWK-*Rennpferdt* Rn 26; HaKo-TzBfG/*Joussen* Rn 56; Arnold/Gräfl-*Arnold* Rn 46). Anderenfalls hätte die Probezeitvereinbarung nahezu keinen relevanten Inhalt. Dagegen wendet *Backhaus* ein, dass gerade in der Verabredung einer festen Bewährungszeit der Sinn liege eine ordentliche Kündigung vor Fristablauf auszuschließen, es sei denn es wäre ausdrücklich nach § 15 Abs. 3 TzBfG etwas anderes vereinbart (APS-*Backhaus* Rn 24). Diese Bedenken haben Gewicht. Jenseits der vorgeschalteten Probezeit reicht es dagegen für die Vereinbarung der ordentlichen Kündigungsmöglichkeit aus, wenn in einem **Formulararbeitsvertrag** die Regelung »Für die Kündigung des Arbeitsverhältnisses – nach Ablauf der Probezeit – gilt die gesetzliche Kündigungsfrist« angekreuzt ist (*BAG* 4.8.2011 EzA § 305c BGB 2002 Nr. 19, Rn 14 f.).

43 Soweit es um eine **Regelung im Tarifvertrag** geht, muss es sich nach dem Wortlaut der Vorschrift um einen **anwendbaren Tarifvertrag** handeln. Der Tarifvertrag muss danach also seinem fachlichen, räumlichen und persönlichen Geltungsbereich nach anwendbar sein, und es muss sich um den aktuell geltenden Tarifvertrag handeln. Zudem muss beiderseitige Tarifbindung vorliegen (§ 4 Abs. 1 TVG), oder der Tarifvertrag muss für **allgemeinverbindlich** erklärt sein (§ 5 Abs. 4 TVG). Die Frage ist, ob damit eine **einzelvertragliche Bezugnahme** auf einen **nicht einschlägigen Tarifvertrag** (außerhalb seines Geltungsbereichs) ausgeschlossen ist. Zwar bleibt eine solche Bezugnahme eine einzelvertragliche Regelung; **§ 22 Abs. 2 TzBfG** mit seinen privilegierenden Bestimmungen für den öffentlichen Dienst könnte jedoch den Ausschluss nahelegen (zu dieser Vorschrift KR-*Bader/Kreutzberg-Kowalczyk* § 22 TzBfG Rdn 10 ff.).

44 Die Begründung des Gesetzentwurfs zu § 22 Abs. 2 TzBfG ergibt freilich, dass lediglich die Übernahme von § 6 Abs. 2 BeschFG 1996 beabsichtigt war (BT-Drucks. 14/4374 S. 20); offenbar ist dabei die Abstimmung mit § 15 Abs. 3 TzBfG übersehen worden. Deshalb lässt sich der Systematik und dem Zweck des Gesetzes nicht entnehmen, dass die **einzelvertragliche Bezugnahme** auf einen **fachfremden Tarifvertrag** im Rahmen des § 15 Abs. 3 TzBfG über § 22 Abs. 2 TzBfG ausgeschlossen werden soll (*Bader/Bader* [2014] § 620 BGB Rn 25; *Dörner* Befr. Arbeitsvertrag Rn 729; *Staudinger/Preis* [2019] § 620 BGB Rn 231; LS-*Schlachter* Rn 18; HaKo-KSchR/*Mestwerdt* Rn 20, die alle insoweit von einem gesetzgeberischen Redaktionsversehen ausgehen; *Rolfs* Rn 21, der hierfür die nach § 15 Abs. 3 TzBfG unbeschränkte Vertragsfreiheit anführt; ErfK-*Müller-Glöge* Rn 10a, der insoweit in § 15 Abs. 3 TzBfG nur eine gesetzliche Auslegungsregel, nicht aber ein zwingendes Arbeitnehmerschutzrecht erkennt; aA DDZ-*Wroblewski* Rn 14; *Boewer* Rn 44, *Lakies* Befr. Arbeitsverträge Rn 57, *Schaub/Koch* § 38 Rn 42, die eine Bezugnahme nur auf den »anwendbaren« einschlägigen Tarifvertrag zulassen wollen). Im Ergebnis kann deshalb nach hier vertretener Ansicht auch ein **nicht einschlägiger Tarifvertrag** in Bezug genommen werden, der eine ordentliche Kündigung während der Befristung eröffnet (hM; *BAG* 18.9.2003 EzBAT SR 2y Nr. 115; HaKo-TzBfG/*Joussen* Rn 59; LS-*Schlachter* Rn 18; *Sievers* Rn 35; Arnold/Gräfl-*Arnold* Rn 50; MHH-TzBfG/*Meinel* Rn 40; HaKo-KSchR/*Mestwerdt* Rn 20; MüKo-BGB/*Hesse* Rn 31; AR-*Schüren/Moskalew* Rn 15).

45 Mit dem seit 1. Oktober 2005 geltenden **§ 30 TVöD** sind im **öffentlichen Dienst** die Regeln des TzBfG verbindlich (§ 30 Abs. 1 TVöD). Allerdings sehen die Absätze 4 und 5 abweichende Bestimmungen zur Kündigung während und nach der Probezeit vor (*Görg/Guth/Hamer/Pieper-Guth* TVöD § 30 Rn 38). Näheres KR-*Bader/Kreutzberg-Kowalczyk* § 22 TzBfG Rdn 10 ff. und Erl. zu § 30 TVöD.

F. Möglichkeit der außerordentlichen Kündigung

46 Das Recht auf eine außerordentliche Kündigung (**§ 626 BGB**) steht beiden Vertragsparteien während der Dauer des wirksam befristeten Arbeitsverhältnisses zu. § 15 Abs. 3 TzBfG schränkt dieses Recht nicht ein (BT-Drucks. 14/4374 S. 20; vgl. Erl. zu § 620 BGB Rdn 66; Erl. zu § 626 BGB Rdn 64; ErfK-*Müller-Glöge* Rn 10; APS-*Backhaus* Rn 18). Eine **außerordentliche Kündigung** aus wichtigem Grund (§ 626 BGB) ist im befristeten Arbeitsverhältnis immer möglich, da Unzumutbares von niemandem verlangt werden kann (*Annuß/Thüsing-Maschmann* Rn 11; MHH-TzBfG/*Meinel* Rn 39) und der Grund hier in der Person oder im Verhalten des Arbeitnehmers liegen muss. Fragwürdig ist, ob eine außerordentliche **betriebsbedingte Kündigung** nicht ausgeschlossen bleiben muss, da die »Störquelle« hierbei in der Sphäre des Arbeitgebers liegt und ein befristetes Arbeitsverhältnis nur im Ausnahmefall nach Abs. 3 ordentlich gekündigt werden darf (zutr. APS-*Backhaus* Rn 18; vgl. auch *BAG* 24.1.2013 EzTöD 100 § 34 Abs. 2 TVöD-AT Betriebsbedingte Kündigung Nr. 4 Rn 22, 24). Zu den Besonderheiten im Fall der **Insolvenz** s. Rdn 35.

G. Kündigungsmöglichkeit bei langfristiger Bindung (Abs. 4)

Die Vorschrift übernimmt als **Spezialregelung für befristete Arbeitsverhältnisse** inhaltlich unverändert die Regelung des **§ 624 BGB**. § 15 Abs. 4 TzBfG setzt voraus, dass der Arbeitsvertrag **von vornherein** für mehr als fünf Jahre oder auf Lebenszeit einer Person (s. Rdn 50) abgeschlossen worden ist (*Sievers* Rn 41 f.). Zweck der Vorschrift ist es, den **Arbeitnehmer** vor einer übermäßigen Beschränkung seiner **Kündigungsfreiheit** durch eine zu lange vertragliche Bindung zu bewahren und damit die Freiheit der Berufswahl nach **Art. 12 Abs. 1 GG** zu sichern (*BAG* 26.10.2017 NZA 2018, 297; 25.4.2013 EzA § 138 BGB 2002 Nr. 10, Rn 32; 6.10.2005 EzA § 626 BGB 2002 Nr. 14; 24.10.1996 EzA Art 12 GG Nr. 29, jeweils mwN; *Dörner* Befr. Arbeitsvertrag Rn 734; LS-*Schlachter* Rn 20; AR-*Schüren/Moskalew* Rn 18; abw. APS-*Backhaus* Rn 30, der die mögliche fünfjährige Bindungsfrist gemessen an der am Arbeitsmarkt immer stärker geforderten Flexibilität für bedenklich hält). Es handelt sich also um eine **Schutznorm für den Arbeitnehmer**, nicht für den Arbeitgeber. Soweit der Anwendungsbereich des § 15 Abs. 4 TzBfG reicht, kommt § 624 BGB nicht mehr zum Tragen (*BAG* 6.10.2005 EzA § 626 BGB 2002 Nr. 14; vgl. Erl. zu § 624 BGB Rdn 4). § 624 BGB bleibt jedoch im Übrigen anwendbar für alle **Dienstverhältnisse**, die nicht Arbeitsverhältnisse sind (BT-Drucks. 14/4374 S. 20) und damit auch für Dienstverhältnisse **arbeitnehmerähnlicher Personen** (vgl. KR-*Krumbiegel* § 624 BGB Rdn 5 bzgl. **arbeitnehmerähnlicher Handelsvertreter** und § 624 BGB Rdn 6 hinsichtlich **dienstvertragsähnlicher Verhältnisse**). 47

Die Obergrenze einer fünfjährigen Beschäftigungsdauer ohne Kündigungsrecht kann auch durch **einseitige Verlängerungsoptionen** des Arbeitgebers zB im Bereich des **Berufssports** überschritten werden (MHH-TzBfG/*Meinel* Rn 47; vgl. *BAG* 25.4.2013 EzA § 138 BGB 2002 Nr. 10, Rn 32; *LAG Köln* 20.11.1998 LAGE § 611 BGB Berufssport Nr. 11; *LAG Hamm* 10.6.1998 LAGE Nr. 9 zu § 611 BGB Berufssport). Die **Sonderrolle** der **Sachgrundbefristung** »wegen Eigenart der Arbeitsleistung« hat das BAG im Fall eines Lizenzspielers der Bundesliga bestätigt (*BAG* 16.1.2018 – 7 AZR 312/16), was auch Niederschlag im **Koalitionsvertrag CDU/CSU/SPD vom 12.3.2018** gefunden hat. Näher dazu KR-*Lipke/Bubach* § 14 TzBfG Rdn 334 ff. Ansonsten ist aber für die gesetzliche Begrenzung der Bindungsdauer **unerheblich**, um **welche Art der Arbeitsleistung** es sich handelt. Es gibt also keine Ausnahmen für Tätigkeiten im **wissenschaftlichen oder künstlerischen Bereich**; ebenso wenig für Hilfstätigkeiten im Haushalt (APS-*Backhaus* Rn 31). Schließt sich nach Ablauf des fünfjährigen Arbeitsvertrages sogleich ein **weiterer Arbeitsvertrag** an, der bereits vor Ablauf der Fünfjahresfrist geschlossen wurde, liegt eine **Umgehung** des § 15 Abs. 4 TzBfG nahe (*Dörner* Befr. Arbeitsvertrag Rn 737; Arnold/Gräfl-*Arnold* Rn 60; *Sievers* Rn 43; LS-*Schlachter* Rn 22, ErfK-*Müller-Glöge* Rn 20, kritische Grenze ein Jahr vor Ablauf der Fünfjahresfrist). Bleibt für den Arbeitnehmer im Fall einer **Verlängerungsklausel** über weitere fünf Jahre vor Ablauf der ersten fünf Jahre eine Kündigungsmöglichkeit offen, so ist § 15 Abs. 4 TzBfG nicht einschlägig und Art 12 GG nicht verletzt (so Staudinger/*Preis* [2019] § 624 BGB Rn 21; MüKo-BGB/*Hesse* Rn 39 f.; aA *LAG Hamm* 22.4.1991 LAGE § 624 BGB Nr. 1; APS-*Backhaus* Rn 49 f.). § 15 Abs. 4 TzBfG findet somit keine Anwendung, wenn mehrere Arbeitsverträge über jeweils fünf Jahre geschlossen werden. Näher KR-*Krumbiegel* § 624 BGB Rdn 23 f. 48

Die Vorschrift erfasst auch **Zweckbefristungen**, soweit die Zweckerreichung nicht binnen einer fünfjährigen Dauer des Arbeitsverhältnisses eintritt (MHH-TzBfG/*Meinel* Rn 44; Staudinger/*Preis* 624 [2019] BGB Rn 18; auch für auflösende Bedingungen, soweit diese vor Ablauf von fünf Jahren eintreten). § 21 TzBfG als abschließende Sonderregelung – insoweit wird nicht auf Abs. 4 verwiesen – gebietet es, § 624 BGB auf **auflösend bedingte Arbeitsverträge** nicht anzuwenden (*Dörner* Befr. Arbeitsvertrag Rn 736; LS-*Schlachter* Rn 19; HaKo-TzBfG/*Joussen* Rn 66; HaKo-KSchR/*Mestwerdt* Rn 21; aA wohl ErfK-*Müller-Glöge* Rn 19 unter Hinw. auf den Normzweck; APS-*Backhaus* § 21 TzBfG Rn 33). 49

Die Begründung des Gesetzentwurfs (BT-Drucks. 14/4374 S. 20) führt ausdrücklich auf, dass es zulässig ist das Arbeitsverhältnis für die Dauer der **Lebenszeit einer dritten Person** einzugehen (vgl. KR-*Krumbiegel* § 624 BGB Rdn 9; *Boewer* Rn 50; APS-*Backhaus* Rn 33; *Dörner* Befr. Arbeitsvertrag Rn 735; s. Rdn 41). Nach Abs. 4 kann es sich also tatbestandsmäßig bei der Person neben 50 dem Arbeitnehmer und dem Arbeitgeber ebenso um einen Dritten, zB eine **zu betreuende Person handeln** (*BAG* 25.3.2004 EzA § 626 BGB 2002 Unkündbarkeit Nr. 3). Bei Abschluss eines solchen Vertrages ist die **Formvorschrift des** § 14 Abs. 4 einzuhalten (HaKo-TzBfG/*Joussen* Rn 64; rechtstechnisch handelt es sich um eine Zweckbefristung), dh der **Personenbezug ist Bestandteil der Befristungsabrede.** Die Vereinbarung einer »Lebensstellung« ist dem nicht gleichzusetzen, da entweder damit einer unverbindlichen Hoffnung Ausdruck verliehen wird (ErfK-*Müller-Glöge* Rn 18; MüKo-BGB/*Hesse* Rn 37) oder damit ein zeitlicher Ausschluss der ordentlichen Kündigung oder bestimmter Kündigungsgründe verbunden sein kann (LS-*Schlachter* Rn 21; APS-*Backhaus* Rn 36 f.), der allein die Kündigungsfreiheit des Arbeitgebers beschränkt.

51 Die **Kündigungsberechtigung** aus Abs. 4 steht **allein dem Arbeitnehmer** zu (HWK-*Rennpferdt* Rn 33; ErfK-*Müller-Glöge* Rn 14; LS-*Schlachter* Rn 23). Die besondere **sechsmonatige Kündigungsfrist** verdrängt die Fristen nach § 622 BGB; sie kann auf Grund der Regelung in § 22 Abs. 1 TzBfG **weder abbedungen noch verlängert werden** (BT-Drucks. 14/4374 S. 20; *Annuß/Thüsing-Maschmann* Rn 12, einseitig zwingende Regelung). Es können aber kürzere Kündigungsfristen zwischen den Parteien vereinbart werden (MHH-TzBfG/*Meinel* Rn 49; ErfK-*Müller-Glöge* Rn 23; HaKo-KSchR/*Mestwerdt* Rn 23; MüKo-BGB/*Hesse* Rn 43). Eine schriftliche Kündigung gem. Abs. 4 kann erst **nach Ablauf von fünf Jahren** ausgesprochen werden (*BAG* 19.12.1991 EzA § 624 BGB Nr. 1), sodass im Regelfall das Arbeitsverhältnis dann fünf Jahre, sechs Monate und einen Tag währt (*Dörner* Befr. Arbeitsvertrag Rn 738; *Sievers* Rn 44). Das besondere Kündigungsrecht kann nicht verwirken; der Arbeitnehmer kann jedoch darauf verzichten (*LAG Hamm* 26.7.2002 – 7 Sa 669/02). Wegen der weiteren Einzelheiten wird verwiesen auf KR-*Krumbiegel* Erl. zu § 624 BGB.

H. Fortsetzung mit Wissen des Arbeitgebers (Abs. 5)

52 **§ 625 BGB** sieht allgemein vor, dass das **Dienstverhältnis** als auf unbestimmte Zeit verlängert gilt, wenn es **nach Ablauf der Dienstzeit von dem Dienstverpflichteten mit Wissen des Dienstberechtigten fortgesetzt wird** und der Dienstberechtigte nicht unverzüglich widerspricht. Die Vorschrift erfasst auch Arbeitsverhältnisse, wobei der Arbeitnehmer dem Dienstverpflichteten und der Arbeitgeber dem Dienstberechtigten entspricht. Sie gilt – **anders als § 15 Abs. 5 TzBfG** – für **jede Art von Beendigung**, auch für die Fortsetzung der Beschäftigung nach wirksamer Kündigung (*BAG* 3.9.2003 EzA § 14 TzBfG Nr. 4, Rn 17; vgl. KR-*Krumbiegel* § 625 BGB Rdn 3 u. 26; LS-*Schlachter* Rn 24; HaKo-TzBfG/*Joussen* Rn 74). Die Regelung des § 15 Abs. 5 gilt **nicht für befristete Arbeitsbedingungen** (*BAG* 3.9.2003 EzA § 14 TzBfG Nr. 4, Rn 17). Ebenso kommt die Bestimmung nicht zum tragen, wenn die **Fortsetzung des Arbeitsverhältnisses** auf einer **ausdrücklichen oder konkludenten Vertragsvereinbarung** zwischen Arbeitgeber und Arbeitnehmer beruht (*BAG* 8.4.2014 – 9 AZR 856/11; 18.10.2006 FA 2007, 141; 20.2.2002 EzA § 625 BGB Nr. 5; *Dörner* Befr. Arbeitsvertrag Rn 740 f.; ErfK-*Müller-Glöge* Rn 32; aA *LAG Köln* 14.5.2009 – 5 Sa 108/09). Für eine solche Vereinbarung bedarf es grds. der Einhaltung des **§ 14 Abs. 4 TzBfG** (Schriftform).

53 **Im Entfristungsprozess** nach § 17 TzBfG ist dagegen eine **Weiterbeschäftigung nach gerichtlicher Feststellung**, dass das Arbeitsverhältnis durch die Befristungsabrede nicht beendet wurde, für den Arbeitgeber **verpflichtend.** Er hat den Arbeitnehmer aufgrund des **allgemeinen Weiterbeschäftigungsanspruchs** grds. dann für die weitere Dauer des Rechtsstreits zu beschäftigen, auch wenn jener dies weder beantragt hatte noch eine Vereinbarung dazu getroffen wurde. Dies gilt jedenfalls für den Fall, dass der Arbeitgeber den Arbeitnehmer im zeitlichen Zusammenhang mit dem vereinbarten Ende der Vertragslaufzeit – auch noch nach Anhängigkeit der Entfristungsklage – darauf hingewiesen hat, dass er nur dessen **Weiterbeschäftigungsanspruch erfüllen** und weder das Arbeitsverhältnis über das Befristungsende hinaus fortsetzen noch ein neues Arbeitsverhältnis begründen will. Das ist dann als der erforderliche **Widerspruch iSv § 15 Abs. 5 TzBfG** zu bewerten. Darin liegt keine nach **§ 22 Abs. 1 TzBfG** unzulässige Abbedingung der Rechtsfolge des Abs. 5 vor (*BAG* 22.7.2014 EzA § 611 BGB 2002 Beschäftigungspflicht Nr. 3, Rn 25; 29.6.2011 EzA § 15 TzBfG

Nr. 3). Ein Verstoß gegen § 22 TzBfG wäre es nur, wenn bereits im Arbeitsvertrag der Widerspruch des Arbeitgebers generell vorab erklärt worden ist.

§ 15 Abs. 5 TzBfG schafft eine **Spezialregelung** für **zeit- und zweckbefristete Arbeitsverträge**. Über die Verweisung in § 21 TzBfG ist Abs. 5 gleichermaßen auf **auflösend bedingte Arbeitsverträge** entsprechend anzuwenden. Insoweit verbietet sich damit ein Rückgriff auf § 625 BGB. Anders als dort ist § 15 Abs. 5 TzBfG auf Grund der Vorschrift des § 22 Abs. 1 TzBfG **zwingendes Recht** (ErfK-*Müller-Glöge* Rn 25; *Annuß/Thüsing-Maschmann* Rn 16 mwN) und nicht wie **§ 625 BGB** dispositiv ausgestaltet (vgl. KR-*Krumbiegel* § 625 BGB Rdn 12 f.). Auffällig ist, dass der Wortlaut von § 15 Abs. 5 TzBfG sich nicht mit dem von § 625 BGB deckt, ohne dass die Begründung des Gesetzentwurfs (BT-Drucks. 14/4374 S. 21) deutlich macht, dass damit abweichende Rechtsfolgen bezweckt werden sollten. § 15 Abs. 5 TzBfG verlangt nur die **Fortsetzung des Arbeitsverhältnisses mit Wissen des Arbeitgebers** (vgl. KR-*Krumbiegel* § 625 BGB Rdn 28 ff.), spricht indessen nicht von der **tatsächlich** fortgesetzten **Erbringung** von Arbeitsleistungen durch den Arbeitnehmer. In der kommentarlosen Fortsetzung eines Arbeitsverhältnisses über das vereinbarte Vertragsende hinaus wird man gleichwohl im Regelfall einen **konkludenten rechtsgeschäftlichen Vertragsschluss** gerichtet auf eine unbefristete Beschäftigung erblicken müssen (*LAG* MV 22.1.2016 – 2 Sa 114/15). 54

Die **h.M.** leitet aus **Fortsetzungshandlungen des Arbeitgebers** wie Entgeltfortzahlung und Urlaubserteilung über das Ende des befristeten Arbeitsvertrages hinaus **nicht die Begründung eines Dauerarbeitsverhältnisses kraft gesetzlicher Vermutung** ab (Fiktion; *BAG* 28.9.2016 EzA § 15 TzBfG Nr. 7, Rn 30; *Dörner* Befr. Arbeitsvertrag Rn 742; LS-*Schlachter* Rn 27; ErfK-*Müller-Glöge* Rn 27, MHH-TzBfG/*Meinel* Rn 53; *Schaub/Koch* § 38 Rn 44 f.; HWK-*Rennpferdt* Rn 35, 40; *Sievers* Rn 49; HaKo-TzBfG/*Joussen* Rn 75; KR-*Krumbiegel* § 625 BGB Rdn 30,jeweils mwN; *LAG* Hamm 5.9.1990 LAGE § 625 BGB Nr. 1; aA *Annuß/Thüsing-Maschmann* Rn 18, die Fortsetzungshandlungen wie Urlaubserteilung, Arbeitsbefreiung für Überstunden oder Entgeltfortzahlung bei krankheitsbedingter Arbeitsunfähigkeit ausreichen lassen; diff. APS-*Backhaus* Rn 61 ff.; der auf den Schutzweck der Norm abstellt und damit nur eine tatbestandliche Fortsetzung des Arbeitsverhältnisses in bestimmten Erfüllungshandlungen sieht, diese aber konkret nicht benennt). Eine Fortsetzung mit **Wissen des Arbeitgebers** setzt jedoch bei **systematischer Auslegung der Norm** voraus, dass der andere Teil, der **Arbeitnehmer und nicht der Arbeitgeber eine Arbeitsleistung erbringt** (zutr. HaKo-TzBfG/*Joussen* Rn 75; MHH-TzBfG/*Meinel* Rn 53; Hako-KSchG/*Mestwerdt* Rn 32 f.; aA auch Handlungen des Arbeitgebers genügen: *Annuß/Thüsing-Maschmann* Rn 18). 55

Ohne auf diese Streitfrage einzugehen, hat das BAG entschieden, dass der Eintritt der in § 15 Abs. 5 TzBfG angeordneten **Fiktion** (Arbeitsverhältnis gilt als auf unbestimmte Zeit verlängert) die **bewusste Arbeitsleistung des Arbeitnehmers** mit seiner Bereitschaft, seine Pflichten aus dem Arbeitsverhältnis weiter zu erfüllen, voraussetzt. Es genügt mithin nicht jegliche Weiterarbeit, sondern der Arbeitnehmer muss **nach Ablauf der Vertragslaufzeit** mit Wissen des Arbeitgebers **die vertragsgemäßen Dienste tatsächlich ausführen** (*BAG* 11.7.2007 EzA § 15 TzBfG Nr. 2; *LAG* Bln. 28.3.2006 – 7 Sa 1970/05; *ArbG* München 20.12.2012 – 30 Ca 7754/12; HaKo-TzBfG/*Joussen* Rn 75; HWK-*Rennpferdt* Rn 40; wohl auch *Staudinger/Preis* [2019] § 625 BGB Rn 20). Keine fortgesetzte Erfüllung der Vertragspflichten liegt darin, wenn der Arbeitnehmer seine Arbeit auf der **Grundlage eines neuen befristeten Arbeitsverhältnisses** (*BAG* 18.10.2006 – 7 AZR 749/05), nach Verlängerung der Befristung oder am selben Arbeitsplatz für einen **anderen Arbeitgeber** (zB in Arbeitnehmerüberlassung) weiterführt (*Dörner* Vortrag DAI Brennpunkte des Arbeitsrechts [2007] S. 38; HaKo-KSchR/*Mestwerdt* Rn 32 f.). **Unterbrechungszeiten**, auch von nur kurzer Dauer, schließen die Anwendung von Abs. 5 aus (*BAG* 19.9.2001 EzA § 1 BeschFG 1996 Klagefrist Nr. 7; *LAG* RhPf 20.5.2020 – 7 Sa 307/19, Rn 94; 29.1.2008 – 3 Sa 510/07, Rn 75; LS-*Schlachter* Rn 27). 56

Verbleibt der **Leiharbeitnehmer** nach dem Ende der vorgesehenen Arbeitnehmerüberlassung im Betrieb des Entleihers und übt dort seine bisherigen Tätigkeiten weiter aus, entsteht ebenfalls kein unbefristetes Arbeitsverhältnis zum Entleiher nach Abs. 5. Zum einen fehlt es an einer vertraglichen Beziehung zum Entleiher, zum anderen kann der Arbeitnehmer nur seine Pflichten gegenüber dem 57

Verleiher bewusst erfüllen. Die Verlängerung des Vertragsverhältnisses setzt die Kenntnis des Verleihers als Arbeitgeber, nicht die irgendeines Vorgesetzten voraus (*BAG* 11.7.2007–7AZR 197/06, Rn 26). Bei Leiharbeitsverhältnissen ist dem **Verleiher** die **Kenntnis** des Entleihers von der Weiterarbeit nur dann **zuzurechnen**, wenn der Verleiher den **Entleiher zum Abschluss von Arbeitsverhältnissen bevollmächtigt hat** oder dessen Handeln ihm nach den Grundsätzen der Duldungs- oder Anscheinsvollmacht zuzurechnen ist (*BAG* 28.9.2016 EzA § 15 TzBfG Nr. 7, Rn 32).

58 Darüber hinaus wirft die Formulierung hinsichtlich der **Zweckerreichung** (zu den Mitteilungspflichten s. Rdn 21 ff.) die Frage nach dem **Verhältnis von Abs. 5 zu Abs. 2** auf (s. dazu Rdn 33). Hierzu wird vertreten, dass bei mangelhafter Unterrichtung nach Abs. 2 der Arbeitgeber nach Kenntnis der fortgesetzten Tätigkeit mit seinem unverzüglichen Widerspruch die Unterrichtung nach Abs. 2 ersetzt (*Worzalla* FS Leinemann, 2006, S. 419; *ders.* AnwaltKomm Rn 25; MHH-TzBfG/*Meinel* 3. Aufl., Rn 58). Dem kann man folgen, soweit der **Widerspruch** die nach **Abs. 2 vorgeschriebene Schriftform einhält** (aA HaKo-TzBfG/*Joussen* Rn 86 ff., der im Regelfall die »doppelte« Zweckerreichungsmitteilung nach Abs. 2 und Abs. 5 für erforderlich hält). Wegen des Sachzusammenhangs und im Interesse des besseren Verständnisses werden diese Besonderheiten des § 15 Abs. 5 TzBfG im Rahmen der **Erläuterungen** bei KR-*Krumbiegel* § 625 BGB Rdn 30 ff. behandelt.

59 Die **Rechtsfolge** eines auf unbestimmte Zeit verlängerten Arbeitsverhältnisses nach §§ 15 Abs. 5, 16 TzBfG tritt nur ein, wenn der Arbeitgeber **positive Kenntnis** von dem **tatsächlich fortgesetzten Arbeitsverhältnis** hat und er **versäumt dem unverzüglich zu widersprechen**. Das Wissen eines zur Vertretung des Arbeitgebers Befugten reicht aus (*BAG* 24.10.2001 EzA § 620 BGB Hochschulen Nr. 31; 11.7.2007 EzA § 15 TzBfG Nr. 2; ErfK-*Müller-Glöge* Rn 28 f.; *Schaub/Koch* § 38 Rn 44; *Annuß/Thüsing-Maschmann* Rn 19 f.; HaKo-TzBfG/*Joussen* Rn 77: Rechtsgedanke des § 166 BGB). Anstelle des Arbeitgebers selbst oder seines gesetzlichen **Vertreters** kann für das **zurechenbare Wissen um die tatsächliche Weiterarbeit nach Vertragsablauf** die Kenntnis eines zum Abschluss des Arbeitsvertrages berechtigten Vertreters ausreichen. Dies ist in der **Privatwirtschaft** abhängig von der Organisation des Arbeitgebers (zB Personalleiter); im **öffentlichen Dienst** von den nach Geschäftsverteilungsplan übertragenen Befugnissen zur selbständigen Erledigung (Justitiar der Universität). Im **Schulbereich** ist die Kenntnis der zur Einstellung befugten Stelle in der Schulverwaltung und nicht das Wissen des Schulleiters maßgeblich (*LAG Köln* 26.10.2010 – 12 Sa 868/10). Die Kenntnis von Fachvorgesetzten, Kollegen oder von Mitgliedern des Betriebsrats (*LAG Köln* 27.6.2001 DB 2001, 2256) genügt insoweit nicht (ErfK-*Müller-Glöge* Rn 28a; *Worzalla* FS Leinemann, 2006, S. 418).

60 Keine Rolle spielt in diesem Zusammenhang, ob der Arbeitgeber oder sein befugter Vertreter im **Irrtum** war, die Zweckerreichung oder die auflösende Bedingung sei noch nicht eingetreten (*LAG Düsseld.* 26.9.2002 LAGE § 15 TzBfG Nr. 1; *Sievers* Rn 54.; *Worzalla* FS Leinemann, 2006, S. 418; APS-*Backhaus* Rn 67; HaKo-KschG/*Mestwerdt* Rn 34; LS-*Schlachter* Rn 28; KR-*Krumbiegel* § 625 BGB Rdn 33 mwN, nach Wortlaut und Normzweck ist Wissen des Arbeitgebers vom Ende des befristeten Arbeitsverhältnisses nicht erforderlich; aA ErfK-*Müller-Glöge* Rn 28 m. Nachw. zu älterer Rspr. vor Inkrafttreten des TzBfG; *Dörner* Befr. Arbeitsvertrag Rn 743, Arbeitgeber muss auch vom Ende des Arbeitsverhältnisses Kenntnis haben). Verlangt man neben dem Wissen um die fortgesetzte Tätigkeit auch das Wissen des Arbeitgebers um den Ablauf der Vertragszeit, so würde sich der Anwendungsbereich des § 15 Abs. 5 TzBfG kaum eröffnen und diese Schutzvorschrift liefe leer (zutr. HaKo-TzBfG/*Joussen* Rn 78 mwN). Bei fortgesetzter Arbeitsleistung umfasst die **unwiderlegliche gesetzliche Vermutung** auch den Geschäftswillen des Arbeitgebers, unabhängig davon, ob er tatsächlich vorgelegen hat. Maßgeblich ist deshalb insoweit, **wie der Arbeitnehmer das Verhalten des Arbeitgebers** nach den Regeln der §§ 133, 157 BGB **beurteilen durfte** (Empfängerhorizont). Das *BAG* hat das Problem erkannt, aber offengehalten, wie zu entscheiden wäre (29.6.2011 EzA § 15 TzBfG Nr. 3, Rn 27 f.).

61 Ein unbefristetes Arbeitsverhältnis nach § 15 Abs. 5 TzBfG entsteht aber nicht, wenn der Arbeitgeber **nach Kenntnis** der fortgesetzten Tätigkeit des Arbeitnehmers der weiteren Erbringung der

Arbeitsleistung **unverzüglich widerspricht** (*BAG* 11.7.2007 EzA § 15 TzBfG Nr. 2; *LAG Köln* 9.2.2009 LAGE § 15 TzBfG Nr. 5; *LAG Köln* 18.9.2006 LAGE § 15 TzBfG Nr. 4; vgl. auch den Sonderfall der gerichtlich titulierten Weiterbeschäftigung, *BAG* 22.7.2014 EzA § 611 BGB 2002 Beschäftigungspflicht Nr. 3, Rn 25; HWK-*Rennpferdt* Rn 44 f.). Der Widerspruch ist **nicht formgebunden**; er kann deshalb schriftlich (empfehlenswert), mündlich aber auch durch **schlüssiges Verhalten** erfolgen (zB Aushändigung der Arbeitspapiere, Einfordern von Ausweis und Schlüsseln, *BAG* 7.10.2015 EzA § 15 TzBfG Nr. 6, Rn 24; 11.7.2007 EzA § 15 TzBfG Nr. 2; ErfK-*Müller-Glöge* Rn 32; *Schaub/Koch* § 38 Rn 46; vgl. auch *LAG Köln* 9.2.2009 LAGE § 15 TzBfG Nr. 5). Das **Widerspruchsrecht** kann **nicht auf Vorrat** ohne Bezug zu einem bestimmten Beendigungsdatum erklärt werden, weil dadurch die zwingende Wirkung von § 15 Abs. 5, die sich aus § 22 TzBfG ergibt, umgangen würde (*BAG* 22.7.2014 EzA § 611 BGB 2002 Beschäftigungspflicht Nr. 3).

Unverzüglich (ohne schuldhaftes Zögern, § 121 BGB) heißt nicht sofort; dem Arbeitgeber steht 62 hierfür eine nach den Umständen des Einzelfalls kurze Frist zur Sachverhaltsaufklärung oder zur Einholung von Rechtsrat zur Verfügung (*BAG* 11.7.2007 EzA § 15 TzBfG Nr. 2). Der **Widerspruch** ist indessen nicht mehr **unverzüglich**, wenn er – gerechnet ab objektiver Zweckerreichung iSv § 15 Abs. 2 TzBfG und nach Ablauf der üblichen Postlaufzeiten für einen Brief (*LAG MV* 25.4.2006 – 5 Sa 298/05) – neun Kalendertage nach Kenntnisnahme von der weiteren Beschäftigung eingelegt wird (Arnold/Gräfl-*Arnold* Rn 78 ff.; abw. KR-*Krumbiegel* § 625 Rdn 32.1; *Sievers* Rn 64: nicht mehr als eine Woche; *LAG Köln* 9.2.2009 LAGE § 15 TzBfG Nr. 5, 2 Wochen unter Berücksichtigung der in diesen Zeitraum fallenden Weihnachtsfeiertage noch unverzüglich; *BAG* 8.12.2011 EzA § 174 BGB 2002 Nr. 7, Rn 33, **eine Woche** zur unverzüglichen Zurückweisung der Kündigung nach § 174 BGB; HaKo-TzBfG/*Joussen* Rn 83). Der **Widerspruch** kann aber bereits vor Ablauf der Befristung erhoben werden, zB durch Hinweis auf die auslaufende Befristung und ein Angebot zum Abschluss eines weiteren befristeten Arbeitsvertrages (*BAG* 7.10.2015 EzA § 15 TzBfG Nr. 6; 5.5.2004 EzA § 15 TzBfG Nr. 1; *LAG Köln* 18.9.2006 LAGE § 15 TzBfG Nr. 4; *LAG RhPf* 29.11.2005 – 5 Sa 742/05; HWK-*Rennpferdt* Rn 45; MüKo-BGB/*Hesse* Rn 51; *Bruns* Anm. AP Nr. 136 zu § 14 TzBfG) oder durch eine vorangegangene Ablehnung des arbeitnehmerseitigen Wunsches nach Vertragsverlängerung (*BAG* 11.7.2007 EzA § 15 TzBfG Nr. 2). Nimmt der Arbeitnehmer das befristete Arbeitsangebot nicht an, arbeitet aber mit Wissen des Arbeitgebers weiter, entsteht nach § 15 Abs. 5 ein unbefristetes Arbeitsverhältnis (ErfK-*Müller-Glöge* Rn 32; **aA** *Baumgarten* BB 2014, 2165).

Einen Anspruch aus § 15 Abs. 5 TzBfG auf unbefristete Fortsetzung des Arbeitsverhältnisses kann 63 nur durchgesetzt werden, wenn der Arbeitnehmer **nach Unterrichtung** gem § 15 Abs. 2 **rechtzeitig die Klage** gem. § 17 S. 3 TzBfG **erhebt** (*BAG* 17.6.2020 EzA § 21 TzBfG Nr. 13; 26.2.2020 EzA § 21 TzBfG Nr. 12; 21.3.2017 EzA § 14 TzBfG Nr. 127; *LAG Köln* 9.2.2009 LAGE § 15 TzBfG Nr. 5; vgl. auch *BAG* 7.10.2015 EzA § 15 TzBfG Nr. 6, Rn 15, Feststellungsklage). Vgl. a. Rdn 28, 53. Bei rechtzeitigem Widerspruch des Arbeitgebers sind die davor und danach erbrachten Arbeitsleistungen in entsprechender Anwendung der Regeln zum **faktischen Arbeitsverhältnis** zu behandeln (aA ErfK-*Müller-Glöge* Rn 36; *Nehls* DB 2001, 2718, 2721, Rückabwicklung nach Bereicherungsrecht). Die infolge rechtzeitigen Widerspruchs nach vorgesehener Beendigung des Arbeitsverhältnisses empfangenen Arbeitsleistungen sind für den Arbeitgeber nicht ohne Wert und deshalb zu vergüten. Das muss jedenfalls gelten, wenn der Arbeitgeber die Wochenfrist für die Erhebung des unverzüglichen Widerspruchs ausschöpft und der Arbeitnehmer in dieser Zeitspanne weiterarbeitet.

Zur Problematik der **Doppelbefristung und Unabdingbarkeit** des § 15 Abs. 5 TzBfG wird auch 64 auf KR-*Bader/Kreutzberg-Kowalczyk* § 3 TzBfG Rdn 54 und KR-*Krumbiegel* § 625 BGB Rdn 13 verwiesen. Für die **Zulässigkeit** einer Doppelbefristung, bei der **neben einer Zweckbefristung eine kalendermäßige Höchstbefristung zusätzlich** vereinbart wird, stehen nunmehr neuere Erkenntnisse der Rechtsprechung (*BAG* 29.6.2011 EzA § 15 TzBfG Nr. 3 Rn 28, 34 f.; 13.6.2007 EzA § 14 TzBfG Nr. 179; 15.8.2001 § 21 BErzGG Nr. 4; 18.9.2003 AuR 2004, 77; *LAG Hamm* 3.11.2005 – 11 Sa 98/05; vgl. auch *Dörner* Befr. Arbeitsvertrag Rn 54 ff.; ErfK-*Müller-Glöge*

Rn 36; *Schaub/Koch* § 38 Rn 34; *Picker* ZfA 2013, 73, 87; aA APS-*Backhaus* § 3 TzBfG Rn 30, § 15 TzBfG Rn 90 ff.; HaKo-TzBfG/*Joussen* Rn 95, die aufgrund der Unabdingbarkeit der gesetzlichen Fiktion in der Fortsetzung des Arbeitsverhältnisses über die erste Befristungsschranke hinaus ein Dauerarbeitsverhältnis begründet sehen, jeweils mwN; im Schrifttum sehr streitig; vgl. dazu Erl. zu § 625 BGB Rdn 13, zu § 3 TzBfG Rdn 54 und § 21 BEEG Rdn 54). Die **Wirksamkeit der auflösenden Bedingung** bzw. **Zweckbefristung** einerseits und der zeitl. Höchstbefristung andererseits sind jedoch immer **rechtl. getrennt zu beurteilen** (*BAG* 14.6.2017 EzA § 108 BPersVG Nr. 11, Rn 24).

65 Das *BAG* hat hierzu entschieden (zuletzt *BAG* 14.6.2017 EzA § 108 BPersVG Nr. 11; 11.9.2013 EzA § 14 TzBfG Nr. 96, Rn 17; 29.6.2011 EzA § 15 TzBfG Nr. 3), **§ 15 Abs. 5 TzBfG** auch in Fällen einer **Doppelbefristung** oder einer Kombination von auflösender Bedingung und zeitlicher Höchstbefristung **anzuwenden**, einen – wie hier vertreten (Rdn 24) – darin vorweggenommenen Widerspruch abzulehnen, aber die **Rechtsfolge der Regelung auf einen nur befristeten Fortbestand des Arbeitsverhältnisses für die Dauer der zeitlichen Höchstbefristung zu beschränken** (*P. Bruns* BB 2013, 3130). Wird ein Arbeitnehmer widerspruchslos über die zeitlich früher eintretende Zweckerreichung oder den Eintritt der auflösenden Bedingung hinaus weiterbeschäftigt, ist die Fiktionswirkung des Abs. 5 entsprechend dem mit der Doppelbefristung zum Ausdruck gekommenen Willen der Arbeitsvertragsparteien auf den befristeten Fortbestand des Arbeitsverhältnisses **bis zum Ablauf der kalendermäßigen Höchstbefristung beschränkt** (*BAG* 29.6.2011 EzA § 15 TzBfG Nr. 3; Rn 35 ff.; HWK-*Rennpferdt* Rn 48; ErfK-*Müller-Glöge* Rn 31, 36). Sind die Voraussetzungen des § 15 Abs. 5 TzBfG zum Wissen des Arbeitgebers, der tatsächlichen Weiterbeschäftigung des Arbeitnehmers über die Zweckerreichung oder den Bedingungseintritt hinaus und das Fehlen eines unverzüglichen arbeitgeberseitigen Widerspruchs erfüllt, gilt das Arbeitsverhältnis auf unbestimmte Zeit verlängert. Zu weiteren **Besonderheiten** im Zusammenhang mit **Abs. 5** wird auf die Hinweise in Rdn 1 und 31 ff. Bezug genommen. Die Rechtsprobleme zum **Fortsetzungsanspruch des Arbeitnehmers** werden im Zusammenhang mit der Entfristungsklage bei KR-*Bader/Kreutzberg-Kowalczyk* § 17 TzBfG Rdn 66 ff. dargestellt.

I. Mitbestimmung Betriebsrat/Personalrat

66 Die Fortsetzung des Arbeitsverhältnisses führt über § 15 Abs. 5 zur **Begründung eines unbefristeten Arbeitsverhältnisses**, was betriebsverfassungsrechtlich als »Einstellung« das **Mitbestimmungsrecht des Betriebsrates** nach **§ 99 BetrVG** auslöst (*BAG* 7.8.1990 EzA § 99 BetrVG 1972 Nr. 91; *Schaub/Koch* § 38 Rn 47; einschränkend APS-*Backhaus* Rn 95 mwN). Näher dazu KR-*Lipke/Bubach* § 14 TzBfG Rdn 770 ff. Eine Verletzung des Mitbestimmungsrechts nach § 72 Abs. 1 S. 1 Nr. 1 PersVG NW 1974, wonach der **Personalrat** bei der Befristung von Arbeitsverhältnissen inhaltlich mitzubestimmen hat, führt zur Unwirksamkeit der Befristungsabrede (*BAG* 14.6.2017 EzA § 108 BPersVG Nr. 11).

J. Darlegungs- und Beweislast

67 Beruft sich der **Arbeitgeber** auf die Beendigung des Vertrags aufgrund Zweckerreichung, hat er zu dieser **rechtsvernichtenden Einwendung** vorzutragen und erforderlichenfalls die Richtigkeit seiner Behauptungen nachzuweisen (*BAG* 12.10.1994 EzA § 620 BGB Nr. 128; HWK-*Rennpferdt* Rn 51; vgl. näher KR-*Lipke/Bubach* § 14 TzBfG Rdn 753, 763; KR-*Krumbiegel* § 625 BGB Rdn 46). Die Darlegungs- und Beweislast umfasst die objektive Zweckerreichung, Form und Inhalt der Unterrichtung und den Zeitpunkt des Zugangs der Unterrichtung beim Arbeitnehmer (*Dörner* Befr. Arbeitsvertrag Rn 849; MHH-TzBfG/*Meinel* Rn 9; HaKo-KSchR/*Mestwerdt* Rn 40; *Sievers* Rn 70; *Boewer* Rn 40; APS-*Backhaus* Rn 14; Arnold/Gräfl-*Arnold* Rn 86).

68 Hat der Arbeitgeber nach objektiver Zweckerreichung und trotz entsprechender Aufforderung überhaupt keine, keine schriftliche oder keine inhaltlich zutreffende Unterrichtung vorgenommen (s. Rdn 23, 26) und kündigt der Arbeitnehmer daraufhin außerordentlich, so liegt die Darlegungs- und Beweislast für die objektive Zweckerreichung sowie die erfolglose Aufforderung und deren

Zugang beim **Arbeitnehmer**. Das gilt ferner für die Kündigungsmöglichkeit nach § 15 Abs. 4 TzBfG. Ebenso trifft den Arbeitnehmer die **Darlegungs- und Beweislast für die Umstände, die eine Fortsetzung des Arbeitsverhältnisses mit Wissen des Arbeitgebers begründen** (§ 15 Abs. 5 TzBfG; *BAG* 25.10.2000 EzA § 1 BeschFG 1985 Nr. 23; 21.2.2001 EzA § 1 BeschFG 1985 Nr. 24; *Dörner* Befr. Arbeitsvertrag Rn 852; ErfK-*Müller-Glöge* Rn 37; *Sievers* Rn 70; HaKo-TzBfG/*Joussen* Rn 91; MüKo-BGB/*Hesse* Rn 58). Für den **unverzüglichen Widerspruch** nach § 15 Abs. 5 TzBfG ist der **Arbeitgeber** darlegungs- und beweispflichtig (*BAG* 30.11.1984 DB 1985, 2304; APS-*Backhaus* Rn 94; KR-*Krumbiegel* § 625 BGB Rn 41).

Wer für sich den **Ausschluss der ordentlichen Kündigung** des befristeten Arbeitsverhältnisses bis zu dessen Ablauf beansprucht, hat dies von den Tatsachen her darzulegen und zu beweisen (*Dörner* Befr. Arbeitsvertrag Rn 850 f.). 69

§ 16 TzBfG Folgen unwirksamer Befristung

¹Ist die Befristung rechtsunwirksam, so gilt der befristete Arbeitsvertrag als auf unbestimmte Zeit geschlossen; er kann vom Arbeitgeber frühestens zum vereinbarten Ende ordentlich gekündigt werden, sofern nicht nach § 15 Abs. 3 die ordentliche Kündigung zu einem früheren Zeitpunkt möglich ist. ²Ist die Befristung nur wegen des Mangels der Schriftform unwirksam, kann der Arbeitsvertrag auch vor dem vereinbarten Ende ordentlich gekündigt werden.

Übersicht	Rdn		Rdn
A. Regelungsgehalt der Norm	1	1. Materielle Unwirksamkeitsgründe (Satz 1, 2. Hs.)	11
B. Kündigungsmöglichkeiten bei unwirksamer Befristung	8	2. Formelle Unwirksamkeitsgründe (Satz 2)	16
I. Für den Arbeitnehmer	8	III. Kündigungserklärung	22
II. Für den Arbeitgeber	11	C. Annahmeverzug	25

A. Regelungsgehalt der Norm

Die Bestimmung regelt die **Folgen einer unwirksamen Befristung** (Zeit- oder Zweckbefristung) und einer **unwirksamen auflösenden Bedingung**. § 21 nimmt insoweit auf § 16 TzBfG Bezug. Die vor Inkrafttreten des TzBfG durch Richterrecht geprägte Rechtslage, wonach die Unwirksamkeit der Befristungsabrede nicht gem. **§ 139 BGB** zur Unwirksamkeit des gesamten Arbeitsvertrages, sondern nur zur Unwirksamkeit der Befristung und damit zum Fortbestehen des Arbeitsverhältnisses führt (*BAG* GS 12.10.1960 EzA § 620 BGB Nr. 2; *BAG* 13.4.1994 EzA § 620 BGB Nr. 123; 12.9.1996 EzA § 620 BGB Nr. 142; *Dörner* Befr. Arbeitsvertrag Rn 781 f.; HWK-*Rennpferdt* Rn 1; detailliert HaKo-TzBfG/*Joussen* Rn 1), ist nunmehr gesetzlich festgeschrieben (*Staudinger/Preis* [2019] § 620 BGB Rn 236 f.; APS-*Backhaus* Rn 5; DDZ-*Wroblewski* Rn 1; Arnold/Gräfl-*Spinner* Rn 1). Die Unwirksamkeit einer Befristung betrifft lediglich die Befristungsabrede (*BAG* 18.9.2008 EzA § 1 KSchG Personenbedingte Kündigung Nr. 23, Rn 30; *Kliemt* NZA 2001, 302). Der Arbeitsvertrag als solcher bleibt bestehen. Die Rechtsfolge des Entstehens eines unbefristeten Arbeitsverhältnisses in § 16 TzBfG ist unionsrechtlich über die Richtlinie 1999/70 nicht vorgegeben (EuArbR/*Krebber* RL 1999/70/EG § 5 Rn 29 ff.), erfüllt aber den Grundsatz des »effet utile«, den das **Unionsrecht** zur Vermeidung von Missbrauch und zur Durchsetzung der Richtlinienziele aufstellt (*EuGH* 4.7.2006 EzA Richtlinie 99/70 EG-Vertrag 1999 Nr. 1 Adeneler; 8.3.2012 EzA Richtlinie 99/70 EG-Vertrag 1999 Nr. 5 Huet, Rn 36 f., 42 f.; 14.9.2016 EzA Richtlinie 99/70 EG-Vertrag 1999 Nr. 13 Perez Lopez Rn 61, Ausgleich von Ansprüchen und Beendigung des Arbeitsverhältnisses genügt unter gewissen Umständen). Soweit nicht spezielle Regelungen in **anderen Gesetzen zu befristeten Arbeitsverträgen** dem entgegenstehen, gilt § **16 TzBfG** auch dort (zB § 1 Abs. 1 S. 5 WissZeitVG, § 1 Abs. 5 ÄArbVtrG; bei Überschreitung der Höchstbefristungsdauer, *LAG* MV 4.7.2017 – 5 Sa 219/16). 1

§ 16 TzBfG   Folgen unwirksamer Befristung

2   § 16 ist **auch auf Zweckbefristungen und auflösende Bedingungen anwendbar**, da §§ 3 Abs. 1 S. 2, 15 Abs. 1, 21 TzBfG derart befristete Arbeitsverträge miteinschließen (einschränkend APS-*Backhau*s § 16 Rn 2a, 13; § 21 Rn 32; vgl. Rdn 20 f.). Nicht erfasst wird die **Befristung von Arbeitsbedingungen**, die in den §§ 14 ff. TzBfG nicht geregelt ist (*BAG* 14.1.2004 EzA § 14 TzBfG Nr. 8; *Annuß/Thüsing/Maschmann* Rn 1). Außerhalb des Anwendungsbereichs der Norm liegen ferner sog. kurzfristige »**Einfühlungsverhältnisse**«, die keine Arbeitsverhältnisse begründen (*LAG BW* 25.4.2007 – 13 Sa 129/05; *Sächs. LAG* 5.3.2004 – 2 Sa 386/03; *LAG Brem.* 25.7.2002 LAGE § 611 BGB Probearbeitsverhältnis Nr. 5). Nicht in § 16 TzBfG geregelt wird die Konstellation des **faktischen Arbeitsverhältnisses**, welches bei schriftlichem Angebot des Arbeitgebers einer Befristungsabrede dem die Beschäftigung aufnehmenden Arbeitnehmer gegenüber entstehen soll, weil er die Unterzeichnung des Arbeitsvertrages mit Befristungsabrede durch den Arbeitnehmer zur Bedingung der Begründung eines befristeten Arbeitsverhältnisses gemacht hat (*BAG* 16.4.2008 EzA § 14 TzBfG Nr. 47; *LAG Düsseld.* 30.6.2010 ZTR 2010, 537; *Sächs. LAG* 11.11.2014 – 5 Sa 729/13; 28.6.2013 – 3 Sa 746/12). Hat der **Arbeitgeber** dagegen versäumt **vor Arbeitsaufnahme dem Arbeitnehmer** die auch von ihm **unterzeichnete Befristungsabrede zuzuleiten**, bewirkt § 16 S. 1 TzBfG den Abschluss eines unbefristeten Arbeitsvertrages (*BAG* 14.12.2016 EzA § 14 TzBfG Schriftform Nr. 2, Rn 46, 51; *Pschorr* AP Nr. 149 zu § 14 TzBfG; *Schröder* jurisPR-ArbR 49/2017 Anm. 1).

3   Die **Kündigungsmöglichkeiten** werden für den **Arbeitgeber unterschiedlich** ausgestaltet, je nachdem, ob die Befristung an der fehlenden **Schriftform** (Satz 2) oder an **anderen**, nämlich materiellen **Unwirksamkeitsgründen** (Satz 1) gescheitert ist. Dabei wird mit auf die nach § 15 Abs. 3 TzBfG vereinbarte Kündigungsmöglichkeit abgehoben. Diese Regelung ist neu und entspricht nicht der bisherigen Rechtslage. Danach bestand für Arbeitgeber und Arbeitnehmer bis zum Ablauf der Mindestdauer (vorgesehenes Befristungsende) ein Gleichlauf der Kündigungsmöglichkeiten (*Boewer* Rn 8 ff., 13; *Preis/Gotthardt* DB 2001, 145, 151; so noch RegE, BT-Drucks. 14/4374 S. 21). Nachdem der Ausschuss für Arbeit und Sozialordnung (BT-Drucks. 14/4625 S. 12 u. 24) Veränderungen am Wortlaut des § 16 vorgenommen hat, wird in Zukunft **nur noch der Arbeitgeber an die Mindestdauer der Befristung gebunden**. Dagegen ist der **Arbeitnehmer** vor Ablauf der Befristungszeitpanne – unabhängig von einer Vereinbarung nach § 15 Abs. 3 TzBfG – **frei sein** Arbeitsverhältnis **ordentlich zu kündigen** (*BAG* 23.4.2009 EzA § 16 TzBfG Nr. 1, Rn 18; *Dörner* Befr. Arbeitsvertrag Rn 785 f.; APS-*Backhaus* Rn 9 ff.; HaKo-KSchR/*Mestwerdt* Rn 4; Arnold/Gräfl-*Spinner* Rn 5; LS-*Schlachter* Rn 9; krit. MHH-TzBfG/*Meinel* Rn 7).

4   § 16 TzBfG schließt die ansonsten bei Verstößen gegen gesetzliche Verbote eintretende **Nichtigkeit des Rechtsgeschäfts (§ 134 BGB)** aus und setzt an ihre Stelle andere Rechtsfolgen (*BAG* 18.10.2006 – 7 AZR 749/05). Ist die vereinbarte Befristung oder auflösende Bedingung **von den sachlichen Voraussetzungen** her rechtsunwirksam, entsteht ein **auf unbestimmte Zeit geschlossenes Arbeitsverhältnis** (*LAG Hamm* 15.11.2007 – 11 Sa 1469/05). Dies setzt indessen voraus, dass der Arbeitnehmer nach **§ 256 ZPO** (während des noch laufenden befristeten Arbeitsverhältnisses) oder gem. **§ 17 TzBfG** die Unwirksamkeit der Befristung durch Klageerhebung rechtzeitig geltend gemacht hat (HWK-*Rennpferdt* Rn 4). Das trifft ebenso zu, wenn die Befristungsabrede allein an einem **Formmangel** krankt (*BAG* 16.4.2008 EzA § 14 TzBfG Nr. 47, Rn 12; dazu *Pallasch* Anm. AP Nr. 46 zu § 14 TzBfG; 13.6.2007 EzA § 14 TzBfG Nr. 40; *LAG Düsseld.* 18.9.2013 LAGE § 14 TzBfG Nr. 77b; 22.9.2002 LAGE § 15 TzBfG Nr. 1). Das Gesetz spricht in Satz 1 davon, dass der Arbeitsvertrag im Wege der **Fiktion in beiden Fällen** als auf unbestimmte Zeit geschlossen gilt.

5   Wie der klare Gesetzeswortlaut zeigt, gilt dies **unabhängig vom Unwirksamkeitsgrund** (*Dörner* Befr. Arbeitsvertrag Rn 779; *Sievers* Rn 1; HaKo-KSchR/*Mestwerdt* Rn 1; *Annuß/Thüsing-Maschmann* Rn 2; MHH-TzBfG/*Meinel* Rn 8; Arnold/Gräfl-*Spinner* Rn 4; LS-*Schlachter* Rn 1 f.; HaKo-TzBfG/*Joussen* Rn 6 f.; *Schaub/Koch* § 38 Rn 48; HWK-*Rennpferdt* Rn 2; MüKo-BGB/*Hesse* Rn 2; aA APS-*Backhaus* Rn 1; *Rolfs* Rn 1, jeweils unter Hinweis auf die Entstehungsgeschichte und BT-Drucks. 14/4374 S. 21, wo nur von § 14 Abs. 1 bis 3 TzBfG und der fehlenden Schriftform die

Rede ist; ErfK-*Müller-Glöge* Rn 1, der jenseits des § 14 TzBfG liegende Unwirksamkeitsgründe aber entsprechend § 16 TzBfG behandeln will; ebenso *Rolfs* Rn 6; MünchArbR-*Wank* § 95 Rn 173 ff.). Es trifft zwar zu, dass im Gesetzgebungsverfahren nur die in § 14 TzBfG geregelten Befristungsvoraussetzungen (Sachgründe nach Abs. 1, Vorgaben für sachgrundlose Befristungen nach Abs. 2 und 3; Schriftformerfordernis nach Abs. 4) oder das Fehlen einer wirksamen auflösenden Bedingung (§§ 21, 14 Abs. 1 TzBfG; vgl. *LAG Saarl.* 13.12.2006 – 2 Sa 70/06) in Rede standen.

Unwirksamkeitsgründe, die zB aus der **Missachtung von Beteiligungsrechten** des Personalrats (vgl. KR-*Lipke/Bubach* § 14 TzBfG Rdn 783 ff.; *Annuß/Thüsing-Maschmann* Rn 2) erwachsen können (*LAG Hamm* 14.12.2006 LAGE § 17 TzBfG Nr. 5), sind dabei nicht bedacht worden, gehören aber mit hierher (LS-*Schlachter* Rn 2; zur Zustimmung des Personalrats als Wirksamkeitsvoraussetzung der Befristung vgl. *BAG* 13.6.2007 EzA § 14 TzBfG Nr. 39). Es bleibt somit festzuhalten, dass ein in diese Richtung anzunehmender **gesetzgeberischer Wille sich im Wortlaut des Gesetzes nicht niedergeschlagen** hat (zutr. *Dörner* Befr. Arbeitsvertrag Rn 779). Gegen eine Differenzierung spricht indessen eine **Auffächerung der Rechtsfolgen** im Blick auf § 17 TzBfG. § 16 S. 1 TzBfG würde danach bestimmte Unwirksamkeitsgründe nicht erfassen, gegen die sich der Arbeitnehmer nach § 17 TzBfG in jedem Fall binnen drei Wochen mit der Entfristungsklage zur Wehr setzen müsste. Das ist unsystematisch und daher abzulehnen. Dagegen spricht auch die **neuere gesetzgeberische Entwicklung**, die sich in der Erstreckung der Klagefrist des § 4 S. 1 KSchG auf sämtliche Unwirksamkeitsgründe einer Kündigung verdeutlicht (zutr. Arnold/Gräfl-*Spinner* Rn 4). Die Fiktion des § 16 TzBfG erfasst somit **alle Unwirksamkeitsgründe.** 6

Mit der nunmehr infolge der **Kücük**-Entscheidung des EuGH vom 26.1.2012 (EzA § 14 TzBfG Nr. 80) anzustellenden Rechtsmissbrauchskontrolle stellt sich die Frage, ob **§ 16 S. 1 TzBfG** nicht auch **im Falle eines institutionellen Rechtsmissbrauchs** bei der Vereinbarung von Sachgrundbefristungen und von sachgrundlosen Befristungen die **Rechtsfolge** vorgibt. Das BAG hat sich dazu noch nicht festgelegt und hier nur § 242 BGB angesprochen (*BAG* 15.5.2013 EzA § 14 TzBfG Nr. 93, Rn 27; 9.3.2011 EzA § 14 TzBfG Nr. 75). Allein in der Entscheidung vom 18.10.2006 (– 7 AZR 749/05, Rn 20 f.) hat es ausgeführt, dass Verstöße gegen die befristungsrechtlichen Vorschriften des TzBfG, somit auch gegen § **14 Abs. 2 TzBfG**, nicht zur Nichtigkeit des Arbeitsvertrags führen, sondern dazu, dass die Befristung unwirksam ist und der Arbeitsvertrag als auf unbestimmte Zeit geschlossen gilt (§ 16 TzBfG; *LAG BW* 11.8.2016 LAGE § 14 TzBfG Nr. 107). Das Nichtberufenkönnen auf die Befristung mit der Folge der Fiktion eines unbefristeten Arbeitsvertrages entspricht dem Regelungsmuster des § 16 S. 1 TzBfG. Auch hier geht es um einen materiellen Unwirksamkeitsgrund iS dieser Bestimmung. Deshalb ist bei Umgehungstatbeständen wie diesen die Rechtsfolge ebenfalls § 16 S. 1 TzBfG zu entnehmen (ebenso wohl AR-*Schüren/Moskalew* Rn 3; HaKo-TzBfG/*Joussen* Rn 6 f.; LS-*Schlachter* Rn 1; HaKo-KSchR/*Mestwerdt* Rn 1; aA APS-*Backhaus* Rn 1; ErfK-*Müller-Glöge* Rn 1; vgl. Rdn 5). 7

B. Kündigungsmöglichkeiten bei unwirksamer Befristung

I. Für den Arbeitnehmer

Ist die Befristung unwirksam, kann der **Arbeitnehmer stets ordentlich** mit der für ihn maßgebenden Frist **kündigen** (*Preis/Gotthardt* DB 2001, 151; *Boewer* Rn 13; *Sievers* Rn 3; ErfK-*Müller-Glöge* Rn 4; MHH-TzBfG/*Meinel* Rn 6; HWK-*Rennpferdt* Rn 6), wobei § 623 BGB zu beachten ist (s. Rdn 3). Die Sätze 1 u. 2 der Vorschrift enthalten für ihn keine Einschränkungen und binden die Kündigung nicht an eine Vereinbarung nach **§ 15 Abs. 3 TzBfG** (*BAG* 23.4.2009 EzA § 16 TzBfG Nr. 1; APS-*Backhaus* Rn 9 ff. mit Kritik an der gesetzessystematischen Arbeit des Gesetzgebers) wie dies ursprünglich entsprechend der früheren BAG-Rspr. (zB *BAG* 26.4.1979 EzA § 620 BGB Nr. 39) im Gesetzentwurf vorgesehen war (BT-Drucks. 14/4374 S. 10 u. 21). Auf den **Unwirksamkeitsgrund** kommt es dabei nicht an (s. Rdn 5 f.). Dass dem Arbeitnehmer daneben bei Vorliegen eines wichtigen Grundes die Möglichkeit der **außerordentlichen Kündigung** (§ 626 BGB) offensteht, ist selbstverständlich. Außerdem kann jederzeit ein **schriftlicher Aufhebungsvertrag** geschlossen werden. 8

9 Mit der gesetzlichen Regelung des § 16 S. 1 TzBfG ist nicht mehr davon auszugehen, dass der Arbeitnehmer sich ohne Kündigung auf die an sich unwirksame Befristung berufen und das Arbeitsverhältnis **einseitig als beendet betrachten** kann (*Dörner* Befr. Arbeitsvertrag Rn 786 mwN; vgl. auch KR-*Lipke/Bubach* § 15 TzBfG Rdn 17; **aA** DDZ-*Wroblewski* Rn 7; MHH-TzBfG/*Meinel* Rn 13; HaKo-TzBfG/*Joussen* Rn 18; *Annuß/Thüsing-Maschmann* 2. Aufl., Rn 1; APS-*Backhaus* Rn 19 f., der – wie nach alter Rechtslage – in der Höchstbefristung den allein dem Arbeitnehmer dienenden Schutz in den Vordergrund stellt). Allerdings kann der Arbeitnehmer dadurch, dass er nicht fristgerecht die Klage gem. **§ 17 TzBfG** erhebt, die **unwirksame Befristung rechtswirksam werden lassen**, was aber kein Argument für die im Gesetz nicht vorgesehene einseitige Lösungsmöglichkeit darstellt (ebenso *Boewer* Rn 14 f.). Das TzBfG setzt indessen neue Regeln. Der **Schutzzweck** des § 16 S. 1 1. Hs. TzBfG dient nicht allein dem Arbeitnehmer, sondern der **Rechtssicherheit beider Arbeitsvertragsparteien** (Fiktion des Dauerarbeitsverhältnisses). Deshalb kann der Arbeitgeber erwarten, dass der Arbeitnehmer vorab ordentlich kündigt (aA LS-*Schlachter* Rn 6, wonach das Sich-Berufen des Arbeitnehmers auf die Rechtsunwirksamkeit der Rechtssicherheit genügt) oder nach Befristungsablauf die dreiwöchige Klagefrist des § 17 TzBfG verstreichen lässt (*Sievers* Rn 6; Arnold/Gräfl-*Spinner* Rn 25). Ein dritter Weg ist nicht vorgesehen.

10 Mit der **Versäumung der Klagefrist des § 17 TzBfG** löst sich das Problem aber weitgehend von selbst, da das nach § 16 TzBfG unbefristet begründete Arbeitsverhältnis insoweit nur auflösend bedingt besteht (LS-*Schlachter* Rn 5; ErfK-*Müller-Glöge* Rn 1). Der Fortbestand der zunächst nach § 16 S. 1 TzBfG als Fiktion bestehenden Unwirksamkeit der arbeitsvertraglich vereinbarten Befristung hängt ausschließlich davon ab, ob der Arbeitnehmer die gerichtliche Feststellung derselben betreibt; anderenfalls gilt sie rückwirkend als wirksam. Diese gesetzliche Konstruktion zeigt, dass der Arbeitgeber und erst recht der Arbeitsvermittler, der noch nicht einmal Partei des Arbeitsvertrages ist, sich nicht auf eine Unwirksamkeit der mündlich vereinbarten Befristung berufen können. Es liegt allein in der **Sphäre des Arbeitnehmers**, ob er die Befristung akzeptiert oder nicht (vgl. *LSG SA* 10.10.2013 – L 5 AS 367/09).

II. Für den Arbeitgeber

1. Materielle Unwirksamkeitsgründe (Satz 1, 2. Hs.)

11 In Fällen der materiell unwirksamen Befristung schreibt **Satz 1, 2. Hs.** vor, dass der Arbeitgeber frühestens **zum vereinbarten Ende** (ordentlich) kündigen kann (*LAG München* 22.6.2006 – 2 Sa 316/06). Hat sich der **Arbeitgeber** gem. **§ 15 Abs. 3 TzBfG** das Recht zur **ordentlichen Kündigung vorbehalten**, so gilt dieses Kündigungsrecht nach § 16 S. 1 TzBfG **auch bei Unwirksamkeit der Befristungsabrede** weiter. Die gesetzliche Regelung eröffnet also die Möglichkeit, zu Ungunsten des Arbeitnehmers von der grds. vom Arbeitgeber einzuhaltenden Mindestvertragsdauer abzuweichen (*BAG* 23.4.2009 EzA § 16 TzBfG Nr. 1, Rn 21). Die Erhebung der Entfristungsklage des Arbeitnehmers beraubt den Arbeitgeber nicht seiner Kündigungsmöglichkeit (*BAG* 22.9.2005 EzA § 1 KSchG Nr. 58).

12 Materielle oder formelle Mängel können das **Fehlen sachlicher Befristungsgründe** (*LAG Bln.-Bra.* 23.11.2012 LAGE § 14 TzBfG Nr. 74; *LAG Hamm* 28.11.2012 – 5 Sa 263/12) oder das **Fehlen der Voraussetzungen einer sachgrundlosen Befristung** oder die **Nichteinhaltung tariflicher Befristungsvorgaben** (*ArbG Bln.* 16.11.2011 – 60 Ca 8266/11) oder **der rechtsmissbräuchliche Einsatz der Befristungsmöglichkeiten** oder die **mangelnde Schriftform** oder schließlich die **nicht ausreichend beschriebene Zweckerreichung/Bedingung** sein (vgl. *LAG Düsseld.* 23.9.2015 LAGE § 16 TzBfG Nr. 1). Dem materiellen Unwirksamkeitsgrund gleichzusetzen ist das Zusammentreffen eines materiellen Unwirksamkeitsgrundes mit einem Schriftformmangel (MHH-TzBfG/*Meinel* Rn 10). Die **Kündigungserleichterung für den Arbeitgeber** nach **Satz 2** der Bestimmung erfordert dagegen – vorbehaltlich einer vereinbarten Kündigungsmöglichkeit nach § 15 Abs. 3 TzBfG –, dass die Befristung **ausschließlich an der mangelnden Schriftform** scheitert (Arnold/Gräfl-*Spinner* Rn 10; HaKo-TzBfG/*Joussen* Rn 13; LS-*Schlachter* Rn 14; *Sievers* Rn 8; AR-*Schüren/Moskalew* Rn 6). Näher dazu s. Rdn 16.

Da bei **materiellen Unwirksamkeitsgründen** iSv § 16 S. 1 vom Arbeitgeber **frühestens zum vereinbarten Ende der Befristung gekündigt werden kann**, darf die Kündigung des Arbeitgebers zwar bereits früher zugehen, nur kann die **Kündigungsfrist nicht vor dem vereinbarten Ende auslaufen** (*BAG* 23.4.2009 EzA § 16 TzBfG Nr. 1, Rn 18; APS-*Backhaus* Rn 14; HaKo-KSchR/*Mestwerdt* Rn 7; MüKo-BGB/*Hesse* Rn 6; *Sievers* Rn 10; Hako-TzBfG/*Joussen* Rn 14; HWK-*Rennpferdt* Rn 5, Mindestbefristungsdauer). Für die Zeit danach gibt es unter dem Gesichtspunkt des Befristungsrechts keine Beschränkungen mehr (*LAG RhPf* 5.2.2004 LAG-Report 2004, 305); vor allem dann nicht, wenn das Arbeitsverhältnis sich nach **§ 15 Abs. 5 TzBfG** in ein Dauerarbeitsverhältnis gewandelt hat. Für die außerordentliche Kündigung und den Aufhebungsvertrag gilt das bzgl. des Arbeitnehmers Gesagte entsprechend (s. Rdn 8). 13

Die Regelung in Satz 1 enthält mithin über die eingeschränkte Kündigungsmöglichkeit ein »**Bestrafungselement**« für den Arbeitgeber (krit. dazu APS-*Backhaus* Rn 11 f.; MHH-TzBfG/*Meinel* Rn 7). Andere sehen in der benachteiligenden Regelung einen Anreiz für den Arbeitgeber, **möglichst präzise Befristungsvereinbarungen** zu treffen, um der Gefahr einer einseitigen Bindung bis zum Fristablauf zu entgehen (LS-*Schlachter* Rn 10). Doch ist in Rechnung zu stellen, dass der Arbeitgeber sich **widersprüchlich verhalten** würde, wollte er sich vor dem vereinbarten Ende auf die Unwirksamkeit der Befristungsabrede berufen, da die Befristung regelmäßig in seinem Interesse liegt und auf seinen Wunsch erfolgt ist (ähnlich DDZ-*Wroblewski* Rn 3 f.; *Däubler* ZIP 2000, 1968; vgl. zum bisherigen Rechtszustand auch *LAG Düsseld.* 26.5.1995 LAGE § 620 BGB Bedingung Nr. 5). Dies kann die Ungleichbehandlung zwischen Arbeitgeber- und Arbeitnehmerkündigung halbwegs erklären. 14

Freilich kann sich der Arbeitgeber den für ihn negativen Folgen von Satz 1, 2. Hs. entziehen, wenn er mit dem Arbeitnehmer nach **§ 15 Abs. 3 TzBfG** (dazu KR-*Lipke/Bubach* § 15 TzBfG Rdn 35 ff.) die **Möglichkeit einer ordentlichen Kündigung vereinbart** hat (vgl. *BAG* 23.4.2009 EzA § 16 TzBfG Nr. 1, Rn 21). Die Sanktion ist dann abbedungen, was nach § 22 Abs. 1 TzBfG zulässig ist. Folglich kann er schon zu einem Zeitpunkt vor dem vereinbarten Ende unter Einhaltung der maßgeblichen Kündigungsfrist das befristete Arbeitsverhältnis kündigen (*Dörner* Befr. Arbeitsvertrag Rn 785; MHH-TzBfG/*Meinel* Rn 5; *Rolfs* Rn 4; *Boewer* Rn 12; Hako-TzBfG/*Joussen* Rn 13; ErfK-*Müller-Glöge* Rn 2). Hat sich der Arbeitnehmer mit einer Entfristungsklage zur Wehr gesetzt, liegt in der (vorsorglichen) Kündigung des Arbeitgebers kein Verstoß gegen die Bestimmungen aus §§ 242, 612a BGB (*BAG* 6.11.2003 EzA § 14 TzBfG Nr. 7; 22.9.2005 EzA § 1 KSchG Nr. 58; HWK-*Rennpferdt* Rn 8; LS-*Schlachter* Rn 12; AR-*Schüren/Moskalew* Rn 5). Die arbeitgeberseitige Kündigung hat dann aber den allgemeinen gesetzlichen und tariflichen Kündigungsschutzbestimmungen zu entsprechen. 15

2. Formelle Unwirksamkeitsgründe (Satz 2)

Wenn die Befristung **allein wegen eines – nachträglich. nicht mehr behebbaren** (*BAG* 16.3.2005 EzA § 14 TzBfG Nr. 17 m. teilweise krit. Anm. *Pallasch*, zust. dagegen *Kortstock* Anm. AP 16 zu § 14 TzBfG; zum faktischen Arbeitsverhältnis s Rdn 2) – **Mangels der Schriftform** (§ 14 Abs. 4 TzBfG; *BAG* 22.10.2003 EzA § 14 TzBfG Nr. 6; näher dazu KR-*Lipke/Bubach* § 14 TzBfG Rdn 688 ff.) **unwirksam** ist (vgl. *BAG* 15.2.2017 EzA § 14 TzBfG Schriftform Nr. 3, nachträgliche Heilung nur im Ausnahmefall möglich; *Klostermann-Schneider* jurisPR-ArbR 37/2017 Anm. 4; *LAG Düsseld.* 23.9.2015 LAGE § 16 TzBfG Nr. 1, welches eine nachträgliche Befristung bei bestehendem sachlichen Befristungsgrund für möglich hält; dazu KR-*Lipke/Bubach* § 14 TzBfG Rdn 83 ff.), kann der **Arbeitgeber** nach **Satz 2** jederzeit mit der für seine Kündigung maßgebenden Frist **ordentlich schriftlich kündigen** (*BAG* 23.4.2009 EzA § 16 TzBfG Nr. 1, Rn 18; *LAG Köln* 23.6.2005 NZA-RR 2006, 19), wobei die einschlägigen Kündigungsschutzvorschriften zu beachten sind (*Staudinger/Preis* [2019] § 620 BGB Rn 237 f.; MHH-TzBfG/*Meinel* Rn 9; APS-*Backhaus* Rn 12). Damit wird der **Formunwirksamkeit** im Verhältnis zur materiellen Unwirksamkeit der Befristung ein **geringeres Gewicht** beigemessen (*Hromadka* NJW 2001, 404; *v. Koppenfels* AuR 2001, 203; LS-*Schlachter* Rn 13), denn die Einschränkungen des arbeitgeberseitigen Kündigungsrechts 16 aus Satz 1 entfallen hier (AR-*Schüren/Moskalew* Rn 6). Auch auf eine Vereinbarung der Kündigungsmöglichkeit nach § 15 Abs. 3 TzBfG kommt es hierbei – anders als nach Satz 1 – nicht an (*BAG* 23.4.2009 EzA § 16 TzBfG Nr. 1; HWK-*Rennpferdt* Rn 7).

17 Als **Schriftformverstoß** gegen § 14 Abs. 4 TzBfG ist ebenso die nicht hinreichende **Bezeichnung des Vertragszwecks** im Falle der Zweckbefristung anzusehen (*BAG* 21.12.2005 EzA § 14 TzBfG Nr. 25); ebenso die formwidrige Verlängerung eines befristeten Arbeitsvertrages (*LAG RhPf* 15.1.2010 – 9 Sa 543/09). Der Anwendungsbereich des § 16 S. 2 TzBfG ist jedoch insoweit einzuschränken, als die dort bestimmte Kündigungsmöglichkeit nicht das überschreiten kann, was die Arbeitsvertragsparteien in der Regelung ihrer Kündigungsrechte zur beabsichtigten Vertragsdauer verabredet haben (*Hess. LAG* 30.4.2008 – 18 Sa 1500/07). Da es sich bei **§ 16 S. 2 TzBfG um eine einseitig zwingende Bestimmung** handelt, kann indessen für den Fall der Formnichtigkeit **zugunsten des Arbeitnehmers** eine **abweichende Regelung** in der Form zwischen den Arbeitsvertragsparteien getroffen werden, dem Arbeitnehmer den vom Gesetz als Normalfall bei Unwirksamkeit einer Befristung vorgesehenen Bestandsschutz für die Dauer der ursprünglich beabsichtigten Befristung der Befristung zu verschaffen (*BAG* 23.4.2009 EzA § 16 TzBfG Nr. 1, Rn 21; *Dörner* Befr. Arbeitsvertrag Rn 787).

18 Der Gesetzgeber hat die **Rechtsfolgen** für einen Verstoß gegen das Schriftformgebot **schwächer und für beide Arbeitsvertragsparteien gleich ausgestaltet**. Die abweichende Behandlung im Verhältnis zu den übrigen materiellen Unwirksamkeitsgründen ist schwer nachvollziehbar (DDZ-*Wroblewski* Rn 4; HaKo-KSchR/*Mestwerdt* Rn 5; LS-*Schlachter* Rn 13; *Richardi/Annuß* BB 2000, 2205; *v. Koppenfels* AuR 2001, 201; *Link/Fink* AuA 2001, 252; APS-*Backhaus* Rn 12). Sie wird in den Gesetzesmaterialien (BT-Drucks. 14/4625 S. 24) nicht näher begründet. Treffen **materielle mit formalen Unwirksamkeitsgründen zusammen**, gelten die Regeln des § **16 S. 1 TzBfG** (MHH-TzBfG/*Meinel* Rn 10; Arnold/Gräfl-*Spinner* Rn 10; LS-*Schlachter* Rn 14).

19 Bei **unklarer kalendermäßiger Befristung** ist – soweit eine Auslegung der Befristungsabrede nicht weiterhilft – wie zu § 17 TzBfG zu verfahren (KR-*Bader/Kreutzberg-Kowalczyk* § 17 TzBfG Rdn 20) und auf das **spätest mögliche Ende** abzustellen (ebenso HaKo-KSchR/*Mestwerdt* Rn 7; anders *Sievers* Rn 9, Arnold/Gräfl-*Spinner* Rn 13, die dann von einem unbefristeten Arbeitsverhältnis mit allgemeiner Kündigungsmöglichkeit ausgehen wollen). Bis dahin bleibt dem Arbeitgeber aufgrund der **selbst geschaffenen Unklarheit** die ordentliche Kündigungsmöglichkeit verschlossen (Rechtsgedanke des § 305c BGB; aA LS-*Schlachter* Rn 17 f., die zwischen unklaren Zeit- und Zweckbefristungen bzw. auflösenden Bedingungen unterscheiden will und bei den letztgenannten von einem ordentlich kündbaren unbefristeten Arbeitsverhältnis ausgeht). Die aufgezeigten Schwierigkeiten stellen sich nicht, wenn der Arbeitgeber mit dem Arbeitnehmer die die Möglichkeit einer ordentlichen Kündigung nach § 15 Abs. 3 TzBfG wirksam vereinbart hat. Insoweit beseitigt eine Kündigungsmöglichkeit nach § **15 Abs. 3 TzBfG** die aus § 16 TzBfG drohenden Sanktionen (APS-*Backhaus* Rn 11).

20 Probleme bereiten freilich die **Fälle der Unbestimmtheit** des Befristungsablaufs, wenn also das Enddatum unklar, der zu erreichende **Zweck** oder die **auflösende Bedingung** nicht objektiv oder unklar festgelegt sind (KR-*Bader/Kreutzberg-Kowalczyk* § 3 TzBfG Rdn 19, 27, 30; vgl. Beispielsfälle mit Nachw. bei *Annuß/Thüsing-Maschmann* Rn 2). Hier ist gerade nicht klar, wie das vereinbarte Ende exakt zu bestimmen ist. Das führt jedoch nicht dazu, dass § 16 unanwendbar wäre, weil sich ansonsten der Arbeitgeber über eine unklare Regelung zum Befristungsende entgegen § 15 Abs. 3 TzBfG eine Kündigungsmöglichkeit verschaffen könnte (aA Arnold/Gräfl-*Spinner* Rn 13; *Boecken/Joussen* Rn 16; *Rolfs* Rn 7; MünchArbR-*Wank* § 95 Rn 174; MHH-TzBfG/*Meinel* Rn 11, LS-*Schlachter* Rn 17; ErfK-*Müller-Glöge* Rn 1; MüKo-BGB/*Hesse* Rn 3; *Schaub/Koch* § 38 Rn 49; APS-*Backhaus* Rn 2, die von einem von vornherein unbefristeten, nach den allgemeinen Regeln kündbaren Arbeitsverhältnis ausgehen; offen gelassen *BAG* 23.4.2009 EzA § 16 TzBfG Nr. 1). § 16 TzBfG soll aber die Folgen unwirksamer Befristung insgesamt regeln, sodass sich zumindest die **analoge Anwendung von § 16 S. 2 TzBfG** empfiehlt (zutr. *Boewer* Rn 10). Dann

können sich beide Parteien im Wege der ordentlichen Kündigung aus dem Arbeitsverhältnis lösen. Bei unklaren oder zu unbestimmten Zweckbefristungen oder auflösenden Bedingungen wird man in Anlehnung an §§ 15 Abs. 2, 17 S. 3 TzBfG als das vereinbarte Ende erst das in einer **klarstellenden schriftlichen Mitteilung des Arbeitgebers** enthaltene Datum ansetzen können (HaKo-KSchR/*Mestwerdt* Rn 7; LS-*Schlachter* Rn 16; aA *Boewer* Rn 11).

Ähnliche Schwierigkeiten treten auf, wenn die **Zweckerreichung** oder der **Bedingungseintritt nicht mehr möglich** ist. Hierzu wird vertreten, dass dann dem Arbeitgeber die Kündigung unter angemessener Frist (eineinhalb bis zwei Jahre; DDZ-*Wroblewski* § 21 TzBfG Rn 26) ermöglicht werden muss oder die ordentliche Kündigung dauerhaft ausgeschlossen bleibt und allein der Weg der außerordentlichen Kündigung eröffnet ist (MHH-TzBfG/*Meinel* Rn 12). Ein Ausweg kann hier nur sein, in einem solchen Fall ein unbefristetes Arbeitsverhältnis anzunehmen, das nach herkömmlichen Regeln zu kündigen ist (zutr. Arnold/Gräfl-*Spinner* Rn 14 ff. mit sozialer Auslauffrist wie in den Fällen tariflich unkündbarer Arbeitnehmer; wohl auch APS-*Backhaus* § 21 Rn 32; ähnlich HaKo-TzBfG/*Joussen* Rn 17, der dies aber für einen Anwendungsfall des § 15 Abs. 2 TzBfG hält). Wird im Nachhinein eine schriftliche Befristungsabrede getroffen, können die Rechtsfolgen des § 16 TzBfG damit nicht beseitigt werden, es sei denn, es handelt sich um eine **zulässige nachträgliche Befristung** des dann unbefristeten Arbeitsverhältnisses mit Sachgrund (vgl. KR-*Lipke/Bubach* § 14 TzBfG Rdn 83 ff.; *LAG Düsseld.* 23.9.2015 LAGE § 16 TzBfG Nr. 1). Sämtliche hier insgesamt auftretenden **Probleme** lassen sich durch die Vereinbarung einer ordentlichen **Kündigungsmöglichkeit** nach § 15 Abs. 3 TzBfG bei Begründung des befristeten Arbeitsverhältnisses **vermeiden**.

III. Kündigungserklärung

Die schriftformbedürftige Kündigung stellt eine **einseitige Willenserklärung** dar, aufgrund derer das Arbeitsverhältnis (mit sofortiger Wirkung oder mit Ablauf der Kündigungsfrist) enden soll (näher s. KR-*Rachor* § 1 KSchG Rdn 159). Die **Berufung auf den Fristablauf** oder die **Ablehnung der Weiterbeschäftigung** genügt diesen Anforderungen grds. nicht (*BAG* 23.10.1991 EzA § 9 MuSchG nF Nr. 29; 28.10.1986 EzA § 118 BetrVG Nr. 38; 6.8.1997 EzA § 101 ArbGG 1979 Nr. 3; jeweils zur Nichtverlängerungsanzeige im Bühnenbereich *Annuß/Thüsing-Maschmann* Rn 5, *Sievers* Rn 11, *Dörner* Befr. Arbeitsvertrag Rn 789). Das gilt in gleicher Weise für Arbeitgeber wie Arbeitnehmer (zum letztgenannten Fall s. Rdn 9). Ohne vorsorgliche Kündigungserklärung läuft der Arbeitgeber bei formwidrig vereinbarter **Befristung für die Dauer des Bestandsschutzprozesses** Gefahr, dass das unwirksam befristete Arbeitsverhältnis über das rechtskräftige Ende des Entfristungsklageverfahrens nach § 17 TzBfG hinaus weiterbesteht (§ 14 Abs. 4 TzBfG; *BAG* 22.7.2014 EzA § 611 BGB 2002 Beschäftigungspflicht Nr. 3, Rn 19 f.; 22.10.2003 EzA § 14 TzBfG Nr. 6).

Dennoch kann sich im Einzelfall durch **Auslegung** nach den allgemeinen Grundsätzen (§§ 133, 157 BGB) ergeben, dass die Erklärung vom Arbeitgeber als **Kündigung** gemeint war und vor allem vom **Arbeitnehmer** auch **so verstanden** werden musste (*BAG* 5.3.1970 EzA § 620 BGB Nr. 13; vgl. auch *BAG* 8.4.2014 – 9 AZR 856/11, Rn 28, 32) oder tatsächlich so verstanden worden ist (BGHZ 71, 247; falsa demonstratio non nocet). Dafür spricht indes **keine Erfahrungsregel**, sondern bei der Berufung auf die Befristung bzw. der aus diesem Grunde abgelehnten Weiterbeschäftigung ist eine Kündigung nur **ausnahmsweise** anzunehmen (*BAG* 26.4.1979 EzA § 620 BGB Nr. 39). Denn die Mitteilung des Arbeitgebers, der Vertrag werde nicht verlängert, ist **keine rechtsgeschäftliche Erklärung**, weil damit nur seine **Rechtsauffassung** zum Ausdruck gebracht wird (sog. Wissenserklärung), das mit dem Arbeitnehmer abgeschlossene Arbeitsverhältnis werde – wie vorgesehen – aufgrund der vereinbarten Befristung beendet (*BAG* 30.9.1981 EzA § 620 BGB Nr. 54; *LAG Düsseld.* 18.9.2013 LAGE § 14 TzBfG Nr. 77b; *Annuß/Thüsing-Maschmann* Rn 5; DDZ-*Wroblewski* Rn 6; *Dörner* Befr. Arbeitsvertrag Rn 789; Arnold/Gräfl-*Spinner* Rn 23; LS-*Schlachter* Rn 7; HaKo-TzBfG/*Joussen* Rn 10; MüKo-BGB/*Hesse* Rn 7). Aufgrund des Schriftformerfordernisses einer Kündigung nach § 623 BGB und der häufig zu beachtenden **Beteiligungsrechte** nach dem BetrVG und nach den Personalvertretungsgesetzen werden diese Probleme jedoch nur vereinzelt auftreten können (HaKo-KSchR/*Mestwerdt* Rn 8; *Boewer* Rn 20).

24 Allenfalls dann, wenn es bereits **Streit über den Fortbestand** des Arbeitsverhältnisses und die Wirksamkeit der Befristung gegeben hat, wird man im Wege der **Auslegung** der (schriftlichen) **Berufung auf die Befristung** rechtsgeschäftliche Qualität beimessen können. Wenn der **Arbeitnehmer** sich hingegen noch **nicht zur Wirksamkeit der Befristung geäußert hat**, ist es vom Standpunkt beider Vertragsparteien nicht erforderlich, ein nach (irrtümlicher) Meinung des Arbeitgebers wirksam befristetes Arbeitsverhältnis zu kündigen. Zu einer vorsorglichen Kündigung besteht dann noch kein Anlass (*BAG* 24.10.1979 EzA § 620 BGB Nr. 41). Der Arbeitnehmer muss dann die (schriftliche) Berufung des Arbeitgebers auf die Befristung nicht als Kündigung verstehen. Man hat mithin jeweils sehr sorgfältig zu untersuchen, ob der Arbeitgeber wirklich **vorsorglich kündigen** wollte (*BAG* 5.3.1970 EzA § 620 BGB Nr. 13; KR-*Rachor* § 1 KSchG Rdn 177). Auch wenn der Arbeitgeber diesen Willen gehabt hat, ist weiter vor allem zu prüfen, ob dem Arbeitnehmer diese Absicht **erkennbar** war (SPV-*Preis* Rn 176). Klarheit bringen insoweit die Klagefristen nach §§ 17 **TzBfG**; 4, 7 **KSchG**, bei deren Ablauf die Wirksamkeit der Befristung bzw. der Kündigung anzunehmen ist (vgl. *LAG RhPf* 12.10.2004 – 2 Sa 522/04).

C. Annahmeverzug

25 Die **unwirksame Befristungsabrede** führt wie bisher dazu, dass der **vereinbarte Arbeitsvertrag mit all seinen inhaltlichen Regelungen fortbesteht**, nur die Befristung als solche fällt in Abweichung von der Grundregel des § 139 BGB fort (BT-Drucks. 14/4374 S. 21; *Staudinger/Preis* [2019] § 620 BGB Rn 236). Bei unwirksamer Befristung gerät der Arbeitgeber mithin für den Zeitraum nach Befristungsablauf in **Annahmeverzug** (§ 296 BGB), ohne dass es eines Angebots des Arbeitnehmers bedarf (*BAG* 22.2.2012 EzA § 615 BGB 2002 Nr. 36, Rn 24, im Falle einer Arbeitgeberkündigung; 25.11.1992 EzA § 620 BGB Nr. 117; *LAG BW* 25.4.2007 – 13 Sa 129/05, Rn 40; *Sievers* Rn 13; aA ErfK-*Müller-Glöge* Rn 5, HWK-*Rennpferdt* Rn 9, § 296 BGB gelte nicht; erst bei Protest des Arbeitnehmers oder mit Erhebung einer Befristungskontrollklage beginne der Annahmeverzug; demgegenüber reiche das arbeitgeberseitige Angebot einer befristeten Prozessbeschäftigung zur Beendigung des Annahmeverzugs nicht aus, so auch *BAG* 4.11.2015 EzA § 14 TzBfG Schriftform Nr. 1, Rn 34; 12.12.2012 EzA § 818 BGB 2002 Nr. 3, Rn 19; 19.9.2012 EzA § 4 TVG Ausschlussfristen Nr. 201;). Die abweichende Meinung von *Müller-Glöge* und die angeführten Erkenntnisse des BAG benachteiligen ohne Grund den befristet beschäftigten Arbeitnehmer vor Erhebung der Entfristungsklage im Verhältnis zum unbefristet beschäftigten Arbeitnehmer vor Erhebung der Kündigungsschutzklage. Der Arbeitgeber beruft sich in dem einen wie dem anderen Fall jeweils auf die Beendigung des Arbeitsverhältnisses (so auch *Sievers* Rn 16 f.). Die **Fiktionswirkung** des § 16 S. 1 TzBfG (LS-*Schlachter* Rn 4) wird damit zu Lasten des befristet beschäftigten Arbeitnehmers **eingeschränkt**, was auch dem Rechtsgedanken des § 4 Abs. 2 TzBfG widerspricht. Der Bestand eines nach § 16 begründeten unbefristeten Arbeitsverhältnisses ist schließlich auflösend bedingt durch die Versäumung der Klagefrist des § 17 TzBfG (so auch ErfK-*Müller-Glöge* Rn 1).

26 § 296 BGB begründet jedenfalls den Annahmeverzug des Arbeitgebers, soweit die Arbeitsvertragsparteien über den sachlichen Grund oder die Voraussetzungen einer sachgrundlosen Befristung streiten. Mangels **Leistungsbereitschaft des Arbeitnehmers** (vgl. *BAG* 24.8.2016 EzA § 4 TVG Ausschlussfristen Nr. 215) tritt der Annahmeverzug des Arbeitgebers dagegen nicht ein, wenn die Parteien (zunächst) übereinstimmend von einem wegen Zeitablaufs befristeten Arbeitsverhältnis ausgehen, aber innerhalb der Dreiwochenfrist des § 17 TzBfG Streit über die Rechtsbeständigkeit der Befristung ausbricht. Dann ist von einem Annahmeverzug erst nach dem wörtlichen Angebot der Arbeitsleistung (§ 295 BGB) durch den Arbeitnehmer auszugehen (ErfK-*Müller-Glöge* Rn 5).

§ 17 TzBfG Anrufung des Arbeitsgerichts

¹Will der Arbeitnehmer geltend machen, dass die Befristung eines Arbeitsvertrages rechtsunwirksam ist, so muss er innerhalb von drei Wochen nach dem vereinbarten Ende des befristeten Arbeitsvertrages Klage beim Arbeitsgericht auf Feststellung erheben, dass das Arbeitsverhältnis aufgrund der Befristung nicht beendet ist. ²Die §§ 5 bis 7 des Kündigungsschutzgesetzes gelten entsprechend. ³Wird das Arbeitsverhältnis nach dem vereinbarten Ende fortgesetzt, so beginnt die Frist nach Satz 1 mit dem Zugang der schriftlichen Erklärung des Arbeitgebers, dass das Arbeitsverhältnis aufgrund der Befristung beendet sei.

Übersicht

		Rdn
A.	Entstehungsgeschichte der Vorschrift	1
B.	Anwendungsbereich der Norm	4
I.	Befristete Arbeitsverträge	4
II.	Auflösend bedingte Arbeitsverträge	10
III.	Befristung einzelner Arbeitsvertragsbedingungen	12
C.	Feststellungsklage	13
I.	Klageerhebung/Klageantrag	13
II.	Klagefrist	19
	1. Kalendermäßige Befristung	19
	2. Zweckbefristung und auflösende Bedingung	23
	3. Bei Fortsetzung nach dem vereinbarten Ende (Satz 3)	29
	a) Anwendungsbereich und Auslegung	29
	b) Die Erklärung gem. Satz 3	35
	c) Zeitpunkt der Erklärung gem. Satz 3/rechtliche Einordnung	37
	d) Berechnung der Klagefrist	39
	e) Übergangsprobleme	40
	4. Klage vor Fristbeginn	41
D.	Zum Verfahren	43
I.	Allgemeines	43
II.	Weiterbeschäftigung während des Verfahrens	46
III.	Revisionsgerichtliche Überprüfung	49
IV.	Streitgegenstand/Rechtskraftwirkungen	51
E.	Entsprechende Anwendung der §§ 5 bis 7 KSchG (Satz 2)	53
I.	§ 5 KSchG	53
II.	§ 6 KSchG	54
III.	§ 7 KSchG	56
F.	Feststellungsklage bei mehrfacher Befristung	58
G.	Fortsetzungsanspruch des Arbeitnehmers	66
I.	Allgemeines	66
II.	Begründungsmuster in der älteren Rechtsprechung	68
	1. Rechtsmissbrauch	68
	2. Vertrauensschutz	71
III.	»Fürsorgepflicht«	74
	1. Allgemeines	74
	2. Fortsetzungsanspruch bei nachträglichem Wegfall des Befristungsgrundes	75
	3. Fortsetzungsanspruch bei Ungleichbehandlung/Diskriminierung	77
IV.	Fortsetzungsanspruch als Schadensersatz	79
V.	Zusage der Weiterbeschäftigung nach Fristablauf	80
VI.	Tarifliche Einstellungsgebote und Verlängerungsklauseln	84
VII.	Wiedereinstellungsanspruch durch Betriebsvereinbarung	88
VIII.	besondere gesetzliche Fortsetzungsgebote	89
IX.	Durchsetzung des Fortsetzungsanspruchs	90
H.	Fortsetzungsrecht des Arbeitgebers?	92

A. Entstehungsgeschichte der Vorschrift

Eine außerordentliche oder ordentliche **Kündigung** musste im Geltungsbereich des KSchG (§§ 1 Abs. 1, 23 Abs. 1 KSchG) seit dem Kündigungsschutzgesetz von 1951 **binnen drei Wochen ab ihrem Zugang klageweise angegriffen** werden (§§ 13 Abs. 1 S. 2, 4 S. 1 KSchG), sollte sie nicht als rechtswirksam gelten (§ 7 KSchG). Seit dem 1.1.2004 kommt es nach § 4 S. 1 KSchG in seiner nunmehr geltenden Fassung (zur Normgeschichte insoweit ausf. KR-*Klose* § 4 KSchG Rdn 1 ff.) auf den Geltungsbereich des KSchG nicht mehr an, die Drei-Wochen-Frist gilt grds. für jede **schriftliche Kündigung** (dazu und zu etwaigen Einschränkungen KR-*Klose* § 4 KSchG Rdn 14 ff. u. KR-*Treber/Rennpferdt* § 13 KSchG Rdn 147 ff.). Ob die **Drei-Wochen-Frist** des § 4 S. 1 KSchG auch **für Klagen gegen die Wirksamkeit von Befristungen** von Arbeitsverträgen gelten sollte, war mangels ausdrücklicher Regelung früher umstritten. In der Literatur wurde diese Frage vielfach

1

bejaht (*Friedrich* KR 4. Aufl., § 4 KSchG Rn 15; *Lipke* KR 4. Aufl., § 620 BGB Rn 231 ff., beide mwN). Das BAG hingegen hat die Frage bis zum Schluss verneint (*BAG* 28.2.1990 – 7 AZR 143/89).

2 Zur Beseitigung der damit verbundenen Rechtsunsicherheit hat der Gesetzgeber mit Wirkung vom 1.10.1996 durch die Einfügung des § 1 Abs. 5 (durch Gesetz v. 25.9.1996, BGBl. I S. 1476) in das **BeschFG1985** vom 26.4.1985 (BGBl. I S. 710) auch **für Befristungen** eine dreiwöchige **materiellrechtliche Klagefrist** eingeführt. Die Vorschrift lautete wie folgt: »Will der Arbeitnehmer geltend machen, dass die Befristung eines Arbeitsvertrages rechtsunwirksam ist, so muss er innerhalb von drei Wochen nach dem vereinbarten Ende des befristeten Arbeitsvertrages Klage beim Arbeitsgericht auf Feststellung erheben, dass das Arbeitsverhältnis auf Grund der Befristung nicht beendet ist. Die §§ 5 bis 7 des Kündigungsschutzgesetzes gelten entsprechend.« Damit spielte insoweit seither die prozessuale **Verwirkung** für befristete Arbeitsverträge keine maßgebliche Rolle mehr (s. jetzt zur Verwirkung etwa *BAG* 9.2.2011 – 7 AZR 221/10, Rn 13; beachte aber auch *BAG* 10.12.2020 – 2 AZR 308/20, Rn 19; zur Prozessverwirkung a. Rdn 53 aE). Die Neuregelung wurde in der Literatur allgemein begrüßt (statt vieler: *von Hoyningen-Huene/Linck* DB 1997, 46; *Löwisch* NZA 1996, 1012; *Preis* NJW 1996, 3373; *Rolfs* NZA 1996, 1139; *Sowka* BB 1997, 677, 679). Die Norm erfasste trotz des etwas missglückten Standorts **alle Arten von Befristungen** (*BAG* 20.1.1999 – 7 AZR 715/97) und grds. **alle Arten von Unwirksamkeitsgründen** (*BAG* 9.2.2000 – 7 AZR 730/98), was der Rechtsklarheit zwischen den Parteien nach Ablauf der Klagefrist dienen sollte (*BAG* 23.1.2002 – 7 AZR 563/00). Allerdings war seit der Einführung der Schriftform für die Befristungsvereinbarung durch § 623 BGB (dazu s. KR-*Spilger* § 623 BGB Rdn 6 ff.) diskutiert worden, ob die Klagefrist seinerzeit auch die Unwirksamkeit aufgrund fehlender **Schriftform** erfasste (in diesem Sinne die ganz hM, etwa *Richardi/Annuß* NJW 2000, 1235; *Vossen* NZA 2000, 706; aA *Bader* NZA 2000, 635; zum jetzigen Rechtszustand s. Rdn 5).

3 Mit Wirkung vom **1.1.2001** findet sich die Vorschrift in § **17 TzBfG** (erweitert durch S. 3 – dazu BT-Drucks. 14/4625 S. 21; erweitert zudem durch § 21 TzBfG ausdrücklich auf die Fälle **auflösender Bedingungen** – dazu *Dörner* Befr. Arbeitsvertrag Rn 793 mwN und hier Rdn 10), § 1 Abs. 5 BeschFG ist zugleich aufgehoben (Gesetz vom 21.12.2000, BGBl. I S. 1966). Zur erstmaligen Anwendung *BAG* 9.2.2000 – 7 AZR 730/98; 27.4.2004 – 9 AZR 18/03; (s.a. Rdn 11).

B. Anwendungsbereich der Norm

I. Befristete Arbeitsverträge

4 § 17 TzBfG erfasst **alle befristeten Arbeitsverhältnisse** (BT-Drucks. 14/4374 S. 21; s. KR-*Bader/Kreutzberg-Kowalczyk* § 1 TzBfG Rdn 6; LS-*Schlachter* § 17 TzBfG Rn 4; damit etwa auch Befristungen durch Altersgrenzen: *Hess. LAG* 8.4.2013 – 17 Sa 1018/12), unabhängig davon, ob das KSchG im Hinblick auf dessen §§ 1 Abs. 1, 23 Abs. 1 anwendbar ist oder nicht (zu § 4 KSchG insoweit für den ab 1.1.2004 geltenden Rechtszustand KR-*Klose* § 4 KSchG Rdn 17 ff.), und abhängig von ihrer Dauer (zB *BAG* 31.7.2002 – 7 AZR 181/01: Eintagesarbeitsverhältnisse aufgrund einer Rahmenvereinbarung; APS-*Backhaus* § 17 TzBfG Rn 8; LS-*Schlachter* § 17 TzBfG Rn 4). Gleichgültig ist es dabei, ob es sich um **Befristung mit oder ohne Sachgrund** oder um Befristungen aufgrund **spezialgesetzlicher Regelungen** handelt (APS-*Backhaus* § 17 TzBfG Rn 8; *Rolfs* § 17 TzBfG Rn 2; *Sievers* § 17 TzBfG Rn 2; zu den spezialgesetzlichen Regelungen KR-*Bader/Kreutzberg-Kowalczyk* § 23 TzBfG). Dies entspricht der Rechtslage nach § 1 Abs. 5 BeschFG (s. Rdn 2) und dem erklärten Willen des Gesetzgebers (BT-Drucks. 14/4374 S. 21). Die Klagefrist läuft auch dann, wenn der Arbeitgeber den Arbeitnehmer als freien Mitarbeiter behandelt hat (zB *BAG* 20.8.2003 – 5 AZR 362/02; 20.1.2010 – 5 AZR 99/09, Rn 23).

5 Gleichgültig ist es auch, um welchen Unwirksamkeitsgrund es sich handelt (*Dörner* Befr. Arbeitsvertrag Rn 993; *LAG Köln* 5.6.2014 – 7 Sa 827/13; *Hess. LAG* 8.4.2013 – 17 Sa 1018/12). Es bleibt wie nach § 1 Abs. 5 BeschFG (s. Rdn 2) dabei, dass grds. **alle Arten von Unwirksamkeitsgründen** durch die fristgebundene Feststellungsklage geltend gemacht werden müssen (etwa: Fehlen eines

erforderlichen **Sachgrundes**; Fehlen der Voraussetzungen nach **§ 14 Abs. 2, 2a oder 3 TzBfG**; fehlende landesrechtlich gebotene **Zustimmung des Personalrats** zur Befristung [*BAG* 4.5.2011 – 7 AZR 252/10]; Nichterfüllung tarifvertraglicher Befristungsvorgaben; die fehlende **Zustimmung des Integrationsamtes** nach nunmehr § 175 SGB IX [*BAG* 18.10.2006 – 7 AZR 662/05] – das Zustimmungserfordernis gilt aber nur für bestimmte auflösende Bedingungen [s. *BAG* 15.5.2019 – 7 AZR 285/17, Rn 25; Rdn 18]; Unwirksamkeit etwa wegen **Altersdiskriminierung** [*BAG* 18.1.2017 – 7 AZR 236/15, Rn 22; DDZ-*Wroblewski* § 17 TzBfG Rn 3]; Unwirksamkeit wegen eines Verstoßes gegen das **Transparenzgebot** des § 307 Abs. 1 S. 2 BGB [*BAG* 18.1.2017 – 7 AZR 236/15, Rn 22]). Das gilt auch für die Unwirksamkeit aufgrund fehlender **Schriftform** (*BAG* 20.8.2014 – 7 AZR 924/12, Rn 21; 15.2.2012 – 10 AZR 111/11, Rn 40; DDZ-*Wroblewski* § 17 TzBfG Rn 3; LS-*Schlachter* § 17 TzBfG Rn 5; *Richardi* NZA 2001, 62; aA v. *Koppenfels* AuR 2001, 201, 205), nachdem der Gesetzgeber trotz der vorhandenen Diskussion (s. Rdn 2) insoweit keine differenzierende Lösung vorgesehen hat (wie hier *Kliemt* NZA 2001, 302; vgl. auch KR-*Spilger* § 623 BGB Rdn 222). Dasselbe gilt grds. für die Frage, ob insbes. eine **Zweckbefristung oder auflösende Bedingung** wegen **mangelnder Bestimmtheit** (s. dazu KR-*Bader/Kreutzberg-Kowalczyk* § 3 TzBfG Rdn 27–31) unwirksam ist, wobei den Bedenken der gegenteiligen Auffassung durch eine sachgerechte Handhabung der Klagefrist in Unklarheitsfällen – dazu Rdn 26 – Rechnung getragen werden kann (ebenso Bader/Bram-*Bader* § 620 BGB Rn 275; aA APS-*Backhaus* § 17 TzBfG Rn 14; ErfK-*Müller-Glöge* § 17 TzBfG Rn 4). Denn insoweit liegt eben doch eine Befristungsabrede bzw. vereinbarte auflösende Bedingung vor, wenn diese auch wegen der Unbestimmtheit als unwirksam zu qualifizieren ist (aA APS-*Backhaus* § 17 TzBfG Rn 14; *Boewer* Rn 8 f.; LS-*Schlachter* § 17 TzBfG Rn 6; *Sievers* § 17 TzBfG Rn 9 – danach ist eine allgemeine Feststellungsklage geboten; *Dörner* Befr. Arbeitsvertrag Rn 815 stellt darauf ab, ob der Beginn der Klagefrist eindeutig bestimmbar ist; unklar ErfK-*Müller-Glöge* § 17 TzBfG Rn 4, der lediglich konstatiert, dass die Klagefrist keine Bedeutung habe, weil die Fiktion ihrer Wirksamkeit nach § 7 KSchG keine Auflösung des Arbeitsverhältnisses zu einem bestimmten Termin herbeiführen könne). Da allerdings eine gegen die Wirksamkeit der Zweckbefristung gerichtete Befristungskontrollklage ebenso wie eine gegen die Wirksamkeit einer auflösende Bedingung gerichtete Bedingungskontrollklage – anders als eine gegen die Wirksamkeit einer kalendermäßigen Befristung gerichteten Befristungskontrollklage (s. Rdn 41 mwN) – erst statthaft ist, wenn der Arbeitgeber den Arbeitnehmer gemäß § 15 Abs. 2 TzBfG schriftlich darüber unterrichtet hat, wann der Zweck der Befristung erreicht bzw. die Bedingung eingetreten ist (für eine Zweckbefristung *BAG* 21.3.2017 – 7 AZR 222/15, Rn 12; für eine aufl. Bedingung *BAG* 27.7.2016 – 7 AZR 276/14, Rn 17; s. Rdn 41), ist zu **differenzieren**. Vor Zugang einer Beendigungsmitteilung nach § 15 Abs. 2 TzBfG ist eine allgemeine Feststellungsklage nach § 256 Abs. 1 ZPO zu erheben (s. Nachweise unter Rdn 41). Ab Zugang der Beendigungsmitteilung ist eine Klage nach § 17 S. 1 TzBfG geboten (ebnso vgl. auch MHH-TzBfG/*Meinel* § 17 TzBfG Rn 12). Einzig bei einer hinsichtlich des Beendigungszeitpunkts unbestimmten Befristungsabrede, bei der es sich nicht um eine (unbestimmte) Zweckbefristung handelt (wie etwa einer Befristung »für einige Wochen«) wäre eine Bestimmung der Klagefrist unmöglich. In solchen Fällen genügt eine allgemeine Feststellungsklage nach § 256 Abs. 1 ZPO, da eine derart unbestimmte Befristungsvereinbarung die Qualität einer »**Nichtabrede**« hat (vgl. APS-*Backhaus* § 17 TzBfG Rn 14). Denn **Streitgegenstand einer Befristungskontrollklage** nach § 17 S. 1 TzBfG ist die Beendigung des Arbeitsverhältnisses aufgrund einer zu einem bestimmten Zeitpunkt vereinbarten Befristung zu dem in dieser Vereinbarung vorgesehenen Termin (*BAG* 23.10.2019 – 7 AZR 7/18, Rn 51; s. Rdn 13, 51). Ist der Endzeitpunkt nicht einmal bestimmbar, liegt gerade keine Befristung zu einem in der Vereinbarung vorgesehenen Termin vor.

Die Klagefrist ist schließlich auch einzuhalten, wenn darum gestritten wird, ob bei einer Zweckbefristung der **vereinbarte Zweck eingetreten** ist (*BAG* 15.2.2017 – 7 AZR 153/15, Rn 11; 15.5.2012 – 7 AZR 35/11, Rn 15) bzw. die vereinbarte **auflösende Bedingung eingetreten** ist (so unter ausdrücklicher Aufgabe der früheren Rspr. für die auflösende Bedingung *BAG* 6.4.2011 – 7 AZR 704/09, Rn 16 ff.; seither städ. Rspr. etwa *BAG* 4.11.2015– 7 AZR 851/13, Rn 27 mwN; 26.2.2020 – 7 AZR 121/19, Rn 15; der neuen Rspr. zust. ErfK-*Müller-Glöge* § 17 TzBfG Rn 4; 6

MHH-TzBfG/*Meinel* § 17 Rn 9 ff. [mit gewissen Einschränkungen]; aA APS-*Backhaus* § 17 TzBfG Rn 15c; *Sievers* § 17 TzBfG Rn 11 ff.), was speziell in den Fällen der Erwerbsunfähigkeit, wenn diese als auflösende Bedingung ausgestaltet ist (vgl. dazu etwa KR-*Bader/Kreutzberg-Kowalczyk* § 33 TVöD Rdn 7 ff.), Relevanz gewinnt. Das BAG stellt überzeugend dar, dass das deswegen sachgerecht und geboten ist, weil die Frage des Eintritts der auflösenden Bedingung häufig nahezu unlösbar mit der Beurteilung der Rechtswirksamkeit der Bedingungsabrede verknüpft ist. Dem BAG ist daher trotz gewisser verbleibender dogmatischer Zweifel zu folgen (aA APS-*Backhaus* § 17 TzBfG Rn 15c; *Sievers* § 17 TzBfG Rn 11 ff.). Gleiches gilt, wenn nur der **Zeitpunkt des zur Beendigung des Arbeitsvertrags führenden Ereignisses** im Streit steht (BAG 4.11.2015 – 7 AZR 851/13, Rn 27).

7 Hingegen gilt die Klagefrist nicht, wenn sich der Streit nur darum dreht, ob eine **Befristung oder eine auflösende Bedingung** überhaupt **vereinbart** ist, womit dann mit einer **allgemeinen Feststellungsklage** gem. § 256 Abs. 1 ZPO gearbeitet werden muss (zB *BAG* 14.12.2016 – 7 AZR 797/14, NZA 2017, 638; 18.10.2006 – 7 AZR 662/05, Rn 13; 16.4.2008 – 7 AZR 132/07, Rn 10; *Bader/Bram-Bader* § 620 BGB Rn 275; *Dörner* Befr. Arbeitsvertrag Rn 807; ErfK-*Müller-Glöge* § 17 TzBfG Rn 4; MHH-TzBfG/*Meinel* § 17 TzBfG Rn 8; LS-*Schlachter* § 17 TzBfG Rn 6; *Sievers* § 17 TzBfG Rn 5; aA *Hess. LAG* 18.1.2000 – 9 Sa 964/99; *Annuß/Thüsing-Maschmann* § 17 TzBfG Rn 3a). Die gesetzliche Regelung verpflichtet den Arbeitnehmer nämlich nur dann, die Klagefrist einzuhalten, wenn er die Rechtsunwirksamkeit der Befristung geltend machen will, was voraussetzt, dass überhaupt eine Befristung vereinbart ist. So bedarf es auch keiner fristgebundenen Klage nach § 17 TzBfG, wenn der Arbeitnehmer sich darauf beruft, dass die Befristung bzw. auflösende Bedingung als **überraschende Klausel nach § 305c Abs. 1 BGB** nicht Vertragsbestandteil geworden ist (*BAG* 18.1.2017 – 7 AZR 236/15, Rn 22; 16.4.2008 – 7 AZR 132/07, Rn 10). Dies ist mit einer allgemeinen Feststellungsklage nach § 256 Abs. 1 ZPO geltend zu machen. Gleiches gilt, wenn der Arbeitnehmer rügt, dass die Befristungsvereinbarung (bzw. auflösende Bedingung) mangels **Zustimmung des Betriebsrats** zur Einstellung nach § 99 Abs. 1 BetrVG nicht wirksam zustande gekommen sei oder sie nach einem **Rücktritt wegen einer Störung der Geschäftsgrundlage** gegenstandslos geworden sei (*BAG* 18.1.2017 – 7 AZR 236/15, Rn 22). Umstritten ist, ob § 17 TzBfG auch dann anzuwenden ist, wenn der Arbeitnehmer geltend macht, dass die Voraussetzungen des **§ 41 S. 2 SGB VI** nicht vorliegen und das Arbeitsverhältnis damit nicht zum vereinbarten Zeitpunkt (sondern später) ende (dafür etwa KR-*Bader* an dieser Stelle in der 12. Aufl.; *Dörner* Befr. Arbeitsvertrag Rn 806; ErfK-*Müller-Glöge* § 17 TzBfG Rn 3; LS-*Schlachter* § 17 TzBfG Rn 5; offen gelassen in *BAG* 4.11.2015 – 7 AZR 851/13, Rn 31; 17.4.2002 – 7 AZR 40/01). Nunmehr hat das BAG zutreffend entschieden, dass dies im Rahmen einer allgemeinen Feststellungsklage geltend zu machen ist, da diese Bestimmung lediglich ein späteres Ausscheiden anordnet und keinen Unwirksamkeitsgrund normiert (so auch APS-*Backhaus* § 17 TzBfG Rn 13; *Sievers* § 17 TzBfG Rn 18). Gleichfalls nicht unter § 17 TzBfG fällt die Frage des **§ 15 Abs. 5 TzBfG**, dh die Frage danach, ob das Arbeitsverhältnis (möglicherweise) aufgrund Fortsetzung nunmehr als unbefristetes gilt (*BAG* 28.09.2016 – 7 AZR 377/14, Rn 28; LS-*Schlachter* § 17 TzBfG Rn 7; *Sievers* § 17 TzBfG Rn 9; MHH-TzBfG/*Meinel* § 17 TzBfG Rn 14). In diesem Falle wird es geraten sein, die Klage gem. § 17 TzBfG mit der allgemeinen Feststellungsklage zu kombinieren (vgl. insoweit auch Rdn 13 u. 44). § 17 TzBfG ist gleichfalls nicht einschlägig, wenn geltend gemacht wird, das zweckbefristete Arbeitsverhältnis sei wegen fehlender Mitteilung nach **§ 15 Abs. 2 TzBfG** nicht beendet (*BAG* 19.1.2005 – 7 AZR 113/04).

8 *Däubler* will darüber hinaus auch eine spätere Geltendmachung von **elementaren Verletzungen der Rechtsordnung** ermöglichen, etwa bei einem Verstoß gegen die guten Sitten oder bei einem Verstoß gegen gesetzliche Verbote wie Diskriminierungsverbote (*Däubler* ZIP 2000, 1961; aA MHH-TzBfG/*Meinel* § 17 TzBfG Rn 7; LS-*Schlachter* § 17 TzBfG Rn 5). Zwingend ist dies auch unter verfassungsrechtlichen Aspekten nicht. Darüber hinaus enthält § 17 TzBfG keine dem § 13 Abs. 2 S. 1 KSchG entsprechende Regelung, und § 17 S. 1 TzBfG iVm der durch Satz 2 angeordneten entsprechenden Anwendung der §§ 4 S. 1, 7 KSchG führt dazu, dass die **Befristung als in jeder Hinsicht rechtswirksam** gilt (Rdn 5; ErfK-*Müller-Glöge* § 17 TzBfG Rn 11a).

Hinsichtlich der **Befristung** ergeben sich durch das Inkrafttreten des § 17 TzBfG (s. Rdn 3) an sich 9
keine Übergangsprobleme (dies dennoch allg. diskutierend *Dörner* Befr. Arbeitsvertrag 1. Aufl.,
Rn 997), da die Vorgängervorschrift des § 1 Abs. 5 BeschFG inhaltsgleich war (bis auf § 17 S. 3
TzBfG – s. Rdn 40).

II. Auflösend bedingte Arbeitsverträge

Bis zum 31.12.2000 war umstritten, ob die **Klagefrist** (des § 1 Abs. 5 BeschFG – dazu Rdn 2) 10
auch für **auflösend bedingte Arbeitsverträge** galt (dafür etwa *Lipke* KR 5. Aufl., § 1 BeschFG 1996
Rn 171 mwN; aA etwa *BAG* 23.2.2000 – 7 AZR 906/98; *Hess. LAG* 9.7.1999 – 2 Sa 2093/98;
ErfK-*Müller-Glöge* 2. Aufl., § 1 BeschFG Rn 69). Diese Frage ist durch das Gesetz entschieden: § 21
TzBfG erklärt § 17 TzBfG für auflösend bedingte Arbeitsverträge für entsprechend anwendbar (zB
BAG 23.6.2004 – 7 AZR 440/03). Damit gelten die Ausführungen in Rdn 4–9 insoweit entsprechend. In Rdn 5 ist auch auf die Fragen eingegangen, ob § 17 S. 1 TzBfG Anwendung findet, wenn
darum gestritten wird, ob die auflösende Bedingung mangels hinreichender Bestimmtheit wirksam
ist und ob sie tatsächlich bzw. wann sie eingetreten ist.

Folgt man dem *BAG* (23.2.2000 – 7 AZR 906/98) und nimmt auf dieser Grundlage an, dass es eine 11
Klagefrist für auflösend bedingte Arbeitsverträge erst ab dem 1.1.2001 gibt, ist in der Einführung
der Klagefrist für auflösend bedingte Arbeitsverträge **kein Verstoß gegen die RL** 1999/70/EG des
Rates iVm § 8 Nr. 3 der Rahmenvereinbarung (abgedr. Bei Bader/Bram-*Bader* § 620 BGB Rn 12)
zu sehen: Es wird damit nicht das allgemeine Niveau des Arbeitnehmerschutzes insoweit gesenkt.
§ 21 TzBfG schafft vielmehr erstmals für auflösend bedingte Arbeitsverträge eine klare gesetzliche
Regelung und die Klagefrist ist nur eine mit dem Gesamtsystem abgestimmte flankierende Verfahrensregelung. Für den Umgang mit **Altverträgen** wird verwiesen auf *Bader* KR 10. Aufl., § 17
TzBfG Rn 8 und 11. Aufl., § 17 TzBfG Rn 9 aE.

III. Befristung einzelner Arbeitsvertragsbedingungen

Die **Befristung einzelner Arbeitsvertragsbedingungen** (zur Kontrolle diesbezüglich s. KR-*Lipke/* 12
Bubach § 14 TzBfG Rdn 89 ff.) **unterliegt nicht der Klagefrist** des § 17 TzBfG (*BAG* 4.6.2003 – 7
AZR 406/02; 14.1.2004 – 7 AZR 342/03; 18.1.2006 – 7 AZR 191/05, [darin auch zum Kontrollmechanismus]; zuletzt *BAG* 25.4.2018 – 7 AZR 520/16, Rn 15 mwN; so auch die ganz hM, dafür
etwa: *Dörner* Befr. Arbeitsvertrag Rn 810; LS-*Schlachter* § 17 TzBfG Rn 9 mwN; MHH-TzBfG/
Meinel § 17 TzBfG Rn 4 mwN; *Vossen* NZA 2000, 705; aA *Annuß/Thüsing-Maschmann* § 17
TzBfG Rn 2; Worzalla FS Bauer 2010, 1183; *Löwisch* Anm. zu BAG AP Nr. 12 zu § 1 BeschFG
1996 [differenzierend: je nachdem, ob nachträglich oder bereits bei Einstellung]). Es handelt sich
dabei nicht um die Befristung des Arbeitsvertrages als solchen wie vom Gesetz gefordert, und es besteht auch unter Schutzgesichtspunkten – die Befristung einzelner Arbeitsvertragsbedingungen ist
weit weniger gewichtig als die Befristung des Arbeitsvertrages insgesamt – keine Veranlassung, § 17
TzBfG diesbezüglich ausweitend oder entsprechend anzuwenden. Die Unwirksamkeit der Befristung einzelner Arbeitsbedingungen ist mit einer Klage nach **§ 256 Abs. 1 ZPO** geltend zu machen
(*BAG* 2.9.2009 – 7 AZR 233/08, Rn 14 mwN zur früheren Rspr.; zuletzt *BAG* 25.4.2018 – 7 AZR
520/16, Rn 15 mwN). Zu §§ **31 Abs. 3 u. 32 Abs. 3 TVöD** s. KR-*Bader/Kreutzberg-Kowalczyk*
§ 31 TVöD Rdn 7 u. § 32 TVöD Rdn 5.

C. Feststellungsklage

I. Klageerhebung/Klageantrag

Die Geltendmachung der Unwirksamkeit einer Befristung des Arbeitsvertrages gem. § 17 13
TzBfG durch den **Arbeitnehmer** (nicht den Arbeitgeber: *Kliemt* NZA 2001, 302; zur Möglichkeit einer Feststellungsklage des Arbeitgebers s. Rdn 45; für **Erben** s. *BAG* 18.1.2012 – 7 AZR
112/08, Rn 14) erfordert eine **Klageerhebung** beim **Arbeitsgericht** (s. aber Rdn 16), und zwar
die Erhebung einer **Feststellungsklage** mit dem Antrag, dass festgestellt werden soll, **dass das**

Arbeitsverhältnis aufgrund der Befristung nicht beendet ist (§ 17 S. 1). Ein echter **Hilfsantrag** genügt (*BAG* 24.8.2011 – 7 AZR 228/10, Rn 48). Da es hier wie bei § 4 KSchG um einen **punktuellen Streitgegenstand** (vgl. dazu KR-*Klose* § 4 KSchG Rdn 289 ff. mwN) – Beendigung zu einem bestimmten Zeitpunkt aufgrund einer bestimmten Befristungsvereinbarung – geht (*BAG* 23.10.2019 – 7 AZR 7/18, Rn 51; 15.5.2013 – 7 AZR 665/11, Rn 33; *Vossen* NZA 2000, 706 mwN zur ganz einhelligen Meinung; LS-*Schlachter* § 17 TzBfG Rn 10; s. auch Rdn 51), ist es angebracht, die beiden Daten in den Antrag aufzunehmen. Der **Antrag** ist danach in Anknüpfung an § 17 S. 1 etwa wie folgt zu **formulieren**: »Es wird beantragt, festzustellen, dass das Arbeitsverhältnis zwischen den Parteien nicht aufgrund der Befristungsvereinbarung vom ... mit dem ... beendet worden ist« (so auch *BAG* 28.6.2000 – 7 AZR 920/98; vgl. auch *BAG* 16.4.2003 – 7 AZR 119/02; 20.1.2010 – 7 AZR 542/08, Rn 9: an sich geboten die exakte Angabe des Datums der Befristungsvereinbarung und des Beendigungstermins, was aber im Einzelfall auch durch Auslegung ermittelt werden kann – hierauf sollte man sich aber nicht unbedingt verlassen [ErfK-*Müller-Glöge* § 17 TzBfG Rn 15]). Obgleich in der Praxis anders formulierter Anträge häufig (noch) als Anträge nach § 17 S. 1 TzBfG ausgelegt werden können (dazu etwa *BAG* 24.6.2015 – 7 AZR 541/13, Rn 17 ff. mwN; 27.4.2004 – 9 AZR 18/03: Formulierung als allgemeine Feststellungsklage ausreichend, wenn die Begründung ergibt, dass ausschließlich die Unwirksamkeit einer Befristung geltend gemacht wird; APS-*Backhaus* § 17 TzBfG Rn 55 mwN; parallel KR-*Klose* § 4 KSchG Rdn 308 ff.) empfiehlt es sich, sich am Wortlaut des § 17 S. 1 TzBfG zu orientieren (zur Verbindung mit weiteren Anträgen sowie bzgl. des Verhältnisses von § 17 TzBfG zur allgemeinen Feststellungsklage s. Rdn 44). Eine Auslegung eines nicht an § 17 S. 1 TzBfG orientierten Antrags scheidet dann aus, wenn sich ergibt, dass gar nicht die Wirksamkeit der Befristung angegriffen werden soll (*BAG* 16.4.2003 – 7 AZR 119/02). Geht es nur um die Frage, ob nach § 15 Abs. 5 TzBfG ein unbefristetes Arbeitsverhältnis besteht, ist die allgemeine Feststellungsklage der richtige Weg (oben Rdn 5; APS-*Backhaus* § 17 TzBfG Rn 55; LS-*Schlachter* § 17 TzBfG Rn 7; MHH-TzBfG/*Meinel* § 17 TzBfG Rn 14; vgl. auch *BAG* 18.10.2006 – 7 AZR 749/05). Bei **mehreren Befristungen** ist grds. eine jede für sich fristgerecht anzugreifen (LS-*Schlachter* § 17 TzBfG Rn 10; *Kliemt* NZA 2001, 296, 302; vgl. weiter Rdn 58 ff.).

14 Eines besonderen **Feststellungsinteresses iSd. § 256 Abs. 1 ZPO** bedarf es für die Klage gem. § 17 TzBfG nach der Rspr. des Siebten Senats des BAG nicht (etwa *BAG* 26.10.2016 – 7 AZR 535/14, Rn 14; 24.8.2016 – 7 AZR 41/15, Rn 12 mwN). Sofern man – wie auch bei der Kündigungsschutzklage – ein besondere Feststellungsklage fordert, wäre dies regelmäßig zu bejahen, da die (rechtzeitige) Klageerhebung erforderlich ist, um das Wirksamwerden der Befristung gem. § 17 S. 2 TzBfG iVm § 7 KSchG zu verhindern (*BAG* 23.7.2014 – 9 AZR 1025/12, Rn 11; *Annuß/Thüsing-Maschmann* § 17 TzBfG Rn 11; Arnold/Gräfl/*Spinner* § 17 TzBfG Rn 27; dazu und zur Frage des **Wegfalls des Feststellungsinteresses** parallel vgl. KR-*Klose* § 4 Rdn 47 mwN).

15 Für die **Klageeinreichung** gilt dasselbe wie zu § 4 KSchG (s. KR-*Klose* § 4 KSchG Rdn 206, in § 4 KSchG Rdn 220–233 zu den einzuhaltenden **Formalien**). Für den **Mindestinhalt der Klageschrift** und die Problematik der Bezeichnung der **richtigen Beklagtenpartei** wird grds. verwiesen auf KR-*Klose* § 4 KSchG Rdn 208 ff. (s. zu den für die Fristwahrung unverzichtbaren Mindestanforderungen an eine Kündigungsschutzklage *BAG* 1.10.2020 – 2 AZR 247/20, Rn 31; vgl. zur Auslegung insoweit auch *BAG* 15.3.2001 – 2 AZR 141/00). Das gilt auch für die Frage des richtigen Beklagten bei einer **Gesellschaft bürgerlichen Rechts** (s. KR-*Klose* § 4 KSchG Rdn 124; dazu auch *Sievers* § 17 TzBfG Rn 42 ff.). Endet die Befristung im Falle des **Betriebsübergangs** erst nach dem Zeitpunkt des Übergangs, wird die Klage gegen den Erwerber zu richten sein (ErfK-*Müller-Glöge* § 17 TzBfG Rn 15a). Wird der Klageantrag wie oben vorgeschlagen formuliert, ist damit zugleich der **Klagegegenstand** bezeichnet. Als Angabe des **Klagegrundes** reicht es darüber hinaus aus, wenn der Arbeitnehmer vorträgt, dass er bei dem beklagten Arbeitgeber beschäftigt war und dass er die im Klageantrag benannte Befristung für unwirksam hält (s. entspr. KR-*Klose* § 4 KSchG Rdn 220). Die **Darlegungs- und Beweislast** für die Wirksamkeit der Befristungsvereinbarung liegt nämlich grds. beim Arbeitgeber (KR-*Lipke/Bubach* § 14 TzBfG Rdn 615, 755 ff.; vgl. auch *Dörner* Befr. Arbeitsvertrag Rn 826 ff.)

Die Klage ist beim **Arbeitsgericht** zu erheben. Die sich diesbezüglich ergebenden Probleme sind die- 16
selben wie im Rahmen des § 4 KSchG (s. dazu KR-*Klose* § 4 KSchG Rdn 234 ff.). Ebenso wie bei
einer Kündigungsschutzklage kann auch eine Befristungs- bzw. Bedingungskontrollklage fristwahrend in einem beim Landesarbeitsgericht anhängigen **Berufungsverfahren** erhoben werden (vgl. zur
Kündigungsschutzklage *BAG* 14.12.2017 – 2 AZR 86/17, Rn 16 ff., s.a. zu den Anforderungen an
die Zulässigkeit einer Klageerweiterung in der Berufungsinstanz – speziell bei Kündigungsschutzklagen – *Niemann* NZA 2021, 1378); ggf. auch im Wege der Anschlussberufung nach § 524 ZPO
(vgl. zur Kündigungsschutzklage *BAG* 10.12.2020 – 2 AZR 308/20, Rn 12 sowie unter Rn 15 ff.
auch zum Problem der Rücknahme der Berufung und dem dadurch eintretenden Wirkungsverlust
der Anschlussberufung). Eine entsprechende Anwendung der §§ 9, 10 KSchG sieht § 17 TzBfG
nicht vor (*Annuß/Thüsing-Maschmann* § 17 TzBfG Rn 12 mwN).

Ein **Verzicht auf das Klagerecht** ist grds. möglich, hinsichtlich § 22 Abs. 1 TzBfG nicht aber bereits 17
bei Abschluss des befristeten oder auflösend bedingten Vertrags (*BAG* 13.6.2007 – 7 AZR 287/
06, Rn 11; *Annuß/Thüsing-Maschmann* § 17 TzBfG Rn 11; vgl. weiter Rdn 57). Ein Klageverzicht
muss wegen des damit verbundenen Rechtsverlusts im Übrigen **eindeutig und zweifelsfrei** erklärt
werden (*BAG* 13.6.2007 – 7 AZR 287/06, Rn 11).

In analoger Anwendung der Regelung in § 4 S. 4 KSchG beginnt die Klagefrist allerdings nicht zu lau- 18
fen, wenn der Arbeitgeber weiß, dass der Arbeitnehmer **schwerbehindert** ist und das **Integrationsamt**
der angestrebten Beendigung aufgrund auflösender Bedingung **nicht zugestimmt** hat (§ 175 SGB IX
[dazu Rdn 25 u. KR-*Bader/Kreutzberg-Kowalczyk* § 33 TVöD Rdn 13]; *BAG* 9.2.2011– 7 AZR 221/
10, Rn 25 [darin auch zur Verwirkung]; s.a. *BAG* 27.7.2011 – 7 AZR 402/10; ErfK-*Müller-Glöge*
§ 17 TzBfG Rn 6a). Zu beachten ist aber, dass das Zustimmungserfordernis **nur für bestimmte auflösende Bedingungen** gilt (wie Fälle des Eintritts einer teilweisen Erwerbsminderung, der Erwerbsminderung auf Zeit, der Berufsunfähigkeit oder der Erwerbsunfähigkeit auf Zeit). Knüpft die auflösende
Bedingung an andere Umstände an, schreibt das Schwerbehindertenrecht keinen besonderen Schutz
vor (*BAG* 15.5.2019 – 7 AZR 285/17, Rn 25; 20.6.2018 – 7 AZR 737/16, Rn 38 mwN).

II. Klagefrist

1. Kalendermäßige Befristung

Bei der kalendermäßigen Befristung steht an sich stets ein bestimmtes Datum fest (bei einer 19
gesetzlichen Verlängerung [zB § 2 Abs. 5 WissZeitVG] ist maßgebend das Enddatum der Verlängerung: *BAG* 14.8.2002 – 7 AZR 372/01; ErfK-*Müller-Glöge* § 17 TzBfG Rn 6a), an dem
das Arbeitsverhältnis endet (§ 15 Abs. 1 TzBfG; s. KR-*Lipke/Bubach* § 15 TzBfG Rdn 8): Das
Arbeitsverhältnis endet regelmäßig mit Ablauf dieses konkreten Tages. Damit **beginnt** die Klagefrist am Folgetag um 0 Uhr (§ 222 Abs. 1 ZPO iVm § 187 Abs. 2 S. 1 BGB [ebenso ErfK/
Müller-Glöge § 17 TzBfG Rn 6; **aA** für Anwendbarkeit des § 187 Abs. 1 BGB, was aber für das
Fristende zum selben Ergebnis führt, *Vossen* NZA 2000, 704, 707; *Sievers* § 17 TzBfG Rn 65
mwN aus der Rspr.; ebenso *Annuß/Thüsing-Maschmann* § 17 TzBfG Rn 8; LS-*Schlachter* § 17
TzBfG Rn 12 mwN]. Das gilt auch, wenn sich erst später herausstellt, dass nicht ein freies Mitarbeiterverhältnis, sondern ein Arbeitsverhältnis vorliegt (*BAG* 20.8.2003 – 5 AZR 362/02;
15.2.2012 – 10 AZR 111/11). Eine frühere **Nichtverlängerungsmitteilung** (dazu KR-*Bader/
Kreutzberg-Kowalczyk* § 3 TzBfG Rdn 39–46) ist insoweit ohne Interesse (*Vossen* NZA 2001,
707). Klagen gegen **Nichtverlängerungsmitteilungen im Bühnenbereich** unterliegen ggf. eigenen
tarifvertraglichen Klagefristen und fallen nicht unter § 17 (ansonsten dazu KR-*Lipke/Schlünder*
§ 620 BGB Rdn 65 und KR-*Bader/Kreutzberg-Kowalczyk* § 3 TzBfG Rdn 46). Bei **Rahmenvereinbarungen** (dazu KR-*Bader/Kreutzberg-Kowalczyk* § 3 TzBfG Rdn 55) beginnt die Frist regelmäßig mit dem Ende des jeweiligen einzelnen Arbeitsvertrages zu laufen (vgl. *BAG* 31.7.2002 – 7
AZR 181/01; 16.4.2003 – 7 AZR 187/02; ErfK-*Müller-Glöge* § 17 TzBfG Rn 8). Im Bereich der
See- und Binnenschifffahrt gibt es anders als in § 24 Abs. 3 u. 4 KSchG für die Kündigung (dazu
KR-*Bader/Kreutzberg-Kowalczyk* § 24 KSchG Rdn 26 ff.) keine Sonderregelungen zur Befristung
(*Bader/Bram-Suckow* § 24 KSchG Rn 12).

20 Ist ausnahmsweise die **Zeit nicht exakt festgelegt** (dazu KR-*Bader/Kreutzberg-Kowalczyk* § 3 TzBfG Rdn 19) und lässt sich die Vereinbarung auch nicht als Zweckbefristung verstehen – die Klagefrist des § 17 wäre dann einzuhalten (s. Rdn 5 u. Rdn 25) –, wird man entweder zugunsten des Arbeitnehmers als vereinbartes Ende den **spätesten Zeitpunkt** anzunehmen haben, den die Auslegung zulässt (*Annuß/Thüsing-Maschmann* § 17 TzBfG Rn 10; *Arnold/Gräfl-Spinner* § 17 TzBfG Rn 36). Ist ein solcher Zeitpunkt nicht bestimmbar (zB bei einer Befristung »für einige Wochen«), hat die Befristungsvereinbarung die Qualität einer »**Nichtabrede**« (vgl. APS-*Backhaus* § 17 TzBfG Rn 14). Hier genügt ausnahmsweise eine allgemeine Feststellungsklage nach § 256 Abs. 1 ZPO (s. dazu bereits oben Rdn 5).

21 Die Frist **endet** gem. **§ 188 Abs. 2 BGB** mit Ablauf des Tages, der durch seine Benennung dem Tag vor dem Tage des Fristbeginns entspricht. Bei Auslaufen der Befristung an einem Montag endet die Klagefrist also um 24 Uhr des dritten Folgemontags. Ist der letzte Tag der Frist ein Samstag, Sonntag oder gesetzlicher Feiertag (am Sitz des Adressatengerichts: *BAG* 16.1.1989 – 5 AZR 579/88), so endet die Frist erst mit Ablauf des ersten folgenden Werktags (**§ 222 Abs. 2 ZPO**).

22 Im Hinblick auf § 167 ZPO reicht es aus, wenn die Klage am letzten Tag der Frist **beim Arbeitsgericht eingeht**, und die Zustellung, die an sich für die Fristwahrung – das Gesetz spricht von Klageerhebung, die erst mit Zustellung erfolgt (§ 253 Abs. 1 ZPO) – erforderlich ist, dann demnächst erfolgt (s. KR-*Klose* § 4 KSchG Rdn 196 ff.). Zur Möglichkeit der Erweiterung der Klage um einen Befristungs- bzw Bedingungskontrollantrag in einem **anhängigen Berufungsverfahren** s. bereits Rdn 16.

2. Zweckbefristung und auflösende Bedingung

23 Da § 17 TzBfG auch für die Zweckbefristung und über § 21 TzBfG auch für die auflösende Bedingung auf das vereinbarte Ende abstellt (ErfK-*Müller-Glöge* § 17 TzBfG Rn 7; *Rolfs* § 17 TzBfG Rn 9; *Sievers* § 17 TzBfG Rn 53), stellt sich die Frage, was insoweit als das **vereinbarte Ende** anzusehen ist (dazu Rdn 24). Ausgehend von dem vereinbarten Ende berechnet sich dann die **Klagefrist**. Der **Fristbeginn** wird hier regelmäßig nach § 222 Abs. 1 ZPO, § 187 Abs. 1 BGB zu bestimmen sein (Beginn des Tages nach der Zweckerreichung). Die Frist **endet** gem. **§ 188 Abs. 2 BGB** mit Ablauf des Tages, der durch seine Benennung dem Tag des Eintritts der Zweckerreichung entspricht. Bei Zweckerreichung an einem Dienstag endet die Klagefrist also um 24 Uhr des dritten Folgedienstags. Ist der letzte Tag der Frist ein Samstag, Sonntag oder gesetzlicher Feiertag (am Sitz des Adressatengerichts: *BAG* 16.1.1989 – 5 AZR 579/88), so endet die Frist erst mit Ablauf des ersten folgenden Werktags (**§ 222 Abs. 2 ZPO**).

24 Das vereinbarte Ende ist nach dem Wortlaut des § 15 Abs. 2 TzBfG und dem systematischen Gesamtzusammenhang an sich der **Zeitpunkt der objektiven Zweckerreichung**, wie §§ 15 Abs. 5 u. 17 S. 3 TzBfG belegen (APS-*Backhaus* § 17 TzBfG Rn 21 mwN; ErfK-*Müller-Glöge* § 17 TzBfG Rn 7; LS-*Schlachter* § 17 TzBfG Rn 13; *Preis/Gotthardt* DB 2001, 152; *Sievers* § 17 TzBfG Rn 53). Damit steht zunächst fest, dass der Zeitpunkt des früheren Zugangs der (schriftlichen) Unterrichtung über den Zeitpunkt der Zweckerreichung gem. § 15 Abs. 2 TzBfG als solcher ohne Interesse ist. Es bleibt auch dann bei dem Zeitpunkt der objektiven Zweckerreichung, wenn die Unterrichtung gem. § 15 Abs. 2 TzBfG rechtzeitig (also mindestens zwei Wochen) vor diesem Zeitpunkt zugegangen ist (ebenso *Dörner* Befr. Arbeitsvertrag Rn 817; LS-*Schlachter* § 17 TzBfG Rn 13; *Sievers* § 17 TzBfG Rn 53 u. 55; aA *Wisskirchen* DB 1998, 722, 725: maßgebend der frühere Zugang der schriftlichen Unterrichtung). Im Bereich der **See- und Binnenschifffahrt** gibt es anders als in § 24 Abs. 3 u. 4 KSchG für die Kündigung (dazu KR-*Bader/Kreutzberg-Kowalczyk* § 24 KSchG Rdn 26 ff.) keine Sonderregelungen zur Befristung (*Bader/Bram-Suckow* § 24 KSchG Rn 12).

25 Die in **§ 21 TzBfG** vorgesehene entsprechende Anwendung der Klagefrist des § 17 S. 1 TzBfG knüpft wie bei der Zweckbefristung (s. Rdn 23 f.) an das **vereinbarte Ende** des auflösend bedingten Arbeitsvertrags an. Das vereinbarte Ende meint also den **Eintritt der auflösenden Bedingung**

(vgl. etwa BAG 17.6.2020 – 7 AZR 398/18, Rn 22 mwN). Es gelten insofern die Ausführungen in Rdn 23 f. entsprechend, § 15 Abs. 2 TzBfG ist gem. § 21 TzBfG hier ebenfalls entsprechend anwendbar. Bezüglich **§ 17 S. 3 TzBfG** wird verwiesen auf Rdn 27 (s. dazu a. *BAG* 6.4.2011 – 7 AZR 704/09; 27.7.2011 – 7 AZR 402/10, Rn 27; ebenso *Preis/Gotthardt* DB 2001, 145). Die Klagefrist für die Bedingungskontrollklage beginnt nicht, wenn der Arbeitgeber weiß, dass der Arbeitnehmer schwerbehindert ist, und das Integrationsamt der erstrebten Beendigung durch auflösende Bedingung nicht zugestimmt hat (*BAG* 27.7.2011 – 7 AZR 402/10, Rn 29 mwN; s. weiter Rdn 18). Im Bereich der **See- und Binnenschifffahrt** gibt es anders als in § 24 Abs. 3 u. 4 KSchG für

26 Dieser Zeitpunkt bedarf zur Verwirklichung des Schutzzwecks der Vorschrift im Interesse des Arbeitnehmers allerdings einer **Modifizierung** (aA noch KR-*Bader* 12. Aufl. § 17 TzBfG Rn 24 ff: Modifikation nicht notwendig; ähnlich auch *Boewer* § 17 TzBfG Rn 19). Das Erfordernis der fristgebundenen Klage schützt die Interessen des Arbeitgebers und des Rechtsverkehrs an Rechtssicherheit und Rechtsklarheit (*BAG* 6.4.2011 – 7 AZR 704/09, Rn 21; vgl. auch *BAG* 9.2.2011 – 7 AZR 221/10, Rn 21 ff.). Es soll zeitnah eine abschließende Klärung zur Frage der Beendigung des Arbeitsverhältnisses herbeigeführt werden, wobei es im schutzwürdigen Interesse des Arbeitnehmers liegt, den Fristbeginn verlässlich einschätzen zu können (vgl. MHH-TzBfG/*Meinel* § 17 TzBfG Rn 16). Letzteres soll die Regelung des § 15 Abs. 2 TzBfG gewährleisten. Die danach erforderliche schriftliche Unterrichtung über den Zeitpunkt der Zweckerreichung (bzw. über § 21 TzBfG über den Bedingungseintritts) soll dem Arbeitnehmer Sicherheit im Hinblick auf den Zeitpunkt, zu dem sein Arbeitsverhältnis enden soll, verschaffen (MHH-TzBfG/*Meinel* § 17 TzBfG Rn 17). In Fällen **unklarer Festlegung** des Zeitpunkts der Zweckerreichung bzw. der auflösenden Bedingung (s. Rdn 5) wie auch in Fällen, in denen die Parteien darüber streiten, **ob** überhaupt bzw. **wann** das zur Beendigung des Arbeitsvertrags führende Ereignis **eingetreten** ist – lassen sich diese schutzwürdigen Interessen bestmöglich dadurch verwirklichen, dass die Dreiwochenfrist grds. zu dem vom Arbeitgeber in der **Unterrichtung nach § 15 Abs. 2 TzBfG angegebenen Zeitpunkt** des Eintritts des Beendigungsereignisses zu laufen beginnt; keinesfalls aber vor **Zugang der Unterrichtung** beim Arbeitnehmer (vgl. *BAG* 20.5.2020 – 7 AZR 83/19, Rn 15; 26.2.2020 – 7 AZR 121/19, Rn 15; 17.4.2019 – 7 AZR 292/17, Rn 17 mwN; 4.11.2015 – 7 AZR 851/13, Rn 27; ausf. auch MHH-TzBfG/*Meinel* § 17 TzBfG Rn 16 ff. mit einem anschaulichen Beispiel unter Rn 18; eine gegen die Wirksamkeit der Zweckbefristung gerichtete Befristungskontrollklage ist nach der Rspr. des BAG – ebenso wie eine Bedingungskontrollklage – erst nach Zugang der schriftlichen Unterrichtung gemäß § 15 Abs. 2 TzBfG statthaft [für eine Zweckbefristung 21.3.2017 – 7 AZR 222/15, Rn 12; für eine aufl. Bedingung *BAG* 27.7.2016 – 7 AZR 276/14, Rn 17; s. Rdn 41]). Das »vereinbarte Ende des Arbeitsvertrags« iSd. § 17 S. 1 TzBfG ist also in solchen Kostellationen mit Blick auf den Sinn und Zweck der Mitteilung nach § 15 Abs. 2 TzBfG der mitgeteilte Zeitpunkt des Beendigungsereignisses, soweit dieses zeitlich nach dem Zugang der Unterrichtung gemäß § 15 Abs. 2 TzBfG liegt (**teleologische Reduktion**; ggf. lässt sich dies auch mit einer **entsprechenden Anwendung des § 17 S. 3 TzBfG**, der an sich tatsächliche Fortsetzungshandlungen voraussetzt und damit nicht in allen Fallkonstellationen hilft [s. Rdn 32] begründen [beide Möglichkeiten für vertretbar haltend APS-*Backhaus* § 17 TzBfG Rn 33b]). Der Arbeitgeber muss sich dann an dem von ihm selbst mitgeteilten Zeitpunkt der Zweckerreichung bzw. des Bedingungseintritts festhalten lassen (APS-*Backhaus* § 17 TzBfG Rn 33; LS-*Schlachter* § 17 TzBfG Rn 15; MHH-TzBfG/*Meinel* § 17 TzBfG Rn 22; s. auch KR-*Lipke/Bubach* § 15 TzBfG Rdn 15). Liegt der vom Arbeitgeber mitgeteilte Zeitpunkt der Zweckerreichung bzw. des Eintritts der auflösenden Bedingung hingegen vor dem Zugang der Mitteilung nach § 15 Abs. 2 TzBfG, dann beginnt die Frist erst mit dem Zeitpunkt ihres Zugangs.

27 Aber auch dann, wenn (nur) die **schriftliche Unterrichtung über die Zweckerreichung bzw. den Bedingungseintritt verspätet zugeht**, also erst nach dem Zeitpunkt des objektiven Beendigungsereignisses oder so spät, dass das Ende des Arbeitsverhältnisses gem. § 15 Abs. 2 TzBfG unter Berücksichtigung der zweiwöchigen Verlängerungsphase (s. KR-*Lipke/Bubach* § 15 TzBfG Rdn 17; dazu auch etwa *BAG* 22.1.2013 – 6 AZR 392/11) erst nach dem Zeitpunkt des objektiven Beendigungsereignisses eintritt, beginnt die Klagefrist frühestens mit **Zugang der Unterrichtung**

nach § 15 Abs. 2 TzBfG beim Arbeitnehmer bzw. zu dem ggf. späteren vom Arbeitgeber in der **Unterrichtung angegebenen Zeitpunkt** des Eintritts des Beendigungsereignisses zu laufen (vgl. *BAG* 17.6.2020 – 7 AZR 398/18, Rn 22 mwN; *Dörner* Befr. Arbeitsvertrag Rn 818; LS-*Schlachter* § 17 TzBfG Rn 14 u. 15; MHH-TzBfG/*Meinel* § 17 TzBfG Rn 16 ff. [aber diff.]; *Annuß/Thüsing-Maschmann* § 17 TzBfG Rn 5; offenbar auch *Rolfs* § 17 TzBfG Rn 9; parallel zum früheren Rechtszustand: *Künzl* ZTR 2000, 392; *Vossen* NZA 2000, 708; **aA** DDZ-*Wroblewski* § 17 TzBfG Rn 5: Zeitpunkt des nach der objektiven Zweckerreichung liegenden Ablauf der Zwei-Wochen-Frist des § 15 Abs. 2 TzBfG). Auch in diesen Fällen darf der Schutzzweck des § 15 Abs. 2 TzBfG (s. Rdn 26; s. auch KR-*Lipke/Bubach* § 15 TzBfG Rdn 14 ff. und insbes. 25) nicht vereitelt werden. In den meisten Fällen lässt sich dieses Ergebnis über **§ 17 S. 3 TzBfG** erzielen (dazu s. Rdn 29 ff., speziell Rdn 34; s. etwa *BAG* 6.4.2011 – 7 AZR 704/09, Rn 22; 22.1.2013 – 6 AZR 392/11; so auch APS-*Backhaus* § 17 TzBfG Rn 21, 30 ff.). Allerdings bedarf es einer teleologischen Reduktion des § 17 S. 1 TzBfG oder einer entsprechenden Anwendung des § 17 S. 3 TzBfG (beide Möglichkeiten für vertretbar haltend APS-*Backhaus* § 17 TzBfG Rn 33b) in Fallkonstellationen, in denen keine tatsächlichen Fortsetzungshandlungen vorliegen, da § 17 S. 3 TzBfG solche tatsächlichen Fortsetzungshandlungen voraussetzt. Allein der rein rechtliche, durch § 15 Abs. 2 TzBfG erzwungene Fortbestand des Arbeitsverhältnisses genügt insoweit nicht (APS-*Backhaus* § 17 TzBfG Rn 33a und b sowie 36 mit der zutreffenden Kritik am BAG, dass es solche tatsächlichen Fortsetzungshandlungen nicht prüft und damit offenbar allein den rechtlichen Fortbestand für eine unmittelbare Anwendung des § 17 S. 3 TzBfG ausreichen lässt; ebenso HWK-*Rennpferdt* § 17 TzBfG Rn 13; s. auch Rdn 32).

28 In Fallkonstellationen, in denen § 17 S. 3 TzBfG nicht greift (istbesondere weil keine tatsächlichen Fortsetzungshandlungen vorliegen; dazu Rdn 34) und die Umstände, die die Zweckerreichung bzw. den Bedingungseintritt begründen, in der **Sphäre des Arbeitnehmers** liegen und der Arbeitnehmer insoweit ggf. sogar einen Informationsvorsprung gegenüber dem Arbeitgeber besitzt, besteht hingegen kein sachlicher Grund, den Lauf der Klagefrist abweichend von dem in Rdn 24 f. genannten Grundsatz, dass das vereinbarte Ende iSd. § 17 S. 1 TzBfG der **Zeitpunkt der objektiven Zweckerreichung bzw. des objektiven Bedingungseintritts** ist, hinauszuzögern (so MHH-TzBfG/*Meinel* § 17 TzBfG Rn 22). In diesen Fällen ist für eine teleologische Reduktion des § 17 S. 1 TzBfG (s. Rdn 26) kein Raum.

3. Bei Fortsetzung nach dem vereinbarten Ende (Satz 3)

a) Anwendungsbereich und Auslegung

29 Satz 3 der Vorschrift, der ursprünglich nicht vorgesehen war und auf die Beschlussempfehlung des Ausschusses für Arbeit und Sozialordnung (BT-Drucks. 14/4625 S. 12 f.) zurückgeht, wirft Probleme auf, da sich der Regelungsgehalt nicht auf den ersten Blick erschließt (dazu etwa *Dörner* Befr. Arbeitsvertrag Rn 820 mwN; *Kliemt* NZA 2001, 296, 303; MHH-TzBfG/*Meinel* § 17 TzBfG Rn 23; *Preis/Gotthardt* DB 2001, 145, 151; *Rolfs* § 17 TzBfG Rn 9).

30 Festzuhalten ist zunächst, dass **Satz 3** seinem Wortlaut nach (die Begr. für die Änderung geht freilich weiter [BT-Drucks. 14/4625 S. 24], doch hat dies im Gesetzestext keinen Niederschlag gefunden; ebenso *Dörner* Befr. Arbeitsvertrag Rn 820) jedenfalls **nicht zur Anwendung** kommt, wenn es sich um eine kalendermäßige Befristung handelt und es nach dem Fristende nicht zu einer Fortsetzung des Arbeitsverhältnisses über das vereinbarte Ende hinaus gekommen ist. Ebenso kommt Satz 3 nicht zur Anwendung, wenn es sich um eine Zweckbefristung handelt, der Arbeitgeber rechtzeitig vorab die Unterrichtung gem. § 15 Abs. 2 TzBfG hat zugehen lassen und es zu keiner Fortsetzung des Arbeitsverhältnisses nach dem (objektiven) Zeitpunkt der Zweckerreichung gekommen ist. Ebenso findet § 17 S. 3 TzBfG keine Anwendung, wenn eine neue Befristung vereinbart wird (*LAG RhPf* 24.2.2005 – 1 Sa 777/04; *Preis/Gotthardt* DB 2001, 145, 151; *Rolfs* § 17 TzBfG Rn 10; MHH-TzBfG/*Meinel* § 17 TzBfG Rn 24; s. weiter Rdn 32); insoweit gelten dann die Grundsätze zu Klagen bei Mehrfachbefristungen (s. Rdn 58 ff.).

Eine sinnvolle, dem Wortlaut entsprechende und auch systematisch stimmige Interpretation des 31
Satzes 3 ergibt sich nur dann, wenn man diese Regelung in **Zusammenhang** bringt **mit § 15 Abs. 5
TzBfG** (APS-*Backhaus* § 17 TzBfG Rn 33b sowie 36; ErfK-*Müller-Glöge* § 17 TzBfG Rn 10; LS-
Schlachter § 17 TzBfG Rn 18; *BAG* 27.7.2011 – 7 AZR 402/10, Rn 27, jedoch offenbar ohne
tatsächliche Fortsetzungshandlungen zu verlangen; so wohl auch HWK-*Rennpferdt* § 17 TzBfG
Rn 13; aA *Kliemt* NZA 2001, 303: will primär an § 15 Abs. 2 TzBfG anknüpfen; ähnlich offenbar
Rolfs § 17 TzBfG Rn 11; krit. zur Anknüpfung an § 15 Abs. 5 TzBfG auch *Dörner* Befr. Arbeitsver-
trag Rn 821), auf den sie freilich nicht verweist und mit dem sie nicht exakt abgestimmt ist (ähnlich
wie hier DDZ-*Wroblewski* § 17 TzBfG Rn 6).

Satz 3 kann damit Wirkung nur beanspruchen, wenn es sich um eine **Fortsetzung des** (ursprüng- 32
lichen befristeten oder auflösend bedingten) **Arbeitsverhältnisses** iSd § 15 Abs. 5 TzBfG (dazu KR-
Lipke/Bubach § 15 TzBfG Rdn 5 und KR-*Krumbiegel* § 625 BGB Rdn 28 ff.) **über das vereinbarte
Ende hinaus** handelt (nicht also die Beschäftigung aufgrund eines neuen befristeten oder unbefristeten Vertrags; s. Rdn 30 aE), dh über den Zeitpunkt der objektiven Zweckerreichung bzw. des Eintritts einer auflösenden Bedingung einerseits oder das Ablaufen der vereinbarten Zeit andererseits
hinaus ohne Vereinbarung einer neuen Rechtsgrundlage (gegen Einbeziehung der kalendermäßigen
Befristung *Preis/Gotthardt* DB 2001, 151 f.; *Rolfs* § 17 TzBfG Rn 11 [§ 17 S. 3 TzBfG beschrän-
kend auf das Auseinanderfallen von vereinbartem Ende des Arbeitsverhältnis und von tatsächlichem Ende gem. § 15 Abs. 2 TzBfG]; gegen Einbeziehung von Zweckbefristung und auflösender
Bedingung in den Geltungsbereich des § 17 S. 3 TzBfG *Dörner* Befr. Arbeitsvertrag Rn 825). Eine
Fortsetzung iSd. § 17 S. 3 TzBfG erfordert – ebenso wie § 15 Abs. 5 TzBfG (s. dazu KR-*Lipke/
Bubach* § 15 TzBfG Rdn 55 mwN) **tatsächlichen Fortsetzungshandlungen**. Allein der rein rechtliche, durch § 15 Abs. 2 TzBfG erzwungene Fortbestand des Arbeitsverhältnisses genügt insoweit
nicht (Bader/Bram-*Bader* § 620 BGB Rn 280; APS-*Backhaus* § 17 TzBfG Rn 33a und b sowie 36
mit der zutreffenden Kritik am BAG, dass es solche tatsächlichen Fortsetzungshandlungen nicht
prüft und damit offenbar allein den rechtlichen Fortbestand für eine unmittelbare Anwendung des
§ 17 S. 3 TzBfG ausreichen lässt; aA HWK-*Rennpferdt* § 17 TzBfG Rn 13; s. bereits Rdn 27). Da
unter den angesprochenen Voraussetzungen gem. § 15 Abs. 5 TzBfG das **Arbeitsverhältnis als auf
unbestimmte Zeit verlängert** gilt, wenn die Fortsetzung des Arbeitsverhältnisses mit Wissen des
Arbeitgebers erfolgt – dies ist aber für Satz 3 nicht Voraussetzung, da darin nicht angesprochen (vgl.
LAG Hamm 26.2.2014 – 5 Sa 1607/13, m. Anm. *Hamann* jurisPR-ArbR 40/2014 Anm. 5) – und
dieser nicht unverzüglich widerspricht oder unverzüglich die Zweckerreichung bzw. den Eintritt
der auflösenden Bedingung mitteilt (auch dies ist für Satz 3 freilich nicht Voraussetzung), besteht
für den Arbeitnehmer zunächst regelmäßig keine Veranlassung, eine Klage gegen die Befristung zu
erheben, wenn das Arbeitsverhältnis fortgesetzt wird. Er kann vielmehr aufgrund des Schweigens
des Arbeitgebers davon ausgehen, dass sein Arbeitsverhältnis völlig problemlos weitergeführt wird.
Erst dann, wenn der Arbeitgeber dann doch noch erklärt, das Arbeitsverhältnis sei durch die Befristung oder die auflösende Bedingung beendet, ergibt sich eine Konfliktsituation, die gerichtlich zu
klären ist. Für diesen Konfliktfall (s. *BAG* 6.4.2011 – 7 AZR 704/09, Rn 22) ordnet Satz 3 an (und
drängt damit den Anwendungsbereich des § 5 KSchG zurück; aA *LAG Düsseld.* 26.9.2002 – 5 Sa
748/02), dass die **Klagefrist** des Satzes 1 erst mit Zugang der **schriftlichen Erklärung des Arbeitgebers**, das Arbeitsverhältnis sei aufgrund der Befristung bzw. im Fall des § 21 TzBfG mit Eintritt
der auflösenden Bedingung beendet, beginnt (vgl. weiter *Dörner* Befr. Arbeitsvertrag Rn 822–824;
ErfK-*Müller-Glöge* § 17 TzBfG Rn 10 mwN).

Es können sich damit folgende Konstellationen ergeben (vgl. dazu auch die teilweise abweichen- 33
den Darstellungen bei APS-*Backhaus* § 17 TzBfG Rn 30 ff.; MHH-TzBfG/*Meinel* § 17 TzBfG
Rn 23 ff.; *Sievers* § 17 TzBfG Rn 53 ff.):
– Es liegen bereits die **Voraussetzungen des § 15 Abs. 5 TzBfG** vor (der Arbeitgeber hat also
  insbes. nicht unverzüglich widersprochen oder die Zweckerreichung mitgeteilt – zur Form dieser Mitteilung KR-*Krumbiegel* § 625 BGB Rdn 34), dh das Arbeitsverhältnis gilt als auf unbestimmte Zeit verlängert (diese Rechtsfolge wird von § 17 S. 3 TzBfG nicht in Frage gestellt: *Rolfs*
  § 17 TzBfG Rn 11), und die spätere **schriftliche Erklärung des Arbeitgebers** hat die Klagefrist

des Satzes 1 in Lauf gesetzt. Dann bedarf es an sich der Klage gem. Satz 1 nicht, der Arbeitnehmer kann die allgemeine Feststellungsklage erheben, dass ein unbefristetes Arbeitsverhältnis besteht (*Boewer* § 17 TzBfG Rn 26; DDZ-*Wroblewski* § 17 TzBfG Rn 6; aA *LAG Köln* 9.2.2009 – 5 Sa 1119/08, m. teilw. krit. Anm. *Mittag* jurisPR-ArbR 51/2009 Anm. 4). Bestehen aber auch nur irgendwelche Zweifel daran, ob § 15 Abs. 5 TzBfG wirklich eingreift, wird man die Klage gem. Satz 1 vorsichtshalber verbinden mit der allgemeinen Feststellungsklage.
- Es liegen die **Voraussetzungen des** § 15 Abs. 5 TzBfG vor, es **fehlt** aber an der **Schriftlichkeit der Erklärung** des Arbeitgebers iSd Satzes 3. Dann ist Klagefrist des Satzes 1 nicht in Lauf gesetzt, angesichts der formlosen Erklärung des Arbeitgebers wird man aber die allgemeine Feststellungsklage erheben, ggf. auch hier vorsichtshalber erweitert um die Klage nach Satz 1.
- Es liegen die **Voraussetzungen des** § 15 Abs. 5 TzBfG (noch) **nicht** vor: Dann geht es allein um die Wirksamkeit der Befristung bzw. auflösenden Bedingung. Die schriftliche Erklärung des Arbeitgebers nach Satz 3 setzt die Klagefrist des Satzes 1 in Lauf, und die Klage wird entsprechend zu erheben sein. Wird vom Arbeitgeber lediglich in nicht schriftlicher Form gem. § 15 Abs. 5 TzBfG widersprochen oder die Zweckerreichung mitgeteilt (vgl. KR-*Lipke/Bubach* § 15 TzBfG Rdn 58 zur Form insoweit), beginnt mangels Schriftform, obwohl dieser Inhalt auch für die Erklärung nach Satz 3 ausreichen wird, die Frist des Satzes 1 noch nicht zu laufen. Klageerhebung nach Satz 3 wird dennoch zu empfehlen sein.

34 Eine **weitere Konstellation** ergibt sich schließlich dann, wenn der Arbeitgeber die schriftliche Unterrichtung gem. § 15 **Abs. 2** TzBfG über die Zweckerreichung oder den Eintritt der auflösenden Bedingung zwar formgerecht vorgenommen hat, jedoch nicht zwei Wochen vor der Zweckerreichung, sondern erst danach, so dass die gesetzlich vorgeschriebene **Verlängerungsphase** eintritt (KR-*Lipke/Bubach* § 15 TzBfG Rdn 10–16 u. 17). Kommt es in dieser Verlängerungsphase zu einer (**tatsächlichen**) **Fortsetzung** des Arbeitsverhältnisses nach dem vereinbarten Ende, nämlich dem Zeitpunkt der objektiven Zweckerreichung (s. Rdn 32), kann kein unbefristetes Arbeitsverhältnis gem. § 15 Abs. 5 TzBfG entstehen, da der Widerspruch des Arbeitgebers mit der Unterrichtung gem. § 15 Abs. 2 TzBfG bereits vorliegt, und es greift **Satz 3** ein (vgl. *BAG* 27.7.2011 – 7 AZR 402/10, Rn 27, allerdings ohne tatsächliche Fortsetzungshandlungen zu prüfen; s.a. Rdn 37; s. weiter mit Modifizierungen zu der Frage MHH-TzBfG/*Meinel* § 17 TzBfG Rn 30; APS-*Backhaus* § 17 TzBfG Rn 32 u. 33; LS-*Schlachter* § 17 TzBfG Rn 21). Kommt es in solchen Konstellationen nicht zu einer (tatsächlichen) Fortsetzung des Arbeitsverhältnisses, sondern lediglich zu einem rein rechtlichen, durch § 15 Abs. 2 TzBfG erzwungenen Fortbestand des Arbeitsverhältnisses, findet Satz 3 keine Anwendung (s. Rdn 32). Jedoch beginnt auch in solchen Fallkonstellationen regelmäßig die dreiwöchige Klagefrist des § 17 S. 1 TzBfG (aufgrund einer teleologischen Reduktion dieser Norm unter Berücksichtigung des Schutzzwecks des § 15 Abs. 2 TzBfG oder ggf. einer entsprechenden Anwendung des § 17 S. 3 TzBfG [s. Rdn 26 f.]) mit dem vom Arbeitgeber in der schriftlichen Mitteilung angegebenen Zeitpunkt des Eintritts der auflösenden Bedingung oder der Zweckerreichung zu laufen bzw. – geht dem Arbeitnehmer die schriftliche Erklärung des Arbeitgebers nach diesem Zeitpunkt zu – mit dem Zugang der schriftlichen Mitteilung beim Arbeitnehmer (s. Rdn 27). Das Gleiche gilt in Fällen **unklarer Festlegung** des Zeitpunkts der Zweckerreichung bzw. der auflösenden Bedingung (s. Rdn 5) wie auch in Fällen, in denen die Parteien darüber streiten, **ob** überhaupt bzw. **wann** das zur Beendigung des Arbeitsvertrags führende Ereignis **eingetreten** ist (s. Rdn 26). Zu einer Ausnahme s. Rdn 28.

b) Die Erklärung gem. Satz 3

35 Diese Erklärung hat **schriftlich** zu sein (§§ 126, 126a BGB; entspr. KR-*Lipke/Bubach* § 15 TzBfG Rdn 22). Erfolgt die Erklärung nur mündlich, lässt sie die Klagefrist nicht beginnen (DDZ-*Wroblewski* § 17 TzBfG Rn 6). Für sie gilt hinsichtlich der **Rechtsnatur** und der daraus abzuleitenden Folgerungen das zu § 15 Abs. 2 TzBfG Ausgeführte in gleicher Weise (vgl. KR-*Lipke/Bubach* § 15 TzBfG Rdn 21; vgl. auch *Annuß/Thüsing-Maschmann* § 17 TzBfG Rn 10). Dementsprechend gilt grds. auch § 174 BGB entsprechend, wenngleich es kaum sinnvoll sein wird, mit dieser

Vorschrift zu arbeiten. Ebenso gilt an sich § 180 S. 1 BGB; praktische Probleme wird dies wegen der idR gegebenen Genehmigung gem. § 177 Abs. 1 BGB kaum ergeben.

Der **Inhalt** der Erklärung sollte sich am Wortlaut des Satzes 3 orientieren. Es muss darin jedenfalls hinreichend zum Ausdruck kommen, dass der Arbeitgeber das Arbeitsverhältnis mit Fristablauf oder Zweckerreichung/Eintritt der auflösenden Bedingung für bereits vor der Erklärung (s. Rdn 37; *Annuß/Thüsing-Maschmann* § 17 TzBfG Rn 7; APS-*Backhaus* § 17 TzBfG Rn 39; LS-*Schlachter* § 17 TzBfG Rn 24) beendet hält. Die Angabe eines Beendigungszeitpunktes fordert Satz 3 indes nicht (*Annuß/Thüsing-Maschmann* § 17 TzBfG Rn 10), man sollte dies damit auch nicht hineininterpretieren. Eine verspätete Mitteilung gem. **§ 15 Abs. 2 TzBfG** nach dem vereinbarten Ende (s. Rdn 37) wird freilich gleichzeitig den Anforderungen des Satzes 3 genügen (ebenso etwa MHH-TzBfG/*Meinel* § 17 TzBfG Rn 29 mwN; *Boewer* § 17 TzBfG Rn 25; *Sievers* § 17 TzBfG Rn 62). 36

c) Zeitpunkt der Erklärung gem. Satz 3/rechtliche Einordnung

Nach dem Wortlaut der Vorschrift (»Erklärung, dass ... beendet sei«) und nach deren Sinn und Zweck handelt es sich um eine **Erklärung nach dem vereinbarten Ende**, also nach Fristende oder nach objektiver Zweckerreichung bzw. nach Eintritt der auflösenden Bedingung. Es ist bereits in Rdn 36 angesprochen, dass die **verspätete Mitteilung gem. § 15 Abs. 2 TzBfG** nach dem vereinbarten Ende gleichzeitig den Anforderungen des § 17 S. 3 TzBfG genügt. In den Fällen schließlich, in denen die Mitteilung gem. § 15 Abs. 2 TzBfG noch vor dem vereinbarten Ende erfolgt, aber so spät, dass die Zwei-Wochen-Frist erst nach dem vereinbarten Ende endet, ist § 17 S. 3 TzBfG im Zusammenspiel mit § 15 Abs. 2 TzBfG zweckentsprechend korrigierend so auszulegen, dass die Mitteilung gem. § 15 Abs. 2 TzBfG dann ebenfalls als Erklärung gem. § 17 S. 3 TzBfG zu sehen ist (*Sievers* § 17 TzBfG Rn 62; MHH-TzBfG/*Meinel* § 17 TzBfG Rn 30, etwas modifizierend). 37

Mit der Spezialregelung des Satzes 3 wird im Rahmen ihres Anwendungsbereichs (s. Rdn 29–34) der **Beginn der Klagefrist** des Satzes 1 gehemmt bis zum Zugang der schriftlichen Erklärung des Arbeitgebers, das Arbeitsverhältnis sei aufgrund der Befristung oder auflösenden Bedingung beendet. Daraus ergibt sich zugleich, dass die von Satz 3 vorausgesetzte Fortsetzung des Arbeitsverhältnisses über das vereinbarte Ende hinaus eine **lückenlose Fortsetzung** sein muss. Eine spätere Fortsetzungshandlung führt nicht mehr zur Anwendung des Satzes 3 (teilweise wird angenommen, eine beachtliche Fortsetzungshandlung sei nur innerhalb der Frist des Satzes 1 möglich). 38

d) Berechnung der Klagefrist

Für die **Berechnung der Klagefrist** gelten die Ausführungen unter Rdn 23 entsprechend. 39

e) Übergangsprobleme

§ 17 S. 3 TzBfG gilt seit dem **1.1.2001**, und zwar ohne Übergangsregelung (zu Details s. *Bader* KR 10. Aufl., § 17 TzBfG Rn 34). 40

4. Klage vor Fristbeginn

Es ist regelmäßig problemlos, eine Feststellungsklage gem. § 17 entgegen dessen Wortlaut auch schon **vor dem vereinbarten Ende** des kalendermäßig befristeten Arbeitsverhältnisses zu erheben, auch längere Zeit zuvor (etwa BAG vgl. etwa 21.3.2017 – 7 AZR 222/15, Rn 12; 24.2.2016 – 7 AZR 182/14, Rn 24; 21.9.2011 – 7 AZR 375/10, Rn 8; 10.3.2004 – 7 AZR 402/03, zu I der Gründe; s.a. APS-*Backhaus* § 17 TzBfG Rn 53; *Dörner* Befr. Arbeitsvertrag Rn 819). Wird die Befristungskontrollklage vor Befristungsende erhoben, ist die Klage gegen den Vertragsarbeitgeber zu richten, und die Passivlegitimation bleibt auch bei einer späteren Änderung grds. bestehen (BAG 23.7.2014 – 7 AZR 853/12, Rn 24). Das **Feststellungsinteresse** – soweit man dies grds. für erforderlich hält (s. Rdn 14) – wird dann meist nicht in Frage stehen, da davon auszugehen ist, dass der Arbeitgeber an der Befristung festhält, erst recht, wenn der Arbeitgeber dies ausdrücklich erklärt (BAG 23.6.2010 – 7 AZR 1021/08, Rn 12; s. aber LAG Nds. 8.1.2018 – 15 Sa 318/ 41

17: zweifelhaft bei Befristungsende in weiter Zukunft und Streit über ein früheres Befristungsende). Eine ältere Entscheidung des *BAG* (12.10.1979 – 7 AZR 960/77) betraf lediglich eine besondere Situation und ist so nicht verallgemeinerungsfähig (vgl. BGB-RGRK-*Dörner* 12. Aufl., § 620 Rn 174). Anders liegt es hingegen nach der **aktuellen Rspr. des BAG** bei einer **Zweckbefristung** und bei einer **auflösenden Bedingung**. Eine gegen die Wirksamkeit der Zweckbefristung gerichtete Befristungskontrollklage sei – gleiches gelte für die auflösende Bedingung – erst statthaft, wenn der Arbeitgeber den Arbeitnehmer gemäß § 15 Abs. 2 TzBfG schriftlich darüber unterrichtet, wann der Zweck der Befristung erreicht bzw. die Bedingung eingetreten ist (für eine Zweckbefristung *BAG* 21.3.2017 – 7 AZR 222/15, Rn 12; für eine aufl. Bedingung *BAG* 27.7.2016 – 7 AZR 276/14, Rn 17; aA zur auflösenden Bedingung noch *BAG* 1.12.2004 – 7 AZR 135/04). Zur Begründung hat das BAG darauf hingewiesen, dass ein zweckbefristeter (bzw. auflösend bedingter) Arbeitsvertrag nach § 15 Abs. 2 TzBfG (ggf. iVm. § 21 TzBfG) frühestens zwei Wochen nach Zugang der **schriftlichen Unterrichtung** des Arbeitnehmers durch den Arbeitgeber über die Zweckerreichung bzw. den Bedingungseintritt ende. Vor einer solchen schriftlichen Unterrichtung könne kein Raum sein für eine Befristungs- bzw. Bedingungskontrollklage. Diese könne erst erhoben werden, wenn die beiden Fragen der Wirksamkeit der Zweckbefristung bzw. auflösenden Bedingung und der Zweckerreichung bzw. des Eintritts der Bedingung (vgl. insoweit die aktuelle Rspr. zum Anwendungsbereich des § 17 S. 1 TzBfG – dazu Rdn 5) einheitlich zur Entscheidung gestellt werden können. Es könne indes in diesen Fällen unter den Voraussetzungen des § 256 Abs. 1 ZPO eine **allgemeine Feststellungsklage** zulässig sein (*BAG* 21.3.2017 – 7 AZR 222/15, Rn 12; 15.5.2012 – 7 AZR 35/11, Rn 15). Ggf. sei ein am Wortlaut des § 17 TzBfG orientierter Klageantrag als allgemeine Feststellungsklage auszulegen (*BAG* 21.3.2017 – 7 AZR 222/15, Rn 12; vgl. auch *BAG* 15.5.2012 – 7 AZR 35/11, Rn 16; 19.10.2011 – 7 AZR 471/10, Rn 15 mwN). Das nach § 256 Abs. 1 ZPO erforderliche Feststellungsinteresse ist gegeben, wenn der Arbeitgeber die vereinbarte Zweckbefristung bzw. auflösende Bedingung für wirksam erachtet. Eine solche im Zweifel als allgemeine Feststellungklage auszulegende Klage sei nach dem Zugang der Beendigungsmitteilung iSd. § 15 Abs. 2 TzBfG erst während der Tatsacheninstanzen (nicht hingegen in der Revisionsinstanz) als Klage nach § 17 S. 1 TzBfG zu verstehen (für eine Zweckbefristung *BAG* 21.3.2017 – 7 AZR 222/15, Rn 13; für eine aufl. Bedingung *BAG* 27.7.2016 – 7 AZR 276/14, Rn 18).

42 Eine Klage vor Fristbeginn kann insbes. dann sinnvoll sein, wenn bei **Mehrfachbefristungen** sowohl die frühere als auch die nachfolgende Befristung der gerichtlichen Kontrolle unterzogen werden soll (zu einer solchen Konstellation *BAG* 26.7.2000 – 7 AZR 43/99; s.a. Rdn 62).

D. Zum Verfahren

I. Allgemeines

43 Es gelten die allgemeinen Verfahrensgrundsätze (zur anderweitigen Rechtshängigkeit *BAG* 21.12.2005 – 7 AZR 541/04). Zu beachten ist indes, dass § 17 TzBfG nicht auf §§ 9, 10 KSchG verweist, also **Auflösungsanträge** nicht gestellt werden können (*Annuß/Thüsing-Maschmann* § 17 TzBfG Rn 12 mwN; APS-*Backhaus* § 17 TzBfG Rn 82 mwN). **Befristungsgründe** können grds. bis zum Schluss der mündlichen Verhandlung erster Instanz **nachgeschoben** werden, ohne dass dem prozessuale Verspätungsvorschriften entgegengehalten werden können (§ 6 KSchG nF; näher dazu Rdn 55; s.a. *Bader* NZA 2004, 65). Doch kann das Nachschieben aus **materiellen Gründen** verwehrt sein, wenn etwa ein bestimmter Befristungsgrund Vertragsinhalt geworden sein muss, wenn bestimmte Befristungsgründe oder Vertragstypen schriftlich festzuhalten sind oder wenn durch die Festlegung auf eine Rechtfertigung für die Befristung die andere ausgeschlossen ist (vgl. dazu KR-*Lipke/Bubach* § 14 TzBfG Rdn 163 ff.; vgl. zum Ausschluss der Grundlage für eine sachgrundlose Befristung etwa *BAG* 4.12.2002 – 7 AZR 545/01; 5.6.2002 – 7 AZR 241/01). Die Fragen der **Beweislast** sind bei KR-*Lipke/Bubach* § 14 TzBfG Rdn 755 ff. abgehandelt.

44 Hier wie sonst besteht die Möglichkeit der **Klagehäufung** (§ 260 ZPO). Es kann mit der Feststellungsklage gem. § 17 S. 1 TzBfG eine **Klage auf Weiterbeschäftigung** (für die Dauer des Verfahrens hinsichtlich des Feststellungsantrags) verbunden werden (dazu s. Rdn 46 ff.). Auch können

damit etwa eine **Zahlungsklage** oder (auch hilfsweise) Klagen auf Erteilung eines **Zeugnisses** oder auf Ausfüllung und Herausgabe von **Arbeitspapieren** verbunden werden, ebenso die Klage gegen eine Kündigung (so *BAG* 28.6.2000 – 7 AZR 920/98). Wichtig ist aber vor allem die Möglichkeit, mit der Klage gem. § 17 S. 1 TzBfG bzgl. einer Befristung die (vorzeitige – s. Rdn 41) **Feststellungsklage gegen eine weitere Befristung** (für Klagen im Falle von **Mehrfachbefristungen** s.a. Rdn 58–65) oder eine **allgemeine Feststellungsklage** zu verbinden (dazu s.a. Rdn 51; *Vossen* NZA 2000, 707; vgl. weiter *BAG* 10.10.2002 – 2 AZR 622/01). Für die allgemeine Feststellungsklage, die auf die Feststellung des Fortbestehens des Arbeitsverhältnisses bis zum Schluss der mündlichen Verhandlung abzielt, ist das **Feststellungsinteresse** (§ 256 Abs. 1 ZPO) separat zu prüfen (*BAG* 14.12.2016 – 7 AZR 797/14, Rn 11), es muss zum Schluss der mündlichen Verhandlung (noch) gegeben sein (*BAG* 26.9.1991 – 2 AZR 162/91; 18.8.2005 – 8 AZR 523/04, Rn 21: das Feststellungsinteresse kann zB entfallen, was zur Unzulässigkeit der Klage führt, wenn alle bis dahin vorhandenen Beendigungstatbestände durch jeweils separate Anträge abgedeckt sind; dazu auch *Dörner* Befr. Arbeitsvertrag Rn 989 f.). Ob eine derartige Klage zusätzlich erhoben ist, ist erforderlichenfalls durch **Auslegung** festzustellen (s. KR-*Klose* § 4 KSchG Rdn 312; vgl. auch *BAG* 2.6.2010 – 7 AZR 136/09, Rn 12; zur Korrektur in höheren Instanzen *Dörner* Befr. Arbeitsvertrag Rn 800). Der bloße Zusatz im Klageantrag »**sondern unverändert fortbesteht**« wird idR keinen allgemeinen Feststellungsantrag darstellen (*BAG* 15.2.2006 – 7 AZR 241/05, Rn 9), jedenfalls wenn keine weiteren Beendigungstatbestände im Raum stehen (*BAG* 8.6.2016 – 7 AZR 467/14, Rn 13; 21.3.2017 – 7 AZR 369/15, Rn 10). Zu der Frage, ob und unter welchen Voraussetzungen eine allgemeine Feststellungsklage die **Klagefrist des § 17 S. 1 TzBfG** zu wahren vermag, vgl. Rdn 54. Schließlich kann die **Klage auf Wiedereinstellung bzw. Fortsetzung des Arbeitsverhältnisses** (dazu s. Rdn 90 ff.) – auch als Hilfsantrag – mit der Klage gegen die Wirksamkeit einer Befristung verbunden werden. In der Einlegung einer **Befristungskontrollklage** kann nicht zugleich die Geltendmachung eines Entschädigungsanspruchs nach § 15 Abs. 2 AGG gesehen werden, der die Ausschlussfrist des § 15 Abs. 4 S. 1 AGG wahrt (*BAG* 21.2.2013 – 8 AZR 68/12, Rn 20).

Im Anwendungsbereich des § 17 S. 1 TzBfG ist eine korrespondierende **allgemeine Feststellungsklage** (§ 256 Abs. 1 ZPO) **des Arbeitgebers** ausgeschlossen (*BAG* 15.2.2017 – 7 AZR 153/15, Rn 9; APS-*Backhaus* § 17 TzBfG Rn 82 mwN). Dies folgt aus der Konzeption der gesetzlichen Regelung, andernfalls wären auch Unklarheiten möglich. Eine derartige Klage des Arbeitgebers kommt nur in Betracht, wenn zwischen den Parteien die Vereinbarung einer Befristung streitig ist (*BAG* 15.2.2017 – 7 AZR 153/15, Rn 9).

II. Weiterbeschäftigung während des Verfahrens

Die Grundsätze des Großen Senats des *BAG* (27.2.1985 – GS 1/84, m. Anm. *Gamillscheg* in EzA § 611 BGB Beschäftigungspflicht Nr. 9) über den **allgemeinen Weiterbeschäftigungsanspruch** des Arbeitnehmers für die Dauer des Kündigungsrechtsstreits (bis zu dessen rechtskräftigem Abschluss) gelten entsprechend auch dann, wenn um die Wirksamkeit einer Befristung oder auflösenden Bedingung (§ 21 TzBfG) gestritten wird (*BAG* 22.7.2014 – 9 AZR 1066/12; vgl. auch die Konstellation bei *BAG* 5.6.2002 – 7 AZR 241/01; KR-*Rinck* § 102 BetrVG Rdn 356; APS-*Backhaus* § 17 TzBfG Rn 72; Bader/Bram-*Bader* § 620 BGB Rn 288; MHH-TzBfG/*Meinel* § 16 TzBfG Rn 3; *Sievers* § 16 TzBfG Rn 19; ErfK-*Müller-Glöge* § 17 TzBfG Rn 12). Denn die Unsicherheit ist hier wie dort dieselbe. Gewinnt also der Arbeitnehmer erstinstanzlich, wird der Arbeitgeber auf entsprechenden Antrag (auf **Weiterbeschäftigung bis zur Rechtskraft der Entscheidung über den Feststellungsantrag**; zur Bestimmtheit vgl. KR-*Rinck* § 102 BetrVG Rdn 368) – dieser kann im Wege der Klagehäufung neben dem Antrag gem. § 17 TzBfG gestellt werden (auch unecht bedingt für den Fall, dass der Kläger mit dem Feststellungsantrag Erfolg hat; vgl. *BAG* 24.10.2001 – 7 AZR 686/00, auch zu diesbezüglichen Auslegungsfragen; nach *BAG* 9.9.2015 – 7 AZR 190/14, Rn 41 ist ein solcher Antrag auch ohne entsprechende ausdrückliche Erklärung regelmäßig als unechter Hilfsantrag zu verstehen) – zur Weiterbeschäftigung zu verurteilen sein, sofern der Arbeitgeber nicht erfolgreich Gegengründe (**überwiegende schutzwürdige Interessen** auf seiner Seite) ins Feld führen kann. Eine isolierte Klage auf Weiterbeschäftigung, in deren Rahmen dann die Wirksamkeit der Befristung zu prüfen wäre, ist angesichts der Klagefrist an sich kein gangbarer Weg mehr; eine derartige Klage kann allenfalls im Rahmen des entsprechend anzuwendenden § 6 KSchG eine Rolle spielen (näher dazu Rdn 54).

47 Wird jedoch darum gestritten, ob die Parteien überhaupt ein **Arbeitsverhältnis begründet** haben, kommt ein derartiger Weiterbeschäftigungsanspruch nicht in Betracht (KR-*Rinck* § 102 BetrVG Rdn 356; *LAG Rhpf* 15.6.1993 – 9 Sa 370/93). Etwas anderes gilt wiederum dann, die Arbeitsvertragsparteien nicht um die Wirksamkeit der Befristung streiten, sondern darüber, **ob die Befristungsabrede überhapt Vertragsinhalt geworden ist** (vgl. entsprechend Rdn 5). Beruft sich der Arbeitgeber darauf, dass das Arbeitsverhältnis aufgrund einer aus seiner Sicht zum Vertragsinhalt gewordenen Befrsitungsabrede beendet ist und will der Arbeitnehmer im Rahmen einer allgemeinen Feststellungsklage nach § 256 Abs. 1 ZPO festgestellt wissen, dass das Arbeitsverhältnis fortbesteht (weil keine Befristung vereinbart worden sei bzw. diese Abrede nach § 305c Abs. 1 BGB nicht zum Vertragsbestandteil geworden sei), ist die Interessenlage vergleichbar mit derjenigen im Kündigungs- oder Befrsitungsrechtsstreit nach § 4 KSchG bzw. § 17 TzBfG.

48 Im Übrigen gelten für den allgemeinen Weiterbeschäftigungsanspruch für die Dauer des Rechtsstreits über die Wirksamkeit einer Befristung die Erl. in § 102 BetrVG Rdn 353 ff. mwN entsprechend, speziell zur Möglichkeit der Durchsetzung durch **einstweilige Verfügung** (vgl. KR-*Rinck* § 102 BetrVG Rdn 372 ff.), zur **Vollstreckung** (s. KR-*Rinck* § 102 BetrVG Rdn 375 ff.) und zur **Rückabwicklung nach Klageabweisung** (s. KR-*Rinck* § 102 BetrVG Rdn 380 ff.). Zur Rechtsqualität einer **vereinbarten Weiterbeschäftigung** für die Dauer des Kündigungsrechtsstreits vgl. KR-*Bader/Kreutzberg-Kowalczyk* § 3 TzBfG Rdn 22 (dort auch zur Möglichkeit der bloßen Erfüllung einer Weiterbeschäftigungspflicht, wie vom BAG für möglich gehalten: *BAG* 22.7.2014 – 9 AZR 1066/12). Umfassend zu Fragen des Beschäftigungs- und des Weiterbeschäftigungsanspruchs s. auch *Bader/Bram-Nungeßer* § 102 BetrVG Rn 67 ff. mwN.

III. Revisionsgerichtliche Überprüfung

49 Die Gerichte für Arbeitssachen erster und zweiter Instanz haben bei der **Prüfung des sachlichen Grundes** einen gewissen **Beurteilungsspielraum**. Denn es handelt sich um einen unbestimmten Rechtsbegriff, der lediglich der **eingeschränktem revisionsrechtlichen Kontrolle** unterliegt. Das BAG geht aus revisionsrechtlicher Sicht insoweit nur dann von einer nachprüfbaren Rechtsverletzung der Tatsachengerichte aus, wenn der jeweilige **Rechtsbegriff** des sachlichen Grundes selbst verkannt, Denkgesetze und allgemeine Erfahrungssätze verletzt oder wesentliche Umstände übersehen worden sind (etwa *BAG* 30.8.2017 – 7 AZR 864/15; 26.7.2006 – 7 AZR 495/05; 23.1.2002 – 7 AZR 611/00; Bader/Bram-*Bader* § 620 BGB Rn 286; *Dörner* Befr. Arbeitsvertrag Rn 857; *Staudinger/Preis* § 620 Rn 64). Damit ist die Möglichkeit revisionsgerichtlicher Kontrolle doch recht stark eingeschränkt. Es wird daher zu Recht darauf hingewiesen, dass in der Praxis vielfach die Korrekturmöglichkeiten durch das Bundesarbeitsgericht überschätzt werden (*Dörner* Befr. Arbeitsvertrag Rn 857). Das Revisionsgericht kann aber selbst auslegen, ob in einem Antrag, der nicht § 17 S. 1 TzBfG entspricht (vgl. Rdn 13), ein Befristungskontrollantrag liegt (*BAG* 24.6.2015 – 7 AZR 541/13, Rn 17).

50 Ist in einem Rechtsstreit sowohl der Rechtsstatus (Arbeitnehmer oder freier Mitarbeiter?) als auch die Wirksamkeit einer Befristung streitig, kann das LAG einheitlich über beide Teil-Streitgegenstände entscheiden und dann die **Revisionszulassung** wirksam etwa auf den Befristungsstreit **beschränken** (*BAG* 28.5.1985 – 7 AZR 581/84).

IV. Streitgegenstand/Rechtskraftwirkungen

51 Streitgegenstand ist für eine Feststellungsklage nach § 17 TzBfG die **Beendigung des Arbeitsverhältnisses aufgrund der konkreten Befristung zu einem bestimmten Termin** (*BAG* 23.10.2019 – 7 AZR 7/18, Rn 51; s. schon Rdn 5 und 13 zum sog. **punktuellen Streitgegenstand**; vgl. dazu KR-*Klose* § 4 KSchG Rdn 289 mwN). Wie auch im Kündigungsschutzprozess setzt ein stattgebendes

Urteil auf einen Antrag nach § 17 S. 1 TzBfG voraus, zum streitigen Beendigungszeitpunkt (noch) ein Arbeitsverhältnis zwischen den Parteien bestanden hat, es also nicht schon zuvor durch andere Beendigungstatbestände geendet hat (BAG 23.7.2014 – 7 AZR 853/12, Rn 25; APS-*Backhaus* § 17 TzBfG Rn 18; *Boewer* Rn 35; ErfK-*Müller-Glöge* Rn 2a, 15a; *Sievers* Rn 33; zum Kündigungsschutzprozess *BAG* 24.5.2018 – 2 AZR 67/18, Rn 20; 20.2.2014 – 2 AZR 1071/12). Von dem Antrag nach § 17 S. 1 TzBfG ist damit auch die Frage umfasst, ob das Arbeitsverhältnis am vorgesehenen Beendigungstermin noch bestanden hat und nicht durch einen bis dahin eingetretenen Beendigungstatbestand (zB § 613a BGB oder § 10 AÜG) aufgelöst worden ist (*BAG* 23.3.2016 – 7 AZR 70/14; 21.3.2017 – 7 AZR 207/15). Wird daher nur der § 17 S. 1 TzBfG entsprechende Antrag (zur Formulierung eines Befristungskontrollantrags s. Rdn 13) gestellt, ist nicht darüber zu befinden, ob das Arbeitsverhältnis im Zeitpunkt des Schlusses der mündlichen Verhandlung noch besteht (es sei denn, der Zeitpunkt der letzten mündlichen Verhandlung liegt noch vor dem vereinbarten Beendigungszeitpunkt). Im Rahmen der Feststellungsklage gem. § 17 TzBfG ist eine umfassende Prüfung bzgl. **aller** nach § 17 S. 2 TzBfG, § 6 S. 1 KSchG rechtzeitig gerügter **Unwirksamkeitsgründe** vorzunehmen (vgl. Rdn 5 f., 55). Diese Grundsätze gelten grds. auch bei **Mehrfachbefristungen** (dazu weiter Rdn 58–65). Will ein Arbeitnehmer nicht (nur) die Unwirksamkeit einer Befristungsabrede bzw. der Vereinbarung einer auflösenden Bedingung geltend machen, sondern (ggf. auch), dass – entgegen der Auffassung des Arbeitgebers – gar keine Befristung oder auflösende Bedingung vereinbart worden ist (s. Rdn 7), muss er (ggf im Wege der objektiven Klagehäufung) einen **allgemeinen Feststellungsantrag** stellen. Gleiches gilt, wenn der Arbeitnehmer festgestellt wissen will, dass (auch) noch zum Zeitpunkt der letzten mündlichen Verhandlung, der nach dem vereinbarten Ende des Arbeitsverhältnisses liegt, noch ein Arbeitsverhältnis besteht (dazu s. Rdn 44). Dies kann etwa streitig sein, wenn nach dem (streitigen) vereinbarten Vertragsende noch weitere vom Arbeitgeber behauptete Beendigungstatbestände erfolgt sind, die nicht mit einem Antrag nach § 4 S. KSchG oder nach § 17 S. 1 TzBfG anzugreifen sind (etwa eine mündliche Kündigung oder ein Aufhebungsvertrag).

Ist bereits ein Rechtsstreit über eine Befristung rechtskräftig **positiv** entschieden, so ist damit rechtskräftig das **Bestehen des Arbeitsverhältnisses** zwischen den Parteien jedenfalls im **vermeintlichen Endtermin** festgestellt (APS-*Backhaus* § 17 TzBfG Rn 18 mwN; ErfK-*Müller-Glöge* § 17 TzBfG Rn 15a; vgl. a. *BAG* 21.11.2017 – 9 AZR 117/17; 29.1.2015 – 2 AZR 698/12). Es handelt sich insoweit nicht nur um eine Vorfrage, die nicht in Rechtskraft erwächst (entspr. s. KR-*Klose* § 4 KSchG Rdn 325, 338 mwN; aA *LAG Bln.* 10.8.1981 – 9 Sa 1/81). Ist die Befristungsklage rechtskräftig **abgewiesen**, steht rechtskräftig fest, dass die angegriffene **Befristung unter keinem Aspekt wirksam** ist: Der Arbeitnehmer kann sich nicht mehr darauf berufen, es habe in Wahrheit eine unwirksame Befristung vorgelegen und es bestehe damit ein unbefristeter Vertrag. Das gilt auch, wenn er sich im Prozess auf einzelne Unwirksamkeitsgründe nicht berufen hat (dazu § 6 KSchG und hierzu s. Rdn 54). Hingegen erwächst die Entscheidung über **einzelne Unwirksamkeitsgründe** als solche oder über die **rechtliche Einordnung** (etwa: Sachgrundbefristung oder Befristung nach § 14 Abs. 2 TzBfG) nicht in Rechtskraft (parallel s. Rdn 57). Im Übrigen ist auf die entsprechend heranzuziehenden Ausführungen bei KR-*Klose* § 4 KSchG zu verweisen, speziell zu **Präklusionsfragen** in § 6 KSchG Rdn 31 ff.

E. Entsprechende Anwendung der §§ 5 bis 7 KSchG (Satz 2)

I. § 5 KSchG

Da § 17 S. 2 TzBfG den § 5 KSchG für entsprechend anwendbar erklärt, kann auch bei Klagen gegen Befristungen oder auflösende Bedingungen (§ 21 TzBfG) ein **Antrag auf nachträgliche Zulassung** gestellt werden, dem stattzugeben ist, wenn der Arbeitnehmer trotz aller ihm nach Lage der Umstände zuzumutenden Sorgfalt verhindert war, die Klagefrist einzuhalten (§ 5 Abs. 1 KSchG). Für das Verfahren und den anzulegenden Maßstab gelten grds. die Erl. zu **§ 5 KSchG** entsprechend, auf die verwiesen wird, wobei zu beachten ist, dass zahlreiche der zu § 5 KSchG behandelte Einzelfragen mit der Kenntnisnahme von der Kündigung als einem regelmäßig nicht vorhersehbarem

Willensakt des Arbeitgebers zu tun haben (APS-*Backhaus* § 17 TzBfG Rn 58). Der Arbeitnehmer kennt regelmäßig den Zeitpunkt des vereinbarten Endes des Arbeitsverhältnisses, der die Klagefrist des § 17 S. 1 TzBfG in Gang setzt, so dass sich auch insoweit kein Zulassungsgrund ergeben wird. Dies gilt zunächst für die kalendermäßige Befristung, aber auch für die Zweckbefristung jedenfalls dann, wenn der Arbeitnehmer bereits vorab (nicht notwendig zwei Wochen zuvor – s. Rdn 26 f.) die schriftliche Unterrichtung gem. § 15 Abs. 2 TzBfG erhalten hat. Ansonsten wird zumeist § 17 S. 3 TzBfG oder eine teleologische Reduktion des § 17 S. 1 bzw. entsprechende Anwendung des § 17 S. 3 TzBfG (s. dazu Rdn 26 f.) helfen und § 5 KSchG nicht zu bemühen sein. Die **Unkenntnis der Klagefrist** (dazu *LAG Köln* 29.10.2014 – 11 Sa 1484/13) sowie die Unkenntnis der Tatsachen, welche Ereignisse die Frist beginnen lassen (§ 17 S. 1 u. 3 TzBfG), stellen hier ebenfalls keinen Zulassungsgrund dar. Praktische Bedeutung hat die Vorschrift in aller Regel bei unverschuldet verspätetem Eingang der Klage (MHH-TzBfG/*Meinel* Rn 42; APS-*Backhaus* § 17 TzBfG Rn 58). Im Übrigen ist zu beachten, dass der Arbeitnehmer bei **absehbarem Auslaufen der Befristung** gehalten sein wird, für voraussehbare Behinderungen hinsichtlich der Klageerhebung (durch Urlaub, Krankenhausaufenthalt o.Ä.) Vorsorge zu treffen: Der Sorgfaltsmaßstab des § 5 Abs. 1 KSchG kann sich damit gegenüber den Kündigungsfällen insoweit verschärfen (*Vossen* NZA 2000, 711; vgl. auch *Annuß/Thüsing-Maschmann* § 17 TzBfG Rn 10; LS-*Schlachter* § 17 TzBfG Rn 25). Die Erfolgsaussichten eines Antrags auf nachträgliche Klagezulassung dürften bei Befristungen damit geringer sein als bei Kündigungen (LS-*Schlachter* § 17 TzBfG Rn 25 mwN; *Böhm* ArbRB 2008, 256). Allerdings wird man keine Obliegenheit des Arbeitnehmers annehmen können, sich bei einer Zweckbefristung nach dem voraussichtlichen Zeitpunkt der Zweckerreichung zu erkundigen (arg. § 15 Abs. 2 TzBfG; ebenso *Annuß/Thüsing-Maschmann* § 17 TzBfG Rn 10; APS-*Backhaus* § 17 TzBfG Rn 59; LS-*Schlachter* § 17 TzBfG Rn 25). Wegen der Fiktionswirkung des § 7 Hs. 1 KSchG kommt § 5 KSchG schließlich nicht zum Tragen, wenn der Arbeitgeber später zulässigerweise auf einen anderen und zusätzlichen Befristungsgrund zurückgreift (aA *Vossen* NZA 2000, 710). Zur Frage der Zurechnung von Verschulden des Vertreters, insbes. von **Anwaltsverschulden** vgl. KR-*Kreft* § 5 KSchG Rdn 67 ff. Eine **Prozessverwirkung** kann jedenfalls nicht vor Ablauf der Frist des § 5 Abs. 3 S. 2 KSchG angenommen werden (*BAG* 9.2.2011 – 7 AZR 221/10, Rn 15).

II. § 6 KSchG

54 Auch § 6 KSchG ist durch § 17 S. 2 TzBfG für entsprechend anwendbar erklärt. Die ganz hM wandte **§ 6 S. 1 KSchG aF entsprechend** in den Fällen an, in denen der Arbeitnehmer fristgerecht **anderweitig** die Unwirksamkeit der Kündigung gerichtlich geltend gemacht hatte, insbes. eine **Leistungsklage** (speziell auf Zahlung) erhoben hatte, die auf die Unwirksamkeit der Kündigung gestützt war (*Friedrich* KR 6. Aufl., § 4 KSchG Rn 23 ff. mwN; zur Entstehungsgeschichte des § 6 KSchG KR-*Klose* § 6 KSchG Rdn 1 ff.). Dies hatte dann in gleicher Weise zu gelten im Bereich der Befristungsklage. Unter der Geltung des **neugefassten § 6 KSchG** lässt sich dies so nicht mehr aufrechterhalten (*Bader* NZA 2004, 65), obwohl die Literatur ganz überwiegend weiterhin von den zur alten Rechtslage entwickelten Grundsätzen ausgeht (APS-*Backhaus* § 17 TzBfG Rn 60; ErfK-*Kiel* § 6 KSchG Rn 3; *Gräfl/Arnold-Spinner* § 17 TzBfG Rn 62; LS-*Schlachter* § 17 TzBfG Rn 26; *Sievers* § 17 TzBfG Rn 74; entsprechend *Hess. LAG* 8.4.2013 – 17 Sa 1018/12). § 6 KSchG nF regelt nämlich nur noch, dass weitere Unwirksamkeitsgründe bis zum Schluss der mündlichen Verhandlung 1. Instanz geltend gemacht werden können, regelt also gerade nicht mehr den Übergang zu der speziellen Feststellungsklage nach § 4 S. 1 KSchG. Demgegenüber hält das BAG auch zu **§ 6 S. 1 KSchG nF** mit der zitierten hM daran fest, dass die Norm über den Wortlaut hinaus **entsprechend anwendbar** ist, wenn der Arbeitnehmer innerhalb der Dreiwochenfrist auf anderem Wege geltend gemacht hat, dass eine unwirksame Kündigung vorliege (etwa *BAG* 24.6.2015 – 7 AZR 541/13, Rn 27 ff.; 23.4.2008 – 2 AZR 699/06, Rn 23; s. ausf. mwN KR-*Klose* § 6 KSchG Rdn 17 ff.), und die Praxis hat sich darauf einzustellen. Danach gilt für Klagen gegen Befristungen aufgrund der Verweisung in § 17 S. 2 TzBfG in der Konsequenz: »Die Klagefrist kann auch dadurch gewahrt sein, dass der Arbeitnehmer bis zum Schluss der mündlichen Verhandlung erster Instanz einen Befristungskontrollantrag stellt und er innerhalb der Dreiwochenfrist auf anderem

Weg gerichtlich geltend gemacht hat, dass die nach diesem Antrag streitgegenständliche Befristung rechtsunwirksam ist.« (*BAG* 15.5.2012 – 7 AZR 6/11, Rn 22; s. weiter *BAG* 18.12.2014 – 2 AZR 163/14, Rn 16). Diese anderweitige gerichtliche Geltendmachung kann nach dem BAG auch in einer allgemeinen Feststellungsklage liegen, jedenfalls dann, wenn die Klagebegründung ausdrücklich die fragliche Befristungsabrede bezeichnet und der Antrag gem. § 17 S. 1 TzBfG bis zum Schluss der mündlichen Verhandlung erster Instanz gestellt worden ist (*BAG* 15.5.2012 – 7 AZR 6/11, Rn 22). Entsprechend kann die anderweitige gerichtliche Geltendmachung auch in einer Klage auf Weiterbeschäftigung gesehen werden, wenn so der Wille, sich gegen die Wirksamkeit der Befristung wehren zu wollen, klar erkennbar wird (*BAG* 24.6.2015 – 7 AZR 541/13, Rn 21).

In der neueren Rechtsprechung hat das BAG sich nun intensiver mit dem **eigentlichen Regelungsgehalt des § 6 KSchG** auseinandergesetzt. Zunächst ist zutreffend festgestellt, dass § 6 KSchG über die Verweisung in §§ 21, 17 S. 2 TzBfG auch für Klagen gegen Befristungen und auflösende Bedingungen anwendbar ist; damit kann der Arbeitnehmer bis zum Schluss der mündlichen Verhandlung erster Instanz die Unwirksamkeit der Bedingung aus anderen Gründen als denjenigen geltend machen, die er innerhalb der dreiwöchigen Klagefrist benannt hat (*BAG* 21.8.2019 – 7 AZR 563/17, Rn 52 mwN auch zur Rspr. des BAG zu Kündigungsschutzklagen; 21.3.2018 – 7 AZR 408/16, Rn 30; 20.1.2016 – 6 AZR 601/14, Rn 14; 27.7.2011 – 7 AZR 402/10, Rn 37; 4.5.2011 – 7 AZR 252/10, Rn 19). Hat aber das Arbeitsgericht auf § 6 S. 1 KSchG hingewiesen, können erstinstanzlich nicht eingeführte Unwirksamkeitsgründe nach Auffassung des BAG in den höheren Instanzen nicht mehr geltend gemacht werden (*BAG* 21.8.2019 – 7 AZR 563/17, Rn 54; 20.1.2016 – 6 AZR 601/14, Rn 15; 18.1.2012 – 6 AZR 407/10 – Rn 17; aA KR-*Klose* § 6 KSchG Rn 7 und 13). Hierauf hat das Arbeitsgericht **hinzuweisen (§ 6 S. 2 KSchG)**. Verstößt das Arbeitsgericht gegen diese Hinweispflicht, tritt die vom BAG angenommene **Präklusionswirkung** nach § 17 S. 2 TzBfG, § 6 S. 1 KSchG nicht ein und der Arbeitnehmer kann auch noch in der Berufungsinstanz weitere Unwirksamkeitsgründe nachschieben (*BAG* 21.8.2019 – 7 AZR 563/17, Rn 52 mwN; 20.8.2014 – 7 AZR 924/12, Rn 21: Berufung auf fehlende Schriftform dann erstmals in der Berufungsinstanz möglich). Das Landesarbeitsgericht hat dann selbst zu prüfen, ob die Befristung des Arbeitsvertrags gegen weitere, in der Klagefrist nicht geltend gemachte Unwirksamkeitsgründe verstößt; es besteht **keine Zurückverweisungspflicht** an das Arbeitsgericht (*BAG* 27.7.2011 – 7 AZR 402/10, Rn 37; im Einzelnen *BAG* 4.5.2011 – 7 AZR 252/10, Rn 15 ff. mwN). Zu beachten ist, dass ein allgemeiner **Hinweis auf den Regelungsgehalt des § 6 S. 1 KSchG** ausreichend, aber auch erforderlich ist, um die Präklusionswirkung auszulösen. Nicht ausreichend ist es hingegen, wenn das Gericht lediglich auf § 6 KSchG hingewiesen und/oder den Wortlaut dieser Vorschrift wiedergibt. Daraus erschließt sich nicht ohne weiteres, welche Relevanz dies für die Geltendmachung der Unwirksamkeit einer Befristung haben soll (*BAG* 21.8.2019 – 7 AZR 563/17, Rn 56). Dies muss also für den klagenden Arbeitnehmer deutlich werden. Zur vom Siebten Senat des BAG noch nicht abschließend beantwortenden Frage, welche **Anforderungen an ein Berufen auf einen Unwirksamkeitsgrund** zu stellen sind (s. *BAG* 27.6.2011 – 7 AZR 402/10, Rn 37: Welche Anforderungen an die Geltendmachung der Unwirksamkeit einer Bedingung zu stellen sind, ist noch nicht abschließend geklärt), wird auf die Kommentierung vom *Klose* zu § 6 KSchG (dort Rdn 15) verwiesen (vgl. dazu im Kündigungsschutzrecht die strengen Anforderungen des Zweiten Senats des *BAG* 8.11.2007 – 2 AZR 314/06, Rn 18 ff.).

III. § 7 KSchG

Schließlich ist § 7 KSchG gleichfalls entsprechend anwendbar (§ 17 S. 2 TzBfG). Dessen 2. Hs. ist für die Befristungsklage gegenstandslos, da er sich auf die Änderungskündigung bezieht. Der 1. Hs. ist für die **Klagen gegen Befristungen und auflösende Bedingungen** von Arbeitsverträgen im Ergebnis aufgrund der Anordnung in § 17 S. 2 TzBfG so zu lesen: Wird die Rechtsunwirksamkeit einer Befristung – oder einer auflösenden Bedingung (§ 21 TzBfG) – **nicht rechtzeitig geltend gemacht** (§ 17 S. 1 u. 3 TzBfG; § 17 S. 2 TzBfG, §§ 5, 6 KSchG – zum Stellenwert des § 6 KSchG nF Rdn 52 u. Rdn 55), so gilt die **Befristung** oder die auflösende Bedingung **als von Anfang an** rechtswirksam. Es werden in Folge der angeordneten Fiktion **alle Unwirksamkeitsgründe** (dazu

Rdn 5–8) **geheilt** (*Dörner* Befr. Arbeitsvertrag Rn 814; vgl. weiter Rdn 57). Da aufgrund der mit Wirkung v. 1.1.2004 neu gefassten §§ 4, 7 KSchG auch die Kündigungsschutzklage nunmehr (nahezu) alle Unwirksamkeitsgründe abdeckt (KR-*Klose* § 7 KSchG Rdn 9 u. 4 ff.), besteht der frühere Unterschied zur Klage gegen eine Befristung (praktisch) kaum mehr.

57 Für die **Rechtsfolgen** kann grds. auf die Kommentierung des § 7 KSchG verwiesen werden. Es handelt sich bei § 7 KSchG um eine **prozessuale Frist** für die Klageerhebung mit **materiellrechtlicher Wirkung** (*BAG* 18.1.2012 – 7 AZR 211/09, Rn 15; ErfK-*Müller-Glöge* § 17 TzBfG Rn 11 f. mwN). Die gesetzliche Fiktion besagte im Kündigungsschutzrecht nach dem Rechtszustand bis zum 31.12.2003, dass die Kündigung als sozial gerechtfertigt gilt, nicht aber wurde das Vorliegen der materiellen Kündigungsgründe fingiert (*BAG* 22.3.2000 – 7 AZR 581/98, mwN; vgl. KR-*Klose* § 7 KSchG Rdn 2). Nach §§ 4 S. 1, 7 Hs. 1. KSchG nF gilt die Kündigung nun als (in jeder Hinsicht im Anwendungsbereich der Norm; dazu KR-*Klose* § 7 KSchG Rdn 9 u. 4 ff.) von Anfang an rechtswirksam. Dasselbe gilt dann für die Befristung. Es kann vom Arbeitnehmer nicht mehr eingewandt werden, es habe sich in Wahrheit um ein unwirksam befristetes und damit im Ergebnis um ein unbefristetes Arbeitsverhältnis gehandelt (*BAG* 22.3.2000 – 7 AZR 581/98, auch bzgl. § 1 Abs. 1 u. 3 BeschFG). Mit anderen Worten: Die bei Versäumung der Klagefrist eintretende **Fiktion** bewirkt allein, dass der Arbeitsvertrag als **wirksam befristet oder wirksam auflösend bedingt** gilt. Es wird nicht fingiert, dass und ggf. zu welchem **Zeitpunkt** die Beendigung des Arbeitsverhältnisses auf Grund wirksamer Zweckbefristung oder wirksamer auflösender Bedingung eingetreten ist (*BAG* 19.1.2005 – 7 AZR 113/04; 23.6.2004 – 7 AZR 440/03). Die Fiktionswirkung des entsprechend anwendbaren § 7 Hs. 1 KSchG erstreckt sich auch nicht auf einzelne **Unwirksamkeitsgründe** oder die **rechtliche Einordnung** der Befristung (*BAG* 20.2.2002 – 7 AZR 622/00 mwN), also zB nicht auf die Frage, ob eine Sachgrundbefristung oder eine Befristung gem. § 14 Abs. 2 TzBfG vorlag (vgl. *Gotthardt* Anm. zu *BAG* 22.3.2000 EzA § 1 BeschFG 1985 Klagefrist Nr. 4; etwas missverständlich *BAG* 9.2.2000 – 7 AZR 730/98, wo davon die Rede ist, dass alle Voraussetzungen einer rechtswirksamen Befristung fingiert werden). Diese Frage wird insbes. bei **Mehrfachbefristungen** relevant (s. Rdn 63). Im Übrigen tritt die Fiktionswirkung des § 7 KSchG auch dann ein, wenn die **Klage zurückgenommen** wird und die Frist von drei Wochen bereits abgelaufen ist (*BAG* 19.10.2011 – 7 AZR 743/10, Rn 41, 65; 9.2.2011 – 7 AZR 91/10, Rn 43, 65; 18.5.2006 – 2 AZR 245/05, Rn 20; 15.2.2006 – 7 AZR 206/05, Rn 10; offengelassen, aber wohl eine aA andeutend *BAG* 10.12.2020 – 2 AZR 308/20, Rn 16; aA wohl auch *BAG* 21.8.2008 – 8 AZR 201/07, Rn 39). Allerdings kann vor oder bei der Vereinbarung einer Befristung **nicht auf** die spätere **Geltendmachung der Unwirksamkeit der Befristung** verzichtet werden; dies folgt aus den zugunsten des Arbeitnehmers zwingenden Grundsätzen der Befristungskontrolle (§ 22 Abs. 1 TzBfG; *BAG* 19.1.2005 – 7 AZR 115/04; 13.6.2007 – 7 AZR 287/06; s.a. Rdn 17). Dementsprechend kann auch nicht in einem gerichtlichen Vergleich über die Vereinbarung einer Befristung wirksam auf die Rüge der Nichtbeteiligung des landesrechtlich zu beteiligenden Personalrats verzichtet werden (*LAG Hamm* 14.12.2006 – 11 Sa 1237/06; aA *LAG Köln* 12.12.2005 – 2 Sa 1054/05, doch hat das BAG in der zugehörigen Revisionsentscheidung das Vorliegen eines Klageverzichts verneint: *BAG* 13.6.2007 – 7 AZR 287/06, Rn 11 f.). Ein **Verzicht** ist indes jedenfalls bei Ablauf der vereinbarten Laufzeit möglich (ErfK-*Müller-Glöge* § 17 TzBfG Rn 16b mwN; s. weiter zu § 15 Abs. 5 TzBfG *BAG* 22.7.2014 – 9 AZR 1066/12).

F. Feststellungsklage bei mehrfacher Befristung

58 § 17 S. 1 TzBfG gilt nach Wortlaut und Sinn und Zweck für **jede Befristung**. Das bedeutet vom Ausgangspunkt her grds., dass für jede Befristung (gleichgültig, ob mit oder ohne zeitliche Unterbrechung; *BAG* 20.8.2003 AP § 620 BGB Befristeter Arbeitsvertrag Nr. 245) – **auch bei mehreren aufeinander folgenden Befristungen** (s. etwa *BAG* 18.7.2012 – 7 AZR 783/10: zu Rechtsmissbrauch bei Kettenbefristungen) – gesondert zu prüfen ist, ob die **Klagefrist** eingehalten ist (sie setzt nicht erst bei dem Ablauf der letzten Befristung ein: *BAG* 24.10.2002 – 7 AZR 686/00). Ist dies zu verneinen, ist also die Frist versäumt (und greifen auch §§ 5, 6 KSchG in ihrer angeordneten

entsprechenden Anwendung [dazu Rdn 54] nicht ein), gilt die entsprechende Befristung gem. Satz 2 iVm § 7 Hs. 1 KSchG in entsprechender Anwendung als wirksam (s. Rdn 56 u. 57). Schon auf der Basis dieser Grundsätze **reduziert** sich vielfach bereits die **gerichtliche Überprüfung**, und zwar unabhängig von der Frage, ob man in der Vereinbarung einer Folgebefristung stets oder regelmäßig die Aufhebung eines durch die frühere eventuell unwirksame Befristung möglicherweise entstandenen Dauerarbeitsverhältnisses zu sehen hat (so bislang das *BAG* seit 8.5.1985 – 7 AZR 191/84; ebenso nach wie vor etwa auch *BAG* 26.7.2000 – 7 AZR 43/99; 7.11.2007 – 7 AZR 484/06; s. weiter *BAG* 24.8.2011 – 7 AZR 228/10, zur Auslegung der letzten Befristungsvereinbarung als »vorbehaltloser Folgevertrag«; weiter dazu KR-*Lipke/Bubach* § 14 TzBfG Rdn 129 ff.). Liegen nämlich bspw. drei aufeinanderfolgende Befristungen vor, hat der Arbeitnehmer aber nur die letzte der Befristungen rechtzeitig klageweise angegriffen, gelten die ersten beiden Befristungen als wirksam (§ 17 S. 2 TzBfG, § 7 Hs. 1 KSchG; *Rolfs* § 17 TzBfG Rn 5; *Sievers* § 17 TzBfG Rn 23). An der Richtigkeit dieses Grundsatzes führt angesichts der gesetzlichen Regelung, die rasch klare Verhältnisse schaffen will, kein Weg vorbei (*BAG* 22.3.2000 – 7 AZR 581/98, m. insgesamt zust. Anm. *Gotthardt* in EzA § 1 BeschFG 1985 Klagefrist Nr. 4; bereits zu § 1 Abs. 5 BeschFG ebenso etwa *Löwisch* NZA 1996, 1012; *Reuter* NZA 1998, 1322; *G. Wisskirchen* DB 1998, 727; vgl. auch *v. Hoyningen-Huene/Linck* DB 1997, 46).

Probleme bereitete die Anwendung der dargestellten Grundsätze auf **§ 1 Abs. 3 BeschFG 1996** 59 (insgesamt dazu speziell *BAG* 22.3.2000 – 7 AZR 581/98, EzA § 1 BeschFG 1985 Klagefrist Nr. 4 u. die zugehörige Anm. *Gotthardt* mwN; *Lipke* KR 5. Aufl., § 1 BeschFG 1996 Rn 175 ff.). Es war zu § 1 Abs. 3 BeschFG 1996 mit seiner schwierigen Normstruktur vor allem höchst streitig, ob bei der Prüfung der letzten Befristung (Verlängerung) unabhängig von der Klagefrist dennoch der Sachgrund der vorangegangenen Befristung überprüft werden konnte oder nicht (dafür zB *Buschmann* AuR 1996, 289; *Fiebig* NZA 1999, 1088; abl. dazu und zugleich zum Stellenwert einer sog. **Inzidentkontrolle** daraufhin, ob es für die vorangegangene Befristung einen Sachgrund oder eine spezialgesetzliche Befristungsmöglichkeit gegeben hat *BAG* 22.3.2000 – 7 AZR 581/98, mwN; vgl. auch *Vossen* NZA 2000, 709 f.). Die Problematik des § 1 Abs. 3 BeschFG 1996 hatte das BAG entgegen früherer Rspr. (*BAG* 8.12.1988 – 2 AZR 308/88) auch dazu geführt, zu prüfen, ob der vorherige Vertrag, der dann verlängert worden ist, bereits ein **Vertrag nach dem BeschFG** war, und es hat dazu auf den **Willen der Parteien** abgestellt (etwa *BAG* 28.6.2000 – 7 AZR 920/98 u. 25.10.2000 – 7 AZR 483/99; aA etwa seinerzeit ErfK-*Müller-Glöge* 2. Aufl., § 1 BeschFG Rn 61).

Für die Fortführung dieser Diskussion unter der Geltung des TzBfG muss man sich vom Ausgangs- 60 punkt her vor Augen halten: **§ 14 Abs. 2, 2a u. 3 TzBfG** haben die Strukturen und das, was jeweils zu überprüfen ist, vereinfacht (im Detail KR-*Lipke/Bubach* § 14 TzBfG Rdn 513 ff.; vgl. auch KR-*Lipke/Bubach* § 14 TzBfG Rdn 758 ff. zur Beweislast). Bei § 14 Abs. 3 TzBfG ist aufgrund des Satzes 2 nur noch ein enger sachlicher Zusammenhang mit einem vorhergehenden unbefristeten Arbeitsverhältnis (dies kann sich auch aufgrund einer unwirksamen Befristung ergeben, wobei diese Wirkung jedoch durch das Fehlen einer rechtzeitigen Klageerhebung wieder beseitigt wird: *BAG* 22.3.2000 – 7 AZR 581/98; es kann sich auch aus § 15 Abs. 5 TzBfG ergeben: *BAG* 26.7.2000 – 7 AZR 51/99, noch zu § 625 BGB) schädlich. Die zu § 1 Abs. 5 BeschFG erörterten Probleme stellen sich insoweit nicht mehr. Hinsichtlich des § 14 Abs. 2 TzBfG ist nunmehr nach Satz 2 jedes vorausgegangene befristete oder unbefristete Arbeitsverhältnis (kein unmittelbares Anschlussverbot mehr; zum Zeitaspekt KR-*Lipke/Bubach* § 14 TzBfG Rdn 562 ff., in Rdn 565 ff. zur Rspr. des BAG zur Frage der Vorbeschäftigung) schädlich, was hinsichtlich der Prüfung keine Probleme aufwirft. Was zu prüfen bleibt, ist bei sachgrundlosen Verlängerungen nach § 14 Abs. 2 S. 1 TzBfG im vorgegebenen Zeitrahmen allein, ob die Ausgangsbefristung eine solche nach § 14 Abs. 2 S. 1 TzBfG war (dazu KR-*Lipke/Bubach* § 14 TzBfG Rdn 559 ff.), daneben die Frage, ob wirklich eine Verlängerung iSd Gesetzes im Rahmen der Vorgaben des Satzes 1 anzunehmen ist (dazu etwa *BAG* 26.7.2000 – 7 AZR 51/99, eine Entscheidung, die auch für § 14 Abs. 2 TzBfG von Bedeutung ist; weiter KR-*Lipke/Bubach* § 14 TzBfG Rdn 536 ff. mwN; vgl. auch Rdn 63).

61 Im Interesse klarer und für alle Beteiligten einfach zu handhabender Strukturen kann und muss es daher **grds.** und damit auch bzgl. des § 14 Abs. 2, 2a und 3 TzBfG dabei bleiben, dass eine **jede Befristung** (= Verlängerung) für sich **klageweise angegriffen** werden muss, soll nicht die Wirksamkeitsfiktion des § 7 1. Hs. KSchG eingreifen (ebenso vom Ansatz her bereits für § 1 Abs. 3 BeschFG 1996 *BAG* 22.3.2000 – 7 AZR 581/98; ebenso *Rolfs* § 17 TzBfG Rn 10). Gegen Bedenken im Schrifttum (etwa *Fiebig* NZA 1999, 1088; *Buschmann* AuR 1996, 289) ist es dem Arbeitnehmer zunächst durchaus zumutbar, eine Befristung klageweise anzugreifen, auch wenn eine weitere Befristung erwartet, angeboten oder vereinbart wird (*BAG* 22.3.2000 – 7 AZR 581/98, m. zust. Anm. *Gotthardt* EzA § 1 BeschFG 1985 Klagefrist Nr. 4). Entsprechendes wird ja auch durchaus praktiziert (vgl. *BAG* 26.7.2000 – 7 AZR 43/99; *LAG Bra.* 3.11.1998 – 2 Sa 443/98; zur Klagehäufung Rdn 44). Auch verbietet sich aufgrund der Regelung des § 17 und deren Zwecks, alsbald für Klarheit zu sorgen, der Weg, die Klagefrist erst nach Ablauf der letzten Verlängerung zu laufen beginnen zu lassen. Im Blick auf das Europarecht besteht kein Anlass, von diesen Grundsätzen abzugehen (vgl. zum Problemkreis aufgrund Entscheidung des EuGH KR-*Lipke/Bubach* § 14 TzBfG Rdn 259 ff.; s. etwa a. *BAG* 18.7.2012 – 7 AZR 783/10; 26.10.2016 – 7 AZR 135/15, Rn 28; 17.5.2017 – 7 AZR 420/15, Rn 26 [krit. dazu *Düwell* jurisPR-ArbR 9/2018 Anm. 1]: zu Rechtsmissbrauch bei Kettenbefristungen).

62 Bezogen auf § 14 Abs. 2 TzBfG bedeutet das in der **praktischen Umsetzung**: Gibt es bspw. drei aufeinander folgende Befristungen, wovon die erste nicht klageweise angegriffen ist, kann der Arbeitnehmer nach Auslaufen der zweiten Befristung und Abschluss der dritten Befristungsvereinbarung die zweite (unter Einhaltung der Klagefrist des § 17 – eine »Befreiung« von der Klagefrist kann entgegen *Vossen* NZA 2000, 709 u. 711 nicht anerkannt werden; zum Feststellungsinteresse insoweit s. Rdn 14) und auch die dritte Befristung (bereits vor deren Ende: s. Rdn 41–42) klageweise angreifen (zu einer solchen Konstellation *BAG* 26.7.2000 – 7 AZR 43/99). Zwar geht das BAG davon aus, dass die Parteien durch den Abschluss eines weiteren befristeten Arbeitsvertrags ihr Arbeitsverhältnis auf eine neue Rechtsgrundlage stellen, die künftig für ihre Rechtsbeziehungen allein maßgebend ist und damit zugleich ein etwaiges unbefristetes Arbeitsverhältnis aufgehoben wird. Allerdings können die Parteien in einem nachfolgenden befristeten Arbeitsvertrag dem Arbeitnehmer **ausdrücklich oder konkludent** das Recht vorbehalten, die Wirksamkeit der vorangegangenen Befristung prüfen zu lassen, was die arbeitsgerichtliche Befristungskontrolle auch für den davorliegenden Vertrag eröffnet, wobei es einer vertraglichen Vereinbarung bedarf, also ein vom Arbeitnehmer einseitig erklärter Vorbehalt nicht ausausreichend ist (unter Auseinandersetzung mit der in der Lit. geübten Kritik an dieser Rspr. *BAG* 24.2.2016 – 7 AZR 182/14, Rn 14 ff.; s.a. *BAG* 18.7.2012 – 7 AZR 443/09, Rn 12; 24.8.2011 – 7 AZR 228/10, Rn 50 f.; 14.2.2007 – 7 AZR 95/06, Rn 15 mwN; zur Kritik daran APS-*Backhaus* § 17 TzBfG Rn 65 mwN). Jedoch wird man in einer Situation, in der nach Zustellung der Klage gegen die frühere Befristung eine weitere Befristung vereinbart wird, regelmäßig die **konkludente Vereinbarung** eines **Vorbehalts**, die Wirksamkeit der vorausgegangenen Befristung auf ihre Wirksamkeit überprüfen zu lassen, annehmen müssen (krit. zur Vorbehaltslösung *Rolfs* § 17 TzBfG Rn 6; zu möglichen Inhalten einer Vorbehaltserklärung *Trenkle* NZA 2000, 1089, 1092 f.). Diese materiellrechtliche Lösung erscheint gegenüber dem zum selben Ergebnis führenden Ansatz, den das BAG zT gewählt hat (*BAG* 26.7.2000 – 7 AZR 43/99) – wobei es damit gearbeitet hat, dass der Arbeitnehmer in dieser Konstellation nicht auf sein Klagerecht hinsichtlich der früheren Befristung verzichtet habe, – vorzugswürdig (ein Verzicht auf das Klagerecht bei Vertragsabschluss ist nicht zulässig: s. Rdn 17 u. 57). Allerdings fordert das *BAG* zutreffend einen **ausdrücklich vereinbarten Vorbehalt** (13.10.2004 – 7 AZR 218/04), wenn der Folgevertrag (Vereinbarung der weiteren Befristung) nach Einreichung der Klage gegen die frühere Befristung, aber vor deren Zustellung erfolgt ist, da der Arbeitgeber in dieser Konstellation ja noch keine Kenntnis von dem Vorgehen gegen die frühere Befristung hat. Bietet der Arbeitgeber einen Anschlussvertrag an, ist er zur Vereinbarung eines Vorbehalts nicht verpflichtet; das Festhalten an dem Angebot des vorbehaltlosen Anschlussvertrags stellt keine Maßregelung iSd § 612a BGB dar (*BAG* 14.2.2007 – 7 AZR 95/06).

Bei der gerichtlichen Überprüfung der zweiten und dritten Befristung des angeführten Beispielsfalles wird im Rahmen von § 14 Abs. 2 TzBfG zu klären sein, ob es sich um **Verlängerungen** iSd § 14 Abs. 2 S. 1 TzBfG handelt (dazu KR-*Lipke/Bubach* § 14 TzBfG Rdn 536 ff. mwN). Ist bereits diese Frage zu verneinen, scheidet die Wirksamkeit der Befristungen auf der Grundlage des § 14 Abs. 2 TzBfG aus. Entsprechendes gilt, wenn die Höchstzahlen oder Höchstgrenzen von § 14 Abs. 2 S. 1 TzBfG überschritten sind (zu § 30 Abs. 3 S. 1 Hs. 2 TVöD in diesem Zusammenhang KR-*Bader/Kreutzberg-Kowalczyk* § 30 TVöD Rdn 9). Die Wirksamkeit der Befristungen kann sich dann nur aus anderen Gründen ergeben, soweit diese (noch) herangezogen werden können (s. KR-*Lipke/Bubach* § 14 TzBfG Rdn 163 ff.). Ist die Frage der Verlängerung und nach der Einhaltung der zulässigen Höchstzahlen/Höchstgrenzen jedoch zu bejahen, kommt es entscheidend darauf an, ob die erste Befristung, die nicht klageweise angegriffen worden ist und die damit definitiv eine wirksame Befristung darstellt (insoweit also keine Prüfung mehr!), eine Befristung gem. § 14 Abs. 2 TzBfG **ohne Sachgrund** war (dazu näher KR-*Lipke/Bubach* § 14 TzBfG Rdn 559 u. hier Rdn 60) und ob früher bereits ein befristetes oder unbefristetes Arbeitsverhältnis mit demselben Arbeitgeber bestanden hat (§ 14 Abs. 2 S. 2 TzBfG; dazu und zur diesbezüglich neuerdings geänderten Rspr. des BAG s. KR-*Lipke/Bubach* § 14 TzBfG Rdn 562 ff., speziell Rdn 567 ff.). Beide Fragen werden von der Fiktion des § 7 1. Hs KSchG nicht erfasst (s. Rdn 57), können und müssen hier also überprüft werden (so zutr. zu § 1 Abs. 3 BeschFG 1996 *BAG* 22.3.2000 – 7 AZR 581/98, m. zust. Anm. *Gotthardt* in EzA § 1 BeschFG 1985 Klagefrist Nr. 4; ebenso bereits *Lipke* KR 5. Aufl., § 620 BGB Rn 125 u. § 1 BeschFG 1996 Rn 176 gegen *Preis* NJW 1996, 3369, 3373 u. HK-*Höland* Anh. Rn 29). 63

In der Konsequenz der vorstehenden Ausführungen wird man auch bei den sog. **Annexbefristungen** (*BAG* 7.11.2007 – 7 AZR 484/06, Rn 13 mwN; zum Begriff und zum Überprüfungsmaßstab näher KR-*Lipke/Bubach* § 14 TzBfG Rdn 138 f.) keine Ausnahme machen können (LS-*Schlachter* § 17 TzBfG Rn 29 [allerdings eine Überprüfung des Sachgrundes der ersten Befristung fordernd]; aA *BAG* 21.8.2019 – 7 AZR 572/17, Rn 18; 23.5.2018 – 7 AZR 875/16, Rn 15; 7.11.2007 – 7 AZR 484/06, Rn 13 mwN; *Rolfs* § 17 TzBfG Rn 4; *Vossen* NZA 2000, 709; vgl. auch APS-*Backhaus* § 17 TzBfG Rn 70). Ein **unselbständiger Annex** zum vorausgegangenen befristeten Arbeitsvertrag liegt nach der BAG-Rspr. dann vor, wenn eine verhältnismäßig geringfügige Korrektur des im früheren Vertrag vereinbarten Endzeitpunkts des Arbeitsverhältnisses (nicht mehr bei einer Änderung des Fristendes um zehn Monate: *BAG* 1.12.1999 – 7 AZR 236/98; auch nicht bei einer Änderung des Fristendes um sieben Monate: *BAG* 7.11.2007 – 7 AZR 484/06) vereinbart wird, die sich am Sachgrund für die Befristung des früheren Vertrags orientiert und allein in der Anpassung der ursprünglich vereinbarten Vertragslaufzeit an erst später eintretende, zum Zeitpunkt des vorangegangenen Vertragsschlusses nicht vorhersehbare Umstände besteht; es den Parteien also nur darum ging, die Laufzeit des alten Vertrags mit dem Sachgrund der Befristung in Einklang zu bringen (*BAG* 21.8.2019 – 7 AZR 572/17, Rn 18; 23.5.2018 – 7 AZR 875/16, Rn 15;24.2.2016 – 7 AZR 182/14, Rn 21; 6.10.2010 – 7 AZR 397/09, Rn 13; 25.3.2009 – 7 AZR 34/08, Rn 9 mwN; 7.11.2007 – 7 AZR 484/06, Rn 13 mwN). Die Laufzeit des Annexvertrags darf dabei nur einen geringen Bruchteil des dem Annexvertrag vorangegangenen befristeten Arbeitsvertrags betragen (*BAG* 7.11.2007 – 7 AZR 484/06, Rn 13). Auch insoweit gilt entgegen der BAG-Rspr. und der ihr folgenden hM die Klagefrist separat für die Ausgangsbefristung und den sog. unselbständigen Annex (Bader/Bram-*Bader* § 620 BGB Rn 147 u. 277); es wird sich regelmäßig empfehlen, zugleich gegen beide Befristungen vorzugehen. Grundsätzlich sollte man das Arbeiten mit dem ohnehin sehr unscharfen Begriff der Annexbefristung aufgeben (Bader/Bram-*Bader* § 620 BGB Rn 147; *Sievers* § 14 TzBfG Rn 50). 64

Vereinbaren die Vertragsparteien während der Dauer eines sachgrundlos befristeten Arbeitsvertrages unter Beibehaltung der Vertragslaufzeit eine **Änderung der Arbeitsbedingungen**, unterliegt diese Vereinbarung **keiner** separaten **Befristungskontrolle**, weil diese Vereinbarung **keine neue Befristungsabrede** enthält (*BAG* 19.10.2005 – 7 AZR 31/05, Rn 10 mwN; anders zur Sachgrundbefristung *BAG* 21.3.1990 – 7 AZR 286/89, wobei das *BAG* im zitierten Urteil vom 19.10.2005 offen gelassen hat, ob daran festgehalten werden kann). Wird aber bei einer 65

Sachgrundbefristung ein **Änderungsvertrag** geschlossen, in dem es zwar bei der Befristungsdauer bleibt, aber die Tätigkeit und u.U. auch die Vergütung neu geregelt werden, handelt es sich bei dem Änderungsvertrag um den letzten Arbeitsvertrag, der damit der Befristungskontrolle unterliegt: Auf eine fristgerechte Klage hin ist also zu prüfen, ob ein tragfähiger Sachgrund vorlag (*BAG* 17.5.2017 – 7 AZR 301/15).

G. Fortsetzungsanspruch des Arbeitnehmers

I. Allgemeines

66 Allein durch den Wegfall des bei Vertragsabschluss – dies ist der maßgebliche Beurteilungszeitpunkt (vgl. KR-*Lipke/Bubach* § 14 TzBfG Rdn 126 mwN; krit. DDZ-*Wroblewski* § 14 TzBfG Rn 39 f.) – bestehenden Rechtfertigungsgrundes für die Befristung des Arbeitsvertrages wandelt sich der befristete Vertrag grds. **nicht nachträglich von selbst** in einen Vertrag auf **unbestimmte Dauer** um (st. Rspr. des *BAG*: vgl. nur 31.10.1974 – 2 AZR 483/73; 10.6.1992 – 7 AZR 346/91; 15.8.2002 – 7 AZR 144/00). Es bleibt dabei, dass das Arbeitsverhältnis wie vereinbart endet, ohne dass es einer zusätzlichen Arbeitgebererklärung bedarf (*BAG* 10.6.1992 – 7 AZR 346/91). Man könnte allenfalls überlegen, ob die Grundsätze des **Wegfalls der Geschäftsgrundlage** im Einzelfall eine Vertragsanpassung in Richtung eines Dauerarbeitsverhältnisses gebieten oder ermöglichen können (§ 313 Abs. 1 u. 2 BGB; zu diesem Ansatz *BAG* 28.6.2000 – 7 AZR 904/98, für den Fall eines Wiedereinstellungsanspruchs nach Abschluss eines Abfindungsvergleichs; vgl. auch *BAG* 28.8.1996 – 10 AZR 886/95, [Sozialplan]; 27.2.1997 – 2 AZR 160/96, zu II 4b der Gründe [Aufhebungsvertrag]). Doch scheidet diese Möglichkeit für die Fälle des § 14 Abs. 2, 2a u. 3 TzBfG schon deshalb aus, weil es dabei von Gesetzes wegen nicht auf eine uU dahinterstehende Geschäftsgrundlage ankommt. Sie scheidet weiter aus in allen Fällen, in denen ein bestimmter Sachgrund Vertragsinhalt geworden ist, weil die Grundsätze zum Wegfall der Geschäftsgrundlage all das nicht erfassen, was Vertragsinhalt ist. Dasselbe wird man aber im Ergebnis auch dann anzunehmen haben, wenn ein Sachgrund, der die Befristung rechtfertigen soll, nicht Vertragsinhalt geworden ist. In diesen Fällen ergibt die geschlossene Befristungsvereinbarung, dass damit zugleich konkludent vereinbart ist, dass es bei der Befristung auch bei einer (nicht beabsichtigten) Fehlprognose bleiben soll: Der Arbeitnehmer soll also grds. das entsprechende Risiko tragen. Ein Zurückgreifen auf die Grundsätze des **Wegfalls der Geschäftsgrundlage** verbietet sich. Denn § 313 BGB ist unanwendbar, wenn sich ein Risiko verwirklicht, das nach dem vereinbarten oder typischen Vertragsinhalt derjenige zu tragen hat, der sich auf die Störung beruft. Eine Vertragspartei hat also selbst bei wesentlichen Änderungen der Verhältnisse dann keinen Anspruch auf Anpassung des Vertrags, wenn die Störung in ihre Risikosphäre fällt (*Kreutzberg-Kowalczyk* RdA 2021, 65, 69 f.; BeckOK BGB-*Lorenz* § 313 BGB Rn 25). Einzig in den Fällen des § 14 Abs. 1 S. 2 Nr. 8 TzBfG (Befristung aufgrund **gerichtlichen Vergleichs**; dazu s. KR-*Lipke/Bubach* § 14 TzBfG Rdn 482 ff.; *LAG RhPf* 31.1.2018 – 7 Sa 389/17) kann man zu einer Vertragsanpassung nach den Regeln über den Wegfall der Geschäftsgrundlage kommen (parallel *BAG* 28.6.2000 – 7 AZR 904/98).

67 Davon unabhängig ist aber die Frage zu beantworten, ob und ggf. unter welchen Voraussetzungen ein **Fortsetzungsanspruch** (= Wiedereinstellungsanspruch) besteht, dh der Arbeitnehmer gegen den Arbeitgeber einen Anspruch darauf hat, dass trotz der an sich wirksamen Befristung ein (unbefristetes oder befristetes) Fortsetzungsarbeitsverhältnis begründet wird. Diskutiert wird der Fragenkreis hauptsächlich unter den Stichworten **Fürsorgepflicht** (s. Rdn 74 ff.), **Vertrauensschutz** (s. Rdn 71 ff.) und **Rechtsmissbrauch** (s. Rdn 68 ff.); denkbar kann im Einzelfall auch ein aus § 163, 162 Abs. 2 BGB erwachsender Fortsetzungsanspruch sein, wenn etwa der Eintritt einer auflösenden Bedingung treuwidrig vom Arbeitgeber herbeigeführt wird (s. für Betriebsratsmitglieder Rdn 78) vom Arbeitgeber veranlasst ist. Daneben kann sich ein Fortsetzungsanspruch (mittelbar oder unmittelbar) aus dem **Gesetz** oder aus **tarifvertraglichen Regelungen** ergeben (s. Rdn 84), selbstverständlich auch aus einer entsprechenden **Zusage** (s. Rdn 80 ff.) des Arbeitgebers oder aus einer entsprechenden **Vereinbarung**.

II. Begründungsmuster in der älteren Rechtsprechung

1. Rechtsmissbrauch

Der *Große Senat des BAG* hat in dem Beschluss vom 12.10.1960 (– GS 1/59) betont, die Berufung des Arbeitgebers auf die rechtswirksame Befristung des Arbeitsvertrages stelle **grds.** auch dann keinen Rechtsmissbrauch dar, wenn wegen einer sachlich gerechtfertigten Befristung das **Kündigungsverbot des § 9 MuSchG** (seit 1.1.2018: § 17 MuSchG) nicht eingreife. Ein Arbeitgeber handele nicht rechtsmissbräuchlich, wenn er sich auf die Befristung berufe, obwohl es ihm nach Ablauf der Vertragszeit möglich und auch zumutbar wäre, die inzwischen schwangere Arbeitnehmerin weiter zu beschäftigen (entspr. *BAG* 5.5.1961 – 1 AZR 454/59). Nur in **besonderen Fällen**, insbes. beim Vorliegen der Voraussetzungen des § 226 BGB oder bei einem Verstoß gegen die guten Sitten iSd § 826 BGB, könne eine **Berufung** auf die Befristung des Arbeitsvertrages **unzulässig** sein (*BAG* 8.3.1962 – 2 AZR 497/61; **aA**, nämlich nur für Schadensersatzanspruch *ArbG Bochum* 12.7.1991 – 2 Ca 2552/90). Kein Fall des **Rechtsmissbrauchs** liegt dagegen auch nach dieser Rechtsprechung vor, wenn **im Wissen um eine bestehende Schwangerschaft ein befristetes Arbeitsverhältnis mit Sachgrund abgeschlossen wird** und der Arbeitgeber sich dann auf den Fristablauf beruft (*BAG* 6.11.1996 – 7 AZR 909/95). 68

Nachdem im Jahr 1962 in einem atypischen Fall mit der Begründung »Rechtsmissbrauch« gearbeitet worden war (*BAG* 13.12.1962 – 2 AZR 38/62), wurde einer Entscheidung aus dem Jahr 1963 (*BAG* 28.11.1963 – 2 AZR 140/63, m. abl. Anm. *Gangloff* in AP § 620 BGB Befristeter Arbeitsvertrag Nr. 26 sowie m. Anm. *Isele* in SAE 1964, 63) folgender Leitsatz vorangestellt: »Die Berufung auf den Ablauf der Probezeit, während der eine Arbeitnehmerin sich voll bewährt hat, stellt eine unzulässige Rechtsausübung dar, wenn sie ausschließlich wegen einer im Laufe der Probezeit eingetretenen Schwangerschaft der Arbeitnehmerin erfolgt.« Dieser Leitsatz ging zu weit (dies räumt *BAG* 16.3.1989 – 2 AZR 325/88 ein). Tatsächlich ging es darum, dass die Arbeitnehmerin aufgrund weiterer Umstände letztlich erwarten konnte, ihr Arbeitsverhältnis werde nach Ablauf der Probezeit in ein **unbefristetes** Arbeitsverhältnis **übergehen**, sofern sie sich während der Probezeit als geeignet erweise (s. auch zu einer vergleichbaren Konstellation *LAG Hamm* 6.6.1991 – 16 Sa 1558/90). 69

Dogmatisch ist das Arbeiten mit der Figur des Rechtsmissbrauchs in den genannten Fällen nicht tragfähig. Bei der **Berufung** auf die **Befristung** geht es **nicht** um eine **missbräuchliche Rechtsausübung**. Der Arbeitgeber verwirklicht damit kein Gestaltungsrecht, sondern »beruft« sich nur auf die **Rechtsfolge** der (zwischen beiden Vertragsparteien vereinbarten) **Befristung**, deren **Wirksamkeit** allein nach den beim Vertragsabschluss vorliegenden Umständen zu bestimmen ist (*Beuthien* SAE 1964, 207; *Blomeyer* RdA 1967, 413 Anm. 79). Der Anspruch auf eine unbefristete oder zumindest befristete Weiterbeschäftigung kann sich – abgesehen von Sonderkonstellationen (s. Rdn 80 ff.) – richtigerweise auch nicht aus der **Fürsorgepflicht** des Arbeitgebers (s. Rdn 74 ff.) ergeben. Dementsprechend befand und befindet sich das Zurückgreifen auf das Argument des Rechtsmissbrauchs auf dem Rückzug (vgl. auch ArbRBGB-*Dörner* § 620 Rn 287; **aA** DDZ-*Wroblewski* § 15 TzBfG Rn 35; *LAG Hamm* 5.11.2013 – 7 Sa 1007/13), wenngleich die Instanzgerichte teilweise weiter damit gearbeitet haben (etwa *LAG Hamm* 13.3.1992 – 18 Sa 1262/91). Soweit das BAG im Urteil v. 27.2.1997 (– 2 AZR 160/96) erneut auf den Aspekt des Rechtsmissbrauchs zurückgriff, ist dies durch die nachfolgende Rspr. (*BAG* 28.6.2000 – 7 AZR 904/98) überholt. 70

2. Vertrauensschutz

Weiter hat die Rechtsprechung über längere Zeit mit dem Aspekt des Vertrauensschutzes gearbeitet. Danach galt: Hat der Arbeitgeber bei Vertragsschluss oder während der Laufzeit des befristeten Arbeitsvertrages **in Aussicht gestellt**, bei Bewährung (dazu auch *BAG* 24.1.2001 – 7 AZR 47/00) oder Eignung einen Arbeitnehmer über den an sich vereinbarten Zeitablauf hinaus weiterzubeschäftigen, **verhält er sich widersprüchlich und treuwidrig iSd § 242 BGB**, wenn er trotz Erfüllung der selbst gesetzten Voraussetzungen die Fortsetzung des Arbeitsverhältnisses ablehnt (*BAG* 71

16.3.1989 – 2 AZR 325/88; 10.6.1992 – 7 AZR 346/91; 26.4.1995 – 7 AZR 936/94; krit. zu diesem Ansatz *Dörner* Befr. Arbeitsvertrag Rn 759; APS-*Backhaus* § 15 TzBfG Rn 106 ff.). Die Folge war, dass der Arbeitgeber nach Maßgabe der Grundsätze eines **Verschuldens bei Vertragsschluss** zum Schadensersatz verpflichtet war: Er hatte mit dem Arbeitnehmer aufgrund **§ 249 BGB** einen **unbefristeten Arbeitsvertrag** zu schließen (*BAG* 26.4.1995 – 7 AZR 936/94). Dasselbe galt, wenn der Arbeitgeber anderweitig durch sein Verhalten beim Arbeitnehmer **schützenswertes Vertrauen** darauf begründet hatte, das Arbeitsverhältnis werde – ggf. unter bestimmten Voraussetzungen – über das vereinbarte Ende hinaus fortgesetzt werden (s. zB *LAG Hamm* 6.6.1991 – 16 Sa 1558/90). Es genügte insoweit nicht, wenn der Arbeitnehmer subjektiv erwartet hatte, der Arbeitgeber werde ihn nach dem Fristablauf – ggf. unter bestimmten Voraussetzungen – weiterbeschäftigen (*LAG Köln* 19.11.1999 – 11 Sa 975/99). Erforderlich war vielmehr, dass der Arbeitgeber den Arbeitnehmer objektiv erkennbar in dieser Erwartung durch sein Verhalten entweder bei Vertragsabschluss oder während der Dauer des Zeitvertrages eindeutig bestärkt hat (*BAG* 16.3.1989 – 2 AZR 325/88; 11.12.1991 – 7 AZR 128/91; 10.6.1992 – 7 AZR 346/91; 26.4.1995 – 7 AZR 936/94; *LAG Hamm* 6.6.1991 – 16 Sa 1558/90; *LAG Düsseld.* 19.8.1999 – 11 Sa 469/99; *LAG Köln* 19.11.1999 – 11 Sa 975/99 [darin auch zu Anscheins- und Duldungsvollmacht]), was der Arbeitnehmer im Streitfall darzulegen und zu beweisen hatte (*BAG* 10.6.1992 – 7 AZR 346/91).

72 *Wiedemann/Palenberg* (RdA 1977, 93 f.) haben die Ansicht vertreten, dass ein Arbeitnehmer, der längere Zeit hindurch zB im öffentlichen Dienst tätig gewesen sei, auch bei **eindeutig abweichendem** Vertragswortlaut sein **Vertrauen** in die Fortsetzung des Dienstverhältnisses setzen dürfe, wenn die **Arbeitsaufgabe** nicht mit seinem Ausscheiden ersatzlos wegfalle. Dieses zunächst **faktische Vertrauen** könne **nach Ablauf von mehreren Jahren** auch rechtlich **nicht mehr ungeschützt** bleiben. Dann soll nach einer gewissen Beschäftigungsdauer der **Bestandsschutz** gegen die Zulassung der Befristung streiten (*Konzen* ZfA 1978, 501).

73 Im Jahr 2002 hat das *BAG* (17.4.2002 – 7 AZR 283/01) die Frage ausdrücklich offengelassen, ob ein treuwidriges Verhalten des Arbeitgebers zum Fortbestand eines an sich wirksam befristeten Arbeitsverhältnisses führen kann. Unabhängig von der Problematik einer Fortsetzung eines befristeten Arbeitsverhältnisses hat das BAG sich dann im Jahr 2006 auf den (zutreffenden) Standpunkt gestellt, allein eine Erwartung bzw. ein Vertrauen in die Neubegründung eines Arbeitsverhältnisses könne nicht tragfähige Grundlage eines Anspruchs auf Wiedereinstellung sein – enttäuschtes Vertrauen führe regelmäßig nur zum Ersatz des Vertrauensschadens, begründet aber keinen Erfüllungsanspruch (vgl. *BAG* 26.4.2006 – 7 AZR 190/05, Rn 17). Ein vertraglicher Anspruch des Arbeitnehmers auf Abschluss eines weiteren Arbeitsvertrags bestehe nur dann, wenn die Erklärungen oder Verhaltensweisen des Arbeitgebers als (rechtsgeschäftliche) **Zusage auf Fortsetzung des Arbeitsverhältnisses** (dazu Rdn 80) auszulegen sind (vgl. *BAG* 13.8.2008 – 7 AZR 513/07, Rn 18; weitergeführt in *BAG* 21.9.2011 – 7 AZR 150/10, Rn 21).

III. »Fürsorgepflicht«

1. Allgemeines

74 Schon vor Inkrafttreten des TzBfG wurde überwiegend angenommen, die »**Fürsorgepflicht**« (der Begriff wird als tradiert bei aller Problematik weiterverwendet als **Sammelbegriff für alle Nebenpflichten** des Arbeitgebers; *Oetker* ZIP 2000, 646 ff. spricht insoweit von »Interessenwahrungspflichten«) des Arbeitgebers komme regelmäßig **nicht** als **Rechtsgrundlage** für eine Verpflichtung zur **Vertragsfortsetzung** in Betracht (*Lipke* KR 5. Aufl., § 620 Rn 214). Die Gewährung eines fortdauernden Bestandsschutzes des Arbeitsplatzes trotz rechtswirksamer Beendigung des Arbeitsverhältnisses widerspreche der Vertragsfreiheit und könne nach dem geltenden Recht ohne besonderen Rechtsgrund wie zB Vertrauensschutz oder Rechtsmissbrauch (s. dazu Rdn 68–73) nicht anerkannt werden (*BAG* [GS] 12.10.1960 – GS 1/59; 16.3.1989 – 2 AZR 325/88; 10.6.1992 – 7 AZR 346/91; 26.4.1995 – 7 AZR 936/94; *Dörner* Befr. Arbeitsvertrag Rn 770 ff. mwN). Dies ist im Ausgangspunkt zutreffend. Das zivilrechtliche Vertragsrecht, wozu auch das Arbeitsvertragsrecht zählt, kennt **grundsätzlich keinen Kontrahierungszwang** (vgl. *Kreutzberg-Kowalczyk* RdA 2021, 65, 69;

Kaiser RdA 2015, 76, 80; ausf. zum Kontrahierungszwang im Arbeitsrecht *Horcher* RdA 2014, 93). Ein solcher Kontrahierungszwang stellt in Bezug auf den Arbeitgeber einen Eingriff in dessen Rechte aus Art. 12 Abs. 1 GG dar, der die Vertrags- und Dispositionsfreiheit des Arbeitgebers zum Abschluss von Arbeitsverträgen mit den Beschäftigten schützt (*BVerfG* 6.6.2018 – 1 BvL 7/14, Rn 38). Die Vertragsfreiheit als Teil der Privatautonomie wird zwar grundsätzlich durch das Grundrecht der allgemeinen Handlungsfreiheit gemäß Art. 2 Abs. 1 GG gewährleistet. Betrifft eine gesetzliche Regelung jedoch die Vertragsfreiheit gerade im Bereich der beruflichen Betätigung, so ist Art. 12 Abs. 1 GG als spezielleres Grundrecht vorrangig (*BAG* 20.10.2015 – 9 AZR 743/14, Rn 18 unter Bezugnahme auf *BVerfG* 7.9.2010 – 1 BvR 2160/09, 1 BvR 851/10, Rn 32; siehe dazu auch *Horcher* RdA 2014, 93, 94). Soweit im Arbeitsrecht unmittelbar oder mittelbar ein solcher Kontrahierungszwang normiert ist (s. dazu mit Bsp. *Horcher* RdA 2014, 93, 95 ff.), handelt es sich um Ausnahmen (*BAG* 21.2.2013 – 8 AZR 877/11, Rn 43). Der Umstand, dass der Gesetzgeber eine solche Rechtsfolge nur punktuell angeordnet hat, lässt erkennen, dass ein allgemeiner Anspruch auf einen Vertragsabschluss nicht bereits aus den in § 241 BGB normierten Nebenpflichten folgen kann. Dies würde gerade zu einer Umgehung der ausdrücklich gesetzlich normierten Regelungen (zB § 313 BGB, s. dazu Rdn 64) führen (vgl. – allerdings für einen Anspruch auf Vertragsänderung in einem bestehenden Arbeitsverhältnis – *Kreutzberg-Kowalczyk* RdA 2021, 65, 69).

2. Fortsetzungsanspruch bei nachträglichem Wegfall des Befristungsgrundes

Hingegen ist im **Kündigungsrecht** ein **Wiedereinstellungsanspruch** in der Rechtsprechung und Literatur weitgehend anerkannt (s. aus der Lit. jew. mwN APS-*Kiel* § 1 KSchG, Rn 741 ff.; Schaub/*Linck* § 146, Rn 1 ff.; Bader/Bram-*Ahrendt* § 1 KSchG, Rn 71 ff.; *Meinel/Bauer* NZA 1999, 575 ff; *Ricken* NZA 1998, 461 ff. mwN auch zu den einen Wiedereinstellungsanspruch ablehnenden Stimmen in der Lit.; Gesamtdarstellung bei KR-*Rachor* § 1 KSchG Rdn 823 ff. mwN; vgl. auch *Strathmann* DB 2003, 2438). Die hierzu diskutierten **Anspruchsgrundlagen** sind vielfältig. Sie reichen von dem Verbot des venire contra factum proprium (s. *Boewer* NZA 1999, 1121, 128) und dem Grundsatz des Vertrauensschutzes (so vom Ansatz her iVm § 249 BGB *BAG* 17.4.2002 – 7 AZR 283/01) über eine systematische Rechtsfortbildung (*Raab* RdA 2000, 147, 151 f.: Annahme einer verdeckten Regelungslücke, die unter Beachtung des Schutzzwecks des Art. 12 Abs. 1 GG zu schließen ist; ebenso KR-*Rachor* § 1 KSchG Rdn 823) sowie eine Ableitung aus § 1 Abs. 3 KSchG (*Zwanziger* BB 1997, 42 f.). Dieser nach der Rspr. des BAG (vgl. *BAG* 15.12.2011 – 8 AZR 197/11, Rn 37; 25.10.2007 – 8 AZR 989/06, Rn 21 mwN; 28.6.2000 – 7 AZR 904/98, zu B 2 der Gründe) auf § 242 BGB gestützte und aus einer vertraglichen Nebenpflicht abgeleitete Anspruch des Arbeitnehmers trägt der Besonderheit Rechnung, dass maßgebend für die Wirksamkeit einer Kündigung eine objektiv zum Zeitpunkt des Zugangs der Kündigung gerechtfertigte Prognose ist in Bezug auf entweder den Wegfall der Beschäftigungsmöglichkeit (im Falle einer auf dringende betriebliche Gründe gestützten Kündigung) oder hinsichtlich weiterer Störungen des Vertragsverhältnisses (im Falle einer personenbedingten oder verhaltensbedingten Kündigung, wobei umstritten ist, ob auch bei solchen aus der Sphäre des Arbeitnehmers stammenden Kündigungsgründen ein Wiedereinstellungsanspruch bestehen kann [bejahend Bader/Bram-*Ahrendt* § 1 KSchG Rn 74 ff.; **aA** Schaub/*Linck* § 146 Rn 1; ErfK-*Preis* § 611a BGB Rn 325]) und eine nach Zugang der Kündigung, aber noch während des Laufs der Kündigungsfrist (vgl. etwa *BAG* 20.10.2015 – 9 AZR 743/14, Rn 32; 25.10.2007 – 8 AZR 989/06, Rn 19 ff.; so auch Bader/Bram-*Ahrendt* § 1 KSchG Rn 72b) eintretende Änderung, die den Kündigungsgrund nachträglich entfallen lässt, die Wirksamkeit der Kündigung unberührt lässt.

Diese für das Kündigungsrecht entwickelte Rechtsprechung zum Wiedereinstellungsanspruch **lässt sich auf das Befristungsrecht nicht übertragen** (so zutreffend *BAG* 20.2.2002 – 7 AZR 600/00 zu B II 1 der Gründe; ebenso etwa APS-*Backhaus* § 15 TzBfG Rn 104 mwN; *Bauer* DB 2001, 2527; *Dörner* Befr. Arbeitsvertrag Rn 770 ff.; *Oberthür* DB 2001, 2250; *Boewer* § 14 TzBfG Rn 58 f.; ErfK-*Müller-Glöge* § 15 TzBfG Rn 8; HWK/*Rennpferdt* § 14 TzBfG Rn 23; MHH-TzBfG/*Meinel* § 14 TzBfG Rn 67; Staudinger/*Preis* § 620 BGB Rn 46; **aA** noch in der 12. Aufl. an dieser Stelle *Bader*; Hunold NZA 2000, 513 f.; *Auktor* ZTR 2003, 550 ff.; *Witt* PersR 2003, 107; DDZ/

Wroblewski § 14 Rn 28). Der Wiedereinstellungsanspruch als **Korrektiv zu dem Kündigungsschutzrecht immanenten Prognoseprinzip** begründet einen Kontrahierungszwang und bewirkt damit einen **Eingriff in die Vertragsfreiheit des Arbeitgebers**. Abgesehen davon, dass sich schon grundsätzlich die Frage stellt, ob aus vertraglichen Nebenpflichten ein solcher Kontrahierungszwang folgen kann (s. Rdn 74; vgl. auch *Kreutzberg-Kowalczyk* RdA 2021, 65, 69), und auch abgesehen davon, dass ein Wiedereinstellungsanspruch nach wirksamer Befristung in Widerspruch zu wesentlichen befristungsrechtlichen Grundsätzen stünde (dazu BAG 20.2.2002 – 7 AZR 600/00, zu B II 1 der Gründe), ist im Befristungsrecht der arbeitsvertragliche **Bestandsschutz**, den ein Arbeitnehmer in einem (wirksam) befristeten Arbeitsverhältnis gegenüber einem Arbeitnehmer in einem unbefristeten Arbeitsverhältnis erwirbt, **erheblich geringer** (BAG 20.2.2002 – 7 AZR 600/00, zu B II 1 der Gründe; APS-*Backhaus* § 15 TzBfG Rn 104). Denn anders als in einem unbefristeten Arbeitsverhältnis, in dem der Arbeitnehmer darauf vertrauen darf, dass er ohne seine Zustimmung seinen Arbeitsplatz nur bei Vorliegen eines nach dem Kündigungsschutzgesetz anerkannten Kündigungsgrundes verlieren kann, ist dies bei einer wirksamen Befristungsabrede nicht der Fall. Hier muss der Arbeitnehmer davon ausgehen, dass er auch bei einer nachträglichen Änderung der Verhältnisse seinen Arbeitsplatz verlieren wird und der Arbeitgeber nach Ablauf der Befristung in seiner Entscheidung frei ist, mit dem Arbeitnehmer einen erneuten Vertrag zu schließen oder dies nicht zu tun (BAG 20.2.2002 – 7 AZR 600/00, zu B II 1 der Gründe). Zutreffend weist *Backhaus* auch darauf hin, dass man in den **Beendigungsregelungen der Absätze 2 und 3 des § 15 TzBfG** eine gesetzgeberische Absage an einen Wiedereinstellungsanspruch nach Ablauf einer zulässigen Befristung sehen muss, da der Wiedereinstellungsanspruch bei der betriebsbedingten Kündigung bereits gefestigter Rechtsprechung entsprach und die Übertragbarkeit auf die Befristung bereits in der rechtswissenschaftlichen Diskussion war, als das TzBfG erlassen wurde (APS-*Backhaus* § 15 TzBfG Rn 105).

3. Fortsetzungsanspruch bei Ungleichbehandlung/Diskriminierung

77 Ein Anspruch auf Fortsetzung eines (wirksam) befristeten Arbeitsverhältnisses lässt sich auch nicht aus einer vertraglichen Nebenpflicht und schon gar nicht unmittelbar aus einem Verstoß gegen den **arbeitsrechtlichen Gleichbehandlungsgrundsatz** oder ein **Diskriminierungsverbot** (etwa § 7 Abs. 1 AGG oder § 612a BGB) ableiten. Übernimmt bspw. ein Arbeitgeber die bislang befristet Beschäftigten oder die bisher befristet Beschäftigten etwa einer bestimmten Abteilung in ein Dauerarbeitsverhältnis oder in ein weiteres befristetes Arbeitsverhältnis und nimmt dabei einzelne Arbeitnehmer willkürlich, dh **ohne sachlichen Grund**, oder gar **wegen eines in § 1 AGG aufgeführten Merkmals** hiervon aus, begründet dies für die ausgenommenen Arbeitnehmer keinen Fortsetzungsanspruch (aA an dieser Stelle in der 12. Aufl. *Bader*: als Ausfluss der Fürsorgepflicht; DDZ-*Wroblewski* § 15 TzBfG Rn 23; s. auch BAG 10.11.1977 – 3 AZR 329/76; 15.3.1984 – 2 AZR 24/83). Zutreffend hat das BAG angenommen, dass der arbeitsrechtliche Gleichbehandlungsgrundsatz jedenfalls dann nicht zu einem erfolgreichen Fortsetzungsverlangen führen kann, wenn der Arbeitsvertrag zuvor **sachgrundlos nach § 14 Abs. 2 TzBfG** befristet war, da aus dieser Norm ersichtlich sei, dass es dem Arbeitgeber nach dem Willen des Gesetzgebers möglich sein müsse, sich bei einer sachgrundlosen Befristung von dem Arbeitnehmer zu trennen, ohne sich rechtfertigen zu müssen. Insoweit genieße die Vertragsfreiheit also Vorrang (BAG 13.8.2008 – 7 AZR 513/07, Rn 22 ff., aber offengelassen, ob der arbeitsrechtliche Gleichbehandlungsgrundsatz Anspruchsgrundlage für den Abschluss eines – weiteren befristeten oder unbefristeten – Arbeitsvertrags sein kann; ebenso Arnold/Gräfl-*Spinner* § 17 TzBfG Rn 71; APS-*Backhaus* § 15 TzBfG Rn 112; *Grobys/Steinau-Steinrück* NJW-Spezial 2009, 52; *Strecker* RdA 2009, 384; *Dörner* Rn 765; Staudinger/*Preis* § 620 BGB Rn 63; aA DDZ/Wroblewski Rn 23). Aber auch dann, wenn die **Befristung mit Sachgrund** erfolgte, begründet eine willkürliche oder gar diskriminierende Entscheidung des Arbeitgebers, einzelnen Arbeitnehmern keinen Fortsetzungsvertrag anzubieten, keinen Kontrahierungszwang für den Arbeitgeber. Zutreffend weist *Horcher* (RdA 2014, 93, 98) darauf hin, dass die Vertragsfreiheit – ebenso wie bei einem erstmaligen Abschluss des Arbeitsvertrags – auch dann Vorrang vor dem arbeitsrechtlichen Gleichbehandlungsgrundsatz genießt, wenn ein neuer Vertragsschluss

im Anschluss an eine auslaufende Befristung möglich ist (so auch mit ausf. Begr. *Strecker* RdA 2009, 381, 384 f.; wohl auch APS-*Backhaus* § 15 TzBfG Rn 112; *Grobys/Steinau-Steinrück* NJW-Spezial 2009, 52; *Dörner* Rn 765; Staudinger/*Preis* § 620 BGB Rn 63; aA an dieser Stelle in der 12. Aufl. *Bader*: als Ausfluss der Fürsorgepflicht; DDZ-*Wroblewski* § 15 TzBfG Rn 23; Arnold/Gräfl-*Spinner* § 17 TzBfG Rn 70). Andernfalls würden sich – so zutreffend *Horcher* – Friktionen zu dem Befristungsrecht ergeben. Denn auch bei einer Sachgrundbefristung nach § 14 Abs. 1 TzBfG bedarf es eines Sachgrundes lediglich bei Abschluss des Arbeitsvertrags. Bei Auslaufen der Befristung ist der Arbeitgeber, wie auch bei einer sachgrundlosen Befristung nach § 14 Abs. 2 TzBfG, nicht mehr darauf verpflichtet, Gründe anzugeben, weshalb er das Arbeitsverhältnis nicht fortführen will. Darin unterscheidet sich das Befristungsrecht gerade vom Kündigungsrecht (s. Rdn 76). Nichts anderes gilt, wenn die Entscheidung des Arbeitgebers, einem befristet beschäftigten Arbeitnehmer (ggf. im Gegensatz zu anderen befristet beschäftigten Arbeitnehmern) keinen Folgevertrag anzubieten, (auch) an ein in § 1 AGG genanntes Merkmal anknüpft (so auch *Horcher* RdA 2014, 93, 99) oder gegen das **Maßregelungsverbot des § 612a BGB** verstößt. Das folgt aus § 15 Abs. 6 AGG, nach dem Verstoß des Arbeitgebers gegen das Benachteiligungsverbot des § 7 Abs. 1 AGG keinen Anspruch auf Begründung eines Beschäftigungsverhältnisses, Berufsausbildungsverhältnisses oder einen beruflichen Aufstieg begründet, es sei denn, ein solcher ergibt sich aus einem anderen Rechtsgrund. Die Regelung hat einen doppelten Schutzzweck. Zum einen dient sie dem Schutz der Privatautonomie, indem sie die grundrechtlich garantierte Auswahlfreiheit des Arbeitgebers sicherstellt (*BAG* 18.7.2017 – 9 AZR 259/16, Rn 41; vgl. auch zur Verletzung des Benachteiligungsverbots des § 612a BGB *BAG* 6.4.2011 – 7 AZR 524/09, Rn 34). Zum anderen trägt sie den berechtigten Schutzinteressen des bevorzugten Arbeitnehmers Rechnung (*BAG* 18.7.2017 – 9 AZR 259/16, Rn 41 mwN). § 15 Abs. 6 AGG enthält also den allgemeinen Rechtsgedanken, dass der Arbeitnehmer grundsätzlich (also vorbehaltlich besonderer Anspruchsgrundlagen) keinen Anspruch auf Begründung eines Arbeitsverhältnisses oder einen beruflichen Aufstieg hat (*Kreutzberg-Kowalczyk* RdA 2021, 65, 69; vgl. auch *Strecker* RdA 2009, 381, 385; *BAG* 18.7.2019 – 9 AZR 259/16, Rn 41). § 241 BGB, der allgemein für Schuldverhältnisse und damit auch für Arbeitsverhältnisse Neben(leistungs)pflichten (s. zur Unterscheidung von Neben- und Nebenleistungspflichten nach § 241 BGB *Kreutzberg-Kowalczyk* RdA 2021, 65, 66 f. mwN) normiert, enthält gerade keine Ausnahme von diesem allgemeinen Rechtsgedanken (s. Rdn 74; ebenso iE KR-*Lipke/Bubach* Rdn 364; Arnold/Gräfl-*Gräfl* § 14 TzBfG Rn 18; ErfK-*Müller-Glöge* Rn 7; aA an dieser Stelle in der 12. Aufl. *Bader*; APS-*Backhaus* § 15 TzBfG Rn 117; MüKo-*Hesse* § 15 TzBfG Rn 7; *Sievers* § 14 TzBfG Rn 85; vgl. auch KR-*Treber/Plums* 15 AGG Rdn 59; wohl auch DDZ-*Wroblewski* Rn 31 f). Der Arbeitnehmer wird hierdurch nicht schutzlos gestellt, da ihm ggf. ein Anspruch auf Schadensersatz in Geld verbleibt (vgl. *BAG* 18.7.2017 – 9 AZR 259/16, Rn 41).

Auch für **Amtsträger** ergibt sich aus dem **besonderen Bestandsschutz des § 15 KSchG** kein Anspruch auf Fortsetzung des befristeten oder auflösend bedingten Arbeitsverhältnisses. Der in § 15 KSchG geregelte Sonderkündigungsschutz für Amtsträger wie Betriebsratsmitglieder schützt die Amtsträger vor (ordentlichen) Kündigungen, jedoch nicht vor der sonstigen Beendigung des Arbeitsverhältnisses. Bei der Beendigung eines befristeten Arbeitsvertrags mit einem Mandatsträger wegen Zeitablaufs oder wegen Eintritts einer auflösenden Bedingung findet § 15 KSchG keine Anwendung. Vielmehr gelten während des Sonderkündigungsschutzes Befristungs- und Bedingungsabreden uneingeschränkt fort (*BAG* 20.3.2019 – 7 AZR 98/17, Rn 49; vgl. zur Befristung *BAG* 25.6.2014 – 7 AZR 847/12, Rn 16 mwN; s. zu dem von Art. 7 und Art. 8 der Richtlinie 2002/14/EG iVm. Art. 27 und Art. 30 GRC geforderten **unionsrechtlichen (Mindest-)Schutz von Arbeitnehmervertretern** *BAG* 20.6.2018 – 7 AZR 690/16, Rn 43 ff.). Nach der Rspr. des BAG kann ein Betriebsratsmitglied jedoch einen auf Abschluss eines Fortsetzungsvertrags gerichteten Schadensersatzanspruch gegen den Arbeitgeber haben, wenn eine Vertragsverlängerung oder eine Entfristung gerade wegen der Betriebsratstätigkeit unterbleibt (s. Rdn 79). Bei einer **auflösenden Bedingung** erfolgt der Schutz des Amtsträgers (zudem) über **§ 162 Abs. 2 BGB iVm. § 78 Satz 2 BetrVG**. Denn nach § 162 Abs. 2 BGB gilt der Eintritt einer Bedingung als nicht erfolgt, wenn der Eintritt der Bedingung von der Partei, zu deren Vorteil er gereicht, wider Treu und Glauben herbeigeführt

78

wird. Diese Regelung ist Ausdruck des allgemeinen Rechtsgedankens, dass niemand aus einem von ihm treuwidrig herbeigeführten Ereignis Vorteile herleiten darf (*BAG* 12.12.2007 – 10 AZR 97/07, Rn 40). Führt der Arbeitgeber wegen der Betriebsratstätigkeit die auflösende Bedingung herbei, ist es ihm nach § 162 Abs. 2 BGB iVm. § 78 Satz 2 BetrVG verwehrt, sich auf den Eintritt der auflösenden Bedingung zu berufen, da von einem loyalen (und damit nicht treuwidrig handelnden) Arbeitgeber zu erwarten ist, dass er ein Betriebsratsmitglied nicht entgegen § 78 Satz 2 BetrVG benachteiligt (*BAG* 20.6.2018 – 7 AZR 690/16, Rn 52).

IV. Fortsetzungsanspruch als Schadensersatz

79 Aus den vorstehenden Ausführungen (Rdn 77 f.) folgt, dass es auch regelmäßig keinen Anspruch auf Fortsetzung eines befristeten Arbeitsvertrags als Schadensersatzanspruch geben wird. Nach der Rechtsprechung des BAG hat jedoch ein Betriebsratsmitglied, wegen der Verletzung der Pflicht aus **§ 78 S. 2 BetrVG** einen **Schadensersatzanspruch auf einen Folgevertrag als Naturalrestitution** (§ 249 Abs. 1 BGB) aus § 280 Abs. 1, § 823 Abs. 2 BGB, wenn der Arbeitgeber gerade wegen der Betriebsratstätigkeit den Abschluss eines Folgevertrags ablehnt (*BAG* 20.6.2018 – 7 AZR 690/16, Rn 50; ausf. 25.6.2014 – 7 AZR 847/12, Rn 28 ff.; s. auch *BAG* 20.3.2019 – 7 AZR 98/17, Rn 53; *LAG Bln.-Bra.* 13.01.2016 – 23 Sa 1445/15 u. dazu *Zimmermann/Kallhoff* jurisPR-ArbR 23/2016 Anm. 4; ebenso APS-*Backhaus* § 15 TzBfG Rn 118b; *Horcher* RdA 2014, 93, 100). § 15 Abs. 6 AGG sei hier nicht – auch nicht entsprechend – anzuwenden. Die **Darlegungs- und Beweislast** läge in diesem Fall – wollte man dem zustimmen – beim Arbeitnehmer, doch hilft ihm eine abgestufte Darlegungslast (*BAG* 25.6.2014 – 7 AZR 847/12, Rn 35 ff., darin auch zu den Anforderungen an die Beweisführung). Hat der Arbeitgeber dem Betriebsratsmitglied bereits bei Abschluss des Vertrags nur wegen seiner Mitgliedschaft im Betriebsrat lediglich ein befristetes statt eines unbefristeten Arbeitsverhältnisses angeboten, ist bereits die **Befristungsabrede nach § 78 S. 2 BetrVG iVm. § 134 BGB unwirksam** sein (*BAG* 20.6.2018 – 7 AZR 690/16, Rn 50 sowie unter Rn 43 ff. zu dem von Art. 7 und Art. 8 der Richtlinie 2002/14/EG iVm. Art. 27 und Art. 30 GRC geforderten **unionsrechtlichen (Mindest-)Schutz von Arbeitnehmervertretern**; 25.6.2014 – 7 AZR 847/12, Rn 30 mwN; 5.12.2012 – 7 AZR 698/11, Rn 47). Diese Grundsätze sollen gleichsam für auflösend bedingte Arbeitsverhältnisse gelten (*BAG* 20.6.2018 – 7 AZR 690/16, Rn 51).

V. Zusage der Weiterbeschäftigung nach Fristablauf

80 Ein Anspruch auf Fortsetzung des Arbeitsverhältnisses über die zunächst vereinbarte Befristung hinaus – es tritt keine automatische Verlängerung des Arbeitsverhältnisses ein (s. *BAG* 15.10.2013 – 9 AZR 572/12; *Dörner* Befr. Arbeitsvertrag Rn 764; DDZ-*Wroblewski* § 15 TzBfG Rn 28) – kann sich aus einer **Zusage** des Arbeitgebers ergeben (DDZ-*Wroblewski* § 15 TzBfG Rn 26) oder einer entsprechenden **vertraglichen Regelung** (*BAG* 13.6.2012 – 7 AZR 169/11). Die Zusage kann **ausdrücklich** oder auch **konkludent** erfolgen. Sie muss aber stets **rechtsgeschäftliche Qualität** (Willenserklärung, die auch nach § 151 BGB angenommen werden kann) haben (APS-*Backhaus* § 15 TzBfG Rn 119), und nicht eine bloß (unverbindlich) erklärte Absicht sein. Damit kann grds. auch aus einer **betrieblichen Übung** ein Fortsetzungsanspruch folgen (APS-*Backhaus* § 15 TzBfG Rn 119; für eine Wiedereinstellungszusage 26.04.2006 – 7 AZR 190/05). Die Zusage kann nähere **Voraussetzungen** (Bewährung: *BAG* 16.3.1989 – 2 AZR 325/88; 24.1.2001 – 7 AZR 47/00: Eintritt bestimmter Ereignisse; Mittelzuweisung, falls neue Arbeitsplätze eingerichtet werden: *BAG* 26.4.1995 – 7 AZR 936/94; falls Dauerarbeitsplätze frei sind: *BAG* 11.12.1991 – 7 AZR 128/91, m. Anm. *Rieble* in EzA § 620 BGB Nr. 112) oder **Einschränkungen** (zB nur für einen begrenzten Zeitraum) für die Fortsetzung enthalten (zur Kontrolle vorformulierter Wiedereinstellungszusagen zB *BAG* 19.10.2011 – 7 AZR 672/10). Liegt eine derartige Zusage auf Abschluss eines unbefristeten Arbeitsvertrages vor, folgt daraus ein entsprechender Anspruch, der erforderlichenfalls klageweise durchzusetzen ist (s. Rdn 90 ff.). Wird aber dennoch nur ein befristeter Arbeitsvertrag *abgeschlossen, ist dieser nicht im Hinblick auf die Zusage unwirksam* (*BAG* 25.4.2001 – 7 AZR 113/00; s.a. Rdn 82). Es ist im Einzelfall zu prüfen, ob sich aus der vom Arbeitnehmer (ggf. nach § 151 BGB) angenommenen Zusage des Arbeitgebers ein **Optionsrecht** des Arbeitnehmers – dies

dürfte der Regelfall sein – oder ein beide Seiten bindender **Vorvertrag** entsteht (APS-*Backhaus* § 15 TzBfG Rn 119).

Wenn einer **Lehrerin** vom zuständigen Schulreferenten **zugesagt** wird, sie könne **bei** einer **Bewährung** 81 während der befristeten Probezeit mit einer **längeren Tätigkeit** an der Schule rechnen, dann kann sie sich auf die Zusage und mithin darauf verlassen, in der bisherigen Weise als Vollzeitlehrerin über die Probezeit hinaus **unbefristet** fortbeschäftigt zu werden. Die der Lehrerin **mündlich gegebene verbindliche Zusage** ihrer unbefristeten Weiterbeschäftigung bei Bewährung ist nicht mangels Schriftform unwirksam. Sie stellt **keine Nebenabrede** iSd § 4 Abs. 2 BAT (jetzt: § 2 Abs. 3 S. 1 TVöD) dar, die zu ihrer Wirksamkeit der Schriftform bedarf (*BAG* 13.10.1976 – 5 AZR 538/75, nv; ArbRBGB-*Dörner* § 620 Rn 292). Eine wegen fehlender Vertretungsbefugnis (zur Frage einer Anscheins- oder Duldungsvollmacht *LAG Köln* 19.11.1999 – 11 Sa 975/99) eines »Vertreters« des Arbeitgebers **nicht bindende Zusage** kann uU jedenfalls einen **Vertrauenstatbestand** (s. Rdn 76–82) begründen.

Liegt eine **verbindliche Zusage** vor, den Arbeitsvertrag unter bestimmten, im konkreten Fall er- 82 füllten Voraussetzungen unbefristet fortzusetzen, wird dann aber gleichwohl **nur ein befristeter Anschlussarbeitsvertrag** mit sachlichem Grund **geschlossen**, so wird die Zusage gegenstandslos, sofern der Arbeitnehmer insoweit keinen Vorbehalt erhebt. Das der Zusage nachfolgende **gegenteilige Handeln** der Parteien **beseitigt das Vertrauen** darauf (*BAG* 11.12.1991 – 7 AZR 128/91; vgl. auch *BAG* 6.11.1996 – 7 AZR 909/95; 25.4.2001 – 7 AZR 113/00).

Liegt nur eine Zusage vor, eine Weiterbeschäftigung nach Fristablauf (wohlwollend) zu **prüfen**, 83 hat der Arbeitgeber die erforderliche Prüfung nach billigem, gerichtlich überprüfbarem Ermessen (§ 315 BGB) vorzunehmen (s. entspr. Rdn 84).

VI. Tarifliche Einstellungsgebote und Verlängerungsklauseln

Nach der **Sonderregelung Nr. 1 SR 2y zum BAT** und **Ziff. 4 der zugehörigen Protokollnotiz** (par- 84 allel jetzt § 30 Abs. 2 S. 2 TVöD -dazu iE KR-*Bader/Kreutzberg-Kowalczyk* § 30 TVöD Rdn 7) sind **Zeitangestellte** bei der **Besetzung** von **Dauerarbeitsplätzen** bevorzugt zu berücksichtigen, wenn sie die fachlichen und persönlichen Voraussetzungen erfüllen. Diese Regelung enthält jedoch für den Arbeitgeber **kein Anstellungsgebot**, das ihn bei Beendigung eines von der Regelung erfassten Arbeitsverhältnisses zur Wiedereinstellung des Angestellten bzw. zur unbefristeten Fortsetzung des Arbeitsverhältnisses verpflichtet (etwa *BAG* 6.11.1996 – 7 AZR 909/95; 27.4.1988 – 7 AZR 593/87; zu weiteren Tarifvorschriften etwa *BAG* 24.5.1961 – 4 AZR 102/60; 20.10.1967 – 3 AZR 467/66, m. Anm. *A. Hueck* in AP § 620 BGB Befristeter Arbeitsvertrag Nr. 30; vgl. *BAG* 14.11.2001 – 7 AZR 568/00: lässt für eine Parallelbestimmung offen, ob sich diese nur auf das Verhältnis zu externen Bewerbern bezieht; ebenso *BAG* 2.7.2003 – 7 AZR 529/02; diese Frage verneinend für § 30 Abs. 2 S. 2 TVöD KR-*Bader/Kreutzberg-Kowalczyk* § 30 TVöD Rdn 7; aA *Arnold/Gräfl-Rambach* § 30 TVöD Rn 13: geltend nur bei zusätzlicher externer Einstellung). Eine solche Pflicht wäre auch mit **Art. 33 Abs. 2 GG** nicht vereinbar (*BAG* 2.12.1997 – 9 AZR 668/96). Diese tarifliche Vorschrift über die Bevorzugung der Zeitarbeitnehmer schränkt allerdings – über das Verbot der willkürlichen Ungleichbehandlung hinaus – das **Ermessen der Behörde** bei der Auswahl der Bewerber für Dauerarbeitsplätze ein und verlangt eine der **Billigkeit** entsprechende Entscheidung iSd **§ 315 BGB** (ArbRBGB-*Dörner* § 620 Rn 293; DDZ-*Wroblewski* § 15 TzBfG Rn 37). Dies verwehrt es etwa dem Arbeitgeber nicht, einen Arbeitnehmer, den er speziell für seine Zwecke ausgebildet hat, gegenüber dem befristet Beschäftigten zu bevorzugen (*BAG* 19.9.2001 – 7 AZR 333/00). Eine Verletzung des angesprochenen begrenzten Ermessensspielraums kann Ansprüche von Zeitarbeitnehmern auf Abschluss eines Vertrages auf unbestimmte Zeit begründen (vgl. *Fenn* Anm. *BAG* 31.10.1974 – 2 AZR 483/73). Dieser Anspruch ist bei entsprechender Leistungsklage zu erfüllen (*BAG* 6.11.1996 – 7 AZR 909/95). Die **Darlegungs- und Beweislast** dafür, dass die Voraussetzungen für eine bevorzugte Einstellung nicht vorliegen, liegt aufgrund der tariflichen Ausgestaltung beim öffentlichen **Arbeitgeber**. Stets vorausgesetzt ist aber, dass (im Zeitpunkt der letzten mündlichen Tatsachenverhandlung vor Gericht) ein **freier zu besetzender Arbeitsplatz** überhaupt gegeben ist (*BAG* 14.11.2001 – 7 AZR 568/00). Ist der in Frage kommende Dauerarbeitsplatz bereits besetzt, kann nur noch Schadensersatz verlangt werden (*BAG* 2.7.2003 – 7 AZR 529/02).

85 Nur in diesem **begrenzten Umfang** (Entscheidung nach **billigem Ermessen**) lässt sich auch ein Fortsetzungsanspruch aus einer **tariflichen Bestimmung** herleiten, wonach das Arbeitsverhältnis mit Ablauf des Monats, in dem der Arbeitnehmer das 65. Lebensjahr (damals Regelaltersgrenze) vollendet hat, beendet und ergänzend bestimmt wird, dass dann, wenn noch **kein Anspruch** auf **Versorgungsleistungen** aus der gesetzlichen Versicherung oder einer Altersversorgung besteht, der Arbeitnehmer befristet bis zu **zwei Jahren** weiterbeschäftigt werden **kann**, sofern seine Kräfte noch den gebotenen Anforderungen entsprechen (zu einer solchen Regelung *BAG* 24.5.1961 – 4 AZR 102/60). Entsprechendes galt für die Verlängerung von Arbeitsverhältnissen von **Piloten** über die Altersgrenze von 55 Jahren hinaus, solange man von der Wirksamkeit dieser Altersbefristungen auszugehen hatte, wobei bei Erfüllung der im Tarifvertrag genannten tatbestandlichen Voraussetzungen im Rahmen des billigen Ermessens grds. die Verlängerung zu erfolgen hatte (ArbRBGB-*Dörner* § 620 Rn 294), ohne dass es aber darauf angekommen wäre, ob die betreffende Person betriebsverfassungsrechtlicher Amtsträger war (insgesamt dazu *BAG* 20.12.1984 – 2 AZR 3/84 unter Aufgabe von *BAG* 12.12.1968 – 2 AZR 120/68; vgl. weiter *Hueck* SAE 1970, 56). Bei einer ausreichenden Übergangsversorgung musste der Arbeitgeber jedoch nicht nach billigem Ermessen verlängern, er hatte dann nur auf die durch das vorzeitige Ausscheiden verursachten Härten Rücksicht zu nehmen (*BAG* 6.3.1986 – 2 AZR 262/85).

86 Echte **Anstellungsgebote** enthalten tarifliche Vorschriften, die zB vorsehen, dass das Arbeitsverhältnis von **Forstarbeitern** in Fällen höherer Gewalt mit Beginn der dadurch bedingten Unterbrechung als gelöst gilt und dass die ausgeschiedenen Arbeiter nach **Wegfall** des **Hinderungsgrundes** auf ihr Verlangen wieder **einzustellen** sind, sofern sie nicht die Arbeit nach Aufforderung unverzüglich wieder aufnehmen (vgl. etwa § 12.21 u. 12.211 MTV für die staatlichen Forstbetriebe in Bayern vom 15.10.1964; dazu a. *BAG* 20.10.1967 – 3 AZR 467/66; 21.1.2009 – 7 AZR 843/07, zu einer späteren Fassung des MTV; *BAG* 28.8.1987 – 2 AZR 249/86, zum Schadensersatz bei schuldhaft unterlassener Wiedereinstellung). Eine **Waldarbeiterin**, die befristet für die **Dauer der witterungsabhängigen Arbeiten** eingestellt wird, hat nach den Vorschriften des MTV für die staatlichen Forstbetriebe in Baden-Württemberg vom 16.7.1970 hingegen regelmäßig **keinen Anspruch** darauf, mit Beginn der Vegetationsperiode wieder eingestellt zu werden. Einen solchen Anspruch sieht § 29 dieses MTV vielmehr nur dann vor, wenn das Arbeitsverhältnis nicht durch eine vereinbarte Befristung, sondern **durch höhere Gewalt** beendet worden ist (zum Sonderfall, dass die Waldarbeiterin bei **Beginn der Vegetationsperiode schwanger** war und wegen des Beschäftigungsverbotes des § 4 Abs. 2 Ziff. 3 MuSchG aF nicht beschäftigt werden durfte, *BAG* 30.4.1976 – 2 AZR 614/74). § 46 Nr. 3 des RTV für die gewerblichen Arbeitnehmer im Maler- und Lackiererhandwerk für die Bundesrepublik Deutschland (außer Saarland) vom 30.3.1992 in der im Jahr 2002 geltenden Fassung sieht vor, dass Arbeitnehmer nach einer ordentlichen witterungsbedingten Kündigung **bei Wiederaufnahme der Arbeit** und spätestens zum 30.4. **wieder einzustellen** sind, wobei der Wiedereinstellungsanspruch nur gegenüber dem kündigenden Arbeitgeber gilt und der tarifvertraglichen Ausschlussfrist unterliegt (*BAG* 1.12.2004 – 7 AZR 37/04). Gleichfalls einen tarifvertraglichen Einstellungsanspruch enthält ein Tarifvertrag, der regelt, dass ein Arbeitnehmer, der wegen **Berufs- oder Erwerbsunfähigkeit** ausgeschieden war, u.a. auf **Antrag** und bei **Vorhandensein eines freien geeigneten Arbeitsplatzes** wieder eingestellt werden soll, wenn die Berufsfähigkeit wiederhergestellt ist (so zu § 62 MTL II in der zeitlich einschlägigen Fassung *BAG* 23.2.2000 – 7 AZR 891/98; s.a. *BAG* 21.1.2009 – 7 AZR 843/07, zur Weiterbeschäftigung gem. § 61 Abs. 3 des MTV Waldarbeiter Rheinland-Pfalz und Saarland). Zutreffend ging das *BAG* (23.2.2000 – 7 AZR 891/98) davon aus, dass die Sollvorschrift des § 62 MTL II im Interesse eines wirksamen arbeitsrechtlichen Bestandsschutzes so zu verstehen war, dass sie bei Erfüllung der tatbestandlichen Voraussetzungen einen **Anspruch** gab (aA zu § 59 BAT mit einem partiell unterschiedlichen Wortlaut *BAG* 24.1.1996 – 7 AZR 602/95: Einzelfallprüfung nach § 315 Abs. 1 BGB). Hatte der Arbeitgeber es selbst treuwidrig herbeigeführt, dass kein freier geeigneter Arbeitsplatz zur Verfügung steht, war er schadensersatzpflichtig, wobei der **Schadensersatzanspruch** nach dem BAG hier auch auf Wiedereinstellung gerichtet sein konnte (*BAG* 23.2.2000 – 7 AZR 891/98). Die Wiederherstellung der

Berufsfähigkeit war regelmäßig durch förmliche Feststellung des Rentenversicherungsträgers nachzuweisen (*BAG* 24.1.1996 – 7 AZR 602/95). Nunmehr gilt § 33 Abs. 3 TVöD (dazu KR-*Bader/Kreutzberg-Kowalczyk* § 33 TVöD Rdn 15 ff.).

Für **Auszubildende** sehen verschiedene Tarifverträge vor, dass zum Zwecke der **Beschäftigungssicherung** 87
mit ihnen unmittelbar nach Abschluss der Ausbildung (unter bestimmten Voraussetzungen) **befristete Arbeitsverträge** (etwa für mindestens sechs Monate; zB nach der Tarifvereinbarung zur Beschäftigungssicherung für die Arbeitnehmer in der Eisen-, Metall und Elektroindustrie des Landes Hessen, geltend ab dem 1.1.2004, für 12 Monate) zu schließen sind (*BAG* 14.5.1997 – 7 AZR 159/96; zur Befristungsmöglichkeit insoweit vgl. KR-*Lipke/Bubach* § 14 TzBfG Rdn 220 ff.; s. weiter KR-*Lipke/Bubach* § 14 TzBfG Rdn 238 sowie Rdn 239 zur ordentlichen Kündigungsmöglichkeit im Rahmen dieser Beschäftigungsbrücke). Dabei findet kein automatischer Übergang in ein befristetes Arbeitsverhältnis statt, sondern es besteht lediglich ein **Anspruch** darauf (*BAG* 14.5.1997 – 7 AZR 159/96; 12.11.1997 – 7 AZR 422/96; aA *LAG Hamm* 8.8.1996 – 4 (9) Sa 1267/95; diff. *Kohte* NZA 1997, 457, 460: im Zweifel Fiktion eines Vertragsschlusses entspr. § 17 BBiG). Ein derartiger **Kontrahierungszwang** ist **verfassungsgemäß**, soweit der Arbeitgeber die Übernahme aus Gründen in der Person des Auszubildenden oder aus Gründen in der betrieblichen Sphäre ablehnen kann (*BAG* 14.10.1997 – 7 AZR 298/96; 12.11.1997 – 7 AZR 422/96). Beruft sich der **Arbeitgeber** auf solche **tarifliche Ausnahmebestimmungen**, die ihn von der Übernahmepflicht befreien können, so liegt hierfür im Streitfall die **Darlegungs- und Beweislast** bei ihm: Er hat etwa vorzutragen und erforderlichenfalls nachzuweisen, dass er nach der auf den Zeitpunkt des Abschlusses des Ausbildungsvertrages bezogenen Prognose über Bedarf ausgebildet hat (*BAG* 12.11.1997 – 7 AZR 422/96). Oder er hat personenbedingte Ablehnungsgründe (so zB vorgesehen in der Tarifvereinbarung zur Beschäftigungssicherung für die Arbeitnehmer in der Eisen-, Metall und Elektroindustrie des Landes Hessen, geltend ab dem 1.1.2004) – diese umfassen alle Gründe aus der Sphäre des Auszubildenden einschließlich verhaltensbedingter Gründe – darzulegen und zu beweisen (*BAG* 14.10.1997 – 7 AZR 298/96; 17.6.1998 – 7 AZR 443/97, darin auch zur entsprechenden revisionsgerichtlichen Überprüfung). Verzichtet der Arbeitgeber auf die Möglichkeit, ein Ausbildungsverhältnis außerordentlich, fristlos zu kündigen, kann der zugrundeliegende Vorfall dennoch auch nach längerer Zeit einen personenbedingten Ablehnungsgrund darstellen (*Hess. LAG* 7.11.2007 – 8 Sa 514/07). Ist der Arbeitgeber seiner Übernahmeverpflichtung nicht nachgekommen, muss er **Schadensersatz** leisten, der sich nach dem BAG aber nicht auf die Übernahme in ein erst später zu begründendes Arbeitsverhältnis richten kann (*BAG* 14.10.1997 – 7 AZR 298/96; 17.6.1998 – 7 AZR 443/97; aA *LAG Nds.* 24.8.1995 – 7 Sa 882/95; vgl. zum Problem weiter *Kohte* NZA 1997, 457), da der Übernahmeanspruch hier nur an das Ende der Ausbildung anknüpfe. Zu **Mitteilungspflichten** des Arbeitgebers/Ausbilders zum Ende der Ausbildungszeit vgl. KR-*Bader/Kreutzberg-Kowalczyk* § 3 TzBfG Rdn 49 f.

VII. Wiedereinstellungsanspruch durch Betriebsvereinbarung

Nach der Ansicht des *BAG* (19.10.2005 – 7 AZR 32/05; Vorinstanz: *LAG RhPf* 15.11.2004 – 7 88
Sa 415/04, m. zust. Anm. *Heither* in AuR 2005, 272) kann in einer **Betriebsvereinbarung** geregelt werden, dass im Wege eines Betriebsübergangs aus dem Unternehmen ausgeschiedene Arbeitnehmer (unter bestimmten Voraussetzungen) einen **Wiedereinstellungsanspruch** gegen den bisherigen Arbeitgeber haben. Diese Entscheidung wird zum Teil kritisiert. Es wird etwa darauf verwiesen, dass dem Betriebsrat insoweit sowohl die funktionelle als auch die personelle Zuständigkeit fehle (*Dehn* BB 2006, 1794). Das BAG hält indes an seiner Sichtweise fest (s. *BAG* 14.3.2012 – 7 AZR 147/11).

VIII. besondere gesetzliche Fortsetzungsgebote

Einige landesrechtliche Bestimmungen (etwa § 77 Abs. 4 MitbestG Schleswig-Holstein) sehen vor, 89
dass die Arbeitsverhältnisse von Personalräten im Hochschulbereich unbeschadet einer vereinbarten Befristung für die Dauer bestehen bleiben, für die ein Kündigungsschutz in einem unbefristeten Arbeitsverhältnis bestanden hätte, höchstens jedoch für die Dauer eines Jahres. Eine ähnliche Vorschrift enthält § 90 Abs. 2 PersVG Brandenburg, deren Vereinbarkeit mit Bundesrecht jedoch fraglich ist (vgl. *BAG* 14.8.2002 – 7 AZR 372/01, zu B I der Gründe)

IX. Durchsetzung des Fortsetzungsanspruchs

90 Die einem Arbeitnehmer erteilte **Zusage** der Fortsetzung des bislang befristeten Arbeitsvertrages (dazu Rdn 80 ff.; s.a. KR-*Lipke/Bubach* § 14 TzBfG Rdn 365) führt nicht automatisch zur Verlängerung des befristeten Arbeitsvertrages. Dasselbe gilt für die sonstigen Fälle eines **Fortsetzungsanspruchs**. Nach der zutreffenden Rspr. des nunmehr allein zuständigen 7. **Senats** des BAG (zu der früheren Rspr. des Zweiten und des Fünften Senats des BAG *Bader* KR 10. Aufl., § 17 TzBfG Rn 98 f.) kann der Anspruch auf Begründung des neuen unbefristeten Arbeitsverhältnisses (hierauf kann **verzichtet** werden: entspr. zum Wiedereinstellungsanspruch nach Kündigung *ArbG Düsseld.* 4.10.1999 – 7 Ca 4497/99, m. Anm. *Sibben* in DB 2000, 2022) regelmäßig nur über den **Leistungsantrag des Arbeitnehmers** verfolgt werden. Der Antrag auf Weiterbeschäftigung genügt nicht, ebenso nicht der Antrag nach § 17 TzBfG (vgl. dazu ErfK-*Müller-Glöge* § 17 TzBfG Rn 12 mwN). Der **Antrag** lautet üblicherweise darauf, **den Arbeitgeber zu verurteilen, das Angebot des Arbeitnehmers** – dieses liegt jedenfalls in der entsprechenden Klage – **auf Abschluss eines** befristeten oder unbefristeten **Arbeitsvertrages anzunehmen** (§ 894 ZPO; dazu etwa *BAG* 25.6.2014 – 7 AZR 847/12, Rn 22). Möglich ist auch ein Antrag auf Abgabe eines entsprechenden Vertragsangebots (*BAG* 13.6.2012 – 7 AZR 169/11, Rn 17). Dabei muss das **Angebot** iSd § 253 Abs. 2 Nr. 2 ZPO **hinreichend bestimmt** formuliert sein und den Inhalt der gem. § 894 S. 1 ZPO fingierten Erklärung klarstellen (*BAG* 25.6.2014 – 7 AZR 847/12, Rn 22; 13.6.2012 – 7 AZR 169/11, Rn 20; zur Bestimmtheit der Urteilsformel *BAG* 14.3.2012 A – 7 AZR 147/11, Rn 20). Das Angebot muss also neben der Art der Tätigkeit, dem Arbeitsumfang, der Vergütung und den übrigen Arbeitsbedingungen auch den Vertragsbeginn und die Angabe umfassen, ob der Vertrag befristet oder auf unbefristete Zeit abgeschlossen werden soll (*BAG* 16.7.2008 – 7 AZR 322/07). Ein derartiger Antrag konnte früher wegen der Unmöglichkeit (s. § 306 BGB aF; dazu auch *BAG* 24.1.2001 – 7 AZR 47/00) nur **auf die Zukunft gerichtet** sein, für die Vergangenheit war der Arbeitnehmer auf **Schadensersatzansprüche** zu verweisen (*BAG* 28.6.2000 – 7 AZR 904/98, mwN; 24.1.2001 – 7 AZR 47/00; *Boewer* NZA 1999, 1121, 1177, 1182; *Meinel/Bauer* NZA 1999, 575, 581; **krit.** *Oetker* ZIP 2000, 643, 653). Nunmehr gilt § 311a BGB, wonach auch ein auf eine unmögliche Leistung gerichteter Vertrag wirksam ist (für die Rechtsfolgen: § 311a Abs. 2 BGB), womit auch auf **Verurteilung für die Vergangenheit** geklagt werden kann, wobei auch § 894 ZPO nicht entgegen steht (*BAG* 25.6.2014 – 7 AZR 847/12, Rn 26; 9.2.2011 – 7 AZR 91/10, Rn 26; zur Auslegung des Antrags *BAG* 9.11.2006 – 2 AZR 509/05). Möglich ist danach eine Vertragsänderung mit Rückwirkung, aber wegen § 894 S. 1 ZPO nicht ein rückwirkender Vertragsschluss (*BAG* 15.9.2009 – 9 AZR 608/08, Rn 23). Eine isolierte Klage auf **Weiterbeschäftigung** kommt demgegenüber nicht in Frage, weil die Pflicht zur Weiterbeschäftigung ja den abgeschlossenen Vertrag voraussetzt (*BAG* 15.8.2001 – 7 AZR 144/00), an dem es bis zur rechtskräftigen Entscheidung über den Fortsetzungsanspruch gerade fehlt (zum **Weiterbeschäftigungsanspruch für die Dauer des Rechtsstreits** s. Rdn 46 ff.). Der **Fortsetzungsanspruch** kann auch im Wege der Klagehäufung (hilfsweise) neben dem Feststellungsantrag nach § 17 TzBfG eingeklagt werden (*Sievers* § 17 TzBfG Rn 35) – es handelt sich dabei um zwei Streitgegenstände (parallel *BAG* 8.5.2008 – 6 AZR 517/07).

91 Der **Arbeitnehmer** trägt nach den allgemeinen Regeln die **Darlegungs- und Beweislast** für alle die Tatsachen, die einen **Fortsetzungs- oder Wiedereinstellungsanspruch** begründen sollen (entspr. zum Kündigungsrecht KR-*Rachor* § 1 KSchG Rdn 841 mwN; *Oetker* ZIP 2000, 653). Hingegen liegt die Darlegungs- und Beweislast für die Umstände, die einem Fortsetzungs- oder Wiedereinstellungsanspruch **entgegenstehen** sollen, beim **Arbeitgeber**.

H. Fortsetzungsrecht des Arbeitgebers?

92 Soweit dem Arbeitgeber **einseitig** das Recht eingeräumt wird, einen befristeten Arbeitsvertrag **um einen weiteren Zeitraum zu verlängern**, ist dies wegen Verstoßes gegen den Grundsatz des § 622 Abs. 6 BGB – keine einseitige stärkere Bindung des Arbeitnehmers – unwirksam (DDZ-*Wroblewski* § 15 TzBfG Rn 42; *Kindler* NZA 2000, 744; **aA** *Menke* NJW 2007, 2820).

§ 18 TzBfG Information über unbefristete Arbeitsplätze

¹Der Arbeitgeber hat die befristet beschäftigten Arbeitnehmer über entsprechende unbefristete Arbeitsplätze zu informieren, die besetzt werden sollen. ²Die Information kann durch allgemeine Bekanntgabe an geeigneter, den Arbeitnehmern zugänglicher Stelle in Betrieb und Unternehmen erfolgen.

Übersicht

	Rdn			Rdn
A. Allgemeines	1	C.	Information durch allgemeine Bekanntgabe (Satz 2)	6
B. Information des einzelnen Arbeitnehmers (Satz 1)	2	I.	Inhalt der Bekanntgabe	7
I. Adressat der Information	2	II.	Form der Bekanntgabe	8
II. Inhalt der Information	3	III.	Zeitpunkt der Bekanntgabe	11
III. Form und Zeitpunkt der Information	4	D.	Folgen des Verstoßes gegen § 18 TzBfG	12

A. Allgemeines

Die Vorschrift setzt § 6 Nr. 1 der zugrundeliegenden **europäischen Rahmenvereinbarung** (abgedr. etwa bei Bader/Bram-*Bader* § 620 BGB Rn 12) um, damit die befristet beschäftigten Arbeitnehmer so **bessere Möglichkeiten zum Übergang in ein unbefristetes Arbeitsverhältnis** erhalten (BT-Drucks. 14/4374 S. 21). Sie gilt entsprechend für Arbeitnehmer mit **auflösend bedingten Arbeitsverträgen** (§ 21 TzBfG; LS-*Schlachter* § 18 TzBfG Rn 1). Zu weitergehenden Verpflichtungen des Arbeitgebers im öffentlichen Dienst, die § 18 TzBfG unberührt lassen, s. § 30 Abs. 2 S. 2 TVöD (dazu KR-*Bader/Kreutzberg-Kowalczyk* § 30 TVöD Rdn 7). 1

B. Information des einzelnen Arbeitnehmers (Satz 1)

I. Adressat der Information

Satz 1 sieht als Regel vor, dass der Arbeitgeber die einzelnen **befristet beschäftigten Arbeitnehmer** zu informieren hat. Nicht zu den befristet Beschäftigten iSd § 18 TzBfG zählen diejenigen, mit denen eine **Altersgrenze** vereinbart ist (ErfK-*Müller-Glöge* § 18 TzBfG Rn 1; DDZ-*Wroblewski* § 18 TzBfG Rn 1; s.a. *BAG* 19.10.2011 – 7 AZR 253/07). Anders als bei § 7 Abs. 2 TzBfG kommt es auf einen entsprechenden Wunsch des Arbeitnehmers nicht an (ErfK-*Müller-Glöge* § 18 TzBfG Rn 3 mwN; DDZ-*Wroblewski* § 18 TzBfG Rn 1). 2

II. Inhalt der Information

Zu informieren ist über **unbefristete Arbeitsplätze**, die besetzt werden sollen, die mithin frei sind oder frei werden und zur (Wieder-)Besetzung anstehen, u.zw. im selben **Betrieb** und im gesamten **Unternehmen** (allg. Ansicht, etwa *Annuß/Thüsing-Annuß* § 18 TzBfG Rn 4; vgl. auch BT-Drucks. 14/4374 S. 21). Zu informieren ist aber nur über **entsprechende Arbeitsplätze**. Damit soll nach den Vorstellungen des Gesetzgebers klargestellt werden, dass befristet beschäftigte Arbeitnehmer nur über solche unbefristeten Arbeitsplätze informiert zu werden brauchen, die für sie aufgrund ihrer **Eignung** in Frage kommen (BT-Drucks. 14/4625 S. 24; ebenso *Arnold/Gräfl-Spinner* § 18 TzBfG Rn 2; DDZ-*Wroblewski* § 18 TzBfG Rn 2; ähnl. mit unterschiedl. Nuancen *Annuß/Thüsing-Annuß* § 18 TzBfG Rn 3 mwN; ErfK-*Müller-Glöge* § 18 TzBfG Rn 3; LS-*Schlachter* § 18 TzBfG Rn 4 [weite Auslegung]; *Rolfs* § 18 TzBfG Rn 2; *Boewer* § 18 TzBfG Rn 7 für Beurteilungsspielraum des Arbeitgebers hinsichtlich der gleichen Eignung). In Übereinstimmung mit der im Gesetz zum Ausdruck gekommenen Intention des Gesetzgebers sollte man indes ohne Rückgriff auf Eignung oder Qualifikation – diese spielen dann bei der Stellenbesetzung eine Rolle – als entsprechende Arbeitsplätze die Dauerarbeitsplätze verstehen, auf denen **gleiche oder ähnliche Tätigkeiten** iSd § 3 Abs. 2 S. 1 TzBfG erbracht werden (s. dazu KR-*Bader/Kreutzberg-Kowalczyk* § 3 TzBfG Rdn 58–59; ähnlich wie hier, jedenfalls vom Ansatzpunkt her: HWK-*Rennpferdt* § 18 TzBfG Rn 3; MHH-TzBfG/*Meinel* § 18 TzBfG Rn 2; *Dörner* Befr. Arbeitsvertrag, 1. Aufl., Rn 111). **Beförderungsstellen** scheiden in jedem Falle aus (*Sievers* § 18 TzBfG Rn 3). 3

III. Form und Zeitpunkt der Information

4 Eine bestimmte **Form** ist nicht vorgeschrieben (für alle: LS-*Schlachter* § 18 TzBfG Rn 3 mwN), so dass die Information zB auch durch E-Mail erfolgen kann.

5 Die Information über zur Besetzung anstehende Dauerarbeitsplätze muss erfolgen, **bevor die Entscheidung** über die Besetzung der Stelle(n) **erfolgt** ist, und außerdem so **rechtzeitig**, dass sich der befristet beschäftigte Arbeitnehmer noch für den oder die unbefristeten Arbeitsplätze bewerben kann (ebenso etwa HWK-*Rennpferdt* § 18 TzBfG Rn 4).

C. Information durch allgemeine Bekanntgabe (Satz 2)

6 Satz 2 ermöglicht es dem Arbeitgeber, statt der Information nach Satz 1 den Weg der **allgemeinen Bekanntgabe** zu wählen. Gegebenenfalls können die Möglichkeiten der Sätze 1 und 2 auch kombiniert werden (ErfK-*Müller-Glöge* § 18 TzBfG Rn 2).

I. Inhalt der Bekanntgabe

7 Die allgemeine Bekanntgabe muss **alle zur Besetzung anstehenden unbefristeten Arbeitsplätze** im **Betrieb** und im gesamten **Unternehmen** enthalten (BT-Drucks. 14/4374 S. 21). Da es eine allgemeine Information ist, kann dabei in aller Regel **keine Eingrenzung auf entsprechende Dauerstellen** (s. Rdn 3) erfolgen, jedenfalls dann nicht, wenn befristet beschäftigte Arbeitnehmer in Betrieb und Unternehmen in unterschiedlichen Bereichen und auf unterschiedlichen Arbeitsplätzen eingesetzt sind. Eine Eingrenzung auf entsprechende Dauerstellen erscheint nur dann als möglich, wenn befristet beschäftigte Arbeitnehmer nur in klar abgrenzbaren Bereichen tätig sind.

II. Form der Bekanntgabe

8 Eine bestimmte Form schreibt das Gesetz auch hier nicht ausdrücklich vor, es muss sich nur um eine **allgemeine Bekanntgabe** handeln. Diese hat an einer **geeigneten Stelle** in **Betrieb** und **Unternehmen** zu erfolgen, die **den Arbeitnehmern zugänglich** ist – die Stelle muss allgemein zugänglich sein, und es muss zu erwarten sein, dass die Arbeitnehmer regelmäßig oder häufig daran vorbeikommen (LS-*Schlachter* § 18 TzBfG Rn 3). Dem Gesetzgeber schwebt dabei offenbar das **Schwarze Brett** vor. Wird so verfahren, muss in jedem Betrieb des Unternehmens mindestens ein derartiger Aushang an allgemein zugänglicher Stelle (etwa im Eingangsbereich oder vor der gemeinsamen Kantine – das Personalbüro, das man erst speziell aufsuchen muss, genügt nicht: ebenso ErfK-*Müller-Glöge* § 18 TzBfG Rn 2) vorhanden sein. Ist der Betrieb derart dezentral organisiert, dass die Arbeitnehmer sich regelmäßig nur in ihrem jeweiligen **Teilbereich** aufhalten, wird ein entsprechender Aushang in jedem Teilbereich an allgemein zugänglicher Stelle zu fordern sein – ein lediglich zentraler Aushang befindet sich unter diesen Voraussetzungen nicht an geeigneter Stelle, wie es Satz 2 verlangt.

9 Satz 2 schließt **modernere Formen der Kommunikation und Bekanntgabe** nicht aus (*Annuß/Thüsing-Annuß* § 18 TzBfG Rn 5). Das betrifft speziell das Intranet, wenn den Arbeitnehmern bekannt ist, dass die Bekanntgaben des Arbeitgebers auf diesem Wege erfolgen (*Kliemt* NZA 2001, 304). Dasselbe gilt grds. für eine **Mitarbeiterzeitung** (*Kliemt* NZA 2001, 304), sofern sie häufig genug erscheint, um den zeitlichen Anforderungen (Rdn 11) gerecht zu werden.

10 Eine **innerbetriebliche Stellenausschreibung** wird dem für den Bereich des betreffenden Betriebs genügen (s. *LAG SchlH* 6.3.2012 – 2 TaBV 37/11), sofern sie den vorstehend umschriebenen Anforderungen entspricht.

III. Zeitpunkt der Bekanntgabe

11 Für die allgemeine Bekanntgabe nach Satz 2 gilt gleichfalls der Grundsatz, dass sie zu einem Zeitpunkt informieren muss, in dem über die Besetzung der freien Dauerarbeitsplätze noch nicht entschieden ist, und so rechtzeitig, dass die befristet beschäftigten Arbeitnehmer sich noch bewerben

können (Rdn 5). Um das zu gewährleisten, muss die allgemeine Bekanntgabe sich zu jedem Zeitpunkt **oder jedenfalls in ausreichend kurzfristigen Intervallen auf dem aktuellen Stand** befinden (HWK-*Rennpferdt* § 18 TzBfG Rn 4).

D. Folgen des Verstoßes gegen § 18 TzBfG

Die Pflichten aus § 18 TzBfG hat der Arbeitgeber von sich aus zu erfüllen. § 18 gibt dem einzelnen Arbeitnehmer aber auch einen **durchsetzbaren Anspruch** (MHH-TzBfG/*Meinel* § 18 TzBfG Rn 5), wenngleich dieser kaum praktisch werden wird. Verstößt der Arbeitgeber gegen § 18 TzBfG, stellt dies einen Verstoß gegen eine **vertragliche Nebenpflicht** dar (dazu *BAG* 6.4.2011 – 7 AZR 716/09, Rn 43); *Annuß/Thüsing-Annuß* § 18 TzBfG Rn 6), allerdings handelt es sich bei § 18 nicht um ein Schutzgesetz iSd § 823 Abs. 2 BGB (ErfK-*Müller-Glöge* § 18 TzBfG Rn 5; vgl. auch *BAG* 25.4.2001 – 5 AZR 368/99, mwN). Aus § 18 können sich aber **Schadensersatzansprüche** des Arbeitnehmers aus § 280 BGB ergeben *BAG* 6.4.2011 – 7 AZR 716/09, Rn 43), jedenfalls dann, wenn der Arbeitnehmer nachweisen kann, er hätte sich bei korrekter Information beworben und den fraglichen Dauerarbeitsplatz auch erhalten (skeptisch *Kliemt* NZA 2001, 304; näher zum Schadensersatzanspruch MHH-TzBfG/*Meinel* § 18 TzBfG Rn 5 mwN; BeckOK ArbR-*Bayreuther* § 18 TzBfG Rn 9 [keine Naturalrestitution]). Im Übrigen wird der **Betriebsrat** über die Einhaltung der Vorschrift zu wachen haben (§ 80 Abs. 1 Nr. 1 BetrVG). Mittelbar übt § 99 Abs. 2 Nr. 3 letzter Hs. BetrVG Druck auf den Arbeitgeber aus, § 18 TzBfG einzuhalten (*LAG SchlH* 6.3.2012 – 2 TaBV 37/11, bejaht bei Verstoß gegen § 18 TzBfG einen Widerspruchsgrund iSd § 99 Abs. 2 Nr. 1 BetrVG; weiter MHH-TzBfG/*Meinel* § 18 TzBfG Rn 6 mwN). § 18 TzBfG ergibt freilich nicht, dass bei der Einstellung befristet Beschäftigte den Vorzug gegenüber externen Bewerbern erhalten müssen (*Rolfs* § 18 TzBfG Rn 3).

§ 19 TzBfG Aus- und Weiterbildung

Der Arbeitgeber hat Sorge zu tragen, dass auch befristet beschäftigte Arbeitnehmer an angemessenen Aus- und Weiterbildungsmaßnahmen zur Förderung der beruflichen Entwicklung und Mobilität teilnehmen können, es sei denn, dass dringende betriebliche Gründe oder Aus- und Weiterbildungswünsche anderer Arbeitnehmer entgegenstehen.

Übersicht	Rdn		Rdn
A. Allgemeines	1	I. Dringende betriebliche Gründe	11
B. Angemessene Aus- und Weiterbildungsmaßnahmen	3	II. Entgegenstehende Aus- und Weiterbildungswünsche	12
C. Anspruch auf Teilnahme?	7	E. Darlegungs- und Beweislast	13
D. Gegengründe	10	F. Folgen von Verstößen gegen § 19 TzBfG	14

A. Allgemeines

§ 19 TzBfG setzt § 6 Nr. 2 der zu Grunde liegenden **europäischen Rahmenvereinbarung** um (insgesamt abgedr. etwa bei *Bader/Bram-Bader* § 620 BGB Rn 12), deren Text lautet: »Die Arbeitgeber erleichtern den befristet beschäftigten Arbeitnehmern, soweit dies möglich ist, den Zugang zu angemessenen Aus- und Weiterbildungsmöglichkeiten, die die Verbesserung ihrer Fertigkeiten, ihr berufliches Fortkommen und ihre berufliche Mobilität fördern.« Allerdings bleibt § 19 TzBfG dahinter formulierungsmäßig etwas zurück. Unter der angesprochenen Erleichterung ist der Abbau bisher bestehender Zugangsbarrieren zu verstehen (BT-Drucks. 14/4374 S. 21; **Gleichbehandlung**, nicht Besserstellung; ebenso zB *Annuß/Thüsing-Annuß* § 19 TzBfG Rn 1; LS-*Schlachter* § 19 TzBfG Rn 1). Insgesamt will die Vorschrift die Aussicht des befristet Beschäftigten auf einen Dauerarbeitsplatz verbessern (BT-Drucks. 14/4374 S. 21).

Die Norm stellt sich als konkretisierende **Spezialbestimmung zu § 4 Abs. 2 S. 1 u. 3 TzBfG** dar (s. KR-*Bader/Kreutzberg-Kowalczyk* § 4 TzBfG Rdn 1; *Arnold/Gräfl/Spinner* § 19 TzBfG Rn 1;

ErfK-*Müller-Glöge* § 19 TzBfG Rn 1; DDZ-*Wroblewski* § 19 TzBfG Rn 2; LS-*Schlachter* § 19 TzBfG Rn 2; *Hess. LAG* 5.11.2018 – 17 Sa 234/17, zu A II 2 c aa der Gründe, nv). Sie definiert das, was das Gesetz im Rahmen der **Aus- und Weiterbildung** vom Arbeitgeber erwartet, soll der **befristet beschäftigte Arbeitnehmer** – nicht zu den befristet Beschäftigten iSd § 19 TzBfG zählen diejenigen, mit denen eine **Altersgrenze** vereinbart ist (s. *BAG* 19.10.2011 – 7 AZR 253/07, Rn 30) – gegenüber unbefristet Beschäftigten **nicht schlechter gestellt** werden (vgl. auch HaKo-TzBfG/ *Boecken* § 19 TzBfG Rn 2, 4; Arnold/Gräfl/*Spinner* § 19 TzBfG Rn 1; *Hess. LAG* 5.11.2018 – 17 Sa 234/17, zu A II 2 c aa der Gründe, nv). § 19 TzBfG gilt über § 21 TzBfG auch für Arbeitnehmer mit **auflösend bedingten Arbeitsverhältnissen**.

B. Angemessene Aus- und Weiterbildungsmaßnahmen

3 Aus- und Weiterbildungsmaßnahmen iSd Vorschrift sind alle Maßnahmen, die nach ihrer Ausgestaltung und didaktischen Zielsetzung dazu bestimmt und geeignet sind, zur **Verbesserung der Fertigkeiten** der Arbeitnehmer und zur **Förderung des beruflichen Fortkommens und der beruflichen Mobilität** der Arbeitnehmer beizutragen (nicht bloße Verbesserung der Allgemeinbildung: ErfK-*Müller-Glöge* § 19 TzBfG Rn 1). Die einzelnen Zielsetzungen müssen nicht stets kumulativ vorhanden sein.

4 Zur Interpretation der verwendeten Begriffe kann auf die Rechtsprechung zum Bildungsurlaubsrecht zurückgegriffen werden (zB Hamburgisches Bildungsurlaubsgesetz § 1 Abs. 3 zur Förderung der **beruflichen Mobilität**; dazu *BAG* 17.2.1998 – 9 AZR 100/97; vgl. a. BT-Drucks. 14/ 4374 S. 21). Eine Maßnahme trägt dann zur **Verbesserung der Fertigkeiten** und zur **Förderung des beruflichen Fortkommens** bei, wenn sie Kenntnisse zum ausgeübten Beruf vermittelt oder wenn die in ihr vermittelten Fähigkeiten bzw. Einsichten oder das in ihr vermittelte Wissen im Beruf verwendet werden kann (entspr. etwa *BAG* 21.10.1997 – 9 AZR 253/96; Maßnahmen zur Qualifizierung gem. § 92a Abs. 1 BetrVG sind hier einzubeziehen). Vom Arbeitgeber wird hier fremdnütziges Verhalten gefordert (vgl. DDZ-*Wroblewski* § 19 TzBfG Rn 2; aA *Rolfs* § 19 TzBfG Rn 3), auf die vom BVerfG im Bildungsurlaubsrecht geforderte Verantwortungsbeziehung des Arbeitgebers (*BVerfG* 11.2.1991 – 1 BvR 890/84; *BAG* 21.10.1997 – 9 AZR 253/96) kommt es hier nicht an.

5 Die in § 19 TzBfG angesprochenen Maßnahmen müssen **angemessen** sein. Damit wird die fremdnützige (s. Rdn 4) Verpflichtung des Arbeitgebers abgemildert. »Angemessen« als unbestimmter Rechtsbegriff bedeutet hier, dass der Aufwand – zeitlich und bzgl. der Kosten – für die Maßnahmen in einem vertretbaren Verhältnis zu der Tatsache stehen muss, dass der Arbeitnehmer nach begrenzter Zeit aus dem Betrieb und Unternehmen ausscheiden wird (BT-Drucks. 14/4374 S. 21; vgl. Arnold/Gräfl/*Spinner* § 19 TzBfG Rn 7; BeckOK ArbR-*Bayreuther* § 19 TzBfG Rn 1; ErfK-*Müller-Glöge* Rn 1; HaKo-TzBfG/*Boecken* § 19 TzBfG Rn 15; LS-*Schlachter* § 19 TzBfG Rn 5; MHH-TzBfG/*Meinel* § 19 TzBfG Rn 3; *Rolfs* § 19 TzBfG Rn 3; *Hess. LAG* 5.11.2018 – 17 Sa 234/17, zu A II 2 c cc der Gründe, nv). Nicht mehr angemessen ist daher etwa die Teilnahme eines befristet beschäftigten Angestellten an einer Aus- und Weiterbildungsmaßnahme, die der Arbeitgeber mit erheblichem Kostenaufwand für langjährig beschäftigte Angestellte veranstaltet, um so neue Führungskräfte rekrutieren zu können (ähnlich *Annuß/Thüsing-Annuß* § 19 TzBfG Rn 4; LS-*Schlachter* § 19 TzBfG Rn 5). Ebenfalls nicht mehr angemessen ist die Finanzierung einer Fachausbildung zum Purser (Kosten ca 10.000 Euro), wenn der Arbeitgeber diese Qualifikation nicht länger als 11 Monate nutzen könnte (*Hess. LAG* 5.11.2018 – 17 Sa 234/17, nv).

6 Die Maßnahmen können solche sein, die der Arbeitgeber selbst als **interne Veranstaltungen** anbietet, oder auch **externe Veranstaltungen**, zu denen der Arbeitgeber Arbeitnehmer entsendet (Arnold/Gräfl/*Spinner* § 19 TzBfG Rn 6; ErfK-*Müller-Glöge* § 19 TzBfG Rn 2). Ansprüche auf **Bildungsurlaub** werden von § 19 TzBfG nicht erfasst – diese Ansprüche hat jeder Arbeitnehmer selbst zu verfolgen. Dasselbe gilt für etwaige sonstige Ansprüche auf Weiterbildung.

C. Anspruch auf Teilnahme?

Mit ihrer Formulierung, der Arbeitgeber habe Sorge dafür zu tragen, dass auch befristet beschäftigte Arbeitnehmer an den angemessenen Aus- und Weiterbildungsmaßnahmen teilnehmen können, macht die Norm zunächst deutlich, dass damit **kein Anspruch auf Durchführung** von derartigen Maßnahmen begründet wird, weder generell noch erst recht speziell für befristet Beschäftigte (allg. Ansicht; zB *Arnold/Gräfl/Spinner* § 19 TzBfG Rn 2; ErfK-*Müller-Glöge* § 19 TzBfG Rn 2; HaKo-TzBfG/*Boecken* § 19 TzBfG Rn 5; LS-*Schlachter* § 19 TzBfG Rn 3; MHH-TzBfG/*Meinel* § 19 TzBfG Rn 2; *Hess. LAG* 5.11.2018 – 17 Sa 234/17, zu A II 2 c bb der Gründe, nv). Es gibt also keinen korrespondierenden Individualanspruch auf Durchführung von Aus- und Weiterbildungsmaßnahmen und der **Betriebsrat** kann insoweit nur im Rahmen des § 98 BetrVG (dazu LS-*Schlachter* § 19 TzBfG Rn 7), des § 97 Abs. 2 BetrVG (dazu *Annuß/Thüsing-Annuß* § 19 TzBfG Rn 8) oder ggf. des § 92a BetrVG aktiv werden (vgl. im Übrigen § 80 Abs. 1 Nr. 1 BetrVG).

Die Verwendung des Begriffes »**Sorge tragen**« bedeutet hingegen nicht, dass es sich nur um einen unverbindlichen Appell an den Arbeitgeber handelt (aA *Kliemt* NZA 2001, 304; *Rolfs* § 19 TzBfG Rn 1). Vielmehr enthält § 19 TzBfG in Konkretisierung von § 4 Abs. 2 S. 1 u. 3 TzBfG und im Zusammenspiel mit dieser Vorschrift (*Rolfs* § 19 TzBfG Rn 2) durchaus eine **Rechtspflicht** (s. Rdn 2), wie schon der Schlusssatz der Vorschrift deutlich macht, der andernfalls unverständlich wäre (so auch BT-Drucks. 14/4374 S. 21; ebenso *Annuß/Thüsing-Annuß* § 19 TzBfG Rn 2; LS-*Schlachter* § 19 TzBfG Rn 3; aA *Lakies* DZWIR 2001, 1, 17). Die Formulierung ist nur deswegen so offen gewählt, weil – wie unten ausgeführt – daraus keineswegs stets ein Teilnahmeanspruch des befristet Beschäftigten resultiert, sondern jedenfalls teilweise (zunächst) nur ein Anspruch darauf, zu den Eingeladenen gezählt zu werden (LS-*Schlachter* § 19 TzBfG Rn 3: Teilhaberecht an bestehenden Angeboten).

Soweit der Arbeitgeber unbefristet beschäftigten Arbeitnehmern interne oder externe Maßnahmen der Aus- und Weiterbildung anbietet oder die unbefristet Beschäftigten an solchen Maßnahmen teilnehmen lässt, hat er – soweit es sich noch um angemessene Maßnahmen (Rdn 5) handelt – das **Angebot oder die Anordnung der Teilnahme auch auf die befristet beschäftigten Arbeitnehmer zu erstrecken**, soweit nicht schon insoweit **Gegengründe** eingreifen (Rdn 10 ff.). Die geforderte Gleichbehandlung von befristet und unbefristet Beschäftigten begründet damit einen Anspruch, bei Vorliegen der weiteren Voraussetzungen des § 19 TzBfG nicht ohne zulässigen Grund aus der Gruppe der Angebotsadressaten ausgeschlossen zu werden. Die Norm gibt dem Arbeitnehmer also einen **Anspruch auf Teilhabe** an bestehenden (internen wie externen) Angeboten (LS-*Schlachter* § 19 TzBfG Rn 3; MHH-TzBfG/*Meinel* § 19 TzBfG Rn 1; *Hess. LAG* 5.11.2018 – 17 Sa 234/17, zu A II 2 c bb der Gründe, nv). Gilt das Angebot oder die Anordnung der Teilnahme nur für einen **Teil** der unbefristet Beschäftigten, sind die befristet Beschäftigten einzubeziehen, die iSd § 3 Abs. 2 TzBfG **vergleichbar** sind (vgl. KR-*Bader/Kreutzberg-Kowalczyk* § 3 TzBfG Rdn 56–61). In den Fällen, in denen sich das Angebot einer Maßnahme nach § 19 TzBfG auch an die befristet Beschäftigten richtet und in denen auch befristet Beschäftigte davon Gebrauch machen und sich anmelden, besteht vorbehaltlich der Gegengründe, die in Rdn 10–12 dargestellt sind, grds. ein **Anspruch** der befristet beschäftigten Arbeitnehmer **auf Teilnahme**.

D. Gegengründe

Im Schlusshalbsatz regelt § 19 TzBfG, dass dringende betriebliche Gründe oder Aus- und Weiterbildungswünsche anderer Arbeitnehmer entgegenstehen können. Dies bezieht sich zum einen bereits auf den **Kreis** der in die Maßnahme oder die entsprechende Einladung einzubeziehenden Arbeitnehmer, zum anderen auf die Frage eines **Individualanspruchs** (s. Rdn 9).

I. Dringende betriebliche Gründe

11 Wenn die Norm von **dringenden** (nicht: zwingenden!) **betrieblichen Gründen** spricht, ist damit ersichtlich dasselbe gemeint wie in **§ 7 Abs. 1 S. 1 BUrlG**, wo von entgegenstehenden dringenden betrieblichen Belangen die Rede ist (ebenso ErfK-*Müller-Glöge* § 19 TzBfG Rn 2; HWK-*Rennpferdt* § 19 TzBfG Rn 5; aA *Annuß/Thüsing-Annuß* § 19 TzBfG Rn 5: dringende betriebliche Gründe zu bejahen, wenn berechtigte arbeitsplatzbezogene Interessen des Arbeitgebers das Gleichbehandlungsinteresse des befristet Beschäftigten im Einzelfall eindeutig überwiegen). Damit gelten die zum Urlaubsrecht entwickelten Standards für § 19 TzBfG in gleicher Weise (dazu etwa ErfK-*Gallner* § 7 BUrlG Rn 18; **Abwägung im Einzelfall**).

II. Entgegenstehende Aus- und Weiterbildungswünsche

12 Das Gesetz spricht **Aus- und Weiterbildungswünsche anderer Arbeitnehmer** als ausreichende Gegengründe an. Im ursprünglichen Gesetzentwurf war noch von derartigen Wünschen anderer Arbeitnehmer, die unter beruflichen oder sozialen Gesichtspunkten vorrangig sind, die Rede (BT-Drucks. 14/4625 S. 13). Dies ist auf Empfehlung des Ausschusses für Arbeit und Sozialordnung geändert worden. Der Entstehungsgeschichte der Norm ist zu entnehmen, dass es nicht darauf ankommen soll, dass die Wünsche der anderen Arbeitnehmer unter beruflichen oder sozialen Gesichtspunkten vorrangig sind. Der Arbeitgeber soll damit offenbar bei seiner Entscheidung recht frei sein. Doch wird man freies Belieben nicht annehmen können, da es nach der Zwecksetzung der Vorschrift (s. Rdn 1, 2) jedenfalls nicht akzeptiert werden kann, wenn der Arbeitgeber unter Berufung auf anderweitige Aus- und Weiterbildungswünsche gerade die befristet beschäftigten Arbeitnehmer ausklammert (*Annuß/Thüsing-Annuß* § 19 TzBfG Rn 6; aA *Rolfs* § 19 TzBfG Rn 5). Die Auswahl ist damit nach **billigem Ermessen** zu treffen (dazu *Kliemt* NZA 2001, 304; *Annuß/Thüsing-Annuß* § 19 TzBfG Rn 6 mwN; MHH-TzBfG/*Meinel* § 19 TzBfG Rn 4; *Sievers* § 19 TzBfG Rn 3), wobei nach dem Gesetz aber **jeder Sachgrund** ausreichen muss (ähnlich offenbar DDZ-*Wroblewski* § 19 TzBfG Rn 3).

E. Darlegungs- und Beweislast

13 Der **Arbeitnehmer** hat im Streitfall (auch bei Schadensersatzansprüchen [dazu Rdn 14]) darzulegen und nachzuweisen, dass eine angemessene **Aus- und Weiterbildungsmaßnahme** vorliegt, für die ihn der Arbeitgeber nicht berücksichtigt hat, ggf. auch, dass er vergleichbar iSd § 3 Abs. 2 TzBfG ist (s. Rdn 9). Der **Arbeitgeber** hat als den gesetzlich geregelten Ausnahmefall das Vorliegen der **Gegengründe** (s. Rdn 10–12) darzulegen und zu beweisen (ErfK-*Müller-Glöge* § 19 TzBfG Rn 3; *Annuß/Thüsing-Annuß* § 19 TzBfG Rn 7).

F. Folgen von Verstößen gegen § 19 TzBfG

14 Hält sich der Arbeitgeber nicht an § 19 TzBfG – kein Schutzgesetz iSd § 823 Abs. 2 BGB (überwiegende Ansicht, zB *Arnold/Gräfl/Spinner* § 19 TzBfG Rn 10; aA HaKo-TzBfG/*Boecken* § 19 TzBfG Rn 23) –, kann dies zu **Schadensersatzansprüchen** aus § 280 BGB führen, wenn der Arbeitgeber sein Verschulden nicht ausräumen kann (Annuß/Thüsing-*Annuß* § 19 TzBfG Rn 7; Arnold/Gräfl/*Spinner* § 19 TzBfG Rn 10; ErfK-*Müller-Glöge* § 19 TzBfG Rn 2; LS-*Schlachter* § 19 TzBfG Rn 8; MüKo-*Hesse* § 19 TzBfG Rn 8; *Hess. LAG* 5.11.2018 – 17 Sa 234/17, zu A II 2 c bb der Gründe, nv; zur Darlegungs- und Beweislast Rdn 13). Denkbar ist, dass der Arbeitgeber den Arbeitnehmer für die Teilnahme an einer konkreten anderweitigen Veranstaltung gleichen oder ähnlichen Inhalts bezahlt freizustellen und auch die Kosten dafür zu übernehmen hat (den Schaden hat der Arbeitnehmer darzulegen und zu beweisen). Soweit ein **Individualanspruch** auf Teilnahme zu bejahen ist (s. Rdn 9), kann eine Durchsetzung durch **einstweilige Verfügung** (§ 888 ZPO) in Betracht kommen.

§ 20 TzBfG Information der Arbeitnehmervertretung

Der Arbeitgeber hat die Arbeitnehmervertretung über die Anzahl der befristet beschäftigten Arbeitnehmer und ihren Anteil an der Gesamtbelegschaft des Betriebs und des Unternehmens zu informieren.

Übersicht

	Rdn			Rdn
A. Allgemeines	1		D. Zeitpunkt und Häufigkeit der Information	7
B. Informationsverpflichteter	2			
C. Inhalt und Form der Information	3		E. Adressat der Information	8

A. Allgemeines

Mit der in § 20 TzBfG vorgeschriebenen Information soll es den Arbeitnehmervertretungen besser ermöglicht werden, **Einfluss auf die betriebliche Einstellungspraxis** (auch im Hinblick auf § 80 Abs. 1 Nr. 8 BetrVG; s.a. § 99 Abs. 2 Nr. 3 Hs. 2 BetrVG u. dazu HWK-*Rennpferdt* § 20 TzBfG Rn 1) zu nehmen und die **Einhaltung der gesetzlichen Vorschriften über befristete Arbeitsverhältnisse** in §§ 4, 5, 18 u. 19 TzBfG (vgl. § 80 Abs. 1 Nr. 1 BetrVG) zu überwachen (BT-Drucks. 14/4374 S. 21; s. KR-*Lipke/Schlünder* § 620 BGB Rdn 118; *Annuß/Thüsing-Annuß* § 20 TzBfG Rn 1 insoweit skeptisch). Die Vorschrift setzt § 7 Nr. 3 der zugrundeliegenden europäischen Rahmenvereinbarung (abgedr. bei Bader/Bram-*Bader* § 620 BGB Rn 12) um, geht aber darüber hinaus (*Rolfs* § 20 TzBfG Rn 1). Damit werden die allgemeinen Unterrichtungspflichten gem. § 80 Abs. 2 S. 1 BetrVG insoweit konkretisiert (s.a. Rdn 7). Über § 21 TzBfG gilt die Vorschrift auch bzgl. der Arbeitnehmer, die in **auflösend bedingten Arbeitsverhältnissen** beschäftigt sind, so dass im Ergebnis für die Gruppe der befristet Beschäftigten und die Gruppe der Beschäftigten mit auflösend bedingten Arbeitsverträgen **jeweils gesonderte Angaben** zu machen sind (*Annuß/Thüsing-Annuß* § 20 TzBfG Rn 5; LS-*Schlachter* § 20 TzBfG Rn 4; KR-*Lipke/Bubach* § 21 TzBfG Rdn 20 mwN) – die nachstehenden Ausführungen gelten dabei entsprechend für die Beschäftigten mit auflösend bedingten Arbeitsverträgen. 1

B. Informationsverpflichteter

Die vorgeschriebenen Informationen hat der **Arbeitgeber** zu erteilen, also die natürliche oder juristische Person (durch die gesetzlichen Vertreter), die den **Betrieb** oder das **Unternehmen** betreibt und bei der die befristet beschäftigten Arbeitnehmer eingesetzt sind. Er kann dabei natürlich Vertreter oder Boten einsetzen. Eine unternehmensübergreifende Information (durch die **Konzernspitze**) sieht § 20 ausdrücklich nicht vor – angesprochen sind nur Betrieb und Unternehmen (s. Rdn 3; *Annuß/Thüsing-Annuß* § 20 TzBfG Rn 2; ErfK-*Müller-Glöge* § 20 TzBfG Rn 1; DDZ-*Wroblewski* § 20 TzBfG Rn 2). 2

C. Inhalt und Form der Information

Der Arbeitgeber hat unabhängig von der Beschäftigtenzahl (HWK-*Rennpferdt* § 20 TzBfG Rn 2) der Arbeitnehmervertretung die **Anzahl der befristet beschäftigten Arbeitnehmer** und ihren **Anteil an der Gesamtbelegschaft** mitzuteilen. Nicht zu den befristet Beschäftigten iSd § 20 TzBfG zählen diejenigen, mit denen eine **Altersgrenze** vereinbart ist (ErfK-*Müller-Glöge* § 20 TzBfG Rn 1; s.a. BAG 19.10.2011 – 7 AZR 253/07). Da § 20 TzBfG bzgl. des Anteils an der Gesamtbelegschaft lediglich **Betrieb** und **Unternehmen** erwähnt, beschränkt sich die Informationspflicht darauf, erfasst also nicht die entsprechenden konzernbezogenen Angaben (s. Rdn 2). Für den Geltungsbereich der Personalvertretungsgesetze wird man statt der Begriffe »Betrieb« und »Unternehmen« die Begriffe »**Dienststelle**« und »**Verwaltung/Verwaltungszweig**« zu lesen haben (vgl. §§ 6, 53 Abs. 1 BPersVG und § 1 Abs. 2 S. 2 Nr. 2 KSchG; ebenso *Annuß/Thüsing-Annuß* § 20 TzBfG Rn 3; HWK-*Rennpferdt* § 20 TzBfG Rn 2). 3

Aufgrund der in Rdn 1 dargestellten Zwecksetzung der Vorschrift hat der Arbeitgeber der jeweiligen Arbeitnehmervertretung nur die **Angaben zum jeweiligen Zuständigkeitsbereich** zu machen (grds. ebenso *Annuß/Thüsing-Annuß* § 20 TzBfG Rn 3; LS-*Schlachter* § 20 TzBfG Rn 5). Der **Betriebsrat** eines bestimmten Betriebs ist also nur über die Zahl der in diesem Betrieb befristet beschäftigten 4

§ 20 TzBfG   Information der Arbeitnehmervertretung

Arbeitnehmer und deren Anteil an der Gesamtbelegschaft dieses Betriebs zu informieren (ebenso DDZ-*Wroblewski* § 20 TzBfG Rn 2). Die Angaben bzgl. des Unternehmens sind diesem Betriebsrat gegenüber nicht erforderlich (LS-*Schlachter* § 20 TzBfG Rn 5; aA MHH-TzBfG/*Meinel* § 20 TzBfG Rn 4; *Rolfs* § 20 TzBfG Rn 2; *Sievers* § 20 TzBfG Rn 3; teilw. aA *Annuß/Thüsing-Annuß* § 20 TzBfG Rn 3, der vom Ansatz her der hier vertretenen Sichtweise folgt, aber bei Fehlen einer Arbeitnehmervertretung auf Unternehmensebene ausnahmsweise die Information der einzelnen Betriebsräte auch auf die Verhältnisse auf Unternehmensebene erstrecken will; vgl. auch *Engels* AuR 2009, 65). Demgegenüber hat der **Gesamtbetriebsrat** zunächst natürlich die unternehmensbezogenen Informationen zu erhalten (DDZ-*Wroblewski* § 20 TzBfG Rn 2; s.a. *LAG Hmb.* 18.7.2011 – 8 TaBV 10/09), dazu aber auch die jeweiligen Angaben für die einzelnen Betriebe (insoweit aA *Annuß/Thüsing-Annuß* § 20 TzBfG Rn 3; wohl auch DDZ-*Wroblewski* § 20 TzBfG Rn 2) – dies auch im Hinblick auf § 50 Abs. 1 S. 1 BetrVG, da der Gesamtbetriebsrat nur so beurteilen kann, ob er auf der Basis dieser Vorschrift zuständig sein kann. Entsprechendes gilt dann für die Arbeitnehmervertretungen gem. **§ 3 BetrVG**, die abweichend oder zusätzlich gebildet werden können, speziell etwa für die **Spartenbetriebsräte** (§ 3 Abs. 1 Nr. 2 BetrVG), aber durchaus auch für die Arbeitsgemeinschaften und die zusätzlichen betriebsverfassungsrechtlichen Vertretungen (§ 3 Abs. 1 Nr. 4 u. 5 BetrVG), da § 7 Nr. 3 der europäischen Rahmenvereinbarung (s. Rdn 1) alle vorhandenen Arbeitnehmervertretungen erwähnt und nicht ersichtlich ist, dass § 20 TzBfG dahinter zurückbleiben will (ebenso ErfK-*Müller-Glöge* § 20 TzBfG Rn 1; LS-*Schlachter* § 20 TzBfG Rn 2; aA *Annuß/Thüsing-Annuß* § 20 TzBfG Rn 2; HWK-*Rennpferdt* § 20 TzBfG Rn 3). Ebenso gilt Entsprechendes für die ansonsten von § 20 TzBfG erfassten Arbeitnehmervertretungen (dazu s. Rdn 8).

5   Die Information hat die **Anzahl** der befristet beschäftigten Arbeitnehmer zu umfassen sowie deren **Anteil** an der Gesamtbelegschaft (des Betriebs oder Unternehmens). Der Anteil kann als Bruch- oder Prozentzahl angegeben werden. Die Namen der befristet Beschäftigten müssen nicht angegeben werden, ebenso nicht die jeweiligen Befristungsgründe und die Dauer der Befristungen (*BAG* 27.10.2010 – 7 ABR 86/09; *Annuß/Thüsing-Annuß* § 20 TzBfG Rn 3; *Arnold/Gräfl-Spinner* § 20 TzBfG Rn 4; *Boewer* § 20 TzBfG Rn 10; *Rolfs* § 20 TzBfG Rn 2). Bzgl. **auflösend bedingter Arbeitsverträge** vgl. Rdn 1 u. KR-*Lipke/Bubach* § 21 TzBfG Rdn 20.

6   Eine **Form der Unterrichtung** ist nicht vorgeschrieben, Fax oder E-Mail reichen damit aus. Unterlagen müssen nicht vorgelegt werden (ErfK-*Müller-Glöge* § 20 TzBfG Rn 2), sofern sich eine solche Verpflichtung nicht aus § 80 Abs. 2 S. 2 BetrVG (s. Rdn 1) ergibt (*Annuß/Thüsing-Annuß* § 20 TzBfG Rn 3; LS-*Schlachter* § 20 TzBfG Rn 4).

D. Zeitpunkt und Häufigkeit der Information

7   Zum Zeitpunkt der Information und deren Häufigkeit sagt § 20 TzBfG nichts. § 7 Nr. 3 der europäischen Rahmenvereinbarung (s. Rdn 1) stellt lediglich ab auf eine **angemessene Information**. Es ist daher fraglich, ob man eine vierteljährliche Information wird fordern können (so DDZ-*Wroblewski* § 20 TzBfG Rn 3 in Anlehnung an § 110 BetrVG; HaKo-KSchR/*Mestwerdt* § 20 TzBfG Rn 4; *Rolfs* § 20 TzBfG Rn 3; *Sievers* § 20 TzBfG Rn 4). Eine unaufgeforderte Information in regelmäßigen Abständen (zweckmäßigerweise sollte der Turnus mit der Arbeitnehmervertretung abgesprochen werden) – **ein- oder zweimal pro Jahr** – wird ausreichen (*Arnold/Gräfl-Spinner* § 20 TzBfG Rn 8; MüKo-BGB/*Hesse* § 20 TzBfG Rn 3; ErfK-*Müller-Glöge* § 20 TzBfG Rn 2: einmal jährlich; aA *Annuß/Thüsing-Annuß* § 20 TzBfG Rn 4: die Information ist stets auf dem aktuellen Stand zu halten, bei jeder Veränderung ist die Arbeitnehmervertretung unverzüglich zu informieren, mindestens monatlich; HWK-*Rennpferdt* § 20 TzBfG Rn 4: Häufigkeit richtet sich nach dem Informationsbedarf; MHH-TzBfG/*Meinel* § 20 TzBfG Rn 5: abstellend auf Einzelfall und Größe des Unternehmens, Orientierung an § 108 Abs. 1 iVm § 106 Abs. 2 und § 110 Abs. 2 BetrVG). Soweit im Übrigen der Betriebsrat die Angaben **aktuell** für die Erfüllung bestimmter Aufgaben benötigt, kann er sie **zu jedem Zeitpunkt anfordern** (Grundlage jedenfalls § 80 Abs. 2 S. 1 BetrVG [dazu Rdn 1]; DDZ-*Wroblewski* § 20 TzBfG Rn 3). Erforderlichenfalls kann der **Anspruch** im arbeitsgerichtlichen **Beschlussverfahren** geltend gemacht werden (MHH-TzBfG/*Meinel* § 20 TzBfG Rn 6).

E. Adressat der Information

Nach der gesetzlichen Formulierung hat der Arbeitgeber die Information an die **Arbeitnehmervertretung** zu richten. Darunter sind, wie die vorstehenden Ausführungen bereits ergeben (Rdn 3 f.), in erster Linie zum einen die **Betriebsräte** und **Gesamtbetriebsräte** (ErfK-*Müller-Glöge* § 20 TzBfG Rn 1; MHH-TzBfG/*Meinel* § 20 TzBfG Rn 2) gem. dem BetrVG zu verstehen, erweitert durch § 3 BetrVG (s. Rdn 4; ebenso ErfK-*Müller-Glöge* § 20 TzBfG Rn 1; aA *Annuß/Thüsing-Annuß* § 20 TzBfG Rn 2; HWK-*Rennpferdt* § 20 TzBfG Rn 3). Die **Konzernbetriebsräte** zählen nicht dazu, da § 20 TzBfG wie in Rdn 3 angesprochen nicht auf den Konzern abstellt (*Annuß/Thüsing-Annuß* § 20 TzBfG Rn 2; MHH-TzBfG/*Meinel* § 20 TzBfG Rn 2) – eine freiwillige Information ist natürlich möglich, eine solche hält DDZ-*Wroblewski* § 20 TzBfG Rn 2 für sinnvoll. Zum anderen sind unter den Arbeitnehmervertretungen die **Personalräte** der entsprechenden Stufen (*Rolfs* § 20 TzBfG Rn 1; nur für Personalrat ArbRBGB-*Dörner* § 620 Rn 332) gem. den Personalvertretungsgesetzen des Bundes und der Länder (BT-Drucks. 14/4374 S. 21; vgl. dazu zB §§ 12 Abs. 1, 53 Abs. 1 BPersVG; vgl. weiter *Kröll* Personalrat 2001, 179, 186) zu verstehen. Weiter sind damit angesprochen die **Betriebsvertretungen** der entsprechenden Stufen im Bereich der alliierten Streitkräfte (Art. 56 Abs. 9 ZA-NATO-Truppenstatut; ErfK-*Müller-Glöge* § 20 TzBfG Rn 1). Dazu erfasst § 20 die **Sprecherausschüsse**, **Gesamtsprecherausschüsse** und **Unternehmenssprecherausschüsse** gem. dem SprAuG (auch hier nicht die Konzernsprecherausschüsse; MHH-TzBfG/*Meinel* § 20 TzBfG Rn 3 mwN). Schließlich richtet sich § 20 TzBfG auch an die kirchlichen Arbeitgeber, die die bei ihnen gebildeten **kirchlichen Mitarbeitervertretungen** zu informieren haben (*Rolfs* § 20 TzBfG Rn 1). Eine Regelung wie noch in § 6 Abs. 3 BeschFG, die den Kirchen und den öffentlich-rechtlichen Arbeitgebern zur Teilzeitarbeit abweichende Regelungen erlaubte, ist nicht vorhanden (DDZ-*Wroblewski* § 20 TzBfG Rn 1). Eine Unterrichtung der **europäischen Betriebsräte** ist nicht geboten, da deren Aufgabenbereiche (§§ 29 f. EBRG) nicht betroffen sind (*Annuß/Thüsing-Annuß* § 20 TzBfG Rn 2). Dasselbe gilt aufgrund der jeweils beschränkten Zuständigkeitsgebiets für die **Schwerbehindertenvertretung** (insoweit ebenso etwa MHH-TzBfG/*Meinel* § 20 TzBfG Rn 2 mwN; LS-*Schlachter* § 20 TzBfG Rn 2; aA HaKo-TzBfG/*Joussen* § 20 TzBfG Rn 4) und die **Jugend- und Auszubildendenvertretung** (*Annuß/Thüsing-Annuß* § 20 TzBfG Rn 2; *Arnold/Gräfl-Spinner* § 20 TzBfG Rn 7; LS-*Schlachter* § 20 TzBfG Rn 2; aA HaKo-TzBfG/*Joussen* § 20 TzBfG Rn 4).

8

§ 21 TzBfG Auflösend bedingte Arbeitsverträge

Wird der Arbeitsvertrag unter einer auflösenden Bedingung geschlossen, gelten § 4 Abs. 2, § 5, § 14 Abs. 1 und 4, § 15 Abs. 2, 3 und 5 sowie die §§ 16 bis 20 entsprechend.

Übersicht	Rdn		Rdn
A. Auflösend bedingter Arbeitsvertrag	1	Arbeitgebers (§ 15 Abs. 5	
I. Begriff und Abgrenzung	1	TzBfG)	16
II. Rechtliche Behandlung vor Inkrafttreten des TzBfG	8	g) Folgen unwirksamer Vereinbarung einer auflösenden Bedingung (§ 16 TzBfG)	17
III. Behandlung nach dem TzBfG	9	h) Klagefrist (§ 17 TzBfG)	18
1. Allgemeines	9	i) §§ 18 bis 20 TzBfG	20
2. Entsprechend anwendbare Bestimmungen des TzBfG	10	j) §§ 22 und 23 TzBfG	21
a) Diskriminierungs- und Benachteiligungsverbot (§§ 4, 5 TzBfG)	10	B. Anforderungen an zulässige auflösende Bedingung	22
b) Schriftform (§ 14 Abs. 4 TzBfG)	12	I. Allgemeines	22
c) Sachgrund (§ 14 Abs. 1 TzBfG)	13	1. Sachgrund	22
d) Eintritt auflösender Bedingung (§ 15 Abs. 2 TzBfG)	14	2. Vertragsgestaltung	25
		3. Rechtsklarheit	31
e) Ordentliche Kündigungsmöglichkeit (§ 15 Abs. 3 TzBfG)	15	II. Katalog des § 14 Abs. 1 Satz 2 TzBfG	32
f) Fortsetzung des Arbeitsverhältnisses mit Wissen des		1. Vorübergehender Bedarf an Arbeitsleistung (Nr. 1)	32

	Rdn			Rdn
2. Anschluss an Ausbildung oder Studium (Nr. 2)	33	e)	Mangelnde Eignung oder späterer Eignungswegfall	63
3. Vertretung (Nr. 3)	34	f)	Wiederaufleben eines ruhenden Beamtenverhältnisses	69
4. Eigenart der Arbeitsleistung (Nr. 4)	36	7.	Haushaltsgründe (Nr. 7)	70
5. Erprobung (Nr. 5)	39	8.	Gerichtlicher Vergleich (Nr. 8)	71
6. Gründe in der Person des Arbeitnehmers (Nr. 6) einschließlich Altersgrenzen	40	III.	Sonstige (ungeschriebene) Sachgründe	73
		IV.	Unwirksamkeitsgründe	76
a) Allgemeine Grundsätze	40	1.	Grundsätzliches	76
b) Altersgrenzen	43	2.	Verstoß gegen grundgesetzliche Wertung	78
c) Erwerbsminderung	45	3.	Verstoß gegen gesetzliche Wertungen	80
d) Altersteilzeit	61	4.	§ 30 Abs. 2 TVÖD	84

A. Auflösend bedingter Arbeitsvertrag

I. Begriff und Abgrenzung

1 Der **befristete Arbeitsvertrag** ist dadurch charakterisiert, dass er auf eine **begrenzte Dauer** geschlossen ist, wobei sich die Begrenzung aus einer kalendermäßig festgelegten Frist oder aus Art, Zweck oder Beschaffenheit der Arbeitsleistung ergeben kann (vgl. KR-*Bader/Kreutzberg-Kowalczyk* § 3 TzBfG Rdn 3). Ist ein Vertrag **kalendermäßig befristet** (näher KR-*Bader/Kreutzberg-Kowalczyk* § 3 TzBfG Rdn 17 ff.), wird die Annahme einer **auflösenden Bedingung** ausscheiden, da beide Parteien davon ausgehen, dass das Arbeitsverhältnis für die Dauer der Befristung fortbesteht und erst durch das Erreichen des vereinbarten Endes mit Erreichen der Frist gewiss beendet wird (vgl. *Hromadka* BB 2001, 621). Schwieriger ist die **Abgrenzung** zwischen der **Zweckbefristung** und der **auflösenden Bedingung** (KR-*Bader/Kreutzberg-Kowalczyk* § 3 TzBfG Rdn 1, 21 ff.). Zumeist kann aber die Entscheidung, ob das eine oder das andere vorliegt – wie auch vom BAG gehandhabt -offenbleiben (vgl. zB *BAG* 29.6.2011 EzA § 15 TzBfG Nr. 3; 26.6.1996 EzA § 620 BGB Bedingung Nr. 12; ErfK-*Müller-Glöge* Rn 1, Gleichstellung aller Befristungsarten; *Boewer* FS Schwerdtner 2003, S. 37, 44; *Sievers* Rn 4, 8 ff.). Im Einzelfall ist aber die Abgrenzung erforderlich, um beispielsweise die Anwendung von § 15 Abs. 4 TzBfG (Kündigung bei längeren Befristungen) zu bestimmen (*Dörner* Befr. Arbeitsvertrag Rn 59).

2 Bei der **Zweckbefristung** soll das Arbeitsverhältnis mit **Eintritt eines objektiven Ereignisses** enden, das von den Parteien als **gewiss**, aber **zeitlich noch unbestimmbar** angesehen wird. Eine Zweckbefristung liegt demnach vor, wenn das Arbeitsverhältnis nicht zu einem kalendermäßig bestimmten Zeitpunkt, sondern bei Eintritt eines künftigen Ereignisses enden soll (*BAG* 21.3.2017 EzA § 14 TzBfG Nr. 127, Rn 21; 29.6.2011 EzA § 15 TzBfG Nr. 3, Rn 15; vgl. auch *BAG* 27.6.2001 EzA § 620 BGB Nr. 179; *Schaub/Koch* § 38 Rn 31, 35; Arnold/Gräfl-*Rambach* Rn 3; vgl. weiterhin Beispiele bei KR-*Bader/Kreutzberg-Kowalczyk* § 3 TzBfG Rdn 22; vgl. entspr. BT-Drucks. 14/4374 S. 21). Abzulehnen ist dabei das strikte Abstellen allein auf objektive Umstände. Hingegen ist bei der **auflösenden Bedingung** der Eintritt des künftigen Ereignisses ungewiss (etwa: Eintritt der Erwerbsunfähigkeit; vgl. entspr. BT-Drucks. 14/4374 S. 22), mag auch ein (möglicher) Zeitpunkt dafür feststehen. Bei einer auflösenden Bedingung hängt die Beendigung des Arbeitsverhältnisses ebenfalls vom Eintritt eines künftigen Ereignisses ab. Zweckbefristung und auflösende Bedingung **unterscheiden sich aber in der Frage der Gewissheit des Eintritts des künftigen Ereignisses**. Im Fall einer Zweckbefristung betrachten die Vertragsparteien den Eintritt des künftigen Ereignisses als feststehend und nur den Zeitpunkt des Eintritts als ungewiss. Bei einer auflösenden Bedingung ist demgegenüber schon ungewiss, ob das künftige Ereignis, das zur Beendigung des Arbeitsverhältnisses führen soll, überhaupt eintreten wird. Worauf sich die Vertragsparteien geeinigt haben, ist durch **Auslegung** der getroffenen **Vereinbarungen** zu ermitteln (*BAG* 21.3.2017 EzA § 14 TzBfG Nr. 127, Rn 21; 29.6.2011 EzA § 15 TzBfG Nr. 3, Rn 15; 8.8.2007 EzA § 21 TzBfG Nr. 2; 19.1.2005 EzA § 620 BGB 2002 Nr. 11; *Dörner* Befr. Arbeitsvertrag Rn 60 f.; APS-*Backhaus* § 3 TzBfG Rn 14,

25.; *Annuß/Thüsing-Annuß* Rn 1; *HWK-Rennpferdt* Rn 1; MüKo-BGB/*Hesse* Rn 4; HaKo-KSchR/ *Mestwerdt* Rn 3; *Boewer* FS Schwerdtner 2003, S. 37, 42). Die auflösende Bedingung ist im TzBfG selbst nicht definiert worden, was indes angesichts des **§ 158 Abs. 2, 2. Hs. BGB** auch nicht erforderlich ist (*Dörner* Befr. Arbeitsvertrag Rn 57; aA *Boewer* § 3 TzBfG Rn 6). Indessen war eine Aufnahme dieser Beendigungsform in das TzBfG geboten, um § 3 Nr. 1 der Befristungsrichtlinie 1999/70/EG (»dessen Ende durch objektive Bedingungen wie das Eintreten eines bestimmten Ereignisses bestimmt wird«) zu entsprechen (LS-*Schlachter* Rn 1; APS-*Backhaus* Rn 5).

Um von einer auflösenden Bedingung zu sprechen, muss aber der Fortsetzungswille der Parteien gegeben sein (*Enderlein* RdA 1998, 91, 94; *BAG* 2.7.2003 EzA § 620 BGB Bedingung Nr. 2). Zum auflösend bedingten Arbeitsverhältnis dürfte in diesem Zusammenhang auch die **vereinbarte vorläufige Weiterbeschäftigung im Kündigungsschutzprozess** zählen, da die Abweisung der Kündigungsschutzklage nicht als Rechtsbedingung zu bewerten ist (ErfK-*Müller-Glöge* Rn 2, 8; ders. § 14 TzBfG Rn 76; aA *Bayreuther* DB 2003, 1738 f., KR-*Krumbiegel* § 625 Rdn 32 mwN). In der tatsächlichen Beschäftigung des Arbeitnehmers nach Ausspruch einer Kündigung und nach Ablauf der Kündigungsfrist oder nach Ablauf der vereinbarten Befristung kann der **Abschluss eines neuen befristeten Arbeitsvertrags liegen oder die Vereinbarung, dass das gekündigte Arbeitsverhältnis auflösend bedingt durch die rechtskräftige Abweisung** der Kündigungsschutzklage fortgesetzt werden soll (*BAG* 8.4.2014 – 9 AZR 856/11, Rn 28; zur Abgrenzung von einer Fortsetzungsvereinbarung LAG MV 1.9.2020 – 5 Sa 208/19). Näher dazu KR-*Lipke/Bubach* § 14 TzBfG Rdn 494, 722; KR-*Bader/Kreutzberg-Kowalczyk* § 17 TzBfG Rdn 46–48. Entscheidend ist in Zweifelsfällen der **Grad der Ungewissheit** (*BAG* 19.1.2005 EzA § 620 BGB 2002 Nr. 11, Rn 16), wobei für die Einordnung auf den **Zeitpunkt des Vertragsschlusses** und die damaligen **Vorstellungen der Vertragsparteien** abzustellen ist (*Annuß/Thüsing-Annuß* Rn 1 mwN; *Hromadka* BB 2001, 621, der allerdings zu Unrecht auf die Prognose hinsichtlich des Sachgrunds abstellt; ebenso MHH-TzBfG/ *Meinel* Rn 3; vgl. auch *BAG* 21.2.2001 AP Nr. 226 zu § 620 BGB Befristeter Arbeitsvertrag). Bei einer Weiterbeschäftigung nach § 102 Abs. 5 BetrVG besteht das Arbeitsverhältnis kraft Gesetzes fort – auflösend bedingt durch die rechtskräftige Abweisung der Kündigungsschutzklage (*BAG* 12.09.1986 EzA § 102 BetrVG 1972 Nr. 61, *LAG* Bln.-Bra. 5.3.2020 – 5 Sa 1932/19).

Als **Beispiele** für auflösende Bedingungen sind etwa zu nennen: Die Beendigung des Arbeitsverhältnisses bei Eintritt der **Erwerbsunfähigkeit** oder der **Erwerbsminderung**(dazu zB *BAG* 15.3.2006 EzA § 21 TzBfG Nr. 1; 21.1.2009 – 7 AZR 843/07, AP Nr. 7 zu § 1 TVG Tarifverträge: Waldarbeiter; näher s. Rdn 45 ff.), die Beendigung eines Arbeitsverhältnisses bei Eintritt der **Postbeschäftigungsunfähigkeit** oder **Flugaufnauglichkeit** (dazu zB *BAG* 27.7.2011 EzA § 17 TzBfG Nr. 14; 16.10.2008 – 7 AZR 185/07; 14.5.1987 EzA § 620 BGB Bedingung Nr. 7) oder der **Wegfall einer Rolle** in einer Fernsehserie (*BAG* 2.7.2003 EzA § 620 BGB Bedingung Nr. 2). Lange Zeit wurde auch die vereinbarte Beendigung des Arbeitsverhältnisses mit Erreichen einer Altersgrenze oder das Wiederaufleben des Beamtenverhältnisses (BAG 20.6.2018 – 7 AZR 689/16 Rn 53 f. und – 7 AZR 690/16 Rn 30) als auflösende Bedingung behandelt. Nunmehr wird sie als Befristungsvereinbarung bewertet (*BAG* 14.8.2002 EzA § 620 BGB Altersgrenze Nr. 13; LS-*Schlachter* Rn 5; *Richardi* NZA 2001, 61 f.; s.a. Rdn 44). Ob die **auflösend bedingte befristete Prozessbeschäftigung** als sonstiger Sachgrund anzuerkennen ist (so *LAG Köln* 5.4.2012 – 13 Sa 1360/11, Rn 32; dazu *Kossens* jurisPR-ArbR 33/2012 Anm. 5), ist offen.

Möglich ist die **Kombination von Zeitvertrag und auflösender Bedingung**, wobei freilich jeweils unterschiedliche Sachgründe vorliegen müssen (*BAG* 16.7.2008 – 7 AZR 322/07; 20.10.1999 EzA § 620 BGB Bedingung Nr. 14; 4.12.2002 AP § 620 BGB Bedingung Nr. 28; 2.7.2003 EzA § 620 BGB 2002 Bedingung Nr. 2; *Dörner* Befr. Arbeitsvertrag Rn 55 f.; zur parallelen Problematik der **Doppelbefristung** vgl. KR-*Bader/Kreutzberg-Kowalczyk* § 3 TzBfG Rdn 51 ff.). Das BAG hat anerkannt, dass eine **Verbindung von auflösender Bedingung und kalendermäßiger Höchstbefristung** iSv § 3 Abs. 1 S. 2 Alt. 1, § 15 Abs. 1 TzBfG grds. zulässig ist (*BAG* 29.6.2011 EzA § 15 TzBfG Nr. 3, Rn 13; so nun auch APS-*Backhaus* § 3 TzBfG Rn 30 ff.; § 15 TzBfG Rn 90). Näher dazu KR-*Lipke/Bubach* § 15 TzBfG Rdn 64. Im Übrigen kann ein zunächst unbefristeter Vertrag – ebenso wie durch die **nachträgliche Vereinbarung einer Befristung** – (vgl. KR-*Bader/Kreutzberg-Kowalczyk* § 3 TzBfG Rdn 5; *Annuß/Thüsing/Annuß* § 3 TzBfG Rn 8) durch die spätere Vereinbarung eines **auflösend bedingten Vertrages** abgeändert werden (*Annuß/Thüsing-Annuß* Rn 2).

6 Die wirksame auflösende Bedingung führt zur Beendigung des Arbeitsverhältnisses mit Wirkung **ex nunc** (§ 158 Abs. 2 BGB). Es bedarf zur Beendigung wie bei der Befristung **keiner Kündigung**, womit eine Beteiligung des **Betriebs- oder Personalrats** hierzu ausscheidet (zur Beteiligung bei der Einstellung vgl. KR-*Lipke/Bubach* § 14 TzBfG Rdn 769 ff.) und auch Bestimmungen des **besonderen Kündigungsschutzes** wie zB § 17 (§ 9 aF) MuSchG, § 15 KSchG nicht anwendbar sind (ErfK/ *Schlachter* § 17 MuSchG Rn 19; KR-*Kreft* § 15 KSchG Rdn 33; KR-*Lipke* § 14 TzBfG Rdn 5 ff.). Zu beachten ist für **schwerbehinderte Menschen** aber § 175 (§ 92 aF) **SGB IX**, wonach in Fällen der (teilweisen) **Berufs- oder Erwerbsunfähigkeit auf Zeit** auch ohne eine Kündigung die vorherige Zustimmung des **Integrationsamtes** einzuholen ist (BAG 9.2.2011 EzA § 17 TzBfG Nr. 11, Rn 19; 27.7.2011 EzA § 17 TzBfG Nr. 14, Rn 30 ff., jeweils zu tariflich geregelten auflösenden Bedingungen, bei denen ein Wiedereinstellungsanspruch des Arbeitnehmers eine analoge Anwendung des § 175 (§ 92 aF) SGB IX nicht erforderlich macht; LS-*Schlachter* Rn 2; näher dazu KR-*Gallner* Erl. zu § 175 SGB IX u. hier Rdn 54).

7 § 21 iVm § 14 Abs. 1 TzBfG erfasst seinem Wortlaut nach nur den unter einer auflösenden Bedingung abgeschlossenen Arbeitsvertrag. Es ist jedoch sachgerecht, diese gesetzliche Regelung entsprechend auf alle anderen Fälle zu erstrecken, in denen die **Beendigung eines Arbeitsverhältnisses** in den unterschiedlichsten Variationen **mit einer Bedingung verknüpft** ist. Die Interessenlage entspricht der bei § 21 TzBfG. Im Übrigen wird so vermieden, dass in den angesprochenen anderen Fällen anders als im Rahmen des TzBfG möglicherweise nach wie vor mit dem Gesichtspunkt der Umgehung von (zwingenden) Kündigungsschutzbestimmungen gearbeitet werden muss. Es handelt sich hierbei um den **aufschiebend bedingten Aufhebungsvertrag** (BAG 19.12.1974 EzA § 305 BGB Nr. 6; 13.12.1984 EzA § 620 BGB Bedingung Nr. 3; vgl. auch *Annuß/Thüsing-Annuß* Rn 2 u. § 3 Rn 8 unter Hinweis auf unterschiedliche Formvorschriften bei Befristung und Aufhebungsvertrag). Dieser betrifft speziell Fälle, in denen das Arbeitsverhältnis enden soll, **wenn der Arbeitnehmer nicht pünktlich aus dem Urlaub zurückkehrt** (BAG 19.12.1974 EzA § 305 BGB Nr. 6; rechtsunwirksam), was einer Beendigung nach § 626 BGB gleichkommt.

II. Rechtliche Behandlung vor Inkrafttreten des TzBfG

8 Wegen der besonderen **Gefährlichkeit der auflösenden Bedingung** – damit wird zugleich ein **teilweiser Verzicht auf den Kündigungsschutz** bewirkt – und der Tatsache, dass die Beendigung bei der auflösenden Bedingung vor allem für den Arbeitnehmer schwer zu kalkulieren sei, wurde die auflösende Bedingung von Arbeitsverträgen zum Teil für **grds. unwirksam** erachtet, zum Teil versuchte man, Zusatzkriterien einzuführen. Insbesondere verlangte man in diesen Fällen einen **sachlichen Grund nicht nur für die Befristung, sondern auch dafür**, dass der Arbeitgeber anstelle der Zeit- oder Zweckbefristung eine **auflösende Bedingung** zur Begrenzung des Arbeitsverhältnisses gewählt hat (vgl. zu den Einzelheiten *Lipke* KR 5. Aufl., § 620 BGB Rn 53 ff. mwN).

III. Behandlung nach dem TzBfG

1. Allgemeines

9 Das TzBfG regelt entsprechend der zugrundeliegenden europäischen Rahmenvereinbarung (§ 3 der in der Richtlinie 1999/70/EG übernommenen Rahmenvereinbarung) auch den **auflösend bedingten Arbeitsvertrag** (s. KR-*Bader/Kreutzberg-Kowalczyk* § 3 TzBfG Rdn 1). § 21 TzBfG erklärt ganz überwiegend die der Sache nach **einschlägigen Bestimmungen des TzBfG** zum befristeten Arbeitsvertrag für eine auflösende Bedingung **entsprechend anwendbar** und folgt damit im Grundsatz der Linie der bisherigen Rspr. des BAG (BT-Drucks. 14/4374 S. 21), wenngleich es in Einzelpunkten Abweichungen von der früheren Rechtsprechung gibt (insbes. zur Klagefrist: vgl. KR-*Bader/Kreutzberg-Kowalczyk* § 17 TzBfG Rdn 10 f.). So ist **§ 15 Abs. 4 TzBfG** nicht

für entsprechend anwendbar erklärt. Dennoch will *Annuß* (*Annuß/Thüsing* Rn 6) § 624 BGB anwenden, was als problematisch anzusehen ist, da ja § 15 Abs. 4 TzBfG bewusst ausgeklammert wurde (wie hier HWK-*Rennpferdt* Rn 4; *Boewer* § 15 TzBfG Rn 53; *Dörner* Befr. Arbeitsvertrag Rn 736; MHH-TzBfG/*Meinel* Rn 6; aA APS-*Backhaus* Rn 33: aus verfassungsrechtlichen Gründen im Ergebnis für Anwendbarkeit des § 15 Abs. 4 TzBfG bei länger als fünf Jahre währenden Befristungen; ebenso MüKo-BGB/*Hesse* § 15 TzBfG Rn 38; *Staudinger/Preis* [2019] § 624 BGB Rn 3, 18; ErfK-*Müller-Glöge* § 15 TzBfG Rn 19, § 15 Abs. 4 TzBfG auch hier anwendbar). Vgl. auch Erl. zu § 15 TzBfG Rdn 49 mwN.

2. Entsprechend anwendbare Bestimmungen des TzBfG

a) Diskriminierungs- und Benachteiligungsverbot (§§ 4, 5 TzBfG)

Zunächst sind die §§ 4 Abs. 2 u. 5 TzBfG entsprechend anwendbar. Gemäß § 5 TzBfG darf der Arbeitgeber auch den Arbeitnehmer, der im Rahmen eines auflösend bedingten Arbeitsvertrages bei ihm tätig ist, **nicht benachteiligen** (§ 5 TzBfG). Insoweit wird verwiesen auf die Erl. zu § 5 TzBfG. 10

Ein Arbeitnehmer mit einem auflösend bedingten Arbeitsvertrag darf gleichfalls **nicht schlechter behandelt** werden als ein vergleichbarer unbefristet beschäftigter Arbeitnehmer (Einzelheiten KR-*Bader* § 4 TzBfG Rdn 1 ff.; *Sievers* Rn 51). Es fällt jedoch auf, dass § 4 Abs. 2 TzBfG »etwas in der Luft hängt«, da § 3 Abs. 2 TzBfG, der den vergleichbaren unbefristet beschäftigten Arbeitnehmer definiert (KR-*Bader/Kreutzberg-Kowalczyk* § 3 TzBfG Rdn 56 ff.) und auf den sich § 4 Abs. 2 TzBfG bezieht, in § 21 TzBfG nicht für entsprechend anwendbar erklärt ist. Dabei handelt es sich jedoch offensichtlich um ein Redaktionsversehen, so dass man auch **§ 3 Abs. 2 TzBfG** entsprechend heranziehen kann (*Annuß/Thüsing-Annuß* Rn 7). Für eine Ungleichbehandlung zwischen befristet beschäftigten Arbeitnehmern und Arbeitnehmern im auflösend bedingten Arbeitsverhältnis gilt § 4 Abs. 2 TzBfG nicht (APS-*Greiner* § 4 TzBfG Rn 20; *Annuß/Thüsing-Annuß* Rn 7; LS-*Schlachter* Rn 9; HaKo-TzBfG/*Joussen* Rn 8; ErfK/*Preis* § 4 TzBfG Rn 61; aA DDZ-*Wroblewski* Rn 22); insoweit muss erforderlichenfalls mit den **Grundsätzen des arbeitsrechtlichen Gleichbehandlungsgebots** gearbeitet werden. 11

b) Schriftform (§ 14 Abs. 4 TzBfG)

Da § 21 auf § 14 Abs. 4 TzBfG verweist, unterliegt der auflösend bedingte Arbeitsvertrag der **Schriftform** (*LAG Nds.* 4.9.2006 NZA-RR 2007, 67; *Bengelsdorf* NZA 2005, 278 f.; LS-*Schlachter* Rn 11). Vgl. dazu KR-*Spilger* § 623 BGB Rdn 87 ff. Die Einzelheiten des Schriftformerfordernisses zur auflösenden Bedingung sind bei KR-*Lipke/Bubach* § 14 TzBfG Rdn 731 ff. ausführlich dargestellt, worauf Bezug genommen wird. Da die vorgesehene Beendigung aus dem **Sachgrund** der auflösenden Bedingung folgt, wird der Beendigungstatbestand **durch diesen selbst gekennzeichnet** (HWK-*Rennpferdt* Rn 6; MüKo-BGB/*Hesse* Rn 8, 27). Hervorzuheben ist das Problem der Schriftform bei der **Bezugnahme auf Tarifverträge mit Altersgrenzen** in Arbeitsverträgen, die nach dem Inkrafttreten des § 623 BGB am 1.5.2000 abgeschlossen worden sind und künftig abgeschlossen werden (*Preis/Gotthardt* NZA 200, 358 f.) Das BAG hat hierzu entschieden, dass dem Schriftformgebot genügt ist, wenn ein auf das Arbeitsverhältnis insgesamt anwendbarer einschlägiger **Tarifvertrag** eine Befristung oder auflösende Bedingung des Arbeitsverhältnisses vorsieht (*BAG* 23.7.2014 EzA § 14 TzBfG Nr. 106; dazu näher KR-*Spilger* § 623 BGB Rdn 177). Das kann auch durch **uneingeschränkte arbeitsvertragliche Inbezugnahme** des Tarifvertrages geschehen. 12

c) Sachgrund (§ 14 Abs. 1 TzBfG)

Ein auflösend bedingter Arbeitsvertrag **bedarf immer eines Sachgrunds** (§ 14 Abs. 1 S. 1 TzBfG; APS-*Backhaus* Rn 9; *Staudinger/Preis* [2019] § 620 BGB Rn 253; *Rolfs* Rn 3; ErfK-*Müller-Glöge* Rn 3; AR-*Schüren/Moskalew* Rn 6; diff. *Annuß/Thüsing-Annuß* Rn 166 ff., der für den Sachgrund noch auf Sphären von Arbeitgeber und Arbeitnehmer abstellen will; dazu s. Rdn 27). Das gilt ebenso für die Arbeitsverhältnisse, die (noch) nicht dem Kündigungsschutzgesetz unterliegen. Es wird 13 in § 21 TzBfG nur auf § 14 Abs. 1 TzBfG verwiesen, nicht aber auf § 14 Abs. 2, 2a und 3 TzBfG, wo die Befristung ohne Sachgrund geregelt ist, sodass **sachgrundlose Befristungen einer auflösenden Bedingung oder Zweckbefristung nicht zugänglich** sind (HaKo-KSchR/*Mestwerdt* Rn 9; AR-*Schüren/Moskalew* Rn 24). Darüber hinaus käme im Anwendungsbereich des § 21 TzBfG schon wegen der Ungewissheit des Eintritts der auflösenden Bedingung (innerhalb von zwei Jahren?) eine **sachgrundlose Befristung nicht in Betracht**. Für die **Sachgründe** gilt § 14 Abs. 1 S. 2 TzBfG entsprechend, vgl. im Übrigen Rdn 22, 32 ff.

d) Eintritt auflösender Bedingung (§ 15 Abs. 2 TzBfG)

14 Da § 21 TzBfG § 15 Abs. 2 TzBfG in Bezug nimmt, bedarf es auch hier wie bei der Zweckbefristung der **schriftlichen Unterrichtung durch den Arbeitgeber über den Zeitpunkt des Eintritts der auflösenden Bedingung** (vgl. *BAG* 27.7.2011 EzA § 17 TzBfG Nr. 14, Rn 27). Für die Einhaltung des Schriftlichkeitsgebots ist die Textform nach § 126b BGB ausreichend (*BAG* 20.6.2018 – 7 AZR 689/16, Rn 62 f., 65; ebenso *Schaub/Koch* § 38 Rn 41, der auch die elektronische Form der Unterrichtung nach § 126a BGB für ausreichend hält; näher KR-*Lipke/Bubach* § 15 TzBfG Rdn 22 ff., insbes. zu den Folgen für das Ende des Arbeitsverhältnisses). Es gibt dafür keine Ausnahme, auch nicht, wenn der Arbeitnehmer den Bedingungseintritt problemlos erkennen kann (*Annuß/Thüsing/Annuß* Rn 10; LS-*Schlachter* Rn 13; HWK-*Rennpferdt* Rn 25). Da § 15 Abs. 2 TzBfG mit seiner Zweiwochenfrist erforderlichenfalls bereits eine Verlängerungsphase vorsieht, bedarf es nicht mehr der Lösung, bei fehlender Vorhersehbarkeit entgegen § 158 Abs. 2 BGB eine Auslauffrist zu gewähren. Problematisch ist die Anwendung des § 15 Abs. 2 TzBfG freilich dann, wenn die **Bedingung im persönlichen Bereich des Arbeitnehmers** liegt (*Kliemt* NZA 2001, 303). Vgl. hierzu KR-*Lipke/Bubach* § 15 TzBfG Rdn 25. Zur Einhaltung der **Klagefrist** gem. § 17 TzBfG nach Eintritt der auflösenden Bedingung vgl. Rdn 18.

e) Ordentliche Kündigungsmöglichkeit (§ 15 Abs. 3 TzBfG)

15 Liegt eine **wirksam vereinbarte auflösende Bedingung** hinsichtlich eines Arbeitsvertrages vor, darf nur dann (beiderseits) **ordentlich gekündigt** werden, wenn dies **einzelvertraglich** oder **im anwendbaren Tarifvertrag vereinbart** ist (§ 15 Abs. 3 TzBfG; HWK-*Rennpferdt* Rn 26). Eine schriftliche Vereinbarung hierzu empfiehlt sich bereits nach § 2 Abs. 1 S. 2 Nr. 9 NachwG. Unter Umständen lässt sich die Zulassung der ordentlichen Kündigungsmöglichkeit im Wege der Auslegung des Arbeitsvertrages oder des anwendbaren Tarifvertrages herleiten (MüKo-BGB/*Hesse* Rn 29; HaKo-TzBfG/*Joussen* Rn 30, zB bei der Vereinbarung einer auflösenden Bedingung mit Kündigungsfristen). Hinsichtlich der Einzelfragen kann verwiesen werden auf. KR-*Lipke/Bubach* § 15 TzBfG Rdn 35 ff.; bzgl. § 624 BGB s. Rdn 9.

f) Fortsetzung des Arbeitsverhältnisses mit Wissen des Arbeitgebers (§ 15 Abs. 5 TzBfG)

16 Nach § 21 TzBfG ist auch § 15 Abs. 5 TzBfG entsprechend anwendbar. Hierzu wird auf KR-*Lipke/Bubach* § 15 TzBfG Rdn 52 ff. Bezug genommen.

g) Folgen unwirksamer Vereinbarung einer auflösenden Bedingung (§ 16 TzBfG)

17 Ist die **Vereinbarung einer auflösenden Bedingung unwirksam**, gilt in entsprechender Anwendung § 16 S. 1, 1. Hs. TzBfG: Der Arbeitsvertrag gilt als **auf unbestimmte Zeit** geschlossen (LS-*Schlachter* Rn 16; HWK-*Rennpferdt* Rn 28). Die Regelung erfasst alle Arten von Unwirksamkeitsgründen (etwa auch den Fall fehlender Bestimmtheit der Bedingung: *Rolfs* Rn 3). Für die **ordentlichen Kündigungsmöglichkeiten** des Arbeitnehmers einerseits und des Arbeitgebers andererseits ergeben sich keine Abweichungen zum kalendermäßig oder mit Zweck befristeten Arbeitsvertrag (Einschränkung für den Arbeitgeber; dazu KR-*Lipke/Bubach* § 16 TzBfG Rdn 8 ff. und Rdn 17; *Sievers* Rn 57). Ist die Befristung allein wegen eines **Mangels der Schriftform** unwirksam, können **beide Arbeitsvertragsparteien** auch ohne Kündigungsvereinbarung nach § 15 Abs. 3 TzBfG das Arbeitsverhältnis **kündigen** (*BAG* 23.4.2009 EzA § 16 TzBfG Nr. 1, Rn 18; vgl. *Annuß/*

Thüsing-Annuß Rn 13 zu verfassungsrechtlichen Bedenken hinsichtlich der den Arbeitgeber benachteiligenden Regelung). Näher dazu KR-*Lipke/Bubach* § 16 TzBfG Rdn 14.

h) Klagefrist (§ 17 TzBfG)

Das, was in den Erl. zu § 17 TzBfG allgemein und speziell zur **Klagefrist** bei der **Zweckbefristung** 18 ausgeführt ist (KR-*Bader/Kreutzberg-Kowalczyk* § 17 TzBfG Rdn 10, 23 ff., 29 ff.), gilt sinngemäß ebenso für die auflösende Bedingung, da nach § 21 TzBfG § 17 TzBfG gleichfalls entsprechend anzuwenden ist. Danach ist die **Unwirksamkeit der auflösenden Bedingung** stets innerhalb der Klagefrist des § 17 TzBfG gerichtlich geltend zu machen (*BAG* 18.10.2006 EzTöD 100 § 33 TVöD-AT Erwerbsminderungsrente Nr. 2; LS-*Schlachter* Rn 17). Streiten die Parteien darüber, ob die **auflösende Bedingung** für die Beendigung des Arbeitsverhältnisses **tatsächlich eingetreten** ist, so hat der Arbeitnehmer die dreiwöchige **Klagefrist ebenfalls zu beachten** (*BAG* 4.11.2015 EzA § 17 TzBfG Nr 21, Rn 16; 10.10.2012 EzA § 17 TzBfG Nr. 18). Der **Eintritt der auflösenden Bedingung** setzt grds. die dreiwöchige **Klagefrist** des § 17 TzBfG in Gang (*BAG* 4.11.2015 EzA § 17 TzBfG Nr 21, Rn 27), es sei denn, der **Zugang** der die Zweiwochenfrist wahrenden **Erklärung des Arbeitgebers** (§ 15 Abs. 2 TzBfG) geht erst danach dem Arbeitnehmer zu. Dann beginnt die Klagefrist erst mit Zugang der schriftlichen Beendigungserklärung des Arbeitgebers (*BAG* 30.8.2017 EzA § 15 TzBfG Nr. 8; 4.11.2015 EzA § 17 TzBfG Nr 21, Rn 27; 15.8.2012 NZA 2012, 1116; 27.7.2011 EzA § 17 TzBfG Nr. 14; 6.4.2011 EzA § 17 TzBfG Nr. 13; unter Aufgabe der früher gegenteiligen Rspr.; zust Anm. *Meinel/Schmidt* AP Nr. 7 zu § 21 TzBfG zur Rechtsprechungsänderung; *Sievers* Rn 58; HWK-*Rennpferdt* Rn 30). Eine **Feststellungsklage** des **Arbeitgebers**, die die Wirksamkeit der Befristung eines Arbeitsvertrags oder – im Fall einer Zweckbefristung – den Streit über den Eintritt der Zweckerreichung (bzw. auflösenden Bedingung) oder dessen Zeitpunkt klären soll, ist unzulässig (*BAG* 15.2.2017 NZA 2017, 803; aA *Gravenhorst* FA 2017, 302).

Die **verlängerte Anrufungsfrist** des § 6 KSchG ist auch im Bedingungskontrollrecht entsprechend 19 anzuwenden. Dies hat zur Folge, dass der Arbeitnehmer bis zum Schluss der mündlichen Verhandlung erster Instanz die Unwirksamkeit der Bedingung aus anderen Gründen als denjenigen geltend machen kann (BAG 24.6.2015 EzA § 6 KSchG Nr. 7, Rn 27; 20.6.2018 – 7 AZR 689/16, Rn 43), die er innerhalb der dreiwöchigen Klagefrist benannt hat. Die Klagefrist läuft nicht, wenn der Arbeitgeber weiß, dass der **Arbeitnehmer schwerbehindert** ist, und das **Integrationsamt** der erstrebten Beendigung durch auflösende Bedingung nicht zugestimmt hat. Das folgt aus einer **Analogie zu § 4 S. 4 KSchG** (*BAG* 9.2.2011 EzA § 17 TzBfG Nr. 11; HWK-*Rennpferdt* Rn 30). Knüpft eine **Tarifnorm** die Beendigung des Arbeitsverhältnisses an den Eintritt einer Bedingung, hat der Arbeitnehmer, der die **Wirksamkeit der Tarifvorschrift** überprüfen lassen will, die Klagefrist des § 17 S. 1 TzBfG zu beachten, dh er muss binnen drei Wochen nach **Zustellung des Rentenbescheids** Klage erheben (*BAG* 21.1.2011 NZA-RR 2011, 439, Rn 24). Näher dazu KR-*Bader/Kreutzberg-Kowalczyk* Erl zu § 17 TzBfG.

i) §§ 18 bis 20 TzBfG

Entsprechend anwendbar sind schließlich die Vorschriften des § 18 TzBfG (**Information über unbefristete Arbeitsplätze**), des § 19 TzBfG (**Aus- und Weiterbildung**) sowie des § 20 TzBfG (**Information der Arbeitnehmervertretung**). Inhalte und Reichweiten dieser Normen sind vorstehend im Einzelnen von *Bader* erläutert. Im Rahmen der Verpflichtungen aus **§ 20 TzBfG** wird der Arbeitgeber eine **getrennte Aufstellung** zu den Arbeitnehmern mit **auflösend bedingten Arbeitsverträgen** vorzulegen haben (DDZ-*Wroblewski* Rn 28; MHH-TzBfG/*Meinel* Rn 30; *Sievers* Rn 61; LS-*Schlachter* § 20 TzBfG Rn 4). 20

j) §§ 22 und 23 TzBfG

Die §§ 22, 23 TzBfG sind zwar in § 21 TzBfG nicht ausdrücklich aufgeführt, doch erfassen sie als 21 gemeinsame Vorschriften des Vierten Abschnitts des TzBfG auch den auflösend bedingten Arbeitsvertrag. Die zugehörigen Kommentierungen gelten daher auch hier entsprechend.

B. Anforderungen an zulässige auflösende Bedingung

I. Allgemeines

1. Sachgrund

22 Da § 21 TzBfG auf § 14 Abs. 1 TzBfG verweist, ist die Bestimmung für den auflösend bedingten Arbeitsvertrag so zu lesen: »Die Vereinbarung einer auflösenden Bedingung bei einem Arbeitsvertrag ist zulässig, wenn sie durch einen sachlichen Grund gerechtfertigt ist. Ein sachlicher Grund liegt insbes. vor, wenn ....« Es **bedarf** also **stets eines sachlichen Grundes** (*BAG* 19.3.2008 ZTR 2008, 625; 4.12.2002 EzA § 620 BGB 2002 Bedingung Nr. 1; *LAG RhPf* 27.6.2008 – 6 Sa 81/08; *Schaub/Koch* § 38 Rn 37 f.; APS-*Backhaus* Rn 9; LS-*Schlachter* Rn 19; *Rolfs* Rn 2); die Möglichkeiten der sachgrundlosen Befristung nach § 14 Abs. 2, 2a und 3 TzBfG stehen deshalb hier nicht zur Verfügung. Das Gesetz bietet **keine Anhaltspunkte** oder Rechtfertigung dafür (vgl. auch BT-Drucks. 14/4374 S. 21 f.), bei der auflösenden Bedingung **besonders strenge Anforderungen an die sachlichen Gründe** zu fordern (ErfK-*Müller-Glöge* Rn 3; MüKo-BGB/*Hesse* Rn 8 f.; *Hromadka* NJW 2001, 405; *Kliemt* NZA 2001, 303; *Sievers* Rn 8; HaKo-KSchR/*Mestwerdt* Rn 6, im Ergebnis weitgehend ebenso *Annuß/Thüsing-Annuß* Rn 9, 16 ff. allerdings für eine Würdigung der Eigenarten auflösender Bedingungen; aA APS-*Backhaus* Rn 11 f.). Es sind hier die **allgemeinen Wertmaßstäbe der Befristungskontrolle** anzuwenden (*BAG* 4.12.2002 EzA § 620 BGB 2002 Bedingung Nr. 1).

23 Die früher vertretene, am Umgehungsgedanken ausgerichtete **verschärfte Kontrolle** auflösender Bedingungen lässt sich nach Inkrafttreten des TzBfG nicht mehr aufrechterhalten. Das gilt jedenfalls für die im TzBfG geregelten Voraussetzungen (KR-*Lipke/Schlünder* § 620 BGB Rdn 114; ErfK-*Müller-Glöge* Rn 3; aA APS-*Backhaus* Rn 5, 12; MHH-TzBfG/*Meinel* Rn 9; *Staudinger/Preis* [2019] § 620 BGB Rn 254; DDZ-*Wroblewski* Rn 4, 12; *Däubler* ZIP 2001, 225; wegen der Nähe zur Kündigung und der doppelten Ungewissheit auch jetzt für strenge Anforderungen mit Prüfung einer Umgehung zwingender Vorschriften wie dem KSchG; zum alten Rechtszustand so bereits *Felix* NZA 1994, 1111, 1113; *LAG Köln* 7.4.2016 – 7 Sa 30/16, Vereinbarung einer auflösenden Bedingung anzustellende Prognose hat sich regelmäßig auch darauf zu beziehen, dass der Arbeitnehmer nach Bedingungseintritt auch nicht auf einem für ihn geeigneten anderen Arbeitsplatz weiterbeschäftigt werden kann). Doch ist über **§ 21 TzBfG** die **auflösende Bedingung der Befristung gleichgestellt**, und die eingebauten Schutzmechanismen (besonders §§ 15 Abs. 2, 3 u. 5, 16 u. 17 S. 3 TzBfG) sind als ausreichend anzusehen, mag die auflösende Bedingung für den Arbeitnehmer auch belastender sein als eine Kalender- oder Zweckbefristung (iE ebenso LS-*Schlachter* Rn 19; HaKo-TzBfG/*Joussen* Rn 12; AR-*Schüren/Moskalew* Rn 6; MüKo-BGB/*Hesse* Rn 2, 9; HaKo-KSchR/*Mestwerdt* Rn 7; HWK-*Rennpferdt* Rn 6).

24 Über die Verweisung finden die geschriebenen und ungeschriebenen **Sachgründe des § 14 Abs. 1 S. 2 TzBfG.** entsprechend Anwendung (zu den Einzelheiten u Rdn 32 ff.). Der Katalog setzt eine **Typologie der Sachgründe** und schafft Maßstäbe für Ergänzungen durch Richterrecht (KR-*Lipke-Schlünder* § 620 BGB Rdn 103 und § 14 TzBfG Rdn 50 ff., jeweils mwN).

2. Vertragsgestaltung

25 Allgemein formuliert wird man einen sachlichen Grund für eine auflösende Bedingung dann anzunehmen haben, wenn unter **Berücksichtigung der beiderseitigen Interessen** und im Hinblick auf die in **§ 14 Abs. 1 S. 2 TzBfG** zum Ausdruck kommende **gesetzgeberische Bewertung** sich die Vereinbarung der auflösenden Bedingung als **sachgerechtes und legitimes Gestaltungsmittel** darstellt (vgl. ähnlich zum früheren Rechtszustand *B. Gaul* Anm. *BAG* EzA § 620 BGB Bedingung Nr. 12). Damit wird im Einzelfall die auch **verfassungsrechtlich** im Hinblick **auf Art. 2 Abs. 1, 12 Abs. 1 S. 1 und Abs. 2, 14 Abs. 1 GG** gebotenen Abwägung der Interessen und **Schutzpositionen** vorgenommen (vgl. KR-*Lipke/Bubach* § 14 TzBfG Rdn 48, 52 ff.). So darf die Beendigung nicht von einem Umstand abhängen, dessen Vorliegen von **wertender Beurteilung** abhängt; die auflösende **Bedingung** muss **bestimmt genug** sein (*BAG* 27.10.1988 EzA § 620 BGB Bedingung Nr. 9 m.

Anm. *Moll*; LS-*Schlachter* Rn 10; MüKo-BGB/*Hesse* Rn 6; APS-*Backhaus* Rn 11, der unter Hinw. auf *BAG* 24.9.1997 EzA § 620 BGB Nr. 14, Rn 14 der »höherer Ungewissheit« wegen einen strengeren Prüfungsmaßstab anlegen will; ähnlich *Staudinger/Preis* [2019] § 620 BGB Rn 254).

Man sollte dagegen auf den früher in der Rspr. zum Befristungssachgrund teilweise verwendeten Gesichtspunkt der **Üblichkeit im Arbeitsleben** (*BAG GS* 12.10.1960 EzA § 620 BGB Nr. 2; *BAG* 4.4.1990 EzA § 620 BGB Nr. 107) verzichten; einen Gesichtspunkt, der ohnehin nur begrenzten Erkenntniswert hat (*Bader/Bader* [Stand Okt. 2014] § 620 BGB Rn 131 f; ebenso *BAG* 29.10.1998 EzA § 620 BGB Nr. 158). Das dortige Zurückgreifen auf die **verständigen und verantwortungsbewussten Parteien** macht dagegen Sinn, wenn man es als die Frage danach versteht, ob die auflösende Bedingung als sachgerechtes und legitimes Gestaltungsmittel eingesetzt ist. Dann reicht beispielsweise der **Entzug** oder der Widerruf der **Erlaubnis im Wach- und Sicherheitsgewerbe** nur bei fehlender **Beschäftigungsmöglichkeit** aus, um eine auflösende Bedingung zu rechtfertigen (vgl. *BAG* 19.3.2008 ZTR 2008, 625, Rn 12; 25.8.1999 EzA § 620 BGB Bedingung Nr. 13; *LAG RhPf* 11.4.2013 – 10 Sa 528/12, Rn 36; *LAG Köln* 7.4.2005 LAGE § 21 TzBfG Nr. 1). Wird eine **erforderliche pädagogische Zusatzausbildung** auch nach wiederholter Prüfung nicht erfolgreich abgeschlossen, so kann an das Bestehen der Prüfung eine auflösende Bedingung für das Arbeitsverhältnis geknüpft werden (*LAG RhPf* 13.12.2006 – 2 Sa 70/06). Hier steht dann der Sachgrund der **Erprobung** »Pate«. 26

Zu prüfen ist weiterhin, ob die **rechtlich statthafte Vertragsgestaltung** zur Beendigung eines Arbeitsverhältnisses objektiv **funktionswidrig** zu Lasten des Arbeitnehmers **verwendet** wurde, zB um das allgemeine **Wirtschaftsrisiko** des Arbeitgebers auf den Arbeitnehmer abzuwälzen (*ArbG Gelsenkirchen* 13.9.2016 LAGE § 21 TzBfG Nr. 3; s. Rdn 30). Auf die Umgehung zwingender Kündigungsbestimmungen als solche kommt es dabei jedoch nicht mehr an, da §§ 21, 14 Abs. 1 TzBfG einen Sachgrund fordern (anders noch zum früheren Recht etwa *BAG* 20.10.1999 EzA § 620 BGB Bedingung Nr. 14). Das ändert jedoch nichts daran, dass sich aus dem **GG** oder aus **anderen Gesetzen** (zB AGG) Aspekte ergeben können, die dazu führen, dass bestimmte Konstellationen **nicht als rechtfertigende Sachgründe** für auflösende Bedingungen anerkannt werden können (vgl. Rdn 79 ff.). Gleichwohl dürfen die **Anforderungen** an die auflösende Bedingung wegen des erforderlichen dahinter stehenden Sachgrundes **nicht höher sein als bei einer Kalender- oder Zweckbefristung** (vgl. *BAG* 16.10.2008 – 7 AZR 185/07, Rn 22; 19.3.2008 NZA-RR 2008, 570, Rn 12; LS-*Schlachter* Rn 19; HaKo-KSchR/*Mestwerdt* Rn 6; *Sievers* Rn 8; *Schaub/Koch* § 38 Rn 38 f.; MüKo-BGB/*Hesse* Rn 2, 9; AR-*Schüren/Moskalew* Rn 6; ErfK-*Müller-Glöge* Rn 3: schlichte Gleichstellung der auflösenden Bedingung mit der Zeit- und Zweckbefristung; aA APS-*Backhaus* Rn 12). Selbstverständlich können die **Besonderheiten der Beendigungsmechanismen** dabei berücksichtigt werden, wie sie im Gesetz zB durch die »entsprechende« Anwendung (Wortlaut des § 21 TzBfG) und die Verweisung auf Normen des TzBfG angelegt (zB Bestimmtheit oder Bestimmbarkeit der Vereinbarung) sind. 27

So kann keinesfalls eine auflösende Bedingung oder Zweckbefristung zugelassen werden, die eine Beendigung des Arbeitsverhältnisses in das **Belieben des Arbeitgebers** stellt und allein an seinen wirtschaftlichen Interessen ausgerichtet ist (vgl. dazu *BAG* 19.1.2005 EzA § 620 BGB 2002 Nr. 11 und Rdn 36; vgl. auch Rdn 25 ff.). Nicht erforderlich ist es hingegen, dass der **Beendigungszeitpunkt** für den Arbeitnehmer eindeutig **voraussah- und bestimmbar** ist (aA zum früheren Rechtszustand *BAG* 27.10.1988 EzA § 620 BGB Bedingung Nr. 9 m. Anm. *Moll*). Es gilt hier entsprechend, was oben zur Zweckbefristung ausgeführt ist (KR-*Bader/Kreutzberg-Kowalczyk* § 3 TzBfG Rdn 31). Da der Kündigungsschutz keine Rolle mehr spielt, ist eine Ausnahme – auch unter Schutzaspekten – nicht mehr für den Fall geboten, dass der **Eintritt der Bedingung** ausschließlich vom **Willen des Arbeitnehmers** abhängt (so aber *Rolfs* Rn 4; einschränkend *Enderlein* RdA 1998, 99 f.; dagegen zutreffend ErfK-*Müller-Glöge* Rn 3). Möglich ist demnach ebenso die Verwendung einer **Rechtsbedingung** (zB Eintritt einer an die Erwerbsunfähigkeit gekoppelten Beendigung des Arbeitsverhältnisses durch Tarifvertrag; vgl. *BAG* 1.12 2004 EzA § 620 BGB Bedingung Nr. 3; 20.2.2008 – 7 AZR 990/06). Ob die **vertraglich vereinbarte Weiterbeschäftigung** bis zur rechtskräftigen **Abweisung** der 28

Kündigungsschutzklage eine auflösende Bedingung in diesem Sinn darstellt, ist umstritten, aber zu bejahen (ebenso: ErfK-*Müller-Glöge* Rn 2; KR-*Krumbiegel* § 625 Rdn 32 mwN; aA *Bayreuther* DB 2003, 1736, 1738 f; *Bengelsdorf* NZA 2005, 277, 281). Näher dazu KR-*Bader/Kreutzberg-Kowalczyk* § 17 TzBfG Rdn 46 und KR-*Lipke/Bubach* § 14 TzBfG Rdn 494, 723.

29 Dementsprechend sind – weil das Willenselement auf Arbeitgeberseite allein ausschlaggebend ist – **Vereinbarungen unwirksam**, nach denen das Arbeitsverhältnis enden soll, wenn ein Arbeitsplatz mit einer voll ausgebildeten **Fachkraft** besetzt werden kann (vgl. *BAG* 12.8.1976 EzA § 620 BGB Nr. 30) oder wenn pauschal – dh zu unbestimmt – vereinbart wird, das Arbeitsverhältnis solle enden, wenn sich der Arbeitnehmer als **nicht geeignet erweise**. Eine vom Arbeitgeber **willentlich herbeigeführte Organisationsänderung** kann gleichfalls keinen tragfähigen Auflösungsgrund setzen (aA *Annuß/Thüsing-Annuß* Rn 19 unter Hinw. auf § 14 Abs. 1 S. 2 Nr. 1 TzBfG, vgl. auch Rdn 31).

30 Das **Unternehmerrisiko** darf durch ein auflösend bedingtes Arbeitsverhältnis nicht auf den Arbeitnehmer abgewälzt werden (*BAG* 19.3.2008 ZTR 2008, 625; *LAG RhPf* 25.4.2013 – 10 Sa 569/12, Rn 35; *ArbG Gelsenkirchen* 13.9.2016 LAGE § 21 TzBfG Nr. 3; APS-*Backhaus* Rn 14, 17; DDZ-*Wroblewski* Rn 18; MHH-TzBfG/*Meinel* Rn 11; *Rolfs* Rn 3; HaKo-TzBfG/*Joussen* Rn 14; AR-*Schüren/Moskalew* Rn 7; aA *Annuß/Thüsing-Annuß* Rn 19, der dies in dieser Allgemeinheit für zu weitgehend hält). Richtig ist zwar, dass es der Sachgrund des § 14 Abs. 1 S. 2 Nr. 1 TzBfG erlaubt, das Arbeitgeberrisiko unter der Voraussetzung einer nachvollziehbaren **Prognose** zum Wegfall des zusätzlichen Beschäftigungsbedarfs (KR-*Lipke/Bubach* § 14 TzBfG Rdn 186 ff., 204) abzuwälzen. Doch darf dieser **Sachgrund** dann eben **nicht ausufernd** angewandt werden (näher Rdn 32 und Rdn 36; vgl. auch *BAG* 17.1.2007 EzA § 14 TzBfG Nr. 37). Einer **auflösenden Bedingung** fehlt auch die sachliche Rechtfertigung, wenn die einem Beamten zur privatwirtschaftlichen Betätigung gewährte Beurlaubung nicht verlängert wird und die weitere Beurlaubung von einer **Mitwirkung des Arbeitgebers abhängt**, die in dessen **Belieben** steht (*BAG* 4.12.1991 EzA § 620 BGB Bedingung Nr. 10; *LAG Bln.-Bra.* 16.12.2016 – 26 Sa 1892/15; näher dazu Rdn 68). Eine ausschließlich am Wortlaut orientierte Auslegung des § 21 TzBfG würde hier zur Verletzung des verfassungsrechtlichen **Untermaßverbots** führen; die **Wertungen des Art. 12 GG** haben einzelne Grundrechtsträger vor einer unverhältnismäßigen Beschränkung ihrer Grundrechte durch privatautonome Regelungen zu bewahren (vgl. *BAG* 18.10.2006 EzA § 14 TzBfG Nr. 34, Rn 18 m. Anm. *Greiner*; ErfK-*Schmidt* Art. 12 GG Rn 36).

3. Rechtsklarheit

31 Im Übrigen muss wie bei der Zweckbefristung das Erfordernis der **Rechtsklarheit** und **Rechtssicherheit** gewahrt sein (KR-*Bader/Kreutzberg-Kowalczyk* § 3 TzBfG Rdn 9, 25 f.). Deshalb muss die auflösende Bedingung **eindeutig** vereinbart sein (*BAG* 19.1.2005 EzA § 620 BGB 2002 Nr. 11). Dazu reicht es nicht aus, wenn nur im Wege der ergänzenden Vertragsauslegung eine solche Bedingung angenommen werden kann (*BAG* 10.1.1980 – 2 AZR 555/78, Rn 18; ebenso MHH-TzBfG/*Meinel* Rn 5; APS-*Backhaus* Rn 7; *ders.* § 3 TzBfG 15, 27; *Sievers* Rn 6). Wird in einem **Formulararbeitsvertrag** eine Befristungsabrede getroffen, bei der das Arbeitsverhältnis vor Ablauf der vereinbarten Zeitbefristung vorzeitig durch den Eintritt einer oder mehrerer auflösenden Bedingungen (Doppelbefristung) enden kann (zB bei frühestmöglichem Bezug einer gesetzlichen Altersrente, s. Rdn 44), so ist diese **vorzeitige Beendigungsmöglichkeit** im Vertragstext deutlich erkennbar hervorzuheben (*BAG* 8.8.2007 EzA § 21 TzBfG Nr. 2; teilw. krit. hierzu *Marschner* Anm. EzTöD 700 TV ATZ Nr. 9). Ansonsten ist das **Transparenzgebot** nach § 307 BGB verletzt. Die Bedingung selbst muss sich regelmäßig als ein **objektives Ereignis** darstellen, das **nicht allein vom Willen des Arbeitgebers abhängig** (*BAG* 23.7.2014 EzA § 14 TzBfG Nr. 106; 4.12.1991 EzA § 620 BGB Bedingung Nr. 10; *Annuß/Thüsing-Annuß* Rn 18; *Sievers* Rn 6, 10, keine einseitige Herrschaft des Arbeitgebers über den Bestand des Arbeitsverhältnisses) und sinnlich wahrnehmbar ist (KR-*Bader/Kreutzberg-Kowalczyk* § 3 TzBfG Rdn 27 ff. mwN). Wird die **einseitige Entscheidung des Arbeitgebers** zur »Vertragsauflösung« unter **sachgerechter Nutzung** eines ihm zur Seite stehenden

Grundrechts getroffen (Bsp.: Kunstfreiheit; Art 5 Abs. 3 GG), sind dagegen keine Bedenken zu erheben (*BAG* 2.7.2003 EzA § 620 BGB 2002 Bedingung Nr. 2; zust. HWK-*Rennpferdt* Rn 10; ErfK-*Müller-Glöge* Rn 4a; *Boerner* Anm. AP Nr. 29 zu § 620 BGB Bedingung; aA v. *Koppenfels-Spies* Anm. AuR 2004, 209). Die gegen die BAG-Entscheidung v. 2.7.2003 unter dem Aktenzeichen – 1 BvR 2023/03 – eingelegte Verfassungsbeschwerde wurde jedenfalls nicht zur Entscheidung angenommen. Zur Vereinbarung einer auflösenden Bedingung für das Arbeitsverhältnis bei einer **Berufung zum Geschäftsführer** vgl. *LAG RhPf* 8.12.2011 – 11 Ta 230/11

II. Katalog des § 14 Abs. 1 Satz 2 TzBfG

1. Vorübergehender Bedarf an Arbeitsleistung (Nr. 1)

Für **Saison- und Kampagnebetriebe** hat das BAG auflösende Bedingungen in **Tarifverträgen** zugelassen, wenn diese den anerkannten Grundsätzen zur sachlichen Rechtfertigung von Befristungen in Saisonarbeitsverhältnissen entsprechen (zur Einordnung des Sachgrundes gem. § 14 Abs. 1 S. 2 Nr. 1 TzBfG s. Rdn 30; zu Saison- und Kampagnebetrieben weiter KR-*Lipke/Bubach* § 14 TzBfG Rdn 209 ff.). Gegen die Wirksamkeit einer **tariflichen Beendigungsfiktion bei witterungsbedingter Unmöglichkeit** der Arbeitsleistung (§ 62 MTV Waldarbeiter Rheinland-Pfalz/Saar) sollen deshalb keine Bedenken bestehen (*BAG* 28.8.1987 RzK 9g Nr. 10; allerdings in Verknüpfung mit einem tariflichen **Wiedereinstellungsanspruch**; zu Recht krit. insoweit HaKo-TzBfG/ *Joussen* Rn 14; MHH-*TzBfG/Meinel* Rn 11). Nicht wirksam ist eine auflösende Bedingung, wonach das Arbeitsverhältnis mit **Wegfall des Reinigungsauftrags** enden soll, wenn gleichzeitig im Arbeitsvertrag eine allgemeine Versetzungsklausel enthalten ist, die eine Weiterbeschäftigung ermöglicht (*LAG Köln* 7.4.2005 LAGE § 21 TzBfG Nr. 1). Der **Entzug einer Einsatzgenehmigung** oder deren Widerruf im Sicherheits- und Wachgewerbe fällt nur hierunter, wenn damit der Wegfall jeglicher anderweitigen Beschäftigung einhergeht (zB behördliche Einschätzung der fehlenden persönlichen oder fachlichen Eignung der einzusetzenden Wachperson, ohne dass darauf der Arbeitgeber Einfluss nehmen kann; *BAG* 19.3.2008 ZTR 2008, 625; 25.8.1999 EzA § 620 BGB Bedingung Nr. 13; *LAG RhPf* 17.11.2010 – 7 Sa 441/10; Rechtmäßigkeit des Entzugs für den Sachgrund ohne Bedeutung; *LAG RhPf* 25.4.2013 – 10 Sa 569/12, Rn 35; 15.3.2012 – 11 Sa 662/11). Es soll auch der **vorübergehende Zusatzbedarf** an Laborpersonal zur Bekämpfung einer Seuche an eine auflösende Bedingung geknüpft werden können (Bsp. nach HWK/*Rennpferdt* Rn 7; fragwürdig). Ansonsten ist aber – wegen des nicht abwälzbaren **Wirtschaftsrisikos des Arbeitgebers** – eine auflösende Bedingung, etwa in Abhängigkeit vom Auftragsbestand oder des Unterschreitens einer gewissen Kapitalrendite, sachlich nicht gerechtfertigt (*ArbG Gelsenkirchen* 13.9.2016 LAGE § 21 TzBfG Nr. 3; APS-*Backhaus* Rn 17; DDZ-*Wroblewski* Rn 18; MHH-TzBfG/*Meinel* Rn 11; LS-*Schlachter* Rn 20; HaKo-TzBfG/*Joussen* Rn 14 f.; HaKo-KSchR/*Mestwerdt* Rn 10; Arnold/Gräfl-*Rambach* Rn 9; diff. dagegen *Annuß/Thüsing-Annuß* Rn 19 und *Sievers* Rn 50, die bspw. den Entzug einer Vereinslizenz im Profisport als auflösende Bedingung gestatten wollen). Vgl. ferner Rdn 63 f. 32

2. Anschluss an Ausbildung oder Studium (Nr. 2)

Vorstellbar ist es, die (einmalige) Anschlussbeschäftigung (vgl. *BAG* 10.10.2007 EzA § 14 TzBfG Nr. 41) mit einer auflösenden Bedingung zu vereinbaren, wenn etwa der **Abschluss eines Folgearbeitsvertrages** zur Bedingung erhoben wird (ebenso HaKo-KSchR/*Mestwerdt* Rn 12; MHH-TzBfG/*Meinel* Rn 12; LS-*Schlachter* Rn 21). Dies mag wenig praktisch sein, kann aber gewiss vorkommen. Das eigentliche Problem liegt freilich darin, dass sich dann unter Umständen ein sehr langes Arbeitsverhältnis ergeben kann, falls der Arbeitnehmer lange auf den Anschlussvertrag warten muss. Das wird mit der **Überbrückungsfunktion** der Nr. 2 (vgl. KR-*Lipke/Bubach* § 14 TzBfG Rdn 230 ff.; *Bader/Bram-Bader* [Stand Okt. 2014] § 620 BGB Rn 161) kaum zu vereinbaren sein, so dass eine derartige auflösende Bedingung regelmäßig – wenn nicht der Bedingungseintritt binnen absehbarer Zeit bei Vertragsschluss feststeht – nur dann sachlich gerechtfertigt sein kann, wenn sie **mit einer Höchstbefristung gekoppelt** wird (zur Parallelproblematik der Doppelbefristung 33

KR-*Bader/Kreutzberg-Kowalczyk* § 3 TzBfG Rdn 51 ff.; die Verbindung mit einer Höchstbefristung für zweckmäßig hält HWK-*Rennpferdt* Rn 8; MüKo-BGB/*Hesse* Rn 11).

3. Vertretung (Nr. 3)

34 Vertretungsfälle können unproblematisch als auflösend bedingte Arbeitsverträge ausgestaltet werden, wenn die Rückkehr des vertretenen Arbeitnehmers ungewiss ist (*Annuß/Thüsing-Annuß* Rn 19). Die Vertretungsproblematik ist näher bei KR-*Lipke/Bubach* § 14 TzBfG Rdn 240 ff., 287 erläutert (vgl. auch KR-*Bader/Kreutzberg-Kowalczyk* § 22 TzBfG). Eine Verbindung von auflösender Bedingung und kalendermäßiger **Höchstbefristung** iSv § 3 Abs. 1 S. 2 Alt. 1, § 15 Abs. 1 TzBfG ist in Vertretungsfällen grds. zulässig und für die Praxis anzuraten (*BAG* 29.6.2011 EzA § 15 TzBfG Nr. 3). Die Wirksamkeit der auflösenden Bedingung und der zeitlichen Höchstbefristung sind dann rechtlich getrennt zu beurteilen (*BAG* 14.6.2017 EzA § 108 BPersVG Nr. 11, Rn 24; *LAG RhPf* 8.6.2017 – 2 Sa 505/16).

35 Vereinbart ein Arbeitgeber mit einem zur Vertretung eingestellten Arbeitnehmer, dass das Arbeitsverhältnis mit der **Wiederaufnahme der Arbeit durch den Vertretenen auflösend bedingt** enden soll (zB Wiedergenesung einer ernsthaft erkrankten Stammkraft), so liegt darin regelmäßig nicht zugleich die Abrede, dass das Arbeitsverhältnis selbst dann enden soll, wenn der Vertretene aus dem Arbeitsverhältnis ausscheidet, ohne die Arbeit wieder aufgenommen zu haben (*BAG* 26.6.1996 EzA § 620 BGB Bedingung Nr. 12). Das Abstellen allein auf das endgültige Ausscheiden des Vertretenen genügt nicht, soweit nicht ein weiterer Grund hinzutritt (zB Qualifikation oder von Anfang an geplante Neuorganisation). Bei **zusätzlicher** kalendermäßiger **Höchstbefristung** kann auch dieses Risiko mit »aufgefangen« werden, da selbst bei Tod des Vertretenen der bei Vertragsschluss bestehende Vertretungssachgrund erhalten bleibt (*BAG* 29.6.2011 EzA § 15 TzBfG Nr. 3, Rn 40; 4.6.2003 EzA § 620 BGB 2002 Nr. 4; HaKo-KSchR/*Mestwerdt* Rn 13; HWK/*Rennpferdt* Rn 9). Die **Kombination von Zeitbefristung und auflösender Bedingung** muss für den Arbeitnehmer nachvollziehbar sein. Insoweit ist eine zusammengesetzte Abrede aus auflösender Bedingung und kalendermäßiger Höchstbefristung der **AGB-Kontrolle** zu unterziehen (*BAG* 19.2.2014 EzA § 14 TzBfG Nr. 103, Rn 15 ff.).

4. Eigenart der Arbeitsleistung (Nr. 4)

36 In diesem Anwendungsbereich sind vor allem **Rundfunkanstalten** angesprochen (BT-Drucks. 14/4374 S. 19), daneben aber auch sonstige **Medien** und der **Kunstbereich** (LS-*Schlachter* Rn 23; *Bader/Bram-Bader* [Stand Okt. 2014] § 620 BGB Rn 174) sowie der gehobene **Profisport** (vgl. auch *BAG* 16.1.2018 – 7 AZR 312/16). Auch das Arbeitsverhältnis einer Pflegekraft, die ausschließlich zur Betreuung des pflegebedürftigen Arbeitgebers eingestellt wird, weist Besonderheiten auf, die eine zweckbefristete Beendigung des Arbeitsverhältnisses mit dem Tod des Arbeitgebers zulassen (*LAG MV* 6.3.2021 – 5 Sa 295/20). Ebenso ist hier die auflösende Bedingung einzuordnen, dass das Arbeitsverhältnis eines Schauspielers enden soll, wenn seine Serienrolle im **Drehbuch** nicht mehr enthalten ist (*LAG Köln* 22.6.1998 NZA-RR 1999, 512; einschränkend *ArbG Potsdam* 26.7.2001 NZA-RR 2002, 125). Das setzt indessen **beachtliche künstlerische Erwägungen** voraus (*BAG* 30.8.2017 NZA 2018, 229; *LAG Bay.* 11.5.2016 LAGE § 14 TzBfG Nr. 105; ArbRBGB-*Dörner* § 620 Rn 351, ders. Befr. Arbeitsvertrag Rn 63; *van den Woldenberg* NZA 1999, 1003). Ist die Entscheidung über den Wegfall der Rolle **Ausdruck der künstlerischen Gestaltungsfreiheit**, rechtfertigt sich die auflösende Bedingung aus **Art. 5 Abs. 1 S. 3 GG** (*BAG* 2.7.2003 EzA § 620 BGB Bedingung Nr. 2; LS-*Schlachter* Rn 23; *Dörner* Befr. Arbeitsvertrag Rn 409; HaKo-TzBfG/*Joussen* Rn 17; ErfK-*Müller-Glöge* Rn 4a; MüKo-BGB/*Hesse* Rn 13; krit. MHH-TzBfG/*Meinel* Rn 13; dazu auch *Joch/Klichowski* NZA 2004, 302). Der durch Art 12 Abs. 1 GG gewährleistete Mindestbestandsschutz verlangt indessen im Einzelfall eine **Abwägung der beiderseitigen Belange**, bei der auch das Bestandsschutzinteresse des Arbeitnehmers angemessen Berücksichtigung findet, wobei es entscheidend darauf ankommt, inwieweit der Arbeitnehmer in verantwortlicher Weise bei der **Umsetzung**

der künstlerischen **Konzeption** eines Werks unmittelbar mitzuwirken hat (*BAG* 30.8.2017 NZA 2018, 229). Damit wird im Verbund mit einer Grundrechtsgewährleistung ein **einseitiges Willenselement auf Arbeitgeberseite** zugelassen. Näher dazu KR-*Lipke/Bubach* § 14 TzBfG Rdn 298 ff, 188 und hier Rdn 26 ff.

Im Bereich des **Spitzensports** fehlt eine verfassungsrechtliche Gewährleistung, die eine auflösende 37 Bedingung rechtfertigen könnte. Eine **auflösende Bedingung** in einem Arbeitsvertrag mit einem **Lizenz-Fußballspieler**, nach der das Arbeitsverhältnis beendet sein soll, wenn der den Spieler beschäftigende Verein wegen **wirtschaftlicher Leistungsunfähigkeit** keine neue **Lizenz** vom **DFB** erhält, ist grds. unwirksam, weil für diese auflösende Bedingung ein sachlicher Befristungsgrund fehlen soll (*LAG Düsseld*. 20.11.2008 – 11 SaGa 23/08). Sie bürdet in ungerechtfertigter Weise dem **Arbeitnehmer einseitig** und **vollständig** das grds. vom Arbeitgeber zu tragende **Beschäftigungsrisiko** auf (*BAG* 9.7.1981 EzA § 620 BGB Bedingung Nr. 1). Die auflösende Bedingung sollte nur dann sachlich gerechtfertigt sein, wenn sie ausschließlich im **Interesse des Arbeitnehmers** lag oder auf dessen ausdrücklichen **Wunsch** hin vereinbart wurde (ErfK-*Müller-Glöge* Rn 4a, der auf den Erhalt des spielerischen Niveaus abstellt; aA *Annuß/Thüsing-Annuß* Rn 19, der eine Parallele zu § 14 Abs. 1 S. 2 Nr. 1 TzBfG ziehen will). Das BAG hat nun aber anerkannt, dass im **kommerzialisierten** und **öffentlichkeitsgeprägten** Spitzenfußballsport sportliche **Höchstleistungen** erwartet und geschuldet werden, die nur für **eine begrenzte Zeit erbracht** werden können; deshalb sei eine zeitliche Befristung wegen der Eigenart der Arbeitsleistung sachlich gerechtfertigt (*BAG* 16.1.2018 – 7AZR 312/16; Rn 18; *LAG RhPf* 17.2.2016 NZA 2016, 699; *Strake* RdA 2018, 46; *Walker* NZA 2016, 657; *Fischinger/Reiter* NZA 2016, 661; *Katzer/Frodl* NZA 2015, 657 f.). Damit gewinnt die auflösende Bedingung ihre Berechtigung auch im Spitzensport. Vgl. näher KR-*Lipke/Bubach* § 14 TzBfG Rdn 334 ff., 374 ff.

Dies gilt gleichermaßen für sog. »**Abstiegsklauseln**«, wobei das Arbeitsverhältnis von **Trainern** oder 38 **Profisportlern** durch den verfehlten **Klassenerhalt** auflösend bedingt vereinbart ist. Es kann etwa vorgesehen werden, dass ein Arbeitsvertrag mit einem **Eishockeyspieler** endet, wenn sein Verein von der 1. in die 2. Bundesliga absteigt. Damit werden zwar ebenfalls wirtschaftliche Risiken des Arbeitgebers einseitig auf den Arbeitnehmer abgewälzt (*LAG Düsseld*. 26.5.1995 LAGE § 620 BGB Bedingung Nr. 5; *Bruns* NZA 2008, 1269; aA *Annuß/Thüsing-Annuß* Rn 19). Hier kann indes einerseits das Interesse oder der Wunsch des Arbeitnehmers die auflösende Bedingung rechtfertigen (*BAG* 4.12.2002 EzA § 620 BGB 2002 Bedingung Nr. 1; HaKo-KSchR/*Mestwerdt* Rn 15; ErfK-*Müller-Glöge* Rn 4a; *Vogt* Befristungs- und Optionsvereinbarungen ..., Diss. 2013, 128) oder andererseits die vom Arbeitgeber zeitlich begrenzt erwartete Spitzenleistung (*Sievers* Rn 50; s. Rdn 37).

5. Erprobung (Nr. 5)

Eine auflösende Bedingung ist einzel- und tarifvertraglich nach dem BAG dann sachlich gerecht- 39 fertigt, wenn die Aufnahme in das Orchester und damit der Fortbestand des Arbeitsverhältnisses an das Bestehen eines **Probespiels** und an die **Zustimmung der Mehrheit der Orchestermitglieder** gebunden ist, wobei der Arbeitnehmer spätestens nach einem Jahr wissen muss, ob sein Arbeitsverhältnis Bestand hat (*BAG* 7.5.1980 AP Nr. 36 zu § 611 BGB Abhängigkeit; *Annuß/Thüsing-Annuß* Rn 21).Hier wird man die einseitig subjektive Wertung der Mehrheit der Orchestermitglieder aus Gründen der **Kunstfreiheit** zulassen müssen (s. Rdn 36). Allerdings darf die **Feststellung** der Bewährung einzelvertraglich **nicht allein dem Arbeitgeber** überlassen bleiben (*Annuß/Thüsing-Annuß* Rn 21; SPV-*Preis* Rn 129; vgl. auch Rdn 28). Damit kann – weil zu unbestimmt – die **nicht näher beschriebene** »**Nichteignung**«für eine bestimmte arbeitsvertragliche Aufgabe allein nicht zur auflösenden Bedingung gemacht werden (HWK/*Rennpferdt* Rn 11; Eignung muss objektivierbar sein). Das gilt ebenso bei nicht objektiven **Berufsausübungsvoraussetzungen**, die allein auf der »Unternehmensphilosphie des Arbeitgebers« beruhen (*LAG Hamm* 10.7.2003 ZTR 2003, 629). Die vereinbarte auflösende Bedingung darf nicht eine zu erwartende **Vertragslaufzeit** ermöglichen, die in keinem Verhältnis zum **Erprobungszweck** steht (vgl. *BAG* 25.10.2017 EzA § 14 TzBfG Erprobung Nr. 1).

6. Gründe in der Person des Arbeitnehmers (Nr. 6) einschließlich Altersgrenzen

a) Allgemeine Grundsätze

40 Unter Nr. 6 (allgemein dazu KR-*Lipke/Bubach* § 14 TzBfG Rdn 412 ff.) sind neben den Fällen der **Altersgrenze** (s. Rdn 43 ff.), der Berechtigung zum Bezug einer **Erwerbs- und Berufsunfähigkeitsrente** (s. Rdn 45 ff.; *Sievers* Rn 15 ff.) sowie denen der **Einstellungsuntersuchung** (s. Rdn 57) und des **Eignungswegfalls** (s. Rdn 63 f.) der **Wunsch des Arbeitnehmers** (*Annuß/Thüsing-Annuß* Rn 20; MHH-TzBfG/*Meinel* Rn 15, 22; HaKo-KSchR/*Mestwerdt* Rn 33) und die vorübergehende Beschäftigung zur **Überbrückung** aus **sozialen Gründen** einzuordnen (zusammenfassend: *Bader/Bram-Bader* [Stand Okt. 2014] § 620 BGB Rn 189 f. u. 203).

41 Ausgehend davon lassen sich hier folgende Fälle zuordnen: Im **Interesse des Arbeitnehmers** liegt es, wenn sich der Arbeitgeber bereit erklärt, den Arbeitnehmer nach dem Ablauf eines Vertrages noch so lange weiterzubeschäftigen, bis er eine **neue Anstellung** findet (KR-*Lipke/Bubach* § 14 TzBfG Rdn 382 ff.; *Rolfs* Rn 4; APS-*Backhaus* Rn 22, *ders.* § 14 TzBfG Rn 488 ff). Wirksam ist aus demselben Grunde – weil vorrangig durch das Interesse des Arbeitnehmers getragen – die **Fortsetzung eines gekündigten Arbeitsverhältnisses** unter der **vereinbarten auflösenden Bedingung** der rechtskräftigen **Abweisung der Kündigungsschutzklage** (*BAG* 21.5.1981 EzA § 615 BGB Nr. 40; 4.9.1986 EzA § 611 BGB Beschäftigungspflicht Nr. 27; *LAG Köln* 5.4.2012 – 13 Sa 1360/11; ErfK-*Müller-Glöge* Rn 8 mwN; *Ricken* NZA 2005, 329). Die **Schriftform** ist dabei regelmäßig zu beachten (§§ 21, 14 Abs. 4 TzBfG; *BAG* 22.7.2014 EzA § 611 BGB 2002 Beschäftigungspflicht Nr. 3, Rn 16, 19; 22.10.2003 EzA § 14 TzBfG Nr. 6 zur entsprechenden Befristung; vgl. ferner KR-*Lipke/Bubach* § 14 TzBfG Rdn 494 und KR-*Bader/Kreutzberg-Kowalczyk* § 3 TzBfG Rdn 22; krit. zum Schriftformerfordernis *Tschöpe* DB 2004, 434, 436 f). Die **Prozessbeschäftigung** aufgrund eines **Weiterbeschäftigungsurteils** fällt indes nicht unter § 21 TzBfG (*LAG Nds.* 27.9.2005 LAGE § 21 TzBfG Nr. 2; vgl. auch *BAG* 8.4.2014 – 9 AZR 856/11; APS-*Backhaus* Rn 42 ff.; Abgrenzung zur Vereinbarung ist durch Auslegung zu ermitteln). Näher dazu KR-*Lipke/Bubach* § 14 TzBfG Rdn 723.

42 Obwohl hier die Arbeitgeberinteressen regelmäßig überwiegen, sind – wegen der Personenbezogenheit – unter Nr. 6 weiter als **zulässig** einzuordnen die **Einstellung** unter der auflösenden Bedingung der Verweigerung der **Zustimmung** durch den **Betriebs- oder Personalrat** (*BAG* 17.2.1983 EzA § 620 BGB Nr. 62; *v. Friesen* BB 1984, 677 f.; HWK-*Rennpferdt* Rn 13; DDZ-*Wroblewski* Rn 15; MHH-TzBfG/*Meinel* Rn 23; krit. APS-*Backhaus* § 14 TzBfG Rn 493) und die Bindung der Fortsetzung des Arbeitsverhältnisses an die ärztliche Feststellung der **gesundheitlichen Eignung** des Arbeitnehmers (*BAG* 16.10.2008 – 7 AZR 185/07, Flugtauglichkeit; *Sievers* Rn 47; näher dazu s. Rdn 66).

b) Altersgrenzen

43 Altersgrenzen (es handelt sich dabei immer um eine **kalendermäßige Festlegung**; zur **Altersteilzeit** vgl. KR-*Bader/Kreutzberg-Kowalczyk* § 3 TzBfG Rdn 22) können **einzelvertraglich** (von Anfang oder später, auch durch Bezugnahme auf einen Tarifvertrag) – zur **Form** vgl. Rdn 12 – vereinbart werden oder in **Tarifverträgen** oder **Betriebsvereinbarungen** geregelt sein.

44 **Vereinbarungen** über die Beendigung des Arbeitsverhältnisses bei Erreichen einer bestimmten Altersgrenze stellen keinen vorweggenommenen Aufhebungsvertrag dar; es liegt vielmehr eine **Befristung** und keine auflösende Bedingung vor (jetzt st. Rspr. zB: *BAG* 19.11.2003 EzA § 620 BGB 2002 Altersgrenze Nr. 4; 25.2.1998 EzA § 620 BGB Altersgrenze Nr. 9; 11.3.1998 EzA § 620 BGB Altersgrenze Nr. 8; 14.8.2002 EzA § 620 BGB Altersgrenze Nr. 13; *Dörner* Befr. Arbeitsvertrag Rn 64, 327 f.; *Gitter/Boerner* RdA 1990, 129; *Stahlhacke* DB 1989, 2329, 2330; *Enderlein* RdA 1998, 91; vgl. auch *Hromadka* BB 2001, 621; *ders.* NJW 1994, 911). Der rechtsdogmatische Streit wirkt sich im Übrigen praktisch kaum aus, da die Sachgrunderfordernisse in jedem Fall bleiben. Näher dazu KR-*Lipke/Bubach* § 14 TzBfG Rdn 412 ff.; KR-*Bader/Kreutzberg-Kowalczyk* § 23 TzBfG Rdn 31 ff.

c) Erwerbsminderung

Nach neuem Sprachgebrauch heißt die frühere Berufs- und Erwerbsunfähigkeit jetzt Erwerbsminderung. Zu unterscheiden ist nach § 43 SGB VI zwischen zeitlich befristeten und **dauerhaften Erwerbsminderungsrenten** einerseits und **Renten wegen voller und teilweiser Erwerbsminderung** andererseits. In der Sache hat sich bis auf die neue Begrifflichkeit seit 1.1.2001 nichts geändert (HaKo-KSchR/*Mestwerdt* Rn 18); es geht im Regelfall um **tarifliche Regelungen**, die das Arbeitsverhältnis wegen Erwerbsminderung vorzeitig beenden. Eine **auflösende Bedingung** für den Fall einer vom Rentenversicherungsträger festgestellten **unbefristeten vollen Erwerbsminderung** beruht auf der Annahme der Tarifvertragsparteien, der Arbeitnehmer werde künftig die arbeitsvertraglich geschuldeten Leistungen nicht mehr erbringen können. Die zB durch § 33 Abs. 2 TVöD angeordnete Beendigung des Arbeitsverhältnisses nach Bewilligung einer **Rente wegen voller Erwerbsminderung auf unbestimmte Dauer** ist durch einen Sachgrund iSv §§ 21, 14 Abs. 1 TzBfG gerechtfertigt und stellt **keine Benachteiligung wegen Behinderung** iSv §§ 3, 7 AGG dar (*BAG* 15.2.2017 NZA-RR 2017, 398, Rn 21; 10.12.2014 EzA § 21 TzBfG Nr. 3; HWK-*Rennpferdt* Rn 15). 45

Der Sache nach handelt es sich um einen **Sachgrund nach § 14 Abs. 1 S. 2 Nr. 6 TzBfG** (Gründe in der Person des Arbeitnehmers; ebenso ErfK-*Müller-Glöge* Rn 4), auch wenn die Rspr. darin nur einen dem Sachgrundkatalog des § 14 Abs. 1 TzBfG gleichwertigen Auflösungsgrund erkennt. Der **einzelvertraglich in Bezug genommene Tarifvertrag** wird nach **§ 310 Abs. 4 S. 1 BGB** zu den Voraussetzungen einer auflösenden Bedingung wegen der anzunehmenden Richtigkeitsgewähr tariflicher Regelungen inhaltlich nicht einer richterlichen AGB-Kontrolle unterzogen (vgl. *BAG* 23.7.2014 EzA § 14 TzBfG Nr. 106; nur »Bedingungskontrolle« vgl. *BAG* 14.1.2015 EzTöD 100 § 33 TVöD-AT Erwerbsminderungsrente Nr. 12, *Bader/Jörchel* NZA 2016, 1105, 1110). Eine dynamische **arbeitsvertragliche Bezugnahme** auf einen entsprechenden Tarifvertrag ist daher möglich und hält einer AGB-Kontrolle stand. Näher dazu Rdn 52 ff. Knüpft eine **Betriebsvereinbarung** das Ende des Arbeitsverhältnisses an den Eintritt der **Erwerbsunfähigkeit** (Erwerbsminderung), so kann diese Beendigungsklausel an der nicht hinreichenden **Bestimmtheit des Auflösungszeitpunktes** scheitern (*BAG* 27.10.1988 EzA § 620 BGB Bedingung Nr. 9). 46

Kein Fall der Erwerbsminderung ist die tariflich festgelegte vom Arbeitgeber angeordnete **Winterruhe im Forstbereich** (§ 19 TV Ü Forst; winterliche Arbeitsunterbrechung ohne Kündigung mit Wiedereinstellungsanspruch). In dieser auflösenden Bedingung, die in der Rechtsfolge einer **vollständigen, fristlosen Beendigung des Arbeitsverhältnisses gleichkommt**, ist eine auch tariflich unzulässige Abweichung von zwingenden Vorschriften des § 15 Abs. 2 TzBfG zu Lasten des Arbeitnehmers zu erkennen, da eine schriftliche Unterrichtung über den Bedingungseintritt zwei Wochen zuvor erforderlich ist (*BAG* 12.8.2015 EzA § 15 TzBfG Nr. 5; APS-*Backhaus* § 22 TzBfG Rn 39 f.). Ob die Tarifmacht angesichts Art. 12 GG derartige Regelungen gestattet, erscheint mehr als fraglich, selbst wenn der Bedingungseintritt hier an **objektive Umstände** (Witterungsverhältnisse) anknüpft (vgl. Rdn 14). 47

Wird ein Angestellter des **öffentlichen Dienstes erwerbsunfähig** (*BAG* 28.6.1995 EzA § 620 BGB Nr. 134; 31.7.2002 EzA § 620 BGB Bedingung Nr. 17) so **endet** das Arbeitsverhältnis nach bisherigen Bestimmungen des **§ 59 Abs. 1 Unterabs. 1 BAT** mit Ablauf des Monats, in dem der Bescheid des Rentenversicherungsträgers zugestellt wird. Zu den neuen tarifvertraglichen Regeln im **öffentlichen Dienst** wird auf die Erläuterungen bei KR-*Bader/Kreutzberg-Kowalczyk* zu § 33 TVöD verwiesen, die an die bisherigen BAT-Bestimmungen anknüpfen. 48

Wird eine **dauerhafte Erwerbsminderung** festgestellt, kann das Arbeitsverhältnis zulässig **auflösend bedingt enden** (so als Regelung in Tarifverträgen des öffentlichen Dienstes u. zT auch in Tarifverträgen der Privatwirtschaft), soweit eine **Weiterbeschäftigungsmöglichkeit auf dem bisherigen oder einem anderen dem Leistungsvermögen zumutbaren freien Arbeitsplatz fehlt**, der Rentenbescheid Bestandskraft hat und der Arbeitnehmer durch **dauerhafte Rentenleistung** wirtschaftlich abgesichert ist (*BAG* 14.1.2015 EzTöD 100 § 33 TVöD-AT Erwerbsminderungsrente Nr. 12, Rn 25, 36; 23.7.2014 EzA § 14 TzBfG Nr. 106, Rn 59; 10.10.2012 EzA § 17 TzBfG 49

Nr. 18, Rn 17 ff., 23 f.; 27.7.2011 EzA § 17 TzBfG Nr. 14, Rn 42; 21.1.2009 AP Nr. 7 zu § 1 TVG Tarifverträge: Waldarbeiter; weiterhin *BAG* 28.6.1995 EzA § 620 BGB Nr. 134; 24.1.1996 EzA BAT § 59 Nr. 4; 9.8.2000 ZTR 2001, 270; 31.7.2002 EzA § 620 BGB Bedingung Nr. 17; *LAG Bln.-Bra* 11.4.2013 – 18 Sa 2045/12, Rn 30; LS-*Schlachter* Rn 26 f.; *Dörner* Befr. Arbeitsvertrag Rn 62, 344 ff.; *Linsenmeier* RdA 2012, 193, 207 f.; *P. Bruns* BB 2014, 53, 59; *Annuß/Thüsing-Annuß* Rn 22 f.; *Sievers* Rn 21 ff.; insgesamt krit. *Rolfs* Rn 8).

50 **Sachgrund** zur auflösenden Bedingung ist nicht die verminderte Erwerbsfähigkeit, sondern die **fehlende Beschäftigungsmöglichkeit auf Dauer** infolge der verminderten Erwerbsfähigkeit (HaKo-KSchR/*Mestwerdt* Rn 20; MHH-TzBfG/*Meinel* Rn 20). An die Feststellungen des Rentenversicherungsträgers sind die Arbeitsvertragsparteien gebunden. Indessen ist es nach **Art. 12 GG** grds. erforderlich, dass der **betroffene Arbeitnehmer einen Rentenantrag stellt**, weil dieser in seiner **sozialrechtlichen Dispositionsbefugnis** liegt (*BAG* 23.7.2014 EzA § 14 TzBfG Nr. 106, Rn 58 f.; APS-*Backhaus* § 14 TzBfG Rn 244; HWK-*Rennpferdt* Rn 15a. Er kann diesen Antrag noch innerhalb der Widerspruchsfrist des **§ 84 Abs. 1 SGG** nach Zustellung des Rentenbescheids zurücknehmen, muss aber den Arbeitgeber umgehend – d.h. innerhalb der Klagefrist des § 17 TzBfG (*BAG* 23.3.2016 EzA § 21 TzBfG Nr. 4) – hiervon in Kenntnis setzen. Tut er dies nicht, verbleibt es bei der auflösenden Bedingung.

51 Stellt der Rentenversicherungsträger **nachträglich die Nichtigkeit des ergangenen Rentenbescheids** fest, so wird das Arbeitsverhältnis nicht beendet (Tatbestandswirkung für den Arbeitgeber); allerdings ist der **Arbeitnehmer** in jedem Fall gehalten **rechtzeitig Bedingungskontrollklage** nach §§ **21, 17 TzBfG zu erheben** (*BAG* 23.3.2016 EzA § 21 TzBfG Nr. 4; 10.10.2012 EzA § 14 TzBfG Nr. 106, Rn 20; ErfK-*Müller-Glöge* Rn 6 f.; APS-*Backhaus* § 14 TzBfG Rn 234 ff.).

52 Bei einer **teilweisen Erwerbsminderung** (jetzt § 33 Abs. 3 TVöD; früher § 59 Abs. 3 BAT; dazu *Otto* ZTR 2002, 1) kann es zu einer Beendigung des Arbeitsverhältnisses kommen, wenn der Arbeitnehmer neben einer hierzu bezogenen unbefristeten Rente eine befristete Rente wegen voller Erwerbsminderung bewilligt bekommt (*BAG* 15.3.2006 EzA § 21 TzBfG Nr. 1; *Sievers* Rn 17, angemessene wirtschaftliche Absicherung). Die **verminderte Erwerbsfähigkeit stellt allein keinen ausreichenden Sachgrund für die auflösende Bedingung dar**. Erst die Einbindung der Interessen des Arbeitnehmers durch die Anknüpfung an die rentenrechtliche Versorgung rechtfertigt die Beendigung des Arbeitsverhältnisses ohne Kündigung (*BAG* 15.2.2017 NZA-RR 2017, 398). Es bleibt bei der Beendigung, wenn der Anspruch auf unbefristete Rente wegen Erwerbsminderung nach Eintritt der formellen Bestandskraft des Rentenbescheides entfällt (*BAG* 23.6.2004 EzA § 17 TzBfG Nr. 5). In aller Regel endet das Arbeitsverhältnis mit Zustellung des Rentenbescheids (vgl. § 33 Abs. 2 TVöD; § 21 Abs. 1 MTV Schiene, dazu *BAG* 10.12.2014 EzA § 17 TzBfG Nr. 18, Rn 24, 35; 9.2.2011 EzA § 17 TzBfG Nr. 11), soweit der Arbeitnehmer nicht Widerspruch erhebt und seine Weiterbeschäftigung form- und fristgerecht beim Arbeitgeber beantragt (*BAG* 30.8.2017 EzA § 15 TzBfG Nr. 8). Dazu s. Rdn 49, 55.

53 Eine Beendigung infolge der auflösenden Bedingung tritt ebenfalls nicht ein bei rechtzeitiger **Rücknahme des Rentenantrags** (*BAG* 10.10.2012 EzA § 17 TzBfG Nr. 18; 11.3.1998 AP Nr. 8 zu § 59 BAT) und bei Beschränkung des Antrages auf **Gewährung einer Zeitrente** (*BAG* 23.2.2000 EzA § 1 BeschFG 1985 Klagefrist Nr. 3; 14.11.2001 EzA § 4 TVG Wiedereinstellungsanspruch Nr. 2; MüKo-BGB/*Hesse* Rn 16). In diesem Fall **ruht das Arbeitsverhältnis** nur vorübergehend. Trotz einer Weiterbeschäftigungsmöglichkeit sollte das Arbeitsverhältnis aber enden, wenn der Tarifvertrag vorsieht, dass das Arbeitsverhältnis am letzten Tag des Monats vor der Rentenbewilligung endet und das **Weiterbeschäftigungsverlangen** (ein nur mündliches Weiterbeschäftigungsverlangen wahrt das Schriftformerfordernis der § 33 Abs. 3 TVöD, § 59 Abs. 3 BAT nicht: *BAG* 15.3.2006 EzA § 21 TzBfG Nr. 1; 1.12.2004 EzA § 620 BGB 2002 Bedingung Nr. 3; Einhaltung der Textform nach § 126b BGB reicht aber aus: *BAG* 27.7.2016 EzA § 21 TzBfG Nr. 5) nicht vor Zustellung des Rentenbescheides erfolgt (*BAG* 31.7.2002 EzA § 620 BGB Bedingung Nr. 17). Diese aus Gründen der Rechtssicherheit entwickelte Rechtsprechung hat das BAG nun aus verfassungsrechtlichen Erwägungen zu Art. 12 GG modifiziert. Danach beginnt eine tarifvertraglich vorgesehene

Frist für das **Weiterbeschäftigungsverlangen des Arbeitnehmers** (hier § 33 Abs. 3 TV-L) nicht bereits mit dem Zugang des Rentenbescheids an den Arbeitnehmer, sondern erst mit dem Zugang der daran anknüpfenden **Mitteilung des Arbeitgebers, das Arbeitsverhältnis ende** aufgrund des Rentenbescheids (*BAG* 23.7.2014 EzA § 14 TzBfG Nr. 106 Rn 63 ff.; *Sievers* Rn 38 ff.).

Das dem TV-L unterfallende Arbeitsverhältnis eines Arbeitnehmers, dem vom zuständigen Rentenversicherungsträger eine unbefristete Rente wegen **teilweiser Erwerbsminderung** bewilligt wurde, endet nach § 33 Abs. 3 TV-L nicht aufgrund der in § 33 Abs. 2 TV-L bestimmten auflösenden Bedingung, wenn der Arbeitnehmer **trotz seines eingeschränkten Leistungsvermögens** auf seinem bisherigen **oder** einem anderen geeigneten und freien Arbeitsplatz **weiterbeschäftigt werden kann** und er seine Weiterbeschäftigung form- und fristgerecht iSv § 33 Abs. 3 TV-L beim Arbeitgeber beantragt hat. Den Arbeitgeber trifft dazu eine erweiterte Darlegungslast zum Nichtbestehen von Weiterbeschäftigungsmöglichkeiten, wenn er versäumt hat **ein notwendiges betriebliches Eingliederungsmanagement** (§ 167 Abs. 2 (§ 84 Abs. 2 aF) SGB IX; BEM) durchzuführen (*BAG* 30.8.2017 EzA § 15 TzBfG Nr. 8; HWK-*Rennpferdt* Rn 15e). 54

Weiterbeschäftigungsmöglichkeiten setzen einen **freien Arbeitsplatz** voraus (*BAG* 21.1.2009 AP Nr. 7 zu § 1 TVG Tarifverträge: Waldarbeiter, zu § 61 Abs. 3 MTV-Waldarbeiter Rheinland-Pfalz/ Saarland v. 26.1.1982). Weiterbeschäftigungsmöglichkeiten bestehen uU auch bei **geringfügiger Beschäftigung** iSv § 8 Abs. 1 Nr. 1 SGB IV (vgl. *BAG* 27.7.2016 EzA § 21 TzBfG Nr. 5). Der Arbeitgeber ist aber grds. nicht gehalten, einen **neuen Arbeitsplatz zu schaffen** (*BAG* 17.3.2016 EzA § 4 TVG Öffentlicher Dienst Nr. 14). Handelt sich um einen **schwerbehinderten Arbeitnehmer,** ist bei einer **teilweisen Erwerbsminderung** vorab die **Zustimmung des Integrationsamtes** einzuholen (§ 175 [§ 92 aF] SGB IX; *BAG* 10.12.2014 EzA § 21 TzBfG Nr. 3; *Sievers* Rn 44; s.a. Rdn 54). Erst mit Zustimmung des Integrationsamtes beginnt die **Klagefrist** des § 17 TzBfG zu laufen (*BAG* 9.2.2011 EzA § 17 TzBfG Nr. 11; HWK-*Rennpferdt* Rn 30). Vgl. Rdn 18. 55

Frei ist ein Arbeitsplatz in diesem Sinne, wenn er **bei Eintritt der auflösenden Bedingung unbesetzt** ist oder absehbar alsbald frei wird (Dörner Befr. Arbeitsvertrag Rn 357 ff.; *Sievers* Rn 25; ErfK-*Müller-Glöge* Rn 6). Allerdings muss der Arbeitgeber nicht von sich aus prüfen, welche Weiterbeschäftigungsmöglichkeiten bestehen; der Arbeitnehmer muss vielmehr die in Frage kommenden Arbeitsplätze dem Arbeitgeber rechtzeitig benennen (*BAG* 31.7.2002 EzA § 620 BGB Bedingung Nr. 17; 9.8.2000 ZTR 2001, 270; vgl. aber Rdn 54 BEM). Die weitere Tätigkeit des Arbeitnehmers, die der Arbeitgeber in Unkenntnis der Rentengewährung entgegennimmt, hindert nicht den Eintritt der auflösenden Bedingung (*BAG* 30.4.1997 NJW 1998, 557, dort auch zur Bindung an den Verwaltungsakt des Rentenversicherungsträgers und zur etwaigen Rückabwicklung von Arbeitgeberleistungen zu § 59 BAT). 56

Die **Zustimmung des Integrationsamtes bei schwerbehinderten Menschen** ist nicht erforderlich, wenn der Arbeitnehmer bei fehlender Offenkundigkeit der Schwerbehinderung weder im Zeitpunkt der Rentenantragstellung, noch bei Zustellung des Rentenbescheides als schwerbehinderter Mensch anerkannt war oder einen entsprechenden Anerkennungsantrag gestellt hatte (vgl. *BAG* 31.7.2002 EzA § 620 BGB Bedingung Nr. 17; näher dazu Erl. KR-*Gallner*§ 175 SGB IX). Die Zustimmung des **Integrationsamtes** ist ferner **entbehrlich,** wenn dem Arbeitnehmer eine **volle, unbefristete Erwerbsminderung** bescheinigt worden ist, da diese Zustimmung nach § 175 S. 1 (§ 92 S. 1 aF) SGB IX nur in Fällen der **teilweisen** Erwerbsminderung und bei Erwerbsminderungen, Berufsunfähigkeiten und Erwerbsunfähigkeiten **auf Zeit** erforderlich ist (*BAG* 6.4.2011 EzA § 17 TzBfG Nr. 13 Rn 25; *Sächs. LAG* 21.7.2006 ZTR 2007, 266; ErfK-*Müller-Glöge* Rn 6a). Zum Rechtszustand vor dem 2.7.2001 vgl. *BAG* 3.9.2003 NZA 2004, 328. 57

Der **Feststellung der Erwerbsminderung** ist der Bescheid eines Versicherungsträgers über die Gewährung eines Vorschusses über die künftige Rente dann gleichzustellen, wenn darin schon der Rentenanspruch dem Grunde nach anerkannt wird (*BAG* 24.6.1987 AP Nr. 5 zu § 59 BAT; das subjektive Empfinden des Arbeitnehmers genügt jedenfalls nicht). Wird der bestandskräftige Bescheid über die Rentengewährung später zurückgenommen, ändert das an der Beendigung des 58

Arbeitsverhältnisses nichts mehr (*BAG* 3.9.2003 NZA 2004, 328; selbst für den Fall der Wiederherstellung der Erwerbsfähigkeit; *BAG* 10.12.2014 EzA § 17 TzBfG Nr. 18). Ebenso endet das Arbeitsverhältnis selbst dann, wenn der Rentenbescheid über die Gewährung einer Rente wegen Erwerbsminderung nach Ablauf der Widerspruchsfrist aufgehoben und dem Arbeitnehmer stattdessen eine befristete Rente wegen verminderter Erwerbstätigkeit gewährt wird (*BAG* 23.6.2004 EzA § 17 TzBfG Nr. 5; sehr fragwürdig nach der Entscheidung des *BAG* 23.7.2014 EzA § 14 TzBfG Nr. 106; vgl. Rdn 49).

59 Eine in einem Tarifvertrag geregelte auflösende Bedingung, wonach das Arbeitsverhältnis bei Gewährung einer **Rente auf unbestimmte Dauer wegen voller Erwerbsminderung** endet, ist nicht deshalb unwirksam, weil die Regelung für den Fall der späteren Wiederherstellung der Erwerbsfähigkeit **keinen Wiedereinstellungsanspruch** vorsieht (*BAG* 10.12.2014 EzA § 21 TzBfG Nr. 3). Dagegen ist eine im **Tarifvertrag** enthaltene auflösende Bedingung bei der **Gewährung einer Zeitrente** nur dann zulässig, wenn vorgesehen ist, dass **bei Wiederherstellung** der Erwerbsfähigkeit ein **Anspruch auf Wiedereinstellung** besteht (zum § 37 Abs. 4 MTV Deutsche Post AG; Postbeschäftigungsunfähigkeit *BAG* 27.7.2011 EzA § 17 TzBfG Nr. 14.; zum Tarifvertrag für die Musiker in Kulturorchestern mit derartiger Regelung *BAG* 23.2.2000 EzA § 620 BGB Bedingung Nr. 15; zum § 61 Abs. 3 MTV-Waldarbeiter Rheinland-Pfalz/Saarland v. 26.1.1982, *BAG* 21.1.2009 AP Nr. 7 zu § 1 TVG Tarifverträge: Waldarbeiter; ErfK-*Müller-Glöge* Rn 6a; APS-*Backhaus* § 14 TzBfG Rn 249); eine entsprechende Soll-Vorschrift ist dann als Muss-Vorschrift zu verstehen (vgl. dazu *BAG* 23.2.2000 EzA § 4 TVG Wiedereinstellungsanspruch Nr. 1). Hier darf die **Verknüpfung mit der Versorgung** durch die **Rente** nicht außer Acht gelassen werden (vgl. zB *BAG* 28.6.1995 EzA § 620 BGB Nr. 134; 26.9.2001 EzA § 4 TVG Einzelhandel Nr. 51; 3.9.2003 NZA 2004, 328; *Dörner* Befr. Arbeitsvertrag Rn 349).

60 Die wirksame auflösende Bedingung bei einer **Rentenbewilligung** setzt eine **rentenrechtliche Absicherung** voraus (*BAG* 23.7.2014 EzA § 14 TzBfG Nr. 106, 23.6.2004 EzA § 17 TzBfG Nr. 5; 6.12.2000 EzA § 620 BGB Bedingung Nr. 16, Versorgungsanstalt der Deutschen Bundespost; *Sievers* Rn 31; vgl. auch *BAG* 23.2.2000 EzA § 1 BeschFG 1985 Klagefrist Nr. 3). Wird dem Arbeitnehmer nur **Erwerbsunfähigkeitsrente auf Zeit** (s. Rdn 53 f.) gewährt, dann sind **tarifliche Auflösungsklauseln** nicht anzuwenden, die nach ihrem Zweck allein auf den vorbehaltlosen dauerhaften Bezug des Altersruhegeldes abstellen (*BAG* 13.6.1985 EzA § 611 BGB Beschäftigungspflicht Nr. 16 zu MTV Einzelhandel und Groß- und Außenhandel NRW; vgl. im Übrigen zur nur befristet gewährten Erwerbsunfähigkeitsrente: *BAG* 23.2.2000 EzA § 620 BGB Bedingung Nr. 15; *LAG Nds.* 30.5.1996 ZTR 1997, 517; *LAG SchlH* 12.6.1996 LAGE § 620 BGB Bedingung Nr. 6; HaKo-KSchR/*Mestwerdt* Rn 27; *Sievers* Rn 21; *Annuß/Thüsing-Annuß* Rn 23 mwN).

d) Altersteilzeit

61 Im Rahmen einer **Altersteilzeitvereinbarung** kann als auflösende Bedingung einzelvertraglich oder tarifvertraglich die **Beendigung** des Arbeitsverhältnisses zum **Zeitpunkt des frühestmöglichen Bezugs einer gesetzlichen Altersrente** festgelegt werden (*BAG* 8.8.2007 EzA § 21 TzBfG Nr. 2) oder durch arbeitsvertragliche Inbezugnahme eine tarifliche Regelung zu einer auflösenden Bedingung bei andauernder Arbeitsunfähigkeit Anwendung finden (*BAG* 27.7.2011 EzA § 17 TzBfG Nr. 14, Postbeschäftigungsunfähigkeit). Eine derartige Vereinbarung bedarf im Formulararbeitsvertrag eines deutlichen Hinweises auf den möglichen Zeitpunkt der früheren Beendigung des Arbeitsverhältnisses, um nicht als »überraschende Klausel« iSv § 305c Abs. 1 BGB zu scheitern. Der **einzelvertraglich in Bezug genommene Tarifvertrag** wird nach § 310 Abs. 4 S. 1 BGB zwar zu den Voraussetzungen einer auflösenden Bedingung wegen der anzunehmenden Richtigkeitsgewähr tariflicher Regelungen inhaltlich nicht einer richterlichen AGB-Kontrolle unterzogen. Dies soll aber nicht eine Prüfung nach §§ **305c S. 1, 307 Abs. 1 S. 2 BGB** hinsichtlich der arbeitsvertraglichen Verweisungsklausel hindern (Überraschungsklausel und Transparenzgebot; *BAG* 8.8.2007 EzA § 21 TzBfG Nr. 2; krit. zur Unterscheidung des BAG zur »Inanspruchnahme der Rente« einerseits

und der »Beendigung des Arbeitsverhältnisses« andererseits, *Marschner* Anm. EzTöD 700 TV ATZ Nr. 9; jetzt auch *BAG* 23.7.2014 EzA § 14 TzBfG Nr. 106).

Eine **tarifvertraglich** bestimmte auflösende Bedingung, die das **Ende eines Altersteilzeitarbeitsverhältnisses** für den Fall der **vorgezogenen, ungekürzten Altersrente** vorsieht, begegnet auch dann keinen Bedenken, wenn die dazu ausführenden gesetzlichen Regelungen (hier § 236a SGB VI; Altersrente für schwerbehinderte Menschen) erst nach Abschluss des Altersteilzeitarbeitsvertrages in Kraft gesetzt werden (*BAG* 20.2.2008 – 7 AZR 990/06). Es genügt, wenn der in Bezug genommene Tarifvertrag zur Voraussetzung des Eintritts der auflösenden Bedingung den »Bezug einer ungekürzten Altersrente« macht. 62

e) Mangelnde Eignung oder späterer Eignungswegfall

Das Arbeitsverhältnis endet aufgrund wirksamer (tarifvertraglicher) auflösender Bedingung, wenn zB **Flugzeugpersonal fluguntauglich** wird und eine Weiterbeschäftigung beim Bodenpersonal in absehbarer Zeit (Auslauffrist) nicht möglich ist (*BAG* 20.5.2020 – 7 AZR 83/19; 26.2.2020 EzA § 21 TzBfG Nr. 12; 11.12.2019 – 7 AZR 350/18; 17.04.2019 EzA § 21 TzBfG Nr. 10 (Regelung in AGB); 16.10.2008 – 7 AZR 185/07; 14.5.1987 EzA § 620 BGB Bedingung Nr. 7; 11.10.1995 EzA § 620 BGB Bedingung Nr. 11; *Rossa/Hoppe* ArbR 2011, 525; *Enderlein* RdA 1998, 96; LS-*Schlachter* Rn 28; ErfK-*Müller-Glöge* Rn 4; krit. zum Erfordernis der Prüfung der Frage der Beschäftigungsmöglichkeit auf einem anderen freien Arbeitsplatz *Annuß/Thüsing-Annuß* Rn 24, 17). Der Verlust der Flugtauglichkeit stellt für sich allein genommen keinen ausreichenden **Sachgrund** für die auflösende Bedingung dar. Erst die sich aus dem Verlust der Flugtauglichkeit ergebende **fehlende Beschäftigungsmöglichkeit** des Arbeitgebers rechtfertigt die Beendigung des Arbeitsverhältnisses ohne Kündigung. Besteht nach der Feststellung der Flugtauglichkeit kein freier und geeigneter Arbeitsplatz, wäre die Aufrechterhaltung des bisherigen Arbeitsverhältnisses sinnentleert. Der Arbeitgeber kann den Arbeitnehmer nicht mehr beschäftigen; der Arbeitnehmer ist wegen der Fluguntauglichkeit nicht mehr in der Lage seine arbeitsvertraglich geschuldete Leistung zu erbringen (*BAG* 16.10.2008 – 7 AZR 185/07; APS-*Backhaus* § 14 TzBfG Rn 250). Die Lösungsansätze zum späteren Eignungswegfall stellen letztlich im Ergebnis – wie bei den Fällen der Erwerbsunfähigkeit – auf die fehlende Beschäftigungsmöglichkeit ab (HaKo-KSchR/*Mestwerdt* Rn 30; HWK-*Rennpferdt* Rn 15). Die Grundsätze zur erweiterten **Darlegungslast** bei **unterbliebenem betrieblichen Eingliederungsmanagement** (BEM; § 167 Abs. 2 [§ 84 Abs. 2 aF] SGB IX) gelten auch im Fall der Befristungskontrolle bei einer an die Feststellung dauerhafter Flugdienstuntauglichkeit geknüpften auflösenden Bedingung (*BAG* 17.04.2019 EzA § 21 TzBfG Nr. 10). 63

Es wird auch vertreten, dass das Arbeitsverhältnis vereinbarungsgemäß dann enden kann, wenn ein alkoholgefährdeter Arbeitnehmer **Alkohol** zu sich nimmt und dadurch das Arbeitsverhältnis gestört wird (dafür *Annuß/Thüsing-Annuß* Rn 20 mwN; *LAG München* 29.10.1987 DB 1988, 506; aA KR-*Lipke/Bubach* § 14 TzBfG Rdn 411; *Rolfs* Rn 6; HaKo-TzBfG/*Joussen* Rn 21; APS-*Backhaus* Rn 25, § 14 TzBfG Rn 163; AR-*Schüren/Moskalew* Rn 15, unzulässiger Verzicht auf Kündigungsschutz). Problematisch ist es, generell den **Wegfall der gesundheitlichen Eignung** als ausreichend anzuerkennen (DDZ-*Wroblewski* Rn 14; *Rolfs* Rn 6; HaKo-KSchR/*Mestwerdt* Rn 31; Arnold/Gräfl-*Rambach* Rn 15; aA *Annuß/Thüsing-Annuß* Rn 20, jedoch mit der Einschränkung, dass solche Konstellationen ausgeklammert sind, in denen der Arbeitgeber zur Entgeltfortzahlung wegen Arbeitsunfähigkeit verpflichtet ist). Dem stehen im Verhaltensbereich grds. Schutzbestimmungen des **Entgeltfortzahlungs- und des Kündigungsschutzgesetzes** entgegen *(Schaub/Koch* § 38 Rn 39); außerdem ist eine eindeutige Bestimmung der auflösenden Bedingung regelmäßig nicht fassbar. Einen Ausweg kann im Bestandsschutzprozess die Aufnahme einer auflösenden Bedingung in einen **gerichtlichen Vergleich** nach § 14 Abs. 1 Nr. 8 TzBfG bieten (*Kleinebrink* ArbRB 2011, 353). Dazu s. Rdn 71 f., 80 ff. 64

Das Arbeitsverhältnis eines Mitarbeiters eines Wach- und Sicherheitsunternehmens endet aufgrund einer **tarifvertraglichen** Norm, die die Beendigung des Arbeitsvertrages bei **Wegfall der behördlichen Zustimmung zur Beschäftigung** des Mitarbeiters vorsieht, nur dann, wenn **keine anderweitige** 65

Beschäftigungsmöglichkeit besteht (*BAG* 19.3.2008 ZTR 2008, 625 – Entzug einer personenbezogenen Einsatzgenehmigung durch die US-Streitkräfte; 25.8.1999 EzA § 620 BGB Bedingung Nr. 13; *LAG RhPf* 21.10.2020 – 7 Sa 426/19; 22.6.2017 – 5 Sa 378/16; 11.4.2013 – 10 Sa 528/12; ErfK-*Müller-Glöge* Rn 4a; ferner *Rossa/Hoppe* ArbR 2011, 525, die auch eine **einzelvertraglich** vereinbarte auflösende Bedingung für zulässig halten, soweit der Arbeitgeber bei Vertragsschluss prognostizieren durfte, dass bei Bedingungseintritt eine Weiterbeschäftigungsmöglichkeit ausfällt). Der Entzug der Einsatzgenehmigung zählt nicht zu dem vom Arbeitgeber grds. zu tragenden Wirtschaftsrisiko (s. Rdn 30). Der Arbeitgeber ist nicht verpflichtet, den betroffenen Arbeitnehmer trotz der generell geäußerten Ablehnung dem Kunden anzubieten, sofern tatsächlich objektive Gründe für den Entzug der Einsatzgenehmigung vorgelegen haben (*LAG RhPf* 15.3.2012 – 11 Sa 662/11). Vgl. ferner KR-*Lipke/Bubach* § 14 TzBfG Rdn 407 ff.

66 In beiderseitigem Interesse kann es liegen, wenn der Arbeitnehmer auf Dauer unter dem Vorbehalt einer vom **Amtsarzt** noch festzustellenden **gesundheitlichen Eignung** vorläufig eingestellt und beschäftigt wird und damit die Feststellung der Nichteignung durch den Amtsarzt zur auflösenden Bedingung erhoben wird (*Sievers* Rn 12; LS-*Schlachter* Rn 25; MHH-TzBfG/*Meinel* Rn 15; Arnold/Gräfl-*Rambach* Rn 14; vgl. zu diesem Themenkreis insgesamt *LAG Bln.* 16.7.1990 LAGE § 620 BGB Bedingung Nr. 2 mwN aus dem Schrifttum; *LAG Köln* 12.3.1991 LAGE § 620 BGB Bedingung Nr. 3; *Hess. LAG* 8.12.1994 LAGE § 620 BGB Bedingung Nr. 4; aA *ArbG Hmb.* 22.10.1990 NZA 1991, 941; APS-*Backhaus* Rn 22, § 14 TzBfG Rn 316 f., da Untersuchungen vor Beginn des Arbeitsverhältnisses durchgeführt werden können; *Dörner* Befr. Arbeitsvertrag Rn 367 f.). Dies gilt ungeachtet der Tatsache, dass der Arbeitgeber bei **gesundheitlicher Untauglichkeit** des Arbeitnehmers oder dann, wenn dieser sich trotz Aufforderung einer Eignungsuntersuchung nicht stellt, das Recht hat, das Arbeitsverhältnis durch **ordentliche Kündigung** innerhalb der Frist von sechs Monaten des § 1 Abs. 1 KSchG zu beenden (vgl. dazu auch *Enderlein* RdA 1998, 102 f.). Der Arbeitgeber kann nicht ausschließlich darauf verwiesen werden. Im laufenden Arbeitsverhältnis kann eine ärztlich **festgestellte dauerhafte Dienstunfähigkeit einer beurlaubten Beamtin** die Grundlage für die Fortsetzung des Arbeitsverhältnisses (auflösende Bedingung gem. § 21 TzBfG iVm § 14 Abs. 1 S. 2 Nr. 6 TzBfG) beseitigen. Die Beamtin kann sich dann gegen die Versetzung in den Ruhestand nach § 44 BBG gerichtlich zur Wehr setzen (*LAG Bln.-Bra* 24.10.2013 – 17 Sa 1142/13, Rn 31 ff.).

67 Festzuhalten bleibt aber, dass **nicht pauschal und zu unbestimmt auf eine gesundheitliche Eignung abgestellt werden darf** (wohl auch MüKo-BGB/*Hesse* Rn 17; bedenklich daher *Hess. LAG* 8.12.1994 LAGE § 620 BGB Bedingung Nr. 4, wonach es dem Arbeitgeber freisteht das ärztliche Untersuchungsergebnis zur Nutzung einer auflösenden Bedingung heranzuziehen; krit. dazu auch etwa *Gaul/Laghzaoui* ZTR 1996, 300). Ausreichen wird es indes, die Feststellung durch einen **Betriebsarzt** für maßgebend zu erklären (so *LAG Bln.* 16.7.1990 LAGE § 620 BGB Bedingung Nr. 2). Eigene Feststellungen wird das Gericht nicht zu treffen haben, wenn die detaillierten Feststellungen des Amts- oder Betriebsarztes im Rechtsstreit vorgelegt werden (*LAG Bln.* 16.7.1990 LAGE § 620 BGB Bedingung Nr. 2). Etwaigen **Zeitbedenken** wird man dadurch Rechnung tragen können, dass man es dem Arbeitgeber unter Verwirkungsgesichtspunkten verwehrt, sich auf die auflösende Bedingung noch berufen zu können, wenn die Eignungsuntersuchung erst später als ein Jahr nach dem Beginn des Vertragsverhältnisses durchgeführt wird und keine dem Arbeitnehmer zuzurechnende Bedingungsvereitelung vorliegt (vgl. *Schaub/Koch* § 38 Rn 39, Rechtsmissbrauch).

68 Ist die Eignungsuntersuchung in **unternehmenseinheitlichen Richtlinien** vorgegeben, müssen diese die beiderseitige Interessenlage (zB körperliche Integrität des Arbeitnehmers, Art. 2 Abs. 2 GG, Einsatzmöglichkeit im Betrieb) angemessen gewichten. Außerdem erfolgt eine Selbstbindung des Arbeitgebers, die eine auflösende Bedingung nicht mehr greifen lässt, wenn er sich nicht an seine Richtlinien hält (*ArbG Göttingen* 16.4.1997 AiB 1997, 672). Der Wegfall der **Sozialversicherungsfreiheit** eines Langzeitstudenten in Teilzeitarbeit setzt weder einen Grund für eine personenbedingte Kündigung noch für eine auflösende Bedingung des Arbeitsverhältnisses (*BAG* 18.1.2007 EzA § 1 KSchG Personenbedingte Kündigung Nr. 20; LS-*Schlachter* Rn 28).

f) Wiederaufleben eines ruhenden Beamtenverhältnisses

Eine auflösende Bedingung, wonach bei Wiederaufleben des ruhenden Beamtenverhältnisses das Arbeitsverhältnis endet, ist durch den sachlichen Grund, der **gesicherten Rückkehrmöglichkeit** ins Beamtenverhältnis und **Vermeidung einer Pflichtenkollision**, gerechtfertigt (*BAG* 1.8.2018 – 7 AZR 882/16, Rn 33; 20.6.2018 – 7AZR 689/16 EzA § 21 TzBfG Nr. 8, Rn 52; 25.5.2005 EzA § 14 TzBfG Nr. 18; *LAG Bay.* 10.5.2017 NZA-RR 2017, 387; *LAG Nds.* 23.6.2016 ZTR 2016, 642; einschränkend *Hess. LAG* 12.7.2016 ZTR 2017, 108, Grund für die Nichtverlängerung des Sonderurlaubs eines beurlaubten Beamten muss aus der Sphäre des Dienstherrn und nicht aus der des Vertragsarbeitgebers herrühren; sämtlich Entscheidungen zu Postnachfolgeunternehmen). Derartige Regelungen finden sich vor allem in Tarifverträgen iVm **Sonderurlaubsbestimmungen** (vgl. *BAG* 21.4.2016 EzTöD 100 § 34 Abs. 2 TVöD-AT Personenbedingte Kündigung Nr. 4). Hierzu bestehende Tarifnormen erfassen jedenfalls die Fälle nicht, in denen der Bedingungseintritt in das **Belieben des Arbeitgebers** gestellt würde und ihr Eintritt allein von den wirtschaftlichen Interessen des Arbeitgebers geprägt ist (*LAG Bln.-Bra.* 16.12.2016 – 26 Sa 1892/15). 69

7. Haushaltsgründe (Nr. 7)

Dieser Sachgrund (vgl. im Übrigen KR-*Lipke/Bubach* § 14 TzBfG Rdn 439 ff. und zur Definition *BAG* 18.10.2006 EzA § 14 TzBfG Nr. 34; Drittmittel fallen nicht unter § 14 Abs. 1 S. 2 Nr. 7, doch kann Drittmittelfinanzierung eine kalendermäßige Befristung rechtfertigen, *BAG* 15.2.2006 ZTR 2006, 509) ist für eine auflösende Bedingung **nicht geeignet**, da Nr. 7 gerade nicht auf einen **Ungewissheitstatbestand** abstellt (im Ergebnis ebenso etwa MHH-TzBfG/*Meinel* Rn 16; HWK-*Rennpferdt* Rn 20; APS-*Backhaus* Rn 23, § 14 TzBfG Rn 309; HaKo-KSchR/*Mestwerdt* Rn 34; HaKo-TzBfG/*Joussen* Rn 25; aA *Annuß/Thüsing-Annuß* Rn 25; vgl. auch *LAG Hmb.* 7.9.2005 NZA-RR 2005, 658). Damit ist nicht ausgesagt, dass es außerhalb des Katalogs des § 14 Abs. 1 S. 2 TzBfG keine weiteren Gründe für eine auflösende Bedingung geben soll. So kann die Vereinbarung der auflösenden Bedingung des Wegfalls von **Drittmitteln** in Betracht kommen (vgl. KR-*Lipke/Bubach* § 14 TzBfG Rdn 477 ff.; grds. befürwortend *Annuß/Thüsing-Annuß* Rn 25; grds. dagegen *Salje/Bultmann* DB 1993, 1469, 1471). Im Übrigen ist die Bewilligung von Haushaltsmitteln auf einen von vornherein zeitlich abgrenzbaren Zeitraum und nicht auf eine ungewisse Zeitspanne angelegt und von daher einer auflösenden Bedingung nicht zugänglich (LS-*Schlachter* Rn 29; AR-*Schüren/Moskalew* Rn 13). 70

8. Gerichtlicher Vergleich (Nr. 8)

Dass eine in einem **gerichtlichen Vergleich** enthaltene auflösende Bedingung sachlich gerechtfertigt sein kann, ist anerkannt (*BAG* 9.2.1984 EzA § 620 BGB Bedingung Nr. 2: Fortsetzung des Arbeitsverhältnisses bis zur Neubesetzung der Planstelle des Professors; *LAG BW* 15.10.1990 LAGE § 611 BGB Aufhebungsvertrag Nr. 3; *LAG BW* 15.12.1981 AP Nr. 5 zu § 620 BGB Bedingung m. zust. Anm. *Glaubitz*: Fortsetzung des Arbeitsverhältnisses für ein Jahr und Ende mit Ablauf dieses Jahres, wenn der Arbeitnehmer während der Verlängerung an mehr als 10 % der Arbeitstage krank sein sollte; *Enderlein* RdA 1998, 98 f.) und entspricht dem Befristungsrecht (KR-*Lipke/Bubach* § 14 TzBfG Rdn 482, 494, zum **außergerichtlichen Vergleich** KR-*Lipke/Bubach* § 14 TzBfG Rdn 497 f.; hierzu vgl. *BAG* 22.10.2003 EzA § 620 BGB Nr. 8; LS-*Schlachter* Rn 30; HaKo-TzBfG/*Joussen* Rn 26; *Sievers* Rn 48). Entscheidender **Sachgrund** ist hier die **richterliche Einflussnahme auf den Vergleichsinhalt** iS eines Interessenausgleichs. Es muss sich allerdings um einen Vergleich iSd § 794 Abs. 1 Nr. ZPO handeln, wobei der Vergleich gem. § 278 Abs. 6 S. 1 Alt. 2 ZPO miterfasst ist (*BAG* 23.11.2006 EzA § 278 ZPO 2002 Nr. 1; 14.1.2015 EzA § 14 TzBfG Nr. 110, Rn 26; 12.11.2014 EzA § 14 TzBfG Nr. 109, Rn 18; 15.2.2012 EzA § 14 TzBfG Nr. 84, Rn 17, in Abgrenzung zum lediglich protokollierten Vergleich nach § 278 Abs. 6 S. 1 Alt. 1 ZPO; aA *LAG Nds.* 5.11.2013 LAGE § 14 TzBfG Nr. 79, Rn 52 m. Anm. *Joussen*). 71

Der **sachliche Grund** für eine auflösende Bedingung liegt bereits dann vor, wenn diese **im gerichtlichen Vergleich vereinbart** wurde (*LAG Nds.* 11.1.2011 – 16 Sa 407/10, bei vergleichsweiser 72

Festlegung, dass das Arbeitsverhältnis bei **nichtbestandener Prüfung als Wachmann** und Diensthundeführer endet). Möglich ist weiterhin in einem Vergleich zur Beendigung eines Bestandsschutzverfahrens festzulegen, dass das fortzusetzende Arbeitsverhältnis bei einem erneuten **alkoholbedingten Rückfall** oder bei jenseits der Entgeltfortzahlungspflichten liegenden **Zeiträume zukünftiger krankheitsbedingter Arbeitsunfähigkeit** auflösend bedingt sein Ende findet (wie hier APS-*Backhaus* Rn 25, § 14 TzBfG Rn 344; *Boewer* Rn 30; HaKo-KSchR/*Mestwerdt* Rn 35; *Kleinebrink* ArbRB 2011, 353; wohl auch ErfK-*Müller-Glöge* Rn 4a, zB bei nicht rechtzeitiger Rückkehr aus dem Urlaub; aA *Dörner* Befr. Arbeitsvertrag Rn 367 f.; HaKo-TzBfG/*Joussen* Rn 21, 26).

III. Sonstige (ungeschriebene) Sachgründe

73 Parallel zu den vorstehenden Grundsätzen kann vereinbart werden, dass das Arbeitsverhältnis endet, wenn die erforderliche **Zustimmung einer Erlaubnisbehörde** zur Beschäftigung des Arbeitnehmers verweigert wird (vgl. *BAG* 25.8.1999 AP Nr. 24 zu § 620 BGB Bedingung; 4.12.1991 EzA § 620 BGB Bedingung Nr. 10; *Staudinger/Preis* [2019] § 620 BGB Rn 261; *Annuß/Thüsing-Annuß* Rn 20 u. 25; vgl. Rdn 65) oder für den Fall des endgültig Nichtbestehens der Staatsprüfung im Rahmen des berufsbegleitenden Vorbereitungsdienstes (*LAG Bln.-Bra.* 14.5.2020 – 21 Sa 1516/19, Rn 86 f.). Ob bei einer von der BA geförderten **Arbeitsbeschaffungsmaßnahme** ebenfalls eine auflösende Bedingung an die Fortsetzung der Förderung geknüpft werden kann, war offen. Jedenfalls hat das BAG eine Zweckbefristung gleichen Inhalts gebilligt (*BAG* 19.1.2005 EzA § 620 BGB 2002 Nr. 11), weil es bei der Bindung an die (offene, bis zu drei Jahren mögliche) Dauer der Förderung **keinen Hinderungsgrund** erkannte. Die klassische Arbeitsbeschaffungsmaßnahme iSv § 267 SGB III aF ist inzwischen durch Eingliederungshilfen abgelöst worden, die eine Befristung von Arbeitsverhältnissen nicht mehr rechtfertigen.

74 Bei einem **ehebezogenen Gruppenarbeitsverhältnis** (zB Hausmeister- oder Heimleiterehepaar) kann eine wirksame auflösende Bedingung vereinbart werden, nach der das Arbeitsverhältnis des einen Ehepartners endet, wenn das des anderen wirksam beendet wird (*BAG* 17.5.1962 EzA § 9 MuSchG Nr. 2; vgl. auch *BAG* 21.10.1971 EzA § 1 KSchG Nr. 23; *LAG SA* 8.3.2000 LAGE § 611 BGB Abmahnung Nr. 48). In diesen Fällen lässt sich die zulässige auflösende Bedingung durch die Eigenart der (gemeinsamen) Arbeitsleistung rechtfertigen (§ 14 Abs. 1 Nr. 4 TzBfG; ErfK-*Müller-Glöge* Rn 5; aA APS-*Backhaus* Rn 25, § 14 TzBfG Rn 311 f.).

75 Als auflösende Bedingung kommt ferner in Betracht die Niederlage des Arbeitgebers in einem **Konkurrentenklageverfahren** (HaKo-TzBfG/*Joussen* Rn 27) oder die **Gastdozentur** auf einer vakanten Professorenstelle für die Dauer des Besetzungsverfahrens (vgl. *LAG Bln.-Bra.* 19.9.2014 LAGE § 14 TzBfG Nr. 88). Es ist der Sache angemessen, dass sich der Arbeitgeber insoweit gegen die Doppelbesetzung einer Stelle absichert (vgl. *BAG* 16.3.2005 EzA § 14 TzBfG Nr. 17). Hier liegt eine ähnliche Interessenlage vor wie bei der Abhängigkeit des Arbeitgebers von der **Zustimmung des Betriebs- oder Personalrats** zur Einstellung eines Arbeitnehmers (s. Rdn 40). Schließlich kann die auflösende Bedingung auch auf ausdrücklichen **Wunsch des Arbeitnehmers** aufgenommen werden (zB bei Auswanderung und noch offener Erteilung eines Visums). Es gelten die Voraussetzungen, wie bei KR-*Lipke/Bubach* § 14 TzBfG Rdn 373 ff. beschrieben. Die Bestellung eines Arbeitnehmers zum **Geschäftsführer eines anderen Unternehmens** kann einen sachlichen Grund für eine **nachträglich vereinbarte auflösende Bedingung** des Arbeitsverhältnisses rechtfertigen (*LAG BW* 12.7.2017 – 2 Sa 2/17, EzA-SD 2018, Nr. 3, 6). Unzulässig ist hingegen eine Kopplungsklausel, mit der im anstellenden Unternehmen der Gleichlauf von Anstellungsverhältnis und Organstellung erreicht werden sollen (*BAG* 17.6.2020 EzA § 21 TzBfG Nr. 13).

IV. Unwirksamkeitsgründe

1. Grundsätzliches

76 Wird den dargestellten **Anforderungen an die Vereinbarung** einer auflösenden Bedingung **nicht Rechnung getragen**, ist die Vereinbarung **unwirksam** (AR-*Schüren/Moskalew* Rn 20; *Sievers* Rn 57).

Es kommt dann gem. §§ 21, 16 S. 1, 1. Hs. TzBfG zu einem **Arbeitsvertrag auf unbestimmte Zeit**, soweit der Arbeitnehmer rechtzeitig nach Eintritt der auflösenden Bedingung Entfristungsklage nach § 17 **TzBfG** erhoben hat (*BAG* 6.4.2011 EzA § 17 TzBfG Nr. 13; s. Rdn 20 und KR-*Bader/Kreutzberg-Kowalczyk* § 17 TzBfG Rdn 5, 10). Näher dazu Erl. zu § 16 TzBfG.

Es gibt weitere Fallgestaltungen, die wegen **Widerspruchs zu grundgesetzlichen oder gesetzlichen Regelungen oder Wertungen** die auflösende Bedingung nicht mehr als legitimes Gestaltungsmittel erscheinen lassen. Daneben ist noch ein **Sonderaspekt aus dem TVöD/BAT-Bereich** anzusprechen. 77

2. Verstoß gegen grundgesetzliche Wertung

Die Vereinbarung, dass im Falle der **Eheschließung** einer Arbeitnehmerin das Arbeitsverhältnis zu einem bestimmten Zeitpunkt endet, ist im Hinblick auf **Art. 6 GG** nicht wirksam (*BAG* 10.5.1957 AP Nr. 1 zu Art. 6 Abs. 1 GG Ehe und Familie; *Annuß/Thüsing-Annuß* Rn 26 ordnet die hier angeführten Fälle der Sittenwidrigkeit zu). Unwirksam ist auch eine auflösende Bedingung, nach der ein Arbeitsvertrag mit einer Arbeitnehmerin bei Feststellung einer **Schwangerschaft** enden soll (*BAG* 28.11.1958 AP Nr. 3 zu Art. 6 Abs. 1 GG Ehe und Familie; *LAG Düsseld.* 16.6.1976 DB 1977, 1196; Hako-KSchR/*Mestwerdt* Rn 32). Diese Vereinbarung steht im Widerspruch zu **Art. 3 Abs. 2 und 3 GG**, zu §§ 1, 7 AGG und zur europäischen Richtlinie 76/207/EG (s. KR-*Gallner* § 17 MuSchG Rdn 179). Eine solche Beendigungsklausel ist auch dann nicht zulässig, wenn die vertragsgemäß zu erbringende Arbeitsleistung der Arbeitnehmerin unter die absoluten Beschäftigungsverbote des MuSchG fällt. Vgl. KR-*Treber/Plum* § 3 AGG Rdn 15 ff. 78

Vor dem Hintergrund des **Art. 9 Abs. 3 GG** kann eine auflösende Bedingung, die das Arbeitsverhältnis bei **Gewerkschaftsbeitritt** enden lassen soll, gleichfalls nicht wirksam vereinbart werden (vgl. insoweit *BAG* 2.6.1987 EzA Art. 9 GG Nr. 43; Anm. *Rüthers* AP Nr. 49 zu Art. 9 GG; *BAG* 28.3.2000 EzA § 99 BetrVG 1972 Einstellung Nr. 6). 79

3. Verstoß gegen gesetzliche Wertungen

Eine einzelvertragliche Vereinbarung, dass das Arbeitsverhältnis ohne weiteres endet, wenn der Arbeitnehmer nach dem **Ende seines Urlaubs** die Arbeit nicht wieder termingerecht aufnimmt, ist unwirksam, weil damit der nach dem **Kündigungsrecht** (einschließlich des § 626 BGB) und dem **Kündigungsschutzgesetz** gewährte **Bestandsschutz** des Arbeitsverhältnisses **vollständig ausgeschlossen** würde (*BAG* 19.12.1974 EzA § 305 BGB Nr. 6; 19.1.2005 EzA § 620 BGB 2002 Nr. 11; AR-*Schüren/Moskalew* Rn 15; aA ErfK-*Müller-Glöge* Rn 4a) **und** ein **Sachgrund** hierfür **nicht zur Verfügung** steht. Vgl. hierzu KR-*Spilger* AufhebungsV Rdn 23. Ein Sachgrund kann sich hierzu aber allein aus der Aufnahme dieser auflösenden Bedingung in einen **gerichtlichen Vergleich** ergeben (s. Rdn 61 f.). Dies gilt gleichermaßen für eine Vereinbarung, nach der das Arbeitsverhältnis zum Ende des Urlaubs aufgelöst wird, verbunden mit einer Wiedereinstellungszusage bei rechtzeitiger Rückkehr (*BAG* 13.12.1984 EzA § 620 BGB Bedingung Nr. 3; Anm. *Bickel* AP Nr. 8 zu § 620 BGB Bedingung; aA *Annuß/Thüsing-Annuß* Rn 21, der insoweit die Wertungen des EFZG berücksichtigen will; vgl. auch Rdn 7). Die Vereinbarung, dass **mangelhafte Leistungen** in einem bestimmten Fach im nächsten Halbjahreszeugnis ohne weiteres zum Ende des Vertragsverhältnisses – hier des Berufsausbildungsverhältnisses – führen sollen, halten einer Sachgrundprüfung nicht stand (vgl. *BAG* 5.12.1985 EzA § 620 BGB Bedingung Nr. 5; *Annuß/Thüsing-Annuß* Rn 21; Hako-KSchR/*Mestwerdt* Rn 39). Die Vereinbarung einer auflösenden Bedingung für **einzelne Vertragsbedingungen** (zB bei einer Zielvereinbarung) bedarf, wenn der Inhalt dem Änderungsschutz nach § 2 KSchG unterliegt, einer sachlichen Begründung, andernfalls ist sie unwirksam *(LAG Köln* 10.7.2003 LAGE § 2 KSchG Nr. 44; fragwürdig, da unzulässige Teilkündigung). Vgl. auch die Zusammenstellung der unzulässigen personenbedingten Auflösungsgründe bei *Staudinger/Preis* [2019] § 620 BGB Rn 262 und Arnold/Gräfl-*Rambach* Rn 15. 80

Keinesfalls kann aber aus dem Vorstehenden gefolgert werden, dass eine Prüfung der **Umgehung des Kündigungsschutzes** (nach alter Rechtslage) wegen der Besonderheiten der auflösenden Bedingung 81 stattzufinden hat (zutr. ErfK-*Müller-Glöge* Rn 3; aA APS-*Backhaus* Rn 12; DDZ-*Wroblewski* Rn 7, 12). Der **Ausschluss des Kündigungsschutzes ist im TzBfG angelegt** und gilt auch für die auflösende Bedingung nach § 21 TzBfG. Berücksichtigungsfähig ist allenfalls, dass auflösende Bedingungen **nicht die Wirkkraft absoluter Kündigungsgründe** entfalten dürfen (*Staudinger/Preis* [2019] § 620 BGB Rn 262; HaKo-KSchR-*Mestwerdt* Rn 39). Vgl. Rdn 21.

82 Eine **auflösende Bedingung**, wonach das Arbeitsverhältnis beendet werden soll, wenn der Arbeitnehmer **erkrankt**, ist angesichts der Bestimmungen zur **Entgeltfortzahlung** nicht gesetzeskonform (*LAG Bln.* 8.11.1960 BB 1961, 95; *LAGBW* 15.10.1990 DB 1991, 918 zu einem auflösend bedingten Aufhebungsvertrag bei längerer krankheitsbedingter Fehlzeit; LS-*Schlachter* Rn 31; *Lakies* Befr. Arbeitsverträge Rn 122). Hierzu kann indessen eine auflösende Bedingung im Rahmen eines **gerichtlichen Vergleichs** (§ 14 Abs. 1 Nr. 8 TzBfG) zur möglichen Beendigung des Arbeitsverhältnisses aufgenommen werden, da hier eine **richterliche Einflussnahme** die einseitige Benachteiligung verhindert (vgl. KR-*Lipke/Bubach* § 14 TzBfG Rdn 485, 488 f.).

83 Schließlich ist eine das Arbeitsverhältnis auflösende Bedingung nicht statthaft, wenn in einem von der BA **geförderten Umschulungsverhältnis** die staatliche Förderung aus einem personenbedingten Grund entfällt (*BAG* 15.3.1991 EzA § 47 BBiG Nr. 1; weitergehend *Felix* NZA 1994, 1111).

4. § 30 Abs. 2 TVöD

84 Im Anwendungsbereich des **BAT** war ein auflösend bedingt geschlossener Arbeitsvertrag nur zulässig, wenn nach den Vorstellungen der Parteien die Bedingung innerhalb einer **Frist von fünf Jahren** eintrat (Protokollnotiz 3 zur Nr. 1 SR 2y BAT; *BAG* 9.2.1984 EzA § 620 BGB Bedingung Nr. 2; *Felix* NZA 1994, 1111; vgl. auch KR-*Bader/Kreutzberg-Kowalczyk* § 22 TzBfG). Entsprechendes kann unter der Geltung des **§ 30 Abs. 2 TVöD** nicht mehr gelten, weil § 30 Abs. 2 S. 1 TVöD jetzt ausdrücklich nur von der kalendermäßigen Befristung spricht, die **auflösende Bedingung also nicht erfasst**. Danach ist die auflösende Bedingung im Geltungsbereich des TVöD nach den Regeln des § 21 TzBfG zulässig (vgl. *BAG* 25.4.2013 EzA § 138 BGB 2002 Nr. 10, Rn 32). Zu den Besonderheiten des TVöD vgl. die Erläuterungen KR-*Bader/Kreutzberg-Kowalczyk* dort.

§ 22 TzBfG Abweichende Vereinbarungen

(1) Außer in den Fällen des § 12 Abs. 3, 13 Abs. 4 und 14 Abs. 2 Satz 3 und 4 kann von den Vorschriften dieses Gesetzes nicht zuungunsten des Arbeitnehmers abgewichen werden.

(2) Enthält ein Tarifvertrag für den öffentlichen Dienst Bestimmungen im Sinne des § 8 Abs. 4 Satz 3 und 4, 12 Abs. 3, 13 Abs. 4, 14 Abs. 2 Satz 3 und 4 oder 15 Abs. 3, so gelten diese Bestimmungen auch zwischen nicht tarifgebundenen Arbeitgebern und Arbeitnehmern außerhalb des öffentlichen Dienstes, wenn die Anwendung der für den öffentlichen Dienst geltenden tarifvertraglichen Bestimmungen zwischen ihnen vereinbart ist und der Arbeitgeber die Kosten des Betriebs überwiegend mit Zuwendungen im Sinne des Haushaltsrechts decken.

Übersicht	Rdn		Rdn
A. Abweichungen vom TzBfG – Allgemeines 1		C. Abweichungen zugunsten der Arbeitnehmer.	15
B. Abweichungen zuungunsten der Arbeitnehmer. 8		I. Allgemeine Grundsätze. . . . . II. Öffentlicher Dienst	15 19
I. Grundsätzliches Verbot. 8		III. Möglichkeiten günstigerer Regelungen	
II. Allgemein zugelassene Abweichung 9		gegenüber dem TzBfG	20
III. Öffentlicher Dienst 10			

A. Abweichungen vom TzBfG – Allgemeines

1 Die (teilweisen) **Vorgängerregelungen** in § 1 BeschFG 1985/1996 enthielten keine Vorschriften zur Frage des Verhältnisses zu tarifvertraglichen Befristungsregelungen (zum damaligen Rechtszustand

insoweit *Lipke* KR 5. Aufl., § 1 BeschFG 1996 Rn 57 ff.; vgl. auch *Annuß/Thüsing-Thüsing* § 22 TzBfG Rn 2 u. 3). Dies hat sich mit dem TzBfG geändert. **§ 22 Abs. 1 TzBfG** erlaubt – so etwa *BAG* 25.3.2009 – 7 AZR 710/07 – ganz generell keine Abweichungen zuungunsten des Arbeitnehmers von den Vorschriften des im TzBfG enthaltenen Befristungsrechts (auch nicht in Gestalt **tarifvertraglicher Öffnungsklauseln**: *Annuß/Thüsing-Thüsing* § 22 TzBfG Rn 14; MHH-TzBfG/*Herms* § 22 TzBfG Rn 11; *Sievers* § 22 TzBfG Rn 3; aA DDZ-*Wroblewski* § 22 TzBfG Rn 24: tarifliche Öffnungsklausel denkbar). Dies gilt dann auch für **Betriebsvereinbarungen** (*BAG* 13.10.2015 – 1 AZR 853/13, Rn 15; vgl. weiter Rdn 8 u. *BAG* 21.2.2017 – 1 AZR 292/15).

§ 22 Abs. 1 erfasst auch **Tarifverträge**, wie die in der Vorschrift angesprochene Ausnahmebestimmung in § 14 Abs. 2 S. 3 TzBfG zweifelsfrei belegt, und zwar sowohl **bestehende** als auch **künftige**, was auch im Hinblick auf Art. 9 Abs. 3 GG unbedenklich ist (vgl. *BVerfG* 24.4.1996 – 1 BvR 712/86). Dass insoweit auch bei Inkrafttreten des TzBfG bestehende Tarifverträge erfasst sind, folgt daraus, dass es sich um die Umsetzung der RL 1999/70/EG des Rates handelt, die nach Art. 2 Abs. 1 bis zum 10.7.2001 umzusetzen war, weswegen eine Weitergeltung entgegenstehender Tarifverträge europarechtlich als nicht akzeptabel erscheint. Das TzBfG stellt grds. ein **einseitig zwingendes Gesetz** dar (*Annuß/Thüsing-Thüsing* § 22 TzBfG Rn 20; diff. ArbRBGB-*Dörner* § 620 Rn 359; parallel bereits früher zB *BAG* 31.8.1994 – 7 AZR 983/93). Eine Ausnahme ist jedoch für **§ 17 TzBfG** zu machen: Diese Norm muss aufgrund ihrer prozessualen Ausrichtung als Parallelbestimmung zu § 4 KSchG als **zweiseitig zwingend** angesehen werden, sie ist also weder positiv noch negativ abweichenden Vereinbarungen oder Regelungen zugänglich (*Annuß/Thüsing-Thüsing* § 22 TzBfG Rn 22; APS-*Backhaus* § 22 TzBfG Rn 45 mwN [in Rn 46 zur Klage gegen die Nichtverlängerungsmitteilung im Bühnenbereich]; ErfK-*Müller-Glöge* § 22 TzBfG Rn 1 u. 4; aA ArbRBGB-*Dörner* § 620 Rn 365; DDZ-*Wroblewski* § 22 TzBfG Rn 4: Abweichung zugunsten des Arbeitnehmers möglich).

Die für befristete Arbeitsverträge insoweit einzig allg. **zugelassene Abweichung** zuungunsten des Arbeitnehmers findet sich in **§ 14 Abs. 2 S. 3 u. 4 TzBfG** (dazu KR-*Lipke/Bubach* § 14 TzBfG Rdn 603 ff.; diese Regelung gilt über § 14 Abs. 2a S. 4 TzBfG auch für die Befristungen nach § 14 Abs. 2a TzBfG – vgl. dazu KR-*Lipke/Bubach* § 14 TzBfG Rdn 643–645; s. weiter Rdn 9). Darüber hinaus lässt **§ 15 Abs. 3 TzBfG** es zu, dass im (aufgrund beiderseitiger Tarifbindung oder Allgemeinverbindlicherklärung) anwendbaren Tarifvertrag vorgesehen wird, dass das befristete Arbeitsverhältnis ordentlich gekündigt werden kann (s. KR-*Lipke/Bubach* § 15 TzBfG Rdn 37 ff., in § 15 TzBfG Rdn 43 f. zur Frage der einzelvertraglichen Bezugnahme auf einen Tarifvertrag; vgl. bzgl. der Schriftform *BAG* 23.7.2014 – 7 AZR 771/12). Auch insofern ist also eine Abweichung zuungunsten des Arbeitnehmers möglich, doch sieht § 15 Abs. 3 TzBfG diese Gestaltungsvariante selbst vor, so dass sie in § 22 Abs. 1 nicht mehr erwähnt werden musste. Dass § 22 Abs. 1 den Anwendungsbereich des § 15 Abs. 3 TzBfG nicht einschränkt, darüber besteht – wenn auch mit unterschiedlicher Begründung – Einigkeit (etwa APS-*Backhaus* § 22 TzBfG Rn 2 u. 41: Redaktionsversehen; ErfK-*Müller-Glöge* § 22 TzBfG Rn 4: keine Abweichung, nur Auslegungsregel; LS-*Laux/Schlachter* § 22 TzBfG Rn 15; MHH-TzBfG/*Herms* § 22 TzBfG Rn 10).

Schließlich enthält Abs. 2 Sonderbestimmungen für die **Tarifverträge im öffentlichen Dienst**. Eine parallele Privilegierung für **Kirchen** und öffentlich-rechtliche Religionsgemeinschaften ist (anders als noch in § 6 Abs. 3 BeschFG) nicht aufgenommen worden (*LAG Köln* 21.6.2007 – 10 Sa 225/07: Die Nichtaufnahme einer sog. Kirchenklausel in § 14 Abs. 2 S. 3 TzBfG ist nicht verfassungswidrig, sondern vom gesetzlichen Gestaltungsspielraum gedeckt; parallel *BAG* 25.3.2009 – 7 AZR 710/07; MHH-TzBfG/*Herms* § 22 TzBfG Rn 4; vgl. indes *Richardi/Annuß* DB 2001, 2201 u. *Rolfs* RdA 2201, 129 bzgl. Art. 140 GG iVm Art. 137 Abs. 3 WRV; entspr. *Annuß/Thüsing-Thüsing* § 22 TzBfG Rn 6 mwN unter krit. Hinweis darauf, dass die Rspr. die Kirchenautonomie zT nicht hinreichend beachte und zT nicht akzeptiere, dass durch kirchliche Arbeitsvertrags- und Dienstordnungen von der Tarifdispositivität Gebrauch gemacht werden könne; zu beachten ist dazu freilich, dass § 22 Abs. 2 TzBfG keine allg. Aussage über Tarifverträge trifft). Die kirchlichen Arbeitsvertragsregelungen des »Dritten Weges« sind mit Tarifverträgen nicht vergleichbar (*BAG* 25.3.2009 – 7 AZR 710/07; 20.3.2002 – 4 AZR 101/01; vgl. dazu auch *BAG* 24.3.2011 – 6 AZR 796/09;

§ 22 TzBfG Abweichende Vereinbarungen

ErfK-*Müller-Glöge* § 22 TzBfG Rn 3; MHH-TzBfG/*Herms* § 22 TzBfG Rn 4 mwN; vgl. indes BAG 26.7.2006 – 7 AZR 515/05: Anwendung kirchlicher Regelung wie Tarifvertragsbestimmung [distanziert dazu ErfK-*Müller-Glöge* § 22 TzBfG Rn 3 aE]).

5 Für Arbeitnehmer günstigere Einzelvereinbarungen (diese können auch darin bestehen, dass ein entsprechender Tarifvertrag mit einer günstigeren Regelung als anwendbar vereinbart wird – dazu Rdn 15) und gegenüber dem TzBfG (mit Ausnahme des § 17, s. Rdn 2) **günstigere tarifvertragliche Normen** (dazu auch DDZ-*Wroblewski* § 22 TzBfG Rn 4, in Rn 16 auch zur sog. Prekariatsprämie) – abzustellen ist für die Frage der Günstigkeit auf die Gesamtbetrachtung aller befristungsrechtlich relevanten Regelungen – sind also grds. möglich (**§ 4 Abs. 3 TVG** gilt auch für das Verhältnis zwischen Gesetz und Tarifvertrag sinngemäß; zB BAG 28.2.1990 – 7 AZR 143/89; LAG Brem. 19.10.1988 – 2 Sa 186/88; vgl. auch *Rolfs* § 22 TzBfG Rn 1). Entsprechende bereits vor Inkrafttreten des TzBfG bestehende Tarifverträge bleiben mithin unberührt (zu § 1 BeschFG 1985/1996 ebenso etwa BAG 28.2.1990 – 7 AZR 143/89; zust. die seinerzeitige hM, dafür ausführlich *Lipke* KR 5. Aufl., § 1 BeschFG 1996 Rn 65 ff. mwN zum Meinungsstand). Günstiger sind nach dem maßgebenden (konkreten) **normativen Günstigkeitsvergleich** etwa Regelungen, welche die Befristung eindeutig (Rdn 17) an strengere Voraussetzungen knüpfen und damit dem Arbeitnehmer einen stärkeren Bestandsschutz vermitteln, also etwa die **Befristung ohne Sachgrund ausschließen** (s. Rdn 15; aus der Rspr. etwa BAG 24.2.1988 – 7 AZR 454/87; 31.8.1994 – 7 AZR 983/93; 16.10.2008 – 7 AZR 253/07 (A); 12.8.2009 – 7 AZR 270/08; 9.2.2011 – 7 AZR 32/10, Rn 16; parallel *Däubler* ZIP 2001, 217, 225; DDZ-*Wroblewski* § 22 TzBfG Rn 5; vgl. auch *Pöltl* NZA 2001, 582, 586 f.; zur Abweichung von § 15 Abs. 1 TzBfG im Bühnenbereich durch die Nichtverlängerungsmitteilung APS-*Backhaus* § 22 TzBfG Rn 38) oder die Befristung von **engeren Sachgründen** als gesetzlich vorgesehen abhängig machen. Dasselbe gilt für tarifliche Vorschriften, nach denen auch der Sachgrund schriftlich vereinbart werden muss oder nach denen die Ausflauffrist des § 15 Abs. 2 TzBfG verlängert wird (§ 15 Abs. 5 TzBfG als solcher ist aber nicht abdingbar). Derartige Regelungen sind als **tarifliche Abschlussnormen** (nicht: Beendigungsnormen) anzusehen (es handelt sich insoweit um eine Frage der **Auslegung**: BAG 21.2.2001 – 7 AZR 98/00; ErfK-*Müller-Glöge* § 22 TzBfG Rn 5), da es dabei um Fragen der Vertragsfreiheit geht und für die Beurteilung auf den Zeitpunkt des Vertragsabschlusses abzustellen ist (etwa BAG 14.2.1990 – 7 AZR 68/89; 28.8.1996 – 7 AZR 884/95; *Hanau* RdA 1987, 27; aA zB DDZ-*Wroblewski* § 22 TzBfG Rn 17; *Gamillscheg* Anm. BAG AP § 1 BeschFG 1985 Nr. 4). Richtigerweise wird man dementsprechend auch die Vereinbarung einer **auflösenden Bedingung** als Abschlussnorm einzuordnen haben (aA BAG 28.6.1995 – 7 AZR 555/94: Beendigungsnorm). **Beendigungsnormen** hingegen hat man dann vor sich, wenn es ausschließlich um spätere (nach Vereinbarung der Befristung eintretende) Fragen der Beendigung geht, nämlich in § 15 Abs. 1, 2, 3 u. 5 sowie § 16 TzBfG (BAG 14.2.1990 – 7 AZR 68/89, zu I 2 a der Gründe). Ausnahmsweise kann eine **Betriebsnorm** vorliegen, nämlich im Fall einer **Befristungsquote** (dazu BAG 27.4.1988 – 7 AZR 593/87; DDZ-*Wroblewski* § 22 TzBfG Rn 6).

6 Die Anwendbarkeit des Tarifvertrags setzt bei tariflichen **Abschlussnormen beiderseitige Tarifbindung** oder Allgemeinverbindlicherklärung **im Zeitpunkt des Vertragsschlusses** voraus (BAG 27.4.1988 – 7 AZR 593/87; 14.2.1990 – 7 AZR 68/89), es sei denn, die Anwendbarkeit des Tarifvertrages einschließlich der Abschlussnorm (dies ist eine Frage der jeweiligen Vertragsauslegung; vgl. dazu BAG 21.2.2001 – 7 AZR 98/00) ist vereinbart (ErfK-*Müller-Glöge* § 22 TzBfG Rn 5). Bei **Beendigungsnormen** muss die beiderseitige Tarifbindung oder Allgemeinverbindlichkeit im maßgeblichen Beurteilungszeitpunkt vorliegen, etwa bei Zugang der Kündigung (BAG 14.2.1990 – 7 AZR 68/89, zu I 2 a der Gründe). Bei **Betriebsnormen** schließlich reicht die einseitige Tarifbindung des Arbeitgebers aus (etwa BAG 17.6.1997 – 1 ABR 3/97).

7 Bei **Verstoß** gegen tarifvertragliche **Abschlussnormen** wird man nunmehr in Hinblick auf § 16 TzBfG als **Rechtsfolge** stets den **Arbeitsvertrag auf unbestimmte Dauer** anzunehmen haben (dasselbe gilt dann für Betriebsnormen: DDZ-*Wroblewski* § 22 TzBfG Rn 6). Die Möglichkeit der geltungserhaltenden Reduktion ist damit nicht mehr gegeben (dafür zum früheren Rechtszustand

Lipke KR 5. Aufl., § 1 BeschFG 1996 Rn 85 u. § 620 BGB Rn 208 f.). Dies gilt auch dann, wenn ein Arbeitsvertrag unter **Bezugnahme auf einen Tarifvertrag** geschlossen wird, der eine Abschlussnorm enthält, die nicht eingehalten ist (etwa *BAG* 11.8.1988 – 2 AZR 95/88; wenn die Vertragsparteien anderes wollen, mögen sie insofern für Klarheit sorgen, wie etwa in dem Fall, der *BAG* 14.2.1990 – 7 AZR 68/89 – zugrunde liegt: ausdrückliche Ausklammerung der betreffenden Abschlussnorm).

B. Abweichungen zuungunsten der Arbeitnehmer

I. Grundsätzliches Verbot

Auch durch **Tarifvertrag** – erst recht nicht durch **Einzelvertrag** (Abweichungen durch **Betriebsvereinbarung** sieht das Gesetz an sich gar nicht vor: Rdn 1; *BAG* 5.3.2013 – 1 AZR 417/12; DDZ-*Wroblewski* § 22 TzBfG Rn 24; MHH-TzBfG/*Herms* § 22 TzBfG Rn 6, dort in Rn 5 auch zutreffend dazu, dass für das TzBfG Art. 8 Abs. 1 S. 2 der Rom I-VO (EG) Nr. 593/2008 gilt; vgl. auch ErfK-*Müller-Glöge* § 22 TzBfG Rn 7 f. mwN: für Altersgrenzenregelung gem. § 88 BetrVG bei betriebsvereinbarungsoffenem Arbeitsvertrag und sachlichem Grund iSd § 14 Abs. 1 TzBfG, dies aber an sich kein Abweichungsfall) – kann gem. § 22 Abs. 1 TzBfG, soweit es um das Recht der befristeten Arbeitsverträge geht, etwa nicht abgewichen werden von den **§§ 3, 4 Abs. 2, 18 bis 20 TzBfG** (*BAG* 25.3.2009 – 7 AZR 710/07; auch keine Abweichung in Gestalt tarifvertraglicher **Öffnungsklauseln**: dazu Rdn 1 mwN; zu § 4 TzBfG *BAG* 15.1.2013 – 3 AZR 4/11). Dasselbe gilt zB für die Regelung in **§ 15 Abs. 4 TzBfG** (ausdrücklich erwähnt in BT-Drucks. 14/4374 S. 20), für eine Verkürzung der Frist in **§ 15 Abs. 2 TzBfG** für die Zweckbefristung (*BAG* 12.8.2015 – 7 AZR 592/13, Rn 29 f.; *Bauer* NZA 2000, 1042; DDZ-*Wroblewski* § 22 TzBfG Rn 2) und für **Erweiterungen des sachlichen Grundes** (*Nielebock* AiB 2001, 80; DDZ-*Wroblewski* § 22 TzBfG Rn 3; zur Überprüfung von Tarifverträgen vgl. auch KR-*Lipke*/*Bubach* § 14 TzBfG Rdn 419 ff.). Tarifvertragliche Bestimmungen über die Befristung von Arbeitsverträgen oder entsprechende auflösende Bedingungen unterliegen damit der gerichtlichen Kontrolle am Maßstab des § 14 TzBfG (zB *BAG* 21.9.2011 – 7 AZR 134/10, Rn 20; 18.6.2008 – 7 AZR 116/07, Rn 21 mwN; ErfK-*Müller-Glöge* § 22 TzBfG Rn 5). Zum Problem der Abweichung von **§ 15 Abs. 5 TzBfG** bei einer Weiterbeschäftigung nach unwirksamer Befristung vgl. *BAG* 22.7.2014 – 9 AZR 1066/12 (s.a. KR-*Lipke*/*Bubach* § 15 TzBfG Rdn 61).

II. Allgemein zugelassene Abweichung

Hinsichtlich der befristeten Arbeitsverträge lässt § 22 Abs. 1 TzBfG nur eine **einzige Ausnahme** zu (vgl. *BAG* 19.1.2005 AP § 620 BGB Befristeter Arbeitsvertrag Nr. 260), nämlich bzgl. der Vorschrift des **§ 14 Abs. 2 S. 3 und 4 TzBfG** (dazu im Detail KR-*Lipke*/*Bubach* § 14 TzBfG Rdn 603 ff.). Damit darf in Tarifverträgen die **Anzahl der Verlängerungen** nach § 14 Abs. 2 S. 1 TzBfG oder (mangels gegenteiliger Anhaltspunkte richtigerweise zu lesen als: »und/oder«: *BAG* 15.8.2012 – 7 AZR 184/11, Rn 15 ff.) die **Höchstdauer der Befristung** gem. § 14 Abs. 2 S. 1 TzBfG geändert werden (die praktische Bedeutung von § 14 Abs. 2 S. 3 TzBfG wird freilich überwiegend als gering angesehen: *Büchner* NZA 2000, 905, 912; *Schiefer* DB 2000, 2122; vgl. auch *Bauer* NZA 2000, 1039 ff.). Ein Tarifvertrag kann also etwa einen Dreijahreszeitraum für sachgrundlose Befristungen vorsehen und innerhalb dieses Zeitraums zB fünf Verlängerungen. Allerdings sollen nach dem *BAG* (15.8.2012 – 7 AZR 184/11; ebenso *BAG* 5.12.2012 – 7 AZR 698/11: mit diesen Einschränkungen auch europarechtskonform) diese Gestaltungsmöglichkeiten im Hinblick auf die Gesetzessystematik sowie auf das Verfassungs- und das Unionsrecht **nicht schrankenlos** gelten, wobei aber zunächst keine konkreten Grenzen angegeben wurden (insofern plädieren *Loth*/*Ulber* NZA 2013, 130 für eine Vorlage an den EuGH; für teleologische Reduktion auf maximal vier Jahre und sechs Verlängerungen *Francken* NZA 2013, 122; für erwägenswert hält dies DDZ-*Wrowblewski* § 22 TzBfG Rn 23). Im konkreten Fall hatte das *BAG* (15.8.2012 – 7 AZR 184/11) eine Regelung mit einer Höchstdauer von 42 Monaten mit maximal vier Verlängerungsmöglichkeiten für wirksam befunden. Diese Grenzen sind jetzt vom BAG wie folgt näher beschrieben: »Die Grenze der tariflichen Regelungsbefugnis ist unter Berücksichtigung der Gesamtkonzeption von § 14 TzBfG und der unionsrechtlichen Vorgaben in der Richtlinie 1999/70/EG und der inkorporierten EGB-UNICE-CEEP-Rahmenvereinbarung über befristete Arbeitsverträge (Rahmenvereinbarung) sowie zur Gewährleistung eines Mindestbestandsschutzes für die betroffenen Arbeitnehmer und unter Beachtung der den Tarifvertragsparteien zustehenden Tarifautonomie bei der Festlegung der Dauer eines sachgrundlos befristeten Arbeitsverhältnisses auf **maximal sechs Jahre** und der **höchstens neunmaligen Verlängerung** bis zu dieser Gesamtdauer erreicht« (*BAG* 17.4.2019 – 7 AZR 410/17, Rn 17; s. grundlegend *BAG* 26.10.2016 – 7 AZR 140/15, Rn 17, 31 ff.; 21.3.2018 – 7 AZR 428/16, Rn 21; 14.6.2017 – 7 AZR 627/15, Rn 19). Einer Prüfung branchenspezifischer Besonderheiten bedarf es nicht (*BAG* 26.10.2016 – 7 AZR 390/15; 14.6.2017 – 7 AZR 627/15; 14.6.2017 – 7 AZR 390/15; vgl. a. *LAG Hamm* 22.5.2017 – 5 Sa 82/16). **Abweichungen von § 14 Abs. 2 S. 2 TzBfG** erlaubt S. 3 aber **nicht**. Da § 14 Abs. 2 S. 4 TzBfG auch die **einzelvertragliche Bezugnahme** auf die tariflichen Regelungen im Geltungsbereich des Tarifvertrages zulässt (es ist insoweit auch eine selektive Bezugnahme möglich: *Annuß/Thüsing-Thüsing* § 22 TzBfG Rn 12), gilt das auch für die von § 22 Abs. 1 TzBfG erlaubten weitergehenden Festlegungen (zur Möglichkeit der dynamischen Verweisung auch in Formularverträgen auf einschlägige Tarifverträge *BAG* 10.12.2014 – 7 AZR 1002/12). Zur Einordnung von **§ 31 Abs. 1 S. 2 TVöD** vgl. KR-*Bader/Kreutzberg-Kowalczyk* § 31 TVöD Rdn 3, zur Einordnung von **§ 32 Abs. 1 S. 2 u. 3 TVöD** s. KR-*Bader/Kreutzberg-Kowalczyk* § 32 TVöD Rdn 4.

III. Öffentlicher Dienst

10 Nach Abs. 2 gelten **Tarifverträge des öffentlichen Dienstes** unter bestimmten Voraussetzungen und in bestimmten Fällen **auch für die nicht tarifgebundenen Arbeitnehmer.** Dies entspricht im Interesse betriebseinheitlicher Regelungen und teilweise auch im Hinblick auf diesbezügliche Auflagen der öffentlichen Hand (*Annuß/Thüsing-Thüsing* § 22 TzBfG Rn 16; DDZ-*Wroblewski* § 22 TzBfG Rn 25) der früheren Regelung in § 6 Abs. 2 S. 2 BeschFG (BT-Drucks. 14/4374 S. 22). Die Regelung zielt insbes. ab auf die in Form einer GmbH organisierten nicht tarifgebundenen Forschungseinrichtungen wie die Fraunhofer-Gesellschaft und die Max-Planck-Gesellschaft (BT-Drucks. 14/4374, S. 22), ist aber nicht darauf beschränkt. Wie noch zu zeigen ist, ist für den Bereich befristeter Arbeitsverträge der Stellenwert der Vorschrift sehr begrenzt, seine Hauptbedeutung liegt im Bereich der Teilzeitarbeit. Europarechtlich mag diese Privilegierung des öffentlichen Dienstes problematisch sein, wie ja auch in neuerer Zeit in dieser Hinsicht § 14 Abs. 1 S. 2 Nr. 7 TzBfG in Frage gestellt wird (dazu KR-*Lipke/Bubach* § 14 TzBfG Rdn 469 ff.).

11 **Voraussetzung** für das Eingreifen des § 22 Abs. 2 ist, dass zwischen den Vertragsparteien die **Anwendung der für den öffentlichen Dienst geltenden tarifvertraglichen Bestimmungen vereinbart ist und dass der Arbeitgeber die Kosten des Betriebes überwiegend mit Zuwendungen iSd Haushaltsrechts deckt.**

12 Die **Anwendungsvereinbarung** als solche ist **nicht formbedürftig**, wird aber gerade bei den angesprochenen Arbeitgebern regelmäßig im **schriftlichen Arbeitsvertrag** erfolgen, so dass damit keine Fragen hinsichtlich des **§ 14 Abs. 4 TzBfG** entstehen (zum Schriftformerfordernis in diesem Fall *BAG* 23.7.2014 – 7 AZR 771/12, Rn 27 ff.; vgl. weiter KR-*Lipke/Bubach* § 14 TzBfG Rdn 727 ff.). Eine **selektive Anwendungsvereinbarung** ist unabhängig von § 22 Abs. 2 TzBfG möglich, soweit es sich nur um für den Arbeitnehmer **günstigere Bestimmungen** handelt (s. Rdn 3). Ansonsten spricht die Formulierung der Norm dafür, dass die **Anwendung des gesamten Tarifvertrags**, in dem die Bestimmungen iSd § 14 Abs. 2 S. 3 u. 4 oder § 15 Abs. 3 TzBfG enthalten sind, vereinbart werden muss, da sonst die Gefahr besteht, dass nur die negativ vom Gesetz abweichenden Regelungen vereinbart werden (etwa *Annuß/Thüsing-Thüsing* § 22 TzBfG Rn 17; APS-*Backhaus* § 22 TzBfG Rn 11; DDZ-*Wroblewski* § 22 TzBfG Rn 27; LS-*Laux/Schlachter* § 22 TzBfG Rn 21; MHH-TzBfG/*Herms* § 22 TzBfG Rn 16; aA zB ErfK-*Müller-Glöge* § 22 TzBfG Rn 3). Anders als § 6 Abs. 2 S. 1 BeschFG stellt § 22 Abs. 2 TzBfG jedoch **nicht** ab auf den **Geltungsbereich des Tarifvertrags**, so dass mangels gegenteiliger Anhaltspunkte im Gesetz die Anwendung des Tarifvertrags

unabhängig vom Geltungsbereich vereinbart werden kann (DDZ-*Wroblewski* § 22 TzBfG Rn 26; ErfK-*Müller-Glöge* § 22 TzBfG Rn 2).

Hinzukommen muss die Tatsache, dass die gesamten **Kosten des Betriebes** (nicht: Unternehmens) **überwiegend** (also zu mehr als 50 %) mit **Zuwendungen iSd Haushaltsrechts** gedeckt werden. Was Zuwendungen sind, richtet sich nach dem jeweiligen Haushaltsrecht (vgl. § 14 des Haushaltsgrundsätzegesetzes: Leistung außerhalb der jeweiligen Verwaltung zur Erfüllung bestimmter Zwecke). Vertragliche Entgeltleistungen aus Austauschverträgen gehören nicht dazu (*Annuß/Thüsing-Thüsing* § 22 TzBfG Rn 18; APS-*Backhaus* § 22 TzBfG Rn 12). Ebenso reicht die bloße Erstattung nicht gedeckter Defizite nicht aus (MHH-TzBfG/*Herms* § 22 TzBfG Rn 17). Nicht erforderlich ist es freilich, dass alle Zuwendungen aus derselben Hand kommen (*Annuß/Thüsing-Thüsing* § 22 TzBfG Rn 18; ErfK-*Müller-Glöge* § 22 TzBfG Rn 2; DDZ-*Wroblewski* § 22 TzBfG Rn 28). Im Übrigen soll die der Vorschrift entsprechende Finanzierung im Zeitpunkt der Inbezugnahme des Tarifvertrages ausreichen; ein späterer Wegfall der in § 22 Abs. 2 TzBfG genannten Voraussetzungen soll dann nach dieser Auffassung nicht die Wirksamkeit und die Folgen der Anwendungsvereinbarung beeinträchtigen (so *Annuß/Thüsing-Thüsing* § 22 TzBfG Rn 18). Dies erscheint als problematisch. Richtigerweise wird man hier wie ansonsten (vgl. etwa BAG 24.10.2001 – 7 AZR 620/00) abzustellen haben auf die **Verhältnisse im Zeitpunkt des Abschlusses des befristeten Arbeitsvertrages**. In diesem Zeitpunkt müssen also auch die Voraussetzungen hinsichtlich der Deckung der Betriebskosten noch gegeben sein; eine danach eintretende Veränderung ist indes unschädlich. 13

Als **Folge** gelten über § 14 Abs. 2 S. 4 und Abs. 2a S. 4 TzBfG hinaus – diese Bestimmungen erlauben nur die Bezugnahme im Geltungsbereich des Tarifvertrages (DDZ-*Wroblewski* § 22 TzBfG Rn 26) – rechtsgültige (DDZ-*Wroblewski* § 22 TzBfG Rn 30) auch für Arbeitnehmer ungünstigere tarifvertraglichen Regelungen gem. § **14 Abs. 2 S. 3 TzBfG** (zur Zahl der Verlängerungen und der Gesamthöchstdauer der Befristung im Fall des § 14 Abs. 2 S. 1 TzBfG s. Rdn 9) und gem. § **15 Abs. 3 TzBfG** (zur ordentlichen Kündigungsmöglichkeit – insoweit angesichts der Ausführungen bei KR-*Lipke/Bubach* § 15 TzBfG Rdn 44 freilich an sich überflüssig [s.a. MHH-TzBfG/*Herms* § 22 TzBfG Rn 14]) gleichfalls zwischen nicht tarifgebundenen Vertragsparteien. 14

C. Abweichungen zugunsten der Arbeitnehmer

I. Allgemeine Grundsätze

Da § 22 Abs. 1 TzBfG sowohl gegenüber dem TzBfG (mit Ausnahme des § 17: dazu Rdn 2) **günstigere Einzelvereinbarungen** als auch gegenüber dem TzBfG (mit der erwähnten Ausnahme) für den Arbeitnehmer **günstigere Tarifverträge** erlaubt (im Ergebnis ebenso *Annuß/Thüsing-Thüsing* § 22 TzBfG Rn 20; zu günstigeren freiwilligen Betriebsvereinbarungen ErfK-*Müller-Glöge* § 22 TzBfG Rn 8 mwN; s.a. BAG 9.2.2011 – 7 AZR 32/10; 23.4.2009 – 6 AZR 533/08), ist bei Vereinbarungen der Tarifpartner jeweils zu klären, ob es sich um **Tarifverträge** handelt und ob der Tarifvertrag für den Arbeitnehmer **günstiger** (zum dabei anzuwenden Maßstab bereits Rdn 5) ist. Eine vertragliche **Abbedingung der Möglichkeit einer sachgrundlosen Befristung** stellt eine günstigere Vereinbarung dar; sie ist auch in der Form möglich, dass die Beschäftigung bei einem anderen Arbeitgeber als Vorbeschäftigung iSd § 14 Ab. 2 S. 2 TzBfG behandelt werden soll (BAG 9.2.2011 – 7 AZR 32/10, Rn 16; 12.8.2009 – 7 AZR 270/08, Rn 26). 15

Tarifvertragsqualität, also normative Qualität, hatte das BAG der seinerzeitigen **Protokollnotiz Nr. 1 zu Nr. 1 der Sonderregelungen** (nur zum BAT-West; vgl. BAG 15.1.1997 – 7 AZR 158/96) für Zeitangestellte, Angestellte für Aufgaben von begrenzter Dauer und für Aushilfsangestellte zum BAT (SR 2y BAT) zugemessen (BAG 14.2.1990 – 7 AZR 68/89, zu I 2 der Gründe). Dasselbe galt für die seinerzeitige **Protokollnotiz Nr. 1 zu Nr. 1 SR 2a MTA** (dazu etwa BAG 28.2.1990 – 7 AZR 143/89; 28.3.2001 – 7 AZR 701/99). Entsprechendes gilt jetzt für die **Protokollnotiz zu § 30 Abs. 5 TVöD**. 16

Um klären zu können, ob ein Tarifvertrag **günstiger** ist, muss unter Umständen erst durch **Auslegung** festgestellt werden, **welche Regelungen** er – positiv oder negativ – hinsichtlich der Befristung 17 von Arbeitsverhältnissen trifft. Es ist beispielsweise zu ermitteln, ob die Parteien eines Tarifvertrages durch die Festlegung bestimmter Mindestfristen für Kündigungen die Zulässigkeit von Befristungen gänzlich ausschließen wollten, was im Zweifel nicht anzunehmen ist. Enthält ein Tarifvertrag nur Normen über befristete Arbeitsverhältnisse zur Probe und zur Aushilfe (einschließlich der Saisonarbeiten) oder eine Regelung der diesbezüglichen Kündigungsfristen, dann liegt darin noch **keine abschließende Regelung** der Zulässigkeit von **befristeten Arbeitsverträgen** und kein Verbot von Befristungen aus anderen, im Tarifvertrag nicht ausdrücklich genannten Gründen (*BAG* 7.8.1980 – 2 AZR 563/78; 20.12.1984 – 2 AZR 3/84; 20.11.1987 – 2 AZR 284/86, m. Anm. *Belling* in EzA § 620 BGB Altersgrenze Nr. 1; *Friedhofen/Weber* NZA 1985, 337 f.; *Annuß/Thüsing-Thüsing* § 22 TzBfG Rn 21 problematisiert hinsichtlich § 14 Abs. 2 TzBfG die Frage des Günstigkeitsvergleichs).

18 Tarifverträge, die Fragen einer **Befristung** von Arbeitsverträgen **regeln**, sind weiter im Wege der **Auslegung** daraufhin zu überprüfen, ob es sich wirklich um **selbständige tarifliche Regelungen** oder nur um sog. **neutrale Klauseln handelt** (*BAG* 27.8.1982 – 7 AZR 190/80; 28.1.1988 – 2 AZR 296/87). Keine **eigenständige Regelung** des **sachlichen Grundes** für die Befristung enthielt zB der Normalvertrag Solo (dazu KR-*Bader/Kreutzberg-Kowalczyk* § 3 TzBfG Rdn 40) für die künstlerischen Bühnenmitglieder (*BAG* 21.5.1981 – 2 AZR 1117/78). Im **Zweifel** ist jedoch bei tariflichen Regelungen zur Befristung von einem **konstitutiven Vertragsgestaltungswillen** der Tarifparteien auszugehen (*Dütz* Anm. EzA § 1 BeschFG 1985 Nr. 1; *Kohte* BB 1986, 401; *BAG* 25.9.1987 – 7 AZR 315/86; 11.8.1988 – 2 AZR 95/88). Als günstigere Regelungen können beispielsweise nicht nur Abschlussmodalitäten, sondern auch Schranken zur inhaltlichen Ausgestaltung (zB Zeitdauer, Verlängerung und Erneuerung von Zeitverträgen) tariflich festgelegt werden (*BAG* 28.8.1996 – 7 AZR 849/95; 12.9.1996 – 7 AZR 31/96). Es kann auch geregelt werden, dass bestimmte Sachgründe aus dem Katalog des § 14 Abs. 1 S. 2 TzBfG nicht gelten sollen oder dass die Sachgründe dieses Katalogs ausschließlich und abschließend gelten sollen (*Rolfs* § 22 TzBfG Rn 2).

II. Öffentlicher Dienst

19 Die Regelungen in **§ 30 Abs. 2 bis 5 TVöD** stellen gegenüber dem TzBfG günstigere Regelungen dar. Die Einzelheiten dazu sind in der Kommentierung KR-*Bader/Kreutzberg-Kowalczyk* § 30 TVöD dargestellt.

III. Möglichkeiten günstigerer Regelungen gegenüber dem TzBfG

20 Die vorstehenden Ausführungen haben bereits etliche Gesichtspunkte aufgezeigt, in denen Einzelvereinbarungen oder Tarifverträge günstiger sind oder sein können als die TzBfG-Vorschriften (dazu auch DDZ-*Wroblewski* § 22 TzBfG Rn 4 bis 18). Weitere Gesichtspunkte finden sich in den Erläuterungen zu § 30 TVöD (s. KR-*Bader/Kreutzberg-Kowalczyk* § 30 TVöD Rdn 5–16). Erwähnt werden soll hier noch, dass zugunsten des Arbeitnehmers etwa von **§ 15 Abs. 1 TzBfG** abgewichen werden kann (nutzbar im Bühnenrecht; vgl. dazu weiter KR-*Bader/Kreutzberg-Kowalczyk* § 3 TzBfG Rdn 40–46).

§ 23 TzBfG Besondere gesetzliche Regelungen

Besondere Regelungen über Teilzeitarbeit und über die Befristung von Arbeitsverträgen nach anderen gesetzlichen Vorschriften bleiben unberührt.

Übersicht	Rdn			Rdn
A. Allgemeines	1	IV.	Arbeitnehmerüberlassungsgesetz (AÜG)	7
B. Zu besonderen gesetzlichen Regelungen über befristete		V.	Arbeitsplatzschutzgesetz (ArbPlSchG)	8
Arbeitsverträge	2	VI.	Berufsbildungsgesetz (BBiG)	9
I. Überblick	2	VII.	Bundeselterngeld- und Elternzeitgesetz (BEEG)	11
II. Ärzte in der Weiterbildung	3			
III. Altersteilzeitgesetz (ATG)	4	VIII.	Eignungsübungsgesetz	14

		Rdn			Rdn
IX.	Ein-Euro-Jobs (MAE-Kräfte)	16	1.	Allgemeines	28
X.	Einigungsvertrag (neue Bundesländer)	17	2.	Voraussetzungen..............	30
XI.	Familienpflegezeitgesetz (FPfZG)	18	3.	Vereinbarung des Hinausschie-	
XII.	Landesgesetze...................	19		bens	31
XIII.	Pflegezeitgesetz (PflegeZG)..........	20	4.	Darlegungs- und Beweislast	35
XIV.	SGB VI § 41 Satz 2 (Altersgrenze) ...	21	XVI.	Wissenschaftszeitvertragsgesetz	
XV.	Hinausschieben der Altersgrenze			(WissZeitVG)................	36
	(§ 41 S. 3 SGB VI)..............	28	XVII.	Zivildienstgesetz (ZDG)..........	38

A. Allgemeines

§ 23 TzBfG stellt klar (APS-*Backhaus* § 23 TzBfG Rn 1), dass die – allgemeinen – Befristungsvor- **1**
schriften des TzBfG andere und damit **spezielle gesetzliche Regelungen über befristete Arbeitsverträge unberührt** lassen (BT-Drucks. 14/4374 S. 22; *Annuß/Thüsing-Kühn* § 23 TzBfG Rn 2 f.;
MHH-TzBfG/*Herms* § 23 TzBfG Rn 1). Dasselbe gilt, obwohl dies im Gesetz an dieser Stelle nicht
ausdrücklich erwähnt ist, ggf. auch für spezielle gesetzliche Regelungen über **auflösend bedingte
Arbeitsverträge** (KR-*Lipke/Bubach* § 21 TzBfG Rdn 21; APS-*Backhaus* § 23 TzBfG Rn 1). Es können insoweit insbes. andere Sachgrunderfordernisse vorgesehen werden, auch abweichende Grundsätze für Befristungen ohne Sachgrund (*Annuß/Thüsing-Kühn* § 23 TzBfG Rn 3). Umgekehrt ist jedoch zu beachten: Soweit die spezielleren Gesetze keine entgegenstehenden Normen enthalten oder
diesbzgl. nichts regeln, ohne dass erkennbar ist, dass die Nichtregelung ein ergänzendes Zurückgreifen auf das TzBfG verbietet – dies ist jeweils durch Auslegung festzustellen (*Annuß/Thüsing-Kühn*
§ 23 TzBfG Rn 3) – (von besonderem Interesse im Hinblick auf § 14 Abs. 1 bis 3 TzBfG), greifen
die **Vorschriften des TzBfG ergänzend** ein (BT-Drucks. 14/4374 S. 22; *BAG* 13.6.2007 – 7 AZR
700/06, Rn 14; *Annuß/Thüsing-Kühn* § 23 TzBfG Rn 3; DDZ/*Wroblewski* Rn 3; LS-*Schlachter*
§ 23 TzBfG Rn 1; MHH-TzBfG/*Herms* § 23 TzBfG Rn 24). Das gilt vor allem für § 17 TzBfG
(**Klagefrist** – dazu KR-*Bader/Kreutzberg-Kowalczyk* § 22 TzBfG Rdn 2), daneben aber auch für
§ 14 Abs. 4 TzBfG (**Schriftform**) und die §§ 15, 16 TzBfG sowie natürlich für die allgemeinen
flankierenden Regelungen in §§ 3, 4 Abs. 2 und 17 bis 19 TzBfG.

B. Zu besonderen gesetzlichen Regelungen über befristete Arbeitsverträge

I. Überblick

Es existiert eine Reihe von Gesetzen, die sich für **Spezialbereiche** mehr oder weniger umfangreich **2**
mit Fragen **befristeter Arbeitsverträge** befassen. In der Begründung des Gesetzentwurfs für das
TzBfG (BT-Drucks. 14/4374 S. 22) sind – jedoch nicht erschöpfend und inzwischen teilweise
nicht mehr aktuell – aufgeführt: § 21 BErzGG (jetzt: § 21 BEEG; s. Rdn 9–10), §§ 57a ff. HRG
(dazu s. Rdn 36), das bereits im Jahr 2002 aufgehobene Gesetz über befristete Arbeitsverträge mit
wissenschaftlichem Personal an Forschungseinrichtungen, das Gesetz über befristete Arbeitsverträge
mit Ärzten in der Weiterbildung (s. Rdn 3) sowie die §§ 3 Abs. 1 Nr. 3 u. 5, 9 Nr. 2 AÜG (dazu
Rdn 7). Die Gesetze stellen bzw. stellten zum Teil vor allem **spezielle Voraussetzungen** für die
Befristung von Arbeitsverhältnissen auf und regeln oder regelten etwa Dauer und Kündigung befristeter Arbeitsverträge speziell, zum Teil handelt es sich auch um **Befristungen kraft Gesetzes** (vgl.
unten zum BBiG sowie Rdn 15 zum Eignungsübungsgesetz). Die einzelnen Gesetze sind nachfolgend in alphabetischer Reihenfolge angesprochen, wobei zu Klarstellungszwecken auch das AÜG,
die Ein-Euro-Jobs und der Einigungsvertrag aufgeführt sind. Soweit geboten ist jeweils ausgeführt,
welche Konsequenzen sich für die Anwendbarkeit des TzBfG ergeben (s.a. KR-*Lipke/Bubach* § 14
TzBfG Rdn 528). Selbstverständlich ist bei allen speziellen Gesetzen jeweils zu prüfen, ob und inwieweit sie mit den europarechtlichen Vorgaben übereinstimmen (LS-*Schlachter* § 23 TzBfG Rn 2).
Eine **flankierende Regelung** zum Befristungsrecht findet sich in **§ 8 Abs. 2 EFZG**. Dort ist bestimmt: »Endet das Arbeitsverhältnis vor Ablauf der in § 3 Abs. 1 oder in § 3a Abs. 1 bezeichneten
Zeit nach dem Beginn der Arbeitsunfähigkeit, ohne daß es einer Kündigung bedarf, ... so endet der

Anspruch mit dem Ende des Arbeitsverhältnisses.« Dies erfasst befristete und auflösend bedingte Arbeitsverträge.

II. Ärzte in der Weiterbildung

3 Dazu existiert das **Gesetz über befristete Arbeitsverträge mit Ärzten in der Weiterbildung (ÄArbVtrG)** v. 15.5.1986 (BGBl. I S. 742), das zunächst befristet bis zum 31.12.1997 galt und danach ohne zeitliche Begrenzung weitergilt (aufgrund Art. 1 Nr. 2 des Gesetzes v. 16.12.1997 [BGBl. I S. 2994], das am 20.12.1997 in Kraft getreten ist). Das Gesetz ist zuletzt durch Art. 3 des Gesetzes vom 15. November 2019 (BGBl. I S. 1604) geändert worden. Für den **Gesetzeswortlaut** und einen **Überblick über die Gesetzesentwicklung** wird verwiesen auf KR-*Treber/Waskow* §§ 1–3 ÄArbVtrG Rdn 1–6 (zu § 1 ÄArbVtrG im Übrigen KR-*Treber/Waskow* §§ 1–3 ÄArbVtrG Rdn 7–31; *Annuß/Thüsing-Kühn* § 23 TzBfG Rn 225 ff.). § 1 Abs. 6 ÄArbVtrG sieht vor, dass die Vorschriften des § 1 Abs. 1 bis 5 ÄArbVtrG nicht gelten, wenn der Arbeitsvertrag unter den Anwendungsbereich des **WissZeitVG** fällt (s. KR-*Treber/Waskow* §§ 1–3 ÄArbVtrG Rdn 10). Für die **ärztliche Weiterbildung außerhalb des Hochschul- und Forschungsbereichs** ist das ÄArbVtrG lex specialis. Insoweit stellt sich die Frage des Verhältnisses zum TzBfG (näher dazu und zum Verhältnis zu § 21 BEEG vgl. KR-*Treber/Waskow* §§ 1–3 ÄArbVtrG Rdn 12 sowie KR-*Treber/Waskow* § 1 WissZeitVG Rdn 85; vgl. weiter *Annuß/Thüsing-Kühn* § 23 TzBfG Rn 224; *Dörner* Befr. Arbeitsvertrag, Rn 674 f. mwN; MHH-TzBfG/*Herms* Rn 54). Im Anwendungsbereich des TVöD sind die Bestimmungen des § 30 TVöD (dazu KR-*Bader/Kreutzberg-Kowalczyk* § 30 TVöD) zu beachten.

III. Altersteilzeitgesetz (ATG)

4 **§ 8 Abs. 3 ATG** (v. 23.7.1996 [BGBl. I S. 1078], zuletzt geänd. durch Art. 22 des Gesetzes vom 12.12.2019 [BGBl. I S. 2652]) bestimmt: Eine Vereinbarung zwischen Arbeitnehmer und Arbeitgeber über die Altersteilzeitarbeit, die die **Beendigung des Arbeitsverhältnisses ohne Kündigung** zu einem Zeitpunkt vorsieht, in dem der Arbeitnehmer **Anspruch auf eine Rente wegen Alters hat** (dazu *Boecken* NJW 1996, 3386, 3391; *Birk* NZA 2007, 244 [auch Rente mit Abschlägen]; APS-*Greiner* § 8 ATG Rn 8; ErfK-*Rolfs* § 8 ATG Rn 18), ist zulässig. Eine derartige Rente sind etwa auch die Altersrente für langjährig Versicherte (§ 36 SGB VI; ErfK-*Rolfs* § 8 ATG Rn 19; s.a. § 15h ATG) oder besonders langjährig Versicherte (§ 38 SGB VI; ErfK-*Rolfs* § 8 ATG Rn 19). Gleichgestellt ist die Auszahlung der befreienden Lebensversicherung bei von der Rentenversicherung befreiten Arbeitnehmern (*BAG* 16.11.2005 – 7 AZR 86/05, darin auch zur Befristungskontrolle). Hingegen kann nicht die Altersrente für schwerbehinderte Menschen gem. § 37 SGB VI abgestellt werden, weil darin eine Benachteiligung wegen der Behinderung iSv. §§ 1, 7 AGG läge (ErfK-*Rolfs* ATG § 8 Rn 19 mwN; vgl. *BAG* 12.11.2013 – 9 AZR 484/12). Zur Diskriminierung von Frauen in dem Fall, dass der Tarifvertrag Altersteilzeitarbeit nur bis zu dem Zeitpunkt zulässt, in dem erstmals eine ungekürzte Rente aus der gesetzlichen Altersversorgung in Anspruch genommen werden kann, *EuGH* 20.3.2003 – C-187/00 [Kutz-Bauer]; zum Anspruch auf Gleichbehandlung insoweit *BAG* 15.4.2008 – 9 AZR 111/07; zum AGG *BAG* 12.11.2013 – 9 AZR 484/12. Der Altersteilzeitvertrag muss grds. vor Beginn der Altersteilzeitarbeit geschlossen werden (ErfK-*Rolfs* § 8 ATG Rn 5; aA *BAG* 14.11.2012 – 10 AZR 903/11; *Dörner* Befr. Arbeitsvertrag Rn 664).

5 Bei einer derartigen Vereinbarung gem. § 8 Abs. 3 ATG handelt es sich um die Vereinbarung einer **Befristung** in Gestalt einer kalendermäßigen Befristung oder einer Zweckbefristung (*BAG* 27.4.2004 – 9 AZR 18/03; 14.8.2002 – 7 AZR 469/01; *Dörner* Befr. Arbeitsvertrag Rn 663; s.a. KR-*Bader/Kreutzberg-Kowalczyk* § 3 TzBfG Rdn 22 mwN; zu Gestaltungsmöglichkeiten *Reichling/Wolf* NZA 1997, 422, 426). Im Einzelfall sind die jeweiligen tarifvertraglichen Regelungen zu beachten (vgl. auch *BAG* 27.4.2004 – 9 AZR 18/03). Die Vereinbarung unterliegt der **Schriftform** (§ 14 Abs. 4 TzBfG; *Dörner* Befr. Arbeitsvertrag Rn 664; vgl. weiter § 7 Abs. 1a u. § 7b Nr. 1 SGB IV; zur Vertragsgestaltung im Hinblick auf § 305c Abs. 1 u. § 307 Abs. 1 S. 2 BGB *BAG* 8.8.2007 – 7 AZR 605/06). Man hat die Regelung schon ihrem Wortlaut nach als **eigenständige Regelung** über die Möglichkeit der Vereinbarung einer wirksamen Befristung zu sehen (*Dörner*

Befr. Arbeitsvertrag Rn 665). Zugleich ist der Regelung zu entnehmen, dass in der angesprochenen Konstellation ein anerkennenswerter **Sachgrund** für die Befristung iSd § 14 **Abs. 1 S. 2 Nr. 6 TzBfG** vorliegt (*BAG* 27.4.2004 – 9 AZR 18/03). Anwendbar ist § 17 TzBfG zur **Klagefrist** (*Dörner* Befr. Arbeitsvertrag Rn 664).

Gegenüber der Norm des § 41 S. 2 SGB VI (s. Rdn 21–27) stellt sich § **8 Abs. 3 ATG** als die **speziellere Vorschrift** dar (*BAG* 22.5.2012 – 9 AZR 453/10, Rn 16; 27.4.2004 – 9 AZR 18/03; APS-*Greiner* § 8 ATG Rn 8; *Dörner* Befr. Arbeitsvertrag Rn 665; ErfK-*Rolfs* § 8 ATG Rn 20 u. § 41 SGB VI Rn 12; vgl. auch BT-Drucks. 13/4877 S. 34). Die Vorschriften des § **14 Abs. 1 TzBfG** bleiben von § 8 Abs. 3 ATG unberührt (zu diesbezüglichen Kombinationsmöglichkeiten *Dörner* Befr. Arbeitsvertrag Rn 665; ErfK-*Rolfs* § 8 ATG Rn 20), während schon im Hinblick auf die Ausgangskonstellationen § 8 Abs. 3 ATG neben § 14 Abs. 2, 2a u. 3 TzBfG grundsätzlich nicht zum Tragen kommt (vgl. dazu auch *Dörner* Befr. Arbeitsvertrag Rn 665; ErfK-*Rolfs* § 8 ATG Rn 20 bezüglich § 14 Abs. 2 TzBfG).

6

IV. Arbeitnehmerüberlassungsgesetz (AÜG)

Seit der **Änderung** des § **9 Nr. 2 AÜG mit Wirkung** im Ergebnis **vom 1.1.2004** (durch Art. 6 Nr. 4 des Ersten Gesetzes für moderne Dienstleistungen am Arbeitsmarkt v. 23.12.2002 [BGBl. I S. 4607]) enthält die Vorschrift nunmehr **keine eigenständige Befristungsregelung** für den Bereich der Arbeitnehmerüberlassung mehr (dazu aus rechts- und beschäftigungspolitischer Sicht *Annuß/ Thüsing-Kühn* § 23 TzBfG Rn 176 ff.). Es gelten vielmehr insoweit jetzt die allg. Vorschriften des **TzBfG** – auch zur sachgrundlosen Befristung –, wofür auf KR-*Lipke/Bubach* § 14 TzBfG Rdn 208, 273, 368 f., 438, 527, 562 u. 594 ff. sowie § 620 BGB Rdn 74 verwiesen wird (s.a. *Annuß/Thüsing-Kühn* § 23 TzBfG Rn 6 u. 175; *Bauer/Krets* NJW 2003, 537; *Ulber* AuR 2003, 7; *Wank* NZA 2003, 14). Hierbei ist es auch trotz der aktuellen umfangreichen Änderungen des AÜG durch das Gesetz vom 21.2.2017 (BGBl. I S. 258) mit Wirkung vom 1.4.2017 geblieben. Ein allgemeiner Sachgrund »Leiharbeit« ist de lege lata nicht anzuerkennen (etwa *Annuß/Thüsing-Kühn* § 23 TzBfG Rn 175; *Schüren/Behrend* NZA 2003, 521; *Wank* NZA 2003, 14; aA *Frik* NZA 2005, 386; *Hanau* ZIP 2003, 1573: begrenzte Dauer der Überlassung als unbenannter Sachgrund der Befristung von Leiharbeitsverhältnissen anzuerkennen; *Kokemoor* NZA 2003, 238). Soweit es um **vorübergehenden betrieblichen Bedarf** (§ 14 Abs. 1 S. 2 Nr. 1 TzBfG) geht, kommt es allein auf den Verleiher an, nicht darauf, dass der Entleiher lediglich einen vorübergehenden Bedarf abdecken will. Zu beachten ist im Übrigen die Regelung in § **10 Abs. 1 S. 2 AÜG**, wonach das nach § 10 Abs. 1 S. 1 AÜG fingierte Arbeitsverhältnis als befristet gilt, wenn die Tätigkeit des Leiharbeitnehmers beim Entleiher nur befristet vorgesehen war und hierfür ein Sachgrund besteht.

7

V. Arbeitsplatzschutzgesetz (ArbPlSchG)

Nach § 1 **Abs. 4, 1. Hs. ArbPlSchG** idF der Bek. v. 16.7.2009 (BGBl. I S. 2055), zuletzt geänd. durch Art. 2 Abs. 9 des Gesetzes v. 30.3.2021 (BGBl. I S. 402) – zum persönlichen Anwendungsbereich KR-*Weigand* § 2 ArbPlSchG Rdn 10 –, wird ein **befristetes Arbeitsverhältnis durch die Einberufung zum Grundwehrdienst** – solange die Wehrpflicht ausgesetzt ist, geht es um die freiwillig Wehrdienstleistenden nach § 58b Soldatengesetz (dazu § 16 Abs. 7 ArbPlSchG; KR-*Weigand* § 2 ArbPlSchG Rdn 2; KR-*Lipke/Schlünder* § 620 BGB Rdn 73; zur Geltung für **Soldaten auf Zeit** s. § 16a Abs. 1 ArbPlSchG) – **oder zu einer Wehrübung** (zur Geltung für freiwillige Wehrübungen § 10 ArbPlSchG) **nicht verlängert** (vgl. KR-*Weigand* § 2 ArbPlSchG Rdn 8 f. zu den Bereichen neben dem Zivildienst – dazu Rdn 38 –, für die das ArbPlSchG entspr. anwendbar ist). Dasselbe gilt nach dem 2. Hs. der Vorschrift, wenn das Arbeitsverhältnis **aus anderen Gründen** – zB aufgrund einer **auflösenden Bedingung** – während des Wehrdienstes geendet hätte. Das bedeutet, dass das Arbeitsverhältnis entsprechend der Vereinbarung auch während des Grundwehrdienstes oder während einer Wehrübung enden kann. Abweichende Vereinbarungen sind jedoch möglich. Dabei ist aber die vorgehende Spezialbestimmung des § **6 Abs. 2 ArbPlSchG** zu beachten: Auf **Probe- und Ausbildungszeiten** werden die Zeiten des Grundwehrdienstes oder einer Wehrübung nicht

8

angerechnet. Damit verlängert sich zB ein **befristetes Probearbeitsverhältnis** oder ein **Berufsausbildungsverhältnis** automatisch um die entsprechenden Zeiten (vgl. weiter KR-*Weigand* §§ 21–23 BBiG Rdn 31). Zu **§ 2 Abs. 5 Nr. 4** WissZeitVG vgl. KR-*Treber/Waskow* § 1 WissZeitVG Rdn 65.

VI. Berufsbildungsgesetz (BBiG)

9 Nach § 21 Abs. 1 BBiG endet ein **Berufsausbildungsverhältnis** grds. – vorbehaltlich der Kündigungsmöglichkeiten des § 22 BBiG (KR-*Weigand* §§ 21–23 BBiG Rdn 34 ff.) oder eines Aufhebungsvertrages (vgl. KR-*Weigand* §§ 21–23 BBiG Rdn 32 f.) – mit dem **Ablauf der Ausbildungszeit (Befristung kraft Gesetzes)**, wobei sich die Dauer der Ausbildungszeit nach der Ausbildungsordnung und bei ihrem Fehlen nach der Vereinbarung der Parteien richtet (vgl. KR-*Weigand* §§ 21–23 BBiG Rdn 20–22). Vorzeitig wird das Arbeitsverhältnis nach § 21 Abs. 2 BBiG mit Bestehen der **Abschlussprüfung** beendet, während es nach § 21 Abs. 3 BBiG im Anschluss an eine nicht bestandene Abschlussprüfung auf Verlangen des Auszubildenden bis zur nächstmöglichen **Wiederholungsprüfung**, aber nicht länger als um ein Jahr verlängert wird (vgl. dazu *BAG* 15.3.2000 – 5 AZR 622/98; 26.9.2001 – 5 AZR 630/99; KR-*Weigand* §§ 21–23 BBiG Rdn 26–30 mwN). Das Berufsausbildungsverhältnis endet jedenfalls mit dem vereinbarten Ende, auch wenn die Abschlussprüfung erst danach stattfindet (*LAG BW* 14.12.2005 – 10 Sa 51/05; LS-*Schlachter* § 23 TzBfG Anh. 2 BBiG Rn 3). Zu **Verlängerungen** aufgrund des **Arbeitsplatzschutzgesetzes** und des **Zivildienstgesetzes** wird verwiesen auf Rdn 8 u. 38.

10 Das TzBfG ist insoweit im Ergebnis weitestgehend **nicht anwendbar** (§ 10 Abs. 2 BBiG). Da es sich um eine gesetzliche Befristung handelt, bedarf es nicht der Anwendung der §§ 14 und 17 TzBfG (zu den bei Kündigungen durch den Ausbilder zu beachtenden Fristen vgl. KR-*Weigand* §§ 21–23 BBiG Rdn 114–117, 120 f.). § 15 Abs. 4 TzBfG ist ohnehin nicht einschlägig, und ansonsten enthält das BBiG in §§ 21, 22 und 24 Bestimmungen, die den §§ 15, 16 TzBfG vorgehen. §§ 3, 4 Abs. 2 TzBfG sind gleichfalls nicht anwendbar, da es keine vergleichbaren unbefristet Beschäftigten gibt. Dasselbe gilt für § 19 TzBfG, der eine Spezialbestimmung zu § 4 TzBfG darstellt (s. KR-*Bader/Kreutzberg-Kowalczyk* § 19 TzBfG Rdn 2). Die Information über unbefristete Arbeitsplätze nach § 18 TzBfG ist für die Auszubildenden sinnlos, so dass als anwendbar nur § 20 TzBfG verbleibt.

VII. Bundeselterngeld- und Elternzeitgesetz (BEEG)

11 § 21 BEEG (nunmehr idF der Bek. v. 27.1.2015 [BGBl. I S. 33]; zur Entstehung und zum Stand des Gesetzes KR-*Bader/Kreutzberg-Kowalczyk* § 18 BEEG Rdn 1–15) sieht in Abs. 1 vor, dass ein **sachlicher Grund** für eine **Befristung eines Arbeitsverhältnisses** (nicht ausdrücklich: eine auflösende Bedingung; dazu s. KR-*Lipke/Bubach* § 21 BEEG Rdn 56 mwN) – kalendermäßige Befristung oder Zweckbefristung (Abs. 3) – vorliegt, wenn ein Arbeitnehmer zur Vertretung eines anderen Arbeitnehmers für Zeiten eines Beschäftigungsverbotes nach dem Mutterschutzgesetz, einer Elternzeit, einer auf Tarifvertrag, Betriebsvereinbarung oder einzelvertraglicher Vereinbarung beruhenden Arbeitsfreistellung zur Betreuung eines Kindes oder für diese Zeiten zusammen oder Teile davon eingestellt wird. Auch notwendige Einarbeitungszeiten können von der Befristung umfasst werden (Abs. 2). Die Einzelheiten dazu sind bei KR-*Lipke/Bubach* § 21 BEEG ausführlich erläutert.

12 § 14 TzBfG und § 21 BEEG stehen unabhängig nebeneinander (vgl. KR-*Lipke/Bubach* § 21 BEEG Rdn 8). Entsprechendes gilt für das Verhältnis von § 21 BEEG zu § 21 TzBfG. Die Anwendbarkeit **anderweitiger Befristungsregelungen** ist durch § 21 BEEG nicht ausgeschlossen (*Annuß/Thüsing-Kühn* § 23 TzBfG Rn 116).

13 Soweit § 21 BEEG im Übrigen keine abweichenden Regelungen trifft, gelten die Vorschriften des TzBfG für die Befristung nach § 21 BEEG. Es sind dies zunächst: §§ 3, 4 Abs. 2, 14 Abs. 4, 15 Abs. 1, 2 u. 5, 17, 18 bis 20 TzBfG. § 15 Abs. 3 TzBfG wird nicht überlagert von § 21 Abs. 4 BEEG, so dass auch hier die Möglichkeit besteht, das ordentliche Kündigungsrecht zu vereinbaren (vgl. KR-*Lipke/Bubach* § 21 BEEG Rdn 59). Wird davon kein Gebrauch gemacht, steht nur § 21

Abs. 4 BEEG zu Gebote (*Gaul/Wisskirchen* BB 2000, 2469; zu dieser Möglichkeit s. KR-*Lipke/ Bubach* § 21 BEEG Rdn 60–71). § 15 Abs. 4 TzBfG ist nicht einschlägig, während § 16 TzBfG schließlich wieder anwendbar ist.

VIII. Eignungsübungsgesetz

Nach § 1 Abs. 3, 1. Hs. des Eignungsübungsgesetzes v. 20.1.1956 (BGBl. I S. 13), das zuletzt 14 durch Art. 11a des Gesetzes vom 11.12.2018 (BGBl. I S. 2387) geändert worden ist und das in der aktuellen Fassung auszugsweise bzgl. der §§ 1 bis 3 bei KR-*Weigand* § 2 ArbPlSchG Rdn 44 abgedruckt ist, wird ein **befristetes Arbeitsverhältnis durch die Einberufung zu einer Eignungsübung nicht verlängert**. Dasselbe gilt nach dem 2. Hs. der Vorschrift, wenn ein Arbeitsverhältnis aus **sonstigen Gründen** – etwa aufgrund einer **auflösenden Bedingung** – aufgrund der Eignungsübung geendet hätte. Das bedeutet wie bei der inhaltsgleichen Vorschrift des § 1 Abs. 4 ArbPlSchG, dass das Arbeitsverhältnis wie vereinbart auch während einer Eignungsübung enden kann. Abweichende Vereinbarungen sind auch hier denkbar (ebenso Rdn 8). Eine § 6 Abs. 3 ArbPlSchG entsprechende Regelung (s. Rdn 8) fehlt hier jedoch. Zum Arbeitsverhältnis, das nach dem **WissZeitVG** befristet ist, vgl. KR-*Treber/Waskow* § 1 WissZeitVG Rdn 65.

Das Eignungsübungsgesetz **befristet** in **§ 3 Abs. 1 S. 1 und Abs. 2 S. 1 – 4** (zum Text KR-*Weigand* 15 § 2 ArbPlSchG Rdn 44) den **Bestand des Arbeitsverhältnisses von Gesetzes wegen**. Das TzBfG findet insoweit keine Anwendung.

IX. Ein-Euro-Jobs (MAE-Kräfte)

Verträge über sog. **Ein-Euro-Jobs** (§ 16d SGB II), bei denen auch von **MAE-Kräften** (MAE = 16 Arbeitsgelegenheit mit Mehraufwandsentschädigung; vgl. § 16d Abs. 7 S. 1 SGB II) gesprochen wird, begründen **keine Arbeitsverhältnisse**, wie § 16d Abs. 7 S. 2, 1. Hs. SGB II klar regelt (s. KR-*Kreutzberg-Kowalczyk* ArbNähnl. Pers. Rdn 16; vgl. a. *BAG* 20.2.2008 – 5 AZR 290/07, Rn 17 ff.), auch wenn die Vorschriften über den Arbeitsschutz und das BUrlG mit Ausnahme der Regelungen über das Urlaubsentgelt entsprechend anzuwenden sind (§ 16d Abs. 7 S. 2, 2. Hs. SGB II) und die Beschäftigung der MAE-Kräfte eine mitbestimmungspflichtige Einstellung darstellt (HWK-*Gaul* § 5 BetrVG Rn 22 mwN; dazu a. *BVerwG* 2.5.2014 – 6 PB 11/14, Rn 4 ff.). Die Vorschriften des TzBfG finden mithin darauf keine Anwendung.

X. Einigungsvertrag (neue Bundesländer)

Befristungsrechtlich bestehen für die **neuen Bundesländerkeine Besonderheiten** mehr, und es 17 scheiden dort auch geringere Anforderungen an die Befristungskontrolle aus (*BAG* 15.2.1995 – 7 AZR 680/94; 25.4.1996 – 2 AZR 609/95). Zu den früher geltenden Regelungen im **Einigungsvertrag** und in **§ 47 AGB-DDR** *Bader* KR 10. Aufl., § 23 TzBfG Rn 19 f.

XI. Familienpflegezeitgesetz (FPfZG)

Das **Gesetz über die Familienpflegezeit** (Familienpflegezeitgesetz) vom 6.12.2011 (BGBl. I 18 S. 2564) – in Kraft ab 1.1.2012 (geänd. mit Wirkung vom 1.1.2015 durch Art. 1 des Gesetzes v. 23.12.2014 [BGBl. I S. 2462]; Übergangsbestimmung in § 15 FPfZG; zu den Neuregelungen ab 1.1.2015 *Sasse* DB 2015, 310; *Thüsing/Pötters* BB 2015, 181; vgl. weiter KR-*Treber/Waskow* FPfZG; zuletzt geändert durch Art. 6 des Gesetzes vom 29.3.2021 [BGBl. I S. 370]) – will durch die Einführung der Familienpflegezeit die Möglichkeiten zur Vereinbarkeit von Beruf und familiärer Pflege verbessern (§ 1 FPfZG). Was unter **Familienpflegezeit** zu verstehen ist, ergibt sich aus § 2 FPfZG (neu gefasst mit Wirkung vom 1.1.2015), wobei der mit Wirkung vom 1.1.2015 neu eingefügte § 2a FPfZG deren Inanspruchnahme regelt. Die Familienpflegezeit wird nach Maßgabe der §§ 3 ff. FPfZG gefördert. **§ 2 Abs. 3 FPfZG** sieht vor, dass die **§§ 5–8 PflegeZG entsprechend** gelten, also u.a. die Vorschriften über den **Kündigungsschutz** (§ 5 PflegeZG) und **befristete Verträge** (§ 6 PflegeZG; s. dazu Rdn 20) – s. dazu KR-*Treber/Waskow* §§ 1–8 PflegeZG Rdn 10 ff. u. Rdn 70 ff.

XII. Landesgesetze

19 § 23 TzBfG lässt besondere Regelungen über die Befristung von Arbeitsverträgen nach anderen Gesetzen unberührt. Das betrifft primär andere Bundesgesetze, auf die hier eingegangen wird, **Landesgesetze** aber nur insoweit, als sich aus anderem Bundesrecht ergibt, dass die Gesetzgebungskompetenz (konkurrierende Gesetzgebung: Art. 74 Abs. 1 Nr. 12, Art. 72 Abs. 1 GG) insoweit nicht ausgeschöpft und dem Landesgesetzgeber die Möglichkeit zu eigenen gesetzlichen Regelungen belassen werden soll (*BAG* 11.9.2013 – 7 AZR 843/11, Rn 17 ff. zu landesrechtlichen Regelungen betreffend die Befristung von Arbeitsverträgen angestellter Hochschulprofessoren: **aA** *Gronemeyer* RdA 2016, 24). Jedenfalls seit Inkrafttreten des TzBfG sind damit **landesrechtliche Befristungsregelungen weitestgehend ausgeschlossen** (s. weiter KR-*Lipke/Schlünder* § 620 BGB Rdn 84 ff.).

XIII. Pflegezeitgesetz (PflegeZG)

20 Das **Gesetz über die Pflegezeit** (Pflegezeitgesetz – PflegeZG) vom 28.5.2008 (BGBl. I S. 874, 896), geänd. durch Art. 7 des Gesetzes vom 21.12.2015 (BGBl. I S. 2424) mit Wirkung vom 1.1.2016 (zu den vorausgehenden Neuregelungen m. Wirkung v. 1.1.2015 *Sasse* DB 2015, 310; *Thüsing/Pötters* BB 2015, 181) und zuletzt geändert durch Art. 5 des Gesetztes vom 29. März 2021 (BGBl. I S. 370) –, enthält in § 6 Regelungen für **befristete Einstellungen** (auch für auflösend bedingte Einstellungen?: abl. dazu ErfK-*Gallner* § 6 PflegeZG Rn 1; s.a. KR-*Treber/Waskow* §§ 1–8 PflegeZG Rdn 67; weiter parallel KR-*Lipke/Bubach* § 21 BEEG Rdn 56 mwN; bejahend *Bader/Bram-Bader* § 620 BGB Rn 98) von **Vertretungen** für die Zeiten von kurzzeitiger Arbeitsverhinderung nach § 2 PflegeZG und für die Pflegezeit und sonstige Freistellungen nach § 3 PflegeZG (einseitig zwingendes Recht: *Dörner* Befr. Arbeitsvertrag Rn 656), flankiert durch die Kündigungsschutzregelung in § 5 PflegeZG. Die Bestimmungen des § 6 PflegeZG sind angelehnt an § 21 BEEG (dazu Rdn 11). Was das Verhältnis des § 6 PflegeZG zum TzBfG und die Konkurrenzen zu anderen Befristungsmöglichkeiten angeht, gelten die Ausführungen von KR-*Lipke/Bubach* § 21 BEEG Rdn 6 f. entsprechend (s.a. *Annuß/Thüsing-Kühn* § 23 TzBfG Rn 150; vgl. auch *Dörner* Befr. Arbeitsvertrag Rn 657 zum Verhältnis zu anderen gesetzlichen Befristungsregelungen). Im Übrigen wird auf KR-*Treber/Waskow* §§ 1–8 PflegeZG Rdn 65 ff. verwiesen.

XIV. SGB VI § 41 Satz 2 (Altersgrenze)

21 An die Stelle von Art. 6 § 5 Abs. 2 des Rentenreformgesetzes v. 6.10.1972 (BGBl. I S. 1965) – dazu KR-*Bader/Kreutzberg-Kowalczyk* § 26 KSchG Rdn 7 – ist v. 1.1.1992 bis zum 31.7.1994 § 41 Abs. 4 SGB VI (Rentenformgesetz 1992 – **RRG 92** – v. 18.12.1989 BGBl. I S. 2261, ber. 1990 S. 1337) getreten. Hiernach war eine **Vereinbarung**, wonach ein Arbeitsverhältnis zu einem Zeitpunkt enden soll, in dem der Arbeitnehmer tatsächlich Anspruch auf eine **Altersrente** hat, nur wirksam, wenn die Vereinbarung innerhalb der letzten drei Jahre vor diesem Zeitpunkt geschlossen oder vom Arbeitnehmer bestätigt worden ist. Eine diese Voraussetzungen nicht erfüllende Vereinbarung war nach § 41 Abs. 4 SGB VI unwirksam, nach dem Vorgängerrecht hatte sie dagegen bezogen auf das 65. Lebensjahr weiter gegolten. Die Unwirksamkeit von vereinbarten **Altersgrenzen** sollte verhindern, dass der vom Gesetzgeber angestrebten **Flexibilisierung der Lebensarbeitszeit** (BT-Drucks. 11/1424 S. 163) und Wiederherstellung der **Entscheidungsfreiheit des Arbeitnehmers** nicht durch gegenteilige arbeitsrechtliche Abmachungen begegnet werden kann (*Laux* NZA 1991, 968).

22 Nachdem das BAG in zwei Entscheidungen klargestellt hatte, dass § 41 Abs. 4 SGB VI nicht nur entsprechende Vereinbarungen in Arbeitsverträgen, sondern auch generelle Altersgrenzenregelungen in Tarifverträgen (*BAG* 20.10.1993 – 7 AZR 135/93; 12.1993 – 7 AZR 428/93) und Betriebsvereinbarungen mit umfasst, kam es in der betrieblichen Praxis zu Schwierigkeiten, da hiernach **kollektivrechtliche Altersgrenzen** generell gegen § 41 Abs. 4 S. 3 SGB VI (RRG 92) verstießen (näher dazu *Lipke* KR 5. Aufl., § 620 BGB Rn 29b). Dies hat den Gesetzgeber veranlasst, im Gesetz zur Änderung des Sechsten Buches Sozialgesetzbuch (SGB VI ÄndG) v. 26.7.1994 (BGBl. I S. 1797) **mit Wirkung zum 1.8.1994 zur früheren Rechtslage zurückzukehren.** § 41 Abs. 4 S. 3 SGB VI

lautete danach: »Eine Vereinbarung, die die Beendigung des Arbeitsverhältnisses eines Arbeitnehmers ohne Kündigung zu einem Zeitpunkt vorsieht, in dem der Arbeitnehmer vor Vollendung des 65. Lebensjahres eine Rente wegen Alters beantragen kann, gilt dem Arbeitnehmer gegenüber als auf die Vollendung des 65. Lebensjahres abgeschlossen, es sei denn, dass die Vereinbarungen innerhalb der letzten drei Jahre vor diesem Zeitpunkt abgeschlossen oder von dem Arbeitnehmer bestätigt worden ist.« Eine dem § 41 Abs. 4 S. 3 SGB VI RRG 92 vergleichbare Regelung zum Schutz der Entscheidungsfreiheit des Arbeitnehmers, über die Dauer seiner Lebensarbeitszeit auch nach Vollendung des 65. Lebensjahres bestimmen zu können, enthielt die Neufassung der Vorschrift nicht mehr (zum Verhältnis dieser Regelung zu § 1 BeschFG 1996 *Lipke* KR 5. Aufl., § 1 BeschFG 1996 Rn 136 f.). Zur **Übergangsregelung** für die über das 65. Lebensjahr aufgrund vorangegangener Rechtslage fortgesetzten Arbeitsverhältnisse in Art. 2 SGB VI ÄndG vom 26.7.1994 (BGBl. I S. 1797; verfassungsrechtlich unbedenklich: *BVerfG 30.3.1999 – 1 BvR 1814/94*) – das BVerfG hat die darin enthaltene **Übergangsfrist** durch einstweilige Anordnung verlängert (*BVerfG 8.11.1994 – 1 BvR 1814/94*) – vgl. etwa *BAG 11.6.1997 – 7 AZR 186/96*, mwN zum seinerzeitigen Meinungsstand.

Mit Wirkung v. 1.1.2000 ist die Regelung nunmehr **im Wortlaut unverändert** in **§ 41 S. 2 SGB VI** enthalten (aufgrund Gesetzes v. 16.12.1997 [BGBl. I S. 2998]). Streitig ist, ob § 41 S. 2 SGB VI die Anwendbarkeit des KSchG voraussetzt (dafür: HWK-*Ricken* § 41 SGB VI Rn 7; dagegen ErfK-*Rolfs* § 41 SGB VI Rn 11). Die Norm erfasst zwei nachstehend dargestellte Sachverhalte. Sie regelt indes nur den Zeitpunkt des Ausscheidens, bleibt aber ohne Auswirkungen auf sonstige Leistungen oder Vergünstigungen (*BAG 18.2.2003 – 9 AZR 136/02*). 23

§ 41 S. 2 SGB VI erfasst nur **einzelvertragliche Vereinbarungen** (*BAG 4.11.2015 – 7 AZR 851/13*, Rn 31). Eine Vereinbarung zwischen den Arbeitsvertragsparteien (ErfK-*Rolfs* § 41 SGB VI Rn 13; HWK-*Ricken* § 41 SGB VI Rn 15; bloße Option nicht ausreichend: *LAG Köln 31.1.2002* AiB 2002, 262), die die Beendigung des Arbeitsverhältnisses eines Arbeitnehmers ohne Kündigung zu einem Zeitpunkt vorsieht, zu dem der Arbeitnehmer **vor Erreichen der Regelaltersgrenze** eine Rente wegen Alters beantragen kann (zur Abgrenzung *BAG 4.11.2015 – 7 AZR 851/13*), ist wirksam, wenn sie innerhalb der **letzten drei Jahre** vor diesem Zeitpunkt (= dem Zeitpunkt des vereinbarten Ausscheidens: *BAG 17.4.2002 – 7 AZR 40/01*, zu B I der Gründe) **abgeschlossen** oder bei früherem Abschluss von dem Arbeitnehmer innerhalb der letzten drei Jahre vor diesem Zeitpunkt **bestätigt** worden ist. Die Bestätigung stellt sich als einseitige empfangsbedürftige Willenserklärung dar, die auch schlüssig erfolgen kann (*BAG 22.5.2012 – 9 AZR 453/10*). Die **Sachgrundprüfung** gem. § 14 Abs. 1 TzBfG bleibt dabei erforderlich (*BAG 19.11.2003 – 7 AZR 296/03*, zu II 2 der Gründe; dazu in weiterem Zusammenhang auch *Walker* NZA 2017, 1417). 24

Liegen jedoch die in Rdn 24 genannten Voraussetzungen nicht vor, gilt die Vereinbarung dem Arbeitnehmer gegenüber als **auf das Erreichen der Regelaltersgrenze abgeschlossen** (§ 41 S. 2 SGB VI). Diese **Fiktion** wirkt allein zugunsten des Arbeitnehmers, der so im Ergebnis wählen kann zwischen dem Ausscheiden mit dem vereinbarten Zeitpunkt und dem Ausscheiden mit der Regelaltersgrenze (*BAG 17.4.2002 – 7 AZR 40/01*, zu B I 1der Gründe). Allerdings muss sich der Arbeitnehmer auf die Fiktionswirkung berufen, um sie eintreten zu lassen (*BAG 17.4.2002 – 7 AZR 40/01*, zu B I 1 der Gründe, offenlassend, ob sich der Arbeitnehmer binnen einer zeitlichen Grenze oder in einer bestimmten Form auf die Fiktion berufen muss; *Bader* NZA 2014, 749 für ein Aktivwerden des Arbeitgebers). Dafür ist es nicht Voraussetzung, dass der Arbeitnehmer **Feststellungsklage** gem. § 17 S. 1 TzBfG gegen die vereinbarte Frist erhebt (APS-*Greiner* § 41 SGB VI Rn 41; aA *Kleinebrink* DB 2014, 1490 sowie etwa ErfK-*Rolfs* § 41 SGB VI Rn 18; offen gelassen in *BAG 4.11.2015 – 7 AZR 851/13*, Rn 31), da dies in Widerspruch zur Fiktionsregelung des § 41 S. 2 SGB VI stünde und überdies zu praktischen Durchführungsschwierigkeiten führen würde. 25

Nicht an § 41 S. 2 SGB VI sind jedoch Vereinbarungen zu messen, die nichts mit der **Altersrente aus der gesetzlichen Rentenversicherung** zu tun haben (*BAG 26.4.1995 – 7 AZR 984/93*: Altersversorgung nach beamtenrechtlichen Grundsätzen; *14.10.1997 – 7 AZR 660/96*: befreiende 26

Lebensversicherung; 26.10.1994 – 7 AZR 984/93, nv: Altersversorgung nach beamtenrechtlichen Vorschriften; 11.3.1998 – 7 AZR 700/96: vom Arbeitgeber finanzierte Übergangs- oder Altersversorgung).

27 Was die Vorschrift des § 41 S. 2 SGB VI für die **Regelung von Altersgrenzen in Arbeitsverträgen, Tarifverträgen und Betriebsvereinbarungen** im Übrigen bedeutet, ist bei KR-*Lipke/Bubach* § 14 TzBfG Rdn 423 dargestellt (s.a. *Annuß/Thüsing-Kühn* § 23 TzBfG Rn 149 f.; s. a. *Bader/Bram-Bader* § 620 BGB Rn 198). Das Verhältnis von § 41 S. 2 SGB VI zu § 14 **Abs. 3 TzBfG** ist bei KR-*Lipke/Bubach* § 14 TzBfG Rdn 425 angesprochen (vgl. dazu auch *Bader/Bram-Bader* § 620 BGB Rn 69 mwN; APS-Backhaus § 23 TzBfG Rn 11 für eine volle Geltung neben § 14 Abs. 3 TzBfG), und bzgl. des Verhältnisses zu **§ 8 Abs. 3 ATG** s. Rdn 6.

XV. Hinausschieben der Altersgrenze (§ 41 S. 3 SGB VI)

1. Allgemeines

28 Mit **Wirkung vom 1.7.2014** ist aufgrund des Gesetzes vom 23.6.2014 (BGBl. I S. 787; zur Entstehungsgeschichte *Bader* NZA 2014, 749) dem § 41 SGB VI ein neuer S. 3 mit folgendem Wortlaut angefügt: »Sieht eine Vereinbarung die Beendigung des Arbeitsverhältnisses mit dem Erreichen der Regelaltersgrenze vor, können die Arbeitsvertragsparteien durch Vereinbarung während des Arbeitsverhältnisses den Beendigungszeitpunkt, gegebenenfalls auch mehrfach, hinausschieben.« Die Vorschrift will mehr Flexibilität ermöglichen (*Kreikebohm* ZfA 2016, 499), etwa um eine Übergangsregelung bis zu einer Nachbesetzung zu schaffen, neu eingestellte, jüngere Kollegen in ihre Tätigkeit einzuarbeiten oder den Abschluss laufender Projekte zu ermöglichen (BT-Drucks. 18/1489 S. 25; s. a. *BAG* 19.12.2018 – 7 AZR 70/17, Rn 32). Sie gilt in der **Privatwirtschaft** und im **öffentlichen Dienst** (dazu § 30 Abs. 1 S. 1 TVöD), sie ist **tarifdispositiv** (*Bader* NZA 2014, 749; aA *Giesen* ZfA 2014, 217). § 41 S. 3 SGB VI ist eine anderweitige gesetzliche Regelung über die Befristung von Arbeitsverträgen iSd § 23 TzBfG (APS-*Greiner* § 41 SGB VI Rn 62), womit mangels vorhandener Anhaltspunkte für das Gegenteil **§ 14 Abs. 4 TzBfG (Schriftform)** und **§ 17 TzBfG (Klagefrist)** hierfür gelten (s. Rdn 1; APS-*Greiner* § 41 SGB VI Rn 64; APS-*Backhaus* § 23 TzBfG Rn 11a; APS-*Greiner* § 41 SGB VI Rn 64; *Schiefer/Köster/Pöttering* DB 1994, 2965 zur Schriftform; ebenso ErfK-*Rolfs* § 41 SGB VI Rn 23; *Waltermann* RdA 2015, 343; aA zur Schriftform *Poguntke* NZA 2014, 1372). Es handelt sich, da es um das Hinausschieben einer Altersgrenze geht, zwangsläufig um eine **kalendermäßige Befristung** (*Klösel/Reitz* NZA 2014, 1366; aA etwa *Giesen* ZfA 2014, 217: auch Zweckbefristung oder auflösende Bedingung). Umstritten war, ob es sich um eine Befristung mit **Sachgrund** handelt (dafür: *Bader* NZA 2014, 749, 750, 752; ders. an dieser Stelle in 12. Aufl.; *Kleinebrink* DB 2014, 1490; *Klösel/Reitz* NZA 2014, 1366; dagegen: *Arnold/Zeh* NZA 2019, 1017, 1018; ErfK-*Rolfs* § 41 SGB VI Rn 23 mwN; *Heinz* BB 2016, 2037; *Poguntke* NZA 2014, 1372); etwa als Spezialregelung zu § 14 Abs. 1 S. 2 Nr. 6 TzBfG (so *Bader* NZA 2014, 749, 750; insoweit ebenso APS-*Greiner* § 41 SGB VI Rn 62, allerdings iE einen Sachgrund nicht für erforderlich haltend [Rn 63]; zu § 14 Abs. 1 S. 2 Nr. 6 TzBfG KR-*Lipke/Bubach* § 14 TzBfG Rdn 413 mwN). Nunmehr hat das **BAG entschieden**, dass eine Befristung nach § 41 Satz 3 SGB VI nicht das Bestehen eines Sachgrundes iSv. § 14 Abs. 1 TzBfG voraussetzt (*BAG* 19.12.2018 – 7 AZR 70/17, Rn 32; dem folgend *LAG BW* 30.4.2020 – 3 Sa 98/19, Rn 79), da ein Sachgrunderfordernis dem Regelungszweck widerspräche und die Vorschrift überflüssig machte. Jedenfalls soweit die Vorschrift das Hinausschieben des Beendigungstermins ohne Änderung der sonstigen Arbeitsvertragsbedingungen (s. dazu Rdn 31) ermöglicht, ist sie auch mit dem **Unions- und Verfassungsrecht vereinbar** (*BAG* 19.12.2018 – 7 AZR 70/17, Rn 33 ff. mwN u. unter Bezugnahme auf EuGH 28.2.2018 – C-46/17, [John], mit zust. Anm. *Chandna-Hoppe* AP Nr. 17 zu § 41 SGB VI; ErfK-*Rolfs* § 41 SGB VI Rn 22 mwN; aA *Bader* an dieser Stelle in 12. Aufl.: »Eine Einordnung als Befristung ohne Sachgrund verbietet sich, weil sie nicht als solche charakterisiert ist und weil sie dann mangels jeglicher Eingrenzung evident europarechtswidrig wäre.«; ausf. zu den von *Bader* aufgeworfenen Bedenken hinsichtlich der Vereinbarkeit mit dem Unionsrecht 12. Aufl.

Rn 36; s. weiter zum unionsrechtlichen Befristungsrecht und der Weiterbeschäftigung nach Erreichen der Regelaltersgrenze *Chandna-Hoppe* RdA 2019, 200).

Nicht entschieden hat das BAG, ob es eine Höchstgrenze der Verlängerungen gibt oder ob von § 41 S. 3 SGB VI nur für eine bestimmte Dauer Gebrauch gemacht werden kann. Allerdings wird man der Gefahr von »**Ketten-Hinausschiebensvereinbarungen**« mit einer **Rechtsmissbrauchskontrolle** nach § 242 BGB, wie sie das BAG bei § 14 Abs. 1 TzBfG vornimmt (s. dazu KR-*Lipke/Bubach* § 14 TzBfG Rdn 178 ff.), begegnen können und müssen (*Arnold/Zeh* NZA 2019, 1017, 1018; APS-*Greiner* § 41 SGB VI Rn 63, 80; *Thüsing/Pöschle* Anm. in EzA § 41 SGB VI Nr. 15; *Bauer* NZA-RR 2018, 234). 29

2. Voraussetzungen

§ 41 S. 3 SGB VI setzt voraus, dass bereits eine **wirksame** (dazu *Bader* NZA 2014, 749; ausf. zu Altersgrenzen KR-*Lipke* § 14 TzBfG Rdn 412 ff.) **Vereinbarung** in einem Arbeitsvertrag, in einer Betriebsvereinbarung oder in einem Tarifvertrag (BT-Drucks. 18/1489 S. 25; *Kleinebrink* DB 2014, 1490) vorhanden ist, die eine Beendigung des Arbeitsverhältnisses mit Erreichen der konkret maßgeblichen **Regelaltersgrenze** (*Schiefer/Köster/Pöttering* DB 1994, 2965; zur Regelaltersgrenze § 35 S. 2 u. § 235 Abs. 2 S. 1 u. 2 SGB VI sowie KR-*Bader/Kreutzberg-Kowalczyk* § 33 TVöD Rdn 2; weitergehend *Giesen* ZfA 2014, 217) vorsieht. Bei einzelvertraglichen Vereinbarungen im Wege der Bezugnahme auf einen einschlägigen Tarifvertrag insgesamt kommt es dabei entgegen dem früheren Diskussionsstand (dazu etwa *Bader* NZA 2014, 749 mwN) nicht auf § 14 Abs. 4 TzBfG – **Schriftform** – an (*BAG* 23.7.2014 – 7 AZR 771/12). Die Vereinbarung kann sich auch aus **§ 41 S. 2 SGB VI** ergeben (dazu Rdn 25). Stimmt die Vereinbarung nicht mit der tatsächlichen Regelaltersgrenze überein, so etwa, wenn in älteren Vereinbarungen pauschal auf die frühere Altersgrenze 65 abgestellt wird, ist es eine Frage der **Auslegung**, ob man die Vereinbarung dennoch auf die Regelaltersgrenze beziehen kann (iE dazu *Bader* NZA 2014, 749 mwN; *Kleinebrink* DB 2014, 1490; *Poguntke* NZA 2014, 1372) – bei Vereinbarungen bis zum 31.1.2007 wird dies zu bejahen sein (ErfK-*Rolfs* § 41 SGB VI Rn 10). 30

3. Vereinbarung des Hinausschiebens

Die Vereinbarung des Hinausschiebens des Beendigungszeitpunkts als **Individualvereinbarung** (ErfK-*Rolfs* § 41 SGB VI Rn 23; aA *Giesen* ZfA 2014, 217: auch durch Tarifvertrag möglich), für die weder eine Mindest- noch eine Höchstdauer zu beachten ist, muss wie ausdrücklich bestimmt noch **während des bisherigen Bestandes des Arbeitsverhältnisses** erfolgen, also erstmals spätestens am letzten Tag des Monats, mit dessen Ende die Regelaltersgrenze (dazu Rdn 29) erreicht ist (*LAG Nds.* 29.11.2016 – 10 Sa 218/16; *Kroll* ZTR 2016, 179; *Schiefer/Köster/Pöttering* DB 1994, 2965; *Sprenger* BB 2016, 757); sie ist aber im laufenden Arbeitsverhältnis auch schon früher möglich (ErfK-*Rolfs* § 41 SGB VI Rn 23). Eine spätere Vereinbarung kann jedenfalls nicht auf § 41 S. 3 SGB VI gestützt werden, sie bedarf zu ihrer Wirksamkeit einer anderweitigen Rechtfertigung (ErfK-*Rolfs* § 41 SGB VI Rn 23 mwN; teilw. weitergehend *Poguntke* NZA 2014, 1372). Es darf dabei **keinerlei zeitliche Zäsur** vorgesehen werden (*Bader* NZA 2014, 749; *Kleinebrink* DB 2014, 1490; *Rennpferdt* NZA 2021, 1285, 1288 mwN; parallel zu § 14 Abs. 2 TzBfG etwa *BAG* 23.8.2006 – 7 AZR 12/06; 16.1.2008 – 7 AZR 603/06), das Arbeitsverhältnis muss nahtlos fortgesetzt werden – andernfalls handelt es sich nicht mehr um ein »Hinausschieben«. Anders als noch von *Bader* in der 12. Aufl. an dieser Stelle vertretenen Auffassung (auch *Bader* NZA 2014, 749; *Kleinebrink* DB 2014, 1490, darin auch iE zu der Frage, ob insoweit auf die Rspr. zu § 14 Abs. 2 TzBfG – dazu KR-*Lipke* § 14 TzBfG Rdn 539 ff. – abgestellt werden kann; *Kroll* ZTR 2016, 179) **setzt § 41 S. 3 SGB VI nicht voraus**, dass nur der Beendigungszeitpunkt des Arbeitsverhältnisses geändert wird und der **Vertragsinhalt ansonsten unverändert** bleibt (*Bauer* NZA 2014, 889; ders. NZA-RR 2018, 234, *Poguntke* NZA 2014, 1372; *Schiefer/Köster/Pöttering* DB 1994, 2965; ErfK-*Rolfs* § 41 SGB VI Rn 23; *Giesen* ZfA 2014, 217; *Thüsing/Pöschle* Anm. in EzA § 41 SGB VI Nr. 15; *LAG BW* 30.4.2020 – 3 Sa 98/19, Rn 74 ff, juris – Revision ist unter dem Az. 7 AZR 329/ 31

20 anhängig; **offengelassen** *BAG* 19.12.2018 – 7 AZR 70/17, Rn 20; zum Meinungsstand und mit Argumenten für ein ausschließliches zeitliches Hinausschieben des Beendigungszeitpunktes ohne inhaltliche Veränderungen *Rennpferdt* NZA 2021, 1285, 1288 mwN). Der Wortlaut dieser Norm steht diesem Verständnis nicht entgegen, insbesondere, wenn man das »Hinausschieben« der Rechtsfolgenseite zurechnet und nicht als Tatbestandsvoraussetzung ansieht (*Thüsing/Pöschle* Anm. in EzA § 41 SGB VI Nr. 15). Zudem spricht § 41 S. 3 SGB VI – im Gegensatz zu § 14 Abs. 2 S. 1 TzBfG – vom Hinausschieben des »Arbeitsverhältnisses« und nicht des »Arbeitsvertrags«. Auch bei einer inhaltlichen Änderung des Arbeitsvertrags bleibt das Arbeitsverhältnis bestehen (*Bauer* NZA 2014, 889; 890; *ders.* NZA-RR 2018, 234, 235; *Thüsing/Pöschle* Anm. in EzA § 41 SGB VI Nr. 15). Die Gesetzesbegründung befasst sich nicht mit der Frage, ob mit einer Verlängerung des Arbeitsverhältnisses einhergehende sonstige Änderungen der Arbeitsbedingungen wirksam vereinbart werden können, sondern beschränkt sich auf den Hinweis, dass »die sonstigen im jeweiligen Arbeitsverhältnis geltenden Arbeitsbedingungen [...] von der Neuregelung unberührt [bleiben]« (s. BT-Drucks. 18/1489 S. 25). Es sollen also die bisherigen Arbeitsbedingungen weiter gelten, wenn nicht etwas anderes vereinbart wird (*LAG BW* 30.4.2020 – 3 Sa 98/19, Rn 79 mwN, juris; *Bauer* NZA 2014, 889, 890). Gerade die Gesetzesbegründung, die ebenfalls vom »Arbeitsverhältnis« spricht, macht deutlich, dass der Gesetzgeber die Begriffe »Arbeitsverhältnis« und »Arbeitsvertrag« nicht synonym verwendet hat, sondern sich des Bedeutungsunterschieds bewusst war (*Thüsing/Pöschle* Anm. in EzA § 41 SGB VI Nr. 15). Der Sinn und Zweck der Norm (s. Rdn 28) spricht für das Verständnis, dass auch inhaltliche Veränderungen im Rahmen der Hinausschiebensvereinbarung erfolgen können. Ansonsten würde die vom Gesetzgeber beabsichtigte Flexibilität gerade nicht erreicht (*Bauer* NZA-RR 2018, 234, 235; APS-*Greiner* § 41 SGB VI Rn 73; *Poguntke* NZA 2014, 1372, 1375; *Thüsing/Pöschle* Anm. in EzA § 41 SGB VI Nr. 15). Regelmäßig wird es auch dem Interesse des durch eine gesetzliche Altersrente sozial abgesicherten Arbeitnehmers entsprechen, am Ende seines Arbeitslebens gleichzeitig mit dem Hinausschieben des Beendigungstermins auch eine Arbeitszeitreduzierung und eine Reduzierung des Aufgabenumfangs zu vereinbaren, um so ggf. einer reduzierten Belastbarkeit zu begegnen und den Übergang in den Ruhestand zu erleichtern (ähnlich *Bauer* NZA-RR 2018, 234, 235; *Arnold/Zeh* NZA 2019, 1017, 1018; *LAG BW* 30.4.2020 – 3 Sa 98/19, Rn 80, juris). Auch wenn sich der EuGH in seiner Entscheidung vom 28.02.2018 (– C-46/17, [John]) nur zu einem Hinausschieben des Beendigungszeitpunkts ohne gleichzeitige Änderung der Arbeitsbedingungen geäußert hat, dürfte § 41 S. 3 SGB VI auch mit der hier vertretenen Auslegung, dass inhaltliche Veränderungen im Rahmen der Hinausschiebensvereinbarung erfolgen können, **unionsrechtskonform** sein (so *LAG BW* 30.4.2020 – 3 Sa 98/19, Rn 80, juris; *Kaufmann* ZESAR 2018, 497, 504). Denn auch dann wird ein legitimes Ziel im Zusammenhang mit der Beschäftigungs- und der Arbeitsmarktpolitik verwirklicht (dazu etwa *EuGH* 18.11.2010 – C-250/09 und C-268/09 [**Georgiev**]), indem ein sachgerechter Ausgleich der Interessen des durch eine gesetzliche Altersrente sozial abgesicherten Arbeitnehmers (Flexibilität und Wahlfreiheit) und des Arbeitgebers (Flexibilität und Sicherung von Qualität und Kontinuität) erzielt wird, wobei die Befristung dazu führt, dass junge Arbeitnehmer eingestellt werden können (iE *Bader* NZA 2014, 749 mwN; vgl. a. *BAG* 11.2.2015 – 7 AZR 17/13; *Sprenger* BB 2016, 757).

32 Dasselbe gilt für **weitere Vereinbarungen** – ebenfalls Befristungsvereinbarungen –, mit denen die Altersgrenze jeweils hinausgeschoben wird. Insoweit bestehen nach dem Gesetzeswortlaut keine Grenzen, weder hinsichtlich der Dauer der einzelnen Befristung noch hinsichtlich der Zahl der Befristungen oder einer zeitlichen Obergrenze. Zur **Rechtsmissbrauchskontrolle** bei »**Ketten-Hinausschiebensvereinbarungen**« s. Rdn 29.

33 Die Vereinbarung des Hinausschiebens des Beendigungszeitpunkts stellt eine **mitbestimmungspflichtige Einstellung** iSd § 99 Abs. 1 S. 1 BetrVG dar (KR-*Lipke/Bubach* § 14 TzBfG Rdn 778 mwN; *Bader* NZA 2014, 749, 751; ErfK-*Kania* § 99 BetrVG Rn 6; ErfK-*Rolfs* § 41 SGB VI Rn 23; *Worobjow* NZA 2019, 1023; *LAG München* 29.5.2020 – 3 TaBV 127/19, Rn 43, juris; teilw. krit. mwN *Poguntke* NZA 2014, 1372; aA APS-*Greiner* § 41 SGB VI Rn 75). Für die Mitbestimmungsrechte des Personalrats gelten die auch sonst für Befristungen bzw. deren Verlängerungen geltenden Grundsätze (KR-*Lipke/Bubach* § 14 TzBfG Rdn 783 ff.).

Neben dem Arbeitsverhältnis mit hinausgeschobener Altersgrenze kann **Rente** bezogen werden, es 34
kann die Rente aber auch erst ab endgültiger Beendigung des Arbeitsverhältnisses beantragt werden,
dann mit Erhöhung (ErfK-*Rolfs* § 41 SGB VI Rn 24; *Poguntke* NZA 2014, 1372, dort auch zur
Versicherungspflicht).

4. Darlegungs- und Beweislast

Da es sich wie dargestellt um eine normale Sachgrundbefristung handelt, gelten die allgemeinen 35
Grundsätze der **Darlegungs- und Beweislast** (dazu KR-*Lipke/Bubach* § 14 TzBfG Rdn 756; aA
Poguntke NZA 2014, 1372).

XVI. Wissenschaftszeitvertragsgesetz (WissZeitVG)

Für den Bereich der Hochschulen galten bis zum 17.4.2007 die §§ 57a bis 57 f HRG (zu deren 36
Vorgeschichte und Entwicklung KR-*Treber/Waskow* § 1 WissZeitVG Rdn 1 ff.).

Nunmehr gilt seit dem 18.4.2007 das **Gesetz über befristete Arbeitsverträge in der Wissenschaft** 37
(Wissenschaftszeitvertragsgesetz – WissZeitVG – v. 12.4.2007 [BGBl. I S. 506], zuletzt geänd.
durch Art. 1 des Gesetzes v. 25.5.2020 [BGBl. I S. 1073]). Allg. dazu KR-*Treber/Waskow* § 1
WissZeitVG Rdn 12 ff. Das **WissZeitVG** sieht in § 1 Abs. 1 S. 5 vor, dass die arbeitsrechtlichen
Vorschriften und Grundsätze über befristete Arbeitsverträge und deren Kündigung anzuwenden
sind, soweit sie den Vorschriften der §§ 2 bis 6 nicht widersprechen. Das TzBfG ist damit grds.
anzuwenden, soweit nicht die Normen der §§ 2 bis 6 WissZeitVG dies ausschließen (weiter dazu
KR-*Treber/Waskow* § 1 WissZeitVG Rdn 63 f. u. 69 ff.). Zum Verhältnis des WissZeitVG zu § 21
BEEG u. zum ÄArbVtrG vgl. KR-*Treber/Waskow* § 1 WissZeitVG Rdn 84 f.

XVII. Zivildienstgesetz (ZDG)

Nach § 78 Abs. 1 Nr. 1 ZDG idF der Bek. v. 17.5.2005 (BGBl. I S. 1346; zuletzt geänd. durch 38
Art. 7 des Gesetzes v. 12.12.2019 [BGBl. I S. 2652]) gelten für die Zeiten des **Zivildienstes** die
Vorschriften des **ArbPlSchG entsprechend** (dazu s. Rdn 8).

Umwandlungsgesetz (UmwG)

Kündigungs(schutz)recht bei Umwandlungen
– Ein Überblick –

Vom 28. Oktober 1994 (BGBl. I S. 3210, ber. 1995 S. 428).
Zuletzt geändert durch Art. 1 des Vierten Gesetzes zur Änderung des Umwandlungsgesetzes vom 19. Dezember 2018 (BGBl. I S. 2694)
- Auszug -

§ 322 UmwG Gemeinsamer Betrieb

Führen an einer Spaltung oder an einer Teilübertragung nach dem Dritten oder Vierten Buch beteiligte Rechtsträger nach dem Wirksamwerden der Spaltung oder der Teilübertragung einen Betrieb gemeinsam, gilt dieser als Betrieb im Sinne des Kündigungsschutzrechts.

§ 323 UmwG Kündigungsrechtliche Stellung

(1) Die kündigungsrechtliche Stellung eines Arbeitnehmers, der vor dem Wirksamwerden einer Spaltung oder Teilübertragung nach dem Dritten oder Vierten Buch zu dem übertragenden Rechtsträger in einem Arbeitsverhältnis steht, verschlechtert sich auf Grund der Spaltung oder Teilübertragung für die Dauer von zwei Jahren ab dem Zeitpunkt ihres Wirksamwerdens nicht.

(2) Kommt bei einer Verschmelzung, Spaltung oder Vermögensübertragung ein Interessenausgleich zustande, in dem diejenigen Arbeitnehmer namentlich bezeichnet werden, die nach der Umwandlung einem bestimmten Betrieb oder Betriebsteil zugeordnet werden, so kann die Zuordnung der Arbeitnehmer durch das Arbeitsgericht nur auf grobe Fehlerhaftigkeit überprüft werden.

§ 324 UmwG Rechte und Pflichten bei Betriebsübergang

§ 613a Abs. 1, 4 bis 6 des Bürgerlichen Gesetzbuchs bleibt durch die Wirkungen der Eintragung einer Verschmelzung, Spaltung oder Vermögensübertragung unberührt.

Übersicht	Rdn		Rdn
A. Allgemeines	1	a) Aufspaltung	18
B. Einleitung	2	b) Abspaltung	19
I. Sinn und Zweck des Umwandlungsrechts	2	c) Ausgliederung	20
II. Arbeitsrechtliche Bestimmungen	3	d) Kombination von Spaltungsvorgängen	21
III. Möglichkeiten/Arten der Umwandlung	10	3. Vermögensübertragung	22
1. Verschmelzung	12	4. Formwechsel	26
a) Formen der Verschmelzung	13	IV. Ablauf der Umwandlung/Umwandlungsverfahren	27
aa) Verschmelzung durch Aufnahme (§ 2 Nr. 1 UmwG)	13	C. Umwandlungsgesetz und Kündigungsrecht	29
bb) Verschmelzung zur Neugründung (§ 2 Nr. 2 UmwG)	14	I. Umwandlungsgesetz und § 613a Abs. 1 und Abs. 4-6 BGB	30
cc) Anwachsung	15	II. Verschmelzung und Kündigungsrecht	34
b) Voraussetzungen für eine Verschmelzung	16	1. Kündigungsverbot wegen Verschmelzung	34
2. Spaltung	17		

	Rdn		Rdn
2. Vertragsrechtlicher Inhaltsbestandsschutz	35	Teilübertragung und Wegfall/Verschlechterung kündigungsrechtlicher Positionen	56
3. Keine weiteren besonderen kündigungsrechtlichen Vorschriften	39	b) Kündigungsrechtliche Stellung des Arbeitnehmers bei Fortbestand des einheitlichen Betriebes als gemeinsamer Betrieb iSd § 322 UmwG	57
III. Spaltung oder Teilübertragung und Kündigungsrecht	41		
1. § 613a Abs. 1 und Abs. 4–6 BGB	41		
a) Kündigungsverbot wegen Spaltung	41	aa) Schwellenwert des § 23 KSchG	58
b) § 613a Abs. 1 BGB und § 323 Abs. 1 UmwG	42	bb) Weiterbeschäftigungsmöglichkeit (§ 1 Abs. 1 S. 2 Nr. 1b KSchG)	59
2. Aufrechterhaltung der bisherigen kündigungsrechtlichen Stellung für zwei Jahre (§ 323 Abs. 1 UmwG)	44	cc) Soziale Auswahl (§ 1 Abs. 3 KSchG)	61
a) Kündigungsrechtliche Stellung des Arbeitnehmers nach § 323 Abs. 1 UmwG bei Spaltung des Betriebs infolge der Spaltung oder Teilübertragung	48	dd) Massenentlassungsanzeige (§ 17 KSchG)	62
		ee) Übernahme von Betriebsratsmitgliedern nach § 15 Abs. 5 S. 1 KSchG	63
aa) Persönlicher Geltungsbereich	48	IV. Vermögensübertragung	64
bb) Sachlicher Geltungsbereich	49	V. Formwechsel	65
cc) Kausalität zwischen der Spaltung oder der			

A. Allgemeines

1 Mit dem am 1.1.1995 in Kraft getretenen Umwandlungsbereinigungsgesetz (UmwBerG) vom 28.10.1994 (BGBl. I S. 2310) sollten Formwechsel und Fusion von Rechtsträgern, Spaltung, Aufspaltung, Gründungsabspaltung sowie Universalsukzession, was in verschiedenen Gesetzen, zT unvollständig oder gar nicht geregelt war, in einem Gesetz zusammengefasst oder erstmals geregelt werden. Es handelt sich um ein sog. Artikelgesetz. Art. 1 enthält das Umwandlungsgesetz (UmwG). Es führt zunächst die geregelten Umwandlungsarten auf (Erstes Buch). Im zweiten bis fünften Buch werden die Umwandlungsarten im Einzelnen geregelt. Das sechste Buch enthält das Spruchverfahren, mit dem die Inhaber von Anteilen eine Verbesserung des Umtausches oder eine Barabfindung verlangen können. Das siebte Buch weist Strafvorschriften auf sowie die Befugnis des Registergerichts, Zwangsgelder festzusetzen. Im achten Buch befinden sich neben Übergangs- und Schlussvorschriften und der Aufhebung des UmwG 1969 einige arbeitsrechtliche Bestimmungen, §§ 322–324, wobei für das Kündigungsrecht § 323 zur kündigungsrechtlichen Stellung des Arbeitnehmers bei Spaltung und Teilübertragung sowie § 324, nach dem § 613a Abs. 1 und 4 BGB unberührt bleibt, im Vordergrund stehen.

B. Einleitung

I. Sinn und Zweck des Umwandlungsrechts

2 Die Veränderung in der Rechtsform und die Übertragung des vorhandenen Gesellschaftsvermögens werden durch die Gesamtrechtsnachfolge erleichtert. Das geschieht dadurch, dass auf die Einhaltung der Vorschriften über die Einzelübertragung verzichtet wird, nach denen Forderungen abzutreten, bewegliche Sachen zu übereignen, Grundstücke durch Einigung und Eintragung in das Grundbuch zu übertragen sind sowie Schulden nur unter Beteiligung des jeweiligen Gläubigers einen anderen Schuldner erhalten können. Die Einführung der Spaltung von Rechtsträgern im Wege der Gesamtrechtsnachfolge hat die Bedeutung der Universalsukzession wesentlich verstärkt.

II. Arbeitsrechtliche Bestimmungen

Das UmwG enthält eine Anzahl von Regelungen, die dem Arbeitnehmerschutz dienen sollen. Dabei sind kollektivrechtliche und individualrechtliche Bestimmungen zu unterscheiden. Zunächst ist die qualifizierte Unterrichtung des Betriebsrats über eine geplante Umwandlung vorgesehen (§§ 5 Abs. 3, 126 Abs. 3 UmwG). § 321 UmwG aF regelte das Übergangsmandat des Betriebsrats: Die betriebliche Interessenvertretung wird aufrechterhalten, weil gerade bei einer Umwandlung der kollektive Schutz von Arbeitnehmerinteressen von besonders großer Bedeutung ist. In § 322 Abs. 1 UmwG aF war eine Vermutung für einen gemeinsamen Betrieb eingeführt worden, wenn »die Organisation des gespaltenen Betriebes nicht geändert« wird, auch wenn der bisherige einheitliche Rechtsträger weggefallen ist. § 325 Abs. 2 UmwG sieht für den Fall der Spaltung eines Betriebes die Möglichkeit vor, durch Vereinbarung die Fortgeltung von Rechten des Betriebsrats sicherzustellen. 3

Hinzuweisen ist noch auf § 106 Abs. 3 Nr. 8 BetrVG und auf § 111 S. 2 Nr. 3 BetrVG, die durch Art. 13 UmwBerG in das BetrVG eingefügt wurden. Der Zusammenschluss oder die Spaltung von Unternehmen oder Betrieben sind dadurch wirtschaftliche Angelegenheiten iSd § 106 BetrVG. Betriebsänderungen sind nun auch der Zusammenschluss mit anderen Betrieben oder die Spaltung von Betrieben. 4

§ 325 Abs. 1 UmwG sieht die befristete Beibehaltung der Unternehmensmitbestimmung vor, wenn das bisherige Mitbestimmungsstatut durch Aufspaltung iSd § 123 Abs. 2 UmwG oder durch Aufgliederung iSd § 123 Abs. 2 UmwG oder durch Ausgliederung iSd § 123 Abs. 3 UmwG entfällt. 5

§ 133 Abs. 1 UmwG sieht die gesamtschuldnerische Haftung der an der Spaltung oder an der Teilübertragung beteiligten übernehmenden Rechtsträger vor. Dies bezieht sich auf die vor der Spaltung oder der Teilübertragung begründeten Verbindlichkeiten des übertragenden Rechtsträgers. Wird ein Unternehmen in eine Anlagengesellschaft und in eine Betriebsgesellschaft aufgeteilt, werden die Arbeitnehmer des gespaltenen Rechtsträgers besonders geschützt: Ansprüche aus Sozialplan oder auf Nachteilsausgleich (§§ 111–113 BetrVG) oder aus der Betrieblichen Altersversorgung sind gegen den übertragenden Rechtsträger in qualifizierter Weise geschützt. 6

Führen an einer Spaltung beteiligte Rechtsträger nach dem Wirksamwerden der Spaltung oder einer Teilübertragung einen Betrieb gemeinsam, so gilt nach § 322 UmwG dieser als ein Betrieb iSd KSchG (dazu Rdn 58 ff.). 7

§ 323 Abs. 1 UmwG sagt aus, dass sich die kündigungsrechtliche Stellung des Arbeitnehmers, der vor dem Wirksamwerden einer Spaltung oder Teilübertragung zu dem übertragenden Rechtsträger in einem Arbeitsverhältnis steht, sich aufgrund der Spaltung oder Teilübertragung für die Dauer von zwei Jahren ab dem Zeitpunkt ihres Wirksamwerdens nicht ändert. Dieses Verschlechterungsverbot ist im Einzelnen (Rdn 44 ff.) erläutert. 8

Individualrechtlich sieht § 324 UmwG vor, dass § 613a Abs. 1 und Abs. 4 BGB durch die Wirkungen der Eintragung einer Verschmelzung, Spaltung oder Vermögensübertragung »unberührt bleibt« (iE dazu Rdn 30 ff.). 9

III. Möglichkeiten/Arten der Umwandlung

Umwandlung iSd UmwG ist nicht nur der Wechsel der Rechtsform, sondern ist auch die Übertragung von Vermögen. In § 1 UmwG sind die vier verschiedenen den Inlandsunternehmen möglichen Grundformen von Umwandlungen genannt: 10
- Verschmelzung (§§ 2–122 UmwG),
- Spaltung (§§ 123–173 UmwG),
- Vermögensübertragung (§§ 174–189 UmwG) sowie
- Formwechsel (§§ 190–304 UmwG).

Verschmelzung, Spaltung, Vermögensübertragung sind Umwandlungen, bei denen das ganze Gesellschaftsvermögen oder ein bestimmter Teil davon übertragen werden. Beim Formwechsel gibt es 11 keinen Übertragungsakt. Es wird nur die Rechtsform geändert. »Der formwechselnde Rechtsträger besteht in der in dem Umwandlungsbeschluss bestimmten Rechtsform weiter« (§ 202 Abs. 1 Nr. 1 UmwG).

1. Verschmelzung

12 Verschmelzung ist die Übertragung des Vermögens eines Rechtsträgers oder von mehreren Rechtsträgern als Ganzes unter Auflösung ohne Abwicklung.

a) Formen der Verschmelzung

aa) Verschmelzung durch Aufnahme (§ 2 Nr. 1 UmwG)

13 Bei der Verschmelzung durch Aufnahme erfolgt die Übertragung des Vermögens – Aktiva und Passiva – eines oder mehrerer Rechtsträger als Ganzes auf einen anderen Rechtsträger gegen Gewährung von Anteilen oder Mitgliedschaftsrechten an dem übernehmenden Rechtsträger.

bb) Verschmelzung zur Neugründung (§ 2 Nr. 2 UmwG)

14 Der übernehmende Rechtsträger besteht nicht bereits, sondern er wird im Zuge der Verschmelzung neu gegründet.

cc) Anwachsung

15 Darunter wird eine besondere Form der Verschmelzung verstanden, § 738 Abs. 1 S. 1 BGB, nach der beim Ausscheiden eines Gesellschafters aus der Gesellschaft bürgerlichen Rechts (GbR) der Anteil am Gesellschaftsvermögen den übrigen Gesellschaftern »zuwächst«. Das gilt gem. § 105 Abs. 3 HGB für die offene Handelsgesellschaft (oHG) entsprechend. Es handelt sich dabei um einen gesetzlichen Fall der Gesamtrechtsnachfolge. In einem solchen Fall gelten weder das UmwG, weil keine Verschmelzung nach dem UmwG vorliegt, noch § 613a BGB, weil diese Bestimmung auf eine Gesamtrechtsnachfolge nicht anwendbar ist (vgl. *Willemsen/Hohenstatt/Schweibert/Seibt-Seibt* Umstrukturierung, Teil F Rn 101; aA *Trittin* AiB 2001, 6 ff.).

b) Voraussetzungen für eine Verschmelzung

16 In § 3 UmwG sind die verschmelzungsfähigen Rechtsträger aufgeführt. Grundlage der Verschmelzung ist der Verschmelzungsvertrag der an der Verschmelzung beteiligten Rechtsträger (§ 4 UmwG). Der notwendige Inhalt des Verschmelzungsvertrages ist in § 5 UmwG festgelegt (dazu »aus arbeitsrechtlicher Sicht« *Hjort* NJW 1999, 750 ff.).

2. Spaltung

17 Das Gesetz (§ 123 UmwG) sieht drei Arten einer Spaltung vor:

a) Aufspaltung

18 Bei der **Aufspaltung** eines Rechtsträgers wird sein gesamtes Vermögen auf mindestens zwei neue Rechtsträger übertragen. Bei der Aufspaltung erlischt der sich aufspaltende Rechtsträger. Bei der Spaltung zur Aufnahme besteht (bestehen) der (die) aufnehmende(n) Rechtsträger bereits. Wird (werden) er (sie) erst gegründet, handelt es sich um eine Spaltung zur Neugründung. Die Anteilsinhaber des übertragenden Rechtsträgers werden idR Anteilsinhaber oder Gesellschafter des übernehmenden Rechtsträgers.

b) Abspaltung

19 Bei der **Abspaltung** überträgt der übertragende Rechtsträger nicht sein gesamtes Vermögen und bleibt daher bestehen. Ein oder mehrere Vermögenskomplexe, zB Betriebe oder Betriebsteile

können auf einen oder verschiedene Rechtsträger übertragen werden, und zwar entweder zur Aufnahme oder zur Neugründung. Auch hier erhalten die Anteilsinhaber oder Gesellschafter des übertragenden Rechtsträgers Anteile an dem (den) aufnehmenden Rechtsträger(n).

c) Ausgliederung

Bei der **Ausgliederung** fallen die dem Wert der Übertragung entsprechenden Anteile in das Vermögen des übertragenden Rechtsträgers, der bestehen bleibt. Die Anteile stehen also nicht den Anteilsinhabern des übertragenden Rechtsträgers zu, sondern diesem selbst. 20

d) Kombination von Spaltungsvorgängen

Nach § 123 Abs. 4 UmwG kann die Spaltung auch durch gleichzeitige Übertragung auf bestehende und neue Rechtsträger erfolgen. Es ist also eine Kombination von Spaltungsvorgängen möglich. 21

3. Vermögensübertragung

Es gibt die Vermögensübertragung als Vollübertragung. Das heißt, das Vermögen geht als Ganzes, alle Aktiva und Passiva gehen über (§ 174 Abs. 1 UmwG). 22

§ 174 Abs. 2 UmwG sieht drei Arten von Teilübertragungen vor: Die aufspaltende Teilübertragung 23
(Nr. 1), die abspaltende Teilübertragung (Nr. 2) sowie die ausgleichende Teilübertragung (Nr. 3).

Der Unterschied zur Verschmelzung und Spaltung liegt darin, dass die Gegenleistung für die übertragenden Rechtsträger nicht in Anteilen an den übernehmenden Rechtsträgern besteht. Die Vermögensübertragung ist für die öffentliche Hand und für öffentlich-rechtliche Unternehmen eingeführt worden, für die der Tausch von Anteilen nicht zulässig ist (KassArbR-*Düwell* 6.8 Rdn 36 mwN; vgl. im Übrigen *Schipp/Schipp* Rn 238, 384). 24

Das UmwG regelt abschließend, wie Gebietskörperschaften Betriebe auf Träger privaten Rechts übertragen können. Die gesetzliche Ausgliederung von Betrieben aus dem Vermögen eines Landes auf eine Anstalt öffentlichen Rechts erfasst zwar auch die Arbeitsverhältnisse der in den Landesbetrieben beschäftigten Arbeitnehmer. Auf diese besondere Art der Umwandlung sind aber die Vorschriften des UmwG nicht anwendbar. Auch § 613a BGB ist nicht anwendbar, weil diese Bestimmung verlangt, dass der Betrieb durch Rechtsgeschäft übergeht. Vom sachlichen Geltungsbereich der Norm sind daher Betriebsübergänge ausgeschlossen, die im Wege der Gesamtrechtsnachfolge kraft Gesetzes oder eines sonstigen Hoheitsaktes vollzogen werden (*BAG* 8.5.2001 EzA § 613a BGB Nr. 198). 25

4. Formwechsel

Beim »Formwechsel« besteht das Unternehmen des Rechtsträgers unverändert fort (Prinzip der Identität, § 190 Abs. 1 UmwG). Der formwechselnde Rechtsträger besteht in der Rechtsform weiter, die in dem Umwandlungsbeschluss vorgesehen ist (§ 202 Abs. 1 Nr. 1 UmwG). Es gibt keinen Übertragungsvorgang. § 191 Abs. 1 UmwG nennt die Rechtsträger abschließend, die eine neue Rechtsform annehmen können. 26

IV. Ablauf der Umwandlung/Umwandlungsverfahren

Erforderlich ist ein **Vertrag** als rechtsgeschäftliche Grundlage für die Übertragung von Vermögen, wenn andere Rechtsträger beteiligt sind. Das ist bei allen Formen der Umwandlung der Fall außer beim Formwechsel. Der Formwechsel wird durch einen Entwurf des Umwandlungsbeschlusses vorbereitet (§ 192 Abs. 1 UmwG). Dieser ersetzt den sonst nötigen Umwandlungsvertrag. Den Mindestinhalt des Umwandlungsvertrages schreibt § 5 UmwG vor (zu den arbeitsrechtlichen Angaben vgl. *Hohenstatt/Schramm* FS ARGE Arbeitsrecht, S. 629 ff.). Der notwendige Inhalt des Umwandlungsbeschlusses ergibt sich aus § 194 Abs. 1 UmwG. 27

28 Neben dem Unwandlungsvertrag sind die Anteilseigner der beteiligten Rechtsträger mit einem »Verschmelzungsbericht« (§ 8 UmwG), »Spaltungsbericht« (§ 127 UmwG), »Ausgliederungsbericht« (§ 162 UmwG), »Umwandlungsbericht« des formwechselnden Rechtsträgers (§ 192 UmwG) über die Einzelheiten der in Aussicht genommenen Umwandlung zu unterrichten. Der Mindestinhalt dieser Berichte ist gesetzlich festgelegt. Dabei geht es außer beim Formwechsel insbes. um das Umtauschverhältnis der Anteile oder um die Angaben über die Mitgliedschaft bei dem übernehmenden Rechtsträger und um die Höhe der Barabfindung. Die Angaben werden durch unabhängige Sachverständige überprüft. Die Anteilsinhaber der beteiligten Rechtsträger fassen den Umwandlungsbeschluss. Er ist von einem deutschen Notar zu beurkunden. Für die Wirksamkeit der Umwandlung ist die Eintragung in das Handelsregister erforderlich (§ 20 Abs. 1, § 36 Abs. 1, § 131 Abs. 1, § 176 Abs. 1, § 202 Abs. 1 UmwG).

C. Umwandlungsgesetz und Kündigungsrecht

29 Die Einleitung enthält eine Übersicht über das Arbeitsrecht im UmwG. Ein Kommentar zum Kündigungsrecht muss sich auf die Bestimmungen des UmwG beschränken, die **kündigungsrechtliche Auswirkungen haben.**

I. Umwandlungsgesetz und § 613a Abs. 1 und Abs. 4–6 BGB

30 Nach § 324 UmwG bleibt § 613a Abs. 1 und Abs. 4–6 BGB durch die Wirkung der Eintragung einer Verschmelzung, Spaltung oder Vermögensübertragung »unberührt«.

Diese Vorschrift ist für sich betrachtet unklar: § 613a Abs. 1 und Abs. 4–6 BGB werden vom UmwG nicht tangiert. Die Anwendbarkeit dieser Bestimmungen auf Umwandlungen iSd UmwG wäre nach der früher wohl herrschenden Ansicht zu verneinen gewesen (vgl. dazu 8. Aufl.). Dass § 613a Abs. 1 und Abs. 4–6 BGB aufgrund des § 324 UmwG auf Umwandlungen anwendbar ist, ist inzwischen ganz herrschende Meinung (vgl. nur ErfK-*Preis* § 613a BGB Rn 181; APS-*Steffan* § 324 UmwG Rn 3 und die Nachw. in KR 8. Aufl.). Im Übrigen hatte Art. 2 UmwBerG § 613a Abs. 3 BGB redaktionell geändert und den Gesetzestext an die Rechtslage nach dem neuen UmwG (Art. 1 UmwBerG) angepasst (*Soergel/Raab* § 613a Rn 172), was nur dann Sinn macht, wenn § 613a BGB auf Umwandlungsfälle anzuwenden ist. Nach § 324 UmwG bleibt § 613a Abs. 1 und Abs. 4–6 »unberührt«, also anwendbar. Daraus folgt, dass es sich um eine **Rechtsgrundverweisung** (BAG 19.10.2017 EzA § 323 UmwG Nr. 2) mit der Maßgabe handelt, dass der Übergang nicht durch Rechtsgeschäft erfolgt sein muss (BAG 6.10.2005 EzA § 102 BetrVG 2001 Nr. 16 Rn 41), nicht aber um eine Rechtsfolgenverweisung (APS-*Steffan* § 324 UmwG Rn 3; *Schmitt/Hörtnagl-Langner* § 324 UmwG Rn 1). Es muss also in jedem der in § 324 UmwG genannten Umwandlungsfälle – Verschmelzung, Spaltung, Vermögensübertragung – geprüft werden, ob ein Betriebsübergang für die fragliche Einheit oder Teileinheit vorliegt (BAG 19.10.2017 EzA § 323 UmwG Nr. 2; HWK-*Willemsen* § 324 UmwG Rn 1; *Schmitt/Hörtnagl-Langner* § 324 Rn 1). Liegt bei Verschmelzungen, Spaltungen, Vermögensübertragungen ein Betriebs(teil)übergang vor, ist § 613a Abs. 1, Abs. 4–6 BGB anwendbar und daher zB auch das Kündigungsverbot des § 613a Abs. 4 BGB. Ob es tatsächlich greift, hängt zB davon ab, ob eine im Rahmen des Spaltungsplanes einzelnen Rechtsträgern zugewiesene Funktion ohne Betriebsmittel als Teilbetriebsübergang anzusehen ist. Durch das Gesetz v. 23.2.2002 (BGBl. I S. 1163) war § 324 UmwG nach der Ergänzung des § 613a BGB um die Absätze 5 und 6 angepasst worden: § 613a Abs. 5 – Unterrichtung der Arbeitnehmer – und § 613a Abs. 6 BGB – Widerspruchsrecht – gelten seitdem auch für Umwandlungsfälle. Allerdings besteht kein Widerspruchsrecht in den Fällen, in denen der bisherige Rechtsträger mit der Eintragung der Umwandlung liquidationslos erlischt (BAG 21.2.2008 EzA § 613a BGB 2002 Nr. 90; aA *Fandel/Hausch* BB 2008, 2402; zum Streitstand *Ballreich* S. 283 f.; *Simon/Zerres* FS Leinemann, S. 260 f.). Der Arbeitnehmer kann allerdings berechtigt außerordentlich kündigen (ErfK-*Oetker* § 324 UmwG Rn 10; aA wohl *Semler/Stengel-Simon* § 324 UmwG Rn 52 f. mit differenzierender Lösung).

Es ist aber Folgendes zu beachten: 31

Eine beabsichtigte oder in die Wege geleitete Umwandlung schließt nicht aus, dass ein Betrieb oder Betriebsteil schon vor Vollendung der Umwandlung gem. § 613a BGB durch Rechtsgeschäft übertragen und durch einen neuen Inhaber fortgeführt wird, zB durch Verpachtung oder Nutzungsüberlassung an eine Vor-GmbH. Das bedeutet, dass auch im Umwandlungsfall die Voraussetzungen des § 613a BGB selbständig zu prüfen sind. Die Wirkung der Umwandlung kann noch nach erfolgtem Betriebsübergang eintreten – die neu gegründete GmbH, auf die eine Gebietskörperschaft ein Krankenhaus gem. § 168 UmwG ausgliederte, wurde erst Monate später in das Handelsregister eingetragen – (*BAG* 25.5.2000 EzA § 613a BGB Nr. 190 [II 1c bb]). Daraus folgt, dass ein Fall des § 613a BGB bereits vor Wirksamkeit der Umwandlung eintreten kann; auf die Reichweite des § 324 UmwG kommt es dann insoweit nicht an (zutr. *Boecken* Anm. zu *BAG* 25.5.2000 EzA § 613a BGB Nr. 190 = RdA 2001, 240, 241; *Bachner/Gerhardt/Matthießen-Bachner/Gerhardt* § 6 Rn 64; vgl. auch *BAG* 10.11.2004 EzA § 14 TzBfG Nr. 15 [II 3]; 22.6.2005 – 7 AZR 363/04, EzBAT SR 2y BAT TzBfG Nr. 17 [I 2b bb (3)]; vgl. für den Fall der Spaltung *BAG* 19.10.2017 EzA § 323 UmwG Nr. 2). Es ist zwischen dem arbeitsrechtlichen und dem umwandlungsrechtlichen Übergang von Arbeitsverhältnissen zu unterscheiden. Nach § 131 Abs. 1 Nr. 1 UmwG können auch Arbeitsverhältnisse von einem übertragenden auf einen übernehmenden Rechtsträger übergehen. Der Übergang eines Arbeitsverhältnisses im Wege der (partiellen) Gesamtrechtsnachfolge nach § 131 Abs. 1 Nr. 1 UmwG setzt in jedem Fall voraus, dass das Arbeitsverhältnis nicht bereits im Wege des Betriebs(teil-)übergangs nach § 613a Abs. 1 S. 1 BGB auf einen der übernehmenden Rechtsträger übergeht. Jedenfalls im Fall der Aufspaltung muss hinzukommen, dass der Arbeitnehmer dem Übergang seines Arbeitsverhältnisses auf einen der übernehmenden Rechtsträger zustimmt. Fehlt es an der erforderlichen Zustimmung des Arbeitnehmers, hat dieser ein Wahlrecht, mit welchem der übernehmenden Rechtsträger das Arbeitsverhältnis fortgesetzt wird (*BAG* 19.10.2017 EzA § 323 UmwG Nr. 2; dazu *Otto/Jares* DB 2018, 1284; krit. *Kliemt/Gerdom* BB 2018, 1408 und *Lakenberg* NJW 2018, 3064). Nach § 322 Abs. 2 UmwG kann, sofern bei einer Verschmelzung, Spaltung oder Vermögensübertragung ein Interessenausgleich zustande kommt, in dem diejenigen Arbeitnehmer namentlich bezeichnet waren, die nach der Umwandlung einem bestimmten Betrieb oder Betriebsteil zugeordnet werden, die Zuordnung der Arbeitnehmer nur auf grobe Fehlerhaftigkeit überprüft werden. Nach der Bestimmung muss die Zuordnung der Arbeitnehmer nach den Kriterien und Vorgaben des § 613a Abs. 1 S. 1 BGB und damit zu einer übergangsfähigen wirtschaftlichen Einheit iSv § 613a Abs. 1 S. 1 BGB und der RL 2001/23/EG erfolgen (*BAG* 19.10.2017 EzA § 323 UmwG Nr. 2).

Auf der anderen Seite muss nach § 613a Abs. 1 BGB das Arbeitsverhältnis im Zeitpunkt des Betriebsübergangs noch bestehen. Falls es zu diesem Zeitpunkt bereits beendet ist, greift § 613a BGB nicht ein. Da **Ruhestandsverhältnisse** nicht erfasst werden, steht den Betriebsrentnern ein Widerspruchsrecht nach § 613a Abs. 6 iVm § 324 UmwG nicht zu (*BAG* 11.3.2008 EzA § 4 BetrAVG Nr. 7 Rn 17). 32

Im Einzelnen gilt für den Anwendungsbereich des § 324 UmwG (dazu *Boecken* RdA 2001, 242 f.; vgl. aber *J. Bauer/Mengel* ZIP 2000, 1635, 1636 und *BAG* 24.6.1998 EzA § 20 UmwG Nr. 1 [2a]) Folgendes: 33

II. Verschmelzung und Kündigungsrecht

1. Kündigungsverbot wegen Verschmelzung

Wenn im Zuge einer Verschmelzung Betriebe oder Betriebsteile auf einen anderen Rechtsträger übergehen und insoweit ein Betriebs(teil)übergang vorliegt, was im Hinblick auf die genannte EG-Richtlinie auch bei der Verschmelzung der Fall ist, greift das Kündigungsverbot des § 613a Abs. 4 BGB ein: Die Kündigung ist iSd § 613a Abs. 4 BGB unwirksam, wenn das Arbeitsverhältnis gerade zumindest auch wegen der Unternehmensverschmelzung gekündigt wird, diese Beweggrund und überwiegendes Motiv, die wesentliche Ursache für die Kündigung war (KassArbR-*Düwell* 6.8 34

Rn 134 f.; vgl. *Kallmeyer-Willemsen* Rn 21 mwN Fn 4). Abzustellen ist darauf, ob die Verschmelzung der eigentliche Beweggrund für die Kündigung war. Die objektive Sachlage zum Zeitpunkt des Zugangs der Kündigungserklärung ist maßgebend (*Trittin* AiB 2001, 147, 149).

2. Vertragsrechtlicher Inhaltsbestandsschutz

35 Zwar enthält das UmwG für den Fall der Verschmelzung keine weiteren kündigungsschutzrechtlichen Bestimmungen. § 323 Abs. 1 UmwG, der die kündigungsrechtliche Stellung des Arbeitnehmers für die Zeit von zwei Jahren festschreibt, gilt nur für die Spaltung von Rechtsträgern.

36 Der anwendbare § 613a Abs. 1 BGB hat aber kündigungs(schutz)rechtliche Auswirkungen: Etwa in Tarifverträgen und/oder in Betriebsvereinbarungen enthaltene Kündigungs(schutz)regelungen gelten für ein Jahr als Vertragsrecht weiter, es sei denn, das übernehmende oder umgegründete Unternehmen ist gleichermaßen tarifgebunden, und zwar unabhängig davon, ob § 20 UmwG ohnehin greift, was für die Arbeitnehmer zutrifft, die umwandlungsbedingt auf den neuen Rechtsträger übergehen. Nur wenn Arbeitnehmer einzelnen Betrieben oder Betriebsteilen zugeordnet werden können und der umwandlungsrechtliche Gesamtnachfolger in das Arbeitsverhältnis eintritt, gilt § 613a Abs. 1 BGB unmittelbar (vgl. KassArbR-*Düwell* 6.8 Rn 120 ff.).

37 Werden mehrere Rechtsträger in einen übernehmenden Rechtsträger verschmolzen, der tarifgebunden ist an ein Tarifwerk eines Arbeitgeberverbandes, das nicht an den Betrieb, sondern an das Unternehmen anknüpft, branchenfremde Betriebe also nicht ohne Weiteres herausfallen – die Anknüpfung der Tarifbindung an das Mitgliedsunternehmen ist zulässig (*Löwisch/Rieble* TVG § 4 Rn 199 ff.) und wird auch praktiziert (vgl. *BAG* 10.12.1997 EzA § 3 TVG Nr. 14) –, so sind Belegschaftsmitglieder nicht mehr tarifgebunden, wenn der übernehmende Rechtsträger einem Arbeitgeberverband angehört, der das Tarifwerk mit einer anderen Gewerkschaft (zB statt mit einer DGB-Gewerkschaft mit der CGM) abgeschlossen hat. Das »alte« Tarifwerk, etwa der IG-Metall mit dem Arbeitgeberverband Eisen- und Stahlindustrie oder mit dem Arbeitgeberverband metallindustrieller Arbeitgeberverbände gilt dann für die Mitglieder der IG-Metall nur noch nach § 613a Abs. 1 S. 2 BGB individualrechtlich weiter (vgl. den Fall *ArbG Halberstadt* 9.3.2004 – 5 Ca 1372/03). Allenfalls ist insoweit noch an eine Nachwirkung nach § 4 Abs. 5 TVG zu denken (KassArbR-*Düwell* 6.8 Rn 178). Allerdings können Besitzstandsklauseln zu anderen Ergebnissen führen (vgl. den Fall, der der Entscheidung des *BAG* 28.5.1997 EzA § 3 TVG Bezugnahme auf Tarifvertrag Nr. 8 zugrunde lag).

38 Zu beachten ist, dass ein Firmentarifvertrag zu den Verbindlichkeiten iSd § 20 Abs. 1 Nr. 1 UmwG gehört. Bezogen auf die Rechtsfolgenanordnung in § 20 Abs. 1 Nr. 1 UmwG ist er wie jeder andere Vertrag zu beurteilen (*BAG* 15.6.2016 EzA § 20 UmwG Nr. 2; *Boecken* SAE 2000, 162, 163; *Hidalgo* DB 2017, 1331). Geht ein Firmentarifvertrag gem. § 20 Abs. 1 Nr. 1 UmwG auf einen neuen Unternehmensträger über, so ist insoweit für eine Anwendung des § 324 UmwG, § 613a Abs. 1 S. 2 BGB kein Raum. § 613a Abs. 1 S. 2 BGB, der nach § 324 UmwG unberührt bleibt, stellt im Fall der Umwandlung eine Auffangregelung für den Fall dar, dass ein Tarifvertrag nicht kollektivrechtlich für den neuen Unternehmensträger gilt. Dies betrifft idR Verbands- oder Flächentarifverträge. Ist die Position der Tarifvertragspartei auf den neuen Unternehmensträger übergegangen, sind die Rechtsnormen des Firmentarifvertrages – zB Kündigungsregelungen – nicht nach § 613a Abs. 1 S. 2 BGB, § 324 UmwG zum bloßen, nur begrenzt bestandsgeschützten (§ 613a Abs. 1 S. 2–4 BGB) Inhalt der Arbeitsverträge geworden. Der Firmentarifvertrag gilt kollektivrechtlich fort (*BAG* 24.6.1998 EzA § 20 UmwG Nr. 1 für den Fall der Verschmelzung im Wege der Neugründung). Bei Verschmelzung zur Aufnahme in einen bereits bestehenden Rechtsträger mit einer anderen Tarifgebundenheit gilt nichts anderes: § 20 Abs. 1 Nr. 1 UmwG gilt für beide Arten der Verschmelzung iSv § 20 Abs. 1 Nr. 1 UmwG (*BAG* 4.7.2007 EzA § 4 TVG Tarifkonkurrenz Nr. 20; *LAG BW* 1.2.2006 – 2 TaBV 6/04). Es gelten dann mehrere Tarifverträge. Das ist keine Frage des Umwandlungsrechts, sondern des Tarifrechts. Sind zB Firmentarifvertrag und Flächentarifvertrag von verschiedenen Gewerkschaften abgeschlossen, liegt kein Fall der Tarifkonkurrenz vor, sondern es handelt sich um Tarifpluralität, die hinzunehmen ist

(*Bachner/Gerhardt/Matthießen-Gerhardt* § 5 Rn 50; aA *LAG BW* 1.2.2006 – 2 TaBV 6/04: Auflösung dieser Tarifpluralität nach dem Prinzip der Tarifeinheit zugunsten des Firmentarifvertrages, wenn die satzungsgemäß fachnähere Gewerkschaft den Firmentarifvertrag abgeschlossen hat [die unter 4 ABR 29/06 eingelegte Rechtsbeschwerde hat – leider – am 19.3.2007 ihre sonstige Erledigung gefunden]; KassArbR-*Düwell* Rn 176: Lösung über § 613a Abs. 1 S. 3 BGB, was aber voraussetzt, dass beide Arbeitsvertragsparteien tarifgebunden sind, Ablösung der übergegangenen Tarifnormen nur bei »kongruenter Tarifgebundenheit«, *BAG* 21.2.2001 EzA § 613a BGB Nr. 195). Dem neuen Rechtsträger bleibt es unbenommen, den Firmentarifvertrag zu kündigen. Im Nachwirkungszeitraum kann er das gegebene arbeitsrechtliche Instrumentarium nutzen, um im Wege einer »anderen Abmachung«, § 4 Abs. 5 TVG, zu einheitlichen Arbeitsbedingungen zu gelangen. Ist im Falle einer Tarifkonkurrenz ein Verbandstarifvertrag von einem Firmentarifvertrag nach dem Grundsatz der Spezialität verdrängt worden und endet der Firmentarifvertrag, so wirken die Normen des Firmentarifvertrages nach § 4 Abs. 5 TVG nach. Ist der Abschluss eines Folge-Firmentarifvertrages schon deshalb ausgeschlossen, weil der Tarifpartner auf der Arbeitgeberseite wegen der Verschmelzung nicht mehr existiert, gilt der bisher verdrängte, nach wie vor wirksame Flächentarifvertrag für die ihm unterworfenen Arbeitsverhältnisse wieder (*BAG* 4.7.2007 EzA § 4 TVG Tarifkonkurrenz Nr. 20). Wird ein Unternehmen, bei dem ein Firmentarifvertrag gilt, nach § 20 Abs. 1 Nr. 1 UmwG auf ein anderes Unternehmen verschmolzen, gilt der Firmentarifvertrag beim aufnehmenden **bisher tariflosen** Rechtsträger weiter. Dieser ist damit tarifgebunden iSv § 3 Abs. 1 TVG, so dass der Firmentarifvertrag grds. auch für die Arbeitsverhältnisse der bei ihm beschäftigten Mitglieder der tarifschließenden Gewerkschaft gilt (BAG 15.6.2016 EzA § 20 UmwG Nr. 2).

3. Keine weiteren besonderen kündigungsrechtlichen Vorschriften

Das UmwG weist für den Fall der Verschmelzung von Rechtsträgern keine weiteren besonderen 39 kündigungsrechtlichen Bestimmungen auf. § 323 Abs. 1 UmwG, der den Arbeitnehmer für zwei Jahre vor einer Verschlechterung seiner kündigungsrechtlichen Stellung schützt, gilt nicht für den Fall der Verschmelzung.

Bei Verschmelzung zweier Unternehmen hat der Arbeitnehmer über § 324 UmwG das Recht, dem 40 Austausch des Arbeitgebers zu widersprechen. Damit löst er sich mit dem Zeitpunkt der Verschmelzung einseitig von seinem Arbeitsverhältnis (*ArbG Münster* 14.4.2000 DB 2000, 1182 = NZA-RR 2000, 467; vgl. *Thannheiser* AuA 2001, 101, 102 f.; aA *Willemsen/Hochenstatt/Schweibert/Seibt-Willemsen/Müller-Bonanni* Umstrukturierung Teil G Rn 157 ff. unter Hinweis auf das Erlöschen des bisherigen Rechtsträgers, § 20 Abs. 1 Nr. 2 UmwG).

III. Spaltung oder Teilübertragung und Kündigungsrecht

1. § 613a Abs. 1 und Abs. 4–6 BGB

a) Kündigungsv1erbot wegen Spaltung

§ 324 UmwG lässt § 613a Abs. 4–6 BGB unberührt. Das Kündigungsverbot des § 613a Abs. 4 41 S. 1 BGB gilt auch für die Fälle der Spaltung – Aufspaltung, Abspaltung, Ausgliederung – und für die Teilübertragung, und zwar unabhängig davon, ob umwandlungsrechtliche Bestandsschutzbestimmungen eingreifen. § 323 Abs. 1 UmwG ist im Lichte des § 324 UmwG, der § 613a Abs. 4 BGB für anwendbar erklärt, dahin zu verstehen, dass neben dem Kündigungsverbot des § 613a Abs. 4 S. 1 BGB dem Arbeitnehmer seine kündigungsrechtliche Stellung im Übrigen für zwei Jahre erhalten bleibt. § 322 UmwG fingiert nur die Einheit des Betriebes iSd KSchG und ist von daher für das Kündigungsverbot ohne Belang (*Boecken* Rn 302). Das Recht zur Kündigung »aus anderen Gründen« bleibt bestehen (§ 613a Abs. 4 S. 2 BGB); eine solche Kündigung muss sich an den übrigen Maßstäben messen lassen. Die entscheidende Frage ist, ob die Kündigung sozial gerechtfertigt wäre, wenn es zur Spaltung oder Teilübertragung nicht gekommen wäre (vgl. *Bachner* AR-Blattei SD 1625 Unternehmensumwandlung Rn 89).

b) § 613a Abs. 1 BGB und § 323 Abs. 1 UmwG

42 Auch § 613a Abs. 1 BGB ist nach der Vorschrift des § 324 UmwG auf die Spaltung anwendbar. § 613a Abs. 1 S. 2 BGB sieht die individualrechtliche Weitergeltung kollektivrechtlich gestalteter Regelungen jedenfalls für ein Jahr vor: Sie dürfen vor Ablauf eines Jahres nach dem Zeitpunkt des Übergangs nicht zum Nachteil des Arbeitnehmers verändert werden, also auch nicht etwaige kündigungsrechtliche Regelungen. Da die Regelungen als individualrechtliche fortgelten, können sie individualrechtlich geändert werden. Das muss aber nicht geschehen. Die kündigungsrechtliche Stellung des Arbeitnehmers iSd § 323 Abs. 1 UmwG und damit auch kollektivrechtliche kündigungsrelevante Regelungen sind demgegenüber für zwei Jahre geschützt und nicht nur für ein Jahr. Daraus folgt, dass § 323 Abs. 1 UmwG in dem Sinne die speziellere Regelung gegenüber § 613a Abs. 1 S. 2 BGB darstellt, als bei § 323 Abs. 1 UmwG die tarifliche Qualität der kündigungsrelevanten Regelungen erhalten bleibt, während sie durch das Absinken in den Arbeitsvertrag aufgrund § 613a Abs. 1 S. 2 BGB eine andere Qualität erhalten (dazu *Kallmeyer-Willemsen* § 323 Rn 16 mwN Fn 4; ErfK-*Oetker* § 323 UmwG Rn 4; *Wlotzke* DB 1995, 40, 40: § 323 Abs. 1 UmwG geht vor). Unabhängig davon endet auch die kündigungsrechtliche Stellung des Arbeitnehmers iSd § 323 Abs. 1 UmwG nicht automatisch nach dem Ablauf von zwei Jahren nach der Eintragung. Auch insoweit bedarf es einer Änderung etwa durch Tarifvertrag oder Betriebsvereinbarung (vgl. *Bachner/Gerhardt/Matthießen-Gerhardt* § 6 Rn 225; *Boecken* Rn 283 m. Fn 575; *Mengel* S. 272 f.).

43 Eine analoge Anwendung des § 323 Abs. 1 UmwG auf den bloßen Betriebs(teil)übergang – also im Wege der Einzelrechtsnachfolge – iSd § 613a BGB kommt nicht in Betracht, wenn nach einem Betriebs(teil)übergang der Schwellenwert nicht mehr gegeben ist oder später unterschritten wird. Diese »Entwertung« seiner kündigungsschutzrechtlichen Stellung hat der Arbeitnehmer hinzunehmen. § 323 UmwG ist eine Spezialvorschrift, die auf andere Fallkonstellationen nicht übertragbar ist (*BAG* 15.2.2007 EzA § 23 KSchG Nr. 30; HWK-*Willemsen* § 323 UmwG Rn 19).

2. Aufrechterhaltung der bisherigen kündigungsrechtlichen Stellung für zwei Jahre (§ 323 Abs. 1 UmwG)

44 § 323 Abs. 1 UmwG sieht vor, dass sich die kündigungsrechtliche Stellung des Arbeitnehmers, der vor dem Wirksamwerden einer Spaltung oder Teilübertragung in einem Arbeitsverhältnis mit dem übertragenden Rechtsträger steht, aufgrund der Spaltung oder Teilübertragung für die Dauer von zwei Jahren ab dem Zeitpunkt ihres Wirksamwerdens nicht verschlechtert.

45 Es handelt sich der Sache nach um eine Besitzstandsregelung auf Zeit: Mit der Eintragung der Spaltung oder der Teilübertragung in das Register des Sitzes des übertragenden Rechtsträgers (§§ 131, 177 Abs. 1 UmwG) läuft die Frist von zwei Jahren, für deren Dauer die kündigungsrechtliche Stellung des Arbeitnehmers erhalten bleibt.

46 Kündigungsrechtliche Stellung ist mehr als kündigungsschutzrechtliche Stellung. Unter Kündigungsrecht werden die Bestimmungen verstanden, die die Kündigung betreffen. Kündigungsschutzrecht erfasst nur diejenigen Regelungen, die den Adressaten der Kündigung, den Arbeitnehmer schützen, also den allgemeinen und den besonderen Kündigungsschutz. Der Wortlaut des § 323 Abs. 1 UmwG steht also dafür, dass nicht nur das Kündigungsschutzrecht, sondern das gesamte Kündigungsrecht angesprochen ist. Aus den Gesetzesmaterialien zum UmwBerG ergibt sich nur, dass der Kündigungsschutz erhalten bleibt, wenn bei dem neuen Rechtsträger an sich die Kleinbetriebsklausel Anwendung findet, weil die Mindestzahl der Arbeitnehmer nicht mehr erreicht wird (§ 23 KSchG; BT-Drucks. 12/6699, S. 175). Für die Dauer von zwei Jahren wird davon ausgegangen, dass das KSchG gleichwohl greift. Da aber in § 322 UmwG der gemeinsame Betrieb als ein einziger Betrieb im kündigungsschutzrechtlichen Sinne angesehen wird, so dass es zB für den sachlichen Geltungsbereich des KSchG auf die Mitarbeiterzahl des gespaltenen Betriebes ankommt, unabhängig davon, zu welchem Rechtsträger der an der Spaltung beteiligten Rechtsträgern

die Arbeitnehmer in einem Arbeitsverhältnis stehen, ist davon auszugehen, dass der Gesetzgeber zwischen Kündigungsschutz und Kündigungsrecht unterscheidet mit der Folge, dass § 323 Abs. 1 UmwG nicht nur den Kündigungsschutz, sondern die Gesamtheit der kündigungsbezogenen Regelungen für die Dauer von zwei Jahren aufrecht erhält (hM, vgl. zB *Trümner* AiB 1995, 311; *Bachner/Gerhardt/Matthießen-Gerhardt* § 6 Rn 224 f.; *Mengel* Umwandlungen im Arbeitsrecht, S. 267 mwN Fn 1147; *Kraft* ZfA 1997, 307; KassArbR-*Düwell* 6.8 Rn 236; *Schmitt/Hörtnagl-Langner* UmwG § 323 Rn 6; HWK-*Willemsen* § 323 UmwG Rn 10, 11; aA *Bauer/Lingemann* NZA 1994, 1060 f., die § 323 Abs. 1 UmwG auf die Fortgeltung lediglich des Kündigungsschutzes reduzieren wollen; wohl auch *Baumann* DStR 1995, 888, 891 mwN; vgl. im Übrigen die Nachw. bei *Mengel* Fn 1145 S. 267).

Die Spaltung oder Teilübertragung hat nicht notwendigerweise auch die Spaltung des Betriebes zur Folge. Die an der Spaltung beteiligten Rechtsträger können den Betrieb als gemeinsamen Betrieb mehrerer Unternehmen fortführen. Diesen Fall regelt § 322 UmwG. Kommt es zur Spaltung des bisherigen Betriebes, gilt ausschließlich § 323 UmwG. 47

a) **Kündigungsrechtliche Stellung des Arbeitnehmers nach § 323 Abs. 1 UmwG bei Spaltung des Betriebs infolge der Spaltung oder Teilübertragung**

aa) **Persönlicher Geltungsbereich**

§ 323 Abs. 1 UmwG gilt für alle Arbeitnehmer des oder der übertragenden Rechtsträger(s). 48

bb) **Sachlicher Geltungsbereich**

Damit ist alles angesprochen, was die kündigungsrechtliche Stellung des Arbeitnehmers ausmacht. Das KSchG bleibt anwendbar. § 23 KSchG gilt nicht, wenn Kündigungsschutz iSd KSchG bestand. Bei betriebsbedingten Kündigungen kommt es bei der Prüfung der Betriebsbedingtheit (§ 1 Abs. 2 KSchG) auf den bisherigen Betrieb an, was insbes. bei der Frage der Weiterbeschäftigungsmöglichkeit von Bedeutung ist: Es ist auf die Verhältnisse im Betrieb vor der Spaltung oder Teilübertragung abzustellen. Bestünde im Betrieb ohne Spaltung oder Teilübertragung eine Weiterbeschäftigungs- oder Versetzungsmöglichkeit, so ist die Kündigung für zwei Jahre ausgeschlossen (ErfK-*Ascheid* 2. Aufl. 2001, § 323 UmwG Rn 4). 49

Entsprechendes gilt an sich bei der Sozialauswahl (§ 1 Abs. 3 KSchG). Es kommt aber nicht auf die vergleichbaren Arbeitnehmer des früheren Betriebs an (so aber *Mengel* S. 267 und 6. Aufl.), auch nicht auf beide Bereiche – Unternehmens- oder Spaltungsgrenzen überschreitende Sozialauswahl (so *Bachner* AR-Blattei SD 1625 Unternehmensumwandlung Rn 98 f.), sondern auf den abgespaltenen Betrieb (KassArbR-*Düwell* 6.8 Rn 242 f.; *Beseler/Düwell/Göttling* 2. Aufl. S. 320; ErfK-*Ascheid/Oetker* 7. Aufl., § 1 KSchG Rn 479; ErfK-*Ascheid* 2. Aufl., § 323 UmwG Rn 5; APS-*Steffan* § 323 UmwG Rn 7; *Buchner* GmbHR 1997, 434, 441; *Rieble* FS für Wiese 1998, S. 453, 474 f.; BAG 22.9.2005 EzA § 113 InsO Nr. 18 [II 3a]; LAG München 21.9.2004 – 11 Sa 29/04, EzA-SD 1/2005 S. 6, Revision mit Urt. v. 22.9.2005 – 6 AZR 527/04, nv, zurückgewiesen, dazu *Reidel* FS Arbeitsgemeinschaft Arbeitsrecht S. 1325 ff.). 50

Etwaige Kündigungsauswahlrichtlinien sind zu berücksichtigen (APS-*Steffan* § 323 UmwG Rn 7; *Mengel* S. 267 mN Fn 1143). Ein bestehender tarifvertraglicher Kündigungsschutz, ja auch ein Kündigungsschutz durch Betriebsvereinbarung, soweit dieser überhaupt zulässig ist, sowie ein arbeitsvertraglich vereinbarter Ausschluss der ordentlichen Kündigung bleiben erhalten. Entsprechendes gilt für längere tarifvertragliche Kündigungsfristen (hM, vgl. die Nachw. bei *Mengel* Fn 1144 S. 267; *Schalle* S. 264 ff.). Ein tarifvertraglicher Kündigungsschutz einschließlich etwa verlängerter Kündigungsfristen bleibt dem Arbeitnehmer auch dann für zwei Jahre erhalten, wenn »an sich« der bisherige Tarifvertrag in dem abgespaltenen Betrieb nicht gilt, etwa weil der neue Rechtsträger nicht tarifgebunden ist oder infolge Änderung des Betriebszwecks aus dem fachlichen Geltungsbereich des Tarifvertrages »herausgewachsen« ist und zB einem für allgemeinverbindlich erklärten Tarifvertrag unterliegt. 51

52 Auch verbleibt es bei etwaigem Sonderkündigungsschutz nach § 15 KSchG für zwei Jahre (*Lutter/ Joost* § 323 Rn 5; APS-*Steffan* § 323 UmwG Rn 13; *Hergenröder* AR-Blattei SD 500.2 Betriebsinhaberwechsel II Rn 151; offen gelassen *BAG* 18.10.2000 EzA § 15 KSchG nF Nr. 51 [B I 4b]). Nicht verbunden ist damit eine Fiktion des den Sonderkündigungsschutz begründenden Amtes (*Kallmeyer-Willemsen* § 323 Rn 13).

53 Dagegen können die Voraussetzungen für die Beteiligung des Betriebsrats nach § 99 iVm §§ 95 Abs. 3, 102 BetrVG entgegen einer weit verbreiteten Meinung (*Mengel* S. 266 mwN Fn 1140) nicht durch § 323 Abs. 1 UmwG als für zwei Jahre fingiert angesehen werden mit der Folge, dass es unter diesem Gesichtspunkt keinen verlängerten Versetzungs- und Änderungskündigungsschutz gibt. Sind im abgespaltenen Betrieb weniger als 21 Arbeitnehmer beschäftigt, entfällt das Mitbestimmungsrecht des Betriebsrats nach § 99 BetrVG, wenn sich die in Aussicht genommene Änderung der Arbeitsbedingungen zugleich als Versetzung iSd § 95 Abs. 3 BetrVG darstellt. § 99 BetrVG ist im Kleinbetrieb iSd § 23 KSchG nicht anzuwenden. Es handelt sich insoweit nicht um eine kündigungs- (schutz)rechtliche Position des Arbeitnehmers, sondern um ein Recht des Betriebsrats, das sich allerdings als kollektivrechtlicher Kündigungsschutz im Ergebnis zugunsten des einzelnen Arbeitnehmers auswirken kann (im Ergebnis ebenso *Boecken* Unternehmensumwandlungen und Arbeitsrecht, Rn 277 f.; HWK-*Willemsen* § 323 Rn 14; APS-*Steffan* § 323 UmwG Rn 15).

54 Der relative Kündigungsschutz des § 17 KSchG wird dem abgespaltenen Arbeitnehmer im Ergebnis trotz der Aufrechterhaltung der kündigungsrechtlichen Stellung und der damit verbundenen Fortgeltung der Beschäftigtenzahlen iSd § 18 KSchG des ursprünglichen Betriebes schon deswegen nichts nützen, weil sich die Massenentlassungsanzeige nur auf den abgespaltenen Betrieb bezieht und von daher diese Zahlen relevant sind und werden, ja, die Gesamtbetrachtung – Beschäftigtenzahl des früheren Betriebes – gerade dazu führen kann, dass die Verpflichtung zur Massenanzeige noch gar nicht gegeben ist. Entscheidend ist die jeweils für den Arbeitnehmer günstigere Betrachtungsweise. § 323 Abs. 1 UmwG soll den Arbeitnehmer schützen, nicht aber zum Verlust einer für ihn günstigen Position führen (vgl. *Bachner/Gerhardt/Matthießen-Gerhardt* § 6 Rn 225; *Boecken* Rn 275 S. 185 m. Fn 561; aA *Willemsen/Hochenstatt/Schweibert/Seibt-Willemsen/Sittard* Umstrukturierung Teil H Rn 152; *Nacke* S. 185, 243; HWK-*Willemsen* § 323 Rn 12; APS-*Steffan* § 323 UmwG Rn 14).

55 Zum Massenentlassungsschutz bei Verlust der sozialplanpflichtigen Betriebsgröße vgl. *Bachner/ Köstler/Trittin/Trümner* (Vorauf.) S. 144 f.

cc) Kausalität zwischen der Spaltung oder der Teilübertragung und Wegfall/Verschlechterung kündigungsrechtlicher Positionen

56 Wie sich aus den Wörtern »auf Grund« des § 323 Abs. 1 UmwG ergibt, schützt diese Bestimmung nur vor solchen kündigungsrechtlichen Verschlechterungen, die auf die Spaltung oder Teilübertragung unmittelbar zurückzuführen sind (»strenge Kausalitätsbetrachtung«, *Bachner/ Gerhardt/Matthießen-Gerhardt* § 6 Rn 224; *Lutter/Joost* § 323 Rn 20; *Schmitt/Hörtnagl-Langner* § 323 UmwG Rn 4; *BAG* 22.9.2005 EzA § 113 InsO Nr. 18 [II 1b]). Nur mittelbar auf die Umwandlung oder auf die Teilübertragung zurückzuführende kündigungsrechtliche Veränderungen zum Nachteil des Arbeitnehmers reichen nicht aus (*Mengel* S. 269 f.; *Boecken* Rn 281 ff.).

b) Kündigungsrechtliche Stellung des Arbeitnehmers bei Fortbestand des einheitlichen Betriebes als gemeinsamer Betrieb iSd § 322 UmwG

57 § 322 UmwG fingiert bei einem gemeinsam geführten Betrieb einen Betrieb iSd Kündigungsschutzrechts (dazu *Kreutz* FS Richardi, S. 637 ff.; *Semler/Stengel-Simon* § 322 UmwG Rn 12 ff.). Nach § 1 Abs. 2 Nr. 2 BetrVG (§ 322 UmwG aF) wird ein Betrieb mehrerer Unternehmen vermutet, wenn die Spaltung eines Unternehmens zur Folge hat, dass von einem ein oder mehrere Betriebsteile einem anderen Rechtsträger zugeordnet werden, ohne dass sich die Organisation des Betriebes wesentlich ändert. Die Vermutung ist widerlegbar. Sie bezieht sich aber nur auf den Bereich der Betriebsverfassung (DDZ-*Zwanziger/Yalcin* § 322 UmwG Rn 12). Soll es nicht zu einem

gemeinsamen Betrieb kommen, sind Leitungs- und/oder Organisationsstrukturen zu ändern (*Sagasser/Bula/Brünger-Schmidt* § 6 Rn 49). § 322 UmwG ist in seinem Anwendungsbereich die speziellere Norm gegenüber § 323 Abs. 1 UmwG. Sie geht über § 323 Abs. 1 UmwG insofern hinaus als sie sich nicht nur auf die individualrechtliche Stellung des Arbeitnehmers im maßgeblichen Zeitpunkt bezieht, sondern der Kündigungsschutz für alle Arbeitnehmer des gemeinsamen Betriebes gilt, sofern dessen Voraussetzungen beim einzelnen Arbeitnehmer vorliegen (*Boecken* Rn 300 f.; *Mengel* S. 270, 272) und zwar zeitlich unbeschränkt (worauf *Herbst* AiB 1995, 12 zutreffend hinweist; ebenso ErfK-*Eisemann* 2. Aufl., § 322 UmwG Rn 6).

aa) Schwellenwert des § 23 KSchG

Für die Kleinbetriebsklausel kommt es auf die Zahl der Arbeitnehmer des gemeinsamen Betriebes an. Auf die Anzahl der von dem jeweiligen Arbeitgeber beschäftigten Arbeitnehmer kommt es nicht an, aA *Hergenröder* AR-Blattei 520.2 Betriebsinhaberwechsel II Rn 161: Es ist auf sämtliche Unternehmen abzustellen, wenn Personalbedarf unternehmensübergreifend und nicht nur betriebsbezogen abgestimmt wird. 58

bb) Weiterbeschäftigungsmöglichkeit (§ 1 Abs. 1 S. 2 Nr. 1b KSchG)

Es kommt auf den gemeinsamen Betrieb an. Es ist zu prüfen, ob ein freier Arbeitsplatz im gemeinsamen Betrieb mit dem Arbeitnehmer besetzt werden kann, und zwar unabhängig davon, ob dieser Arbeitsplatz einem anderen als dem Rechtsträger zugeordnet ist, der dem Arbeitnehmer gekündigt hat (KassArbR-*Düwell* 6.8 Rn 246; *Hamann* Anm. zu LAG Köln B. v. 9.3.2006 – 14 Sa 146/06, Einstellung der Zwangsvollstreckung – Weiterbeschäftigungsanspruch [LAGE § 62 ArbGG 1979 Nr. 32] jurisPRArbR 27/2006 Nr. 3; LAG Köln 14.8.2006 – 14 Sa 146/06, BB 2007, 336 LS). 59

Ob sich die Frage der Weiterbeschäftigungsmöglichkeit auch auf etwaige weitere Betriebe der Rechtsträger des gemeinsamen Betriebes erstreckt, ist zweifelhaft, aber zu verneinen; lediglich die Betriebe des Rechtsträgers, mit dem der Arbeitnehmer in einem Arbeitsverhältnis steht, sind einzubeziehen. Das folgt daraus, dass nicht ein gemeinsames Unternehmen, sondern nur ein gemeinsamer Betrieb fingiert wird (KassArbR-*Düwell* 6.8 Rn 247; *Boecken* Rn 296; HWK-*Willemsen* § 322 UmwG Rn 3; anders *Bachner/Gerhardt/Matthießen-Gerhardt* § 6 Rn 223; *Hager* GS Heinze, S. 311 ff. je mwN, vgl. BAG 27.11.2003 – 2 AZR 48/03, [B I 3]). 60

cc) Soziale Auswahl (§ 1 Abs. 3 KSchG)

Es kommt auf vergleichbare Arbeitnehmer im gesamten gemeinsamen Betrieb an; wem diese Arbeitnehmer zugeordnet sind, ist unerheblich (*Boecken* Rn 297 mwN Fn 604; KassArbR-*Düwell* 6.8 Rn 248 mwN; *Mengel* S. 276 mwN Fn 1193; BAG 15.2.2007 EzA § 613a BGB 2002 Nr. 66, zum ausnahmsweise anzuerkennenden arbeitgeberübergreifenden/konzernweiten Kündigungsschutz BAG 22.3.2001 EzA Art. 101 GG Nr. 5; *Geyer* FA 2008, 226 ff.). Eine übernehmensübergreifende Sozialauswahl ist dann nicht vorzunehmen, wenn der Gemeinschaftsbetrieb im Zeitpunkt der Kündigung nicht mehr besteht oder bei Ablauf der Kündigungsfrist nicht mehr bestehen wird, zB durch Stilllegung (BAG 22.9.2005 EzA § 113 InsO Nr. 18). Der gemeinsame Betrieb kann von den beteiligten Unternehmen jederzeit beendet werden (DDZ-*Zwanziger/Yalcin* § 322 UmwG Rn 14). 61

dd) Massenentlassungsanzeige (§ 17 KSchG)

Im Rahmen des relativen Kündigungsschutzes nach § 17 KSchG kommt es auf die Anzahl der im gemeinsamen Betrieb insgesamt vorhandenen Arbeitnehmer an (*Boecken* Rn 299; *Mengel* S. 276). 62

ee) Übernahme von Betriebsratsmitgliedern nach § 15 Abs. 5 S. 1 KSchG

Wird die Abteilung, in der ein Betriebsratsmitglied tätig ist, stillgelegt, so ist es in eine andere Betriebsabteilung zu übernehmen, wenn die Übernahme möglich ist, und zwar unabhängig davon, ob 63 diese Betriebsabteilung einem anderen Rechtsträger zugeordnet ist als diejenige, in der das Betriebsratsmitglied beschäftigt war und/oder in einem Arbeitsverhältnis steht.

IV. Vermögensübertragung

64 Die Vollübertragung ist der Verschmelzung nachgebildet. Die Teilübertragung entspricht der Spaltung. Deshalb sind die für die Verschmelzung zur Aufnahme geltenden Bestimmungen auf die Vermögensübertragung nach Maßgabe der §§ 176, 178, 186, 188 UmwG anzuwenden. Die die Spaltung zur Aufnahme regelnden Bestimmungen gelten für die Vermögensteilübertragung nach Maßgabe der §§ 177, 179, 184, 189. Es gilt das zu Kündigungsrecht und Verschmelzung Ausgeführte entsprechend (s. Rdn 34 ff.). Für die Vermögensteilübertragung gilt das zu Kündigungsrecht und Spaltung Ausgeführte entsprechend (s. Rdn 41 ff.).

V. Formwechsel

65 Der Wechsel in eine andere Rechtsform lässt das Arbeitsverhältnis unberührt. § 202 Abs. 1 Nr. 1 UmwG regelt ausdrücklich die Identität des formwechselnden Rechtsträgers. Ein Arbeitgeberwechsel findet nicht statt. Der Arbeitgeber bleibt gewahrt. Kündigungsrechtlich gilt nichts anderes als vorher auch.

Gesetz über befristete Arbeitsverträge in der Wissenschaft (Wissenschaftszeitvertragsgesetz)

Vom 12. April 2007 (BGBl. I S. 506), zuletzt geändert durch Art. 6 Abs. 4 des Gesetzes zur Neuregelung des Mutterschutzrechts vom 23. Mai 2017 (BGBl. I S. 1228).

§ 1 WissZeitVG Befristung von Arbeitsverträgen

(1) ¹Für den Abschluss von Arbeitsverträgen für eine bestimmte Zeit (befristete Arbeitsverträge) mit wissenschaftlichem und künstlerischem Personal mit Ausnahme der Hochschullehrerinnen und Hochschullehrer an Einrichtungen des Bildungswesens, die nach Landesrecht staatliche Hochschulen sind, gelten die §§ 2, 3 und 6. ²Von diesen Vorschriften kann durch Vereinbarung nicht abgewichen werden. ³Durch Tarifvertrag kann für bestimmte Fachrichtungen und Forschungsbereiche von den in § 2 Abs. 1 vorgesehenen Fristen abgewichen und die Anzahl der zulässigen Verlängerungen befristeter Arbeitsverträge festgelegt werden. ⁴Im Geltungsbereich eines solchen Tarifvertrages können nicht tarifgebundene Vertragsparteien die Anwendung der tariflichen Regelungen vereinbaren. ⁵Die arbeitsrechtlichen Vorschriften und Grundsätze über befristete Arbeitsverträge und deren Kündigung sind anzuwenden, soweit sie den Vorschriften der §§ 2 bis 6 nicht widersprechen.

(2) Unberührt bleibt das Recht der Hochschulen, das in Absatz 1 Satz 1 bezeichnete Personal auch in unbefristeten oder nach Maßgabe des Teilzeit- und Befristungsgesetzes befristeten Arbeitsverhältnissen zu beschäftigen.

Übersicht

	Rdn
A. Ziel und Inhalt des Gesetzes	1
I. Entwicklung des Sonderbefristungsrechts an Hochschulen und Forschungseinrichtungen bis zum WissZeitVG	1
1. Vom HFVG vom 14.6.1985 bis zum HRG idF des 5. HRGÄndG vom 16.2.2002	1
2. Das Hochschulrahmengesetz idF des 5. HRGÄndG v. 16.2.2002	4
3. Das Hochschulrahmengesetz idF des HdaVÄndG vom 27.12.2004	10
4. Das Wissenschaftszeitvertragsgesetz vom 12.4.2007	12
5. Gesetz zur Änderung des Wissenschaftszeitvertragsgesetzes vom 11.3.2016	17
II. Unions- und verfassungsrechtliche Grundlagen	18
1. Richtlinie 1999/70/EG	18
2. Verfassungsrecht	22
3. Gesetzgebungskompetenz	26
B. Grundsatz	27
C. Geltungsbereich	30
I. Betrieblicher Geltungsbereich	30
II. Erfasster Personenkreis	33
1. Grundsatz	33
2. Wissenschaftliches und künstlerisches Personal	38
3. Hochschullehrer und Hochschullehrerinnen	46
4. Sonstiges Hochschulpersonal	48
a) Personal mit ärztlichen Aufgaben	48
b) Lehrkräfte für besondere Aufgaben (§ 56 HRG)	50
c) Verwaltungskräfte und technisches Personal	54
D. Zwingendes Gesetzesrecht (Abs. 1 S. 2 bis 4)	55
I. Verbot vertraglicher Abweichung (Abs. 1 S. 2)	55
II. Öffnung für tarifliche Regelungen (Abs. 1 S. 3)	58
1. Fachrichtungen und Forschungsbereiche	58
2. Befristungsdauer	59
3. Anzahl der Verlängerungen	60
III. Arbeitsvertragliche Inbezugnahme tarifvertraglicher Abweichungen (Abs. 1 S. 4)	61
E. Anwendbarkeit arbeitsrechtlicher Vorschriften und Grundsätze (Abs. 1 S. 5)	62
F. Abschluss unbefristeter und befristeter Arbeitsverträge (Abs. 2)	66
I. Unbefristete Arbeitsverträge	66
II. Befristungen nach Maßgabe des TzBfG	69
1. Grundsatz	69
2. Einzelne Befristungsgründe	73

§ 1 WissZeitVG Befristung von Arbeitsverträgen

	Rdn		Rdn
a) Projektbefristung (§ 14 Abs. 1 S. 2 Nr. 1 TzBfG)	73	d) Haushaltsmittel (§ 14 Abs. 1 S. 2 Nr. 7 TzBfG)	80
b) Vertretungsbefristung (§ 14 Abs. 1 S. 2 Nr. 3 TzBfG)	77	3. Befristung ohne Sachgrund (§ 14 Abs. 2 TzBfG)	81
c) Person des Arbeitnehmers (§ 14 Abs. 1 S. 2 Nr. 6 TzBfG)	78	III. Befristung nach § 21 BEEG	84
		IV. Befristung nach dem ÄArbVtrG	85

A. Ziel und Inhalt des Gesetzes

I. Entwicklung des Sonderbefristungsrechts an Hochschulen und Forschungseinrichtungen bis zum WissZeitVG

1. Vom HFVG vom 14.6.1985 bis zum HRG idF des 5. HRGÄndG vom 16.2.2002

1   Sonderregelungen über befristete Arbeitsverträge im Bereich der Hochschulen wurden erstmals durch Art. 1 des **Gesetzes über befristete Arbeitsverträge mit wissenschaftlichem Personal an Hochschulen und Forschungseinrichtungen** v. 14.6.1985 (HFVG, BGBl. I S. 1065) mit den §§ 57a bis 57 f und § 70 Abs. 6 HRG aF in das HRG eingefügt. Durch die Absicherung und Ausweitung der befristeten Beschäftigungsmöglichkeiten von Mitarbeitern mit wissenschaftlichen, künstlerischen und ärztlichen Aufgaben sollte die Leistungsfähigkeit der Hochschulen und außeruniversitären Forschungseinrichtungen gestärkt werden (Begr. RegE, BT-Drucks. 10/2283, S. 1; BT-Drucks. 10/3119, S. 1; s.a. *Kersten* DÖD 2002, 683 mwN). Art. 2 HFVG regelte in einem besonderen »Gesetz über befristete Arbeitsverträge mit wissenschaftlichem Personal an Forschungseinrichtungen« (FFVG) eine entsprechende Anwendung der §§ 57a S. 2 und 57b–57 f HRG aF (jetzt § 5 WissZeitVG).

2   Der Gesetzgeber schuf einen **Katalog wissenschafts- und forschungsspezifischer Sachgründe**, die **zweiseitig zwingend** ausgestaltet waren, bestehende tarifvertragliche Regelungen verdrängten und neue abweichende tarifliche Regelungen nicht zuließen. Die damit verbundenen Eingriffe in die verfassungsrechtlich gewährleistete Tarifautonomie hat das *BVerfG* für gerechtfertigt gehalten (24.4.1996 – 1 BvR 712/86 – BVerfGE 94, 268, 286). Als vorrangige Belange hat das BVerfG die in Art. 5 Abs. 3 GG geschützte Freiheit der Wissenschaft und Forschung bewertet, die es dem Gesetzgeber gestatte, die Leistungs- und Funktionsfähigkeit der Hochschul- und Forschungseinrichtungen zu erhalten und zu verbessern.

3   Durch das am 25.8.1998 in Kraft getretene **4. Gesetz zur Änderung des HRG** v. 20.8.1998 (4. HRGÄndG, BGBl. I S. 2190) wurden u. a. die **Befristungsmöglichkeiten für Lektoren** neu geregelt, da § 57 Abs. 3 HRG aF in der vorherigen Fassung aufgrund einer mittelbaren Diskriminierung ausländischer Staatsangehöriger mit Art. 45 AEUV (vormals Art. 39 Abs. 2 EGV) unvereinbar war (*EuGH* 20.10.1993 – C 272/13 –). Arbeitsverhältnisse dieser Personen konnten nur noch nach den Sachgründen des § 57b Abs. 2 HRG aF oder nach allgemeinen Grundsätzen befristet werden (*BAG* 12.2.1997- 7 AZR 133/96 –). Geändert wurde auch die Anrechnung der Promotionsvorbereitung von Zeitverträgen auf die Höchstdauer der Befristung in § 57c Abs. 3 HRG aF (dazu *BAG* 20.9.1995 – 7 AZR 184/95 –; 15.1.1997 – 7 AZR 158/96 –). Mit diesen Änderungen galt der sachgrundbezogene Befristungskatalog des HRG aF in der Neufassung des Gesetzes v. 19.1.1999 (BGBl. I S. 18) bis zum 22.2.2002 (zur Anwendung dieses Rechts auf Altverträge s. § 6 WissZeitVG Rdn 3, 9).

2. Das Hochschulrahmengesetz idF des 5. HRGÄndG v. 16.2.2002

4   Mit dem **5. Gesetz zur Änderung des Hochschulrahmengesetzes v. 16.2.2002** (5. HRGÄndG, BGBl. I S. 693; dazu *Preis/Hausch* NJW 2002, 927; *v. Kalm* WissR 2002, 76; *Kersten* DöV 2002, 682; *Lakies* ZTR 2002, 250) hat der Gesetzgeber mit Wirkung vom 23.2.2002 eine **grundlegende Änderung der Befristungsvorschriften** für Arbeitsverträge im Hochschulbereich und im Bereich der Forschungseinrichtungen vorgenommen. Bereits im Juli 1999 hatte das Bundesministerium für

Bildung und Forschung (BMBF) eine Expertenkommission »Reform des Hochschuldienstrechts« berufen, da die äußerst kasuistisch geregelten Befristungstatbestände zu Auslegungs- und Abgrenzungsschwierigkeiten führten (dazu *Dieterich/Preis* Befristete Arbeitsverhältnisse in Wissenschaft und Forschung, Konzept einer Neuregelung im HRG, 2001, S. 12 ff.; *Wegener* Anm. AP HRG § 57 Nr. 1).

Eckpunkte der Reform waren die Einführung einer **Juniorprofessur** (vgl. §§ 47, 48 HRG aF, sowie 47, 48 HRG idF des Gesetzes vom 12.4.2007, BGBl. I S. 506), die Einführung eines Doktorandenstatus sowie – und hier von Bedeutung – die **Neugestaltung der Regelungen über die befristete Beschäftigung** von wissenschaftlichen und künstlerischen Mitarbeitern sowie wissenschaftlichen und künstlerischen Hilfskräften. Damit einher ging die Abschaffung von bisherigen Personalkategorien, so dass nur die im Beamten- oder Angestelltenverhältnis beschäftigten wissenschaftlichen und künstlerischen Mitarbeiter verblieben (§ 53 HRG).

Auf der Grundlage des Reformvorschlags von *Dieterich* und *Preis* änderte der Gesetzgeber den Qualifikationsweg der Hochschullehrer und des »Mittelbaus« an Universitäten und Forschungseinrichtungen und definierte dabei das Befristungsmodell neu. An die Stelle eines sehr kasuistischen Sachgrundkatalogs (zur Kritik *Dieterich/Preis* S. 113; s.a. Rdn 4), mit einer Vielzahl von Nichtanrechnungsmöglichkeiten (vgl. etwa BAG 20.9.1995 – 7 AZR 184/95 –; 28.1.1998 – 7 AZR 656/96 – BAGE 87, 358) trat nunmehr eine **gestaffelte Höchstbefristung von Zeitarbeitsverträgen**. Diese nicht mehr an einzelne Sachgründe gebundene Befristung soll Auslegungs- und Abgrenzungsstreitigkeiten vermeiden helfen, Rechtssicherheit schaffen und die Hochschulverwaltungen von überflüssiger Personalarbeit entlasten. Durch Anrechnungsregelungen sollen dabei Zeitspannen von zwölf bis max. fünfzehn Jahren an befristeter Beschäftigung im Wissenschafts- und Forschungsbereich nicht überschritten werden.

Dafür sah das neue Befristungsrecht **zwei Zeitphasen** orientiert an bestimmten Qualifikationsstufen vor. Die erste Phase umfasst eine Dauer von bis zu sechs Jahren, in der wissenschaftliche und künstlerische Mitarbeiter (§ 53 HRG) oder Hilfskräfte (§ 57a Abs. 1 HRG) ohne weiteren Sachgrund wissenschaftliche oder künstlerische Leistungen erbringen, dabei aber im Regelfall **den Abschluss einer Promotion** anstreben. Nach Abschluss einer Promotion war dann in einer zweiten Phase wiederum eine befristete Beschäftigung bis zur Dauer von sechs Jahren, im Bereich der Medizin bis zu einer Dauer von neun Jahren (sog. **Postdocphase**) erlaubt.

Um die Qualifikationsphase mit befristeten Verträgen nicht über das gebotene Maß hinaus zu verlängern, wurden auf die zulässige **Befristungshöchstdauer alle befristeten Arbeitsverhältnisse** mit mehr als einem Viertel der regelmäßigen Arbeitszeit, die mit einer Hochschule oder einer Forschungseinrichtung iSd § 57d HRG aF abgeschlossen wurden, sowie Privatdienstverträge (§ 57c HRG aF), entsprechende Beamtenverhältnisse auf Zeit und schließlich Promotionszeiten während der Befristung als auch vor Abschluss der Erstausbildung **angerechnet**. Damit sollte die Ausnutzung »funktionswidriger Kombinationsmöglichkeiten«, unterbunden werden. Ebenso waren die Beschäftigungszeiten als wissenschaftliche oder künstlerische Hilfskraft in die Befristungshöchstdauer einzurechnen (BT-Drucks. 14/6853 S. 32). Eine Verlängerung des befristeten Arbeitsvertrages über die Höchstbefristungsdauer kam nur noch auf dem Wege der **Nichtanrechnung von benannten Unterbrechungszeiten** in Betracht (§ 57b Abs. 4 S. 1 HRG aF; jetzt § 2 Abs. 5 WissZeitVG, dazu s. KR-*Treber/Waskow* § 2 WissZeitVG Rdn 77 ff.). Nach Ausschöpfung der Befristungshöchstdauer waren weitere Befristungen allerdings nach Maßgabe des TzBfG zulässig (§ 57b Abs. 2 S. 3 HRG aF, s. jetzt § 1 Abs. 2 WissZeitVG, dazu s. iE Rdn 69 ff.). Das **neue Recht lockerte** in engen Grenzen die **Tarifvertragssperre** (§ 57a Abs. 1 S. 2 HRG aF, jetzt § 1 Abs. 1 S. 2 WissZeitVG).

Das **6. HRGÄndG** (v. 8.8.2002, BGBl. I S. 3138), welches am 15.8.2002 in Kraft trat, änderte die in § 57f S. 2 HRG aF vorgesehene Geltung des neuen Rechts einschließlich der Befristungshöchstgrenzen auch für die Verlängerung von befristeten Arbeitsverträgen, die noch vor dem 23.2.2002 geschlossen worden waren. Nach der hierdurch geschaffenen »echten« **Übergangsregelung** (s. dazu BT-Drucks. 14/8788, S. 7 f.) konnte zur Vermeidung von Härtefällen und aus Gründen des

§ 1 WissZeitVG Befristung von Arbeitsverträgen

Vertrauensschutzes für diese Vertragsverhältnisse eine Verlängerung bis zum 28.2.2005 erfolgen, auch wenn die in § 57b Abs. 1 S. 1 und 2 HRG aF geregelten Befristungshöchstdauern überschritten waren.

3. Das Hochschulrahmengesetz idF des HdaVÄndG vom 27.12.2004

10 Mit Urteil v. 27.7.2004 (– 2 BvF 2/02 – BVerfGE 111, 226) hat das **BVerfG** das **5. HRGÄndG** wegen Überschreitung der Rahmengesetzgebungskompetenz des Bundes nach Art. 75 Abs. 1 S. 1 Nr. 1a GG insgesamt für **nichtig erklärt**. Die Rahmengesetzgebung des Bundes sei auf eine inhaltliche Konkretisierung und Gestaltung durch die Länder angelegt. Ihnen müsse ein eigener Bereich politischer Gestaltung von substanziellem Gewicht bleiben. Ein Ausnahmefall iSv Art. 75 Abs. 2 GG zu einer sog. Vollregelung, wenn Rahmenvorschriften ohne Regelung der Einzelheiten verständigerweise nicht hätten erlassen werden können, hat das *BVerfG* für die neue Personalstruktur nicht anerkannt. Die §§ 44 bis 48 HRG aF hätten mit den detaillierten Vorschriften zur Qualifikation und Berufung der Professoren die für die Landesgesetzgeber verbleibenden Regelungsbereiche zu stark eingeengt. Da eine **geltungserhaltende Aufteilung** in einzelne Regelungsbereiche **nicht möglich** sei, wurde das gesamte Gesetz für nichtig erklärt. Betroffen waren damit auch die §§ 57a bis 57 f HRG aF einschließlich der in Art. 2 des 5. HRGÄndG geregelten Aufhebung des Gesetzes über befristete Arbeitsverträge mit wissenschaftlichem Personal an Forschungseinrichtungen (FFVG; s. dazu die abw. Meinung von *Osterloh, Lübbe-Wolff, Gerhardt* im Sondervotum; Nachw. aus dem Schrifttum in KR 11. Aufl. Rn 12).

11 Angesichts dessen hat der Bundesgesetzgeber die beanstandeten Regelungen zur Personalstruktur angepasst und weitere Änderungen des HRG im Blick auf die anstehende **Föderalismusreform** zurückgestellt (BT-Drucks. 15/4132, S. 9). Ziel des Gesetzes zur Änderung dienst- und arbeitsrechtlicher Vorschriften im Hochschulbereich (**HdaVÄndG**) v. 27.12.2004 (BGBl. I S. 3835) ist es gewesen, die bereits eingeführte Juniorprofessur abzusichern und das **Zeitvertragsrecht für Verträge ab dem 23. Februar 2002** zum Sachgrunderfordernis abzustützen. Die **Regelungskompetenz** wurde hinsichtlich der Zeitvertragsregelungen aus Art. 74 Abs. 1 Nr. 12 GG und zur rahmenförmigen Neuordnung der Personalstruktur an den Hochschulen aus Art. 75 Abs. 1 Nr. 1a GG abgeleitet (krit. zur Bundeskompetenz *Löwisch* NZA 2004, 1065; hierzu mit Recht abl. *Dieterich/Preis* NZA 2004, 1241; dagegen wiederum *Löwisch* NZA 2005, 321; s.a. *BAG* 21.6.2006 – 7 AZR 234/05 – BAGE 118, 290). Die Regelungen zum Befristungsrecht nach dem **5. HRGÄndG** hat der Bundesgesetzgeber – mit Ausnahme von Anpassungen in der Übergangsvorschrift des § 57f HRG aF – unverändert **erneut in Kraft gesetzt** und zwar **rückwirkend** für ab dem 23.2.2002 geschlossene Arbeitsverträge (§ 57f Abs. 1 S. 1 HRG aF; hierzu s. *KR/Treber* 10. Aufl., § 6 WissZeitVG Rn 5 ff.) Zur Regelung eines hochschulspezifischen Befristungsrechts sah sich der Bundesgesetzgeber nicht zuletzt auf Grund der Entscheidung des *BVerfG* (24.4.1996 – 1 BvR 712/86 –) und den dort genannten Gründen (s. Rdn 2) nach Art. 74 Abs. 1 Nr. 12 GG berechtigt (BT-Drucks. 15/4132 S. 12; s. dazu Rdn 25).

4. Das Wissenschaftszeitvertragsgesetz vom 12.4.2007

12 Das am 18.4.2007 als Art. 1 des Gesetzes zur Änderung arbeitsrechtlicher Vorschriften in der Wissenschaft in Kraft getretene **Gesetz über befristete Arbeitsverträge in der Wissenschaft** – WissZeitVG – (BGBl. I S. 506; Gesetzesmaterialien: BR-Drs. 674/06; BT-Drucks. 16/3848, 16/4043) **führt** die nach Auffassung des Gesetzgebers bewährten **Regelungen der §§ 57a bis 57 f HRG aF** für befristete Arbeitsverträge im Hochschul- und Forschungsbereich im Wesentlichen **fort**, beinhaltet aber auch Neuerungen. Mit diesem in einem Gesetz zusammengefassten spezifischen Befristungsrecht soll – wie bisher – die Leistungs- und Funktionsfähigkeit der Hochschulen und außeruniversitären Forschungseinrichtungen erhalten bleiben und die Qualifizierung des wissenschaftlichen Nachwuchses in diesen Einrichtungen gestärkt sowie die notwendig gehaltene Fluktuation im Wissenschafts- und Forschungsbereich sichergestellt werden (s. Rdn 1 f.; eine erste, grds. positive, **Evaluierung** findet sich bei *Jongmanns* S. 89 ff., dort auch Daten zum erfassten Personenkreis, der

sich seit 1992 fast verdoppelt hat; s.a. *Geis/Krause* Einf. Rn 2). Eine Eingliederung in das TzBfG, die nahegelegen hätte, hat der Gesetzgeber nicht unternommen (krit. daher *Kortstock* ZTR 2007, 4; krit. auch *Richardi* NZA 2008, 1).

Mit dessen Inkrafttreten wurden die §§ 57a–57 f HRG aufgehoben (BGBl. I S. 306), während die Regelungen über das Personal der §§ 42 ff. HRG und damit auch die über die Wissenschaftlichen Mitarbeiter und die Lehrkräfte für besondere Aufgaben in Kraft geblieben sind (zur beabsichtigten Aufhebung des HRG in der 16. Legislaturperiode vgl. »Entwurf eines Gesetzes zur Aufhebung des Hochschulrahmengesetzes«, BT-Drucks. 16/6122; zur Aufhebungskompetenz *Lindner* NVwZ 2007, 180). Diese gelten nach Art. 125a GG als Bundesrecht weiter; die Gesetzgebungskompetenz ist aber seither in die Zuständigkeit der Länder gefallen (s. Rdn 34 f.). 13

Der gewachsenen Bedeutung von Drittmitteln an Hochschulen und Forschungseinrichtungen und der damit verbundenen Angewiesenheit der Hochschulen, für die Realisierung solcher zeitlich begrenzt finanzierten Projekte das erforderliche Personal in zeitlicher Konkordanz mit dem jeweiligen Vorhaben befristet beschäftigen zu können, ist als wesentliche Neuerung der **besondere Befristungstatbestand der Drittmittelfinanzierung** in § 2 Abs. 2 WissZeitVG geschaffen worden (iE s. KR-*Treber/Waskow* § 2 WissZeitVG Rdn 46 ff.; s.a. BT-Drucks. 16/3438 S. 8). Für eine nach § 14 Abs. 1 S. 2 Nr. 1 TzBfG zulässige Projektbefristung sieht der Gesetzgeber vor dem Hintergrund der einschlägigen Rechtsprechung (s. etwa BAG 24.9.2014 – 7 AZR 987/12 – Rn 16 ff; 19.2.2014 – 7 AZR 260/12 –) eine hinreichend sichere Prognose über das Ende des Forschungsprojekts oder den Wegfall der Drittmittel nicht stets als möglich an. Denn Forschungsprojekte laufen vielfach über den ersten Mittelbewilligungszeitraum hinaus und Anschlussbewilligungen können nicht von vornherein ausgeschlossen werden (zum Prognoserisiko BT-Drucks. 16/3438 S. 1; s.a. *Preis/Ulber* Einl. Rn 33). Durch einen eigenen Befristungstatbestand soll hier eine größere Rechtssicherheit geschaffen werden (BT-Drucks. 16/3438 S. 8). Damit wird allerdings entgegen dem ursprünglichen Ansatz des HRG aus dem Jahre 2002 (s. Rdn 6), ein sachgrundloses Befristungsmodell zu etablieren, erneut eine **Befristungsmöglichkeit** eingeführt, die einen besonderen **Sachgrund erfordert** (krit. u.a. *Dörner* NZA 2007, 57, 60). 14

Dieser neue **Drittmittelbefristungstatbestand** erfasste bis zur Novelle des WissZeitVG im Jahre 2016 (Rdn 17) nicht nur das wissenschaftliche und künstlerische Personal, sondern gleichermaßen **das akzessorische, dh nichtwissenschaftliche und nichtkünstlerische Personal**, welches zur Realisierung des jeweiligen Projekts benötigt wird. Damit wurde der ursprüngliche Begründungsansatz für einen eigenständigen Befristungstatbestand im Hochschul- und Forschungsbereich, die Fluktuation junger Wissenschaftlerinnen und Wissenschaftler auf Qualifikationsstellen zu gewährleisten (s. Rdn 7), verlassen (krit. auch LS-*Schlachter* Anh. 2 § 1 WissZeitVG Rn 12). 15

Als weitere Neuerung hat der Gesetzgeber eine »**familienfreundliche Komponente**« in § 2 Abs. 1 S. 3 WissZeitVG vorgesehen, die eine Erweiterung der zulässigen Befristungshöchstdauer in § 2 Abs. 1 S. 1 und 2 WissZeitVG bei Betreuung von Kindern während der Qualifikationsphasen vorsieht. Hintergrund sind Untersuchungsergebnisse, wonach der Anteil an kinderlosen Nachwuchswissenschaftlerinnen signifikant höher liegt als in der Gesamtbevölkerung (BT-Drucks. 16/3438, S. 8). Die jetzige Möglichkeit (dazu KR-*Treber/Waskow* § 2 WissZeitVG Rdn 31 ff.; zur Vorgängerregelung s. KR 11. Aufl. Rn 19) soll helfen, die Anforderungen von Beruf und Familie leichter als bisher vereinbaren zu können (BT-Drucks. 16/3438, S. 9). 16

5. Gesetz zur Änderung des Wissenschaftszeitvertragsgesetzes vom 11.3.2016

Im Koalitionsvertrag für die 18. Legislatur hatten sich CDU, CSU und SPD auf eine **Novellierung des WissZeitVG** geeinigt (s.a. *Wissenschaftsrat* Empfehlungen zu Karrierezielen und -wegen an Universitäten, 11.7.2014 (Drs. 009–14), insbes. S. 77 ff., 84 f.; zur Novelle *Blum/Vehling* OdW 2015, 189, 193 ff.). Nach einer Einigung auf Eckpunkte wurde im Juli 2015 der **Entwurf eines »Ersten Gesetzes zu Änderung des Wissenschaftszeitvertragsgesetzes«** durch die Bundesregierung vorgelegt (BT-Drucks. 18/6489; weitere Materialien BR-Drucks. 2/16; BT-Drucks. 18/ 17

7038). Kernanliegen (ausf. zu den Änderungen *Preis/Ulber* Einl. Rn 40 ff.; weiterhin *Brötzmann* öAT 2016, 48 ff.; *Anton* ZTR 2016, 432 ff.; *Hauck-Scholz* RdA 2016, 262 ff.; *Kroll* ZTR 2916, 235 ff.; *Mandler/Meißner* OdW 2016, 33 ff.) ist zunächst die Klarstellung, dass die sachgrundlose Befristung für das in § 1 genannte Personal nur zulässig ist, wenn es »zur eigenen wissenschaftlichen und künstlerischen Qualifizierung beschäftigt« wird. Weiterhin wird zur Verhinderung von »Fehlentwicklungen in der Befristungspraxis« durch unsachgemäße Kurzbefristungen (s. *Jongmanns* S. 3, 18, 38, 72 ff.; sowie BT-Drucks. 18/6489, S. 1, 7: Ende des Jahres 2015 waren an den Hochschulen acht von zehn Verträgen auf weniger als ein Jahr befristet, an Forschungseinrichtungen jeder fünfte Vertrag) das Erfordernis einer »**angemessenen**« Orientierung der Befristungsdauer an der angestrebten Qualifizierung implementiert (§ 2 Abs. 1 S. 3 WissZeitVG), allerdings ohne dass eine Sachgrundbefristung vorliegen soll, sondern vielmehr der Zweck der Befristung verdeutlicht wird. Dieser Regelungsintention entspricht es, wenn bei den Drittmittelbefristungen, die nicht zur Qualifikation erfolgen müssen, sich die Dauer am bewilligten Projektzeitraum ausrichten soll (iE KR-*Treber/Waskow* § 2 WissZeitVG Rdn 51 f.). **Ersatzlos entfällt** zudem auch die kritisch beurteilte **Befristung von nichtwissenschaftlichem und nichtkünstlerischem Personal** bei einer Drittmittelfinanzierung in § 2 Abs. 2 S. 2 WisszeitVG aF. und – aufgrund der bisherigen Verweisungen auf diese Bestimmung – für den Bereich der Privatdienstverträge (§ 3 S. 2 WissZeitVG aF), für das wissenschaftliche Personal an staatlich anerkannten Hochschulen (§ 4 S. 2 WissZeitVG aF) und an Forschungseinrichtungen (§ 5 S. 2 WissZeitVG aF). Für dieses gelten jetzt wieder ausschließlich die durch das TzBfG vorgesehenen Befristungsmöglichkeiten (BT-Drucks 18/6489, S. 12) und die weiteren gesetzlich eröffneten Optionen. Wieder eingeführt wird in einem § 6 WissZeitVG die Kategorie der »**studienbegleitenden Beschäftigungen**«. Damit soll bestehenden Rechtsunsicherheiten und einer uneinheitlichen Handhabung durch die Hochschulen entgegengewirkt werden (BT-Drucks. 18/7038, S. 12; s.a. *Jongmanns* Evaluation, S. 51, 56). Die Laufzeiten dieser Verträge werden nicht auf die Befristungshöchstdauer nach § 2 Abs. 1 WissZeitVG angerechnet (KR-*Treber/ Waskow* § 6 WissZeitVG Rdn 11). Das ist vor allem für Studierende in einem Master-Studiengang, die bereits einen Bachelor-Abschluss erworben haben, von Bedeutung. Zugleich wird durch die Neuregelung die Befristungsoption unabhängig von den landesgesetzlichen Regelungen ausgestaltet. Modifiziert und ausgeweitet werden schließlich die Optionen einer **Verlängerung nach** (jetzt) § 2 Abs. 1 S. 4 bis 6 und durch den neuen § 2 Abs. 5 S. 1 Nr. 6 WissZeitVG (dazu KR-*Treber/ Waskow* § 2 WissZeitVG Rdn 31 ff., 99). Zudem wird die Verlängerungsdauer von jeweils zwei Jahren nach § 2 Abs. 5 S. 2 WissZeitVG als Soll-Vorschrift ausgestaltet werden. Eine angepasste Übergangsregelung sieht § 7 WisszeitVG vor. Für das Jahr 2020 ist nach § 8 WissZeitVG eine **erneute Evaluierung** vorgesehen (zur Bewertung der bisherigen und der zukünftigen Entwicklung des WissZeitVG ausf. *Preis/Ulber* Einl. Rn 53 ff.). Von einer näheren Konturierung des persönlichen Anwendungsbereichs, also unter welchen Voraussetzungen die Erbringung wissenschaftlicher Dienstleistungen namentlich bei Lehrtätigkeiten angenommen werden kann (Rdn 39 ff.) hat der Gesetzgeber abgesehen (dazu etwa *Kroll* ZTR 2016, 235, 236). Zur Abmilderung der **Auswirkungen der COVID-19-Pandemie** für Nachwuchswissenschaftler wurde durch Änderungsgesetz v. 25.5.2020 § 7 WissZeitVG um einen dritten Absatz ergänzt und die Befristungshöchstdauer zwischenzeitlich erhöht (vgl. dazu und zur Verordnung des BMBF zur weiteren Verlängerung der zulässigen Befristungsdauer iE. KR/*Treber/Waskow* § 7 Rdn 16).

II. Unions- und verfassungsrechtliche Grundlagen

1. Richtlinie 1999/70/EG

18 Die **Richtlinie 1999/70/EG** sieht in § 5 der in der Richtlinie in Bezug genommenen **Rahmenvereinbarung der Sozialpartner** vor, unter Berücksichtigung der Anforderungen bestimmter Branchen und/oder Arbeitnehmerkategorien den Missbrauch aufeinanderfolgender befristeter Arbeitsverhältnisse durch eine oder mehrere folgender Maßnahmen zu vermeiden: die Festschreibung sachlicher Gründe, die die Verlängerung solcher Verträge oder Verhältnisse rechtfertigen (§ 5 Nr. 1 Buchst. a), die Festlegung einer insgesamt **maximal zulässigen Dauer** aufeinanderfolgender Arbeitsverträge oder -verhältnisse (§ 5 Nr. 1 Buchst. b) oder Begrenzung der zulässigen

Zahl der Verlängerung solcher Verträge oder Verhältnisse (§ 5 Nr. 1 Buchst. c). Der deutsche Gesetzgeber war frei, eine oder auch mehrere der vorgegebenen Maßnahmen zu ergreifen (s. KR/*Bubach* § 14 TzBfG Rdn 20). Da im WissZeitVG eine **Höchstbefristungsdauer** aufeinander folgender befristeter Arbeitsverträge festgeschrieben ist, sind die Anforderungen der Richtlinien erfüllt (BT-Drucks. 14/6853 S. 20; *Lakies* ZTR 2002, 251; *Preis* Gutachten, S. 42 ff.; *Kersten* DÖD 2002, 684; APS-*Schmidt* Rn 40; zweifelnd *Hedermann* ZESAR 2015, 109 ff.; kritisch auch DDZ/*Nebe* Vorbem. Rn 8a).

Soweit kritisiert wird, die maximal zulässige Dauer befristeter Arbeitsverträge umfasse einen erheblichen Zeitraum und es werde faktisch für eine bestimmte Arbeitnehmerkategorie der Fristvertrag als Regelfall eingeführt (*Lakies* ZTR 2002, 251 ff.), wird außer Acht gelassen, dass **unionsrechtlich für die insgesamt maximal zulässige Dauer aufeinanderfolgender befristeter Arbeitsverträge kein Zeitrahmen** vorgegeben ist. Zum anderen orientiert sich der Gesetzgeber erkennbar an **Erfahrungen aus dem Bereich der Hochschulen und Forschungseinrichtungen**, wenn er eine sechsjährige Frist in der ersten Zeitphase vorsieht und diesen Zeitraum in ein bis zwei Jahre zur Heranführung an das wissenschaftliche Arbeiten und auf bis zu vier Jahre zur Erstellung einer Promotion unterteilt (BT-Drucks. 14/6853 S. 32). Dies gilt gleichermaßen auch für die zweite Befristungsphase (Postdocphase). Der Gesetzgeber hat mit dem HRG idF des 5. HRGÄndG beabsichtigt, »Befristungskarrieren« zurückzuschneiden und durch Anrechnungsbestimmungen Befristungen im Regelfall auf höchstens zwölf und fünfzehn Jahre zu begrenzen (zum Drittmitteltatbestand s. KR-*Treber/Waskow* § 2 WissZeitVG Rdn 44 ff.). Es bestehen daher im Grundsatz **keine unionsrechtlichen Bedenken** (*BAG* 8.6.2016 – 7 AZR 259/14 – Rn 37; 24.8.2011 – 7 AZR 228/10 – BAGE 139, 109, Rn 35; zu § 57b Abs. 1 HRG 19.3.2008 – 7 AZR 1100/06 – BAGE 126, 211, Rn 44; *Geis/Krause* Einf. Rn 21 ff.; *Kortstock* ZTR 2007, 10; *Löwisch* NZA 2007, 482; APS-*Schmidt* Rn 40; krit. *Räder/Steinheimer* PersR 2007, 331 f.; **aA** DDZ-*Nebe* Vorbem. Rn 8a; *Hirdina* NZA 2009, 713 im Hinblick auf die Möglichkeit einer Befristung von mehr als 15 Jahren, wenn man hierbei noch die Verlängerungstatbestände des § 2 Abs. 1 S. 4 bis 6 und nach Abs. 5 S. 1 WissZeitVG berücksichtigt). Die Anwendung der Grundsätze des institutionellen Rechtsmissbrauchs sind bei der sachgrundlosen Befristung nach § 2 Abs. 1 WissZeitVG nicht geboten (*BAG* 23.3.2016 – 7 AZR 70/14 – Rn 60; 9.12.2015 – 7 AZR 117/14 – Rn 46). Die Besonderheiten einer Tätigkeit im Hochschulbereich oder bei den Forschungseinrichtungen finden ihren Niederschlag auch in den Vorgaben von § 5 der Rahmenvereinbarung, wenn dort auf die Berücksichtigung der Anforderungen bestimmter Arbeitnehmerkategorien für die Auswahl der Maßnahmen abgestellt wird (*BAG* 19.3.2008 – 7 AZR 1100/06 – BAGE 126, 211).

Den bisher im Schrifttum angeführten Bedenken bei den sog. **Drittmittelbefristungen** (*Geis/Krause* Einf. Rn 23; *Schlachter* Anh. 2 § 1 WissZeitVG Rn 13) kann die Neuregelung, die auf die Bewilligungsdauer abstellt, in gewissem Umfang, aber nicht vollständig entgegenwirken. Es sind, etwa bei Fortsetzungsbewilligungen im Bereich der Drittmittelprojekte, »Kettenbefristungen« nicht auszuschließen. Bei deren Überprüfung sind nach der Entscheidung des *EuGH* (26.1.2012 – C-586/10 – [Kücük]) und deren Konkretisierung durch die Rechtsprechung des BAG (grdl. 18.7.2012 – 7 AZR 443/09 – BAGE 142, 308, Rn 38 und – 7 AZR 783/10 – Rn 33; zum Rechtsmissbrauchseinwand bei »Kettenbefristungen« s. ausf. KR-*Bubach* § 14 TzBfG Rdn 257 ff.) die Grundsätze des institutionellen Rechtsmissbrauchs heranzuziehen, die bei Sachgrundbefristungen wie denen nach § 2 Abs. 2 WissZeitVG von Amts wegen zu berücksichtigen sind (*BAG* 8.6.2016 – 7 AZR 259/14 – Rn 32; *Maschmann/Konertz* NZA 2016, 252, 257; ausf. zu möglichen Fallgestaltungen *Mandler* OdW 2015, 217, 219 ff.).

Mit dem »**personenbezogenen Sonderbefristungstatbestand**« (*Preis/Hausch* NJW 2002, 928) haben sich auch die früheren unionsrechtlichen Probleme der Befristung von Lektoren als Untergruppe der Lehrkräfte für besondere Aufgaben (§ 56 HRG; vgl. dazu *Hänlein* NZA 1999, 513 ff.) erledigt. Mit dem Höchstbefristungsansatz erübrigen sich weitere Überlegungen, da Lektoren, gleichgültig ob sie aus EU- oder Nicht-EU-Staaten stammen, bei Beschäftigung in Daueraufgaben nunmehr unbefristet zu beschäftigen sind (BT-Drucks. 14/6853 S. 31; s. Rdn 51).

2. Verfassungsrecht

22 Die Neuregelung der Befristung begegnet keinen verfassungsrechtlichen Bedenken. Das Bundesverfassungsgericht hat die Vereinbarkeit der alten Befristungsregelung nach §§ 57a ff. aF mit Art. 9 Abs. 3 GG ausdrücklich bejaht (*BVerfG* 24.4.1996 – 1 BvR 712/86 – EzA Art. 9 GG Nr. 61). Der Gesetzgeber hat den Hochschulen und Forschungseinrichtungen ein spezielles Arbeitsvertragsrecht anzubieten, das ihnen für die Auswahl, Förderung und Qualifizierung ausreichenden Spielraum belässt, zugleich aber auch dem wissenschaftlichen Nachwuchs transparente Strukturen bietet. Verfassungsrechtlich steht dem Gesetzgeber aus **Art. 5 Abs. 3 GG ein breiter Gestaltungsspielraum** zur Verfügung, der ihn nicht auf ein bestimmtes Konzept verpflichtet. Die erleichterten Befristungsmöglichkeiten berühren den Schutzbereich der Berufsfreiheit der wissenschaftlichen Mitarbeiter aus Art. 12 Abs. 1 GG. Das Grundrecht ist allerdings nicht in seiner Abwehrfunktion, sondern in seiner Schutzfunktion betroffen (BVerfG 15.11.2018 – 1 BvR 1572/17 –; APS-*Schmidt* § 1 Rn 38). Aus dieser folgt, dass ein **Mindestmaß an arbeitsrechtlichem Bestandsschutz** vorhanden sein muss. Bei dessen Ausgestaltung ist der Gesetzgeber grds. frei, ihm ist von Verfassungs wegen nicht vorgegeben, wie er diesen Mindestschutz bei Berücksichtigung der Wissenschaftsfreiheit und Berufsfreiheit wahrt (BVerfG 15.11.2018 – 1 BvR 1572/17 – Rn 20; APS-*Schmidt* § 1 Rn 38). Die Einschränkung der Gestaltungsfreiheit der Tarifvertragsparteien stellt einen Eingriff in die **Koalitionsfreiheit der Art. 9 Abs. 3 GG** dar. Schafft der Gesetzgeber im Interesse der Wissenschaftsfreiheit zu Gunsten der Hochschulen und wissenschaftlichen Einrichtungen Befristungsmöglichkeiten, so können diese im Rahmen der Verhältnismäßigkeit von bestehenden Tarifverträgen abweichen und sogar gegenüber künftigen Tarifverträgen Vorrang beanspruchen. Allerdings ist es nicht geboten, abweichende tarifliche Regelungen generell auszuschließen. Schließlich ist die Ausgestaltung des persönlichen Geltungsbereichs mit dem **Gleichheitssatz des Art. 3 Abs. 1 GG** vereinbar, weil die Besonderheiten des Hochschulbereichs für den erfassten Personenkreis berücksichtigt werden (*BAG* 14.2.1996 – 7 AZR 613/95 – BAGE 82, 173).

23 Danach ergeben sich für die Änderungen durch das WissZeitVG keine verfassungsrechtlichen Bedenken (s. bereits *Dieterich* S. 115 f.; sowie *Geis/Krause* Rn 9). Die gegen das neue Befristungsmodell angeführte **Kritik** mag aus wissenschaftsspezifischer Sichtweise (zB Begrenzung von Forschungsvorhaben in Zeitblöcken von je sechs Jahren, »Planwissenschaft«) strukturell berechtigt sein, **verfassungswidrige Ansatzpunkte** (zB Verletzung von Vertrauensschutz in »Projektkarrieren«) lassen sich daran nicht festmachen. Hinzuweisen ist dabei insbes. auf die über das WissZeitVG hinaus bestehende **Möglichkeit weiterer Sachgrundbefristungen auf Grundlage des TzBfG** (§ 1 Abs. 2 WissZeitVG; dazu bereits *Kersten* DÖD 2002, 686 ff. mwN).

24 Der zeitlich begrenzte Verzicht auf eine sachliche Begründung im Rahmen eines gestaffelten Befristungszeitraums von regelmäßig zweimal sechs Jahren gewährt den Hochschulen und Forschungseinrichtungen einen weitreichenden Gestaltungsfreiraum für ihre Personaldispositionen, womit der Förderungspflicht aus Art. 5 Abs. 3 GG gesetzlich entsprochen wurde. Die **Berufsfreiheit der wissenschaftlichen Mitarbeiter** aus Art. 12 Abs. 1 GG wird nicht dadurch verletzt, weil auf die Prüfung sachlicher Befristungsgründe innerhalb des Höchstbefristungszeitraums verzichtet wird (APS-*Schmidt* Rn 38). Funktionswidrige Befristungsketten sind anders als nach früherem alten Recht (s. Rdn 8) ausgeschlossen und gewährleisten einen ausreichenden Bestandsschutz. Die Höchstgrenze von regelmäßig zwölf oder fünfzehn Jahren befristeter Tätigkeit wird den kollidierenden Schutzbedürfnissen aus Art. 5 Abs. 3 und Art. 12 Abs. 1 GG gerecht (*Dörner* Befr. Arbeitsvertrag Rn 529).

25 Die **begrenzte Tariföffnung** in § 1 Abs. 1 S. 3 WissZeitVG für abweichende Regelungen verletzt weder die grundrechtlich gewährleistete Förderungspflicht des Staates zu Gunsten der Wissenschaftsfreiheit noch die Leitentscheidung des *BVerfG* (24.4.1996 EzA Art. 9 GG Nr. 61). Vielmehr macht sich der Gesetzgeber in einem Teilbereich der Regelung die besondere Sachnähe und den Sachverstand der Tarifvertragsparteien nutzbar (so zusammenfassend *Dieterich/Preis* S. 117; ebenso *Lakies* ZTR 2002, 251 f.; *ders.* DB 1997, 1078 ff.; *Dörner* Befr. Arbeitsvertrag Rn 541; vgl. auch BT-Drucks. 14/6853 S. 20).

3. Gesetzgebungskompetenz

Der Bund hat nach Art. 74 Nr. 12 GG die **konkurrierende Gesetzgebungskompetenz** für das 26
Arbeitsrecht. Die Regelung der Zulässigkeitsvoraussetzungen befristeter Arbeitsverhältnisse steht im Zusammenhang mit dem Kündigungsschutz und ist damit eine **arbeitsrechtliche Materie**. Daher kann sich der Bundesgesetzgeber zu Recht auf Art. 74 Nr. 12 GG stützen (BT-Drucks. 14/6853 S. 21; *BVerfG* 24.4.1996 – 1 BvR 712/86 – EzA Art. 9 GG Nr. 61; *BAG* 19.3.2008 – 7 AZR 1100/06 – BAGE 126, 211; so bereits zum HRG *BAG* 14.2.1996 – 7 AZR 613/95 – BAGE 82, 173).

B. Grundsatz

Die Vorschrift des § 1 WissZeitVG knüpft an die Vorgängerregelung des § 57a HRG aF. § 1 Abs. 1 27
WissZeitVG an. Sie bestimmt den **Geltungsbereich** des Gesetzes für Bildungseinrichtungen, bei denen es sich nach Landesrecht um **staatliche oder staatlich anerkannte Hochschulen** handelt. Abweichend von der Vorgängerregelung verzichtet die Regelung darauf, für den persönlichen Geltungsbereich bestimmte Personalkategorien zu benennen, sondern belässt es bei dem allgemeinen Oberbegriff des **wissenschaftlichen und künstlerischen Personals**. Damit wird der durch die Föderalismusreform geschaffenen Gesetzgebungszuständigkeit der Länder für die Personalstrukturen an den Hochschulen Rechnung getragen (s. Rdn 35).

§ 1 Abs. 1 S. 2 und S. 3 WissZeitVG führen die bisherige Regelung in § 57a Abs. 1 S. 2 und 3 28
HRG aF über das Grundprinzip des **zweiseitig zwingenden Gesetzesrechts** fort, das lediglich für die in § 2 Abs. 1 WissZeitVG genannten Fristen in begrenztem Umfang eine abweichende tarifvertragliche Regelung zulässt – **beschränkte Tariföffnungsklausel** (BT-Drucks. 16/3438 S. 10).

§ 1 Abs. 2 WissZeitVG zeigt die **Personalhoheit der Hochschulen** auf, auch unbefristete oder nach 29
Maßgabe des TzBfG befristete Arbeitsverhältnisse zu vereinbaren. Das entspricht den Vorgängerregelungen in § 57a Abs. 2 und § 57b Abs. 2 S. 3 HRG aF, wobei im Hinblick auf den eigenständigen Befristungsgrund der Drittmittelforschung der Passus »nach Ausschöpfung der nach diesem Gesetz zulässigen Befristungsdauer« in § 57b Abs. 2 S. 3 HRG aF entbehrlich ist (BT-Drucks. 16/3438 S. 11).

C. Geltungsbereich

I. Betrieblicher Geltungsbereich

Das Gesetz legt in § 1 Abs. 1 S. 1 WissZeitVG fest, an welchen Bildungseinrichtungen die Befris- 30
tungsvorschriften gelten. Danach gelten die §§ 2 und 3 für den Abschluss von befristeten Arbeitsverträgen an Einrichtungen des Bildungswesens, die nach Landesrecht staatliche Hochschulen sind (vgl. *BAG* 24.2.2016 – 7 AZR 182/14 – Rn 27; 1.6.2011 – 7 AZR 827/09 – BAGE 138, 91, Rn 18). Dieser Anwendungsbereich wird über § 4 WissZeitVG auf die staatlich anerkannten Hochschulen erstreckt (dazu s. KR-*Treber/Waskow* § 4 WissZeitVG Rdn 2). Maßgebend im Rahmen der hiesigen Regelung sind die einschlägigen landesgesetzlichen Bestimmungen (iE aufgeführt bei *Preis/Ulber* Rn 2, sowie dort in den Anhängen Rn 3 ff.). Die Länder legen in ihren Landeshochschulgesetzen die staatlichen Hochschulen enumerativ fest. Dabei werden auch die einzelnen Hochschularten bestimmt, wie sie noch in § 1 HRG des insoweit unveränderten Hochschulrahmengesetzes nicht abschließend aufgeführt werden: Es sind dies neben den Universitäten die Pädagogischen Hochschulen, die Kunsthochschulen, die Fachhochschulen und – als Generalklausel – die sonstigen Einrichtungen des Bildungswesens, die staatliche Hochschulen sind. Allein die Trägerschaft eines Landes für eine Hochschule (staatliche Hochschule im materiellen Sinn) führt noch nicht zur Anwendung des Gesetzes. Es muss sich vielmehr formal um eine staatlich anerkannte Hochschule handeln (*Preis/Ulber* Rn 5). Für andere private Hochschulen verbleibt es bei der Anwendung des TzBfG (APS-*Schmidt* Rn 10). Denkbare sachliche Befristungsgründe können sich hier aus § 14 Abs. 1 Nr. 5 TzBfG (Erprobung) oder § 14 Abs. 1 Nr. 4 TzBfG (Eigenart der Arbeitsleistung) ergeben (*Thüsing* ZTR 2003, 544, 546).

31 Einrichtungen des Bildungswesens, die **nach Landesrecht** nicht staatliche Hochschulen sind, können nach näherer Bestimmung des Landesrechts die Eigenschaft einer **staatlich anerkannten** Hochschule erhalten (§ 70 HRG; vgl. *LAG SchlH* 21.3.2002 PersonalR 2002, 525, für ein »An-Institut«). Sie werden über § 4 erfasst (s. KR-*Treber/Waskow* § 4 WissZeitVG Rdn 1).

32 Voraussetzung der Anwendbarkeit der §§ 2, 3 WissZeitVG auf befristete Arbeitsverträge ist nicht, dass die staatliche Hochschule selbst Vertragsarbeitgeber ist (BAG 24.2.2016 – 7 AZR 182/14 – Rn 27; 29.4.2015 – 7 AZR 519/13 – Rn 16; APS-*Schmidt* Rn 10). Ausreichend ist es auch, wenn der Arbeitsvertrag mit dem Land geschlossen ist und danach der Beschäftigte an der Einrichtung bestimmungsgemäß tätig werden soll (*BAG* 30.8.2017 – 7 AZR 524/15 – Rn 15). Zu differenzieren ist hinsichtlich des Personals an **rechtlich verselbstständigten Universitätskliniken**, die keinen eigenen Forschungsbetrieb unterhalten. Grundsätzlich gilt hier nicht das WissZeitVG, sondern das ÄArbVtrG (weitergehend AR-*Löwisch* Rn 6, der die zwingende rechtliche Verbindung mit den Universitäten anführt; s.a. *Mandler/Meißner* OdW 2016, 33, 34). Das kann sich schon daraus ergeben, dass die Kliniken keine staatlichen Hochschulen nach dem jeweiligen Landesrecht (staatliche Hochschulen im formellen Sinn) sind. Ein anderes gilt, wenn der Beschäftigte in einem Anstellungsverhältnis an der betreffenden Universität oder beim Land verbleibt und – zusätzlich – als wissenschaftlicher Mitarbeiter tätig ist (dazu s. Rdn 48 ff.). Dann wird wiederum die Anwendung des WissZeitVG ermöglicht (DDZ-*Nebe* Rn 3; *Preis/Ulber* Rn 7; ErfK-*Müller-Glöge* Rn 9).

II. Erfasster Personenkreis

1. Grundsatz

33 Der **personelle Anwendungsbereich** des Gesetzes wird durch die Regelungen in den §§ 1 Abs. 1 S. 1, 4 und 5 WissZeitVG im Einzelnen **eigenständig und abschließend bestimmt**, ohne dass es auf die Begriffsbezeichnungen oder die Zuordnungsbestimmungen nach den landeshochschulrechtlichen Regelungen ankommt (zuletzt *BAG* 21.3.2018 – 7 AZR 437/16; 30.8.2017 – 7 AZR 524/15; vgl. *Mandler/Meißner* OdW 2016, 127, 129 ff.). Nach § 1 Abs. 1 S. 1 WissZeitVG gilt das Befristungsrecht der §§ 2 und 3 WissZeitVG für das **wissenschaftliche und künstlerische Personal mit Ausnahme der Hochschullehrer**. Die Herausnahme der Hochschullehrer erfolgt nur für die staatlichen Hochschulen iSd § 1 Abs. 1 S. 1 WissZeitVG, nicht jedoch für die staatlich anerkannten Hochschulen nach § 4 WissZeitVG und die Forschungseinrichtungen iSd § 5 WissZeitVG (s. KR-*Treber/Waskow* § 4 WissZeitVG Rdn 1, § 5 WissZeitVG Rdn 12).

34 Das WissZeitVG verzichtet damit auf die Festlegung von bestimmten Personalkategorien, wie es noch in der Vorgängerregelung des § 57a Abs. 1 HRG aF – unter Anknüpfung an § 53 HRG – der Fall war, und belässt es bei dem Oberbegriff des wissenschaftlichen und künstlerischen Personals. Im ursprünglichen Gesetzentwurf der Bundesregierung war noch die vormalige Nennung der wissenschaftlichen und künstlerischen Mitarbeiter sowie der wissenschaftlichen und künstlerischen Hilfskräfte enthalten (BT-Drucks. 16/3438 S. 5). Der **Verzicht auf nähere Festlegungen zur Personalstruktur** erfolgte erst im laufenden Gesetzgebungsverfahren (vgl. BT-Drucks. 16/4043 S. 5, 9). Anlass war die mit Inkrafttreten der Föderalismusreform auf die Länder übergegangene Gesetzgebungsbefugnis zur Gestaltung der Personalstruktur, denen es nunmehr möglich ist, abweichend von den Festlegungen in den §§ 42 ff. HRG eigene Personalkategorien festzulegen. Deshalb soll das WissZeitVG Begrifflichkeiten vermeiden, die zwar denjenigen des bestehenden HRG entsprechen, »jedoch einer zukünftigen Fortentwicklung in den Ländern entgegenstehen könnten« (BT-Drucks. 16/4043 S. 9).

35 Dieser »Verzicht« des Bundesgesetzgebers bedeutet **nicht**, dass den **Ländern** vorrangig die Kompetenz zukommt, den **Anwendungsbereich des WissZeitVG festzulegen**. Deren Gesetzgebungskompetenz bei der Ausgestaltung der Hochschulpersonalstruktur führt nicht dazu, dass vermittelt über die landesgesetzlichen Bestimmungen, die festlegen, wer an nach Landesrecht staatlichen Hochschulen das wissenschaftliche und künstlerische Personal darstellt, zugleich der persönliche Anwendungsbereich des WissZeitVG erweitert werden könnte (*BAG*

29.4.2015 – 7 AZR 519/13; 1.6.2011 – 7 AZR 827/09 – BAGE 138, 91, Rn 26 bis 31 m. Anm. *Müller* NZA-RR 2012, 10; *Preis/Ulber* Rn 10; *Geis/Krause* Rn 6 ff.; *Preis/Ulber* FS Otto, S. 393, 395 ff.; APS-*Schmidt* Rn 6; *Wiedemann* FS Otto, S. 618; ähnlich DDZ-*Nebe* Rn 4; aA *Löwisch* NZA 2007, 479; AR-*Löwisch* Rn 1; *Rambach/Feldmann* ZTR 2009, 286). Damit würde die vorrangige Gesetzgebungszuständigkeit des Bundes für das Hochschulbefristungsrecht nach Art. 74 Abs. 1 Nr. 12 GG übersehen (*Preis/Ulber* Rn 10; APS-*Schmidt* Rn 14; s.a. Rdn 26). Davon hat der Bundesgesetzgeber mit dem WissZeitVG und der darin vorgesehenen Personalkategorie des wissenschaftlichen und künstlerischen Personals abschließend Gebrauch gemacht. Der **personelle Anwendungsbereich** wird durch das WissZeitVG **materiell und abschließend** bestimmt (ausf. BAG 1.6.2011 – 7 AZR 827/09 – BAGE 138, 91, Rn 26 bis 31; bestätigt in BAG 9.12.2015 – 7 AZR 117/14 –; 29.4.2015 – 7 AZR 519/13 –). Die Einfügung des neuen § 6 WissZeitVG mit der Personalkategorie der studentischen Hilfskräfte hat hieran nichts geändert. Dadurch, dass § 1 Abs. 1 Satz 1 WissZeitVG nicht nur auf die §§ 2 und 3 WissZeitVG, sondern auch auf den durch die Novellierung im Jahr 2016 neu eingefügten § 6 WissZeitVG verweist, hat der Gesetzgeber klargestellt, dass auch die unter die Befristungsmöglichkeit nach § 6 WissZeitVG fallenden Studierenden zum wissenschaftlichen oder künstlerischen Personal im Sinne des § 1 Abs. 1 Satz 1 WissZeitVG zählen (*Maschmann/Konertz* NZA 2016, 257, 266). Es liegt eine auf Tätigkeit und Status bezogene Regelung vor (*Preis/Ulber* Rn 10). Auch **Juniorprofessoren** an einer nach Landesrecht staatlich anerkannten Hochschule sind nicht vom Anwendungsbereich des WissZeitVG nach § 1 Abs. 1 Satz 1 ausgeschlossen; diese zählen zum wissenschaftlichen Personal iSv. § 4 S 1 WissZeitVG und unterfallen damit dem personellen Geltungsbereich. § 4 Satz 1 WissZeitVG verweist hinsichtlich des personellen Geltungsbereichs nicht auf § 1 Abs. 1 Satz 1 WissZeitVG, sondern bestimmt den personellen Geltungsbereich für das Personal an staatlich anerkannten Hochschulen eigenständig (BAG 23.10.2019 – 7 AZR 7/18 – BAGE 168, 218, Rn 14). Anderes wird für die Personalkategorie der **angestellten Professoren** angenommen; hier soll es bei der Gesetzgebungskompetenz der Länder verbleiben (BAG 11.9.2013 – 7 AZR 843/11 – BAGE 146, 48; dazu *Wahlers* ZTR 2014, 257 ff.; *Geis/Krause* Rn 12 ff.). Im Schrifttum wird allerdings angezweifelt, ob der Landesgesetzgeber befugt ist, die Voraussetzungen einer Befristung von angestellten Hochschulprofessoren zu regeln, weil sich aus § 23 TzBfG ergebe, der Bundesgesetzgeber habe keine abschließende Regelung treffen wollen (so BAG 11.9.2013 – 7 AZR 843/11 – BAGE 146, 48, Rn 17 ff). Eingewandt wird, dass im Gesetzgebungsverfahren entgegen dem Wunsch der Länder gerade keine Regelungsmöglichkeit für das vom WissZeitVG nicht erfasste Personal aufgenommen wurde (*Gronemeyer* RdA 2016, 24, 26 f.; *Preis/Ulber* Rn 67 f.). Eine Befugnis des Landesgesetzgebers, hiervon abweichende Festlegungen der maßgebenden Personengruppen in den betreffenden Landesgesetzen treffen zu können, könne dem Gesetz nicht entnommen werden (näher *Preis/Ulber* Rn 68 mwN).

Eine solche materielle Sichtweise, wer **wissenschaftliches und künstlerisches Personal** iSd einschlägigen Hochschulbefristungsrechts ist, lag auch den Regelungen des bisherigen Befristungsrechts der §§ 57a bis 57 f HRG aF zugrunde. Deshalb konnte der Landesgesetzgeber den für das Befristungsrecht des § 57a HRG aF maßgebenden Begriff des wissenschaftlichen Mitarbeiters iSd § 53 HRG nicht dadurch erweitern, dass er andere Tätigkeiten den wissenschaftlichen Dienstleistungen eines wissenschaftlichen Mitarbeiters iSd Landesrechts gleichstellte (BAG 28.1.1998 EzA § 620 BGB Hochschulen Nr. 15). Entsprechendes gilt nunmehr für den personellen Anwendungsbereichs des WissZeitVG. 36

Dessen ungeachtet liegt es in der **Gesetzgebungsbefugnis der Länder, eigene Personalkategorien** des wissenschaftlichen und künstlerischen Personals zu bestimmen und näher auszugestalten (*Lindner* NVwZ 2007, 181; *Preis/Ulber* Rn 11; APS-*Schmidt* Rn 11; ähnlich *Geis/Krause* Rn 9). Durch die Verwendung des Oberbegriffs im WissZeitVG können jedenfalls zukünftig inkongruente Begrifflichkeiten zwischen Bundes- und Landesrecht vermieden werden (zur Vielzahl der bestehenden »Mitarbeitertypen in den Bundesländern« vgl. die Übersicht bei *Preis/Ulber* Anh. 2, sowie die dort in den Anhängen 3 ff. abgedruckten landesrechtlichen Bestimmungen). Für die Anwendung 37 des WissZeitVG bleibt es bei einer materiellen Sichtweise, also ob wissenschaftliche oder künstlerische Tätigkeiten zu erbringen sind (*Preis/Ulber* Rn 11; APS-*Schmidt* Rn 11; aA *Löwisch* NZA 2007, 479).

2. Wissenschaftliches und künstlerisches Personal

38 Der **Begriff des wissenschaftlichen und künstlerischen Personals** wird im WissZeitVG nicht näher bestimmt. Die Gesetzgebungsgeschichte zeigt, dass das gesamte an den Hochschulen beschäftigte wissenschaftliche und künstlerische Personal mit Ausnahme der Hochschullehrer erfasst werden soll. Die Begrenzung auf die Personalkategorien der wissenschaftlichen und künstlerischen Mitarbeiter und Hilfskräfte, die § 57a HRG aF kannte ist entfallen (vgl. BT-Drucks. 16/4043 S. 9; s.a. Rdn 13). Das WissZeitVG sollte hinsichtlich der Personalgruppen »entwicklungsoffen« gestaltet werden. Gleichwohl kann auf **bisherige Anknüpfungspunkte zurückgegriffen** werden (*Preis/Ulber* Rn 16). Bereits § 57d HRG aF enthielt wie jetzt § 5 WissZeitVG den Begriff des »wissenschaftlichen Personals«. Zu diesem gehörten die wissenschaftlichen Mitarbeiter und Hilfskräfte, studentische Hilfskräfte (jetzt § 6 WissZeitVG) und auch das wissenschaftliche Leitungspersonal (*Preis/Ulber* Rn 13). Letztere sind vom personellen Geltungsbereich des § 1 Abs. 1 WissZeitVG ausgenommen (s. Rdn 46 ff.). Erfasst werden demnach mit Ausnahme der Hochschullehrer diejenigen Beschäftigten, die wissenschaftliche oder künstlerische Dienstleistungen erbringen. Dabei ist nicht die formelle Bezeichnung der Tätigkeit maßgebend, sondern deren wissenschaftlicher Zuschnitt (*BAG* 21.3.2018 – 7 AZR 437/16). Auf die Bezeichnung nach Landesrecht kommt es dabei nicht entscheidend an (s. Rdn 35), doch gehen die Landesgesetze auch vom Begriff der »wissenschaftlichen Dienstleistung« aus und konkretisieren ihn teilweise dahingehend, dass diese »in Forschung und Lehre« zu erbringen sei (Zusammenstellung bei *Raab* S. 31 f.).

39 **Wissenschaftliche Tätigkeit** wird geprägt durch selbstständige, schöpferische Forschung einschließlich der dazu erforderlichen Vorbereitungsarbeiten. Wissenschaftliche Tätigkeit ist alles, was nach Inhalt und Form als ernsthafter, planmäßiger Versuch zur Ermittlung der Wahrheit anzusehen ist. Sie ist nach Aufgabenstellung und anzuwendender Arbeitsmethode darauf angelegt, neue Erkenntnisse zu gewinnen und zu verarbeiten, um den Erkenntnisstand der jeweiligen wissenschaftlichen Disziplin zu sichern oder zu erweitern (*BAG* 25.4.2018 – 7 AZR 82/16 – Rn 16; 30.8.2017 – 7 AZR 524/15 – Rn 18; 20.4.2016 – 7 AZR 657/14 – Rn 19; 9.12.2015 – 7 AZR 117/14 – BAGE 153, 365, Rn 30; 29.4.2015 – 7 AZR 519/13 – Rn 21 mwN; ausf. zur Wissenschaftlichkeit der Dienstleistung *Morgenroth* DÖD 2016, 43 ff., 61 ff.). Erforderlich ist eine eigene unmittelbare Einflussmöglichkeit auf das Forschungsergebnis. Zu den wissenschaftlichen Dienstleistungen zählt ebenso, den Studenten Fachwissen und praktische Fertigkeiten zu vermitteln und sie in der Anwendung wissenschaftlicher Methoden zu unterweisen (*BAG* 1.6.2011 – 7 AZR 827/09 – BAGE 138, 91). Die wissenschaftliche Lehrtätigkeit ist allerdings von einer unterrichtenden Lehrtätigkeit ohne Wissenschaftsbezug abzugrenzen (*BAG* 1.6.2011 – 7 AZR 827/09 – BAGE 138, 91). Zum **künstlerischen Personal** nach § 1 Abs. 1 Satz 1 WissZeitVG gehört derjenige Arbeitnehmer, der **künstlerische Dienstleistungen** erbringt. Das ist der Fall, wenn er zur Erfüllung der ihm vertraglich obliegenden Aufgaben schöpferisch-gestaltend Eindrücke, Erfahrungen und Erlebnisse durch das Medium einer bestimmen Formensprache unmittelbar zur Anschauung zu bringen hat (*BAG* 19.12.2018 – 7 AZR 79/17 – BAGE 164, 381, Rn 23; *Geis/Krause* Rn 22; ErfK/*Müller-Glöge* Rn 10b; *Preis/Ulber* Rn 52). Die Tätigkeit muss selbst das Merkmal des schöpferischen Gestaltens aufweisen (vgl. auch *BAG* 22.2.2001 – 6 AZR 398/99 – zu II 2 c der Gründe). Diese Anforderungen entsprechen dem Begriff der künstlerischen Betätigung iSv. Art. 5 Abs. 3 GG, die in der freien schöpferische Gestaltung besteht, in der Eindrücke, Erfahrungen und Erlebnisse des Künstlers durch das Medium einer bestimmten Formensprache zu unmittelbarer Anschauung gebracht werden. Alle künstlerische Tätigkeit ist ein Ineinander von bewussten und unbewussten Vorgängen, die rational nicht aufzulösen sind. Beim künstlerischen Schaffen wirken Intuition, Phantasie und Kunstverstand zusammen; es ist primär nicht Mitteilung, sondern Ausdruck und zwar unmittelbarster Ausdruck der individuellen Persönlichkeit des Künstlers (*BVerfG* 27.11.1990 – 1 BvR 402/87 – BVerfGE 83, 130, 138). Ein wissenschaftlich oder künstlerisch Beschäftigter zeichnet sich

dadurch aus, dass er weit überwiegend **zugeordnet oder in eigener Verantwortung wissenschaftliche oder künstlerische Dienstleistungen in Forschung und Lehre** erbringt, die zur Vorbereitung einer Promotion oder zur Erbringung zusätzlicher wissenschaftlicher Leistungen als auch dem Erwerb einer weiteren wissenschaftlichen Qualifikation förderlich sind.

Für die Beurteilung, ob die Tätigkeit eines Mitarbeiters insgesamt wissenschaftlich oder künstlerisch geprägt ist, kommt es grundsätzlich auf die **Umstände bei Vertragsschluss** an. Entscheidend ist, was von dem Arbeitnehmer nach den vertraglichen Vereinbarungen erwartet werden kann. Dabei kann auch auf eine Dienstaufgabenbeschreibung, ein erteiltes Arbeitszeugnis oder sonstige Umstände abzustellen sein. Die Parteien haben es also nicht selbst in der Hand, durch eine Modifizierung der vertraglichen Aufgaben den erforderlichen Wissenschafts- oder Kunstbezug nachträglich herbeizuführen oder zu beseitigen, aufgrund des nach objektiven Gesichtspunkten bei Vertragsschluss erwartet wird. Weder kann der Arbeitnehmer selbst der Befristung die Grundlage entziehen, indem er entgegen der vertraglichen Vereinbarungen keine wissenschaftlichen oder künstlerischen Dienstleistungen erbringt, noch kann der Arbeitgeber durch die Zuweisung wissenschaftlicher oder künstlerischer Tätigkeiten nach Vertragsschluss den personellen Anwendungsbereich des WissZeitVG nachträglich herbeiführen (*BAG* 19.12 2018 – 7 AZR 79/17 – BAGE 164, 381, Rn 25; 21.3.2018 – 7 AZR 437/16 – Rn 21; 30.8.2017 – 7 AZR 524/15 – Rn 20, BAGE 160, 117; 20.1.2016 – 7 AZR 376/14 – Rn 34). Die **tatsächliche Vertragsdurchführung** ist andererseits aber keineswegs unbeachtlich, denn häufig wird sich aus den vertraglichen Abreden wenig im Hinblick auf den geschuldeten Tätigkeitsinhalt ergeben. Dann lassen sich aus der praktischen Handhabung der Vertragsbeziehungen und ggf. aus einer bereits gelebten Vertragspraxis im Rahmen vorheriger Arbeitsverhältnisse oder sonstigen Umständen Rückschlüsse darauf ziehen, von welchen Rechten und Pflichten die Vertragsparteien bei Vertragsschluss ausgegangen sind, was sie also als vertraglich geschuldet angesehen haben (*BAG* 21.3.2018 – 7 AZR 437/16 – Rn 26). Bei den erforderlichen **wissenschaftlichen Dienstleistungen** als inhaltlichem Anknüpfungspunkt für die zu erbringende Tätigkeit handelte es sich regelmäßig um eine **weisungsabhängige** (ausf. *Raab* S. 32 f.). Diese Abhängigkeit wird gelockert. So sieht § 53 Abs. 1 S. 3 HRG vor, dass in begründeten Fällen den wissenschaftlichen Mitarbeitern auch die selbstständige Wahrnehmung von Aufgaben in Forschung und Lehre übertragen werden kann. Ihnen soll arbeitsvertraglich, neben der Vorbereitung einer Promotion, im Rahmen ihrer Dienstaufgaben ausreichend Gelegenheit zu eigener wissenschaftlicher Arbeit gegeben werden (§ 53 Abs. 2 HRG). Diese eigenständige Wahrnehmung steht der Erbringung von wissenschaftlichen Dienstleistungen nicht entgegen (*Geis/Krause* Rn 13; *Preis/Ulber* Rn 13; APS-*Schmidt* Rn 14).

Die wissenschaftlichen Dienstleistungen werden regelmäßig in Forschung und Lehre erbracht. Dabei kann es sich auch um die **Vermittlung von Fachwissen und praktischen Fähigkeiten** an Studierende und deren Unterweisung in der Anwendung wissenschaftlicher Methoden um eine wissenschaftliche Dienstleistung handeln (*BAG* 30.8.2017 – 7 AZR 524/15 – BAGE 160, 117; 9.12.2015 – 7 AZR 117/14 – BAGE 153, 365). In Abgrenzung zur unterrichtenden Tätigkeit ohne Wissenschaftsbezug ist es dann aber erforderlich, dass die Lehre auch auf der eigenen Forschungstätigkeit aufbaut, sich der Lehrende mit wissenschaftlichen Methoden und Inhalten eigenständig auseinandersetzt sowie diese auch Inhalt der Lehrveranstaltung sind (*Geis/Krause* Rn 18: Unterscheidung zwischen wissenschaftlicher Lehre und »bloßem Unterricht«; *Preis/Ulber* Rn 14; s.a. Rdn 39). Dabei ist es für die wissenschaftliche Lehre nicht notwendig, dass sich der Lehrende um eigene, neue wissenschaftliche Erkenntnisse bemüht; er kann auch die wissenschaftlichen Erkenntnisse Dritter vermitteln (st. Rspr., etwa *BAG* 21.3.2018 – 7 AZR 437/16; 20.4.2016 – 7 AZR 657/14 –; 29.4.2015 – 7 AZR 519/13 –). Bei der Gruppe der Lehrprofessuren wird dies regelmäßig anzunehmen sein. Fehlt es daran vollständig und konzentriert sich die Tätigkeit auf die reinen Lehraufgaben, was insbes. dann anzunehmen ist, wenn die Lehr- der Arbeitszeit entspricht und die Möglichkeit zu eigenständiger Forschung und Reflexion nicht besteht, kann nicht mehr von einer wissenschaftlichen Dienstleistung ausgegangen werden (*BAG* 21.3.2018 – 7 AZR 437/16; APS-*Schmidt* Rn 14; *Preis/Ulber* Rn 14; *LAG BW* 24.2.2014 LAGE § 2 WissZeitVG Nr. 2). Das kann etwa bei einem ausschließlich mit Lehraufgaben beauftragten **Lecturer** oder einer Lehrkraft für besondere Aufgaben der Fall sein (*BAG* 1.6.2011 – 7 AZR 827/09 – BAGE 138, 91; *Preis/Ulber* Anm. zu AP Nr. 1 zu § 1 WissZeitVG). Allein die Nutzung wissenschaftlicher Einrichtungen außerhalb der Dienstzeit ist jedenfalls nicht ausreichend (*BAG* 20.4.2016 – 7 AZR 657/14 –; 29.4.2015 – 7 AZR 519/13 –).

42 Inwieweit das **Personal mit überwiegend lehrbezogenen Aufgaben** vom Anwendungsbereich des WissZeitVG erfasst wird und damit deren Arbeitsverhältnisse auf Grundlage des Gesetzes befristet werden können, ist seit einer Entscheidung des Siebten Senats des BAG aus dem Jahr 2011 (*BAG* 1.6.2011 – 7 AZR 827/09 – BAGE 138, 91; dazu *O. Müller* NZA-RR 2012, 10 f.; *Preis/Ulber* Anm. zu AP Nr. 1 zu § 1 WissZeitVG; ausf. *Raab* S. 50 f., 52 ff., 61 ff.) nicht nur Gegenstand instanzgerichtlicher Entscheidungen (ausf. Zusammenstellung bei *Raab* S. 52 ff.). Die dabei erforderliche **Prüfung muss jeweils tätigkeitsbezogen erfolgen**. Maßstab ist vor allem, ob einem Lehrenden hinreichender Freiraum zur eigenen Forschung verbleibt oder eine bloße Vermittlung praktischer Fähigkeiten und Fertigkeiten im Sinne einer Wiedergabe von gesicherten und damit vorgegebenen Inhalten darstellt (*BAG* 28.9.2016 EzA § 620 BGB 2002 Hochschulen Nr. 24; 20.4.2016 – 7 AZR 657/14 –; 20.1.2016 – 7 AZR 376/14 –; 1.6.2011 – 7 AZR 827/09 – BAGE 138, 91). Auch die zumeist erbrachten wissenschaftlichen Unterstützungsleistungen können nicht ohne Berücksichtigung bleiben (s. *Geis/Krause* Rn 15 f.). Dem steht das Qualifizierungsziel als Beschäftigungszweck nicht entgegen (ausf. *Raab* S. 68 ff., 102 ff. unter Hinw. auf *BVerfG* 24.4.1996 BVerfGE 94, 268, 286 = EzA Art. 9 GG Nr. 61). Auch zur **künstlerischen Dienstleistung kann eine Lehrtätigkeit gehören**. Dies gilt nicht nur für die Vermittlung des interpretatorischen Zugangs zu Kunstwerken, sondern auch für eine Lehrtätigkeit, mit der die Studierenden unmittelbar selbst zu schöpferisch-gestaltendem Wirken befähigt werden sollen. Einbezogen ist auch die Vermittlung künstlerisch-praktischer Fertigkeiten oder das Unterrichten in der Anwendung künstlerischer Formen und Ausdrucksmittel (*BAG* 19.12.2018 – 7 AZR 79/17 – BAGE 164, 381 Rn 24; Geis/Krause Rn 22; APS-*Schmidt* Rn 14).

43 Die wissenschaftlichen Dienstleistungen sind von der Erbringung der für die Organisation einer Hochschule oder einer ihrer Einrichtungen notwendigen **Verwaltungsarbeit abzugrenzen**, die keine wissenschaftliche Dienstleistung darstellt (*BAG* 24.2.2016 EzA § 620 BGB 2002 Hochschulen Nr. 16; 28.1.1998 EzA § 620 BGB Hochschulen Nr. 15; *Lakies* ZTR 2002, 252; APS-*Schmidt* Rn 16; s.a. *BAG* 8.6.2005 EzBAT BAT § 3 Buchst. g Nr. 13). Während für die Daueraufgabe der Hochschule, Forschung und Lehre zu betreiben, das Sonderbefristungsrecht im Interesse der Nachwuchs- und Qualifikationsförderung zu einem ständigen Personalaustausch führen soll, kann dies nicht für Hochschulmitarbeiter gelten, die für die organisatorischen Grundlagen (zB in der Verwaltung und Technik) zuständig sind, auf denen Wissenschaft und Forschung überhaupt erst betrieben werden können. Hier verbleibt es bei den allgemeinen Befristungsregelungen.

44 Um das Sonderbefristungsrecht des WissZeitVG in Anspruch nehmen zu können, müssen bei einer **Mischtätigkeit** von wissenschaftlichen Dienstleistungen und organisatorischem Zuarbeiten Erstere überwiegen und der Gesamttätigkeit das Gepräge geben (*BAG* 8.6.2016 – 7 AZR 568/14 – EzA § 620 BGB Hochschulen 2002 Nr. 23). Bei einem funktionswidrigen Einsatz des Beschäftigten kann das WissZeitVG zur Begründung der Befristung nicht herangezogen werden (*Dörner* Befr. Arbeitsvertrag Rn 535; APS-*Schmidt* Rn 17). Maßgebend ist der Zeitpunkt des Vertragsschlusses (zum Prognoseerfordernis KR-*Lipke/Bubach* § 14 TzBfG Rdn 121).

45 Zum wissenschaftlichen Personal gehören die **wissenschaftlichen Hilfskräfte**. Sie erbringen – wie nach dem früheren Recht – wissenschaftliche Dienstleistungen (s.a. § 57b Abs. 4 iVm § 57b Abs. 2 Nr. 1 HRG aF). Da sich die Aufgabenstellung häufig nicht von der wissenschaftlicher Mitarbeiter unterscheidet (*Buchner* RdA 1985, 258, 264; *Sill-Gorny* ZTR 1997, 399) nimmt die Rechtsprechung in Anknüpfung an eine Stellungnahme des Bundesrates (BR-Drs. 402/84 S. 4) an, dass ein befristeter Arbeitsvertrag mit einer wissenschaftlichen Hilfskraft vorliege, wenn diese »nebenberuflich«, dh mit einer vertraglichen **Arbeitszeit von weniger als der Hälfte der tariflichen regelmäßigen Arbeitszeit** an der Hochschule tätig werde (*BAG* 20.9.1995 – 7 AZR 78/95 – EzA § 620 BGB Nr. 137; APS-*Schmidt* Rn 19; *Raab* S. 42 ff.). Dabei können als wissenschaftliche Hilfskräfte

auch Studenten vor Abschluss ihres Studiums beschäftigt werden. Maßgebend ist die Aufgabenstellung. Sie erbringen Dienstleistungen in Forschung und Lehre und werden typischerweise (auch) zu ihrer eigenen Qualifizierung beschäftigt. Mit der vorgenommenen **Gleichstellung wissenschaftlicher Mitarbeiter und wissenschaftlicher Hilfskräfte** gelingt es, »funktionswidrige Befristungsketten« zurückzufahren. Für die Hochschulen sind wissenschaftliche Hilfskräfte von besonderem Wert. Sie erbringen für die universitäre Lehre unverzichtbare Dienste und können unabhängig von ordentlichen Planstellen aus zusätzlichen Finanzmitteln vergütet werden. Wenn die Beschäftigung als wissenschaftliche Hilfskraft auch der eigenen Qualifizierung dient, besteht kein Anlass, sie arbeitsrechtlich anders als wissenschaftliche Mitarbeiter zu behandeln. Die **Personalkategorie** der **studentischen Hilfskraft**, die nach § 1 Abs. 1 WissZeitVG grds. zum wissenschaftlichen Personal zählt, ist seit der Änderung des WissZeitVG 2016 wieder (vgl. § 57e HRG aF) eigenständig in § 6 WissZeitVG geregelt (Rdn 21, KR-*Treber/Waskow* WissZeitVG § 6 Rdn 5 ff.). Diese erbringen wissenschaftliche Hilfstätigkeiten; auf diese kann daher der Begriff der wissenschaftlichen Dienstleistung iSv. § 1 WissZeitVG nicht vollständig übertragen werden.

3. Hochschullehrer und Hochschullehrerinnen

Das WissZeitVG gilt – mit Ausnahme der §§ 4 und 5 WissZeitVG (s. KR-*Treber/Waskow* § 4 WissZeitVG Rdn 1, KR-*Treber/Waskow* § 5 WissZeitVG Rdn 12) – grds. **nicht für Hochschullehrer**. Hierzu gehören auch die **Juniorprofessoren an staatlichen Hochschulen**, da sie gem. § 42 S. 1 HRG zur Gruppe der Hochschullehrer zählen (*Preis/Ulber* Rn 3; APS-*Schmidt* Rn 18). Zwar kann nach § 50 Abs. 4 HRG mit Hochschullehrern ein befristetes Angestelltenverhältnis begründet werden. Vom Wortlaut des § 1 Abs. 1 S. 1 WissZeitVG wird dieser Personenkreis jedoch nicht erfasst. Daher kann mit diesem Personenkreis entweder ein befristetes Arbeitsverhältnis nur nach den Bestimmungen des TzBfG geschlossen werden (ErfK-*Müller-Glöge* Rn 10) oder auf Grundlage einer landesgesetzlichen Regelung zur Befristung von (Junior-)Professoren. Das *BAG* (11.9.2013 – 7 AZR 843/11 – BAGE 146, 48; zust. *Wahlers* ZTR 2014, 257 ff.; weiterhin *Boemke* jurisPR-ArbR 11/2014 Anm. 4; bereits zuvor *Lenk* WissR 42 [2009] 50 ff.; *Löwisch* NZA 2007, 480; aA *Preis/Ulber* Rn 33) hat angenommen, weder nach den §§ 57 ff. HRG aF noch insbes. aufgrund von § 23 TzBfG könne davon ausgegangen werden, der Gesetzgeber habe das gesamte Befristungsrecht abschließend kodifizieren wollen. Die Vorschrift, die zunächst vor allem bundesgesetzliche Regelungen erfasst, schließe auch Befristungen nach Landesrecht »nicht vollständig« aus. Aus dem HRG und vor allem seiner historischen Entwicklung sei ableitbar, dass der Bundesgesetzgeber den Ländern die Möglichkeit abweichender Regelungen belassen wollte. Das gilt dann ebenso für den Fall, dass eine Vertretungsprofessur übertragen wird und landesrechtliche Bestimmungen hierzu nicht ausschließlich ein **öffentlich-rechtliches Dienstverhältnis** eigener Art vorsehen (zB in Mecklenburg-Vorpommern, Niedersachen, Thüringen; vgl. hierzu *BAG* 25.2.2004 – 5 AZR 62/03 – EzBAT § 4 BAT Nr. 10). Ein **Juniorprofessor an einer nach Landesrecht staatlich anerkannten privaten Hochschule** hingegen zählt zum wissenschaftlichen Personal iSv. § 4 Satz 1 WissZeitVG und unterfällt dem personellen Geltungsbereich des Gesetzes. Dieser ist nicht vom Anwendungsbereich des WissZeitVG nach § 1 Abs. 1 Satz 1 ausgeschlossen. § 4 Satz 1 WissZeitVG verweist hinsichtlich des personellen Geltungsbereichs nicht auf § 1 Abs. 1 Satz 1 WissZeitVG, sondern bestimmt den personellen Geltungsbereich für das Personal an staatlich anerkannten Hochschulen eigenständig (*BAG* 23.10.2019 – 7 AZR 7/18 – BAGE 168, 218, Rn 14; s.a. KR-*Treber/Waskow* § 4 WissZeitVG Rdn 1).

Juniorprofessoren an staatlichen Hochschulen können nach § 48 HRG in einem **zweiphasigen Dienstverhältnis**, das insgesamt nicht mehr als sechs Jahre betragen soll, beschäftigt werden. Mit Ablauf der ersten Phase soll eine Evaluation darüber entscheiden, ob sich eine zweite Phase anschließt oder im Fall der Nichtbewährung der Juniorprofessor – spätestens nach einer Auslaufphase von einem Jahr – auszuscheiden hat. Die **Dauer der einzelnen Zeitphasen** regelt das **Landesrecht**, ebenso die Voraussetzungen weiterer Verlängerungstatbestände (BT-Drucks. 15/4132 S. 16). Juniorprofessorinnen und Juniorprofessoren können zu Beamten auf Zeit (§ 48 Abs. 2 HRG) berufen werden oder sind in einem befristeten Angestelltenverhältnis zu beschäftigen

(§ 50 Abs. 4 HRG). Die der Gruppe der Hochschullehrer angehörenden Juniorprofessoren und Juniorprofessorinnen (zur korporationsrechtlichen Stellung der Juniorprofessoren vgl. *Plander/ Hoins* ZTR 2003, 328), die im Regelfall ihre besondere Befähigung zu wissenschaftlicher Arbeit bereits durch die herausragende Qualität ihrer Promotion nachgewiesen haben, sind keinem bestimmten Lehrstuhl, sondern nur noch einem Fachbereich zugeordnet und vertreten ihr Fach in Forschung und Lehre selbstständig (*v. Kalm* WissR 2002, 76 f.). Die Befristungshöchstdauer nach § 2 Abs. 1 WissZeitVG soll vor Einstellung in eine Juniorprofessur nicht überschritten sein (vgl. § 47 S. 2–4 HRG).

4. Sonstiges Hochschulpersonal

a) Personal mit ärztlichen Aufgaben

48 Das WissZeitVG gilt auch für **wissenschaftlich arbeitendes ärztliches Personal**. Hauptberuflich an der Hochschule tätige Personen mit ärztlichen, zahnärztlichen oder tierärztlichen Aufgaben, die allein oder überwiegend in der Krankenversorgung tätig sind, zählen weder zur Gruppe der Hochschullehrer noch zu dem Kreis des wissenschaftlichen Personals (BT-Drucks. 15/4132 S. 18). Sie wurden bislang in § 54 HRG aF den wissenschaftlichen Mitarbeitern und Mitarbeiterinnen dienst- und mitgliedschaftsrechtlich gleichgestellt. Die Entscheidung darüber bleibt nach der ersatzlosen Streichung von § 54 HRG aF (vgl. BT-Drucks. 14/6853 S. 23 f., 30) künftig dem **Landesrecht** überlassen (ErfK-*Müller-Glöge* Rn 12). Soweit Hochschulkliniken auch zukünftig Teil der Hochschulen sind, können die Länder an der bisherigen mitgliedschaftsrechtlichen Gleichstellung mit wissenschaftlichen Mitarbeitern festhalten oder aber auch eine eigene Mitgliedergruppe bilden.

49 Die klassische ärztliche Tätigkeit der Krankenversorgung ist grds. keine wissenschaftliche Tätigkeit, da sie sich nicht von der eines niedergelassenen Arztes oder Krankenhausarztes unterscheidet. Allerdings bestimmt **§ 53 Abs. 1 S. 2 HRG**, dass im Bereich der Medizin zu **wissenschaftlichen Dienstleistungen auch Tätigkeiten der Krankenversorgung** gehören und diesen gleichgestellt sind. Daher kann Personal mit ärztlichen Aufgaben (Ärzte, Zahnärzte und Tierärzte), das eine Facharztqualifikation anstrebt, an der Hochschule als wissenschaftlicher Mitarbeiter beschäftigt werden (LS-*Schlachter* Anh. 2 § 1 WissZeitVG Rn 5). Dann bedarf es keiner Sonderregelung, da hierfür innerhalb der in § 2 Abs. 1 WissZeitVG bezeichneten Grenzen maximal zwölf Jahre abzüglich der Promotionszeit zur Verfügung stehen. Findet die ärztliche Weiterbildung an Hochschulen oder Forschungseinrichtungen statt, greifen deshalb die allgemeinen Regelungen des WissZeitVG (ebenso *Dörner* Befr. Arbeitsvertrag Rn 536; *Preis/Ulber* Rn 65; APS-*Schmidt* Rn 24; aA *Heilbronner/Geis-Waldeyer* § 57a HRG Rn 37 ff.). Für Befristungsmöglichkeiten außerhalb der Universitäten und Forschungseinrichtungen gilt für den Bereich der Medizin das ÄArbVtrG (ausf. KR-*Treber/Waskow* §§ 1–3 ÄArbVtrG Rdn 8 ff.).

b) Lehrkräfte für besondere Aufgaben (§ 56 HRG)

50 Die Arbeitsverhältnisse der Lehrkräfte für besondere Aufgaben können grds. nicht nach dem WissZeitVG befristet werden. Es handelt sich bei dieser Personalgruppe um Mitarbeiter, die hauptberuflich den Studenten überwiegend **praktische Fertigkeiten und Kenntnisse sprachlicher, technischer oder künstlerischer Art** vermitteln (zu den Tätigkeiten iE *Raab* S. 47 m. Fn. 201 ff.; zB Repetitoren, Richter und Lehrer im Abordnungsverhältnis, technische Lehrer). Sie üben unselbständige, weisungsgebundene Tätigkeiten aus (*Raab* S. 47 f.). Die Einstellungsvoraussetzungen für Hochschullehrer gelten für sie nicht.

51 Zu diesem Personenkreis zählt insbes. die Gruppe der **Lektoren** (zur früheren Rechtslage s. Rdn 3, 21; sowie die Darstellung in BAG 1.6.2011 – 7 AZR 827/09 – BAGE 138, 91). Bei ihnen handelt es sich um fremdsprachliche Lehrkräfte, die eine fremde Sprache, in der sie ausbilden sollen, als Muttersprache sprechen. Deshalb fallen auch deutsche Staatsangehörige mit fremder Muttersprache, nicht dagegen fremde Staatsangehörige mit nur deutscher

Muttersprache unter diesen Begriff (*BAG* 15.8.1990 – 7 AZR 519/89). Überwiegend mit der bloßen Vermittlung von Sprachkenntnissen betraute Fremdsprachenlektoren unterfallen regelmäßig nicht dem Begriff des wissenschaftlichen Personals nach § 1 Abs. 1 S. 1 WissZeitVG, weil der erforderliche Bezug zur wissenschaftlichen Tätigkeit fehlt (*BAG* 25.4.2018 – 7 AZR 82/16 –; 1.6.2011 – 7 AZR 827/09 – BAGE 138, 91; *Kortstock* ZTR 2007, 352; *Geis/Krause* Rn 32; *Lehmann-Wandschneider* S. 99 f.; APS-*Schmidt* Rn 22; aA *Löwisch* NZA 2007, 479; *Rambach/Feldmann* ZTR 2010, 68, *dies.* ZTR 2009, 288; die allerdings die Differenzierung im Wortlaut von § 42 HRG übersehen und die Überschrift für maßgebend erachten). Versieht der Lektor vornehmlich **Daueraufgaben** in der Sprachvermittlung, so ist der **unbefristete Arbeitsvertrag die Regel**. Ansonsten kann nur über das TzBfG befristet beschäftigt werden (APS-*Schmidt* Rn 22, *Lakies* ZTR 2002, 252). Geht es den Hochschulen und Forschungseinrichtungen beispielsweise um die Sicherstellung eines aktualitätsbezogenen Unterrichts und dient die konkrete Stelle tatsächlich dem internationalen Austausch (sog. **Rotationsprinzip**, vgl. *BAG* 12.2.1997 – 7 AZR 133/96 –), kann diese Zwecksetzung nach den allgemeinen Regelungen und Grundsätzen für befristete Arbeitsverträge (§ 14 Abs. 1 Nr. 4 und 6, Abs. 2 TzBfG) verfolgt werden. Die dem sog. Rotationsprinzip innewohnende Weiterbildungsfunktion ist als sachlicher Grund für die Befristung allerdings nur anzuerkennen und sinnvoll, wenn nach verhältnismäßig kurzer Zeit auch tatsächlich ein Austausch stattfindet (*BAG* 12.2.1997 – 7 AZR 133/96 –; 26.4.2006 – 7 AZR 366/05 – Rn 34).

Anders ist die Befristungsmöglichkeit nach dem WissZeitVG zu beurteilen, wenn **Lehrkräfte für besondere Aufgaben** und damit insbes. Lektoren zu ihrer eigenen Qualifizierung und zur Erneuerung der wissenschaftlichen Lehre **als wissenschaftliche Mitarbeiter und Mitarbeiterinnen** befristet beschäftigt werden (*Preis/Ulber* Rn 36; *Annuß/Thüsing-Lambrich* § 23 Rn 93). Hierbei darf aber die Sprachvermittlung die Tätigkeit nicht prägen. 52

Mit der Einführung der Juniorprofessur im Jahre 2002 sind die Personalkategorien »**wissenschaftlicher und künstlerischer Assistent**« und »**Oberassistent, Oberingenieur**« entfallen. Eine Überleitung in die neue Personalstruktur fand nicht statt (vgl. auch *BAG* 11.11.2009 – 7 AZR 349/08 – BAGE 132, 240). Sie verblieben vielmehr in den bisherigen Ämtern und scheiden entsprechend den bisherigen gesetzlichen Regelungen aus ihrem Dienstverhältnis aus (§ 74 Abs. 1 HRG). Dies ist idR der Zeitpunkt des Ablaufs der jeweiligen Befristung (BT-Drucks. 14/6853 S. 35; *Kersten* DÖD 2002, 688; *Knopp/Gutheil* NJW 2002, 2830). 53

c) Verwaltungskräfte und technisches Personal

Sofern es sich um **auf Dauer angelegte technische und verwaltungsmäßige Dienstleistungen** handelt (zB Personalverwaltung, Haushaltsführung, Labortätigkeiten, Beschäftigungen im Bibliotheks- oder Hausmeisterbereich), die nicht der wissenschaftlichen Weiterqualifikation dienen können und nicht der Verwirklichung des unmittelbaren Zwecks einer Hochschule iSv § 2 HRG förderlich sind, ist ein Rückgriff auf die Befristungsprivilegierung des WissZeitVG nicht möglich (vgl. *BAG* 28.1.1998 – 7 AZR 677/96 – BAGE 87, 362; ErfK-*Müller-Glöge* Rn 14; APS-*Schmidt* Rn 25), soweit nicht der Drittmitteltatbestand nach § 2 Abs. 2 WissZeitVG aF für das akzessorische Personal eingreift (s. KR-*Treber/Waskow* § 2 WissZeitVG Rdn 53 ff.). Die für die Organisation einer Hochschule oder einer ihrer Einrichtungen notwendige Verwaltungsarbeit gehört nicht zu den wissenschaftlichen Dienstleistungen, in Forschung und Lehre, auch wenn sie von einem wissenschaftlich ausgebildeten Mitarbeiter vorgenommen wird. Für diesen Personenkreis haben die Hochschulen und Forschungseinrichtungen im Übrigen nur die Möglichkeit, die Arbeitsverhältnisse nach allgemeinen arbeitsrechtlichen Bestimmungen zu befristen. Wandelt sich eine zunächst eindeutig wissenschaftlich angelegte Tätigkeit im Laufe der Zeit in eine überwiegend nicht-wissenschaftliche, technisch-organisatorische Aufgabenstellung, so ist – jenseits von Erwägungen zu Treu und Glauben – gleichwohl auf die Verhältnisse zum Zeitpunkt des Vertragsabschlusses abzustellen, wenn nicht Anhaltspunkte für eine Vertragsänderung vorliegen. 54

D. Zwingendes Gesetzesrecht (Abs. 1 S. 2 bis 4)

I. Verbot vertraglicher Abweichung (Abs. 1 S. 2)

55 § 1 Abs. 1 S. 2 WissZeitVG hält (wie § 57a Abs. 1 S. 2 HRG aF, s. Rdn 8) an dem **zweiseitig zwingenden Gesetzesrecht** fest (BT-Drucks. 16/3438 S. 11; 15/4132 S. 18). Zur Begründung stützt sich der Gesetzgeber auf den Regierungsentwurf zum Gesetz über befristete Arbeitsverträge mit wissenschaftlichem Personal an Hochschulen und Forschungseinrichtungen aus dem Jahre 1985 (BT-Drucks. 10/2283) und auf die Entscheidung des *BVerfG* v. 24.4.1996 (– 1 BvR 712/86 – BVerfGE 94, 268, s. Rdn 2). Die nahezu uneingeschränkte **Tarifsperre** will der Gesetzgeber aufrechterhalten (BT-Drucks. 14/6853 S. 20, 31; 15/4132 S. 18).

56 § 1 Abs. 1 S. 2 WissZeitVG legt den **Vorrang der Befristungsregelungen des WissZeitVG** fest und steht einer Abweichung zu Gunsten oder zu Lasten der befristet beschäftigten Arbeitnehmer entgegen. Dieses **Verbot erfasst tarif- und arbeitsvertragliche Abweichungen** und zwar sowohl bestehende als auch zukünftige arbeits- und tarifvertragliche Vereinbarungen (zur inhaltlich identischen Vorgängerregelung *BAG* 30.3.1994 – 7 AZR 229/93 – BAGE 76, 204; *Preis/Ulber* Rn 86, 88 ff.; ErfK-*Müller-Glöge* Rn 18; aA *Hirdina* NZA 2009, 712, 714). Tarifliche Abweichungen (s. Rdn 58 ff.) sind nur in einem eng begrenzten Bereich zulässig. Das Verbot abweichender Abmachungen wird durch § 1 Abs. 1 S. 5 WissZeitVG dahingehend ergänzt, dass die arbeitsrechtlichen Vorschriften und Grundsätze über befristete Arbeitsverträge und deren Kündigung zum Zuge kommen, soweit sie den Bestimmungen in §§ 2 bis 6 WissZeitVG nicht widersprechen. Damit wird **der Vorrang der §§ 1 ff. WissZeitVG als arbeitsrechtliche Spezialregelung** verdeutlicht (vgl. *BAG* 15.3.1995 – 7 AZR 737/94 – BAGE 79, 275, zu § 57a HRG aF; zur Anwendbarkeit der §§ 307 ff. BGB bei befristeten Arbeitszeitänderungen im Geltungsbereich des WissZeitVG *Wegmann* OdW 2018, 23, 25 ff.).

57 Von der **Tarifsperre** werden die Befristungsmöglichkeiten nach § 2 Abs. 1 WissZeitVG, der Drittmitteltatbestand nach § 2 Abs. 2 WissZeitVG und die Privatdienstverträge gem. § 3 WissZeitVG erfasst. Durch den Wegfall der **Drittmittelbefristung** für das nichtwissenschaftliche und nichtkünstlerische, akzessorische Personal entfallen auch die verfassungsrechtlichen Bedenken gegen die Geltung der Tarifsperre nach § 1 Abs. 1 S. 2 WissZeitVG in Bezug auf das akzessorische Personal (s. dazu KR 11. Aufl., Rn 65 mwN).

II. Öffnung für tarifliche Regelungen (Abs. 1 S. 3)

1. Fachrichtungen und Forschungsbereiche

58 § 1 Abs. 1 S. 3 WissZeitVG sieht vor, dass die in § 2 Abs. 1 WissZeitVG vorgesehenen Fristen **für bestimmtbezeichnete Fachrichtungen und Forschungsbereiche** tarifvertraglich abgekürzt oder verlängert werden können. Eine tarifliche abweichende Regelung für den Geltungsbereich des WissZeitVG insgesamt ist ausgeschlossen, weshalb die Regelungen nach § 30 TVöD oder § 30 TV-L nicht anwendbar sind (*Preis/Ulber* Rn 97; ErfK-*Müller-Glöge* Rn 19). Zudem bestimmen § 30 Abs. 1 S. 1 Hs. 2 TVöD und § 30 Abs. 1 S. 2 Hs. 2 TV-L in ihrem Anwendungsbereich den Vorrang des WissZeitVG. Es sind auch Haustarifverträge mit einer Hochschule oder einer Forschungseinrichtung möglich, wenn sie eine tariffähige Arbeitgeberstellung (§ 2 Abs. 1 TVG) innehaben (DDZ-*Nebe* Rn 18; aA *Lakies* ZTR 2002, 253). **Fachrichtungen** erfassen eine Mehrheit von Studiengängen mit unterschiedlichen Abschlüssen eines Wissenschaftsgebietes (*Preis/Ulber* Rn 95; *Reich* HRG § 1 WissZeitVG Rn 4; DDZ-*Nebe* Rn 18). **Forschungsbereiche** bestimmen sich dagegen nach projektbezogenen Forschungszielen (DDZ-*Nebe* Rn 18; aA *Reich* HRG § 1 WissZeitVG Rn 4: institutionelle Erfassung von Forschungsprojekten). Während der erstgenannte Bereich eher den Hochschulen zuzurechnen ist, sind im anderen Forschungseinrichtungen. Forschungsbereiche angesprochen, die inhaltlich zu bestimmen sind.

2. Befristungsdauer

59 Tarifvertragsparteien können in dem beschriebenen Regelungsbereich die in § 2 WissZeitVG verankerte **Höchstbefristungsdauer verkürzen oder verlängern**, soweit ihnen das zur sachlichen

Regelung erforderlich erscheint (BT-Drucks. 15/4132 S. 18; *Preis/Ulber* Rn 98; aA *Reich* HRG § 1 WissZeitVG Rn 4: keine Verkürzung). Danach ist es den Tarifvertragsparteien gestattet, die im **Bereich der Medizin** in der zweiten Phase auf neun Jahre ausgelegte Höchstbefristungsdauer ganz oder in Teilbereichen zu verlängern oder zu verkürzen, um abweichende Zeiträume zur Nachwuchsförderung und Qualifizierung zu schaffen. Ebenso wäre es denkbar, in bestimmten **Bereichen der Grundlagenforschung** die Höchstbefristungsdauer anzuheben. Die Regelungsfreiheit findet ihre Grenze, wenn das Mindestmaß an Arbeitsplatzschutz für den durch das WissZeitVG geschützten Personenkreis gefährdet ist oder wo die Verkürzung der Befristungshöchstgrenzen selbst eine zügige wissenschaftliche Qualifizierung der Mitarbeiter im Interesse der Hochschulen und Forschungseinrichtungen nicht mehr berücksichtigt. Die abweichenden Regelungen der Tarifvertragsparteien müssen sich an der Berufsfreiheit (Art. 12 Abs. 1 GG) und an der Wissenschaftsfreiheit (Art. 5 Abs. 3 GG) messen lassen (APS-*Schmidt* Rn 30). Sie dürfen das gesetzliche Grundmodell nicht in Frage stellen (DDZ-*Nebe* Rn 19).

3. Anzahl der Verlängerungen

Das Gesetz erkennt als zweiten tarifvertraglichen Regelungsbereich an, abweichende Vereinbarungen über die zulässige **Zahl von Verlängerungen** von befristeten Arbeitsverhältnissen zu treffen. Dies gilt nicht für den Drittmitteltatbestand nach § 2 Abs. 2 WissZeitVG (*Hirdina* NZA 2009, 713; ErfK-*Müller-Glöge* Rn 18; aA *Preis/Ulber* Rn 53). Die Öffnungsklausel erlaubt im Rahmen der jeweils zulässigen Befristungsdauer Verlängerungen des befristeten Arbeitsvertrages, ohne deren Zahl zu begrenzen, wobei in der Sache – zumal nach der Neuregelung in § 2 Abs. 1 S. 3 WissZeitVG (Rdn 17, KR-*Treber/Waskow* § 2 WisszeitVG Rdn 19 ff.) – nur eine Begrenzung in Betracht kommt. Nach der Konzeption des WissZeitVG besteht kein Bedürfnis, die Zahl von Verlängerungen tarifvertraglich zu erhöhen (*Preis/Ulber* Rn 50; DDZ-*Nebe* Rn 19). Damit weicht der Gesetzgeber von dem Modell des § 14 Abs. 2 TzBfG ab, das für eine auf insgesamt zwei Jahre angelegte sachgrundlose Befristung eine höchstens dreimalige Verlängerung gestattet (s.a. KR-*Lipke/Bubach* § 14 TzBfG Rdn 536 ff.). Um einer übermäßigen Kettenbefristung innerhalb der zulässigen Höchstbefristungsdauer zu begegnen, können Tarifvertragsparteien in besonderen, dafür »anfälligen« Fachrichtungen und Forschungsbereichen Abhilfe schaffen, indem sie die Zahl der zulässigen Verlängerungen begrenzen (so auch *Geis/Krause* Rn 42).

60

III. Arbeitsvertragliche Inbezugnahme tarifvertraglicher Abweichungen (Abs. 1 S. 4).

Für **nicht tarifgebundene Arbeitsvertragsparteien** eröffnet § 1 Abs. 1 S. 4 WissZeitVG die Anwendung der abweichenden tarifvertraglichen Regelungen nach Satz 3 im Wege der einzelvertraglichen Inbezugnahme. Voraussetzung ist allerdings, dass beide Arbeitsvertragsparteien dem **Geltungsbereich des Tarifvertrages unterliegen** (BT-Drucks. 15/4132 S. 18 f.; *Dörner* Befr. Arbeitsvertrag Rn 543; APS-*Schmidt* Rn 21; *Preis/Ulber* Rn 55). Da die arbeitsvertragliche Bezugnahme der tarifvertraglichen Regelungen nicht die Befristungsabrede als solche betrifft, bedarf die Übernahmevereinbarung nicht einer bestimmten Form, wenngleich sie regelmäßig an der Form des Arbeitsvertrages teilnehmen wird (*Annuß/Thüsing-Lambrich* § 23 TzBfG Rn 122; *Preis/Ulber* Rn 55). Die Anwendung der tariflichen Regelungen kann nur insgesamt vereinbart werden, da nur dann die **Angemessenheitsvermutung** (s. nur *BAG* 21.5.2014 – 4 AZR 50/13 – EzA Art. 9 GG Nr. 107) tarifvertraglicher Regelungen trägt (*Preis/Ulber* Rn 55; iE ebenso DDZ-*Nebe* Rn 21; APS-*Schmidt* Rn 31; aA *Dörner* Befr. Arbeitsvertrag Rn 542: Inbezugnahme der Befristungsregelungen ausreichend).

61

E. Anwendbarkeit arbeitsrechtlicher Vorschriften und Grundsätze (Abs. 1 S. 5)

Die Spezialregelungen zur Befristung im Bereich der Hochschulen und Forschungseinrichtungen nach §§ 2 bis 6 WissZeitVG haben gem. § 1 Abs. 5 WissZeitVG **Vorrang vor den allgemeinen Regelungen** zur Befristung von Arbeitsverträgen nach anderen Gesetzen (*Preis/Ulber* Rn 57). Diese bleiben anwendbar, sofern sie nicht im Widerspruch zu den Bestimmungen des WissZeitVG stehen (BT-Drucks. 16/3438 S. 11). Auch finden die allgemeinen Regelungen zur Kündigung von

62

Arbeitsverträgen Anwendung (BT-Drucks. 14/6853 S. 31, 15/4132 S. 19). Soweit im befristeten Arbeitsvertrag (§ 15 Abs. 3 TzBfG) eine ordentliche **Kündigungsmöglichkeit** vorgesehen ist, kann davon aus personen-, verhaltens- oder betriebsbedingten Gründen (§ 1 KSchG) Gebrauch gemacht werden (*Annuß/Thüsing-Lambrich* § 23 TzBfG Rn 94; *Waldeyer* GS Sonnenschein 2003, S. 911). Der Hinweis auf die arbeitsrechtlichen Grundsätze ist weitgehend überholt. Diese erfassten vor Inkrafttreten des TzBfG die von der Rechtsprechung entwickelten Grundsätze zum Befristungsrecht (s. KR-*Lipke/Bubach* § 14 TzBfG Rdn 1 ff.) und können allenfalls für die von der Rechtsprechung iRd § 14 Abs. 1 S. 2 TzBfG anerkannten unbenannten Befristungsgründe (aA KR-*Lipke/Bubach* § 14 TzBfG Rdn 500 ff.) noch gelten (*Preis/Ulber* Rn 105; *Annuß/Thüsing-Lambrich* § 23 TzBfG Rn 100).

63 Von Bedeutung sind zunächst die **Bestimmungen des TzBfG**, insbes. das Diskriminierungsverbot (§ 4 Abs. 2 TzBfG), das Schriftformerfordernis (§ 14 Abs. 4 TzBfG, s. *BAG* 20.8.2014 – 7 AZR 924/12 – EzA § 286 ZPO 2002 Nr. 3, dazu *J. Günther* DB 2015, 74 f., zum Zitiergebot nach § 2 Abs. 4 WissZeitVG s. KR-*Treber/Waskow* § 2 WissZeitVG Rdn 72 f.), die vorzeitige Kündigungsbefugnis bei Vereinbarung (§ 15 Abs. 3 TzBfG), die Fortsetzungsverpflichtung bei Fristüberschreitung (§ 15 Abs. 5 TzBfG, dazu *BAG* 24.10.2001 – 7 AZR 620/00 – BAGE 99, 223 zu § 625 BGB: Kenntnis der für die Universität zum Abschluss von Arbeitsverträgen ermächtigten Stelle), die Folgen unwirksamer Befristung (§ 16 TzBfG) und die zu wahrende **Klagefrist** (§ 17 TzBfG). Dagegen kommen bis zum Ablauf der nach dem WissZeitVG höchstzulässigen Befristungsdauer die Bestimmungen des § 14 Abs. 2a und 3, 15 Abs. 2 und 4 sowie § 21 TzBfG nicht zur Anwendung, da sie inhaltlich §§ 2 bis 5 WissZeitVG widersprechen. Eine von Sachgründen getragene Befristung nach § 14 Abs. 1 TzBfG oder eine sachgrundlose Erstbefristung nach § 14 Abs. 2 TzBfG kann zwar während der Dauer bzw. bei Beginn der befristeten Beschäftigung im Bereich der Hochschulen und Forschungseinrichtungen abgeschlossen werden, macht aber infolge der nach § 2 Abs. 3 WissZeitVG vorgesehenen **Anrechnung** auf die Höchstbefristungsdauer des WissZeitVG keinen Sinn (vgl. *Preis/Ulber/Hausch* NJW 2002 928; BT-Drucks. 15/4132 S. 21).

64 § 30 Abs. 1 S. 1 iVm Abs. 5 TVöD eröffnet eine eingeschränkte tarifliche Kündigungsmöglichkeit, die den Erfordernissen von § 15 Abs. 3 TzBfG entspricht. Einer gesonderten Kündigungsvereinbarung bedarf es im Anwendungsbereich des TVöD daher nicht mehr. Da der nicht einbezogene Abs. 5 in § 30 TVöD aber auf einem Redaktionsversehen beruht (s. KR-*Bader* § 30 TVöD Rdn 2), gelten die Abs. 2 bis 5 nicht für Arbeitsverhältnisse, die unmittelbar oder mittelbar dem HRG unterfallen. Demnach ist für die vorzeitige Kündigung eine **arbeitsvertragliche** Vereinbarung iSv § 15 **Abs. 3 TzBfG** weiterhin **erforderlich**.

65 Die Bestimmungen des **AÜG** kommen für wissenschaftliche Mitarbeiter und Hilfskräfte nicht in Betracht, da eine konzessionierte Arbeitnehmerüberlassung im Bereich der Hochschulen und Forschungseinrichtungen nicht vorgesehen ist. Vorstellbar ist eine Arbeitnehmerüberlassung allenfalls im nichtwissenschaftlichen Dienstleistungsbereich der Hochschulen. Hierfür verbleibt es bei den allgemeinen Regeln (s. KR-*Bader* § 23 TzBfG Rdn 7 ff.). Nach § 1 **Abs. 4 Hs. 1 ArbPlSchG** verlängert sich ein befristetes Arbeitsverhältnis nicht durch die Einberufung zum Grundwehrdienst oder zu einer Wehrübung (s. KR-*Bader* § 23 TzBfG Rdn 8). Diese Regelung wird durch die besondere Bestimmung des § 2 Abs. 5 Nr. 4 WissZeitVG verdrängt (s. KR-*Treber/Waskow* § 2 WissZeitVG Rdn 92 ff.). Dagegen wird das nach dem WissZeitVG befristete Arbeitsverhältnis durch die Einberufung zu einer Eignungsübung nicht verlängert, weil insoweit keine abweichenden Regelungen in § 2 Abs. 5 WissZeitVG vorgesehen sind (s.a. KR-*Bader* § 23 TzBfG Rdn 14 f.).

F. Abschluss unbefristeter und befristeter Arbeitsverträge (Abs. 2)

I. Unbefristete Arbeitsverträge

66 Die Regelung soll die **Personalhoheit der Hochschulen** und der Forschungseinrichtungen (§ 5 WissZeitVG) unterstreichen, neben befristeten **auch unbefristete Arbeitsverhältnisse zu begründen** (zu Recht krit. zu dieser Befugnis im Hinblick auf die Nachwuchsförderung und die

Sicherung der Innovationsfähigkeit [s. Rdn 4] *Dörner* Befr. Arbeitsvertrag Rn 547; APS-*Schmidt* Rn 34; wohl auch ErfK-*Müller-Glöge* Rn 20). Damit folgt der Gesetzgeber einer Empfehlung aus dem Gutachten von *Dieterich/Preis* (S. 58), insoweit eine Klarstellung herbeizuführen. Nach einer zum früheren Rechtszustand vertretenen Auffassung sollte aus der zweiseitig zwingenden Natur der Bestimmungen des § 57a HRG aF folgen, dass die Arbeitsvertragsparteien einen unbefristeten Arbeitsvertrag nicht abschließen dürfen, wenn sich ein Befristungstatbestand des § 57b HRG aF angeboten hätte (anders das Gutchten von *Dieterich/Preis* S. 58; ebenso *Preis/Hausch* NJW 2002, 928).

Die Abschlussfreiheit der Hochschulen sollte durch einen Katalog von privilegierenden Befristungssachgründen erweitert und **nicht eingeschränkt werden** (krit. *Dörner* Befr. Arbeitsvertrag Rn 547; APS-*Schmidt* Rn 34). Die unbefristete Einstellung von wissenschaftlichem Personal in Einzelfällen soll nicht den arbeitsrechtlichen Gleichbehandlungsgrundsatz verletzen, der infolge der vorrangigen vertragsrechtlichen Gestaltungsfreiheit bei der Begünstigung einzelner Arbeitnehmer zurückzutreten hat (BT-Drucks. 15/4132 S. 19). Ein Nebeneinander von unbefristeten und befristeten Arbeitsverträgen bei gleichen Aufgabenstellungen bedarf indessen grds. einer einsichtigen Konzeption der Hochschule (vgl. *BAG* 12.9.1996 – 7 AZR 64/96 –; *Dörner* Befr. Arbeitsvertrag Rn 547; *Preis/Ulber* Rn 71; LS-*Schlachter* Anh. 2 § 1 WissZeitVG Rn 16). Ein anderes wäre mit der verfassungsrechtlichen Legitimation der sachgrundlosen Befristung (zu den Kriterien s. Rdn 2) nur schwerlich zu vereinbaren. Das kann etwa der Fall sein, wenn die einzustellende Person von besonderer Bedeutung für den Wissenschaftsbetrieb ist und daher dauerhaft gewonnen werden soll (*Dörner* Befr. Arbeitsvertrag Rn 547; *Preis/Ulber* Rn 70).   67

Die arbeitsrechtliche **Befugnis der Hochschulen**, unbefristete Arbeitsverträge abzuschließen, kann nunmehr **durch Landesgesetzgebung eingeschränkt werden** (BT-Drucks. 15/4132 S. 19). So kann der Landesgesetzgeber die Hochschulen verpflichten, für bestimmte Personalgruppen nur den Abschluss befristeter Arbeitsverträge zuzulassen. Von dieser Befugnis hat beispielsweise das Land **Niedersachsen** in § 33 Abs. 2 NHG Gebrauch gemacht (zu NRW *Geis/Krause* Rn 46), wonach wissenschaftliche und künstlerische sowie studentische Hilfskräfte nur in befristeten außertariflichen Angestelltenverhältnissen mit weniger als der Hälfte der regelmäßigen Arbeitszeit der Angestellten im öffentlichen Dienst zu beschäftigen sind (weitere Fälle finden sich in Baden-Württemberg für wissenschaftliche Hilfskräfte, § 57 S. 3 LHG BW, und in Nordrhein-Westfalen für wissenschaftliche Mitarbeiter, § 44 Abs. 5 HG NW, s. *Preis/Ulber* Rn 72). Im Freistaat Bayern werden nach Art. 20–22 des BayHSchG v. 23.3.2006 wissenschaftliche und künstlerische Mitarbeiter vornehmlich als Beamte geführt und nur im Fall der Befristung als Angestellte. Im Fall einer nebenberuflichen wissenschaftlichen Tätigkeit sind sie ebenso wie die Hilfskräfte nach Art. 33 des Gesetzes als Arbeitnehmer befristet anzustellen.   68

II. Befristungen nach Maßgabe des TzBfG

1. Grundsatz

Es steht den Hochschulen und Forschungseinrichtungen grundsätzlich frei, Befristungen mit wissenschaftlichem Personal **nach Maßgabe des TzBfG** zu schließen (*BAG* 28.09.2016 – 7 AZR 549/14 – Rn 32; APS-*Schmidt* § 2 Rn 54). Die nicht vollständige Verdrängung der §§ 14 ff. TzBfG durch §§ 1 ff. WissZeitVG kann aus Sicht des Arbeitgebers hilfreich sein, wenn das **Zitiergebot nach § 2 Abs. 4 S. 1 WissZeitVG nicht eingehalten** wurde, weil er sich dann jedenfalls insoweit auch auf arbeitsrechtliche Befristungsgrundlagen außerhalb des WissZeitVG stützen kann (s. KR-*Treber/Waskow* § 2 WissZeitVG Rdn 75), als diese Gründe nicht abschließend von den im WissZeitVG vorgesehenen Befristungsregelungen erfasst werden (*BAG* 28.09.2016 – 7 AZR 549/14 – Rn 32). Teilweise wird vertreten, dass der Rückgriff auf Zweckbefristungen oder auflösende Bedingungen nach dem TzBfG im Hochschul- und Forschungsbereich unzulässig bleiben müsse, um ein Unterlaufen der ohnehin schwachen Schutzvorschriften des WissZeitVG zu vermeiden (DDZ-*Nebe* Rn 23). Im Hinblick auf §§ 1 Abs. 1 S. 5, 2 Abs. 4 S. 2 WissZeitVG lässt sich das allerdings nicht begründen.   69

70 Sind die Befristungsmöglichkeiten des § 2 Abs. 1 WissZeitVG ausgeschöpft, können weitere Befristungen eines Arbeitsverhältnisses nach Maßgabe des TzBfG vereinbart werden (zum gerichtlichen Vergleich nach § 14 Abs. 1 S. 2 Nr. 8 TzBfG KR-*Lipke/Bubach* § 14 TzBfG Rdn 482 ff.). Die mit der Befristungsregelung des WissZeitVG verfolgten Zwecke sind aber zu beachten, soweit die **Sachgründe des § 14 Abs. 1 TzBfG** genutzt werden (*Preis/Ulber* Rn 76). Dient die befristete Beschäftigung nur der wissenschaftlichen Qualifizierung, können die Sachgründe des § 14 Abs. 1 TzBfG, namentlich die Eigenart der Arbeitsleistung (Nr. 4), ein in der Person des Arbeitnehmers liegender Grund (Nr. 6) oder der Sachgrund der Aus-, Fort- oder Weiterbildung als sonstiger Sachgrund allerdings nicht herangezogen werden. Insoweit verdrängt § 2 Abs. 1 WissZeitVG als Sonderregelung diese Bestimmungen (*BAG* 28.09.2016 – 7 AZR 549/14 – Rn 32; 18.5.2016 – 7 AZR 533/14 – BAGE 155, 101 Rn 15). Die zusätzlichen Befristungsmöglichkeiten nach allgemeinen Regeln dürfen nicht herangezogen werden, um jenseits der Höchstbefristungsgrenzen die wissenschaftliche Qualifizierung weiter zu betreiben (*Dörner* Befr. Arbeitsvertrag Rn 74; *Annuß/Thüsing-Lambrich* § 23 Rn 127; aA wohl Hochschulhdb-*Löwisch/Wertheimer* VII Rn 199 f.) oder wenn das WissZeitVG, wie für den Bereich der Drittmittelbefristung, eine abschließende und insoweit die Befristungsmöglichkeit nach § 14 Abs. 1 TzBfG verdrängende Spezialregelung enthält (*BAG* 8.6.2016 – 7 AZR 259/14 – BAGE 155, 227; aA Geis/*Krause* Rn 26).

71 Möglichkeiten zum Abschluss weiterer befristeter Arbeitsverträge mit wissenschaftlichem Personal bestehen bei von der Drittmittelfinanzierung als solcher abzugrenzenden **projektbezogenen Befristungen** mit ihrem Prognoseerfordernis nach § 14 Abs. 1 S. 2 Nr. 1 TzBfG (*BAG* 8.6.2016 – 7 AZR 259/14 – BAGE 155, 227 Rn 44; s. KR-*Lipke/Bubach* § 14 TzBfG Rdn 477 ff.), einer haushaltsmittelbezogene Befristung nach § 14 Abs. 1 S. 2 Nr. 7 TzBfG (s. KR-*Lipke/Bubach* § 14 TzBfG Rdn 439 ff.) oder – ausnahmsweise – **einer personenbezogene Befristung** iSd § 14 Abs. 1 S. 2 Nr. 6 TzBfG (s. KR-*Lipke/Bubach* § 14 TzBfG Rdn 370 ff.; weiterhin *LAGBln.-Bra.* 15.3.2013 LAGE § 14 TzBfG Nr. 77a) in Betracht zu ziehen ist.

72 Dagegen scheiden Befristungsgründe nach § 14 Abs. 1 S. 2 Nr. 2 (befristete Anschlussbeschäftigung an Ausbildung oder Studium; ähnlich *Preis/Ulber* Rn 128), Nr. 4 (Eigenart der Arbeitsleistung) und Nr. 5 TzBfG (Erprobungsbefristung) aus, da hier die §§ 1 ff. WissZeitVG eine abschließende Spezialregelung darstellen. Die Beschäftigung eines wissenschaftlichen Mitarbeiters oder einer Hilfskraft über die Höchstbefristungsdauer des HRG hinaus zur Erleichterung einer **Anschlussbeschäftigung** (§ 14 Abs. 1 Nr. 2 TzBfG) steht im Widerspruch zu den Zielen des Gesetzes, die befristete Beschäftigung des wissenschaftlichen Personals zeitlich zu begrenzen. Nach § 14 Abs. 1 S. 2 Nr. 4 TzBfG (Eigenart der Arbeitsleistung; ebenso *Preis/Ulber* Rn 128) sind befristete Arbeitsverhältnisse im Wissenschafts- und Forschungsbereich durchaus vom gesetzgeberischen Ansatz her mit betroffen, erfahren aber durch das WissZeitVG eine abschließende Spezialregelung (s. KR-*Lipke/Bubach* § 14 TzBfG Rdn 298 f.).

2. Einzelne Befristungsgründe

a) Projektbefristung (§ 14 Abs. 1 S. 2 Nr. 1 TzBfG)

73 Ein vorübergehender zu Wissenschafts- oder Forschungszwecken anfallender **betrieblicher Bedarf an der Arbeitsleistung** kann eine befristete Beschäftigung sachlich rechtfertigen. Im Rahmen des gesetzlichen Sachgrundes nach § 14 Abs. 1 S. 1 Nr. 1 TzBfG kann auf die einschlägige Rechtsprechung zurückgegriffen werden (ausf. s. KR-*Lipke/Bubach* § 14 TzBfG Rdn 186 ff.). Nach Ausschöpfung der zulässigen Höchstbefristungsdauer des WissZeitVG ist eine befristete Beschäftigung im Rahmen eines **sachlich und zeitlich abgegrenzten Forschungsprojekts** oder eines entsprechend umgrenzten Teilprojekts rechtlich möglich (so bereits zur Vorgängerregelung *BAG* 16.11.2005 – 7 AZR 81/05 – NZA 2006, 784; 22.6.2005 – 7 AZR 499/04 – EzBAT SR 2y BAT Forschungseinrichtungen/Hochschulen Nr. 57, jeweils mwN). Erforderlich ist jeweils eine **schlüssige Prognose** der Hochschule oder der Forschungseinrichtung zum Zeitpunkt des Abschlusses des befristeten Arbeitsvertrages, dass das zeitlich begrenzte und von den Dauera ufgaben abgrenzbare Projekt oder Teilprojekt nach Ablauf der vorgesehenen Zeit enden werde (vgl. zur Projektbefristung allgemein

zuletzt etwa *BAG* 21.8.2019 – 7 AZR 572/17 – Rn 22 ff; vgl. auch KR-*Lipke/Bubach* § 14 TzBfG Rdn 144 f.).

Ein sachlicher Grund im Rahmen des § 14 Abs. 1 S. 2 Nr. 1 TzBfG wird nicht anzuerkennen sein, wenn sich die Projektierung in Wahrheit als **Erfüllung einer Daueraufgabe** darstellt (vgl. *BAG* 21.8.2019 – 7 AZR 572/17 – Rn 22 ff; 23.1.2019 – 7 AZR 212/17 – Rn 17), wenn das Forschungsgebiet zum ständigen Forschungsbereich eines Instituts gehört und die Mitarbeiter mithin ständig mit gleichartigen Forschungsprojekten beschäftigt wurden und werden (*BAG* 6.11.1996 – 7 AZR 126/96 – BAGE 84, 278) oder wenn der Arbeitnehmer nicht überwiegend mit der Durchführung des Projekts, sondern vorrangig mit übergreifenden Verwaltungsaufgaben betraut wird (*BAG* 11.12.1991 EzA § 620 BGB Nr. 111; 25.8.1999 EzA § 620 BGB Hochschulen Nr. 19). Erforderlich ist auch, dass im Zeitpunkt des Vertragsschlusses die Prognose gerechtfertigt ist, dass die Arbeit an dem Forschungsprojekt der Gesamttätigkeit das Gepräge gibt (vgl. *BAG* 8.6.2016 – 7 AZR 259/14 – BAGE 148, 227, Rn 48). 74

Die **Dauer** der Befristung muss sich **am Sachgrund orientieren** und so mit ihm im Einklang stehen, dass sie nicht gegen das Vorliegen des Sachgrundes spricht (ausf. s. KR-*Lipke/Bubach* § 14 TzBfG Rdn 120). Der Umstand, dass eine qualifizierte Weiterbeschäftigung an einem anderen Projekt auf einem freien Arbeitsplatz möglich wäre, macht die Befristung für das konkrete Projekt, für das der wissenschaftliche Mitarbeiter eingestellt wurde, nicht unwirksam (*BAG* 21.11.2018 – 7 AZR 234/17 – Rn 17; 27.7.2016 – 7 AZR 625/15 – BAGE 156, 170, Rn 17). 75

Die begrenzte sachliche Zielsetzung, die ein Drittmittelgeber mit der zeitlich begrenzten Finanzierung eines Arbeitsplatzes verfolgt (**Drittmittelfinanzierung**) kann auch als sonstiger Sachgrund nach § 14 Abs. 1 S. 1 TzBfG eine Befristung rechtfertigen (vgl. etwa *BAG* 29.7.2009 – 7 AZR 907/07 – Rn 33). Hier ist nunmehr vor allem als Spezialregelung § 2 Abs. 2 WissZeitVG einschlägig. Für das in § 1 Abs. 1 WissZeitVG genannte Personal ist daher im Hinblick auf die Drittmittelfinanzierung ein Rückgriff auf die allgemeine Befristungsmöglichkeit nach § 14 Abs. 1 TzBfG nicht möglich. Eine Befristung kann auf Sachgründe nach dem TzBfG nur gestützt werden, soweit der für die Befristung maßgebliche Sachverhalt nicht abschließend von § 2 WissZeitVG erfasst wird (*BAG* 18.5.2016 – 7 AZR 533/14 – BAGE 155, 101 Rn 21). Das ist im Hinblick auf die Drittmittelfinanzierung nach § 2 Abs. 2 WissZeitVG jedoch der Fall (*BAG* 8.6.2016 – 7 AZR 259/14 – NZA 2016, 1463 Rn 44). Anders liegt es, wenn die Befristung auf die engeren Voraussetzungen der Haushaltsbefristung nach § 14 Abs. 1 S. 2 Nr. 7 TzBfG gestützt werden kann (s. bereits Rdn 70 aE; sowie iE KR-*Lipke/Bubach* § 14 TzBfG Rdn 477 ff.). 76

b) **Vertretungsbefristung (§ 14 Abs. 1 S. 2 Nr. 3 TzBfG)**

Die **Vertretung** eines vorübergehend ausfallenden wissenschaftlichen Mitarbeiters oder eines beurlaubten Beamten schafft ebenfalls **einen zeitlich** begrenzten Personalbedarf in der Hochschule oder Forschungseinrichtung. Von einem Vertretungsfall kann wohl nur im Fall der sog. unmittelbaren Vertretung (s. KR-*Lipke/Bubach* § 14 TzBfG Rdn 247 ff.) gesprochen werden. Die Zielsetzungen des WissZeitVG stehen im Widerspruch zu einer mittelbaren Vertretung, die im Wissenschaftsbetrieb ohnehin nicht sinnvoll umsetzbar wäre (*Dörner* Befr. Arbeitsvertrag Rn 752, 315 ff.). 77

c) **Person des Arbeitnehmers (§ 14 Abs. 1 S. 2 Nr. 6 TzBfG)**

Die Begrenzung befristeter Arbeitsverhältnisse im Bereich von Hochschulen und Forschungseinrichtungen dient neben dem **Schutz der Arbeitnehmer** vor »Kettenbefristungen« der Leistungs- und Innovationsfähigkeit des Wissenschafts- und Forschungssystems (BT-Drucks. 15/4132 S. 21, 14/6853 S. 20). Dieses Anliegen würde verfehlt, wenn man den ausdrücklichen Wunsch des wissenschaftlichen Mitarbeiters als Sachgrund nach § 14 Abs. 1 S. 2 Nr. 6 TzBfG respektiert (*Dörner* Befr. Arbeitsvertrag Rn 749; *Preis/Ulber* Rn 146). Einen »selbstbestimmten« Wunsch des Arbeitnehmers, nur ein befristetes Arbeitsverhältnis eingehen zu wollen, also selbst bei einem Angebot des Arbeitgebers auf Abschluss eines unbefristeten Arbeitsvertrages nur ein befristetes Arbeitsverhältnis 78 vereinbaren zu wollen (ausf. s. KR-*Lipke/Bubach* § 14 TzBfG Rdn 374 ff.), wird die Hochschule oder Forschungseinrichtung nur selten darlegen oder beweisen können (so auch *Preis/Hausch* NJW 2002, 933 f.).

79 In **Ausnahmefällen** denkbar ist dagegen der § 14 Abs. 1 S. 2 Nr. 6 TzBfG zuzurechnende Sachgrund des **sozialen Überbrückungszwecks**. Die dabei einschlägigen »Übergangsfälle« (vgl. *Preis/ Hausch* NJW 2002, 935 ff.; *Lakies* ZTR 2002, 257) dürften sich mit der durch das 6. HRGÄndG veränderten Fassung des § 57f HRG aF (§ 6 WissZeitVG) weitestgehend erledigt haben. Die großzügigen Übergangsregelungen in § 7 WissZeitVG (s. KR-*Treber/Waskow* § 7 WissZeitVG Rdn 10) erübrigen im Grundsatz einen Rückgriff auf § 14 Abs. 1 Nr. 6 TzBfG. Gleichwohl können prognostizierbare Zeiträume zum Abschluss einer Qualifikationsarbeit oder bis zum Übergang in ein Dauerarbeitsverhältnis eine Befristung rechtfertigen (APS-*Schmidt* § 2 Rn 61). Der Sachgrund dient indes nicht dazu, fehlende Arbeitsmarktchancen mit befristungsrechtlichen Mitteln zu lösen. Hier können zudem über das Zeitbeamtenrecht, welches in der Gesetzgebungskompetenz der Länder steht, oder durch das Haushaltsrecht (§ 14 Abs. 1 Nr. 7 TzBfG; s. Rdn 80) Ausweichmöglichkeiten geschaffen werden.

d) **Haushaltsmittel (§ 14 Abs. 1 S. 2 Nr. 7 TzBfG)**

80 Ein sachlicher Grund für die Befristung eines Arbeitsvertrages insbes. nach Erschöpfung der zulässigen Höchstbefristungsdauer des WissZeitVG kann sich nach § 14 Abs. 1 S. 2 Nr. 7 TzBfG ergeben. Anders als die sog. Drittelmittelbefristung ist diejenige aus haushaltsrechtlichen Gründen im WissZeitVG nicht geregelt (*BAG* 28.9.2016 – 7 AZR 549/14 – EzA § 620 BGB Hochschulen 2002 Nr. 24; zu den Voraussetzungen iE KR-*Lipke/Bubach* § 14 TzBfG Rdn 439 ff.). **Drittmittel** sind, selbst wenn sie in einen öffentlich-rechtlichen Haushaltsplan eingestellt werden, **keine Haushaltsmittel** iSv § 14 Abs. 1 S. 2 Nr. 7 TzBfG (*BAG* 29.7.2009 – 7 AZR 907/07 – Rn 33). Weitere denkbare Fälle für gesonderte **Haushaltsbefristungslösungen** bieten sich für sog. **Mehrfachqualifizierungen** an. Allerdings dürfen die Haushaltsmittel nicht pauschal für eine befristete Beschäftigung des in § 1 WissZeitVG genannten Personenkreises bereitgestellt werden, sondern müssen mit einer Zwecksetzung für eine Aufgabe von nur vorübergehender Dauer ausgebracht werden (ausf. s. KR-*Lipke/Bubach* § 14 TzBfG Rdn 439 ff., 450 ff.).

3. **Befristung ohne Sachgrund (§ 14 Abs. 2 TzBfG)**

81 Zu den möglichen Befristungen gehören auch **erstmalige sachgrundlose Befristungen** nach § 14 Abs. 2 TzBfG. Zeiten solcher vorgelagerten oder ggf. zwischengeschalteten befristeten Arbeitsverhältnisse mit einer Hochschule oder Forschungseinrichtung sind jedoch nach den Vorgaben von § 2 Abs. 3 WissZeitVG auf die Höchstbefristungsdauer nach § 2 Abs. 1 WissZeitVG anzurechnen. Sachgrundlose **Anschlussbefristungen** scheitern regelmäßig am Verbot der erneuten sachgrundlosen Befristung im Fall einer Vorbeschäftigung bei demselben Arbeitgeber (§ 14 Abs. 2 S. 2 TzBfG). In Ausnahmefällen ist eine solche sachgrundlose Befristung bis zu zwei Jahren jedoch denkbar, wenn das befristete Arbeitsverhältnis mit einem **neuen Arbeitgeber**, dh mit einer anderen Forschungseinrichtung oder einer anderen Hochschule in einem anderen Bundesland erstmals begründet wird (*Lakies* ZTR 2002, 250, 256; *Preis/Ulber* Rn 167; aA MHH-*Herms* TzBfG § 23 Rn 43). Bei einer nach Landesrecht **eigenen Arbeitgeberstellung der Hochschulen** (etwa einer Stiftung mit Dienstherrneigenschaft) kann sogar der Wechsel zu einer anderen Hochschule innerhalb desselben Bundeslandes möglich sein (*Preis/Ulber* Rn 167; APS-*Schmidt* § 2 Rn 53; mögliche Fallgestaltungen bei *Mandler/Wegmann* OdW 2018, 201).

82 Eine Bundesratsinitiative, über eine Änderung des § 14 TzBfG Beschäftigungsverhältnisse nach §§ 53, 57b Abs. 1 S. 3, 57d und 57e HRG aF nicht als Arbeitsverhältnisse mit demselben Arbeitgeber iSv § 14 Abs. 2 S. 2 und Abs. 3 S. 2 TzBfG zu berücksichtigen, fand im Gesetzgebungsverfahren keine Mehrheit (dazu BT-Drucks. 14/6853 S. 40, 43). Hieraus und aus der Anrechnungsbestimmung des § 2 Abs. 3 S. 1 WissZeitVG kann gefolgert werden, dass eine vorangehende Beschäftigung im Rahmen eines Privatdienstvertrages (§ 3 WissZeitVG) es den Hochschulen und

Forschungseinrichtungen nicht erlaubt, im Anschluss als »neuer« Arbeitgeber eine sachgrundlose Befristung mit diesem Mitarbeiter zu vereinbaren.

Die früher umstrittene Frage, ob in dem engen Anwendungsbereich des § 14 Abs. 2 TzBfG die **SR 2y BAT** eine sachgrundlose Befristung gestatten (dazu *Preis/Hausch* NJW 2002, 930; *Lakies* ZTR 2002, 256 f.; *Dörner* Befr. Arbeitsvertrag Rn 745), hat sich seit der Ablösung durch § 30 TVöD und § 30 TV-L erledigt. § 30 Abs. 1 S. 2 Hs. 2 TVöD/TV-L nehmen die Sonderregelungen der jeweils nachfolgenden Abs. 2 bis 5 für den Anwendungsbereich derjenigen Arbeitsverhältnisse aus, für die das WissZeitVG gilt (ebenso *Preis/Ulber* Rn 97). 83

III. Befristung nach § 21 BEEG

Wenngleich § 1 Abs. 2 WissZeitVG dem Wortlaut nach eine Befristung des Arbeitsverhältnisses nur nach Maßgabe des TzBfG zulässt, ergeben sich gleichwohl Befristungsmöglichkeiten nach § 21 BEEG. Es handelt sich in der Sache um Vertretungsbefristungen iSv § 14 Abs. 1 S. 2 Nr. 3 TzBfG (s. Rdn 77). Systematisch lässt sich die Anwendung von § 21 BEEG damit begründen, dass die Verweisung auf das TzBfG § 23 TzBfG mit einschließt, wonach besondere Regelungen über die Befristung von Arbeitsverträgen nach besonderen gesetzlichen Regelungen unberührt blieben (vgl. KR-*Lipke/Bubach* § 21 BEEG Rdn 9 ff.). Es können daher Befristungen aus beiden Gesetzen – BEEG und WissZeitVG – vereinbart und diese auch nacheinander geschaltet werden (*Lakies* ZTR 2002, 253), wobei jedoch die Höchstbefristungsdauer des § 2 Abs. 1 WissZeitVG und die Anrechnungsbestimmung in § 2 Abs. 3 S. 1 und 2 WissZeitVG zu beachten sind. 84

IV. Befristung nach dem ÄArbVtrG

Die Befristungsmöglichkeiten nach dem ÄArbVtrG stehen nur **außerhalb der Hochschulen und Forschungseinrichtungen** zur Verfügung. Dieser eingeschränkte Anwendungsbereich ergibt sich aus § 1 Abs. 6 ÄArbVtrG (s. KR-*Treber/Waskow* §§ 1–3 ÄArbVtrG Rdn 12). Wissenschaftliches Personal, das zusätzlich die **Facharztqualifikation** anstrebt, kann dies innerhalb der für die zweite Qualifizierungsphase modifizierten Befristungshöchstdauer von neun Jahren erreichen (§ 2 Abs. 1 S. 2 Hs. 1 WissZeitVG; s. Rdn 49 und KR-*Treber/Waskow* § 2 WissZeitVG Rdn 23). Weitergehende Regelungen für diesen Personenkreis sieht das WissZeitVG nicht vor (s. bereits BT-Drucks. 15/4132 S. 17 f., 14/6853 S. 30 f.). 85

§ 2 WissZeitVG Befristungsdauer; Befristung wegen Drittmittelfinanzierung

(1) ¹Die Befristung von Arbeitsverträgen des in § 1 Absatz 1 Satz 1 genannten Personals, das nicht promoviert ist, ist bis zu einer Dauer von sechs Jahren zulässig, wenn die befristete Beschäftigung zur Förderung der eigenen wissenschaftlichen oder künstlerischen Qualifizierung erfolgt. ²Nach abgeschlossener Promotion ist eine Befristung bis zu einer Dauer von sechs Jahren, im Bereich der Medizin bis zu einer Dauer von neun Jahren zulässig, wenn die befristete Beschäftigung zur Förderung der eigenen wissenschaftlichen oder der künstlerischen Qualifizierung erfolgt; die zulässige Befristungsdauer verlängert sich in dem Umfang, in dem Zeiten einer befristeten Beschäftigung nach Satz 1 und Promotionszeiten ohne Beschäftigung nach Satz 1 zusammen weniger als sechs Jahre betragen haben. ³Die vereinbarte Befristung ist jeweils so zu bemessen, dass sie der angestrebten Qualifizierung angemessen ist. ⁴Die nach den Sätzen 1 und 2 insgesamt zulässige Befristungsdauer verlängert sich bei Betreuung eines oder mehrerer Kinder unter 18 Jahren um zwei Jahre je Kind. ⁵Satz 4 gilt auch, wenn hinsichtlich des Kindes die Voraussetzungen des § 15 Absatz 1 Satz 1 des Bundeselterngeld- und Elternzeitgesetzes vorliegen. ⁶Die nach den Sätzen 1 und 2 insgesamt zulässige Befristungsdauer verlängert sich bei Vorliegen einer Behinderung nach § 2 Absatz 1 des Neunten Buches Sozialgesetzbuch oder einer schwerwiegenden chronischen Erkrankung um zwei Jahre. ⁷Innerhalb der jeweils zulässigen Befristungsdauer sind auch Verlängerungen eines befristeten Arbeitsvertrages möglich.

(2) Die Befristung von Arbeitsverträgen des in § 1 Abs. 1 Satz 1 genannten Personals ist auch zulässig, wenn die Beschäftigung überwiegend aus Mitteln Dritter finanziert wird, die Finanzierung für eine bestimmte Aufgabe und Zeitdauer bewilligt ist und die Mitarbeiterin oder der Mitarbeiter überwiegend der Zweckbestimmung dieser Mittel entsprechend beschäftigt wird; die vereinbarte Befristungsdauer soll dem bewilligten Projektzeitraum entsprechen.

(3) [1]Auf die in Absatz 1 geregelte zulässige Befristungsdauer sind alle befristeten Arbeitsverhältnisse mit mehr als einem Viertel der regelmäßigen Arbeitszeit, die mit einer deutschen Hochschule oder einer Forschungseinrichtung im Sinne des § 5 abgeschlossen wurden, sowie entsprechende Beamtenverhältnisse auf Zeit und Privatdienstverträge nach § 3 anzurechnen. [2]Angerechnet werden auch befristete Arbeitsverhältnisse, die nach anderen Rechtsvorschriften abgeschlossen wurden. [3]Die Sätze 1 und 2 gelten nicht für Arbeitsverhältnisse nach § 6 sowie vergleichbare studienbegleitende Beschäftigungen, die auf anderen Rechtsvorschriften beruhen.

(4) [1]Im Arbeitsvertrag ist anzugeben, ob die Befristung auf den Vorschriften dieses Gesetzes beruht. Fehlt diese Angabe, kann die Befristung nicht auf Vorschriften dieses Gesetzes gestützt werden. [2]Die Dauer der Befristung muss bei Arbeitsverträgen nach Absatz 1 kalendermäßig bestimmt oder bestimmbar sein.

(5) [1]Die jeweilige Dauer eines befristeten Arbeitsvertrages nach Absatz 1 verlängert sich im Einverständnis mit der Mitarbeiterin oder dem Mitarbeiter um
1. Zeiten einer Beurlaubung oder einer Ermäßigung der Arbeitszeit um mindestens ein Fünftel der regelmäßigen Arbeitszeit, die für die Betreuung oder Pflege eines oder mehrerer Kinder unter 18 Jahren, auch wenn hinsichtlich des Kindes die Voraussetzungen des § 15 Absatz 1 Satz 1 des Bundeselterngeld- und Elternzeitgesetzes vorliegen, oder pflegebedürftiger sonstiger Angehöriger gewährt worden sind,
2. Zeiten einer Beurlaubung für eine wissenschaftliche oder künstlerische Tätigkeit oder eine außerhalb des Hochschulbereichs oder im Ausland durchgeführte wissenschaftliche, künstlerische oder berufliche Aus-, Fort- oder Weiterbildung,
3. Zeiten einer Inanspruchnahme von Elternzeit nach dem Bundeselterngeld- und Elternzeitgesetz und Zeiten eines Beschäftigungsverbots nach den §§ 3 bis 6, 10 Abs. 3, § 13 Abs. 1 Nr. 3 und § 16 des Mutterschutzgesetzes in dem Umfang, in dem eine Erwerbstätigkeit nicht erfolgt ist,
4. Zeiten des Grundwehr- und Zivildienstes und
5. Zeiten einer Freistellung im Umfang von mindestens einem Fünftel der regelmäßigen Arbeitszeit zur Wahrnehmung von Aufgaben in einer Personal- oder Schwerbehindertenvertretung, von Aufgaben eines oder einer Frauen- oder Gleichstellungsbeauftragten oder zur Ausübung eines mit dem Arbeitsverhältnis zu vereinbarenden Mandats,
6. Zeiten einer krankheitsbedingten Arbeitsunfähigkeit, in denen ein gesetzlicher oder tarifvertraglicher Anspruch auf Entgeltfortzahlung nicht besteht.

[2]In den Fällen des Satzes 1 Nummer 1, 2 und 5 soll die Verlängerung die Dauer von jeweils zwei Jahren nicht überschreiten. [3]Zeiten nach Satz 1 Nummer 1 bis 6 werden in dem Umfang, in dem sie zu einer Verlängerung eines befristeten Arbeitsvertrages führen können, nicht auf die nach Absatz 1 zulässige Befristungsdauer angerechnet.

Übersicht		Rdn			Rdn
A.	Die gesetzliche Entwicklung von der Sachgrundbefristung zum »personenbezogenen Sonderbefristungstatbestand«...............	1	C.	Sachgrundlose Befristungen (Abs. 1)..	9
			I.	Grundsatz.......................	9
			II.	Promotionsphase (Abs. 1 S. 1).......	12
I.	Sachgrundkatalog des § 57b Abs. 2 bis 4 HRG aF......................	1		1. Grundsatz.................	12
				2. Angemessene Befristungsdauer (Abs. 1 S. 3)................	19
II.	Sachgrundlose Befristungen seit dem 5. HRG Änderungsgesetz..........	6	III.	Postdocphase (Abs. 1 S. 2 Hs. 1)......	22
B.	Gesetzeszweck...................	7	IV.	Verlängerung der Postdocphase – »Bonusregelung« (Abs. 1 S. 2 Hs. 2)......	26

	Rdn		Rdn
V. Verlängerung auf Grund von Kinderbetreuungszeiten (Abs. 1 S. 4 und S. 5)	31	aa) Rechtslage bis zum 16.3.2016 (Abs. 3 S. 3 aF)	69
VI. Verlängerung auf Grund von Behinderung oder Erkrankung (Abs. 1 S. 6)	39	bb) Rechtslage ab dem 17.3.2016 (Abs. 3 S. 3)	71
VII. Vertragsverlängerungen (Abs. 1 S. 7)	40	F. Zitiergebot und Befristungsform (Abs. 4)	72
D. Drittmittelbefristungen (Abs. 2)	44	I. Gesetzliche Entwicklung	72
I. Grundsatz	44	II. Zitiergebot	74
II. Voraussetzungen der Drittmittelbefristung	46	III. Dauer der Befristung (Satz 3)	76
1. Drittmittelfinanzierung	46	G. Verlängerung des befristeten Arbeitsvertrages (Abs. 5)	77
2. Finanzierung für eine bestimmte Aufgabe und Zeitdauer	50	I. Gesetzliche Entwicklung	77
3. Überwiegend zweckentsprechende Beschäftigung	54	II. Grundsatz	80
4. Überwiegende Vergütung aus Drittmitteln	56	III. Vertragsverlängerung	82
		IV. Verlängerungsgründe	84
E. Anrechnung auf zulässige Befristungsdauer (Abs. 3)	58	1. Beurlaubung und Arbeitszeitermäßigung zur Betreuung von Familienangehörigen (Nr. 1)	84
I. Gesetzliche Entwicklung und Gesetzeszweck	58	2. Beurlaubung zur Weiterbildung (Nr. 2)	87
1. Gesetzliche Entwicklung	58	3. Mutterschaft und Elternzeit (Nr. 3)	89
2. Grundsatz	60	4. Grundwehr- und Zivildienst (Nr. 4)	92
II. Anrechnungsfähige Beschäftigungsverhältnisse	62	5. Freistellung für ehrenamtliche Aufgaben oder zur Mandatsübernahme (Nr. 5)	94
1. Arbeitgeber- und Dienstherrenstellung	62	6. Krankheitsbedingte Arbeitunfähigkeit (Nr. 6)	99
2. Inhalt des Beschäftigungsverhältnisses	64	V. Verlängerungshöchstgrenzen und Beginn der Verlängerung	101
a) Grundsatz	64	VI. Nichtanrechung der Verlängerungszeiten (Abs. 5 S. 3)	104
b) Rechtsgrund der Befristung	66		
c) Teilzeitbeschäftigung	67		
d) Rückausnahme nach Abs. 3 S. 3	69		

A. Die gesetzliche Entwicklung von der Sachgrundbefristung zum »personenbezogenen Sonderbefristungstatbestand«

I. Sachgrundkatalog des § 57b Abs. 2 bis 4 HRG aF

In der ab 1985 geltenden Rechtslage des HFVG vom 14.6.1985 (BGBl. I S. 1065, s.a. KR-*Treber/Waskow* § 1 WissZeitVG Rdn 1 ff.) wurden für wissenschaftliche und künstlerische Mitarbeiter sowie für angestellte Ärzte ein **Katalog von »absoluten« Befristungsgründen** (§ 57b Abs. 2 Nr. 1 bis 5 HRG) geschaffen, bei deren Vorliegen die Befristung immer sachlich gerechtfertigt ist (*Hauck-Scholz/Neie* NZA-RR 1999, 169). § 57b Abs. 2 Nr. 1 bis 5 HRG idF des 4. HRGÄndG (v. 20.8.1998, BGBl. I S. 2190) kannte fünf Befristungsgründe. Da § 57a S. 2 HRG aF ausdrücklich bestimmte, dass die arbeitsrechtlichen Vorschriften und Grundsätze über befristete Arbeitsverträge nur insoweit anzuwenden seien, als sie den Vorschriften dieses Gesetzes nicht widersprechen, galten die allgemeinen Grundsätze der Befristungskontrolle nach § 620 Abs. 1 BGB und später nach § 14 Abs. 1 TzBfG auch im Hochschulbereich, soweit nicht die Tatbestände des § 57b Abs. 2 bis 4 HRG aF gegeben waren. 1

Unter **Weiterbildung** iSd § 57b Abs. 2 Nr. 1 HRG aF waren zum einen die Weiterbildung »als wissenschaftlicher oder künstlerischer Nachwuchs« und zum anderen die »berufliche Aus-, Fort- oder Weiterbildung«, die zu einer Qualifizierung auf einem beruflichen Tätigkeitsfeld außerhalb der Hochschule dienen sollte, zu verstehen (*BAG* 14.12.1994 – 7 AZR 342/94 –). Zur speziellen Weiterbildung (erste Alternative) zählte danach als Sachgrund nur eine Tätigkeit zur **Qualifikation für die Wissenschaft als Beruf** (Promotion, Habilitation), die nach der vertraglichen Vereinbarung Ziel der Tätigkeit sein musste. Arbeitsvertraglich war dem wissenschaftlichen Mitarbeiter Gelegenheit zur eigenen wissenschaftlichen 2

§ 2 WissZeitVG   Befristungsdauer; Befristung wegen Drittmittelfinanzierung

Weiterbildung einzuräumen (*BAG* 5.6.2002 – 7 AZR 281/01 – EzA § 620 BGB Hochschulen Nr. 34). Wer habilitiert war, konnte nicht mehr als »Nachwuchs« befristet beschäftigt werden (dazu *BAG* 20.10.1999 – 7 AZR 738/98 – BAGE 92, 320). Mit der Weiterbildung für eine **berufliche Tätigkeit außerhalb der Hochschule** (zweite Alternative) ließ sich eine Befristung nur begründen, wenn der Arbeitnehmer Gelegenheit erhielt, im Wege der Vertiefung und Ergänzung der im Studium erworbenen Kenntnisse und Fähigkeiten seine beruflichen Aussichten außerhalb der Hochschule zu verbessern (*BAG* 25.8.1999 – 7 AZR 23/98 – EzA § 620 BGB Hochschulen Nr. 26). Daneben gab es noch den **Sachgrund des »Erstvertrages«** nach § 57b Abs. 2 Nr. 5 HRG aF, der eine Befristung bis zu zwei Jahren ermöglichte. Eine Befristung nach § 57b Abs. 2 Nr. 2 HRG aF war möglich, wenn – kumulativ – der Mitarbeiter **aus Haushaltsmitteln vergütet** wurde, die haushaltsrechtlich für eine befristete Beschäftigung bestimmt waren, der Mitarbeiter zu Lasten dieser Mittel eingestellt **und entsprechend beschäftigt** wurde (*BAG* 24.1.1996 – 7 AZR 342/95 – EzA § 620 BGB Hochschulen Nr. 2).

3 Die mit dem 4. HRGÄndG um die Lehrtätigkeit ergänzte Vorschrift des § 57b Abs. 2 Nr. 3 HRG aF – »Mitarbeiter besondere Kenntnisse und Erfahrungen in der Lehre, in der Forschungsarbeit oder in der künstlerischen Betätigung erwerben oder vorübergehend in sie einbringen soll« – sollte dem erleichterten **Austausch von lehrendem und forschendem sowie künstlerisch tätigem Personal** zwischen Hochschule und übriger Forschung in Industrie, Wirtschaft und ausgeübter Kunst dienen (*BAG* 23.2.2000 – 7 AZR 825/98 – EzA § 620 BGB Hochschulen Nr. 25).

4 Der Befristungsgrund der **Drittmittelfinanzierung** (Nr. 4; s. nunmehr § 2 Abs. 2 WissZeitVG; s. Rdn 44 ff.) war gegeben, wenn der Arbeitnehmer überwiegend aus Mitteln Dritter vergütet und der Zweckbestimmung entsprechend beschäftigt wurde. Das galt allerdings nur bei Forschungsvorhaben, nicht für die Erfüllung von Lehraufgaben, wie sich aus der Verknüpfung mit § 25 Abs. 1 HRG ergab. Mit Drittmitteln waren **nicht** die der Hochschule zur Verfügung gestellten **regulären Haushaltsmittel** gemeint (*BAG* 15.1.1997 – 7 AZR 158/96 – EzA § 620 BGB Hochschulen Nr. 12). Die Beschäftigung musste der Zweckbestimmung der Mittel entsprechen (*BAG* 15.4.1999 – 7 AZR 645/97 – BAGE 91, 206; 15.1.1997 – 7 AZR 158/96 – EzA § 620 BGB Hochschulen Nr. 12).

5 **Wissenschaftliche Hilfskräfte**, dh Mitarbeiter, die ihre wissenschaftlichen Dienstleistungen mit weniger als der Hälfte der regelmäßigen Arbeitszeit erbringen (*BAG* 20.9.1995 – 7 AZR 184/95 – EzA § 620 BGB Hochschulen Nr. 1), konnten lediglich nach den Sachgründen des § 57b Abs. 2 Nr. 1, 2 und 4 HRG aF befristet werden (*BAG* 6.11.1996 – 7 AZR 126/96 – BAGE 84, 278).

II. Sachgrundlose Befristungen seit dem 5. HRG Änderungsgesetz

6 Die Neuregelung durch das 5. HRGÄndG (v. 16.2.2002; ausf. KR-*Treber/Waskow* § 1 WissZeitVG Rdn 4 ff.) **verzichtete auf die Festlegung einzelner Sachgründe** für eine Befristung (BT-Drucks. 14/6853 S. 20). Für den erfassten Personenkreis wurde unterstellt, dass seine Beschäftigung der eigenen Aus-, Fort- und Weiterbildung dient und für den regelmäßigen Austausch des Personals zur Sicherung der Innovation in Forschung und Lehre an den Hochschulen notwendig ist (BT-Drucks. 14/6853, S. 30, 16/3438, S. 11). Die Befristung nach dem HRG war insoweit als »personenbezogener Sonderbefristungstatbestand« zu werten (*Preis/Hausch* NJW 2002, 928; *Lakies* ZTR 2002, 250; *Knopp/Gutheil* NJW 2002, 2830). Die Vorschriften wurden nach der Nichtigerklärung des 5. HRGÄndG durch das BVerfG (27.7.2004 – 2 BvF 2/02 – BVerfGE 111, 226, s. KR-*Treber/Waskow* § 1 WissZeitVG Rdn 10 f.) unverändert und mit rückwirkender Kraft (KR-*Treber/Waskow* § 7 WissZeitVG Rdn 5 ff.) am 31.12.2004 neu in Kraft gesetzt (BGBl. I S. 2316; s. KR-*Treber/Waskow* § 1 WissZeitVG Rdn 10 f.). Das WissZeitVG vom 12.4.2007 führt diese Befristungsmöglichkeiten fort (KR-*Treber/Waskow* § 1 WissZeitVG Rdn 12).

B. Gesetzeszweck

7 Die **Befristungshöchstgrenzen nach § 2 Abs. 1 WissZeitVG** sind der Kern der Regelung des Verhältnisses von befristeter und unbefristeter Beschäftigung im Hochschulbereich. Einerseits soll den Mitarbeitern und Mitarbeiterinnen ein hinreichender Zeitraum zur Qualifizierung und den Hochschulen zur Nachwuchsförderung offenstehen; andererseits zwingt die Regelung Hochschulen und

Nachwuchswissenschaftler dazu, die Qualifizierungsphase zügig voranzutreiben, wenn das Privileg der befristeten Beschäftigung genutzt werden soll (BT-Drucks. 14/6853 S. 32, 16/3438, S. 11; *Preis/Hausch* NJW 2002, 928 ff.).

Die Vorschrift entspricht in den Abs. 1, 3 bis 5 im Wesentlichen dem § 57b HRG aF. Neu hinzugekommen ist die sog. **familienpolitische Komponente** in § 2 Abs. 1 S. 3 WissZeitVG (s. Rdn 31 ff., s.a. KR-*Treber/Waskow* § 1 WissZeitVG Rdn 16) und die neu geschaffene Möglichkeit der **Drittmittelbefristung** (§ 2 Abs. 2 WissZeitVG; s. Rdn 44 ff., s.a. KR-*Treber/Waskow* § 1 WissZeitVG Rdn 14). Schließlich wurde die Verlängerungshöchstgrenze bei der Nichtanrechnung von Unterbrechungszeiten zur »Soll«-Bestimmung geändert (§ 2 Abs. 5 S. 2 WissZeitVG; s. Rdn 79). Infolge des **Wegfalls der einzelnen Personalkategorien** sind die vormaligen Differenzierungen zwischen wissenschaftlichen und künstlerischen Mitarbeitern einerseits und wissenschaftlichen und künstlerischen Hilfskräften andererseits entfallen. Diese können nun auch in der sog. Postdocphase beschäftigt werden (*Preis/Ulber* Rn 17). 8

C. Sachgrundlose Befristungen (Abs. 1)

I. Grundsatz

Die **Befristungshöchstgrenze** beläuft sich wie bisher auf insgesamt **zwölf Jahre**, im Bereich der **Medizin auf fünfzehn Jahre** (§ 1 Abs. 1 S. 1 und 2 WissZeitVG). Sie gliedert sich dabei in **zwei Zeitphasen**, die unterschiedliche Zielsetzungen zur Qualifikation der Mitarbeiter zum Ziel haben. Die erste auf maximal sechs Jahre ausgelegte **Qualifizierungsphase** dient dabei regelmäßig der Anfertigung einer Dissertation (Promotionsphase, s. Rdn 12 ff.). Die zweite Phase (**Postdocphase**) eröffnet den promovierten wissenschaftlichen Mitarbeitern innerhalb von weiteren sechs Jahren (im Bereich der Medizin neun Jahre) die Erbringung weiterer wissenschaftlicher Leistungen und Tätigkeiten in der Lehre, um sich für die Übernahme in eine Professur zu qualifizieren (Abs. 1 S. 2, s. Rdn 22 ff.). Zum Ausgleich der **Folgen der COVID-19-Pandemie** für Nachwuchswissenschaftler und -künstler ist die **Höchstbefristungsdauer** nach Abs. 1 für Arbeitsverhältnisse, die im Zeitraum vom 1.3.2020 bis 31.3.2021 bestanden haben, **verlängert worden** (vgl. dazu iE. KR-*Treber/Waskow* § 7 Rn 16). 9

Die Zeiträume sind so festgelegt, dass den wissenschaftlichen Mitarbeitern und wissenschaftlichen Hilfskräften mit einem Beschäftigungsumfang von mehr als einem Viertel der regelmäßigen Arbeitszeit (§ 2 Abs. 3 S. 1 WissZeitVG), die in die Berechnung der Höchstgrenzen vom Gesetzgeber bewusst mit einbezogen wurden (BT-Drucks. 16/3438 S. 12), hinreichend Zeit zur Qualifizierung und den Hochschulen zur Nachwuchsförderung offensteht, gleichzeitig aber ein Zeitdruck gesetzt wird, um Nachwuchswissenschaftler zu zügiger Leistungserbringung und Hochschulen zur schnellen Bewertung einer möglichen Fortsetzung der wissenschaftlichen Karriere des Mitarbeiters zu veranlassen (BT-Drucks. 15/4132 S. 19). Unterstützt wird dies durch die in § 2 Abs. 1 S. 2 WissZeitVG geregelte **Verlängerungsregelung** (s. Rdn 26 ff.) für die Postdocphase (BT-Drucks. 16/3438 S. 12). Nicht zu verkennen ist allerdings, dass durch den neu eingeführten **Drittmitteltatbestand** in § 2 Abs. 2 WissZeitVG das geschilderte **gesetzliche Anliegen konterkariert** werden kann (krit. deshalb APS-*Schmidt* Rn 1; s. bereits KR-*Treber/Waskow* § 1 WissZeitVG Rdn 14). 10

Die **Darlegungs- und Beweislast** für die Voraussetzungen einer Befristung nach dem WissZeitVG und für die Einhaltung der zulässigen Höchstbefristungsdauer trägt der Arbeitgeber (*BAG* 21.8.2019 – 7 AZR 563/17 – Rn 42; 27.7.2017 – 7 AZR 629/15 – Rn 35). Für die mangels ausdrücklicher Sachgründe eingeschränkte gerichtliche Überprüfung der letzten Befristung ist die **Dreiwochenfrist** des § 17 S. 1 TzBfG iVm. § 1 Abs. 5 WissZeitVG ab vereinbartem Ende des Arbeitsverhältnisses einzuhalten (vgl. etwa *BAG* 24.2.2016 – 7 AZR 182/14 – Rn 12). 11

II. Promotionsphase (Abs. 1 S. 1)

1. Grundsatz

§ 2 Abs. 1 S. 1 WissZeitVG ermöglicht in der Phase **vor Abschluss einer Promotion** die Befristung von Arbeitsverträgen mit wissenschaftlichen und künstlerischen Mitarbeitern bis zu einer Dauer 12 von sechs Jahren ohne weiteren Sachgrund. Bei der Bemessung der **sechsjährigen Höchstbefristung** und der ersten Zeitphase hat sich der Gesetzgeber an den bisherigen Regelungen im HRG aF sowie Erfahrungen aus der Praxis orientiert. Dabei hat der Gesetzgeber bedacht, dass wissenschaftliche Mitarbeiter zunächst einmal an die wissenschaftliche Arbeit herangeführt werden müssen, bevor sie eine hinreichend qualifizierte Dissertation erstellen können. Hierfür hält der Gesetzgeber in Anlehnung an die Erprobungsbefristung des § 57b Abs. 2 Nr. 5 HRG aF einen Zeitraum von etwa ein bis zwei Jahren für ausreichend, an den sich für die Anfertigung der Dissertation und den Abschluss des Promotionsverfahrens die Zeitspanne von drei bis vier Jahren anschließt. Um Spielraum zu belassen, hat er die maximalen Ansätze auf einen Zeitraum von sechs Jahren addiert, die er für die **wissenschaftliche Erstqualifikation** für angemessen, aber auch ausreichend hält (BT-Drucks. 16/3438 S. 11, 15/4132 S. 19). Darauf kann nach der Einfügung des § 2 Abs. 1 S. 3 WissZeitVG durch das Gesetz zu dessen Änderung (KR-*Treber/Waskow* § 1 WisszeitVG Rdn 17) auch noch zurückgegriffen werden (iE Rdn 21). Durch die Einfügung des § 6 WissZeitVG für wissenschaftliche Hilfstätigkeiten von Studierenden ist für die Beschäftigung nach § 2 Abs. 1 S. 1 WissZeitVG darüber hinaus ein abgeschlossenes Hochschulstudium erforderlich, soweit dies nach den einschlägigen Studienordnungen mittlerweile regelmäßig – unter Ablösung der Möglichkeit einer sog. grundständigen Promotion – die Voraussetzung für eine Promotion bildet (s.a. *Preis/Ulber* Rn 21).

13 Nach der Neufassung 2016 ist die Befristung nach § 2 Abs. 1 Satz 1 WissZeitVG nur zulässig, wenn sie »**zur Förderung der eigenen wissenschaftlichen oder künstlerischen Qualifizierung erfolgt**«. Damit hat der Gesetzgeber klargestellt, dass diese Befristungsmöglichkeiten der Qualifizierung des wissenschaftlichen und künstlerischen Nachwuchses dienen (BT-Drs. 18/6489, S. 10; s.a. *BAG* 20.1.2021 – 7 AZR 193/20 – Rn 24). Gleichwohl handelt es sich ebenso wie bei der Befristung nach der Altfassung um eine sachgrundlose Befristung (HWK/*Rennpferdt* § 23 TzBfG Rn 48.1; *Kiel* JbArbR 54, 51). Ausreichend ist es, wenn eine wissenschaftliche/künstlerische Kompetenz angestrebt wird, die in irgendeiner Form auch zu einer beruflichen Karriere außerhalb der Wissenschaft befähigt (BT-Drs. 18/6489 S. 10.), ohne dass dies alleiniger Zweck einer Beschäftigung sein muss (APS-*Schmidt* Rn 6). Es genügt, wenn der Qualifizierungszweck im Vordergrund steht (*Maschmann/Konertz* NZA 2016, 257; ErfK/*Müller-Glöge* Rn 2b; HWK/*Rennpferdt* § 23 TzBfG Rn 48.2). Auch nach der Neufassung ist es aber **nicht Voraussetzung, dass Gelegenheit zur Vorbereitung einer Promotion** gegeben oder eine solche tatsächlich angestrebt wird (BT-Drucks. 16/3438 S. 11, 15/4132 S. 19; *Kiel* JbArbR 54, 51, 59; ErfK-*Müller-Glöge* Rn 2b; Preis/*Ulber* Rn 12; HWK/*Rennpferdt* § 23 TzBfG Rn 48; APS-*Schmidt* Rn 4; zur Altfassung *BAG* 23.10.2019 – 7 AZR 7/18 – Rn 30). Zwar dürften dem befristet beschäftigten wissenschaftlichen Personal regelmäßig Aufgaben übertragen werden, die einer Vorbereitung der Promotion oder der Erbringung zusätzlicher wissenschaftlicher Leistungen förderlich sind. Ihnen sollte im Rahmen ihrer Dienstaufgaben auch ausreichend Gelegenheit zu eigener wissenschaftlicher Arbeit gegeben werden. Allein entscheidend ist, dass die **Beschäftigung der wissenschaftlichen oder künstlerischen Qualifikation förderlich ist** (*Stumpf* NZA 2015, 326, 327). Reine Verwaltungstätigkeit reicht nicht aus (*Geis/Krause* Rn 10; ErfK-*Müller-Glöge* Rn 2b; zum alten Recht *BAG* 28.1.1998 – 7 AZR 677/96 – EzA § 620 BGB Hochschulen Nr. 15). Der Möglichkeit, eine Tätigkeit zur wissenschaftlichen Qualifizierung zu nutzen, kann auch der **Umfang der Tätigkeit** entgegenstehen. Das ist nach der Wertung des § 2 Abs. 3 S. 1 WissZeitVG bei **Arbeitsverhältnissen mit bis zu einem Viertel der regelmäßigen Arbeitszeit** der Fall. Der Gesetzgeber hat solche Arbeitsverhältnisse von der Anrechnung auf die Höchstbefristungsdauer ausgenommen, weil sie aufgrund ihres geringen Umfangs realistischer Weise nicht zur wissenschaftlichen oder künstlerischen Qualifizierung genutzt werden können (BT-Drucks. 16/3438 S. 11). Damit ist auch der Anwendungsbereich des Sonderbefristungsrechts für solche Arbeitsverhältnisse nicht eröffnet (*BAG* 20.1.2021 – 7 AZR 193/20 – Rn 24).

14 Nach der Zweckrichtung des Gesetzes ist es nicht mehr zulässig, früher unter die Sonderbefristungstatbestände fallendes **Personal mit ärztlichen Aufgaben** (§ 54 HRG aF) sowie **Lehrkräfte für besondere Aufgaben** (§ 56 HRG; sog. Funktionsstellen, s.a. KR-*Treber/Waskow* § 1 WissZeitVG Rdn 50 ff.) befristet anzustellen (BT-Drucks. 14/6853 S. 18). Sofern das Interesse besteht, Einzelne

aus diesen Personengruppen auch zu ihrer eigenen wissenschaftlichen Qualifizierung zu beschäftigen, bleibt es den Hochschulen und Forschungseinrichtungen überlassen, sie als wissenschaftliche Mitarbeiter und Mitarbeiterinnen befristet anzustellen (BT-Drucks. 15/4132 S. 18; *Preis/Hausch* NJW 2002, 928; missverständlich *Lakies* ZTR 2002, 254).

Ist der **Anzustellende bereits promoviert**, kann die Zeitspanne nach **Abs. 1 S. 1 nicht mehr für eine** 15 **Befristung** nach dem WissZeitVG genutzt werden. Die Möglichkeit des Abschlusses eines befristeten Vertrags mit nicht promoviertem Personal nach § 2 Abs. 1 S. 1 WissZeitVG endet mit dem Abschluss der Promotion. Dabei ist es unbeachtlich, ob die Promotion tatsächlich im Rahmen eines Beschäftigungsverhältnisses oder außerhalb eines solchen, oder ob sie vor, mit oder nach Abschluss eines Studiums absolviert wurde. Entscheidend ist vielmehr, dass es für einen Qualifikationsabschnitt, der absolviert wurde, nicht mehr der Ermöglichung eines befristeten Beschäftigungsverhältnisses bedarf (BT-Drucks. 16/3438 S. 12). Das gilt unabhängig von der Fachrichtung, in der die Promotion erfolgte, oder ob sie an einer anderen Hochschule – auch im Ausland, sofern der der erworbene akademische Grad mit dem einer inländischen Promotion gleichzustellen ist (*Preis/ Ulber* Rn 19) – vollzogen wurde. Auch derjenige, der eine **zweite Promotion** in einem anderen Fach abschließen möchte, kann nicht nach § 2 Abs. 1 S. 1 WissZeitVG befristet werden (APS-*Schmidt* Rn 10; *Dörner* Befr. Arbeitsvertrag Rn 551).

Kommt es während des befristeten Arbeitsverhältnisses zur **Promotion des Arbeitnehmers**, ist die- 16 ser Umstand auf dessen Dauer wie auch auf die Wirksamkeit der Befristung ohne Einfluss. Allerdings wird die nach der Promotion im Arbeitsverhältnis verbrachte Zeit auf die nachfolgende Postdocphase iRd Berechnung nach § 2 Abs. 1 S. 2 WissZeitVG berücksichtigt (*Preis/Ulber* Rn 39; *Dörner* Befr. Arbeitsvertrag Rn 553; ErfK-*Müller-Glöge* Rn 2b). Der Beschäftigte kann diese Zeit allerdings bereits für die nachfolgende Qualifikation nutzen.

Gelingt dem wissenschaftlichen oder künstlerischen Beschäftigten binnen der Höchstbefris- 17 tungsdauer von sechs Jahren **nicht der erfolgreiche Abschluss der Promotion**, ist eine weitere befristete Beschäftigung auf der Grundlage des Sonderbefristungsrechts des WissZeitVG nicht mehr möglich. Weitere Anschlussbefristungen können nur nach Maßgabe des **allgemeinen Befristungsrechts** (*Geis/Krause* Rn 17; dazu ausf. s. KR-*Treber/Waskow* § 1 WissZeitVG Rdn 69 ff.) oder nach dem Drittmitteltatbestand des § 2 Abs. 2 WissZeitVG (s. Rdn 44 ff.) vereinbart werden (APS-*Schmidt* Rn 17; *Preis/Ulber* Rn 40; ErfK-*Müller-Glöge* Rn 2b; HWK/ *Rennpferdt* § 23 TzBfG Rn 51). Der früher anerkannte Befristungssachgrund »Promotion« (*BAG* 19.8.1981 EzA § 620 BGB Nr. 50) kann jenseits der in § 2 Abs. 1 S. 1 WissZeitVG geregelten Höchstdauer keine neuerliche Befristung rechtfertigen (BT-Drucks. 15/4132 S. 21; BT-Drucks. 14/6853 S. 32; *Preis/Hausch* NJW 2002, 930, 933; aA Hochschulhdb-*Löwisch/ Wertheimer* VII Rn 199 ff.).

Einstellungsgrenzen, wie sie § 57b Abs. 6 HRG aF – »soll nicht später als vier Jahre nach der 18 letzten Hochschulprüfung« – für den erstmaligen Abschluss eines befristeten Arbeitsvertrages vorsah, **kennt die Neuregelung nicht**. Eine lebensaltersbezogene Einstellungsgrenze stößt sowohl an **verfassungsrechtliche** (dazu *BAG* 25.8.1998 – 7 AZR 641/96 – EzA § 620 BGB Altersgrenze Nr. 9; 20.2.2002 – 7 AZR 748/00 – EzA § 620 BGB Altersgrenze Nr. 11) wie auch unionsrechtliche Grenzen (zu den Anforderungen s. etwa *EuGH* 12.1.2010 – C-229/08 – ZTR 2010, 165). Zudem können **besondere Erwerbsbiografien** nicht hinreichend erfasst werden (BT-Drucks. 16/ 3438 S. 12). Zu denken ist auch an die erstmalige Begründung eines befristeten Arbeitsverhältnisses mit einem Mitarbeiter, der besondere Kenntnisse und Erfahrungen in Forschung oder Lehre außerhalb der Hochschule einbringen kann, wie es bei Wissenschaftlern und Wissenschaftlerinnen der Fall sein kann, die bisher in der Industrie tätig waren und nunmehr eine Hochschullaufbahn einschlagen wollen. Bei diesem Personenkreis ist schließlich zu erwarten, dass sie die Befristungshöchstgrenzen zur Erlangung einer weiteren wissenschaftlichen Qualifikation, die eine unbefristete Beschäftigung als Professor ermöglicht, nicht ausschöpfen müssen (BT-Drucks. 14/6853 S. 32, 15/ 4132 S. 20; *Dieterich/Preis* Befristete Arbeitsverhältnisse in Wissenschaft und Forschung, Konzept einer Neuregelung im HRG, 2001, S. 60 f.).

2. Angemessene Befristungsdauer (Abs. 1 S. 3)

19 Innerhalb des sechsjährigen Befristungsrahmens kann das Arbeitsverhältnis auf eine kürzere Dauer befristet werden. Das verdeutlicht § 2 Abs. 1 S. 7 WissZeitVG. Danach kann innerhalb des sechsjährigen Rahmens das Arbeitsverhältnis mehrfach verlängert werden (s. Rdn 40 ff.). Durch § 2 Abs. 1 S. 3 WissZeitVG muss die Befristungsdauer für ab dem 17.3.2016 geschlossene Verträge so bemessen sein, dass sie »**der angestrebten Qualifikation angemessen**« ist. Der Gesetzgeber hat angesichts der Vielgestaltigkeit der Voraussetzungen, die für eine wissenschaftliche Qualifizierung in den einzelnen Fachrichtungen bestehen, bewusst darauf verzichtet, (Mindest-)Vertragslaufzeiten für den Erstvertrag und für Verlängerungsverträge festzulegen (BT-Drs. 18/6489 S. 10); die Anregung des Bundesrats, eine Mindestbefristungsdauer von 24 Monaten vorzusehen, hat er nicht aufgenommen (BT-Drs. 18/6489 S. 20), sondern auf den Begriff der Angemessenheit verwiesen (*BAG* 20.1.2021 – 7 AZR 193/20 – Rn 38). Ziel ist die **Verhinderung unangemessener Kurzzeitbefristungen**, innerhalb derer der Zweck der Beschäftigung – eine wissenschaftliche Qualifizierung – schon aufgrund der Befristungsdauer nicht erreicht werden kann (*Anton* ZTR 2016, 432, 433 f.; *Preis/Ulber* Rn 26 f.). Für die Beurteilung der Angemessenheit der vertraglichen Laufzeiten verweist die Gesetzesbegründung auf von den »Wissenschaftseinrichtungen jeweils erstellte Leitlinien, Codes of Conducts, Grundsätze etc. für die Qualifizierung« des wissenschaftlichen Nachwuchses, von denen einige beispielhaft genannt werden (BT-Drucks. 16/6489, S. 11). Ihnen allen ist gemeinsam, dass sie für die Arbeitsgerichte keine bindenden Aussagen enthalten, weil sie letztlich vom Arbeitgeber vorgegeben sind (*BAG* 20.1.2021 – 7 AZR 193/20 – Rn 38; *Kiel* JbArbR 54, 61; *Maschmann/Konertz* NZA 2016, 257; ErfK-*Müller-Glöge* Rn 4; APS-*Schmidt* Rn 11; *Preis/Ulber* Rn 33; zur Gestaltung durch Leitlinien auch *Mandler/Meißner* OdW 2017, 199, 205 f.). In der Sache führt dies zu den bereits angemahnten **Anwendungsschwierigkeiten** (*Kroll* ZTR 2016, 238, 269; APS-*Schmidt* Rn 11; *Preis/Ulber* Rn 28 f., der meint, »schon der Grundfall der Promotion sei nicht prognostizierbar«). Mit der Bindung der Wirksamkeit der Befristung an den unbestimmten Rechtsbegriff der angemessenen Befristungsdauer sind Rechtsunsicherheiten unvermeidbar. Zu berücksichtigen ist, dass bei der Angemessenheitsprüfung der Schutz des Arbeitnehmers vor zu kurz und nicht vor zu lang bemessenen Befristungen im Vordergrund steht (zutr. *ArbG Köln* 23.6.2017 – 17 Ca 316/17 – Rn 25).

20 Die Angemessenheit der Befristungsdauer ist im **jeweiligen Einzelfall unter Berücksichtigung der Verhältnisse bei Vertragsschluss zu überprüfen** (*BAG* 20.1.2021 – 7 AZR 193/20 – Rn 38; *Kiel* JbArbR 54, 61; APS-*Schmidt* Rn 11; *Preis/Ulber* Rn 28 f.). Ausgehend von den Verhältnissen bei Vertragsschluss ist mit Blick auf die angestrebte Qualifikation sowie unter Berücksichtigung einer bereits bestehenden Qualifikation des Beschäftigten zu prüfen, ob diese in der vereinbarten Vertragslaufzeit, auch unter Berücksichtigung des gewählten Themas, erreicht werden kann. Die vielfältigen Kriterien, die es hierbei zu beachten gilt, verdeutlichen, dass eine Vertragsdauer anhand der durchschnittlichen Promotionszeiten in einem Fach allein keine angemessene Vertragsdauer zu begründen vermag. Dem kann allenfalls ein Indizcharakter zukommen (*Brötzmann* öAT 2016, 48, 50; *Preis/Ulber* Rn 329). In der Praxis können sich entsprechende Dokumentationen, die anlässlich des Vertragsschlusses erstellt werden oder sog. **Betreuungsvereinbarungen** (gesetzlich vorgesehen durch § 38 Abs. 5 LHG BW, dazu und zur Frage, ob der Abschluss für eine Promotion zwingende Voraussetzung sein kann, abl. *Löwisch/Würtenberger* OdW 2014, 103, 106 ff.) aus Gründen der Rechtssicherheit empfehlen. Sie können geeignet sein, die Nachvollziehbarkeit der gewählten Vertragsdauer als angemessen darzustellen (APS-*Schmidt* Rn 11; *Preis/Ulber* Rn 29). Die erforderliche Prognoseentscheidung führt zur Unwirksamkeit der Befristung, wenn sie unangemessen ausfällt (*Hauck-Scholz* RdA 2015, 262, 263, 265; wohl auch *Preis/Ulber* Rn 289: »soll Teil der erforderlichen Prognoseentscheidung werden«).

21 Diese Einzelfallprüfung schließt die pauschale Annahme aus, eine Vertragslaufzeit von einem oder zwei Jahren sei regelmäßig als angemessen anzusehen (*BAG* 20.1.2021 – 7 AZR 193/20 – Rn 38; vgl. aber auch *Preis/Ulber* Rn 36). Gleichwohl wird nach Durchführung einer einzelfallbezogenen Prüfung eine Befristungsdauer von zwei Jahren meist als angemessen angesehen werden können,

was aber kürzere Laufzeiten nicht ausschließt. Eine Vertragslaufzeit, mit der die (ggf. restliche) Höchstbefristungsdauer nach § 2 Abs. 1 Satz 1 WissZeitVG ausgeschöpft wird, ist jedenfalls stets angemessen iSv. § 2 Abs. 1 Satz 3 WissZeitVG *(BAG* 20.1.2021 – 7 AZR 193/20 – Rn 38). Auch nach der Neuregelung des Abs. 1 S. 3 ist es nicht geboten, bereits den »**Erstvertrag**« stets auf die Dauer der voraussichtlichen Promotionszeit zu befristen (krit. zu einer dahingehenden Praxis der Hochschulverwaltungen *Preis/Ulber* Rn 37). Jedenfalls dann, wenn keine wissenschaftliche Qualifikation vorliegt, kann aber eine Vorbereitungs- und Erprobungszeit von etwa einem Jahr vereinbart werden (s. bereits Rdn 12), um die Eignung des Beschäftigten beurteilen zu können, die angestrebte Qualifikation werde im Zeitrahmen des § 2 Abs. 1 S. 1 WissZeitVG erreicht (*Preis/Ulber* Rn 28, dort auch näher zur »Angemessenheit« und zu einem etwaigen Rechtsmissbrauch bei unterjährigen Befristungen, Rn 36). Ansatzpunkte für eine unangemessen kurze Laufzeit dürfte es – ohne schematische Betrachtung – regelmäßig bei einer Befristungsdauer von weniger als drei bzw. sechs Monaten geben, wenn kein besonderer Grund für die Kurzzeitbefristung ersichtlich ist (*Preis/Ulber* Rn 36).

III. Postdocphase (Abs. 1 S. 2 Hs. 1)

Nach abgeschlossener Promotion ist bis zu einer **Maximalbefristungsdauer von sechs Jahren**, im Bereich der Medizin bis zu neun Jahren (s. Rdn 23), eine weitere Befristung nach § 2 Abs. 1 S. 2 WissZeitVG zulässig. Eine Promotion ist bei künstlerischen Mitarbeitern regelmäßig nicht anzutreffen, sodass dann der Befristungstatbestand für sie nicht herangezogen werden kann (DDZ-*Nebe* Rn 11). Bei der Bemessung des für die wissenschaftliche Qualifizierung im Anschluss an die Promotion erforderlichen Zeitbedarfs ist es – mit Ausnahme der »Bonusregelung« nach Abs. 2 S. 1 Hs. 2 – grds. unbeachtlich, ob die Promotion im Rahmen eines Beschäftigungsverhältnisses oder außerhalb eines solchen absolviert wurde (BT-Drucks. 16/3438 S. 11). Die sechsjährige Frist entspricht der früheren zulässigen Befristungsdauer für wissenschaftliche Assistenten (§ 48 Abs. 1 HRG aF) und für Juniorprofessuren, die dienstrechtlich nunmehr in den Landeshochschulgesetzen geregelt werden. Die **zweite Qualifikationsphase** soll den Beschäftigten durch Erbringung weiterer wissenschaftlicher oder künstlerischer Leistungen und Tätigkeiten in der Lehre für die Übernahme einer Professur qualifizieren (BT-Drucks. 16/3438 S. 12, 14/6853 S. 33). Sie kann – soweit landesrechtlich gesetzlich eröffnet – zur Tätigkeit als Juniorprofessor genutzt werden, wobei das WissZeitVG für diesen Personenkreis an staatlichen Hochschulen nicht einschlägig ist (s. KR-*Treber/Waskow* § 1 WissZeitVG Rdn 46). Die zweite Qualifizierungsphase erzwingt indessen nicht das Durchlaufen einer Juniorprofessur.

Für den **Bereich der Medizin** ist die **zweite Qualifikationsphase auf höchstens neun Jahre** ausgedehnt worden. Das berücksichtigt den zusätzlichen Zeitbedarf der Medizinerinnen und Mediziner, die neben Aufgaben in Forschung und Lehre auch mit Aufgaben in der Krankenversorgung betraut sind und die neben der wissenschaftlichen Qualifizierung eine Facharztausbildung oder eine vergleichbare medizinische Weiterbildung absolvieren (BT-Drucks. 16/3438 S. 12). Dem Kreis der hierunter fallenden Mitarbeiter sind **ärztliche, zahnärztliche und tierärztliche Aufgabenstellungen** zuzurechnen (*BAG* 2.9.2009 – 7 AZR 291/08 – EzA § 620 BGB 2002 Hochschulen Nr. 4; ErfK-*Müller-Glöge* Rn 3b). Dabei kommt es nicht darauf an, ob der wissenschaftliche Mitarbeiter in einem Fachbereich eingesetzt wird, der seiner Fachrichtung entspricht, solange es sich um einen medizinischen Bereich handelt (*LAG RhPf* 4.2.2011 – 9 Sa 528/10, AE 2011, 168 [LS]: promovierte Tierärztin ist im Bereich der Humanmedizin tätig). Aus der gesetzlichen Begründung folgt zugleich, dass andere akademische Beschäftigte mit wissenschaftlichen Zielsetzungen keine Berücksichtigung finden, etwa im Bereich der klinischen Forschung tätige Biologen oder Chemiker, die der Medizin zuarbeiten (*BAG* 2.9.2009 – 7 AZR 291/08 – EzA § 620 BGB 2002 Hochschulen Nr. 4; AR-*Löwisch* Rn 7; ErfK-*Müller-Glöge* Rn 3b; Hochschulhdb-*Löwisch/Wertheimer* VII Rn 181; DDZ-*Nebe* Rn 13; *Preis/Ulber* Rn 49). Der Umstand, dass hier Vernetzungen mit der Medizin bestehen und die dort Beschäftigten nicht selten über eine Doppelqualifikation als Arzt/Biologe oder Arzt/Chemiker verfügen, führt nicht zu der geforderten Aufgabenstellung. Nach § 47 S. 2 HRG aF sollten **Juniorprofessoren** mit ärztlichen, zahnärztlichen und tierärztlichen Aufgaben zusätzlich die Anerkennung als Facharzt nachweisen, soweit für das betreffende Fachgebiet nach Landesrecht eine entsprechende Weiterbildung vorgesehen ist. Diese Bestimmung ist bereits mit dem HdaVÄndG entfallen. Eine vergleichbare Regelung für wissenschaftliche Mitarbeiter im Bereich der Medizin gab und gibt es nicht, da bei ihnen eine abgeschlossene Facharztausbildung keine Einstellungsvoraussetzung ist (BT-Drucks. 14/6853 S. 27, 33, 15/4132 S. 18, 16/3438 S. 12).

24 Der befristete Arbeitsvertrag darf erst **nach erfolgter Promotion** geschlossen werden (*BAG* 24.8.2011 – 7 AZR 228/10 – BAGE 139, 109, Rn 23; zur wortgleichen Vorgängervorschrift § 57b Abs. 1 Satz 2 Halbs. 1 HRG aF *BAG* 20.1.2010 – 7 AZR 753/08 – EzA § 620 BGB 2002 Hochschulen Nr. 6 Rn 19 m. teilw. krit. Anm. *Löwisch/Jantz*; *Geis/Krause* Rn 19). Der für den Beginn der zweiten Qualifikationsphase wichtige **Zeitpunkt des Abschlusses einer Promotion** ergibt sich mangels einer bundesgesetzlichen Regelung grundsätzlich aus dem Landesrecht und dem maßgeblichen Satzungsrecht der Universität, also den **Promotionsordnungen** der Fachbereiche und Fakultäten (*BAG* 18.5.2016 – 7 AZR 712/14 – EzA § 620 BGB 2002 Hochschulen Nr. 21; zur inhaltsgleichen Vorgängerregelung in § 57b Abs. 1 Satz 2 HRG aF BAG 20.1.2010 – 7 AZR 753/08 – EzA § 620 BGB 2002 Hochschulen Nr. 6). Gleiches gilt für den Zeitpunkt des Beginns der Promotion zur Berechnung der Einsparzeit nach Abs. 1 S. 2 2. Hs (BAG 23.3.16 – 7 AZR 70/14 – Rn 47). Dabei ist – vorbehaltlich anderweitiger Regelungen in den jeweiligen Promotionsordnungen – regelmäßig davon auszugehen, dass eine Promotion mit dem Tag der mündlichen Prüfung (Rigorosum, Disputation) und der anschließenden Verkündung des Gesamtergebnisses »abgeschlossen« ist (*Preis/Hausch* NJW 2002, 929; *Annuß/Thüsing-Lambrich* § 23 TzBfG Rn 107 f.; *Reich* HRG § 2 WissZeitVG Rn 3; LS-*Schlachter* Anh. 2 § 2 WissZeitVG Rn 5). Soweit bei einer fehlenden ausdrücklichen Regelung auf den Tag der Verleihung des Doktorgrades, namentlich durch Aushändigung der Doktorurkunde abgestellt wird (ErfK-*Müller-Glöge* Rn 3; Geis/*Krause* Rn 19 ff.; wohl auch *Reich* HRG § 2 WissZeitVG Rn 2: Berechtigung zur vorläufigen Führung des Doktortitels), wird nicht genügend berücksichtigt, dass zwischen dem Tag der mündlichen Prüfung und der Übergabe der Promotionsurkunde geraume Zeit verstreichen kann und dafür Umstände eine Rolle spielen können, auf die der Beschäftigte keinen Einfluss hat. In der Folge könnte ihm eine mögliche Verlängerung in der zweiten Qualifikationsphase geraume Zeit verschlossen bleiben. Jedenfalls ist hier eine Klarstellung durch Landesrecht geboten (*Löwisch/Jantz* Anm. zu EzA § 620 BGB 2002 Hochschulen Nr. 6). Soweit durch Landesrecht Vereinbarungen zwischen Hochschullehrer und Wissenschaftler ermöglicht würden, wäre im Streitfall auf die Zeit der tatsächlichen Befassung mit der Promotion abzustellen (Hochschulhdb-*Löwisch/Wertheimer* VII Rn 170). Damit würde der Vorteil klarer Zeitgrenzen teilweise aufgegeben.

25 Es ist **nicht erforderlich**, dass sich die Befristung im **zweiten Qualifikationsabschnitt nahtlos an die Promotionsphase anschließt** (*Geis/Krause* Rn 23; APS-*Schmidt* Rn 17). So ist es denkbar, dass der Mitarbeiter nach Ablauf der sechsjährigen Höchstbefristung nach Satz 1 seine Promotion noch nicht zu Ende gebracht hat. Führt er sein Promotionsverfahren danach ohne Anstellung an der Hochschule oder Forschungseinrichtung zu Ende oder begründet er zwischendurch einen befristeten Arbeitsvertrag nach anderen Rechtsvorschriften (s. KR-*Treber/Waskow* § 1 WissZeitVG Rdn 69 ff.), setzt eine neue Befristung nach Abs. 1 S. 2 zulässigerweise erst danach ein (*Dörner* Befr. Arbeitsvertrag Rn 562; *Lakies* ZTR 2002, 254). Allerdings kann sich dann die zulässige Befristungsdauer für die zweite Qualifikationsphase durch Anrechnung nach Abs. 1 S. 2 verkürzen.

IV. Verlängerung der Postdocphase – »Bonusregelung« (Abs. 1 S. 2 Hs. 2)

26 Für die zweite Qualifikationsphase kommt eine **neu geschaffene Verlängerungsregel** zum Tragen, die den **zügigen Abschluss der Promotion belohnt**, unabhängig davon, ob diese innerhalb oder außerhalb eines Beschäftigungsverhältnisses nach Abs. 1 S. 1 erarbeitet wurde (BT-Drucks. 16/3438 S. 12). Nach § 2 Abs. 1 Satz 2 Hs. 2 WissZeitVG verlängert sich die zulässige Befristungsdauer für die Postdoc-Phase in dem Umfang, in dem Zeiten der Promotion mit und ohne Beschäftigung nach Abs. 1 Satz 1 weniger als sechs Jahre betragen haben. Wer schneller als in sechs Jahren seine Promotion zum Abschluss gebracht hat, kann die eingesparte Zeit zur Verlängerung der

Postdocphase nutzen (*Dörner* Befr. Arbeitsvertrag Rn 564 ff.; *Geis/Krause* Rn 28; ErfK-*Müller-Glöge* Rn 5; *Lakies* ZTR 2002, 254; Hochschulhdb-*Löwisch/Wertheimer* VII Rn 169 f.). Damit wird sichergestellt, dass die insgesamt zulässige Höchstdauer von zwölf (oder fünfzehn) Jahren nicht überschritten wird, andererseits aber auch voll ausgeschöpft werden kann (BT-Drucks. 14/6853 S. 33, 15/4132 S. 20, 16/3438, S. 12; s.a. *Preis/Hausch* NJW 2002, 929).

Damit kann sich eine einmalige sechsjährige Befristung für die erste Qualifizierungsphase als nachteilig erweisen, wenn es zu einem vorzeitigen Abschluss der Promotion kommt und einer Aufhebung dieses Vertrages Hindernisse im Wege stehen (*Dörner* Befr. Arbeitsvertrag Rn 567) und die verbleibende Zeit in dieser Beschäftigung nicht bereits für die weitere Qualifikation genutzt werden kann. Im Bereich der **Medizin** kann sich die Frist theoretisch auf zwölf Jahre ausdehnen, soweit die Promotion nicht schon – wie üblich – vor Studienabschluss begonnen wurde. 27

Allerdings eröffnet die Regelung lediglich die **Möglichkeit der Verlängerung** der Postdocphase. Notwendig ist eine **Verlängerungsvereinbarung**, da eine automatische Berücksichtigung des »Bonus« nicht erfolgt (*Reich* HRG § 2 WissZeitVG Rn 4; APS-*Schmidt* Rn 18). Es gilt daher das Schriftformerfordernis und das Zitiergebot nach § 2 Abs. 4 WissZeitVG. Die Hochschule ist – anders als nach § 2 Abs. 5 WissZeitVG (s. Rdn 78) – nicht verpflichtet, das Beschäftigungsverhältnis in dem ermittelten Umfang zu verlängern. Ein **Rechtsanspruch** des Beschäftigten **besteht nicht** (ErfK-*Müller-Glöge* Rn 5; APS-*Schmidt* Rn 18; *Preis/Ulber* Rn 57; *Dörner* Befr. Arbeitsvertrag Rn 568 f.). Es obliegt der freien Entscheidung der Hochschule, ob sie einen solchen Vertrag abschließt. 28

Bei der **Berechnung** des die Postdoc-Phase verlängernden **Bonuszeitraums** ist die gesamte Promotionszeit zu berücksichtigen, unabhängig davon, ob sie innerhalb oder außerhalb eines Beschäftigungsverhältnisses iSv. § 2 Abs. 1 Satz 1 WissZeitVG zurückgelegt wurde, ob sie im Inland oder im Ausland absolviert wurde oder ob sie vor oder nach Abschluss eines Studiums lag (BAG 23.3.2016 – 7 AZR 70/14 – BAGE 154, 375, Rn 45; BT-Drs. 16/3438 S. 12; vgl. auch APS-*Schmidt* Rn 12, nicht aber Zeiten nach § 2 Abs. 5 S. 1 WissZeitVG (*Geis/Krause* Rn 31; aA *Preis/Ulber* Rn 54). Die Regelung stellt sicher, dass auch Zeiten einer befristeten Beschäftigung vor dem Beginn eines Promotionsvorhabens bei der Berechnung der zulässigen Befristungsdauer angerechnet werden, sofern sie auf Grundlage von Satz 1 befristet waren. Ebenso werden Promotionszeiten, die vor dem Abschluss der Erstausbildung lagen, berücksichtigt. Das betrifft insbes. Promovierende im Bereich der Medizin, die bereits während ihres Studiums promovieren, ferner Lehrer und Juristen, sofern sie während der Referendarzeit promovieren (BT-Drucks. 16/3438 S. 12). Schließlich sind Zeiten eines Stipendiums mit einzubeziehen (LS-*Schlachter* Anh. 2 Rn 7). Dabei ist im Zweifel auf die **Nettopromotionszeit** abzustellen, dh diejenigen Zeiten bleiben unberücksichtigt, in denen die Promotion nicht vorangetrieben werden kann, wie es auf Grund der parallel zu bewältigenden medizinischen Ausbildung der Fall sein kann (BT-Drucks. 16/3438 S. 12), wobei nicht zu verkennen ist, dass es dabei nachvollziehbarer Kriterien bedarf. 29

Im Einzelfall kann sich die **Ermittlung der Promotionsdauer** schwierig gestalten. Nach der inzwischen weggefallenen Regelung in § 21 HRG aF hatten sich Personen, die eine Dissertation anfertigen, nach Maßgabe des Landesrechts als Doktoranden der Hochschule einzuschreiben, an der sie promovieren wollen. Mit der Einschreibung beginnt daher bis zum Abschluss der Erstausbildung die anrechenbare Promotionszeit. Danach sind für die Feststellung der Dauer der Promotion folgende **drei Fallgruppen** zu unterscheiden: Bei Studierenden (insbes. in medizinischen Studiengängen) ist, sofern durch das Landesrecht oder das Satzungsrecht der Hochschule, etwa durch die Promotionsordnung, kein Ereignis festgelegt ist, welches den Beginn der Promotionsphase festlegt, nachzuweisen, ab welchem Zeitpunkt das Promotionsthema und -vorhaben vereinbart wurden. Das kann durch eine Erklärung des betreuenden Hochschullehrers erfolgen oder durch Zuweisung eines Themas, weil angenommen werden kann, dass ab diesem Zeitpunkt eine Befassung erfolgt (BAG 23.3.2016 – 7 AZR 70/14 – BAGE 154, 375, Rn 47 mwN; *Geis/Krause* Rn 8). Die Anknüpfung an ein solches Kriterium ist, auch wenn sich die nachträgliche Ermittlung schwierig gestalten kann, der Erklärung des Doktoranden über die Zeit, in der er sich mit dem Thema befasst hat, vorzuziehen (*Preis/Ulber* Rn 45 f.; APS-*Schmidt* Rn 21; aA ErfK-*Müller-Glöge* Rn 5; offen gelassen 30 bei LS-*Schlachter* Anh. 2 § 2 WissZeitVG Rn 8). Bei Mitgliedern der Hochschule auf Grund eines Beschäftigungsverhältnisses ist die genaue Erfassung der Promotionszeit entbehrlich, da gleichzeitig ein auf die Befristungshöchstdauer anzurechnendes Beschäftigungsverhältnis besteht. Bei sonstigen Promovierenden beginnt die Promotionszeit mit der Einschreibung als Doktorand (vgl. § 21 Abs. 1 HRG aF), sofern entsprechende landesrechtliche Bestimmungen bestehen. Anderenfalls ist – mit allen damit verbundenen Unsicherheiten – die Befassung mit dem Thema als Kriterium heranzuziehen (APS-*Schmidt* Rn 13). Diese Zeiten sind bei der »Bonus«-Regelung zu berücksichtigen. In diesem Zusammenhang steht dem **Arbeitgeber ein Fragerecht** zu, um die für die maximale Befristungsdauer nach Abs. 1 S. 2 Hs. 2 notwendigen Informationen zu erhalten (*Geis/Krause* Rn 8; APS-*Schmidt* Rn 22; zu einem Anfechtungsrecht wegen bewusst unrichtiger Beantwortung s. Rdn 61). Ein **Wechsel des Promotionsthemas** führt nicht dazu, dass der dazu in Anspruch genommene Zeitraum bei der Berechnung nach Abs. 1 S. 1 Hs. 2 außer Betracht bleibt. Auch diese Zeit diente der wissenschaftlichen Qualifizierung (APS-*Schmidt* Rn 21; *Preis/Ulber* Rn 56).

V. Verlängerung auf Grund von Kinderbetreuungszeiten (Abs. 1 S. 4 und S. 5)

31 Mit dem gegenüber der Vorgängerregelung des § 57b HRG aF neu eingefügten Satz 3 in § 2 Abs. 1 WissZeitVG (nunmehr Satz 4) wurde das Hochschulbefristungsrecht um eine sog. **familienpolitische Komponente** ergänzt (s. KR-*Treber/Waskow* § 1 WissZeitVG Rdn 16; zur geringen tatsächlichen Inanspruchnahme *Jongmanns* S. 3). Danach **verlängert sich die zulässige Befristungshöchstdauer**, die Abs. 1 S. 1 und S. 2 regeln, bei der Betreuung eines oder mehrerer Kinder unter 18 Jahre um zwei Jahre je Kind (*BAG* 23.3.2016 – 7 AZR 70/14 – BAGE 154, 375). Dabei geht es nicht wie bei § 2 Abs. 5 WissZeitVG um eine automatisch eintretende Vertragsverlängerung, sondern um eine zeitliche Erweiterung des für eine Befristung zur Verfügung stehenden Zeitraums, von der die Parteien Gebrauch machen können, aber nicht müssen. Daher tritt die Verlängerung der zulässigen Höchstbefristungsdauer »bei Betreuung« eines oder mehrerer Kinder automatisch ein und setzt weder eine Vereinbarung der Parteien, die Befristung auf Satz 4 zu stützen, noch die Kenntnis des Arbeitgebers von der Betreuungssituation voraus (*BAG* 25.4.2018 – 7 AZR 181/16 – Rn 33). Die Verlängerungsoption besteht unabhängig von einer Ermäßigung der Arbeitszeit oder einer Beurlaubung, wie sie in § 2 Abs. 5 WissZeitVG vorausgesetzt wird. Der Gesetzgeber will mit der Vorschrift insbes. die Situation derjenigen wissenschaftlichen Mitarbeiter berücksichtigen, die als Mütter und Väter ihre Erziehungsaufgaben wahrnehmen, ohne nach § 1 Abs. 5 S. 1 Nr. 3 WissZeitVG Elternzeit zu nehmen (BT-Drucks. 16/3438 S. 12). Für eine den zusätzlichen Zeitraum nutzende Verlängerung ist eine Befristungsvereinbarung abzuschließen, bei der die Schriftform einzuhalten und das Zitiergebot nach § 2 Abs. 4 WissZeitVG zu beachten ist.

32 Es besteht im Gegensatz zur Verlängerung bei Nichtanrechnungszeiten iSd § 2 Abs. 5 WissZeitVG (s. Rdn 77 ff.) gegenüber der Hochschule **kein Rechtsanspruch auf Verlängerung** um die Zeiten der Kinderbetreuung in dem in Satz 4 jeweils vorgesehenen Umfang. Das betrifft neben dem »Ob« der Vertragsverletzung auch die Frage, in welchem Umfang eine Vertragsverlängerung von Seiten der Hochschule angeboten wird (APS-*Schmidt* Rn 23; ErfK-*Müller-Glöge* Rn 6). Gleichwohl kann sich die Hochschule durch eine entsprechende **Verwaltungspraxis** hinsichtlich der Verlängerungsmöglichkeit binden (*Löwisch* NZA 2007, 483). Der Gesetzgeber geht selbst davon aus, dass die Arbeitgeber in der Wissenschaft von der Verlängerung der Rahmenfrist nach Satz 4 allerdings kaum Gebrauch machen werden, wenn der Nachwuchswissenschaftler bereits die Möglichkeiten nach Abs. 5 in nennenswertem Umfang genutzt hat. Andererseits soll es aber nicht ausgeschlossen sein, dass sich auch ein nach Satz 4 abgeschlossener Vertrag nach Abs. 5 verlängern kann, wenn zum Beispiel zur Betreuung eines erkrankten Kindes eine zeitweise Beurlaubung erfolgt (BT-Drucks. 16/3438 S. 16). Ob damit die familienpolitische Zwecksetzung der Neuregelung tatsächlich zum Tragen kommt, ist allerdings zu hinterfragen (m. Recht krit. APS-*Schmidt* Rn 28; *Kortstock* ZTR 2007, 10; *Räder/Steinheimer* PersR 2007, 330).

33 Die Verlängerungsmöglichkeit setzt die **Betreuung eines Kindes unter 18 Jahren** während eines auf die Höchstbefristungsdauer anzurechnenden Beschäftigungsverhältnisses voraus. Nicht erforderlich

ist dessen Geburt im Verlauf des befristeten Arbeitsverhältnisses (vgl. *BAG* 8.6. 2016 – 7 AZR 568/ 14 – EzA § 620 BGB Hochschulen 2002 Nr. 23 Rn 26; HWK/*Rennpferdt* § 23 TzBfG Rn 55a). Auch wenn die Vorschrift eine Begriffsbestimmung nicht enthält (ErfK-*Müller-Glöge* Rn 6a), wird man die **Verwandtschaftsregelungen des BGB** als einschlägig ansehen müssen. Hierfür spricht auch der gesetzgeberische Hintergrund, die signifikant höhere Kinderlosigkeit von Nachwuchswissenschaftlerinnen (s. KR-*Treber/Waskow* § 1 WissZeitVG Rdn 16). Danach sind zunächst die eigenen Abkömmlinge iSd § 1589 ff. BGB und die nach den §§ 1741 ff. BGB angenommenen Kinder gemeint. In der bis zum 16.3.2016 geltenden Fassung konnte der Regelung nicht eindeutig entnommen werden, ob auch die Betreuung von Stief- und Pflegekindern erfasst ist (abl. daher etwa LS-*Schlachter* Anh. 2 § 2 WissZeitVG Rn 11; *Kortstock* ZTR 2007, 350, Fn. 14; sowie KR 11. Aufl., Rn 30 mwN). Da im Rahmen der Verlängerung nach § 2 Abs. 5 S. 1 Nr. 1 WissZeitVG aF auf die Betreuung von Kindern und »sonstigen Angehörigen« abgestellt wurde, war auch im hiesigen Zusammenhang davon auszugehen, dass die Betreuung von Stief- und Pflegekindern nicht vom Tatbestand geregelt wird. Nach der Rechtsprechung waren jedenfalls diejenigen Kinder erfasst, die mit dem Ziel der Annahme als Kind in den Haushalt aufgenommen wurden – sog. **Adoptionspflege** iSd § 1 Abs. 3 Nr. 1 BEEG (*BAG* 25.4.2018 – 7 AZR 181/16).

Mit der Novellierung des Wissenschaftszeitvertragsgesetzes ist die Rechtslage ab dem 17.3.2016 34 durch die in Abs. 1 S. 5 neu aufgenommene und den Anwendungsbereich von Satz 4 erweiternde **Verweisung auf § 15 Abs. 1 S. 1 BEEG** durch den Gesetzgeber klargestellt worden (s. ausdrücklich BT-Drucks 18/6489 S. 11): **Nicht nur leibliche Kinder**, sondern auch andere, zu denen eine **rechtlich verfestigte Beziehung** besteht (s. *Maschmann/Konertz* NZA 2016, 257, 264), namentlich **Stief- und Pflegekinder**, sind Kinder iSd Abs. 1 S. 4. Das ist der Fall, wenn sie in Vollzeitpflege iSd § 33 SGB VIII im Haushalt aufgenommen sind (§ 15 Abs. 1 Nr. 2 BEEG) oder für sie ein Anspruch auf Elterngeld nach § 1 Abs. 3 oder 4 BEEG besteht. Es sind diejenigen Kinder, die mit dem Ziel der Annahme aufgenommen wurden (§ 1 Abs. 3 Nr. 1 BEEG; vgl. auch *BAG* 25.4.2018 – 7 AZR 181/ 16 – Rn 29), solche des Ehegatten oder Lebenspartners iSd § 1 LPartG (§ 1 Abs. 3 Nr. 2 BEEG) oder Kinder, bei denen die Vaterschaft anerkannt, über sie aber noch nicht entschieden worden ist (§ 1 Abs. 3 Nr. 3 BEEG).

Von einer **Betreuung** – die vom Gesetz nicht näher bestimmt wird – ist regelmäßig auszugehen, 35 wenn Kind und betreuende Person **in einem gemeinsamen Haushalt** leben (BT-Drucks. 16/3438 S. 12; *BAG* 8.6.2016 – 7 AZR 568/14 – EzA § 620 BGB Hochschulen 2002 Nr. 23). Das entspricht auch dem Gesetzeszweck, der eine Mehrbelastung ausgleichen will (s. KR-*Treber/Waskow* § 1 WissZeitVG Rdn 16). Ein gesonderter Nachweis des zeitlichen Aufwands ist nicht erforderlich (*BAG* 8.6.2016 – 7 AZR 568/14 – EzA § 620 BGB Hochschulen 2002 Nr. 23; 23.3.2016 – 7 AZR 70/14; *Kortstock* ZTR 2007, 9). Eine Betreuung kann sich auch bei einem nur **phasenweise gemeinsam bestehenden Haushalt** ergeben (LS-*Schlachter* Anh. 2 § 2 WissZeitVG Rn 11; DDZ-*Nebe* Rn 19, *Kortstock* ZTR 2007, 9, mit dem zutreffenden Beispiel der Aufteilung der Betreuungsleistungen im Verlauf der Woche und am Wochenende; ebenso *Preis/Ulber* Rn 68), wenngleich man hier eine nähere Erklärung verlangen kann. Ein Sorgerecht oder vergleichbares Recht des Betreuenden spricht für eine Betreuung, muss aber nicht bestehen (DDZ-*Nebe* Rn 19; *Geis/Krause* Rn 40; *Preis/Ulber* Rn 66; aA APS-*Schmidt* Rn 25: das Fehlen spreche gegen den vom Gesetz vorausgesetzten Betreuungsumfang). Höchstrichterlich ungeklärt ist noch, ob es auch dann zu einer vollen zweijährigen Verlängerung der Höchstbefristungsdauer kommt, wenn etwa das Kind das 18. Lebensjahr während des zweiten Beschäftigungsjahres vollendet oder die Betreuung aus anderen Gründen vor Ablauf von zwei Jahren endet (so bei Trennung der Eltern), oder ob dann nur eine anteilige Verlängerung möglich ist (so die Vorauflage sowie APS-*Schmidt* Rn 25; ErfK-*Müller-Glöge* Rn 6a; *Preis/ Ulber* Rn 71). Da das Gesetz weder auf zurückliegende Betreuungszeiten noch auf die konkrete Betreuungssituation im Haushalt des jeweiligen Beschäftigten abstellt (vgl. *BAG* 8.6.2016 – 7 AZR 568/14 – EzA § 620 BGB Hochschulen 2002 Nr. 23 Rn 53 f), sondern auf den Umstand der Kinderbetreuung als solchen, und sich nach dem Gesetzeswortlaut die Höchstbefristungsdauer »um zwei Jahre je Kind« und nicht »um bis zu zwei Jahre« verlängert, eine anteilige Verlängerung der

Höchstbefristungsdauer gesetzlich also nicht vorgesehen ist, dürfte aber auch in diesem Fall eine zweijährige Verlängerung anzunehmen sein.

36 Auch lässt sich dem Gesetz nicht entnehmen, inwieweit erst **zukünftige Betreuungszeiten** berücksichtigt werden können. Das kann dann von Bedeutung sein, wenn die Geburt des Kindes kurz vor Ablauf einer der Höchstbefristungsgrenzen nach § 2 Abs. 1 S. 1 oder 2 WissZeitVG erfolgt. Die Verlängerung der Höchstbefristungsdauer um zwei Jahre setzt aber nicht zwingend voraus, dass die Betreuung des Kindes **während** eines nach Abs. 1 S. 1 oder S. 2 **bestehenden Arbeitsverhältnisses** für volle zwei Jahre besteht. Vielmehr verlängert sich die Höchstbefristungsdauer auch dann um zwei Jahre und nicht nur anteilig, wenn der Betreuungsbedarf erst innerhalb der letzten zwei Jahre vor Ablauf der Höchstbefristungsdauer auftritt (*BAG* 25.4.2018 – 7 AZR 181/16 – Rn 34; 23.3.2016 – 7 AZR 70/14 – Rn 52; aA ErfK-*Müller-Glöge* Rn 6a; APS-*Schmidt* Rn 25). Der Betreuungsbedarf muss jedoch vor Ablauf der Höchstbefristungsdauer eingetreten sein. Nach Ablauf der Höchstbefristungsdauer kann es nicht mehr zu deren Verlängerung kommen (*BAG* 8.6.2016 – 7 AZR 568/14 – EzA § 620 BGB Hochschulen 2002 Nr. 23 Rn 26). Das gilt jedenfalls dann, wenn eine mindestens zweijährige Betreuungszeit (wie in der Regel) zu prognostizieren ist (LS-*Schlachter* Anh. 2 § 2 WissZeitVG Rn 11; DDZ-*Nebe* Rn 20, *Kortstock* ZTR 2007, 9; anders *Preis/Ulber* Rn 72; vgl. *BAG* 23.3.2016 – 7 AZR 70/14 – Rn 52). Sollte sich die Prognose später als unzutreffend herausstellen, ist das für die Wirksamkeit der Befristung (für den Verlängerungszeitraum) – wie stets – ohne Bedeutung (LS-*Schlachter* Anh. 2 § 2 WissZeitVG Rn 11).

37 Die Verlängerungsoption von zwei Jahren besteht **für jeden Elternteil und für jedes Kind**. Sind beide Elternteile im Geltungsbereich des WissZeitVG tätig, gilt die Verlängerung der Höchstbefristungsdauer also für beide (*BAG* 23.3.2016 – 7 AZR 70/14 – EzA § 620 BGB 2002 Hochschulen Nr. 17 Rn 54; *Geis/Krause* Rn 41). Ausgehend von einer Halbtagsbetreuung ab der Geburt bis zum Ende des Grundschulalters geht der Gesetzgeber von einem Betreuungsbedarf für das Kind in den ersten zehn Lebensjahren aus. Das rechtfertigt eine Verlängerung des Befristungsrahmens bei beiden Elternteilen von zusammen vier Jahren (BT-Drucks. 16/3438 S. 12). Darüber hinaus besteht die Verlängerung für jedes Kind, weil angesichts der Länge der gesamten Qualifizierungsphase nicht in jedem Fall davon ausgegangen werden könne, dass mehrere Kinder in kurzem Zeitabstand hintereinander geboren werden und der Zeitraum ihrer intensiven Betreuungsbedürftigkeit im Wesentlichen deckungsgleich ist. Daher ist eine mehrfache Verlängerung bei mehreren Kindern angemessen (BT-Drucks. 16/3438 S. 12 f.). Da die Vorschrift keine Aufteilung des Zweijahreszeitraums zwischen den Eltern vorsieht, ist die Verlängerungsoption auch dann gegeben, wenn die Betreuung zeitlich parallel erfolgt (ErfK-*Müller-Glöge* Rn 6a; APS-*Schmidt* Rn 19).

38 Die **Verlängerung der Befristungshöchstdauer** gilt nach dem Gesetzeswortlaut sowohl für die Promotionszeit nach Abs. 1 S. 1 als auch für die zweite Qualifizierungsphase iSd Abs. 1 S. 2. Die in Satz 4 geregelte Verlängerung betrifft nicht entweder die in Satz 1 normierte Befristungsdauer vor der Promotion oder die in Satz 2 bestimmte Befristungsdauer nach der Promotion, sondern die **Gesamtdauer beider Zeiträume** (*BAG* 21.8.2019 – 7 AZR 21/18 – BAGE 167, 341, Rn 15). Es verlängert sich also die nach § 2 Abs. 1 S. 1 und 2 insgesamt zulässige Befristungsdauer, weshalb eine Gesamtbetrachtung bei der Verlängerung nach Satz 4 beider Qualifizierungsphasen vorzunehmen ist. Damit wird sichergestellt, dass die Verlängerung nicht doppelt, dh. für jede Phase in Anspruch genommen wird. Auch wenn die Kinderbetreuung ausschließlich nach der Promotion erfolgt, verlängert sich nicht allein die zulässige Befristungsdauer in der sog. Postdoc-Phase, sondern die Höchstdauer der gesamten aus der Promotions- und Postdoc-Phase bestehenden Qualifizierungsphase (*BAG* 21.8.2019 – 7 AZR 21/18 – BAGE 167, 341, Rn 15).

VI. Verlängerung auf Grund von Behinderung oder Erkrankung (Abs. 1 S. 6)

39 Durch das Gesetz zur Änderung des Wissenschaftszeitvertragsgesetzes (KR-*Treber* § 1 WisszeitVG Rdn 17) wurden die Verlängerungsoptionen im neu eingefügten § 2 Abs. 1 S. 6 WisszeitVG im Falle des **Vorliegens einer Behinderung nach § 2 Abs. 1 SGB IX** oder einer **schwerwiegenden chronischen Erkrankung** erweitert. Damit will der Gesetzgeber dem aus den Vorgaben der

UN-Behindertenrechtskonvention abgeleiteten gleichberechtigten Zugang zu beruflicher Qualifikation entsprechen und die Vereinbarkeit von Wissenschaft und Behinderung ermöglichen (BT-Drucks. 17/6489 S. 11). In beiden Fällen verlängert sich die zulässige Befristungsdauer um zwei Jahre. Der Nachweis einer Behinderung ergibt sich aus dem auf Antrag des Arbeitnehmers nach § 69 Abs. 1 SGB IX ergehenden Bescheid (iE KR-*Gallner* Vor §§ 168–173 SGB IX Rdn 11 ff.), der keinen besonderen Grad der Behinderung erfordert, weil keine Schwerbehinderung vorausgesetzt wird (*Preis/Ulber* Rn 75; *Arnold/Gräfl/Rambach* Rn 26). Schwieriger gestaltet sich die Bestimmung der **schwerwiegenden chronischen Erkrankung**. Der Gesetzgeber hat davon abgesehen, diesen Begriff näher zu bestimmen. Ausgehend vom Zweck der Verlängerungsmöglichkeit wird man eine durch die Erkrankung bestehende Beeinträchtigung bei der Erbringung der wissenschaftlichen oder künstlerischen Dienstleistung voraussetzen müssen (APS-*Schmidt* Rn 27; ErfK-*Müller-Glöge* Rn 6c). Dies ist durch ärztliches Attest zu belegen (*Maschmann* NZA 2016, 257). Die Heranziehung der sog. Chroniker-Richtlinie des gemeinsamen Bundesausschusses (so *Arnold/Gräfl/Rambach* Rn 27; *Anton* ZTR 2016, 432, 436; *Preis/Ulber* Rn 75) ist insoweit problematisch, als sie neben einer wenigstens seit einem Jahr bestehenden ärztlichen Dauerbehandlung einen Pflegegrad von 3 oder 4 iSd § 15 SGB XI voraussetzt. Bei der Verlängerungsmöglichkeit, auf die kein Anspruch besteht, kann eine kürzere als zwei Jahre bestehende Behinderung oder schwerwiegende chronische Erkrankung berücksichtigt werden (*Preis/Ulber* Rn 76).

VII. Vertragsverlängerungen (Abs. 1 S. 7)

Im Rahmen der jeweils zulässigen Befristungsdauer für das wissenschaftliche und künstlerische **40** Personal sind Verlängerungen eines befristeten Arbeitsvertrages zulässig. Es ist nicht erforderlich, bereits mit dem ersten befristeten Arbeitsvertrag die Höchstbefristungsdauer nach Abs. 1 S. 1 oder S. 2 auszuschöpfen. Die **einmalige oder mehrfache Verlängerung bis zu den gesetzlich höchstzulässigen Zeitvertragsgrenzen** ist zulässig (BT-Drucks. 15/4132 S. 21, 16/3438 S. 13). Ein Rechtsanspruch des Beschäftigten auf eine Vertragsverlängerung – zur Ausschöpfung der gesetzlichen Höchstbefristungsdauer – besteht indes nicht (APS-*Schmidt* Rn 29; *Geis/Krause* Rn 12).

Die Verlängerung iSv § 2 Abs. 1 S. 4 WissZeitVG ist **von der Verlängerung nach § 2 Abs. 5 S. 1** **41** **und 2 WissZeitVG** (dazu vgl. *BAG* 30.8.2017 – 7 AZR 524/15 – Rn 31 ff.) **zu unterscheiden**. Während eine Verlängerung iSv Abs. 1 S. 4 eine schriftliche Verlängerungsvereinbarung (§ 14 Abs. 4 TzBfG) der Arbeitsvertragsparteien voraussetzt (dazu KR-*Lipke/Bubach* § 14 TzBfG Rdn 688 ff.), sieht Abs. 5 eine Reihe von Nichtanrechnungsmöglichkeiten für »Unterbrechungszeiten« vor, die bei Einverständnis des Arbeitnehmers automatisch die Verlängerung des befristeten Arbeitsvertrages bewirken (*Lakies* ZTR 2002, 255).

Trotz der Verweisung in § 1 Abs. 1 S. 5 WissZeitVG auf die arbeitsrechtlichen Vorschriften und **42** Grundsätze über befristete Arbeitsverträge gelten für die Verlängerung nach § 2 Abs. 1 S. 7 4 WissZeitVG nicht die Grundsätze zur Verlängerung sachgrundloser Befristungen nach § 14 Abs. 2 TzBfG. Eine **Verlängerung** iSv § 2 Abs. 1 S. 7 WissZeitVG auch möglich, wenn es sich nicht um nahtlose Weiterbeschäftigung zu den bisherigen Vertragsbedingungen, sondern um einen **Neuabschluss nach einer Unterbrechung** handelt (*BAG* 8.6.2016 – 7 AZR 568/14 – EzA § 620 BGB Hochschulen 2002 Nr. 23 Rn 30; 9.12.2015 – 7 AZR 117/14 – EzA § 620 BGB Hochschulen 2002 Nr. 14 Rn 40; ErfK-*Müller-Glöge* Rn 7; *Dörner* Befr. Arbeitsvertrag Rn 556 f.; *Preis/Ulber* Rn 38; APS-*Schmidt* Rn 32; aA DDZ-*Nebe* Rn 29). Für eine Verlängerung während des noch bestehenden Arbeitsverhältnisses spricht zwar grammatikalisch, dass sich eine solche auf ein bestehendes Arbeitsverhältnis bezieht (s. KR-*Lipke/Bubach* § 14 TzBfG Rdn 436 ff., mwN). Die Verweisung greift ein, soweit es den Vorschriften der §§ 2 bis 7 WissZeitVG nicht widerspricht. Für einen Neuabschluss nach einem beendeten Arbeitsvertrag spricht bereits die Anrechnungsregel nach § 2 Abs. 3 S. 1 und 2 WissZeitVG, wonach auf die Höchstbefristungsdauer von zwölf oder fünfzehn Jahren (Medizin) alle befristeten Arbeitsverhältnisse mit mehr als einem Viertel der regelmäßigen Arbeitszeit, die an irgendeiner deutschen Hochschule oder einer Forschungseinrichtung abgeschlossen wurden, vollumfänglich anzurechnen sind. Auch fehlt ein dem § 14 Abs. 2 TzBfG verwandter

§ 2 WissZeitVG — Befristungsdauer; Befristung wegen Drittmittelfinanzierung

Regelungsgegenstand, den verbotenen Neuabschluss zu verhindern (*Dörner* Befr. Arbeitsvertrag Rn 556; APS-*Schmidt* Rn 32). Anders als bei der sachgrundlosen Befristung nach § 14 Abs. 2 TzBfG geht der Gesetzgeber iRd WissZeitVG gerade davon aus, dass ein Befristungsgrund »unterstellt« werden kann. Die Klarstellungs- und Beweisfunktion des auch hier zu beachtenden Schriftformerfordernisses nach § 14 Abs. 4 TzBfG (*v. Koppenfels* AuR 2002, 241 ff.) steht dem nicht entgegen. Sie kann auch bei einem Neuabschluss gewährleistet werden. Es geht auch nicht darum, noch nachträglich und ohne Einhaltung der Form eine Verlängerung zu ermöglichen (*v. Koppenfels* AuR 2002, 241 ff.; *Annuß/Thüsing-Lambrich* § 23 TzBfG Rn 104).

43 Allein der Umstand, dass die **Zahl der Verlängerungen** anders als im TzBfG **nicht begrenzt** ist und ein Verbot des sachgrundlosen Neuabschlusses fehlt, steht dem vorstehenden Verständnis nicht entgegen. Eine mehrfache Befristung mit Unterbrechungen und unterschiedlichen Arbeitgebern unterbindet zwar nicht **funktionswidrige Kettenbefristungen**. Diese können aber auch dann entstehen, wenn jeweils kurz vor Ablauf der Befristung ein »Verlängerungsvertrag« geschlossen wird. Vielmehr ist entscheidend, ob die Dauer des einzelnen Arbeitsvertrages so bemessen ist, dass die angestrebte wissenschaftliche Qualifikation in dem vereinbarten Zeitraum sinnvoll vorangetrieben werden kann und konkrete Zwischenergebnisse erreicht werden können (vgl. *BAG* 27.1.1988 – 7 AZR 292/87 – EzA § 620 BGB Nr. 97), um den Qualifikationszweck nicht zu gefährden (*Preis/Ulber* Rn 38; APS-*Schmidt* Rn 25; weitergehend DDZ-*Nebe* Rn 31: Mindestdauer von einem Jahr).

D. Drittmittelbefristungen (Abs. 2)

I. Grundsatz

44 Durch § 2 Abs. 2 WissZeitVG wird – angelehnt an die Regelung des § 57 Abs. 2 Nr. 4 HRG idF HFVG (s.a. KR-*Treber/Waskow* § 1 WissZeitVG Rdn 1) – der Tatbestand der **Drittmittelfinanzierung als besonderer Befristungsgrund** vorgesehen (s.a. KR-*Treber/Waskow* § 1 WissZeitVG Rdn 14). Nach § 2 Abs. 2 S. 1 WissZeitVG ist die Befristung zulässig, wenn die Beschäftigung überwiegend aus Mitteln Dritter finanziert wird, die Finanzierung für eine bestimmte Aufgabe und Zeitdauer bewilligt ist und der Arbeitnehmer überwiegend entsprechend der Zweckbestimmung dieser Mittel beschäftigt wird. Die ausdrückliche Aufnahme des Drittmitteltatbestands soll die rechtssichere Handhabung des Befristungsrechts für das wissenschaftliche, künstlerische und – bis zur gesetzlichen Änderungen durch das erste Änderungsgesetz ab dem 17.3.2016 (KR-*Treber/Waskow* § 1 WissZeitVG Rdn 17) – das akzessorische Personal (s. Rn 45 sowie *Treber* KR 11. Aufl., § 2 WissZeitVG Rn 42) an den Hochschulen und Forschungseinrichtungen erleichtern (BT-Drucks. 16/3438 S. 13). Bisher konnte eine befristete Beschäftigung im Rahmen von Drittmittelprojekten, soweit nicht auf die sachgrundlose Befristung nach § 57b Abs. 1 HRG aF (= § 2 Abs. 1 WissZeitVG) zurückgegriffen werden konnte, außer in Fällen des § 14 Abs. 2 TzBfG nur auf § 14 Abs. 1 S. 1 TzBfG (sonstiger Sachgrund) gestützt werden (vgl. *BAG* 29.7.2009 – 7 AZR 907/07 – AP Nr. 14 zu § 14 TzBfG). Mit der Sonderregelung in Abs. 2 wird die Prognose zum Wegfall des Beschäftigungsbedarfs trotz Fortführung drittmittelfinanzierter Forschungsvorhaben durch gesetzliche Festlegung der Prognoseumstände erleichtert (ErfK-*Müller-Glöge* Rn 10; HWK/*Rennpferdt* § 23 TzBfG Rn 66; APS-*Schmidt* Rn 36).

45 Nach der Intention des Gesetzgebers zielt der neue Befristungstatbestand in erster Linie auf die Beschäftigungsmöglichkeiten des wissenschaftlichen und künstlerischen Personals nach Abschluss der Qualifizierungsphase, wenngleich dies nicht erforderlich ist (dann greift aber die Anrechnungsregel nach § 2 Abs. 3 WissZeitVG, s. Rdn 66 f.). Nach der zum 17.3.2016 in Kraft getretenen Neuregelung kann anders als nach der vorherigen Fassung das sog. **akzessorische Personal** (Mitarbeiter, die keine wissenschaftliche Dienstleistungen, sondern organisatorisch vorbereitende, unterstützende oder technische Tätigkeiten im Rahmen des Forschungsvorhabens erbringen) nicht mehr nach Abs. 2 befristet werden. Die Abschaffung dieser Befristungsmöglichkeit für das akzessorische Personal berührt die Wirksamkeit der laufenden Verträge aber nicht (HWK/*Rennpferdt* Rn 73). Der Befristungsgrund der Drittmittelfinanzierung ist grundsätzlich **nicht an Befristungshöchstgrenzen gebunden**, da hier ein Sachgrund als Rechtfertigung der Befristung eingreift. Allerdings ist die

Wirksamkeit der Befristung bei Vorliegen der Voraussetzungen des Abs. 2 aus unionsrechtlichen Gründen zusätzlich nach den **Grundsätzen des sog. institutionellen Rechtsmissbrauchs** zu überprüfen (*BAG* 8.6.2016 – 7 AZR 568/14 – EzA § 620 BGB Hochschulen 2002 Nr. 23 Rn 32). Dabei spricht aber gegen einen Gestaltungsmissbrauch, wenn die Befristungen auf unterschiedlichen Gründen beruhen und die Beschäftigung zuvor langjährig am Qualifikationsziel ausgerichtet und auf § 2 Abs. 1 WissZeitVG gestützt war (*BAG* 8.6.2016 – 7 AZR 568/14 – EzA § 620 BGB Hochschulen 2002 Nr. 23 Rn 32). Jedenfalls eine an die langjährigen Qualifikationsphasen anschließende erste oder zweite auf den Drittmitteltatbestand gestützte weitere Befristung ist daher (vorbehaltlich der Einzelfallprüfung) regelmäßig nicht rechtsmissbräuchlich.

II. Voraussetzungen der Drittmittelbefristung

1. Drittmittelfinanzierung

Die Vorschrift des § 2 Abs. 2 WissZeitVG verlangt zunächst, dass die Beschäftigung »aus Mitteln Dritter« finanziert wird, bestimmt den **Begriff der Drittmittel** aber nicht näher. Ob Drittmittel vorliegen, richtet sich nach formalen Kriterien. Maßgebend ist der Drittmittelbegriff nach § 25 HRG aF, der zugleich die »Forschung mit Mitteln Dritter« durch das (einwerbende) Hochschulmitglied näher regelt (so auch zu § 57b Abs. 2 Nr. 4 HRG aF *BAG* 31.1.1990 – 7 AZR 125/89 – EzA BGB § 620 Nr. 120). Die Vorschrift lautet:

46

>»*§ 25 HRG aF*
>
>*Forschung mit Mitteln Dritter idF vom 19.1.1999 – Auszug –*
>
>(1) *Die in der Forschung tätigen Hochschulmitglieder sind berechtigt, im Rahmen ihrer dienstlichen Aufgaben auch solche Forschungsvorhaben durchzuführen, die nicht aus den der Hochschule zur Verfügung stehenden Haushaltsmitteln, sondern aus Mitteln Dritter finanziert werden; ihre Verpflichtung zur Erfüllung der übrigen Dienstaufgaben bleibt unberührt. Die Durchführung von Vorhaben nach Satz 1 ist Teil der Hochschulforschung.*
>
>(2) *Ein Hochschulmitglied ist berechtigt, ein Forschungsvorhaben nach Absatz 1 in der Hochschule durchzuführen, wenn die Erfüllung anderer Aufgaben der Hochschule sowie die Rechte und Pflichten anderer Personen dadurch nicht beeinträchtigt werden und entstehende Folgelasten angemessen berücksichtigt sind; die Forschungsergebnisse sollen in der Regel in absehbarer Zeit veröffentlicht werden.*
>
>(3) *Ein Forschungsvorhaben nach Absatz 1 ist anzuzeigen. Die Durchführung eines solchen Vorhabens darf nicht von einer Genehmigung abhängig gemacht werden. Die Inanspruchnahme von Personal, Sachmitteln und Einrichtungen der Hochschule darf nur untersagt oder durch Auflagen beschränkt werden, soweit die Voraussetzungen des Absatzes 2 dies erfordern.*
>
>(4) *Die Mittel für Forschungsvorhaben, die in der Hochschule durchgeführt werden, sollen von der Hochschule verwaltet werden. Die Mittel sind für den vom Geldgeber bestimmten Zweck zu verwenden und nach dessen Bedingungen zu bewirtschaften, soweit gesetzliche Bestimmungen nicht entgegenstehen. Treffen die Bedingungen keine Regelung, so gelten ergänzend die Bestimmungen des Landes. Auf Antrag des Hochschulmitglieds, das das Vorhaben durchführt, soll von der Verwaltung der Mittel durch die Hochschule abgesehen werden, sofern dies mit den Bedingungen des Geldgebers vereinbar ist; Satz 3 gilt in diesem Falle nicht.*
>
>(5) *Aus Mitteln Dritter bezahlte hauptberufliche Mitarbeiter an Forschungsvorhaben, die in der Hochschule durchgeführt werden, sollen vorbehaltlich des Satzes 3 als Personal der Hochschule im Arbeitsvertragsverhältnis eingestellt werden. Die Einstellung setzt voraus, daß der Mitarbeiter von dem Hochschulmitglied, das das Vorhaben durchführt, vorgeschlagen wurde. Sofern dies mit den Bedingungen des Geldgebers vereinbar ist, kann das Hochschulmitglied in begründeten Fällen die Arbeitsverträge mit den Mitarbeitern abschließen....*«

Drittmittel sind finanzielle Zuwendungen, die der Hochschule **über die ihr zur Verfügung stehenden laufenden Haushaltsmittel** hinaus zufließen (*BAG* 31.1.1990 – 7 AZR 125/89 – EzA § 620

BGB Nr. 120). Eine Finanzierung aus Mitteln Dritter liegt also vor, wenn ein Projekt nicht aus den der Hochschule oder Forschungseinrichtung zur Verfügung stehenden regulären Haushaltsmitteln, sondern anderweitig finanziert wird (*BAG* 23.5.2018 – 7 AZR 875/16 – Rn 18; 8.6.2016 – 7 AZR 568/14 – EzA § 620 BGB Hochschulen 2002 Nr. 23 Rn 18; vgl. zu § 57b Abs. 2 Nr. 4 HRG aF: *BAG* 13.8.2008 – 7 AZR 295/07 – Rn 14; vgl. auch BT-Drs. 16/3438 S. 13). Damit ist der Drittmitteltatbestand zugleich vom haushaltsrechtlichen Befristungsgrund des § 14 Abs. 1 S. 2 Nr. 7 TzBfG (vgl. KR-*Lipke/Bubach* § 14 TzBfG Rdn 439 ff.) abgegrenzt. Bei den von den regulären Haushaltsmitteln zu unterscheidenden Drittmitteln kann, muss es sich aber nicht unbedingt um Mittel einer natürlichen oder juristischen Person des privaten Rechts handeln. In Betracht kommen auch mittelbare oder unmittelbare staatliche Zuwendungen. Hierzu gehören etwa Zuwendungen der Deutschen Forschungsgemeinschaft oder anderer Forschungsförderungsinstitutionen wie Forschungsgelder der Europäischen Union (ErfK-*Müller-Glöge* Rn 10; APS-*Schmidt* Rn 38).

47 Drittmittel können auch dann vorliegen, wenn die **Forschungsmittel von dem Unterhaltsträger der Hochschule** selbst stammen, sofern sie nur nicht zu den der Hochschule zur Verfügung gestellten laufenden Haushaltsmitteln gehören (*BAG* 31.1.1990 – 7 AZR 125/89 – EzA § 620 BGB Nr. 120: Konzessionsabgaben nach dem niedersächsischen Gesetz über das Zahlenlotto; 15.2.2006 – 7 AZR 241/05 – ZTR 2006, 509: Zuwendungen der DFG; s.a. *BAG* 7.5.2008 – 7 AZR 146/07 – AP TzBfG § 14 Nr. 49). Im Gegensatz zu der Vorgängerregelung in § 57b Abs. 2 Nr. 4 HRG aF verlangt § 2 Abs. 2 WissZeitVG allerdings **stets eine direkte Zweckbindung durch den Drittmittelgeber**. Deshalb kann die zu der Vorgängerregelung ergangene Rspr. des BAG, die es den Hochschulen unter bestimmten Voraussetzungen gestattete, Restbestände aus abgeschlossenen Drittmittelprojekten nach Festlegung durch einen universitätsangehörigen Mitarbeiter für befristete Arbeitsverhältnisse zu verwenden (vgl. *BAG* 15.1.1997 – 7 AZR 158/96 – EzA § 620 BGB Hochschulen Nr. 12), auf die enger gefasste Bestimmung des § 2 Abs. 2 WissZeitVG nicht übertragen werden (*BAG* 23.5.2018 – 7 AZR 875/16 – BAGE 163, 16 Rn 20; *Preis/Ulber* Rn 105). Die Drittmittel können auch von **mehreren Geldgebern** gemeinsam aufgebracht werden, solange nur die vorstehenden Kriterien gewahrt bleiben (*BAG* 22.11.1995 – 7 AZR 248/95 – EzA § 620 BGB Hochschulen Nr. 3).

48 **Keine Drittmittelfinanzierung** liegt bei der Förderung einzelner Arbeitsverhältnisse durch Arbeitsbeschaffungsmaßnahmen der Bundesagentur für Arbeit vor. Die Förderung zusätzlicher Arbeitsplätze im Rahmen einer solchen Maßnahme zielt nicht auf die Finanzierung eines Forschungsprojektes, sondern auf die Förderung einzelner Arbeitsloser. Zudem findet die Auswahl des Beschäftigten nicht durch den Drittmittelbegünstigten statt (*BAG* 13.4.1994 – 7 AZR 551/93 – EzA § 620 BGB Nr. 125, zu §§ 91 bis 96 AFG aF).

49 Die Vorschrift des § 25 HRG verdeutlicht zugleich, dass es sich um Drittmittel handeln muss, die **für die Forschung** verwendet werden. Deshalb kann eine von Dritten **finanzierte Lehrtätigkeit** – etwa eine Stiftungsprofessur – nicht auf Grundlage von § 2 Abs. 2 WissZeitVG befristet werden (*BAG* 25.8.1998 EzA BGB § 620 Hochschulen Nr. 3). Anderes kann sich bei der befristeten Durchführung eines Weiterbildungsstudienganges ergeben, sofern konzeptionelle und entwickelnde Tätigkeiten überwiegen (*Preis/Ulber* Rn 106). Keine Drittmittel sind – unabhängig von anderen Gründen, die einer Beschäftigung iSd § 2 Abs. 2 WissZeitVG entgegenstehen – **Studiengebühren** (*LAG Köln* 4.9.2012 – 11 Sa 287/12; *ArbG Hannover* 2.12.2009 – 9 Ca 72709 Ö, FuL 2010 [Kurzwiedergabe]), selbst wenn sie zweckgebunden für die Lehre verwendet werden müssen (*Eping/Lenz* Verw 2008, 188 f., dort auch zu den weiteren Gründen, weshalb § 2 Abs. 2 WissZeitVG nicht einschlägig ist; *Lehmann-Wandschneider* S. 53; ebenso *Geis/Krause* Rn 62). Ebenfalls nicht erfasst werden Preisgelder für eine Forschungs- oder Lehrtätigkeit, weil auch ihnen die entsprechende Zweckbindung fehlt (*Müller* öAT 2010, 224; APS-*Schmidt* Rn 38).

2. Finanzierung für eine bestimmte Aufgabe und Zeitdauer

50 Mit dem Tatbestandsmerkmal »Finanzierung für eine bestimmte Aufgabe und Zeitdauer bewilligt« ist das Erfordernis einer konkreten aufgaben- und zeitbezogenen Mittelzuweisung beschrieben

(*BAG* 8.6.2016 – 7 AZR 259/14 – EzA § 620 BGB Hochschulen 2002 Nr. 23 Rn 19). Für die auf § 2 Abs. 2 WissZeitVG gestützte Drittmittelbefristung ist es erforderlich, dass die Mittel **durch den Drittmittelgeber zweckgebunden und befristet bewilligt** werden (BT-Drucks. 16/3438 S. 14; *BAG* 13.2.2013 – 7 AZR 248/11 – EzA § 620 BGB 2002 Hochschulen Nr. 10; zur Finanzierung durch mehrere Drittmittelgeber *Geis/Krause* Rn 78 ff.). Das Wort »bestimmte« bezieht sich sowohl auf die »Aufgabe« als auch auf die »Zeitdauer«. Damit müssen die (Dritt-)Mittel einerseits hinreichend zweckgebunden und andererseits für eine von vornherein feststehende Zeitspanne zur Verfügung gestellt sein. Die Regelung erfasst damit nur solche Finanzierungsbewilligungen, deren Endlichkeit hinreichend genau feststeht *(BAG* 8.6.2016 – 7 AZR 259/14 – EzA § 620 BGB Hochschulen 2002 Nr. 23 Rn 19). Damit wird die für den Sachgrund konstitutive Beziehung zwischen der Drittmittelfinanzierung sowie einer bestimmten und begrenzten Aufgabenerledigung hergestellt, die für die Hochschule mit einer Fremdbestimmung der Mittel einhergeht (treffend APS-*Schmidt* Rn 38; s.a. *BAG* 23.5.2018 – 7 AZR 875/16). Zugleich wird eine **Prognosegrundlage für den späteren Wegfall des Beschäftigungsbedarfs** geschaffen (BT-Drucks. 16/3438 S. 14; ausf. zur Prognose *Thüsing/Fütterer/Thieken* ZfA 2014, 3 ff.). Dieses enge Verständnis ist im Bereich der Drittmittelfinanzierung auch aus unionsrechtlichen Gründen geboten *(BAG* 13.2.2013 – 7 AZR 248/11 – EzA § 620 BGB 2002 Hochschulen Nr. 10; s.a. KR-*Treber/Waskow* § 1 WissZeitVG Rdn 20 mwN). Zu einer solchen Prognose über den zukünftigen Wegfall des Beschäftigungsbedarfs sind die Hochschulen und Forschungseinrichtungen auch gehalten (*LAG Köln* 9.9.2009 LAGE § 620 BGB 2002 Hochschulen Nr. 8). Sie müssen offenlegen können, auf Grund welcher Umstände sie von der Richtigkeit ihrer Prognose im Zeitpunkt des Vertragsschlusses ausgehen konnten (*Müller* öAT 2010, 224; *Kortstock* ZTR 2007, 4; APS-*Schmidt* Rn 36). Das ist auch verfassungsrechtlich geboten *(BVerfG* 24.4.1996 – 1 BvR 712/86 – BVerfGE 94, 268, 286 = EzA Art. 9 GG Nr. 61). Durch die vorgenannten Kriterien wird erreicht, dass der Drittmittelgeber und der Arbeitgeber sich im Rahmen der Drittmittelzuweisung mit den Verhältnissen der Stelle, der zu erledigenden Aufgabe und der sich daraus ergebenden Qualifikation sowie ihrer Dauer beschäftigt haben (BT-Drucks. 16/3438 S. 14; so auch APS-*Schmidt* Rn 34; *Preis/Ulber* Rn 102; aA ErfK-*Müller-Glöge* Rn 10). Daraus folgt zugleich, dass die Drittmittelbewilligung eine Zuordnung hinsichtlich der Personalkosten und der erforderlichen Qualifikation enthalten muss (*Preis/Ulber* Rn 104). Pauschale Geldzuweisungen ohne Aufgabenbezug durch den Drittmittelgeber genügen nicht (HWK/*Rennpferdt* Rn 69). Daher kann eine Befristung nicht auf Abs. 2 gestützt werden, wenn ein Mitarbeiter der Hochschule, dem die Drittmittel zur freien Verfügung überlassen wurden, die Zweckbestimmung vornimmt *(BAG* 23.5.2018 – 7 AZR 875/16 – Rn 19). Eine notwendige befristete Finanzierungszusage liegt auch dann nicht vor, wenn sich die Laufzeit eines Finanzierungs- und Entwicklungsvertrags ohne Kündigung jeweils verlängert *(BAG* 13.2.2013 – 7 AZR 248/11 – EzA § 620 BGB 2002 Hochschulen Nr. 10).

Durch das Änderungsgesetz zum Wissenschaftszeitvertragsgesetz (KR-*Treber/Waskow* § 1 WissZeitVG Rdn 17) wurde § 2 Abs. 2 WissZeitVG um einen Halbsatz ergänzt, nachdem die vereinbarte **Befristungsdauer dem bewilligten Projektzeitraum entsprechen »soll«**. Erreicht werden soll damit eine Abkoppelung der Befristungsdauer von der konkreten haushaltsmäßigen Mittelbereitstellung hin zu dem bewilligten, ggf. mehrjährigen Projektzeitraum (BT-Drucks. 18/6489, S. 11). Gleichwohl sollen kürzere Befristungen möglich bleiben. So soll bei längeren Bewilligungszeiträumen eine Orientierung an definierten Projektabschnitten für die Festlegung einer Befristungsdauer möglich sein (krit. Arnold/Gräfl/*Rambach* Rn 47), namentlich wenn sie im Verlauf eines Projekts für die Restlaufzeit erfolgt (BT-Drucks. 18/6489, S. 11 f.). Denkbar ist auch, dass in einzelnen Projektabschnitten Arbeitnehmer mit unterschiedlichen Qualifikationen erforderlich sind (*Blum/Vehling* OdW 2015, 189, 197). Die Vorschrift ist von dem Anliegen geprägt, auch im Bereich der Drittmittelforschung unsachgemäße Kurzzeitbefristungen zurückzudrängen (s. KR-*Treber/Waskow* § 1 WissZeitVG Rdn 17) und zu einer Synchronisierung von Projekt- und Vertragslaufzeiten zu gelangen (*Maschmann/Konertz* NZA 2016, 257). 51

Die **Rechtsfolge eines Verstoßes** gegen die »Soll-Bestimmung« ist in der Vorschrift nicht geregelt und kann auch der Gesetzesbegründung nicht eindeutig entnommen werden (krit. daher *Preis/* 52

Ulber Rn 84 »gesetzgeberische Fehlleistung«). Aufgrund der vielfältigen, wenn auch begründungsbedürftigen Abweichungen, die auch der Gesetzgeber angenommen hat, kann allein eine Inkongruenz von Vertragslaufzeit und Bewilligungszeitraum nicht die Unwirksamkeit der Befristung bewirken (APS-*Schmidt* Rn 45; *Preis/Ulber* Rn 92).

53 Eine **pauschale Bestimmung** von Mitteln ohne konkrete und nachvollziehbare Zweckbestimmung **reicht nicht aus** (BT-Drucks. 16/3438 S. 14). Bei Studiengebühren (s. bereits Rdn 49) fehlt es an einer Zweckbestimmung durch den Mittelgeber (*Preis/Ulber* Rn 116). Einer Zweckbindung durch den Drittmittelgeber mangelt es auch bei der Zusammenfassung von Restmitteln und neuerlicher Zweckbestimmung durch einen Beauftragten der Hochschule (dazu Rdn 47; BAG 23.5.2018 – 7 AZR 875/16 – BAGE 163, 16 Rn 20; vgl. auch *Geis/Krause* Rn 52, 63 f.). Ebenso scheidet eine Drittmittelfinanzierung für **Daueraufgaben der Hochschule** aus (BT-Drucks. 16/3438 S. 14), auch wenn der Drittmittelgeber die finanzierte Stelle näher beschreibt (*Geis/Krause* Rn 67; *Preis/Ulber* Rn 110; aA *Löwisch* NZA 2007, 481). Ob das auch schon bei langfristigen Forschungsvorhaben der Fall sein kann, ist nicht generell entscheidbar, aber im Einzelfall durchaus denkbar. Je langfristiger Projekte ausgestaltet sind, umso genauer muss die Prüfung sein, ob tatsächlich nicht über Drittmittelprojekte Daueraufgaben erfüllt werden sollen. So fördern Bund und Länder beispielsweise gemeinsam **Langfristforschungsvorhaben** der Union der Deutschen Akademien der Wissenschaften, die von vornherein auf eine Laufzeit von bis zu 25 Jahren angelegt sein können. In derartigen Fällen ist das Arbeitsvolumen so groß und die bereits am Projektanfang prognostizierte Projektlaufzeit so lang, dass an die Darlegung des Arbeitgebers, ob tatsächlich noch ein Tatbestand vorliegt, der eine Befristung zulässt, oder die Tätigkeit der in dem Projekt Beschäftigten von Anfang an das Gepräge einer Daueraufgabe hat, hohe Anforderungen zu stellen sind« (BT-Drucks. 16/3438 S. 16; dazu auch *Preis/Ulber* Rn 110).

3. Überwiegend zweckentsprechende Beschäftigung

54 Weiterhin ist erforderlich, dass der befristet beschäftigte Arbeitnehmer **überwiegend entsprechend der Zweckbestimmung beschäftigt** wird. Dieses Merkmal soll vor allem die Interessen des Drittmittelgebers schützen und zugleich verhindern, dass der aus Drittmitteln finanzierte Mitarbeiter zur Erfüllung allgemeiner Hochschulaufgaben eingesetzt und der Befristungsgrund somit nur vorgeschoben wird, um Daueraufgaben zu erfüllen (BAG 8.6.2016 – 7 AZR 259/14 – EzA § 620 BGB Hochschulen 2002 Nr. 23 Rn 20). Das BAG hatte sich in der Rechtsprechung zu Drittmittelbefristungen nach § 14 Abs. 1 S. 1 TzBfG und § 57b Abs. 2 Nr. 4 HRG aF nicht auf den erforderlichen Umfang einer zweckentsprechenden Beschäftigung festgelegt (vgl. zu § 14 Abs. 1 Satz 2 Nr. 1 TzBfG BAG 15.2.2006 – 7 AZR 241/05 –; zu § 57b Abs. 2 Nr. 4 HRG aF BAG 15.1.1997 – 7 AZR 158/96 –), weil diese Normen auch nicht ausdrücklich eine »überwiegende« zweckentsprechende Beschäftigung verlangten. Wegen der zusätzlichen Aufnahme des Tatbestandsmerkmals »überwiegend« in § 2 Abs. 2 WissZeitVG ist erforderlich, dass der Mitarbeiter **zu mehr als 50 % der Arbeitszeit mit dem drittmittelfinanzierten Vorhaben befasst ist** (BAG 8.6.2016 – 7 AZR 259/14 – EzA § 620 BGB Hochschulen 2002 Nr. 23 Rn 20; *Geis/Krause* Rn 72; *Müller* öAT 2010, 224). Das schließt es nicht aus, dass drittmittelfinanziertes Personal wegen der Besonderheiten des jeweiligen Forschungsvorhabens oder des Zwangs zu einer Vor- bzw. Zwischenfinanzierung in anderen Drittmittelprojekten eingesetzt wird oder auch allgemeine Hochschulaufgaben wahrzunehmen hat, soweit die Verwendung für projektfremde Tätigkeiten dem objektiven Interesse des Drittmittelgebers nicht zuwiderläuft (BAG 8.6.2016 – 7 AZR 259/14 – EzA § 620 BGB Hochschulen 2002 Nr. 23 Rn 20). Andere projektunabhängige Aufgaben, namentlich sonstige Verwaltungsaufgaben, dürfen aber nicht dominieren (BT-Drucks. 16/3438 S. 14). Eine geringfügige Lehr- oder Verwaltungstätigkeit ist jedenfalls unschädlich. Hierdurch werden die Interessen des Drittmittelgebers nicht beeinträchtigt (BAG 15.1.1997 – 7 AZR 158/96 – EzA § 620 BGB Hochschulen Nr. 12). Nicht erforderlich ist, dass der Arbeitnehmer durchgehend kontinuierlich zu mehr als 50 % seiner Arbeitszeit für das drittmittelfinanzierte Vorhaben eingesetzt wird. Es genügt, dass seine Arbeitskraft bei einer Betrachtung der gesamten Laufzeit des Arbeitsverhältnisses überwiegend dem Drittmittelprojekt zugutekommt (BAG 8.6.2016 – 7 AZR 259/14 – EzA § 620 BGB Hochschulen 2002 Nr. 23 Rn 20).

Da für die Wirksamkeit der Befristung auf den Zeitpunkt des Vertragsschlusses abzustellen ist, 55
kommt es darauf an, ob zu diesem Zeitpunkt die **Prognose** gerechtfertigt ist, dass die Arbeit an dem
drittmittelfinanzierten Forschungsprojekt den Arbeitnehmer **überwiegend** beanspruchen wird. Es
schadet mithin nicht, wenn bereits feststeht oder absehbar ist, dass der Arbeitnehmer nicht ausschließlich projektbezogene Tätigkeiten ausüben wird, sondern daneben auch andere Arbeiten,
ggf. auch Daueraufgaben des Arbeitgebers, erledigen soll. Ist allerdings schon im **Zeitpunkt des
Vertragsabschlusses** absehbar, dass eine zweckentsprechende Beschäftigung nicht überwiegend erfolgen wird, diese also nicht den überwiegenden Teil der Arbeitszeit ausmachen wird, kann die Befristung nicht auf § 2 Abs. 2 WissZeitVG gestützt werden (*BAG* 8.6.2016 – 7 AZR 259/14 – EzA
§ 620 BGB Hochschulen 2002 Nr. 23 Rn 21). Die bei Vertragsschluss bestehende Prognose hat
der Arbeitgeber anhand konkreter Tatsachen darzulegen. Nachträglich während der Vertragslaufzeit
eintretende Abweichungen können lediglich ein Indiz dafür sein, dass die Prognose unzutreffend
war und der Sachgrund für die Befristung nur vorgeschoben ist (vgl. *BAG* 16. 11.2005 – 7 AZR
81/05 – NZA 2006, 784 Rn 44). Hier obliegt dem Arbeitgeber die nähere Darlegung, aus welchen
Gründen er zum Zeitpunkt des Vertragsschlusses gleichwohl von einer überwiegend zweckentsprechenden Beschäftigung ausgehen konnte (*Preis/Ulber* Rn 118 f.).

4. Überwiegende Vergütung aus Drittmitteln

Der Beschäftigte muss **überwiegend aus Drittmitteln vergütet werden.** Das Merkmal ist erfüllt, 56
wenn das Personal zu mehr als 50 vH aus Drittmitteln finanziert wird (*BAG* 8.6.2016 – 7 AZR
259/14 – EzA § 620 BGB 2002 Hochschulen Nr. 22 Rn 18; *Geis/Krause* Rn 69; *Müller* öAT 2010,
224; APS-*Schmidt* Rn 39). Es ist aber durchaus zulässig, dass ein drittmittelfinanzierter Vertrag
aus Haushaltsmitteln »aufgestockt« oder auch »gestreckt« wird. Das wissenschaftliche Personal ist
bereits dann überwiegend aus Drittmitteln vergütet, wenn bei Vertragsabschluss mit hinreichender
Sicherheit davon ausgegangen werden konnte, dass seine Vergütung nur für den geringeren Teil der
Vertragsdauer auslaufenden Haushaltsmitteln bestritten werden muss (BT-Drucks. 16/3438 S. 14,
unter Hinweis auf *BAG* 15.1.1997 – 7 AZR 158/96 – EzA § 620 BGB Hochschulen Nr. 12;
s. auch *BAG* 16.11.2005 – 7 AZR 81/05 – NZA 2006, 784).

Demgegenüber kommt es nicht darauf an, welchen Anteil die Drittmittel an den gesamten Per- 57
sonalkosten abdecken (*Preis/Ulber* Rn 99). Ebenso wenig steht der Umstand einer **weitgehenden
Drittmittelfinanzierung eines Institutes** einer Befristung nach § 2 Abs. 2 WissZeitVG entgegen
(*BAG* 22.11.1995 – 7 AZR 248/95 – EzA § 620 BGB Hochschulen Nr. 3).

E. Anrechnung auf zulässige Befristungsdauer (Abs. 3)

I. Gesetzliche Entwicklung und Gesetzeszweck

1. Gesetzliche Entwicklung

Nach **früherem Recht** konnte über einen Wechsel der Hochschule die Höchstbefristungsdauer 58
jeweils von neuem ausgeschöpft werden (*BAG* 14.12.1994 – 7 AZR 342/94 – EzA § 620 BGB
Nr. 129), da sie nur für das Arbeitsverhältnis **an der jeweiligen Hochschule** galt. Da nur Arbeitsverträge einzubeziehen waren, kamen auch Zeiten, in denen der Mitarbeiter als **Beamter auf Zeit** beschäftigt wurde, nicht zur Anrechnung (*BAG* 4.12.1996 – 7 AZR 205/96 – EzA § 620 BGB Hochschulen Nr. 10). Eine weitere Ausnahme bestand für **Ärzte im Praktikum** (*BAG* 14.11.2001 – 7
AZR 576/00 – EzA § 620 BGB Hochschulen Nr. 32) und **Arbeitsverträge,** die auf **außerhalb des
HRG stehende Befristungsgrundlagen** gestützt wurden (vgl. *BAG* 14.12.1994 – 7 AZR 342/94 -
EzA § 620 BGB Nr. 129; 20.10.1999 – 7 AZR 738/98 – AP Nr. 22 zu § 57b HRG). Nunmehr soll
mit § 2 Abs. 3 WissZeitVG (= § 57b Abs. 2 HRG aF) eine klare und konsequente Anrechnungsregelung folgen, die einen **funktionswidrigen Wechsel der Befristungstatbestände ausschließt** (vgl.
BT-Drucks. 14/6853 S. 33). Danach sind auf die in § 2 Abs. 1 WissZeitVG geregelte zulässige Befristungsdauer alle befristeten Arbeitsverhältnisse mit mehr als ¼ der regelmäßigen Arbeitszeit, die
mit einer deutschen Hochschule oder Forschungseinrichtung iSd. § 5 WissZeitVG abgeschlossen

wurden, sowie entsprechende Beamtenverhältnisse auf Zeit und Privatdienstverträge nach § 3 WissZeitVG anzurechnen. Rechnerisch erfolgt die Anrechnung von Arbeitsverhältnissen dergestalt, dass volle Beschäftigungsjahre – abweichend von § 191 BGB – als solche und nur unterjährige Teile eines Arbeitsverhältnisses nach Tagen berücksichtigt werden (vgl. *BAG* 20.1.2021 – 7 AZR 193/20 –, Rn 28; ausf. 20.5.2020 – 7 AZR 72/19 – Rn 23 ff; ErfK-*Müller-Glöge* Rn 5).

59 Allerdings »**verkürzt**« sich die Befristungshöchstdauer in der **Postdocphase nicht** um solche Zeiten, die der Beschäftigte als wissenschaftlicher und künstlerischer Mitarbeiter nach § 2 Abs. 1 S. 1 WissZeitVG vor Abschluss der Promotion länger als sechs Jahre befristet tätig gewesen ist. Hiergegen sprechen Wortlaut und Systematik der Bestimmung (*BAG* 20.5.2020 – 7 AZR 72/19 – Rn 20; 24.8.2011 – 7 AZR 228/10 – BAGE 139, 109 mwN; anders *Dörner* Befr. Arbeitsvertrag Rn 563). Die Anrechnungsvorschrift in Abs. 3 bezieht sich jeweils nur auf den einzelnen der beiden Befristungstatbestände die in S. 1 und S. 2 von § 2 Abs. 1 WissZeitVG geregelt sind. Dafür spricht auch der von Abs. 1 S. 3 abweichende Wortlaut – »geregelte zulässige Befristungsdauer«. Ebenso ist es nach Sinn und Zweck der Postdocphase, sich innerhalb eines weiteren Zeitraums zu qualifizieren (s. Rdn 9 f.), nicht geboten, diesen zweiten Qualifikationsabschnitt zu verkürzen, zumal der Gesetzgeber selbst davon ausgeht, dass dieser sechs- bzw. neunjährige Zeitraum ausreichend, aber auch notwendig ist. Hierdurch wird auch nicht die Befristungsoption – jedenfalls bezogen auf die Postdocphase – funktionswidrig verwendet. Es kommt nicht zu einer Kombination verschiedener Befristungsmöglichkeiten, die die Neuregelung verhindern will (KR-*Treber/Waskow* § 1 WissZeitVG Rdn 8).

2. Grundsatz

60 § 2 Abs. 3 WissZeitVG setzt die in § 57b Abs. 2 HRG aF geregelte Anrechnung früherer befristeter Beschäftigungen fort. Die in § 2 Abs. 3 S. 1 und 2 WissZeitVG bestimmte **Anrechnungsregel** gilt für alle im Bereich von Wissenschaft und Forschung begründeten befristeten Arbeitsverträge und Beamtenverhältnisse. Mit dieser Regelung verfolgt der Gesetzgeber das Ziel, den funktionswidrigen Wechsel der Befristungstatbestände in der Qualifizierungsphase durch Kombination unterschiedlicher gesetzl. Grundlagen und eine immer wieder erneute Inanspruchnahme der Befristungshöchstgrenzen bei jedem Wechsel der Hochschule oder Forschungseinrichtung auszuschließen (*BAG* 8.6.2016 – 7 AZR 259/14 – EzA § 620 BGB Hochschulen 2002 Nr. 23 Rn 20). Die konsequente **Anrechnung aller befristeten Beschäftigungsverhältnisse** des wissenschaftlichen und künstlerischen Personals soll also den »trickreichen« Kombinationen der Vergangenheit ein Ende bereiten (BT-Drucks. 16/3438 S. 15), mit denen Befristungsketten auf unterschiedlicher »Sachgrundlage« möglich waren (APS-*Schmidt* Rn 46; *Dörner* Befr. Arbeitsvertrag Rn 578). Zudem wird auch die Dauer der befristeten Beschäftigung als wissenschaftliche oder künstlerische Hilfskraft auf die Befristungshöchstgrenzen angerechnet.

61 Diese Neuregelung erleichtert den Personalverwaltungen neben der »unseligen Zuordnung von Befristungsgründen« (*Preis/Hausch* NJW 2002, 928 f.) die Prüfung, welche Arbeitsverträge welchen Arbeitgebern zuzuordnen sind. Ihnen obliegt allerdings die **Prüfung von Vorbeschäftigungszeiten an (deutschen) Hochschulen, Forschungseinrichtungen** (§ 5 WissZeitVG) und in Privatdienstverträgen (§ 3 WissZeitVG), um die zeitlichen Grenzen der Höchstbefristungsdauer zu ermitteln (ausf. *Geis/Krause* Rn 87 ff.). Eine solche Prüfung kann bei der Neueinstellung durch persönliche Befragung oder Beantwortung in **Personalfragebögen** vorbereitet werden. Gibt der Bewerber auf entsprechende Fragen bewusst falsche Antworten, steht der anstellenden Hochschule oder Forschungseinrichtung ein Anfechtungsrecht zu (*Preis/Hausch* NJW 2002, 930; *Annuß/Thüsing-Lambrich* § 23 TzBfG Rn 113; APS-*Schmidt* Rn 14, 22). Insoweit muss dem Arbeitgeber ähnlich wie nach § 14 Abs. 2 TzBfG ein **umfassendes Fragerecht** zugestanden werden, um klären zu können, wie lange der Arbeitnehmer sich bereits mit befristeten Arbeitsverhältnissen im Wissenschaftsbetrieb befindet (näher KR-*Lipke/Bubach* § 14 TzBfG Rdn 598 ff.). Allerdings bedarf es des angesichts der Komplexität der Anrechnungsbestimmung nicht immer einfachen Nachweises, es habe nicht nur eine versehentlich unrichtige Antwort vorgelegen (*Lehmann-Wandschneider* S. 148).

II. Anrechnungsfähige Beschäftigungsverhältnisse

1. Arbeitgeber- und Dienstherrenstellung

Berücksichtigt werden die befristeten Arbeitsverhältnisse und Beamtenverhältnisse (BT-Drucks. 16/ 3438 S. 15) **an einer deutschen Hochschule** (einschließlich der Privatdienstverträge nach § 3 WissZeitVG) oder einer **Forschungseinrichtung** nach § 5 WissZeitVG. Im Übrigen erfolgt keine Anrechnung (*BAG* 8.6.2016 – 7 AZR 259/14 – EzA § 620 BGB 2002 Hochschulen Nr. 23). Um welche Art von Hochschule (s. KR-*Treber/Waskow* § 1 WissZeitVG Rdn 30 ff.) oder Forschungseinrichtung (dazu KR-*Treber/Waskow* § 5 WissZeitVG Rdn 5 ff.) es sich handelt, ist unerheblich. Die Formulierung »mit einer deutschen Hochschule« in Satz 1 meint sowohl Hochschulen mit und ohne Dienstherrenfähigkeit (*Dörner* Befr. Arbeitsvertrag Rn 579). Bei Letzteren steht das Personal zwar im Landesdienst, faktisch werden die Arbeitsverträge aber von den Hochschulen abgeschlossen (BT-Drucks. 15/4132 S. 21). Dienstherrenfähigkeit kann den Hochschulen iSv § 2 Abs. 3 S. 1 Hs. 2 WissZeitVG auch zustehen, wenn sie von **Stiftungen des öffentlichen Rechts** getragen werden oder es sich um **staatlich anerkannte Hochschulen** in nicht staatlicher Verantwortung, zB um kirchliche Fachhochschulen, handelt. Hochschulen können ebenfalls als **Körperschaften des öffentlichen Rechts** auftreten und insoweit Arbeitgeberstellung nach dem WissZeitVG innehaben (vgl. *BAG* 19.1.2005 – 7 AZR 115/04 – EzA § 17 TzBfG Nr. 7).

Von der Anrechnungsregel des § 2 Abs. 3 WissZeitVG werden nach dem Gesetzeswortlaut nur Zeiten einer befristeten Beschäftigung **an einer deutschen Hochschule** oder Forschungseinrichtung erfasst. Beschäftigungsverhältnisse an ausländischen Hochschulen bleiben danach anrechnungsfrei. Das gilt unabhängig davon, ob die Hochschule außerhalb oder innerhalb der EU liegt (*BAG* 23.3.2016 – 7 AZR 70/14 – BAGE 154, 375 Rn 36; *Geis/Krause* Rn 85). Eine entsprechende Anwendung auf befristete Beschäftigungsverhältnisse an ausländischen Hochschulen ist auch nicht aufgrund höherrangigen Rechts angezeigt. Die Nichtanrechnung ist unionsrechtlich nicht zu beanstanden, weil sie deutsche und ausländische Staatsangehörige gleichermaßen betrifft (*BAG* 23.3.2016 – 7 AZR 70/14 – BAGE 154, 375 Rn 37; *Geis/Krause* Rn 85; *Preis/Ulber* Rn 135). Auch Art. 3 Abs. 1 GG erfordert keine Anwendung auf Arbeitsverhältnisse an ausländischen Hochschulen, da die Differenzierung nicht willkürlich ist, sondern der Förderung des internationalen Austauschs von Wissenschaftlern und der Rechtssicherheit dient (*BAG* 23.3.2016 – 7 AZR 70/14 – BAGE 154, 375 Rn 37; *Geis/Krause* Rn 85; aA *Preis/Ulber* Rn 135 für den Fall, dass die im Ausland erfolgte Beschäftigung in Inhalt und Umfang dem hiesigen Standart des wissenschaftlichen Personals entspricht; ErfK-*Müller-Glöge* Rn 13). Davon zu differenzieren ist die **Entsendung** an eine ausländische Einrichtung im Rahmen eines mit einer inländischen Hochschule begründeten Arbeitsverhältnisses, welches sich nach deutschem Recht beurteilt (*Preis/Ulber* Rn 136).

2. Inhalt des Beschäftigungsverhältnisses

a) Grundsatz

Auf die Höchstbefristungsdauer nach § 2 Abs. 2 S. 1 und S. 2 WissZeitVG werden grds. alle **befristeten Beschäftigungsverhältnisse** angerechnet, wozu auch zweckbefristete und auflösend bedingte Arbeitsverhältnisse gehören (*Preis/Ulber* Rn 127). Hierzu gehören auch befristete Arbeitsverträge, die auf der Basis des **Drittmitteltatbestandes** (§ 2 Abs. 2 WissZeitVG) geschlossen wurden (BT-Drucks. 16/3438 S. 15). Die Anrechnung erfolgt unabhängig davon, in welcher Personalkategorie die Beschäftigung erfolgte. Zeiten, in denen der wissenschaftlich oder künstlerisch Beschäftigte als **Beamter auf Zeit** (Wissenschaftlicher [Ober-]Assistent, Hochschuldozent) beschäftigt war, sind gleichfalls zu berücksichtigen. Da innerhalb der zweiten Qualifikationsphase **Zeiten als Juniorprofessor** sowohl im Angestellten- oder im Beamtenverhältnis durchlaufen werden können, müssen sie gleichfalls in die Höchstbefristungsdauer eingerechnet werden (BT-Drucks. 16/3438 S. 15; APS-*Schmidt* Rn 50; *Dörner* Befr. Arbeitsvertrag Rn 579). Damit wird eine dem Normzweck widersprechende Weiterbeschäftigung von Juniorprofessoren als wissenschaftliche Mitarbeiter verhindert. Nach § 1 Abs. 1 S. 3 WissZeitVG sind bei Befristungen auf tarifvertraglicher Grundlage abweichende Anrechnungsregeln vorstellbar.

65 Die Anrechnung setzt aber voraus, dass eine wissenschaftliche oder künstlerische Tätigkeit zu erbringen war. Befristete Arbeitsverhältnisse an den erfassten Einrichtungen mit **nichtwissenschaftlicher oder nichtkünstlerischer Tätigkeit** (etwa in der Hochschulverwaltung) bleiben jedenfalls im Wege teleologischer Reduktion der Vorschrift unberücksichtigt (BAG 27.9.2017 – 7 AZR 629/15 – EzA § 620 BGB 2002 Hochschulen Nr. 27 mwN; ErfK-*Müller-Glöge* Rn 13 b; APS-*Schmidt* Rn 48; *Preis/Ulber* Rn 129). Ebenfalls ausgenommen sind unbefristete Tätigkeiten an der Hochschule. Die **Herausnahme unbefristeter Arbeitsverhältnisse** ist schwerlich zu begründen, aber nach dem Gesetzeswortlaut zwingend (zutr. ErfK-*Müller-Glöge* Rn 14; *Geis/Krause* Rn 87; *Dörner* Befr. Arbeitsvertrag Rn 581). Danach wäre der Abschluss eines unbefristeten Arbeitsvertrages mit einem wissenschaftlichen Mitarbeiter und dessen spätere Aufhebung möglich, ohne dass die Dauer des unbefristeten Arbeitsvertrages zur Anrechnung käme (Hochschulhdb-*Löwisch/Wertheimer* VII Rn 175). Das gilt gleichfalls für Werkverträge wie auch für die als Ausbildung zu wertende Zeit des – mittlerweile ausgelaufenen Modells – Arztes im Praktikum (vgl. BAG 14.11.2001 – 7 AZR 576/00 – EzA § 620 BGB Hochschulen Nr. 32). Unberücksichtigt bleiben des Weiteren Zeiten im Rahmen eines Graduierten- oder Doktorandenkollegs (*Preis/Ulber* Rn 131; s.a. BAG 21.2.2001 – 7 AZR 188/00 – EzA § 620 BGB Hochschulen Nr. 29). Ebenfalls unberücksichtigt bleiben Zeiten ohne Beschäftigungsverhältnis, in denen der Arbeitnehmer während einer **Förderung durch ein Stipendium** Tätigkeiten an einer Hochschule ausgeübt hat (BAG 23.3.2016 – 7 AZR 70/14 – BAGE 154, 375 Rn 32).

b) **Rechtsgrund der Befristung**

66 Die Anrechnung erfolgt **unabhängig davon, auf welcher gesetzlichen Grundlage die Befristung beruht** (ErfK-*Müller-Glöge* Rn 13 a; HWK/*Rennpferdt* § 23 TzBfG Rn 58). Neben den auf Grundlage des WissZeitVG befristeten sind auf die **Höchstbefristungsdauer** befristete Arbeitsverhältnisse anzurechnen, die **nach anderen Rechtsvorschriften** geschlossen wurden (Abs. 2 S. 2). Das weicht von der alten Rechtslage vor dem 5. HRGÄndG ab. Da es an einem Sachgrundkatalog fehlt und das WissZeitVG keinen Vertragstypenzwang vorgibt, steht es den Arbeitgebern in Wissenschaft und Forschung frei, das unter den Geltungsbereich des WissZeitVG fallende Personal auch **nach allgemeinen arbeitsrechtlichen Regelungen befristet zu beschäftigen** (dazu KR-*Treber/Waskow* § 1 WissZeitVG Rdn 69 ff.). Allerdings vermeidet im Unterschied zum HRG vor dem 23.2.2002 ein Zwischenschalten von Sachgrundbefristungen nicht mehr den Verbrauch des Befristungsdeputats (vgl. BAG 14.12.1994 – 7 AZR 342/94 – EzA § 620 BGB Nr. 129). Da die Hochschulen und Forschungseinrichtungen innerhalb der Befristungshöchstgrenzen des § 1 Abs. 1 S. 1 und 2 WissZeitVG einen konkreten Sachgrund nicht mehr anführen müssen, wird die Praxis in Zukunft **vor Erreichen der Befristungshöchstdauer nicht mehr auf Sachgrundbefristungen nach allgemeinem Arbeitsrecht zurückgreifen.**

c) **Teilzeitbeschäftigung**

67 Eine **Anrechnung** befristeter Beschäftigung im Arbeits- oder Beamtenverhältnis findet nur statt, wenn der **Beschäftigungsumfang mehr als einem Viertel der regelmäßigen Arbeitszeit** entspricht (ErfK-*Müller-Glöge* Rn 14). Damit sollen nach den Vorstellungen des Gesetzgebers insbes. Nebenbeschäftigungen – etwa als Referendar und Korrekturassistent – anrechnungsfrei bleiben. Der geringe zeitliche Umfang der Tätigkeit reicht nach der Auffassung des Gesetzgebers für eine wissenschaftliche oder künstlerische Qualifizierung nicht aus (BT-Drucks. 14/6853 S. 30, 15/4132 S. 21, 16/3438 S. 16; vgl. auch Rdn 13 und BAG 20.1.2021 – 7 AZR 193/20 – Rn 24). Sie bleiben auch dann außer Betracht, wenn sie entsprechend genutzt werden sollte (*Preis/Ulber* Rn 137). Maßgebende Grundlage für die Bestimmung der regelmäßigen Arbeitszeit sind die Bestimmungen der jeweiligen Hochschule und damit in der Praxis die Vorschriften des TVöD, des TV-L sowie ggf. die einschlägige beamtenrechtliche Regelung (BAG 27.9.2017 – 7 AZR 629/15 – EzA § 620 BGB Hochschulen 2002 Nr. 27; APS-*Schmidt* Rn 48; *Preis/Ulber* Rn 138).

Die **Nichtanrechnung von Beschäftigungszeiten** mit weniger als einem Viertel der regelmäßigen 68
Arbeitszeit wird im Schrifttum mit Blick auf die **unionsrechtlichen Vorgaben für rechtlich bedenklich gehalten**, weil sie im Rahmen solcher befristeten Arbeitsverhältnisse eine unbeschränkte Befristungskette ermöglicht (so die Vorauflage; vgl. auch *Preis/Ulber* Rn 139 ff.; *Geis/Krause* Rn 92; *Hedermann* ZESAR 2015, 109 ff.; *Stumpf* NZA 2015, 326 ff.; offen gelassen in *BAG* 27.9.2017 EzA § 620 BGB 2002 Hochschulen Nr. 27; 8.6.2016 EzA § 620 BGB 2002 Hochschulen Nr. 23), weil die Befristungsrichtlinie 1999/70/EG und die durch sie einbezogene Rahmenvereinbarung über befristete Arbeitsverträge (vom 28.6.1999 ABlEG 1999 Nr. L 175 S. 43) nach § 5 Anhang RL 199/70/EG entweder sachliche Gründe für eine Befristung fordert oder die maximal zulässige Dauer aufeinanderfolgender Arbeitsverträge oder die Zahl der Verlängerungen solcher Verträge begrenzt wird. **Diese Bedenken hat das BAG zu Recht** mit der Begründung **ausgeräumt**, dass Arbeitsverträge mit bis zu einem Viertel der regelmäßigen Arbeitszeit mangels einer Eignung zur sinnvollen Qualifizierung nicht nach § 2 Abs. 1 WissZeitVG befristet werden können und deshalb der Ausschluss der Anrechnung solcher Beschäftigungsverhältnisse keine missbräuchliche Inanspruchnahme der Sonderbefristungstatbestände ermöglicht (*BAG* 20.1.2021 – 7 AZR 193/20 – Rn 20 ff).

d) Rückausnahme nach Abs. 3 S. 3

aa) Rechtslage bis zum 16.3.2016 (Abs. 3 S. 3 aF)

Nicht zu berücksichtigen waren nach § 2 Abs. 3 S. 3 WissZeitVG aF in der bis Inkrafttreten des 69
Gesetzes zur Änderung des Wissenschaftszeitvertragsgesetzes (s. KR-*Treber/Waskow* § 1 WissZeitVG Rdn 21) Beschäftigungszeiten vor einem Studienabschluss. Damit wurden Beschäftigungszeiten im Verlauf des Studiums als auch solche erfasst, die vor Aufnahme desselben erbracht wurden (*Dörner* Befr. Arbeitsvertrag Rn 584; ErfK-*Müller-Glöge* Rn 13). Mit der in § 2 Abs. 3 S. 3 WissZeitVG aF verwandten Formulierung »**vor dem Abschluss des Studiums**« wurde sowohl ein Studium erfasst, das zu einem ersten berufsqualifizierenden Abschluss (zB Bachelor) führt, als auch eines, das dem Erwerb eines weiteren berufsqualifizierenden Abschlusses (zB Master) dient (BT-Drucks. 16/3438 S. 16). Danach galt als studentische Hilfskraft nicht nur der Studierende, der noch nicht über einen ersten berufsqualifizierenden Hochschulabschluss verfügt (so noch Gesetzesbegründung BT-Drucks. 14/6853 S. 30), sondern auch derjenige, der nach dem Hochschulabschluss weiterhin als Studierender eingeschrieben ist, um beispielsweise noch einen Masterstudiengang zu durchlaufen (vgl. Beschlussempfehlung und Bericht des Ausschusses für Bildung, Forschung und Technikfolgenabschätzung BT-Drucks. 14/7336 S. 11, 15/4132 S. 21). Demgegenüber sind nach diesen Regelungen nach Abschluss des Studiums liegende Zeiten eines Arbeitsverhältnisses, namentlich als studentische Hilfskraft, anzurechnen. Diese können nach dem Studienabschluss für die wissenschaftliche Qualifikation förderlicher sein als die Beschäftigung zuvor (*BAG* 27.9.2017 – 7 AZR 629/15 – EzA § 620 BGB 2002 Hochschulen Nr. 27).

Maßgebend ist dabei der **berufsqualifizierende Abschluss** gewesen, also derjenige, der neue Berufs- 70
chancen eröffnet und nicht nur Zusatzqualifikationen oder eine Weiterbildung vermittelt (*Preis/Ulber* Rn 113). Hierzu gehört nach dem gesetzgeberischen Willen der **Masterabschluss**. Deshalb sind Beschäftigungszeiten im Verlauf eines konsekutiven Master-Studienganges nach Erwerb des Bachelor nicht anzurechnen (AR-*Löwisch* Rn 4). Es kann dann zu **unbegrenzten Befristungsketten** gegenüber diesem Personenkreis erfolgen (s. etwa LS-*Schlachter* Anh. 2 § 2 WissZeitVG Rn 17; *Hedermann* ZESAR 2015, 109), was auch unionsrechtlich bedenklich ist (s. Rdn 68; *Geis/Krause* Rn 94, 95; *Haratsch/Holljesiefken* NZA 2008, 207; *Hirdina* NZA 2009, 712; *Preis/Ulber* § 6 Rn 5; aA *Dörner* Befr. Arbeitsvertrag Rn 584, weil »de facto« bei einem »ewigen« Studierenden die weitere Inanspruchnahme nach § 1 Abs. 1 S. 1 und S. 2 WissZeitVG nicht erfolgen werde). Dem konnte durch entsprechende Heranziehung der Sechs-Jahres-Frist nach § 2 Abs. 1 S. 1 WissZeitVG für diese Arbeitsverhältnisse begegnet werden (*Haratsch/Holljesiefken* NZA 2008, 210 f.; *Stumpf* NZA 2015, 326 ff.; ebenso *Geis/Krause* Rn 95).

bb) Rechtslage ab dem 17.3.2016 (Abs. 3 S. 3)

71 Durch die Wiedereinführung eines eigenständigen Befristungstatbestandes für »wissenschaftliche oder künstlerische Hilfstätigkeiten« in § 6 WissZeitVG wird für den Beschäftigtenkreis der studentischen Hilfskräfte gem. § 2 Abs. 3 S. 3 WissZeitVG eine **Nichtanrechnung** von Zeiten in den dort genannten Tätigkeiten auf den Befristungsrahmen des § 2 Abs. 1 WissZeitVG bestimmt (BT-Drucks. 18/6489, S. 12; iE KR-*Treber/Waskow* § 6 WissZeitVG Rdn 11; vgl. auch *BAG* 30.6.2021 – 7 AZR 245/20 –). Gleiches gilt für »vergleichbare studienbegleitende Beschäftigungen«. Hier wird man an solche Tätigkeiten zu denken haben, die mit denen nach § 6 S. 1 WissZeitVG inhaltlich vergleichbar sind, aber nicht auf § 6 WissZeitVG gestützt wurden (s. etwa *Müller* öAT 2016, 90, 92: Befristung nach § 14 Abs. 2 TzBfG).

F. Zitiergebot und Befristungsform (Abs. 4)

I. Gesetzliche Entwicklung

72 Bis zum Inkrafttreten des 5. HRGÄndG war die **Angabe des Befristungsgrundes** im Arbeitsvertrag **Wirksamkeitsvoraussetzung** (*BAG* 14.12.1994 – 7 AZR 342/94 – EzA § 620 BGB Nr. 129). Ausreichend war allerdings, wenn dem Arbeitsvertrag zu entnehmen war, auf welche Gründe die Befristung gestützt wurde und welchem Tatbestand des § 57b Abs. 2 HRG aF (s. Rdn 2 ff.) diese zuzuordnen waren (*BAG* 24.4.1996 – 7 AZR 605/95 – EzA § 620 BGB Hochschulen Nr. 7). Demgegenüber ist das **Zitiergebot** in § 57b Abs. 3 HRG aF, das durch § 2 Abs. 4 WissZeitVG bis auf redaktionelle Anpassungen unverändert fortgeführt wird (BT-Drucks. 16/3438 S. 15), **abgeschwächt**. Es genügt, da es nur noch zeitliche Befristungsgrenzen gibt, festzuhalten, der Vertrag beruhe auf den Befristungsregelungen des WissZeitVG (BT-Drucks. 16/3438 S. 15, 15/4132 S. 21; s.a. *BAG* 21.3.2018 – 7 AZR 437/16 –; 1.6.2011 – 7 AZR 827/09 – EzA § 620 BGB 2002 Hochschulen Nr. 8 Rn 13, unter Hinw. auf *BAG* 21.6.2006 – 7 AZR 234/05 – EzA § 620 BGB 2002 Hochschulen Nr. 2).

73 Unverändert ist die Regelung in § 2 Abs. 4 S. 3 WissZeitVG, wonach die Befristung bei Arbeitsverträgen nach Abs. 1 **kalendermäßig bestimmt oder bestimmbar** sein muss. Das entspricht § 57b Abs. 3 S. 3 HRG aF. Ein anderes gilt für den Drittmitteltatbestand nach § 2 Abs. 2 WissZeitVG, der von § 2 Abs. 4 S. 3 WissZeitVG nicht erfasst wird.

II. Zitiergebot

74 Nach § 2 Abs. 4 Satz 1 WissZeitVG ist **im Arbeitsvertrag anzugeben, ob die Befristung auf den Vorschriften des WissZeitVG beruht.** Das erfordert nicht die Angabe der einzelnen Befristungsnormen (*BAG* 9.12.2015 – 7 AZR 117/14 – BAGE 153, 365 Rn 20; 29.4.2015 – 7 AZR 519/13 – Rn 11; vgl. auch *BAG* 21.6.2006 – 7 AZR 234/05 – EzA § 620 BGB 2002 Hochschulen Nr. 2 zu § 57b Abs. 3 Satz 1 HRG aF). Dem Zitiergebot ist entsprochen, wenn sich aus der Befristungsvereinbarung ergibt, auf welche gesetzliche Vorschrift sich die Befristung stützt. Dabei **genügt es, wenn sich anhand des schriftlichen Vertragstextes durch Auslegung ermitteln lässt, dass die Befristung auf dem WissZeitVG beruhen soll** (vgl. *BAG* 9.12.2015 – 7 AZR 117/14 – BAGE 153, 365 Rn 20 mwN). Insofern besteht **kein Schriftformerfordernis für den Arbeitsvertrag**. Allerdings sieht der nach § 1 Abs. 1 S. 5 HRG anzuwendende § 14 Abs. 4 TzBfG vor, dass die **Befristungsabrede** zu ihrer Wirksamkeit der **Schriftform** bedarf. Die **Angabe des Befristungsgrundes** ist damit jedoch nicht gemeint. Die Angabe bestimmter Gesetzesbestimmungen ist ebenso wenig erforderlich (aA *Reich* HRG § 2 WissZeitVG Rn 10) wie die Bezeichnung, ob die Befristung der ersten oder zweiten Qualifizierungsphase zuzurechnen ist (*Annuß/Thüsing-Lambrich* § 23 TzBfG Rn 101; *LAG RhPf* 24.2.2005 NZA-RR 2005, 444). Es genügt, wenn in die schriftformgemäße Abrede ein Hinweis aufgenommen wird, der verdeutlicht, dass sich die Befristung auf das WissZeitVG stützen soll (ErfK-*Müller-Glöge* Rn 15; APS-*Schmidt* Rn 64; *Dörner* Befr. Arbeitsvertrag Rn 601; *Lakies* ZTR 2002, 256; vgl. auch *BAG* 5.6.2002 EzA § 620 BGB Hochschulen Nr. 34 zum alten Recht; aA *Reich* HRG § 2 WissZeitVG Rn 10;

zur Wahrung des Zitiergebots durch einen gerichtlichen Vergleich, das Arbeitsverhältnis »zu den bisherigen Konditionen« fortzusetzen *BAG* 9.12.2015 – 7 AZR 117/14 – BAGE 153, 365 Rn 22 ff). Die ausschließliche Benennung des Beschäftigen als »Wissenschaftlicher Mitarbeiter« oÄ reicht nicht aus, da dessen Befristung auch auf Befristungsmöglichkeiten außerhalb der Tatbestände des WissZeitVG gestützt sein kann (*LAG Bln.-Bra.* 3.2.2015 – 7 Sa 2009/14; *Preis/Ulber* Rn 165; APS-*Schmidt* Rn 64). Ebenfalls unzureichend ist allein der Umstand der befristeten Beschäftigung als wissenschaftliche Assistentin an einer Hochschule (*LAG RhPf* 4.12.2008 – 2 Sa 549/08). Hinreichende Rechtssicherheit kann allerdings nicht nur durch ausdrückliche Zitierung des Gesetzes erreicht werden (so aber *Preis/Ulber* Rn 165; wie hier wohl ErfK-*Müller-Glöge* Rn 165). Eine mündliche Angabe reicht jedenfalls nicht aus. Die Gesetzesbegründung verlangt eindeutig eine »schriftliche Vereinbarung« (BT-Drucks. 15/4132 S. 21; ebenso *Preis/Ulber* Rn 166; *Dörner* Befr. Arbeitsvertrag Rn 696).

Fehlt es an einer **dem Zitiergebot genügenden Vereinbarung**, folgt hieraus nicht zwingend die 75 Unwirksamkeit der Befristung. Der Arbeitgeber kann Befristung nach Abs. 4 S. 2 nur nicht auf § 2 Abs. 1 oder Abs. 2 WissZeitVG stützen (*Dörner* Befr. Arbeitsvertrag Rn 601; ErfK-*Müller-Glöge* Rn 15). Das schließt nicht aus, dass die Befristung auf anderer Grundlage wirksam ist, etwa nach § 14 TzBfG. Liegen die förmlichen Voraussetzungen für eine Befristung weder nach dem WissZeitVG noch nach dem TzBfG vor, kommt nach § 16 TzBfG ein unbefristeter Arbeitsvertrag zu Stande (ErfK-*Müller-Glöge* Rn 15; *Annuß/Thüsing-Lambrich* § 23 TzBfG Rn 101).

III. Dauer der Befristung (Satz 3)

§ 2 Abs. 4 S. 3 WissZeitVG lässt Befristungen nach dem WissZeitVG mit Ausnahme der Drittmittelbefristungen nach § 2 Abs. 2 WissZeitVG (s. Rdn 44 ff.) nur zu, wenn diese **kalendermäßig bestimmt oder bestimmbar** sind. Damit sind **Zweckbefristungen** oder **auflösende Bedingungen** im Anwendungsbereich der §§ 1 bis 2 Abs. 1, 3 bis 5 ff. WissZeitVG weiterhin **ausgeschlossen** (s. bereits BT-Drucks. 14/6853 S. 34; ebenso ErfK-*Müller-Glöge* Rn 16). Die im Verhältnis zu § 3 Abs. 1 TzBfG vorgegebene Beschränkung der Befristungsarten macht Sinn, da Zweckbefristungen und auflösende Bedingungen inhaltlich an einen Sachgrund und nicht an eine Höchstbefristungsdauer gebunden sind. 76

G. Verlängerung des befristeten Arbeitsvertrages (Abs. 5)

I. Gesetzliche Entwicklung

Nach § 57c Abs. 6 HRG idF vor dem 5. HRGÄndG sollte das wissenschaftliche, künstlerische und 77 ärztliche Personal durch **Nichtanrechnung** von konkret bezeichneten **Unterbrechungszeiten** auf die Höchstbefristungsdauer vor dem Verlust ihres befristeten Beschäftigungsanspruchs geschützt werden (BT-Drucks. 10/2283 S. 12), weil nach zuvor geltendem Recht die Zeiten der Beurlaubung oder einer Unterbrechung den Fristablauf nicht hemmten (*BAG* 14.2.1996 – 7 AZR 613/95 – EzA § 620 BGB Hochschulen Nr. 4; etwa Zeiten der Beschäftigungsverbote und der Elternzeit: *BAG* 12.1.2000 – 7 AZR 764/98 – RzK I 9d Nr. 70; Freistellungen im Zusammenhang mit einer Personalratstätigkeit: *BAG* 23.2.2000 – 7 AZR 825/98 – EzA § 620 BGB Hochschulen Nr. 25). Die Nichtanrechnung setzte eine **rechtsgeschäftliche Vereinbarung** voraus (*BAG* 3.3.1999 – 7 AZR 672/97 – EzA § 620 BGB Hochschulen Nr. 16). Der Arbeitnehmer hatte nur einen schuldrechtlichen **Anspruch auf Verlängerung** der Befristung (vgl. *BAG* 3.3.1999 – 7 AZR 672/97 – EzA § 620 BGB Hochschulen Nr. 25).

Die mit dem 5. HRGÄndG ab dem 23.2.2002 geltende Neuregelung in § 57 Abs. 4 HRG aF 78 knüpfte an die bisherigen Regelungen an und schrieb sie im Wesentlichen fort (BT-Drucks. 14/6853 S. 34). Anstelle der bisher vorgesehenen »Nichtanrechnung von Unterbrechungszeiten« trat nach § 57b Abs. 4 S. 2 HRG aF eine »**im Einverständnis**« mit dem Mitarbeiter automatisch eintretende Verlängerung (APS-*Schmidt* Rn 67; ErfK-*Müller-Glöge* Rn 17; aA *Annuß/Thüsing-Lambrich* § 23 TzBfG Rn 120).

79 **§ 2 Abs. 5 WissZeitVG entspricht** im Wesentlichen der bisherigen Regelung des § 57b Abs. 4 HRG aF. Danach verlängert sich die Dauer eines befristeten Arbeitsvertrags nach Abs. 1 in den genannten Fällen »im Einverständnis mit der Mitarbeiterin oder dem Mitarbeiter«. Geändert wurde die Verlängerungshöchstgrenze in Satz 2, die nunmehr eine Sollvorschrift darstellt und in begründeten Ausnahmefällen eine Abweichung von der bisherigen strikten Verlängerungshöchstgrenze erlaubt. Durch das Gesetz zur Änderung des Wissenschaftszeitvertragsgesetzes (s. KR-*Treber/Waskow* § 1 WisszeitVG Rdn 17) wurde der **Katalog der Verlängerungsmöglichkeiten erweitert** und die Reihenfolge der Sätze 2 und 3 »zum besseren Verständnis« getauscht (BT-Drucks. 18/6489, S. 12). Durch die Änderung des jetzigen Satzes 3 soll eine Regelungslücke im Zusammenhang mit den in Satz 1 geregelten Unterbrechungszeiten geschlossen werden. Eine Unterbrechung der Qualifizierung soll sich nicht nachteilig auf den gesetzlichen Befristungsrahmen auswirken und im Falle eines Arbeitsplatzwechsels nicht nachteilig auswirken (BT-Drucks. 18/6489, S. 12 f.). Zu einer Verlängerung können nach dem neuen § 2 Abs. 5 S. 1 Nr. 6 WissZeitVG auch Zeiten krankheitsbedingter Arbeitsunfähigkeit führen. Entsprechend der Regelung in § 2 Abs. 1 S. 4 WissZeitVG wird in Abs. 5 S. 1 Nr. 1 der Begriff des Kindes durch die Verweisung auf § 15 Abs. 1 S. 1 BEEG (ausf. Rdn 34) angepasst. Die Verlängerungsmöglichkeit entfällt für die durch § 6 WissZeitVG neu geschaffene Personalkategorie der studentischen Hilfskräfte.

II. Grundsatz

80 Die Vorschrift dient dem **Schutz des Beschäftigten vor** einer Verkürzung seiner Beschäftigungszeit, wenn er aus den in den Nr. 1 bis Nr. 6 genannten Gründen die ihm zur Verfügung stehende Qualifikationszeit nicht (im bisherigen Umfang) nutzen kann. Denn die Beurlaubungs- und Unterbrechungszeiten hemmen nicht den Ablauf der vereinbarten Befristung. Dieser **faktischen Verkürzung** hilft § 2 Abs. 5 S. 1 WissZeitVG in dem Umfang der vorgesehenen Verlängerungshöchstgrenzen ab. Die Verlängerung ist nach dem Gesetzeswortlaut nur bei befristeten **Verträgen iSd § 2 Abs. 1 WissZeitVG** möglich, nicht bei solchen, die auf den Drittmitteltatbestand nach § 2 Abs. 2 WissZeitVG gestützt sind. Anhaltspunkte für eine planwidrige Lücke sind nicht ersichtlich und zudem passen Sinn und Zweck der Verlängerung nach § 2 Abs. 5 S. 1 WissZeitVG bei Höchstbefristungsgrenzen, nicht aber bei sachlich befristeten Drittmittelprojekten (*Preis/Ulber* Rn 173). Erfasst wird das **gesamte wissenschaftliche und künstlerische Personal**, auch wenn die Vorschrift den Begriff der »Mitarbeiterin« und des »Mitarbeiters« verwendet (*Preis/Ulber* Rn 172).

81 Die Verlängerungstatbestände sind **abschließend und zwingend**. Entgegenstehende oder abweichende landesrechtliche Bestimmungen, die diesen Katalog beschränken oder erweitern, sind nach Art. 31 GG unwirksam, da hier die alleinige Gesetzgebungszuständigkeit des Bundes besteht (*BAG* 21.6.2006 – 7 AZR 234/05 – EzA § 620 BGB 2002 Hochschulen Nr. 2; 14.2.1996 – 7 AZR 613/95 – EzA § 620 BGB Hochschulen Nr. 4).

III. Vertragsverlängerung

82 Die **Verlängerung tritt im Einverständnis mit dem Beschäftigten automatisch** ein. Es ist Sache des Arbeitgebers, dem betroffenen Mitarbeiter die Verlängerung des befristeten Arbeitsvertrages um die Nichtanrechnungszeiten mitzuteilen und ihn aufzufordern, sein Einverständnis zu erklären. Erklärt sich der Arbeitnehmer nicht, unterbleibt die Verlängerung; stimmt der Beschäftigte zu, verlängert sich der befristete Arbeitsvertrag kraft Gesetzes um die zutreffend mitgeteilte Zeitspanne (*Lakies* ZTR 2002, 255). Im Beamtenstatus ist indessen ein förmlicher Antrag erforderlich (§ 50 Abs. 3 S. 1 HRG). Die Verlängerung des befristeten Arbeitsvertrages um die in Abs. 5 S. 1 genannten »Zeiten« unterliegt **nicht dem Schriftformerfordernis** des § 14 Abs. 4 TzBfG (*BAG* 30.8.2017 – 7 AZR 524/15 – EzA § 620 BGB Hochschulen 2002 Nr. 26; *LAG Bln.* 1.7.2005 LAGE § 620 BGB 2002 Hochschulen Nr. 3; DDZ-*Nebe* Rn 44; aA *Boemke* jurisPR-ArbR 28/2015 Anm. 3). Das Erfordernis eines Einverständnisses des Arbeitnehmers zur Verlängerung kann nicht dahingehend gedeutet werden, dass es eines ausdrücklichen Verlängerungsvertrages unter Einhaltung der Schriftform nach § 14 Abs. 4 TzBfG bedarf (*BAG* 30.8.2017 – 7 AZR 524/15 – EzA § 620 BGB 2002 Hochschulen

Nr. 26; APS-*Schmidt* Rn 61; ErfK-*Müller-Glöge* Rn 17; aA *Thüsing/Annuß-Lambrich* § 23 TzBfG Rn 120). Sinn und Zweck, Wortlaut und Systematik (Satz 1: »verlängert sich«) zeigen, dass es allein darum geht, die automatische Verlängerung nicht gegen den Willen des wissenschaftlichen Mitarbeiters vorzunehmen (zweifelnd *Lakies* ZTR 2002, 255). Bei der Erklärung des Einverständnisses handelt es sich um eine **rechtsgeschäftsähnliche Handlung**, die keinen Formvorschriften unterliegt (*BAG* 30.8.2017 – 7 AZR 524/15 – EzA § 620 BGB 2002 Hochschulen Nr. 26; APS-*Schmidt* Rn 61; *Lakies* ZTR 2002, 255; *Preis/Ulber* Rn 176; aA *Boemke* jurisPR-ArbR 24/2018 Anm. 2, weil das Einverständnis auf einen rechtlichen Erfolg, die befristete Verlängerung gerichtet sei und es sich deshalb – wie im Rahmen des Weiterbeschäftigungsverlangens nach § 78a Abs. 2 S. 1 BetrVG – um eine Willenserklärung handele).

Das **Einverständnis** kann **bis zum vorgesehenen Ende** des befristeten Vertrages erklärt werden. Anderenfalls kommt es zur Beendigung und es kann nicht mehr konkludent durch eine Arbeitsaufnahme am ersten Tag nach dem Befristungsende »verlängert« werden (*BAG* 30.8.2017 – 7 AZR 524/15 – EzA § 620 BGB 2002 Hochschulen Nr. 26 mwN; *Boemke* jurisPR-ArbR 28/2015 Anm. 3; *Hauck-Scholz* öAT 2015, 151). Es ist für den Beschäftigten bindend. Der Zugang der Einverständniserklärung ist entsprechend § 151 S. 1 BGB entbehrlich, wenn der Arbeitgeber auf ihn verzichtet. Zur Sicherheit und um Streit um eine ansonsten mögliche unbefristete Beschäftigung nach § 15 Abs. 5 TzBfG zu vermeiden, ist die **Einholung des schriftlichen Einverständnisses** beim Arbeitnehmer zu empfehlen, soweit er diese nicht von sich aus erklärt (APS-*Schmidt* Rn 70; ErfK-*Müller-Glöge* Rn 18; *Preis/Ulber* Rn 177). 83

IV. Verlängerungsgründe

1. Beurlaubung und Arbeitszeitermäßigung zur Betreuung von Familienangehörigen (Nr. 1)

Die Verlängerungszeiten nach Nr. 1 sind den im öffentlichen Dienst bekannten Beurlaubungsvorschriften zu Zwecken der **Betreuung und Pflege von Kindern und sonstigen Angehörigen nachgebildet** (vgl. § 92 Abs. 1 BBG, § 28 TVöD, § 28 TV-L). Durch die Ergänzung der Nr. 1 auf die Betreuung oder Pflege von Kindern iSd § 15 Abs. 1 S. 1 BEEG (zum erfassten Personenkreis s. Rdn 33) ist klargestellt, dass auch bei Stief- und Pflegekindern die Verlängerungsautomatik eingreift. Danach kann einem Mitarbeiter für die Dauer von drei bis fünf Jahren Urlaub ohne Fortzahlung der Bezüge und darüber hinaus gewährt werden, wenn er mit einem Kind unter 18 Jahren oder einem pflegebedürftigen sonstigen Angehörigen in häuslicher Gemeinschaft lebt und diese Person betreut oder pflegt. Die Verlängerung der Höchstbefristungsdauer ist für jeden Fall, dh bezogen auf jedes Kind und jeden pflegebedürftigen Familienangehörigen, auf zwei Jahre befristet (Abs. 5 S. 2). Die tatsächliche Betreuungsarbeit ist bei Zweifeln in geeigneter Form nachzuweisen (*Dörner* Befr. Arbeitsvertrag Rn 612). 84

Verlängerungszeiten ergeben sich nicht nur bei Beurlaubung, sondern auch für **Zeiten einer Arbeitszeitermäßigung**, in denen eine Teilzeitbeschäftigung ausgeübt wird, soweit sie mindestens ein Viertel der regelmäßig für vollzeitbeschäftigte Mitarbeiter geltenden Arbeitszeit beträgt. Auf Grund des einheitlichen Betreuungszwecks nach Nr. 1 soll für beide Fallvarianten – unabhängig von einer tatsächlich längeren Beurlaubung oder Arbeitszeitermäßigung – die **Verlängerung auf insgesamt zwei Jahre beschränkt** bleiben. Das folgt aus Wortlaut (Nr. 1 Satz 1 »oder«; Satz 3: »in den Fällen des Satzes 1 Nr. 1 ... von jeweils zwei Jahren«) sowie aus Sinn und Zweck des Gesetzes. Dabei sind die sozialen Gründe, die zur Verlängerung des befristeten Arbeitsvertrages führen, mit der Zielsetzung einer noch überschaubaren Befristungsdauer in Ausgleich gebracht worden. Mit Ausnahme der Fälle nach Nr. 3 und 4 soll deshalb die Höchstbefristungsdauer nicht um mehr als zwei Jahre für jeden Verlängerungszweck ausgeweitet werden. 85

Nach dem Zweck der Vorschrift sollen die Zeiten der Beurlaubung oder der Arbeitszeitermäßigung **tatsächlich für die maßgebende Betreuung verwendet werden** (s. nur *Geis/Krause* Rn 116). Eine faktische Verlängerung der Qualifikationsphase, in der der Beschäftigte die Zeiten nach Nr. 1 anstatt zur Betreuung zur weiteren Qualifikation verwendet, ist zu vermeiden (APS-*Schmidt* Rn 73; 86

Dörner Befr. Arbeitsvertrag Rn 612). Allerdings ist eine Einschränkung, wie sie etwa die Nr. 3 enthält, im Tatbestand der Nr. 1 nicht enthalten, weshalb eine anderweitige Nutzung der Zeiten irrelevant ist (*Preis/Ulber* Rn 186). Nach dem Wortlaut wird die Beurlaubung oder Arbeitszeitermäßigung jedoch »für die Betreuung oder Pflege ... gewährt«. Deshalb kann auch verlangt werden, die zweckentsprechende Verwendung der Zeiten zu belegen (APS-*Schmidt* Rn 72; *Dörner* Befr. Arbeitsvertrag Rn 612; zweifelnd *Preis/Ulber* Rn 186).

2. Beurlaubung zur Weiterbildung (Nr. 2)

87 Die Verlängerungszeiten aus Anlass einer **Beurlaubung für eine wissenschaftliche Tätigkeit oder eine berufliche Aus-, Fort- oder Weiterbildung im Ausland** wurden mit dem Gesetz zur Reform des öffentlichen Dienstrechts vom 24.2.1997 (BGBl. I S. 322, 340) auf Weiterbildungsphasen außerhalb des Hochschulbereichs ausgedehnt. Die Nichtanrechnung dieser Beurlaubungszeiten ist mit dem Zweck der zügigen Qualifikation vereinbar, weil sie insbes. den Wissenstransfer fördert (ErfK-*Müller-Glöge* Rn 19; *Dörner* Befr. Arbeitsvertrag Rn 613). Die Verlängerungsmöglichkeit soll junge Wissenschaftler und Wissenschaftlerinnen bewegen, Erkenntnisse in der Praxis oder im Ausland zu sammeln und diese wieder in ihre Tätigkeit im Hochschulbereich einfließen zu lassen (BT-Drucks. 15/4132 S. 22). Die Verlängerungszeit ist auf **höchstens zwei Jahre** beschränkt (Satz 3). Bei einer Beurlaubung für eine wissenschaftliche oder künstlerische Tätigkeit ist die Anrechnungsbestimmung nach Abs. 3 zu beachten, die nicht umgangen werden darf (*Preis/Ulber* Rn 189). Deshalb scheidet eine Verlängerung aus, wenn eine nach § 2 Abs. 3 WissZeitVG anzurechnende Beschäftigung aufgenommen wird.

88 Dient der Auslandsaufenthalt der Anfertigung einer **Auslandspromotion**, kollidiert die Anrechnungsregel in § 1 Abs. 1 S. 2 WissZeitVG mit der (automatischen) Verlängerung der Befristung in § 2 Abs. 5 S. 1 Nr. 2 WissZeitVG. Der **Zielkonflikt** der gegenläufigen Rechtsfolgen ist nicht dahingehend aufzulösen, dass die Auslandspromotion bis zur Dauer von zwei Jahren anrechnungsfrei bleibt, eine zusätzliche Verlängerung indessen zu unterbleiben hat. Dadurch käme es zu einer ungerechtfertigten Benachteiligung von Doktoranden, die ihre Dissertation im Inland fertigen (*Annuß/Thüsing-Lambrich* § 23 TzBfG Rn 119; *Preis/Ulber* Rn 192). Die Beurlaubung führt vielmehr zur Verlängerung des Vertrages nach Satz 2, ist aber bei der Bonusregelung nach § 2 Abs. 1 S. 2 Hs. 2 WissZeitVG zu berücksichtigen (*Preis/Ulber* Rn 192).

3. Mutterschaft und Elternzeit (Nr. 3)

89 Der Verlängerungstatbestand der Nr. 3 soll insbes. **Benachteiligungen von Frauen vermeiden**, die bei Anrechnung von Zeiten eines Beschäftigungsverbots (§§ 3 bis 6, 10 Abs. 3, § 13 Abs. 1 Nr. 3 und § 16 MuSchG) oder der Elternzeit (§ 15 BEEG) auf ihre Vertragslaufzeit entstehen würden (BT-Drucks. 16/3438 S. 15). Nachdem die Nichtanrechnung nicht mehr daran gebunden ist, dass eine Beschäftigung tatsächlich unterblieben ist (s. Rdn 85), kann eine Teilzeitbeschäftigung während der Elternzeit die **zeitanteilige Verlängerung des mit reduzierter Arbeitszeit fortgeführten Arbeitsverhältnisses** herbeiführen. Die Formulierung »in dem Umfang, in dem eine Erwerbstätigkeit nicht erfolgt ist« soll ausdrücken, dass eine während der Elternzeit reduzierte Teilzeitarbeit nach § 15 Abs. 4 S. 1 BEEG **zeitanteilig** bei den Verlängerungstatbeständen zu berücksichtigen ist (BT-Drucks. 16/3438 S. 15, 15/4132 S. 21; APS-*Schmidt* Rn 76).

90 Wird die **Teilzeitarbeit** nicht bei der Hochschule oder Forschungseinrichtung, sondern bei einem **anderen Arbeitgeber oder als Selbstständiger** verrichtet (§ 15 Abs. 4 S. 2 BEEG), führt das für diese Zeitspanne zur Verlängerung des befristeten Arbeitsvertrages, weil eine Beschäftigung als wissenschaftlicher Mitarbeiter eben gerade nicht erfolgt ist (*Lakies* ZTR 2002, 256; *Dörner* Befr. Arbeitsvertrag Rn 615; ErfK-*Müller-Glöge* Rn 19; *Preis/Ulber* Rn 199). Dann erfolgt eine Verlängerung des befristeten Arbeitsverhältnisses zunächst für die in Anspruch genommene Elternzeit und danach noch um die vor dem vereinbarten Fristende liegende Dauer der Elternzeit (BAG 25.4.2014 – 7 AZR 456/12 – EzA § 620 BGB 2002 Hochschulen Nr. 12). Hiergegen wird eingewandt (*Sill-Gorny* ZTR 2002, 111 f.), im Vergleich zu Beschäftigten, die keine Elternzeit beanspruchen können, liege

in der zusätzlichen Nichtanrechnung der Teilzeitbeschäftigung während der Elternzeit ein **Verstoß gegen den Gleichheitsgrundsatz**. Der Gesetzeszweck (s. Rdn 77, 80) werde übererfüllt, denn die Nichtanrechnung sei auf die Elternzeitdauer abzüglich des Umfangs der während der Elternzeit geleisteten Teilzeitbeschäftigung zu beschränken. Allerdings dürfte eine Ungleichbehandlung bei der Verlängerung der Befristung zugleich dem **Gleichberechtigungsgebot** (Art. 3 Abs. 2 GG) und dem **Schutz von Ehe und Familie** (Art. 6 Abs. 1, 2 und 4 GG) zuwiderlaufen. Insoweit ist die vorgesehene Verlängerung durchaus mit dem Ansatz einer Höchstbefristungsdauer (Art. 5 Abs. 3 GG) zu vereinbaren. Ein Abzug bei der Nichtanrechnung im Umfang der tatsächlichen Beschäftigung während der Elternzeit ist daher nicht geboten (*Preis/Ulber* Rn 200; aA *Sill-Gorny* ZTR 2002, 111 f.). Eine andere Sicht ergibt sich allerdings dann, wenn der Elternzeitberechtigte in der Teilzeitbeschäftigung seine wissenschaftliche Qualifizierung fortsetzt. Für diesen Fall kommt nur eine zeitanteilige Verlängerung in Betracht (APS-*Schmidt* Rn 76).

Da die **Elternzeit je Kind bis zu drei Jahre** betragen und für weibliche Mitarbeiter noch um einen Teil der Schutzfristen aufgestockt werden kann, reicht die **Verlängerung anders als nach Nr. 1, 2 und 5 über zwei Jahre hinaus**. Kommt es zu mehreren Geburten mit anschließender Elternzeit, kann sich die zulässige Vertragsdauer in der jeweiligen Qualifizierungsphase nicht unerheblich verlängern (DDZ-*Nebe* Rn 40; *Lakies* ZTR 2002, 255; *Preis/Ulber* Rn 201). 91

4. Grundwehr- und Zivildienst (Nr. 4)

Den zum – nach § 2 WPfG (idF v. 26.8.2011, BGBl. I S. 1730 ff.) »ausgesetzten« – Grundwehr- und zum Ersatzdienst Einberufenen soll kein Nachteil aus der Ableistung entstehen. Deshalb ruht während des Grundwehrdienstes nach § 1 ArbPlSchG das Arbeitsverhältnis. Das gilt ebenso für Zivildienstleistende nach § 78 ZDG. Da das **Arbeitsplatzschutzgesetz befristete Arbeitsverhältnisse** bei Einberufung zum Grundwehrdienst oder zu einer Wehrübung **nicht verlängert** (§ 1 Abs. 4 ArbPlSchG), bedurfte es einer besonderen Bestimmung nach Nr. 4, um Grundwehr- und Zivildienstleistende nicht zu benachteiligen. Da Zeiten des Grundwehr- oder Zivildienstes zwei Jahre nicht überschreiten können, ist im Gesetz in Abs. 5 S. 2 (zeitliche Verlängerungsgrenze) die Nennung dieser Fallgruppe unterblieben. 92

Zum **Grundwehrdienst** zählt nur derjenige nach § 5 WPflG, nicht aber der Wehrdienst auf Grund einer freiwilligen Verpflichtung oder einer Ableistung von Wehrübungen; auch Wehrdienstleistungen im Ausland können eine Verlängerung nach Nr. 4 nicht rechtfertigen (vgl. § 5 WPflG). Dasselbe gilt für den an Stelle des Grundwehrdienstes geleisteten **Zivilschutz, Katastrophenschutz oder Entwicklungsdienst**, da diese Dienstleistungen sonst in die gesetzliche Aufzählung mit hätten aufgenommen werden müssen. Militärische oder karitative Tätigkeiten nach anderen Rechtsgrundlagen, die durch Beurlaubungen ermöglicht werden, gehören ebenso wenig dazu (APS-*Schmidt* Rn 78; *Preis/Ulber* Rn 203). 93

5. Freistellung für ehrenamtliche Aufgaben oder zur Mandatsübernahme (Nr. 5)

Unverändert beibehalten wurde die Verlängerung von bis zu zwei Jahren im Falle einer Freistellung zur Wahrnehmung von Aufgaben in einer **Personal- oder Schwerbehindertenvertretung**, der Aufgaben eines oder einer **Frauen- oder Gleichstellungsbeauftragten** oder zur Ausübung eines mit dem Arbeitsverhältnis zu vereinbarenden **Mandat**. Der Nichtanrechnungstatbestand der Nr. 5 kann durch landesrechtliche Regelungen zum Hochschulrecht nicht erweitert werden (zB ehrenamtliche Tätigkeit im Fachbereichsrat: *BAG* 14.2.1996 – 7 AZR 613/95 – EzA § 620 BGB Hochschulen Nr. 4). Dem steht auch nicht die Entscheidung des *BVerfG* v. 27.7.2004 (BVerfGE 111, 226 = NJW 2004, 2803) entgegen, da es hier vornehmlich um eine arbeitsrechtliche Regelung geht, die in der konkurrierenden Gesetzgebungszuständigkeit des Bundes steht (s. KR-*Treber/Waskow* § 1 WissZeitVG Rdn 26). Nicht hierher gehören Mandate im Rahmen der Hochschulselbstverwaltung (*BAG* 14.2.1996 – 7 AZR 613/95 – EzA § 620 BGB Hochschulen Nr. 4; *Preis/Ulber* Rn 209; aA *Reich* HRG § 2 WissZeitVG Rn 20). 94

95 Voraussetzung der Verlängerung ist jeweils, dass der Mitarbeiter entweder vollständig, zumindest aber **zu einem Fünftel der regelmäßigen Arbeitszeit** (dazu s. Rdn 67) für seine Aufgaben **freigestellt** wurde. Im Falle einer wissenschaftlichen oder künstlerischen Hilfskraft muss die Freistellung deshalb um 20 % der Arbeitszeit einer Vollzeitkraft zurückgeführt worden sein. Für die Freistellung gelten die entsprechenden landes- und bundesvertretungsrechtlichen Vorschriften. Ein Verlängerungsrecht für Ersatzmitglieder des Personalrats kann sich nur dann ergeben, wenn die landesrechtliche Bestimmung dies ausdrücklich vorsieht (BAG 29.9.1999 – 7 AZR 265/98 – EzA § 620 BGB Hochschulen Nr. 23). Die Verlängerungszeit bestimmt sich anders als nach Nr. 3 nach der Gesamtdauer der Freistellung (*Preis/Ulber* Rn 207; *Reich* HRG § 2 WissZeitVG Rn 20).

96 Ist der wissenschaftlich oder künstlerisch Beschäftigte etwa zunächst für die Personal- und anschließend für die Schwerbehindertenvertretung (§ 96 Abs. 4 S. 1 SGB IX) tätig oder werden andere **Ämter nacheinander wahrgenommen**, bleibt es bei der Verlängerungsdauer, die zwei Jahre nicht übersteigen soll.

97 Die Freistellung als (ehrenamtliche) **Frauen- oder Gleichstellungsbeauftragte** führt gleichfalls zu einer Verlängerung. Aufgaben und Stellung der Gleichstellungsbeauftragten regeln sich nach Landesrecht. Eine Verlängerung des befristeten Arbeitsverhältnisses bleibt selbst bei einem zeitlich längeren Mandat nach Abs. 4 S. 3 auf zwei Jahre beschränkt. Für **Beamte** sieht § 50 Abs. 3 HRG idF des HdaVÄndG ähnliche Bestimmungen vor, die indessen landesrechtlich abweichend gestaltet werden können (BT-Drucks. 15/4132 S. 16).

98 Schließlich nennt Nr. 5 noch als Verlängerungstatbestand die **Ausübung eines mit dem Arbeitsverhältnis zu vereinbarenden Mandats**. Im Regelfall handelt es sich dabei um Abgeordnetenmandate im Bundes- oder Landtag (*Annuß/Thüsing-Lambrich* § 23 TzBfG Rn 118). Dabei ist es **Sache des Landesrechts** zu bestimmen, welches Mandat sich mit dem Arbeitsverhältnis eines Angehörigen des wissenschaftlichen Personals verträgt. Derzeit ist das nach den Regelungen in Baden-Württemberg (§ 26 Abs. 3 BWAgG), Berlin (§ 26 Abs. 1 und 2 BerlLWahlG) und Brandenburg (§ 28 Abs. 1 und 2 BbgAbgG) gegeben (s.a. *Preis/Ulber* Rn 211).

6. Krankheitsbedingte Arbeitunfähigkeit (Nr. 6)

99 Durch das Gesetz zur Änderung des Wissenschaftszeitvertragsgesetzes wurde die Verlängerungsmöglichkeit auch auf Zeiten einer krankheitsbedingten Arbeitsunfähigkeit erstreckt, in denen weder ein gesetzlicher noch ein tarifvertraglicher Anspruch auf Entgeltfortzahlung besteht. Mit dem Begriff der »**krankheitsbedingten Arbeitsunfähigkeit**« bezieht sich der Gesetzgeber mangels eigenständiger Definition in der Sache auf die zum EFZG entwickelten Grundsätze, die entsprechend herangezogen werden können (APS-*Schmidt* Rn 80; *Preis/Ulber* Rn 215). Krankheit ist ein regelwidriger Körper- oder Geisteszustand, der dann zu einer Arbeitsunfähigkeit führt, wenn der betroffene Arbeitnehmer zur Erbringung der von ihm geschuldeten Arbeitsleistung deshalb nicht in der Lage ist und die Krankheit die alleinige Ursache darstellt (s. nur BAG 26.10.2016 – 5 AZR 167/16 – EzA § 3 EFZG Nr. 21 mwN). Weiterhin muss für den betreffenden Zeitraum kein gesetzlicher oder tarifvertraglicher Anspruch auf Entgeltfortzahlung bestehen. Allein ein etwaiger Krankengeldzuschuss ist für die Verlängerungsoption ohne Bedeutung (APS-*Schmidt* Rn 80; ErfK-*Müller-Glöge* Rn 19).

100 Danach können sich die Arbeitsverhältnisse jener Arbeitnehmer verlängern, die die Wartezeit des § 3 Abs. 3 EFZG nicht erfüllt haben, oder denen aufgrund eines »Verschulden gegen sich« kein Entgeltfortzahlungsanspruch zusteht. Andererseits greift diese Möglichkeit nicht ein, wenn keine Fortsetzungserkrankung besteht und deshalb trotz mehrfacher Arbeitsunfähigkeit der Entgeltfortzahlungsanspruch fortbesteht. Diese **gesetzgeberische Typisierung** ist gleichwohl mit Art. 3 Abs. 1 GG vereinbar (APS-*Schmidt* Rn 81; *Preis/Ulber* Rn 216).

V. Verlängerungshöchstgrenzen und Beginn der Verlängerung

101 Die Vorschrift differenziert für den Umfang der Vertragsverlängerung nach den verschiedenen Nichtanrechnungstatbeständen. In den Fällen nach § 2 Abs. 5 S. 1 Nr. 1, 2 und 5 WissZeitVG

soll die Verlängerung auf eine **Dauer von jeweils längstens zwei Jahren** beschränkt bleiben (Abs. 5 S. 2). Es ist unerheblich, ob hier eine Beurlaubung für drei Jahre oder eine Reduzierung der Arbeitszeit auf die Hälfte der regelmäßigen Arbeitszeit für einen Zeitraum von vier Jahren vorgesehen ist; in beiden Fällen soll nur eine Verlängerung von zwei Jahren erfolgen (BT-Drucks. 15/4132 S. 21 f.; *Lakies* ZTR 2002, 255). Anders als die Vorgängerregelung des § 57b Abs. 4 S. 2 HRG aF kann durch die Ausgestaltung als **Soll-Vorschrift** in begründeten Ausnahmefällen die Begrenzung auf zwei Jahre überschritten werden, was insbes. bei längeren Auslandsaufenthalten der Fall sein kann (BT-Drucks. 16/3438 S. 16). In allen weiteren Fällen des § 2 Abs. 5 S. 1 Nrn. 3, 4 und 6 WissZeitVG besteht keine Verlängerungshöchstdauer. Der Zeitraum der Verlängerung richtet sich nach der jeweiligen Dauer der Beurlaubung, Freistellung oder Arbeitsunfähigkeit (s.a. Rdn 91).

Bei den verschiedenen Verlängerungstatbeständen nach Abs. 5 S. 1 kann es zu einer **Addition von Unterbrechungszeiten** kommen, wenn die verschiedenen Fallgestaltungen nacheinander eintreten (*Preis/Ulber* Rn 180; ErfK-*Müller-Glöge* Rn 18; APS-*Schmidt* Rn 83;). Dann können im Ergebnis die Verlängerungshöchstspannen von zwei Jahren (Abs. 5 S. 2) in der Summe überschritten werden (Beispiel: Beurlaubung nach Nr. 1 für die Dauer von drei Jahren, danach Tätigkeit als Schwerbehindertenvertreter unter teilweise erfolgter Freistellung für die Dauer von vier Jahren). Bestehen die Verlängerungstatbestände zeitlich nebeneinander, zählt der länger währende Tatbestand (ErfK-*Müller-Glöge* Rn 18; *Preis/Ulber* Rn 223). 102

Der **Beginn der Verlängerung** kann sich im Einzelfall unterschiedlich gestalten. Die Verlängerung schließt sich unmittelbar an das ursprünglich vereinbarte Befristungsende an, wenn das Arbeitsverhältnis am Ende des Unterbrechungssachverhalts noch nicht beendet ist (*Geis/Krause* Rn 24). Anderenfalls beginnt der Verlängerungszeitraum unmittelbar nach dem vorgesehenen Befristungsende. Reicht ein während des laufenden befristeten Arbeitsverhältnisses auftretender Verlängerungstatbestand über das Fristende hinaus, endet das Arbeitsverhältnis nicht (anders wohl LS-*Schlachter* Anh. 2 § 2 WissZeitVG Rn 24: »Wiederaufnahme«). Vielmehr »verlängert« sich das Arbeitsverhältnis um die Dauer des vor dem Befristungsende liegenden Verlängerungstatbestands, ohne dass eine Unterbrechung des Arbeitsverhältnisses eintritt. Ein anderes Ergebnis folgt nicht aus § 1 Abs. 4 Halbs. 1 ArbPlSchG und aus § 78 Abs. 1 Nr. 1 ZDG. Soweit dort die Verlängerung eines befristeten Arbeitsverhältnisses ausgeschlossen wird, ist die iRd § 2 Abs. 5 S. 1 Nr. 4 WissZeitVG, denn insoweit handelt es sich um eine speziellere, vorrangige Regelung, maßgebend. Auch wer sonst – im Falle der Beendigung – die Inanspruchnahme einer weiteren Elternzeit mangels erforderlichen Arbeitsverhältnis nicht mehr möglich (*BAG* 28.5.2014 – 7 AZR 456/12 – EzA § 620 BGB 2002 Hochschulen Nr. 12; dazu *Boemke* jurisPR-ArbR 44/2014 Anm. 4). 103

VI. Nichtanrechung der Verlängerungszeiten (Abs. 5 S. 3)

Nach § 2 Abs. 5 S. 3 WissZeitVG werden **Zeiten nach Abs. 5 S. 1 Nr. 1 bis 6 nicht auf die Höchstbefristungsdauer des § 2 Abs. 1 WissZeitVG angerechnet**. Die Vorschrift wurde um den Zusatz ergänzt, dass Zeiten »in dem Umfang, in dem sie zu einer Verlängerung eines befristeten Arbeitsvertrags führen können« nicht angerechnet werden. Damit soll einerseits erreicht werden, dass die Nichtanrechnung nicht das Maß einer möglichen Verlängerung nach Abs. 5 S. 2 übersteigt, und andererseits im Falle eines **Arbeitsplatzwechsels** nach einer Unterbrechungszeit sich dieser Zeitraum nachteilig auf den Befristungsrahmen auswirkt (BT-Drucks. 18/6489, S. 13). Anders kann es sich bei der Berechnung der Bonuszeit nach § 2 Abs. 1 S. 2 Hs. 2 WissZeitVG (Rdn 26 ff.) verhalten, wenn während der Unterbrechungszeit etwa eine Dissertation weiterverfolgt wird (vgl. näher *Preis/Ulber* Rn 218 mwN). 104

§ 3 WissZeitVG Privatdienstvertrag

Für einen befristeten Arbeitsvertrag, den ein Mitglied einer Hochschule, das Aufgaben seiner Hochschule selbständig wahrnimmt, zur Unterstützung bei der Erfüllung dieser Aufgaben mit überwiegend aus Mitteln Dritter vergütetem Personal im Sinne von § 1 Abs. 1 Satz 1 abschließt, gelten die Vorschriften der §§ 1, 2 und 6 entsprechend.

Übersicht	Rdn		Rdn
A. Entstehungsgeschichte und Gesetzeszweck	1	II. Unterstützung der dienstlichen Aufgaben	10
B. Voraussetzung eines Privatdienstvertrages	5	III. Drittmittelvergütung	12
		IV. Verfügungsberechtigung über Drittmittel	14
I. Mitglied einer Hochschule als Arbeitgeber.....................	5	V. Arbeitnehmer des Privatdienstvertrages..	15
		C. Rechtsfolgen	16

A. Entstehungsgeschichte und Gesetzeszweck

1 Der Wortlaut der Bestimmung entspricht im Wesentlichen der Vorgängerregelung des § 57c HRG aF, die die bis zum 22.2.2002 in § 57e HRG aF enthaltene gleichlautende Regelung ersetzte. Die Vorschrift enthielt zunächst zwei **Neuerungen**: Anders als nach dem früheren Recht ist die **überwiegende Vergütung aus Drittmitteln ausreichend** und nicht mehr die vollständige Finanzierung des Privatdienstvertrages aus diesen Geldern. Die zunächst aufgrund der Verweisung auf § 2 Abs. 2 WissZeitVG enthaltene Befristungsmöglichkeit auch für das **akzessorische Personal** bei Drittmittelprojekten ist durch das Gesetz zur Änderung des Wissenschaftszeitvertragsgesetzes mit Ablauf des 16.3.2016 entfallen (s. KR-*Treber/Waskow* § 1 WissZeitVG Rdn 17; § 2 WissZeitVG Rdn 44).

2 Beibehalten wird die bereits nach dem alten Recht geltende **Gleichstellung der Befristungshöchstgrenzen** für Privatdienstverträge und der befristeten Arbeitsverträge mit der Hochschule (*Preis/Ulber* Rn 2). Auf Grund der in Bezug genommenen Anrechnungsbestimmungen in § 2 Abs. 1 WissZeitVG und des dortigen Wortlauts (»Privatdienstverträge nach § 3«) ist gesichert, dass durch einen Wechsel des Arbeitgebers (Hochschule, Forschungseinrichtung und Privatdienstvertrag) eine **mehrfache Ausschöpfung der Befristungshöchstgrenzen** des § 2 Abs. 1 WissZeitVG **nicht möglich** ist (BT-Drucks. 16/3438 S. 16; zu den Vorgängerregelungen s. BT-Drucks. 15/4132 S. 22; BT-Drucks. 14/6853 S. 34; APS-*Schmidt* Rn 2; *Preis/Hausch* NJW 2002, 929 f.). Mit der Zulassung befristeter Arbeitsverträge in der Form von Privatdienstverträgen werden daher keine »**funktionswidrigen Kombinationsmöglichkeiten**« eröffnet.

3 Nach **§ 25 Abs. 1 S. 1 HRG** (abgedruckt bei KR-*Treber/Waskow* § 2 WissZeitVG Rdn 46) sind die in der Forschung tätigen **Hochschulmitglieder berechtigt**, im Rahmen ihrer dienstlichen Aufgaben auch solche **Forschungsverfahren durchzuführen**, die nicht aus den der Hochschule zur Verfügung stehenden Haushaltsmitteln, sondern **aus Mitteln Dritter finanziert** werden (vgl. *BAG* 25.8.1999 – 7 AZR 760/97 – EzA § 620 BGB Hochschulen Nr. 19). In der Regel soll das Drittmittelpersonal als Arbeitnehmer der Hochschule oder Forschungseinrichtung eingestellt werden, § 25 Abs. 5 S. 1 HRG (dazu *Lübbert* WissR 1985, 141, 144; *Reich* HRG § 25 Rn 17). Nach § 25 Abs. 5 S. 3 HRG ist es dem Projektleiter des Drittmittelforschungsvorhabens in begründeten Fällen gestattet, **die Mitarbeiter im Wege von Privatdienstverträgen selbst einzustellen** (ErfK-*Müller-Glöge* Rn 2; verfassungsrechtliche Bedenken bei *Püttjer* WissR 1990, 154; dagegen *Reich* HRG § 25 Rn 17), sofern dies mit den Bedingungen des Geldgebers vereinbar ist, er also nicht die Beschäftigung von Hochschulpersonal fordert. Diesem Umstand trägt die Befristungsregelung in § 3 WissZeitVG Rechnung. Im Hinblick auf die Kleinbetriebsklausel in § 23 Abs. 1 S. 2 und 3 KSchG und die idR wohl fehlende Tarifbindung des Arbeitgebers kann ein unmittelbares Regelungsbedürfnis durchaus hinterfragt werden, steht doch das Gestaltungsmittel der ordentlichen Kündigung zur Verfügung (*Kortstock* ZTR 2007, 7; APS-*Schmidt* Rn 7, § 1 Rn 26; LS-*Schlachter* Anh. 2 § 3

WissZeitVG Rn 2). Die mit dem öffentlichen Dienstrecht eigentlich unvereinbare Form der Erfüllung dienstlicher Aufgaben ist nur mit der Sonderstellung der Hochschulforschung zu erklären.

Der **Begriff des Privatdienstvertrages** schafft keine eigenständige Vertragskategorie (DDZ-*Nebe* Rn 5; *Geis/Krause* Rn 3), sondern grenzt die Beschäftigung zu derjenigen ab, in denen der Drittmittelbeschäftigte in einem Dienstverhältnis zur Hochschule oder zu einem Dienstherrn steht und mit dieser den Arbeitsvertrag geschlossen hat. Privatdienstverträge können auch an **Forschungseinrichtungen** geschlossen werden. Die Verweisung in § 5 S. 2 belegt, dass eine entsprechende Anwendung des § 3 in Betracht kommt (zu § 57c HRG aF; vgl. *BAG* 15.2.2006 – 7 AZR 241/05 – ZTR 2006, 509). 4

B. Voraussetzung eines Privatdienstvertrages

I. Mitglied einer Hochschule als Arbeitgeber

Zum Abschluss eines Privatdienstvertrages sind als **Arbeitgeber** nur **Mitglieder einer Hochschule** berechtigt (§ 25 Abs. 5 S. 3 HRG; *LAG Bln.* 21.4.1997 ZTR 1997, 523; 2.11.1998 ZTR 1999, 328), **die ihre Aufgaben an der Hochschule selbstständig wahrnehmen**. Zu den Aufgaben der Hochschule gehören nach § 2 Abs. 1 S. 1 WissZeitVG die Pflege und Weiterentwicklung der Wissenschaften und der Künste durch Forschung, Lehre, Studium und Weiterbildung. Wer Mitglied der Hochschule ist, ist in § **36 Abs. 1 S. 1 HRG** und in den landesgesetzlichen Bestimmungen geregelt. Durch Letztere kann der Kreis der berechtigten Personen erweitert werden (*Preis/Ulber* Rn 5, 7). In einer solchen Fallgestaltung sind bei einem Wechsel des Bundeslandes die dort bestehenden und eventuell abweichenden gesetzlichen Bestimmungen zu berücksichtigen (*Preis/Ulber* Rn 5). 5

Zu den Mitgliedern, die ihre Aufgaben an der Hochschule selbständig wahrnehmen, gehören die an der Hochschule nicht nur vorübergehend oder gastweise **hauptberuflich Tätigen**. Hierzu zählen zunächst die **Professoren auf Lebenszeit und auf Zeit**, die **Juniorprofessoren** (ErfK-*Müller-Glöge* Rn 2; APS-*Schmidt* Rn 3; *Annuß/Thüsing-Lambrich* § 23 TzBfG Rn 90) und die **Hochschuldozenten** nach dem vormaligen Recht (§ 48c Abs. 1 HRG aF), die gem. § 74 Abs. 1 S. 1 HRG in ihren bisherigen Dienstverhältnissen verblieben sind. 6

Bei **anderen an der Hochschule Tätigen** ist entscheidend, ob ihnen nach den landesgesetzlichen Vorschriften eine **entsprechende Stellung als Mitglied der Hochschule** zukommt. Deshalb rechnen hierzu Honorarprofessoren, aber auch außerplanmäßige Professoren, wenn sie Mitglieder der Hochschule sind und ihnen die selbstständige Wahrnehmung von Forschungstätigkeiten zugewiesen ist (ErfK-*Müller-Glöge* Rn 2; *Preis/Ulber* Rn 9 f.; *Reich* HRG § 3 WissZeitVG Rn 4; APS-*Schmidt* Rn 3). Das gilt entgegen der Regelung in § 36 Abs. 1 S. 1 HRG selbst für Gastprofessoren, vorausgesetzt, das einschlägige Landesrecht lässt ihnen eine entsprechende Stellung zukommen (*Preis/Ulber* Rn 9; aA Hochschulhdb-*Löwisch-Wertheimer* VII Rn 217). Nach Maßgabe des Landesrechts können auch emeritierte Professoren als Mitglied der Hochschule angesehen werden (*Preis/Ulber* Rn 8, mwN; ErfK-*Müller-Glöge* Rn 2), wenn ihnen das Landesrecht selbstständige Forschungsaufgaben zuweist (anders für pensionierte Professoren nach § 36 Abs. 2 HRG). 7

Lehrbeauftragten kommt diese Befugnis nicht zu, da sie, selbst wenn ihnen nach dem Landesrecht ein mitgliedschaftsrechtlicher Status zukommen sollte, nur die ihnen übertragenen Lehraufgaben selbstständig wahrnehmen, nicht aber Aufgaben ihrer Hochschule (*Preis/Ulber* Rn 11). 8

Wissenschaftliche Mitarbeiter sind zum Abschluss von Privatdienstverträgen berechtigt, wenn ihnen nach der Ausnahmeregelung in § 53 Abs. 1 S. 3 HRG die »selbstständige Wahrnehmung von Aufgaben in Forschung und Lehre übertragen« worden ist (zu den Voraussetzungen und dem Verfahren der Übertragung vgl. iE *Reich* HRG § 53 Rn 5, m. umfangr. Nachw.). Bei Wissenschaftlichen Assistenten (des alten Rechts) ist das nicht möglich gewesen (DDZ-*Nebe* Rn 3). Zusätzlich müssen die Wissenschaftlichen Mitarbeiter Hochschulmitglieder sein, was jedenfalls bisher grds. der Fall ist. 9

II. Unterstützung der dienstlichen Aufgaben

10 Der Privatdienstvertrag muss zur Unterstützung bei der **Erfüllung von Hochschulaufgaben** abgeschlossen werden, wenn auf ihn § 3 WissZeitVG Anwendung finden soll. Davon ist ebenfalls bei der **Durchführung von Forschungsvorhaben** mit Drittmittelfinanzierung auszugehen, da diese Bestandteil der Hochschulforschung sind (§§ 2 Abs. 1, 25 Abs. 1 HRG; ErfK-*Müller-Glöge* Rn 2; *Korstock* ZTR 2007, 2, 5; *Preis* WissZeitVG Rn 16). Privatdienstverträge können zunächst auf **unterstützende Tätigkeiten zu Forschungszwecken** angelegt werden. Ob sie zur Erfüllung **sonstiger Dienstaufgaben** von Hochschullehrern (zB Lehrtätigkeit) statthaft sind (dagegen noch BT-Drucks. 10/2283 S. 18; ErfK-*Müller-Glöge* Rn 2), erscheint angesichts der Regelung in § 25 Abs. 5 S. 1 HRG – »aus Mitteln Dritter bezahlte hauptberufliche Mitarbeiter an Forschungsvorhaben« – zweifelhaft (abl. im Hinblick auf den Zweck der Norm daher APS-*Schmidt* Rn 4), aber angesichts des gesetzlichen Wortlauts (»Aufgaben seiner Hochschule«) wohl zulässig (ebenso iE *Preis/Ulber* Rn 16; *Reich* HRG § 3 WissZeitVG Rn 1; *Annuß/Thüsing-Lambrich* § 23 TzBfG Rn 90; aA DDZ-*Nebe* Rn 6). Zum Aufgabenfeld der Hochschule gehören gleichberechtigt Forschung und Lehre.

11 **Nicht** hierher gehören **Nebentätigkeiten der Hochschulmitglieder**, denn während der Drittmittelforscher für seine Tätigkeit über einen Aufwendungsersatz hinaus keine Vergütung erhält, ist eine Nebentätigkeit (zB Erstellung eines Privatgutachtens) regelmäßig mit einer Vergütung verbunden. Zudem gehören Nebentätigkeiten nicht zu den Dienstaufgaben. Ein befristeter Arbeitsvertrag zur Unterstützung einer solchen Nebentätigkeit kann daher nicht auf § 3 WissZeitVG gestützt werden (ErfK-*Müller-Glöge* Rn 2; DDZ-*Nebe* Rn 6; *Geis/Krause* Rn 5; APS-*Schmidt* Rn 4; *Reich* HRG § 3 WissZeitVG Rn 5; noch zum alten Recht BAG 27.9.2000 – 7 AZR 229/99 – RzK I 9 f Nr. 75). Eine unterstützende Tätigkeit durch andere Personen kann für diesen Tätigkeitsbereich nur auf Grundlage anderer Bestimmungen befristet werden (DDZ-*Nebe* Rn 6).

III. Drittmittelvergütung

12 § 3 WissZeitVG gilt für befristete Arbeitsverträge mit wissenschaftlichem oder künstlerischen Personal iSd § 1 Abs. 1 S. 1 WissZeitVG, die **überwiegend aus Mitteln Dritter** vergütet werden. Der Gesetzgeber hat diese Klarstellung ausdrücklich und entgegen der vorherrschenden Auffassung zur Vorgängerregelung des § 57c HRG aF zur Klarstellung in den Gesetzestext aufgenommen. Der nach Wegfall des § 57b Abs. 2 Nr. 4 HRG aF (in der bis zum 30.12.2004 geltenden Fassung) unverändert gebliebene Wortlaut von § 57c HRG aF wurde als Beleg dafür herangezogen, dass Privatdienstverträge im Rahmen eines drittmittelfinanzierten Forschungsvorhabens voll aus Drittmitteln vergütet werden müssen und nicht etwa eigene Mittel des Hochschulmitglieds eingesetzt werden können (s.a. KR-*Lipke* 8. Aufl. § 57c HRG Rn 5; weiterhin *Preis/Ulber* Rn 20).

13 Nach der jetzigen Regelung ist es entgegen dem früheren Rechtszustand ausreichend, dass die **Vergütung überwiegend** und damit zu **mehr als 50 vH** aus Drittmitteln stammt (APS-*Schmidt* § 2 Rn 2, anders wohl LS-*Schlachter* Anh. 2 § 3 WissZeitVG Rn 2: »die Mitarbeiter müssen entsprechend vollständig aus diesen Mitteln vergütet werden«). Damit wird eine Vermischung von Haushalts- und Drittmitteln des Arbeitgebers ermöglicht (*Preis/Ulber* Rn 20). Keine Drittmittel sind eigene Mittel des Arbeitgebers (APS-*Schmidt* Rn 5; *Preis* WissZeitVG Rn 21). Maßgebend für die Beurteilung ist der **Zeitpunkt des Vertragsschlusses** (allg. KR-*Lipke/Bubach* § 14 TzBfG Rdn 125).

IV. Verfügungsberechtigung über Drittmittel

14 In der Regel sollen Drittmittel von der Hochschule verwaltet werden (§ 25 Abs. 4 HRG). Wird ein Projekt nach diesem **sog. Drittmittelverfahren** bewirtschaftet – die Mittel werden von der Hochschule verwaltet oder in den Landeshaushalt eingestellt –, kommt ein Privatdienstvertrag nicht in Frage, da der Beschäftigte dann als Arbeitnehmer der Hochschule

anzusehen ist (*Koch, F. M.* AuA 1994, 319). Die Drittmittelforschung kann aber auch nach dem sog. Verwahrkontenverfahren und dem Sonderkontenverfahren durchgeführt werden. Bei dem Verwahrkontenverfahren übernimmt die Hochschule die Verwaltung der Mittel für den allein verfügungsberechtigten Projektleiter. Bei dem Sonderkontenverfahren werden die dem Projektleiter bewilligten Mittel auf ein von diesem errichtetes Konto überwiesen, mit dessen Verwaltung die Hochschule nicht befasst ist (BT-Drucks. 10/2883 S. 23). Der **Projektleiter** wird dann **allein Arbeitgeber**, wenn dies mit den Bedingungen des Geldgebers vereinbart ist und er die Arbeitsverträge im eigenen Namen mit seinen wissenschaftlichen Mitarbeitern unterschreibt (vgl. BAG 27.9.2000 – 7 AZR 229/99 – RzK I 9 f Nr. 75; 29.6.1988 – 7 AZR 552/86 – EzA § 611 BGB Arbeitgeberbegriff Nr. 2). Es war und ist deshalb nach der gesetzlichen Konzeption unerheblich, ob der Projektleiter allein über die Drittmittel verfügt oder die Hochschule die Mittel verwahrt und auszahlt. In beiden Fällen liegt ein Privatdienstvertrag mit dem Hochschulmitglied vor.

V. Arbeitnehmer des Privatdienstvertrages

Der Projektleiter kann Privatdienstverträge mit dem in § 1 Abs. 1 S. 1 WissZeitVG genannten **wissenschaftlichen und künstlerischen Personal** abschließen. Dies wird durch die wechselseitige Bezugnahme in § 1 Abs. 1 S. 1 und § 3 S. 1 WissZeitVG ausgedrückt. Im Rahmen von Drittmittelprojekten können befristete Arbeitsverträge nicht mehr mit dem **akzessorischen nichtwissenschaftlichen und nichtkünstlerischen Personal** angeschlossen werden (Rdn 4).

C. Rechtsfolgen

Ein Arbeitsverhältnis zur Hochschule wird nicht begründet (*BAG* 27.9.2000 – 7 AZR 229/99 – RzK I 9 f. Nr. 75; 29.6.1988 – 7 AZR 552/86 – EzA § 611 BGB Arbeitgeberbegriff Nr. 2; ErfK-*Müller-Glöge* Rn 1; *Geis/Krause* Rn 8; APS-*Schmidt* Rn 6; aA DDZ-*Nebe* Rn 11, die die Begründung eines mittelbaren Arbeitsverhältnisses zur Hochschule annimmt, da diese regelmäßig in weitem Umfang die Personalverwaltung für den Beschäftigten übernimmt). Das schließt allerdings nicht aus, das in begründeten Einzelfällen Ansprüche gegen die Hochschule nach den Grundsätzen über die **Vertrauenshaftung** möglich sind (dazu *BAG* 29.11.1979 – 3 AZR 404/78 – BAGE 32, 200; ebenso *Preis/Ulber* Rn 26).

Die **gesetzliche Verweisung** in § 3 S. 1 WissZeitVG hat die Anwendung der in Bezug genommenen Vorschriften zur Folge. Damit ist die **Höchstbefristungsdauer** in § 2 Abs. 1 WissZeitVG zu beachten. Die wichtigste Rechtsfolge liegt darin, dass **die Privatdienstverträge auf die Höchstbefristungsdauer anzurechnen** sind, sofern sie mit mehr als einem Viertel der regelmäßigen Arbeitszeit abgeschlossen wurden (§ 2 Abs. 3 S. 1 WissZeitVG, vgl. KR-*Treber/Waskow* § 2 WissZeitVG Rdn 64 ff.). Eine abweichende vertragliche Regelung ist unzulässig, eine solche durch tarifvertragliche Bestimmungen gem. § 1 Abs. 1 S. 3 WissZeitVG dürfte regelmäßig an der fehlenden Tarifbindung des Arbeitgebers scheitern, kann aber durch eine vertragliche Bezugnahme herbeigeführt werden (*Reich* HRG § 3 WissZeitVG Rn 7). Denkbar ist es allerdings, einen Privatdienstvertrag auf die gleichfalls in Bezug genommene Bestimmung der **Drittmittelbefristung** nach § 2 Abs. 2 WissZeitVG zu stützen und hierdurch eine weitergehende Befristungsdauer zu erreichen (*Preis/Ulber* WissZeitVG Rn 28).

Im Übrigen ist zur Befristung des Arbeitsvertrages die über § 1 Abs. 1 S. 5 HRG anzuwendende **Formvorschrift** des § 14 Abs. 4 TzBfG sowie das das **Zitiergebot** nach § 2 Abs. 4 S. 1 und 2 WissZeitVG (s. KR-*Treber/Waskow* § 2 WissZeitVG Rdn 74 f.) einschlägig (*Preis/Ulber* Rn 29). Das früher in § 57d HRG aF (in der bis zum 24.8.1998 geltenden Fassung) bestehende **Sonderkündigungsrecht** bei Wegfall von Drittmitteln **besteht nicht** mehr. Der Verweis auf § 6 WissZeitVG ermöglicht auch den Abschluss befristeter Privatdienstverträge mit Studierenden, die wissenschaftliche oder künstlerische Hilfstätigkeiten erbringen (*Preis/Ulber* Rn 32).

§ 4 WissZeitVG Wissenschaftliches Personal an staatlich anerkannten Hochschulen

Für den Abschluss befristeter Arbeitsverträge mit wissenschaftlichem und künstlerischem Personal an nach Landesrecht staatlich anerkannten Hochschulen gelten die Vorschriften der §§ 1 bis 3 und 6 entsprechend.

Übersicht	Rdn		Rdn
A. Gesetzeszweck	1	B. Voraussetzungen und Rechtsfolgen	2

A. Gesetzeszweck

1 § 4 tritt **an die Stelle** des durch Art. 2 Nr. 4 des Gesetzes zur Änderung arbeitsrechtlicher Vorschriften in der Wissenschaft aufgehobenen Verweisungsvorschrift **des § 70 Abs. 5 HRG aF**, wonach für staatlich anerkannte Hochschulen die §§ 57a bis 57c, 57e und 57 f HRG aF entsprechend galten (BT-Drucks. 16/3438 S. 16). Allerdings ersetzt § 4 WissZeitVG den bisherigen § 70 Abs. 5 HRG aF nicht inhaltsgleich; vielmehr bestimmt § 4 Satz 1 WissZeitVG seinen personellen Anwendungsbereich eigenständig (*BAG* 23.10.2019 – 7 AZR 7/18 – BAGE 168, 218 Rn 16). Die Verweisung erfasst – anders als nach dem vormaligen Recht – auch die **Hochschullehrer** und diejenigen von ihnen, die Leitungsaufgaben wahrnehmen. Die zunächst aufgrund der Verweisung auf § 2 Abs. 2 WissZeitVG enthaltene Befristungsmöglichkeit auch für das **akzessorische Personal** bei Drittmittelprojekten ist durch das Gesetz zur Änderung des Wissenschaftszeitvertragsgesetzes mit Ablauf des 16.3.2016 entfallen (s. KR-*Treber/Waskow* § 1 WissZeitVG Rdn 17; § 2 WissZeitVG Rdn 44).

B. Voraussetzungen und Rechtsfolgen

2 Voraussetzung für die Anwendbarkeit des Hochschulsonderbefristungsrechts nach den §§ 1 bis 3, 6 WissZeitVG ist die **staatliche Anerkennung nach dem einschlägigen Landesrecht** (s. KR-*Treber/Waskow* § 1 WissZeitVG Rdn 30). Anderenfalls ist allein das TzBfG maßgebend. Zu diesen Hochschulen gehören u. a. die Hochschulen der Bundeswehr (*Reich* HRG § 73 Rn 2; *OVG Münster* 27.11.1996 WissR 1997, 166), die Fachhochschule des Bundes für öffentliche Verwaltung und auch die staatlich anerkannten Hochschulen in kirchlicher Trägerschaft.

3 Der **personelle Anwendungsbereich** ist gegenüber § 1 Abs. 1 WissZeitVG erweitert, da auch die Hochschullehrer an staatlich anerkannten Hochschulen nach den Regelungen des WissZeitVG befristet werden können. Das folgt daraus, dass § 4 S 1 WissZeitVG hinsichtlich des personellen Geltungsbereichs nicht auf § 1 Abs. 1 S. 1 WissZeitVG verweist, sondern den personellen Geltungsbereich für das Personal an staatlich anerkannten Hochschulen eigenständig bestimmt (*BAG* 23.10.2019 – 7 AZR 7/18 – BAGE 168, 218). Demgemäß zählt auch ein Juniorprofessor an einer nach Landesrecht staatlich anerkannten Hochschule zum wissenschaftlichen Personal iSv. § 4 S. 1 WissZeitVG (*BAG* 23.10.2019 – 7 AZR 7/18 – BAGE 168, 218). Infolge der entsprechenden Geltung der §§ 1 bis 3, 6 WissZeitVG sind die **Höchstbefristungsdauer** in § 2 Abs. 1 WissZeitVG (KR-*Treber/Waskow* § 2 WissZeitVG Rdn 9 ff.) und das **Zitiergebot** nach § 2 Abs. 4 S. 1 und 2 WissZeitVG (KR-*Treber/Waskow* § 2 WissZeitVG Rdn 74 f.) zu beachten.

§ 5 WissZeitVG Wissenschaftliches Personal an Forschungseinrichtungen

Für den Abschluss befristeter Arbeitsverträge mit wissenschaftlichem Personal an staatlichen Forschungseinrichtungen sowie an überwiegend staatlich, an institutionell überwiegend staatlich oder auf der Grundlage von Artikel 91b des Grundgesetzes finanzierten Forschungseinrichtungen gelten die Vorschriften der §§ 1 bis 3 und 6 entsprechend.

Übersicht	Rdn		Rdn
A. Entstehungsgeschichte und Gesetzeszweck	1	B. Geltungsbereich	5
		I. Betrieblicher Geltungsbereich	5
I. Rechtslage bis zum 22.2.2002	1	II. Personeller Geltungsbereich	12
II. WissZeitVG vom 12.4.2007	4	III. Rechtsfolgen	14

A. Entstehungsgeschichte und Gesetzeszweck

I. Rechtslage bis zum 22.2.2002

Nach § 1 des **FFVG** v. 14.6.1985 (BGBl. I S. 1065) fanden die Befristungsregelungen der §§ 57a bis 57 f HRG aF für staatliche Forschungseinrichtungen oder überwiegend staatliche oder auf der Grundlage von Art. 91b GG finanzierte Forschungseinrichtungen entsprechende Anwendung. Im betrieblichen Geltungsbereich der Vorschrift lagen **Einrichtungen, die keine Lehraufgaben erfüllten, sondern sich im Gegensatz zu den Hochschulen ausschließlich Forschungsaufgaben** stellten. Zu den über Art. 91b GG finanzierten Forschungseinrichtungen gehörten jene, die auf der Grundlage der **Rahmenvereinbarung Forschungsförderung** zwischen Bund und Ländern v. 28.11.1975 (BAnz. Nr. 240 v. 30.12.1975 S. 4) Zuwendungen erhielten. Private **Forschungsinstitute und Einrichtungen der Industrieforschung fielen** aus dem betrieblichen Geltungsbereich des Gesetzes heraus (vgl. *BAG* 20.10.1999 – 7 AZR 738/98 – EzA § 620 BGB Hochschulen Nr. 22; *LAG Nds.* 9.7.1999 LAGE § 620 BGB Forschungseinrichtung Nr. 1). [1]

Mit den detaillierten Bestimmungen des persönlichen Geltungsbereiches der besonderen Befristungsregelungen beschränkte sich § 1 des FFVG nur allgemein auf wissenschaftliches Personal und auf Personal mit ärztlichen Aufgaben. Hierzu zählten über den in § 57a S. 1 HRG aF genannten Personenkreis hinaus **auch Professoren, Dozenten und Wissenschaftler in Leitungsfunktionen**. Für die Ausweitung des persönlichen Geltungsbereichs sprachen neben systematischen Erwägungen auch Sinn und Zweck der Befristungsregelung (*Löwisch* WissR 1992, 61). Die entsprechende Anwendung des Sachgrundkatalogs nach § 57b Abs. 2 HRG aF hatte indes zur Folge, dass mit Blick auf die Leitungsfunktionen dieser Wissenschaftler die Sachgründe nach Nr. 1 (berufliche Weiterbildung) und Nr. 5 (sog. Erstvertrag) nicht anzuwenden waren (*Löwisch* WissR 1992, 57, 64). In § 2 des FFVG wurden »**Drittmittel**« iSv § 1 FVVG näher umschrieben. Dabei wurde klargestellt, dass zu den Drittmitteln nicht nur die den Einrichtungen oder einzelnen Wissenschaftlern von dritter Seite, sondern **auch die vom Träger der Einrichtung über die laufenden Haushaltsmittel hinaus zur Verfügung gestellten Mittel** zählten. [2]

Durch **Art. 2 des 5. HRGÄndG** ist das Gesetz über befristete Arbeitsverträge mit wissenschaftlichem Personal an Forschungseinrichtungen vom 14.6.1985 (BGBl. I S. 1065) zum 22.2.2002 aufgehoben worden. An seine Stelle trat **nunmehr die Regelung in § 57d HRG aF**. Danach waren für die Befristung von Arbeitsverträgen allein die Bestimmungen des HRG maßgebend (BT-Drucks. 15/4132 S. 22; BT-Drucks. 14/6853 S. 34; *Lakies* ZTR 2002, 252). Die neue Vorschrift sollte sichern, dass auch außeruniversitäre Forschungseinrichtungen im gleichen Umfang Qualifizierungsstellen einrichten können wie die Hochschulen (BT-Drucks. 15/4132 S. 22; *BAG* 19.3.2008 – 7 AZR 1100/06 – EzA § 620 BGB 2002 Hochschulen Nr. 3). Den Forschungseinrichtungen wird dadurch derselbe Spielraum wie diesen eingeräumt (DDZ-*Nebe* Rn 4; *Annuß/Thüsing-Lambrich* § 23 TzBfG Rn 89). Die Regelungen wurden, nachdem das BVerfG das 5. HRGÄndG für nichtig erklärt hatte (*BVerfG* 27.7.2004 BVerfGE 111, 226, s. KR-*Treber/Waskow* § 1 WissZeitVG Rdn 10), **durch das HdaVÄndG erneut in Kraft gesetzt** (s. KR-*Treber/Waskow* § 1 WissZeitVG Rdn 10). [3]

II. WissZeitVG vom 12.4.2007

An die Stelle des § 57d HRG aF tritt nunmehr die **im Wesentlichen inhaltsgleiche** und lediglich redaktionell angepasste **Regelung des § 5 S. 1 WissZeitVG**, der auch an Forschungseinrichtungen Befristungen von bis zu sechs oder zwölf Jahren gestattet. Die bisherige Rechtslage wird (entgegen der Gesetzesbegründung, vgl. BT-Drucks. 16/3438 S. 16) allerdings insoweit geändert, als der **Sonderbefristungstatbestand der Drittmittelfinanzierung** nach § 2 Abs. 2 WissZeitVG auch in staatlichen Forschungseinrichtungen gilt (zur Novellierung KR-*Treber/Waskow* § 1 WissZeitVG Rdn 17). § 2 S. 2 WissZeitVG aF eröffnete zusätzlich – ebenso wie im Anwendungsbereich der §§ 3 und 4 WissZeitVG aF – die Anwendung der **Befristungsmöglichkeiten** bei Drittmittelfinanzierungen im Bereich der Forschungseinrichtungen für das **akzessorische Personal**. Diese Option ist infolge der Streichung von § 2 Abs. 2 S. 2 WissZeitVG mit Inkrafttreten des Gesetzes zur Änderung des [4]

§ 5 WissZeitVG Wissenschaftliches Personal an Forschungseinrichtungen

Wissenschaftszeitvertragsgesetzes am 17.3.2016 entfallen (s. KR-*Treber/Waskow* § 1 WissZeitVG Rdn 17; § 2 WissZeitVG Rdn 44). Aufgrund der entsprechenden Geltung der §§ 1 bis 3, 6 WissZeitVG sind die Höchstbefristungsdauer in § 2 Abs. 1 WissZeitVG (KR-*Treber/Waskow* § 2 WissZeitVG Rdn 10 ff.) und das Zitiergebot nach § 2 Abs. 4 S. 1 und 2 WissZeitVG (KR-*Treber/Waskow* § 2 WissZeitVG Rdn 70 f.) zu beachten.

B. Geltungsbereich

I. Betrieblicher Geltungsbereich

5   Nach § 5 Satz 1 gelten die §§ 1 bis 3 und 6 entsprechend für den Abschluss befristeter Arbeitsverträge mit wissenschaftlichem Personal an staatlichen Forschungseinrichtungen sowie an überwiegend staatlich, an institutionell überwiegend staatlich oder auf der Grundlage von Art. 91b GG finanzierten Forschungseinrichtungen. Die Regelung erfasst **vier Gruppen von Forschungseinrichtungen**, die sich – anders als die Hochschulen – **ausschließlich der Forschung widmen** und keine Lehraufgaben übernehmen.

6   Es sind dies zunächst die **staatlichen Forschungseinrichtungen des Bundes und der Länder**. Das sind vor allem die Bundes- und Landesforschungsanstalten sowie die Ressortforschungsanstalten (APS-*Schmidt* Rn 2; *Preis/Ulber* Rn 5), die sich im Eigentum oder in der Trägerschaft des Bundes befinden. Es werden nicht nur Einrichtungen mit eigener Rechtspersönlichkeit erfasst, so dass auch nachgeordnete Einrichtungen oder in die Behördenhierarchie eingegliederte Institute Forschungseinrichtungen nach § 5 WissZeitVG sein können (*BAG* 19.3.2008 – 7 AZR 1100/06 – EzA § 620 BGB 2002 Hochschulen Nr. 3). Auch in der Bundesrepublik ansässige **Forschungseinrichtungen der EU** sollen von der Befristungsmöglichkeit Gebrauch machen können (*Löwisch* EuZA 2010, 198; AR-*Löwisch* Rn 3, unter Hinw. auf *EuGH* 21.9.1983 – C 205–215/82, NJW 1984, 2035 – »Deutsche Milchkontor«).

7   Ferner gilt § 5 für die **überwiegend staatlich finanzierten Forschungseinrichtungen**, also solche, deren Haushalt zu mehr als der Hälfte staatlich finanziert wird und die idR als Anstalt des öffentlichen Rechts, als Stiftung, als gemeinnützige GmbH oder als eingetragener Verein auftreten (*Preis/Ulber* Rn 6; APS-*Schmidt* Rn 3).

8   Der Regelung unterfallen weiterhin die **institutionell überwiegend staatlich finanzierten Forschungseinrichtungen**. Hierzu zählen Institutionen, die hinsichtlich ihrer Gesamtfinanzierung zwar überwiegend private Drittmittel einwerben, deren **Grundfinanzierung** jedoch überwiegend **vom Staat** stammt (BT-Drucks. 15/4132 S. 22, 16/3438, S. 16).

9   Schließlich gilt das Sonderbefristungsrecht für die **auf der Grundlage des Art. 91b GG von Bund und Ländern gemeinsam geförderten Einrichtungen**. Gemäß Art. 91b Abs. 1 Nr. 1 GG können Bund und Länder aufgrund von Vereinbarungen in Fällen überregionaler Bedeutung zusammenwirken bei der Förderung von Einrichtungen und Vorhaben der wissenschaftlichen Forschung außerhalb von Hochschulen. Die zum 1.9.2006 in Kraft getretene **Föderalismusreform** hat die Bund-Länder-Kompetenzen zwar neu geordnet (BGBl. I S. 2034). An die Stelle der Gemeinschaftsaufgaben tritt nunmehr für Vorhaben der Wissenschaft und Forschung an den Hochschulen nach Art. 91b Abs. 1 S. 2 GG das Instrument von **Vereinbarungen** zwischen dem Bund und den Ländern, die der Zustimmung aller Bundesländer bedürfen (*J. Ipsen* NJW 2006, 2801, 2806). Die Kostentragung für überregionale Einrichtungen und Vorhaben ist dann ebenfalls in der Vereinbarung zu regeln (Art. 91b Abs. 3 GG). Auswirkungen auf den befristeten Arbeitseinsatz von Wissenschaftlern an Forschungseinrichtungen gehen deshalb von der Föderalismusreform nicht aus. Bei den nach Art. 91b GG geförderten Forschungseinrichtungen kommt es auf die Höhe des Anteils staatlicher Finanzierung nicht an, um die neuen Höchstbefristungsregelungen anwenden zu dürfen (BT-Drucks. 16/3438 S. 16; krit. *Kortstock* ZTR 2007, 4, bei einem nur geringen staatlichen Finanzierungsanteil). Eine Vereinbarung iSv. Art. 91 b ist das Verwaltungsabkommen zwischen Bund und Ländern über die Errichtung einer Gemeinsamen Wissenschaftskonferenz vom 19. September 2007 (– GWK-Abkommen – vgl. BAnz. Nr. 195 vom 18. Oktober 2007 S. 7787;

vgl. *BAG* 13.2.2013 – 7 AZR 284/11 – EzA § 620 BGB 2002 Hochschulen Nr. 10 Rn 21*)*. Zu den Forschungseinrichtungen iSd Regelung zählen damit (§ 1 Anlage zum GWK-Abkommen) insbes. die **Institute der Max-Planck-Gesellschaft**, der **Fraunhofer-Gesellschaft**, die in der **Hermann von Helmholtz-Gemeinschaft Deutscher Forschungszentren** zusammengeschlossenen Einrichtungen sowie die Institute der »**Blauen Liste**« (*Reich* WissR 1993, 36), die die Wissenschaftsgemeinschaft Gottfried Wilhelm Leibniz e. V. gegründet haben (s. http://www.leibniz-gemeinschaft.de, dort sind – unter »Institute & Museen«, Unterpunkt »Einrichtungen« – die derzeitigen Mitgliedseinrichtungen aufgeführt).

Dagegen sind andere **Forschungseinrichtungen** in **privater Trägerschaft**, insbes. solche **der Industrie**, von der Sondervorschrift des § 5 WissZeitVG nicht erfasst (APS-*Schmidt* Rn 3; *Preis/Ulber* Rn 9). Das gilt gleichermaßen, wenn eine privatrechtliche Gesellschaft vorwiegend über eingeworbene Drittmittel finanziert wird und die Gelder staatlicher Herkunft sind. Es handelt sich dann nicht um eine staatliche Finanzierung iSv § 5 WissZeitVG (*BAG* 5.6.2002 EzA § 620 BGB Nr 193, zu § 1 FFVG aF). 10

Im Hinblick auf die Zwecksetzung der Befristungsregelungen kann nur eine Einrichtung, die die **Freiheit der Forschung iSv Art. 5 Abs. 3 GG gewährleistet**, die Befristungsmöglichkeiten nach dem WissZeitVG in Anspruch nehmen. Dies gilt auch für Forschungseinrichtungen iSv § 5 WissZeitVG. Dabei muss die **Forschung wissenschaftlich betrieben werden** (ausf. *BAG* 19.3.2008 – 7 AZR 1100/06 – EzA § 620 BGB 2002 Hochschulen Nr. 3). Allein der Umstand, dass es sich um Auftragsforschung handelt, steht einer solchen Qualifizierung nicht entgegen. Entscheidend sind die Kriterien der Wissenschaftlichkeit und der wissenschaftlichen Methoden. Da Wissenschaft grds. ein von Fremdbestimmung freier Bereich autonomer Verantwortung ist, muss die Einrichtung über eine **eigene Organisation verfügen**, die diese freie Betätigung iSd Art. 5 Abs. 3 GG ermöglicht und damit die erteilten Forschungsaufträge mit wissenschaftlichen Methoden und in freier Methodenwahl bearbeiten kann (ausf. *BAG* 19.3.2008 – 7 AZR 1100/06 – EzA § 620 BGB 2002 Hochschulen Nr. 3; ErfK-*Müller-Glöge* Rn 1). Im Regelfall soll eine Publikation der Forschungsergebnisse vorgesehen sein (*BAG* 19.3.2008 – 7 AZR 1100/06 – EzA § 620 BGB 2002 Hochschulen Nr. 3). 11

II. Personeller Geltungsbereich

§ 5 Satz 1 WissZeitVG trifft eine entsprechende Geltungsanordnung ua. des Befristungstatbestands nach § 2 Abs. 2 WissZeitVG für den Abschluss befristeter Arbeitsverträge »mit wissenschaftlichem Personal«. Mit der Formulierung »mit wissenschaftlichem Personal« bestimmt die Norm einen **eigenständigen personellen Geltungsbereich**, also **einen anderen als den in § 1 Abs. 1 Satz 1 WissZeitVG** (*BAG* 23.10.2019 – 7 AZR 7/18 – BAGE 168, 218 Rn 18; offengelassen noch in *BAG* 13.2.2013 – 7 AZR 284/11 – EzA § 620 BGB 2002 Hochschulen Nr 10 Rn 22; ebenso ErfK-*Müller-Glöge* Rn 2; *Preis/Ulber* Rn 10; APS-*Schmidt* Rn 4), der weitergehend ist als derjenige in § 1 Abs. 1 Satz 1 WissZeitVG (BT-Drs. 16/3438 S. 16). Die Vorschrift erfasst also das gesamte wissenschaftliche Personal und damit nicht nur die wissenschaftlichen Mitarbeiter und Hilfskräfte, sondern auch die **Wissenschaftler in Leitungspositionen**, womit der abweichenden Personalstruktur der außeruniversitären Forschungseinrichtungen Rechnung getragen werden soll (BT-Drucks. 16/3438 S. 16 f., 15/4132 S. 22; *Preis/Hausch* NJW 2002, 929; *Lakies* ZTR 2002, 252; *Löwisch* WissR 1992, 56, 61). Damit fallen auch die **Professoren** in den Anwendungsbereich, wie die Wortwahl im Vergleich zu § 1 Abs. 1 WissZeitVG verdeutlicht (*Preis/Ulber* Rn 10; *Löwisch* NZA 2007, 480; gegen *Reich* HRG Rn 2). Anders als nach § 1 Abs. 1 WissZeitVG macht es in außeruniversitären Forschungseinrichtungen Sinn, im Rahmen der Spitzenforschung auch Professoren befristet als Leiter anzustellen. Während an der Hochschule nach Ablauf der Qualifizierungsphase der mit der Professur verbundene Beamtenstatus der Regelfall ist, besteht hier für zeitlich begrenzte Forschungsprojekte ein besonderes Bedürfnis, hoch qualifizierte Arbeitnehmer befristet beschäftigen zu können (*Preis/Ulber* Rn 10; *Kersten* DÖV 2002, 682; aA *Reich* HRG Rn 2). In der Gesetzesbegründung ist deshalb verdeutlicht worden, dass in der neuen Regelung zum bisherigen Rechtszustand für den personellen Geltungsbereich keine Änderung eintreten soll. 12

13 Da Lehraufgaben an Forschungseinrichtungen regelmäßig nicht zu erbringen sind, ist die **Forschungstätigkeit** – als wissenschaftliche Dienstleistung (s. KR-*Treber/Waskow* § 1 WissZeitVG Rdn 39 ff.) – entscheidend für eine nach dieser Vorschrift zulässige Befristung. Allein die Leistung von **Verwaltungstätigkeiten** eröffnet nicht die Befristungsmöglichkeiten nach § 5 WissZeitVG, auch wenn sie von Beschäftigten erbracht werden, die zum akzessorischen Personal innerhalb eines Drittmittelprojekts gehören und überwiegend aus den Drittmittelgeldern vergütet werden. Anderenfalls sind im Falle von Befristungen auch in Forschungseinrichtungen die Vorschriften des TzBfG anzuwenden (DDZ-*Nebe* Rn 3).

III. Rechtsfolgen

14 Auf Grund der Verweisung **gelten die §§ 1 bis 3, 6 WissZeitVG**. Die einheitliche Regelung der Befristungsmöglichkeiten für Hochschulen und außeruniversitäre Forschungseinrichtungen hat zunächst zur Folge, dass Mitarbeiter ohne abgeschlossene Promotion nicht mehr als sechs und mit abgeschlossener Promotion nicht mehr als zwölf Jahre in befristeten Arbeitsverhältnissen beschäftigt werden dürfen (ErfK-*Müller-Glöge* Rn 2). Die Anrechnungsbestimmung in § 2 Abs. 3 S. 1 WissZeitVG verdeutlicht, dass die **Befristungshöchstgrenzen mit einem Wechsel zwischen Hochschule und Forschungseinrichtung nicht erneut genutzt werden können**, wie dies vor dem 23.2.2002 möglich war (APS-*Schmidt* Rn 6; so schon zu § 57d HRG aF *Preis/Hausch* NJW 2002, 929; *Lakies* ZTR 2002, 254 f.).

15 Die zeitliche Beschränkung **an Forschungseinrichtungen** soll der **Innovation durch Personalwechsel** dienen. Damit werden Wege, über die zulässige Höchstbefristungsdauer des § 1 Abs. 1 S. 1 und S. 2 WissZeitVG hinaus wissenschaftliches Personal befristet zu beschäftigen, nicht verschlossen. **Jenseits der Höchstbefristungsdauer** von zwölf Jahren bleiben die Befristung im Rahmen von **Drittmittelprojekten** nach § 2 Abs. 2 WissZeitVG oder sog. **Projektbefristungen** nach § 14 Abs. 1 S. 2 Nr. 1 TzBfG möglich, soweit der Arbeitgeber anhand einer mit Tatsachen unterfütterten Prognose verdeutlichen kann, dass bei Begründung des neu befristeten Arbeitsvertrages mit einem Auslaufen des Projekts oder dessen finanzieller Unterstützung zu einem bestimmten Zeitpunkt zu rechnen ist (*BAG* 15.2.2006 – 7 AZR 241/05 – ZTR 2006, 509). Insoweit gibt es keine Unterschiede mehr zwischen Hochschulen und Forschungseinrichtungen.

16 Im Bereich der Forschungseinrichtungen sind infolge der Verweisung in den Grenzen des § 1 Abs. 1 S. 3 WissZeitVG **tarifvertragliche Abweichungen** zu der gesetzlich vorgegebenen Höchstbefristungsdauer denkbar (s. KR-*Treber/Waskow* § 1 WissZeitVG Rdn 59). Die für eine **wirksame Befristung** im Hochschulbereich **einzuhaltenden Bedingungen** (neben der Höchstbefristungsdauer die Schriftform der Befristungsabrede, das Zitiergebot sowie das Verbot der Zweckbefristung und der auflösenden Bedingung) sind zu beachten. Soweit der eingestellte Forschungsmitarbeiter für die Dauer eines Drittmittelbezugs befristet eingesetzt werden soll, war bei Anwendung der SR 2y BAT die **Befristungsgrundform** des Zeitangestellten (Nr. 1a) zu vereinbaren (*BAG* 15.2.2006 – 7 AZR 234/05 – EzA § 620 BGB 2002 Hochschulen Nr. 2). Mit der Ablösung des öffentlichen Tarifrechts durch TVöD und andere Tarifwerke kommt dieser Voraussetzung keine Bedeutung mehr zu (s. KR-*Lipke/Bubach* § 14 TzBfG Rdn 170). Es sind nunmehr § 30 TVöD oder § 30 TV-L zu berücksichtigen.

§ 6 WissZeitVG Wissenschaftliche und künstlerische Hilfstätigkeiten

¹Befristete Arbeitsverträge zur Erbringung wissenschaftlicher oder künstlerischer Hilfstätigkeiten mit Studierenden, die an einer deutschen Hochschule für ein Studium, das zu einem ersten oder einem weiteren berufsqualifizierenden Abschluss führt, eingeschrieben sind, sind bis zur Dauer von insgesamt sechs Jahren zulässig. ²Innerhalb der zulässigen Befristungsdauer sind auch Verlängerungen eines befristeten Arbeitsvertrages möglich.

Übersicht	Rdn		Rdn
A. Gesetzliche Entwicklung.............	1	II. Sachlicher........................	8
B. Geltungsbereich...................	5	C. Befristungshöchstdauer.............	10
I. Personeller.......................	5		

A. Gesetzliche Entwicklung

Die **Personalkategorie** der **studentischen Hilfskräfte** ist seit der Änderung des WissZeitVG zum 17.3.2016 (s. KR-*Treber/Waskow* § 1 WisszeitVG Rdn 17) wieder (vgl. § 57e HRG aF) in das Gesetz aufgenommen worden. Der Gesetzgeber wollte den Abschluss befristeter Arbeitsverträge mit Studierenden, die wissenschaftliche oder künstlerische Hilfstätigkeiten erbringen, auf eine »klare Grundlage« stellen (BT-Drucks. 18/6489, S. 13). Mit § 6 S. 1 WissZeitVG knüpft der Gesetzgeber inhaltlich an die **frühere Regelung des § 57e HRG aF** an. Danach dürften studentische Hilfskräfte bis zur Dauer von vier Jahren befristet beschäftigt werden. Im Unterschied zu den wissenschaftlichen Hilfskräften wurde die befristete Beschäftigung als studentische Hilfskraft nicht auf die höchstzulässige Befristungsdauer des § 57b Abs. 1 HRG angerechnet (§ 57e S. 2 HRG). Voraussetzung für ihre befristete Beschäftigung war deren Einschreibung als Studierende an einer deutschen Hochschule und eine nebenberufliche Tätigkeit, dh eine Beschäftigung mit weniger als der Hälfte der regelmäßigen Arbeitszeit im öffentlichen Dienst (*BAG* 20.4.2005 – 7 AZR 293/04 – NJW 2005, 2876; der Gesetzgeber erwähnte diese Kriterien allerdings nur in den Gesetzesbegründungen BR-Drs. 402/84; BT-Drucks. 14/6853 S. 30). 1

Der **Begriff der studentischen Hilfskraft**, der noch im ursprünglichen Gesetzentwurf zum WissZeitVG enthalten war (vgl. BT-Drucks. 16/3438 S. 16 f.; zu den noch bestehenden landesrechtlichen Regelungen *Raab* S. 45 f. m. Fn. 188–200), wurde im Zuge der parlamentarischen Beratungen ebenso wie der der wissenschaftlichen Mitarbeiter durch den Oberbegriff des wissenschaftlichen Personals ersetzt (BT-Drucks. 16/4043 S. 9). In der Folge geriet auch die eigenständige Befristungshöchstgrenze für studentische Hilfskräfte in Wegfall. Vielmehr bestimmte § 2 Abs. 3 S. 3 WissZeitVG aF (vgl. *Treber* KR 11. Aufl., § 2 WissZeitVG Rn 66 ff.), dass Zeiten eines befristeten Arbeitsverhältnisses, die »vor dem Abschluss des Studiums« liegen, nicht auf die Befristungshöchstdauer nach § 2 Abs. 1 WissZeitVG anzurechnen sind. Die Nichtanrechnungsklausel in § 2 Abs. 1 S. 3 WissZeitVG aF verdeutlichte, dass die studentischen Hilfskräfte zum wissenschaftlichen und künstlerischen Personal zählen konnten (s.a. BT-Drucks. 16/4043 S. 9). 2

Aufgrund der in der Praxis bestehenden **Anwendungsprobleme** bei der Beschäftigung studentischer Hilfskräfte (vgl. KR-*Treber/Waskow* § 2 WissZeitVG Rdn 69 f.; sowie *Preis/Ulber* Rn 4 f.; DDZ-*Nebe* Rn 7) die sich auch im Rahmen der Evaluierung des WisszeitVG zeigten (*Jongmanns* S. 43 f., 51; BT-Drucks. 18/6489, S. 13) – namentlich wenn es nach dem ersten berufsqualifizierenden Abschluss als Bachelor zu einer Beschäftigung als wissenschaftliche Hilfskraft während eines anschließenden Masterstudiengangs kam – veranlassten den Gesetzgeber, eine eigene Vorschrift über wissenschaftliche oder künstlerische Hilfstätigkeiten während eines Studiums, dass zu einem ersten oder weiteren berufsqualifizierenden Abschluss führt, in einem neuen § 6 WissZeitVG vorzusehen (BT-Drucks 18/6489, S. 13 f.; § 6 WissZeitVG aF wurde zu § 7 WissZeitVG). Zugleich wird für diese Tätigkeiten vorgesehen, dass sie auf die Befristungshöchstdauer nach § 2 Abs. 1 WissZeitVG ohne Einfluss sind (§ 2 Abs. 3 S. 3 WissZeitVG; s. KR-*Treber/Waskow* § 2 WissZeitVG Rdn 71). 3

Mit der Neuregelung hat der Gesetzgeber für die in § 6 WissZeitVG genannten studienbegleitenden Tätigkeiten von seiner konkurrierenden Gesetzgebungszuständigkeit nach Art. 74 Abs. 1 Nr. 12 GG abschließend Gebrauch gemacht. Das steht der Anwendbarkeit ggf. von § 6 abweichender landesgesetzlicher Regelungen entgegen (vgl. zu § 121 BerlHG *BAG* 30.6.2021 – 7 AZR 245/20 –; so auch ErfK-*Müller-Glöge* Rn 1; APS-*Schmidt* Rn 3; *Preis/Ulber* Rn 7; vgl. auch *Oetker* FS v. Hoyningen-Huene, 2015, S. 335, 346). Aufgrund der jetzt vorgesehenen **Befristungshöchstdauer von sechs Jahren** (im ursprünglichen Entwurf der Bundesregierung war entsprechend § 57e HRG aF eine maximale Dauer von vier Jahren vorgesehen, BT-Drucks. 18/6489, S 6. 14) entfallen auch die unionsrechtlichen Bedenken, die gegen die bisherige Regelung im WisszeitVG vorgebracht wurden (so auch BR-Drucks. 395/15, S. 11 f; vgl. dazu auch KR-*Treber/Waskow* § 2 WissZeitVG Rdn 70 mwN). Die Regelung entspricht den Vorgaben des § 5 Nr. 1 Buchst. b der Rahmenvereinbarung zu RL 1999/70/EG (APS-*Schmidt* Rn 2; s.a. KR-*Treber/Waskow* § 1 WissZeitVG Rdn 2 f.). 4

B. Geltungsbereich

I. Personeller

5 Ebenso wie die Vorgängerregelung des § 57e HRF aF ist die Vorschrift nur auf »**Studierende**« anwendbar, knüpft als statusbezogen an den Umstand der Immatrikulation an einer deutschen (dazu krit. DDZ-*Nebe* Rn 8) Hochschule an, die bei Vertragsschluss vorliegen muss (*Müller* öAT 2015, 90, 91 f.). Für diese sind die landeshochschulgesetzlichen Regelungen maßgebend. Das betreffende Studium muss zu einem ersten oder weiteren berufsqualifizierenden Abschluss führen, das kann neben einem Bachelor-, Staatsexamens- oder Diplom- auch ein Masterstudiengang sein *(Maschmann/Konertz* NZA 2016, 257, 266)*; allein Weiterbildungsstudiengänge oder eine durch ein Studium vermittelte Zusatzqualifikationen reichen nicht aus (APS-*Schmidt* Rn 3a; *Maschmann/Konertz* NZA 2016, 257, 266; *Preis/Ulber* Rn 8). Dabei kann es sich auch um ein Zweit- oder weiteres Studium handeln. Ein anderer Wille kann dem Wortlaut und auch der Gesetzesbegründung nicht entnommen werden (*Preis/Ulber* Rn 11; aA ErfK-*Müller-Glöge* Rn 2). Nicht erforderlich ist es, dass die Tätigkeit an der Hochschule erbracht wird, bei der der Studierende eingeschrieben ist. In welchem Abschnitt des Studiums sich der Studierende befindet oder ob eine bestimmte Mindestsemesteranzahl absolviert sein muss, wird durch das WissZeitVG nicht vorgegeben. Solche Erfordernisse können sich aber aus den landesgesetzlichen Regelungen ergeben, weil der Landesgesetzgeber festlegen kann, welche **Qualifikation** für die Übertragung einer bestimmten Tätigkeit erforderlich ist (s. BAG 29.4.2015 – 7 AZR 519/13 – EzA § 620 BGB 2002 Hochschulen Nr. 13; *Raab* S. 46; *Preis/Ulber* Rn 10).

6 Nach der Gesetzesbegründung soll der Anwendungsbereich des § 6 WissZeitVG nur dann eröffnet sein, wenn die Beschäftigung des Studierenden mit **weniger als der Hälfte der regelmäßigen Arbeitszeit** erfolgt (BT-Drucks. 18/6489, S. 14). Diese Beschränkung hat im Wortlaut keinen Niederschlag gefunden. Anders als nach § 57b HRG aF bei den wissenschaftlichen und künstlerischen Hilfskräften stellt der Gesetzeswortlaut auch nicht darauf ab, dass die Tätigkeit nebenberuflich zu erbringen ist (APS-*Schmidt* Rn 5). Lediglich anhand des Gesetzeszwecks, die Tätigkeit solle studienbegleitend erfolgen (BT-Drucks. 18/6489, S: 14), ließe sich eine solche Beschränkung ableiten (so *Preis/Ulber* Rn 12; *Maschmann/Konertz* NZA 2016, 257). Ohne einen ausreichenden Anhaltspunkt im Gesetzestext ginge es aber zu weit, diesem Umstand unmittelbare Auswirkungen auf das rechtlich zulässige Arbeitszeitdeputat zukommen zu lassen.

7 Im Falle einer **Beendigung des Studiums** vor Ablauf der vereinbarten Befristungsdauer ist Folgendes maßgebend: Wird das Studium erfolgreich im Verlauf eines Semesters beendet und kommt es zur Exmatrikulation vor dem regulären Semesterende, ist dies für die Wirksamkeit der Befristung, die auf die Umstände bei Vertragsschluss abstellt, ohne Bedeutung (*Müller* öAT 2016, 90, 91; *Maschmann/Konertz* NZA 2016, 257, 265). Im Übrigen ist zu bedenken, dass aufgrund der statusbezogenen Anknüpfung des § 6 S. 1 WissZeitVG die **Vertragslaufzeit auf das jeweilige Semester zu beschränken** ist, weil nur so die erforderliche Immatrikulaton währen des jeweiligen Semesters sichergestellt ist (APS-*Schmidt* Rn 7; ErfK-*Müller-Glöge* Rn 7; s. aber auch *Preis/Ulber* Rn 27, der eine längere Befristungsdauer für möglich hält und bei Beendigung des Studierendenstatus eine personenbedingte Kündigung für notwendig erachtet).

II. Sachlicher

8 Der Anwendungsbereich des § 6 WissZeitVG knüpft weiterhin an die Erbringung **wissenschaftlicher oder künstlerischer** *Hilfs*tätigkeiten an. Diese stellen den geschuldeten und von § 6 WissZeitVG unabhängig von den landesgesetzlichen Regelungen, etwa über die »studentischen Hilfskräfte« (iE aufgeführt bei *Preis/Ulber* Rn 16; sowie bei *Raab* S. 45 f.), zwingend vorgegebenen Vertragsinhalt dar (*Müller* öAT 2016, 90, 91; ErfK-*Müller-Glöge* Rn 3). Entscheidend ist nicht die formelle Bezeichnung der Personalkategorie oder der geschuldeten Tätigkeit im Vertrag, vielmehr kommt es auf den Zuschnitt der nach dem Vertragsinhalt auszuführenden Tätigkeit an *(vgl. zur wissenschaftlichen Tätigkeit nach §§ 1, 2 WissZeitVG BAG 19.12. 2018 – 7 AZR 79/17 – BAGE 164, 381 Rn 21).* Die Tätigkeit muss nicht – wie bei § 2 Abs. 1 WissZeitVG – der eigenen

wissenschaftlichen oder künstlerischen Qualifizierung dienen (BT-Drucks. 18/6489, S. 14; *Preis/Ulber* Rn 20), wie auch schon der von § 1 Abs. 1 WissZeitVG abweichende Gesetzeswortlaut verdeutlicht. Als »Hilfstätigkeit« geht es um solche Tätigkeiten die wissenschaftliche Dienstleistungen anderer in Forschung und Lehre fördern. Hilfstätigkeiten können ohne einschlägige Ausbildung und ohne längere Anlernphasen erbracht werden. Dabei ist aber zu berücksichtigen, dass nicht jede, sondern nur eine wissenschaftliche bzw. künstlerische Hilfstätigkeit von dem Sonderbefristungstatbestand erfasst wird. Die vertragsgemäße Beschäftigung muss daher auf die Erledigung wissenschaftsspezifischer Aufgaben ausgerichtet sein (ErfK-*Müller-Glöge* Rn 3; *Oetker* FS v. Hoyningen-Huene S. 335; *Preis/Ulber* Rn 18; APS-*Schmidt* Rn 4). Nach Sinn und Zweck der Norm soll die Studierendenbefristung nämlich für Tätigkeiten vorbehalten sein, auf denen ein erster Einstieg in die wissenschaftliche Qualifizierung möglich ist. Eine Hilfstätigkeit ist daher **nur dann wissenschaftlich iSv. § 6 Satz 1 WissZeitVG, wenn sie dadurch einen konkreten Bezug zu den originären wissenschaftlichen Dienstleistungen aufweist, dass die wissenschaftliche Arbeit in Forschung und Lehre unmittelbar – etwa durch Entlastung von Routinearbeiten – unterstützt wird** (vgl. *BAG* 30.6.2021 – 7 AZR 245/20 –; ebenso etwa *Hans*, Diss. Kiel 2019 S. 153; *Maschmann/Konertz* NZA 2016, 257, 266; *Müller* öAT 2016, 90, 91; ErfK-*Müller-Glöge* Rn 3; *Preis/Ulber* Rn 18; vgl. auch *Oetker* FS v. Hoyningen-Huene, S. 341 f; *Raab* S. 153).

Hierzu können Unterrichtstätigkeiten als Tutor gerechnet werden, Korrekturen von Klausuren oder Hausarbeiten von Studierenden mit einer geringeren Semesterzahl, für wissenschaftliche Dienstleistungen erforderliche administrative Aufgaben oder das Sammeln, Erstellen oder Aufarbeiten von wissenschaftlichem Material sowie die Zusammenstellung und Beschaffung von Literatur oder die sonstige unmittelbare Unterstützung der in Forschung und Lehre Tätigen bei der wissenschaftlichen Arbeit (s. auch *Raab* S. 44; APS-*Schmidt* Rn 4; *Preis/Ulber* Rn 21). Bei den **rein administrativen Tätigkeiten**, die ausschließlich der Verwaltung der wissenschaftlichen Einrichtung dienen, an der der Studierende beschäftigt ist, mag zwar eine unterstützende Tätigkeit vorliegen, es fehlt aber an der notwendigen konkreten wissenschaftlichen Hilfstätigkeit. Deshalb ist die technische Beratungs- und Betreuungstätigkeit in einem wissenschaftsunterstützenden Kompetenzbereich, der wissenschaftliche Einrichtungen der Universität beim Einsatz digitaler Medien und Technologien in Lehre und Forschung unterstützt, regelmäßig keine »wissenschaftliche« Hilfstätigkeit (vgl. dazu *BAG* 30.6.2021 – 7 AZR 245/20 –). Gleiches ist der Fall, wenn etwa lediglich bibliothekarische Aufsichtstätigkeiten übernommen werden. Ebenso scheiden rein adminstrative Tätigkeiten in der **Hochschulverwaltung** aus (iE *Preis/Ulber* Rn 22 ff.). Bei **konsekutiven Masterstudiengängen** kann im Einzelfall zu prüfen sein, ob es sich »noch« um eine wissenschaftliche Hilfstätigkeit oder eine wissenschaftliche Tätigkeit handelt (DDZ-*Nebe* Rn 2; anders *Maschmann/Konertz* NZA 2016, 257, 265). 9

C. Befristungshöchstdauer

Studienbegleitende wissenschaftliche oder künstlerische Hilfstätigkeiten können für eine Dauer von bis zu **maximal sechs Jahren** ausgeübt werden. Anknüpfungspunkt ist die gesamte Regelstudiendauer für einen Bachelor- und einen Masterstudiengang (BT-Drucks. 18/7039, S. 14). Eine Verlängerung bei kürzerer Befristung (zu diesem Erfordernis Rdn 7) ist mehrfach bis zur Höchstgrenze möglich. Dabei ist die **Verlängerung** nach § 6 WissZeitVG ebenso wie die nach § 2 Abs. 1 WissZeitVG von derjenigen einer sachgrundlosen Befristung iSd § 14 Abs. 2 TzBfG zu unterscheiden (KR-*Treber/Waskow* § 2 WissZeitVG Rdn 42) und muss nicht in unmittelbarem Anschluss erfolgen (*Maschmann/Konertz* NZA 2016, 257, 266). Die Höchstfrist gilt unabhängig von der Anzahl der Studiengänge, die der Studierende absolviert und beginnt auch im Falle eines Studienwechsels oder zwischenzeitlichem Studienabbruch nicht von neuem (*Preis/Ulber* Rn 11; aA *Mandler/Meißner* OdW 2016, 33, 38 f.). 10

Nach der ausdrücklichen Regelung in § 2 Abs. 3 S. 3 WissZeitVG (KR-*Treber/Waskow* § 2 WissZeitVG Rdn 71) führen Beschäftigungszeiten iSd § 6 S. 1 WissZeitVG zu **keiner Verkürzung des Befristungsrahmens** nach § 2 Abs. 1 WissZeitVG. 11

§ 7 WissZeitVG Rechtsgrundlage für bereits abgeschlossene Verträge; Übergangsregelung

(1) ¹Für die seit dem 23. Februar 2002 bis zum 17. April 2007 an staatlichen und staatlich anerkannten Hochschulen sowie an Forschungseinrichtungen im Sinne des § 5 abgeschlossenen Arbeitsverträge gelten die §§ 57a bis 57 f des Hochschulrahmengesetzes in der ab 31. Dezember 2004 geltenden Fassung fort. ²Für vor dem 23. Februar 2002 an staatlichen und staatlich anerkannten Hochschulen sowie an Forschungseinrichtungen im Sinne des § 5 abgeschlossene Arbeitsverträge gelten die §§ 57a bis 57e des Hochschulrahmengesetzes in der vor dem 23. Februar 2002 geltenden Fassung fort. ³Satz 2 gilt entsprechend für Arbeitsverträge, die zwischen dem 27. Juli 2004 und dem 31. Dezember 2004 abgeschlossen wurden.

(2) ¹Der Abschluss befristeter Arbeitsverträge nach § 2 Abs. 1 Satz 1 und 2 mit Personen, die bereits vor dem 23. Februar 2002 in einem befristeten Arbeitsverhältnis zu einer Hochschule, einem Hochschulmitglied im Sinne von § 3 oder einer Forschungseinrichtung im Sinne von § 5 standen, ist auch nach Ablauf der in § 2 Abs. 1 Satz 1 und 2 geregelten jeweils zulässigen Befristungsdauer mit einer Laufzeit bis zum 29. Februar 2008 zulässig. ²Satz 1 gilt entsprechend für Personen, die vor dem 23. Februar 2002 in einem Dienstverhältnis als wissenschaftlicher oder künstlerischer Assistent standen. ³§ 2 Abs. 5 gilt entsprechend.

(3) ¹Die nach § 2 Absatz 1 Satz 1 und 2 insgesamt zulässige Befristungsdauer verlängert sich um sechs Monate, wenn ein Arbeitsverhältnis nach § 2 Absatz 1 zwischen dem 1. März 2020 und dem 30. September 2020 besteht. ²Das Bundesministerium für Bildung und Forschung wird ermächtigt, durch Rechtsverordnung mit Zustimmung des Bundesrates die zulässige Befristungsdauer höchstens um weitere sechs Monate zu verlängern, soweit dies aufgrund fortbestehender Auswirkungen der COVID-19-Pandemie in der Bundesrepublik Deutschland geboten erscheint; die Verlängerung ist auch auf Arbeitsverhältnisse zu erstrecken, die nach dem 30. September 2020 und vor Ablauf des in der Rechtsverordnung genannten Verlängerungszeitraums begründet werden.

Übersicht	Rdn		Rdn
A. Gesetzeszweck	1	C. Übergangsregelungen (Abs. 2 WissZeitVG)	10
B. Weitergeltung des bisherigen Rechts für Altverträge (Abs. 1 WissZeitVG)	3	I. Befristung bis zum 29.2.2008 (Satz 1)	10
I. Vor dem 23.2.2002 geschlossene Verträge (Satz 2)	3	II. Entsprechende Geltung für wissenschaftliche und künstlerische Assistenten (Satz 2)	13
II. Seit dem 23.2.2002 bis zum 17.4.2007 geschlossene Verträge (Satz 1)	4	III. Berücksichtigung von Unterbrechungszeiten (Satz 3)	14
1. Grundsatz	4	D. Verträge ab dem 17.3.2016 – Anpassungen aufgrund der Covid-19-Pandemie	15
2. Rückwirkende Geltung der §§ 57a bis 57e HRG aF	5		
III. Rückausnahme für die zwischen dem 27.7.2004 und dem 31.12.2004 geschlossenen Verträge (Satz 3)	9		

A. Gesetzeszweck

1   Für die Wirksamkeit einer Befristung ist grds. die zum Zeitpunkt der Vereinbarung geltende Rechtslage maßgebend (*BAG* 21.3.2018 – 7 AZR 437/16; 27.9.2017 – 7 AZR 629/15 – EzA § 620 BGB 2002 Hochschulen Nr. 27). Gleiches gilt für den Zeitpunkt einer etwaigen Verlängerung (s. aber Rdn 2 zu § 7 Abs. 2 WissZeitVG). Das WissZeitVG findet daher für alle ab dem 18.4.2007 geschlossenen befristeten Arbeitsverträge Anwendung. Hinsichtlich der vor diesem Zeitpunkt getroffenen Vereinbarungen enthält § 7 WissZeitVG (bis zum Inkrafttreten der Novellierung am 17.3.2016 § 6 WissZeitVG) umfangreiche Übergangsbestimmungen, die die wechselvolle Gesetzesgeschichte (s. KR-*Treber/Waskow* § 1 WissZeitVG Rdn 1 ff.) widerspiegeln.

Durch Art. 2 des Gesetzes zur Änderung arbeitsrechtlicher Vorschriften in der Wissenschaft wurden die §§ 57a bis 57 f HRG aF aufgehoben. Für die bis zum Inkrafttreten des WissZeitVG am 18.4.2007 geschlossenen Arbeitsverträge wird das jeweils **anzuwendende Recht festgelegt**, nach dem sich auch die Zulässigkeit der arbeitsvertraglichen Befristung bestimmt. Die Vorschrift entspricht bis auf notwendige redaktionelle Änderungen dem bisherigen § 57e HRG aF. Sie spiegelt mit der Festlegung von **drei Zeitabschnitten** in § 7 Abs. 1 WissZeitVG die Änderungen des Hochschulsonderbefristungsrechts wider (zu dem davor geltenden Rechtszustand *Preis/Ulber* Rn 3 ff.). Eine **Übergangsregelung**, die eine Überschreitung der nach Abs. 1 geltenden Höchstbefristungsgrenzen gestattet und damit eine Abweichung vom Grundsatz enthält, dass die zum Vertragsschluss geltenden Umstände maßgebend sind, wird in § 7 Abs. 2 WissZeitVG für diejenigen Beschäftigten festgelegt, die sich bereits vor dem 23.2.2002 in einem nach dem Hochschulbefristungsrecht befristeten Arbeitsverhältnis befanden. Kommt es zu einer Verlängerung eines befristeten Arbeitsverhältnisses, ist das Datum der Vertragsverlängerung entscheidend, da ein neuer Vertrag geschlossen wird.

B. Weitergeltung des bisherigen Rechts für Altverträge (Abs. 1 WissZeitVG)

I. Vor dem 23.2.2002 geschlossene Verträge (Satz 2)

Nach § 7 Abs. 1 S 2 WissZeitVG gelten für vor dem 23.2.2002 geschlossene oder verlängerte Verträge **das Recht vor Inkrafttreten des 5. HRGÄndG**. Diese dürften heute nicht mehr zum Tragen kommen (vgl. zur Rechtslage *Treber* KR 9. Aufl., § 6 WissZeitVG Rn 3, 5).

II. Seit dem 23.2.2002 bis zum 17.4.2007 geschlossene Verträge (Satz 1)

1. Grundsatz

Für die seit dem 23.2.2002 bis zum Inkrafttreten des WissZeitVG am 18.4.2007 vereinbarten oder verlängerten Arbeitsverträge sind diejenigen Rechtsregelungen des **HRG idF des 5. und 6. HRGÄndG** einschlägig, die nach der Entscheidung des *BVerfG* (27.7.2004 – 2 BvF 2/02 – BVerfGE 111, 226; dazu sogleich und KR-*Treber/Waskow* § 1 WissZeitVG Rdn 10 f.) **durch das HdAVÄndG rückwirkend in Kraft gesetzt wurden** (s. Rdn 5). Eine **Ausnahme** ergibt sich nach § 7 Abs. 1 S. 3 WissZeitVG aber für diejenigen Verträge, die zwischen der Entscheidung und bis zum Inkrafttreten des HdAVÄndG am 31.12.2004 vereinbart wurden; hier gilt aus Gründen des Vertrauensschutzes das vormalige Recht (s. Rdn 9). Weitere Abweichungen folgen aus den Übergangsregelungen in § 7 Abs. 2 WissZeitVG (s. Rdn 10 ff.).

2. Rückwirkende Geltung der §§ 57a bis 57e HRG aF

Durch § 7 Abs. 1 WissZeitVG wird die **rückwirkende Geltung der §§ 57a bis 57 f HRG aF durch das HdaVÄndG** für die Zeit vom 23.2.2002 bis zum 27.7.2004 bestätigt. Das entspricht der vormaligen Übergangsregelung in § 57f HRG idF des HdaVÄndG. Anlass war die **Nichtigkeitserklärung des 5. HRGÄndG** (v. 16. Februar 2002, BGBl. I S. 693) durch das *BVerfG* (27.7.2004 – 2 BvF 2/02 – NJW 2004, 2803, zur Kritik s. die Nachw. bei KR-*Treber/Waskow* § 1 WissZeitVG Rdn 10). Dadurch gerieten zuvor und danach geschlossene befristete Arbeitsverträge in den Anwendungsbereich des 5. HRGÄndG und dessen Voraussetzungen mussten erfüllt sein (zur Problematik *LAG Düsseld.* 6.6.2005 LAGE § 620 BGB 2002 Hochschulen Nr. 2; *Kortstock* ZTR 2004, 561; *Löwisch* NZA 2004, 1069 f.; *Preis* NJW 2004, 2782, 2785 f.; *Müller* AuR 2004, 401 f.).

Notwendig war es, die **Rechtsgrundlagen für die inzwischen geschlossenen befristeten Arbeitsverträge zu erneuern**. Durch die Entscheidung des *BVerfG* (27.7.2004 – 2 BvF 2/02 – NJW 2004, 2803) entfiel die Rechtsgrundlage zur Befristung zwischenzeitlich geschlossener Arbeitsverträge. Ein weiteres Problem war, wie nach dieser Entscheidung in der Zeit vom 27.7.2004 bis zum Inkrafttreten des HdaVÄndG v. 27.12.2004 (BGBl. I S. 3835) am 30.12.2004 vereinbarten Befristungen zu behandeln sind. Um einer befürchteten **Entfristung** von Zeitverträgen im Hochschul- und Forschungsbereich entgegenzuwirken und Rechtssicherheit zu schaffen, sah sich der Gesetzgeber veranlasst, im Grundsatz den **arbeitsrechtlichen Rechtszustand wiederherzustellen**, den

§ 7 WissZeitVG — Rechtsgrundlage für bereits abgeschlossene Verträge; Übergangsregelung

das 5. HRGÄndG geschaffen hatte (BT-Drucks. 15/4132 S. 22 f.). Dabei wurden auch die vom BVerfG übersehenen Regelungen des 6. HRGÄndG mit eingebunden (*LAG RhPf* 24.2.2005 NZA-RR 2005, 444). In der Folge finden die erneuerten Befristungsregelungen der §§ 57a ff. HRG idF des HdaVÄndG wieder Anwendung (s.a. Rdn 8). Diese umfassen nicht nur das für nichtig erklärte und »wiederaufgelebte« 5. HRGÄndG, sondern ebenso das vom BVerfG nicht angetastete 6. HRGÄndG v. 8. August 2002 (*BAG* 21.6.2006 EzA § 620 BGB 2002 Hochschulen Nr. 2; *LAG RhPf* 24.2.2005 NZA-RR 2005, 444; s.a. Rdn 4).

7   Die **Verfassungsmäßigkeit der rückwirkenden Inkraftsetzung** der gesetzlichen Bestimmungen des 5. HRGÄndG wurde in der Rechtsprechung bejaht und ein entgegenstehender Vertrauensschutz verneint (*LAG RhPf* 24.2.2005 NZA-RR 2005; 444; *ArbG Bln.* 11.5.2005 LAGE § 620 BGB 2002 Hochschulen Nr. 1; *LAG Düsseld.* 6.6.2005 LAGE § 620 BGB 2002 Hochschulen Nr. 2; *LAG Hamm* 24.11.2005 EzA-SD 2006, Nr. 1, 8; *LAG Düsseld.* 4.1.2006 LAGE § 620 BGB 2002 Nr. 4).

8   Das *BAG* hat diese Einschätzung bestätigt und der der Gesetzgebungskompetenz des Bundes für den arbeitsrechtlichen Teil des HRG die **Übergangsregelung in § 57f HRG aF als verfassungsgemäß angesehen**. Hierdurch wurde nachträglich die hochschulrahmenrechtliche Rechtsgrundlage für die sachgrundlose Befristung von zwischenzeitlich geschlossenen Arbeitsverträgen geschaffen (*BAG* 21.6.2006 – 7 AZR 234/05 – EzA § 620 BGB 2002 Hochschulen Nr. 2; bestätigt in *BAG* 6.12.2006 – 7 AZR 805/05 –; 17.1.2007 – 7 AZR 487/05 – ZTR 2007, 398; 11.7.2007 – 7 AZR 501/06 – EzA § 15 TzBfG Nr. 2, die Verfassungsbeschwerde wurde nicht zur Entscheidung angenommen: *BVerfG* 7.12.2009 – 1 BvR 3083/07). § 57f Abs. 1 HRG idF des HdaVÄndG enthält eine echte Rückwirkung und berührt deshalb das sich aus Art. 12 GG iVm Art. 20 Abs. 3 GG (Rechtsstaatsprinzip) ergebende Rückwirkungsverbot. Der Grundsatz des Vertrauensschutzes, der davor schützt, nicht nachträglich einer bisher nicht geltenden Belastung unterworfen zu werden, findet aber auch im Rückwirkungsverbot nicht nur seinen Grund, sondern auch seine Grenze (*BAG* 21.6.2006 – 7 AZR 234/05 – EzA § 620 BGB 2002 Hochschulen Nr. 2; *BVerfG* 25.5.1993 – 1 BvR 1509/91, 1 BvR 1648/91 – BVerfGE 88, 384, 404; für die rückwirkende Inkraftsetzung des § 48d HRG aF – Befristung von Hochschuldozenten – *Thür. LAG* 10.2.2011 – 6 Sa 275/10). Das Rückwirkungsverbot greift nicht ein, weil vorliegend damit zu rechnen war, dass der Gesetzgeber die dauerhafte Unwirksamkeit der bis zu diesem Zeitpunkt abgeschlossenen Befristungsabreden vermeiden wollte (ebenso ErfK-*Müller-Glöge* Rn 3; *Preis/Ulber* Rn 11; APS-*Schmidt* Rn 11; *Löwisch* NZA 2005, 322). Mit der **rückwirkenden Erstreckung** der Regelung auf die zwischen dem 23.2.2002 und 27.7.2004 geschlossenen befristeten Arbeitsverträge wird für diese gleichzeitig die Fiktionswirkung aus § 16 S. 1 TzBfG außer Kraft gesetzt (*BAG* 21.6.2006 – 7 AZR 234/05 – EzA § 620 BGB 2002 Hochschulen Nr. 2).

III. Rückausnahme für die zwischen dem 27.7.2004 und dem 31.12.2004 geschlossenen Verträge (Satz 3)

9   Für **Befristungen, die zwischen dem 27.7.2004 und 31.12.2004** vereinbart wurden, sieht § 7 Abs. 1 S. 3 WissZeitVG die Anwendung des vor dem 23.2.2002 geltenden HRG an. Das entspricht der Vorgängerregelung in § 57f Abs. 1 S. 1 HRG aF. Mit dieser wurde dem Umstand Rechnung getragen, dass mit der Entscheidung des *BVerfG* (27.7.1994 – 2 BvF 2/02 – BVerfGE 111, 226) durch die Nichtigkeitserklärung des 5. HRGÄndG der vormalige Rechtszustand wieder eingetreten war und die Arbeitsvertragsparteien nach diesem ihre vertraglichen (Befristungs-)Abreden ausrichteten und auf diesen Rechtszustand vertrauen durften.

C. Übergangsregelungen (Abs. 2 WissZeitVG)

I. Befristung bis zum 29.2.2008 (Satz 1)

10   Für Personen, die bereits vor dem 23.2.2002 und damit dem Inkrafttreten des 5. HRGÄndG in einem Arbeitsverhältnis zu einer Hochschule, einer Forschungseinrichtung oder einem

Hochschulmitglied nach § 3 WissZeitVG (= § 57c HRG aF) standen, schreibt § 7 Abs. 2 S. 1 WissZeitVG die bereits in der Vorgängerregelung des § 57f Abs. 2 HRG aF bestehende Möglichkeit fort, **ohne Berücksichtigung der Höchstbefristungsgrenzen** nach § 2 Abs. 1 S. 1 und S. 2 WissZeitVG eine **Befristung bis zum 29.2.2008** zu vereinbaren (vgl. BT-Drucks. 16/3438, S. 17; ausf. *Treber* KR 10. Aufl., § 6 WissZeitVG Rn 14 ff.).

Für die zwischen dem 23.2.2002 (Inkrafttreten des 5. HRGÄndG) und dem 15.8.2002 (Inkrafttreten des 6. HRGÄndG) geschlossenen Arbeitsverträge wurde indes keine – rückwirkende – Übergangsregelung getroffen. Hier blieben die §§ 57a bis 57 f HRG idF des 5. HRGÄndG maßgebend. 11

Anders als nach dem 6. HRGÄndG v. 8. August 2002 (BGBl. I S. 3138), das in der erweiterten Übergangsregelung des § 57f Abs. 3 HRG aF eine Sonderregelung zu den **studentischen Hilfskräften** traf, hat der Gesetzgeber von einer erneuten Aufstockung der Befristungsfortsetzung bereits in § 57f HRG aF abgesehen. Das ist konsequent, da die bis zum 28. Februar 2003 bereits auf maximal fünf Jahre verlängerte Zeitspanne nicht noch einmal erweitert werden musste (ebenso *Dörner* Befr. Arbeitsvertrag Rn 640). 12

II. Entsprechende Geltung für wissenschaftliche und künstlerische Assistenten (Satz 2)

Die Übergangsregelung gilt nach § 7 Abs. 2 S. 2 WissZeitVG auch für diejenigen Beschäftigten, die vor dem 23.2.2002 in einem Dienstverhältnis als wissenschaftlicher oder künstlerischer Assistent standen. 13

III. Berücksichtigung von Unterbrechungszeiten (Satz 3)

Durch den Verweis auf § 2 Abs. 5 WissZeitVG kann es durch die **Berücksichtigung von Unterbrechungszeiten** iSd genannten Vorschrift zur Verlängerung von befristeten Verträgen über den 29.2.2008 kommen (LS-*Schlachter* Anh. 2 WissZeitVG Rn 1; DDZ-*Nebe* Rn 9; *Dörner* Befr. Arbeitsvertrag Rn 639; aA *ArbG Düssold.* 26.5.2010 LAGE § 620 BGB 2002 Hochschulen Nr. 9). 14

D. Verträge ab dem 17.3.2016 – Anpassungen aufgrund der Covid-19-Pandemie

Seit Inkrafttreten des »Ersten Gesetzes zur Änderung des Wissenschaftszeitvertragsgesetzes« am 17.3.2016 (dazu KR-*Treber/Waskow* § 1 WissZeitVG Rdn 17) ist mangels Übergangsbestimmungen dessen Rechtslage für die ab diesem Datum geschlossenen Verträge maßgebend. Für **Verlängerungen** nach der neuen Bestimmung des **§ 2 Abs. 1 S. 6 WissZeitVG** in Fällen einer Behinderung oder einer schwerwiegenden chronischen Erkrankung (s. KR-*Treber/Waskow* § 2 WissZeitVG Rdn 39) verlängert sich ein vor dem 17.3.2016 geschlossener »Altvertrag« aber nicht automatisch, sondern es bedarf eines neuen Vertragsabschlusses (*Preis/Ulber* Rn 16; ErfK-*Müller-Glöge* Rn 7). Ausreichend ist es dabei aber, wenn die tatsächlichen Voraussetzungen bereits vor dem 17.3.2016 vorgelegen haben. Die Verlängerungen nach § 2 Abs. 1 S. 4 und S. 6 WissZeitVG sind nach der gesetzlichen Regelung auch dann möglich, wenn sie zum Zeitpunkt des Vertragsschlusses nicht mehr vorliegen. Anders verhält es sich mit den »automatischen« Verlängerungen nach **§ 2 Abs. 5** WissZeitVG und hier interessierend der neuen **Verlängerungsoption nach § 2 Abs. 5 Nr. 6 WissZeitVG** bei krankheitsbedingter Arbeitsunfähigkeit (s. KR-*Treber/Waskow* § 2 WissZeitVG Rdn 99). Ein vormals geschlossener Vertrag kann nicht in Anwendung dieser Neuregelung verlängert werden. Abhilfe schafft aber in gewisser Weise § 2 Abs. 5 S. 3 WissZeitVG. Die Zeiten iSd § 2 Abs. 5 Nr. 1 bis 6 WissZeitVG werden auf den zeitlichen Befristungsrahmen ausdrücklich nicht angerechnet (BT-Drucks. 18/6489, S. 13). Dann können auch die Zeiten einer krankheitsbedingten Arbeitsunfähigkeit soweit sie vor dem 17.3.2016 gelegen haben, bei einem neuen Vertragsschluss zur Berechnung der Befristungshöchstdauer im Rahmen der Vorgabe des **§ 2 Abs. 5 S. 2 WissZeitVG** berücksichtigt werden (*Preis/Ulber* Rn 17; *Mandler/Meißner* OdW 2016, 33, 46). 15

Zum Ausgleich der **Folgen der COVID-19-Pandemie** für Nachwuchswissenschaftler und -künstler wurde durch Änderungsgesetz v. 25.5.2020 (BGBl. I S. 1073; Gesetzesbegründung BT-Drs. 19/18699) § 7 WissZeitVG um einen **Absatz 3** ergänzt. Nach § 7 Abs. 3 S. 1 WissZeitVG **verlängert** 16 sich die nach § 2 Abs. 1 S. 1 und 2 WissZeitVG insg. zulässige Befristungsdauer um sechs Monate, wenn ein Arbeitsverhältnis nach § 2 Abs. 1 WissZeitVG zwischen dem 1.3.2020 und dem 30.9.2020 bestanden hat. Gleichzeitig wurde das BMBF mit § 7 Abs. 3 S. 2 WissZeitVG **ermächtigt, durch Verordnung** mit Zustimmung des Bundesrats die zulässige Befristungsdauer höchstens um weitere sechs Monate zu verlängern, soweit dies aufgrund fortbestehender Auswirkungen der COVID-19-Pandemie geboten erscheint. Von dieser Ermächtigung hat das Ministerium mit der **Verordnung zur weiteren Verlängerung** der zulässigen Befristungsdauer aus Anlass der COVID-19-Pandemie v. 23.9.2020 (BGBl. I 2020, 2039) Gebrauch gemacht. Danach verlängert sich zum einen die nach § 2 Abs. 1 WissZeitVG zulässige Befristungsdauer **um weitere sechs Monate**. Darüber hinaus wird für Arbeitsverhältnisse, die erst zwischen dem 1.10.2020 und dem 31.3.2021 begründet werden (und damit bis zum 1.10.2020 noch nicht bestanden) die insgesamt zulässige Befristungsdauer um sechs Monate verlängert. Mit diesen Regelungen wird (wie bei § 2 Abs. 1 S. 4 WissZeitVG) der zulässige Befristungsrahmen ausgeweitet, ohne dass Anspruch auf eine entsprechende Vertragsverlängerung besteht (ErfK-*Müller-Glöge* Rn 9; APS-*Schmidt* Rn 21). Begünstigt werden nur die in beiden Qualifikationsphasen nach § 2 Abs. 1 WissZeitVG befristeten Arbeitsverhältnisse, nicht hingegen solche, die auf den Drittmitteltatbestand nach § 2 Abs. 2 WissZeitVG gestützt sind, auch nicht die Arbeitsverhältnisse Studierender nach § 6 WissZeitVG (ErfK-*Müller-Glöge* Rn 9). Die Verlängerung der Befristungshöchstdauer um zwölf bzw. sechs Monate setzt nur den rechtlichen Bestand eines Arbeitsverhältnisses nach § 2 Abs. 1 WissZeitVG im Zeitraum vom 1.3. bis 30.9.2020 bzw. 1.10.2020 bis 31.3.2021 voraus; es kommt nicht darauf an, ob tatsächlich Arbeit geleistet wurde (HWK-*Rennpferdt* Rn 56.1; APS-*Schmidt* Rn 20).

§ 8 WissZeitVG Evaluation
Die Auswirkungen dieses Gesetzes werden im Jahr 2020 evaluiert.

– hier nicht kommentiert –

Stichwortverzeichnis

Fette Ziffern = Paragraph, magere Ziffern = zugehörige Randnummer.

242 BGB
- HIV-Infektion 242 BGB 48
- Mindestbestandschutz 1 KSchG 25
- Öffentlicher Dienst, in der Wartezeit 1 KSchG 135
- Wartezeit, Nichterfüllung 1 KSchG 110

Abberufung, AGB-DDR 1 KSchG 196
Abfindung
- Abfindungslösung, rechtspolitische Überlegungen 1 KSchG 32

Abfindung AufhebungsV
- Anrechnung auf Arbeitslosengeld **Allgemeine Grundsätze des Sozialrechts** 266, 268
- Auflösungsantrag, Verhältnis 9 KSchG 96
- Begriff **Allgemeine Grundsätze des Sozialrechts** 268
- bei Auflösung des Arbeitsverhältnisses 113 InsO 82
- bei betriebsbedingter Kündigung 113 InsO 81
- Beitragsfreiheit **Allgemeine Grundsätze des Sozialrechts** 34, 36
- Entlastung, steuerliche 34 EstG 1
- Entschädigung als ~ 34 EstG 10
- Hinweis des Arbeitgebers 1a KSchG 46
- Insolvenz, masseunzulängliche 113 InsO 91
- Kündigungserschwerung 626 BGB 72
- Prozessvergleiche 113 InsO 80
- Sozialplan, Auflösungsantrag, Verhältnis 9 KSchG 91
- Sozialversicherung **Allgemeine Grundsätze des Sozialrechts** 199
- Sozialversicherungsbeitrag **Allgemeine Grundsätze des Sozialrechts** 35
- Veranlagungszeitraum, Zufluss 34 EstG 31
- vertragliche Vereinbarungen 113 InsO 79

Abfindung bei Auflösungsantrag
- Abfindung, Verhältnis zu Schadensersatz- und Entschädigungsansprüchen 10 KSchG 79
- Abfindungsansprüche, andere, Verhältnis 10 KSchG 84
- Abgeltungscharakter 10 KSchG 11
- Abtretung 10 KSchG 15
- als Arbeitseinkommen 10 KSchG 19
- Änderungskündigung 10 KSchG 72
- Anerkenntnisurteil 10 KSchG 72
- Antrag, Bezifferung 10 KSchG 70
- Anwendungsbereich 10 KSchG 8
- Anwendungsbereich, Kündigungsarten 10 KSchG 8
- Arbeitslosengeld II 10 KSchG 19
- Arbeitslosengeld, Anrechnung 10 KSchG 93

- Aufrechnung 10 KSchG 17
- Ausgleich für Arbeitsplatzverlust 10 KSchG 12
- Ausschlussfrist, tarifliche 10 KSchG 26
- Begriff 10 KSchG 11
- bei Nachteilsausgleich, Bemessung 10 KSchG 9
- Bruttoabfindung 10 KSchG 90
- Datenübermittlung 10 KSchG 102
- Entgeltanspruch, Verhältnis 10 KSchG 78
- Entgeltcharakter 10 KSchG 13
- Entschädigungsansprüche 10 KSchG 79
- Entschädigungscharakter 10 KSchG 13
- Entschädigungsfunktion 10 KSchG 11
- Entstehungszeitpunkt 10 KSchG 15
- Entwicklung, gesetzliche 10 KSchG 1
- Fälligkeit 10 KSchG 21
- Insolvenz des Arbeitgebers 10 KSchG 23
- Klagefrist, gewahrte 4 KSchG 39
- Leitende Angestellte 14 KSchG 57
- Pfändung 10 KSchG 18
- Prozesskostenhilfe 10 KSchG 19
- Rechtsnatur 10 KSchG 12
- Rücknahme der Kündigung 10 KSchG 72
- Schadensersatzansprüche 10 KSchG 79
- Sozialversicherungsbeitrag 10 KSchG 91
- steuerrechtliche Behandlung 10 KSchG 90
- und Insolvenzgeld 10 KSchG 92
- und Nachteilsausgleich 10 KSchG 87
- und Sozialplanabfindung 10 KSchG 85
- Unterhaltspflichten 10 KSchG 25
- Urteilstenorierung 10 KSchG 73
- Vererblichkeit 10 KSchG 20
- Verhältnis zu andere Ansprüchen 10 KSchG 78
- Verjährung 10 KSchG 27
- Verzinsung 10 KSchG 21
- Verzug 10 KSchG 21
- Vorausabtretung 10 KSchG 16
- Zugewinnausgleich, Berücksichtigung 10 KSchG 25

Abfindung bei Auflösungsantrag, Höhe
- Akkordlohn 10 KSchG 38
- Angemessenheit 10 KSchG 29
- Arbeitsentgelt 10 KSchG 56
- Arbeitsmarktlage 10 KSchG 60
- Arbeitsverhältnis, neues 10 KSchG 61
- Aufwendungsersatz 10 KSchG 38
- außerordentliche Kündigung 13 KSchG 21
- bei außerordentlicher Kündigung 13 KSchG 68
- Bemessungsfaktoren 10 KSchG 50
- Bemessungszeitpunkt 10 KSchG 51
- Bemessungszeitraum 10 KSchG 36
- Beschäftigungsdauer 10 KSchG 41

Stichwortverzeichnis

- Beschäftigungsdauer, Anrechnungsregelungen 10 KSchG 42
- betriebliche Altersversorgung, Verlust 10 KSchG 64
- Dauer des Arbeitsverhältnisses 10 KSchG 52
- Entgeltsteigerungen 10 KSchG 36
- Ermessen des Gerichts 10 KSchG 51, 71
- Ermessen, richterliches 10 KSchG 29
- Freistellung 10 KSchG 35
- Gratifikationen 10 KSchG 38
- Höchstgrenze 10 KSchG 30, 32
- Höchstgrenze, erhöhte 10 KSchG 44
- Höchstgrenze, erhöhte, Altersdiskriminierung 10 KSchG 45
- Höchstgrenze, erhöhte, Lebensalter 10 KSchG 46
- Höchstgrenze, erhöhte, Rentenalter 10 KSchG 48
- Höchstgrenze, normale 10 KSchG 40
- Konzeption, gesetzliche 10 KSchG 37
- Kurzarbeit 10 KSchG 34
- Lebensalter 10 KSchG 55
- Monatsverdienst 10 KSchG 32
- Monatsverdienst, individuelle Bemessung 10 KSchG 33
- Monatsverdienst, regelmäßiger 10 KSchG 34
- Nachteile, ideelle 10 KSchG 65
- Nettoabfindung 10 KSchG 90
- persönliche Verhältnisse 10 KSchG 58
- Prüfung, individuelle 10 KSchG 30
- Rechtsmittel 10 KSchG 74
- Regelsätze (de lege ferenda) 10 KSchG 7
- Sachbezüge 10 KSchG 39
- Sozialdaten 10 KSchG 58
- Sozialwidrigkeit, Ausmaß 10 KSchG 62
- Teilzeitarbeitsverhältnis 10 KSchG 33
- Überstunden 10 KSchG 34
- Urlaubsgeld 10 KSchG 38
- Verschulden 10 KSchG 63
- wirtschaftliche Lage Arbeitgeber 10 KSchG 66
- wirtschaftliche Lage Arbeitnehmer 10 KSchG 59
- Zulagen 10 KSchG 38
- Zweck 10 KSchG 5

Abfindungsanspruch, betriebsbedingte Kündigung
- Abdingbarkeit 1a KSchG 21
- Abfindungen, andere, Verhältnis 1a KSchG 141
- Abfindungshöhe, Hinweis 1a KSchG 33
- Abtretung 1a KSchG 93
- als Zugewinn 1a KSchG 108
- Änderungskündigung 1a KSchG 27
- Aufrechnung 1a KSchG 94
- Ausgleichsquittung 1a KSchG 113
- Ausschlussfristen 1a KSchG 112
- Bedeutung, rechtstatsächliche 1a KSchG 10
- Beendigungstatbestand, neuer 1a KSchG 124
- Betriebsübergang, Haftung 1a KSchG 117
- Entgeltanspruch, Verhältnis 1a KSchG 135
- Entstehungszeitpunkt 1a KSchG 87
- Entwicklung, gesetzliche 1a KSchG 1
- Erlassvertrag 1a KSchG 108
- Fälligkeit 1a KSchG 101
- Geltendmachung, gerichtliche 1a KSchG 134
- Hinweis Arbeitgeber 1a KSchG 32, 43
- Hinweis, abweichende Höhe 1a KSchG 58
- Hinweis, abweichender 1a KSchG 46
- Hinweis, Bindung an 1a KSchG 45
- Hinweis, falscher 1a KSchG 53
- Hinweis, Form 1a KSchG 44
- Hinweis, Rechtsnatur 1a KSchG 34
- Hinweisinhalt 1a KSchG 32
- Höhe, gesetzliche 1a KSchG 129
- Inkrafttreten 1a KSchG 22
- Insolvenz 1a KSchG 104
- Klagefrist, verstreichen lassen 1a KSchG 63, 66
- Klagerücknahme 4 KSchG 376
- Klageunterlassung, Art der Klage 1a KSchG 63
- Klageunterlassung, Klagerücknahme 1a KSchG 79
- Klageunterlassung, nachträgliche Zulassung 1a KSchG 76
- Klageunterlassung, verlängerte Anrufungsfrist 1a KSchG 78
- Kündigung des Arbeitgebers 1a KSchG 23, 31
- Kündigung, außerordentliche, mit Auslauffrist 1a KSchG 25
- Kündigung, ordentliche 1a KSchG 24
- Kündigung, ordentliche, umgedeutete 1a KSchG 26
- Leitende Angestellte 14 KSchG 58
- Nachteilsausgleich, Verhältnis 1a KSchG 148
- Pfändung 1a KSchG 95
- Prozesskostenhilfe 1a KSchG 98
- Rechtsnatur 1a KSchG 86
- Schadensersatzanspruch, Verhältnis 1a KSchG 136
- Schriftform der Kündigung 1a KSchG 29
- Sozialversicherung 1a KSchG 154
- Steuerrecht 1a KSchG 151
- Unterhaltsrecht 1a KSchG 108
- Vererblichkeit 1a KSchG 99
- Verjährung 1a KSchG 114
- Verzug 1a KSchG 102
- Voraussetzungen 1a KSchG 23
- Wiedereinstellungsanspruch 1a KSchG 120
- Zinsen 1a KSchG 103
- Zweck 1a KSchG 10

Abfindungsanspruch, Kündigung, betriebsbedingte 1a KSchG 31

Abgeordnetengesetz Kündigungsschutz für Parlamentarier (ParlKSch) 12
- Geltungsbereich Kündigungsschutz für Parlamentarier (ParlKSch) 26

Abkehrmaßnahme, Kündigungsgrund 1 KSchG 449

Abkehrwille, Kündigungsgrund 626 BGB 421

Stichwortverzeichnis

Abkoppelung Dienstvertragsrecht 620 BGB 114
Ablehnung, Darlegungs- und Beweislast, Änderungskündigung, Ablehnung Änderungsangebot 2 KSchG 25
Abmahnung
- Abgrenzung zur Ermahnung 626 BGB 286
- Abmahnungsberechtigung 626 BGB 271, 289, 291
- Änderungskündigung 626 BGB 270
- Änderungskündigung, verhaltensbedingte 2 KSchG 154
- Anhörung des Arbeitnehmers 626 BGB 267
- Ankündigungsfunktion 626 BGB 284
- Arbeitnehmer, als Abmahnender 626 BGB 284
- Ausschlussfrist 626 BGB 267, 297
- Bagatelldelikt 626 BGB 278
- bei Lohnpfändungen 1 KSchG 499
- Berufsausbildungsverhältnis 23 BBiG 43
- betrieblichen Ordnung, Störung 1 KSchG 511
- Betriebsbuße, Verhältnis 626 BGB 292
- Betriebsratsmitglied 626 BGB 269
- Betriebsratstätigkeit, aufgrund von 626 BGB 270
- Dokumentationsfunktion 626 BGB 290
- Drogensucht 1 KSchG 458
- Drohende, einstweilige Verfügung 626 BGB 297
- Eigentumsverletzung 626 BGB 282
- Eignungsmangel 1 KSchG 322
- Entbehrlichkeit 626 BGB 279
- Entbehrlichkeit, Leistungsbereich 626 BGB 275
- Entbehrlichkeit, Vertrauensbereich 626 BGB 275
- Entfernung aus Personalakte 626 BGB 297
- Entfernung, Darlegungs- und Beweislast 626 BGB 297
- Entfernung, mehrere Pflichtverletzungen 626 BGB 297
- Entfernung, wegen Zeitablauf 626 BGB 298
- Fehlverhalten, steuerbares 626 BGB 275
- formell unwirksame 626 BGB 297
- Funktion 626 BGB 284
- Funktion, generalpräventive 626 BGB 284
- Gewissenskonflikt 626 BGB 268
- Grundsätze 626 BGB 267
- Kenntnis des Inhalts 626 BGB 268
- Kündigung, frühere, als 626 BGB 281
- Kündigungsvoraussetzung 626 BGB 273
- letzte 626 BGB 288
- Löschung 626 BGB 297
- Low Performer 1 KSchG 412
- mehrfache 626 BGB 288
- Mitbestimmung Personal-/Betriebsrat 626 BGB 292
- Personalratsmitglied 626 BGB 269
- personenbedingte Kündigung 1 KSchG 284; 626 BGB 273
- Pflichtverletzung, geringfügige 626 BGB 278
- Pflichtverletzung, schwerwiegende 626 BGB 282
- Pflichtverletzungen, geringfügige 626 BGB 288
- Pflichtverstöße, erneute 626 BGB 295
- Pflichtverstöße, erneute, bei Zeitablauf 626 BGB 288
- Prognoseprinzip 626 BGB 280
- Rechtsgrundlage 626 BGB 271
- Rechtsnatur 626 BGB 283
- Rügerecht, vertragliches 626 BGB 267, 283, 286
- Sanktionscharakter 626 BGB 284
- Schifffahrt Seearbeitsgesetz (SeeArbG) 76
- strafbare Handlungen 626 BGB 278
- Überprüfung, gerichtliche 626 BGB 296
- Ultima-Ratio-Prinzip 1 KSchG 227
- Verhalten, objektiv vertragswidriges 626 BGB 268
- verhaltensbedingte Kündigung 1 KSchG 435; 626 BGB 273
- verhaltensbedingte Kündigung, Darlegungs- und Beweislast 1 KSchG 436
- verhaltensbedingte Kündigung, Leistungsbereich 1 KSchG 435
- Verhältnismäßigkeit 626 BGB 271, 293
- Vermögensverletzung 626 BGB 282
- vertragliches Rügerecht 626 BGB 286
- Verzicht auf Kündigung 1 KSchG 262; 626 BGB 69, 273, 294
- Voraussetzungen 626 BGB 267
- Vorsorgliche 626 BGB 273
- Warnfunktion 626 BGB 271, 275, 284, 285
- Warnfunktion, fehlende 626 BGB 285
- Warnfunktion, zurückliegende Abmahnung 626 BGB 288
- Widerruf 626 BGB 297
- Wiederholungsverhalten 626 BGB 285
- Wirkungslosigkeit, Zeitablauf 626 BGB 298
- Zeitablauf 626 BGB 298
- Zeitablauf, erneute 626 BGB 288
Absicherung durch Rente 21 TzBfG 60
Abwerbemaßnahme
- Kündigungsgrund 1 KSchG 453; 626 BGB 422
- Schadensersatz 1 KSchG 454
- Sittenwidrigkeit 1 KSchG 453
- von Kunden 1 KSchG 453
Abwicklungsvertrag
- Abgrenzung 620 BGB 29
- Begriff Aufhebungsvertrag 50
- Gestaltungshinweise Aufhebungsvertrag 55
- Inhalte, mögliche Aufhebungsvertrag 57
- Kündigung, als Beendigungstatbestand Aufhebungsvertrag 55
- Schriftform 623 BGB 51; Aufhebungsvertrag 51
- Sperrzeit 620 BGB 29
- Umgehungstatbestände Aufhebungsvertrag 53
- Unwirksamkeit, nachträgliche Zulassung Kündigungsschutzklage Aufhebungsvertrag 54
Adipositas, Behinderung 1 AGG 34
AGB-Kontrolle 620 BGB 30
- Ausgleichsquittung 1 KSchG 41
- Befristungsabrede 3 TzBfG 9
- Freistellungsabrede 620 BGB 56

3103

Stichwortverzeichnis

- Kündigungsfrist, vertragliche Vereinbarung 622 BGB 326
- Versetzungsvorbehalt 1 KSchG 669

Alkoholsucht 1 KSchG 456, 460

Allgemeines Gleichbehandlungsgesetz
- Anwendungsbereich 2 AGG 1
- arbeitnehmerähnliche Person **Arbeitnehmerähnliche Personen (ArbNähnl. Pers.)** 56
- Benachteiligung aus Gründen der Rasse und ethnischen Herkunft 3 AGG 37
- Benachteiligungsverbot 7 AGG 1
- Bereichsausnahme Kündigungsrecht 1 KSchG 27; 2 AGG 4
- Darlegungs- und Beweislast 22 AGG 1
- Diskriminierungsmerkmale 3 AGG 12
- Einstellungsanspruch, Ausschluss 15 AGG 53
- einzelne Diskriminierungsmerkmale 1 AGG 15
- Entlassungsbedingungen 2 AGG 2
- Entschädigung und Schadensersatz, 15 AGG 1
- Entstehungsgeschichte 1 AGG 1
- EU-rechtliche Grundlagen 1 AGG 2
- EU-rechtliche Grundlagen, Umsetzungsfrist 1 AGG 3
- Gesetzeszweck 1 AGG 12
- Gliederung 1 AGG 13
- Kündigung. Benachteiligung, subjektiver Prüfungsmaßstab 1 KSchG 216
- Kündigungen und ~ 1 KSchG 27; 2 AGG 11
- Leistungsverweigerungsrecht 14 AGG 1
- persönlicher Anwendungsbereich 6 AGG 1
- Positive Maßnahmen 5 AGG 1
- Verhältnis zu anderen Ver- und Geboten 1 AGG 6
- Vertragsverletzungsverfahren 1 AGG 3

Allgemeines Gleichbehandlungsgesetz, Benachteiligungsverbot
- Anwendbarkeit auf Kündigungen 7 AGG 8
- Befristungsabrede 7 AGG 11

Allgemeines Gleichbehandlungsgesetz, persönlicher Anwendungsbereich
- Arbeitgeber 6 AGG 8
- arbeitnehmerähnliche Person 6 AGG 7
- Arbeitnehmerbegriff 6 AGG 3
- Arbeitsverhältnis, faktisches 6 AGG 5
- Auszubildende 6 AGG 6
- Berufsbildung 6 AGG 6
- Beschäftigte 6 AGG 2
- Fremdgeschäftsführer 6 AGG 4
- Heimarbeiter 6 AGG 7
- Organmitglieder 6 AGG 1, 3
- Praktikanten 6 AGG 6
- Selbständige 6 AGG 1
- Volontäre 6 AGG 6

Allgemeines Gleichbehandlungsgesetz, positive Maßnahmen
- Begriff 5 AGG 5
- Diskriminierung, umgekehrte 5 AGG 3
- Verhältnis zu anderen Vorschriften 5 AGG 2

Allgemeines Gleichbehandlungsgesetz, sachlicher Anwendungsbereich
- Bereichsausnahme KSchG 1 KSchG 27; 2 AGG 4, 7, 14; 23 KSchG 86
- Entlassungsbedingungen 2 AGG 2

Altersdiskriminierung 14 TzBfG 54
- Abfindung bei Auflösungsurteil, erhöhte Höchstgrenze 10 KSchG 45
- Altersgrenze, Kabinenpersonal 3 AGG 22
- Altersgrenzen 14 TzBfG 41, 414; 3 AGG 22
- Befristeter Arbeitsvertrag, Angebot 3 AGG 22
- Befristung, sachgrundlos 14 TzBfG 651; 620 BGB 112
- berufliche Anforderung 8 AGG 20
- EU-Primärrecht 14 TzBfG 14
- körperliche Fähigkeiten 8 AGG 20
- Kündigung, Ausschluss der ordentlichen 10 AGG 22
- Kündigung, ordentliche, Ausschluss 626 BGB 78
- Kündigungsfrist, Wartezeitberechnung 622 BGB 60
- Kündigungsfristen 3 AGG 24
- Kündigungsfristen, Beschäftigungsdauer 10 AGG 16
- Kündigungsschutz, vereinbarter, Sozialauswahl 1 KSchG 720
- Lebensalter, Sozialauswahl 1 KSchG 28
- Mindestalter, Kündigungsfrist 622 BGB 60
- Rechtfertigung 10 AGG 1; 14 TzBfG 41
- Richtlinienkonforme Auslegung, Umsetzungsfrist 14 TzBfG 26
- Sozialauswahl 1 KSchG 29; 10 AGG 21
- Sozialauswahl, Altersgruppenbildung 1 KSchG 695; 125 InsO 35
- Sozialauswahl, Auswahlkriterien 1 KSchG 729
- Sozialauswahl, Lebensalter 1 KSchG 732
- tarifliche Altersgrenzen 14 TzBfG 419; 3 AGG 22
- Verbot, primärrechtliche Verankerung 1 AGG 8; 14 TzBfG 651
- Vertrauensschutz 14 TzBfG 14; 622 BGB 61, 67
- Wartezeit 1 KSchG 28

Altersdiskriminierung, Rechtfertigung
- Allgemeininteresse 10 AGG 6
- Altersgrenzenregelung 10 AGG 18
- Altersrente, ausreichende 10 AGG 19; 14 TzBfG 424
- Angemessenheit 10 AGG 11, 13
- Beendigungsnormen 10 AGG 17
- Beispielskatalog 10 AGG 2
- Beschäftigung vor Vollendung des 25. Lebensjahres 10 AGG 16
- Beweggründe, individuelle 10 AGG 6
- Beweislast 10 AGG 23
- Darlegungslast 10 AGG 23
- Erforderlichkeit 10 AGG 11, 13
- Ermessensspielraum 10 AGG 7, 12
- Generalisierung 10 AGG 12

Stichwortverzeichnis

- Generalklausel **10 AGG** 2, 4
- Grundsatz **10 AGG** 1; **14 TzBfG** 414
- kirchliche Arbeitsrechtsregelungen **10 AGG** 18
- legitimes Ziel **10 AGG** 5
- Pauschalierung **10 AGG** 12
- Prüfungsschritte **10 AGG** 4
- Regelaltersgrenze, Hinausschieben der Beendigung **14 TzBfG** 425
- Regelung, Verhältnismäßigkeit **10 AGG** 14
- sachgrundlos Befristung bei älteren Arbeitnehmern **10 AGG** 15; **14 TzBfG** 658
- Sozialauswahl **10 AGG** 21
- Sozialauswahl, Lebensalter **1 KSchG** 732
- Sozialauswahl, Personalstruktur **1 KSchG** 695
- tarifliche Altersgrenze **10 AGG** 20
- Typisierung **10 AGG** 12
- unionsrechtliche Grundlagen **10 AGG** 1
- Verhältnismäßigkeit der Regelung **10 AGG** 14
- vorgezogene **14 TzBfG** 431
- Ziele eines einzelnen Arbeitgebers **10 AGG** 6
- Ziele, administrative **10 AGG** 8
- Ziele, arbeitsmarktbezogene **10 AGG** 8
- Ziele, demografische **10 AGG** 8
- Ziele, haushaltsbezogene **10 AGG** 8
- Ziele, legitime **10 AGG** 5, 7, 9, 10; **14 TzBfG** 431
- Ziele, rechtswidrige **10 AGG** 6
- Ziele, soziale **10 AGG** 8
- Ziele, sozialpolitische **10 AGG** 6; **14 TzBfG** 44, 414, 419
- Ziele, wirtschaftliche **10 AGG** 8

Altersgrenze
- Altersrente, ausreichende **10 AGG** 19
- Arbeitnehmerüberlassung **14 TzBfG** 438
- Beendigung Arbeitsverhältnis, Stationierungsstreitkräfte **Art. 56 NATO-ZusAbk** 46
- Befristung **14 TzBfG** 41, 412; **33 TVöD** 2
- Benachteiligung, Rechtfertigung **10 AGG** 17; **14 TzBfG** 44
- Berufsfreiheit **14 TzBfG** 418
- Betriebsvereinbarung **14 TzBfG** 428
- Kabinenpersonal **14 TzBfG** 434; **3 AGG** 22
- Leitende Angestellte **14 TzBfG** 437
- Piloten **14 TzBfG** 431

Altersrente
- Altersteilzeit, beendete **Allgemeine Grundsätze des Sozialrechts** 94
- Arbeitslosigkeit, aufgrund von **Allgemeine Grundsätze des Sozialrechts** 94
- Hinzuverdienst **Allgemeine Grundsätze des Sozialrechts** 106
- langjährig Versicherte **Allgemeine Grundsätze des Sozialrechts** 91
- Regelaltersgrenze, erreichte **Allgemeine Grundsätze des Sozialrechts** 99
- Regelaltersgrenze, Fortsetzung Arbeitsverhältnis **Allgemeine Grundsätze des Sozialrechts** 104
- Regelaltersgrenze, Kündigungsgrund **Allgemeine Grundsätze des Sozialrechts** 100
- Rentenarten **Allgemeine Grundsätze des Sozialrechts** 86
- Rentenminderungen, Ausgleich **Allgemeine Grundsätze des Sozialrechts** 96
- Voll- oder Teilrente **Allgemeine Grundsätze des Sozialrechts** 105
- vorgezogene **Allgemeine Grundsätze des Sozialrechts** 86
- vorgezogene, Beitragszahlung Arbeitgeber **Allgemeine Grundsätze des Sozialrechts** 97
- vorgezogene, Vermeidung Abschläge **Allgemeine Grundsätze des Sozialrechts** 96
- vorzeitige gegen Abschlag **Allgemeine Grundsätze des Sozialrechts** 89

Altersteilzeit
- auflösende Bedingung, möglicher Altersrentenantrag **21 TzBfG** 61
- Kündigungsgrund **13 KSchG** 72

Änderungsangebot
- Maßregelungsverbot **612a BGB** 22

Änderungskündigung
- Ablehnung **626 BGB** 309
- Änderung mehrerer Arbeitsbedingungen **2 KSchG** 169
- Änderungsangebot **1 KSchG** 172; **2 KSchG** 49
- Änderungsantrag, Formbedürftigkeit **623 BGB** 138
- Angebot, vorheriges **2 KSchG** 21
- Annahme Änderungsantrag, Formbedürftigkeit **623 BGB** 140
- Annahme unter Vorbehalt **2 KSchG** 103; **626 BGB** 214, 217, 309; **7 KSchG** 18
- Auflösung des Arbeitsverhältnisses **9 KSchG** 37
- Auflösungsantrag **2 KSchG** 254, 262
- Auflösungsantrag, Leitende Angestellte **14 KSchG** 55
- außerordentliche **2 KSchG** 52
- außerordentliche ~ **626 BGB** 73
- außerordentliche, Vorbehaltsannahmefrist **2 KSchG** 56
- Beendigungskündigung, Abgrenzung **1 KSchG** 172
- Beendigungskündigung, Vorrang der ~ **1 KSchG** 566
- Befristung einzelner Vertragsbedingungen **2 KSchG** 100
- Befristung, nachträgliche **14 TzBfG** 88; **2 KSchG** 47, 100
- Begriff **2 KSchG** 10
- betriebsbedingte **2 KSchG** 176
- Betriebsrat, Kündigungsschutz **2 KSchG** 285
- Betriebsratsanhörung **102 BetrVG** 37, 104; **2 KSchG** 204
- Betriebsratsmitglied **15 KSchG** 37
- Betriebsratsmitglied, außerordentliche **15 KSchG** 43

Stichwortverzeichnis

- Betriebsratsmitglied, Kündigungsschutz 103 BetrVG 60
- Betriebsübergang 613a BGB 89
- Darlegungs- und Beweislast 2 KSchG 256
- Definition, gesetzliche 2 KSchG 10
- Direktionsrecht, Reichweite 2 KSchG 62
- Direktionsrecht, Verhältnis 2 KSchG 59
- durch Arbeitnehmer 2 KSchG 10
- Elternzeit, während der 18 BEEG. 25
- Entwicklung, gesetzliche 2 KSchG 1
- Erforderlichkeit, Einzelfälle 2 KSchG 72
- Interessenausgleich mit Namensliste 1 KSchG 783
- Job-Sharing-Verhältnis 1 KSchG 75
- kollektive ~, außerordentliche Kündigung 626 BGB 426
- Kündigung, bedingte 2 KSchG 15
- Kündigung, unbedingte 2 KSchG 15
- Kündigungseinspruch 3 KSchG 28
- Kündigungserklärung, Bestimmtheit 2 KSchG 12
- Kündigungserklärung, echte 2 KSchG 11
- Massenänderungskündigung, Anzeigepflicht 2 KSchG 288
- Massenentlassung 17 KSchG 68
- Mitbestimmung Betriebsrat (2 KSchG 240
- Mitbestimmung des Betriebs-/Personalrats 2 KSchG 216
- Mitbestimmung des Betriebsrats 2 KSchG 216
- Mutterschutz 2 KSchG 283
- Mutterschutz, Kündigung 2 KSchG 283
- Mutterschutz, Kündigungsverbot 17 MuSchG 106
- ordentliche 2 KSchG 51
- Personalrat, Anhörung bei Kündigung 128 11
- Personalratsmitglied, außerordentliche 15 KSchG 43
- Pflegezeit 2 KSchG 283
- Potestativbedingung 2 KSchG 17
- Rücknahme 2 KSchG 254
- Schriftform 2 KSchG 49; 623 BGB 137
- Schwerbehinderte Menschen 2 KSchG 280; Vorbemerkungen zu 168–175 9
- Sozialwidrigkeit 2 KSchG 136
- Tatbestand, einheitlicher 2 KSchG 14
- Teilkündigung 2 KSchG 84
- überflüssige 2 KSchG 39, 60
- überflüssige, Fallbeispiele 2 KSchG 74
- Übergangslösung 626 BGB 309
- Überlegungsfrist 2 KSchG 22, 24; 626 BGB 214
- Umgruppierung 626 BGB 79
- Umgruppierung als Ziel, Betriebsratsanhörung 2 KSchG 216
- Umsetzung, Mitbestimmung Betriebsrat 2 KSchG 214
- Unwirksamkeitsgründe, sonstige 2 KSchG 278
- Verhältnismäßigkeitsgrundsatz 2 KSchG 167
- Verhandlungen, vorherige 2 KSchG 24
- Versetzung als Ziel, Betriebsratsanhörung 2 KSchG 216
- Versetzung als Ziel, Widerspruch Betriebsrat 2 KSchG 227
- Versetzung, Reichweite Direktionsrecht 2 KSchG 62
- Vertragsänderungsantrag, Abgrenzung 2 KSchG 13
- Vorbehaltserklärung 2 KSchG 113
- Vorrang vor Beendigungskündigung 626 BGB 309
- vorsorgliche 2 KSchG 89
- vorsorgliche Kündigung, Abgrenzung 2 KSchG 88
- Wehrdienst 2 KSchG 284
- Weisungsrecht, Verhältnis 2 KSchG 39
- Weiterbeschäftigungsanspruch 2 KSchG 211
- Weiterbeschäftigungsanspruch (BetrVG) 102 BetrVG 262; 2 KSchG 211
- Weiterbeschäftigungsanspruch, betriebsverfassungsrechtlicher 102 BetrVG 39
- Widerrufsvorbehalt, Verhältnis 2 KSchG 73
- Wirksamwerden 7 KSchG 19
- Zustimmung des Betriebsrats zur Versetzung/Umgruppierung 2 KSchG 216
- Zweck, gesetzlicher 2 KSchG 6

Änderungskündigung, Änderungsangebot
- Ablehnung 2 KSchG 133
- Ablehnung als Kündigungsgrund 2 KSchG 165
- Ablehnung, Darlegungs- und Beweislast 2 KSchG 25
- Ablehnung, unter Vorbehalt 2 KSchG 133
- Ablehnung, vor Kündigungserklärung 2 KSchG 25
- Angebot für Kündigung 2 KSchG 21
- befristetes Arbeitsverhältnis 2 KSchG 47
- Befristung, nachträgliche 2 KSchG 47
- Bestimmtheit 2 KSchG 12, 43
- Bestimmtheit, Alternativangebote 2 KSchG 44
- Bestimmtheit, Änderungskündigungen, mehrere 2 KSchG 44
- Bindung Arbeitgeber 2 KSchG 134
- Inhalt 2 KSchG 43
- Kündigung, nachfolgendes 2 KSchG 30
- mehrere 2 KSchG 29
- nachgeschobenes 2 KSchG 30
- Vertragsbedingungen, Änderung 2 KSchG 38
- vorfristige Vertragsänderung, Auslegung 2 KSchG 173

Änderungskündigung, betriebsbedingte 2 KSchG 176
- Abfindungsanspruch 1a KSchG 27
- Änderungsangebot freie Mitarbeit 2 KSchG 193
- Arbeitsumfang, Änderung 2 KSchG 193
- Arbeitszeitänderung 2 KSchG 193
- Arbeitszeitänderung, Benachteiligungsverbot Teilzeitbeschäftigte 2 KSchG 193

Stichwortverzeichnis

- Arbeitszeitänderung, Mitbestimmung Betriebsrat 2 KSchG 240
- außerordentliche zur Herabgruppierung 2 KSchG 187
- Befristung als Ziele 2 KSchG 201
- durch Insolvenzverwalter 2 KSchG 201
- Entgeltsenkung bei Unrentabilität 2 KSchG 176
- Herabgruppierung 2 KSchG 184
- Insolvenzverfahren 2 KSchG 201
- Liquidationserlöse 2 KSchG 190
- Lohnfindungsmethode, Mitbestimmung Betriebsrat 2 KSchG 240
- Lohnfindungsmethode, neue 2 KSchG 187
- Lohnkostensenkung 2 KSchG 176
- Massenänderungskündigung, Lohnkostensenkung 2 KSchG 180
- Nebenabreden, Änderung 2 KSchG 182
- übertarifliche Leistungen 2 KSchG 184
- Unrentabilität 2 KSchG 176
- Versetzung, Verhältnis 2 KSchG 192
- Zulagen, Streichung 2 KSchG 190

Änderungskündigung, Sozialwidrigkeit
- Abmahnungserfordernis 2 KSchG 154
- Änderungen, mehrere, Überprüfung 2 KSchG 170
- Änderungsangebot 2 KSchG 143
- Änderungsangebot freie Mitarbeit 2 KSchG 193
- Auswahlrichtlinie 2 KSchG 156, 164
- betriebsbedingte Gründe 2 KSchG 152
- Betroffenheit, soziale 2 KSchG 162
- Entwicklung 2 KSchG 136
- Grundsätze 2 KSchG 152
- Interessenausgleich mit Namensliste 2 KSchG 158
- Minderleistung 2 KSchG 153
- Mischtatbestand 2 KSchG 155
- personbedingte Gründe 2 KSchG 153
- Prüfungsmaßstab, bei Angebotsablehnung 2 KSchG 140
- Prüfungsmaßstab, bei Vorbehaltsannahme 2 KSchG 137
- Prüfungsmaßstab, betriebsbedingte - 2 KSchG 150
- Prüfungsstufen 2 KSchG 148
- Sozialauswahl 2 KSchG 160
- überflüssige Änderungskündigung 2 KSchG 168
- Ultima-Ratio-Prinzip 2 KSchG 167
- Vergleichbarkeit der Arbeitnehmer 2 KSchG 161
- verhaltensbedingte Gründe 2 KSchG 154
- verhaltensbedingte Gründe, Angebotsablehnung 2 KSchG 165
- Verhältnismäßigkeitsgrundsatz 2 KSchG 167
- vorfristige Vertragsänderung, Auslegung 2 KSchG 173
- Weiterbeschäftigung, auf anderem Arbeitsplatz 2 KSchG 156
- Widerrufsvorbehalt, möglicher 2 KSchG 169

- Änderungskündigung, Vorbehaltsannahme 2 KSchG 103
- Änderungsschutzklage 2 KSchG 243
- außerordentliche Änderungskündigung, Frist 2 KSchG 56
- außerordentliche Änderungskündigung, Weiterarbeit 2 KSchG 118
- Bedingung, aufschiebende, auflösende 2 KSchG 19
- Erklärung, ausdrückliche 2 KSchG 113
- Erklärung, konkludente 2 KSchG 114
- Erklärungsfrist 2 KSchG 122
- Form der - 2 KSchG 113
- Frist, bei vorbehaltsloser Annahme 2 KSchG 119
- Fristwahrung, aufschiebende Bedingung 2 KSchG 126
- Fristwahrung, streitige 2 KSchG 258
- Klageerhebung, nachfolgende - 2 KSchG 130
- Klagefrist 2 KSchG 117
- Klagefrist, Vorbehaltsfrist, Verhältnis 2 KSchG 127
- Kündigungsfrist, in der 2 KSchG 122
- Kündigungsschutz, fehlender 2 KSchG 7
- nachträgliche Vorbehaltszulassung 2 KSchG 125
- Rechtscharakter 2 KSchG 104
- Rechtsfolge 2 KSchG 132
- Rechtsiwrkungen 2 KSchG 107
- Rechtsnatur 2 KSchG 104
- soziale Rechtfertigung 2 KSchG 19
- verfristete, vereinbarter Vorbehalt 2 KSchG 131
- Vorbehalt, durch Kündigungsschutzklage 2 KSchG 119
- Vorbehaltserklärung 2 KSchG 130
- vorbehaltslose Annahme 2 KSchG 116
- Weiterarbeit, widerspruchslose 2 KSchG 116
- Zugangsfrist 2 KSchG 125
- Zweck 2 KSchG 103

Änderungskündigungsverlangen 104 BetrVG 20

Änderungsschutzklage
- Änderungskündigung, überflüssige 2 KSchG 39
- Annahme Änderungsangebot, Vorbehalt 2 KSchG 133
- Aussetzung bei Zustimmungsersetzungsverfahren 2 KSchG 233
- bei Ablehnung des Angebots 4 KSchG 365
- Beschäftigungsinhalt bei Vorbehaltsannahme 2 KSchG 248
- Beschäftigungsinhalt, fehlende Zustimmung Betriebsrat 2 KSchG 251
- Beurteilungszeitpunkt 2 KSchG 175
- Klageantrag 2 KSchG 245; 4 KSchG 365
- Klageantrag, bei auschiebender Bedingung 2 KSchG 246
- Klagefrist 2 KSchG 243, 261; 4 KSchG 364
- Kleinbetrieb 2 KSchG 7
- Rechtskraft 2 KSchG 270
- Rechtskraftwirkung 4 KSchG 372

Stichwortverzeichnis

- Rücknahme der Änderungskündigung 4 KSchG 367
- Streitgegenstand 2 KSchG 39, 245; 4 KSchG 371
- Streitwert 2 KSchG 272
- Tod des Arbeitnehmers 4 KSchG 369
- Urteil 2 KSchG 270
- Verfahren 2 KSchG 243
- Verfahren, nach Angebotsablehnung 2 KSchG 275
- verlängerte Anrufungsfrist 6 KSchG 26
- Vorbehaltsannahme bei – 2 KSchG 243; 4 KSchG 366
- Vorbehaltsannahme, streitige 2 KSchG 252
- Vorbehaltserklärung, fristgerechte 2 KSchG 258
- Vorbehaltsfrist 2 KSchG 258
- Wartezeit, erfüllte 2 KSchG 8
- Weiterbeschäftigungsanspruch 2 KSchG 211

Änderungsschutzklage, außerordentliche
- Klagefrist 13 KSchG 9

Änderungsschutzklage, Wiederherstellung der Arbeitsbedingungen
- Änderungskündigung, außerordentliche 8 KSchG 16
- Angebot der Arbeitskraft 8 KSchG 12
- Anrechnung anderweitiger Verdienst 8 KSchG 12
- Anwendungsbereich 8 KSchG 6
- Arbeitszeit, verkürzte 8 KSchG 12
- Ausschlussfrist 8 KSchG 14
- Entwicklung, gesetzliche 8 KSchG 1
- Erfüllungsanspruch 8 KSchG 11
- Lohnausfallprinzip 8 KSchG 12
- Pflichtverletzung während geänderter Arbeitsbedingungen 8 KSchG 14
- Rechtsnatur des Anspruchs 8 KSchG 10
- Rückwirkung 8 KSchG 4
- sozialwidrige Änderungskündigung 8 KSchG 7
- Unwirksamkeitsgründe, andere 8 KSchG 8
- Verdienst, böswilliger unterlassener 8 KSchG 12
- Verjährung 8 KSchG 14
- Vertragsauflösung, rückwirkende 8 KSchG 6
- Zweck 8 KSchG 3
- Zwischenverdienst 8 KSchG 12

Anfechtung
- Arbeitsvertrag 17 MuSchG 180; 626 BGB 45
- Arbeitsvertrag, Mutterschutz 17 MuSchG 180
- arglistige Täuschung 626 BGB 45
- Aufhebungsvertrag Aufhebungsvertrag 32
- Eigenkündigung 625 BGB 11

Anfechtung/Berufsausbildungsvertrag 23 BBiG 33

Anhörung des Arbeitnehmers
- Abmahnung 626 BGB 267, 270
- Druckkündigung 626 BGB 222
- durch Betriebsrat 102 BetrVG 136
- Hemmung der Ausschlussfrist 626 BGB 348
- Kündigung, ordentliche 128 28
- Kündigungsverlangen Betriebsrat 104 BetrVG 24, 26
- Personalrat 128 27
- Verdachtskündigung 626 BGB 244
- Verdachtskündigung, überflüssige 626 BGB 245
- Zustimmungsverfahren nach 2 KSchG 216

Annahmeverzug
- Änderungskündigung 2 KSchG 248; 8 KSchG 10
- Angebot Arbeitnehmer 11 KSchG 12
- Arbeitserlaubnis 11 KSchG 17
- Arbeitskampf 11 KSchG 18
- Arbeitsunfähigkeit 11 KSchG 17
- Aufhebungsvertrag 11 KSchG 14
- Auflösungsantrag, Leistungswille 11 KSchG 15
- Auslandsaufenthalt 11 KSchG 16
- Ausschlussfrist 11 KSchG 23
- Beendigung 11 KSchG 26
- Beendigung nach Kündigung 4 KSchG 94
- Beendigung, Einzelfälle 11 KSchG 29
- Beendigung, Klagestattgabe 11 KSchG 30
- bei Befristung 11 KSchG 14
- Berufsausübungserlaubnis 11 KSchG 17
- Beschäftigungsverbot 11 KSchG 17
- Beschäftigungsverhältnis, sozialversicherungsrechtliches **Allgemeine Grundsätze des Sozialrechts** 183
- Betriebsrisiko 11 KSchG 17
- Darlegungs- und Beweislast 11 KSchG 65
- Eigenkündigung 11 KSchG 14
- Fälligkeit Entgelt 11 KSchG 22
- Kündigungsschutzklage, rechtskräftiges Urteil 4 KSchG 319
- Leistungsfähigkeit 11 KSchG 16
- Leistungsfähigkeit, wiederhergestellte 11 KSchG 19
- Leistungsverweigerungsrecht 11 KSchG 15
- Leistungswille 11 KSchG 15
- Leistungswille, Auflösungsantrag 11 KSchG 15
- Leistungswille, Prozessbeschäftigungsangebot 11 KSchG 15
- Mutterschutz, verbotswidrige Kündigung 17 MuSchG 119
- nach Kündigung 11 KSchG 12
- Personengesellschaft, Klagegegner 4 KSchG 122
- Rücknahme, Kündigung 11 KSchG 29
- Suspendierung der Vertragspflichten 11 KSchG 18
- Unzumutbarkeit der Beschäftigung 11 KSchG 21
- Urlaubsanspruch, Anrechnung 11 KSchG 32
- Verhinderung, kurzfristige 11 KSchG 20
- Verjährung 11 KSchG 24
- Verjährungsunterbrechung, Kündigungsschutzklage 4 KSchG 52
- Voraussetzungen 11 KSchG 12
- Weiterbeschäftigungsanspruch (BetrVG) 11 KSchG 26
- Weiterbeschäftigungsanspruch, allgemeiner 11 KSchG 26

Stichwortverzeichnis

- Weiterbeschäftigungsanspruch, aufgrund Vereinbarung 11 KSchG 27

Anscheinsbeweis, Maßregelungsverbot 612a BGB 26

Anschlussbefristung, sachgrundlose 14 TzBfG 536

Anstellung auf Lebenszeit oder auf mehr als fünf Jahre 13 KSchG 115

Anstellungsbetrug 626 BGB 95

Antidiskriminierungsrichtlinien, Umsetzungsfrist 1 AGG 3

Anwendung Art 30 GRC
- Rechtsmissbrauch 14 TzBfG 79, 586
- Rechtsmissbrauch, Rechtsfolgen 16 TzBfG 7
- Rechtsprechung EuGH, Überblick 14 TzBfG 24
- Rechtsstaatsprinzip 14 TzBfG 64

Anwendungsbereich 125 InsO 1

Anzeige- und Nachweispflichtverletzung
- Darlegungs- und Beweislast 1 KSchG 527

Arbeitgeber
- bei Betriebsführungsvertrag 1 KSchG 53
- Erbengemeinschaft 4 KSchG 125
- Erstattungspflicht Arbeitslosengeld Allgemeine Grundsätze des Sozialrechts 159
- Gesamthafenbetrieb 1 KSchG 66
- Gesellschaft bürgerlichen Rechts 4 KSchG 124
- GmbH Co. KG 4 KSchG 116
- kirchlicher Dienst 1 KSchG 79
- Leiharbeitsverhältnis 1 KSchG 68; 4 KSchG 120
- mehrere, einheitliches Arbeitsverhältnis 1 KSchG 55
- Mitglied einer Hochschule 3 WissZeitVG 5
- mittelbares Arbeitsverhältnis 1 KSchG 71
- Testamentsvollstrecker 4 KSchG 125
- Verein, nicht rechtsfähiger 4 KSchG 128

Arbeitnehmer
- Arbeitsverhältnisse, Arten von 1 KSchG 47
- Beschäftigte, Abgrenzung 6 AGG 2
- Betriebsführungsvertrag 1 KSchG 53
- Eigengruppe 1 KSchG 59
- Heimarbeiter, Abgrenzung 29a HAG 9
- Job-Sharing-Verhältnis 1 KSchG 61

Arbeitnehmer iSd Unionsrechts Arbeitnehmerähnliche Personen (ArbNähnl. Pers.) 18

Arbeitnehmer, gewerbliche, Angestellte, Abgrenzung 622 BGB 11

Arbeitnehmerähnliche Person 29a HAG 2; Arbeitnehmerähnliche Personen (ArbNähnl. Pers.) 17
- Allgemeines Gleichbehandlungsgesetz Arbeitnehmerähnliche Personen (ArbNähnl. Pers.) 56
- Arbeitnehmer, Abgrenzung Arbeitnehmerähnliche Personen (ArbNähnl. Pers.) 1, 5, 17
- Arbeitnehmer, Abgrenzung, Kriterien Arbeitnehmerähnliche Personen (ArbNähnl. Pers.) 21
- Arbeitnehmer, Feststellung Weisungsgebundenheit Arbeitnehmerähnliche Personen (ArbNähnl. Pers.) 22
- Arbeitsrechtliche Bestimmungen, Anwendbarkeit Arbeitnehmerähnliche Personen (ArbNähnl. Pers.) 4
- Arbeitsrechtliche Regelungen, Anwendung Arbeitnehmerähnliche Personen (ArbNähnl. Pers.) 42
- außerordentliche Kündigung 626 BGB 3
- Begriff Arbeitnehmerähnliche Personen (ArbNähnl. Pers.) 6
- behinderte Menschen im Arbeitsbereich anerkannter Werkstätten Arbeitnehmerähnliche Personen (ArbNähnl. Pers.) 44
- Beispiele Arbeitnehmerähnliche Personen (ArbNähnl. Pers.) 39, 41
- Beschäftigter 6 AGG 2
- Betriebsratsanhörung 102 BetrVG 11
- Betriebsübergang 613a BGB 9; Arbeitnehmerähnliche Personen (ArbNähnl. Pers.) 52
- Crowdworking Arbeitnehmerähnliche Personen (ArbNähnl. Pers.) 5
- Definition Arbeitnehmerähnliche Personen (ArbNähnl. Pers.) 9
- Dienstvertrag Arbeitnehmerähnliche Personen (ArbNähnl. Pers.) 11
- Ein-Euro-Job Arbeitnehmerähnliche Personen (ArbNähnl. Pers.) 16
- freie Mitarbeiter Arbeitnehmerähnliche Personen (ArbNähnl. Pers.) 3
- Handelsvertreter Arbeitnehmerähnliche Personen (ArbNähnl. Pers.) 3
- Handelsvertreter (kleiner), Verhältnis Arbeitnehmerähnliche Personen (ArbNähnl. Pers.) 36
- Handelsvertreter, arbeitnehmerählicher Arbeitnehmerähnliche Personen (ArbNähnl. Pers.) 93
- Heimarbeiter Arbeitnehmerähnliche Personen (ArbNähnl. Pers.) 3
- Heimarbeiter, Verhältnis Arbeitnehmerähnliche Personen (ArbNähnl. Pers.) 36
- Internationales Arbeitsrecht Artikel 28 85
- Klage bei Kündigung Arbeitnehmerähnliche Personen (ArbNähnl. Pers.) 79
- Klagefrist Arbeitnehmerähnliche Personen (ArbNähnl. Pers.) 79
- Kündigung, diskriminierende Arbeitnehmerähnliche Personen (ArbNähnl. Pers.) 56
- Kündigungsfrist 622 BGB 79
- Kündigungsfristen Arbeitnehmerähnliche Personen (ArbNähnl. Pers.) 49
- Kündigungsfristen, Dienstverhältnis Arbeitnehmerähnliche Personen (ArbNähnl. Pers.) 69
- Kündigungsschutz 9 PflegeZG 18
- Kündigungsschutz für Abgeordnete Kündigungsschutz für Parlamentarier (ParlKSch) 32
- Kündigungsschutzbestimmungen, Anwendung Arbeitnehmerähnliche Personen (ArbNähnl. Pers.) 46
- Lizenzvertrag Arbeitnehmerähnliche Personen (ArbNähnl. Pers.) 15

Stichwortverzeichnis

- Maßregelungsverbot Arbeitnehmerähnliche Personen (ArbNähnl. Pers.) 50
- Medienbereich Arbeitnehmerähnliche Personen (ArbNähnl. Pers.) 26
- Mitwirkung Betriebsrat/Personalrat Arbeitnehmerähnliche Personen (ArbNähnl. Pers.) 51
- Mutterschutz, Sonderkündigungsschutz Arbeitnehmerähnliche Personen (ArbNähnl. Pers.) 55
- Pachtvertrag Arbeitnehmerähnliche Personen (ArbNähnl. Pers.) 15
- Pflegezeit 9 PflegeZG 18
- Pflegezeit, Sonderkündigungsschutz Arbeitnehmerähnliche Personen (ArbNähnl. Pers.) 53
- Rundfunkfreiheit Arbeitnehmerähnliche Personen (ArbNähnl. Pers.) 27
- soziale Schutzbedürftigkeit Arbeitnehmerähnliche Personen (ArbNähnl. Pers.) 35
- soziale Schutzbedürftigkeit, Fremdgeschäftsführer Arbeitnehmerähnliche Personen (ArbNähnl. Pers.) 35
- Statusklage Arbeitnehmerähnliche Personen (ArbNähnl. Pers.) 37
- Tarifvertragsgesetz Arbeitnehmerähnliche Personen (ArbNähnl. Pers.) 7
- Telearbeit Arbeitnehmerähnliche Personen (ArbNähnl. Pers.) 5
- Unselbstständigkeit, wirtschaftliche Arbeitnehmerähnliche Personen (ArbNähnl. Pers.) 6
- Werklieferungsvertrag Arbeitnehmerähnliche Personen (ArbNähnl. Pers.) 14
- wirtschaftliche Abhängigkeit Arbeitnehmerähnliche Personen (ArbNähnl. Pers.) 31
- wirtschaftliche Abhängigkeit, Dauerbeziehung Arbeitnehmerähnliche Personen (ArbNähnl. Pers.) 31

Arbeitnehmerähnliche Person, Dienstvertrag
- Aufhebungsvertrag Arbeitnehmerähnliche Personen (ArbNähnl. Pers.) 57
- außerordentliche Kündigung Arbeitnehmerähnliche Personen (ArbNähnl. Pers.) 75
- Beendigungsschutz, erweiterter Arbeitnehmerähnliche Personen (ArbNähnl. Pers.) 71
- Beendigungsschutzbestimmungen, analoge Anwendung Arbeitnehmerähnliche Personen (ArbNähnl. Pers.) 73
- befristetes Dienstverhältnis, Ankündigungsfrist Arbeitnehmerähnliche Personen (ArbNähnl. Pers.) 65
- Befristung Arbeitnehmerähnliche Personen (ArbNähnl. Pers.) 58
- Befristung, nach dem Vertragsinhalt Arbeitnehmerähnliche Personen (ArbNähnl. Pers.) 60
- Mindestkündigungsschutz Arbeitnehmerähnliche Personen (ArbNähnl. Pers.) 72
- unbefristetes Dienstverhältnis Arbeitnehmerähnliche Personen (ArbNähnl. Pers.) 68
- Zweckbefristung Arbeitnehmerähnliche Personen (ArbNähnl. Pers.) 60

Arbeitnehmerähnliche Person, Handelsvertreter Arbeitnehmerähnliche Personen (ArbNähnl. Pers.) 104
- Arbeitsplatzschutzgesetz, Kündigungsschutz Arbeitnehmerähnliche Personen (ArbNähnl. Pers.) 120
- Arbeitsrechtlicher Regelungen, Anwendbarkeit Arbeitnehmerähnliche Personen (ArbNähnl. Pers.) 124
- außerordentliche Kündigung Arbeitnehmerähnliche Personen (ArbNähnl. Pers.) 127
- außerordentliche Kündigung, Ausschluss Arbeitnehmerähnliche Personen (ArbNähnl. Pers.) 133
- außerordentliche Kündigung, Ausschlussfrist Arbeitnehmerähnliche Personen (ArbNähnl. Pers.) 132
- außerordentliche Kündigung, Schadensersatz Arbeitnehmerähnliche Personen (ArbNähnl. Pers.) 134
- außerordentliche Kündigung, wichtiger Grund Arbeitnehmerähnliche Personen (ArbNähnl. Pers.) 129
- Begriff Arbeitnehmerähnliche Personen (ArbNähnl. Pers.) 102, 104
- betriebsverfassungsrechtliche Stellung Arbeitnehmerähnliche Personen (ArbNähnl. Pers.) 123
- Familienpflegezeit Kündigungsschutz Arbeitnehmerähnliche Personen (ArbNähnl. Pers.) 119
- Grundlagen Arbeitnehmerähnliche Personen (ArbNähnl. Pers.) 80
- Kündigung Arbeitnehmerähnliche Personen (ArbNähnl. Pers.) 107
- Kündigung, Klage Arbeitnehmerähnliche Personen (ArbNähnl. Pers.) 126
- Kündigungsfristen Arbeitnehmerähnliche Personen (ArbNähnl. Pers.) 110
- Kündigungsfristen, Änderung Arbeitnehmerähnliche Personen (ArbNähnl. Pers.) 112
- Kündigungsfristen, Handelsvertreter im Nebenberuf Arbeitnehmerähnliche Personen (ArbNähnl. Pers.) 115
- Kündigungsschutz Arbeitnehmerähnliche Personen (ArbNähnl. Pers.) 118
- Mutterschutzgesetz, Kündigungsschutz Arbeitnehmerähnliche Personen (ArbNähnl. Pers.) 122
- Pflegezeit Kündigungsschutz Arbeitnehmerähnliche Personen (ArbNähnl. Pers.) 119
- Provisionsausgleichsanspruch Arbeitnehmerähnliche Personen (ArbNähnl. Pers.) 138
- Rechtswegbestimmung Arbeitnehmerähnliche Personen (ArbNähnl. Pers.) 94, 101
- Rechtswegbestimmung, Durchschnittseinkommen Arbeitnehmerähnliche Personen (ArbNähnl. Pers.) 97
- Rechtswegbestimmung, Ein-Firmen-Vertreter Arbeitnehmerähnliche Personen (ArbNähnl. Pers.) 98

Stichwortverzeichnis

- Schutzbedürftigkeit, soziale **Arbeitnehmerähnliche Personen** (ArbNähnl. Pers.) 81
- Statusklage **Arbeitnehmerähnliche Personen** (ArbNähnl. Pers.) 126
- Urlaubsrecht **Arbeitnehmerähnliche Personen** (ArbNähnl. Pers.) 106
- Verschwiegenheitspflicht **Arbeitnehmerähnliche Personen** (ArbNähnl. Pers.) 140
- Zeugnisanspruch **Arbeitnehmerähnliche Personen** (ArbNähnl. Pers.) 135

Arbeitnehmerähnliche Person, Werkvertrag, Beendigung Arbeitnehmerähnliche Personen (ArbNähnl. Pers.) 77

Arbeitnehmerbegriff Arbeitnehmerähnliche Personen (ArbNähnl. Pers.) 1
- Abgrenzungskriterien **Arbeitnehmerähnliche Personen** (ArbNähnl. Pers.) 21
- Abhängigkeit, persönliche **Arbeitnehmerähnliche Personen** (ArbNähnl. Pers.) 1
- Art der Tätigkeit **Arbeitnehmerähnliche Personen** (ArbNähnl. Pers.) 23
- Beispiele **Arbeitnehmerähnliche Personen** (ArbNähnl. Pers.) 40
- Crowdworking **Arbeitnehmerähnliche Personen** (ArbNähnl. Pers.) 5
- Dienstplanaufnahme **Arbeitnehmerähnliche Personen** (ArbNähnl. Pers.) 21
- Durchführung des Rechtsverhältnisses **Arbeitnehmerähnliche Personen** (ArbNähnl. Pers.) 19
- Durchführung, praktische **Arbeitnehmerähnliche Personen** (ArbNähnl. Pers.) 19
- ehrenamtliche Tätigkeit **Arbeitnehmerähnliche Personen** (ArbNähnl. Pers.) 30
- Eigenart der Tätigkeit **Arbeitnehmerähnliche Personen** (ArbNähnl. Pers.) 20
- Ein-Euro-Job **Arbeitnehmerähnliche Personen** (ArbNähnl. Pers.) 16
- Entwicklungshelfer 1 KSchG 89
- Familienarbeitsverhältnis 1 KSchG 57
- formale Kriterien **Arbeitnehmerähnliche Personen** (ArbNähnl. Pers.) 23
- Gesamtwürdigung **Arbeitnehmerähnliche Personen** (ArbNähnl. Pers.) 20
- Gesellschafter 1 KSchG 92
- Gruppenarbeitsverhältnis 1 KSchG 58
- Handelsvertreter, Abgrenzung **Arbeitnehmerähnliche Personen** (ArbNähnl. Pers.) 84
- Internationales Arbeitsrecht Artikel28 11
- Medienbereich 14 TzBfG 319
- Parteiwille **Arbeitnehmerähnliche Personen** (ArbNähnl. Pers.) 19
- Pflegezeit 9 PflegeZG 16
- Programmgestaltende Tätigkeit **Arbeitnehmerähnliche Personen** (ArbNähnl. Pers.) 27
- Rechtsmissbrauch, berufen auf Arbeitnehmerstatus **Arbeitnehmerähnliche Personen** (ArbNähnl. Pers.) 24, 25

- Rundfunkfreiheit **Arbeitnehmerähnliche Personen** (ArbNähnl. Pers.) 26
- Statuswechsel, konkludent **Arbeitnehmerähnliche Personen** (ArbNähnl. Pers.) 19
- Telearbeit **Arbeitnehmerähnliche Personen** (ArbNähnl. Pers.) 5
- unionsrechtlicher 17 KSchG 54; **Arbeitnehmerähnliche Personen** (ArbNähnl. Pers.) 18; Vorbemerkungen zu 168–175 21
- wirklicher Geschäftsinhalt **Arbeitnehmerähnliche Personen** (ArbNähnl. Pers.) 19

Arbeitnehmerentsendegesetz, (Auszug) Artikel28 40

Arbeitsbeschaffungsmaßnahme, Schwerbehinderte Menschenschutz, Kündigung Vorbemerkungen zu 168–175 38

Arbeitsbummelei
- außerordentliche Kündigung 626 BGB 425
- Berufsausbildungsverhältnis, Kündigung 23 BBiG 55
- verhaltensbedingte Kündigung 1 KSchG 478

Arbeitsentgelt
- Arbeitslosengeldanspruch **Allgemeine Grundsätze des Sozialrechts** 261
- außerordentliche Kündigung 628 BGB 10
- bei außerordentlicher Kündigung 628 BGB 11
- Forderungsübergang, Arbeitslosengeldleistung **Allgemeine Grundsätze des Sozialrechts** 253
- Massenentlassungen, Zulassung von Kurzarbeit 19 KSchG 40, 45
- Minderung, bei außerordentlicher Kündigung 628 BGB 14
- Rücknahme Kündigung 4 KSchG 93
- Rückstand, als Kündigungsgrund 626 BGB 486
- Rückstand, Zurückbehaltungsrecht 626 BGB 486
- tarifvertragliche Ausschlussfrist 4 KSchG 61
- Verjährung 11 KSchG 24
- Wirksamwerden rechtsunwirksamer Kündigung 7 KSchG 11

Arbeitserlaubnis, Arbeitsgenehmigung
- fehlende 1 KSchG 50; 17 MuSchG 178
- fehlende, Arbeitsvertrag, nichtiger 1 KSchG 50, 62
- fehlende, Verstoß gegen Verbotsgesetz 1 KSchG 50
- Kündigungsgrund 626 BGB 137
- Personenbedingte Kündigung 1 KSchG 306

Arbeitskampf
- Annahmeverzug 11 KSchG 18
- Arbeitgeberkündigung 25 KSchG 9
- Arbeitnehmerkündigung 25 KSchG 7
- Arbeitskampftheorie, kollektive 25 KSchG 6
- außerordentliche Kündigung 626 BGB 327, 426
- Bereichsausnahme KSchG 25 KSchG 3
- Bereichsausnahme KSchG, Bedeutung 25 KSchG 6

Stichwortverzeichnis

- Bereichsausnahme, Entwicklung der Regelung 25 KSchG 1
- Betriebsratsanhörung 102 BetrVG 32
- durch Massenänderungskündigung 25 KSchG 19
- Entwicklung der Rechtsprechung 25 KSchG 5
- Gleichbehandlungsgrundsatz bei Kündigung 626 BGB 327
- herausgreifende Kündigung 1 KSchG 247, 465; 25 KSchG 14; 626 BGB 327
- Kündigung Berufsausbildungsverhältnis 23 BBiG 59
- Kündigung, Betriebsratsbeteiligung 25 KSchG 11
- Leistungsverweigerungsrecht, kollektiv ausgeübtes 25 KSchG 17
- Massenentlassungen 17 KSchG 83
- Maßregelungsverbot 626 BGB 67
- Mitbestimmung Betriebsrat 25 KSchG 15
- rechtmäßiger, Kündigung 1 KSchG 466; 25 KSchG 9
- rechtswidriger, herausgreifende Kündigung 25 KSchG 14
- rechtswidriger, Kündigung 25 KSchG 12
- Wiedereinstellung nach - 174 SGBIX 55

Arbeitslosengeld
- 58-Jährige Allgemeine Grundsätze des Sozialrechts 134
- Altersrente Allgemeine Grundsätze des Sozialrechts 136
- Annahmeverzugszeitraum Allgemeine Grundsätze des Sozialrechts 186
- Anspruchsdauer Allgemeine Grundsätze des Sozialrechts 125
- Anspruchsvoraussetzungen Allgemeine Grundsätze des Sozialrechts 114
- Anwartschaft Allgemeine Grundsätze des Sozialrechts 118
- Arbeitslosengeld II Allgemeine Grundsätze des Sozialrechts 139
- Arbeitslosengeld, Voraussetzungen Allgemeine Grundsätze des Sozialrechts 111
- Arbeitslosigkeit, Begriff Allgemeine Grundsätze des Sozialrechts 115
- Arbeitsverhältnis, Beendigung durch Vergleich Allgemeine Grundsätze des Sozialrechts 271
- Beschäftigungslosigkeit Allgemeine Grundsätze des Sozialrechts 115
- Dauer und Frühverrentungspraxis Allgemeine Grundsätze des Sozialrechts 131
- Eigenbemühungen Allgemeine Grundsätze des Sozialrechts 115
- Erstattungspflicht Arbeitgeber Allgemeine Grundsätze des Sozialrechts 159
- Erstattungspflicht Arbeitgeber, ältere Arbeitnehmer Allgemeine Grundsätze des Sozialrechts 159
- Forderungsübergang Allgemeine Grundsätze des Sozialrechts 229, 253
- Forderungsübergang, erfasste Leistungen Allgemeine Grundsätze des Sozialrechts 264
- Forderungsübergang, Umfang Allgemeine Grundsätze des Sozialrechts 264
- Gleichwohlgewährung Allgemeine Grundsätze des Sozialrechts 186
- Gleichwohlgewährung, Forderungsübergang Allgemeine Grundsätze des Sozialrechts 187, 229, 253
- Gleichwohlgewährung, Rückabwicklung Allgemeine Grundsätze des Sozialrechts 188
- Höhe Allgemeine Grundsätze des Sozialrechts 121
- Mutterschutz, Eigenkündigung 17 MuSchG 206
- Nachzahlungsanspruch, Anrechnung 11 KSchG 51
- Rahmenfrist Allgemeine Grundsätze des Sozialrechts 119
- Rahmenfrist, bei gerichtlichem Vergleich Allgemeine Grundsätze des Sozialrechts 120
- Sperrzeit, Minderung Allgemeine Grundsätze des Sozialrechts 133
- Teilarbeitslosengeld Allgemeine Grundsätze des Sozialrechts 138
- Voraussetzungen Allgemeine Grundsätze des Sozialrechts 111

Arbeitslosengeld II
- Altersrente Allgemeine Grundsätze des Sozialrechts 147
- Anspruchsvoraussetzungen Allgemeine Grundsätze des Sozialrechts 141
- befristeter Zuschlag Allgemeine Grundsätze des Sozialrechts 146
- Höhe Allgemeine Grundsätze des Sozialrechts 142

Arbeitslosengeld, Anrechnung
- Abfindung Allgemeine Grundsätze des Sozialrechts 268
- Abgrenzung Arbeitsentgelt-Abfindung Allgemeine Grundsätze des Sozialrechts 269
- Arbeitsentgelt Allgemeine Grundsätze des Sozialrechts 264
- Urlaubsabgeltung Allgemeine Grundsätze des Sozialrechts 267

Arbeitslosengeld, Ruhen
- Altersrente Allgemeine Grundsätze des Sozialrechts 152
- Anspruchsdauer Allgemeine Grundsätze des Sozialrechts 154
- Begriff Allgemeine Grundsätze des Sozialrechts 153
- Lohnersatzleistungen Allgemeine Grundsätze des Sozialrechts 151
- Ruhenstatbestände Allgemeine Grundsätze des Sozialrechts 150
- Ruhenstatbestände, Überblick 157 SGBIII 15
- Wirkung Allgemeine Grundsätze des Sozialrechts 153

Stichwortverzeichnis

- Zweck **Allgemeine Grundsätze des Sozialrechts** 150, 261
Arbeitslosengeld, Ruhen bei Entgelt-/Urlaubsabgeltung
- Anrechnung Nebeneinkommen 157 SGBIII 30
- Antragstellung nach Ruhenszeit 157 SGBIII 12
- Antragstellung, Zeitpunkt, Hinweispflicht Bundesagentur 157 SGBIII 12
- Anwendungsbereich 157 SGBIII 3
- Arbeitsentgelt 157 SGBIII 19
- Arbeitsentgelt, Abfindung, Abgrenzung 157 SGBIII 19
- Arbeitsentgelt, maßgebender Zeitraum 157 SGBIII 19
- Arbeitslosengeld II 157 SGBIII 3
- Beendigung Arbeitsverhältnis, Vergleich **Allgemeine Grundsätze des Sozialrechts** 271
- Beendigungszeitpunkt, durch Vergleich **Allgemeine Grundsätze des Sozialrechts** 271
- Entgeltanspruch 157 SGBIII 5
- Entlassungsentschädigung, Abgrenzung **Allgemeine Grundsätze des Sozialrechts** 269
- Entwicklung gesetzliche 157 SGBIII 1
- Erstattungsanspruch gegen Arbeitslosen 157 SGBIII 49
- Erstattungsanspruch, Genehmigung Arbeitgeberleistungen 157 SGBIII 50
- Erstattungsanspruch, Rechtsnatur 157 SGBIII 49
- Gleichwohlgewährung 157 SGBIII 5, 35, 43
- Gleichwohlgewährung und Anspruchsminderung 157 SGBIII 47
- Gleichwohlgewährung, endgültige Leistung 157 SGBIII 46
- Gleichwohlgewährung, Forderungsübergang 157 SGBIII 44
- Gleichwohlgewährung, Zweck 157 SGBIII 43
- Leistungen, tatsächliche 157 SGBIII 6
- Nebeneinkommen 157 SGBIII 30
- Ruhensfolgen 157 SGBIII 7
- Ruhensregelung, Zweck 157 SGBIII 14
- Ruhensregelungen 157 SGBIII 4
- Ruhenstatbestand 157 SGBIII 4
- Ruhenstatbestand, Voraussetzungen 157 SGBIII 5
- Ruhenszeitraum, Zuordnung 157 SGBIII 4
- Schadensersatzanspruch für Urlaubsabgeltung 157 SGBIII 36
- Urlaubsabgeltung 157 SGBIII 36
- Urlaubsabgeltung und Arbeitsunfähigkeit 157 SGBIII 39
- Urlaubsabgeltung und Entlassungsentschädigung 157 SGBIII 42
- Urlaubsabgeltung, Gleichwohlgewährung 157 SGBIII 41
- Urlaubsabgeltung, Ruhen Krankengeld 157 SGBIII 40
- Urlaubsabgeltung, Ruhenszeitraum 157 SGBIII 36
- Urlaubsabgeltung, tatsächliche Zahlung 157 SGBIII 38
- Urlaubsabgeltungsanspruch 157 SGBIII 5
- Vereinbarung über Arbeitsvertragsende 157 SGBIII 28
- Versicherungsschutz 157 SGBIII 7
- Verzicht 157 SGBIII 26
- Verzicht, auf Arbeitsentgelt 157 SGBIII 26
- Verzicht, vorheriger Übergang 157 SGBIII 27
- Zweck bei Urlaubsabgeltung 157 SGBIII 37
- Zweck Ruhensregelung 157 SGBIII 14
Arbeitslosengeld, Ruhen bei Entlassungsentschädigung 158 SGBIII 1
- Abfindung für betriebliche Altersversorgung 158 SGBIII 33
- Abfindung nach 158 SGBIII 20
- Abfindung wegen Beendigung 158 SGBIII 12
- Abfindungsanspruch 1a KSchG 156
- Altersrentenminderung, Ausgleich 158 SGBIII 27
- Änderungen gegenüber AFG 158 SGBIII 6
- Änderungen, seit Inkrafttreten SGB III 158 SGBIII 7
- Anspruch, bestehender 158 SGBIII 24
- Anspruchsminderung 158 SGBIII 11
- Arbeitslosmeldung 158 SGBIII 59
- Ausscheiden, vorzeitiges 158 SGBIII 12
- außerordentliche Kündigung mit Auslauffrist 158 SGBIII 47
- Beendigung befristetes Arbeitsverhältnis 158 SGBIII 43
- Beendigungstatbestand, maßgebender 158 SGBIII 38
- Beschäftigungsverhältnis, Beendigung 158 SGBIII 89
- Entlassungsentschädigung, Begriff 158 SGBIII 16
- Entlassungsentschädigung, Fälligkeit 158 SGBIII 65
- Entwicklung, gesetzliche 158 SGBIII 1
- Gleichwohlgewährung 158 SGBIII 24, 90
- Kausalität der - 158 SGBIII 26
- Kündigung, fingierte Jahresfrist 158 SGBIII 44
- Kündigungsfrist, fingierte 158 SGBIII 44
- Kündigungsfrist, fingierte, Altersdiskriminierung 158 SGBIII 56
- Kündigungsfrist, fingierte, Berechnung 158 SGBIII 44
- Kündigungsfrist, fingierte, Gleichheitssatz 158 SGBIII 56
- Kündigungsfrist, fingierte, Überblick 158 SGBIII 44
- Leistung, tatsächliche 158 SGBIII 25
- ordentliche Kündigung gegen Abfindung 158 SGBIII 51

Stichwortverzeichnis

- ordentliche Kündigungsfrist, Einhaltung 158 SGBIII 37
- Rechtsgrundlage - 158 SGBIII 19
- Ruhensdauer 158 SGBIII 58
- Ruhensdauer, unzutreffende Berechnung 158 SGBIII 63
- Ruhenstatbestand, Voraussetzungen 158 SGBIII 12
- Ruhenszeitraum, Beginn 158 SGBIII 64
- Ruhenszeitraum, Begrenzungen 158 SGBIII 67
- Ruhenszeitraum, bei außerordentlicher Kündigungsberechtigung 158 SGBIII 84
- Ruhenszeitraum, bei Befristung 158 SGBIII 83
- Ruhenszeitraum, Ende 158 SGBIII 66
- Ruhenszeitraum, Jahresfrist 158 SGBIII 69
- Ruhenszeitraum, kalendermäßigebestimmung 158 SGBIII 59
- Ruhenszeitraum, Sozialanteil Entlassungsentschädigung 158 SGBIII 71
- Ruhenszeitraum, Zuordnung 158 SGBIII 10
- Schadensersatzanspruch als - 158 SGBIII 23
- Sozialplanabfindung 158 SGBIII 26, 54
- Vermeidung Doppelbezug 158 SGBIII 18
- Versorgungseinrichtungen, Zahlungen an 158 SGBIII 31
- vorzeitige Beendigung, Arbeitsverhältnis 158 SGBIII 34
- vorzeitige Beendigung, Berechnung 158 SGBIII 39
- Zweck, Ruhenstatbestand 158 SGBIII 9

Arbeitslosengeld, Ruhen des Anspruchs
- Abfindung Allgemeine Grundsätze des Sozialrechts 268
- Abfindung bei Auflösungsantrag 10 KSchG 93
- Arbeitsentgelt 17 MuSchG 124; Allgemeine Grundsätze des Sozialrechts 265
- Entlassungsentschädigung 11 KSchG 53
- Urlaubsabgeltung Allgemeine Grundsätze des Sozialrechts 267

Arbeitslosengeld, Sperrzeit159 SGB III
- Ablauf, kalendermäßiger 159 SGBIII 126
- Ablehnung Änderungsangebot 159 SGBIII 29
- Abwicklungsvertrag 159 SGBIII 43
- Altersteilzeitvereinbarung 159 SGBIII 69
- Arbeitsaufgabe 159 SGBIII 21
- Arbeitsaufgabe, Beschäftigungsverhältnis 159 SGBIII 21
- Arbeitsaufgabe, Widerspruch bei Betriebsübergang 159 SGBIII 24
- Arbeitslosengeld II 159 SGBIII 14
- Arbeitslosigkeit, geringfügige Verursachung 159 SGBIII 87, 167

Arbeitslosenunterstützung, Berufsausbildungsverhältnis 23 BBiG 131

Arbeitslosigkeit Allgemeine Grundsätze des Sozialrechts 186
- beitragsrechtliche Rechtsstellung Allgemeine Grundsätze des Sozialrechts 50
- Beschäftigungssuche Allgemeine Grundsätze des Sozialrechts 186
- Geringfügigkeitsgrenze Allgemeine Grundsätze des Sozialrechts 116
- Krankenversicherung bei Bezug Arbeitslosengeld II Allgemeine Grundsätze des Sozialrechts 54
- Krankenversicherung, Beitragspflicht Allgemeine Grundsätze des Sozialrechts 50
- Krankenversicherung, gesetzliche Allgemeine Grundsätze des Sozialrechts 50
- Krankenversicherungsbeitrag, Bezug von Arbeitslosengeld Allgemeine Grundsätze des Sozialrechts 51
- Krankenversicherungsleistungen Allgemeine Grundsätze des Sozialrechts 63
- Kurzzeitigkeitsgrenze Allgemeine Grundsätze des Sozialrechts 116
- Leistungen SGB III Allgemeine Grundsätze des Sozialrechts 110
- Leistungen, gesetzliche Entwicklung Allgemeine Grundsätze des Sozialrechts 110
- Mitgliedschaft Krankenversicherung Allgemeine Grundsätze des Sozialrechts 70
- Pflegeversicherung Allgemeine Grundsätze des Sozialrechts 53
- Pflegeversicherung, Bezug Arbeitslosengeld II Allgemeine Grundsätze des Sozialrechts 54
- Rentenversicherung Allgemeine Grundsätze des Sozialrechts 56
- Rentenversicherung bei Arbeitslosengeld II Allgemeine Grundsätze des Sozialrechts 60
- Rentenversicherungsleistungen Allgemeine Grundsätze des Sozialrechts 80
- Rentenversicherungsverhältnis Allgemeine Grundsätze des Sozialrechts 80
- Sozialversicherungsschutz Allgemeine Grundsätze des Sozialrechts 63
- Unfallversicherung Allgemeine Grundsätze des Sozialrechts 107
- Verletztenrente, Erhöhung Allgemeine Grundsätze des Sozialrechts 109

Arbeitslosigkeit, Meldepflicht
- beE-Beschäftigung 159 SGBIII 153
- Entstehen 159 SGBIII 159
- frühzeitige 159 SGBIII 151
- Kenntnis Beendigungszeitpunkt 159 SGBIII 165
- Meldung, persönliche 159 SGBIII 175
- Meldung, verspätete Rechtsfolgen 159 SGBIII 180
- Meldung, verspätete, Verschulden 159 SGBIII 167
- Sperrzeit bei verspäteter - 159 SGBIII 147
- Transfergesellschaft, Beschäftigung in 159 SGBIII 153

Arbeitsmangel, Kündigungsgrund 626 BGB 162

Arbeitspapiere
- Berufsausbildungsverhältnis, beendetes 23 BBiG 129

Stichwortverzeichnis

- Nichtvorlage, als Kündigungsgrund 1 KSchG 467; 626 BGB 427

Arbeitsplatz, Umwandlung 1 KSchG 598

Arbeitsplatzschutz
- Änderungskündigung 2 KSchG 284
- Befristung 2 ArbPlSchG 17
- Befristung, Verlängerung 2 ArbPlSchG 14
- Berufssoldaten 2 ArbPlSchG 2
- Bundesfreiwilligendienst 2 ArbPlSchG 9
- Geltungsbereich 2 ArbPlSchG 2
- Geltungsbereich, erfasste Rechtsverhältnisse 2 ArbPlSchG 10
- Geltungsbereich, räumlicher 2 ArbPlSchG 11
- Geltungsbereich, zeitlicher 2 ArbPlSchG 11
- Heimarbeiter 29a HAG 82
- Ruhen des Arbeitsverhältnisses 2 ArbPlSchG 14
- Verpflichtete Arbeitssicherstellungsgesetz 2 ArbPlSchG 8
- Wanderarbeiter, Singnaturstaaten ESC 2 ArbPlSchG 4
- Wehrdienst 2 ArbPlSchG 2
- Wehrdienst, ausländische Arbeitnehmer 2 ArbPlSchG 6
- Wehrdienst, ausländische Arbeitnehmer, Leistungsverweigerungsrecht 2 ArbPlSchG 6
- Wehrdienst, ausländischer 2 ArbPlSchG 3
- Wehrdienst, freiwilliger 2 ArbPlSchG 2, 11
- Wehrdienst, Wanderarbeiter, ESC 2 ArbPlSchG 4
- Wehrübungen 2 ArbPlSchG 11
- Zeitsoldaten 2 ArbPlSchG 2, 12
- Zweck 2 ArbPlSchG 1

Arbeitsplatzschutz, Kündigung
- außerordentliche 2 ArbPlSchG 20
- Berufsausbildungsverhältnis 2 ArbPlSchG 39
- betriebsbedingte, Auswahlkriterien 2 ArbPlSchG 34
- Betriebsstilllegung 2 ArbPlSchG 22
- Darlegungs- und Beweislast 2 ArbPlSchG 36
- Handelsvertreter 2 ArbPlSchG 40
- Kleinbetrieb, Ersatzkrafteinstellung 2 ArbPlSchG 25
- Kleinbetrieb, Frist 2 ArbPlSchG 31
- Kleinbetrieb, unverheirateter Wehrdienstleistender 2 ArbPlSchG 25
- ordentliche Kündigung, Ausschluss 2 ArbPlSchG 16
- Wehrdienst, als Anlass 2 ArbPlSchG 33
- Wehrdienst, während des 2 ArbPlSchG 19

Arbeitsschutzbestimmung, Missachtung, Außerordentliche Kündigung 626 BGB 478

Arbeitsuchend, Meldung, verspätete
- arbeitsuchend, verspätete Meldung 159 SGBIII 147
- Arbeitsverhältnis ursächlich 159 SGBIII 97
- Arbeitszeitverringerung 159 SGBIII 32
- Aufhebungsvertrag 159 SGBIII 30
- Auflösungsvergleich, gerichtlicher 159 SGBIII 56
- Auflösungsvertrag nach Kündigung 159 SGBIII 40
- Auflösungsvertrag, vor Kündigung 159 SGBIII 40
- Ausgleichsquittung 159 SGBIII 35
- Beginn 159 SGBIII 125
- Begriff 159 SGBIII 16, 93; Allgemeine Grundsätze des Sozialrechts 156
- bei Arbeitsablehnung 159 SGBIII 182
- berufliche/betriebliche Gründe 159 SGBIII 111
- Berufsausbildungsverhältnis, Beendigung 159 SGBIII 26
- Beschäftigungswechsel 159 SGBIII 120
- Beurteilung während Kündigungsschutzprozess 159 SGBIII 144
- Bezugspunkt 159 SGBIII 94
- Bindung Sozialgericht 159 SGBIII 146
- Darlegungs- und Beweislast 159 SGBIII 123
- Dauer 159 SGBIII 132
- Dauer, Härtefälle 159 SGBIII 137
- Eigenbemühungen, unzureichend 159 SGBIII 183
- Einschränkungen und Auslegung wichtiger Grund 159 SGBIII 18
- Entwicklung, gesetzliche 159 SGBIII 1
- Erlöschen des Anspruchs 159 SGBIII 143
- Freistellung 159 SGBIII 63
- Gleichwohlgewährung 159 SGBIII 144
- Härtefälle 159 SGBIII 124, 137
- Kündigung Arbeitnehmer 159 SGBIII 21
- Kündigung und Abfindung (159 SGBIII 49
- Kündigung, Beteiligung Arbeitnehmer 159 SGBIII 39
- Kündigung, drohende 159 SGBIII 104
- Kündigung, drohende (159 SGBIII 108
- Kündigung, drohende, Abfindungssicherung 159 SGBIII 106
- Kündigung, verhaltensbedingte 159 SGBIII 71
- Kündigung, verhaltensbedingte, Überprüfung 159 SGBIII 92
- Kündigungshinnahme 159 SGBIII 34, 104
- Kündigungsschutzklage, Obliegenheit 159 SGBIII 35
- Kündigungsschutzklage, Obliegenheit zur Fortführung 159 SGBIII 38
- Lösung Beschäftigungsverhältnis, Einzelfälle 159 SGBIII 26
- Minderung 159 SGBIII 129
- Minderung Anspruchsdauer 159 SGBIII 140
- objektives Bestehen 159 SGBIII 95
- Personalabbau 159 SGBIII 113
- persönliche Gründe 159 SGBIII 118
- Recht, maßgebendes 159 SGBIII 14
- Rechtsfolge 159 SGBIII 16
- Rechtsfolgen 159 SGBIII 138
- Ruhen des Anspruchs 159 SGBIII 139

3115

Stichwortverzeichnis

- Sozialversicherungsschutz 159 SGBIII 134; Allgemeine Grundsätze des Sozialrechts 157
- Sperrzeittatbestände 159 SGBIII 20
- Stellenwechsel, beabsichtigter 159 SGBIII 119
- Teilzeitbeschäftigung, Kausalität 159 SGBIII 84
- Verkürzung, geringfügige Arbeitslosigkeit 159 SGBIII 134
- vertragswidriges Verhalten 159 SGBIII 71
- vertragswidriges Verhalten, Kausalität 159 SGBIII 78
- vertragswidriges Verhalten, verschulden 159 SGBIII 78
- vertragswidriges Verhalten, wesentliche Bedingung 159 SGBIII 80
- Verursachung, grob fahrlässige 159 SGBIII 89
- Verursachung, schuldhafte 159 SGBIII 88
- Verzicht auf Kündigungsfrist 159 SGBIII 33
- Wegfall Anspruchsminderung 159 SGBIII 142
- Wirkung Allgemeine Grundsätze des Sozialrechts 156
- Zweck 159 SGBIII 17

Arbeitsunfähigkeit Allgemeine Grundsätze des Sozialrechts 66
- Anzeige- und Nachweispflichten, Verletzung 1 KSchG 514; 626 BGB 443
- Pflichtwidrigkeit während – 23 BBiG 67

Arbeitsverhältnis
- Anfechtung 620 BGB 22
- Bedarfsarbeitsverhältnis 1 KSchG 75
- Beendigungstatbestände 620 BGB 21
- Kündigung 620 BGB 19
- nichtiges, Unmöglichkeit 620 BGB 59

Arbeitsverhältnis, faktisches
- Beendigung 620 BGB 40
- Beendigung, Betriebsratsanhörung 102 BetrVG 50
- Beendigungserklärung, Klagefrist 4 KSchG 30
- Betriebsübergang 613a BGB 8, 80
- Feststellungsklage, Klagegegner 4 KSchG 118
- Kündigungsschutz 1 KSchG 56
- Lossagungsrecht 1 KSchG 56; 620 BGB 40; 626 BGB 50
- Mutterschutz 17 MuSchG 38

Arbeitsverhältnis, ruhendes 620 BGB 43
- Arbeitskampf 620 BGB 31
- Arbeitsplatzschutz 2 ArbPlSchG 14
- Sozialauswahl 1 KSchG 725
- Wartezeit 1 KSchG 115

Arbeitsvertrag
- Anfechtung 17 MuSchG 180; 626 BGB 45
- Arbeitsgenehmigung 17 MuSchG 178
- Arbeitsgenehmigung/Arbeitserlaubnis, fehlende 1 KSchG 50
- nichtiger 620 BGB 41
- Rücktritt 620 BGB 42

Arbeitsverweigerung 626 BGB 95, 179
- Abmahnungserfordernis 1 KSchG 469
- angekündigte 1 KSchG 471, 524
- außerordentliche Kündigung 626 BGB 425, 428
- Berufsausbildungsverhältnis, Kündigung 23 BBiG 53
- Corona-Pandemie 1 KSchG 469
- Direktionsrecht 1 KSchG 469
- Einstellung, mitbestimmungswidrige 1 KSchG 474
- Gewissenskonflikt 626 BGB 148
- Krankheit, simulierte 1 KSchG 524
- Leistungsverweigerungsrecht 626 BGB 148
- Loyalitätspflicht 1 KSchG 470
- Mehrarbeit 1 KSchG 476
- Pflichtenkollision 1 KSchG 475; 626 BGB 149
- Rechtsirrtun 1 KSchG 469
- Streikarbeit 1 KSchG 476
- unzulässige Weisung 626 BGB 428
- verhaltensbedingte Kündigung 1 KSchG 469
- Versetzung, mitbestimmungswidrige 1 KSchG 470
- Zurückbehaltungsrecht 1 KSchG 473

Arbeitszeitbetrug 1 KSchG 484
- außerordentliche Kündigung 626 BGB 461
- Kündigungsgrund 626 BGB 463

Arbeitszeiterfassung, Manipulation, Kündigungsgrund 626 BGB 461

ARGE
- als Betrieb 1 KSchG 143
- Betriebsratsanhörung 102 BetrVG 45
- Rückkehr von –, Mitbestimmung des Betriebsrats 102 BetrVG 45
- Sozialauswahl 1 KSchG 143, 654, 725

Arzt in der Weiterbildung
- Befristete Arbeitsverhältnisse 3 ÄArbVtrG 7
- Befristung 3 ÄArbVtrG 15
- Befristung, Hochschule, Verhältnis 3 ÄArbVtrG 10
- Befristungen, andere 3 ÄArbVtrG 12
- Befristungsdauer, Bestimmbarkeit 3 ÄArbVtrG 24
- Befristungsdauer, Korrektur 3 ÄArbVtrG 21
- Befristungsdauer, Verkürzung 3 ÄArbVtrG 22
- Befristungsdauer, Weiterbildungsbefugnis 3 ÄArbVtrG 17
- Geltungsbereich, persönlicher 3 ÄArbVtrG 7
- Geltungsbereich, sachlicher 3 ÄArbVtrG 8
- Gesetzliche Entwicklung 3 ÄArbVtrG 1
- Gleichheitssatz 3 ÄArbVtrG 9
- Höchstbefristung 3 ÄArbVtrG 2, 17
- Höchstbefristung, Teilzeitbeschäftigung 3 ÄArbVtrG 17
- Höchstbefristung, Unterbrechungen 3 ÄArbVtrG 26
- Klage 3 ÄArbVtrG 31
- Kündigung, außerordentliche 3 ÄArbVtrG 23
- Sachgrundbefristung, Verhältnis 3 ÄArbVtrG 11
- Schriftform 3 ÄArbVtrG 14
- Tarifautonomie 3 ÄArbVtrG 9
- Unterbrechungszeiten 3 ÄArbVtrG 28

Stichwortverzeichnis

- Weiterbildung als Sachgrund **3 ÄArbVtrG** 15
- Weiterbildungsstelle, Wechsel **3 ÄArbVtrG** 18
- Weiterbildungsziel, Änderung **3 ÄArbVtrG** 20
- Zitiergebot **3 ÄArbVtrG** 13
- Zweckbefristung **3 ÄArbVtrG** 24, 30
- Zwingendes Recht **3 ÄArbVtrG** 9

Aufenthaltserlaubnis
- Befristungsgrund **14 TzBfG** 404
- fehlende, Annahmeverzug **11 KSchG** 17
- personenbedingte Kündigung **1 KSchG** 306

Aufhebungsvertrag
- Abfindung **Aufhebungsvertrag** 63
- Ablehnung, verhaltensbedingte Kündigung **1 KSchG** 451
- Abschluss **Aufhebungsvertrag** 9
- Abwicklungsvertrag, als besonderes des – **Aufhebungsvertrag** 2
- Änderung, Schriftform **623 BGB** 161
- Anfechtung **Aufhebungsvertrag** 6, 32
- Arbeitnehmerähnliche Person, Dienstvertrag **Arbeitnehmerähnliche Personen (ArbNähnl. Pers.)** 57
- Aufhebung des – **Aufhebungsvertrag** 26
- Aufklärungspflichten des Arbeitgebers **Allgemeine Grundsätze des Sozialrechts** 284; **Aufhebungsvertrag** 5
- Aufklärungspflichten, Schadensersatz **Aufhebungsvertrag** 6
- Aufklärungspflichten, Sperrzeit **Aufhebungsvertrag** 8
- Auflösungsgrund, Erfordernis **Aufhebungsvertrag** 18
- Auflösungszeitpunkt **Aufhebungsvertrag** 20
- Auflösungszeitpunkt, nachfolgende Kündigung **Aufhebungsvertrag** 22
- Ausgleichsklausel **Aufhebungsvertrag** 49
- Bedenkzeit **Aufhebungsvertrag** 29
- bedingter, Abgrenzung auflösende Bedingung **21 TzBfG** 7
- Bedingung, auflösende **Aufhebungsvertrag** 24
- Bedingung, aufschiebende **Aufhebungsvertrag** 23
- Befristung, Abgrenzung **3 TzBfG** 6; **620 BGB** 21; **Aufhebungsvertrag** 19, 21
- Begriff **Aufhebungsvertrag** 3
- behinderte Person, Abschluss **Aufhebungsvertrag** 15
- Benachteiligungsverbot, Allgemeines Gleichbehandlungsgesetz **Aufhebungsvertrag** 44
- Berufsausbildungsverhältnis **23 BBiG** 32
- Beteiligung Betriebsrat/Personalrat **Aufhebungsvertrag** 1, 45
- Betriebsratsanhörung **102 BetrVG** 51
- Betriebsübergang **Aufhebungsvertrag** 40
- Bezugnahmen, Schriftform **623 BGB** 156
- Blinder, Abschluss **Aufhebungsvertrag** 15
- Darlegungs- und Beweislast **Aufhebungsvertrag** 47
- Dienstverhältnis **620 BGB** 14

- Ergänzung, Schriftform **623 BGB** 161
- Erledigungsklausel **Aufhebungsvertrag** 67
- Folgen **Aufhebungsvertrag** 58
- Formmangel, Geltendmachung **623 BGB** 219
- Geschäftsfähigkeit, ausländischer Arbeitnehmer **Aufhebungsvertrag** 14
- Geschäftsführerdienstvertrag als konkludenter – **14 KSchG** 7
- Gestaltung bis zum rechtl. Ende des Arbeitsverhältnisses **Aufhebungsvertrag** 60
- Gestaltungshinweise **Aufhebungsvertrag** 55
- Gleichbehandlungsgrundsatz **Aufhebungsvertrag** 3
- Grundlagen **Aufhebungsvertrag** 1
- Heuerverhältnis **Seearbeitsgesetz (SeeArbG)** 35
- Hinweispflichten des Arbeitgebers **Allgemeine Grundsätze des Sozialrechts** 284
- Inhalte, mögliche **Aufhebungsvertrag** 57
- Inhaltskontrolle, AGB **Aufhebungsvertrag** 36
- Insolvenz, Arbeitnehmer **Aufhebungsvertrag** 16
- Kündigung, als Beendigungstatbestand **Aufhebungsvertrag** 55
- Kündigung, Umdeutung in Antrag **1 KSchG** 268
- Leseunkundiger, Abschluss **Aufhebungsvertrag** 15
- Massenentlassung **17 KSchG** 75
- Massenentlassung, als Zweck **Aufhebungsvertrag** 43
- Minderjährige, Zustimmung, Schriftform **623 BGB** 109
- Minderjähriger **Aufhebungsvertrag** 13
- Mutterschutz **17 MuSchG** 195
- nachträgliche Befristung, Abgrenzung **14 TzBfG** 86
- Prozessvergleich **Aufhebungsvertrag** 48
- Rechtsordnung, maßgebende **Artikel 28** 93
- Rücktrittsrecht **Aufhebungsvertrag** 27
- rückwirkender **Aufhebungsvertrag** 20
- Schriftform **623 BGB** 35, 73, 149; **626 BGB** 51; **Aufhebungsvertrag** 9
- Schriftform, Abschluss Geschäftsführervertrag **623 BGB** 242
- Schriftform, Entstehungsgeschichte **623 BGB** 4
- Schriftform, Geschäftsführeranstellungsvertrag **Aufhebungsvertrag** 9
- Schriftform, Urkunde **623 BGB** 109
- Schriftformgebot, zeitlicher Geltungsbereich **623 BGB** 35
- sittenwidrig **Aufhebungsvertrag** 36
- Sonderkündigungsschutz **Aufhebungsvertrag** 1
- Sperrzeit **159 SGB III** 25
- Stellvertretung **Aufhebungsvertrag** 17
- Umdeutung Kündigungserklärung **626 BGB** 385
- Umgehungstatbestände **Aufhebungsvertrag** 2
- und Wiedereinstellungsanspruch **1 KSchG** 829
- Unwirksamkeit, Feststellungsklage **Aufhebungsvertrag** 46
- Vergleich, außergerichtlicher **623 BGB** 159

3117

Stichwortverzeichnis

- Vergleich, gerichtlicher **623 BGB** 158
- Weiterbeschäftigungsanspruch **102 BetrVG** 318
- Widerrufsrecht **Aufhebungsvertrag** 30
- Wiedereinstellungszusage **Aufhebungsvertrag** 25
- Zurückbehaltungsrecht **626 BGB** 51
- Zustimmungserfordernisse **Aufhebungsvertrag** 1

Aufklärungspflichten, Aufhebungsvertrag, vor Abschluss Aufhebungsvertrag 5

Auflösende Bedingung 21 TzBfG 9
- Abstiegsklausel **21 TzBfG** 38
- AGB-Kontrolle **21 TzBfG** 31
- Altersgrenze, als ~ **21 TzBfG** 43
- Altersteilzeit, möglicher Altersrentenantrag **21 TzBfG** 61
- Arbeitsbeschaffungsmaßnahme, Förderung **21 TzBfG** 74
- Arbeitserlaubnis **14 TzBfG** 404
- Arbeitsunfähigkeit **21 TzBfG** 82
- Arbeitsvertrag **21 TzBfG** 1
- arbeitsvertragliche Inbezugnahme **21 TzBfG** 45
- Aus- und Weiterbildung, Benachteiligungsverbot **21 TzBfG** 20
- Aushilfstätigkeit **14 TzBfG** 214
- bedingter Aufhebungsvertrag, Abgrenzung **21 TzBfG** 7
- Bedingungseintritt, Unterrichtung **15 TzBfG** 16
- Beendigungszeitpunkt, Vorhersehbarkeit **21 TzBfG** 28
- Befristung, Abgrenzung **21 TzBfG** 1
- Befristung, Kombination **21 TzBfG** 5
- Benachteiligungsverbot **21 TzBfG** 10
- Berufsausbildungsverhältnis **23 BBiG** 32
- Bestellung zum Geschäftsführer **21 TzBfG** 75
- Beteiligung des Betriebs- oder Personalrats **21 TzBfG** 6
- Betriebsratsanhörung **102 BetrVG** 50
- Betriebsvereinbarung **21 TzBfG** 45
- Dienstverhältnis **620 BGB** 12
- Drittmittel **21 TzBfG** 70
- Eigenart der Arbeitsleistung **21 TzBfG** 36
- Eindeutigkeit **21 TzBfG** 31
- Eintritt, Unterrichtung **21 TzBfG** 14
- Einzelfälle **21 TzBfG** 29
- Ereignis, zukünftiges ungewisses **21 TzBfG** 3
- Erprobung **21 TzBfG** 39
- Erwerbsminderung **21 TzBfG** 45; **33 TVöD** 7; **Art. 56 NATO-ZusAbk** 47
- Erwerbsminderung, Weiterbeschäftigungsverlangen **21 TzBfG** 53
- Erwerbsunfähigkeit **21 TzBfG** 4, 45
- Erwerbsunfähigkeit, tarifliche Regelungen **21 TzBfG** 53
- Fluguntauglichkeit **21 TzBfG** 63
- Fortsetzung, Kenntnis Arbeitgebers **21 TzBfG** 16
- Genehmigung, öffentlich-rechtliche **21 TzBfG** 65
- gerichtlicher Vergleich **14 TzBfG** 494; **21 TzBfG** 71
- gesundheitliche Eignung **21 TzBfG** 63, 66
- Gewerkschaftsbeitritt **21 TzBfG** 79
- Grundsätze (vor Inkrafttreten TzBfG) **21 TzBfG** 8
- Gruppenarbeitsverhältnis **21 TzBfG** 74
- Haushaltsmittel **21 TzBfG** 70
- Hochschule **2 WissZeitVG** 76
- Klagefrist **17 TzBfG** 10; **21 TzBfG** 18
- Klagefrist, unionsrechtliche Konformität **17 TzBfG** 11
- Konkurrentenklage, Unterliegen **21 TzBfG** 75
- Kündigungsschutz, Umgehung **21 TzBfG** 79
- künstlerische Tätigkeit **21 TzBfG** 36
- Leistungssport **21 TzBfG** 37
- Massenentlassungen **17 KSchG** 81
- Medienbereich **21 TzBfG** 36
- Mutterschutz **17 MuSchG** 191
- nach Studium oder Ausbildung **21 TzBfG** 33
- Person des Arbeitnehmers, Überblick **21 TzBfG** 40
- Rundfunk **21 TzBfG** 36
- Sachgrund, Angabe **14 TzBfG** 167
- Sachgrund, Maßstäbe **21 TzBfG** 22, 24
- Sachgrunderfordernis **21 TzBfG** 13, 22
- Schriftform **14 TzBfG** 731; **21 TzBfG** 12
- Schriftform, Altverträge **623 BGB** 87
- Schwangerschaft **21 TzBfG** 78
- Sport **21 TzBfG** 37
- tarifliche Regelung **21 TzBfG** 45
- tarifliche Regelungen, Erwerbsunfähigkeit **21 TzBfG** 53
- TVöD **21 TzBfG** 84
- Überbrückungsfunktion **21 TzBfG** 33
- Üblichkeit **21 TzBfG** 26
- unbefristete Arbeitsplätze, Information **21 TzBfG** 20
- und ordentliche Kündigung **21 TzBfG** 15
- Ungewissheit, Grad der **21 TzBfG** 5
- unwirksame, Rechtsfolgen **16 TzBfG** 1; **21 TzBfG** 17
- Unwirksamkeit, Gründe **21 TzBfG** 76
- Vergleich **21 TzBfG** 71
- Verlängerung auf unbestimmte Zeit **15 TzBfG** 54
- Vertretung **21 TzBfG** 34
- Vertretung bei Mutterschutz/Elternzeit **21 BEEG** 56
- Voraussetzungen **21 TzBfG** 2
- vorübergehender Bedarf **21 TzBfG** 32
- Weiterbeschäftigung während Kündigungsschutzprozess **21 TzBfG** 3
- Weiterbeschäftigungsanspruch, allgemeiner **102 BetrVG** 356
- Weiterbeschäftigungsverlangen bei Erwerbsminderung **21 TzBfG** 53
- Wiederaufleben eines ruhenden Beamtenverhältnisses **21 TzBfG** 69
- Wirtschaftsrisiko, Abwälzung **21 TzBfG** 27
- Zeitrente, Antrag auf **21 TzBfG** 53

Stichwortverzeichnis

- Zölibatsklausel 21 TzBfG 78
- Zweckbefristung, Abgrenzung 21 TzBfG 2; 3 TzBfG 22
- Zweckwegfall 15 TzBfG 16

Auflösungsantrag
- Änderungskündigung 2 KSchG 254, 262
- Anerkenntnis 4 KSchG 102
- Antrag, beiderseitiger 9 KSchG 18
- Antragsberechtigte 9 KSchG 18
- Arbeitgeber 9 KSchG 13
- Arbeitnehmer 9 KSchG 11
- Auflösungszeitpunkt 13 KSchG 20; 9 KSchG 39
- bei außerordentlicher Kündigung 13 KSchG 18
- beiderseitiger 9 KSchG 80
- beiderseitiger, Entscheidungsmöglichkeiten 9 KSchG 97
- beiderseitiger, Prüfungsmaßstäbe 9 KSchG 81
- beiderseitiger, Prüfungsreihenfolge 9 KSchG 80
- beiderseitiger, Vergleich 9 KSchG 83
- Berufsausbildungsverhältnis 23 BBiG 126
- Berufungsinstanz 9 KSchG 23
- Betriebsratsanhörung, fehlerhafte 102 BetrVG 251
- Betriebsübergang nach Kündigung 9 KSchG 18
- des Arbeitgebers 9 KSchG 28
- Form 9 KSchG 21
- Inhalt 9 KSchG 22
- Kündigung, unwirksame, andere Gründe 13 KSchG 153
- Kündigungsrechtsstreit, anhängiger 9 KSchG 15
- Kündigungsrücknahme 9 KSchG 24
- Mutterschutz 17 MuSchG 193
- Mutterschutz, der Arbeitnehmerin 17 MuSchG 218
- Rechtsfolge 620 BGB 38
- Revisionsinstanz 9 KSchG 25
- Rücknahme 9 KSchG 26
- sittenwidrige Kündigung 13 KSchG 62
- Stationierungsstreitkräfte Art.56 NATO-ZusAbk 32
- Streitwert 4 KSchG 361
- und Nachzahlungsanspruch 11 KSchG 73
- Wahlrecht zwischen Arbeitsverhältnissen 12 KSchG 30
- Weiterbeschäftigung Jugendvertreter 626 BGB 62
- Weiterbeschäftigungsanspruch (BetrVG) 102 BetrVG 317
- Zeitpunkt 13 KSchG 20; 9 KSchG 23
- Zweck 9 KSchG 8

Auflösungsantrag Arbeitgeber
- Anforderungen 9 KSchG 63
- Auflösungsgründe 9 KSchG 61, 66
- Auflösungsgründe, Entbehrlichkeit 14 KSchG 51
- außerordentliche Kündigung 13 KSchG 153; 9 KSchG 2, 18
- betriebliche Gegebenheiten 9 KSchG 67
- Betriebsrat 9 KSchG 76

- Darlegungs- und Beweislast 9 KSchG 74
- Entscheidungsmöglichkeiten 9 KSchG 97
- Eventualantrag, eigentlicher 9 KSchG 20
- Kündigungsgründe, Bezugnahme auf 9 KSchG 70
- Kündigungsschutz, besonderer 9 KSchG 77
- Leitende Angestellte 9 KSchG 14 KSchG 53; 9 KSchG 78
- Mitglieder betriebsverfassungsrechtlicher Organe 9 KSchG 76
- Person des Arbeitnehmers 9 KSchG 66
- Rechtsmissbrauch 9 KSchG 70
- rechtsmissbräuchlicher ~ 14 KSchG 53
- Rechtsnatur 9 KSchG 20
- schuldhafte Verursachung 9 KSchG 68
- Stationierungsstreitkräfte 9 KSchG 79
- Unwirksamkeitsgründe, andere 13 KSchG 153
- Unzumutbarkeit 9 KSchG 61
- Verhalten im Rechtsstreit 9 KSchG 67
- Verhalten Prozessbevollmächtigter 9 KSchG 67

Auflösungsantrag Arbeitnehmer
- Arbeitnehmerbereich, Gründe im 9 KSchG 55
- Arbeitsplatz, anderer 9 KSchG 54
- Auflösungsgründe 9 KSchG 45
- Auflösungsgründe, Zusammenhang mit Kündigung 9 KSchG 51
- außerordentliche Kündigung, Wahlrecht 9 KSchG 52
- außerprozessuale Gründe 9 KSchG 51
- bei »Rücknahme« Kündigung 4 KSchG 97
- Beurteilungsmaßstäbe 9 KSchG 46, 51
- Beurteilungszeitpunkt 9 KSchG 50
- Darlegungs- und Beweislast 9 KSchG 58
- Entscheidungsmöglichkeiten 9 KSchG 97
- Ermessensentscheidung 9 KSchG 45
- Eventualantrag, uneigentlicher 9 KSchG 20
- Gründe, selbst geschaffene 9 KSchG 56
- Kündigungsschutzprozess als Grund 9 KSchG 55
- Leitende Angestellte 14 KSchG 54
- Rechtsmissbrauch 9 KSchG 56
- Rechtsnatur 9 KSchG 19
- Rücknahme 9 KSchG 28
- Sozialwidrigkeit Kündigung 9 KSchG 55
- subjektives Empfinden 9 KSchG 45
- Umdeutung außerordentliche Kündigung in ordentliche 13 KSchG 37
- Unwirksamkeitsgründe, mehrere 13 KSchG 154; 9 KSchG 31
- Unzumutbarkeit 9 KSchG 45
- Verzicht bei Antragsrücknahme 9 KSchG 29
- Weiterbeschäftigungsantrag und ~ 9 KSchG 57

Auflösungsvertrag
- Aufhebungsvertrag, Verhältnis 623 BGB 74
- Schriftform 623 BGB 73

Aufsichtsrat
- Arbeitnehmervertreter, besonderer Kündigungsschutz 103 BetrVG 24

3119

Stichwortverzeichnis

- Benachteiligungsverbot 14 KSchG 70
- Kündigungsschutz Arbeitnehmervertreter 14 KSchG 12

Auftragsrückgang/-mangel, Beweislast 1 KSchG 591

Ausgleichsquittung
- gerichtliche Nachprüfung 1 KSchG 41
- Inhaltskontrolle 1 KSchG 41
- Internationales Arbeitsrecht Artikel28 139
- Kündigungsschutzklage, Verzicht 4 KSchG 381
- Schriftform 623 BGB 51
- Wirksamkeit 1 KSchG 41

Aushilfsarbeitsverhältnis
- Auflösungsgrund altes Arbeitsverhältnis 12 KSchG 9
- Betriebsratsanhörung 102 BetrVG 35
- Kündigung, entfristete 622 BGB 188
- Kündigungsfrist, konkludente Verkürzung 622 BGB 190
- Kündigungsfrist, Verkürzung 622 BGB 182
- Kündigungsschutz 1 KSchG 49
- Kündigungstermin, abweichende Vereinbarung 622 BGB 192
- Mutterschutz 17 MuSchG 189
- und Befristung, Auslegung 3 TzBfG 11

Auskunftsanspruch
- anderweitiger Verdienst 11 KSchG 45
- Arbeitnehmer, Sozialauswahlkriterien 1 KSchG 755
- Einstellung 626 BGB 453
- Erhalt öffentlich-rechtliche Leistungen 11 KSchG 57

Auskunftsrechte
- Arbeitnehmervertretung 620 BGB 118

Ausländische Arbeitnehmer
- Arbeitsgenehmigung/Arbeitserlaubnis 1 KSchG 50
- Betriebsratsanhörung 102 BetrVG 18
- Wehrdienst, Arbeitsplatzschutz 2 ArbPlSchG 3

Auslandsberührung, Recht, anzuwendendes Artikel28 1

Auslandsbeschäftigung
- anzuwendendes Recht Artikel28 50
- Betriebsratsanhörung 102 BetrVG 17
- Kündigung 128 5; Artikel28 94
- öffentlicher Dienst, besonderer Kündigungsschutz 128 5
- Rechtswahl Artikel28 13

Auslauffrist 626 BGB 313
- Kündigung Berufsausbildungsverhältnis 23 BBiG 38

Ausschlussfrist 11 KSchG 23
- Abmahnung 626 BGB 297
- Änderungsschutzklage, erfolgreiche 8 KSchG 14
- Betriebsratsstellungnahme 102 BetrVG 127
- Einstufige, Geltendmachung durch Kündigungsschutzklage 4 KSchG 61
- Entschädigung und Schadensersatz 15 AGG 42

- Geltendmachung, durch Kündigungsschutzklage 4 KSchG 61
- Schadensersatz bei Beendigung des Ausbildungsverhältnisses 23 BBiG 141
- Schadensersatz, außerordentliche Kündigung 23 BBiG 141
- Schwangerschaft, Mitteilung 17 MuSchG 79
- Verjährungsrecht, entsprechende Anwendung 4 KSchG 75
- Wahlrecht zwischen Arbeitsverhältnissen 12 KSchG 28
- Wahrung, vor Fälligkeit 4 KSchG 65
- Zustimmungsersetzung 103 BetrVG 75
- Zustimmungsersetzungsverfahren, Einleitung 103 BetrVG 117
- zweistufige ~ 4 KSchG 69
- zweistufige ~, effektiver Rechtsschutz 4 KSchG 76
- zweistufige, und Kündigungsschutzklage 4 KSchG 69

Außerdienstliches Verhalten
- als Kündigungsgrund 1 KSchG 489; 626 BGB 430
- außerordentliche Kündigung 23 BBiG 67
- Corona, Impfverweigerung 1 KSchG 489
- Drogensucht 626 BGB 423
- Eignung, öffentlicher Dienst 1 KSchG 324
- Eignung, personenbedingte Kündigung 1 KSchG 324
- Homosexualität 626 BGB 430
- Impfverweigerung, Corona 1 KSchG 489
- kirchlicher Dienst 1 KSchG 493; 626 BGB 129, 131
- Kunstfreiheit 626 BGB 124
- Lebenswandel 1 KSchG 492; 626 BGB 430
- Leitende Angestellte 626 BGB 430
- Lohnpfändungen 1 KSchG 498
- Meinungsfreiheit 1 KSchG 495; 626 BGB 129
- Meinungsfreiheit, Kündigungsgrund 626 BGB 123
- öffentlicher Dienst 1 KSchG 490
- Schulden 1 KSchG 497
- Straftat, Kündigungsgrund 626 BGB 122
- Tendenzbetriebe/-unternehmen 1 KSchG 494; 626 BGB 129

Außerordentliche Änderungskündigung 626 BGB 212
- Beendigungskündigung, Vorrang der ~ 626 BGB 217
- bei Widerrufsvorbehalt 626 BGB 300
- betriebsbedingte Gründe 626 BGB 218
- Direktionsrecht, mögliches 626 BGB 300
- Entgeltsenkung 626 BGB 218
- Interessenabwägung 626 BGB 216
- Klagefrist 626 BGB 215
- Prüfungsmaßstab 626 BGB 213
- Prüfungsmaßstab, Annahme unter Vorbehalt 626 BGB 214
- überflüssige, Klagefrist 626 BGB 215

Stichwortverzeichnis

- Ultima-Ratio-Prinzip 626 BGB 217
- Ultima-Ratio-Prinzip, Direktionsrecht 626 BGB 214
- Unabweisbarkeit 626 BGB 216
- Verhältnismäßigkeitsprinzip 626 BGB 217

Außerordentliche Kündigung 626 BGB 173
- Abberufung, Abgrenzung 626 BGB 12
- Abfindung bei Auflösungsantrag 10 KSchG 68
- Abfindungsanspruch, Kündigungserschwerung 626 BGB 72
- Änderungskündigung 2 KSchG 52; 626 BGB 212
- Änderungskündigung, als milderes Mittel 626 BGB 308
- Änderungskündigung, mit Auslauffrist 2 KSchG 52
- Anfechtung, Verhältnis 626 BGB 45
- Anfechtungserklärung 626 BGB 45
- Angabe der Kündigungsgründe 23 BBiG 91
- Anhörung bei Verdachtskündigung 626 BGB 32, 474
- Anhörungserfordernis 626 BGB 32
- arbeitnehmerähnliche Person 626 BGB 3
- arbeitnehmerähnliche Person, Handelsvertreter **Arbeitnehmerähnliche Personen (ArbNähnl. Pers.)** 127
- Arbeitsentgelt 628 BGB 10
- Arbeitsplatzschutz, Wehrdienst 2 ArbPlSchG 20
- Arbeitsverhältnis 626 BGB 1
- Arten 13 KSchG 5; 626 BGB 26
- Aufhebungsvertrag 626 BGB 51
- Aufklärungsmaßnahmen, Ausschlussfrist 626 BGB 348
- Auflösungsantrag 13 KSchG 18; 9 KSchG 18
- Auslauffrist 1 KSchG 174; 626 BGB 29
- Auslauffrist mit 626 BGB 29
- Auslauffrist, betriebsbedingte Gründe 626 BGB 162
- Auslauffrist, Massenentlassung 17 KSchG 65
- Auslegung 626 BGB 28, 206, 383
- Ausschluss 626 BGB 64
- Ausschluss der ordentlichen Kündigung 626 BGB 167, 312
- Ausschluss, arbeitnehmerähnliche Person, Handelsvertreter **Arbeitnehmerähnliche Personen (ArbNähnl. Pers.)** 133
- Ausschlussfrist 626 BGB 328
- Auswechseln der Kündigungsgründe 626 BGB 192
- Befristete 626 BGB 29
- Begriff 13 KSchG 5
- bei Nachschieben von Gründen, Zustimmungserfordernis 626 BGB 198
- Berufsausbildungsverhältnis 23 BBiG 43
- Betriebliches Eingliederungsmanagement 626 BGB 302
- Betriebsfrieden, Störung 626 BGB 432
- Betriebsratsanhörung 626 BGB 51

- Betriebsratsanhörung, nachgeschobene Gründe 626 BGB 195
- Betriebsratsanhörung, Widerspruch 102 BetrVG 179
- Betriebsratsmitglied 15 KSchG 42
- Betriebsratsmitglied, Zustimmung 103 BetrVG 91
- Betriebsratsmitglied, Zustimmungserfordernis 103 BetrVG 59
- Beurteilungsmaßstab 626 BGB 117
- Beurteilungszeitpunkt 626 BGB 116
- Dienste »höherer Art« 626 BGB 2, 10
- Dienstentlassung 626 BGB 58
- Dienstentlassung Abgrenzung 626 BGB 58
- Dienstverhältnis 626 BGB 1, 10
- Dienstvertrag, arbeitnehmerähnliche Person **Arbeitnehmerähnliche Personen (ArbNähnl. Pers.)** 75
- Doppeltatbestand, Mischtatbestand, Abgrenzung 626 BGB 175
- Druckkündigung 626 BGB 436
- Druckkündigung, Anhörung des zu Kündigenden 626 BGB 222
- Eigenkündigung des Arbeitnehmers 626 BGB 482
- Einschränkung der außerordentlichen Kündigung 626 BGB 71
- entfristete ordentliche Kündigung 626 BGB 77
- Entgeltanspruch 628 BGB 9
- Entgeltanspruch, anteiliger 628 BGB 10
- Entgeltanspruch, Berechnung 628 BGB 11
- Entgeltanspruch, einzelne Bestandteile 628 BGB 13
- Entgeltanspruch, fehlende Veranlassung – 628 BGB 15
- Entgeltanspruch, Minderung 628 BGB 10, 14
- Entgeltanspruch, veranlasste – 628 BGB 16
- Entgeltanspruch, Wegfall des Interesses 628 BGB 17
- Entstehungsgeschichte 626 BGB 81
- Feststellungsklage, allgemeine 626 BGB 388
- Feststellungsklage, als milderes Mittel 626 BGB 301
- Freiheitsstrafe, Überbrückungsmöglichkeiten 626 BGB 142
- Freistellung, als milderes Mittel 626 BGB 305
- fristlose Kündigung 626 BGB 27
- Fürsorgepflicht 626 BGB 181
- Gegenüberstellung, als Voraussetzung 626 BGB 32
- Geltungsbereich 626 BGB 1
- Genehmigung, vollmachtslose Kündigung 626 BGB 334
- Generalklausel 626 BGB 82, 85
- Gestaltungsrecht 626 BGB 22
- Gleichbehandlungsgrundsatz, Abmahnung 626 BGB 267
- Gleichbehandlungsgrundsatz, Selbstbindung 626 BGB 324

Stichwortverzeichnis

- GmbH-Geschäftsführer **626 BGB** 2
- Gründe, mehrere **626 BGB** 171
- Gruppenarbeitsverhältnis **626 BGB** 439
- Hafenarbeiter **626 BGB** 440
- herausgreifende **626 BGB** 325
- Heuerverhältnis **Seearbeitsgesetz (SeeArbG)** 125
- im Beitrittsgebiet **626 BGB** 493
- Irrtum **626 BGB** 151
- Kirchen, außerdienstliches Verhalten **626 BGB** 129
- kirchliche Arbeitnehmer **626 BGB** 441
- kirchlicher Dienst **626 BGB** 131
- Konkurrenztätigkeit **626 BGB** 479
- Kündigungserschwerung **626 BGB** 71
- Kündigungserschwerung, Schiedsgerichtsklausel **626 BGB** 71
- Kündigungserschwerung, Vertragsstrafe **626 BGB** 71
- Kündigungserschwerung, Zustimmungserfordernis Betriebsrat **626 BGB** 71
- Kündigungsgrund, Entstehung **626 BGB** 184
- Kündigungsgrund, Mitteilung **626 BGB** 36
- Kündigungsgrund, tarifliche Erweiterung **626 BGB** 77
- Kündigungsgrund, vertragliche Erweiterung **626 BGB** 75
- Lebenszeitdienstverhältnis **624 BGB** 10
- Lebenszeitdienstverhältnis, Auslauffrist **624 BGB** 26
- Leiharbeitsverhältnis **626 BGB** 448
- maßgebender Zeitpunkt **626 BGB** 184
- Mischtatbestand, Doppeltatbestand, Abgrenzung **626 BGB** 175
- Mischtatbestände **626 BGB** 171
- mit Auslauffrist, Abfindungsanspruch **1a KSchG** 25
- mit Auslauffrist, Bestimmtheit **1 KSchG** 174
- Mitteilung der Gründe **626 BGB** 186
- Mitteilungspflichten **626 BGB** 453
- Nachschieben von Gründen **626 BGB** 188, 190
- Nebenpflichtverletzungen **626 BGB** 152
- ordentliche Kündigung, hilfsweise **626 BGB** 412
- ordentliche Kündigung, Verhältnis **626 BGB** 313
- Parteifähigkeit **626 BGB** 392
- Pflichtenkollision **626 BGB** 149
- Probearbeitsverhältnis **626 BGB** 456
- Prognoseprinzip **626 BGB** 118
- Prüfung, zwei Stufen **626 BGB** 91
- Rationalisierungsschutzabkommen **626 BGB** 170
- Rechtfertigungsgrund **626 BGB** 396
- Rechtsbegriff, unbestimmter **626 BGB** 85
- Rechtsirrtum **626 BGB** 151
- Rechtsmissbrauch **626 BGB** 424
- Rücktritt, Abgrenzung **626 BGB** 41
- Rückzahlungsverlangen **626 BGB** 72
- ruhendes Arbeitsverhältnis **626 BGB** 134
- Sanktionscharakter **626 BGB** 268, 299
- Schwerbehinderte Menschen **626 BGB** 453
- Schwerbehinderte Menschen, Zustimmungserfordernis **174 SGBIX** 2
- Seearbeitsrecht **Seearbeitsgesetz (SeeArbG)** 125
- Selbstbindung **626 BGB** 326
- sittenwidrige **626 BGB** 113
- Sphärentheorie **626 BGB** 175
- Standortsicherungsvertrag **626 BGB** 170
- Stationierungsstreitkräfte **Art. 56 NATO-ZusAbk** 23
- Stellungnahmefrist **102 BetrVG** 129
- tarifliches Maßregelungsverbot **626 BGB** 67
- tarifvertragliche Regeln **626 BGB** 70, 73
- Tatkündigung **626 BGB** 35
- Tod des Arbeitgebers **626 BGB** 158
- Trotzkündigung **626 BGB** 419
- Überbrückungsmöglichkeit **626 BGB** 120
- Ultima-Ratio-Prinzip **626 BGB** 265
- Ultima-Ratio-Prinzip, vorrangige Betriebsbuße **626 BGB** 299
- Umdeutung in ordentliche, Auflösungsantrag **13 KSchG** 37
- Umdeutung, Antrag Aufhebungsvertrag **626 BGB** 385
- Umdeutung, in Auflösungsvertragsangebot **13 KSchG** 39
- Umdeutung, in ordentliche **13 KSchG** 25
- Umdeutung, in ordentliche Kündigung **626 BGB** 384
- Umdeutung, Prüfung des Gerichts **13 KSchG** 31
- Umdeutung, Vorrang der Auslegung **13 KSchG** 25; **626 BGB** 383
- Umsetzung, als milderes Mittel **626 BGB** 303
- Unabdingbarkeit **626 BGB** 64
- unkündbare Arbeitnehmer **626 BGB** 73, 297
- unkündbare Arbeitnehmer, betriebsbedingte Gründe **626 BGB** 165
- Unterlassungsklage, als milderes Mittel **626 BGB** 301
- Unzumutbarkeit **626 BGB** 249
- Verhältnismäßigkeitsprinzip **626 BGB** 265
- Verschulden, Rechtsirrtum **626 BGB** 151
- Versetzung, als milderes Mittel **626 BGB** 303
- Versetzung, Direktionsrecht **626 BGB** 308
- vertragliche Erweiterung **626 BGB** 75
- Verzug **626 BGB** 156
- vor Dienstantritt **626 BGB** 41
- Vorauszahlung, Rückerstattung **628 BGB** 18
- Vorschuss, verschärfte Haftung **628 BGB** 9
- Wegfall der Geschäftsgrundlage **626 BGB** 43, 44
- Weiterbeschäftigungsanspruch (BetrVG) **102 BetrVG** 260
- Weiterbeschäftigungsmöglichkeit **626 BGB** 303
- Widerruf der Bestellung, Abgrenzung **626 BGB** 12
- Widerrufsvorbehalt, möglicher **626 BGB** 214
- Widersprüchliches Verhalten **626 BGB** 113, 482
- Wiederholungsgefahr **626 BGB** 119
- Wiederholungsgefahr, Prognose **626 BGB** 118

Stichwortverzeichnis

- Wiederholungskündigung 626 BGB 419
- Willenserklärung 626 BGB 23
- wirtschaftliche Gründe 17 KSchG 66
- Zeitpunkt des Kündigungsgrundes 626 BGB 184
- Zugang als maßgebender Zeitpunkt 626 BGB 185
- Zumutbarkeit 626 BGB 249
- Zustimmung Betriebsrat 102 BetrVG 327
- Zustimmungserfordernis 626 BGB 71

Außerordentliche Kündigung des Arbeitgebers, Fallgruppen 626 BGB 465
- Abkehrmaßnahme/Abkehrwille 626 BGB 421
- Abwerbemaßnahme 626 BGB 479
- Abwerbung 626 BGB 422
- Abwesenheit, unentschuldigte 626 BGB 425
- Alkoholsucht 626 BGB 141, 423
- Alkoholverbot, Verstoß 626 BGB 423
- Anzeige gegen Arbeitgeber 626 BGB 424
- Anzeige- und Nachweispflichten 626 BGB 442
- Anzeige, Wahrnahme berechtigter Interessen 626 BGB 424
- Arbeitnehmerüberlassung 626 BGB 448
- Arbeitsbummelei 626 BGB 425
- Arbeitsgenehmigung, fehlende 626 BGB 137
- Arbeitskampf 626 BGB 286
- Arbeitspapiere, Nichtvorlage 626 BGB 427
- Arbeitsschutzbestimmung, Missachtung 626 BGB 478
- Arbeitsunfähigkeit 626 BGB 139, 442
- Arbeitsunfähigkeit, Ankündigung 626 BGB 445
- Arbeitsunfähigkeit, vorgetäuschte 626 BGB 472
- Arbeitsunfähigkeit, Vortäuschung 626 BGB 445
- Arbeitsunfähigkeitsbescheinigung, Beweiswert 626 BGB 473
- Arbeitsunfähigkeitsbescheinigung, Erschleichung 626 BGB 445
- Arbeitsunfähigkeitsbescheinigung, Vorlage 626 BGB 443
- Arbeitsverweigerung 626 BGB 425, 428
- Arbeitsverweigerung, Gefahrensituation 626 BGB 428
- Arbeitszeiterfassung, Manipulation 626 BGB 461, 463
- Arztbesuch 626 BGB 429
- ärztliche Untersuchung, Mitwirkung 626 BGB 445
- Ausländerfeindlichkeit 626 BGB 455
- Außendienstmitarbeiter, Berichtspflichten 626 BGB 451
- außerdienstliches Verhalten 626 BGB 430
- Aussperrung 626 BGB 426
- Bagatelldelikt 626 BGB 462
- Bedrohung 626 BGB 468
- Beleidigung 626 BGB 431
- betriebliche Ordnung, Störung 626 BGB 432
- Betriebsfrieden 626 BGB 432, 455, 468
- Betriebsgeheimnisse 626 BGB 476
- Betriebsgeheimnisse, Mitnahme 626 BGB 421

- Betriebsratsmitglied 626 BGB 140
- Betriebsstilllegung 626 BGB 433
- Betriebsversammlung, Meinungsäußerung 626 BGB 432
- Bonuspunkte, unberechtigte Verwendung 626 BGB 463
- Computermissbrauch 626 BGB 434
- Darlehenserschleichung 626 BGB 467
- Datenlöschung 626 BGB 434
- Datenschutz 626 BGB 434
- Datenschutz, Compliance-Beauftragter 626 BGB 434
- Datenscreening 626 BGB 434
- Dienstfahrzeug, private Nutzung 626 BGB 435
- Direktionsrecht, Grenzen, Arbeitsverweigerung 626 BGB 428
- Direktionsrecht, Missachtung 626 BGB 478
- Dokumentationspflichten 626 BGB 451
- Drogensucht 626 BGB 141, 423, 430, 442
- Drogensucht, Tätlichkeiten 626 BGB 423
- Drohung mit Anzeige 626 BGB 424
- Druckkündigung 626 BGB 219, 436
- Ehrenamt 626 BGB 437
- Ehrverletzungen 626 BGB 431
- eidesstattliche Versicherung, unzutreffende 626 BGB 463
- Eignung 626 BGB 438
- Eignung, charakterliche 626 BGB 138
- Eignung, gesundheitliche 626 BGB 138
- Eignung, mangelnde 626 BGB 456
- Entgeltrückstand 626 BGB 428
- Fähigkeiten 626 BGB 138, 438
- Falschaussage 626 BGB 424
- Fehlleistung 626 BGB 459
- Fragerecht, bevorstehender Wehrdienst 626 BGB 453
- Fragerecht, Falschbeantwortung 626 BGB 453
- Fragerecht, Vorstrafen 626 BGB 453
- Freiheitsstrafe 626 BGB 470
- Freiheitsstrafe, bevorstehende 626 BGB 453
- genesungswidriges Verhalten 626 BGB 446
- Geschäftsgeheimnisse 626 BGB 476
- Geschäftsgeheimnisse, Mitnahme 626 BGB 421
- geschäftsschädigende Äußerungen 626 BGB 467
- Geschäftsschädigung 626 BGB 154
- Gewissenskonflikt, Gewissensentscheidung 626 BGB 148, 428
- Gruppenarbeitsverhältnis 626 BGB 438
- Hafenarbeiter 626 BGB 440
- Heuerverhältnis **Seearbeitsgesetz (SeeArbG)** 125
- Internetnutzung 626 BGB 434
- Internetnutzung, private 626 BGB 463
- Kommunikationseinrichtungen, private Nutzung 626 BGB 463
- Konkurrenztätigkeit 626 BGB 421, 479
- Kontrolleinrichtungen, Manipulation 626 BGB 148, 461
- Kopien, private 626 BGB 463

3123

Stichwortverzeichnis

- Krankheit **626 BGB** 139, 442
- Krankheit, Betriebsratsmitglied **626 BGB** 139
- Krankheit, simulierte **626 BGB** 472
- krankheitsbedingte Kündigung **626 BGB** 442
- Kündigungsgrund, absoluter **626 BGB** 420
- Leistungsbereich, Störung **626 BGB** 425
- Leistungsverweigerungsrecht **626 BGB** 428
- Mail-Account, unbefugter Eingriff **626 BGB** 434
- Manko **626 BGB** 449
- Medikamentenmissbrauch **626 BGB** 423
- Mehrarbeit, Verweigerung **626 BGB** 428
- Meinungsäußerung **626 BGB** 455
- Mitteilungspflicht, entfallene Arbeitsgenehmigung **626 BGB** 451
- Mitteilungspflichten **626 BGB** 451
- Mobbing **626 BGB** 432
- Nebentätigkeit **626 BGB** 452
- Offenbarungspflichten **626 BGB** 453
- öffentlicher Dienst **626 BGB** 73, 454
- öffentlicher Dienst, Schmiergeldannahme **626 BGB** 465
- öffentlicher Dienst, Steuerhinterziehung **626 BGB** 454
- Personalratsmitglied **626 BGB** 140
- Personengefährdung **626 BGB** 468
- Plakettentragen **626 BGB** 455
- politische Betätigung **626 BGB** 455
- Privatfahrten **626 BGB** 435
- Rauchverbot **626 BGB** 457
- Rechtsirrtum, Arbeitskampf **626 BGB** 426
- Rentenantrag, verzögerter **626 BGB** 445
- Rückspracheersuchen des Arbeitgebers/Personalgespräch **626 BGB** 458
- Schlechtleistung **626 BGB** 459
- Schmiergeldannahme **626 BGB** 465
- Schulden **626 BGB** 475
- Schwarzarbeit **626 BGB** 452, 479
- Schwarze Kasse **626 BGB** 466
- Selbstbeurlaubung **626 BGB** 471
- sexuelle Belästigungen **626 BGB** 460
- sexueller Missbrauch **626 BGB** 460
- Sicherheitsvorschriften **626 BGB** 478
- Spesenbetrug **626 BGB** 462
- Spielsucht **626 BGB** 430, 442
- Stechuhr, Manipulation **626 BGB** 461
- strafbare Handlungen **626 BGB** 155, 445, 462
- strafbare Handlungen, Interessenabwägung **626 BGB** 462
- Straftat, gegen Konzernunternehmen **626 BGB** 430
- suchtbedingtes Fehlverhalten **626 BGB** 141
- Tätlichkeiten **626 BGB** 460, 468
- Telefonate, private **626 BGB** 463
- Tonaufzeichnung, heimliche **626 BGB** 400, 462
- Torkontrolle, Verweigerung **626 BGB** 469
- Unpünktlichkeit, wiederholte **626 BGB** 425
- Untersuchungshaft **626 BGB** 470
- Urlaubsantritt, eigenmächtiger **626 BGB** 471
- Urlaubsüberschreitung **626 BGB** 472
- Verdachtskündigung **626 BGB** 225, 474
- Verleitung zu Falschangaben **626 BGB** 467
- Verschuldung **626 BGB** 475
- Verschwiegenheitspflicht **626 BGB** 476
- Vertragsbruch, Verleitung zum **626 BGB** 422
- Vollmachtsüberschreitung **626 BGB** 477
- Weisungsrecht, Missachtung **626 BGB** 478
- Wettbewerb **626 BGB** 479
- Wettbewerb, nach unwirksamer Kündigung **626 BGB** 481
- Wettbewerbsverbot, Verstoß **626 BGB** 479
- Whistleblowing **626 BGB** 424
- Zurückbehaltungsrecht **626 BGB** 428

Außerordentliche Kündigung des Arbeitnehmers 626 BGB 482, 483
- Arbeitsplatzwechsel **626 BGB** 159, 484
- Arbeitsschutzbestimmung, Missachtung durch Arbeitgeber **626 BGB** 485
- Arbeitsunfähigkeit **626 BGB** 161
- Arbeitsverhältnis, neu begründetes **12 KSchG** 18
- Aussperrung, erfolgte **626 BGB** 492
- Beleidigung **626 BGB** 488
- Diskriminierung **626 BGB** 488
- Eheschließung **626 BGB** 160
- Ehrverletzungen **626 BGB** 488
- Entgeltrückstand **626 BGB** 486
- Fallgruppen **626 BGB** 484
- Gehalts- und Lohnrückstand **626 BGB** 156, 486
- Gewissensentscheidung **626 BGB** 487
- Gewissenskonflikt **626 BGB** 487
- Haftantritt **626 BGB** 160
- Heuerverhältnis **Seearbeitsgesetz (SeeArbG)** 133
- Krankheit **626 BGB** 492
- Maßregelung **626 BGB** 488
- Mehrarbeit, unzulässige **626 BGB** 490
- Provisionsverminderung **626 BGB** 489
- Studienplatz **626 BGB** 160
- Suspendierung, unzulässige **626 BGB** 490
- Tätlichkeit **626 BGB** 492
- Verdächtigung, fehlerhafte **626 BGB** 156
- Verdächtigung, unzutreffende **626 BGB** 488
- Vergütungsrückstand **626 BGB** 156
- Vertragsverletzungen des Arbeitgebers **626 BGB** 490
- Verzug des Arbeitgebers **626 BGB** 156, 468
- Werkswohnung, unzumutbare **626 BGB** 491
- Wettbewerbsverbot, Verstoß **626 BGB** 156
- Zusage, Nichteinhaltung **626 BGB** 490

Außerordentliche Kündigung, Ausschluss der ordentlichen Kündigung
- Kündigungsgrund, Bedeutung **626 BGB** 31
- Prüfungsmaßstab **626 BGB** 315
- unkündbare Arbeitnehmer **626 BGB** 312

Außerordentliche Kündigung, Ausschlussfrist
- Anwendung **Seearbeitsgesetz (SeeArbG)** 51

Stichwortverzeichnis

- arbeitnehmerähnliche Person, Handelsvertreter **Arbeitnehmerähnliche Personen (ArbNähnl. Pers.)** 132
- Aufklärungsmaßnahmen 23 BBiG 99
- Beginn 23 BBiG 96; 626 BGB 337
- Beginn Entzug der Fahrerlaubnis 626 BGB 346
- Beginn, Arbeitsgenehmigung, fehlende 626 BGB 344
- Beginn, Äußerung im Internet 626 BGB 346
- Beginn, Betreiben eines Internetauftritts 626 BGB 344
- Beginn, betriebsbedingte Gründe 626 BGB 347
- Beginn, Dauertatbestand 626 BGB 341
- Beginn, Dauerzustände 626 BGB 344
- Beginn, Diebstahl 626 BGB 346
- Beginn, Druckkündigung 626 BGB 344
- Beginn, Insolvenzverschleppung 626 BGB 343
- Beginn, langandauernde Erkrankung 626 BGB 344
- Beginn, Mobbing 626 BGB 341
- Beginn, Spesenbetrug 626 BGB 346
- Beginn, unentschuldigtes Fehlen 626 BGB 343
- Beginn, Urlaubsantritt, eigenmächtiger 626 BGB 343
- Beginn, Vertrauensgrundlage, gestörte 626 BGB 346
- Berechnung 23 BBiG 100; 626 BGB 374
- Berechnung, Arbeitgeberwechsel 626 BGB 375
- Berechnung, Betriebsübergang 626 BGB 375
- Berechnung, Zugang 626 BGB 376
- Berufsausbildungsverhältnis 23 BBiG 95
- Betriebsratsanhörung 626 BGB 350
- Betriebsratsanhörung, Wahrung der – 102 BetrVG 114
- Betriebsratsmitglied 103 BetrVG 137
- Bevollmächtigung 626 BGB 334
- Darlegungs- und Beweislast 626 BGB 401
- Hemmung 626 BGB 377
- Hemmung des Beginns 626 BGB 348
- Hemmung, Anhörung des Arbeitnehmers 626 BGB 348
- Hemmung, Aufklärungsmaßnahmen 626 BGB 348
- Höhere Gewalt, Hemmung 626 BGB 377
- Kenntnis der Tatsachen 626 BGB 337
- Kenntnis der Tatsachen, positive 626 BGB 337
- Kenntnis, fehlende, grobe Fahrlässigkeit 626 BGB 337
- Kenntnis, Genehmigung vollmachtsloser Vertreter 626 BGB 364
- Kenntnis, Gesamtvertretung 626 BGB 367
- Kenntnis, gesetzliche Vertreter 626 BGB 364
- Kenntnis, kollusives Zusammenwirken 626 BGB 367
- Kenntnis, kündigungsberechtigte Personen 626 BGB 361
- Kenntnis, maßgebender Personenkreis 626 BGB 361

- Kenntnis, Minderjährige 626 BGB 362
- Kenntnis, nicht kündigungsberechtigte Personen 626 BGB 373
- Kenntnis, öffentlicher Dienst 626 BGB 370
- Kenntnis, Prokurist 626 BGB 369
- Kenntnis, Rechtsmissbrauch 626 BGB 367
- Kenntnis, satzungsmäßige Vertreter 626 BGB 366
- Kenntnis, vertragliche Kündigungsbefugnis 626 BGB 371
- Kenntnis, Vertreter einer Gesellschaft 626 BGB 363
- Kenntnis, Vertreter, rechtsgeschäftlicher 626 BGB 369
- Kenntnis, Zurechnung 626 BGB 373
- ordentliche Kündigung, Ausschluss 626 BGB 339
- ordentliche Kündigungsmöglichkeit 626 BGB 333
- Rechtsmissbrauch, Bedenkzeit 626 BGB 380
- Rechtsmissbrauch, bei Verhandlungen 626 BGB 380
- Rechtsmissbrauch, Berufung auf – 626 BGB 379
- Rechtsmissbrauch, kollusives Zusammenwirken 626 BGB 382
- Rechtsmissbrauch, unabwendbare Verhinderung 626 BGB 382
- Rechtsmissbrauch, Zugangsvereitelung 626 BGB 379
- Schadensersatz 628 BGB 22
- Schwerbehinderte Menschen 626 BGB 360
- Schwerbehinderte Menschen, Zustimmung 626 BGB 357
- Stationierungsstreitkräfte Art.56 NATO-ZusAbk 23
- Strafurteil, Rechtskraft 626 BGB 339
- Strafverfahren, laufendes 626 BGB 339
- Umdeutung, bei versäumter Ausschlussfrist 626 BGB 333
- Unabdingbarkeit 626 BGB 328, 335
- und Mitbestimmung des Betriebs-/Personalrats 626 BGB 350
- Unkündbarkeit, bestehende 626 BGB 340
- Verdachtskündigung 626 BGB 338
- Vermutung, unwiderlegbare gesetzliche 626 BGB 330
- Vertretung, Zurechnung der Kenntnis 626 BGB 362
- Vertretungsmacht, fehlende 626 BGB 334
- Verwirkungstatbestand, Konkretisierung 626 BGB 329
- Wiedereinsetzung 626 BGB 332
- Zugang 626 BGB 376
- Zustimmung, bei Schwangerschaft 626 BGB 355
- Zustimmung, Elternzeit 626 BGB 356
- Zustimmung, Mutterschutz 626 BGB 355
- Zustimmung, Schwerbehinderte Menschen 626 BGB 357

Stichwortverzeichnis

- Zustimmungserfordernis 15 KSchG 61; 626 BGB 351
- Zustimmungserfordernis, behördliches 626 BGB 355
- Zustimmungsersetzung 103 BetrVG 75
- Zustimmungsersetzungsverfahren 626 BGB 352
- Zustimmungsersetzungsverfahren, Einigungsstelle 102 BetrVG 347
- Zustimmungsersetzungsverfahren, irrtümliche Einleitung 103 BetrVG 118
- Zweck 626 BGB 328
- zwingende Wirkung 626 BGB 335

Außerordentliche Kündigung, Darlegungs- und Beweislast 626 BGB 393
- Abmahnung, als Voraussetzung 626 BGB 395
- Ausschlussfrist, Bestreiten mit Nichtwissen 626 BGB 402
- Ausschlussfrist, Hemmung 626 BGB 402
- Ausspruch Kündigung 626 BGB 395
- Beweisverwertungsverbot 626 BGB 400
- Indizien 626 BGB 398
- Irrtum 626 BGB 399
- Kündigung 626 BGB 393
- Persönlichkeitsrecht 626 BGB 400
- Rechtfertigungsgründe 626 BGB 395
- Rechtsirrtum 626 BGB 399
- Sachvortragsverwertungsverbot 626 BGB 400
- Substantiierungslast 626 BGB 397
- Verschulden 626 BGB 399
- Weiterbeschäftigungsmöglichkeit 626 BGB 395
- Wichtiger Grund 626 BGB 395

Außerordentliche Kündigung, Einigungsvertrag
- Ausschlussfrist 626 BGB 382
- Rechtsgrundlage 626 BGB 493

Außerordentliche Kündigung, Interessenabwägung 626 BGB 249, 462
- außerordentliche Änderungskündigung 626 BGB 217
- befristete Kündigung 626 BGB 323
- bei mehreren Kündigungsgründen 626 BGB 260
- Beschränkung, vertragsbezogene Interessen 626 BGB 251
- betriebliche Auswirkungen 626 BGB 254
- betriebsbedingte Gründe 626 BGB 262
- Betriebsratsmitglied, Konfliktsituation 15 KSchG 53
- Betriebszugehörigkeit 626 BGB 250, 255, 463, 464
- Entgeltanspruch, Verlust 626 BGB 257
- Gesichtspunkte 626 BGB 250
- Gesichtspunkte, arbeitsvertragsbezogene 626 BGB 252
- Kündigungsgrund, vertragliche Erweiterung 626 BGB 76
- Kündigungsgründe, verziehene 626 BGB 264
- Lage auf dem Arbeitsmarkt 626 BGB 257
- Lebensalter 626 BGB 250, 255
- Leistungen im Arbeitsverhältnis 626 BGB 255
- Mischtatbestände 626 BGB 260
- personenbezogene Umstände 626 BGB 255
- Privatsphäre 626 BGB 251
- Rechtsirrtum 626 BGB 255
- revisionsrechtliche Überprüfung 626 BGB 406
- Schaden 626 BGB 256
- Schadensersatzpflicht 626 BGB 257
- strafbare Handlungen 626 BGB 462
- Tendenzträger 626 BGB 258
- Unterhaltspflichten 626 BGB 250, 255
- Verschuldensgrad 626 BGB 146, 255
- verwirkte und verfristete Gründe 626 BGB 263
- wirtschaftliche Folgen für Arbeitnehmer 626 BGB 257
- wirtschaftliche Lage des Arbeitgebers 626 BGB 250, 255
- wirtschaftliche Lage des Arbeitnehmers 626 BGB 255

Außerordentliche Kündigung, Schadensersatz 628 BGB 19
- Abdingbarkeit 628 BGB 2
- Alternativverhalten, rechtmäßiges 628 BGB 51
- Anlass Vertragsbeendigung 628 BGB 20
- Auflösungsverschulden 628 BGB 25
- Ausschlussfrist 628 BGB 22
- Beendigungstatbestände, erfasste 628 BGB 20
- Berufsausbildungsverhältnis 628 BGB 3
- bisherige ~ 628 BGB 12
- Darlegungs- und Beweislast 628 BGB 57
- Entschädigung (628 BGB 8
- Ersatzkraft 628 BGB 52
- Geltungsbereich, erfasste Vertragsverhältnisse 628 BGB 3
- Geltungsbereich, Sonderregelungen 628 BGB 3
- Gewinn, entgangener 628 BGB 54
- Handelsvertreter, Sonderregelung 628 BGB 3
- Inseratskosten 628 BGB 50
- Insolvenz 628 BGB 61
- Kausalität 628 BGB 48, 50
- Kausalität, hypothetische 628 BGB 56
- Kosten Neubesetzung 628 BGB 50
- Kündigung, wirksame 628 BGB 21
- Mitverschulden 628 BGB 34
- nach Auflösung, gerichtlicher 628 BGB 22
- Pauschalierung 628 BGB 2
- Schaden 628 BGB 36
- Schaden, Differenzmethode 628 BGB 37
- Schadensbegriff 628 BGB 37
- Schadensberechnung Arbeitgeber 628 BGB 47
- Schadensberechnung Arbeitnehmer 628 BGB 41
- Schadensminderungspflicht 628 BGB 34, 46
- Schadensumfang, besonderer Kündigungsschutz 628 BGB 39
- Schadensumfang, zeitlicher 628 BGB 38
- Sozialversicherungsbeitrag 628 BGB 59
- sozialversicherungsrechtliche Behandlung 628 BGB 59
- überobligatorische Leistungen 628 BGB 55

- Verfrühungsschaden 628 BGB 38, 52
- Verjährung 628 BGB 58
- Verschulden 628 BGB 25
- Verschulden, beiderseitiges 628 BGB 35
- Verschulden, fehlendes 628 BGB 26
- Vertragsbruch, Auslegung 628 BGB 5
- Vertragsstrafe, Abgrenzung 628 BGB 4
- vertragswidriges Verhalten 628 BGB 26
- Vorteilsausgleichung 628 BGB 46
- zeitliche Begrenzung 628 BGB 38
- Zweck 628 BGB 1, 19

Außerordentliche Kündigung, Sonderregelungen
- Arbeitsbeschaffungsmaßnahme 626 BGB 15
- Berufsausbildungsverhältnis 626 BGB 9
- Betriebsrat, Mitwirkung 626 BGB 20
- Elternzeit 626 BGB 14
- Familienpflegezeit 626 BGB 18
- Handelsvertreter 626 BGB 11
- Heimarbeiter 626 BGB 5
- in der Insolvenz 626 BGB 13
- Personalrat, Mitwirkung 626 BGB 20
- Pflegezeit 626 BGB 18
- Schwangerschaft 626 BGB 18
- Schwerbehinderte Menschen 626 BGB 19
- Seeschifffahrt 626 BGB 8
- Soldaten 626 BGB 16
- Zustimmung des Betriebsrats 626 BGB 20
- Zustimmung des Personalrats 626 BGB 20
- Zustimmungserfordernis 626 BGB 20
- Zustimmungserfordernisse 626 BGB 17

Außerordentliche Kündigung, wichtiger Grund
- Absatzschwierigkeiten 626 BGB 162
- absolute Kündigungsgründe 626 BGB 95
- Amtspflichtverletzung 15 KSchG 48
- an sich geeigneter 626 BGB 94
- arbeitnehmerähnliche Person, Handelsvertreter Arbeitnehmerähnliche Personen (ArbNähnl. Pers.) 129
- Arbeitsmangel 626 BGB 162
- Arbeitsordnung 626 BGB 180
- Arbeitsverweigerung 626 BGB 148
- Ausbildungsbefugnis, Entzug oder Fehlen 626 BGB 143
- außerdienstliches Verhalten 626 BGB 121, 129
- Auswirkung auf das Arbeitsverhältnis 626 BGB 118, 178
- Bagatelldelikt 626 BGB 106
- Beeinträchtigung des Arbeitsverhältnisses 626 BGB 102
- beharrliche Vertragspflichtverletzung 626 BGB 154
- Berufsausbildungsverhältnis 23 BBiG 44
- betriebsbedingte Gründe 626 BGB 162
- Betriebsfrieden 626 BGB 180
- Betriebsfrieden, Gefährdung 626 BGB 124
- Betriebsstilllegung 626 BGB 162, 165
- Beurteilungsspielraum 626 BGB 88
- Dauertatbestand, Unzumutbarkeit 626 BGB 345

- Demonstrationsaufruf 626 BGB 126
- Diskriminierung 626 BGB 100, 219
- Druckkündigung, Herbeiführung durch Arbeitgeber 626 BGB 219
- Entstehungsgeschichte 626 BGB 81
- Facebook, Äußerungen 626 BGB 120
- fahrlässiges Verhalten 626 BGB 146
- Freiheitsstrafe 626 BGB 142
- geringfügige Pflichtverletzung 626 BGB 106
- gesetzliche Wertungen 626 BGB 95
- gewerkschaftliche Betätigung 626 BGB 100
- Gewissensentscheidung 626 BGB 148
- Gleichbehandlungsgrundsatz 626 BGB 324
- Gleichbehandlungsgrundsatz, Arbeitskampf 626 BGB 327
- Gleichbehandlungsgrundsatz, Selbstbindung 626 BGB 324
- Gründe in der Person 626 BGB 135
- Interessen, vertragsbezogene 626 BGB 101
- Irrtum des Kündigenden 626 BGB 111
- Kinderbetreuung 626 BGB 149
- Konkurrenztätigkeit 626 BGB 121
- Kopftuchverbot 626 BGB 148
- Kündigungsgründe, absolute 626 BGB 88
- Kündigungsverbote 626 BGB 100
- Kunstfreiheit 626 BGB 124
- Leistungsbereich 626 BGB 178, 179
- Leistungsverweigerungsrecht 626 BGB 148
- Leistungsverweigerungsrecht, Entgeltrückstand 626 BGB 150
- mehrere 626 BGB 171
- Meinungsfreiheit 626 BGB 123
- Meinungsfreiheit, Rücksichtnahmegebot 626 BGB 123
- Mindestschaden 626 BGB 106
- Motiv des Kündigenden 626 BGB 112
- Motiv des Kündigenden, Diskriminierung 626 BGB 114
- nach Zugang entstandener 626 BGB 188
- Nebentätigkeit 626 BGB 121
- objektive Theorie 626 BGB 92
- Öffentlicher Dienst, Treuepflicht 626 BGB 126
- Person des Kündigenden 626 BGB 157
- Pflichtverletzungen 626 BGB 137, 179
- Plakettentragen im Betrieb 626 BGB 125
- politische Betätigung 626 BGB 100, 180
- Rechtsbegriff, unbestimmter 626 BGB 88
- Rechtsirrtum, unverschuldeter 626 BGB 150
- religiöse Betätigung 626 BGB 148
- revisionsrechtliche Überprüfung 626 BGB 406
- Schmähkritik 626 BGB 124
- Sicherheitsbedenken 626 BGB 133
- soziale Netzwerke, Äußerungen 626 BGB 120
- Straftat 626 BGB 121
- Streikarbeit, Weigerung 626 BGB 148
- subjektive Theorie 626 BGB 92
- Systematisierung 626 BGB 135

Stichwortverzeichnis

- Tendenzbetrieb, außerdienstliches Verhalten 626 BGB 129
- ungeeigneter 626 BGB 98
- Unternehmensbereich 626 BGB 182
- Unternehmerrisiko 626 BGB 103
- Verfassungstreue 626 BGB 127
- Verschulden 626 BGB 146
- Vertragsverletzung 626 BGB 144
- Vertrauensbereich 626 BGB 181
- Vertrauliche Äußerung 626 BGB 120
- vor Beginn des Arbeitsverhältnisses 626 BGB 187
- vorgeschobener 626 BGB 113
- Wehrdienst 626 BGB 149
- Wehrdienst, Einberufung 2 ArbPlSchG 22
- Wehrdienst, Unzumutbarkeit Einstellung einer Ersatzkraft 2 ArbPlSchG 25
- Wettbewerb 626 BGB 121
- Wettbewerbsverbot, Verstoß 626 BGB 144
- Zeitpunkt, maßgebender 626 BGB 116
- Zugang als maßgebender Zeitpunkt 626 BGB 185

Aussperrung
- lösende, Betriebsratsanhörung 102 BetrVG 54
- Wartezeit, Berechnung 1 KSchG 123

Aussperrungsunterstützung, Steuerrecht 34 EStG 63

Ausstrahlung
- Mitbestimmung des Betriebsrats Artikel28 126

Auswahlrichtlinien
- Änderungskündigung 2 KSchG 164
- Begriff 102 BetrVG 202
- berechtigte betriebliche Interessen 1 KSchG 779
- Betriebsratsanhörung, Widerspruch 102 BetrVG 201
- Betriebsvereinbarung 1 KSchG 773
- Betriebsvereinbarungen 102 BetrVG 207
- Darlegungs- und Beweislast 1 KSchG 780
- Maßstäbe 102 BetrVG 204
- Maßstäbe und Grenzen 1 KSchG 774
- Mitbestimmungsrecht 102 BetrVG 207
- Punktesysteme und -tabellen 102 BetrVG 205
- richtlinienkonforme Auslegung 1 KSchG 776
- Überprüfung, gerichtliche 1 KSchG 775
- Unwirksamkeit, Rechtsfolgen 1 KSchG 778
- Verstoß gegen -, sozialwidrige Kündigung 1 KSchG 206
- Vorauswahl 1 KSchG 777
- Widerspruch, Betriebsrat 1 KSchG 807

Auszubildende
- Pflegezeit 9 PflegeZG 17
- Übernahmeanspruch 127 18
- Weiterbeschäftigungsanspruch nach Ausbildung 78a BetrVG 13

Bagatelldelikt, außerordentliche Kündigung 626 BGB 106, 445

Baugewerbe, Massenentlassung 22 KSchG 3

Beamte
- Kündigungsschutz 1 KSchG 86
- Mutterschutz 17 MuSchG 44
- Mutterschutz- und Elternzeitverordnung 17 MuSchG 45

Bedarfsarbeitsverhältnis, Kündigungsschutz 1 KSchG 75

Bedingungskontrollklage 21 TzBfG 51

Beendigung Arbeitsverhältnis (ohne Kündigung)
- Abberufung, AGB-DDR 1 KSchG 196
- Altersgrenze 620 BGB 46
- Auflösung, gerichtliche 620 BGB 37
- Aussperrung 620 BGB 31
- Beendigungstatbestände 623 BGB 67
- Betriebsratsanhörung 102 BetrVG 46
- Dienstordnungsangestellte, Entlassung 1 KSchG 195
- Disziplinarmaßnahme 620 BGB 36
- durch Tod 626 BGB 63
- Erwerbsminderung 33 TVöD 7
- Erwerbsunfähigkeit 620 BGB 46
- Geschäftsgrundlage, Wegfall 620 BGB 61
- Heuerverhältnis Seearbeitsgesetz (SeeArbG) 31
- Nichtfortsetzungserklärung 620 BGB 34
- öffentlicher Dienst 33 TVöD 1
- Regelaltersgrenze, gesetzliche 33 TVöD 2
- Regelaltersgrenze, Weiterbeschäftigung 33 TVöD 22
- Tod des Arbeitgebers 1 KSchG 194; 620 BGB 57
- Tod des Arbeitnehmers 1 KSchG 192; 620 BGB 58
- Unmöglichkeit, anfängliche 620 BGB 59
- vorläufige Einstellung 1 KSchG 186; 620 BGB 32
- vorläufige Einstellung, Zurückweisung Zustimmungsersetzungsantrag 1 KSchG 187
- Wahlrecht zwischen Arbeitsverhältnissen 12 KSchG 2

Beendigung Ausbildungsverhältnis 78a BetrVG 30

Befristung 620 BGB 3
- Abgrenzung 620 BGB 62
- Abschlussnorm 22 TzBfG 6
- Akkordvertrag 3 TzBfG 14
- allgemeine Feststellungsklage 17 TzBfG 7
- Allgemeines 620 BGB 1
- Altersgrenze 33 TVöD 2
- Altersgrenze, als ~ 21 TzBfG 43
- Arbeitnehmer mit Sonderkündigungsschutz 14 TzBfG 73
- Arbeitnehmer ohne Kündigungsschutz 14 TzBfG 70
- Arbeitserlaubnis, befristete 3 TzBfG 16
- Arbeitslosmeldung 15 TzBfG 2
- Arbeitsvertrag, Auslegung 3 TzBfG 7
- Arbeitsvertrag, Inhaltskontrolle 3 TzBfG 9
- Arbeitsvertrag, maßgebender 14 TzBfG 129
- Arbeitsvertragsbeendigung 15 TzBfG 4
- Arten 3 TzBfG 32

Stichwortverzeichnis

- Aufhebungsvertrag, Abgrenzung 3 TzBfG 6; 620 BGB 28
- auflösende Bedingung 620 BGB 116
- Aus- und Weiterbildung, angemessene 19 TzBfG 3
- Aus- und Weiterbildung, Darlegungs- und Beweislast 19 TzBfG 13
- Aus- und Weiterbildung, entgegenstehende Gründe 19 TzBfG 10
- Aus- und Weiterbildung, Teilnahmeanspruch 19 TzBfG 7
- Aushilfsarbeitsverhältnis, Auslegung 3 TzBfG 11
- Auslegung Arbeitsvertrag 3 TzBfG 7
- Ausnahme vom Regelfall 620 BGB 16
- Ausnahmen vom Vorbeschäftigungsverbot 14 TzBfG 569, 577
- Beamte 14 TzBfG 82
- Beendigungszeitpunkt 15 TzBfG 4
- befristeter Arbeitsvertrag, Begriff 3 TzBfG 1, 3
- Befristungsarten, mehrere 3 TzBfG 51
- Befristungsdauer, Sachgrunderfordernis 14 TzBfG 120
- Befristungsrichtlinie 14 TzBfG 2
- Benachteiligung 4 TzBfG 10
- Benachteiligung wegen ~ 14 TzBfG 39
- Benachteiligung, Betriebsratsmitglied 14 TzBfG 76
- Benachteiligung, Kausalität 4 TzBfG 13, 14
- Benachteiligung, Nichtverlängerung 14 TzBfG 40
- Benachteiligung, Rechtsfolgen 4 TzBfG 17
- Benachteiligungsverbot 4 TzBfG 1
- Benachteiligungsverbot, Aus- und Weiterbildungsmaßnahmen 19 TzBfG 1
- Benachteiligungsverbot, Betriebsbezug 4 TzBfG 7
- Benachteiligungsverbot, Darlegungs- und Beweislast 4 TzBfG 27
- Benachteiligungsverbot, Entgelt 4 TzBfG 19
- Benachteiligungsverbot, Entgelt, Bemessungszeitraum 4 TzBfG 23
- Benachteiligungsverbot, Unabdingbarkeit 4 TzBfG 4
- Benachteiligungsverbot, Wartezeitregelungen 4 TzBfG 27
- Berufsausbildungsverhältnis 14 TzBfG 82
- Berufsfreiheit 14 TzBfG 52
- Bestimmbarkeit der Dauer 3 ÄArbVtrG 24
- Betriebsübergang, Kündigungsverbot 613a BGB 114
- Darlegungs- und Beweislast 14 TzBfG 594, 755
- Fortsetzungsanspruch, Fürsorgepflicht 17 TzBfG 74
- Geltungsbereich, betrieblicher (TzBfG) 620 BGB 99
- gesetzliche Entwicklung, TzBfG 620 BGB 90
- Heimarbeitsverhältnis 14 TzBfG 82
- Kündigung 620 BGB 66

- Kündigungsschutz, Erweiterung 1 KSchG 39
- mittelbare Benachteiligung 4 TzBfG 14
- nichtiger ~ 17 MuSchG 177
- nichtiger, berufen auf 626 BGB 49
- nichtiger, Nachtarbeitsverbot 17 MuSchG 179
- Nichtverlängerungsmitteilung 620 BGB 65
- Stationierungsstreitkräfte Art. 56 NATO-ZusAbk 10
- Tarifautonomie 620 BGB 117
- Teilzeit- und Befristungsgesetz, Geltungsbereich, personeller 620 BGB 97
- Treuwidrige Kündigung 242 BGB 29
- unmittelbare Benachteiligung 4 TzBfG 13

Befristung (öffentlicher Dienst)
- sachgrundlos 30 TVöD 8
- sachgrundlos, Höchstdauer 30 TVöD 8
- sachgrundlos, Mindestdauer 30 TVöD 8
- sachgrundlos, Verlängerungsverträge 30 TVöD 9

Befristung, ältere Arbeitnehmer 14 TzBfG 648
- Befristungsdauer 14 TzBfG 677
- Beschäftigungslosigkeit 14 TzBfG 669
- Beschäftigungslosigkeit, Arbeitslosigkeit, Verhältnis 14 TzBfG 672
- Beschäftigungslosigkeit, Aushilfstätigkeit 14 TzBfG 672
- Beschäftigungslosigkeit, bestehendes Arbeitsverhältnis 14 TzBfG 674
- Darlegungs- und Beweislast 14 TzBfG 687
- Entwicklung, gesetzliche 14 TzBfG 648
- Höchstbefristung 14 TzBfG 677
- Höchstbefristung, Unterbrechungen 14 TzBfG 680
- Lebensalter (52 Jahre) 14 TzBfG 668
- Neuregelung (2007) 14 TzBfG 658
- Rechtsmissbrauch 14 TzBfG 685
- unionsrechtliche Konformität 14 TzBfG 658
- unionsrechtliche Konformität (Altregelung) 14 TzBfG 651
- unionsrechtliche Konformität (Altregelung), Vertrauensschutz 14 TzBfG 655
- Verfassungskonformität 14 TzBfG 665
- Verhältnis zu 14 TzBfG 684
- Verlängerung 14 TzBfG 682

Befristung, Beendigung
- bei Bindung für mehr als 5 Jahre 624 BGB 23
- Verlängerung der Dienstverpflichtung 624 BGB 24

Befristung, Eigenart der Arbeitsleistung 14 TzBfG 298
- Auslandsprogramme 14 TzBfG 331
- Bühnenengagement 14 TzBfG 307
- Bühnenpersonal 14 TzBfG 309
- Chor 14 TzBfG 313
- Film, Fernsehen 14 TzBfG 317
- Hilfsorganisation, Auslandseinsatz 14 TzBfG 301
- Kirchen 14 TzBfG 302
- Kunstfreiheit 14 TzBfG 300
- künstlerische Tätigkeit 14 TzBfG 307

3129

Stichwortverzeichnis

- Leistungssport 14 TzBfG 334
- Medien 14 TzBfG 317, 321
- Orchester 14 TzBfG 312
- politische Einrichtungen 14 TzBfG 305
- Profisportler, Prüfungsmaßstab 14 TzBfG 342
- Profisportler, Verlängerungsoption 14 TzBfG 342
- programmgestaltende Tätigkeit 14 TzBfG 323
- Rundfunkfreiheit 14 TzBfG 300, 320, 321
- Rundfunkfreiheit, Auslandsprogramme 14 TzBfG 331
- Rundfunkfreiheit, technisches Personal 14 TzBfG 328
- Spitzensportler 14 TzBfG 301
- Sport 14 TzBfG 334
- Tanz 14 TzBfG 314
- tarifliche Regelungen 14 TzBfG 310
- tarifliche Regelungen, Bühnenpersonal 14 TzBfG 310
- Tendenzbetrieb 14 TzBfG 298, 302, 305
- Trainer 14 TzBfG 334
- Trainer, Prüfungsmaßstab 14 TzBfG 341

Befristung, Erprobung 14 TzBfG 345
- Arbeitsverhältnis, vorangegangenes 14 TzBfG 348
- Befristungsdauer 14 TzBfG 354
- Befristungskombinationen 14 TzBfG 347, 348
- Benachteiligung 14 TzBfG 364
- Benachteiligung, Fortsetzungsanspruch 14 TzBfG 364; 17 TzBfG 68
- Betriebsübergang 14 TzBfG 349

Befristung, gerichtlicher Vergleich 14 TzBfG 497
- außergerichtlicher - 14 TzBfG 482
- Entfristungsklage, spätere 14 TzBfG 482
- Mitwirkung des Gerichts 14 TzBfG 482
- Schriftformerfordernis 14 TzBfG 486
- Streit der Parteien 14 TzBfG 487
- Vergleichsvorschlag, eingereichter 14 TzBfG 491
- Verzicht auf Entfristungsklage 14 TzBfG 492
- Zweck 14 TzBfG 492

Befristung, gesetzliche Regelungen
- ÄArbVtrG 3 ÄArbVtrG 1; 620 BGB 71
- Allgemeines Gleichbehandlungsgesetz 620 BGB 72
- Altersgrenze (SGB VI) 23 TzBfG 21, 28; Allgemeine Grundsätze des Sozialrechts 103
- Altersgrenze (SGB VI), Hinausschieben 23 TzBfG 28
- Altersteilzeitgesetz 23 TzBfG 4; 620 BGB 80
- Arbeitnehmerüberlassungsgesetz 23 TzBfG 7; 620 BGB 74
- Arbeitsplatzschutzgesetz 23 TzBfG 8; 620 BGB 73
- Berufsbildungsgesetz 23 TzBfG 9; 620 BGB 75
- Bundeselterngeld- und Elternzeitgesetz 23 TzBfG 11; 620 BGB 76
- Eignungsübungsgesetz 23 TzBfG 14
- Eingliederungsvertrag 23 TzBfG 19
- Einigungsvertrag 23 TzBfG 17
- Familienpflegezeit 16 FPfZG 17
- Familienpflegezeitgesetz 23 TzBfG 18
- Forschungseinrichtungen, staatliche 5 WissZeitVG 1
- Landesgesetze 23 TzBfG 19
- Landesregelungen 620 BGB 84
- Nachweisgesetz 620 BGB 81
- Pflegezeit 9 PflegeZG 64
- Pflegezeitgesetz 23 TzBfG 20
- Regelungen, gesetzliche 620 BGB 70
- Sozialgesetzbuch VI 620 BGB 78
- studentische Hilfskräfte 6 WissZeitVG 1
- Teilzeit- und Befristungsgesetz, Geltungsbereich, zeitlicher 620 BGB 100
- Teilzeit- und Befristungsgesetz, Überblick 620 BGB 101
- TzBfG, Übergangsregelungen 620 BGB 123
- Verhältnis 23 TzBfG 1
- Wissenschaftszeitvertragsgesetz 23 TzBfG 36; 620 BGB 77
- Zivildienstgesetz 23 TzBfG 38

Befristung, Haushaltsmittel 14 TzBfG 439
- Befassung mit konkreter Stelle 14 TzBfG 461
- Befristungsdauer, Kongruenz 14 TzBfG 449
- Daueraufgaben, befristete Finanzierung 14 TzBfG 454
- Drittmittelfinanzierung 14 TzBfG 477
- Gebietskörperschaften 14 TzBfG 458
- Gesamtvertretung, Abgrenzung 14 TzBfG 475
- Gleichheitssatz, Privilegierung öffentlicher Dienst 14 TzBfG 473
- Haushaltsmitteleinsatz 14 TzBfG 450
- Kirchen, kirchliche Einrichtungen 14 TzBfG 457
- Körperschaften, öffentlich-rechtliche 14 TzBfG 458
- öffentlicher Dienst 14 TzBfG 439
- Pauschalmittel 14 TzBfG 452
- Planstelle, Zuordnung 14 TzBfG 463
- Privilegierung öffentlicher Dienst 14 TzBfG 473
- Prognose 14 TzBfG 445, 446

Befristung, Klage
- Annexbefristung 17 TzBfG 64
- Arbeitsvertrag, maßgebender 14 TzBfG 129
- Arbeitsvertrag, vorangegangener 14 TzBfG 131
- Arbeitsvertrag, vorangegangener, als Annexvertrag 14 TzBfG 138
- des Arbeitgebers 17 TzBfG 45
- Feststellungsinteresse 17 TzBfG 14
- Feststellungsklage 17 TzBfG 13
- Fortsetzungsanspruch 17 TzBfG 90
- Fürsorgepflicht des Arbeitgebers 17 TzBfG 74
- Klageantrag 17 TzBfG 13, 44
- Klageerhebung 17 TzBfG 13
- Klagefrist 14 TzBfG 140
- Neuabschluss, Vorbehaltsvereinbarung 14 TzBfG 130; 17 TzBfG 63
- Rechtskraft, Umfang 17 TzBfG 52
- revisionsrechtliche Überprüfung 17 TzBfG 49

Stichwortverzeichnis

- Streitgegenstand 14 TzBfG 129; 17 TzBfG 13, 51
- Verfahren 17 TzBfG 43
- verlängerte Anrufungsfrist 6 KSchG 28
- verlängerte Anrufungsfrist, Hinweispflicht 6 KSchG 28
- Vertrauensschutz Arbeitnehmer 17 TzBfG 71
- Vorbehaltsvereinbarung 14 TzBfG 136
- Weiterbeschäftigung 17 TzBfG 46

Befristung, Klagefrist 14 TzBfG 140
- ÄArbVtrG 3 ÄArbVtrG 31
- Arbeitsverhältnisse, erfasste 17 TzBfG 4
- außerordentliche Kündigung 13 KSchG 15
- Befristung einzelner Arbeitsbedingungen 17 TzBfG 12
- Befristung, aufeinanderfolgende 17 TzBfG 58
- Befristung, kalendermäßige 17 TzBfG 19
- bei Kettenbefristungen 17 TzBfG 58
- Entwicklung, gesetzliche 17 TzBfG 1
- Fiktionswirkung 17 TzBfG 56
- Fortsetzung 17 TzBfG 38
- Fortsetzung Arbeitsverhältnis, Anwendungsbereich 17 TzBfG 30
- Fortsetzung nach Beendigung 17 TzBfG 29
- Fortsetzung, Arbeitgebererklärung 17 TzBfG 35
- Fortsetzung, Kenntnis Arbeitgeber 17 TzBfG 31
- Fortsetzung, Übergangsregelung 17 TzBfG 40
- Geltendmachung weiterer Unwirksamkeitsgründe 17 TzBfG 54
- Geltungsbereich, Befristungsarten 17 TzBfG 2
- Geltungsbereich, sachlicher 17 TzBfG 4
- Klage vor Fristbeginn 17 TzBfG 41
- Klage vor Fristbeginn, Feststellungsinteresse 17 TzBfG 41
- Klagefristberechnung 17 TzBfG 19
- nachträgliche Zulassung 17 TzBfG 53
- Präklusion 17 TzBfG 56
- Schriftform, Formmangel 14 TzBfG 752
- Unwirksamkeit, weitere Gründe 14 TzBfG 143
- Unwirksamkeitsgründe, Ausnahmen 17 TzBfG 8
- Unwirksamkeitsgründe, erfasste 17 TzBfG 2, 5
- Vertretung bei Mutterschutz/Elternzeit 21 BEEG 78
- Wirksamwerden bei Versäumung 7 KSchG 9
- Zustimmung, behördliche 17 TzBfG 18

Befristung, Mutterschutz/Elternzeit
- Arbeitnehmerüberlassung 21 BEEG 12
- Arbeitsvertragsschluss 21 BEEG 19
- auflösende Bedingung 21 BEEG 56
- Beendigung infolge Befristung 21 BEEG 57
- Befristung, mehrfache 21 BEEG 42
- Befristung, sachgrundlose 21 BEEG 8
- Befristungsdauer 21 BEEG 42
- Befristungsregelungen, Verhältnis 21 BEEG 6
- bei Elternzeit 21 BEEG 18
- Beschäftigungsverbot nach MuSchG 21 BEEG 18
- Beschäftigungsverbot, während 21 BEEG 42
- Beschäftigungsverbote als Sachgrund 21 BEEG 33
- Betriebsratsbeteiligung 21 BEEG 31, 47
- Darlegungs- und Beweislast 21 BEEG 24
- Einarbeitungszeit 21 BEEG 45
- Einarbeitungszeit, Beteiligung Betriebsrat 21 BEEG 47
- Elternzeit als Sachgrund 21 BEEG 34
- Elternzeit, berechtigte Inanspruchnahme 21 BEEG 37
- Elternzeit, erwartete Inanspruchnahme 21 BEEG 37
- Entfristungsklage, Klagefrist 21 BEEG 82
- Entstehungsgeschichte 21 BEEG 1
- Entwicklung, gesetzliche 21 BEEG 1
- Familienpflegezeitvertretung 21 BEEG 14
- Gesamtvertretung, Schulen 21 BEEG 23
- Grundsatz 18 BEEG. 27
- kalendermäßige Befristung 21 BEEG 48
- kalendermäßige und Zweckbefristung 21 BEEG 53
- Kausalitätserfordernis 21 BEEG 21
- Kettenbefristung, Rechtsmissbrauch 21 BEEG 27
- Kettenbefristung, Schulen 21 BEEG 30
- Kinderbetreuung, Freistellung 21 BEEG 39
- Kinderbetreuungszeiten, andere Rechtsgrundlagen 21 BEEG 16
- Kongruenz Abwesenheit/Befristungsdauer 21 BEEG 25
- Kündigung, außerordentliche 21 BEEG 58
- Kündigung, vereinbarte ordentliche 21 BEEG 59
- Kündigung, vorzeitige Beendigung 21 BEEG 58
- Kündigungsrecht, besonderes 21 BEEG 7
- Personalratsbeteiligung 21 BEEG 32
- Pflegezeitvertretung 21 BEEG 13
- Prognose Arbeitgeber 21 BEEG 25
- Prognose Rückkehr Arbeitnehmer(in) 21 BEEG 26
- Prognose, spätere Entwicklung 21 BEEG 36
- Rechtsmissbrauch, Kettenbefristung 21 BEEG 27
- Sachgrund der Vertretung 21 BEEG 18
- Sachgrundbefristung (TzBfG) 21 BEEG 8
- Sachgründe, verschiedene 21 BEEG 7
- Schriftform 21 BEEG 19
- Schwellenwertberechnung 21 BEEG 76
- Schwellenwertberechnung, allgemeiner Rechtsgedanke 21 BEEG 78
- Sonderkündigungsrecht, Abdingbarkeit 21 BEEG 73
- Sonderkündigungsrecht, Ausschluss KSchG 21 BEEG 72
- Sonderkündigungsrecht, gesetzliches 21 BEEG 60
- Sonderkündigungsrecht, Kündigungsfrist 21 BEEG 68
- Sonderkündigungsrecht, Zweck 21 BEEG 61
- tarifliche Regelungen, Kinderbetreuungszeiten 21 BEEG 16

3131

- Unabdingbarkeit, einseitige 21 BEEG 15
- unbefristetes Arbeitsverhältnis, Übergang 21 BEEG 74
- und Ärzte in der Weiterbildung 21 BEEG 9
- und Befristung, Hochschulen 21 BEEG 9
- Verbot der Doppelzahlung 21 BEEG 76
- Vertretung, mittelbare 21 BEEG 21
- Vertretungskonzept 21 BEEG 21
- Vorratsbefristung 21 BEEG 23
- Zweck 21 BEEG 1
- Zweckbefristung 21 BEEG 19, 49
- Zweckbefristung, Ausflauffrist 21 BEEG 51

Befristung, nach Studium oder Ausbildung 14 TzBfG 220
- Anschlussbefristung 14 TzBfG 230
- Anschlussbefristung, Unterbrechung 14 TzBfG 230
- Arbeitgeberstellung 14 TzBfG 229
- Ausbildung 14 TzBfG 226
- Befristung, mehrfache 14 TzBfG 100
- Befristungsdauer 14 TzBfG 233
- Erprobung, Abgrenzung 14 TzBfG 223
- Ersteinstellung 14 TzBfG 231
- EU-rechtliche Grundlagen 14 TzBfG 225
- Öffentlicher Dienst, Erlasse 14 TzBfG 238
- Richterrecht 14 TzBfG 220
- Studium 14 TzBfG 228
- tarifliche Regelungen 14 TzBfG 238
- Tarifregelungen 17 TzBfG 87
- Überbrückung, soziale, Abgrenzung 14 TzBfG 222
- Überbrückungszweck, Abgrenzung 14 TzBfG 222
- Überbrückungszweck, Kausalität 14 TzBfG 236
- Umschulung, betriebliche 14 TzBfG 227
- Unterbrechung vor ~ 14 TzBfG 232
- Weiterbildung, betriebliche 14 TzBfG 227
- Zweck 14 TzBfG 221, 223

Befristung, Person des Arbeitnehmers 14 TzBfG 370
- Altersgrenze 14 TzBfG 412
- Arbeitsbeschaffungsmaßnahme 14 TzBfG 394
- Arbeitserlaubnis 14 TzBfG 404
- Arbeitsförderungsmaßnahme 14 TzBfG 394
- Arbeitsplatzsuche 14 TzBfG 385
- Aufenthaltserlaubnis 14 TzBfG 404
- Ausbildung 14 TzBfG 410
- Beschäftigungsdauer 14 TzBfG 402
- Beschäftigungsvoraussetzung, öffentlich-rechtliche 14 TzBfG 408
- Bürgerarbeit 14 TzBfG 397
- Eignungsvoraussetzung 14 TzBfG 409
- Einarbeitungszuschuss 14 TzBfG 397
- Eingliederungsmaßnahme 14 TzBfG 393
- Eingliederungszuschuss 14 TzBfG 397
- Einzelfälle 14 TzBfG 371
- Entsendung 14 TzBfG 411
- Fortbildung 14 TzBfG 410
- Lektor 14 TzBfG 411
- Nebentätigkeit 14 TzBfG 399
- Regelaltersgrenze 14 TzBfG 412
- Regelaltersgrenze, nachfolgendes Arbeitsverhältnis 14 TzBfG 421
- Sozialhilfemaßnahmen 14 TzBfG 388
- Studierende 14 TzBfG 380
- Teilzeitbeschäftigung 14 TzBfG 403
- Überbrückung, soziale 14 TzBfG 382
- Überbrückung, soziale, Befristungsdauer 14 TzBfG 387
- Überbrückung, soziale, öffentlicher Dienst 14 TzBfG 386
- Versorgungsanspruch, Erwerb 14 TzBfG 384
- Weiterbildung 14 TzBfG 410
- Wunsch Arbeitnehmer 14 TzBfG 374
- Wunsch Arbeitnehmer, objektive Anhaltspunkte 14 TzBfG 375
- Zweck 14 TzBfG 370

Befristung, Rechtsmissbrauch
- Kettenbefristung, Mutterschutz/Elternzeit 21 BEEG 27

Befristung, Sachgrund
- Anforderungen, besonderer Kündigungsschutz 14 TzBfG 73
- Anforderungen, Mutterschutz 14 TzBfG 78
- Anforderungen, vorangegangene Befristungen 14 TzBfG 131
- Angabe ~ 14 TzBfG 163
- Angabe ~, Arbeitsvertragsrichtlinien Diakonie 14 TzBfG 174
- Angabe ~, Bindungswirkung 14 TzBfG 168
- Angabe ~, nachträgliche 14 TzBfG 170
- Angabe ~, SR 2y BAT 14 TzBfG 172
- Angabe ~, Zweckbefristung 14 TzBfG 167
- Annexvertrag 14 TzBfG 138
- Arbeitnehmer mit Sonderkündigungsschutz 14 TzBfG 73
- Arbeitsvertrag, unselbständiger Annex 14 TzBfG 138
- Arbeitsvertrag, vorangegangener 14 TzBfG 131
- Arzt, Weiterbildung 23 TzBfG 3; 3 ÄArbVtrG 1, 2, 15
- Bedarf, vorübergehender 14 TzBfG 186
- Befristungsdauer, als Teil 14 TzBfG 120, 124
- bei Beendigung 15 TzBfG 4
- bei Vertragsschluss 14 TzBfG 125
- Dauervertretung 14 TzBfG 180
- Entwicklung 14 TzBfG 108
- Erforderlichkeit, Grundsatz 620 BGB 103
- Ersetzung durch sachgerechte Frist 3 ÄArbVtrG 17
- EU-rechtliche Grundlagen 14 TzBfG 115
- Familienpflegezeit 16 FPfZG 17
- Führungsposition auf Zeit 32 TVöD 3
- Gleichbehandlungsgrundsatz 14 TzBfG 175
- Heimarbeiter 29a HAG 92
- Hochschulen 1 WissZeitVG 70

Stichwortverzeichnis

- Höchstbefristungsdauer 3 ÄArbVtrG 2
- Höchstdauer 3 ÄArbVtrG 17
- Höchstdauer, Unterbrechungen 3 ÄArbVtrG 26
- Kettenbefristung 14 TzBfG 31
- Kettenbefristung, Missbrauchskontrolle 14 TzBfG 33
- Kettenbefristung, Prognose, Anforderungen 14 TzBfG 35
- Kettenbefristung, Rechtsmissbrauchskontrolle 14 TzBfG 178
- Kirchen, abweichende Regelungen 14 TzBfG 509
- Kontrolle, gerichtliche, Vorbehaltsvereinbarung 14 TzBfG 131
- Kündigungsschutz, bestehender 14 TzBfG 71
- Pflegezeit 9 PflegeZG 64
- Probearbeitsverhältnis, Sachgrundangabe 14 TzBfG 171
- Prognose 14 TzBfG 144
- Prognose, Anforderungen 14 TzBfG 144
- Prognose, bei Kettenbefristung 14 TzBfG 33
- Prognose, Darlegungs- und Beweislast 14 TzBfG 149
- Prognose, einzelne Sachgründe 14 TzBfG 151
- Prognose, Prüfungsmaßstab 14 TzBfG 148
- Prognose, unzutreffende 14 TzBfG 126
- Prognose, Zeitpunkt 14 TzBfG 146
- Rechtsbegriff, unbestimmter 14 TzBfG 111
- Rechtsmissbrauchskontrolle 14 TzBfG 178
- Regelbeispiele 14 TzBfG 499
- Regelbeispiele, weitere Sachgründe 14 TzBfG 499
- Regelbeispieltechnik, Richtlinienkonformität 14 TzBfG 115, 500
- Richtlinienkonformität, Regelbeispieltechnik 14 TzBfG 115, 500
- Rundfunkfreiheit 14 TzBfG 320
- Sachgrundangabe 14 TzBfG 163
- Sachgrundangabe, Probearbeitsverhältnis 14 TzBfG 171
- Sachgründe, weitere, Wertungsmaßstäbe 14 TzBfG 505
- tarifliche Regelungen 14 TzBfG 508
- Typologie 14 TzBfG 111
- Überbrückung, Hochschulen 1 WissZeitVG 78
- Üblichkeit 14 TzBfG 340
- Umgehung Kündigungsschutz 14 TzBfG 70
- Unwirksamkeit, Rechtsfolge 3 ÄArbVtrG 30
- Verlängerung 14 TzBfG 559
- Wartezeit 14 TzBfG 71
- Wegfall, späterer 14 TzBfG 126
- Zeitpunkt, maßgebender 14 TzBfG 125

Befristung, sachgrundlos 14 TzBfG 512
- Abbedingung 14 TzBfG 169
- ältere Arbeitnehmer 14 TzBfG 648
- ältere Arbeitnehmer, Gleichheitssatz 14 TzBfG 58

- Änderungsschutz 14 TzBfG 539
- Angabe im Arbeitsvertrag 14 TzBfG 534
- Anpassung an Rechtslage 14 TzBfG 544
- Anschlussbefristung 14 TzBfG 516, 536
- Anschlussbefristung nach Berufsausbildungsverhältnis 14 TzBfG 220
- Anschlussverbot 14 TzBfG 559
- Arbeitnehmer, ältere, gesetzliche Entwicklung 620 BGB 110
- Arbeitnehmerüberlassung 14 TzBfG 527
- auflösende Bedingung 14 TzBfG 529
- Ausnahmetatbestand 620 BGB 105
- Ausschluss 14 TzBfG 169
- Beamtenverhältnis 14 TzBfG 517
- Befristung einzelner Vertragsbedingungen 14 TzBfG 529
- Befristungsdauer 14 TzBfG 530
- Befristungsdauer, Einbeziehung Sachgrundbefristung 14 TzBfG 532
- Befristungsregelungen, andere, Verhältnis 14 TzBfG 528
- Begriff »Verlängerung« 14 TzBfG 545
- Berufsausbildung 14 TzBfG 517
- BeschFG, Ablösung 14 TzBfG 512
- Betriebsverfassungsorgane, Mitglieder 14 TzBfG 524
- BVerfG 620 BGB 106
- Darlegungs- und Beweislast 14 TzBfG 615
- Erprobungsbefristung, Verhältnis 14 TzBfG 359
- EU-rechtliche Grundlagen 14 TzBfG 520
- Geltungsbereich, personeller 14 TzBfG 534
- gesetzliche Entwicklung 14 TzBfG 512
- Heimarbeit 14 TzBfG 517
- Jugend- und Auszubildendenvertretung 14 TzBfG 526
- kalendermäßige 14 TzBfG 529
- Kettenbefristung 14 TzBfG 563
- Kettenbefristung, gesetzliche Entwicklung 620 BGB 107, 110
- Leiharbeit 14 TzBfG 517
- mehrere, Begrenzung 14 TzBfG 513
- Neugründungen 14 TzBfG 616; 620 BGB 109
- Neugründungen, Darlegungs- und Beweislast 14 TzBfG 646
- Neugründungen, Geltungsbereich 14 TzBfG 623
- Neugründungen, Gesetzgebungsgeschichte 14 TzBfG 616
- Neugründungen, kalendermäßige 14 TzBfG 631
- Neugründungen, tarifliche Regelungen 14 TzBfG 643
- Neugründungen, Umstrukturierung 14 TzBfG 626
- Neugründungen, unionsrechtliche Konformität 14 TzBfG 619
- Neugründungen, Verfassungskonformität 14 TzBfG 620
- Neugründungen, Verlängerung 14 TzBfG 639

Stichwortverzeichnis

- Neugründungen, Vierjahreszeitraum **14 TzBfG** 633
- Neugründungen, Vierjahreszeitraum, Verdopplung **14 TzBfG** 635
- Neugründungen, viermonatige Unterbrechung **14 TzBfG** 640
- Neugründungen, Vorbeschäftigungsverbot **14 TzBfG** 642
- Neugründungen, Zweck **14 TzBfG** 617
- Neuregelung (TzBfG) **14 TzBfG** 513
- Öffentlicher Dienst **14 TzBfG** 28; **30 TVöD** 8
- Prognose **14 TzBfG** 162
- Rechtsfortbildung **620 BGB** 106
- Rechtsprechung EuGH **14 TzBfG** 27
- tarifliche Regelung **14 TzBfG** 603
- tarifliche Regelung, Bezugnahme **14 TzBfG** 611
- tarifliche Regelung, Bezugnahme, Schriftform **14 TzBfG** 614
- tarifliche Regelung, Bezugnahme, teilweise **14 TzBfG** 612
- tarifliche Regelung, günstigere **14 TzBfG** 607
- tarifliche Regelungen **14 TzBfG** 518
- und Kündigungsschutz, besonderer **14 TzBfG** 523
- Veränderung der Arbeitsvertragsbedingungen **14 TzBfG** 541
- Verlängerung **14 TzBfG** 536
- Verlängerung, Betriebsratsbeteiligung **14 TzBfG** 562
- Verlängerung, unterbrechungslose **14 TzBfG** 536
- Verlängerung, unveränderte Arbeitsvertragsbedingungen **14 TzBfG** 539
- Verlängerung, verbesserte Arbeitsvertragsbedingungen **14 TzBfG** 540, 551
- Verlängerungen, Anzahl, tarifliche Regelung **14 TzBfG** 603; **22 TzBfG** 9
- Vorbeschäftigung **620 BGB** 106
- Vorbeschäftigungsverbot **14 TzBfG** 514, 515, 562
- Vorgängerregelungen **14 TzBfG** 512
- Wissenschaftsbereich **2 WissZeitVG** 9
- Zitiergebot **14 TzBfG** 533
- Zweckbefristung **14 TzBfG** 529

Befristung, Schriftform 14 TzBfG 688
- Altverträge **623 BGB** 81, 163
- Annahme, konkludente **14 TzBfG** 715
- Arbeit auf Abruf **14 TzBfG** 726
- Arbeitsvertrag **14 TzBfG** 705
- bei auflösender Bedingung **14 TzBfG** 731
- Beweislast für Formwahrung **14 TzBfG** 711
- Dauer der Befristung **14 TzBfG** 718
- der Befristungsabrede **14 TzBfG** 700
- durch Bezugnahme auf Tarifvertrag **14 TzBfG** 727
- eines Arbeitsvertrages **14 TzBfG** 698
- Einheit der Urkunde **14 TzBfG** 713
- elektronische Form **14 TzBfG** 709
- Entwicklung, gesetzliche **14 TzBfG** 688
- Formmangel, Bestätigung **14 TzBfG** 740
- Formmangel, Bestätigung, Anschlussverbot **14 TzBfG** 743
- Formmangel, faktisches Arbeitsverhältnis **14 TzBfG** 747
- Formmangel, Klagefrist **14 TzBfG** 752
- Formmangel, Kündigung **14 TzBfG** 736
- Formmangel, nachträgliche Befristung **14 TzBfG** 742
- Formmangel, Nichtigkeit Befristungsabrede **14 TzBfG** 735
- Formmangel, Rechtsmissbrauch **14 TzBfG** 749
- Formmangel, Schriftlichkeitsvorbehalt **14 TzBfG** 747
- Formmangel, Teilnichtigkeit Arbeitsvertrag **14 TzBfG** 739
- Formmangel, Umdeutung **14 TzBfG** 739
- Formmangel, Wandel der Rechtsprechung **14 TzBfG** 744
- Formmangel, Zugang der Befristungsabrede **14 TzBfG** 744
- Geltungsbereich, sachlicher **14 TzBfG** 695
- Geltungsbereich, zeitlicher (Altverträge) **623 BGB** 35
- Grund der Befristung **14 TzBfG** 720
- Mindestlaufzeitvereinbarung **14 TzBfG** 703
- Nichtverlängerungsanzeige **14 TzBfG** 706
- Prozessbefristung **14 TzBfG** 723
- Signatur, elektronische **14 TzBfG** 709
- Unabdingbarkeit **14 TzBfG** 696
- Unterzeichnung, beiderseitige **14 TzBfG** 712
- Urkunde, beiderseitige Unterzeichnung **14 TzBfG** 712
- Vereinbarung, abweichende **14 TzBfG** 697
- Verlängerungsabreden **14 TzBfG** 704
- Vertragsabreden, einzelne **14 TzBfG** 702
- Vertretung **14 TzBfG** 714
- Wirksamkeitsvoraussetzung **14 TzBfG** 734
- Zugang **14 TzBfG** 715
- Zweck **14 TzBfG** 693
- Zweckbefristung, Grund **14 TzBfG** 722

Befristung, Verlängerung
- Hochschulen **2 WissZeitVG** 77
- Weiterarbeit nach Befristungsende **625 BGB** 24

Befristung, Vertretung 14 TzBfG 240
- Abordnungsvertretung **14 TzBfG** 284
- Arbeitnehmerüberlassung **14 TzBfG** 273
- Aufgabengebiet, identisches **14 TzBfG** 242
- Bedarfsdeckung, Umfang **14 TzBfG** 243
- Befristungsdauer **14 TzBfG** 243, 253; **9 PflegeZG** 65
- Besonderheit Abordnungsvertretung **14 TzBfG** 252
- Dauervertretung **14 TzBfG** 249
- Direktionsrecht, Berücksichtigung **14 TzBfG** 274
- Freistellung zur Kinderbetreuung **21 BEEG** 18
- Gesamtvertretung **14 TzBfG** 288

Stichwortverzeichnis

- Gesamtvertretung, Haushaltsmittel, Abgrenzung 14 TzBfG 475
- Gesamtvertretung, Prognose 14 TzBfG 291
- Gesamtvertretungsbedarf, zulässiger Sachgrund 14 TzBfG 297
- Kausalität 14 TzBfG 244
- Kausalität, gedankliche Zuordnung 14 TzBfG 279
- Kausalität, Gesamtvertretung 14 TzBfG 288
- Kettenbefristung, Anforderungen 14 TzBfG 258
- Kettenbefristung, erhöhte Anforderungen 14 TzBfG 257
- Kettenbefristung, Missbrauch 14 TzBfG 258
- Kettenbefristung, Rechtsmissbrauchskontrolle 14 TzBfG 265
- Kinderbetreuung, Betriebsvereinbarung 21 BEEG 17
- Kinderbetreuung, Freistellung 21 BEEG 39
- Kinderbetreuung, Freistellung, Kettenbefristung 21 BEEG 40
- Kinderbetreuung, vertragliche Abrede 21 BEEG 17
- Kongruenz, zeitliche 14 TzBfG 242
- Lehrkraft, Gesamtvertretung 14 TzBfG 288
- mittelbare 14 TzBfG 244, 274
- mittelbare, »Platzhaltervertretung« 14 TzBfG 279
- mittelbare, Kausalität 14 TzBfG 276
- mittelbare, öffentlicher Dienst 14 TzBfG 285
- mittelbare, Umorganisation 14 TzBfG 274
- öffentlicher Dienst 14 TzBfG 285
- Personalreserve, dauerhafte 14 TzBfG 267
- Platzhaltervertretung 14 TzBfG 279
- Prognose, andere Entwicklung 14 TzBfG 256
- Prognose, Rückkehr 14 TzBfG 250
- Rechtsmissbrauchskontrolle, »Ampellösung« 14 TzBfG 265
- Rückkehr Stammkraft 14 TzBfG 245
- Rückkehr, unsichere 14 TzBfG 256
- Sachgrund 9 PflegeZG 64
- Schriftform 9 PflegeZG 68
- Schwellenwert 9 PflegeZG 74
- Sonderkündigungsrecht 9 PflegeZG 70
- Springer 14 TzBfG 250
- tarifliche Regelungen 21 BEEG 16
- tarifliche Regelungen, Arbeitsfreistellung 21 BEEG 16
- tarifliche Regelungen, Kinderbetreuung 21 BEEG 16
- unmittelbare 14 TzBfG 247
- unmittelbare, Prognose 14 TzBfG 250
- Unternehmerentscheidung 14 TzBfG 267
- unternehmerische Entscheidung 14 TzBfG 191, 208
- Vertretungsbedarf, Verstetigung 14 TzBfG 246
- Vertretungskette 14 TzBfG 276
- wiederholte 14 TzBfG 257
- Wiederholte, Prognoseanforderungen 14 TzBfG 257
- Zeit- und Zweckbefristung 14 TzBfG 270
- Zeitbefristung 14 TzBfG 287
- Zweckbefristung 14 TzBfG 270, 287

Befristung, vorübergehender Bedarf 14 TzBfG 186
- ARGE 14 TzBfG 196, 590
- Aushilfstätigkeit 14 TzBfG 213
- Aushilfstätigkeit, Anforderungen 14 TzBfG 214
- Aushilfstätigkeit, Rahmenvereinbarung 14 TzBfG 213
- Betriebsstilllegung 14 TzBfG 216
- Betriebsübergang in Planung 14 TzBfG 218
- Daueraufgabe 14 TzBfG 201
- Daueraushilfskräfte 14 TzBfG 207
- Drittmittelfinanzierung 14 TzBfG 187
- Entwicklung, unsicher 14 TzBfG 186
- für Projekt 14 TzBfG 195
- Gesamtvertretungsbedarf 14 TzBfG 191
- Geschäftseröffnung 14 TzBfG 217
- Haushaltsmittel, Abgrenzung 14 TzBfG 191
- Insolvenz 14 TzBfG 218
- Kampagnebetrieb 14 TzBfG 209
- Kausalität 14 TzBfG 199
- öffentlicher Dienst 14 TzBfG 193
- Prognose, Anforderungen 14 TzBfG 187, 198, 206
- Prognoserisiko 14 TzBfG 186
- Projektbedarf 14 TzBfG 205
- projektbedingter 14 TzBfG 202
- Rückgang des Bedarfs 14 TzBfG 215
- Rückstand, Abbau 14 TzBfG 206
- Sachgrundlose Befristung, als Alternative 14 TzBfG 188
- Saisonbedarf 14 TzBfG 204
- Saisonbetrieb 14 TzBfG 209
- Saisonbetrieb, Wiedereinstellungsgebote, tarifliche 17 TzBfG 86
- Saisonbetrieb, Wiedereinstellungszusage 14 TzBfG 210
- Ursachenzusammenhang 14 TzBfG 199
- Vertretung, Abgrenzung 14 TzBfG 191
- zeitlich begrenzter 14 TzBfG 204

Begründung nach ~ 5 KSchG 83, 98
- Anfechtung Abwicklungsvertrag 5 KSchG 25
- Anfechtung Aufhebungsvertrag 5 KSchG 62
- Antragsfrist, »Ruhen« 5 KSchG 101
- Antragsfrist, Beginn, Einzelfälle 5 KSchG 105
- Antragsfrist, Erkundigungspflichten Klageeingang 5 KSchG 108
- Antragsfrist, Kenntnis Prozessbevollmächtigter 5 KSchG 103
- Antragsfrist, Kenntniserlangung 5 KSchG 102
- Antragsfrist, versäumte, Wiedereinsetzung 5 KSchG 121
- anwaltliche Versicherung 5 KSchG 90
- arglistiges Abhalten 5 KSchG 42
- Auskunft, unzutreffende 5 KSchG 30
- Auskunft, zuverlässige Stelle 5 KSchG 30, 73

Stichwortverzeichnis

- Ausschussverhandlung (BBiG), Irrtum 5 KSchG 40
- außerordentliche Kündigung 4 KSchG 82
- Begründung, nachgeholte 5 KSchG 83
- Behebung des Hindernisses 5 KSchG 99
- Berechnung der Fristen 5 KSchG 118
- Eilbrief, Erforderlichkeit 5 KSchG 18
- Einreichung, zuständiges Gericht 5 KSchG 93
- Einzelfälle 5 KSchG 13
- Empfangsbote, unzutreffendes Zugangsdatum 5 KSchG 58
- Entwicklung, gesetzliche 5 KSchG 1
- Erfolgsaussichten, unzutreffende Beurteilung 5 KSchG 41
- Fristausnutzung 5 KSchG 17
- Gerichtsbriefkasten, gemeinsamer 5 KSchG 20
- Glaubhaftmachung 5 KSchG 82, 89
- Glaubhaftmachung, Bezeichnung 5 KSchG 91
- Glaubhaftmachung, fehlende 5 KSchG 88
- Hausbriefkasten, verspätete Kenntnisnahme 5 KSchG 52
- Hinweispflicht des Gerichts 5 KSchG 29
- Höchstfrist 5 KSchG 115
- Klage, verspätete 5 KSchG 9
- Klagearten, erfasste 5 KSchG 6
- Klagefristversäumung 5 KSchG 6
- Krankheit 5 KSchG 48
- Kündigungsschutzklage, erneute nach Rücknahme 5 KSchG 61
- Kündigungszugang im Ausland 5 KSchG 39
- Leseunkundiger 5 KSchG 51
- Mandatsniederlegung 5 KSchG 73
- Mutterschutz, Kenntnis der Schwangerschaft 17 MuSchG 217
- Nachtbriefkasten 5 KSchG 19
- Nachweispflicht, Verletzung 5 KSchG 46
- Postbetrieb, Störungen 5 KSchG 18
- Postlaufzeit 5 KSchG 18
- Prozessbevollmächtigter, Verschulden 5 KSchG 67
- Prozesskostenhilfe, verspätete Bewilligung 5 KSchG 28
- Rechtsirrtum Klagefrist 5 KSchG 27
- Rechtsschutzinteresse 5 KSchG 96
- Rechtsschutzversicherung, Entscheidung 5 KSchG 16
- Rubrumsberichtigung 5 KSchG 45
- Schwangerschaft, spätere Kenntnis 5 KSchG 124
- Sorgfaltsmaßstab 5 KSchG 11
- Sorgfaltsmaßstab, persönliche Verhältnisse 5 KSchG 12
- Sprachunkundiger 5 KSchG 51
- Telefax, »o. K.«-Vermerk 5 KSchG 24
- Telefaxanschluss, gestörter 5 KSchG 20
- Unkenntnis der Frist 5 KSchG 63
- Verfahren 5 KSchG 13
- Vergleichsverhandlungen 5 KSchG 26, 64
- Versäumung Klagefrist 5 KSchG 6
- Verschulden, fehlendes 5 KSchG 11
- Vertreterverschulden 5 KSchG 67
- Voraussetzungen 5 KSchG 6
- vorsorgliche Kündigung 5 KSchG 74
- Wiedereinsetzung in versäumte Antragsfrist 5 KSchG 121

Begründung von Arbeitsverhältnissen
- zu Lasten der Masse 113 InsO 25

Behinderung
- Adipositas 1 AGG 34
- Begriff, nationaler/unionsrechtlicher 1 AGG 32
- Begriff, UN-BRK 1 AGG 32
- Benachteiligungsverbot 1 AGG 30
- berufliche Anforderung, abgemessene Vorkehrungen 8 AGG 19
- betriebliches Eingliederungsmanagement 1 KSchG 343
- Drogensucht 1 AGG 34
- HIV-Infektion, symptomlose 1 AGG 35
- Krankheit, Abgrenzung 1 AGG 34; 1 KSchG 338
- krankheitsbedingte Kündigung 1 KSchG 337
- Schwerbehinderter Mensch, Abgrenzung 1 AGG 34
- Stigmatisierung, durch 1 AGG 35
- Teilhabe, gesellschaftliche 1 AGG 35
- Vorurteile, durch 1 AGG 35

Behinderungsverbot
- Abgeordnete, Kündigungsschutz **Kündigungsschutz für Parlamentarier (ParlKSch)** 3
- Bundestagsabgeordnete **Kündigungsschutz für Parlamentarier (ParlKSch)** 39
- Wahlbewerber **Kündigungsschutz für Parlamentarier (ParlKSch)** 39

Belästigung
- als Benachteiligung 3 AGG 48
- Begriff 3 AGG 48
- Leistungsverweigerungsrecht 14 AGG 2
- Persönlichkeitsrecht 3 AGG 48
- sexuelle 3 AGG 50

Benachteiligung
- Anweisung 3 AGG 53; 4 AGG 2
- Äußerung, öffentliche 3 AGG 10
- Befristung, aufgrund 14 TzBfG 39
- Behandlung, Begriff 3 AGG 4
- bei Auswahlentscheidung 3 AGG 6
- bei Kündigung, Klagefrist 2 AGG 20
- Belästigung 3 AGG 48; 4 AGG 2
- berufliche Anforderungen 8 AGG 1
- Bestimmung der – 3 AGG 6
- Darlegungs- und Beweislast 22 AGG 8
- drittbezogene 3 AGG 9
- durch Unterlassen 3 AGG 4
- Entschädigung/Schadensersatz 15 AGG 1
- Frühpensionierungsprivileg weiblicher Arbeitnehmer 3 AGG 14
- Homosexualität 3 AGG 25

Stichwortverzeichnis

- Kausalität 7 AGG 7
- Mehrfachdiskriminierung 4 AGG 1
- mittelbare Benachteiligungen 3 AGG 26
- Motivbündel 4 AGG 2, 3
- Nachschieben von Rechtfertigungsgründen 22 AGG 18
- Nichtverlängerung eines Arbeitsvertrages 14 TzBfG 40
- Religion oder Weltanschauung 3 AGG 20; 9 AGG 1
- Schaden, materieller 15 AGG 4
- Schwangerschaft, Mutterschaft 3 AGG 15
- sexuelle Belästigung 3 AGG 50; 4 AGG 2
- Sprachkenntnisse, Sprachqualität 3 AGG 38
- Treu und Glauben, Verhältnis 242 BGB 13
- unmittelbare 3 AGG 3
- unmittelbare, Begriff 3 AGG 3
- unterschiedliche Altersgrenzen 3 AGG 12
- Vergleichbare Situation 3 AGG 8
- vermeintliche 7 AGG 7
- Vermutungstatbestände 22 AGG 14
- Verschulden 3 AGG 11
- wegen Behinderung 3 AGG 45
- wegen des Alters 3 AGG 46
- wegen des Geschlechts, unmittelbare 1 AGG 23
- Wirkung 3 AGG 28
- Zurechnung, öffentliche Äußerung 3 AGG 10

Benachteiligung, Darlegungs- und Beweislast
- Anspruchsgegner 22 AGG 16
- Anwendungsbereich 22 AGG 5
- Auskünfte, widersprüchliche 22 AGG 13
- Indizien 22 AGG 10
- mittelbare Benachteiligung 22 AGG 7
- Motivbündel 22 AGG 11
- non-liquet 22 AGG 13
- Vermutungstatbestände 22 AGG 14
- Vollbeweis 22 AGG 12

Benachteiligung, mittelbare
- Allgemeines 3 AGG 26
- Angemessenheit 3 AGG 36
- Definition 3 AGG 26
- Erforderlichkeit 3 AGG 36
- fehlende Rechtfertigung 3 AGG 34
- hypothetische Betrachtung 3 AGG 31
- Mehrfachdiskriminierung 4 AGG 2
- Nachweis 3 AGG 30
- Rechtfertigung 3 AGG 34
- Statistiken 3 AGG 30
- Vergleichsgruppen 3 AGG 28
- Ziel, rechtmäßiges 3 AGG 35

Benachteiligung, Rechtfertigung
- Altersstruktur 1 KSchG 696
- Mehrfachdiskriminierung 4 AGG 3
- Motivbündel 22 AGG 11; 4 AGG 3
- Nachschieben von Rechtfertigungsgründen 22 AGG 18
- positive Maßnahmen 1 KSchG 701; 5 AGG 1

Benachteiligung, Religion oder Weltanschauung
- funktionsbezogene Differenzierung 9 AGG 15
- loyales und aufrichtiges Verhalten 9 AGG 16
- Nähe zum Verkündungsauftrag 9 AGG 15
- Selbstbestimmungsrecht, kirchliches 9 AGG 10
- Vereinigungen 9 AGG 8

Benachteiligung, wegen Behinderung
- berufliche Anforderung 8 AGG 18
- Erprobungsbefristung 14 TzBfG 364
- Erwerbsunfähigkeitsrente, Bezug einer 3 AGG 21
- Fragerecht des Arbeitgebers 3 AGG 21
- Parkinsonsche Krankheit 3 AGG 21

Benachteiligung, wegen der Rasse oder der ethnischen Herkunft
- Sprachkenntnisse 3 AGG 19, 38
- Staatsangehörigkeit 3 AGG 37

Benachteiligung, wegen der Religion oder der Weltanschauung
- Gebote 3 AGG 43
- Tragen eines Kopftuches 3 AGG 44

Benachteiligung, wegen des Geschlechts
- Altersgrenze 3 AGG 13, 14
- Altersgrenzen, tarifliche 3 AGG 13
- Befristung wegen Schwangerschaft 3 AGG 18
- Befruchtung, künstliche 3 AGG 16
- berufliche Anforderung 8 AGG 14
- Beschäftigungsverbote 8 AGG 14
- Betriebszugehörigkeit 3 AGG 40
- Erprobungsbefristung 14 TzBfG 364
- Frühpensionierung 1 AGG 12
- Intimsphäre, Wahrung der 8 AGG 16
- Körperkraft 3 AGG 40
- Kündigung, Rentenbezug 3 AGG 14
- Mutterschaft 3 AGG 15
- Nichtverlängerung eines Arbeitsvertrages 14 TzBfG 40
- Schwangerschaft 1 AGG 15; 3 AGG 15
- Unterhaltspflichten 3 AGG 42

Benachteiligungsverbot
- Abwicklungsverträge 7 AGG 12
- Adressat 7 AGG 6
- Allgemeines 7 AGG 6
- Allgemeines Gleichbehandlungsgesetz, Grundsatz 1 AGG 15; 7 AGG 1
- Alter 1 AGG 36
- Anfechtung eines Arbeitsverhältnisses 7 AGG 9
- Aufhebungsvertrag **Aufhebungsvertrag** 44
- Befristung Aus- und Weiterbildungsmaßnahmen 19 TzBfG 1
- Befristung, wegen 4 TzBfG 1
- Behinderung 1 AGG 30
- Behinderung, Begriff 1 AGG 32
- bei Befristung, Entgelt 4 TzBfG 19
- Bundestagsabgeordnete **Kündigungsschutz für Parlamentarier (ParlKSch)** 41
- eingetragene Lebenspartnerschaft 1 AGG 38
- Geschlecht 1 AGG 23

3137

Stichwortverzeichnis

- Geschlecht, Transsexualität **1 AGG** 23
- Merkmale, einzelne **1 AGG** 15, 17
- Merkmale, Erweiterung **1 AGG** 16
- Rasse und ethnischen Herkunft **1 AGG** 17
- Recht der EU, primärrechtliche Verankerung **1 AGG** 8
- Rechtsfolgen **7 AGG** 2
- Religion oder Weltanschauung **1 AGG** 25
- sexuelle Identität **1 AGG** 37
- Sicherheitsbeauftragter **13 KSchG** 105
- Sozialauswahl, berechtigte betriebliche Interessen **1 KSchG** 679
- Strahlenschutzbeauftragter **13 KSchG** 104
- Tierschutzbeauftragter **13 KSchG** 102
- umfassendes **7 AGG** 1
- Unwirksamkeit von Vereinbarungen **7 AGG** 10
- Verbotsgesetz **7 AGG** 4
- Verletzung vertraglicher Pflichten **7 AGG** 3
- Verstoß, Rechtsfolgen **1 AGG** 8
- Wahlbewerber **Kündigungsschutz für Parlamentarier (ParlKSch)** 41

Berechnung, Arbeitslosengeldanspruch
- Berechnung, Berücksichtigung von Mitverschulden **113 InsO** 65
- Berechnung, bezogene Sozialversicherungsleistungen **113 InsO** 67
- Berechnung, Bruttolohnmethode **113 InsO** 61
- Berechnung, Vorteilsausgleichung **113 InsO** 63
- Berufsausbildungsverhältnis **23 BBiG** 134
- Berufsausbildungsverhältnis, Beendigung **23 BBiG** 132
- Druckkündigung **626 BGB** 224
- Haftung für Dritte **15 AGG** 14
- Kündigung Bundestagsabgeordneter **Kündigungsschutz für Parlamentarier (ParlKSch)** 52
- Kündigung Lebenszeitdienstverhältnis **624 BGB** 19
- Kündigung Wahlbewerber Bundestag **Kündigungsschutz für Parlamentarier (ParlKSch)** 52
- Kündigung, fehlende Widerspruchsabschrift **102 BetrVG** 232
- Kündigungsgrund, Nichtmitteilung **626 BGB** 38
- Kündigungsschutz für Mitglieder **103 BetrVG** 24
- Mutterschutz, verbotswidrige Kündigung **17 MuSchG** 122
- Nichtangabe Kündigungsgrund **626 BGB** 34, 37
- Schaden, materieller **15 AGG** 4
- sittenwidrige Kündigung **13 KSchG** 59
- Umfang **15 AGG** 15
- und außerordentliche Kündigung **626 BGB** 71

Bergmannsversorgungsschein
- Kündigungsschutz **4 KSchG** 267

Bergmannsversorgungsschein, Kündigungsschutz 13 KSchG 77

Berufliche Anforderung, unterschiedliche Behandlung
- Alter **8 AGG** 20
- Anforderungsprofil **8 AGG** 5
- Angemessenheit **8 AGG** 10
- Anwendungsbereich **8 AGG** 1
- Behinderung **8 AGG** 18
- Behinderung, abgemessene Vorkehrungen **8 AGG** 19
- Erfordernis, objektives **8 AGG** 4
- Geschlecht **8 AGG** 14
- Grundsatz der Verhältnismäßigkeit **8 AGG** 3
- Intimsphäre, Wahrung der **8 AGG** 16
- körperliche Fähigkeiten **8 AGG** 20
- kulturelle Erwartungen **8 AGG** 8
- Kundenwünsche **8 AGG** 6
- Marktausrichtung **8 AGG** 8
- Muttersprache **8 AGG** 12
- Rasse und ethnische Herkunft **8 AGG** 12
- Rechtfertigungsmaßstab **8 AGG** 2
- rechtmäßiger Zweck **8 AGG** 9
- Religion oder Weltanschauung **8 AGG** 17
- sexuelle Identität **8 AGG** 21
- wesentlich und entscheidend **8 AGG** 7

Berufsausbildung
- Abmahnung **626 BGB** 154
- Abmahnungserfordernis **1 KSchG** 487
- außerordentliche Kündigung **626 BGB** 425
- Kündigungsgrund **1 KSchG** 487; **626 BGB** 154, 459
- Probearbeitsverhältnis, außerordentliche Kündigung **626 BGB** 456
- Seeschiffe **24 KSchG** 13

Berufsausbildungsverhältnis
- Ablauf Ausbildungszeit **23 BBiG** 20
- Abschlussprüfung **23 BBiG** 20; **24 BBiG** 3
- Abschlussprüfung, vorzeitige **23 BBiG** 23
- Anrechnung anderer Zeiten **23 BBiG** 42
- Anschlussarbeitsverhältnis **24 BBiG** 1
- Anschlussarbeitsverhältnis, Minderjähriger **24 BBiG** 4
- Anwendung arbeitsrechtlicher Bestimmungen **23 BBiG** 3, 5
- Arbeitslosenunterstützung **23 BBiG** 131
- Arbeitspapiere **23 BBiG** 129
- Arbeitsverhältnis, Abgrenzung **23 BBiG** 5
- Arbeitsverhältnis, durch Weiterbeschäftigung **24 BBiG** 3
- Arbeitsverhältnis, durch Weiterbeschäftigung, Inhalt **24 BBiG** 8
- Aufhebungsvertrag **23 BBiG** 32
- auflösende Bedingung **23 BBiG** 32
- Auflösungsantrag **23 BBiG** 126
- Ausbildungsabschnitte **23 BBiG** 40
- außerordentliche Kündigung **626 BGB** 9
- beendetes, Urlaub **23 BBiG** 130
- Beendigung (ohne Kündigung) **23 BBiG** 20
- Begriff **23 BBiG** 9
- Begründung **23 BBiG** 3, 10
- Begründung, fehlende Ausbildungsberechtigung **23 BBiG** 4
- Heilberufe **23 BBiG** 19

Stichwortverzeichnis

- Krankenpflege 23 BBiG 18
- Mutterschutz 17 MuSchG 40; 23 BBiG 39
- Mutterschutz, Ablauf - 23 BBiG 22
- öffentlicher Dienst 23 BBiG 16
- Praktikant 23 BBiG 13
- Probezeit 23 BBiG 37
- Rettungsassistent, Praktikum 23 BBiG 13
- Schifffahrt 23 BBiG 17; Seearbeitsgesetz (SeeArbG) 47
- Schwangerschaft 23 BBiG 39
- Schwangerschaft, Ablauf - 23 BBiG 22
- Studierende 23 BBiG 14
- Übernahme in Arbeitsverhältnis 24 BBiG 1
- Verlängerung 23 BBiG 26
- Verlängerungsanspruch 23 BBiG 26, 27
- Verlängerungsverlangen, unverzüglich 23 BBiG 29
- Volontär 23 BBiG 13
- Wehrdienst, Kündigungsschutz 2 ArbPlSchG 39
- Wehrdienst, Verlängerung 23 BBiG 31
- Weiterarbeitsklausel 24 BBiG 2
- Weiterbeschäftigung Amtsträger 78a BetrVG 4
- Weiterbeschäftigung, nach Prüfung 23 BBiG 24
- Wiederholungsprüfung 23 BBiG 26
- Wiederholungsprüfung, Verlängerung 23 BBiG 26

Berufsausbildungsverhältnis, Kündigung 23 BBiG 34
- Abmahnung 23 BBiG 43
- Arbeitskampfbeteiligung 23 BBiG 59
- Auflösungsantrag 9 KSchG 17
- Auslauffrist, betriebliche Kündigungsgründe 23 BBiG 69
- Ausschlussfrist 23 BBiG 95
- Ausschlussfrist, Berechnung 23 BBiG 100
- Ausschlussfrist, Dauertatbestand 23 BBiG 98
- außerdienstliches Verhalten 23 BBiG 67
- außerordentliche - 23 BBiG 43
- Begründung 23 BBiG 91
- Berichtsheft 23 BBiG 50
- berufsfremde Tätigkeit, Verweigerung 23 BBiG 53
- Berufsschulleistungen 23 BBiG 63
- betriebliche Gründe 23 BBiG 68
- Betriebseinschränkung 23 BBiG 71
- Betriebsrat, Anhörung 23 BBiG 7
- Betriebsratsanhörung 102 BetrVG 10; 23 BBiG 7
- Betriebsstilllegung 23 BBiG 70
- Betriebsübergang 23 BBiG 73
- Bummelei 23 BBiG 55
- Charakter 23 BBiG 57
- Drogensucht 23 BBiG 51, 64
- durch den Auszubildenden 23 BBiG 74
- Eignung 23 BBiG 52
- Fallgestaltungen 23 BBiG 49
- gesetzlicher Vertreter 23 BBiG 105
- Gewerkschaftsmitgliedschaft 23 BBiG 58

- Heilberufe 23 BBiG 18
- in der Probezeit 23 BBiG 36
- in der Probezeit, Auslauffrist 23 BBiG 38
- Inhalt 23 BBiG 91, 94
- Internationales Arbeitsrecht Artikel28 112
- Klage 23 BBiG 122
- Klage gegen - 23 BBiG 122
- Klagefrist 13 KSchG 14; 23 BBiG 122
- Krankheit 23 BBiG 55, 64
- krankheitsbedingte Kündigung 23 BBiG 64
- Leistungsmängel 23 BBiG 50, 62
- Minderjährige 23 BBiG 104
- Missachtung des Ausbilders 23 BBiG 61
- ordentliche, Ausschluss 23 BBiG 34
- ordentliche, Vereinbarung 23 BBiG 35
- Personalrat, Anhörung 23 BBiG 7
- personenbedingte - 23 BBiG 64
- personenbedingte Gründe 23 BBiG 64
- personenbedingte Kündigungsgründe 23 BBiG 64
- Pflichtwidrigkeit 23 BBiG 49
- politische Betätigung 23 BBiG 58
- Probezeit 13 KSchG 8; 23 BBiG 34
- Schadensersatz bei Beendigung 23 BBiG 132; 628 BGB 3
- Schlichtungsverfahren 23 BBiG 110
- Schlichtungsverfahren, Anrufungsfrist 23 BBiG 114
- Schriftform 23 BBiG 92, 107
- Schwangerschaft 17 MuSchG 40; 23 BBiG 64
- Schwerbehinderte Menschen 23 BBiG 7
- strafbare Handlungen 23 BBiG 65
- Stufenausbildung, Probezeit 23 BBiG 41
- Überblick 23 BBiG 7
- Überstundenverweigerung 23 BBiG 54
- Unzumutbarkeit 23 BBiG 48
- Urlaubsantritt, eigenmächtiger 23 BBiG 46
- Verdachtskündigung 23 BBiG 47
- Vereinbarung über Kündigungsgründe 23 BBiG 82
- Verfassungstreue 23 BBiG 58
- Verhalten gegen Ausbildenden 23 BBiG 45
- Verhalten in der Ausbildung (23 BBiG 60
- verhaltensbedingte - 23 BBiG 49
- Verlegung Ausbildungsstätte 23 BBiG 72
- Verzeihung/Verzicht 23 BBiG 102
- vor Beginn 23 BBiG 36
- Weiterbeschäftigungsanspruch 23 BBiG 123
- wichtiger Grund 23 BBiG 44
- wichtiger Grund, Anforderungen 23 BBiG 45
- wichtiger Grund, Dauer der Ausbildung 23 BBiG 46
- Zwischenprüfung 23 BBiG 62

Berufsausbildungsverhältnis, Kündigung des Auszubildenden
- Arbeitsschutz, Nichteinhaltung 23 BBiG 77
- Ausbildungsmängel 23 BBiG 75
- Berufsaufgabe oder -wechsel 23 BBiG 81, 83

Stichwortverzeichnis

- betriebliche Gründe 23 BBiG 79
- gesetzlicher Vertreter 23 BBiG 108
- personenbedingte Kündigungsgründe 23 BBiG 81
- Tod des Ausbildenden 23 BBiG 79
- Verhalten des Ausbildenden 23 BBiG 78
- Wechsel Ausbildungsstätte 23 BBiG 88

Berufsausbildungsvertrag
- 21–23 BBiG 23 BBiG 10
- Form 23 BBiG 10
- Fortbildungsverhältnis 23 BBiG 12
- Minderjähriger 23 BBiG 4
- nichtiges 23 BBiG 4
- Umschulungsverhältnis 23 BBiG 12
- Weiterbildungsverhältnis 23 BBiG 12

Berufsausübungserlaubnis, personenbedingte Kündigung 1 KSchG 308

Berufsbildungsgesetz
- Entstehungsgeschichte 23 BBiG 1
- Entwicklung 23 BBiG 1
- Unabdingbarkeit 23 BBiG 3

Berufsbildungsgesetz, Geltungsbereich
- betrieblicher 23 BBiG 15
- Heilberufe 23 BBiG 18
- öffentlicher Dienst 23 BBiG 16
- sachlicher 23 BBiG 8
- Schifffahrt 23 BBiG 17

Berufsfreiheit
- Inhalt 1 KSchG 16
- Kündigungsschutz und – 1 KSchG 18
- Mindestbestandsschutz 1 KSchG 19
- Mindestbestandsschutz, Kleinbetrieb 1 KSchG 21

Berufskraftfahrer
- Alkoholverbot 1 KSchG 460
- Trunkenheit bei Privatfahrt 1 KSchG 460; 626 BGB 423

Berufsunfähigkeit, auflösende Bedingung 620 BGB 46

Beschäftigtenzahl, entsandte Arbeitnehmer 23 KSchG 24

Beschäftigter, Arbeitnehmerbegriff, unionsrechtlicher 6 AGG 3

Beschäftigungsanspruch
- Betriebsrat, während Zustimmungsverfahren 103 BetrVG 151
- Kündigungsfrist, bis Ablauf 102 BetrVG 259
- Suspendierung 103 BetrVG 151
- Zustimmungsverfahren, Suspendierung 103 BetrVG 151

Beschäftigungsverhältnis, sozialversicherungsrechtliches
- Annahmeverzug Arbeitgeber Allgemeine Grundsätze des Sozialrechts 5, 183
- Arbeitsverhältnis, Abgrenzung Allgemeine Grundsätze des Sozialrechts 3
- Arbeitsverhältnis, Trennungsthese Allgemeine Grundsätze des Sozialrechts 4

- Begriff Allgemeine Grundsätze des Sozialrechts 3
- Begriff, beitragsrechtlicher Allgemeine Grundsätze des Sozialrechts 10
- Begriff, leistungsrechtlicher Allgemeine Grundsätze des Sozialrechts 10
- Beitragspflicht Allgemeine Grundsätze des Sozialrechts 21
- Eigenständigkeit Allgemeine Grundsätze des Sozialrechts 4
- Entgeltfortzahlung im Krankheitsfall Allgemeine Grundsätze des Sozialrechts 45
- Entgeltlichkeit Allgemeine Grundsätze des Sozialrechts 9
- Freistellung Allgemeine Grundsätze des Sozialrechts 5
- Freistellung, einvernehmliche unwiderrufliche Allgemeine Grundsätze des Sozialrechts 6
- Freistellung, Höchstgrenze Allgemeine Grundsätze des Sozialrechts 6
- Freistellung, Wiederaufnahme der Beschäftigung Allgemeine Grundsätze des Sozialrechts 6
- funktionsdifferente Bestimmung Allgemeine Grundsätze des Sozialrechts 11
- Kündigung, unwirksame Allgemeine Grundsätze des Sozialrechts 181
- Kündigungsschutzklage, erfolgreiche Allgemeine Grundsätze des Sozialrechts 196
- Meldepflichten Arbeitgeber bei Beendigung Allgemeine Grundsätze des Sozialrechts 25

Beschwerde
- außerordentliche Kündigung 626 BGB 424
- Kündigungsgrund 612a BGB 14
- verhaltensbedingte Kündigung 1 KSchG 544

Betrieb
- Begriff 1 KSchG 141; 17 KSchG 29; 173 SGBIX 73; 23 KSchG 30; 622 BGB 58
- Begriff (Luftfahrtbetrieb) 24 KSchG 20
- Begriff (Seeschifffahrt) 24 KSchG 18
- Betriebsübergang 613a BGB 13
- eigenständiger Begriff 24 KSchG 9
- Filialbetrieb 1 KSchG 147
- Land- und Bodenbetriebe (Schifffahrt/Luftverkehr) 24 KSchG 20

Betriebliche Altersversorgung
- Insolvenz 10 KSchG 24
- Internationales Arbeitsrecht Artikel28 137

Betriebliche Ordnung
- Beeinträchtigung, außerordentliche Kündigung 626 BGB 468
- Störung, Kündigungsgrund 1 KSchG 506; 626 BGB 124, 180

Betriebliches Eingliederungsmanagement
- Geltungsbereich, persönlicher 1 KSchG 344
- krankheitsbedingte Kündigung 1 KSchG 343
- Kündigung, sozialwidrige 1 KSchG 224
- langandauernde Krankheit 1 KSchG 394
- und außerordentliche Kündigung 626 BGB 139

Betriebsabteilung
- Begriff **15 KSchG** 156
- Luftverkehr **24 KSchG** 19
- Nebenbetrieb, Abgrenzung **15 KSchG** 158
- Seeschifffahrt **24 KSchG** 19
- Stilllegung **15 KSchG** 159

Betriebsänderung
- Insolvenz, Interessenausgleich **125 InsO** 6
- Interessenausgleich mit Namensliste **1 KSchG** 784
- Massenentlassung, durch **17 KSchG** 94
- Schiffsverkauf **Seearbeitsgesetz (SeeArbG)** 90

Betriebsbedingte Kündigung
- Abkehrwille, bestehender **1 KSchG** 600
- Altersteilzeit, Freistellungsphase **1 KSchG** 616
- Änderungskündigung **2 KSchG** 176
- Änderungskündigung, Vorrang der **1 KSchG** 566
- Arbeitskräfteüberhang **1 KSchG** 555
- Arbeitsmangel **1 KSchG** 601
- Arbeitsstreckung **1 KSchG** 603
- Arbeitsverlagerung **1 KSchG** 608
- Arbeitszeitänderung **1 KSchG** 568
- Auftragsrückgang **1 KSchG** 557, 604
- außerbetriebliche Gründe **1 KSchG** 554
- außerordentliche **626 BGB** 162
- außerordentliche, bei Ausschluss der ordentlichen **1 KSchG** 620
- bei Betriebsübergang **1 KSchG** 609
- Berufsausbildungsverhältnis **23 BBiG** 68
- Beschäftigungsbedarf, Wegfall **1 KSchG** 564
- Betriebseinschränkung **1 KSchG** 556, 606
- Betriebsratsanhörung **102 BetrVG** 82, 90
- Betriebsstilllegung **1 KSchG 1 KSchG** 556, 607, 615
- Betriebsstilllegung, Begriff **1 KSchG** 615; **15 KSchG** 109
- Betriebsstilllegung, Betriebs-/Personalrat **15 KSchG** 109
- Beurteilungszeitpunkt **1 KSchG** 588
- Darlegungs- und Beweislast **1 KSchG** 591
- Dringlichkeit **1 KSchG** 565
- Drittmittelfinanzierung **1 KSchG** 623
- Druckkündigung **1 KSchG** 513, 625
- Einigungsvertrag **1 KSchG** 843
- Fallgruppen **1 KSchG** 596
- Fremdvergabe von Tätigkeiten **1 KSchG** 639
- gerichtliche Nachprüfung **1 KSchG** 558
- Gewinnsteigerung als Grund **1 KSchG** 629
- Heuerverhältnis Seearbeitsgesetz (SeeArbG) 79
- Hierarchieebene, Abbau **1 KSchG** 607
- innerbetriebliche Faktoren **1 KSchG** 556
- innerbetriebliche Gründe **1 KSchG** 556
- Insolvenzverfahren **1 KSchG** 630
- Interessenabwägung **1 KSchG** 585
- Interessenausgleich mit Namensliste **1 KSchG** 1 **KSchG** 781
- Kausalität **1 KSchG** 572
- Konzern, Abordnung **1 KSchG** 631
- Konzern, einheitliches Arbeitsverhältnis **1 KSchG** 631
- Konzernbezug **1 KSchG** 577
- Kündigungsgrund **1 KSchG** 640
- Kurzarbeit **1 KSchG** 569, 603
- Kurzarbeit, Einführung **1 KSchG** 569
- Missbrauchskontrolle **1 KSchG** 558
- Mutterschutz, Kündigungsverbot **17 MuSchG** 107
- Öffentlicher Dienst **1 KSchG** 634
- Personalabbau **1 KSchG** 606
- Produktionsverlagerung **1 KSchG** 556
- Rationalisierungsmaßnahmen **1 KSchG** 556
- Rationalisierungsschutzabkommen **1 KSchG** 644
- Recht am Arbeitsplatz **1 KSchG** 552
- Rentabilität **1 KSchG** 628
- Rohstoffverknappung **1 KSchG** 554
- Sozialauswahl **1 KSchG** 646; **613a BGB** 99
- Sozialauswahl, Prüfungsreihenfolge **1 KSchG** 708
- Überprüfung, gerichtliche **1 KSchG** 572
- Überstunden, Abbau **1 KSchG** 601
- Umsatzrückgang **1 KSchG** 604
- Unternehmensbezug **1 KSchG** 565, 576
- Unternehmerentscheidung **1 KSchG** 555, 556
- Verhältnismäßigkeitsgrundsatz **1 KSchG** 565
- Verschulden Arbeitgeber **1 KSchG** 571
- Vorgesetztenwechsel **1 KSchG** 645
- Wehrdienstleistende **2 ArbPlSchG** 22
- Weiterbeschäftigung, verschlechterte Bedingungen **1 KSchG** 239
- Werksferien **1 KSchG** 565
- Widerspruch, nachfolgende Kündigung **613a BGB** 81
- Wiedereinstellungsanspruch **1 KSchG** 823, 824

Betriebsbuße
- Abmahnung, Verhältnis **626 BGB** 292
- als milderes Mittel bei Kündigung **626 BGB** 299

Betriebseinschränkung, Kündigungsgrund 1 KSchG 556, 606

Betriebsfrieden
- Pflicht zur Rücksichtnahme **1 KSchG** 506

Betriebsfrieden, Störung
- Entfernung betriebsstörender Arbeitnehmer **104 BetrVG** 15
- Kündigungsgrund **104 BetrVG** 19; **626 BGB** 432

Betriebsführungsvertrag, Arbeitgeberstellung 1 KSchG 53

Betriebsgeheimnis
- Mitteilungspflicht bei Verrat **626 BGB** 451
- Verletzung, Kündigungsgrund **626 BGB** 476

Betriebsrat
- Amtsausübung während Zustimmungsverfahren **103 BetrVG** 158
- Auflösungsantrag Arbeitgeber **9 KSchG** 76
- Befristung, Information über **20 TzBfG** 1
- Beteiligung bei Kurzarbeit **19 KSchG** 30

Stichwortverzeichnis

- Entgegennahme Arbeitgebererklärung 102 BetrVG 115
- **Betriebsrat, Beschlussfassung**
- Bedenken gegen Kündigung 102 BetrVG 173
- Drohung 102 BetrVG 71
- **Betriebsrat, Kündigungsschutz**
- Abmahnung 15 KSchG 35
- Amtsausübung nach Kündigung 103 BetrVG 160
- Amtspflichtverletzung 15 KSchG 48
- Amtszeit, Beendigung 15 KSchG 85
- Amtszeit, Kündigungszugang 15 KSchG 40
- Änderungskündigung 103 BetrVG 60; 15 KSchG 38; 2 KSchG 285
- Änderungskündigung, außerordentliche 15 KSchG 42
- Arbeitsvertragspflichtverletzung 15 KSchG 49
- Auflösung des Arbeitsverhältnisses 9 KSchG 76
- Ausnahmen 15 KSchG 105
- außerordentliche Kündigung 103 BetrVG 59; 15 KSchG 42
- Beendigung der Amtszeit 103 BetrVG 28
- Beendigungstatbestände (ohne Kündigung) 15 KSchG 32
- Beginn 103 BetrVG 27, 65; 15 KSchG 18
- Bekanntgabe Wahlergebnis 103 BetrVG 27
- Beschäftigungsanspruch während Zustimmungs(ersetzungs)verfahren 103 BetrVG 151
- Betriebsabteilung, Stilllegung 15 KSchG 155
- Betriebsabteilung, Stilllegung, Kündigung 15 KSchG 170
- Betriebsabteilung, Stilllegung, Übernahme 15 KSchG 162
- Betriebsstilllegung 15 KSchG 109
- Betriebsstilllegung, Anhörung Betriebsrat 15 KSchG 130
- Betriebsstilllegung, freigestellte Mitglieder 15 KSchG 145
- Betriebsstilllegung, Kündigungsschutzprozess 15 KSchG 140
- Betriebsstilllegung, Kündigungstermin 15 KSchG 136
- Betriebsstilllegung, Restmandat 15 KSchG 154
- Betriebsstilllegung, sukzessive 15 KSchG 140
- Betriebsstilllegung, Weiterbeschäftigung 15 KSchG 151
- Dauer 103 BetrVG 28; 15 KSchG 80
- Einigungsvertrag, Kündigung 15 KSchG 37
- Entwicklung 103 BetrVG 1
- Entwicklung, gesetzliche 15 KSchG 1
- Ersatzmitglied 103 BetrVG 20, 43
- Ersatzmitglied, nachwirkender – 15 KSchG 92
- Ersatzmitglied, während des Vertretungsfalls 15 KSchG 94
- funktionsunfähiger Betriebsrat 103 BetrVG 55
- Geltungsbereich 15 KSchG 15
- Geltungsbereich, persönlicher 103 BetrVG 11; 15 KSchG 15

- Geltungsbereich, sachlicher 103 BetrVG 58
- Gesamtbetriebsrat 103 BetrVG 11
- Heimarbeiter 103 BetrVG 18; 29a HAG 86
- Insolvenz 103 BetrVG 21; 15 KSchG 37
- Internationales Arbeitsrecht Artikel28 117
- Job-Sharing-Arbeitsverhältnis 103 BetrVG 17
- Kampfkündigung 103 BetrVG 62
- Klagefrist 13 KSchG 16
- Konzernbetriebsrat 103 BetrVG 11
- Krankheitsbedingte Kündigung 626 BGB 140
- Kündigung vor Zustimmungs(ersetzung) 15 KSchG 65
- Kündigung, Wirksamkeitsvoraussetzungen 15 KSchG 63
- Kündigungen, erfasste 15 KSchG 32
- Kündigungen, zustimmungsbedürftige 103 BetrVG 58
- Kündigungserklärung 103 BetrVG 139
- Kündigungserklärung, Zugang 103 BetrVG 63
- Kündigungsmängel 15 KSchG 64
- Kündigungsschutz, sonstiger, Verhältnis 15 KSchG 182
- Kündigungsschutzklage 103 BetrVG 142
- Kündigungsverbot 15 KSchG 80
- Massenänderungskündigung 15 KSchG 38
- Meinungsäußerung, als Kündigungsgrund 15 KSchG 57
- Mitglieder der Schwerbehindertenvertretung 103 BetrVG 19
- Nachschieben von Kündigungsgründen 103 BetrVG 123; 15 KSchG 70
- nachwirkender 15 KSchG 82
- nachwirkender, Beendigung 15 KSchG 104
- nachwirkender, bei Rücktritt 15 KSchG 88
- nichtige Wahl 103 BetrVG 25
- nichtige Wahl, nachwirkender Kündigungsschutz 103 BetrVG 25
- Saisonbetrieb 15 KSchG 121
- Schutzgesetzcharakter 15 KSchG 181
- Sozialauswahl 1 KSchG 664, 717
- Suspendierung vor Kündigung 103 BetrVG 151
- tariflich gebildete Vertretung 103 BetrVG 13
- Tendenzbetriebe 103 BetrVG 22; 15 KSchG 15
- Unabdingbarkeit 15 KSchG 179
- Verwirkung Kündigungsrecht 103 BetrVG 97
- Wahlbewerber 103 BetrVG 14, 31; 15 KSchG 17
- Wahlbewerber/-vorstand 15 KSchG 100
- Wahlrecht zwischen Arbeitsverhältnissen 16 KSchG 15 KSchG 2
- Wahlvorstand 103 BetrVG 14, 30; 15 KSchG 17
- Wegfall, vor Abschluss Zustimmungsersetzungsverfahren 103 BetrVG 137
- Weisungsrecht des Arbeitgebers 103 BetrVG 61
- Weiterbeschäftigung in anderem Betrieb 15 KSchG 125

Stichwortverzeichnis

- Weiterbeschäftigungsanspruch, allgemeiner 103 BetrVG 155
- Werbung, als Kündigungsgrund 15 KSchG 55
- wichtiger Grund 15 KSchG 42
- wichtiger Grund, Amtsträgereigenschaft 15 KSchG 47
- wichtiger Grund, Einzelfälle 15 KSchG 55
- Wiedereinstellungsanspruch, Wiedereröffnung Betrieb(sabteilung) 15 KSchG 174
- Zumutbarkeit, maßgebende Frist 15 KSchG 44
- Zumutbarkeit, Prüfungsmaßstab 15 KSchG 44
- Zustimmung Betriebsrat, Bindung des Gerichts 15 KSchG 69
- Zustimmungserfordernis 15 KSchG 40
- Zustimmungserfordernis, Ausschlussfrist 15 KSchG 61
- Zutritt zum Betrieb 103 BetrVG 160
- Zweck 103 BetrVG 10; 15 KSchG 12

Betriebsrat, Stellungnahme
- Anfechtung 102 BetrVG 169
- Entscheidungsspielraum 102 BetrVG 164
- Inhalt 102 BetrVG 167
- Zustimmung, Form 102 BetrVG 167

Betriebsrat, Widerspruch
- Änderungskündigung 2 KSchG 209
- Auswahlrichtlinie 1 KSchG 206
- Auswahlrichtlinien, Verstoß 1 KSchG 807
- Begriff 102 BetrVG 178
- betriebsratslose Betriebe 1 KSchG 806
- Darlegungs- und Beweislast 1 KSchG 809, 815, 819
- Entstehungsgeschichte 1 KSchG 200
- Erforderlichkeit 1 KSchG 205
- Funktion, Widerspruchstatbestände 1 KSchG 33
- Gesetzliche Regelung 1 KSchG 11
- kündigungsschutzrechtliche Bedeutung 1 KSchG 802
- Sozialauswahlkriterien 1 KSchG 768
- Sozialwidrigkeit 1 KSchG 203
- Sozialwidrigkeitsgrund, absoluter 1 KSchG 802
- und Individueller Kündigungsschutz 1 KSchG 205
- Unternehmensbezogenheit 1 KSchG 150
- Weiterbeschäftigungsmöglichkeit 1 KSchG 810
- Weiterbeschäftigungsmöglichkeit, geänderte Arbeitsbedingungen 1 KSchG 820
- Weiterbeschäftigungsmöglichkeit, nach Umschulung 1 KSchG 816
- Widerspruchstatbestände, Doppelfunktion 1 KSchG 802
- Wirkung, kündigungsrechtliche 1 KSchG 802
- Zweck 1 KSchG 33

Betriebsratsanhörung
- Abdingbarkeit 102 BetrVG 110
- Amtszeit, beendete 102 BetrVG 21
- Amtszeit, vorzeitig beendete 102 BetrVG 22
- Änderungskündigung 2 KSchG 204
- arbeitskampfbedingte Kündigung 102 BetrVG 32
- Auslandsarbeitsverhältnis, Ausstrahlung Artikel 28 128
- Ausstrahlung Artikel 28 127
- Bedenken gegen Kündigung 102 BetrVG 173
- bei Änderungskündigung 2 KSchG 204
- Berufsausbildungsverhältnis 23 BBiG 7
- Betriebsinhaberwechsel 102 BetrVG 25
- Betriebsinhaberwechsel, Übergangsmandat 102 BetrVG 25
- Betriebsrat, funktionsfähiger 102 BetrVG 22
- Betriebsstilllegung 102 BetrVG 24
- Betriebsstilllegung, Kündigung Betriebsratsmitglied 15 KSchG 130
- Betriebsvereinbarungen 102 BetrVG 324
- Darlegungs- und Beweislast 13 KSchG 152
- Entbehrliche 102 BetrVG 72
- Entfernung betriebsstörender Arbeitnehmer 104 BetrVG 30
- Entsendung Artikel 28 127
- Entwicklung, gesetzliche 102 BetrVG 1
- erneute, neuer Sachverhalt 102 BetrVG 73
- Form 102 BetrVG 111
- Funktionsfähigkeit des ~ 102 BetrVG 27
- Funktionsunfähigkeit des Betriebsrats 102 BetrVG 29
- Heimarbeitsverhältnis 29a HAG 38
- Heimarbeitsverhältnis, außerordentliche 29a HAG 43
- im Arbeitskampf 102 BetrVG 32
- Integrationsamt 173 SGB IX 81
- Interessenausgleich mit Namensliste 1 KSchG 801
- Internationales Arbeitsrecht Artikel 28 124
- Kampfkündigung 102 BetrVG 32
- Kündigung auf Verlangen des Betriebsrats 104 BetrVG 31
- Kündigung vor Abschluss ~ 102 BetrVG 161
- Kündigungseinspruch, Verhältnis 3 KSchG 7
- Kündigungsverlangen des Betriebsrats 102 BetrVG 72
- Leitende Angestellte 14 KSchG 63
- Massenentlassungen 17 KSchG 128
- Massenentlassungen, beabsichtigte 102 BetrVG 68
- Massenentlassungen, Entscheidung des Ausschusses 20 KSchG 42
- Mindestzahl von Arbeitnehmern 102 BetrVG 23
- Nachschieben von Kündigungsgründen 102 BetrVG 239; 626 BGB 192, 195
- Ortskräfte Artikel 28 129
- Restmandat 102 BetrVG 24
- Schwerbehinderte Menschen 174 SGB IX 38
- Schwerbehinderte Menschen, erneute ~, nach Zustimmung Integrationsamt 174 SGB IX 38
- Schwerbehinderte Menschen, Kündigung 173 SGB IX 42

3143

Stichwortverzeichnis

- Suspendierung vor – 102 BetrVG 163
- Territorialitätsprinzip Artikel28 124
- Umwandlung des Betriebs 102 BetrVG 24
- unterbliebene, Rechtsmissbrauch 105 BetrVG 31
- Verdachtskündigung 626 BGB 231
- Verhinderung der Mitglieder 102 BetrVG 28
- Verzicht 102 BetrVG 110
- vorsorgliche, Leitende Angestellte 105 BetrVG 33; 14 KSchG 66
- Wahl, nichtige 102 BetrVG 19
- Zeitpunkt 102 BetrVG 112
- Zeitpunkt, bei behördlicher Zustimmung
- Anhörung Schwerbehindertenvertretung 102 BetrVG 113
- Zweck 102 BetrVG 8

Betriebsratsanhörung, fehlerhafte 102 BetrVG 151; 13 KSchG 79
- Änderungskündigung 2 KSchG 215
- Auflösungsantrag 102 BetrVG 251
- Beschlussfassung, fehlerhafte 102 BetrVG 158
- Beschlussmängel Betriebsrat 102 BetrVG 158
- Einflussnahme Arbeitgeber 102 BetrVG 157
- Einflussnahme des Arbeitgebers 102 BetrVG 157
- Heilung unzureichender – 102 BetrVG 153
- Rechtsfolge 102 BetrVG 154
- Umdeutung Kündigung 102 BetrVG 155
- Unterlassung der Kündigung 102 BetrVG 156
- Unterrichtung, unterlassene 102 BetrVG 152
- Unterrichtung, unzureichende 102 BetrVG 152
- Widerspruch, mündlicher 102 BetrVG 159

Betriebsratsanhörung, Geltungsbereich
- Abwicklungsvertrag 102 BetrVG 35
- Änderungskündigung 102 BetrVG 37; 2 KSchG 204
- Anfechtung 102 BetrVG 50
- Arbeitnehmer 102 BetrVG 10
- Arbeitnehmerähnliche Person 102 BetrVG 11
- Arbeitnehmeranzahl 102 BetrVG 23
- Arbeitsverhältnis, faktisches 102 BetrVG 50
- ARGE 102 BetrVG 45
- Aufhebungsvertrag 102 BetrVG 51
- auflösende Bedingung 102 BetrVG 50
- Aushilfsarbeitsverhältnis 102 BetrVG 35
- Auslandsbeschäftigung 102 BetrVG 17
- außerordentliche Kündigung 102 BetrVG 35
- Aussperrung, lösende 102 BetrVG 54
- Auszubildende 102 BetrVG 10
- bedingte Kündigung 102 BetrVG 36
- Beendigung des Arbeitsverhältnisses (ohne Kündigung) 102 BetrVG 46
- Befristung 102 BetrVG 47
- betriebsratsloser Betrieb 102 BetrVG 19
- Betriebsstilllegung 102 BetrVG 40
- Betriebsstilllegung in der Insolvenz 102 BetrVG 41
- Betriebsübergang 102 BetrVG 52
- Eilfälle 102 BetrVG 42
- Heimarbeitnehmer 102 BetrVG 11
- Jugend- und Auszubildendenvertretung, Weiterbeschäftigung 102 BetrVG 47
- Kirchliche Arbeitnehmer 102 BetrVG 15
- Kündigung 102 BetrVG 33
- Kündigung vor Abwicklungsvertrag 102 BetrVG 35
- Kündigungsschutz des Arbeitnehmers 102 BetrVG 35
- Leiharbeitnehmer 102 BetrVG 13
- Leitende Angestellte 102 BetrVG 16
- Nichtverlängerungsanzeige 102 BetrVG 48
- ordentliche Kündigung 102 BetrVG 35
- personeller 102 BetrVG 10
- Teilkündigungen 102 BetrVG 44
- Tendenzbetriebe 102 BetrVG 14
- Territorialitätsprinzip 102 BetrVG 17
- und Umgruppierung 102 BetrVG 38
- vorläufig eingestellte Arbeitnehmer, Beendigung 102 BetrVG 53
- vorsorgliche Kündigung 102 BetrVG 40
- Wartezeit 102 BetrVG 10

Betriebsratsanhörung, Inhalt
- Änderungskündigung 102 BetrVG 104; 2 KSchG 205
- Auswahl, Leistungsgesichtspunkte 102 BetrVG 95
- betriebsbedingte Gründe 102 BetrVG 90
- betriebsbedingte Kündigung 102 BetrVG 90
- Betriebsstilllegung 102 BetrVG 82, 90
- Beweismaterial 102 BetrVG 87
- Datenschutz 102 BetrVG 107
- Determinierung, subjektive 102 BetrVG 63, 74
- Entlastende Tatsachen 102 BetrVG 102
- krankheitsbedingte Kündigung 102 BetrVG 98
- krankheitsbedingte Kündigung, betriebliche Beeinträchtigung 102 BetrVG 100
- Kündigungsentschluss 102 BetrVG 74
- Kündigungsentschluss, aktueller 102 BetrVG 68
- Kündigungsentschluss, zukünftiger 102 BetrVG 69
- Kündigungsfrist 102 BetrVG 78
- Kündigungsgrund 102 BetrVG 83
- Kündigungsgrund, tragende Tatsachen 102 BetrVG 84
- Kündigungsgrund, Wartezeitkündigung 102 BetrVG 89
- Kündigungstermin 102 BetrVG 78, 79
- Kündigungstermin, behördliche Zustimmung 102 BetrVG 80
- Massenentlassungen 102 BetrVG 82
- Personalakteneinsicht 102 BetrVG 87
- Sozialdaten 102 BetrVG 74, 75, 83
- Tat-/Verdachtskündigung 102 BetrVG 103
- Tätigkeit, ausgeübte 102 BetrVG 77
- Tatsachen, bekannte 102 BetrVG 85
- Täuschung, arglistige 102 BetrVG 71
- Unterlagen 102 BetrVG 87
- Verdachtskündigung 102 BetrVG 103

- verhaltensbedingte Kündigung 102 BetrVG 101
- Wartezeitkündigung 102 BetrVG 74
- Weiterbeschäftigung 102 BetrVG 91
- Werturteile, pauschale 102 BetrVG 84
- Zurechnung von Kenntnissen 102 BetrVG 85

Betriebsratsanhörung, Stellungnahme
- abschließende - 102 BetrVG 147, 176
- abschließende, Zuständigkeit 102 BetrVG 149
- Absehen von - 102 BetrVG 170
- Aufforderung 102 BetrVG 108
- Ausschlussfrist 102 BetrVG 127
- Aussetzung des Beschlusses 102 BetrVG 142
- Bedenken gegen Kündigung 102 BetrVG 177
- Beschlussfassung 102 BetrVG 138
- Beschlussfassung, betroffenes Mitglied 102 BetrVG 139
- Beschlussunfähigkeit 102 BetrVG 140
- Ermessen, pflichtgemäßes 102 BetrVG 164
- Frist, außerordentliche Kündigung 102 BetrVG 129
- Frist, außerordentliche und ordentliche Kündigung 102 BetrVG 132
- Frist, Massenentlassung 102 BetrVG 124
- Frist, ordentliche Kündigung 102 BetrVG 123
- Frist, Rechtsmissbrauch 102 BetrVG 128
- Fristverkürzung 102 BetrVG 126
- Fristverlängerung 102 BetrVG 124
- Schweigen 102 BetrVG 172
- Teilnahmerecht Arbeitnehmer 102 BetrVG 136
- Umlaufverfahren 102 BetrVG 138
- Zuständigkeit 102 BetrVG 133
- Zuständigkeit, Ausschuss 102 BetrVG 133
- Zuständigkeit, Betriebsratsvorsitzender 102 BetrVG 135

Betriebsratsanhörung, Verfahren
- Abschluss 102 BetrVG 146, 227
- Änderungskündigung und Umgruppierung 102 BetrVG 38; 2 KSchG 218
- Änderungskündigung und Versetzung 2 KSchG 218
- Arbeitgeber, Anwesenheit 102 BetrVG 136
- Ausschuss des - 102 BetrVG 56
- Ausschussbildung 102 BetrVG 56
- außerordentliche Kündigung, Ausschlussfrist 102 BetrVG 114
- Beschlussfassung 102 BetrVG 189
- Betriebsratsmitglied, als Erklärungsbote 102 BetrVG 121
- Bordvertretung, Zuständigkeit 102 BetrVG 62
- Einleitung 102 BetrVG 67, 108
- Einleitung, Rechtsnatur 102 BetrVG 67
- Empfangsberechtigung 102 BetrVG 115
- Empfangsberechtigung, Ausschuss 102 BetrVG 116
- Empfangsberechtigung, Vertrauensschutz 102 BetrVG 116
- erneute Anhörung 102 BetrVG 72, 82
- Erörterungsanspruch 102 BetrVG 87
- Fristablauf 102 BetrVG 146
- Gesamtbetriebsrat 102 BetrVG 117
- Gesamtbetriebsrat, Zuständigkeit 102 BetrVG 57, 60
- Kündigung, vor Abschluss 102 BetrVG 227
- Kündigung, vorzeitig, Unterlassungsanspruch Betriebsrat 102 BetrVG 227
- Kündigungsentschluss 102 BetrVG 67
- Mitteilungszeitpunkt 102 BetrVG 119
- Nachschieben von Kündigungsgründen 102 BetrVG 240, 248
- Nachschieben von Kündigungsgründen, entbehrliche Anhörung 102 BetrVG 249
- Schifffahrt 102 BetrVG 62
- Schweigepflicht 102 BetrVG 145
- tariflich gebildeter Betriebsrat 102 BetrVG 64
- Teilnahme Jugend- und Auszubildendenvertretung 102 BetrVG 141
- Umdeutung außerordentliche Kündigung 102 BetrVG 234
- Zuständigkeit 102 BetrVG 55

Betriebsratsanhörung, Widerspruch
- Abschrift an Arbeitnehmer 102 BetrVG 231
- Änderungskündigung 2 KSchG 209
- Änderungskündigung zur Versetzung 2 KSchG 228
- Angabe von Gründen 102 BetrVG 184
- außerordentliche Kündigung 102 BetrVG 179
- Auswahlrichtlinien 102 BetrVG 201
- Begründung 102 BetrVG 186
- Beschlussfassung 102 BetrVG 138
- Ergänzung 102 BetrVG 185
- Form 102 BetrVG 184
- Gründe 102 BetrVG 192
- Mitteilung an Arbeitgeber 102 BetrVG 190
- ordnungsgemäßer 102 BetrVG 186
- personenbedingte Kündigung 102 BetrVG 193
- Rücknahme 102 BetrVG 181
- Schlüssigkeit 102 BetrVG 197
- unbegründeter, Weiterbeschäftigung 102 BetrVG 309
- Unternehmensbezug 102 BetrVG 212
- verhaltensbedingte Kündigung 102 BetrVG 193
- Weiterbeschäftigung, anderer Arbeitsplatz 102 BetrVG 208
- Weiterbeschäftigungsanspruch 102 BetrVG 9, 39
- Weiterbeschäftigungsmöglichkeit, geänderte Vertragsbedingungen 102 BetrVG 221
- Weiterbeschäftigungsmöglichkeit, Umschulung o. Fortbildung 102 BetrVG 215
- Weiterbeschäftigungsmöglichkeit, Zustimmung Arbeitnehmer 102 BetrVG 213, 223
- Wirkung 102 BetrVG 180, 191

Betriebsratsmitglieder
- Berufsausbildungsvertrag 23 BBiG 33

Betriebsratswahl, Kündigungsschutz für Wahlbewerber und -vorstand 103 BetrVG 30

Stichwortverzeichnis

Betriebsstilllegung
- Altersteilzeit, Freistellungsphase 1 KSchG 616
- Änderung des Betriebszwecks 15 KSchG 113
- Arbeitsplatzschutz, Kündigung 2 ArbPlSchG 23
- Auflösung Betriebsorganisation 15 KSchG 112
- Ausschlussfrist, Beginn 626 BGB 347
- außerordentliche Kündigung 626 BGB 165
- beabsichtigte 1 KSchG 617
- Begriff 1 KSchG 615; 15 KSchG 109
- Berufsausbildungsverhältnis, Kündigung 23 BBiG 70
- Betriebsabteilung 15 KSchG 156
- Betriebsratsanhörung 102 BetrVG 24, 82
- Betriebsratsanhörung bei Kündigung 102 BetrVG 40, 90
- Betriebsübergang 15 KSchG 117
- Betriebsübergang, Abgrenzung 1 KSchG 615; 613a BGB 33
- Betriebsübergang, Kündigung 613a BGB 94
- Betriebsveräußerung 15 KSchG 117
- Betriebsverfassungsorgan, Kündigung 15 KSchG 109
- Darlegungs- und Beweislast 1 KSchG 621
- greifbare Formen 1 KSchG 617
- Kündigungsgrund als 1 KSchG 615; 15 KSchG 109; 626 BGB 162, 433
- Mutterschutz, Kündigungsverbot 17 MuSchG 107
- Prognose 1 KSchG 615
- Restmandat des Betriebsrats 102 BetrVG 24
- Saisonbetrieb 15 KSchG 121
- Sozialplanpflicht 1 KSchG 622
- sukzessive Sozialauswahl 1 KSchG 727
- Verlegung als Stilllegung 15 KSchG 116
- Verpachtung 15 KSchG 117
- Wehrdienstleistende 2 ArbPlSchG 22
- Wiedereröffnung 613a BGB 35

Betriebsteil 17 KSchG 30
- Begriff 1 KSchG 147; 17 KSchG 30; 173 SGB IX 74
- Betriebsübergang 613a BGB 17

Betriebsübergang
- Abdingbarkeit 613a BGB 5
- Anwendungsbereich, persönlicher 613a BGB 8
- Anwendungsbereich, sachlicher 613a BGB 7
- anzuwendende Rechtsordnung Artikel28 120
- Arbeitnehmerähnliche Person 613a BGB 9; **Arbeitnehmerähnliche Personen (ArbNähnl. Pers.)** 52
- Arbeitsverhältnis, faktisches 613a BGB 8
- Arbeitsverhältnis, Rechtsfolge 620 BGB 33
- Arbeitsverhältnis, Übergang 613a BGB 51
- Arbeitsverhältnisse, erfasste 613a BGB 8
- Aufhebungsvertrag **Aufhebungsvertrag** 40
- Aufhebungsvertrag, Beschäftigungs- und Qualifizierungsgesellschaft **Aufhebungsvertrag** 40
- Auflösung des Arbeitsverhältnisses 9 KSchG 41
- Auflösungsantrag, Kündigung vor - 9 KSchG 18
- Ausschlussfrist, Kenntnis der Kündigungsgründe 626 BGB 375
- Befristung 613a BGB 114
- Betriebsänderung 613a BGB 32, 81
- betriebsbedingte Kündigung 613a BGB 81
- Betriebsfortführung 613a BGB 39
- Betriebsrat, Amtszeit 15 KSchG 86
- Betriebsratsanhörung 102 BetrVG 52
- Betriebsstilllegung, Abgrenzung 1 KSchG 615; 613a BGB 33
- Betriebsstilllegung, Wiedereröffnung 613a BGB 35
- Betriebsteil 613a BGB 17
- Betriebsunterbrechung 613a BGB 31
- Daseinsvorsorge 613a BGB 19
- Entstehungsgeschichte 613a BGB 2
- EU-rechtliche Grundlagen 613a BGB 2
- Feststellungsklage 613a BGB 58
- Gesamtrechtsnachfolge 613a BGB 43
- Gesellschafterwechsel 613a BGB 37
- Gesellschaftsanteilserwerb 613a BGB 37
- Heimarbeiter 29a HAG 83
- hoheitliche Tätigkeit 613a BGB 19
- Inhaberwechsel 613a BGB 36
- Insolvenz, Beschlussverfahren 128 InsO 1
- Insolvenz, Interessenausgleich 128 InsO 1
- Internationales Privatrecht Artikel28 120
- Konsultation der Arbeitnehmervertreter 613a BGB 6
- konzerninterne Personalüberlassung 613a BGB 10, 11
- Leiharbeitsverhältnis 613a BGB 10
- mehrere Erwerber 613a BGB 54
- Mitbestimmung des Betriebsrats 102 BetrVG 25
- Mutterschutz, Art und Weise der Kenntniserlangung 17 MuSchG 62
- Mutterschutz, Kenntnis 17 MuSchG 61
- Öffentliche Hand 613a BGB 43
- Rechtsfolgen 613a BGB 51
- sonstiges Dienstverhältnis 613a BGB 12
- Spaltung, kündigungsrechtliche Stellung 324 UmwG 44
- Stationierungsstreitkräfte Art.56 NATO-ZusAbk 38
- Teilübertragung, kündigungsrechtliche Stellung 324 UmwG 44
- treuhänderische Übertragung 613a BGB 41
- Umgehung, Übergang Arbeitsverhältnis 613a BGB 5
- Umwandlung 613a BGB 40, 57
- Umwandlungsgesetz 613a BGB 40
- Unternehmensumwandlung 324 UmwG 30
- Unterrichtung 613a BGB 59
- Unterrichtung, Darlegungs- und Beweislast 613a BGB 70
- Unterrichtung, Form 613a BGB 66
- Unterrichtung, Inhalt 613a BGB 61
- Unterrichtung, Rechtsnatur 613a BGB 60

- Unterrichtung, Schadensersatz **613a BGB** 60
- Unterrichtung, unterlassene **613a BGB** 69
- Unterrichtung, Verpflichtete **613a BGB** 68
- Unterrichtung, Zeitpunkt **613a BGB** 67
- Verfassungsmäßigkeit **613a BGB** 4
- Widerspruch **613a BGB** 59
- wirtschaftliche Einheit **613a BGB** 14, 15
- Zeitpunkt **613a BGB** 48
- Zuordnung der Arbeitnehmer **613a BGB** 53
- Zwangsversteigerung **613a BGB** 50
- Zwangsverwaltung **613a BGB** 50

Betriebsübergang, Kündigung
- Änderungskündigung **2 KSchG** 278; **613a BGB** 89
- Aufhebungsvertrag **613a BGB** 114
- Beschäftigungsgesellschaft **613a BGB** 114
- betriebsbedingte Kündigung **1 KSchG** 609
- Darlegungs- und Beweislast **613a BGB** 110, 123
- Erwerberkonzept **1 KSchG** 613; **613a BGB** 98
- Fortsetzungsanspruch **613a BGB** 106
- Fortsetzungsverlangen **613a BGB** 108
- Fortsetzungsverlangen, Auswahl der Bewerber **613a BGB** 109
- Geltungsbereich, persönlicher **613a BGB** 88
- Klage **613a BGB** 116
- Klage, Passivlegitimation **4 KSchG** 130; **613a BGB** 117
- Klage, Rechtskraft **613a BGB** 122
- Klagegegner **4 KSchG** 130
- Kleinbetrieb **23 KSchG** 74
- Kündigung wegen ~ **23 KSchG** 74; **613a BGB** 93
- Kündigung, personenbedingt **613a BGB** 100
- Kündigung, verhaltensbedingt **613a BGB** 100
- Kündigungsgrund **1 KSchG** 609
- Kündigungsschutz, besonderer **613a BGB** 89
- Kündigungsschutzklage **4 KSchG** 130
- Kündigungsverbot **1 KSchG** 609; **23 KSchG** 74; **613a BGB** 85
- Kündigungsverbot, Analogie **613a BGB** 89
- Lemgoer Modell **613a BGB** 113
- Passivlegitimation **4 KSchG** 130
- Rechtsfolgen **613a BGB** 102
- Sanierungskonzept, Veräußerer **613a BGB** 97
- Sozialauswahl **1 KSchG** 655
- Spaltung **324 UmwG** 41
- Stilllegung, Abgrenzung **613a BGB** 94
- Umgehungstatbestand **613a BGB** 112
- Wiedereinstellungsanspruch **613a BGB** 103
- Zeitpunkt **613a BGB** 91

Betriebsübergang, Rechtsgeschäft
- Amtsbefugnisse **613a BGB** 44
- Mehrzahl von ~ **613a BGB** 41
- mittelbare Beziehungen **613a BGB** 46
- Neuvergabe **613a BGB** 47
- nichtiges **613a BGB** 45
- Nießbrauch **613a BGB** 41
- Nutzungs- und Verfügungsgewalt **613a BGB** 41
- Privatisierung **613a BGB** 44
- Rückfall des Betriebs **613a BGB** 42
- Sachgründung **613a BGB** 46
- Umwandlung **613a BGB** 40
- Universalsukzession **613a BGB** 40
- Verpachtung **613a BGB** 47
- vertraglicher Rahmen **613a BGB** 40

Betriebsübergang, Widerspruch
- Adressat **613a BGB** 73
- Allgemeines **613a BGB** 71
- Beschränkung, einzelne Rechtsfolgen **613a BGB** 71
- betriebsbedingte Kündigung **613a BGB** 82
- Folge **613a BGB** 80
- Form **613a BGB** 74
- Frist **613a BGB** 75
- Gestaltungsrecht **613a BGB** 72
- Rechtsmissbrauch **613a BGB** 79, 84
- Schriftform **613a BGB** 74
- Sozialauswahl **613a BGB** 82
- Sperrzeit bei Kündigung **159 SGBIII** 24
- verhaltensbedingte Kündigung **613a BGB** 81
- Verwirkung **613a BGB** 76
- Verzicht **613a BGB** 79

Betriebsübergang, wirtschaftliche Einheit
- Aktiva, eigenwirtschaftliche Nutzung **613a BGB** 26
- Aktiva, immaterielle **613a BGB** 27
- Aktiva, materielle **613a BGB** 25
- Arbeitnehmerüberlassung **613a BGB** 22
- Art des Betriebes **613a BGB** 21
- Belegschaftsübernahme **613a BGB** 28
- Belegschaftsübernahme, wesentliche Anzahl **613a BGB** 28
- Betriebsbegriff **613a BGB** 13
- Betriebsteil **613a BGB** 17
- Dienstleistungsunternehmen **613a BGB** 23
- Entwicklung **613a BGB** 13
- Existenz, vor Betriebsübergang **613a BGB** 15
- Faktoren **613a BGB** 20
- Funktionsnachfolge **613a BGB** 30
- Gesamtabwägung **613a BGB** 20
- Großhandelsunternehmen **613a BGB** 27
- Identitätswahrung **613a BGB** 16
- Kundenbeziehungen **613a BGB** 27
- Notariat **613a BGB** 24
- Produktionsfortsetzung **613a BGB** 26
- Tätigkeit, ähnliche **613a BGB** 29
- Wertschöpfungskern **613a BGB** 26

Betriebsvereinbarung
- Betriebsbußen **626 BGB** 299
- Kündigungsschutz, Erweiterung **1 KSchG** 39; **13 KSchG** 113

Betriebsverfassungsgesetz, Territorialitätsprinzip **102 BetrVG** 17

Betriebszugehörigkeit
- Interessenabwägung **626 BGB** 250
- Weiterbeschäftigungszeitraum **102 BetrVG** 290

3147

Stichwortverzeichnis

Beurteilungsspielraum Arbeitgeber 15 TzBfG 27
Beweislastumkehr
- Insolvenz, Interessenausgleich 125 InsO 20
- Kündigung Wehrdienstleistender 2 ArbPlSchG 36

Beweisverwertungsverbot, außerordentliche Kündigung 626 BGB 400
Blinde, Schriftform, Wahrung 623 BGB 127
Bordvertretung
- Anhörung vor Kündigung Seearbeitsgesetz (SeeArbG) 42, 55
- Betriebsratsanhörung 102 BetrVG 62
- Einspruch Arbeitnehmer Seearbeitsgesetz (SeeArbG) 60
- Kündigungsschutz 103 BetrVG 12
- Kündigungsschutz, besonderer Seearbeitsgesetz (SeeArbG) 43
- Kündigungsschutz, Entwicklung 103 BetrVG 1
- nachwirkender Kündigungsschutz 15 KSchG 82
- Wahlbewerber, besonderer Kündigungsschutz Seearbeitsgesetz (SeeArbG) 43
- Wahlbewerber/-vorstand, Kündigungsschutz 103 BetrVG 15
- Zustimmungsverfahren, Entgegennahme Arbeitgebererklärung 103 BetrVG 80

Brückenteilzeitarbeit 14 TzBfG 99
Bühnenarbeitsverhältnis
- Betriebsratsanhörung, Nichtverlängerungsanzeige 102 BetrVG 49
- Nichtverlängerungsmitteilung, tarifvertragliche 3 TzBfG 40

Corona, Impfverweigerung
- Eignung 1 KSchG 320

Corona-Pandemie
- Gesundheitsschutz 626 BGB 447

Crowdworking
- arbeitnehmerähnliche Person Arbeitnehmerähnliche Personen (ArbNähnl. Pers.) 5

Darlegungs- und Beweislast 626 BGB 394
- abgestufte 242 BGB 52; 626 BGB 397
- Abmahnung, Entfernung 626 BGB 297
- Allgemeines Gleichbehandlungsgesetz 22 AGG 1
- Allgemeines Gleichbehandlungsgesetz, Bereichsausnahme 1 KSchG 28
- Änderungskündigung 2 KSchG 256
- Annahmeverzug 11 KSchG 65
- Annahmeverzug, Leistungsfähigkeit 11 KSchG 19
- Anrechnung Zwischenverdienst 11 KSchG 45
- Anzeige- und Nachweispflichtverletzung 1 KSchG 527
- Arbeitslosengeld, Sperrzeit, wichtiger Grund 159 SGBIII 123
- Aufhebungsvertrag Aufhebungsvertrag 47
- Auflösungsantrag Arbeitgeber 9 KSchG 58, 74
- Ausschlussfrist, Wahrung der 626 BGB 401

- außerordentliche Kündigung schwerbehinderter Menschen, Zusammenhang mit Behinderung 174 SGBIX 23
- außerordentliche Kündigung, Schadensersatz 628 BGB 57
- Ausspruch Kündigung 626 BGB 395
- Befristung 14 TzBfG 755
- Befristung, ältere Arbeitnehmer 14 TzBfG 687
- Befristung, Beendigung 15 TzBfG 67
- Befristung, Benachteiligungsverbot 4 TzBfG 27
- Befristung, Hochschulen, Verlängerung 2 WissZeitVG 11
- Befristung, Mutterschutz/Elternzeit 21 BEEG 24
- Befristung, sachgrundlos 14 TzBfG 615
- Befristung, sachgrundlos, Neugründungen 14 TzBfG 646
- Befristung, Teilnahme Aus- und Weiterbildung 19 TzBfG 13
- Benachteiligung, Indizien 22 AGG 9
- Bereichsausnahme KSchG 2 AGG 25
- betriebsbedingte Kündigung 1 KSchG 591
- betriebsbedingte Kündigung, abgestufte 1 KSchG 593
- Betriebsrat, Widerspruch 1 KSchG 809, 815, 819
- Betriebsratsanhörung 102 BetrVG 252; 13 KSchG 152
- Betriebsstilllegung 1 KSchG 621
- Betriebsübergang 613a BGB 110
- Betriebsübergang, Kündigung 613a BGB 110, 123
- Betriebsübergang, Unterrichtung 613a BGB 70
- Beweislastregelung, Allgemeines Gleichbehandlungsgesetz 22 AGG 1
- Beweislastregelung, Reichweite 22 AGG 5
- Elternzeit, Kündigungsschutz 18 BEEG. 43
- Elternzeit, Zulassungsverfahren 18 BEEG. 73
- Gemeinschaftsbetrieb 23 KSchG 83
- Glaubhaftmachung 22 AGG 2
- Hilfstatsachen 22 AGG 13
- Interessenausgleich mit Namensliste 1 KSchG 793
- Kampagnebetrieb 22 KSchG 19
- Kleinbetriebsklausel 23 KSchG 78
- Krankheitsbedingte Kündigung, häufige Kurzerkrankungen 1 KSchG 353, 357, 391
- Krankheitsbedingte Kündigung, langandauernde Krankheit 1 KSchG 395
- Kündigung Bundestagsabgeordneter Kündigungsschutz für Parlamentarier (ParlKSch) 53
- Kündigung Wahlbewerber Bundestag Kündigungsschutz für Parlamentarier (ParlKSch) 53
- Kündigung Wehrdienstleistender, Beweislastumkehr 2 ArbPlSchG 36
- Kündigung Wehrdienstleistender, Kleinbetrieb 2 ArbPlSchG 29
- Kündigung, treuwidrige 242 BGB 51
- Kündigung, Zugang 4 KSchG 182, 188

Stichwortverzeichnis

- Kündigungserklärung 1 KSchG 167
- Kündigungsschutz, besonderer 13 KSchG 152
- Kündigungsschutzgesetz, betrieblicher Geltungsbereich 1 KSchG 156
- Kündigungsschutzgesetz, persönlicher Geltungsbereich 1 KSchG 96
- Kündigungsschutzklage 13 KSchG 152
- Kündigungsschutzklage, nachträgliche Zulassung 5 KSchG 123
- Lebenszeitdienstverhältnis 624 BGB 30
- Leistungsfähigkeit, unterdurchschnittliche 1 KSchG 417
- Leitende Angestellte 105 BetrVG 30; 14 KSchG 65
- Leitende Angestellte, Kündigungsschutz 14 KSchG 65
- Low Performer 1 KSchG 417
- Massenentlassungen 17 KSchG 187
- Massenentlassungen, Betriebsratsbeteiligung 17 KSchG 187
- Maßregelungsverbot 612a BGB 26
- Mobbing 1 KSchG 530
- Mutterschutz 17 MuSchG 67
- Mutterschutz, Mitteilung 17 MuSchG 87
- Nachzahlungsanspruch 11 KSchG 65
- personenbedingte Kündigung 1 KSchG 294
- Pflegezeit, Kündigungsschutz 9 PflegeZG 76
- Rechtfertigungsgrund 626 BGB 395
- Rechtsirrtum 626 BGB 399
- Sachgrund, Prognose 14 TzBfG 149
- Saisonbetriebe 22 KSchG 19
- Schadensersatzanspruch, beendetes Berufsausbildungsverhältnis 23 BBiG 140
- Schlechtleistung 1 KSchG 488
- Schriftform 623 BGB 130, 228
- Schwangerschaft 17 MuSchG 47
- Schwerbehinderte Menschen, Kündigungsschutz 173 SGBIX 60
- Sittenwidrige Kündigung 13 KSchG 64
- Sozialauswahl, Auswahlkriterien 1 KSchG 760
- Sozialauswahl, berechtigte betriebliche Interessen 1 KSchG 707
- soziale Rechtfertigung 1 KSchG 274
- soziale Rechtfertigung, abgestufte 1 KSchG 277
- Stationierungsstreitkräfte, Kündigungsgrund Art.56 NATO-ZusAbk 30
- stillschweigende Verlängerung 625 BGB 46
- Substantiierungslast 626 BGB 397
- Treuwidrige Kündigung 242 BGB 51
- Unternehmerentscheidung 1 KSchG 594
- Verhalten, gesundheitswidriges 1 KSchG 527
- verhaltensbedingte Kündigung 1 KSchG 446
- verhaltensbedingte Kündigung, Abmahnung 1 KSchG 436
- Verhaltensbedingte Kündigung, Alkoholmissbrauch 1 KSchG 461
- verhaltensbedingte Kündigung, Verschulden 1 KSchG 434
- Vermutungstatbestände 22 AGG 14
- Verschulden 626 BGB 399
- Verwertungsverbot 1 KSchG 276
- Wartezeit 1 KSchG 137
- Wartezeit, Anrechnungsvereinbarung 1 KSchG 138
- Weiterbeschäftigungsmöglichkeit 1 KSchG 278, 595, 822; 626 BGB 395
- Weiterbeschäftigungspflicht, Entbindung 102 BetrVG 304
- Widerspruchstatbestände 1 KSchG 278, 805
- Zustimmung Betriebsrats, zur Kündigung 15 KSchG 78
- Zustimmung zur Kündigung, behördliche, Zugang 4 KSchG 263

Datenschutz
- Betriebsratsanhörung 102 BetrVG 107

Dienstentlassung
- Anhörung 626 BGB 60
- Ausschlussfrist 626 BGB 60
- außerordentliche Kündigung, Abgrenzung 626 BGB 58
- Dienstordnungs-Angestellte 626 BGB 58
- Dienststrafe 626 BGB 58
- Entlassung 1 KSchG 195
- Verhältnismäßigkeitsgrundsatz 626 BGB 60

Dienstleistungsunternehmen, Betriebsübergang 613a BGB 23

Dienstordnungs-Angestellte
- Dienstentlassung 626 BGB 58
- Disziplinarmaßnahme, Entlassung 1 KSchG 37
- Entlassung als Dienststrafe 1 KSchG 195; 626 BGB 58
- Kündigungsschutz 1 KSchG 86
- Personalratsmitglied, Kündigungsschutz 128 6

Dienststelle, Weiterbeschäftigungsmöglichkeit 1 KSchG 153

Dienststellenleiter
- Personalratsanhörung, Einleitung 128 16

Dienstvereinbarung, Kündigungsschutz, Erweiterung 1 KSchG 39

Dienstverhältnis
- arbeitnehmerähnliche Person Arbeitnehmerähnliche Personen (ArbNähnl. Pers.) 11
- Arbeitnehmerähnliche Person, Zweckbefristung Arbeitnehmerähnliche Personen (ArbNähnl. Pers.) 60
- Aufhebungsvertrag 620 BGB 14
- auflösende Bedingung 620 BGB 12
- außerordentliche Kündigung 626 BGB 1
- Beendigung (ohne Befristung und Kündigung) 620 BGB 14
- Beendigung, Meldepflicht 620 BGB 18
- befristetes 620 BGB 1
- Befristung 620 BGB 5, 8; Arbeitnehmerähnliche Personen (ArbNähnl. Pers.) 58
- Befristung, Form 620 BGB 9
- Begriff 620 BGB 4, 6

Stichwortverzeichnis

- besondere **620 BGB** 15
- Betriebsübergang **613a BGB** 12
- Doppelbefristung **620 BGB** 12
- Formerfordernisse **620 BGB** 10
- Kündigung **620 BGB** 13
- Werkvertrag **620 BGB** 4
- Zweckbefristung **620 BGB** 9

Direktionsrecht
- Änderungskündigung, überflüssige **2 KSchG** 60
- Änderungskündigung, Verhältnis **2 KSchG** 59
- Änderungskündigung, Verhältnis, Einzelfälle **2 KSchG** 72
- Begriff **2 KSchG** 59
- Ermessensschranken **2 KSchG** 70
- Erweiterung durch Tarifvertrag **2 KSchG** 92
- Erweiterung, Umgehung Kündigungsschutz **2 KSchG** 93
- gerichtliche Überprüfung **2 KSchG** 71
- Konkretisierung der Arbeitspflicht **2 KSchG** 64
- Lage der Arbeitszeit **2 KSchG** 69
- Nichtausübung, Konkretisierung Arbeitspflicht **2 KSchG** 64
- Reichweite **2 KSchG** 59
- Überprüfung, Klagefrist **4 KSchG** 31
- Versetzung **2 KSchG** 62
- Versetzungsklausel **2 KSchG** 66

Diskriminierung
- Befristung, Fortsetzungsanspruch **17 TzBfG** 77

Diskriminierungsverbot
- EMRK **1 AGG** 7
- Religionsfreiheit, EMRK **1 AGG** 7

Dokumentationsfunktion, Abmahnung 626 BGB 290

Dominoeffekt, Sozialauswahl 1 KSchG 711

Doppelbefristung 15 TzBfG 24
- unbefristete Verlängerung **15 TzBfG** 31
- Unterrichtung, Inhalt **15 TzBfG** 26
- Unterrichtung, Nachholung **15 TzBfG** 23
- Unterrichtung, Rechtsnatur **15 TzBfG** 21
- Unterrichtung, Schriftform **15 TzBfG** 22
- Unterrichtung, verfrühte **15 TzBfG** 14
- Unterrichtung, verspätete **15 TzBfG** 15
- unwirksame, Rechtsfolgen **16 TzBfG** 1
- Zweckerreichung **15 TzBfG** 10
- Zweckerreichung, Objektivierung **3 TzBfG** 27

Doppelbefristung, stillschweigende Verlängerung 625 BGB 13

Drittmittelbefristung
- Aufgabe und Zeitdauer **2 WissZeitVG** 50
- auflösende Bedingung **21 TzBfG** 70
- Befristungsdauer **2 WissZeitVG** 51
- Befristungsdauer, Soll-Vorschrift **2 WissZeitVG** 52
- Finanzierung **2 WissZeitVG** 46
- Grundsatz **2 WissZeitVG** 44
- Haushaltsmittel **14 TzBfG** 477
- Privatdienstvertrag **3 WissZeitVG** 14
- Vergütung **2 WissZeitVG** 56

- Voraussetzungen **2 WissZeitVG** 46
- vorübergehender Bedarf **14 TzBfG** 187
- zweckentsprechende Beschäftigung **2 WissZeitVG** 54

Drittmittelfinanzierung, betriebsbedingte Kündigung 1 KSchG 623

Drittwirkung, Kündigung im Gruppenarbeitsverhältnis 1 KSchG 64

Drogensucht
- Abmahnungserfordernis **1 KSchG** 458
- Alkoholmissbrauch **1 KSchG** 456
- Alkoholverbot, betriebliches **1 KSchG** 459
- als Behinderung **1 AGG** 34
- Anfechtung Arbeitsvertrag **1 KSchG** 303
- außerdienstliches Verhalten **626 BGB** 423
- außerordentliche Kündigung **626 BGB** 141, 423, 430, 442
- Berufsausbildungsverhältnis, Kündigung **23 BBiG** 64
- Darlegungs- und Beweislast **1 KSchG** 461
- Minderleistung **1 KSchG** 457
- Nachweis **626 BGB** 423
- Schlechtleistung **1 KSchG** 457
- Therapiebereitschaft **1 KSchG** 301

Druckkündigung
- Aids als Grund **1 KSchG** 299
- als betriebsbedingte Kündigung **1 KSchG** 625
- Anhörung des zu Kündigenden **626 BGB** 222
- Aufopferungsanspruch **626 BGB** 224
- Ausschlussfrist **626 BGB** 344
- außerordentliche **626 BGB** 219, 420
- Begriff **1 KSchG** 512; **626 BGB** 219
- Kündigungsverlangen des Betriebsrats **104 BetrVG** 31
- Mitbestimmung des Betriebsrats **102 BetrVG** 32
- Schadensersatz **626 BGB** 224
- verhaltensbedingte Kündigung **1 KSchG** 512
- Verlangen des Betriebsrats **626 BGB** 222
- Voraussetzungen **626 BGB** 221

Ehegattenarbeit, Sozialauswahl 1 KSchG 735

Ehegattenarbeitsverhältnis
- Kündigung **1 KSchG** 63
- Kündigungsschutz **1 KSchG** 59
- Kündigungsschutz, besonderer, Erstreckung **1 KSchG** 64

Ehrenamt, Ausübung, als Kündigungsgrund 1 KSchG 319; **626 BGB** 437

Eigengruppe
- Betriebsgruppe, Abgrenzung **1 KSchG** 59
- Ehegattenarbeitsvertrag **1 KSchG** 59
- Gesamtkündigung **1 KSchG** 62
- Job-Sharing-Verhältnis **1 KSchG** 61
- Kündigung eines Mitglieds **1 KSchG** 60
- Kündigungsschutz, besonderer, Erstreckung **1 KSchG** 64
- Kündigungsschutz, besonderer, Interessenabwägung **1 KSchG** 64

– Kündigungsschutz, Risikoverlagerung 1 KSchG 60
Eignung
– Auszubildende 23 BBiG 16
– Impfverweigerung, Corona 1 KSchG 320
– Kündigungsgrund, fehlende – als 1 KSchG 320; 626 BGB 138
– verfassungsfeindliche Betätigung 1 KSchG 324
Eignungsübungsgesetz 2 ArbPlSchG 44
Ein-Euro-Job
– Arbeitnehmereigenschaft **Arbeitnehmerähnliche Personen (ArbNähnl. Pers.)** 16
– Kündigungsschutz 1 KSchG 88
– Rechtsverhältnis, privatrechtliches 23 TzBfG 16; **Arbeitnehmerähnliche Personen (ArbNähnl. Pers.)** 16
– Wartezeit, Einbeziehung 1 KSchG 114
Eingliederungsmanagement 21 TzBfG 54
– Ablehnung Arbeitgeber 78a BetrVG 19
– Aufhebungsvertrag, vereinbarter 78a BetrVG 36
– Auszubildender, betriebliche Zuordnung 78a BetrVG 5
– Entfristungsprozess 15 TzBfG 53
– Entgelt 78a BetrVG 37
– Entwicklung, gesetzliche 78a BetrVG 1
– Ersatzmitglied 78a BetrVG 12
– faktisches, Mandatswahrnahme 78a BetrVG 10
– Fortbildungsverhältnisse 78a BetrVG 7
– Geltungsbereich des Sonderschutzes 78a BetrVG 4
– Geltungsbereich, erfasste Vertragsverhältnisse 78a BetrVG 4
– Geltungsbereich, persönlicher 78a BetrVG 4
– Kirchen 78a BetrVG 4
– Kündigung, erklärte 78a BetrVG 36
– Mitteilungspflicht bei Ablehnung 78a BetrVG 19
– Mitteilungspflicht bei Ablehnung, Form 78a BetrVG 19
– Mitteilungspflicht bei Ablehnung, unterlassene 78a BetrVG 20
– Mitteilungspflicht bei Ablehnung, Zeitpunkt 78a BetrVG 17
– Mitteilungspflicht bei Ablehnung, Zweck 78a BetrVG 17
– Nachwirkung 78a BetrVG 14
– Nachwirkung, Ersatzmitglied 78a BetrVG 15
– Praktikanten 78a BetrVG 8
– Seeleute in der Ausbildung 78a BetrVG 9
– stillschweigende Verlängerung 625 BGB 39
– überbetriebliche Ausbildung 78a BetrVG 5
– Umschulungsverhältnisse 78a BetrVG 6
– Unzumutbarkeit der Weiterbeschäftigung 78a BetrVG 41
– Verfassungsmäßigkeit 78a BetrVG 3
– Volontäre 78a BetrVG 8
– Wahlbewerber 78a BetrVG 13
– Wahlvorstand 78a BetrVG 13
– Zuordnung, überbetriebliche Ausbildung 78a BetrVG 5

– Zustimmung Integrationsamt 21 TzBfG 55
Eingliederungsvertrag, Erprobungsbefristung, Abgrenzung 14 TzBfG 358
Einigungsstelle, Kündigungsschutz, besonderer 103 BetrVG 24
Einigungsvertrag
– Beendigung Arbeitsverhältnis, Mutterschutz 17 MuSchG 192
– Personalrat, Kündigungsschutz 128 1
Einseitige Freistellung
– Unzumutbarkeit 620 BGB 53
Einstellung, Begriff 105 BetrVG 13
Einstellungsanspruch
– Öffentlicher Dienst 30 TVöD 7
Einstweilige Verfügung
– Entbindung von der Weiterbeschäftigungspflicht 102 BetrVG 313
– Nachzahlungsanspruch 11 KSchG 63
– Weiterbeschäftigung 23 BBiG 124
– Weiterbeschäftigung Auszubildende (BetrVG) 78a BetrVG 60
– Weiterbeschäftigungsanspruch, allgemeiner 102 BetrVG 372
– Zustimmungsersetzungsverfahren 103 BetrVG 136
Elternzeit
– Adoption 18 BEEG. 31
– Arbeitsverhältnis 18 BEEG. 28
– außerordentliche Kündigung 626 BGB 14
– Befristung, Sachgrund der Vertretung 21 BEEG 1
– Befristung, sachlicher Grund 21 BEEG 18
– Berufsausbildungsbeschäftigte 20 BEEG 1, 4
– Berufsausbildungsverhältnis 18 BEEG. 28
– Betreuungsgeld, Einführung 18 BEEG. 11
– eigenmächtiger Antritt, Kündigungsgrund 626 BGB 471
– Elterngeld Plus, Neuregelung 18 BEEG. 11
– Elterngeld, Partnerschaftsbonus 18 BEEG. 12
– Entsendung 18 BEEG. 28
– Entwicklung BEEG 18 BEEG. 8
– Entwicklung, gesetzliche 18 BEEG. 1
– Geltendmachung 18 BEEG. 44, 47
– Geltendmachung, Schriftform 18 BEEG. 44
– Heimarbeiter 18 BEEG. 28; 20 BEEG 1
– Inkrafttreten 18 BEEG. 8
– Kindesbeziehung 18 BEEG. 30
– Kündigung, Zustimmung, Ausschlussfrist 626 BGB 356
– Leitende Angestellte 14 KSchG 74
– Sonderkündigungsrecht 19 BEEG 1
– Vater, nichtehelicher 18 BEEG. 32
– Zustimmungserklärung 18 BEEG. 47
– Zweck 18 BEEG. 16
Elternzeit, Kündigungsschutz
– Anspruchsvoraussetzungen, Zeitpunkt 18 BEEG. 34
– Anwendbarkeit KSchG 18 BEEG. 77

Stichwortverzeichnis

- Beendigung Elternzeit, vorzeitige **18 BEEG. 59**
- Beendigungstatbestände (ohne Kündigung) **18 BEEG. 26**
- Beginn **18 BEEG. 47**
- Beginn, Geltendmachung Elternzeit **18 BEEG. 47**
- Darlegungs- und Beweislast **18 BEEG. 43**
- Dauer **18 BEEG. 47**
- Elternzeit, Inanspruchnahme **18 BEEG. 33**
- Elternzeit, vor Beginn der **18 BEEG. 51**
- Elternzeitberechtigung **18 BEEG. 27**
- Ende **18 BEEG. 54**
- Erlaubnisvorbehalt **18 BEEG. 20**
- Geltendmachung Elternzeit **18 BEEG. 44, 47**
- Geltungsbereich, Kündigungen **18 BEEG. 25**
- Geltungsbereich, öffentlich-rechtliche Dienstverhältnisse **18 BEEG. 27**
- Geltungsbereich, personeller **18 BEEG. 27**
- Inanspruchnahme Elternzeit **18 BEEG. 44**
- Insolvenz, in der **18 BEEG. 26**
- Kündigungsverbot **18 BEEG. 24**
- Massenkündigung **18 BEEG. 26**
- Mutterschutz **18 BEEG. 75**
- nachwirkender **18 BEEG. 60**
- Rechtsnatur **18 BEEG. 24**
- Sonderurlaub, unbezahlter **18 BEEG. 33**
- Teilzeitarbeitsverhältnis, separate Kündigung **18 BEEG. 40**
- Teilzeitbeschäftigte **18 BEEG. 23**
- Teilzeitbeschäftigung **18 BEEG. 36**
- Teilzeitbeschäftigung ohne Elternzeit **18 BEEG. 41**
- Teilzeitbeschäftigung ohne Elternzeit, Kenntnis Arbeitgeber **18 BEEG. 42**
- Teilzeitbeschäftigung während Elternzeit **18 BEEG. 37**
- Teilzeitbeschäftigung, anderer Arbeitgeber **18 BEEG. 39**
- Teilzeitbeschäftigung, zulässige **18 BEEG. 36**
- Territorialitätsprinzip **18 BEEG. 28**
- Übergangsregelungen **18 BEEG. 83**
- Unwirksamkeitsgründe, andere, Verhältnis **18 BEEG. 75**
- Verlängerungsverlangen **18 BEEG. 49**
- Verwirkung **18 BEEG. 61**
- Vollzeit- und Teilzeitarbeitsverhältnis **18 BEEG. 40**
- Vollzeitbeschäftigungsverhältnis **18 BEEG. 40**
- Zulassung Kündigung **18 BEEG. 62**

Elternzeit, Sonderkündigungsrecht
- Abgrenzung, andere Beendigungen **19 BEEG 20**
- Adressat **19 BEEG 19**
- Aufhebungsvertrag **19 BEEG 6, 23**
- Elternzeit, mehrere Abschnitte **19 BEEG 12**
- Entwicklung, gesetzliche **19 BEEG 1**
- Fristen **19 BEEG 11**
- Geltungsbereich, persönlicher **19 BEEG 8**
- Kündigungsfrist, Unabdingbarkeit **19 BEEG 14**
- Kündigungszeitpunkt **19 BEEG 11**
- Mindestkündigungsfrist **19 BEEG 5**
- Mindestkündigungsfrist, Verzicht Arbeitgeber **19 BEEG 6**
- Rechtsfolgen **19 BEEG 25**
- Schriftform **19 BEEG 17**
- Teilzeitbeschäftigte mit Elternzeit **19 BEEG 9**
- Teilzeitbeschäftigte ohne Elternzeit **19 BEEG 10**
- Unabdingbarkeit **19 BEEG 4**
- Wiedereinstellungsanspruch **19 BEEG 26**
- Zulässigkeitserklärung **18 BEEG. 20**
- Zweck **18 BEEG. 17; 19 BEEG 2**

Elternzeit, Zulassungsverfahren 18 BEEG. 62
- besonderer Fall, Prüfung **18 BEEG. 66**
- besonderer Fall, unbestimmter Rechtsbegriff **18 BEEG. 67**
- betriebliche Gründe **18 BEEG. 69**
- Darlegungs- und Beweislast **18 BEEG. 73**
- Ermessenentscheidung der Behörde **18 BEEG. 71**
- Kündigungserklärung, Frist, Massenentlassung **18 BEEG. 65**
- personenbedingte Gründe **18 BEEG. 70**
- verhaltensbedingte Gründe **18 BEEG. 68**
- Verwaltungsakt, Bindungswirkung **18 BEEG. 62**
- Verwaltungsvorschrift **18 BEEG. 66**
- Zuständigkeit **18 BEEG. 64**
- Zustellung, fehlende, Klagefrist **18 BEEG. 78**

Ende Beschäftigungsverhältnis 620 BGB 44

Entbindung
- Kenntnis des Arbeitgebers oder des ihm Gleichgestellten **17 MuSchG 53**

Entbindung von der Weiterbeschäftigungspflicht, einstweilige Verfügung 102 BetrVG 313

Entfernung betriebsstörender Arbeitnehmer 104 BetrVG 23
- Antragsabweisung **104 BetrVG 36**
- Antragsfrist Beschlussverfahren **104 BetrVG 35**
- Antragsfrist Verwirkung **104 BetrVG 35**
- außerdienstliches Verhalten **104 BetrVG 18**
- Beschlussfassung **104 BetrVG 11**
- Beschlussverfahren **104 BetrVG 32**
- Beschlussverfahren, Beteiligte **104 BetrVG 33**
- Beteiligtenstellung Arbeitnehmer **104 BetrVG 53**
- Betriebsfrieden, Störung **104 BetrVG 15**
- Betriebsrat, Anhörung Arbeitnehmer **104 BetrVG 24**
- Betriebsrat, Beschlussfassung **104 BetrVG 24**
- Betriebsrat, zuständiger **104 BetrVG 9**
- Betriebsratsanhörung **102 BetrVG 72**
- Druckkündigung **104 BetrVG 31**
- Druckkündigung, Schadensersatz **104 BetrVG 50**
- Entlassungsantrag Betriebsrat **104 BetrVG 32**
- Entscheidung Arbeitgeber **104 BetrVG 26**
- Entscheidung des Gerichts, Umsetzung Arbeitgeber **104 BetrVG 38**
- Entscheidungsinhalt, Kündigung, ordentliche **104 BetrVG 37**

Stichwortverzeichnis

- Entscheidungsinhalt, Versetzung 104 BetrVG 37
- Ermessen des Betriebsrats 104 BetrVG 24
- Ermessensentscheidung Betriebsrat 104 BetrVG 24
- Geltungsbereich, persönlicher 104 BetrVG 5
- Gesamtbetriebsrat 104 BetrVG 10
- gesetzliche Entwicklung 104 BetrVG 1
- gesetzwidriges Verhalten 104 BetrVG 12
- Grundsatz der Verhältnismäßigkeit 104 BetrVG 24
- im Arbeitskampf 104 BetrVG 7
- Kritik 104 BetrVG 15
- Kündigung als Arbeitgebermaßnahme 104 BetrVG 30
- Kündigung, Betriebsratsanhörung 104 BetrVG 30
- Kündigungsgrund, bestehender 104 BetrVG 19
- Kündigungsschutzklage 104 BetrVG 47
- Leitende Angestellte 104 BetrVG 5
- Präjudizialität Beschlussverfahren 104 BetrVG 53, 56
- Rechtskraftwirkung 104 BetrVG 37
- Tendenzbetriebe 104 BetrVG 8
- Verhältnismäßigkeitsgrundsatz 104 BetrVG 25
- Versetzung, Arbeitgebermaßnahmen 104 BetrVG 27
- Versetzung, Beteiligungsrechte Betriebsrat 104 BetrVG 27
- Versetzungsantrag Betriebsrat 104 BetrVG 32
- Versetzungsverlangen 104 BetrVG 21
- Voraussetzungen 104 BetrVG 12
- Zustimmungserfordernisse 104 BetrVG 41
- Zwangsvollstreckung, Zwangsgeld 104 BetrVG 43
- Zweck 104 BetrVG 4

Entfristungsklage 620 BGB 115
Entgeltkürzung, außerordentliche Änderungskündigung 626 BGB 218
Entgeltnachzahlung, Steuerrecht 34 EstG 64
Entlassung, Begriff 17 KSchG 59
Entlassungsbedingungen 2 AGG 2
Entschädigung
- Benachteiligung bei Kündigung 2 AGG 17, 23
- Klage auf Arbeitsleistung 628 BGB 8
- Kündigung eines Heuerverhältnisses Seearbeitsgesetz (SeeArbG) 141

Entschädigung (EStG)
- Abfindung als - 34 EstG 10
- Abfindungsanspruch, betriebsbedingte Kündigung 1a KSchG 151
- Altersrente, Nachzahlung 34 EstG 56
- Anwartschaft, betriebliche Altersversorgung 34 EstG 58
- Arbeitnehmer, Mitwirkung 34 EstG 11
- Arbeitsvertragsänderung 34 EstG 62
- Aufgabe, Nichtausübung einer Tätigkeit 34 EstG 24
- Aussperrungsunterstützung 34 EstG 63
- Beendigung Arbeitsverhältnis, Veranlassung 34 EstG 13
- Begriff 34 EstG 6
- Besteuerung 34 EstG 3
- betriebsbedingte Kündigung 34 EstG 18
- Betriebsübergang, anlässlich eines 34 EstG 23
- Einnahmeausfall 34 EstG 11
- Einnahmewegfall, kausales Schadensereignis 34 EstG 15
- Erfindervergütung, Abfindungszahlung 34 EstG 57
- Ersatz für Ausgaben 34 EstG 8
- Ersatz für Einnahme 34 EstG 8
- Gehaltsnachzahlung 34 EstG 64
- Insassen-Unfallversicherung 34 EstG 65
- Jubiläumszuwendungen 34 EstG 66
- Kapitalisierung von Versorgungs-/Rentenansprüchen 34 EstG 69, 76
- Karenzentschädigung 34 EstG 79
- Nutzungsrecht 34 EstG 82
- Optionsrecht 34 EstG 83
- Pensionsabfindung 34 EstG 84
- Rechtsgrundlage, neue 34 EstG 16, 18
- Steuersatz, ermäßigter 34 EstG 5
- Streikunterstützung 34 EstG 85
- Tagegelder 34 EstG 86
- Teilabfindung bei Arbeitszeitreduzierung 34 EstG 22
- Todesfall-Versicherung 34 EstG 87
- Vorruhestandsgeld 34 EstG 88
- Vorschaltbestimmung des 34 EstG 5
- Vorschaltbestimmung zu 34 EstG 5
- Wiedereinstellung, unterlassene 34 EstG 90
- Zwangssituation 34 EstG 11
- Zwangssituation, GmbH-Geschäftsführer 34 EstG 14

Entschädigung (EStG), Tarifbegünstigung
- Antragserfordernis 34 EstG 29
- Arbeitnehmer-Pauschbetrag 34 EstG 30
- Billigkeitsentscheidung Finanzverwaltung 34 EstG 37
- einheitliche Beurteilung 34 EstG 39
- Gestaltungsmöglichkeiten 34 EstG 49
- Lohnsteuerverfahren 34 EstG 55
- Regelungszweck 34 EstG 27
- Steuerberechnung 34 EstG 53
- Tätigkeit, mehrjährige 34 EstG 31
- Veranlagungszeitraum, Zufluss 34 EstG 31
- Veranlagungszeiträume, mehrere, Korrektur 34 EstG 37
- Zufluss im Veranlagungszeitraum 34 EstG 31
- Zufluss, mehrere Veranlagungszeiträume 34 EstG 31
- Zusammenballung von Einnahmen 34 EstG 31
- Zusammenballung, Prognose 34 EstG 31
- Zusatzleistungen 34 EstG 39

3153

Stichwortverzeichnis

- Zusatzleistungen, Fürsorgegesichtspunkte 34 EstG 39

Entschädigung und Schadensersatz
- Anspruchsgegner 15 AGG 28
- Arbeitgeber, wirtschaftliche Verhältnisse 15 AGG 36
- Arbeitgeberverhalten, nachfolgendes 15 AGG 36
- Ausschlussfrist 15 AGG 42
- Beförderung, unterbliebene 15 AGG 34
- Einstellung, unterbliebene 15 AGG 33
- Einstellungsanspruch 15 AGG 53
- Einstellungsanspruch, Ausschluss 15 AGG 53
- Entschädigungshöhe 15 AGG 32
- Geltendmachung 15 AGG 50
- Haftung für Dritte 15 AGG 14
- kollektivrechtliche Vereinbarung, Durchführung 15 AGG 52
- kollektivrechtliche Vereinbarungen 15 AGG 37
- Mitverschulden Arbeitnehmer 15 AGG 36
- Nichtvermögensschaden 15 AGG 24
- Schaden, immaterieller 15 AGG 24
- Umfang 15 AGG 32
- Verhältnis zu anderen Anspruchsgrundlagen 15 AGG 52
- Verschulden des Arbeitgebers 15 AGG 9
- Verschuldensunabhängig 15 AGG 11, 24, 31
- Verschuldensunabhängig, richtlinienkonforme Auslegung 15 AGG 13
- Voraussetzungen 15 AGG 29
- wegen Benachteiligung 15 AGG 29

Entsenderichtlinie Artikel28 39

Entsendung
- Befristung, Person des Arbeitnehmers 14 TzBfG 411
- Begriff **Artikel28** 56
- Betriebsratsanhörung Artikel28 127
- Elternzeit 18 BEEG. 28
- Kündigungsfrist, tarifliche 622 BGB 266
- Wartezeit 1 KSchG 124

Entwicklungshelfer, Kündigungsschutz 1 KSchG 89

Erprobung 14 TzBfG 98

Ersatzmitglied
- Kündigungsschutz, besonderer 103 BetrVG 43
- nachwirkender Kündigungsschutz als Wahlbewerber 103 BetrVG 52
- Verhinderung Betriebsratsmitglied 103 BetrVG 44

Erwerbsminderung
- auflösende Bedingung Art.56 NATO-ZusAbk 47
- Beendigung Arbeitsverhältnis 33 TVöD 7
- Beendigung Arbeitsverhältnis, Weiterbeschäftigung 33 TVöD 15
- dauerhafte 21 TzBfG 49
- teilweise 21 TzBfG 52

Erwerbsmotiv, Betriebsübergang 613a BGB 36

EU-Recht, nationales Recht, Verhältnis 14 TzBfG 9

Europäische Union, Kündigungsschutz für Abgeordnete Kündigungsschutz für Parlamentarier (ParlKSch) 123

Europäischer Betriebsrat, Massenentlassungen, Beteiligung 17 KSchG 134

Fahrerlaubnis, Entzug, Kündigungsgrund 626 BGB 423

Falschbeantwortung 14 TzBfG 599
- Begriff 622 BGB 13
- Berufsgruppenverzeichnis 622 BGB 17
- gewerbliche Arbeitnehmer, Abgrenzung 622 BGB 11
- wegen Alkohol- und Drogensucht 1 KSchG 303
- wegen Falschbeantwortung 626 BGB 47
- wegen Schwerbehinderung **Vorbemerkungen zu 168–175** 23
- wegen Transsexualität 626 BGB 47

Familienarbeitsverhältnis, Kündigungsschutz 1 KSchG 57

Familienpflegezeit
- Ankündigung 16 FPfZG 11
- außerordentliche Kündigungsschutz 626 BGB 18
- Begriff 16 FPfZG 10
- Geltungsbereich, persönlicher 16 FPfZG 9
- Gesetzesentwicklung 16 FPfZG 1
- Gesetzeszweck 16 FPfZG 3
- Höchstdauer 16 FPfZG 12
- Kombination mit Freistellungen nach dem PflegeZG 16 FPfZG 14
- Kündigung, Zustimmung 626 BGB 356
- Kündigungsschutz 16 FPfZG 6; 626 BGB 200
- Leitende Angestellte 14 KSchG 74
- Sachgrundbefristung 16 FPfZG 17
- Überblick 16 FPfZG 6
- Versicherung 16 FPfZG 6

Familienpflegezeit, Kündigungsschutz
- arbeitnehmerähnliche Person, Handelsvertreter **Arbeitnehmerähnliche Personen (ArbNähnl. Pers.)** 119
- Betreuung, naher Angehöriger 16 FPfZG 15
- Grundsatz 16 FPfZG 8, 15
- Heimarbeiter 29a HAG 77
- Zustimmungserfordernis 16 FPfZG 16

Familienpflegezeitversicherung 16 FPfZG 6

Fehlgeburt
- Kenntnis des Arbeitgebers oder des ihm Gleichgestellten 17 MuSchG 53

Feststellungsklage
- Arbeitnehmerähnliche Person **Arbeitnehmerähnliche Personen (ArbNähnl. Pers.)** 37
- Aufhebungsvertrag, Unwirksamkeit **Aufhebungsvertrag** 46
- Auslegung 4 KSchG 307
- außerordentliche Kündigung 626 BGB 388
- Betriebsübergang, nach einem 613a BGB 116
- Direktionsrecht, Ausübung 2 KSchG 71
- Feststellungsinteresse 4 KSchG 313

– Feststellungsinteresse, bei Kündigungsschutzklage 4 KSchG 47, 249
– Feststellungszeitpunkt 4 KSchG 328
– Kündigungsschutzklage und – 4 KSchG 305
– Kündigungsschutzklage, anstelle 4 KSchG 307
– Kündigungsschutzklage bei 4 KSchG 36; 626 BGB 388
– Leistungsklage und – 626 BGB 392
– Präklusion 626 BGB 412
– Statusklage, arbeitnehmerähnliche Person, Handelsvertreter **Arbeitnehmerähnliche Personen (ArbNähnl. Pers.)** 126
– Weiterbeschäftigung Auszubildende (PersVG) 78a BetrVG 57
– weitere Kündigung 4 KSchG 315
Feststellungsklage, allgemeine
– Kündigungsschutzprozess 626 BGB 388
– Streitgegenstand 626 BGB 390
– Verwirkung, prozessuale 626 BGB 391
Form
– Kündigung, Ausbildungsvertrag 23 BBiG 107
– Kündigung, Schifffahrt **Seearbeitsgesetz (SeeArbG)** 64
– Massenentlassungsanzeige 17 KSchG 136
– Mitteilung der Schwangerschaft/Entbindung 17 MuSchG 75
– Zurückweisung 103 BetrVG 95
Formgebundenheit
– Kündigungsmöglichkeit 15 TzBfG 40
Fortsetzung bei Leiharbeit 15 TzBfG 57
Fortsetzungsanspruch
– Arbeitgeber, einseitiger 17 TzBfG 92
– befristetes Arbeitsverhältnis 17 MuSchG 185; 17 TzBfG 67
– befristetes Arbeitsverhältnis, nach Ausbildung 17 TzBfG 87
– Befristung, Betriebsrat 17 TzBfG 79
– Befristung, Diskriminierung 17 TzBfG 77
– Befristung, Gleichbehandlung 17 TzBfG 77
– Befristung, Maßregelungsverbot 17 TzBfG 77
– Befristung, Schadensersatz 17 TzBfG 79
– Befristung, Zusage 17 TzBfG 80
– bei Befristung 14 TzBfG 79; 17 TzBfG 72
– Betriebsübergang 613a BGB 106
– Geltendmachung 17 TzBfG 90
– nach Kündigung, Betriebsübergang 613a BGB 103
– Vertrauensschutz 14 TzBfG 79
Fragerecht
– Behinderung 3 AGG 21
– Bestimmtheit der Fragen 1 KSchG 551
– Falschbeantwortung 1 KSchG 543, 550; 626 BGB 453
– Falschbeantwortung, außerordentliche Kündigung 626 BGB 453
– Personalfragebogen 1 KSchG 542
– Schwerbehinderung 626 BGB 453; **Vorbemerkungen zu** 168–175 24

– Schwerbehinderung, nach Wartezeit **Vorbemerkungen zu** 168–175 25
– Schwerbehinderung, Negativtestat **Vorbemerkungen zu** 168–175 25
– Vorbeschäftigung 14 TzBfG 598
– Vorstrafen 1 KSchG 550
Franchisenehmer, Arbeitnehmer 1 KSchG 91
Freier Arbeitsplatz 21 TzBfG 56
Freiheitsstrafe, Kündigungsgrund 626 BGB 470
Freistellung
– Arbeitsleistung, von der 620 BGB 48
– Grund 620 BGB 50
– Interesse, berechtigtes 620 BGB 50
– Vereinbarung 620 BGB 55
– Vereinbarung, Inhaltskontrolle 620 BGB 56
Freistellung in der Kündigungsfrist
– Betriebsratsmitglieder 620 BGB 51
Freistellungsanspruch
– Betreuung minderjähriger pflegebedürftiger Angehöriger 9 PflegeZG 48
– Pflegezeit 9 PflegeZG 35
– Pflegezeit, akute Pflegesituation 9 PflegeZG 35
– Sterbebegleitung 9 PflegeZG 49
Fremdgeschäftsführer
– Beschäftigter 6 AGG 4
– Massenentlassung, Arbeitnehmerbegriff 17 KSchG 56
– weisungsabhängiger, Anwendbarkeit KSchG 14 KSchG 4
Fremdvergabe, Betriebsübergang 613a BGB 30, 36
Führung auf Probe und Zeit 30 TVöD 18
Führungsposition auf Probe
– Dauer, angemessene 31 TVöD 5
– Geltungsbereich, sachlicher 31 TVöD 2
– Grundsatz 31 TVöD 1
– Sachgrundbefristung 31 TVöD 5
– Schriftform 31 TVöD 3
– unbefristete Übertragung 31 TVöD 6
– Verlängerung 31 TVöD 4
– Verlängerungsanspruch 31 TVöD 6
– vorübergehende Übertragung 31 TVöD 7
– Weisungsbefugnis 31 TVöD 2
Führungsposition auf Zeit
– Allgemeines 32 TVöD 1
– Befristung, sachgrundlos 32 TVöD 4
– Geltungsbereich, sachlicher 32 TVöD 2
– Probezeit 32 TVöD 2
– Sachgrundbefristung 32 TVöD 3
– Verlängerung 32 TVöD 2
Funktionsnachfolge, Betriebsübergang 613a BGB 30

Geltendmachung, Entschädigung und Schadensersatz 15 AGG 50
Geltungsbereich, persönlicher 29a HAG 4
– Änderungskündigung, Fiktion 29a HAG 60
– Anhörung des Betriebsrats 29a HAG 43
– Arbeitsplatzschutzgesetz 29a HAG 82

Stichwortverzeichnis

- Auftraggeber, verlängerte Frist 29a HAG 33
- außerordentliche 29a HAG 40
- Beschäftigungsdauer 29a HAG 32
- Betriebsratsanhörung 29a HAG 38
- Betriebsratsmitglied 29a HAG 88
- Betriebsverfassungsorgane 103 BetrVG 18; 29a HAG 86
- Elternzeit 29a HAG 73
- Entgeltschutz 29a HAG 44
- Familienpflegezeit, besonderer Kündigungsschutz 29a HAG 77
- Geltungsbereich (HAG) 29a HAG 21
- Gleichgestellte, Hausgewerbetreibende 29a HAG 16
- Gleichgestellte, heimarbeiterähnliche Person 29a HAG 15
- Gleichgestellte, Lohngewerbetreibende 29a HAG 17
- Gleichgestellte, Zwischenmeister 29a HAG 18
- Gleichstellung, Verfahren 29a HAG 20
- Gleichstellung, Voraussetzungen 29a HAG 19
- Hausgewerbetreibende 29a HAG 10
- Internationales Arbeitsrecht Artikel28 85
- Kündigungsfrist, abweichende Regelung 29a HAG 34
- Kündigungsfrist, überwiegende Beschäftigung beim Auftraggeber 29a HAG 29
- Kündigungsfristen 29a HAG 24
- Kündigungsfristen, verlängerte 29a HAG 27
- Kündigungsschutz, anderweitiger, Verhältnis 29a HAG 69
- Kündigungsschutz, besonderer (BetrVG) 29a HAG 86
- Kündigungsschutzklage 29a HAG 84
- Mutterschutz 17 MuSchG 43, 213; 29a HAG 73
- Mutterschutz, Beschäftigungsschutz 17 MuSchG 224
- Mutterschutz, Kündigung 17 MuSchG 221
- Pflegezeit, besonderer Kündigungsschutz 29a HAG 77
- Rücknahme, konkludente 29a HAG 50
- Schwerbehinderte Menschen 29a HAG 78
- Schwerbehinderte Menschen, Änderungskündigung 29a HAG 80
- sittenwidrige 29a HAG 70
- Tätigkeit, zeitlicher Umfang 29a HAG 7
- Umgehungsschutz 29a HAG 51
- Umgehungsschutz und Kurzarbeit 29a HAG 55
- Umgehungsschutz, Herabsetzung Auftragsmenge 29a HAG 51
- Verdienst, Höhe 29a HAG 7
- Verringerung der Auftragsmenge 29a HAG 54
- Weiterbeschäftigungsanspruch, kollektiver 102 BetrVG 11
- Zwischenmeister 29a HAG 63
- Zwischenmeister, verlängerte Frist 29a HAG 33

Geltungsbereich, Seearbeitsrecht Seearbeitsgesetz (SeeArbG) 5, 18

Gemeinschaftsbetrieb
- Darlegungs- und Beweislast 23 KSchG 83
- Konzern 23 KSchG 70
- Sozialauswahl 1 KSchG 653
- Stilllegung Betriebsteil 23 KSchG 69
- Voraussetzungen 23 KSchG 68
- Weiterbeschäftigungsmöglichkeit 1 KSchG 579

Gesamtbetriebsrat
- Betriebsratsanhörung 102 BetrVG 57
- Kündigungsschutz 103 BetrVG 11

Gesamtpersonalrat, Kündigungsschutz, besonderer 128 2

Geschäftsfähigkeit
- Betriebsübergang, Erwerb 613a BGB 45
- stillschweigende Verlängerung 625 BGB 9

Geschäftsführer, außerordentliche Kündigung 626 BGB 2

Geschäftsgrundlage
- Wegfall 620 BGB 45

Geschlecht, Benachteiligung wegen des 1 AGG 23

Gesellschafter, Kündigungsschutz 1 KSchG 92

Gesellschafterwechsel, Betriebsübergang 613a BGB 37

Gesetzliche Vermutung 15 TzBfG 60

Gewissensentscheidung
- außerordentliche Kündigung 626 BGB 148
- Leistungsverweigerungsrecht 1 KSchG 333; 626 BGB 148

Glaubhaftmachung, Darlegungs- und Beweislast 22 AGG 2

Gleichbehandlungsgrundsatz
- Abmahnung statt außerordentliche Kündigung 626 BGB 267
- Aufhebungsvertrag Aufhebungsvertrag 3
- Aufhebungsvertrag, Abschluss Aufhebungsvertrag 3
- außerordentliche Kündigung, Selbstbindung 626 BGB 324
- außerordentliche Kündigung, wichtiger Grund 626 BGB 324
- Befristung, Fortsetzungsanspruch 17 TzBfG 77
- Befristung, Sachgrund 14 TzBfG 175
- herausgreifende Kündigung 1 KSchG 195, 246; 626 BGB 325
- Kündigung, herausgreifende, Arbeitskampf 626 BGB 327
- Selbstbindung des Arbeitgebers 626 BGB 326
- Sozialwidrigkeit 1 KSchG 246
- Verhältnis zur Benachteiligung 1 AGG 9

Gleichheitssatz
- Arbeiter/Angestellte 1 KSchG 20
- Kündigungsschutz 1 KSchG 20

Gleichwohlgewährung, Zweck 157 SGBIII 45

Goodwill, Betriebsübergang 613a BGB 27

Gratifikation, Arbeitslosengeld, Anrechnung Allgemeine Grundsätze des Sozialrechts 265

Grundrechte
- Drittwirkung 13 KSchG 67

Stichwortverzeichnis

- Gleichheitssatz, Kündigungsschutz 1 KSchG 20
- Kündigungsschutz 13 KSchG 67
- Kündigungsschutz und ~ 1 KSchG 17; 13 KSchG 67
- Kündigungsschutz, Ehe 1 KSchG 25
- Kündigungsschutz, Familie 1 KSchG 25
- Kündigungsschutz, Wartezeit 1 KSchG 21
- Mindestbestandsschutz, Kleinbetrieb 1 KSchG 21

Grundrechtecharta
- Konkretisierung 1 AGG 5
- Mutterschutz, vor Entlassung 17 MuSchG 25
- Primärrecht 1 AGG 5

Gruppenarbeitsverhältnis
- außerordentliche Kündigung 626 BGB 439
- Kündigungsschutz 1 KSchG 58
- Mutterschutz 17 MuSchG 39

Hafenarbeiter
- Arbeitgeber 1 KSchG 66
- außerordentliche Kündigung 626 BGB 440
- Kündigungsschutz 1 KSchG 66

Haft, als Kündigungsgrund 626 BGB 142

Handelsvertreter
- Abwerbung 626 BGB 422
- Arbeitnehmer, Abgrenzung Arbeitnehmerähnliche Personen (ArbNähnl. Pers.) 84
- arbeitnehmerähnliche Person Arbeitnehmerähnliche Personen (ArbNähnl. Pers.) 80, 94, 101
- außerordentliche Kündigung 626 BGB 11
- außerordentliche Kündigung, Schadensersatz 628 BGB 3
- Begriff Arbeitnehmerähnliche Personen (ArbNähnl. Pers.) 83
- Betriebsübergang 613a BGB 36
- im Nebenberuf Arbeitnehmerähnliche Personen (ArbNähnl. Pers.) 115
- Lebenszeitdienstverhältnis 624 BGB 5
- Legaldefinition Arbeitnehmerähnliche Personen (ArbNähnl. Pers.) 83
- Rechtswegbestimmung, Ein-Firmen-Vertreter Arbeitnehmerähnliche Personen (ArbNähnl. Pers.) 98
- Selbstständigkeit Arbeitnehmerähnliche Personen (ArbNähnl. Pers.) 84
- Wehrdienst, Kündigung 2 ArbPlSchG 40

Hauptpersonalrat, Kündigungsschutz, besonderer 128 2

Hausangestellte, Kündigungsfrist, verlängerte 622 BGB 78

Hausgewerbetreibende
- Begriff 29a HAG 10
- Heimarbeiterstatus 29a HAG 10

Heilberuf, Ausbildung, Anwendung BBiG 23 BBiG 18

Heimarbeit
- Dauerrechtsverhältnis 29a HAG 3

Heimarbeiter 29a HAG 1
- Arbeitnehmer, Abgrenzung 29a HAG 9
- arbeitnehmerähnliche Person 29a HAG 2
- Auftraggeber, Anzahl 29a HAG 7
- außerordentliche Kündigung 626 BGB 5
- Befristung 29a HAG 90
- Begriff 29a HAG 5
- Beschäftigungsschutz 17 MuSchG 224
- Betriebsratsanhörung, Geltungsbereich 102 BetrVG 11
- Betriebsübergang 29a HAG 83
- Elternzeit 18 BEEG. 28
- Erfüllungsgehilfen 29a HAG 8
- erwerbsmäßige Tätigkeit 29a HAG 5
- Gewerbeanmeldung 29a HAG 7
- gewerbliche Tätigkeit 29a HAG 6

Heuerverhältnis
- Arbeitsvertrag, Mindestinhalt Seearbeitsgesetz (SeeArbG) 30
- Aufhebungsvertrag Seearbeitsgesetz (SeeArbG) 35
- Auslandsberührung, maßgebendes Recht Seearbeitsgesetz (SeeArbG) 9
- Beendigungsgründe Seearbeitsgesetz (SeeArbG) 31
- Befristung Seearbeitsgesetz (SeeArbG) 32
- Begriff Seearbeitsgesetz (SeeArbG) 29
- Berufsausbildungsverhältnis, als ~ Seearbeitsgesetz (SeeArbG) 47
- Betriebsbedingte ~, Schiffverkauf Seearbeitsgesetz (SeeArbG) 83
- Flaggenstaat, Recht des Seearbeitsgesetz (SeeArbG) 12
- Flaggenwechsel Seearbeitsgesetz (SeeArbG) 11
- Internationales Seeschifffahrtsregister Seearbeitsgesetz (SeeArbG) 11
- Kündigungsfrist Seearbeitsgesetz (SeeArbG) 92
- Kündigungsschutz, Geltung 24 KSchG 11
- Probezeit Seearbeitsgesetz (SeeArbG) 93
- Recht, anzuwendendes Seearbeitsgesetz (SeeArbG) 5
- Rechtswahl Seearbeitsgesetz (SeeArbG) 9
- Richtlinien der EU Seearbeitsgesetz (SeeArbG) 2
- Schriftform Seearbeitsgesetz (SeeArbG) 30
- Seearbeitsrecht, gesetzliche Entwicklung Seearbeitsgesetz (SeeArbG) 1
- Tarifverträge, maßgebende Seearbeitsgesetz (SeeArbG) 4
- Zweitregister, Gleichheitssatz Seearbeitsgesetz (SeeArbG) 15
- Zweitregister, Recht des Heimatlandes Seearbeitsgesetz (SeeArbG) 11
- Zweitregister, Verfassungsmäßigkeit Seearbeitsgesetz (SeeArbG) 14

Heuerverhältnis, Kündigung
- Abmahnung Seearbeitsgesetz (SeeArbG) 76
- Anhörung Bordvertretung 102 BetrVG 56, 62; Seearbeitsgesetz (SeeArbG) 42

Stichwortverzeichnis

- Anhörung Bordvertretung/Seebetriebsrat Seearbeitsgesetz (SeeArbG) 55
- Anhörung Seebetriebsrat **102 BetrVG** 62; Seearbeitsgesetz (SeeArbG) 55
- Arbeitnehmerkündigung, Ausschlussfrist Seearbeitsgesetz (SeeArbG) 135
- Arbeitnehmerkündigung, außerordentliche – Seearbeitsgesetz (SeeArbG) 124
- Arbeitnehmerkündigung, dringende Familienangelegenheiten Seearbeitsgesetz (SeeArbG) 132
- Arbeitnehmerkündigung, Ehrverletzung Seearbeitsgesetz (SeeArbG) 128
- Arbeitnehmerkündigung, Flaggenwechsel Seearbeitsgesetz (SeeArbG) 129
- Arbeitnehmerkündigung, Gründe Seearbeitsgesetz (SeeArbG) 124
- Arbeitnehmerkündigung, Pflichtverletzung Arbeitgeber Seearbeitsgesetz (SeeArbG) 126
- Arbeitnehmerkündigung, unzureichende Bemannung Seearbeitsgesetz (SeeArbG) 134
- auf Reise Seearbeitsgesetz (SeeArbG) 99
- außerordentliche Seearbeitsgesetz (SeeArbG) 103
- außerordentliche, Arbeitsunfähigkeit Seearbeitsgesetz (SeeArbG) 120
- außerordentliche, Ausschlussfrist Seearbeitsgesetz (SeeArbG) 106
- außerordentliche, grobe Pflichtverletzung Seearbeitsgesetz (SeeArbG) 113
- außerordentliche, Gründe Seearbeitsgesetz (SeeArbG) 105
- außerordentliche, Gründe gegenüber Kapitän Seearbeitsgesetz (SeeArbG) 121
- außerordentliche, Regelbeispiele, gesetzliche Seearbeitsgesetz (SeeArbG) 110
- außerordentliche, Schiffsverlust Seearbeitsgesetz (SeeArbG) 141
- außerordentliche, Schriftform Seearbeitsgesetz (SeeArbG) 107
- außerordentliche, Selbstbeurlaubung Seearbeitsgesetz (SeeArbG) 115
- außerordentliche, strafbare Handlung Seearbeitsgesetz (SeeArbG) 119
- außerordentliche, Untauglichkeit Seearbeitsgesetz (SeeArbG) 110
- außerordentliche, verschwiegene Krankheit Seearbeitsgesetz (SeeArbG) 111
- außerordentliche, widerholte Pflichtverletzung Seearbeitsgesetz (SeeArbG) 112
- Begründung Seearbeitsgesetz (SeeArbG) 107
- Berufsausbildungsverhältnis Seearbeitsgesetz (SeeArbG) 47
- betriebsbedingte Seearbeitsgesetz (SeeArbG) 79
- betriebsbedingte, Crewing-Firma Seearbeitsgesetz (SeeArbG) 81
- betriebsbedingte, Mindestpersonal Seearbeitsgesetz (SeeArbG) 80
- betriebsbedingte, Unternehmerentscheidung Seearbeitsgesetz (SeeArbG) 81
- Betriebsübergang Seearbeitsgesetz (SeeArbG) 84
- Betriebsübergang, anzuwendendes Recht Seearbeitsgesetz (SeeArbG) 86
- Bordanwesenheitspflicht, Verletzung Seearbeitsgesetz (SeeArbG) 114
- Bordvertretung, Mitwirkung Seearbeitsgesetz (SeeArbG) 55
- Einspruch Seearbeitsgesetz (SeeArbG) 60
- Form Seearbeitsgesetz (SeeArbG) 64
- Fortsetzung, bei Kündigung auf Reise Seearbeitsgesetz (SeeArbG) 99
- Fristen Seearbeitsgesetz (SeeArbG) 93
- Gründe, Mitteilung Seearbeitsgesetz (SeeArbG) 107
- Grundkündigungsfrist Seearbeitsgesetz (SeeArbG) 93
- Heimschaffung Seearbeitsgesetz (SeeArbG) 153
- Kapitän, Kündigung des Seearbeitsgesetz (SeeArbG) 71
- Kapitän, Kündigungsberechtigung Seearbeitsgesetz (SeeArbG) 71
- Kapitäne Seearbeitsgesetz (SeeArbG) 71
- Klagefrist Seearbeitsgesetz (SeeArbG) 53
- krankheitsbedingte Seearbeitsgesetz (SeeArbG) 74
- Kündigungsbefugnis Seearbeitsgesetz (SeeArbG) 67
- Kündigungsbefugnis, Bevollmächtigung Seearbeitsgesetz (SeeArbG) 69
- Kündigungsfrist, verlängerte Seearbeitsgesetz (SeeArbG) 97
- Kündigungsschutz, allgemeiner Seearbeitsgesetz (SeeArbG) 40
- ordentliche – Seearbeitsgesetz (SeeArbG) 62
- personenbedingte – Seearbeitsgesetz (SeeArbG) 72
- Reise, Heimschaffung Seearbeitsgesetz (SeeArbG) 153
- Rückbeförderung Seearbeitsgesetz (SeeArbG) 129, 153
- Schadensersatz Seearbeitsgesetz (SeeArbG) 143
- Schriftform Seearbeitsgesetz (SeeArbG) 64
- Schwerbehinderte Menschen Seearbeitsgesetz (SeeArbG) 46
- Selbstbeurlaubung Seearbeitsgesetz (SeeArbG) 115
- Sonderkündigungsschutz, Geltung Seearbeitsgesetz (SeeArbG) 46
- Sozialauswahl Seearbeitsgesetz (SeeArbG) 89
- Umschaufrist Seearbeitsgesetz (SeeArbG) 157
- Urlaubsanspruch Seearbeitsgesetz (SeeArbG) 158
- verhaltensbedingte – Seearbeitsgesetz (SeeArbG) 75
- Wartezeit Seearbeitsgesetz (SeeArbG) 41
- Zurücklassung Seearbeitsgesetz (SeeArbG) 148
- Zuständigkeit der Arbeitsgerichte Seearbeitsgesetz (SeeArbG) 162

Hinweis Fristablauf **620 BGB** 65

Stichwortverzeichnis

Hinweispflicht des Gerichts, Anrufungsfrist, verlängerte 4 KSchG 41; 6 KSchG 28
HIV-Infektion, symptomlose
– Behinderung 1 AGG 35
– Kündigung 242 BGB 24
Höchstbefristung
– Arzt in der Weiterbildung 30 TVöD 6
– Befristung (öffentlicher Dienst) 30 TVöD 5

Impfverweigerung, Corona
– Eignung 1 KSchG 320
Indizien
– Betriebsübergang 613a BGB 36
– Darlegungs- und Beweislast, Benachteiligung 22 AGG 9
Information unbefristete Arbeitsplätze
– Schadensersatz 18 TzBfG 12
– Verstoß 18 TzBfG 12
Insolvenz
– Abfindung 10 KSchG 23
– Ablehnung mangels Masse 613a BGB 49
– Altmasseverbindlichkeiten 113 InsO 74
– außerordentliche Kündigung 626 BGB 13
– Banken 113 InsO 17
– Befristung, ordentliche Kündigung 15 TzBfG 36
– betriebsbedingte Kündigung 1 KSchG 630
– Betriebsratsanhörung 102 BetrVG 41
– Betriebsübergang 613a BGB 49
– COMI 113 InsO 15
– Eigenverwaltung 113 InsO 19
– Gläubigergleichbehandlung 113 InsO 1
– im Anwendungsbereich der EuInsVO 113 InsO 15
– im Anwendungsbereich des Deutschen Internationalen Insolvenzrechts 113 InsO 17
– Insolvenzeröffnungsverfahren 113 InsO 2
– Insolvenzverfahren, Eröffnung 113 InsO 7
– Insolvenzverwalter, Stellung 613a BGB 49
– internationale Zuständigkeit 113 InsO 18
– Internationales Insolvenzrecht 113 InsO 15
– Kosten im Beschlussverfahren 126 InsO 21
– Kündigung vor Dienstantritt 113 InsO 23
– Kündigung, Betriebsübergang 613a BGB 111
– Lösungsklauseln 113 InsO 21
– Massenentlassungen 17 KSchG 67
– masseunzulängliche 113 InsO 72
– masseunzulängliche, Abfindungen 113 InsO 91
– masseunzulängliche, Annahmeverzug 113 InsO 90
– masseunzulängliche, Arbeitsentgelt 113 InsO 89
– masseunzulängliche, Urlaubsabgeltung 113 InsO 92
– masseunzulängliche, Urlaubsanspruch 113 InsO 92
– Masseverbindlichkeiten 113 InsO 71
– massezulängliche 113 InsO 70
– massezulängliche, Abfindungen 113 InsO 78
– massezulängliche, Ansprüche aus Annahmeverzug 113 InsO 76

– massezulängliche, Arbeitsentgelt 113 InsO 75
– massezulängliche, Ausschlussfristen 113 InsO 88
– massezulängliche, Urlaubsanspruch 113 InsO 84
– massezulängliche, Zeugnisanspruch gegen den Schuldner 113 InsO 87
– Mutterschutz, Kündigungsverbot 17 MuSchG 107
– Neueinstellung durch Insolvenzverwalter 113 InsO 24
– Neumasseverbindlichkeiten 113 InsO 73
– Normaufbau des 113 InsO 22
– Schutzschirmverfahren 113 InsO 21
– soziale Belange der Arbeitnehmer 113 InsO 19
– Tarifautonomie 113 InsO 20
– Unabdingbarkeit des 113 InsO 21
– Universalitätsprinzip 125 InsO 14
– Veräußerung in der ~ 613a BGB 49
– Verfassungskonformität des 113 InsO 20
– Vergütungsanspruch Einigungsstellenvorsitzender 113 InsO 85
– Versicherungsunternehmen 113 InsO 17
– Zweck der Insolvenzordnung 113 InsO 1
– Zweck des 113 InsO 19
Insolvenz, Beschlussverfahren
– Antragsgegenstand 126 InsO 11
– Antragsinhalt 126 InsO 13
– Antragsüberprüfung 126 InsO 15
– Antragsvoraussetzungen 126 InsO 3
– Aussetzung Kündigungsschutzklage 126 InsO 19; 127 InsO 4
– Beteiligte 126 InsO 9
– betriebsbedingte Kündigungen 126 InsO 7
– betriebsratsloser Betrieb 126 InsO 3
– Betriebsübergang 128 InsO 1
– Bindungswirkung, Änderung der Sachlage 127 InsO 3
– Interessenausgleich, fehlender 126 InsO 4
– Kosten 126 InsO 21
– Kündigungsschutz, besonderer 126 InsO 14
– Rechtsmittel 126 InsO 20
– Zweck 126 InsO 1
Insolvenz, Interessenausgleich
– Altersgruppenbildung 125 InsO 35
– Änderung der Sachlage 125 InsO 39
– Beschäftigungsmöglichkeiten, Ausland 125 InsO 14
– Betriebsänderung 125 InsO 6
– Betriebsratsbeteiligung 125 InsO 42
– Betriebsübergang 128 InsO 1
– Beweislastumkehr 125 InsO 20
– Bezeichnung, namentliche 125 InsO 13
– Eröffnungsverfahren 125 InsO 4
– kirchliche Arbeitsverhältnisse 125 InsO 5
– Kündigungsschutz, Einschränkung 125 InsO 2
– Leiharbeitnehmer 125 InsO 20
– Namensliste 125 InsO 8, 13
– Namensliste, ~ mit 125 InsO 8

3159

Stichwortverzeichnis

- Namensliste, schwerbehinderter Mensch 125 InsO 19
- Schriftform 125 InsO 11
- Sozialauswahl, ausgewogene Personalstruktur 125 InsO 32
- Sozialauswahl, grobe Fehlerhaftigkeit 125 InsO 26
- Sozialauswahl, Schwerbehinderung 125 InsO 23
- Sozialauswahl, Überprüfung 125 InsO 23
- Teil-Interessenausgleich 125 InsO 11
- Vermutungsregel 125 InsO 14
- Voraussetzungen 125 InsO 6
- Wegfall der Geschäftsgrundlage 125 InsO 39
- Zeitpunkt 125 InsO 10

Insolvenz, Kündigung
- Abfindungen 113 InsO 78, 91
- Altmasseverbindlichkeiten 113 InsO 74
- Annahmeverzug 113 InsO 90
- Anspruch aus Annahmeverzug 113 InsO 76
- arbeitnehmerähnliche Personen 113 InsO 30
- Arbeitsentgelt 113 InsO 75, 89
- Arbeitslosengeldanspruch 113 InsO 68
- Ausschluss der Kündigung 113 InsO 34
- Ausschluss der ordentlichen ~ 113 InsO 46
- Ausschlussfristen 113 InsO 88
- außerordentliche 113 InsO 36; 13 KSchG 6
- außerordentliche mit Auslauffrist 113 InsO 48
- Berufsausbildungsverhältnisse 113 InsO 29
- Entgeltsicherung 113 InsO 30
- erfasste Dienst- und Arbeitsverhältnisse 113 InsO 27
- Folgeansprüche 113 InsO 69
- gesetzlicher Kündigungsschutz 113 InsO 32
- Heimarbeitsverhältnisse 113 InsO 30
- Hindernisse 113 InsO 38
- Höchstkündigungsfrist 113 InsO 40, 46
- Kappung längerer Kündigungsfristen 113 InsO 39
- Kündigungsausschluss 113 InsO 45
- Kündigungsberechtigung 113 InsO 31
- Kündigungsfrist, kürzere 113 InsO 39, 42
- Kündigungsfrist, maßgebliche 113 InsO 41, 43
- Kündigungsfrist, vertraglich vereinbarte längere 113 InsO 43
- Massenentlassungen 17 KSchG 67
- massenunzulängliche Insolvenz 113 InsO 72
- massezulängliche Insolvenz 113 InsO 70
- Nachkündigung 113 InsO 34
- Neumasseverbindlichkeiten 113 InsO 73
- Organverhältnisse 113 InsO 28
- Schadenersatz, Anspruchsvoraussetzungen 113 InsO 55
- Schadenersatz, Berechnung 113 InsO 61
- Schadenersatz, Eigenkündigung, Vergleich 113 InsO 55
- Schadenersatz, Umfang 113 InsO 57
- Schadenersatzanspruch 113 InsO 51
- tarifvertraglicher Ausschluss ordentlicher Kündigungen 113 InsO 35
- Unkündbarkeit 113 InsO 47
- Urlaubsanspruch 113 InsO 84, 92
- Vertragsstrafenklausel 113 InsO 50
- vor Dienstantritt 113 InsO 49
- Wiedereinstellungsanspruch 113 InsO 34, 86
- Zeugnisanspruch 113 InsO 87
- Zustimmungsvorbehalt 113 InsO 37

Insolvenz/massezulängliche, Urlaubsabgeltung 113 InsO 84

Insolvenzeröffnung
- prozessuale Folgen auf Kündigungsschutzprozess 113 InsO 8
- Unterbrechung rechtshängiger Kündigungsschutzprozesse 113 InsO 8

Insolvenzeröffnungsverfahren
- Bestellung eines vorläufigen Insolvenzverwalters 113 InsO 2

Insolvenzforderungen 113 InsO 70

Insolvenzgeld
- und Abfindung bei Auflösungsantrag 10 KSchG 92

Insolvenzverwalter
- Arbeitgeberstellung 113 InsO 5, 7
- Begründung von Arbeitsverhältnissen 113 InsO 24
- Kündigungsbefugnisse des vorläufigen Insolvenzverwalters 113 InsO 5

Institutsvergütungsverordnung 14 KSchG 41

Interessenabwägung, Kündigung, ordentliche
- Eigengruppe, besonderer Kündigungsschutz 1 KSchG 64
- Gleichbehandlungsgrundsatz 1 KSchG 246
- Grundsatz 1 KSchG 219
- personenbedingte Kündigung 1 KSchG 288

Interessenausgleich
- Kündigung ohne ~ 102 BetrVG 227
- Namensliste, Insolvenz 125 InsO 8

Interessenausgleich mit Namensliste 1 KSchG 781
- Änderung der Sachlage 1 KSchG 799
- Änderungskündigung 2 KSchG 158
- Änderungskündigungen 1 KSchG 783
- Betriebsänderung 1 KSchG 784
- Betriebsrat, zuständiger 1 KSchG 785
- Betriebsratsanhörung 1 KSchG 801
- Beweislastumkehr 1 KSchG 794
- Darlegungs- und Beweislast 1 KSchG 793
- Diskriminierungsverbote 1 KSchG 781
- Fehlerhaftigkeit, grobe 1 KSchG 796
- Geltungsbereich, sachlicher 1 KSchG 782
- Insolvenz, bei 125 InsO 8
- Leitende Angestellte 1 KSchG 782
- Massenentlassungen, Stellungnahme Betriebsrat 1 KSchG 800
- nachträgliche 1 KSchG 789
- Nennung in Sozialplan 1 KSchG 791
- Nennung, namentliche 1 KSchG 790
- öffentlicher Dienst 1 KSchG 782
- Religionsgemeinschaften 1 KSchG 782

Stichwortverzeichnis

- Schriftform 1 KSchG 788
- Teil-Interessenausgleich 1 KSchG 784, 792
- Tendenzbetriebe 1 KSchG 782
- Urkundeneinheit 1 KSchG 788
- Verfassungsmäßigkeit 1 KSchG 781
- Vermutungswirkung 1 KSchG 781
- Vermutungswirkung, Reichweite 1 KSchG 794
- Zeitpunkt 1 KSchG 789

Internationales Arbeitsrecht
- Altverträge Artikel28 2
- Amtsermittlungsgrundsatz Artikel28 144
- arbeitnehmerähnliche Person Artikel28 85
- Arbeitnehmerbegriff Artikel28 11
- Arbeitnehmergruppen, einzelne Artikel28 64
- Arbeitnehmerüberlassung Artikel28 81
- Arbeitsort, Begriff Artikel28 52, 53
- Arbeitsort, gewöhnlicher Artikel28 50
- Aufhebungsvertrag, Schriftform 623 BGB 32
- Auslandsberührung Artikel28 1
- Auslegung, einheitliche Artikel28 142
- betriebliche Altersversorgung Artikel28 137
- Betriebsübergang 613a BGB 124
- Brexit Artikel28 4
- Dienstverhältnis Artikel28 11
- Diplomatische Vertretung Artikel28 79
- Eingriffsnormen Artikel28 34
- Einrichtungen, öffentlich-rechtliche Artikel28 76
- Einstellung am Niederlassungsort Artikel28 58
- Entgeltfortzahlung Artikel28 134
- Entsendung Artikel28 56
- EU-Einrichtungen Artikel28 80
- Europäische Zentralbank Artikel28 80
- Flugpersonal Artikel28 64
- freie Mitarbeiter Artikel28 85
- Geltungsbereich, sachlicher Artikel28 11
- Geltungsbereich, zeitlicher Artikel28 2
- Gerichtsbarkeit, deutsche, hoheitliche Tätigkeit Artikel28 160
- Gerichtsbarkeit, deutsche, Staatenimmunität Artikel28 159
- Gerichtsstand Artikel28 156
- Gerichtsstandsvereinbarung Artikel28 157
- Geschäftsfähigkeit Artikel28 9
- grenzüberschreitendes Arbeitsverhältnis Artikel28 50
- Handelsvertreter Artikel28 84
- Handlungsfähigkeit Artikel28 9
- Heuerverhältnisse Artikel28 67
- Insolvenzgeld Artikel28 134
- internationale Organisationen Artikel28 80
- Kündigung, Schriftform 623 BGB 32
- Neuregelung Artikel28 2
- Niederlassungsort Artikel28 58
- Offshore-Anlagen Artikel28 10
- ordre public Artikel28 45
- Ortskräfte Artikel28 79
- Rechtsfähigkeit Artikel28 9
- Rechtsquellen Artikel28 2

- Rechtswahlfreiheit Artikel28 6
- ROM I-VO Artikel28 2
- ROM I-VO, unmittelbare Geltung Artikel28 3
- Sachnähe (anderer Staat), Kriterien Artikel28 62
- Schiffsbesatzungen Artikel28 67
- Staatenimmunität Artikel28 159
- Tätigkeit, hoheitliche, im Ausland Artikel28 76
- Unternehmen, multinationale Artikel28 73
- Verkehrswesen, internationales Artikel28 86
- Verrichtung, vorübergehende Artikel28 57
- Verrichtungsort Artikel28 154
- Wettbewerbsverbot Artikel28 136
- Zuständigkeit, gerichtliche Artikel28 146, 151
- Zuständigkeit, internationale Artikel28 158
- Zwischenstaatliche Einrichtung Artikel28 164

Internationales Arbeitsrecht, Arbeitsvertragsbeendigung
- Auflösungsvertrag Artikel28 93
- Ausgleichsquittung Artikel28 139
- Befristung Artikel28 90
- Berufsausbildungsverhältnis Artikel28 112
- Betriebsratsanhörung Artikel28 124
- Betriebsratsanhörung, Ausstrahlungswirkung Artikel28 128
- Betriebsratsanhörung, Entsendung Artikel28 127
- Betriebsratsanhörung, Ortskräfte Artikel28 128
- Betriebsübergang Artikel28 120
- Betriebsverfassungsorgane, Mitglieder Artikel28 117
- Elternzeit Artikel28 111
- Europäischer Betriebsrat Artikel28 119
- Formvorschriften Artikel28 89
- Klagefrist Artikel28 106
- Kündigungsfristen Artikel28 95
- Kündigungsschutz, besonderer Artikel28 107
- Kündigungsschutz, Geltung Artikel28 97
- Minderjährige Artikel28 88
- Mutterschutz Artikel28 110
- Parlamentarier Artikel28 115
- Rechts- und Geschäftsfähigkeit Artikel28 88
- Rechtsordnung, maßgebende Artikel28 87
- Rückzahlungsklausel Artikel28 140
- Schadensersatzansprüche Artikel28 132
- Schwerbehinderte Menschen Artikel28 107
- Urlaubsabgeltung Artikel28 133
- Wehrpflicht Artikel28 113
- Zeugnis Artikel28 138

Internationales Arbeitsrecht, Eingriffsnormen Artikel28 39
- anzeigepflichtige Entlassungen Artikel28 37
- Arbeitnehmerentsendegesetz Artikel28 39
- Arbeitnehmerüberlassung Artikel28 41
- Aufhebungsvertrag, Schriftform 623 BGB 32
- Befristungsrecht Artikel28 38
- Betriebsratsanhörung Artikel28 128
- Betriebsübergang Artikel28 37
- Elternzeit Artikel28 111

Stichwortverzeichnis

- Gemeinwohlinteressen, gesetzliche Bestimmungen **Artikel28** 41
- Kündigung, Schriftform **623 BGB** 32
- Kündigungsschutz **Artikel28** 37
- Mutterschutz **Artikel28** 37
- Schwerbehinderte Menschen **Artikel28** 37

Internationales Arbeitsrecht, Rechtswahl
- Anknüpfung, objektive **Artikel28** 6
- Arbeitsverhältnis mit Auslandsberührung **Artikel28** 50
- Ausweichklausel, Zweitregister **Seearbeitsgesetz (SeeArbG)** 13
- Binnenmarktsachverhalt **Artikel28** 27
- Eingriffsnormen, Vorrang **Artikel28** 7
- fehlende, Arbeitsvertragsstatut **Artikel28** 50
- Folgen **Artikel28** 14
- Formvorschriften, maßgebende **Artikel28** 8
- Grenzen **Artikel28** 34
- Günstigkeitsvergleich **Artikel28** 32
- Heuerarbeitsverhältnis **Seearbeitsgesetz (SeeArbG)** 9
- Heuerarbeitsverhältnis, Flaggenstaat **Seearbeitsgesetz (SeeArbG)** 5, 13
- Individualarbeitsvertrag **Artikel28** 15
- Inlandssachverhalt, Schranken **Artikel28** 24
- Kollektivverträge **Artikel28** 15
- konkludente **Artikel28** 18, 20
- konkludente, bei Gerichtsstandsvereinbarung **Artikel28** 21
- konkludente, durch Formularvertrag **Artikel28** 22
- konkludente, Indizien **Artikel28** 20
- ordre public **Artikel28** 45
- ordre public, Einzelfälle **Artikel28** 46
- rückwirkende **Artikel28** 17
- Sachnähe (anderer Staat) **Artikel28** 60
- Schranken **Artikel28** 13, 23
- Schutzbestimmungen, Günstigkeitsvergleich **Artikel28** 30
- Schutzbestimmungen, Sachgruppenvergleich **Artikel28** 30
- Schutzbestimmungen, zwingende **Artikel28** 28
- Schutzbestimmungen, zwingende, Ermittlung **Artikel28** 29
- stillschweigende **Artikel28** 20
- tarifvertragliche Regeln **Artikel28** 16
- Teilrechtswahl **Artikel28** 19, 22
- Vereinbarung **Artikel28** 17
- Zweitregister **Seearbeitsgesetz (SeeArbG)** 11

Internationales Arbeitsrecht/freier Arbeitsplatz im Ausland Artikel28 104

Internationales Arbeitsrecht/Gemeinschaftsbetrieb Artikel28 102

Internationales Arbeitsrecht/Kündigungsschutz, Arbeitsvertragsstatut Artikel28 100

Internationales Arbeitsrecht/Kündigungsschutz, räumlicher Geltungsbereich Artikel28 98

Internationales Arbeitsrecht/Kündigungsschutz, Sozialauswahl Artikel28 105

Internationales Arbeitsrecht/Kündigungsschutz, vorübergehende Entsendung Artikel28 99

Internationales Arbeitsrecht/Matrixstruktur Artikel28 102

Internationales Arbeitsrecht/ROM I-VO, räumlicher Geltungsbereich Artikel28 3

Internationales Arbeitsrecht/Vertragsbeendigung, Anhörung Schwerbehindertenvertretung Artikel28 109

Internationales Arbeitsrechts/Kündigungsschutz, Wartezeit Artikel28 103

Irrtum, stillschweigende Verlängerung
- Klagefrist **4 KSchG** 31
- Kündigung, Verhältnis **626 BGB** 45
- Mutterschutz, Kündigungsverbot **17 MuSchG** 109
- Rechtsfolge **626 BGB** 45, 48
- Täuschungstatbestand **626 BGB** 453
- Unverzüglichkeit **626 BGB** 45
- Verhältnis zur Kündigung **626 BGB** 45

Job-Sharing-Verhältnis
- Änderungskündigung **1 KSchG** 75
- Kündigungsschutz **1 KSchG** 61, 75
- Kündigungsschutz für Betriebsverfassungsorgane **103 BetrVG** 17
- Wartezeit **1 KSchG** 111

Jugend- und Auszubildendenvertreter
- Kündigungsschutz **103 BetrVG** 11
- Kündigungsschutz, besonderer **128** 2; **15 KSchG** 9
- Kündigungsschutz, Entwicklung **103 BetrVG** 7
- nachwirkender Kündigungsschutz **15 KSchG** 82
- Teilnahme an Betriebsratssitzung **102 BetrVG** 141
- Wahlbewerber/-vorstand, Schutz **103 BetrVG** 15; **128** 2
- Zustimmungserfordernis, Zuständigkeit **128** 8

Juristische Person, Ausschlussfrist, Kenntnis 626 BGB 364

Kampagnebetrieb
- Begriff **22 KSchG** 11
- Darlegungs- und Beweislast **22 KSchG** 19
- Kündigungsschutzgesetz, Bereichausnahme Massenentlassungen **22 KSchG** 12
- Massenentlassungen **17 KSchG** 41; **22 KSchG** 6
- Wartezeit KSchG **22 KSchG** 12
- Wiedereinstellungsanspruch **22 KSchG** 13, 18

Kampfkündigung
- Betriebsratsanhörung **102 BetrVG** 32
- Betriebsverfassungsorgan **103 BetrVG** 62
- Kündigungsgrund **1 KSchG** 246
- Mutterschutz **17 MuSchG** 209
- Zulässigkeit **626 BGB** 426
- Zustimmungsersetzung **103 BetrVG** 62

Kapitäne
- Kündigung Seearbeitsgesetz (SeeArbG) 71
- Kündigungsschutz 24 KSchG 41

Kettenbefristung
- Mutterschutz/Elternzeit 21 BEEG 27

Kirche
- Arbeitgeberstellung 1 KSchG 79
- Selbstbestimmungsrecht 9 AGG 10

Kirchliche Arbeitnehmer
- außerdienstliches Verhalten 1 KSchG 493
- berufliche Anforderung, Benachteiligung 9 AGG 10
- kündigungsrechtliche Stellung 1 KSchG 79

Kirchliche Arbeitnehmer, Kündigung
- Mitarbeitervertretung, Beteiligung 102 BetrVG 15, 65

Klageerhebung nach Weiterbeschäftigung 15 TzBfG 63

Klagefrist
- Entschädigung und Schadensersatz 15 AGG 43
- Feststellungsklage Zweckbefristung 15 TzBfG 28
- Internationales Arbeitsrecht Artikel28 106
- Mutterschutz, Kündigung 17 MuSchG 214
- Zustimmung, behördliche 17 MuSchG 215

Klagerücknahme, Wirksamwerden der Kündigung 7 KSchG 14

Klageverzicht
- Ausgleichsquittung 1 KSchG 41; 4 KSchG 381
- durch Schweigen 1 KSchG 43
- Kündigung auf Arbeitnehmerwunsch 1 KSchG 43
- Schriftform 1 KSchG 41

Kleinbetrieb
- Abmahnerfordernis 242 BGB 30
- Abmahnungserfordernis 242 BGB 17
- Anhörung des Arbeitnehmers 242 BGB 16
- betrieblich veranlasste Kündigung 242 BGB 16
- betriebsbedingte Kündigung, Treu und Glauben 242 BGB 15
- krankheitsbedingte Kündigung, Treu und Glauben 242 BGB 18
- Kündigungsschutz 242 BGB 11
- Kündigungsschutz, vereinbarter 23 KSchG 34
- Kündigungsschutzklage, Klagefrist 4 KSchG 17
- Massenentlassung 17 KSchG 40
- Mindestbestandsschutz 1 KSchG 21; 23 KSchG 86
- personenbedingte Kündigung, Treu und Glauben 242 BGB 18
- treuwidrige Kündigung 242 BGB 9

Kleinunternehmen
- Kündigungsfrist 622 BGB 75
- Kündigungstermin, Vereinbarung 622 BGB 195
- Schwellenwert, Berechnung 622 BGB 76

Know-how, Betriebsübergang 613a BGB 27

Koalitionsvertrag 2013
- Gesetzesplanung 620 BGB 121

Koalitionsvertrag 2018 620 BGB 122

Konkurrenztätigkeit
- Kündigungsgrund 1 KSchG 533; 626 BGB 121, 479
- Kündigungsgrund, Interessenabwägung 1 KSchG 534
- Vorbereitungshandlungen 1 KSchG 534

Konzern
- Abordnung 1 KSchG 631
- Abordnungen, konzernweite 1 KSchG 580
- Begriff 1 KSchG 154
- betriebsbedingte Kündigung 1 KSchG 578, 631
- konzerndimensionaler Kündigungsschutz 1 KSchG 154
- Wartezeit 1 KSchG 126

Konzernbetriebsrat
- Betriebsratsanhörung 102 BetrVG 59
- Kündigungsschutz 103 BetrVG 11

Krankenversicherung
- Arbeitslosigkeit Allgemeine Grundsätze des Sozialrechts 65
- Mitgliedschaft Allgemeine Grundsätze des Sozialrechts 65, 70, 74
- Mitgliedschaft, bei Krankengeldbezug Allgemeine Grundsätze des Sozialrechts 65
- Mitgliedschaft, fortbestehende, bei Leistungsbezug Allgemeine Grundsätze des Sozialrechts 73
- nachgehende Ansprüche Allgemeine Grundsätze des Sozialrechts 72
- nachgehende Ansprüche (Allgemeine Grundsätze des Sozialrechts 72
- und unwirksame Kündigung Allgemeine Grundsätze des Sozialrechts 241

Krankheit
- Annahmeverzug 11 KSchG 19
- Anzeige- und Nachweispflichten 1 KSchG 514; 626 BGB 442
- Arbeitsunfähigkeit Allgemeine Grundsätze des Sozialrechts 66
- Arbeitsunfähigkeitsbescheinigung, Beweiswert 1 KSchG 527
- Behinderung 1 KSchG 337
- Nebentätigkeit, krankheitsfördernde 1 KSchG 531
- Pflicht zu heilungsförderndem Verhalten 1 KSchG 520
- Pflichtwidrigkeit während 1 KSchG 514
- simulierte 1 KSchG 524

Krankheitsbedingte Kündigung 1 KSchG 337
- AIDS 1 KSchG 296
- außerordentliche 1 KSchG 339
- außerordentliche Kündigung 626 BGB 139, 425
- außerordentliche Kündigung, Ausschlussfrist, Beginn 626 BGB 344
- Berufsausbildungsverhältnis 23 BBiG 64
- betriebliches Eingliederungsmanagement 1 KSchG 343

Stichwortverzeichnis

- Betriebsratsanhörung 102 BetrVG 98
- Betriebsunfall 1 KSchG 313
- Darlegungs- und Beweislast 1 KSchG 357
- Drogensucht 1 KSchG 300; 23 BBiG 64
- Drogensucht, Interessenabwägung 1 KSchG 301
- Entbindung von der Schweigepflicht 1 KSchG 357
- Heuerverhältnis Seearbeitsgesetz (SeeArbG) 74
- Kündigungsschutzklage der Krankenkasse 4 KSchG 106
- Leistungsfähigkeit, geminderte 1 KSchG 407
- Leistungsfähigkeit, geminderte, betriebl. Eingliederungsmanagement 1 KSchG 409
- Prüfung, dreistufige 1 KSchG 341
- Schwangerschaft 3 AGG 17
- Überbrückungsmaßnahmen bei geminderter Leistungsfähigkeit 1 KSchG 409
- Weiterbeschäftigung, verschlechterte Bedingungen 1 KSchG 241
- Weiterbeschäftigungsmöglichkeit 2 KSchG 153
- Wiedereinstellungsanspruch 1 KSchG 833
- wirtschaftliche Belastung 1 KSchG 365

Krankheitsbedingte Kündigung, häufige Kurzerkrankungen 1 KSchG 349
- Alkohol- und Drogensucht 1 KSchG 300
- ärztliche Schweigepflicht 1 KSchG 357
- Belastungen, wirtschaftliche 1 KSchG 365
- Berufskrankheit 1 KSchG 375
- betriebl. Eingliederungsmanagement 1 KSchG 373, 400
- betriebliche Beeinträchtigungen 1 KSchG 361
- betriebliche Beeinträchtigungen, Darlegungs- und Beweislast 1 KSchG 364
- betriebliche Ursachen 1 KSchG 375
- Betriebsablaufstörungen 1 KSchG 362
- Darlegungs- und Beweislast, abgestufte 1 KSchG 353, 357
- Entgeltfortzahlungskosten 1 KSchG 366
- gerichtlicher Beurteilungs-/Ermessensspielraum 1 KSchG 355
- Gesundheitsprognose, abweichende Entwicklung 1 KSchG 350
- Gesundheitsprognose, Kenntnisstand Arbeitgeber 1 KSchG 351
- Gesundheitsprognose, negative 1 KSchG 349
- Gesundheitsprognose, Zeitpunkt 1 KSchG 349
- Indizien 1 KSchG 350
- Interessenabwägung 1 KSchG 374
- Interessenabwägung, Alter 1 KSchG 383
- Interessenabwägung, Arbeitsmarktsituation 1 KSchG 386
- Interessenabwägung, bekannte Erkrankungen 1 KSchG 382
- Interessenabwägung, Darlegungs- und Beweislast 1 KSchG 389
- Interessenabwägung, Dauer des Arbeitsverhältnisses 1 KSchG 381
- Interessenabwägung, Entgeltzahlungskosten 1 KSchG 389
- Interessenabwägung, Krankheitsursache 1 KSchG 376
- Interessenabwägung, Schwerbehinderung 1 KSchG 385
- Interessenabwägung, Überbrückungsmaßnahmen 1 KSchG 387
- Interessenabwägung, Unterhaltspflichten 1 KSchG 384
- Kurzerkrankungen 1 KSchG 374
- Prognosegrundlagen 1 KSchG 355
- Prognosezeitraum 1 KSchG 354
- Überbrückungsmaßnahmen 1 KSchG 363
- Umsetzungsmöglichkeit 1 KSchG 372
- Ursache der Erkrankung 1 KSchG 375
- Vergangenheit, in der 1 KSchG 352
- Weiterbeschäftigungsmöglichkeit 1 KSchG 372
- wirtschaftliche Belastung 1 KSchG 365, 391

Krankheitsbedingte Kündigung, langandauernde Krankheit 1 KSchG 393
- Arbeitsplatz, leidensgerechter 1 KSchG 399
- Ausschluss ordentlicher Kündigung 1 KSchG 339
- Beeinträchtigungen, betriebliche 1 KSchG 399
- Belastung, wirtschaftliche 1 KSchG 401
- betriebliche Interessen 1 KSchG 398
- betriebliches Eingliederungsmanagement 1 KSchG 394
- Darlegungs- und Beweislast 1 KSchG 395
- dauernde Arbeits-/Leistungsunfähigkeit 626 BGB 78
- Entgeltfortzahlungskosten 1 KSchG 401
- Gesundheitsprognose, negative 1 KSchG 393
- Gesundheitsprognose, spätere Entwicklung 1 KSchG 396
- Gesundheitsprognose, Zeitpunkt 1 KSchG 393
- Interessenabwägung 1 KSchG 402
- Leistungsfähigkeit, geminderte 1 KSchG 407
- Leistungsunfähigkeit, andauernde 1 KSchG 403
- Leistungsunfähigkeit, andauernde, »unkündbare« Arbeitnehmer 1 KSchG 406
- Leistungsunfähigkeit, andauernde, betriebl. Eingliederungsmanagement 1 KSchG 404
- Leistungsunfähigkeit, andauernde, betriebliche Beeinträchtigungen 1 KSchG 404
- Leistungsunfähigkeit, andauernde, Interessenabwägung 1 KSchG 404
- Prognose, Zwei-Jahres-Zeitraum 1 KSchG 398
- Überbrückungsmaßnahmen 1 KSchG 399

Kündigung
- Abgrenzung der Kündigungsarten 1 KSchG 159
- Allgemeines Gleichbehandlungsgesetz und 1 KSchG 27; 2 AGG 4
- Änderungskündigung, Abgrenzung 1 KSchG 172
- Anfechtung, Verhältnis 626 BGB 45
- Arbeitnehmerkündigung 1 KSchG 169
- Arbeitskampf, rechtmäßiger 25 KSchG 9
- Arbeitskampf, rechtswidriger 25 KSchG 12
- Arbeitsverhältnis, einheitliches 1 KSchG 55

Stichwortverzeichnis

- Ausschluss ordentliche, Altersdiskriminierung 626 BGB 78
- Ausschluss ordentliche, Tarifvertrag 626 BGB 78
- Austauschkündigung 1 KSchG 554, 561
- bedingte 1 KSchG 178; 2 KSchG 15; 622 BGB 143
- befristete außerordentliche 622 BGB 82
- befristetes Arbeitsverhältnis, öffentlicher Dienst 30 TVöD 14
- Begriff 1 KSchG 159
- Begründungserfordernis 17 MuSchG 173
- Beschränkung, faktische 622 BGB 140
- Betriebsratsanhörung 102 BetrVG 33
- Betriebsratsanhörung, vor Abschluss der 102 BetrVG 147
- Betriebsratsanhörung, vorherige - 102 BetrVG 161
- Betriebsratsmitglied 103 BetrVG 63
- Betriebsübergang, wegen eines 613a BGB 89
- Darlegungs- und Beweislast 1 KSchG 591
- Disziplinarmaßnahme als 1 KSchG 37
- Dringlichkeit 1 KSchG 565
- Drittmittelfinanzierung 1 KSchG 623
- Druckkündigung 1 KSchG 625
- Ehegattenarbeitsverhältnis 1 KSchG 63
- Eigengruppe, einzelnes Mitglied 1 KSchG 62
- einvernehmliche Fortsetzung 625 BGB 23
- entfristete ordentliche 13 KSchG 6; 622 BGB 82
- gerichtliche Nachprüfung 1 KSchG 558
- Geschäftsfähigkeit 13 KSchG 10; 622 BGB 144
- Grundrechtsverstoß 13 KSchG 67
- herausgreifende 25 KSchG 14
- Hierarchieebene, Abbau 1 KSchG 607
- innerbetriebliche Faktoren 1 KSchG 556
- innerbetriebliche Gründe 1 KSchG 556
- Insolvenzverfahren 1 KSchG 630
- Interessenabwägung 1 KSchG 585
- Internationales Arbeitsrecht Artikel28 94
- Kausalität 1 KSchG 39
- Konzern, Abordnung 1 KSchG 631
- Konzern, einheitliches Arbeitsverhältnis 1 KSchG 631
- Konzernbezug 1 KSchG 577
- krankheitsbedingte 1 KSchG 337
- Kündigungsgrund 1 KSchG 640
- Kündigungstermin, Aushilfsarbeitsverhältnis 622 BGB 192
- Kurzarbeit 1 KSchG 569
- Kurzarbeit, Einführung 1 KSchG 569
- Leiharbeitnehmereinsatz, Austauschkündigung 1 KSchG 641
- Massenentlassungen, in der Sperrfrist 18 KSchG 34
- Missbrauchskontrolle 1 KSchG 558
- öffentlicher Dienst 1 KSchG 634
- ordentliche, Fristen 622 BGB 80
- Personalabbau 1 KSchG 606
- personenbedingte 1 KSchG 280
- Probezeit, Befristung 30 TVöD 11
- Produktionsverlagerung 1 KSchG 556
- Rationalisierungsmaßnahmen 1 KSchG 640
- Recht am Arbeitsplatz 1 KSchG 552
- Rechtsbindung 1 KSchG 177
- Rechtsordnung, maßgebende Artikel28 94
- Regelaltersgrenze als Grund Allgemeine Grundsätze des Sozialrechts 100
- Rentabilität 1 KSchG 628
- Rücknahme 4 KSchG 79
- Schriftform 622 BGB 143
- Selbstbindung Arbeitgeber 1 KSchG 247
- Sozialauswahl 1 KSchG 646
- Stationierungsstreitkräfte Art.56 NATO-ZusAbk 14
- tarifvertraglicher Ausschluss 1 KSchG 644
- Teilkündigung 1 KSchG 176; 102 BetrVG 44
- treuwidrige 242 BGB 7
- Überprüfung, gerichtliche 1 KSchG 572
- Umdeutung in außerordentliche 1 KSchG 267
- Unternehmensbezug 1 KSchG 565
- Unternehmerentscheidung 1 KSchG 556
- Unwirksamkeit 13 KSchG 67
- Unzeit 1 KSchG 136
- Verhältnis zur Anfechtung 626 BGB 45
- Verhältnismäßigkeitsgrundsatz 1 KSchG 565
- Verwirkung des Kündigungsrechts 1 KSchG 264; 626 BGB 68
- Verzicht 626 BGB 68
- vor Dienstantritt, Fristberechnung 622 BGB 148
- vor Dienstantritt1 113 InsO 23
- Vorgesetztenwechsel 1 KSchG 645
- vorläufige Einstellung 1 KSchG 186
- vorsorgliche 622 BGB 143
- vorsorgliche weitere 1 KSchG 260
- vorsorgliche, als unbedingte 1 KSchG 177
- vorsorgliche, Klagefrist 4 KSchG 22
- vorzeitige 622 BGB 158
- während Kurzarbeit 1 KSchG 603
- Wartezeitkündigung, willkürliche 1 KSchG 135
- Werksferien 1 KSchG 565
- Widerspruch Betriebsrat, Abschrift an Arbeitnehmer 102 BetrVG 231
- willkürliche, Treu und Glauben 242 BGB 47
- Wunsch des Arbeitnehmers 1 KSchG 43
- Zustimmungsersetzungsverfahren, nachfolgende 103 BetrVG 139
- Zustimmungsverfahren, vorherige Erklärung 103 BetrVG 111

Kündigung durch Arbeitnehmer 2 KSchG 10
- Anfechtung 1 KSchG 171; 626 BGB 200
- Arbeitsentgelt 628 BGB 14
- außerordentliche, Arbeitsentgelt 628 BGB 14
- beiderseitige Kündigung 1 KSchG 169
- Berufsausbildungsverhältnis 23 BBiG 74
- Betriebsratsanhörung 102 BetrVG 51
- Grundlagen 626 BGB 482
- Klagefrist 4 KSchG 15

3165

Stichwortverzeichnis

- Kündigungsschutzgesetz, Geltung 1 KSchG 168
- Mutterschutz 17 MuSchG 196
- Mutterschutz, Benachrichtigung Aufsichtsbehörde 17 MuSchG 208
- Rücknahme 17 MuSchG 199
- Sperrzeit 159 SGB III 21
- Umdeutung in Verweigerungserklärung 12 KSchG 29
- Umdeutung in Wahlrechtsausübung 12 KSchG 13

Kündigung nach der Probezeit 30 TVöD 14
Kündigung, »Rücknahme«
- Antrag auf Fortsetzung 4 KSchG 85, 91
- Auflösungsantrag 2 KSchG 254
- im Kündigungsschutzprozess 4 KSchG 90
- Klageerhebung, vorherige ~ 4 KSchG 79
- Kündigungsschutzklage, vorherige ~ 4 KSchG 79

Kündigung, Ausschluss der ordentlichen 626 BGB 323
- Arbeitsplatzschutz 2 ArbPlSchG 16
- außerordentliche Kündigung 626 BGB 312
- bei Befristung 622 BGB 137
- betriebsbedingte 626 BGB 305, 317
- Betriebsratsanhörung, Anforderungen 626 BGB 323
- Betriebsstilllegung 626 BGB 317
- Bundestagsabgeordnete **Kündigungsschutz für Parlamentarier (ParlKSch)** 47
- durch Betriebsvereinbarung 622 BGB 135
- gewerkschaftliche Vertrauensleute 13 KSchG 109; 622 BGB 134
- Insolvenz 113 InsO 46
- Kündigungsgrund, Art 626 BGB 316
- Kündigungsgrund, Dauertatbestände 626 BGB 318
- Kündigungsgrund, Verhältnis zur Vertragsdauer 626 BGB 313
- öffentlicher Dienst 34 TVöD 8; 622 BGB 130
- personenbedingte 626 BGB 317
- Prüfungsmaßstab 626 BGB 315
- Schwerbehinderte Menschen, Zustimmungsverfahren 626 BGB 323
- Sozialauswahl 1 KSchG 719
- Tarifvertrag 13 KSchG 106
- Tarifvertrag durch 622 BGB 129
- verhaltensbedingte 626 BGB 318
- verhaltensbedingte, Wiederholungsgefahr 626 BGB 318
- vertraglich vereinbarter 13 KSchG 114; 622 BGB 136
- Weiterbeschäftigung, Zumutbarkeit 626 BGB 315

Kündigung, Mindestbefristungsdauer 30 TVöD 14
Kündigung, Mitbestimmungserweiterung
- Betriebsvereinbarung, freiwillige 102 BetrVG 324
- Grenzen 102 BetrVG 329

- Kündigung, zustimmungsbedürftige 102 BetrVG 331
- Regelungsabsprache 102 BetrVG 326
- Tarifvertrag 102 BetrVG 327
- Zustimmung vor Kündigung 102 BetrVG 336
- Zustimmungserfordernis 102 BetrVG 324
- Zustimmungsersetzungsverfahren, Ausschlussfrist 102 BetrVG 347
- Zustimmungsersetzungsverfahren, Einigungsstelle 102 BetrVG 338, 339
- Zustimmungsverfahren 102 BetrVG 332

Kündigung, öffentlicher Dienst 30 TVöD 14
Kündigung, ordentliche
- Anhörung Arbeitnehmer 128 28
- Ausschluss, vertraglicher 1 KSchG 165
- befristete 622 BGB 82
- Befristung, vereinbarte ~ 15 TzBfG 36
- bei Befristung 15 TzBfG 35
- bei Befristung, Insolvenz 15 TzBfG 36
- Berufsausbildungsverhältnis 23 BBiG 34
- Berufsausbildungsverhältnis, vor Beginn 23 BBiG 36
- Betriebsübergang 613a BGB 89
- Grundlagen 1 KSchG 162
- Kündigungstermin 622 BGB 83
- Lebenszeitarbeitsverhältnis 15 TzBfG 47
- Lebenszeitdienstverhältnis 624 BGB 27
- Stationierungsstreitkräfte Art. 56 NATO-ZusAbk 16
- und auflösende Bedingung 21 TzBfG 15
- Unwirksamkeit, andere Gründe 1 KSchG 166
- Willenserklärung 1 KSchG 162
- Zustimmungserfordernis, Dritte 1 KSchG 165

Kündigung, Probezeit, mehrfache 30 TVöD 13
Kündigung, rückwirkende Heilung 7 KSchG 8
- Änderungskündigung 7 KSchG 17
- Änderungskündigung, außerordentliche 7 KSchG 28
- Änderungskündigung, nicht fristgebundene Unwirksamkeitsgründe 7 KSchG 21
- Änderungskündigung, Vorbehalt, Erlöschen 7 KSchG 20
- Änderungsschutzklage, nachträgliche Zulassung 7 KSchG 24
- Anrufungsfrist, verlängerte 7 KSchG 13
- Arbeitsentgeltansprüche 7 KSchG 11
- Ausnahmen 7 KSchG 5, 31
- außerordentliche Kündigung 7 KSchG 26
- außerordentliche Kündigung, Ausschlussfrist 7 KSchG 26
- betriebsverfassungsrechtliche Befugnisse 113 InsO 6
- Entwicklung, gesetzliche 7 KSchG 1
- Fiktion, abhängige Ansprüche 7 KSchG 29
- Fiktion, Drittwirkung 7 KSchG 30
- Fiktion, Reichweite 7 KSchG 29
- Frist, nicht erfasste Unwirksamkeitsgründe 7 KSchG 36

Stichwortverzeichnis

- Geltendmachung, nicht erfasste Unwirksamkeitsgründe 7 KSchG 32
- Geltendmachung, Verwirkung 7 KSchG 36
- Heilung, Umfang 7 KSchG 9
- Klagefrist, Versäumung 7 KSchG 8
- Klagefrist, Wahrung 7 KSchG 12
- Klagerücknahme 7 KSchG 14
- Kündigung, Ausschluss der ordentlichen 7 KSchG 6
- Kündigung, rückwirkende Heilung 7 KSchG 5
- Massenentlassung, Anzeige- und Informationspflichten 7 KSchG 6
- nachträgliche Zulassung, Kündigungsschutzklage 7 KSchG 14
- Präklusion, materiell-rechtliche 7 KSchG 16
- Rechtsfolge 7 KSchG 2
- Rechtsmissbrauch, mündliche Kündigung 242 BGB 33
- Schriftform 7 KSchG 5, 31
- Suspendierung 623 BGB 58
- Unwirksamkeit, schwebende 7 KSchG 8
- Unwirksamkeitsgründe 7 KSchG 4
- Unwirksamkeitsgründe, Ausnahmen 7 KSchG 5
- Unwirksamkeitsgründe, erfasste 7 KSchG 4, 9
- Unwirksamkeitsgründe, nicht erfasste 7 KSchG 31
- Unwirksamkeitsgründe, nicht erfasste, Geltendmachung 7 KSchG 32
- Vertreter, vollmachtloser 7 KSchG 5
- Verweigerungserklärung 12 KSchG 27
- Verwirkung, nicht erfasste Unwirksamkeitsgründe 7 KSchG 36
- Weiterbeschäftigungsverlangen Auszubildender 78a BetrVG 22
- Widerspruch des Betriebsrats 102 BetrVG 184
- Wirksamkeitsvoraussetzung 623 BGB 180
- Zustimmung, behördliche 7 KSchG 15
- Zustimmung, behördliche, Bekanntgabe 7 KSchG 5, 34
- Zustimmungserfordernis, behördliches 7 KSchG 15
- Zweckbefristung, Unterrichtung 15 TzBfG 22

Kündigung, Schriftform
- Abdingbarkeit 623 BGB 31
- Abwicklungsvertrag 623 BGB 51
- Altkündigungen 623 BGB 34
- Änderungskündigung 623 BGB 49, 137
- Änderungsvertrag 623 BGB 49
- Arbeitsverhältnis, bestehendes 623 BGB 40
- Aufhebungsvertrag 623 BGB 35
- Aussteller 623 BGB 106
- Bedeutung, rechtstatsächliche 623 BGB 22
- Beendigungstatbestand 623 BGB 49, 60
- Beendigungstatbestände, andere 623 BGB 67
- Befristung einzelner Vertragsbedingungen 623 BGB 49
- Befristungsabrede 623 BGB 35
- Beglaubigung, notarielle 623 BGB 109
- Berufsausbildungsverhältnis 23 BBiG 34, 108; 623 BGB 46
- Blankounterschrift 623 BGB 103
- Blinde 623 BGB 127
- Darlegungs- und Beweislast 623 BGB 130
- Dienstvertrag 623 BGB 43
- Eigenhändigkeit 623 BGB 104
- Ein-Euro-Jobs 623 BGB 45
- Eingliederungsvertrag 623 BGB 45
- elektronische Formen 623 BGB 99, 126
- E-Mail 623 BGB 125
- Entstehungsgeschichte 623 BGB 1, 6, 13
- Fotokopie 623 BGB 122
- Geltungsbereich, sachlicher 623 BGB 49
- Geltungsbereich, zeitlicher 623 BGB 33
- Gerichtsprotokoll, Erklärung zu 623 BGB 145
- Gesamtprokura 623 BGB 108
- Gesamtvertreter 623 BGB 108
- gesetzliche Form 623 BGB 95
- Handzeichen 623 BGB 109
- Hausangestellte 623 BGB 44
- Insolvenzverwalter 623 BGB 216
- Klagefrist 623 BGB 215
- Klagerücknahme 623 BGB 51
- Klageverzicht 623 BGB 51
- Kündigungsarten 623 BGB 136
- Kündigungserklärung 623 BGB 132
- Kündigungsgrund als Inhalt 623 BGB 141
- Lesbarkeit 623 BGB 105
- Leseunkundige 623 BGB 127
- Lösungsrecht 623 BGB 67
- Minderjährige 623 BGB 117
- mündliche Eigenkündigung, Annahmeverzug 623 BGB 239
- Mutterschutz 17 MuSchG 172
- Namensunterschrift 623 BGB 105
- Nebenabreden 623 BGB 97
- notarielle Beurkundung 623 BGB 113
- notarielle Urkunde 623 BGB 105
- Paraphe 623 BGB 105
- Pseudonym 623 BGB 105
- Rechtswahl 623 BGB 32
- Schreibunfähige 623 BGB 109
- Schriftform, Funktionen 623 BGB 17
- Schriftform, vereinbarte qualifizierte 1 KSchG 254
- Schriftformgebote, andere, Verhältnis 623 BGB 250
- Schriftsatzkündigung 623 BGB 144
- Sprachunkundige 623 BGB 127
- Teilkündigung 623 BGB 66
- Telefax 623 BGB 123, 143
- Telegramm 623 BGB 120
- Textform 623 BGB 99
- Umdeutung 623 BGB 135
- Umschulungsverhältnis 623 BGB 47
- Unterzeichnung 623 BGB 102
- Urkunde, begriff 623 BGB 100

3167

Stichwortverzeichnis

- Vergleich, außergerichtlicher 623 BGB 51
- Vergleich, Erklärung in einem 623 BGB 145
- Vergleich, gerichtlicher 623 BGB 114
- Verlängerungsabrede 623 BGB 57
- Vertreter 623 BGB 106
- Vertreter, Abgrenzung Bote 623 BGB 109
- Vertreter, Erkennbarkeit 623 BGB 107
- Verzicht auf ~ 623 BGB 135
- Werkstattverhältnis 623 BGB 47
- Werkunternehmer 623 BGB 43
- Widerspruch, stillschweigende Verlängerung 623 BGB 59
- Zugangsfiktion 623 BGB 120
- Zweck 623 BGB 17

Kündigung, sittenwidrige
- Auflösung des Arbeitsverhältnisses 13 KSchG 62
- Begriff, Sittenwidrigkeit 13 KSchG 40
- Darlegungs- und Beweislast 13 KSchG 64
- Einzelfälle 13 KSchG 50
- Entwicklung 13 KSchG 40
- Heimarbeitsverhältnis 29a HAG 70
- Klagefrist 13 KSchG 58
- Maßregelungsverbot, Abgrenzung 13 KSchG 47
- Rechtsfolge 13 KSchG 57
- Schadensersatz 13 KSchG 59
- sozialwidrige, Abgrenzung 13 KSchG 44
- Treu und Glauben, Abgrenzung 242 BGB 3
- treuwidrige, Abgrenzung 13 KSchG 46
- Wartezeitkündigung 1 KSchG 134

Kündigung, soziale Rechtfertigung
- Änderungskündigung 2 KSchG 136
- Arbeitgeber, Selbstbindung 1 KSchG 221
- Auflösungsantrag des Arbeitgebers 14 KSchG 51
- Auswahlrichtlinie, Verstoß 1 KSchG 205
- Bekanntgabe der Gründe 1 KSchG 252
- Benachteiligung, subjektiver Prüfungsmaßstab 1 KSchG 216
- Beurteilungsspielraum, Tatsacheninstanz 1 KSchG 210
- Beurteilungszeitpunkt 1 KSchG 248
- Darlegungs- und Beweislast 1 KSchG 274
- Entwicklung 1 KSchG 197
- Generalklausel 1 KSchG 202
- Generalklausel, Verhältnis zu Widerspruchstatbeständen 1 KSchG 203
- Interessenabwägung 1 KSchG 219
- Kündigungsgründe, Verhältnis 1 KSchG 269
- Merkmale 1 KSchG 212
- Motive, Berücksichtigung 1 KSchG 216
- Prüfungsmaßstab, objektiver 1 KSchG 215
- Prüfungsmaßstab, Subjektivierung 1 KSchG 216
- revisionsrechtliche Überprüfung 1 KSchG 210
- schwebende Unwirksamkeit 1 KSchG 265
- Selbstbindung 1 KSchG 221
- sittenwidrige, Abgrenzung 13 KSchG 44
- soziale Auswahl 1 KSchG 208
- Systematik 1 KSchG 201
- Ultima-Ratio-Grundsatz 1 KSchG 222

- unbestimmter Rechtsbegriff 1 KSchG 210
- Unwirksamkeitsgründe, andere 13 KSchG 66
- Unwirksamkeitsgründe, andere, Verhältnis 1 KSchG 266
- Vereinbarung, absolute Kündigungsgründe 1 KSchG 221
- Vereinbarungen über 1 KSchG 221
- Vereinbarungen, zur Konkretisierung 1 KSchG 221
- verhaltensbedingte Kündigung, Prüfungsschritte 1 KSchG 437
- Verhältnismäßigkeitsgrundsatz 1 KSchG 211
- Weiterbeschäftigungsmöglichkeit 1 KSchG 205, 228
- Widerspruchstatbestände 1 KSchG 203
- Widerspruchstatbestände, Erfordernis Widerspruch 1 KSchG 204

Kündigung, unwirksame
- Sozialversicherung Allgemeine Grundsätze des Sozialrechts 181
- willkürliche, Treu und Glauben 242 BGB 47

Kündigung, vorsorgliche
- Betriebsratsanhörung 102 BetrVG 40
- Maßregelungsverbot 612a BGB 17

Kündigung, Zugang 4 KSchG 139
- Abwesende 4 KSchG 144, 156
- Annahmeverweigerung, Einzelfälle 4 KSchG 171
- Anwesende 4 KSchG 143
- Auslandsadresse 4 KSchG 154
- Ausschlussfrist 626 BGB 376
- Beförderungsrisiko 626 BGB 377
- bei Krankheit 4 KSchG 145
- bei Ortsabwesenheit 5 KSchG 53
- Briefkasten 4 KSchG 183
- Briefkasteneinwurf 4 KSchG 145
- Briefumschlag, Inhaltsnachweis 4 KSchG 184
- Darlegungs- und Beweislast 4 KSchG 182, 188
- Ehegatte, Annahmeverweigerung 4 KSchG 161
- Ehegatten 4 KSchG 150
- Einschreiben 4 KSchG 160, 175, 183
- Einschreiben, Benachrichtigung 4 KSchG 174
- Einschreiben, Einwurf 4 KSchG 157
- Einschreiben, Übergabe 4 KSchG 158
- Empfangsberechtigte, -boten 4 KSchG 150
- Erklärungsbote 4 KSchG 159
- Familienangehöriger 4 KSchG 151
- gegenüber Abwesenden 623 BGB 118
- Gerichtsvollzieher 4 KSchG 163
- Hausbriefkasten 5 KSchG 52
- höhere Gewalt 626 BGB 377
- im Urlaub 5 KSchG 53
- Kenntnisnahme, tatsächliche 4 KSchG 187
- Kündigung, schriftliche 4 KSchG 140
- Leseunkundiger 4 KSchG 142
- Machtbereich des Empfängers 4 KSchG 144
- mündliche Kündigung 4 KSchG 143
- Nachsendeantrag 4 KSchG 165
- Niederlegung 4 KSchG 175

Stichwortverzeichnis

- öffentliche Zustellung 4 KSchG 166
- Ortsabwesenheit 4 KSchG 145
- postlagernde Sendungen 4 KSchG 149
- Postschließfach 4 KSchG 149
- Prozessbevollmächtigter 4 KSchG 152
- Schriftsatzkündigung 4 KSchG 152
- Schwarzes Brett 4 KSchG 186
- Sprachunkundiger 4 KSchG 168
- Telefax 4 KSchG 167
- Telefon 4 KSchG 143
- Telegramm 4 KSchG 167
- Übergabe-Einschreiben 4 KSchG 159
- Urlaubsabwesenheit 4 KSchG 155
- Vereinbarung über Zugang 4 KSchG 189
- Vermieter 4 KSchG 151
- Vertreter 4 KSchG 143
- Verzögerung 626 BGB 377
- Vormundschaft 4 KSchG 169
- Wartezeit 1 KSchG 109
- Wohnungswechsel 4 KSchG 164
- Zugangshindernisse 4 KSchG 170
- Zugangsvereitelung 4 KSchG 170; 622 BGB 146
- Zugangsvereitelung, Rechtsfolgen 4 KSchG 177

Kündigungsbefugnisse
- des vorläufigen Insolvenzverwalters 113 InsO 5

Kündigungsberechtigung 626 BGB 361
- Arbeitsverhältnis, mittelbares 1 KSchG 71
- Dienststellenleiter 128 63
- Gesamtvertretung 626 BGB 364
- Gesellschaft, Vertreter 13 KSchG 136; 626 BGB 363
- Heuerverhältnis Seearbeitsgesetz (SeeArbG) 67
- Kapitän Seearbeitsgesetz (SeeArbG) 70
- Leiharbeitsverhältnis 1 KSchG 69
- Minderjährige 13 KSchG 143; 626 BGB 362
- Öffentlicher Dienst 626 BGB 370
- Prokurist 626 BGB 369
- rechtsgeschäftliche Vertretung (Vollmacht) 626 BGB 369
- Schiffsoffiziere Seearbeitsgesetz (SeeArbG) 70
- vertragliche Regelungen 626 BGB 371
- Vertreter, gesetzliche 626 BGB 364
- Vertreter, satzungsmäßige 626 BGB 366
- vollmachtsloser Vertreter 13 KSchG 135
- Vollmachtsurkunde, Vorlage 13 KSchG 119

Kündigungsbeschränkung
- Ausbildungskosten, Rückzahlung 622 BGB 141
- faktische 622 BGB 140
- Formzwang, gewillkürter 622 BGB 170
- Kündigungsfristverlängerung 622 BGB 202
- Rückzahlungsklausel 622 BGB 140
- vertragliche Vereinbarungen 622 BGB 170
- Vertragsstrafe 622 BGB 140

Kündigungseinspruch
- Adressat 3 KSchG 13
- Änderungskündigung 3 KSchG 28
- außerordentliche Kündigung 3 KSchG 29
- Begründung 3 KSchG 12
- beim Personalrat 3 KSchG 32
- Betriebsrat, Vermittlerfunktion 3 KSchG 22
- Betriebsratsanhörung, Verhältnis 3 KSchG 7
- Betriebsratsbeschluss 3 KSchG 20
- Empfangsberechtigter 3 KSchG 14
- Entscheidung Betriebsrat 3 KSchG 20
- Entwicklung, gesetzliche 3 KSchG 1
- Erweiterung der Mitbestimmung 3 KSchG 34
- Form 3 KSchG 11
- Frist 3 KSchG 16
- Klageerhebung 3 KSchG 19
- Klagefrist 3 KSchG 27
- Kündigungsschutzklage, Beifügung Stellungnahme 3 KSchG 26
- leitende Angestellte 14 KSchG 47; 3 KSchG 31
- Schutzgesetz 3 KSchG 35
- Stellungnahme des Betriebsrats 3 KSchG 24
- Verfahren 3 KSchG 11
- Verständigung mit Arbeitgeber 3 KSchG 21
- Zweck 3 KSchG 2

Kündigungserklärung
- Anwesende 4 KSchG 140
- Auslegung 622 BGB 143; 626 BGB 27
- bedingte 1 KSchG 159
- Beendigungswille 623 BGB 133
- Begründung 1 KSchG 159, 251
- Bestimmtheit 1 KSchG 159, 174; 13 KSchG 146; 622 BGB 163
- Betriebsratsanhörung, vorherige ~ 102 BetrVG 227
- Bote 4 KSchG 159
- Darlegungs- und Beweislast 1 KSchG 167
- Entlassung 17 KSchG 60
- Formverstoß 242 BGB 36
- gegenüber Betriebsratsmitglied 103 BetrVG 139
- Inhalt, notwendiger 623 BGB 133
- mündliche ~ 4 KSchG 143
- nach Entscheidungsfrist Integrationsamt 174 SGBIX 36
- nach Zustimmung Integrationsamt 174 SGBIX 32
- Nachschieben von Gründen als neue ~ 626 BGB 206
- Nichtverlängerungsanzeige, Abgrenzung 1 KSchG 160
- Personalratsanhörung, vorherige ~ 128 55
- Potestativbedingung 1 KSchG 159
- Rechtsbedingung 1 KSchG 159
- Rücknahme 4 KSchG 79
- Rücknahme bei Auflösungsantrag 4 KSchG 97
- Rücknahme, Entgeltanspruch 4 KSchG 93
- rückwirkende 626 BGB 24
- Umdeutung 626 BGB 42
- ungehörige 242 BGB 36
- Unterlassungsanspruch des Betriebsrats 102 BetrVG 227
- vertragliche Vereinbarung 622 BGB 147
- Vertreter, Zurückweisung 13 KSchG 119

Stichwortverzeichnis

- vor Arbeitsantritt **626 BGB** 25
- vor Dienstantritt **626 BGB** 25
- Widerruf **4 KSchG** 80
- Willenserklärung **622 BGB** 142
- Zeitpunkt bei Massenentlassungsanzeige **17 KSchG** 175
- Zugang **4 KSchG** 81, 139; **622 BGB** 145; **626 BGB** 27

Kündigungsfrist
- Altersdiskriminierung **10 AGG** 16
- Altvertragsregelungen (vor 1993) **622 BGB** 320
- Änderungskündigung **622 BGB** 86
- arbeitnehmerähnliche Personen **622 BGB** 79
- Arbeitsverhältnis, bestehendes **622 BGB** 74
- Aushilfsarbeitsverhältnis, Verkürzung **622 BGB** 182
- Auslandsbeschäftigung **Artikel 28** 95
- Auslauffrist, Abgrenzung **622 BGB** 85
- Auslauffrist, außerordentlicher Kündigung **626 BGB** 313
- Auslauffrist, Berufsausbildungsverhältnis **23 BBiG** 38
- Auslauffrist, betriebsbedingte Kündigung **626 BGB** 162
- befristete Kündigung **622 BGB** 82
- befristetes Arbeitsverhältnis **622 BGB** 88
- Befristung (öffentlicher Dienst) **30 TVöD** 15
- Beginn, bei Massenentlassungsanzeige **622 BGB** 152
- Beginn, Kündigung vor Dienstantritt **622 BGB** 148
- Betriebsratsanhörung **102 BetrVG** 78
- Betriebszugehörigkeit **622 BGB** 58
- Betriebszugehörigkeit, Betriebsübergang **622 BGB** 73
- Betriebszugehörigkeit, Gesamtrechtsnachfolge **622 BGB** 73
- Betriebszugehörigkeit, Unterbrechungen **622 BGB** 68
- Bezugnahme tariflicher Regelungen **622 BGB** 206
- Entstehungsgeschichte **622 BGB** 1
- Entwicklung, gesetzliche **622 BGB** 1, 7, 52
- Fiktive **622 BGB** 85
- Fristablauf **622 BGB** 160
- Fristablauf, bei unzutreffender Frist **622 BGB** 163
- Fristberechnung **622 BGB** 153
- Frust, unzutreffende, Rechtsfolgen **622 BGB** 163
- Geltungsbereich, persönlicher **622 BGB** 74
- Geltungsbereich, sachlicher **622 BGB** 80
- Geltungsbereich, zeitlicher **622 BGB** 89
- gesetzliche Sonderregelungen **622 BGB** 91
- Gleichheitssatz, Arbeiter/Angestellte **1 KSchG** 20
- Grundkündigungsfrist **622 BGB** 54
- Grundkündigungsfrist, Unabdingbarkeit **622 BGB** 164

- Heuerverhältnis **622 BGB** 98; **Seearbeitsgesetz (SeeArbG)** 93
- Heuerverhältnis, verlängerte – **Seearbeitsgesetz (SeeArbG)** 97
- Kleinunternehmen **622 BGB** 75, 195
- Kleinunternehmen, Schwellenwertberechnung **622 BGB** 76
- Konzernzugehörigkeit **622 BGB** 73
- Kündigungsschutz durch – **622 BGB** 84
- Kündigungstermin **622 BGB** 54, 83
- Kündigungstermin, Unabdingbarkeit **622 BGB** 83
- Kündigungstermin, unwirksame Vereinbarung **622 BGB** 231
- Kündigungstermin, vertragliche Vereinbarungen **622 BGB** 204
- Leitende Angestellte **14 KSchG** 30
- Mindestalter, Altersdiskriminierung **622 BGB** 60
- Nachweisgesetz, Bedeutung **622 BGB** 233
- neue Bundesländer (**622 BGB** 37
- Öffentlicher Dienst **34 TVöD** 2
- Öffentlicher Dienst, Beschäftigungszeit, Berechnung **34 TVöD** 13
- Probezeit, Schwerbehinderte Menschen **622 BGB** 180
- Probezeit, vereinbarte **622 BGB** 176
- Schwellenwert **622 BGB** 75
- Stationierungsstreitkräfte **Art. 56 NATO-ZusAbk** 18
- tarifliche Regelung **626 BGB** 77
- Übergangsregelungen (KündFG 1993) **622 BGB** 310
- Unkündbarkeit, Abgrenzung **622 BGB** 85
- Unterbrochenes Arbeitsverhältnis **622 BGB** 68
- Unterscheidung Arbeiter, Angestellte **622 BGB** 11
- Unterscheidung Arbeiter, Angestellte, Verfassungswidrigkeit **622 BGB** 23
- Vereinbarung, unwirksame **622 BGB** 223
- verfassungsrechtliche Einordnung **622 BGB** 80
- Verkürzung, Kleinunternehmen **622 BGB** 75, 195
- Verkürzung, Probezeit **622 BGB** 177
- verlängerte **622 BGB** 56
- verlängerte, Hausangestellte **622 BGB** 78
- verlängerte, Unabdingbarkeit **622 BGB** 165
- Verlängerung, einseitige **622 BGB** 171
- Verlängerung, Höchstgrenze **622 BGB** 201
- Verlängerung, Kündigungserschwerung **622 BGB** 202
- Verlängerung, ungleiche **622 BGB** 199
- Verlängerung, vertragliche **622 BGB** 197
- vertragliche Vereinbarung, AGB-Kontrolle **622 BGB** 326
- vertragliche Vereinbarungen **622 BGB** 164
- vor Dienstantritt, besonderer Kündigungsschutz **622 BGB** 151

Stichwortverzeichnis

- vorzeitige Kündigung 622 BGB 158
- Wartezeit, Berechnung 622 BGB 59
- Wartezeitberechnung, Altersdiskriminierung 622 BGB 60
- Wehrdienstleistende 2 ArbPlSchG 31

Kündigungsfrist, besondere
- Arbeitsverträge auf Lebenszeit 622 BGB 103
- Berufsausbildungsverhältnis 622 BGB 91
- Berufsausbildungsverhältnis, Probezeit 23 BBiG 36
- Elternzeit 622 BGB 94
- Heimarbeiter 622 BGB 97
- Heuerverhältnis 622 BGB 98; Seearbeitsgesetz (SeeArbG) 92
- Insolvenz 113 InsO 41; 622 BGB 99
- Leiharbeitsverhältnis 622 BGB 95
- Mutterschutz 622 BGB 102
- Pflegezeit, Vertretung 622 BGB 105
- Schwerbehinderte Menschen, Mindestkündigungsfrist 622 BGB 93

Kündigungsfrist, tarifliche 622 BGB 234
- Allgemeinverbindlichkeit 622 BGB 254
- betrieblicher Geltungsbereich 622 BGB 269
- Bezugnahme, Inhalt 622 BGB 211
- Bezugnahme, jeweiliger Tarifvertrag 622 BGB 222
- Bezugnahme, nachwirkender Tarifvertrag 622 BGB 212
- Bezugnahme, nicht einschlägiger Tarifvertrag 622 BGB 208
- Bezugnahme, Rechtsgrundlage 622 BGB 216
- Bezugnahme, Wirkung 622 BGB 210, 220
- Bezugnahmeregelung 622 BGB 206
- deklaratorische Regelung 622 BGB 238, 323
- Entsendung 622 BGB 266
- Geltungsbereich, fachlicher 622 BGB 270
- Geltungsbereich, persönlicher 622 BGB 268
- Geltungsbereich, räumlicher 622 BGB 258
- Geltungsbereich, sachlicher 622 BGB 255
- Geltungsbereich, zeitlicher 622 BGB 257
- Geltungsbereich, zeitlicher, Rückwirkung 622 BGB 258
- Grenzen der Regelungsbefugnis 622 BGB 243
- Günstigkeitsprinzip 622 BGB 273
- interlokales Recht 622 BGB 263
- konstitutive Regelung 622 BGB 238, 323
- Kündigung, entfristete 622 BGB 243
- Kündigungstermin 622 BGB 249
- nachwirkender Tarifvertrag 622 BGB 276
- Tarifgebundenheit 622 BGB 250
- Tarifkonkurrenz 622 BGB 272
- Teilbezugnahme 622 BGB 212
- Unterscheidung Arbeiter und Angestellte 622 BGB 280
- Unterscheidung Arbeiter und Angestellte, Rechtfertigung 622 BGB 285
- Unterscheidung Arbeiter und Angestellte, unzulässige, Rechtsfolgen 622 BGB 303

- Unterscheidung Arbeiter, Angestellte 622 BGB 21
- Verkürzung, ältere Arbeitnehmer 622 BGB 243
- Verlängerung 622 BGB 248
- Vorrang 622 BGB 235

Kündigungsfristen 30 TVöD 17

Kündigungsgrund
- Auskunftsanspruch 626 BGB 36, 39
- Bekanntgabe 1 KSchG 251
- mehrere, Abgrenzung Mischtatbestand 1 KSchG 271
- mehrere, Prüfungsmaßstab 1 KSchG 271
- Mischtatbestände 1 KSchG 269
- Mitteilung 626 BGB 36
- Mitteilung, fehlende, Schadensersatz 626 BGB 40
- Schadensersatz bei Nichtmitteilung 626 BGB 38
- Stationierungsstreitkräfte, Mitteilung der ~ Art. 56 NATO-ZusAbk 17
- tariflicher Ausschluss von ~ 626 BGB 67
- Verwirkung 1 KSchG 261, 263
- Verzicht auf ~ 1 KSchG 261

Kündigungsmöglichkeit
- Tarifvertrag 15 TzBfG 37

Kündigungsmöglichkeit, Vereinbarung 30 TVöD 17

Kündigungsschutz
- Abfindungsmodell, Ersetzung durch 1 KSchG 32
- Allgemeines Gleichbehandlungsgesetz 1 KSchG 27
- Allgemeines Gleichbehandlungsgesetz, sachlicher Anwendungsbereich 2 AGG 7, 14
- Altersrentenanspruch 13 KSchG 94
- Anzeige und Nachweispflichten 1 KSchG 527
- Arbeitnehmer, ausländischer 1 KSchG 49
- Arbeitnehmer, Begriff 1 KSchG 46
- Arbeitskampf 25 KSchG 3
- Arbeitskampf, Bereichsausnahme 25 KSchG 3
- Arbeitsverhältnis, faktisches 1 KSchG 56
- Arbeitsverhältnis, ruhendes 1 KSchG 93
- Arbeitsverhältnisses, Arten von 1 KSchG 47
- Aushilfsarbeitsverhältnis 1 KSchG 49
- Beamte 1 KSchG 86
- Berlin-Klausel 25a KSchG 1
- Berufsfreiheit 1 KSchG 18
- Beschäftigung aus karitativen/religiösen Gründen 1 KSchG 86
- Bestandschutz 1 KSchG 34
- betriebsbedingte Kündigung 1 KSchG 591
- betriebsbedingte Kündigung, Darlegungslast, abgestufte 1 KSchG 593
- Betriebsbuße, Kündigung als 1 KSchG 37
- Betriebsrätegesetz 1 KSchG 3
- Betriebsstilllegung 1 KSchG 621
- Betriebsvereinbarung, ablösende 2 KSchG 99
- Betriebsvereinbarung, günstigere 1 KSchG 38
- Dienstordnungsangestellte 1 KSchG 86
- Eigengruppe, Risikoverlagerung 1 KSchG 60

3171

Stichwortverzeichnis

- Einschränkung 1 KSchG 36
- Entstehungsgeschichte 1 KSchG 1
- Entstehungsgeschichte, KSchG 1951 1 KSchG 8
- Entstehungsgeschichte, KSchG 1969 1 KSchG 10
- Gesellschafter 1 KSchG 92
- Gesetz zur Ordnung der nationalen Arbeit 1 KSchG 5
- Gesetzgeber, Gestaltungsspielraum 1 KSchG 38
- Gleichbehandlungsgrundsatz 1 KSchG 246
- Gleichheitssatz 1 KSchG 20
- Grundlagen, verfassungsrechtliche 1 KSchG 15
- Günstigkeit 1 KSchG 38
- Interessenausgleich mit Namensliste 1 KSchG 793
- kirchliche Dienst 1 KSchG 79
- Klageverzicht, nachträglicher 1 KSchG 41
- Kleinbetrieb 242 BGB 10
- Koalitionsfreiheit, unmittelbare Drittwirkung 1 KSchG 24; 13 KSchG 70
- konzerndimensionaler 1 KSchG 577
- Kündigungsschutz Arbeitnehmervertreter 14 KSchG 12
- Mobbing 1 KSchG 530
- Mutterschutz 1 KSchG 25
- Organmitglieder 1 KSchG 93; 14 KSchG 6
- Probearbeitsverhältnis 1 KSchG 73
- Rechtsnatur 1 KSchG 36
- Rechtswahl 1 KSchG 36
- Schutzpflichten, grundrechtliche 13 KSchG 68
- Sittenwidrige Kündigung 13 KSchG 40
- Sozialauswahl, Auswahlkriterien 1 KSchG 760
- Sozialauswahl, Auswahlrichtlinien 1 KSchG 773
- soziale Rechtfertigung, abgestufte 1 KSchG 277
- Stationierungsstreitkräfte 128 3; Art.56 NATO-ZusAbk 29
- Strafgefangene 1 KSchG 88
- Tendenzbetrieb 1 KSchG 80
- Umgehung, durch Widerrufsvorbehalt 2 KSchG 75
- Umgehung, Erweiterung Direktionsrecht 2 KSchG 93
- Unabdingbarkeit, einseitige 1 KSchG 36
- Unabdingbarkeit, vertragliche Regelungen 1 KSchG 36
- Untermaßverbot 1 KSchG 19
- Unternehmerentscheidung 1 KSchG 594
- Vereinbarungen, günstigere 1 KSchG 38
- Verhalten, gesundheitswidriges 1 KSchG 527
- verhaltensbedingte Kündigung, Alkoholmissbrauch 1 KSchG 461
- Verzicht, nachträglicher 1 KSchG 41
- Verzicht, vereinbarter 4 KSchG 378
- während der Befristung 620 BGB 66
- Wartezeit 1 KSchG 97
- Wartezeit, Anrechnungsvereinbarung 1 KSchG 138
- Weiterbeschäftigungsanspruch 1 KSchG 31
- Weiterbeschäftigungsmöglichkeit 1 KSchG 278, 595, 822
- Widerspruchstatbestände 1 KSchG 278, 805
- Wiedereinstellungsanspruch 1 KSchG 841
- Zweck 1 KSchG 31
- zwingende Wirkung 1 KSchG 36
- zwingende Wirkung, einseitige 1 KSchG 165

Kündigungsschutz, Abgeordnete
- Arbeitsort als Anknüpfungspunkt Kündigungsschutz für Parlamentarier (ParlKSch) 60
- Bundestagsabgeordnete Kündigungsschutz für Parlamentarier (ParlKSch) 77
- Bundesversammlung, Mitglieder Kündigungsschutz für Parlamentarier (ParlKSch) 6, 15
- Europaparlament Kündigungsschutz für Parlamentarier (ParlKSch) 123
- Geltungsbereich, geschützte Tätigkeiten Kündigungsschutz für Parlamentarier (ParlKSch) 56
- Geltungsbereich, zeitlicher Kündigungsschutz für Parlamentarier (ParlKSch) 56
- Gesetzgebungskompetenz der Länder Kündigungsschutz für Parlamentarier (ParlKSch) 54
- Hessen Kündigungsschutz für Parlamentarier (ParlKSch) 13
- im öffentlichen Dienst Kündigungsschutz für Parlamentarier (ParlKSch) 13
- Kommunalparlament Kündigungsschutz für Parlamentarier (ParlKSch) 58
- Kommunen, landesrechtliche Regelungen Kündigungsschutz für Parlamentarier (ParlKSch) 8
- Kreise, landesrechtliche Regelungen Kündigungsschutz für Parlamentarier (ParlKSch) 8
- Kreisparlament Kündigungsschutz für Parlamentarier (ParlKSch) 58
- landesgesetzliche Regelungen Kündigungsschutz für Parlamentarier (ParlKSch) 54
- Landtage, Landesrechtliche Regelungen Kündigungsschutz für Parlamentarier (ParlKSch) 7
- öffentlicher Dienst Kündigungsschutz für Parlamentarier (ParlKSch) 59
- Wahlwerbung Kündigungsschutz für Parlamentarier (ParlKSch) 5
- Weimarer Reichsverfassung Kündigungsschutz für Parlamentarier (ParlKSch) 9

Kündigungsschutz, Abgeordnete, gesetzliche Regelungen
- Baden-Württemberg Kündigungsschutz für Parlamentarier (ParlKSch) 61
- Bayern Kündigungsschutz für Parlamentarier (ParlKSch) 66
- Berlin Kündigungsschutz für Parlamentarier (ParlKSch) 68
- Brandenburg Kündigungsschutz für Parlamentarier (ParlKSch) 72
- Bremen Kündigungsschutz für Parlamentarier (ParlKSch) 75
- Hamburg Kündigungsschutz für Parlamentarier (ParlKSch) 77

Stichwortverzeichnis

- Hessen **Kündigungsschutz für Parlamentarier (ParlKSch)** 80
- Mecklenburg-Vorpommern **Kündigungsschutz für Parlamentarier (ParlKSch)** 87
- Niedersachsen **Kündigungsschutz für Parlamentarier (ParlKSch)** 91
- Nordrhein-Westfalen **Kündigungsschutz für Parlamentarier (ParlKSch)** 98
- Rheinland-Pfalz **Kündigungsschutz für Parlamentarier (ParlKSch)** 102
- Saarland **Kündigungsschutz für Parlamentarier (ParlKSch)** 106
- Sachsen **Kündigungsschutz für Parlamentarier (ParlKSch)** 108
- Sachsen-Anhalt **Kündigungsschutz für Parlamentarier (ParlKSch)** 112
- Schleswig-Holstein **Kündigungsschutz für Parlamentarier (ParlKSch)** 115
- Thüringen **Kündigungsschutz für Parlamentarier (ParlKSch)** 119

Kündigungsschutz, besonderer
- 13 KSchG **13 KSchG** 77
- Abfallbeauftragter **13 KSchG** 90
- ältere Arbeitnehmer **Vorbemerkungen zu 168–175** 41
- Arbeitssicherheit, Fachkraft für **13 KSchG** 75
- Auflösungsantrag Arbeitgeber **9 KSchG** 77
- Aufsichtsrat, Arbeitnehmervertreter **103 BetrVG** 24; **13 KSchG** 92
- Ausländerbeirat, Mitglieder **13 KSchG** 86
- Beauftragte **13 KSchG** 81
- Betriebsübergang **613a BGB** 85
- Betriebsvertretung, Stationierungsstreitkräfte **15 KSchG** 17
- Darlegungs- und Beweislast **13 KSchG** 152
- Datenschutzbeauftragte **13 KSchG** 81
- Eigengruppe, Erstreckung **1 KSchG** 64
- Elternzeit **18 BEEG.** 19
- Familienpflegezeit **16 FPfZG** 8
- Frauenbeauftragte **13 KSchG** 88
- Gewässerschutzbeauftragte **13 KSchG** 101
- Gleichstellungsbeauftragte **13 KSchG** 88
- Immissionsschutzbeauftragter **13 KSchG** 85; **622 BGB** 116
- Internationales Arbeitsrecht **Artikel 28** 107
- Jugend- und Auszubildendenvertretung **15 KSchG** 9
- Massenentlassungen, Zulassung von Kurzarbeit **19 KSchG** 44
- Maßregelungsverbote **622 BGB** 117
- Pflegezeit **9 PflegeZG** 3
- Schwerbehindertenvertretung **13 KSchG** 95
- Sozialauswahl **1 KSchG** 717
- Sprecherausschuss **13 KSchG** 98
- Störfallbeauftragter **13 KSchG** 85
- Strahlenschutzbeauftragter **13 KSchG** 104
- Tierschutzbeauftragter **13 KSchG** 102
- Überblick **622 BGB** 106
- vereinbarter, Sozialauswahl **1 KSchG** 720
- Wahlbewerber/-vorstand **15 KSchG** 82, 100
- Wahlinitiatoren **15 KSchG** 22
- Wahlvorstand **15 KSchG** 18
- Zivilschutzcorps **622 BGB** 110
- Zustimmungserfordernisse, Landesgesetze **622 BGB** 124

Kündigungsschutz, Bundestagsabgeordnete
- Abgeordnetengesetz, Entstehungsgeschichte **Kündigungsschutz für Parlamentarier (ParlKSch)** 19
- Abgeordnetengesetz, Geltungsbereich **Kündigungsschutz für Parlamentarier (ParlKSch)** 26
- Änderungskündigung **Kündigungsschutz für Parlamentarier (ParlKSch)** 47
- arbeitnehmerähnliche Personen **Kündigungsschutz für Parlamentarier (ParlKSch)** 32
- Behinderungsverbot **Kündigungsschutz für Parlamentarier (ParlKSch)** 39
- Behinderungsverbot, vertragliche Bindungen **Kündigungsschutz für Parlamentarier (ParlKSch)** 37
- Benachteiligungsverbot **Kündigungsschutz für Parlamentarier (ParlKSch)** 41
- betriebsbedingte Kündigung **Kündigungsschutz für Parlamentarier (ParlKSch)** 47
- Darlegungs- und Beweislast **Kündigungsschutz für Parlamentarier (ParlKSch)** 53
- Entlassung, Begriff **Kündigungsschutz für Parlamentarier (ParlKSch)** 44
- Entstehungsgeschichte **Kündigungsschutz für Parlamentarier (ParlKSch)** 16
- Ersatzkandidat **Kündigungsschutz für Parlamentarier (ParlKSch)** 31
- Geltungsbereich, sachlicher **Kündigungsschutz für Parlamentarier (ParlKSch)** 37
- Geltungsbereich, zeitlicher **Kündigungsschutz für Parlamentarier (ParlKSch)** 35
- gesetzliche Grundlagen **Kündigungsschutz für Parlamentarier (ParlKSch)** 12
- Kündigung, Begriff **Kündigungsschutz für Parlamentarier (ParlKSch)** 44
- Kündigungsgründe **Kündigungsschutz für Parlamentarier (ParlKSch)** 45
- öffentlicher Dienst **Kündigungsschutz für Parlamentarier (ParlKSch)** 13, 33
- Öffentlicher Dienst, gesetzliche Grundlagen **Kündigungsschutz für Parlamentarier (ParlKSch)** 13
- ordentliche Kündigung, Ausschluss **Kündigungsschutz für Parlamentarier (ParlKSch)** 47
- verfassungsrechtliche Grundlage **Kündigungsschutz für Parlamentarier (ParlKSch)** 6, 11
- Verstoß gegen Schutzbestimmungen **Kündigungsschutz für Parlamentarier (ParlKSch)** 51
- Wahlbewerber **Kündigungsschutz für Parlamentarier (ParlKSch)** 27
- Wahlbewerber Bundestag **Kündigungsschutz für Parlamentarier (ParlKSch)** 48

Stichwortverzeichnis

Kündigungsschutz, Seeschifffahrt/Luftverkehr
- Entwicklung, gesetzliche 24 KSchG 1
- Geltungsbereich, persönlicher 24 KSchG 11
- Zweck der Regelung 24 KSchG 8

Kündigungsschutzgesetz
- Entwicklung 1 KSchG 10
- Schutzgesetzcharakter 1 KSchG 31

Kündigungsschutzgesetz, Geltungsbereich 1 KSchG 46
- Arbeitskampf 25 KSchG 3
- ARGE 1 KSchG 142
- Bauarbeitsgemeinschaft 1 KSchG 143
- Beendigungstatbestände, erfasste 23 KSchG 28
- Begriff 1 KSchG 141
- Betrieb, inländischer 23 KSchG 23
- Betrieb, öffentlicher 1 KSchG 145
- betrieblicher ~ 1 KSchG 140
- betrieblicher, Darlegungs- und Beweislast 1 KSchG 156
- Betriebsbegriff 23 KSchG 30, 31
- Betriebsteile 1 KSchG 147
- Darlegungs- und Beweislast, persönlicher Geltungsbereich 1 KSchG 96
- Erweiterung, vereinbarte 23 KSchG 34
- gegenständlicher 1 KSchG 159; 23 KSchG 28; 24 KSchG 24
- Gemeinschaftsbetrieb 1 KSchG 144
- Gesamthafenbetrieb 1 KSchG 148; 23 KSchG 38
- Häuserverwaltung 23 KSchG 38
- Kündigung, bei Befristung 1 KSchG 163
- Kündigung, ordentliche, durch den Arbeitgeber 1 KSchG 163, 168
- Leitende Angestellte 14 KSchG 30
- Luftverkehr 24 KSchG 17
- öffentliche Betriebe 23 KSchG 37
- öffentlicher Dienst 23 KSchG 12, 35
- Organmitglieder 14 KSchG 6
- Organmitglieder, Zweck der Regelung 14 KSchG 1
- Organvertreter 14 KSchG 23
- persönlicher ~ 1 KSchG 46; 23 KSchG 26
- Privathaushalt 1 KSchG 146; 23 KSchG 38
- räumlicher ~ 1 KSchG 157
- Religionsgemeinschaft 1 KSchG 142; 23 KSchG 37
- Schifffahrts- und Luftverkehrsbetriebe 23 KSchG 15
- Seeschiffe 23 KSchG 15
- Seeschifffahrt 24 KSchG 11
- Stationierungsstreitkräfte 1 KSchG 142
- Teilzeitbeschäftigte 23 KSchG 27
- Tendenzbetriebe 1 KSchG 142
- Territorilitätsprinzip 23 KSchG 23
- Verwaltung 1 KSchG 145
- zeitlicher ~ 1 KSchG 97
- Zweigbetriebe 23 KSchG 31

Kündigungsschutzgesetz, Kleinbetriebsklausel
- Altregelung 23 KSchG 42
- Arbeitsvertragsstatut, ausländisches 23 KSchG 24
- Ausschluss, vertraglicher 23 KSchG 34
- Auszubildende, Nichtberücksichtigung 23 KSchG 13
- Beschäftigtenzahl 23 KSchG 16
- Beschäftigtenzahl, Berechnung 23 KSchG 14
- Beschäftigtenzahl, regelmäßige 23 KSchG 52
- Beschäftigtenzahl, Stichtagsregelung 23 KSchG 6
- Darlegungs- und Beweislast 23 KSchG 78
- einheitliches Arbeitsverhältnis, mehrere Arbeitgeber 23 KSchG 73
- Entwicklung, gesetzliche 23 KSchG 1
- Filialbetriebe, Zusammenrechnung 23 KSchG 63
- Geltungsbereich 23 KSchG 10
- Geltungsbereich, Rechtswahl 1 KSchG 157
- Gemeinschaftsbetrieb 23 KSchG 65
- Kampagnebetrieb 23 KSchG 62
- Klagefrist 23 KSchG 41
- Kündigung, diskriminierende 23 KSchG 87
- öffentlicher Dienst 23 KSchG 12
- Saisonbetrieb 23 KSchG 63
- Schwellenwert 23 KSchG 40
- Schwellenwert (nach 31.11.2003) 23 KSchG 45
- Schwellenwert (vor 1.1.2004) 23 KSchG 42
- Schwellenwert, Arbeitsverhältnisse, ruhende 23 KSchG 55
- Schwellenwert, Aushilfsarbeitnehmer 23 KSchG 54
- Schwellenwert, Außendienstmitarbeiter 23 KSchG 60
- Schwellenwert, Auszubildende 23 KSchG 59
- Schwellenwert, Beschäftigtengruppen 23 KSchG 56
- Schwellenwert, Familienangehörige 23 KSchG 56
- Schwellenwert, Home-Office 23 KSchG 60
- Schwellenwert, illegal Beschäftigte 23 KSchG 61
- Schwellenwert, Leiharbeitnehmer 23 KSchG 54
- Schwellenwert, Leitende Angestellte 23 KSchG 56, 58
- Schwellenwert, Montagearbeiter 23 KSchG 60
- Schwellenwert, Teilzeitbeschäftigte 23 KSchG 49
- Umgehung, durch mittelbare Arbeitsverhältnisse 23 KSchG 73
- Unionsrecht, Vereinbarkeit 23 KSchG 18
- Verfassungsmäßigkeit 23 KSchG 17, 19
- Verwaltung, Begriff 23 KSchG 36
- Zweck 23 KSchG 1

Kündigungsschutzklage 626 BGB 390
- Abwicklungsvertrag **Aufhebungsvertrag** 54
- Änderungskündigung 2 KSchG 245
- Antragstellung, Auslegung 4 KSchG 298
- Antragstellung, Umdeutung 4 KSchG 298
- Arbeitsgericht, unzuständiges 4 KSchG 245
- Arbeitsgericht, zuständiges 4 KSchG 234
- Arbeitslosengeld während Prozess **Allgemeine Grundsätze des Sozialrechts** 187
- Auflösungsurteil 9 KSchG 98
- Ausklammerung 4 KSchG 297

Stichwortverzeichnis

- Auslegung **4 KSchG** 308
- Ausschlussfrist, effektiver Rechtsschutz **4 KSchG** 76
- Ausschlussfrist, einstufige, Wahrung **4 KSchG** 62
- Ausschlussfrist, Wahrung **11 KSchG** 23
- Ausschlussfrist, zweistufige **4 KSchG** 69
- Aussetzung, Zustimmungsbescheid schwerbehinderter Mensch **173 SGBIX** 161
- Auszubildende **23 BBiG** 122
- Bestand eines Arbeitsverhältnisses **4 KSchG** 325
- Betriebsratsmitglied **103 BetrVG** 142
- Betriebsübergang **613a BGB** 116
- Bindungswirkung Beschlussverfahren **127 InsO** 1
- Darlegungs- und Beweislast **13 KSchG** 152
- Elektronisches Dokument **4 KSchG** 226
- Entgeltklage **4 KSchG** 40
- Erhebung, Betriebsrat des Stellungnahme **4 KSchG** 233
- Feststellungsinteresse **4 KSchG** 47
- Feststellungsinteresse, neuer Arbeitsplatz **4 KSchG** 49
- Feststellungsklage **4 KSchG** 36
- Feststellungsklage und - **4 KSchG** 305
- Feststellungsklage, allgemeine **626 BGB** 388
- Feststellungsklage, ausschließliche **4 KSchG** 307
- Gerichtssprache **4 KSchG** 231
- Gestaltungsklage **4 KSchG** 36
- Heimarbeiter **29a HAG** 84
- Hilfsantrag, durch **4 KSchG** 44
- hilfsweise ordentliche Kündigung **4 KSchG** 303
- Klageänderung/-erweiterung, durch - **4 KSchG** 42
- Klageantrag **13 KSchG** 151; **4 KSchG** 36, 222
- Klageantrag, übergangener **626 BGB** 417
- Klageeinreichung **4 KSchG** 206
- Klageerhebung, fristwahrende **4 KSchG** 195
- Klagefrist **102 BetrVG** 238; **626 BGB** 386
- Klagegegenstand, Bezeichnung **4 KSchG** 220
- Klagehäufung, subjektive **4 KSchG** 44
- Klageschrift, Mindestinhalt **4 KSchG** 207, 220
- Klageverzicht **4 KSchG** 377
- Kündigung, doppelt verlautbarte **4 KSchG** 339
- Kündigung, erneute **4 KSchG** 339
- Kündigung, vorsorgliche **4 KSchG** 340
- Kündigung, vorsorgliche, Hilfsantrag **4 KSchG** 46
- Kündigungen, mehrere **4 KSchG** 293
- Kündigungsrücknahme **4 KSchG** 79
- Leistungsklage durch - **4 KSchG** 40
- Nachkündigung **4 KSchG** 294
- Nachschieben von Kündigungsgründen **15 KSchG** 70
- nachträgliche Zulassung **5 KSchG** 1
- Nebenintervention **4 KSchG** 138
- Nichtbetreiben, Verwirkung **13 KSchG** 148
- Parteien **4 KSchG** 104
- Parteifähigkeit **626 BGB** 392
- Präklusion **626 BGB** 408
- Prozesskündigung **626 BGB** 206
- Rechtshängigkeit **4 KSchG** 195
- Rechtsweg (Seeschifffahrt/Luftverkehr) **24 KSchG** 40
- Rentenversicherungsleistungen während - **Allgemeine Grundsätze des Sozialrechts** 250
- Rücknahme **4 KSchG** 375
- Rücknahme, Abfindungsanspruch **4 KSchG** 376
- Rücknahme, als Anerkenntnis **4 KSchG** 90
- Rücknahme, Kündigung **4 KSchG** 79, 91
- Schleppnetztheorie **4 KSchG** 315
- Streitgegenstand, Beschränkung **4 KSchG** 297
- Streitgegenstand, erweiterter punktueller **4 KSchG** 290
- Streitgegenstand, punktueller **4 KSchG** 289
- Streitwert **4 KSchG** 345
- Streitwert, bei Auflösungsantrag **4 KSchG** 361
- Streitwert, berücksichtigungsfähige Einkünfte **4 KSchG** 345
- Streitwert, Dauer des Arbeitsverhältnisses **4 KSchG** 348
- Streitwert, gerichtliches Ermessen **4 KSchG** 348
- Streitwert, Leistungsklage, zusätzliche **4 KSchG** 356
- Streitwert, mehrere Arbeitgeber als Gesamtschuldner **4 KSchG** 362
- Streitwert, mehrere Kündigungen **4 KSchG** 349
- Streitwert, mehrere Verfahren **4 KSchG** 359
- Streitwert, Nettolohnvereinbarung **4 KSchG** 347
- Streitwert, Schleppnetzantrag **4 KSchG** 355
- Streitwert, Umschüler **4 KSchG** 347
- Streitwert, unechter Hilfsantrag **4 KSchG** 356
- Streitwert, Weiterbeschäftigungsanspruch **4 KSchG** 360
- Teilurteil **626 BGB** 417
- Teilurteil, entfallene Rechtshängigkeit **626 BGB** 417
- Teilurteil, Ergänzungsantrag **626 BGB** 417
- Telefax, Telegramm, Telekopie **4 KSchG** 226
- Tod des Arbeitnehmers **1 KSchG** 192
- unbegründete, bei Fristversäumung **7 KSchG** 16
- und Krankenversicherungsleistungen während - **Allgemeine Grundsätze des Sozialrechts** 241
- Unterschrift **4 KSchG** 225
- Unterschrift, Massenkündigung **4 KSchG** 230
- Urlaubsanspruch, Geltendmachung **4 KSchG** 78
- Verjährung Entgelt, Unterbrechung **4 KSchG** 52
- Verletztenrente während - **Allgemeine Grundsätze des Sozialrechts** 241
- Verwirkung **13 KSchG** 147
- vorsorgliche/weitere Kündigung **4 KSchG** 22
- Weiterbeschäftigungsanspruch (BetrVG) **102 BetrVG** 255
- Weiterbeschäftigungsanspruch, allgemeiner **102 BetrVG** 367
- Widerklageerhebung **4 KSchG** 43, 45, 46
- Zustimmungsersetzung, erfolgte **103 BetrVG** 142

Stichwortverzeichnis

- Zustimmungsersetzung, Präjudizialität 102 BetrVG 350
- **Kündigungsschutzklage, Klagefrist 626 BGB 386, 386**
- Abgabe, formlose 4 KSchG 246
- Änderungskündigung 2 KSchG 243; 4 KSchG 364; **626 BGB 214**
- Anfechtung Arbeitsverhältnis 4 KSchG 31
- Anrufung des Betriebsrats 4 KSchG 282
- Anrufungsfrist, verlängerte 6 KSchG 9
- Anwendungsbereich 4 KSchG 14
- Arbeitnehmer ohne Kündigungsschutz 13 KSchG 33
- Arbeitsgericht, unzuständiges 4 KSchG 245
- Arbeitsgericht, zuständiges 4 KSchG 234
- Arbeitsverhältnis, befristetes 13 KSchG 15
- Auflösungsantrag 4 KSchG 39
- Ausnahmen 4 KSchG 262
- Ausschlussfrist, materiell-rechtliche 4 KSchG 192
- außerordentliche Kündigung, erfasste 13 KSchG 5
- befristetes Arbeitsverhältnis 4 KSchG 28
- bei sittenwidriger Kündigung 13 KSchG 40
- Berechnung 4 KSchG 139, 190
- Berufsausbildungsverhältnis 4 KSchG 29
- Betriebsratsmitglied 13 KSchG 16
- Direktionsrecht, wirksame Ausübung 4 KSchG 32
- Eigenkündigung 4 KSchG 15
- Elternzeit, fehlende Zulassung, Verwirkung 18 BEEG. 79
- Elternzeit, Zulassung, fehlende Zustellung 18 BEEG. 78
- entfristete Kündigung 13 KSchG 7
- Entwicklung KSchG 4 KSchG 6
- Entwicklung, gesetzliche 13 KSchG 2; 4 KSchG 1
- Erledigungserklärung, einseitige 4 KSchG 103
- faktisches Arbeitsverhältnis 4 KSchG 30
- Geltungsbereich 5 KSchG 6
- Geltungsbereich, persönlicher 13 KSchG 12
- Hemmung, Wehrdienst 2 ArbPlSchG 43
- Insolvenzverwalter 4 KSchG 19
- Klageerhebung durch Beistand 4 KSchG 229
- Klageerhebung, ordentliche Gerichte 4 KSchG 253
- Klageerhebung, unzuständiges Gericht 4 KSchG 255
- Klageerhebung, vorsorgliche 4 KSchG 202
- Klageerhebung, zuständiges Gericht 4 KSchG 234
- Klageerweiterung als Anschlussberufung 4 KSchG 252
- Klageerweiterung im Berufungsverfahren 4 KSchG 251
- Kleinbetrieb 13 KSchG 12; 23 KSchG 41; 4 KSchG 17
- Kündigung, treuwidrige 242 BGB 51
- Kündigung, vorsorgliche 4 KSchG 340
- Kündigungseinspruch 3 KSchG 27
- Kündigungsfrist 4 KSchG 24
- Leitende Angestellte 13 KSchG 13; 4 KSchG 20
- Luftverkehr, Beginn 24 KSchG 32
- Massenentlassungen 17 KSchG 186
- Nichtberechtigter, Kündigung 4 KSchG 26
- Partei, unzutreffende 4 KSchG 211
- Parteiwechsel 4 KSchG 122, 211
- Personalratsmitglied 13 KSchG 16
- Präklusion 4 KSchG 232
- Prozesskostenhilfe, Klageentwurf, unterschriebener 4 KSchG 228
- Rechtsnatur 4 KSchG 192
- Rubrumsberichtigung 4 KSchG 211
- Schiedsgerichtsabrede 4 KSchG 256
- Schlichtungsausschuss 4 KSchG 29
- Schriftform 4 KSchG 21
- Seeschifffahrt, Beginn 24 KSchG 31, 34
- sittenwidrige Kündigung 13 KSchG 58
- Teilkündigung 2 KSchG 86; 4 KSchG 33
- Terminsbestimmung, absehen von - 4 KSchG 203
- Trotzkündigung 4 KSchG 339
- unbestimmte Kündigung 4 KSchG 23
- verlängerte Anrufungsfrist 7 KSchG 13
- verlängerte Anrufungsfrist, Hinweispflicht 4 KSchG 41
- Versäumung, Rechtsfolgen 4 KSchG 192
- Verstreichenlassen, Abfindungsanspruch 1a KSchG 63
- Vertreter ohne Vertretungsmacht 4 KSchG 26
- vorsorgliche Kündigung 4 KSchG 22
- Wartezeit 13 KSchG 12; 4 KSchG 18
- Wehrdienst, Hemmung 2 ArbPlSchG 43
- Widerruf 4 KSchG 33
- Zugang an Land 24 KSchG 31
- Zustellung, »demnächst« 4 KSchG 196, 234
- Zustellung, verspätete, Heilung 4 KSchG 200
- Zustimmung Behörde, fehlende Bekanntgabe 4 KSchG 264
- Zustimmung Behörde, nachträgliche 4 KSchG 266
- Zustimmung Behörde, vorherige 4 KSchG 270
- Zustimmung Behörde, Zustimmungsfiktion 4 KSchG 279
- Zustimmung Betriebsrat, fehlende 4 KSchG 276
- Zweck 13 KSchG 3, 10; 4 KSchG 12
- zwingende Wirkung 4 KSchG 194
- **Kündigungsschutzklage, nachträgliche Zulassung**
- Abwicklungsvertrag, Unwirksamkeit **Aufhebungsvertrag 54**
- Antrag 5 KSchG 75
- Antrag, Höchstfrist 5 KSchG 115
- Antrag, konkludenter 5 KSchG 75
- Antrag, unvollständiger, Hinweispflicht 5 KSchG 87

Stichwortverzeichnis

- Antrag, Verbindung mit Kündigungsschutzklage 5 KSchG 77
- Antragsbegründung 5 KSchG 80
- Antragsergänzungen, nachgeholte 5 KSchG 84

Kündigungsschutzklage, nachträgliche Zulassung, Verfahren 5 KSchG 127
- Antrag zu Protokoll 5 KSchG 132
- Antrag, in der Berufungsinstanz 5 KSchG 149
- Antrag, in der Revisionsinstanz 5 KSchG 149
- Antragstellung, mündliche Verhandlung 5 KSchG 133
- Aussetzung Kündigungsschutzprozess 5 KSchG 150
- Berufung 5 KSchG 138
- Berufung, Entscheidung des LAG 5 KSchG 138
- Glaubhaftmachung 5 KSchG 134
- Kosten 5 KSchG 152
- Nichtzulassungsbeschwerde 5 KSchG 142
- Rechtsmittel, bei Beschluss 5 KSchG 143
- Revision 5 KSchG 142
- Säumnis 5 KSchG 137
- Streitwert 5 KSchG 154
- Verbundverfahren 5 KSchG 127, 128
- Versäumniszwischenurteil 5 KSchG 137
- Vorabverfahren 5 KSchG 127, 129
- Zwischenurteil 5 KSchG 130
- Zwischenurteil, Aussetzung Kündigungsschutzklage 5 KSchG 150
- Zwischenurteil, Bindungswirkung 5 KSchG 146
- Zwischenurteil, Rechtskraftfolgen 5 KSchG 144
- Zwischenurteil, Rechtsmittel 5 KSchG 131

Kündigungsschutzklage, Rechtskraft
- Klageabweisung 626 BGB 407
- Klagestattgabe 626 BGB 409
- Klagestattgabe, teilweise 626 BGB 410
- Präklusion, Trotzkündigung 626 BGB 419
- Präklusion, Wiederholungskündigung 626 BGB 419
- Umdeutung Kündigung, spätere 626 BGB 412

Kündigungsschutzklage, verlängerte Anrufungsfrist
- Abfindungsklage 6 KSchG 22
- Änderungskündigung 6 KSchG 26
- Befristungskontrollklage 6 KSchG 8
- Berufungsinstanz 6 KSchG 12
- einstweilige Verfügung 6 KSchG 24
- entsprechende Anwendung 6 KSchG 17
- Entwicklung, gesetzliche 6 KSchG 1
- Feststellungsklage des Arbeitgebers 6 KSchG 25
- Hinweispflicht des Gerichts 6 KSchG 28
- Hinweispflicht, Verletzung 6 KSchG 31
- Hinweispflicht, Verletzung, Zurückverweisung 6 KSchG 32
- Klageantrag, Änderung 6 KSchG 15
- Klageantrag, geänderter 6 KSchG 27
- Klagearten, bei anderen 6 KSchG 17
- Klageerhebung, fristwahrende 6 KSchG 9
- Kündigung, außerordentliche 6 KSchG 11
- Kündigung, weitere 6 KSchG 19, 21
- Kündigungsfrist, zutreffende 6 KSchG 10
- Kündigungsschutzklage, nachträgliche Zulassung 6 KSchG 34
- Leistungsklage, Anwendbarkeit 6 KSchG 20
- Massenentlassung 6 KSchG 15
- nachträgliche Zulassung Kündigungsschutzklage 6 KSchG 34
- Neuregelung 6 KSchG 7
- Präklusion 6 KSchG 12
- Schluss der mündlichen Verhandlung 6 KSchG 14
- Umfang der Hinweispflicht 6 KSchG 29
- Unwirksamkeitsgründe, Erweiterung der Klage 6 KSchG 6
- Unwirksamkeitsgründe, weitere 6 KSchG 9
- Urlaubsabgeltung 6 KSchG 22
- Voraussetzungen 6 KSchG 9
- Zurückverweisung an Arbeitsgericht 6 KSchG 33
- Zweck 6 KSchG 6

Kündigungsschutzprozess
- anhängiger 113 InsO 9
- Aufnahme unterbrochener 113 InsO 13
- Folgen der Insolvenzeröffnung 113 InsO 8
- Heilung von Mängeln 113 InsO 11
- Präklusionswirkung 4 KSchG 325
- Prozessgegner nach Eröffnung des Insolvenzverfahrens 113 InsO 14
- prozessuale Folgen der Unterbrechung 113 InsO 11
- Rechtskraft bei Feststellungsantrag 4 KSchG 328
- Rechtskraft, Ausklammerung 4 KSchG 327
- Rechtskraft, Bestand des Arbeitsverhältnisses 4 KSchG 330
- Rechtskraft, Klageabweisung 4 KSchG 318
- Rechtskraft, Klagestattgabe 4 KSchG 325
- Rechtskraft, Präklusionswirkung 4 KSchG 322, 330
- Rechtskraftwirkung 4 KSchG 288
- Schleppnetztheorie 4 KSchG 317
- stattgebendes Urteil, Wahlrecht zwischen Arbeitsverhältnissen 16 KSchG 2
- Streitgegenstand, mehrere Kündigungen 4 KSchG 293
- Streitgegenstand, punktueller 4 KSchG 289; 626 BGB 393

Kündigungsschutzprozess, Parteien
- Arbeitgeber 4 KSchG 116
- Arbeitnehmer 4 KSchG 104
- Arbeitsverhältnis, faktisches 4 KSchG 116, 118
- Arbeitsverhältnis, mittelbares 4 KSchG 119
- Betriebsübergang 4 KSchG 130
- Betriebsübergang, nach einem 613a BGB 117
- Erben, des Arbeitnehmers 4 KSchG 112
- Erbengemeinschaft 4 KSchG 125
- Gesellschaft bürgerlichen Rechts 4 KSchG 124

Stichwortverzeichnis

- Gesellschaft mit beschränkter Haftung 4 KSchG 116
- höchstpersönliches Arbeitnehmerrecht 4 KSchG 104
- Insolvenzverwalter 4 KSchG 137
- Insolvenzverwalter, Auslegung Klageschrift 4 KSchG 213
- juristische Personen 4 KSchG 126
- Klageschrift, Auslegung 4 KSchG 212
- Klageschrift, Bezeichnung 4 KSchG 209
- Kommanditgesellschaft 4 KSchG 121
- Krankenversicherungsträger 4 KSchG 106
- Leiharbeitsverhältnis 4 KSchG 120
- Limited Company 4 KSchG 127
- Nebenintervention 4 KSchG 138
- Offene Handelsgesellschaft 4 KSchG 121
- Parteiwechsel 4 KSchG 122
- Pfändungsgläubiger 4 KSchG 105
- Stationierungsstreitkräfte 4 KSchG 218
- Testamentsvollstrecker 4 KSchG 125
- Verein, nicht rechtsfähiger 4 KSchG 128
- Vertretung, verdeckte 4 KSchG 129
- Zessionar 4 KSchG 105

Kündigungsschutzprozess, Urteil
- Wahlrecht zwischen Arbeitsverhältnissen 12 KSchG 5
- Weiterbeschäftigungsanspruch 102 BetrVG 358

Kündigungsverbot
- Aufsichtsratsmitglieder 13 KSchG 92
- Benachteiligungsverbot, betriebsverfassungsrechtliches 13 KSchG 80
- Bergmannsversorgungsschein, Kündigungsschutz 13 KSchG 77
- Betriebsübergang 613a BGB 87
- Betriebsverfassungsorgan, Mitglied 15 KSchG 80
- Elternzeit 18 BEEG. 17
- Mutterschutz 17 MuSchG 29
- Personalvertretungsorgan, Mitglied 15 KSchG 80
- Spaltung 324 UmwG 41
- Verschmelzung 324 UmwG 34
- Wahlbehinderung (BetrVG) 13 KSchG 79
- Wahlbehinderung (MitbestG) 13 KSchG 91

Kündigungszeitpunkt, Entstehen von Kündigungsschutz 1 KSchG 109

Kündigungsmöglichkeit
- nur für den Arbeitgeber 15 TzBfG 39

Kunstfreiheit, Betätigung, Kündigungsgrund 626 BGB 123

Kurzarbeit, Mitbestimmung des Betriebsrats 1 KSchG 569

Kurzarbeitergeld Allgemeine Grundsätze des Sozialrechts 160
- Arbeitsausfall, Kausalität **Allgemeine Grundsätze des Sozialrechts** 164
- Arbeitsausfall, vorübergehender **Allgemeine Grundsätze des Sozialrechts** 165
- bei gekündigtem Arbeitsverhältnis **Allgemeine Grundsätze des Sozialrechts** 160
- Corona- **Allgemeine Grundsätze des Sozialrechts** 180
- Kurzarbeit »Null« **Allgemeine Grundsätze des Sozialrechts** 165
- Massenentlassungen, Zulassung von Kurzarbeit 19 KSchG 34
- Saison- **Allgemeine Grundsätze des Sozialrechts** 168
- Sonderformen **Allgemeine Grundsätze des Sozialrechts** 168
- strukturbedingtes - **Allgemeine Grundsätze des Sozialrechts** 170
- Transfer- **Allgemeine Grundsätze des Sozialrechts** 172

längere Kündigungsfrist
- Maßregelungsverbot 612a BGB 16
- Sozialplanregelung 1 KSchG 622
- Wartezeitkündigung 1 KSchG 135
- widersprüchliches Verhalten 1 KSchG 136

Lebensalter, Kündigungsgrund 1 KSchG 305

Lebenspartnerschaft, eingetragene
- Benachteiligung 1 AGG 38

Lebenszeitdienstverhältnis
- Anstellung auf Lebenszeit 624 BGB 9
- außerordentliche Kündigung 624 BGB 10, 25
- Außerordentliche Kündigung, Auslauffrist 624 BGB 26
- Begriff 624 BGB 13
- Bindung, Begrenzung 624 BGB 25
- Bindung, übermäßige 624 BGB 2
- Dauerstellung, Abgrenzungen 624 BGB 13
- Dienstverhältnisse 624 BGB 4
- Frist 624 BGB 27, 29
- Geltungsbereich 624 BGB 4
- Handelsvertreter, arbeitnehmerähnliche Person 624 BGB 4
- Kündigung, negatives Interesse 624 BGB 21
- Kündigung, Schadensersatz 624 BGB 19
- Kündigung, Verwirkung, Verzicht 624 BGB 28
- Kündigung, vorzeitige 15 TzBfG 47; 624 BGB 27, 29
- Kündigungsausschluss, Abgrenzung 624 BGB 17
- Lebenszeit des Dienstverpflichteten 624 BGB 10
- Lebenszeit eines Dritten 624 BGB 9
- Mindestdauer 624 BGB 23
- Mindestdauer, mehrere Verträge 624 BGB 23
- Mindestdauer, Verlängerungen 624 BGB 23
- Unkündbarkeit, Abgrenzung 624 BGB 22
- Voraussetzungen 624 BGB 9
- Wirksamkeit, Arbeitsvertrag 624 BGB 3
- Zusage, ausdrückliche 242 BGB 34; 624 BGB 11
- Zusage, Ruhegehaltsverpflichtung als 624 BGB 12

- Zweck 624 BGB 1
- Zwingendes Recht 624 BGB 7

Leiharbeitsverhältnis
- Arbeitsvertrag mit Entleiher 1 KSchG 70
- Begriff 1 KSchG 68
- Betriebsratsanhörung 102 BetrVG 13
- Betriebsratsanhörung, Geltungsbereich 102 BetrVG 13
- Betriebsübergang 613a BGB 10
- Erlaubnis fehlende 1 KSchG 70
- Fragerecht Arbeitgeber 14 TzBfG 593
- Klagefrist 4 KSchG 44
- Kündigungsbefugnis 626 BGB 448
- Kündigungsberechtigung 1 KSchG 69
- Kündigungsschutz 1 KSchG 68
- Modifizierung Begriff »Vertragsarbeitsgeber« 14 TzBfG 596
- Verbot der Doppelzählung 9 PflegeZG 74
- Wartezeit 1 KSchG 113
- Zusammenwirken, institutionelles 14 TzBfG 595

Leistungsbereich, außerordentliche Kündigung 626 BGB 178

Leistungsklage
- Klagefrist bei Kündigung 4 KSchG 40
- verlängerte Anrufungsfrist 6 KSchG 20

Leistungsverweigerungsrecht
- Allgemeines Gleichbehandlungsgesetz 14 AGG 1
- Ankündigung, vorherige 14 AGG 6
- Arbeitskampfmaßnahme 25 KSchG 17
- Belästigung oder sexuelle Belästigung 14 AGG 2
- Erforderlichkeit 14 AGG 5
- Ermessensspielraum 14 AGG 4
- Feiertag, ausländischer 626 BGB 149
- Pflegezeit 9 PflegeZG 26
- Rechtsfolgen 14 AGG 7
- Schutz der Beschäftigten 14 AGG 5
- Unterlassen von Maßnahmen 14 AGG 3
- Wehrdienst, ausländische Arbeitnehmer 2 ArbPlSchG 6
- Zweck 14 AGG 1

Leitende Angestellte
- Abgrenzung 105 BetrVG 8; 14 KSchG 30
- Abkehrwille, Kündigungsgrund 626 BGB 421
- Abwerbemaßnahme, Kündigungsgrund 626 BGB 422
- ähnliche 14 KSchG 35
- Auflösungsantrag Arbeitgeber 9 KSchG 78
- befristetes Arbeitsverhältnis 14 KSchG 76
- Befristung 14 TzBfG 81
- Begriff 14 KSchG 30
- Begriff (BetrVG) 105 BetrVG 3
- Betriebsleiter 14 KSchG 34
- Betriebsrat, Mitteilungspflicht, Anlass 105 BetrVG 12
- Betriebsrat, Mitteilungspflicht, Form 105 BetrVG 22
- Betriebsrat, Mitteilungspflicht, Inhalt 105 BetrVG 19

- Betriebsrat, Mitteilungspflicht, Zeitpunkt 105 BetrVG 23
- Betriebsrat, Mitteilungspflichten 105 BetrVG 3
- Betriebsrat, Stellungnahme 105 BetrVG 27
- Betriebsratsbeteiligung 105 BetrVG 1
- betriebsratsloser Betrieb 105 BetrVG 9
- Darlegungs- und Beweislast 105 BetrVG 30
- Einstellungs- und Entlassungsbefugnis 14 KSchG 34, 35
- Einstellungs- und Entlassungsrichtlinien 14 KSchG 38
- Entlassungsverlangen Betriebsrat 104 BetrVG 5
- Geschäftsführer 14 KSchG 34
- Interessenausgleich mit Namensliste 1 KSchG 782
- Irrtum über Status 105 BetrVG 29
- Kündigung, Klagefrist 13 KSchG 13
- Kündigungsschutz, allgemeiner 14 KSchG 2
- Kündigungsschutz, Beschränkung 14 KSchG 2
- Kündigungsschutzklage, Klagefrist 4 KSchG 20
- Massenentlassung, Betriebsratsbeteiligung 17 KSchG 100
- Merkmale 14 KSchG 33
- Mitteilungspflichten, außerordentliche Kündigung 626 BGB 451
- Probezeitvereinbarung, Status 105 BetrVG 4
- Prokuraentzug, Betriebsratsbeteiligung 105 BetrVG 17
- Regelungstechnik, gesetzliche 14 KSchG 31
- Schifffahrt 14 KSchG 40; 24 KSchG 41
- Schlechtleistung, außerordentliche Kündigung 626 BGB 459
- schuldrechtliche Kündigungsbeschränkungen 14 KSchG 60
- Sozialauswahl 1 KSchG 716
- Sprecherausschuss, Kündigungsschutz 103 BetrVG 24
- Unterrichtung des Betriebsrats 105 BetrVG 12
- Vereinbarung über Status 105 BetrVG 8
- Verletzung Mitteilungspflicht 105 BetrVG 34
- Versetzungsverlangen Betriebsrat 104 BetrVG 5
- Vollmachtsüberschreitung, außerordentliche Kündigung 626 BGB 477
- vorsorgliche Betriebsratsanhörung 105 BetrVG 33

Leitende Angestellte, Kündigungsschutz
- Abfindung bei Auflösungsantrag 14 KSchG 57
- Abfindungsanspruch, betriebsbedingte Kündigung 14 KSchG 58
- anzeigepflichtige Entlassung 14 KSchG 62
- anzeigepflichtige Entlassung, Beschäftigtenbegriff 14 KSchG 62
- Auflösungsantrag bei Änderungskündigung 14 KSchG 55
- Auflösungsantrag des ~ 14 KSchG 54
- Auflösungsantrag, beiderseitiger 14 KSchG 56
- Aufsichtsrat, Benachteiligungsverbot 14 KSchG 70

Stichwortverzeichnis

- Betriebsratsanhörung 14 KSchG 63
- Darlegungs- und Beweislast 14 KSchG 65
- Elternzeit 14 KSchG 74
- Familienpflegezeit 14 KSchG 74
- Kündigungsfrist 14 KSchG 75
- Kündigungsschutzgesetz, Geltung 14 KSchG 59
- Mutterschutz 14 KSchG 73
- Pflegezeit 14 KSchG 74
- Schwerbehinderte Menschen 14 KSchG 72
- Sprecherausschuss, Anhörung 14 KSchG 69
- Sprecherausschuss, Kündigungsschutz 14 KSchG 68
- tarifvertragliche Kündigungsregelungen 14 KSchG 67
- vorsorgliche Betriebsratsanhörung 14 KSchG 66
- Weiterbeschäftigungsanspruch (BetrVG) 14 KSchG 63

Leitungsmacht, Betriebsübergang 613a BGB 32
Lemgoer Modell, Betriebsübergang 613a BGB 113
Liquidation, des Arbeitgebers, Rechtsfolgen 1 KSchG 194
Lossagungsrecht, faktisches Arbeitsverhältnis 626 BGB 50
Low Performer
- Abmahnungserfordernis 1 KSchG 412
- Darlegungs- und Beweislast 1 KSchG 417
- Interessenabwägung 1 KSchG 416
- Kündigung 1 KSchG 412
- Maßstab 1 KSchG 414
- Ultima-Ratio-Prinzip 1 KSchG 415

Manko, Kündigungsgrund 626 BGB 449
Massenänderungskündigung
- Arbeitskampfmaßnahme 25 KSchG 19
- Betriebsverfassungsorgan 15 KSchG 38

Massenentlassung
- Anwendungsbereich 17 KSchG 27
- behördliches Zustimmungserfordernis 17 KSchG 48
- Belegschaftsstärke 17 KSchG 52
- Betriebsratsstellungnahme bei Interessenausgleich 125 InsO 41
- Entlassungen, sukzessive 17 KSchG 50
- Kündigungserklärung 17 KSchG 47
- Voraussetzung 17 KSchG 27
- Zugang 17 KSchG 47

Massenentlassungen
- ältere Arbeitnehmer 17 KSchG 54
- Altersteilzeit 17 KSchG 79
- Altersteilzeit, Freistellungsphase 17 KSchG 54
- Änderungskündigung 17 KSchG 68
- Anzeigepflicht 17 KSchG 136
- Anzeigepflicht des Arbeitgebers 17 KSchG 25
- Arbeitnehmer, Eingliederungsmaßnahmen 17 KSchG 55
- Arbeitnehmer, maßgebende 17 KSchG 53
- Arbeitnehmer, Transfergesellschaft 17 KSchG 54

- Arbeitnehmer, Wartezeit 17 KSchG 54
- arbeitnehmerähnliche Personen 17 KSchG 54
- Arbeitnehmerbegriff, unionsrechtlicher 17 KSchG 54
- Arbeitnehmerkündigung 17 KSchG 73, 83
- Aufhebungsvertrag 17 KSchG 75
- auflösende Bedingung 17 KSchG 81
- Ausnahmebetriebe 22 KSchG 6
- Ausnahmebetriebe, gesetzliche Entwicklung 22 KSchG 1
- Ausnahmebetriebe, Rückausnahme 22 KSchG 3
- Ausnahmebetriebe, Zweck 22 KSchG 6
- außerordentliche Kündigung 17 KSchG 63, 66
- außerordentliche Kündigung mit Auslauffrist 17 KSchG 65
- Baugewerbe 22 KSchG 3
- Baustelle 17 KSchG 45
- Befristung 17 KSchG 81
- Begriff 17 KSchG 59
- Behörde, zuständige 18 KSchG 12
- bei Beschäftigungsgesellschaft 17 KSchG 67
- Beschäftigtenbegriff, leitende Angestellte 14 KSchG 62
- Beschäftigtenzahl 17 KSchG 46
- Betriebsänderung, durch – 17 KSchG 94
- Betriebsbegriff 17 KSchG 29
- Betriebsratsbeteiligung 17 KSchG 17 KSchG 22, 96, 128
- Betriebsteil 17 KSchG 30
- Darlegungs- und Beweislast 17 KSchG 187
- Eigenart des Betriebs (Kampagne-/Saisonbetrieb) 22 KSchG 14
- Eigenkündigung 17 KSchG 73
- Eingliederungsvertrag 17 KSchG 54
- entfristete Kündigung 17 KSchG 64
- Entlassungen 17 KSchG 63
- Entlassungen, sukzessive 17 KSchG 90
- Entlassungssperre 18 KSchG 7
- Entwicklung, gesetzliche 17 KSchG 1
- EU-Richtlinien 17 KSchG 4
- faktisches Arbeitsverhältnis 17 KSchG 82
- Freifrist 18 KSchG 40
- Freifrist, nach Ablauf 18 KSchG 40
- Fremdgeschäftsführer, Arbeitnehmerbegriff 17 KSchG 56
- fristlose Entlassungen 17 KSchG 63
- Gemeinschaftsbetrieb 17 KSchG 29
- Heilung, unwirksame Kündigung 17 KSchG 183
- Insolvenzverwalter 17 KSchG 67
- Kampagnebetrieb 17 KSchG 41; 22 KSchG 11
- Kleinbetrieb 17 KSchG 40
- Konsultation Betriebsrat 17 KSchG 119
- Kündigung durch Arbeitnehmer 17 KSchG 73
- Kündigung, unwirksame 17 KSchG 180
- Kündigungsgrund, Bedeutung 17 KSchG 84
- Kündigungsschutzklage, Klagefrist 17 KSchG 186

- Leiharbeitnehmer 17 KSchG 46
- Leitende Angestellte 14 KSchG 62; 17 KSchG 54
- Luftfahrzeuge 17 KSchG 43
- Mutterschutz, Kündigungsverbot 17 MuSchG 107
- Negativattest 18 KSchG 32
- Neueinstellungen, gleichzeitige 17 KSchG 88
- öffentlichen Dienst, Betrieb 17 KSchG 42
- Personalstruktur, ausgewogene, Erhaltung 1 KSchG 690
- Pflichten vor Kündigungserklärung 17 KSchG 21
- Rentenbezug 17 KSchG 79
- Richtlinien der EU 17 KSchG 4
- Saisonbetriebe 17 KSchG 41; 22 KSchG 9
- Schifffahrt 17 KSchG 43
- Seeschiffe 17 KSchG 43
- Sozialauswahl, geordneter Betriebsablauf 1 KSchG 706
- Stationierungsstreitkräfte Art.56 NATO-ZusAbk 37
- Stellungnahme Betriebsrat, Interessenausgleich mit Namensliste 1 KSchG 800
- Streitkräfte, zivile Beschäftigte 17 KSchG 42
- stufenweise Entlassungen 18 KSchG 38
- Unabdingbarkeit 17 KSchG 20
- Verfahren 17 KSchG 21
- Vorruhestandsvereinbarung 17 KSchG 79
- Zeitraum der Entlassungen 17 KSchG 90

Massenentlassungen, Betriebsratsbeteiligung 17 KSchG 96
- Abschrift 17 KSchG 111, 170
- Anhörung vor Kündigung 17 KSchG 128
- Beratungspflicht 17 KSchG 119
- Betriebsänderung als Grund 17 KSchG 131
- betriebsratslose Betriebe 17 KSchG 99
- Darlegungs- und Beweislast 17 KSchG 187
- Europäischer Betriebsrat 17 KSchG 134
- fehlerhafte Sanktionen 17 KSchG 126
- Inhalt Unterrichtung 17 KSchG 112
- Konsultationsverfahren 17 KSchG 119
- Konsultationsverfahren, Abschluss 17 KSchG 124
- Leitende Angestellte 17 KSchG 99
- Mitbestimmungstatbestände, mehrere 17 KSchG 132
- Mitbestimmungstatbestände, weitere 17 KSchG 128
- Personalplanung 17 KSchG 128
- Stellungnahme 17 KSchG 161
- und Massenentlassungsanzeige 17 KSchG 123
- unterlassene 17 KSchG 180
- unterlassene, Heilung 17 KSchG 183
- Unterrichtung, Form 17 KSchG 111
- Unterrichtung, Schriftform 17 KSchG 108
- Unterrichtung, Zeitpunkt 17 KSchG 109
- Unterrichtungspflicht 17 KSchG 107
- Verfahren, mehrere Mitbestimmungstatbestände 17 KSchG 132

- Wirtschaftsausschuss 17 KSchG 130

Massenentlassungen, Sperrfrist
- Antrag auf Verkürzung 18 KSchG 15
- Anzeige, wirksame 18 KSchG 10
- Arbeitsagentur, zuständige 18 KSchG 2
- Baugewerbe, Verkürzung 18 KSchG 21
- Beginn 18 KSchG 10
- Berechnung 18 KSchG 13
- Dauer 18 KSchG 14
- Entlassung nach Ablauf 18 KSchG 40
- Entscheidung über Verkürzung/Verlängerung 18 KSchG 29
- Entwicklung, gesetzliche 18 KSchG 1
- Freifrist, Kündigung in der 18 KSchG 40
- Kündigung in der ~ 18 KSchG 34
- Kündigung in der ~, Arbeitnehmerstellung 18 KSchG 37
- Kündigung in der ~, Wirksamkeitshemmung 18 KSchG 34
- Kurzarbeit, in der 19 KSchG 4
- Negativattest 18 KSchG 32
- Rechtsweg, Verkürzungsantrag 18 KSchG 30
- Schutzweck 18 KSchG 7
- Sperrfrist 18 KSchG 10
- sukzessive Entlassungen 18 KSchG 38
- Verkürzung 18 KSchG 15
- Verkürzung, Entscheidungsbekanntgabe 18 KSchG 18
- Verkürzung, rückwirkende 18 KSchG 19
- Verkürzung, rückwirkende, Baugewerbe 18 KSchG 21
- Verkürzung, sukzessive Entlassungen 18 KSchG 22
- Verkürzung, unter Bedingung 18 KSchG 29
- Verlängerung 18 KSchG 24
- Verlängerung, unter Bedingung 18 KSchG 30
- Verwaltungsakt 18 KSchG 15
- Zweck 18 KSchG 8

Massenentlassungen, Zulassung von Kurzarbeit
- Ankündigung 19 KSchG 38
- Antrag 19 KSchG 11
- Beendigung 19 KSchG 19
- Befugnis Arbeitsgeber 19 KSchG 20
- Beginn 19 KSchG 36
- Behörde, zuständige 19 KSchG 12
- Bekanntgabe 19 KSchG 15
- Beschäftigung, unmögliche 19 KSchG 7
- betriebliche Regelungen, Verhältnis 19 KSchG 29
- Betriebsratsbeteiligung 19 KSchG 30
- Dauer 19 KSchG 18
- Durchführung 19 KSchG 36
- Durchführung, gerichtliche Überprüfung 19 KSchG 39
- Entgeltzahlung 19 KSchG 40
- Entgeltzahlung, gekürzte 19 KSchG 45
- Entlassungen, anzeigepflichtige 19 KSchG 6
- Entscheidung 19 KSchG 12

Stichwortverzeichnis

- Entstehungsgeschichte 19 KSchG 1
- Entwicklung, gesetzliche 19 KSchG 1
- Kündigungsschutz, besonderer 19 KSchG 44
- Kurzarbeit, Rechtsstellung Arbeitnehmer 19 KSchG 21
- Kurzarbeitergeld 19 KSchG 34
- Mitbestimmung des Betriebsrats 19 KSchG 30
- Rechtsstellung Arbeitnehmer 19 KSchG 15
- Sperrzeit, verkürzte 19 KSchG 10
- tarifliche Regelungen, Verhältnis 19 KSchG 22
- Umfang 19 KSchG 17
- Verwaltungsakt, erforderlicher 19 KSchG 15
- Voraussetzungen 19 KSchG 6
- Wahlrecht Arbeitgeber 19 KSchG 36
- Zeitpunkt, maßgebender 19 KSchG 9
- Zweck 19 KSchG 3

Massenentlassungsanzeige 17 KSchG 136
- Adressat 17 KSchG 141; 18 KSchG 12
- Anzeigepflicht, Arbeitnehmerzahl 17 KSchG 89
- Anzeigepflichtiger 17 KSchG 136
- Arbeitgeberpflicht 17 KSchG 25
- Arbeitnehmeranzahl 17 KSchG 89
- Arbeitsagentur 17 KSchG 141
- Befristung, ablaufende 15 TzBfG 2
- bei Weiterbeschäftigungsanspruch (BetrVG) 17 KSchG 80
- Beschäftigtenzahl 17 KSchG 89
- Betriebsbegriff 17 KSchG 29
- Betriebsbegriff, unionsrechtlicher 17 KSchG 31
- Betriebsrat, Stellungnahme 17 KSchG 161
- Betriebsrat, Stellungnahme, fehlende 17 KSchG 164
- Betriebsrat, Stellungnahme, Inhalt 17 KSchG 166
- Betriebsrat, Stellungnahme, nachgereichte 17 KSchG 165
- Betriebsrat, Stellungnahme, verspätete 17 KSchG 167
- Betriebsratsstellungnahme 17 KSchG 26, 140
- Betriebstilllegung 17 KSchG 142
- Entlassungszeitraum 17 KSchG 90
- erstattete, Zeitpunkt 17 KSchG 175
- fehlerhafte 17 KSchG 153
- Form 17 KSchG 139
- Heilung bei fehlerhafter – 17 KSchG 153
- Heilung, unwirksame Kündigung 17 KSchG 183
- Inhalt 17 KSchG 150
- Kündigung, unwirksame 17 KSchG 180
- Kündigungserklärung, Zeitpunkt 17 KSchG 175
- Mindestinhalt 17 KSchG 152
- Nachkündigung 17 KSchG 142
- Rechtsfolge 17 KSchG 144
- Rechtsfolgen, fehlerhafte – 17 KSchG 180
- Rechtsfolgen, wirksame – 17 KSchG 175
- Rücknahme 17 KSchG 149
- Sammelanzeige 17 KSchG 143
- Sollangaben 17 KSchG 154
- Sollangaben, Bindungswirkung 17 KSchG 156

- sukzessive Entlassungen, Zeitpunkt 17 KSchG 147
- Unabdingbarkeit 17 KSchG 20
- unterbliebene, Heilung unwirksamer Kündigung 18 KSchG 42
- unterlassene, Rechtsfolgen 18 KSchG 41
- Unwirksamkeit 17 KSchG 144
- vorsorgliche 17 KSchG 148
- Wirksame, gerichtliche Überprüfung 17 KSchG 176
- Zeitpunkt 17 KSchG 145
- Zeitpunkt, sukzessive Entlassungen 17 KSchG 147

Massenentlassungsanzeige, Entscheidung
- Ausschuss 20 KSchG 9
- Entscheidungsträger 20 KSchG 8
- Entwicklung, gesetzliche 20 KSchG 1
- Geschäftsführung AfA 20 KSchG 9
- Zweck 20 KSchG 1

Massenentlassungsanzeige, Entscheidung des Ausschusses
- Abberufung Mitglied 20 KSchG 29
- Amtszeit der Mitglieder 20 KSchG 23
- Anhörung 20 KSchG 41
- Anhörung des Betriebsrats 20 KSchG 42
- Auskunftseinholung 20 KSchG 45
- Ausschluss Mitglied 20 KSchG 27
- Ausschusssitzung, Verfahren 20 KSchG 47
- Beisitzer, Ablehnung 20 KSchG 24
- Beschlussfähigkeit 20 KSchG 51
- Beschlussfassung 20 KSchG 53
- Betriebe Bundesministerium für Post und Telekommunikation 21 KSchG 2
- Bindungswirkung Gerichte für Arbeitssachen 20 KSchG 72
- Entscheidungsinhalt 20 KSchG 54
- Geheimnisschutz, Strafbewehrung 20 KSchG 33
- Kriterien, gesetzliche 20 KSchG 58
- Mitgliedschaftsvoraussetzungen 20 KSchG 15
- Negativattest 20 KSchG 57, 65
- Organstellung 20 KSchG 12
- Rechtsbehelfe und -mittel 20 KSchG 69
- Überprüfung, gerichtliche 20 KSchG 69
- Verfahren 20 KSchG 41
- Verwaltungsakt 20 KSchG 64
- Vorschlagsrecht Mitglieder 20 KSchG 15
- Zuständigkeit 20 KSchG 38
- Zuständigkeit besonderer Ausschuss 21 KSchG 2

Massenentlassungsschutz
- individuelles Recht 17 KSchG 19
- kollektive Ausgestaltung 17 KSchG 19
- Zweck 17 KSchG 17, 18

Massenkündigung
- Änderungskündigung 2 KSchG 57
- Änderungskündigung zur Lohnkostensenkung 2 KSchG 180
- Änderungskündigung, Anzeigepflicht 2 KSchG 288

- Änderungskündigung, Betriebsrat, Kündigungsschutz 15 KSchG 38
- Änderungskündigung. Mitbestimmung Betriebsrat (2 KSchG 240
- Elternzeit, Kündigungsschutz 18 BEEG. 26

Masseverbindlichkeiten 113 InsO 13

Maßregelungsverbot
- Abfindungsplan 612a BGB 10
- Abgrenzung 242 BGB 3
- Adressat 612a BGB 5
- Änderungsangebot 612a BGB 22
- Anlässe, Rechtsausübung 612a BGB 12
- Anscheinsbeweis 612a BGB 26
- Anwendungsbereich, sachlicher 612a BGB 9
- Arbeitnehmerähnliche Person **Arbeitnehmerähnliche Personen (ArbNähnl. Pers.)** 50
- Arbeitsvertragsbegründung 612a BGB 25
- Aushang im Betrieb 612a BGB 1
- außerordentliche Kündigung 626 BGB 450
- außerordentliche Kündigung des Arbeitnehmers 626 BGB 488
- Befristung 5 TzBfG 1
- Befristung, Nichtverlängerung 612a BGB 23
- Benachteiligung 612a BGB 9
- Beschwerde 612a BGB 1, 2, 13
- Beweggrund 612a BGB 16
- Bewerber 612a BGB 6
- Darlegungs- und Beweislast 612a BGB 26
- Darlegungs- und Beweislast, Erleichterungen 612a BGB 27
- Entstehungsgeschichte 612a BGB 1
- EU-rechtliche Grundlagen 612a BGB 1
- Geltungsbereich, persönlicher 612a BGB 6
- gesetzliche Grundlagen 612a BGB 2
- Grundsätze 612a BGB 12
- Kausalität 612a BGB 16
- Kündigung 612a BGB 21
- Kündigung, Abgrenzung sittenwidrige Kündigung 13 KSchG 47
- Kündigung, vorsorgliche 612a BGB 17
- Kündigungsschutzklage, Verzicht 612a BGB 10
- Normzweck 612a BGB 4
- Recht, tatsächliches 612a BGB 16
- Rechtfertigung, Nachschieben 612a BGB 20
- Rechtsfolgen 612a BGB 24
- Unabdingbarkeit 612a BGB 2
- Vereinbarungen 612a BGB 11
- Vertragsänderung 612a BGB 18
- Whistleblowing 612a BGB 3, 15
- Zeitpunkt 612a BGB 19
- Zweck 612a BGB 2

Medienbereich
- Arbeitnehmerähnliche Personen **Arbeitnehmerähnliche Personen (ArbNähnl. Pers.)** 26
- Arbeitnehmerbegriff **Arbeitnehmerähnliche Personen (ArbNähnl. Pers.)** 26

Mehrfachdiskriminierung 4 AGG 1

- Anweisung zur Benachteiligung 4 AGG 2
- Belästigung 4 AGG 2
- mittelbare Benachteiligung 4 AGG 2
- Positive Maßnahmen 4 AGG 3
- Rechtfertigung 4 AGG 3
- Rechtsfolgen 4 AGG 3
- sexuelle Belästigung 4 AGG 2
- unmittelbare Benachteiligung 4 AGG 2

Meinungsfreiheit
- außerordentliche Kündigung 626 BGB 455
- Kündigung 626 BGB 123
- öffentlicher Dienst 626 BGB 126

Minderjährige
- Aufhebungsvertrag **Aufhebungsvertrag** 13
- Aufhebungsvertrag, Berufsausbildungsverhältnis **Aufhebungsvertrag** 13
- Ausschlussfrist, Kenntnis 626 BGB 362
- Berufsausbildungsverhältnis, Kündigung 23 BBiG 104
- Kündigung, Zustimmungserklärung 13 KSchG 142
- Weiterbeschäftigungsverlangen Auszubildender 78a BetrVG 26

Mindestbefristung, Lebenszeitdienstverhältnis 624 BGB 23

Mindestbestandsschutz
- Generalklauseln, zivilrechtliche 1 KSchG 25
- Kleinbetrieb 1 KSchG 21
- Rücksichtnahmegebot 1 KSchG 25

Mindestkündigungsfrist, Schwerbehinderte Menschen 173 SGB IX 148

Mitarbeitervertretung
- kirchliche Arbeitnehmer 102 BetrVG 15

Mitbestimmung bei Kündigung
- Änderungskündigung 2 KSchG 204
- außerordentliche Kündigung, Ausschlussfrist, Hemmung 626 BGB 350
- außerordentliche Kündigung, nachgeschobene Gründe 626 BGB 195
- Öffentlicher Dienst 128 5
- Stationierungsstreitkräfte Art. 56 NATO-ZusAbk 42
- Umdeutung außerordentlicher Kündigung 128 66

Mitbestimmung Betriebsrat
- Abmahnung 626 BGB 292
- Änderungskündigung (2 KSchG 240
- Änderungskündigung zur Umgruppierung 2 KSchG 216
- Änderungskündigung zur Versetzung 2 KSchG 216
- Anschlussarbeitsverhältnis 24 BBiG 10
- Aufhebungsvertrag **Aufhebungsvertrag** 45
- auflösender Bedingung 21 TzBfG 6
- Befristung 14 TzBfG 769
- Befristung, bei der Einstellung 14 TzBfG 770
- Befristung, Verlängerung 14 TzBfG 561, 778
- Einstellung, befristete 14 TzBfG 769

3183

Stichwortverzeichnis

- Einstellung, befristete, Zustimmungsersetzungsverfahren 14 TzBfG 780
- Einstellung, befristete, Zustimmungsverweigerungsrecht 14 TzBfG 775
- im Arbeitskampf 25 KSchG 11
- Kurzarbeit 19 KSchG 30
- Massenentlassung 17 KSchG 107
- Nichtverlängerungsanzeige 14 TzBfG 781
- Sachgrund, Überprüfung 14 TzBfG 770
- Umgruppierung 2 KSchG 216
- Unternehmensumwandlung 324 UmwG 3
- Versetzung 103 BetrVG 61; 2 KSchG 216

Mitbestimmung Personalrat
- Abmahnung 626 BGB 292
- Aufhebungsvertrag Aufhebungsvertrag 45
- auflösender Bedingung 21 TzBfG 6
- Baden-Württemberg 128 74
- Bayern 128 76, 85
- Befristung 14 TzBfG 783
- Berlin 128 78
- Brandenburg 128 81
- Bremen 128 83
- Grenzen, verfassungsrechtliche 128 79
- Hamburg 128 85
- Hessen 128 88
- Mecklenburg-Vorpommern 128 90
- Niedersachsen 128 93
- Nordrhein-Westfalen 128 95
- Rheinland-Pfalz 128 98
- Saarland 128 101
- Sachsen 128 103
- Sachsen-Anhalt 128 104
- Schleswig-Holstein 128 106
- Thüringen 128 108
- Umgruppierung 128 11

Mitbestimmung, Leitende Angestellte
- Beförderung zum - 105 BetrVG 16
- Betriebsrat, funktionsunfähiger 105 BetrVG 10
- Einstellung 105 BetrVG 13
- Entwicklung 105 BetrVG 1
- Funktionsentzug 105 BetrVG 17
- Irrtum über Status 105 BetrVG 29
- Mitteilungspflicht, Adressat 105 BetrVG 25
- Mitteilungspflicht, Entstehung 105 BetrVG 12
- Mitteilungspflicht, Form 105 BetrVG 22
- Mitteilungspflicht, Inhalt 105 BetrVG 19
- Mitteilungspflicht, Zeitpunkt 105 BetrVG 23
- Stellungnahme Betriebsrat 105 BetrVG 27
- Veränderung, personelle 105 BetrVG 14
- Verletzung Mitteilungspflicht 105 BetrVG 29
- Verschwiegenheitspflicht 105 BetrVG 28
- Zweck 105 BetrVG 2

Mittäterschaft
- Weiterbeschäftigungsanspruch, Klage 102 BetrVG 370

Mitteilungspflichten, Pflegezeit, akute Pflegesituation 9 PflegeZG 31

Mobbing
- Ausschlussfrist, Beginn 626 BGB 341
- außerordentliche Kündigung 626 BGB 432
- Begriff 1 KSchG 529; 3 AGG 48
- Darlegungs- und Beweislast 1 KSchG 530
- verhaltensbedingte Kündigung 1 KSchG 529

Mutterschaftsgeld, Kündigung, erfolgte 17 MuSchG 169

Mutterschutz
- Anfechtung 17 MuSchG 109
- Anfechtung des Arbeitsvertrages 17 MuSchG 180
- Arbeitnehmerähnliche Person Arbeitnehmerähnliche Personen (ArbNähnl. Pers.) 55
- Arbeitnehmerin, Familienhaushalt 17 MuSchG 42
- Arbeitsgenehmigung, fehlende 17 MuSchG 176
- Arbeitsverhältnis, faktisches 17 MuSchG 38
- Arbeitsvertrag, nichtiger 17 MuSchG 176
- auflösende Bedingung 17 MuSchG 191
- Auflösungsantrag 17 MuSchG 193
- Aushilfsarbeitsverhältnis 17 MuSchG 189
- Beamtinnen 17 MuSchG 44
- Beendigung Arbeitsverhältnis, Einigungsvertrag 17 MuSchG 192
- Beendigungstatbestände, ohne Kündigung 17 MuSchG 176
- befristetes Arbeitsverhältnis 17 MuSchG 184
- Befristung, Sachgrund der Vertretung 21 BEEG 1
- Befristung, sachlicher Grund 21 BEEG 18
- Beitrittsgebiet 17 MuSchG 6, 192
- Berufsausbildungsverhältnis 17 MuSchG 40
- Berufsausbildungsverhältnis, Ablauf 23 BBiG 22
- Beweiserleichterung 17 MuSchG 67
- Darlegungs- und Beweislast 17 MuSchG 67
- Doppelfunktion 17 MuSchG 31
- EU-rechtliche Grundlagen 17 MuSchG 22
- Familienhaushalt 17 MuSchG 43
- Fehlgeburt, Nachweis 17 MuSchG 88
- Geltungsbereich, persönlicher 17 MuSchG 38
- Grundrechtecharta 17 MuSchG 25
- Gruppenarbeitsverhältnis 17 MuSchG 39
- Hausangestellte 17 MuSchG 42
- Heimarbeiterin 17 MuSchG 43; 29a HAG 73
- Heimarbeiterin, Gleichgestellte 17 MuSchG 43
- Internationales Arbeitsrecht Artikel28 110
- Kollisionsrecht 17 MuSchG 41
- Konzeption 17 MuSchG 27
- Kündigungsschutz, Verfassung 17 MuSchG 28
- Kündigungsverbot mit Erlaubnisvorbehalt 17 MuSchG 29
- Leiharbeitsverhältnis 17 MuSchG 190
- Mitteilung, Inhalt 17 MuSchG 70
- Nachtarbeitsverbot, Rechtsfolgen 17 MuSchG 179
- Probearbeitsverhältnis 17 MuSchG 187
- Richterinnen 17 MuSchG 44
- Schwangerschaft, Nachweis 17 MuSchG 88
- Schwangerschaft, Nachweispflicht 17 MuSchG 88

- Schwangerschaft, Nachweispflicht, Verletzung 17 MuSchG 89
- Soldatinnen 17 MuSchG 44
- Sonderregelungen, Personengruppen 17 MuSchG 42
- Sozialstaatsprinzip 17 MuSchG 28
- Stationierungsstreitkräfte 17 MuSchG 37; Art.56 NATO-ZusAbk 39
- Teilzeitarbeitsverhältnis 17 MuSchG 38
- Voraussetzungen 17 MuSchG 46
- Wartezeit, gesetzliche Anrechnung 1 KSchG 129

Mutterschutz, Kündigung
- Adoption, Freigabe 17 MuSchG 51
- Änderungskündigung 2 KSchG 283
- Arbeitgeberstellung 17 MuSchG 55
- Arbeitslosengeld 17 MuSchG 170
- Auflösungsantrag Arbeitgeber 9 KSchG 77
- Auflösungsantrag, Arbeitnehmerin 17 MuSchG 218
- Ausschlussfrist 626 BGB 355
- Ausschlussfrist, Mitteilung 17 MuSchG 79
- Begründungserfordernis 17 MuSchG 171, 173
- Berufsausbildungsverhältnis 23 BBiG 22, 39
- Beschäftigte oder ihr Gleichgestellte 17 MuSchG 196
- Betriebsübergang, Art und Weise der Kenntniserlangung 17 MuSchG 62
- Betriebsübergang, Kenntnis 17 MuSchG 61
- Eigenkündigung, Anfechtung 17 MuSchG 200
- Eigenkündigung, Arbeitslosengeld 17 MuSchG 206
- Eigenkündigung, Belehrungspflicht Arbeitgeber 17 MuSchG 198
- Eigenkündigung, Benachrichtigung Aufsichtsbehörde 17 MuSchG 208
- Eigenkündigung, Mutterschaftsgeld 17 MuSchG 204
- Eigenkündigung, Rücknahme 17 MuSchG 199
- Entbindung, Begriff 17 MuSchG 50
- Fehlgeburt 17 MuSchG 50, 52
- Form 17 MuSchG 171
- Frühgeburt 17 MuSchG 50
- Geltungsbereich, zeitlicher 17 MuSchG 46
- Heimarbeiterin 17 MuSchG 221
- Heimarbeiterin, Beschäftigungsschutz 17 MuSchG 224
- Kenntnis des Arbeitgebers 17 MuSchG 53
- Kenntnis des Arbeitgebers oder des ihm Gleichgestellten, Zurechnung 17 MuSchG 55
- Kenntnis des Betriebs-/Personalrats 17 MuSchG 59
- Kenntnis, Betriebsübergang, Zurechnung 17 MuSchG 61
- Kenntnis, nachträgliche 17 MuSchG 68
- Klagefrist 17 MuSchG 214
- Leitende Angestellte 14 KSchG 61
- Mitteilung, Adressat 17 MuSchG 77
- Mitteilung, Arztbescheinigung 17 MuSchG 73
- Mitteilung, Ausschlussfrist 17 MuSchG 79
- Mitteilung, Darlegungs- und Beweislast 17 MuSchG 87
- Mitteilung, durch Klageeinreichung 17 MuSchG 76
- Mitteilung, durch Prozessbevollmächtigten 17 MuSchG 85
- Mitteilung, Form 17 MuSchG 75
- Mitteilung, nachträgliche 17 MuSchG 68
- Mitteilung, Obliegenheit 17 MuSchG 69
- Mitteilung, Rechtsnatur 17 MuSchG 69
- Mitteilung, unverschuldete Versäumung 17 MuSchG 81
- Mitteilung, unverzügliche Nachholung 17 MuSchG 86
- Mitteilung, vermutete Schwangerschaft 17 MuSchG 70
- Mitteilung, vertrauliche 17 MuSchG 74
- Mitteilungsfrist 17 MuSchG 78
- Mitteilungsfrist, Versäumung 17 MuSchG 79
- Mitteilungspflicht, Verschulden gegen sich selbst 17 MuSchG 84
- Mitteilungspflicht, Zugang, rechtzeitiger 17 MuSchG 85
- Mutterschaftsgeld 17 MuSchG 169
- nachträgliche Zulassung Kündigungsschutzklage 17 MuSchG 217
- Schwangerschaft 17 MuSchG 47
- Schwangerschaft, Beginn 17 MuSchG 48
- Schwangerschaft, Beginn, künstliche Befruchtung 17 MuSchG 48
- Schwangerschaftsunterbrechung 17 MuSchG 51
- Sozialauswahl 1 KSchG 717
- subjektive Merkmale 17 MuSchG 34
- Totgeburt 17 MuSchG 50
- Unkenntnis des Arbeitgebers oder des ihm Gleichgestellten 17 MuSchG 54

Mutterschutz, Kündigungsverbot
- Änderungskündigung 17 MuSchG 106
- Änderungskündigung, außerordentliche 17 MuSchG 113
- Anfechtung 17 MuSchG 109
- Annahmeverzug 17 MuSchG 119
- Annahmeverzug, Ausnahmen 17 MuSchG 119
- Arbeitgeberkündigung 17 MuSchG 100
- Arbeitslosengeld, verbotswidrige Kündigung 17 MuSchG 124
- Ausschlussfrist 17 MuSchG 112
- Beginn 17 MuSchG 94
- Beginn, Gegenbeweis 17 MuSchG 95
- Beginn, Rückrechnung 17 MuSchG 94
- Betriebsstilllegung 17 MuSchG 107
- Dauer 17 MuSchG 93
- Dauer, Entbindung, Mitteilung 17 MuSchG 98
- Ende 17 MuSchG 97
- Insolvenzverfahren 17 MuSchG 107
- Kampfkündigung 17 MuSchG 107, 210
- Kündigung, außerordentliche 17 MuSchG 108

Stichwortverzeichnis

- Kündigung, außerordentliche, mit Auslauffrist 17 MuSchG 108
- Kündigung, ordentliche 17 MuSchG 105
- Kündigung, verbotswidrige, Rechtsfolge 17 MuSchG 115
- Kündigung, verbotswidrige, Weiterbeschäftigungsanspruch 17 MuSchG 116
- Kündigungen und Vorbereitungsmaßnahmen 17 MuSchG 100
- Kündigungserklärung, Umdeutung 17 MuSchG 104, 109, 117
- Kündigungsrecht, allgemeines, Verhältnis 17 MuSchG 211
- Kündigungsschutz, allgemeiner, Verhältnis 17 MuSchG 213
- Kündigungsschutz, besonderer, Verhältnis 17 MuSchG 219
- Kündigungsschutz, kollektiver, Verhältnis 17 MuSchG 220
- lösende Aussperrung 17 MuSchG 209
- Massenentlassung 17 MuSchG 107
- Rechtsnatur 17 MuSchG 99
- Reichweite, gegenständliche 17 MuSchG 100
- Schadensersatz. verbotswidrige Kündigung 17 MuSchG 122
- Schwangerschaft, Dauer 17 MuSchG 96
- Stationierungsstreitkräfte 17 MuSchG 118
- Umdeutung Kündigungserklärung 17 MuSchG 183
- Verbot mit Erlaubnisvorbehalt 17 MuSchG 99
- Verbotsgesetz 17 MuSchG 115
- verhaltensbedingte Kündigung 17 MuSchG 120
- Verletzung des Kündigungsverbots 17 MuSchG 114
- Verzicht 17 MuSchG 194
- Vier-Monats-Zeitraum 17 MuSchG 97
- Weiterbeschäftigungsanspruch 17 MuSchG 116
- Zeitpunkt, maßgebender 17 MuSchG 101
- Zeitpunkt, maßgebender, richtlinienkonforme Auslegung 17 MuSchG 101
- Zugang der Kündigung 17 MuSchG 101
- Zulässigkeitserklärung, Ausschlussfrist 17 MuSchG 112
- Zulässigkeitserklärung, behördliche 17 MuSchG 111

Mutterschutz, Kündigungszulassung
- Anfechtungsklage 17 MuSchG 168
- Antrag, Form 17 MuSchG 144
- Antrag, Frist 17 MuSchG 146
- Antrag, Inhalt 17 MuSchG 144
- Ausnahmecharakter 17 MuSchG 33
- Beendigungstatbestände, ohne Kündigung 17 MuSchG 135
- Bekanntgabe 17 MuSchG 162
- Bescheid, Form 17 MuSchG 147
- Bescheid, Inhalt 17 MuSchG 151
- Bescheid, rückwirkender 17 MuSchG 134
- Bescheid, schwebende Unwirksamkeit 17 MuSchG 165
- Bestandskraft, als Kündigungsvoraussetzung 17 MuSchG 164
- Beurteilungsmaßstab 17 MuSchG 147
- Ermessensentscheidung 17 MuSchG 160
- Fallgruppen 17 MuSchG 156
- Klagefrist, bei fehlender Bekanntgabe 17 MuSchG 215
- Kündigungserklärung, Frist 17 MuSchG 175
- Kündigungserklärung, vorherige 17 MuSchG 133
- Kündigungsgrund, betrieblicher 17 MuSchG 157
- Kündigungsgrund, verhaltensbedingter 17 MuSchG 157
- Kündigungsgrund, Zerrüttung 17 MuSchG 159
- Negativtestat 17 MuSchG 152
- Rechtsbehelfe 17 MuSchG 167
- Rechtsnatur 17 MuSchG 130
- Rechtsweg, Aufspaltung 17 MuSchG 129
- Rücknahme 17 MuSchG 166
- Übereinkommen IAO 17 MuSchG 128
- unionsrechtliche Konformität 17 MuSchG 128
- Untersuchungsgrundsatz 17 MuSchG 141
- Verfahren 17 MuSchG 136
- Verfassungsmäßigkeit 17 MuSchG 127
- Verpflichtungsklage 17 MuSchG 168
- Verwaltungsakt, rechtsgestaltender 17 MuSchG 131
- Verwaltungsrichtlinien, Länder 17 MuSchG 150
- Verwaltungsvorschriften 17 MuSchG 149
- Voraussetzungen 17 MuSchG 153
- Widerruf 17 MuSchG 166
- Widerspruch 17 MuSchG 167
- Wirkung 17 MuSchG 163
- Zulässigkeitserklärung, behördliche 17 MuSchG 126
- Zuständigkeit 17 MuSchG 143

Nachlassinsolvenzverfahren 113 InsO 13
Nachschieben von Kündigungsgründen 1 KSchG 255; 626 BGB 188
- Anhörung Betriebsrat 626 BGB 195
- Ausschlussfrist, Wahrung 626 BGB 199
- Ausschlussfrist, Zustimmungsersetzungsverfahren 103 BetrVG 128
- Auswechselung der Gründe 626 BGB 192
- bekannte Gründe 102 BetrVG 243
- Betriebsratsanhörung 102 BetrVG 239
- Betriebsratsanhörung, entbehrliche 102 BetrVG 249
- Betriebsratsanhörung, Sozialauswahlkriterien 102 BetrVG 199
- betriebsratsloser Betrieb 102 BetrVG 241
- Familienpflegezeit, Zustimmungserfordernis 626 BGB 200
- funktionsunfähiger Betriebsrat bei Kündigung 102 BetrVG 248
- Gründe, bekannte 1 KSchG 258; 626 BGB 190
- Kündigung Betriebs-/Personalratmitglied 15 KSchG 70

- Kündigung von Betriebsratsmitgliedern 103 BetrVG 123
- Kündigung, erneute 626 BGB 206
- Lebenssachverhalt, einheitlicher 626 BGB 189
- nach Kündigung entstandene 102 BetrVG 249
- nach Kündigungszugang bekannt gewordene 626 BGB 192
- nachfolgende entstandene 1 KSchG 250
- nachträglich bekannt gewordene 1 KSchG 256; 102 BetrVG 247
- nachträglich entstandene 1 KSchG 259
- Pflegezeit, Zustimmungserfordernis 626 BGB 200
- Schwangere, Zustimmungserfordernis 626 BGB 200
- Schwerbehinderte Menschen, Kündigungsschutz 173 SGBIX 160
- Schwerbehinderte Menschen, Zustimmungserfordernis 626 BGB 199
- unzulässiges 102 BetrVG 250
- Verdachtskündigung 626 BGB 231
- Weiterbeschäftigungsverlangen 102 BetrVG 280
- Zurechnung von Kenntnis 102 BetrVG 246
- Zustimmungsersetzungsverfahren 103 BetrVG 123
- Zustimmungsersetzungsverfahren, nach Abschluss 103 BetrVG 129

Nachteilsausgleich
- Ausschlussfrist 10 KSchG 26
- Bemessung 10 KSchG 9
- und Auflösungsantrag 9 KSchG 84

Nachweispflichten, Pflegezeit 9 PflegeZG 32

Nachzahlungsanspruch
- als Erfüllungsanspruch 11 KSchG 36
- Annahmeverzug 11 KSchG 11 KSchG 11
- Anspruchsgrundlage 11 KSchG 11
- Ausschlussfrist 11 KSchG 23
- Ausschlussfrist, effektiver Rechtsschutz 11 KSchG 23
- Ausschlussfrist, zweistufige 11 KSchG 23
- Aussetzung des Rechtsstreits 11 KSchG 62
- bei Weiterbeschäftigung 11 KSchG 6
- Darlegungs- und Beweislast 11 KSchG 65
- Durchsetzung 11 KSchG 60
- einstweilige Verfügung 11 KSchG 63
- Entgeltbestandteile 11 KSchG 33
- Entgeltcharakter 11 KSchG 36
- Fälligkeit 11 KSchG 22
- Feststellung, gerichtliche 11 KSchG 8
- Geltendmachung 11 KSchG 60; 12 KSchG 36
- gerichtliche Geltendmachung 11 KSchG 60
- gesetzliche Entwicklung 11 KSchG 1
- Höhe 11 KSchG 33
- Klage auf zukünftige Leistung 11 KSchG 61
- Kosten 11 KSchG 67
- Krankheit 11 KSchG 19
- Kündigung, unwirksame 11 KSchG 8
- Kurzarbeit 11 KSchG 34
- Rechtsmittel 11 KSchG 69
- Rechtsnatur 11 KSchG 36
- Rücknahme Kündigung 11 KSchG 8
- Sachbezüge 11 KSchG 33
- Sonderkündigungsrecht Arbeitnehmer 11 KSchG 72
- Sozialversicherungsbeitrag 11 KSchG 36
- Steuerrecht 11 KSchG 36
- Streitwert 11 KSchG 66
- Trinkgelder 11 KSchG 33
- Unabdingbarkeit 11 KSchG 7
- und Auflösungsantrag 11 KSchG 73
- und außerordentliche Kündigung 11 KSchG 70
- und sittenwidrige Kündigung 11 KSchG 71
- Urlaubsanspruch, Anrechnung auf 11 KSchG 32
- Verjährung 11 KSchG 24
- Verweigerungserklärung, erfolgte 12 KSchG 34
- Voraussetzungen 11 KSchG 8, 11
- Weiterbeschäftigungsanspruch, Entbindung 11 KSchG 10
- Zeitraum 11 KSchG 9
- Zulagen 11 KSchG 33
- Zweck 11 KSchG 4

Nachzahlungsanspruch, Anrechnung von Zwischenverdienst 11 KSchG 38
- Anrechnungszeitraum 11 KSchG 40
- Arbeit, anderweitige, Begriff 11 KSchG 42
- Arbeitslosengeld 11 KSchG 53
- Arbeitsumfang 11 KSchG 41
- Aufwendungen, ersparte 11 KSchG 59
- Auskunftsanspruch Arbeitgeber 11 KSchG 45, 57
- außerordentliche Kündigung 13 KSchG 22
- bei »Beurlaubung« 11 KSchG 46
- böswilliges Unterlassen 11 KSchG 48
- böswilliges Unterlassen, Einzelfälle 11 KSchG 50
- böswilliges Unterlassen, Prozessbeschäftigung 11 KSchG 49
- böswilliges Unterlassen, Schädigungsabsicht 11 KSchG 48
- böswilliges Unterlassen, Zumutbarkeit 11 KSchG 50
- Bruttoanrechnung 11 KSchG 41
- Darlegungs- und Beweislast 11 KSchG 45
- Forderungsübergang (SGB X) 11 KSchG 53
- Gefälligkeitsverhältnis 11 KSchG 42
- Gesamtberechnung 11 KSchG 40
- Nebenbeschäftigung 11 KSchG 42
- Pflicht zu Zwischenverdienst 11 KSchG 48
- pro-rata-Berechnung 11 KSchG 40
- selbständige Erwerbstätigkeit 11 KSchG 42
- Sozialversicherungsleistungen 11 KSchG 52
- Sozialversicherungsleistungen, gesetzlicher Forderungsübergang 11 KSchG 52
- Teilzeitbeschäftigter 11 KSchG 41
- Verdienst, Begriff 11 KSchG 43
- Verdienst, hypothetischer 11 KSchG 47
- Verweigerungserklärung, erfolgte 12 KSchG 34

3187

- Wahlrecht Arbeitnehmer nach Klagestattgabe 12 KSchG 3
- Zeitabschnittsberechnung 11 KSchG 40
- Zumutbarkeit anderweitigen Verdienstes 11 KSchG 50
- Zweck 11 KSchG 38

Nebenpflichtverletzungen, Kündigungsgrund 626 BGB 124, 152

Nebentätigkeit
- außerordentliche Kündigung 626 BGB 452
- genehmigungspflichtige 1 KSchG 532
- krankheitsfördernde 1 KSchG 523
- Kündigungsgrund 626 BGB 121
- Öffentlicher Dienst, außerordentliche Kündigung 626 BGB 454
- untersagte 1 KSchG 532
- verhaltensbedingte Kündigung 1 KSchG 531

Nichtverlängerungsanzeige 3 TzBfG 39
- Bereich »Chor«, »Tanz«, »Bühnentechnik« 3 TzBfG 47
- Bereich »Solo« 3 TzBfG 41
- Bühnenpersonal 3 TzBfG 40
- Kündigungserklärung, Abgrenzung 1 KSchG 160
- tarifliche Regelungen 3 TzBfG 40

Nichtverlängerungsmitteilung 620 BGB 65

Notarielle Beurkundung, Schriftform 623 BGB 113

Offenbarungspflicht, außerordentliche Kündigung 626 BGB 453

Öffentliche Einrichtung, Betriebsübergang 613a BGB 43

Öffentlicher Dienst
- Abweichung, Tarifregelungen 30 TVöD 2
- Anwendung TzBfG 30 TVöD 2
- Arbeitsbedingungen 30 TVöD 4
- Ausschlussfrist, Kenntnis 626 BGB 370
- außerdienstliches Verhalten 1 KSchG 324, 490
- außerordentliche Kündigung 626 BGB 454
- Beendigung des Arbeitsverhältnisses, Erwerbsminderung 33 TVöD 1
- Befristung TV-H 30 TVöD 1
- Befristung TV-L 30 TVöD 1
- Befristung TVöD 30 TVöD 1
- Berufsausbildungsverhältnis 23 BBiG 16
- Beschränkungen, tarifliche 30 TVöD 3
- betriebsbedingte Kündigung 1 KSchG 634
- Einstellung, bevorzugte Berücksichtigung 30 TVöD 7
- Einstellungsanspruch, treuwidrige Kündigung 242 BGB 49
- Höchstbefristung 30 TVöD 5
- Kündigungsfristen 34 TVöD 2
- Kündigungsschutz für Parlamentarier Kündigungsschutz für Parlamentarier (ParlKSch) 13, 33
- Kündigungsschutz, Abgeordnetengesetz Kündigungsschutz für Parlamentarier (ParlKSch) 14

- kw-Vermerk 1 KSchG 636
- Nebentätigkeit, außerordentliche Kündigung 626 BGB 454
- ordentliche Kündigung, Ausschluss 34 TVöD 8
- politische Betätigung 626 BGB 126
- politische Meinungsäußerung/Betätigung 2 KSchG 153
- religiöse Bekundung, Kündigung 626 BGB 148
- Sachgrundbefristung, zeitlich bestimmte 30 TVöD 5
- Sozialauswahl, Dienststelle 1 KSchG 654
- Steuerhinterziehung, außerordentliche Kündigung 626 BGB 454
- unkündbare Arbeitnehmer, betriebsbedingte Gründe 626 BGB 166
- Verwaltungszweig, als Unternehmen 1 KSchG 153
- Weiterbeschäftigungsmöglichkeit 1 KSchG 635, 638; 128 61; 626 BGB 454

Organmitglieder
- Abberufung, ruhendes Arbeitsverhältnis 14 KSchG 7
- Allgemeines Gleichbehandlungsgesetz, Anwendung 6 AGG 1
- Arbeitnehmervertreter im Aufsichtsrat 14 KSchG 12
- Arbeitsverhältnis, bei Wegfall Organstellung 14 KSchG 7
- Arbeitsverhältnis, konkludente Auflösung 14 KSchG 7
- Arbeitsverhältnis, ruhendes 14 KSchG 7
- außerordentliche Kündigung 626 BGB 2
- bergrechtliche Gewerkschaft 14 KSchG 21
- Betriebsbezug 14 KSchG 11
- Dienstverhältnis 14 KSchG 6
- Fremdgeschäftsführer 14 KSchG 14
- Fremdgeschäftsführer, Anwendbarkeit KSchG 14 KSchG 4
- Genossenschaft 14 KSchG 18
- Geschäftsführer Komplementär-GmbH 14 KSchG 15
- Geschäftsführer Konzern-GmbH 14 KSchG 17
- Gesellschaft mit beschränkter Haftung 14 KSchG 14
- Kommanditgesellschaft auf Aktien 14 KSchG 13
- Kündigungsschutz 1 KSchG 93; 14 KSchG 1
- Kündigungsschutzgesetz, Anwendbarkeit 14 KSchG 1
- öffentlich-rechtliche juristische Person 14 KSchG 11
- Rechtsmissbrauch 14 KSchG 1
- Stiftung 14 KSchG 22
- Verein 14 KSchG 19
- Vorstand 14 KSchG 19
- besonderer Vertreter 14 KSchG 19
- Versicherungsverein auf Gegenseitigkeit 14 KSchG 20

Organvertreter
- befristetes Arbeitsverhältnis 14 KSchG 76
- Gesellschaft bürgerlichen Rechts 14 KSchG 28
- Kommanditgesellschaft 14 KSchG 27
- offene Handelsgesellschaft 14 KSchG 26
- Personengesamtheit 14 KSchG 23

Organvertreter, Kündigungsschutz
- Kündigungsfrist 14 KSchG 75

Outsourcing, Betriebsübergang 613a BGB 36

Personalakte, Abmahnung, Entfernung 626 BGB 297

Personalleiter, Kündigungsberechtigung 626 BGB 369

Personalrat
- Befristung, Information über 20 TzBfG 1
- Mitwirkungsrechte, Erweiterung 128 4
- Versetzungsschutz 127 15; 128 14
- Widerspruch 1 KSchG 803

Personalrat, Anhörung bei Kündigung
- Änderungskündigung 128 11
- Auslandsbeschäftigung 128 5
- außerordentliche Kündigung 128 65
- außerordentliche Kündigung mit Auslauffrist 128 67
- bei Freistellung vor Kündigung 128 13
- Berufsausbildungsverhältnis 23 BBiG 7
- Betriebsstilllegung, Kündigung Personalratsmitglied 15 KSchG 130
- Empfangsberechtigung 128 20
- Erörterung 128 27
- Erweiterung 128 4, 24
- fehlerhafte ~ 128 53
- fehlerhafte ~, Rechtsfolgen 128 53
- Geltungsbereich, betrieblicher 128 1, 8
- Geltungsbereich, personeller 128 5
- Geltungsbereich, personeller, Ausnahmen 128 5
- Gemeinden 128 8
- Integrationsamt 173 SGBIX 81
- Kündigung 128 11
- Kündigung, Umdeutung außerordentliche 128 12
- Kündigungsgründe, Mitteilung 128 14
- Kündigungsschutz, besonderer 128 6
- Länder 128 8
- Landesregelungen 128 68
- Landesregelungen, Mitwirkungs-/Mitbestimmungsrechte 128 70
- Landesregelungen, Weiterbeschäftigungsanspruch 128 77
- Landesregelungen, Zustimmungsverweigerungsgründe 128 77
- Mitteilungspflichten, Dienstherr 128 14
- Mitteilungspflichten, Form 128 14
- Mitteilungspflichten, Inhalt 128 14
- Mitwirkungsrechte, Erweiterung 128 4
- Mitwirkungsverfahren, Einleitung 128 14
- Nachschieben von Kündigungsgründen 128 12; 626 BGB 192, 195
- Personalrat, bestehender 128 9
- privatisierte Dienststelle 128 8
- Rechtsfolgen bei fehlerhafter 128 53
- Regelungen, vorläufige 128 13
- Rückgruppierung, durch Änderungskündigung 128 11
- Schweigepflicht 128 30
- Stationierungsstreitkräfte 128 7
- Stufenvertretung, Beteiligung bei Widerspruch 128 48
- Umdeutung Kündigung 128 66
- Unterrichtung, unzureichende 128 54
- unzuständiger ~ 128 55
- Verdachtskündigung 626 BGB 231
- Verfahrenseinleitung, Berechtigung 128 16
- Verfahrenseinleitung, Dienststellenleiter 128 16
- Verfahrenseinleitung, gegenüber Personalratsvorsitzende 128 21
- Verfahrenseinleitung, Rüge des ~ 128 18
- Verfahrenseinleitung, Verhinderungsfall 128 17, 19
- Verfahrenseinleitung, Vertretung 128 17
- Weiterbeschäftigungsanspruch 128 3
- Widerspruch 128 24
- Widerspruchsrecht 128 3
- Widerspruchsrecht, Zweck 128 3
- zuständiger 128 9
- zuständiger, Beschäftigung bei ARGE 128 9
- zuständiger, Beschäftigung in Kooperationsbetrieb 128 9
- Zweck 128 1

Personalrat, Kündigungsschutz
- Amtspflichtverletzung 15 KSchG 48
- Amtszeit, Kündigungszugang 15 KSchG 40
- Änderungskündigung, außerordentliche 15 KSchG 42
- Arbeitnehmer 127 5
- Arbeitsvertragspflichtverletzung 15 KSchG 49
- Ausnahmen 127 17; 15 KSchG 105
- außerordentliche Kündigung 15 KSchG 42
- Auszubildende 127 5
- Beendigungstatbestände (ohne Kündigung) 15 KSchG 32
- Betriebsabteilung, Stilllegung 15 KSchG 155
- Betriebsabteilung, Stilllegung, Kündigung 15 KSchG 170
- Betriebsabteilung, Stilllegung, Übernahme 15 KSchG 162
- Betriebsstilllegung 15 KSchG 109
- Betriebsstilllegung, Amtsausübung nach Kündigungstermin 15 KSchG 151
- Betriebsstilllegung, freigestellte Mitglieder 15 KSchG 145
- Betriebsstilllegung, Kündigungstermin 15 KSchG 136

Stichwortverzeichnis

- Betriebsstilllegung, Restmandat 15 KSchG 154
- Betriebsstilllegung, sukzessive 15 KSchG 140
- Betriebsstilllegung, Weiterbeschäftigung 15 KSchG 151
- Bezirkspersonalrat 128 2
- Dauer 15 KSchG 80
- Dienstordnungsangestellte 127 6
- Ersatzmitglied, nachwirkender - 15 KSchG 92
- Ersatzmitglied, während des Vertretungsfalls 15 KSchG 93
- Ersatzmitglieder 128 2
- Geltungsbereich 15 KSchG 16
- Geltungsbereich, sachlicher 128 4
- Gesamtpersonalrat 127 2
- Hauptpersonalrat 127 2
- Klagefrist 13 KSchG 16
- Kündigung vor Zustimmungs(ersetzung) 15 KSchG 65
- Kündigung, Wirksamkeitsvoraussetzungen 15 KSchG 63
- Kündigungen, erfasste 15 KSchG 32
- Kündigungsmängel 15 KSchG 64
- Kündigungsschutz, sonstiger, Verhältnis 15 KSchG 182
- Kündigungsverbot 15 KSchG 80
- Meinungsäußerung, als Kündigungsgrund 15 KSchG 57
- Nachschieben von Kündigungsgründe 15 KSchG 70
- nachwirkender 15 KSchG 82
- nachwirkender, Beendigung 15 KSchG 104
- nachwirkender, bei Rücktritt 15 KSchG 88
- Personenkreis, erfasster 127 1
- Schutzgesetzcharakter 15 KSchG 181
- Stellungnahmefrist Personalrat 127 10
- Unabdingbarkeit 15 KSchG 179
- Verhältnis zum KSchG 127 1
- Wahlbewerber/-vorstand 127 2, 12; 15 KSchG 100
- Wahlrecht zwischen Arbeitsverhältnissen 16 KSchG 2
- Weiterbeschäftigung in anderem Betrieb 15 KSchG 125
- Werbung, als Kündigungsgrund 15 KSchG 55
- wichtiger Grund 15 KSchG 42
- wichtiger Grund, Amtsträgereigenschaft 15 KSchG 47
- wichtiger Grund, Einzelfälle 15 KSchG 55
- Wiedereinstellungsanspruch, Wiedereröffnung Betrieb(sabteilung) 15 KSchG 174
- Zumutbarkeit, maßgebende Frist 15 KSchG 44
- Zumutbarkeit, Prüfungsmaßstab 15 KSchG 44
- Zustimmung Betriebsrat, Bindung des Gerichts 15 KSchG 69
- Zustimmungserfordernis 128 7; 15 KSchG 40
- Zustimmungserfordernis, Ausschlussfrist 15 KSchG 61
- Zustimmungserfordernis, Zuständigkeit 128 7
- Zweck 128 1

Personalrat, Stellungnahme 128 32
- Aussetzung Beschlussfassung 128 29
- Begründung 128 60
- Beschlussfassung 128 25
- Beschlussfassung, Anhörung Arbeitnehmer 128 27
- Einflussnahme Arbeitgeber 128 55
- Einwendungen 128 24, 40
- Einwendungen, Begründungspflicht 128 40
- Einwendungen, Folgen 128 42
- Einwendungen, Form 128 60
- Einwendungen, Schriftform 128 60
- Erörterung mit Dienststellenleiter 128 34, 37
- Erörterung, Frist 128 36
- Erörterungsanspruch 128 34
- Form 128 41, 65
- Frist 128 41
- Frist, außerordentliche Kündigung 128 65
- Frist, ordentliche Kündigung 128 23
- Personalratsvorsitzender 128 40
- Schweigen 128 33
- Umlaufverfahren 128 26
- Verfahren, fehlerhaftes 128 56
- Verfahren, weiteres 128 44
- Weiterbeschäftigungsmöglichkeit 128 61
- Widerspruch, Schriftform 128 60
- Widerspruchsgründe 128 59
- Zuständigkeit 128 43
- Zustimmung 128 32

Personalrat, Widerspruch
- Entstehungsgeschichte 1 KSchG 200
- Funktion, Widerspruchstatbestände 1 KSchG 33
- gesetzliche Regelung 1 KSchG 11

Personalratanhörung, außerordentliche Kündigung 626 BGB 20

Personenbedingte Kündigung
- Abgrenzung verhaltensbedingte 1 KSchG 280
- Arbeitsgenehmigung, fehlende 626 BGB 137
- Beeinträchtigung Arbeitsverhältnis 1 KSchG 287
- Begriff 1 KSchG 280
- Berufsausbildungsverhältnis 23 BBiG 64
- Betriebliches Eingliederungsmanagement 1 KSchG 224
- Betriebsübergang 613a BGB 100
- Betriebsunfall 1 KSchG 313
- Darlegungs- und Beweislast 1 KSchG 294
- Drogensucht 1 KSchG 300
- Drogensucht, Entzugsaufenthalt 1 KSchG 411
- Druckkündigung 1 KSchG 512
- Eignung, fehlende 626 BGB 138
- einzelne Gründe in der Person des Arbeitnehmers 1 KSchG 295
- einzelne personenbedingte Gründe 1 KSchG 295
- Entzugsaufenthalt 1 KSchG 411
- Fahrerlaubnis, Entzug 626 BGB 423
- Fehlen einer Vertragspflichtverletzung 1 KSchG 282
- Freiheitsstrafe 626 BGB 142

Stichwortverzeichnis

- Gewissensentscheidung, Abgrenzung zur verhaltensbedingten 1 KSchG 331; 626 BGB 148
- Haft 626 BGB 142
- Heuerverhältnis Seearbeitsgesetz (SeeArbG) 72
- Interessenabwägung 1 KSchG 288
- Interessenabwägung, Beurteilungsspielraum 1 KSchG 293
- Interessenabwägung, dauernde Unfähigkeit 1 KSchG 291
- Kuraufenthalt 1 KSchG 411
- Leistungsfähigkeit, unterdurchschnittliche 1 KSchG 412
- Leistungsfähigkeit, unterdurchschnittliche, Interessenabwägung 1 KSchG 416
- Mangel an Steuerbarkeit 1 KSchG 282
- Pflichtenkollision 626 BGB 149
- Prognoseprinzip 1 KSchG 286
- Qualifikation, fehlende 242 BGB 19
- Sicherheitsbedenken 626 BGB 133
- Sozialwidrigkeit, Prüfung 1 KSchG 286
- Steuerbarkeit, fehlende 1 KSchG 283
- Straf- oder Untersuchungshaft 1 KSchG 421
- Straftat als Eignungsmangel 1 KSchG 418
- Verdachtskündigung 626 BGB 226
- verhaltensbedingte, Abgrenzung 1 KSchG 426
- Verschulden 1 KSchG 282, 283
- Vorsorgemaßnahme, Rehabilitationsmaßnahme 1 KSchG 411
- Wehrdienst 1 KSchG 425; 626 BGB 149
- Weiterbeschäftigung, verschlechterte Bedingungen 1 KSchG 241
- Wiedereinstellungsanspruch 1 KSchG 833

Personenbedingte Kündigung, Fallgruppen 1 KSchG 295
- Aids 1 KSchG 296
- Aids, HIV-Infektion, Abgrenzung 1 KSchG 297
- Aids, treuwidrige Kündigung 1 KSchG 297
- Alkoholverbot, Entzug der Fahrerlaubnis 1 KSchG 460
- Alter(sgrenze) 1 KSchG 305
- Arbeitserlaubnis 1 KSchG 306
- Arbeitsgenehmigung 1 KSchG 306
- Berufsausübungserlaubnis 1 KSchG 308
- Berufskrankheit 1 KSchG 311
- Beschäftigungsverbot 1 KSchG 308
- Betriebsgeheimnisträger 1 KSchG 312
- Betriebsunfall 1 KSchG 313
- Druckkündigung 1 KSchG 314
- Eheschließung 1 KSchG 315
- Ehrenamt 1 KSchG 319
- Eignung, außerdienstliches Verhalten 1 KSchG 324
- Eignung, fachliche 1 KSchG 320
- Eignung, öffentlicher Dienst 1 KSchG 324
- Eignung, persönliche 1 KSchG 320
- Eignungsprüfung, betriebliche 1 KSchG 310
- Erwerbsminderung 1 KSchG 329
- Fahrerlaubnis 1 KSchG 309
- Fahrerlaubnis, Entzug 1 KSchG 309
- Falschbeantwortung zulässiger Fragen 1 KSchG 327
- familiäre Verpflichtungen 1 KSchG 330
- Freiheitsstrafe 1 KSchG 335
- Gewissensentscheidung/Gewissenskonflikt 1 KSchG 331
- Haft 1 KSchG 335
- Krankheit 1 KSchG 337
- Lehrbefähigung, fehlende 1 KSchG 308, 325
- Mandatsträger, politsicher 1 KSchG 319
- Scheidung 1 KSchG 318
- Scientology-Mitgliedschaft 1 KSchG 321
- Sicherheitsbedenken 1 KSchG 328
- Stasi-Tätigkeit 1 KSchG 326
- tendenzbezogene Leistungsmängel 1 KSchG 323
- verfassungsfeindliche Betätigung 1 KSchG 324
- Verschuldung/Schulden 1 KSchG 321
- Vorstrafen 1 KSchG 321

Persönlichkeitsrecht, Belästigung 3 AGG 48
Persönlichkeitsverletzung 242 BGB 39
- Arbeitgeber, verfassungsrechtliche Grundlagen 1 KSchG 17
- Wartezeitkündigung 1 KSchG 131

Pflegezeit
- Ankündigung, Auslegungsfiktion 9 PflegeZG 41
- Ankündigung, Schriftform 9 PflegeZG 40
- Ankündigung, Verteilungswunsch 9 PflegeZG 42
- Ankündigungsfrist 9 PflegeZG 40
- Anspruchsberechtigte 9 PflegeZG 13
- Arbeitgeber 9 PflegeZG 20
- Arbeitnehmer 9 PflegeZG 16
- arbeitnehmerähnliche Person 9 PflegeZG 10, 18
- Arbeitnehmerähnliche Person Arbeitnehmerähnliche Personen (ArbNähnl. Pers.) 53
- Arbeitsverhinderung, kurzfristige 9 PflegeZG 6, 26
- Arbeitsverhinderung, kurzfristige, Dauer 9 PflegeZG 26
- außerordentliche, Kündigungsschutz 626 BGB 18
- Auszubildende 9 PflegeZG 17
- Beendigung, vorzeitige 9 PflegeZG 58
- Beschäftigte, Begriff 9 PflegeZG 13
- Beschäftigtenzahl 9 PflegeZG 39
- Beschäftigtenzahl, Befristung 9 PflegeZG 74
- Beschäftigtenzahl, Berechnung 9 PflegeZG 39
- Betreuung minderjähriger pflegebedürftiger Angehöriger 9 PflegeZG 48
- Entstehungsgeschichte 9 PflegeZG 1
- Fernbleiben 9 PflegeZG 6, 26, 35
- Freistellung, Beschäftigtenzahl 9 PflegeZG 39
- Freistellung, Gestaltungsrechts 9 PflegeZG 45
- Freistellung, mehrfache 9 PflegeZG 45
- Freistellung, teilweise 9 PflegeZG 47
- Freistellungsanspruch, mehrere Beschäftigte 9 PflegeZG 38
- Geltungsbereich, persönlicher 9 PflegeZG 13

3191

Stichwortverzeichnis

- Geltungsbereich, räumlicher 9 PflegeZG 11
- Gesetzeszweck 9 PflegeZG 5
- Heimarbeiter 9 PflegeZG 19
- Inanspruchnahme weiterer Freistellungsmöglichkeiten 9 PflegeZG 50
- Kündigung, Zustimmung, Kündigungsschutz 626 BGB 356
- Kündigungsschutz 626 BGB 200; 9 PflegeZG 10
- Mitteilungspflichten 9 PflegeZG 31
- nahe Angehörige 9 PflegeZG 25
- Pflegebedürftigkeit 9 PflegeZG 22
- Pflegebedürftigkeit, Stufen 9 PflegeZG 22
- Pflegesituation, akut auftretende 9 PflegeZG 26
- Praktikanten 9 PflegeZG 17
- Schriftform, Ankündigung 9 PflegeZG 40
- Sterbebegleitung 9 PflegeZG 49
- Überblick 9 PflegeZG 8
- Volontäre 9 PflegeZG 17

Pflegezeit, aktue Pflegesituation, Anspruchsberechtigte 9 PflegeZG 13

Pflegezeit, akute Pflegesituation
- Arbeitsverhinderung 9 PflegeZG 6
- Ärztliche Bescheinigung 9 PflegeZG 32
- Begriff 9 PflegeZG 26
- Beschäftigtenanzahl 9 PflegeZG 26
- Entgeltanspruch 9 PflegeZG 34
- Fernbleiben 9 PflegeZG 26
- Fernbleiben, mehrfache Inanspurchnahme 9 PflegeZG 30
- Freistellung 9 PflegeZG 28
- Mitteilungspflichten 9 PflegeZG 31
- Nachweispflichten 9 PflegeZG 32
- Pflegeunterstützungsgeld 9 PflegeZG 34

Pflegezeit, Befristung
- Befristungsdauer 9 PflegeZG 65
- Sachgrund 9 PflegeZG 64
- Schriftform 9 PflegeZG 68
- Schwellenwert 9 PflegeZG 74
- Sonderkündigungsrecht 9 PflegeZG 70
- Verbot der Doppelzählung 9 PflegeZG 74

Pflegezeit, Kündigungsschutz
- Änderungskündigung 2 KSchG 283
- Arbeitnehmerähnliche Person, Handelsvertreter Arbeitnehmerähnliche Personen (ArbNähnl. Pers.) 119
- Ausgestaltung 9 PflegeZG 51
- Beginn 9 PflegeZG 52
- Darlegungs- und Beweislast 9 PflegeZG 76
- Dauer 9 PflegeZG 57
- Freistellung, vorzeitige Beendigung 9 PflegeZG 58
- Heimarbeiter 29a HAG 77
- Leitende Angestellte 14 KSchG 74
- Rechtsfolgen der Befristung 9 PflegeZG 69
- Rechtsmissbrauch 9 PflegeZG 54
- Verhältnis zum sonstigen Kündigungsschutz 9 PflegeZG 62
- Voraussetzungen 9 PflegeZG 21
- Zustimmungsvorbehalt 9 PflegeZG 61

Pflegezeitgesetze 620 BGB 82
Pflicht zur Rücksichtnahme
- Betriebsfrieden 1 KSchG 506
PKH-Verfahren 113 InsO 10
Politische Betätigung
- Abmahnungserfordernis 626 BGB 127
- außerordentliche Kündigung 626 BGB 455
- Berufsausbildungsverhältnis, Kündigung 23 BBiG 58
- betriebliche 1 KSchG 507
- im Betrieb 1 KSchG 507
- Kündigungsgrund 626 BGB 125
- Mitgliedschaft in verfassungsfeindlicher Partei 1 KSchG 324; 626 BGB 124
- Plakettentragen im Betrieb 1 KSchG 507
- verhaltensbedingte Kündigung 1 KSchG 495

Positive Kenntnis
- Widerspruch 15 TzBfG 59

Positive Maßnahmen
- Mehrfachdiskriminierung 4 AGG 3
- Rechtfertigung einer Benachteiligung 1 KSchG 701; 5 AGG 1
- umgekehrte Diskriminierung 5 AGG 1

Präjudizialität
- Entfernung betriebsstörender Arbeitnehmer, Beschlussverfahren 104 BetrVG 56
- Zustimmungsersetzung bei Kündigung 102 BetrVG 350
- Zustimmungsersetzungsverfahren 103 BetrVG 144

Präklusion
- andere Beendigungsgründe 626 BGB 409
- klageabweisendes Urteil 4 KSchG 320; 626 BGB 408
- Klagestattgabe, teilweise 626 BGB 410
- Kündigungsschutzklage 4 KSchG 330; 626 BGB 408
- obsiegendes Urteil 626 BGB 409
- Rechtskraft, Kündigungsschutzklage 626 BGB 407, 409
- Trotzkündigung 4 KSchG 342
- Zustimmungsersetzung 15 KSchG 69

Praktikant, Berufsausbildungsverhältnis 23 BBiG 13

Privatdienstvertrag
- Arbeitnehmer 3 WissZeitVG 15
- Befristung, Hochschulen 3 WissZeitVG 1
- Drittmittelverfahren 3 WissZeitVG 14
- Drittmittelvergütung 3 WissZeitVG 12
- Entstehungsgeschichte 3 WissZeitVG 1
- Gesetzeszweck 3 WissZeitVG 1
- Hochschulaufgaben 3 WissZeitVG 10

Privatisierung, Betriebsübergang 613a BGB 44
Probearbeitsverhältnis
- Befristung, Sachgrundangabe 14 TzBfG 171
- Kündigung, ordentliche 15 TzBfG 42
- Kündigungsschutz 1 KSchG 73
- Leitende Angestellte 105 BetrVG 4

- Mutterschutz 17 **MuSchG** 187
- Probezeit, Auslegung Arbeitsvertrag 3 **TzBfG** 10
- Schwerbehinderte Menschen **Vorbemerkungen zu 168–175** 33

Probezeit
- außerordentliche Kündigung 626 **BGB** 456
- Befristung, Kündigung 30 **TVöD** 11
- Berufsausbildungsverhältnis, Kündigung 23 **BBiG** 37
- Dauer, angemessene 622 **BGB** 181
- Führungsposition auf Zeit 32 **TVöD** 2
- Kündigungsfrist, Verkürzung 622 **BGB** 177
- Probearbeitsverhältnis, Abgrenzung 622 **BGB** 177
- Probearbeitsverhältnis, Auslegung Arbeitsvertrag 3 **TzBfG** 10

Probezeitkündigung
- Treuwidrigkeit 242 **BGB** 25

Profisport 14 **TzBfG** 304
- Verschleiß 14 **TzBfG** 301, 304

Prognose, betriebsbedingte Kündigung 1 **KSchG** 615

Prognoseprinzip
- außerordentliche Kündigung 626 **BGB** 118
- verhaltensbedingte Kündigung 626 **BGB** 118, 153
- Wiederholungsgefahr 626 **BGB** 119

Prokurist, Kündigungsberechtigter 626 **BGB** 369

Prozessbeschäftigung
- als stillschweigende Verlängerung 625 **BGB** 39

Prozessstandschaft, Stationierungsstreitkräfte Art.56 **NATO-ZusAbk** 48

Prüfungspflicht Weiterbeschäftigung 30 **TVöD** 10

Prüfungspflicht Weiterbeschäftigung, Schadensersatz 30 **TVöD** 10

Rasse und ethnische Herkunft
- Begriffsbestimmung 1 **AGG** 17
- Benachteiligungsverbot 1 **AGG** 17
- Landsmannschaft 1 **AGG** 22
- Ossi 1 **AGG** 22

Rationalisierungsmaßnahmen
- Ausschlussfrist, Beginn 626 **BGB** 347
- betriebsbedingte Kündigung 1 **KSchG** 640
- Kündigungsgrund 1 **KSchG** 556
- Unternehmerentscheidung 1 **KSchG** 640

Rationalisierungsschutzabkommen, Kündigungsschutz, Erweiterung 1 **KSchG** 39, 644

Rechtsirrtum
- Arbeitskampf, Kündigungsgrund 626 **BGB** 426
- Darlegungs- und Beweislast 626 **BGB** 399
- unverschuldeter, außerordentliche Kündigung 626 **BGB** 150
- Zurückbehaltungsrecht 626 **BGB** 151

Rechtskraft, Betriebsübergang 613a **BGB** 122

Rechtsmissbrauch
- Arbeitnehmerstatus, berufen auf **Arbeitnehmerähnliche Personen (ArbNähnl. Pers.)** 24, 25

- Arbeitsverhältnis, mittelbares, Gestaltungsmissbrauch 1 **KSchG** 72
- Auflösungsantrag Arbeitgeber 9 **KSchG** 70
- Auflösungsantrag Arbeitnehmer 9 **KSchG** 56
- Ausschlussfrist, Berufen auf ~ 626 **BGB** 367
- Ausschlussfrist, kollusives Zusammenwirken 626 **BGB** 382
- Befristung 17 **TzBfG** 68
- Befristung, ältere Arbeitnehmer 14 **TzBfG** 685
- Befristung, Formmangel 14 **TzBfG** 749
- Befristungsabrede, berufen auf 14 **TzBfG** 79
- beim Widerspruch, Betriebsübergang 613a **BGB** 84
- Berufung auf Ausschlussfrist 626 **BGB** 379
- Betriebsübergang, Widerspruch 613a **BGB** 79
- Darlegungs- und Beweislast (bis 2000) 14 **TzBfG** 753
- Darlegungs- und Beweislast, abgestufte 14 **TzBfG** 768
- Darlegungs- und Beweislast, Beendigung 15 **TzBfG** 67
- Darlegungs- und Beweislast, Befristungsabrede 14 **TzBfG** 763
- Darlegungs- und Beweislast, Befristungsdauer 14 **TzBfG** 765
- Darlegungs- und Beweislast, Prognose 14 **TzBfG** 149
- Darlegungs- und Beweislast, Sachgrund 14 **TzBfG** 755
- Darlegungs- und Beweislast, sachgrundlose Befristung 14 **TzBfG** 758
- Doppelbefristung 3 **TzBfG** 51
- durch Änderungskündigung 14 **TzBfG** 88
- einzelner Vertragsbedingungen 14 **TzBfG** 89
- einzelner Vertragsbedingungen (seit Inkrafttreten TzBfG) 14 **TzBfG** 91
- einzelner Vertragsbedingungen (vor Inkrafttreten TzBfG) 14 **TzBfG** 89
- Elternzeit, Kündigungsschutz, Verwirkung 18 **BEEG** 61
- Entwicklung Unionsrecht 14 **TzBfG** 2
- Entwicklung, gesetzliche 620 **BGB** 70
- Entwicklung, richterrechtliche 620 **BGB** 69
- ergänzender verfassungsrechtlicher Schutz 14 **TzBfG** 50
- EU-rechtliche Grundlagen 14 **TzBfG** 2, 17
- formelle Unwirksamkeitsgründe 16 **TzBfG** 16
- Formmangel (Altvertrag), Geltendmachung 623 **BGB** 220
- Fortsetzung nach Ende 15 **TzBfG** 52
- Fortsetzungsanspruch 17 **MuSchG** 185; 17 **TzBfG** 66
- Fortsetzungsanspruch, Durchsetzung 17 **TzBfG** 90
- Fortsetzungsanspruch, Geltendmachung 17 **TzBfG** 90
- Fortsetzungsanspruch, Vertrauensschutz 14 **TzBfG** 79; 17 **TzBfG** 71

Stichwortverzeichnis

- Fortsetzungsanspruch, Zusage 17 TzBfG 80
- Fortsetzungshandlungen 15 TzBfG 55
- Geltungsbereich, sachlicher 14 TzBfG 585
- Gesetzgebungshistorie 14 TzBfG 570
- gesetzliche Regelungen, Überblick 23 TzBfG 2
- Gestaltungsspielraum Gesetzgeber 14 TzBfG 53
- Gleichheitssatz 14 TzBfG 57
- Heuerverhältnis Seearbeitsgesetz (SeeArbG) 32
- Höchstdauer 3 TzBfG 33
- Information Arbeitnehmervertretung 20 TzBfG 1
- Information unbefristete Arbeitsplätze 18 TzBfG 1
- Inkrafttreten TzBfG 1 TzBfG 7
- Insolvenz, ordentliche Kündigung 15 TzBfG 36
- kalendermäßige Befristung 3 TzBfG 17
- kalendermäßige, Ankündigungspflicht 15 TzBfG 8
- kalendermäßige, Berechnung 15 TzBfG 8
- Kettenbefristung, enger sachlicher Zusammenhang 14 TzBfG 27
- Kettenbefristung, Sozialstaatsprinzip 14 TzBfG 66
- Klagefrist 4 KSchG 28
- Kombination von Befristungsarten 3 TzBfG 51
- Kündigung, außerordentliche 15 TzBfG 46
- Kündigung, in der Wartezeit 1 KSchG 135
- Kündigung, in der Wartezeit, widersprüchliches Verhalten 1 KSchG 136
- Kündigung, ordentliche 15 TzBfG 35
- Kündigung, ordentliche, Bezugnahme auf Tarifvertrag 15 TzBfG 43
- Kündigung, ordentliche, langfristige Bindung 15 TzBfG 47
- Kündigung, vereinbarte 15 TzBfG 36
- Kündigungserklärung, unwirksame Befristung 16 TzBfG 22
- Kündigungsmöglichkeit, unwirksame Befristung 16 TzBfG 3
- Kündigungsmöglichkeit, Unwirksamkeitsgrund 16 TzBfG 5
- Kündigungsschutz, besonderer 15 TzBfG 7
- Leitende Angestellte 14 TzBfG 81
- Massenentlassungen 17 KSchG 81
- Maßregelungsverbot 5 TzBfG 1
- materielle Unwirksamkeitsgründe 16 TzBfG 11
- Mindestdauer 3 TzBfG 35
- Mindestdauervereinbarung, Auslegung 3 TzBfG 35
- Mitbestimmung Betriebsrat 14 TzBfG 769
- Mutterschutz 14 TzBfG 77; 17 MuSchG 184
- Mutterschutz, Verfassungskonformität 14 TzBfG 62
- nachträgliche 14 TzBfG 83
- nachträgliche, Abgrenzung Aufhebungsvertrag 14 TzBfG 86
- nachträgliche, durch Änderungskündigung 2 KSchG 47, 100
- nachträgliche, durch betriebsbedingte Änderungskündigung 2 KSchG 201

- nationales Recht, richtlinienkonforme Auslegung 14 TzBfG 9
- Neuabschluss, Vorbehaltsvereinbarung 14 TzBfG 130; 17 TzBfG 63
- Nichtverlängerungsanzeige 14 TzBfG 191
- Pflegezeit 9 PflegeZG 64
- Pressefreiheit 14 TzBfG 60
- Probearbeitsverhältnis, ordentliche Kündigung 15 TzBfG 42
- Probezeit, Probearbeitsverhältnis, Auslegung Arbeitsvertrag 3 TzBfG 10
- Rahmenrichtlinie 14 TzBfG 5
- Rahmenrichtlinie, – als Ausnahme 14 TzBfG 28
- Rahmenrichtlinie, Geltungsbereich, sachlicher 14 TzBfG 21
- Rahmenrichtlinie, Inhalte 14 TzBfG 17
- Rahmenrichtlinie, Umsetzung Sozialpartner 14 TzBfG 23
- Rahmenvertrag 3 TzBfG 55
- Rechtfertigung Benachteiligung 4 TzBfG 16
- Rechtsfolge 15 TzBfG 1
- Schriftformmangel 623 BGB 202
- Stellungnahmefrist Betriebsrat 102 BetrVG 128
- treuwidrige Kündigung 242 BGB 2
- Vorbeschäftigungsverbot, Leiharbeitsverhältnis 14 TzBfG 593

Regelaltersgrenze, Kündigungsgrund Allgemeine Grundsätze des Sozialrechts 100

Religion oder Weltanschauung
- Begriffsbestimmung 1 AGG 25
- Benachteiligung wegen – 9 AGG 1
- Benachteiligungsverbot 1 AGG 25
- Scientology 1 AGG 29

Religionsfreiheit
- Benachteiligungsverbot 1 AGG 26
- Diskriminierungsverbot, EMRK 1 AGG 7

Religionsgemeinschaft 9 AGG 7
- Einrichtungen, zugeordnete 9 AGG 7
- Selbstbestimmungsrecht der Kirchen 9 AGG 10

Religiöse Betätigung
- als Kündigungsgrund 626 BGB 129
- Benachteiligungsverbot 1 AGG 26

Rentenbescheid
- Aufhebung 21 TzBfG 58

Rentenversicherung
- Altersrenten, Überblick Allgemeine Grundsätze des Sozialrechts 86
- Beitragszahlung AfA Allgemeine Grundsätze des Sozialrechts 82
- Leistungen während Kündigungsschutzklage Allgemeine Grundsätze des Sozialrechts 250

Rentenversicherungsverhältnis, Arbeitslosigkeit Allgemeine Grundsätze des Sozialrechts 80

Restmandat des Betriebsrats, Betriebsstilllegung 102 BetrVG 24

Richterinnen
- Mutterschutz 17 MuSchG 44

richterliche Rechtsfortbildung

Stichwortverzeichnis

- Bedarf, vorübergehender 14 TzBfG 193
- Bedarf, vorübergehender, ARGE 14 TzBfG 196
- Einstellung, bevorzugte Berücksichtigung 17 TzBfG 84
- Führungsposition auf Zeit 32 TVöD 1
- Rechtstatsachen 620 BGB 67
- Reichweite des Vorbeschäftigungsverbots 14 TzBfG 568
- Richtlinien der EU 14 TzBfG 2
- Rundfunkfreiheit 14 TzBfG 60, 300
- Sachgrunderfordernis 14 TzBfG 111
- Schriftform 3 ÄArbVtrG 13
- Schwerbehinderte Menschen 14 TzBfG 77
- Schwerbehinderte Menschen, Verfassungskonformität 14 TzBfG 62
- Sozialstaatsprinzip 14 TzBfG 66
- stillschweigende Verlängerung 15 TzBfG 52
- Tarifautonomie 14 TzBfG 61
- tarifliche Regelungen 22 TzBfG 10, 16
- tarifliche Regelungen, Bezugnahme 22 TzBfG 10
- tarifliche Regelungen, deklaratorische 22 TzBfG 18
- tarifliche Regelungen, Grenzen 22 TzBfG 2
- Tarifregelungen, Inbezugnahme 22 TzBfG 10
- Teilnahme Aus- und Weiterbildungsmaßnahmen 19 TzBfG 1
- Überblick TzBfG 1 TzBfG 3
- Unabdingbarkeit 22 TzBfG 1
- Unabdingbarkeit, Tarifautonomie 22 TzBfG 2
- unechte 3 TzBfG 35
- Unionsrecht, richtlinienkonforme Auslegung nationalen Rechts 14 TzBfG 9
- Unionsrecht, Vorrang 14 TzBfG 8
- Unionsrecht, Vorrang, richtlinienkonforme Auslegung 14 TzBfG 9
- unwirksame, Annahmeverzug 16 TzBfG 25
- unwirksame, Kündigungsmöglichkeit 16 TzBfG 3
- unwirksame, Kündigungsmöglichkeit Arbeitgeber 16 TzBfG 11
- unwirksame, Kündigungsmöglichkeit Arbeitnehmer 16 TzBfG 8
- unwirksame, Rechtsfolgen 16 TzBfG 1
- unwirksame, Wirksamwerden 7 KSchG 10
- Verbreitung 620 BGB 67
- Vereinbarungen, abweichende 22 TzBfG 1
- Vereinbarungen, abweichende, Günstigkeitsvergleich 22 TzBfG 5
- Verfassungskonformität (Art. 12 GG) 14 TzBfG 55
- verfassungsrechtliche Vorgaben 14 TzBfG 48
- vergleichbare Beschäftigte 3 TzBfG 56
- vergleichbarer unbefristet beschäftigter Arbeitnehmer, Begriff 3 TzBfG 56
- Verlängerung auf unbestimmte Zeit 15 TzBfG 52
- Verlängerung auf unbestimmte Zeit, bei Doppelbefristung 15 TzBfG 64
- Verlängerung, Vertrauensschutz 17 TzBfG 71

- Vertragsabreden, günstigere 22 TzBfG 15
- Vertragsabreden, verschlechternde 22 TzBfG 8
- Vertragsbedingungen, durch Änderungskündigung 2 KSchG 100
- Vertragsbedingungen, einzelne, Inhaltskontrolle 14 TzBfG 96
- Vertrauensschutz 14 TzBfG 571
- Wartezeitregelungen, Benachteiligungsverbot 4 TzBfG 27
- Weiterbeschäftigungsanspruch, allgemeiner 102 BetrVG 356
- Wiedereinstellungsanspruch 17 TzBfG 67
- wirksame, Rechtsmissbrauch Arbeitgeber 17 TzBfG 68
- wirksame, Vertrauensschutz Arbeitnehmer 17 TzBfG 71
- zeitliche Einschränkung 14 TzBfG 97
- Zielsetzung TzBfG 1 TzBfG 1
- Zweck TzBfG 620 BGB 95
- Zweckbefristung von Arbeitsbedingungen 15 TzBfG 3
- Zweckbefristung, Begriff 3 TzBfG 21
- Zwecksetzung des Arbeitgebers 32 TVöD 4
- Zweitbefristung als Widerspruch 21 BEEG 54
- zwingendes Recht 22 TzBfG 1

Richtlinie der EU
- Gleichbehandlung von Männern und Frauen 1 AGG 2
- Gleichbehandlungsrichtlinie 1 AGG 4
- Massenentlassungs-Richtlinie 17 KSchG 4
- Mutterschutz 17 MuSchG 22
- RL 92/85/EWG 17 MuSchG 22

Richtlinienkonforme Auslegung
- Bereichsausnahme KSchG 2 AGG 4
- Darlegungs- und Beweislast 2 AGG 25
- Entlassungsbegriff 17 KSchG 59
- Entschädigung und Schadensersatz 15 AGG 42
- Mutterschutz, Kündigungszugang 17 MuSchG 101
- Schadensersatz, verschuldensunabhängig 15 AGG 13
- Umsetzungsfrist, Ablauf 14 TzBfG 26
- Verschuldenserfordernis, Schadensersatz 15 AGG 13
- Vertrauensschutz 14 TzBfG 14

Risikoträger 14 KSchG 41, 42
- bedeutendes Institut 14 KSchG 44
- Modifizierung § 9 Abs. 1 S. 2 KSchG 14 KSchG 45
- Vergütungsschwelle 14 KSchG 43

Rücknahme
- Aufhebung Rentenbescheid 21 TzBfG 58

Rücktritt
- Aufhebungsvertrag **Aufhebungsvertrag** 27
- außerordentliche Kündigung, Abgrenzung 626 BGB 41
- Umdeutung als Kündigungserklärung 626 BGB 42

Stichwortverzeichnis

Rückzahlungsklausel
- Internationales Arbeitsrecht **Artikel28** 140
- Kündigungserschwerung **626 BGB** 72

Rundfunkfreiheit
- wiederholte, langjährige Beschäftigung **14 TzBfG** 329

Sachvortragsverwertungsverbot, Außerordentliche Kündigung **626 BGB** 400

Saisonbetrieb
- Begriff **22 KSchG** 9
- Betriebsstilllegung **15 KSchG** 121
- Darlegungs- und Beweislast **22 KSchG** 19
- Kündigungsschutzbesetz, Bereichsausnahme Massenentlassungen **22 KSchG** 12
- Massenentlassungen **17 KSchG** 41
- Wartezeit KSchG **22 KSchG** 12
- Wiedereinstellungsanspruch **22 KSchG** 13, 18

Sanierungskonzept, Betriebsübergang, Kündigung **613a BGB** 96

Schadenersatzanspruch
- »Endlosschaden« **113 InsO** 58
- bei Kündigung in der Insolvenz **113 InsO** 51
- Umfang **113 InsO** 57
- Voraussetzungen **113 InsO** 55

Schadensersatz
- Abfindung bei gerichtlicher Auflösungund **10 KSchG** 79; **628 BGB** 24
- Abwerbemaßnahme **1 KSchG** 454
- Anhörung vor Kündigung **626 BGB** 34
- Aufhebungsvertrag, Aufklärungspflichten **Aufhebungsvertrag** 6
- Auflösung, bei gerichtlicher **628 BGB** 22
- Ausschlussfrist **23 BBiG** 141
- bei außerordentlicher Kündigung **628 BGB** 19
- Benachteiligung bei Kündigung **1 AGG** 15; **113 InsO** 68

Schadensersatzanspruch **30 TVöD** 10

Schiedsgerichtbarkeit, Kündigungsschutzklage **4 KSchG** 256

Schifffahrt
- außerordentliche Kündigung **23 BBiG** 17; **626 BGB** 8

Schlichtungsausschuss
- Anrufungsfrist **23 BBiG** 115
- Berufsausbildungsverhältnis **23 BBiG** 110

Schmiergeld
- Annahme, als Kündigungsgrund **1 KSchG** 537; **626 BGB** 465
- außerordentliche Kündigung **626 BGB** 465

Schriftform
- Abmahnung **623 BGB** 58
- Abwicklungsvertrag **623 BGB** 51; **Aufhebungsvertrag** 51
- Änderungskündigung, Reichweite **2 KSchG** 49
- Antrag Zustimmung Integrationsamt **173 SGBIX** 67
- Arbeitsvertrag Stationierungsstreitkräfte **Art.56 NATO-ZusAbk** 10

- Aufhebungsvertrag **623 BGB** 148; **626 BGB** 51; **Aufhebungsvertrag** 9
- Aufhebungsvertrag, konkludenter, bei Organmitglied **14 KSchG** 8
- Ausgleichsquittung **623 BGB** 51
- Beendigungstatbestand **623 BGB** 60
- Beendigungstatbestand, fehlender **623 BGB** 51
- Befristung **14 TzBfG** 688
- Befristung, Hochschulen **2 WissZeitVG** 74
- Berufsausbildungsverhältnis, Kündigung **23 BBiG** 34, 92, 107
- Betriebsübergang, Widerspruch **613a BGB** 74
- Darlegungs- und Beweislast **623 BGB** 228
- Formmangel, Geltendmachung **623 BGB** 215
- Formmangel, nichtiges Rechtsgeschäft **623 BGB** 182
- Formmangel, Rechtsfolge **623 BGB** 182
- Formmangel, Teilnichtigkeit **623 BGB** 188
- Formmangel, Umdeutung **623 BGB** 192
- Formmangel, unzulässige Rechtsausübung **623 BGB** 202
- Funktionen **14 TzBfG** 694
- Heilung bei Formmangel **623 BGB** 197
- Heuerverhältnis, Aufhebungsvertrag **Seearbeitsgesetz (SeeArbG)** 36
- Heuerverhältnis, außerordentliche Kündigung **Seearbeitsgesetz (SeeArbG)** 107
- Heuerverhältnis, Kündigung **Seearbeitsgesetz (SeeArbG)** 64
- Interessenausgleich mit Namensliste **1 KSchG** 788

Schwangerschaft
- Anfechtung des Arbeitsvertrages **17 MuSchG** 181
- außerordentliche Kündigung **626 BGB** 18
- Berufsausbildungsverhältnis **23 BBiG** 22
- Berufsausbildungsverhältnis, Ablauf **23 BBiG** 22
- Darlegungs- und Beweislast **17 MuSchG** 47, 67
- Dauer **17 MuSchG** 96
- Kenntnis des Arbeitgebers oder des ihm Gleichgestellten **17 MuSchG** 53
- Kündigungsverbot **17 MuSchG** 47
- Kündigungsverbot, Beginn **17 MuSchG** 94
- Mitteilung, Arztbescheinigung **17 MuSchG** 73
- Mitteilung, Inhalt **17 MuSchG** 70
- Nachschieben von Kündigungsgründen **626 BGB** 200
- Nachweis, Mutterschutz **17 MuSchG** 88
- Vermutete, Mitteilung **17 MuSchG** 70

Schwarzarbeit, außerordentliche Kündigung **626 BGB** 452, 479

Schwerbehinderte Menschen
- Anfechtung Arbeitsvertrag **Vorbemerkungen zu 168–175** 23
- Anzeige der Einstellung **Vorbemerkungen zu 168–175** 33
- Aufhebungs-/Auflösungsvertrag **173 SGBIX** 151
- außerordentliche Kündigung **626 BGB** 19
- Ausweis, Ausstellung **Vorbemerkungen zu 168–175** 14

Stichwortverzeichnis

- Begriff **Vorbemerkungen zu 168–175** 4
- Begriff, nationales Recht **Vorbemerkungen zu 168–175** 4, 7
- Begriff, unionsrechtlicher **Vorbemerkungen zu 168–175** 5
- Behinderung, Abgrenzung 1 **AGG** 34
- betriebliches Eingliederungsmanagement 1 **KSchG** 343
- Eingliederungsmanagement, betriebliches 1 **KSchG** 224
- Erlöschen der Schwerbehinderte Menscheneigenschaft **Vorbemerkungen zu 168–175** 32
- Feststellung **Vorbemerkungen zu 168–175** 10
- Feststellungsverfahren, Fristen 173 **SGB IX** 53
- Fragerecht 626 **BGB** 453; **Vorbemerkungen zu 168–175** 24
- Gleichgestellte **Vorbemerkungen zu 168–175** 15
- Gleichgestellte, Antragszeitpunkt **Vorbemerkungen zu 168–175** 18
- Gleichgestellte, Voraussetzungen **Vorbemerkungen zu 168–175** 17
- Gleichstellung, Rücknahme **Vorbemerkungen zu 168–175** 35
- Gleichstellung, Widerruf **Vorbemerkungen zu 168–175** 35
- Kenntnis Arbeitgebers **Vorbemerkungen zu 168–175** 16
- Klage auf Feststellung **Vorbemerkungen zu 168–175** 15
- Mitteilungspflichten Arbeitnehmer **Vorbemerkungen zu 168–175** 17
- Nachweis Schwerbehinderung **Vorbemerkungen zu 168–175** 9
- Offenbarungspflicht 626 **BGB** 453
- Offenkundigkeit **Vorbemerkungen zu 168–175** 19

Schwerbehinderte Menschen, außerordentliche Kündigung
- Anfechtung Aufhebungsvertrag 174 **SGB IX** 25
- Anhörung Arbeitnehmer 174 **SGB IX** 15
- Antrag auf Zustimmung, Frist 174 **SGB IX** 10
- Antrag auf Zustimmung, Inhalt 174 **SGB IX** 13
- Antragsfrist 174 **SGB IX** 10
- Antragsinhalt 174 **SGB IX** 10
- Ausschlussfrist, abgelehnter Antrag des Arbeitnehmers 174 **SGB IX** 11
- außerordentliche Kündigung 174 **SGB IX** 2
- außerordentliche Kündigung mit Auslauffrist 174 **SGB IX** 2; 626 **BGB** 323
- Betriebsratsanhörung 174 **SGB IX** 38
- Entscheidungsfrist, Berechnung 174 **SGB IX** 19
- Entscheidungsfrist, Integrationsamt 174 **SGB IX** 16
- Entwicklung, gesetzliche 174 **SGB IX** 1
- Ermessenseinschränkung Integrationsamt 174 **SGB IX** 20
- Kündigungserklärungsfrist nach Entscheidungsfrist 174 **SGB IX** 36

- Kündigungserklärungsfrist nach Zustimmungsentscheidung 174 **SGB IX** 32
- Rechtsbehelfe Arbeitnehmer 174 **SGB IX** 48
- Rechtsbehelfe Zustimmungsentscheidung 174 **SGB IX** 27
- Schwerbehinderung, Kenntnis Arbeitgeber 174 **SGB IX** 4
- Stellungnahmen, Einholung 174 **SGB IX** 15
- Umdeutung 174 **SGB IX** 42, 45
- Umdeutung, Zustimmungserfordernis 174 **SGB IX** 46
- vorsorglicher Bescheid 174 **SGB IX** 5, 17
- Wiedereinstellung nach Arbeitskampf 174 **SGB IX** 55
- Zusammenhang mit Behinderung 174 **SGB IX** 21
- Zusammenhang mit Behinderung, Darlegungs- und Beweislast 174 **SGB IX** 23
- Zustellung, Entscheidungsfrist 174 **SGB IX** 18
- Zustimmung 174 **SGB IX** 9
- Zustimmungsentscheidung, Form 174 **SGB IX** 26
- Zustimmungsentscheidung, Rechtsbehelfe 174 **SGB IX** 27
- Zustimmungsfiktion 174 **SGB IX** 20
- Zustimmungsverfahren 174 **SGB IX** 9
- Zweck Kündigungsschutz 174 **SGB IX** 1

Schwerbehinderte Menschen, Beendigungsschutz
- Beendigung Arbeitsverhältnis ohne Kündigung 175 **SGB IX** 3
- Dienstordnungsangestellte 175 **SGB IX** 10
- Entwicklung, gesetzliche 175 **SGB IX** 1
- Erwerbsminderung 175 **SGB IX** 3
- Erwerbsunfähigkeit 175 **SGB IX** 3
- Kenntnis Arbeitgeber 175 **SGB IX** 5
- Zustimmungsverfahren 175 **SGB IX** 6
- Zweck 175 **SGB IX** 1

Schwerbehinderte Menschen, Integrationsamt
- Antrag, Schriftform und elektronische Form 173 **SGB IX** 69
- Antrag, Zurückweisung, Formverletzung 173 **SGB IX** 70
- Antragsbefugnis 173 **SGB IX** 67
- Antragsbegründung, fehlende 173 **SGB IX** 95
- Antragsform 173 **SGB IX** 69
- Antragsfrist 173 **SGB IX** 78
- Antragsinhalt 173 **SGB IX** 79
- Antragstellung 173 **SGB IX** 67
- Antragstellung, Bevollmächtigung 173 **SGB IX** 68
- Antragstellung, nachfolgender Betriebsübergang **Vorbemerkungen zu 168–175** 8
- Auflösungsantrag **Vorbemerkungen zu 168–175** 15
- Entscheidung, Abschrift an BA 173 **SGB IX** 115
- Entscheidung, Form 173 **SGB IX** 113
- Entscheidung, Rechtsbehelfe 173 **SGB IX** 116

Stichwortverzeichnis

- Entscheidung, Rechtsbehelfe, aufschiebende Wirkung 173 **SGBIX** 122
- Entscheidung, Selbstbindung 173 **SGBIX** 126
- Entscheidungsfrist 173 **SGBIX** 88
- Ermessenseinschränkungen, anderer Arbeitsplatz 173 **SGBIX** 108
- Ermessenseinschränkungen, Betriebseinschränkung 173 **SGBIX** 102
- Ermessenseinschränkungen, Betriebsstilllegung 173 **SGBIX** 98
- Ermessenseinschränkungen, Interessenausgleich im Insolvenzverfahren 173 **SGBIX** 110
- Ermessenseinschränkungen, Weiterbeschäftigungsmöglichkeit 173 **SGBIX** 105
- Ermessensentscheidung **Vorbemerkungen zu 168–175** 26
- Ermessensentscheidung, Maßstäbe 173 **SGBIX** 92
- gütliche Einigung 173 **SGBIX** 85
- Negativtestat 173 **SGBIX** 62
- Negativtestat, Anfechtbarkeit 173 **SGBIX** 66
- Rechtsbehelf und Kündigungserklärung 173 **SGBIX** 123
- Untersuchungsgrundsatz 173 **SGBIX** 94
- Verfahren, Stellungnahme Betriebsrat 173 **SGBIX** 81
- Verhandlung, mündliche 173 **SGBIX** 87
- zuständiges, Betriebssitz 173 **SGBIX** 72
- zuständiges, öffentlicher Dienst 173 **SGBIX** 76
- Zustellung, förmliche 173 **SGBIX** 114
- Zustimmung **Vorbemerkungen zu 168–175** 26
- Zustimmung unter Auflagen 173 **SGBIX** 97
- Zustimmung unter Bedingungen 173 **SGBIX** 96
- Zustimmung, Aufhebung, Rechtsfolgen 173 **SGBIX** 132
- Zustimmung, Betriebsübergang **Vorbemerkungen zu 168–175** 8
- Zustimmung, Bindungswirkung gegenüber Dritten 173 **SGBIX** 142
- Zustimmung, Rechtsbehelf, aufschiebende Wirkung **Vorbemerkungen zu 168–175** 28
- Zustimmung, Rücknahme 173 **SGBIX** 128
- Zustimmung, Rückwirkung **Vorbemerkungen zu 168–175** 27
- Zustimmung, Widerruf 173 **SGBIX** 128
- Zustimmungserfordernis **Vorbemerkungen zu 168–175** 26
- Zustimmungsverfahren 173 **SGBIX** 81

Schwerbehinderte Menschen, Kündigungsschutz
- Änderungskündigung 2 KSchG 280; **Vorbemerkungen zu 168–175** 9
- Änderungskündigung, Direktionsrecht, Abgrenzung **Vorbemerkungen zu 168–175** 11
- Anfechtungsklage gegen Zustimmung 173 **SGBIX** 157
- Antragstellung vor Kündigung **Vorbemerkungen zu 168–175** 20
- Arbeitnehmer **Vorbemerkungen zu 168–175** 20
- Arbeitnehmerbegriff, unionsrechtlicher **Vorbemerkungen zu 168–175** 21
- Arbeitsbeschaffungsmaßnahme **Vorbemerkungen zu 168–175** 38
- auflösende Bedingung **Vorbemerkungen zu 168–175** 12
- Auflösungsantrag **Vorbemerkungen zu 168–175** 15
- Auflösungsantrag Arbeitgeber 9 KSchG 77
- Ausschlussfrist 626 BGB 357
- Auszubildende 23 BBiG 7; **Vorbemerkungen zu 168–175** 20
- Beamte, Soldaten und Richter **Vorbemerkungen zu 168–175** 22
- Beginn **Vorbemerkungen zu 168–175** 30
- bei Einstellung, mitbestimmungswidriger **Vorbemerkungen zu 168–175** 13
- bei vorläufiger Einstellung **Vorbemerkungen zu 168–175** 13
- Beschäftigung, karitative Beweggründe **Vorbemerkungen zu 168–175** 36
- Beschäftigung, religiöse Beweggründe **Vorbemerkungen zu 168–175** 36
- Beschäftigung, zur Erziehung **Vorbemerkungen zu 168–175** 37
- Beschäftigung, zur Heilung **Vorbemerkungen zu 168–175** 37
- Beschäftigung, zur Wiedereingewöhnung **Vorbemerkungen zu 168–175** 37
- betriebliches Eingliederungsmanagement 1 KSchG 343
- betriebliches Eingliederungsmanagement, Durchführung 173 **SGBIX** 43
- Betriebsgröße **Vorbemerkungen zu 168–175** 24
- Betriebsratsanhörung **Vorbemerkungen zu 168–175** 42
- Betriebsratsbeteiligung **Vorbemerkungen zu 168–175** 14
- Darlegungs- und Beweislast 173 **SGBIX** 60
- Dauer **Vorbemerkungen zu 168–175** 30
- Entwicklung, gesetzliche **Vorbemerkungen zu 168–175** 1
- Erlöschen **Vorbemerkungen zu 168–175** 32
- Feststellung, beantragte **Vorbemerkungen zu 168–175** 17
- Feststellungsverfahren Gleichgestellte, Fristablauf 173 **SGBIX** 57
- Feststellungsverfahren, Fristablauf 173 **SGBIX** 55
- Fremdgeschäftsführer **Vorbemerkungen zu 168–175** 20
- Gleichstellung, Rücknahme **Vorbemerkungen zu 168–175** 35
- Gleichstellung, Widerruf **Vorbemerkungen zu 168–175** 35
- Grad der Behinderung, Absinken **Vorbemerkungen zu 168–175** 32
- Heimarbeiter **Vorbemerkungen zu 168–175** 20
- Heuerverhältnis Seearbeitsgesetz (SeeArbG) 46

Stichwortverzeichnis

- Kenntnis Arbeitgeber **Vorbemerkungen zu 168–175** 16
- Kenntnis, durch Betriebsratsstellungnahme **Vorbemerkungen zu 168–175** 19, 21
- Kündigung, nach Zustimmung **173 SGB IX** 144
- Kündigungserklärungsfrist nach Zustimmung **173 SGB IX** 144
- Kündigungsschutz, anderweitiger, Verhältnis **Vorbemerkungen zu 168–175** 40
- Kündigungsschutzklage **173 SGB IX** 154
- Kündigungsschutzklage, Aussetzung bei Anfechtungsklage **173 SGB IX** 163
- Kurzarbeit **Vorbemerkungen zu 168–175** 10
- Leitende Angestellte **14 KSchG** 72
- Mindestkündigungsfrist **173 SGB IX** 148
- Mindestkündigungsfrist in der Insolvenz **173 SGB IX** 150
- Mindestkündigungsfrist, Arbeitnehmerkündigung **173 SGB IX** 152
- Mitteilungsfrist nach Kündigung **Vorbemerkungen zu 168–175** 19
- Mitteilungspflichten Arbeitnehmer **Vorbemerkungen zu 168–175** 17
- Nachschieben von Kündigungsgründen **173 SGB IX** 160; **626 BGB** 199
- Negativtestat **173 SGB IX** 62
- Präventionsverfahren, Durchführung **173 SGB IX** 43
- Probearbeitsverhältnis **Vorbemerkungen zu 168–175** 33
- Schwerbehinderte Menschenvertretung, Anhörung **173 SGB IX** 43
- Schwerbehinderteneigenschaft **Vorbemerkungen zu 168–175** 15
- Stationierungsstreitkräfte **Art. 56 NATO-ZusAbk** 40
- Teilkündigung **Vorbemerkungen zu 168–175** 9
- Unabdingbarkeit **Vorbemerkungen zu 168–175** 39
- vorübergehender Wegfall **Vorbemerkungen zu 168–175** 38
- Wahlfunktionen **Vorbemerkungen zu 168–175** 39
- Wegfall **Vorbemerkungen zu 168–175** 32
- Weiterbeschäftigungsanspruch **173 SGB IX** 166
- Weiterbeschäftigungsanspruch, allgemeiner **173 SGB IX** 166
- Wiederaufnahmeverfahren **173 SGB IX** 164
- Zeitpunkt, maßgebender **Vorbemerkungen zu 168–175** 15
- Zustimmungserfordernis **Vorbemerkungen zu 168–175** 25
- Zustimmungserfordernis, anderweitiges **173 SGB IX** 41

Schwerbehindertenvertretung
- Anhörung Arbeitnehmer **173 SGB IX** 82
- Anhörung vor Kündigung **173 SGB IX** 43
- Beteiligung **173 SGB IX** 44

- Kündigungsschutz, besonderer **128** 3; **13 KSchG** 95
- Teilnahme an Betriebsratssitzung **102 BetrVG** 141
- Verletzung Anhörungspflicht **173 SGB IX** 48

Seearbeitsrecht
- Binnenschiffe **Seearbeitsgesetz (SeeArbG)** 7, 22
- Entwicklung gesetzliche **Seearbeitsgesetz (SeeArbG)** 1
- Geltungsbereich, persönlicher **Seearbeitsgesetz (SeeArbG)** 17
- Geltungsbereich, sachlicher **Seearbeitsgesetz (SeeArbG)** 5, 21
- Grundlagen, unionsrechtliche **Seearbeitsgesetz (SeeArbG)** 2
- Internationales – **Seearbeitsgesetz (SeeArbG)** 9
- Internationales Seeschifffahrtsregister **Seearbeitsgesetz (SeeArbG)** 11
- Kapitän **Seearbeitsgesetz (SeeArbG)** 27
- Kauffahrteischiffe **Seearbeitsgesetz (SeeArbG)** 21
- Rechtswahl bei Heuerverhältnissen **Seearbeitsgesetz (SeeArbG)** 10
- Schiffsoffizier **Seearbeitsgesetz (SeeArbG)** 28
- Selbstständige an Bord **Seearbeitsgesetz (SeeArbG)** 25
- tarifvertragliche Regelungen **Seearbeitsgesetz (SeeArbG)** 4
- Unabdingbarkeit **Seearbeitsgesetz (SeeArbG)** 5
- Verordnungen, Ermächtigungsgrundlagen **Seearbeitsgesetz (SeeArbG)** 3

Seebetriebsrat
- Anhörung vor Kündigung **102 BetrVG** 62; **Seearbeitsgesetz (SeeArbG)** 55
- Betriebsratsanhörung **102 BetrVG** 62
- Einspruch Arbeitnehmer **Seearbeitsgesetz (SeeArbG)** 60
- Entgegennahme von Arbeitgebererklärungen **103 BetrVG** 80
- Kündigungsschutz **103 BetrVG** 12
- Kündigungsschutz, Entwicklung **103 BetrVG** 1
- nachwirkender Kündigungsschutz **15 KSchG** 82
- Wahlbewerber, besonderer Kündigungsschutz **Seearbeitsgesetz (SeeArbG)** 43
- Wahlbewerber/-vorstand, Kündigungsschutz **103 BetrVG** 15

Seeschifffahrt
- außerordentliche Kündigung **626 BGB** 8
- Besatzungsmitglied **24 KSchG** 13, 29
- Betriebsbegriff **24 KSchG** 18
- Geltung KSchG **24 KSchG** 11
- Kündigungsschutzgesetz, Ausnahmeregelung **23 KSchG** 15
- Massenentlassungen **17 KSchG** 43

Sexuelle Belästigung
- außerordentliche Kündigung **626 BGB** 460
- Benachteiligung **3 AGG** 50

3199

Stichwortverzeichnis

- Entfernung betriebsstörender Arbeitnehmer 104 BetrVG 12
- verhaltensbedingte Kündigung 1 KSchG 545

Sexuelle Identität
- Begriff 1 AGG 37
- Benachteiligungsverbot 1 AGG 37

Sicherheitsbedenken, Kündigungsgrund 626 BGB 133

Sittenwidrige Kündigung
- Abgrenzung 242 BGB 3

Sittenwidrigkeit, Aufhebungsvertrag Aufhebungsvertrag 36

Soldaten, Außerordentliche Kündigung 626 BGB 16

Soldatinnen
- Mutterschutz 17 MuSchG 44

Sozialauswahl 1 KSchG 646
- Altersdiskriminierung 1 KSchG 29; 10 AGG 21
- Altersgruppenbildung 10 AGG 21; 125 InsO 35
- Änderungskündigung 2 KSchG 160
- Arbeitnehmer ohne allgemeinen Kündigungsschutz 1 KSchG 715
- Arbeitsplätze, freie 1 KSchG 243
- Arbeitsverhältnis, ruhendes 1 KSchG 725
- ARGE 1 KSchG 143, 654, 725
- Aufgabenbereich, Identität 1 KSchG 665
- Aufgabenbereich, maßgebende 1 KSchG 665
- Ausschluss der ordentlichen Kündigung 626 BGB 167
- Ausschluss ordentlicher Kündigung 1 KSchG 719
- Austauschbarkeit 1 KSchG 662
- Austauschkündigung, unzulässige 1 KSchG 712
- bei außerordentlicher Kündigung 1 KSchG 649
- berechtigte betriebliche Interessen, Verhältnis 1 KSchG 675
- Betriebsbezogenheit 1 KSchG 651
- Betriebsratsanhörung, Widerspruch 102 BetrVG 194
- Betriebsratsmitglieder 1 KSchG 717
- Betriebsstilllegung, sukzessive 1 KSchG 727
- Betriebsübergang, Kündigung 1 KSchG 656
- Betriebsübergang, Widerspruch 613a BGB 82
- betriebsübergreifende 1 KSchG 658
- Datenschutz 1 KSchG 767
- Dominoeffekt, bei fehlerhafter 1 KSchG 711
- Entwicklung, gesetzliche 1 KSchG 13, 646
- fehlerhafte, Rechtsfolgen 1 KSchG 708
- freigestellte Arbeitnehmer 1 KSchG 725
- Gemeinschaftsbetrieb 1 KSchG 653
- Gruppenspezifische, bei Personalabbau 1 KSchG 661
- Heuerverhältnis, Kündigung Seearbeitsgesetz (SeeArbG) 89
- Insolvenz, Interessenausgleich 125 InsO 23
- Interessenausgleich mit Namensliste, Prüfungsmaßstab 1 KSchG 796
- Interessenausgleich, grobe Fehlerhaftigkeit 125 InsO 26
- Kündigung, Ausschluss der ordentlichen 1 KSchG 719
- Kündigungsbeschränkung 1 KSchG 720
- Kündigungsschutz, besonderer 1 KSchG 717
- Kündigungsschutz, besonderer, vereinbarter 1 KSchG 720
- Leistungsmängel, gesundheitliche 1 KSchG 666
- Leistungsunterschiede 1 KSchG 666
- Leitende Angestellte 1 KSchG 716
- Mandatsträger (BetrVG) 1 KSchG 664
- Merkmale, arbeitsplatzbezogen 1 KSchG 660
- Mutterschutz 1 KSchG 717
- Neueinstellungen, beabsichtigte 1 KSchG 713
- öffentlicher Dienst 1 KSchG 654, 713
- ordentlich unkündbare Arbeitnehmer 626 BGB 168
- Personalratsmitglieder 1 KSchG 717
- Personalstruktur, ausgewogene 125 InsO 32
- Personenkreis 1 KSchG 652
- Prüfungsreihenfolge 1 KSchG 708
- Schwerbehinderte Menschen 1 KSchG 717
- Sonderkündigungsschutz 1 KSchG 717
- Sozialkriterien 1 KSchG 728
- Teilzeitbeschäftigte, Vergleichbarkeit 1 KSchG 673
- Teilzeitbeschäftigte, Vergleichbarkeit, unionsrechtliche Konformität 1 KSchG 674
- Unabdingbarkeit 1 KSchG 712
- Unkündbarkeit 1 KSchG 717
- Unternehmensweit 1 KSchG 651
- Vergleichbarkeit Arbeitnehmer 1 KSchG 660
- Vergleichbarkeit, Änderungskündigung 2 KSchG 161
- Vergleichbarkeit, Einarbeitungszeit 1 KSchG 667
- Vergleichbarkeit, Eingruppierung 1 KSchG 665
- Vergleichbarkeit, horizontale 1 KSchG 671
- Vergleichbarkeit, Leistungsmängel 1 KSchG 666
- Vergleichbarkeit, Teilzeitbeschäftigte 1 KSchG 673
- Vergleichbarkeit, Umschulungserfordernis 1 KSchG 667
- Vergleichbarkeit, Versetzungsmöglichkeit 1 KSchG 668
- Vergleichbarkeit, vertikale 1 KSchG 671
- Verlagerung von Tätigkeiten 1 KSchG 657
- Vertretbarkeit 1 KSchG 710
- Wartezeit, nicht erfüllte 1 KSchG 715
- Weiterbeschäftigungsmöglichkeit, teilweise 1 KSchG 658
- Weiterbeschäftigungsmöglichkeit, Verhältnis 1 KSchG 650
- Widerspruch und Kündigung 613a BGB 82

Sozialauswahl, Auswahlkriterien
- Altersdiskriminierung 1 KSchG 729, 732
- Änderungskündigung 2 KSchG 161
- Arbeitnehmerangaben, fehlerhafte 1 KSchG 747
- Arbeitsmarktchancen 1 KSchG 729, 732
- Auskunftsanspruch des Arbeitnehmers 1 KSchG 755

Stichwortverzeichnis

- Auswahlrichtlinien 1 KSchG 772, 773
- Auswahlrichtlinien, richtlinienkonforme Auslegung 1 KSchG 776
- Benachteiligungsverbot, betriebsverfassungsrechtliches 1 KSchG 745
- Benachteiligungsverbote, gesetzliche 1 KSchG 744
- Benachteiligungsverbote, Heimkehrer 1 KSchG 744
- Benachteiligungsverbote, Wehrübungen 1 KSchG 744
- Benachteiligungsverbote, Zivilschutz 1 KSchG 743
- Beschäftigungsdauer 1 KSchG 730
- Betriebsratsanhörung 102 BetrVG 92
- Beurteilungsspielraum Arbeitgeber 1 KSchG 749
- Darlegungs- und Beweislast 1 KSchG 760
- Doppelverdienst 1 KSchG 737
- Entwicklung, zukünftige 1 KSchG 750
- Ermittlung, durch Arbeitgeber 1 KSchG 746
- Gesundheitszustand 1 KSchG 686
- Gewichtung 1 KSchG 741
- Grundsatz 1 KSchG 728
- kollektivrechtliche Regelungen 1 KSchG 772
- Lebensalter 1 KSchG 732
- nicht mitgeteilte 1 KSchG 746
- Schwerbehinderung 1 KSchG 742
- Selbstbindung Arbeitgeber 1 KSchG 753
- Sozialauswahl, weitere Kriterien 1 KSchG 753
- Überprüfung, gerichtliche 1 KSchG 769
- Unterhaltsleistung durch Dritte 1 KSchG 737
- Unterhaltspflichten 1 KSchG 735
- Verfassungsmäßigkeit 1 KSchG 728
- Verzicht zugunsten Dritter 1 KSchG 754
- Widerspruch des Betriebsrats 1 KSchG 768

Sozialauswahl, berechtigte betriebliche Interessen 1 KSchG 677
- Altersdiskriminierung 1 KSchG 696
- Altersstruktur 1 KSchG 692
- Anforderungsprofil 1 KSchG 682
- Ausbildung 1 KSchG 698
- Begriff 1 KSchG 677
- Betriebsablauf, geordneter 1 KSchG 705
- Darlegungs- und Beweislast 1 KSchG 707
- Eignung, körperliche Eignung 1 KSchG 686
- Entgeltkosten, ältere Arbeitnehmer 1 KSchG 688
- Fähigkeiten, Begriff 1 KSchG 685
- Fehlzeiten, krankheitsbedingte 1 KSchG 700
- Geltendmachung durch Arbeitnehmer 1 KSchG 680
- Geschlechterverhältnis 1 KSchG 701
- Herbeiführung, rechtsmissbräuchliche 1 KSchG 687
- Kenntnisse, Begriff 1 KSchG 684
- Konkurrenztätigkeit, erwartete 1 KSchG 689
- Krankheitsanfälligkeit 1 KSchG 686
- Leistungsträger 1 KSchG 677, 682
- Leistungsträger, Belegschaftsanteil 1 KSchG 683
- Leistungsunterschied, relevanter 1 KSchG 688
- Massenkündigung, geordneter Betriebsablauf 1 KSchG 706
- Personalstruktur 1 KSchG 690
- Personalstruktur, Altersstruktur 1 KSchG 692
- Personalstruktur, Begriff 1 KSchG 692
- Personalstruktur, bisherige 1 KSchG 690
- Personalstruktur, Geschlechterverhältnis 1 KSchG 701
- Personalstruktur, mehrere 1 KSchG 703
- Qualifikation 1 KSchG 698
- Selbstbindung Arbeitgeber 1 KSchG 680
- Sozialauswahl, Verhältnis 1 KSchG 675
- Unternehmerentscheidung 1 KSchG 679
- Unternehmerentscheidung, Benachteiligungsverbote 1 KSchG 679
- Vertragstreue 1 KSchG 699
- Vorteil, nicht unerheblicher 1 KSchG 678

Sozialauswahl, Sozialkriterien 1 KSchG 728

Sozialplan
- Interessenausgleich mit Namensliste 1 KSchG 791
- Wartezeit, Abbedingung 1 KSchG 104

Sozialversicherung
- Arbeitslosenversicherung Allgemeine Grundsätze des Sozialrechts 109
- Forderungsübergang Allgemeine Grundsätze des Sozialrechts 253
- Gleichwohlgewährung, Rückabwicklung Allgemeine Grundsätze des Sozialrechts 188
- Krankenversicherung Allgemeine Grundsätze des Sozialrechts 65
- Kündigung, unwirksame Allgemeine Grundsätze des Sozialrechts 181
- Kündigungsschutzprozess, Auswirkung Allgemeine Grundsätze des Sozialrechts 269
- Kurzarbeitergeld Allgemeine Grundsätze des Sozialrechts 160
- Meldepflichten Allgemeine Grundsätze des Sozialrechts 25
- Sozialversicherungsverhältnis, Begriff Allgemeine Grundsätze des Sozialrechts 1
- Versicherungszweige Allgemeine Grundsätze des Sozialrechts 2

Sozialversicherungsbeitrag
- Abfindung bei Auflösungsantrag 10 KSchG 91
- Abfindungen Allgemeine Grundsätze des Sozialrechts 28, 37
- Arbeitsentgelt, Abfindungen Allgemeine Grundsätze des Sozialrechts 199
- Arbeitsentgelt, einmaliges Allgemeine Grundsätze des Sozialrechts 37
- Arbeitsentgelt, für bestehendes Arbeitsverhältnis Allgemeine Grundsätze des Sozialrechts 31
- Arbeitsentgelt, maßgebendes Allgemeine Grundsätze des Sozialrechts 26
- Beitragsabzug Arbeitgeber Allgemeine Grundsätze des Sozialrechts 216

Stichwortverzeichnis

- Beitragsausgleich, bei Bezug von Arbeitslosengeld **Allgemeine Grundsätze des Sozialrechts** 225
- Beitragspflicht **Allgemeine Grundsätze des Sozialrechts** 204
- Beitragspflicht, anhängiger Kündigungsschutzprozess **Allgemeine Grundsätze des Sozialrechts** 206
- Beitragspflicht, Beendigung **Allgemeine Grundsätze des Sozialrechts** 21
- Beitragszahlung, Durchführung **Allgemeine Grundsätze des Sozialrechts** 209
- Beitragszahlung, paritätische Finanzierung **Allgemeine Grundsätze des Sozialrechts** 206
- Beitragszuschuss Arbeitgeber **Allgemeine Grundsätze des Sozialrechts** 220
- Beschäftigungsverhältnis, bestehendes **Allgemeine Grundsätze des Sozialrechts** 21
- Einmalzahlungen **Allgemeine Grundsätze des Sozialrechts** 37, 40
- Einzugsstelle **Allgemeine Grundsätze des Sozialrechts** 212
- Ende der Beitragspflicht **Allgemeine Grundsätze des Sozialrechts** 21
- Entgelt, Abfindung, Abgrenzung **Allgemeine Grundsätze des Sozialrechts** 269
- Entgeltfortzahlung über Dauer Arbeitsverhältnis **Allgemeine Grundsätze des Sozialrechts** 45
- Entgeltfortzahlung, Verzicht **Allgemeine Grundsätze des Sozialrechts** 47
- Fälligkeit **Allgemeine Grundsätze des Sozialrechts** 207
- Forderungsübergang **Allgemeine Grundsätze des Sozialrechts** 187, 253
- Forderungsübergang, gesetzlicher **Allgemeine Grundsätze des Sozialrechts** 229
- Kündigungsschutzprozess, anderweitige Beschäftigung **Allgemeine Grundsätze des Sozialrechts** 200
- nach Beendigung Beschäftigungsverhältnis **Allgemeine Grundsätze des Sozialrechts** 24
- Nachzahlungsansprüche **11 KSchG** 36
- Nachzahlungsansprüche nach Kündigungsschutzprozess **Allgemeine Grundsätze des Sozialrechts** 199, 269
- Nachzahlungsansprüche, bei unwirksamer Kündigung **Allgemeine Grundsätze des Sozialrechts** 192, 199
- Rentenversicherung **Allgemeine Grundsätze des Sozialrechts** 23
- Sperrzeit **Allgemeine Grundsätze des Sozialrechts** 158
- Umgehung **Allgemeine Grundsätze des Sozialrechts** 35

Sozialversicherungsleistung, Anrechnung als Zwischenverdienst 11 KSchG 52

Spaltung, kündigungsrechtliche Stellung 324 UmwG 44

Sperrzeit
- Aufhebungsvertrag, Aufklärungspflichten **Aufhebungsvertrag** 8

Spesenbetrug, Kündigungsgrund 626 BGB 462
Spielsucht, Kündigungsgrund 1 KSchG 304
Sprecherausschuss
- Anhörung vor Kündigungen **102 BetrVG** 16
- Kündigungsschutz **103 BetrVG** 24
- Kündigungsschutz, besonderer **14 KSchG** 68

Stasi-Tätigkeit
- Kündigung **1 KSchG** 326

Stationierungsstreitkräfte
- Ansprüche nach Kündigungserklärung **Art. 56 NATO-ZusAbk** 20
- Anwendung KSchG **Art. 56 NATO-ZusAbk** 29
- Arbeitgeber **Art. 56 NATO-ZusAbk** 9
- Arbeitnehmer, zivile **Art. 56 NATO-ZusAbk** 5
- Arbeitskräfte, zivile **Art. 56 NATO-ZusAbk** 5
- Arbeitsverhältnis **Art. 56 NATO-ZusAbk** 9
- Arbeitsvertrag, Schriftform **Art. 56 NATO-ZusAbk** 10
- Auflösungsantrag **Art. 56 NATO-ZusAbk** 32
- Auflösungsantrag Arbeitgeber **9 KSchG** 79
- außerordentliche Kündigung **Art. 56 NATO-ZusAbk** 23
- außerordentliche Kündigung, Ausschlussfrist **Art. 56 NATO-ZusAbk** 23
- außerordentliche Kündigung, Regelbeispiele **Art. 56 NATO-ZusAbk** 25
- außerordentliche Kündigung, tarifliche Schutzbestimmungen **Art. 56 NATO-ZusAbk** 26
- Beendigung Arbeitsverhältnis, Altersgrenze **Art. 56 NATO-ZusAbk** 46
- Betriebsübergang **Art. 56 NATO-ZusAbk** 38
- Betriebsvertretung, Kündigungsschutz **Art. 56 NATO-ZusAbk** 41
- Einkommensschutzzulage **Art. 56 NATO-ZusAbk** 27
- Erwerbminderung, auflösende Bedingung **Art. 56 NATO-ZusAbk** 47
- Gefolge, ziviles **Art. 56 NATO-ZusAbk** 5
- Geltungsbereich des KSchG **1 KSchG** 142
- Kündigung **Art. 56 NATO-ZusAbk** 14
- Kündigung, betriebliche Gründe **Art. 56 NATO-ZusAbk** 18
- Kündigung, Form **Art. 56 NATO-ZusAbk** 17
- Kündigung, ordentliche **Art. 56 NATO-ZusAbk** 14
- Kündigungsfristen **Art. 56 NATO-ZusAbk** 18
- Kündigungsgrund, Darlegungs- und Beweislast **Art. 56 NATO-ZusAbk** 30
- Kündigungsgrund, dringend betriebliches Erfordernis **Art. 56 NATO-ZusAbk** 33
- Kündigungsgrund, dringend betriebliches Erfordernis, Sozialauswahl **Art. 56 NATO-ZusAbk** 36
- Kündigungsgrund, Geheimhaltungsinteressen **Art. 56 NATO-ZusAbk** 30
- Kündigungsschutz **Art. 56 NATO-ZusAbk** 29
- Kündigungsschutz Betriebsvertretung **15 KSchG** 17
- Massenentlassungen **Art. 56 NATO-ZusAbk** 37

Stichwortverzeichnis

- Mitwirkungsrechte Art.56 NATO-ZusAbk 16
- Mitwirkungsrechte Betriebsvertretung Art.56 NATO-ZusAbk 42
- Mitwirkungsrechte Personalvertretung Art.56 NATO-ZusAbk 11
- Mutterschutz 17 MuSchG 37; Art.56 NATO-ZusAbk 39
- Mutterschutz, Kündigungsverbot 17 MuSchG 118
- ordentliche Kündigung Art.56 NATO-ZusAbk 16
- Personalrat, Anhörung bei Kündigung 128 7
- Probezeit, Kündigung Art.56 NATO-ZusAbk 15
- Prozessstandschaft Art.56 NATO-ZusAbk 48
- Rechtsgrundlagen Art.56 NATO-ZusAbk 1
- Rechtsgrundlagen, Beitrittsgebiet Art.56 NATO-ZusAbk 1
- Schwerbehinderte Menschen Art.56 NATO-ZusAbk 40
- sowjetische Streitkräfte, ehemalige Art.56 NATO-ZusAbk 7
- Tarifvertrag, maßgebender Art.56 NATO-ZusAbk 6
- Tendenzbetrieb Art.56 NATO-ZusAbk 29
- Truppenstatut, Geltungsbereich, personeller Art.56 NATO-ZusAbk 2, 5
- Unternehmen, nichtdeutsche, wirtschaftlichen Charakters Art.56 NATO-ZusAbk 3
- Weiterbeschäftigungsanspruch Art.56 NATO-ZusAbk 29
- Weiterbeschäftigungsmöglichkeit Art.56 NATO-ZusAbk 27
- Zeugniserteilung Art.56 NATO-ZusAbk 49

Stationierungsstreitkräfte, Tarifvertrag für die Arbeitnehmer Art.56 NATO-ZusAbk 26
Statusklage, Arbeitnehmerähnliche Person Arbeitnehmerähnliche Personen (ArbNähnl. Pers.) 37
Steuerfreiheit, Abfindung, Wegfall 34 EStG 1
Stillschweigende Verlängerung
- Abdingbarkeit 625 BGB 12
- Abdingbarkeit, Bühnenarbeitsverhältnis 625 BGB 12
- Ablauf der Dienstzeit 625 BGB 24
- abweichende Vereinbarungen 625 BGB 14
- Änderungskündigung 625 BGB 3
- Anfechtung wegen Irrtums 625 BGB 11
- Befristung, doppelte 15 TzBfG 64
- bei Befristung 15 TzBfG 52
- bei Doppelbefristung 625 BGB 13
- bei Zweckerfüllung 625 BGB 25
- Berufsausbildungsverhältnis 24 BBiG 3; 625 BGB 2
- Darlegungs- und Beweislast 625 BGB 46
- Erreichen der tariflichen Altersgrenze 625 BGB 24
- Fiktion 625 BGB 4
- Fortsetzung der Dienstleistung 625 BGB 28
- Fortsetzung, unmittelbare 625 BGB 30
- Geschäftsfähigkeit 625 BGB 9
- Grundsatz 625 BGB 1
- Kenntnis Dienstberechtigter 625 BGB 30
- nach Aufhebungsvertrag 625 BGB 25
- nach Kündigung 625 BGB 24
- Prozessbeschäftigung 625 BGB 39
- rechtsgeschäftliche Regelungen 625 BGB 8
- Stellvertretungsrecht 625 BGB 11
- Übergangsregelung während Rechtsstreit 625 BGB 39
- Unterbrechung 625 BGB 30
- Widerspruch des Dienstberechtigten 625 BGB 34
- Widerspruch, Rechtsfolgen 625 BGB 44
- Widerspruch, Rechtsnatur 625 BGB 35
- Widerspruch, Schriftform 623 BGB 59
- Widerspruch, unverzüglich 625 BGB 34, 40

Strafbare Handlungen
- außerordentliche Kündigung 626 BGB 155
- Berufsausbildungsverhältnis, Kündigung 23 BBiG 65
- Entfernung betriebsstörender Arbeitnehmer 104 BetrVG 12
- Kündigungsgrund 626 BGB 122
- personenbedingte Kündigung 1 KSchG 418

Strafgefangene, Arbeitnehmereigenschaft 1 KSchG 88
Streikunterstützung, Steuerrecht 34 EStG 85
Streitwert, Kündigungsschutzklage
- Abfindung, Berücksichtigung 9 KSchG 112
- Änderungskündigung 2 KSchG 272
- Änderungskündigungen 2 KSchG 277
- Auflösungsantrag 2 KSchG 277; 9 KSchG 111, 112
- Rechtsmittelstreitwert 9 KSchG 113

Stufenausbildung, Berufsausbildungsverhältnis 23 BBiG 41
Suspendierung 620 BGB 48
- Betriebsratsanhörung, vor Durchführung der 102 BetrVG 163
- Betriebsratsmitglied 103 BetrVG 151
- Personalratsanhörung 128 13
- unzulässige, Kündigung des Arbeitnehmers 626 BGB 490
- vor Abschluss der Betriebsratsanhörung 103 BetrVG 151

Tarifautonomie 113 InsO 20
Tarifvertrag
- Ausschluss der ordentlichen Kündigung 1 KSchG 644
- Ausschluss von Kündigungsgründen 626 BGB 65, 73
- außerordentliche Kündigung 626 BGB 77
- Auswahlrichtlinien 1 KSchG 772
- entfristete ordentliche Kündigung 626 BGB 77
- Kündigung, ordentliche, Ausschluss 626 BGB 78
- Kündigungsschutz, Erweiterung 1 KSchG 39

Stichwortverzeichnis

- Rationalisierungsschutzabkommen 1 KSchG 644
- Unkündbarkeit 626 BGB 78
- wichtiger Grund 626 BGB 77
- wichtiger Grund, Bestimmung 626 BGB 79

Tarifverträge 14 TzBfG 357
- Arbeitsplatzschutz 2 ArbPlSchG 14
- Arzt in der Weiterbildung 3 ÄArbVtrG 15
- Ausbildung, Anschlussbefristung 14 TzBfG 220
- Bedarf, vorübergehender 14 TzBfG 186
- Eigenart der Arbeitsleistung 14 TzBfG 298
- Eingliederungsvertrag, Abgrenzung 14 TzBfG 358
- Erprobung 14 TzBfG 345
- Fortsetzung nach Ablauf 14 TzBfG 361
- Fortsetzungsanspruch, erfolgreiche – 14 TzBfG 351
- Fortsetzungsanspruch, Zusage 14 TzBfG 365
- Haushaltsmittel 14 TzBfG 439
- Leiharbeitsverhältnis 14 TzBfG 368
- Probezeit, Abgrenzung 14 TzBfG 346
- Rechtsmissbrauch 14 TzBfG 364
- Sachgrundangabe 14 TzBfG 352
- sachgrundlose, Verhältnis 14 TzBfG 359
- Studium, Anschlussbefristung 14 TzBfG 220
- Transparenzkontrolle 14 TzBfG 353
- Übermaß 14 TzBfG 358
- und Probezeit, tarifliche 14 TzBfG 350
- Vergleich, gerichtlicher 14 TzBfG 370
- Verlängerung 14 TzBfG 356
- Vertrauensschutz, Fortsetzungsanspruch 14 TzBfG 362
- Vertretung 14 TzBfG 240
- Zweck 14 TzBfG 345

Tatkündigung, Verdachtskündigung, Abgrenzung 626 BGB 231

Tätlichkeit
- Abmahnungserfordernis 1 KSchG 502
- außerordentliche Kündigung 626 BGB 468
- verhaltensbedingte Kündigung 1 KSchG 500, 505

Tatsächliche Arbeitsleistung
- Ablauf der Vertragslaufzeit 15 TzBfG 56

Teilkündigung
- Abgrenzung 626 BGB 26
- Änderungskündigung 2 KSchG 86
- Begriff 2 KSchG 84
- Bestimmtheit 2 KSchG 86
- Betriebsratsanhörung 102 BetrVG 44
- Klagefrist 4 KSchG 33
- Leistungsbestimmungsrecht 1 KSchG 176
- Umdeutung, in Änderungskündigung 2 KSchG 86
- vereinbarte 2 KSchG 84
- Widerrufsvorbehalt, Verhältnis 2 KSchG 85
- zulässige, Klagefrist 2 KSchG 86
- Zulässigkeit 1 KSchG 176; 102 BetrVG 44; 2 KSchG 84

Teilzeit- und Befristungsgesetz

- Geltungsbereich, betrieblicher 620 BGB 99
- Geltungsbereich, personeller (TzBfG) 620 BGB 97
- Geltungsbereich, zeitlicher 620 BGB 100

Teilzeitanspruch 2 KSchG 87

Teilzeitarbeitsverhältnis
- als Nebenbeschäftigung 1 KSchG 74
- Elternzeit 18 BEEG. 36
- Kündigungsschutz 1 KSchG 74
- Mutterschutz 17 MuSchG 38
- Sozialauswahl, Vergleichbarkeit 1 KSchG 673
- Wartezeit 1 KSchG 111

Telearbeit
- arbeitnehmerähnliche Person Arbeitnehmerähnliche Personen (ArbNähnl. Pers.) 5

Tendenzbetrieb
- außerdienstliches Verhalten 626 BGB 129
- Betriebsrat, Kündigungsschutz 15 KSchG 15
- Betriebsratsanhörung 102 BetrVG 14
- Entfernung betriebsstörender Arbeitnehmer 104 BetrVG 8
- Interessenausgleich mit Namensliste 1 KSchG 782
- Kündigungsschutz 1 KSchG 80; 626 BGB 130
- Kündigungsschutz, besonderer 103 BetrVG 22
- Tendenzträger 1 KSchG 82
- verfassungsrechtliche Stellung 1 KSchG 81
- Weiterbeschäftigungsanspruch 102 BetrVG 258

Tendenzträger, aufgabenbezogene Abstufung 1 KSchG 82

Territorialitätsprinzip, Betriebsratsanhörung, Geltungsbereich 102 BetrVG 17

Treuwidrige Kündigung
- , Abgrenzung zum KSchG 242 BGB 8
- Abgrenzung zur sittenwidrigen Kündigung 242 BGB 3
- Aids als Grund 1 KSchG 297
- allgemeiner Grundsatz 242 BGB 1
- Allgemeines Gleichbehandlungsgesetz, Verhältnis 242 BGB 13
- Änderungskündigung 242 BGB 20
- Anwendungsbereich 242 BGB 8
- außerordentliche Eigenkündigung 242 BGB 33
- außerordentliche Kündigung 626 BGB 113
- Befristung 242 BGB 29
- Darlegungs- und Beweislast 242 BGB 51
- Grund, einleuchtender 242 BGB 21
- HIV-Infektion 242 BGB 24
- Klagefrist 242 BGB 51
- Kleinbetrieb 242 BGB 10
- Kleinbetriebsklausel, Bedeutung 242 BGB 9
- Kündigung vor Ablauf der Wartezeit 242 BGB 22, 42
- Kündigung zur Unzeit 242 BGB 39
- Kündigung, mündliche 242 BGB 33
- Kündigung, willkürlich 242 BGB 47
- Kündigungserklärung, ungehörige 242 BGB 36
- Kündigungsschutz im Kleinbetrieb 242 BGB 11

- Lebensstellung, versprochene 242 BGB 34
- Lebenszeitarbeitsverhältnis, Zusage 242 BGB 34
- öffentlicher Dienst, Einstellungsanspruch 242 BGB 49
- ohne Angabe von Gründen 242 BGB 43
- personenbedingt 242 BGB 23
- Probezeit 242 BGB 25
- Probezeit, letzter Tag 242 BGB 42
- Rechtsmissbrauch, Abgrenzung 242 BGB 50
- Sicherheitsbedenken 242 BGB 28
- Verdachtskündigung ohne Gründe 242 BGB 45
- Verhältnis zum KSchG 242 BGB 7
- Verwirkung 242 BGB 31
- Verzeihung 242 BGB 31
- Verzicht 242 BGB 31
- Wartezeit, Nichterfüllung 242 BGB 10
- Wartezeit, vor Ablauf 242 BGB 21
- widersprüchliches Verhalten 242 BGB 26

TVöD
- auflösende Bedingung 21 TzBfG 84

TzBfG
- Geltungsbereich, zeitlicher 620 BGB 123

Ultima-Ratio-Prinzip
- Abmahnung 1 KSchG 227
- Änderungskündigung, Vorrang 1 KSchG 211; 626 BGB 217
- bei Widerrufsvorbehalt 626 BGB 300
- Berufsausbildungsverhältnis, Kündigung 23 BBiG 45
- Betriebliches Eingliederungsmanagement 1 KSchG 224
- Betriebsbuße, Vorrangigkeit 626 BGB 299
- Grundlagen 1 KSchG 222
- Kurzarbeit, Einführung 1 KSchG 569
- Prävention 1 KSchG 224
- Versetzung, Direktionsrecht 626 BGB 308
- Vorrang der Änderungskündigung 1 KSchG 244; 626 BGB 265, 309
- Vorrang ordentlicher vor außerordentlicher Kündigung 626 BGB 312

Umdeutung
- außerordentliche Kündigung 13 KSchG 25; 626 BGB 46, 61
- außerordentliche Kündigung in Auflösungsvertragsangebot 13 KSchG 39
- außerordentliche Kündigung in außerordentliche mit Auslauffrist 626 BGB 323
- außerordentliche Kündigung in ordentliche 13 KSchG 25; 626 BGB 333, 384; 9 KSchG 36
- außerordentliche Kündigung in ordentliche, Auflösungsantrag 13 KSchG 37
- außerordentliche Kündigung in ordentliche, Klageantrag 13 KSchG 33
- außerordentliche Kündigung in ordentliche, Tenor 13 KSchG 36
- außerordentliche Kündigung, Betriebsratsanhörung 102 BetrVG 234
- außerordentliche Kündigung, Personalratsanhörung 128 12, 66
- Kündigung in Anfechtung 1 KSchG 267
- Kündigung in Wahlrechtsausübung 12 KSchG 13
- Kündigung, unwirksame 626 BGB 383
- Kündigung, unwirksame, Präklusion 626 BGB 412
- Kündigung, unwirksame, Schwangerer 17 MuSchG 183
- Kündigungserklärung 17 MuSchG 183
- Kündigungserklärung, Mutterschutz 17 MuSchG 104, 109, 117
- ordentliche in außerordentliche Kündigung 1 KSchG 175, 267
- ordentliche Kündigung in Antrag Aufhebungsvertrag 1 KSchG 268
- Schriftform 623 BGB 135
- Schriftformmangel 623 BGB 192
- schwerbehinderte Menschen, außerordentliche Kündigung 174 SGB IX 45
- Teilkündigung, in Änderungskündigung 2 KSchG 86
- unwirksame Kündigung, Berücksichtigung im Prozess 626 BGB 384
- Wahlrechtsausübung in ordentliche Kündigung 12 KSchG 13

Umgehung
- Befristung, Sachgrund Kündigungsschutz 14 TzBfG 70
- Beitragspflicht Sozialversicherung Allgemeine Grundsätze des Sozialrechts 33
- Betriebsübergang, Übergang Arbeitsverhältnis 613a BGB 5
- Kündigungsschutz, auflösende Bedingung 21 TzBfG 79, 80
- Schutzvorschriften bei mittelbarem Arbeitsverhältnis 1 KSchG 72
- Wartezeit 1 KSchG 101

Umgruppierung
- Änderungskündigung 626 BGB 79
- Beteiligung des Betriebsrats 2 KSchG 216
- Mitbestimmung Betriebsrat 2 KSchG 216

Umsatzrückgang, Beweislast 1 KSchG 591
Umschulungs- und Fortbildungsmaßnahmen, Betriebsratsanhörung, Widerspruch 102 BetrVG 215

Umwandlung
- Betriebsübergang 613a BGB 57

Umwandlung, Betriebsübergang 613a BGB 38, 40
Unabdingbarkeit
- Aufhebungsvertrag, Schriftform 623 BGB 31
- außerordentliche Kündigung 626 BGB 64
- außerordentliche Kündigung, Ausschlussfrist 626 BGB 328, 335
- Befristung, Benachteiligungsverbot 4 TzBfG 4
- Befristungsrecht 22 TzBfG 1
- Betriebsrat, Kündigungsschutz 15 KSchG 179

3205

Stichwortverzeichnis

- Betriebsratsanhörung **102 BetrVG** 110
- Elternzeit, Sonderkündigungsrecht **19 BEEG** 4
- Grundkündigungsfrist **622 BGB** 164
- Kündigung, Schriftform **623 BGB** 31
- Kündigungsfrist, verlängerte **622 BGB** 165
- Kündigungsschutz, einseitige **1 KSchG** 36
- Kündigungsschutzgesetz, einseitige **1 KSchG** 165
- Lebenszeitdienstverhältnis **624 BGB** 7
- Massenentlassungsanzeige **17 KSchG** 20
- Mutterschutz, Kündigungsverbot **17 MuSchG** 194
- Nachzahlungsanspruch, Anrechnung von Zwischenverdienst **11 KSchG** 7
- Personalrat, Kündigungsschutz **15 KSchG** 179
- Schwerbehinderte Menschen, Kündigungsschutz **Vorbemerkungen zu 168–175** 39
- Seearbeitsrecht **Seearbeitsgesetz (SeeArbG)** 5
- Sozialauswahl **1 KSchG** 712
- Wartezeit **1 KSchG** 101
- Weiterbeschäftigungsanspruch (BetrVG) **102 BetrVG** 257

Unbefristete Erwerbsunfähigkeit
- Zustimmung Integrationsamt **21 TzBfG** 57

Unfallversicherung
- Leistungen während Kündigungsschutzklage **Allgemeine Grundsätze des Sozialrechts** 249

Universalsukzession
- Arbeitsverhältnis, Rechtsfolgen **1 KSchG** 194
- Betriebsübergang **613a BGB** 40
- Betriebsübergang, Rechtsgeschäft **613a BGB** 40
- Wartezeit **1 KSchG** 128

Unkündbarkeit
- Altersdiskriminierung **10 AGG** 22
- Ausschlussfrist **626 BGB** 340
- außerordentliche Kündigung **626 BGB** 73, 340
- Kündigungsschutz, Erweiterung **1 KSchG** 644
- Tarifregelung **626 BGB** 78

Unpünktlichkeit, Kündigungsgrund 626 BGB 425

Unterhaltspflichten, Benachteiligung, wegen des Geschlechts 3 AGG 42

Unternehmen
- Begriff **1 KSchG** 149
- Hauptverwaltung, als Betrieb **1 KSchG** 152

Unternehmensumwandlung
- arbeitsrechtliche Bestimmungen **324 UmwG** 3
- arbeitsrechtliche Regelungen, Überblick **324 UmwG** 3
- Arten **324 UmwG** 10
- Betriebsratsamt **15 KSchG** 86
- Betriebsratsbeteiligung **324 UmwG** 3
- Betriebsübergang **324 UmwG** 30
- Formwechsel **324 UmwG** 65
- Kündigungsrecht **324 UmwG** 29
- Sozialauswahl **1 KSchG** 655
- Spaltung **324 UmwG** 17
- Übernahme von Betriebsratsmitgliedern **324 UmwG** 63
- Umsetzung **324 UmwG** 27
- Umwandlungsrecht, arbeitsrechtliche Regelungen, Überblick **324 UmwG** 3
- Vermögensübertragung **324 UmwG** 22, 64
- Verschmelzung **324 UmwG** 12
- Verschmelzung, Bestandsschutz **324 UmwG** 39
- Verschmelzung, Kündigungsrecht **324 UmwG** 39
- Zweck Umwandlungsrecht **324 UmwG** 2

Unternehmerentscheidung 1 KSchG 558
- Anforderungsprofil **1 KSchG** 599
- außerbetriebliche Gründe **1 KSchG** 555, 556
- Austauschkündigung **1 KSchG** 561
- Betriebsorganisation **1 KSchG** 597
- Betriebsstilllegung **1 KSchG** 615
- Betriebsübergang **1 KSchG** 610
- Darlegungs- und Beweislast **1 KSchG** 594
- gerichtliche Nachprüfung **1 KSchG** 558, 635
- innerbetriebliche Gründe **1 KSchG** 556
- Kündigung als - **1 KSchG** 562
- Leiharbeitnehmereinsatz **1 KSchG** 641
- Leistungsverdichtung **1 KSchG** 597
- Missbräuchliche **1 KSchG** 582
- Missbrauchskontrolle **1 KSchG** 642
- öffentlicher Dienst **1 KSchG** 634
- Rationalisierungsmaßnahmen **1 KSchG** 640
- Rentabilitätsverbesserung **1 KSchG** 628
- Sozialauswahl, Auswahlkriterien **1 KSchG** 769
- Sozialauswahl, berechtigte betriebliche Interessen **1 KSchG** 679
- Teilzeitarbeitsverhältnis, Abbau/Einführung **1 KSchG** 598
- Überprüfung, gerichtliche **1 KSchG** 572

Unternehmerentscheidung, Kündigung, Grundlagen, verfassungsrechtliche 1 KSchG 17

Unwirksame Kündigung
- Entschädigung **242 BGB** 14

Unzumutbarkeit, Weiterbeschäftigung des Arbeitnehmers 11 KSchG 21

Urlaub
- Eigenmächtige Verlängerung, Kündigungsgrund **626 BGB** 471
- eigenmächtiger Antritt, Kündigungsgrund **626 BGB** 471
- eigenmächtiger Antritt/Verlängerung **1 KSchG** 479

Urlaubsabgeltung
- Arbeitslosengeld, Anrechnung **Allgemeine Grundsätze des Sozialrechts** 264, 267
- Arbeitslosengeld, Ruhen **Allgemeine Grundsätze des Sozialrechts** 264, 267

Verdacht
- teilweise Suspendierung **620 BGB** 52

Verdachtskündigung 1 KSchG 422; 626 BGB 225
- als ordentliche Kündigung **1 KSchG** 422
- Anhörung des Arbeitnehmers **626 BGB** 35, 244, 474

Stichwortverzeichnis

- Anhörung des Arbeitnehmers, überflüssige 626 BGB 245
- Anhörung des Arbeitnehmers, Vorbereitungszeit 626 BGB 244
- Anhörung des Arbeitnehmers, Zeitpunkt 626 BGB 244
- Außerordentliche Kündigung, Ausschlussfrist 626 BGB 338
- Berufsausbildungsverhältnis 23 BBiG 47
- Kleinbetrieb 626 BGB 242
- Betriebsratsanhörung 102 BetrVG 103
- Einzelfälle 626 BGB 474
- Kündigungsschutzprozess 626 BGB 235
- Nachschieben von Gründen, Anhörung des Arbeitnehmers 626 BGB 231
- Nachschieben von Gründen, Anhörung des Betriebsrats 626 BGB 231
- Nachschieben von Kündigungsgründen 626 BGB 231
- ohne Gründe, Treu und Glauben 242 BGB 45
- Personenbedingte Kündigung 626 BGB 226
- personenbedingte Kündigung, Eignungsmangel 1 KSchG 420
- Rechtskräftiges Urteil
- Strafverfahren 626 BGB 228
- Tatkündigung, Abgrenzung 626 BGB 231
- Tatsachen, objektive 626 BGB 227
- Unschuldsvermutung 626 BGB 226
- Urteil im Strafverfahren 626 BGB 339
- Verdacht, dringender 626 BGB 227
- Versetzung vor Kündigung 626 BGB 246
- Versetzung, als mildere Maßnahme 626 BGB 246
- Vertrauen als Grundlage der ~ 626 BGB 225
- Voraussetzungen 626 BGB 225
- Wiedereinstellungsanspruch 1 KSchG 835
- Zulässigkeit, Meinungsstand 1 KSchG 422
- **Verfassungsfeindliche Betätigung**
- Abmahnung 626 BGB 127
- betriebliche 1 KSchG 507
- Eignung 1 KSchG 324
- personenbedingte Kündigung 1 KSchG 324
- **Vergleich**
- Arbeitslosengeld, Beendigungsdatum **Allgemeine Grundsätze des Sozialrechts** 271
- befristetes Arbeitsverhältnis 14 TzBfG 14
- **Verhaltensbedingte Kündigung** 1 KSchG 426
- Abgrenzung zur personenbedingten 1 KSchG 280
- Abmahnung 1 KSchG 436
- Abmahnung, Darlegungs- und Beweislast 1 KSchG 436
- Abmahnungserfordernis 1 KSchG 227, 435
- Alkohol 626 BGB 423
- Alkoholgenuss 1 KSchG 303
- Arbeitsaufnahme nach Arbeitsunfähigkeit 1 KSchG 519
- Arbeitsunfähigkeitsbescheinigung 1 KSchG 518

- Arbeitsverhältnis, neu begründetes 12 KSchG 19
- Arbeitsverhältnis, Störung 1 KSchG 438
- Beeinträchtigung Arbeitsverhältnis 1 KSchG 429
- Begriff 1 KSchG 426
- Beschäftigung, andere 1 KSchG 440
- Betriebsratsanhörung 102 BetrVG 101
- Betriebsübergang 613a BGB 100
- Betriebsübergang, Widerspruch 613a BGB 81
- Darlegungs- und Beweislast 1 KSchG 446
- Drogensucht, Entzugsaufenthalt 1 KSchG 411
- Druckkündigung 626 BGB 219
- Entschuldigung, Forderung nach 1 KSchG 440
- Fallgruppen 1 KSchG 448
- familiäre Verpflichtungen 1 KSchG 330
- Geschäftsschädigung 626 BGB 154
- gewerkschaftliche Betätigung 13 KSchG 70
- Heuerverhältnis **Seearbeitsgesetz (SeeArbG)** 75
- Interessenabwägung 1 KSchG 443
- Koalitionsbetätigung 13 KSchG 70
- Krankheit, simulierte 1 KSchG 340
- Kündigungsgrund, absoluter 1 KSchG 444
- Leistungsbereich Pflichtwidrigkeiten im 1 KSchG 430
- Maßstab, objektiver 1 KSchG 429
- personenbedingte, Abgrenzung 1 KSchG 426
- Pflichtwidrigkeiten während Krankheit 1 KSchG 340
- Schlechtleistung 626 BGB 154
- Schuldeingeständnis, Forderung nach 1 KSchG 440
- soziale Rechtfertigung, Prüfungsschritte 1 KSchG 437
- Sperrzeit 159 SGBIII 71
- tendenzwidriges Verhalten 626 BGB 129
- Verhaltenssteuerung 1 KSchG 426
- Verschulden 1 KSchG 431
- Verschulden, Darlegungs- und Beweislast 1 KSchG 434
- Verschulden, unverschuldeter Rechtsirrtum 1 KSchG 432
- Verschulden, vermeidbarer Rechtsirrtum 1 KSchG 431
- Verschulden, Zurechnung 1 KSchG 432
- vertragswidriges Verhalten, Grundsatz 1 KSchG 437
- Weiterbeschäftigungsmöglichkeit 1 KSchG 440; 626 BGB 303
- **Verhaltensbedingte Kündigung, Fallgruppen** 1 KSchG 448
- Abkehrmaßnahme/-wille 1 KSchG 449
- Abwerbung 1 KSchG 453
- Alkoholsucht 1 KSchG 456
- Alkoholverbot, betriebliches 1 KSchG 460
- Alkoholverbot, Entzug der Fahrerlaubnis 1 KSchG 460
- Anzeige gegen Arbeitgeber 1 KSchG 462
- Anzeige- und Nachweispflichtverletzung 1 KSchG 514

Stichwortverzeichnis

- Arbeitsaufnahme, verspätete 1 KSchG 483
- Arbeitsbummelei 1 KSchG 478
- Arbeitserlaubnis 1 KSchG 307
- Arbeitsgeräte, Privatnutzung 1 KSchG 538
- Arbeitskampf 1 KSchG 465
- Arbeitspapiere, Nichtvorlage 1 KSchG 467
- Arbeitspflichtverletzungen 1 KSchG 468
- Arbeitspflichtverletzungen, schuldhafte 1 KSchG 468
- Arbeitsunfähigkeit, vorgetäuschte 1 KSchG 479
- Arbeitsversäumnisse 1 KSchG 477
- Arbeitsverweigerung, angekündigte 1 KSchG 471
- Arbeitsverweigerung, mitbestimmungswidrige Einstellung 1 KSchG 474
- Arbeitsverweigerung, mitbestimmungswidrige Versetzung 1 KSchG 470
- Arbeitsverweigerung, Zurückbehaltungsrecht 1 KSchG 473
- Arbeitszeitbetrug 1 KSchG 484
- Aufhebungsvertrag, Ablehnung 1 KSchG 451
- ausländerfeindliches Verhalten 1 KSchG 509
- außerdienstliches Verhalten 1 KSchG 489
- außerdienstliches Verhalten, kirchliche Arbeitnehmer 1 KSchG 493
- Bagatelldelikte 1 KSchG 549
- Bedrohung 1 KSchG 500
- Beleidigungen und Kritik 1 KSchG 504
- Beleidigung 1 KSchG 500
- Benachteiligung 1 KSchG 529
- Beschwerde(recht) 1 KSchG 544
- Bestechung 1 KSchG 537
- Besuchsberichte, unrichtige 1 KSchG 538
- betriebliche Ordnung, Störung 1 KSchG 506, 511
- Betriebs-/Geschäftsgeheimnisse 1 KSchG 536
- Betriebsfrieden, Fallgruppen (Übersicht) 1 KSchG 509
- Betriebsfrieden, Störung 1 KSchG 506
- Beziehung, zu Mitarbeitern 1 KSchG 492
- Darlegungs- und Beweislast, Alkoholmissbrauch 1 KSchG 461
- Datenmissbrauch/-manipulation 1 KSchG 538
- Denunziation 1 KSchG 504
- Druckkündigung 1 KSchG 512
- EDV-Missbrauch 1 KSchG 538
- Falschaussage, gegen Arbeitgeber 1 KSchG 464
- Fehlleistungen 1 KSchG 487
- Fragerecht des Arbeitgebers 1 KSchG 542
- Fragerecht, Falschbeantwortung 1 KSchG 542, 550
- gesundheitswidriges Verhalten 1 KSchG 521, 525
- Informationspflicht 1 KSchG 536
- Internet-Nutzung, private 1 KSchG 540
- Intranet-Nutzung 1 KSchG 540
- Konkurrenz- und Nebentätigkeit 1 KSchG 453, 532
- Kontrolleinrichtungen, Missbrauch 1 KSchG 538
- Krankheit und Reha, Pflichtenverstöße 1 KSchG 514
- Krankheit, angekündigte 1 KSchG 524
- Krankheit, simulierte 1 KSchG 524
- Lebenswandel 1 KSchG 492
- Lohnpfändungen 1 KSchG 498
- Lohnpfändungen, Abmahnungserfordernis 1 KSchG 499
- Mehrarbeit, (un)zulässige 1 KSchG 476
- Meinungsfreiheit 1 KSchG 502
- Minderleistungen 1 KSchG 487
- Mobbing 1 KSchG 529
- Nebenpflichtverletzung, außerdienstliches Verhalten 1 KSchG 490
- Nebenpflichtverletzung, Einzelfälle 1 KSchG 536
- Nebentätigkeit 1 KSchG 531
- Nebentätigkeit, krankheitsfördernde 1 KSchG 523
- politische Betätigung 1 KSchG 495
- Privatarbeiten 1 KSchG 485
- Privattelefonate 1 KSchG 539
- Rücksprache, Verweigerung 1 KSchG 543
- Schlechtleistung, Darlegungs- und Beweislast 1 KSchG 488
- Schlechtleistungen 1 KSchG 487
- Schmiergeldannahme 1 KSchG 537
- Schulden 1 KSchG 497
- Schwarzfahrt 1 KSchG 549
- sexuelle Belästigung 1 KSchG 545
- Stempelkarte, Manipulation 1 KSchG 538
- strafbare Handlungen 1 KSchG 546
- Tätlichkeiten 1 KSchG 500
- Tendenzbetriebe, außerdienstliches Verhalten 1 KSchG 494
- Unterschlagung 1 KSchG 548
- Untersuchungspflicht, ärztliche 1 KSchG 522
- Urlaubsantritt, eigenmächtiger 1 KSchG 477
- Urlaubsüberschreitung 1 KSchG 477
- Verdachtskündigung, simulierte Krankheit 1 KSchG 525
- Verhalten, gesundheitswidriges, Darlegungs- und Beweislast 1 KSchG 527
- Verletzung Nebenpflicht, zur Erbringung der Hauptleistungspflicht 1 KSchG 472
- Verschwiegenheitspflicht 1 KSchG 536
- Vorsorgeuntersuchung, Nichtvorlage 1 KSchG 522
- Whistleblowing 1 KSchG 462

Verhältnismäßigkeitsgrundsatz 1 KSchG 440
- Änderungskündigung, Vorrang 1 KSchG 245
- Betriebsbedingte Kündigung 1 KSchG 565
- Verhaltensbedingte Kündigung, Abmahnungserfordernis 1 KSchG 435

Verjährung
- Abfindung bei Auflösungsantrag 4 KSchG 52
- Unterbrechung 10 KSchG 27; 11 KSchG 24

Verlängerungsvertrag
- Befristung, öffentlicher Dienst 30 TVöD 9

Vermietung, Betriebsübergang 613a BGB 42

Stichwortverzeichnis

Vermutung, gesetzliche, Insolvenz, Interessenausgleich 125 InsO 14
Verpachtung, Betriebsübergang 613a BGB 42
Verschmelzung 324 UmwG 13
- Kündigungsrecht 324 UmwG 34
Verschulden
- Haftung für Dritte 15 AGG 14
- Haftung, verschuldensunabhängige 15 AGG 11
- kollektivrechtliche Vereinbarung 15 AGG 52
- verhaltensbedingte Kündigung 1 KSchG 431, 440
- verhaltensbedingte Kündigung, Darlegungs- und Beweislast 1 KSchG 434
- verhaltensbedingte Kündigung, Zurechnung 1 KSchG 432
Verschwiegenheitspflicht
- Personalrat 128 30
- Verletzung, Kündigungsgrund 626 BGB 476
Versetzung
- Abmahnung 626 BGB 270
- Änderungskündigung, Einzelfälle 2 KSchG 216
- Begriff 2 KSchG 62
- Betriebsrat, Verlangen 104 BetrVG 21
- Direktionsrecht 2 KSchG 62
- Direktionsrecht, Sozialauswahl 1 KSchG 668
- Entgeltminderung 2 KSchG 67
- Mitbestimmung Betriebsrat 2 KSchG 216
- Versetzungsbegriff 2 KSchG 216
- Versetzungsvorbehalt 1 KSchG 669; 2 KSchG 66
- Zumutbarkeit 626 BGB 306
- Zustimmungserfordernis des Betriebsrats 2 KSchG 216
Versetzungsschutz
- Betriebsratsmitglieder 103 BetrVG 165
- Betriebsratsmitglieder, freigestellte 103 BetrVG 198
- Dauer 103 BetrVG 168
- Direktionsrecht des Arbeitgebers, Abgrenzung 103 BetrVG 170
- dringende betriebliche Gründe 103 BetrVG 195
- Geltungsbereich, personeller 103 BetrVG 165
- Geltungsbereich, sachlicher 103 BetrVG 170
- personenbedingte Gründe 103 BetrVG 197
- Personenkreis, geschützter 103 BetrVG 165
- Stellungnahme Betriebsrat 103 BetrVG 184
- Stellungnahme Betriebsrat, Frist 103 BetrVG 179
- Tendenzunternehmen 103 BetrVG 166
- verhaltensbedingte Gründe 103 BetrVG 197
- Verlust der Wählbarkeit 103 BetrVG 172
- Versetzung nach Zustimmungsersetzung 103 BetrVG 207
- Versetzungsgründe 103 BetrVG 194
- Wegfall des Bedürfnisses für die Weiterbeschäftigung 103 BetrVG 196
- Zustimmungsersetzungsverfahren 103 BetrVG 193
- Zustimmungsverfahren, vorherige Versetzung 103 BetrVG 189
- Zustimmungsverfahrens Einleitung 103 BetrVG 175

Vertragsablauf, Prüfung ~ 30 TVöD 10
Vertragsablauf, Prüfung ~, Schadensersatz 30 TVöD 10
Vertragsstrafe 626 BGB 72
- Kündigung vor Dienstantritt 622 BGB 148
- Kündigungserschwerung, Kündigungsrecht 626 BGB 71
Vertrauensbereich
- außerordentliche Kündigung 626 BGB 181
- Verdachtskündigung 626 BGB 225
Vertrauensschutz 14 TzBfG 429
- Altersdiskriminierung 3 AGG 22
- Kohärenzkontrolle 8 AGG 20
- Rechtfertigung 10 AGG 20; 14 TzBfG 47, 419
- Regelaltersgrenze, Benachteiligung 10 AGG 17; 14 TzBfG 41
- tarifliche ~ 10 AGG 18; 14 TzBfG 419, 431; Allgemeine Grundsätze des Sozialrechts 103
- vorgezogene 14 TzBfG 431
Vertretung
- Ausschlussfrist, Beginn, Kenntnis 626 BGB 371
- Ausschlussfrist, Gesamtvertretung 626 BGB 367
- Ausschlussfrist, Kenntnis 626 BGB 362
- Ausschlussfrist, kollusives Zusammenwirken 626 BGB 367
- Ausschlussfrist, Organ, zuständiges 626 BGB 366
- Ausschlussfrist, Zurechnung der Kenntnis 626 BGB 362
- Gesamtvertretung, Ausschlussfrist 626 BGB 364
- öffentlicher Dienst 626 BGB 370
- Vertretungsmacht, fehlende, Ausschlussfrist 626 BGB 364
- Vollmacht, fehlende, Ausschlussfrist 626 BGB 334
Verwendung freiwerdender Mittel
- Abdingbarkeit 1 WissZeitVG 55
- Altverträge, maßgebendes Recht 7 WissZeitVG 1
- Angabe des Befristungsgrundes 2 WissZeitVG 72
- Anrechnung, frühere Verträge 2 WissZeitVG 58
- anrechnungsfähige Beschäftigungsverhältnisse 2 WissZeitVG 62
- anrechnungsfähige Beschäftigungsverhältnisse, Rückausnahmen 2 WissZeitVG 69
- anrechnungsfreie Beschäftigungsverhältnisse, Hilfskräfte 6 WissZeitVG 10
- Anrechnungsregelungen 2 WissZeitVG 60
- Anrechnungsregelungen, Vereinbarkeit mit Unionsrecht 2 WissZeitVG 68
- Arbeitsverhältnis, unbefristetes 1 WissZeitVG 66
- Ärzte 1 WissZeitVG 48
- Befristung ÄArbVtrG, Verhältnis 1 WissZeitVG 85
- Befristung, andere gesetzliche Regelungen 1 WissZeitVG 62
- Befristung, nach dem TzBfG 1 WissZeitVG 63, 69
- Befristung, sachgrundlos 1 WissZeitVG 81; 2 WissZeitVG 9

Stichwortverzeichnis

- Befristung, Vertretung Elternzeit 1 WissZeitVG 84
- Befristungsdauer, angemessene 2 WissZeitVG 19
- Befristungsgrund, Angabe 2 WissZeitVG 74
- Befristungsgründe 1 WissZeitVG 73
- Bestimmbarkeit 2 WissZeitVG 73, 76
- Betreuung Familienangehöriger 2 WissZeitVG 84
- Dienstleistungen, wissenschaftliche 1 WissZeitVG 40
- Drittmittel, Begriff 2 WissZeitVG 46
- Drittmittelbefristung, unionsrechtliche Konformität 1 WissZeitVG 20
- Drittmittelfinanzierung 1 WissZeitVG 14; 2 WissZeitVG 44
- Drittmittelfinanzierung, überwiegend 2 WissZeitVG 56
- Drittmittelfinanzierung, Voraussetzungen 2 WissZeitVG 50
- Drittmittelfinanzierung, Zuweisung 2 WissZeitVG 53
- Drittmittelfinanzierung, zweckentsprechende Beschäftigung 2 WissZeitVG 54
- Einstellungsgrenzen 2 WissZeitVG 18
- Entwicklung, Befristungstatbestände 2 WissZeitVG 1
- Entwicklung, gesetzliche 1 WissZeitVG 1
- Familienfreundlichkeit 1 WissZeitVG 16
- Forschungseinrichtungen, Blaue Liste 5 WissZeitVG 8
- Forschungseinrichtungen, Geltungsbereich 5 WissZeitVG 5
- Forschungseinrichtungen, Rechtsfolgenverweisung 5 WissZeitVG 14
- Geltungsbereich, betrieblicher 1 WissZeitVG 30
- Geltungsbereich, personeller 1 WissZeitVG 33; 4 WissZeitVG 3; 5 WissZeitVG 12
- Geltungsbereich, personeller, Landesrecht 1 WissZeitVG 35, 37
- Geltungsbereich, studentische Hilfskräfte 6 WissZeitVG 5
- Geltungsbereich, wissenschaftliche Hilfstätigkeit 6 WissZeitVG 8
- Gesetzesentwicklung 1 WissZeitVG 1
- Gesetzgebungskompetenz des Bundes 1 WissZeitVG 26
- Haushaltsmittel 1 WissZeitVG 80
- Hilfskräfte, studentische 1 WissZeitVG 45
- Hilfskräfte, wissenschaftliche 1 WissZeitVG 45
- Hochschullehrer, Geltungsbereich 1 WissZeitVG 46
- Hochschulrahmengesetz 1985 1 WissZeitVG 1
- Hochschulrahmengesetz 2002 1 WissZeitVG 4
- Hochschulrahmengesetz 2004 1 WissZeitVG 10; 2 WissZeitVG 6
- Hochschulrahmengesetz 2004, Verfassungsmäßigkeit 1 WissZeitVG 10
- Höchstdauer, Anrechnung 2 WissZeitVG 58
- Inbezugnahme tarifvertraglicher Regelungen 1 WissZeitVG 61
- Juniorprofessur 1 WissZeitVG 47
- Kinderbetreuung, gemeinsamer Haushalt 2 WissZeitVG 31, 39
- Landesrecht 1 WissZeitVG 68
- Lehraufgaben 1 WissZeitVG 42
- Lehrkräfte mit besonderen Aufgaben 1 WissZeitVG 50
- Novellierung, WisszeitVG 1 WissZeitVG 16
- Oberassistent 1 WissZeitVG 54
- Personal, akzessorisches 2 WissZeitVG 44
- Personal, technisches 1 WissZeitVG 54
- Personal, wissenschaftliches und künstlerisches 1 WissZeitVG 33, 38
- Personalkategorien, studentische Hilfskräfte 6 WissZeitVG 2
- Post-Doc-Phase, allgemein 2 WissZeitVG 22
- Post-Doc-Phase, Bonus-Regelung 2 WissZeitVG 26
- Post-Doc-Phase, Medizin 2 WissZeitVG 23
- Post-Doc-Phase, Verlängerung 2 WissZeitVG 26
- Post-Doc-Phase, Zeitpunkt 2 WissZeitVG 24
- Privatdienstvertrag 3 WissZeitVG 2 WissZeitVG 1
- Privatdienstvertrag, Arbeitgeber 3 WissZeitVG 5
- Privatdienstvertrag, Arbeitnehmer 3 WissZeitVG 15
- Privatdienstvertrag, Drittmittelverfahren 3 WissZeitVG 14
- Privatdienstvertrag, Drittmittelvergütung 3 WissZeitVG 12
- Privatdienstvertrag, Entwicklung 3 WissZeitVG 1
- Privatdienstvertrag, Schriftform 3 WissZeitVG 15
- Privatdienstvertrag, Unterstützung von Hochschulaufgaben 3 WissZeitVG 5
- Privatdienstvertrag, Voraussetzungen 3 WissZeitVG 5
- Projektbefristung (TzBfG) 1 WissZeitVG 70, 73
- Promotion, zweite 2 WissZeitVG 15
- Promotionsdauer, Ermittlung 2 WissZeitVG 30
- Promotionsphase 2 WissZeitVG 12
- Qualifikationsphasen 2 WissZeitVG 9
- Richtlinienkonformität 14 TzBfG 440, 469
- Sachgrundbefristung 1 WissZeitVG 70
- Sachgrundbefristung, HRG aF.; 2 WissZeitVG 1
- Sachgrundbefristung, Überbrückung 1 WissZeitVG 78
- Schriftform 2 WissZeitVG 74
- Schriftformerfordernis 14 TzBfG 468
- sonstiger Sachgrund 14 TzBfG 478
- staatlich anerkannte 4 WissZeitVG 1
- staatlich anerkannte, maßgebendes Landesrecht 4 WissZeitVG 1
- studentische Hilfskräfte 6 WissZeitVG 1

Stichwortverzeichnis

- studentische Hilfskräfte, abschließende Regelung 6 WissZeitVG 4
- studentische Hilfskräfte, Begriff 6 WissZeitVG 2
- Tarifautonomie 1 WissZeitVG 10
- tarifliche Regelungen, Anzahl der Verlängerungen 1 WissZeitVG 60
- tarifliche Regelungen, Befristungsdauer 1 WissZeitVG 59
- Tariföffnung, beschränkte 1 WissZeitVG 25, 28
- Tariföffnungsklausel 1 WissZeitVG 58
- Übergangsregelungen 7 WissZeitVG 10
- Übergangsregelungen, Unterbrechungszeiten 7 WissZeitVG 14
- Übergangsregelungen, Wissenschaftliche Assistenten 7 WissZeitVG 13
- unionsrechtliche Grundlagen 1 WissZeitVG 18
- Verfassungskonformität 14 TzBfG 469
- Verfassungsmäßigkeit 1 WissZeitVG 22
- Verlängerung 2 WissZeitVG 77
- Verlängerung, abschließende Regelung 2 WissZeitVG 81
- Verlängerung, Arbeitsunfähigkeit 2 WissZeitVG 99
- Verlängerung, Automatik 2 WissZeitVG 40
- Verlängerung, Beginn 2 WissZeitVG 103
- Verlängerung, Behinderung 2 WissZeitVG 39
- Verlängerung, Betreuung Familienangehöriger 2 WissZeitVG 84
- Verlängerung, Beurlaubung zur Weiterbildung 2 WissZeitVG 87
- Verlängerung, Darlegungs- und Beweislast 2 WissZeitVG 11
- Verlängerung, Ehrenamt 2 WissZeitVG 94
- Verlängerung, Elternzeit 2 WissZeitVG 89
- Verlängerung, Entwicklung 2 WissZeitVG 78
- Verlängerung, Erkrankung 2 WissZeitVG 39
- Verlängerung, Grundwehrdienst 2 WissZeitVG 92
- Verlängerung, Kinderbetreuung 2 WissZeitVG 31
- Verlängerung, Mandatswahrnahme 2 WissZeitVG 98
- Verlängerung, Mutterschutzzeiten 2 WissZeitVG 89
- Verlängerung, Zivildienst 2 WissZeitVG 89
- Verlängerungshöchstgrenzen 2 WissZeitVG 101
- Verlängerungszeiten, Nichtanrechung Befristungshöchstdauer 2 WissZeitVG 104
- Vertretung (TzBfG) 1 WissZeitVG 77
- Verwaltung, Abgrenzung 1 WissZeitVG 43
- Verwaltungskräfte und technisches Personal 1 WissZeitVG 54
- Verwaltungspersonal 1 WissZeitVG 54
- Voraussetzungen 4 WissZeitVG 2
- Vorbeschäftigungszeiten 2 WissZeitVG 60
- Weitergeltung früheres Recht 7 WissZeitVG 3
- Wissenschaftszeitvertragsgesetz 2007 1 WissZeitVG 12
- zeitlich begrenzte Haushaltsmittel 14 TzBfG 448
- Zitiergebot 14 TzBfG 468; 2 WissZeitVG 74
- Zuwendungen, öffentlich-rechtliche 14 TzBfG 477
- Zweck 14 TzBfG 439
- Zweckbefristung 2 WissZeitVG 76
- Zweckbestimmung 14 TzBfG 439
- Zwecksetzung, Anforderungen 14 TzBfG 461
- Zwecksetzung, entsprechende Tätigkeit 14 TzBfG 466
- zwingendes Recht 1 WissZeitVG 55
- zwingendes Recht, Verfassungsmäßigkeit 1 WissZeitVG 2

Verwertungsverbot
- allgemeines Persönlichkeitsrecht 1 KSchG 276

Verwirkung
- Abmahnung 1 KSchG 264
- außerordentliche Kündigung, Ausschlussfrist 626 BGB 329
- Betriebsübergang, Umstandsmoment 613a BGB 78
- Betriebsübergang, Widerspruch 613a BGB 76
- Betriebsübergang, Zeitmoment 613a BGB 77
- Kündigung, rückwirkende Heilung, Ausnahmen 7 KSchG 36
- Kündigungsgrund 1 KSchG 261
- Kündigungsrecht 1 KSchG 264; 626 BGB 267, 391
- Kündigungsrechts 626 BGB 68
- Kündigungsschutzklage 13 KSchG 148
- prozessrechtliche - 626 BGB 391
- treuwidrige Kündigung 242 BGB 31
- Zustimmung Behörde, fehlende Bekanntgabe 4 KSchG 264
- Zustimmung Behörde, fehlende, Klagefrist 4 KSchG 264

Verzeihung
- Kündigungsgrund 626 BGB 264
- von Kündigungsgründen 626 BGB 70

Verzicht
- Abmahnung, als Kündigungsverzicht 626 BGB 294
- auf Betriebsratsbeteiligung 102 BetrVG 110
- Betriebsübergang, Widerspruch 613a BGB 79
- Kündigungsgrund 1 KSchG 261
- Kündigungsrecht 626 BGB 68
- Kündigungsschutz 1 KSchG 41
- Kündigungsverzicht durch Abmahnung 626 BGB 294
- Mutterschutz, Kündigungsverbot 17 MuSchG 194
- Schriftform Kündigung 623 BGB 135
- Sozialauswahl, zugunsten anderer Arbeitnehmer 1 KSchG 754

Volontäre, Berufsausbildungsverhältnis 23 BBiG 13
Vorabentscheidungsverfahren 14 TzBfG 12
Vorbeschäftigungsverbot (Befristung)

3211

Stichwortverzeichnis

- Arbeitgeber, derselbe 14 TzBfG 583
- Arbeitgeberidentität 14 TzBfG 588
- Arbeitgeberidentität, Betriebsübergang 14 TzBfG 589
- Arbeitgeberidentität, Leiharbeitnehmer 14 TzBfG 592
- Arbeitgeberidentität, Umwandlung 14 TzBfG 591
- Ausbildungsverhältnisse 14 TzBfG 572
- Beamte 14 TzBfG 576
- berufsvorbreitende Vertragsverhältnisse 14 TzBfG 574
- Drei-Jahres-Frist 14 TzBfG 565
- Fragerecht, Anfechtung 14 TzBfG 599
- gesetzliche Regelung, vorangegangene 14 TzBfG 562
- Heimarbeit 14 TzBfG 576
- Konzernsachverhalt, Leiharbeitsverhältnis 14 TzBfG 593
- Personenidentität 14 TzBfG 584
- Praktika 14 TzBfG 574
- Rechtsmissbrauch, Leiharbeitsverhältnis 14 TzBfG 593
- teleologische Reduktion 14 TzBfG 564
- unzumutbare Anwendung 14 TzBfG 577
- Vertragsarbeitgeber, rechtsmissbräuchliche Vertragsgestaltung 14 TzBfG 584
- Vertrauensschutz 14 TzBfG 571

Vorläufige Eigenverwaltung 113 InsO 8
- Befugnisse 113 InsO 2
- Festhalten an Stilllegungsentscheidung des Schuldners 113 InsO 6

Vorläufige Einstellung
- Beteiligung Betriebsrat 1 KSchG 186
- Kündigungsschutz 1 KSchG 186
- Zustimmungsersetzungsantrag, Zurückweisung 1 KSchG 186

Vorläufiger Insolvenzverwalter
- Befugnisse 113 InsO 2
- halbstarker 113 InsO 2, 3
- Kündigungsbefugnisse 113 InsO 5
- Pflichten 113 InsO 2
- schwacher 113 InsO 2
- starker 113 InsO 2, 4

vorübergehende Arbeitnehmerüberlassung, Rechtsmissbrauch 620 BGB 24
- Beschäftigungsverhältnis, sozialversicherungsrechtliches, Abgrenzung **Allgemeine Grundsätze des Sozialrechts** 3
- einheitliches, mehrere Arbeitgeber 1 KSchG 55
- ruhendes, Kündigungsschutz 1 KSchG 93
- Stationierungsstreitkräfte Art. 56 NATO-ZusAbk 9

Wahlbewerber
- betriebsratsloser Betrieb, Kündigungsschutz 103 BetrVG 53
- Kündigung, Zutritt zum Betrieb 103 BetrVG 164

- Kündigungsschutz 103 BetrVG 14
- Kündigungsschutz, besonderer 128 2; 15 KSchG 17
- Kündigungsschutz, besonderer, Dauer 15 KSchG 100
- Kündigungsschutz, Dauer 103 BetrVG 31
- Kündigungsschutz, Ende 103 BetrVG 42
- Kündigungsschutz, Rückwirkung 103 BetrVG 39
- nachwirkender Kündigungsschutz 103 BetrVG 42; 15 KSchG 82
- nichtige Wahl, Kündigungsschutz 103 BetrVG 25
- Weiterbeschäftigungsanspruch nach Ausbildung 78a BetrVG 13
- Zurückziehen der Bewerbung 103 BetrVG 42
- Zustimmung zu Kandidatur 103 BetrVG 36
- Zustimmungserfordernis, Zuständigkeit 128 8

Wahlinitiatoren, Kündigungsschutz, besonderer 15 KSchG 22

Wahlrecht zwischen Arbeitsverhältnissen
- Arbeitsverhältnis, begründetes 12 KSchG 9
- Arbeitsverhältnis, neues, Kündigung 12 KSchG 21
- Auflösungsantrag 12 KSchG 30
- Auflösungsantrag, abgewiesener 12 KSchG 7
- Auflösungsantrag, stattgegebener 12 KSchG 8
- Außerordentliche Kündigung 13 KSchG 24
- Ausübung 12 KSchG 15
- Beendigung des alten Arbeitsverhältnisses 12 KSchG 24
- Beendigung neues Arbeitsverhältnis 12 KSchG 18, 21
- Beendigung, anderweitige 12 KSchG 32
- Beendigungszeitpunkt 12 KSchG 31
- Begründung vor Rechtskraft 12 KSchG 11
- Begründungszeitpunkt 12 KSchG 11
- Berufsausbildungsverhältnis 12 KSchG 10
- Betriebsrat 16 KSchG 1
- Dienstverhältnis 12 KSchG 10
- Eingehung 12 KSchG 12
- Entgeltanspruch, neues Arbeitsverhältnis 12 KSchG 22
- Entwicklung, gesetzliche 12 KSchG 1
- Erklärungsfrist 12 KSchG 26
- Erklärungsfrist, materiell-rechtliche Ausschlussfrist 12 KSchG 28
- Feststellungsurteil 12 KSchG 6
- Fortsetzung bisheriges 12 KSchG 15, 21
- Fortsetzung bisheriges, bei Fristversäumnis 12 KSchG 16
- Frist 12 KSchG 16, 26
- Fristversäumnis 12 KSchG 33
- Gesellschafterbeteiligung 12 KSchG 10
- Kapitalbeteiligung 12 KSchG 10
- Kündigung des Arbeitgebers 12 KSchG 19
- Kündigungsschutzklage, Obsiegen 12 KSchG 6
- Nachzahlungsanspruch 12 KSchG 3, 33, 35
- Organmitglied juristischer Personen 12 KSchG 10
- Personalrat 16 KSchG 1

- selbständige Gewerbe- oder Berufstätigkeit 12 KSchG 10
- selbständige Tätigkeit 12 KSchG 10
- Sonderkündigungsrecht 12 KSchG 25, 33
- Sonderkündigungstatbestand 12 KSchG 2
- Umdeutung Kündigung in Verweigerungserklärung 12 KSchG 29
- Umdeutung, Kündigung in Auflösungserklärung 12 KSchG 13
- Umdeutung, ordentliche Kündigung 12 KSchG 13
- Verweigerung 12 KSchG 24
- Verweigerung, Rechtsfolge 12 KSchG 25
- Verweigerung, Rechtsnatur 12 KSchG 25
- Verweigerung, Schriftform 12 KSchG 27
- Verweigerungserklärung vor Rechtskraft 12 KSchG 30
- Verweigerungserklärung, Auslegung 12 KSchG 29
- Voraussetzungen 12 KSchG 5
- Zahlungsanspruch, Aussetzung des Verfahrens 12 KSchG 37
- Zeitpunkt der Begründung 12 KSchG 9
- Zweck 12 KSchG 2

Wahlvorstand
- betriebsratsloser Betrieb, Kündigungsschutz 103 BetrVG 53
- Kündigungsschutz 103 BetrVG 14
- Kündigungsschutz, besonderer 128 2
- Kündigungsschutz, besonderer, Dauer 15 KSchG 100
- Kündigungsschutz, Dauer 103 BetrVG 30
- nachwirkender Kündigungsschutz 15 KSchG 82
- Weiterbeschäftigungsanspruch nach Ausbildung 78a BetrVG 13
- Zustimmung zu Kandidatur 103 BetrVG 31
- Zustimmungserfordernis, Zuständigkeit 128 8

Warnfunktion, Abmahnung 626 BGB 284

Wartezeit
- Abbedingung, Anrechnung von Beschäftigungszeiten 1 KSchG 104
- Abbedingung, Dauer-/Lebensstellung 1 KSchG 102
- Abbedingung, durch Sozialplan 1 KSchG 104
- Abbedingung, konkludente 1 KSchG 102
- Abbedingung, kürzere Probezeit 1 KSchG 104
- abweichende Vereinbarungen 1 KSchG 101
- Allgemeines 1 KSchG 97
- Altersdiskriminierung 1 KSchG 28
- Anrechnungsvereinbarung, Darlegungs- und Beweislast 1 KSchG 138
- Arbeitnehmerüberlassung 1 KSchG 113
- Arbeitsbeschaffungsmaßnahme, Einbeziehung 1 KSchG 114
- Arbeitsverhältnis, früheres, Einbeziehung 1 KSchG 116
- Arbeitsverhältnis, früheres, Vertragsstatut 1 KSchG 119
- Arbeitsverhältnis, rechtlicher Bestand 1 KSchG 99, 106
- Arbeitsverhältnis, ruhendes 1 KSchG 123
- Arbeitsverhältnis, ununterbrochenes 1 KSchG 115
- befristetes Arbeitsverhältnis 1 KSchG 113
- Beginn 1 KSchG 107
- Begriff 1 KSchG 97
- bei Betriebsübergang 1 KSchG 127
- Berechnung 1 KSchG 106
- Berufsausbildungsverhältnis, Einbeziehung 1 KSchG 114
- Beschäftigung, tatsächliche 1 KSchG 106
- Darlegungs- und Beweislast 1 KSchG 137
- Eignungsübungen 1 KSchG 130
- Ein-Euro-Job, Einbeziehung 1 KSchG 114
- Ende 1 KSchG 108
- Ende, Feiertag 1 KSchG 108
- Entsendung 1 KSchG 124
- Entstehungsgeschichte 1 KSchG 98
- Gesetzesumgehung 1 KSchG 101
- Kampagnebetrieb 22 KSchG 12
- Konzern 1 KSchG 126, 154
- Kündigung in der ~ 1 KSchG 131
- Kündigung, diskriminierende 1 KSchG 131
- Kündigung, Rechtsmissbrauch 1 KSchG 135
- Kündigung, treuwidrige 1 KSchG 135
- Kündigung, widersprüchliches Verhalten 1 KSchG 136
- Kündigungsfreiheit, Grundsatz der 1 KSchG 131
- Kündigungsfristen 622 BGB 59
- Kündigungsschutzklage, Klagefrist 4 KSchG 18
- Kündigungszugang 1 KSchG 109
- Kündigungszugang, Treu und Glauben 1 KSchG 110
- Luftverkehr 24 KSchG 26
- Mindestbestandsschutz 1 KSchG 21
- Mutterschutz, gesetzliche Anrechnung 1 KSchG 129
- Praktikum, Einbeziehung 1 KSchG 114
- Schwerbehinderte **Vorbemerkungen zu 168–175** 30
- Seeschifffahrt 24 KSchG 26
- sittenwidrige Kündigung 1 KSchG 134
- Sozialauswahl 1 KSchG 715
- Teilzeitbeschäftigte 1 KSchG 111
- Umwandlung 1 KSchG 125
- Unabdingbarkeit, einseitige 1 KSchG 101
- Universalsukzession 1 KSchG 128
- Unterbrechung 1 KSchG 116
- Unterbrechung, Anrechnungsvereinbarung 1 KSchG 125
- Unterbrechung, kurzfristige 1 KSchG 116
- Unterbrechung, unmittelbarer Anschluss 1 KSchG 122
- Unterbrechung, wegen Befristung 1 KSchG 119
- Unterbrechungszeit, Einbeziehung 1 KSchG 118
- Unternehmen, Maßgeblichkeit des 1 KSchG 124
- Unternehmensbezug 1 KSchG 124
- Verlängerung (Seeschifffahrt/Luftverkehr) 24 KSchG 26

Stichwortverzeichnis

- Wehrdienst, gesetzliche Anrechnung 1 KSchG 130
- Zweck 1 KSchG 100
- zwingende Wirkung 1 KSchG 101

Wegfall der Geschäftsgrundlage 620 BGB 45
- Änderungskündigung, Abgrenzung 2 KSchG 102
- außerordentliche Kündigung 626 BGB 43
- Beendigung Arbeitsverhältnis 620 BGB 61

Wehrdienst
- Arbeitsplatzschutz 2 ArbPlSchG 2
- Arbeitsplatzschutz, Ruhen des Arbeitsverhältnisses 2 ArbPlSchG 14
- ausländische Arbeitnehmer 2 ArbPlSchG 3; 626 BGB 149
- außerordentliche Kündigung 2 ArbPlSchG 20
- Befristung, Verlängerung 2 WissZeitVG 92
- Bereitstellungsbescheid 2 ArbPlSchG 35
- Berufsausbildungsverhältnis, Verlängerung 23 BBiG 31
- Kündigung aus Anlass des – 1 KSchG 425; 2 ArbPlSchG 33
- Kündigung während des – 2 ArbPlSchG 19
- Kündigungsschutz 2 ArbPlSchG 16
- Sozialauswahl 1 KSchG 717
- Wartezeit 1 KSchG 130

Wehrübung
- Wartezeit, gesetzliche Anrechnung 1 KSchG 130

Weiterbeschäftigung Auszubildende (BetrVG), Unzumutbarkeit 78a BetrVG 38
- Arbeitsplatz, freier 78a BetrVG 50
- Arbeitsplatz, freier, Leiharbeitnehmer 78a BetrVG 50
- Arbeitsplatz, neu zu schaffender 78a BetrVG 52
- Ausbildungsbetrieb als Bezugspunkt 78a BetrVG 48
- betriebliche Gründe 78a BetrVG 47
- betriebliche Gründe, im Betrieb 78a BetrVG 48
- Fehlverhalten 78a BetrVG 42
- Herbeiführung – 78a BetrVG 53
- Leistungen, mangelhafte 78a BetrVG 42
- Maßstäbe 78a BetrVG 41
- persönliche Gründe 78a BetrVG 42
- Rechtskrafterfordernis 78a BetrVG 40
- Schichtplanänderung 78a BetrVG 52
- Stellenbesetzung, kurzfristige 78a BetrVG 53
- Tendenzbetrieb 78a BetrVG 55
- Übernahme zu geänderten Bedingungen 78a BetrVG 49
- Vereitelung Weiterbeschäftigung 78a BetrVG 53
- Verfassungstreue, öffentlicher Dienst 78a BetrVG 43
- wichtiger Grund, außerordentliche Kündigung 78a BetrVG 44
- Zeitpunkt 78a BetrVG 56

Weiterbeschäftigung Auszubildende (BetrVG), Verfahren
- Antragsfrist 78a BetrVG 38
- Auflösungsantrag 78a BetrVG 38
- Auflösungsantrag, wegen Unzumutbarkeit 78a BetrVG 58
- einstweilige Verfügung 78a BetrVG 60
- Feststellungsantrag 78a BetrVG 38
- Feststellungsantrag Auszubildender 78a BetrVG 57
- Feststellungsantrag, fehlende Voraussetzungen 78a BetrVG 58
- Feststellungsantrag, Rechtsschutzinteresse 78a BetrVG 38
- Feststellungsantrag, Unzumutbarkeit 78a BetrVG 58
- Kosten(erstattung) 78a BetrVG 63
- Unzumutbarkeit Weiterbeschäftigung 78a BetrVG 58
- Urteilsverfahren, Feststellungsantrag Auszubildender 78a BetrVG 57

Weiterbeschäftigung Auszubildende (BetrVG), Verlangen Auszubildender 78a BetrVG 21
- Arbeitsbedingungen, geänderte 78a BetrVG 34
- Arbeitsverhältnis, befristetes 78a BetrVG 31
- Arbeitsverhältnis, unbefristetes 78a BetrVG 29
- Form 78a BetrVG 22
- Frist 78a BetrVG 22
- Frist, zwingende Geltung 78a BetrVG 23
- Geschäftsfähigkeit 78a BetrVG 26
- Minderjähriger 78a BetrVG 26
- Rechtfolgen 78a BetrVG 29
- Teilzeitarbeitsverhältnis 78a BetrVG 33
- verfrühtes 78a BetrVG 22
- Vollzeitarbeitsverhältnis 78a BetrVG 32
- Widerruf 78a BetrVG 27
- Wiederholung, bei verfrühtem 78a BetrVG 24

Weiterbeschäftigung Auszubildende (PersVG), Unzumutbarkeit, Arbeitsplatz, freier 78a BetrVG 56

Weiterbeschäftigung Auszubildende (PersVG), Verfahren 78a BetrVG 57
- Antragsfrist 78a BetrVG 39

Weiterbeschäftigung Jugendvertreter, Auflösungsantrag 626 BGB 62

Weiterbeschäftigung, geänderte Bedingung, Annahme, hypothetische 2 KSchG 27

Weiterbeschäftigungsanspruch
- auflösende Bedingung 21 TzBfG 3
- Berufsausbildungsverhältnis 23 BBiG 123
- Betriebsratsanhörung, Widerspruch 102 BetrVG 9
- einstweilige Verfügung 23 BBiG 124
- Entbindung, Nachzahlungsanspruch 11 KSchG 10
- Mutterschutz, Kündigungsverbot 17 MuSchG 116
- Streitwert 4 KSchG 360
- und Nachzahlungsanspruch 11 KSchG 6
- Unzumutbarkeit der Beschäftigung 11 KSchG 21
- vereinbarter 11 KSchG 27

Stichwortverzeichnis

Weiterbeschäftigungsanspruch (BetrVG) 102 BetrVG 255
- Änderungskündigung 102 BetrVG 262; 2 KSchG 211
- Änderungskündigung, bei Vorbehaltsannahme 2 KSchG 212
- Änderungskündigung, Mitbestimmungsrechte des Betriebsrats 102 BetrVG 266
- Änderungskündigung, nach Ablehnung 2 KSchG 211
- Annahmeverzug 11 KSchG 26
- Arbeitsbedingungen 102 BetrVG 289
- Aufhebungsvertrag 102 BetrVG 318
- auflösend bedingt 102 BetrVG 286
- Auflösungsantrag Arbeitnehmer 102 BetrVG 276, 317
- außerordentliche Kündigung 102 BetrVG 268
- betriebsratsloser Betrieb 102 BetrVG 271
- Dauer Betriebszugehörigkeit 102 BetrVG 290
- Durchsetzung 102 BetrVG 293
- einstweilige Verfügung 102 BetrVG 296
- Einwände Arbeitgeber 102 BetrVG 294
- Entfallen (sonstige Gründe) 102 BetrVG 317
- Klage 102 BetrVG 293
- Klagerücknahme/-abweisung 102 BetrVG 278
- Kündigung, außerordentliche 102 BetrVG 261
- Kündigung, erneute 102 BetrVG 319
- Kündigung, ordentliche 102 BetrVG 261
- Kündigung, zustimmungsbedürftige 102 BetrVG 337, 349
- Kündigungsschutzklage, fristgemäße 102 BetrVG 274
- Leitende Angestellte 14 KSchG 64
- Massenentlassungsanzeige 17 KSchG 80
- Nachzahlungsanspruch 11 KSchG 26
- Rechtsstellung Arbeitnehmer 102 BetrVG 289
- Tendenzbetrieb 102 BetrVG 258
- Unabdingbarkeit 102 BetrVG 257
- Verlangen Arbeitnehmer 102 BetrVG 279
- Verlangen Arbeitnehmer, Zeitpunkt 102 BetrVG 279
- Verlangen des Arbeitnehmers, Arbeitsunfähigkeit 102 BetrVG 281
- Verlangen des Arbeitnehmers, Rechtsfolgen 102 BetrVG 282
- Voraussetzungen 102 BetrVG 258
- Wahlberechtigung (BetrVG) 102 BetrVG 292
- Wahlrecht 102 BetrVG 255
- Widerspruch des Betriebsrats 102 BetrVG 269
- Widerspruch des Betriebsrats, Rücknahme 102 BetrVG 273
- Zwangsvollstreckung 102 BetrVG 296

Weiterbeschäftigungsanspruch (BetrVG), Entbindung 102 BetrVG 298
- Annahmeverzug 102 BetrVG 312
- Betriebsstilllegung 102 BetrVG 307
- Darlegungs- und Beweislast, fehlende Erfolgsaussicht 102 BetrVG 304
- Einstweilige Verfügung 102 BetrVG 313
- Entbindung des Arbeitgebers, erneuter Antrag 102 BetrVG 300
- Entgeltleistung 102 BetrVG 312
- Erfolgsaussichten, fehlende 102 BetrVG 303
- Klagestattgabe nach Entbindung 102 BetrVG 302
- unzumutbare wirtschaftliche Belastung 102 BetrVG 305
- Widerspruch Betriebsrat, unbegründeter 102 BetrVG 309
- Wirkung 102 BetrVG 312

Weiterbeschäftigungsanspruch (BPersvG)
- Personalrat, Widerspruch 128 58

Weiterbeschäftigungsanspruch (BPersVG)
- Widerspruch Personalrats 128 3

Weiterbeschäftigungsanspruch, allgemeiner
- Änderungskündigung 102 BetrVG 355
- Annahmeverzug 11 KSchG 26
- Arbeitsverhältnis, faktisches 11 KSchG 26
- Auflösungsantrag 102 BetrVG 359
- außerordentliche Kündigung 102 BetrVG 353
- Bedingung, auflösende 102 BetrVG 356
- Befristung 102 BetrVG 356
- betriebsratsloser Betrieb 102 BetrVG 353
- Betriebsratsmitglied 103 BetrVG 155
- Betriebsratsmitglied, einstweilige Verfügung 103 BetrVG 157
- Durchsetzung 102 BetrVG 367
- einstweilige Verfügung 102 BetrVG 372
- Erlöschen 102 BetrVG 379
- gerichtliche Geltendmachung 102 BetrVG 367
- Inhalt 102 BetrVG 361
- Inhalt, bei Abwendung der Zwangsvollstreckung 102 BetrVG 363
- Inhalt, bei freiwilliger 102 BetrVG 361
- Inhalt, Mitwirkungsrechte Betriebsrat 102 BetrVG 366
- Klage, bei Betriebsübergang 102 BetrVG 370
- Klageart 102 BetrVG 367
- Kündigung, offensichtlich unwirksame 102 BetrVG 357
- Kündigung, zustimmungsbedürftige 102 BetrVG 337
- Rückabwicklung 102 BetrVG 365, 380
- Schwerbehinderte Menschen 173 SGBIX 166
- unwirksame Kündigung, offensichtliche 102 BetrVG 260
- Urteil, stattgebendes 102 BetrVG 358
- Urteilsverkündigung, vorheriger 102 BetrVG 360
- Voraussetzungen 102 BetrVG 357
- Zwangsvollstreckung 102 BetrVG 375

Weiterbeschäftigungsanspruch, kollektiver, Heimarbeiter 102 BetrVG 11

Weiterbeschäftigungsmöglichkeit
- Ablehnung des Arbeitnehmers 1 KSchG 240
- Abordnungen, konzernweite 1 KSchG 580
- als milderes Mittel 626 BGB 303
- Änderungskündigung 1 KSchG 240
- Arbeitgeberbezogenheit 626 BGB 306

3215

Stichwortverzeichnis

- Arbeitsbedingungen, (un)unveränderte, verhaltensbedingte Kündigung 1 KSchG 442
- Arbeitsbedingungen, geänderte 1 KSchG 236
- Arbeitsbedingungen, geänderte, Betriebsrat, Widerspruch 1 KSchG 820
- Arbeitsbedingungen, verschlechterte 1 KSchG 239
- Arbeitsplatz freier, im Ausland 1 KSchG 583
- Arbeitsplatz, bisheriger 102 BetrVG 210
- Arbeitsplatz, freier 102 BetrVG 208
- Arbeitsplatz, freier, mehrere zu Kündigende 1 KSchG 243
- Arbeitsplätze, mehrere freie 1 KSchG 242
- außerordentliche Kündigung 626 BGB 303
- Beförderungsstelle 1 KSchG 236, 821
- befristete 1 KSchG 242
- Betriebs-/Personalrat, anderer Betrieb 15 KSchG 125
- betriebsbedingte Kündigung 626 BGB 308
- Betriebseinschränkung 1 KSchG 607
- Betriebsrat, fehlende Zustimmung 1 KSchG 235
- Betriebsrat, Mitbestimmungsrechte 102 BetrVG 211
- Betriebsrat, Widerspruch 1 KSchG 810
- Betriebsratsanhörung, Widerspruch 102 BetrVG 208, 221
- Betriebsstilllegung 1 KSchG 620
- Darlegungs- und Beweislast 1 KSchG 278, 595, 822
- Dienststelle 1 KSchG 229
- Dienststelle, andere 1 KSchG 577
- fehlende 21 TzBfG 50
- Fortbildungsmaßnahmen 1 KSchG 244
- freie Arbeitsplätze 1 KSchG 228
- freier Arbeitsplatz, freier, Leiharbeitnehmer 102 BetrVG 209
- freier Arbeitsplatz, Leiharbeitnehmer 1 KSchG 231
- freier Arbeitsplatz, Verhinderung durch Arbeitgeber 1 KSchG 233
- freier Arbeitsplatz, vorübergehend 1 KSchG 230
- Freikündigung 626 BGB 168
- geänderte Vertragsbedingungen, Mitbestimmung des Betriebsrats 102 BetrVG 225
- Gemeinschaftsbetrieb 1 KSchG 228
- im Gemeinschaftsbetrieb 1 KSchG 577
- im Konzern 1 KSchG 577; 102 BetrVG 208
- krankheitsbedingte Kündigung, Leistungsminderung 1 KSchG 409
- krankheitsbedingte Kündigung, Umsetzung 1 KSchG 372
- nach Umschulung, Betriebsrat, Widerspruch 1 KSchG 816
- Obliegenheit Arbeitgeber 1 KSchG 235
- öffentlicher Dienst 1 KSchG 635, 638
- personenbedingte Kündigung 102 BetrVG 208
- Sozialauswahl, mehrere zu Kündigende 1 KSchG 584
- Sozialauswahl, Verhältnis 1 KSchG 650
- Stationierungsstreitkräfte Art.56 NATO-ZusAbk 27
- Umschulungs- und Fortbildungsmaßnahmen 102 BetrVG 215
- Umschulungsmaßnahmen 1 KSchG 244
- Unternehmen 102 BetrVG 212, 221
- unternehmensbezogene 1 KSchG 229
- Unternehmensbezug 1 KSchG 576
- Unternehmensspaltung 1 KSchG 234
- veränderte Arbeitsbedingungen 1 KSchG 228, 442
- veränderte Vertragsbedingungen 102 BetrVG 221
- vergleichbarer Arbeitsplatz 1 KSchG 228, 232
- vergleichbarer Arbeitsplatz, Weisungsrecht 1 KSchG 232
- verhaltensbedingte Kündigung 1 KSchG 440; 102 BetrVG 208
- Verhältnismäßigkeitsgrundsatz 1 KSchG 222
- Versetzungsklausel 1 KSchG 232
- Zustimmung Arbeitnehmer 102 BetrVG 213; 626 BGB 308
- Zustimmungserfordernis des Betriebsrats 2 KSchG 216

Werkswohnung, unzumutbare, Kündigungsgrund 626 BGB 491

Werkvertrag, Beendigung, Arbeitnehmerähnliche Person Arbeitnehmerähnliche Personen (ArbNähnl. Pers.) 77

Wettbewerbsverbot
- Abkehrmaßnahmen/Abkehrwille, als Kündigungsgrund 1 KSchG 449
- Internationales Arbeitsrecht Artikel28 136
- Verstoß, als Kündigungsgrund 1 KSchG 533; 626 BGB 479

Whistleblowing
- gesetzliche Regelungsvorschläge 612a BGB 3
- Kündigungsgrund 1 KSchG 462; 626 BGB 424
- Maßregelungsverbot 612a BGB 3, 15
- Presse 1 KSchG 463
- Richtlinie zum Schutz von Hinweisgebern 1 KSchG 463
- verhaltensbedingte Kündigung 1 KSchG 462, 463

Widerruf, Abmahnung 626 BGB 297

Widerrufsrecht
- Aufhebungsvertrag Aufhebungsvertrag 30
- Klagefrist 4 KSchG 33

Widerrufsvorbehalt
- AGB-Kontrolle 2 KSchG 77
- Änderung Arbeitsvertragsbedingungen, einseitige 2 KSchG 73
- Änderungskündigung 2 KSchG 73
- Angemessenheit 2 KSchG 77
- Anlass, angemessener 2 KSchG 80
- Ausübungskontrolle 2 KSchG 82
- Begriff 2 KSchG 73

- gerichtliche Überprüfung 2 KSchG 83
- Inhaltskontrolle 2 KSchG 74
- Kündigungsschutz, Umgehung 2 KSchG 75
- Leistungsbestimmungsrecht 2 KSchG 76
- Reichweite 2 KSchG 74
- Transparenzgebot 2 KSchG 79
- Zulässigkeit 2 KSchG 74

Widerspruch
- Form 15 TzBfG 61

Widersprüchliches Verhalten
- Kündigung in der Wartezeit 1 KSchG 136
- treuwidrige Kündigung 242 BGB 26
- Wartezeitkündigung 1 KSchG 136

Widerspruchstatbestand
- Darlegungs- und Beweislast 1 KSchG 278
- Kündigung, Sozialwidrigkeit 1 KSchG 203

Wiedereinsetzung in den vorigen Stand, Außerordentliche Kündigung, Ausschlussfrist 626 BGB 332

Wiedereinstellung
- Befristung 1 KSchG 825
- Kleinbetrieb 1 KSchG 825
- und Wartezeit 1 KSchG 825
- Wartezeit 1 KSchG 104

Wiedereinstellungsanspruch 1 KSchG 823; 14 TzBfG 128; 21 TzBfG 59
- Abfindung (9 KSchG 96
- Abfindungsanspruch 1a KSchG 120
- Änderungskündigung 9 KSchG 37
- Anspruchsgrundlagen 1 KSchG 823
- Antragsrücknahme als Verzicht 9 KSchG 29
- Arbeitnehmerantrag, Unzumutbarkeit 9 KSchG 11
- Aufhebungsvertrag, Zusage **Aufhebungsvertrag** 25
- Beendigung, vor Auflösungsurteil 9 KSchG 43
- Beendigung, vor Auflösungszeitpunkt 9 KSchG 41
- Beendigungstatbestände, andere 9 KSchG 41
- befristetes Arbeitsverhältnis 17 MuSchG 185
- Befristung bei ~ 17 TzBfG 75
- bei Aufhebungsvertrag **Aufhebungsvertrag** 46
- bei Befristung, durch Betriebsvereinbarung 17 TzBfG 88
- Berufsausbildungsverhältnis 9 KSchG 17
- Bestandsschutzprinzip 9 KSchG 8
- Bestandsschutzprinzip, Durchbrechung 9 KSchG 9
- Betriebsratsbeteiligung 1 KSchG 842
- Betriebsübergang 1 KSchG 837; 613a BGB 103; 9 KSchG 43
- Darlegungs- und Beweislast 1 KSchG 841
- Entscheidung, einheitliche 9 KSchG 16
- Entscheidungsmöglichkeiten 9 KSchG 97
- Entwicklung, gesetzliche 9 KSchG 1
- Geltendmachung 1 KSchG 836
- Gestaltungsurteil 9 KSchG 30
- Inhalt 1 KSchG 838
- Kampagnebetrieb 22 KSchG 13, 18

- Klagerücknahme vor Antragstellung 9 KSchG 15
- Kosten 9 KSchG 105
- Kosten bei Arbeitgeberantrag 9 KSchG 107
- Kosten bei Arbeitnehmerantrag 9 KSchG 106
- Kosten, Abfindungssumme, benannte 9 KSchG 109
- Kosten, beiderseitiger Antrag 9 KSchG 108
- Kündigung nach dem Einigungsvertrag 9 KSchG 38
- Kündigungsrechtsstreit, anhängiger 9 KSchG 15
- Leistungsklage 1 KSchG 838
- nach betriebsbedingter Kündigung 1 KSchG 830
- nach Verdachtskündigung 1 KSchG 835
- Nachteilsausgleich, Verhältnis 9 KSchG 84
- personenbedingte Kündigung 1 KSchG 833
- Rechtsmittel 9 KSchG 115
- Rücknahme der Kündigung 10 KSchG 72; 9 KSchG 24
- rückwirkender ~ 1 KSchG 839
- Saisonbetrieb 22 KSchG 13, 18
- Schadensersatz 1 KSchG 840
- Schwerbehinderte Menschen, nach Arbeitskampf 174 SGBIX 55
- Sozialplanabfindung, Verhältnis 9 KSchG 91
- Sozialwidrigkeit Kündigung 9 KSchG 30
- Streitwert 9 KSchG 111
- Teilanerkenntnisurteil über Kündigung 9 KSchG 16
- Teilurteil 9 KSchG 100
- Tenorierung Zeitpunkt 9 KSchG 39
- Tod des Arbeitnehmers 9 KSchG 43
- Urteilstenorierungen 9 KSchG 98
- Vergleichsabschluss 9 KSchG 15
- Vergleichsinhalt 9 KSchG 83
- verhaltensbedingte Kündigung 1 KSchG 834
- Vollstreckung 9 KSchG 114
- Wiedereinstellung, befristete 1 KSchG 829
- Zeitpunkt 9 KSchG 14, 39
- Zeitpunkt, bei außerordentlicher Kündigung 9 KSchG 40
- Zweck, gesetzlicher 9 KSchG 8

Wiederholungskündigung, Nachschieben von Kündigungsgründen als ~ 626 BGB 206

Wirtschaftliche Einheit 613a BGB 14, 20
- Betriebsübergang 613a BGB 20, 23

Zeugnis
- Arbeitnehmerähnliche Person, Handelsvertreter **Arbeitnehmerähnliche Personen (ArbNähnl. Pers.)** 135
- Erteilung, Stationierungsstreitkräfte Art. 56 NATO-ZusAbk 49
- Internationales Arbeitsrecht Artikel 28 138

Zitiergebot
- Arbeitsvertragsrichtlinien Diakonie 14 TzBfG 174
- Befristung, Hochschulen 2 WissZeitVG 74

Zivildienst
- Befristung, Verlängerung 2 WissZeitVG 92

Stichwortverzeichnis

- Sozialauswahl 1 KSchG 717
Zölibatsklausel 1 KSchG 315
Zurückbehaltungsrecht
- Entgeltrückstand 626 BGB 150, 156, 486
- Gewissensentscheidung 1 KSchG 333, 475
- Pflichtenkollision 1 KSchG 475
- Rechtsirrtum 626 BGB 151
Zuständigkeit, internationale
- Staatenimmunität Artikel28 159
- Zwischenstaatliche Einrichtung Artikel28 164
Zuständigkeit, örtliche, Kündigungsschutzklage 4 KSchG 234
Zustimmung Betriebsrat, zur Kündigung
- Ausschlussfrist 15 KSchG 61
- außerordentliche Kündigung, Ausschlussfrist 626 BGB 351
- Betriebsratsmitglied 15 KSchG 40
- Darlegungs- und Beweislast 15 KSchG 78
- Kündigungserschwerung 626 BGB 71
- Rücknahme Zustimmung 102 BetrVG 168
- vereinbarte - 1 KSchG 165; 102 BetrVG 324
Zustimmung der Bundesagentur für Arbeit, Entstehungsgeschichte 19 KSchG 1
Zustimmung Erlaubnisbehörde 21 TzBfG 73
Zustimmung Integrationsamt 21 TzBfG 19
Zustimmung Kündigung, behördliche
- Ausschlussfrist 626 BGB 355
- außerordentliche Kündigung 4 KSchG 265
- Bekanntgabe, fehlende, Klagefrist 4 KSchG 264
- Bekanntgabe, Präklusionswirkung 7 KSchG 5
- Elternzeit 4 KSchG 272
- Elternzeit, Ausschlussfrist 626 BGB 356
- Familienpflegezeit 4 KSchG 274; 626 BGB 356
- Familienpflegezeit, Ausschlussfrist 626 BGB 356
- fehlende, Klagefrist, Verwirkung 4 KSchG 263
- Kündigungsschutzklage, Klagefrist 4 KSchG 263
- Landesregelungen 622 BGB 124
- Mutterschutz 4 KSchG 271
- Pflegezeit 4 KSchG 273
- Pflegezeit, Ausschlussfrist 626 BGB 356
- Schwerbehinderte Menschen 174 SGBIX 2
- Schwerbehinderte Menschen, Ausschlussfrist 626 BGB 357
- Schwerbehinderung 4 KSchG 276
- Zugang, Darlegungs- und Beweislast 4 KSchG 263
Zustimmung Personalrat, zur Kündigung
- Ausschlussfrist 15 KSchG 61
- Darlegungs- und Beweislast 15 KSchG 78
- Personalratsmitglied 15 KSchG 40
- vereinbarte - 1 KSchG 165
Zustimmungserfordernis, Aufhebungsvertrag Aufhebungsvertrag 1
Zustimmungsersetzungsantrag, Zurückweisung, Beendigung Arbeitsverhältnis 1 KSchG 187
Zustimmungsersetzungsverfahren 103 BetrVG 114
- Antrag nach Kündigung 103 BetrVG 115, 122
- Antragserfordernis 103 BetrVG 116

- Antragverbindung, Antrag auf Ausschluss 103 BetrVG 116
- Ausschließungsantrag, zusätzlicher 103 BetrVG 116
- Ausschlussfrist bei außerordentlicher Kündigung 102 BetrVG 347
- Außerordentliche Kündigung, Ausschlussfrist 626 BGB 352
- Beteiligte 103 BetrVG 119
- Durchführung 103 BetrVG 119
- Einigungsstelle 102 BetrVG 339
- Einigungsstelle, gerichtliche Beteiligte 102 BetrVG 344
- Einigungsstelle, gerichtliche Überprüfung 102 BetrVG 342
- Einleitung 103 BetrVG 114
- Einleitung, Frist 103 BetrVG 117
- Einleitung, irrtümliche, Ausschlussfrist 103 BetrVG 118
- Einleitung, vor Abschluss Zustimmungsverfahren 103 BetrVG 115
- Einstellung, befristete 14 TzBfG 780
- einstweilige Verfügung 103 BetrVG 136
- Entscheidung, arbeitsgerichtliche 103 BetrVG 131
- erneutes 103 BetrVG 149
- Kampfkündigung 103 BetrVG 62
- Kosten 103 BetrVG 135
- Kündigung nach - 103 BetrVG 139, 141
- Kündigung vor rechtkräftigem Abschluss 103 BetrVG 140
- Kündigungsschutzklage, nachfolgende 103 BetrVG 142
- Nachschieben von Kündigungsgründen 103 BetrVG 123
- Nachschieben von Kündigungsgründen, Ausschlussfrist 103 BetrVG 128
- Rechtsmittel 103 BetrVG 132
- und Umgruppierungsverfahren 102 BetrVG 38
- Untersuchungsgrundsatz 103 BetrVG 120
- Verfahrensart 103 BetrVG 114
- Verfahrensgrundsätze 103 BetrVG 120
- Verwirkung des Kündigungsrechts nach Abschluss 103 BetrVG 141
- Wegfall des Kündigungsschutzes vor Abschluss 103 BetrVG 137
- Zustimmungsverfahren, fehlerhaftes 103 BetrVG 122
Zustimmungsverfahren (Betriebsrat) 103 BetrVG 66
- Abschluss 103 BetrVG 88
- Amtsausübung 103 BetrVG 158
- Aufforderung zur Stellungnahme 103 BetrVG 72
- Aussetzung Beschluss 103 BetrVG 86
- Beschäftigungsanspruch 103 BetrVG 152
- Beschlussfassung 103 BetrVG 83
- Beschlussfassung, fehlerhafte 103 BetrVG 107
- Beschlussfassung, fehlerhafte, Kenntnis Arbeitgeber 103 BetrVG 109

Stichwortverzeichnis

- Beurteilungsspielraum Betriebsrat 103 BetrVG 90
- Einflussnahme, unzulässige 103 BetrVG 106
- Einleitung 103 BetrVG 68
- Entgegennahme Arbeitgebererklärung 103 BetrVG 77
- Entgegennahme Arbeitgebererklärung, Ausschuss 103 BetrVG 79
- Frist für Stellungnahme 103 BetrVG 81
- Kündigung Jugend- und Auszubildendenvertreter 103 BetrVG 85
- Kündigung vor Abschluss 103 BetrVG 92, 111
- Kündigungsentschluss 103 BetrVG 68
- Kündigungsfrist 103 BetrVG 70
- Kündigungsgründe 103 BetrVG 70
- Schweigen 103 BetrVG 98
- Schweigepflicht 103 BetrVG 87
- Stellungnahme 103 BetrVG 90, 99
- Stellungnahme, Absehen von 103 BetrVG 98
- Stellungnahme, Bedenken 103 BetrVG 102
- Suspendierung 103 BetrVG 152
- Suspendierung Betriebsrat 103 BetrVG 151
- Unterrichtung 103 BetrVG 69
- Unterrichtung, Form 103 BetrVG 73
- Unterrichtung, unzureichende 103 BetrVG 103
- Unterrichtung, Zeitpunkt 103 BetrVG 73
- Verhinderung Betriebsratsmitglied 103 BetrVG 83
- Versetzungsschutz 103 BetrVG 174
- Verzicht auf ~ 103 BetrVG 73
- Willensbildung Betriebsrat 103 BetrVG 83
- Zustimmung 103 BetrVG 91, 95
- Zustimmung, aufschiebende Bedingung 103 BetrVG 97
- Zustimmung, Rücknahme 103 BetrVG 91
- Zustimmung, während des Ersetzungsverfahrens 103 BetrVG 96
- Zustimmungsverweigerung 103 BetrVG 99

Zustimmungsverfahren (Personalrat)
- Antragstellung 128 7
- Frist zur Stellungnahme 128 10
- Zuständigkeit 128 7

Zwangsvollstreckung
- Entfernung betriebsstörender Arbeitnehmer 104 BetrVG 43
- Weiterbeschäftigungsanspruch (BetrVG) 102 BetrVG 293
- Weiterbeschäftigungsanspruch, allgemeiner 102 BetrVG 375

Zweck 125 InsO 1

Zweckbefristung
- als Vertragsinhalt 3 TzBfG 25
- Annahmeverzug in der Auslauffrist 15 TzBfG 19
- Arbeitnehmerähnliche Person, Dienstvertrag Arbeitnehmerähnliche Personen (ArbNähnl. Pers.) 60
- Arzt in der Weiterbildung 3 ÄArbVtrG 24, 30
- auflösende Bedingung, Abgrenzung 21 TzBfG 2; 3 TzBfG 22
- Auslauffrist 15 TzBfG 12
- Auslauffrist bei Zweckerreichung 15 TzBfG 13
- Auslauffrist, Arbeitsvertragsinhalt 15 TzBfG 17
- Auslauffrist, Beginn 15 TzBfG 14, 29
- Auslauffrist, Berechnung 15 TzBfG 30
- Auslauffrist, Unabdingbarkeit 15 TzBfG 13
- Auslauffrist, Verlängerung 15 TzBfG 29
- Beendigung 15 TzBfG 10
- Befristung, Hochschulen 2 WissZeitVG 76
- Dienstverhältnis 620 BGB 9
- Hinweis Fristablauf 620 BGB 65
- Klagefrist, Beginn 17 TzBfG 23
- Klagefrist, objektive Zweckerreichung 17 TzBfG 24
- langfristige Bindung, ordentliche Kündigung 15 TzBfG 49
- Lossagungsrecht in der Auslauffrist 15 TzBfG 17
- Motiv 3 TzBfG 25
- Sachgrund, Angabe 14 TzBfG 167
- sachgrundlose 14 TzBfG 529
- Unterrichtung 15 TzBfG 11
- Unterrichtung, Entbehrlichkeit 15 TzBfG 25

zZt nicht besetzt 4 KSchG 341

Alles zum Arbeitsrecht für den Kanzleialltag

Mit dem Modul Arbeitsrecht auf dem neuesten Stand:

- Bietet zahlreiche Handbücher, Kommentare und Formulare
- Mit der Zeitschrift „FA – Fachanwalt Arbeitsrecht" und dem „KR" von Luchterhand
- Weiteres Highlight: „DER BETRIEB Arbeitsrecht" aus den Handelsblatt Fachmedien

Jetzt abonnieren ab **67 €** mtl. zzgl. MwSt.

Profitieren Sie von den Vorteilen eines Abonnements: stets aktuelle Inhalte und komfortable Tools, die Ihre Recherche erleichtern.
Mit Wolters Kluwer Recherche haben Sie außerdem Zugriff auf unsere kostenlose Rechtsprechungs- und Gesetzesdatenbank.

wolterskluwer-online.de

ALLES, WAS EXPERTEN BEWEGT.